早く探すための[テーマ別]目次

家庭医学大事典

新版

ホーム
メディカ

HOME
MEDICA

小学館

最新医療機器による
検査と治療

医療分野における機器と技術の進歩はとどまるところを知りません。

近年では、コンピュータを駆使した電子機器のおかげで、血管や臓器内の異常や小さな腫瘍も発見できるようになりました。

極小のCCDカメラが内蔵された内視鏡は検査や治療に欠かせないものになり、髪の毛より細い糸で血管や神経を縫い合わせる技術も進んでいます。

同時に、検査や治療につきものだった痛みや不愉快さも軽減され、心身の負担も減っています。

病気によって失われたり、弱くなったからだの部位を再建する再生医療も目覚ましく発達しています。

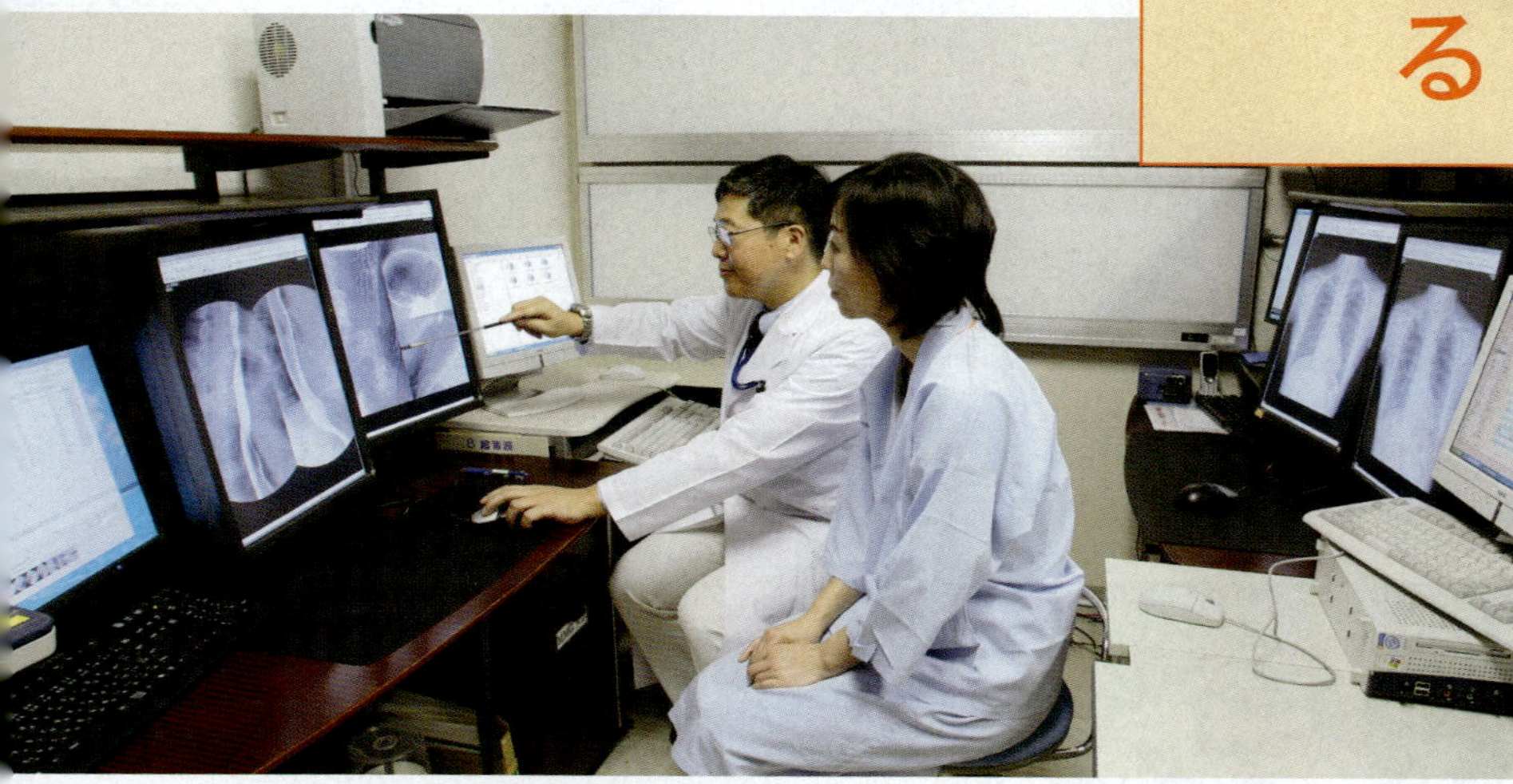

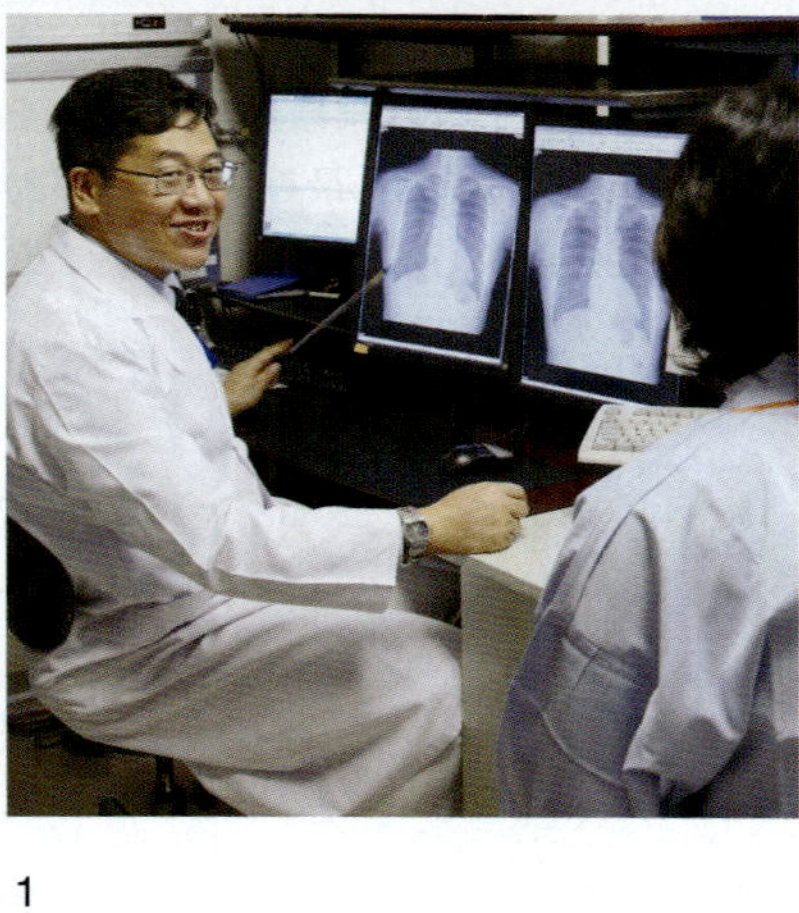

読影のようす　読影とは、X線検査、造影検査、CT、MRI、核医学、超音波検査などで撮影された画像を見ながら、医師が病変の有無や今後の治療などを説明することです。検査を受けた本人も画像を見ることによって、納得のいく治療方針を話し合うことができます。専門的な検査の場合には、読影専門の医師が症状を判断することもあります。

協力：三越総合健診センター

CT検査

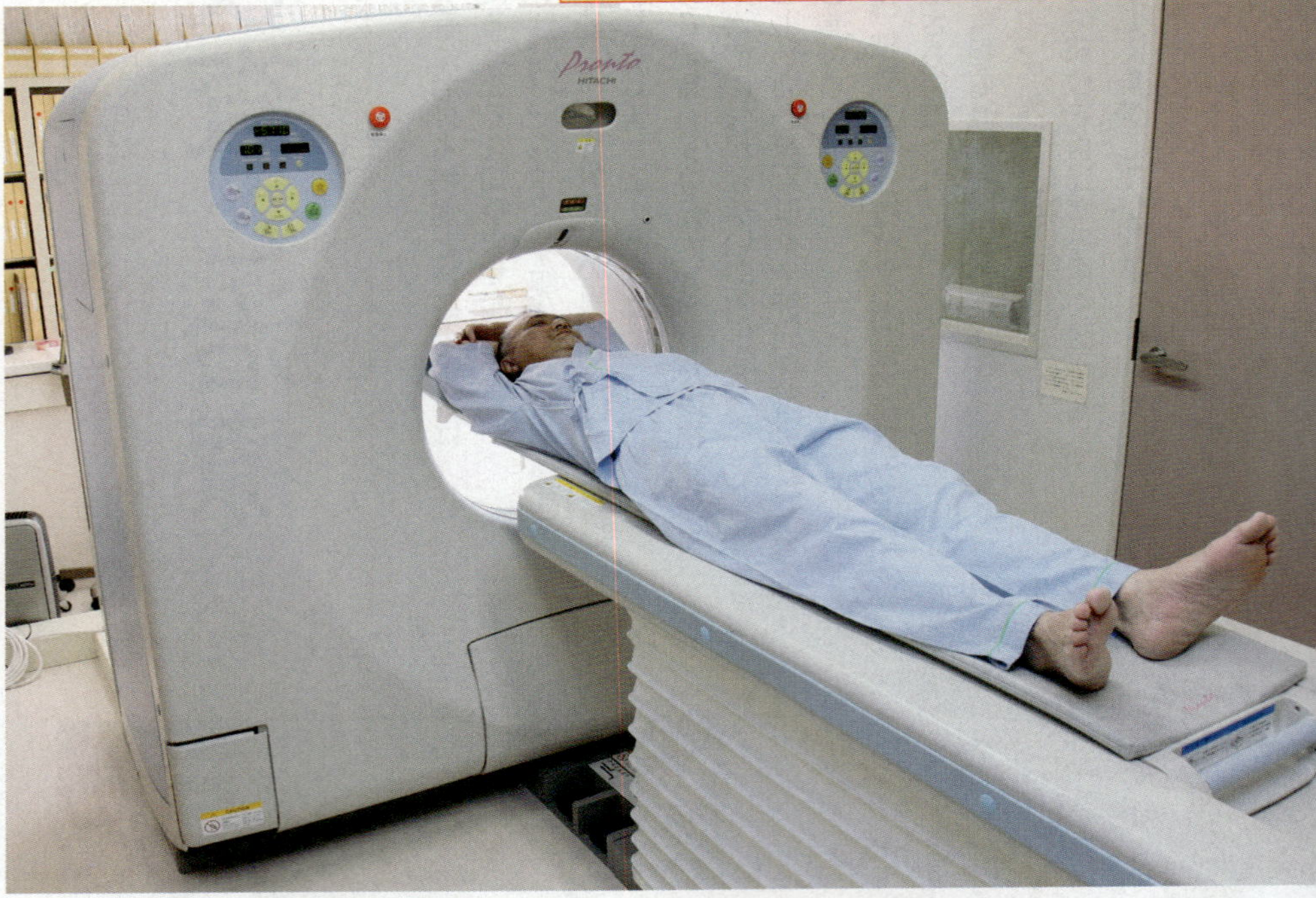

ヘリカルCTでの検査　検査を受ける人が横たわった台が、ドーナツ型の装置の中へ移動する。装置の中では、管球がX線を照射し、反対側でからだを通り抜けたX線を検出。

腹部のCT画像

CTでは肥満のタイプを区別できる。上は皮下脂肪型、下は内臓脂肪型。

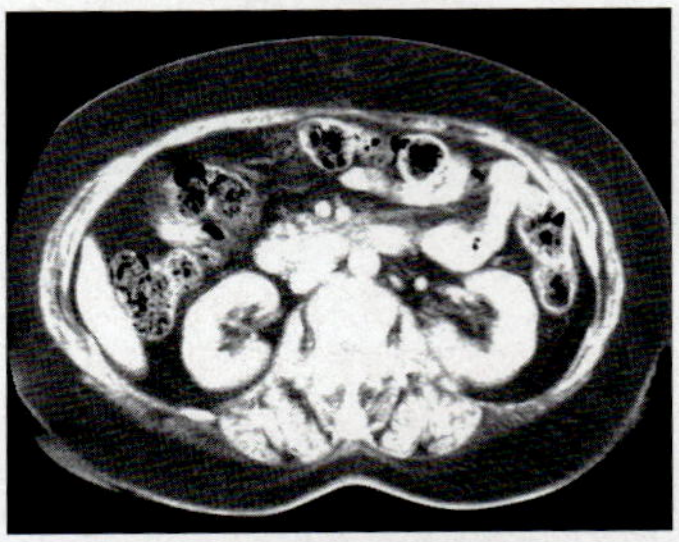

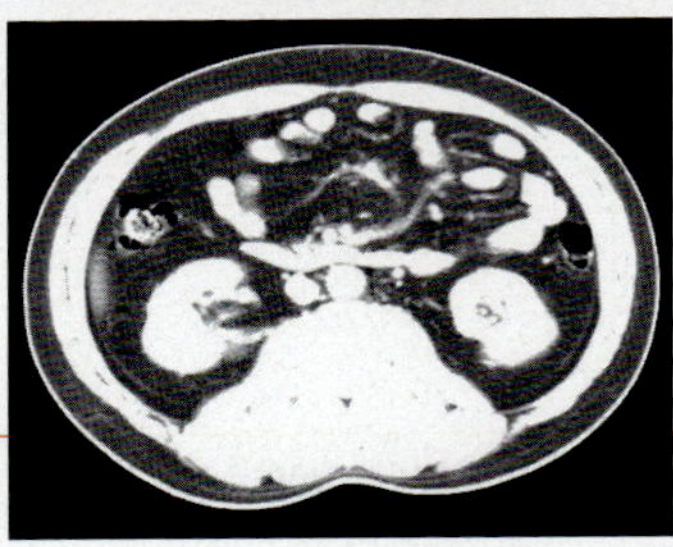

CT（コンピュータ断層撮影）は、人体を輪切りにするようにX線をあてて、得られたデータをコンピュータを使って断層画像に変換します。ドーナツ型の本体内部にX線を照射する管球があり、からだの周りを1回転して、360度全方向から撮影します。従来は管球が1回転して画像を1枚撮影し、からだをずらして再び撮影していました。最近では台を移動させながらX線を照射し、連続的な断層画像を撮影するヘリカルCTが主流です。

からだの各部のＣＴ画像

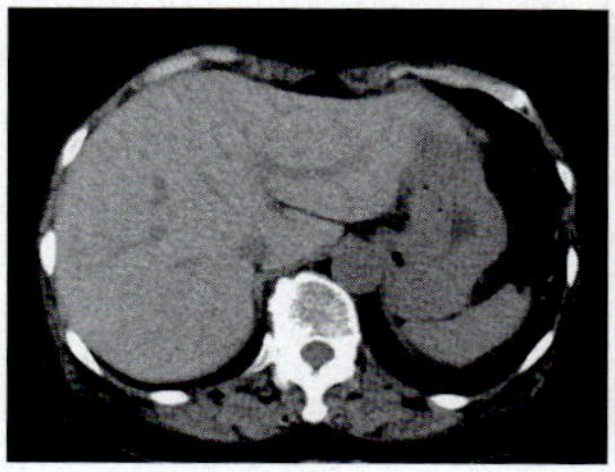
腹部

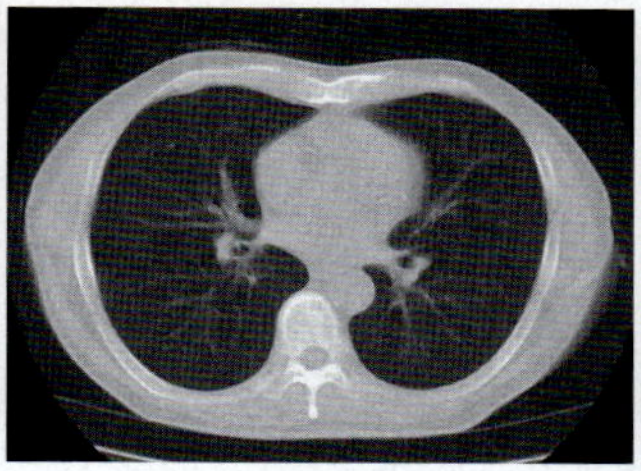
胸部

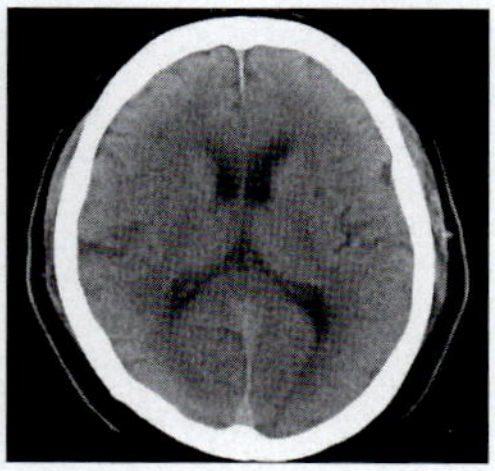
頭部

マルチスライスＣＴ（シーテイー）

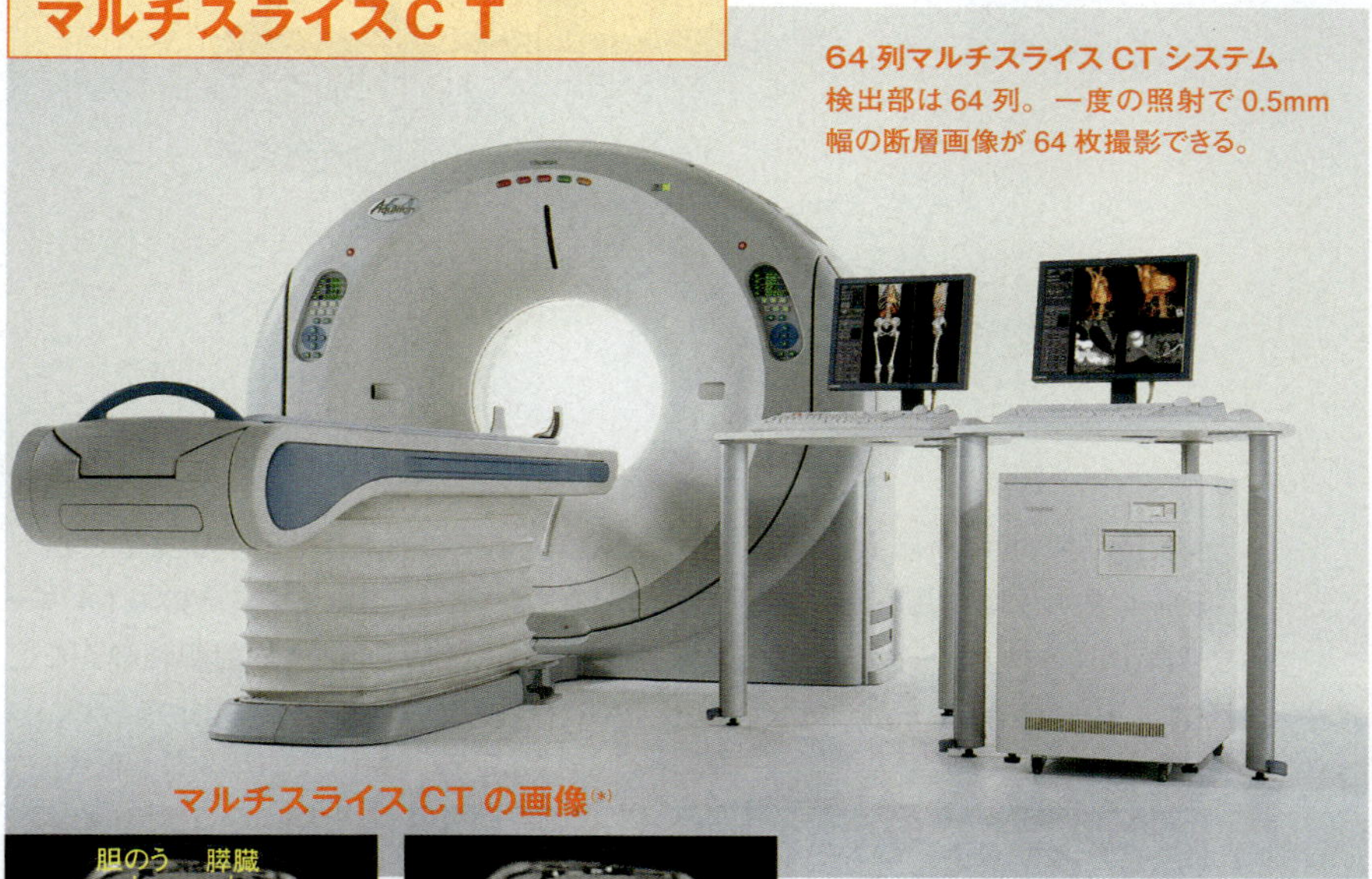

64 列マルチスライス CT システム
検出部は 64 列。一度の照射で 0.5mm 幅の断層画像が 64 枚撮影できる。

マルチスライス CT の画像(*)

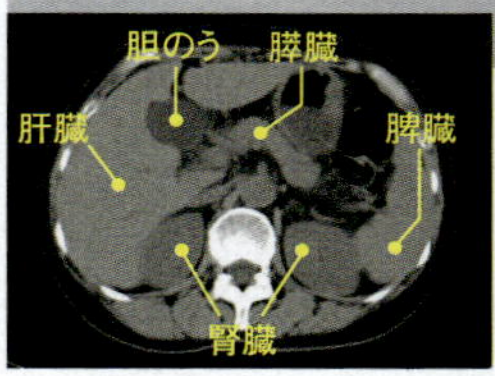

単純 CT 画像

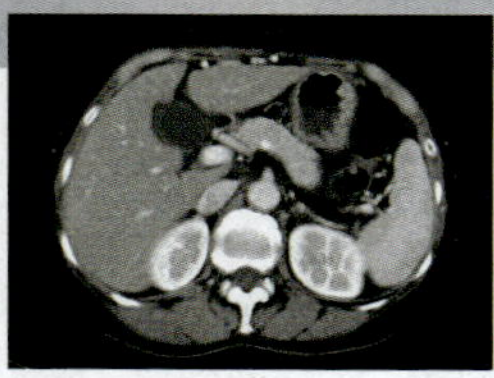
動脈相の画像

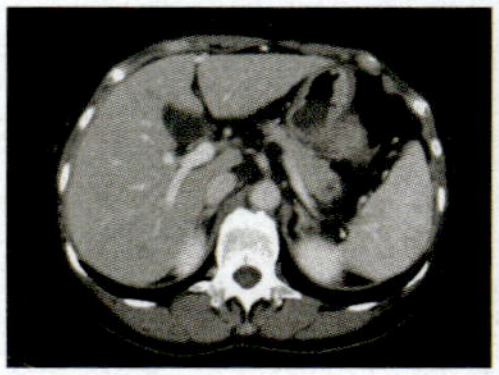
門脈相の画像

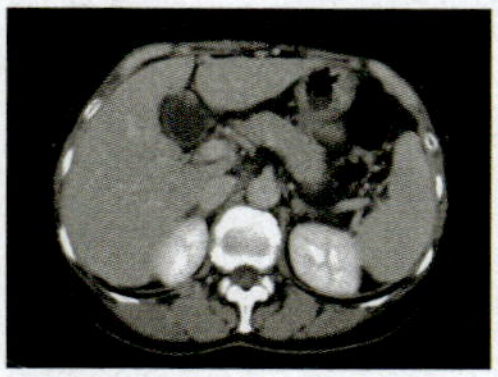
手術相の画像

多列ＣＴともいいます。マルチスライスＣＴは、Ｘ線を幅広い部分に照射します。１度の照射で連続した複数の断層画像が得られるため、ひじょうに小さな腫瘍（しゅよう）も発見しやすく、立体画像に変換することもできます。

写真提供：東芝メディカルシステムズ株式会社
症例写真：東海大学医学部 消化器内科 教授 渡辺勲史(*)　症例写真提供・協力：三越総合健診センター

ＭＲＩ検査

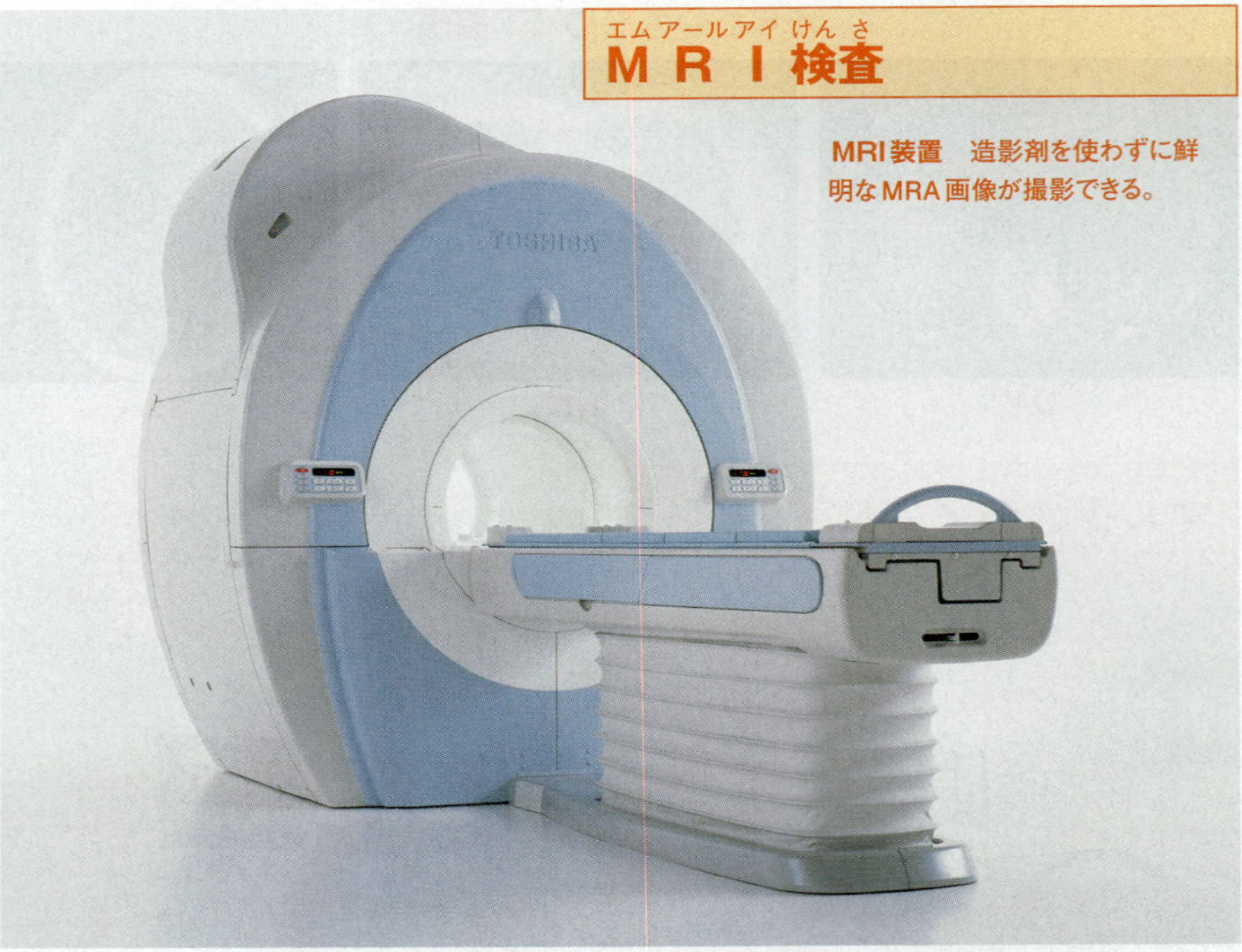

MRI装置　造影剤を使わずに鮮明なMRA画像が撮影できる。

MRI（磁気共鳴断層撮影）は、からだに磁気をあてて画像を撮影する検査です。細胞の中の水素は磁気をあてると、わずかにエネルギーを出します。そのエネルギーを検出し、コンピュータで画像に変換します。CT検査とちがって放射線被曝がなく、また、磁気は骨にじゃまされにくいため、脳や脊髄の鮮明な画像が撮影できます。

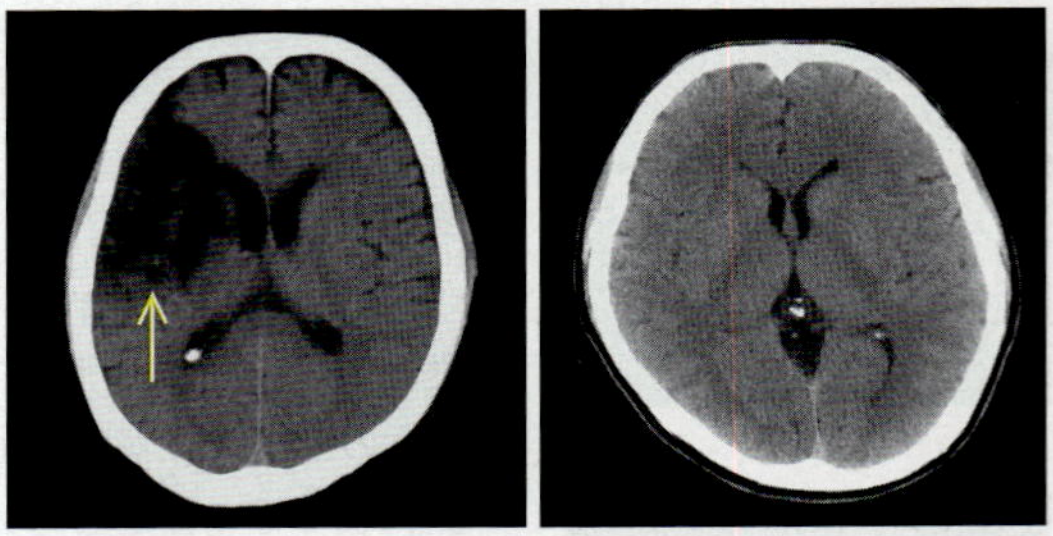

脳のMRI画像(*)

左の写真は脳梗塞をおこしている（矢印）脳。右は正常な脳。

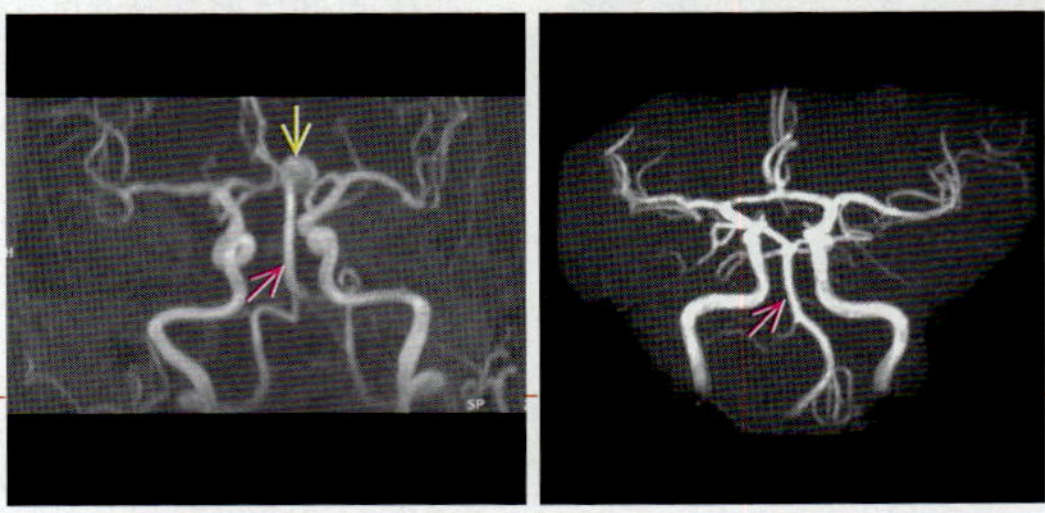

脳血管のMRA画像(*)

MRAはMRI装置で血管を撮影する検査。左の写真は脳底動脈（赤矢印）の先端部分に動脈瘤（黄矢印）ができている。右は正常な脳血管。

X線検査(せんけんさ)

おもに単純撮影と造影撮影があります。造影撮影は食道・胃・十二指腸の上部消化管と、下部消化管の大腸(だいちょう)の検査に使われます。造影剤のバリウムと発泡剤（あるいは空気）を体内に入れてから、X線を照射します。状態をモニターで観察しながら必要に応じて撮影します。

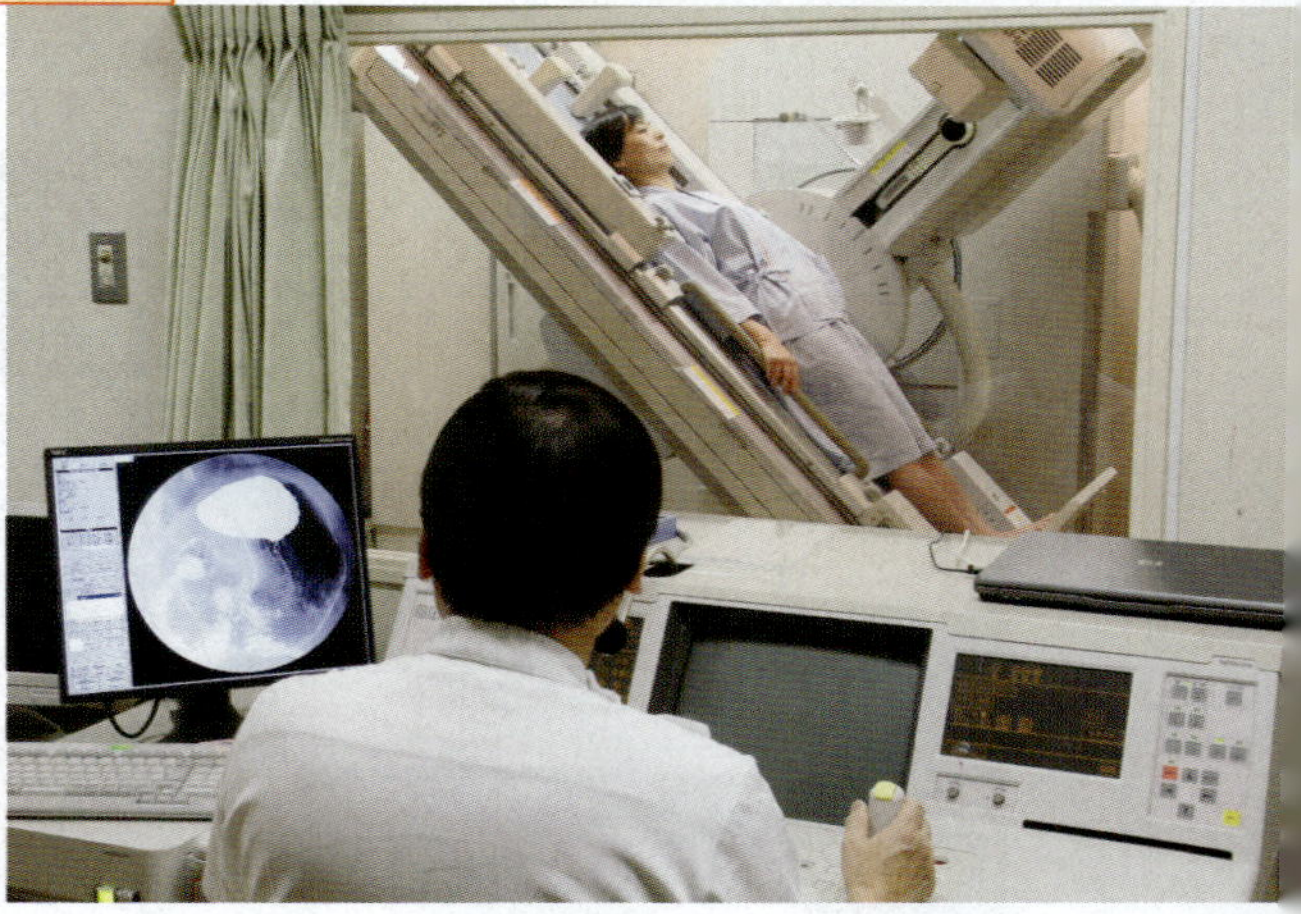

上部消化管X線検査 バリウムと発泡剤を飲んでから検査する。検査台を上下左右に動かしたり回転させて、胃の内部のすみずみまで観察する。

ERCP(**)（内視鏡的逆行性胆管膵管造影(たんかんすいかん)）

膵臓(すいぞう)や胆管(たんかん)、胆嚢(たんのう)の検査の1つです。十二指腸まで内視鏡を入れ、膵液(たんじゅう)と胆汁の出口であるファーター乳頭からカテーテルを挿入し、胆管と膵管(すいかん)それぞれに造影剤を注入してから、X線撮影をします。

ERCPの画像

血管造影検査(**)

動脈にヨード系薬剤などの造影剤を注入してX線撮影します。動脈、毛細血管、静脈が描出されます。肝臓がんの診断・治療に用います。

肝動脈(かん)造影の画像

X線検査画像

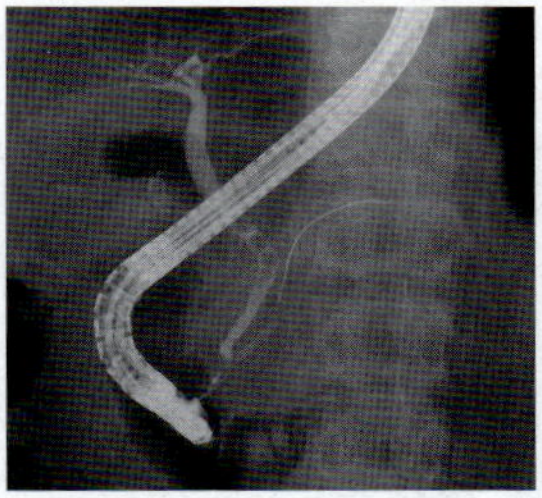

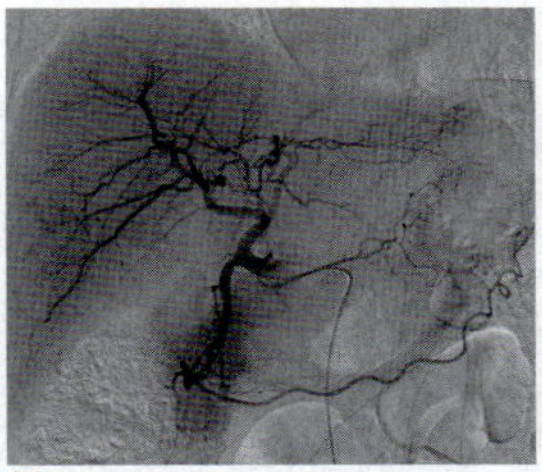

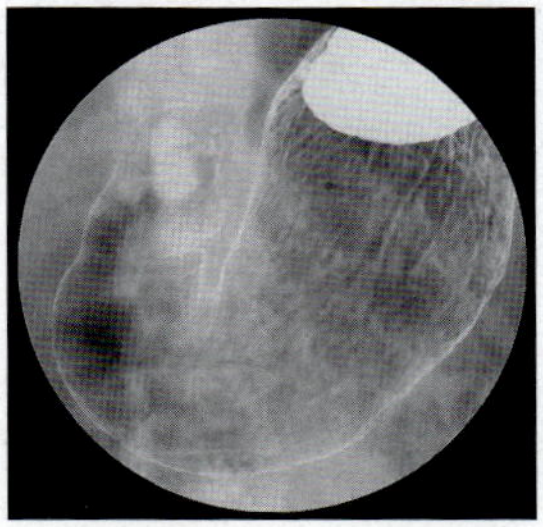

胃のX線検査画像 白く映るバリウムの濃淡によって、ポリープや粘膜(ねんまく)の荒れ具合など、消化管内部の状態がわかる。

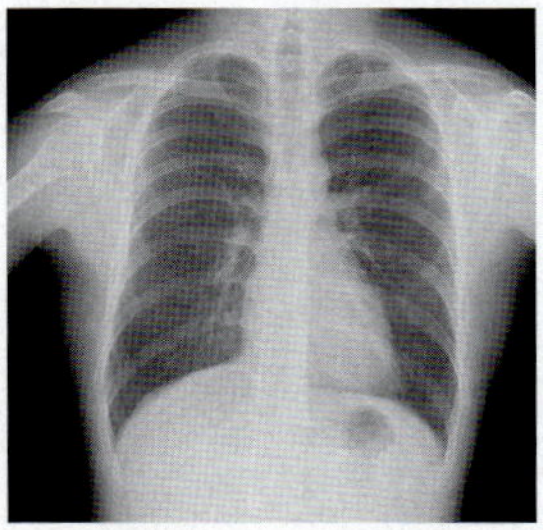

胸部X線検査画像 単純撮影。肺の病気や心臓の肥大などがわかる。

写真提供：東芝メディカルシステムズ株式会社　症例写真提供：赤坂パークビル脳神経外科(*)、
東海大学 医学部消化器内科 教授 渡辺勲史(**)　症例写真提供・協力：三越総合健診センター

マンモグラフィー

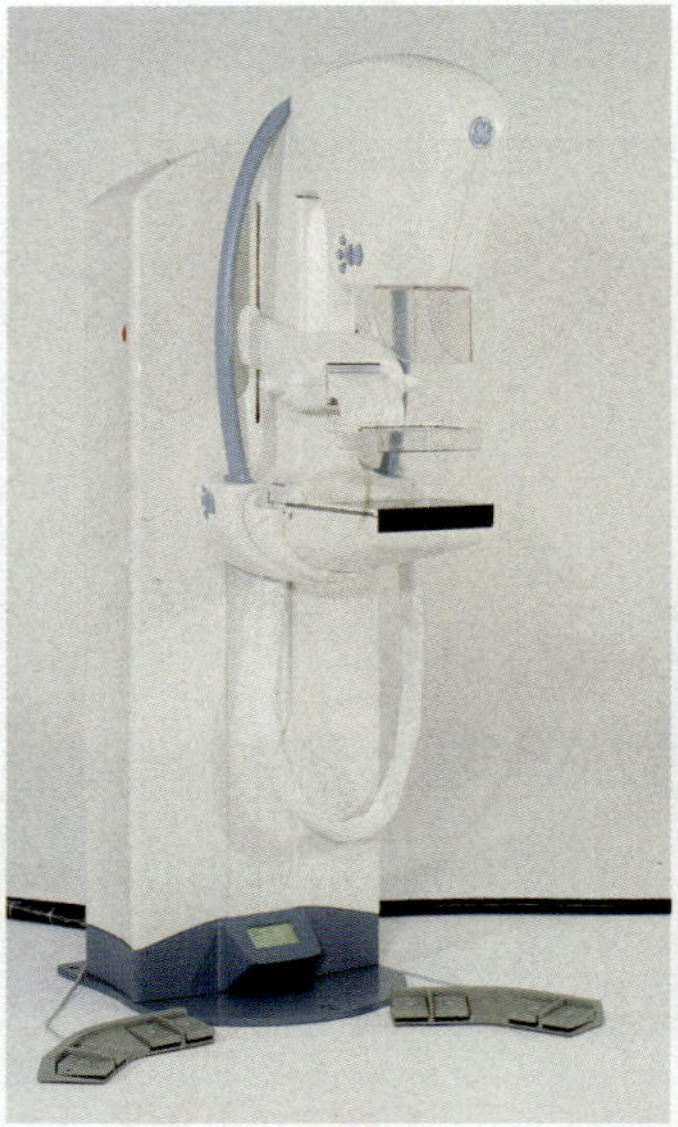
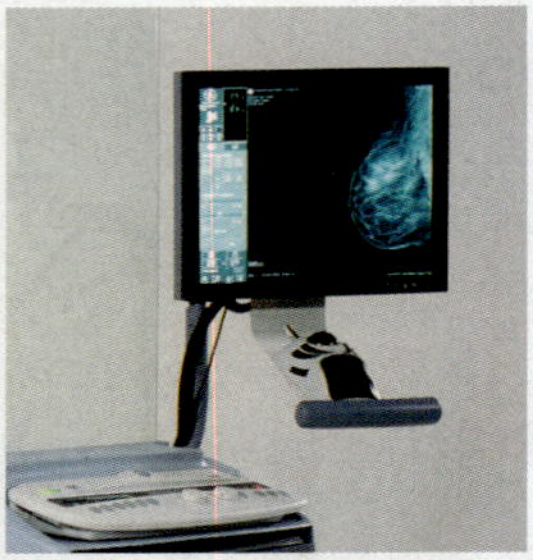
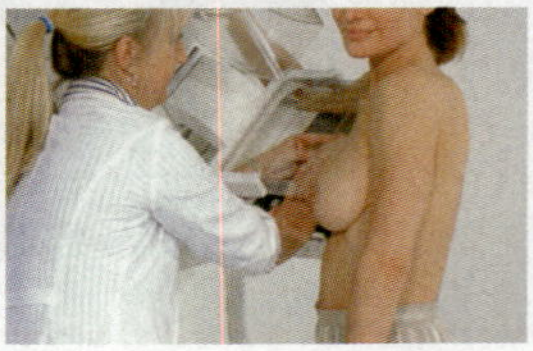

マンモグラフィーの撮影装置（左）。撮影装置にはモニターが接続されている（右上）。圧迫台に乳房をはさんで撮影する（右下）。(*)

触診では触れない、初期の小さな乳がんを発見できる検査です。乳房を撮影台におき、圧迫台で4～5cmの厚さまで圧迫してX線撮影をします。圧迫して薄くするのは、乳房内部は乳腺や脂肪がかさなりあって、そのままでは病変が映りにくいからです。腫瘍は乳腺とのコントラストが小さく見にくいので、電圧が低い専用のX線装置を使います。

女性検診

欧米の乳がん検診率は70～80％です。日本でも検診率は向上しているものの20％以下にとどまっています。乳がんは早期に発見できれば95％は治るといわれているので、自覚症状がなくても検診を受けることがたいせつです。マンモグラフィーとともに、超音波検診も必要です。石灰化がない乳がんの場合は、しこりに触れる大きさであっても、マンモグラフィーで発見できないことがあるからです。乳がんのほかに、子宮筋腫や子宮がん、子宮頸がんなど女性に特有な病気を検査する女性検診を行う医療機関や人間ドックも増えています。

マンモグラフィー検査画像 (*)

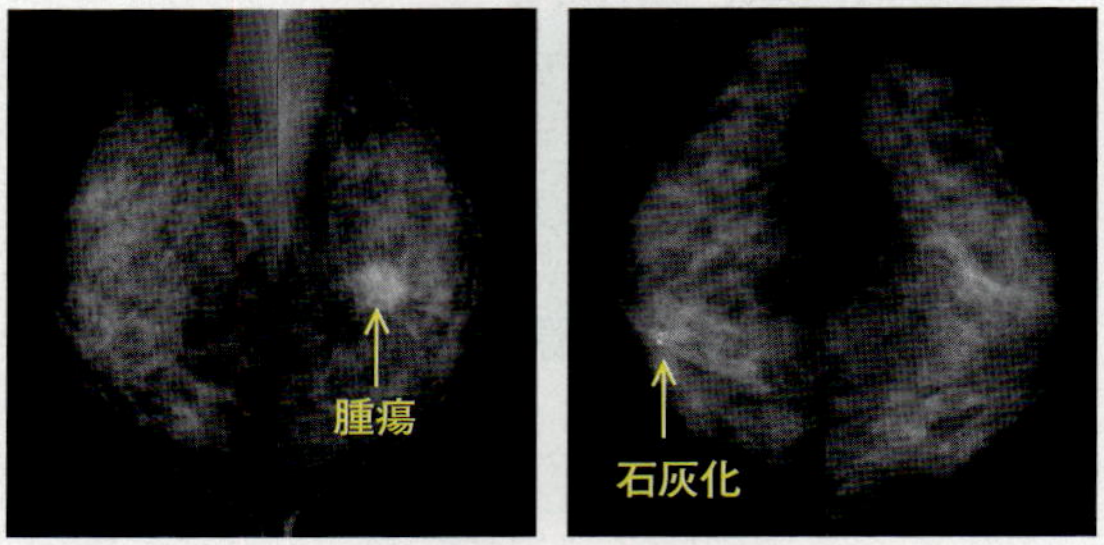

中心線から左が左乳房、右が右乳房。写真左で右乳房の白い部分が腫瘍。写真右で左乳房の白い粉のような部分が石灰化像。

乳房の超音波検査画像 (**)

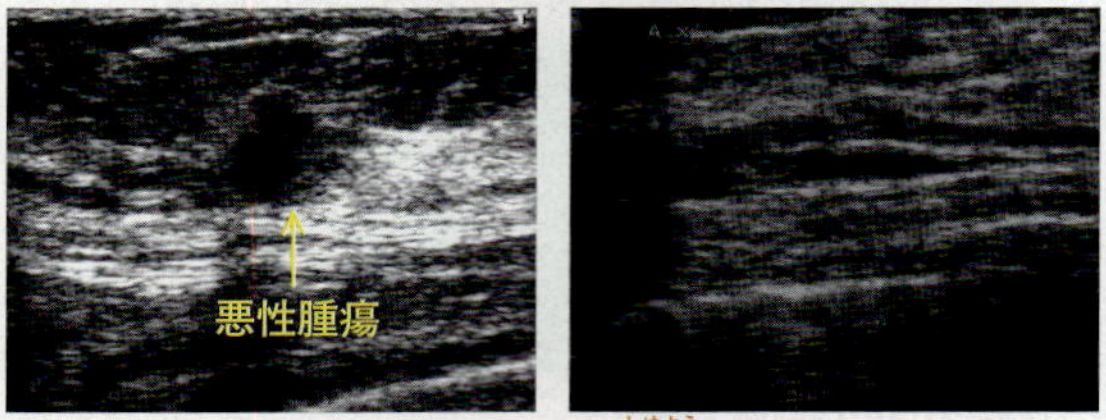

左の写真の中央にある黒い部分は悪性腫瘍。右は同じ乳房の正常な部分。

超音波検査

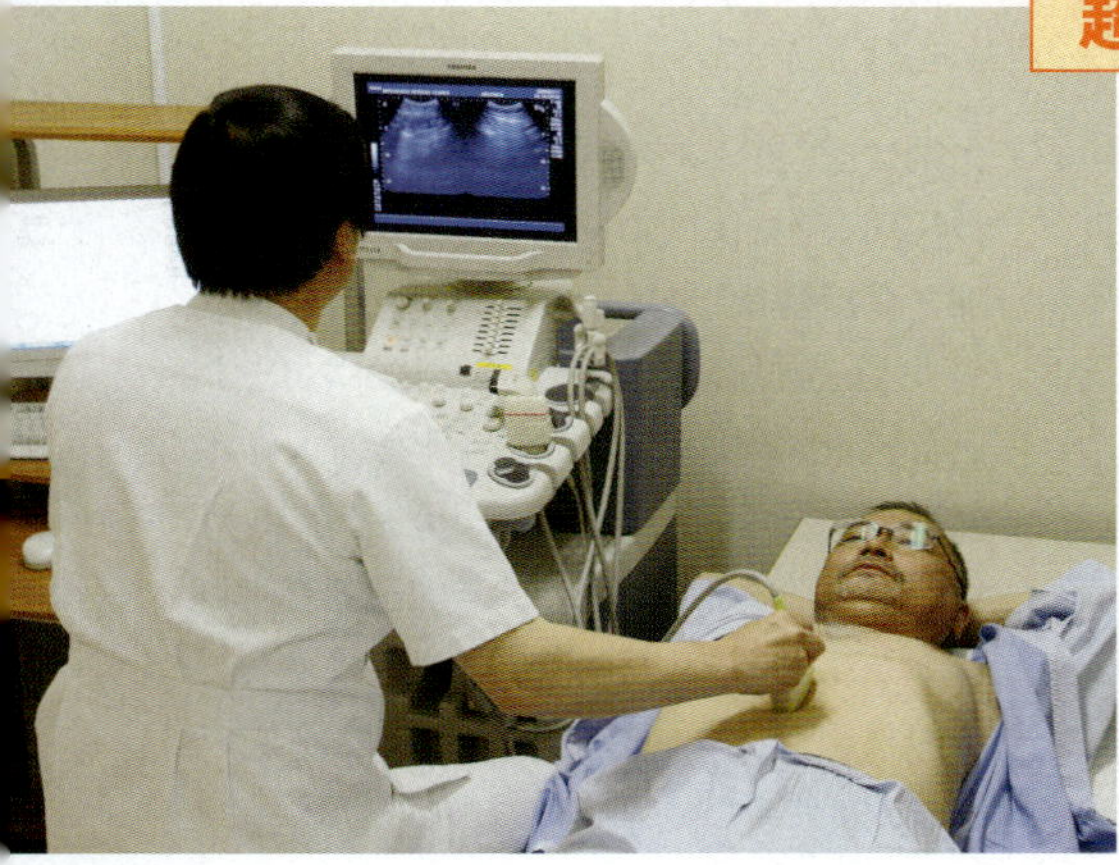

腹部超音波検査　超音波が通りやすくなるようにゼリーを塗り、発信と受信の機能をもつプローブをあてる。体内の状態をモニターで見ながら、さまざまな部位を観察する。

超音波検査（エコー検査）は、からだの内部に超音波をあて、返ってきたエコー（反響波）を画像にすることで異常がないか調べます。超音波はからだに無害なので、妊婦や新生児にも使えます。ただし、かたい骨に囲まれた頭蓋内部などは調べられません。

超音波検査の画像

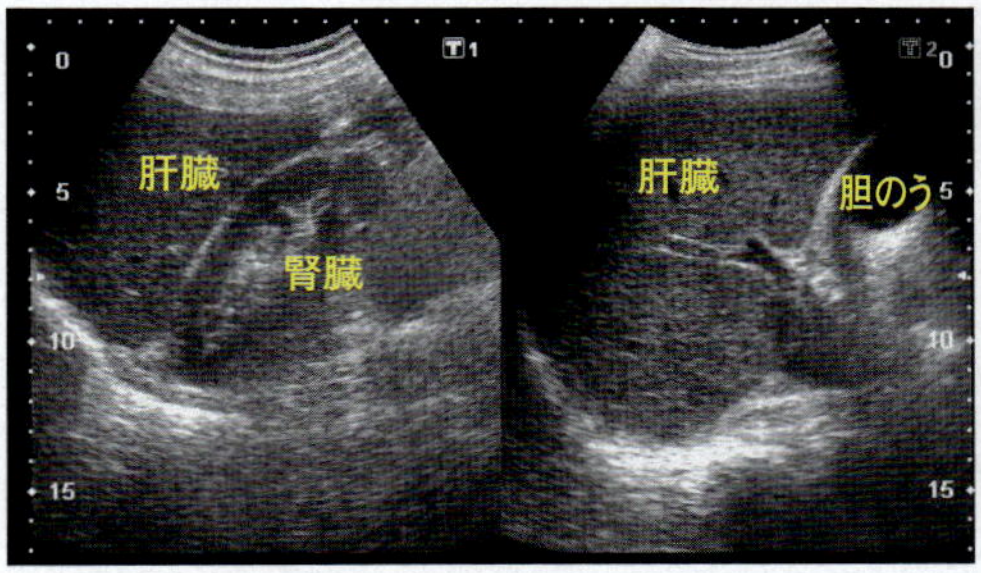

腹部。左が背中側、右が横方向。

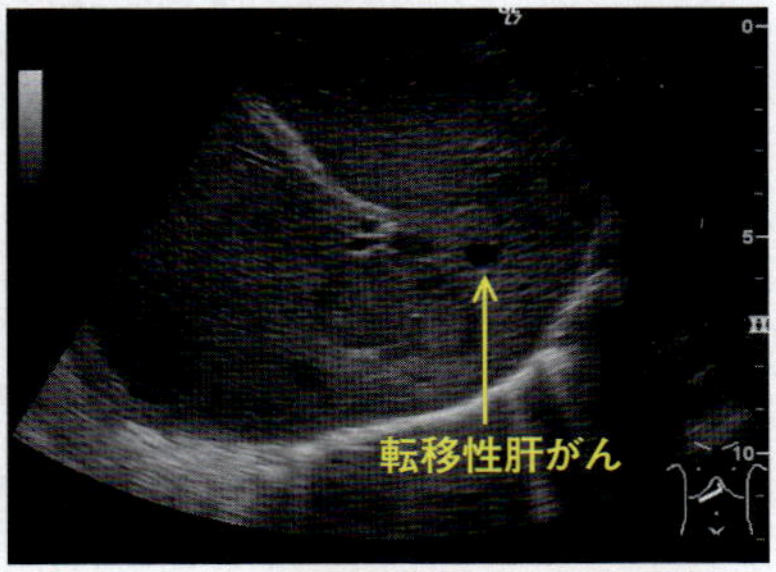

肝臓(*)。肝がんが黒いかたまりとして見える。

頸動脈超音波検査

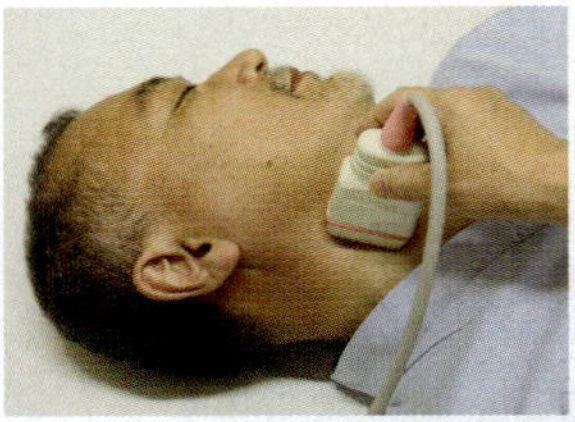

頭部の血管のようすを調べる。脳に酸素を運ぶ頸動脈に動脈硬化があると、脳梗塞の危険がある。

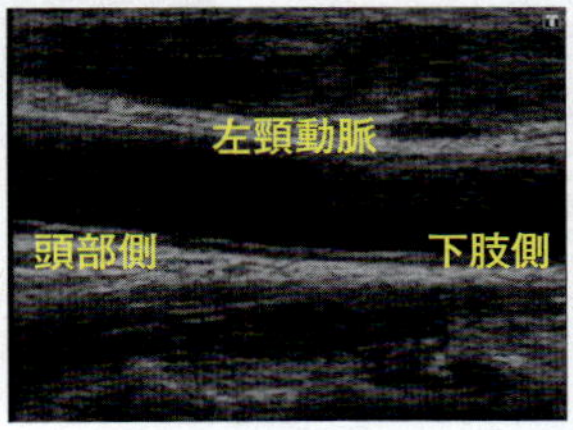

頸動脈の超音波検査画像。

汎用超音波検診器(*)

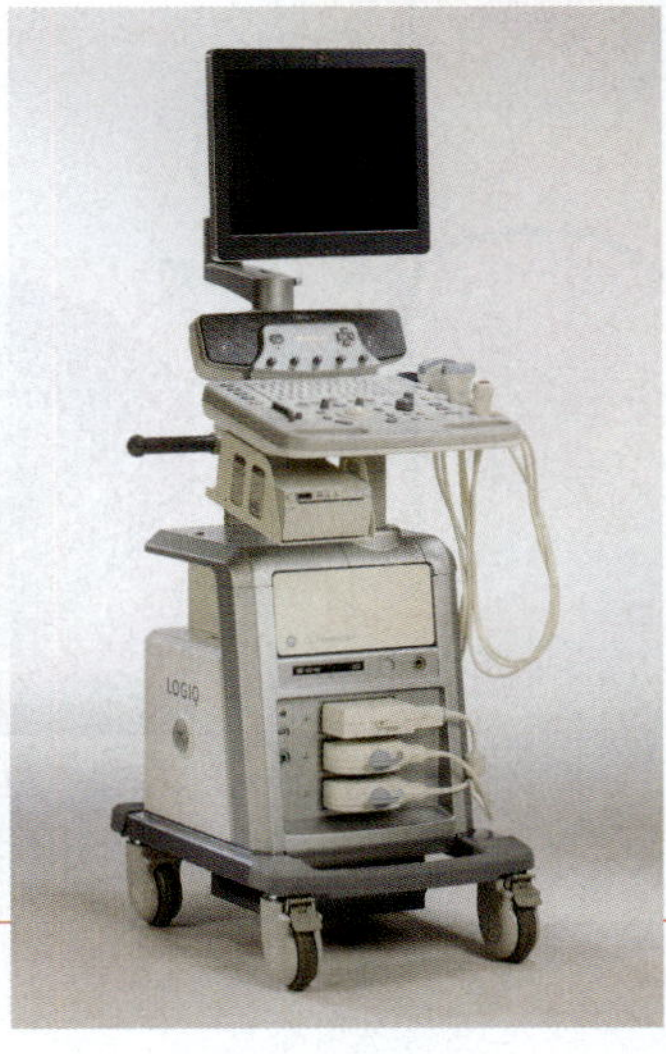

写真提供：GE横河メディカルシステム株式会社(*)
症例写真提供・協力：成城木下病院(**)、三越総合健診センター

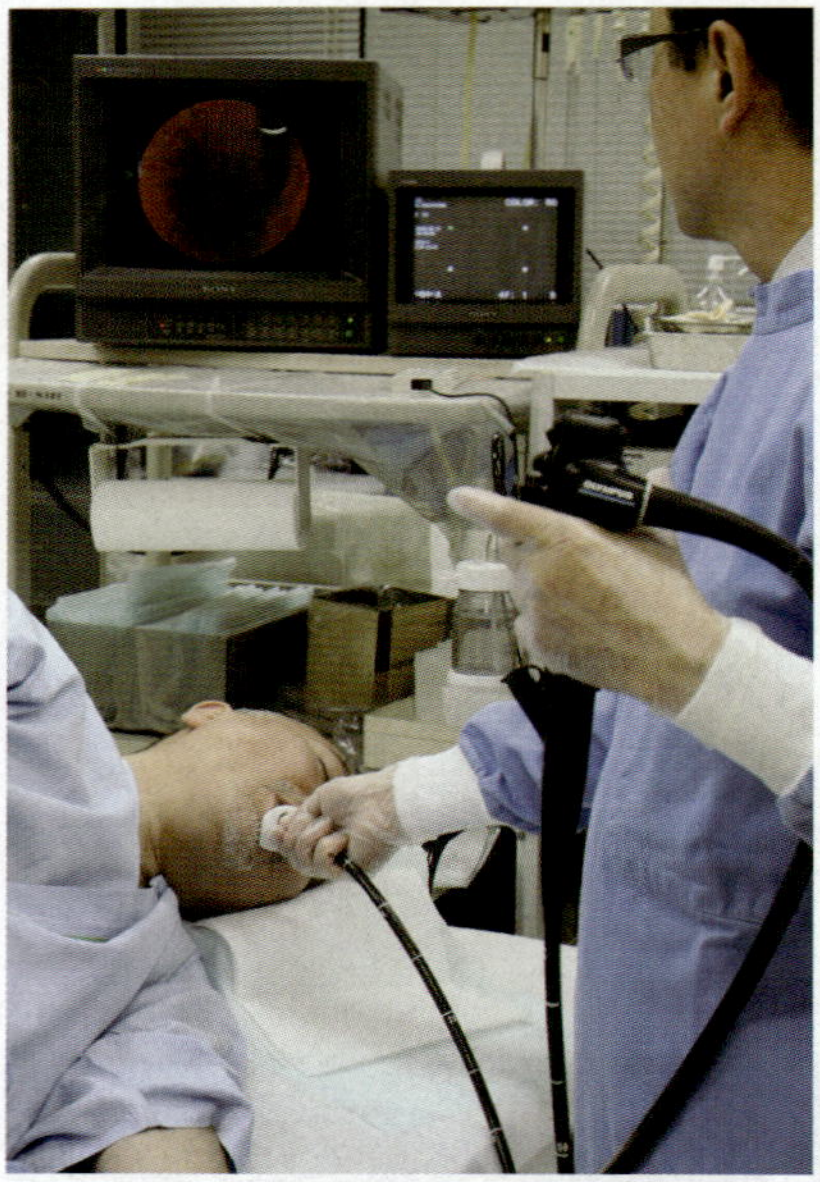

内視鏡検査

先端にCCDカメラやレンズがついた細くやわらかい管を体内に挿入して、からだの内部を直接観察します。上部消化管内視鏡や大腸内視鏡、気管支鏡などがあります。上部消化管内視鏡は口から管を挿入する経口タイプが主流でしたが、カメラの小型化が進み、鼻から挿入できる内視鏡も使われるようになりました。経鼻タイプはからだへの負担が少ないのですが、鼻腔が狭い人など、使えないケースもあります。

上部消化管内視鏡検査　のどに麻酔をかけて内視鏡を挿入する。モニターで状態を見ながら内視鏡を送り込み、必要に応じて撮影する。食道・胃・十二指腸が検査できる。

経口と経鼻内視鏡の違い

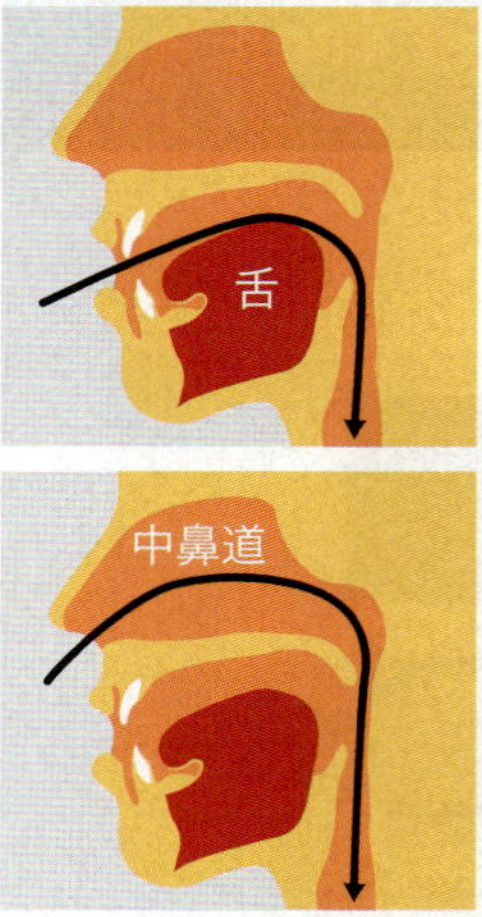

上は経口、下は経鼻内視鏡。内視鏡がのどの奥に触れると、咽頭反射によって吐きけをもよおす。経鼻内視鏡はのどに触れないため、負担が少ない。

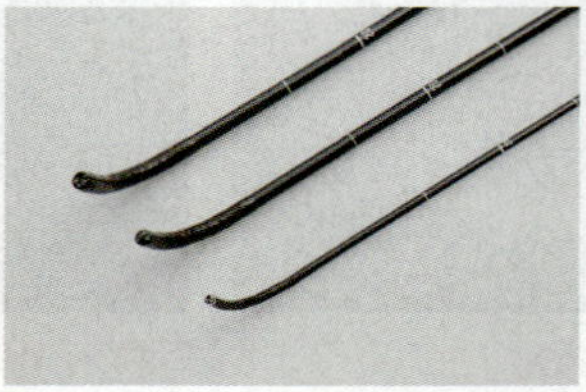

ビデオスコープ先端部の太さのちがい(*)　上から直径9.8mm、9mm、5mm。5mmは経鼻にも使用できる。

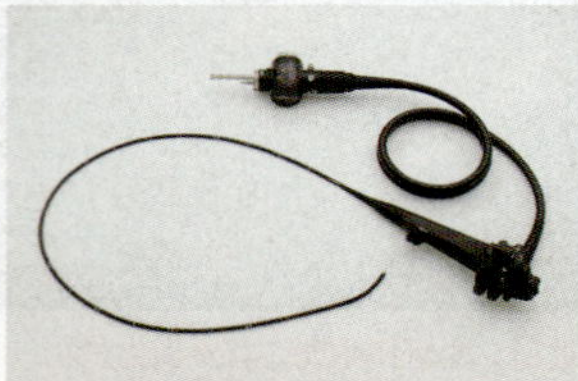

上部消化管汎用ビデオスコープ(*)　先端の直径は5mmで経鼻・経口挿入の両方に対応している。

内視鏡画像

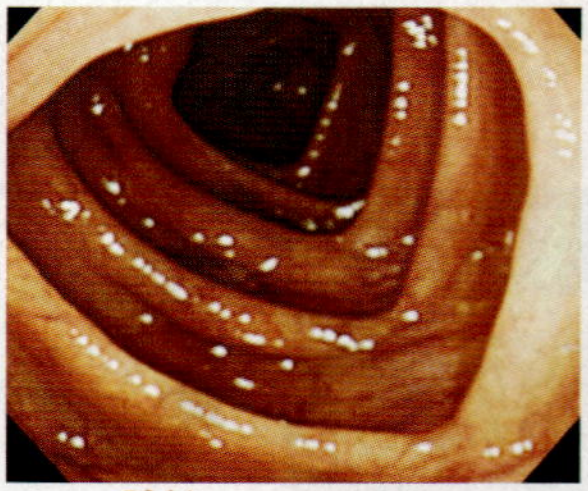

大腸。肛門から内視鏡を入れて大腸炎やポリープを観察・撮影する。

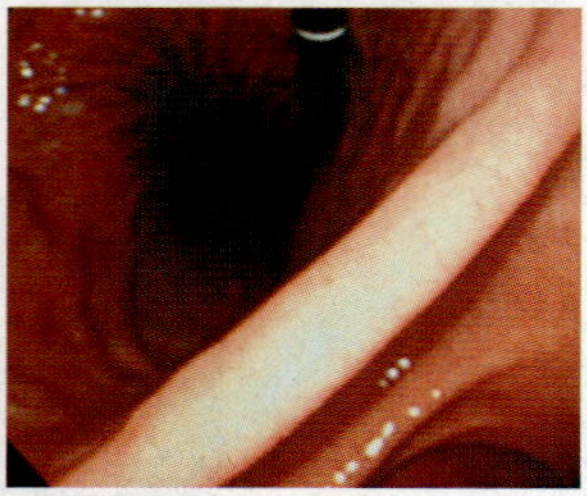

胃。ポリープや炎症など上部消化管の粘膜の異常が観察できる。

最新の内視鏡システムでは、モニター画像や撮影画像がハイビジョンとなり、より鮮明で病変がわかりやすくなっています。また、通常光と異なる波長で観察・撮影することで、通常光では見えない病変部を浮かびあがらせる技術も進んでいます。たとえばNBI（狭帯域光観察）では、血液中のヘモグロビンに吸収されやすい波長の光を照射して、毛細血管や粘膜の異常を強調表示し、腫瘍を早期発見できます。

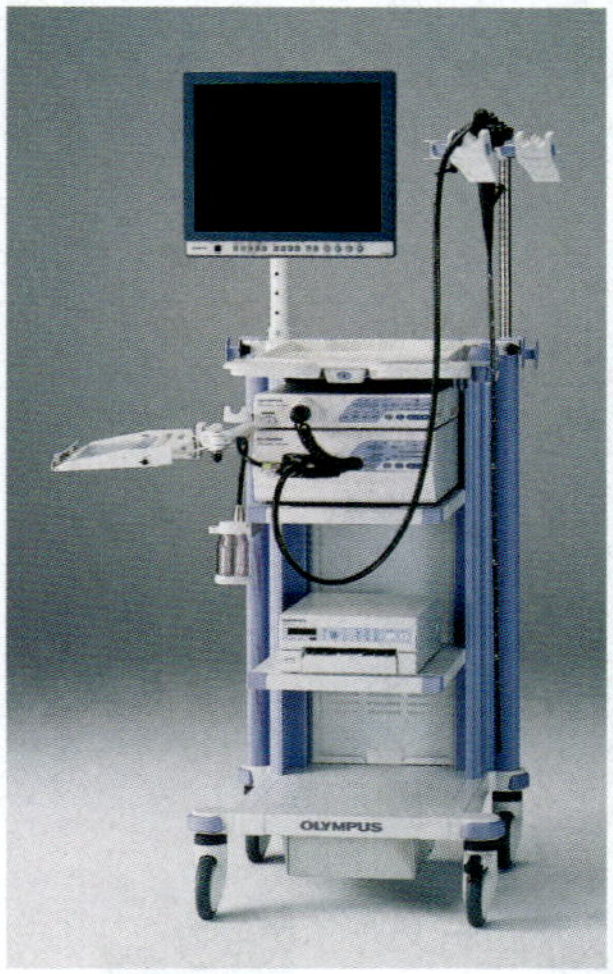

ハイビジョンカメラを搭載し、NBI観察も可能な内視鏡ビデオスコープシステム(*)

内視鏡ビデオスコープによる大腸の画像(**)

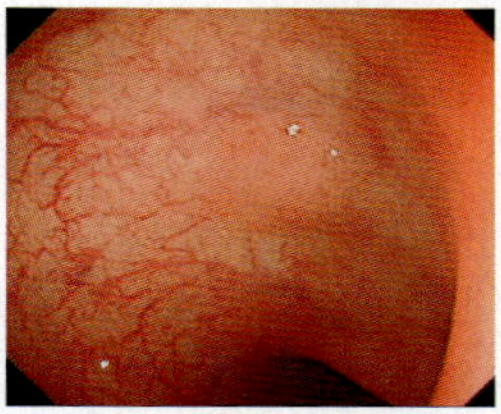

ハイビジョンによる通常光で見た大腸内部の画像。

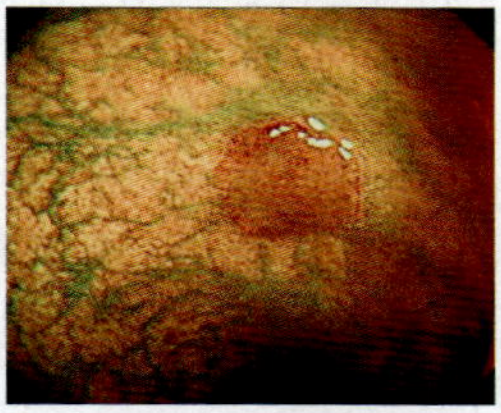

上と同じ部分をNBI画像で見たもの。深部血管が緑色に、腫瘍部分が茶色で広がって見える。

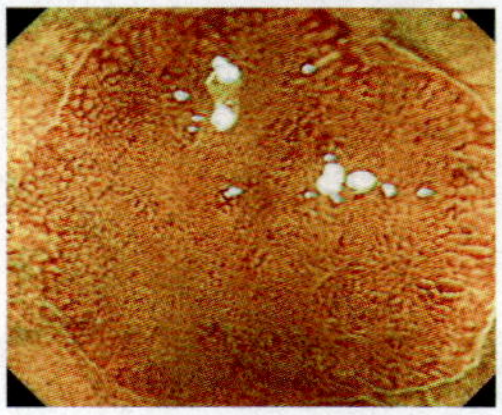

NBIと拡大機能を併用して観察した大腸腺腫。

カプセル内視鏡

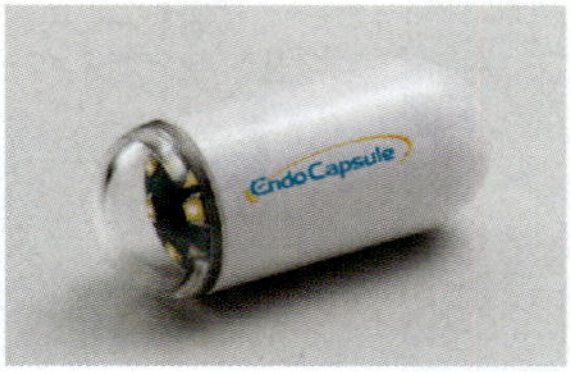

小腸用カプセル内視鏡(*)
直径11mm、長さ26mm。

薬のように飲み込むだけの内視鏡。からだへの負担が少なく、従来の内視鏡では検査がむずかしかった小腸の状態も見ることができます。カプセル内視鏡は、消化管の蠕動運動によって下部消化管へと送られ、撮影した画像を外部に発信し、最後に体外へ排出されます。ただし、内蔵できるバッテリーの大きさが限られるため、検査時間や機能に制限があります。また、動きを外部からコントロールできないので、観察したい部位を詳細に見ることはむずかしくなります。将来的に、これらの問題を解決し、内蔵した薬を病変部で放出したり、粘液を採取する機能ももたせられると考えられています。

カプセル内視鏡のしくみ

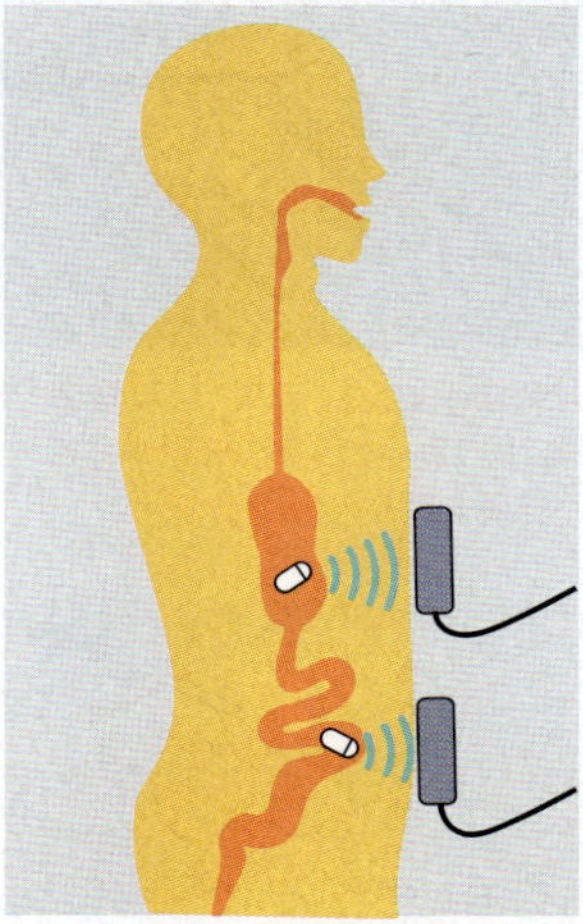

発信された画像データは腹部に付けたアンテナを介して受信される。

写真提供：オリンパスメディカルシステムズ株式会社(*)、医療法人薫風会 佐野病院 院長 佐野寧(**)
症例写真提供・協力：三越総合健診センター

腹腔鏡検査・手術

腹腔鏡は内視鏡の一種で、腹部に小さな孔をあけて腹腔内に挿入し、内部のようすをモニターで直接観察したり、細胞を採取します。検査だけではなく、腹部に数か所の孔をあけ、腹腔鏡とともにさまざまな処置ができる鉗子を腹腔に挿入し、病変部を切除したりする、腹膜、肝臓、胆嚢、胃、腸、子宮などの腹腔鏡下外科手術で使われることが多くなっています。開腹手術とちがって、小さな孔しかあけないため、からだにかかる負担が少なく回復が早い処置法です。

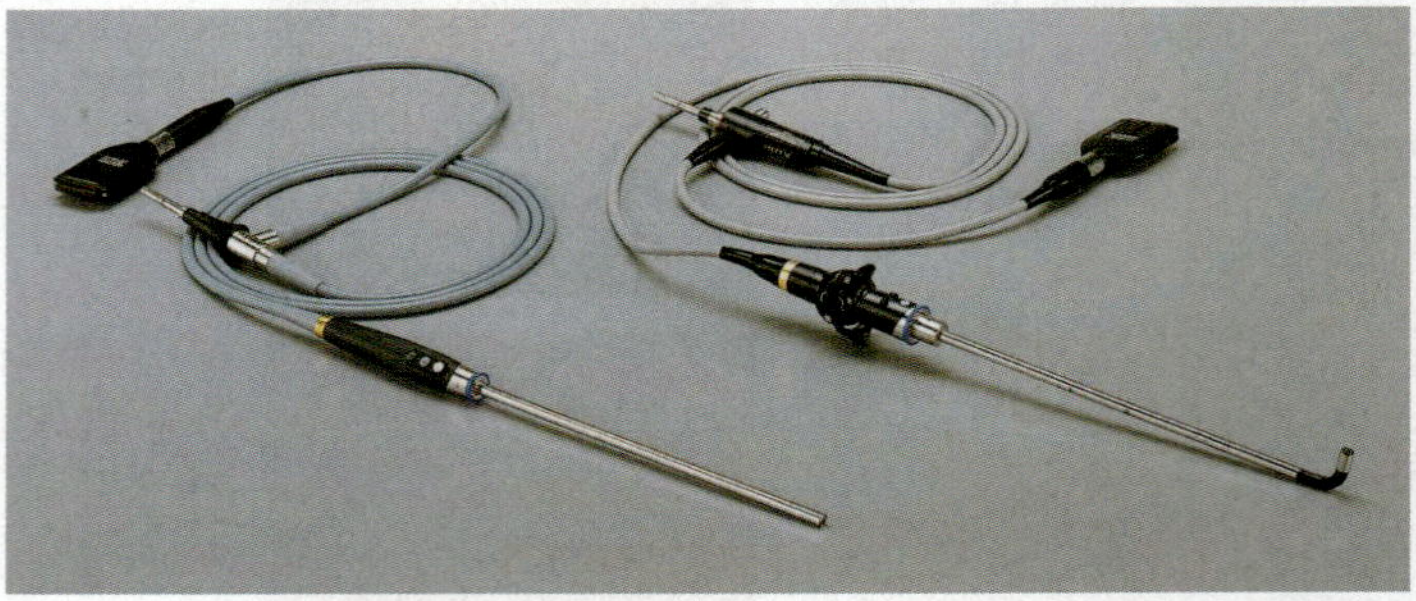

腹腔・胸腔ビデオスコープ(*) ハイビジョン対応CCDカメラが搭載されたもの。左は筒状のシンプルな構造の内視鏡。右は柔軟な素材を用いた先端が4方向に湾曲するタイプ。

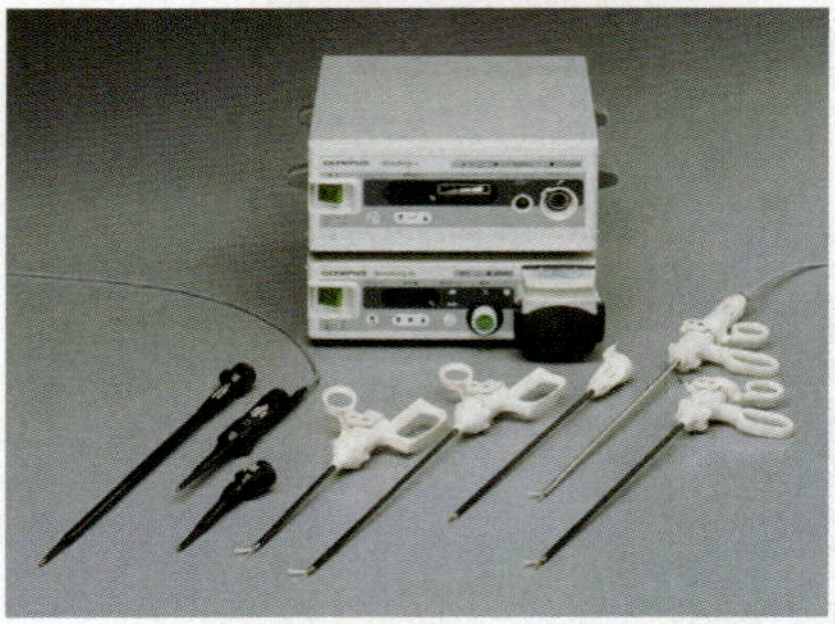

超音波手術システム(*) 超音波で組織の凝固・切開、切り取った組織の吸引ができる。腹部の孔に専用鉗子を挿入して使われる。

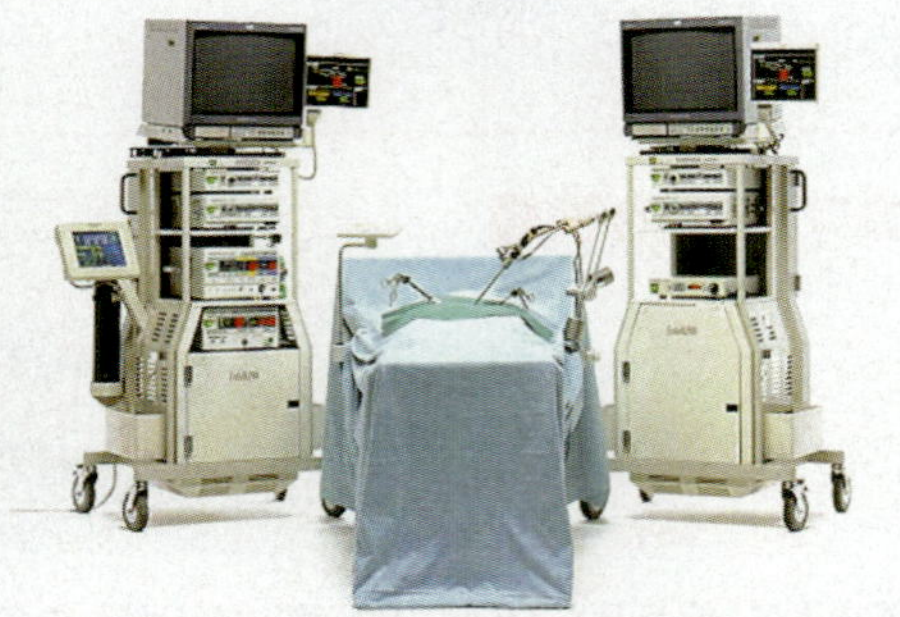

内視鏡手術統合システム(*) 腹腔や胸腔の内視鏡手術を行う機器を統合したシステム。集中操作パネルで各機器の設定操作が可能。

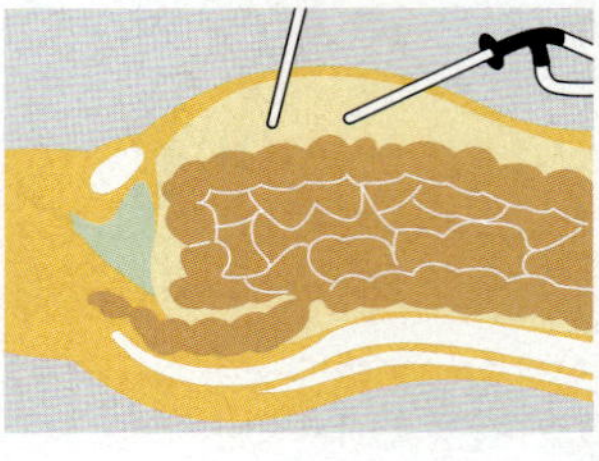

気腹法 腹腔を膨らませて十分な視野を確保する。腹腔内に炭酸ガスを注入して腹壁を膨らませる気腹法と、皮下に細い針金を通して持ち上げる吊り上げ法の2つがある。

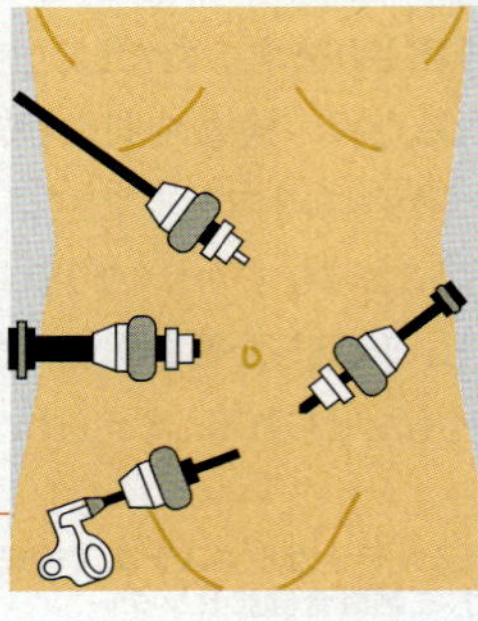

腹腔鏡下外科手術では、腹部に小さな孔を数か所あけて、腹腔鏡、処置用鉗子、炭酸ガスを入れる気腹針などを入れる。

核医学検査(かくいがくけんさ)

核医学検査（RI検査）は、ラジオアイソトープ（RI）を静脈に注射して検査します。体内のRIが出す放射線をシンチカメラという検出器で測定し、そのデータをコンピュータで画像に変換します。RIの分布の具合や放射線の強さによって臓器の状態がわかります。CTやMRIが臓器のかたちや大きさを見るのに対して、臓器の機能を調べることに適しています。脳、肝臓、骨、心臓などの機能の検査や腫瘍(しゅよう)の診断に使います。

シンチグラフィー

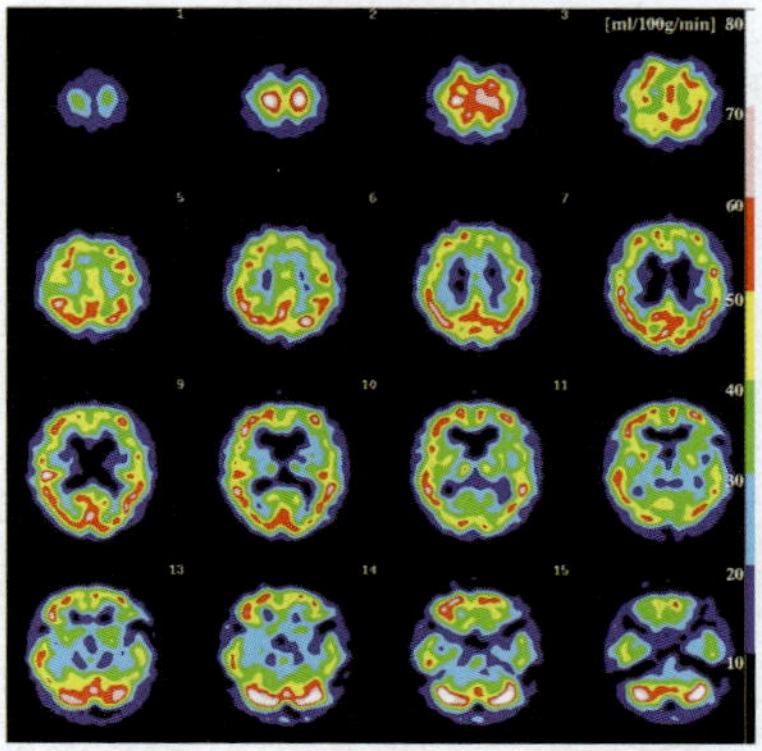

シンチカメラで撮影された脳血流の画像。RIから放出される放射線の分布を画像化したものをシンチグラフィーという。

SPECT

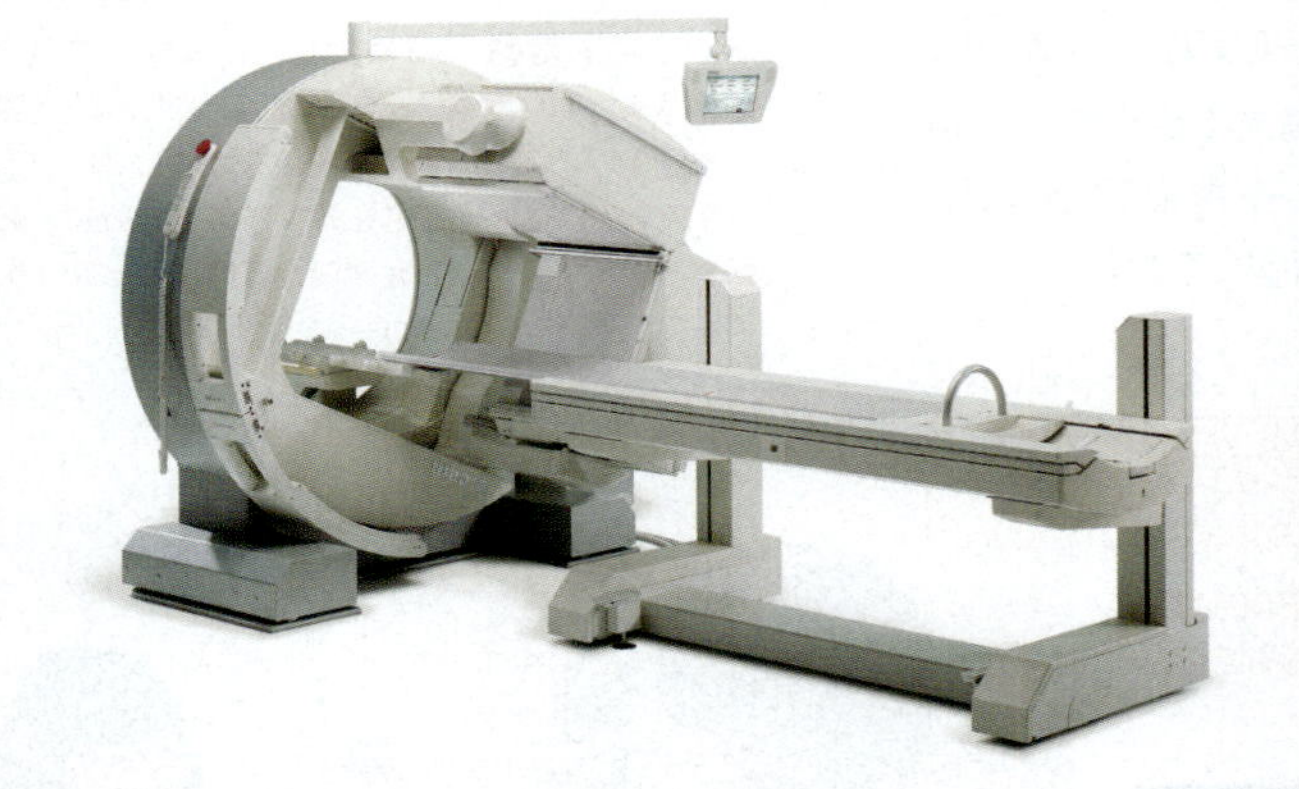

SPECT(スペクト)
（単光子放射線コンピュータ断層撮影）(**)
体内のRIが発するγ(ガンマ)線を検出し、分布の具合を断層画像として表示する。脳血流の検査に使われることが多い。

PET

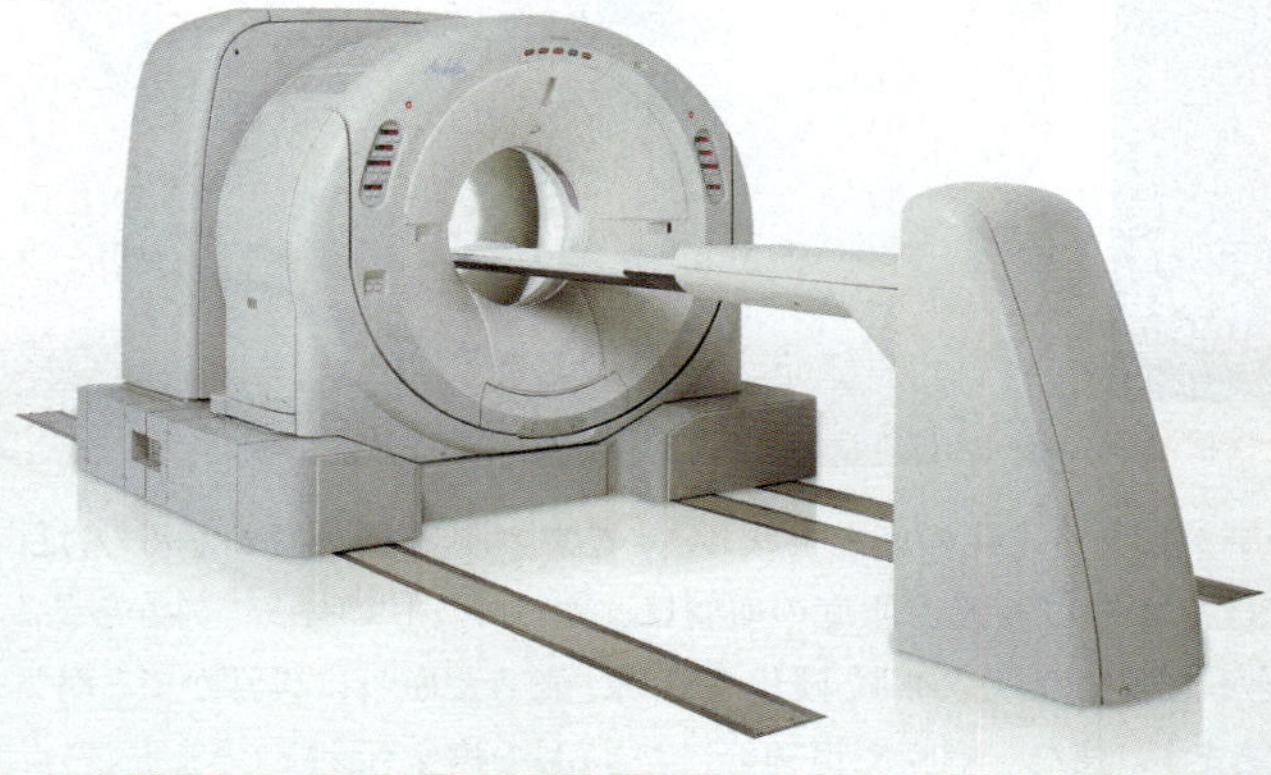

PET(ペット)
（ポジトロン断層法）(**)
ポジトロン（陽電子）を放出するRIを使う。PETで使われるRIは、特殊な装置でつくらなければならないが、ひじょうに鮮明な画像が得られ、がん細胞の位置確定に威力を発揮している。写真はマルチスライスCTとPETが一体化したPET-CTシステム。

写真提供：オリンパスメディカルシステムズ株式会社(*)、東芝メディカルシステムズ株式会社(**)
症例写真提供：香川県立中央病院

心電図検査(しんでんずけんさ)

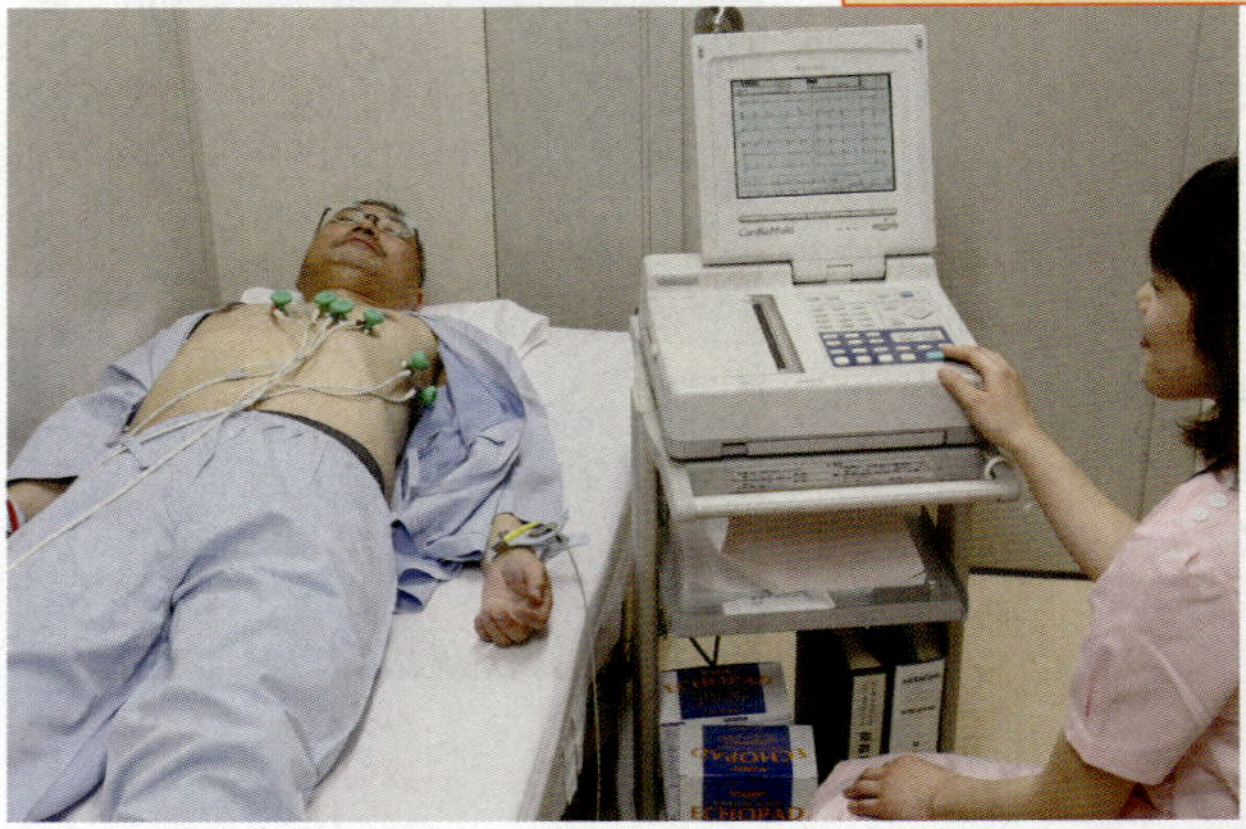

心電図検査のようす 胸部に6つ、手足にそれぞれ1つずつ電極をつける。右足の電極はアース用。残り9本のコードから電流の変化を誘導して記録する。

心臓が収縮するたびに発生する、ごく微弱な電流の変化を図形に記録する検査です。描かれた波形から不整脈(ふせいみゃく)や虚血性心疾患(きょけつせいしんしつかん)、高血圧(こうけつあつ)などの発見や診断ができます。

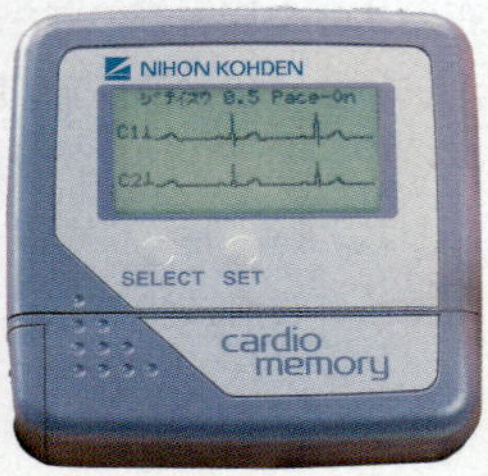

ホルター心電図 24時間にわたって心電図を記録する。胸に電極をつけっぱなしにし、電流変化を記録する機器を携帯する。記録後、コンピュータで1日の心臓の動きを解析する。最近は、記録する本体が小さくなり、携行しやすくなっている。

眼底検査(がんていけんさ)

眼底検査のようす 眼底を観察しながら必要に応じて撮影もできる。

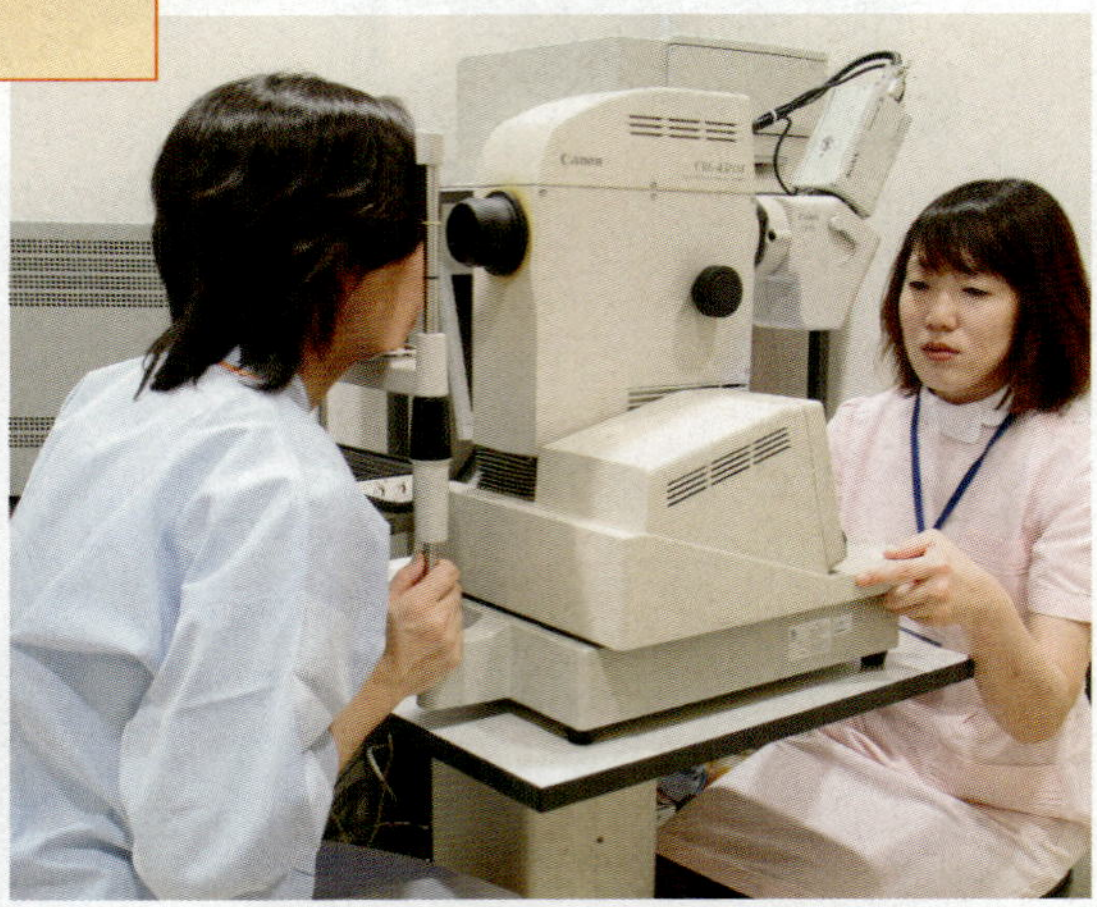

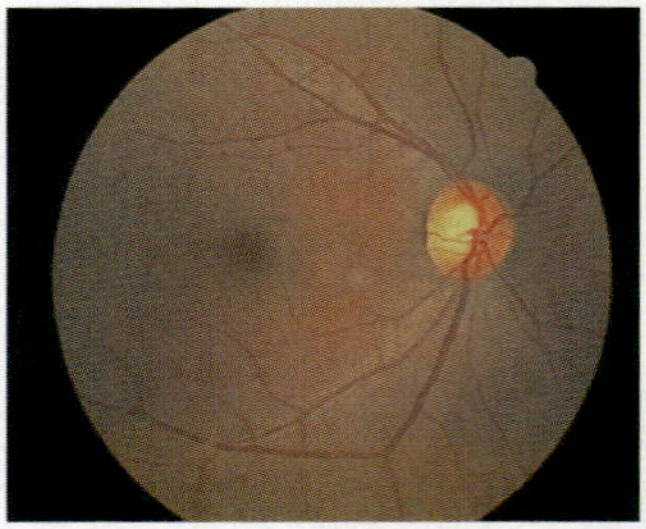

眼底検査画像 右目。血管を直接観察できる。

黒目の中央にある瞳孔(どうこう)の底を眼底といいます。眼底検査でわかるのは目の異常だけではありません。眼底の血管は、からだの中で唯一、外から見ることができる血管なので、動脈硬化(どうみゃくこうか)や糖尿病(とうにょうびょう)など血管に異常がでる病気を発見できます。また、網膜(もうまく)や視神経(ししんけい)におきる目の病気も診断できます。

スパイロメーター

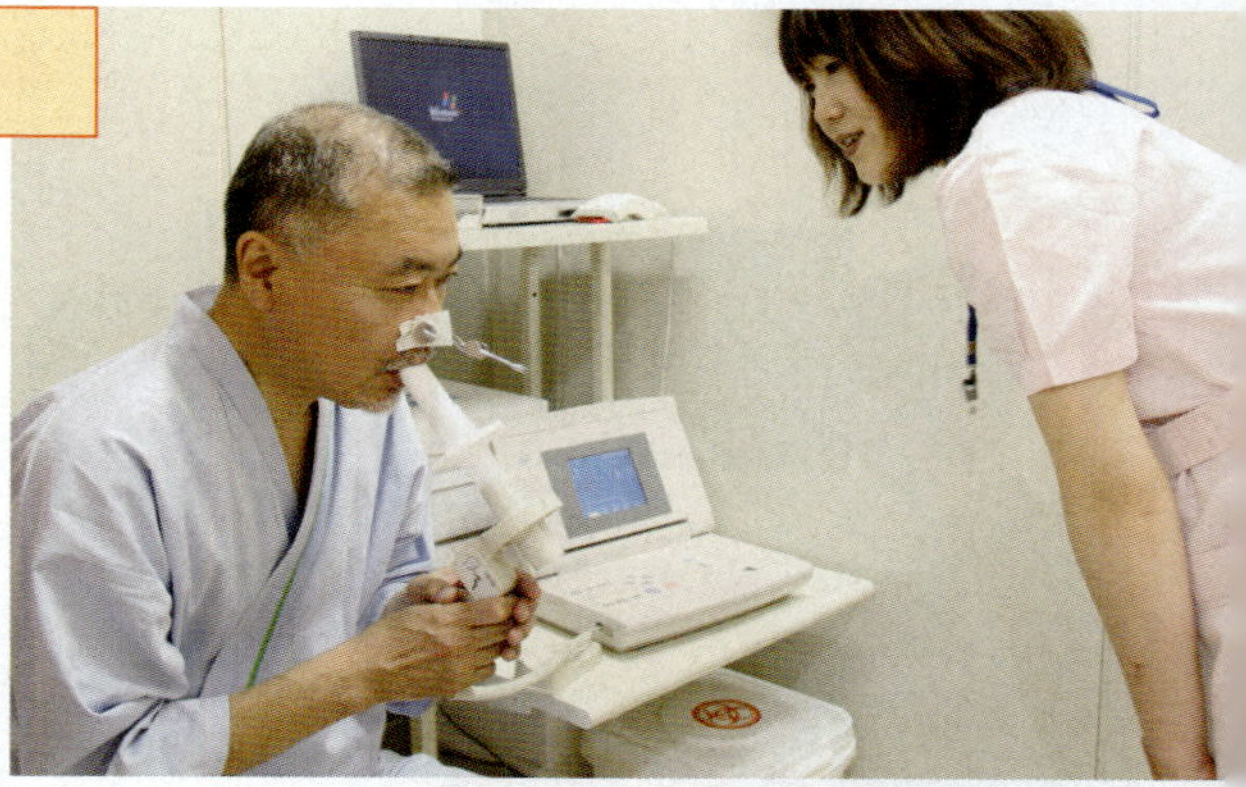

呼吸機能を調べるためにはく息の速さや量を測定する装置で、気管支ぜんそくやＣＯＰＤ（シーオーピーディー）などの肺の病気の診断に使います。息をはき出すチューブは流量計につながっていて、息の量や速さが測定されます。そのデータがコンピュータによってスパイログラムと呼ばれるグラフに表されます。

スパイロメーターの検査のようす
マウスピース（パイプ）をくわえ測定の前に思い切り息を吸ってから、一気にはき出す。鼻から息がもれないように鼻孔はクリップでつまむ。

肺機能検査の基準値

予測肺活量（VC）	男性（27.63-0.112×年齢）×身長（cm） 女性（21.78-0.101×年齢）×身長（cm）
%肺活量（% VC）	ゆっくりはいて測った実際の肺活量と予測肺活量の割合 VCの80%以上
努力性肺活量（FVC）	最大の速さで一気にはき出した肺活量　VCにほぼ同じ
1秒率（FEV1.0%）	はき出した空気の総量に対する1秒間の割合　70%以上
残気率（RV）	1000 ～ 1500ml

肺活量（はいかつりょう）の目安は成人男性で3500cc、成人女性で2500cc。多すぎても少なすぎてもよくない。ただし、基準値は性別、年齢、身長で変化する。

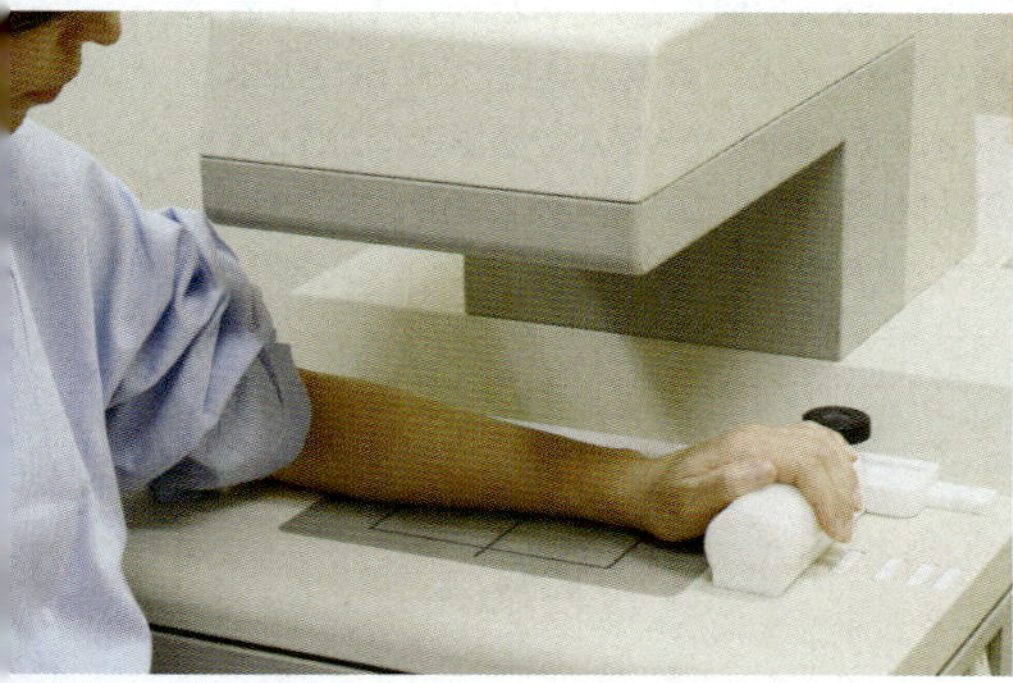

骨密度検査（こつみつどけんさ）

DXA（デキサ）法での骨密度測定　骨密度の測定は痛みはいっさいなく、短時間で終わる。

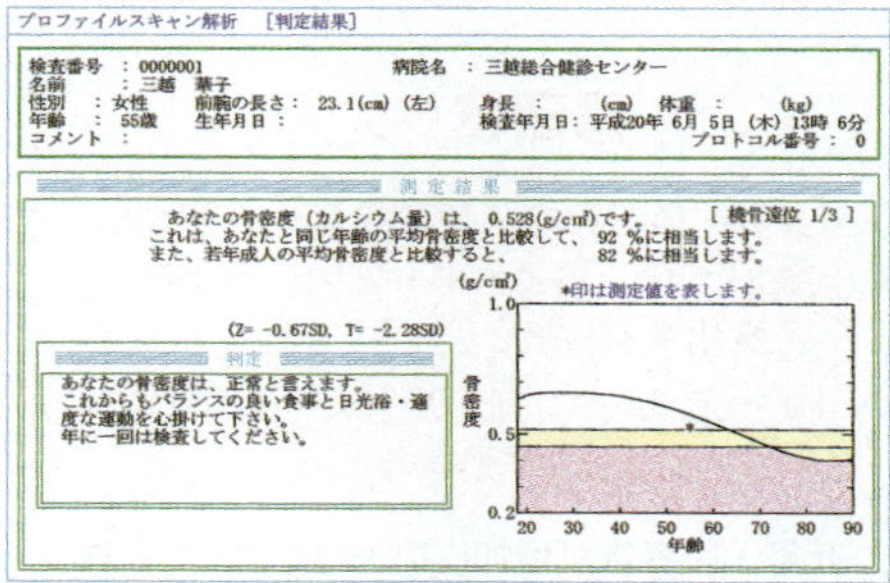

プロファイルスキャン解析　［判定結果］

検査番号　：0000001　　病院名　：三越総合健診センター
名前　　：三越　華子
性別　：女性　　前腕の長さ：23.1(cm)（左）　　身長　：　(cm)　体重　：　(kg)
年齢　：55歳　　生年月日：　　検査年月日：平成20年 6月 5日（木）13時 6分
コメント　：　　プロトコル番号：0

測定結果

あなたの骨密度（カルシウム量）は、0.528(g/cm²)です。　［橈骨遠位 1/3］
これは、あなたと同じ年齢の平均骨密度と比較して、92 %に相当します。
また、若年成人の平均骨密度と比較すると、82 %に相当します。

(Z= -0.67SD, T= -2.28SD)

判定

あなたの骨密度は、正常と言えます。
これからもバランスの良い食事と日光浴・適度な運動を心掛けて下さい。
年に一回は検査してください。

多くの医療機関では測定後に結果を印刷して渡してくれる。自分の骨密度が標準に比べてどうなのかが一目でわかる。

骨の密度を測定することで骨粗鬆症（こつそしょうしょう）を診断します。広く普及しているのは、二重エネルギーX線吸収法（DXA 法、デキサ法）と呼ばれる方式の測定器です。これは大腿骨（だいたいこつ）や手首の骨に2種類のX 線をあて、X 線の吸収率から骨の量を測定します。そのほか、かかとの骨に超音波をあてる超音波法や、CT 装置で手首の骨を撮影して測定する末梢型（まつしょうがた）コンピュータ断層法もあります。

写真提供：日本光電工業株式会社　症例写真提供・協力：三越総合健診センター

専門ドック

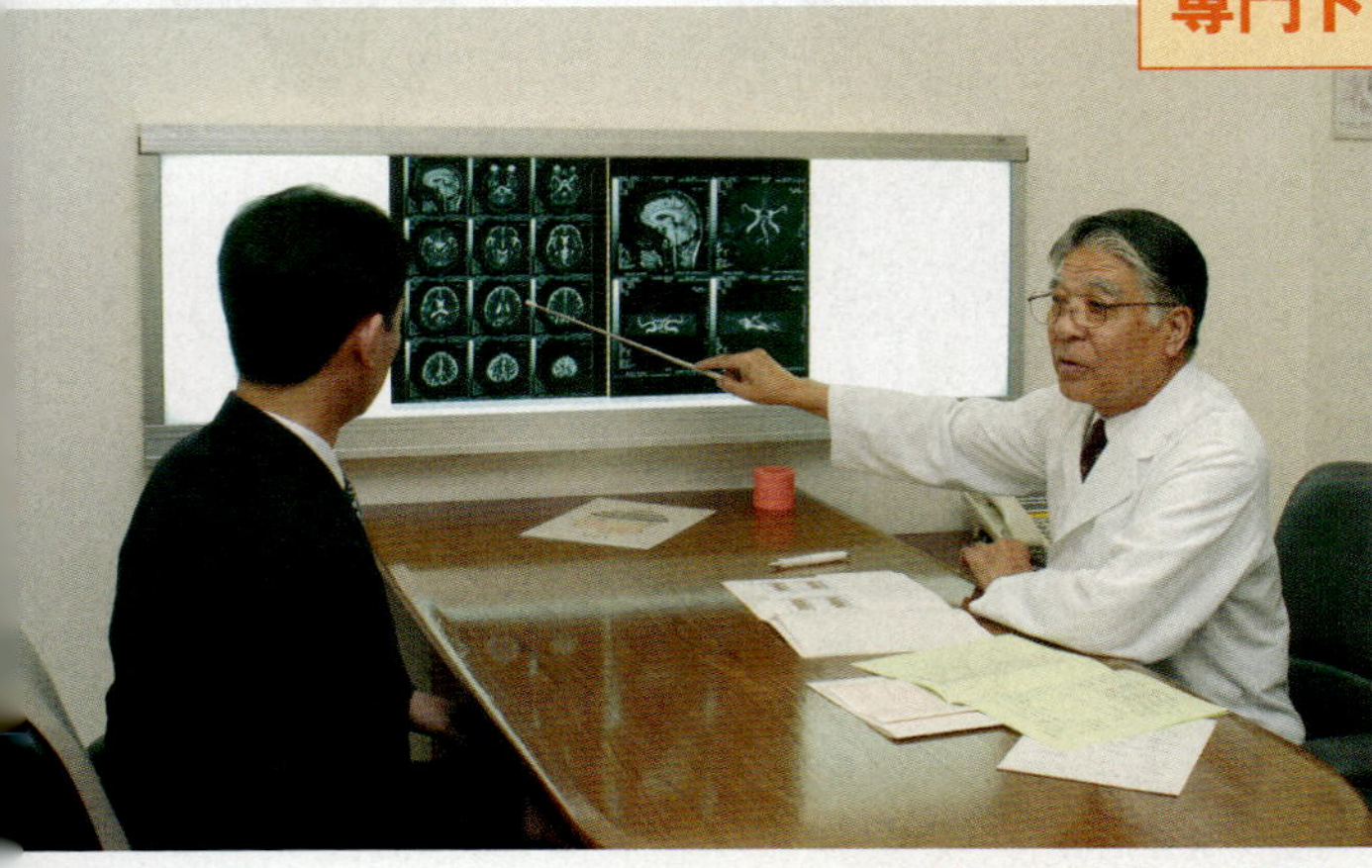

脳ドックでは脳神経外科専門医が読影する。

人間ドックはからだ全体の精密検査を行い、がんや生活習慣病などの早期発見に役立っています。さらに、近年では、特定の部位だけを徹底的に検査する専門ドックも増えています。脳や心臓など加齢によって症状が現れやすい部位を調べるドックのほかに、生活習慣病を防ぐために血液の流れや肥満度を調べたり、遺伝子を検査するなどさまざまな専門ドックがあります。

脳ドック

血液検査、MRI・MRA 検査、眼底検査、心電図、頸動脈エコー、経頭蓋骨脳血管ドップラー、身体測定、血圧測定。必要に応じて問診による認知度検査。
▶未破裂動脈瘤・脳梗塞・脳出血・脳腫瘍など脳の病気の早期発見、予防、治療。脳の老化度を検査。

人間ドックを受診している人でも、脳梗塞、脳出血など脳の病気で倒れるケースがあります。一般の人間ドックで脳の血管の状態をくわしく検査するのはむずかしいため、異常が見過ごされることがあるからです。脳ドックでは一般的な動脈硬化の検査に加えて、MRI や MRA で撮影された脳と脳血管の鮮明な画像を脳神経外科医が読影し、血管のつまり具合や出血の前兆を診断します。また、血管性認知症の原因となる血管のつまりを見つけることもできます。

循環器ドック

身体・血圧測定、眼底検査、心電図、胸部 X 線、運動負荷心電図、頸動脈・心臓超音波検診など。
▶心臓病一般、動脈硬化などの早期発見と循環器系の状態を把握。

近年、患者数が増加している狭心症や心筋梗塞などの虚血性心疾患は生活習慣病でもあります。自分の心臓の状態や動脈硬化の前兆などがわかれば、的確な指導を受けながら生活を改善することで予防できます。

遺伝子ドック

PCR 法による SNPs の検査（採血）
▶がん、高血圧、心筋梗塞、アルツハイマー病など特定の病気になりやすい体質かどうかを調べる。

遺伝子がある配列をしていると発症しやすい病気があります。そこで、血液などから遺伝子を取り出し、病気にかかわる配列があるかを調べます。予測できる病気はかぎられますが、発症しやすい体質であることがわかれば生活習慣を改善してリスクを減らせます。

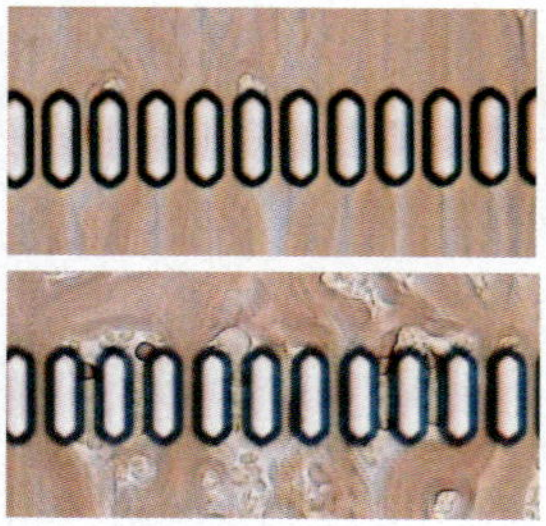

MC-FANで見た血液。上がサラサラ状態、下がドロドロ状態(*)。

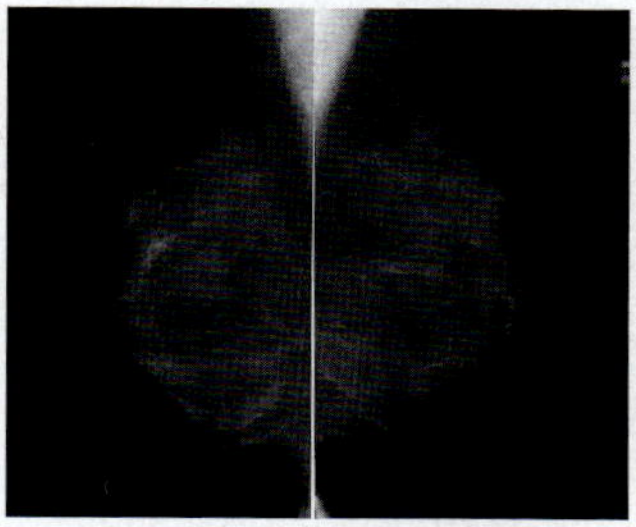

レディースドックのマンモグラフィーで撮影された正常な乳房。

血液サラサラドック

MC-FANによる検査、生化学検査
▶糖尿病、脂質異常症（高脂血症）などの早期発見。

毛細血管を模したシリコンチップに採取した血液を一定の圧力をかけながら流し、通過時間を測定するとともに、血液が流れるようすを顕微鏡で拡大して確認します。ドロドロして流れにくい場合は、糖尿病や脂質異常症など生活習慣病予備群のことが多いとされています。専門医療機関で検査を受けましょう。

レディースドック

一般婦人科診察、マンモグラフィー、卵巣・子宮・乳腺超音波検査、子宮頸部・体部細胞検査、おりもの検査など。
▶乳がん、子宮がんなどの早期発見。

女性の医師が検診したり、レイアウトなどを工夫して女性が安心して検査を受けられるようにしている病院も多くなっています。乳がんドックや、結婚前に性感染症や妊娠にかかわる病気がないかを検診するブライダルドックもあります。中年以降の女性は骨粗鬆症になりやすいため、骨密度検査を組入れているところもあります。

アンチエイジングドック

おもに酸化物質量検査。そのほか頸動脈超音波検査、血中脂質成分検査、ホルモン量検査など。
▶活性酸素と抗酸化物質量濃度を測定。そのほかに血管の動脈硬化度、血液成分の老化度、ホルモンや免疫バランスの崩れなどを調べる。

アンチエイジング（抗加齢）ドックのおもな目的は体内の活性酸素量と抗酸化物質量を調べることです。活性酸素は糖質をエネルギーに変換するときに発生します。そのままにしておくと細胞に悪影響を与え、生活習慣病、がん、老化などとの関連も示唆されています。

ストレスドック

心理テスト（面接）、性格検査、脳波や眼球運動など精神生理学検査、血圧測定、血液検査など。
▶うつ病など心因性の病気、心身が受けているストレス度など。

近年、急増している心因性の病気を未然に防ぐためのドックです。テストや検査の結果をもとに専門家に問診を受けることで、ストレスの程度や検査を受けた人のストレスの感受性がわかります。ストレスが多い場合は、カウンセリングによって対処法が話し合われます。自覚症状がないまま心因性の病気にかかっていた場合は専門の機関を紹介されます。

写真提供：赤坂パークビル脳神経外科、三越総合健診センター、株式会社エムシー研究所(*)

レーザー治療（ちりょう）

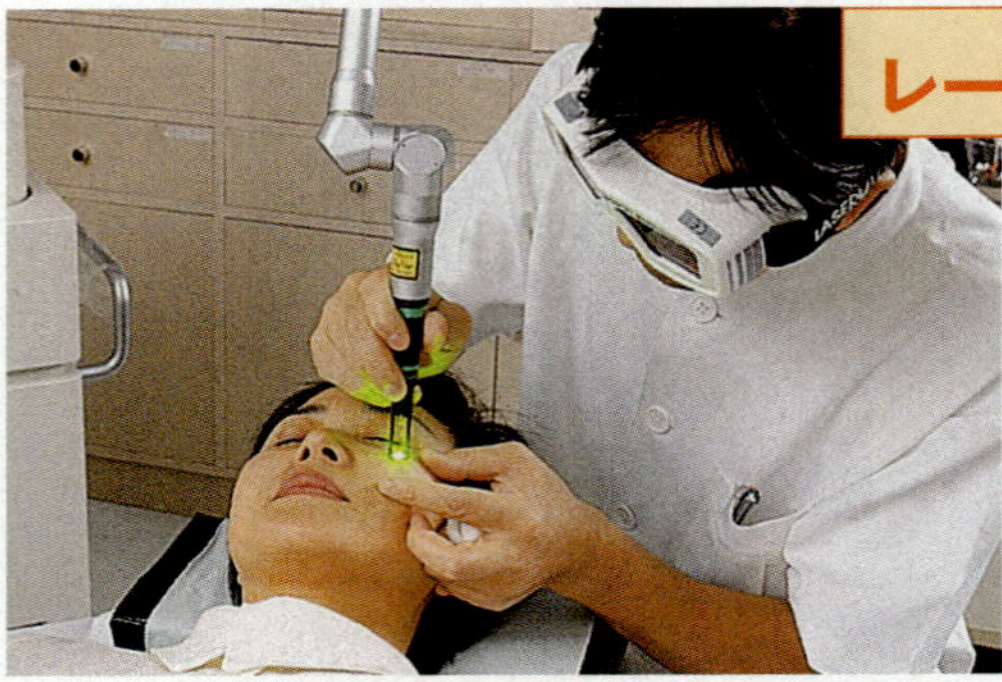

ヤグレーザーによる治療　皮膚にレーザー光を照射すると、正常な皮膚細胞を傷つけずに、色の濃い色素細胞だけが消失する。皮膚表面のしみやあざ、扁平母斑（へんぺいぼはん）や、それより深部の太田（おおた）母斑（ぼはん）、蒙古斑（もうこはん）など、病気によってレーザーの種類を使い分ける。

ヤグレーザーによる、しみの治療

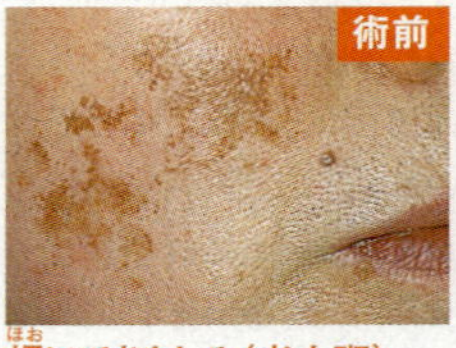

頬（ほお）にできたしみ（老人斑）。

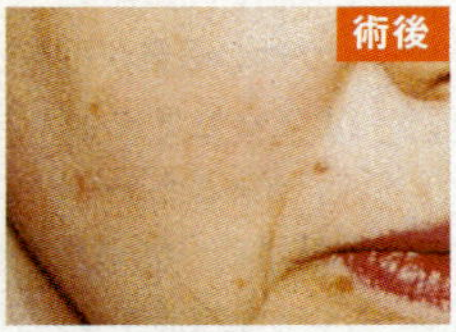

レーザー照射により、しみは消失。

レーザーメスは、切除と同時に止血ができるので、脳、消化器官、子宮（しきゅう）頸部（けいぶ）などさまざまな部位の腫瘍（しゅよう）の治療に使われます。眼科では、網膜症（もうまくしょう）や緑内障（りょくないしょう）の治療に力を発揮しています。また、内視鏡（ないしきょう）とレーザーを組合わせ、体内を内視鏡で見ながら腫瘍にレーザーをあてて破壊する治療も行われています。痔（じ）や歯の治療では一般的な処置です。皮膚科では、しみ、あざ、ほくろの除去にも使われます。ヤグレーザー、CO_2（炭酸ガス）レーザー、ルビーレーザーなどの種類があり、それぞれ性能に特徴があって、病変によって使い分けられます。

放射線療法

がんの治療のひとつで、臓器を温存しながら治療できます。X線、γ（ガンマ）線、電子線などを腫瘍（しゅよう）に照射して、細胞が増殖する能力を奪ったり、細胞が死滅する現象を強めて、がんを死滅させます。からだの外側から放射線を照射する外部照射法と、放射線源を食道や子宮（しきゅう）など体内に入れて照射させる密封小線源治療があります。がんを死滅させる目的のほか、手術部位に再発したがんの治療や、がんによる痛みなどの症状を和らげるためにも使われます。

ライナック[*]　X線や電子線を照射する装置で、リニアックともいう。からだの深部のがんにはX線、体表面近くのがんには電子線が用いられ、テレビ画面で確認しながら治療できる。

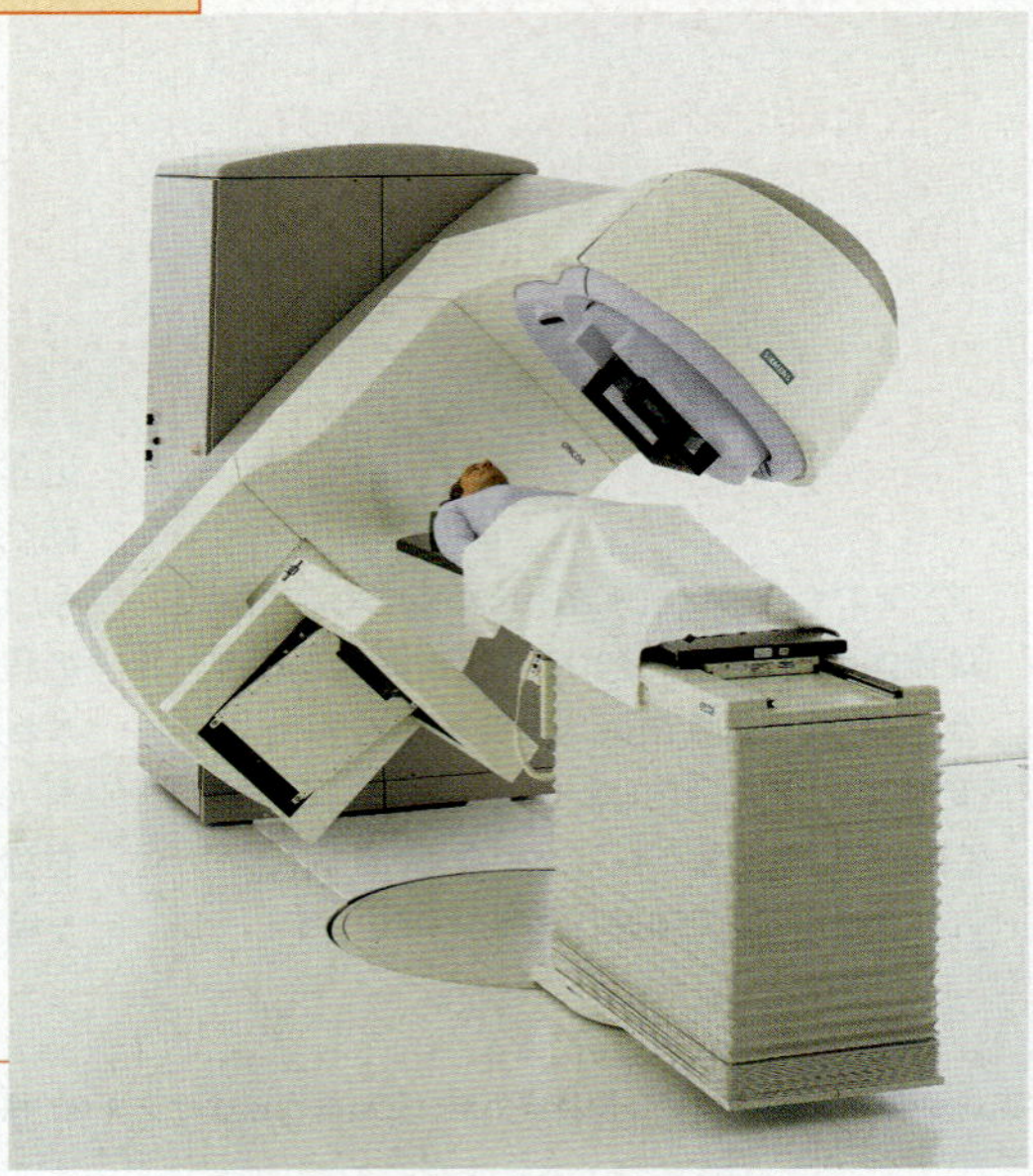

カテーテル治療(ちりょう)

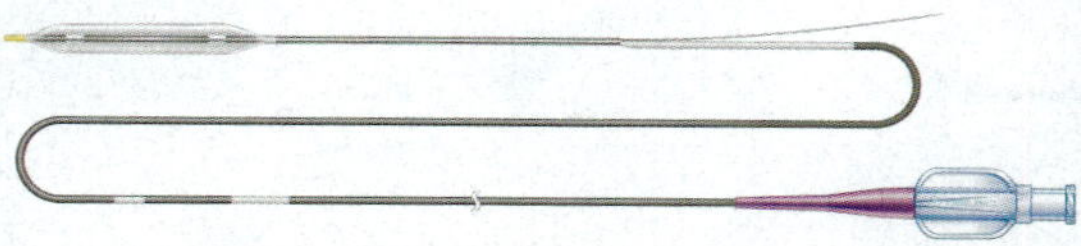

バルーンカテーテルの全体　右端を操作してバルーンを膨らませる。

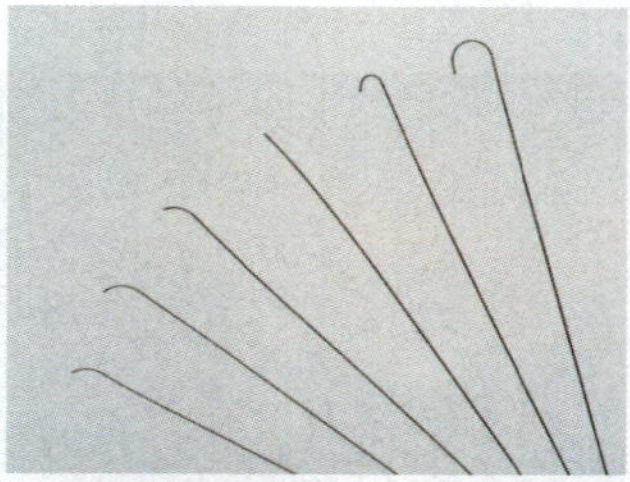

さまざまな太さのガイドワイヤー

バルーンカテーテルのバルーン部分

医療に用いられる、中が空洞でやわらかく自在に曲がる管をカテーテルといいます。腹腔(ふくくう)や胸腔(きょうくう)、尿管(にょうかん)、血管などに挿入し、尿などを外に排出したり、血管に造影剤を入れたりします。カテーテル挿入の前に、ひじょうに細いガイドワイヤーを目的の部位まで到達させます。それから中空のカテーテルをガイドワイヤーに通して挿入し、役目を終えたガイドワイヤーを引き抜きます。狭心症(きょうしんしょう)や心筋梗塞(しんきんこうそく)など心疾患の検査に心臓カテーテル検査が行われます。右足の付け根や手首の血管からカテーテルを入れ、心臓まで到達させます。そこで、心臓内の血圧、動脈の状態などを調べます。

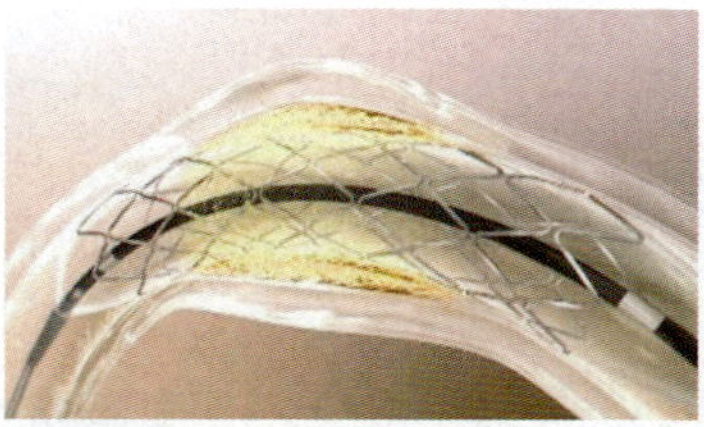

広がった血管を保持するようにステント(p20参照)を入れることもある。カテーテルとともに挿入されたステントが広がって周囲の壁を押し広げたところ(模型)。中央にガイドワイヤーが通っている。

心筋梗塞や狭心症の治療に用いられるPTCA(経皮的冠動脈形成術(けいひてきかんどうみゃくけいせいじゅつ))

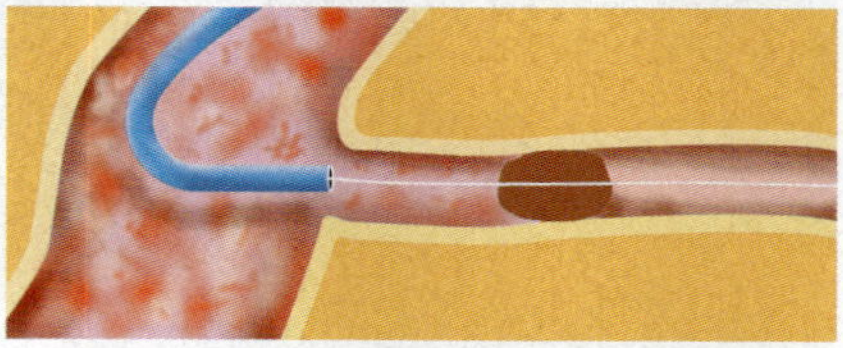

1.コレステロールなどがつまったり、狭くなって血流が流れにくくなっている血管に、直径0.3mmほどのガイドワイヤーを通す。

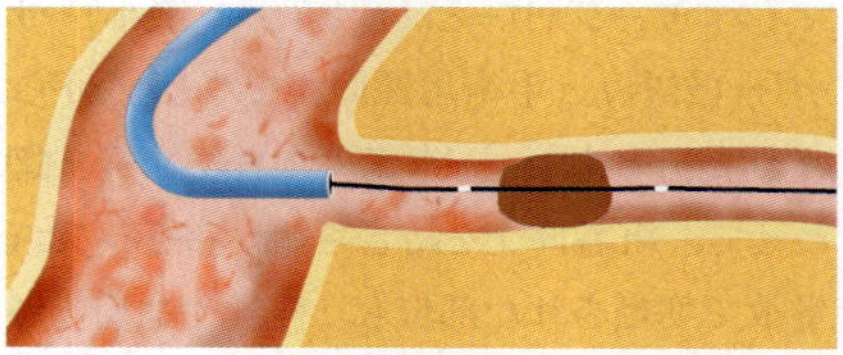

2.ガイドワイヤーに沿って、バルーンカテーテルを挿入する。

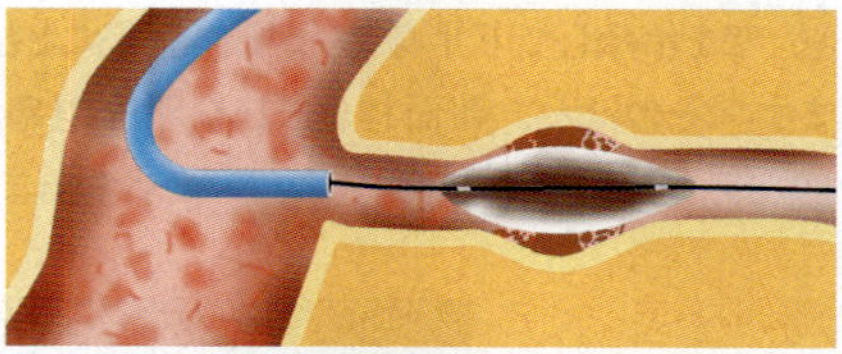

3.バルーンを膨らませて、血管を押し広げる。

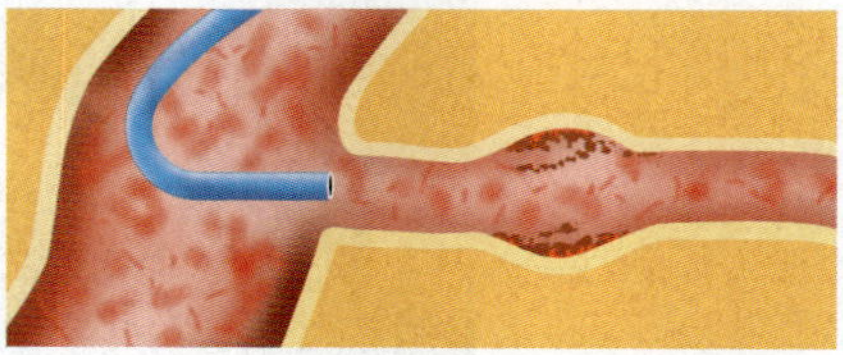

4.血管が広がったらバルーンカテーテルを引き抜く。再び血流が流れるようになる。

写真提供：シーメンス旭メディテック株式会社(*)、テルモ株式会社(p17)

マイクロサージャリー

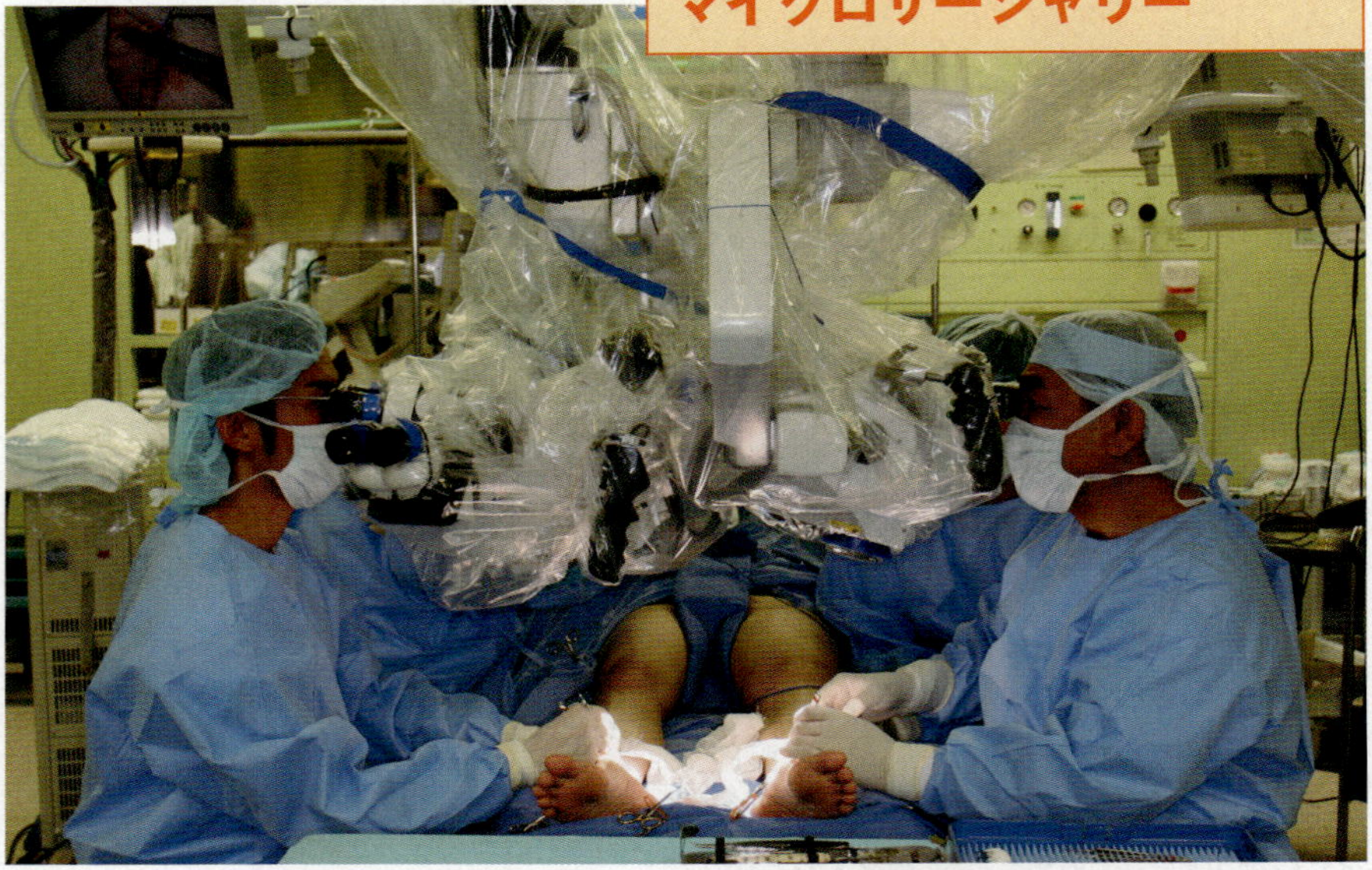

マイクロサージャリー手術のようす　顕微鏡をのぞきながら行う。左上には施術中の部位のようすがモニターに映し出されている。

マイクロサージャリーとは、マイクロ（微小）＋サージャリー（外科）。手術用顕微鏡をのぞきながら、直径数mmから1mm未満の神経や血管を縫い合わせて、組織同士を結合させる手術のことです。事故で切断された部位も、神経や血管をつなぎあわせて結合させることができます。椎間板ヘルニアを取り去ることで痛みがなくなったり、脊柱管狭窄を治療して下半身まひが改善することもあります。そのほか、顔面神経まひや卵管閉塞など幅広い分野でマイクロサージャリーが行われます。

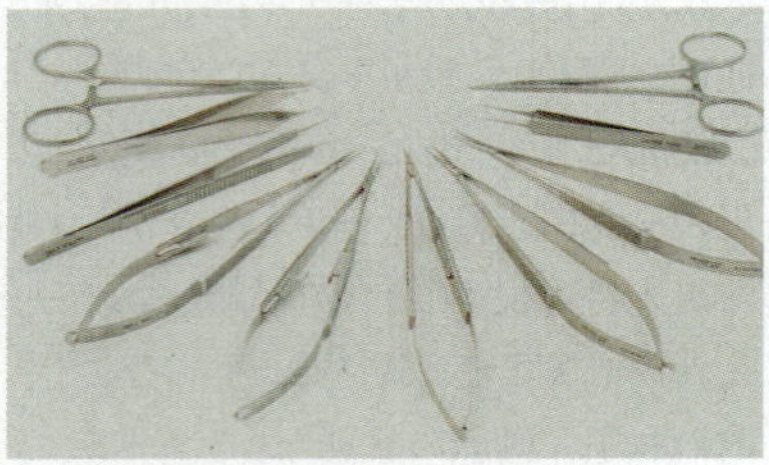

直径0.5mm前後の微小血管をつなぐための手術道具。日本で開発・設計された。

神経の移植　先に細い針がついた糸（黒色）で、神経と、神経線維の中の動脈（赤色）と静脈（青色）も縫い合わせる。また、神経に栄養を届ける栄養血管もつながれている。

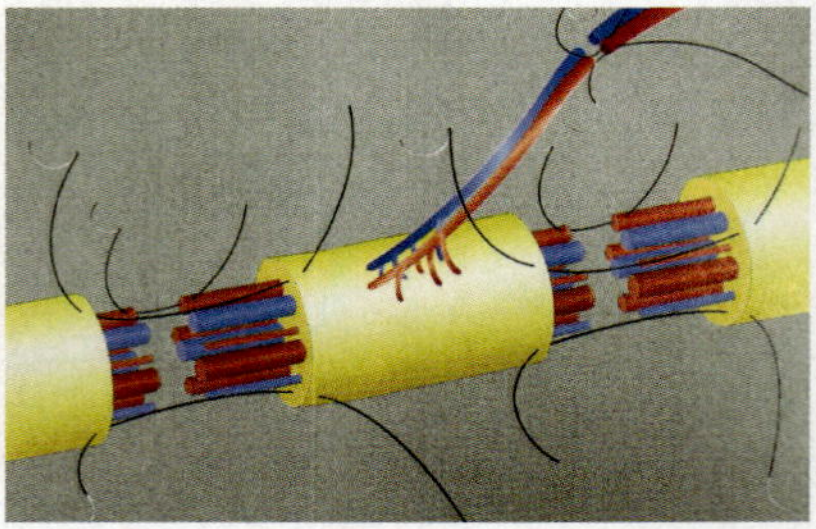

糸と針の太さ　上からボールペンの先、髪の毛、0.1mmの針とナイロン糸（直径2mmの血管をつなぐ）、0.05mmの針と糸（直径0.3mmの血管をつなぐ）。

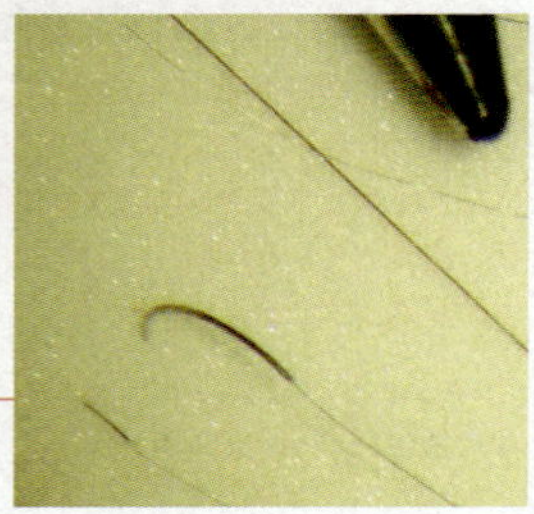

再建術

乳房再建

乳がん治療などで乳房が失われても、自分のからだの組織を使って再建することができます。再建には腹部の腹直筋か背中の広背筋を使います。血管の一部はつないだまま、筋肉・皮膚・脂肪をひとまとめにして切り取り、再建部分まで移動させて乳房をつくります。1年ほどしたら、乳頭や乳輪も再建します。最近では、腹部の脂肪を血管ごと切り取り、再建部分に移植して胸の血管と縫い合わせる方法も行われています。しかし縫い合わせる血管が細いため、手術後につまって乳房が壊死する確率が高いともいわれています。

乳房再建の経緯 (*)

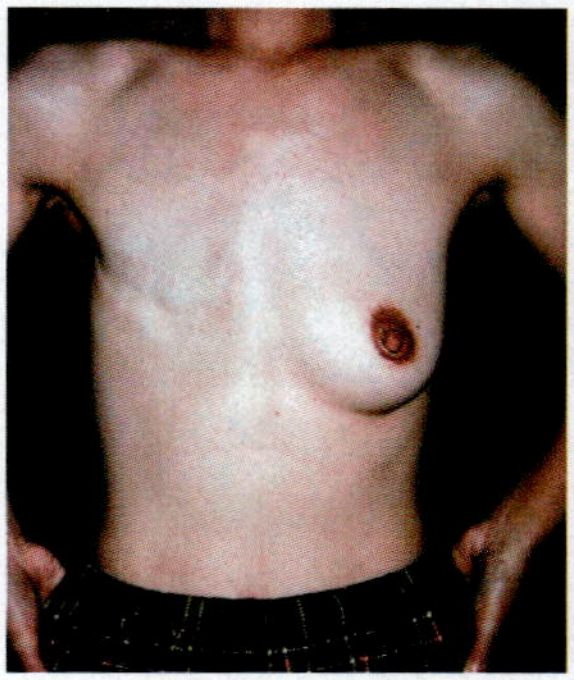

1. 乳がん手術後。右の乳房は失われている。

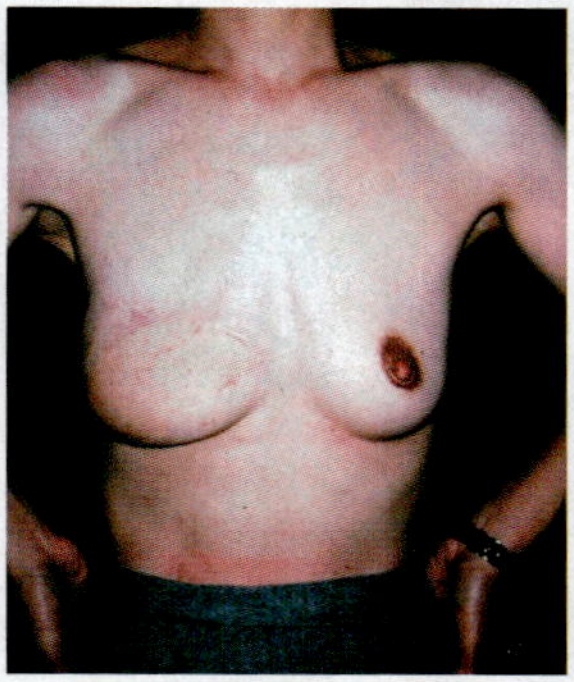

2. 広背筋を使って乳房が再建されたところ。

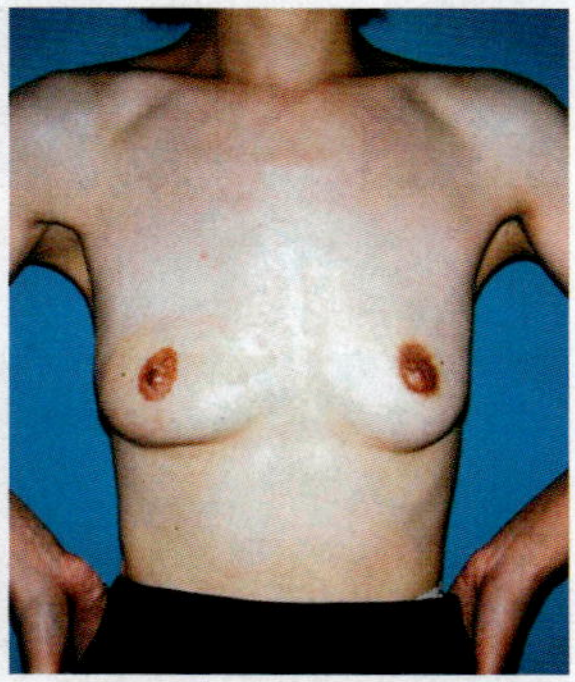

3. 乳房再建から1年後、乳頭と乳輪も再建。

指の再建

生まれつき指の一部が欠けていたり、けがで指の一部を失った場合には、自分の足指を切断して、手に移植することもできます。神経や血管をつなぎ合わせるため、再建後には手指として機能させることができます。この再建にはマイクロサージャリー技術（前頁）が欠かせません。

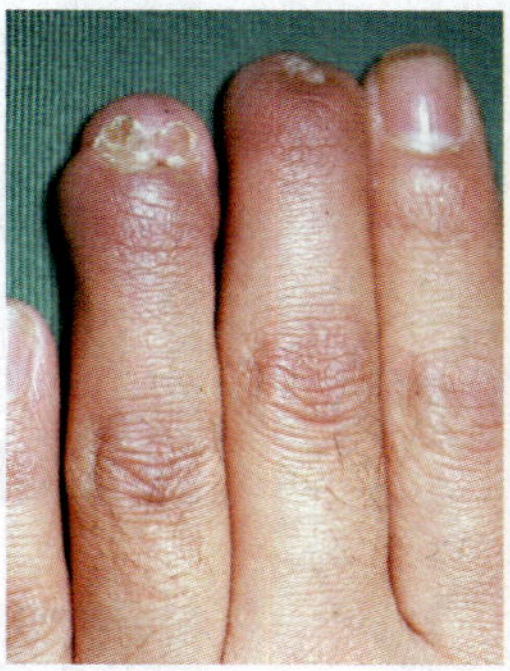

指先が欠損している状態。

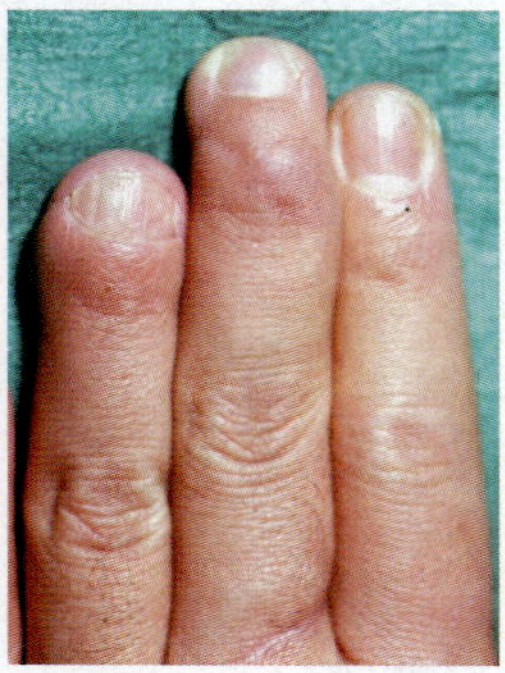

再建できた状態。

写真・図版提供：東京大学 形成外科学 教授 光嶋 勲、国際医療福祉大学 三田病院 形成外科 教授 酒井成身(*)

人工材料

失われたからだの組織を人工物で補う技術が進んでいます。人工関節や人工骨、人工歯、また火傷の治療などで一時的に皮膚の役割を果たす人工皮膚などは、すでに珍しいものではなくなっています。また、動脈瘤や血管狭窄がある部分の血管を切除したあと、人工血管で補う手術も行われています。将来的には臓器を人工物に置き換え、さらに、電子工学技術を駆使して聴覚や視覚をとり戻す人工内耳や人工の目も開発されるでしょう。

人工血管(*)

ポリエステルの糸を編んでつくられる。編み方には2通りあり、使用する部位に適したものが選ばれる。

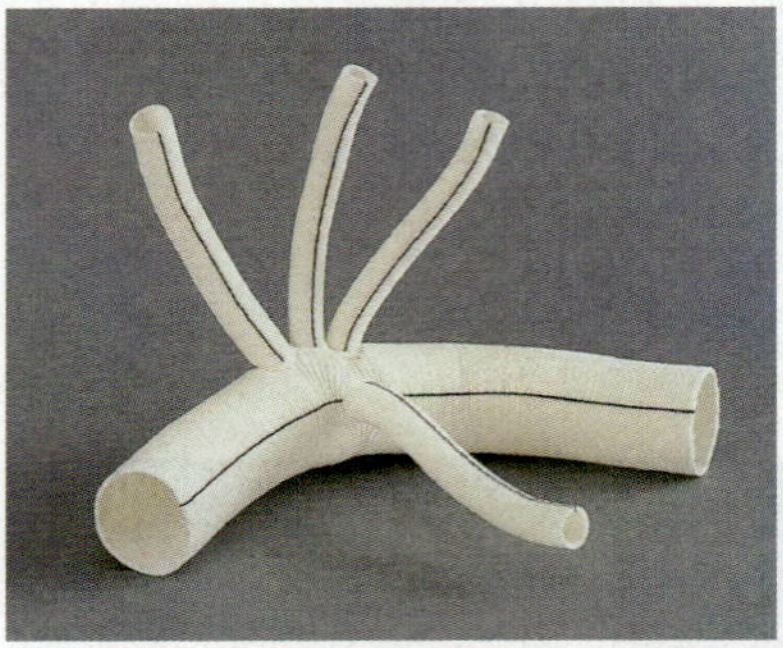

ウーブン織り人工血管　ゆるめに編まれている。胸部で使うことが多い。

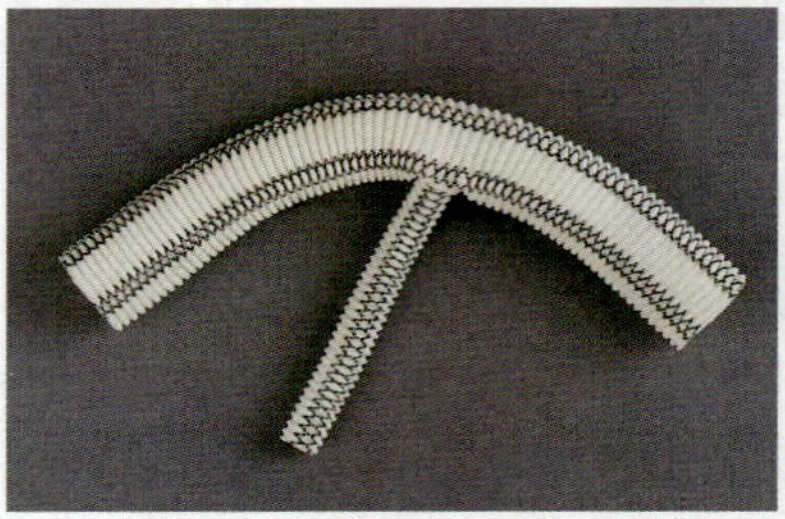

ワープニット編み人工血管　強度が高い。腹部、末梢血管で使用することが多い。

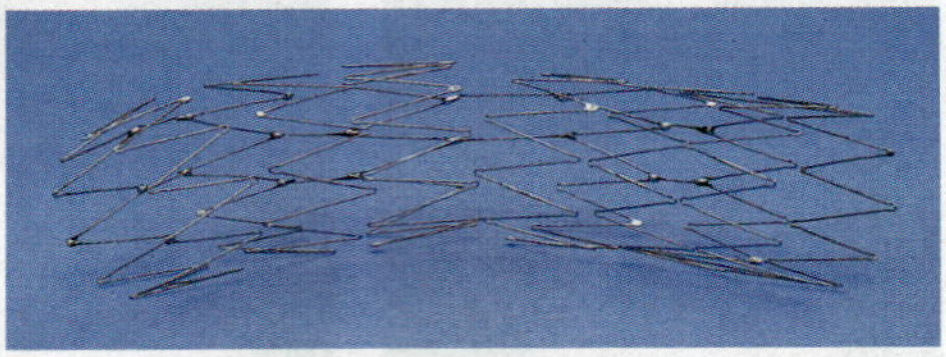

ステント　素材は医療用ステンレスなど。カテーテルによって小さく折りたたまれて挿入し、目的の位置で広げられる。折りたたみの技術には日本の折り紙が応用された。

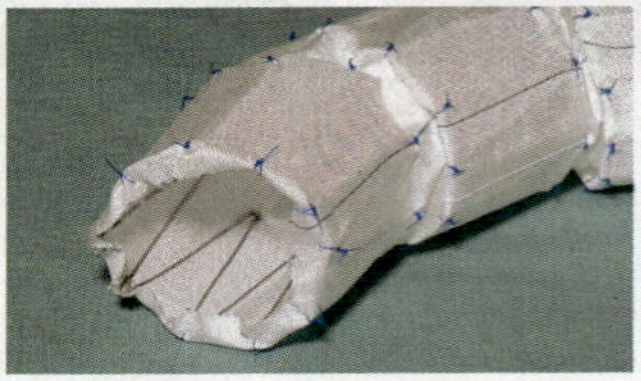

ステントが入った人工血管

人工股関節(**)

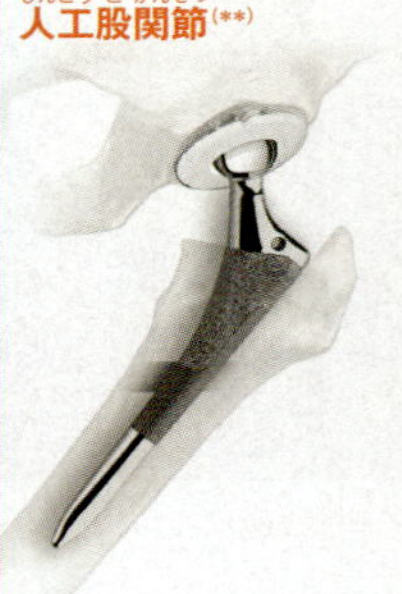

人工膝関節(**)

骨補填材(***)

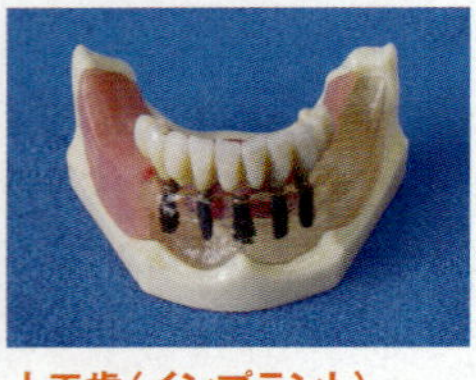

人工歯（インプラント）
下部のねじ部分が顎の骨に埋め込まれ、そこにアバットメントが固定され、上部構造体（白い部分）がかぶせられる。

人工皮膚(***)

写真提供：杏林大学医学部附属病院 心臓血管外科学 准教授 窪田 博、日本ライフライン(*)、福岡整形外科病院(**)、オリンパス テルモ バイオマテリアル株式会社(***)　協力：津田歯科医院

カラー解説◆目で見る病変

皮膚（粘膜）に現れるさまざまな症状

皮膚や口腔の粘膜には病気に特有の症状が現れることがあります。
その原因は外部からの刺激にかぎらず、体内に原因があることもあります。

はしか（麻疹）

▶804頁

麻疹ウイルスによる感染症で生後７か月以降にかかりやすくなり、発熱やせき、目の充血や目やに、全身の発疹などが現れます。

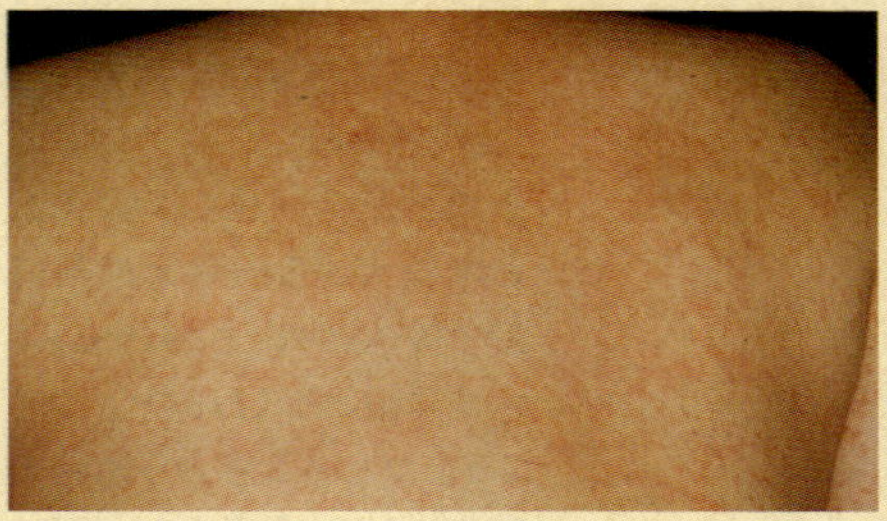

発疹

発病して4日くらいとたつと、顔や胸にノミに刺された程度の紅色の発疹が出ます。発疹は数と大きさを増し、腹、腕、太ももへと広がり、隣どうしが融合して大小不規則な形になります。

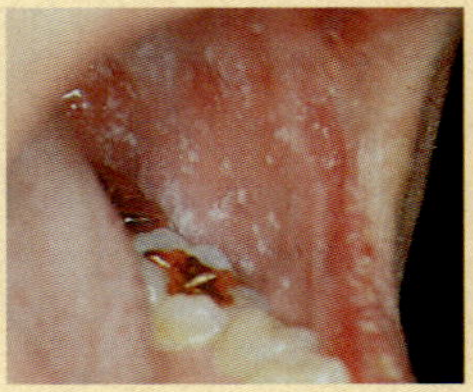

コプリック斑

発病2、3日後に口の中を見ると、頬の内側に米粒の半分くらいの大きさの白い水ぶくれができています。

水痘（水ぼうそう）

▶809頁

水痘帯状疱疹ウイルスによる感染症で２～６歳の子どもがかかりやすく、高熱がでて、全身に小さな水ぶくれが現れます。

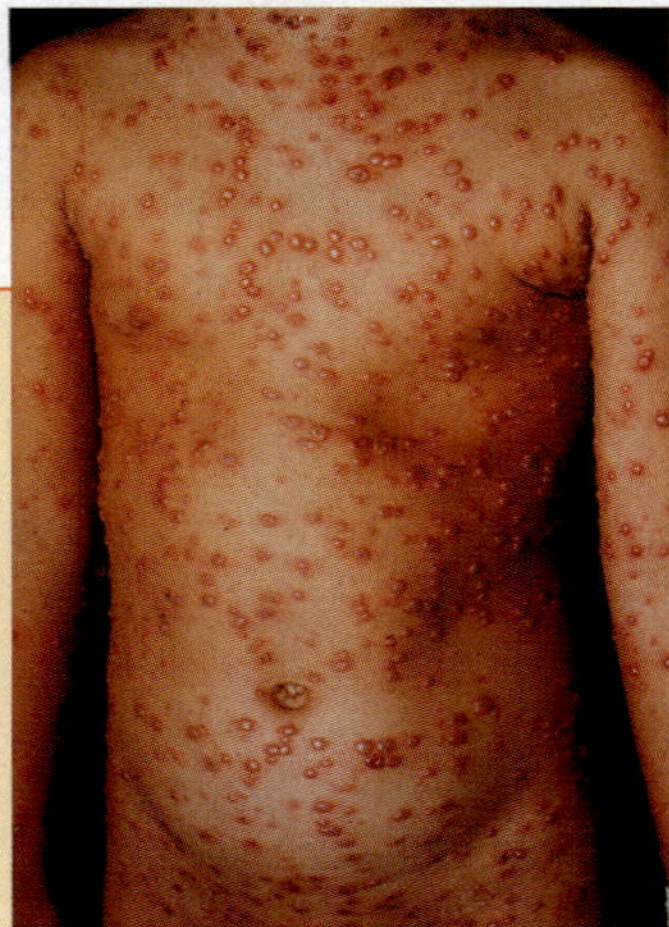

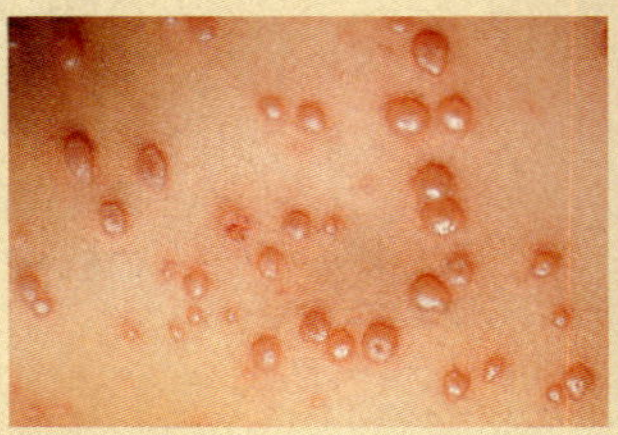

からだの水痘

赤い小さな丘疹が顔や胸から始まって全身にまばらに現れ、やがて小豆大の水ぶくれから膿疱に変化します。膿疱は2～3日で乾いてしぼみ、7～10日で黒褐色のかさぶたとなり、はがれて治ります。発疹は次から次へと発生するので、最盛期にはいろいろな発疹が混在します。

写真提供：東京女子医科大学名誉教授 原田敬之

手足口病（てあしくちびょう）

▶ 809 頁

腸内ウイルスによる感染症で、手、足、口に水ぶくれができます。
生後７か月から４、５歳におこりやすい病気です。

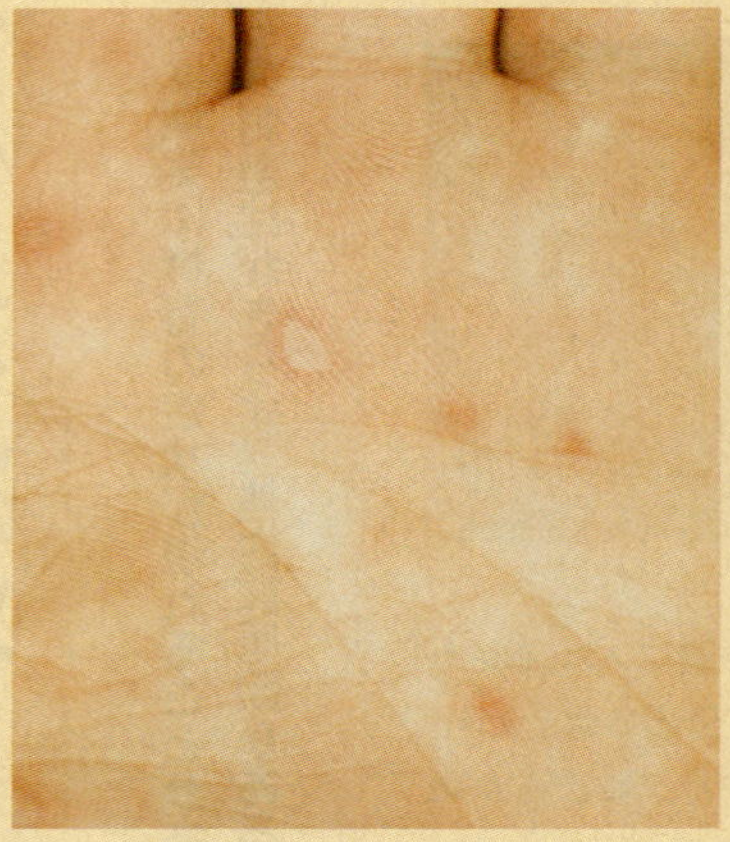

手の水疱（すいほう）

手のひらの水疱で、指の側面にもできます。

水疱は周囲が赤くふちどられた米粒大から小豆大の楕円形で痛くもかゆくもありません。

水疱は破れることはなく、2～3日たつと小豆（あずき）色から飴色の斑点になり、数日すると消えます。

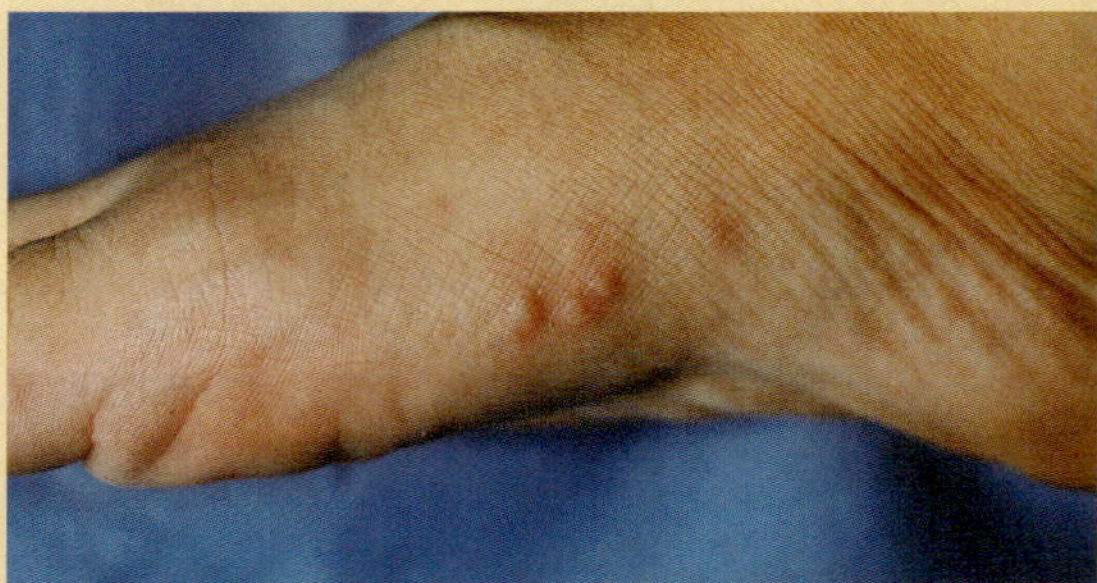

足の水疱

かかとや親指の側面などに手と同様の水疱が出ます。

足背、膝、おしりなどに虫刺されやあせもに似た発疹がでることもあります。

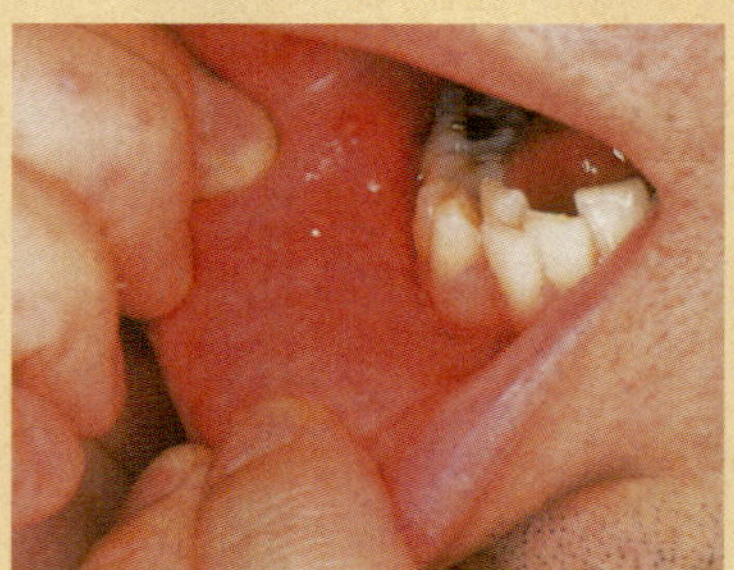

口の中の水疱

唇の内側、舌、軟口蓋（なんこうがい）などに水疱が1、2個発生します。

水疱はすぐに破れて潰瘍（かいよう）になるので、水疱の形でみられることは多くありません。

潰瘍は痛むので、食事を取（と）るのをいやがり、親が気づきます。

帯状疱疹（たいじょうほうしん）

▶ 1836 頁

水痘帯状疱疹ウイルスによる感染症で、1度、水痘（すいとう）にかかったことがある人に発症する病気です。

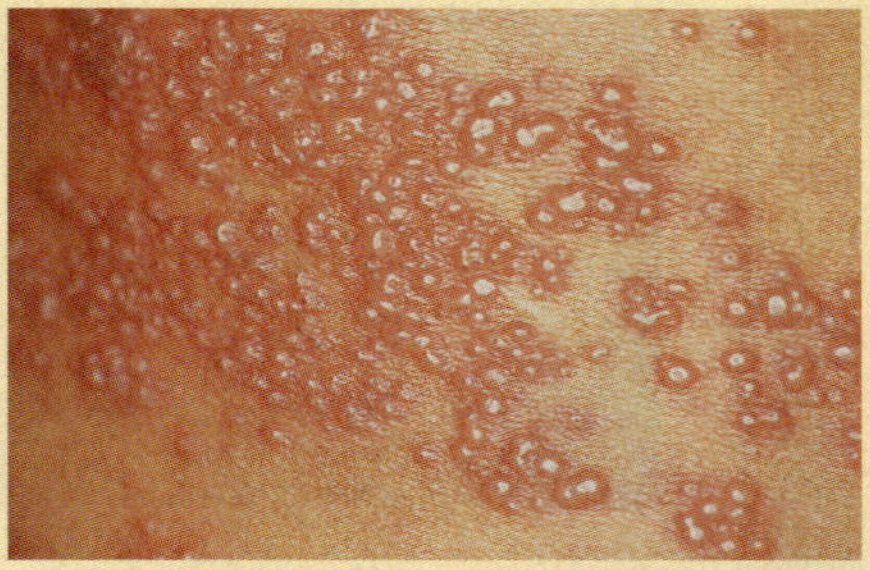

帯状疱疹の発疹

小さな水ぶくれを含む発疹が多数でき、時間の経過とともに、なかに膿を含むようになります。2～3週間すると、かさぶたとなり癒します。

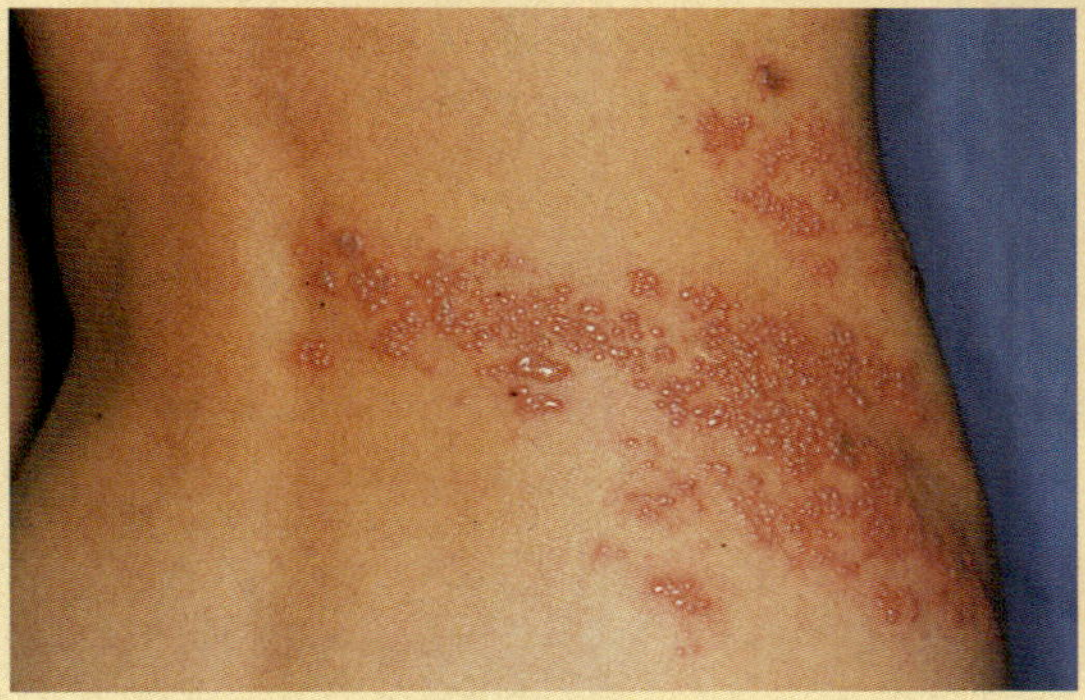

坐骨神経（ざこつしんけい）の帯状疱疹

片側の殿部、太もも、ふくらはぎにかけて発疹（ほっしん）が多数、帯状に発生し、痛みます。治ったあとに坐骨神経痛や知覚障害が残ることがあります。しかし、坐骨神経痛の帯状疱疹の頻度は多くありません。

突発性発疹（とつぱつせいほっしん）

▶ 806 頁

ヘルペスウイルスが原因でおこる感染症で、
3歳以下の乳幼児がかかりやすく、高熱、発疹が現れます。

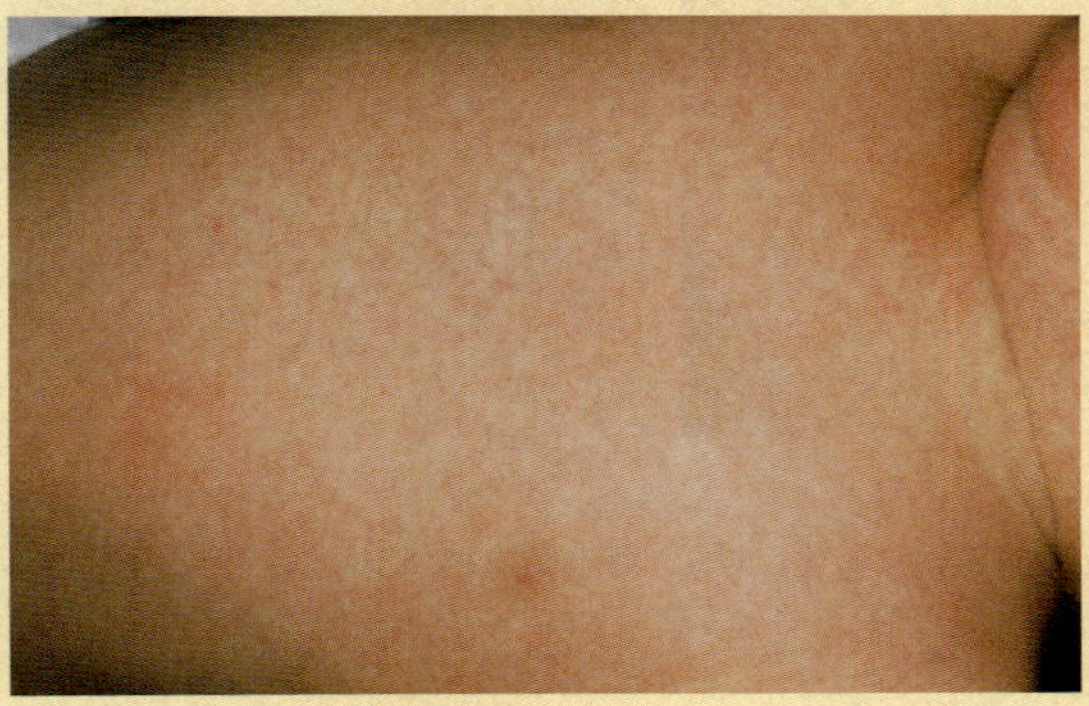

全身の発疹

最初、高熱、嘔吐、下痢、不機嫌など、かぜや胃腸炎を思わせる症状がでます。3～4日たつと熱が下がって、これらの症状も急におさまり、同時にあせもやはしかに似た赤い発疹（ほっしん）が、顔、胸、腹から始まって全身に広がります。2～3日で発疹が消え、病気がおさまります。

写真提供：東京女子医科大学名誉教授 原田敬之

伝染性紅斑（りんご病）

▶ 806 頁

ヒトパルボウイルスによる感染症で３～12歳の子どもがかかりやすく、発疹が顔から前腕、大腿部、殿部に現れます。

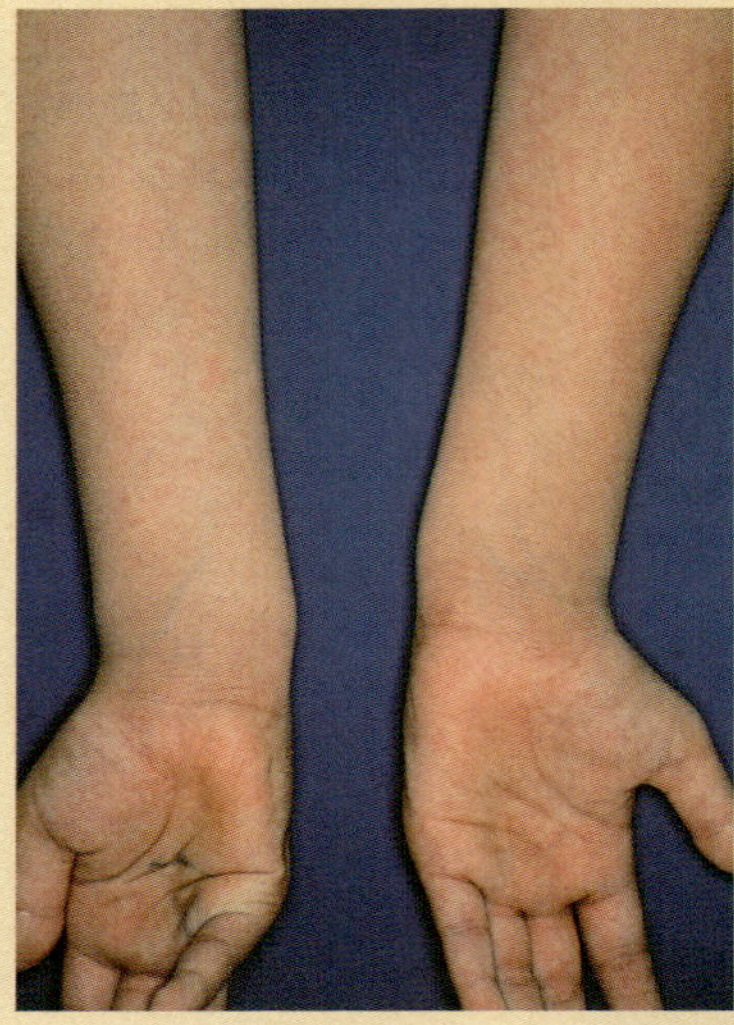

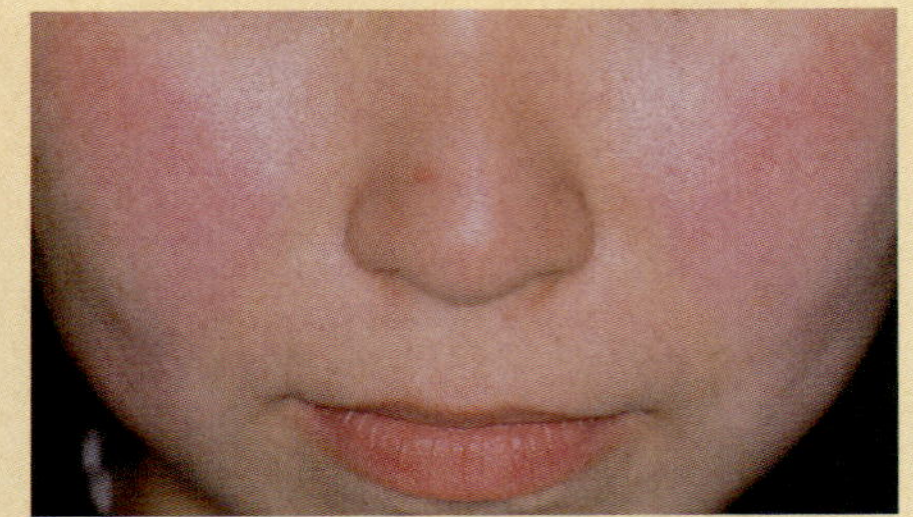

顔の発疹

この病気は両側の頬がりんごのように赤くなる発疹で始まります。この症状からりんご病ともいいます。

腕の発疹

顔の発疹から1～2日遅れて、前腕や下肢に網目状またはレース状の発疹がでます。

風疹

▶ 803 頁

風疹ウイルスによる感染症で幼稚園から学童期にかかりやすく、発熱とともにこまかい発疹が全身に多数現れます。

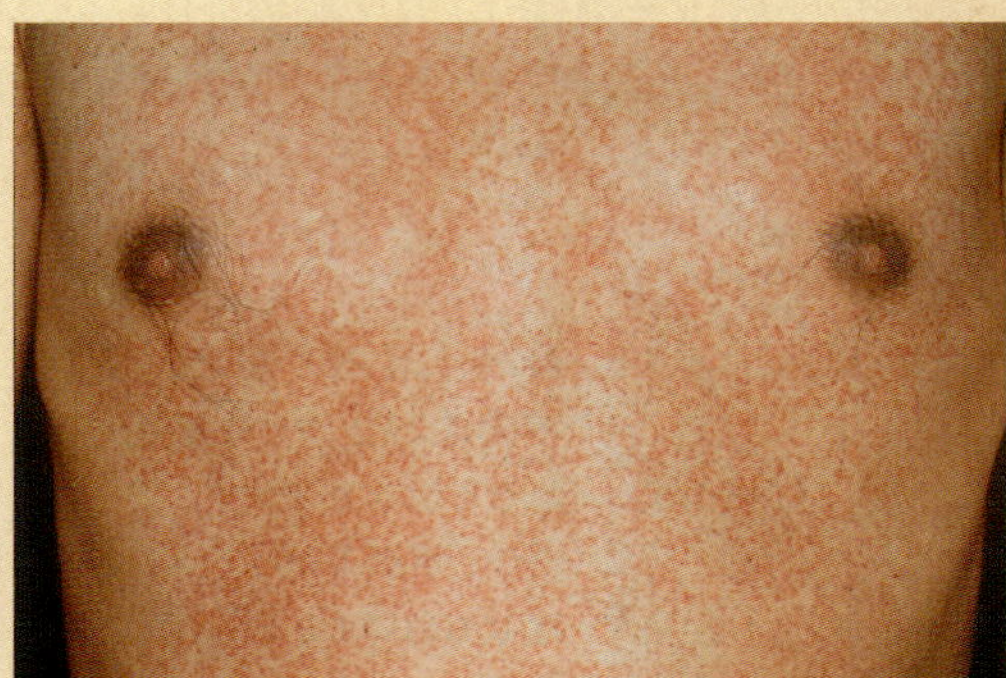

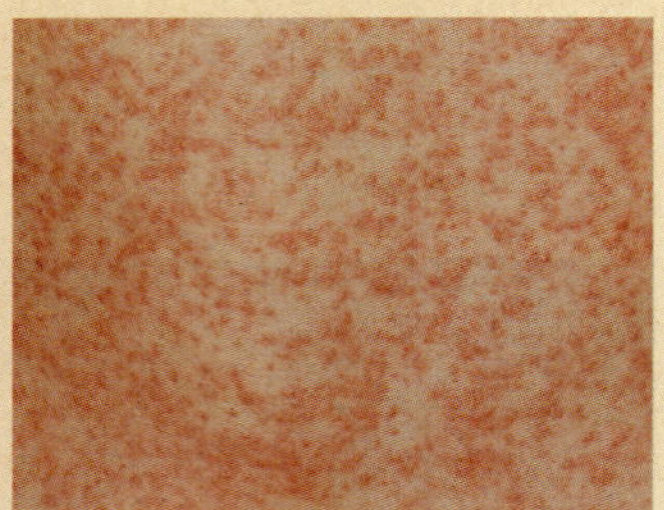

からだの発疹

発熱と同時に全身に細かく赤い発疹が多数、発生します。目の充血もおこります。

つつがむし病

▶ 2117 頁

つつがむし病リケッチアによる感染症で、刺された部位（刺し口）が赤く腫れ、全身に発疹が現れます。

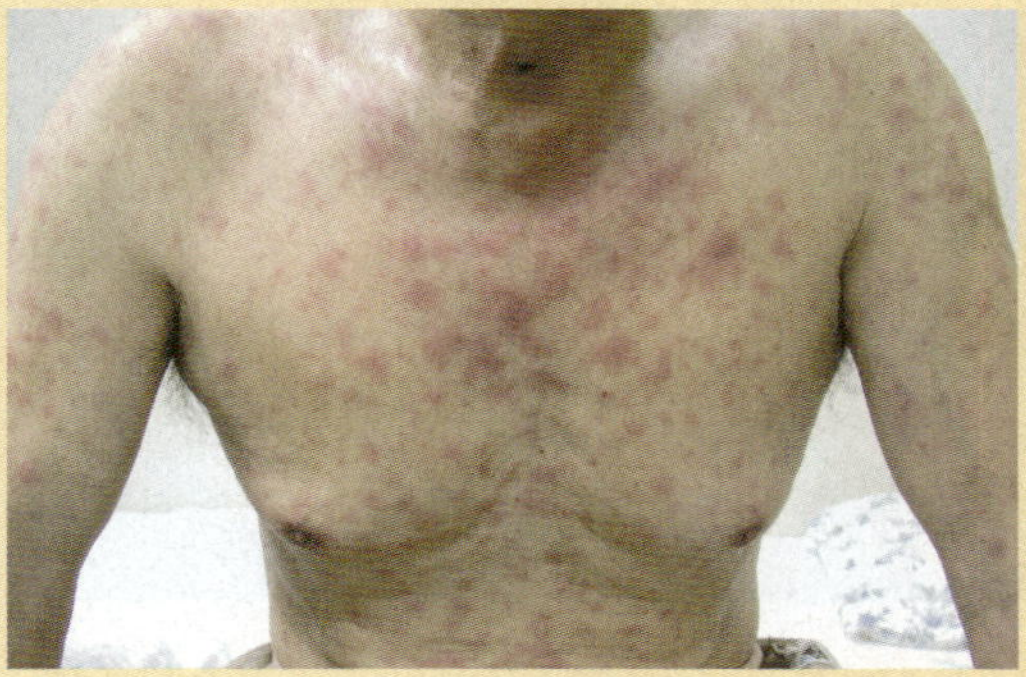

全身の発疹[*]

ツツガムシに刺されて６～10日で発熱し、その後、頭痛、筋肉痛、白目の充血が現れ、まもなく全身に赤い発疹がまばらに現れます。

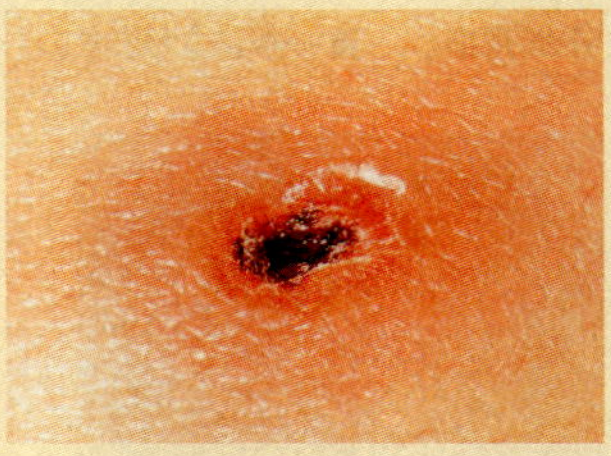

ツツガムシの刺し口[**]

刺し口は腰やわきの下などで、小さく赤く腫れて、化膿しています。

咽頭結膜熱（プール熱）

▶ 807 頁

アデノウイルスによる感染症で幼稚園や小学校へ通う子どもがかかりやすく、高熱、のどの腫れ、結膜炎などが現れます。

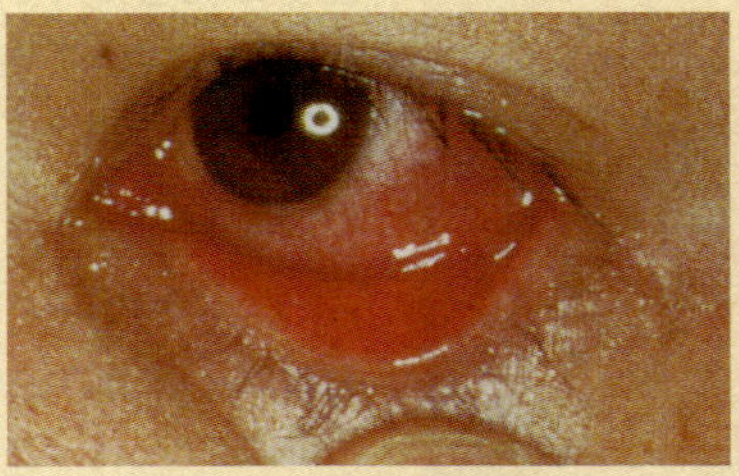

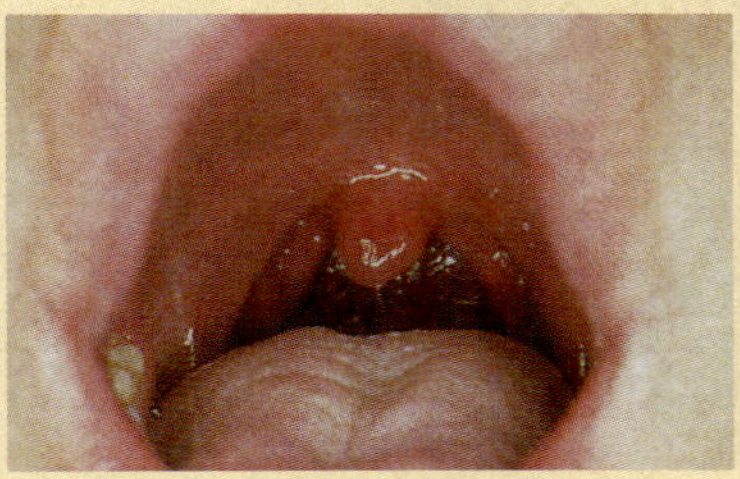

結膜炎と咽頭炎

急に高熱が出て、のどが赤く腫れて痛みます。また同時に結膜炎がおこり、白目が真っ赤になって、目の中がゴロゴロして痛み、まぶしく、涙や目やにが出ます。

くびのリンパ節が腫れ、押すと痛みます。せき、痰、鼻水、下痢、腹痛などがおこることもあります。3～4日で熱が下がり、1週間くらいで熱以外の症状もおさまってきて、治ります。プールで感染することが多いので、別名、プール熱ともいいます。

写真提供：東京女子医科大学名誉教授 原田敬之（p24）、柳下徳雄（p25）
山形県立新庄病院 皮膚科 林 昌浩[*]、もんま内科皮ふ科医院 門馬節子[**]（p25）

川崎病

▶ 800 頁

全身におこる血管炎により、高熱、全身の発疹、手足の腫れ、目の充血、いちご舌などが現れます。

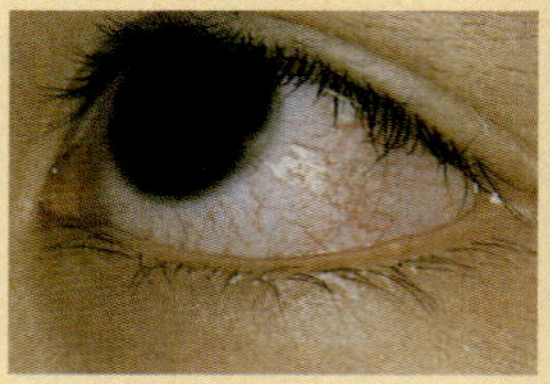

白目の充血

発熱後、数日すると白目の部分が充血し、真っ赤になります。

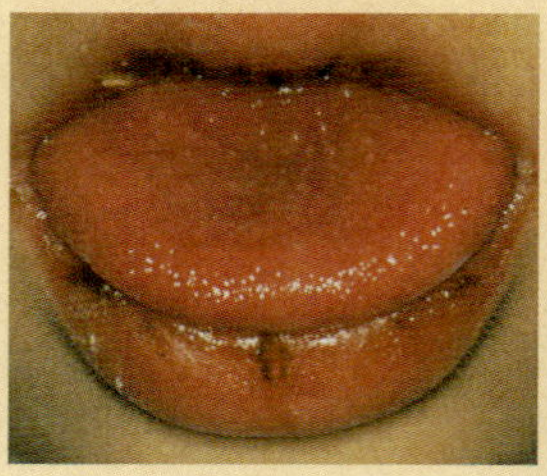

いちご舌

唇が赤くなって腫れ、舌の表面にいちごのようなブツブツができます。

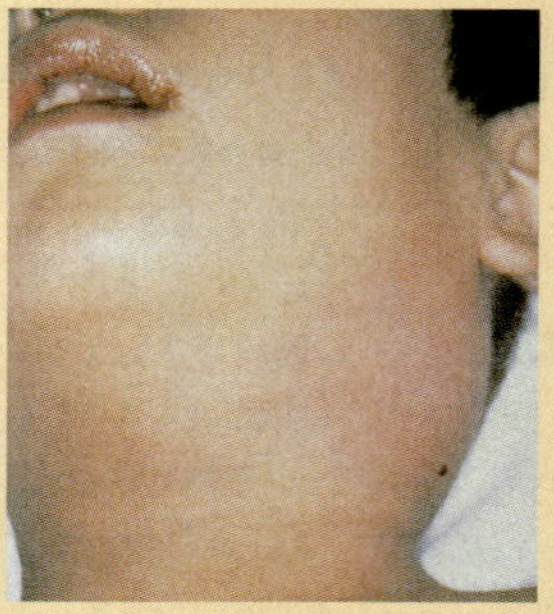

くびのリンパ節の腫れ

発熱と同時か、少し前にくびのリンパ節が腫れ、年長児であればくびを痛がります。

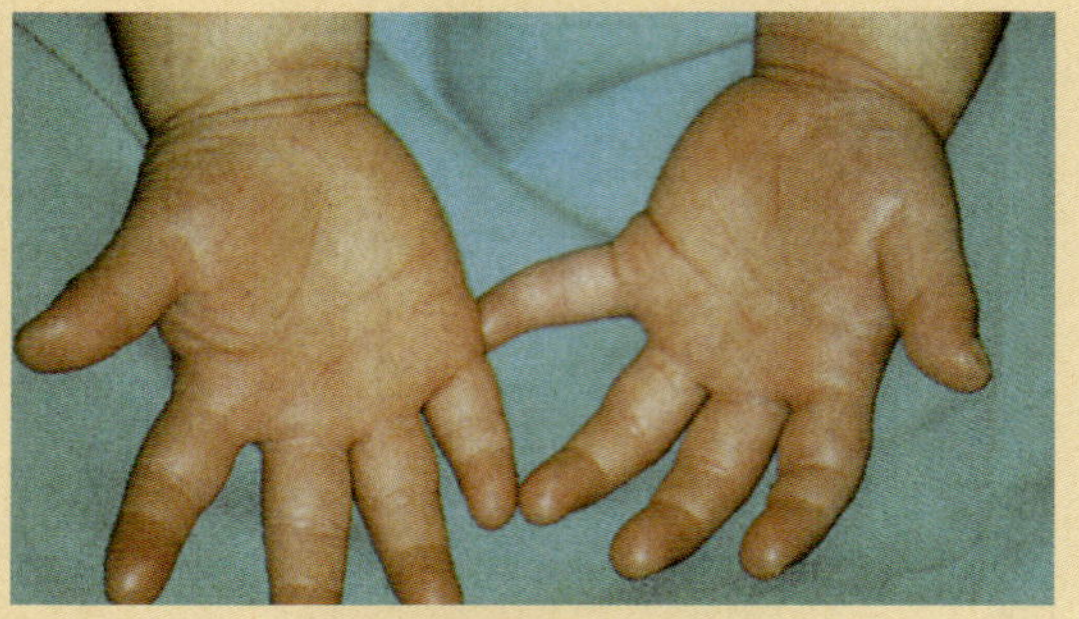

手のひらの赤い腫れ

手のひらや足の裏が赤くなって、パンパンに腫れます。

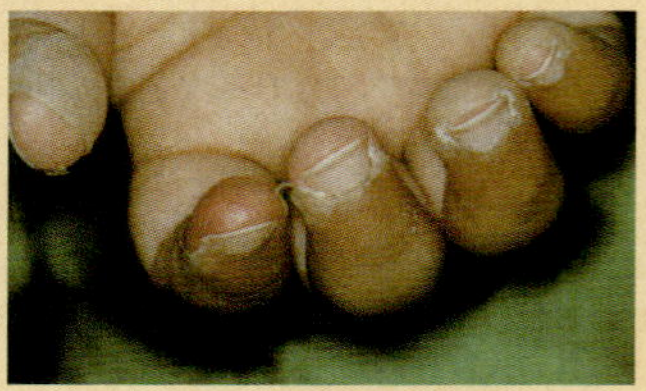

手の皮膚むけ

発熱から10日ぐらいで手足の指先の皮膚がむけてきます。

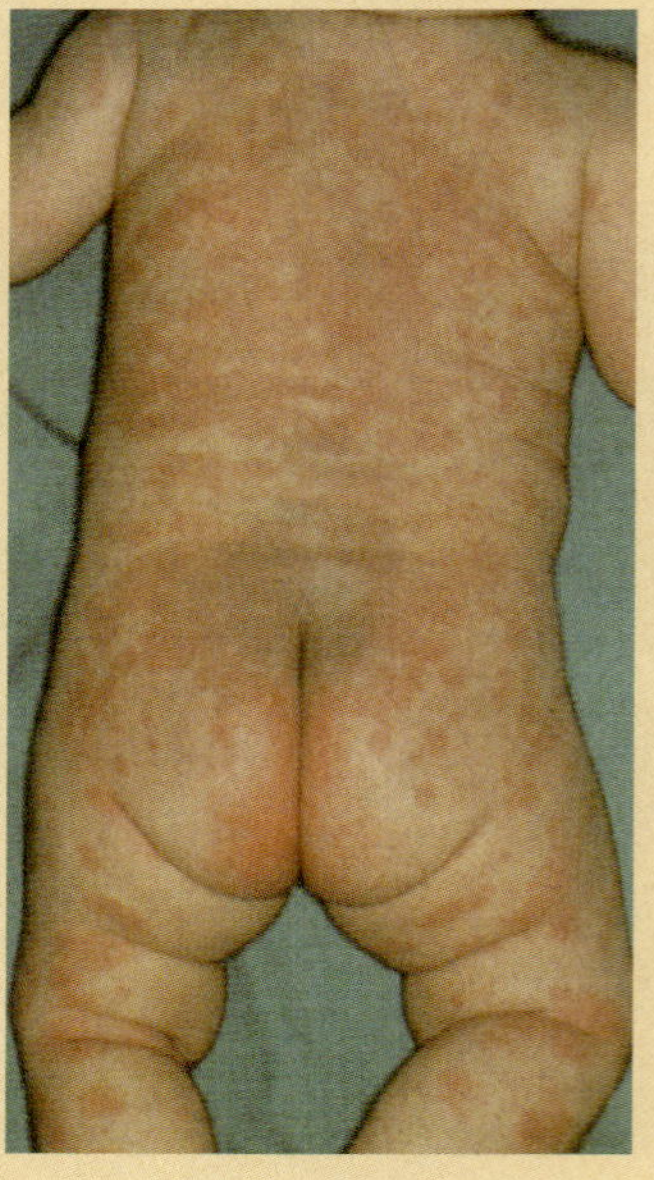

全身の発疹

発熱後2～3日で、全身に発疹がでます。はしか、じんま疹、多形紅斑などに似た発疹が混在するのが特徴です。発病から7～10日たつと発疹は消えます。

湿疹（皮膚炎）

▶ 1803 頁

刺激物やかぶれやすい物質に触れることでおこる皮膚の炎症で、
アレルギー反応がおもな原因になります。

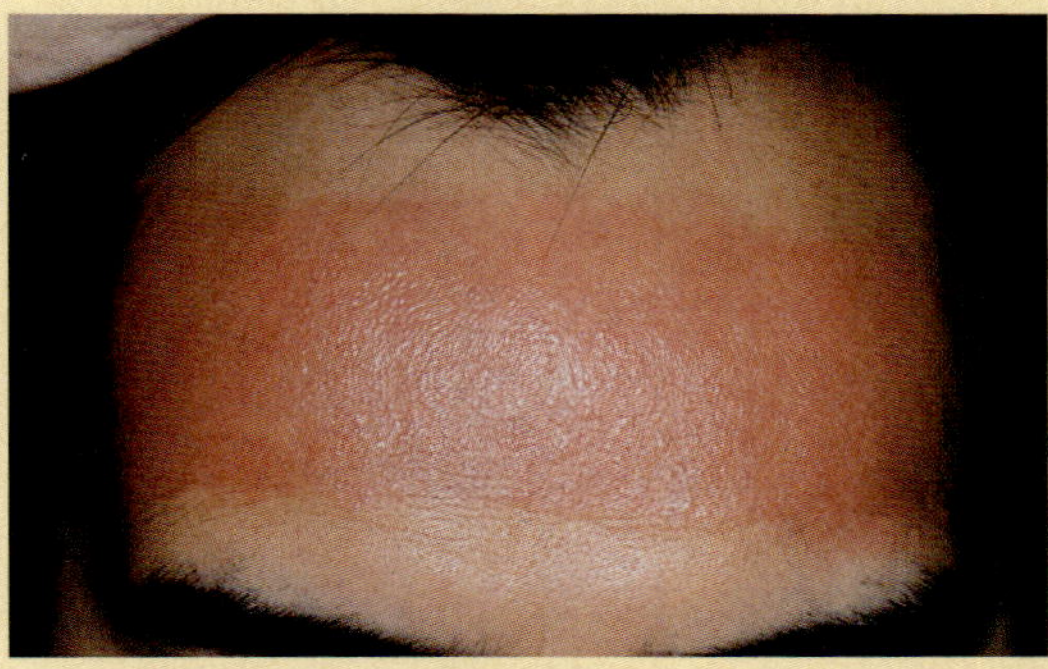

接触皮膚炎 ▶ 1805 頁

熱さましのシートを使用したあとにおこった皮膚炎（かぶれ）です。

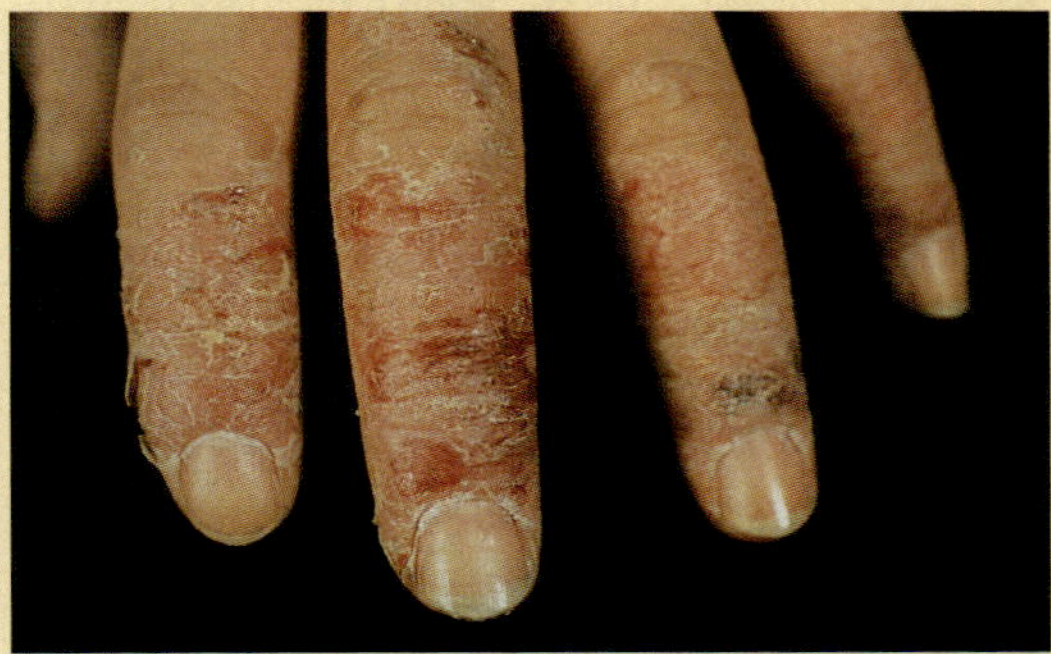

手・指の湿疹（皮膚炎）

▶ 1807 頁

主婦など洗剤を使用したり、水仕事、土いじりをする人の手、指にできます。手・指の背面、爪の周囲に紅斑、水ぶくれ、ブツブツ（丘疹）ができ、かゆみが強いものです。

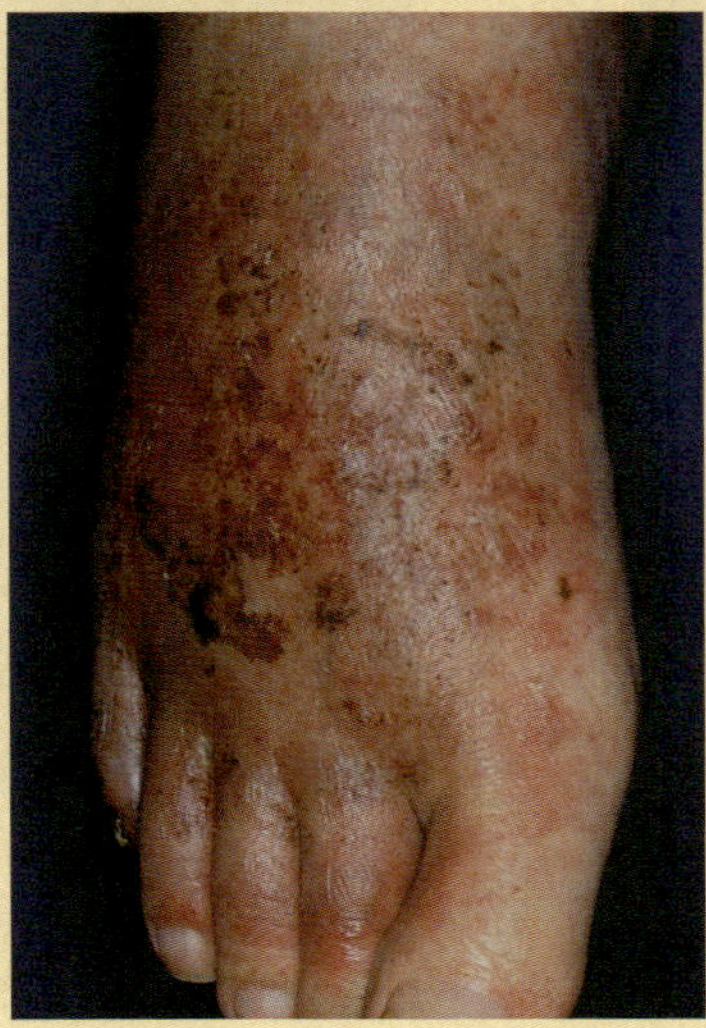

アレルギー性接触皮膚炎

▶ 1804 頁

消毒液を含むばんそう膏、ガーゼパッドの接触により皮膚炎がおこります。

写真提供：特定非営利活動法人 日本川崎病研究センター（p26）
東京女子医科大学名誉教授 原田敬之（p27）

母斑(あざ)、血管腫(赤あざ)

▶776～779頁

皮膚の一部にかぎり細胞が異常に増殖しておこる症状で、皮膚の色や形の異常が現れます。

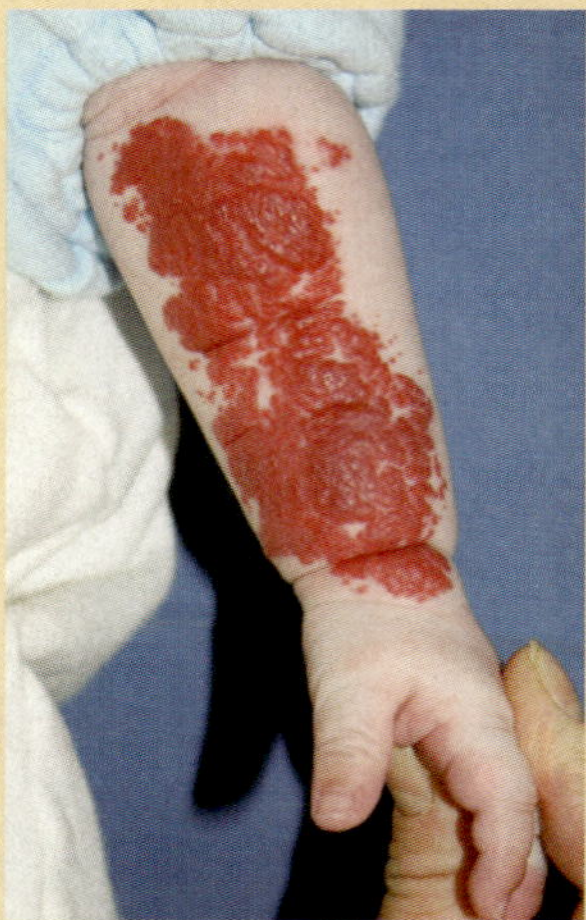

いちご状血管腫 ▶1843頁

皮膚から盛り上がり、表面がいちごのような赤あざで、生後1週間ごろに発生し、しだいに大きくなります。

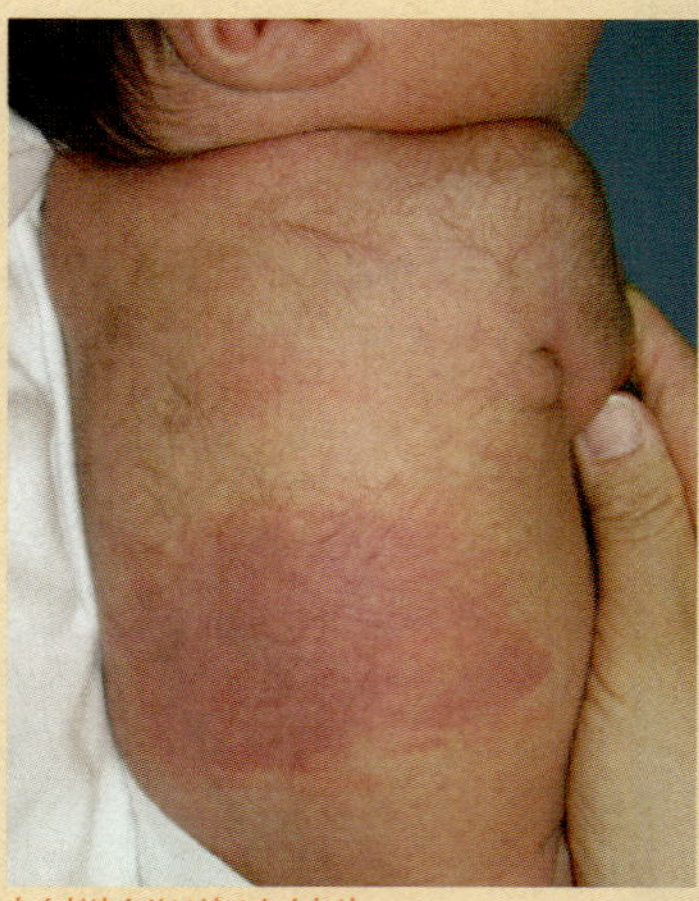

単純性血管腫 ▶778頁

皮膚から盛り上がっていない赤あざで、出生時にすでに存在します。

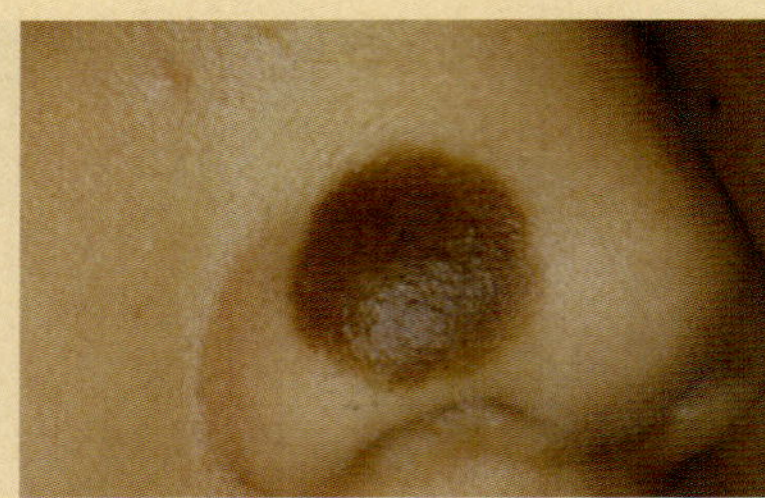

母斑細胞母斑 ▶1842頁

メラニン色素を作る細胞が異常増殖したもので、ほくろ、黒あざともいいます。

扁平母斑 ▶777頁

円形あるいは不整形をして、色は淡い褐色、表面は平らになっています。

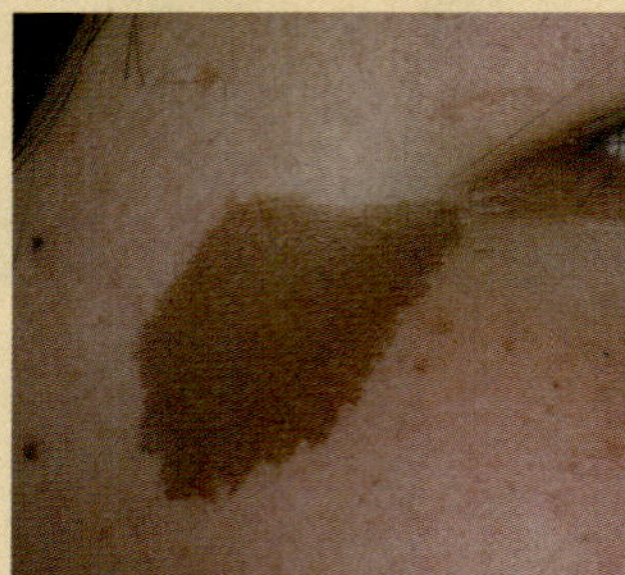

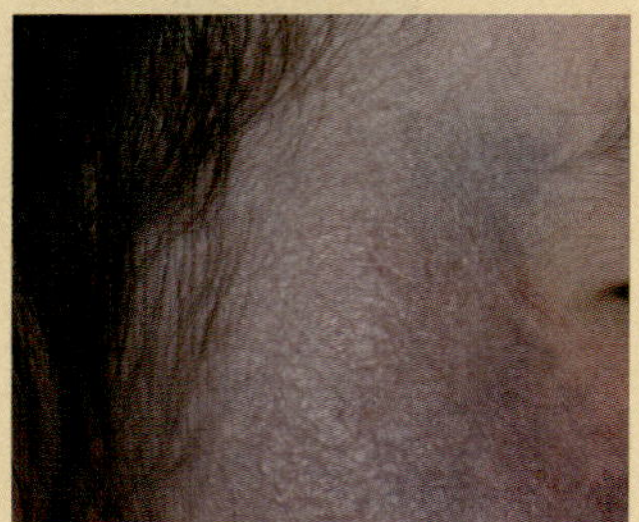

太田母斑 ▶1843頁

目の周りを中心に、頬や額に生じる母斑で、色素細胞があるためにできます。

膠原病による皮膚の病変

▶ 2003 頁

自分の組織・臓器を攻撃する抗体（自己抗体）により全身に炎症がおこる病気で、さまざまな症状が現れます。

全身性強皮症 ▶ 2036 頁

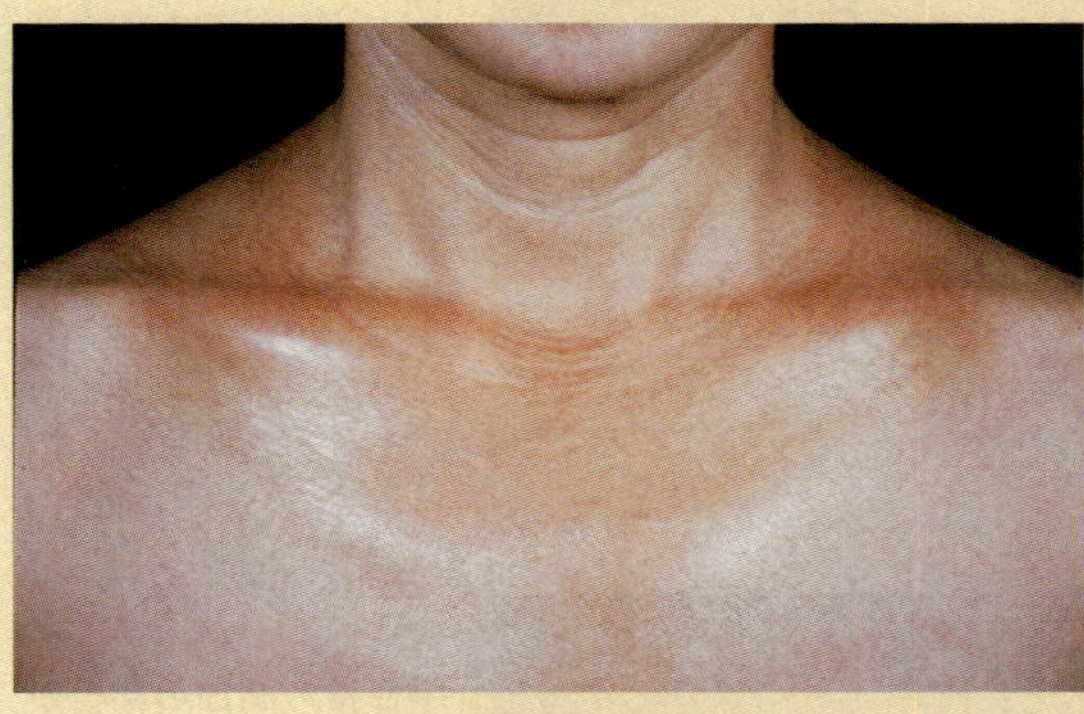

皮膚の硬化

手指、指趾、胴体などの皮膚がかたくなり、ろうのような光沢がみられます。

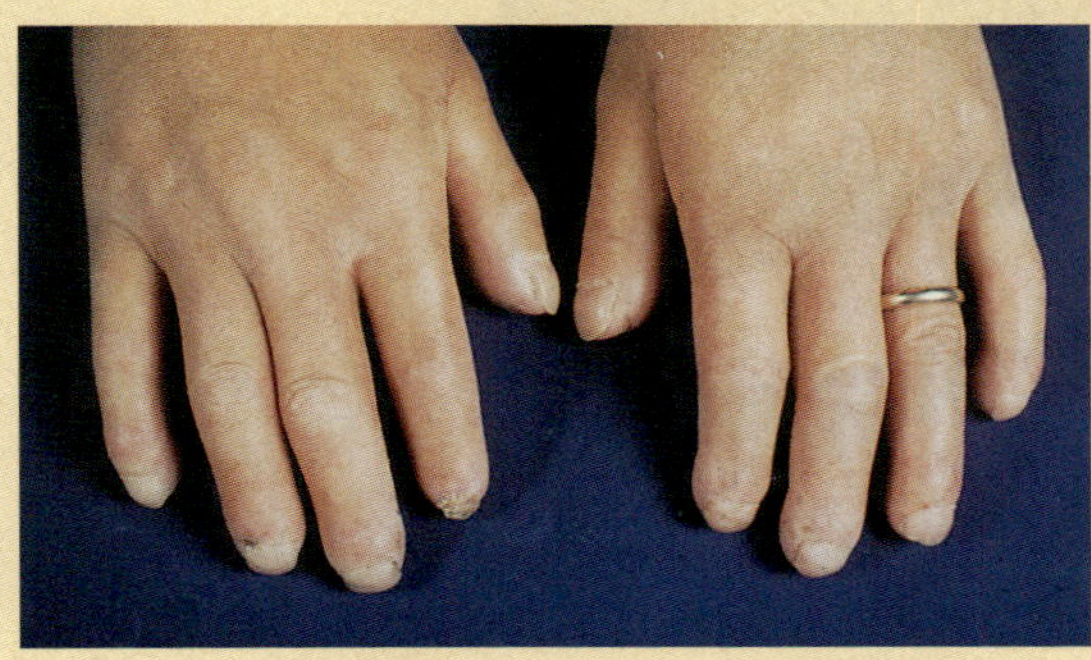

レイノー現象

▶ 1427、2036 頁

全身性強皮症の手指の硬化。膠原病の症状のひとつであるレイノー現象がみられます。寒冷にさらされると、手や足の指が白色や紫色になります。

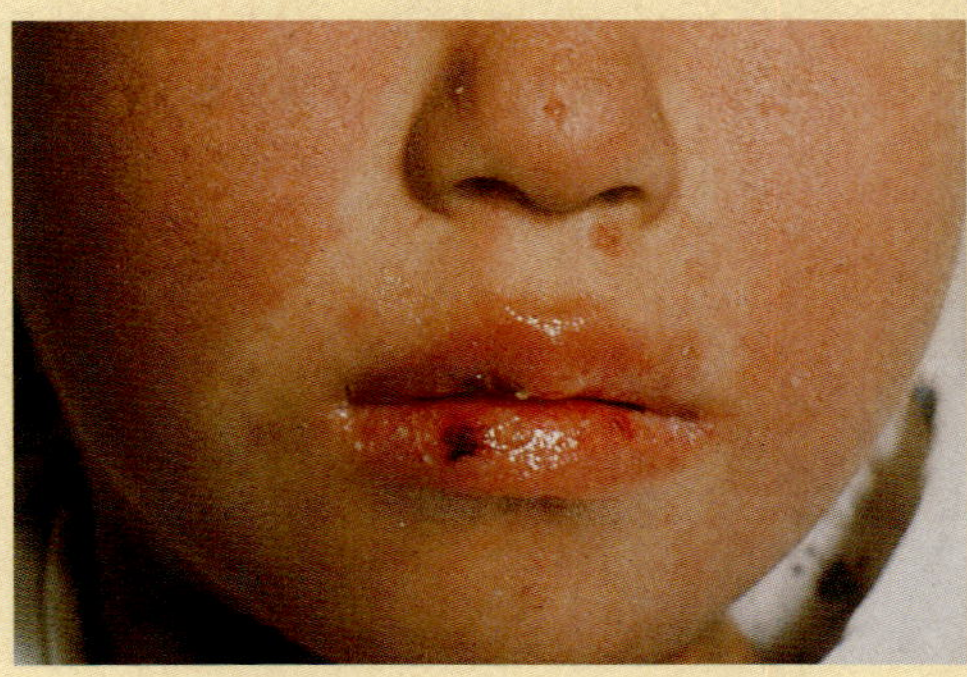

全身性エリテマトーデス

▶ 2030 頁

特徴的な頬にできる赤い発疹は、蝶が羽を広げている形をしているので、蝶形紅斑と呼ばれています。

写真提供：東京大学 医学部皮膚科　帆足俊彦、愛知医科大学大学病院形成外科　横尾和久（p28）
東京女子医科大学名誉教授 原田敬之

膠原病による皮膚の病変

皮膚筋炎 ▶2034頁

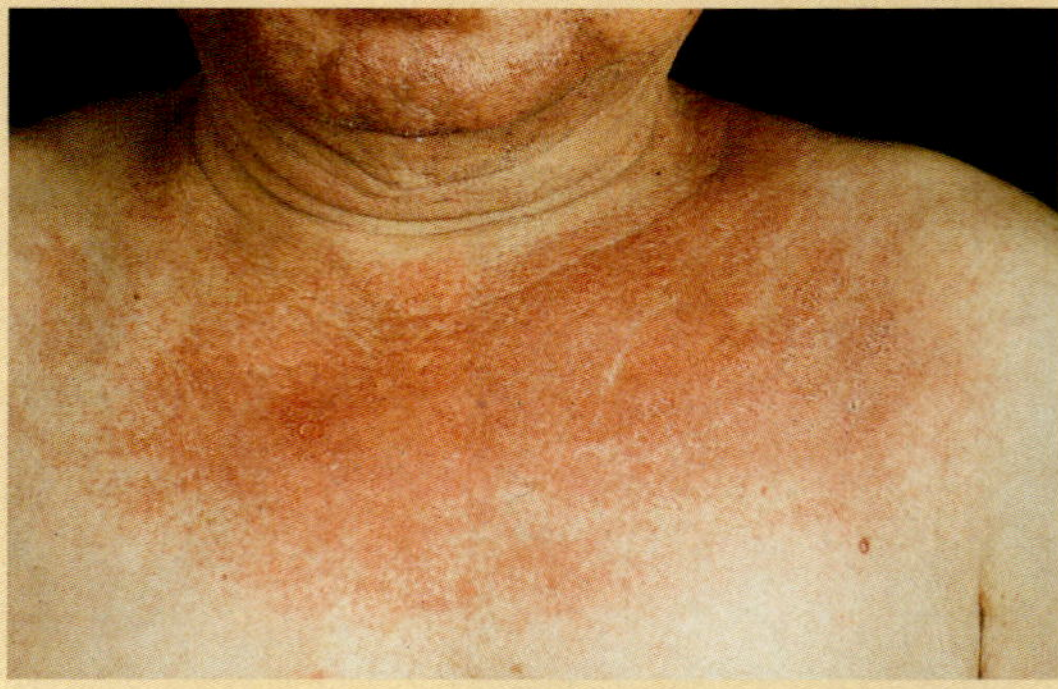

皮膚の炎症

全身の筋肉に炎症がおこり、筋肉痛や筋力低下とともに、上まぶたなど顔面や胴体、手足の皮膚にむくみをともなう赤い発疹を生じます。

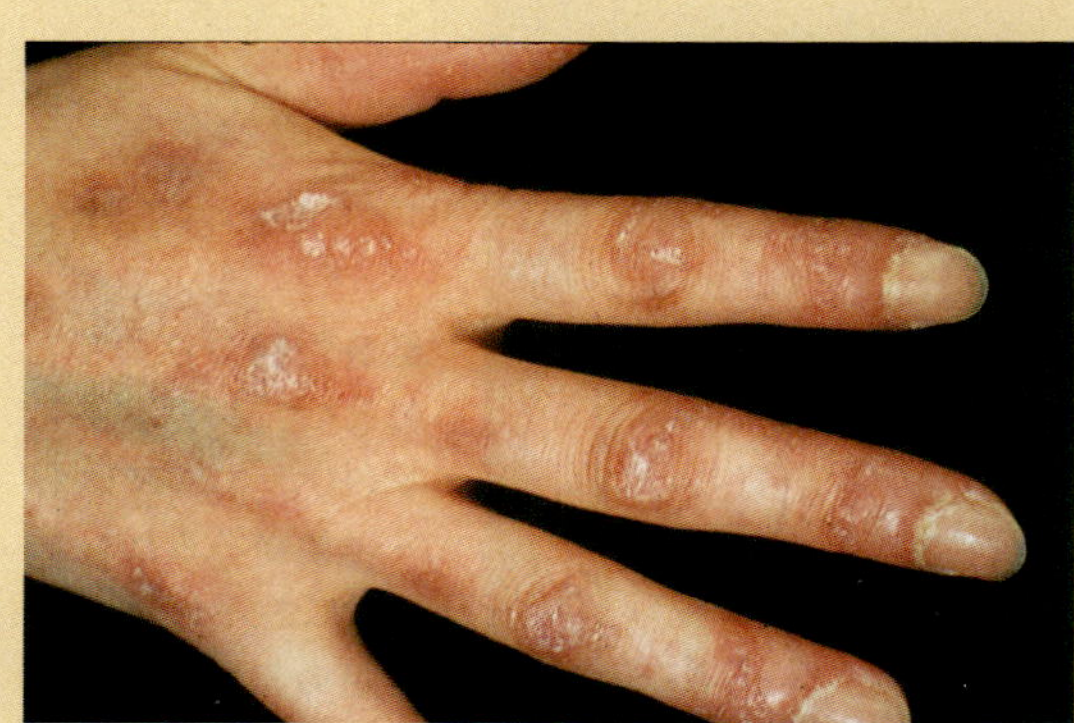

ゴットロン徴候

手や指の関節の部分が赤くなったり、ブツブツができることがあります。

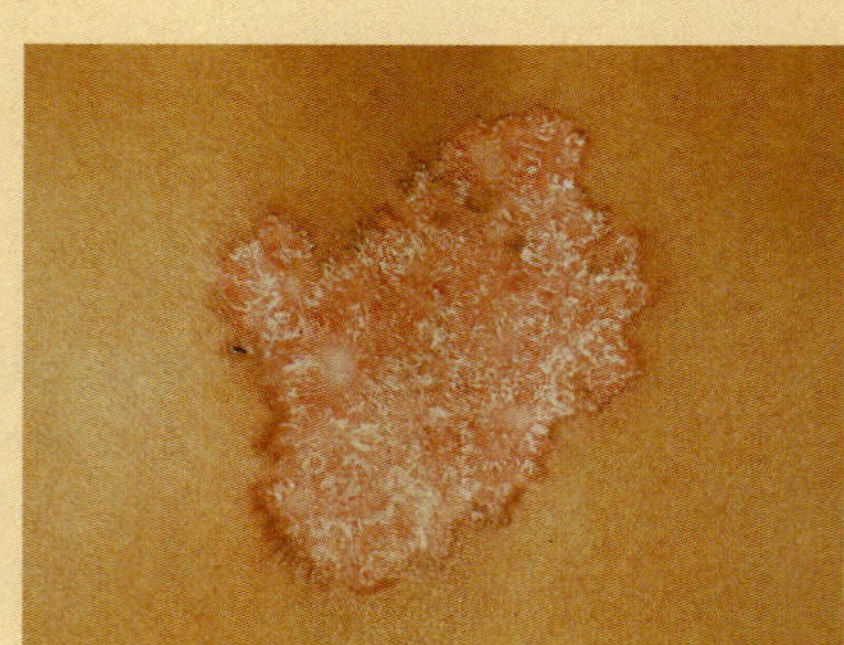

慢性円板状紅斑性狼瘡

顔面など日光のあたる部位に円板状の紅斑ができます。

皮膚がん（皮膚悪性腫瘍）

▶ 537 頁

皮膚がんのなかではメラノーマがもっとも悪性度が高く、基底細胞がんは頻度が高いものの悪性度は高くありません。有棘細胞がんはその中間の悪性度です。

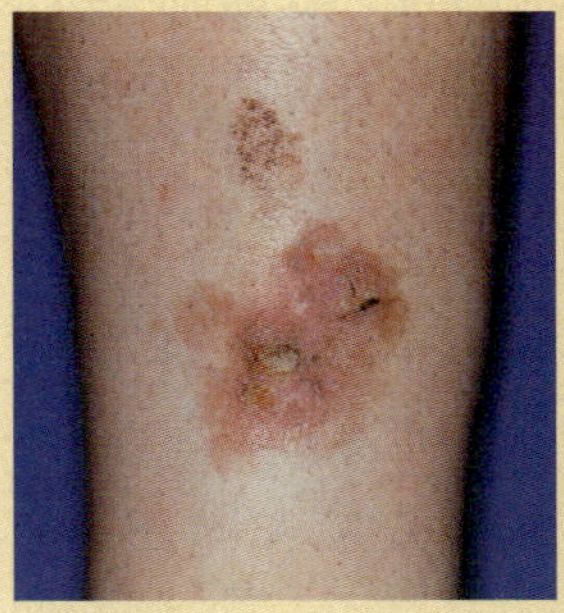

ボーエン病

▶ 540 頁

下肢に生じたもので、わずかに隆起した紅褐色の病変です。かさぶたができることもあります。湿疹に似ていますが、かゆくありません。

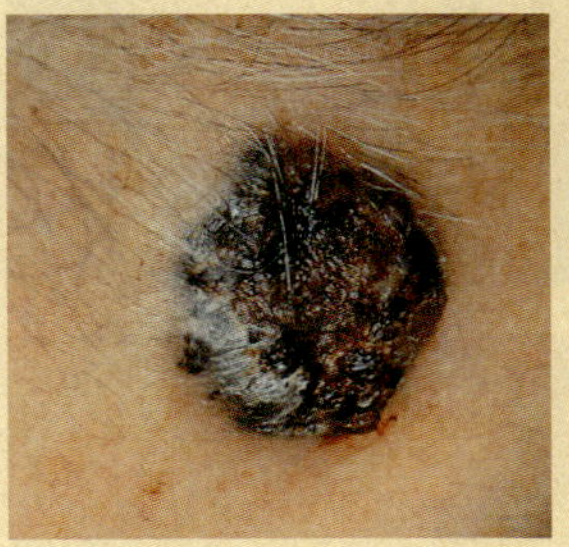

基底細胞がん

▶ 539 頁

透明感のある濃い黒色のしこり（結節）で、ほくろやいぼに似ています。大きくなると潰瘍になり、崩れます。

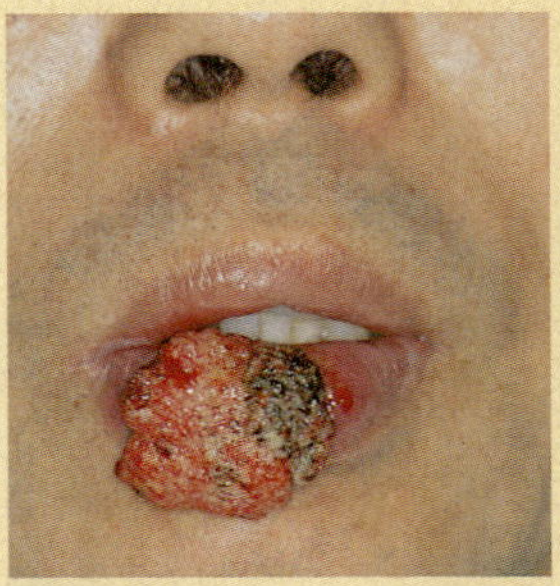

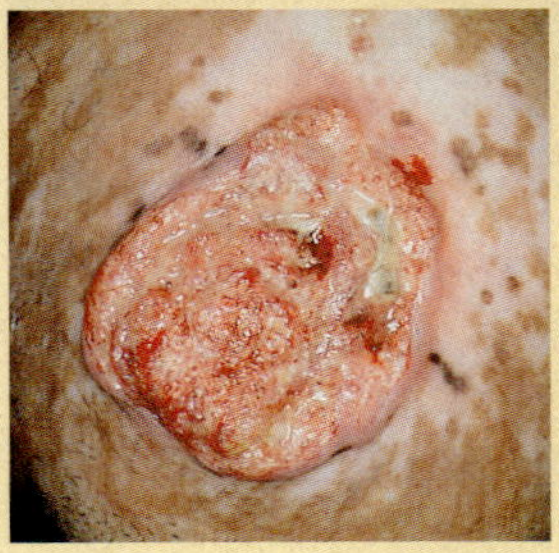

有棘細胞がん

▶ 539 頁

暗紅色のかたいしこり（結節）や潰瘍ができ、かさぶたがつきます。悪臭のすることもあります。

上は口唇にできた有棘細胞がん、下はやけどの傷あとにできた有棘細胞がんです。

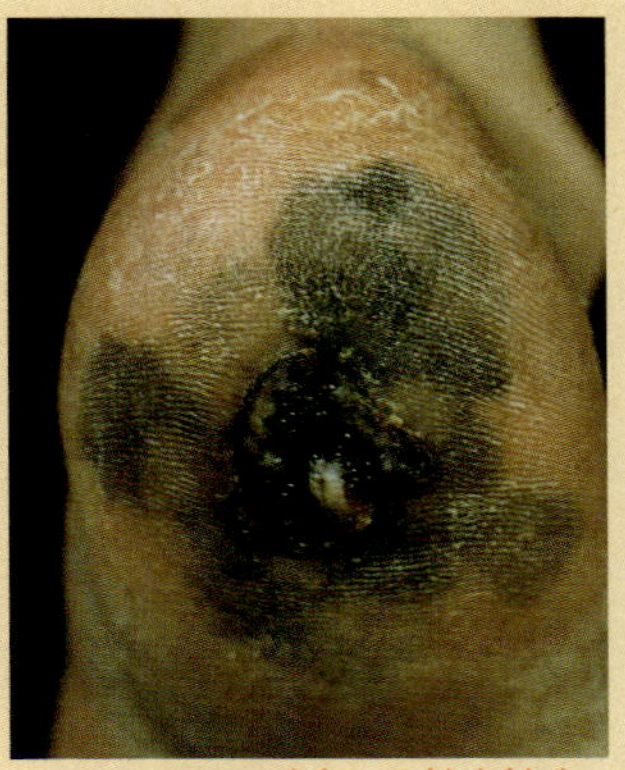

メラノーマ（悪性黒色腫）

▶ 538 頁

濃淡の目立つ黒褐色の病変で、不規則な形をしています。日本人では足底や爪に発生しやすいのですが、最近は、背中、手足にもみられます。

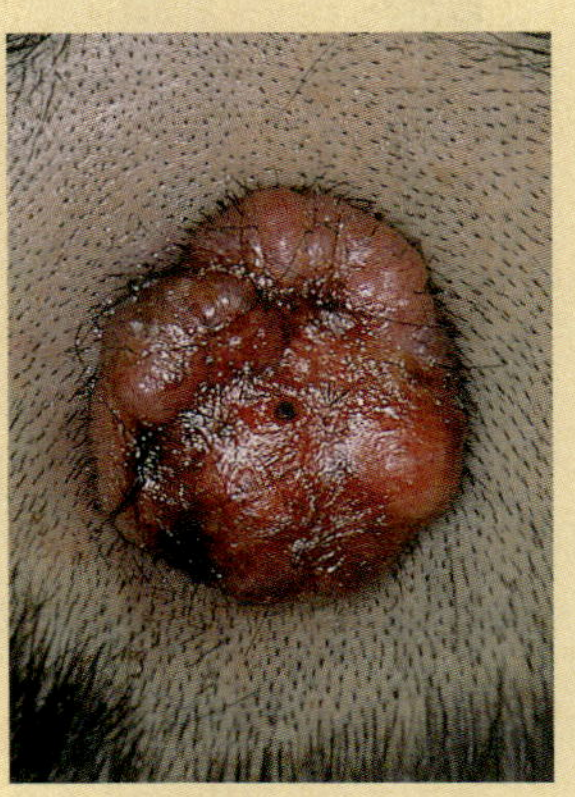

直腸がんの皮膚転移

皮膚にかたいしこりができ、少しずつ増大し、大きな腫瘤になることがあります。リンパ管や血流を通じて転移します。

写真提供：原田皮膚科クリニック 原田敬之

薬疹

▶ 1816頁

注射や内服など、体内に入った薬剤により、皮膚にさまざまな症状がおこります。

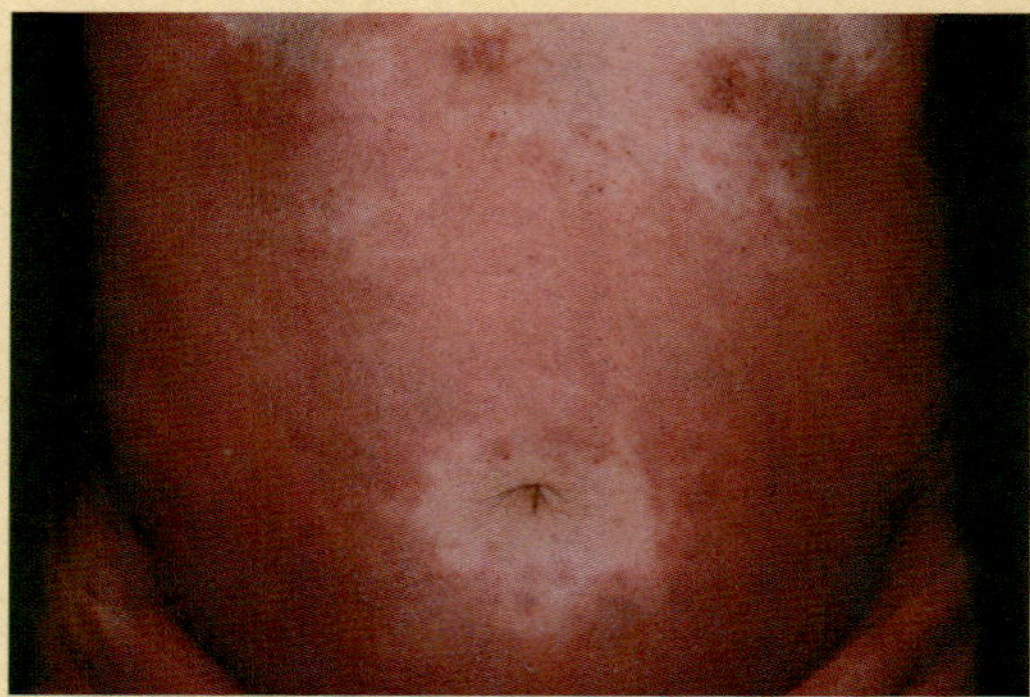

猩紅熱様皮疹

薬剤を飲んだあと、全身の皮膚が赤くなります。

固定薬疹

原因となる薬剤を飲むと、いつも同じ部位に円形の赤い斑ができます。

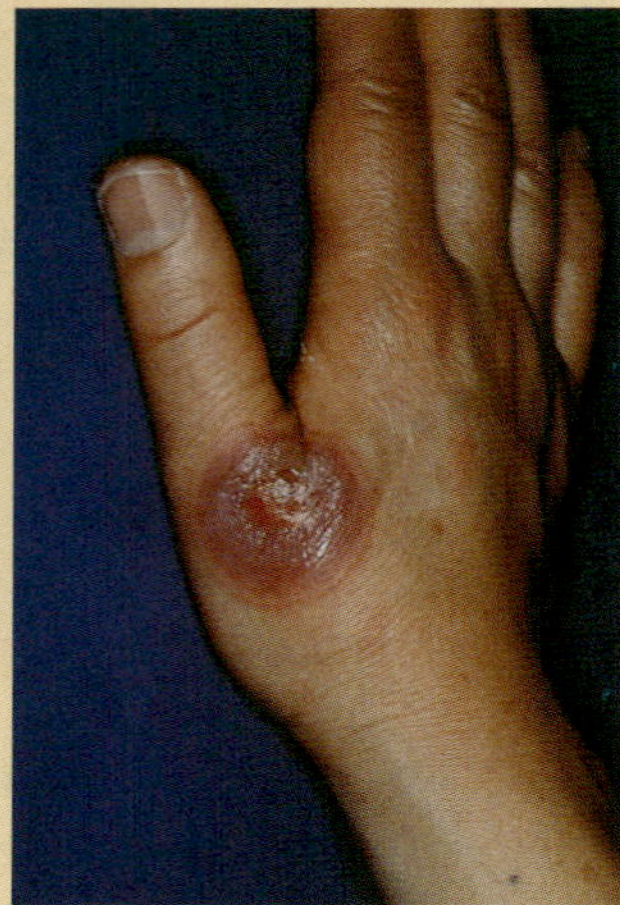

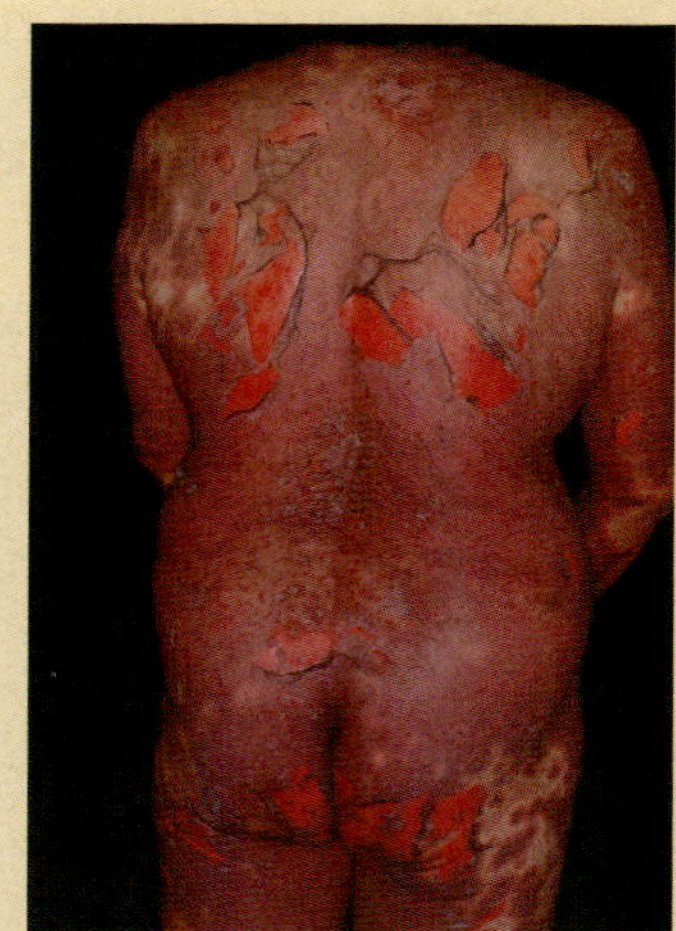

中毒性表皮壊死融解症

原因薬剤を服用すると全身が一面に赤くなり、軽くこすっても皮膚がむけます。

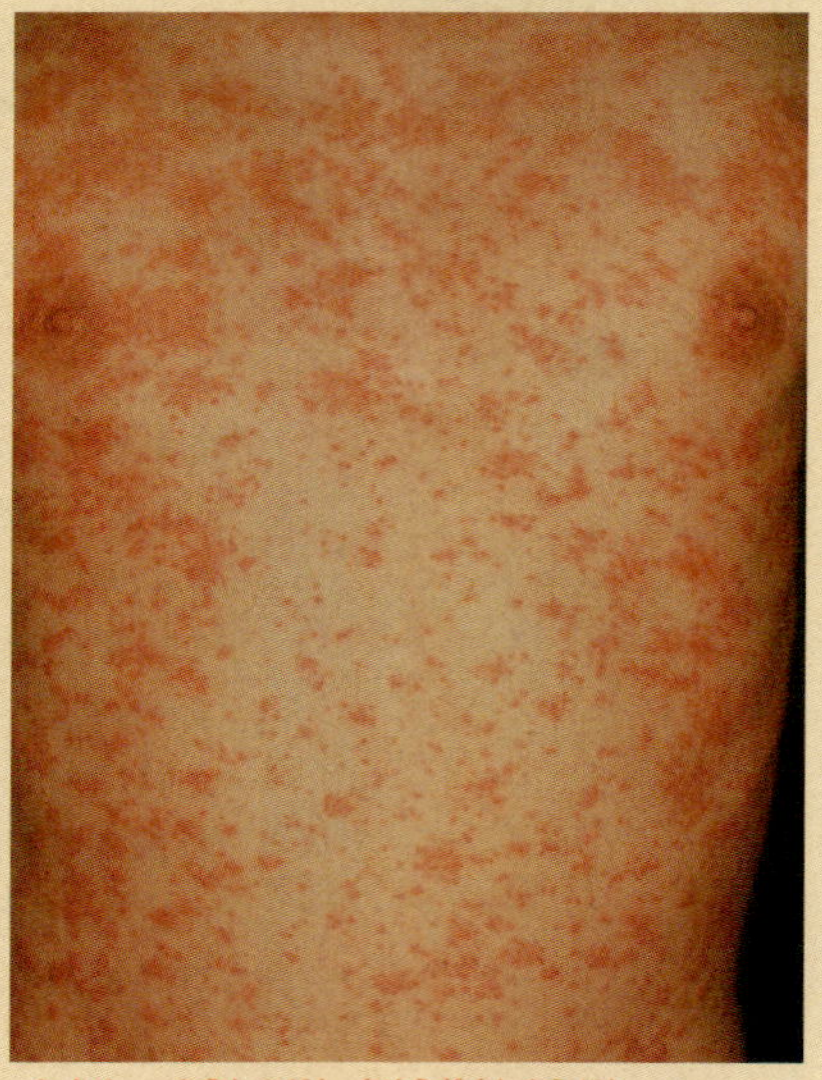

麻疹・風疹型（中毒症型）

胸から腹部の病変。原因薬剤を服用すると、からだの左右対称に赤い細かい斑点ができ、多少かゆみをともないます。

写真提供：東京女子医科大学名誉教授 原田敬之

人体のしくみ

人間のからだは、さまざまな組織や器官からなっています。

また、組織や器官のはたらきによって生命を維持しています。組織や器官の位置や名称、機能を把握しておくことは、病気の治療だけでなく、健康なくらしにとってもたいせつなことです。

遺伝子

人間の細胞の核にある染色体には、からだの設計図ともいえる遺伝子情報（ヒトゲノム）が、30億個も含まれています。常染色体22種類と性染色体2種類からなる23対46本の染色体の各部位が、ひとりひとりの形質やからだの機能、病気のなりやすさなどに関係していることがわかっています。

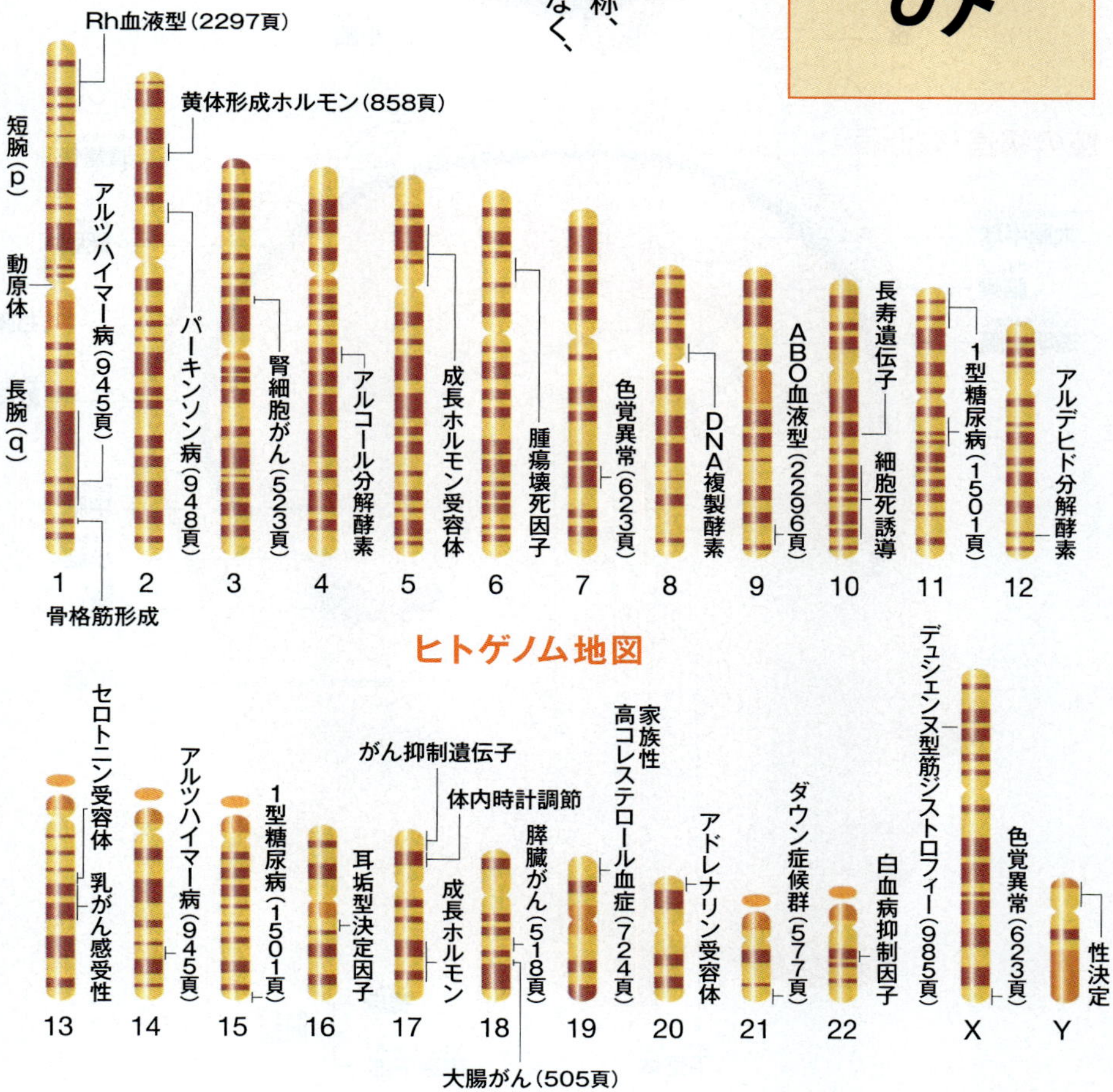

ヒトゲノム地図

脳・神経

脳の構造（外側面）

- 中心溝（ちゅうしんこう）
- 頭頂葉（とうちょうよう）
- 前頭葉（ぜんとうよう）
- 顔面側
- 外側溝（がいそくこう）
- 側頭葉（そくとうよう）
- 橋（きょう）
- 後頭葉（こうとうよう）
- 小脳（しょうのう）

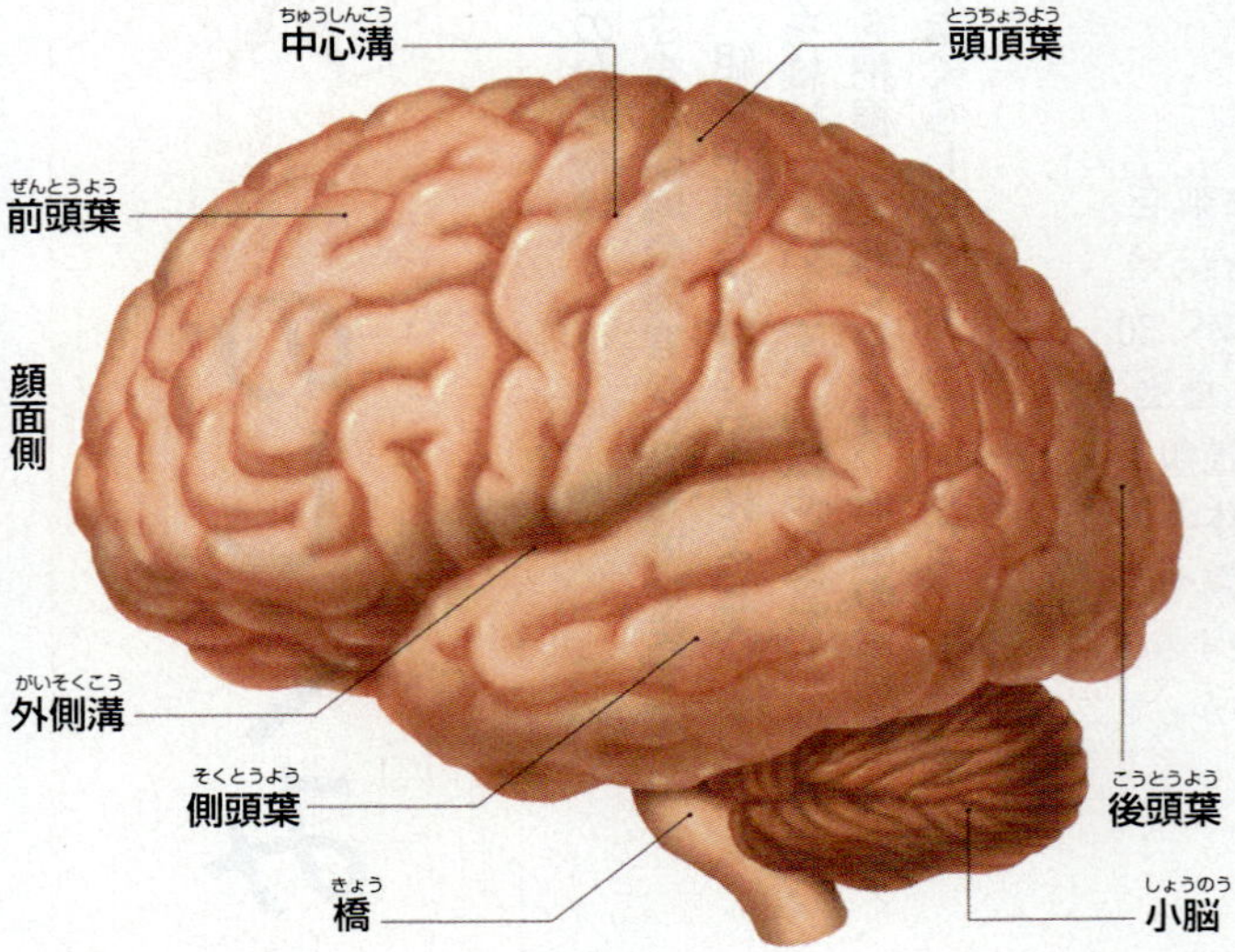

脳と神経

　神経系（脳と神経）が、全身の細胞や組織から情報を得て、指令をだすことで、人間は生命活動を維持しています。さらに脳は、人間特有の言語や思考、創造性などに欠かせない器官です。

脳の構造（縦断面）

- 大脳半球（だいのうはんきゅう）
- 脳梁（のうりょう）
- 透明中隔（とうめいちゅうかく）
- 頭蓋骨（ずがいこつ）
- 硬膜（こうまく）
- くも膜
- 軟膜（なんまく）
- 中脳（ちゅうのう）
- 小脳（しょうのう）
- 橋（きょう）
- 延髄（えんずい）
- 下垂体（かすいたい）
- 視床（ししょう）
- 視床下部（ししょうかぶ）
- 間脳（かんのう）

34

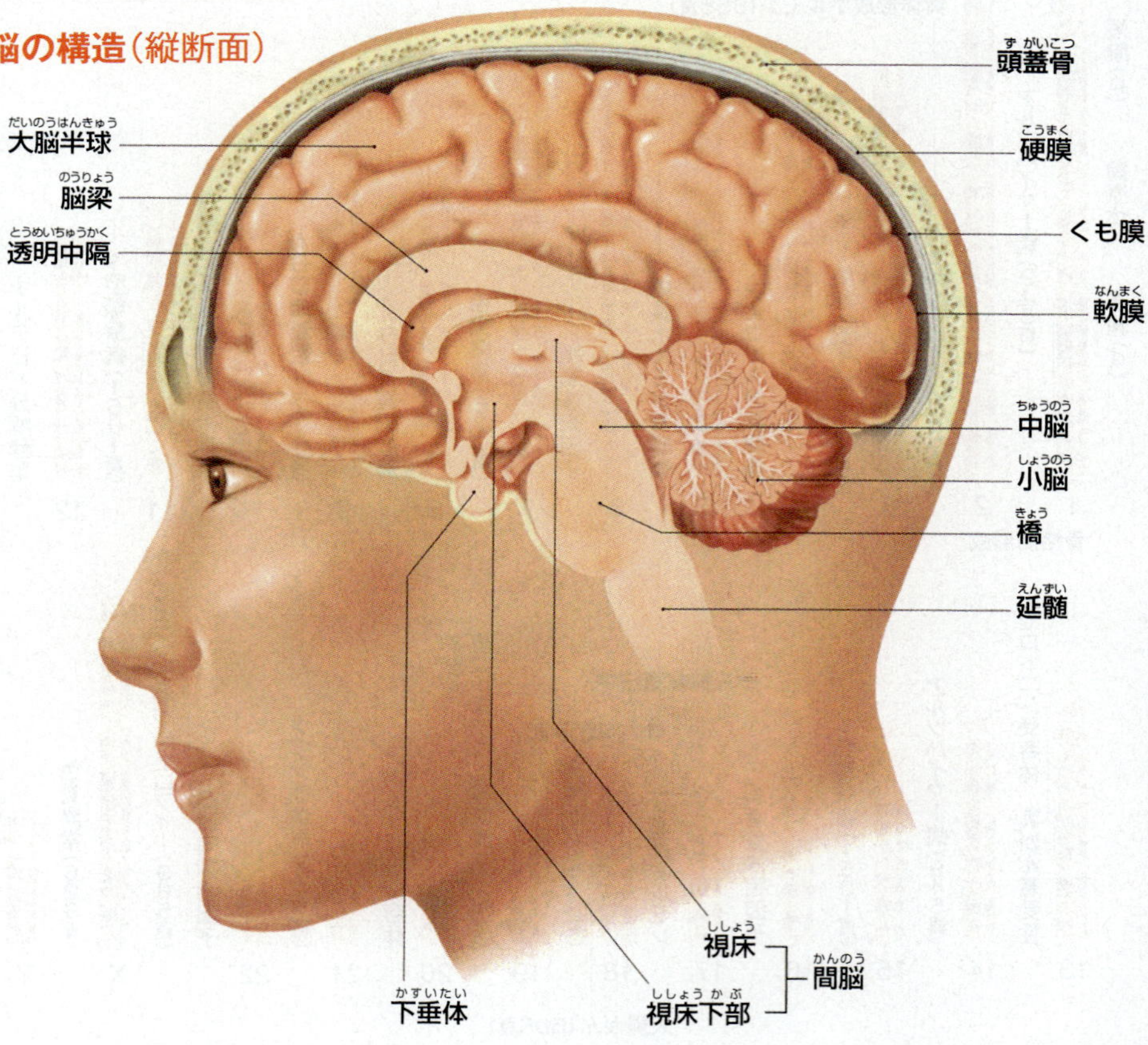

全身の神経

- 脳（のう）
- 三叉神経（さんさしんけい）
- 頸神経叢（けいしんけいそう）
- 胸神経叢（きょうしんけいそう）
- 腕神経叢（わんしんけいそう）
- 脊髄（せきずい）
- 肋間神経（ろっかんしんけい）
- 腰神経叢（ようしんけいそう）
- 正中神経（せいちゅうしんけい）
- 橈骨神経（とうこつしんけい）
- 尺骨神経（しゃっこつしんけい）
- 仙骨神経叢（せんこつしんけいそう）
- 尾骨神経（びこつしんけい）
- 大腿神経（だいたいしんけい）
- 坐骨神経（ざこつしんけい）
- 総腓骨神経（そうひこつしんけい）
- 脛骨神経（けいこつしんけい）

自律神経

自律神経は、心臓や内臓の筋肉、内分泌腺のはたらきを、意志とは関係なく自動的にコントロールしています。このはたらきによって、からだの状態を一定に保っています。

- 交感神経幹（こうかんしんけいかん）
- 腹腔神経叢（ふくくうしんけいそう）
- 腸間膜神経叢（ちょうかんまくしんけいそう）
- 下腹神経叢（かふくしんけいそう）
- 心臓（しんぞう）
- 胃（い）
- 大腸（だいちょう）
- 小腸（しょうちょう）
- 膀胱（ぼうこう）
- 直腸（ちょくちょう）

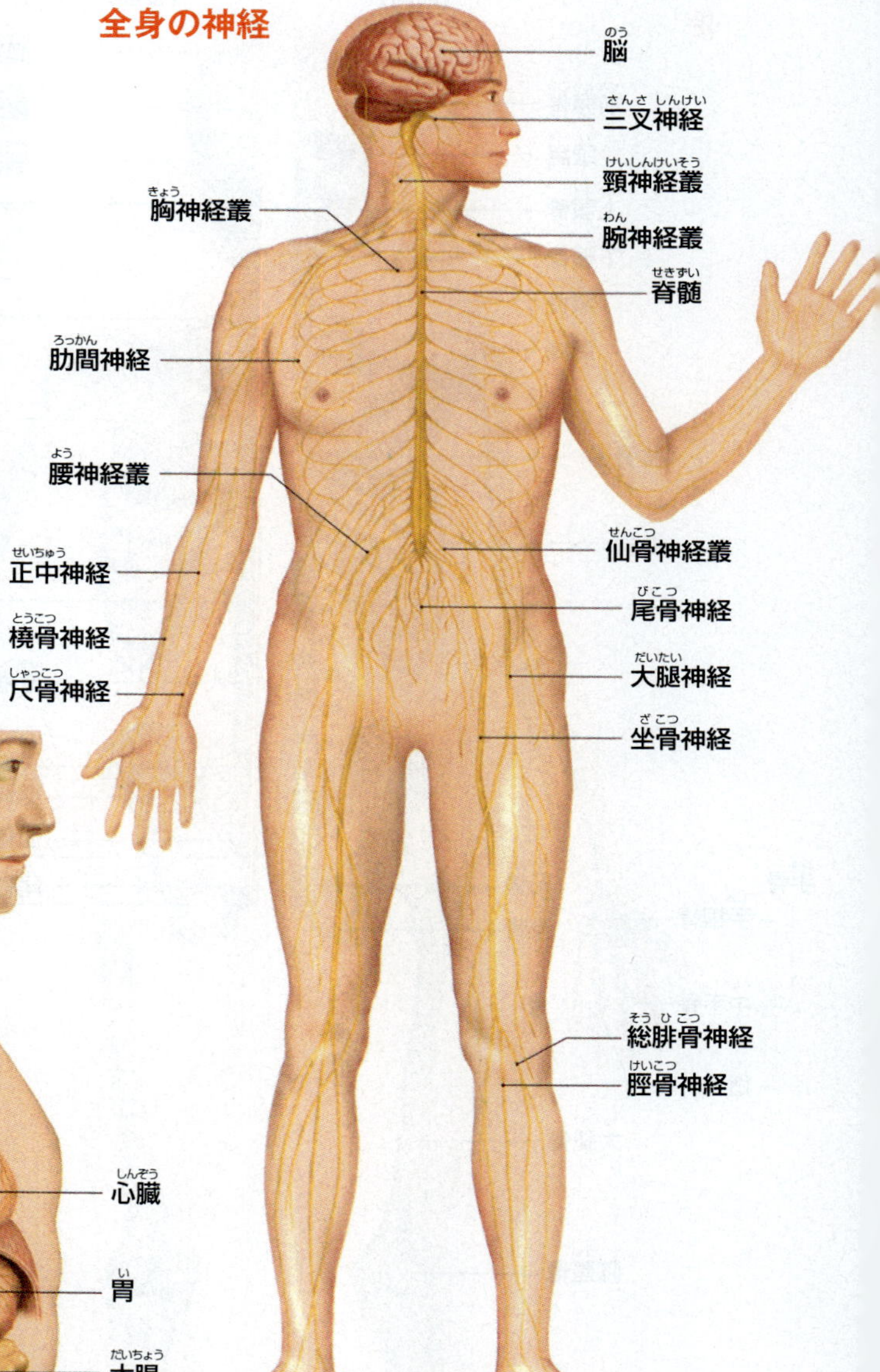

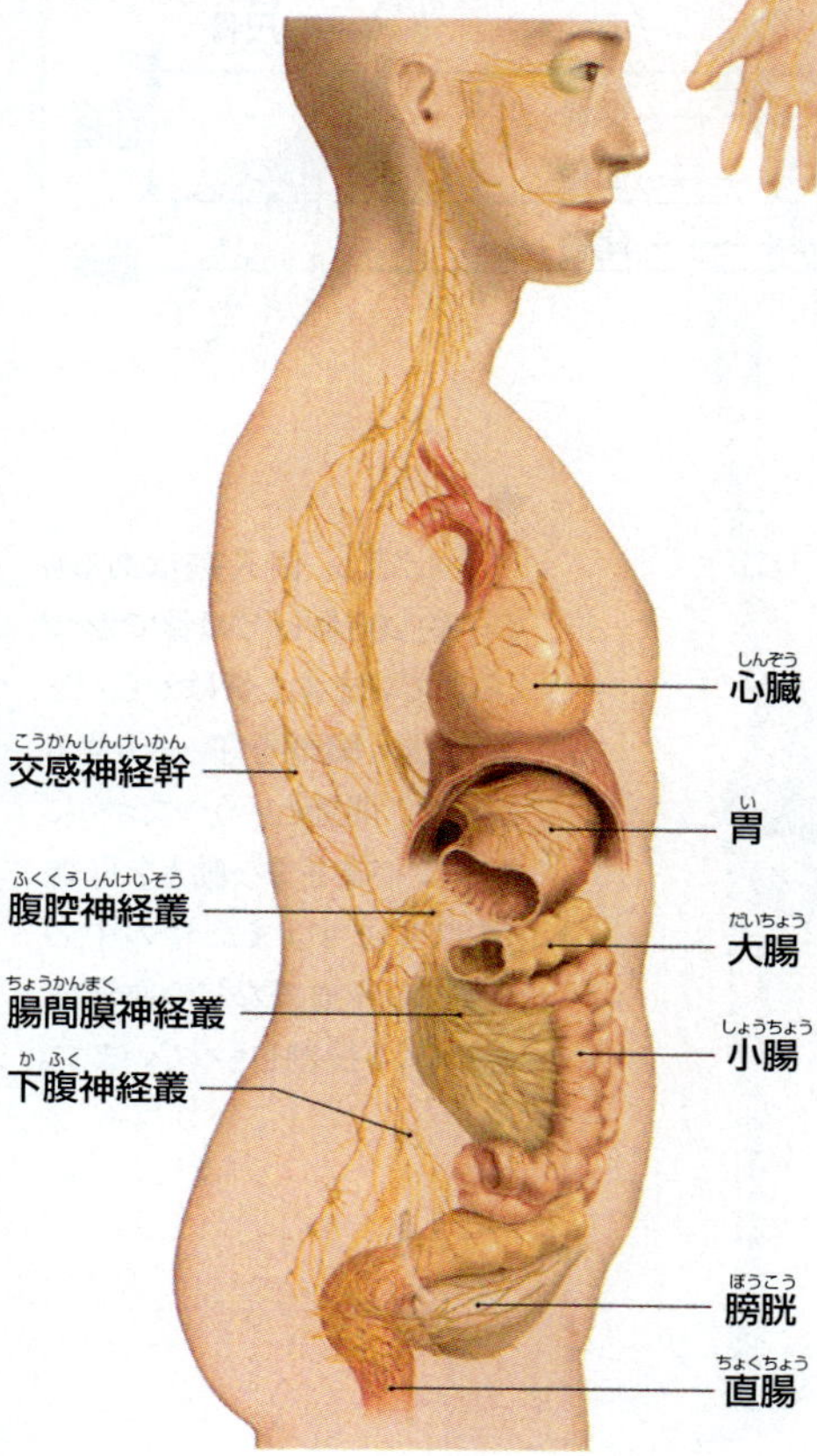

骨・筋肉

骨

(前面) (後面)

- 前頭骨（ぜんとうこつ）
- 眼窩（がんか）
- 上顎骨（じょうがく）
- 下顎骨（かがく）
- 鎖骨（さこつ）
- 肩峰（けんぽう）
- 胸骨（きょうこつ）
- 肋骨（ろっこつ）
- 手骨（しゅこつ）
- 手根骨（しゅこんこつ）
- 中手骨（ちゅうしゅこつ）
- 指骨（しこつ）
- 恥骨（ちこつ）
- 坐骨（ざこつ）
- 大腿骨（だいたい）
- 膝蓋骨（しつがい）
- 腓骨（ひこつ）
- 脛骨（けいこつ）
- 足骨（そくこつ）
- 足根骨（そくこん）
- 中足骨（ちゅうそく）
- 指骨（しこつ）
- 頭頂骨（とうちょうこつ）
- 後頭骨（こうとう）
- 側頭骨（そくとう）
- 肩甲骨（けんこう）
- 上腕骨（じょうわん）
- 脊椎（せきつい）
- 橈骨（とう）
- 尺骨（しゃっこつ）
- 腸骨（ちょう）
- 仙骨（せん）
- 尾骨（び）
- 踵骨（しょうこつ）
- 頸椎（けいつい）
- 胸椎（きょうつい）
- 脊柱（せきちゅう）
- 腰椎（ようつい）
- 仙椎（せんつい）
- 尾椎（びつい）

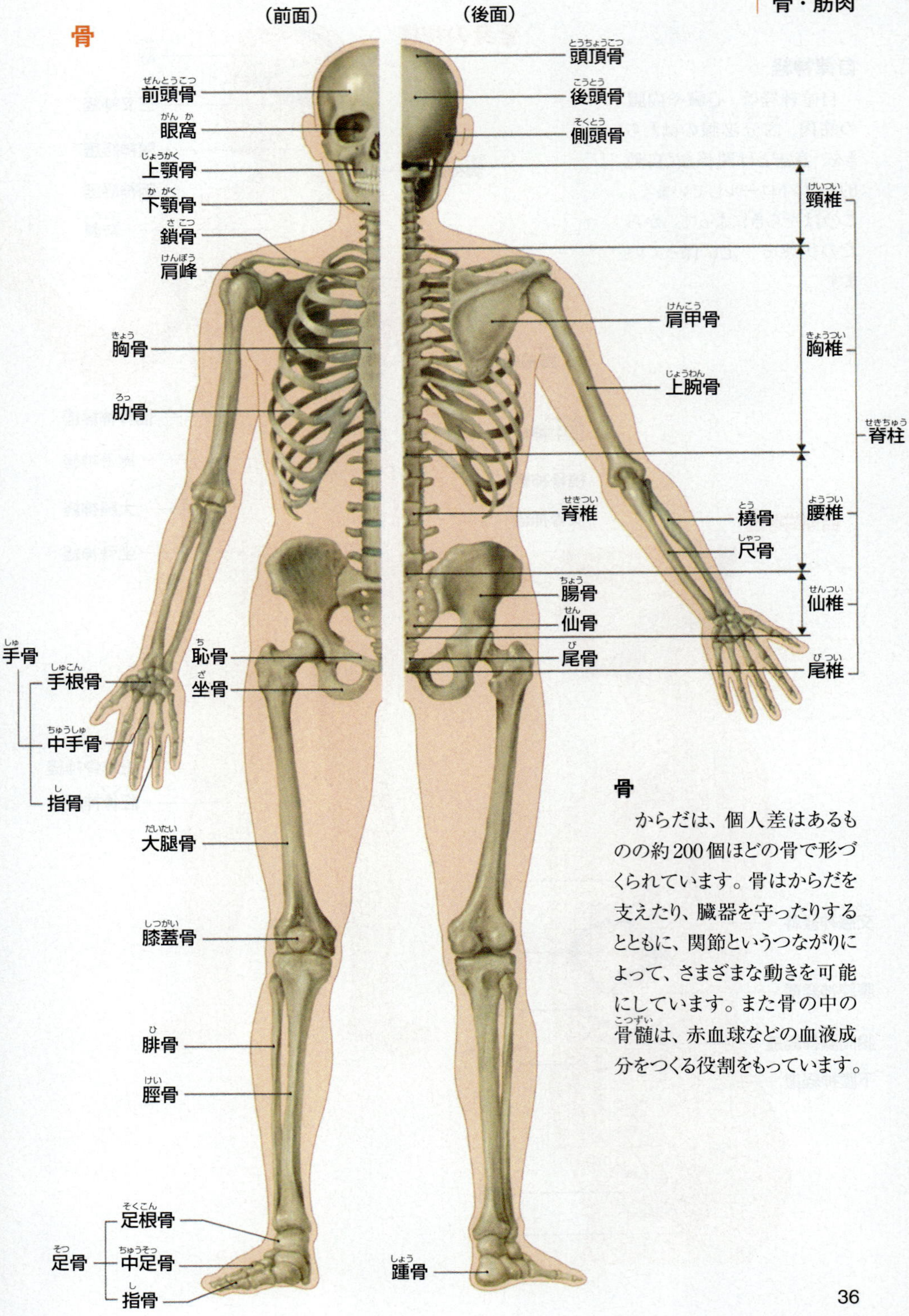

骨

　からだは、個人差はあるものの約200個ほどの骨で形づくられています。骨はからだを支えたり、臓器を守ったりするとともに、関節というつながりによって、さまざまな動きを可能にしています。また骨の中の骨髄（こつずい）は、赤血球などの血液成分をつくる役割をもっています。

筋肉

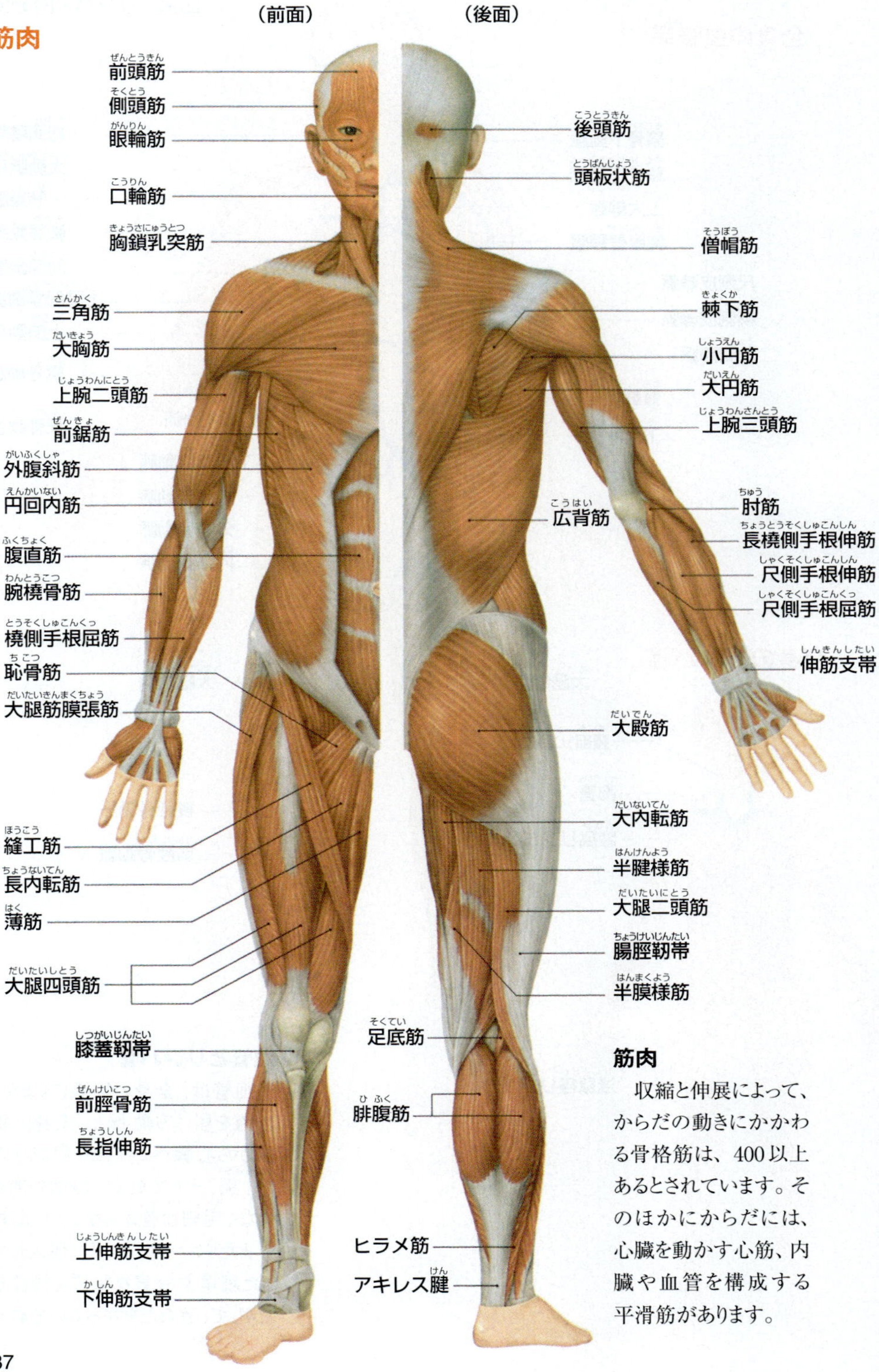

筋肉

収縮と伸展によって、からだの動きにかかわる骨格筋は、400以上あるとされています。そのほかにからだには、心臓を動かす心筋、内臓や血管を構成する平滑筋があります。

全身の血管網

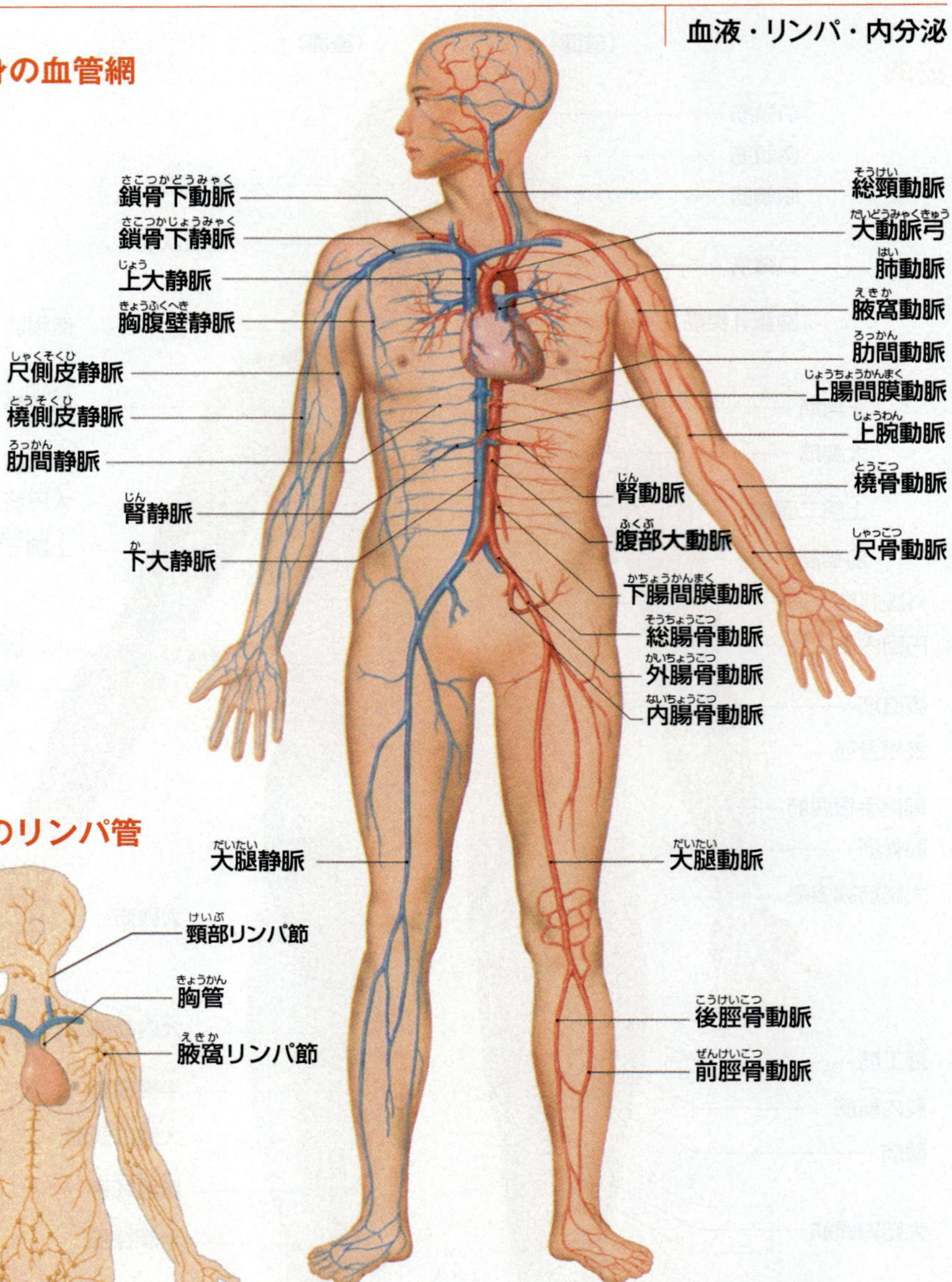

全身のリンパ管

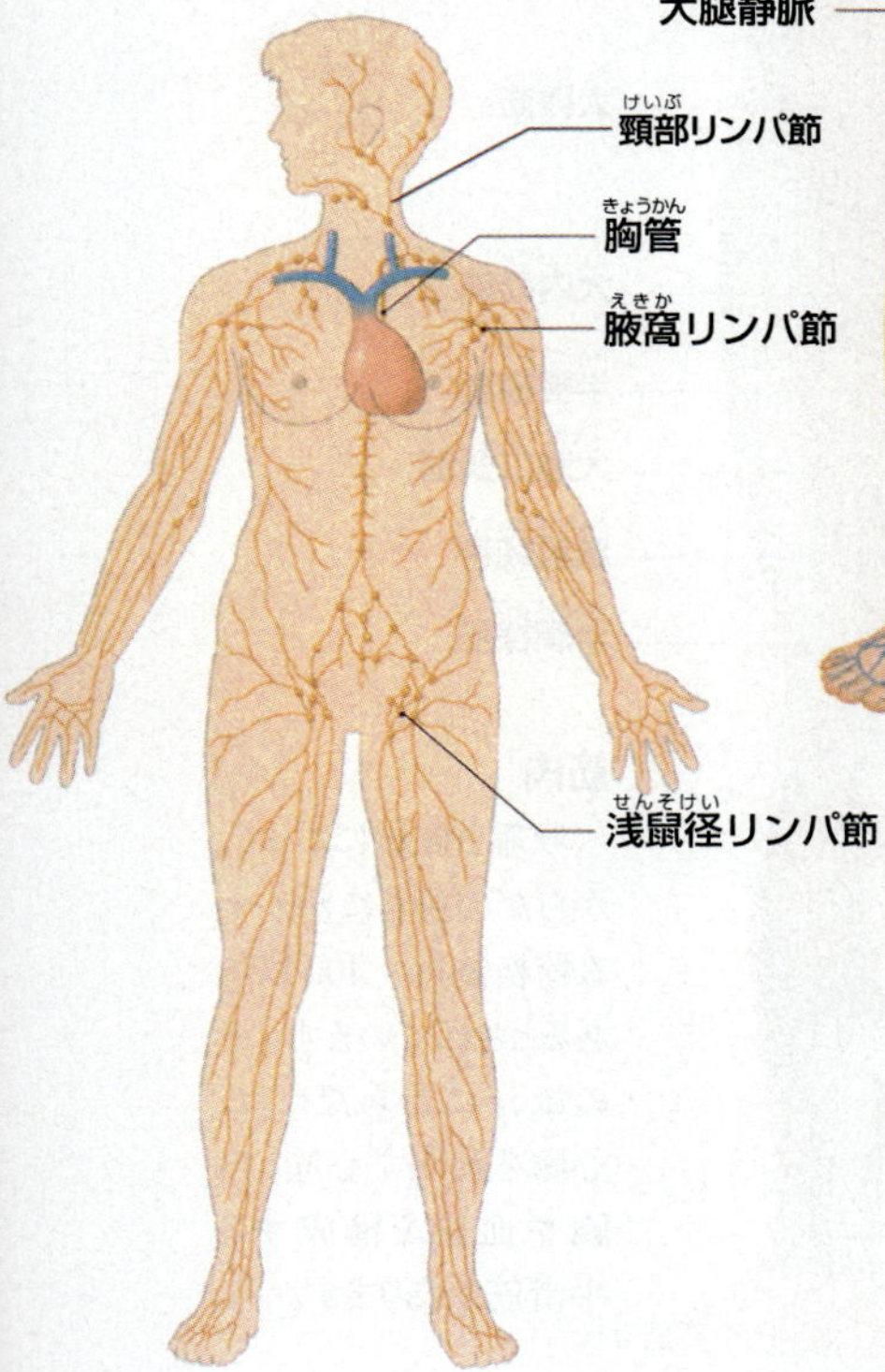

血管とリンパ管

血管は、全身の組織にくまなく血液を届ける動脈（どうみゃく）と、全身の組織から心臓へと血液を回収する静脈（じょうみゃく）、そして動脈と静脈の間をつなぐ毛細血管（もうさいけつかん）からなっています。

またリンパは、体内に侵入してきた細菌や有害な物質を排除したりして、からだを守っています。

内分泌器官と分泌ホルモン

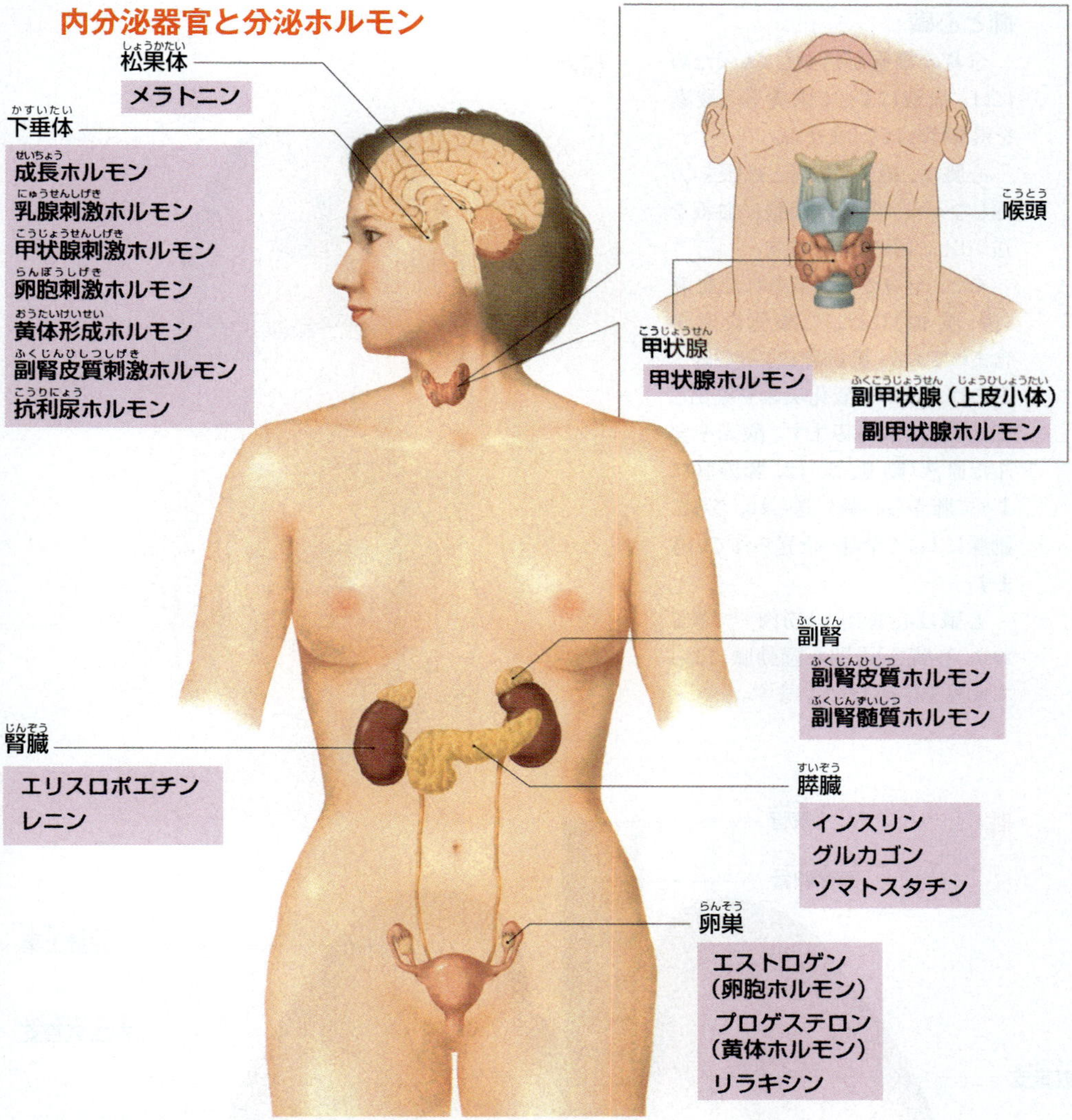

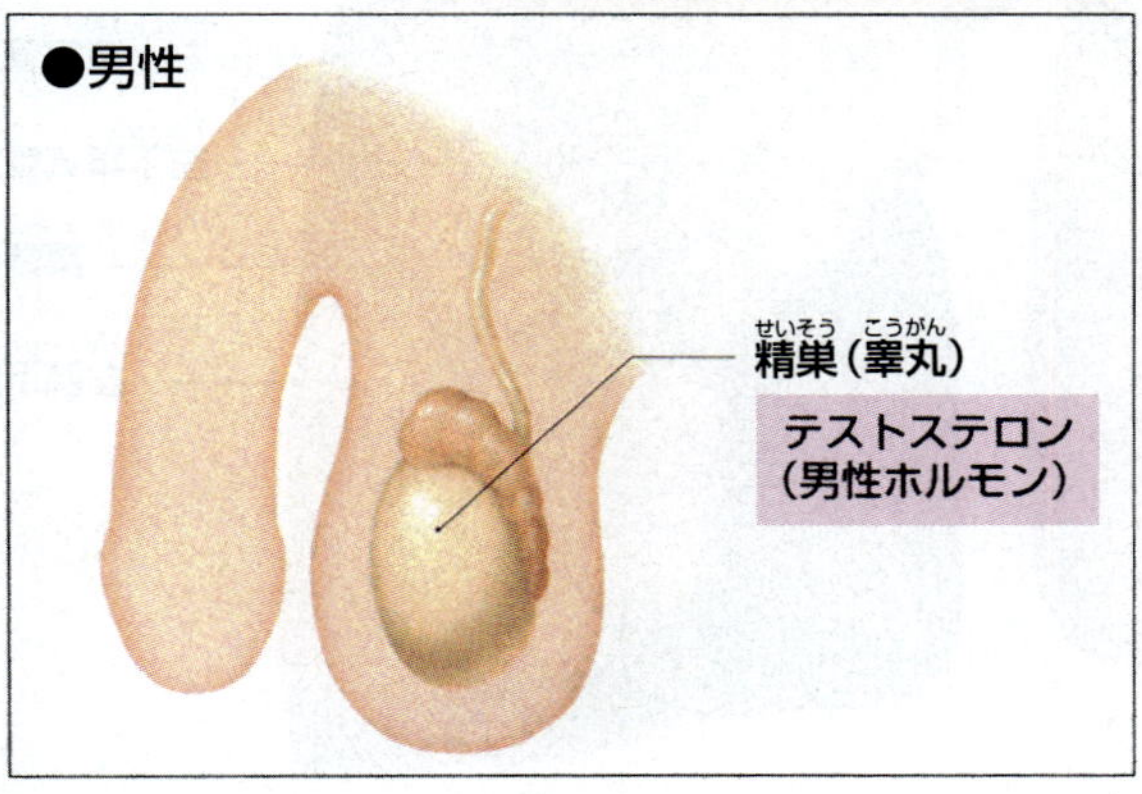

内分泌

血液によって運ばれ、全身の細胞にはたらきかけるホルモンを分泌する器官を内分泌腺といいます。ホルモンは、からだのバランスを保つ役割があり、つぎつぎと新しい種類が発見されています。

肺と心臓

全身の細胞が活動していくためには、血液によって栄養分と酸素を得なければなりません。

心臓は、絶えず収縮と拡張をくり返しながら、全身の細胞に血液を送り出し、回収しています。

また、全身から回収された血液(静脈血)には、二酸化炭素が含まれており、肺動脈によって肺へ送られ、肺で二酸化炭素を放出して、酸素を取込みます。酸素を含んだ血液(動脈血)は、肺静脈によって肺から心臓に送られ、さらに動脈によって全身へと送られていきます。

心臓は心筋という筋肉でできており、心臓をとり囲む冠動脈によって栄養を与えられています。

肺と心臓

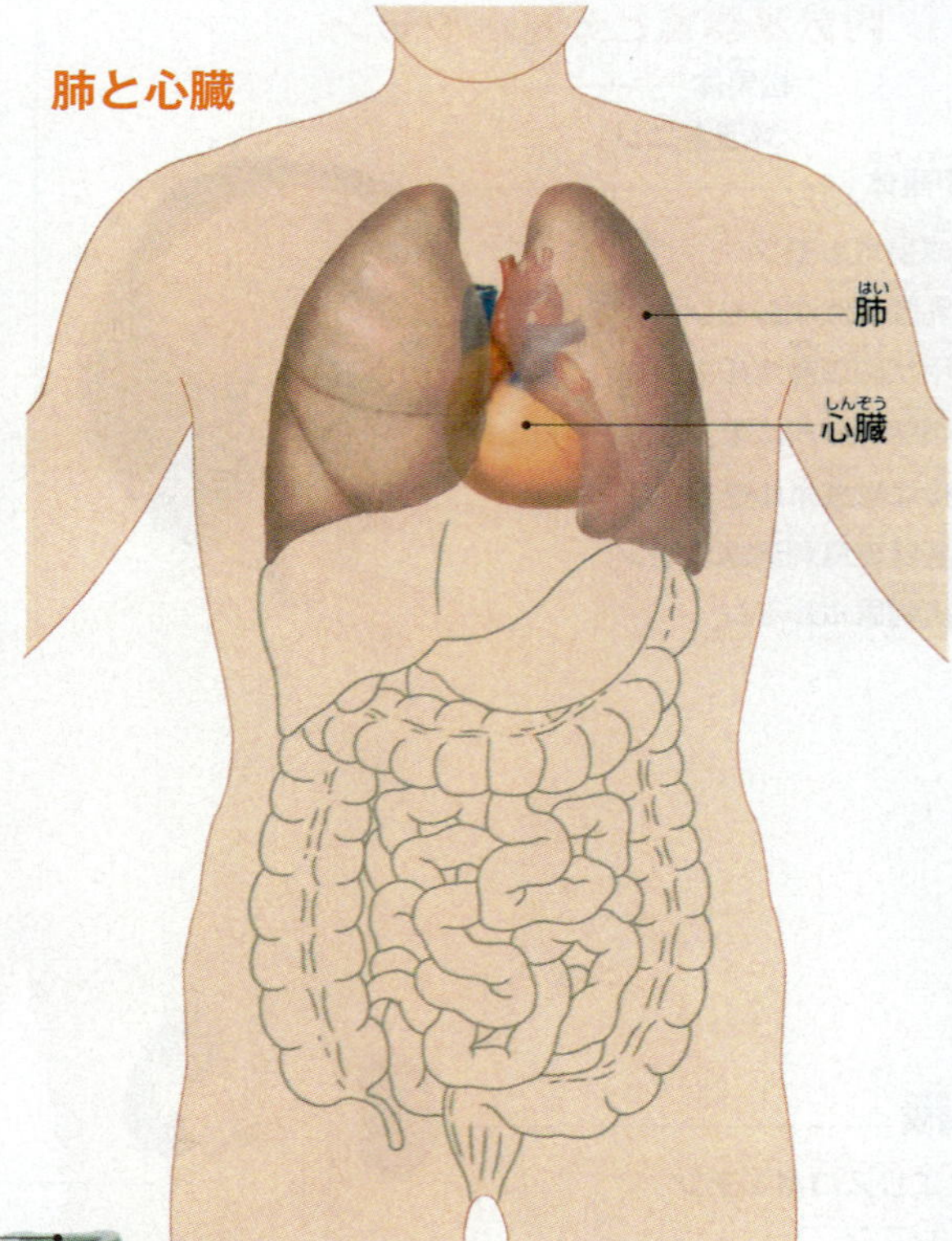

肺

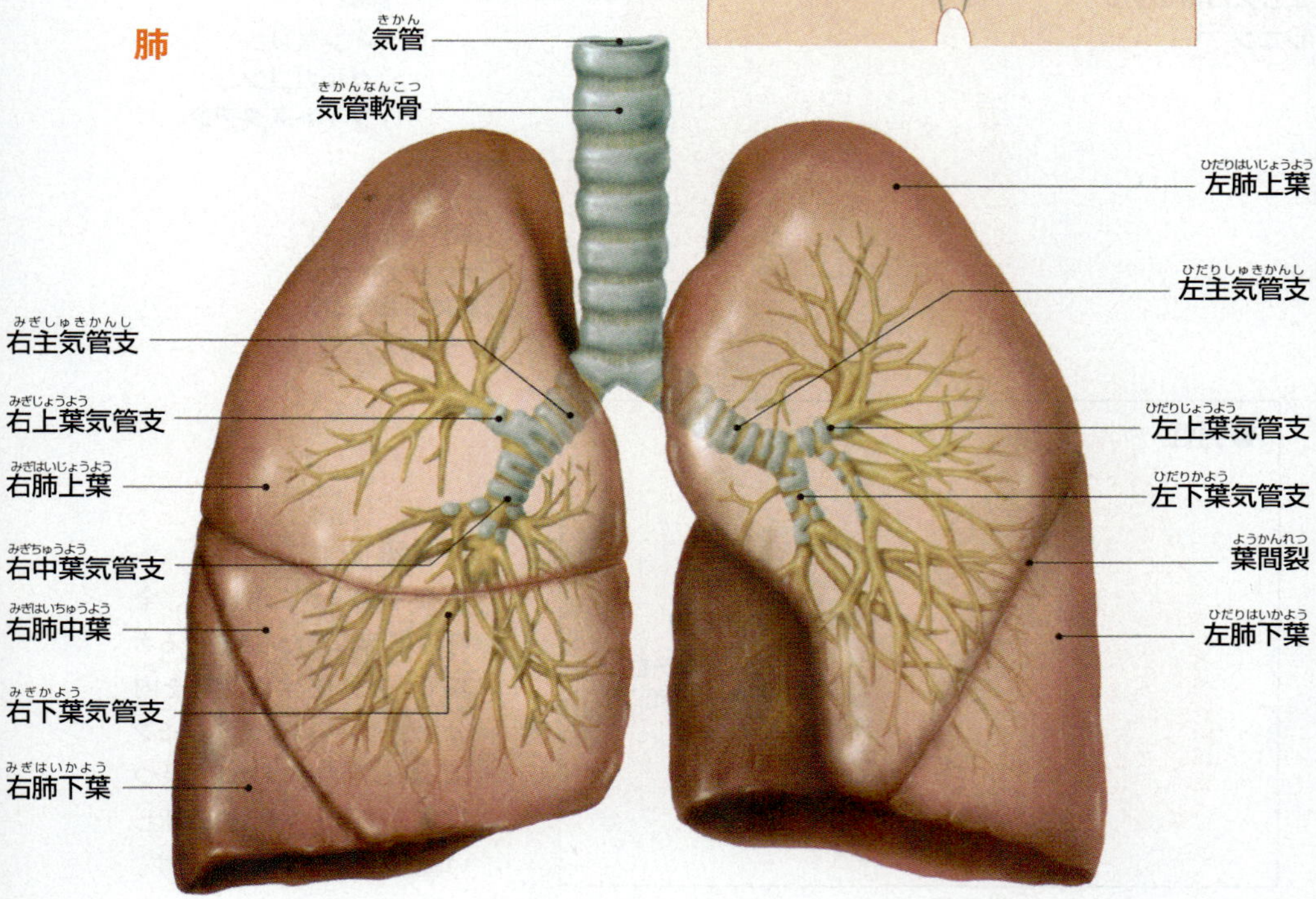

心臓の冠動脈

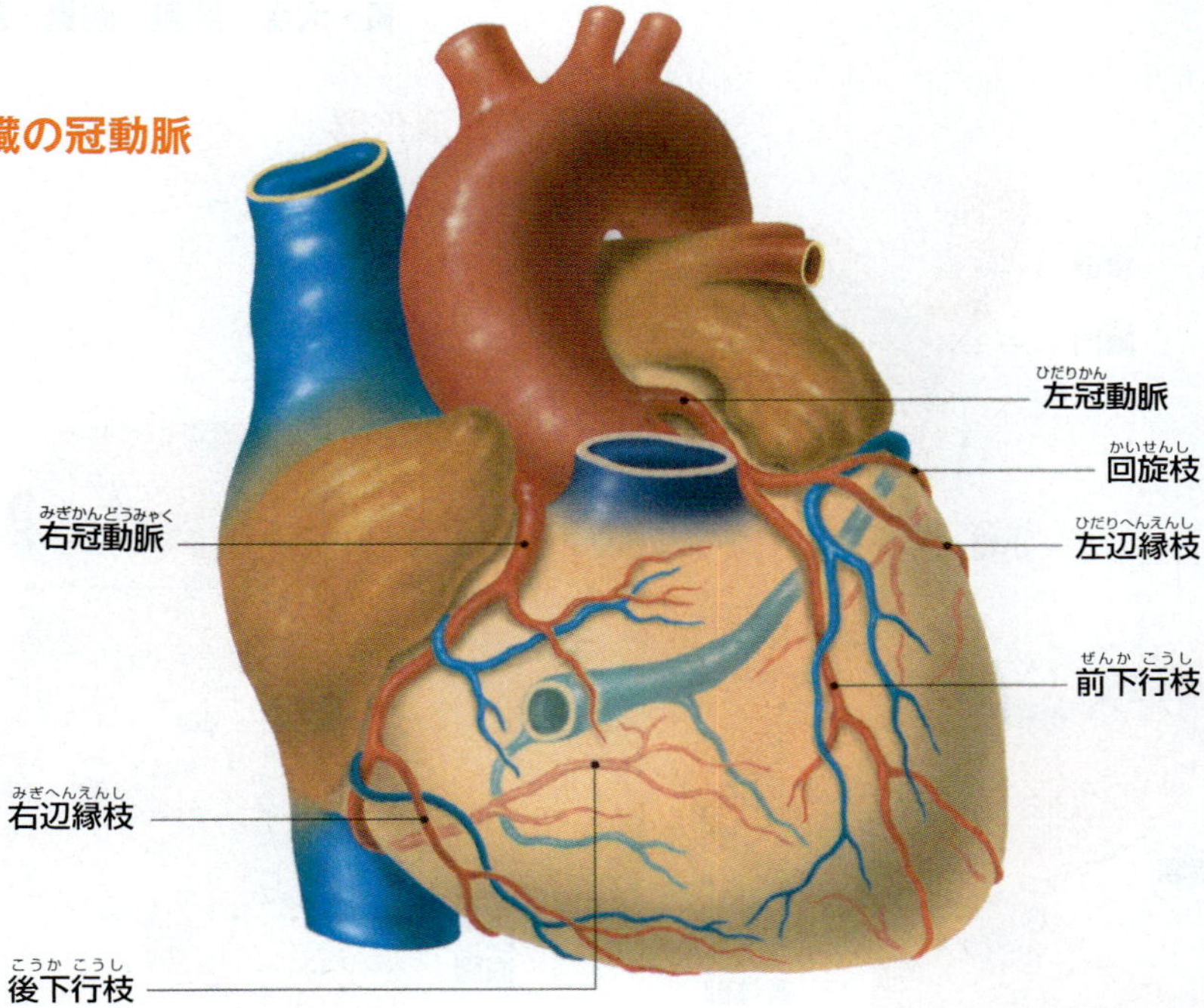

心臓の構造

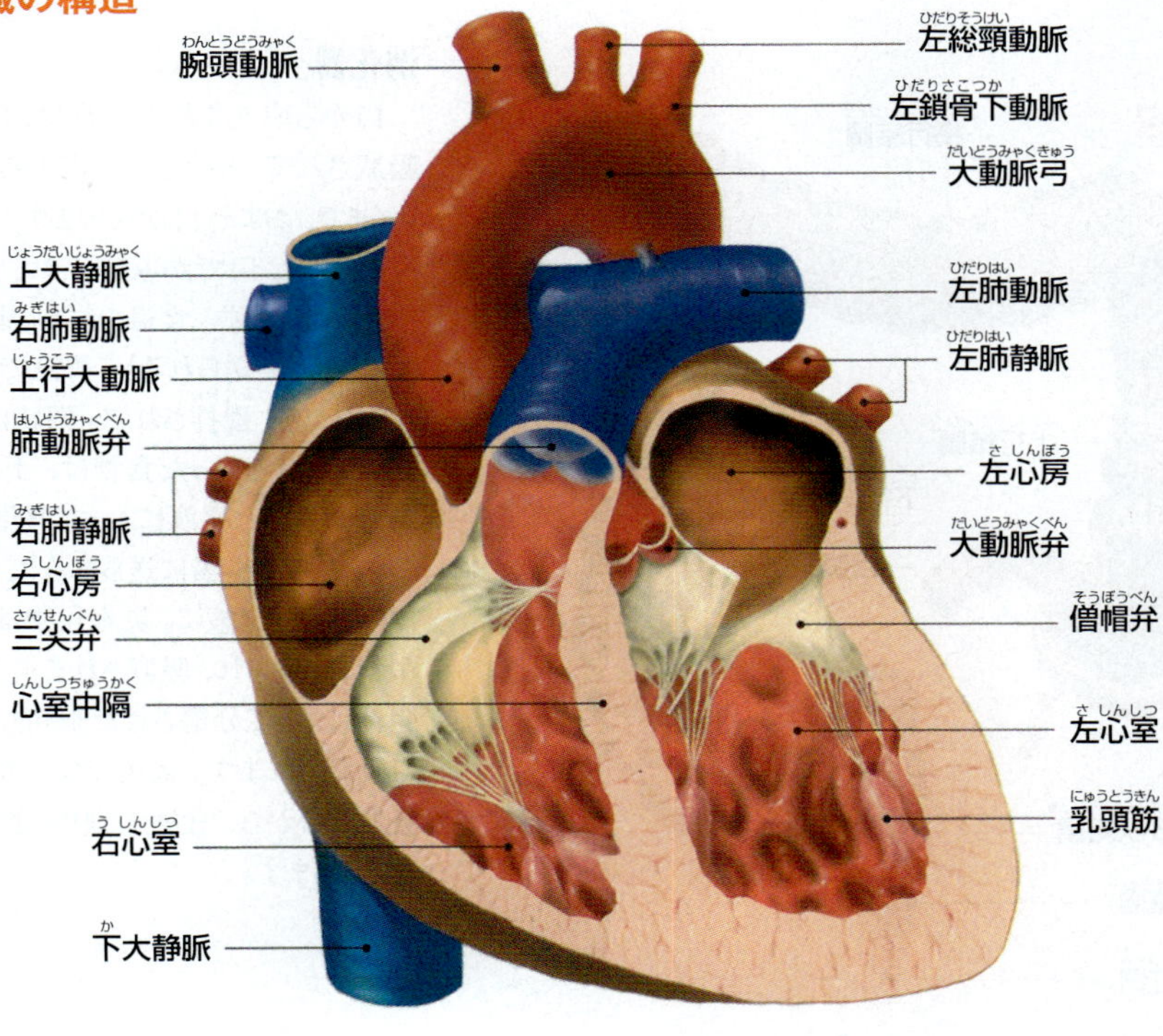

胃

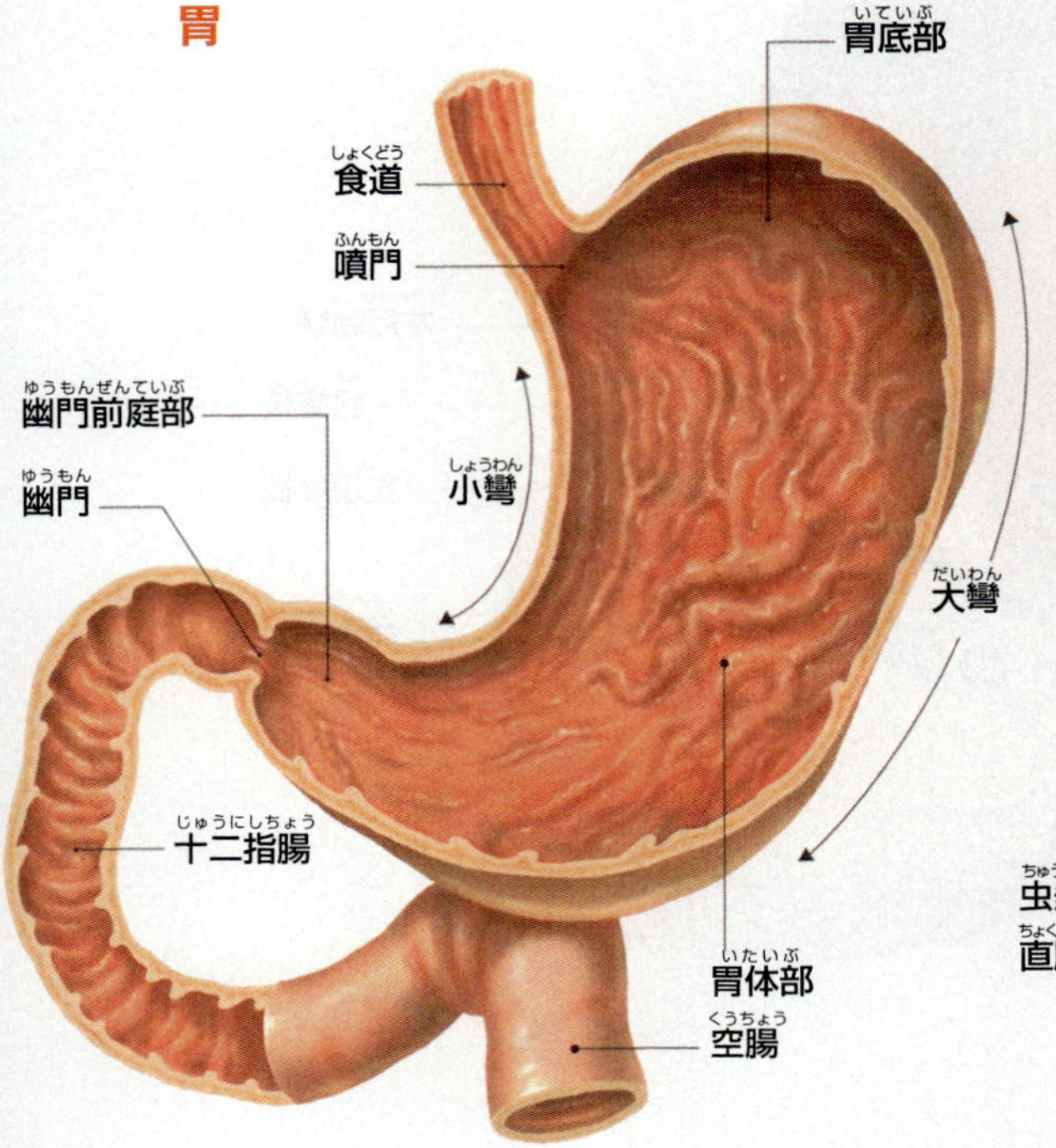

消化器

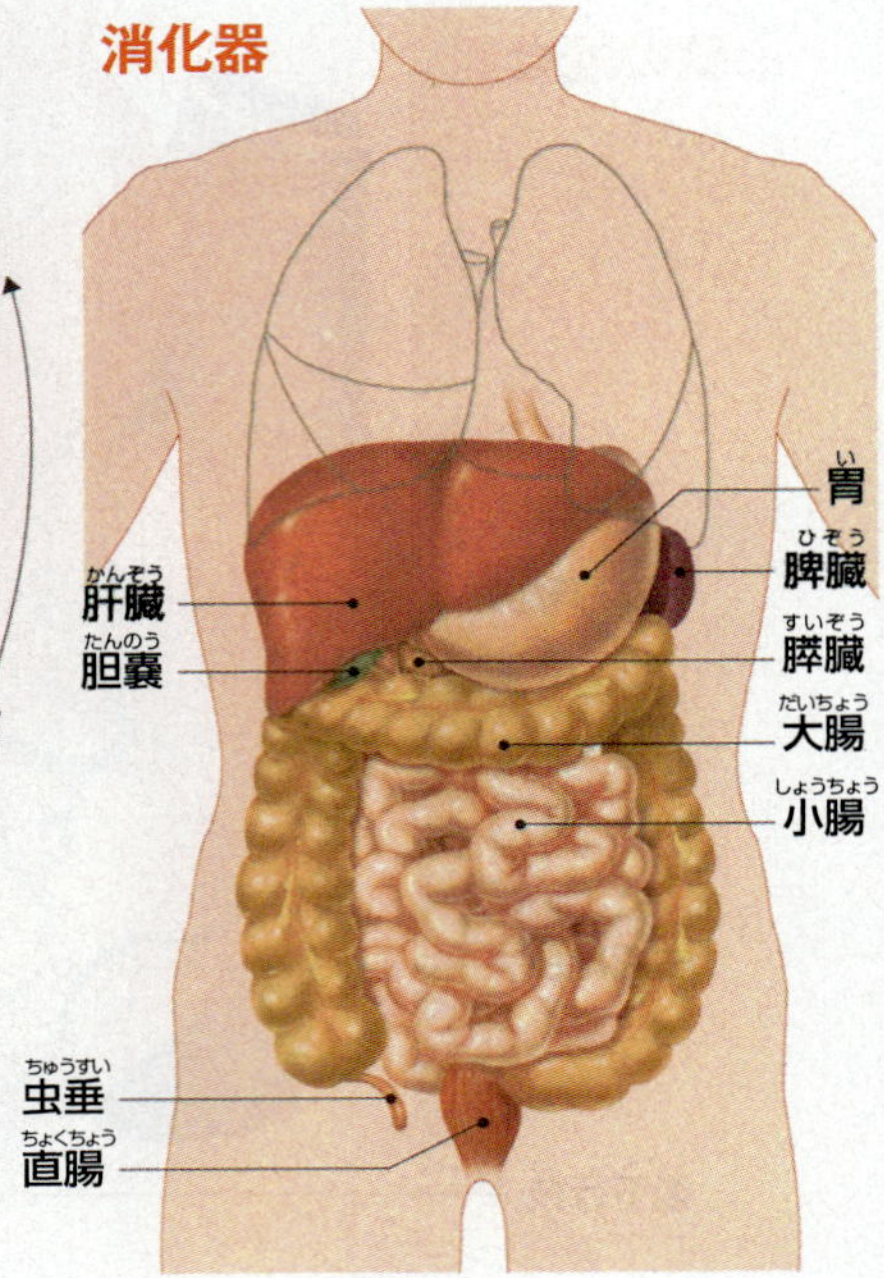

大腸

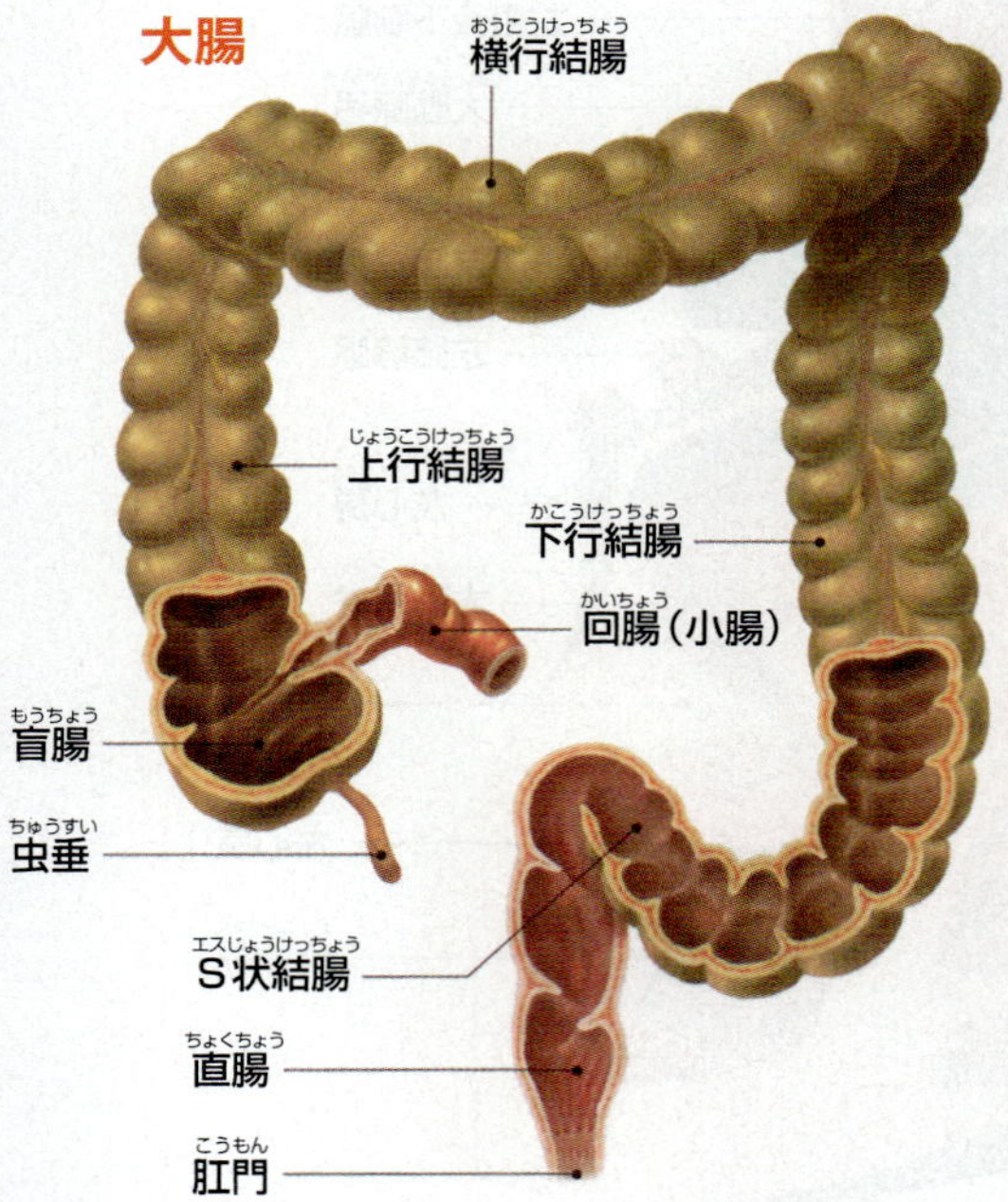

消化器

口から取込まれた食物は、消化・吸収されて、便として肛門から出ていくまで、およそ1日かかります。

食物は、口でかみ砕かれ、食道へと送られます。食道の蠕動運動によって胃へと送られると、胃液で溶かされながら、攪拌されて、粥状になります。粥状となった食物は、十二指腸で、胆汁と膵液によって消化されます。さらに小腸に送られると、たんぱく質はアミノ酸に、炭水化物はぶどう糖に分解され、吸収されます。また、胆汁によって分解された脂肪も小腸で吸収されます。大腸では、水分を吸収しながら、食物の残りを便に変えていきます。

肝臓

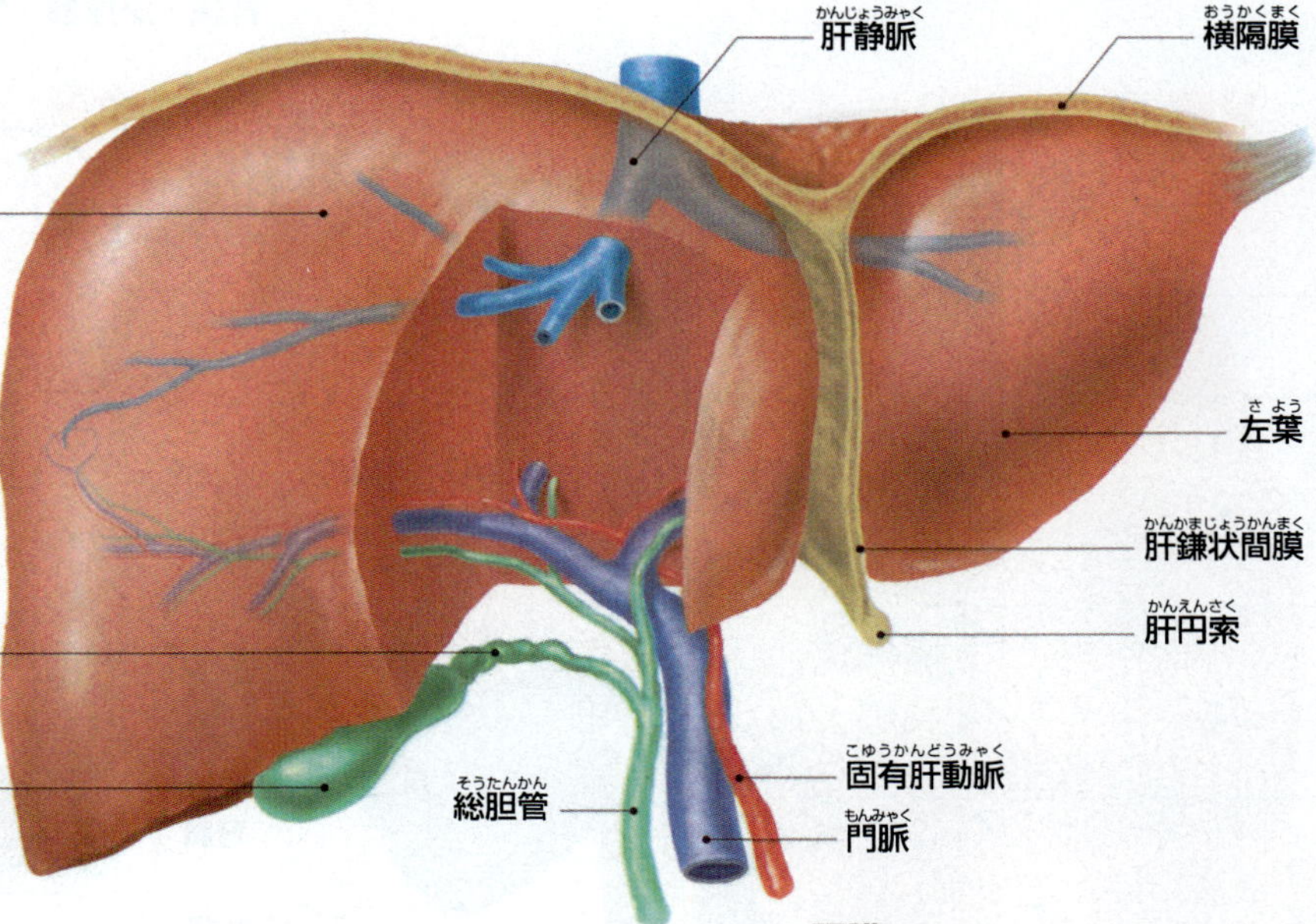

- 右葉（うよう）
- 肝静脈（かんじょうみゃく）
- 横隔膜（おうかくまく）
- 左葉（さよう）
- 肝鎌状間膜（かんかまじょうかんまく）
- 肝円索（かんえんさく）
- 胆嚢管（たんのうかん）
- 胆嚢（たんのう）
- 総胆管（そうたんかん）
- 固有肝動脈（こゆうかんどうみゃく）
- 門脈（もんみゃく）

胆嚢

- 肝臓（かんぞう）
- 胆嚢（たんのう）
- 胆嚢管（たんのうかん）
- 十二指腸（じゅうにしちょう）
- 主膵管（しゅすいかん）
- 総肝管（そうかんかん）
- 胃（い）
- 総胆管（そうたんかん）
- 膵臓（すいぞう）

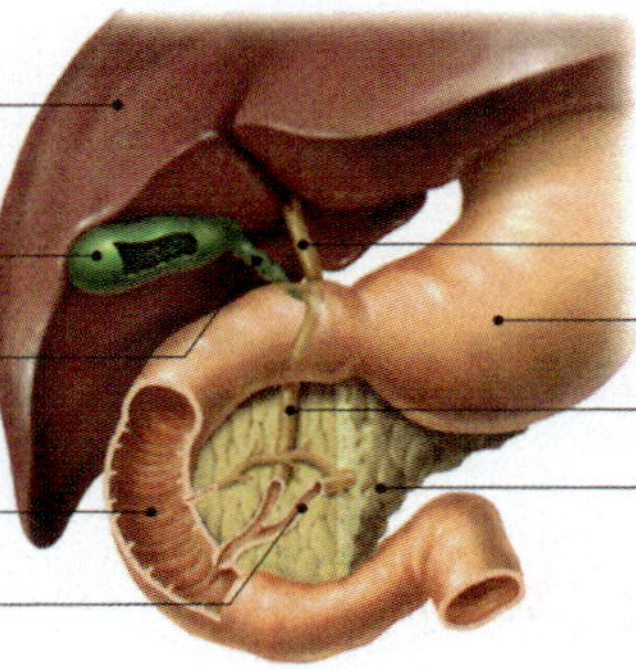

肝臓

小腸で吸収された栄養分は、肝臓に送られ、分解・合成されて、エネルギーや、からだが利用しやすい成分へと変わります。

また、解毒作用や不要な物質の排出など、生命の維持に必要な役割を果たしています。

膵臓

- 副膵管（ふくすいかん）
- 小十二指腸乳頭（しょうじゅうにしちょうにゅうとう）（副膵管開口部）
- 総胆管（そうたんかん）
- ファーター乳頭（胆膵管開口部）
- 十二指腸（じゅうにしちょう）
- 腹部大動脈（ふくぶだいどうみゃく）
- 脾動脈（ひどうみゃく）
- 膵管（すいかん）
- 脾臓（ひぞう）
- 主膵管（しゅすいかん）
- 空腸（くうちょう）
- 膵頭部（すいとうぶ）
- 膵体部（すいたいぶ）
- 膵尾部（すいびぶ）

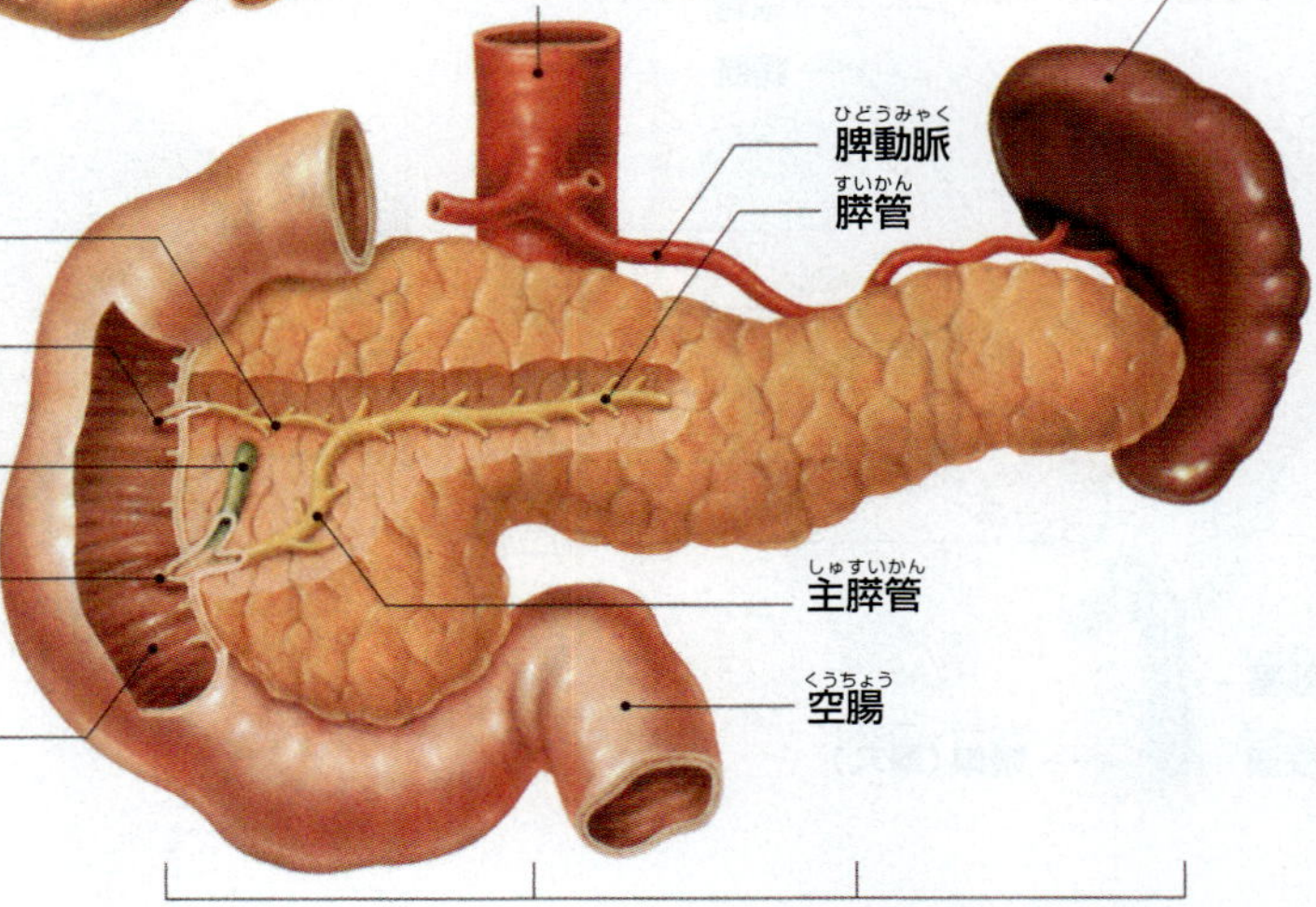

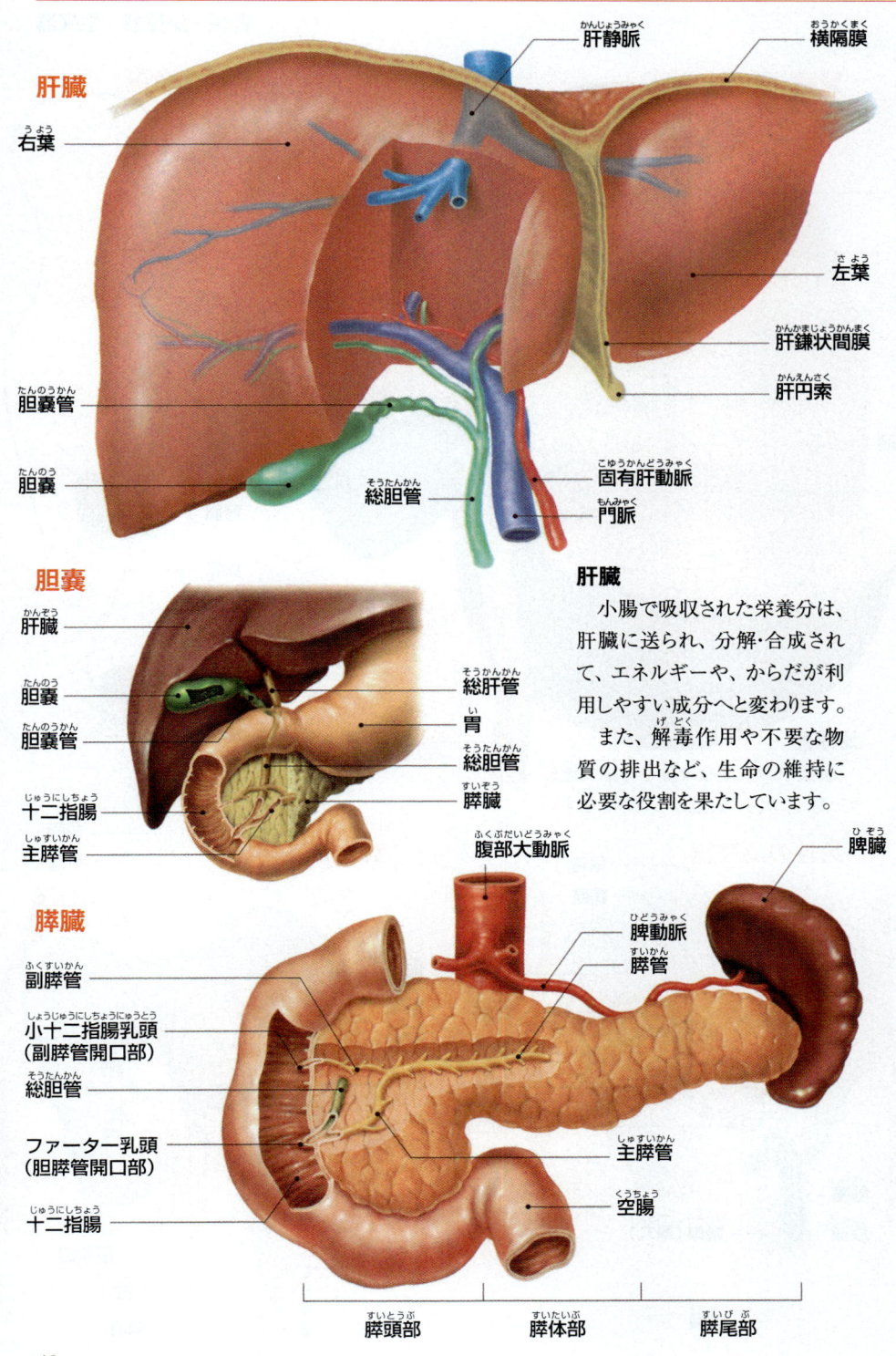

腎臓

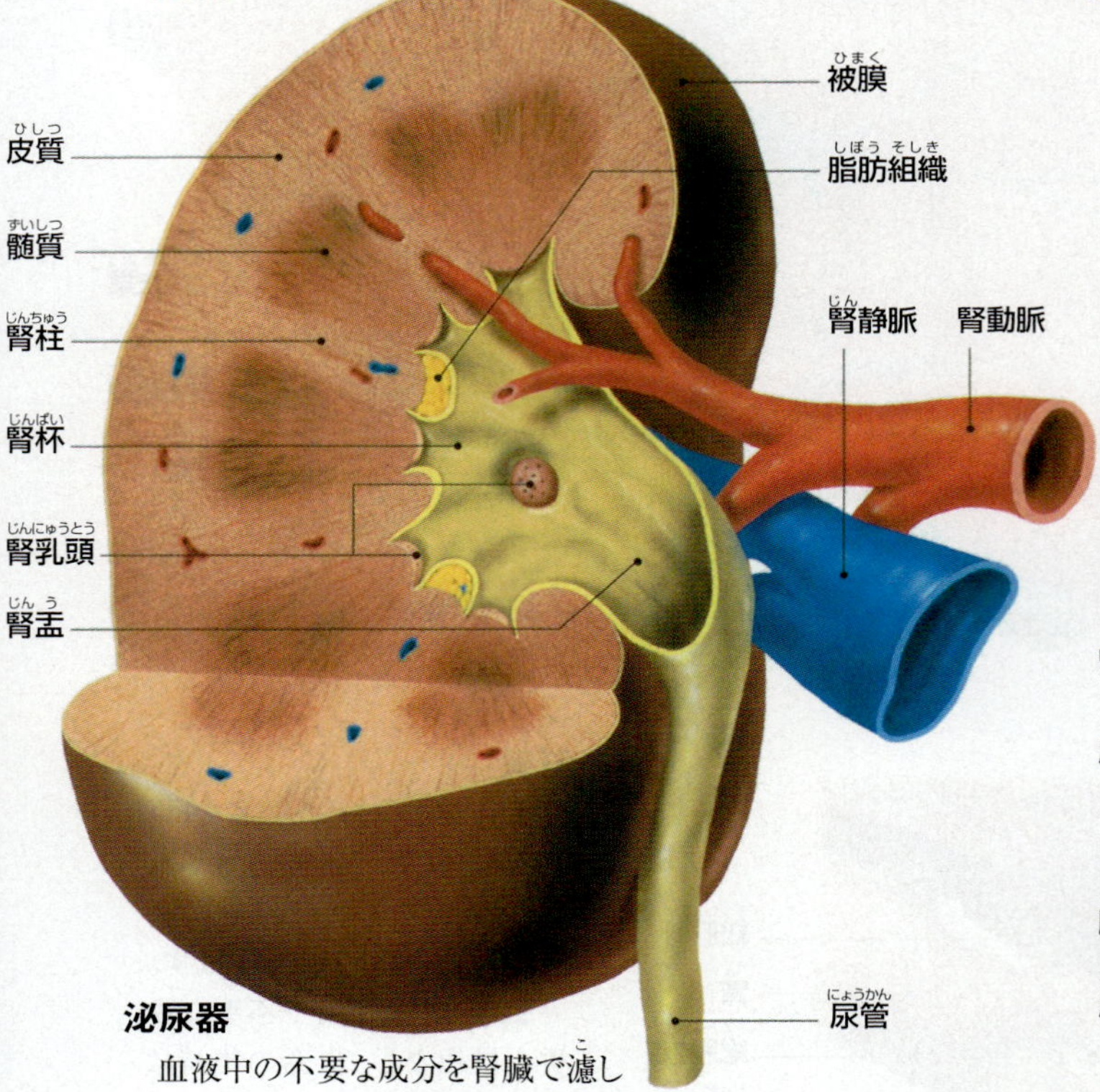

腎臓の位置

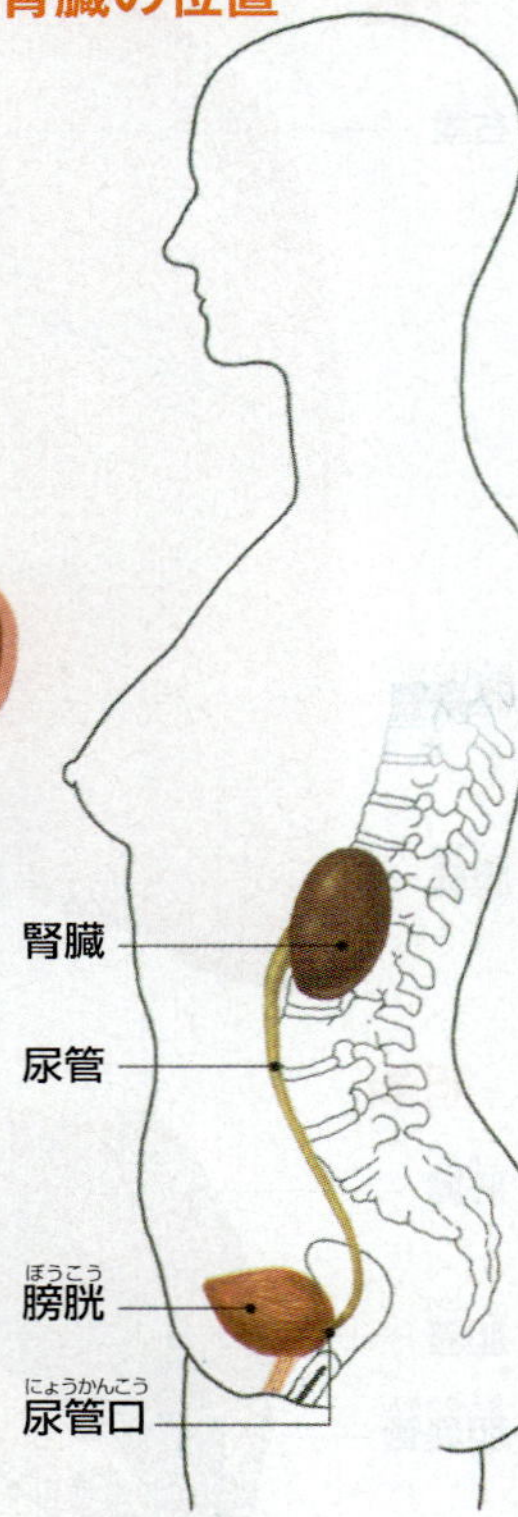

泌尿器

血液中の不要な成分を腎臓で濾して、尿をつくり、尿道から排泄します。

男性の泌尿器

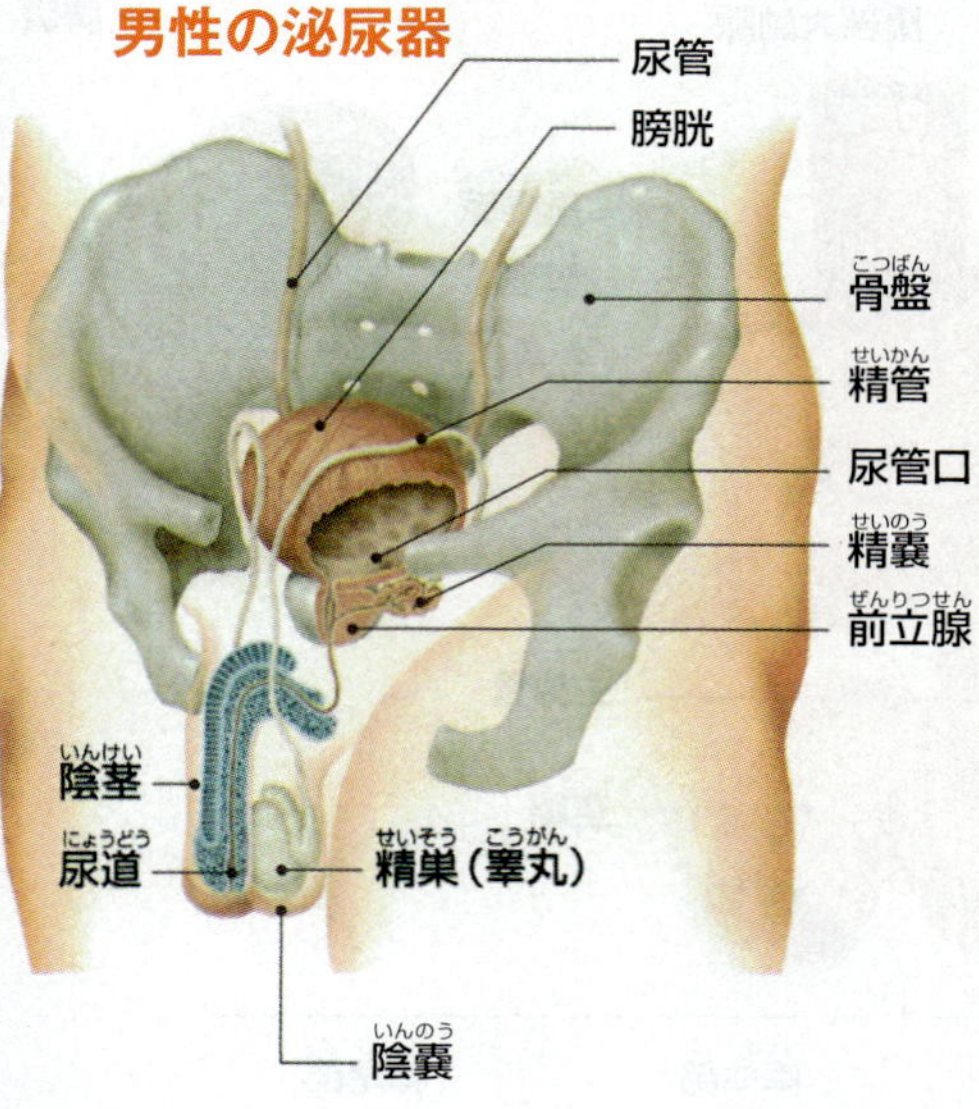

女性の泌尿器

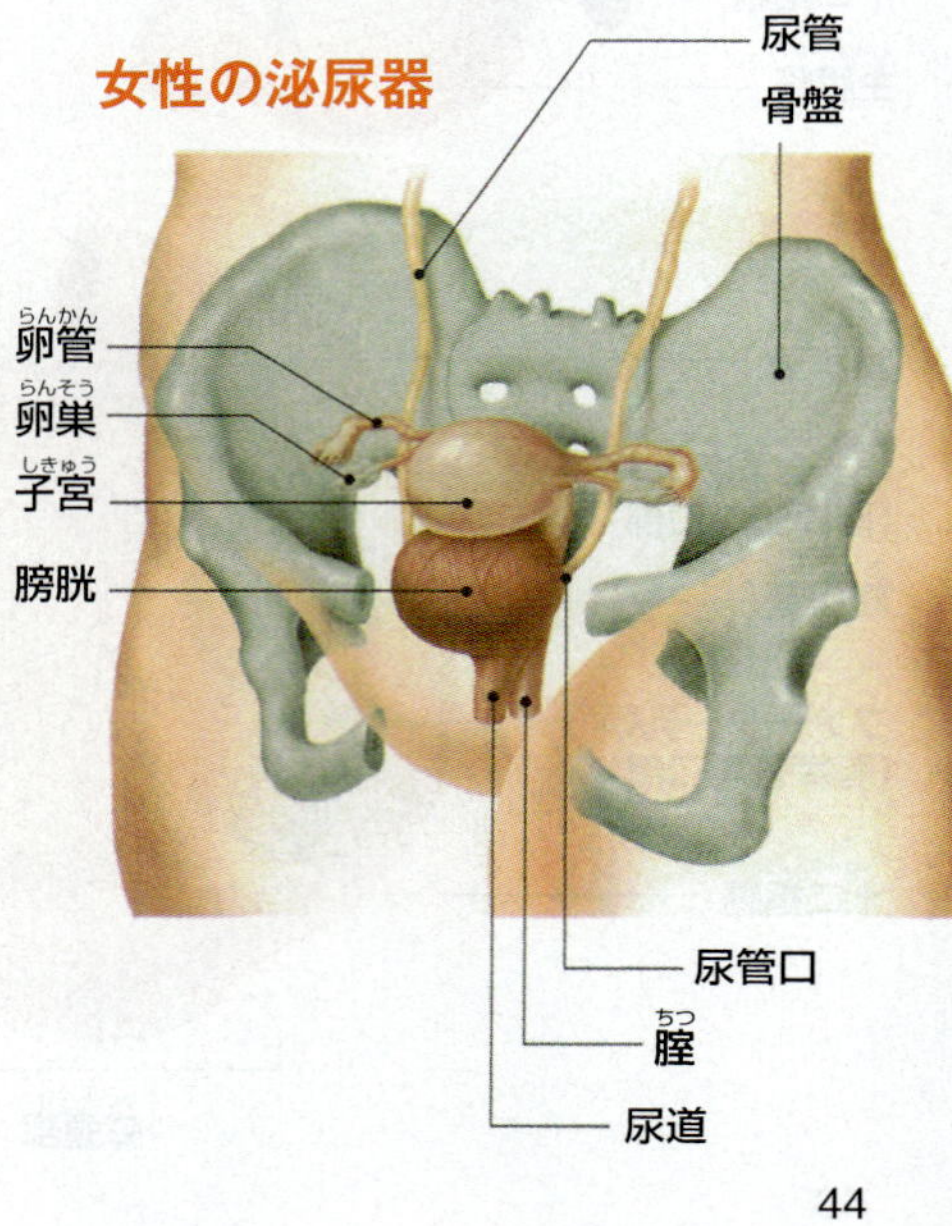

男性の生殖器

- 精管（せいかん）
- 恥骨結合（ちこつけつごう）
- 尿道海綿体（にょうどうかいめんたい）
- 精巣上体（せいそうじょうたい）
- 陰茎海綿体（いんけいかいめんたい）
- 尿道（にょうどう）
- 外尿道口（がいにょうどうこう）
- 精巣（睾丸）（せいそう・こうがん）
- 陰嚢（いんのう）
- 肛門（こうもん）
- 膀胱（ぼうこう）
- 精嚢（せいのう）
- 前立腺（ぜんりつせん）
- 直腸（ちょくちょう）
- 肛門括約筋（こうもんかつやくきん）

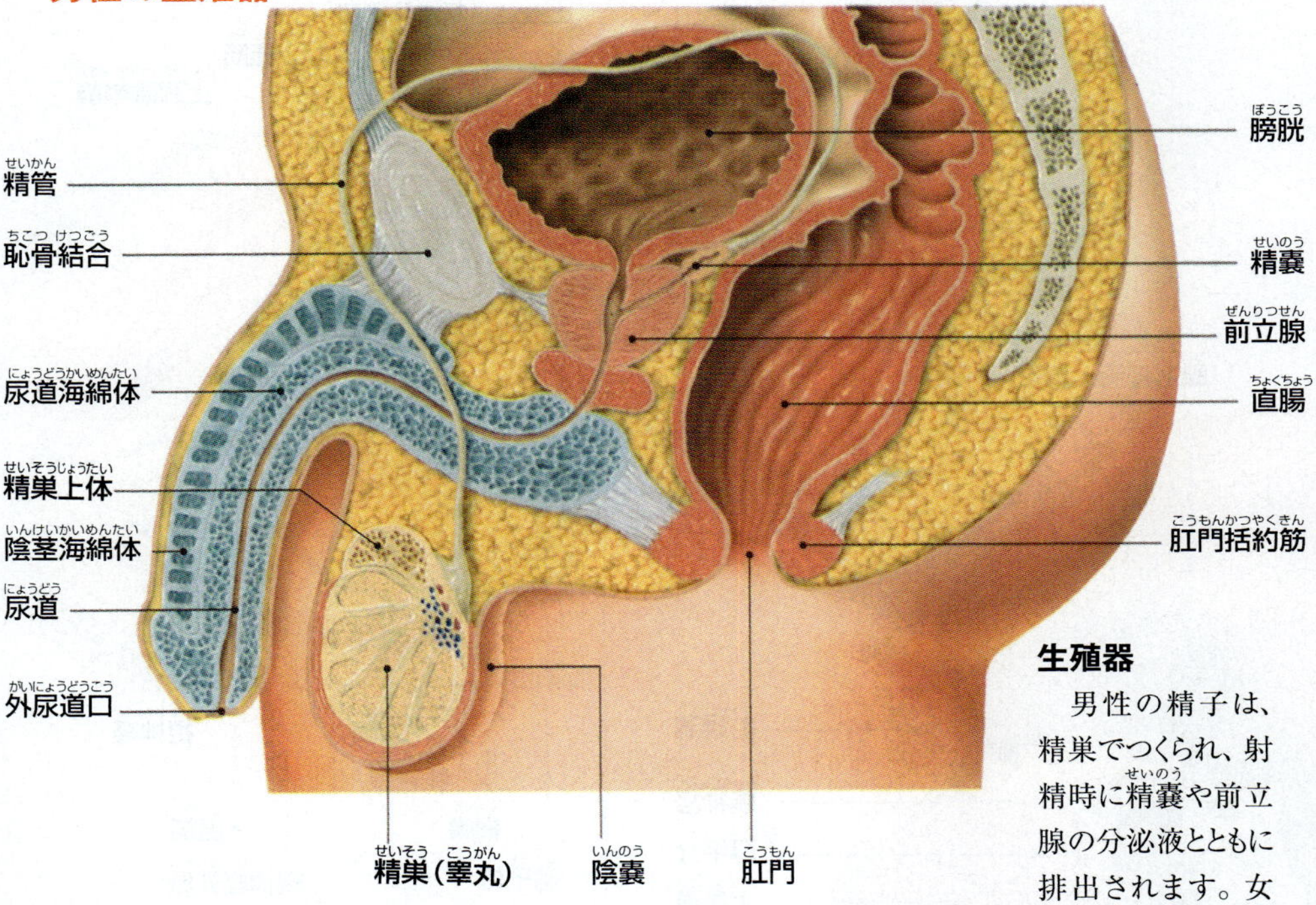

生殖器

男性の精子は、精巣でつくられ、射精時に精嚢や前立腺の分泌液とともに排出されます。女性の生殖器では、受精・妊娠・出産が行われます。

女性の生殖器

- 卵管（らんかん）
- 卵巣（らんそう）
- 子宮体部（しきゅうたいぶ）
- 膀胱（ぼうこう）
- 恥骨結合（ちこつけつごう）
- 陰核（いんかく）
- 外尿道口（がいにょうどうこう）
- 小陰唇（しょういんしん）
- 膣（ちつ）
- 肛門（こうもん）
- 子宮頸部（しきゅうけいぶ）
- 直腸（ちょくちょう）
- 肛門括約筋（こうもんかつやくきん）

45

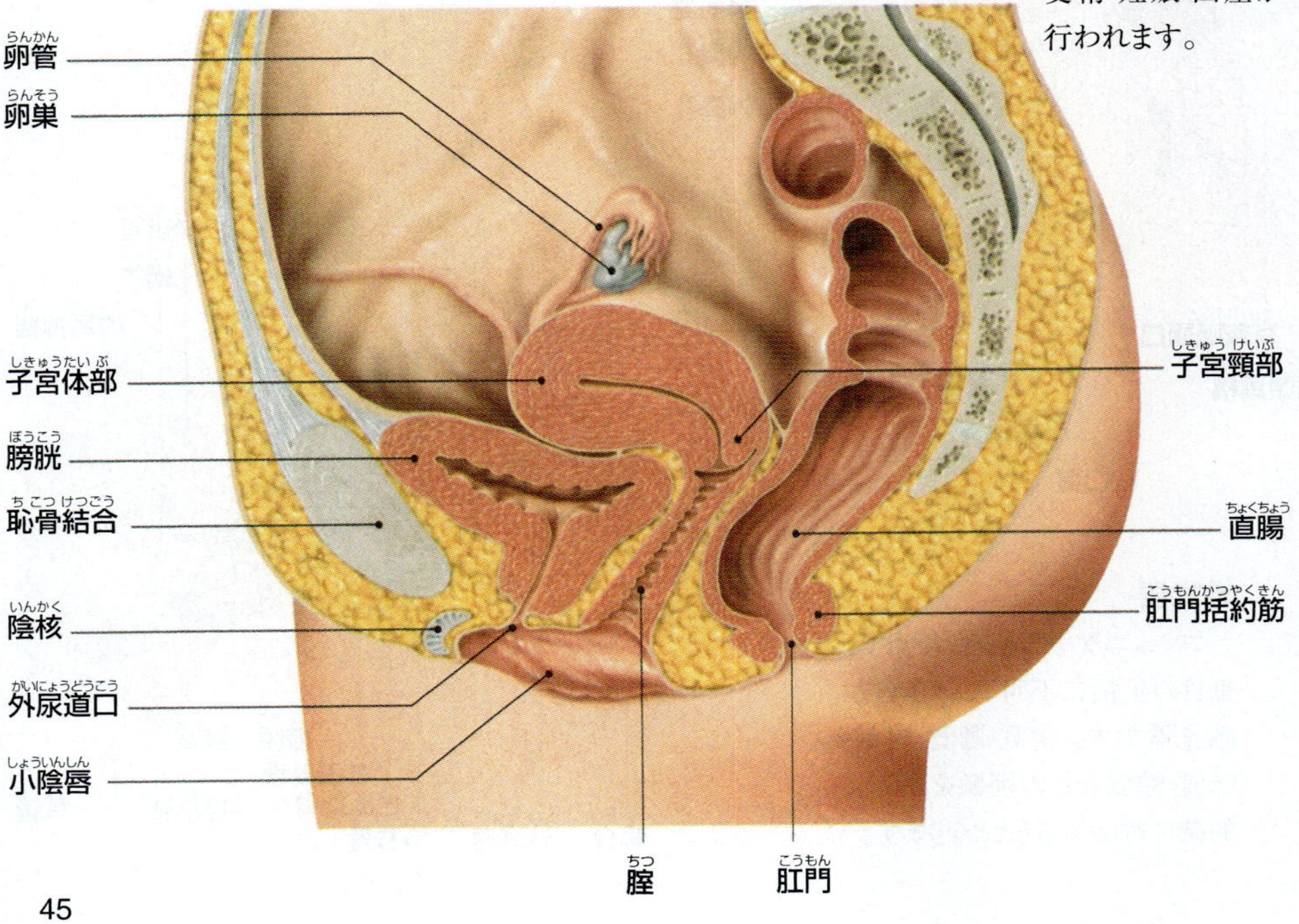

目

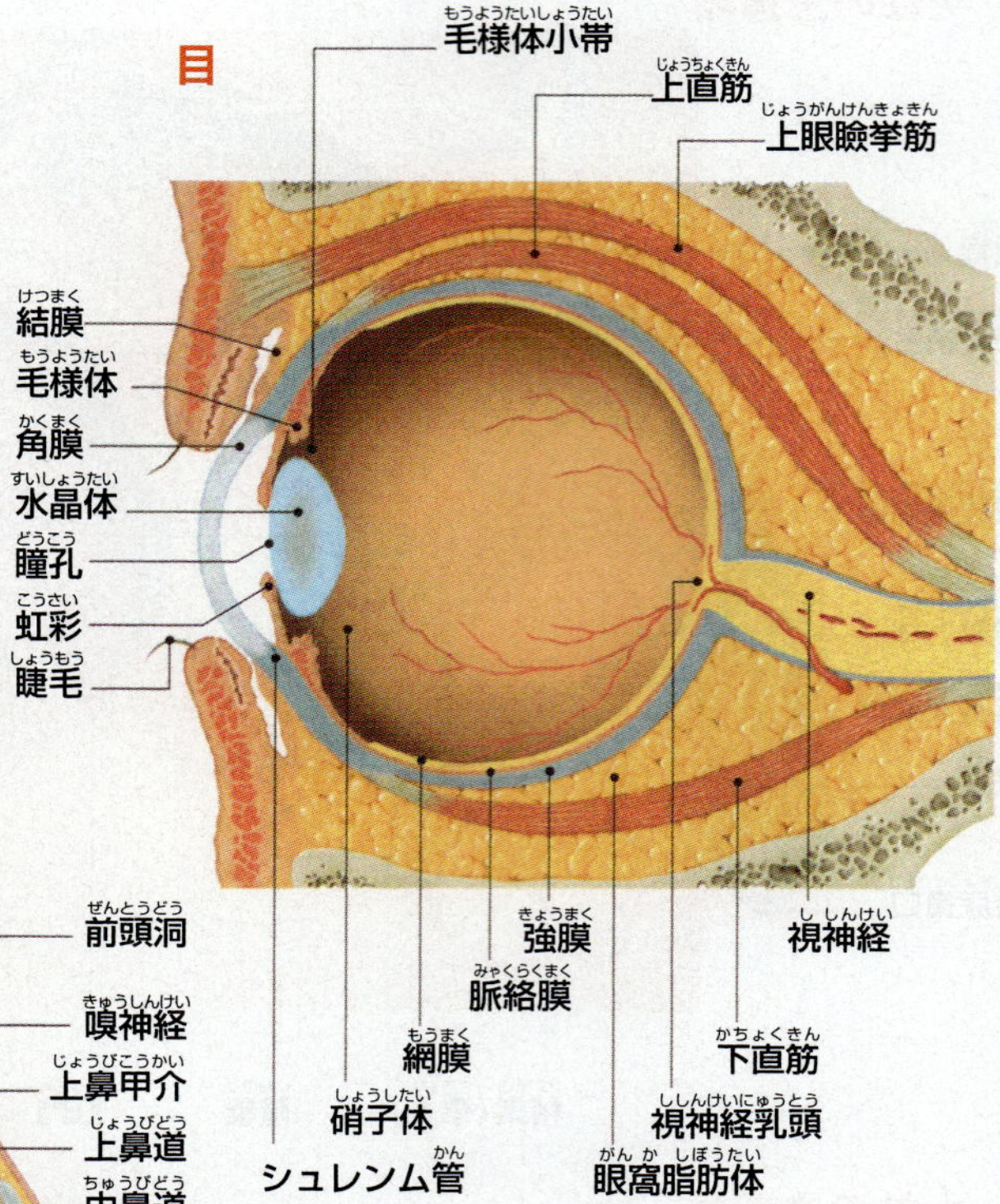

鼻

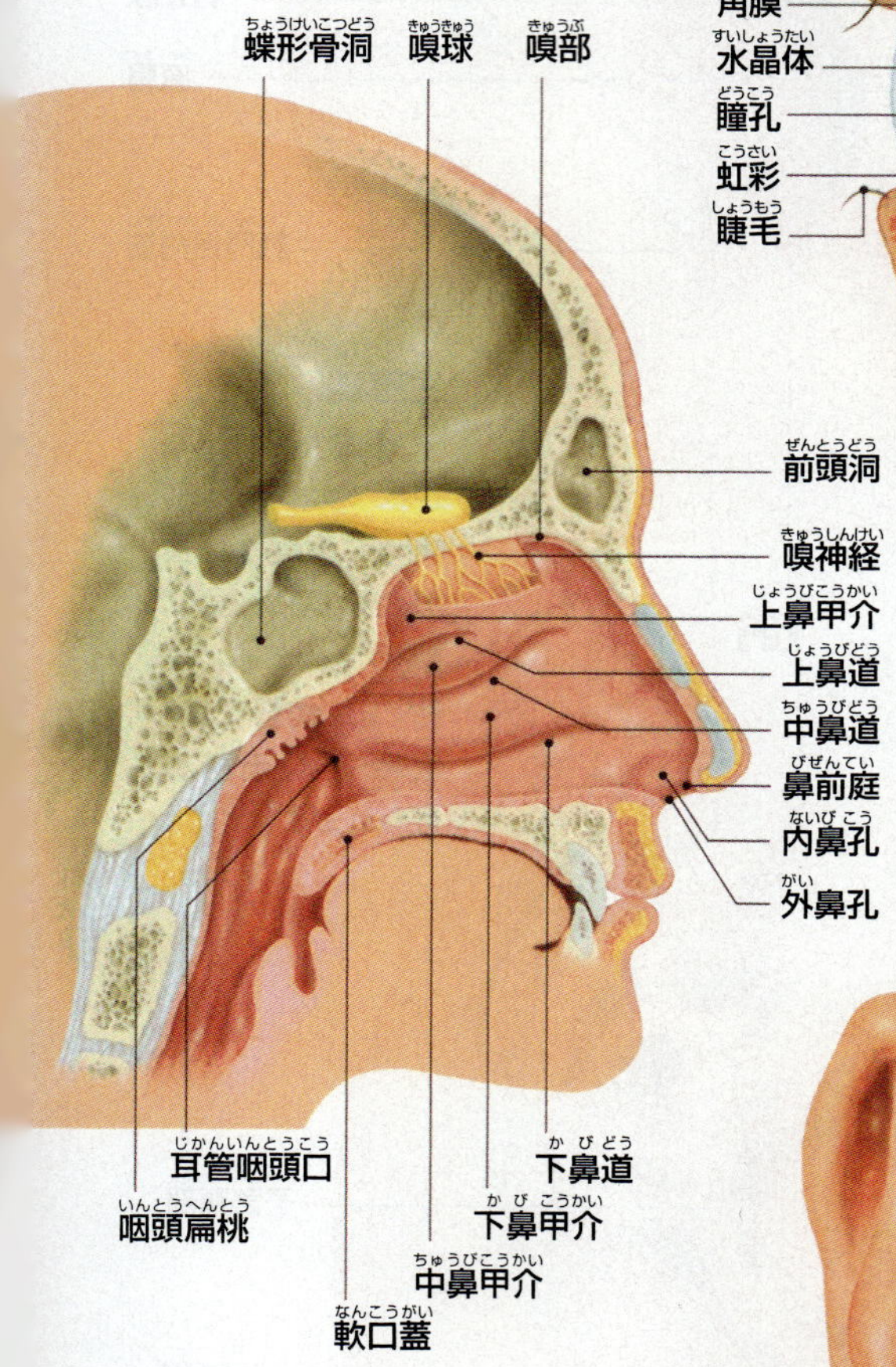

耳

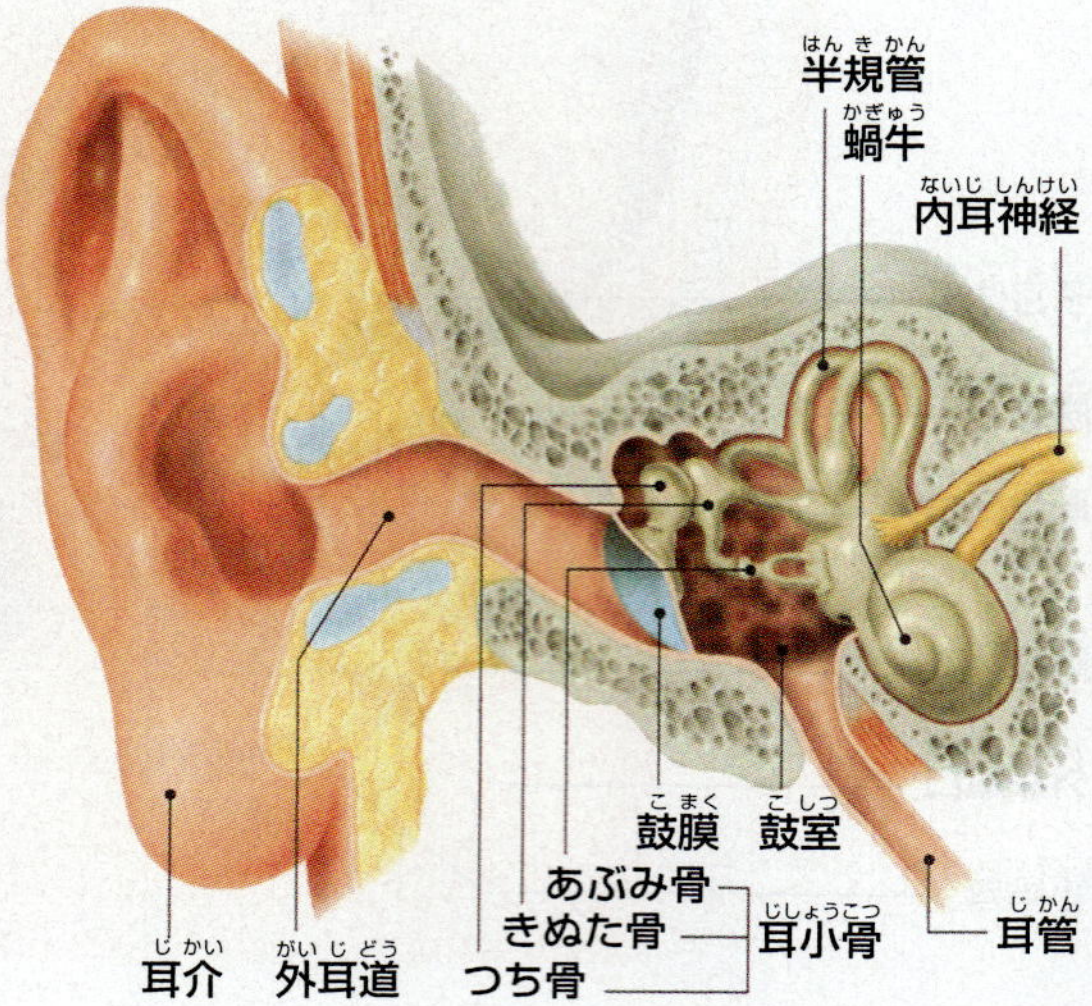

感覚器

コミュニケーションも含めて、毎日の生活に不可欠な器官が感覚器です。視覚・聴覚・嗅覚・味覚・触覚などの刺激をとらえ、的確に対応するもととなります。

のど

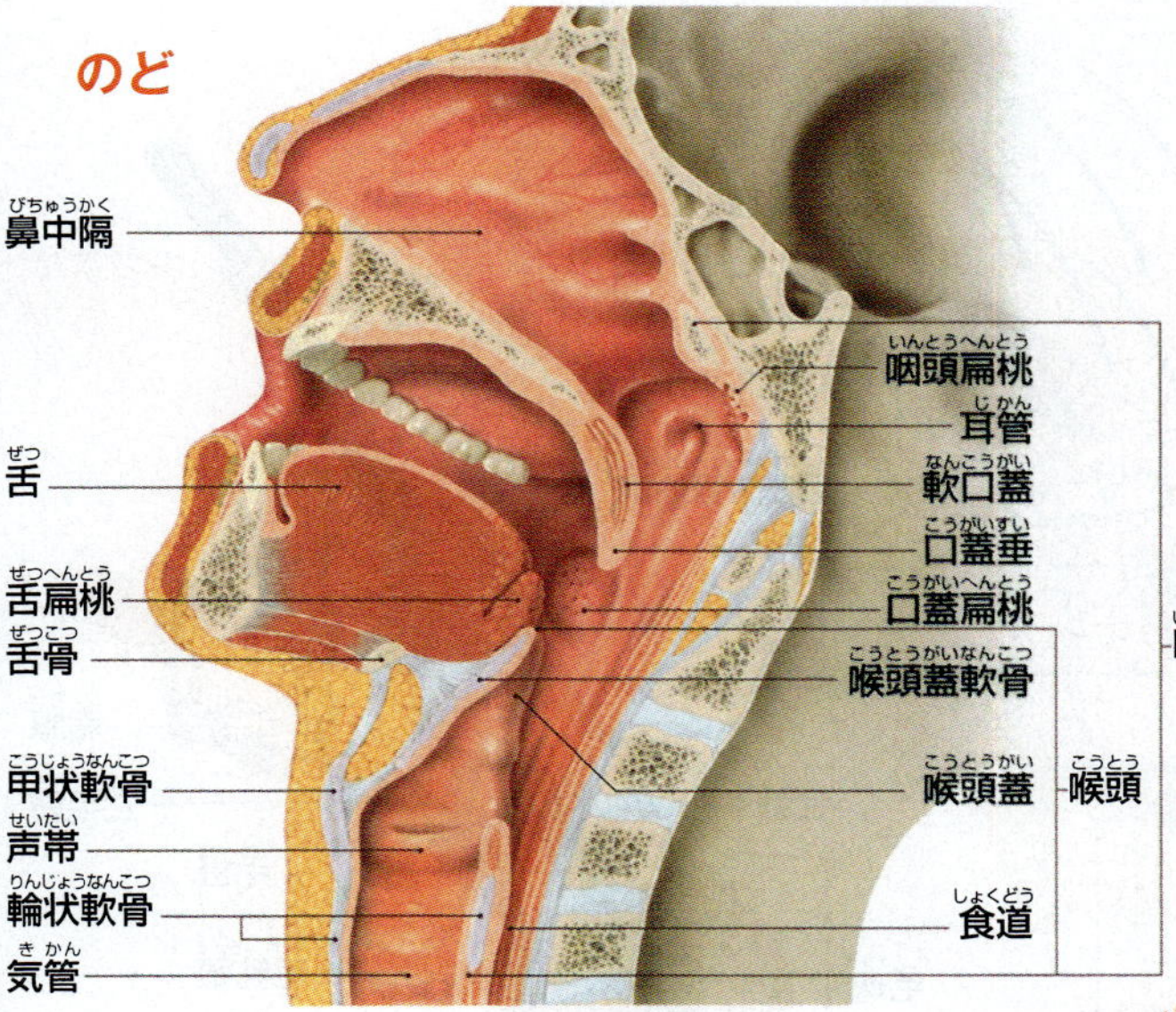

舌

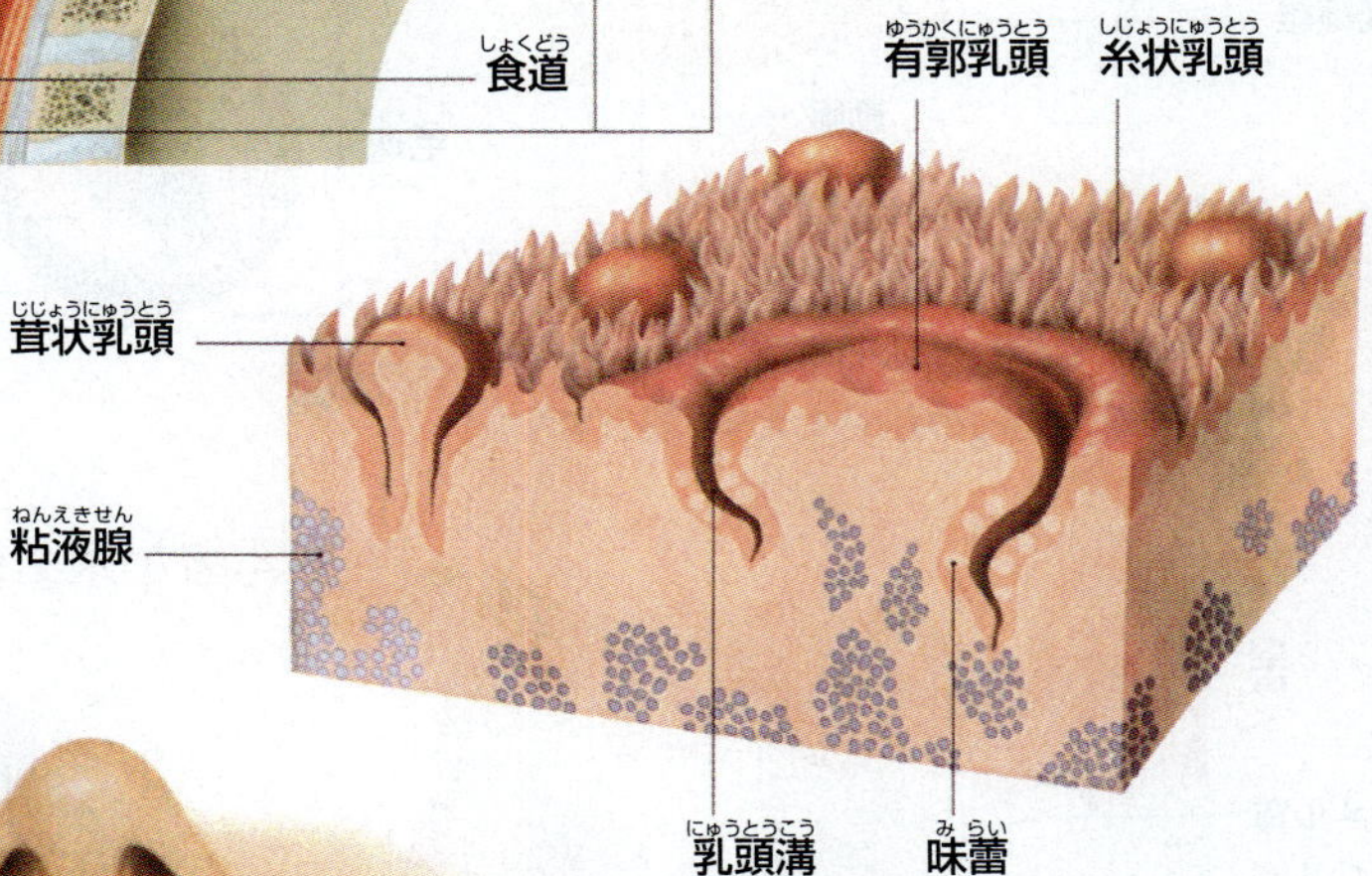

口腔

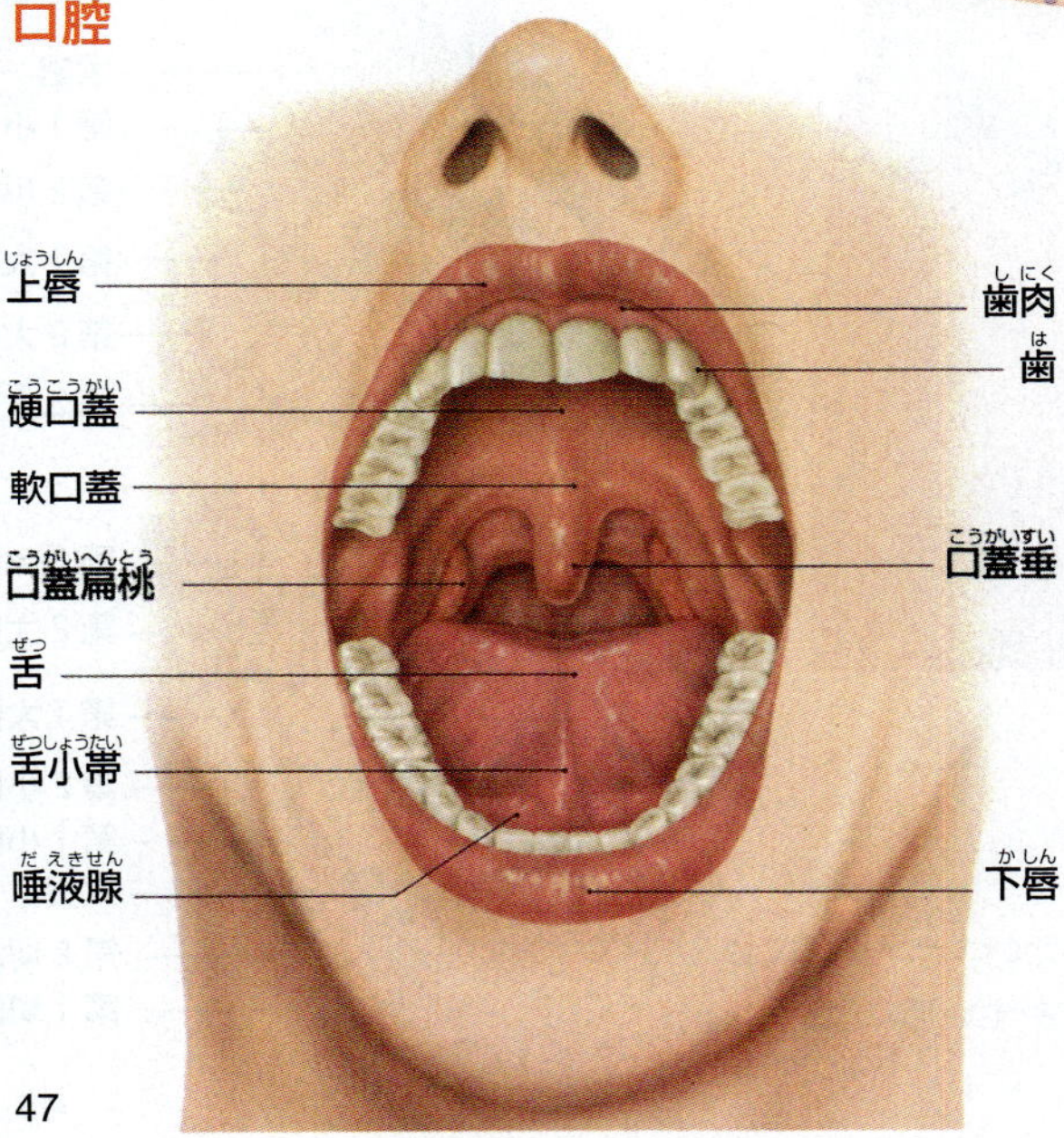

口腔

口は、食物の入り口であるだけでなく、舌による味覚、声を共鳴させる発声器、唾液（だえき）による免疫作用などのさまざまな役割をもっています。

毛髪・皮膚・歯

皮膚

- 皮溝(ひこう)
- 皮丘(ひきゅう)
- 汗孔(かんこう)
- 表皮(ひょうひ)
- 脂腺細胞(しせんさいぼう)
- 真皮(しんぴ)
- 毛根(もうこん)
- 皮下組織(ひかそしき)
- エクリン汗腺分泌部(かんせんぶんぴつぶ)
- 神経線維(しんけいせんい)
- 動脈
- 静脈
- 毛
- 角質層(かくしつそう)
- 毛孔(もうこう)
- マイスネル小体(しょうたい)
- 毛細血管係蹄(もうさいけっかんけいてい)
- 脂腺(しせん)
- 毛包(もうほう)

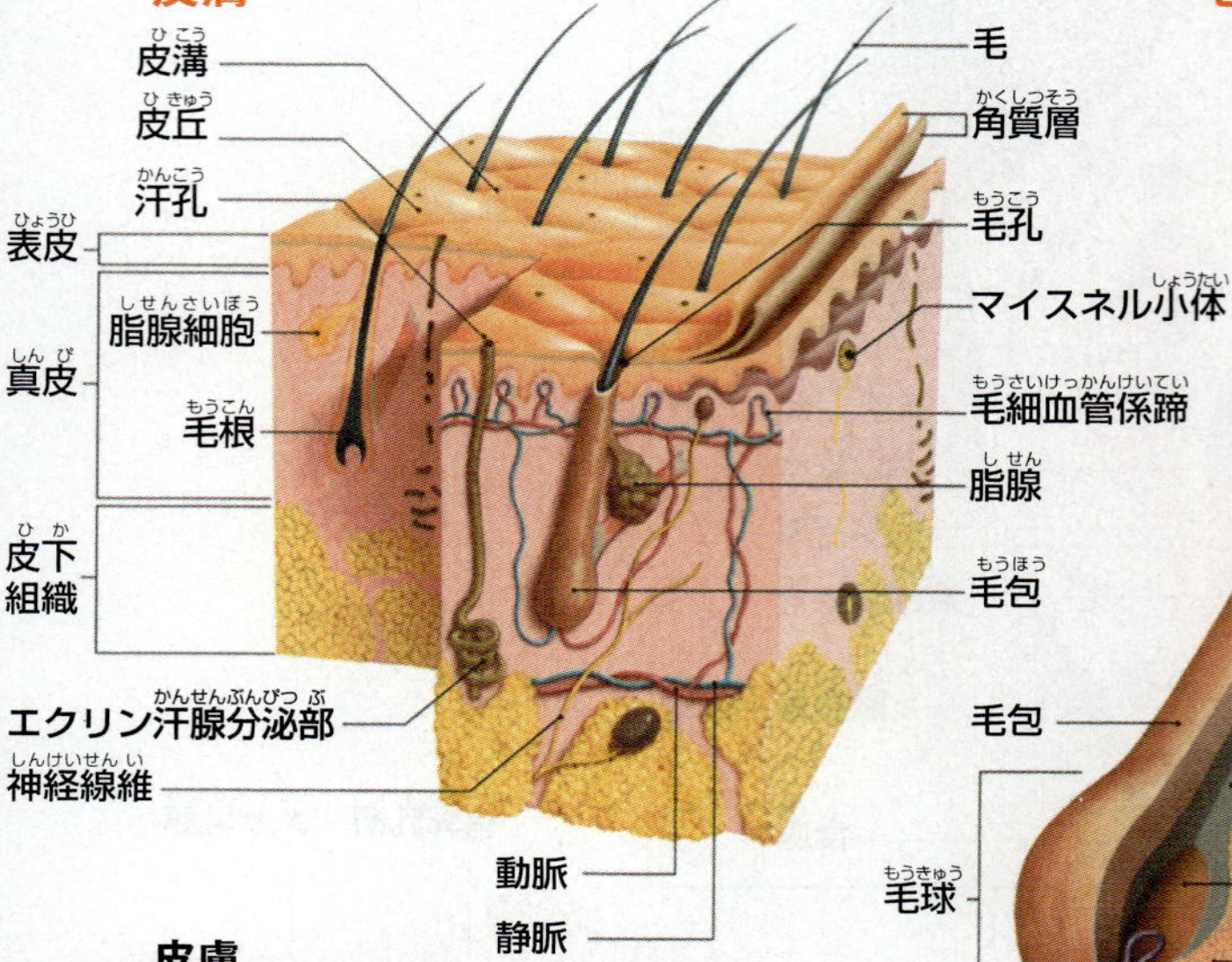

皮膚
外界の環境からからだを守るバリアのはたらきをしており、およそ厚さ2mm、表面積1.6㎡、重さ10kgのもっとも大きな器官です。

毛髪

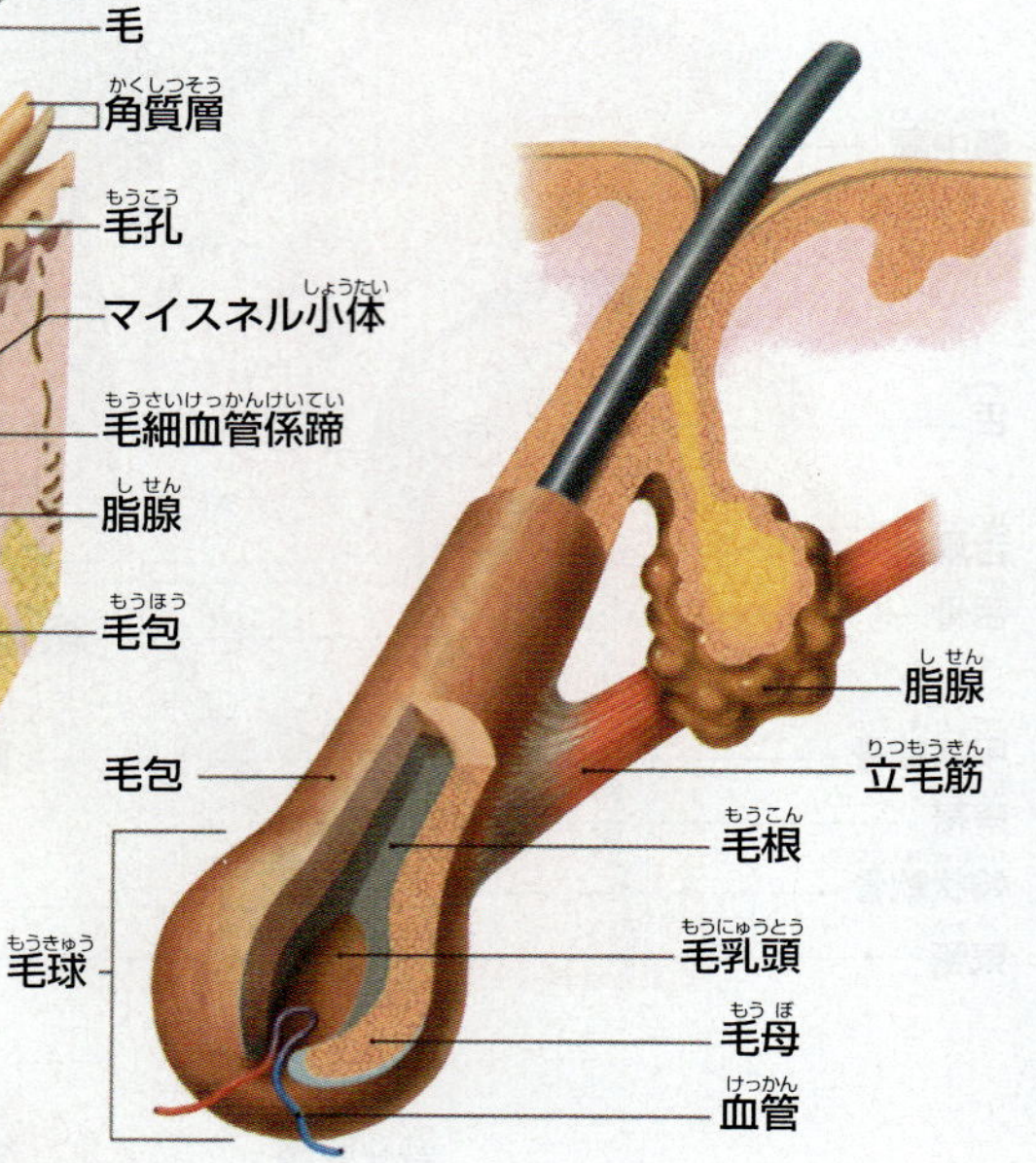

- 脂腺(しせん)
- 立毛筋(りつもうきん)
- 毛包(もうほう)
- 毛根(もうこん)
- 毛乳頭(もうにゅうとう)
- 毛球(もうきゅう)
- 毛母(もうぼ)
- 血管(けっかん)

歯の構造

- 舌(ぜつ)
- エナメル質
- 象牙質(ぞうげしつ)
- 歯肉(しにく)
- 歯髄(しずい)
- セメント質
- 歯根膜(しこんまく)
- 歯槽骨(しそうこつ)
- 静脈
- 動脈
- 神経

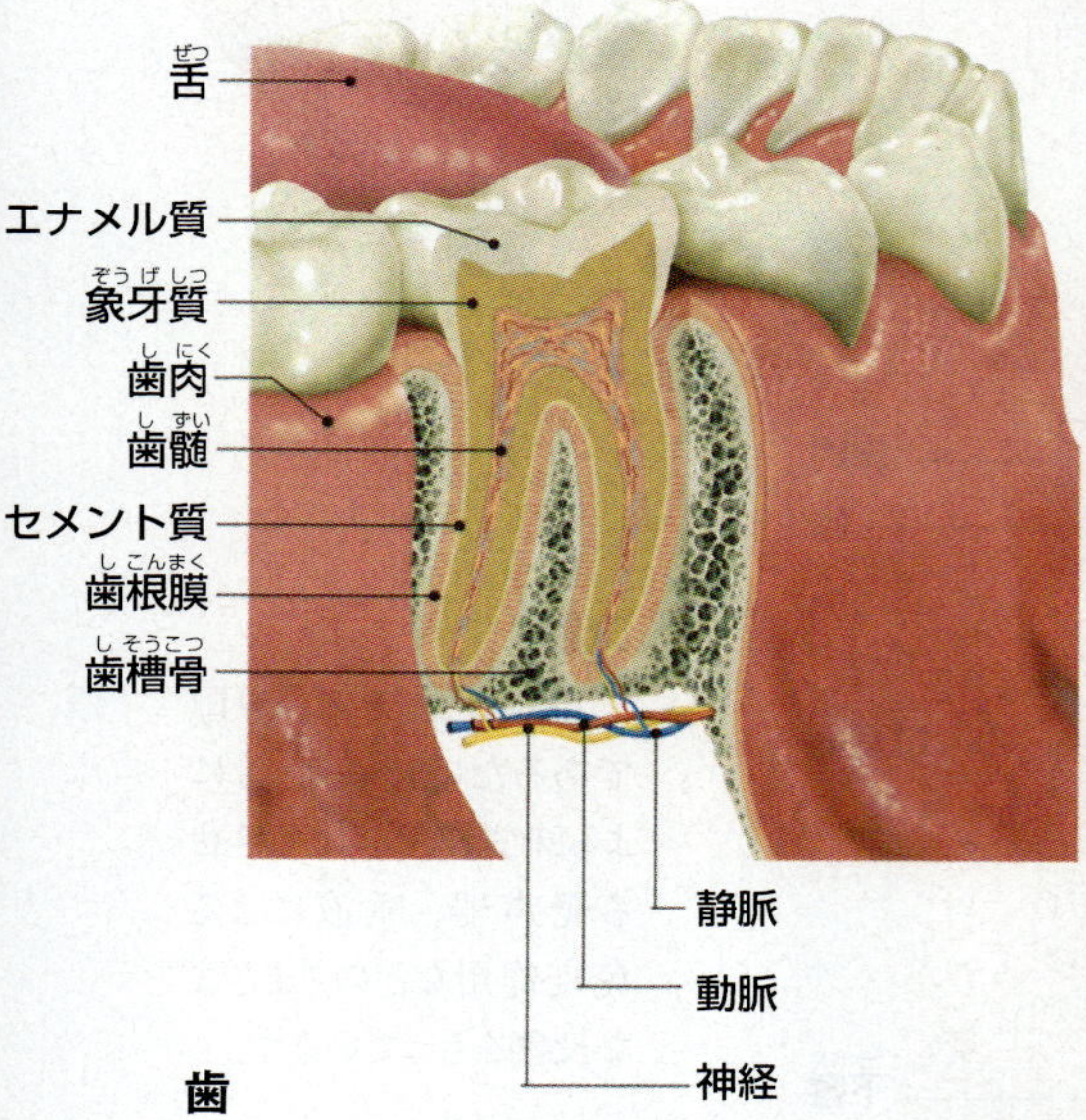

歯
歯は、からだのなかでもっともかたいエナメル質におおわれ、食物をかみくだき、消化しやすい形にします。

歯（乳歯と永久歯）

- 第1切歯(せっし)
- 第2切歯
- 犬歯(けんし)
- 第1小臼歯(しょうきゅうし)
- 第2小臼歯
- 第1大臼歯(だいきゅうし)
- 第2大臼歯
- 第3大臼歯
- 第3大臼歯
- 第2大臼歯
- 第1大臼歯
- 第2小臼歯
- 第1小臼歯
- 犬歯
- 第2切歯
- 第1切歯

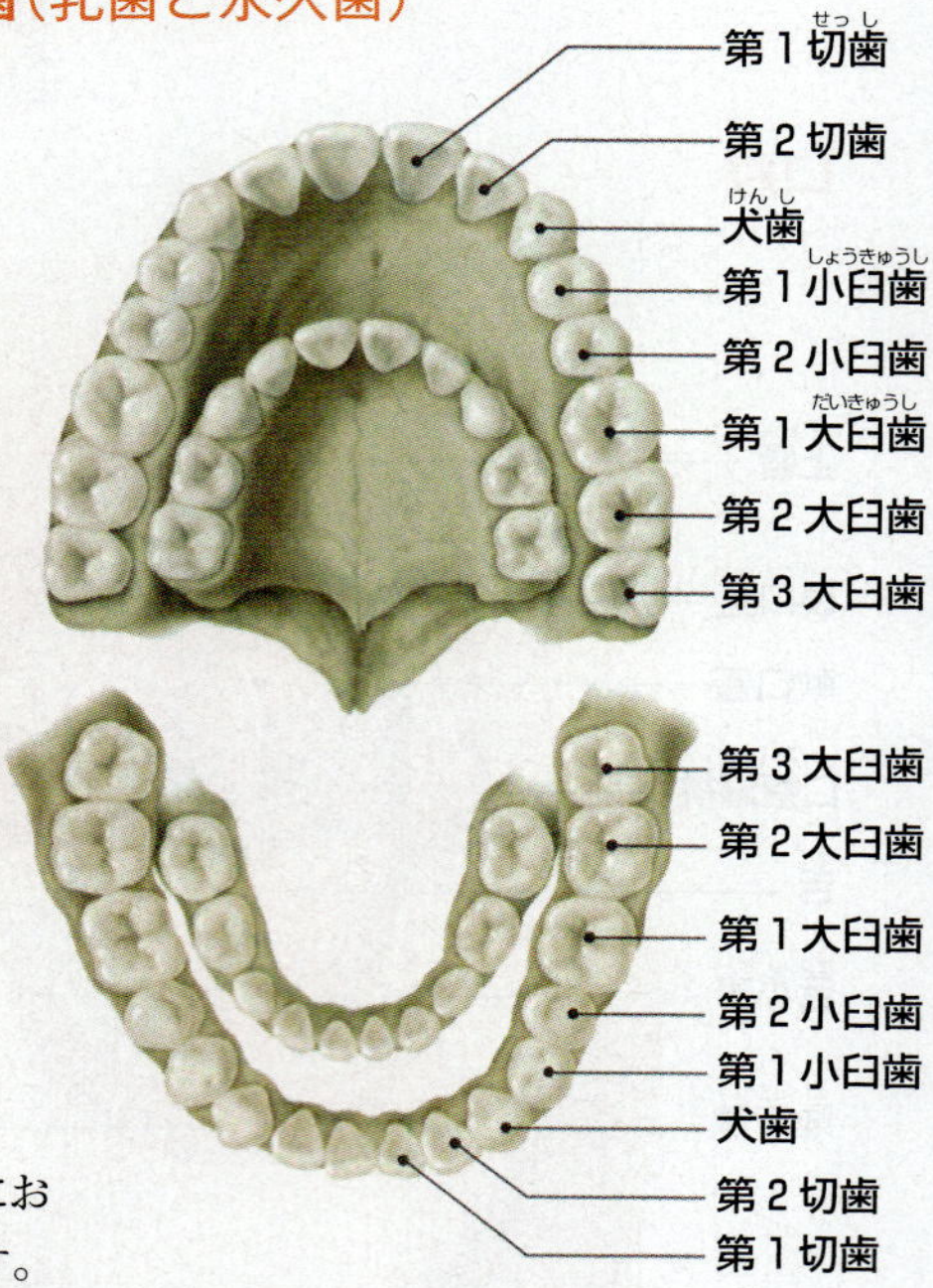

「健康新時代」の医学事典として

自らの健康を守る正しい知識を

21世紀に入り、日本の医療の現場は急速な変化をしています。

近年の医学の進歩はめざましいものがあります。MRI、CT、最新のPET検査などで、さまざまな病気が早期に発見できるようになり、以前なら手遅れになるような病気も、早めの治療で助かるようになりました。また、腹腔鏡(ふくくうきょう)手術などの進歩により、より患者に負担のかからない手術もできるようになりました。さらに、形成外科の急速な進歩で、やけどの痕(あと)や乳がん、ケロイドなどの再建がきれいにできるようになり、病後のQOL（生活の質）の向上も図られるようになって、日本人の健康は、飛躍的に増進しています。

いっぽうで、高齢社会の進行にともない、病医院を受診する人の数は急増しています。食生活の充実による生活習慣病患者の増加、世の中の高度化にともなうストレスによる新しいこころの病気の発生などもあり、病医院を受診する人は年々増加し、医師の手が足りなくなってきています。とくに都市部以外での病医院、医師、看護師の不足は、深刻なものがあります。

そのため、今日、インフォームド・コンセントという、医師の説明と患者の同意のもとの医療が叫ばれているにもかかわらず、医師が患者に対して診療に当たっての病状や治療方針を説明しきれない、患者が医師に聞きたいことを十分に聞けない、という不満足な診療状態が生じています。

このような医療状態の中で、『新版　家庭医学大事典』は、病気の病理・症状・原因・検査・治療・養生法・予防法などについて、多忙な医師に代わって患者に分かりやすく説明する、いわば医師と患者の架け橋としての役割を担いたいと思います。

受診する前に、自分のからだや病気についてある程度の知識を持っていれば、たとえ医師との診療時間が短くても、満足のいくインフォームド・コンセントを得られる人が多くなることになります。

予防医学が注目され特定健診が始まった今日、病気に応じて有効な医療を受け、医師や看護師、薬剤師の指導や助力のもと、自らの健康を守り、病気を治す正しい知識をひとりひとりが身につけることが、必要なのではないでしょうか。

最新医学情報が一目でわかる

本書の構成は、全部で5部に分かれています。巻頭カラー口絵では、まず最新の機器を写真で紹介して、最先端の医療の検査・治療法を、解説しています。次に、「皮膚（粘膜）に現れるさまざまな症状」の項では、皮膚の症状を写真で紹介し、からだの病気との関連を解説しています。さらに、人体のしくみでは、人体を構成する臓器の正しい位置やしくみとはたらきを解説しています。

そして、第1部「図解ポイント応急手当」では、けがや事故、病気の急変のときに、医師や救急車がくるまでの応急手当を、一目でわかるようにイラストで説明しています。急速に普及しているAEDの使いかたの解説もあります。

第2部「健康診断の結果の見かたと対策」では、2008年4月から始まった特定健診の解説を始め、健康診断や人間ドックでの検査とその結果の見かたを最新の検査を含め、ていねいに解説しています。

病気の早期発見に役立つチャート

第3部「症状から見る病気の判断」では、おもな症状を取りあげ、その症状から推定できる病気を見やすい表にまとめました。

とくに、症状をはっきりうったえられない乳幼児については、親が症状を見て判断できるように2色のチャートで、対処法までやさしく示しました。

ただし、この表によって自己判断、自己治療することは、慎んでください。症状と病気の関係についてのおおよその知識を得て、何科を受診するか、夜間や休日でも受診すべきかなどの判断や、おかしいなと思う症状が現れたときの病気の早期発見、早期治療に役立ててください。医師に、自分の症状を要領よく伝えるときの参考にもなります。

第4部「病気の知識と治療」は、本書の中心をなす部で、個々の病気について、どんな病気か、原因、症状、検査、受診する科、医師の行う治療法、病人や家族が行う養生法、予防法を具体的に解説しています。

最新の医療事情に対応して新章を

『新版　家庭医学大事典』では、新たに「生活習慣病と抗加齢」の章を新設して、生活習慣病の予防、改善、高齢者の老化防止、健康維持のしかたを図解をまじえてていねいに解説しています。「がん」の章では、ここ数年で飛躍的に進歩したがんの最先端検査・治療法を解説しています。あわせて、緩和ケア、ホスピスなどの終末医療についても解説しています。

また、女性外来の進歩などに対応して「女性特有の病気」の章を新設し、ホルモンの病気、不妊治療、更年期障害など女性特有の病気の検査・治療法をくわしく解説しています。

ストレス社会になり、またストレス耐性がない人が増えて新しい病気が急増している「こころの病気」の章も新設して、くわしく解説しています。

そして、最先端外科手術や手術後の再建の分野で注目されている「形成外科的な病気」の章も新設して、先端技術をわかりやすく解説しています。顕微鏡レベルの縫合術や、乳がん手術後の乳房再建術などは、患者のＱＯＬ（生活の質）の向上にも貢献しています。

第5部「家族のための健康知識」では、家庭介護のための知識、妊娠・出産とその注意、海外旅行の健康知識、血液・輸血・献血の知識などの他、地震、台風などの被害が増えている時代に対応して、「災害時の救命・健康知識」の章を新設しました。

以上のように、『新版　家庭医学大事典』は、健康新時代の医学事典として、新たに編集しました。

最後に、１９８７年初版『家庭医学大事典』初版から総監修をしていただき、本書の刊行の礎になっていただいた柳下徳雄先生に、深く感謝いたします。

２００８年秋

編集部

ご執筆・ご協力いただいたかたがた

（五十音順・敬称略）

【総編集】

岡島　重孝　元川崎市立井田病院院長／元新百合ヶ丘介護老人保健施設つくしの里理事長
服部　光男　赤坂パークビル脳神経外科院長

【各科の編集指導をいただいた先生】

池上　博司　近畿大学医学部内分泌・代謝・糖尿病内科教授
泉　孝英　京都大学名誉教授／京都健康管理研究会・中央診療所理事長
王寺　享弘　福岡整形外科病院院長
小川　郁　慶應義塾大学医学部耳鼻咽喉科教授
小川　一誠　愛知県がんセンター名誉総長
奥　真也　会津大学先端情報科学研究センター医学・医療クラスター教授
上村　直樹　株式会社ファーミック代表取締役／東京理科大学薬学部教授
川嶋みどり　日本赤十字看護大学名誉教授
河邉　香月　東京逓信病院名誉院長
厚東　篤生　よみうりランド慶友病院院長
島崎　修次　日本救急医療財団理事長／杏林大学名誉教授
下野　正基　東京歯科大学名誉教授
白石裕比湖　城西病院副院長・国際小児医療センター長
高見　博　帝京大学名誉教授
竹内　勤　長崎大学熱帯医学研究所長
椿原　彰夫　川崎医科大学リハビリテーション医学教室教授
内藤　裕史　筑波大学名誉教授／茨城県立医療大学名誉教授
難波　光義　兵庫医科大学医学部医学科内科学糖尿病科教授
西岡久寿樹　東京医科大学医学総合研究所
花房　俊昭　大阪医科大学内科学Ⅰ教授
花輪　壽彦　北里大学東洋医学総合研究所所長
濱田　秀伯　群馬病院名誉院長
原田　敬之　東京女子医科大学名誉教授　原田皮膚科クリニック院長
樋口　泰彦　聖母病院産婦人科部長
樋田　哲夫　元杏林大学医学部眼科学教授
日比　紀文　北里大学大学院医療研究科教授
船橋　徹　大阪大学医学部附属病院内分泌・代謝内科教授
三上　幹男　東海大学医学部専門診療学系産婦人科学教授
宮地　勇人　東海大学医学部基盤診療学系臨床検査学教授
矢冨　裕　東京大学大学院医学系研究科臨床病態検査医学教授
山田　至康　元順天堂大学医学部教授
吉野　秀朗　杏林大学医学部第二内科学教授
吉村　陽子　藤田保健衛生大学医学部形成外科教授

【ご執筆・ご指導いただいた先生】

相浦　浩一　川崎市立川崎病院内視鏡室長
愛甲　聡　永寿総合病院外科主任部長
相澤　久道　元久留米大学医学部内科学講座呼吸器・神経・膠原病内科部門主任教授
相羽　恵介　東京慈恵会医科大学内科学講座腫瘍・血液内科教授
赤尾　信明　東京医科歯科大学国際環境寄生虫病学分野准教授
朝蔭　裕之　前東芝病院泌尿器科部長
阿座上志郎　あざがみ小児クリニック院長
味澤　篤　豊島病院副院長
新井　正康　北里大学医学部附属新世紀医療開発センター教授
荒井　保明　国立がん研究センター中央病院院長
荒川　浩一　群馬大学大学院小児科学分野教授
有賀　徹　昭和大学病院院長／昭和大学医学部教授救急医学講座主任
五百井重幸　五百井小児科院長
五十嵐敦之　NTT東日本関東病院皮膚科部長
碇　博哉　福岡整形外科病院
池田　隆徳　東邦大学医療センター大森病院循環器内科教授
池田　光徳　高知県立大学看護学部専門基礎医学教授
池谷　敏彦　いけや皮フ科クリニック

執筆・協力者一覧

池脇 克則　防衛医科大学校神経・抗加齢血管内科教授
伊崎 誠一　埼玉医科大学総合医療センター皮膚科教授
石井 泰憲　石井クリニック院長
石井 良幸　北里研究所病院消化器外科部長
石上 惠一　東京歯科大学スポーツ歯学研究室教授
石川 晃　日本赤十字社医療センター腎不全外科部長
石田 仁男　昭和の杜病院内科
石原 傳幸　国立病院機構箱根病院名誉院長
石山 直巳　前平塚市民病院院長
和泉俊一郎　東海大学医学部専門診療学系産婦人科学教授
泉 孝英　京都大学名誉教授／京都健康管理研究会・中央診療所理事長
市橋 正光　未来再生クリニック神戸院長　神戸大学名誉教授
伊藤 大輔　川崎市立井田病院内科部長
井上 孝　東京歯科大学臨床検査病理学講座教授
井上 貴博　東京都立大塚病院耳鼻咽喉科
井上 真　杏林大学医学部眼科学教室教授
井上 泰宏　いのうえクリニック院長　慶應義塾大学医学部耳鼻咽喉科非常勤講師
井上 義一　国立病院機構近畿中央胸部疾患センター臨床研究センター長・結核研究部長
今枝 博之　埼玉医科大学病院総合診療内科教授
今川 彰久　大阪大学大学院医学系研究科内分泌・代謝内科准教授
今西 順久　杏林大学医学部耳鼻咽喉科准教授
今福 信一　福岡大学医学部皮膚科学教授
岩熊 史朗　駿河台大学心理学部教授
岩熊麻由美　跡見学園女子大学講師
岩橋 博見　大阪大学大学院医学系研究科内分泌・代謝内科准教授
浮山 越史　杏林大学医学部小児外科准教授
内山 健志　東京歯科大学名誉教授
宇山 一朗　藤田保健衛生大学医学部上部消化管外科教授

江﨑 幸治　名城大学薬学部教授
王寺 享弘　福岡整形外科病院院長
大井 元晴　大阪回生病院睡眠呼吸センター長
大久保啓介　佐野厚生総合病院耳鼻咽喉科部長
太田 祥一　東京医科大学八王子医療センター救命救急センター教授
大滝 倫子　九段坂病院皮膚科顧問
大谷 吉秀　前埼玉医科大学消化器外科教授
大塚 壽　済生会今治第二病院顧問(形成外科)
大塚 藤男　筑波大学名誉教授
大原 國章　前虎の門病院副院長
大山 学　杏林大学医学部皮膚科学教室教授
岡 寛　東京医科大学八王子医療センターリウマチ性疾患治療センター教授
岡 有美　聖母病院産婦人科外来師長
岡崎 勲　国際医療福祉大学教授／山王病院内科
岡島 重孝　元川崎市立井田病院院長／元新百合ヶ丘介護老人保健施設つくしの里理事長
小形 章　済生会横浜市南部病院耳鼻咽喉科部長
小川 郁　慶應義塾大学医学部耳鼻咽喉科教授
小川 一誠　愛知県がんセンター名誉総長
奥 真也　会津大学先端情報科学研究センター医学・医療クラスター教授
奥本 隆行　藤田保健衛生大学医学部形成外科教授
小倉 真治　岐阜大学大学院医学系研究科救急・災害医学教授
小笹 秀樹　総合新川橋病院内科
小澤かおり　東京慈恵会医科大学附属第三病院看護部長
押 正也　東京都立多摩総合医療センター副院長
織田 順　東京医科大学救急災害医学准教授
落合 武徳　千葉大学名誉教授
小野江正頼　東京拘置所医務部法務技官
加川 建弘　東海大学医学部内科学系消化器内科准教授

笠原 麻里　駒木野病院児童精神科医療部長
梶 早霧　前成城墨岡クリニック
加地 正人　東京医科歯科大学医学部附属病院ERセンター講師
片山 一朗　大阪大学大学院医学系研究科医学部情報統合医学皮膚科学教授
香月 正昭　福岡整形外科病院回復期リハビリテーション病棟
加藤 眞三　慶應義塾大学看護医療学部教授
加藤 智啓　聖マリアンナ医科大学医学部生化学教授
加藤 華子　前国立病院機構東京医療センター
加藤 治文　国際医療福祉大学大学院教授／新座志木中央総合病院名誉院長
金子 文彦　北里大学北里研究所病院肝臓病センター
金子 誠　東京大学医学部附属病院検査部
狩野 繁之　国立国際医療センター研究所部長
上村 直樹　株式会社ファーミック代表取締役／東京理科大学薬学部教授
亀山 周二　NTT東日本関東病院院長・泌尿器科部長
苅尾 七臣　自治医科大学循環器内科教授
川井 真　日本医科大学附属病院救命救急科教授
川浦 光弘　けいゆう病院耳鼻咽喉科部長
川上 重彦　金沢医科大学形成外科学教室教授
川嶋 朗　東京有明医療大学保健医療学部鍼灸学科教授
川嶋みどり　日本赤十字看護大学名誉教授
川城 信子　元国立成育医療センター第二専門診療部長
河地 茂行　東京医科大学八王子医療センター消化器外科・移植外科・准教授
河邉 香月　東京逓信病院名誉院長
神崎 晶　慶應義塾大学医学部耳鼻咽喉科教授
神崎 保　鹿児島大学名誉教授
菊池 雄二　東京女子医科大学医学部形成外科学准教授
岸 洋一　前国家公務員共済組合連合会横須賀共済病院院長
岸邊 美幸　金沢医科大学形成外科学教室講師

北川　雄光　慶應義塾大学医学部一般・消化器外科教授
北島　政樹　国際医療福祉大学学長
北洞　哲治　国際医療福祉大学熱海病院消化器内科教授
北村　唯一　親水クリニック院長
橘田　昌也　群馬病院診療部長
木下　貴之　国立がん研究センター中央病院乳腺科科長
木下　徳久　けいゆう病院精神科部長
櫛田　学　櫛田学整形外科クリニック院長
楠山　敏行　東京ボイスクリニック品川耳鼻いんこう科院長
國弘　幸伸　慶應義塾大学医学部耳鼻咽喉科准教授
久保容二郎　久保皮膚科医院理事長
窪田　博　杏林大学医学部心臓血管外科学教室教授
熊谷　直樹　北里大学北里研究所病院
久米　春喜　東京大学医学部泌尿器科学准教授
倉島　一浩　山王病院耳鼻咽喉科副部長
光嶋　勲　東京大学医学部形成外科教授
甲能　直幸　杏林大学医学部耳鼻咽喉科・頭頸科教授
古賀　道之　古賀皮ふ科院長／東京医科大学名誉教授
古茶　大樹　慶應義塾大学医学部精神神経科専任講師
厚東　篤生　よみうりランド慶友病院院長
後藤　英昭　東京都立広尾病院救命救急センター部長
五島　史行　国立病院機構東京医療センター耳鼻咽喉科
小林　仁　小林皮膚科クリニック院長
小林　宏成　小林耳鼻咽喉科院長
小林　宗光　聖ヨハネ会桜町病院院長
小張　昌宏　静岡赤十字病院副院長／救命救急センター長
小松　弘一　横浜市立市民病院副病院長
昆　宰市　岩手医科大学名誉教授　盛岡友愛病院皮膚科

近藤　朱音　東海大学医学部産婦人科講師
近藤　啓文　北里大学北里研究所メディカルセンター病院院長
近藤　康博　公立陶生病院呼吸器・アレルギー内科主任部長
才川　義朗　慶應義塾大学医学部一般・消化器外科専任講師
西條　政幸　国立感染症研究所ウイルス第1部部長
斎田　俊明　信州大学名誉教授
齋藤　晶　埼玉メディカルセンター耳鼻咽喉科部長
齋藤康一郎　慶應義塾大学医学部耳鼻咽喉科学教室専任講師　喉頭部門責任者
斎藤　英胤　慶應義塾大学薬学部薬物治療学教授
齊藤　秀行　斎藤耳鼻咽喉科院長
齋藤　正範　北里大学東病院診療准教授
斉藤　隆三　東邦大学医療センター　大橋病院皮膚科客員教授
酒井　成身　国際医療福祉大学三田病院形成外科教授
坂田　好美　杏林大学医学部第二内科准教授
坂本　哲也　帝京大学医学部教授／救命救急センター長
佐々木一郎　夙川ささきクリニック院長
佐々木俊一　足利赤十字病院耳鼻咽喉・頭頸部外科部長
佐藤　武夫　元川崎市立多摩病院腎臓・高血圧内科部長
佐藤　徹　杏林大学医学部第二内科教授
佐藤　道夫　東京歯科大学市川総合病院外科准教授
佐藤美奈子　元東京電力病院耳鼻咽喉科科長
佐藤　靖夫　立川病院耳鼻咽喉科
佐野　統　兵庫医科大学内科学講座　リウマチ・膠原病科教授
塩澤　俊一　九州大学病院別府病院特任教授
塩谷　彰浩　防衛医科大学校耳鼻咽喉科教授
塩原　隆造　水町エム・アールクリニック千駄ヶ谷院長
重野　幸次　静岡市立清水病院名誉院長
篠田　昌宏　慶應義塾大学医学部消化器外科専任講師

柴田　実　新潟大学医学部形成外科教授
島崎　修次　日本救急医療財団理事長／杏林大学名誉教授
島内　智子　東京都立小児総合医療センター児童・思春期精神科
下平　秀夫　株式会社ファーミック専務取締役／　帝京大学薬学部教授
下野　正基　東京歯科大学名誉教授
下村伊一郎　大阪大学大学院医学系研究科内分泌・代謝内科学教授
白石裕比湖　城西病院副院長・国際小児医療センター長
新庄　正宜　慶應義塾大学医学部小児科専任講師
新田　清一　済生会宇都宮病院耳鼻咽喉科診療科長
末岡瑠美子　慶應義塾大学医学部精神神経科学教室
杉岡　篤　藤田保健衛生大学医学部消化器外科教授
杉本　峯晴　大牟田天領病院院長
杉山　太朗　東海大学医学部専門診療学系産婦人科学助教
鈴木　克洋　国立病院機構近畿中央胸部疾患センター　統括診療部長
鈴木　秀和　慶應義塾大学医学部内科学（消化器）准教授
鈴木　雅之　鈴木内科医院院長
清野研一郎　北海道大学遺伝子病制御研究所教授
関口進一郎　慶應義塾大学医学部小児科助教
関塚　永一　国立病院機構埼玉病院
世良　俊子　東札幌病院看護部
芹澤　宏　北里大学北里研究所病院　副院長・胃腸センター長
相馬　啓子　川崎市立川崎病院耳鼻咽喉科部長
園尾　博司　川崎医科大学附属病院長・乳腺甲状腺外科教授
泰地　秀信　東京都済生会中央病院耳鼻咽喉科部長
高石　官均　慶應義塾大学病院腫瘍センター准教授
髙崎　芳成　順天堂大学医学部膠原病・リウマチ内科教授
髙相　晶士　北里大学医学部整形外科診療教授
高橋　泰英　高橋皮フ科クリニック院長

高松　亜子　慶應義塾大学医学部形成外科
高見　博　帝京大学名誉教授
高谷　竜三　大阪医科大学小児科
瀧　正志　聖マリアンナ医科大学横浜市西部病院小児科学教授
田口　善夫　天理よろづ相談所病院呼吸器内科部長
武井　聡　さいたま市立病院耳鼻咽喉科医長
武井　茂樹　慶應義塾大学医学部中央臨床検査部
武井　修治　鹿児島大学医学部保健学科教授
武井　泰彦　北里大学北里研究所病院耳鼻咽喉科部長
武内浩一郎　富山労災病院勤労者呼吸器病センター長
武内　巧　関東労災病院泌尿器科部長
竹内　勤　長崎大学熱帯医学研究所長
竹内　裕也　慶應義塾大学医学部一般・消化器外科准教授
竹島　茂人　自衛隊阪神病院副院長
田島　惇　東京逓信病院泌尿器科部長
田代　昌継　国立病院機構栃木医療センター耳鼻いんこう科医長
多田慎一郎　慶應義塾大学医学部消化器内科
巽　浩一郎　千葉大学大学院医学研究院呼吸器内科学教授
立松　正衛　愛知県がんセンター研究所副所長
田中　伸　東京国際クリニック消化器科
田中　寛郷　慶應義塾大学医学部精神神経科学教室
田中　裕　順天堂大学医学部救急・災害医学教授
田邉　稔　東京医科歯科大学医学部肝胆膵外科教授
谷口　清州　国立病院機構三重病院小児科国際保健医療研究室長
谷野隆三郎　天神下皮フ科形成外科院長
谷本　光音　岡山大学大学院医歯薬学総合研究科教授
玉井　浩　大阪医科大学小児科教授
田村　悦代　東海大学医学部付属東京病院耳鼻咽喉科教授

茅野　分　銀座泰明クリニック院長
千葉　裕美　慈雲堂内科病院副院長
塚田　信廣　東京都済生会中央病院副院長
常松　令　北里研究所病院消化器内科部長／肝臓病センター長
椿原　彰夫　川崎医療福祉大学学長・リハビリテーション医学科教授
鄭　智誠　誠ウィメンズクリニック院長
寺尾　吉生　友田クリニック院長
寺前　純吾　大阪医科大学糖尿病代謝・内分泌内科講師
田路　正夫　新百合ヶ丘総合病院耳鼻咽喉部医長
徳永　真巳　福岡整形外科病院診療部長
徳丸　裕　とくまる耳鼻咽喉科院長
冨岡　洋海　神戸市立医療センター西市民病院呼吸器内科部長
冨田　京一　日本赤十字社医療センター泌尿器科部長
冨田　謙吾　防衛大学校病院消化器内科講師
冨田　俊樹　慶應義塾大学医学部耳鼻咽喉科専任講師
内藤　裕史　筑波大学名誉教授／茨城県立医療大学名誉教授
長井　苑子　京都健康管理研究会・中央診療所所長
中川　秀樹　聖母病院耳鼻咽喉科医長
仲沢　弘明　日本大学医学部形成外科主任教授
中島　弘　大阪府立病院機構大阪府立成人病センター特別研究員
永嶋　太　佐賀大学医学部附属病院救命救急センター助教
永田　博司　けいゆう病院病院長
中村　哲也　稲城市立病院外科医長
難波　光義　兵庫医科大学医学部内科学糖尿病科教授
新実　彰男　名古屋市立大学大学院医学研究科医学部呼吸器・免疫アレルギー内科学教授
新村　秀人　慶應義塾大学医学部精神・神経科助教
西岡久寿樹　東京医科大学医学総合研究所
西嶋　攝子　西嶋皮ふ科院長

西園マーハ文　白梅学園大学子ども学部発達臨床学科教授
西堀　英樹　きたみ胃・大腸クリニック院長
西松　寛明　同愛記念病院泌尿器科部長
西本勝太郎　日本海員掖済会長崎病院顧問
西脇　裕　元国立がん研究センター東病院臨床検査部長
丹羽　明博　平塚共済病院院長
布川　雅雄　杏林大学医学部心臓血管外科教授
根岸　昌功　ねぎし内科診療所院長
根本　学　埼玉医科大学国際医療センター救命救急科教授
野島　美久　群馬大学医学部生体統御内科学教授
橋口　一弘　ふたばクリニック院長
橋本　隆　久留米大学皮膚細胞生物学研究所所長
長谷川　修　横浜市立大学附属市民総合医療センター総合診療科教授
長谷川博俊　慶應義塾大学医学部一般・消化器外科准教授
服部　光男　赤坂パークビル脳神経外科院長
花房　俊昭　大阪医科大学内科学Ⅰ教授
花輪　壽彦　北里大学東洋医学総合研究所所長
馬場　文人　ねむの木公園クリニック院長
馬場　存　東邦音楽大学特任准教授
馬場　秀雄　さいたま市立病院外科科長
浜口　朋也　市立伊丹病院糖尿病センター長
濱崎　雄平　前佐賀大学医学部小児科教授
浜島　信之　名古屋大学大学院医学系研究科予防医学教授
濱田　篤郎　東京医科大学病院渡航者医療センター教授
濱田　秀伯　群馬病院名誉院長
林　伸和　虎の門病院皮膚科部長
原田　敬之　東京女子医科大学名誉教授／原田皮膚科クリニック院長
原田　竜彦　国際医療福祉大学熱海病院耳鼻咽喉科教授

東　禹彦　東皮フ科医院院長
樋口　泰彦　聖母病院産婦人科部長
久江　洋企　桜ヶ丘記念病院
久松　徹也　群馬病院診療部長
樋田　哲夫　元杏林大学医学部眼科学教授
日比　紀文　北里大学大学院医療研究科教授
平出　敦　近畿大学医学部救急医学講座 救命救急センターER部教授
平岩　哲也　ひらいわクリニック院長
平澤　猛　東海大学医学部専門診療学系産婦人科学講師
平野　美和　同愛記念病院泌尿器科中央手術部部長
廣畑　俊成　北里大学医学部膠原病感染内科主任教授
福田　豊　ふくだ小児クリニック院長
藤井　敏男　前福岡市立こども病院副院長
藤井　正人　国立病院機構東京医療センター 臨床研究センター聴覚平衡覚研究部部長
藤田　次郎　琉球大学医学部附属病院第一内科教授
藤田　伸　栃木県立がんセンター外科第一病棟部長
藤田　武久　日本医科大学武蔵小杉病院小児科講師
藤野　修　日本医科大学千葉北総病院小児科教授
渕本　康史　国立成育医療センター臓器・運動器病態外科部
船津　和夫　財団法人三越厚生事業団三越診療所所長
船橋　徹　大阪大学医学部附属病院内分泌・代謝内科教授
古井　祐司　東京大学大学院政策ビジョン研究センター特任助教
古江　増隆　九州大学医学部皮膚科学教授
古谷　充史　杏林大学病院循環器系循環器第二内科助手
別府　保男　新百合ヶ丘総合病院整形外科骨軟部腫瘍研究所所長
帆足　俊彦　三楽病院皮膚科部長
朴沢　重成　慶應義塾大学病院入退院センター長
星野恵津夫　がん研有明病院漢方サポート科部長

星野　健　慶應義塾大学医学部小児外科教授
細井　温　杏林大学医学部心臓血管外科准教授
佛淵　孝夫　佐賀大学学長
堀江　義則　国際医療福祉大学消化器内科教授
本田　憲業　埼玉医科大学総合医療センター放射線科教授
本田まりこ　まりこの皮フ科院長
本間　栄　東邦大学医療センター大森病院呼吸器内科教授
本間　之夫　東京大学大学院医学系研究科泌尿器外科学教授
正岡　建洋　慶應義塾大学医学部消化器内科専任講師
増田　剛太　日本臨床寄生虫学会理事長
松尾　清　信州大学医学部形成再建外科学講座教授
松田　秀策　福岡整形外科病院
松田　隆秀　聖マリアンナ医科大学総合診療内科教授
松永　達雄　国立病院機構東京医療センター臨床センター 聴覚障害研究室長
松野　博明　松野リウマチ整形外科院長
松延　毅　新東京病院耳鼻咽喉科部長
松林　秀彦　東海大学医学部専門診療学系産婦人科学准教授
松本美富士　桑名東医療センター内科
真鍋　尚至　福岡整形外科病院
丸山　勝也　国立病院機構久里浜医療センター名誉院長
三浦総一郎　防衛医科大学校長
三上　幹男　東海大学医学部専門診療学系産婦人科学教授
三柴　裕子　大阪医科大学第一内科助教
溝尾　朗　東京厚生年金病院内科部長／ 日本旅行医学会理事
溝口　昌子　聖マリアンナ医科大学名誉教授
三野　幸治　兵庫医科大学病院臨床栄養部主任栄養士
三橋善比古　前東京医科大学皮膚科学講座教授
簑田　清次　自治医科大学医学部内科教授

簑和田　滋　国立国際医療センター副院長
三原　基之　みはら皮膚科院長／鳥取大学名誉教授／ 元鳥取大学医学部附属病院長
宮岡　佳子　跡見学園女子大学文学部臨床心理学専攻教授
宮城　哲　福岡整形外科病院医長
宮里　肇　前沖縄県立南部医療センター皮膚科
宮嶋　雅一　順天堂大学医学部脳神経外科先任准教授
宮地　勇人　東海大学医学部基盤診療学系臨床検査学教授
向山　雄人　前がん研有明病院緩和ケア科部長
村田　満　慶應義塾大学医学部遺伝研究センター臨床検査学教授
村松　俊成　東海大学医学部専門診療学系産婦人科准教授
村山　猛男　川口誠和病院泌尿器科
森川　昭廣　群馬大学名誉教授
森下　宗彦　愛知医科大学メディカルクリニック客員教授
森田　陽子　国立病院機構東京医療センター神経内科医長
森村　尚登　横浜市立大学医学部救急医学教室主任教授
守本　倫子　国立成育医療センター感覚器・形態外科部 耳鼻咽喉科
安井　信隆　けいゆう病院外科副部長
矢冨　裕　東京大学大学院医学系研究科 臨床病態検査医学教授
山内　潤　聖母病院産婦人科医長
山口　哲生　JR東京総合病院副院長
山口　均　大垣市民病院救命救急部長
山口　芳裕　杏林大学医学部救急医学教授
山下　静也　大阪大学医学部附属病院循環器内科病院教授
山下　孝　がん研有明病院顧問
山田　昌和　杏林大学医学部眼科学教授
山田　至康　元順天堂大学医学部教授
山根　源之　東京歯科大学名誉教授
山本　昇壯　広島大学名誉教授

執筆・協力者一覧

山本聖一郎　平塚市民病院消化器外科部長
山本智美　聖母病院看護部長
山谷睦雄　東北大学大学院医学系研究科先進感染症予防学寄附講座教授
横尾和久　愛知医科大学病院形成外科教授
横田淳　国立がんセンター研究所生物学部長
横谷進　国立成育医療センター生体防御系内科部長
横山真紀　平塚市民病院耳鼻咽喉科部長
吉池高志　順天堂大学医学部附属静岡病院皮膚科教授
吉岡政洋　日本鋼管病院消化器肝臓病センター長
吉田正己　前東邦大学医療センター佐倉病院皮膚科教授
吉野秀朗　杏林大学病院循環器系循環器第二内科教授
吉村陽子　藤田保健衛生大学医学部形成外科教授
吉本栄治　福岡整形外科病院医局長
吉本隆昌　福岡整形外科病院副院長
四倉正之　杏林大学八王子保健センター長
四ツ柳高敏　札幌医科大学医学部医学科形成外科教授
米田敬　藤田保健衛生大学坂文種報德會病院形成外科講師
和田則仁　慶應義塾大学医学部消化器外科専任講師
渡辺憲明　北里大学北里研究所病院バイオメディカルリサーチセンター長
渡辺勲史　東海大学医学部付属八王子病院院長
渡邊昌彦　北里大学医学部外科教授
渡辺守　東京医科歯科大学消化器内科教授

【ご協力いただいたかた・ところ】

オリンパスメディカルシステムズ（株）
成城木下病院
財団法人三越厚生事業団
吉池由美子　株式会社三菱総合研究所 人間・生活研究本部ヒューマン・ケア研究グループ主任研究員

装丁　塚本健弼（ホワイトペン）
本文デザイン　遠藤百合子・杉森弘瑞・吉井朋子（ホワイトペン）
イラスト・図版　小松希生　角愼作
関根康信（ポイントハウス）
林まさのり　二階堂聰明
村田忠夫（MED）
カメラ　五十嵐美弥（小学館）
編集　三石一也・飯田邦幸・藤本耕一（小学館クリエイティブ）
荒川八重子　石内康夫　大森叔恵
小山豊（エム・シー・プレス）
片岡理恵（ポリス）
木村克彦　髙島英治　田邊忠彦
中出三重（エム・シー・プレス）
古屋泰明　山本忠昭（パイデイア）
河合佐知子　篠崎未知佳　戸田真澄
佐藤千里・中山博邦・小澤洋美・
杉浦宏依・香川佳子（小学館）
販売　小菅さやか
宣伝　後藤昌弘
制作　河合隆史
資材　高橋浩子・石月賢一
制作企画　粕谷裕次（以上　小学館）
DTP　㈱昭和ブライト

目次

ホームメディカ 家庭医学大事典

カラー口絵

第1部 【図解ポイント】応急手当

第2部 健康診断の結果の見かたと対策

第4部 病気の知識と治療

目次

目 次

第5部 家族のための健康知識 2145

第1部

〈図解ポイント〉応急手当

安心・安全な家庭と社会のために

——いざというときに必要な救命処置・応急手当

◆救命処置・応急手当は生活の知恵

私たちが家庭や学校・職場などで日常生活を送るうえで、安心・安全にすごせる環境を準備しておくことは、たいへんたいせつなことです。そのための方法のひとつとして、救命処置（99〜130頁）と応急手当（131〜176頁）を生活の知恵として身につけておきましょう。

現在、119番通報をしてから救急車が到着するまでの時間は、平均で6分を超えます。

カーラーの救命曲線
（緊急事態における経過時間と死亡率の関係）
早く適切な救命処置をしなければ、死亡率が高くなることを示します。

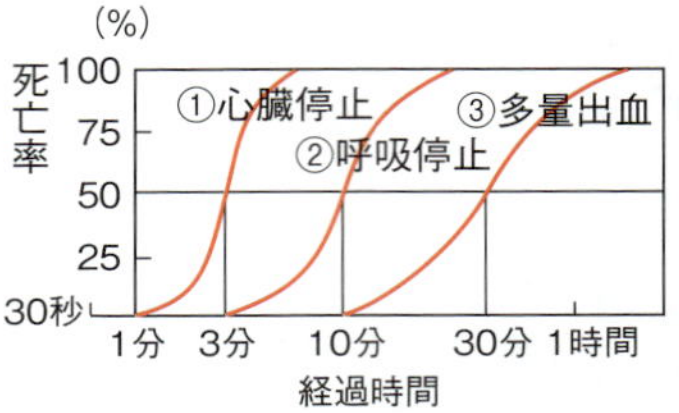

①心臓停止後、放置すると約3分で50%が死亡
②呼吸停止後、放置すると約10分で50%が死亡
③多量出血後、放置すると約30分で50%が死亡
（M.Cara:1981を一部改変）

心臓や呼吸の停止あるいは大出血があるとき、救命処置を行わなかった場合は、短時間で死亡率が高くなります（上図）。また、それより軽い病気やけがのときでも応急手当をしないと、それらが悪化し、予後にも悪影響をおよぼします。

ですから、これらの手当の方法を身につけておくことが、家族や身近な人を助けることになり、同時に自分を救うことにつながります。

◆地域の医療情報を把握しておく

救急車の出動回数は年々増え、全国で年間500万件を超えます。その多くが治療後に帰宅可能な軽症の人とされますが、救急車がこれらすべてのケースに出動すると、ほんとうに生命が危険な人に対応できなくなってしまいます。

最近は、救急や医療の電話相談を実施している市区町村が増えています。役所などに問い合わせ、電話番号を確認しておきましょう。また、普段から休日・夜間当番医など、地域の医療情報をチェックし、緊急時にすぐ連絡できるよう電話のそばに記しておきましょう。

また、かかりつけ医をつくっておくこともたいせつです。

◆AEDの普及と心がまえ

AED（自動体外式除細動器）は、呼びかけに反応がなく、正常な呼吸をしていない、あるいは脈をふれない人に装着すると自動的に心電図を解析し、電気ショックが必要かどうかを判断します。

誤ってショックボタンを押しても作動しないため、より危険な状態になる心配はありません。しかもAEDを使用して助かった人は社会復帰率がたいへん高く、予後が悪くなることもないので、医療費削減にもつながります。

◆救急医療と災害医療

日常の救急医療では、1人の傷病者を救うために多くの医療資源やマンパワーが導入されますが、災害医療は、かぎられた医療資源とスタッフで多数の人を救うことが基本です。

そのため、もっとも重症で回復の可能性が低い人よりも、助かる可能性のある人に、より多くの医療資源やスタッフが投入されるということを理解しておきましょう（くわしくは2306頁）。

一次救命処置の手順

まず、急病人・けが人の生命を救う処置を優先する

心臓の機能や呼吸が突然停止（心肺停止）した人や、ものがつまって窒息をきたした人の生命を救うために、一般の人が行う処置を**一次救命処置**といいます。人が倒れていたら、最初に、反応の有無や呼吸の状態を調べ、反応がなく、普段どおりの呼吸がない場合には、すぐに**心肺蘇生**（気道の確保、人工呼吸、胸骨圧迫など）と**AED（自動体外式除細動器）**を使った救命処置を、以下に示した手順にそって行う必要があります（くわしくは100～130頁を参照）。

また、反応があり、普段どおりの呼吸があれば、病気やけがに応じた**応急手当**を行います（くわしくは131～176頁）。

けが人・急病人（傷病者）の発生

↓

反応があるかどうかを調べる　その場が安全かどうかも確認

- **反応がない**
  - 大声で助けを求め、119番通報・AEDの手配を依頼する
  - ↓
  - 気道を確保し、呼吸を調べる
    - **普段どおりの呼吸をしていない**
      - 胸骨圧迫（心臓マッサージ）
      - 胸骨圧迫（心臓マッサージ）30回＋人工呼吸２回をくり返す
      - AEDを装着するまで、救急隊員や医師などに引き継ぐまで、または、傷病者が動きだすまで継続する。
      - ↓
      - **AED装着（111頁）**　AEDが装着できた場合
        - 心電図を自動解析してくれる
          - **電気ショックが必要**
            - 電気ショックを１回行ったあと、心肺蘇生を再開（５サイクル、２分間）
          - **電気ショックの必要なし**
            - すぐに心肺蘇生を再開する（５サイクル、２分間）
        - 救急隊員や医師などに引き継ぐまで、または、傷病者が動きだすまで継続する。電気ショックの必要なしと指示があった場合も、AEDは装着したままにする。
    - **普段どおりの呼吸をしている**
      - 注意深く観察をつづけながら、救急隊員や医師の到着を待つ
- **反応がある**
  - 応急手当（131～176頁）を行う

注意　８歳以下の子どもに対する手順は成人の場合と異なる点があります。子どもに行う心肺蘇生の方法（110頁）を参照してください。

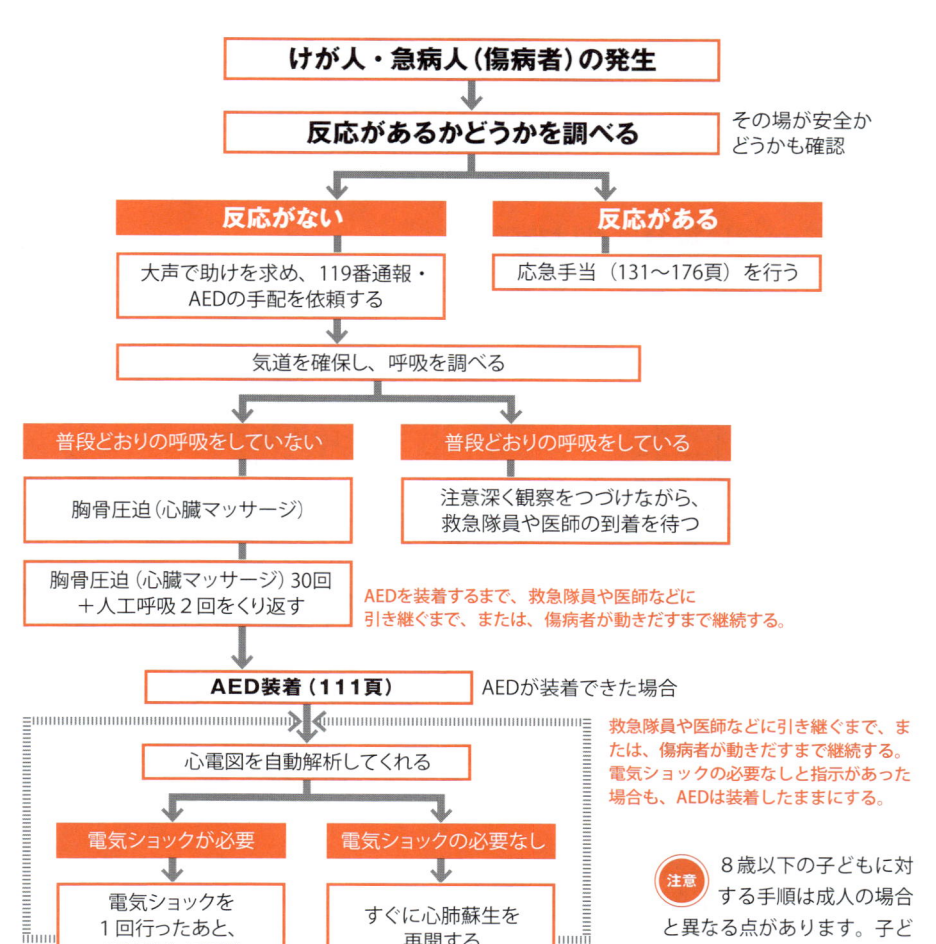

人が倒れたら・倒れていたら

まず、傷病者の反応の有無、呼吸の状態を調べる

1 反応があるかどうかを確認する

耳もとで、大きな声で呼びかけ、反応をみます。

人が倒れたら、あるいは倒れていたら、その場所が**安全かどうかを確認**し、安全であれば、その人の肩をやさしくたたきながら、耳もとで、大きな声で「大丈夫ですか？」「もしもし」などと呼びかけ、**反応をみます**。

車の往来があったり、火災が迫っているなど安全でない状況では、車を誘導したり傷病者を移動するなど（次頁）、危険を回避する手段を講じなければなりません。

2 反応がない場合は助けを呼ぶ

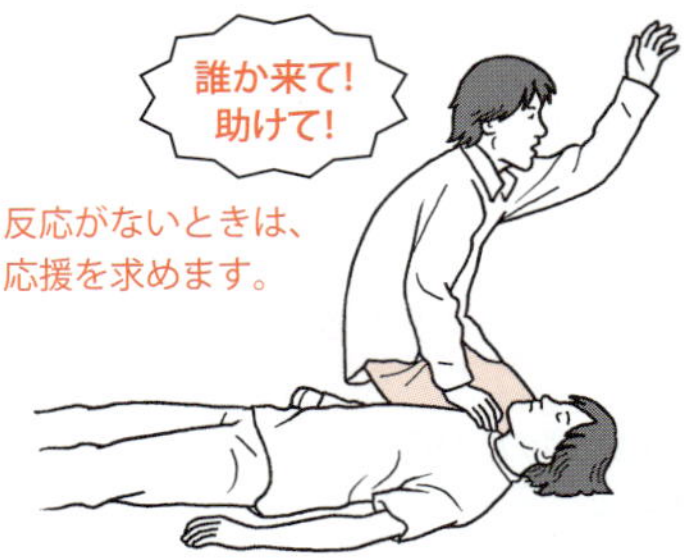

反応がないときは、応援を求めます。

ほかに人がいるときは、119番通報とAEDの手配を依頼します。

呼びかけに対して、目を開ける、声を出す、目的をもったしぐさ（苦痛を訴えるなど）をするなどがみられない場合は、**「反応がない」**と判断し、大声で「誰か来て！」「助けてください！」などと助けを請います。

助けに応じてくれる人がいれば、**119番通報やAED（自動体外式除細動器、くわしくは111頁）の手配を頼みます**。その際、「あなたは119番通報してください」「あなたはAEDを持ってきてください」と、できるだけ具体的に依頼しましょう。

その場に自分１人しかいない場合は、まず自分で119番通報し、AEDがあることがわかればその手配を行います。

次に、105頁からの心肺蘇生を開始します。

注意 **傷病者が８歳以下の子どもで**、救助者が１人のときは、初めに心肺蘇生を２分間行ったあと、119番通報し、AEDを手配します。その後は成人の場合と同じです。

傷病者の保護・運びかた

危険な場所であったり、危険が迫っている場合のみ傷病者を移動させる

1 その場を動かさないのが原則

安全が確保できない場合のみ、傷病者を移します。

倒れている人の手当は、できるだけその場を動**かさずに手当するのが原則**です。しかし、交通量が多い車道や火災現場の近く、風呂場や便所などの狭い場所、夜間の暗い場所などでは、手当ができないため、できるだけ手当しやすい場所、安全な場所に傷病者を運びます。

ただし、以下のような配慮が必要です。

2 むりのない姿勢を保って運ぶ

できるだけ、戸板などにのせ、人手をかけて運びましょう。

できるだけ多くの人に応援を頼み、傷病者の**呼吸のようす、けがの状態などに注意**しながら、むりのない姿勢を保って運びます。

注意 とくに、交通事故や高いところから落ちたなど、全身に強い力が加わった可能性がある傷病者で、呼吸困難があったり、手足にしびれがあったり、くび（頸部）の痛みを訴えたりしている場合で戸板などがないときは、**くびを動かさない**ようにタオルなどで固定したり、１人が両手でボーリングのボールを持つように頭をしっかりと支えるなど、からだをねじったり曲げたりしないようにして運びます。

戸板などがなければ、１人が頭部をしっかり支えます。

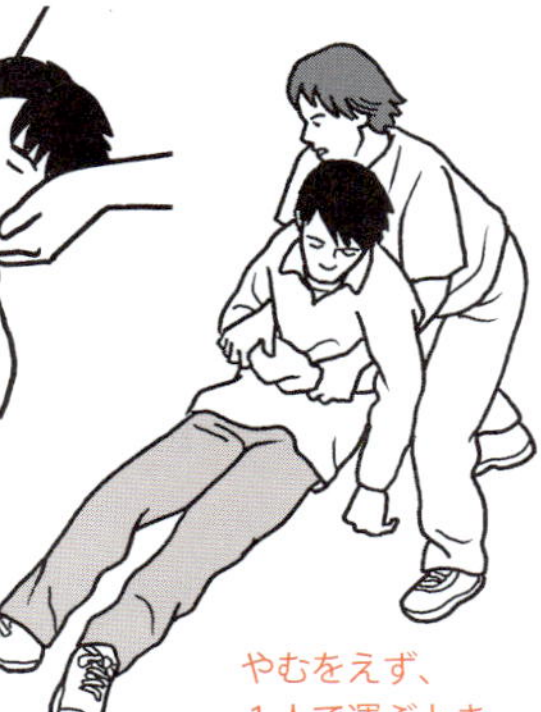

やむをえず、１人で運ぶとき。

できるだけ**担架や戸板などにのせて、人手を多くかけて**静かに運びましょう。

１人で運ばなければならないときは、左図のように傷病者の後方よりわきの下に手を入れ、片方の手で傷病者の前腕部を、もういっぽうの手で手首部分を握り、くびや背中が曲がらないように、引きずるように運びます。担架などがなく、シーツがある場合は、シーツに傷病者をくるみ、シーツの足側の部分をしばって運びます。

救急車の呼びかた

緊急の場合の連絡方法は、普段からチェックしておく

1 119番通報するときの基準

救急車の出動件数は年々増える傾向にあります。軽症のときは、自分たちで医療機関へ運びましょう。

けが人や急病人の症状が深刻な場合は、近くにいる人に協力を求め、救急車を呼んでもらうか、自分で119番通報することになります。

軽症の場合はできるだけ応急手当を行ったうえでタクシーやマイカーなどを使って医療機関へ運ぶようにしましょう。ただし、素人判断は禁物ですから、重症かどうか迷うようなときや、つぎのような場合は、躊躇(ちゅうちょ)することなく119番通報しましょう。

❶呼びかけても反応がないとき。
❷呼吸や脈がないか、呼吸や脈が弱いとき。
❸出血量が多いとき。
❹顔色が悪く、ショック状態のとき。
❺39度以上の発熱があるとき

2 電話の種類に関係なく119番をプッシュする

場所をわかりやすく伝えます。学校などの公共の施設、公園、夜間であればコンビニエンスストアやファミリーレストランなども目印になります。

通報するときは、電話の種類にかかわらず119番をダイヤル（プッシュ）します。

火事か救急かを聞かれますから「救急」であることをはっきり告げ、つぎのような内容を伝えます。また、司令員の指示にはできるだけ従うようにしましょう。

①救急車に来てほしい場所。
②いつ、誰(だれ)が、どこで、どうなったか。
③今どのような状態か。
④連絡した人の氏名・電話番号など。

注意 携帯電話で通報した場合は、電源を切らないようにします。また、救急車が到着するまで、現場から離れないようにしてください。

3 救急車が到着したときの対応

通りまで出て、救急隊員を誘導します。通りがかりの人の場合は、自分の氏名と住所を救急隊員に伝えておきます。

サイレンの音が聞こえたら、誰かが通りまで出て、救急車を誘導します。

救急隊員には、つぎのようなことを伝えます。

①傷病人発生時のようす。
②傷病人の容体。
③これまでに行った手当。
④わかっていれば既往歴。
⑤かかりつけ医や通院している病院の名称など。

家族や知り合いの場合は誰かが救急車に同乗し、同乗できない場合は、搬送先を確認しておきます。

4 休日診療当番医や救急病院をチェックしておく

普段から、電話のそばなど、わかりやすい場所に、緊急時の連絡先などを記しておきましょう。

市区町村役所や消防署が、救急相談窓口を設けているところがありますので、普段からチェックしておきましょう（たとえば東京消防庁の救急相談の短縮電話番号は、#7119）。

治療に急を要する必要がないときは、かかりつけ医（休日や夜間であれば、地域の当番医）や救急病院に電話をして受診します。

休日・夜間診療当番医：地域の医師が輪番制で担当しています。居住地の市区町村役所に問い合わせるか、役所や各地域の医師会のホームページで調べることができますし、地域の広報誌などにも掲載されますので、切り抜くか大書して、中毒110番の電話番号（171頁）などといっしょに、電話のそばや目立つところに貼っておきましょう。

小児救急電話相談（厚生労働省医政局）：休日や夜間、子どもが急病になって受診すべきかどうか迷ったときに、電話で短縮番号#8000をプッシュすると、近くの都道府県の相談窓口に自動転送され、小児科医や看護師が相談に応じてくれます。ただし、都道府県によっては携帯電話からアクセスできない場合などもあるので、ホームページなどで調べておきましょう。

バイタルサインの調べかた

ようすがおかしければ、まずバイタルサインをチェックする

バイタルサインとは

生命に危険が迫っているかどうかを示す徴候

バイタルサインとは、生命に危険が迫っているかどうかを示す徴候のことで、生命徴候といわれます。患者（病人やけが人）の生命が大丈夫かどうかを判断するもっとも重要な情報です。

一般に、脈拍、呼吸、血圧、体温の４つの指標からなり（下の「生命の危険信号」）、救急医学ではこれに意識レベル（外部からの刺激に対する覚醒の程度）を加えて、５つの指標として扱っています。

バイタルサインは、患者を診療する際に緊急度と重症度を判断するのに重要な意味をもち、災害時の医療などで、診療や搬送の優先順位を決めるとき（トリアージといいます。くわしくは2308頁）にもたいせつな情報になります。

救命処置が必要かどうかの判断は、反応および呼吸をみる

ただし、救命処置を行ううえでは、反応があるかどうか（100頁）や普段どおりの呼吸をしているかどうか（106頁）をすばやく確認することがもっとも重要になります。

しかし、ようすがおかしい、応答がいまひとつはっきりしない、といったときには、バイタルサインをチェックして、生命に危険が迫っているかどうかを判断することが重要です。

生命の危険信号

つぎのような場合は、一般に生命が危険にさらされており、重篤な状態と考えられ、ただちに処置が必要です。

▼血圧
収縮期血圧（最小血圧）が60㎜Hg未満のとき

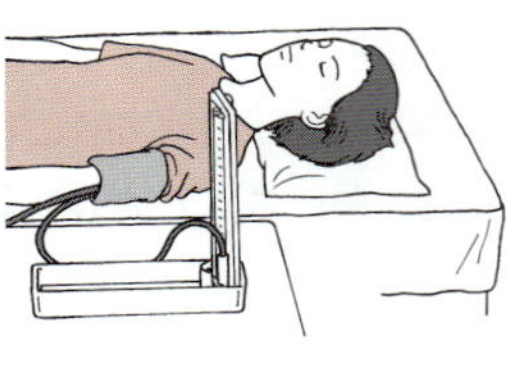

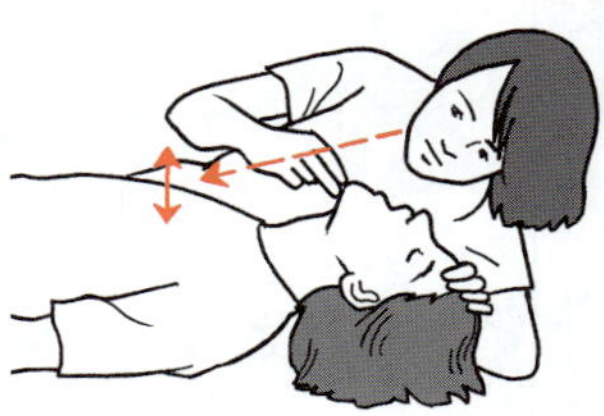

▲呼吸
１分間以上無呼吸がつづくとき
呼吸の調べかたは106頁参照。

体温▼
35度以下または42度以上のとき

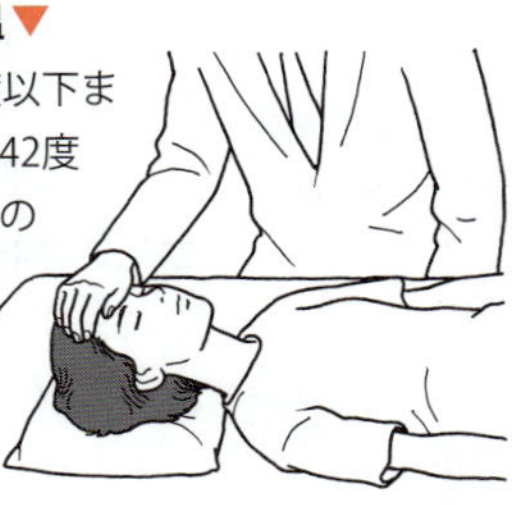

▼脈拍
１分間に40回未満のとき、または測定できないほど速いとき

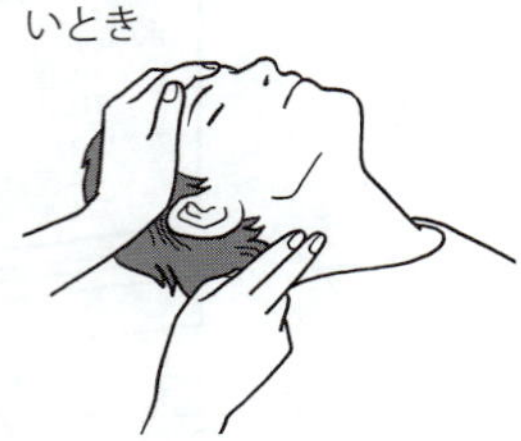

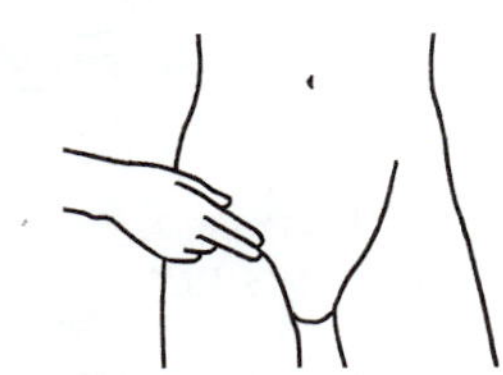

手首の動脈（橈骨動脈）のほか、くびの横やももの付け根でも測定できます。

気道確保のしかた

空気の通り道を確保する

1 手当しやすい姿勢（あお向け）にする

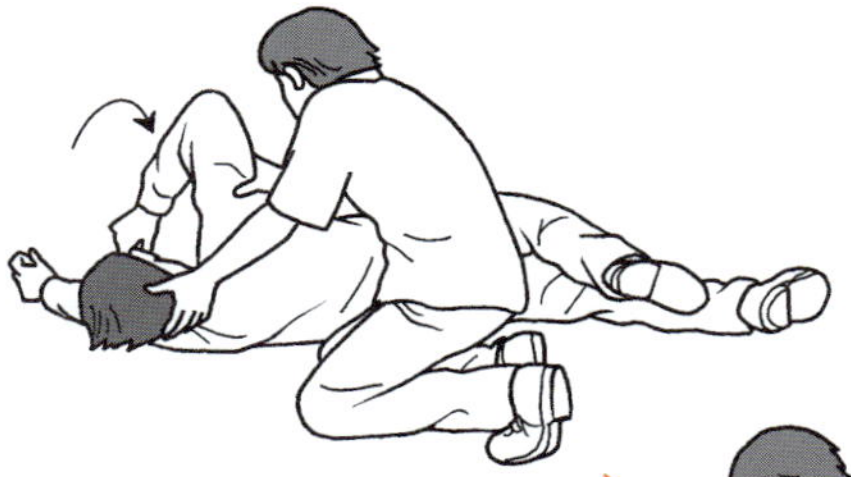

からだ、とくにくび（頸部）をねじったり曲げたりしないように注意します。

けが人や急病人がうつぶせで倒れているときは、手当しやすいあお向けの姿勢にします。

傷病者の後ろから、片方の手で傷病者の頭とくびを支え、もういっぽうの手をわきの下に回し、からだをねじらないように注意しながら、あお向けにします。

2 空気の通り道（気道）を確保する

人差し指と中指をそろえて下顎下側の先端にあてます。

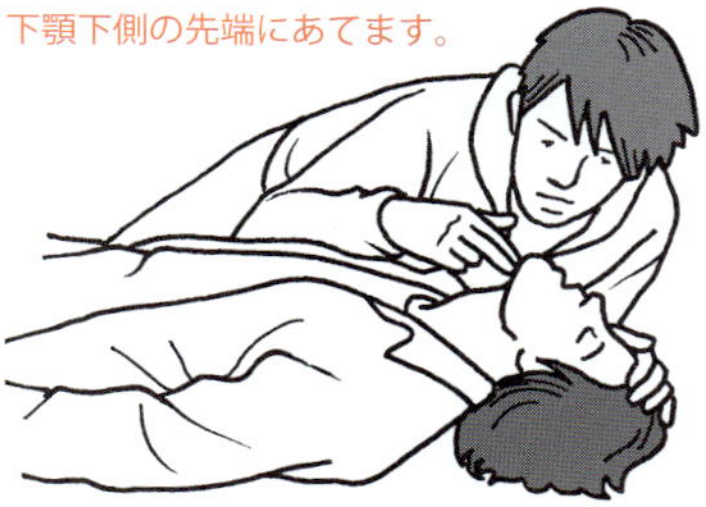

前額部から前頭部に手をあてます。

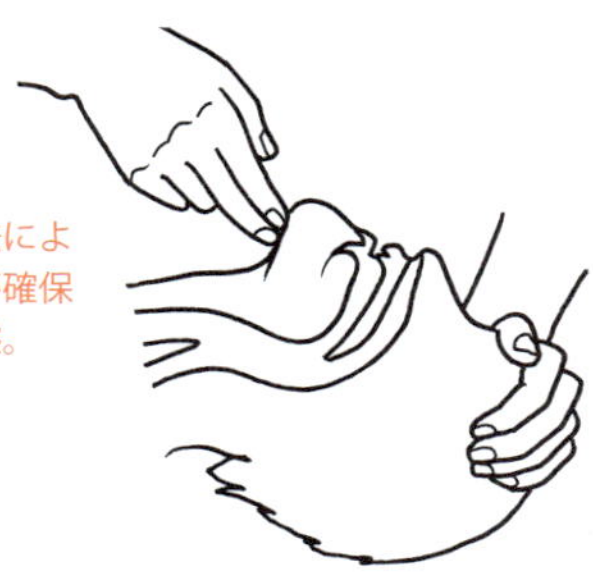

顎先挙上法によって気道が確保された状態。

気道確保とは、空気が鼻または口から肺に達するまでの通り道（気道）を開通させることをいいます。

救助者は傷病者の頭側に位置する手を傷病者のひたい（前額部）に、もういっぽうの手の人差し指と中指を顎の先端にあて、左図のように顎先を持ち上げるようにします（顎先挙上法）。傷病者の頭が少し後ろにそるような形になります。

注意 顎を持ち上げるときは、顎の先端のかたい骨の部分を持ち上げるようにしましょう。

気道を確保すると、舌根が沈下することによっておこる気道閉塞の状態が改善し、傷病者が自分で呼吸しているかどうかを確認できます。

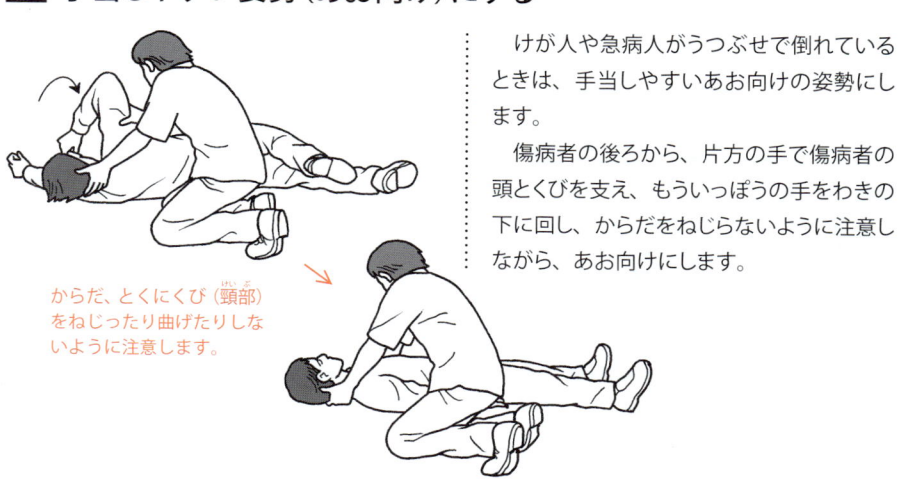

呼吸の調べかた

「見て」「聴いて」「感じて」、呼吸状態を確認

呼吸状態を確認する

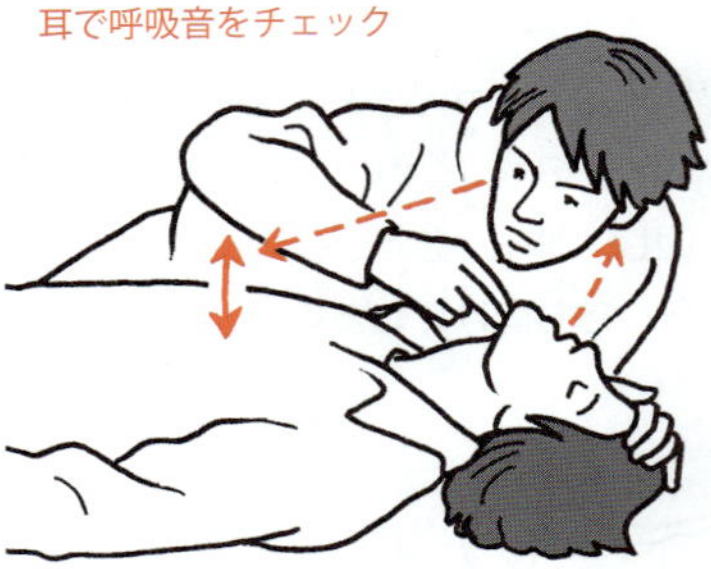
目で胸の動きをチェック
耳で呼吸音をチェック
頬で息が触れるかをチェック

目と耳と頬の皮膚感覚で、
短時間で、呼吸の状態を確認します。

正常な（健康なときの普段どおりの）呼吸をしているかどうかを、見て、聴いて、感じて、確認します。

具体的には、気道確保の状態を維持したまま、
①傷病者の胸の部分を見て、**胸の上下動があるかどうか、**
②救助者の頬（ほお）を傷病者の口や鼻に近づけて、**頬に息が触れるかどうか、**
③耳に**呼吸音が聞こえるかどうか、**
を調べます。

①～③が確認できないときは、呼吸がないと判断して、人工呼吸（次頁）と胸骨圧迫（心臓マッサージ）（108頁）を行います。

①～③が確認できたときは、傷病者を注意深く観察しながら、救急隊の到着を待ちます。呼吸が安定しているようであれば、傷病者を横向きに寝かせるとよいでしょう。この姿勢を**回復体位**（かいふくたいい）（下図）と呼びます。

回復体位

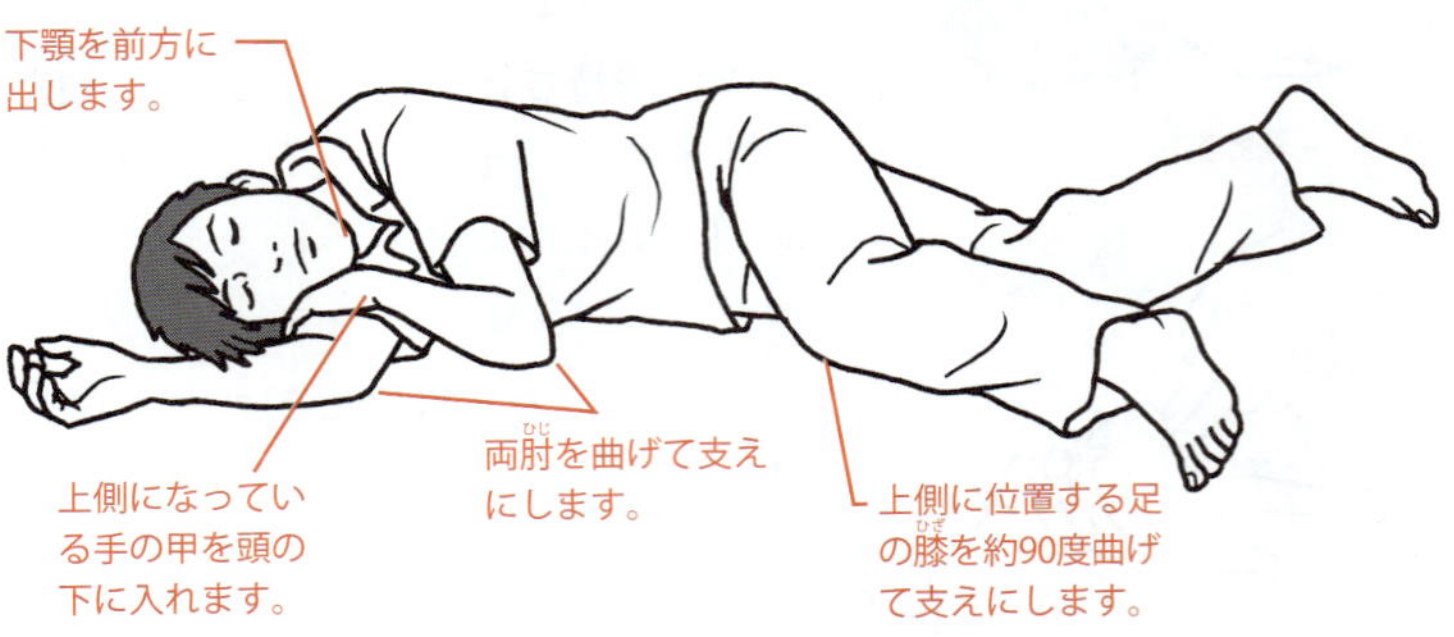
下顎を前方に
出します。
上側になってい
る手の甲を頭の
下に入れます。
両肘（ひじ）を曲げて支え
にします。
上側に位置する足
の膝（ひざ）を約90度曲げ
て支えにします。

胸骨圧迫（心臓マッサージ）のしかた

力強く胸骨を圧迫して、心筋への血流を生み出す

1 圧迫する胸骨の部位を探す

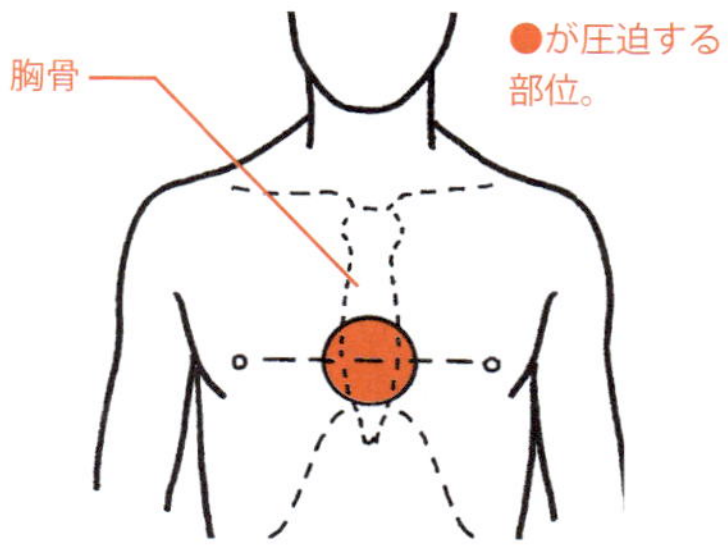

呼吸していないか、正常な呼吸でない場合、**胸骨圧迫**（**心臓マッサージ**）を行います。

圧迫する部位は、胸骨です。

目安は、胸部の上下・左右の真ん中、または左右の乳頭を結ぶ線の真ん中と覚えておきましょう。

2 手のひらを重ねて、胸部におく

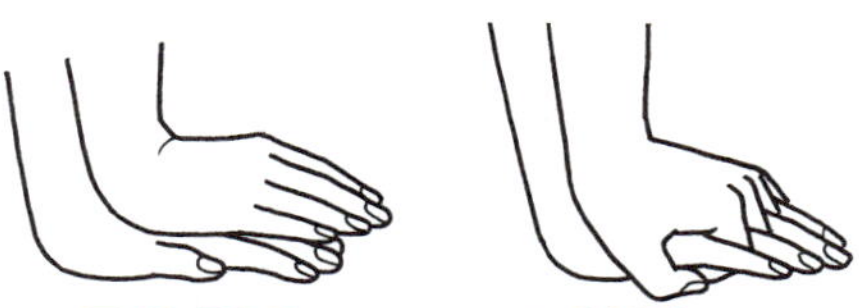

両手を重ねる　両手を組む

どちらの場合も指先は胸につけないようにします。

傷病者の胸の圧迫部位に、片方の**手のひらの基部**（**根元**）をおき、その上にもういっぽうの手を重ねます（左図）。その際、**指先が**傷病者の**胸につかないように**しなければなりません。慣れない人は**手の指を組む**ようにしましょう。

3 胸骨を圧迫する

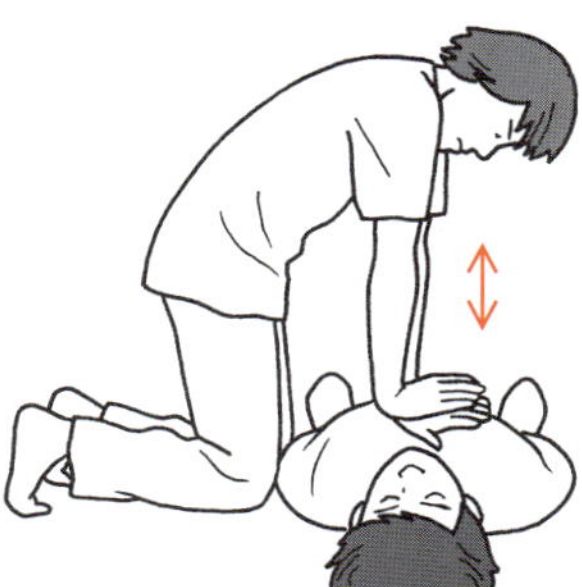

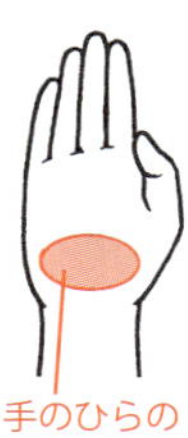

手のひらのこの部分で圧迫

救助者の**両肩が傷病者の胸の真上にくる**ような位置どりをして、**肘をまっすぐに**し、垂直に体重をかけて、傷病者の胸が４～５㎝沈むくらいに圧迫します。

圧迫する速さは、１分間に約100回です。手のひら全体ではなく、手のひらの基部だけに力が加わるようにします。

注意 胸骨圧迫は、できるだけ水平で、下面がかたい場所で行うのが効果的です。圧迫と圧迫の間は胸がもとの高さに戻るようにしますが、手は傷病者の胸から離れないようにしてつづけましょう。

人工呼吸のしかた

気道を確保したまま、肺に空気を送り込む

1 人工呼吸ができる場合は、口対口人工呼吸をまず２回行う

口対口人工呼吸
息を吹き込みます。
気道確保が適切に行われ、うまく息が吹き込まれていれば、傷病者の胸が上方に膨らみます。

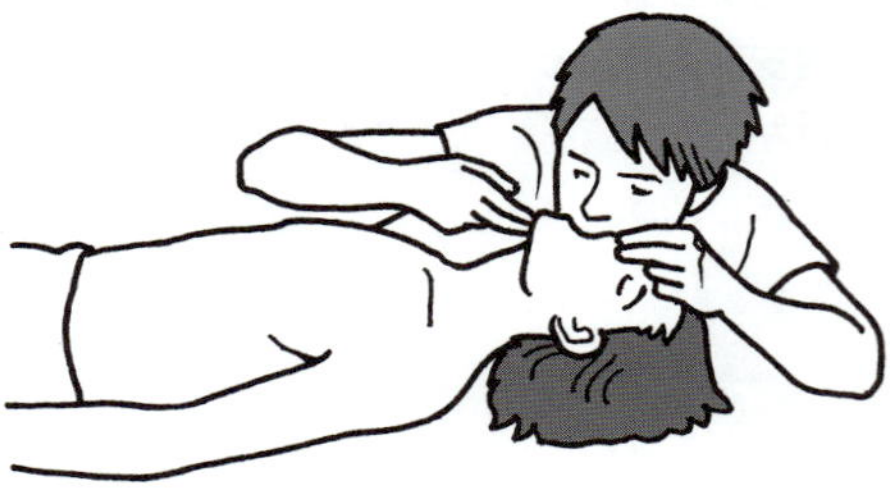

気道確保をしても、胸の動きがなく、呼吸音が聞こえず、息を頬に感じられない場合には、人工的に肺に空気を送り込む**口対口人工呼吸**をつぎの①〜③の手順で行います。

①傷病者の頭の横にひざまずき、顎先挙上法（105頁）で気道を確保します。

②つぎに、ひたいにあてている手の親指と人差し指で傷病者の鼻をつまんで、空気が漏れないように鼻の穴をふさぎます。

③傷病者の口を救助者の口でおおい、１秒間程度かけて息を吹き込みます。吹き込む量は、胸が軽く膨らむ程度です。

2 口を離したあと、２回目の吹き込みを行う

口対口人工呼吸
吹き込んだら口を離します。
胸部が下方に沈みます。

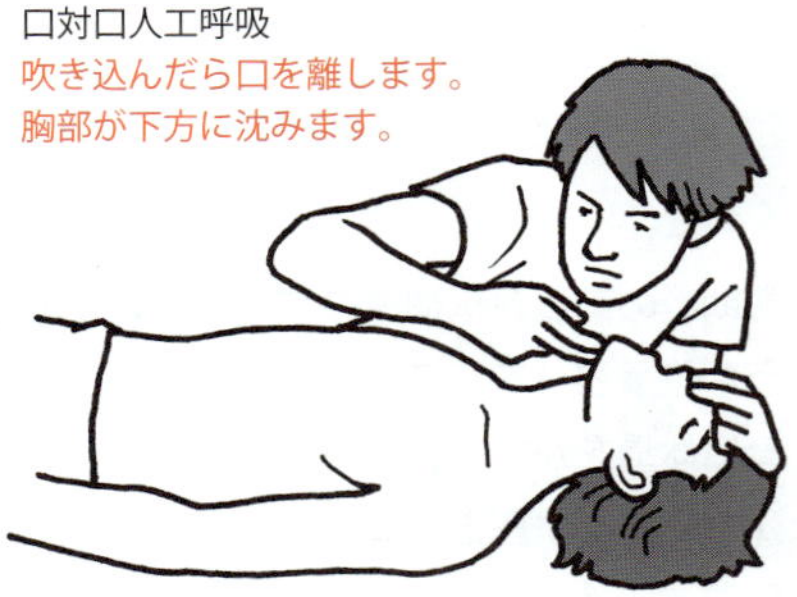

ふさいでいた口を離すと、傷病者は息を吐き出します。このとき胸が下方に沈んでいきます。

これをつづけて２回行います。

注意 口対口人工呼吸を行う際には、できるだけ感染防護具を使うことをお勧めします。

しかし、防護具を持っていない場合、あるいは準備に時間がかかりそうな場合、口と口の接触にためらいがある場合は、迷わず人工呼吸を省略して、胸骨圧迫（次頁）に進んでください。

感染防護具

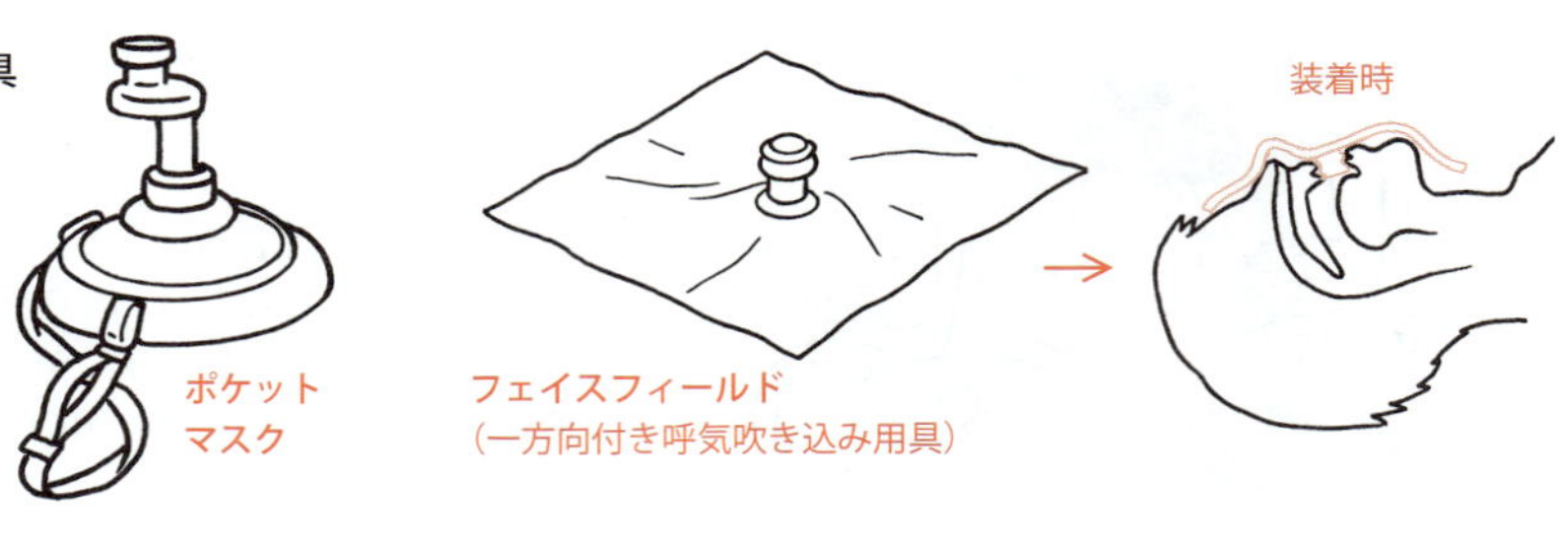

胸骨圧迫と人工呼吸を組合わせる

胸骨圧迫30回と人工呼吸２回の組合わせをつづける

1 可能であれば胸骨圧迫と人工呼吸の組合わせを連続して行う

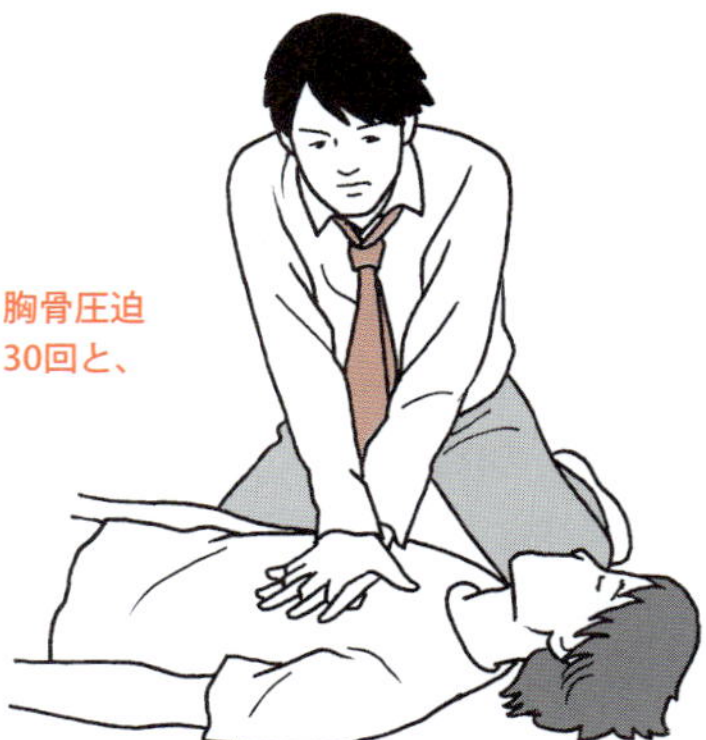

胸骨圧迫
30回と、

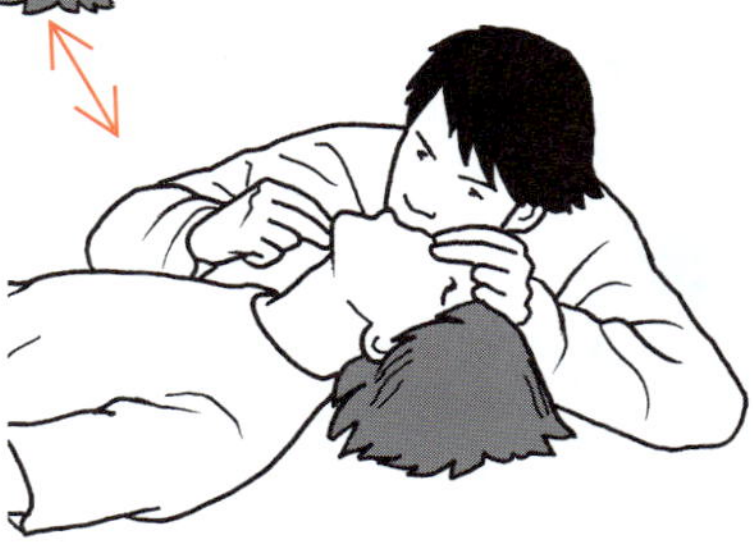

人工呼吸２回を、
くり返して行います。

胸骨圧迫を連続して30回行ったあと、**口対口人工呼吸を２回**行い、それらをくり返します。

胸骨圧迫＋人工呼吸は疲れをともなう作業です。疲れてくると圧迫のテンポや強さが低下しがちですが、できるだけ一定の強さとテンポを維持するように行います。

かわってくれる人がそばにいる場合は、２分交代で行うようにします。この場合は、交代にかかる時間をできるだけ短くするのが効果的な心肺蘇生の秘訣です。

人工呼吸ができなかったり、躊躇したりするときは、胸骨圧迫だけでも行います。何もしないより大きな効果があります。

2 心肺蘇生はいつまでつづけるか

心肺蘇生は、救急隊員や医師などに引き継ぐか、傷病者が動きだすまで継続します。

注意 救急隊員や医師に引き継ぐときも、心肺蘇生を急にやめてはいけません。救急隊員などの指示に従いましょう。

胸骨圧迫と人工呼吸の組合わせは、AED（自動体外式除細動器、くわしくは111頁）を装着するまで、または医師や救急隊員などに引き継ぐまで、または傷病者に動きがみられたり、うめき声をだしたり、普段どおりの呼吸に戻るまでつづけます。

呼吸が戻っても、念のため回復体位（106頁）にするほうがよいでしょう。再び普段どおりの呼吸がみられなくなったときは、心肺蘇生を再開してください。

子どもに行う心肺蘇生の方法

子どもの心肺蘇生は、多くは成人と同じですが、異なる点があります

倒れている子どもに反応がなく、救助者が1人の場合

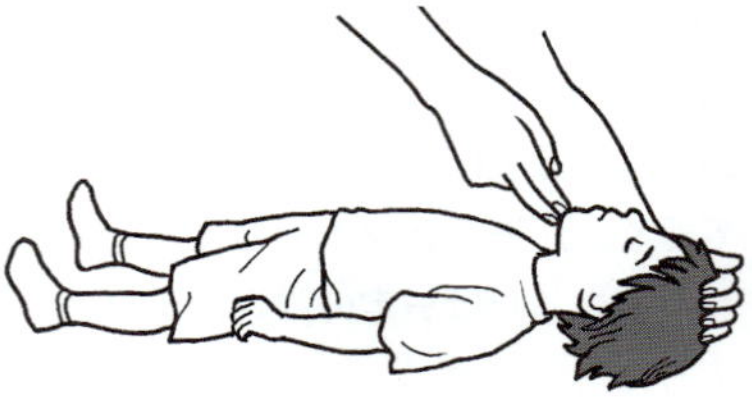

ただし、最初から周囲に人がいたり、心肺蘇生の途中に、誰かが駆けつけてくれたときは、119番通報とAEDの手配を依頼します。

８歳くらいまでの子どもが倒れている場合、反応や呼吸の調べかたは成人と同じですが、反応がない場合で、救助者が自分１人のときには、119番通報やAED（自動体外式除細動器）手配の前に、心肺蘇生を約２分行うのが原則です。

これは、成人の心肺停止が不整脈など心臓に原因がある場合が多いのに比べて、子どもの場合は、気道閉塞や呼吸障害などによる低酸素状態が原因のことが多いためとされています。

乳児の人工呼吸は、鼻と口を同時におおって行う

口対口鼻人工呼吸

乳児（12か月くらいまで）に対して行う人工呼吸は口と同時に鼻も救助者の口でおおって息を吹き込みます（口対口鼻人工呼吸）。

その他の人工呼吸の方法や回数は、成人と同じです。感染などが心配で人工呼吸を躊躇するときは、省略して胸骨圧迫を行います。

胸骨圧迫の方法は、年齢・体格によって少し異なる

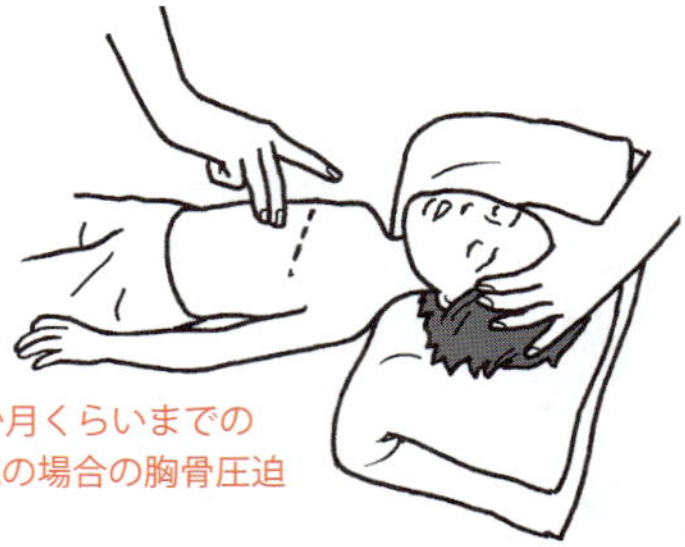

12か月くらいまでの乳児の場合の胸骨圧迫

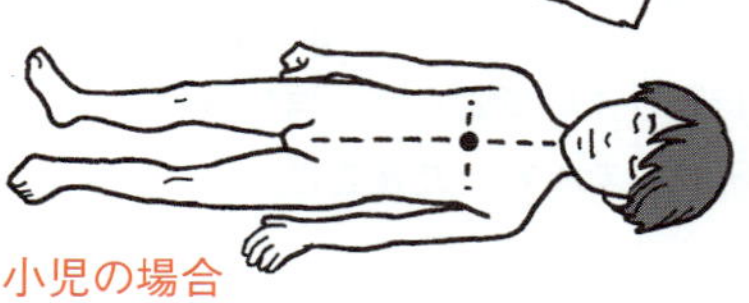

小児の場合

乳児の場合：左右の乳頭を結ぶ線の左右中心より指１本分下側の胸骨を、２本の指（中指とくすり指など）で、胸の厚さの３分の１がへこむように押します。なお、１歳未満の乳児にはAEDは使えません。

１歳以上８歳くらいまでの小児の場合：基本的には成人と同じですが、胸の厚さの３分の１がへこむくらいに押します。体格によって強すぎるようなら、片方の手で押すようにします。

そのほか、胸骨圧迫の回数などは成人の場合と同じです。

AEDの使いかた

AEDからの音声メッセージなどに従って操作します

1 傷病者に反応や正常な呼吸がない場合は、AEDを手配する

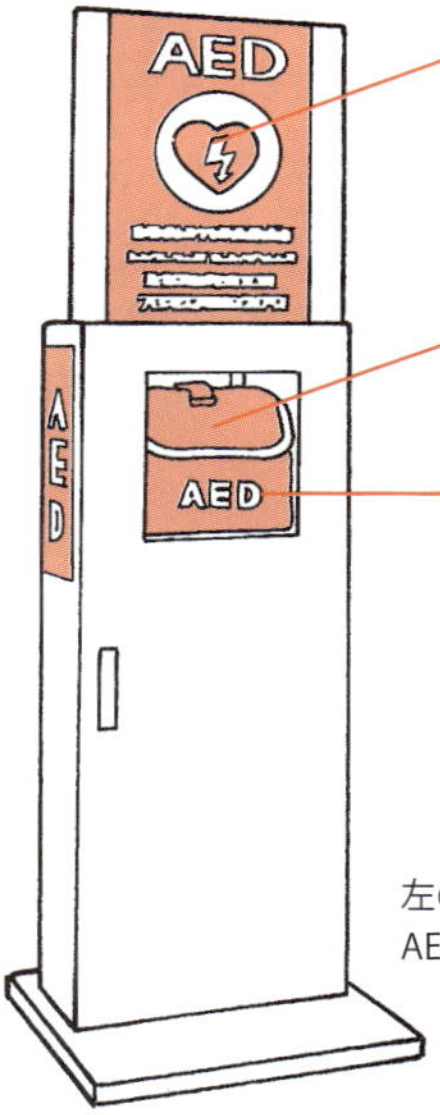

左のイラストはAEDの一例です。

AEDは、空港や駅、スタジアム、劇場、学校など、人が多く集まる場所に設置され、目につきやすいようにオレンジ色や赤色のハートの図が表示されています。よく利用する場所では、普段からAEDがどこにあるかをチェックしておきましょう。

倒れている人に反応がなく、正常な（健康な人の普段どおりの）呼吸もないときは、**AED（自動体外式除細動器）**を手配します。

近くにほかの人がいるときは「AEDを持ってきてください」と頼みます。

自分以外に誰もいない場合は、AEDがある場所を知っていれば、自分でAEDを急いでとりに行きます。

AEDは、人が多く集まる場所の目につきやすいところにあり、AEDと記された専用ボックスに入っています。

AEDの手配ができ、それを使用している間も、心電図の解析中や電気ショックボタンを押す際などを除いて、**できるだけ心肺蘇生を中断しないで**つづけることがたいせつです。

電極パッド（次頁）を貼る際も、他の人がいれば、１人が心肺蘇生をつづけるようにします。

2 AEDの電源を入れる

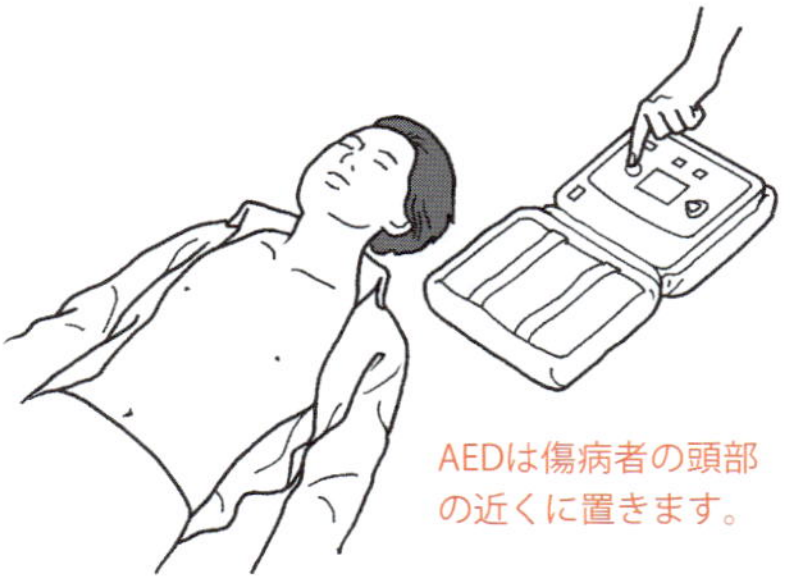

AEDは傷病者の頭部の近くに置きます。

AEDが届いたら、傷病者の頭の近くに置き、電源を入れます。

機種によって、電源ボタンを押すタイプと、ふたを開けると自動的に電源が入るタイプとがあります。

電源を入れたあとは、**AEDの音声メッセージと点滅ランプに従って操作**します。

機種によって、使用法が多少異なりますが、おおよその手順は次頁から示した方法で、誰でも操作できるようにつくられています。

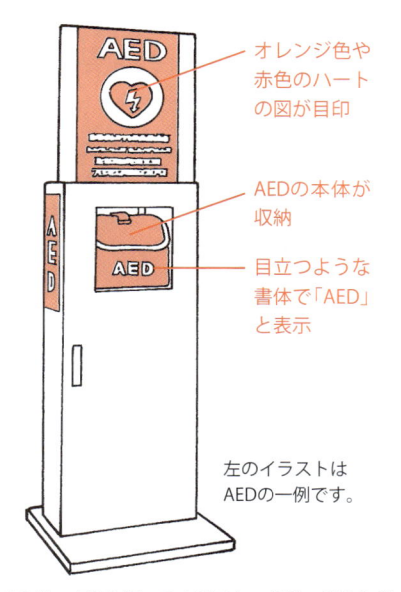

3 電極パッドを貼る

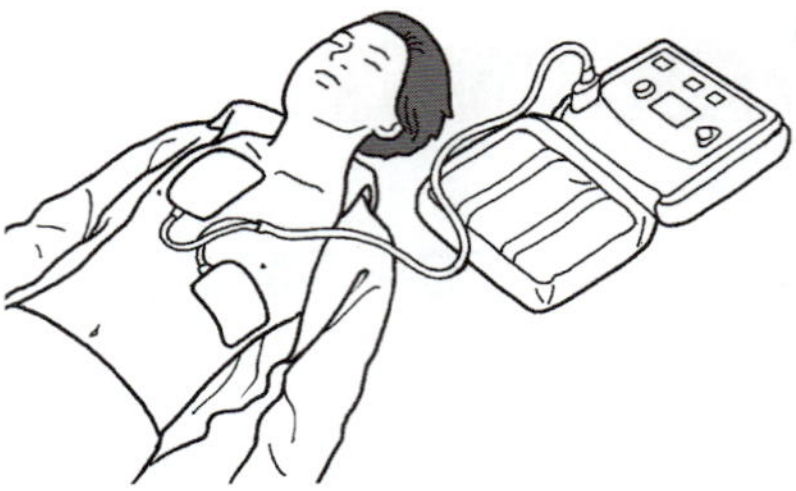

パッドを貼る位置は、パッド本体または袋に図示されています。

胸部が濡れている場合は、タオルなどでふきとります。

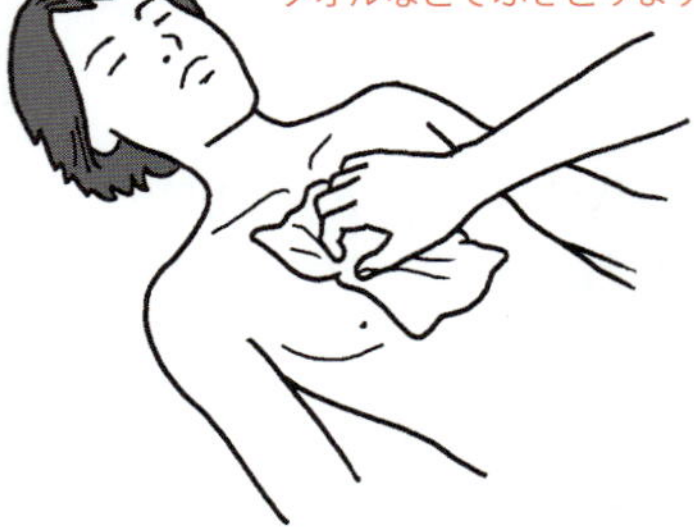

胸毛が濃い場合は、パッドを押しつけたあと、

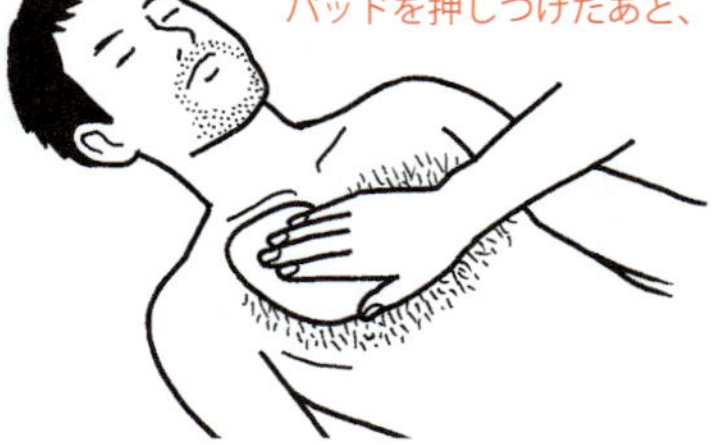

↓

すばやく胸毛ごとはがします。

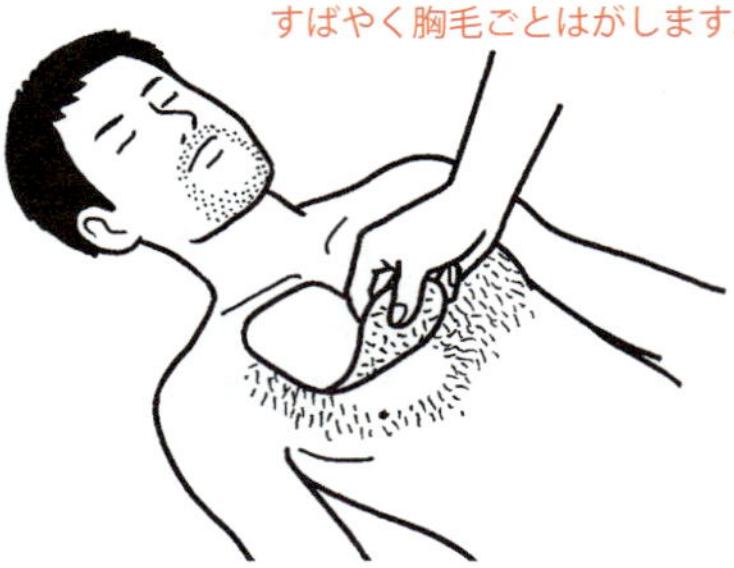

傷病者の胸部から衣服を取除き、**電極パッド**の袋を開けてシールをはがし、体表面との間にすき間ができないようにパッドをしっかりと貼りつけます。救助者が２人以上いるときは、パッドを貼っている間も、心肺蘇生を中断しないようにします。

電極パッドを貼る位置：１枚を胸の右上部（鎖骨の下）に、もう１枚を胸の左下側（わきの下より５～８㎝下、乳頭の斜め下）に貼ります。

１～８歳の子どもの場合：小児用パッドが備えられていればそれを使います。小児用がなければ、成人用で代用します。

つぎに、ケーブルをAED本体に差し込みます。

禁止 １歳未満の乳児にはAEDは使えません。

注意 パッドを貼るときは、つぎのことを守ってください。

- **胸部が濡れていたら：**乾いた布やタオルなどでふきとる。
- **胸に貼り薬があれば：**はがして残った薬をよくふきとる。
- **胸部の皮膚が盛り上がり、下にかたいものが触れる場合：**ペースメーカーなどが埋め込まれている可能性が高いため、でっぱり（多くは鎖骨下に埋め込まれている）から３㎝以上（多くは外方向に）離してパッドを貼る。
- **胸毛が濃い場合：**パッドを強く押しつけて貼ったあと、パッドをすばやくはがして体毛を除き、新しいパッドを貼る。AEDケースにかみそりがある場合は、胸毛を剃ってから貼る。
- **金属製のアクセサリーなど：**すぐにとれればはずすか、パッドを遠ざけて貼る。

以上の注意は、AEDを効果的に使うために、またやけどなどを予防するためにもたいせつなことです。

4 心電図解析が始まる

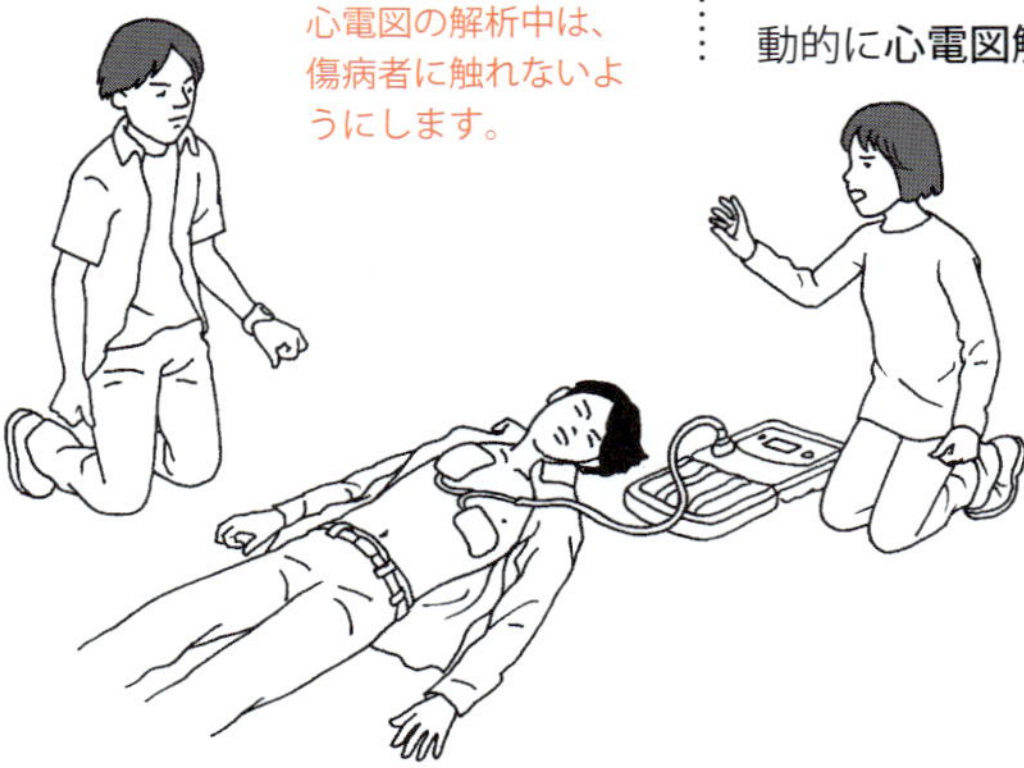

心電図の解析中は、傷病者に触れないようにします。

電極パッドを正しく貼りつけると「からだから離れてください」という音声メッセージが流れ、AEDが自動的に**心電図解析**を始めます（一部、解析ボタンを押すタイプの機種もあります。その場合は、AEDの音声メッセージに従ってください）。

周囲に人がいれば、「（AEDや傷病者から）離れて！」と、注意を喚起しましょう。できれば１mくらいは離れるようにします。

心電図解析の結果により、5または6（次頁）へ。

5 電気ショック（除細動）が必要との指示がでたら

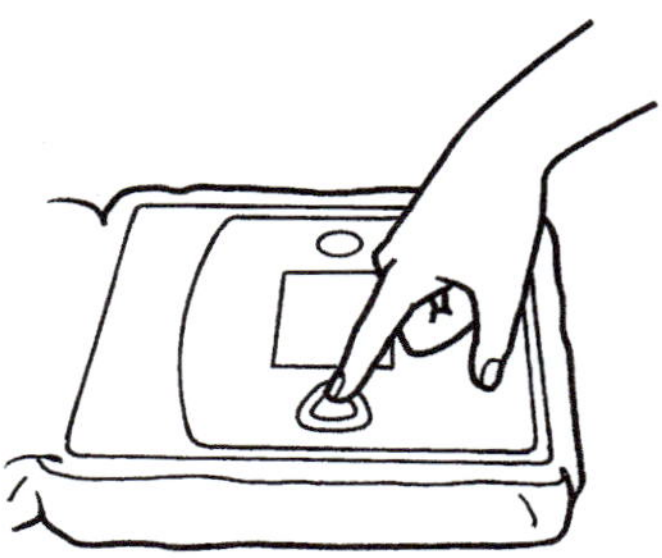

傷病者やAEDに誰も近づいていないことを確認し、ショックボタンを押します。

「電気ショック（除細動）が必要です」などのメッセージが流れ、充電が始まります（充電は数秒間）。充電が終わると、音声や除細動ボタンの点滅などで、**電気ショック（除細動）ボタン**を押すよう指示があります。

再び「（傷病者やAEDから）離れて！」と注意し、誰も傷病者に触れていないことを確認してから、電気ショックボタンを押します。

電気ショックが加わると、傷病者の全身がビクッと動きます。**電気ショックのあとは、ただちに心肺蘇生を再開**してください。

心肺蘇生再開後２分（胸骨圧迫30回＋人工呼吸２回を５サイクルくらい）たつと、AEDが自動的に再び解析を始めます。音声メッセージに従って、傷病者から離れます。周りの人も同様に離れます。

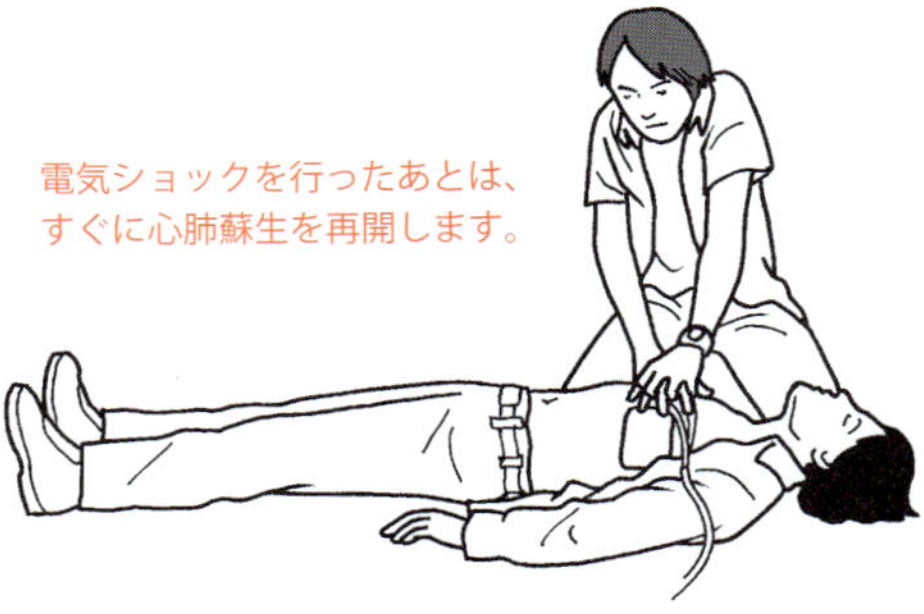

電気ショックを行ったあとは、すぐに心肺蘇生を再開します。

解析の結果、再び電気ショックが必要とのメッセージがあれば、誰も傷病者に触れていないことを再確認し、再度電気ショックボタンを押します。

除細動が必要な状態がつづくときは、約２分おきに4～5の操作をくり返します。

6 電気ショックが必要ないと判断されたら

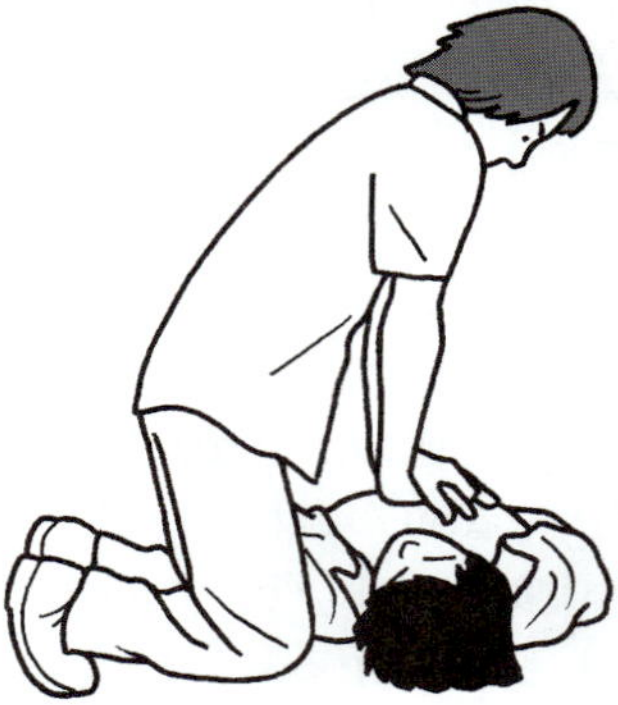

電気ショックの必要がない場合も、電極パッドははずさずに。

「電気ショックは必要ありません」などのメッセージがでた場合は、AEDによる除細動に成功したか、または電気ショックでは治せないことを示します。

いずれの場合も、直ちに胸骨圧迫30回＋人工呼吸２回をくり返す**心肺蘇生を再開**してください。

電気ショックが必要ないと判断された場合も、電極パッドははがさずに、電源も入れたままにしておき、２分後にAEDは再び解析を始めます。音声メッセージに従って離れます。

7 心肺蘇生は傷病者が動きだすまでつづける

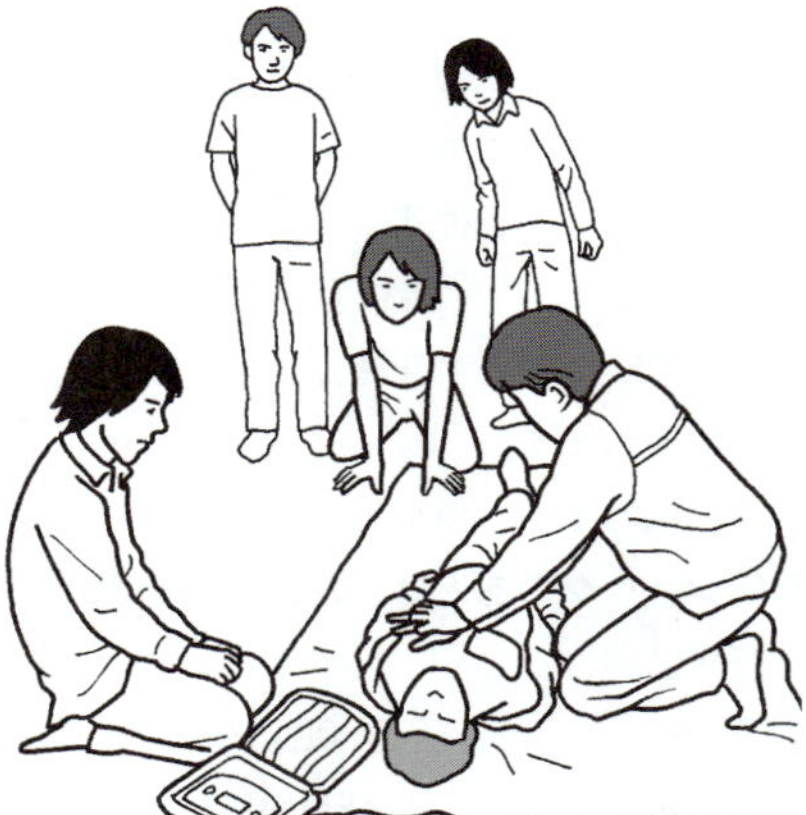

AEDや心肺蘇生についての講習会は、各都道府県の消防庁や日本赤十字社などで定期的に行っています。
講習を受ける場合は、日程や会場などを問い合わせてください。

とくに、心臓病の家族がいる人は、講習を受けるとともに、AEDがどこに設置されているかを、普段から確認しておきましょう。

心肺蘇生は、**傷病者が動きだすか**、または**救急隊員や医師などの専門家に引き継ぐまで**つづけます。

救急隊員などの専門家に引き継いだあとは、その指示に従ってください。

注意 傷病者が動きだして心肺蘇生を中断したあとに、再び心肺停止状態になる場合もあります。

いちど講習会に参加しておくと安心。

現場に居合わせた人が、人命救助のためにAEDを使用することは、法律的に認められた行為で、医師法をはじめ刑事・民事の責任を問われることはないとされています。

ただ、AEDを使用したからといって、必ずしも生命を救えるとはかぎりません。

AEDは、誰にでも使用が可能な医療機器ですが、予備知識なしに操作することに戸惑いや不安を覚える人は多いと思われます。いちど講習会に参加して、使いかたに慣れておくほうが安心です。

心肺蘇生法の連携法

それぞれの人が、連携して傷病者の救命にあたる。どれが欠けても効果は低下する

救命効果をあげるには、勇気をもって対応する

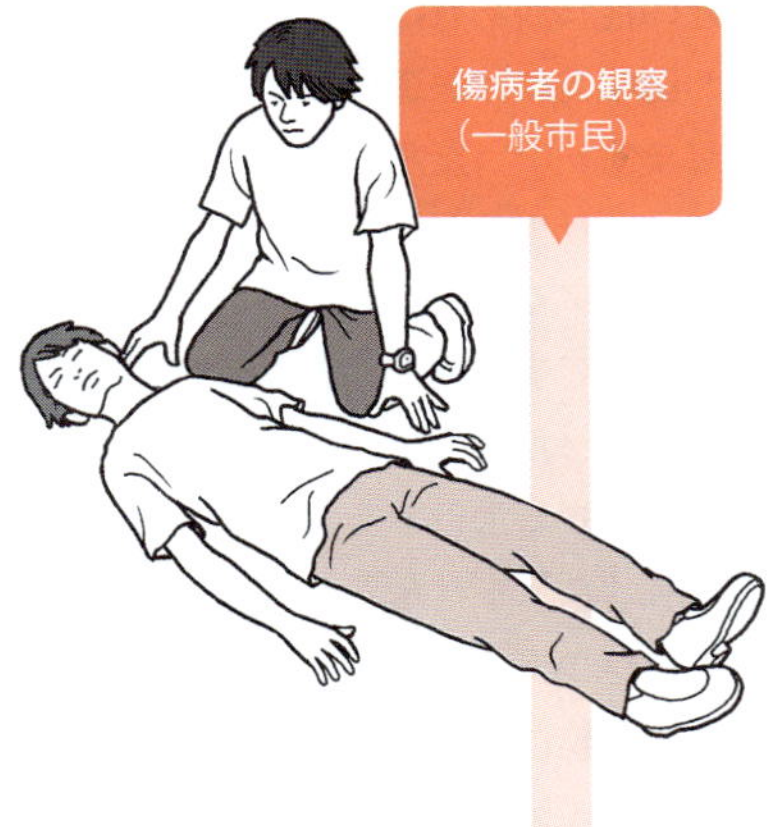

心肺蘇生（気道確保、人工呼吸、胸骨圧迫など）やAEDの操作は、それぞれの人が勇気をもって対応することにより、救命効果をあげることができます。

一般の人は、前頁までに述べた一次救命処置を適切に行い、到着した救急隊員へ情報を正確に説明することがたいせつです。また、救急隊員や救急救命士は傷病者のモニター、救命処置とその後の搬送を、受け入れた医療機関は傷病者（患者）に対する最大限の救命医療を、それぞれ適正に行わなければなりません。

そして、それらがスムーズに連携されていくことが重要なことといえます。

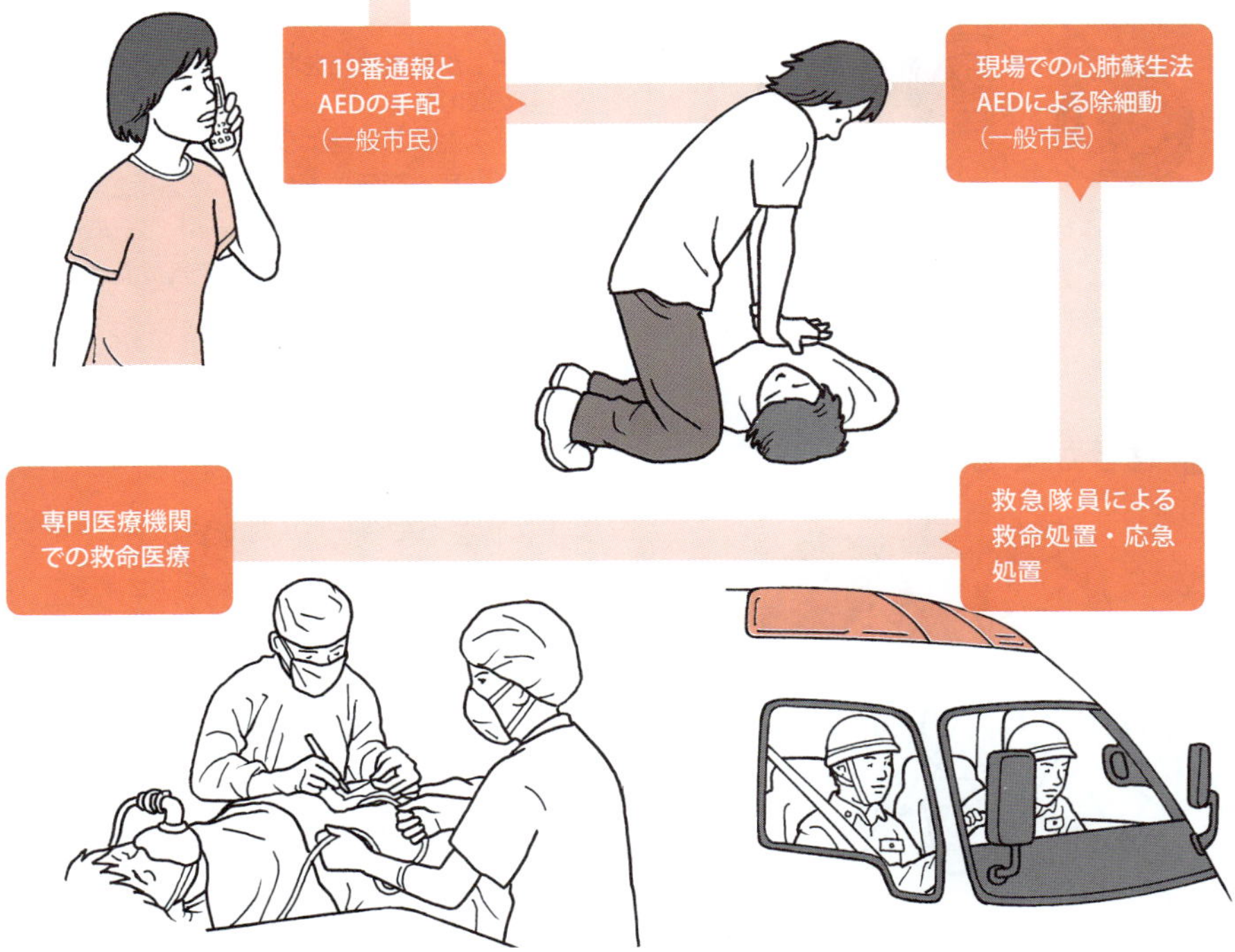

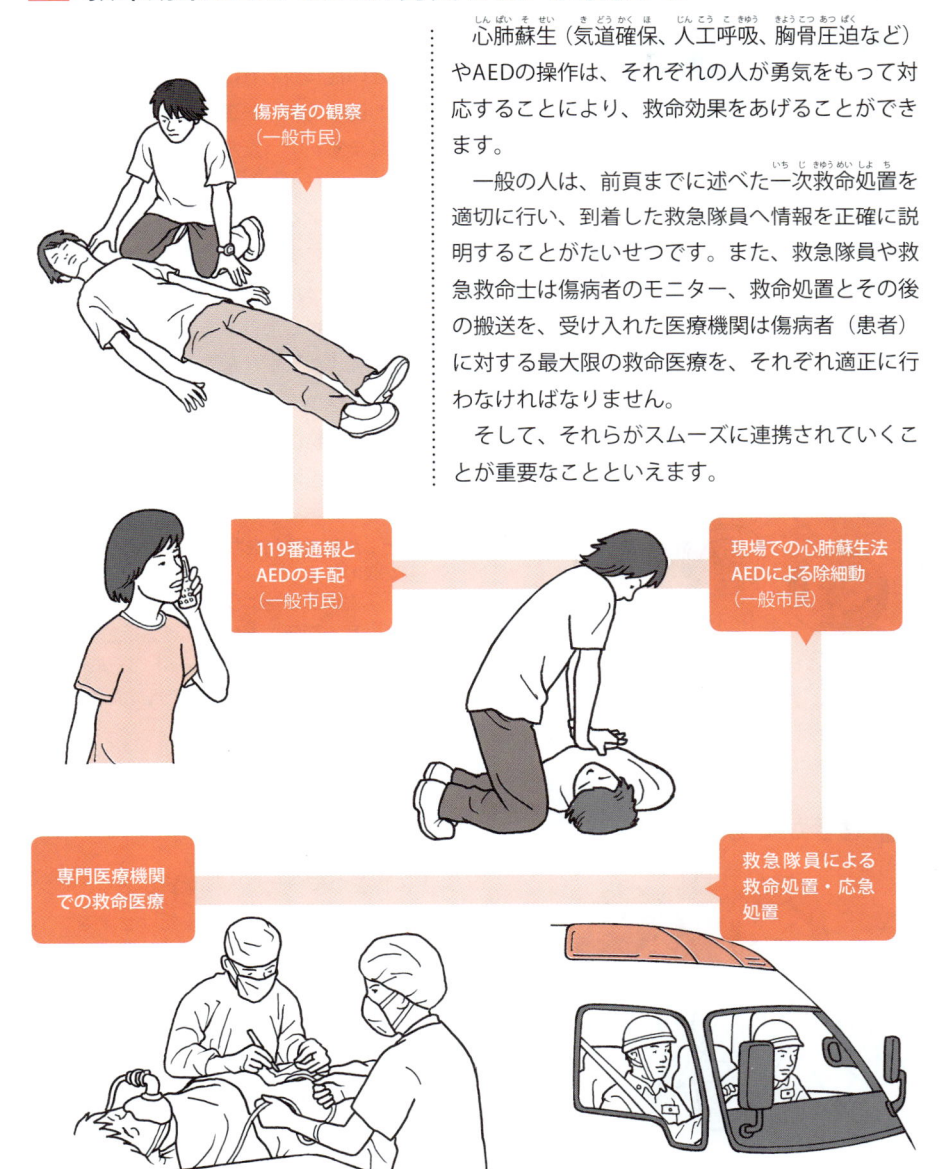

のどに物がつまったときの手当

子どもや高齢者に多い。窒息のサインに早く気がつくことがたいせつ

1 のどに物がつまったことに早く気づくことがたいせつ

気道異物のサイン
異物がつまると、息苦しいため、のどをつかむ動作をします。

急に息苦しさを訴える、声がだせない、顔色が悪いなどの症状があれば、のどに物がつまった（窒息、医学的には**気道異物**といいます）可能性があります。いったんおこると、死に至ることも少なくありません。

気道異物は、早く周りの人が気づくことが何よりもたいせつです。前述のような症状があれば「のどがつまったのですか？」とたずね、声がだせず、うなずくようであれば、すぐに手当を始めなければなりません。

また、異物がつまると**親指と人差し指でのどをつかむ**ような動作をします。これは**気道異物の世界共通のサイン**とされています。

子どもがのどにつまらせることが多い異物

子どもが気道異物をおこすことが多い身の回りの物

注意 左にあげたような物は、子どもの手の届く範囲に置かないように注意しましょう。目安として、トイレットペーパーの芯を通る大きさの物は、すべて気道異物の原因となります。

2 せきができればせきをつづけさせる

強いせきが出せれば、せきをつづけさせます。

のどに物をつまらせた人に意識があり、強いせきができる場合には、できるだけせきをつづけさせます。せきをつづけることによって、自然に異物が排出される可能性もあり、注意して見守ります。

反応はあるが、異物が排出されないとき、またはせきが弱くなり、できなくなったときは、次頁3へ。

3 119番通報を依頼し、腹部突き上げ法と背部叩打法を行う

腹部突き上げ法（ハイムリック法）

握りこぶしをつくり、もういっぽうの手の親指と人差し指が手首にかかるようにします。

背部叩打法

傷病者の頭部はできるだけ低くします。

近くに人がいれば、119番通報を頼みます。救助者が１人だけの場合は、119番通報する前に腹部突き上げ法（左上図）と背部叩打法（左下図）を行います。

一般に腹部突き上げ法を優先しますが、この方法に習熟していない場合や、傷病者の体勢や体型によって、腹部突き上げ法ができないと判断した場合は、背部叩打法を行います。いっぽうで、効果がなければ、もういっぽうを試みてください。異物がとれるか反応がなくなるまでつづけます。

腹部突き上げ法（ハイムリック法）：傷病者に反応がある場合の異物除去法です。傷病者の背後から、ウエストあたりに腕を回します。片方の手でへその位置を確認し、もう片方の手で握りこぶしをつくって、親指側をへそより上方でみぞおちより十分下方になる部分にあてます。へその位置を確認した手で握りこぶしをつくったほうの手を握り、手前（救助者のほう）上方に向かって、素早く圧迫するように突き上げます。

注意 傷病者が妊婦（あきらかにおなかが大きい場合）や乳児のときは、腹部突き上げ法は行わず、つぎの背部叩打法を行ってください。

腹部突き上げ法を行ったときは、内臓を傷めている可能性があるため、救急隊員に報告し、必ず医師の診察を受けさせてください。119番通報する前に除去できたときも同様です。

背部叩打法：やはり、傷病者に反応がある場合の異物除去法です。傷病者のやや後方から、片方の手で傷病者の胸の前を支えてうつむかせ、もういっぽうの手のひらの付け根（手掌基部）で左右の肩甲骨の間を何度も強く連続してたたきます。このとき、傷病者の頭部はできるだけ胸よりも低い位置にします。

しかし、成人では腹部突き上げ法ほど有効ではありません。

4 反応がなくなった場合は、心肺蘇生を行い、AEDを使用する

心肺蘇生

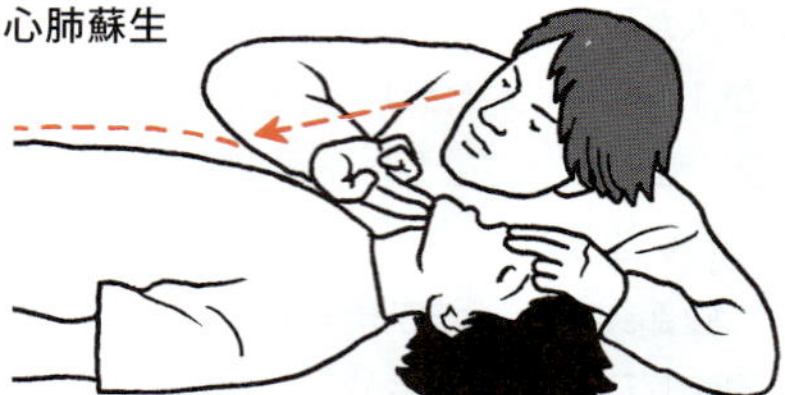

くわしくは100〜110頁参照

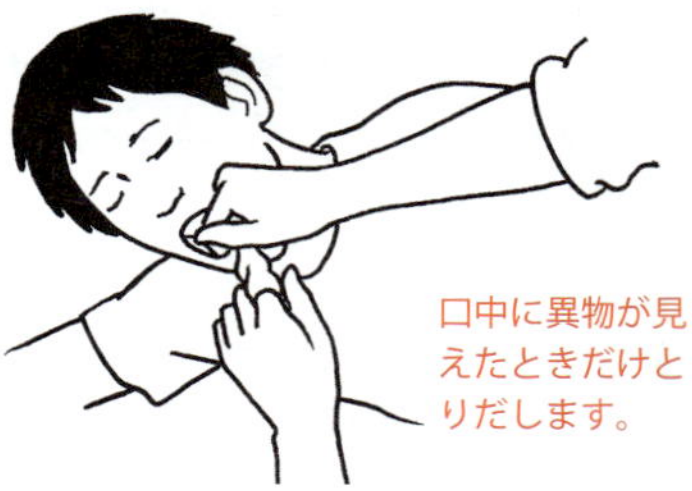

口中に異物が見えたときだけとりだします。

傷病者に**反応がないとき**、または異物除去の手当を行っている間に**反応がなくなったとき**は、100〜110頁の心肺蘇生、および111頁のAEDを使った手当を行ってください。

救助者が１人の場合は119番通報を行い、近くにAEDがあることがわかっている場合は、それを自分でとりに行ってから心肺蘇生とAEDによる手当を始めます。

心肺蘇生を行っているときに、**口の中に異物が見えたときだけ**、異物を取除きます。見えない場合にむりにとろうとすると、かえって異物をのどの奥へ押し込めることになります。

また、異物を探そうとして、胸骨圧迫を含めた**心肺蘇生を中断しない**ようにしましょう。

子どもの気道異物の除去

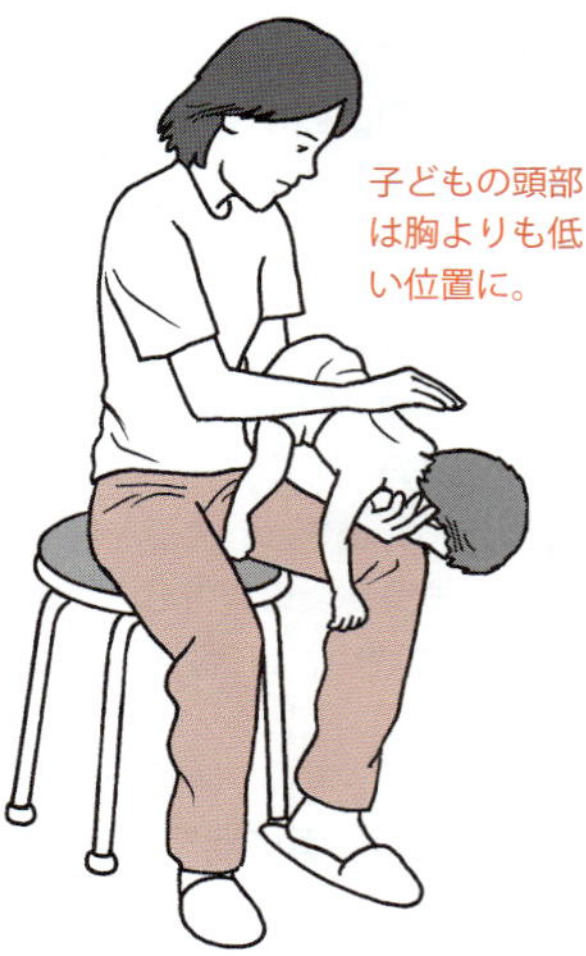

子どもの頭部は胸よりも低い位置に。

反応があれば、成人の場合と同様の方法（116頁1〜118頁4）で異物を除去します。ただし、**１歳未満の乳児には、腹部突き上げ法は行えません**。この場合、行う回数は問わず、異物が除去できるか、反応がなくなるまで背部叩打法をつづけます。

乳児に対する背部叩打法は、片方の腕に乳児をうつぶせにしてのせ、手のひらで乳児の顔を支え、自分の膝または大腿部にのせ、頭を胸よりも低い位置に保ったまま、もういっぽうの手の手掌基部（手のひらの付け根）で、背中の真ん中を強く数回たたきます。

反応がない場合や、手当の途中で反応がなくなった場合は、子どもに対する心肺蘇生、およびAEDを使った手当を行います（100〜114頁）。

子どもの気道異物で救助者が１人の場合：子どもでは通常の心肺蘇生を約２分間行ったあとに、いったん子どものもとを離れてでも119番通報します。近くにAEDがあることがわかっている場合は、それを自分でとりにいってから心肺蘇生とAEDによる手当を開始します。**ただし１歳未満の乳児にはAEDは使用しません。**

口の中に異物が見えたときだけ取除き、異物を探そうとして、胸骨圧迫を含めた心肺蘇生を中断しないことは成人と同様です。

大出血のときの手当

出血部位を確認して、直接圧迫する止血法を行う

1 ガーゼなどを重ねて強く直接圧迫する

直接圧迫止血法

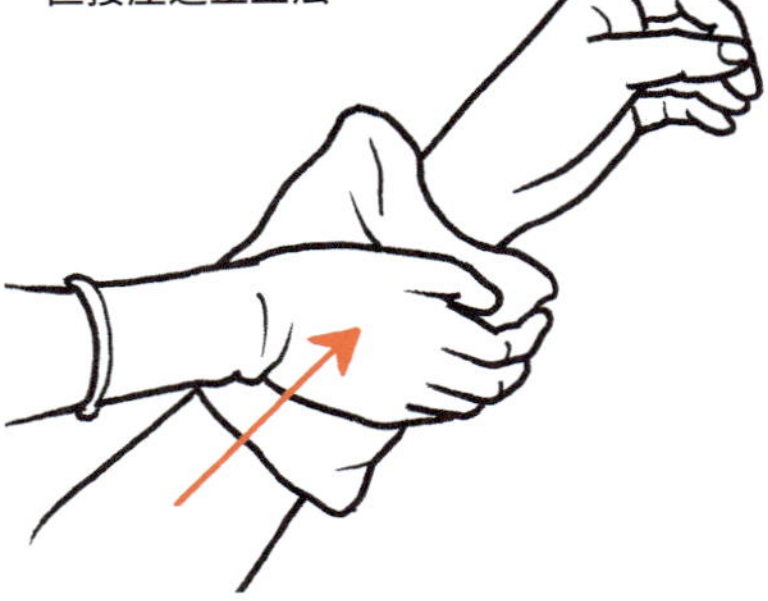

止血できないときは
❶出血箇所からはずれたところを圧迫していないか、
❷圧迫が弱すぎないか、
を確認します。

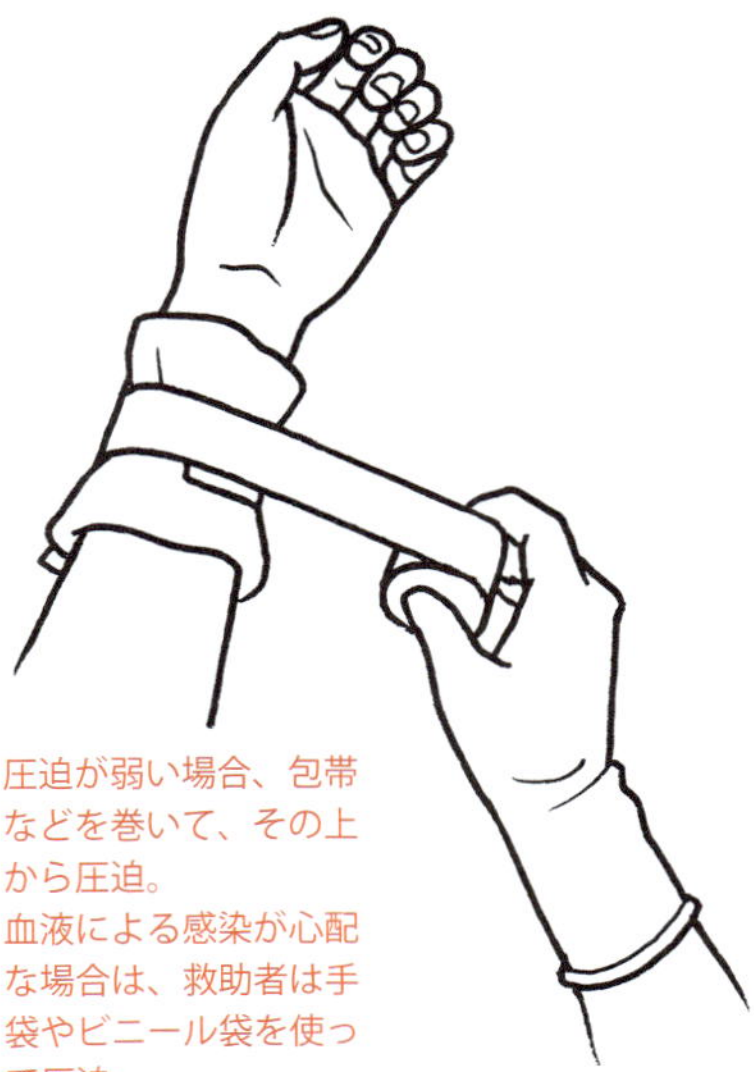

圧迫が弱い場合、包帯などを巻いて、その上から圧迫。
血液による感染が心配な場合は、救助者は手袋やビニール袋を使って圧迫。

動脈からの出血（赤い血液がビュッ、ビュッと飛ぶように出る）や、太い静脈からの出血（赤黒い血液が多量に流れ出る）があるときは、すぐに止血の手当（圧迫止血）を行わなければなりません。

出血している部位に直接、清潔な布きれやハンカチ、ガーゼ、タオルなどを重ねてあて、手、もしくは包帯、三角巾で強く圧迫します（**直接圧迫止血法**）。

圧迫しているのに、止血できないときは、出血部位からはずれた箇所を圧迫しているか、または、圧迫する圧力が弱い場合、などの理由が考えられます。

ガーゼなどに血がにじんでこないか、圧迫しながら観察することも大事です。

多量ににじむ場合はうまく止血できていないと判断します。

出血部位を再度確認し、新たな清潔な布きれなどで、確実に強く圧迫をつづけましょう。

頻回に短時間で圧迫を解除し、確認しすぎるのも、止血しつつある状態を中断してしまう可能性があり、よくありません。できるだけ圧迫しつづけることが重要です。

注意 直接圧迫止血法を行う際に、傷病者の血液に触れて感染をおこす可能性があります。感染が心配なときは、救助者はできるだけビニール手袋をしたり、ビニール袋を使ったりするなどの方法を講じてください。

2 止血しにくいときは、両方の手で圧迫する

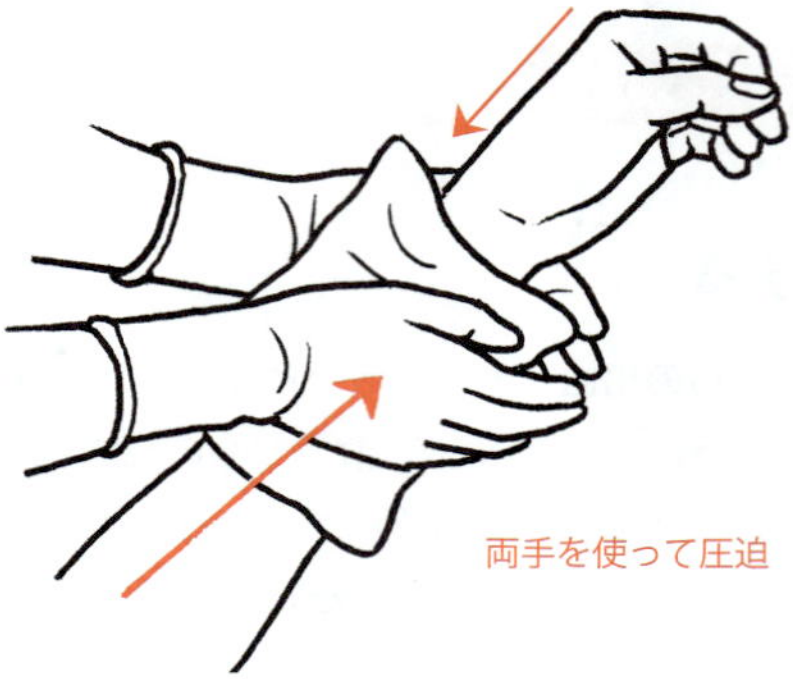

片方の手で圧迫しても止血できないときは両手を使って圧迫します。

その際、傷口に対して、両手で垂直方向に押しつけあうことが重要です。

それでも止血できない場合には、止血の手当をしながら、救急隊への通報、または専門施設への通報や搬送をすみやかに行ってください。

頭部や胴体からの出血の場合、上から体重をかけて圧迫する

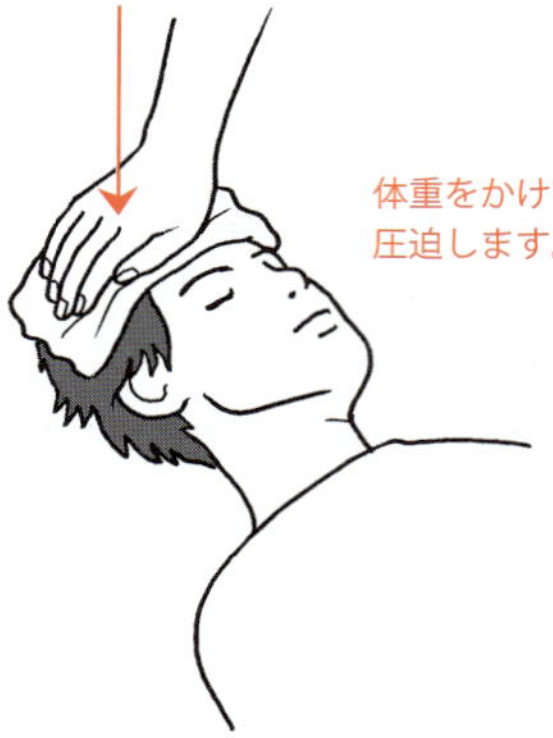

頭部や顔面からの出血では、出血量が多く見えます。落ち着いて止血してください。

頭部や胴体からの出血では、上から、体重をのせて圧迫します。

ただし、過度に圧迫することにより、二次的に呼吸困難、腹痛などの症状が現れることがありますので、注意して観察しながら行う必要があります。

また、頭部や胴体からの出血では、呼吸・循環（脈拍など）・意識の障害をともなっていたり、重大な損傷が生じていたり、ほかの部位（背部など）の出血が隠れている可能性があります。

止血の手当をしながら、救急隊や訓練を受けた救助者への通報、または専門施設への通報や搬送が遅れないようにしなくてはなりません。

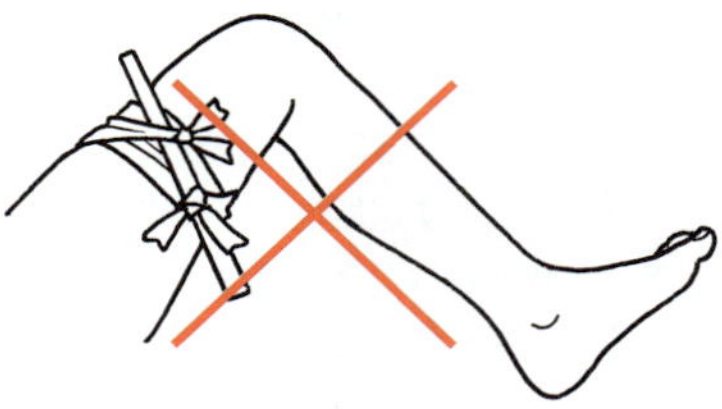

禁止 直接圧迫止血法で止血できないときは、従来は止血帯を使った止血法を行うことになっていました。

しかし、止血帯による止血法は、神経や筋肉を損傷する危険性があるため、現在は推奨されていません。

やけど（熱傷）したときの手当

やけどした箇所を流水で冷やすのが手当の基本

やけどの面積と深さの判定のしかた

図1　**9の法則**
（　）内は
子どもの場合

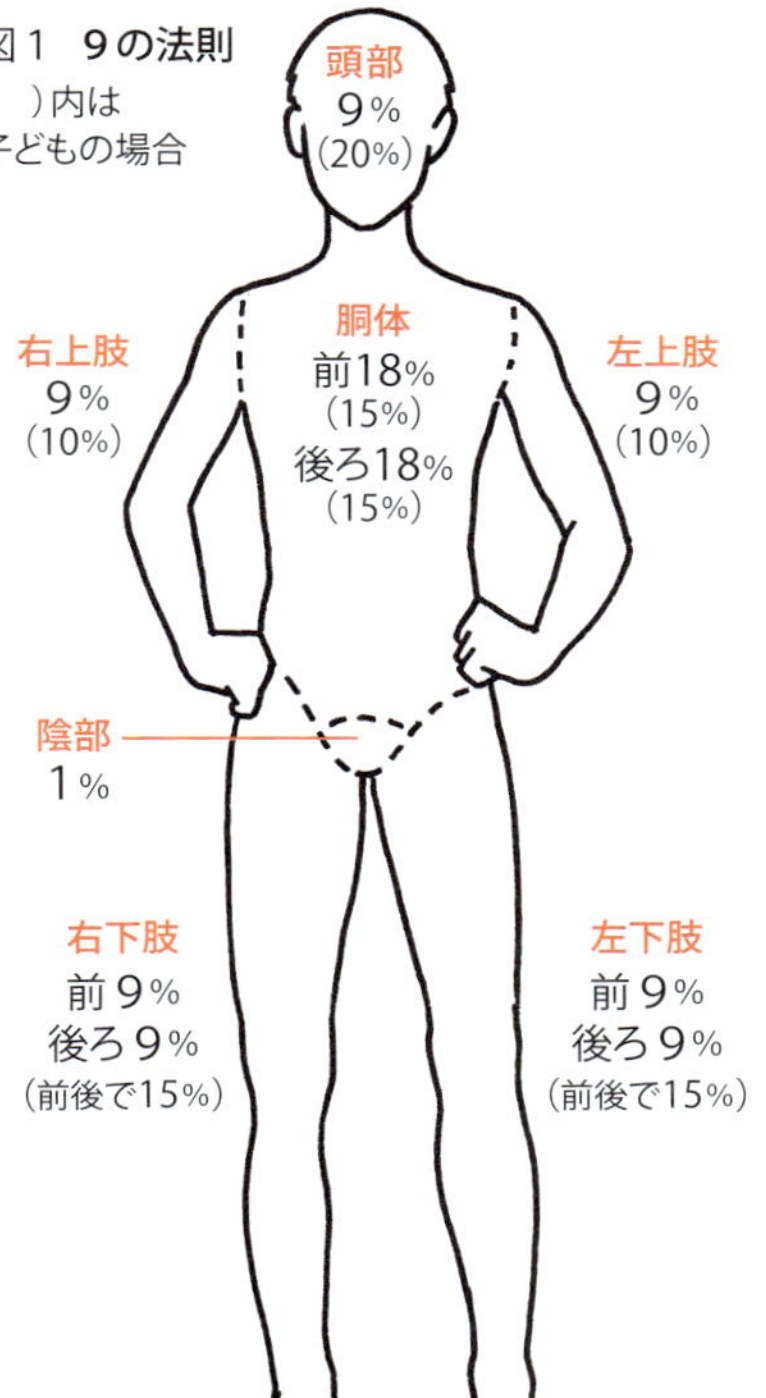

図2
手のひらを１%として算出

図3　やけどの深さ

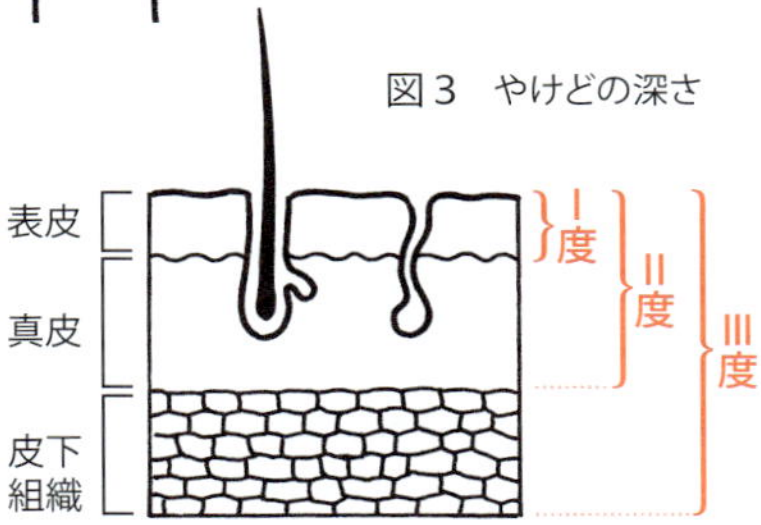

　やけどの手当は重症度によって緊急性が異なります。素早くやけどの程度を判断し、重症の場合は、できるだけ早く医療機関へ搬送することがたいせつです。やけどの面積と深さは、つぎのように判定します。

やけどの面積の判断

　やけどの面積は左の図１、図２のように判定します。

　よく知られた算出法は図１の**９の法則**です。

　全身の表面積を９および９の倍数に分けて、やけどを負った面積を算出します。

　また、やけどを負った人の**手のひらの面積を１%として計算**することもできます（図２）。

　このように概算した結果が、成人では20%以上、高齢者や子どもでは15%以上であれば、生命の危険が生じる広範囲熱傷（こうはんいねっしょう）と判断します。

やけどの深さの判断

　やけどの深さは、つぎのように判断します。

第Ｉ度熱傷（表皮だけの熱傷）：皮膚の表面が赤くなり、やや腫（は）れる。痛みは短時間で治まることが多い。

第II度熱傷（真皮までの熱傷）：赤み、腫れ、痛みが強く、水疱（すいほう）ができる。

第III度熱傷（皮下組織にまで達する熱傷）：
皮膚が白くなり、神経組織も失われるので痛みも感じない（重症の場合は炭化する）。

やけどの面積が小さい場合は、流水で冷やす

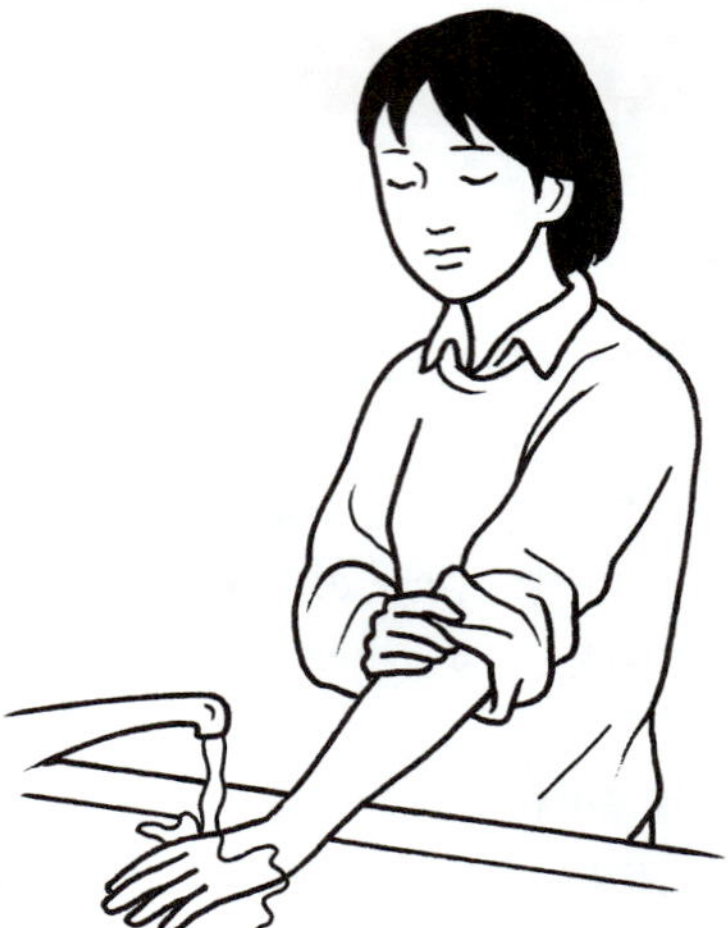

すぐに流水で冷やします。

やけどを負った部位の面積が小さい場合は、やけどした箇所に**水道水などを流しながら、十分に冷やします。**

冷やす時間は、痛みや熱さが和らぐまでを目安としますが、20〜30分ほど行います。

注意 やけどを負った箇所には、勝手な判断で市販の軟膏や塗り薬などを塗らないようにしてください。

軟膏などをはがすときに患部を傷めたり、化膿させたり、症状を悪化させることがあります。

また、民間療法なども有害なことがあります。

顔面のやけどは、顔を水につける

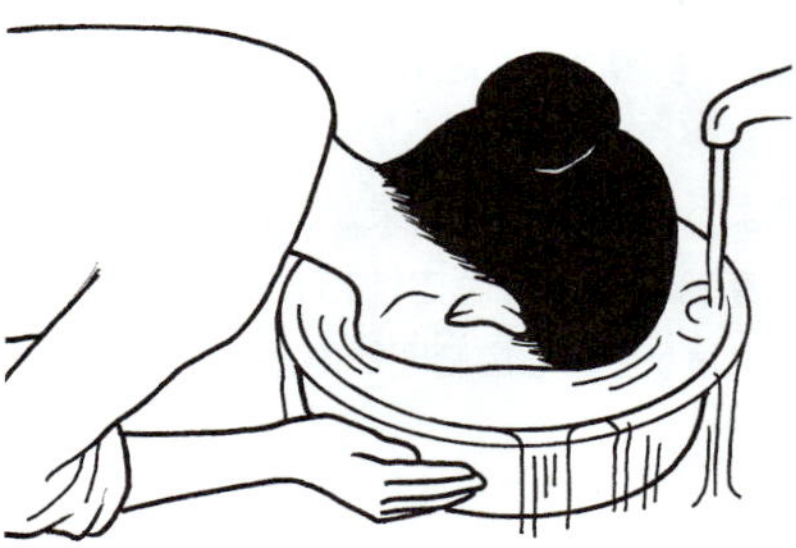

顔全体を水につけるようにして冷やします。

顔面をやけどしたときは、洗面器などの容器に水を張り、その中に顔をつけるようにして冷やす方法もあります。

注意 火災などで顔面をやけどしたときは、やけどの面積が少なく、軽症に見えても、鼻毛が焦げているような場合や声がかすれる（嗄声）場合は危険です。

熱気を鼻から吸い込んで、気道や肺にもやけどの範囲が及んでいる可能性があり（気道熱傷）、気道などに水疱ができて、急激に呼吸困難におちいる場合があります。

なるべく早く救急病院や各科のそろった医療機関へ搬送しましょう。

また、顔面をやけどして、まつ毛が焦げていたり、目が開けられなかったり、目がかすむような場合は、救急病院へ問い合わせ、眼科を受診してください。

病院へ 顔面をやけどしたときは、軽いように見えても必ず病院へ。

II度以上のやけどをともなう場合は、冷やしたあと水疱をつぶさない

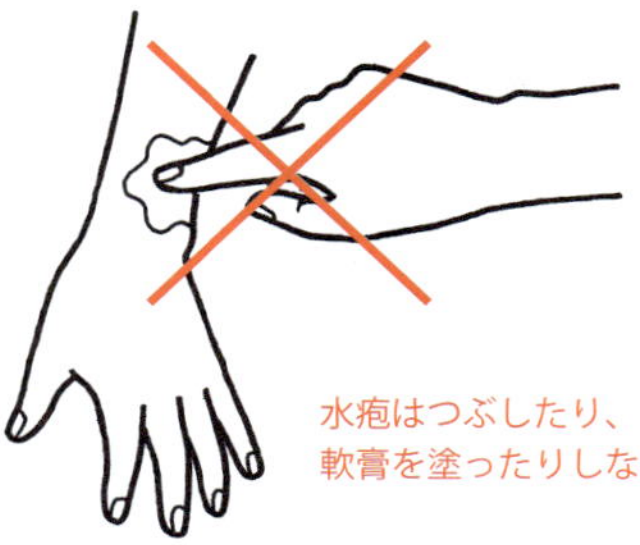

水疱はつぶしたり、
軟膏を塗ったりしないで、

水ぶくれ（水疱）になった部分は、できるだけつぶさないようにして、水道水などの流水を流したまま、十分に（20～30分）冷やします。

水疱は、傷口を保護する役目をもっていますので、水疱がつぶれると、その部分から感染をおこしやすくなり、感染するとやけどの深度が深くなり、治りにくくなります。

湿らせたガーゼなどで水疱の周りを軽くおおって、医療機関を受診してください。

禁止 水疱には、軟膏などの塗り薬を塗ってはいけません。

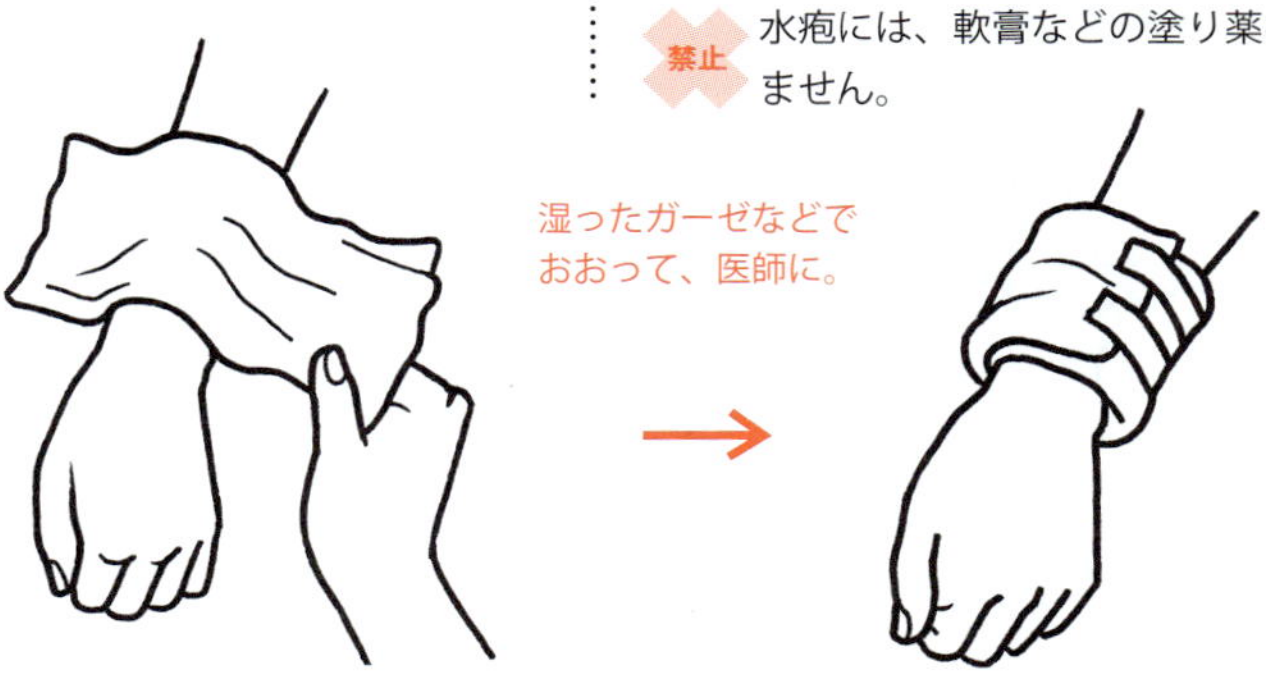
湿ったガーゼなどで
おおって、医師に。

衣服の上からやけどしたときは、着ているものの上から冷やす

服を脱がせる前に、
まず流水で冷やし
てください。

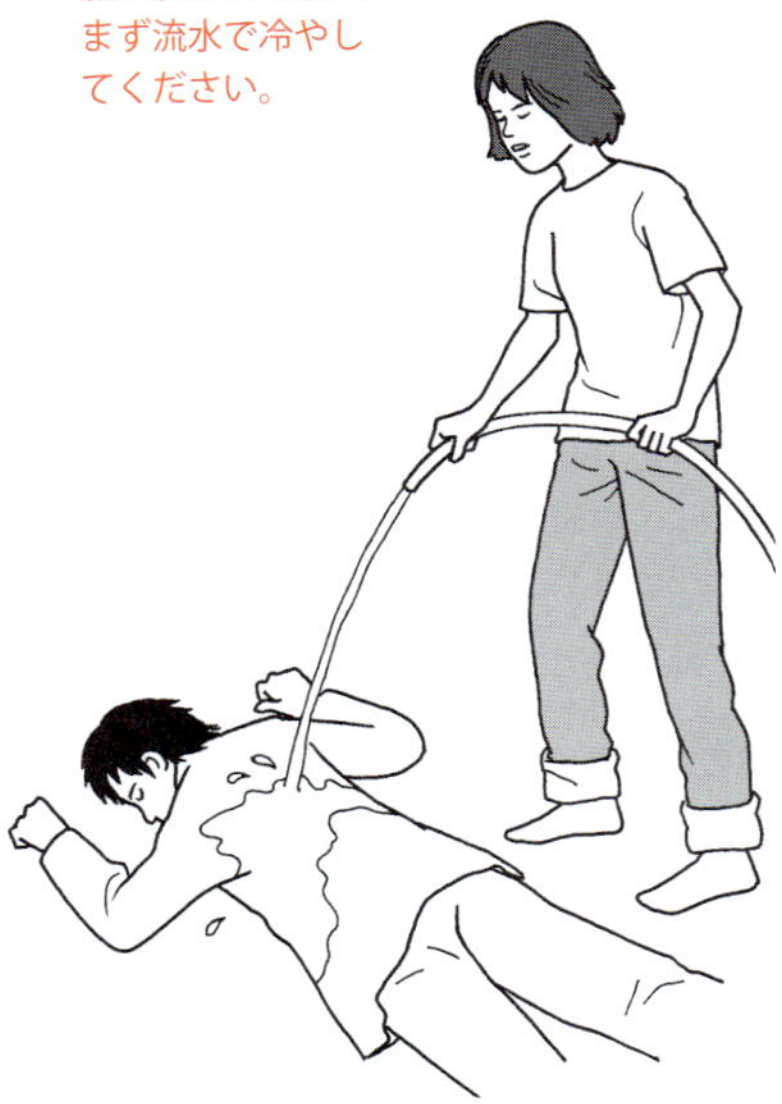

衣服の上からやけどを負った場合は、むりに衣服を脱がせずに、**着衣のまま水をかけます。**

衣服を脱がすときに皮膚を傷め、水疱が破れたりすることがあるからです。

服を脱がせる必要があるときは、冷やしたあと、はさみなどで衣服を切るなどの方法をとって、そっと脱がせてください。

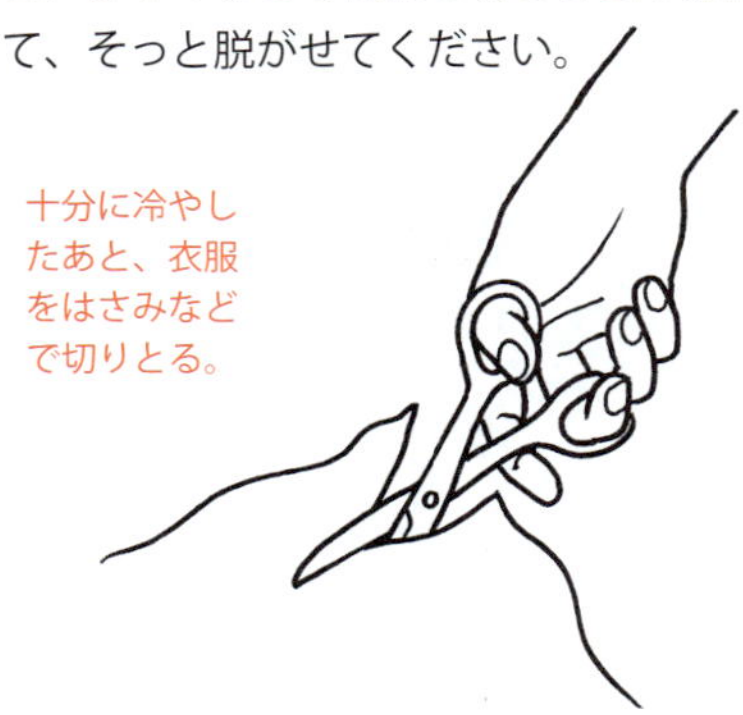
十分に冷やし
たあと、衣服
をはさみなど
で切りとる。

広範囲のやけどは、ホースなどを使ってそっと水をかける

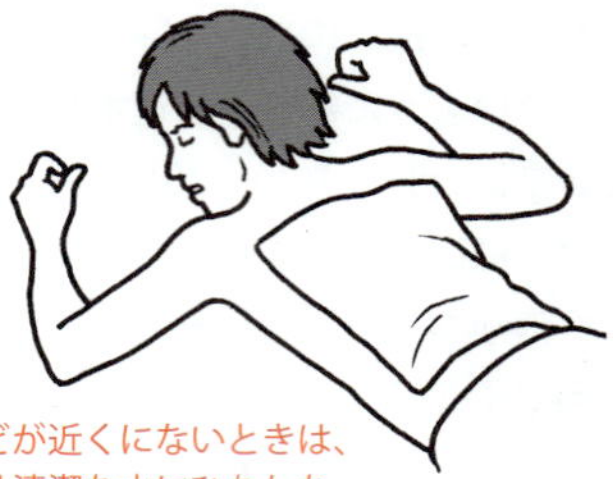

水道水などが近くにないときは、できるだけ清潔な水にひたしたシーツなどをあてます。

やけどが上半身（下半身）全体におよぶなど、広範囲のときは、**ホースなどでそっと水をかけます**（前頁）。水道が近くにないときは、**水にひたしたシーツなどをあてます**。包帯を巻くように**押しつけたりしない**ようにしましょう。

成人では20%以上、子どもや高齢者では15%以上のやけどは、生命にかかわる広範囲熱傷と判断します。

時間の経過とともに状態がどんどん悪化することがありますので、救急車を呼ぶなど、一刻も早く大きな病院か救急病院へ搬送する必要があります。

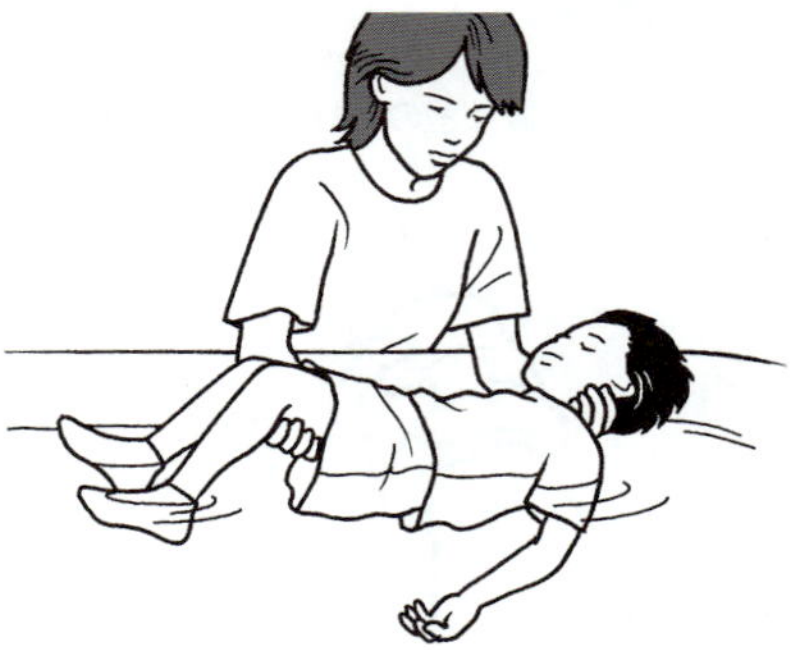

清潔な水につけるようにしてもよいが、長時間にならないように。

化学薬品によるやけどの場合は、薬品を十分に洗い流す

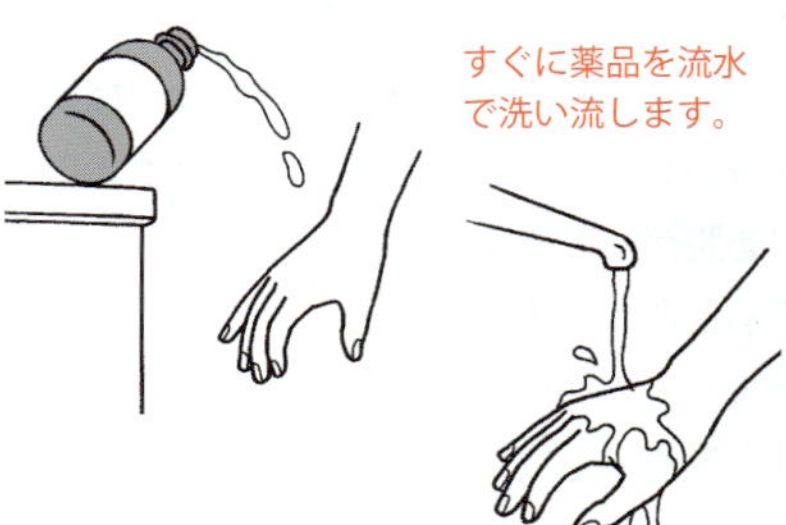

すぐに薬品を流水で洗い流します。

薬品などが入った目を下にして洗い流します。

化学薬品がからだにかかって、皮膚がただれたような場合（化学熱傷）は、すぐに薬品を流水で洗い流します。

薬品が目に入ったとき：流水をかけて、目を十分に洗い流してから、急いで眼科を受診してください。なかでも強アルカリ性の薬品は、組織の深い部分までただれることがあるため、必ず受診しましょう。

薬品が口に入ったとき：十分にうがいをしましょう。口の中やのどがひりひりするようなときは、耳鼻咽喉科を受診します。

注意 皮膚のやけどは皮膚科、目のやけどは眼科、のどのやけどは耳鼻咽喉科へ行けばいいと思いこみがちですが、夜間・休日に受け入れてくれるところは少ないです。初期治療だけであれば、救急病院や休日・夜間診療担当医でも治療できるところがありますから、問い合わせて受診しましょう。

電撃傷（感電・落雷）のときの手当

二次被害にあわないように十分注意して救助・手当にあたる

1 感電などの原因や危険性を取除くことから始める

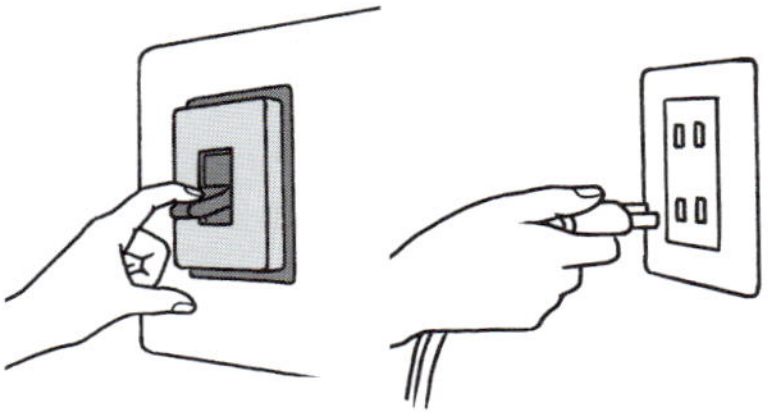

室内であればブレーカーをOFFにします。

電線などは、乾いた竹や木の棒を使ってはずします。

感電や落雷にあったとき、電流によって全身の筋肉がまひし、呼吸や心臓が停止してしまうことがあります。

また、そのとき発生した熱や、通電によってやけどを負ったり、感電後に転倒して打撲などの外傷が生じることがあります。

強い電流が流れると、からだの内部にひどいやけどを負うため、表面に見られるやけどが小さくても、時間とともに深くなり広がっていくこともあり、見た目よりも重症であることが多いのです。

感電と思われる場合は、家庭用電流によるケースでも心停止など生命にかかわるケースがあるため、室内であれば**ブレーカーを切り**、戸外であれば傷病者の周囲にある**電線などを木の棒でよける**など、**救助者が感電しないように**気をつけます。

落雷の場合も、危険がないことを確かめたうえで救助に当たります。

2 傷病者の反応を調べて、すぐに心肺蘇生を開始する

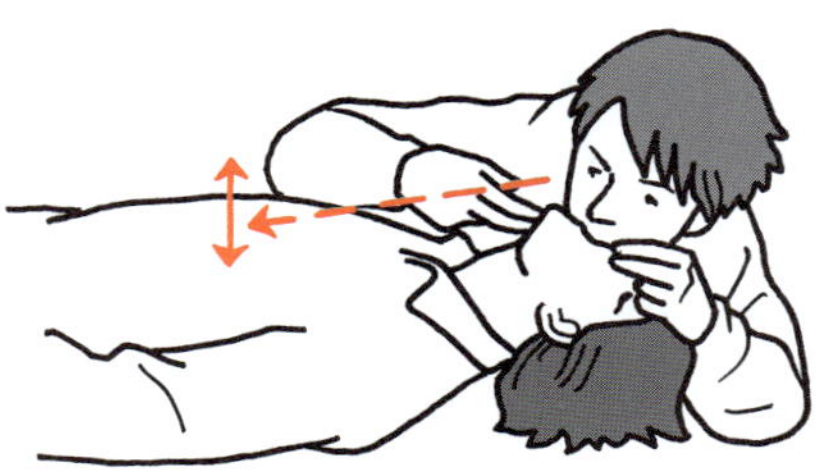

反応を確認して気道を確保する。

すぐに反応があるかどうかを調べ、反応がなければ、すぐに心肺蘇生を開始します（100〜114頁）。

心肺蘇生を行うと同時に、119番通報をするなど、できるだけ早く集中治療ができる病院へ搬送する必要があります。

凍傷になったときの手当

寒冷な場所から早く避難させ、患部をはじめ全身を保温する

暖かい場所へ運び、全身を保温する

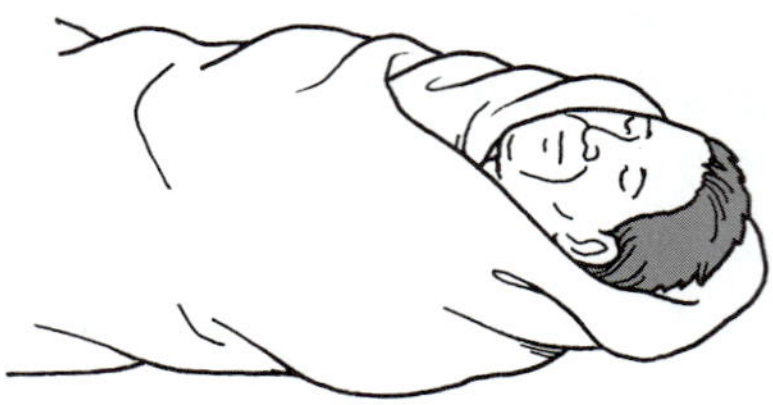

毛布などで保温します。

必ずお湯で温めます。

温かい飲み物を飲ませます。

長時間寒冷状態にさらされると、手足など末梢部分は、血管が収縮して血液の流れが悪くなり、やがては凍結してしまいます。

まず、**暖かい場所へ搬送し、体全体を毛布などでくるんで温めましょう。**

凍傷になった箇所は、40〜42℃くらいの湯に20〜30分ほどつけて、急速に温めるようにします。徐々に温めると障害が大きくなることがあります。

温めていくうちに、痛みが強くなる場合もありますが、十分に温めたあと、**患部にガーゼをあてて、医師の診察を**受けます。

凍傷が浅い場合は時間の経過とともに治りますが、患部が壊死して、その部分を切断しなければならない場合もあります。

また、凍傷が全身におよぶ場合は、生命にかかわる危険な状態ですから、119番通報するなど一刻も早く大きな病院に搬送する手段を講じてください。

禁止 凍傷部分は組織が弱っているため、マッサージなどで強い刺激を与えたり、足が凍傷になったときに、歩かせたりしてはいけません。

また、水疱ができた場合はつぶさないように注意してください。

凍傷の程度の判断

第Ⅰ度： 赤くなったり、腫れたりする。

第Ⅱ度： 強く腫れたり、水疱ができたりする。

第Ⅲ度： 組織が壊死し、脱落する。

低体温症になったときの手当

冬山登山やマリンスポーツの際に多い。全身を保温し、心肺蘇生を

1 寒冷な場所から避難させる

注意 寝かせるときは、乾いた衣服やタオルなどの上に寝かせ、直接床や地面に寝かせることのないように注意しましょう。

低体温症(ていたいおんしょう)は、寒風や冷水などに長時間さらされ、体温が35度以下に低下した状態をいいます。ときに、室温でもおこることがあります。

からだが震え、皮膚は冷たく蒼白(そうはく)になり、呼吸が速くなります。薬の影響や原因となる病気があっておこる場合を**二次性低体温症**といいますが、全身的に寒冷にさらされておこる**一次性低体温症**は、冬山登山やマリンスポーツ、サイクリングなどで発生することが多いとされます。

まず、寒冷な場所や、風が吹いていたり、濡(ぬ)れているところなどから、**一刻も早く避難**させる必要があります。荷物を背負っていれば、降ろし、濡れたものを脱がせることも必要です。

屋内に移動させることができたときは、部屋を暖めましょう。

2 衣服を緩めて、保温する

毛布などで保温します。

からだを締めつけている**衣服を緩め**、体温が奪われないように毛布でくるむなどの方法で**保温します**。同時に凍傷(とうしょう)(前頁)を負って皮膚組織が弱っている場合もあるので、からだに触れるときはやさしく扱いましょう。

また、飲食はさせないのが原則です。

3 反応を調べるなどの心肺蘇生を行う

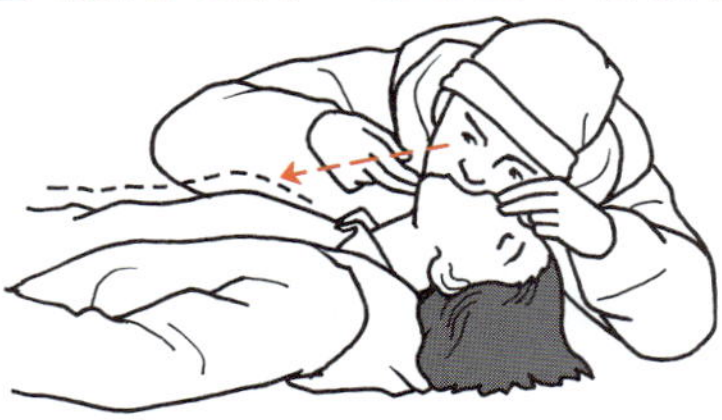

すぐに反応があるかどうかを調べるなど、心肺蘇生(しんぱいそせい)を開始します(100〜114頁)。

できるだけ早く集中治療ができる病院へ搬送する必要があります。

熱中症になったときの手当

早期発見、早期の手当・治療がたいせつ

1 風通しのよいところに移動させ、安静にして、冷やす

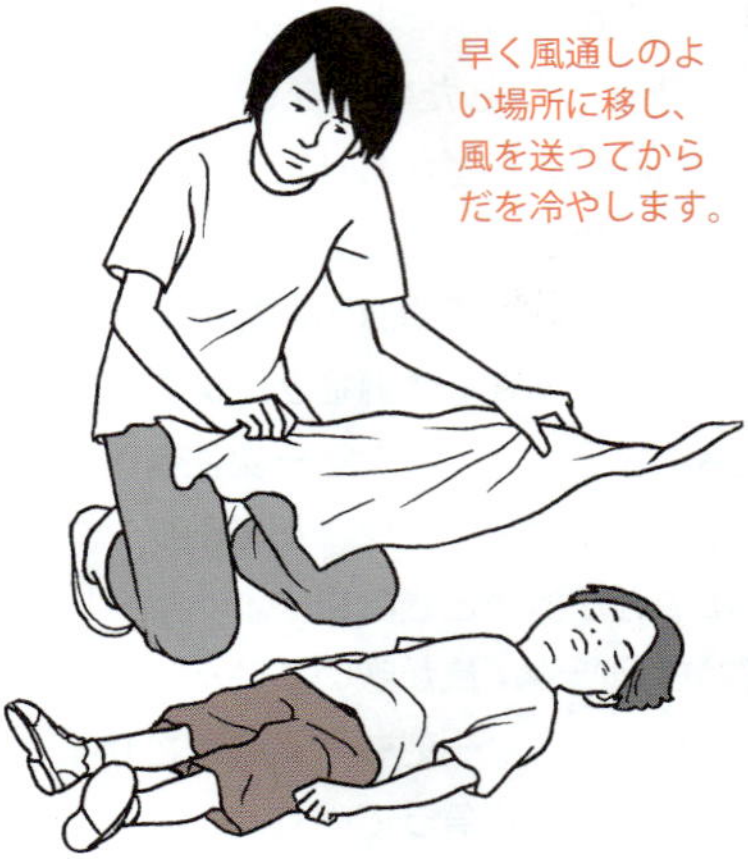

早く風通しのよい場所に移し、風を送ってからだを冷やします。

高温多湿の環境で作業や運動をしているときに、十分な水分を摂取しないと、脱水・電解質（ナトリウムなど）バランスの乱れなどから、筋肉痛、脱力、頻脈、嘔吐、意識混濁などが現れます。

さらに、体温が上昇して、脳、肝臓、心臓などの臓器も傷害を受け、意識がなくなり、危険な状態になります。

このような**熱中症**を進行させないためには、早期に発見し、早く手当や治療を行うことが必要です。

熱中症の徴候に気がついたら、早く**風通しのよい場所に移して寝かせます**。また、**衣服を緩めて**、風を送り、**からだを冷やします**。

2 冷たい飲み物を飲ませる

意識がはっきりしていれば、飲み物を与えます。

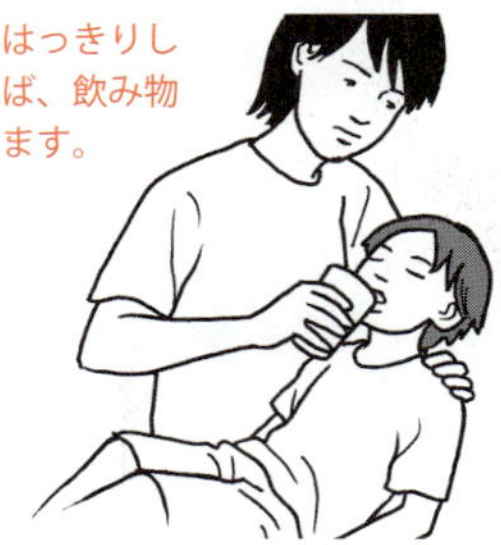

1の手当で体温が下がり、意識がはっきりしていれば、冷たい飲み物（食塩水やスポーツドリンクなど）を与えます。

禁止 水風呂などに入れてはいけません。かえって熱生産を増進させてしまいます。

3 手当したあとは、必ず医師を受診する

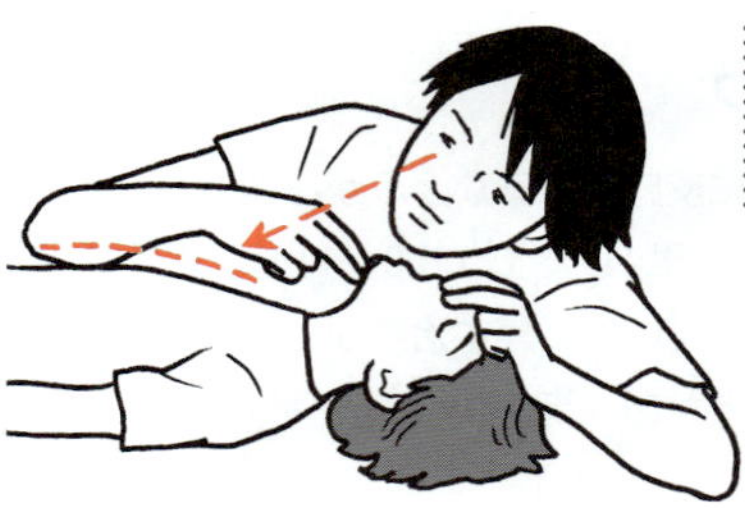

反応がない場合は、心肺蘇生を開始します（100〜114頁）。また、できるだけ早く集中治療ができる病院へ搬送する必要があります。

病院へ 2までの手当で回復した場合も、必ず医師を受診しましょう。

溺水（できすい）（水に溺れたとき）の手当

自分が巻き込まれないように注意しながら救助し、心肺蘇生などを

1 溺れている人を見たら、できるだけ救助のプロに任せる

水が深いところでは、できるだけ専門家に任せます。

溺（おぼ）れかけている人を見たら、腰の深さ程度の水深である場合は自ら救助することもありますが、それ以上深いところでは、119番通報するなど、救急隊員やライフセーバーなどに任せます。

専門家がいなくて、自分が救出するときは、まず、**つかまって浮くことができるもの**（浮き輪や空のペットボトルなど）や、**ロープを投げ入れて**、岸などに引き寄せることを優先してください。

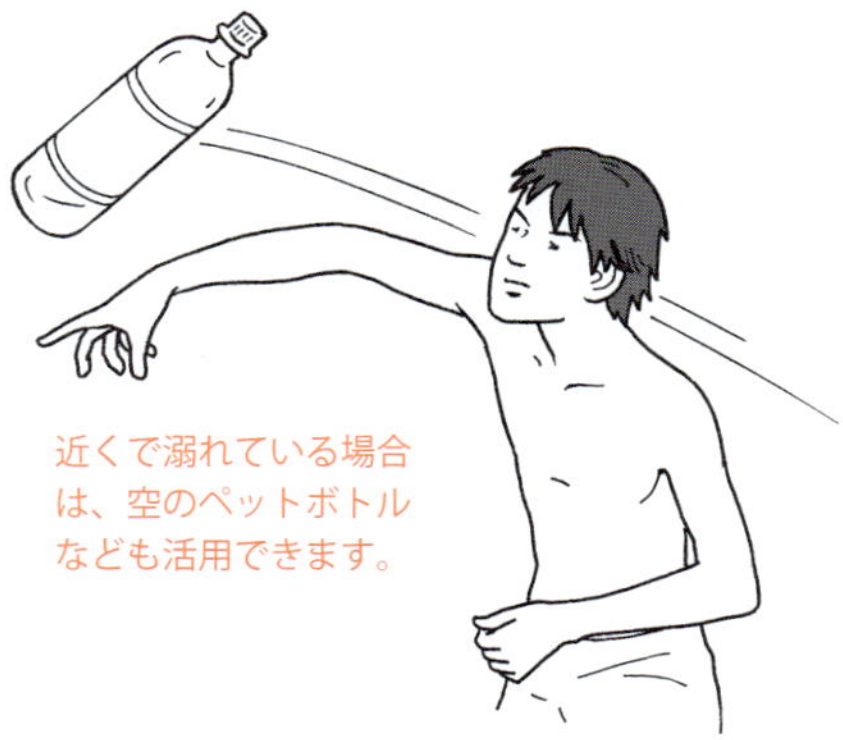

近くで溺れている場合は、空のペットボトルなども活用できます。

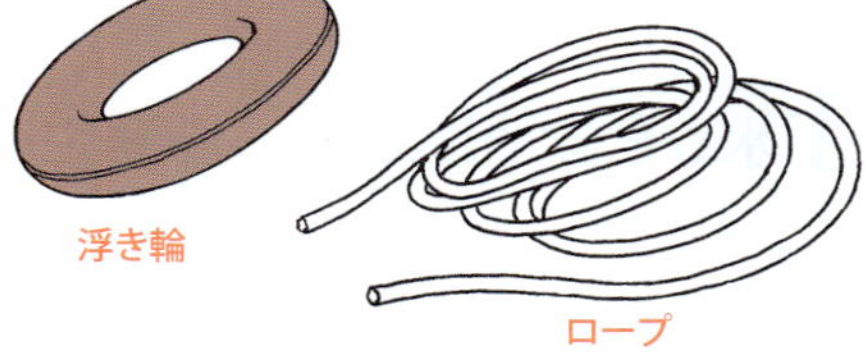

2 やむをえず救出するときは、後方から近づく

救助するときは、後ろから近づきます。

1のような手段もとれず、どうしても救助しなければならない場合は、溺（おぼ）れている人につかまれないよう、後方から近づいて抱きかかえるようにするなど、**自分の生命を守る**ことをまず念頭におきます。

乳幼児は、水槽や洗濯機、ビニールプールなどで溺れることもあるため、とくに注意が必要です。

3 救助に慣れている人、訓練を受けた人は、水中で人工呼吸を

救助に慣れた人は、

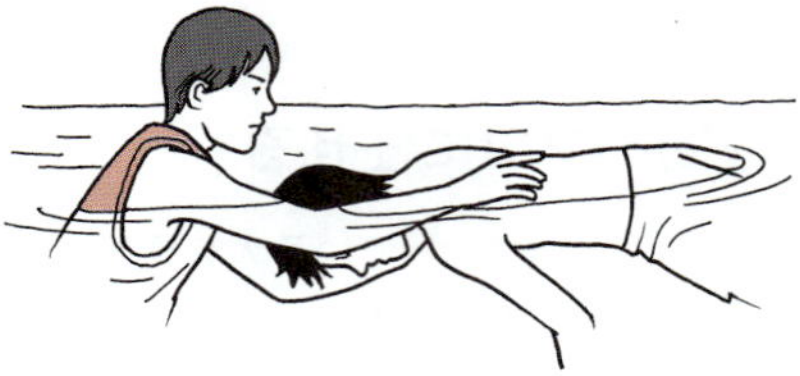

水中であお向けにして、

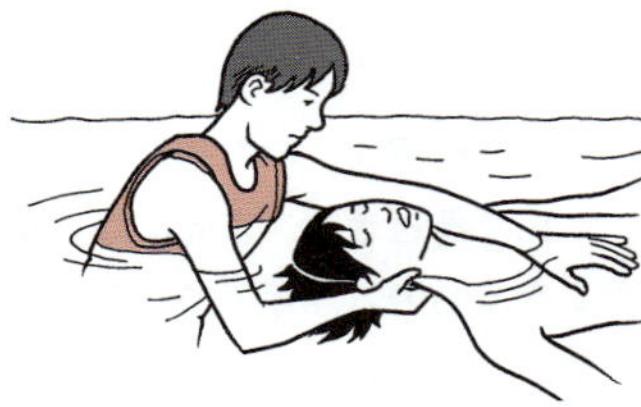

人工呼吸をつづけながら、

岸へ誘導します。

救助に慣れている人は、溺れた人が浮いているときは、水中であお向けにして顔を水面から出し、岸などにたどり着く間も人工呼吸（107頁）をつづけます。その場合は、できるだけ救命胴衣を着けて行います。

その際、溺れた人がくびや背中を痛めていることもあるので、**くびをねじらないように**しましょう。

4 水から救助したら、心肺蘇生を行う

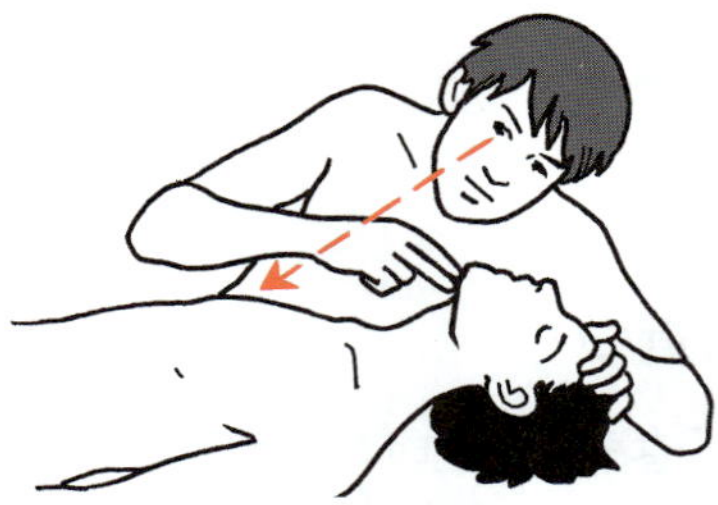

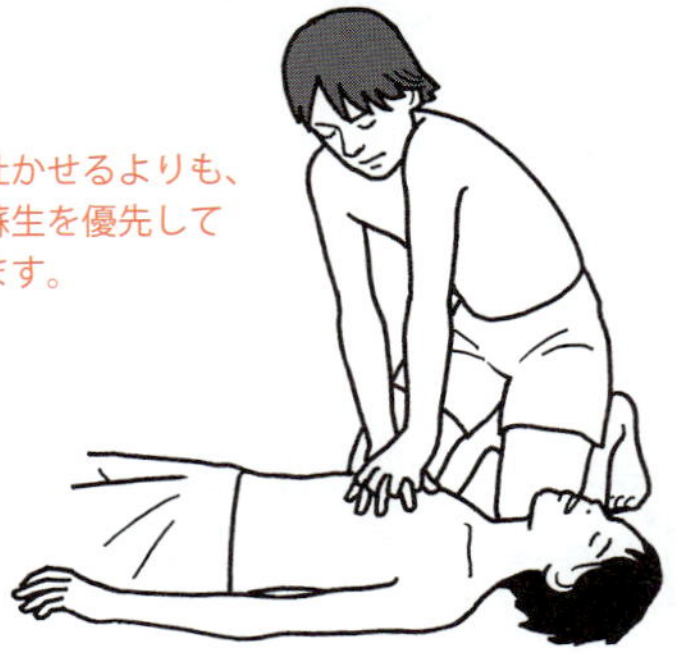

水を吐かせるよりも、心肺蘇生を優先して行います。

水から救助することができたら、すぐに反応があるかどうか、呼吸の状態はどうかを調べて、心肺蘇生を開始します（100～114頁）。

その後は、できるだけ早く集中治療ができる病院へ搬送する必要があります。

禁止 水を吐かせようと腹部を圧迫すると、内臓損傷などをおこすことがあるので、圧迫してはいけません。

溺れた当初は、水が気管に入りそうになっても、通常は喉頭がけいれんしてすぐに水は入りません。また、水中では体温が低下して、使用する酸素量も少なくてすみます。これらのことから、十数分間水に沈んでいても適切な心肺蘇生によって回復した人もいます。

あきらめずに心肺蘇生を行うことが重要です。

頭にけがをしたときの手当

冷静な判断と注意深い観察が必要

1 まず意識の状態を確認

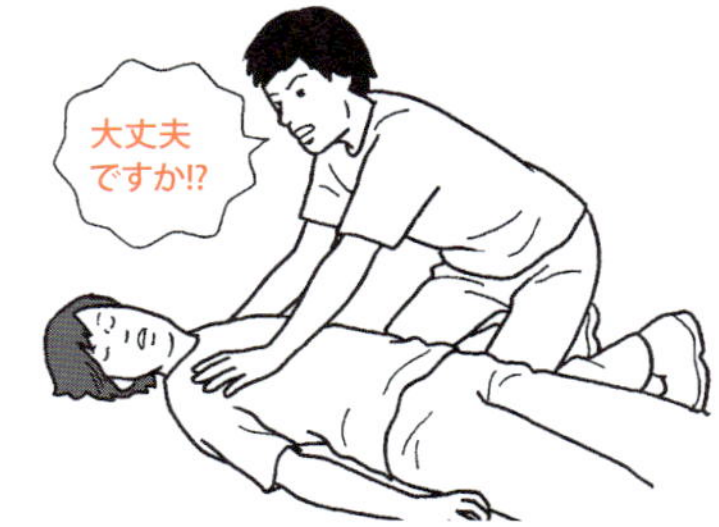

まずは意識の有無を確認

- 返事がない
- 受け答えがおかしい
- 意識がおかしい
- いびきをかいたり、呼吸がない
- ひきつけやけいれんがある

意識があるときでも……

- 頭痛、吐きけ
- 耳や鼻からの出血
- 手足の動きがおかしい
- 瞳孔(ひとみ)の大きさが左右で異なっている

病院へ 上記の場合は、脳に損傷を負っている可能性がありますので、一刻も早く救急車を呼んでください。

注意 上記のような症状がなくても、頭蓋内で内出血をおこしていると、血腫(血のかたまり)ができてだんだん脳が圧迫され、数時間〜数日、場合によっては数週間後に容体が変わる場合があるので注意が必要です。

まずは耳もとで呼びかけたり、頬や肩を軽くたたいたりして反応をみます。反応がなければ肩などを強くたたいて意識の有無を確認します。

意識がないとき、混濁しているとき：大声で助けを呼び、**119番通報**します。つぎに気道を確保（105頁）し、普段どおりの呼吸をしているかどうかを確認します。

普段どおりの呼吸がないとき：口対口人工呼吸などの一次救命処置（99〜115頁）を行います。

普段どおりの呼吸があるとき：顔を横向きにして寝かせ、傷病者を注意深く観察します。

意識が明瞭なとき：けがを覚えていなかったり、何となくボヤッとしているとき、頭痛や吐きけがあるときはすぐに病院を受診させます。これらのいずれかの症状がない場合でも、数時間後に容体が変化することもあります。また、中高年以上の場合には3週間以上経ってから頭に血がたまることもときどきありますので、日常生活のなかでようすをみます。

24時間以内	安静にして注意深くようすをみます。
2日〜1か月	異常があれば病院を受診します。

2 傷口の確認を行う

患部を清潔な濡れタオルなどで冷やします。頭部以外のけがにも注意が必要

傷があるとき：頭皮は血管が豊富なため、頭のけがでは血がたくさん出ることがあります。出血量に惑わされることなく、冷静に傷口の確認をします。出血しているときは傷口の汚れを水道水で洗浄し、圧迫止血（119頁）をします。

打撲やこぶができたとき：患部を冷やして安静にします。

目のけがと異物の手当

眼球に損傷があるかどうか調べる

眼球が傷ついているときは、両目をおおってすぐ眼科へ

綿棒などをまぶたの上に軽くあてると、じょうずにまぶたを裏返すことができます。

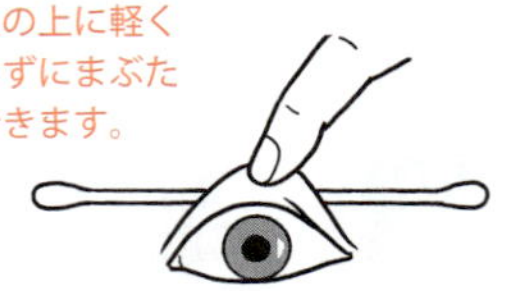

注意 損傷を受けた目は、もういっぽうの目に連動して動いてしまうので、目をおおう場合は必ず両目をおおってください。

眼球に異物が刺さっている場合には、紙コップの上から目をおおうなど、なるべく眼球に触らないようにします。

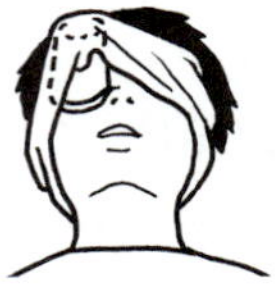

静かに目を開けさせるか、手をよく洗ってからまぶたを裏返して、眼球に傷がついていないか、また異物が入っていないかどうかを調べます。

目にけがをしているとき：眼球やまぶたに出血や傷がある、異物が刺さっているなどの場合には、傷ついたほうの目だけでなく両目を清潔なタオルなどで軽くおおい、眼科のある病院に速やかに運びます。

視覚異常があるとき：眼球に傷がみあたらない場合でも、痛みがあったり、視野のなかに見えない部分や不鮮明な部分があるといった視覚異常に気づいたりしたときには、眼科を受診します。

異物や薬品が入ったときは清潔な水で洗浄

洗面器などに清潔な水を張って顔をつけ、まばたきをさせます。

必ず異物や薬品が入ったほうの目が下になるように横向きに寝かせ、やかんなどを利用して静かに水を流して洗眼します。

小さな異物なら涙で流れ出ることもあるので、しばらくようすをみます。

異物が涙で流れ出ないとき：清潔な水に顔をつけてまばたきをさせるか、異物が入ったほうの目を下にして水道水で洗います。救助者が手当するときは、異物が入ったほうの目が下になるように横向きに寝かせ、やかんなどでゆっくりと水を流して目を洗います。

化学薬品が入ったとき：30分以上洗眼したあと、眼科を受診します。洗眼時の注意は異物を洗浄するときと同じです。

注意 異物が入ったときは脱脂綿などで異物をふきとる方法もありますが、眼球を傷つけてしまうおそれがあるので、脱脂綿は必ず水で濡（ぬ）らして使います。

禁止 異物が入った目をこすると角膜（かくまく）などを傷つけてしまうことがあるので、傷病者が目をこすらないように注意してください。

耳のけがと異物の手当

出血などがあるときは脳神経外科の受診が必要な場合も

外からの出血や聴覚の異常などを確認

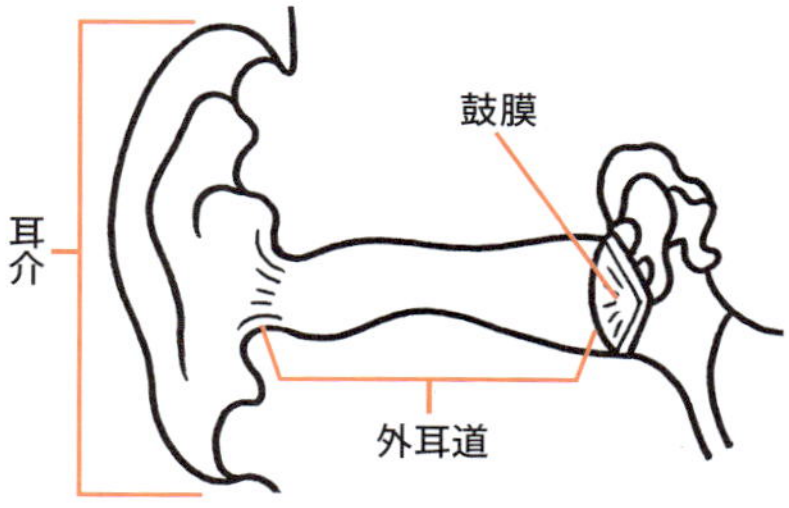

外耳道など、耳の孔から出血している場合は、耳栓をしないで、一刻も早く脳神経外科のある病院へ運びます。

耳介（耳の外側の部分）だけの傷のとき：止血や消毒などの手当を行い、外科を受診します。

耳の孔から血が出ているとき、耳の聞こえかたに異常があるとき、めまいがあるとき：耳鼻科を受診します。耳をけがした際、同時に頭のけが（131頁）が心配なときは脳神経外科を受診します。とくに耳からの出血が水のようにサラサラしているときは、脳脊髄液が漏れ出ている可能性もあるので、一刻も早く脳神経外科のある病院へ運びます。その際、耳栓はしないでください。

耳に水や固形物、虫などが入ったときの手当

異物が入ったほうの耳を下にして、下にした側の足でとんとんと跳びます。

病院へ 固形物の場合は、決してむりにとろうとせず、耳鼻科に連れて行きます。

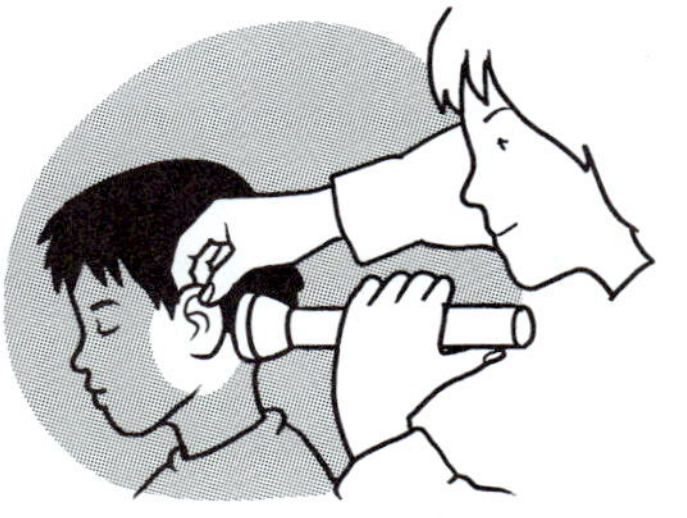

光に集まる習性を利用して虫を誘い出します。

水が入ったとき：水が入ったほうの耳を下にして跳んだり、綿棒で水を吸いとるようにします。

固形物が入ったとき：同様に異物が入っているほうの耳を下にして跳んで、取除きます。棒などを使って取除こうとすると、かえって耳の奥に異物を押し込んで鼓膜などを傷つけてしまうこともあります。決してむりをせず、耳鼻科を受診します。

虫が入ったとき：暗い場所で耳の孔に懐中電灯などで光をあて、虫が出てくるのを待ちます。出てこない場合は、耳の孔にサラダ油を２～３滴たらすことで虫を殺すことができますが、決してむりをしてはいけません。耳鼻科を受診することをお勧めします。

注意 コガネムシなどの甲虫が入った場合、外側のかたい羽で外耳道の内側や鼓膜が傷つくことがあります。虫を取除いたあとでも、聴覚の異常や出血があれば耳鼻科を受診します。

鼻のけがと異物の手当

外傷による鼻の変形や異物が取出しにくいときは病院へ

鼻の変形があるときは、冷やしながら病院へ

外傷や打撲で鼻部に変形があるときは、濡れたタオルなどで冷やしながら病院へ。

禁止 鼻に変形があるときは、骨折の疑いもあるので、鼻を強くもんだり、押さえたりしないように注意します。

外傷を受けて鼻に変形があるとき：鼻が曲がったり大きく腫れるなどの変形がある場合は、骨折の疑いもあります。鼻部を冷やしながら外科、耳鼻科、あるいは形成外科を受診します。

失神して顔面を打つなどで鼻にけがをしたとき：転んで顔面にけがをしたことをよく覚えていない場合には、失神したことが考えられます。この場合には脳や心臓の病気が原因となっている可能性もありますので、内科の医師に相談します。

異物はむりに取出そうとせず、耳鼻科を受診

異物が入っていないほうの鼻孔を押さえて、鼻を強くかむようにして吹き出します。

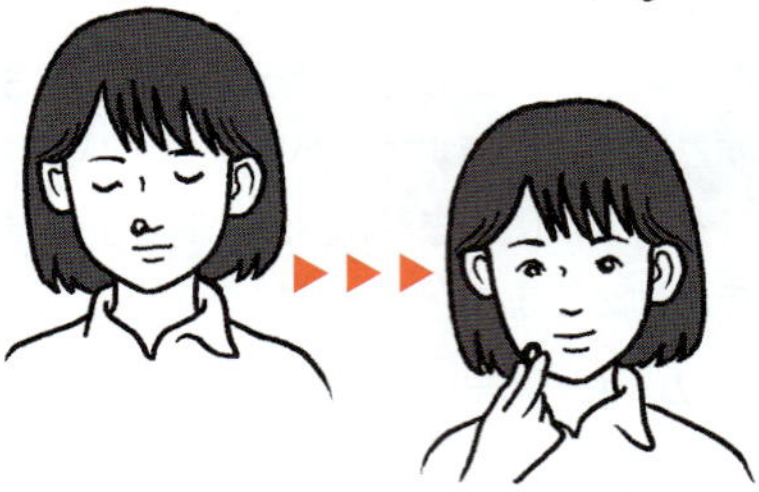

異物の先がのぞいていて、容易に取出すことができそうなときだけ、つまんで取出します。

鼻に異物が入ったとき：異物が入っていないほうの鼻孔（鼻の孔）を押さえて鼻を強くかむようにして吹き出します。

上記の方法で異物が出ないとき：異物の一部が外に出ていて、容易に取出すことができそうなときは取出してもかまいませんが、むりをするとかえって異物を奥に押し込んでしまうことがあります。また、ピンセットなどで異物を取除こうとすると、鼻孔の内側を傷つけてしまうこともあります。

とくに生後１年までの乳幼児の場合は、むりをすると鼻の粘膜を傷つけてしまうことがありますので、できるだけ耳鼻科などを受診するようにします。

注意 何度も強く鼻をかむと、耳の鼓膜をいためることもあるので注意が必要です。

鼻血が出たときの手当

鼻血が止まらないときやくり返すときは病院へ

鼻翼（鼻の膨らんでいる部分）を圧迫して止血

人差し指と親指で鼻翼を挟むようにして圧迫止血します。その際、顎を引いて口で息をさせます。

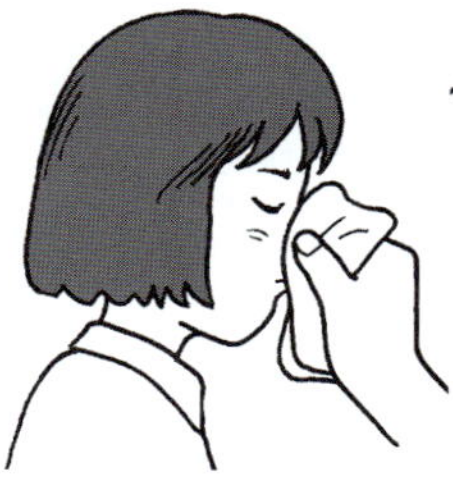

濡れたタオルなどで鼻を冷やすと止血効果が高まります。

鼻血がすぐに止まるとき：そのまま動かさず、くびを締めつけている衣類などを緩めて安静にします。

鼻血がつづくとき：鼻の孔に清潔な脱脂綿やガーゼをつめたり、指で鼻翼を挟むようにして、鼻の奥に向かって圧迫します。このとき、出てきた血を飲み込まないように、顎を引いて口で息をさせます。出血が止まらないときや止血が困難なときは耳鼻科などを受診します。

安静にするときは、高めの枕を使って頭を高くしてあお向けに寝かせるか、上半身を45度ぐらいの角度で起こした姿勢にします。

禁止 鼻血のとき、上を向いてくびの後ろをたたいても何の効果もありません。逆に血がのどに入って嘔吐する原因などにもなるため、決して行わないでください。

病気や頭部損傷の症状としておこることもある鼻血

鼻血は、高血圧症や動脈硬化症、肝臓や腎臓の病気、血液の病気などによってもおこります。くり返し鼻血が出るような場合は、いちど医師の診察を受けてください。

また、頭のけが（131頁）にともなって鼻血が出ることもあります。この場合には、目や鼻の奥が骨折（「頭蓋底骨折」といいます）している可能性もあります。速やかに脳神経外科を受診してください。

のぼせや熱中症での鼻血では、頭やわきの下なども冷却

長時間の入浴や熱中症で鼻血が出たとき：鼻の止血だけではなく、頭やわきの下、くびの周りに氷嚢をあてがうなどして、体温を下げるようにします。

体温を下げるため、頭やわきの下、くびの周りに氷嚢をあてがいます。

くびにけがをしたときの手当

呼吸困難や手足のまひの有無を確認

呼吸困難があるときは病院へ

下顎挙上法

下顎を手前に引っ張り上げます。

くびにけがをして呼吸困難があるとき：119番通報するとともに、一次救命処置（99～115頁）を行います。むせ込んだり、せきをしたときに口から血が出るときも、すぐに**119番通報**します。

注意 くびや背中の打撲では、神経（頸髄や脊髄）が傷ついていることがあります。救命処置に際して、気道の確保（105頁）は慎重に行う必要があります。また、このような場合の気道確保には左上図のような「下顎挙上法」が勧められます。

手足の運動障害やまひがある場合は動かさない

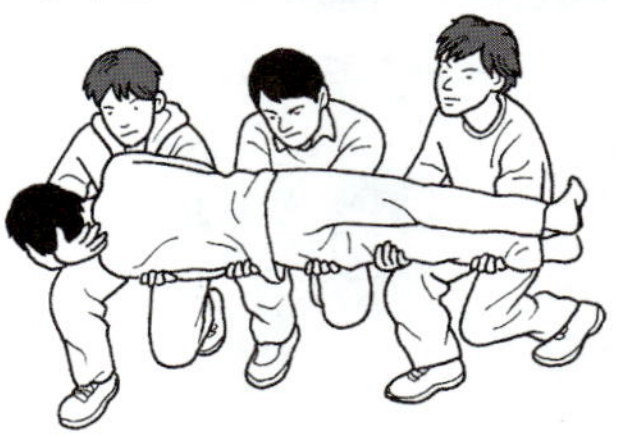

移動する場合は、なるべく多くの人手をかけて、くび・背中・腰が「１本の丸太」のように、まっすぐになるようにして運びます。

禁止 マットレスなど、やわらかいものの上に寝かせると、くびや背中が曲がってしまうので厳禁。（138頁）

手足や腹部などをつねって痛みを感じるか、さらには手足を動かせるかどうかを調べます。

手足が動かせないとき、まひしているとき：頸髄や脊髄といった神経が傷ついているおそれがあるため、できるだけ動かさないようにして**119番通報**します。

危険な場所で移動が必要なときは、くびや背骨にむりな力が加わらないように注意して、戸板や木戸などがある場合は、その上にのせ、くびを固定して運びます。（138頁）

くびから出血がある場合はあわてずに止血する

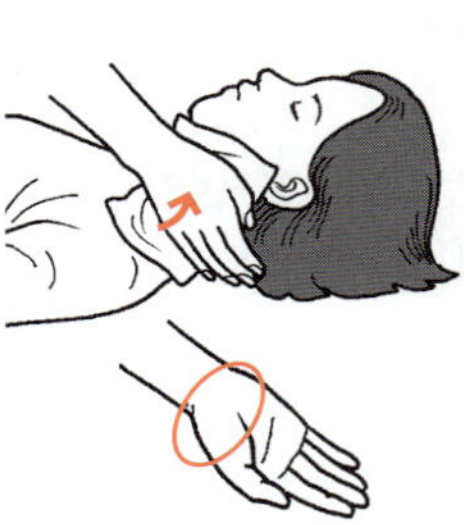

くびの圧迫止血では、真正面から圧迫すると気管を押しつぶして呼吸ができなくなるため、斜め前方から手のひらの下部を押しあてるようにして圧迫します。

くびから出血があるとき：出血箇所に清潔なガーゼやタオルをあてて圧迫止血し、**119番通報**します。動脈性の出血（鮮血が噴き出る）では、出血箇所より心臓に近い部分を、静脈性の出血（暗赤色の血が出る）では、出血箇所より頭部に近い部分を圧迫します。

傷口から空気漏れがあるとき：血管と気管の両方に損傷があります。血液が気管内に流れ込まないように横向きにしてください。

胸部のけがの手当

外傷がなくても重症の場合があるので要注意

胸部の打撲では脈拍や呼吸困難にも注意

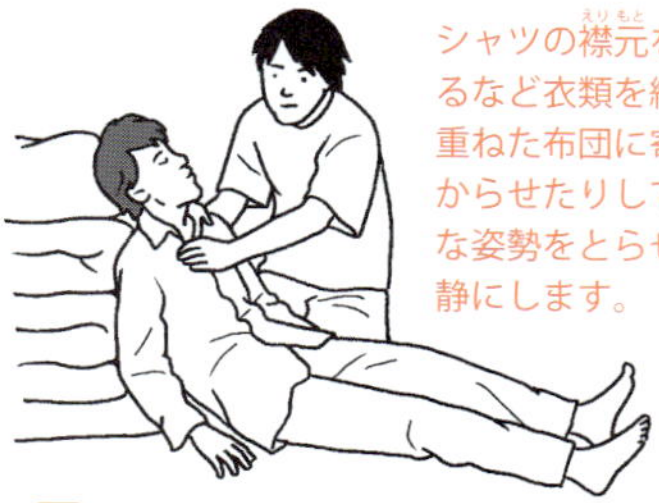

シャツの襟元を開けるなど衣類を緩め、重ねた布団に寄りかからせたりして、楽な姿勢をとらせ、安静にします。

病院へ 以下の症状があるときは、**119番通報**して、一刻も早く救急科か外科のある病院へ。

- 頸静脈怒張（くびの両側にある太い静脈が膨れあがっている）があるとき
- 脈拍が１分間に120回以上あるとき
- 血の混じった痰が出たとき
- 呼吸困難があるとき
- 強度の貧血があるとき

胸部を強く打ったとき：頸静脈（くびの両側にある静脈）が膨れあがっていたり、脈拍が１分間に120回以上あるとき、または呼吸困難や強い貧血があるとき、血の混じった痰が出たときは、外傷がなくても心臓や肺などが損傷している可能性があります。**119番通報**して救急科か外科のある病院に運びます。

上記のような症状がないとき：からだを締めつけている衣類などを緩めます。楽な姿勢をとらせ、打撲した部分を濡れタオルなどで冷やします。

呼吸やせきなど、胸を動かすたびに同一部位に痛みがあるとき：肋骨を骨折している可能性があります。打撲した部分をタオルなどで押さえ、静かに呼吸させ、外科か整形外科を受診します。

胸部に外傷があるときは空気の出入りもチェック

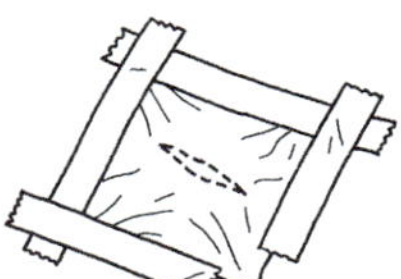

ビニールやラップなど、空気を通さないシート状のものを、傷口全体がおおえる大きさに切り、一角をのぞいた周囲をテープなどで止め、「一方向弁」と呼ばれる弁をつくります。

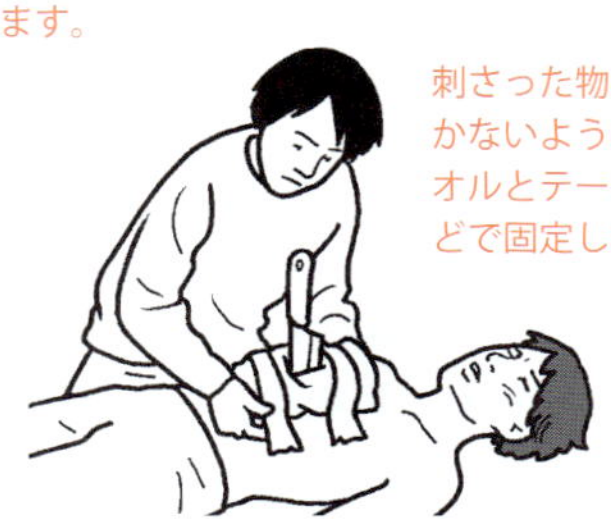

刺さった物が動かないようにタオルとテープなどで固定します。

禁止 刺さった物を抜くと、出血がひどくなったり患部の状態を悪化させてしまうこともあるため、決して抜いてはいけません。

胸部の外傷は生命にかかわる場合も多く、また止血なども困難なため、**119番通報**して一刻も早く救急科か外科のある病院に運びます。

胸部に外傷があって、傷から空気の出入り（外傷性気胸）があるとき：ビニールやラップなどを、傷口全体をおおうことができる大きさに四角く切って、傷口をおおいます。つぎに、左図のように一角をのぞいて周囲をテープで止めて、弁をつくります。これにより、空気が胸の中にたまるのを防ぎます。

刃物や棒などが刺さっているとき：刺さっている物を抜くと、かえって出血がひどくなることがあるので決して抜いてはいけません。刺さっている物が動かないようにタオルとテープなどで固定し、救急科か外科のある病院に運びます。

背中のけがの手当

脊髄損傷が疑われる場合はむやみに動かさない

1 反応があるか、また普段どおりの呼吸をしているかを調べる

●呼びかけても反応がないとき
●普段どおりの呼吸がないとき
●脈拍が1分間に120回以上あるとき
●呼吸困難があるとき

（**上記のような症状があるときは**）

▼ ▼ ▼

病院へ **119番通報**すると同時に、必要があれば（赤字で示した上記2つの場合）口対口人工呼吸や胸骨圧迫（心臓マッサージ）などの一次救命処置（99～115頁）を行います。

背中を強く打ったとき：耳もとで呼びかけたり、頬や肩を軽くたたいたりして反応があるかを確認します。

反応がないとき：大声で助けを呼び、**119番通報**します。つぎに気道を確保（105頁）し、普段どおりの呼吸をしているかどうかを確認します。

普段どおりの呼吸がないとき：口対口人工呼吸などの一次救命処置（99～115頁）を行います。

2 手足のまひや運動障害があるときはなるべく動かさない

手足を動かせるか、また、手足をつまんで痛みを感じるかを確認します。

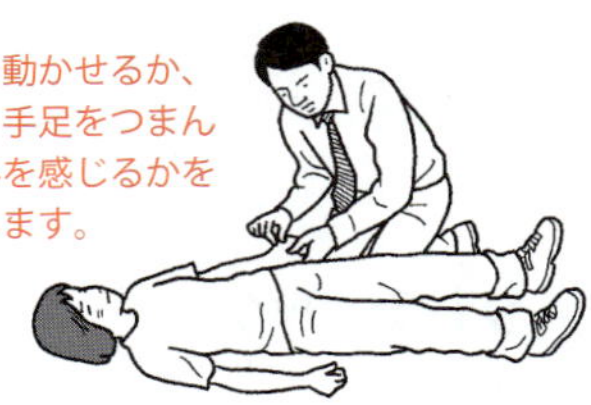

かたくて平らな場所に寝かせ、くび、背筋、腰がまっすぐになるようにします。くびにけがをしているとき（136頁）は、救助者が両手でくびを支えたり、タオルをくびの両側にあてるなどしてくびを固定します。

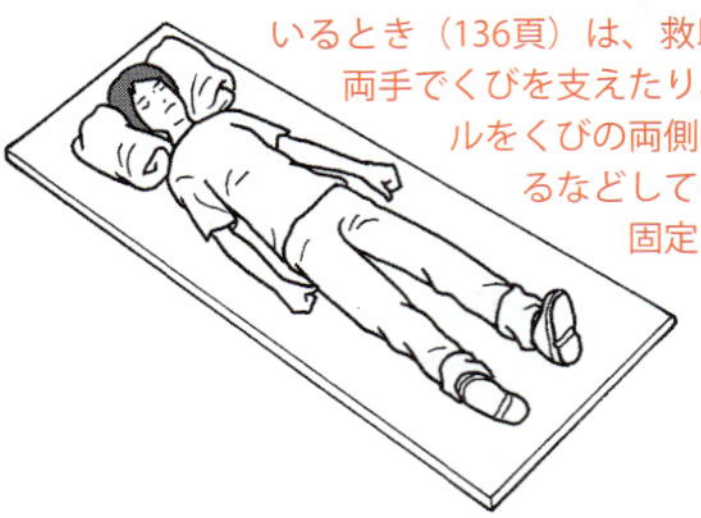

禁止 背筋が曲がると、損傷した脊髄にむりな力が加わるため、マットレスなどのやわらかい物の上に寝かせてはいけません。

反応や普段どおりの呼吸があっても、背中を強く打って手足が動かせなかったり、まひしている場合は、脊髄を損傷している可能性があります。手足を動かせるかどうかを聞いたり、手足をつまんで痛みを感じるかどうかを確認して、運動障害やまひがないかを調べます。

運動障害やまひがあるとき：不用意に動かすと脊髄を傷つけてしまうこともあるため、なるべく動かさないようにして**119番通報**します。マットレスなど、やわらかい物の上に寝かせると背骨が曲がってむりな力が加わるので、かたくて平らな場所に寝かせます。

どうしても動かす必要があるとき：車の往来の激しい道などで、どうしても動かさなければならないときは、できるだけ多くの人手をかけて運んだり（136頁）、戸板などのかたい板や担架に寝かせて運びます。

運動障害やまひがないとき：安静にしてようすをみます。痛みが強ければ外科か整形外科を受診します。

腹部のけがの手当

内臓に損傷があるとショック状態になることもあるので注意が必要

反応や普段どおりの呼吸の有無を確認

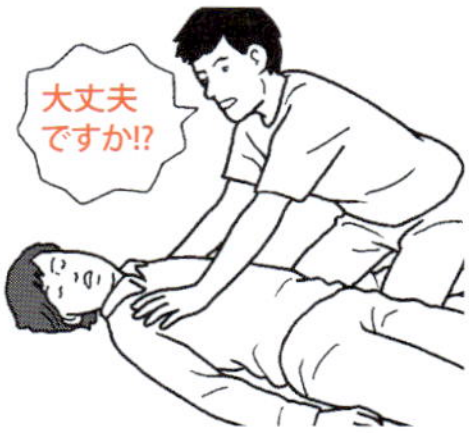

反応があるか、普段どおりの呼吸があるかを調べて、必要があれば、119番通報するとともに一次救命処置を行います。

反応がないとき、普段どおりの呼吸がないとき：右ページの**1**と同様、反応や普段どおりの呼吸の有無を確認し、必要があれば、**119番通報**とともに、口対口人工呼吸や胸骨圧迫（心臓マッサージ）などの一次救命処置（99〜115頁）を行います。

ショック状態がないかどうかを確認

ショック状態の症状

- 脈拍が１分間に120回以上あるとき
- 顔面が蒼白なとき
- 腹部が膨らんできたとき

胃腸など内臓破裂の症状

- 打撲直後から激しい痛みがあるとき
- 腹部全体に圧痛があるとき
- 嘔吐したとき

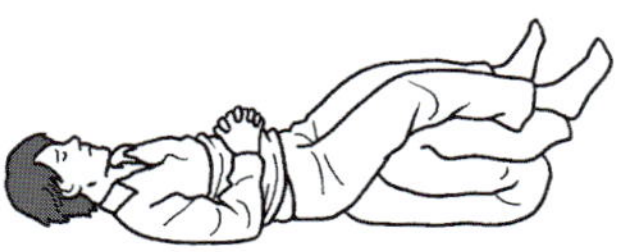

あお向けに寝かせて衣類などを緩め、座布団などを足の下に敷く「ショック体位」をとらせます。

ショック状態がみられるとき：顔面が蒼白だったり、脈拍が１分間に120回以上あるとき、腹部が膨らんできたときなどは、腹腔内（おなかの中）で大量出血がおきていて、ショック状態におちいっている可能性があります。**119番通報**して救急科か外科のある病院に運びます。

搬送するときや救急隊員の到着を待つ間は、戸板や担架にあお向けに寝かせ、座布団などを足の下に敷いた「ショック体位」をとらせます。反応がないときや吐きけをともなうときは、顔を横に向けて寝かせます。

胃や腸が破裂している可能性があるとき：強い腹痛や嘔吐、腹部全体に圧痛（押すと強くなる痛み）があるときは、胃や腸といった内臓が破裂している可能性があるので、**119番通報**して救急科か外科のある病院に運びます。

ショック状態や強い痛みがないとき：上記のような症状がないときは、安静にしてようすをみますが、傷病者の状態に変化があれば、医療機関を受診します。

腹部に外傷があるときは、119番通報

腹部に外傷があって出血しているときは、傷口を圧迫止血（119〜120頁）するとともに、**119番通報**します。

傷口から内臓が脱出しているとき：むりに内臓を押し込んだりせず、清潔な濡れタオルなどでおおいます。

刃物や棒が刺さっているとき：刺さっている物が動かないように固定（137頁）して、**119番通報**して救急科か外科のある病院へ運びます。

腰・陰部にけがをしたときの手当

骨盤骨折や内臓損傷があるときは、救急科か外科のある病院へ

腰を打撲したときは楽な姿勢をとらせる

あお向けに寝かせて重ねた座布団などで、足を30㎝ほど高くします。

注意 転落事故などで腰を打ったときは、同時に足などを骨折している可能性もありますので、むりに足を曲げさせないようにします。

骨盤や内臓の損傷が疑われるとき：足を動かしたり、一定方向にからだを傾けたときに痛みを訴える場合、また、肛門や陰部などから出血がある場合は、骨盤が骨折していたり、内臓に損傷を受けている可能性があります。

本人にとってもっとも楽な姿勢をとらせます。傷病者をあお向けに寝かせて、足の下に座布団を敷くなどして、足を30㎝ほど高くすると楽なことが多いです。

大出血をおこしたり、めまいや貧血があるとき：陰部や肛門から大出血をおこしたり、めまいや貧血をおこした場合は、内臓に損傷を受けている可能性があります。**119番通報**して救急科や外科のある病院へ運びます。

陰部の打撲では、患部を冷やして泌尿器科か婦人科へ

濡れタオルなどで患部を冷やします。

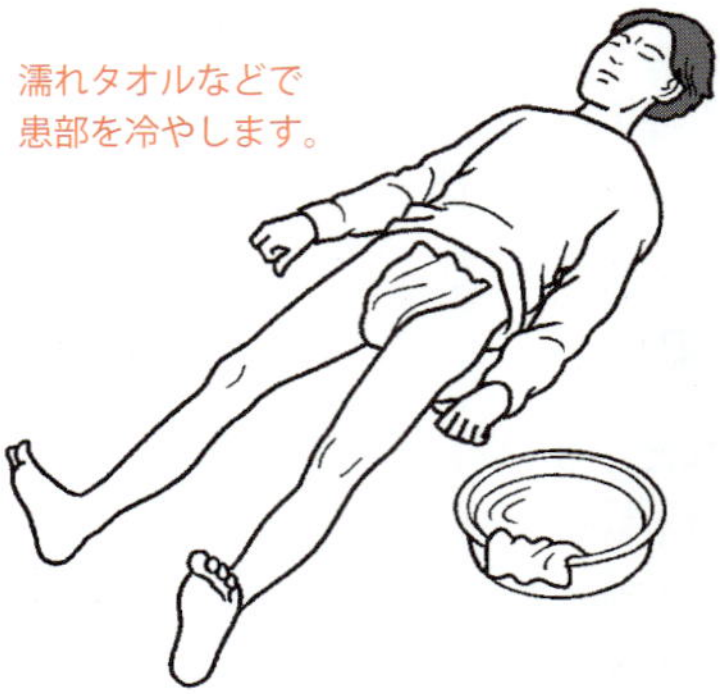

陰部を打撲したとき：濡れタオルなどで患部を冷やし、安静にします。患部に痛みや腫れ、出血がある場合は、男性は泌尿器科、女性は婦人科を受診します。

患部に内出血があるとき：とくに男性の場合、打撲した陰茎や陰嚢が腫れあがって紫色になっているときは、内出血していると思われます。すぐに泌尿器科か外科を受診します。

手足のけがの手当

傷、打撲、骨折など、それぞれに必要な手当を行う

手足に傷（創傷）を受けたときの手当

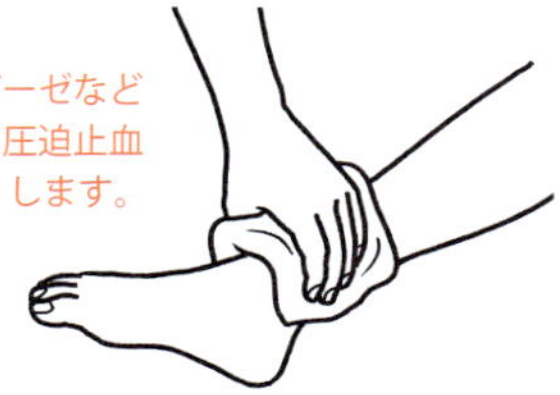

清潔なガーゼなどをあてて圧迫止血（119頁）します。

注意 止血の際、救助者は感染の危険性を避けるため、できるだけビニール手袋などを使用してください。

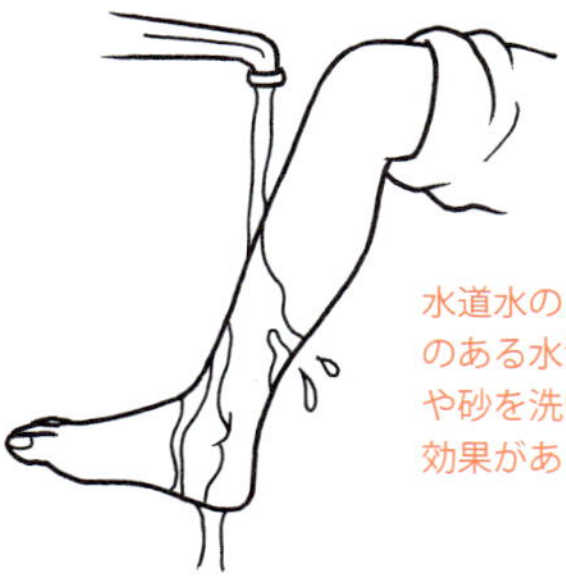

水道水のように勢いのある水流は、どろや砂を洗い流すのに効果があります。

皮下出血があるときは、圧迫と同時に患部を冷やします。

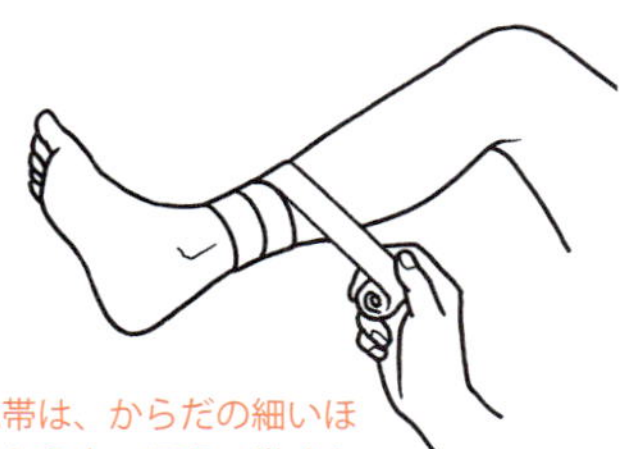

包帯は、からだの細いほうから太いほうへ巻くとはずれにくくなります。

❶出血がひどいときは、まず止血する

患部を清潔なガーゼなどでおおい、圧迫止血（119頁）します。

痛みや腫れがひどいとき：できるだけ安静にして、患部を濡れタオルや氷嚢で冷やします。

❷患部が汚れているときは洗浄する

患部がどろや砂などで汚れていたり、異物があるときは、水道水のように勢いのある水流で、どろや砂、異物を洗い流します。

くぎなどが深く刺さっているとき：刺入物を抜かずに、そのままにして医療機関を受診します。

禁止 くぎやガラスなどの刺入物をむりに引き抜くと、出血がひどくなったり、傷の方向がわからなくなるので、そのままにして医療機関を受診してください。

❸患部を消毒する

脱脂綿にオキシドールやポビドンヨードなどの消毒薬をしみ込ませて、患部を消毒します。

注意 あとで医師にみせたときに患部の状態がわかりにくくならないように、なるべく無色透明の消毒薬を使うようにしてください。

❹患部を清潔なガーゼでおおい、包帯を巻く

ガーゼなどで患部を10分間ほど圧迫したあと、包帯を巻きます。

皮下出血があるとき：創傷とともに、打撲によって皮下出血があるときは、圧迫すると同時に氷嚢などで患部を冷やします。

時間がたつにつれ痛みが強くなったとき：整形外科など、医療機関を受診します。

病院へ 出血が止まったから大丈夫、などと自分で判断をせず、医療機関を受診するようにしてください。

骨折が疑われるときの手当

患部が痛くて動かせないようなときは、骨折していると考えて手当を行います。

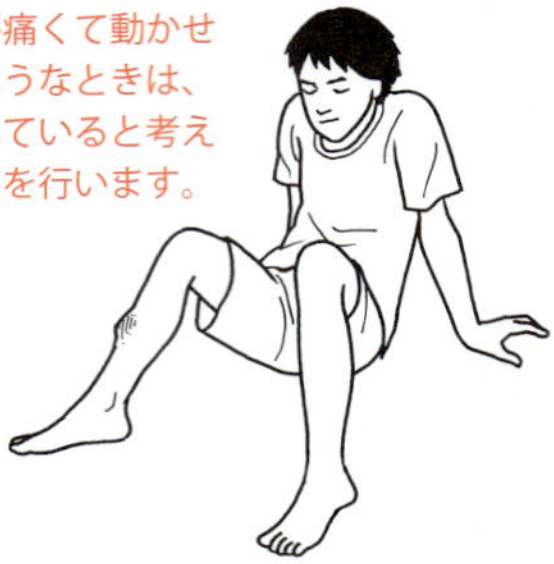

禁止 変形した手足をむりに戻そうとしないでください。

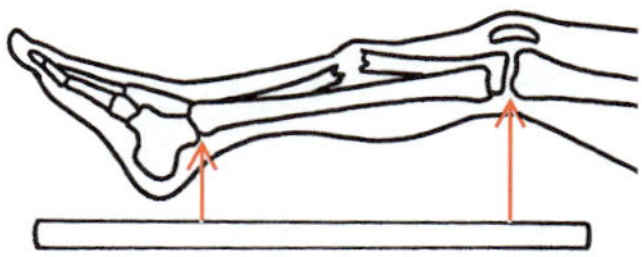

注意 骨折した部分の上下にある関節にとどく長さの副木を使用して、患部を固定してください。

病院へ 開放性骨折では、骨に細菌が入ることで骨髄炎などをおこすことがありますので、すぐに外科か整形外科のある医療機関を受診してください。

患部が不自然に変形しているようなときはすぐに骨折とわかりますが、外見からは判断できないこともあります。痛くて患部を動かすことができないようなときは、骨折しているものと考えて手当を行います。

❶骨折した部分を固定し、医療機関を受診

骨折が疑われるとき：患部を動かさず、できるだけ安静にし、医療機関を受診します。

移動するときに骨折した部分がずれたりしないように、副木（添え木）をあてて固定します。このとき、骨折した部分だけではなく、その上下にある関節にとどく長さの副木をあてるようにします。

❷傷（創傷）や出血があれば、その手当をする

創傷や出血があるとき：前頁と同じように、患部の洗浄や消毒を行います。

骨折した骨が露出しているとき：「開放性骨折」といい、大出血することもあります。患部をガーゼなどでおおい、すぐに医療機関を受診します。

副木と、いろいろな部分の固定のしかた

◀肩関節の固定
副木は不要です。肘を曲げ、上腕とからだが離れてしまわないように固定します。

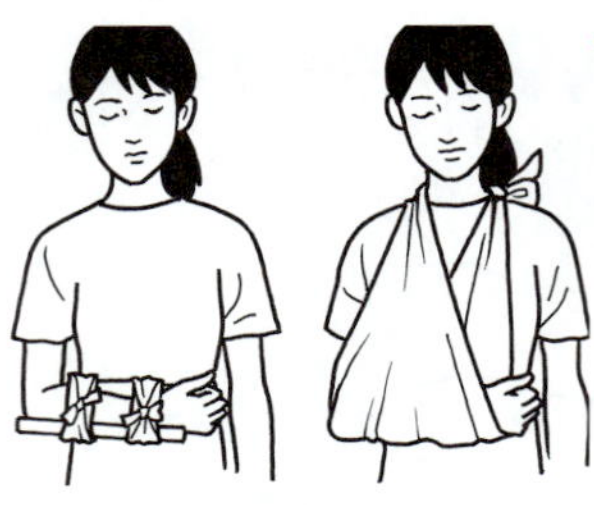

◀前腕骨の固定
上腕骨の固定と同様、肘を曲げて三角巾などで腕をつるします。

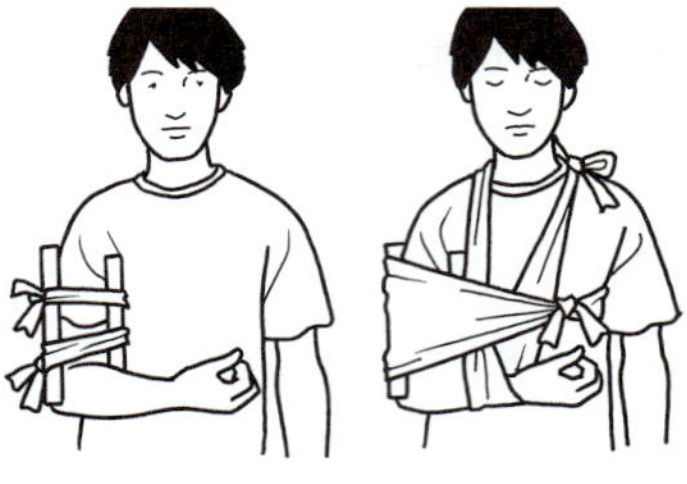

◀上腕骨の固定
副木をあて、肘を曲げて、上腕とからだが離れないように固定するか、三角巾などで腕をつるします。

注意 副木は、骨折した部分を保護したり、移動する際に患部が動いてしまわないように固定するために使用します。身の回りにも副木として利用できる物はありますので、板きれや傘、段ボール、雑誌など、現場で手に入る物を利用して、患部を固定してください。

▼ **手や手首、指の固定**

指が伸ばせないときはむりをせず、痛みのない位置で固定します。

鉛筆を利用して指を固定することもできます。

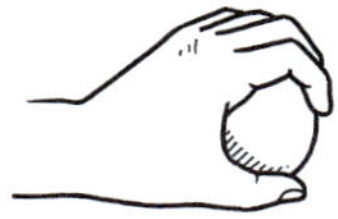

テニスボールなど球体のものや、丸めたハンカチを握らせて固定します。

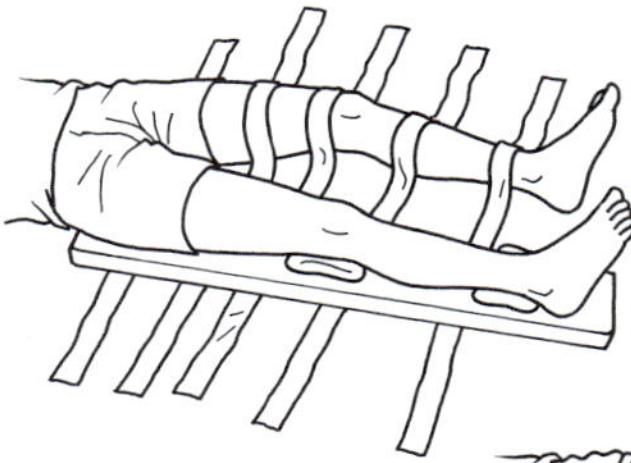

◀ **大腿骨の固定**
足の先からお尻まで届く長さの副木が必要になります。

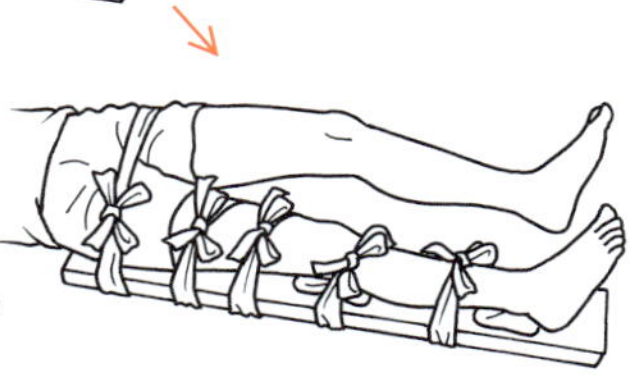

膝や足首の下に、つめ物をして固定します。

▼ **下腿骨の固定**

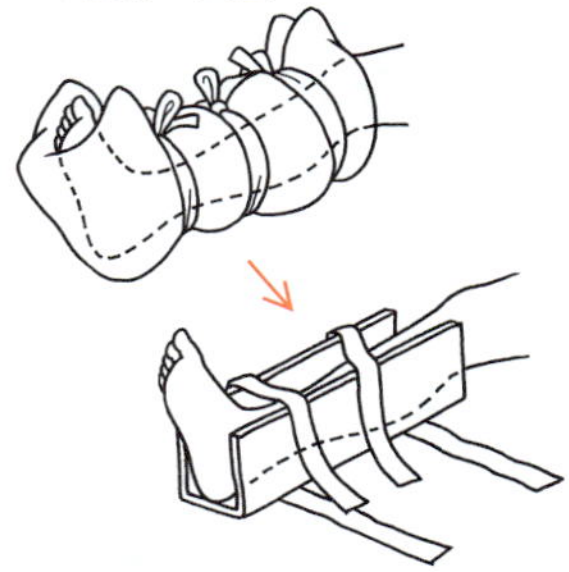

座布団や段ボールを副木として利用することができます。

捻挫・脱臼のときの手当

病院へ 軽症にみえる場合でも、腫れや痛みが引かないときは外科や整形外科を受診してください。

関節や関節の周りの組織が損傷を受ける「捻挫」や、関節が外れてしまう「脱臼」をしたときは、関節が動かないように副木などで固定し、患部を濡れタオルや氷嚢で冷やして医療機関を受診します。

いろいろな関節の固定のしかた

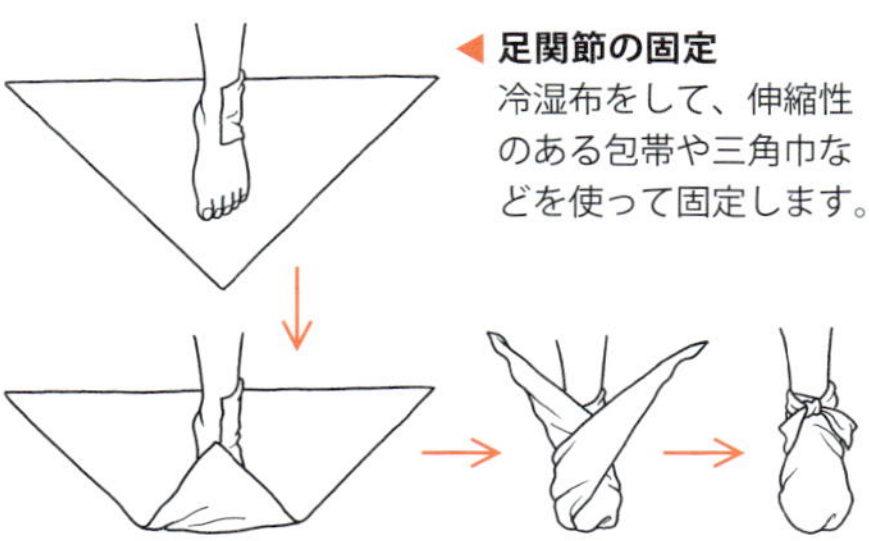

◀ **足関節の固定**
冷湿布をして、伸縮性のある包帯や三角巾などを使って固定します。

▼ **股関節の固定**

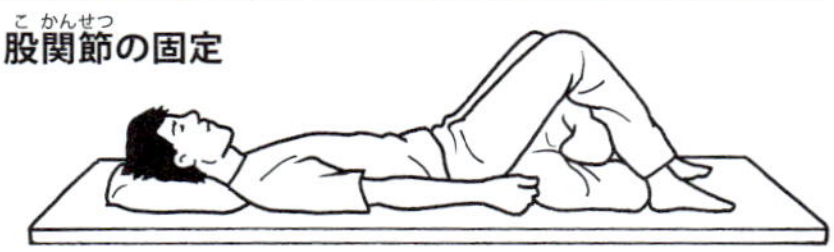

傷病者を戸板や担架にあお向けに寝かせ、膝の下に座布団などを敷いて安静にします。

◀ **肩の関節の固定**
つり包帯や三角巾で腕をつるして固定します。何もなければ、シャツのボタンの間に手を入れます。

手や指の関節の固定 ▶
テニスボールぐらいの大きさの丸い物を握らせ、副木をあてて固定します。

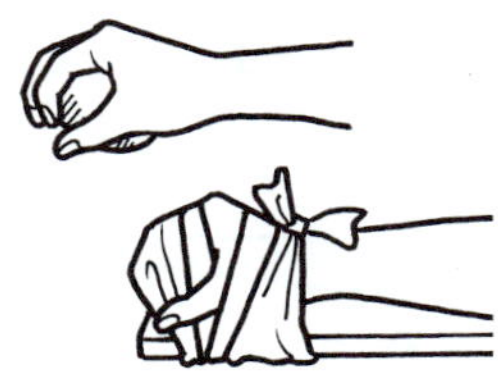

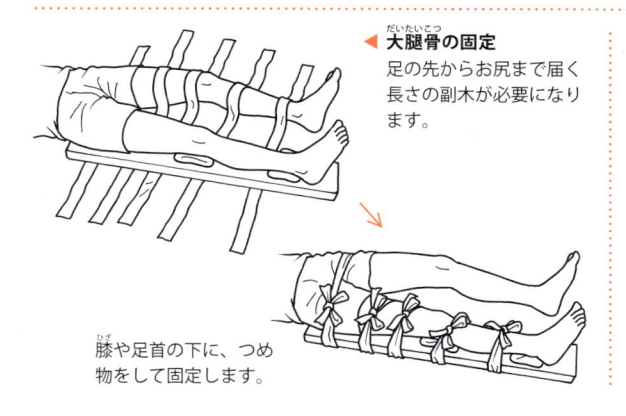

肉離れのときの手当

伸縮包帯やサポーターをつけ、患部を冷やします。

「肉離れ」は、筋肉に急な負担がかかったときにおこる筋線維や筋膜の損傷で、大半が下肢におこります。

肉離れをおこしたとき：患部に伸縮性のある包帯を巻くか、サポーターをつけて氷嚢などで冷やします。

禁止 傷病者を病院などへ運ぶときなどには、歩かせないようにしてください。

アキレス腱断裂のときの手当

この部分がへこみます。

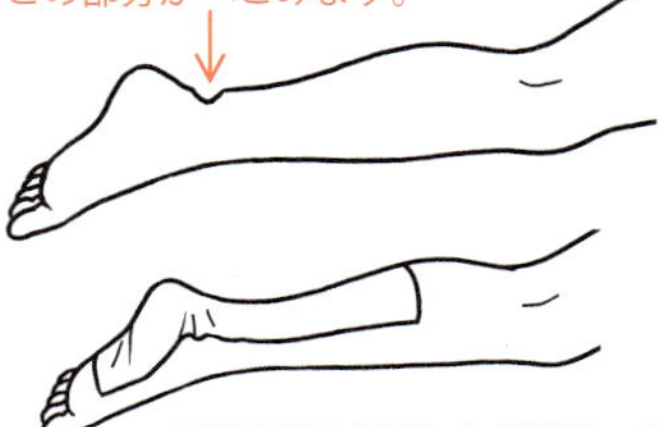

足首や膝を伸ばした状態で、ばんそう膏やガムテープで固定します。

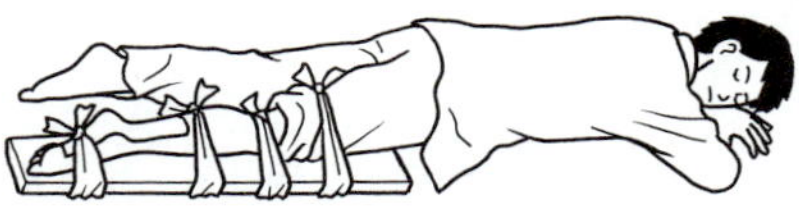

足先から大腿部に届く長さの副木をあてて固定します。

アキレス腱は、スポーツなどで瞬間的に大きな負担がかかったときに、断裂することがあります。アキレス腱が完全に断裂すると、うつぶせに寝かせて足を伸ばしたときに、足首の後ろ（アキレス腱のある部分）がへこみます。

アキレス腱を断裂したとき：うつぶせに寝かせて足首や膝を伸ばした状態にして固定します。ばんそう膏やガムテープを貼りつけて固定するか、足先から太もも（大腿部）まで届く長さの副木で固定し、外科か整形外科を受診します。

注意 スポーツの前には、十分な準備運動を行うことや、適度に水分を補給することで、アキレス腱断裂を予防することができます。

こむら返りのときの手当

「くらげ浮き」の状態になり、ふくらはぎの筋肉をもんだあと、しっかりと伸ばします。

注意 こむら返りが治まったあとは、静かに泳いで岸に上がってください。むりをしたりつま先を伸ばすような姿勢をとるとこむら返りが再発することがあります。

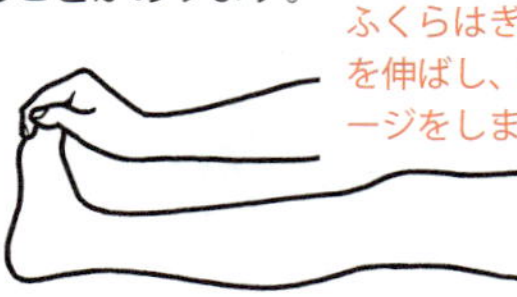

ふくらはぎの筋肉を伸ばし、マッサージをします。

「こむら返り」とは、ふくらはぎなどの筋肉がけいれんをおこし、激しくつって痛む状態をいいます。十分な準備運動をしないでスポーツをしたときや、水泳などで手足が冷えているときにもおこりやすくなります。

水中でこむら返りがおきたとき：落ち着いて大きく息を吸い、両手を下げた「くらげ浮き」の状態になります。その状態でこむら返りをおこした足をよくもみほぐしたあと、足の指を両手で持って踵を押し下げるようにして、ふくらはぎの筋肉をしっかりと伸ばします。

陸上でこむら返りがおきたとき：足の指を持ってすねのほうに向かって引っ張り、ふくらはぎの筋肉を伸ばします。その後、マッサージをして冷湿布をします。

病院へ 何度もくり返してこむら返りがおこるときは、いちど、外科や整形外科を受診してください。

突き指したときの手当

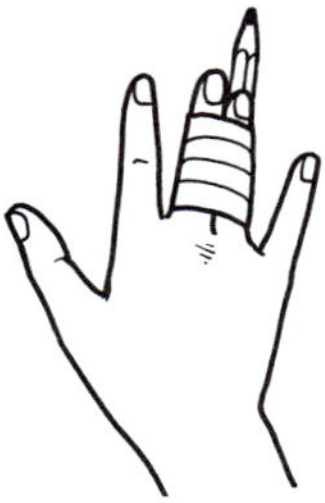

鉛筆や厚紙を副木として利用し、隣の指といっしょに包帯を巻いて固定します。

　突き指をしたときは、骨折や脱臼、腱の損傷などをともなうことがあります。できるだけ早く患部を冷やして、整形外科を受診します。

すぐに治療を受けられないとき：患部を30分以上冷やしたあと、受傷した指に副木をあて、隣の指といっしょに軽く包帯を巻いて固定します。

禁止 突き指したときに受傷した指を引っ張る人がいますが、損傷がひどくなるのでやらないでください。

爪をはがしたときの手当

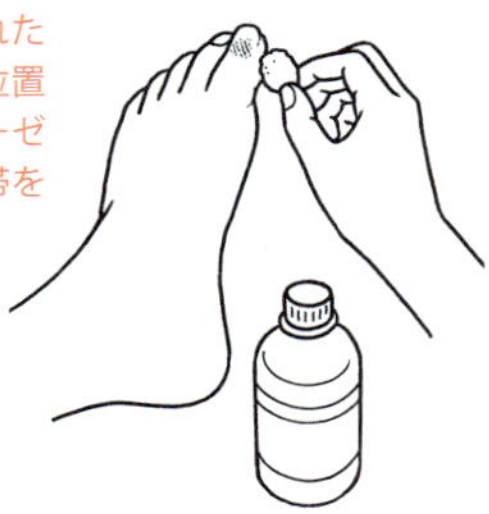

洗浄・消毒したあと、はがれた爪をもとの位置に戻し、ガーゼをあてて包帯を巻きます。

爪をはがしたとき：患部が汚れていればふつうの傷の手当（141頁）と同様、洗浄して、オキシドールなどで消毒します。

　はがれかけた爪はむりに取除かず、もとの位置にそっと戻して上から清潔なガーゼをあてて包帯を巻きます。

病院へ 数日して爪が指にくっつくか、新しい爪が生えてくれば心配はありませんが、痛みがつづいたり、爪が生えてこないような場合は、整形外科を受診してください。

指や手足を切断したときの手当

切断部を圧迫止血します。

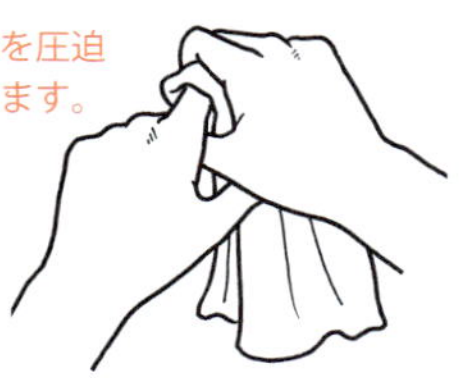

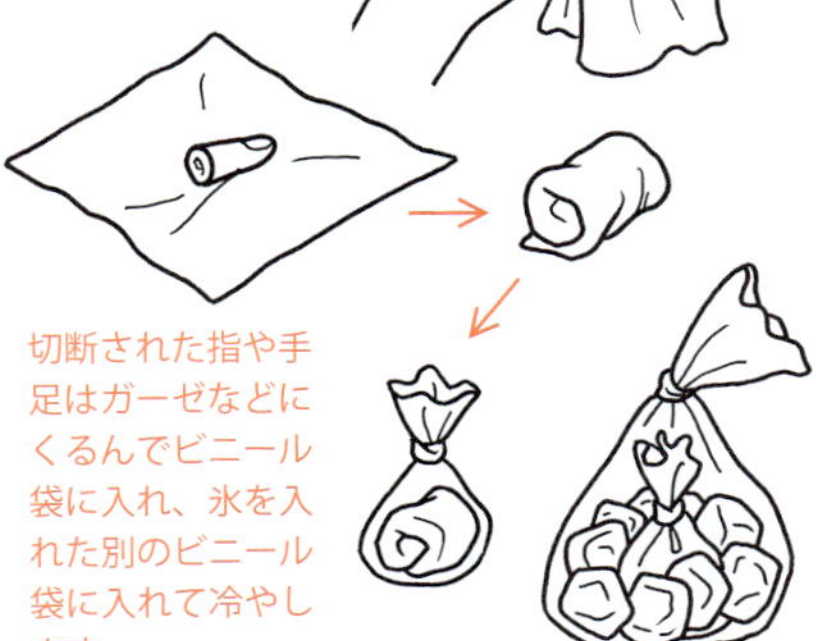

切断された指や手足はガーゼなどにくるんでビニール袋に入れ、氷を入れた別のビニール袋に入れて冷やします。

　専門的な技術や設備を必要としますが、切断された指や手足はもとどおりに修復できる可能性があります。下記の手順で手当をし、**119番通報**するなどして専門的な治療ができる医療機関に運びます。

❶切断部を清潔なガーゼやハンカチでおおって圧迫止血（119頁）します。

❷切断された指や手足は水などで洗わず、そのまま清潔なガーゼや布にくるんでビニール袋に入れます。

❸前述の❷でビニール袋に入れた指や手足を、氷を入れた別のビニール袋に入れて、傷病者といっしょに医療機関へ運びます。

禁止 体液が流れ出るなどして修復が困難になるため、切断された指や手足を水で洗うのは厳禁です。指などを入れた袋の中にも水が入らないように注意してください。

注意 切断された指や手足を氷漬けにしてしまうと、組織が壊死してしまうので注意が必要です。

アウトドアでの動植物による被害と手当

野外に出かけるときには、準備がたいせつ

毒ヘビにかまれたときの手当

毒ヘビにかまれたかどうかの判断法

●深いかみ傷(牙痕)があり、血がにじんでいるとき。

アオダイショウ(無毒)	ヤマカガシ	マムシ、ハブ
浅い歯型のみ	上顎の付け根に毒牙をもつ	上顎の先端に毒牙をもつ

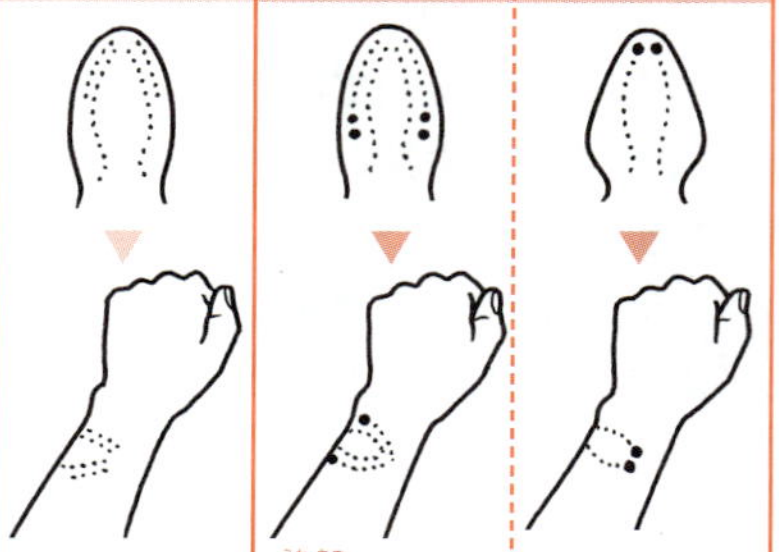

●かまれた箇所が暗赤色(あるいは暗紫色)に腫れ、痛みをともなうとき。

●吐きけや嘔吐、腹痛、下痢、知覚障害、頭痛、脱力感などの症状が現れたとき。

※毒をもたないヘビにかまれた場合は、痛みや腫れはほとんどありません。

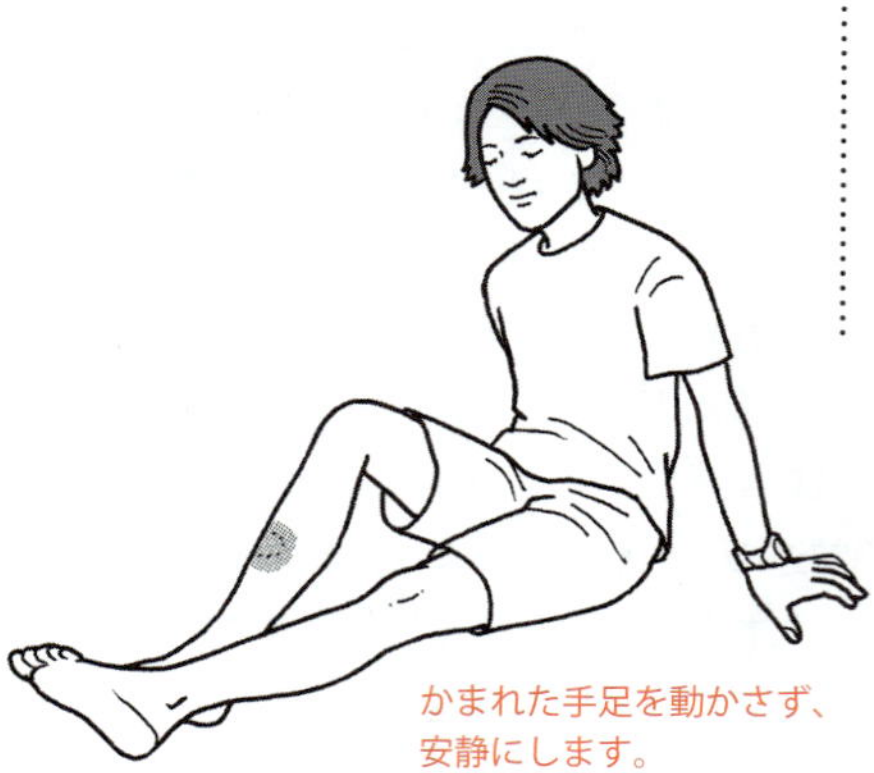

かまれた手足を動かさず、安静にします。

❶毒ヘビかどうかを判断

日本に生息する毒ヘビは、マムシとハブ、ヤマカガシです。それぞれの特徴は、次頁に示していますが、毒ヘビかどうかの判断がつかないときは、左図を参考にして、毒ヘビにかまれた可能性がある場合は、**119番通報**して医療機関を受診します。

注意 以前、同じ毒ヘビにかまれたことがある人の場合、血圧低下やじんま疹、呼吸困難といった重いアレルギー症状「アナフィラキシー」(2006頁)がおこることがあります。アナフィラキシーが疑われる場合は**119番通報**するとともに、口対口人工呼吸などの一次救命処置(99〜115頁)が必要になることがあります。

❷かまれた手足を動かさない

毒ヘビにかまれた手足を曲げたり伸ばしたりして動かすと、毒液が吸収されやすくなるため、かまれた手足を動かさず、安静にします。

禁止 直接口で吸ったり、吸引器具などを使って毒ヘビにかまれた傷口から毒を吸い出す、といった方法を聞いたことがあるかもしれません。しかし、このような方法ではほとんど毒液を回収できないうえに、かえって組織を損傷させるおそれもあるため、傷口から毒を吸い出すことは推奨されません。

傷口から毒液を吸い取ることは推奨されません。

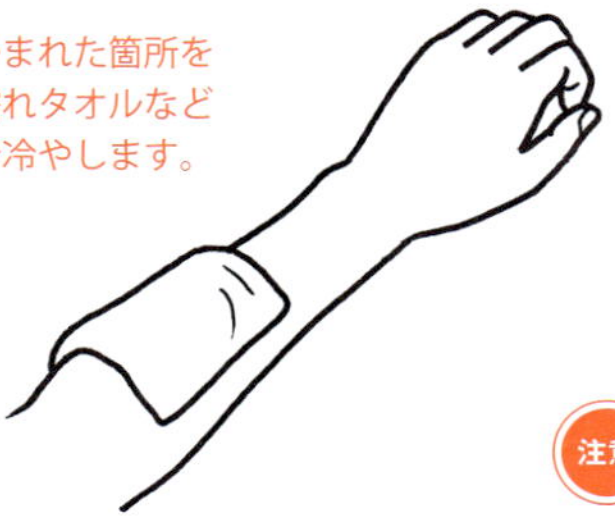
かまれた箇所を
濡れタオルなど
で冷やします。

❸かまれた箇所を冷やす

かまれた箇所を冷やすことで、毒液の吸収を少し遅らせることができるため、救急隊などの到着を待つ間、濡れタオルなどで冷やします。

注意 服の上からかまれた場合は、毒液が体内に入らないこともあります。やぶの中など、毒ヘビが生息していそうな場所へ行くときは、長そでシャツや長ズボン、手袋などで全身を包んで予防することがたいせつです。

日本に生息する毒ヘビとその特徴

マムシ（クサリヘビ科マムシ属）

暗褐色のものが多いが、赤みをおびた個体もいる。
頭部はからだのわりに大きく、三角形をしているのが特徴。

特徴 北海道～大隅諸島にかけて生息。体長は40～60cmほど。頭部は三角形で幅が広い。体色は個体差が大きいため、あまり判断材料にはならない。

被害の時期 地域によっても差があるが、冬眠していない４～10月が多い。

おもな症状 傷口からの出血やしみるような痛み、皮下出血をともなう暗赤色（あるいは暗紫色）の腫れなどが特徴。このほか、視覚障害、めまい、平衡障害（からだのバランスを保てない状態）、むくみや血圧低下などの全身症状が現れることもある。

ハブ（クサリヘビ科マムシ亜科ハブ属）

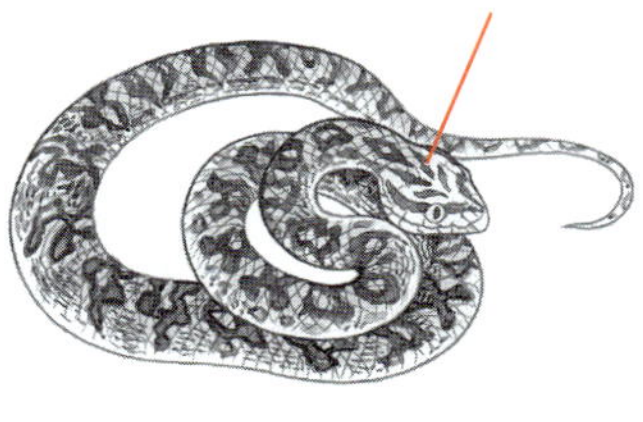
マムシと同様、頭部はからだのわりに大きく三角形をしている。

特徴 沖縄諸島や奄美諸島に生息。体長はリュウキュウハブが100～240cm、ヒメハブは30～80cm。頭部は三角形で幅が広い。体色や模様は個体によってさまざま。

被害の時期 １年中被害の報告があるが、とくに３～11月が多い。

おもな症状 傷口からの出血、強い痛み、皮下出血をともなう腫れ。さらに、嘔吐や下痢、頻脈（脈が速くなる）、チアノーゼ（皮膚や顔が紫色になる症状。1344頁）、むくみや血圧低下といった全身症状が現れることもある。

ヤマカガシ（ナミヘビ科）

くびの後ろにも毒腺があり、毒液をふき出す。
頭部には、無毒のヘビと異なる特徴はない。

特徴 本州～九州、大隅諸島に生息。体長は60～100cm。頭部に独特な特徴はみられない。毒牙は上顎の奥のほうにあり、深くかまれた場合には毒液が体内に入る。

被害の時期 おもに４～10月。

おもな症状 はじめは軽い腫れと痛みだけだが、数時間後から皮下出血や鼻血、吐血、血尿といった「全身性出血傾向」が現れる。また、くびの後ろにも毒腺があり、この毒が目に入ると、はげしい痛みと炎症を引き起こす。

犬・猫・ネズミによるかみ傷の手当

水道の水と、無香料・無着色など、刺激の少ない石けんで傷口をよく洗ったあと、消毒します。

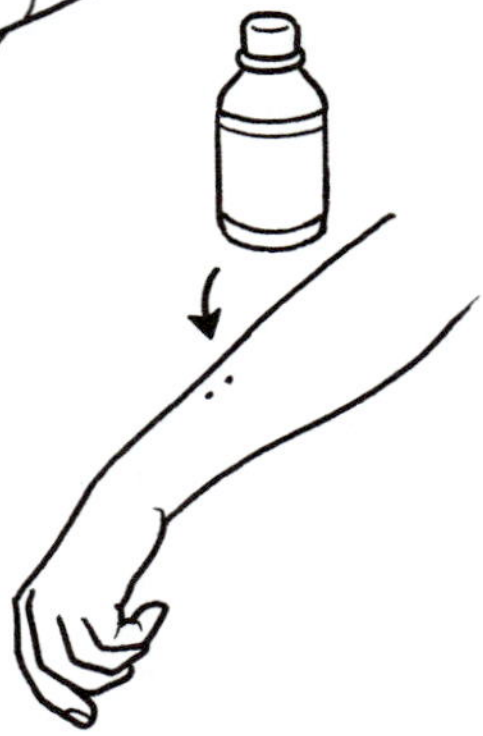

❶かまれた傷をよく洗い、消毒する

傷口を、水道水と刺激の少ない石けんでよく洗い、市販の消毒薬で消毒します。あとで医師や救急隊員にみせたときに傷の状態がわかるように、なるべく無色透明の消毒液を使用してください。

表皮がはがれているとき、出血があるとき：洗浄と消毒を行ったあと、清潔なガーゼなどで患部をおおって医療機関を受診します。

注意　消毒液はできるだけ無色透明のものを使用します。

病院へ　動物によるかみ傷は、見た目よりも深い場合が多いため、応急手当を行ったあとは、必ず医療機関を受診してください。

❷腫れがひどいときは冷やす

かまれた箇所の腫れがひどいときは、患部を冷やします。

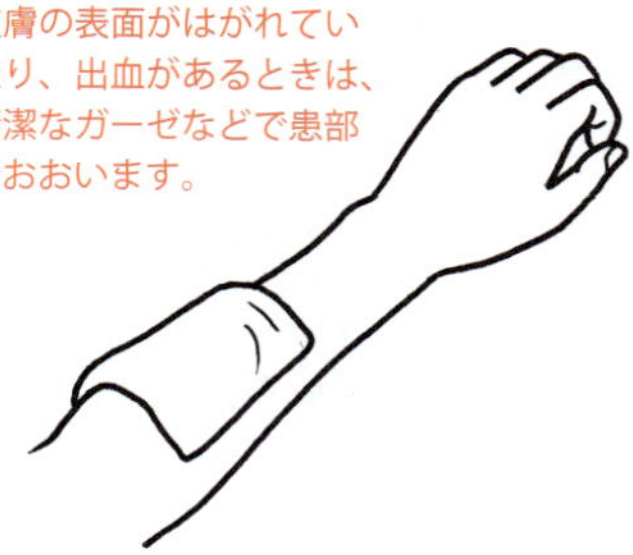

皮膚の表面がはがれていたり、出血があるときは、清潔なガーゼなどで患部をおおいます。

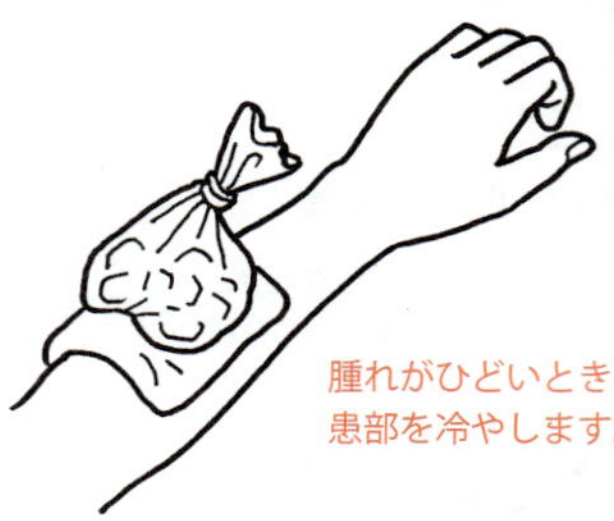

腫れがひどいときは患部を冷やします。

動物にかまれたときは必ず医師の診察を受ける

犬や猫、ネズミといった動物にかまれたり、ひっかかれたりした傷は、見た目には小さくても傷が深いことが多いです。また、これらの動物はさまざまな細菌に感染していることがあり、破傷風や鼠咬症（ネズミにかまれたことによる発熱などをともなう感染症）に感染して、数週間後に高熱などの症状が現れることもあるので注意してください。動物にかまれた場合は、応急手当だけですませるのではなく、必ず医師の診察を受けるようにしましょう。

世界では毎年3万5000～5万人が狂犬病で死亡しているとされ、2006（平成18）年には海外で野犬などにかまれた日本人の死亡例が報告されています。海外、とくに狂犬病の流行地域であるアジアやアフリカ地域で野犬などにかまれたりひっかかれたりしたときは、上記の処置を行い、すぐに医療機関を受診してください。

ハチなどの虫による刺し傷の手当

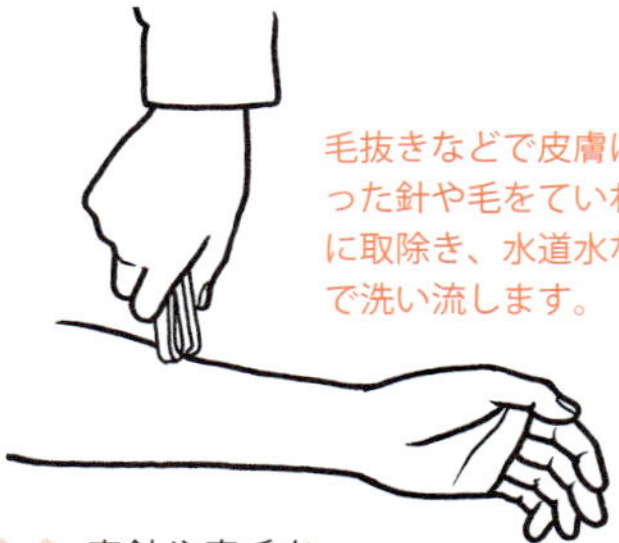

毛抜きなどで皮膚に残った針や毛をていねいに取除き、水道水などで洗い流します。

禁止 毒針や毒毛を皮膚の中に押し込んでしまうこともあるので、強くこすることは厳禁。

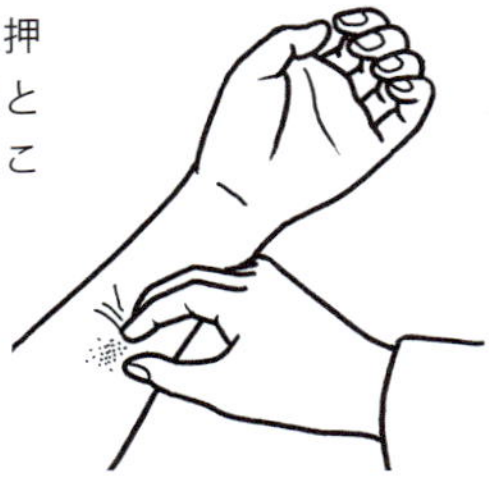

血液といっしょに毒液を押し出します。

アナフィラキシーのおもな症状

●全身にじんま疹や発疹がでる、皮膚が蒼白になるなどの「皮膚症状」。
●倦怠感（だるさ）や頭痛、悪寒、冷や汗などの「全身症状」。
●脈が浅く、速くなる、血圧が低下するなどの「循環器症状」。
●腹痛、嘔吐、尿・便失禁、下痢などの「消化器症状」。
●呼吸困難、せき、くしゃみなどの「呼吸器症状」。
●口唇部（口の周り）のしびれやめまい、けいれん、昏睡などの「神経症状」。

❶毒針や毒毛を取除く

可能ならば、皮膚に残った毒針や毒毛をていねいに取除きます。とくにミツバチに刺された場合は、針が皮膚に残っていることが多いです。

❷傷口を洗い、毒を押し出す

刺された箇所に傷があれば、水道水などでよく洗います。可能ならば、毒液を血液といっしょに押し出します。

❸洗浄し、消毒する

刺された箇所を再びよく洗い、消毒します。また、刺された箇所を冷やすと腫れや痛みが和らぎます。

病院へ 腫れや痛みなどの症状がひどいときは、医療機関を受診します。

❹アナフィラキシーショックが疑われる場合

ハチに刺されたときは、患部の腫れや痛みのほかに、全身にアレルギー症状が現れることがあります。とくに、以前同じハチに刺されたことのある人は重篤な症状であるアナフィラキシーショック（2006頁）をおこす場合があり、死亡例も報告されています。

アナフィラキシーショックをおこしたときは**119番通報**し、早急に医療機関でアドレナリンを注射する必要があります。現場では、気道確保（105頁）や口対口人工呼吸などの一次救命処置（99～115頁）が必要になることもあります。

スズメバチへの対処と予防

日本で、毎年多くの死者をだしている野外生物がスズメバチの仲間です。

野山などで、知らずにスズメバチの巣に近づくと、まず数匹のハチが大顎をカチカチと鳴らす警告音を発します。この音を聞いたときは、背をなるべく低くして、ハチを刺激しないようにゆっくりとその場を離れます。また、スズメバチは黒いものを攻撃する習性がありますので、野山に行くときは黒い服の着用を避けましょう。

スズメバチに刺されたときは、1～2か所であれば上記の手当を行いますが、何か所も刺された場合や、アナフィラキシーの徴候が現れたときは、119番通報してすぐに医療機関を受診してください。

注意 林業従事者など、ハチに刺されやすい環境にいる人のなかには、医師にアドレナリンの自己注射器を処方されている人もいます。傷病者本人が自分では対応できないときには、求めがあれば手助けしてください。

毒をもつ魚やクラゲなど、海棲動物による刺し傷の手当

毒をもつ魚に刺されたときの症状

軽症 ⇔ 重症	症状
軽症	●患部の痛み、腫れ
	●吐きけ、めまい、冷や汗、血圧低下、不整脈
重症	●**けいれん、意識障害、呼吸困難**

毒をもつクラゲに刺されたときの症状

軽症 ⇔ 重症	症状
軽症	●患部の痛み、軽い脱力感
	●全身のしびれ、せき、胸が締めつけられるような感覚
重症	●**激しいせき、嘔吐、じんま疹、歩行困難など**

病院へ　重症の場合は**119番通報**するなどして医療機関を受診します。

注意　クラゲの毒は、酢酸（お酢）で毒性がなくなるといわれています。

❶毒をもつ魚に刺されたとき

ゴンズイやオコゼ、カサゴ、アカエイなど、毒をもつ魚による刺し傷の症状と対処にはある程度の共通点があります。刺されてから数時間は症状の変化に注意し、重い症状が現れた場合は**119番通報**して医療機関を受診します。

毒のあるクラゲに刺された場合も同様です。

❷傷口を洗い、毒針を取除く

水で傷口をよく洗い、毒針が残っているときは、可能ならば取除きます。

とくにクラゲに刺された場合は、触手をなるべく早く、ていねいに洗い流します。

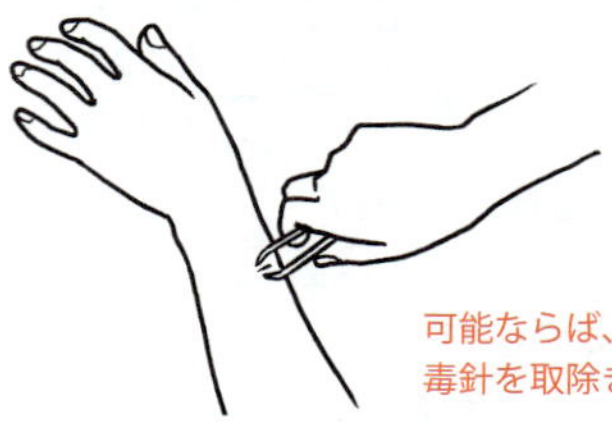

可能ならば、皮膚に残った毒針を取除きます。

植物による刺し傷・かぶれの手当

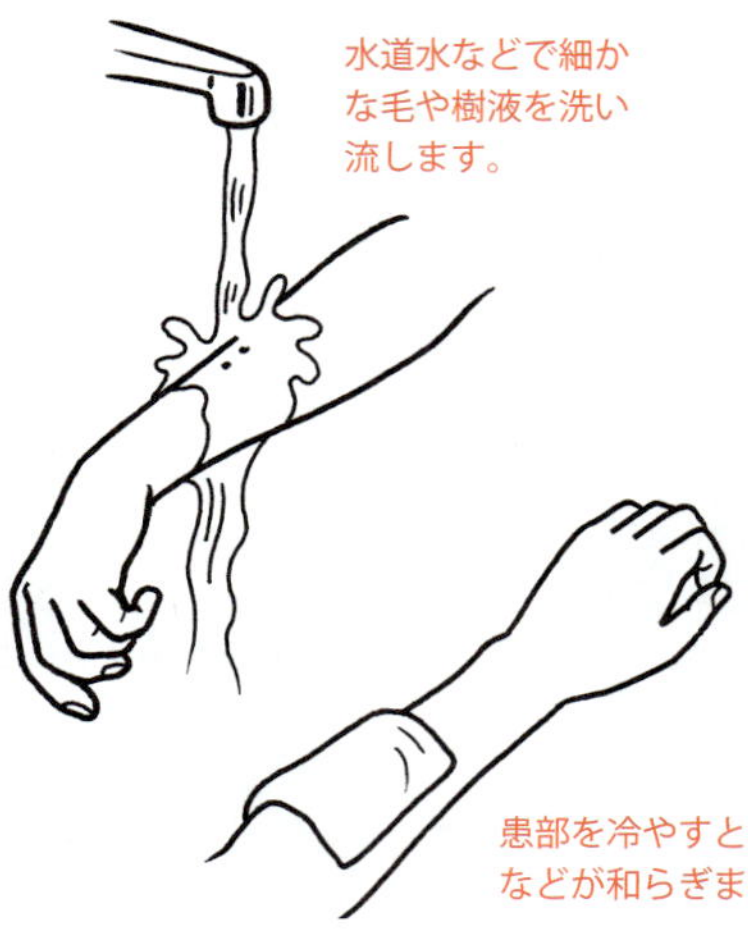

水道水などで細かな毛や樹液を洗い流します。

患部を冷やすと、腫れなどが和らぎます。

❶水道水などで洗い流す

勢いの強い水道水などで皮膚に刺さった植物の毛などを洗い流したあと、十分に皮膚を洗います。ウルシなどの樹液でかぶれた場合は、できるだけ早く水道水などの大量の水で洗い流します。

❷かぶれがひどいときは医療機関へ

樹液でかぶれた場合、かぶれが広範囲にわたると、熱がでたり腫れあがることもあるので、そうした場合には医療機関を受診します。

アウトドアで注意が必要な動植物

野山の虫・動物

スズメバチ（オオスズメバチ）
北海道から大隅諸島に分布。毒は強く、刺されると患部が腫れあがる。体質によってアナフィラキシー（2006頁）をおこすこともあり、呼吸困難などによる死亡例も多い。

キイロスズメバチ
本州から大隅諸島に分布。オオスズメバチより毒は弱いが、住宅の軒下などに巣をつくることも多く、オオスズメバチ同様多くの被害事例が報告されている。

そのほかにも……●アシナガバチ、ミツバチ、アブ、毛虫（イラガ、マツカレハなど）、カ（アカイエカ、ネッタイシマカ、ヌカカなど）、アリ、ムカデ、近年では外来種のセアカゴケグモなどにも注意が必要。

磯や海中の生物

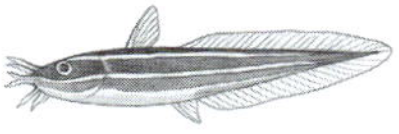

ゴンズイ
本州中部以南の近海に生息。背びれと胸びれに毒のトゲをもち、刺されると激しい痛みと腫れにおそわれる。

オコゼ
背びれに毒のトゲをもち、時間とともにズキズキとした痛みに変わる。とくに本州中部以南に分布するオニダルマオコゼ（図）の毒は強い。

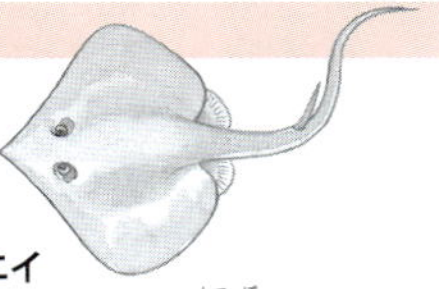

アカエイ
日本各地に生息。尻尾の背中側にある毒のトゲに刺されると強い腫れと痛みがつづくほか、重症の場合は死亡例も報告されている。

マダラウミヘビ
サンゴ礁に生息するが、海流にのって北上することもある。かまれると筋肉の硬直や痛み、運動障害がおき、呼吸困難などで死亡例もある。

イモガイ
熱帯の海に多く生息する。猛毒の銛を発射する。イモガイの一種であるアンボイナに刺されると、全身まひや呼吸困難におちいり、死亡例も報告されている。

ヒョウモンダコ
相模湾以南に生息。体長10cmほどの小さなタコだが、猛毒をもつ。かまれると視覚障害や呼吸困難、全身まひなどで死に至ることもある。

カツオノエボシ
本州以南に生息。触手に猛毒の刺胞をもち、刺されると激痛におそわれ、重症の場合、呼吸困難で死亡することもある。

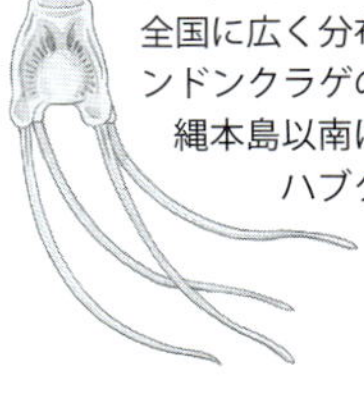

アンドンクラゲ
全国に広く分布する。アンドンクラゲの一種で沖縄本島以南に生息するハブクラゲでは、呼吸停止などで死に至る例もある。

そのほかにも……●ラッパウニ、ガンガゼ、オニヒトデ、ミノカサゴ、ウツボなどにも注意が必要。また、口先の尖ったダツは夜間、光に向かって突進する性質があり、ダイバーが刺されるなどの事故が報告されている。

樹液や毛でかぶれる植物

ウルシ
体質によって異なるが、漆器の塗料となる樹液のウルシオールがかぶれの原因となる。

ハゼノキ
ウルシ科の落葉高木で、ウルシかぶれの原因となる。はぜ蝋の原料となるため、本州や九州で多く栽培された。

そのほかにも……●ツタウルシ、ブタクサ、カクレミノ、イチョウ、シダレヤスデゴケ、トキワザクラ、オトメザクラ、イラクサなどにも注意。

発熱したときの手当

発熱はからだのなんらかの異常を示すサイン

熱の高さだけではなく、そのほかの症状にも注意

発熱にともなう症状と対処

発熱があるとき

- 発熱だけのとき
  安静にして、次頁の手当を行います。
- 「発疹」「皮下出血」をともなうとき
  すぐに医療機関を受診。医師に発疹の現れた時間や発疹の部位、形、色、さらには薬の服用歴を伝えます。
- 「激しい頭痛」「嘔吐」「けいれん」「意識障害」をともなうとき
  119番通報などにより、一刻も早く医療機関へ運びます。

子どもが発熱したとき

- 元気で食欲もあるとき
  安静にして、次頁のとおりに手当を行います。
- 「ぐったりしている」「食欲がない」「顔色が悪い」「唇が紫色になる」といった症状のとき
  一刻も早く医療機関を受診します。

発熱は、からだになんらかの異常がおきたときの症状のひとつです。ただし、熱の高さだけで何の病気であるのかの判断はできませんし、微熱（37.0〜37.9度）であっても重い病気にかかっている場合もありますので、発熱以外の症状にも注意する必要があります。

発疹や皮下出血があるとき：すぐに医療機関を受診します。その際、発熱後どのくらいたってから発疹したのか、どの部位にどんな形や色の発疹が現れたのか、また、何か薬を服用していないかを医師に伝えてください。

高熱（39.0度以上）とともに激しい頭痛や嘔吐、けいれん、意識障害があるとき：119番通報するなどして一刻も早く医療機関を受診します。

子どもが発熱したとき：元気で食欲もあるような場合は、安静にしてようすをみていても大丈夫です。しかし、微熱程度でも、ぐったりして食欲がなかったり、顔色が悪くなる、唇が紫色になる、といった症状があれば、すぐに医療機関を受診してください。

いろいろある発熱の原因

発熱は、かぜ（感冒）やインフルエンザ、急性扁桃腺炎、肺炎、胆嚢炎、腎盂腎炎といった感染症のほか、細菌による化膿性炎症、さらには悪性腫瘍（白血病、悪性リンパ腫など）によっても引き起こされる症状です。とくに39・0度以上の高熱なのに、くしゃみや鼻水といった感冒の症状がみられない場合は、重い病気である可能性もありますので、すぐに医療機関を受診してください。

高熱のときは、安静にして頭部を冷やす

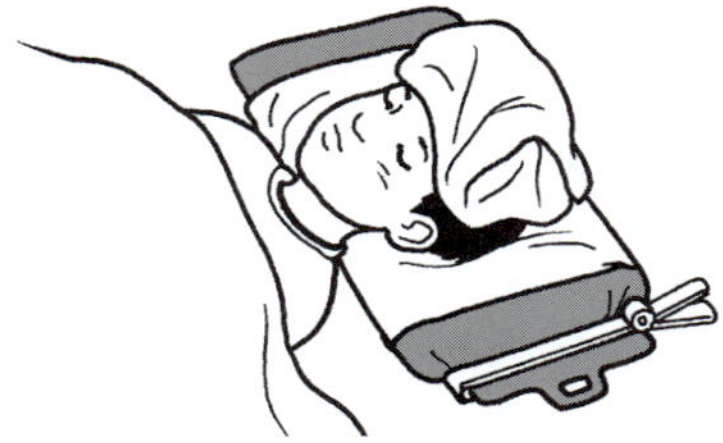

水枕は肩を冷やさないよう、タオルなどに包んで使います。

氷囊は、直接あてるのではなく、必ずガーゼやタオルに包んでからあててください。

発熱のあるときは、まず静かに寝かせることがたいせつです。水枕や氷囊で頭部を冷やすと楽になりますが、傷病者本人が嫌がるときは、むりに冷やす必要はありません。

高熱（39.0度以上）がつづくとき：氷囊をガーゼなどで包んで、くびの両側を冷やすと楽になります。

注意 腋下（わきの下）で体温を測るときは、汗を十分にふきとってから体温計を入れるようにします。

悪寒や震えがあれば全身を温める

汗がひどいときは、タオルなどでよくからだをふきます。

高熱で悪寒や震えがおこったとき：全身を毛布などでくるんで、からだを温めます。悪寒が落ち着き、傷病者本人が希望するなら、温かい飲み物を飲ませてもかまいません。

ひどく汗をかくとき：乾いたタオルなどでからだをよくふき、汗で濡れた下着やシャツ、パジャマ、シーツなどはこまめに取り替えます。

注意 ひどく汗をかくときは、脱水症状に注意が必要です。温かい飲み物などをできるだけ飲ませるようにしてください。

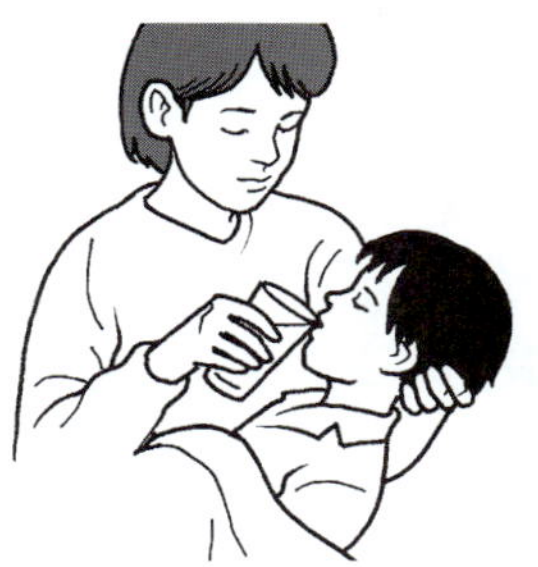

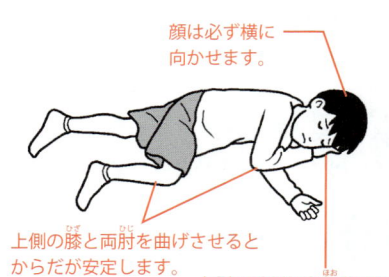

ひきつけ・けいれんのときの手当

落ち着いて対応することがたいせつ

1 周りの危険物を取除き、安静にする

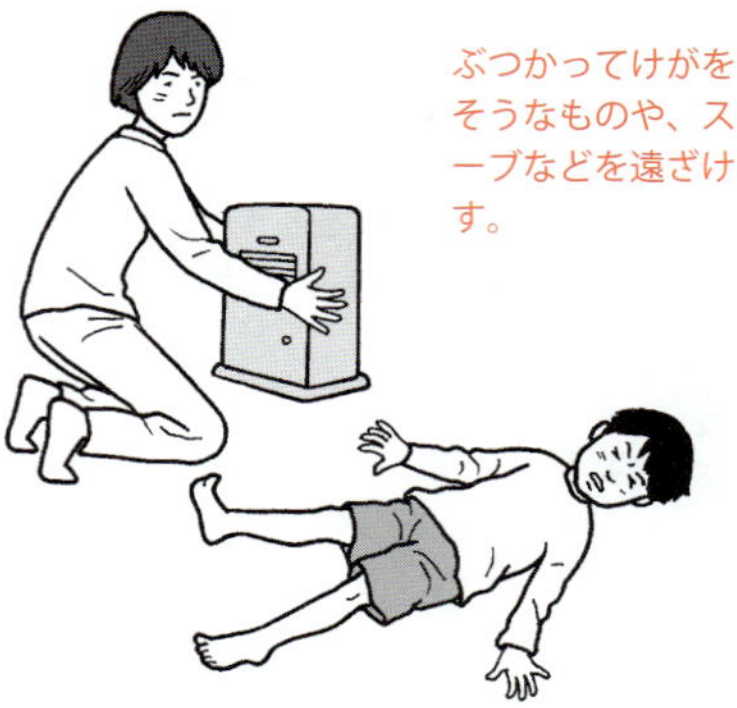

ぶつかってけがをしそうなものや、ストーブなどを遠ざけます。

注意 ひきつけやけいれんの場合、安静にすることがたいせつです。抱きかかえて走ったり、ゆすったりすると、かえってひどくなることもありますので、やめてください。

回復体位（167頁）

顔を横向きにさせることで、誤嚥（吐いたものなどを誤って飲み込むこと）することを防ぎます。

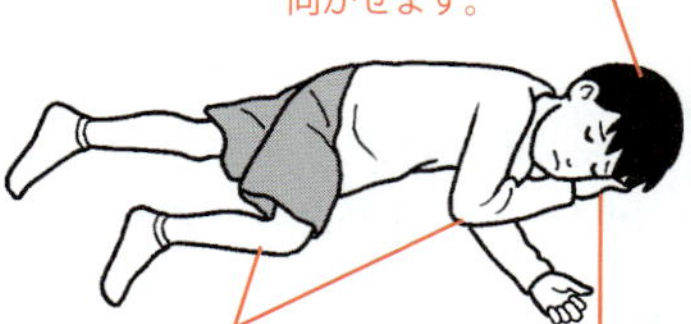

注意 熱がある場合は、氷嚢などで頭を冷やすと楽になります。

手足が突っ張ったり、全身を硬直させる「ひきつけ」や、手足をガタガタと動かす「けいれん」は、子どもにおこることが多く、周囲の人を驚かせる症状です。しかし、死に至ることや後遺症が残ることはあまりありませんので、まずは落ち着いて対応することがたいせつです。

ひきつけ・けいれんがおきたとき：倒れてもけがや、やけどをしないように、周囲にある危険物を遠ざけます。傷病者を動かすと、かえってひきつけやけいれんがひどくなることもありますので、安静にする必要がありますが、道路上や階段などで移動が必要な場合は、安全な場所に移動させます。

つぎに、衣服などを緩めて横向きの姿勢（回復体位、167頁）で安静にします。

おとながひきつけ・けいれんをおこしたとき：子どもの場合と同様、周囲の危険物を遠ざけますが、おとなが初めてひきつけやけいれんをおこした場合は、脳腫瘍などの病気が疑われますので、**119番通報**をしてすぐに医療機関を受診してください。

ひきつけ・けいれんの原因

もっとも多いのは子どもがおこすひきつけやけいれんで、発熱にともなう「熱性けいれん」や「憤怒けいれん」、てんかんの発作によるけいれんなどがあり、いずれも数分で治まることがほとんどです。

しかし、おとながおこすひきつけやけいれんでは、脳卒中や脳炎、脳腫瘍など、脳の疾患が原因でおこることや、低血糖、尿毒症、薬物中毒、熱中症などによっておこることもありますので、医療機関を受診する必要があります。

2 けいれんや呼吸の状態を確認する

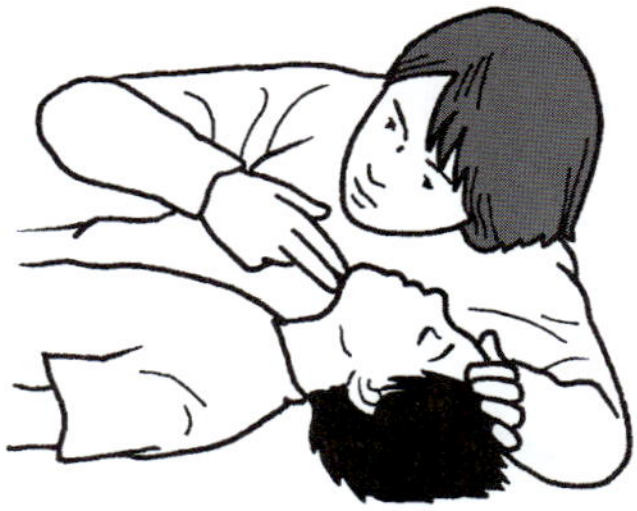

気道を確保して、普段どおりの呼吸があるかどうかを確認。必要に応じて119番通報するとともに、一次救命処置（99〜115頁）を行います。

病院へ 子どものひきつけ・けいれんの多くは、発熱にともなう「熱性けいれん」で、生命にかかわることや、後遺症が残ることはほとんどありません。しかし、これらの症状はほかの病気によっておこることもありますので、数分以内に治まった場合でも、必ず医療機関を受診してください。

あとで医師に報告するために、けいれんがいつから始まったのか、またからだのどの部分から始まってどのくらいつづいたのか、などを観察します。同時に呼吸の状態も調べます。

けいれんなどが数分以内に治まったとき：早めに医療機関を受診します。

けいれんなどが10分以上つづくとき、くり返しおきるとき：**119番通報**して、一刻も早く医療機関を受診します。

普段どおりの呼吸をしていないとき、唇や顔が紫色になったとき：**119番通報**すると同時に、必要に応じて口対口人工呼吸と胸骨圧迫（心臓マッサージ）などの一次救命処置（99〜115頁）を行ってください。

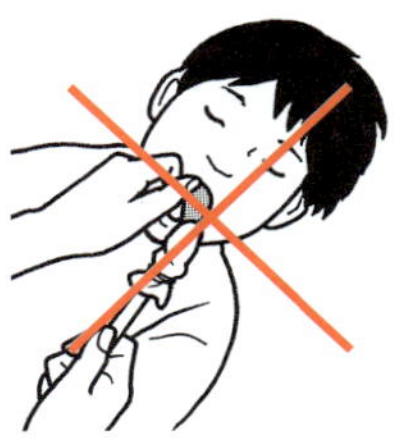

禁止 以前は、ひきつけやけいれんがおきると、舌をかみ切らないように、割りばしやガーゼを歯の間にかませることが勧められていましたが、舌をかみ切ることはほとんどありません。逆に、ひきつけやけいれんの最中に口を開けさせることは困難ですし、救助者が指をかまれる可能性もあって危険です。

　また、むりに物をかませようとすると、歯を折ってしまうことがあるほか、ガーゼなどをのどにつまらせたり、舌をのどに押し込むことで窒息させてしまうこともあるので、かえって危険です。

3 顔を横向きにして吐いた物などをぬぐう

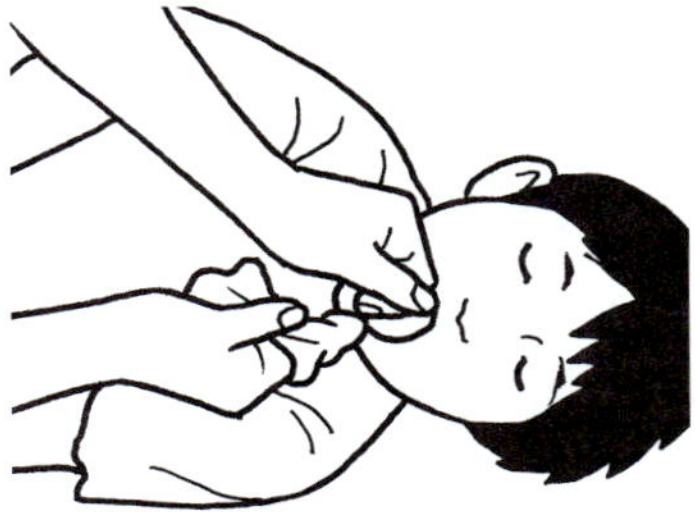

利き手ではないほうの親指と人差し指を交差するようにして口を開けさせ、利き手の人差し指にガーゼなどを巻いて傷病者の頬の内側にそわせるようにして、吐いた物や唾液をぬぐいとります。

ひきつけ・けいれんが治まったとき：もし、吐いた物や唾液が呼吸の障害になっているようであれば、左図のようにして口を開けさせ、清潔なガーゼなどで口の中からぬぐいとります。

禁止 かまれる危険性があるため、けいれんなどをおこしている最中に指を口に入れてはいけません。

胸が痛い、胸が苦しいときの手当

圧迫されるような痛みが20分以上つづくときはすぐに病院へ

1 衣服などを緩めて楽な姿勢をとらせる

クッションなどを胸に抱かせるような姿勢をとらせると、楽になることが多いです。

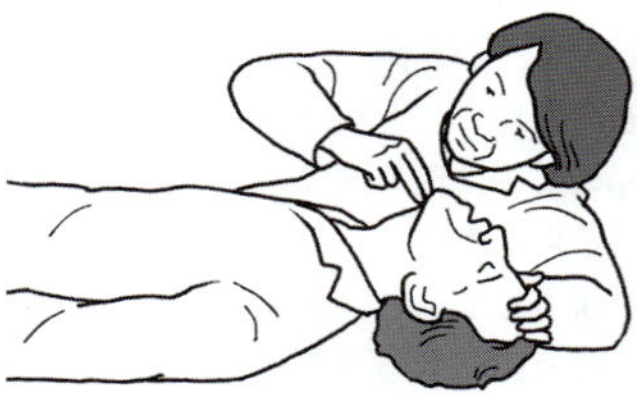

反応や普段どおりの呼吸がないときは、119番通報とともに、必要に応じて一次救命処置（99〜115頁）を行ってください。

胸の痛みを訴えたとき：衣服などを緩め、傷病者本人がいちばん楽に感じる姿勢をとらせて安静にします。

ソファーなどに座らせ、クッションや枕を胸に抱かせるような姿勢をとると楽になることが多いです。

反応や普段どおりの呼吸がなくなったり、けいれんをおこしたとき：大声で呼んでも反応がなかったり、普段どおりの呼吸をしていないときは、心肺停止状態におちいった可能性があります。**119番通報**すると同時に、必要に応じて口対口人工呼吸や胸骨圧迫（心臓マッサージ）などの一次救命処置（99〜115頁）を行います。

病院へ　心筋梗塞などでは、胸の痛みのあと、心肺停止におちいることもあります。反応や普段どおりの呼吸がなくなった場合は、**119番通報**をして一刻も早く医療機関を受診します。

2 痛みが治まらないときは病院へ

圧迫される、あるいは締めつけられるような痛みが20分以上つづくとき：心筋梗塞などの疑いがありますので、**119番通報**して医療機関へ運ぶか、かかりつけの医師に連絡をして指示を受けてください。

膝の下に座布団を入れるなどして楽な姿勢で安静にし、119番通報します。

顔色が悪く、冷や汗が出るとき：布団やベッドにあお向けに寝かせ、膝の下に座布団を入れるなどして楽な姿勢にします。その後、**119番通報**して医療機関を受診してください。

3 呼吸困難があるときは上体を起こす

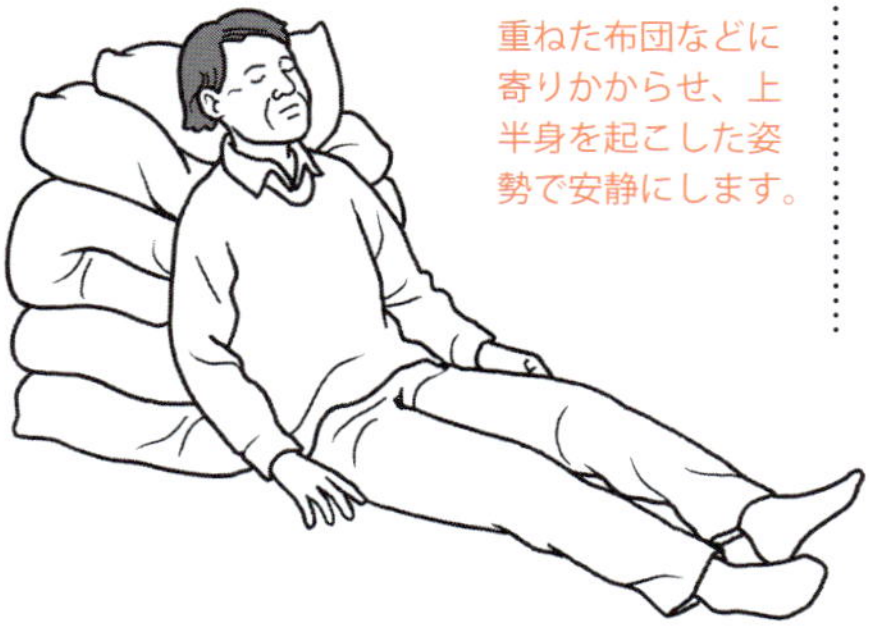

重ねた布団などに寄りかからせ、上半身を起こした姿勢で安静にします。

呼吸困難があるとき：呼吸が浅く、速く、ゼーゼーと苦しそうなときは、重ねた布団などに寄りかからせるようにして上半身を起こし、安静にします。その後、**119番通報**するか、かかりつけの医師に連絡してください。

禁止 傷病者が便意や尿意を訴えても、ひとりでトイレに行かせるのは危険です。必ず誰かがついて行くようにしてください。

4 寒さを訴えるときは、全身を温める

寒さを訴えたら、毛布などで全身を保温します。

戸外などで寒さを訴えるとき：毛布などをかけて全身を保温し、安静にします。

暖かい室内などで寒さを訴えるとき：発熱していたり、血圧の低下によって血液の循環が悪くなっている可能性があります。**119番通報**するか、かかりつけの医師に連絡してください。

病院へ 暖かい場所にもかかわらず寒さを訴えた場合は、すぐに医療機関を受診してください。

胸痛の原因のいろいろと一刻を争う心筋梗塞

激しい胸の痛みをともなう病気には、心筋梗塞や狭心症といった心臓疾患のほか、急性大動脈解離、自然気胸、肋間神経痛などがあります。循環器の専門医などであれば、胸痛の程度や全身の状態から原因となる病気の診断も可能ですが、一般の人には区別はつきません。

それでも、心臓がある胸の中央や少し左側が、突然圧迫されるように痛み、冷や汗が出るほどの痛みが20分以上つづくときは、心筋梗塞が疑われるので、とくに注意が必要です。

心筋梗塞では、胸痛がおこってから1時間以内に心肺停止におちいることも多いため、119番通報をして、一刻も早く救急科や循環器の専門医のいる医療機関を受診する必要があります。万が一心肺停止になったときでも、口対口人工呼吸や胸骨圧迫などの一次救命処置（99～115頁）を行えば助かる可能性が高くなります。傷病者から目を離さないようにして、状態の変化に注意していてください。

呼吸が苦しい、せきが止まらないときの手当

肺や気管支、心臓の病気が原因のことが多い

1 楽な姿勢をとらせてようすをみる

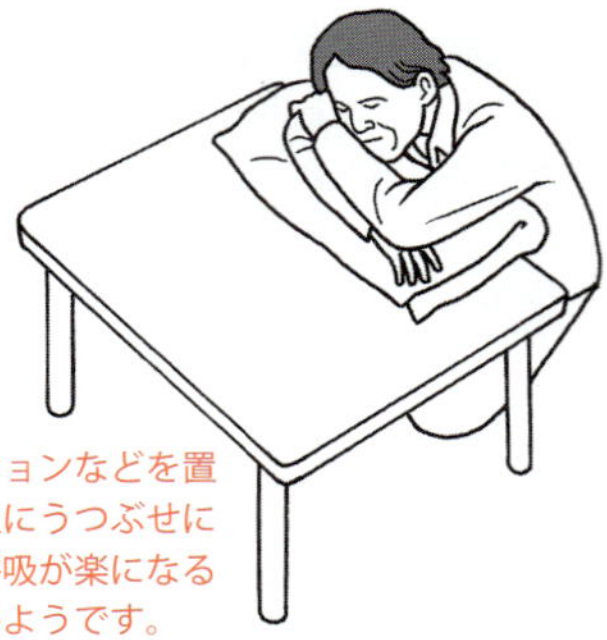

机にクッションなどを置き、その上にうつぶせにさせると呼吸が楽になることが多いようです。

激しくせき込んだり、呼吸が苦しいといった呼吸困難におちいったとき：衣服を緩めて、傷病者本人がいちばん楽に呼吸ができる姿勢をとらせます。救助者は、傷病者の呼吸の状態が悪化しないかどうか注意します。

また、傷病者を座らせ、後ろから少し押すようにして背中をさすると、呼吸が楽になることがあります。

注意 肺や心臓の慢性的な病気や、神経、筋肉の病気などで、在宅酸素療法（1305頁）を受けている人の場合は、酸素吸入を行ってください。吸入酸素の量は事前に医師から説明を受け、自己の判断で吸入酸素量を変えないでください。

注意 突然呼吸困難がおこり、呼吸のたびにゼーゼー、ヒューヒューといった音がする場合は、気管支ぜんそく（1264頁）の発作であることが多いです。医師から気管支拡張薬の吸入薬を処方されていれば使用してください。それでも呼吸困難がつづく場合は、かかりつけの医師に連絡して指示を受けてください。

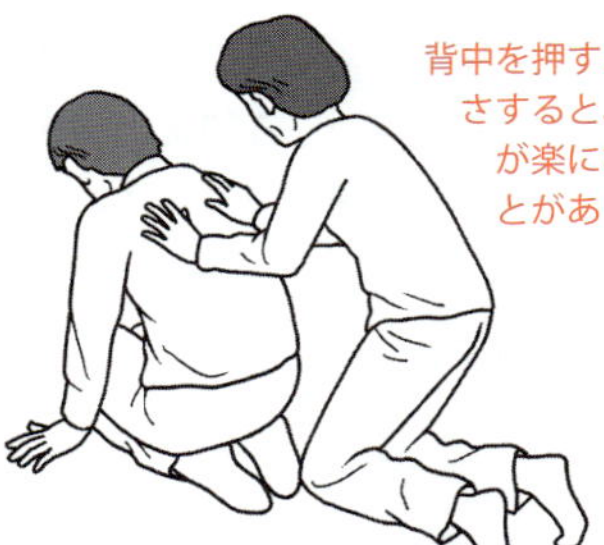

背中を押すようにさすると、呼吸が楽になることがあります。

注意 ただし、強くさすりすぎると逆効果ですので注意が必要です。

呼吸困難の原因と過換気症候群

呼吸困難は、肺炎や気管支炎、気管支ぜんそくの発作、さらには心臓の疾患などによって引き起こされます。しかし、これ以外にも、心配事や不安感、精神的なストレスが引き金となって呼吸困難がおこることがあります。

これは、不安感などから空気が足りないような息苦しさを感じ、そのためにますます不安になって呼吸困難におちいるという状態で、「過換気症候群（過呼吸症候群）」と呼ばれます。過換気症候群の多くは若い女性にみられ、呼吸困難がひどくなると、手足のしびれや突っ張りをおこし、ときには失神することもあります。

過換気症候群の場合、ふつうは命に別状はありませんので、まずは不安を取り除くように声をかけて、息を止めさせながら落ち着かせます。それでも呼吸困難がひどいときは、大きな紙袋などに顔を入れて、吸ったりはいたりさせると、しだいに落ち着いた呼吸になります。

2 呼吸困難の症状が重い場合は医療機関を受診

重い呼吸困難の症状

●呼吸が浅く、速くなる
●顔や唇が紫色になる
●意識の状態が低下する

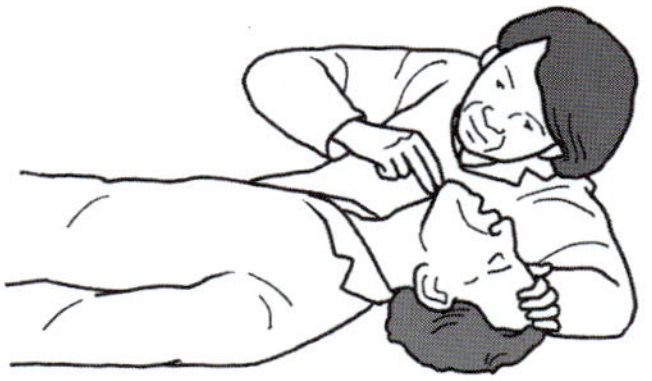

気道を確保（105頁）して、普段どおりの呼吸があるかどうかを確認します。

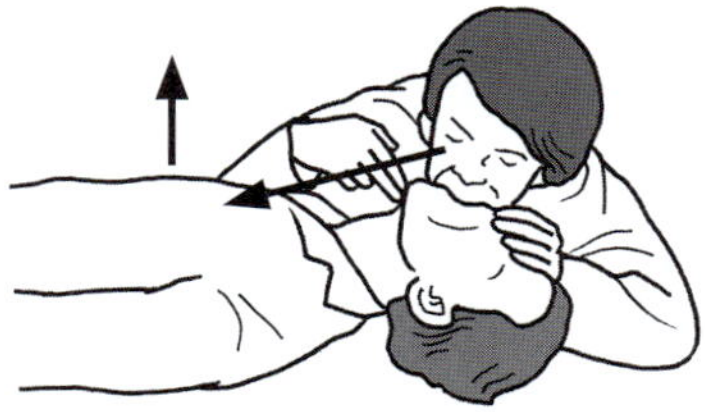

普段どおりの呼吸がなければ、119番通報と同時に一次救命処置（99～115頁）を行います。

激しい呼吸困難がおきたとき：突然、激しい呼吸困難がおき、呼吸が浅く、速くなったときや、顔や唇が紫色になったとき、また、呼びかけても反応が鈍いなど、意識の状態が低下してきたときは、生命にかかわる危険性もあります。**119番通報**して、一刻も早く医療機関を受診します。

普段どおりの呼吸がないとき：119番通報すると同時に、必要に応じて口対口人工呼吸などの一次救命処置（99～115頁）を行います。

注意 気管支ぜんそくの発作では、救急隊員が到着するまでの間に容体が急変することもあるので注意が必要です。

注意 気管支拡張薬の吸入薬を処方されている場合はこれを使用させます。呼吸困難がひどくて傷病者自身で使用できないようなときは、救助する人が補助をして、使用するのを手助けしてください。

3 床に入ったときの呼吸困難では上体を起こす

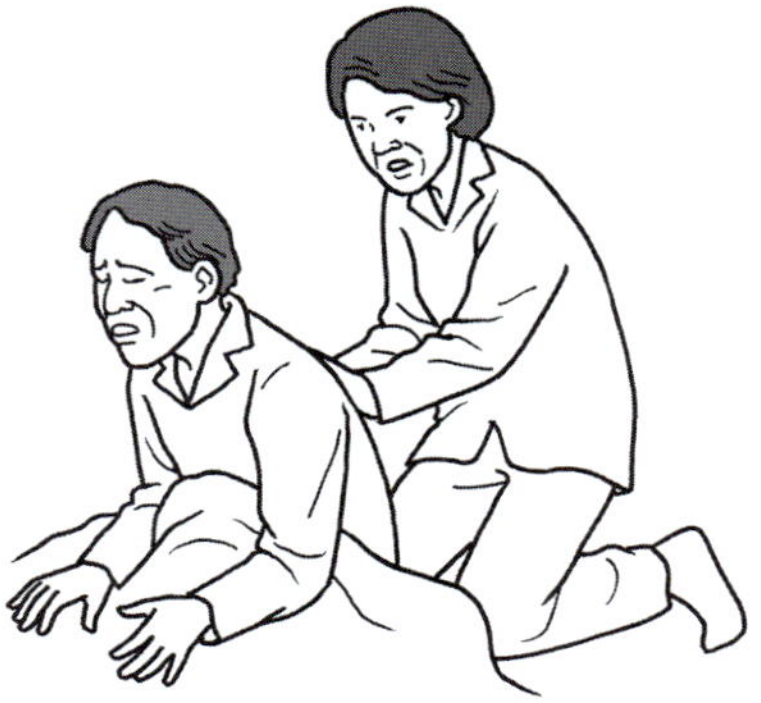

上体を起こして楽な姿勢にし、しばらくは呼吸の状態に注意します。

夜、床についてしばらくして呼吸困難がおきたとき：高血圧症や心臓病にかかっている人の場合、床についてしばらくすると、せきとともに呼吸困難がおこることがあります。こうした場合、上体を起こして座らせると楽になることが多いです。

注意 上記のような症状は、心臓病に特有の「夜間発作性呼吸困難」である可能性もあります。呼吸困難が治まったとしても、必ず医療機関を受診して、原因を確かめてください。

腹痛・下痢のときの手当

軽いものから手術が必要なものまで、いろいろある腹痛の原因

1 ベルトなどを緩めて安静にする

頭の下に低めの枕を敷き、膝の下に折りたたんだ座布団などをあてがうと、腹部の緊張が和らぎ、楽になることが多いです。

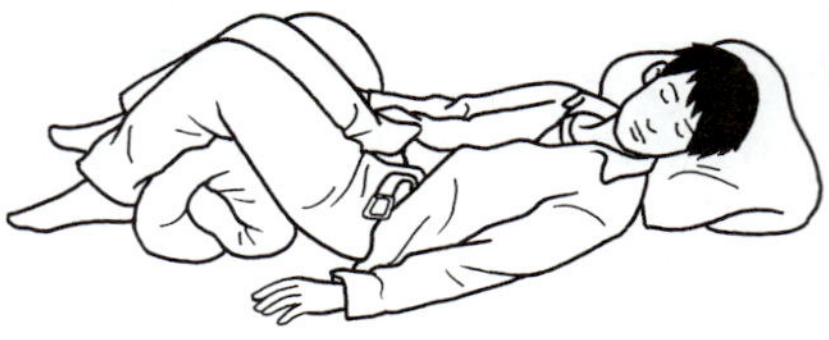

腹痛がおきたとき：からだを締めつけているベルトなどを緩め、安静にします。頭の下には低めの枕を敷き、膝の下に折りたたんだ座布団などをあてがうと、腹部が緊張しない姿勢になり、痛みが和らぐことがあります。

禁止 腹痛の原因がわからないときは、むやみにおなかを温めたり冷やしたりしないようにしてください。

2 激しい痛みがつづくときは医療機関を受診

腹痛の種類と考えられる原因

- **転げまわるような激しい痛み**
  胆石や尿路結石の可能性があります。痛みは強くても生命に別状があることは少なく、外科などの専門医を受診します。
- **おなかがかたくなってエビのようにからだを曲げて痛がるとき**
  胃潰瘍・十二指腸潰瘍の穿孔（孔があいた状態）や虫垂炎の悪化、腸管が破れたことで腹膜炎をおこしている可能性があり、緊急手術が必要になります。
- **女性の場合で、とくに下腹部の片側が痛むとき（164頁）**
  子宮外妊娠やそのほかの婦人科疾患の可能性もあります。すぐに婦人科（できればかかりつけの婦人科）を受診します。

激しい痛みがつづいたり、くり返し激しい腹痛がおこるとき：119番通報するなどして、一刻も早く医療機関を受診します。激しい腹痛とともに嘔吐をくり返すときも同様です。

禁止 激しい腹痛がおきたときは、緊急手術が必要になることもあるため、医師の許可があるまでは、傷病者に水や食べ物を与えてはいけません。

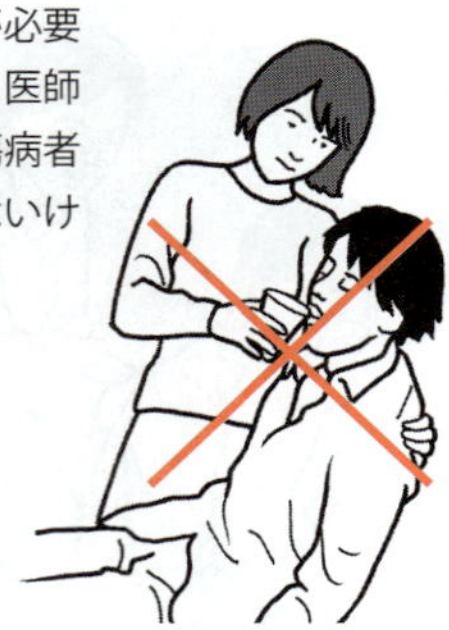

3 ひどい下痢をくり返すときは脱水症状に注意

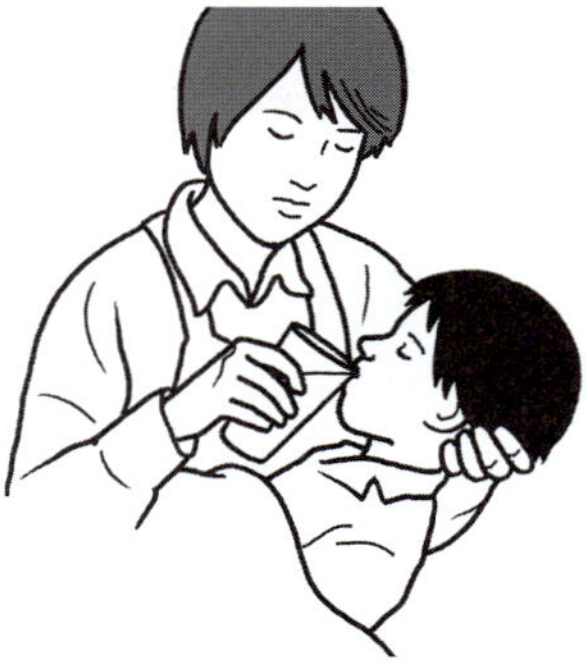

「口がひどく渇く」「全身の脱力感が強い」などの症状は、脱水症状がおきていることを示すサインです。水などを与えて水分を補給させてください。

強い腹痛とともに水のような便（水様性下痢）が出る場合は、感染性腸炎などをおこしている可能性があります。

水様性下痢をくり返すとき：脱水症状に注意します。口がひどく渇いたり、全身の脱力感が強いときは脱水症状がおきていることを示しています。水やスポーツドリンクなどを与えて水分を補給させます。

禁止　水様性下痢をともなわない激しい腹痛の場合には、右頁で述べたとおり、水などを与えてはいけません。

4 脱水症状が強いときはすぐに医療機関へ

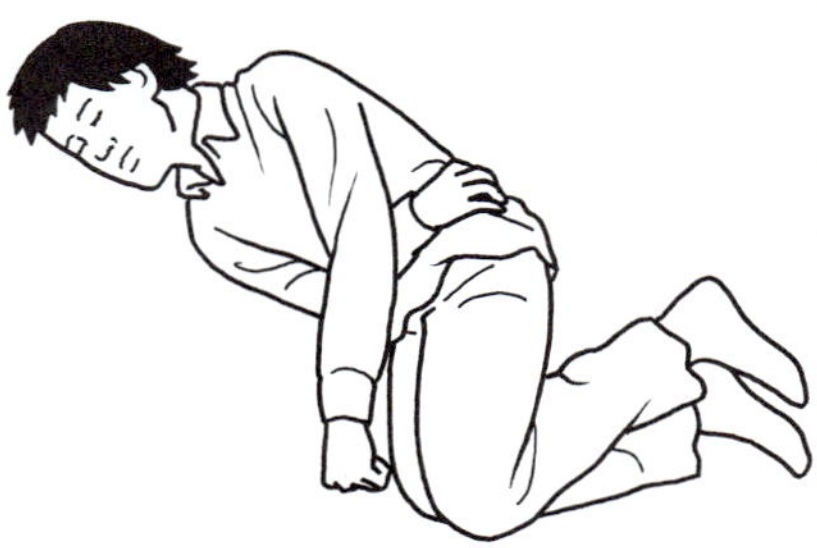

脱水症状が強いときや粘血便が出たときは、すぐに医療機関を受診します。

脱水症状が強いとき、下痢の頻度が高く粘血便が出るとき：排便の直後なのにすぐに便意をもよおしたり、粘液と血が混じった「粘血便」が出たとき、また、脱水症状が強いときには、輸液療法（点滴などで生命維持に必要な栄養素を補給すること）が必要になりますので、すぐに医療機関を受診します。

注意　下痢便の頻度や症状をよく観察しておいてください。それまでに食べた物とともに、あとで医師に報告する必要があります。

頻繁におこる下痢の原因

下痢の回数が少ないときはあまり心配はいりませんが、強い腹痛とともに水様性の下痢をくり返すときは、ノロウイルスや病原性大腸菌などによる感染性胃腸炎である可能性が疑われます。

これらの場合、下痢とともに嘔吐や発熱をともなうことが多く、脱水症状が進みやすくなるため、すぐに医療機関を受診してください。

下血・血便のときの手当

大量出血の場合はすぐに医療機関を受診

めまいや血圧低下、意識障害をともなうときはすぐに医療機関へ

下血・血便の原因

●下血
胃潰瘍や十二指腸潰瘍、胃がん、食道静脈瘤破裂などの病気によって、比較的大量の出血があったことを示します。

●血便
痔による出血であることが多いものの、大腸ポリープや大腸の憩室炎、大腸がんの可能性もあります。

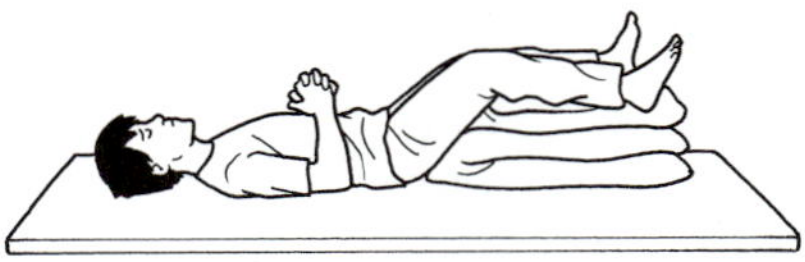

あお向けに寝かせて、座布団などを足の下に敷く「ショック体位」をとらせます。

「下血」は小腸までの消化管（食道、胃、小腸など）からの出血で、「タール便」と呼ばれるコールタール状の黒くて粘りのある便を排泄することをいいます。いっぽう、「血便」は大腸以下の消化管からの出血で、赤い血が排泄されることをいいます。

下血や血便が出て、めまいや意識障害があるとき：めまいや立ちくらみ、さらには冷や汗や頻脈（脈拍が１分間に120回以上あるとき）、血圧低下、意識障害などのショック状態におちいったときは、消化管から大量に出血している可能性があります。

119番通報するなどして、救急科か消化器内科、あるいは外科のある病院を受診してください。救急隊員の到着を待つ間や搬送する際は、戸板や担架などにあお向けに寝かせ、重ねた布団などを敷いて足を高くする「ショック体位」（139頁）をとらせます。

肛門部の痛みが強いときは横向きの姿勢をとらせる

腰の下に座布団などをあて、横向きに寝かせます。

ガーゼなどを何枚か重ねて肛門部にあててください。

血便が出て肛門部の痛みが強いとき：肛門部を圧迫しないように横向きに寝かせ（側臥位）、腰の下に座布団などを敷いて少し高くした状態で安静にします。痛みが強いときはすぐに外科を受診してください。

肛門部からの出血がつづくとき：肛門部に清潔なガーゼなどを数枚重ねてあて、側臥位にします。**119番通報**するなどして医療機関へ運び、外科などを受診します。

血を吐いたときの手当

嘔吐やせきとともに大量の血を吐いた場合はすぐに医療機関へ

吐血したときは誤嚥（誤って飲み込む）しないように吐かせる

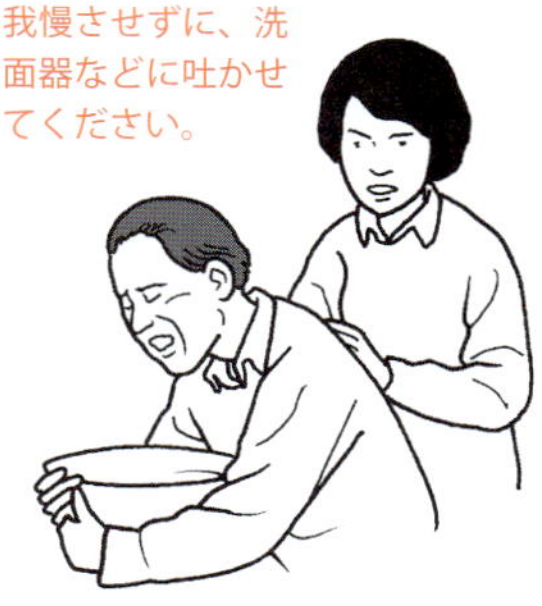

我慢させずに、洗面器などに吐かせてください。

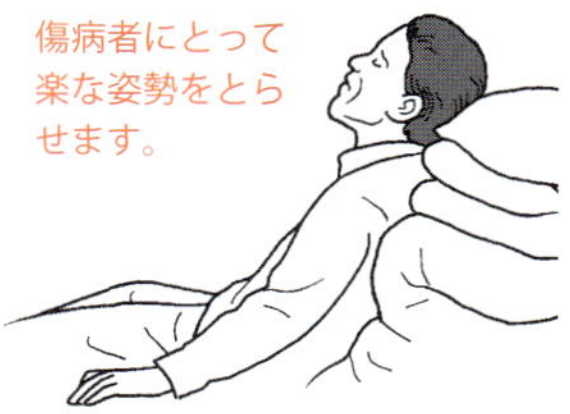

傷病者にとって楽な姿勢をとらせます。

嘔吐とともに血（褐色のことが多い）を吐く「吐血」をした場合、少量ならあまり心配はありませんが、大量（手のひら１杯分以上）に吐血した場合はすぐに医療機関を受診します。

手のひら１杯分以上の吐血をしたとき： **119番通報**して医療機関を受診します。傷病者は、重ねた布団に寄りかからせるなど、楽な姿勢をとらせて安静にします。また、吐物（吐いた物）が気管などに入るのを防ぐため、吐くのを我慢させず洗面器などに吐かせます。吐物は、あとで医師に報告するため内容を確かめてください。

吐いた血が真っ赤なときは、食道静脈瘤や胃から大量出血した可能性もあります。一刻も早く**119番通報**してください。

注意　血を吐いた傷病者は、動揺して血を吐くことを我慢しようとすることがあります。むりに我慢させると気管などに吐物が入って窒息の原因にもなりますので、傷病者を安心させて、吐くのを我慢させないようにしてください。

喀血したときは窒息に注意

顔を横向きにして寝かせます。

せきとともに血が出る「喀血」では、肺や気管からの出血が疑われます。

喀血したとき： 口の中にたまった血を出させ、窒息しないようにします。また、重ねた布団に寄りかからせるなど、上半身を少し高くした状態で安静にし、**119番通報**します。

再び喀血しそうなとき： 顔を横向きにして窒息するのを防ぎます。

大量に血を吐いたときはショック状態にも注意

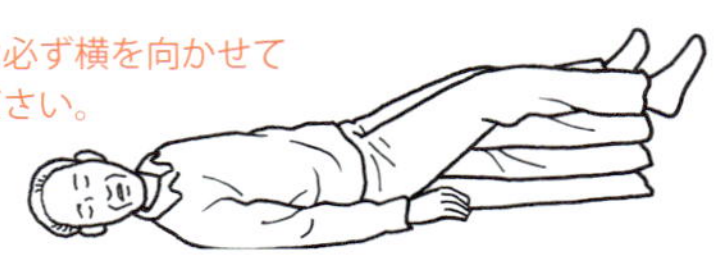

顔は必ず横を向かせてください。

禁止　吐血の場合も喀血の場合も、医師の許可が出るまで、傷病者には何も飲ませないでください。

吐血・喀血のあと、顔色が青白く冷や汗をかいているとき、脈が弱くて速いとき： ショック状態におちいっている可能性があります。足を少し高くし、顔を横に向けて寝かせ、**119番通報**します。

不正性器出血したときの手当

妊娠中や妊娠が疑われるときは産婦人科へ

妊娠中の不正性器出血では、まず安静に寝かせる

折りたたんだ布団などを足の下に敷いて、あお向けに寝かせます。

出血量が多いときには、T字帯などを使って止血します。

注意 妊娠中の不正性器出血では、肉のかたまりのようなものを排出することがあります。ビニール袋などに入れて、あとで医師に見せます。ただし、精神的なショックを受けてしまうため、傷病者には排出したものを見せないようにしてください。

月経（生理）以外の性器からの出血を「不正性器出血」といい、とくに妊娠中には注意が必要です。

出血量が少なく、腹痛も軽いとき：安静にし、産婦人科医（できればかかりつけの医師）に連絡して指示を仰いでください。体温が下がっていれば、毛布などで全身を温めます。

顔色が青白く、冷や汗をかいているとき：足を少し高くして安静にさせ、かかりつけの産婦人科医に連絡してください。連絡がとれない場合は**119番通報**します。

出血量が多いとき：脱脂綿などを陰部にあてて、T字帯などで締めつけるように押さえて**119番通報**します。

妊娠が疑われるときの不正性器出血では、すぐに産婦人科へ

とくに、出血とともに下腹部の片側に強い痛みがあるときは、すぐに119番通報します。

月経が遅れているなど、妊娠が疑われるときに強い腹痛と不正性器出血があった場合は、子宮外妊娠などの可能性がありますので、**119番通報**して産婦人科を受診します。

妊娠していないときの不正性器出血では、原因を確かめておく

生理用品などをあて、早めに産婦人科を受診します。

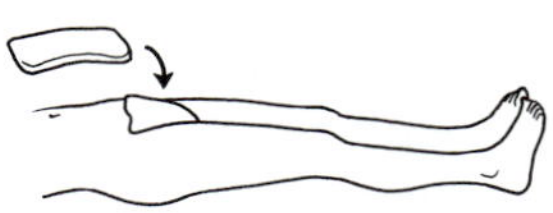

禁止 不正性器出血している間は、入浴はしないでください。

月経以外で性器から出血したとき：陰部を清潔にして生理用品などをあて、産婦人科を受診します。

不正性器出血の原因は、腟内の炎症といった比較的軽いものから、子宮がんなどの重い病気まで、さまざまな可能性が考えられます。早めに産婦人科を受診して原因をはっきりさせておくことがたいせつです。

注意 「おりもの（帯下）があった２～３日後に出血した」といったくわしい経過を医師に報告してください。

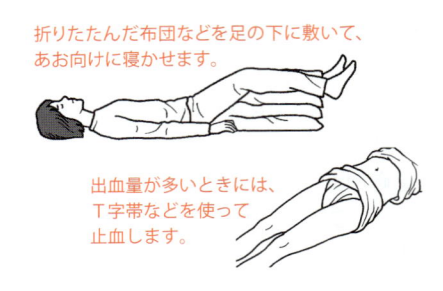

嘔吐したときの手当

呼吸や全身の状態にも注意が必要

1 吐きたいだけ吐かせる

吐きたいだけ吐かせます。水か食塩水でうがいをさせると口の中がさっぱりします。

嘔吐は、感冒（かぜ）や妊娠にともなうつわり、二日酔いなどによってもおきますが、脳に損傷を負ったとき（131頁）や急性虫垂炎、腸閉塞などの症状として現れることもあるので、注意が必要です。

嘔吐したとき：我慢させず、洗面器などに吐きたいだけ吐かせてください。吐物（吐いた物）の内容は、原因を特定する手がかりとなりますので、よく観察して医師に報告します。吐いたあとは、水や食塩水でうがいをさせると口の中がさっぱりします。

血を吐いたとき（163頁）：大量（手のひら１杯分以上）に血を吐いたときは**119番通報**します。

嘔吐の種類と考えられる原因

- **発熱、腹痛、めまいなどをともなうとき**
  食道や胃、腸などの消化管、または肝臓、膵臓といった内臓の疾患が原因となっている可能性があります。医療機関を受診します。
- **吐物に便臭があるとき**
  腸閉塞の可能性があります。医療機関を受診します。
- **吐きけがないのに嘔吐したとき、胃の中に吐く物がないのに嘔吐がつづくとき**
  頭部打撲や脳の病気によって頭蓋内に血腫ができ、脳が圧迫されている可能性があります。119番通報して一刻も早く医療機関を受診します。

2 横を向いて寝かせ、呼吸の状態などに注意する

顔を横に向けて寝かせます。

ショック状態のときは、救急隊員などが到着するまでの間、折りたたんだ布団を足の下に敷くなどして足を高くし、顔を横に向けて寝かせます。

嘔吐したあとは、再び嘔吐することに備え、吐物が気管に入って窒息しないように、顔を横向きにして寝かせます。

吐物が気管に入ったとき：液体状の吐物の場合、完全な窒息に至ることは少なく、せきなどとともに排出されることも多いので、しばらくようすをみます。

顔色が青白く冷や汗をかいているときや脈が弱くて速いとき：ショック状態におちいっている可能性があります。足を少し高くして顔を横に向けて安静にし、**119番通報**します。

普段どおりの呼吸がなくなったり、呼びかけても反応がなくなったとき：口の中に異物があれば指でかき出します。必要ならば、気道を確保して口対口人工呼吸などの一次救命処置（99～115頁）を行い、**119番通報**します。

ガス中毒・酸欠のときの手当

閉めきった室内や車の中でおこる

1 助けを呼び、複数の人で救助を行う

近くの人に助けを求め、119番通報を依頼します。

救助は複数の人で行い、二次災害がおこるのを防いでください。

暖房器具の不完全燃焼やガス漏れ、排気ガスなどが漏れることなどによって、閉めきった室内や車の中にガスが充満すると、中にいる人は酸素不足におちいります。酸素不足が進むと意識がなくなったり、呼吸が止まるなど、生命にかかわる危険性があります。

ガス中毒などで倒れている人を発見したとき：
近くの人に声をかけて助けを呼び、**119番通報**を頼んでください。救助するときは、二次災害がおこるのを防ぐため、複数の人で安全を確かめてから室内や車内に入るようにしてください。また、爆発や火災のおそれがあれば避難してください。

2 扉や窓を開け、新鮮な空気を入れる

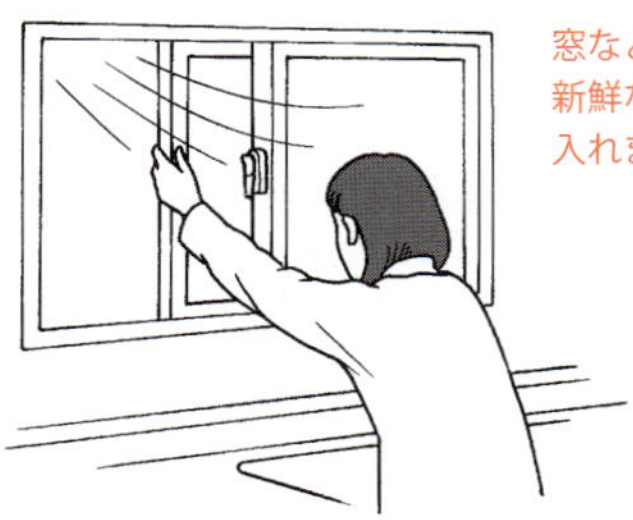

窓などを開け、新鮮な空気を入れます。

扉や窓を開け、新鮮な空気を室内に入れるようにします。つぎに、ガスの元栓を閉めたり、不完全燃焼している暖房器具を消すなど、中毒症状をおこす原因となっているものを取除いてください。

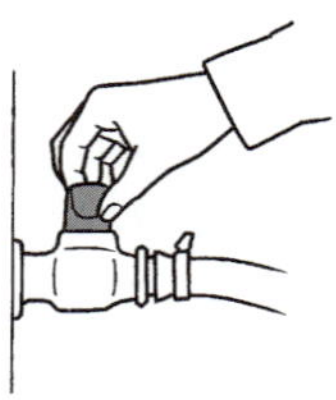

ガスの元栓を閉めたり、暖房器具のスイッチを切ります。

禁止 とくにガス漏れの場合は、爆発や火災をおこすおそれがありますので、火気を用いることは絶対に避けてください。また、部屋が暗いときでも電灯などはつけないでください。

ガス漏れの場合、部屋が暗くても電灯をつけてはいけません。

3 傷病者を安全な場所に運ぶ

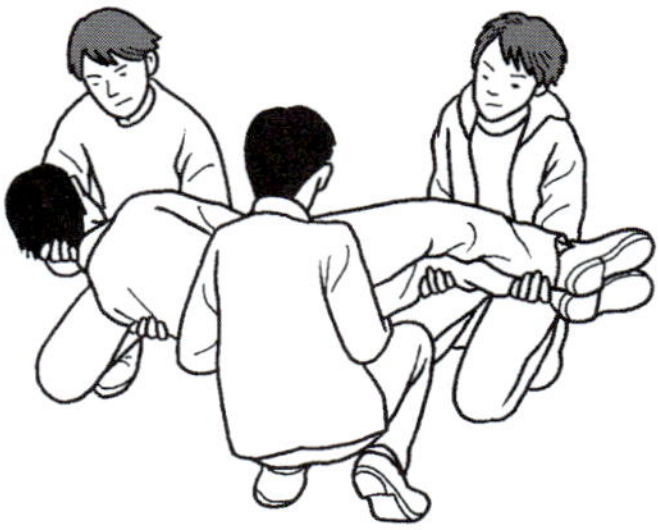

できるだけ多くの人に応援を求め、むりのない姿勢で運びます。

倒れているのが危険な場所であったり、手当ができないような場所であったとき：倒れている人を安全な場所に移動させ（101頁）、新鮮な空気で呼吸させます。

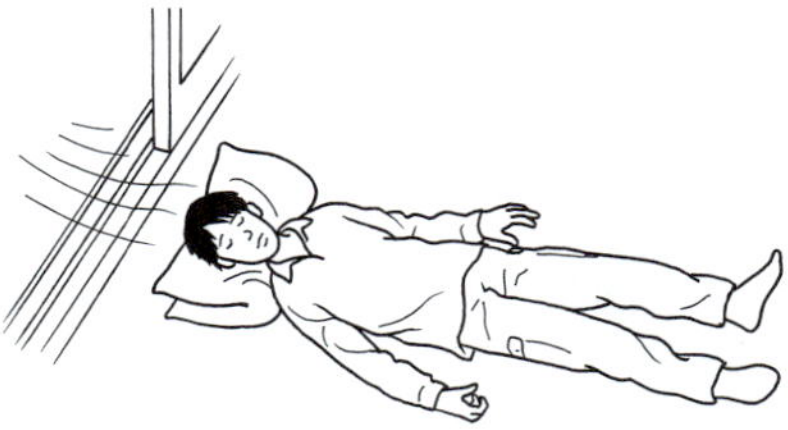

4 一次救命処置が必要かどうかを判断する（100頁）

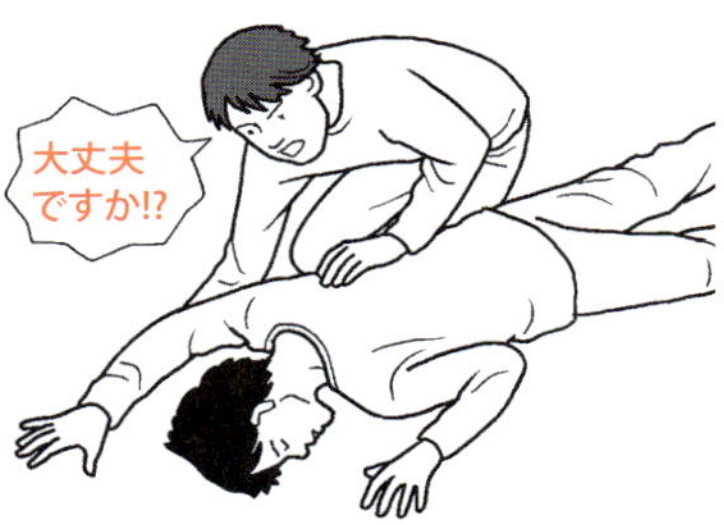
大丈夫ですか!?

病院へ 反応がある場合でも、医療機関を受診するか、医師の往診を依頼してください。

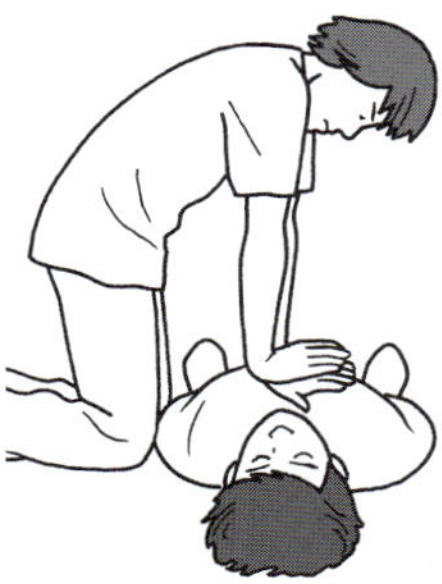

反応がないとき、普段どおりの呼吸をしていないとき：大声で呼びかけても反応がなかったり、気道を確保（105頁）して呼吸を確認しても、普段どおりの呼吸をしていないときは、口対口人工呼吸と胸骨圧迫（心臓マッサージ）を組合わせた一次救命処置（99～115頁）を行ってください。

注意 一次救命処置は、胸骨圧迫だけでも効果はあります。口対口人工呼吸に抵抗がある場合は、胸骨圧迫だけでも行ってください。

反応はないが、普段どおりの呼吸をしているとき：窒息するのを防ぐため、回復体位など、横向きの姿勢で安静にします。

反応もあり、普段どおりの呼吸もあるとき：衣服を緩めて楽な姿勢にし、新鮮な空気で呼吸させてください。また、毛布などで全身をくるんで保温してください。

回復体位

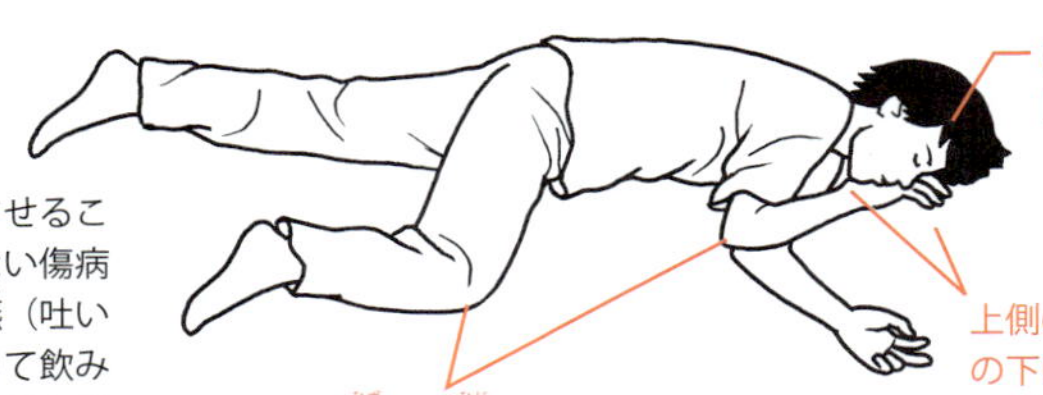
顔は必ず横に向けさせます。
上側の手の甲を頬の下に入れ、下顎を前に突き出すような姿勢にします。
上側の膝と両肘を曲げさせるとからだが安定します。

顔を横向きにさせることで、反応のない傷病者が窒息や誤嚥（吐いた物などを誤って飲み込むこと）することを防ぐための姿勢です。

食中毒が疑われるときの手当

フグやトリカブトなどによる中毒の場合は119番通報の必要も

一次救命処置が必要かどうかを判断する（100頁）

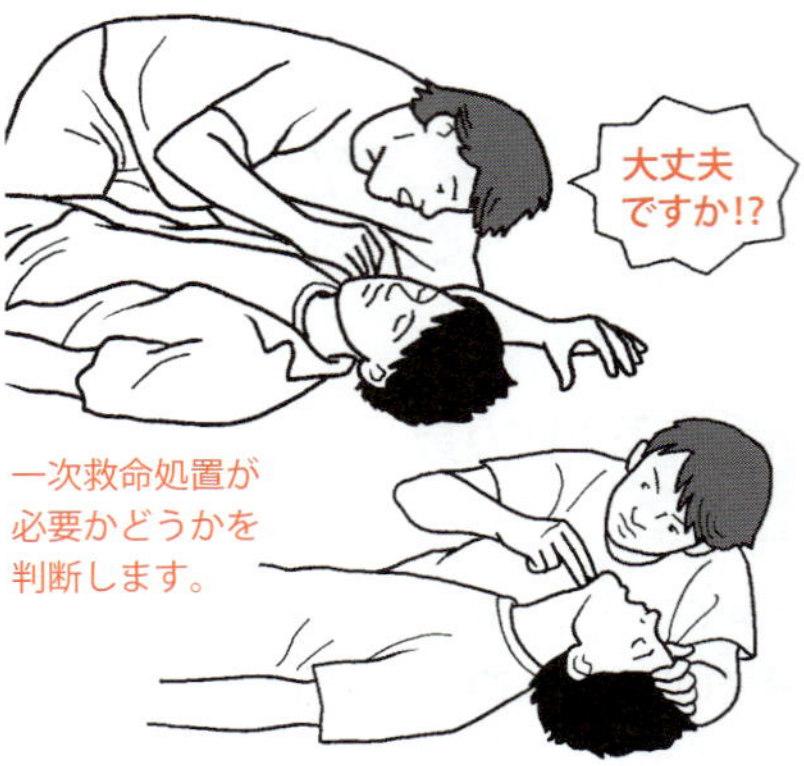
大丈夫ですか!?
一次救命処置が必要かどうかを判断します。

回復体位（前頁）

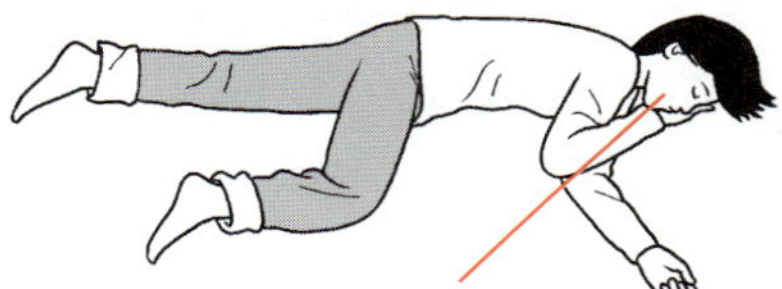
顔は必ず横を向けさせます。

注意 一次救命処置は、胸骨圧迫だけでも効果はあります。口対口人工呼吸に抵抗がある場合は、胸骨圧迫だけでも行ってください。

突然の腹痛や嘔吐、下痢、意識障害、呼吸困難などがおきて倒れ、食中毒が疑われるときは、一次救命処置が必要かどうかを判断して、それぞれに応じた対応をします。

反応がないとき、普段どおりの呼吸をしていないとき：呼びかけても反応がなかったり、気道を確保（105頁）して呼吸を確認しても、普段どおりの呼吸をしていないときは、口対口人工呼吸と胸骨圧迫（心臓マッサージ）を組合わせた一次救命処置（99～115頁）を行ってください。

また、一次救命処置と同時に近くの人に声をかけて、手当の手助けや**119番通報**を依頼します。

反応はないが、普段どおりの呼吸をしているとき：窒息するのを防ぐため、回復体位（前頁）など、横向きの姿勢で安静にします。

反応もあり、普段どおりの呼吸もあるとき：衣服を緩めて楽な姿勢にします。あとで医師に報告するために、何を食べたのかを調べます。

食中毒の原因と症状

食中毒には、食べ物についた微生物が原因でおこる「細菌性食中毒」や「ウイルス性食中毒」が多く、前者はサルモネラ菌やブドウ球菌、後者はノロウイルスやロタウイルスによるものがよくみられます。また、それ以外に動植物のもつ自然毒による中毒もあり、注意が必要です。

フグによる中毒症状●唇や舌、手足のしびれ、嘔吐などがおこり、呼吸困難になります。一次救命処置が重要で、救命できることも多くあります。

毒キノコによる中毒症状●キノコの種類によって症状が異なります。腹痛や下痢、嘔吐のほか、異常に興奮したり、数時間以上経ったあとに激しい下痢にみまわれることもあります。

トリカブトによる中毒症状●舌のしびれや嘔吐などのあと、不整脈がおきて心停止におちいることもあります。

このほか、植物ではチョウセンアサガオやハシリドコロ、ヤマゴボウ、スイセン、バイケイソウなど、動物ではホタテやアサリといった二枚貝やバイ貝などでも食中毒が発生することがあります。

食べた物や症状によっては、すぐに医療機関へ

食中毒が疑われる状況の一覧

●キノコや山菜、フグ、生魚、貝類を食べたあとに症状がでたとき
●反応がはっきりしないとき
●異常に興奮しているとき
●唇や舌、手足にしびれがあるとき
●ろれつが回らなかったり、物が二重に見えるとき
●発熱をともなうとき
●集団で症状がでたとき

食物アレルギーをおこしやすい食べ物

牛乳（育児用の粉乳を含む）、鶏卵、小麦、大豆、ソバ、ピーナッツ、果物類、魚類、甲殻類（エビ、カニ）など。

食べた物や症状によっては一刻も早く医療機関へ運んで治療する必要があります。左の一覧のような場合は、呼びかけて反応があったとしても、**119番通報**して外科や救急科のある病院へ運んでください。

毒キノコや山菜、フグなどを食べたことが原因で食中毒がおきたときは、「中毒110番・電話サービス」でも相談を受け付けています。くわしくは171頁を参照してください。

注意 何かを食べたあとに具合が悪くなる傷病としては、食中毒のほかにも「食物アレルギー」（2012頁）があります。食物アレルギーの症状は、食中毒と似た症状がみられることもあります。また、呼吸困難や意識障害、血圧低下などがおこることもあり、一次救命処置が必要になる場合もあるので注意が必要です。

食べた物を吐かせる

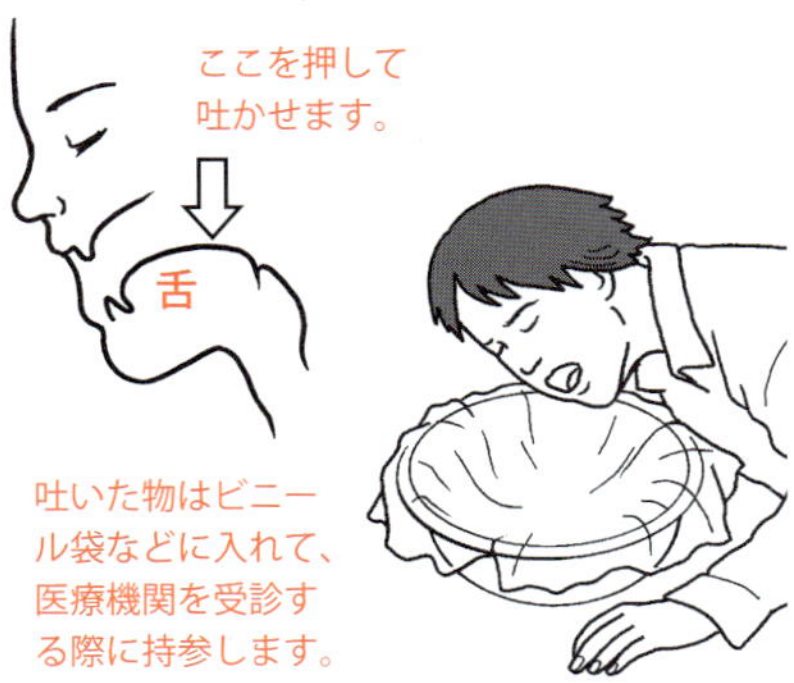
ここを押して吐かせます。
舌
吐いた物はビニール袋などに入れて、医療機関を受診する際に持参します。

禁止 大声で呼んでも反応がない場合や、何を飲んだのかわからない場合は吐かせないでください。とくに反応がない傷病者に吐かせると、吐いた物が気管につまって窒息してしまいますので、絶対に行わないでください。

反応があり、普段どおりの呼吸をしているとき：食べた物を吐かせて、食中毒の原因となった物を体外に出させます。ただし、食べ物を吐かせるのは、食べてから４～６時間以内で、胃の中に食中毒の原因となった食べ物が残っているときに限ります。

食べた物を吐かせるとき：まず口を開けさせて、指を口の中に入れ、舌の奥を押さえるようにして刺激し（171頁）、洗面器などに何度も吐かせるようにします。

残っていた食べ物やその容器などがあれば保存し、医療機関を受診する際に、吐いた物といっしょに持参してください。

注意 指をかまれたり、吐いた物で汚染されないように注意します。

医療機関を受診

病院へ 残っていた食べ物やその容器、吐いたときは吐いた物も持参します。

上記の手当を行ったあと、救急車などで医療機関を受診するか、医師の往診を依頼します。

薬物・毒物中毒のときの手当

初期の対応は、飲んだ物質などによって異なる

119番通報して指示を仰ぐ

119番通報して指示を仰ぎます。傷病者の状態のほか、飲んだ物質の種類と量、飲んだ時刻などがわかっていれば伝えてください。

薬物・毒物中毒が疑われるとき：人が倒れていて、薬物や毒物、化学薬品などの容器が付近に落ちているようなときは、それらの物質による中毒を疑います。薬物や毒物中毒の場合は、飲んだ物質や傷病者の状態によって初期の対応が異なりますので、**119番通報**して救急隊員などの指示を仰ぎます。

その際、傷病者の状態や飲んだ物質の種類と量、飲んだ時刻などがわかっていれば伝えます。

一次救命処置が必要かどうかを判断する（99〜101頁）

一次救命処置が必要かどうかを判断します。

回復体位（167頁）

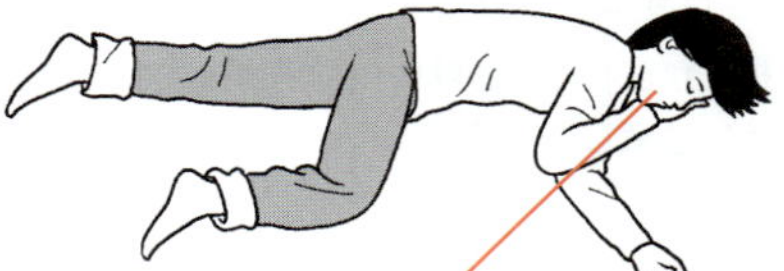

顔は必ず横を向けさせます。

注意 一次救命処置は、胸骨圧迫だけでも効果はあります。口対口人工呼吸に抵抗がある場合は、胸骨圧迫だけでも行ってください。

反応の有無や普段どおりの呼吸をしているかどうかなどを確認して一次救命処置が必要かどうかを判断し、それぞれに応じた対応をします。

反応がないとき、普段どおりの呼吸をしていないとき：呼びかけても反応がなかったり、気道を確保（105頁）して呼吸を確認しても、普段どおりの呼吸をしていないときは、口対口人工呼吸と胸骨圧迫（心臓マッサージ）を組合わせた一次救命処置（99〜115頁）を行ってください。

また、一次救命処置と同時に近くの人に声をかけて、手当の手助けや**119番通報**を依頼します。

反応はないが、普段どおりの呼吸をしているとき：窒息するのを防ぐため、回復体位（167頁）など、横向きの姿勢で安静にします。

反応もあり、普段どおりの呼吸もあるとき：衣服を緩めて楽な姿勢にし、何を飲んだのかを確かめてください。

吐かせてよい場合は吐かせる

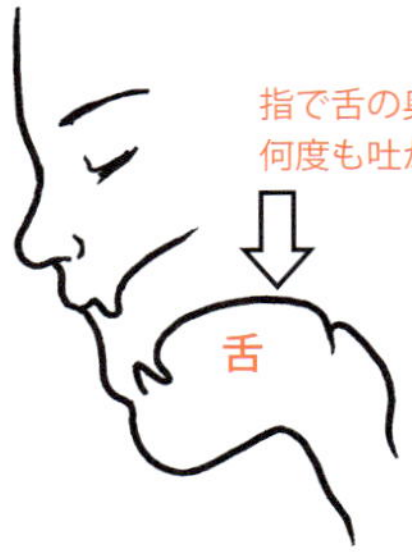

飲んだ物を吐かせるとき：119番通報して、救急隊員に飲んだ物を吐かせるように指示されたときは、吐かせます。傷病者の口を開けさせ、指を口の中に入れて舌の奥を押さえるように刺激して、何度も吐かせてください。吐いた物は、医師に報告するため、ビニール袋などで保存して医療機関に持参してください。

禁止 大声で呼んでも反応がない場合や、何を飲んだのかわからない場合は吐かせないでください。とくに反応がない傷病者に吐かせると、吐いた物が気管につまって窒息してしまいますので、絶対に行わないでください。

注意 救助者は、指をかまれたり、吐いた物で汚染されないように注意してください。

「中毒110番・電話サービス」について

財団法人日本中毒情報センターでは、「中毒110番・電話サービス」を開設し、24時間体制で薬物や毒物の中毒に関する電話相談を行っています。

大阪中毒110番（365日24時間対応）
072-727-2499

つくば中毒110番（365日9時～21時対応）
029-852-9999

タバコ専用電話（テープによる情報提供）
072-726-9922

電話相談は、実際に急性中毒がおこっている緊急の場合にかぎられます。また、相談の対象となるのは、たばこや洗剤など、身の回りの化学物質、医薬品、毒キノコなど動植物のもつ自然毒によっておこる急性中毒で、薬物依存などの慢性中毒や医薬品の副作用、細菌性・ウイルス性食中毒、固形物の誤飲などは対象とはなりません。

電話相談時には、以下のことをたずねられますので、飲んだ薬品などを手に持って電話してください。

- 傷病者の氏名、年齢、体重、性別
- 連絡者の電話番号、傷病者との関係
- 原因物質の名称（商品名、会社名、用途）
- 物質の摂取量、摂取経路、摂取後経過時間
- 事故発生状況（誤飲か自殺か、など）
- 傷病者の状態（吐いたか、吐いていないか、など）

薬物・毒物中毒に注意すべき家庭用品

日常生活における中毒事故では、おもに、乳幼児がたばこや洗剤、殺虫剤、化粧品などを誤飲するといったケースが多くみられます。

なかでも、漂白剤や洗剤（トイレ用、食器洗い用など）、シンナー、ベンジン、ガソリン、灯油、染毛剤、パーマ液、マニキュアの除去剤、ネコイラズなどは毒性が強いため、すぐに医師による治療が必要となります。そのほかにも、たばこや防虫剤、化粧水、香水、ヘアトニック、水銀電池、中性洗剤なども毒性があるため、誤飲した場合は治療が必要です。

誤飲による中毒事故は、とくに活発に活動するようになる2歳ぐらいからの幼児におこることが多いです。家庭では、殺虫剤や化粧品、たばこの吸い殻などを幼児の手の届かない場所に保管するなど、誤飲がおこらないような対策をしておくことがたいせつです。

誤って物を飲み込んだときの手当

飲み込んだ物と同じ物を持参して医療機関へ

119番通報して指示を仰ぐ

まず119番通報して、救急隊員の指示に従ってください。

飲み込んだ物やその形状、傷病者の状態によって対応や緊急度が異なりますので、**119番通報**して指示を仰ぎます。飲み込んだ物がわかっている場合はそれを伝えてください。

すぐに吐かせなければいけないとき：吐かせる指示を受けたときは、傷病者の舌の奥を指で押さえるように刺激して吐かせます（前頁）。

一次救命処置が必要かどうかを判断する（100頁）

一次救命処置が必要かどうかを判断します。

注意 一次救命処置は、胸骨圧迫だけでも効果はあります。口対口人工呼吸に抵抗がある場合は、胸骨圧迫だけでも行ってください。

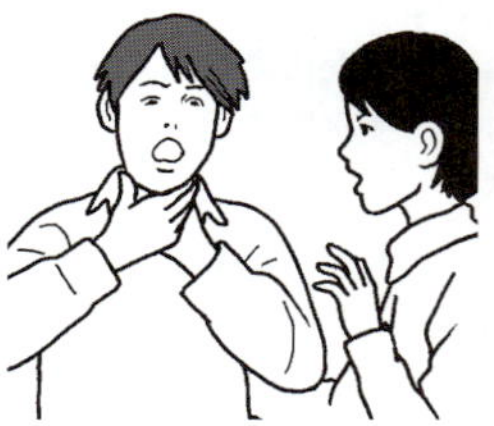

飲み込んだ物がのどにつまっている（気道内異物）ときは、116～118頁を参照して、つまっている物を取除いてください。

反応の有無や普段どおりの呼吸をしているかなどを確認して一次救命処置が必要かどうかを判断します。

反応がないとき、普段どおりの呼吸をしていないとき：口対口人工呼吸と胸骨圧迫（心臓マッサージ）を組合わせた一次救命処置（99～115頁）を行ってください。

反応はないが、普段どおりの呼吸をしているとき：窒息するのを防ぐため、回復体位（167頁）など、横向きの姿勢で安静にします。

反応もあり、普段どおりの呼吸もあるとき：衣服を緩めて楽な姿勢にし、何を飲み込んだのかを確かめてください。

また、飲み込んだ物がのどにつまっているとき（気道内異物）は、せきをつづけさせるなどの手当（116～118頁）を行います。

飲み込んだ物と同じ物を持って医療機関を受診

病院へ 飲み込んだ物がわかっていれば、同じ物を持参して医療機関へ。

何を飲み込んだのかがわかっていれば、飲み込んだ物と同じ物か、その容器や包み紙を医療機関に持参します。容器や包み紙もない場合は、商品名、用途などを医師に伝えます。

急性アルコール中毒の手当

反応・呼吸状態を調べて、必要なら心肺蘇生を行う。戸外に放置は危険

1 反応の有無や呼吸の状態を調べる

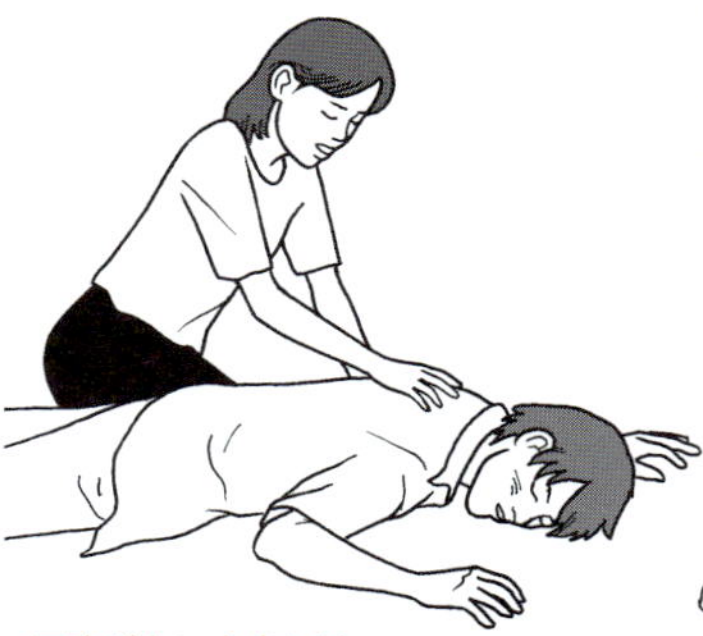

反応がないときには、すぐに心肺蘇生を。

呼びかけても反応がなく、普段どおりの呼吸をしていなければ、近くにいる人に119番通報とAED（111頁）の手配を頼み、すぐに心肺蘇生を行います（100頁）。

通常の呼吸が認められるときは、衣服を緩めて、吐いた物で窒息しないように、回復体位（106頁）にするか、顔を横向きにして寝かせ、ようすをみます。

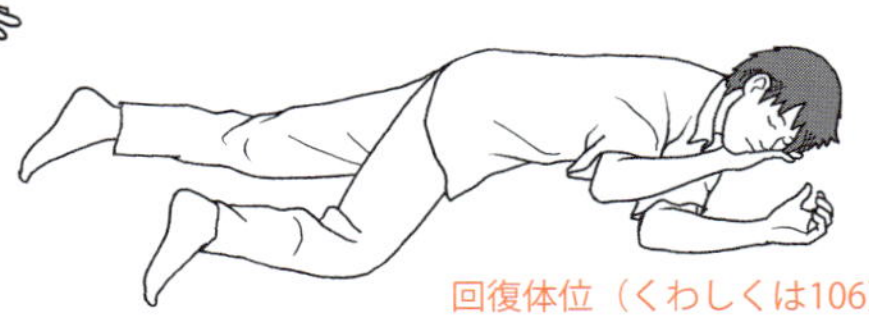

回復体位（くわしくは106頁）。

2 吐きけがあれば吐かせる

顔を横向きにして吐かせます。

顔を横向きにした状態で、吐きけがあれば吐かせます。

あお向けの状態で吐いたときは、すぐに顔を横向きにして、吐いた物を口から出し、**窒息しないように**しましょう。

3 着衣を緩めて、落ち着かせる

暴れたり、段差のあるところで落ちたりして、けがをしないように気をつけます。着衣を緩めて温かくします。戸外に放置してはいけません。

酔いからさめて意識がしっかりしてくれば、温かいお茶などの飲み物を少しずつ飲ませ、医療機関へ連れて行きましょう。

急性アルコール中毒で注意が必要な場合

短時間で多量の飲酒をすると、血液中のアルコール濃度の上昇にともなって、ほろ酔い期（陽気、気分の発揚）、酩酊期（協調性運動の障害＝まっすぐ歩けないなど）、泥酔期（錯乱、記憶力低下、協調性運動の重度障害＝立てないなど）、昏睡期（意識の喪失）と進行し、呼吸抑制、血圧低下、体温低下をともない、死に至ることもあります。

急激な飲酒により1時間以内の短時間で泥酔・昏睡へと進行した場合、もしくは、酒量として1時間以内に日本酒1升、ビールで10本、ウイスキーでボトル1本飲んだ場合は、生命の危険があるために直ちに医療施設へ運びましょう。

その際、救急隊に引き継ぐまで目を離さないようにしましょう。

また、飲酒以外の原因となる病気がある場合や、頭部打撲などの外傷による意識障害にも、注意が必要です。

交通事故のときの対応と手当

けが人の救助と二次災害防止に配慮し、すばやく対応する

交通事故のときの対応と手当の手順

交通事故の発生

↓ 警察官が来れば、その指示に従う

続発事故の発生を防ぐ
停止表示板などを置き、車をわきに寄せるなど

↓

応援を求める
同時に近くの人に119番（102頁）・110番通報を依頼し、手当の援助を頼む

↓

けが人の容体をみる

↓

呼びかけに反応がなければ、
気道を確保し、呼吸の状態を調べ、必要なら心肺蘇生とAEDを使った処置を行う（100～114頁）。
大出血があれば止血の手当（119頁）を行う

反応があり、普段どおりの呼吸をしていて、大出血もなく、軽症と思われるときは、
安全な場所へけが人を静かに移して、必要な応急手当（131 ～ 145 頁）を行う

↓

救急車の到着
傷病者の容体やけがの状態、それまで行った手当などを、救急隊員に報告する

↓

危険の防止
道路上の障害物などを除去する

↓

警察官への報告

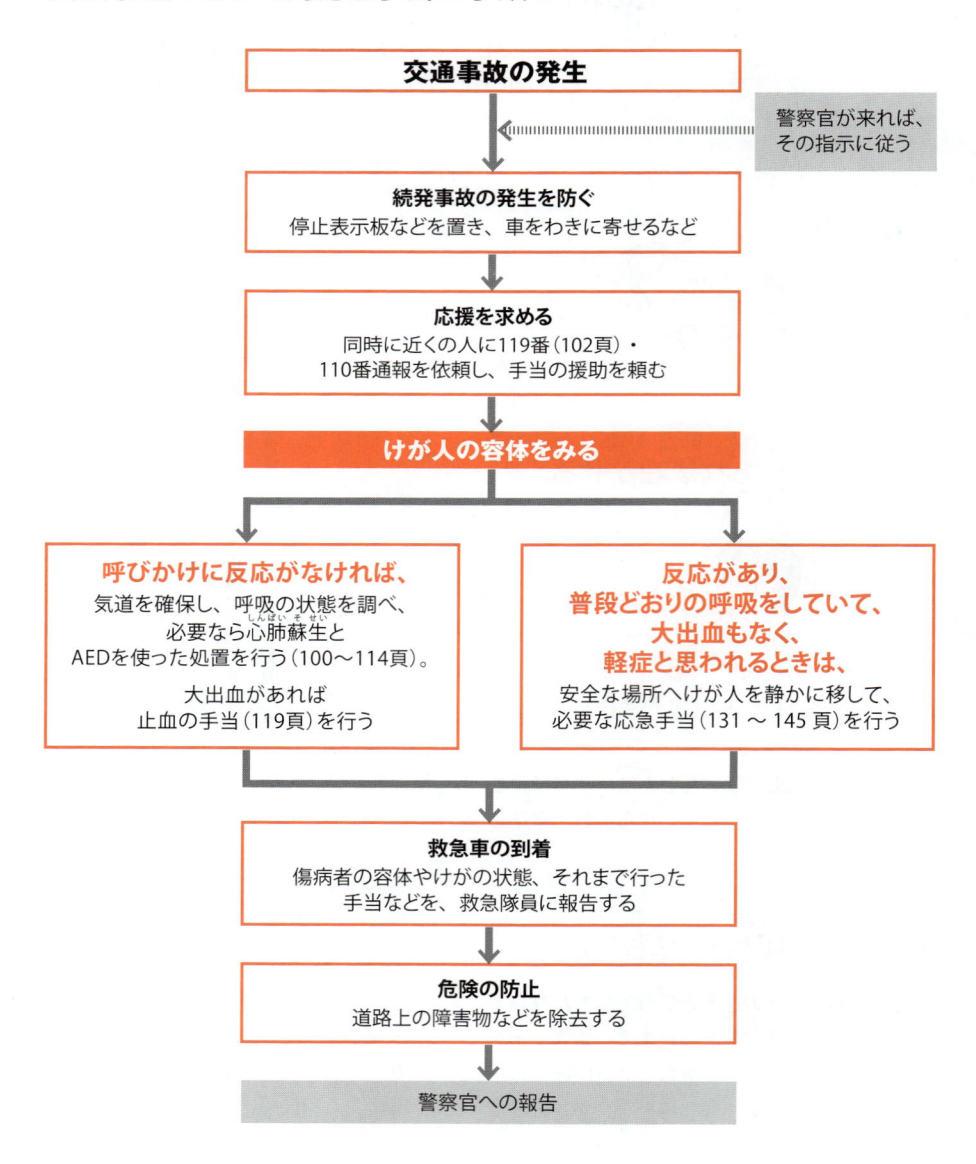

1 人命救助と二次災害の防止につとめる

停止表示板などを使って、二次災害を防止します。

交通事故にあったり、交通事故の現場に居合わせたりしたときは、そこが危険な場所であることが多いため、まず最初に、**二次災害を防止する**必要があります。

外傷の場合は、受傷から適切な治療までの1時間をゴールデンアワーというぐらい時間が救命に深く関係するため、**救急車の早期手配**は重要です。

停止表示板などを置いて、後続車に注意を促します。また、ほかの人に助けを求めて、救急車の手配や警察への通報、救命処置や応急手当の援助を頼みます。

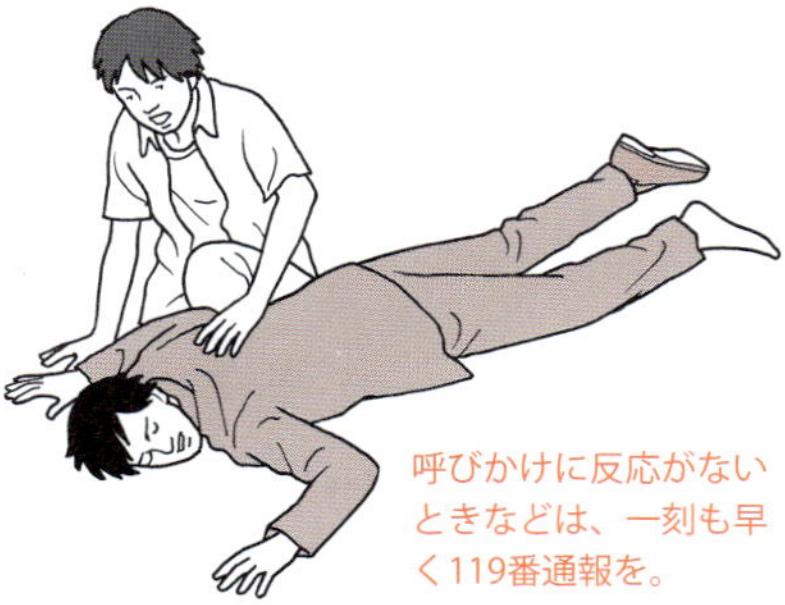

呼びかけに反応がないときなどは、一刻も早く119番通報を。

正常な呼吸をしていないとき、呼びかけに正常な反応をしないとき、脈が速く弱かったり、顔面が蒼白で、冷や汗をかいているとき、また、大きな力がはたらいたと想定されるとき（高エネルギー事故と考えられる受傷機転＝同乗者の死亡、車から放り出された、車に轢かれた、5m以上跳ね飛ばされた、車が高度に変形している）は、重要な臓器損傷が疑われ緊急度が高く、一刻も早く救急車を呼ぶことがたいせつです。

救急車の呼びかた→102頁

2 けが人の容体を調べ、心肺蘇生やAEDの使用の必要性を判断する

心肺蘇生や止血の手当を優先します。

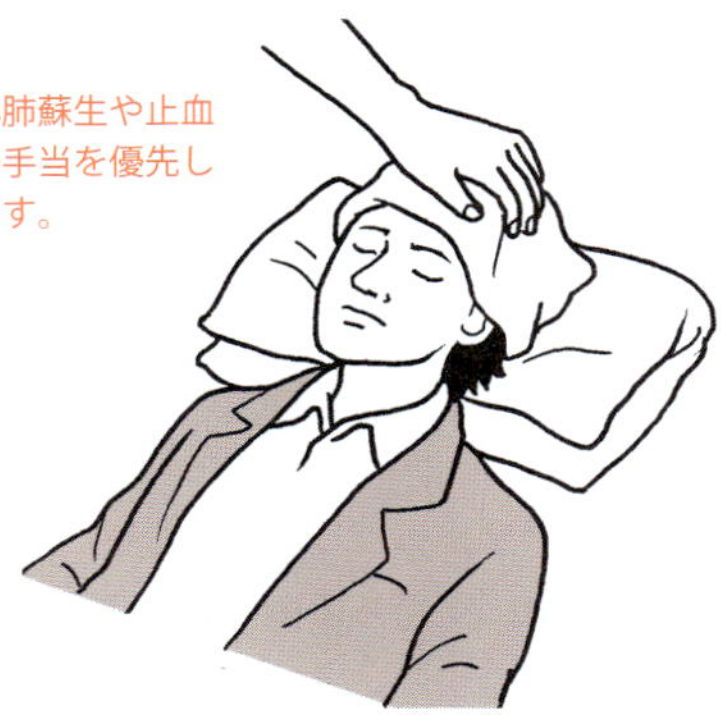

負傷者の反応の有無、呼吸の有無などを調べ、必要に応じて心肺蘇生（100～110頁）やAEDによる手当（111頁）などを行います。

同時に大出血の有無を調べ、大出血していれば止血の手当（119頁）を行います。

心肺蘇生やAEDによる手当、止血などは、**救急隊員に引き継ぐまで継続**します。

反応や呼吸がしっかりしていて、大出血もなく、軽症の場合は、次頁3へ。

3 安全な場所に移して、応急手当を行う

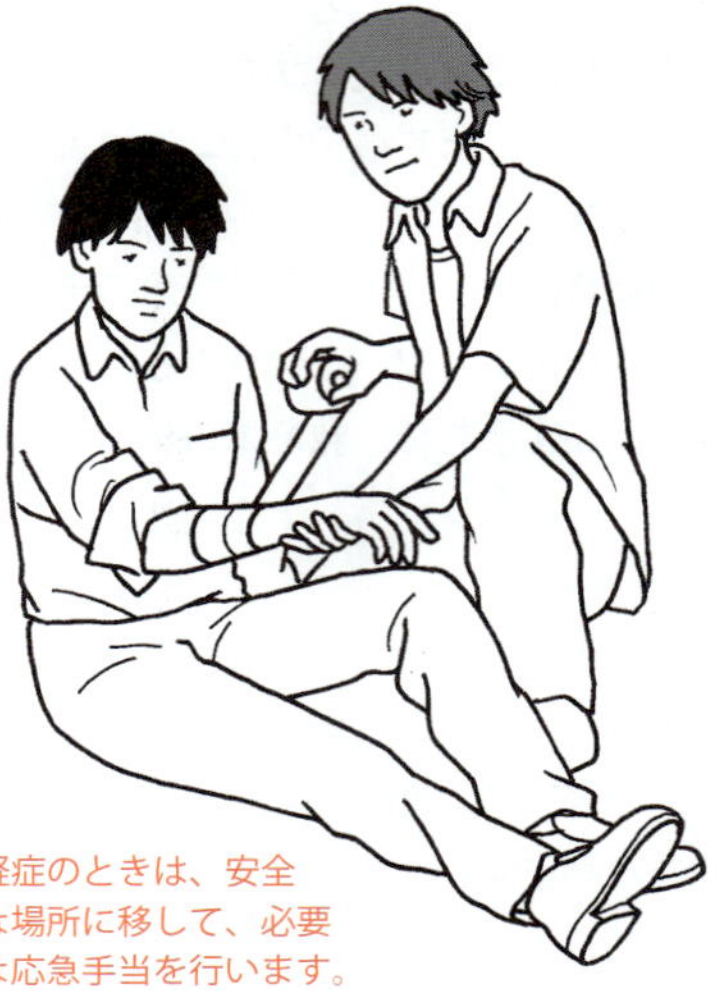

軽症のときは、安全な場所に移して、必要な応急手当を行います。

反応や呼吸の状態に異常がなく、大出血もなく、軽症のときは、けが人を安全な場所に移して、必要な応急手当を行います。

交通事故のけがは、数種類、数か所におよぶことが多いものです。

傷病者の保護・運びかた→101頁
やけどしたときの手当→121頁
頭のけがの手当→131頁
くびのけがの手当→136頁
胸部のけがの手当→137頁
背中のけがの手当→138頁
腹部のけがの手当→139頁
腰部・陰部のけがの手当→140頁
手足のけがの手当→141頁

4 必ず医師の診察を受ける

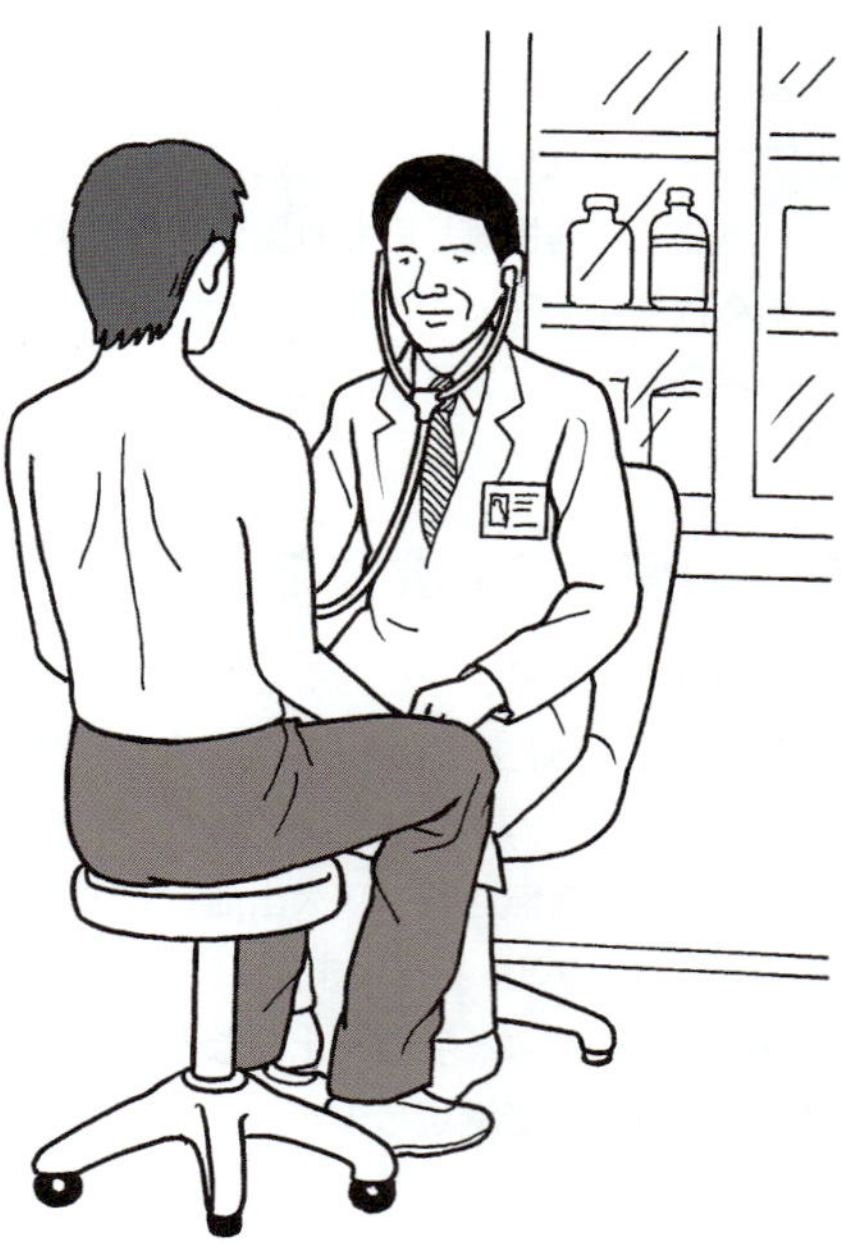

どんな場合も、必ず医師の診察を。

外見上は大きなけがもなく、元気そうに見える場合も、あとになってむち打ち損傷などの後遺症がでてくることがあります。

どんな場合も、必ず、医師の診察を受けておくことがたいせつです。

交通事故による受傷後の注意

受傷後早期に診断がつかないことや、遅れて発症する（遅発性（ちはっせい）の）場合も少なくないため、時間の経過を追っての観察（経時的な観察）が重要です。

もしも、症状が悪化したり、新たな症状が現れたりした場合は、ただちに再受診する必要があります。

第2部

健康診断の結果の見かたと対策

がん、心疾患、脳血管疾患、糖尿病、高血圧などの
生活習慣病（成人病）の早期発見、早期治療のために、
30歳をすぎたら、定期的に健診・検診を受けましょう。

生活習慣病と健診・検診

◆健診のじょうずな受けかた

◉健診で生活習慣病の早期発見を

日本人のおもな死亡原因は、がん、脳血管疾患、心疾患です。とくに後者の2つの病気は動脈硬化症が進行しておこります。

この動脈硬化症は高血圧、脂質異常症、糖尿病などの生活習慣病が危険因子となっています。これには若いころからの生活習慣、たとえば食事のかたより、運動不足、喫煙、飲酒、ストレスなどが深くかかわっています。

メタボリックシンドローム（187頁）とは、内臓肥満とそれによるインスリン抵抗性によって、①高血圧、②脂質異常、③耐糖能障害のうち、2つ以上を生じたものです。メタボリックシンドロームは糖尿病の危険因子であり、これにより動脈硬化性疾患のリスクが高まります。

しかし、生活習慣病の多くが、早期発見、早期治療によって、病状の進行を遅らせたり、進行を防ぐことができるのです。普段から健康状態をチェックし、健康診断を受けて、早いうちに生活習慣の改善につとめることが、病気の予防につながります。

◉定期的に「同じ医療機関」で受診する

健診・検診は定期的に毎回受診し、チェックを受けることがたいせつです。健康状態を正確に把握するには過去のデータと比較することが必要ですから、検査結果は保存しておきましょう。異動・引っ越しなどで医療機関を変更したときや病気になったときに、自己管理に用いることもできます。かかりつけ医はもちろんですが、健診・検診でもできるだけ受診先を変更せず、自分の検査結果の推移や傾向を比較できるよう、いつも同じ医療機関で受診しましょう。

医療機関によって検査時の機器や試薬が異なることが多く、受診先を変更するとデータの比較がむずかしくなることもあります。通常の受診の場合にもいえますが、医療機関を頻繁に変えるのは、同じような検査をくり返し受け、時間、お金の浪費にもつながります。

義務化される特定健診

２００８（平成20）年４月から、高齢者医療確保法に基づく、新しい健診制度「**特定健診**」（特定健康診査。いわゆる**メタボ健診**）が実施されるようになりました。

それまで実施されていた地域や職場の健康診断は、健診項目や基準が実状にそぐわなくなってきており、受診者の年齢や性別、体質、環境などひとりひとりの異なる事情に合わせた指導が十分とはいえませんでした。健診を受けない人も多くみられ、健診の成果が思ったほど得られないという課題が指摘されていました。

新しい制度では、生活習慣病をおこす前の状態であるメタボリックシンドローム（内臓脂肪症候群187頁）の診断基準を基本にして、発症のリスクがあると診断された人に対して、個別に保健指導を行うというシステムが導入されました。これは、内臓脂肪の蓄積が糖尿病や高血圧、脂質異常などの生活習慣病に共通する原因となり、中高年からの心筋梗塞、脳梗塞などの要因となって、重症化した病気を抱えるといった医学的因果関係がはっきりしてきたためです。

生活習慣病の患者は、人口構成の高齢化や生活習慣の変化にともなって増加しつづけ、厚生労働省によると、その医療費は国民医療費の約３分の１を占めるといわれます。新制度は、これらの病気の発症や悪化を事前に予防することを目的とし、あわせて今後さらに増大することが予想される医療費の削減をめざしています。

健康保険組合や市区町村には、健診を実施し、生活習慣病を発症するリスクが見つかった人に対して、生活習慣を改善するための保健指導を行うことが義務づけられます。

◆特定健診は、どこで受けるか

特定健診の対象者は、40～74歳の医療保険の加入者（妊産婦などを除く）です。

組合健康保険など被用者保険の加入者は組合が委託する医療機関で、市区町村の国民健康保険の加入者は市区町村の保健所・保健センターや委託する医療機関などで受けます。被用者保険の扶養家族（専業主婦など）は職場で実施する健診の対象者となりますが、職場まで行くのが困難な場合は市区町村の健診を受けられます。

◆特定健診の検査項目

特定健診の検査項目は、生活習慣病対策を重視する構成になっています。

健診の結果に基づいて、受診者は、情報提供、動機付け支援、積極的支援の３つのレベルに階層化されます（検査項目および支援レベルの選定・階層化については、次頁の表１、２を参照してください）。

◆特定保健指導の内容

腹囲やＢＭＩ（184頁）が基準以上で、血糖、脂質、血圧が一定の基準を超えた人は、超えた項目数や喫煙の有無に応じて分けられ、特定保健指導を受けることになっています。

また、血圧や血液検査の測定値の結果によっては、医師から精密検査を勧められることがあります。その場合は、指導に従い医療機関を受診し、必要な検査・治療を受けましょう。

特定保健指導には、リスクの多い人に対する積極的支援と、少ない人に対する動機付け支援があります。

①**積極的支援**　医師、保健師、管理栄養士などと面接し相談して、腹囲や摂取カロリーなどの数値目標を具体的に作成します。目標は、本人が納得して実行することが重要です。その後、３か月以上にわたって食事や運動など日常の生活改善に努力し、また、電話やメールなどで継続的に指導を受けて、半年後に検査数値や生活

表1　特定健診の検査項目

基本的な健診項目	問診（質問項目）		既往歴、服薬歴、喫煙歴、飲酒、自覚症状など
	血圧測定		
	理学的所見		身体診察
	身体計測、腹囲測定		身長、体重、BMI、腹囲
	血液検査	血中脂質検査	中性脂肪、HDLおよびLDLコレステロール
		肝機能検査	AST（GOT）、ALT（GPT）、γ-GTP
		血糖検査	空腹時血糖またはHbA_{1c}
	尿検査		尿糖、尿たんぱく
詳細な健診項目	医師の判断により必要なときに行う検査		貧血検査（赤血球、血色素量、ヘマトクリット値）

表2　特定保健指導の対象者を選定・階層化する方法

［ステップ1］（腹囲・BMIによる区分け） ➡ **［ステップ2］（リスク数のカウント）** ➡ **［ステップ3］（レベル判定）**

［ステップ1］（腹囲・BMIによる区分け）

腹囲とBMIを組合わせて、3つに分ける

①腹囲85（90）㎝以上
②腹囲85（90）㎝未満
BMI 25以上
③腹囲・BMIリスク
ともに非該当

（　）内は女性

		腹囲 85(90)㎝未満	腹囲 85(90)㎝以上
BMI	25未満	③	①
BMI	25以上	②	①

［ステップ2］（リスク数のカウント）

各カテゴリ内（血糖・血圧・脂質・喫煙歴）でリスク域該当項目数をカウントする

ただし、喫煙歴に関しては血糖・血圧・脂質カテゴリ内でカウントされている場合のみ、カウントする

カテゴリ	検査項目
血糖	空腹時血糖 100㎎／dℓ以上
	HbA_{1c} 5.2％以上
血圧	収縮期血圧 130㎜Hg以上
	拡張期血圧 85㎜Hg以上
脂質	中性脂肪 150㎎／dℓ以上
	HDLコレステロール40㎎／dℓ未満
喫煙歴	喫煙歴

［ステップ3］（レベル判定）

ステップ1・2の組合わせから、3つのレベルに階層化する

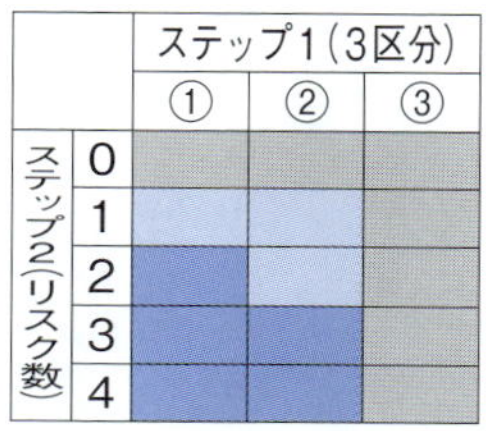

保健指導対象外（情報提供）
動機付け支援
積極的支援

＊ステップ3で、レベルが積極的支援と動機付け支援の人への指導内容については、本文解説を参照してください。
＊保健指導対象外の人には情報提供として、健診結果の通知と、生活習慣の改善に関する基本情報などが提供されます。

習慣が改善されたかを、再度面接して評価してもらいます。

②動機付け支援　医師、保健師、管理栄養士などと面接のうえ相談して、本人が納得する数値目標や生活習慣の改善計画を作成します。半年後に再度面接して、成果を評価してもらいます。

指導を受ける際には、検査結果と日ごろの生活がどう関連しているのか、納得いくまで説明を聞きましょう。自分の健康は自分で守るという自覚をもって、積極的に生活習慣の改善に取組むことがたいせつです。

健診と検診のちがい

健診とは健康診断のことで、健康かどうかを確かめるために、病気になる要因がないか広く概観してみるものです。これに対して**検診**は、特定の病気を見つけるための検査で、隠れた病気を早期発見し、治療することを目的としています。がん検診がその例です。

なお、健診・検診には、法律で定められた法定のものと、自分の意思で受けられる任意のものがあります。法定によるものには高齢者医療確保法による特定健診や、健康増進法による市区町村のがん検診などがあります。人間ドックは任意で行うものです。

検査データの見かたと対策

◆基準値とは

◉基準値（基準範囲）の決めかた

健診で検査をするために採取した尿、便、血液などの材料（試料）を、**検体**といいます。検体の検査にはほとんど基準値が設定されていますが、どのように決められるのでしょうか。

病気をしていない健康な成人（健常人）を多数集めてきて検体を採取し、そこに含まれる成分の量を測定します。それらを集計してグラフに描くと、ふつう、左右対称の山型になります（上図）。

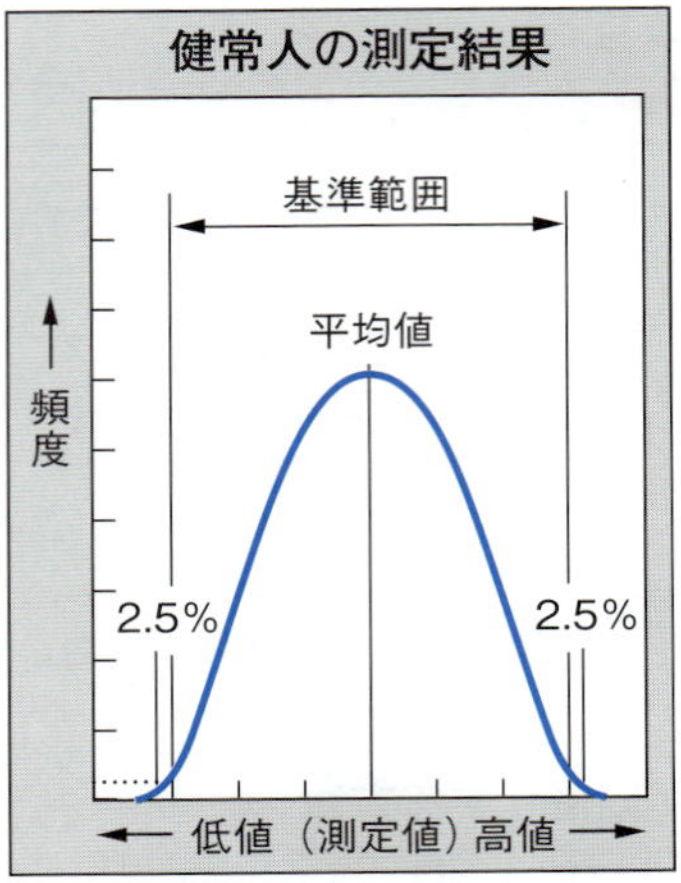

このうち、極端に高い数値2・5%と極端に低い数値2・5%を除いて、残りの平均値をはさんだ95%の範囲の値が、**基準値**（**基準範囲**）です。

しかし、厳密には、95%以内でも病気の人がいたり、残りの5%の人でも病気とはかぎりません。検査の値には個人差が大きく、検査を受けたときの状況によっても異なります。年齢、性別、食事や運動などいろいろな条件によっても変動します。基準値とは、大多数の人の測定値による目安であって、絶対的な数値ではありません。

以前、基準値は「正常値」と呼ばれていましたが、必ずしも正常を示す値とはいえないとして、「基準値」という用語に改められました。

◉臨床判断値

特定の病気の診断をするのに、診断効率の高い検査値として、カットオフ値（診断閾値）があります。これは、病気の人と病気でない人を振り分ける目安として用いられています。代表的なカットオフ値として、腫瘍マーカーやウイルス抗体の値があります。

また、脂質異常症の診断基準とされてきた総コレステロール値（200㎎/dℓ以上）は、予防医学的閾値というべきものです。

これらは、臨床判断値と総称され、本来、基準範囲と異なる概念ですが、多くの医療施設では基準値と混同して扱われているようです。

◉医療機関によって基準値がちがう

検査項目によっては、医療機関や検査機関ごとに基準値は多少異なります。それは、採用している検査方法や検査機器、試薬などが異なり、測定値の単位も異なることがあるためです。

ほかの医療機関や医学書などが提示している基準値と、自分の検査結果と照らし合わせて自己判断する際には、注意が必要です。

検査は、なるべく同じ医療機関で定期的に受けましょう。そして、受けとった結果報告書は毎回保存しておきましょう。

これは、自分の検査値の傾向や経年変化を確認し、健康維持のために、どこに注意し、どのように対応していったらよいかを知るうえでたいせつなことです。

◆検査結果の判定

検査結果は、臓器別あるいは検査内容ごとの検査データを医師が診断し、「異常ありません」「経過観察を要します」「精密検査を要します」「要治療」などといった、段階別の判定ランクをつけて通知されます。基準値からはみ出た検査項目に、マークがついている場合もあります。

検査結果に疑問があれば、医師の説明を受けましょう。結果報告書は毎回保存しておきましょう。

また、総合判定や、生活上の注意も付記されているのがふつうです。

再検査や精密検査を受けるように勧められたら、必ず受けましょう。不安や疑問があれば、ひとりで悩まず、医師に納得のいくまで説明を受けるようにしましょう。

◆検査の際に守る注意

健診を受ける前には、前夜から検査終了まで一切の飲食をやめるなど、守るべき注意事項の説明があります。指示以外の行動によって検査結果に影響をおよぼし、誤った判定を招くこともあります。また、検査自体がからだの負担になることがあります。

指示された注意はきちんと守るようにしてください。万一、守れなかったときは、検査前に必ず、申し出てください。

とくに注意がなくても、前日は禁酒を守り、服薬治療中の薬の使用については、あらかじめつづけてよいか聞き、健診時にも申し出ます。

女性で妊娠している人やその可能性のある人、生理の始まった人は、必ず、検査前に申し出てください。生理中は尿検査などに影響が出る場合があります。かぜなどで体調のすぐれない人も事前に申し出ましょう。

人間ドック

▼一次予防と二次予防　生活習慣病の予防対策には、健康を増進し発病を予防する一次予防、病気を早期に発見して治療する二次予防、病気になったあとに治療や機能を回復・維持、再発を防ぐ三次予防があり、いずれも、私たちの健康を守るために欠かせません。

現在、職場や市区町村単位で年に1度は健診や検診が行われていますが、ほかに、医療機関が独自に実施し、誰でも任意に受けられる**人間ドック**があります。ドックでは検査項目をさらに多くして、自覚症状のでないうちに病気を発見し（二次予防）、病気になりやすい生活習慣の改善を指導し（一次予防）、問題があれば専門医を紹介するなど、きめ細かな診断や指導をしてもらえます。

▼人間ドックの種類　人間ドックには、日帰りで行う1日ドック、病院宿泊型のドック（2日ドックが代表）があります。おもに生活習慣病について健康状態をチェックする検査が行われますが、希望すれば、前立腺や骨粗鬆症など気にかかる病気の検査をオプションとして追加してもらえる施設もあります。ほかに脳ドック、糖尿病ドックなど、臓器や疾患別に的をしぼった専門ドックもあります。

おもな検体検査（血液・尿・便）の基準値

●印は特定健診で行う基本的な検査項目
◎印は特定健診で必要なときに行う詳細な検査項目
（特定健診については、178頁）

▼印は人間ドックなどで行う一般的な検査項目（ただし、項目は医療機関によって異なります）
無印はオプション、または必要なときに行う精密検査など

	検査項目	検体	基準値	頁
身体計測	●肥満度（BMI）		18.5以上、25未満	184
身体計測	●腹囲		男性　85cm未満　女性　90cm未満	185
血圧測定	●血圧		収縮期血圧　130mmHg未満 拡張期血圧　85mmHg未満	185
肝臓・胆道	●AST（GOT）	血液	9～38U／ℓ	191
肝臓・胆道	●ALT（GPT）	血液	4～36U／ℓ	191
肝臓・胆道	▼LDH（乳酸脱水素酵素）	血液	125～237U／ℓ	192
肝臓・胆道	●γ-GTP（ガンマ・グルタミール・トランスペプチダーゼ）	血液	男性　70U／ℓ以下 女性　30U／ℓ以下	192
肝臓・胆道	▼ChE（コリンエステラーゼ）	血液	男性 203～460U／ℓ　女性 179～354U／ℓ	193
肝臓・胆道	▼ALP（アルカリホスファターゼ）	血液	115～359U／ℓ	194
肝臓・胆道	▼総ビリルビン（T-Biℓ） 直接ビリルビン（D-Biℓ） 間接ビリルビン（I-Biℓ）	血液	0.2～1.2mg／dℓ 0.4mg／dℓ以下 0.8mg／dℓ以下	196
肝臓・胆道	▼血清総たんぱく（TP）	血液	6.5～8.0g／dℓ	197
肝臓・胆道	▼アルブミン（Alb）	血液	4～5g／dℓ	197
肝臓・胆道	▼A／G比（アルブミン／グロブリン比）	血液	1.2～2.0	198
肝臓・胆道	▼TTT（チモール混濁試験） ▼ZTT（硫酸亜鉛混濁試験）	血液	TTT　5U以下 ZTT　2～14U	199
肝臓・胆道	▼尿ウロビリノーゲン	尿	擬陽性（±）	190
膵臓	▼アミラーゼ（AMY）	血液・尿	血清37～125U／ℓ　尿65～700U／ℓ	194
膵臓	リパーゼ（Lip）	血液	9～43U／ℓ	195
胃腸	▼便潜血反応	便	陰性（－）	188
胃腸	ペプシノーゲンⅠ（PGⅠ） PGⅠ／Ⅱ比	血液	70ng／mℓ以上 3.0以上	214
腎臓	▼尿素窒素（BUN）	血液	8～21mg／dℓ	203
腎臓	▼クレアチニン（Cr）	血液	男性 0.7～1.1mg／dℓ　女性 0.5～0.8mg／dℓ	204
腎臓	クレアチニン・クリアランス（Ccr）	血液	70～130mℓ／分	204
腎臓	●尿たんぱく	尿	定性検査 陰性(－)　定量検査 1日100mg以下	188
腎臓	▼尿潜血反応	尿	陰性（－）	189
腎臓	▼尿沈渣	尿	1視野に、赤血球 4個以下、白血球 4個以下、上皮細胞　少量、結晶成分　少量、円柱　陰性（－）	189
腎臓	尿量	尿	1日500～2000mℓ	190
腎臓	▼尿比重	尿	1.008～1.025	190
腎臓	尿中微量アルブミン	尿	10mg／gCr以下	190
電解質	Na（ナトリウム） K（カリウム） Cℓ（クロール、塩素）	血液	137～149mEq／ℓ 3.7～5.0mEq／ℓ 96～108mEq／ℓ	205
電解質	Ca（カルシウム） P（リン）	血液	8.4～10.2mg／dℓ 2.4～4.3mg／dℓ	205

（注）身体計測と血圧測定は、検体検査ではありませんが、特定健診の必須項目となっています。

	検査項目	検体	基準値	頁
糖代謝（糖尿病）	●血糖（BS）	血液	空腹時　正常域70～109mg／dℓ 正常高値100～109mg／dℓ	199
	OGTT（ぶどう糖負荷試験）	血液	空腹時 110mg／dℓ未満　2時間値 140mg／dℓ未満	199
	●$HbA_{1}c$（ヘモグロビン$A_{1}c$）	血液	4.3～5.8％	200
	グリコアルブミン（GA）	血液	11～16％	200
	インスリン（IRI）	血液	早朝空腹時　1～11μIU／mℓ	220
	●尿糖	尿	定性検査　陰性（－）	189
	尿ケトン体	尿	陰性（－）	190
脂質・尿酸代謝	▼総コレステロール（TC）	血液	140～199mg／dℓ	201
	●HDL-C（HDLコレステロール）	血液	男性 40～99mg／dℓ　女性 50～109mg／dℓ	201
	●LDL-C（LDLコレステロール）	血液	60～139mg／dℓ	202
	●中性脂肪（TG、トリグリセリド）	血液	50～149mg／dℓ	202
	▼尿酸（UA）	血液	3.0～7.0mg／dℓ	203
筋肉	CK（クレアチンキナーゼ）	血液	男性 57～197U／ℓ　女性 32～180U／ℓ	196
前立腺	ACP（酸性ホスファターゼ）	血液	7.1～12.6U／ℓ	196
	▼PSA（前立腺特異抗原）	血液	4ng／mℓ以下	218
免疫（炎症反応・感染症など）	ASO（抗ストレプトリジン-O）	血液	200IU／mℓ以下	210
	▼RF（リウマトイド因子）	血液	RAテスト　陰性（－）	211
	▼CRP（C反応性たんぱく）	血液	定性 陰性（－）　定量 0.3mg／dℓ以下	211
	赤沈（赤血球沈降速度、血沈）	血液	男性 1～10mm／h　女性 2～15mm／h	210
	▼梅毒血清反応	血液	STS陰性（－）　TP陰性（－）	211
	▼HBV（B型肝炎ウイルス）	血液	陰性（－）	212
	▼HCV（C型肝炎ウイルス）	血液	陰性（－）	212
	HTLV-Ⅰ（成人T細胞白血病ウイルス）	血液	陰性（－）	213
	HIV（ヒト免疫不全ウイルス）	血液	陰性（－）	213
甲状腺	甲状腺ホルモン	血液	T_3 0.8～1.6ng／mℓ　T_4 6.1～12.4μg／dℓ FT_3 2.3～4.3pg／mℓ　FT_4 0.9～1.7ng／dℓ	219
	甲状腺刺激ホルモン	血液	TSH　0.5～5.0μIU／mℓ	219
鉄	▼Fe（鉄）	血液	男性 64～187μg／dℓ　女性 40～162μg／dℓ	206
	TIBC（総鉄結合能）	血液	男性 238～367μg／dℓ　女性 246～396μg／dℓ	206
血球	◎赤血球数（RBC）	血液	男性 400～539万個／μℓ 女性 360～489万個／μℓ	207
	◎ヘモグロビン（Hb、血色素） ◎ヘマトクリット（Ht）	血液	男性 13.0～16.6g／dℓ　女性 11.4～14.6g／dℓ 男性 38.0～48.9％　女性 34.0～43.9％	207
	▼赤血球恒数（赤血球指数）	血液	MCV 78～101fℓ　MCH28～34.9pg MCHC 31～35.9％	208
	▼白血球数（WBC）	血液	3200～9000個／μℓ	208
	▼白血球分画（血液像）	血液	好中球 40～60％　好酸球 1～5％ 好塩基球 0～1％　単球 4～10％ リンパ球 30～45％	208
	▼血小板数（PL）	血液	13.0万～34.9万個／μℓ	209
血液凝固	PT（プロトロンビン時間）	血液	時間 10～13秒　活性 70～100％ PT-INR 0.9～1.1	209
	APTT(活性化部分トロンボプラスチン時間)	血液	20～40秒	209
	フィブリノゲン	血液	200～400mg／dℓ	210

＊基準値は、施設によって若干異なりますので、注意してください。

各種検査の基準値と異常値

身体計測（身長、体重、腹囲）

健康診断では、身長、体重を測るのが基本ですが、これは肥満の程度を調べるのがおもな目的です。さらに最近では、メタボリックシンドロームの診断基準（187頁）として、腹囲（ウエスト周囲径）を測定するようになっています。

肥満度

基準値

BMI　18.5以上、25未満

肥満とは、「太って見える」「体重が重い」ということではなく、医学的には、からだに必要以上に脂肪が蓄えられた状態をいいます。

肥満度を判定する指標としては、**BMI（ボディー・マス・インデックス、体格指数）**が多く用いられています。その値は、

BMI＝体重kg÷（身長m×身長m）

の式で算出します。

この数値は、その人の体脂肪量とほぼ相関関係にあるとされています。そして、BMI＝22のときにもっとも病気になる確率が少ないとされ、その体重を、**標準体重**（身長に見合った適正な体重）としています。

日本肥満学会では、BMIによる判定基準を、表1のように定めています。

表1
BMIによる肥満の判定基準

BMI	判定
18.5未満	低体重（やせ）
18.5以上、25未満	ふつう
25以上、30未満	肥満
30以上	重度肥満

BMI＝体重kg÷（身長m×身長m）
［例］身長177㎝、体重83kgの人は
BMI＝83÷（1.77×1.77）≒26.5
で、肥満となります。
（日本肥満学会 2000年　一部改変）

値が高い▼ 肥満しているからといって、病気とはかぎりません。たいていは、食べすぎと運動不足による単純肥満です。

しかし、肥満が原因で、糖尿病や脂質異常症（高脂血症）、高血圧、心筋梗塞など、表2のような健康障害があったり、内臓脂肪型肥満（メタボリックシンドロームタイプ）の人は肥満症と診断されます。

値が低い▼ 若いころからのやせは、たいていは体質的なもので、心配はありません。とくにやせるための努力もしていないのに最近やせてきたというのは要注意で、糖尿病、甲状腺機能亢進症、がんなどの症状のことがあります。

異常値と対策▼ 肥満は、生活習慣病の発症・進行を速める誘因となります。まず、食事や運

表2
肥満が原因でおこる健康障害

①２型糖尿病、耐糖能異常
②脂質代謝異常（高脂血症）
③高血圧
④高尿酸血症、痛風
⑤冠動脈疾患（心筋梗塞、狭心症）
⑥脳梗塞
⑦睡眠時無呼吸症候群
⑧脂肪肝
⑨整形外科的疾患（変形性関節症、腰椎症）
⑩月経異常

（日本肥満学会より）

動などの生活習慣を見直して、体重の減量に努力しましょう。肥満による健康障害がある場合は、食事療法、運動療法、薬物療法などによる治療が必要となります。

やせている人は、太っている人に比べると生活習慣病の危険は少ないです。ただし、むりなダイエットでやせるのは重大な健康障害を招きかねないので、気をつけましょう。

腹囲

基準値

男性　85㎝未満
女性　90㎝未満

肥満には、脂肪が皮膚の下にたまる**皮下脂肪型肥満**と、内臓にたまる**内臓脂肪型肥満**があり、糖尿病、脂質異常症、高血圧などの生活習慣病に直結しやすいのは、内臓脂肪型肥満です。

内臓脂肪量を正確に測定するには、腹部ＣＴで撮影します。内臓脂肪面積が１００㎠以上であれば、内臓脂肪型肥満と判定されます。これに相当する簡便な方法として、腹囲（187頁）の測定が行われ、特定健診（178頁）では、肥満度を判定する検査項目となっています。

値が高い▼　腹囲は臍の位置のおなか周りを測ります。男性は85㎝以上、女性は90㎝以上あると、内臓脂肪型肥満の疑いがあると判定されます。さらに、血糖、脂質、血圧などの検査で異常がみられた場合は、動脈硬化による血栓症を発症する危険性がありますから、生活習慣の改善に努力する必要があります。

体脂肪率

体脂肪率とは、体重に占める体脂肪の重さの割合をいいます。肥満の程度を調べるのに用いられ、男性は15～20％未満、女性は20～25％未満が適正な値とされます。

家庭でも測れる簡易な体脂肪計が普及していますが、自分の体脂肪の状態を正確に把握するには、いつも同じ機器を使うか、同じ医療機関で測定してもらうことがたいせつです。

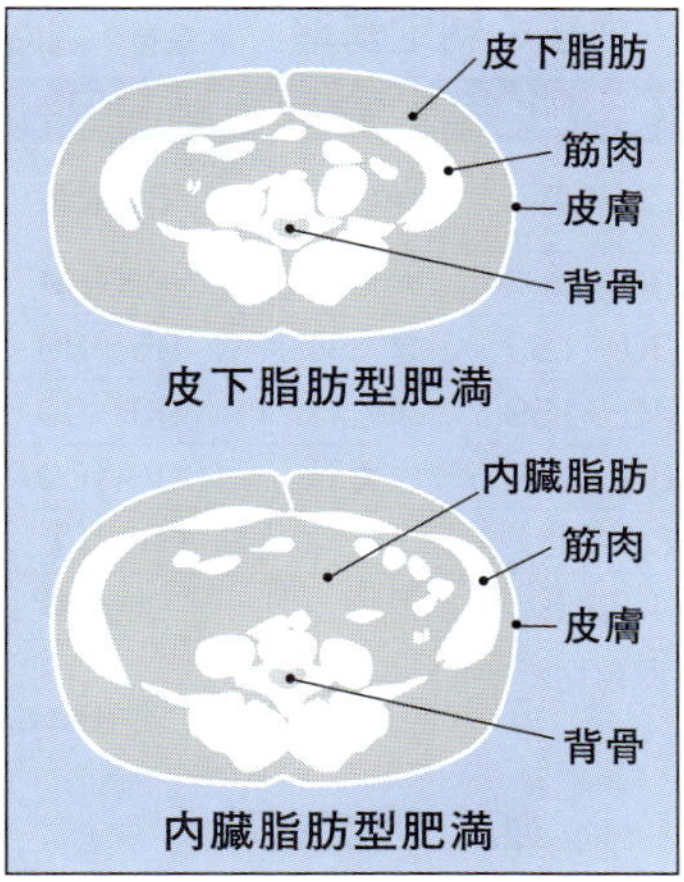

皮下脂肪型肥満
内臓脂肪型肥満

血圧測定

血圧検査

基準値

収縮期血圧　130㎜Hg未満、もしくは
拡張期血圧　85㎜Hg未満

心臓が収縮し血液を送り出すときの血圧を収縮期血圧（最高血圧、最大血圧）、入ってくる血液をためて心臓が拡張しているときの血圧を拡張期血圧（最低血圧、最小血圧）といいます。

日本高血圧学会では、さらにくわしく、次頁表1のような判定基準によって、高血圧によるリスク度を判定し、指導や治療方針を定めています。

特定健診（178頁）で採用されている基準値は、この表の正常血圧に相当します。

値が高い▼　正常高値血圧よりも値が高い状態（１４０／90㎜Hg以上）を高血圧といいます。

高血圧の人は、動脈硬化の発症・進行が速まり、虚血性心疾患（心筋梗塞や狭心症）や脳血管疾患（脳梗塞や脳出血）、腎障害などの病気がおこる危険性が高まります。

　高血圧と診断され、生活習慣の改善を指導されたときは、それを守りましょう。生活習慣の改善のみでは血圧が下がらない場合には、血圧をコントロールするために降圧薬で治療することもあります。

▼値が低い　数値のはっきりとした基準はなく、一般に収縮期血圧が100（または90）mmHg以下の場合に低血圧とされています。

　とくに原因のない本態性低血圧であれば、あまり心配ありませんが、心疾患や内分泌、神経などの異常による症候性低血圧が疑われる場合は、検査を行い、治療が必要になることもあります。

白衣高血圧と仮面高血圧

　血圧は、医師の前では緊張して高くなる人がいます。これを**白衣高血圧**（はくいこうけつあつ）といいます。

　白衣高血圧とは逆に、健診や病院では正常なのに、家庭で測ると早朝や夜間、または日中でのストレスなどが原因で、血圧が上昇する場合があり、これを**仮面高血圧**（かめんこうけつあつ）といいます。

　これらの場合、家庭で測る血圧値が参考になります。家庭での血圧値が135／85mmHg以上だと高血圧の可能性があります。

表1　血圧の判定基準　単位：mmHg

分類	収縮期血圧		拡張期血圧
至適血圧（理想的な血圧）	120未満	かつ	80未満
正常血圧	130未満	かつ	85未満
正常高値血圧	130～139	または	85～89
Ⅰ度高血圧	140～159	または	90～99
Ⅱ度高血圧	160～179	または	100～109
Ⅲ度高血圧	180以上	または	110以上
収縮期高血圧	140以上	かつ	90未満

＊「収縮期高血圧」は、収縮期だけ高い場合をいう。

（日本高血圧学会　2014年）

表2　降圧目標

高齢者	140／90mmHg未満
若年・中年者	140／90mmHg未満
糖尿病患者 腎障害患者	130／80mmHg未満

＊年齢や合併している病気の種類によって、どの数値まで血圧を下げるか基準が異なる。治療は医師の判断によるので、指示に従うこと。

＊高齢者で75歳以上の中等症・重症高血圧の場合は、150／90mmHg未満を暫定目標とし、慎重に降圧する。

（日本高血圧学会）

血圧の検査

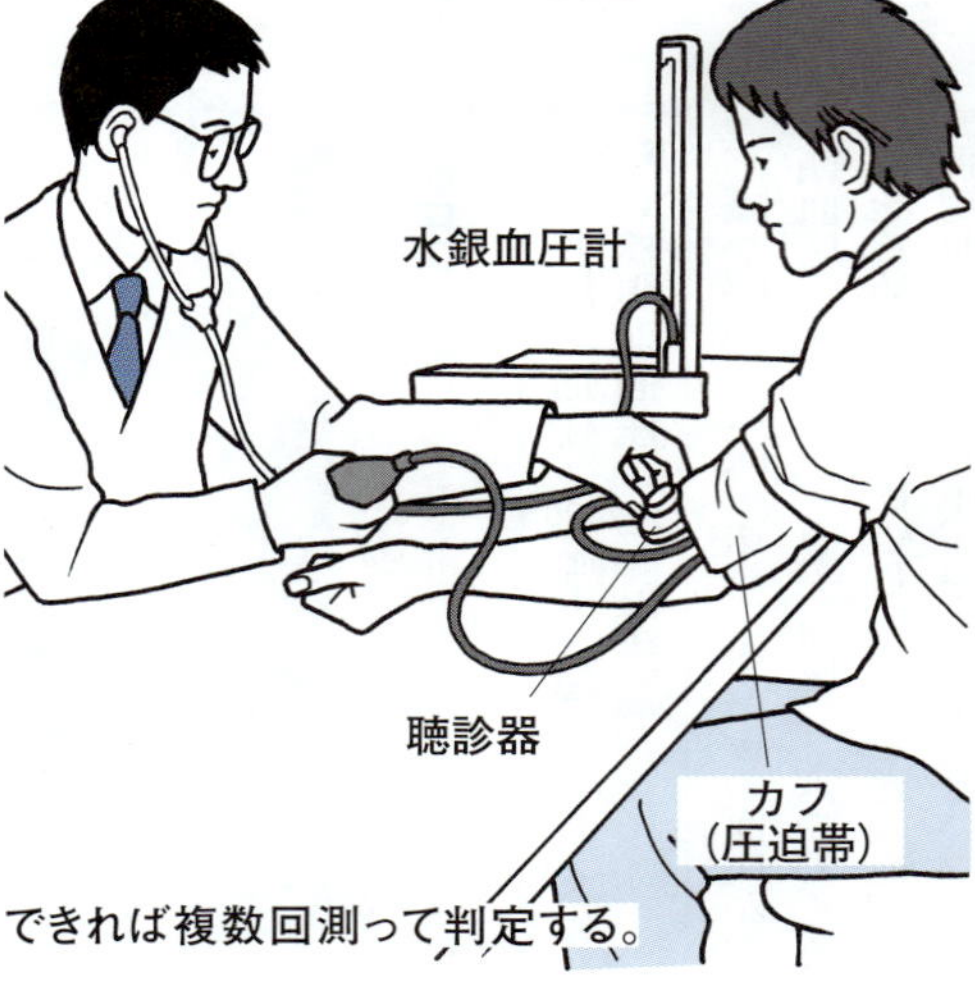

できれば複数回測って判定する。

血圧の判定基準

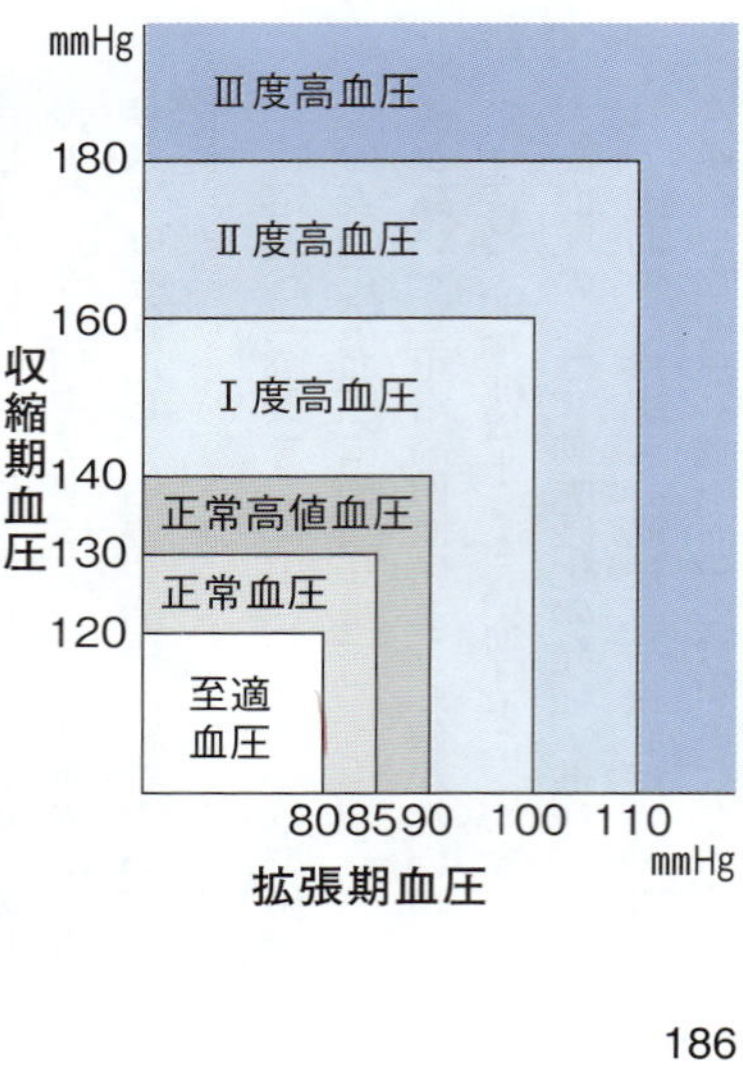

メタボリックシンドローム

日本人の食生活やライフスタイルが欧米化するにつれて、生活習慣が変化し、それにともなう動脈硬化がもとで、脳卒中や心筋梗塞などの命にかかわる重大な病気が増えています。

動脈硬化を進行させる危険因子としては、内臓周囲（腸間膜やその周囲など）に脂肪のつく内臓脂肪型肥満があり、さらに高血糖、高血圧、脂質異常症などの生活習慣病といわれる病気があります。

メタボリックシンドロームとは、これらの危険因子を複数有する状態をいいます。ひとつひとつは軽くても、これらの危険因子が重なると動脈硬化の危険性が飛躍的に高くなるのです。

内臓脂肪が蓄積されると、インスリン抵抗性といって、血中の糖をエネルギーに変えるインスリンのはたらきが低下し、高血糖や脂質異常の要因になります。

また、内臓脂肪の細胞はさまざまな生理活性物質（アディポサイトカイン）を分泌していますが、そのなかには、動脈硬化を予防する善玉アディポサイトカイン（アディポネクチン）と、動脈硬化を促進させる悪玉アディポサイトカインがあり、両方の分泌量はバランスが保たれています。ところが、内臓脂肪が蓄積されると、善玉の分泌が減少し、悪玉の分泌が過剰になってバランスが乱れるために、生活習慣病を招き、動脈硬化を進めると考えられています。

２００８（平成20）年には、メタボリックシンドロームの人にターゲットを絞った特定健診制度（178頁）が始まりました。

メタボリックシンドロームの診断基準

▼内臓脂肪（腹腔内脂肪蓄積）

ウエスト周囲径　男性……85㎝以上
　　　　　　　　女性……90㎝以上
（男女ともCTで内臓脂肪面積100㎠以上に相当）

▼上記に加え、以下の２項目以上該当する場合に、メタボリックシンドロームと診断される

①中性脂肪　150㎎／dℓ以上、
（高トリグリセリド血症）
かつ／または
ＨＤＬコレステロール　40㎎／dℓ未満
（低HDLコレステロール血症）

②収縮期血圧（最大血圧）　130㎜Hg以上、
かつ／または
拡張期血圧（最小血圧）　85㎜Hg以上

③空腹時高血糖　110㎎／dℓ以上

＊CTスキャンなどで内臓脂肪量測定を行うことが望ましい。
＊ウエスト周囲径（腹囲）は、立った姿勢で軽く息をはいた状態で臍の位置のおなか周りを測定する。いわゆるウエストではありません。
＊高トリグリセリド血症、低HDLコレステロール血症、高血圧、糖尿病に対する薬物治療を受けている場合は上記のそれぞれの項目に含める。
＊糖尿病、高コレステロール血症の存在はメタボリックシンドロームの診断から除外されない。（日本内科学会　2005年　一部改変）

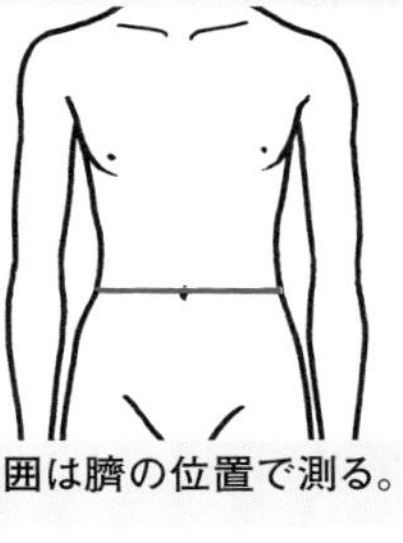

腹囲は臍の位置で測る。

メタボリックシンドロームのおこるしくみ

かたよった食事、栄養過剰、運動不足、不規則な生活、ストレス、喫煙、飲酒など

⬇

内臓脂肪型肥満

⬇

●代謝異常
インスリンのはたらきが低下
●アディポネクチンの分泌低下
動脈硬化を抑えるはたらきが低下

⬇

糖尿病、高血圧、脂質異常症など、生活習慣病の発症

⬇

動脈硬化

⬇　放置すると

心筋梗塞、脳卒中など重大な病気を発症

便の検査

血液が便に付着していて赤く見えれば異常に気づきますが、含まれている血液が微量な場合、肉眼で見てもわかりません。これらの異常、つまり消化管からの出血がないかどうかを調べる検査が、便潜血検査です。大腸の潰瘍や炎症でも血液が混じることがありますが、健診で行われる便の検査のおもな目的は、大腸がんの早期発見のためです。

検査の際の注意▼ 痔からの出血があると、便に混じって、潜血反応が陽性にでることがありますから、便を提出する際に必ず報告してください。

便潜血反応

基準値

陰性(−)

以前行われていた化学的反応による便潜血検査法では、肉や魚の血液などの食事による影響があるため、食事制限を行い検査していました。また、大腸だけでなく、口から肛門まですべての消化管の出血を検出する検査法でした。

現在おもに行われている免疫学的反応では、人間の血液中のヘモグロビン（赤血球に含まれ、酸素を運ぶ色素）に反応する薬を使用します。したがって、人間以外の血液には反応しないので、食事制限は必要ありません。胃・十二指腸などの上部消化管からの出血ではヘモグロビンが変性して、通常は検出できません。

結果が陽性▼ 大腸のどこかに出血があって、便に混じった可能性があります。出血の原因は、大腸（結腸、直腸）のがん・ポリープが疑われます。潰瘍性大腸炎やクローン病などの腸の病気、痔疾、白血病や紫斑病などの血液の病気のこともあります。

異常値と対策▼ 血便が証明されたときは、精密検査が勧められますので、必ず受診しましょう。また、痔疾の有無を申し出てください。

尿の検査

尿は、腎臓が血液を濾過してつくった廃棄物です。からだのどこかに異常があると、尿に含まれている物質の量が変化したり、普段は含まれない物質が出現したりします。

検査の際の注意▼ 生理中の女性は、検査の前に必ず申し出てください。尿に生理の血液が混じり、潜血反応が陽性と見誤まれることがあるからです。

尿を採取するときは、出始めの尿ではなく、途中の尿（中間尿）のみを採取します。

尿たんぱく

基準値

定性検査　陰性(−)
定量検査　1日100mg以下

尿たんぱくは、尿に含まれているたんぱく質のことで、健康な人でも1日に100mg程度は尿中に漏れ出ています。健診、とくに1日ドックでは、定性検査（次頁コラム）で尿たんぱくの有無を調べますが、この程度の量では、試験紙に含まれている試薬は反応しないので陰性となります。

結果が陽性▼ 定性検査で陽性（＋）の場合や、定量検査（次頁コラム）で1日150mg以上の値がでた場合は、糸球体腎炎、ネフローゼ症候群、腎硬化症、糖尿病性腎症などの腎臓病のために、多量の血液中のたんぱく質が尿中に漏れ出ている可能性があります。

心配のない尿たんぱくのこともあります。発熱（熱性たんぱく尿）、立ちつづけ（起立性たんぱく尿、体位性たんぱく尿）、過激な運動、多量の肉食、入浴後などにともなっておこる尿たんぱくです。この場合は、腎臓には異常がみられません。

異常値と対策▼ 尿たんぱくが証明されたときは、再検査も勧められることがあります。病気による尿たんぱくかどうか確かめるためです。

定性検査と定量検査

検査の材料（検体）の中に、検査目的物質が含まれているかどうかを調べる検査を**定性検査**といい、含まれている物質の量を測定する検査を**定量検査**といいます。

尿の定性検査▼ 試薬の含まれている試験紙を、採取した尿につけて調べます。検査目的物質が含まれていると、試験紙の色が物質の量に応じて変化するので、物質の量が多いか少ないか、おおよその目安もわかります。

尿の定量検査▼ 1日（24時間）に排泄した尿を全部ためておいて（蓄尿）、その中に含まれる物質の量を測定します。簡略的に一定時間の尿をためて判定する方法もあります。

尿糖

基準値

定性検査　陰性(−)

尿に含まれているぶどう糖が尿糖で、健康な人の尿にも1dℓ中2～20mgくらい（通常の検査では異常と判断されない程度）のぶどう糖が含まれています。健診では、定性検査で尿糖の有無を調べますが、血糖値が高い場合には、尿糖は陽性とでます。

結果が陽性▼ 尿糖の検査は、糖尿病のスクリーニング検査として利用されています。陽性の場合、糖尿病であるかどうかは、血糖検査やぶどう糖負荷試験を行って診断します。ぶどう糖を再吸収してからだに送り返す腎臓の力が生まれつき弱いためにおこる腎性糖尿の人では、尿糖が陽性でも、血糖値が基準範囲となります。

尿潜血反応

基準値

陰性(−)

赤血球の含まれる尿を血尿といい、少量の赤血球が含まれていても、肉眼でもそれとわかる暗赤褐色の尿になりますが、さらに量が少ないと、見た目にもわかりません（潜血）。

健診では、この潜血がないかを調べます。

結果が陽性▼ 腎臓、尿路（腎盂・尿管・膀胱・尿道）のどこかに炎症（糸球体腎炎、尿路感染症など）、結石、腫瘍（がん、ポリープなど）などが存在し、そこから出血している恐れがあります。

異常値と対策▼ 一時的な出血で、心配のない血尿のこともあります。これと見分けるために再検査が勧められますので、受診してください。

尿沈渣

基準値

赤血球	1視野に4個以下
白血球	1視野に4個以下
上皮細胞	1視野に少量
結晶成分	1視野に少量
円柱	陰性(−)

採取した尿を容器に入れて遠心分離機にかけると、固形成分が底にたまります。この固形成分を顕微鏡で見て、どんな細胞・結晶成分がどのくらい含まれているかを調べるのが尿沈渣検査です。

値が高い▼ 尿沈渣に異常がみられたときは、

腎臓、尿路に炎症（糸球体腎炎、ネフローゼ症候群など）、腫瘍（がん、ポリープなど）、結石、感染症（腎盂腎炎、膀胱炎など）といった病気が疑われます。とくに円柱成分がみられたときは、腎臓病の存在が強く疑われます。そのほかに全身の感染症、痛風などの代謝異常などのこともあります。

女性では、健康な人でも腟分泌物の混入により上皮細胞が多く認められることがあります。

尿量

基準値

1日 500～2000mℓ

1日（24時間）に排泄された尿を全部ためておき、その量を測ります。

値が低い▼ 腎臓でつくられる1日の尿量が、500mℓ以下の状態を**乏尿**、100mℓ以下の状態を**無尿**といい、腎不全におちいったときにおこります。

腎臓で尿はふつうにつくられているのに、尿路（腎盂、尿管、膀胱、尿道）のどこかがふさがっているために尿が出にくくなったり、出なくなる状態を**尿閉**といい、尿路の腫瘍（がん、ポリープ）、結石などが原因のことがあります。

多量の汗をかいたのに飲料を補給せずにいると、乏尿に近い状態になることもあります。

値が高い▼ 腎臓でつくられる1日の尿量が2500mℓ以上になるのを**多尿**といい、糖尿病、尿崩症のときにみられます。

また、多量の飲料を飲むことにより、尿量が増え、多尿になることがあります。

尿比重

基準値

1.008～1.025

尿を構成する水と物質の重さの割合が、尿比重です。腎臓は、体内の水が少なくなると、水の少ない濃い尿をつくりますし（濃縮）、体内の水の量が多くなると、水の多い薄い尿をつくります（希釈）。

尿比重により、腎臓のこの濃縮力と希釈力をチェックすることができます。

値が低い▼ 尿を濃縮する腎臓の力が衰えています。原因には、水分の過剰摂取、糸球体腎炎、尿崩症などが考えられます。

値が高い▼ 尿を希釈する腎臓の力が衰えています。原因としては、脱水、糖尿病などが考えられます。

その他の尿検査

◉尿中微量アルブミン

基準値 10mg／gCr以下

アルブミンは血液中に存在するたんぱく質のひとつで、尿中の値が高いときは、尿たんぱく検査（188頁）が正常でも、腎臓の障害が始まっていることを示します。

この検査は、糖尿病性腎症の早期診断に使われます。

◉尿ケトン体

基準値 陰性(－)

ケトン体は糖尿病昏睡を誘発する物質です。これが尿中に証明されるということは、糖尿病のコントロールがじゅうぶんでないことを示しています。

◉尿ウロビリノーゲン

基準値 擬陽性(±)

ウロビリノーゲンはビリルビンが分解されて生じる物質です。

強い陽性の場合は肝炎、肝硬変、溶血性黄疸などが、陰性の場合は胆道閉塞などが考えられます。

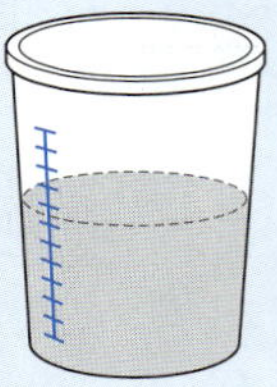

血液生化学検査

血液中には、たんぱく・糖質・脂肪などの栄養素やその老廃物、代謝などを仲立ち（媒介）する酵素、電解質、色素、ホルモンなどの物質が含まれています。

　これらの物質の量を測定するのが血液生化学検査で、生化学自動分析装置（オートアナライザー）を使って測定します。

AST（GOT）ALT（GPT）（血清トランスアミラーゼ）

基準値

AST(GOT)	9～38U／ℓ
ALT(GPT)	4～36U／ℓ

AST（アスパラギン酸・アミノトランスフェラーゼ）も、ALT（アラニン・アミノトランスフェラーゼ）も、体内でつくられるたんぱくの材料になるアミノ酸のつくりかえを仲立ち（媒介）する酵素です。

　肝細胞には、ASTとALTの両方が豊富に含まれていて、肝細胞に障害がおこると流出し、両方の血液中の量が増えてきます。とくにALTは、肝細胞に特異的に含まれています。

　AST、ALTの比率を調べることは、肝臓病を評価するのに有用とされています。

値が高い▼　ASTとALTの両方の値の軽度の上昇（100U以下）は、脂肪肝、アルコール性肝障害、非活動型の慢性肝炎、肝がんなどのときにみられます。

　両方の値の中等度の上昇（100～500U）は、アルコール性肝障害、活動型の慢性肝炎などのときにみられます。

　両方の値の高度の上昇（500U以上）は、劇症肝炎、うっ血肝、急性肝炎などのときにみられます。また、薬剤性肝障害のときにも値が高くなります。

　ASTは、心臓の心筋や骨格筋の細胞にも豊富に含まれていますが、ALTはほとんど含まれていません。心筋や骨格筋の細胞に障害がおこるとASTが流出し、血液中の量が増えてきますが、ALTの量は増えてきません。このために、ASTの値だけが上昇して、ALTの値が上昇していないときは、肝臓の病気ではなくて、心筋梗塞などの心臓病や筋ジストロフィーなどの筋肉の病気である可能性があります。

採血をして行う検査とは

検査のために採血する血液は、検査する項目により、さまざまな採血管に分けられます。主として、抗凝固剤の有無、凝固剤の成分によって、測定できる検査が決まっています。採血は空腹時に行うのが理想的です。

　血液の成分は、血球成分と液性成分に分けられます。血球成分には赤血球、白血球、血小板が含まれ、それらの種類、数などを調べる検査を**血球算定検査**（**血算**）といいます。

　液性成分は、遠心分離器などで血球成分を除いた上澄みです。抗凝固剤を用いて血液凝固にかかわるフィブリン（線維素）を含む成分を**血漿**、血液凝固したあとの血液の上澄みを**血清**といいます。血漿は**血液凝固検査**に、血清は**血液生化学検査**に用いられます。

　このほかに、からだのどこかに炎症がおこっていないかなどを調べる**免疫・血清学的検査**（210頁）、がんなどの腫瘍の有無を調べる**腫瘍マーカー検査**（215頁）、含まれるホルモンの種類、量などを調べる**内分泌検査**（219頁）があります。

　これらいくつかの検査項目が含まれている健診もありますし、オプションで希望すれば、実施してくれる健診もあります。

異常値と対策▼ 脂肪肝を疑われて太っている人は減量を、アルコール性肝障害が疑わしい飲酒常習者には禁酒か節酒が勧められることがあります。必ず守りましょう。

また、慢性の肝臓病であれば、定期検査を受ける必要があります。

［＊注…GOT（グルタメート・オキザロアセテート・トランスアミナーゼ）、GPT（グルタメート・ピルベート・トランスアミナーゼ）は、どちらも肝臓の検査としてなじみ深い名称ですが、国際的には、AST、ALTと呼び換えられる方向にあり、日本でも、この名称が用いられるようになっています。］

LDH（乳酸脱水素酵素）

基準値

125～237U／ℓ

LDHは、糖質を分解し、エネルギーを発生させるように仲立ち（媒介）をする酵素のひとつです。

この酵素は、血液細胞をはじめ、肝臓、心臓、肺や筋肉などいろいろな細胞に含まれていて、それらに障害がおこると、血液中の値が高くなります。

しかし、いろいろな臓器に含まれているので、この検査の値が異常を示しても、どこに障害がおこっているのかまではわかりません。

ほかの検査項目の結果、とくに異常値を示している検査項目と組合わせて、どこに障害がおこっているかを判断します。

LDHのアイソザイム（下コラム）を検査すれば、障害のおこっている部位がより正確にわかります。

値が高い▼ 病気の場合は、肝臓病、がん、心臓病、血液の病気が疑われます。

また、運動、妊娠などで、値が上昇することがあります。

γ-GTP（ガンマ・グルタミール・トランスペプチダーゼ）

基準値

男性　70U／ℓ以下
女性　30U／ℓ以下

体内でつくられるたんぱくの材料であるグルタミン酸の代謝を仲立ち（媒介）する酵素です。

血液中のγ-GTPが高値になる原因には、肝障害によりγ-GTPの生成が亢進しているとき、また胆道に腫瘍・結石などの障害が生じて、排泄障害がおこったと考えられます。

値が高い▼ γ-GTPとともにALPも高値のときは、胆汁の流れが滞る病気（結石、がん、ポリープなど）、肝臓病（薬剤性肝障害、原発性胆汁性肝硬変、アルコール性肝障害、慢性肝炎、肝硬変、肝がんなど）の疑いがあります。

γ-GTPは個体差が大きく、性別、年齢、服薬歴などによって測定値が影響を受けることがあります。

LDHアイソザイム

LDHには、LDH1からLDH5までのアイソザイム［同じ化学反応を仲立ち（媒介）するが、たんぱくの分子構造の異なる酵素］があって、豊富に含まれている臓器がちがいます。

したがって、どのアイソザイムが血液中に増えているかを調べると、どこの臓器に障害がおこっているか、見当がつけられます。

心臓、腎臓、赤血球の細胞にはLDH1とLDH2が、肝臓の細胞にはLDH4とLDH5が、肺、骨格筋の細胞にはLDH2とLDH3が多量に含まれていて、障害のおこった部位に応じて、それぞれのアイソザイムが流出し、血液中の数値が上昇してくるのです。

γ-GTPはアルコールによる肝障害だけでなく、アルコール自体により誘導される酵素で検査前に飲酒すると高値になることがあります。

γ-GTPのみ高値を示す場合、多くは常習飲酒者などのアルコールの影響が考えられますが、肝機能障害をともなわなくても高値を示すことがあります。このような場合には、きちんと経過観察していれば十分と思われます。

異常値と対策▼ 値が高く、節酒、禁酒、休肝日の設置などの対策を講じるように勧められたら、必ず守りましょう。

飲酒とγ-GTP

常習飲酒者はγ-GTPの値が高くても、アルコールのせいだからとあまり気にかけないようですが、感心できることではありません。AST、ALTなどのほかの肝機能検査に異常がなければ、現在は肝臓に異常がないといえますが、このまま飲みつづければアルコール肝障害がおこる可能性があります。γ-GTPが高い状態は、病的な状態だという自覚をもつことが必要です。γ-GTPの値を正常に戻すには、少なくとも1か月の禁酒が必要ですが、飲酒を再開すれば、また値が上昇します。禁酒をつづけることが重要です。

コリンエステラーゼ（ChE）

基準値

男性	203～460U/ℓ
女性	179～354U/ℓ

コリンエステラーゼは、体内にあるコリンエステルというたんぱくをコリンと有機酸とに分解する酵素で、神経組織や筋肉の細胞、赤血球などに含まれる真性ChE（アセチルコリンエステラーゼ）と、血清、肝臓、膵臓、肺、腸などに含まれる偽性ChEとがあります。

偽性ChEは、もっぱら肝臓でつくられ、血液中に分泌されています。そして、肝臓のはたらき（機能）が低下すると、血液中の偽性ChEの量が減るので、肝機能検査の1つとして、健診では、偽性ChEの値を測ります。

値が低い▼ 肝炎、肝硬変などのためにたんぱくをつくりだす肝臓のはたらきが衰えていることを示します。農薬中毒、駆虫剤中毒（有機リン剤、カーバメイト）、サリン中毒などのときには、コリンエステラーゼの活性が阻害され、コリンエステルを分解する酵素のはたらきが抑制されるので、値は急激に低下します。そのほか、がん、低栄養状態、妊娠高血圧症候群、甲状腺機能低下症などでも値が低くなります。

肝機能検査とは

肝臓の障害の有無やはたらき具合のわかる検査項目を、**肝機能検査**と呼んでいます。これらの検査結果を総合的にみて、異常を発見する手がかりにします。健診で実施されるものには、左にあげるようなものがあります。

検査項目のいくつかの数値は、肝臓の障害やはたらきの異常の程度に応じて異常値になり、はたらきが回復するにつれて基準値に近づきます。このことから肝臓病の発見、診断だけでなく、経過、つまり治療成果をみる検査としても利用されています。

◉尿の検査

尿ウロビリノーゲン（190頁）

◉血液の検査

AST（GOT）・ALT（GPT）（191頁）
LDH（乳酸脱水素酵素　前頁）
γ-GTP（前頁）
コリンエステラーゼ（ChE）
アルカリホスファターゼ（ALP　次頁）
ビリルビン（Bil　196頁）
血清総たんぱく（TP　197頁）
アルブミンAlb（197頁）
A/G比（アルブミン/グロブリン比　198頁）
ZTT・TTT（膠質反応　199頁）

値が高い▼ ネフローゼ症候群では、低アルブミン血症を補うために、肝臓でのたんぱく合成が盛んになります。このとき、コリンエステラーゼの合成も盛んになりますが、分子量が大きく腎臓より排出されないため、アルブミンとは反対に増加します。

また、甲状腺機能亢進症、糖尿病、栄養過多、脂肪肝、脂質異常症などでも高値になります。

アルカリホスファターゼ（ALP、Aℓ-P）

基準値

115～359U／ℓ

アルカリホスファターゼは、有機リン酸エステルから無機リンを遊離させる酵素で、おもに肝臓、骨、腸でつくられています。

値が高い▼ アルカリホスファターゼと同時にγ-GTPも高値を示すときは、慢性肝炎、肝硬変、脂肪肝、原発性胆汁性肝硬変、肝内胆石、肝がん、肝膿瘍などが疑われます。ビリルビンも高値であれば、黄疸をおこす病気（ウイルス性肝炎、薬剤性肝障害、原発性胆汁性肝硬変、アルコール性肝障害など）の疑いが濃厚です。

アルカリホスファターゼだけの上昇は、転移性骨腫瘍、骨肉腫、副甲状腺機能亢進症、くる病、骨軟化症、慢性腎不全などでみられます。

血液型がB型あるいはO型の人では、大量の脂肪を摂取したあとに上昇することがあります。

また、骨新生と相関して、新生児は成人の数倍、10歳なかばでも成人の2倍近くの高値となります。妊娠中も数値は上昇し、妊娠後期では基準値の2～3倍になることもあります。

アミラーゼ（AMY）

基準値

血清　37～125U／ℓ
尿　65～700U／ℓ

アミラーゼは、でんぷんやグリコーゲンを分解する消化酵素で、おもに膵臓と唾液腺から分泌されています。膵臓から分泌されたアミラーゼは十二指腸へ、唾液腺から分泌されたアミラーゼは口腔内に、それぞれ分泌されていますが、どちらも一部が血液中に分泌され、さらにその一部は腎臓より尿中に排泄されています。

おもに膵臓の異常を探る検査として利用されていて、血液と尿のアミラーゼを測定することで、より正確に病態を調べることが可能です。

値が高い▼ 血液と尿の両方の値が高い場合は、急性膵炎・慢性膵炎の増悪、膵がん・膵嚢胞などの膵臓の病気や、耳下腺炎などの唾液腺の病気のために、血液中に分泌されるアミラーゼが増加している疑いがあります。そのほか、腹膜

ALPアイソザイム

アルカリホスファターゼ（ALP）には、ALP1からALP6までのアイソザイム［同じ化学反応を仲立ち（媒介）するが、たんぱく質の分子構造が異なる酵素］があって、それぞれ豊富に含まれている臓器が異なります。

したがって、血液中に増えているアイソザイムの種類を調べると、どこの臓器に障害がおこっているのか見当づけることができます。

ALP1とALP2は、肝臓に含まれていて、肝臓や胆道の病気のときに値が高くなります。

ALP3は、骨に含まれていて、骨の病気や副甲状腺機能亢進症のときに値が高くなります。

ALP4は、胎盤や一部のがん細胞に含まれ、がんができたり、妊娠後期に値が高くなります。

ALP5とALP6は、腸に含まれていて、潰瘍性大腸炎などの腸の病気のほか、肝臓病や腎不全のときに値が高くなります。

炎、胃・十二指腸の穿孔、腸間膜動脈閉塞などでも両方の値が高くなることがあります。

血液中の値だけが高い場合には、マクロアミラーゼ血症や高唾液型アミラーゼ血症が疑われます。また、腎不全のために尿中に排泄されるアミラーゼの量が減っている可能性があります。

値が低い▼ 慢性膵炎、膵臓がんなど膵臓病の末期には、膵臓でつくられるアミラーゼの量が減るため、血液中、尿中の値が低くなります。

そのほか、膵臓や唾液腺の摘出手術後でも両方の値が低くなります。

リパーゼ(Lip)

基準値

9〜43U／ℓ

リパーゼは、脂肪を分解する消化酵素で、おもに膵臓から分泌され、十二指腸に排出されますが、一部が血液中に分泌されます。膵臓に異常がおこると血液中のリパーゼの値が変化することから、膵臓の検査として利用されています。

値が高い▼ 急性膵炎、慢性膵炎の増悪、膵嚢胞、膵がん、膵臓の損傷のほか、肝臓・胆道の病気、腹膜炎、腹部の手術などで漏れ出るリパーゼの量が増え、値が高くなります。

AMYアイソザイム

アミラーゼ(AMY)は、おもに膵臓と唾液腺から分泌され、たんぱく質の分子構造が少しちがいます。これを、AMYのアイソザイム[体内の同じ化学反応を仲立ち(媒介)するが、たんぱく質の分子構造が異なる酵素]といいます。

膵臓から分泌されるアミラーゼをP型(膵型)、唾液腺から分泌されるアミラーゼをS型(唾液腺型)といい、それぞれの血液中の値を測ることによって膵臓の病気か、それ以外の病気かを見分けることができます。

P型の値が高い場合は、急性膵炎、慢性膵炎の増悪、膵がん、膵嚢腫などの膵臓の病気、また、糖尿病や胆嚢炎の可能性もあります。

S型の値が高い場合は、耳下腺炎などの唾液腺の病気で高くなります。また、ショックやけがのあと、開腹手術のあとにもS型だけが高くなります。卵巣がん、肺がんのなかにはアミラーゼを分泌するものがあって(アミラーゼ分泌腫瘍)、この場合にもS型だけが高くなります。

P型とS型の、両方が高くなることもあり、慢性腎不全、肝硬変、慢性肝炎の一部のときにみられます。いっぽう、慢性膵炎の末期や膵臓切除後には、P型の値が低くなります。

その他の膵臓由来の酵素

膵臓に由来する酵素としては、アミラーゼ(前頁)とリパーゼがその代表ですが、そのほかに、つぎのような酵素があります。

◉エラスターゼ1
基準値 100〜400ng／dℓ
◉トリプシン
基準値 110〜460ng／mℓ

どちらもたんぱくを分解する酵素で、膵臓の病気で異常値を示すことがあります。

値が高い▼ 急性膵炎や慢性膵炎の増悪期など、膵臓の組織に障害が生じたとき、血液中に漏れ出て値が高くなります。胆管結石、乳頭部がん、腎不全などでも値が上昇することがあります。

とくに、エラスターゼ1は、膵がんの診断に有効とされ、腫瘍マーカー(215頁)としても利用されています。

値が低い▼ トリプシンは、慢性膵炎の末期や膵がんの進行期、膵臓切除後など、膵臓の損傷が大きくなると、値が低くなります。

値が低い▼ 慢性膵炎の末期、膵線維症、膵がんの末期、膵臓の全摘手術などで、分泌されるリパーゼの量が減り、値が低くなります。

酸性ホスファターゼ（ACP、Ac-P）

基準値

7.1～12.6U／ℓ

酸性の環境で、体内のリン酸を分解する酵素です。酸性ホスファターゼは、前立腺の細胞に豊富に含まれていて、前立腺に異常がおこると値が変化するので、前立腺を調べる検査として利用されています。肝細胞、血球、乳腺上皮、網内系細胞などの細胞にも含まれているので、前立腺以外の病気でも値が異常になります。

値が高い▼ 前立腺炎、前立腺肥大症などの前立腺の病気のほか、がんの骨転移、骨肉腫、パジェット病、骨髄腫などの骨の病気、肝がんなどの肝臓・胆道の病気などで値が高くなります。また、白血病、溶血性疾患などの血液の病気の可能性もあります。なお、前立腺がんの診断にはさほど有効ではなく、その役割は、現在ではPSA（218頁）にとってかわられています。

値が低い▼ 副腎皮質ホルモン・女性ホルモンの使用などで値が低くなることがあります。

クレアチンキナーゼ（CK）（クレアチンホスホキナーゼ、CPK）

基準値

男性	57～197U／ℓ
女性	32～180U／ℓ

クレアチンキナーゼは、筋肉のエネルギー発生に関与する酵素で、骨格筋、心筋、平滑筋、脳などに豊富に含まれ、ここに異常がおこると値が変化します。おもに筋肉疾患の検査として利用されています。

値が高い▼ 狭心症・急性心筋梗塞・心筋炎などの心筋の病気、筋ジストロフィー・多発性筋炎・皮膚筋炎などの筋肉の病気、脳梗塞・脳外傷などの脳の病気のほか、甲状腺機能低下症、降圧薬のβ-遮断薬の使用、横紋筋融解症、筋肉注射などでも値が高くなります。

値が低い▼ 甲状腺機能亢進症、妊娠、長期の臥床などで値が低くなります。

CKアイソザイム

クレアチンキナーゼ（CK）は、B型（脳）とM型（筋肉）の2種類に分けられますが、そのサブユニット（部分構成要素）の組合わせから、CK・BB（CK1）、CK・MB（CK2）、CK・MM（CK3）の3種類のアイソザイム［同じ化学反応を仲立ち（媒介）するが、たんぱくの分子構造が異なる酵素］に分けられます。

CK・BBは、脳や脊髄の細胞に豊富に含まれているほかに、平滑筋、前立腺、甲状腺、腎臓、肺の細胞にも含まれています。

CK・MMはおもに骨格筋の細胞に、CK・MBは心筋の細胞に豊富に含まれています。

これらの臓器に異常がおこると、それに対応したアイソザイムは異常値になります。CKの値が異常を示した場合、そのアイソザイムを調べると、どこに異常があるか見当づけることができます。

ビリルビン（B-i-ℓ）

基準値

総ビリルビン（T-B-i-ℓ）	0.2～1.2mg／dℓ
直接ビリルビン	0.4mg／dℓ以下
間接ビリルビン	0.8mg／dℓ以下

ビリルビンは、古くなった赤血球が壊れるさ

いにできる色素で、血液によって肝臓に運ばれて処理（抱合）され、胆汁に含めて排泄されています。肝臓で処理される前のビリルビンを**間接ビリルビン**（**非抱合ビリルビン**）、肝臓で処理されたビリルビンを**直接ビリルビン**（**抱合ビリルビン**）といい、総ビリルビンは、この２つを合わせた呼び名です。

ビリルビンは黄色い色素なので、どちらのビリルビンの血液中の量が多くなりすぎても、皮膚に沈着し黄疸（1668頁）がおこります。血液中の量がそう多くないときは肌が黄色くならないので、この検査で値が高ければ、目に見える黄疸がおこる前に病気を見つけることができます。

検査では、血液中の総ビリルビンと直接ビリルビンの量を測定し、その数値の差から間接ビリルビンの値を求めますが、血液中に存在するのは、ほとんどが肝臓で処理される前の間接ビリルビンで、直接ビリルビンは、存在しないか、存在してもごくわずかです。

値が高い▼　直接ビリルビンの値が高いときには、肝細胞のはたらきが衰える病気（急性肝炎、慢性肝炎、肝硬変、原発性胆汁性肝硬変、薬剤性肝障害など）や胆道の閉塞をおこす病気（胆管・胆嚢がん、胆石、膵がんなど）の疑いがあります。

間接ビリルビンの値が高いときは、赤血球が過剰に壊れる病気（溶血性貧血など）のことが多いが、生まれつき間接ビリルビンをスムースに処理できない体質性黄疸のこともあります。

異常値と対策▼　診断を確定させるために腹部超音波検査や腹部ＣＴ検査の受診を勧められることがあるので、必ず受診してください。

血清総たんぱく（ＴＰ）

基準値　6.5～8.0g／dℓ

血液中には、１００種類を超えるたんぱくが含まれていますが、アルブミンとグロブリンの２種類に大別することができ、合わせて**総たんぱく**（ＴＰ）といいます。

総たんぱくの値はいろいろの病気で変化しますが、とくに肝臓の機能が異常になると変動するので、肝臓の状態を把握するのに利用されています。

値が低い（低たんぱく血症）▼　急性肝炎、劇症肝炎、肝硬変など重症の肝障害では、肝臓でつくられるアルブミンの量が減るため、低たんぱく血症になります。

ネフローゼ症候群などの腎臓病では尿中に、たんぱく漏出性胃腸症では消化液中に、大やけど・天疱瘡などの皮膚病では皮膚滲出液中に、多量の胸水・腹水では体液中に、血液中のたんぱくがそれぞれ多量に漏れ出てしまうために低たんぱく血症になります。

重症の感染症、がん、甲状腺機能亢進症などでは、血液中のたんぱくが大量に消費されてしまうために低たんぱく血症になります。

値が高い（高たんぱく血症）▼　慢性の肝臓病や感染症、自己免疫疾患、多発性骨髄腫などの高（ガンマ）グロブリン血症や、脱水症などによって血液が濃縮したときに、グロブリンの濃度が高まり、高たんぱく血症になります。

アルブミン（Ａｌｂ）

基準値　4～5g／dℓ

アルブミンは、肝臓でつくられるたんぱくで、血清総たんぱく量の約60％を占めています。

血液の浸透圧を保ったり、ビリルビンやホルモン、薬剤などを臓器や組織に運ぶはたらきをしています。

値が低い▼　ネフローゼ症候群、下痢、出血、大やけどなどでは、アルブミンが体外へ漏れ出るため値が低くなります。

重度の肝障害（肝硬変や劇症肝炎）では、肝臓でつくられるアルブミンの量が減り、値が低くなります。甲状腺機能亢進症や炎症性疾患、がんなどでは、アルブミンが消費（異化亢進）されるため、値が低くなります。栄養不良でも値が低くなります。

なお、脱水状態になったとき、アルブミンが高値になる場合があります。

A／G比（アルブミン／グロブリン比）

基準値

1.2〜2.0

血清中には、大別するとアルブミン、グロブリンという2グループのたんぱくが存在し、グロブリンに対するアルブミンの比が、基準値で1・2〜2・0という割合になっています。

病気のなかには、この割合に変動をおこすものがあります。

値が低い▼ 総たんぱく（前頁）の値もA／G比の値も低いときは、アルブミンの量が減って、グロブリンの割合が増えていることを示します。

アルブミンは、もっぱら肝細胞で合成されているので、この場合にまず、疑われるのは、肝硬変その他の肝臓病です。また、ネフローゼ症候群、がん、たんぱく漏出性胃腸症、栄養不良でも総たんぱくとA／G比の値が低くなります。

多発性骨髄腫などの高（ガンマ）グロブリン血症などでは、総たんぱくが高値で、A／G比が低くなります。

たんぱく分画

基準値

アルブミン（Alb）	60.5〜73.2%
α1-グロブリン	1.7〜2.9%
α2-グロブリン	5.3〜8.8%
β-グロブリン	6.4〜10.4%
γ-グロブリン	11〜21.1%

血清総たんぱく（前頁）は、アルブミンとグロブリンに大別できますが、さらに細かく種類分けし、種類別の比率を測定するのが、たんぱく分画です。

病気の診断にとくに役立つのはグロブリンの値で、α1-グロブリン、α2-グロブリン、β-グロブリン、γ-グロブリンの4種類に分けることができます。

たんぱく分画を測定すると、病気によって個々のたんぱくが特徴的な濃度と割合を示すの

血清たんぱく分画の異常パターンと疑われる病気

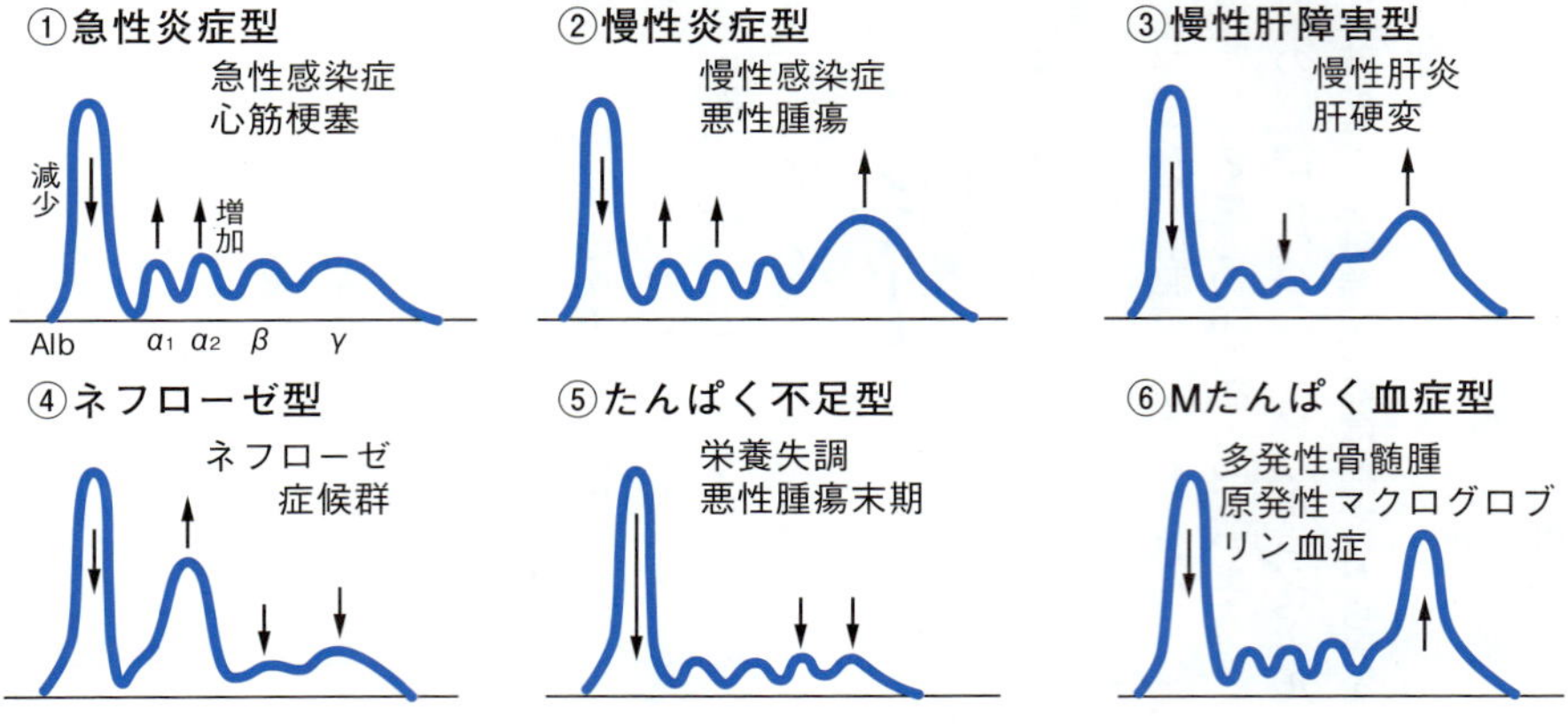

で、血清総たんぱくの項の「値が高い」「値が低い」であげた異常のどれに相当するか、見当づけることができます。

膠質反応 TTT（チモール混濁試験） ZTT（硫酸亜鉛混濁試験）

基準値
TTT　5U以下
ZTT　2〜14U

血清にチモールと硫酸亜鉛という試薬を混ぜて、血清の濁りかたからたんぱくの状態をみる検査です。グロブリンというたんぱくが増えたり、アルブミンというたんぱくが減っていると、血清の濁りが強くなります。

ただし、現在では、要因となる個々の因子を直接測定できるようになったため、この検査による有用性は少ないとされています。

値が高い▼ TTTの高値は、さまざまな肝臓病、膠原病、伝染性単核症でみられます。

ZTTの高値は、いろいろな肝臓病のほか、慢性の炎症、膠原病、サルコイドーシス、多発性骨髄腫、がんなどでみられます。

空腹時血糖値の区分
（日本糖尿病学会　2008年）

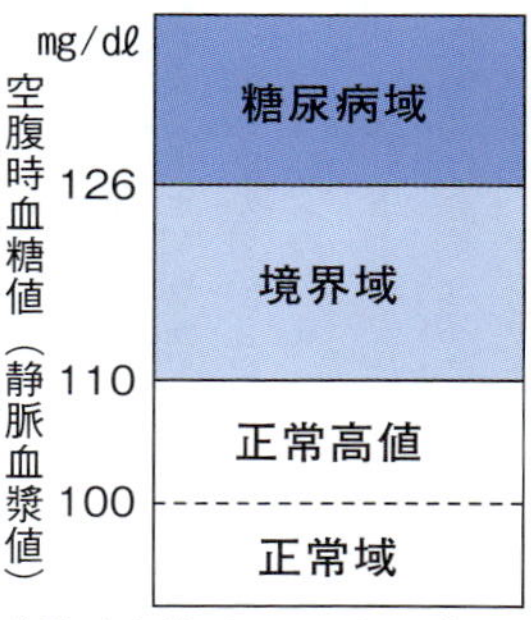

空腹時血糖100〜109mg／dℓは正常域ではあるが、正常高値とする。

血糖（BS）

基準値
空腹時　正常域　70〜109mg／dℓ
（正常高値　100〜109mg／dℓ）

血液中のぶどう糖を血糖といい、からだの重要なエネルギー源です。

飲食物を摂取すると、そこに含まれる糖質（糖分）が消化・吸収され、血液中のぶどう糖の量が増えてきますが、時間がたつにつれてエネルギー源として消費されたり、グリコーゲンにつくり変えられて筋肉、肝臓などに蓄えられたりして、血糖の量が減ってきます。

しかし、グリコーゲンから少しずつぶどう糖がつくられて血液中に補給されているので、血糖は、一定の量以下になることはありません。

9時間以上何も摂取していないときの血糖の量を空腹時血糖値といい、健診ではふつう、前夜から検査時まで一切の飲食を行わない状態で採血し、測定します。

正常高値▼ ２００８（平成20）年に日本糖尿病学会では、正常域の値のうち、１００〜１０９mg／dℓを正常高値として区分しました（上図）。

正常高値の人は糖尿病（1501頁）への移行率が高く、次項のぶどう糖負荷試験を行うことによって、正常型、境界型、糖尿病型のいずれであるかを判定することが勧められるとしています。

値が高い（高血糖）▼ 糖尿病が疑われます。空腹時血糖値が１２６mg／dℓ以上が、糖尿病診断のひとつの基準となっています。

値が低い（低血糖）▼ インスリノーマなどの膵臓の病気の疑いがあります。

ぶどう糖負荷試験（OGTT）

基準値
正常型（次頁表）

糖尿病（1501頁）の疑いがある場合に、くわしく調べて診断するために行われる検査です。前夜から検査時まで、一切の飲食をやめてもらって採血し、血糖値を測定します。そのあと、75gのぶどう糖を溶かした液体を一気に飲んでもらい、2時間後に採血して測定します。

値が高い▼ 次頁表の「糖尿病型」の場合、別の日に検査して同じ結果がでれば、糖尿病と診断されます。1回目の検査でも表の下に示した条件が満たされれば糖尿病と診断されます。

なお、糖尿病型では、糖尿病のことが多いのですが、ホルモンの病気、肝臓病、膵臓病の症状のこともあります。また、妊娠、肥満、ストレスで血糖値が高くなることがあります。

異常値と対策▼ 定期検査を勧められるので必ず受診しましょう。放置しないことが重要です。

75ｇぶどう糖負荷試験による判定

病気の型	測定の条件　静脈血漿値
糖尿病型（どちらかの条件をみたすとき）	空腹時　126㎎／dℓ以上 ２時間後値　200㎎／dℓ以上
正常型（両方の条件をみたすとき）	空腹時　110㎎／dℓ未満 ２時間後値　140㎎／dℓ未満
境界型	糖尿病型にも正常型にも属さない

糖尿病型で、かつ、つぎのいずれかの条件があれば、１回の検査だけでも、糖尿病と診断する。
①糖尿病の典型的症状（多飲、多尿、口渇、体重減少）
②グリコヘモグロビン（HBA_{1C}）が6.5％以上
③糖尿病性網膜症

ヘモグロビンA_{1C}（HbA_{1C}）

基準値
4.3～5.8％

ヘモグロビン（Hb。酸素を運ぶ赤血球中の色素）のなかには、血液中のぶどう糖（血糖）と結びついているものがあって、グリコヘモグロビンといいます。

ヘモグロビンと血糖は、いちど結びつくと離れず、赤血球の寿命の尽きるまで（約120日）つづきます。

したがって、グリコヘモグロビンの量の測定値は、採血時よりさかのぼって過去1～2か月の血糖コントロールの状態を反映すると考えられます。

また、血糖値と異なり、食事などの影響を受けず、安定した結果が得られるため、糖尿病（1501頁）とわかっている人では、治療の効果を判定する検査としても利用されています。

グリコヘモグロビンには、HbA_{1a}、HbA_{1b}、HbA_{1C}の3種類がありますが、糖尿病のときには、おもにHbA_{1C}の値が上昇するので、HbA_{1C}の値が重視されます。

値が高い▼ 糖尿病が疑われます。

①血糖値とHbA_{1C}を同時に調べた結果、血糖値が糖尿病型（上表参照）で、HbA_{1C}も6・5％以上であれば、糖尿病と診断されます。

②HbA_{1C}だけを調べた値が5・9％以上であれば、二次検査でさらに血糖値を調べて診断する必要があります

糖尿病以外の病気では、腎不全、異常ヘモグロビン血症などで値が高くなることがあります。

値が低い▼ 出血、溶血性貧血などの赤血球寿命の短縮、インスリノーマなどで低くなります。

グリコアルブミン（GA）

基準値
11～16％

グリコアルブミンは、血液中のアルブミン（197頁）にぶどう糖が結合してできる物質で、グリコヘモグロビンと同様に、過去の血糖値の変動を推定できる指標として使われます。

測定値は、過去1～2週間の血糖コントロールの状態をみる指標として利用されています。

値が高い▼ 糖尿病が疑われます。

値が低い▼ ネフローゼ症候群などによって、アルブミンの代謝が亢進するとき、低値になります。

総コレステロール（TC、T-Cho）

基準値

140〜199mg／dℓ

コレステロールは脂質（脂肪）の一種で、脂肪酸と結びついているエステル型コレステロールと、結びついていない遊離型コレステロールを合わせて総コレステロールといいます。

コレステロールは、細胞膜の材料となるなど、からだにとってなくてはならない栄養素ですが、血液中の量が多すぎると、動脈の内側に蓄積して、動脈硬化の発症・進行を速めます。そのため、動脈硬化の診断、治療に重要な検査ですが、最近では、LDLコレステロール（次頁）の値のほうがより重視されています（次頁コラム）。

値が高い（高コレステロール血症）▼ コレステロールや中性脂肪（次頁）の量が多すぎる脂質異常症（1509頁）では、コレステロールが高値になります。糖尿病、甲状腺機能低下症、閉塞性黄疸、原発性胆汁性肝硬変、ネフローゼ症候群などでも、高くなります。そのほか、脂肪の多い食品の過食、妊娠でも高値になり、閉経後の女性も値が高くなる傾向があります。

値が低い（低コレステロール血症）▼ コレステロールは肝細胞でつくられているので、肝臓病（肝硬変、慢性肝炎など）のときには値が低くなります。甲状腺機能亢進症、アジソン病のほか、先天的な酵素の欠損でおこるβ-リポたんぱく欠損症が原因のこともあります。栄養不足、大量の喫煙・飲酒でも値が低くなります。

異常値と対策▼ 高値の人は、1日のエネルギー摂取量を守り、飽和脂肪酸の多い食品（卵黄、エビ、牛の霜降り肉、豚のロースなど）の摂取を控えめにし、不飽和脂肪酸を豊富に含む食品（大豆とその加工品、植物油、イワシ・サバ・ニシンなど）や、食物繊維を豊富に含む食品を積極的にとるなどの、食事の注意を守りましょう。

うっすらと汗ばむ程度の運動を毎日実行するのも、値を下げるのに効果があります。たばこを吸う人は禁煙、太っている人は肥満の解消、多量の飲酒常習者は節酒か禁酒がたいせつです。

HDLコレステロール（HDL-C）

基準値

男性 40〜99mg／dℓ
女性 50〜109mg／dℓ

コレステロールは脂質（脂肪）なので水には溶けないのですが、血液中では、たんぱくと結びつき、溶けた状態になっています。このコレステロールと結びついているたんぱくを**リポたんぱく**といい、超低比重リポたんぱく（VLDL）、低比重リポたんぱく（LDL）、中間型リポたんぱく（IDL）、高比重リポたんぱく（HDL）などの種類があります。

このうちHDLは動脈に蓄積したコレステロールをはがし、肝臓へ運んで排泄・処理させます。このことからHDLに含まれるコレステロール（HDLコレステロール）は**善玉コレステロール**と呼ばれ、この値が低くなると動脈硬化（1407頁）の発症・進行が速まります。

値が低い（低HDLコレステロール血症）▼ 喫煙、肥満、運動不足が値を低くします。脂質異常症（1509頁）、糖尿病、肝硬変、腎不全、閉経（女性）でも値が低くなります。

値が高い（高HDLコレステロール血症）▼ 毎日運動している人や常習飲酒者は、値が高くなる傾向があります。

HDLコレステロールの値の高い人は、心筋梗塞、脳梗塞、脳出血などの動脈硬化の合併症がおこりにくく、長生きする人が多いので、長寿症候群と呼ばれていたのですが、コレステロール転送たんぱく欠損症（CETP欠損症）にともなうＨＤＬ‐Ｃの高値は、動脈硬化の発症・進行が速まるという報告もあります。

異常値と対策▼ 値の低い場合は、禁煙、運動、減量などを心がけ、糖尿病の人は血糖値のコントロールを行います。

ＬＤＬコレステロール（ＬＤＬ‐Ｃ）

基準値
60〜139mg／dℓ

血液中でコレステロールと結びついたリポたんぱくの一種である低比重リポたんぱく（ＬＤＬ）は、細胞膜の材料となったり、ステロイドホルモンの合成に利用されるコレステロールを、全身の細胞に運ぶ重要なはたらきをしています。

しかし、ＬＤＬに含まれるコレステロール（ＬＤＬコレステロール）は、血液中に多くなりすぎると、動脈の内側に蓄積し、動脈硬化の発症・進行を速めることから**悪玉コレステロール**と呼ばれます。

ＬＤＬコレステロールの値は、総コレステロールと連動して増減しますが、総コレステロールよりもさらに動脈硬化による病気と密接な関係があるとされています。そのため、日本動脈硬化学会のガイドラインでは、動脈硬化（1407頁）を治療する際の指標（管理目標値）に、原則としてＬＤＬコレステロール値を採用し、総コレステロールの値は参考値とするとしています。

値が高い（高ＬＤＬコレステロール血症）▼ 総コレステロールの「値が高い」の項（前頁）で述べたものと、ほぼ同じです。

値が低い（低ＬＤＬコレステロール血症）▼ 総コレステロールの「値が低い」の項（前頁）と、ほぼ同じです。

異常値と対策▼ 総コレステロールで述べた「異常値と対策」の項（前項）と同じです。

中性脂肪（ＴＧ、トリグリセリド）

基準値
50〜149mg／dℓ

中性脂肪は、脂質（脂肪）のひとつで、水には溶けないので、リポたんぱく（前頁）に含まれて、溶けた状態で血液中に存在しています。

中性脂肪は、おもにエネルギー源として利用され、残ったものは皮下脂肪などの体脂肪として体内に蓄えられます。食事などで脂質をとりすぎると中性脂肪が肝臓や脂肪細胞に蓄積されて、肥満やメタボリックシンドローム（187、1494頁）の原因となります。血液中の値の高い状態がつづくと動脈硬化の発症・進行が速まります。

値が高い（高トリグリセリド血症）▼ コレス

脂質異常症の診断基準（空腹時採血）

脂質異常症とは、血液中の脂質（コレステロールや中性脂肪）の値が異常な状態をいいます。２０１２（平成24）年のガイドラインでは、空腹時採血のつぎの血清脂質の値が１つでもあてはまれば脂質異常症としています。

◉高ＬＤＬコレステロール血症
ＬＤＬコレステロール　１４０mg／dℓ以上

◉低ＨＤＬコレステロール血症
ＨＤＬコレステロール　40mg／dℓ未満

◉高トリグリセリド血症
中性脂肪　１５０mg／dℓ以上

従来、診断基準のひとつとされてきた総コレステロール値（２００mg／dℓ以上は高コレステロール血症）は、参考値としてとどめ、新診断基準からは外されることになりました。

また、冠動脈の病気やその他の危険因子の有無によって各脂質のコントロール基準が異なり、それらの値を管理するためのリスク別脂質管理目標値が設定され、治療方針がたてられています（1509頁）。

テロールと中性脂肪の値が高くなる高リポたんぱく血症では、当然、値が高くなります。甲状腺機能低下症、ネフローゼ症候群、糖尿病、肝臓病、急性膵炎などの症状のこともあります。

もっとも多い原因は、脂肪・糖分の多い食品の過食、エネルギーの多い食事、多量の飲酒などです。遺伝的な素因でおこる家族性高トリグリセリド血症のこともあります。

値が低い（低トリグリセリド血症）▼ 甲状腺機能亢進症、吸収不良症候群、肝臓病、末期がんの症状のことがあります。遺伝的な素因でおこる低β-リポたんぱく血症のこともあります。

異常値と対策▼ 値の高い人は、総コレステロールの「異常値と対策」（前頁）と同じ対策を講じましょう。とくに、過食、脂肪や糖分の多い食事、多量の飲酒、運動不足といった生活習慣が中性脂肪の値を高めていることが多いのです。思いあたることがあれば改めましょう。

尿酸（UA）

基準値　3.0～7.0mg／dℓ

尿酸は、古くなった細胞が代謝される際に生じる老廃物です。**プリン体**という物質が体内で分解されるときにつくられ、尿に含められて排泄・処理されています。

プリン体は体内でもつくられる物質ですが、牛や豚の肉・レバー、ビールなどのプリン体を多く含む食品を多く摂取しても高値になります。腎臓機能が悪化して排泄障害がおこっても、尿酸値は高くなります。また、激しい運動やストレスなどで高値になります。

値が高い（高尿酸血症）▼ 高尿酸血症からおこる病気の代表は、血中濃度の上昇した尿酸が結晶化して関節炎をおこす痛風（1514頁）です。

腎不全・脱水などでは、尿から捨てられる尿酸の量が減るために、また白血病・悪性リンパ腫などでは、つくられる尿酸の量が増えるために、それぞれ値が高くなります。

また、高値の状態を放置すると、動脈硬化による病気がおこりやすくなります。

値が低い（低尿酸血症）▼ 重症肝障害、腎性低尿酸血症などでは、値が低くなります。

異常値と対策▼ 値の高い人は食事やお酒の量を減らし、肥満を解消しましょう。そして適度な運動や、ストレスを避ける生活を心がけます。

痛風をおこす危険のある人は、尿酸排泄促進薬や尿酸産生抑制薬の服用を勧められることがあります。医師の指示に従いましょう。

尿素窒素（BUN）

基準値　8～21mg／dℓ

尿素窒素は、からだがたんぱく質を利用したあとに出る、いわば老廃物です。尿とともに体外に排泄されていて、腎臓のはたらきと関連して値が上下するので、腎機能検査（205頁コラム）として利用されています。

値が高い▼ 腎不全におちいり、尿をつくる腎臓のはたらきが衰えると、排泄される尿素窒素の量が減り、血液中の値が高くなってきます。

脱水、むくみ、尿路閉塞性疾患（尿路結石、尿路の腫瘍など）では、たまった尿中の尿素窒素が血液中に逆流して値が高くなります。

高熱、感染症、甲状腺機能亢進症、消化管からの出血、高たんぱく食品の多食などにより、つくられる尿素窒素の量が増えて、血液中の値が高くなります。

値が低い▼ 尿素窒素は肝臓で合成されています。このため、肝不全の状態になると、つくられる量が減って値が低くなります。妊娠、低たんぱく食の持続でも、つくられる尿素窒素の量が減り低値になります。

クレアチニン（Cr）

基準値

男性	0.7～1.1mg／dℓ
女性	0.5～0.8mg／dℓ

　クレアチニンは、からだがたんぱく質をエネルギーとして利用して生じる老廃物で、おもに筋肉がたんぱく質を利用したあとに生じます。このため、体内の筋肉量に比例して生成量が変化します。年齢や性別により影響を受け、子どもよりおとな、女性より男性のほうが高値です。

　生成されたクレアチニンは、通常、尿とともに腎臓から体外に排泄されています。腎臓のはたらきが低下すると排泄量が減少して血液中の値が高くなり、腎臓のはたらきが回復してくると尿といっしょに排泄されるクレアチニンの量も増え、血液中の値が正常に近づいてきます。腎機能検査のひとつとして利用されています。

値が高い▼ 腎炎、脱水、心不全、ショック、尿路閉塞性疾患（尿路結石、前立腺肥大症）では、尿とともに排泄されるクレアチニンの量が減り、値が高くなります。

値が低い▼ 尿崩症、肝硬変、糖尿病性腎症の初期、妊娠では、尿から排泄されるクレアチニンの量が多くなるために値が低くなります。また、筋ジストロフィーや多発性筋炎などの筋肉の病気の場合は、生成されるクレアチニンの量が少なくなるために値が低くなります。

　高齢者の場合には、若い人に比べて筋肉量が落ち、クレアチニンの生成量は低下します。しかし、高齢になるにつれ腎機能も低下するため、見かけ上はクレアチニンの値は変化しません。

クレアチニン・クリアランス（Ccr、クレアチニン清掃率）

基準値

70～130mℓ／分

　排尿して膀胱を空っぽにし、以後、翌日の同じ時間までの間に排泄した尿はすべてためておき、そこに含まれるクレアチニンの量を測定します（1～2時間の間に排泄した尿をためる短時間法もあります）。

　最後の排尿が終わったら採血し、そこに含まれるクレアチニンの量を測定します。

　このようにして得られた2つの数値を一定の式にあてはめて計算します。この数値は、腎臓が1分間に濾過した血液の量を表します。

　濾過量が基準値よりも少ない場合は、腎臓のはたらきが低下していることを示します。このことから、腎機能検査として利用されています。

値が低い▼ 高齢になるにつれ腎機能は低下するので、クレアチニン・クリアランス値は年齢とともに低下していくのがふつうです。

　腎臓病（腎炎など）・糖尿病性腎症・膠原病・尿路閉塞性疾患（尿路結石など）では糸球体という血液を濾過する組織が障害されるために、また心不全・ショック・脱水などでは腎臓に流れてくる血液量が減るために、さらに値が低くなります。

値が高い▼ 糖尿病性腎症の初期、発熱、妊娠などでは、値が高くなります。

eGFR（推算GFR）とは

　腎機能を正確に反映する検査として、1分間に血液中の物質が腎糸球体で濾過される量を求めるGFR（糸球体濾過量）があります。クレアチニン・クリアランスは、GFRを測定する簡便な方法として、広く利用されています。

　さらに最近では、クレアチニンの測定値を、性別、年齢別に一定の式にあてはめてGFR値を推定する「eGFR」が用いられています。これは蓄尿の必要がなく、採血だけで値を求めることができます。

ナトリウム（Na）
カリウム（K）
クロール（Cl、塩素）

基準値

Na	137〜149mEq/ℓ
K	3.7〜5.0mEq/ℓ
Cl	96〜108mEq/ℓ

ナトリウム、カリウム、クロールは、体内に存在する体液に含まれる電解質で、食べ物として体内に摂取され、私たちの生命を維持するために、重要な役割を果たしています。

ナトリウムは、陽イオンの電解質で、体内の水の量を調節しています。食塩から補給しています。

カリウムは、陽イオンの電解質で、神経や筋肉のはたらきを調節するなどの役割をしています。野菜、果物、肉などから補給しています。

クロールは、陰イオンの電解質で、体内の水分の量の調節や、酸・アルカリの平衡を調節しています。食塩から補給しています。

検査では、体液中のイオン濃度を測定しますが、高値のときと低値のときでは、それぞれ、疑われる病気がちがいます（次頁表）。

カルシウム（Ca）
リン（P）

基準値

Ca	8.4〜10.2mg/dℓ
P	2.4〜4.3mg/dℓ

カルシウム、リンは両方とも、体液中に存在する電解質です。

カルシウムは、陽イオンの電解質で、骨や歯の形成、神経の伝達、血液の凝固などのはたらきをしています。血液中のカルシウムは、骨から随時、補給されるほかに、牛乳などの食品からも補給されています。

リンは、陰イオンの電解質です。大部分がカ

腎機能検査

腎臓の障害の有無やはたらき具合のわかる検査項目を、腎機能検査と呼びます。腎臓のはたらきが衰えてくると値が異常になり、回復してくるにつれて正常に近づきます。腎機能検査には、つぎのようなものがあります。

◉血液生化学検査

尿素窒素（203頁）、クレアチニン（前頁）、クレアチニン・クリアランス（前頁）、eGFR（前頁コラム）、電解質（下コラム）。

◉尿検査

尿たんぱく（188頁）、尿糖（189頁）、尿潜血反応（189頁）、尿沈渣（189頁）、尿量（190頁）、尿比重（190頁）。

電解質とは

人間の体重の約60％は液体といわれます。これらの液体は、細胞内液や血漿などの体液として、体内に存在しています。

体液には、生命維持に欠かせない鉱物性の栄養素が溶けた状態で存在します。この鉱物性の栄養素をミネラルといい、カルシウム、リン、硫黄、ナトリウム、塩素（クロール）、カリウム、マグネシウム、鉄などがあります。

ミネラルのなかには、イオン（静電気を帯びた分子や原子）をもつものがあって、これを電解質といいます。私たちにもっともなじみの深い電解質は食塩ですが、食塩は、体液中ではナトリウムイオンと塩素イオンとに分離した形で存在します。

電解質のイオンには、プラスの電気を帯びている陽イオンと、マイナスのイオンを帯びている陰イオンとがあります。

体内の代表的な陽イオンは、ナトリウム、カリウム、カルシウムで、代表的な陰イオンは、クロール、リンです。

電解質が異常値を示す場合に疑われるおもな病気

	ナトリウム	カリウム	クロール	カルシウム	リン
高値	**高ナトリウム血症** 尿崩症、糖尿病、嘔吐・下痢、発汗などによる極度の脱水、アルドステロン症、クッシング症候群	**高カリウム血症** 急性腎不全、慢性腎不全、糖尿病、アジソン病、溶血性貧血、カリウム保持性利尿薬の服用	**高クロール血症** 下痢、腎尿細管アシドーシス、過換気症候群、食塩の過剰摂取・投与	**高カルシウム血症** 副甲状腺機能亢進症、悪性腫瘍、ビタミンD過剰症、サルコイドーシス	**高リン血症** 副甲状腺機能低下症、甲状腺機能亢進症、腎不全、細胞破壊、アシドーシス
低値	**低ナトリウム血症** 腎不全、ネフローゼ症候群、嘔吐・下痢、大やけど、甲状腺機能低下症、抗利尿ホルモン分泌異常	**低カリウム血症** アルドステロン症、クッシング症候群、アルカローシス、嘔吐・下痢、利尿薬の使用	**低クロール血症** 嘔吐・下痢、アルドステロン症、呼吸不全、アジソン病、水分の過剰摂取・投与	**低カルシウム血症** 副甲状腺機能低下症、慢性腎不全、ビタミンD欠乏症	**低リン血症** 副甲状腺機能亢進症、ビタミンD欠乏症、アルコール依存症、悪性腫瘍

ルシウムと結合して骨や歯に存在していますが、一部は細胞内の核酸、リン脂質などとしてからだの構成成分となっています。

血液中のカルシウムとリンのイオン濃度には、いっぽうが増加すると他方が減少するという、相関関係があります。異常値のときは、上表に示したような病気が疑われます。

鉄（Fe）総鉄結合能（TIBC）

基準値

Fe	男性	64〜187μg／dl
	女性	40〜162μg／dl
TIBC	男性	238〜367μg／dl
	女性	246〜396μg／dl

鉄は、食物から摂取され、赤血球中の血色素や血清中に存在し、また、肝臓、骨髄、筋肉などに貯蔵されています。骨髄での赤血球の生成や血色素の合成に利用され、血清中の鉄が低値の場合、鉄不足による貧血が生じることがあります。血清中の鉄は、鉄を運ぶはたらきのあるトランスフェリンというたんぱくと結合しています。総鉄結合能は、このたんぱくと結合しうる鉄の総量を調べる検査です。

値が低い▼ 鉄の値は鉄欠乏性貧血、赤血球増多症、膠原病、感染症、悪性腫瘍などで低くなります。総鉄結合能の値は感染症、肝炎、ネフローゼ症候群、悪性腫瘍などで低くなります。

値が高い▼ 鉄の値は再生不良性貧血、鉄芽球性貧血、ヘモクロマトーシス、肝炎などで高くなります。総鉄結合能の値は、鉄欠乏性貧血、妊娠などで高くなります。

フェリチン

基準値

男性	39.4〜340ng／ml
女性	3.6〜114ng／ml

フェリチンは、内部に鉄を含むたんぱくで、鉄を体内に貯蔵するために必要な物質です。肝臓、脾臓、心臓などの臓器に分布し、血液中にも微量に存在しています。

値が高い▼ 慢性疾患の貧血、再生不良性貧血、鉄芽球性貧血、肝炎、ヘモクロマトーシスなどで値が高くなります。

また、悪性腫瘍でも高値を示すので、腫瘍マーカーとしても利用されていますが、この検査だけでどこのがんか特定はできず、ほかの検査と照らし合わせて診断されます。

値が低い▼ 鉄欠乏性貧血、真性多血症などで、値が低くなります。

血液学的検査

血液は、血球成分と液性成分とに分かれます（191頁コラム）。

血球成分には、赤血球、白血球、血小板が含まれています。これらの血球成分の数、形態、機能を調べたり（血球算定検査）、出血したときにはたらく止血機能について検査します（血液凝固検査）。

血液の成分とはたらき

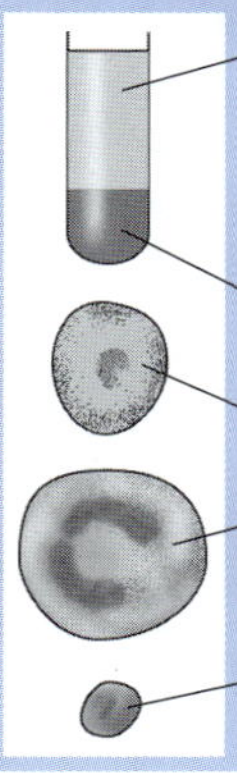

血漿　血液量を一定に保ち、栄養を運んだり、血液をかためたりする。血漿からフィブリンを除いたものを血清という。

血球　赤血球、白血球、血小板が含まれる。

赤血球　全体の組織に酸素を運ぶ。約8μm。

白血球　体内に侵入した細菌などに抵抗し、病気を防ぐ。約6～16μm。

血小板　出血したとき止血するはたらきをする。約3μm。

赤血球数（RBC）ヘモグロビン（Hb）ヘマトクリット（Ht）

基準値

RBC	男性	400～539万個／μl
	女性	360～489万個／μl
Hb	男性	13.0～16.6g／dl
	女性	11.4～14.6g／dl
Ht	男性	38.0～48.9％
	女性	34.0～43.9％

赤血球は、肺から取入れた酸素を運んで、細胞に渡す役割を果たしています。赤血球が減ると酸素を運ぶ力が低下し、酸欠状態になって貧血をおこします。赤血球が増えすぎると血液が濃くなって流れにくくなり、血管がつまりやすくなります。

ヘモグロビンは、赤血球に含まれる赤い色素（血色素）で、酸素を運ぶのは、このヘモグロビンです。この量を測定します。

ヘマトクリットとは、一定量の血液中に含まれる赤血球の割合のことです。

値が低い（貧血）▼ 値が低い状態を貧血（1439頁）といいます。貧血にはいろいろな種類がありますが、もっとも多いのは、鉄分不足でおこる鉄欠乏性貧血です。まれですが、悪性貧血や再生不良性貧血がおこることもあります。

なお、貧血の診断は、ふつう、ヘモグロビンの値によって判定されます。さらに、ヘモグロビン、ヘマトクリット、赤血球数の3つを測定することによって、貧血の種類を特定するのに役立ちます（赤血球恒数　次頁コラム）。

貧血をおこす代表的な病気は、感染症、膠原病、腎不全、ホルモンの病気、がんなどです。

値が高い（多血症）▼ 値が高い状態を、多血症または赤血球増多症といいます。

多血症の原因としては、下痢、嘔吐など、脱水による血液の濃縮、ストレスによる増多など、「みかけの多血」である相対的赤血球増加症、また、からだ全体の血球が増加する絶対的赤血球増多症に分類されます。後者には、真性多血症と、他の病気が原因でおこる二次性多血症があります。

真性多血症は血液細胞の異常で赤血球産生が亢進します。中年以上の人に多く発症し、頭痛、めまい、耳鳴り、のぼせ、皮膚のかゆみなどの症状がみられ、多くは高血圧をともないます。これは、赤血球の増加で血液の粘度が上昇して流れにくくなるためです。

二次性多血症には、赤血球造血因子であるエリスロポエチンの増加が原因で、慢性的な低酸素状態（肺疾患、心疾患）、過度の喫煙、エリスロポエチン産生腫瘍（腎がん）などが考えられます。

白血球数（WBC）

基準値
3200〜9000個／μl

白血球は、おもに生体防御の役割をもつ血球で、体内に侵入してくる病原微生物や異物を取込んで破壊したり、免疫反応をおこして排除したりするはたらきがあります。病原微生物などに感染すると、白血球は骨髄で盛んにつくられるようになり、血液中の数が増えてきます。

値が高い▼ 病原微生物に感染し、からだのどこかに炎症（扁桃炎、肺炎、胆嚢炎、胃腸炎など）がおこると値が高くなります。また、骨髄が増殖し、異常な白血球がつくられるようになる白血病のときにも値が高くなります。

激しい運動、入浴、ストレスなどで一時的に値が高くなることもあります。また、喫煙者では値が高くなることがあります。

値が低い▼ 骨髄のはたらきの低下（再生不良性貧血など）、古くなった白血球を壊す脾臓のはたらきが亢進する（脾機能亢進症）ときに値が低くなります。また、抗がん剤の使用などで値が低くなります。

白血球分画（血液像）

基準値
好中球＝40〜60％　好酸球＝1〜5％
好塩基球＝0〜1％　単球＝4〜10％
リンパ球＝30〜45％

白血球は、好中球、好酸球、好塩基球、単球、リンパ球の5つに種類分けすることができます。これらの種類別の量を測定する検査が白血球分画です。病気によって異常値を示す白血球の種類が異なるので、どの病気か、おおよそ見当づけるのに役立ちます。それぞれの量は、白血球全体量に対する割合（％）で表されます。

値が高い▼ つぎの病気などが考えられます。

①**好中球**　さまざまな感染症、心筋梗塞、腎不全、慢性骨髄性白血病など。
②**好酸球**　アレルギー性の病気（気管支ぜんそく、アトピー性皮膚炎など）、寄生虫病など。
③**好塩基球**　慢性骨髄性白血病、甲状腺機能低下症など。
④**単球**　結核、慢性骨髄単球性白血病、悪性リ

赤血球恒数（赤血球指数）

赤血球数、ヘモグロビン量、ヘマトクリット値の3検査は、貧血について診断する検査です。この3つの検査値を組合わせて一定の式で算出した3種類の値（MCV、MCH、MCHC）を、**赤血球恒数**または**赤血球指数**といい、貧血の原因、種類、性質を区別するのに役立ちます。

◉MCV（平均赤血球容積）
基準値　78〜101fl
赤血球の容積の平均を表したもので、赤血球の大きさがわかります。低値は鉄欠乏性貧血（1441頁）、サラセミア（1446頁上段）など、高値は悪性貧血などの巨赤芽球性貧血（1443頁）が疑われます。

◉MCH（平均赤血球血色素量）
基準値　28〜34・9pg
個々の赤血球に含まれるヘモグロビン量の平均値を表わしたものです。低値は鉄欠乏性貧血、サラセミアなどが疑われます。

◉MCHC（平均赤血球血色素濃度）
基準値　31〜35・9％
一定量の血液中の赤血球容積に対するヘモグロビン量の割合を表したものです。低値は鉄欠乏性貧血、サラセミアなどが疑われます。

ンパ腫、膠原病など。

⑤リンパ球　梅毒、結核、流行性耳下腺炎、百日ぜき、慢性リンパ性白血病、バセドウ病など。

値が低い▼　つぎの病気などが考えられます。

①好中球　敗血症などの重症な感染症、再生不良性貧血、急性白血病など。

②リンパ球　慢性骨髄性白血病、悪性リンパ腫、再生不良性貧血、がん、結核性リンパ節炎など。

血小板数（PL）

基準値　13.0万～34.9万個／μl

血小板は、出血のおこったときに、かたまって血栓をつくり、血管の破れた部分をふさいで出血を止めるはたらきをする血球です。血小板が減少すると、出血しやすくなります。

値が低い（血小板減少症）▼　特発性血小板減少性紫斑病、全身性エリテマトーデス、再生不良性貧血、急性白血病、肝硬変、脾機能亢進症、抗がん剤の使用などでおこります。

値が高い（血小板増多症）▼　真性多血症、本態性血小板血症、慢性骨髄性白血病、骨髄線維症、感染症、炎症性疾患、がん、鉄欠乏性貧血、けがや手術、出血、溶血性貧血、脾臓のはたらきの廃絶などでおこります。激しい運動、分娩でも、一時的に値が高くなることがあります。

出血時間

基準値　1～3分（デューク法）

皮膚から出血した血液が、自然に止まるまでの時間を測定するのが出血時間です。からだに本来、備わっている止血機能を調べる検査です。耳たぶに小さなきずをつけて出血させ、30秒おきに紙をあてて、出血が完全に止まるまでの時間を計ります。

値が高い▼　5分以上血が止まらなければ、前項の血小板減少症であげた病気、血小板のはたらきが異常になるフォン・ヴィレブランド病、血小板無力症、骨髄腫、尿毒症、毛細血管がもろくなるビタミンC欠乏症などが考えられます。

プロトロンビン時間（PT）

基準値
時間　10～13秒
活性　70～100％
PT-INR　0.9～1.1

プロトロンビン時間は、組織トロンボプラスチンを主体とした試薬を混ぜたときの血液（血漿）が凝固するまでの時間で、プロトロンビン活性は、健康な人に比べ、受検者の凝固活性がどのくらいあるかを％で表したものです。

最近は、健康な人と受検者のプロトロンビン時間の比を計算式から求める**PT-INR（プロトロンビン国際標準化比）**の値によって、血液の止血機能を判定することも行われています。

値が高い▼　時間が長いときや活性が低下しているときは、ビタミンK欠乏症、肝硬変、劇症肝炎などの肝臓病、播種性血管内凝固症候群などの可能性があります。ワルファリンカリウムなどの血液をかたまりにくくする薬を服用している人も高値になります。

高度に活性が低下しているときは、出血傾向がみられることもあります。

活性化部分トロンボプラスチン時間（APTT）

基準値　20～40秒

血液（血漿）に部分トロンボプラスチンという試薬を混ぜて、かたまるまでの時間を測定する検査です。第Ⅷ因子、第Ⅸ因子などという血液をかたまらせる血液凝固因子が欠けている場合、また、循環抗凝血素（凝固因子インヒビター、ループスアンチグラント）と呼ばれる凝固反応阻止物質が存在する場合、かたまるまでの時間が長くなります。

値が高い▼ 血友病、播種性血管内凝固症候群、ビタミンK欠乏症、フォン・ヴィレブランド病などの可能性があります。また、肝硬変、劇症肝炎などの肝臓病、閉塞性黄疸のほか、ヘパリンなどの血液をかたまりにくくする薬を使用している人も値が高くなります。

循環抗凝血素のほとんどが自己抗体と呼ばれる免疫グロブリンで、特発性やいろいろな基礎疾患などを契機に出現することがあります。これらの代表的な病気は、後天性血友病や抗リン脂質抗体症候群です。後天性血友病は出血傾向をおこす病気ですが、抗リン脂質抗体症候群では脳梗塞や深部静脈血栓症、習慣流産などの病態が認められます。

フィブリノゲン

基準値

200～400mg／dℓ

フィブリノゲンは、血漿中に含まれるたんぱくの一種で、肝臓でつくられます。血液凝固の第I因子と呼ばれるもので、血小板や**凝固カスケード**（複数の因子が段階的に反応する止血機構）の止血反応にも利用され、出血したときに血液をかたまらせる重要なはたらきがあります。

値が低い▼ 急性肝炎、肝硬変、肝がんなどの重症肝障害、播種性血管内凝固症候群、大量出血、無フィブリノゲン血症などで低くなります。

値が高い▼ 感染症、悪性腫瘍、心筋梗塞、脳梗塞、膠原病、閉塞性黄疸、ネフローゼ症候群、妊娠などで値が高くなります。

赤沈（赤血球沈降速度、血沈）

基準値

男性　1～10mm／h
女性　2～15mm／h

抗凝固剤を加えた血液を入れた細長い管（ピペット）を立てると、赤血球が底のほうに沈みます。1時間で何mm沈むかを調べます。

値が高い▼ からだのどこかに炎症（感染症、炎症性疾患）があることが疑われます。そのほか、悪性腫瘍、重症の貧血、腎不全、妊娠などでも値が高くなります。

値が低い▼ 多血症、播種性血管内凝固症候群、ショック、肝炎などで値が低くなります。

免疫・血清学的検査、血清を用いるその他の検査

私たちのからだには、異物（抗原）が侵入すると、それに対抗する抗体がつくられ、異物を体外に排除しようとするはたらきがあります。このはたらきを免疫といいます。血液中の抗原、抗体の種類や量を測定して、どんな病気がおこっているかを調べる検査を、免疫・血清学的検査といいます。

この検査によってわかる病気には、細菌やウイルスなどに対する免疫不全のためにおこる感染症、免疫が過剰にはたらくためにおこるアレルギー性疾患、免疫のはたらきが自分に向かうためにおこる自己免疫疾患などがあります。

ASO（抗ストレプトリジン-O）

基準値

200IU／mℓ以下

溶連菌（溶血性連鎖球菌）という細菌には、ストレプトリジン-O（SO）という毒素をつくりだし、赤血球を壊す（溶血）作用がありま

す。溶連菌が感染すると、SOと結びついて無毒化する抗ストレプトリジン-O（ASO）という抗体が体内にできます。

この抗体の血清中の値が基準値の範囲内であれば、過去に溶連菌の感染を受けたものの、現在は、病気が治っていることを示します。

値が高い▼ 値が基準値を大きく超えていれば、現在、溶連菌感染症（溶連菌が感染しておこる病気で、扁桃炎、咽頭炎、肺炎、中耳炎、丹毒などが代表的な病気）にかかっている可能性があります。溶連菌に対する免疫異常でおこるリウマチ熱、急性腎炎、結節性紅斑、リウマチ性紫斑病などのこともあります。

この場合、診断にはくわしい検査が必要になります。

リウマトイド因子（RF）

基準値

RAテスト　陰性(−)

外部から侵入する異物に対してではなく、自分自身の成分に反応してつくられる抗体を、自己抗体といいます。この自己抗体のひとつが、リウマトイド因子で、自分のなかの免疫グロブリン（免疫のはたらきをもつたんぱくの一種）に対する抗体です。

RAテストは、血清中にリウマトイド因子が含まれているかどうかを調べる検査で、とくに関節リウマチの診断に用いられます。最近では、陰性か陽性かを調べる定性検査だけではなく、因子量を調べる定量検査も行われています。

値が高い（陽性）▼ 強陽性のときには、関節リウマチ（2014頁）の疑いがあります。

陽性のときには、免疫異常でおこる膠原病（全身性エリテマトーデス、シェーグレン症候群、全身性硬化症など）のほか、免疫異常とは関係のない慢性肝炎、肝硬変、細菌性心内膜炎、結核などのことがあります。

異常値と対策▼ 陽性のときには、原因を確かめる検査が必要です。健康な人でも、陽性にでることがあります。

C反応性たんぱく（CRP）

基準値

定性　陰性(−)
定量　0.3㎎／dℓ以下

肺炎球菌（肺炎の原因菌のひとつ）の成分のC多糖体と結合するたんぱくがあって、CRP（C反応性たんぱく）といいます。CRPは、肺炎炎症に対して敏感に反応するたんぱくで、肺炎にかぎらず、からだのどこかに炎症が発生すると陽性になります。このCRPの有無を調べ、炎症がおこっていないかどうかを調べます。

値が高い（陽性）▼ 細菌感染やウイルス感染による炎症が存在しますが、からだのどこに存在するかまではわかりません。膠原病、心筋梗塞なども考えられます。赤沈（前頁）その他の検査結果とも合わせて判断します。

梅毒血清反応

基準値

STS　陰性(−)
TP　陰性(−)

梅毒をおこす病原微生物であるトレポネーマ・パリーズム（スピロヘータ・パリダ）が感染していないかどうかを調べます。

これには、2つの方法があります。ひとつは、カルジオリピンという試薬を血清に混ぜて反応を見る方法で、ガラス板法、ワッセルマン反応、緒方法、RPR法などの方法があって、合わせてSTSといいます。

トレポネーマ・パリーズムの感染を受けていても、STSが陽性にでるのは、1～7週間後です。また、STSは、梅毒以外の病気や健康人にも陽性にでることがあります。これを生物学的偽陽性（ＢＦＰ）といいます。

もうひとつは、トレポネーマ・パリーズム（ＴＰ）そのものを血清に混ぜて反応を見る方法で、ＴＰＨＡ法、ＦＴＡ・ＡＢＳ法などがあって、合わせてＴＰといいます。

検査はＳＴＳ、ＴＰ双方を1つずつ行います。

値が高い（陽性）▼ ＳＴＳとＴＰの両方が陽性であれば、梅毒の疑いが濃厚です。

ＴＰのみ陽性の場合、梅毒にかかったことがあって、治療後などに認められます。

ＳＴＳのみ陽性の場合は、ほかの2～3の方法を実施して、梅毒以外の病気を確かめます。

Ｂ型肝炎ウイルス（ＨＢＶ）

基準値

陰性(−)

ウイルスに感染すると、血清中に特有のたんぱく（抗原・抗体）やウイルスの遺伝子が出現します。これらのマーカー（目印）を調べて感染状況を知るのが**ウイルスマーカー検査**です。

Ｂ型肝炎ウイルス（ＨＢＶ）にはＨＢｓ抗原・抗体、ＨＢｃ抗体、ＨＢｅ抗原・抗体、ＨＢＶ-ＤＮＡなどのウイルスマーカーがあります。

ＨＢｓ抗原・抗体▼ Ｂ型肝炎ウイルスの感染を見つけるために、まず行われる検査です。

ＨＢｓ抗原・抗体とも陰性なら、ウイルスに感染していません。ＨＢｓ抗体だけ陽性なら以前に感染し、治癒したことを示していて、再び感染することはありません。また、感染予防のため予防接種した場合にも、ＨＢｓ抗体陽性となります。

ＨＢｓ抗原が陽性の場合は、感染しています。しかし、Ｂ型肝炎が発症しない状態が長期間つづくことがあり、この状態を**無症候性キャリア**といいます。

ＨＢｃ抗体▼ 陽性の程度を調べると、初めての感染か、または慢性肝炎かキャリアかどうかなど、感染した時期がわかります。

ＨＢｅ抗原・抗体▼ ＨＢｓ抗原が陽性の場合に、感染の程度を調べるために行います。

ＨＢｅ抗原が陽性なら、ウイルスの量が多くて、感染力が強く増殖力が活発であることを示します。ＨＢｅ抗体が陽性なら、ウイルス量は少なくなっていて、感染力や増殖力も弱まっていることを示しています。

ＨＢＶ-ＤＮＡ▼ よりくわしく確認するために、核酸検査（ウイルス遺伝子ＨＢＶ-ＤＮＡの検査）が行われます。定性検査で陽性なら、感染力が強く、ウイルスが増殖中であることを示します。さらに、ＨＢＶ-ＤＮＡの量を測定する定量検査も行われます。

肝炎の程度は、他のマーカーや肝機能検査の結果ともあわせて、総合的に診断されます。

遺伝子型の判定▼ ＨＢＶは遺伝子の型によりＡ～Ｈの8つの種類（ジェノタイプ）に分類されます。それぞれ病態が異なり、どのタイプかを調べれば、適切な治療法を選択する手がかりになります。

異常値と対策▼ ＨＢｓ抗原が陽性の人は、さらにくわしい検査が必要です。医師の指示に従いましょう。キャリアの人は将来発症する可能性があるので、定期的に検査を受けましょう。

Ｃ型肝炎ウイルス（ＨＣＶ）

基準値

陰性(−)

Ｃ型肝炎ウイルス（ＨＣＶ）には、ＨＣＶ抗体、ＨＣＶコア抗原・抗体、ＨＣＶ-ＲＮＡなどのウイルスマーカーがあります。

ＨＣＶ抗体▼ Ｃ型肝炎ウイルス感染の診断は、まず、ＨＣＶ抗体によるスクリーニング検査により行われます。ＨＣＶ抗体が陽性なら、ウイルスに感染していることを示します（ただし、抗体は感染後1～3か月後に陽転するので、感染直後は陰性を示すことがあります）。

HCVコア抗体▼　HCVコア抗体は、ウイルス粒子の中心にあるHCVコア抗原に対する抗体です。陽性なら、肝炎の活動性が強いことを示します。

HCV・RNA、HCVコア抗原▼　HCV抗体が陽性の場合、C型ウイルス肝炎が治癒したあとの状態か、感染していてもまだ肝炎が発症していないキャリアの状態かを、ウイルスの有無を直接検査して確認する必要があります。

それには、核酸検査（ウイルス遺伝子HCV-RNAの検査）やHCVコア抗原検査を行って判定します。HCV-RNAの検査では、定性検査でウイルスの存在を、定量検査でウイルス量を調べて、治療法の選択に役立てます。

ウイルスの型の判定▼　HCVは、遺伝子型（ジェノタイプ）により、1a、1b、2a、2bの4つに分類されます。また、血清分類法（セロタイプ）によって、Ⅰ、Ⅱに分けられます。これらの型を調べることによって、適切な治療方針を決めることが可能となります。

異常値と対策▼　HCV抗体が陽性の人は、さらにくわしい検査が必要です。医師の指示に従いましょう。

成人T細胞白血病ウイルス（HTLV-1）

基準値

陰性（－）

成人T細胞白血病（ATL）は日本では南西部に多い病気で、ヒトT細胞白血病ウイルス（HTLV-1）の感染によっておこる病気です。

このウイルスに感染すると、HTLV-1抗体が出現するので、これの有無を調べると感染しているかどうかがわかります。

抗体が陽性▼　凝集反応（PA法）による検査で陽性なら、さらに確認のため、間接蛍光抗体法（IF法）やウエスタンブロット法（WB法）、遺伝子（DNA）の検査などが行われます。

現在は発症していなくても、陽性ならHTLV-1のキャリア（感染していても長く発症していない状態）である疑いが高く、将来、成人T細胞白血病のほか、ぶどう膜炎、関節炎などの病気をおこす可能性があります。

異常値と対策▼　キャリアの人は定期的に検査を受けるなど、医師の指導に従いましょう。HTLV-1は性行為や母乳などを介して感染します。指導を守って感染防止につとめましょう。

ヒト免疫不全ウイルス（HIV）

基準値

陰性（－）

ヒト免疫不全ウイルス（HIV）は、エイズの原因ウイルスで、エイズウイルスともいい、1型と2型があります。

HIVに感染すると、HIV抗体が血液中に出現してくるので、この抗体の有無を調べます。

まず、酵素抗体法（ELISA法）や凝集反応（PA法）でスクリーニングを行います。最近では、15分ほどで迅速に結果がわかるイムノクロマト法（IC法）も実施されています。

しかしこれらの検査は鋭敏なため、エイズ以外の抗体に対しても陽性を示すことがあります。そこで、陽性になったら確認試験として、間接蛍光抗体法（IF法）やウエスタンブロット法（WB法）、HIVウイルス遺伝子の検査（HIV-1核酸増幅定量精密検査）などを行います。

なお、感染後6～8週間経たないと、抗体はできず、検出されません。この期間をウインドウ期といって、注意が必要です。

抗体が陽性▼　確認試験で陽性ならHIVの感染を受けている可能性が高く、無症状であれば、発症しない状態がつづくキャリアである可能性があります。

異常値と対策▼　ＨＩＶ抗体の検査で陽性の場合は、さらにくわしい検査が必要です。

また、キャリアの人は、将来発症する可能性がありますから、定期的に検査を受けましょう。

エイズは、血液、母乳、性行為などを介して感染します。医師の指導を守り感染予防につとめましょう。エイズの診断・治療は日進月歩です。不安を感じたら医療機関を受診しましょう。

血液型

血液型で、普段、知っておく必要があるのは、ＡＢＯ血液型とRh血液型です。

ＡＢＯ血液型の判定

血球のもつ抗原とは異なる抗原に対する抗体が、血清中には存在します。つまり、Ａ型の血液は、赤血球にＡ抗原をもち、血清にＢ型の血液を凝集させてしまう抗Ｂ凝集素という抗体をもっています。Ｂ型の血液は、Ｂ抗原とＡ型の血液を凝集させてしまう抗Ａ凝集素をもっています。Ｏ型の血液は、抗原をもたず、抗Ａ凝集素と抗Ｂ凝集素の両方があります。AB型の血液は、Ａ抗原とＢ抗原の２つがあって、どちらの凝集素ももちません。

このため、異なった型どうしの血液を混ぜると、お互いのもっている抗原と抗体どうしが反応（抗原抗体反応）をおこし、血液を凝集させたり、赤血球を溶かしたりします。この反応を利用して、ＡＢＯ血液型の検査をします。

まず、調べようとする赤血球に検査用試薬である抗Ａ凝集素と抗Ｂ凝集素を別々に混ぜて反応を見ます（**おもて検査**）。つぎに調べようとする血清にＡ型とＢ型の赤血球を別々に混ぜ、反応を見ます（**うら検査**）。この２つの結果の組合わせから判定します。

Rh血液型の判定

血液には、赤血球にＤ抗原という抗原をもつものともたないものとがあります。Ｄ抗原をもつ血液をRh陽性または（＋）、もたない血液をRh陰性または（－）といいます。Rh陰性の人には、通常、抗Ｄ抗体は存在しませんが、Rh陽性の血液を輸血すると抗Ｄ抗体が生じます。この抗Ｄ抗体には、Rh陽性の血液の赤血球を凝集させたり、溶かしてしまう作用があります。

たとえば、母親の血液中に抗Ｄ抗体が生じていて、Rh陽性の胎児をみごもると、母親の抗Ｄ抗体が胎盤を通過して胎児の血液中に入り、赤血球を溶かしてしまうため、赤ちゃんに重症の黄疸がおこります（血液型不適合妊娠 2246頁）。

検査では、赤血球に検査用試薬である抗Ｄ抗体を混ぜて反応を見ます。赤血球が凝集すればRh陽性、凝集しなければRh陰性と判定します。

ペプシノーゲン（ＰＧ）

基準値

ＰＧⅠ　70ng／mℓ以上
ＰＧⅠ／Ⅱ比　3.0以上

ペプシノーゲンは、胃粘膜の主細胞からつくられ、胃酸によって消化酵素ペプシンになる物質です。ペプシノーゲンⅠとⅡがあり、血液中の値やⅠ／Ⅱ比を調べると、胃粘膜の萎縮病変の程度がわかります。萎縮性胃炎は胃がんの先行性病変と考えられることから、胃がんのスクリーニング検査としても利用されています。

値が低い▼　ⅠとⅡの値が低いときは、萎縮性胃炎が疑われます。さらにⅠ／Ⅱ比が低値なら萎縮性胃炎の広がりや程度が増していることを示します。この場合、胃内視鏡検査が勧められます。

値が高い▼　ⅠとⅡの値が高いときは、胃・十二指腸潰瘍などが、さらにⅠ／Ⅱ比が高値なら十二指腸潰瘍が、低値なら胃潰瘍が疑われます。

ヘリコバクター・ピロリ（ピロリ菌）検査

基準値

陰性（－）

ヘリコバクター・ピロリは強い酸のある胃の中で生息する細菌で、胃潰瘍や十二指腸潰瘍を引き起こす原因にもなります。感染の有無は血液や尿中の抗体を測定すると確認できますが、日本人成人の半数以上が陽性だといわれます。

ピロリ菌の検査法には、抗体測定のほかにも、内視鏡で胃の粘膜を採取して調べる方法（迅速ウレアーゼ試験、鏡検法、培養法）や、検査用の薬を飲んだあとにはく息を調べる尿素呼気試験、検便による便中の抗原測定など、いろいろあります。1つの方法で確認できない場合は、複数組合わせて判定することもあります。

結果が陽性▼ ピロリ菌に感染していると考えられ、胃潰瘍や十二指腸潰瘍などの発症に関連している可能性もあります。胃がんの発生にも関係することが報告されています。

異常値と対策▼ ピロリ菌を除菌すると潰瘍の再発率は低下します。検査で感染がわかった胃潰瘍、十二指腸潰瘍の人は、医師と相談し、必要があれば除菌治療を受けましょう。

腫瘍マーカー

がんが発生すると、血液や尿に含まれる量が異常高値になる物質があります。普段見られない物質が出現することもあります。このような物質を腫瘍マーカーといいます。

しかし、検査で陽性を示したからといって、がんとはかぎりません。良性腫瘍やがん以外の病気でも腫瘍マーカーが陽性にでることが多いのです。

現状では、腫瘍マーカーだけでがんの早期診断に使えると確実にいえるものはありません。ほかの検査と組合わせて診断の補助として用いられています。

腫瘍マーカーでは、がんの早期発見には限界がありますが、がんが進行しているときには陽性度が強くなり、がんが縮小すると陽性度が弱くなるので、主として、がんの治療効果や術後の経過観察、再発の可能性を調べるためなどに利用されています。

ただし、定期的に腫瘍マーカーを検査することによって、がんを発見する助けになります。

ＡＦＰ（α-フェトプロテイン）

基準値

10ng／mℓ以下

ＡＦＰは、妊娠早期の胎児の血清中にみられるたんぱくの一種です。

値が高い（陽性）▼ がん、とくに原発性肝がん（肝細胞がん）や卵黄囊腫瘍などの際に値が高くなります。急性肝炎、慢性肝炎、肝硬変などでも高くなります。

なお、ＡＦＰには、レクチンという物質に反応する分画（同様の高分子だが、構造の異なる物質）がいくつかあります。そのうちＡＦＰ-Ｌ3分画は、ＡＦＰの値が高い場合に測定され、肝がんになるリスクの高い慢性肝炎の人で、この検査が陰性から陽性に転じたときには、精密検査が必要です。

ＰＩＶＫＡ-Ⅱ

基準値

40mAU／mℓ以下

ＰＩＶＫＡ-Ⅱは、ビタミンK欠乏状態で肝臓でつくられる、血液凝固作用のないプロトロンビン（209頁）というたんぱくです。

値が高い（陽性）▼ とくに原発性肝がん（肝細胞がん）の場合に、値が上昇します。AFPが肝がんに対して陰性を示しても陽性になることがあり、がん診断の補助として有効です。

また、慢性肝炎、肝硬変などでも値が高くなります。そのほか、ビタミン欠乏症、ワルファリンカリウムという血液をかたまりにくくする薬を服用している人、アルコールを飲みつづけている人でも値が高くなります。

CEA（がん胎児性抗原）

基準値
5ng／mℓ以下

CEAは、胎児の腸粘膜だけにみられるたんぱくの一種です。

値が高い（陽性）▼ 大腸がん、胃がん、膵がん、胆道がんなどの消化器のがんで値が高くなることが多いものです。とくに転移性肝がんや黄疸をともなうがんで高値になります。

肝硬変、肝炎、膵炎、肺がん、腎不全、甲状腺機能低下症などでも高値になることがあります。また、高齢者やヘビースモーカーも高値になることがあります。

SCC

基準値
1.5ng／mℓ以下

SCCは、皮膚や粘膜など、からだの表面をおおっている扁平上皮という組織に多く存在するたんぱくです。

値が高い（陽性）▼ いろいろな臓器や皮膚の扁平上皮にがん（扁平上皮がん）が発生すると、そこからSCCが血液中に放出され、血液中の濃度が高まります。

とくに、肺がん、子宮頸がん、皮膚がんなどでSCCの値が高くなります、また、食道がん、頭頸部がん、膀胱がんなどでも高値を示します。

そのほか、肺結核、肺炎、気管支ぜんそく、腎不全などで高値を示すことがあります。

CYFRA（シフラ）

基準値
3.5ng／mℓ以下

CYFRAは、からだの上皮細胞の骨格を形成しているサイトケラチンというたんぱくのひとつで、扁平上皮に多く存在する物質です。

値が高い（陽性）▼ 扁平上皮にがんが発生すると、血液中のCYFRAの値が高くなります。

とくに、肺がんのときに陽性率が高く、早期の肺がんの診断に有効とされています。

また、食道がん、胃がん、大腸がん、肝がん、子宮がん、卵巣がんなどでも、値が高くなります。なお、消化器のがんや女性のがんの場合は、非扁平上皮がんであっても陽性になることがあります。

そのほか、高齢者や腎機能の低下した人でも高値を示すことがあります。

CA19-9

基準値
37U／mℓ以下

CA19-9は、糖鎖抗原（CA）のひとつで、いろいろな臓器の上皮細胞上にみられる糖たんぱくです。

値が高い（陽性）▼ とくに膵がんや胆道のがんで高値を示します。

また、胃がん、大腸がん、卵巣がんや、胆石、膵炎、肝硬変、肝炎、胆管炎、卵巣嚢腫、気管支拡張症などでも陽性になりますし、ヘビースモーカーも陽性になることがあります。

臓器別・おもな腫瘍マーカー

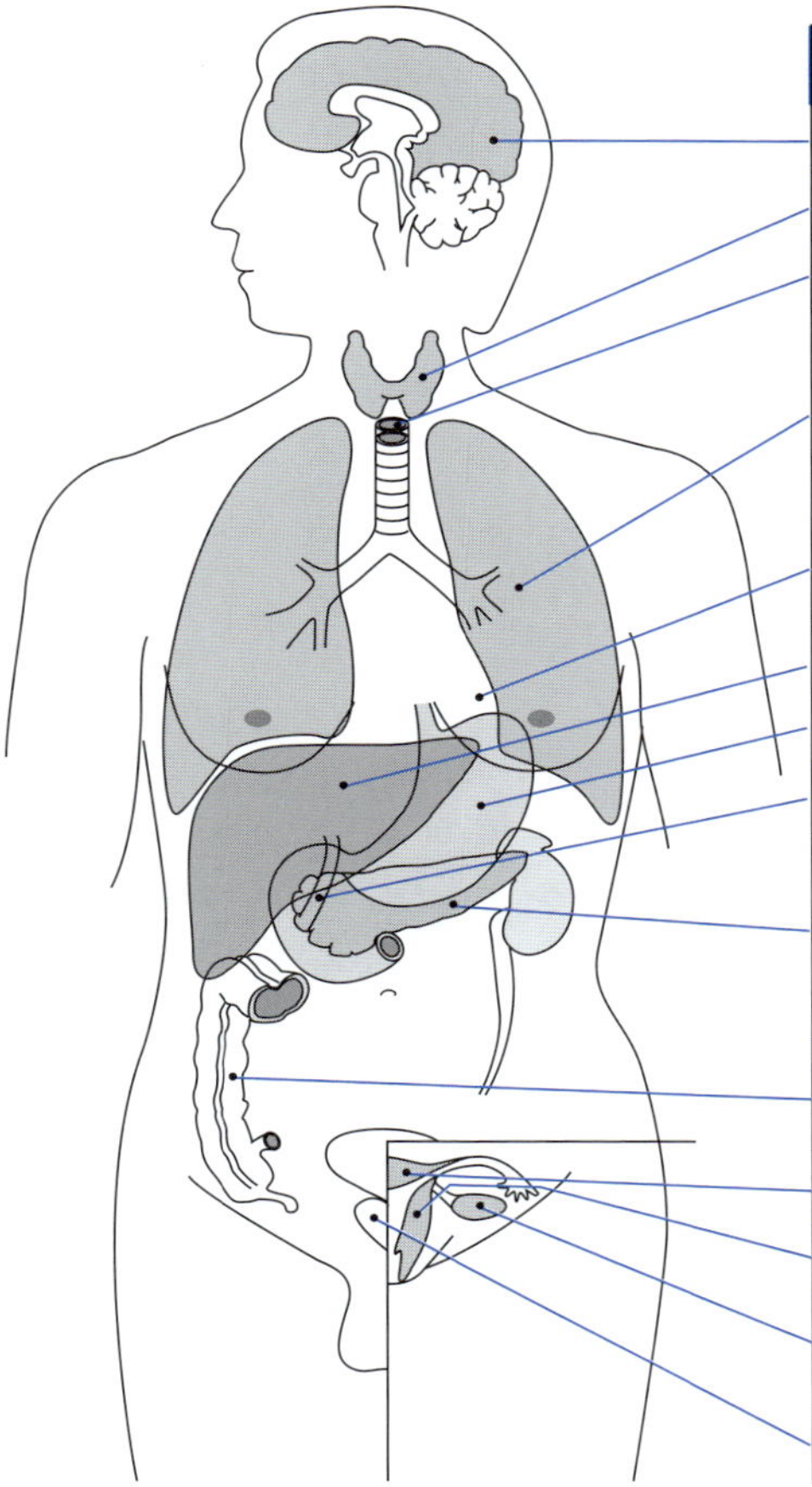

臓器別腫瘍	腫瘍マーカー
神経芽細胞腫	NSE
甲状腺髄様がん	NSE
食道がん	SCC
肺がん 扁平上皮がん 小細胞がん	CA125、CEA、SLX CYFRA、SCC NSE、Pro GRP
乳がん	CA125、CA15-3、CEA、NCC-ST-439
肝細胞がん	AFP、PIVKA-Ⅱ
胃がん	CEA、STN
胆道がん	CA19-9、CEA
膵がん	CA125、CA19-9、CEA、Ealstase 1、NCC-ST-439、SLX、STN
大腸がん	CEA、NCC-ST-439、STN
子宮体部がん	βHCG、SCC
子宮頸部がん	βHCG、SCC、STN
卵巣がん	βHCG、CA125、STN、SLX
前立腺がん	PSA

CA125

基準値

35U／mℓ以下

CA125は、糖鎖抗原（CA）のひとつで、いろいろな臓器の上皮細胞上にみられる糖たんぱくです。

値が高い（陽性）▼ 高値のときは、卵巣がんのことが多くみられます。

肝がん、胆嚢がん、膵がんなどの消化器がんのほか、子宮筋腫、子宮内膜症、腹膜炎、胸膜炎などのがん以外の病気のこともあります。

そのほか、女性の月経期や妊娠初期には、値が高くなる傾向があります。

CA15-3

基準値

21U／mℓ以下

糖鎖抗原（CA）のひとつです。

値が高い（陽性）▼ 乳がんのとき、なかでも転移した乳がんのとき高値になります。そのほか、卵巣がん、子宮がん、膵がん、肺がん、肝硬変などで、値が高くなることがあります。

ＰＳＡ（ＰＡ、前立腺特異抗原）

基準値

４ng／mℓ以下

ＰＳＡは、前立腺上皮からつくられる成分で、糖とたんぱくが結合した糖たんぱくです。

前立腺がんの腫瘍マーカーとして有効で、がんに対する特異性が高い検査として、前立腺がんの早期診断や治療後の経過観察に用いられています。

値が高い（陽性）▼ 前立腺がんのほか、前立腺肥大症や、前立腺組織内の壊死、炎症がある場合も値が上昇します。

値が高いときは、精密検査が必要とされます。ＰＳＡの値が１０・１ng／mℓを超える場合は、前立腺がんが存在する可能性は高いと判定されます。

前立腺がんであるかどうかを確定診断するために、直腸診や経直腸的超音波検査、さらに前立腺生検による組織診断などを行います。

なお、がんが検出されても、ＰＳＡ値だけで、がんの進行度や広がりを示す病期は判定できず、さらにＣＴ検査や骨シンチグラフィーなどの画像検査を行います。

がん検診

がん検診の目的は、早期発見によって、がんで死亡する可能性を少なくすることです。そのためには、検査方法に科学的根拠があって、できるだけ安全な検査で正確に発見でき、治療法が確立している必要があります。

自治体では、住民検診として、胃や大腸、肺、乳房、子宮などの発生頻度の高いがんのスクリーニング（ふるい分け）検査が行われていて、40歳以上（子宮頸がんは20歳以上）の人は1〜2年に1回は受けるように推奨されています。

職場の健診や医療機関の人間ドックなどにも、一部のがんのスクリーニング検査は組み込まれていて、ほかにも前立腺がん、肝がん、腎がんなどの検査を追加しているところもあります。

がんが疑われれば、再検査や精密検査が勧められます。必ず受けるようにしましょう。

▼胃がん検診 胃Ｘ線検査では、胃がんのほか、胃潰瘍やポリープも発見されます。ほかに、血液検査でがん発生に関与するといわれるペプシノーゲンやヘリコバクター・ピロリ菌の検査を行うこともあります。精密検査では、胃内視鏡検査が行われ、必要に応じて、粘膜細胞を採取して検査します。最近では、最初から胃内視鏡検査を行うこともあります。

▼大腸がん検診 大腸にがんやポリープがあると出血することがあり、便潜血反応検査（188頁）で陽性になります。精密検査では、大腸全体を検査する注腸Ｘ線検査や大腸内視鏡検査が行われます。必要に応じ、内視鏡で粘膜の細胞をとって検査します。

▼肺がん検診 胸部Ｘ線検査で、肺全体を撮影します。喫煙者には、喀痰細胞診検査が行われます。精密検査は、胸部ＣＴ検査や気管支内視鏡検査が行われ、必要に応じ、内視鏡で粘膜の細胞をとって検査します。

▼乳がん検診 触診、マンモグラフィー（乳房Ｘ線検査）、乳房超音波検査などが行われます。

精密検査では、マンモグラフィー、超音波、ＣＴ、ＭＲＩなどでさらにくわしく検査し、また、病変部から細胞や組織をとって検査します。

▼子宮頸がん検診 子宮頸部の粘膜を採取する細胞診が行われます。精密検査では、病変部から組織を採取して調べる細胞診や、子宮頸部を観察するコルポスコープ（腟拡大鏡）検査などが行われます。

▼その他 前立腺がんでは血液検査で腫瘍マーカーのＰＳＡ（上段）の値を測定し、肝がんでは肝炎ウイルスに感染していないか検査します。精密検査では、超音波検査や病変部の組織検査などでくわしく調べます。

ホルモン（内分泌）の検査

血液中には、いろいろのホルモンが含まれています。その量は、ナノグラム（ng＝100万分の1mg）、ピコグラム（pg＝10億分の1mg）という単位で表されるひじょうに微少な量ですが、体内の状態をいつも一定に保つたいせつなはたらきをしており、生体の状況に合わせてダイナミックに変動しています。

甲状腺ホルモン（T_3・T_4／FT_3・FT_4）

基準値

T_3	T_4	FT_3	FT_4
0.8〜1.6 ng／mℓ	6.1〜12.4 μg／dℓ	2.3〜4.3 pg／mℓ	0.9〜1.7 ng／dℓ

甲状腺ホルモンは、甲状腺から分泌されるホルモンで、生体機能に重要なエネルギー産生やたんぱく合成などを調節しています。

トリヨードサイロニン（T_3）とサイロキシン（T_4）の2種類があって、血液中では、その99%以上が、甲状腺ホルモン結合たんぱく（ＴＢＧ）などのたんぱくと結びついています。

残りは、たんぱくと結合していない遊離T_3（フリーT_3、ＦT_3）、遊離T_4（フリーT_4、ＦT_4）ですが、実際に機能しているのはこれらのほうであり、これだけを測定するのが一般的です。

T_3、T_4は、ＴＢＧに影響のある病気や薬物のため、値が変動することもありますが、ＦT_3、ＦT_4はＴＢＧには影響されないので、甲状腺ホルモンの異常をより正確に反映しています。

値が高い▼ 甲状腺機能亢進症といわれる状態で、もっとも多い原因は、バセドウ病です。

値が低い▼ 甲状腺機能低下症といわれる状態で、もっとも多い原因は、慢性甲状腺炎（橋本病）です。甲状腺機能亢進症に対する治療過剰（手術や薬物）にともなう機能低下症でも、低値になります。

甲状腺刺激ホルモン（ＴＳＨ）

基準値

ＴＳＨ　0.5〜5.0 μIU／mℓ

甲状腺ホルモンの量は、脳の下垂体から分泌される甲状腺刺激ホルモン（ＴＳＨ）によってコントロールされています。おこっている病気の原因が甲状腺にあるのか、脳にあるのかを調べるために、甲状腺ホルモンの測定といっしょにＴＳＨを測定することが通常です。

値が高い▼ ＴＳＨ値が高いのは、甲状腺機能低下症を是正するために下垂体がＴＳＨの分泌を増やしているときが多いのですが、下垂体Ｔ

ホルモン検査の際の注意

ホルモンの異常による病気を調べるために、甲状腺ホルモンやインスリン以外にも、副甲状腺ホルモン、副腎皮質刺激ホルモン（ＡＣＴＨ）、コルチゾール、レニン、アルドステロンなど、いろいろな検査が行われています。

血液中のホルモンの値は、食事、運動、睡眠、ストレスなどの影響を受けて変動します。このため、一部のホルモンの検査は、これらの影響の加わらない早朝空腹時に安静を守った状態で行われるのが原則です。一晩、入院し、翌朝、検査を行うこともあります。また、前日の食事と水分の摂取に注意が必要なこともあります。

事前に、検査の目的、検査の開始時間と所要時間、検査の方法、検査中の安静の守りかたなどについて説明があったときは、正しく守るようにしてください。

SH産生腫瘍や異所性TSH産生腫瘍のためにTSHが分泌過剰になっていることもあります。

値が低い▼ TSHの値が低いのは、たいていは甲状腺機能亢進症の状態によりTSHの分泌が抑えられているときです。妊娠前期、薬物の使用（高用量ステロイド）、下垂体や視床下部の異常などにより、TSHの分泌が減少していることもあります。

インスリン（IRI）

基準値

早朝空腹時　1～11μIU／mℓ

インスリンは、血液中のぶどう糖の量（血糖値）を下げるホルモンで、膵臓のβ細胞から分泌されています。基礎分泌状態を確認するには、前夜から朝の検査時まで飲食をしない状態（早朝空腹時）で採血して測定します。

値が低い▼ 1型糖尿病（従来のインスリン依存性糖尿病）、2型糖尿病（従来のインスリン非依存性糖尿病）の一部、急性膵炎、慢性膵炎、副腎機能不全などの際にみられます。

値が高い▼ クッシング症候群、先端巨大症、肝硬変、腎不全、インスリノーマ、異常インスリン症などのほか、妊娠でも高値になります。

その他の検体の検査

尿、便、血液の検査は、これまでにそれぞれ解説しましたので、ここでは、これら以外の材料（検体）を用いる検査について解説します。

細胞診検査

細胞の形の異常の有無を調べるのが細胞診で、おもにがんなどの悪性の細胞かどうかを診断するために行われます。

痰・尿・髄液・関節液・胃液・胸水・腹水などに含まれる細胞を使用したり、子宮・腟内の細胞をこすりとったり、乳腺・甲状腺などでは超音波などを使って病変部の細胞を採取することもあります。検体の採取が容易で、受検者の負担が軽く、簡便、迅速に検査できるものについては、一部、集団検診でも行われています。

採取した細胞は色で染め（染色）、顕微鏡で見て、形の異常な細胞（異型細胞）がないかどうか調べます。いろいろな染色法がありますが、パパニコローという方法を用いることが多く、一般に左表のように、5段階のクラス分類（パパニコロー分類）、または陰性、擬陽性、陽性の3分類で判定されます。陰性はクラスⅠ、Ⅱに相当、擬陽性はクラスⅢに相当、陽性はクラスⅣ、Ⅴに相当します。

また、最近は、臓器、検体ごとに特殊な分類法が用いられる傾向にあります。ここでは、がん検診で行われる喀痰細胞診検査、子宮がん細胞診検査について述べます。

細胞診の一般的なクラス分類

クラス分類	細胞診所見	判定	3段階分類
クラスⅠ	異型細胞が認められない	正常	陰性
クラスⅡ	異型細胞が認められるが、悪性（がん）の疑いはない	良性異型	陰性
クラスⅢ	悪性を疑う異型細胞があるが、悪性とは断定できない	境界病変	擬陽性
クラスⅣ	悪性の疑いがきわめて強い異型細胞が認められる	悪性（がん）を強く疑う	陽性
クラスⅤ	悪性と断定できる高度の異型細胞が認められる	悪性（がん）	陽性

異常値と対策▼ 擬陽性と陽性は、精密検査が勧められます。必ず指示に従いましょう。

喀痰細胞診検査

痰を調べる検査で、肉眼的観察に加えて、細胞診、細菌学的検査などがありますが、肺がん発見のための集団検診では、細胞診が行われます。対象となるのは、比較的太い気管にがんが発生する可能性のある高危険群とされる50歳以上の人で、喫煙指数（1日の喫煙本数×喫煙年数）が400または600以上、あるいは6か月以内に血痰のあった人です。

痰は、前もって渡された固定液の入った喀痰採取容器に、早朝起床時に採取します。

細胞診による判定▼ 採取した痰を染色し、顕微鏡で細胞の形を観察して判定します。

検査結果は、日本肺癌学会の判定基準では、ABC判定法により、上表のように5段階に分けて判定しています。判定がC～Eであれば、肺がんや気管支がんの疑いがあります。

喀痰細胞診の判定基準と指導

A	喀痰中に細胞を認めない	材料不適、再検査
B	正常上皮細胞のみ 基底細胞増生 軽度異型扁平上皮化細胞 線毛円柱上皮細胞	現在異常を認めない。次回定期検査
C	中等度異型扁平上皮化細胞 細胞核の増大や濃い染色をともなう円柱上皮細胞	程度に応じて6か月以内の追加検査と追跡
D	高度異型扁平上皮化細胞、または悪性腫瘍の疑いのある細胞を認める	ただちに精密検査
E	悪性腫瘍細胞を認める	ただちに精密検査

（日本肺癌学会）

子宮細胞診検査

子宮がん検診では、子宮にがんや異形成（前がん病変）の変化がないかを調べます。がん検診の対象となっているのは、今のところ子宮頸がんだけです。

不正性器出血や下腹痛などの症状があれば、子宮体がんの細胞診も受けるようにしましょう。

子宮頸がんの場合は、綿棒か木製のへらで腟部または子宮頸部の表面の細胞をこすりとり、それを染色して顕微鏡で見て、異常な形の細胞がないか調べます。子宮体がんの場合には、子宮内膜の細胞をやわらかいブラシやへらでこすりとったり、細長いチューブで吸引して、同じような方法で調べます。

細胞診による判定▼ 採取した細胞を染色して、顕微鏡で観察して判定します。

日本産婦人科医会（旧・日本母性保護産婦人科医会）の判定基準では、上表のように、クラス分類によって5段階に分けられています。

子宮細胞診の判定基準

クラスⅠ	正常である
クラスⅡ	異常細胞を認めるが良性である
クラスⅢa	軽度異形成を想定する
クラスⅢb	高度異形成を想定する
クラスⅣ	上皮内がんを想定する
クラスⅤ	浸潤がん（微小浸潤がんも含む）を想定する

（日本産婦人科医会）

組織検査（生検）

病変部の組織を微量、採取し、異常な細胞がないかどうかを調べるのが組織検査（生検）です。細胞診が喀痰や体液などに含まれる細胞を見るのに対して、生検は手術や内視鏡検査などの際に病変部から切除してきた組織を、顕微鏡で観察して診断するものです。

病気を確実に診断できる検査で、がんかどうかを判断するときに重要な検査です。

悪性（がん）かどうかがわかるだけでなく、がんであれば、細胞の種類もわかるので、その細胞に合ったもっとも的確な治療法が選べます。

細菌検査

細菌は、感染症のかなりの部分の原因となっている微生物です。菌の種類は病気によってさまざまで、検査は原因菌を発見し、どんな抗菌薬が効くか治療に役立てるために行われます。

検体は、尿、便、痰、膿、分泌液などの排泄物や、血液、胃液、穿刺液（髄液、胸水、腹水）、組織などいろいろな材料が対象になります。

一般に、採取した検体を染色しガラス板に塗って顕微鏡で見る塗沫検査や、菌を増殖して調べる培養検査が行われます。毒素検査や遺伝子検査が行われることもあります。

細菌が陽性のとき疑われる病気の例

喀痰…肺炎（肺炎球菌、ブドウ球菌、インフルエンザ菌、その他多数）、結核（結核菌）

便……赤痢（赤痢菌）、腸チフス（腸チフス菌）、コレラ（コレラ菌）、食中毒（サルモネラ、腸炎ビブリオなど）

尿……急性膀胱炎、急性腎盂腎炎（大腸菌、プロテウス、クレブシェラなど）

鼻汁…副鼻腔炎（連鎖球菌、ブドウ球菌、インフルエンザ菌など）

咽頭（粘膜）…咽頭炎（溶連菌、肺炎球菌、インフルエンザ菌など）

血液…いろいろな病気により、血液中に細菌が出現する（血液培養検査によって起炎菌を検索する補助となる）

髄液検査（腰椎穿刺）

脳や脊髄の周囲をとり囲んで流れている髄液（脳脊髄液）を採取して調べる検査です。髄液の色、含まれている細胞数、糖、たんぱくなどを調べると、脳や脊髄の疾患を判定する重要な情報となります。

検査の際は、ベッドに横になって局所麻酔をし、腰部のくも膜下腔に穿刺針を刺して髄液を採取します。

髄液を調べることによって診断に有効な病気の例

脳出血、くも膜下出血、脳炎、髄膜炎、脳膿瘍、腫瘍など

胸水・腹水の検査

肺を囲む胸膜腔や腸を囲む腹腔には、健康なときでも少量の水分がたまっていますが、なんらかの病気があると異常に増えてきます。

この胸水や腹水を、局所麻酔後に穿刺針で採取して、外観（色調や混濁度、沈殿物など）や性状（たんぱく量、細胞数、LDHなど）を調べます。

増加した胸水、腹水は、その外観や性状の特徴によって、大きく漏出液と滲出液に分けられます。

それぞれ、つぎのような病気が疑われます。

胸水・腹水の異常と疑われる病気

	漏出液	滲出液
胸水	心不全 肝硬変 ネフローゼ症候群 など	細菌性胸膜炎 結核性胸膜炎 がん性胸膜炎 肺炎 など
腹水	肝硬変 ネフローゼ症候群 吸収不良症候群 など	化膿性腹膜炎 結核性腹膜炎 がん性腹膜炎 急性膵炎 など

アレルギー検査

私たちのからだには、異物（抗原）が侵入してくると、体外に排除しようとする免疫のはたらきがあります。この免疫が過剰にはたらく（アレルギー反応）と、いろいろな病気を発症します。アレルギー反応には、Ⅰ型～Ⅳ型の４タイプがあり、このうち、Ⅰ型のアレルギー反応に関係する病気に、気管支ぜんそく、アトピー性皮膚炎、アレルギー性鼻炎などがあります。

おこっている病気がこれらのアレルギー性疾患かどうか調べるのが、アレルギー検査です。

検査法には、皮膚を刺激して反応をみる皮膚反応試験、白血球中の好酸球の割合を調べる好酸球検査（208頁）、血清中の免疫グロブリンＥ（ＩｇＥ）を調べるＩｇＥ検査などがあります。

皮膚反応試験

基準値

陰性（−）

アレルギー反応を誘発する原因となった物質を抗原（アレルゲン）といいます。抗原と考えられる物質を水に溶かしたエキスを皮膚と接触させ、反応をみる検査が皮膚反応試験です。

検査方法には、皮膚に小さな傷をつけ、そこにエキスを滴らせる**スクラッチテスト**、皮膚にエキスを注射する**皮内テスト**、皮膚にエキスを塗る**パッチテスト（貼付試験）**があります。

エキスと皮膚とを接触させた部分に、紅斑や腫れが現れるかをみます。

まったく反応が現れなければ陰性で、その物質が抗原である可能性は低くなります。

陽性▼ 抗原と接触した部分が、赤くなれば陽性で、その物質が抗原である可能性があります。

抗原の種類を特定するためには、さらに特異的ＩｇＥ抗体の検査（次頁）などで、くわしく調べます。

ＩｇＥ

基準値

173 IU／mℓ以下

前項であげたアレルギー性疾患の場合は、血液中にⅠ型アレルギーに関係するＩｇＥ（免疫グロブリンＥ）が増加しています。この検査では、血清中にあるＩｇＥの量を調べます。

値が高い▼ アレルギー性疾患があれば、ＩｇＥの値が高くなります。そのほか、寄生虫感染症やＩｇＥ骨髄腫などでも高値になります。

アレルゲンのいろいろ

アレルギー性疾患をおこす原因となる抗原（原因物質）を、アレルゲンといいます。

アレルゲンになる物質には、ハウスダスト（室内塵、家の中のほこり、チリダニなど）、風媒花の花粉（風にのって空中を飛散し、受粉する花粉で、スギ、イネ、カモガヤ、ブタクサ、ヨモギなど）、かび（真菌）、ペットのふけ・唾液・毛、食品（卵、牛乳、大豆製品など）、薬剤、そば粉、こんにゃくなど、いろいろなものが知られています。

このうち、アレルゲンになる頻度が高いのはハウスダストで、気管支ぜんそく（1264頁）のアレルゲンになっていることが多いものです。また、風媒花の花粉がアレルゲンになるケースも目立ち、アレルギー性鼻炎（1154頁）やアレルギー性結膜炎（1082頁）のアレルゲンになるケースが多くなっています。

原因となっているアレルゲンを特定するためには、皮膚反応試験や特異的ＩｇＥ抗体などの検査を行う必要があります。

特異的IgE抗体

アレルギー性疾患の原因となっている抗原（アレルゲン）を特定するために行う検査です。

血液中のIgE（免疫グロブリンE）には、多くの異なる抗原に対する抗体が含まれています。それらの特異的IgE抗体を個々に測定して、抗原を特定します。

多くの抗原を同時に検出することも可能で、数種類の抗原に反応する人を調べる際にも、有効な検査です。

値が高い（陽性）▼ 各種のアレルギー性疾患の抗原がわかり、治療方針が立てられます。

遺伝子検査

生物の細胞の核には染色体があり、その中に遺伝子があります。血液や体液、組織の一部を用い、病気の原因となる遺伝子の異常がないか調べて治療に役立てるのが、遺伝子検査で、つぎの4タイプがあります。

①感染症の遺伝子検査（核酸検査）

外部から侵入し、人間に感染して病気を引き起こすウイルスや細菌の遺伝子を調べて、どんな病原微生物かを確認する検査です。

核酸とは、遺伝情報をもつDNA（デオキシリボ核酸）やRNA（リボ核酸）のことで、検査では、ごく微量のDNAやRNAをつぎつぎに増幅していく核酸増幅検査（**PCR法**）が、一般的に行われています。

従来の抗体検査や培養検査など、他の検査法と比べて、微生物の種類を正確に素早く特定できます。ウイルス肝炎、HIV感染症、結核、淋病などをはじめ、新型インフルエンザなどの新しい感染症の診断にも威力を発揮しています。

②悪性腫瘍（がん）に関係した遺伝子検査

核酸検査が外部から侵入してきた微生物の遺伝子を調べるのに対して、人間の体細胞の一部に後天的におこった遺伝子の変異を調べるもので、がんの診断・治療に役立てる目的で行われます。

がんは、細胞中のがん発生に関連する遺伝子の異常や欠損によっておこります。がんが疑われる組織を採取して、遺伝子を調べれば、がん細胞であるかどうかや、がんの種類、広がり、悪性度、抗がん剤への感度などが確認できます。

現在では、白血病、肺がん、家族性大腸ポリポーシス、腎細胞がん、甲状腺がんなど、いろいろながん関連の遺伝子が発見されています。

③遺伝病の遺伝子検査

遺伝子や染色体の異常が、親から子どもに受け継がれると、遺伝病が発症することがあります。遺伝子や染色体の検査によって、筋ジストロフィー、家族性アミロイドーシス、血友病などの遺伝病を診断できます。

反面、出生前診断、発症前診断など、倫理的な面やプライバシーにかかわる問題があり、カウンセリングの重要性も指摘されています。遺伝病にかかわる遺伝子検査は、適切に施行される必要があります。

④DNA多型の解析

DNAは、アデニン（A）、グアニン（G）、シトシン（C）、チミン（T）という4塩基の配列で構成されていますが、この配列の個体差を遺伝子多型（ポリモルフィズム）といいます。これを解析することにより、なんらかの病気と関連しているかどうか、たんぱく質の構造や活性、酵素活性に影響があることがわかります。

現在では、薬物感受性や親子鑑定などに利用されています。

また、糖尿病、高血圧、がん、気管支ぜんそく、アレルギーなど、多くの病気で、発症しやすいタイプの遺伝子が発見されており、発症の予防や治療法の研究も広く行われています。

からだを直接調べる検査Ⅰ
（画像診断）

からだの内部を目に見える画像として映し出して行う診断が、画像診断です。

健診や人間ドックでよく行われるのは、胸部X線（レントゲン線）検査、上部消化管（食道、胃、十二指腸）のX線検査、腹部超音波検査などです。

また、下部消化管（直腸、結腸）のX線検査、上部および下部消化管の内視鏡検査、胸部および頭部のCT検査、MRI検査などが行われることがあります（これらの検査については、以下に述べる説明を参照）。

胸部X線検査

肺や心臓などの異常を、X線写真によって観察し、診断する検査です（5頁カラー口絵）。

X線は、からだの中を通るとき、その通過しやすさによっていろいろな胸部の臓器（肺、骨、心臓など）をフィルムに写します。

見つかる異常▼ 肺炎・肺結核・肺がんなどの肺の病気、心肥大などの心臓の異常、大動脈瘤、胸腺腫瘍などの縦隔の病気を発見できます。

検査の際の注意▼ 金具のついた衣服は脱ぎます。指示に合わせて深く息を吸い、つぎの指示があるまで動かないでいます。

上部消化管X線検査（上部消化管造影検査）

消化管の内部のようすは、X線では写りにくいので、造影剤のバリウムと炭酸ガスを出す発泡剤を飲んでもらいます。白い液のバリウムで消化管内部に濃淡（コントラスト）をつけ、X線で撮影します。

上部消化管の内部をモニター画面に映し出して観察したり、画像を記録したりすることができます。

見つかる異常▼ 食道炎・食道潰瘍・食道がん、胃潰瘍・胃がん・胃ポリープ、十二指腸潰瘍などの病気が発見の対象となります。

検査の際の注意▼ ①胃の内部をからにするため、前夜から検査終了までなど、飲食が制限されますから指示に従ってください。

上部消化管X線検査

透視台を回転させたり、受診者の体位を変えたりして、胃内部をすみずみまで透視しながら撮影する。

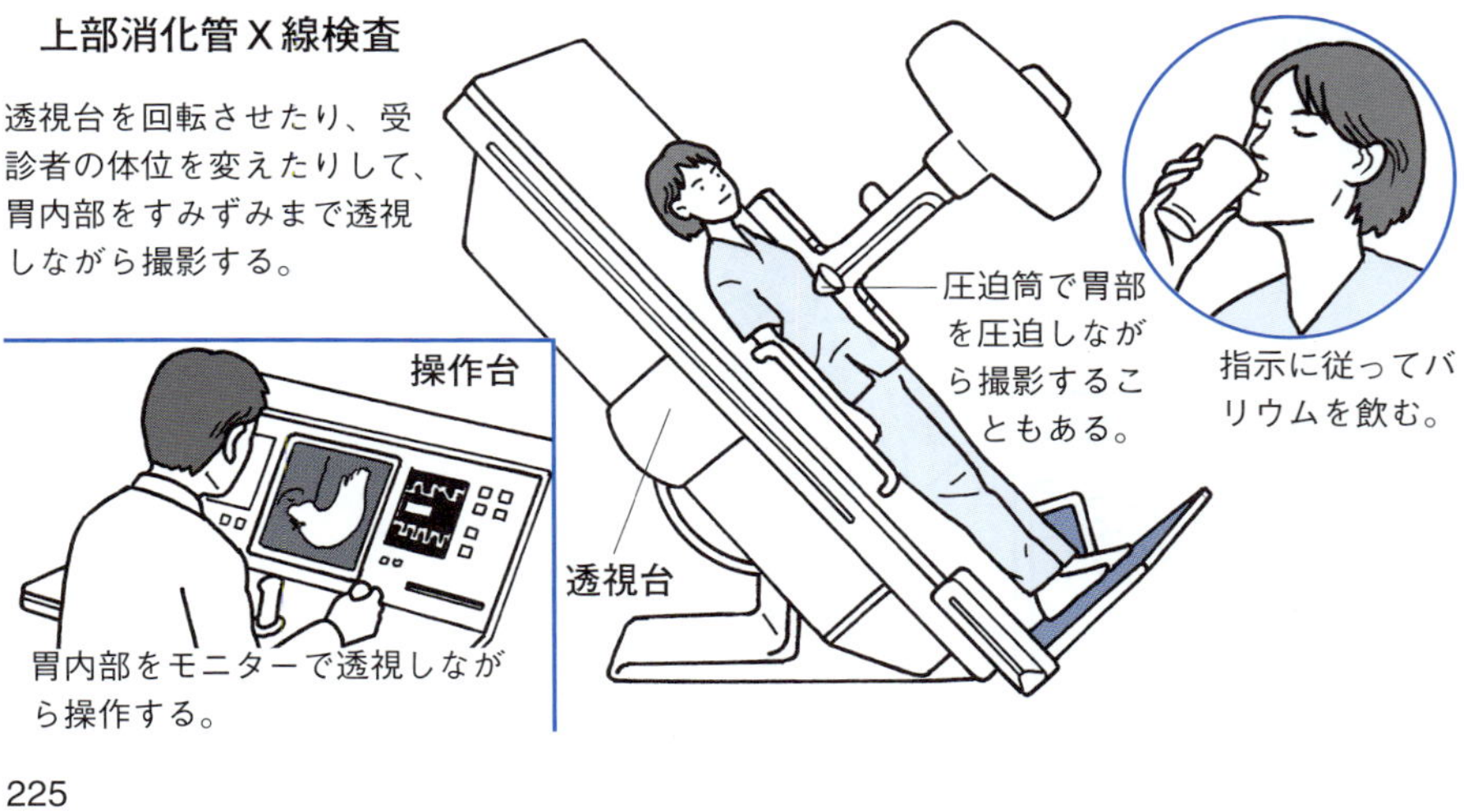
圧迫筒で胃部を圧迫しながら撮影することもある。
指示に従ってバリウムを飲む。
操作台
透視台
胃内部をモニターで透視しながら操作する。

②検査前に胃の動きを止める薬を注射しますが、この薬には、緑内障、前立腺肥大症、不整脈を悪化させる作用があります。これらの病気に該当する人は、事前に申し出てください。
③検査中はげっぷをださないように我慢します。
④検査後は、バリウムの排泄によって白い便になります。水分を多めにとり、下剤の内服を行います。

排便のない場合は、医師の指示に従ってください。

妊娠とX線検査

妊娠している人、または妊娠の可能性のある人は、検査前に必ず、医師や看護師にその旨を申し出てください。X線は胎児にも影響を与えるおそれがあります。もし、心配であれば、事前に医師に相談してください。

ただ、検査に用いるX線の線量は少ないので、妊娠中の人でも、診療上の必要があるとされた場合は、指示どおり検査を受けるようにしましょう。100mSv（ミリシーベルト）以下の線量であれば、たとえ妊娠中でも人工妊娠中絶は必要ありません。1回の検査で100mSvを超えるX線量を受ける検査は、通常ではまれにしかありません。

異常と対策▼ 異常が疑われたら、内視鏡検査が勧められます。必ず受けましょう。

下部消化管X線検査（下部消化管造影検査、注腸X線検査）

肛門から造影剤のバリウムと空気を注入し、大腸（直腸、結腸）の中をX線で撮影します。

見つかる異常▼ 大腸がん、大腸ポリープ、潰瘍性大腸炎、クローン病、その他たいていの大腸の病変を発見できます。

検査の際の注意▼ ①腸の内部を空にする必要があるため、検査前日は、消化のよい（食物残渣が腸に残りにくい）食事内容の検査食になります。
②検査前日の夜は、下剤を服用します。
③検査前にもいろいろな指示がありますので、それに従います。
④検査中、気分が悪くなったりしたら、早めに医師に伝えます。

異常と対策▼ この検査で異常が疑われたら、確認のために内視鏡検査やCT検査などが勧められることがあります。勧められたら必ず受けましょう。

下部消化管X線検査

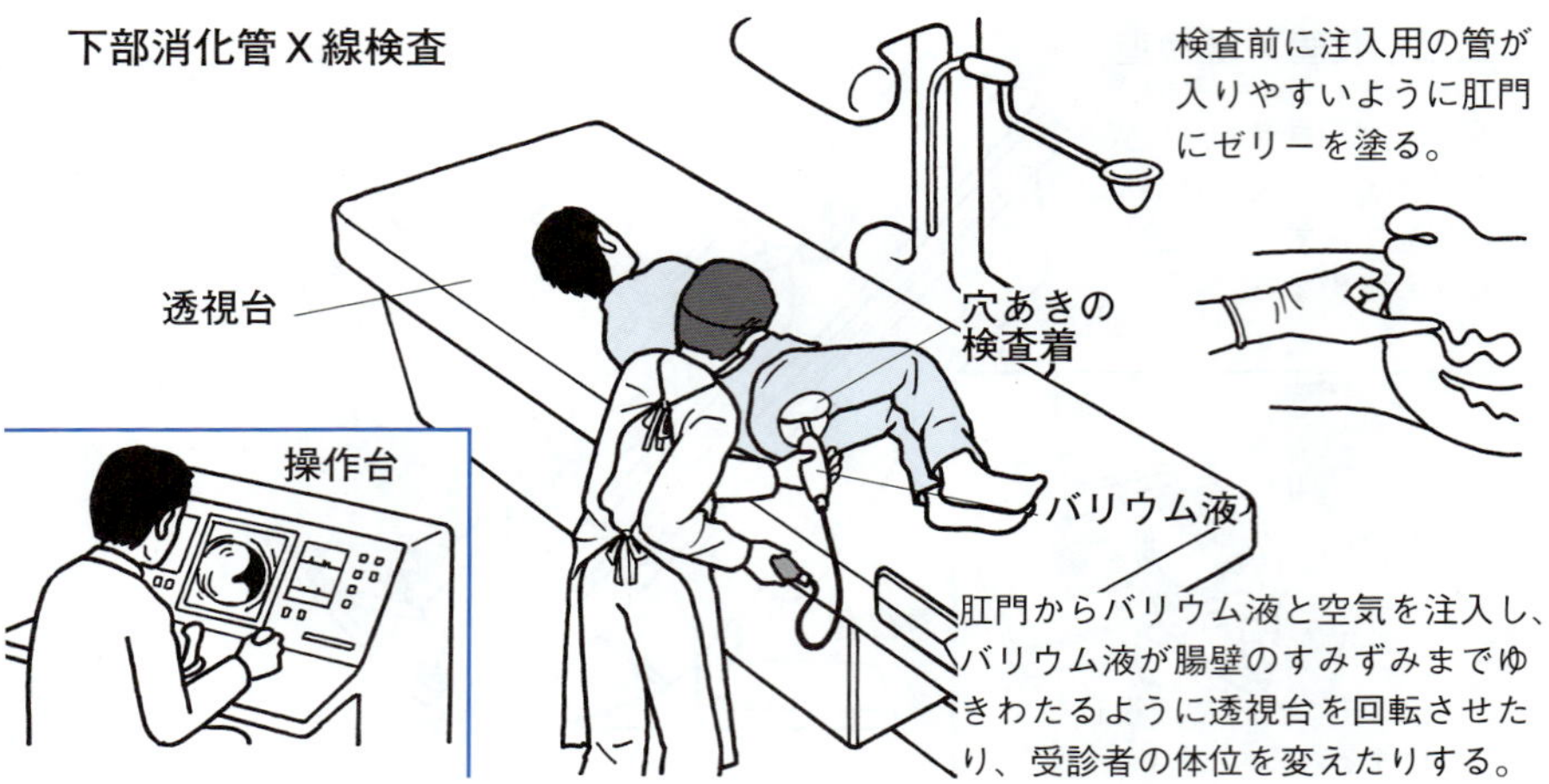

検査前に注入用の管が入りやすいように肛門にゼリーを塗る。
透視台
穴あきの検査着
操作台
バリウム液
肛門からバリウム液と空気を注入し、バリウム液が腸壁のすみずみまでゆきわたるように透視台を回転させたり、受診者の体位を変えたりする。

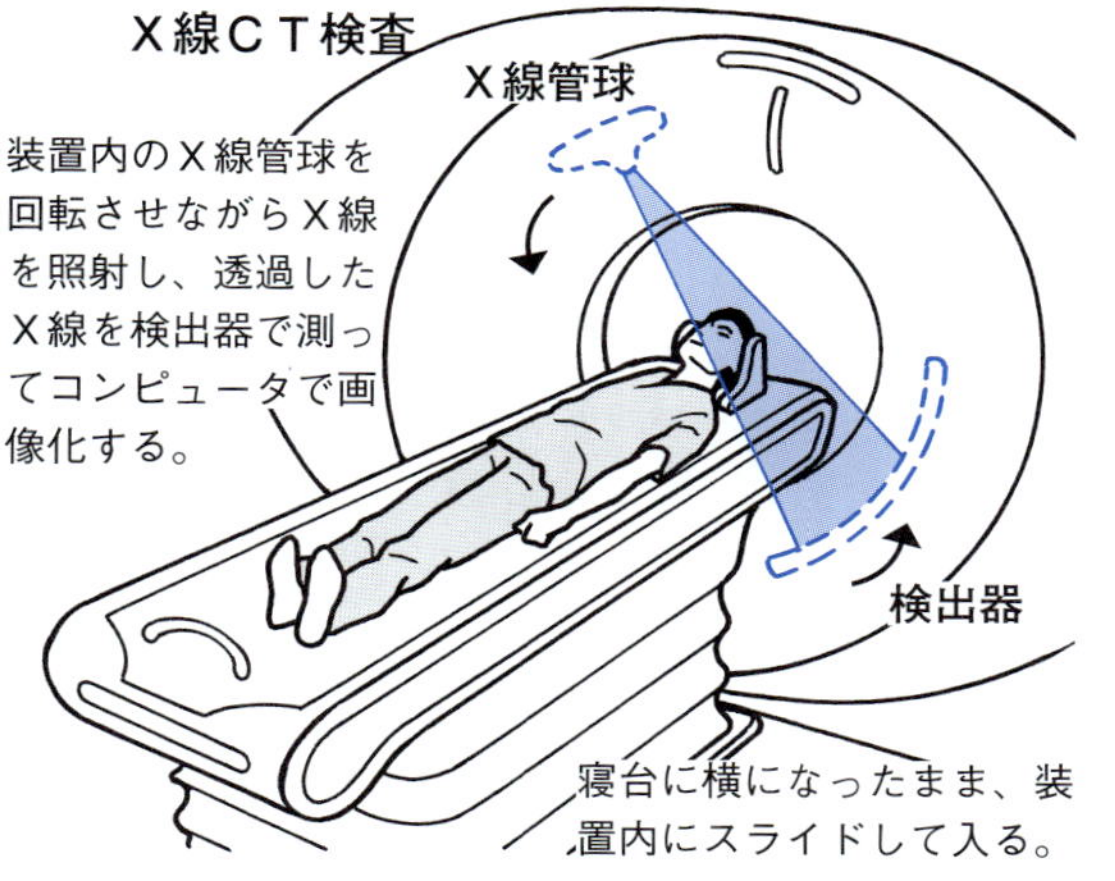
Ｘ線ＣＴ検査
Ｘ線管球
装置内のＸ線管球を回転させながらＸ線を照射し、透過したＸ線を検出器で測ってコンピュータで画像化する。
検出器
寝台に横になったまま、装置内にスライドして入る。

ＣＴ検査（Ｘ線ＣＴ検査）

円筒状の装置の中にからだを横たえた状態で、頭の先から足の先まで、あらゆる部位の断面を撮影でき、画像化するＸ線検査です（2頁カラー口絵）。Ｘ線による情報をコンピュータで計

造影検査の方法と種類

Ｘ線では写りにくい組織、臓器、血管などをより鮮明に撮影するために、造影剤を用いることがあります。消化管の検査では、おもにバリウムによる食道・胃や大腸の消化管Ｘ線検査が行われます（225～226頁）。また、病巣部をくわしく調べるために血管に造影剤を注入して、Ｘ線検査、ＣＴ、ＭＲＩ（228頁）などを用いて撮影する方法も行われています。Ｘ線検査（ＣＴを含む）ではヨード系の造影剤が、ＭＲＩではガドリニウムを含んだ造影剤がおもに使われます。

なお、血管にカテーテル（細い管）を挿入して造影剤を注入する血管造影の技術は、病気の診断に用いられますが、同時に止血や血管拡張など治療面でも広く応用されています。これを、インターベーショナル・ラジオロジー（ＩＶＲ）といいます。診断のための血管造影は、今後、造影ＣＴにおきかえられていくと思われます。

◉胆管・胆嚢造影検査

造影剤は、腕の静脈に注入するか（点滴胆管造影法）、口から十二指腸まで内視鏡の管を入れ、そこから胆管に注入（内視鏡的逆行性胆管膵管造影法、ＥＲＣＰ）し、胆管・胆嚢をＸ線撮影します。内視鏡でなく、ＭＲＩを用いて撮影するＭＲＣＰという方法もあります。

見つかる異常▼ 胆管や胆嚢の結石やがん、ポリープなど。

◉尿路造影検査

腕の静脈から造影剤を注入、30～40分腹部を連続撮影し、腎臓、尿管、膀胱の検査をします。

見つかる異常▼ 尿管結石、尿管狭窄、腎盂腫瘍、水腎症、膀胱の腫瘍など。

◉頭部血管造影検査

頸動脈か大腿動脈からカテーテルを介して造影剤を注入し、頭部を撮影します。ＣＴやＭＲＩ、ＭＲＡで代用することが増えています。

見つかる異常▼ 脳動脈瘤、脳出血、くも膜下出血、脳動静脈奇形、脳腫瘍など。

◉腹部血管造影検査

大腿動脈からカテーテルを入れ、目的とする臓器（肝臓、胆嚢、膵臓、腎臓など）に通じる血管まで進め、造影剤を注入、撮影します。この検査もＣＴにおきかえられつつあります。

見つかる異常▼ 腹部の臓器や血管の病気。

◉心臓カテーテル検査

前腕か、大腿の動脈から挿入したカテーテルを介して造影剤を冠動脈（1336頁）に注入し、撮影します。カテーテルを心臓の中まで入れ、造影剤を注入して撮影することもあります。

見つかる異常▼ 狭心症、心筋梗塞、心臓弁膜症、心筋症、大動脈瘤など。

算し、からだの任意の部位の形態的異常を、輪切りの状態で鮮明に描き出すことができ、腫瘍、出血、梗塞その他、全身の臓器の診断に威力を発揮しています。

さらに鮮明な画像を得るために、造影剤を用いて撮影する造影検査が行われることもあります（前頁コラム）。

最近のCTは、より分解能の高い装置が開発される方向にあり、現在では、**マルチスライスCT**という、撮影時間が短く、1㎜前後の薄い断層厚で微小な病巣画像が大量に得られ、病変部が立体画像で表現できる撮影技術が普及しています（3頁カラー口絵）。

検査の際の注意▼　金具のついた衣服は脱ぎます。そのほかにも注意事項があった場合は、指示に従いましょう。

MRI検査（磁気共鳴画像診断）

X線のかわりに強い磁気と電磁波を用いて体内を写す装置です（4頁カラー口絵）。

体内に存在する水素原子核（プロトン）の核磁気共鳴現象を利用します。このときに放散される電磁波のエネルギーを検出し、コンピュータで処理して画像として描き出します。

放射線を用いないので被曝の心配がなく、何回でもくり返し検査ができますし、あらゆる方向からからだの断面像を撮影できます。血液が流れる状態を写すこともできます。

より鮮明な画像を得るために、造影剤を静脈から注入してから撮影することもあります

検査の際の注意▼　強力な磁気を使うので、体内に心臓ペースメーカーや人工弁、脳動脈や消化器の手術で装着されたクリップなど、金属製のものがあると、画像が歪んだり、からだに危険がおよぶことがあります。これらを使用している人、かつて、手術を受けたことのある人は、検査前に必ず申し出てください。

また、この検査は、撮影時間が30分前後と長く、狭い機械の中にいないといけないこと、音がうるさいことが欠点です。

MRA検査（磁気共鳴血管画像診断）

MRAは、「MRアンギオグラフィー」のことで、MRI装置を使って血管だけを鮮明に画像化する検査法です（4頁カラー口絵）。

血流を利用して血管を描出しますが、からだに負担や苦痛を与えない検査法として普及して

MRIによる部位別検査

MRIは、血流も調べることができる、放射線による被曝がないなどの利点があるため、いろいろな部位の検査に利用されています。おもに頭部を調べるMRAのほかにも、つぎのような検査が行われています。

整形外科では、脊柱管内や関節包などを調べるのに有効です。椎間板ヘルニアや脊柱管狭窄症のような脊髄や神経が障害される病気や、膝関節の十字靭帯や半月板の損傷などの診断に用いられます。

MRIを用いて撮影するMRCPで、胆管・膵管の撮影が可能です。現在では、まずMRCPを行い、精密検査や治療が必要なときにERCP（内視鏡的逆行性膵管胆管造影法　前頁コラム）を行うのがふつうです。

また、乳がんの検査では、マンモグラフィーや超音波検査で見つかったしこりが悪性かどうかはっきりしない場合などに、良性・悪性の識別や、病巣の広がりをみるために、乳腺MRI検査が行われることがあります。

おり、とくに脳血管障害の診断に有効です。

また、造影剤を用いる場合もあり（造影MRA）、血管を三次元的（立体的）に画像化できるので、より正確な血管像が得られます。

検査の際の注意▼ 前項のMRIと同様の注意が必要です。

乳房を、上下、左右、または斜めから軽く圧迫して、X線撮影する。圧迫痛を感じることもあるが、よい検査にするために我慢も必要。

見つかる異常▼ 脳梗塞、脳出血、くも膜下出血、動脈瘤、血管の狭窄・閉塞など、血管の病気を発見できます。

マンモグラフィー（乳房X線検査）

乳房を撮影台のフィルムの上にのせ、上から押さえ、X線で撮影します。通常、上下、左右計4枚のX線写真を撮ります（6頁カラー口絵）。乳がんの早期発見のためのスクリーニングとして、乳がん検診でも行われています。

見つかる異常▼ 乳房内に発生したしこり（腫瘤）があれば、その形状や大きさ、広がりの状態などがわかります。触診では感じられないような小さな腫瘍や石灰化した病変も写るので、とくに乳房の腫瘍の発見や診断に威力を発揮します。

検査の際の注意▼ X線の放射線量は、ごく微量です。妊娠中でも子宮や卵巣にはX線はあたらないので、必要があれば検査できます。

異常と対策▼ 腫瘍が発見された場合は、超音波検査、CT、MRI、細胞診などの精密検査が勧められます。必ず受診しましょう。

脳ドック

脳ドックは、自覚症状のない脳の病気を発見するために行われる脳専門の検診です。

脳の状態を精密に検査できる装置が普及してきて、多くの施設で行われるようになっています。

行われる検査▼ 検査は、MRI、MRA、CTによる画像診断が中心です。そのほか、基本的な検査として、問診、診察、血圧測定、尿検査、血液検査、心電図、頸部血管超音波検査などがあり、また、胸部X線検査、脳波検査、心臓超音波検査、脳血流検査、認知機能の検査、心理検査などが行われることもあります。

見つかる異常▼ 見つかるのは、脳動脈瘤、大脳白質病変、動脈狭窄・閉塞、脳動静脈奇形、脳腫瘍などです。そのほか、まったく症状のない無症候性脳梗塞や無症候性の微小脳出血が発見されます。

異常が見つかってもすぐ手術が必要とはかぎらず、病変の程度により発症を予防するための指導が行われたりします。中高年者で、高血圧、肥満、喫煙などの危険因子をもっている人や、家族に脳血管の病気がある人の場合は、脳ドックを受けることが勧められます。

核医学検査（RI検査）

RI（ラジオアイソトープ、放射性同位元素）を用いた薬剤を、静脈注射や内服などの方法で使用すると、目標とする臓器に到達します。RIが出す放射線をカメラで捕らえ、画像として描き出すと、その臓器の機能がわかります。

なお、核医学の「核」は、RIの原子核から出る放射線を利用していることに由来します。

シンチグラフィー

RIを、臓器やその病変部に集積させて、シンチカメラで画像化（シンチグラフィー）して、診断します。集まりやすいRIが臓器や病気によって異なるので、検査をしようとする臓器にもっとも集まりやすい薬剤を用います。

見つかる異常▼ 甲状腺、腎臓、肺（血流と換気）、骨、心筋などの臓器の病変、腫瘍の有無がわかります。また、がんなどの腫瘍の大きさや広がり、転移の有無がわかり、全身のがん骨転移の存在などを推測できます。

検査の際の注意▼ 妊娠中や妊娠している可能性のある人は、事前に必ず申し出ます。

SPECT

SPECTは、「**シングルフォトン・エミッションCT、単光子放出断層撮影**」のことで、γ線を放出するRIを用い、カメラを患者の周りに回転させて断層撮影します。臓器の形や血流の状態について精密な検査ができます。

見つかる異常▼ 診断のむずかしい病変を見つけることができ、とくに、脳疾患、心疾患の診断に用いています。

検査の際の注意▼ 前項のシンチグラフィーと同様の注意を守ります。

PET

PETは、「**陽電子放出断層撮影**」のことで、陽電子（ポジトロン）を放出する物質を用いる検査です。ポジトロンCTともいいます。

とくに、がんの検査では、がん細胞に取込まれやすいぶどう糖にRIを結合させたFDGという検査薬が使われ、1度の検査で全身のがんの位置、大きさや、活動性をみることができる、精度の高い検査です。

また、最近では、薬剤が集積する状態を写すPETと、臓器の形を写すCTを組合わせた**PET・CT**という装置も開発され、より精度の高い画像が得られるようになっています。

見つかる異常▼ 診断のむずかしい病変を見つけることができ、なかでも、脳疾患、心臓病、肝臓病、がんなどの診断に有効です。

PET - CT

CTとPETを組合わせた装置。寝台が装置内にスライドして入る。

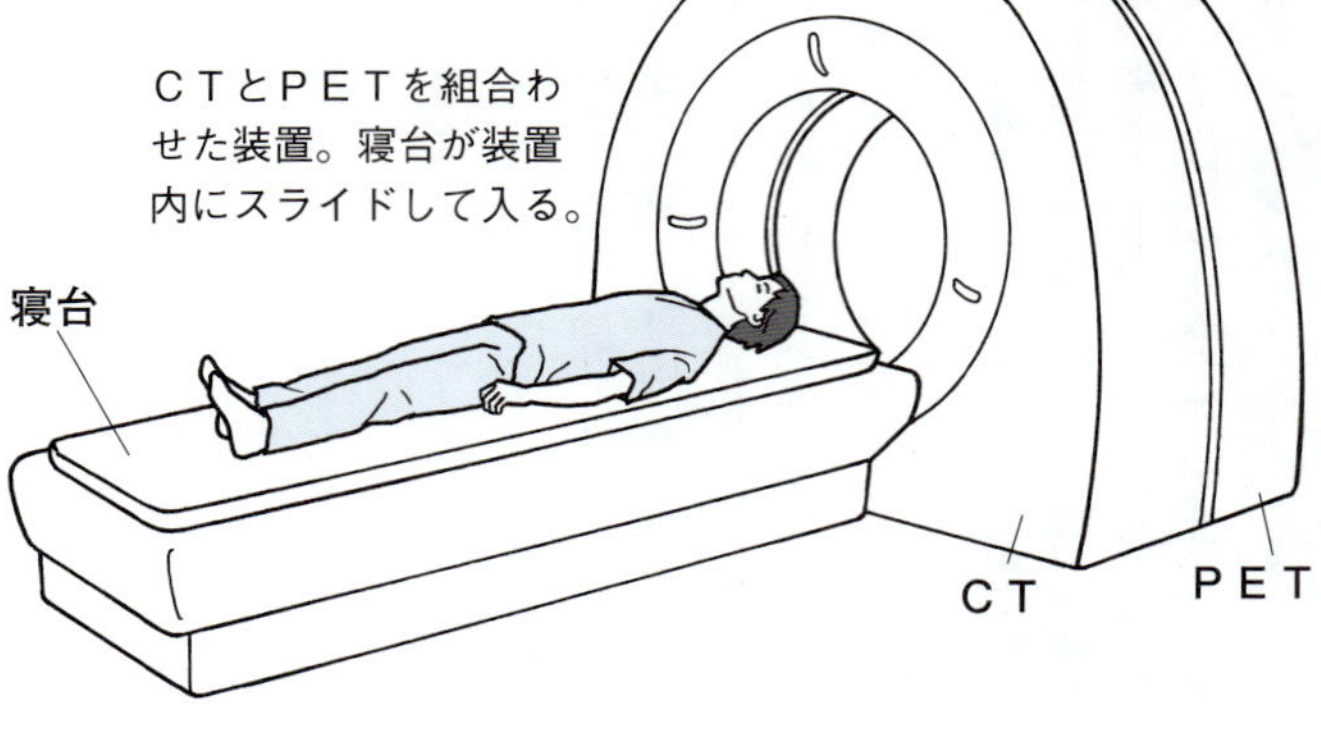

上部消化管内視鏡検査

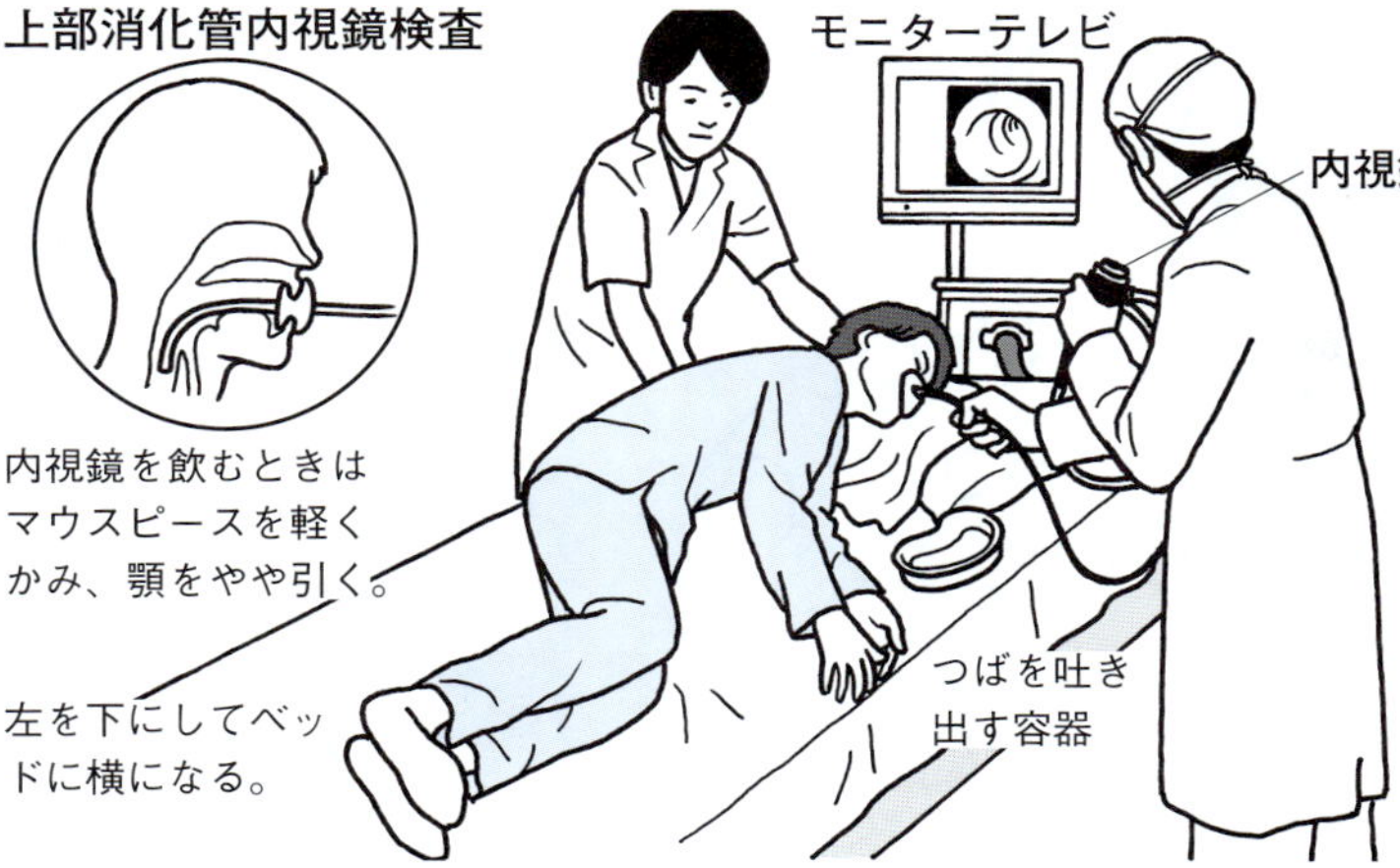
モニターテレビ
内視鏡
内視鏡を飲むときはマウスピースを軽くかみ、顎をやや引く。
左を下にしてベッドに横になる。
つばを吐き出す容器

PETは、がんの悪性度や転移、再発巣の診断や治療効果の判定に有用性が高く、大腸がん、乳がん、食道がん、肺がんなどの診断や、治療効果を判定するのにすぐれています。

ただし、胃がん、腎がん、膀胱がん、前立腺がん、肝細胞がんなど、臓器によっては診断がむずかしく、発見しにくいがんもあります。

検査の際の注意▼　前頁のシンチグラフィーと同様の注意を守ります。

上部消化管内視鏡検査（胃カメラ）

口から内視鏡を挿入し、食道、胃、十二指腸の内部を見ます。麻酔するので管を飲み込むときに痛くはありませんが、先端がのどを通るときにつかえる感じがあります。最近では、もっと楽に、鼻から挿入できる経鼻内視鏡（次頁コラム）も普及してきています。

病変が見つかれば画像を記録できますし、組織を採取して悪性でないかどうか調べることができます。２cm以下の腫瘍であれば、内視鏡を使ってその場で切除することもできます。

見つかる異常▼　炎症、潰瘍、がん、良性腫瘍など、さまざまな病変の有無と状態を確認できます。

検査の際の注意▼　①胃の動きを抑える薬を注射しますが、この薬は、緑内障、前立腺肥大症、不整脈を悪化させる作用があります。これらの病気をもっている人や過去に患ったことのある人は、事前に申し出てください。

②管を飲み込むときには、全身の力を抜き、おなかで呼吸をすると楽に入ります。

③胃を膨らませるために空気を送り込むので、検査中は、げっぷを我慢します。

④つらくなったら、手で合図をします。

⑤麻酔によるのどのしびれやまひが残り、すぐに飲食すると、誤って気管へ入る危険があります。検査後1～2時間は飲食を控えるなど、担当医師の指示に従います。

下部消化管内視鏡検査（大腸ファイバースコープ）

肛門から内視鏡を挿入し、直腸と結腸の内部を直接、観察します。

腸の内部の画像を記録することができますし、組織を微量採取し、悪性細胞が混じっていないかどうか調べることもできます。おおむね2cm以下の腫瘍であれば、その場で内視鏡を使って切除することもできます。

見つかる異常▼　炎症、潰瘍、がん、良性腫瘍その他さまざまな病変の有無や状態を確認できます。

検査の際の注意▼　①検査の前日から下剤を服用するなど、大腸の中を空にしておきます。検査前の説明に従って、正しく実行しましょう。②痔のある人は、事前に申し出てください。③苦しかったり、痛かったりしたときは、早めに医師に伝えます。

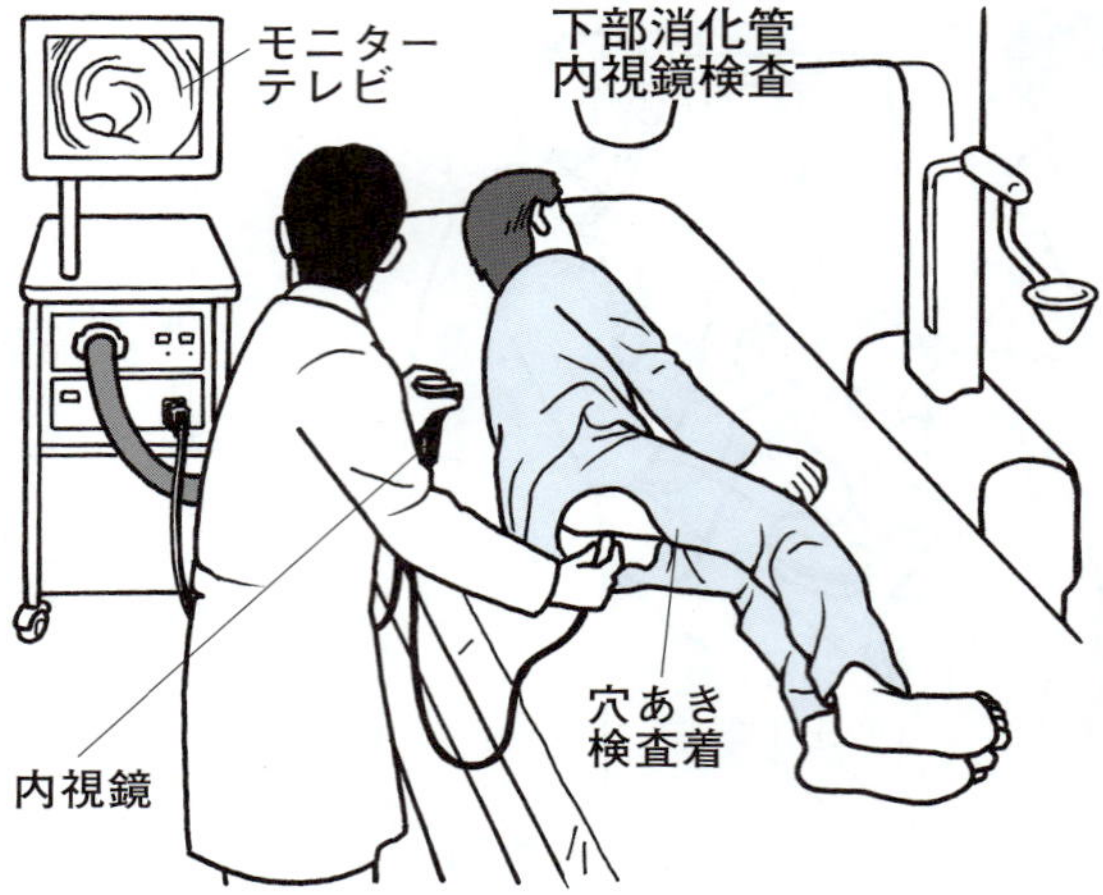

内視鏡のしくみと種類

内視鏡は、細い管を体内に挿入して病変がないか観察する診断・治療装置です。

内視鏡の管は、当初のかたくて太い筒状のものから、細くてやわらかいグラスファイバーに変わり、現在は、管の先端に装着したデジタルビデオカメラと同様のCCD（固体撮影素子）を通して、画像を映し出して観察する、**電子内視鏡（電子スコープ）**が主流になっています。

病変部を染色液で染めてがんかどうかを調べたり、病変部の組織を微量採取して、がん細胞が含まれるか調べることもできます（生検）。

内視鏡は、消化管、気管などの検査によく用いられ、食道・胃・十二指腸を検査する上部消化管内視鏡（前頁）、気管・気管支を検査する気管支内視鏡（次頁）、直腸・結腸を検査する下部消化管内視鏡（前頁）などがあります。消化管のポリープや小さな有茎性の早期がんであれば、電流で焼き切ることもできます（ポリペクトミー〔粘膜切除術〕）。

そのほか、胸腔鏡、腹腔鏡（次頁コラム）、コルポスコープ、子宮鏡、膀胱鏡、関節鏡などがあり、多くの臓器の観察が可能です。また、これらの内視鏡では、病変を観察しながら手術を行う内視鏡治療も広く行われています。

▼コルポスコープ（腟拡大鏡）　腟口から挿入し、腟、子宮頸部（子宮の入り口付近）を拡大して観察できます。子宮がん検診で広く用いられています。

▼膀胱鏡　尿道から挿入して膀胱の中を観察します。出血や、病変部の有無がわかります。

▼関節鏡　関節内部の状態を観察します。膝関節の半月板や前十字靭帯の損傷、肩関節の腱板損傷、手や足の関節の病変などがわかります。

▼特殊な内視鏡　内視鏡の進歩は目覚ましく、超音波検査装置と合体させた検査用の超音波内視鏡（EUS　次頁）、レーザー装置と合体させた治療用のレーザー内視鏡も実用化されています。

経鼻内視鏡は、ごく細い管を、鼻から挿入して、食道・胃・十二指腸や喉頭、気管、気管支などを観察します。のどを通るときの圧迫感や吐きけが軽くすむので、受検者の抵抗感がより少ないです。ただし、視野が狭く、生検のための組織採取ができないため、精密検査は、口から挿入する内視鏡検査で行う必要があります。

また、小腸は検査のむずかしい部位とされていましたが、小さなカプセル型の内視鏡を飲み込んで体外に画像を送信する**カプセル内視鏡**や、管に装着した2つのバルーンを小腸の蠕動運動に合わせて前進させながら小腸内を観察する**ダブルバルーン内視鏡**が開発されています。

超音波内視鏡

内視鏡の管の先端に超音波診断装置を装着した内視鏡（FUS）を用い、消化管の内腔から病変を調べます。からだの外から操作する超音波検査よりも詳細に、消化管を構成する組織の各層や周辺の臓器が写ります。内視鏡検査と同時に行うことがほとんどです。

見つかる異常▼ 食道、胃、大腸の状態をくわしく調べたり、食道内から肺、縦隔、心臓を調べたりします。直腸や腟にプローブのついた管を挿入して、前立腺や、子宮、卵巣の状態を調べることもできます。このため、がんがどの位置から発生し、どの層まで浸透しているか、大きさや悪性度はどうか、また、心臓の動きや血栓の有無はどうかなどがわかります。

気管支内視鏡検査

口または鼻から内視鏡（前頁コラム）を挿入し、気管、気管支の内部を観察します。モニターに映し出したり、写真に記録できます。病変部から組織を採取して検査（生検）したり、気管支から出る分泌液を採取して、細菌や異常細胞の有無を調べることもできます。

見つかる異常▼ 肺がん、肺炎、気管支炎、気管支拡張症などの呼吸器の病変があれば、その状態を確認できます。

検査の際の注意▼ ①検査中は声をだせないので、苦しかったら、手で合図します。②検査前に鎮咳薬を用いたり、局部麻酔が行われますが、気管に内視鏡を入れるので、せき、息苦しさを多少ともないます。③検査後、2～3時間はベッドに寝て、安静にし、1時間ほどは飲食を控えます。

腹部超音波検査（腹部エコー）

超音波を発信する探触子（プローブ）という機器を、腹部にあてて動かしながら、腹部臓器（肝臓、胆道、膵臓、腎臓、前立腺、卵巣、子宮など）を画像として描き出し、観察します（次頁コラム）。

見つかる異常▼ 腹部臓器のがんや、その他の病気を診断することができます。

検査の際の注意▼ ①食事による胆嚢の収縮を防ぐため、前夜から検査終了まで、水やお茶以外の飲食は禁止となります。②便秘ぎみの人は、あらかじめ申し出てください。ガスがたまっていると不鮮明な画像になるので、検査前日に下剤やガスをとる消泡剤を服

腹腔鏡による手術と検査

現在では、腹腔内の臓器の検査は、CTやMRI、超音波などによる画像診断が主で、**腹腔鏡**は、腹腔内のがん、その他の病変を、開腹しないで摘出する手術として利用されています。その範囲は広く、胆嚢、肝臓、膵臓、食道・胃・十二指腸、大腸、子宮など、多くの臓器の病気が治療の対象となっています。

かつては、腹部に体外から小さな孔をあけ、腹腔内に腹腔鏡を挿入して、肝臓や胆嚢、子宮など腹部の臓器を観察する検査でした。

検査を行う際は、まず腹部に気腹針を刺して空気を注入し、腹腔を膨らませます。もう1か所の孔から、先端にレンズまたはCCDカメラを装着した細い筒（腹腔鏡）を挿入し、モニターに映し出して腹腔内を観察します。病変が見つかれば、組織を採取して調べることもできます（生検）。

用してもらうこともあります。

③検査中は指示に従い、おなかを膨らませたり、へこませたり、息を止めたりします。

腹部超音波検査

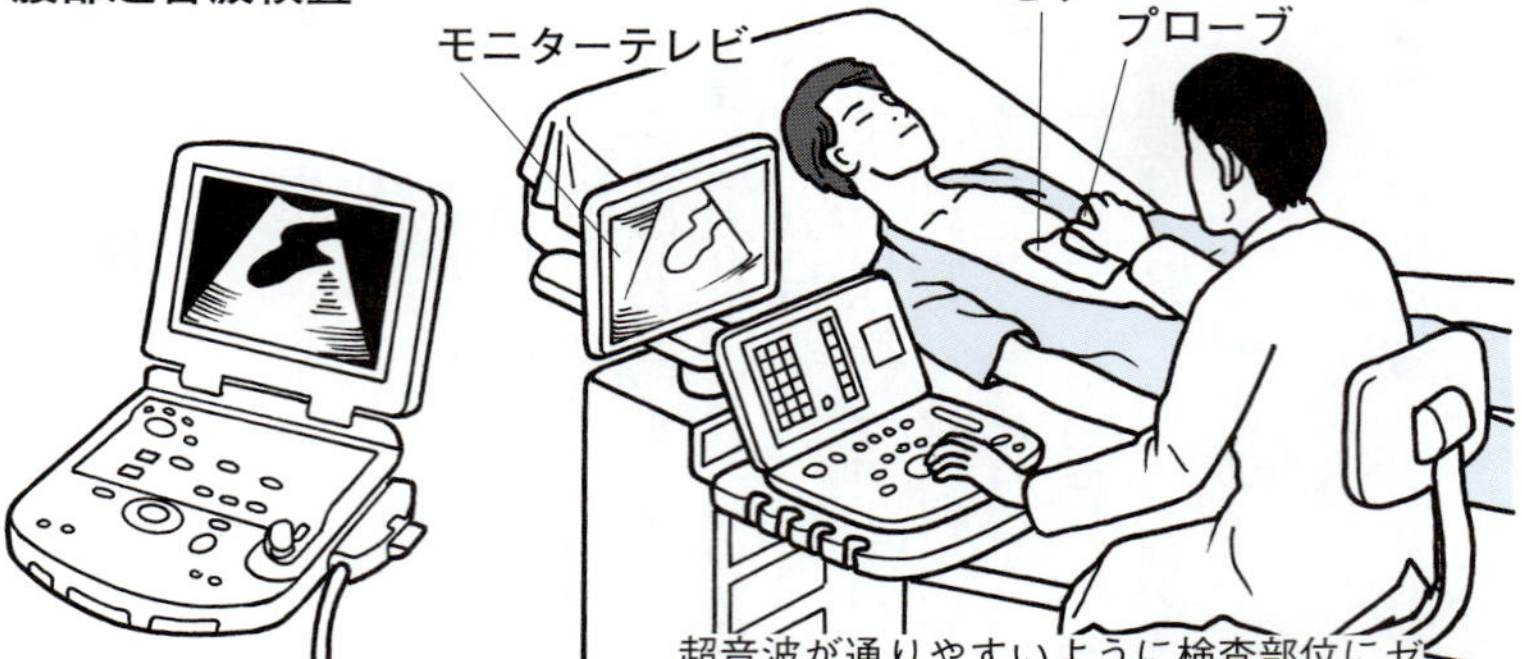

手軽に持ち運べるポータブル型の装置もある。

超音波が通りやすいように検査部位にゼリーを塗ってプローブを押しあて、臓器の断層画像を映し出して診断する。

超音波検査のしくみと種類

超音波検査では、検査する部位の皮膚表面にゼリーを塗り、そこにあてた探触子（プローブ）という機器の先から人間の耳には聞こえない高い音（超音波）を発信させ、体内の臓器や組織にぶつかってはね返ってくるエコー（反射波）を受信し、画像化して診断します。放射線を使用しないので、人体に悪影響を与える心配がありません。何回もくり返し検査ができますし、妊娠している人や乳幼児にも検査ができます。

超音波は、体内のほとんどの臓器・組織の検査が可能ですが、空気や骨のある個所は通りにくいという弱点があり、内部が空洞の肺、胃、腸などや骨では、鮮明な画像は得られません。また、肺や骨の陰になったり、からだの深部にある部分も同様です。

高い解像力をもつ超音波装置が登場したり、血流の状態を色分けして表示する装置（カラードップラー法）もあり、心臓や頸動脈の状態をリアルタイムで確認するのに欠かせない検査になっています。さらに、からだの内側から超音波をあてる超音波内視鏡（前頁）も実用化されています。また、超音波の画像で確認しながら、生検（次項）や外科手術も行われています。

超音波検査のしくみ

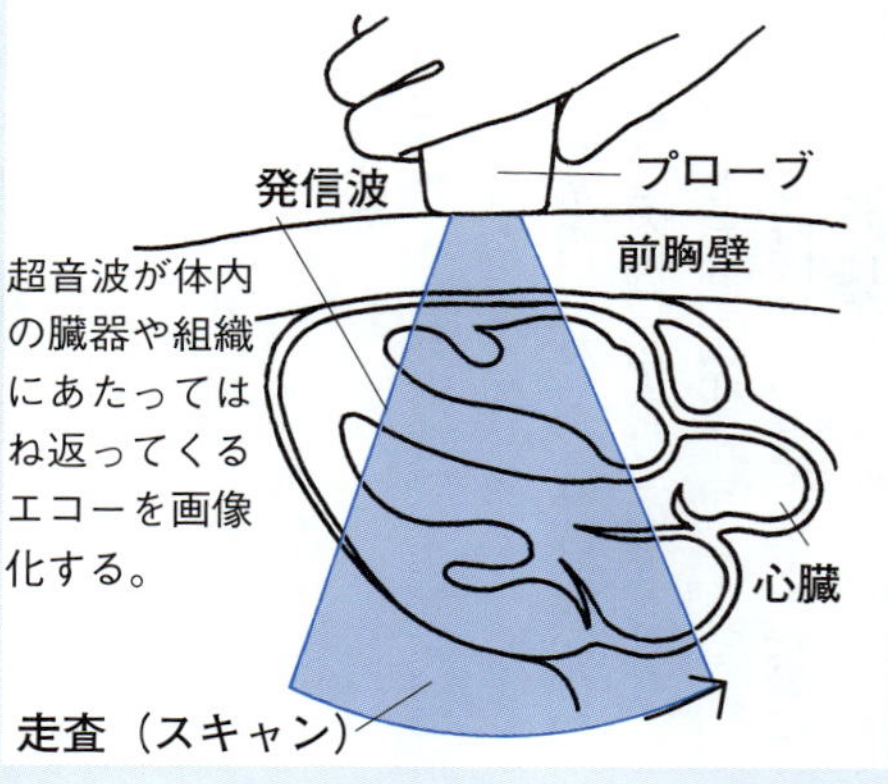

超音波ガイド下生検

超音波診断装置を使って、病変のある臓器をモニターに映し出し、その画面を見ながら、体外から針を刺し、病変部の組織を採取します。採取された組織は染色などを行ったあと、顕微鏡で見て組織の性質を調べます。

組織を採取しようとする部位を画面で見ながら針を刺すので、正確に組織採取ができます。肝臓、腎臓、乳腺、前立腺などの組織検査に利用されています。

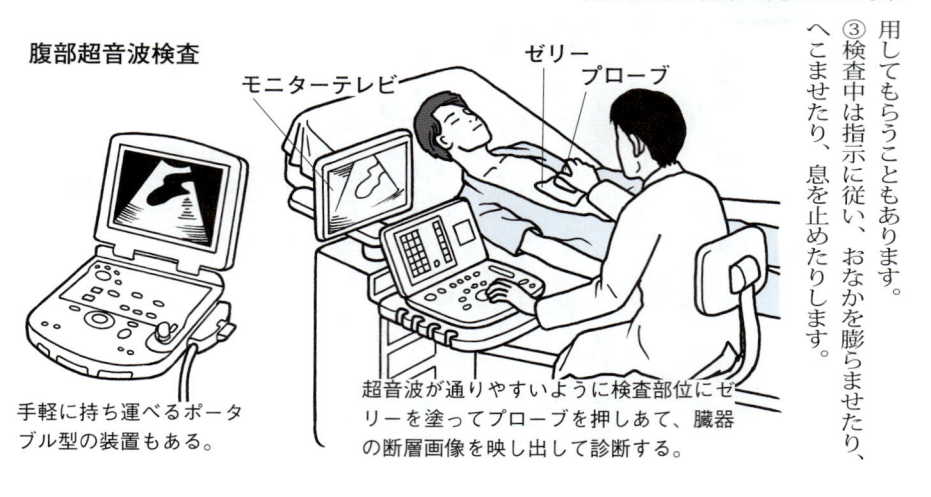

心臓超音波検査（心エコー）

探触子（プローブ　前頁コラム）を胸にあてて動かしながら、心臓のようすを描き出して観察します。

血流状態や心臓の機能（弁など）を知るためには、画面をカラーで映し出せるカラードップラーという方法（前頁コラム）が行われます。また、心臓の形態異常や動きなどを診断するのにも有効です。

見つかる異常▼　心臓弁膜症、心筋症、心筋梗塞、大動脈瘤、心臓の形態異常など。

乳腺超音波検査（乳腺エコー）

探触子（プローブ　前頁コラム）を乳房にあてて動かしながら画像を観察し、異常がないか調べます。

触診ではしこりとして触れないような微小ながんを見つける検査として、乳がん検診にも取り入れられています。

マンモグラフィー（229頁）ではわかりにくい若い人の乳腺の状態を調べるのに、とくに有効です（乳がん検診については、442頁も参照）。

見つかる異常▼　乳がん、乳腺症、乳房の良性腫瘍など。

異常と対策▼　腫瘍が発見された場合は、CT、MRI、細胞診などの精密検査を勧められることがあります。必ず受診しましょう。

頸動脈超音波検査（頸部血管エコー）

探触子（プローブ　前頁コラム）を頸部にあてて、頸部血管の画像を観察し、動脈硬化がないか調べます。動脈硬化は太い血管に生じやすく、頸部を通る頸動脈、椎骨脳底動脈の動脈硬

血圧脈波検査装置

動脈硬化の程度を機器で測定する簡便な装置に、**血圧脈波検査装置**があります。検査法は、あお向けに寝て、両上腕、両足首に血圧計のカフ（圧迫帯）を巻き、心音を聞くマイクを取付け、両手首に心電図のクリップを挟んで測定します。その結果、動脈のかたさの程度を示す脈波伝播速度と、動脈のつまりの程度を示す足関節上腕血圧比という2つの値が算出されます。

◉脈波伝播速度（PWV）

心臓の拍動が手や足に伝わる速度を示します。速いほど血管の動脈硬化が進んでいることを示します。基準値は1400㎝／秒以下で、値が高いほど、脳出血、脳梗塞、心臓病にかかりやすい状態です。なお、PWVと同じく動脈のかたさを測る検査にCAVIがあり、基準値は8・0未満となっています。

◉足関節上腕血圧比（ABI）

上腕と足首の血圧の比を示す値で、とくに閉塞性動脈硬化症の診断に使われます。基準値は、0・9〜1・3です。低値なら下肢動脈の狭窄や閉塞が、高値なら動脈が石灰化してかたくなっている可能性があります。

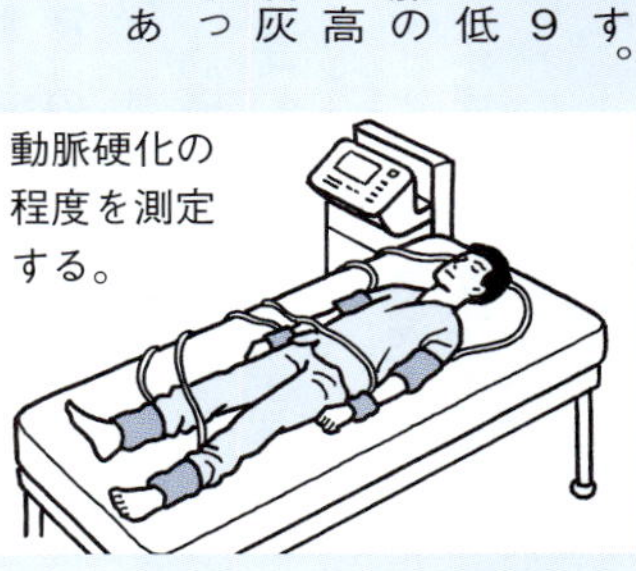
動脈硬化の程度を測定する。

化の程度を調べることによって、とくに脳梗塞がおこる危険度を推測できます。

　さらに、くわしく調べるために、カラードップラー法（234頁コラム）で血流状態をみる検査も行われます。

見つかる異常▼　頸部血管の形態異常が見つかれば脳梗塞、心筋梗塞、狭心症、大動脈瘤、閉塞性動脈硬化症などの危険性もわかります。

頸動脈超音波検査

頸動脈にプローブをあてて、動脈硬化の程度を調べる。

からだを直接調べる検査Ⅱ（生理機能検査、その他）

心電図検査（安静時）

心臓の筋肉（心筋）は、血液を送り出すために縮む（収縮する）ときに電気的活動が発生します。

　この電流をとらえ、波形の図形として描き出すのが心電図検査です。

　通常は、ベッドにあお向けに寝た安静状態で、胸、両手首、両足首に電極を装着し、心筋が発する電流をとらえます。

見つかる異常▼　波形の乱れかたによって、心筋の異常（狭心症、心筋梗塞、心筋症など）、脈の異常（不整脈など）、先天性心臓病などの存在がわかります。

検査の際の注意▼　検査の前に、守るべき注意がある場合には、医師の指導に従うようにしましょう。

ホルター心電図

狭心症や不整脈は、短時間の心電図検査では異常な波形が現れず、発見されないことがあります。とくに、安静時におこる安静狭心症は、負荷心電図検査でも波形に異常が見られません。そこで、携帯用の心電計をからだに装着し、ふつうに生活しながら24時間心電図を記録し、コンピュータで解析するのが**ホルター心電図**です。いつおこるかわからない狭心症や不整脈の診断に威力を発揮します。

　ホルター心電計の装着中は、仕事なども普段どおりにできますが、何時から何時まで何をしていたか、胸痛、動悸などの症状を感じたときは何をしていたか、という生活日誌を書いて提出しましょう。

　なお、ホルターとは、この装置を開発したアメリカの生物物理学者の名前です。

負荷心電図

運動をして、心臓に負担（負荷）をかけながら行うのが負荷心電図検査です。

負荷は、２段の階段の上り下りをくり返すマスター法、動くベルトコンベアの上を歩くトレッドミル法、自転車のペダルをこぐエルゴメーター法のどれかになります。

見つかる異常▼ 心臓に負担をかけると、ベッドに寝て行う心電図検査（前項）では見られなかった波形の異常が現れ、心臓病、とくに狭心症が見つけやすくなります。

また、心臓病の重症度、予後、治療効果の判定もできますし、慢性の心臓病をもつ人が行える運動の量も決定できます。

検査の際の注意▼ 検査中に胸の痛みを感じたら、我慢せずに、すぐに医師に伝えてください。膝、腰などに痛みを感じたときも同様です。

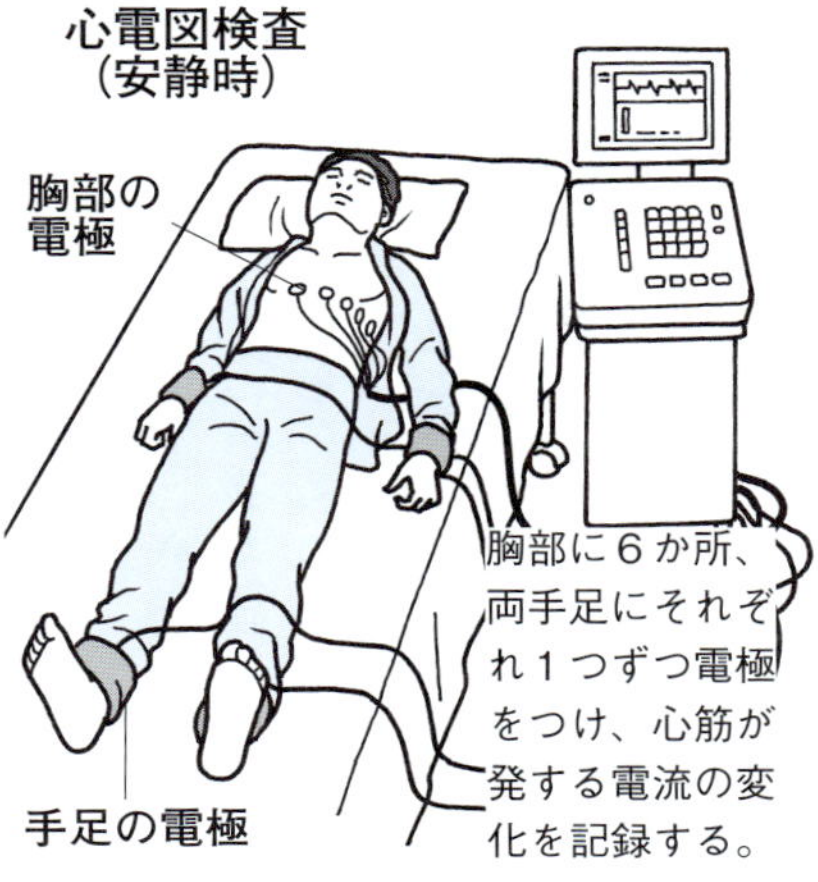
心電図検査（安静時）
胸部の電極
手足の電極
胸部に６か所、両手足にそれぞれ１つずつ電極をつけ、心筋が発する電流の変化を記録する。

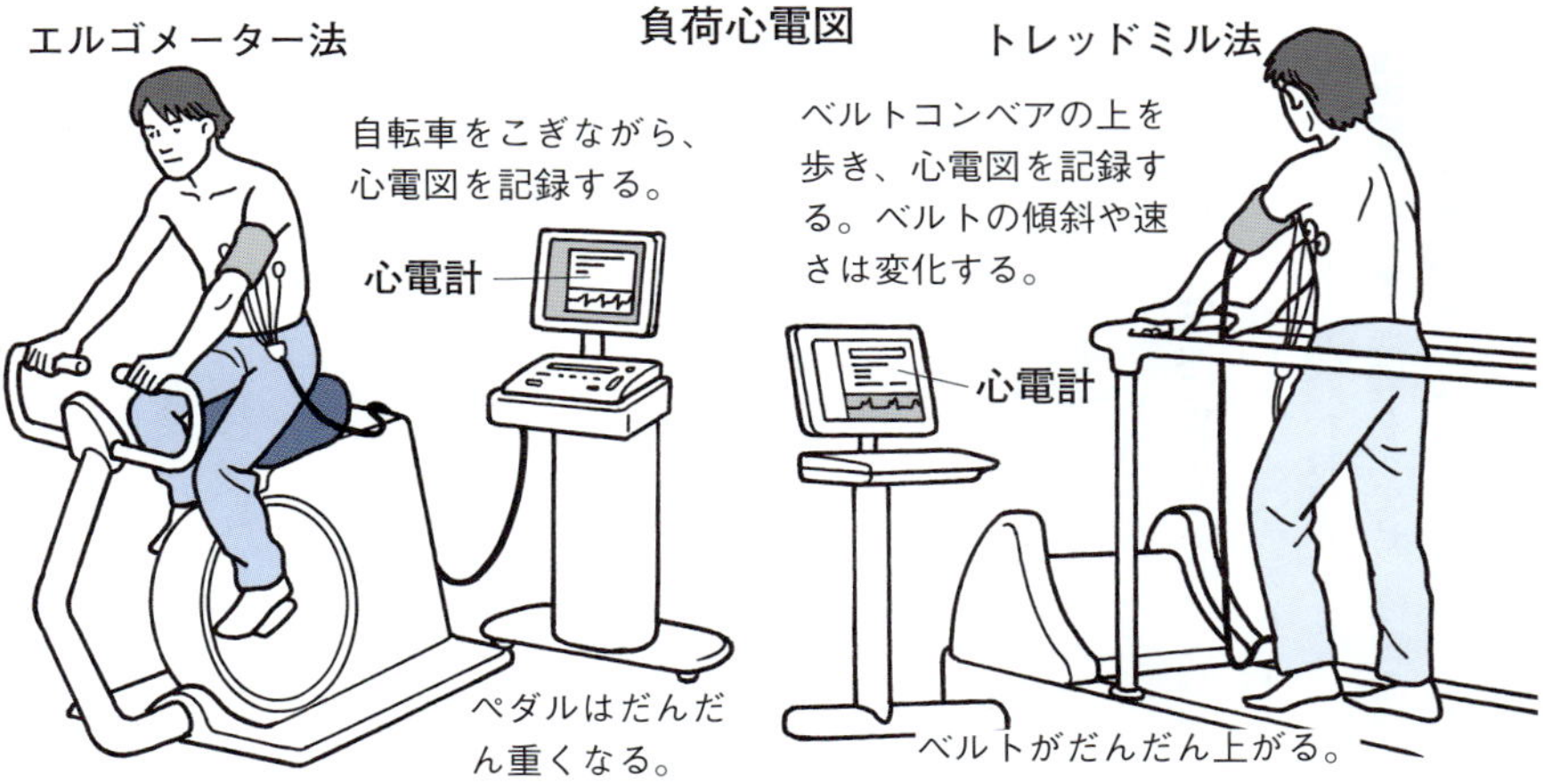
負荷心電図
エルゴメーター法
自転車をこぎながら、心電図を記録する。
心電計
ペダルはだんだん重くなる。
トレッドミル法
ベルトコンベアの上を歩き、心電図を記録する。ベルトの傾斜や速さは変化する。
心電計
ベルトがだんだん上がる。

肺機能検査

基準値	
%肺活量	予測肺活量の80％以上
1秒率	70％以上

肺のはたらきには、空気を出し入れする換気機能と、血液に酸素を渡し、血液から二酸化炭素を受け取るガス交換機能とがあります。肺機能検査では、おもに換気機能を調べます。

スパイロメーターという装置に接続されているパイプをくわえ、指示に従って息を吹き込むと、スパイログラムというグラフが描かれ、その測定値から肺の換気機能がわかります。健康診断ではつぎのような基本検査が行われます。

▼肺活量 肺に入る空気の容量です。目安となる肺活量の値は、成人男性で３２００〜４８００mℓ、成人女性で２３００〜３２００mℓとされています。

ただし、一般的には、肺活量はつぎのようにしてだされた値によって判定されます。まず、一定の計算式から受診者の**予測肺活量**を算出し、実際に測定した肺活量の、予測肺活量に対する割合（**%肺活量**）を算出します。この値が80％以上を基準値としています。

▼１回換気量 安静にしてふつうに呼吸したと

きの、吸気（吸った息）と呼気（はいた息）の量です。

▼1秒量・1秒率　思いきり息を吸い込み、一気にはきだした空気の量を努力性肺活量といいます。そのとき、はきだした最初の1秒間の空気の量を1秒量といい、その値が努力性肺活量に占める割合が**1秒率**です。1秒率は、70％以上が基準値とされます。

見つかる異常▼　％肺活量が低値の場合は、肺が広がりにくくなる拘束性換気障害とされます。間質性肺炎、肺線維症、サルコイドーシス、胸膜炎、胸郭の変形などが原因でおこります。

1秒率が低値の場合は、気道が狭くなって息がはきにくくなる閉塞性換気障害とされます。肺気腫や慢性気管支炎などのCOPD（慢性閉塞性肺疾患）や、気管支ぜんそく、びまん性汎細気管支炎などが原因でおこります。

肺機能検査

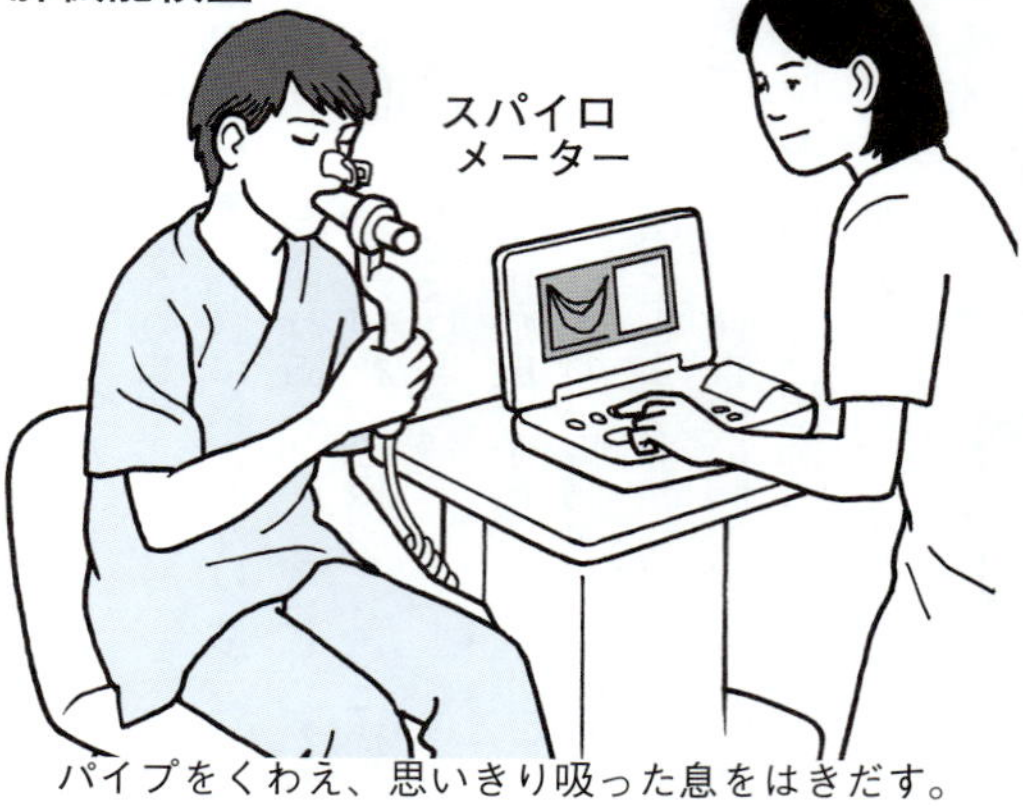

パイプをくわえ、思いきり吸った息をはきだす。

脳波検査

脳は、たえず微弱な電流を出しつづけています。頭皮に10～20個の電極をつけてこの電流をとらえ、増幅して波形として記録するのが脳波検査です。

横に寝るか、いすに腰かけるかして、指示に従い、目を閉じたり開けたりして測定します。光刺激を与えたり、眠っているときに測定することもあります。

見つかる異常▼　脳波に異常があれば、脳腫瘍、脳出血、脳梗塞、頭部外傷、てんかん、脳炎、認知症、不眠症などが疑われます。

検査の際の注意▼　洗髪をすませ、頭髪を清潔にしておきます。検査は60分程度かかります。事前にトイレに行っておきましょう。

視力検査

基準値

裸眼視力　0.7以上

視力検査では、遮眼子という器具で片方の目をふさぎながら、5m離れた所にある視力検査表のランドルト環（左図）の切れ目がどちらの方向を向いているかをあて、その正解率で判定します。

眼鏡を使用している人は、裸眼視力のほかに、眼鏡をかけたときの視力（矯正視力）も測定します。

ランドルト環

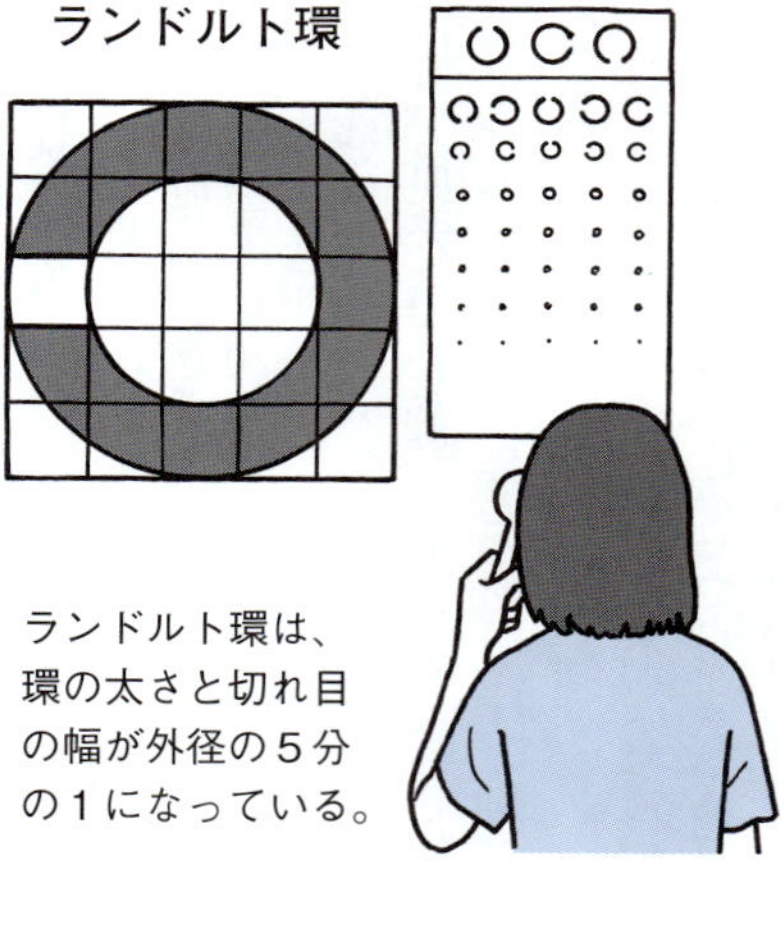
ランドルト環は、環の太さと切れ目の幅が外径の５分の１になっている。

物を見るときは、眼球だけではなく、視神経、脳もはたらいているので、視力の検査をきっかけとして視神経や脳の異常が発見されることもあります。

見つかる異常▼　0・6以下であれば近視や乱視、老眼の疑いがあります。眼鏡やコンタクトレンズによる矯正が必要です。そのほか、白内障や網膜、角膜などの目の病気のこともあり、原因がわかれば治療が可能です。

眼圧計

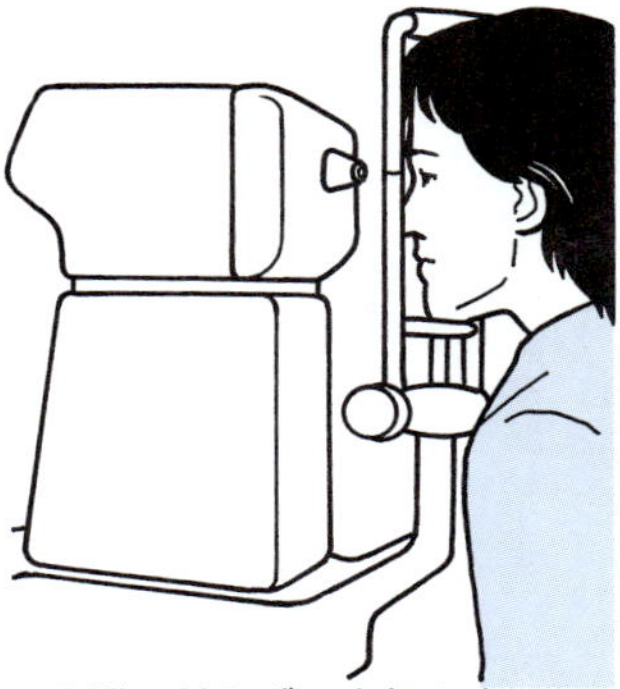

角膜に触れずに空気を吹きつけて測定する眼圧計。

眼底検査

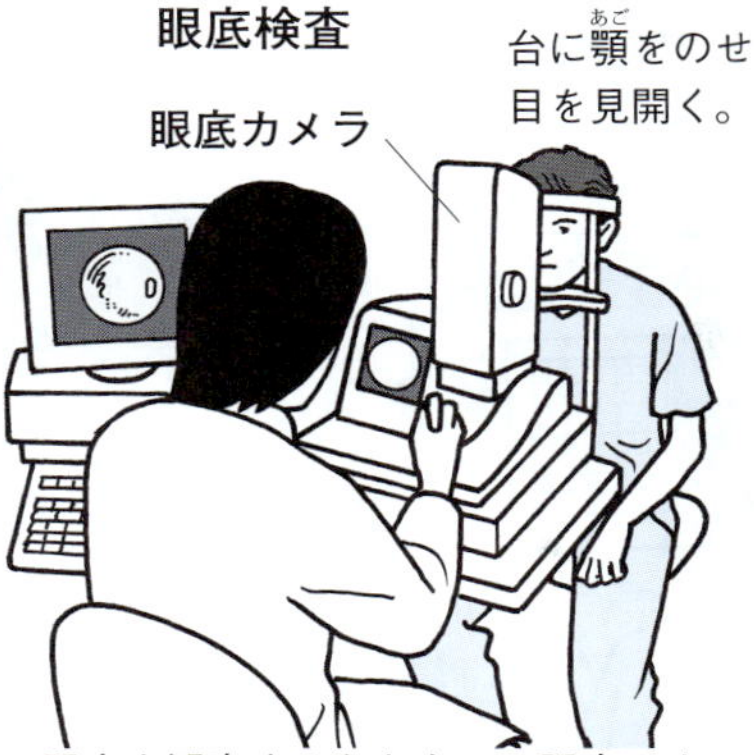

眼底を観察するとともに、眼底のカラー写真を撮影できる。

眼底検査

目をカメラにたとえるとフイルムに相当する網膜、さらに、脳とつながっている視神経の存在する部位が眼底です。全身の血管のなかで眼底の血管は、直接観察できる唯一の血管で、眼底の血管には全身の血管の異常が反映されると考えられます。

瞳孔のほうから眼底カメラで撮影することもありますし、眼底鏡を使って、医師がのぞき込んで調べることもあります。

見つかる異常▼　網膜などの眼球の病気のほか、糖尿病、動脈硬化、高血圧などの全身の病気の存在もわかります。

検査の際の注意▼　①検査の前に瞳孔を開く散瞳薬を点眼しますが、緑内障の人は注意が必要なので、事前に申し出てください。

②散瞳薬のため、検査後まぶしさが残ります。しばらくは自動車の運転などは控えます。

眼圧検査

基準値

21㎜Hg未満

眼球内の圧の高さを眼圧計で測定する検査で、眼球のかたさから推定します。

角膜に圧搾空気を吹きつけて測定する方法と、表面麻酔薬を点眼し、眼圧計のチップをあてて測定する方法があります。どちらも痛みはなく、測定は数秒で瞬時に終わります。

見つかる異常▼　眼圧が21㎜Hg以上であれば、緑内障の疑いがあります。

ただし、基準値内でも正常眼圧緑内障のことがあるので、くわしくは眼科で診てもらいます。

聴力検査

基準値

0～+30dB

外部の音の入らない静かな部屋や防音室で、オーディオメーターがだす音をレシーバーで聞きます。波長が1000Hz（ヘルツ）の低音と4000Hzの高音の2種類を使い、聞こえない程度の音から始めて、5dB（デシベル）ずつ音を強くしていきます。音が聞こえたら合図します。片方の耳ずつ、両方の耳に対して行います。

平均聴力は－10～＋20dBとされますが、ふつう＋30dBの音が聞こえれば正常とされます。高齢者の場合は、高音が聞きとりにくくなります。

見つかる異常▼ 難聴には、外耳から耳小骨までに異常がある伝音難聴と、内耳から脳までの間に異常がある感音難聴があります。伝音難聴は中耳炎、耳管狭窄症、耳硬化症、鼓膜炎などが原因でおこり、感音難聴は内耳炎、メニエール病、突発性難聴、老人性難聴、聴神経腫瘍などが原因でおこります。

聴力検査

なお、内耳の異常を調べるため、側頭骨に機器をあてる骨伝導検査を行うこともあります。

骨密度検査（骨塩定量法／骨量検査）

基準値

若年成人平均値（YAM）の80％以上

骨塩（骨の中のカルシウム、リンなどの総称）の量を計測し、骨の強度を推定するのが骨密度検査で、骨粗鬆症の早期発見、予防に重要な検査です。

検査法にはいろいろあり、そのうち、**超音波法**は膝、踵の骨量を、**MD法**（手部X線骨密度測定法）は第二中手骨（手の中に隠れて見えない人差し指の骨）を測定し、**DXA法**（二重エネルギーX線吸収測定法）は全身どの部分でも測定可能です。

超音波法やMD法はスクリーニングに、DXA法は精密検査に用いられています。

見つかる異常▼ 骨粗鬆症、カルシウム代謝異常など。

日本骨代謝学会の診断基準では、DXA法による骨量が、20～44歳の人の平均値である若年成人平均値（YAM）の80％以上であれば正常、70％未満を骨粗鬆症としています。70～80％未満の場合は骨量減少とし、X線検査で骨折の有無や骨萎縮度を調べて、診断がなされます。

骨密度検査

DXA法（デキサ法）

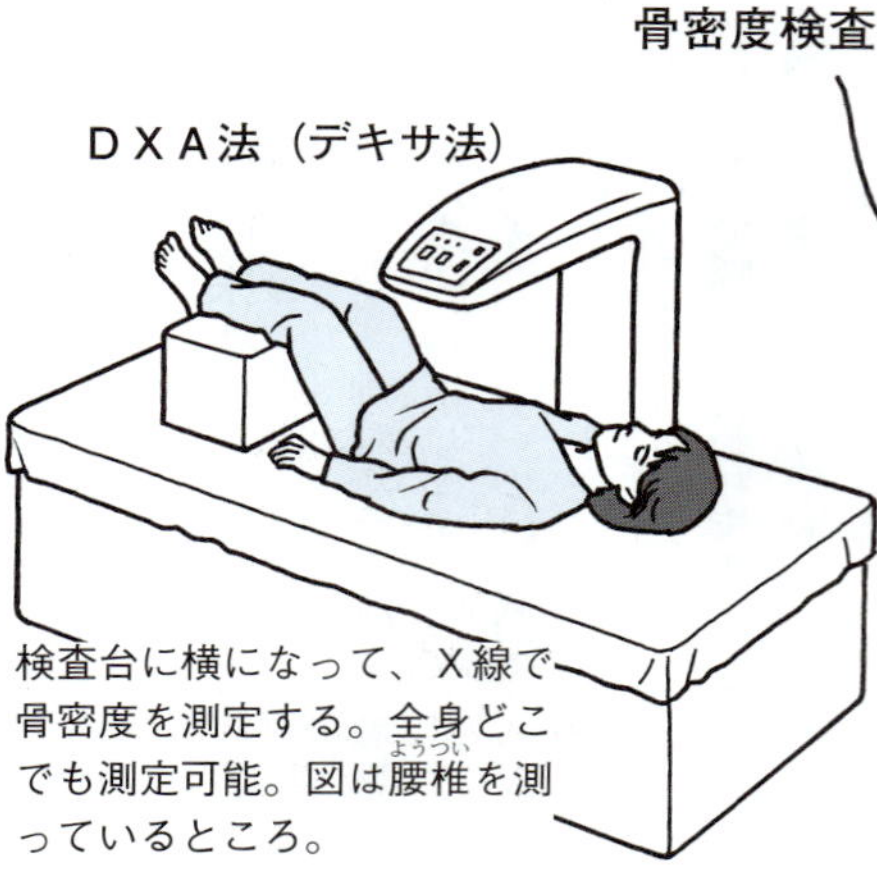

検査台に横になって、X線で骨密度を測定する。全身どこでも測定可能。図は腰椎を測っているところ。

超音波法

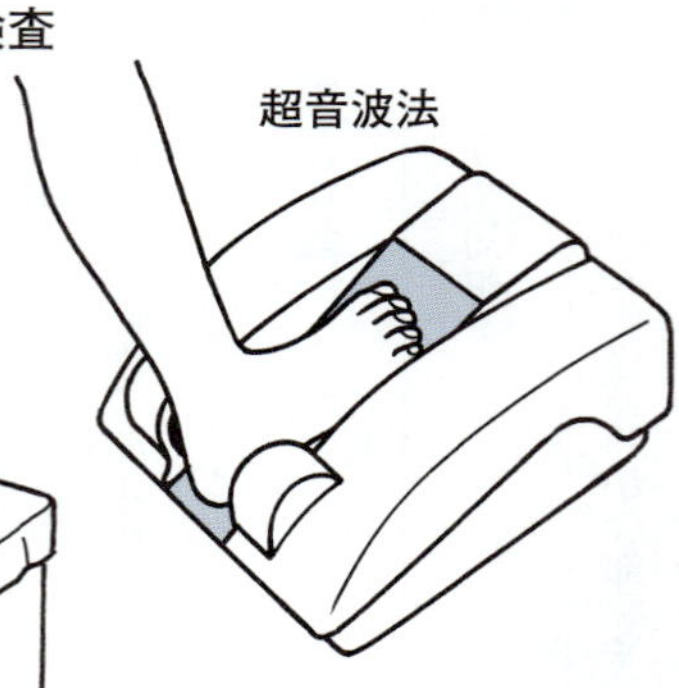

踵を足台にのせて、超音波で骨密度を測定する。

第3部

症状から見る病気の判断

チャートで見る子どもの症状と判断

◆子どもの症状のポイント

①子どもの病気は感染症が多い

生後6か月までの赤ちゃんは、母親からもらった免疫力（ウイルス、細菌などの病原微生物と闘う力）が備わっています。したがって、感染症にかかりにくいのですが、この時期をすぎると、免疫力が低下し、かかりやすくなります。

②熱がでたら、たいていは感染症

子どもが感染症にかかった場合、たいていは熱がでます。子どもの発熱は、まず、感染症を念頭において対応することがたいせつです。とくに3か月未満の赤ちゃんの発熱は、重症の感染症のこともあります。すぐに受診が必要です。

③感染症は免疫を養うチャンス

子どもはよくかぜをひきます。1年に2～3回ひくことも珍しくありません。症状はかぜであっても、じつは感染する病原微生物の種類は異なる場合もあります。子どもは感染するたびに新しい免疫力を身につけていくことになります。つまり子どもはかぜをひきながら、丈夫なからだになっていくともいえるのです。

④病状の進行も回復も速い

感染症にかぎらず、子どもの病状は進行が速いのが特徴です。朝、「ちょっと熱っぽいかな」という状態が、午後には高熱になり、ほかの症状も目立つようになって、重症感あふれる病状になることが少なくありません。

反面、回復も速く、夕方までぐったりして食欲もなかった子が、翌朝になると元気になって、外で遊びたがったりします。

子どもの病状に神経質になる必要はありませんが、日ごろから子どもの状態に注意をはらい、何か変だと思ったら受診してください。

〈小児救急電話相談を利用しよう〉

夜間、子どものようすが変。救急車を呼ぼうかどうか迷ったときは、まず**小児救急電話相談**に電話しましょう。すぐに受診すべきか、ようすをみてもよいのか、小児科医か看護師が相談を受け、適切なアドバイスを行います。**電話番号　＃8000**（携帯電話やNTTのプッシュ回線の場合。電話の種類や地域により番号が異なる場合もあるため、あらかじめ近くの役所に問合わせてください）

全身状態別、対応法

次頁を参考に、子どもの「いま」の状態を観察し、適切な対応をしましょう。

▼**全身状態がよい場合**　個々の症状がかなり強くても、一刻を争う状況ではありません。医療機関が休みであれば、受診は翌日まで待っても大丈夫です。夜中に救急車を呼んで医療機関に駆け込む必要はありません。ただし、子どもの病状は、いつ急変するかわかりませんから、子どもから目を離さずに、ようすを観察しましょう。

▼**全身状態が悪い場合**　個々の症状の強さとは関係なく、できるだけ早く医師の診察を受けましょう。夜中であれば、翌朝一番に受診します。休日であれば、地域の救急病院や、市区町村発行の広報や日刊紙の地域版などで休日の当番医を調べ、受診しておきましょう。

▼**とくに重い病状の場合**　命に危険が迫っていることが多いです。一刻も早く小児科（なければ内科）を受診します。夜中、休日や祝祭日で医療機関が休みであれば、救急車の出動を依頼しましょう。

心配の「ある」「なし」は全身状態で判断

子どもの観察は、個々の症状の強弱ではなく、全身状態のよしあしで判断します。日ごろの状態とどこが、どうちがうのか、よく観察しましょう。

乳・幼児から年長児の全身状態の見分けかた

まだ会話が十分にできない乳幼児のころは、体調の不良をことばで表現できません。また、話し始めのころは、ことばで「ポンポンが痛い」と訴えても、それが腹痛ではなく、発熱によるだるさだったりします。

年長児になるとかなり正確に体調の不良を表現できるようになりますが、甘えたい気持ちからオーバーに表現したり、遊びたいために我慢することも多いものです。

「いつもとちがう」といった感覚は、身近にいる養育者でなければわからないものです。日ごろから子どもの状態を的確に把握しておきましょう。

全身状態がよい

◉きげんがよい
乳児　泣いていても抱くと泣きやみ、あやすと笑う。
幼児以降　言動が普段と同じで、おもしろいことを言えば、笑顔を返す。

◉動きが活発／よく遊ぶ
乳児　手足を盛んに動かす。おもちゃを見せると手を出す。
幼児以降　寝かせておいても自分から起きだして遊ぼうとする。

◉食欲がある
乳児　ミルクの飲みが普段と変わらない。
幼児以降　食事はいやがっても、好きなおやつには手を出す。

◉顔色がよい
乳児以降　顔に血のけがある。目が生き生きと輝いている。

◉よく眠る
乳児以降　ぐっすり眠る。途中で起きてもぐずったりしない。

全身状態が悪い

◉きげんが悪い
乳児　抱き上げてもいつまでも泣きやまない。
幼児以降　しじゅうぐずり、養育者にまとわりつく。

◉眠りが悪い
乳児以降　寝かせても眠りが浅く、すぐに目覚めてぐずる。

◉食欲がない
乳児以降　ミルクの飲みが悪く、食事や好きなおやつにも手を出そうとしない。

◉元気がない
乳児以降　普段より動きが少なく、ぐったりしている。からだを横たえ、遊ぼうとしない。

◉顔色が悪い
乳児以降　顔に血のけがなく青白い。目に力や輝きがなくトロンとしている。

とくに重い病状の見分けかた

脈拍、呼吸、体温、血圧、意識の状態などを**バイタルサイン**（**生命の兆候**（せいめいのちょうこう）、**生存の兆候**（せいぞんのちょうこう））といいます。つぎのような状態はバイタルサインがよくない証拠。全身状態が悪化し、生命に危険が迫っていることが多いのです。

◉息づかいがおかしい
息づかいが荒い、速い、遅い、あえぐような呼吸で小鼻をピクピク動かす、呼吸のたびに鎖骨（さこつ）の上や肋骨（ろっこつ）と肋骨の間がへこむなど。

◉意識がはっきりしない
ぐったりして、目がうつろ、呼びかけてもはっきりした反応が返ってこない。

◉体温が高すぎる、または低すぎる
体温が平熱よりも３度以上も高い、または低い。

◉顔色が悪くチアノーゼが見られる
顔色が青白く、唇（くちびる）や爪（つめ）の色が紫色になる（チアノーゼ　1344頁上段）。

子どもの発熱

全身状態：元気さは普段と同じ

- **おもな症状**：くしゃみ、鼻水、鼻づまり
  - **他の症状**：ときに嘔吐、下痢 → **まず疑われる病気**：かぜ（670頁）、インフルエンザ（671頁） → **緊急性**：あわてる必要はない。ようすをみて医師へ → **やってはいけないこと**：部屋を乾燥させない。
  - **他の症状**：耳痛、耳だれ → **まず疑われる病気**：急性中耳炎（633頁） → **緊急性**：医師へ（翌朝でもよい） → **やってはいけないこと**：入浴させない。
  - **他の症状**：声がれ → **まず疑われる病気**：急性喉頭炎（652頁） → **緊急性**：あわてる必要はない。ようすをみて医師へ → **やってはいけないこと**：部屋を乾燥させない。
  - **他の症状**：胸痛 → **まず疑われる病気**：急性気管支炎（673頁） → **緊急性**：医師へ（翌朝でもよい） → **やってはいけないこと**：部屋を乾燥させない。
  - **他の症状**：乾いたせき、声がれ → **まず疑われる病気**：クループ症候群（673頁） → **緊急性**：医師へ（翌朝でもよい） → **やってはいけないこと**：部屋を乾燥させない。
  - **他の症状**：出血しやすい → **まず疑われる病気**：特発性血小板減少性紫斑病（703頁） → **緊急性**：医師へ（翌朝でもよい） → **やってはいけないこと**：しばらく運動は避ける。
- **おもな症状**：のどの痛み
  - **まず疑われる病気**：急性喉頭炎（652頁） → **緊急性**：あわてる必要はない。ようすをみて医師へ → **やってはいけないこと**：部屋を乾燥させない。
  - （まれな場合）**まず疑われる病気**：白血球減少症（698頁） → **緊急性**：医師へ（翌朝でもよい） → **やってはいけないこと**：人ごみは避ける。
- **おもな症状**：耳の下の腫れ → **まず疑われる病気**：流行性耳下腺炎（おたふくかぜ）（808頁） → **緊急性**：医師へ（翌朝でもよい）
- **おもな症状**：嘔吐、下痢、腹痛 → **まず疑われる病気**：感染性胃腸炎（737頁） → **緊急性**：医師へ（翌朝でもよい） → **やってはいけないこと**：数時間は食べない。その後、水分を補給。
- **おもな症状**：関節痛
  - （まれな場合）**まず疑われる病気**：リウマチ熱（2028頁） → **緊急性**：医師へ（翌朝でもよい）
  - （まれな場合）**まず疑われる病気**：若年性特発性関節炎（2027頁） → **緊急性**：医師へ（翌朝でもよい）
- **おもな症状**：発疹 → 子どもの発疹チャート（246頁）

（凡例）
- ！：なるべく早く医師へ
- ＞＜の顔：医師へ（翌朝でもよい）
- 目を閉じた顔：あわてる必要はない。ようすをみて医師へ
- ■■■（点線）は、まれな場合

ぐったりしている

- 高温の場所で倒れる → 意識がおかしい → 熱中症（ねっちゅうしょう）（2054頁）…… !
- 激しいせき → 肺炎（673頁）…… !
- のどの痛み／ゼーゼーいう（喘鳴） → 呼吸困難
  - → 急性喉頭蓋炎（こうとうがいえん）（653頁）…… !
  - → 急性声門下喉頭炎（せいもんかこうとうえん）（652頁）…… !

普段と比べ元気がない

- せきがつづく → 軽い呼吸困難 → 肺結核（はいけっかく）（1285頁）…… >< → 脱水にならないように、少しずつこまめに水分補給を。
- 嘔吐、下痢、腹痛
  - → 嘔吐、下痢が激しい／飲食物を受けつけない → 感染性胃腸炎（737頁）…… ><
  - → 飲食物を受けつけない／腹痛 → 食中毒（2092頁）…… !
  - → 数時間は食べない。その後、水分を補給。
- 腹痛 → 食中毒（2092頁）
- 嘔吐、下痢 → （乳児の場合） → 乳幼児嘔吐下痢症（にゅうようじおうとげりしょう）（738頁）…… >< → 脱水にならないように。
- 鼻水、せき → 呼吸が浅く、速い → 急性細気管支炎（さいきかんしえん）（674頁）…… !
- のどの痛み
  - → せき、鼻水、下痢 → インフルエンザ（671頁）…… >< → 解熱薬は安易に使わない。
  - → 口を開けにくい → 扁桃周囲炎（へんとうしゅういえん）／扁桃周囲膿瘍（のうよう）（644頁上段）…… ><

アドバイス 子どもは普段から体温が高いため、37.5度以上（わきの下で計測）の場合、発熱と考える。発熱で水分が失われるので、水分を補給してあげる。いやがらなければ、頭を冷やす。

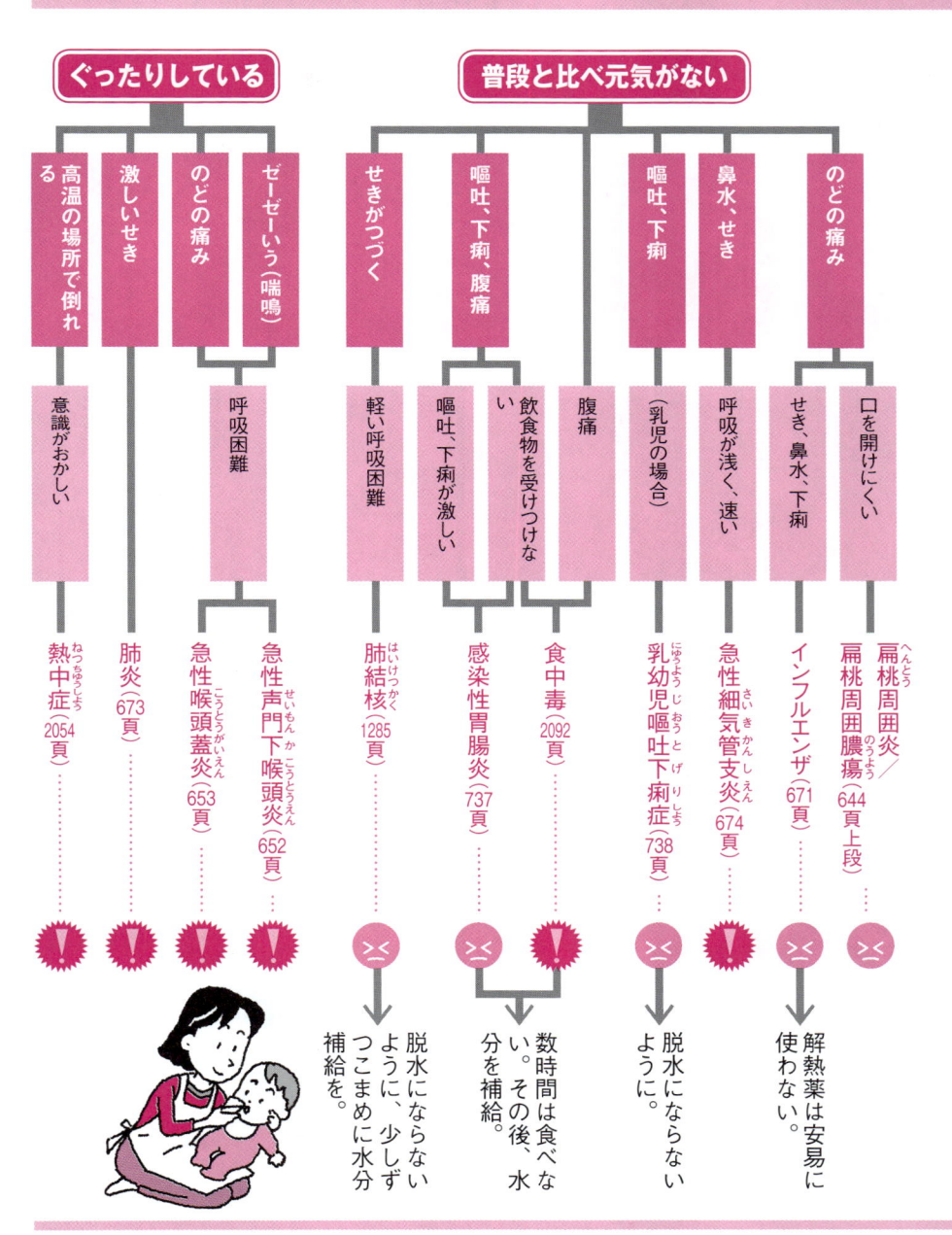

子どもの発疹

全身状態	発熱と同時に発疹				発熱後に発疹		
おもな症状	小さな水ぶくれが胸・腹から全身へ	赤い小斑点が全身に多数現れる	赤い小斑点が全身に多数現れる	両頬の紅斑、腕や太もも の地図状紅斑	手のひら、足、口の中に水ぶくれ	顔から全身に広がる赤い小斑点	手のひらと足の裏の発赤
他の症状	かゆみ	白目の充血	かゆみ、のどの痛み、いちご舌		口の中が痛い	めやに、白目の充血、せき、コプリック斑＊	高熱、白目の充血、いちご舌など
まず疑われる病気	★水痘（水ぼうそう）（809頁）	★風疹（803頁）	★溶連菌感染症（811頁）	★伝染性紅斑（りんご病）（806頁）	★手足口病（809頁）	★はしか（麻疹）（804頁）	川崎病（800頁）
緊急性	医師へ（翌朝でもよい）	医師へ（翌朝でもよい）	医師へ（翌朝でもよい）	医師へ（翌朝でもよい）	医師へ（翌朝でもよい）	医師へ（翌朝でもよい）	医師へ（翌朝でもよい）
やってはいけないこと	ひっかかせない。			日光をさける。		脱水にならないように。	

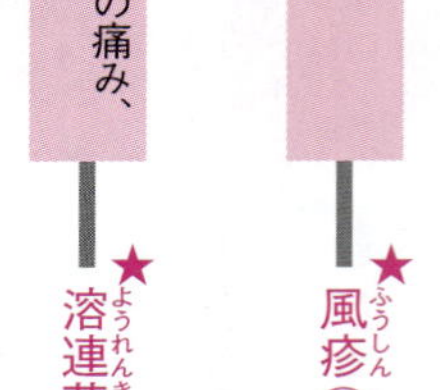

かきこわさないように爪は切りましょう。

＊コプリック斑は、頬の内側にできる白いぶつぶつ。

なるべく早く医師へ　医師へ（翌朝でもよい）　あわてる必要はない。ようすをみて医師へ

■■■は、まれな場合

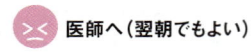

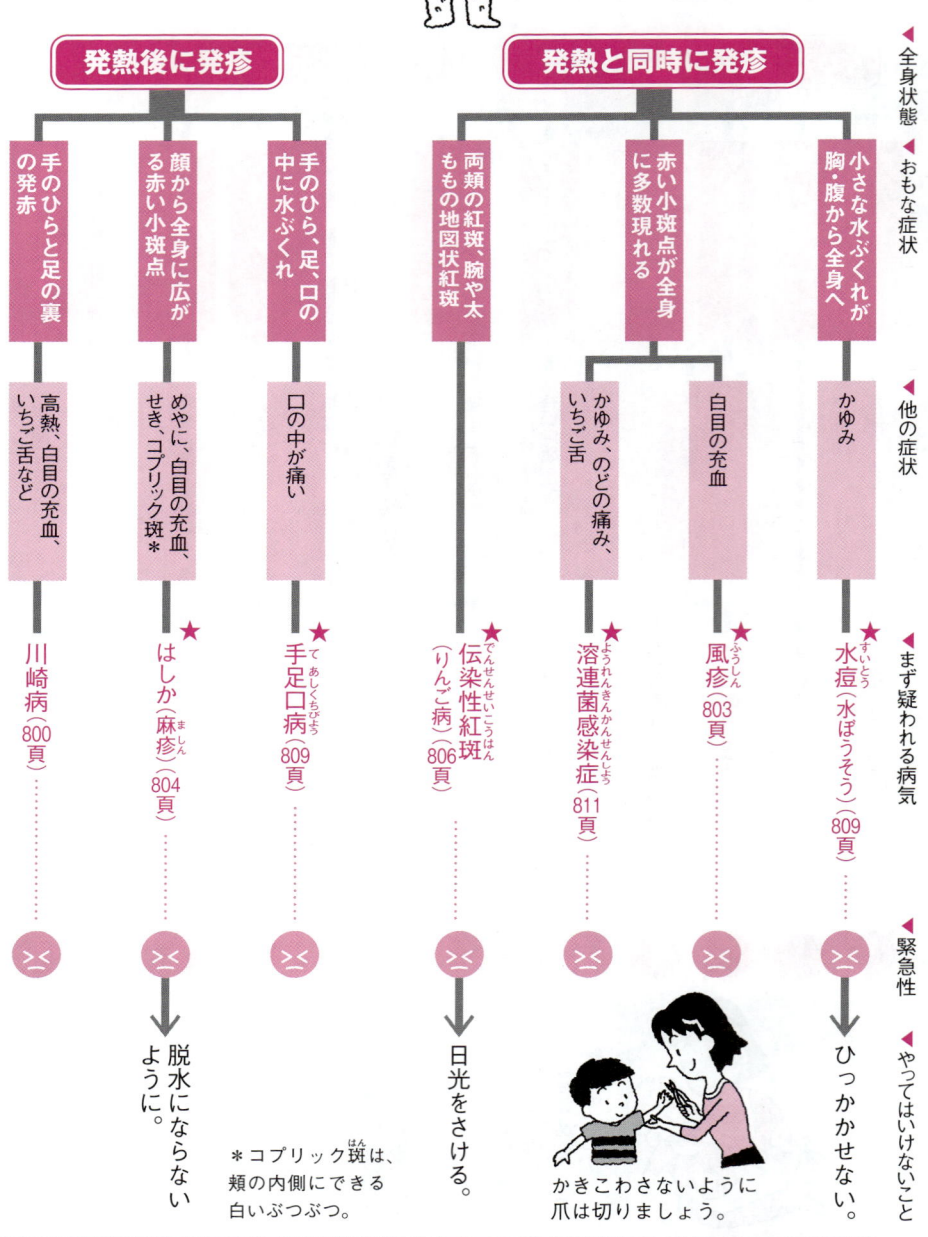

熱はでない

- おもに脚に紫斑（出血斑）
  - 関節痛、腹痛、むくみ
    - 血管性紫斑病（1455頁）
- 丘疹、水ぶくれなどが顔、肘の内側などに
  - 湿疹（1803頁）
- 皮膚の膨らみ
  - じんま疹（1810頁）
- 手足にぶつぶつ
  - やがて水ぶくれ、強いかゆみ
    - 虫刺症（1812頁）
- 水ぶくれ
  - 水ぶくれが破れてかさぶたに
    - ★伝染性膿痂疹（とびひ）（770頁）
- 薬を服用、熱がでることも
  - 発疹の種類や形はさまざま
    - 薬疹（1816頁）

虫刺症・伝染性膿痂疹 → ひっかかせない。

解熱後に発疹

- 紫斑（出血斑）
  - 高熱、虚脱感
    - 白血病（548頁）
    - 敗血症（2124頁）
- 全身に赤い小斑点
  - ★突発性発疹（806頁）

ほかの子にうつさないように。

水疱／水ぶくれ。手足口病、水疱瘡など。

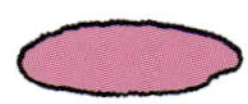

斑／皮膚の盛り上がらない状態。りんご病など。

丘疹／円形の盛り上がり。はしかなど。

膨疹／境目がはっきり。じんま疹など。

アドバイス 熱のでる発疹は感染症★のことが多いので、近所や幼稚園などで同じ症状の子どもがいないか聞いてみる。受診の際は、感染症らしいことを病院の窓口で伝える。

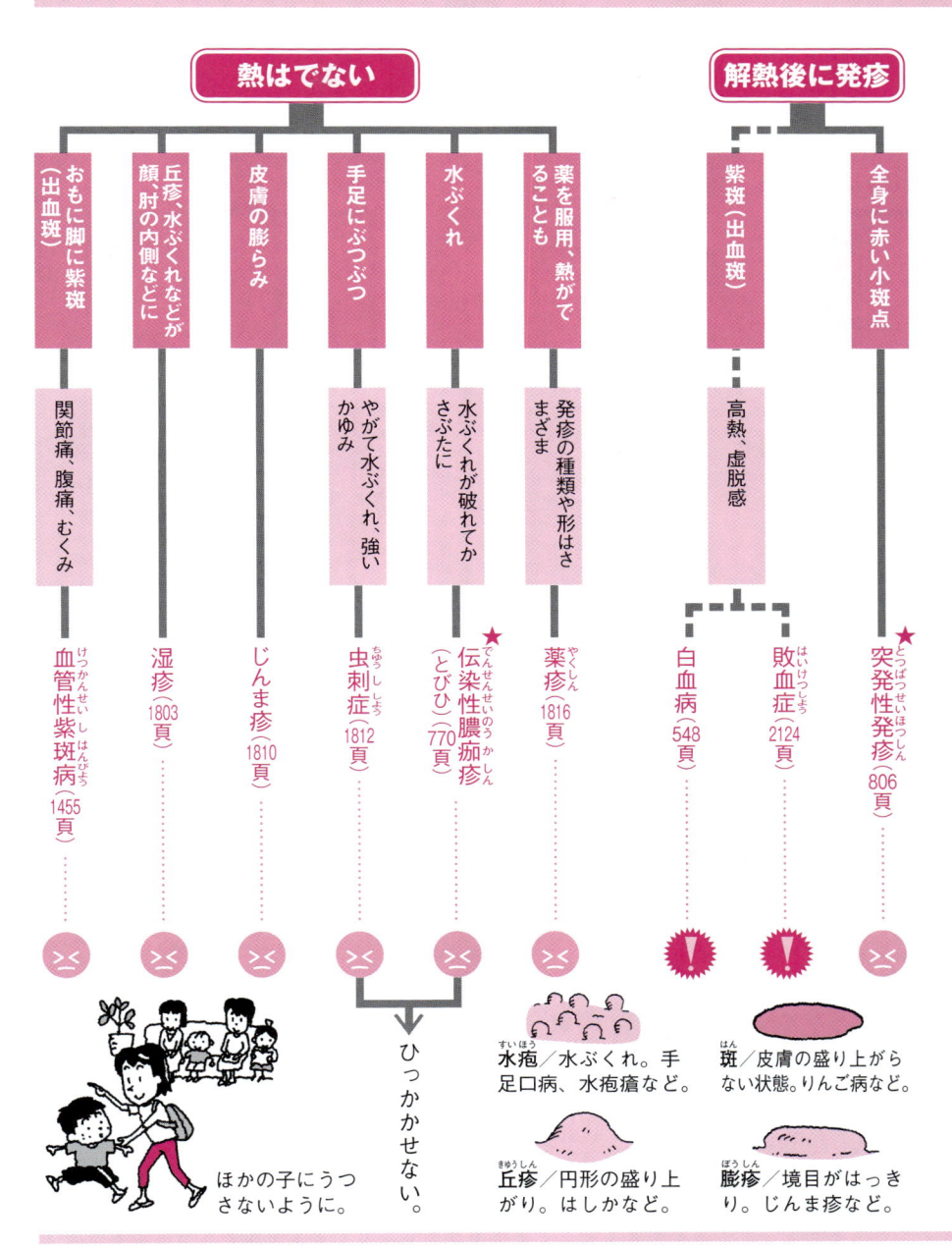

子どものせき

全身状態：元気さは普段と同じ

- **熱がある**
  - おもな症状：犬の吠えるようなせき、声がれ、呼吸が速い（他の症状）
    - まず疑われる病気：クループ症候群（喉頭気管気管支炎）（673頁）
    - 緊急性：医師へ（翌朝でもよい）
  - 他の症状：痰のからむせき、痰
    - まず疑われる病気：急性気管支炎（673頁）
    - 緊急性：医師へ（翌朝でもよい）
  - おもな症状：くしゃみ、鼻水、鼻づまり
    - 他の症状：頭痛、のどの痛み、下痢
      - まず疑われる病気：インフルエンザ（671頁）
      - 緊急性：医師へ（翌朝でもよい）
    - 他の症状：嘔吐、下痢
      - まず疑われる病気：かぜ（670頁）
      - 緊急性：あわてる必要はない。ようすをみて医師へ
- おもな症状：声がれ、犬の吠えるようなせき、声がでない
  - まず疑われる病気：急性喉頭炎・非感染性（652頁上段）
  - 緊急性：あわてる必要はない。ようすをみて医師へ
- おもな症状：喘鳴、軽い呼吸困難
  - まず疑われる病気：小児ぜんそく（668頁）
    - 緊急性：医師へ（翌朝でもよい）
    - やってはいけないこと：ハウスダストをためない。
  - まず疑われる病気：ぜんそく様気管支炎（670頁上段）
    - 緊急性：医師へ（翌朝でもよい）

（かぜ、インフルエンザ、急性気管支炎、クループ症候群、急性喉頭炎・非感染性）やってはいけないこと：部屋を乾燥させない。

- **熱がある**
  - おもな症状：くしゃみ、鼻水、鼻づまり
    - 他の症状：頭痛、のどの痛み、下痢
      - まず疑われる病気：インフルエンザ（671頁）
      - 緊急性：医師へ（翌朝でもよい）
    - 他の症状：顔から全身に赤いぽつぽつ、めやに、コプリック斑*など
      - まず疑われる病気：はしか（麻疹）（804頁）
      - 緊急性：医師へ（翌朝でもよい）
      - やってはいけないこと：脱水にならないように。

背中を軽くたたいてあげると楽に。

＊コプリック斑は、頬の内側にできる白いぶつぶつ。

凡例：なるべく早く医師へ／医師へ（翌朝でもよい）／あわてる必要はない。ようすをみて医師へ
▬ ▬ ▬ は、まれな場合

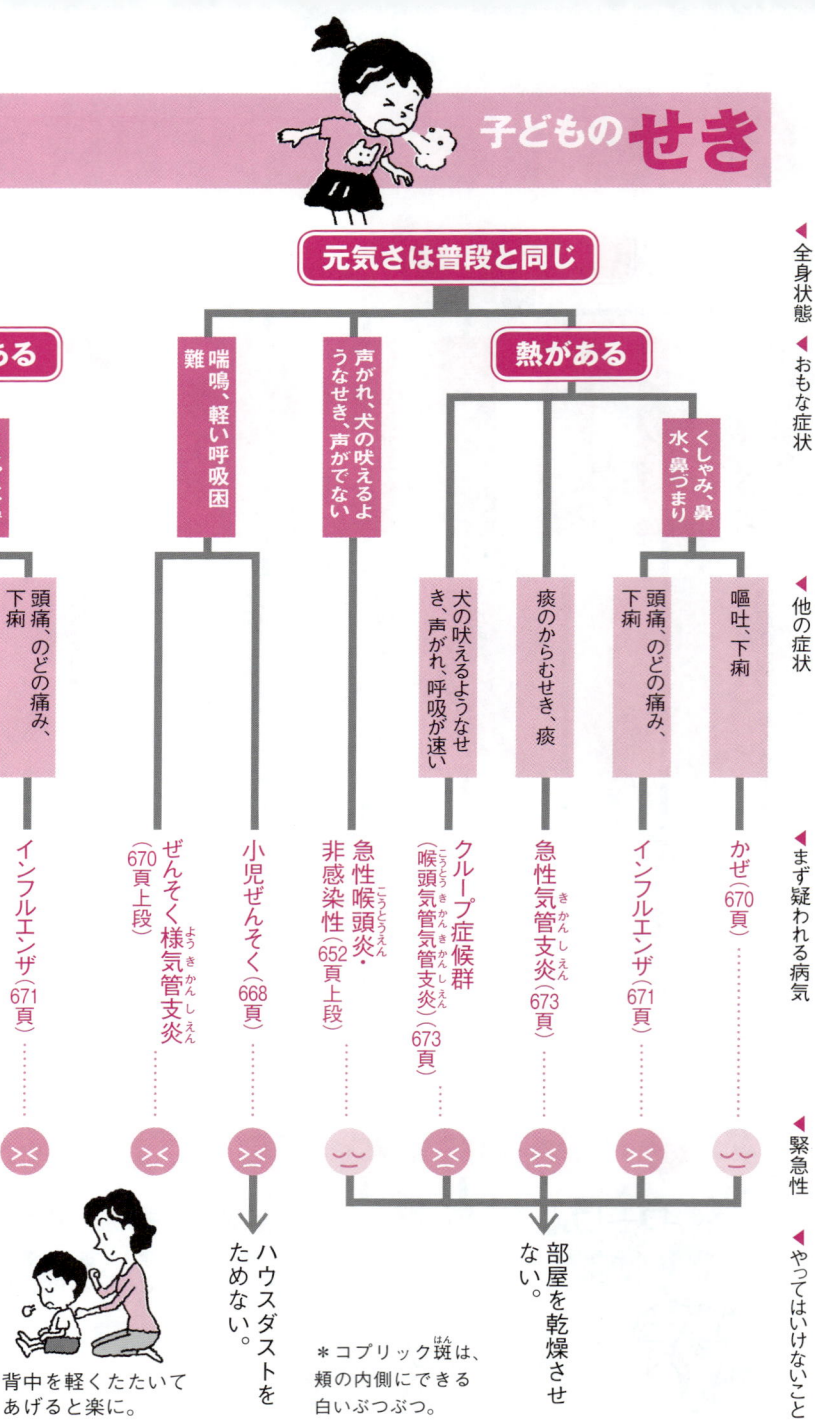

ぐったりしている

- 激しくむせ、せきこむ → チアノーゼ → 気道内異物（675頁）
- せきとともに顔面紅潮 → 白目の充血、レプリーゼ*、チアノーゼ、嘔吐 → 百日ぜき（675頁）
- **熱がある**
  - 呼吸が速い、呼吸困難 → 夜になると熱が上がる、痰がからむ → 肺炎（673頁）
  - 鼻水、息づかいが速い、軽い呼吸困難 → 急性細気管支炎（674頁）

普段と比べ元気がない

- 喘鳴、息づかいが速い、軽い呼吸困難 → 小児ぜんそく（668頁）
- 痰。ときに血痰、喀血 → 気管支拡張症（1274頁）
- 鼻水。数日のうちに息づかいが速くなる → ゼーゼーする → 急性細気管支炎（674頁）
- 痰のからんだせき → 微熱、疲れやすさ → 肺結核（1285頁）

＊レプリーゼは、せきのあとでヒューと息を吸い込む状態。

肺炎、急性喉頭炎などの吸気性の呼吸困難は、上体をやや起こして。

気管支ぜんそくなどの呼気性の呼吸困難では、前屈みに。

アドバイス 激しくせきこんで止まらない、ゼーゼーいう、チアノーゼ（唇や爪が青白くなる）などが現れたら、緊急に医療機関へ。せき止め薬は、かってに使用しないように。

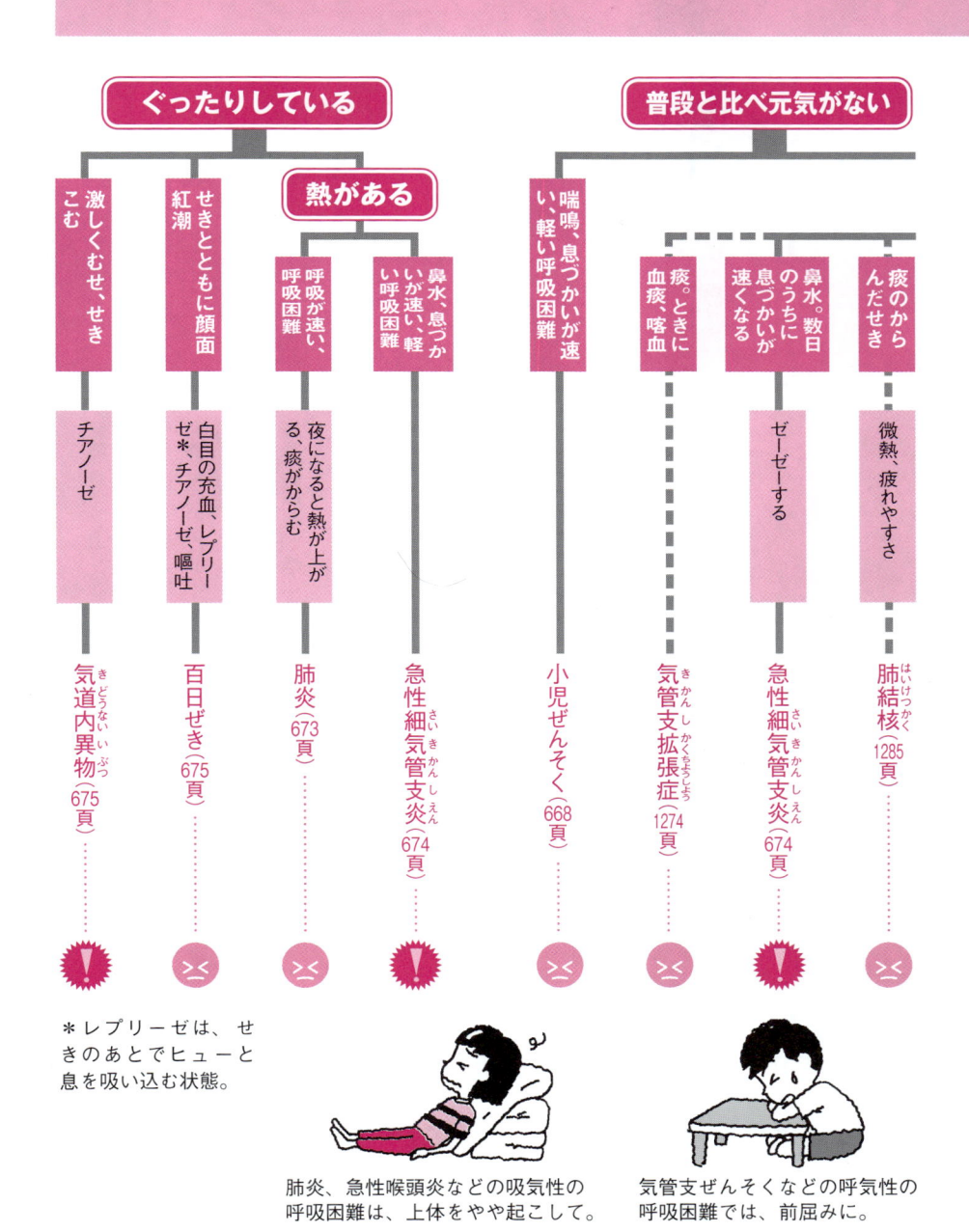

子どもの吐きけ・嘔吐

（全身状態 ／ おもな症状 ／ 他の症状 ／ まず疑われる病気 ／ 緊急性 ／ やってはいけないこと）

元気さは普段と同じ

- **乳児**
  - 授乳後、乳をピューと吐く → 吐乳（2270頁） → 医師へ（翌朝でもよい）
  - 授乳後、だらだらと吐く → 溢乳（2270頁） → あわてる必要はない → げっぷをさせるとよい。
- 精神的葛藤でおこる嘔吐 → 神経性の嘔吐 → あわてる必要はない → ストレスを与えないように。
- 腹痛、顔面蒼白、頭痛。これをくり返す → 反復性腹痛（739頁） → あわてる必要はない → ストレスを与えないように。
- ときに下痢
  - 高熱、のどの痛み、頭痛、関節痛 → インフルエンザ（671頁） → なるべく早く医師へ
  - 発熱、くしゃみ、鼻水、鼻づまり → かぜ（670頁） → あわてる必要はない
- 下痢
  - 腹鳴、腹痛、便に酸っぱいにおい（まれな場合） → 乳糖不耐症（742頁） → 医師へ（翌朝でもよい）
  - 発熱、頻回の嘔吐と水様性下痢 → 感染性胃腸炎（737頁） → 医師へ（翌朝でもよい） → 脱水にならないように。
  - 発熱、腹痛、しぶり腹など → 感染性胃腸炎（737頁） → 医師へ（翌朝でもよい） → 脱水にならないように。

赤ちゃんの水分補給は唇を濡らす程度から始めましょう。

（!）なるべく早く医師へ　（><）医師へ（翌朝でもよい）　（－－）あわてる必要はない。ようすをみて医師へ

━ ━ ━ は、まれな場合　　太字の病名はとくに注意したいもの

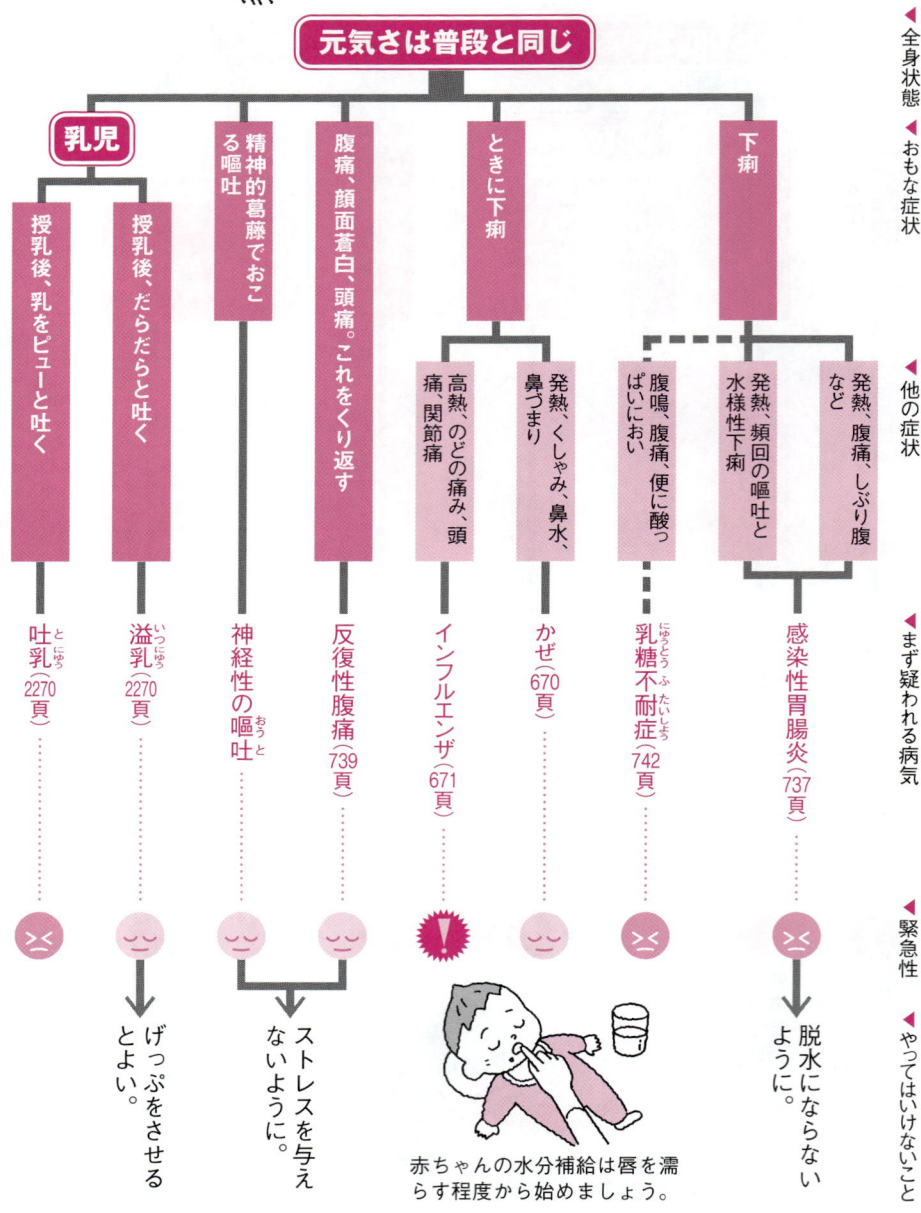

ぐったりしている

- 発熱、寒けにつづき、吐きけ・嘔吐。やがてけいれん、意識の低下も …… 髄膜炎（963頁）
- 発熱、頭痛、けいれん、意識の低下、異常行動、運動まひなど …… 脳炎（961頁）
- 頭にけがをしたあとの嘔吐 …… 頭部外傷（1950頁）
- 吐きけを感じずに突然吐く …… 脳腫瘍（966頁）
- 激しい腹痛、血便、からだをよじって苦しむ、周期的に泣く …… 腸重積症（743頁）
- 乳児
  - 乳を噴水のように吐き、やがて脱水、栄養失調状態に …… 肥厚性幽門狭窄症（734頁）

普段と比べ元気がない

- 吐血・下血。半数に腹痛 …… 胃・十二指腸潰瘍（739頁）
  → 消化しにくい食事は控える。
- 吐物に腐ったリンゴのようなにおい、コーヒーかす状の物が混じる …… アセトン血性嘔吐症（740頁）
- 発熱、腹部の不快感、ときに下痢。やがて黄疸がでる …… ウイルス肝炎（749頁）
- 嘔吐が長くつづき、体重減少、栄養失調に …… 食道裂孔ヘルニア（746頁）
- 乳児
  - 授乳後、乳をピューと吐き、やせてくる …… 吐乳（2270頁）

吐物が口の中に残っていたら、ガーゼを巻いた指で取除きましょう。

いつ吐いてもいいように横向きに寝かせましょう。

アドバイス　ひきつけ、意識障害、強い腹痛をともなう嘔吐、頭をうったあとの嘔吐は、重症の場合が多いので、すぐ医療機関へ。胃腸薬、浣腸、下剤などは、かってに用いないように。

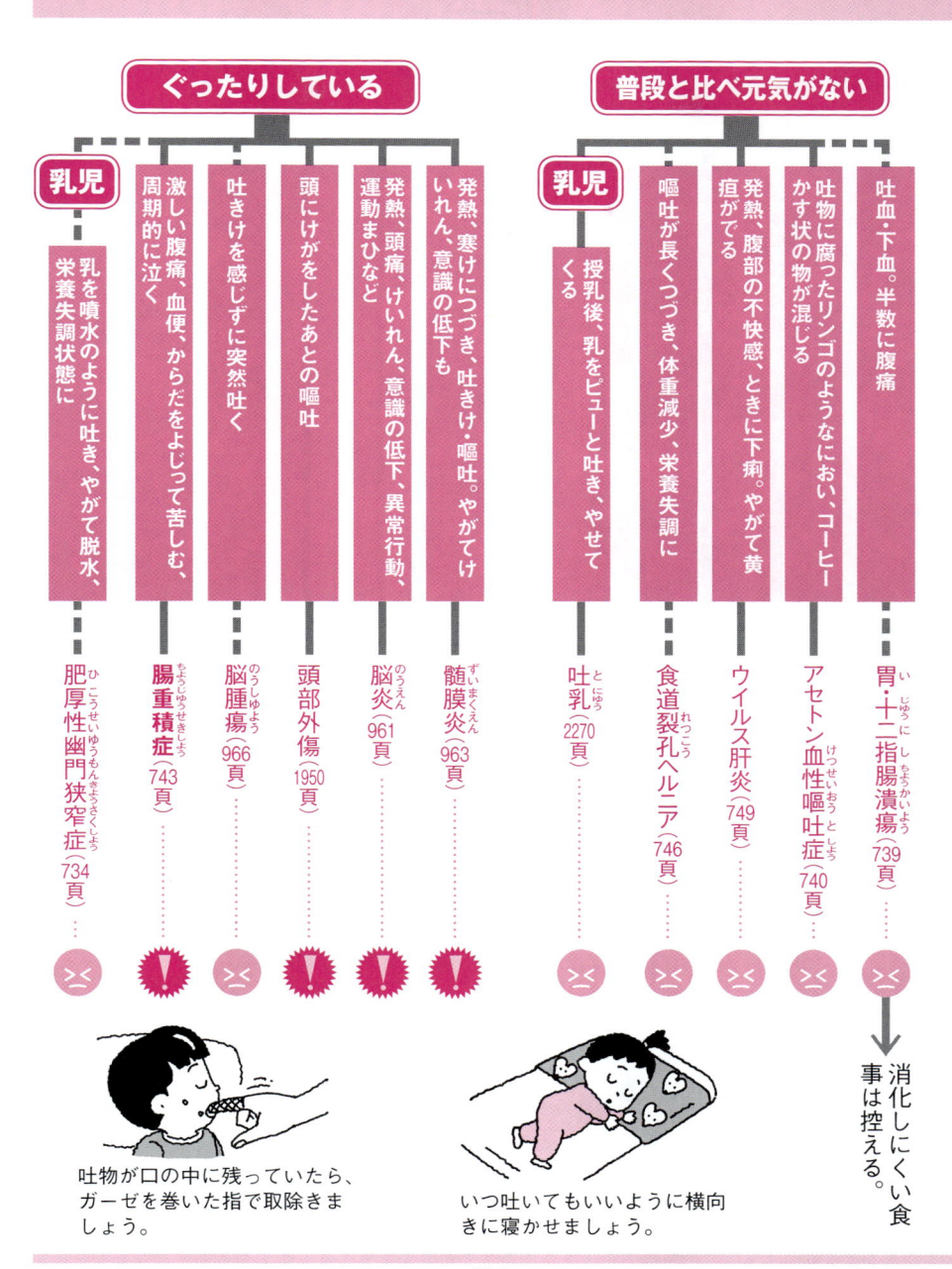

子どもの下痢

全身状態	おもな症状	他の症状	まず疑われる病気	緊急性	やってはいけないこと
ぐったりしている	激しい腹痛と血便。乳児は、からだをよじって苦しむ		**腸重積症**(743頁)	なるべく早く医師へ	
普段と比べ元気がない	特定の食品で下痢、嘔吐、腹痛		アレルギー性腸炎(1581頁)	医師へ(翌朝でもよい)	
普段と比べ元気がない	発熱、腹痛、血便		食中毒(2092頁)	なるべく早く医師へ	
元気さは普段と同じ	くしゃみ、鼻水、鼻づまり	ときに下痢、嘔吐	かぜ(670頁)	あわてる必要はない。ようすをみて医師へ	
元気さは普段と同じ	腹鳴、腹痛、嘔吐、便に酸っぱいにおい		乳糖不耐症(742頁)	医師へ(翌朝でもよい)	
元気さは普段と同じ	発熱、腹痛、しぶり腹など		感染性胃腸炎(737頁)	医師へ(翌朝でもよい)	脱水にならないように。
元気さは普段と同じ			過敏性の下痢	あわてる必要はない。ようすをみて医師へ	ストレスを与えないように。
元気さは普段と同じ			神経性の下痢	あわてる必要はない。ようすをみて医師へ	ストレスを与えないように。
元気さは普段と同じ(乳児)	発熱、頻回の嘔吐と水様下痢		感染性胃腸炎(737頁)	医師へ(翌朝でもよい)	脱水にならないように。
元気さは普段と同じ(乳児)	食欲があり、体重も順調に増える		ミルクや離乳食の誤り	あわてる必要はない。ようすをみて医師へ	
元気さは普段と同じ(乳児)	食欲があり、体重も順調に増える		単一症候性下痢(741頁)	あわてる必要はない。ようすをみて医師へ	

下痢のあとは消化のよいものを少しずつ与えましょう。

なるべく早く医師へ　医師へ(翌朝でもよい)　あわてる必要はない。ようすをみて医師へ

▬▬▬ は、まれな場合　太字の病名はとくに注意したいもの

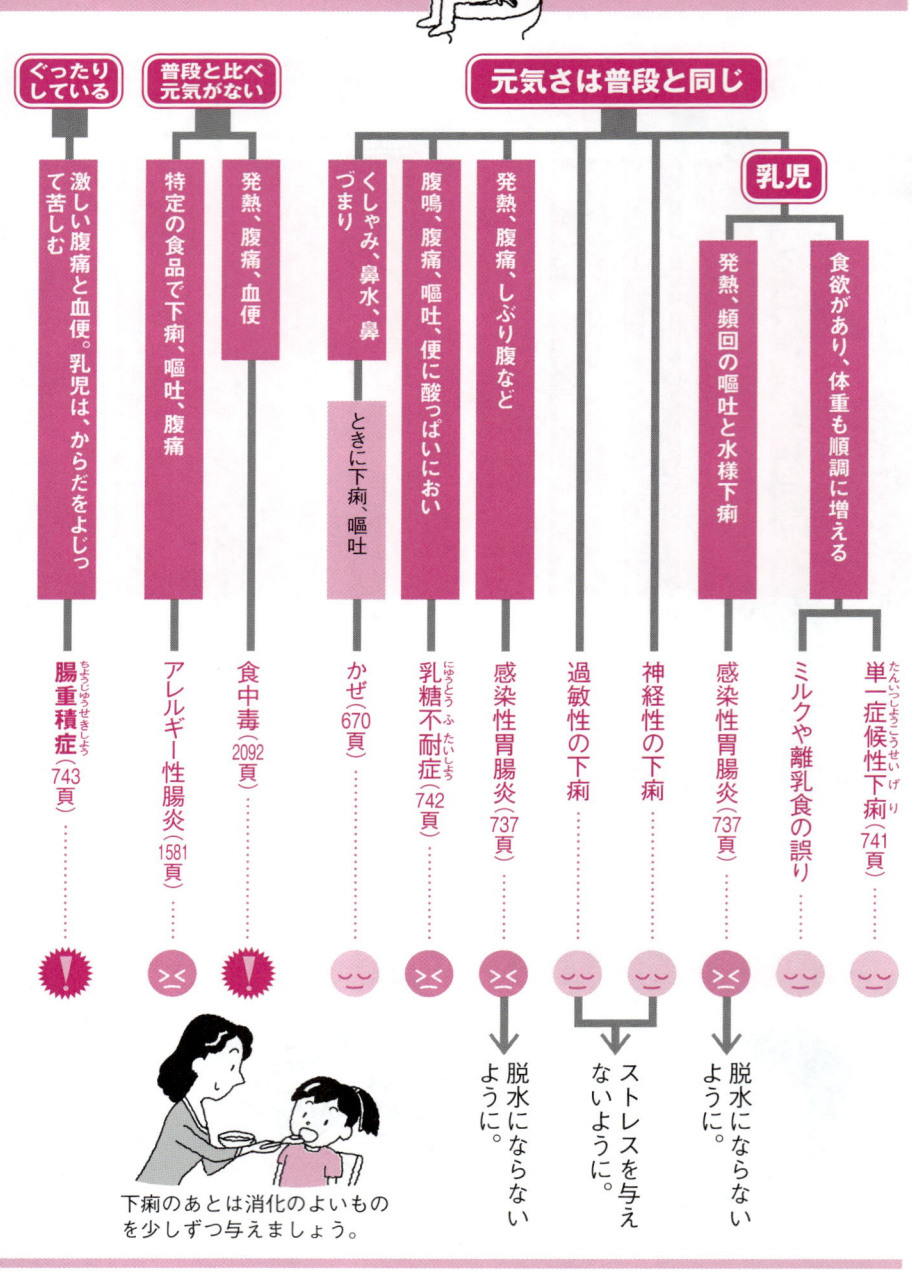

子どもの腹痛

全身状態	おもな症状	他の症状	まず疑われる病気	緊急性	やってはいけないこと
元気さは普段と同じ	くしゃみ、鼻水、鼻づまり	ときに腹痛、嘔吐、下痢	かぜ（670頁）		部屋を乾燥させない。
元気さは普段と同じ	発熱、しぶり腹		感染性胃腸炎（737頁）		数時間は食べないように。
元気さは普段と同じ	特定の食品で下痢、嘔吐		アレルギー性腸炎（1581頁）		
元気さは普段と同じ	腹痛、顔面蒼白、頭痛。これをくり返す		反復性腹痛（739頁）		ストレスを与えないように。
元気さは普段と同じ	便が出ていない		便秘（745頁）		
元気さは普段と同じ			心因性の腹痛		ストレスを与えないように。
元気さは普段と同じ	おなかの張り		食べすぎ		
普段と比べ元気がない	発熱、血便		食中毒（2092頁）	!	
普段と比べ元気がない	嘔吐、吐血、下血		胃・十二指腸潰瘍（739頁）		
ぐったりしている	右下腹部痛	吐きけ、嘔吐、発熱など	虫垂炎（1575頁）	!	
ぐったりしている	激しい腹痛と血便。乳児は、からだをよじって苦しむ		腸重積症（743頁）	!	
ぐったりしている	激しい腹痛、嘔吐	股の付け根のしこりの赤い腫れ	鼠径ヘルニアの嵌頓（747頁）	!	

からだをよじって痛がるときは要注意。

アドバイス 乳児などは腹痛をうまく表現できないもの。脚を縮めて激しく泣くことが多く、顔色が青く、ショック状態になることもある。また、下剤はかってに用いないように。

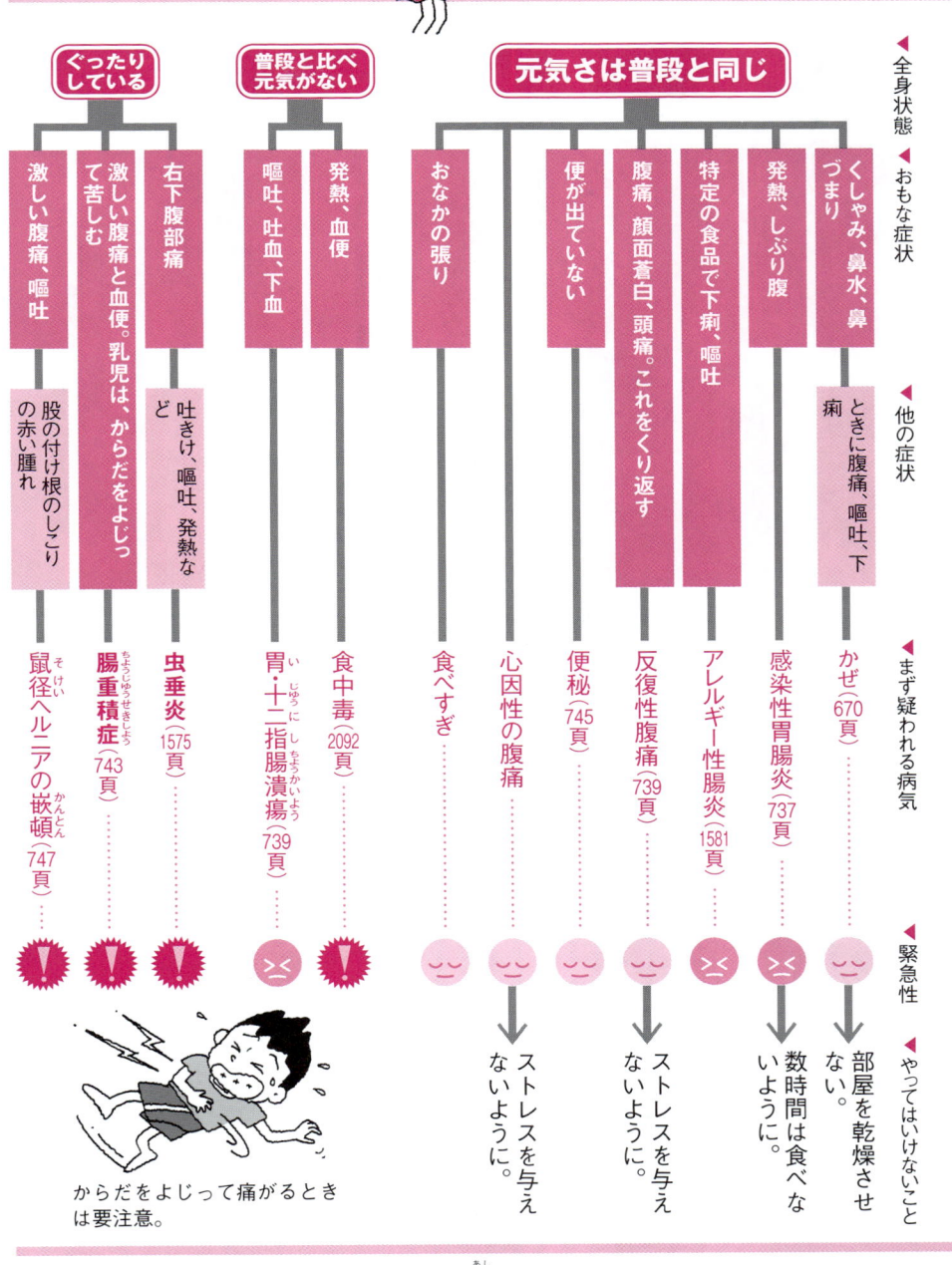

子どもの便秘

全身状態	おもな症状	他の症状	まず疑われる病気	緊急性	やってはいけないこと
元気さは普段と同じ	排便の際、お尻を痛がる	便に血液が付着	肛門の裂傷(れっしょう)	医師へ（翌朝でもよい）	
元気さは普段と同じ	人工栄養、離乳食の誤りのほか、飲料、野菜、果物の不足		食事・栄養の誤り	あわてる必要はない。ようすをみて医師へ	誤りは放置せず、正しましょう。
元気さは普段と同じ	決まった時間に排便する習慣がついていない		排便訓練の誤り	あわてる必要はない。ようすをみて医師へ	誤りは放置せず、正しましょう。
元気さは普段と同じ	遊びなどに熱中		排便の我慢	あわてる必要はない。ようすをみて医師へ	
元気さは普段と同じ			心因性の便秘	あわてる必要はない。ようすをみて医師へ	ストレスを与えないように。
普段と比べ元気がない	がんこな便秘がつづき、おなかが膨らむ（まれな場合）		ヒルシュスプルング病（735頁）	医師へ（翌朝でもよい）	
普段と比べ元気がない			（抗生物質、せき止め薬を使用のため）	医師へ（翌朝でもよい）	
普段と比べ元気がない	乳児：授乳後、ぐずり、体重が増えない		母乳不足	医師へ（翌朝でもよい）	
ぐったりしている	激しい腹痛と血便。乳児は、からだをよじって苦しむ、周期的に泣く		**腸重積症**(ちょうじゅうせきしょう)（743頁）	なるべく早く医師へ	
ぐったりしている	乳児（まれな場合）：乳を噴水のように吐き、体重が増えない		肥厚性幽門狭窄症(ひこうせいゆうもんきょうさくしょう)（734頁）	医師へ（翌朝でもよい）	

普段から繊維質のある野菜を食べさせて便秘の予防を。

(!) なるべく早く医師へ　(><) 医師へ（翌朝でもよい）　(‿‿) あわてる必要はない。ようすをみて医師へ

■ ■ ■ は、まれな場合　　太字の病名はとくに注意したいもの

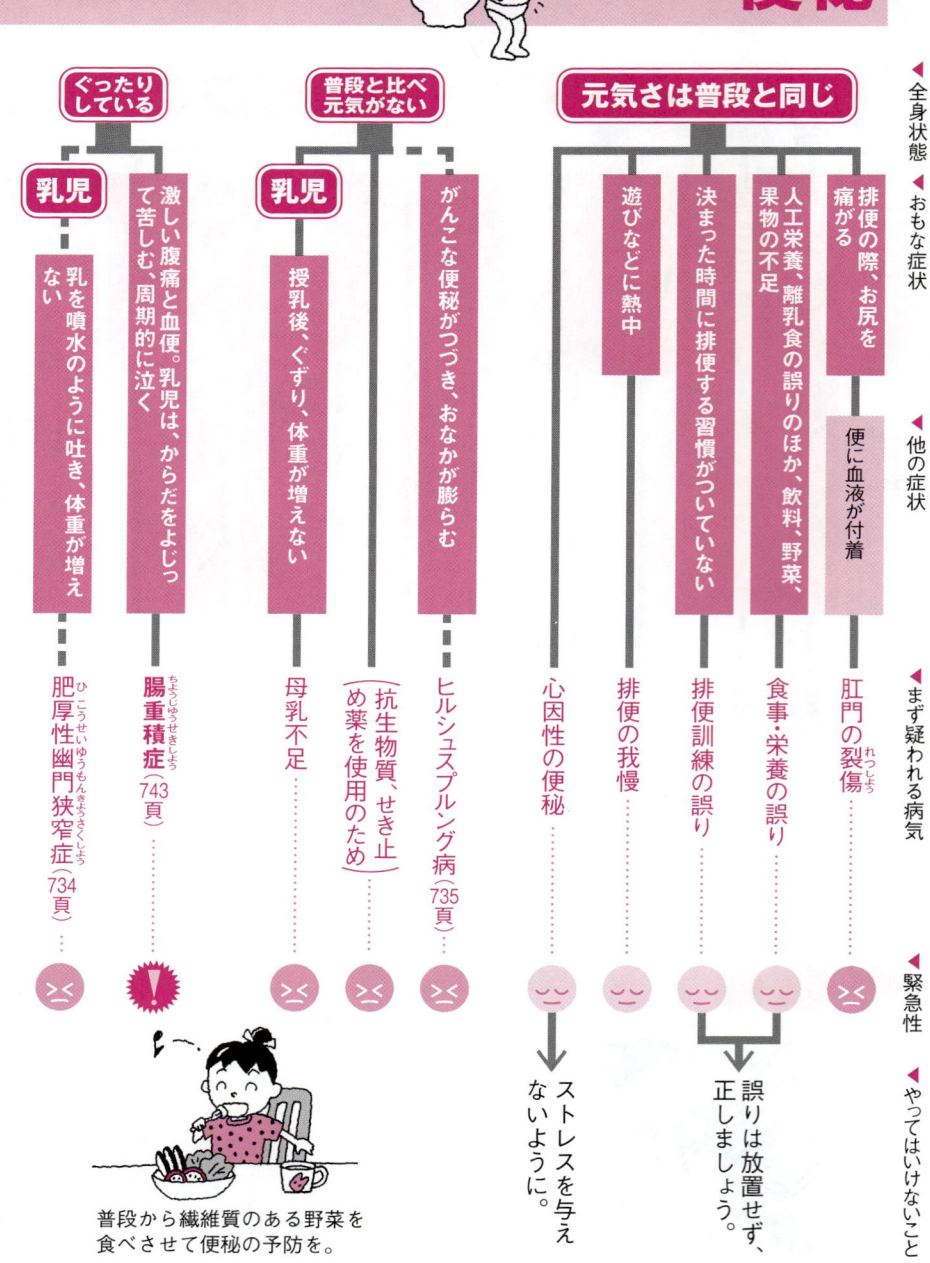

子どもの頭痛

全身状態	おもな症状	他の症状	まず疑われる病気	緊急性	やってはいけないこと
元気さは普段と同じ	くしゃみ、鼻水、鼻づまり	ときに嘔吐、下痢、頭痛も	かぜ（670頁）		部屋を乾燥させない。
元気さは普段と同じ	目の疲れ・痛み		屈折異常（1068頁）	><	
元気さは普段と同じ			心因性の頭痛		ストレスを与えないように。
元気さは普段と同じ	立ちくらみがして倒れる		起立性調節障害（693頁）	><	
普段と比べ元気がない	くしゃみ、鼻水、鼻づまり	高熱、からだの節々の痛み、だるさ	インフルエンザ（671頁）	><	解熱鎮痛薬は安易に使わない。
普段と比べ元気がない	強い耳の痛み、発熱、ときに耳だれ		急性中耳炎（633頁）	><	
普段と比べ元気がない	鼻づまり、鼻水、においがわからない、ときに頭重、頭痛		慢性副鼻腔炎（639頁）	><	
ぐったりしている	頭のけがのあとに頭痛。ときに嘔吐や意識障害		頭部外傷（1950頁）	!	
ぐったりしている	日がたつにつれ強くなる頭痛、ときに嘔吐、歩行困難も		脳腫瘍（966頁）	><	
ぐったりしている	高熱、けいれん、意識障害、手足のまひなど		脳炎（961頁）	!	
ぐったりしている	高熱、寒け、嘔吐、ときに意識障害、けいれん		髄膜炎（963頁）	!	
ぐったりしている	ときどき強い頭痛	意識は正常	てんかんの単純部分発作（958頁）	><	

氷枕などで頭を冷やすと頭痛が和らぎます。

アドバイス 激しい頭痛、嘔吐、意識障害がみられたら、早く医療機関へ。乳児は、頭痛があると、頭やくびに触ると痛がったり、くびをふったりして、激しく泣くことが多い。

子どものけいれん（ひきつけ）

全身状態	おもな症状	他の症状	まず疑われる病気	緊急性	やってはいけないこと
元気さは普段と同じ	激しく泣いているうちに呼吸が止まり、意識がなくなり、けいれん。数分で意識が戻る		憤怒（ふんぬ）けいれん（587頁）	あわてる必要はない。ようすをみて医師へ	
元気さは普段と同じ	高熱、意識がなくなる		熱性けいれん（586頁）	医師へ（翌朝でもよい）	
元気さは普段と同じ	突然、意識がなくなり、手足を突っ張るけいれんとチアノーゼ		てんかんの強直発作（きょうちょくほっさ）（958頁）	なるべく早く医師へ	割りばしなどをかませないように。
ぐったりしている	高温多湿の環境で意識を失う	ときにけいれん	熱中症（ねっちゅうしょう）（2054頁）	なるべく早く医師へ	
ぐったりしている	頭にけがをしたあとにけいれん。ときに手足のまひ		頭部外傷（1950頁）	なるべく早く医師へ	
ぐったりしている	高熱、意識障害	ときに手足のまひ	脳炎（のうえん）（961頁）	なるべく早く医師へ	
ぐったりしている	高熱、寒け、嘔吐、強い頭痛	ときにけいれん、意識障害	髄膜炎（ずいまくえん）（963頁）	なるべく早く医師へ	
ぐったりしている（まれな場合）	頭痛、嘔吐	ときにけいれんが目立つことも	脳腫瘍（のうしゅよう）（966頁）	医師へ（翌朝でもよい）	
ぐったりしている（まれな場合）	口が開かない、立てないなどのあと、けいれん。呼吸困難も		破傷風（はしょうふう）（2113頁）	なるべく早く医師へ	

けいれんには、手足を規則正しく屈曲させるものと、かたく突っ張るものがあります。

（!）なるべく早く医師へ　（><）医師へ（翌朝でもよい）　（–_–）あわてる必要はない。ようすをみて医師へ

■■■は、まれな場合

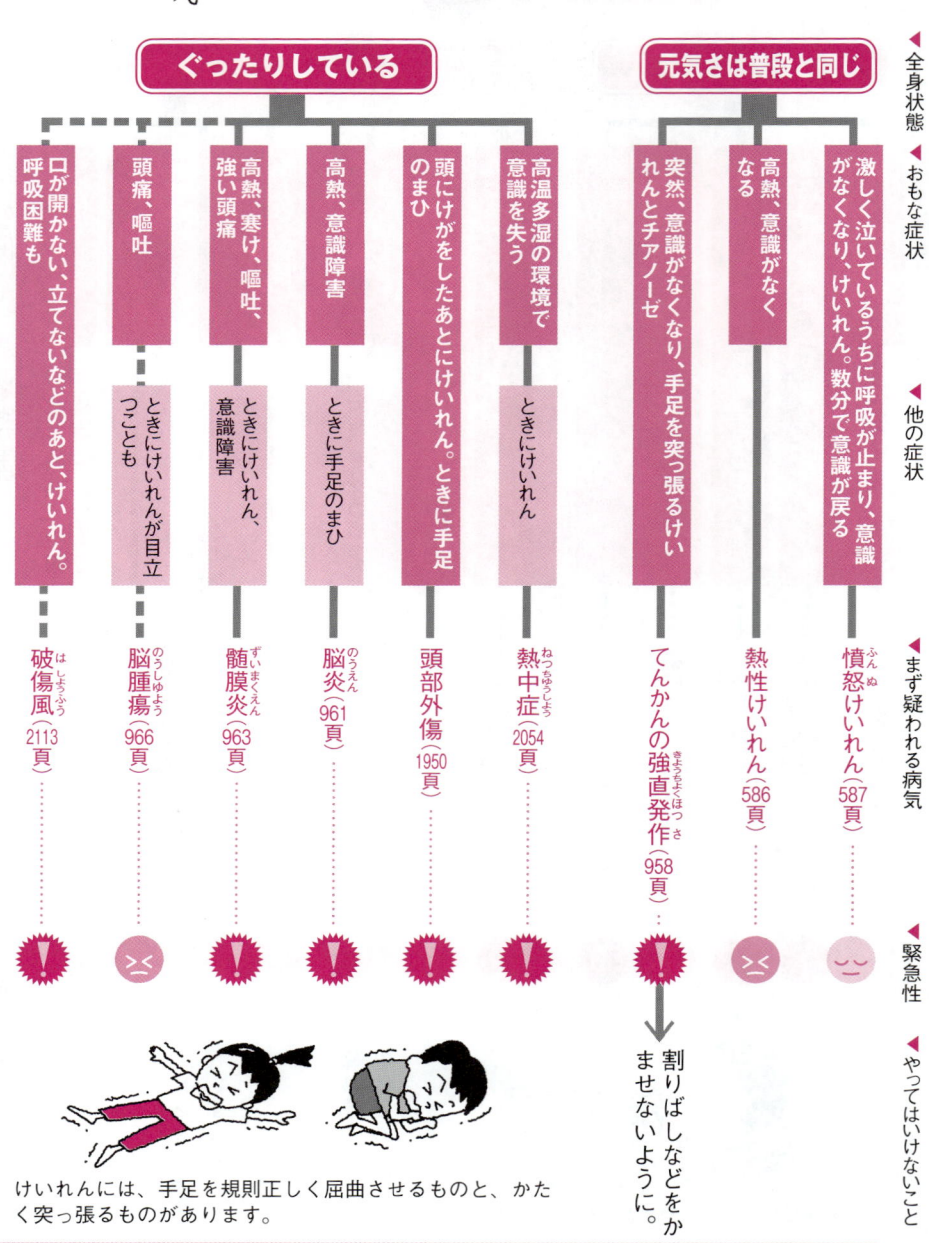

症状から見る病気の判断

◇症状とは

人のからだは、どこかに異常がおこると、反応をおこし、警報を発し始めます。

この警報が症状です。

したがって、症状が現れたときには、からだのどこかに、なんらかの異常がおこっているということになります。

ところが、その症状が異常の性質や程度を、いつも的確に反映しているとはかぎらないのです。そこに、症状判断のむずかしさがあります。

たとえば、症状が強ければ強いほど、おこっている異常も重大かといえば、必ずしもそうとはいえません。症状は強くても、異常はそれほど重大でないことがいくらでもあります。

ときには、からだの一部分のはたらきが一時的におかしくなっただけで、病気ではないこともあります。立ちくらみ、のぼせ、冷え症などの際によくみられます。

逆に、症状は軽くても、重大な異常を知らせる警報だったということもあります。

軽い頭痛が、脳腫瘍の発生を知らせるサインだったということもあるのです。

また、症状と異常のおこっている部位とが一致するとはかぎらないということも、判断をむずかしくしている点です。

たとえば、嘔吐というと胃、腸などの消化器の異常をまず考えるでしょうが、脳、心臓、腎臓などの消化器以外の病気の症状のこともありますし、中毒などの全身の病気の症状のこともあります。神経症性障害などのこころの病気の症状のこともあります。

そのほか、おこってくる症状の部位が、人によってちがうこともあるという点も、正しい判断を妨げる要因のひとつです。

たとえば、狭心症、心筋梗塞の症状といえば「胸痛」が有名ですが、腹痛になる人もいますし、背中や腕の痛みになる人もいます。

症状の感じかたも人それぞれであり、ちょっとした症状を強く感じてひじょうに心配する人もいますし、かなり強い症状があっても、平気でいる人もいます。

症状の正しい判断を妨げる要因はこのほかにもいろいろあって、医師でさえ、症状だけから病気を的確に診断することはむずかしいことが少なくないのです。医師以外の人であればなおさらでしょう。

◇心配のある、なしの判断の基本

症状が現れたときにまず気になるのは、その症状が心配なものか、心配のないものかということでしょう。

病気らしい症状がおこったら勝手に判断せず、すべて医師に判断をあおぐという人もいます。それはそれで正しいありかたなのですが、休日や夜間であれば、すぐに医師に診察を受けることができるとはかぎりませんし、仕事が忙しく、受診する暇がないこともあるでしょう。

そうしたときのために、少なくとも、急を要する状態かどうかくらいは判断できる知識は身につけておくべきでしょう。

●心配あり、と考えるほうがいい症状

つぎのような症状は、心配ありと判断すべき症状です。できるだけ早く、医師の診察を受ける手立てを講じましょう。

①1時間、2時間と時間がたつにつれ、しだいに症状が強くなってきたり、新たな症状が加わってきたりと、状態が悪化している。

②けいれん、意識障害、むくみ、黄疸など、誰の目にも重症とわかる症状がみられる。

③発熱、頭痛などのなじみ深い症状だが、苦痛や不快感がとくに強いなど、いつもとはようす

がちがうと感じられる。

④食欲がまったくなく、食べてもすぐに吐いてしまう。

◉あまり心配のない症状

つぎのようなときは、とくに心配がなく、しばらくようすを見てもいいことが多いものです。ただし、例外もありますし、容体が急変することもありますから油断はできません。

①1時間、2時間とたつうちに、しだいに症状が和らいでくる。ただし、新しい症状が加わってきたり、症状のおこっている部位が移動したりするときは、別です。

②食欲があり、睡眠も十分にとれ、顔色がよい。

◉症状を判断するときの注意点

症状が、市販の薬の使用で消えてしまうということもあります。

熱がでたときに市販の解熱鎮痛薬を服用したら熱が下がったり、かゆい発疹がでたときに市販の外用剤を塗ったら発疹が消えるということはよく経験します。

しかし、症状は消えても、もとにある病気は治っていないということも少なくないのです。

治ったと思って薬の使用をやめると、また症状がぶり返してくるといったことをくり返すときは、市販の薬の使用にこだわらず、医師の診察を受けるようにしましょう。

慢性の病気をもっている人は、健康な人に比べると、症状の現れかたが少しちがうこともあります。

たとえば、慢性副鼻腔炎を患っている人がかぜをひくと、外へ流れ出る鼻汁（鼻水）よりも、のどのほうへ下りる鼻汁（後鼻漏）のほうが多くなって、気管支炎や肺炎をおこしやすくなります。

糖尿病を患っている人がかぜをひくと、健康な人よりもかぜの症状が重くなりがちですし、糖尿病そのものの症状も悪化することが多くあります。

慢性の病気をもっている人に症状がおこった場合は、たとえ、かぜ程度であっても、家庭での治療にこだわらず、最初から医師の診察を受けたほうが無難です。

また、高齢者では、症状がはっきりと現れないため診察のタイミングを逃したり、病気の進行が速い場合もあります。症状が軽く見えても、早めに医師の診察を受けましょう。

◇子どもの症状の判断

子どもの症状を判断するときのポイントは、全身状態の良し悪しです。

◉全身状態が悪いとき

つぎのようなときは、子どもの全身状態が悪いときです。

休日や夜間であれば、救急車を依頼するなど、早く医師の診察を受ける手段を講じることが必要です。

①普段と比べ、顔色や唇の色がとくに悪い。

②目がどろんとして、顔つきもうつろ。

③泣きかたが普段とちがって弱々しくて、ひじょうに不機嫌で、ぐったりしている。

④呼吸のしかたが不規則で、息づかいが苦しそうなど、呼吸の状態が普段とはちがう。

⑤呼びかけてもはっきりとした反応が返ってこない（赤ちゃんは、あやしても笑わない）。

⑥食欲がなく、好きなおやつにも手を出さず、食べても飲んでも、すぐに吐いてしまう。

◉全身状態がよいとき

つぎのようなときは、子どもの全身状態のよいときです。

症状の強弱にかかわらず、医師の診察は、翌日でも大丈夫です。

①食事は食べなくても、好きなおやつには手を出す（食欲がある）。

②顔色がよく、赤ちゃんはあやせば笑い、幼児は自分から起き出して遊びたがる（機嫌がよい）。

表の見かた、使いかた

◇自己診断には用いないで

日常、誰でもが遭遇すると思われる症状と、その症状から考えられる病気との関係を、260頁から384頁にかけて示してあります。

この表は、ある症状が現れたときに、どんな原因が考えられるか、大まかに知ってもらうために作成したものです。

あくまでも大まかに知ってもらうことであって、症状から、特定の病気を見当づけるためではありません。

表を見てもらえばわかりますが、あるひとつの症状に対し、性質も部位もちがう病気や原因が幅広く並べられています。がんのような重大な病気と、かぜのようなあまり心配のない病気が、肩を並べています。

症状だけを見て、この表から本当の病気や原因をぴたりとあてることは、医学の専門的な教育を受け、実地に修練を積んだ医師といえども至難の業です。

初診の患者に出会ったときに、医師が念入りに診察（問診、聴診、打診、触診、視診など）し、さらにいろいろな検査をするのは、病気の診断は、医師であっても「黙って座れば、ぴたりとあたる」という具合にはいかないからです。

ましてや、医学の心得のない人が、症状から原因を推定することは不可能なことですし、危険です。

現に、自己診断から誤まった自己治療にはしってしまい、病気を重くしたり、治りにくくしたりして、医療機関にかけこんでくる人があとを絶ちません。

この表を見て、自分はこの病気と自己診断することだけは、ぜったいしないでください。

表では、ひとつの症状をさまざまな角度からとらえています。

たとえば、「腹痛」を例にとると、痛みぐあい、痛む部位（上腹部痛か、下腹部痛かなど）、ともなう症状（発熱、下痢、吐きけなど）が示されています。

これは、自己診断のためではなく、自分の症状を医師に伝えるときの参考にしてもらうためです。

医師にかかる前にこの表を見ておけば、要領よく、的確に症状を伝えることができますし、言い落としもなくなるでしょう。

また、ある症状がおこったときに、何科を受診したらいいか迷うことがあると思います。

たとえば、女性の腹痛は、胃腸などの内科が担当する病気や虫垂炎などの外科が担当する病気が考えられるほかに、子宮や卵巣などの婦人科が担当する病気も考えられます。

そんなときに「症状から見る病気の判断」を見れば、まず、何科を受診したらいいのか、おおよそ見当をつけられると思います。

◇表の組み立てかたと使いかた

症状の並べかたは、発熱、痛みといった普段の生活で遭遇することが多いと思われる症状、つぎに全身症状、そのつぎに局所症状という順序になっています。

局所症状は、頭から足へという順序で並べてあります。

症状を探すときの参考にしてください。

子どもの症状は、242頁から256頁の「チャートで見る子どもの症状と判断」をあわせてご活用ください。くわしくまとめてあります。

また、女性特有の症状は、おもなものを最後にまとめましたが、各症状に組込んだものもあります。

表をじょうずに利用して、病気の早期予防にご活用ください。

熱がでる（発熱）

おもな症状	考えられる病気	頁	病気のおもな症状
くしゃみ、鼻水、鼻づまり	急性鼻炎（鼻かぜ）	1151頁	鼻水、くしゃみ、鼻づまり。水のような鼻水が数日後に粘りけのある鼻水になり、鼻がつまってくる。くしゃみもでる。
くしゃみ、鼻水、鼻づまり／頭が痛い（頭痛）	かぜ症候群	1258頁	くしゃみ、鼻水、鼻づまりが主症状。のどの痛み、頭痛、倦怠感、寒け、食欲不振など。ふつうは高熱はでない。
くしゃみ、鼻水、鼻づまり／頭が痛い（頭痛）	インフルエンザ	1261頁	突然、38度以上の高熱をだして発症。悪寒、筋肉・関節痛、倦怠感、頭痛などの症状のあとに鼻水、のどの痛み、せきがつづく。
嘔吐／頭が痛い（頭痛）	髄膜炎	963頁	発熱と寒けで始まる。頭痛がひどく、吐きけや嘔吐がおこり、くびのうしろが張ってかたくなる。流行性脳脊髄膜炎では皮膚に発疹がでたり腰痛や下痢をおこす。
嘔吐／頭が痛い（頭痛）	脳炎	961頁	単純ヘルペス脳炎では、かぜのような症状から、40度近い高熱、頭痛、けいれん発作、意識障害、異常行動、性格の変化、失語症など。重症になると命にかかわる。
のどの痛み／せき、痰がでる	急性咽頭炎	1172頁	のど全体が赤くなり、リンパ節が腫れ、痛む。物を飲み込むときに耳まで痛みが広がる。ウイルス感染では発熱や全身倦怠感もある。
のどの痛み／せき、痰がでる	急性喉頭炎	1181頁	かすれ声、のどの乾燥感や痛み、せき。ひどくなると声がでなくなる。「ふくみ声」や飲み込むときの痛み、呼吸困難があるときも。
のどの痛み／せき、痰がでる	急性扁桃炎	1176頁	のどが強く痛み、飲食物を飲み込めず、耳の周りにも痛み。高熱がでて、関節が痛む。
のどの痛み／せき、痰がでる	扁桃周囲炎・扁桃周囲膿瘍	1177頁	のどの痛みが強い。口を開けることも、つばを飲むこともできなくなることも。飲食物もほとんどとれなくなり、のどが腫れてふくみ声になる。熱は38度以下。
胸の痛み（胸痛）／せき、痰がでる	急性気管支炎	1267頁	かぜをひいたときに、気管支に炎症をおこし、せきや痰の症状が強くおこる。
胸の痛み（胸痛）／せき、痰がでる	肺炎（市中肺炎）	1276頁	せき、痰、発熱、寒け（悪寒）、息苦しさ、胸の痛みなどがおこる。膿のような色がついた粘りけのある痰が出る。
胸の痛み（胸痛）	胸膜炎	1324頁	胸部の圧迫感や息切れ。胸痛は深呼吸やせきで悪化。胸水がたまると胸痛は軽くなる。
胸の痛み（胸痛）	急性心膜炎	1372頁	胸痛が主症状で、せきや深呼吸、あお向けになると強くなる。発熱、呼吸困難も。
胸の痛み（胸痛）	肺化膿症（肺膿瘍）	1277頁	悪臭をともなう痰が出る。糖尿病や飲酒常習者で肺に空洞ができた症状。

◎平熱とは

日本人の平均体温は36・89±0・34度とされています。10歳から50歳までの健康な日本人のわきの下の体温の平均値です。ただし、実際の平熱は人によってかなりちがいます。子どもはおとなよりも平熱が高く、高齢者は成人よりも低くなります。生理のある女性には高温期があります。

また、1日のうちでも変化します。午前2～3時ごろがもっとも低く、午後3～5時までがもっとも高くなります。食事や入浴、運動をすると一時的に体温が上がるので、30分ほどたってからでなければ正確な体温は測れません。

体温を測定する部位は、わきの下、直腸・肛門、口の中、鼓膜の4か所です。

熱がでる（発熱）

分類	小分類	病名	参照頁	症状
耳の痛み（耳痛）		急性中耳炎	1125頁	子どもに多い。鼻づまり、鼻水、のどの痛み、せきなどかぜの症状のあとに、耳がふさがった感じがして、激しく耳が痛む。高熱をともなうことも。
耳の痛み（耳痛）		急性乳様突起炎	上段633頁	急性中耳炎が長引き、耳だれや高熱がつづく。耳の後ろが赤く腫れ、耳が立つ。
腹が痛む（腹痛）	下痢	感染性腸炎	1580頁	下痢、腹痛、嘔吐、発熱、ときに血便。夏は細菌、冬はウイルスの感染が多い。
腹が痛む（腹痛）	下痢	食中毒	2092頁	腹痛、下痢、吐きけや嘔吐が主症状。発熱や頭痛がおこることも。水様性の下痢になることも多い。血便が出ることもある。
腹が痛む（腹痛）		虫垂炎／盲腸炎	1575頁	みぞおちから痛みだし、徐々に右下腹部に痛みが限定。吐きけや嘔吐、微熱。右下腹部を押すと強く痛む。
その他				急性腹膜炎（1620頁）、急性膵炎（1678頁）など。
皮膚に病変	腫れもの	蜂巣炎	1823頁	広い部分が赤く腫れ、熱感と痛みがある。発熱とだるさもあるがひどくはない。
皮膚に病変	黄疸	急性肝炎	1639頁	初期は、発熱、悪寒、筋肉痛などをともなうことがあり、かぜの初期症状と似ている。全身の強い倦怠感とともに食欲不振があり、黄疸が現れる。
皮膚に病変	黄疸	急性胆嚢炎	1673頁	急性は吐きけやさし込むような激しい腹痛、尿が濃くなり黄疸を生じることも。右上腹部を叩くと強い痛み。熱もでる。
皮膚に病変	全身に発疹	はしか（麻疹）	804頁	初めは発熱、せきなどかぜの症状。白目が充血し、めやにも出る。口の中には粟粒大の白い斑点（コプリック斑）が数個から数十個。やがて全身に赤い発疹。
皮膚に病変	全身に発疹	風疹	803頁	発熱と同時に顔から全身にこまかい発疹がでる。年少児では熱がでても微熱。年長以上は38度前後。耳の後ろや、くびのリンパ節が腫れて押すと痛む。結膜が充血する。
皮膚に病変	全身に発疹	水痘（水ぼうそう）	809頁	急に38～39度の発熱、同時に全身に赤い小さなつぶつぶができ、それが小豆大の水ぶくれになる。2～3日でかさぶたになって落ちる。
皮膚に病変	全身に発疹	リウマチ熱	2028頁	咽頭炎や扁桃炎の2～3週間後に全身のだるさ、食欲不振、38～39度の発熱と関節痛。膝、足、股、手、肘、肩などの大きな関節が赤くなったり、腫れることもある。不規則な紅斑がしだいに輪の形になる輪状紅斑が特徴で、胴体や手足に現れる。

◎体温の測りかた

日本では一般にわきの下で体温を測ります。わきをしっかりしめて、腕と胴体に挟まれた部分を外界から遮断すると、10分ほどでからだの内部の温度と同じぐらいに温まります。ですから、わきの下の体温は、10分以上かけて測るのが正しいのです。口腔内での測定は5分ほどですみます。耳の鼓膜で体温を測る耳式体温計は鼓膜から出ている赤外線を検出して耳の内部の温度をわりだすものです。測定には1～2秒しかかかりません。

測定部位によって体温はちがいます。口の中はわきの下よりも0・1～0・3度ほど高く、鼓膜や直腸では口の中よりさらに0・3～0・6度高くなります。

	おもな症状	考えられる病気	頁	病気のおもな症状
熱がでる（発熱）	うわごと・興奮・意識障害			脳炎（961頁）、髄膜炎（963頁）、熱性けいれん（586頁）など。他の病気でも熱がひじょうに高いとうわごとを言うことがある。
熱がでる（発熱）	頻尿	腎盂腎炎	1730頁	ぞくぞくする寒け、38度以上の高熱、むかつき、嘔吐、全身のだるさなど。腎臓付近や腰の痛み、頻繁な尿意、残尿感、排尿痛。夕方から夜にかけて熱が上がる。
熱がでる（発熱）	出血傾向	急性白血病	548頁	疲れやすい、動悸、息切れなどの貧血症状のほか、発熱、寝汗など。ほかに歯肉や鼻から出血しやすい、胸の中央の骨をたたくと痛む、リンパ節、肝臓、脾臓の腫れなど。
熱がでる（発熱）	下痢・下血	潰瘍性大腸炎	1584頁	肉眼でわかる血便、下痢、腹痛が主症状。症状が激しいと発熱することがある。
熱がでる（発熱）	微熱がつづく　せき・痰	肺結核	1285頁	せき、痰、発熱、血痰や胸痛が2週間以上つづく。熱は初期には38度以上だが、だんだんと37度台の微熱がつづくようになる。
熱がでる（発熱）	微熱がつづく	バセドウ病	1475頁	甲状腺が肥大、頻脈や動悸、目が突出してくるのが主症状。ほかに手の震え、発汗の異常、倦怠感、イライラする、眠れないなど。20～30歳代の女性に多い。
熱がでる（発熱）	微熱がつづく	心内膜炎	1374頁	発熱、倦怠感、息切れ、呼吸困難、まひや意識障害など。手術や抜歯などをきっかけに菌類が心臓で増殖したもの。
熱がでる（発熱）	微熱がつづく	寄生虫症		慢性化した寄生虫症で、微熱がつづくことも。
微熱がつづく	やせる	慢性骨髄性白血病	550頁	初期は無症状。発症から6～7年経過すると、疲れやすい、体重減少、腹部の張った感じ、上腹部の不快感、寝汗、脾臓の腫れなどがおこる。
微熱がつづく	やせる	悪性リンパ腫	553頁	はじめはくび、わきの下、脚の付け根などのリンパ節が腫れてぐりぐりができるが、押しても痛くない。進行すると発熱、体重減少、寝汗、扁桃や脾臓の腫れなど。
微熱がつづく	やせる	がん		がんが進行するにつれて、やせてくることが多い。微熱がつづくことも。
微熱がつづく	関節痛	関節リウマチ	2014頁	初めは手首や指の関節痛と腫れ、朝のこわばり。やがて、腫れと痛みが全身の関節におよび、悪化すると関節が変形。リウマチの炎症で37度台の微熱がつづくことがある。
微熱がつづく	関節痛	全身性エリテマトーデス	2030頁	発熱、だるさ、体重減少。顔に蝶形紅斑、円形紅斑、ディスコイド疹。手のひら、手指、足の裏にしもやけ状の発疹。脱毛や日光への光線過敏症。レイノー現象。

◎発熱のしくみ

一般に、体温が37度を超えている状態を「発熱」といいます。発熱をおこす病気の多くは感染症です。感染症は、寄生虫や細菌、ウイルスなどの異物が、からだの中に入り込む（感染）ものです。

しかし、体内に異物が入ると、白血球やマクロファージが自分の中に取込んで殺してしまいます。このとき、内因性発熱物質というものが分泌されます。内因性発熱物質は血流にのって、脳まで入り込み、そこでプロスタグランジンがつくられます。プロスタグランジンは脳の中の体温調節中枢に作用します。

体温調節中枢は、普段は体温がつねに一定になるように調節しています。たと

子どもの発熱

分類	病名	参照	症状
くしゃみ・鼻水	インフルエンザ	671頁	突然、38度以上の高熱をだして発症。吐きけ、嘔吐、腹痛なども。
くしゃみ・鼻水	かぜ症候群	670頁	くしゃみ、鼻水、鼻づまりが主症状。ふつうは高熱はでない。
全身に発疹／発病後に発疹	はしか（麻疹）	804頁	初めは発熱、せきなどかぜの症状。やがて全身に赤い発疹。
全身に発疹／発病後に発疹	突発性発疹	806頁	38～39度の高熱が3日間つづく。解熱と同時にあせもや、はしかに似た発疹が全身にできる。かゆみはなく2～3日で消える。
全身に発疹／発病後に発疹	溶連菌感染症（猩紅熱）	811頁	のどが痛みだし、数時間のうちに38～39度の熱がでる。嘔吐も。1～2日で口の周囲以外の全身に赤くこまかい発疹が出て、3～4日で舌に赤いぶつぶつ（いちご舌）。
全身に発疹／発病後に発疹	エルシニア菌感染症（泉熱）	810頁	急に38～39度の発熱、2日目から肘、膝、足首を中心に赤い発疹がでてかゆい。
全身に発疹／発病後に発疹	川崎病	800頁	39～40度の高熱が5日以上つづく。発熱後2～3日で発疹。手足がしもやけのように赤く腫れ、10日ぐらいすると指先から皮がむける。白目が充血する。唇が腫れ、舌はイチゴのように赤いぶつぶつになる（いちご舌）。

海外で感染して発熱

病名	参照	症状
マラリア	2114頁	急に40度ぐらいの発熱があり、嘔吐と下痢をともなう。解熱と発熱をくり返す。
赤痢	2100頁	細菌性赤痢は38～39度の発熱、腹痛と下痢。アメーバ赤痢は発熱、下痢があるが軽症。
腸チフス	2094頁	1週間ごとに異なる症状がでる。第1週に頭痛、腹痛、40度前後の発熱。第2週にバラ疹、高熱。第3～4週には熱が上がったり下がったりをくり返して平熱に戻る。
パラチフス	2095頁	腸チフスに似た症状だが軽症。
デング熱	2114頁	高熱が3日で治まり、1日おいて再び発熱という症状をくり返す。強い頭痛、関節や筋肉の痛み、目が充血。熱が再発したときは発疹が手足と胴体に現れる。
ウエストナイル熱	2116頁	高熱、頭痛、筋肉痛、食欲不振が3～6日つづき、リンパ節が腫れる。ときに重症化して脳炎（ウエストナイル脳炎）をおこし、昏睡やけいれんにおちいる。
住血吸虫症	2111頁	感染して約1か月で発熱。下痢や肝機能障害も。放置すると肝硬変になることも。
糸状虫症（フィラリア症）	2112頁	感染して1年ほどで発熱やリンパ管炎がおこる。くり返して慢性化し、尿の白濁、陰嚢の腫れ、手足の皮膚がかたく腫れるなどの症状が現れる。

えば、外気温が下がったら、筋肉をぶるぶると震わせて熱を生み出し、からだを温めます。ところがプロスタグランジンが作用すると、体温調節機能が乱れてしまいます。体温は十分に高いのに、もっと上げなければならないと、体温調節中枢が勝手に体温を上げていくのです。インフルエンザで高熱がでているときに、からだがガタガタと震えるのは、もっと熱を生産しようとするはたらきなのです。

しかし、体温が高いと、ウイルスや細菌を殺す白血球やマクロファージがより活発に活動するので、結果として、速やかに異物を駆逐できます。安易に解熱薬を使うと、白血球などのはたらきを抑えることになるので気をつけましょう。

子どもの発熱

おもな症状	考えられる病気	頁	病気のおもな症状
発熱とともに発疹	**水痘（水ぼうそう）**	809頁	急に38～39度の発熱があり、同時に全身に赤いつぶつぶができ、小豆大の水ぶくれになる。2～3日でかさぶたになって落ちる。
発熱とともに発疹	**風疹**	803頁	発熱と同時に顔から全身にこまかい発疹がでる。年少児では熱がでても微熱。年長以上は38度前後。耳の後ろやくびのリンパ節が腫れて、押すと痛む。結膜が充血する。
両頬が赤い	**伝染性紅斑（りんご病）**	806頁	顔に発疹がでて両頬がリンゴのように赤くなる。前腕、太もも、お尻にも発疹がでるが、胸、腹、背中にはあまりでない。熱はでないことが多い。
口中に病変／目が赤い	**咽頭結膜熱（プール熱）**	807頁	39～40度の高熱が3～4日つづき、のどが赤く腫れ、痛み、目が赤くなりゴロゴロして痛み、まぶしく、涙やめやにが出る。くびのリンパ節も痛む。
口中に病変／目が赤い	**手足口病**	809頁	手のひら、指の間、足の裏、足の指、口の中に、周囲が赤く縁どられた米粒大から小豆大の水ぶくれができる。口の中の水ぶくれはすぐ破れる。発熱することも。
のどを痛がる	**急性扁桃炎**	644頁	強いのどの痛みがあり、飲食物を飲み込めず、耳の周りも痛み、38～40度の熱がでる。
のどを痛がる	**子どもの急性喉頭炎**	652頁	かすれ声、のどの乾燥感、痛み、せき。ひどくなると声がでなくなる。
胸が痛い	**子どもの急性気管支炎**	673頁	かぜをひいたときに、気管支に炎症をおこしたため、せきや痰の症状が強くおこる。
耳が痛い	**子どもの急性中耳炎**	633頁	かぜの症状のあとに、激しく耳が痛む。乳幼児では39度以上の発熱も。
耳の下が腫れる	**おたふくかぜ（流行性耳下腺炎）**	808頁	片側か両側の耳たぶの下が腫れて、発熱。40度にもなることが。腫れは3日目ごろに最大になり、押すと痛む。顎を動かしても痛い。
嘔吐	**乳幼児嘔吐下痢症**	738頁	嘔吐と下痢がおもな症状。ロタウイルスの感染によるものが多く、白色から黄白色の下痢便が特徴的。最近では、ほかのウイルスによる感染も増えてきている。
嘔吐	**ヘルパンギーナ**	807頁	急に39度前後の熱がでて、食欲がなくなる。嘔吐することも。のどの奥に発疹がでる。晩春から夏にかけて5歳以下がかかることが多い。代表的な夏かぜ。
ひきつけ	**熱性けいれん**	586頁	急な発熱の際に左右の手足や顔面を激しくぴくつかせ、意識を失うが、数分で治まる。からだの片側だけがけいれんしたり、意識はないがけいれんしないタイプも。
	夏季熱	807頁上段	気温・湿度が高い場所で発熱するが、元気はよい。涼しい場所に移動すると解熱。

◎発熱のタイプ

熱は、高さで3段階に分けられます。37～37・9度を微熱、38～38・9度を中程度の発熱、39度以上を高熱とします。

また、熱型という分けかたがあります。しかし、解熱薬が普及したため、薬の影響を受けていない発熱パターンが少なくなり、あまり使われなくなっています。

弛張熱　1日に1度以上の上がり下がりがあり、平熱に下がらない。敗血症など。

稽留熱　上がり下がりが1度以内で、熱はつねに38度以上。腸チフスなど。

間欠熱　1日に1度以上の高低があり、平熱まで下がる。マラリアや敗血症など。

波状熱　平熱と発熱が周期的にくり返される。ブルセラ症、ホジキン病など。

頭痛　頭痛についての解説は、917頁参照。

分類		病名	頁	症状
発熱をともなう頭痛	顔面痛	急性副鼻腔炎	1162頁	鼻づまり、ねばねばした鼻水、頭痛、発熱など。頬や鼻の根元、おでこなどに圧迫感や痛みがあり、頭を下げると強くなる。
	のどが痛い	インフルエンザ	1261頁	突然、38度以上の高熱をだして発症。悪寒、筋肉痛・関節痛、倦怠感、頭痛など。
		急性扁桃炎	1176頁	強いのどの痛みがあり、耳の周りにも痛みがある。高熱がでて、関節が痛む。
	意識障害	髄膜炎	963頁	発熱と寒けで始まる。頭痛がひどく、吐きけや嘔吐がおこり、くびの後ろが張ってかたくなる。流行性脳脊髄膜炎では皮膚に発疹がでたり腰痛や下痢をおこす。
		脳炎	961頁	単純ヘルペス脳炎では、かぜのような症状から、40度近い高熱、頭痛、けいれん発作、意識障害、異常行動、性格の変化、失語症など。重症になると命にかかわる。
		高熱		原因にかかわらず、高熱には頭痛をともなうのがふつう。
しだいに強くなる頭痛		慢性硬膜下血腫	944頁	頭痛、手足のまひ、認知障害、尿失禁など。放置すると意識障害。けがをして1～2か月後に症状がでることが多い。
		脳腫瘍	476頁	頭痛・頭が重い、吐きけ・嘔吐、視力の低下が三大特徴。頭痛は朝が多い。腫瘍の部位によっては物が二重に見える、耳鳴り、めまい、けいれんなども。悪性は症状がどんどん強くなるが、良性は強い症状はでない。
		頭蓋内圧亢進	965頁	慢性症状では早朝の頭痛、噴水のようにピューッと吐く嘔吐が特徴。物が二重に見える複視がおこることも。
急で強い頭痛		くも膜下出血	937頁	突然、バットで殴られたような激しい頭痛、嘔吐、けいれん、意識障害などがおこる。重症の場合は昏睡状態におちいり死亡することも。出血量が少ないと数分で回復するが、その後、くびすじや頭全体の痛み、嘔吐がつづく。
		脳出血	930頁	気分が悪くなって、頭痛、めまい、嘔吐など。けいれんや大小便の失禁をともなうことも。その後、ろれつが回らない、片側の手足に力が入らず動かせない、よだれを流すなど。重症になると意識障害、昏睡におちいる。
		急性閉塞隅角緑内障	1106頁	急な頭痛、眼痛、吐きけ。白目の充血、黒目の曇り、瞳孔が散瞳し、視力が低下。

◎危険な頭痛

頭痛は原因によって機能性頭痛と症候性頭痛に分けられます。症候性頭痛は、脳やからだの病気が原因です。たとえば「バットで殴られたような激しい痛み」の頭痛は脳血管に異常があり、くも膜下出血のおそれがあります。

意識を失うほどの激痛だったり、だんだん痛みが強くなっていくなど、経験したことがない頭痛は症候性頭痛が疑われます。発熱、嘔吐、まひ、けいれん、見えかたの異常などの症状もともなうことがあります。

症候性頭痛は、重大な病気のサインです。痛みが治まってきても、病気自体は進行しているかもしれません。そのままにしないで、すぐに病院に行きましょう。

おもな症状		考えられる病気	頁	病気のおもな症状
くり返す頭痛	頭の片側が痛む	片頭痛	919頁	ずきずきする痛みが頭の片側から始まり、数時間から2日くらいつづき、何度もくり返す。動くとひどくなったり、光がまぶしい、音がうるさい、吐きけなども。視野が異常になるなどの前駆症状がある場合も。
		三叉神経痛	973頁	刺しえぐられるような、焼けるような、切られるような強い痛みが顔面の片側に突然おこる。あくび、会話、洗面、冷風などの刺激で突然痛みだす。
		後頭神経痛	973頁	片側の後頭部、頭頂部、側頭部にかけて痛む。
		帯状疱疹	1836頁	神経痛に似た痛みにつづき、神経に沿って痛みをともなう帯状の発疹ができ、やがて水ぶくれになる。2~3週間でかさぶたになって治癒。頭痛をともなうこともある。
		側頭動脈炎	上段 2041頁	こめかみの動脈が赤く腫れ、押さえると痛む。片側か両側の頭痛。目の痛み、物が二重に見える複視などがおこることも。高齢者に多い。
		群発頭痛	920頁	季節の変わり目などに毎日のようにおこる。片側の目の奥がえぐられるように痛み、前頭部から側頭部へと広がる。数十分~1時間くらいつづく。顔面の紅潮、白目の充血も。夜間に多い。20~50歳代の喫煙をする男性に多い。
		緊張型頭痛	919頁	頭に鉢をかぶったような、締めつけられるような、じーんとした痛みがつづく。午後になると強くなる。30~50歳代の人に多い。
たえずつづく頭痛		眼精疲労	1111頁	目が痛む、重い、疲れる、物がぼやけるなどの眼科的症状のほかに、頭痛、めまい、肩こり、関節痛、下痢、吐きけなどもともなう。
		慢性副鼻腔炎（蓄膿症）	1162頁	鼻粘膜が腫れ、分泌物がたまり、鼻がつまる。粘りけのある鼻水が出て、のどにまわるようになる。頭痛や頭重感もおこる。鼻茸（1160頁）も発生する。
		慢性鼻炎	1153頁	鼻づまりと鼻水がつづく。鼻粘膜が腫れて厚くなる肥厚性では、両側の鼻がつまる。
		歯の痛み（歯痛）		むし歯や歯髄炎の痛みをがまんしていると、筋肉に力が入り、頭痛がおこることも。
		慢性脳循環不全	上段 944頁	めまい、立ちくらみ、頭痛、頭重感、物忘れ、耳鳴りなどの自覚症状はあるが、手足のまひや言語障害はない。

◎食べ物で頭痛がおきる?

アイスクリーム頭痛（次頁）のように特定の物を食べたあとで頭痛がおきることがあります。

ホットドッグ、ハム、サラミを大量に食べると頭痛がおきることがあり、ホットドッグ頭痛と呼ばれます。ハムやソーセージには赤みをつけ、日持ちをよくするために、亜硝酸ナトリウムが使われています。亜硝酸ナトリウムには血管を拡張する作用があり、広がった血管が三叉神経に触れて頭痛をおこすようです。ただし、よほど大量の発色剤・防腐剤を使っている食品を食べないかぎり、頭痛はおきません。

中華料理店症候群（チャイニーズ・レストラン・シ

分類		病名	参照	症状
たえずつづく頭痛		近視・遠視・乱視・老視、眼鏡の不適合		目が悪くなっていることに気がついていなかったり、眼鏡の度が合っていない、目を酷使するといったことで目が疲れると、頭痛・頭重が。目の痛みやかすみ、白目の充血、涙が出るなどをともなうことも。
	顔の片側の痛み	三叉神経痛	973頁	刺しえぐる、焼ける、切られるような強い痛みが顔面の片側に突然おこる。あくび、会話、洗面、冷風などの刺激で突然痛みだす。何度もおこり、持続することがある。
		限局性外耳道炎	1121頁	耳を引っぱると耳痛が強くなる。膿がたまって膨れて耳癤になることも。
原因の思いあたる頭痛・頭重	めまい・ふらつき	急性アルコール中毒	173頁	まっすぐ歩けない、錯乱、意識の喪失など。頭痛や嘔吐をともなうことも。
		頸椎捻挫（むちうち損傷）	1951頁	うなじの痛み、熱感、頭重、肩こりが多い。くびや背中、腕、腰の痛みやこわばり、しびれ。くびや肩をよく動かせない、頭痛、めまい、かすみ目、耳鳴り、難聴など。
		頭部外傷後遺症	941頁上段	頭のけがの後遺症では、頭重感や頭痛がおこりやすい。重い後遺症では、精神や知能の障害、手足のまひ、てんかんなどが残ることも。
		月経前症候群（PMS）	867頁	下腹部痛、腰痛、乳房の痛み、むくみ、頭痛、めまい、便秘、下痢、吐きけなどの身体症状と、イライラする、怒りっぽくなる、憂うつになるなどの精神症状がある。
		月経困難症	866頁	月経にともない、強い下腹部痛や腰痛がおこる。吐きけ、頭痛、イライラ感、憂うつ感などもともなう。
		ガス中毒		一酸化炭素中毒（2071頁）、硫化水素中毒（2072頁）などの有害なガスの中毒。濃度が低ければ頭痛程度、高くなるにつれてめまいや吐きけが強くなってくる。
		アイスクリーム頭痛		アイスクリーム、かき氷などの冷たい物を食べたり、飲んだりすると、三叉神経や舌咽神経が刺激されて、こめかみなどがきりきり痛む。
不定の頭痛・頭重		うつ病	1011頁	数週間から数か月にわたって気分がひどく落ち込む。何事にも興味がわかず、おっくうになる。頭痛・頭重が現れることも。
		こころの病気		不安症（1017頁）、恐怖症（1019頁）、ストレス因関連障害（1022頁）などで頭痛・頭重があることも。

ンドローム）というものもあります。中華料理を食べたあと、頭痛、眠け、瘙痒感や顔面紅潮などの症状が現れたことがあったので、この呼び名があります。

原因は、料理に加えられるうまみ調味料のグルタミン酸ナトリウムといわれ、因果関係が調べられてきました。しかし、明らかに関連があると証明されたわけではないため、神経質になる必要はないでしょう。

ただ、グルタミン酸ナトリウムにかぎらず、特定の食品の過剰な摂取は避けたほうが無難かもしれません。

おもな症状		考えられる病気	頁	病気のおもな症状
せき・痰とともに胸痛		肺がん	491頁	長引くせき、痰、血痰、息切れ、声のかすれ、胸や背中の痛みなど。リンパ節が大きくなり静脈を圧迫すると、顔や腕がむくむ。喫煙者に多い。
	発熱	急性気管支炎	1267頁	気管支に炎症をおこし、せきや痰の症状が強くおこる。発熱し、胸が痛む。
		肺炎（市中肺炎）	1276頁	せき、痰、発熱、寒け（悪寒）、息苦しさ、胸の痛みなどがおこる。膿のような色がついた粘りけのある痰が出る。
		肺結核	1285頁	2週間以上、せきや痰がつづく。発熱するときは初期は高熱、だんだんと微熱がつづくようになる。ほかに血痰や胸痛も。高齢者ではだるさや体重減少が目立つ。
		胸膜炎	1324頁	胸部の圧迫感や息切れ。胸痛は深呼吸やせきで悪化。胸水がたまると胸痛は軽くなる。
激しい胸痛	呼吸困難	自然気胸	1323頁	気胸がおこった側に突然の胸痛。初期はからだを動かしたときに息切れする程度だが、ひどくなると安静にしていても息切れをおこす。
		急性肺塞栓症	1414頁	長時間安静にしていたり座っていた人が動き出したときに、息苦しさ、めまい、失神などがおきる。少しずつ症状が増すことも。無症状から突然死までさまざま。
		大動脈解離	1420頁	胸か背中が裂かれるような胸痛が突然おこる。発症時がもっとも強く、徐々に痛みが軽くなる。解離が進むにつれて、痛む場所が移動することも。
		心筋炎	1376頁	発熱、鼻水、せき、筋肉痛などのかぜ症状、下痢、腹痛などの消化器症状のあと、動悸、息苦しさ、胸痛などが現れ、不整脈、失神、ショック状態などにおちいることも。
		狭心症	1356頁	寒い日に急いで階段や上り坂を登ると、胸が圧迫され、息切れを感じるが、立ち止まると治まるのが典型的な症状。また、疲れたり飲酒をしたあとの就寝時や翌早朝にこの症状が現れる場合も。
		心筋梗塞	1362頁	胸の中央部分の強い痛みが30分以上つづく。締めつけられる感じ。痛みは胸全体からくび、背中、左腕に広がることも。冷や汗、吐きけ、動悸などもあり、失神したり、ショック状態におちいることも。
		たこつぼ型心筋症	1378頁	胸痛、胸の不快感。心不全で呼吸困難や血圧低下なども。高齢女性に多い。

◎痛みを感じるしくみ

痛覚受容体と呼ばれる神経末端に、発痛物質が接触したり、物理的な刺激があると、その刺激が脊髄を経て大脳に伝わり、「痛い！」と感じます。発痛物質とは、組織に傷害がおきたときに分泌されるブラジキニンやアデノシン、プロスタグランジンなどです。

痛みを伝える神経にはAδ線維とC線維があります。Aδ線維のほうが痛みを伝える速度が速いので、2つの神経から脳に伝わる痛みに時間差が生じます。たとえば指を切ったとき、すぐ感じる局所的な強い痛みはAδ線維を通じて伝えられたものです。そのあとにつづく、じんじんとうずくような痛みはC線維を介して脳に伝えられたものです。

区分	病名	頁	症状
せき・くしゃみ・深呼吸で胸痛	自然気胸	1323頁	気胸がおこった側の胸が突然に痛む。初期はからだを動かしたときに息切れする程度だが、ひどくなると安静にしていても息切れをおこす。
	急性心膜炎	1372頁	胸痛が主症状。とくにせきや深呼吸、あお向けになったときに強くなる。発熱、せき、痰、筋肉痛、全身のだるさ、呼吸困難もみられる。
	肋間神経痛	974頁	脊椎から片側1本の肋骨に沿った痛み。せきや大声で痛みがでる。変形性脊椎症（1893頁）や帯状疱疹（1836頁）が原因のことが多い。
	肋骨骨折	1941頁	肋骨にひびが入っただけでも、からだを動かしたり、深呼吸やくしゃみ、せきをすると痛む。ひびや骨折の具合によっては、痛みのため呼吸困難をおこすことも。
	胸の筋肉痛		スポーツやけが、激しいせきなどで胸の筋肉を傷めると、胸痛と感じることがある。
胸の表面が、ぴりぴり、ちくちく痛む	心臓神経症	1389頁	不安障害（1017頁）のひとつ。心臓に異常はないが、左胸の痛みや鈍痛を長時間感じる。逆に、胸の一部を刺すような短時間の痛みのときもある。手足のしびれ、頭痛、顔面紅潮、息切れなども。不安が強いと過換気症候群（1313頁）をおこすことも。
女性	乳腺症	826頁	片側または両側の乳房に痛みがあり、境界が不鮮明なしこりができる。
	乳房痛		乳房がちくちくと痛む。月経前症候群（ＰＭＳ 867頁）のことが多く、腰痛やイライラ感をともなう。思春期に一時的に乳房が痛むこともある。
漠然とした胸痛	食道炎	1546頁	胸焼け、胸骨の裏側やみぞおちの痛み、飲食物がしみる感じなど。
	食道潰瘍	1547頁	食道がつかえた感じ、胸の痛み、胸焼けが主症状。
	食道アカラシア	1549頁	飲食物が食道でつかえた感じ。とくに流動食が飲み込みにくく、胸焼け、吐きけ・嘔吐をおこす。食道が収縮するときに胸が痛むことも。
	食道がん	499頁	初期には自覚症状はない。進行すると、嚥下障害、のどがつかえる感じ、しみる感じ、胸の骨の後ろが痛むなどの症状が現れる。さらに進むと声がれや大出血など。
	多発性骨髄腫	552頁	腰、胸、背中の骨の痛みと全身のだるさ。そのほか、息切れ、動悸や顔色が悪くなり、出血傾向など。肺炎など感染症にかかりやすい。骨折しやすくなる。高齢者に多い。

◎痛みの種類

痛みは大きく体性痛と内臓痛に分けられます。

体性痛　皮膚や粘膜に、切る・刺すなどの機械的な刺激か高温・低温などの化学的な刺激があったときに生じる表在痛と、骨や関節、靭帯が痛む深部痛があります。どこが痛いかがはっきりとわかるのが特徴です。

内臓痛　内臓および周囲の組織の収縮や拡張、けいれんなどが痛覚受容体を刺激して生じます。内臓は痛覚受容体の分布がまばらで、C線維のほうが多いため、痛む場所が漠然とし、痛みがじわじわとつづきます。

同じ腹痛でも、内臓がけいれんしておきている内臓痛と、内臓をとりまく腹膜などが炎症をおこして生じた体性痛があります。

上腹部（みぞおち）の痛み

おもな症状	考えられる病気	頁	病気のおもな症状
激痛	狭心症	1356頁	寒い日に急いで階段や上り坂を登ると、胸や腹部が圧迫され、息切れを感じるが立ち止まると治まるのが典型的な症状。疲れたり飲酒後の就寝時や翌朝におこることも。
	心筋梗塞	1362頁	胸から腹部の強い痛みが30分以上つづく。締めつけられる感じ。痛みがくび、背中、左腕に広がることも。冷や汗、吐きけ、動悸、失神やショック状態になることも。
	大動脈解離	1420頁	胸、上腹部、背中が裂かれるような痛みが突然おこるが、徐々に痛みが軽くなる。痛い場所が移動することも。
空腹時に痛む	十二指腸潰瘍	1558頁	みぞおちが鈍く疼き、焼けるような痛みがつづく。胸焼け、げっぷ、胃液がこみあげてくる。吐きけや嘔吐がある。十二指腸潰瘍は食事をすると痛みが和らぐ。
食後に痛む	胃潰瘍	1558頁	みぞおちが鈍く疼き、焼けるような痛みがつづく。胸焼け、げっぷ、胃液がこみあげてくる。吐きけや嘔吐がある。胃潰瘍は食後60～90分ほどで痛みだす。
	慢性胃炎	1555頁	みぞおちの痛みがつづく、胃もたれ、吐きけ・嘔吐、膨満感、食欲不振など。症状がないのに、検査によって慢性胃炎と診断されることもある。
	機能性ディスペプシア	1556頁上段	食後に不快になるほどの膨満感、すぐに満腹になる、みぞおち付近の痛み、焼けるような感じといった症状がつづくが、内視鏡で検査しても病変は見つからない。
	虫垂炎の初期	1575頁	みぞおちの痛みから始まることが多い。徐々に右下腹部に痛みが限定される。
	胆嚢炎	1673頁	食後3～4時間すると急にみぞおちが痛み、吐きけがおこる。右上腹部をたたくと強い痛みがある。右の肩から背中にかけての痛み、濃い色の尿や黄疸がでることも。
	胃がん	501頁	初期は自覚症状はないが、進行するとみぞおちや臍の上あたりにかたいしこりができたり、腹に水がたまったり（腹水）、吐血やタール便が見られることも。
	膵がん	518頁	初期症状はあっても、みぞおちの不快感やげっぷ、胸焼け程度。進行すると背中の痛みや体重減少など。
	胃神経症（神経性胃炎）	1570頁	吐きけ、胃もたれ、上腹部のもたれや不快感、痛み、膨満感など。強いストレスが原因。
	胃石	1571頁	上腹部痛、吐きけ・嘔吐、膨満感など。日本では柿の多食で生じる柿胃石もある。

◎疝痛

腹部や腰部にある臓器（胃、腸、膀胱、子宮、胆道、腎盂、尿管）の平滑筋が、けいれんし、収縮しておこる腹痛です。「しぼるような」「刺すような」「焼けるように」と表現されます。

　ほとんどの場合、突発的に痛みだし、数分から数時間で治まることをくり返します。痛みの程度は、激痛から鈍痛までさまざまですが、胆石や尿路結石の場合は、転げ回るような痛みにおそわれ、ショック状態におちいることもあります。

　疝痛は、さしこみや癪ともいいます。時代劇の登場人物が「持病の癪が…」とおなかを抱えて座り込む場面がありますが、胃けいれんや尿路結石をおこしていたのかもしれません。

部位	分類	病名	参照頁	症状
上腹部（みぞおち）の痛み	強い痛み	胃・十二指腸潰瘍の穿孔	1561頁	突然にみぞおちが強く痛む。十二指腸潰瘍で多くみられる。
上腹部（みぞおち）の痛み	強い痛み	急性膵炎	1678頁	臍の上あたりが激しく痛みだし、数時間後にピークになる。前屈みで痛みが和らぐ。背中側も痛み、吐きけや嘔吐もともなう。食欲不振、発熱、腹部の張った感じ、軟便や下痢がみられることもあるが、まったく症状がない場合もある。
上腹部（みぞおち）の痛み	強い痛み	急性胃炎／急性胃潰瘍	1552頁	胃のあたりを中心とした強い痛み。押すと強く痛む。吐きけや嘔吐をともなう。出血性の炎症や潰瘍の場合は、吐血や下血もある。
右上腹部痛		胆道ジスキネジー	1674頁	食後に右上腹が重い感じがして、痛みがある。右背部に痛みが広がり、吐きけ・嘔吐、腹部膨満感、下痢をともなう。胆道系に異常はない。女性に多い。
右上腹部痛	黄疸	胆嚢炎	1673頁	食後3～4時間で急にみぞおちが痛み、吐きけがおこる。右上腹部をたたくと強い痛み。右の肩から背中にかけて痛み、濃い色の尿や黄疸も。慢性は症状が軽く断続的。
右上腹部痛	黄疸	胆石症	1669頁	食後（とくに油っこいもの）に激しい腹痛。ふつうは1時間ほどで治まるが3時間近くつづくことも。炎症をおこすと発熱し、右わき腹が長時間痛むようになる。
右上腹部痛	黄疸	急性肝炎	1639頁	発熱、悪寒、頭痛などのかぜに似た症状につづき、黄疸、食欲不振、全身倦怠感、嗜好や味覚の変化。右わき腹の鈍痛やみぞおちの不快感など。
右上腹部痛		その他		横隔膜下膿瘍（1329頁）など。
上腹部の右左のどちらかが痛む	強い痛み	尿管結石	1743頁	突然に背中からわき腹に激痛が走り、冷や汗が出たり、嘔吐する。痛みは間欠的で、治まれば自覚症状はなくなる。鈍痛や不快感だけのときも。まれに血尿が出る。
上腹部の右左のどちらかが痛む	強い痛み	肋間神経痛	974頁	脊椎から片側1本の肋骨に沿って強い痛みを感じる。せきや大声で痛みがでる。変形性脊椎症（1893頁）や帯状疱疹（1834頁）が原因のことが多い。
上腹部の右左のどちらかが痛む		その他		腎周囲膿瘍（1733頁）や腎膿瘍（1734頁）など。
左上腹部痛		急性膵炎	1678頁	臍の上あたりが激しく痛みだし、数時間後にピークになる。前屈みで痛みが和らぐ。背中側も痛み、吐きけや嘔吐もともなう。
左上腹部痛		脾腫	1466頁	左上腹部の腫れや痛み、膨満感。呼吸困難、吐きけ・嘔吐、便秘など。

◎腹痛予防になる食物

ストレスや緊張でよくおなかが痛くなる子どもには、普段からビタミンB_1を多く含む食品を食べさせると効果があります。ビタミンB_1には、精神を安定させ、胃腸を丈夫にするはたらきがあります。ビタミンB_1を多く含む食品は、豚肉、ウナギ、ネギ、ヤマノイモ、レバー、ニンニクなどです。また、ヤマノイモには、内臓の消化・吸収を助けるアミラーゼという酵素も多く含まれています。

ネギやニンニクに含まれるアリシンという物質には殺菌作用があります。食べ物が傷みやすい時期など、おかずに一品加えるのもよいでしょう。アリシンには、ビタミンB_1の吸収を助ける作用もあります。

おもな症状	考えられる病気	頁	病気のおもな症状
右下腹部痛	虫垂炎	1575頁	みぞおちの痛みから始まり、徐々に右下腹部に痛みが限定され、押すと強く痛み、吐きけや嘔吐がおこる。初期症状が微熱程度ではっきり診断できないこともある。
	腸結核	1582頁上段	下痢、腹痛、発熱、食欲不振、体重減少がおもな症状。
	その他		移動性盲腸（1576頁上段）、右側の尿管結石（1743頁）など。
下腹部痛	急性膀胱炎	1748頁	排尿時、排尿の終わりに痛み。残尿感があり、尿意が増す。真っ赤に見える血尿から、ピンク色のにじみがつく程度の血尿まで。
	膀胱結石	1744頁	頻尿や排尿痛、血尿がみられる。排尿がとぎれる症状も。
	女性の下腹部痛		女性性器の異常で下腹部痛がおこることも（382-383頁）。
	大腸がん	505頁	血便、便が細くなる。残便感など。下痢と便秘が交互にくり返されるのが特徴。腹痛がおきることもある。
左腹部痛	虚血性大腸炎	1589頁	左側腹部に強い痛みがあり、下痢や血便がおこる。吐きけ・嘔吐もともなう。一過性は数日から2週間以内に治まるが、炎症の原因によっては、持続するものや急速に悪化するものもある。
臍の周囲が痛む（発熱・下痢）	食中毒	2092頁	腹痛、下痢、吐きけや嘔吐が主症状。発熱や頭痛がおこることも。水様性の下痢になることも多い。血便が出ることも。
腹部全体の痛み	感染性腸炎	1580頁	下痢、腹痛、嘔吐、発熱、ときに血便。夏は細菌、冬はウイルスの感染が多い。
	クローン病	1586頁	症状はさまざまだが、腹痛、下痢、発熱、体重減少が多い。血便や下血がみられることも。腸の狭窄が進むと腹痛や嘔吐。腸の内容物が漏れると強い痛みや発熱も。
	腹部大動脈瘤	1419頁	腫れが大きくなると、神経や骨が圧迫されて腹痛や腰痛、背中の痛みがおきる。痛みが強くなってくるときは破裂の前兆。
	がん性腹膜炎	521頁	消化器系や婦人科系のがんが腹腔内に転移したもの。腹水がたまる、腹部膨満感、腹痛、吐きけ・嘔吐など。進行すると腸閉塞をおこす。
	寄生虫病	2107頁	腹痛や吐きけ・嘔吐、下痢、じんま疹などの症状がでるものもある。

◎どこの病気かわかるヘッド帯

内臓の病気のなかには、痛みが周辺の体表面に響く（放散）ものがあります。

どの内臓の病気のときに、痛みがどこに放散するか、おおよそ決まっています。これを関連痛（放散痛）といいます。体表面のどこに関連痛がおこっているかをみれば、どの内臓の病気かを特定することができます。

これは、内臓から伸びている神経と、体表面から伸びている神経が、脊髄に入る時に同じ1本の束にまとまり、影響することが原因と考えられています。

関連痛の分布を図で表したものをヘッド帯といいます。次頁以降（273頁〜276頁）のイラストの斜線部分が痛む部位です。

分類		病名	頁	症状
腹部全体の痛み	海外で感染して腹痛	赤痢	2100頁	細菌性赤痢は38～39度の発熱、腹痛と下痢。アメーバ赤痢（2104頁）は発熱、下痢があるが症状は軽い。
		腸チフス	2094頁	1週間ごとに異なる症状がでる。第1週に頭痛、腹痛、40度前後の発熱。第2週にバラ疹、高熱。第3～4週には熱が上がったり下がったりをくり返して平熱に戻る。
		マラリア	2114頁	40度ぐらいの発熱と解熱をくり返し、嘔吐と下痢をともなう。強い腹痛があることも。
	強い痛み	腸閉塞	1591頁	さしこむような強い腹痛、腹部が膨んで腸がゴロゴロ鳴る。嘔吐があり、排便・排ガスがとまる。血行障害があるものは頻脈や発熱、脱水、尿の減少なども。
		腸間膜動脈閉塞症	1589頁	急性（1544頁上段）では締めつけられるような痛みがある。突然の激しい腹痛以外には特徴的な症状がない。動脈硬化が強い高齢者に多い。慢性では食後に臍の周囲やみぞおちに痛みがあり、膨満感、便秘、下痢がある。
		急性腹膜炎（汎発性腹膜炎）	1620頁	炎症が広い範囲におよぶと、腹部全体の痛み、発熱、頻脈。頬骨が突き出し、目が落ちくぼんで、くまができ、鼻がとがる腹膜炎顔貌になる。進行すると嘔吐、意識もうろう、ショック状態におちいる。
部位の一定しない腹痛		便秘	1541頁	何日も便通がないと腹痛を感じることが多い。便通があれば痛みは治まる。
		大腸憩室症	1594頁	ふつうは自覚症状はないが、憩室炎をおこすと腹痛がおきる。初めは鈍痛で、しだいに局所的な鋭い痛みになり、動くとひびく。下血が出ることもある。
	下痢	過敏性腸症候群	1583頁	腸の異常により、下痢、便秘、腹部膨満感、腹痛がおきる。便秘型、下痢型、下痢と便秘をくり返す交互型の3つに分けられる。男性は下痢型、女性は便秘型が多い。
		潰瘍性大腸炎	1584頁	肉眼でわかる血便、下痢、腹痛が主症状。ゆっくりと慢性化することが多い。症状が1回しかでない、くり返す、全身に合併症がでるなど、症状の程度はさまざま。
	女性	月経困難症	866頁	月経にともない、強い下腹部痛や腰痛がおこる。吐きけ、頭痛、イライラ感、憂うつ感などもともなう。
		子宮内膜症	843頁	内膜症ができた部位に痛み。だんだん月経痛がひどくなる。子宮以外にできると、腰痛、下腹部痛、排尿痛がおこる。

胸膜の病気（胸膜炎）

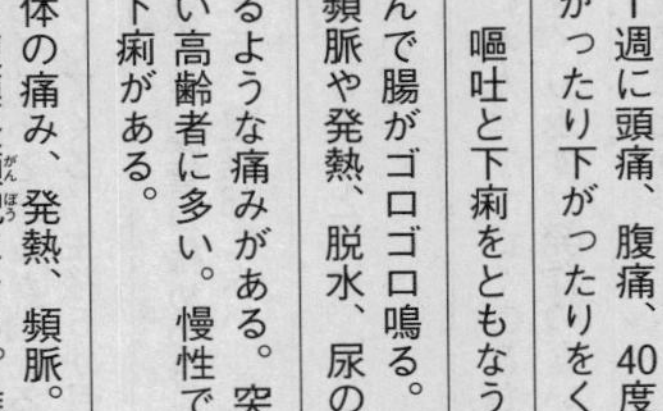

心臓の病気（狭心症、心筋梗塞など）

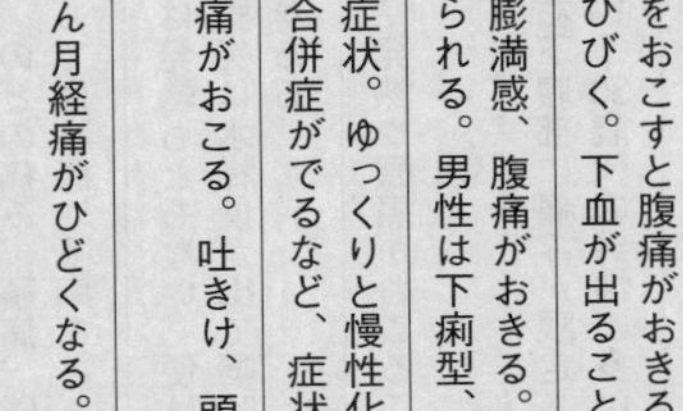

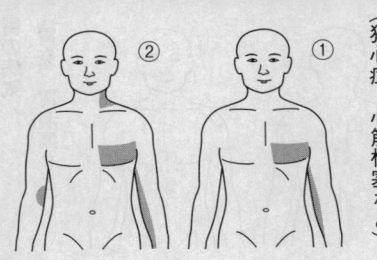

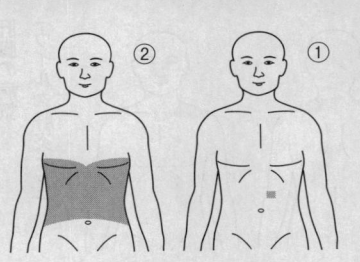

子どもの腹痛

おもな症状		考えられる病気	頁	病気のおもな症状
		かぜ症候群	670頁	くしゃみ、鼻水、鼻づまりが主症状。のどの痛み、頭痛、倦怠感、寒け、食欲不振など。ふつうは高熱はでない。子どもでは腹痛や下痢をともなうことが多い。
吐きけ、嘔吐、下痢	発熱	感染性胃腸炎	737頁	突然の下痢と腹痛。細菌性胃腸炎では発熱もともない、便は膿が混じったり血便になり、しぶり腹となる。ウイルス性胃腸炎は水様便が出て嘔吐する。発熱しても1日で解熱するが、脱水症状がおきることがある。
吐きけ、嘔吐、下痢	発熱	食中毒	2092頁	腹痛、下痢、吐きけや嘔吐が主症状。発熱や頭痛がおこることも。水様性の下痢になることも多い。血便が出ることも。
吐きけ、嘔吐、下痢	発熱	虫垂炎	1575頁	みぞおちの痛みから始まり、徐々に右下腹部に痛みが限定され、吐きけや嘔吐がおこる。初期症状が微熱程度のことも。10～30歳代の男性に多い。
吐きけ、嘔吐、下痢		アレルギー性腸炎	1581頁	特定の食物を食べたあと、下痢、嘔吐、腹痛がおきる。乳幼児では肛門周囲の発赤がみられることもある。じんま疹やぜんそく、血圧低下をおこすことも。
吐きけ、嘔吐、下痢		腸重積症	743頁	強い腹痛、嘔吐、血便がおもな症状。元気だった子どもが突然不機嫌になり、顔色が真っ青になり激しく泣き出す。しばらくすると痛みが消えるので泣き止むが、10～30分でくり返す。時間がたつとぐったりしてくる。生後6か月前後の乳児に多い。
吐きけ、嘔吐、下痢		鼠径ヘルニアの嵌頓	747頁	鼠径ヘルニアで内臓が脱出する孔が狭く、腸管が締めつけられて壊死すると（嵌頓）、痛がって激しく泣いたり、吐いたりする。鼠経部に赤いしこりができる。
		胃・十二指腸潰瘍	739頁	胃潰瘍では嘔吐と吐血、十二指腸潰瘍では貧血と下血。十二指腸潰瘍の腹痛はおとなとちがって、空腹時だけとはかぎらない。
		反復性腹痛	739頁	突然、腹痛がおきて数分から数時間にわたってつづくことも。顔面蒼白、頭痛、吐きけをともなうこともある。この発作をくり返す。発作のないときは元気。
		便秘	745頁	年長児は、便秘がつづくと腹痛を訴えることが多い。
		心因性腹痛		いやなことをされたり、不安がつのったりしたときに訴える。下痢をともなうことも。

胃の病気（胃炎、胃潰瘍など）

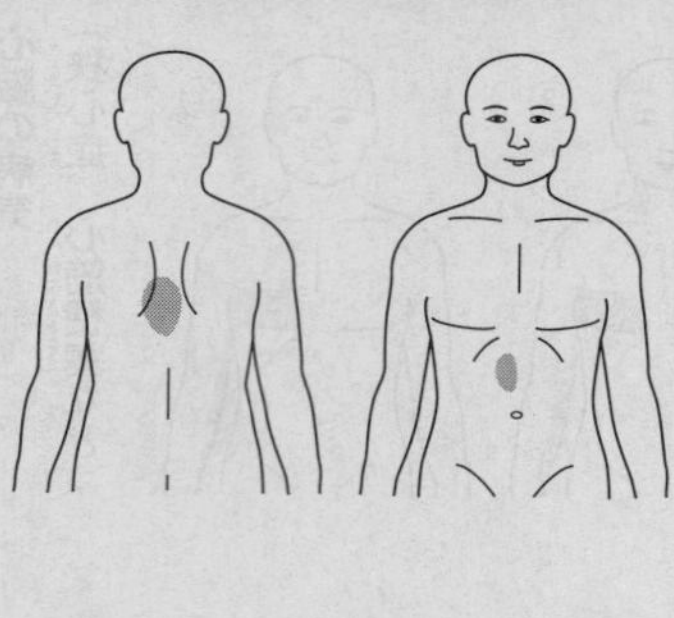

肝臓の病気（ウイルス肝炎など）

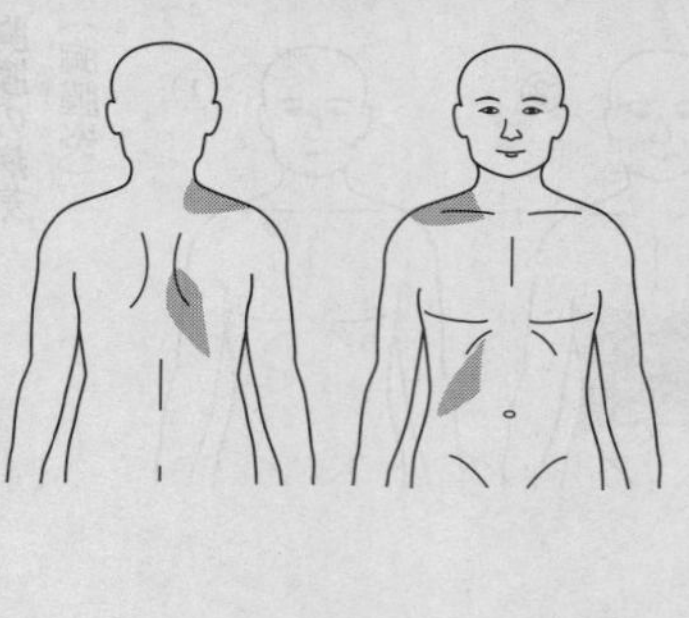

背中の痛み（背部痛）

病名	頁	症状
頸椎捻挫（むちうち損傷）	1951頁	うなじの痛み・熱感、頭重、肩こりが多い。くびや背中、腕、腰の痛みやこわばり、しびれ。くびや肩をよく動かせない、頭痛、めまい、かすみ目、耳鳴り、難聴など。
頸肩腕症候群	1914頁上段	くび、肩、腕、手指にかけて、痛みやしびれ、こり、だるさ、冷たさ、力が入らないなどの症状はあるが、原因がわからない場合に、この病名が使われることがある。
大動脈解離	1420頁	胸か背中が裂かれるような胸痛が突然おこるが、徐々に痛みが軽くなる。痛い場所が移動することも。
肋間神経痛	974頁	脊椎から片側1本の肋骨に沿った痛み。せきや大声で痛みがでる。変形性脊椎症（1893頁）や帯状疱疹（1836頁）が原因のことが多い。
急性膵炎	1678頁	臍の上あたりが激しく痛みだし、数時間後にピークになる。前屈みで痛みが和らぐ。背中側も痛み、吐きけや嘔吐もともなう。まったく症状がない場合も。

急な腰痛

病名	頁	症状
急性腰痛症（ぎっくり腰）	1910頁	洗顔のために前屈みになったり、重い物を持ち上げようとして腰に激痛がはしる。
腰椎の椎間板ヘルニア	1898頁	急性型はぎっくり腰として発症し、痛みが激しく動けない。2～3週間で軽くなり、慢性化する。腰痛とともに左右どちらかの殿部から太ももの後ろ、膝から足首の外側、つま先まで痛みがはしり、くしゃみやせきで強くなる。前屈みや中腰姿勢でも痛む。
尿管結石	1743頁	突然に片側の背中からわき腹に激痛がはしり、冷や汗が出たり、嘔吐する。痛みは間欠的で、治まれば自覚症状はなくなる。鈍痛や不快感だけのときも。まれに血尿。
胆石症	1669頁	食後（とくに油っこいもの）に激しい腹痛。ふつうは1時間ほどで治まるが3時間近くつづくことも。右わき腹が痛むことが多いが、背中や腰が痛むことも。
腎盂腎炎	1730頁	ぞくぞくする寒け、38度以上の高熱、むかつき、嘔吐、全身のだるさなど。腎臓付近や腰の痛み、頻繁な尿意、残尿感、排尿痛。血尿が出ることも。
腰部の筋膜炎		同じ姿勢、とくに悪い姿勢をつづけたことで筋肉が疲れて生じる腰痛。脚が痛んだりしびれることはない。脊椎に異常は見つからない。

胆石症

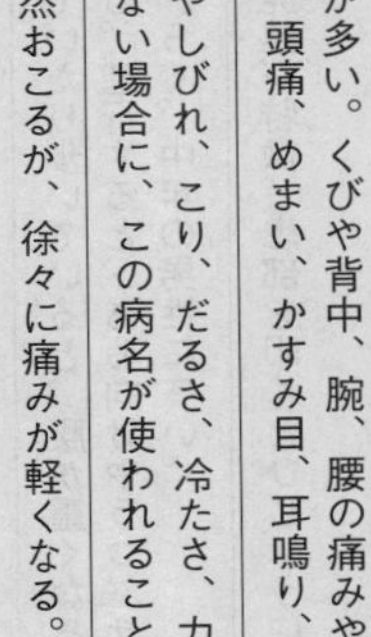

腎臓の病気（腎炎、腎盂腎炎など）

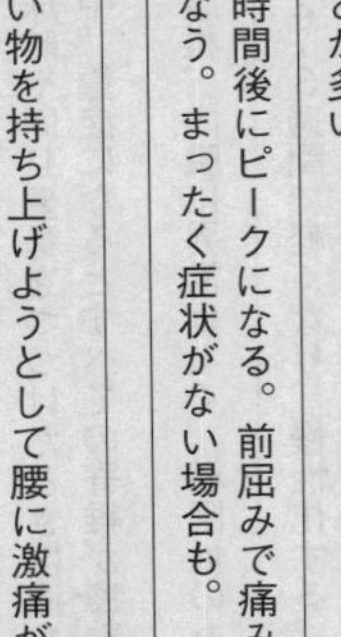

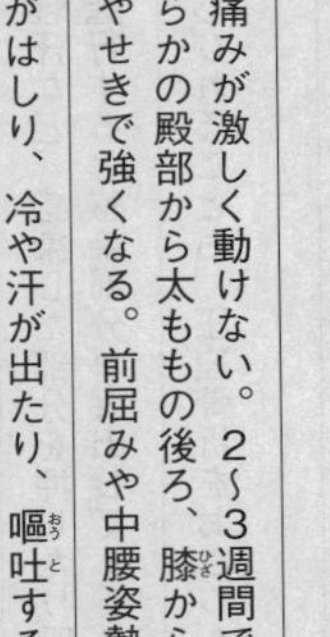

尿管の病気（尿管結石など）

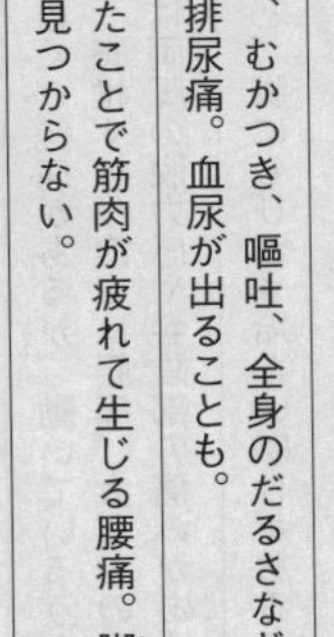

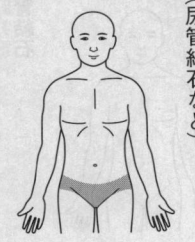

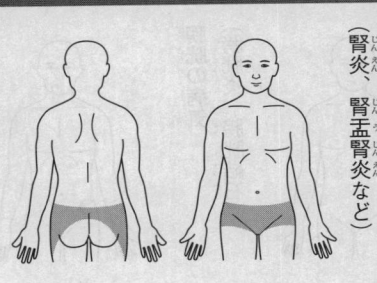

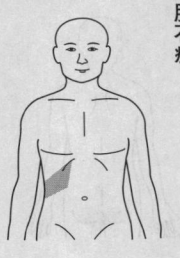

おもな症状	考えられる病気		病気のおもな症状
ときどきおこる腰痛	**脊椎分離症／脊椎すべり症**	1901頁	朝起きたときや動き始めは腰全体が重く、鈍痛があるが、動いているうちに解消する。からだを酷使すると痛みが悪化する。脊椎すべり症では腰痛、太ももの裏側に痛みや違和感があり、変性脊椎すべり症では両脚の脱力感や会陰部の痛みがある。
	腰部変形性脊椎症	1895頁	腰がだるい、重い、鈍痛、だるさなど。脚にしびれや冷たい感じがあることも。広い範囲が痛む。
	脊髄腫瘍	479頁	腰とその近くに腫瘍ができると鈍痛がし、曲げ伸ばしをすると痛みが広がる。進行すると脚のまひ・知覚障害（過敏・または鈍感）、排尿・排便障害など。
	結核性脊椎炎（脊椎カリエス）	1906頁	貧血、疲れやすい、だるい、微熱、寝汗など。感染した部分を押したり叩くと痛む。脊椎の筋肉がかたまって運動困難。進行すると感染部分が突出してくる。
	脊椎圧迫骨折	1905頁	骨折部分に強い痛み。脚が痛んだりしびれることも。圧迫骨折をおこした部分が突出し、叩くと痛い。前屈みも痛い。
	強直性脊椎炎	1904頁	初めは背中や腰が重苦しい程度。起床時や同じ姿勢をつづけたときに痛む。進行すると痛みや筋肉の硬直が腰中央部に集中。重症になるとすべての脊椎が癒着してしまう。
	腰痛症	1909頁	原因がはっきりしない腰痛。脊椎や腰椎、内臓に異常はなく、心因性のものでもない。
しびれをともなう	**腰椎椎間板ヘルニア**	1898頁	急性型は痛みが激しく動けないが、2～3週間で軽くなり、慢性化する。慢性型は気がつくと、鈍い腰痛や手足のしびれがある。腰痛とともに、左右どちらかの殿部から太ももの後ろ、膝から足首の外側、つま先まで痛みがはしり、くしゃみやせきで強くなる。前屈みや中腰姿勢でも痛みが増す。
	腰部脊柱管狭窄症	1896頁	腰痛のほか、背すじを伸ばして立っていたり歩いていると、腰が重くなる。脚がしびれて力が入らずもつれ、脚全体が痛む。進行すると、あお向けやうつぶせで寝ると足がしびれる。前屈みになると症状が和らぐ。中年の男性に多い。
発熱をともなう	**化膿性脊椎炎**	1904頁	急に始まる激しい腰や背中の痛みと発熱が特徴。患部を叩くとひじょうに痛い。穏やかに発症するケースも。

腎結石

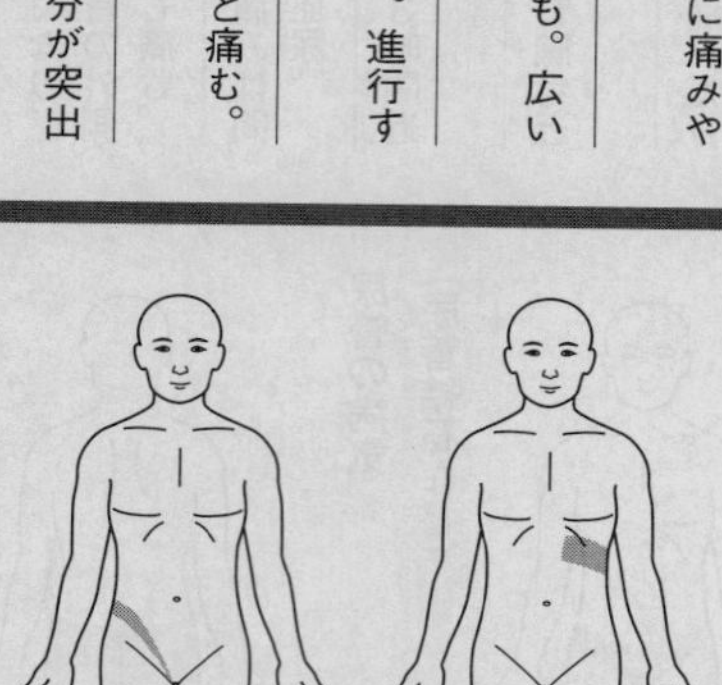

膀胱の病気（膀胱炎、膀胱結石）

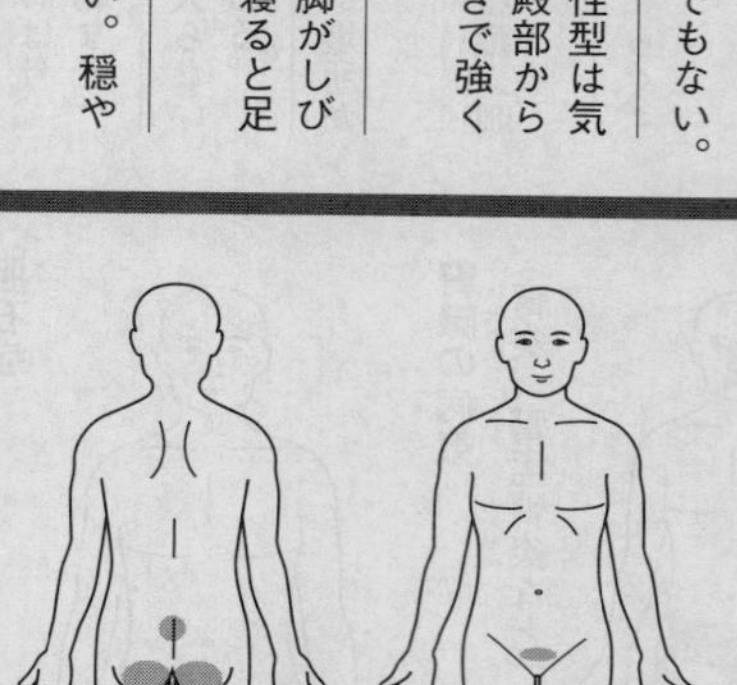

鈍い腰痛		
慢性胃炎	1555頁	みぞおちの痛みがつづく、胃もたれ、吐きけ・嘔吐、膨満感、食欲不振など。鈍い腰痛がつづき、検査によって慢性胃炎と診断されることもある。
胆管炎・胆嚢炎	1673頁	食後3～4時間すると急にみぞおちが痛み、吐きけがおこる。右上腹部、右の肩から背中にかけての痛みのほかに、腰が痛むこともある。濃い色の尿や黄疸も。
腎下垂／遊走腎	1738頁	長い時間立っていると、わき腹の鈍痛や腰痛。むかつきや嘔吐があったり、血尿、たんぱく尿、高血圧をともなうことも。
腎盂腎炎	1730頁	ぞくぞくする寒け、38度以上の高熱、むかつき、嘔吐、全身のだるさなど。腎臓付近や腰の痛み、頻繁な尿意、残尿感、排尿痛。血尿が出ることも。
腰椎の骨粗鬆症	1884頁	骨がスカスカになって骨折する。骨折場所は背骨が多い。腰や背中の痛み、背中が丸くなる（円背）。高齢の女性に多い。
脊柱後弯症（円背）	1902頁	腰や背中の重苦しい感じや鈍痛がつづく。背骨（脊柱）が変形して背中が丸くなる。
腰部脊柱管狭窄症	1896頁	腰痛のほか、脚に力が入らずもつれて歩けなくなる。進行すると、あお向けやうつぶせで寝ると足がしびれる。
骨軟化症（くる病）	1886頁	子どもの場合は低身長やO脚。おとなの場合は、症状が進行すると骨折しやすくなったり、関節や背中、腰が痛む。太ももが痛むのが特徴。
強直性脊椎炎	1904頁	初めは背中や腰が重苦しい程度。起床時や同じ姿勢をつづけたときに痛む。進行すると痛みや筋肉の硬直が腰中央部に集中。重症になるとすべての脊椎が癒着してしまう。
脊椎分離症／脊椎すべり症	1901頁	朝起きたときや動き始めは腰が重く鈍痛があるが動いていると解消。からだを酷使すると悪化。脊椎すべり症では腰痛、太ももの裏側に痛みや違和感。
女性 子宮筋腫	840頁	経血量が多い、不正性器出血がある、月経痛がひどい、貧血、下腹部のしこりのほか、腰痛を感じることも。
その他		疲労、慢性的な便秘、不自然な姿勢、脊柱側弯症（1902頁）のほか、こころの病気が原因となって腰が痛くなる心因性腰痛（1910頁）もある。

◎心因性腰痛（1910頁）

確かに腰が痛いのに、検査をしても脊椎、内臓、筋肉のどこにも異常がない場合があります。その腰痛は、過度のストレスを受けたときに、こころの病気のひとつとして発症する、心因性腰痛かもしれません。

ストレスで腰が痛くなるとは解せないかもしれませんが、立てない、歩けないという激痛におそわれるケースもあるほどで、軽症の人も含めれば、けっして特殊な病気ではありません。

心因性腰痛を訴える人の多くには抑うつ感がみられます。抗うつ薬によって痛みが軽減することがあります。

腰の痛みを誘発するストレスが何かわかっている場合には、ストレスを遠ざけることが大事です。

突然の呼吸困難（息苦しさ、息切れ）

おもな症状	考えられる病気	頁	病気のおもな症状
発熱	肺炎（市中肺炎）	1276頁	せき、痰、発熱、寒け（悪寒）、息苦しさ、胸の痛みなどがおこる。膿のような色がついた粘りけのある痰が出る。
	肺炎（院内肺炎）	1280頁	入院後48時間以上たってから発症した肺炎。寝たきりや意識障害のある人では嚥下性肺炎（1275頁）のことも。
	肺真菌症	1281頁	発熱、せき、痰、呼吸困難、だるさなど。からだの免疫力が低下すると発症する。よく効く抗菌薬が効かない。
	肺化膿症（肺膿瘍）	1277頁	悪臭をともなう痰が出る。糖尿病や飲酒常習者で肺に空洞ができた症状。
	過敏性肺炎	1299頁	発熱、せき、息苦しさなど。チリやほこりなどをともなう環境や作業で症状がでる。慢性化すると呼吸不全に。
	心内膜炎	1374頁	発熱、倦怠感、息切れ、呼吸困難、まひや意識障害など。手術や抜歯などをきっかけに細菌が心臓で増殖したもの。
胸痛	自然気胸	1323頁	気胸がおこった側の胸が突然に痛む。初期はからだを動かしたときに息切れする程度だが、ひどくなると安静にしていても息切れをおこす。
	心筋梗塞	1362頁	胸の中央部分の強い痛みが30分以上つづく。締めつけられる感じ。痛みは胸全体から背中、左腕に広がることも。吐きけ、動悸、呼吸困難などもあり、失神したり、ショック状態におちいることも。
	心筋炎	1376頁	発熱、鼻水、せきなどかぜの症状、下痢、腹痛など消化器の症状のあと、動悸、息苦しさ、胸痛などが現れ、不整脈、失神、ショック状態などにおちいることも。
	特発性心筋症	1377頁	動悸、息切れ、胸痛、めまい、不整脈などさまざまな症状がみられる。
	心臓神経症	1389頁	不安障害（1017頁）のひとつ。心臓に異常はないが、左胸の痛みや鈍痛を長時間感じる。逆に、胸の一部を刺すような短時間の痛みのときもある。不安が強いと呼吸が速くなって過換気症候群（1313頁）をおこすこともある。

◎生命にかかわる呼吸のしかたの異常

原因はなんであれ、つぎのような呼吸をしていたら、生命に危険が迫っている証拠です。一刻も早く、医療機関で救急処置を受けなければなりません。

▼クスマウル大呼吸　大きく深く、ゆっくりとした呼吸。一見して苦しいことがわかります。息をはく時間よりも、息を吸う時間のほうが長くなります。

糖尿病、尿毒症などによって肺からの二酸化炭素が正常にでていかない状態になったときにおこります。

▼チェーン・ストークス呼吸　浅い呼吸から、しだいに深い、数の多い呼吸になり、また浅い呼吸になって、一時的に呼吸停止状態になることをくり返します。

区分	病名	頁	症状
突然の呼吸困難（息苦しさ、息切れ）	**ぜんそく（気管支ぜんそく）**	1264頁	息をするたびにゼーゼー、ヒューヒューという音（喘鳴）が聞こえ、呼吸困難になる。せきはでないことも多い。発作は夜中から、とくに明け方にひどくなる。寒暖の差、ほこり、たばこの煙、空気の乾燥などの刺激で発作がおこることも。
	急性肺塞栓症	1414頁	長時間安静にしていたり座っていた人が動き出したときに、息苦しさ、めまい、失神などがおきる。少しずつ症状が増すことも。無症状から突然死までさまざま。エコノミークラス症候群（1414頁上段）もこれにふくまれる。
	気道内異物	116頁	ヒューヒューという喘鳴をともなう息苦しさ。せき、しわがれ声、血痰も。
	過換気症候群	1313頁	呼吸困難におちいり、頭がぼーっとしたり、めまいがおこる。手のしびれ、ひどいと全身にけいれんがおこる。大きく息を吸うたびに症状が悪化する。
	パニック発作	1017頁	大きなストレスを感じることで突然の呼吸困難、動悸、めまいなどがおこる。心身症のひとつ。
	その他		消化管からの出血（胃・十二指腸潰瘍（1558頁）、大腸がん（505頁）など）、心臓病（心筋梗塞 1362頁）にともなう肺水腫（1311頁）、けがによる血胸や気胸（1956頁）など。
慢性的な呼吸困難（息苦しさ、息切れ）	**COPD（慢性閉塞性肺疾患）**	1268頁	せきや痰がつづく。ゼーゼー、ヒューヒューという喘鳴や呼吸困難などが見られることもある。呼吸のたびに胸部が前後に膨らむ、口をすぼめて呼吸するなども特徴。
	気管支拡張症	1274頁	慢性的にせきと痰がつづく。血痰や喀血がみられることも。
	急性間質性肺炎	1293頁	息切れ、せき、発熱、倦怠感が日を追うごとに進行する。
	特発性肺線維症	1293頁	動いたあとの息切れや乾いたせきがでる。指先がばちのように丸く膨らむ、「ばち指」が見られることも。
	肺結核	1285頁	2週間以上、せきや痰がつづく。発熱するときは初期は高熱、だんだんと微熱がつづくようになる。血痰や胸痛、息切れも。高齢者ではだるさや体重減少が目立つ。
	塵肺	1302頁	せきや痰がつづき、呼吸困難になる。肺がんなどを合併することがある。代表的なものがアスベストによる石綿肺。

脳の酸素欠乏や病気のために呼吸中枢の感受性が低下しているとおこります。

▼ビオー呼吸　呼吸リズムと呼吸量が不規則で、呼吸数が減少します。不規則な間隔で10～30秒間、呼吸が止まりますが、その前後に深いため息をともないます。

脳炎、髄膜炎、脳腫瘍、脳外傷などで呼吸中枢が圧迫されたときにおこります。

▼下顎呼吸　下顎を動かす不規則な呼吸。息を吸うときには下方へ、はくときには上方へ動きます。ひん死の状態でおこります。

おもな症状	考えられる病気		病気のおもな症状
慢性的な呼吸困難	肺がん	491頁	長引くせき、痰、血痰、息切れ、声のかすれ、胸や背中の痛み、息切れなど。リンパ節が大きくなり静脈を圧迫すると顔や腕がむくむ。喫煙者に多い。
	胸膜中皮腫	498頁	持続する胸部の鈍い痛みと息切れ。
	原発性肺高血圧症	1320頁	からだを動かすと息切れがひどい、疲れやすい、動悸、胸の痛みなど。原因は不明。
	肺水腫	1311頁	呼吸困難とせき、痰。横になっていると息苦しくなり、手足がむくむ。心臓が原因の場合は夜に強い呼吸困難がおこり、ぜんそくと似ているため心臓ぜんそくとも呼ぶ。
運動をしたあとの息切れ	貧血	1439頁	からだがだるく、寒さを強く感じる。ふつうの運動でも動悸や息切れ。皮膚の赤みが減り黄色みをおびてくる。脚がむくんだり、微熱がでたり、食欲不振や吐きけなど。
	COPD（慢性閉塞性肺疾患）	1268頁	からだを動かしたあとに息切れするのがもっとも多い症状で、長期間にわたって進行する。せきや痰、喘鳴や呼吸困難などの発作がみられることもある。
	原発性肺高血圧症	1320頁	からだを動かすと息切れがひどい、疲れやすい、動悸、胸の痛みなど。原因は不明。
	びまん性汎細気管支炎	1272頁	数か月から数年にわたってせきと痰がつづき、からだを動かしたときの息切れがひどくなる。進行するとひっきりなしに黄色い痰が出る。慢性副鼻腔炎を合併する。
	狭心症	1356頁	寒い日に急いで階段や上り坂を登ると、胸・腹部が圧迫され、息切れを感じるが立ち止まると治まる。疲れたり飲酒をしたあとの就寝時や翌早朝に症状が現れる場合も。
	特発性心筋症	1377頁	動悸、息切れ、胸痛、めまい、不整脈などさまざまな症状がみられる。
	心臓弁膜症	1380頁	僧帽弁の障害では重い物を持ったり、階段を上るときなどに呼吸困難や動悸、疲れやすいなど。進行すると日常の動作でも動悸や呼吸困難がおこる。
	自然気胸	1323頁	気胸がおこった側の胸が突然に痛む。初期はからだを動かしたときに息切れする程度だが、ひどくなると安静にしていても息切れをおこす。
	特発性肺線維症	1293頁	動いたあとの息切れや乾いたせきがでる。「ばち指」がみられることも。
	心肥大	1386頁	からだを動かすと息切れ、全身倦怠感、疲れやすさ、顔と脚のむくみなど。
	慢性肺塞栓症	1414頁	からだを動かしたときに息苦しさや呼吸困難があり、徐々に悪化する。

◎気道の炎症によい食べ物

気管支炎などでは、炎症をおこした気道が腫れたり、収縮してしまうために、呼吸がつらくなります。

マグロ、ウナギ、イワシなどの青魚に豊富に含まれるEPA、DHAなどの不飽和脂肪酸は炎症を抑制します。また、サザエ、ホタテガイ、タコ、イカなどに多く含まれるタウリンは気道の収縮を抑えます。

コマツナ、シュンギク、ニンジンなどの緑黄色野菜に多いカロテンは、粘膜を丈夫にして免疫力を高めるはたらきがあります。

普段から気管支が弱い人は、魚介類や緑黄色野菜を積極的に食べるのもよいでしょう。

からせき（痰はあまり出ない）

分類	病名	頁	症状
	せきぜんそく	1266頁	夜間から早朝にかけてせきがでる。寒暖の差やたばこの煙、乾燥した空気などの刺激でも。気管支ぜんそくと異なり、喘鳴は聞こえず、呼吸困難もない。
軽いせき・発熱	インフルエンザ	1261頁	突然、38度以上の高熱をだして発症。悪寒、筋肉・関節痛、倦怠感、頭痛などの症状のあとに鼻水、のどの痛み、せきがつづく。
軽いせき・発熱	かぜ症候群	1258頁	くしゃみ、鼻水、鼻づまりが主症状。のどの痛み、せき、頭痛、倦怠感、寒け、食欲不振なども。ふつうは高熱はでない。
軽いせき・発熱	急性喉頭炎	1181頁	かすれ声、のどの乾燥感、痛み、せき。ひどくなると声がでなくなる。「ふくみ声」や飲み込むときの痛み、呼吸困難があることも。
軽いせき・発熱	急性扁桃炎	1176頁	強いのどの痛みがあり、飲食物を飲み込めず、せきがでる。耳の周りにも痛みがある。高熱がでて、関節が痛む。扁桃が赤く腫れ、表面に小さな白いかたまりがある。
軽いせき・発熱	肺結核の初期	1285頁	2週間以上、せきや痰がつづく。発熱するときは初期は高熱、だんだんと微熱がつづくようになる。ほかに血痰や胸痛も。高齢者ではだるさや体重減少が目立つ。
軽いせき・発熱	過敏性肺炎	1299頁	発熱、せき、息苦しさなど。チリやほこりなどをともなう環境や作業で症状がでる。慢性化すると呼吸不全に。
軽いせき・発熱	サルコイドーシス	1297頁	肺の中に進行すると、せきや息切れがでてくる。X線でリンパ節の腫れが確認できる。日本でも増加傾向になり、男性では20歳代、女性では50歳代に多い。
軽いせき・発熱	胸膜炎	1324頁	胸部の圧迫感や息切れ、せきなど。胸水がたまると胸痛がおこり、深呼吸やせきで悪化する。ある程度胸水がたまると胸痛は軽くなる。
せきが犬の吠え声	急性喉頭炎	1181頁	かすれ声、のどの乾燥感、痛み、せき。ひどくなると声がでなくなる。「ふくみ声」や飲み込むときの痛み、呼吸困難、犬が吠えるようなせきがでることも。
せきが犬の吠え声	喉頭結核	1182頁	声がれ、物を飲み込むときの痛み、息苦しさ、せきや血痰がでる。
せきが犬の吠え声	喉頭ジフテリア	816頁	38度前後の発熱とせき。しだいに声がかれ、犬が吠えるようなせき。気管が狭くなり、呼吸困難になることも。幼児と小児に多い。

◎呼吸困難の重症度の分類

呼吸困難が客観的にどのくらい重症かを判断するには、「ヒュー・ジョーンズの呼吸困難度」の分類がよく用いられます。

▼1度 同年齢・同体格の人と同様の労作が可能で、歩行、階段の昇降もできる。

▼2度 同年齢・同体格の健康な人と平地では同様に歩行できるが、坂、階段ではついていけない。

▼3度 平地でも健康な人といっしょには歩けないが、自分のペースでなら平地で1・6km（1マイル）以上歩ける。

▼4度 休まなければ平地でも50m以上は歩けない。

▼5度 会話や衣服の着脱でも苦しく、そのため外出もできない。

おもな症状	考えられる病気	頁	病気のおもな症状
からせき（痰はあまり出ない）：せき込む	百日ぜき	815頁	せきがではじめ、しだいに夜間のせきが増加。1～2週間たつと、息も吸えないほど強いせき発作が夜間に何度もおきるようになる。3歳以下の乳幼児に多い。
からせき（痰はあまり出ない）：せき込む	ぜんそく	1264頁	息をするたびにゼーゼー、ヒューヒューという音（喘鳴）が聞こえ、呼吸困難になる。せきはでないことも。発作は夜中から、とくに明け方にひどくなる。寒暖の差、ほこり、たばこの煙、空気の乾燥などの刺激で発作がおこることもある。
からせき（痰はあまり出ない）	特発性肺線維症	1293頁	動いたあとの息切れや乾いたせきがでる。指先がばちのように丸く膨らむ、「ばち指」がみられることも。
からせき（痰はあまり出ない）	肺がん	491頁	長引くせき、痰、血痰、息切れ、声のかすれ、胸や背中の痛みなど。リンパ節が大きくなり静脈を圧迫すると顔や腕がむくむ。喫煙者に多い。
からせき（痰はあまり出ない）	物理的な刺激		気道の中に異物があったり、冷たい空気、煙、刺激性ガスを吸入することで、からせきがでる。とくに、かぜのあとなどで気道の粘膜が敏感になっていると、わずかな刺激でもせきがでる。
せきがつづく	気管支拡張症	1274頁	慢性的にせきと痰がつづく。血痰や喀血がみられることも。
せきがつづく	慢性閉塞性肺疾患（COPD）	1268頁	せきや痰がつづく。ゼーゼー、ヒューヒューという喘鳴。呼吸困難などの発作がみられることもある。口をすぼめて呼吸する口すぼめ呼吸や胸部が前後に膨らむのも特徴。
せきがつづく	肺がん	491頁	長引くせき、痰、血痰、息切れ、声のかすれ、胸や背中の痛みなど。リンパ節が大きくなり静脈を圧迫すると顔や腕がむくむ。喫煙者に多い。
せきがつづく	肺結核	1285頁	2週間以上、せきや痰がつづく。発熱するときは初期は高熱、だんだんと微熱がつづくようになる。ほかに血痰や胸痛も。高齢者ではだるさや体重減少が目立つ。
せきがつづく	慢性喉頭炎	1182頁	声がれ、せき、痰、のどの異物感や不快感。中高年の男性に多い。
せきがつづく	急性間質性肺炎	1293頁	息切れ、せき、発熱、倦怠感が日を追うごとに進行する。
せきがつづく	非結核性抗酸菌症	1289頁	せきと痰がつづくが、症状がほとんどない場合も多く、年単位でゆっくりと進行する。自然治癒するものもあるが、慢性化するものも。

◎せきのいろいろ

せきには、ゴホンゴホンと痰がからむせき（湿性咳）と、コンコンと痰がからまないせき（乾性咳）があります。どちらも、長期間つづくと体力を消耗するので、ひどいときは、せき止め薬が必要です。しかし、とくに湿性咳は、気道に大量に分泌された粘液（痰）を排出しようとするからだの防御反応です。自己判断での薬の服用はさけましょう。

犬が吠えるように「ケンケン」と聞こえるせきは犬吠様咳嗽といいます。のどが炎症をおこして腫れて狭くなるクループ症候群のひとつで、子どもの喉頭炎やジフテリアなどでみられます。犬吠性咳嗽が激しいときには入院治療が必要なこともあります。

湿ったせき、痰のでるせき

痰の性状	発熱	病名	頁	症状
さらさらとした痰	発熱	急性咽頭炎	1172頁	のど全体が赤くなり、せきがでる。リンパが腫れ、痛む。物を飲み込むときに耳まで痛みが広がる。ウイルス感染では発熱や全身倦怠感もある。
さらさらとした痰		かぜ症候群	1258頁	くしゃみ、鼻水、鼻づまりが主症状。初期には、さらさらした痰をともなったせきがでることも。一般に高熱はでない。
さらさらとした痰		肺うっ血／肺水腫	1311頁	息切れとせき、痰。肺水腫では安静にしていても息苦しくなり、座った姿勢をとることが多くなり、尿量が減って手足がむくむ。せきや痰がでることも。
粘りけのある痰	発熱	インフルエンザ	1261頁	突然、38度以上の高熱をだして発症。悪寒、筋肉・関節痛、倦怠感、頭痛などの症状のあとに鼻水、のどの痛み、せきがつづく。
粘りけのある痰	発熱	急性気管支炎	1267頁	かぜをひいたときの鼻水、鼻づまり、くしゃみ、せき、痰などの症状につづいて、気管支が炎症をおこしたため、とくにせきや痰の症状が強くおこる。
粘りけのある痰		COPD（慢性閉塞性肺疾患）	1268頁	せきや痰がつづいて慢性化する。階段の昇り降りや、からだを動かしたあとの息切れ、ゼーゼー、ヒューヒューという喘鳴がある。かつては慢性気管支炎と呼ばれていた症状。口すぼめ呼吸や、呼吸のたびに胸部が前後に膨らむのも特徴。
粘りけのある痰		びまん性汎細気管支炎	1272頁	数か月から数年にわたってせきと痰がつづき、からだを動かしたときの息切れがひどくなる。進行するとひっきりなしに黄色い痰が出る。慢性副鼻腔炎を合併し、鼻水、鼻づまり、のどの後ろに鼻水がたれてくる。
粘りけのある痰		気管支拡張症	1274頁	慢性的なせきとたんが主症状。ときに血痰や喀血がみられることもある。子どものときの百日ぜきや肺炎、あるいはびまん性汎細気管支炎が原因のことが多い。
粘りけのある痰		ぜんそく	1264頁	息をするたびにゼーゼー、ヒューヒューという音（喘鳴）が聞こえ、せきがでる。呼吸困難になる。せきはでないことも。発作は夜中から、とくに明け方にひどくなる。寒暖の差、ほこり、たばこの煙、空気の乾燥などの刺激で発作がおこることもある。
粘りけのある痰		肺真菌症	1281頁	発熱、せき、痰、呼吸困難、だるさなど。からだの免疫力が低下すると発症する。よく効く抗菌薬が効かない。

◎せき失神

激しくせき込んでいるうちに、意識を失って倒れることがあります。これをせき失神（咳嗽性失神、喉頭性失神）といいます。10秒ほどの短時間の失神で、後遺症は何も残りません。

失神がおこるメカニズムははっきりしていません。激しいせきがつづくと、腹腔内の圧力が上昇して心臓が影響を受け、血流量のバランスがくずれることが原因と考えられています。迷走神経の反射によるものという考えもあります。

慢性閉塞性肺疾患（COPD）やせきぜんそくなどの病気をもつ人がせき失神をおこすことがありますが、それほど多くはありません。転倒時に頭部などをぶつけないように注意しましょう。

おもな症状			考えられる病気	頁	病気のおもな症状
黄色い痰（膿の混じる）	発熱		びまん性汎細気管支炎	1272頁	数か月から数年にわたってせきと痰がつづき、からだを動かしたときの息切れがひどくなる。進行するとひっきりなしに黄色い痰が出る。慢性副鼻腔炎を合併し、鼻水、鼻づまり、のどの後ろに鼻水がたれてくる。
			肺炎（市中肺炎）	1276頁	せき、痰、発熱、寒け（悪寒）、息苦しさ、胸の痛みなどがおこる。膿のような色がついた粘りけのある痰が出る。
			気管支拡張症	1274頁	慢性的にせきと痰がつづく。血痰や喀血がみられることもある。急性の感染で発熱することも。
		悪臭のする痰	膿胸	1325頁	肺炎が適切に治療されなかったときなどに胸膜腔に感染がおこり、胸水が膿のようになってしまい、痰として出てくる。
			肺化膿症（肺膿瘍）	1277頁	悪臭をともなう痰が出る。糖尿病や飲酒常習者で肺に空洞ができた症状。
赤い痰（血痰）			インフルエンザ	1261頁	突然、38度以上の高熱をだして発症。悪寒、筋肉・関節痛、倦怠感、頭痛などの症状の後に鼻水、のどの痛み、せきがつづく。ときに血痰がみられることも。
			肺結核	1285頁	2週間以上、せきや痰がつづく。発熱するときは初期は高熱、だんだんと微熱がつづくようになる。ほかに血痰や胸痛も。高齢者ではだるさや体重減少が目立つ。
			気管支拡張症	1274頁	慢性的にせきと痰がつづく。血痰や喀血がみられることもある。
			肺マック症	1289頁	非結核性抗酸菌症のひとつ。軽症でも喀血や血痰が出やすい。年単位でゆっくりと進行するが急性の場合もある。慢性化することが多い。
			肺がん	491頁	長引くせき、痰、血痰、息切れ、声のかすれ、胸や背中の痛みなど。リンパ節が大きくなり静脈を圧迫すると顔や腕がむくむ。喫煙者に多い。
痰の色の異常			鉄さび色		市中肺炎（1276頁）、肺化膿症（1277頁）、肺塞栓症（1414頁）、心臓弁膜症（1380頁）、心不全（1342頁）などで鉄さび色の痰が出ることも。
			緑色		緑膿菌の肺への感染で緑色の痰が出ることも。
			黒色または灰色		ほこりの吸入、塵肺（1302頁）などで黒色や灰色の痰が出ることも。

◎せき、痰、のどの痛みに効く食べ物

せきやのどの痛みに効くといわれる和漢薬や民間療法がたくさんあります。

ぎんなん、ダイコン、キンカン、ナンテンの実がせきに、蜂蜜、アンズ、黒豆、干し柿がのどの痛みに効きます。殻をとって煮たぎんなんに蜂蜜をかけて食べるのが効果があるようです。

濃い番茶や、かぜのウイルスを抑えるテアフラビンが含まれる紅茶でうがいをするのもよいでしょう。ザクロの実1粒を煎じた液はのどの痛みを和らげます。

シュンギクやゴボウはせきを止め、痰をきります。

トウガンの種子は、熱を下げ、痰をとるので、ざらめを加えて粉末にし、湯に溶かして飲むといいでしょう。

脈の異常　脈の異常についての解説は、1346頁の「不整脈とは」を参照。

動悸を感じる

分類	病名	参照頁	症状
チアノーゼ	先天性心疾患	677頁	異常がある部位によって、皮膚や唇の色が紫色になるチアノーゼがでることがある。
チアノーゼ	左心不全	1342頁	軽症や中等症では階段や坂道を上るなどで、倦怠感、息切れ、息苦しさ、動悸、胸痛、せき、痰など。重症になると安静時でも呼吸困難や胸痛、せきや泡の多い痰が出る。横になっていると苦しい。悪化するとチアノーゼがおこり、喘鳴が聞こえる。
脈が速い（頻脈）	貧血	1439頁	からだがだるく、寒さを強く感じる。ふつうの運動でも動悸や息切れ。皮膚の赤みが減って黄色みをおびてくる。脚がむくんだり、微熱がでたり、食欲不振や吐きけなど。
脈が速い（頻脈）	心不全	1342頁	右心不全でも左心不全でも、頻脈がおこる。安静時でも心拍数が1分間に100以上まで上昇し、動悸を感じる。慢性的な全身倦怠感、手足が冷え、皮膚が白くなり、尿量が減る。左心不全では呼吸困難やせき、痰が出る。右心不全では全身がむくむ。
脈が速い（頻脈）	心臓弁膜症	1380頁	僧帽弁の障害では重い物を持ったり、階段を上るときなどに呼吸困難や動悸、疲れやすいなど。進行すると日常の動作でも動悸や呼吸困難がおこる。
脈が速い（頻脈）	発作性上室性頻拍	1350頁	規則正しい動悸が突然おこって、突然治まる。1分間に100～200回の頻脈に。
脈が速い（頻脈）	心内膜炎	1374頁	発熱、倦怠感、動悸、息切れ、呼吸困難、まひや意識障害など。手術や抜歯などをきっかけに菌類が心臓で増殖したもの。
脈が速い（頻脈）	心筋炎	1376頁	発熱、鼻水、せきなどかぜの症状、下痢、腹痛など消化器の症状のあと、動悸、息苦しさ、胸痛などが現れ、不整脈、失神、ショック状態などにおちいることも。
脈が速い（頻脈）	特発性心筋症	1377頁	動悸、息切れ、胸痛、めまい、不整脈など、さまざまな症状がみられる。
脈が速い（頻脈）	バセドウ病	1475頁	甲状腺が肥大、頻脈や動悸、目が突出してくるのが主症状。ほかに手の震え、発汗、倦怠感、イライラする、眠れないなど。20～30歳代の女性に多い。
脈が速い（頻脈）	ビタミンB_1欠乏症	1519頁	ウェルニッケ脳症と脚気が知られる。脚気では全身倦怠感、動悸、手足のしびれ、手指や足先のしびれ、むくみ、心不全、ひざの腱の反射の低下など。
脈が速い（頻脈）	低血糖症	1507頁	ふつうは糖尿病の治療中におこる。空腹感、顔面蒼白、発汗、動悸（頻脈）、震え、頭痛、複視、傾眠、精神錯乱、けいれんなど。

◎動悸

心臓は、健康なおとなで1分間に50～100回、脈を打って血液を送り出しています。心臓の鼓動を日常生活のなかで感じることはふつうありません。

ところが、全力疾走をしたあとや、びっくりしたり、緊張したときに、「ドキドキ」と鼓動を感じることがあります。これが動悸です。自分で自分の心臓の動きを自覚することなのです。心悸亢進ともいいます。

激しい運動をすると、心臓が鼓動を速め、全身にどんどん血液を送り出して動悸を感じます。不安、緊張、興奮、恥ずかしいときなどに感じる動悸は、心臓の鼓動をコントロールしている神経が興奮したため、鼓動が強くなったのです。

動悸を感じる

おもな症状	考えられる病気	頁	病気のおもな症状
精神的な要因	うつ病	1011頁	数週間から数か月にわたって気分がひどく落ち込み、何事にも興味がわかない。不安時やとくにきっかけもなく動悸を感じることも。
	不安障害（パニック発作）	1017頁	突然、強い不安感や恐怖におそわれ、息苦しさ、息切れ、呼吸困難などが現れる。慣れない場所、人ごみや電車の中、暗がりでも動悸や呼吸困難になることも。ひどくなると過換気症候群（1313頁）に至ることもある。
	恐怖症性不安障害	1019頁	閉所、高所、尖端、人との関わり、乗り物、汚れなど特定の対象に強い恐怖や嫌悪をおぼえ、動悸や呼吸困難をおこす。
	心的外傷後ストレス障害	1022頁	PTSD。過去に体験した恐怖がありありと頭の中に浮かび（フラッシュバック）、動悸や呼吸困難など身体的症状が現れることも。
	適応障害	1023頁	不安や抑うつなどがあるが、うつ病ほど強くはない。不安時に動悸を感じることも。
薬の使用			気管支拡張薬や甲状腺薬などを使用すると、その作用で動悸を感じる。
その他			高熱、呼吸困難のときにも動悸を感じる。そのほか、尿毒症（1722頁）、心臓ぜんそく（肺水腫1311頁）、ダンピング症候群（1572頁）など。
自律神経失調症		914頁上段	症状は人によってさまざまだが、疲れやすさ、全身の倦怠感、めまい、集中力の低下が多い。動悸を感じ、脈が乱れ、冷えを感じたり、顔がのぼせたり、発汗が異常になることも。症状は午前中に強く、午後から夜にかけて元気になる。
女性	月経前症候群（PMS）	867頁	下腹部痛、腰痛、乳房の痛み、むくみ、頭痛、めまい、便秘、下痢、吐きけのほか、イライラする、怒りっぽくなる、憂うつになるなど。動悸を強く感じることも。
	月経困難症	866頁	月経にともない、強い下腹部痛や腰痛がおこる。吐きけ、頭痛、イライラ感、憂うつ感などもともなう。ときに動悸。
	更年期障害	870頁	のぼせ、ほてり（ホットフラッシュ）、発汗、冷え、動悸、めまい、頭痛、不眠、倦怠感、憂うつ感、イライラ感、腰痛、肩こりなど。動悸を強く感じ、歩いたり立ったりしているのもつらい状態になることが。

◎運動強度と心拍数（脈拍数）

自分に合った運動の強さを客観的に知るために心拍数を使う方法があります。

まず、運動の目的から運動強度（％）を調べます。強く鍛えようとするほど、運動強度は高くなりますが、自分の運動経験などに見合ったものにします。

（最大心拍数－安静時の心拍数）×運動強度＋安静時心拍数＝運動の目標心拍数

最大心拍数は、一般に年齢と性別の平均値を使います。運動をしながら心拍数を計り、目標心拍数になるよう、運動の強さを調整します。目標より低ければ運動してもあまり効果がありません。高ければ心臓に負担がかかりすぎます。

分類		病名	頁	症状
脈が速い（頻脈）		心不全	1342頁	安静時でも心拍数が1分間に100以上。全身倦怠感、手足の冷え、皮膚が白くなる、尿量減少など。左心不全では呼吸困難やせき、痰。右心不全では全身がむくむ。
脈が速い（頻脈）		心房細動	1348頁	脈の打ちかたがバラバラになる。速くなることが多いが、反対に遅くなることも。
脈が速い（頻脈）		心房粗動	1349頁	規則正しい頻脈。程度に応じて、動悸、めまい、失神の症状がおきる。
脈が速い（頻脈）		発作性上室性頻拍	1350頁	規則正しい動悸が突然おこって、突然治まる。1分間に150～200回の頻脈に。
脈が速い（頻脈）		WPW症候群	1350頁	発作性上室性頻拍の原因の1つ。突然死を引き起こすこともある。
脈が速い（頻脈）		心室頻拍	1351頁	心拍数が1分間に200回を超えることもあり、冷や汗、動悸、めまい、失神をおこす。突然死の原因になる。
脈が速い（頻脈）		心室細動	1351頁	頻脈とともに、脈が乱れることも多い。心室が震えるだけで血液が送り出されないため心停止状態に。10秒で意識喪失、全身がけいれん、30秒をすぎると脳死が始まる。
脈が速い（頻脈）	下痢	潰瘍性大腸炎	1584頁	肉眼でわかる血便、下痢、腹痛が主症状。発熱や貧血、脈が速くなることも。
脈が速い（頻脈）	腹痛	急性腹膜炎	1620頁	腹部全体の痛み、発熱、頻脈。頬骨が突き出し、目が落ちくぼんでくまができ、鼻がとがる、腹膜炎顔貌になる。進行すると嘔吐、意識がもうろう、ショック状態に。
脈が速い（頻脈）	腹痛	腸閉塞（イレウス）	1591頁	さしこむような強い腹痛、腹部が膨んで腸がゴロゴロ鳴る。嘔吐があり、排便・排ガスがとまる。血行障害があるものは頻脈や発熱、脱水、尿の減少なども。
脈が遅い（除脈）		洞不全症候群	1347頁	脈がひじょうにゆっくりになったり心停止して、めまいや失神をおこす。加齢による機能低下が原因で、80歳以上の人に多い。
脈が遅い（除脈）		房室ブロック	1348頁	脈がゆっくりになって、めまい、失神。重症では突然死をおこす。
脈が乱れる		期外収縮	1349頁上段	脈がとぶような感じがすることもあるが、自覚がないことが多い。
脈が乱れる		心房細動	1348頁	脈の打ちかたがバラバラになる。脈が速くなることが多いが、反対に遅くなることも。
脈が乱れる		ブルガダ症候群	1352頁	心室細動がおこり、失神することも。30歳代前半～40歳代後半の男性に多い。
脈に左右差		大動脈炎症候群	1422頁	初期には発熱や貧血。半年ほどたつと、動悸、めまいなど。手の動脈が炎症をおこすと左右の手で血圧がちがったり、手と足で血圧差がでる。

◎血液と血管を正常に保つ食べ物

血液の凝固を防ぎ、血栓や動脈硬化の予防になるといわれる食品があります。

納豆に含まれるナットウキナーゼがその代表です。ただし、白血病など出血傾向のある病気で血液がかたまりやすくする薬を服用している場合は、医師に相談しましょう。

ソバやタマネギ、ダイコンに含まれるフラボノイドは、ビタミンCのはたらきを高め、毛細血管を丈夫にします。ネギやタマネギに含まれる硫化アリル、メロンに含まれるアデニシン、青魚に多い不飽和脂肪酸のDHAやEPAも血栓を予防します。また、ラッキョウは、心筋梗塞の予防になるともいわれます。

おもな症状	考えられる病気	頁	病気のおもな症状
徐々にやせる	肺結核	1285頁	せきや痰がつづく。発熱するときは初期は高熱、だんだんと微熱がつづくようになる。ほかに血痰や胸痛も。高齢者ではだるさや体重減少が目立つ。
	アジソン病	1490頁	全身倦怠感、脱力、低血圧、体重減少、吐きけのほか、全身の皮膚の色が黒くなる。
	クローン病	1586頁	症状はさまざまだが、腹痛、下痢、発熱、体重減少が多い。血便や下血がみられることも。腸の狭窄が進むと腹痛や嘔吐。腸の内容物が漏れると強い痛みや発熱も。
	悪性腫瘍		胃、腸、肝臓、胆道などの消化器のがんが進行すると、やせが目立つようになる。
	その他		全身性エリテマトーデス（2030頁）、多発性動脈炎（2042頁）、腸や腎臓の結核など。
急にやせる	糖尿病	1501頁	糖尿病が進むと、糖のかわりに体脂肪をエネルギー源に利用するようになり、やせてくる。全身の倦怠感、脱力感、吐きけなど。
	バセドウ病	1475頁	甲状腺が肥大、頻脈や動悸、目が突出してくるのが主症状。ほかに体重減少、手の震え、発汗、倦怠感、イライラする、眠れないなど。20～30歳代の女性に多い。
	摂食障害	1026頁	食べる量が極端に減る拒食症では、適正体重から15%以上ものやせがみられる。貧血、白血球減少、低血圧、骨粗鬆症なども併発。短時間に大量に食べる過食症の一部では、過食のあとに自分で嘔吐したり下剤を使うことで急激にやせる場合も。くり返す嘔吐によって歯のエナメル質が失われることも多い。
子ども	子どものやせ	715頁	消化器系の疾患や食物アレルギー、腎疾患、下垂体機能低下症などの内分泌疾患、免疫不全のほかに、母乳不足、育児放棄による栄養不良にも注意する。
太る	慢性甲状腺炎（橋本病）	1479頁	甲状腺がごつごつと腫れる。倦怠感、むくみ、冷えなど。体重が増加することも。
	クッシング症候群	1491頁	顔が満月のように丸くなる（満月様顔貌、ムーンフェイス）。赤みをおびる。胸や腹に脂肪がたまって太るが手足は細くなる。
	薬剤の使用		副腎皮質ホルモン（ステロイド）や女性ホルモン、精神科の薬の服用によるもの。
	その他		甲状腺機能低下症（1478頁）などの内分泌の異常。

◎虚弱な子どもの食事

からだが弱い子どもの滋養強壮には、たんぱく質を摂取することがいちばんです。食が細いときには、肉類だけでなく魚、乳製品、卵などから食べられるものを選びましょう。

牛乳や乳製品に多いカゼインには、腸の蠕動運動を抑えることで消化吸収を高めたり、免疫力を活性化するので、食欲がでない子どもにとくにおすすめです。

もし乳糖不耐性などがある場合は、脱脂粉乳を利用しましょう。

疲労のもとになる乳酸を分解するはたらきがあるのがビタミンB_1。たんぱく質もビタミンB_1もどちらも豊富な豚肉やウナギを少しずつでも食べるように、料理に工夫をしてみましょう。

部位	病名	頁	症状
顔にむくみ	腎臓病	1686頁	ネフローゼ症候群（1699頁）、急性腎炎症候群（1692頁）、糖尿病性腎症（1710頁）の初期や、中程度の慢性腎炎症候群（1696頁）などでは、最初に「顔が腫れぼったい」と、むくみを意識することが多い。まぶたにむくみがあるかどうかで判断する。
	上大静脈症候群	1431頁	上半身、とくにくびから顔面にかけて、うっ血と腫れ、ときにむくみも。
	クッシング症候群	1491頁	顔が満月のように丸くなる（満月様顔貌）。赤みをおびる。胸や腹に脂肪がたまって太るが手足は細くなる。皮膚が薄くなり皮下出血がおきやすくなる。糖尿病、高血圧、性欲低下、筋力低下、多毛でひげが濃くなる、無月経など。
下肢（脚）にむくみ	右心不全	1343頁	軽症の場合は、脚にむくみがみられる程度。中程度になると頸静脈が大きく膨らんだり、おなかが張った感じ、肝臓が腫れる、食欲不振、吐きけなど。重症になると全身がむくみ、腹水がたまるようになる。
	深部静脈血栓症	1430頁	突然、脚が腫れ、痛みや軽い熱感をともなう。立っていると脚が赤紫色になることも。むくむことも多い。長期間寝ていたり、飛行機などでじっとしている場合におこる。
	慢性静脈不全症	1431頁	脚のむくみ、腫れ、痛み、しこり、失神、色素沈着や潰瘍など、多彩な症状がある。
	下肢静脈瘤	1428頁	脚の皮膚近くの静脈が蛇行したり、瘤のように膨れた静脈瘤ができる。立ちつづけると脚がむくみ、だるい。症状が進むと皮膚に褐色の色素沈着、その部分に湿疹、潰瘍。
	脚気	1519頁	むくみ、全身倦怠感、動悸、息切れ、手足のしびれ、膝の腱などの反射低下、手指や足先がしびれて知覚が鈍くなる、心不全など。インスタント食品のとりすぎ、むりなダイエットなどでビタミンB_1が不足しているとおこる。
	たんぱく漏出性胃腸症	1578頁	顔面や下腿に多いむくみ。重症になると腹水や胸水をともなう。
	慢性甲状腺炎（橋本病）	1479頁	甲状腺の表面がかたく、ごつごつと腫れてくる。倦怠感、気力の低下、手足のむくみ、冷え、便秘、皮膚のかさつき、会話が遅くなるなど。
	その他		太っていると脚がむくむことが多い。栄養不足でたんぱく質が不足したり、飲料水の飲みすぎ、長時間同じ姿勢をつづけた場合でも脚がむくむ。

◎むくみとは

細胞と細胞の間にある水分を間質液といいます。間質液が増加し、皮膚の外からもぶよぶよしているのがわかるのが、むくみです。浮腫や水腫ともいいます。

毛細血管の内壁には無数の小さな孔があって、水分が出入りしています。血管の周りで水分が少なければ、血管から水が出ていって補うし、多ければ血管の中に水が回収されます。このバランスが何かの原因でくずれ、余分に排出されたり、取込まれずに余った水分が間質液としてたまると浮腫になります。原因に応じて、腎性浮腫、心臓性浮腫、肝性浮腫、内分泌浮腫などに分類されます。指で押すとあとが残るものと、残らないものがあります。

全身にむくみ

考えられる病気		頁	病気のおもな症状
ネフローゼ症候群		1699頁	多量のたんぱく質を含んだ尿、血液中のたんぱく質濃度の低下と脂質の増加、それにともない、全身のむくみがみられる。
急性腎炎症候群		1692頁	むくみ、高血圧、血尿が三大症状。これにたんぱく尿も含まれる。急激に発症する。見た目にわかる赤い血尿になることも。かぜなどのあとにおこることが多い。
慢性腎炎症候群		1696頁	むくみ、高血圧とともに、たんぱく尿や血尿が持続的にある。徐々に腎機能が低下。
IgA腎症		1704頁	検査でたんぱく尿か血尿が見つかる。かぜのあとに真っ赤な血尿が数日間あることも。高血圧やむくみなど腎臓の機能低下の症状がでることも。
肝硬変		1647頁	肝硬変の初期はだるさや食欲不振程度で自覚症状はない。進行すると黄疸、クモが手足を広げたような紅斑、腹水、むくみ、手のひらが赤くなる、皮下出血や鼻血、男性でも乳房が大きくなる、羽ばたき振戦、異常行動など。
尿毒症		1722頁	疲れやすい、だるい、思考力の低下、むくみのほか、消化器、循環器、呼吸器、神経などにさまざまな症状がでる。
甲状腺機能低下症		1478頁	むくみが現れる。倦怠感、気力の低下、動作がにぶくなる。便秘、寒がりなども。慢性甲状腺炎（1479頁）や脳の下垂体や視床下部に異常がある場合。
強皮症		2036頁	皮膚がかたく、こわばってくる。手指が動かしにくく、むくんだ感じになり、物がつかみにくくなる。寒気にさらされたり、冷たい水に手をつけると指先が白、あるいは紫色になるレイノー現象がみられる。
薬剤の使用			気管支ぜんそく、腎不全、リウマチなどの治療で使用する副腎皮質ホルモン（ステロイド）や、更年期障害の治療で使用するホルモン剤でむくむことも。
女性	月経前症候群（PMS）	867頁	下腹部痛、腰痛、乳房の痛み、むくみ、頭痛、めまい、便秘、下痢、吐きけなどの身体症状と、イライラする、怒りっぽくなる、憂うつになるなどの精神症状がある。
女性	妊娠高血圧症候群	876頁	「妊娠中毒症」といわれていたもの。高血圧、たんぱく尿、けいれん発作などがおこり、妊娠後期に急激に悪化する。全身のむくみがみられる。

◎むくみができる原因

腎炎などでは尿にたんぱく質が多く排出されます。血液中のたんぱく質が減ると、血管から組織へ水分が出てしまいます。からだにナトリウムが多くなり、それに応じて体液も増えるので、腎性浮腫がおきます。

心臓の機能が落ちると、静脈の圧力が高まり、血管から水分がでてしまい、心臓性浮腫となります。肝臓のはたらきが悪くなってたんぱく質の合成が減ると血中のたんぱく質量が減り、血管から水分がでるので、肝性浮腫となります。

甲状腺機能が低下すると、多糖類などが皮下組織に沈着し、水分を引きよせて内分泌浮腫ができます。押してもへこんだ跡が残らないのが特徴です。

だるい（倦怠）・気力がわかない

分類	病名	参照頁	症状
むくみ	貧血	1439頁	からだがだるく、寒さを強く感じる。ふつうの運動でも動悸や息切れ。皮膚の赤みが減って黄色みをおびてくる。脚がむくんだり、微熱がでたり、食欲不振や吐きけなど。
	右心不全	1343頁	軽症の場合は、脚にむくみがみられる程度。だるさ、疲れやすさも。
	腎臓病	1686頁	たんぱく尿やむくみ、血尿などのほか、全身のだるさなど。
	脚気	1519頁	全身倦怠感、動悸、手足のしびれ、手指や足先のしびれ、むくみ、心不全など。
	急性白血病	548頁	疲れやすい、動悸、息切れなどの貧血症状のほか、発熱、寝汗など。ほかに歯肉や鼻から出血しやすい、胸の中央の骨を叩くと痛む、リンパ節、肝臓、脾臓の腫れなど。
	糖尿病	1501頁	初めは自覚症状がないが、少し悪化すると、尿が大量に出るようになり、のどがひじょうに乾き、水分を多くとるようになる。だるい、やせてくるなど。
	肝臓病	1629頁	全身の倦怠感。急性肝炎は吐きけとともに強い倦怠感がある。黄疸、むくみなど。
	白血球減少症	1447頁	無顆粒球症では、薬剤の使用などがきっかけで、急に全身のだるさが現れ、震えをともなう高熱とひどいのどの痛み、悪化すると肺炎、敗血症などをおこす。
	うつ病	1011頁	数週間から数か月にわたって気分がひどく落ち込む。何事にも興味がわかずおっくうになる。全身の倦怠感も感じる。人生に絶望することも。
	自律神経失調症	上段 914頁	症状は人によってさまざまだが、疲れやすさ、全身の倦怠感、めまい、集中力の低下が多い。動悸を感じ、脈が乱れ、冷えを感じたり、顔がのぼせたり、発汗の異常など。
	慢性疲労症候群／線維筋痛症	2044頁	慢性疲労症候群は激しい全身倦怠感、疲労感が急激におこる。微熱、関節痛、抑うつ感も。活動量は発病前に比べて50%以下に激減。線維筋痛症は全身の慢性疼痛とこわばりが主症状で、ほかに疲労感、抑うつ感、不眠、頭痛、下痢など多彩な症状がでる。
	甲状腺の病気		甲状腺の機能が活発になりすぎても（甲状腺機能亢進症 1474頁）、低下しても（甲状腺機能低下症 1478頁）、倦怠感がでる。
女性	更年期障害	870頁	のぼせ、ほてり（ホットフラッシュ）、発汗、冷え、動悸、めまい、頭痛、不眠、倦怠感、憂うつ感、イライラ感、腰痛、肩こりなど。

◎腎性浮腫に効く食べ物

腎臓疾患の代表的な症状はむくみです。むくみには、スイカ、トマト、柿、アボカド、トウガンなどが効果があります。これらの食品は利尿作用が強いカリウムを多く含んでいるのです。

なかでも小豆には豊富なカリウムが含まれます。小豆など豆類の外皮に含まれるサポニンにも利尿作用があります。むくみが強いときには小豆をご飯のかわりに食べてもよいでしょう。

急性腎炎では、たんぱく質の老廃物が腎臓にたまるのを抑えるため、食事のたんぱく質量を制限します。

腎臓疾患の治療には、食事療法がたいせつです。医師とよく相談して食生活を決めるようにしましょう。

おもな症状		考えられる病気		病気のおもな症状
全身のけいれん	発熱	熱中症（熱射病）	2054頁	熱中症の重症な症状。体温調節の中枢神経がはたらかなくなり、体温が40度以上になる。いきなり、虚脱状態、けいれん、昏睡、意識がもうろうとするなど。
		髄膜炎	963頁	発熱と寒けで始まる。頭痛がひどく、吐きけや嘔吐がおこり、くびの後ろが張ってかたくなる。悪化すると意識障害やけいれん。
		単純ヘルペス脳炎	961頁	かぜのような症状から、40度以上の発熱、頭痛、けいれん発作、意識障害、異常行動、性格の変化、失語症などが現れる。重症になると嚥下障害や呼吸困難。
		低血糖症	1507頁	ふつうは糖尿病の治療中におこる。顔面蒼白、発汗、動悸（頻脈）、けいれんなど。
		日本脳炎	814頁	急に38度前後の発熱、頭痛、嘔吐、軽い腹痛や下痢。そのあと熱が39度前後に上がり、興奮したり、顔や手足にけいれん、斜視や眼震がおこる。
		破傷風	2113頁	初期症状はくびが張る、物をかむと疲れる、だるいなど。放置すると、からだ各部の筋肉が少しの刺激でけいれんするようになり、全身けいれんもおこる。
		てんかん	958頁	突然に手足、くび、胴体が強く突っ張る強直発作か、手足が激しく屈伸される間代発作がある。どちらでも意識は消失する。数分で治まり、もうろうとする。大発作では強直発作から間代発作へ移行する。
		脳卒中	921頁	脳出血（930頁）、くも膜下出血（937頁）、脳梗塞（脳血栓・脳塞栓　934頁）などでは、激しい頭痛、めまい、嘔吐、けいれん、意識障害がある。
		脳腫瘍	476頁	頭痛・頭が重い、吐きけ・嘔吐、視力の低下。腫瘍の部位によっては物が二重に見える、耳鳴り、めまい、けいれんも。悪性は症状がどんどん強くなる。
		心室細動	1351頁	頻脈とともに、脈が乱れることも多い。心室が震えるだけで血液が送り出されないため心停止状態に。10秒で意識喪失、全身がけいれん、30秒をすぎると脳死が始まる。
		尿毒症	1722頁	疲れやすい、だるい、思考力の低下、むくみのほか、消化器、循環器、呼吸器、神経などにさまざまな症状がでる。神経性症状に筋肉のけいれん、全身のけいれんがある。
		過換気症候群	1313頁	呼吸困難におちいり、ひどいと全身にけいれんがおこる。

◎けいれん

からだを動かすときに使う筋肉である骨格筋が、自分の意志とは関係なく、突然、収縮するのがけいれんです。筋肉を緩めようとしてもできません。こむら返りやまぶたがひくつく局所的で一時的なものから、意識を失って失禁や呼吸困難をともなう重篤なものまでさまざまです。脳や心臓の疾患や代謝異常が原因で、てんかんはけいれんをおこす病気のひとつです。

骨格筋をコントロールする神経が集まっている脳の運動野になんらかの異常がおきていると考えられていますが、たとえば低血糖症のような、全身的な症状からけいれんがおこるしくみなど、くわしいことはまだよくわかっていません。

分類		病名	頁	症状
からだの一部のけいれん	痛みをともなう	こむら返り		ふくらはぎの筋肉が引きつって、もとに戻らず痛む。ふつうは病気ではないが、尿毒症、代謝異常などのときもみられる。
	痛みをともなう	熱中症（熱けいれん）	2054頁	軽い熱中症。高温下での作業で、よく使用した部位に痛みをともなうけいれん。
	痛みをともなう	副甲状腺機能低下症	1487頁	両手指がこわばり、親指が内側に寄る。両足のこわばり、顔面のひきつれ、手指や唇周囲がしびれるなど。全身のけいれんがおこることも。情緒不安定やイライラ感も。
		てんかんの部分発作	958頁	単純部分発作で、突然、からだの一部がけいれんする。けいれんする部位が、手→腕→脚などのように変化する。
		狂犬病	2120頁	犬などにかまれてから10日～半年ほどで発病。傷あとから痛みが広がり、食欲不振、不眠、唾液の過剰分泌。2～3日で興奮しやすくなって、光、水などの刺激に過剰反応して、のどから胸にかけての筋肉がけいれんするようになる。
		脳梗塞	934頁	片側の手足や顔面のまひ、ろれつが回らないという軽症から、視野障害、字が読めない、動作ができない、意識障害などの重い症状までさまざま。
		一過性脳虚血発作	942頁	片側の手足や顔面のまひ、ときに、ひきつれ、感覚の鈍化やしびれ、ろれつが回らない、言語障害、視野障害などが現れるが、しばらくすると症状がなくなる。
顔の一部が動かない		特発性顔面神経まひ	1144頁	ベルまひとも呼ぶ。顔半分の筋肉が動かせなくなる。目を閉じることができないことも。口を閉じることができないので、よだれが出たり、食べ物が口の中にたまったりする。味覚異常も。高齢者ではまひ側の顔面の皮膚が垂れ下がる。
		眼瞼けいれん	1075頁	まぶたがけいれんしたり、開きにくくなる。ひどいときは目が開かない。軽いものだと、目がごろごろする程度のことも。
		ラムゼイ・ハント症候群	1145頁	顔面神経まひに加えて、耳の周りや口の中に水ぶくれが生じ、めまいや難聴がおきることもある。
		帯状疱疹	1836頁	神経に沿って帯状の痛みがある発疹ができ、やがて水ぶくれ。2～3週間でかさぶたになって治癒。耳から顎、くびにかけて発疹がでたときには顔面まひをおこすことも。

◎意識障害

頭部を強く打つと、意識を失う、場所や時間、記憶が混乱するなどの初期意識障害がおこります。多くは一時的ですが、頭蓋内で出血している危険があります。少なくとも24時間は経過に注意しましょう。

初期意識障害から回復し、会話もできる時期が意識清明期です。この時期は脳を圧迫するほどは血液がたまっていません。出血量が増えると、場所、時間が判断できなくなるなど、意識が混濁してきます。清明期から数日後に混濁する場合もあります。回復しても、慎重に経過を見守りましょう。けいれん、頭痛、吐きけ、まひ、感覚異常、性格の変化などがあれば、ただちに専門医を受診します。

おもな症状	考えられる病気		病気のおもな症状
子どものけいれん（ひきつけ）発熱	熱性けいれん	586頁	急な発熱の際に左右の手足や顔面を激しくぴくつかせる。意識がなくなり、眼球がしばしば上を向く。ほとんどは数分で治まる。からだの片側だけがけいれん、意識はないがけいれんしないタイプも。咽頭炎（1172頁）の発熱のときに多い。
子どものけいれん（ひきつけ）発熱	髄膜炎	963頁	発熱と寒けで始まる。頭痛がひどく、吐きけや嘔吐がおこり、くびの後ろが張ってかたくなる。流行性脳脊髄膜炎では皮膚に発疹がでたり、腰痛や下痢をおこす。
子どものけいれん（ひきつけ）発熱	脳炎	961頁	40度近い高熱、頭痛、けいれん発作、意識障害、異常行動、性格の変化、失語症などが現れる。遅発性ウイルス脳炎は感染後、数年～数十年で発症。
子どものけいれん（ひきつけ）発熱	急性脳症	589頁	突然の意識障害とけいれん。たいていは発熱をともない、下痢や嘔吐がおこることも。
子どものけいれん（ひきつけ）発熱	急性小児片まひ	588頁	急な発熱とともに意識障害におちいり、からだの片側にけいれんがおこり、長時間つづく。けいれんが止まっても意識障害がつづき、その後、からだの片側にまひが残る。脳の血管障害や髄膜炎（963頁）が原因になることも。
子どものけいれん（ひきつけ）	てんかん	587頁	てんかんは小児期に多く、意識障害をともなうことが多い。いくつかの病型があり、からだの一部がけいれんするタイプや、手足・くび・胴体が強く突っ張るタイプなど（958頁）。短時間、動作が止まり一点をじっと凝視する欠神発作は子どもに多い。
子どものけいれん（ひきつけ）	ウエスト症候群	587頁上段	点頭てんかんとも。手足を急に突っ張るように伸ばしたり、くびをこくんこくんとうなずくようにする発作が何秒間かの間をおいてくり返しおこる。何分かつづくことも。
子どものけいれん（ひきつけ）	憤怒けいれん	587頁	泣き入りひきつけのこと。急に泣き始めたときに、息が止まり顔や唇が紫色になる（チアノーゼ）。発作が長引くと、まれに手足にけいれんがおこる。生後3か月から3歳くらいまで。
子どものけいれん（ひきつけ）	レンノックス・ガストー症候群	590頁	レノックス症候群とも。けいれん発作がいつも同じ1種類ではなく、急に手足を突っ張る、意識だけがぼーっとする、手足をピクピクさせるなど、いろいろ。2～5歳で発症することが多いが、まれな病気。
子どものけいれん（ひきつけ）	先天性の脳の病気		孔脳症（592頁）、巨頭症（593頁）、水頭症（594頁）でもけいれんがおこる。

◎ショックで倒れる

ショックは、全身の血液が正常に回らなくなって意識を保てなくなり倒れてしまう状態です。皮膚は青ざめ、浅く回数の多い呼吸で、血圧はひじょうに低くなっています。原因によりタイプが分けられます。

▼低容量性ショック 大けがや内臓の潰瘍などから大量に出血すると、血圧が一気に下がって血液が循環しなくなります。

▼心原性ショック 心筋梗塞や動脈の血栓などで心臓から送られる血量が減って血圧が下がります。

▼細菌性ショック・アナフィラキシーショック 毒素などが末梢血管を大きく拡張するため、末梢血管の血量が増加し、主要臓器に血液が運ばれなくなります。

失神

病名	参照頁	症状
熱中症（熱射病）	2054頁	熱中症の重症な症状。体温調節の中枢神経がはたらかなくなり、体温が40度以上になる。いきなり、虚脱状態、けいれん、昏睡、意識がもうろうとするなど。
てんかん	958頁	突然に手足、くび、胴体が強く突っ張る強直発作か、手足が激しく屈伸される間代発作がある。どちらでも意識は消失する。数分で治まり、もうろうとする。大発作では強直発作から間代発作へ移行する。ただし、てんかん発作は失神ではない（下段参照）。
心臓の病気		心臓の送り出す血液が減少し、脳へ行く血液が少なくなって失神することがある。洞不全症候群（1347頁）、房室ブロック（1348頁）、心房粗動（1349頁）、心室頻拍（1351頁）、ブルガダ症候群（1352頁）、心室細動（1351頁）、心筋梗塞（1362頁）、心筋炎（1376頁）など。
脳血管疾患		脳出血（930頁）、くも膜下出血（937頁）、脳梗塞（脳血栓・脳塞栓 934頁）、慢性脳循環不全（944頁上段）、一過性脳虚血発作（942頁）、高血圧性脳症（943頁）などでは、頭痛、めまい、嘔吐、手足のまひ、けいれん、意識障害、失神するときも。
急性肺塞栓症	1414頁	長時間安静にしていたり座っていた人が動き出したとき、息苦しさ、めまい、失神などがおきる。少しずつ症状が増すことも。無症状から突然死までさまざま。
過換気症候群	1313頁	呼吸困難におちいり、頭がぼーっとしたり、めまいがおこる。手のしびれ、ひどいと全身にけいれんがおこる。大きく息を吸うたびに症状が悪化し、失神することも。
自律神経失調症	914頁上段	症状は人によってさまざまだが、疲れやすさ、全身の倦怠感、めまい、集中力の低下が多い。動悸を感じ、脈が乱れ、失神をおこすことも。冷えを感じたり、顔がのぼせたり、発汗異常も。症状は午前中に強く、午後から夜にかけて元気になる。
起立性低血圧	1406頁	急に立ち上がったり、長時間立ちつづけていると、めまい、立ちくらみ、ときに失神。
せき失神	283頁下段	はげしくせき込んだあと、失神する。短時間の失神で後遺症は残らない。
排尿失神	371頁下段	排尿後、すーっと気が抜けて短時間の失神。急激な腹圧の変化が原因。後遺症はない。
その他		頸動脈を締めつけると脳への血流が減り失神。強い痛み、けがが、精神的ショックでも。

◎失神

失神とは、意識を失って倒れても、数秒から数分で自然に回復する場合をいいます。一般には、一時的に意識を失うことをすべて「失神」と呼ぶ場合もありますが、医学的には、脳を流れる血流の減少によっておきる一時的な意識の喪失だけを失神といいます。

頭から血のけがひく感じがして、目の前がまっ暗になり、くずれるように倒れます。不安や恐怖など強い精神的なストレスがきっかけの失神も多くみられます。

てんかんで意識を失っても、脳の血流は減っていないため、失神ではありません。子どもが意識を失ったときには、失神なのか、てんかんの発作か、見極める必要があります。

おもな症状／考えられる病気／病気のおもな症状

回転性めまい（静止しているのにぐるぐる回転しているように感じる）

おもな症状	考えられる病気	頁	病気のおもな症状
耳鳴り、難聴	**メニエール病**	1132頁	回転性のめまいがくり返しおこる。めまいとともに、片側の耳鳴りと耳がつまった感じが強くなり、難聴もおきる。動悸や吐きけ、嘔吐もある。発作は何度かくり返すが、間隔は一定ではない。発作がないときでも軽いふらつきや耳鳴りがある。
耳鳴り、難聴	**突発性難聴**	1139頁	突然、聞こえが悪くなる。難聴よりも耳鳴りや耳のつまった感じが強いことも。めまいやふらつき、ときに吐きけをともなうほど強いめまいがおこる。
耳鳴り、難聴	**真珠腫性中耳炎**	1128頁	病変が白く真珠のように見える。耳だれのほか、難聴、めまい、顔面神経まひ、さらには頭蓋内合併症などがおこる。
耳鳴り、難聴	**内耳炎**	1134頁	内耳の炎症によって、めまいや聞こえかたの異常がおこる。頭痛や吐きけもともなう。難聴になることもある。
耳鳴り、難聴	**聴神経腫瘍**	1140頁	難聴、耳鳴り、めまい。腫瘍が大きくなると顔面のしびれや顔面まひ。意識障害や呼吸障害を生じる危険も。
頭を動かすとめまい	**良性発作性頭位めまい症**	1135頁	頭を動かすと、めまい。じっとしていれば1分ほどで治まる。回転性が多いが、ふわふわした感じも。中年以降の女性に多い。2～3週間ほどで治る。
頭を動かすとめまい	**中枢性頭位めまい**	1136頁上段	頭を動かすと、めまい。じっとしていても治まらない。頭痛や手足のしびれをともなうこともある。
	ラムゼイ・ハント症候群	1145頁	顔面神経まひに加えて、耳の周りや口の中に水ぶくれが生じ、めまいや難聴がおきることもある。
	前庭神経炎	1136頁	激しい回転性めまいで、吐きけ・嘔吐をともなう。ほかの症状はない。寝ていてもめまいがする。歩行も困難。治るまで1か月ほどかかるが、聴覚に影響はない。
	脳卒中	921頁	脳出血（930頁）、くも膜下出血（937頁）、脳梗塞（脳血栓・脳塞栓934頁）などでは、激しい頭痛、めまい、嘔吐、けいれん、意識障害がある。
	脳腫瘍	476頁	頭痛・頭が重い、吐きけ・嘔吐、視力の低下が三大特徴。頭痛は朝が多い。腫瘍の部位によっては物が二重に見える、耳鳴り、めまい、けいれんなども。

◎頸動脈過敏

脳へ血液を送る頸動脈のうち、くびにある領域には、米粒大の細胞群が存在します。これは頸動脈洞といい、脳へ行く血液の酸素と炭酸ガスの濃度やpHを監視して、呼吸器や循環器の調節に関与しています。また、舌咽神経から伸びた神経が分布していて、血管壁の押され具合から動脈血圧の変化を感知します。

頸動脈洞がひじょうに敏感な人の場合は、ネクタイをきつめに締めたり、くびをぐるぐる回して圧迫しただけなのに、その刺激が脳に伝えられます。脳は「血圧が高くなっている」とまちがった判断をくだし、血管拡張や脈拍減少がおこって血圧が低下し、めまいや失神がおきてしまいます。

回転性ではないめまい

病名	参照頁	症状
低血圧症	1405頁	症状は人によってさまざま。頭痛、立ちくらみ、めまい、だるさ、動悸、息切れ、不整脈、脈が速い、食欲不振、胸焼けなど。
頸椎捻挫（むちうち損傷）	1951頁	うなじの痛み、熱感、頭重、肩こりが多い。くびや背中、腕、腰の痛みやこわばり、しびれ。くびや肩をよく動かせない、頭痛、めまい、かすみ目、耳鳴り、難聴など。
心臓の病気		心臓の送り出す血液が減少し、脳へ行く血液が少なくなってめまいがおこる。洞不全症候群（1347頁）、房室ブロック（1348頁）、心室頻拍（1351頁）、心筋梗塞（1362頁）、心筋炎（1376頁）、特発性心筋症（1377頁）など。
脳血管疾患		脳出血（930頁）、脳梗塞（脳血栓・脳塞栓　934頁）、慢性脳循環不全（944頁上段）、一過性脳虚血発作（942頁）、高血圧性脳症（943頁）などでは、頭痛、めまい、嘔吐、手足のまひ、けいれん、意識障害、失神するときも。
急性肺塞栓症	1414頁	長時間安静にしていたり座っていた人が動き出したときに、息苦しさ、めまい、失神などがおきる。少しずつ症状が増すことも。ただし、無症状から突然死までさまざま。再発しやすい。
大動脈炎症候群	1422頁	初期には発熱や貧血。半年ほどたつと、動悸、めまいなど。手の動脈が炎症をおこすと、左右の手で血圧がちがったり、手と足で血圧差がでる。
動揺病（乗り物酔い）	1135頁	乗り物に乗っていると吐きけ、顔面蒼白、冷や汗、生つば、嘔吐と軽いふらつき。
過換気症候群	1313頁	呼吸困難におちいり、頭がぼーっとしたり、めまいがおこる。手のしびれ、ひどいと全身にけいれんがおこる。大きく息を吸うたびに症状が悪化する。
起立性低血圧	1406頁	急に立ち上がったり、長時間立ちつづけていると、めまい、立ちくらみ、ときに失神。
更年期障害	870頁	のぼせ、ほてり（ホットフラッシュ）、発汗、冷え、動悸、めまい、頭痛、不眠、倦怠感、憂うつ感、イライラ感、腰痛、肩こりなど。めまいがひどく、歩いたり立ったりしているのもつらい状態になることが。
その他		貧血（1439頁）、有害ガスの中毒（2071頁、2072頁）、強いストレス、頭部外傷後遺症（941頁上段）、不整脈（1346頁）、高血圧（1396頁）など。

◎めまいに効果がある食べ物

めまいをおこしやすい人はカリウムとビタミンEの摂取を心がけましょう。カリウムは血中のナトリウムを排出して血圧を安定させます。イモ類や果物、野菜に多く含まれています。

魚にも多いのですが、刺身にしょうゆ、焼き魚に塩を多く使うと、ナトリウムも同時に摂取することになってしまうので、カリウムはイモ類、果物、野菜からとるほうが効率的です。

ビタミンEは、血液の循環をよくして、血圧を安定させます。アーモンドなどのナッツ類や、アスパラガスに豊富に含まれています。

ホウレンソウなどの青菜は、カリウムもビタミンEもどちらも多く含みます。

おもな症状	考えられる病気		病気のおもな症状
気分が落ち込む日がつづく	うつ病	1011頁	数週間から数か月にわたって気分がひどく落ち込み、何事にも興味がわかない。やりたいという気持ちはあってもできない。人生に絶望することも。午前中は調子が悪く、午後は調子が良い。呼吸器や循環器に異常がないのに動悸、息苦しさを感じる。早朝に目が覚めたあと眠れない。過眠や不眠など。気分障害のうつ病相でも。
	気分変調症	1012頁	憂うつ、不快感、何をしても楽しくない状態がつづくが、早朝覚醒や日内変動はない。
	不安症（広場恐怖症）	1017頁	具合が悪くなったときに逃げる場所がない、恥ずかしい、パニック発作がおこるという予期不安があり、人ごみや乗り物を避けて、やがてまったく外出しなくなる。
	全般性不安症	1018頁	パニック発作などはおこらないが漠然とした不安や心配が6か月以上つづく。
環境に変化があった	うつ状態		空巣症候群（1004頁）、昇進うつ病（1004頁）、燃え尽き症候群（1005頁）、引っ越しうつ病（1012頁）など。何かしら環境が変わってうつ状態に。死別や失敗だけではなく、新築や昇進なども環境の変化なので、うつになることがある。
	適応障害	1023頁	学校、会社、家庭などでの不適応がつづくと、不安や抑うつなどの症状がでるが、うつ病ほど強くはない。ストレスがなくなると解決することも多い。
	脳血管性うつ病	943頁上段	脳血管疾患の発症後にみられるうつ病。意欲や関心の低下が目立つ。
高齢者	老人性うつ病		近親者の死亡、社会との関わりの喪失、将来の不安などから、高齢者はうつ状態になりやすい。活動量が低下するために、認知症と間違えることも多い。
	統合失調症の陰性症状	1007頁	統合失調症の症状が進むと意欲がなくなってきて、ひどくなると一日中何もしなくなる。喜怒哀楽の感情がなくなる。
意欲的な日がつづく	気分障害（躁うつ病）	1011頁	躁病相では、気分が高まり、何事にも意欲的で活動しすぎる。しゃべりつづける、眠らない、動き回る。多額の買い物をしてしまう、気分がイライラし、すぐにけんかをするなども。うつ病相が数か月つづいたあとで、それより短い躁病相が現れる。
食べ方がおかしい	摂食障害	1026頁	短時間で必要以上の食物を食べる、過食のあとに自分で嘔吐したり、下剤を使う過食症と、ほとんど食べなくなる、栄養的に極端な偏りがある食事をする拒食症がある。

◎こころの病気での病院へのかかりかた

こころの病気もからだの病気と同じく、早期に適切な治療を受けたほうが早く回復します。しかし、病院に行くタイミングはわかりにくいものです。

身体的な不調がでることもあるので、それを目安にするのもいいでしょう。身体的な症状で多いものは、些細なことで強い動悸を感じる、他人と話したり外出時に激しいめまいを感じるなどです。内科にかかっても異常なしと診断されたり、薬を処方されても回復しない場合、こころの病気を考えてみましょう。最初から神経科や精神科に行くのは抵抗が強かったり、どの病院がよいのか選べないこともあります。まず内科の担

1つのことが気にかかる	強迫症（強迫性障害）	1020頁	「そんなことはない」とわかっていても、心配や不安が浮かぶ強迫観念がつづく。心配を解消するために何度も同じ行為をする強迫行為があり、社会生活に障害がでる。
1つのことが気にかかる（疾患はないのに病気のふるまい）	心気症（心気障害）	1025頁	自分が病気だと思い込み、医療機関の受診をくり返す。疾患はないが、皮膚の違和感、嚥下障害、動悸、めまいなど身体的症状を訴える。
1つのことが気にかかる（疾患はないのに病気のふるまい）	詐病／虚偽性障害	1029頁	詐病は、嫌なことから逃れるために病気の状態をつくりだす。虚偽性障害は、目的はないが患者になりたいために症状を訴えたり、点滴に汚物を混ぜて熱をだすなど。
息切れや動悸	うつ病	1011頁	呼吸器や循環器に異常がないのに動悸を強く感じたり、息が苦しい、胸痛など。
息切れや動悸	過換気症候群	1313頁	呼吸困難におちいり、頭がぼーっとしたり、めまいがおこる。手のしびれ、ひどいと全身にけいれんがおこる。大きく息を吸うたびに症状が悪化する。
息切れや動悸	不安症（パニック発作）	1017頁	ひじょうに強い不安や恐怖を感じたときや、慣れない場所、人ごみ、暗がりなどで動悸、胸苦しさ、息切れ、呼吸困難など。過換気症候群（1313頁）に至ることも。
強い恐怖感	恐怖症	1019頁	恐れることはないとわかっていながらも強い恐怖を感じる。不安症（1017頁）は対象が特定されないが、この病気は、閉所、高所、尖端、人との関わり、乗り物、汚れなど特定の対象に強い恐怖や嫌悪をおぼえる。いわゆる閉所恐怖症や尖端恐怖症を含む。
強い恐怖感	心的外傷後ストレス障害（PTSD）	1022頁	過去に体験した恐怖がありありと頭の中に浮かび（フラッシュバック）、動悸や呼吸困難など身体的症状が現れることも。
幻覚	レビー小体型認知症	949頁	早期から鮮明な幻覚が現れる。意欲や注意力が低下する。起立性低血圧や失神などをともなうことが多い。5～10年で寝たきりになる。
幻覚	統合失調症	1007頁	初期には幻覚（とくに幻聴）や妄想が強く、徐々に意欲の低下や自閉症状がつづくようになり、身の周りのことができなくなる。
社会適応がうまくいかない	パーソナリティ障害	1028頁	他人が悪意をもっていると思い込む、他人から注目されたい、几帳面など性格の偏りが著しい。思春期以降に明らかに。うつ病（1011頁）や摂食障害（1026頁）も合併。
社会適応がうまくいかない	ボーダーライン（境界例）	上段1028頁	境界性パーソナリティ障害。症状はうつや過食だが、境界例の特徴がある。対人関係が不安定。リストカット・シンドローム（1004頁）がみられることも。

当医に相談したり、心療内科に行くとよいでしょう。

こころの病気では、自覚症状と生活のようすを医師にきちんと伝えることが大事です。症状のほかに、たとえば、遅刻が多い、寝つきが悪い、日常的に困っていることがある、人間関係の問題なども伝えます。些細なことに思えても、こころの病気の引き金になっていることがあるものです。

このような日常的な内容は、いざ医師の前に座ると、浮かんでこないものです。あらかじめメモを作っておき、医師に見せるのもよいでしょう。多くの病院は初診には充分な時間をかけるものです。焦らずにゆっくりと自分の気持ちを伝えます。また、家族もいっしょに医師と話をしたほうがよいケースもあります。

おもな症状		考えられる病気	頁	病気のおもな症状
自分がわからない		**離人症**	1026頁	自分が自分ではない、自分のからだに実感がない、感情がなくなるなど。
自分がわからない		**多重人格**	上段1030頁	ひとりのなかにいくつもの人格が存在する。それぞれの人格は独立して出現する。
身体症状		**心身症**	1033頁	心理的な原因によって特定の器官に身体的症状が現れる。ストレスによる消化性潰瘍など症状はさまざま。症状がでると不安が増すので、さらに悪化する。
物事を忘れる	部分的な健忘	**解離性健忘**	1024頁	ストレスを受けたあと、そのストレスに関連することだけを忘れる。ストレスのあとに、意識を失ったように無反応になる解離性昏迷もみられる。
物事を忘れる	すべて忘れる	**全般性健忘**	1024頁	衝撃がひじょうに大きかったとき、名前、年齢など自分に関するすべてを忘れる。失踪して（解離性遁走）新しい場所で新しく生活を始めていることも。
物事を忘れる	高齢者	**アルツハイマー型認知症**	945頁	65歳以降に多発。徐々に物忘れがひどくなり、計算力、判断力なども衰える。ことばがでない、見えているものが認識できない、妄想や徘徊、やがて寝たきりに。
物事を忘れる	高齢者	**脳血管性認知症**	944頁	脳卒中の発作後、物忘れが増えたり、感情の起伏が激しくなる。計算力や一般常識は衰えない。いわゆる「まだら認知症」。歩行障害、言語障害、嚥下障害なども。
子ども	対人関係や社会適応がうまくいかない	**コミュニケーション症**	602頁	聴力も正常、精神遅滞もないが、言語によるコミュニケーションだけができない。「ことばの遅れ」で見つかることも。
子ども	対人関係や社会適応がうまくいかない	**アスペルガー障害**	604頁	知能は高く、言語能力も発達していて、一見、社会生活に不都合はない。しかし、他人の気持ちを想像できないため、同世代と交流できない。思春期になると集団生活に加われないことなどから、うつ病（1011頁）になることも。
子ども	対人関係や社会適応がうまくいかない	**自閉症（自閉性障害）**	603頁	3歳以前に明らかになる。言語発達が遅れ、甲高い声やオウム返しなど。対人関係がうまくいかない。特定の物へのこだわりが強い。低学年では多動、こだわり、かんしゃく、パニックがみられる。思春期では心身症（1033頁）やうつ病（1011頁）など。
子ども	対人関係や社会適応がうまくいかない	**注意欠如・多動症（ADHD）**	605頁	7歳未満で発症。成人にもみられる。勉強や仕事で集中や注意を持続できない。始終からだを動かし座っていられない。どこでも走り回り、しゃべりすぎる。相手の会話が終わるのを待てずにしゃべりだすなど。学習障害（602頁上段）も合併しやすい。
子ども	対人関係や社会適応がうまくいかない	**反抗挑発症**	606頁	ADHDを基盤にすることが多い。反抗的、挑戦的、拒絶的な態度をとる。

◎OD（オーバードーズ）

こころの病気の人が、薬を大量に服用するOD（オーバードーズ）をすることがあります。自殺目的だったり、寂しさやつらさを忘れるため深い眠りにつきたいという発作的な行動のこともあります。その結果、こんこんと眠ったり、胃洗浄をしなければならない事態になることもあります。

ODはくり返されることも多いので、周囲の人が薬を管理しましょう。毎日の服用量を守らずに薬をためこんだり、複数の医療機関から薬を処方してもらう患者もいるので、注意します。

ODをしたら、医師と家族が本人の話をよく聞かなければなりません。たいせつなのはODをするまでの患者のこころの動きです。

分類	症状	病名	頁	解説
子ども	しゃべらない	選択性緘黙	611頁	家族や親しい人とは会話するが幼稚園や学校では会話をしないなど、場面や相手によってことばを発しない状態。
	不随意運動	子どものチック	612頁	特定の動作を突発的にくり返す。くび曲げ、肩すくめ、足を踏み鳴らす、汚言など。
	毛を抜く	抜毛症	612頁	ストレスを感じて、自分で頭髪を抜いてしまう。抜けかたが不規則で、まばらに抜けるのでわかる。頭髪以外の毛を抜くことも。
眠れない（不眠症）	こころの病気	入眠障害、深夜の覚醒	1035頁	うつ病・気分障害（1011頁）、神経症性障害（1016頁）、統合失調症（1007頁）などでは眠りにつけない、夜中に何度も目が覚めるなど不眠の症状が現れる。
		早朝覚醒		入眠は比較的にスムーズだが、早朝に目が覚めて、そのあと眠れないために、睡眠時間が足りない。うつ病（1011頁）や高齢者にみられる。
	神経の病気			認知症（997頁）、脳血管疾患、脳腫瘍（476頁）などで不眠の症状がでる。
	夜間ミオクローヌス		951頁	自分の意志とは関係なく、からだが動く不随意運動のひとつで、睡眠時に脚が何度もビクビクとけいれんするように動いて、目が覚める。
	お年寄り			年をとると、睡眠と覚醒のパターンがくずれ、夜間の決まった時間に眠れないことも。
睡眠不足		睡眠時随伴症	1038頁	睡眠中にさまざまな異常行動をとるために、睡眠不足におちいる。覚醒後には覚えていないが、睡眠中に起き上がり歩いたり（夢遊病）、睡眠中に叫び声をあげたり泣いたりする（夜驚症）。悪夢で目覚める。行動をともなう夢を見ているときに、そのとおりにからだが動いてしまうので目が覚める（レム睡眠行動障害 1037頁上段）。
		睡眠時無呼吸低呼吸症候群	1039頁	睡眠中に10秒以上呼吸が中断して苦しくなったり、あえぐように息を吸うことで、本人は気がつかなくてもたびたび目が覚めているので、睡眠不足になる。いびきが激しい場合も多い。高血圧、不整脈、多血症などの合併症があることも。
		レストレスレッグス症候群	1039頁	睡眠中、脚に虫がはうような不快感がある。脚を動かすと不快感が消えるので、無意識に動いてしまい、そのたびに目が覚める。悪化すると上半身に広がることもある。

◎冬季うつ（季節性感情障害）

秋から冬にかけて、気分が落ち込むことがあります。寒くなると誰しもがそうですが、理由もないのに、冬の間中、憂うつな気分がつづくのであれば、**冬季うつ**かもしれません（1011頁）。

冬が長い地方の人に比較的多くみられるといわれますが、地方に関係なく、冬季にうつの様相を示す人がいます。うつ病の人が冬になると憂うつ感が強くなる場合もあります。冬季うつでは、一日中眠かったり、過食といった症状が強くでる人が多いようです。

日照時間の短さが関係していると考えられています。積極的な外出や、日が十分入る部屋ですごすことを心がけるといいでしょう。

おもな症状	考えられる病気		病気のおもな症状
過眠	こころの病気		うつ病・気分障害（1011頁）、神経症性障害（1016頁）、統合失調症（1007頁）など。夜間に眠れずに昼間に寝てしまう場合と、1日中眠気がつづく場合がある。
	ナルコレプシー／過眠障害	1036頁	日中に強い眠けがあり、どのような状況であっても発作的に眠ってしまう。突然、手足に脱力感を生じる。入眠時に生々しい現実感と感情をともなう強い幻覚と、いわゆる金縛り（睡眠まひ 1038頁上段）がある。
睡眠と覚醒のリズムの乱れ	睡眠相後退型	1037頁	睡眠時間が遅い時間にずれて固定されたもの。深夜に入眠、遅い時間に起きるため、ふつうの社会活動がおくれないことも。
	睡眠相前進型	1037頁	入眠の時間が早い時間に固定されたもの。夕方近くに寝て、深夜に目覚める。
	非24時間睡眠・覚醒型	1037頁	睡眠覚醒周期が約25時間になる。入眠時間、覚醒時間が毎日1時間ずつずれる。
	不規則睡眠・覚醒型	1037頁	入眠と覚醒の時間がいつもばらばら。
のぼせ・ほてり	熱中症（熱疲労）	2054頁	熱中症の中程度の症状。初めは、頭重、のぼせ、だるさ。めまいや失神。吐きけ・嘔吐、強い疲労感があることも。体温は40度を超えず、精神状態も中枢神経も正常。
	バセドウ病	1475頁	甲状腺が肥大、頻脈や動悸、目が突出してくるのが主症状。のぼせやほてりを感じることも多い。ほかに手の震え、発汗、倦怠感、イライラする、眠れないなど。20～30歳代の女性に多い。
	自律神経失調症	914頁上段	症状は人によってさまざまだが、疲れやすさ、全身の倦怠感、めまい、集中力の低下が多い。動悸を感じ、脈が乱れ、冷えを感じたり、顔がのぼせたり、発汗が異常になることも。症状は午前中に強く、午後から夜にかけて元気になる。
	多血症	1465頁	頭痛、顔面や白目の充血、脾臓の腫れ。のぼせやほてりを感じることも。
	更年期障害	870頁	のぼせ、ほてり（ホットフラッシュ）、発汗、冷え、動悸、めまい、頭痛、不眠、倦怠感、憂うつ感、イライラ感、腰痛、肩こりなど。のぼせとほてりを感じると同時に、顔が紅潮し汗をかいて動悸を感じるなどの症状が1日に何度もおこることも。

◎睡眠薬のいろいろ

「眠れないから」といって、お酒を飲んで眠りにつく人がいます。このような飲酒は習慣性が強く、どんどんアルコール量が増えてしまい、お勧めできません。

眠れない日が2週間以上つづくのであれば病院で相談して、睡眠薬（睡眠導入薬）を処方してもらいましょう。現在、処方される薬は習慣性や副作用がたいへん少なくなっています。

薬があることで安心してそれだけで眠れることもあります。寝つきが悪いなら超短期・短期作用型、夜中や早朝に目が覚めてしまうなら中期・長期作用型と、症状によって異なる薬が処方されます。ときには、抗不安薬が使われることもあります。

冷え・寒け

偶発性低体温症	2055頁	最初は、寒気、震え、筋肉の硬直など。やがて震えが止まり、体温が下がり、無関心や不穏状態などの症状が現れ、意識を失う。冬山だけではなく、戸外で酩酊していたり、寒い季節に暖房がないと室内でも。
甲状腺機能低下症	1478頁	むくみ、倦怠感、気力の低下、動作がにぶくなる。便秘、寒がりなども。慢性甲状腺炎（1479頁）、脳の下垂体や視床下部に異常がある場合。
かぜ症候群	1258頁	くしゃみ、鼻水、鼻づまり、のどの痛み、頭痛、倦怠感、寒けなど。高熱はでない。
心不全	1342頁	心拍数が安静時でも1分間に100以上あり、動悸や全身の倦怠感・疲労感がある。血液の不足のため、手足が冷えたり、皮膚が白くなる。
低血圧症	1405頁	症状は人によってさまざま。立ちくらみ、だるさ、動悸、息切れ、不整脈などのほか、冷えを感じることも。
貧血	1439頁	からだがだるく、寒さを強く感じる。ふつうの運動でも動悸や息切れ。皮膚の赤みが減って黄色みをおびてくる。脚がむくんだり、微熱がでたり、食欲不振や吐きけなど。
レイノー病	1427頁	寒さにさらされたり緊張すると、手足の指が蒼白、ついで青紫になり、冷たい感じがあったり、しびれたり痛んだりする。
閉塞性動脈硬化症	1424頁	手足が冷たくなり、しびれ、白色から紫色になる。最初に足の先におこる。症状が進むと歩行中に脚が痛むようになる。皮膚が傷つくと治りにくく、壊疽になることも。
バージャー病（閉塞性血栓血管炎）	1425頁	手足の指が蒼白から紫色になり、冷たく感じる。慢性化すると赤紫色になる。歩くと脚が痛む。症状が進むと手足に潰瘍や壊死がおこる。似た症状の閉塞性動脈硬化症（1424頁）は太い動脈、バージャー病は細い血管が閉塞する。
感染症		インフルエンザ（1261頁）、腎盂腎炎（1730頁）、胆嚢炎（1673頁）、髄膜炎（963頁）など、種々の感染症で初期に発熱とともに寒けを感じることも。
発熱の前兆		高熱のでる前に冷えや寒けを感じる。ぞくぞくした感じで震えることも。
栄養不良		極端な偏食やダイエットで栄養のバランスがくずれると、寒けや冷えを感じやすい。

◎のぼせの原因のひとつ、更年期障害を予防

のぼせが強く、つらい思いをする更年期障害は、女性ホルモンの分泌量のバランスがくずれるのが大きな原因です。食物で症状の改善をめざしましょう。

大豆には、エストロゲンによく似た構造のイソフラボンという物質が含まれています。積極的に食べることで、急激に減少したエストロゲンを補うことになり、のぼせの改善、骨密度の減少、腟の組織が薄くなるのを防いでくれます。納豆や豆腐などの大豆加工食品でも効果があります。

更年期障害にはビタミンEも効果があります。ビタミンEは、アーモンドやピーナッツなどのナッツ類に豊富に含まれています。

頭痛をともなう吐きけ、嘔吐

考えられる病気	頁	病気のおもな症状
くも膜下出血	937頁	突然、バットで殴られたような激しい頭痛、嘔吐、けいれん、意識障害などがおこる。重症の場合は昏睡状態におちいり死亡することも。出血量が少ないと数分で回復するが、その後くびすじや頭全体の痛み、嘔吐がつづく。
脳出血	930頁	気分が悪くなって、頭痛、めまい、嘔吐など。けいれんや大小便の失禁をともなうことも。その後、ろれつが回らない、片側の手足に力が入らず動かせない、よだれを流すなど。重症になると意識障害、昏睡におちいる。
脳梗塞	934頁	片側の手足や顔面のまひ、ろれつが回らないという軽症から、視野障害、字が読めない、動作ができない、意識障害などさまざま。吐きけや嘔吐をともなうことも。
頭部外傷	1950頁	意識が正常でも吐きけをともなうことがある。
脳腫瘍	476頁	頭痛・頭が重い、吐きけ・嘔吐、視力の低下が三大特徴。頭痛は朝が多い。吐きけをほとんど感じないのに、突然、噴水のように嘔吐する。悪性は症状がどんどん強くなるが、良性はあまり強い症状はでない。
慢性硬膜下血腫	944頁	頭痛、手足のまひ、認知障害、尿失禁など。吐きけ、嘔吐をともなうこともある。
頭蓋内圧亢進	965頁	慢性症状では早朝の頭痛、噴水のようにピューッと吐く嘔吐が特徴。物が二重に見える複視がおこることも。
片頭痛	919頁	ずきずきする痛みが頭の片側から始まり、数時間から2日くらいつづき、何度もくり返す。動くとひどくなったり、光がまぶしい、音がうるさい、吐きけなども。
緊張型頭痛	919頁	頭に鉢をかぶったような、締めつけられるような、じーんとした痛みがつづく。午後になると強くなる。30~50歳代の人に多い。吐きけ・嘔吐も。
閉塞隅角緑内障	1106頁	急に頭痛、眼痛、吐きけがおこる。白目の充血、黒目の曇り、瞳孔の散瞳がおき、視力が低下する。
眼精疲労	1111頁	目が痛む、重い、疲れる、物がぼやけるなどの眼科的症状のほかに、頭痛、めまい、肩こり、下痢、吐きけなどもともなう。

◎嘔吐のおこるしくみ

消化管や心臓などからだの各部に病変がおこると、その刺激が交感神経・迷走神経を通って延髄にある**嘔吐中枢**に伝えられます。

脳出血など頭蓋内に病変がおこったときは、中枢神経から直接に嘔吐中枢へ刺激が伝えられます。強い不快感や、嫌な味のするものを口に含んだときの刺激も同じです。このように直接に嘔吐中枢が刺激された嘔吐では、先立つ吐きけがないことが多いです。

刺激を受けた嘔吐中枢から、横隔膜神経、脊髄神経、迷走神経などを通じて、腹部のさまざまな筋肉群に信号が伝わります。すると、腹壁筋が緊張（収縮）し、横隔膜が腹部のほうに下がって、腹圧が上昇します。

分類		病名	参照	症状
頭痛をともなう吐きけ、嘔吐	発熱	かぜ症候群	1258頁	くしゃみ、鼻水、鼻づまりが主症状。吐きけがあることも。
		髄膜炎	963頁	発熱と寒けで始まる。頭痛がひどく、吐きけや嘔吐がおこり、くびの後ろが張ってかたくなる。流行性脳脊髄膜炎では皮膚に発疹がでたり、腰痛や下痢をおこす。
		脳炎	961頁	単純ヘルペス脳炎では、かぜのような症状から、40度近い高熱、頭痛、嘔吐、けいれん発作、意識障害、異常行動、性格の変化、失語症などが現れる。後遺症を残すことも。
		脳膿瘍	962頁上段	発熱、激しい頭痛や嘔吐がつづく。片側の手足のまひ、失語症、けいれん、意識障害をおこすことも。
めまいをともなう吐きけ、嘔吐		メニエール病	1132頁	回転性のめまいがくり返しおこる。めまいとともに、片側の耳鳴りと耳がつまった感じが強くなり、難聴もおきる。動悸や吐きけ、嘔吐もある。
		突発性難聴	1139頁	突然、聞こえが悪くなる。難聴よりも耳鳴りや耳閉感を強く感じることも。めまいやふらつき、ときに吐きけをともなうほど強いめまいがおきる。
		内耳炎	1134頁	内耳の炎症によって、めまいや聞こえかたの異常がおこる。頭痛や吐きけもともなう。難聴になることもある。
		動揺病（乗り物酔い）	1135頁	乗り物に乗っていると吐きけ、顔面蒼白、冷や汗、生つば、嘔吐と軽いふらつき。
腹痛をともなう吐きけ、嘔吐		急性中毒		農薬や殺虫剤、シンナー、医薬品、たばこ、洗剤などの中毒でめまいと吐きけ。
	熱がある	食中毒	2092頁	腹痛、水様性の下痢、吐きけや嘔吐が主症状。発熱や頭痛も。血便が出ることも。
		虫垂炎	1575頁	みぞおちの痛みから始まり、徐々に右下腹部に痛みが限定され、押すと強く痛み、吐きけや嘔吐がおこる。初期症状が微熱程度ではっきり診断できないこともある。
		腹膜炎	1620頁	腹部全体の痛み、発熱、頻脈。腹膜炎顔貌になる。進行すると嘔吐、ショック状態。
		急性肝炎	1639頁	発熱、悪寒、頭痛などのかぜに似た症状につづき、黄疸、食欲不振、全身倦怠感、嗜好や味覚の変化。右わき腹の鈍痛やみぞおちの不快感など。
		胆嚢炎	1673頁	食後3～4時間すると急にみぞおちが痛み、吐きけがおこる。右上腹部を叩くと強い痛みがある。右の肩から背中にかけての痛み、濃い色の尿や黄疸がでることも。

胃の下半分は強く収縮し、上半分が緩んで、胃と食道の境めにある噴門括約筋が緩み、噴門が開きます。腹圧に押されるように、胃の内容物が食道を通って口から吐き出されます。

また、嘔吐中枢のすぐ近くには化学受容器引金帯（トリガーゾーン）があります。血液中の重金属や薬物、異常代謝物を感知し、嘔吐中枢にはたらきかけることで、悪影響がある物質を積極的に排出する機能をもっています。

なお、嘔吐の際には、声門が閉じるため、吐いた物は気管に入りません。ただし、高齢者では、声門の閉鎖が遅れて、吐物が気管から肺に入ってしまうこともあります。

腹痛をともなう吐きけ・嘔吐

考えられる病気		病気のおもな症状
急性胃炎／急性胃潰瘍	1552頁	胃のあたりを中心とした強い痛み。押すと強く痛む。吐きけや嘔吐をともなう。出血性の場合は、吐血や下血がおこることもある。
胃・十二指腸潰瘍	1558頁	みぞおちが鈍く疼き、焼けるような痛みがつづく。胸焼け、げっぷ、胃液がこみあげてくる。吐きけや嘔吐。潰瘍から出血して薄い黒色の吐血や黒色の下血があることも。
腸閉塞	1601頁	さしこむような強い腹痛。腹部が膨んで腸がゴロゴロ鳴る。嘔吐があり排便・排ガスがとまる。血行障害があるものは頻脈や発熱、脱水、尿の減少なども。
胃がん	501頁	初期は自覚症状はないが、進行すると食事を飲み込みにくい、胃痛、胃が重い、体重減少、貧血症状のほか、吐きけ・嘔吐、味覚異常、胸焼け、げっぷなど。
胃神経症（神経性胃炎）	1570頁	吐きけ、もたれ、上腹部のもたれや不快感、痛み、膨満感など。強いストレスが原因。
食中毒	2092頁	腹痛、下痢、吐きけや嘔吐が主症状。発熱や頭痛がおこることも。水様性の下痢になることも多い。血便が出ることも。
感染性腸炎	1580頁	下痢、腹痛、嘔吐、発熱、ときに血便。夏は細菌、冬はウイルスの感染が多い。
胆石症	1669頁	食後（とくに油っこいもの）に激しい腹痛。ふつうは1時間ほどで治まるが3時間近くつづくことも。炎症をおこすと発熱し、右わき腹が長時間痛むようになる。
胆道ジスキネジー	1674頁	食後に右上腹部の重い感じがして、痛みがある。右背部に痛みが広がり、吐きけ・嘔吐、腹部膨満感、下痢をともなう。倦怠感や肩こりなども。胆道系に異常はない。
急性膵炎	1678頁	臍の上あたりが激しく痛みだし、数時間後にピークになる。前屈みで痛みが和らぐ。背中側も痛み、吐きけや嘔吐もともなう。まったく症状がない場合も。
尿管結石	1743頁	突然に背中からわき腹に激痛が走り、冷や汗が出たり、嘔吐する。痛みは間欠的で、治まれば自覚症状はなくなる。鈍痛や不快感だけのときも。まれに血尿が出る。
クローン病	1586頁	症状はさまざまだが、腹痛、下痢、発熱、体重減少が多い。血便や下血がみられることも。腸の狭窄が進むと腹痛や嘔吐。腸の内容物が漏れると強い痛みや発熱も。
慢性胃炎	1555頁	みぞおちの痛みがつづく、胃もたれ、吐きけ・嘔吐、膨満感、食欲不振など。

（おもな症状）

◎吐きけと嘔吐

嘔吐は胃や小腸上部の中にある物が口から吐き出されることです。食道の狭窄部分から口側にある物が戻ってくるのは嘔吐ではなく逆流ですが、区別がつきにくいこともあります。吐きけは医学では悪心といいます。上腹部や胸がむかむかする感じです。嘔吐中枢への刺激が軽いときには吐きけ（悪心）となります。

嘔吐中枢の近くに、血管運動中枢や唾液分泌中枢などがあります。嘔吐中枢が刺激されると、これらの中枢も影響を受けます。そのため、悪心や嘔吐とともに、生つばが出たり（唾液分泌中枢が刺激され分泌量が増加）、顔が青白くなったり（血管運動中枢が刺激され血管が収縮）するのです。

吐きけ・嘔吐

食道アカラシア	1549頁	飲食物が食道でつかえた感じ。とくに流動食が飲み込みにくく、胸焼け、吐きけ・嘔吐をおこす。食道が収縮するときに胸が痛むことも。
食道裂孔ヘルニア	1602頁	進行すると、食後、夜間、早朝の胸焼けと胸の痛み。嚥下障害、吐きけ・嘔吐、腹部膨満感、背部痛、動悸などもみられる。
心筋梗塞	1363頁	胸の中央部分の強い痛みが30分以上つづく。痛みは胸全体からくび、背中、左腕に広がることも。冷や汗、吐きけ、動悸、失神したり、ショック状態におちいることも。
心筋炎	1376頁	発熱、鼻水、せきなどかぜの症状、腹痛、吐きけ・嘔吐など消化器の症状のあと、動悸、息苦しさ、胸痛などが現れ、不整脈、失神、ショック状態などにおちいることも。
尿毒症	1722頁	疲れやすい、だるい、思考力の低下、むくみのほか、消化器、循環器、呼吸器、神経などにさまざまな症状がでる。消化器症状に食欲低下、吐きけ・嘔吐、口内炎など。
腎盂腎炎	1730頁	ぞくぞくする寒け、38度以上の高熱、むかつき、嘔吐、全身のだるさなど。腎臓付近や腰の痛み、頻繁な尿意、残尿感、排尿痛。血尿が出ることも。
虚血性大腸炎	1589頁	左側腹部に強い痛みがあり、下痢や血便がおこる。吐きけ・嘔吐もともなう。一過性は数日から2週間以内に治まるが、持続するものや急速に悪化するものもある。
糖尿病（ケトアシドーシス）	1502頁	糖尿病が進むと、糖のかわりに体脂肪をエネルギー源に利用するようになり、血中にケトン体がたまり、全身の倦怠感、脱力感、吐きけなどがおきる。
肥厚性幽門狭窄	1574頁	上腹部の不快感と周期的な嘔吐。
胃憩室	1574頁	上腹部の不快感と周期的な嘔吐。憩室炎をおこしたり、穴があくと吐血や下血、強い吐きけなど。
熱中症（熱疲労）	2054頁	熱中症の中程度の症状。高温下でめまい、失神、吐きけ・嘔吐、疲労感。体温は高くなっても40度は超えない。精神状態や神経のはたらきは正常。
摂食障害（過食症）	1026頁	体重を維持するため、過食のあとに自分で嘔吐したり、下剤を使うことも。

◎台所用品も清潔に

食中毒を防ぐには、台所用品、調理器具を清潔に保たなければなりません。

まな板は、使い終わったらすぐに両面をよく洗い、熱湯などで消毒・殺菌して乾燥させます。表面には包丁でできた傷がたくさんついており、菌が繁殖しやすくなっています。プラスチック製よりも木製のほうがより繁殖しやすいので気をつけましょう。

包丁は刃の部分だけではなく、全体をよく洗って乾燥させておきます。食器を洗うスポンジも不潔にしておくと菌が繁殖するので、漂白剤に浸して殺菌します。ふきんは熱湯や漂白剤で殺菌しましょう。まな板にふきんを巻いて漂白剤に浸せば、両方とも殺菌できます。

おもな症状		考えられる病気		病気のおもな症状
吐きけ・嘔吐	女性	月経前症候群（PMS）	867頁	下腹部痛、腰痛、乳房の痛み、むくみ、頭痛、めまい、便秘、下痢、吐きけなどの身体症状と、イライラする、怒りっぽくなる、憂うつになるなどの精神症状がある。
		月経困難症	866頁	月経にともない、腹部痛や腰痛がおこる。吐きけ、頭痛、イライラ、憂うつ感なども。
		異所性妊娠	881頁	左右どちらかの下腹部痛、暗赤色の少量の出血、腹腔内に出血すると、急な腹痛、吐きけ、嘔吐など。症状が現れる前に検査で発見されることが多い。
		つわり（悪阻）	2254頁	妊娠5～6週前後から吐きけ・嘔吐、嗜好の変化、唾液の増加など。程度はさまざま。
子どもの吐きけ・嘔吐	発熱	かぜ症候群	670頁	くしゃみ、鼻水、鼻づまりが主症状。のどの痛み、頭痛、倦怠感、寒け、食欲不振など。ふつうは高熱はでない。子どもでは吐きけ・嘔吐をともなうことも。
		インフルエンザ	671頁	突然、38度以上の高熱をだして発症。悪寒、筋肉・関節痛、倦怠感、頭痛などの症状のあとに鼻水、のどの痛み、せき。子どもでは吐きけ・嘔吐、腹痛なども。
		溶連菌感染症（猩紅熱）	811頁	のどが痛みだし、数時間のうちに38～39度の熱がでる。嘔吐することも。1～2日で口の周囲以外の全身に赤くこまかい発疹がでて、3～4日たつと舌に赤いぶつぶつができる（いちご舌）。
		熱中症（熱疲労）	2054頁	中程度の熱中症。めまい、失神、吐きけ・嘔吐、疲労感。体温は40度は超えない。
		単純ヘルペス脳炎	961頁	かぜのような症状から、40度近い高熱、頭痛、嘔吐、けいれん発作、意識障害、異常行動、性格の変化、失語症などが現れる。重症の場合は後遺症を残すことも。
		アセトン血性嘔吐症	740頁	自家中毒と呼ばれていたもの。ぐったりしているうちに嘔吐が始まったり、突然、嘔吐することも。吐いた物は腐ったリンゴのようなアセトン臭がする。1日数回から十数回の嘔吐をくり返す。吐きけだけのことも。2～10歳のやせた男の子に多い。
		感染性胃腸炎	737頁	突然の下痢と腹痛。細菌性胃腸炎では発熱もともない、便は膿が混じったり血便になり、しぶり腹となる。ウイルス性胃腸炎は水様便がでて嘔吐する。発熱しても1日で解熱するが、嘔吐と下痢をくり返し、脱水症状がおきることがある。
		虫垂炎	1575頁	みぞおちの痛みから始まり、吐きけや嘔吐がおこる。初期症状が微熱程度のことも。

◎食品の食中毒対策

冷凍食品や冷蔵食品は買い物の最後に購入します。保冷用の袋を持参したり、店頭で氷やドライアイスをもらって、冷えたまま持ち帰りましょう。

冷蔵庫を過信してはいけません。扉を開けるたびに庫内の温度が上がり、菌が増殖し始めます。つめ込みすぎると、冷気が行き届かなくなります。容積の7割程度を目安にしましょう。

調理の前には、しっかり手を洗います。途中でトイレ、おむつ交換、ペットに触るなどしたら、必ずもう一度、手をよく洗いましょう。魚、肉、卵は扱うたびに手を洗います。湿ったタオルは菌が繁殖しやすいので、調理中に手を拭くときにはペーパータオルを使っ

子どもの吐きけ・嘔吐

病名	頁	症状
胃・十二指腸潰瘍	739頁	胃潰瘍では嘔吐と吐血、十二指腸潰瘍では貧血と下血。十二指腸潰瘍の腹痛はおとなとちがって、空腹時だけとはかぎらない。年長児ではストレスが原因のことも。
乳糖不耐症	742頁	牛乳など乳製品をとると、水様性の下痢とともにおなかがゴロゴロ鳴って、腹痛や嘔吐がおこる。便はすっぱいにおいがする。
乳児嘔吐下痢症	738頁	ロタウイルスの感染では、あまり高くない発熱と頻繁な嘔吐。米のとぎ汁のような白色の水状の下痢がつづく。発熱と嘔吐は数日で終わる。ノロウイルスの感染では嘔吐が強い。アデノウイルスの感染では嘔吐、下痢、発熱をともなう。
A型肝炎	749頁	けだるさ、食欲不振、吐きけ・嘔吐。おとなでは便秘が多いが、子どもでは下痢がみられることがある。ときに黄疸。5歳以下の子どもでは症状が軽いことが多い。
腸重積症	743頁	強い腹痛、嘔吐、血便がおもな症状。元気だった子どもが突然不機嫌になり、顔色が真っ青になり激しく泣きだす。しばらくすると痛みが消えるので泣き止むが、10～30分でくり返す。時間がたつとぐったりしてくる。生後6か月前後の乳児に多い。
食道裂孔ヘルニア	746頁	ミルクをよく吐く。嘔吐が長くつづき、体重が減って、栄養失調になる。
鼠径ヘルニアの嵌頓	747頁	鼠径部にしこりがあり、赤く腫れて、痛がってはげしく泣いたり、吐いたりする。
肥厚性幽門狭窄症	734頁	生後2週ごろから、口と鼻から噴水のようにミルクをピューっと吐く。吐いた物に胆汁などは混じらない。しだいに栄養不良となって体重が減り、手足やくびに皺がよる。
胃軸捻症	1574頁	嘔吐をともなわない吐きけ、強い上腹部の痛み。赤ちゃんでは一時的な現象で、腹ばいにしていると治まることも。
吐乳・溢乳	2270頁	赤ちゃんの胃袋は吐きやすいので、げっぷといっしょにミルクを吐くこともある。
反復性腹痛	739頁	突然、腹痛がおき、数分から数時間にわたってつづく。顔面蒼白、頭痛、吐きけをともなうこともある。しばらくすると治る。原因はないが、このような腹痛をくり返す。
神経性嘔吐		子どもは、不安、緊張、悲しみなどのストレスや葛藤で嘔吐することがある。
その他		子どもは食べすぎると嘔吐しやすい。ひどくせき込んだあとに吐くことも。

てもいいでしょう。料理を途中でやめて常温で放置すると、菌が増殖するおそれがあります。途中でやめるときは必ず冷蔵庫に入れます。

箸をつけた食べ残しは、口の中の雑菌がうつって急速に繁殖することがあるので、残りそうなときには、箸をつける前に取り分けて冷蔵保存します。冷蔵庫に入れてあっても、時間が経ったものは、思い切って処分します。残った料理は、菌が死滅するように十分加熱してから食べます。

消費期限内で、冷蔵庫に保管してあっても、異常を感じたときには食べてはいけません。見た感じ、におい、口に入れたときの違和感などから、自分自身で異常を判断できるようにしましょう。

吐血

考えられる病気	頁	病気のおもな症状
胃・十二指腸潰瘍	1558頁	みぞおちが鈍く疼き、焼けるような痛みがつづく。胸焼け、げっぷ、胃液がこみあげてくる。吐きけや嘔吐も。潰瘍から出血してコーヒーの残りかすのような薄い黒色の吐血や黒色の下血（タール便）があることも。
食道静脈瘤の破裂	1551頁	静脈瘤が破裂すると、突然に大出血して、吐血、下血がある。破裂前は原因である肝硬変（1647頁）の症状として、黄疸、倦怠感、むくみ、腹水などがみられることも。
急性胃炎／急性胃潰瘍	1552頁	胃のあたりを中心とした強い痛み。押すと強く痛む。吐きけや嘔吐をともなう。出血性の炎症や潰瘍の場合は、吐血や下血もある。出血が大きければショック状態も。
食道裂孔ヘルニア	1602頁	進行すると、食後、夜間、早朝の胸焼けと胸の痛み。嚥下障害、吐きけ・嘔吐、腹部膨満感、吐血、背部痛、動悸などもみられる。
胃がん	501頁	初期は自覚症状はない。かなり進行するとしこりに触れたり腹水がたまったり、吐いた物に血液が混じったり（吐血）、便が黒褐色（タール便）になることも。
マロリー・ワイス症候群	1548頁	暴飲暴食後に嘔吐をくり返すと、大量の吐血や下血。出血が多いとショック状態に。
バッド・キアリ症候群	1667頁	急性で腹痛、吐血、肝臓の腫れや腹水。肝不全により重篤な経過をたどる。
胃憩室	1574頁	上腹部の不快感と周期的な嘔吐。憩室炎をおこしたり、穴があくと吐血や下血、強い吐きけなど。
尿毒症	1722頁	疲れやすい、だるい、思考力の低下、むくみのほか、消化器、循環器、呼吸器、神経などにさまざまな症状がでる。症状が進むと消化器から出血し、吐血することも。
新生児真性メレナ	701頁	生後2～3日の赤ちゃんが下血、吐血などをおこす。
食道の病気		食道炎（1546頁）、食道潰瘍（1547頁）、食道がん（499頁）などの出血は、胃に入ってから吐き出されるのでコーヒーの残りかすのような色の吐血になることが多い。
血液の病気		紫斑病（1455頁）、白血病（548頁）、血友病（699頁）、巨赤芽球性貧血（1443頁）など血液の病気で吐血がおこることも。
食道、胃の内視鏡手術		食道や胃のポリープなどを内視鏡を使い切除すると、そこから出血し吐血することも。

◎吐血と喀血の識別法

口から出る血には2種類あります。食道と胃、十二指腸から出血した血を口から吐くことを吐血といいます。呼吸器からの出血を数mℓ以上、せきとともに吐くのを喀血といいます。吐血は上部消化管、喀血は呼吸器の病変によるものです。

吐血は褐色のことが多いものです。コーヒーを煎れたあとの残りかすのような色なので「コーヒー残渣様」と表現されます。

この色は血液が胃液と接触した証拠です。胃液に含まれる塩酸は赤血球のヘモグロビンと反応すると、塩酸ヘマチンになります。これは赤褐色から黒褐色をしています。血液が胃にとどまっていた時間が長いほど、塩酸ヘマチンが多くなり、

喀血

分類	病名	参照頁	症状・特徴
発熱	肺結核	1285頁	2週間以上、せきや痰がつづく。発熱するときは初期は高熱、だんだんと微熱がつづくようになる。ほかに血痰や胸痛も。高齢者ではだるさや体重減少が目立つ。
発熱	非結核性抗酸菌症	1289頁	せきと痰、ときに血痰がつづくが、症状がほとんどない場合も多く、年単位でゆっくりと進行する。自然治癒するものもあるが、慢性化するものも。
発熱	肺化膿症	1277頁	市中肺炎で肺に空洞ができて、悪臭をともなう痰が出る。糖尿病の人やアルコール常飲者がなりやすい。喀血することも。
発熱	肺真菌症	1281頁	発熱、せき、痰、呼吸困難、だるさなど。からだの免疫力が低下すると発症する。よく効く抗菌薬が効かない。喀血することも。
せき・痰	気管支拡張症	1274頁	慢性的にせきと痰がつづく。血痰や喀血がみられることも。
	肺がん	491頁	長引くせき、痰、血痰、息切れ、声のかすれ、胸や背中の痛みなど。リンパ節が大きくなり静脈を圧迫すると顔や腕がむくむ。喫煙者に多い。
	肺マック症	1289頁	非結核性抗酸菌症のひとつ。軽症でも喀血や血痰が出やすい。年単位でゆっくりと進行するが急性の場合もある。慢性化することが多い。
	心不全	1342頁	頻脈、動悸、全身倦怠感、手足が冷え、皮膚が白くなり、尿量が減る。うっ血性では喀血がみられることも。
	僧帽弁狭窄症	1382頁	からだを動かしたときの呼吸困難、動悸、疲れやすい、喀血など。
	肺塞栓症	1414頁	急性は、息苦しさ、めまい、失神、胸痛など。喀血がみられることも。慢性でも喀血することがある。
	グッドパスチャー症候群	1318頁	血痰、喀血、せき、呼吸困難、疲れやすい、発熱など。
	特発性肺血鉄症	1318頁上段	子どもに多い。喀血や血痰など。貧血の症状もみられる。
	血液の病気		紫斑病（1455頁）、白血病（548頁）、血友病（699頁）、巨赤芽球性貧血（1443頁）など血液の病気で喀血がおこることも。
	外傷		胸郭のけが、折れた肋骨が肺に刺さるなどして喀血がおこることも。

黒色に近くなります。

胃と十二指腸からの出血は、もちろん胃液に接触しますし、食道からの出血でも、いったん胃に入って吐き出されることが多いため吐血はコーヒー残渣様になるのです。

喀血は胃とは関係ないので、赤色やピンク色をしています。泡を含んでいることもよくあります。血液の量が少なく、痰に血が混じっているのであれば、血痰といいます。

吐血でも、出血してまもなくだったり、食道から直接に吐かれた場合は、赤い血の色なので、喀血と区別しにくいかもしれません。

胸焼け・げっぷ

おもな症状 考えられる病気		病気のおもな症状
食道炎	1546頁	胸焼け、胸骨の裏側やみぞおちの痛み、飲食物がしみる感じなど。ほとんどは胃内容物が食道に逆流する胃食道逆流症。肥満した人、妊娠中、年をとって背骨が曲がった人に多い。胃を手術したあとの胃切除後逆流性食道炎もある。
食道潰瘍	1547頁	食道がつかえた感じ、胸の痛み、胸焼けが主症状。
食道アカラシア	1549頁	飲食物が食道でつかえた感じ。とくに流動食が飲み込みにくく、胸焼け、吐きけ・嘔吐をおこす。食道が収縮するときに胸が痛むことも。
食道裂孔ヘルニア	1602頁	進行すると、食後、夜間、早朝の胸焼けと胸の痛み。嚥下障害、吐きけ・嘔吐、腹部膨満感、背部痛、動悸などもみられる。
慢性胃炎	1555頁	みぞおちの痛みがつづく、胃もたれ、吐きけ・嘔吐、膨満感、食欲不振、胸焼けなど。症状がないのに検査によって慢性胃炎と診断されることもある。
胃・十二指腸潰瘍	1558頁	みぞおちが鈍く疼き、焼けるような痛みがつづく。胸焼け、げっぷ、胃液がこみあげてくる。吐きけや嘔吐。潰瘍から出血して薄い黒色の吐血や黒色の下血があることも。
胃酸過多症	1567頁	胸焼けや胃液が胃から口にこみあげてくる呑酸などがみられる。胃液が食道に逆流して、下部食道壁に炎症や潰瘍ができることもある。
胃アトニー／胃下垂症	1568頁	食後の胃もたれや膨満感、げっぷなど。嘔吐することはない。
胃がん	501頁	初期は自覚症状はないが、進行すると食物を飲み込みにくい、胃痛、胃が重い、体重減少、貧血症状のほか、味覚異常、胸焼け、げっぷなどがみられることも。
膵がん	518頁	早期はほとんど症状がない。あってもみぞおちの不快感、胸焼け、げっぷ程度。進行すると、背中の痛み、体重減少など。
強皮症	2036頁	皮膚がかたく、こわばってくる。消化器に症状がでると、胸焼けや嚥下障害もある。
空気嚥下症		呑気症とも。食物を咀嚼しないで飲み込んだときに、消化管にガスがたまり、げっぷ、放屁、腹部膨満感、腹が鳴るなど。ストレスが強いと空気を飲み込むことが多い。
胃神経症（神経性胃炎）	1570頁	吐きけ、上腹部のもたれや不快感、痛み、膨満感、げっぷなど。強いストレスが原因。

◎鎮痛薬と胃の痛み

胃液はpH1～2の強力な酸性液です。塩酸とたんぱく質分解酵素のペプシンを含み、飲食物を分解します。しかし、胃液によって胃そのものが溶けることはありません。胃液には胃粘膜をおおって酸から守る胃粘液も含まれているからです。胃粘液はムチンというたんぱく質が主成分です。

アスピリンやジクロフェナクなどの非ステロイド消炎鎮痛薬は、痛みや炎症を抑えるのになくてはならない薬ですが、胃粘膜を壊し、胃痛や胸焼けをおこすことがあります。痛みの緩和には、これらの薬といっしょに胃粘膜保護作用や制酸作用のある薬が処方されたり、組合わせて配合したものがつくられています。

分類	症状	病気	参照頁	内容
食欲不振（食欲がわかない）	腹痛	食道の病気		食道炎（1546頁）、食道がん（499頁）、食道アカラシア（1549頁）など。
食欲不振（食欲がわかない）	腹痛	胃の病気		胃・十二指腸潰瘍（1558頁）、慢性胃炎（1555頁）、胃がん（501頁）、胃下垂症（1568頁）、肥厚性幽門狭窄症（1574頁）など。
食欲不振（食欲がわかない）	腹痛	腸の病気		過敏性腸症候群（1583頁）、潰瘍性大腸炎（1584頁）、大腸憩室症（1594頁）、クローン病（1586頁）、食中毒（2092頁）など。
食欲不振（食欲がわかない）	腹痛	胆道（胆嚢）や膵臓の病気		胆石症（1669頁）、胆嚢炎・胆管炎（1673頁）、急性膵炎（1678頁）、慢性膵炎（1679頁）、膵がん（518頁）など。
食欲不振（食欲がわかない）	だるい、疲れやすい	肝臓の病気		急性肝炎（1639頁）、慢性肝炎（1642頁）、肝硬変（1647頁）、肝がん（511頁）など。
食欲不振（食欲がわかない）	だるい、疲れやすい	ホルモンの病気		甲状腺機能低下症（1478頁）、副甲状腺機能亢進症（1485頁）など。
食欲不振（食欲がわかない）	だるい、疲れやすい	血液の病気		貧血（1439頁）、巨赤芽球性貧血（1443頁）など。
食欲不振（食欲がわかない）	だるい、疲れやすい	腎臓の病気		慢性腎不全（1721頁）、腎盂腎炎（1730頁）など。
食欲不振（食欲がわかない）		かぜ症候群	1258頁	くしゃみ、鼻水、鼻づまりが主症状。のどの痛み、頭痛、倦怠感、寒け、食欲不振なども。ふつうは高熱はでない。
食欲不振（食欲がわかない）		熱のでる病気		熱がでると食欲は低下することがほとんど。
食欲不振（食欲がわかない）	こころの病気	うつ病	1011頁	数週間から数か月にわたって気分がひどく落ち込む。何事にも興味がわかない。食べることがおっくうになり、食欲もない。
食欲不振（食欲がわかない）	こころの病気	拒食症	1026頁	身体的な病気はないが、食事がとれない。食べているつもりでも食事内容がかたよっていて栄養がとれていないことも。
食欲不振（食欲がわかない）	女性	つわり（悪阻）	2254頁	妊娠５～６週前後から吐きけ、嗜好の変化、食欲がなくなるなど。程度はさまざま。
食欲亢進		バセドウ病	1475頁	甲状腺が肥大、頻脈や動悸、目が突出してくるのが主症状。ほかに手の震え、発汗、倦怠感、イライラする、眠れないなど。食欲が亢進することもある。
食欲亢進		過食症（摂食障害）	1026頁	短時間で必要以上の食物を食べる。過食のあとに自分で嘔吐したり、下剤を使うことで、結果的に栄養不良になることも。

◎嚥下困難

嚥下とは、３つの段階からなる複雑な動作です。

①喉頭咽頭相　口の中の飲食物が舌によって、のど（咽頭）に送られる。

②咽頭食道相　軟口蓋（口の奥のひだ）と喉頭筋肉が鼻腔と気道を閉じる。呼吸は一瞬止まるが、飲食物が呼吸器に入ることはなくなる。食道の入り口が開く。

③食道相　食道に飲食物が入ると、入り口が閉じる。それをきっかけに、食道に蠕動運動がおこり、胃へと食物を送り込む。

最初の飲み込もうとする動きは自分の意志ですが、そのあとは、延髄にある嚥下中枢にコントロールされた反射運動です。このうちのどこかがうまくいかないと、嚥下困難になります。

飲み込みにくい（嚥下障害）

おもな症状	考えられる病気	頁	病気のおもな症状
飲み込んだあとの胸の痛み	食道がん	499頁	初期には自覚症状はない。進行すると、嚥下障害、のどがつかえる感じ、しみる感じ、胸の骨の後ろが痛むなどの症状が現れる。さらに進むと声がれや大出血など。
	その他の食道の病気		食道炎（1546頁）では胸骨の裏側やみぞおちの痛み、飲食物がしみる感じで飲み込みにくい。食道アカラシア（1549頁）では、とくに流動食が飲み込みにくく、胸焼け、吐きけ・嘔吐がある。食道裂孔ヘルニア（1602頁）は進行すると、食後、夜間、早朝の胸焼けと胸の痛み。嚥下障害、吐きけ・嘔吐、腹部膨満感、背部痛、動悸など。
腹痛	ボツリヌス食中毒	2101頁	倦怠感とともに嘔吐、腹痛、下痢などの胃腸症状のあと、まぶたが開かない、物が二重に見える、嚥下困難などの神経・筋肉のまひがおこる。
口の中の痛み			アフタ性口内炎（1202頁）などの口内炎や舌炎（1209頁）など。
のどの痛み			扁桃周囲炎・扁桃周囲膿瘍（1177頁）では、のどの痛みが強く、口を開けることも、つばも飲みこめなくなることも。急性咽頭炎（1172頁）は、のど全体が赤くなり痛む。
舌やのどのがん			上咽頭がん（484頁）は耳がふさがった感じ、鼻づまり、進行すると複視や嚥下障害。下咽頭がん（485頁）は進行すると嚥下障害、声がかれるなど。舌がん（486頁）は舌がただれ、かなり進行すると会話や食事が不自由、嚥下障害など。
	シェーグレン症候群	2040頁	涙が出にくく、目がごろごろし明るいところでまぶしい。唾液が出にくいため口の中が乾燥し、のどが渇き、飲食物を飲み込みにくくなる。
	強皮症	2036頁	皮膚がかたく、こわばってくる。手指が動かしにくく、物がつかみにくくなる。物を飲み込みにくくなることも。寒気で指先が白色になるレイノー現象がみられる。
発声の障害	進行性球まひ	955頁	延髄から病変が始まるので、息が鼻に抜けて鼻声になる、うまく発音できなくなる、嚥下困難、舌の萎縮がみられる。
心理的なもの	食道神経症	1550頁	胸のつかえ感や異物感、飲み込みにくい、胸の圧迫感、焼けつく感じ、食道がけいれんしている感じなど。扁桃肥大（1178頁）や単純性甲状腺腫（1481頁）のこともあるが、もっとも多いのは不安障害（1017頁）。

◎嚥下障害のある人の食事

食べ物の大きさとやわらかさをそろえると、かんだり飲み込みやすくなります。また、のどを通るとき変形しやすく、すべりやすい形状に仕上げます。小さく刻むだけでは、口の中でバラバラになり、むしろ飲み込みにくくなります。増粘剤や片栗粉、ゼラチンなどを使ってとろみをつけて、全体をほどよくまとめましょう。粘りが強すぎると、口の中にくっついて嚥下しにくくなります。汁ものは、のどを通過する速度が速く、気道や鼻腔が閉じる前に中に入ってむせやすいので、増粘剤でとろみをつけるといいでしょう。

薬を飲みにくいときには、嚥下補助ゼリーが市販されているので活用しましょう。

下痢　下痢についての解説は、1596－1597頁の「下痢」を参照。応急手当は、161頁を参照。

急な下痢（感染性腸炎）

分類	病名	頁	症状
発熱	サルモネラ食中毒	2094頁	発熱、嘔吐、腹痛、下痢が主症状。嘔吐がないことも。乳幼児ではけいれん、ショックをおこすこともある。
発熱	腸炎ビブリオ食中毒	2095頁	嘔吐、下痢、軽い発熱、上腹部の痛み。1日に数回、水様便が出るが、血液が混じることも。菌が繁殖した魚介類を生食することで発症。
発熱	腸チフス	2094頁	第1週に頭痛、腹痛、40度前後の発熱。第2週にバラ疹が現れ、高熱、下痢、衰弱する。第3～4週には熱が上がったり下がったりをくり返して平熱に戻る。
発熱	腸管出血性大腸菌感染症	2096頁	病原性大腸菌（おもにO-157）がつくるベロ毒素による。水様の下痢がおこり、3日目ごろから強い腹痛、血便がつづく。熱は38度以下、あまり嘔吐しない。
発熱	カンピロバクター食中毒	2097頁	38～39度の発熱のあとに、強い腹痛と、水様便か粘液と血液が混じった下痢。
発熱	細菌性赤痢	2100頁	急に38～39度の発熱。同時か少し遅れて腹痛と下痢。粘液、血液、膿が混じった下痢になり、1日に数十回も。近年では、あまり発熱せず、下痢も1日3～4回の軟便で検査するまで気がつかない軽症赤痢も多い。
発熱	マラリア	2114頁	急に40度ぐらいの発熱、嘔吐と下痢をともなう。4～5時間後に解熱するが1～2日後に再発。これをくり返し、慢性化・重症化することも。
熱はでないことも	ノロウイルス	813頁	吐きけ、嘔吐、下痢、腹痛などの症状が単独か重なって現れる。発熱することも。
熱はでないことも	黄色ブドウ球菌食中毒	2098頁	急な吐きけ、2～3回の嘔吐、上腹部の強い痛みで始まり、水様性の下痢が2～3回。ときに血便になったり、脱水で血圧が低下することも。熱はでない。
熱はでないことも	ボツリヌス食中毒	2101頁	倦怠感とともに嘔吐、腹痛、下痢などの胃腸症状のあと、まぶたが開かない、物が二重に見える、嚥下困難などの神経・筋肉のまひがおこる。
熱はでないことも	コレラ	2102頁	嘔吐と下痢。腹痛と発熱はない。重症の場合は米のとぎ汁のような下痢便が1日に20～30回あるので、脱水症状におちいって衰弱し、目がくぼむ特有の顔つきになる。
その他の感染性腸炎		1580頁	急性の腹痛をともなう下痢の多くは、小腸や大腸が細菌やウイルスに感染した場合が多い。夏は細菌、冬はウイルスの感染が多い。

◎便になるまでの時間

食べた物は、どのくらいの時間をかけてからだの中を通り過ぎるのでしょうか。

飲み込んだものは、数秒で食道を通り過ぎて胃に到達します。胃では2～4時間、小腸では4～5時間ほどかけて消化と栄養分の吸収が行われます。

大腸を通過するのにかかる時間は12～24時間。時間をかけて水分が吸収されます。大腸に入ってきたときにはドロドロの状態ですが、下行結腸では半粥状、S状結腸に達するころは固形に近くなっています。

食べてから排便にかかる時間は24～72時間。遅い人は3日間も滞留しています。なお、この時間は個人や食べた物、体調によってかなり変わってきます。

	おもな症状	考えられる病気	頁	病気のおもな症状
急な下痢		アレルギー性腸炎	1581頁	特定の食物がアレルギーの原因となり、下痢、嘔吐、腹痛がおこる。乳幼児では肛門周囲の発赤がみられることもある。じんま疹やぜんそく、血圧低下をおこすことも。
		乳糖不耐症	742頁	牛乳など乳製品をとると、水様性の下痢とともにおなかがゴロゴロ鳴って、腹痛や嘔吐がおこる。便はすっぱいにおいがする。
		過敏性腸症候群	1583頁	突然、腹痛をともなう下痢がおこる。過敏性腸症候群は便秘型、下痢型、下痢と便秘をくり返す交互型の3つに分けられる。男性は下痢型、女性は便秘型が多い。
		髄膜炎	963頁	発熱と寒けで始まる。頭痛がひどく、吐きけや嘔吐、下痢がおこり、くびの後ろが張ってかたくなる。流行性脳脊髄膜炎では皮膚に発疹がでたり腰痛や下痢をおこす。
		薬剤性腸炎	1581頁	薬剤によって腸の粘膜に潰瘍ができたり、虚血（血行不足）をおこして、下痢や下血を生じる。アレルギー反応の場合もある。
		心因性下痢		強い緊張やストレスで突然、下痢がおこることも。
下痢がつづく（慢性下痢）		吸収不良症候群	1578頁	原因はさまざま。下痢、腹部膨満感、脂肪便、体重減少、やせ、むくみ、腹水、貧血、皮下出血、口内炎、無月経など。
		過敏性腸症候群	1583頁	以前は過敏性大腸、過敏性大腸症候群と呼ばれていたもの。慢性的に下痢と腹痛が生じる。過敏性腸症候群は、便秘型、下痢型、下痢と便秘をくり返す交互型の3つに分けられる。男性は下痢型、女性は便秘型が多い。
		潰瘍性大腸炎	1584頁	肉眼でわかる血便、下痢、腹痛が主症状。ゆっくりと慢性化することが多い。症状が1回しかでない、くり返す、全身に合併症がでるなど、症状の程度はさまざま。
		クローン病	1586頁	症状はさまざまだが、腹痛、下痢、発熱、体重減少が多い。血便や下血がみられることも。腸の狭窄が進むと腹痛や嘔吐。腸の内容物が漏れると強い痛みや発熱も。
		腸結核	1582頁上段	慢性の下痢、腹痛、発熱、食欲不振、体重減少がおもな症状。
		バセドウ病	1475頁	甲状腺が肥大、頻脈や動悸、目が突出してくるのが主症状。ほかに手の震え、発汗、倦怠感、イライラする、眠れないなど。下痢がつづくことも。

◎腸内細菌叢

小腸から大腸にかけて100種類以上、100兆個もの腸内細菌が住みついています。私たちが食べた物を利用しつつ、生存競争をくりひろげ、ひとつの生態系を形成しています。この生態系を腸内細菌叢といいます。からだに有益なはたらきもするため、私たち自身と腸内細菌は共生関係にあります。

赤ちゃんはお母さんのおなかにいるときは無菌状態なので、腸内細菌をもっていません。生後約24時間で細菌がすみはじめ、指をしゃぶったり、ミルクを飲んだりすることで、細菌が増えていきます。腸内細菌の種類と数はひとりひとりちがいます。また年をとるにつれても変わってきます。

子どもの下痢・下痢　子どもの下痢についての解説は、741頁の「子どもの下痢」を参照。

区分		病名	頁	症状
子どもの下痢	乳児	**単一症候性下痢**	741頁	機嫌がよく、食欲もあって体重も増加しているが液状の便を出しつづける。からだに異常はなく、下痢だけが唯一の症状で自然に治る。
		乳児難治性下痢	742頁	乳児にみられる治りにくい下痢。2週間以上つづく場合をいう。原因はさまざま。
		乳糖不耐症	742頁	牛乳など乳製品をとると、水様性の下痢とともにおなかがゴロゴロ鳴って、腹痛や嘔吐がおこる。便はすっぱいにおいがする。
		乳幼児嘔吐下痢症	738頁	ウイルス性の感染性腸炎（1580頁）。ロタウイルスの感染は、あまり高くない発熱と頻繁な嘔吐があるが1日で終わる。米のとぎ汁のような白色、水状の下痢がつづく。ノロウイルスでは嘔吐が強い。アデノウイルスでは嘔吐・下痢、発熱をともなう。
	幼児・学童	**食中毒**	2092頁	カンピロバクターが多い（2097頁）。病原性大腸菌の1種O-157の感染では溶血性尿毒症症候群（759頁）がおこる。出血性の下痢とともに、突然に顔面蒼白、無尿、出血斑など。予後が悪いこともある。
		かぜ症候群	670頁	くしゃみ、鼻水、鼻づまり、のどの痛み、頭痛など。子どもでは嘔吐や下痢も。
		アレルギー性腸炎	1581頁	特定の食物がアレルギーの原因となり、下痢、嘔吐、腹痛がおこる。乳幼児では肛門周囲の発赤がみられることもある。じんま疹やぜんそく、血圧低下をおこすことも。
	その他			過度の緊張や精神的ストレス、夜間によく眠らないなどで下痢になりやすい。
下痢と便秘が交互に		**過敏性腸症候群**	1583頁	腸の異常により、下痢、便秘、腹部膨満感、腹痛がおこる。便秘型、下痢型、下痢と便秘をくり返す交互型の3つに分けられる。男性は下痢型、女性は便秘型が多い。
		大腸がん	505頁	肛門痛がない血便。暗褐色の血液が混じったり、ときに黒い血塊が出る。便が細くなる、残便感、腹痛、下痢と便秘が交互にくり返されるなど。腹部膨満感やしこりなど。
		直腸がん	507頁	主症状は便への血の付着（血便）。下痢、便秘、残便感、便が細くなる。
		慢性腸間膜動脈閉塞症	1589頁	腹部膨満感、下痢、便秘をくり返す。急激に症状が進むことはない。
		強皮症	2036頁	皮膚がかたく、こわばってくる。消化管がかたくなり、物を飲み込みにくくなる。腸の動きが悪くなり、腹部が腫れ、便秘と下痢をくり返す。

◎腸内細菌のバランス

腸内細菌は栄養素の消化吸収、ビタミンやホルモンの産生、免疫反応への関与、病原細菌の駆逐などを行っています。種類と数のバランスがとれた腸内細菌叢を保持しているのが健康な腸といえます。特定の菌ばかりが増えると、その菌が食物を分解するときにだす物質が異常に増加し、からだにとって悪影響をおよぼすことがあります。

何かの病気の治療のために抗生物質を使うと、ある種類の腸内細菌だけが死滅し、そのかわりに別の細菌が大量に繁殖します。腸内細菌叢のバランスがくずれてしまうので、新たな病気がおこってくることがあります。このような現象を**菌交代現象**といいます。

おもな症状	考えられる病気	頁	病気のおもな症状
黒色便・タール便	食道静脈瘤の破裂	1551頁	静脈瘤が破裂すると、突然に大出血して、吐血や黒色やタール状の下血がある。原因である肝硬変（1647頁）の症状として、黄疸、倦怠感、むくみ、腹水なども。
	胃・十二指腸潰瘍	1558頁	みぞおちが鈍く疼き、焼けるような痛みがつづく。胸焼け、げっぷ、吐きけや嘔吐も。潰瘍から出血すると薄い黒色の吐血やコールタールのような黒色の下血がある。
	胃がん	501頁	初期は自覚症状はない。かなり進行するとしこりに触れたり腹水がたまったり、吐いた物に血液が混じったり（吐血）、便が黒褐色になる（タール便）ことも。
	マロリー・ワイス症候群	1548頁	暴飲暴食後に嘔吐をくり返すと、大量の吐血や下血。出血が多いとショック状態に。
	血液の病気		紫斑病（1455頁）、白血病（548頁）、血友病（699頁）、巨赤芽球性貧血（1443頁）など出血しやすくなる血液の病気で下血がおこることも。
便に血が混じる（下血）	潰瘍性大腸炎	1584頁	肉眼でわかる血便、下痢、腹痛が主症状。ゆっくりと慢性化することが多い。症状が1回しかでない、くり返す、全身に合併症がでるなど、症状の程度はさまざま。
	急性胃炎／急性胃潰瘍	1552頁	胃のあたりを中心とした強い痛み。押すと強く痛む。吐きけや嘔吐をともなう。出血性の炎症や潰瘍の場合は、吐血や下血もある。
	クローン病	1586頁	症状はさまざまで腹痛、下痢、発熱、体重減少が多い。血便や下血がみられることも。
	大腸憩室症	1594頁	憩室が炎症をおこすと、初めは鈍痛、徐々に鋭い痛みになり、からだを動かすとひびく。鮮紅色から暗赤色の下血がある。痛みがないことも。
	薬剤性腸炎	1581頁	抗生物質などの薬剤によって腸の粘膜に潰瘍ができたり、虚血（血行不良）をおこして、下痢や下血を生じる。アレルギー反応の場合もある。
	大腸ポリープ	1593頁	ふつうは無症状で便潜血などで見つかるが、鮮血が便に付着したり、下血がみられることも。痔とまちがいやすいので注意が必要。
	大腸がん	505頁	便が細い、残便感、腹痛、下痢と便秘が交互にくり返される。肛門に痛みがない血便（便に血が付着する、混じる）や、ときに黒い血塊が出ることも。
	直腸がん	507頁	主症状は便への血の付着（下血）。下痢、便秘、残便感、便が細くなるなど。

◎便とおならのにおい

腸内細菌のウェルシュ菌などは小腸で吸収しきれなかったアミノ酸を分解します。このときに硫化水素、インドール、スカトールといったガスが発生します。これらが便やおならの悪臭の正体です。おもしろいことに、インドールやスカトールは高濃度だと便やおならのにおいになりますが、濃度がひじょうに低いと、花の香りになります。ジャスミンやオレンジの華やかな香りの成分でもあり、実際に香水に使われています。糖質は分解時に大量のガスが発生しますが、くさい成分は少ないので、イモやマメを食べたあとのおならは、量が多くてもくさくないはずです。肉類を食べすぎるとくさくなります。

区分	症状	病名	参照頁	特徴
下痢便に血が混じる		感染性腸炎	1580頁	下痢、腹痛、嘔吐、発熱、ときに粘液や膿が混じった血便。水様性の下痢が1日に何回も出ることも。サルモネラ食中毒（2094頁）、カンピロバクター食中毒（2097頁）、おもにO-157による腸管出血性大腸菌感染症（2096頁）、腸炎ビブリオ食中毒（2095頁）など。夏は細菌、冬はウイルスの感染が多い。
下痢便に血が混じる		虚血性大腸炎	1589頁	左側腹部に強い痛みがあり、下痢や血便がおこる。吐きけ・嘔吐も。一過性のものは2週間以内に治まるが、原因によっては持続するものや急速に悪化するものも。
排便時や排便後の出血		直腸脱	1618頁	初期は脱出とともに排便困難や残便感。進行すると脱出にともない出血や便失禁も。
排便時や排便後の出血		肛門ポリープ	1616頁	ポリープが大きくなると排便時に脱出。出血が見られることも。
排便時や排便後の出血		痔核（いぼ痔）	1610頁	排便時に出血。紙に付着する程度から、ぽたぽたたれたり、噴出するものまでさまざま。症状が進むと脱出するようになり、戻らなくなることも。
排便時や排便後の出血		裂肛（切れ痔、裂け痔）	1613頁	排便時だけではなく排便後も強い痛みがつづき、少量の出血をともなう。
便の異常	水に浮く	吸収不良症候群	1578頁	脂肪の吸収が不十分だと脂肪便になる。脂肪便は、やわらかい、量が多い、色が薄い、悪臭がするなどのほか、水に浮いたり、便器の壁に付着しやすいのが特徴。
便の異常	コロコロ	過敏性腸症候群	1583頁	腸の異常により、下痢、便秘、腹部膨満感、腹痛がおこる。便秘型だとウサギの糞のようにコロコロしたかたい便が出る。
便の異常		灰白色の便		肝臓や胆道の病気で胆汁が出ないと、便が白っぽくなることがある。黄疸、皮膚の瘙痒感、尿の色が濃くなるなどの症状も。
子どもの便の異常	血の付着など	腸重積症	743頁	強い腹痛、嘔吐、血便がおもな症状。突然不機嫌になり、顔色が真っ青になり激しく泣き出す。しばらくすると痛みが消えるので泣き止むが、10～30分でくり返す。
子どもの便の異常	白い水様便	乳幼児嘔吐下痢症	738頁	ロタウイルスの感染では、あまり高くない発熱と頻繁な嘔吐。米のとぎ汁のような白色、水状の下痢がつづく。
子どもの便の異常	灰白色の便	胆道閉鎖症	736頁	生後1か月ごろから黄疸が目立つようになる。尿の色が濃くなり、便は灰白色になる。以前は先天性とされていたが、現在では炎症によって閉鎖すると考えられている。

◎おなら（放屁）

おならは腸内のガスが肛門から排出される現象です。医学では放屁といいます。

ガスの大部分は口から飲み込んだ空気で、残りは腸内細菌が糖質やたんぱく質を分解する際に発生したガスなどです。成分は、窒素50%、水素30%、炭酸ガス15%のほか、酸素、硫化水素、メタンガス、インドール、スカトールなどです。量は1日に1ℓ以上になることもあります。気圧が低いと腸内のガスの量が増えるので、高山に登ると、おならの回数も量も増えます。

発生したガスの一部は血管に吸収されて、からだをまわり、呼気として口から排出されるといわれます。

口臭の強さには腸内細菌も一役かっているようです。

おもな症状	考えられる病気	頁	病気のおもな症状
新生児の便秘	肥厚性幽門狭窄症	734頁	生後2週ごろから、口と鼻から噴水のようにミルクをピューっと吐く。吐いた物に胆汁などは混じらない。しだいに栄養不良となって体重が減る。便も出ない。
	先天性腸閉鎖症	734頁	生後1～2日で胆汁の混じった物を嘔吐したり、腹部膨満感。出生後24時間たっても胎便が出ない。
	鎖肛	735頁	生まれつき肛門が形成されていないので便が出ない。
乳幼児の便秘	ヒルシュスプルング病	735頁	胎便が出ない。嘔吐、腹部膨満がみられ、浣腸をすると爆発的な排便がおこる。乳児期や幼児期まで気がつかないと、便秘、異常な腹部の膨れ、やせ、発育障害など。
	慢性特発性仮性腸閉塞	735頁上段	原因は不明だが、ヒルシュスプルング病と似たような症状を示す。
	腸重積症	743頁	強い腹痛、嘔吐、血便がおもな症状。元気だった子どもが突然不機嫌になり、顔色が真っ青になり激しく泣き出す。しばらくすると痛みが消えるので泣き止むが、10～30分でくり返す。時間がたつとぐったりしてくる。生後6か月前後の乳児に多い。
	クレチン症	724頁	不活発でミルクの飲みが悪く、体重が増えない。黄疸、舌の肥大、むくみ、便秘など。
	肛門裂傷		便秘でかたくなった便が肛門を傷つけてしまう。痛みのためにトイレに行くのを嫌がって、よけいに便秘がひどくなる。
	母乳不足		母乳が足りないと、やせ、不機嫌のほか、便秘になる。
	食事・栄養のあやまり		繊維質の食べ物や水分が不足するなど、栄養のかたよりで便秘になる。
	遺糞症	745頁	トイレで排便できる年齢なのに、下着を汚してしまう。トイレに行くことがストレスになっていたり、慢性的な便秘が原因のことも。本人は気がついていないことが多い。
	排便のがまん		遊びに夢中、トイレが汚い、人前でトイレに行くのが恥ずかしいなどで排便をがまんして便秘になる。腹痛があったり排便時に痛みがあるので排便を嫌がり、また、頑固な便秘では便意をあまり感じなくなるために、どんどん慢性化してしまう。
	神経系の病気		脳性まひ（597頁）、筋ジストロフィー（985頁）などで排便コントロールができない。
	薬剤の使用		鎮咳薬や抗生物質などの使用で便秘になることがある。

◎子どもの下痢と食事

子ども、とくに乳幼児の胃腸の粘膜は刺激に弱く、ちょっとしたことでもすぐに下痢をしてしまいます。

ミカンなどの柑橘類に含まれるクエン酸は腸を刺激するので下痢をしやすい子どもは避けたほうが賢明です。また、腸炎などの病気が疑われるときは、カフェインが腸を刺激する可能性があるので、お茶も避けましょう。食物繊維はからだによいのですが、下痢のときには控えめにします。食物繊維は、バナナ、ゴボウ、イモ類、豆類などに多く含まれています。

牛乳を飲むと下痢をする乳糖不耐症の子どもは、乳糖を酵素で処理した加工乳や、大豆からつくられた豆乳などを飲ませましょう。

便秘　便秘についての解説は、1595頁の「便秘」を参照。

分類	病気・原因	参照頁	症状・特徴
便秘	大腸憩室症	1594頁	憩室炎をくり返すと大腸が細くなり、便やガスが通過しにくくなる。
便秘	巨大結腸症	1584頁上段	直腸や結腸が異常に拡張して頑固な便秘や腹部膨満感。
便秘	直腸脱	1618頁	初期は脱出とともに排便困難や残便感。進行すると脱出にともない出血や便失禁も。
便秘	直腸瘤		直腸ヘルニア。便秘、残便感、排便したいのになかなか便が出ないなど。
便秘	痔		痔核（いぼ痔　1610頁）や裂肛（切れ痔　1613頁）があると、痛みのために排便をがまんする習慣がついて、便秘になることも。
便秘	甲状腺機能低下症	1478頁	倦怠感、気力の低下、動作がにぶくなる。むくみ、便秘、冷えを強く感じる。
便秘	神経系の病気		脳腫瘍（476頁）、脊髄腫瘍（479頁）、パーキンソン病（948頁）、多発性硬化症（967頁）などで排便にかかわる神経に異常が生じて便秘になることも。
便秘	腫瘍などによる圧迫		大きくなった子宮筋腫（840頁）や卵巣腫瘍（565頁）が大腸を圧迫することで便の移動が妨げられ、便秘になることがある。
便秘	薬剤の使用		抗うつ薬、抗けいれん薬、鎮咳薬、制酸薬、利尿薬などで便秘がおこる。
便秘	食生活や生活環境		食物繊維が少ない食事、入院中などで運動量が少ない、旅行や睡眠不足、強いストレスや緊張などで便秘になることも。
腹部のふくれ感（腹部膨満感）／発熱・嘔吐・腹痛	腸閉塞	1591頁	さしこむような強い腹痛、腹部が膨んで腸がゴロゴロ鳴る。嘔吐があり排便・排ガスがとまる。血行障害があるものは頻脈や発熱、脱水、尿の減少なども。
腹部のふくれ感（腹部膨満感）／発熱・嘔吐・腹痛	急性腹膜炎	1620頁	腹部全体の痛み、発熱、頻脈。腹膜炎顔貌になる。進行すると嘔吐、排便・排ガスがとまり、腹部全体が膨れ、意識がもうろう、ショック状態になる。
腹部のふくれ感（腹部膨満感）	空気嚥下症	1571頁	呑気症とも。食物を咀嚼しないで飲み込んだときに、消化管にガスがたまり、げっぷ、放屁、腹部膨満感、腹が鳴るなど。ストレスが強いと空気を飲み込むことが多い。
腹部のふくれ感（腹部膨満感）	胃の病気		慢性胃炎（1555頁）、神経性胃炎（1570頁）、胃下垂（1568頁）などで膨満感。
腹部のふくれ感（腹部膨満感）	腹水がたまる病気		肝硬変・肝不全（1647頁）など肝臓の病気、右心不全（1343頁）、卵巣がん（565頁）、がん性腹膜炎（521頁）で腹水がたまると腹部膨満感がある。

◎2種類の食物繊維

食物繊維は、生活習慣病の予防や便秘を防ぐなど、さまざまなはたらきで脚光を浴びていますが、不溶性と水溶性の2つがあります。

不溶性食物繊維は、胃の中に長時間とどまるので満腹感がつづき、肥満防止になります。また、腸内で水分を吸収して膨れ、腸の蠕動運動を活発にするため、便秘を防ぎます。おもに野菜や豆類、キノコ類に多く含まれています。

水溶性食物繊維はぶどう糖の吸収速度を緩やかにし、血糖値の急上昇を抑えるので、糖尿病予防に効果があります。コレステロールの吸収を抑制し、動脈硬化も予防するといわれます。果実やコンニャク、海藻などに多く含まれます。

徐々に視力が低下

	考えられる病気	頁	病気のおもな症状
両目ともに	**糖尿病網膜症**	1095頁	初期はほとんどが無症状。飛蚊症（1065頁）や光視症（1066頁）、悪化すると出血や網膜剥離（1097頁）がおこるため、大幅に視力低下。
両目ともに	**腎性網膜症**	1095頁	慢性腎炎にともなう網膜症は、網膜剥離（1097頁）をおこして視力が低下することがある。
両目ともに	**加齢黄斑変性**	1099頁	初期は、物の中心部が見えにくくなったり、歪んで見える。見えにくい範囲が広がり、視力が低下する。
両目ともに	**網膜色素変性症**	1098頁	思春期ころから夜盲症（1099頁）や視野狭窄が現れ、年をとるにつれて視野狭窄が悪化し、眼鏡をかけても字が読めないほど視力が低下する。
両目ともに	**うっ血乳頭**	1110頁	初めは、頭痛、吐きけ、めまいなどの脳圧亢進の症状のみ。放置しておくと視力が低下する。
両目ともに	**緑内障**	1106頁	初期には自覚症状がないものが多い。目が疲れやすく、かすんで見えるなどの症状が現れ、しだいに視野が欠けてきて視力が衰える。病型はさまざまで、頭痛や眼痛、嘔吐などをともなう急性のものもある。片側の目だけのことも。
両目ともに	**老視（老眼）**	1072頁	近くを見るときにピントが合わない。暗いと、より見にくい。40歳代から現れる。
両目ともに	**夜盲症**	1099頁	暗いところで物が見づらい。進行性の場合は徐々に悪化する。
片側の目だけ	**虹彩毛様体炎**	1089頁	白目が充血し、目がかすんだり、光があたるとまぶしくて痛む。
片側の目だけ	**硝子体混濁**	1102頁	出血や炎症により硝子体が濁り、視力障害がおこる。
片側の目だけ	**中心性漿液性網脈絡膜症**	1091頁	片方の目を閉じ、病気のある目だけで物を見ると、ぼやけたり歪む。両目で見ると左右の大きさがちがって見える。中年男性に多い。
片側の目だけ	**白内障**	1103頁	眼鏡の度が合わない、老眼鏡なしでも近くが見えるなどの初期症状のあと、視界全体が白っぽく見えるようになる。周りが暗いとよく見える場合もある。
片側の目だけ	**眼窩腫瘍**	1111頁	眼球が入っているくぼみにおこる腫瘍によって視力が低下。眼球がとび出してくる、物が二重に見える、眼球の動きが悪いなど。
その他			脳腫瘍（476頁）、眼サルコイドーシス（1090頁）、多発性硬化症（967頁）などで視力が低下することも。

◎涙の成分と構造

涙は、医学では涙液といい、電解質（ナトリウムやカリウムなど）、ぶどう糖、たんぱく質、ムコ多糖類、脂質などを含み、からだのほかの体液と同じく、弱アルカリ性です。

涙は目の中では3層の層をなして存在しています。

いちばん上の層は瞼板腺から分泌される脂分を含んだ液で脂質層といい、その下にある涙液を蒸発させない役目をしています。

その下は涙腺や副涙腺から分泌される涙液の層で、液（水）層といいます。

いちばん下の層は、結膜の杯細胞から分泌される粘液の層でムコイド層といいます。ムコイド層の粘性によって、眼球に涙液がくっつきやすくなっています。

分類		病名	頁	症状
急な視力の低下	両目ともに	原田病	1090頁	発熱、頭痛、倦怠感から、急に両目のかすみ、見えかたの歪み、視力低下がおこる。めまい、耳鳴りも。
		急性閉塞隅角緑内障	1106頁	急な頭痛、眼痛、吐きけ。白目の充血、黒目の曇り、瞳孔の散瞳、視力が低下。
	片側の目だけ	硝子体出血	1102頁	出血が多いと急に見えなくなる。
		眼内炎	1102頁	強い眼痛や頭痛。白目が充血し、まぶたが腫れる。体内の病巣から菌がうつったときには全身疾患をともなう。
		視神経炎	1109頁	初期は目の奥が痛んだり目を動かしたときに痛む。物の中心部が見えにくくなる。発病後数日で失明に近い状態になる。
		虚血性視神経症	1109頁	片方の目の視力が悪くなり回復しない。数か月後にもう片方の目も悪くなることも。
		網膜中心動脈閉塞症	1093頁	突然、片方の目の視界が真っ暗になり、何も見えなくなる。痛みはあまりない。
		網膜中心静脈閉塞症	1094頁	全体が暗く見えて視力が低下。網膜の中心が障害を受けると急に物が見えなくなる。
		その他		眼瞼内反（1074頁）、トラコーマ（1080頁）、円錐角膜（1086頁）、角膜ヘルペス（1085頁）など。
見える範囲（視野）の異常		ぶどう膜炎	1089頁	物の中心がかすんだり、歪んで見える。
		網膜剥離	1097頁	初期は飛蚊症（1065頁）や光視症（1066頁）。徐々に見える範囲が狭くなってくる。症状がでている目だけで見ると、視野の一部が黒く何も見えなくなっている。剥離が中心部におよぶと物が歪んで見えたり、急激に視力が低下する。
		網膜色素変性症	1098頁	思春期ころから、両目の夜盲症（1099頁）や見える範囲が周囲から欠ける視野狭窄が進む。年をとると視野狭窄が悪化し、眼鏡をかけても見えないほど、視力がひどく低下する。
		加齢黄斑変性	1099頁	初期は、物の中心部が見にくくなったり、歪んで見える。見えにくい範囲が広がり、視力が低下する。
		中心性漿液性網脈絡膜症	1091頁	片方の目を閉じ、病気のある目だけで物を見ると、ぼやけたり歪む。両目で見ると左右の大きさがちがって見える。中年男性に多い。
		開放隅角緑内障	1107頁	初期には自覚症状がない。目が疲れやすく、かすんで見える症状が現れ、しだいに視野が欠けてきて視力が衰える。

◎雪目

強い紫外線を受けると皮膚が日焼けをするのと同じように、目にも炎症が生じます。強い痛みがあり、涙がとまらなくなります。この状態を雪目（電気性眼炎）といいます。雪面や海面で反射した太陽光や、溶接の現場で溶接光を浴びて雪目になることがあります。

紫外線を浴びてから数時間後に発症するので、スキーや海水浴を楽しんだ日の夜中に症状がおきます。痛みが強く目を開けにくいためにつらい思いをしますが、数日以内に治まります。

夏になると、都心のビル壁や道路から反射した太陽光によって雪目になることもあります。帰宅後に目がひりひりしたら、目を休ませたほうがいいでしょう。

おもな症状	見えかたの異常									白目が赤い（白目の充血）					
	蚊のようなものが飛んで見える（飛蚊症）				視野の片側が見えない（同名性半盲）		光が見える	二重に見える		目の痛み（眼痛）					
考えられる病気	網膜剥離	硝子体出血	生理的硝子体混濁	イヌ・ネコ回虫症	脳梗塞	一過性脳虚血発作	片頭痛の前駆症状	眼球運動障害	その他	子ども	細菌性結膜炎	角膜潰瘍	強膜炎	虹彩毛様体炎	急性閉塞隅角緑内障
	1097頁	1102頁	1102頁	2110頁	934頁	942頁	919頁				1079頁	1084頁	1087頁	1089頁	1106頁
病気のおもな症状	初期に飛蚊症（1065頁）や光視症（1066頁）がある。見える範囲が狭くなり、視野の一部が黒く何も見えなくなっている。	出血が多いと急に見えなくなる。	硝子体は年をとると液状に変化するが、多くなると一部が網膜から分離してしまう。	犬や猫の回虫卵に砂場などで感染。網膜が感染すると飛蚊症（1065頁）や視力低下。	片側の手足や顔面のまひ、ろれつが回らないという軽症から、視野障害、字が読めない、動作ができない、意識障害などの重い症状までさまざま。視野障害は障害を受けた側の反対側が見えなくなる。	片側の手足や顔面のまひ、感覚の鈍化やしびれ、ろれつが回らない、言語障害、視野障害などが現れるが、しばらくすると症状がなくなる。	片頭痛のタイプによっては、目の前がちかちかしたり（閃輝暗点 1066頁）、視野の一部が見えないなどの前駆症状がでる。前駆症状は1時間以内で治り、頭痛が始まる。	脳や眼窩、副鼻腔にできた腫瘍に圧迫されたり、脳血管障害、髄膜炎、多発性硬化症などが原因で、眼球を動かす動眼神経や外転神経がまひすると、複視がおこる。	視神経炎（1109頁）、虚血性視神経症（1109頁）、下垂体腺腫（966頁）、脳卒中（921頁）、頭部外傷（1950頁）などでも視野に異常がおこることが。	咽頭結膜熱（807頁）、はしか（804頁）、風疹（803頁）、川崎病（800頁）など。	充血のほか膿をもったり、ねばねばしためやにが出て涙が出やすくなる。	角膜に灰色の濁りが生じ、視力低下、充血、涙っぽい目になる。目が痛み、まぶたが腫れることも。	ほとんどは充血と軽い異物感。炎症が角膜全体におよぶと、強い充血と痛みがでる。	角膜周辺の白目が充血。目がかすんだり、光にあたるとまぶしくて痛むことも。	急に頭痛、眼痛、吐きけがおこる。白目の充血、黒目の曇り、瞳孔の散瞳がおき、視力が低下する。

◎視野

一点を見つめたときに目を動かさずに見える範囲全体を視野といいます。

自分の視野の広さを確認してみましょう。片方の目を手でおおい、もういっぽうの手の人差し指を立てて、先端を見つめます。視線を動かさずに、指を上下左右に動かすと、あるところで見えなくなります。そこが視野の限界です。正常な目は、上側は60度、下側は75度、耳側は100度、鼻側は60度の範囲が見えます。

緑内障では視野が欠けますが、欠けた部分が少し暗く見える程度です。しかも片方の目の視野が欠けても、もう片方の目が補っているため、視野の欠損に気がつきにくく、緑内障の発見が遅れてしまうのです。

症状		病名	頁	特徴
白目が赤い（白目の充血）	発熱	**眼窩蜂窩織炎**	1110頁	まぶたが腫れて激しく痛む。眼球が突出したり、眼球が動かしにくく物が二重に見える。子どもや高齢者は発熱。
	流涙（涙が出やすい）	**睫毛乱生**	1074頁	まつげが眼球の表面に接触し、涙が出る。ときに角膜に傷がつき痛い。
		ウイルス性結膜炎	1078頁	おもに充血、流涙、めやにや異物感、目の痛みなど。ウイルスによって症状が異なる。
		細菌性結膜炎	1079頁	充血、膿をもったためやに、ねばねばしためやに、流涙がおこる。急性に症状が進む。
		アレルギー性結膜炎	1082頁	目のかゆみ、流涙、めやに、異物感、白目の充血、むくみ、まぶたが腫れるなど。くしゃみ、鼻水、鼻づまりなどアレルギー性鼻炎の症状をともなうことが多い。
		群発頭痛	920頁	季節の変わり目などに毎日のようにおこる。数十分~1時間くらいつづく。片側の目の奥がえぐられるように痛む。痛む側の白目の充血や涙、鼻水が出ることも。
		その他		角膜潰瘍（1084頁）、強膜炎（1087頁）、虹彩毛様体炎（1089頁）、結膜出血なども白目の充血、流涙、眼痛をともなう。
	目がごろごろする（異物感）	**フリクテン性角結膜炎**	1083頁	白目と黒目の境界付近に粟粒大の斑点や、角膜の周辺に白い斑点ができる。斑点の周囲は充血し、異物感がある。
		乾性角結膜炎（ドライアイ）	1080頁	目が乾く、ごろごろする、熱く感じる、充血、目の疲れなど。湿度が高いと改善。
目のかゆみ		**花粉症**	2009頁	睫毛乱生（1074頁）、ウイルス性結膜炎（1078頁）、角膜潰瘍（1084頁）、強膜炎（1087頁）でも、白目が充血して異物感がある。
		アレルギー性結膜炎	1082頁	目のかゆみ、流涙、めやに、異物感、白目の充血、むくみ、まぶたが腫れるなど。くしゃみ、鼻水、鼻づまりなどアレルギー性鼻炎の症状をともなうことが多い。
		眼瞼縁炎（ただれ目）	1075頁	まぶたの縁が赤くなり、かゆみや軽い痛みがある。
目の痛み（眼痛）		**麦粒腫（ものもらい）**	1076頁	まぶたが赤く腫れる。痛みが強いときも。
		涙嚢炎	1077頁	鼻の付け根が赤く腫れる。めやにや涙が出る。
		単純ヘルペス角膜炎	1085頁	まぶたの裏がごろごろして涙がとまらない。進行すると、まぶしくて見にくくなる。
		視神経炎	1109頁	初期は目の奥が痛んだり目を動かしたときに痛む。物の中心部が見えにくくなる。発病後数日で失明に近い状態になる。

◎ベラドンナの目薬

瞳（瞳孔）が大きい黒目がちな表情は美しいといわれます。中世ヨーロッパの貴族の女性は、瞳を大きくするために、ベラドンナという植物の汁を目薬に使いました。

ベラドンナにはアトロピンという成分が含まれています。瞳孔は副交感神経の刺激によって縮小しますが、副交感神経を抑制するアトロピンを点眼することで瞳孔が開き、黒目がちになるのです。

現在では、目の検査で瞳孔を開いたままにしておく必要があるときにアトロピンが入った目薬が使われます。瞳孔が開いているあいだは、光がひじょうにまぶしく見えるため、自動車の運転などはできません。

おもな症状		考えられる病気		病気のおもな症状
目の痛み（眼痛）		眼窩腫瘍	1111頁	眼球が入っているくぼみにおこる腫瘍によって視力が低下。眼球がとび出してくる、物が二重に見える、眼球の動きが悪いなど。
目の痛み（眼痛）		眼精疲労	1111頁	目が痛む、重い、疲れる、ぼやけて見える。頭痛、肩こり、吐きけなどもともなう。
目の痛み（眼痛）		その他		急性出血性結膜炎（1079頁）、角膜潰瘍（1084頁）、強膜炎（1087頁）、虹彩毛様体炎（1089頁）、急性閉塞隅角緑内障（1106頁）、眼窩蜂窩織炎（1110頁）など。
見にくい		VDT症候群（テクノストレス眼症）	1112頁	遠く、あるいは近くにピントが合いにくい、目が乾くなど眼科症状のほか、頭痛、肩や腰の痛み、だるさ、食欲不振などをともなう。
目の異常		涙がとまらない（流涙）		睫毛乱生（1074頁）、涙嚢炎（1077頁）、細菌性結膜炎（1079頁）、ウイルス性結膜炎（1078頁）、アレルギー性結膜炎（1082頁）、角膜潰瘍（1084頁）など。
目の異常		めやに（眼脂）		涙嚢炎（1077頁）、細菌性結膜炎（1079頁）など。
目の異常		目のかすみ		大動脈炎症候群（1422頁）、原田病（1090頁）、眼精疲労（1111頁）など。
目の異常		まぶしい（羞明）		単純ヘルペス角膜炎（1085頁）、虹彩毛様体炎（1089頁）など。
目の中がおかしい	瞳孔が白い	白内障	1103頁	眼鏡の度が合わない、老眼鏡なしでも近くが見えるなどの初期症状のあと、視界全体が白っぽく見えるようになる。周りが暗いとよく見える場合もある。
目の中がおかしい	瞳孔が緑色	緑内障	1106頁	目が疲れやすく、かすんで見え、しだいに視野が欠けてきて視力が衰える。
目の中がおかしい	黒目が白い	円錐角膜	1086頁	近視や乱視が急に進み、角膜が濁って視力が急激に低下する。
目の中がおかしい	黒目が白い	角膜潰瘍	1084頁	角膜に灰色の濁りが生じ、視力低下、充血、涙っぽい目に。痛み、まぶたの腫れも。
目の中がおかしい	目にほし	フリクテン性角結膜炎	1083頁	白目と黒目の境界付近に粟粒大の斑点や、角膜の周辺に白い斑点ができる。斑点の周囲は充血し、異物感がある。
目の中がおかしい	目にほし	翼状片	1083頁	鼻側の白目から黒目に向かって、三角形の白色の組織が伸びてくる。充血や異物感が生じることもある。進行すると乱視になる。
眼球突出		バセドウ病	1475頁	甲状腺が肥大、頻脈や動悸、目が出てくるのが主症状。ほかに手の震え、発汗、倦怠感、イライラする、眠れないなど。20～30歳代の女性に多い。
眼球突出		眼窩腫瘍	1111頁	視力が低下。眼球が出てくる、物が二重に見える、眼球の動きが悪いなど。

◎視力検査

視力検査で使われるアルファベットのCのようなマークはランドルト環といって、世界共通の視力検査用の記号です。フランスの眼科医ランドルトが20世紀初めに考案したものです。

5mの距離から見たときに直径7・5㎜、切れ目の幅が1・5㎜のランドルト環を見ることができれば視力1・0です。1・0用のランドルト環の10倍の環しか見えなければ視力は0・1です。0・1が見えなければ距離を縮めていきます。4mで0・1用の環が見えれば視力は0・08です。

ランドルト環のほかに日本ではひらがなやカタカナが、欧米ではアルファベットが使われます。

耳鳴り　耳のけが、異物が入ったときの応急手当は、133頁参照。耳鳴りについては、1143頁参照。

耳鳴り

症状	病名	頁	特徴
両側の耳の難聴	老人性難聴	1138頁	初期は聞こえにくさはなく、静かな場所で「キーン」「ジー」というような高い音の耳鳴りがあり、徐々にサ行の音などが聞きとりにくくなる。
	騒音性難聴／音響外傷	1138頁	初期はやや高い音が聞こえにくくなる。耳鳴りをともなうことが多い。進行すると、いろいろな高さの音が聞きとれなくなる。
	幼児難聴	635頁	大きな音に反応しない、ことばがでないなどで気がつくこともあるが、乳幼児の段階では発見しにくい。新生児聴覚スクリーニングが行われる施設も多い。
片側の耳の難聴	内耳炎	1134頁	内耳の炎症で、めまいや聞こえかたの異常がおこる。頭痛や吐きけ、難聴になることもある。
	聴神経腫瘍	1140頁	難聴、耳鳴り、めまい。大きくなると顔面のしびれや顔面まひ。
	突発性難聴	1139頁	突然、聞こえが悪くなる。難聴よりも耳鳴りや耳がつまった感じを強く感じることも。めまいやふらつき、吐きけをともなうこともある。40～50歳代に多い。
	外リンパ瘻	1139頁	めまい、水が流れるような音の耳鳴り、急に難聴になる。眼球の揺れ（眼振）がみられることも。ほうっておくと症状が進行する。
	メニエール病	1132頁	回転性のめまいがくり返しおこる。めまいとともに、耳鳴りと耳がつまった感じ、難聴も。動悸や吐きけ、嘔吐もある。
耳痛	限局性外耳道炎	1121頁	耳をひっぱると耳痛が強くなる。膿がたまって膨れて耳癤になることも。
	航空性中耳炎	1126頁上段	激しい耳痛、難聴、耳鳴りなど。一時的な症状なら問題はない。
耳だれ	慢性中耳炎	1128頁	難聴と耳だれがおこる。鼓膜に穴があいた状態。難聴は徐々に進行し、鼓膜の穴が大きくなったり、耳小骨が壊れることも。急性中耳炎（1125頁）や鼓膜外傷のあとにおこる。
	真珠腫性中耳炎	1128頁	病変が白く真珠のように見える。耳だれのほか、難聴、めまい、顔面神経まひ、さらには頭蓋内合併症などがおきる。
耳閉感	耳垢栓塞	1122頁	難聴、耳鳴り、ほうっておくと外耳道炎になることも。
	滲出性中耳炎	1126頁	難聴、耳のつまった感じ、耳鳴り。乳幼児と高齢者に多い。

◎日本人の耳垢

耳垢には湿ったタイプと乾燥したタイプの2つがあります。日本人では乾燥、欧米人では湿ったタイプが多くなっています。2つのタイプはわずかな遺伝子のちがいで決まります（33頁カラー口絵）。

アフリカで生まれた人類の祖先は湿った耳垢をしていましたが、ユーラシア大陸を東へと移動するうちに、耳垢遺伝子が変異をおこし、乾いた耳垢をもつ人類が生まれました。

日本列島に最初に渡来した縄文人は湿った耳垢をもっていました。そこへ遺伝子が変異して乾いた耳垢をもつようになった弥生人も渡来したので、日本人には乾いた耳垢が多くみられるようになったのです。

おもな症状		考えられる病気	頁	病気のおもな症状
注意して聞けば、ふつうの会話の声は聞きとれる	片側の耳の難聴	**突発性難聴**	1139頁	突然、聞こえが悪くなる。難聴よりも耳鳴りや耳がつまった感じを強く感じることも。めまいやふらつき、吐きけをともなうこともある。
		限局性外耳道炎	1121頁	耳を引っ張ると耳痛が強くなる。膿がたまって膨れて耳癤になることも。
		耳垢栓塞	1122頁	難聴、耳鳴り、ほうっておくと外耳道炎になることも。
		滲出性中耳炎	1126頁	難聴、耳がつまった感じ、耳鳴り。乳幼児と高齢者に多い。
		鼓膜炎	1124頁	強い耳の痛み、耳がつまった感じ、難聴、耳だれなど。
		聴神経腫瘍	1140頁	難聴が徐々に進行する。耳鳴りやめまいをともなうことが多い。腫瘍が大きくなると顔面のしびれ、顔面まひ、さらには意識障害などをおこす。
		心因性難聴	1140頁	日常生活には支障がないが検査をすると難聴がある。耳鳴りなど耳の症状のほか視野狭窄などを合併することもある。なんらかのストレスを感じていることが多い。
	両側の耳の難聴	**耳硬化症**	1130頁	思春期ころに発症し、徐々に進行して40歳ころに日常生活に支障がでるほど難聴がひどくなる。女性ホルモンが影響し、妊娠や出産で難聴が進むことも。
		老人性難聴の初期	1138頁	初期では聞こえにくさはほとんどなく、静かな場所で高い音の耳鳴りがある。サ行の音などが聞きとりにくくなってくる。
		幼児難聴	637頁	大きな音に反応しない、ことばがでないなどで気がつくこともある。
		その他		騒音性難聴（1138頁）など。
聞こえない	片側	**外耳道閉鎖症**	631頁	外耳道の穴がふさがったり、とぎれているために音が聞こえない。子どもではほとんどが先天性。外耳道の慢性的な炎症や骨の増殖などでおきることも。
	両側	**老人性難聴**	1138頁	年をとるにつれて、ほとんど聞こえなくなるほど難聴が進行することも。
めまいがある		**内耳炎**	1134頁	内耳の炎症によって、めまいや聞こえかたの異常がおこる。頭痛や吐きけもともなう。難聴になることもある。
		ラムゼイ・ハント症候群	1145頁	顔面神経まひに加えて、耳の周りや口の中に水ぶくれができる。めまいや難聴がおきることもある。

◎ウイリス錯聴

聴力の正常な人は、騒音のある場所では聞こえにくく、静かな所のほうがよく聞こえます。

ところが、静かな所よりも騒々しい所のほうが聞こえがよくなることがあります。これをウイリス錯聴といい、耳硬化症（1130頁）などでおこります。

なぜ、そうなるのか、確かな理由はわかっていませんが、低い音が聞こえにくくなる低音性難聴がおこるために、高い音が聞こえやすくなり、結果として、騒々しい所のほうが聞こえがよくなるのではないかと考えられています。

なお、ウイリスは、英国の解剖医の名前です（トーマス・ウイリス＝１６２１～１６７５年）。

耳の痛み（耳痛）

病名	参照頁	症状
びまん性外耳道炎	1121頁	外耳道全体に炎症がおこる。耳を引っ張ると強く痛む。透明な液が分泌される。耳掃除でひっかき傷をつけたことなどが原因。
限局性外耳道炎	1121頁	耳を引っ張ると耳痛が強くなる。膿がたまって膨れて耳癤になることも。
急性中耳炎	1125頁	子どもに多い。鼻づまり、鼻水、のどの痛み、せきなど、かぜの症状のあとに耳がふさがった感じがして、激しく耳が痛む。高熱をともなうことも。
航空性中耳炎	1126頁上段	激しい耳痛、難聴、耳鳴りなど。一時的な症状なら問題はない。
滲出性中耳炎	1126頁	難聴、耳がつまった感じ、耳鳴りがある。
真珠腫性中耳炎	1128頁	病変が白く真珠のように見える。耳だれのほか、難聴、めまい、顔面神経まひ、さらには頭蓋内合併症などがおこる。
外傷性鼓膜穿孔	1124頁	穴の大きさによって難聴になる。耳がつまった感じや耳痛があり、出血がみられることも。ほとんどは自然に治る。
鼓膜炎	1124頁	鼓膜におきた炎症だが原因は不明なことが多い。急性では強い耳の痛み、耳がつまった感じ、難聴。慢性では耳だれ、耳がつまった感じ、難聴、耳の痛みなど。
外耳道異物		耳に入った異物によっては痛みを感じることも。

鼻水（鼻汁・鼻漏）が出る

性状	病名	参照頁	症状
さらさら	急性鼻炎の初期	1151頁	水のような鼻水が数日後に粘りけのある鼻水になり、鼻がつまる。くしゃみもでる。
さらさら	アレルギー性鼻炎	1154頁	ほこりやダニが原因の場合はくしゃみ、鼻水、鼻づまりが三大症状。スギ花粉などが原因の季節性のものは三大症状に加えて、目のかゆみや涙っぽい目、のどのかゆみがあり、とても強く現れる。からだのだるさ、微熱、腹痛がおこることも。
さらさら	血管運動性鼻炎	1157頁	くしゃみ、鼻水、鼻づまり。アレルギー性鼻炎と同じ症状だが、抗原が特定できない。
ねばねば	急性鼻炎の晩期	1151頁	急性鼻炎に細菌感染が加わると色がついた粘りけのある鼻水が出る。
ねばねば	慢性副鼻腔炎（蓄膿症）	1162頁	鼻粘膜が腫れ、分泌物がたまり、鼻がつまる。粘りけのある鼻水が出て、のどにまわるようになる。頭痛や頭重感もおこる。

◎無音のはずなのに音がする

音がない環境にいても「シーン」という小さな音が聞こえることがあります。この不思議な音は、自分の耳の中から出ているのです。

耳小骨から伝わった音の振動は、内耳の蝸牛にあるラセン器の有毛細胞によって電気信号に変換され、脳に伝えられます。内有毛細胞は音を感知、外有毛細胞は小さな音を増幅させます。

外耳有毛細胞は、音が伝わってきて内耳が揺れると、その揺れが大きくなるように細胞を伸縮させます。周りの音が小さいと、盛んに伸縮運動をして音をとらえようとします。その細胞の運動によって生じた小さな音が「シーン」という音として聞こえてくるのです。

鼻に異物がつまったとき、鼻血が出たときの応急手当は、134−135頁参照。

おもな症状		考えられる病気	頁	病気のおもな症状
鼻水（鼻汁・鼻漏）が出る	血が混じる	上顎洞がん	481頁	腫瘍が内側に進行すると、鼻づまり、膿や血が混じった鼻水、涙が出やすくなるなどの症状がでる。
		鼻前庭湿疹	1151頁	鼻の入り口が荒れたもの。かさぶたができたり、痛みや出血がある。
	悪臭	萎縮性鼻炎	1158頁	鼻の中に汚いかさぶたが大量について悪臭がする。鼻づまりや嗅覚障害も。
		鼻腔異物	638頁	子どもに多い。鼻に入った異物を放置しておくと、鼻がつまって、膿のようなくさい鼻水が出る。
鼻血が出る（鼻出血）		鼻出血	1159頁	鼻血の80%を占める。鼻を左右に分ける鼻中隔が、鼻を強くかんだり指で触ったりして傷つくことが原因。
		鼻腔・副鼻腔の腫瘍		鼻腔、副鼻腔の腫瘍ができると鼻血が出やすくなる。鼻茸（1160頁）や上顎洞がん（481頁）に多い。
		循環器の病気		多量の鼻血を出す中高年には、高血圧（1396頁）が多いことが知られている。
		血液の病気		再生不良性貧血（1445頁）、血小板減少性紫斑病（1458頁）、血友病（699頁）、白血病（548頁）などは出血傾向があり、鼻血が出やすい。
両側の鼻づまり（鼻閉）		急性鼻炎	1151頁	鼻水、くしゃみ、鼻づまり。水のような鼻水が数日後に粘りけのある鼻水になり、鼻がつまってくる。くしゃみもでる。
		慢性鼻炎	1153頁	鼻づまりと鼻水がつづく。肥厚性鼻炎では両側の鼻がつまる。
		鼻茸	1160頁	小さいうちは鼻水程度。大きくなると鼻がつまった感じ。においがよくわからない、頭痛、耳管がつまるなどの症状もでてくる。
		かぜ症候群	1258頁	くしゃみ、鼻水、鼻づまりが主症状。のどの痛み、頭痛、倦怠感、寒け、食欲不振など。ふつうは高熱はでない。
		アレルギー性鼻炎	1154頁	ほこりやダニが原因の場合はくしゃみ、鼻水、鼻づまりが三大症状。スギ花粉などが原因の季節性のものは三大症状に加えて、目のかゆみや涙眼、のどのかゆみがあり、とても強く現れる。からだのだるさ、微熱、腹痛がおこることも。
		血管運動性鼻炎	1157頁	くしゃみ、鼻水、鼻づまり。アレルギー性鼻炎と同じ症状だが抗原が特定できない。

◎スギ花粉が飛ぶ

スギやヒノキは雄花がつくった花粉が風によって雌花まで運ばれる風媒花です。そのため、花粉は軽く、風に飛ばされやすいつくりになっています。上昇気流に乗ると、数十㎞離れた地域にも飛んでいきます。

スギの雄花は、11月ごろに形成されて休眠に入り、12月末から1月に休眠から覚めます。この期間の温度が高ければ高いほど、早く開花するので、早い時期から花粉が飛びます。少し遅れてヒノキの花粉も飛び始めます。

晴れて気温が高く、空気が乾燥して風の強い日によく飛びます。雨の日にはほとんど飛びません。けれども、雨降りの翌日がよく晴れると、数が増えます。

分類	症状・病名	参照頁	特徴
両側の鼻づまり（鼻閉）	急性副鼻腔炎	1162頁	鼻づまり、ねばねばした鼻水、頭痛、発熱など。頬や鼻の根元、おでこなどに圧迫感や痛みがあり、身を屈めると強くなる。
	慢性副鼻腔炎（蓄膿症）	1162頁	鼻粘膜が腫れ、分泌物がたまり、鼻がつまる。粘りけのある鼻水が出て、のどにまわるようになる。頭痛や頭重感もおこる。
	咽頭がん	484頁	咽頭にできた腫瘍が大きくなると鼻づまりと口呼吸、鼻声、いびき。
	子ども　アデノイド肥大	642頁	鼻からのどにかけてのリンパ組織（アデノイド）が大きくなり、空気の通り道が狭くなる。鼻づまり、鼻声、口呼吸、いびき、睡眠障害も。ひどくなると成長障害や昼間の集中力低下のために学習障害も生じる。
片側の鼻づまり	斜鼻	1150頁	けがによって鼻が左右どちらかに曲がってしまうと鼻づまりがおきる。
	鼻中隔弯曲症	1158頁	鼻づまり、頭重感。鼻炎と副鼻腔炎を合併すると鼻水や鼻出血がある。
	慢性鼻炎	1153頁	鼻づまりと鼻水がつづく。単純性では片側の鼻がつまる。
	乾酪性上顎洞炎	1165頁	鼻づまり、鼻水、鼻血、頬の腫れや痛みなど。片側だけにおきることが多い。
	左右交互につまる		少し進行した鼻中隔弯曲症（1158頁）や単純性の慢性鼻炎（1153頁）は左右交互につまる。
鼻の腫れ	鼻癤	1151頁	鼻をいじったり鼻毛を抜く癖があると、鼻の頭が赤く腫れて痛くなる。ひどくなると鼻づまりをおこすことも。
嗅覚障害	においがわからない（嗅覚減退・脱出）		かぜ症候群（1258頁）の一時的な後遺症、慢性副鼻腔炎（1162頁）、鼻茸（1160頁）、アレルギー性鼻炎（1154頁）、萎縮性鼻炎（1158頁）、上顎洞がん（481頁）、頭部外傷（1950頁）、揮発性ガスの吸入など。
	においに過敏になる（嗅覚異常）		てんかん（587頁）、月経、妊娠、気分障害（1011頁）など。
	違うにおいに感じる（嗅覚錯誤・異臭症）		かぜ症候群（1258頁）の一時的な後遺症、慢性副鼻腔炎（1162頁）など。
	においがないのに、におう（嗅覚幻覚）		統合失調症（1007頁）、脳腫瘍（476頁）、自臭症（1230頁）など。

スギ林からの距離にもよりますが、花粉の量は、１日のうちで正午ごろがもっとも多くなります。その後、減りますが、日が沈むと空中の花粉が地上に落ちるので、いったん増えます。花粉症の人は、外出する時間を朝早くか午後遅くにするといいでしょう。

花粉の量は年によってもちがいます。前の年の７～８月が猛暑で雨が少ないと、大量の花をつけるために、花粉の量は増えます。

飛散しているスギ、ヒノキの花粉の数が、１㎠あたり10個ほどになると花粉症の症状がではじめます。花粉量は東京都心で多いときには１㎠あたり１００個を超えます。また、スギ林が多い地域では多い年には５０００個を超えることもあります。

おもな症状	考えられる病気	頁	病気のおもな症状
歯が浮く	歯周炎	1234頁上段	かみ合わせたときに歯が浮いて、少し高い感じがして歯が動く。歯肉が赤く、ぶよぶよと腫れてきて、磨くと出血する。
	歯髄炎	1225頁	むし歯に引き続いておこる。冷たい物を口にしたり、冷たい空気を吸うと痛む。症状が進むとお湯が触れてもずきずきし、痛みがつづく。
	歯根膜炎	1226頁	歯が浮く感じがする。歯の根元を押したり、かんだり、歯を叩くと痛む。症状が進むと顎の下のリンパ節が腫れたり、頭痛がする。悪化すると、骨が破壊されたり、膿が歯肉から出てくることも。
	摩耗症	1226頁	冷水や温水、歯ブラシが触れたときに知覚過敏をおこす。慢性化すると痛みは減り、象牙質が黄色くなる。
歯がしみる	咬耗症	1227頁	症状が進むと知覚過敏をおこす。歯質の一部が消耗することを咬耗という。
	知覚過敏症	1227頁	冷水や温水、冷たい空気、歯ブラシが触れるなど、ささいな刺激に対しても歯がしみたり痛んだりする。
歯が痛む（歯痛）	むし歯　第2度（C2）	1223頁	冷水、温水、甘いものなど、さまざまな刺激で痛みがある。
	むし歯　第3度（C3）	1224頁	ちょとした刺激で激痛。夜、寝ているときなどにずきずき痛む。
	歯根膜炎	1226頁	歯が浮く感じがする。歯の根元を押したり、かんだり、歯を叩くと痛む。
	歯髄炎	1225頁	むし歯に引き続いておこる。症状が進むとお湯が触れてもずきずきし、痛みがつづく。就寝時にも痛む。
	知覚過敏症	1227頁	冷水や温水、歯ブラシが触れるなど、ささいな刺激で歯がしみたり痛んだりする。
	上顎洞がん	481頁	鼻の奥にできた腫瘍が口の方向に進行すると頬や口の中、歯肉が腫れてきて、歯が痛むように感じる。
	三叉神経痛	973頁	刺しえぐるような強い痛みが顔面の片側に突然おこる。歯が痛むことも。
	狭心症	1356頁	寒い日に急いで階段や上り坂を登ると、胸・腹部の圧迫や息切れを感じるが、立ち止まると治まるというのが典型的な症状。顎や歯が痛むこともある。

◎乳歯

20本の乳歯は3歳くらいで生えそろいます。いっぽう、子どもの成長につれて、顎の骨も大きくなります。6歳ごろからの成長は著しく、乳歯と顎の大きさがアンバランスになります。そこで、乳歯が抜け、永久歯と入れ替わります。永久歯は32本と数も多く、サイズも大きいため、成長した顎にぴったりおさまります。

乳歯の歯髄には乳歯幹細胞と呼ばれる細胞があります。幹細胞は、骨や皮膚などいろいろな組織のもとになる細胞です。抜けた乳歯から幹細胞を取出し、再生医療へ応用する研究が進められています。本人はもちろん、近親者でも乳歯幹細胞から再生した組織が移植できる可能性があります。

症状	考えられる病気	参照	特徴
歯が動く	歯周病（歯槽膿漏）	1232頁	歯肉が赤く腫れる、痛みがある、歯肉から血が出る、歯がぐらぐらする、口臭がひどいなど。歯と歯肉の間に歯周ポケットができる。歯肉がやせて歯の根が見えてくる。多くは、激しい痛みもなく、自覚症状がないまま進行する。
	歯肉がん	487頁	歯肉が赤くなり、ただれや潰瘍。腫れて歯みがきで出血するので初期は歯周病と似ている。進行すると歯がぐらついて抜けそうになる。
	歯のけが	1955頁	歯の打撲では物をかむと激しい痛みが走り、歯が浮いた感じがする。歯が途中で折れた場合、折れた部分が大きかったり、歯髄がむきだしになると強く痛む。
	顎の嚢胞や腫瘍		顎骨嚢胞（1211頁）や顎骨腫瘍（1212頁）でも、歯肉が腫れたり、歯が動く。
歯が変色	むし歯	1222頁	C0で歯の表面に白色斑、歯の溝が黒ずんで見える。C1でかむ面のエナメル質が黒ずんできたり、白く濁ったりしてくる。
	歯のけが	1955頁	強い打撲で歯髄への血行がとだえると、歯の表面が黒ずみ、歯根に組織ができてくる。
	その他		栄養障害、飲食物に含まれる色素、喫煙、薬品（抗生物質）、プラーク、歯石などの影響で歯が変色する。年をとったり、歯の神経を抜く（歯髄をとる）と変色する。
歯肉（歯ぐき）の腫れ	歯周病（歯槽膿漏）	1232頁	歯肉炎と歯周炎。歯肉が赤く腫れる、痛みがある、歯肉から血が出る、歯がぐらぐらする、口臭がひどいなど。歯肉がやせて歯の根が見えてくる。
	智歯周囲炎	1236頁	一部分だけ外に出ている智歯（親しらず）の周りが赤く腫れ、痛み、膿が出る。激しい痛みや腫れで口が開かなくなり、発熱や全身倦怠感がつづく。
	歯肉増殖症	1237頁上段	抗けいれん薬などの服用で歯肉が増殖を始める。歯肉炎とは異なり、歯肉はかたくなって出血はしない。歯周ポケットが深くなることで炎症をおこすことがある。
	エプーリス（歯肉腫）	1237頁	歯肉にできる腫瘤。原因はいろいろ。大きくなると食べ物や歯と接触して出血するので切除する。
	歯肉がん	487頁	歯肉が赤くなり、ただれや潰瘍。腫れて歯みがきで出血。進行すると歯がぐらつく。
	女性		女性は思春期、月経時、妊娠時などに一時的に歯肉が腫れることがある。

◎歯ぎしり

睡眠中におこりやすいため自分では気づかず、他人から指摘されることが多いものです。口に物が入っていないのに、歯を動かす咀嚼筋が緊張して勝手に動いてしまうのが歯ぎしりです。

「ギリギリ」「コリコリ」と音をたててこすり合わせるものばかりではなく、カチカチと連続的に歯をかみ合せたり、音はしなくても上下の歯をぎゅっとくいしばっていることがあります。

歯ぎしりは、かみ合せがうまくいかない、ストレスが強いなどの理由でおこります。歯ぎしりがつづくと、歯がすり減ったり、歯周病や顎関節症につながります。歯科医に相談して、睡眠中に装着するマウスピースなどで対処しましょう。

おもな症状	考えられる病気	頁	病気のおもな症状
歯肉からの出血（歯肉出血）	歯周病（歯槽膿漏）	1232頁	歯肉が赤く腫れる、痛みがある、歯肉から血が出る、歯がぐらぐらする、口臭がするなど。多くは、激しい痛みもなく、自覚症状がないまま進行する。
	歯肉がん	487頁	歯肉が赤くなり、ただれや潰瘍。腫れて歯みがきで出血するので初期は歯周病と似ている。進行すると歯がぐらついて抜けそうになる。
	潰瘍性口内炎	1202頁	歯肉や舌、口内などにできる。高熱がでて、口腔内は発赤し、小さな水疱ができる。それが破れて大小の潰瘍となる。潰瘍をはがすと出血することがある。
	血液の病気		再生不良性貧血（1445頁）、血小板減少性紫斑病（1458頁）、血友病（699頁）、白血病（548頁）などは出血傾向があり、歯肉から出血することもある。
	その他		糖尿病（1501頁）、肝硬変（1647頁）、ビタミンC欠乏症（1523頁）など。
歯肉が変色	メラノーマ	538頁	歯肉に発生すると、ほくろや、あざ状の黒色や暗褐色のできものになる。
口腔粘膜に病変　痛い・しみる	カタル性口内炎	1202頁	口の中の粘膜が赤く腫れて、熱感をもち、唾液の分泌が増える。すっぱい物や塩辛い物を口にいれるとしみることも多い。
	アフタ性口内炎	1202頁	口の中の粘膜に、円形や楕円形の浅い潰瘍（アフタ）ができる。潰瘍の縁は赤く、物が触れると強く痛む。1個～多数できる。再発性アフタでは7～10日ぐらいで治るが、年に数回から月に1度程度の頻度で再発する。
	潰瘍性口内炎	1202頁	歯肉や舌、口内などにできる。高熱がでて、口腔内は発赤し、小さな水疱ができる。それが破れて大小の潰瘍となる。潰瘍をはがすと出血することがある。
	口腔カンジダ症	1203頁	口の中の粘膜や舌の表面に、灰白色から乳白色の膜が点状や地図状に付着する。こするとはがれ、ざらざらした粘膜面が現れ、物を食べるとしみる。
	単純ヘルペス	1836頁	初感染では、4～7日で性器や顔面にかゆみや痛み、その後、水ぶくれ（水疱）がたくさんできる。口腔内にはただれが多数できて痛む。再発時にはⅠ型は唇、口の周囲などに小さな水疱が多発する。

◎妊娠性歯肉炎

妊娠2～8か月のころ、歯肉が腫れる妊娠性歯肉炎になることがあります。これには女性ホルモンが関係しています。

歯肉炎などの歯周病はいわゆる歯周病菌と呼ばれる細菌が原因です。歯周病菌のなかには、女性ホルモンを栄養とするものがあります。妊娠中は女性ホルモンのエストロゲンやプロゲステロンが増加するため、歯周病菌も増え、歯肉炎を悪化させてしまうのです。歯肉炎にならなければ防げることなので、妊娠の可能性があればよりいっそう、口の中の清潔を保つようにしましょう。

また、思春期でも、女性ホルモンの影響で歯肉炎が悪化しやすくなります。

区分		病名	参照	症状
口腔粘膜に病変	痛まない	水痘（水ぼうそう）	809頁	急に38～39度の発熱があり、同時に全身に赤いつぶつぶができ、小豆大の水ぶくれ（水疱）になる。2～3日でかさぶたになって落ちる。口の中にも水疱ができる。
		はしか（麻疹）	804頁	初めは発熱、せきなどかぜの症状。白目が充血し、めやにも出る。口の中には粟粒大の白い斑点（コプリック斑）が数個から数十個できる。やがて全身に赤い発疹。
		ボイツ・ジェガース症候群	1845頁	唇や口の中などに点々とした黒く小さな色素斑ができる。
		じんま疹	1810頁	皮膚に強いかゆみをともなう小さな膨らみが急にでき、いろいろな形、大きさに広がる。口の中やのどにもできて、症状が強いと、のどが腫れて呼吸困難になることも。
		白板症	536頁	口の中の粘膜、唇、外陰部にできる白いできもの。がんになることも。
		その他		アジソン病（1490頁）、褥瘡性潰瘍（1203頁）などでも口の中に病変。
口の中が乾く		口呼吸		鼻づまりなどのために口で呼吸していると、口が乾く。
		口腔乾燥症	1204頁	口の中が乾く。唾液が粘る。舌や頬の粘膜がまわりにへばりつく感じ。ひどくなると、舌の表面が乾いてつるつるになり、水なしでは物を飲み込めない。
		シェーグレン症候群	2040頁	粘液の分泌が悪くなり、それにともなって症状がでる。唾液が出にくいため口の中が乾燥し、のどが渇き、嚥下困難に。涙が減って目がごろごろするなど。
		鉄欠乏性貧血	1209頁上段	舌の表面のでこぼこがなくなり、赤い平らな舌になる。口角が荒れたり、口の中が乾くことも。嚥外困難をともなうブランマー・ビンソン症候群になることも。
	尿が多い	尿崩症	1489頁	尿の量が健康な人の10倍以上にもなるため、のどが渇いて頻繁に水分をとるようになる。睡眠中も排尿とのどの渇きのため、何度も目覚める。
		糖尿病	1501頁	初めは自覚症状がないが、少し悪化すると、尿が大量に出るようになり、のどがひじょうに渇き、水分を多くとるようになる。だるい、やせてくるなど。
		慢性腎不全	1721頁	尿の量（とくに夜間）が増える、まぶたや目のむくみ、疲れやすいなど。
		薬剤の使用		鼻炎薬、鎮痛薬、制酸薬、向精神薬などさまざまな薬で口の乾きを感じる。
		口腔乾燥感症	1207頁	口腔異常感症のひとつ。病変はないが乾燥感を訴える。食事中には消失する。
		その他		加齢、バセドウ病（1475頁）、副甲状腺機能亢進症（1485頁）、視床下部の異常など。

◎コプリック斑

はしかのかかり始めは、かぜと紛らわしい症状が目立ち、まだ全身の発疹もでていません。しかし、この時期に口の中を見ると、臼歯に近い部分に白い斑点が数個から数十個できています。これをコプリック斑といいます（804頁）。風疹など全身に発疹がでるほかの病気では見られません。

周囲との境界がはっきりしていて、青色を帯び、やや盛り上がっていて、周囲に輪を書いたような充血が見られます。数日で消え、そのころから全身に発疹が現れ始めます。

はしかだけに見られる病変であることを最初に報告したアメリカ人小児科医ヘンリー・コプリックにちなんだ名称です。

口がにおう（口臭）

おもな症状	考えられる病気	病気のおもな症状
口がにおう（口臭）	口呼吸	口で呼吸していると、口の中が乾燥し、自浄作用が低下するために口がにおってくる。
	口腔内の不衛生	口の中に食べ物のかすが残っていると、細菌による発酵・腐敗が進み、口臭。
	歯周病（歯槽膿漏） 1232頁	歯肉が赤く腫れる、痛みがある、歯肉から血が出る、歯がぐらぐらする、口臭がひどいなど。ブリッジや義歯が合わない、歯みがきが不十分だったりすると、いっそう口臭がおこりやすい。
	口腔と歯の病気	口内炎（1202頁）や舌炎（1209頁）にともなって口臭がすることがある。
	鼻の病気	慢性鼻炎（1153頁）や慢性副鼻腔炎（1162頁）など鼻の病気で口臭がする。
	のどの病気	慢性扁桃炎（1176頁）など、のどの病気で口臭がすることがある。
	消化器の病気	食道狭窄（1548頁）、食道憩室（1549頁）、食道アカラシア（1549頁）、食道がん（499頁）、食道裂孔ヘルニア（1602頁）、慢性胃炎（1555頁）、肥厚性幽門狭窄症（1574頁）、胃がん（501頁）などがあると口臭がする。
	肝臓疾患 1645頁	肝臓のはたらきが極端に悪くなり、肝性脳症の初期になると芳香性の独特なにおいの口臭がする。
	慢性腎不全 1721頁	尿の量（とくに夜間）が増える、まぶたや目のむくみ、疲れやすい、食欲不振、アンモニアのような口臭、高血圧、貧血など。
	呼吸器の病気	気管支拡張症（1274頁）、肺化膿症（1277頁）などで口臭がすることも。
	代謝異常による病気	糖尿病（1501頁）、尿毒症（1722頁）などで口臭。
	心因性口臭（自臭症） 1230頁	実際には口臭は存在しないのに、自分の口がにおうと確信している。
	生理的口臭	ニラ、ニンニクその他のにおいの強い食品を摂取すると、口臭。
	中毒	砒素中毒、蒼鉛剤（整腸剤）、慢性鉛中毒、燐中毒、青酸中毒、アルコール中毒などで口臭。
	高熱のでる病気	熱が高くなると口の中がねばり、口臭もする。
	唾液の減少	加齢や疾患によって唾液の分泌量が減ると口臭がする。

◎口内炎予防にはレバーが有効

口内炎は、ビタミンB_2、B_6、ナイアシンが不足するとできやすくなります。

レバーは、これらすべての栄養成分を含んでいます。やわらかいので口の中に痛みがあっても食べやすく、消化もいいので、口内炎をおこしたときの食べ物として最適です。

また、レバーには、動物性食品に含まれるビタミンAであるレチノールが豊富に含まれています。ビタミンAは、細菌に対する抵抗力を強め、ウイルスによる感染症にともなう口内炎を予防します。また、粘膜を正常に保つはたらきもあるために、口内炎をおこしやすい人は、普段の食事に積極的に取入れましょう。

舌の痛み（舌痛）			
分類	病名	参照頁	症状
舌の腫れ・ただれ（アフタ、びらん、潰瘍）	舌炎	1209頁	カタル性舌炎では広い範囲が赤く腫れ、強く痛む。舌苔がある。強い口臭もする。アフタ性舌炎では舌の先に黄白色の粘膜ができて痛む。
	アフタ性口内炎	1202頁	口の中の粘膜に、円形や楕円形の浅い潰瘍（アフタ）ができる。潰瘍の縁は赤く、物が触れると強く痛む。唇、頬の内側、舌、歯肉におこる。
	帯状疱疹	1836頁	舌にアフタができて痛むほかに、唇から耳にかけて痛みがはしる。
	単純ヘルペス	1836頁	口腔内ではただれが多数できる。
	ベーチェット病	2047頁	目、口、外陰部、皮膚に炎症がおきる。口の中に再発するアフタ性潰瘍、顔やくび、胸部ににきびのような発疹、膝から足首の前面に結節性紅斑（1819頁）など。
	多形（滲出性）紅斑	1819頁	手足に鮮紅色の紅斑が左右対称に多数できる。重症化すると口の中、目、鼻などの粘膜にもびらんが。
	天疱瘡	1838頁	尋常性天疱瘡は、口唇、口腔内に水ぶくれやびらん性の病変。とくに頬の内側の粘膜や舌に多発する。
	薬剤の使用		薬によって、かゆみ、痛み、灼熱感のある紅斑ができる。舌にできてただれることも。
	舌がん	486頁	初期には舌の粘膜に斑点やただれなどがみられる。香辛料などで痛むことも。進行すると、ただれが潰瘍になり、痛みや出血がみられるようになる。
	子ども		ヘルパンギーナ（807頁）、手足口病（809頁）、水痘（809頁）などで舌に小さな水疱や潰瘍ができて痛む。
	その他		合わない義歯、かみ傷、酸やアルカリなどの誤飲などで、舌にただれと痛み。
舌痛症		1207頁	舌に病変がないのに、疼痛、ヒリヒリ感、ピリピリ感。口腔異常感症のひとつ。
平滑舌（すべすべの舌）	鉄欠乏性貧血	上段1209頁	表面のでこぼこがなくなり、赤い平らな舌に。口角炎や口腔乾燥症をともなうことも。
	ハンター舌炎	上段1209頁	舌が赤く、平坦になる。舌先に灼熱感や痛み。
	シェーグレン症候群	2040頁	涙が出にくく、目がごろごろする。唾液が出にくいため口の中が乾燥する。舌が荒れて口角がただれる。胃炎、皮膚の乾燥、腟の乾燥症、関節の痛み、レイノー現象など。

◎自臭症（1230頁）

朝、起きてすぐは口臭を感じやすいものです。睡眠中は唾液の分泌が減少し、口内で細菌が繁殖して、食べ物のかすの分解や発酵が進むからです。きちんと歯みがきをすれば、気になるほどの口臭にはなりません。

実際に口臭がないのに、「自分は口臭がひどい」と歯科医を訪ねる人がいます。これを心因性口臭（自臭症）といいます。精神疾患などで幻覚をみることがありますが、自臭症はにおいの幻覚を感じているのです。自臭症がひどくなると、他人と話したり歯科医に行くことはもちろん、家から出ることができなくなる場合もあります。早めに精神科で適切な治療を受けなければなりません。

おもな症状	考えられる病気	頁	病気のおもな症状
苔が生えたよう	舌苔	上段1210頁	舌の表面が黄白色から褐色に汚れた状態。さまざまなものが舌の表面に付着したもの。全身の病気や抗菌薬、副腎皮質ホルモン剤などが関係していることも。
	食事の影響		流動食中心で固形食をとれない、点滴などで栄養補給して口から食物をとれないなど。
	唾液（つば）の分泌低下		高熱、意識障害、脱水、薬剤（自律神経遮断薬、制酸薬、向精神薬など）の使用、口呼吸、シェーグレン症候群（2040頁）などで唾液の出が悪くなることでおこる。
毛が生えたよう	毛舌／黒毛舌	1209頁	舌の表面の細かい突起が伸びて、毛が生えたようになる。毛の色は白色から黄色だが黒いときを黒毛舌と呼ぶ。
	その他		ヘビースモーカーや衰弱した老人に毛舌が見られることがある。
白い斑点	白板症	536頁	口の中にできることが多い白色のできもの。舌に発生することもある。
	口腔カンジダ症	1203頁	口の中の粘膜や舌の表面に、灰白色から乳白色の膜が点状や地図状に付着する。こするとはがれ、ざらざらした粘膜面が現れ、物を食べるとしみる。
	その他		舌のかみ傷、喫煙が原因で白い斑点ができることもある。
地図状の模様	地図状舌	1208頁	舌の中央部やふちに赤い斑点ができる。病変が癒合して地図状に見え、日によって形や位置が変わる。治療の必要はない。
溝が走る	溝舌（溝状舌）	1209頁	舌の表面に多数の亀裂や溝ができる。溝に菌が感染して炎症をおこすと軽い痛みや味覚障害がある。ほとんどは病気ではない。メルカーソン・ローゼンタール症候群（1859頁）の症状のひとつ。
赤いぶつぶつ	いちご舌		猩紅熱（811頁）、泉熱（810頁）、はしか（804頁）、ペラグラ（1521頁）、川崎病（800頁）などで、イチゴのような舌になる。ときに糖尿病（1501頁）などでも。
舌の下が腫れる	口底炎	1205頁	口底膿瘍では、むし歯や歯周病などのために口底に膿がたまる。口底蜂巣織炎では炎症がひどく、組織が壊死したりガスがたまることも。
	ガマ腫	1206頁	舌の裏、口の中の底にあたる部分にできる、やわらかく痛みのない腫れ。内部は透きとおり、青みを帯びて見える。

◎基本味と辛味

甘味、塩味、酸味、苦味の４つが多種多様な味を構成する基本で、基本味といわれます。舌の表面にはこの４つの味覚を感じる部分が分布しています。

味は、おもに舌の粘膜に存在する味蕾という感覚器で感じていますが、生まれたばかりの赤ちゃんでも、この４つの味を識別します。たとえば甘い物を口に含ませると飲み込みますが、苦いものは吐き出します。

辛味も味のひとつではありますが、感知する部分が基本味とは異なります。トウガラシなどに含まれる辛味成分のカプサイシンは、痛みの刺激として感知されます。この痛みと熱感など、口の中の総合的な刺激を辛味として感じているのです。

味がわからない（味覚異常、味覚不全）

かぜ症候群	1258頁	かぜが治ったあと、一時的に味がわからなくなることがある。
味覚障害	1208頁	食物の味がわからなくなる。また、何も食べていないのに苦い、甘い、渋いなどの味がしたり、何を食べてもまずく感じることがある。体内の亜鉛不足でおこる亜鉛欠乏性味覚障害や薬剤が原因の薬剤性味覚障害、唾液分泌量の低下や口呼吸による口腔内の乾燥で味覚障害になるなど。嗅覚障害を味覚障害と感じていることもある。
舌の病気		地図状舌（1208頁）、毛舌（1209頁）、舌苔（1210頁上段）、舌炎（1209頁）、舌の片側の萎縮などが原因で味がわからなくなることがある。
口腔の病気		アフタ性口内炎（1202頁）、口腔カンジダ症（1203頁）、口腔乾燥感症（1207頁）などが原因で味がわからなくなることがある。
耳の病気		慢性中耳炎（1128頁）、ラムゼイ・ハント症候群（1145頁）などで味がわからなくなる。
薬剤性味覚障害		抗炎症薬、抗リウマチ薬、降圧利尿薬、中枢神経作用薬、消化器官作用薬、ホルモン剤、代謝性医薬品、抗生物質、抗がん剤などには、味がわからなくなる薬がある。
脳と神経の病気		脳血管障害〔（脳梗塞（934頁）、脳出血（930頁）、くも膜下出血（937頁）〕、聴神経腫瘍（1140頁）、特発性顔面神経まひ（1144頁）などで味がわからなくなることがある。
こころの病気		うつ病（1011頁）、神経症性障害（1016頁）で味がわからなくなることがある。
消化器の病気		栄養の吸収障害をおこす病気（肝臓病、膵臓病など）、胃炎、胃腸の切除などで味がわからなくなる。
血液の病気		鉄欠乏性貧血（1441頁）などで味がわからなくなることがある。
ホルモンの病気		甲状腺機能低下症（1478頁）、急性副腎不全（1491頁）、下垂体前葉機能低下症（1488頁）などで味がわからなくなることがある。
代謝異常による病気		糖尿病（1501頁）、ビタミン欠乏症（1518頁）などで味がわからなくなることがある。
頭・顔のけが		頭蓋骨骨折（1950頁）などが原因で味がわからなくなることがある。
放射線治療		口腔、顔面、のどの腫瘍などの治療で放射線照射を受けると味がわからなくなる。

◎味覚障害の予防にはカキを食べよう

味覚障害の原因のひとつが、亜鉛不足です。亜鉛は味覚や嗅覚に深くかかわり、味蕾の細胞をつくるもとにもなっています。ホタテガイ、牛もも肉、レバーなどに多く含まれますが、カキの含有量は抜群です。味覚が落ちてきたなと感じたらカキで亜鉛を補いましょう。

逆に、気をつけたいのが、加工食品の保存料です。保存料が含む成分には、亜鉛の代謝に悪影響をおよぼすものがあると考えられています。また、亜鉛は1日30㎎以上摂取すると、銅の吸収が妨げられたり、中毒をおこすおそれがあるといわれています。サプリメントで摂取するときは、とりすぎに注意しましょう。

おもな症状	考えられる病気	頁	病気のおもな症状
しわがれ声、声がれ（粗糙性嗄声）	かぜ症候群	1258頁	くしゃみ、鼻水、鼻づまりが主症状。のどの痛み、頭痛、倦怠感、寒け、食欲不振など。ふつうは高熱はでない。声がかれることも。
	咽頭炎		急性咽頭炎（1172頁）は、のど全体が赤くなり痛みがある。いわゆる、のどかぜ。ウイルス感染では発熱や全身倦怠感も。慢性咽頭炎（1173頁）は、軽いのどの痛み、違和感、痰がからむ感じがつづく。声がかれることも。
	喉頭結核	1182頁上段	声がれ、物を飲み込むときの痛み、息苦しさ、せきや血痰が出る。
	のどの腫瘍		声帯ポリープ（喉頭ポリープ 1183頁）、声帯結節（謡人結節 1183頁）、カラオケポリープ（1186頁上段）、ポリープ様声帯（1184頁）、喉頭乳頭腫（1185頁）などで声がかれる、しわがれ声になる、のどの違和感がある。
	のどのむくみ（浮腫）		上大静脈症候群（1431頁）などでのどがむくむと、声がしわがれることがある。
	子ども		急性声門下喉頭炎（652頁）、クループ症候群（673頁）、喉頭ジフテリア（816頁）などで声がしわがれる。
	その他		声の使いすぎ、たばこの吸いすぎなどでしわがれ声になることも。
息漏れする声（気息性嗄声）	声帯まひ（反回神経まひ）	1186頁	片側の声帯のまひで息が漏れる声がれ。飲料水が気管に入ることもある。両側の声帯まひでは呼吸困難になることも。
	食道がん	499頁	初期には自覚症状はない。進行すると、嚥下障害、のどがつかえる感じ、しみる感じ、胸の骨の後ろが痛むなどの症状が現れる。さらに進むと声がれや大出血など。
	のどの腫瘍		声帯ポリープ（喉頭ポリープ 1183頁）、喉頭乳頭腫（1185頁）、進行した喉頭がん（482頁）などで、スースーという息漏れする声になる。のどに何かがひっかかっている感じ、せきなどもでる。
しぼりだす声（努力性嗄声）	けいれん性発声障害		のどがつまったようになり、しぼりだす声になる。
	のどの腫瘍		進行した喉頭がん（482頁）のほか、声帯結節（謡人結節 1183頁）などのかたいかたまりが喉頭に発生すると、しぼりだすような声に。

◎声変わり

11〜14歳になると、二次性徴のひとつとして声変わり（変声）が始まります。男女ともにおこりますが、男の子に顕著です。変声期をむかえると、男の子は約1オクターブ、声が低くなります。女の子は2〜3音半ぐらい低くなるだけで声の高さはあまり変わりませんが、声質ははっきり変化し、おとなの声になります。

思春期のころは、甲状軟骨など喉頭の外側の組織が急速に発達しますが、声帯など喉頭の内側の組織の成長が追いつかないので、声の質が不安定になって変声期の声になります。子どもの声帯は1㎝ほどですが、成長した男性では2㎝、女性で1・5㎝になります。この長さのちがいが声の高

症状	病名・原因	参照頁	説明
発声器官に病変はない	機能性発声障害	1187頁	発声器官に病変がないのに、発声に障害がでたもの。がらがら声になる、弱々しく息のような声しかでない、声がだせなくなる、声が裏返ったり地声と裏声が混じるなど。
声がでない	心因性失声症	1187頁	突然、声がだせなくなる。精神的ショックが原因で、若い女性に多い。
	その他		有毒ガスの吸入などでのどを痛める。中枢神経が障害を受ける病気で、ことばをだせなくなる。腫瘍ができて声帯が動かなくなるなど。
声をださない	緘黙症		黙り込んで、一言もしゃべらない状態（緘黙）。統合失調症（1007頁）、うつ病（1011頁）、子どもは自閉症（603頁）のことも。
鼻にかかった声	鼻の病気		急性鼻炎（1151頁）、慢性鼻炎（1153頁）、急性副鼻腔炎（1162頁）、慢性副鼻腔炎（1162頁）、鼻茸（1160頁）など。
	のど・顎の病気		アデノイド肥大（642頁）、上咽頭血管線維腫（1175頁）、上顎洞がん（481頁）など。
鼻に抜ける	口腔の病気		口蓋裂（660頁）、軟口蓋（発声、飲み込む、すするなどの際にはたらく組織）のまひ、口蓋短縮症（口が小さい）など。
声が震える	パーキンソン病	948頁	最初は、片側の手や腕が震え、つぎに脚、やがて両側が震える。安静時の震えが特徴。筋肉の硬直、からだがあまり動かなくなる、声が震えるなど。
	精神的な要因		緊張、不安、興奮などで声が震えることも。
話し方がつかえる	吃音症	659頁	話しをするときにことばが流暢にでない。一次性吃音と二次性吃音がある。
	脳や中枢神経の病気		脳卒中（921頁）、パーキンソン病（948頁）が原因のことも。
話し方がゆるやか	高齢		年をとることによって話しかたがゆるやかに、ゆっくりとなる。
発語にもたつき	脳や中枢神経の病気		脳出血（930頁）、パーキンソン病（948頁）、一過性脳虚血発作（942頁）、脊髄小脳変性症（956頁）、ひどい慢性脳循環不全（944頁上段）、脳卒中（921頁）の後遺症、ジスキネジー（953頁）などで、発語がもたつく。
	多発性硬化症	967頁	視力の低下、複視など目の症状が多い。ついで手足の動きがぎこちない、飲み込みにくい、排泄困難、しゃべりにくいなど。症状が強く現れたり治まったりする。

さのちがいになるのです。また、男の子は甲状軟骨が突出するように発達します。これが、のどぼとけです。女の子は上下に伸びるように発達するので突出はしません。

声変わりは3～11か月ほどつづきます。この間にむりをして声をだすと、変声期障害がおこり、いつまでも声変わりの時期と同じような不安定な声がつづくので気をつけましょう。

◎中世ヨーロッパでは、おとなになった男性でも高い声をだせるように、変声期を迎える前に去勢して男性ホルモンがでないようにする処置が行われていました。この処置を受けた歌手をカストラートといい、オペラで男性の高音パートを歌っていました。

おもな症状		考えられる病気	頁	病気のおもな症状
顎が痛む	熱がでる	耳下腺炎	1214頁	片側または両側の耳下腺が腫れて痛む。耳下腺を押すと膿が出ることもある。おたふくかぜ（流行性耳下腺炎　808頁）は40度近くまで発熱。腫れは3日目ごろが最大。反復性耳下腺炎では体力が低下すると耳下腺が腫れる。
顎が痛む	熱がでる	口（腔）底膿瘍	1205頁	口底炎のひとつ。むし歯や歯周病が悪化し、口底に膿がたまり、腫れて痛む。顎の骨折や扁桃腺、唾液線の炎症でおこることも。高熱がでる。顎が腫れて二重顎に見える。
顎が痛む	熱がでる	口（腔）底蜂巣織炎	1205頁	口底炎だが、口底膿瘍より重篤。進行がはやく、短時間のうちに炎症が大きく広がる。切開しても膿が出なかったり、壊死がおこることも。
顎が痛む	熱がでる	顎炎	1211頁	むし歯が進行して顎の骨まで炎症が広がった状態。激しい痛みとともに、原因となっている歯を中心に歯肉が腫れあがる。顔や顎下リンパ節が腫れて、熱もでる。
顎が痛む		顎関節症	1213頁	顎が痛み、口を開けたり閉じたりするときにコキン、ガリガリなど雑音がしたり、口を大きく開けられなくなる。腫れたり熱がでることはない。
顎が痛む		ミクリッツ症候群	1214頁	慢性の痛みのない腫れ。白血病や悪性リンパ腫が原因のときは発熱、倦怠感、強い口内乾燥があり、顔が特徴的に腫れあがる。
顎が痛む		唾液腺良性腫瘍	1215頁	耳下腺に多い。多形性腺腫（1206頁）は何年もかけて大きくなるが痛みはない。ワルチン腫瘍は痛みや急激な腫れがある。
顎が痛む		扁桃周囲炎・扁桃周囲膿瘍	1177頁	のどの痛みが強く、口を開けることも、つばを飲むこともできなくなることも。飲食物もほとんどとれなくなり、のどが腫れてふくみ声になる。熱は38度以下。
顎が痛む		顎骨嚢胞	1211頁	顎の骨の中に袋状の嚢胞ができて顎が腫れる。むし歯などが原因のものは嚢胞が大きくなって顎の骨を溶かし、顎が腫れてくる。
顎が痛む		唾石症	1214頁	食事をすると激しく痛み、顎下腺が腫れるが、30分～1時間で治まる。慢性化すると痛みや腫れはなくなる。
顎が痛む		舌咽神経痛	973頁	舌の奥とのどを中心に耳まで響く刺すような痛みがおこる。物をかむ、飲み込む、話をするなどがきっかけで痛みだす。

◎女性に多い顎関節症

顎関節症は10～20代、40～50代の女性に多くみられます。雑音がする程度であればいいのですが、口が開きにくいと不便なことになります。正常な人は、人さし指、中指、薬指の3本の指を縦にして入るぐらい、口が開きます。指2本分しか開かないようであれば、口が開きにくい状態です。

また、あくびなどで大きく口を開けると、もとに戻らない、いわゆる「顎の骨がはずれた」状態になりやすい場合もあります。

顎関節症がなぜ女性に多いのか、よくわかっていません。最近では、子どもにも増えています。やわらかいものを中心とした食生活が、子どもの顎の力を弱めていると考えられています。

のどの異常　のどに物がつまったときの応急手当は、116−118頁参照。

分類		病名	参照頁	症状
のどの痛み	発熱	インフルエンザ	1261頁	突然、38度以上の高熱をだして発症。悪寒、筋肉・関節痛、倦怠感、頭痛などの症状のあとに鼻水、のどの痛み、せきがつづく。
	発熱	急性咽頭炎	1172頁	のど全体が赤くなり、リンパが腫れ、痛む。飲み込むときにのどから耳が痛む。ウイルス感染では発熱や全身倦怠感もある。
	発熱	急性喉頭炎	1181頁	かすれ声、のどの乾燥感、痛み、せき、発熱。ひどくなると声がでなくなる。「ふくみ声」や飲み込むときの痛み、呼吸困難があるときも。
	発熱	急性扁桃炎	1176頁	強いのどの痛みがあり、飲食物を飲み込めず、耳の周りにも痛みがある。高熱がでて、関節が痛む。
	発熱	扁桃周囲炎／扁桃周囲膿瘍	1177頁	のどの痛みが強く、口を開けることも、つばを飲むこともできなくなることも。飲食物もほとんどとれなくなり、のどが腫れてふくみ声になる。熱は38度以下。
	発熱	再生不良性貧血	1445頁	全身の倦怠感がある。歯肉や鼻から出血しやすい。ちょっとぶつけただけでも内出血して紫色のあざ（紫斑）ができやすい。発熱、のどの痛みなどかぜの症状も。
		かぜ症候群	1258頁	くしゃみ、鼻水、鼻づまりが主症状。のどの痛み、頭痛、倦怠感、寒け、食欲不振なども。ふつうは高熱はでない。
		舌咽神経痛	973頁	舌の奥とのどを中心に耳まで響く刺すような痛みがおこる。物をかむ、飲み込む、話をするなどがきっかけで痛みだす。
		その他		喉頭がん（482頁）、魚の骨などが刺さるなど異物が入った場合、熱湯などによるのどのやけどのほか、のどのあたりが筋肉痛をおこしていることも。
のどの異常感		咽喉頭異常感症	1174頁	のどの違和感、閉塞感、異物感があるが、何かに集中しているときは忘れている。心理的なもので、のどに異常はない。
		慢性咽頭炎	1173頁	軽いのどの痛み、違和感、痰がからむ感じがつづく。
		慢性喉頭炎	1182頁	声がれ、せき、痰、のどの異物感や不快感。中高年の男性に多い。
		のどの腫瘍		声帯ポリープ（1183頁）などで異物感を感じることがある。

◎あくび

あくびは、睡眠不足、満腹、空腹、低酸素状態などでおこります。大きく口をあけて長く深く息を吸ったあと、ゆっくりと息を吐き出す口呼吸で、平均5秒ほどつづきます。息を深く吸うと、胸腔内の圧が下がり、心臓に戻る血液が増えて、全身の血流の流れがよくなります。その結果、肺のガス交換（酸素を血液中に取込み、血液中の炭酸ガスを放出する作用）も促進されます。

「うつる」こともよく知られています。隣の人があくびをすると、つい自分もあくびをしてしまいます。理由はわかっていません。

あまり頻繁にあくびがでるときは、脳に病変があることが、まれにあります。

おもな症状	考えられる病気		病気のおもな症状
のどの渇き	糖尿病	1501頁	初めは自覚症状がないが、少し悪化すると、尿が大量に出るようになり、のどがひじように渇き、水分を多くとるようになる。だるい、やせてくるなど。
	シェーグレン症候群	2040頁	涙が出にくく、目がごろごろし明るいところでまぶしい。唾液が出にくいため口の中が乾燥し、のどが渇き、飲食物を飲み込みにくくなる。
	尿崩症	1489頁	尿の量が健康な人の10倍以上にもなるため、のどが渇いて頻繁に水分をとるようになる。睡眠中も排尿とのどの渇きのため、何度も目覚める。
	ひどい下痢、多量の発汗		下痢がつづいたり、多量の汗をかいたりすると体内の水分が失われ、のどが渇く。
	精神的な要因		緊張、不安、興奮などでのどの渇きを感じることが多い。
いびき	睡眠時無呼吸症候群	1178頁	いびきが大きい。睡眠中に呼吸が中断して苦しくなったり、あえぐように息を吸うことで、目が覚める。睡眠不足による日中の眠けや高血圧などの合併症をおこすことも。
	鼻の病気		かぜにともなう鼻づまりのほか、急性鼻炎（1151頁）、アレルギー性鼻炎（1154頁）、鼻茸（1160頁）、慢性副鼻腔炎（1162頁）、アデノイド肥大（642頁）などがあると鼻がつまるのでいびきをかきやすい。
	のどの病気		扁桃肥大（1178頁）、声帯ポリープ（1183頁）や喉頭がん（482頁）が大きくなると、いびきをかきやすい。
	神経の病気		進行性球まひ（955頁）など、のどの動きにかかわる神経の異常による病気でいびきをかくことがある。
	意識障害		意識を失うと、のどの中が狭くなって呼吸が苦しくなり、いびきをかく。脳卒中（921頁）などで倒れていびきをかいているとひじょうに重篤。
	肥満		脂肪が多いため、のどの中が狭くなり、いびきをかきやすい。
	飲酒		酒を飲みすぎると、鼻やのどの粘膜の緊張が緩みすぎ、空気の出入りのたびに震えるので、いびきをかきやすくなる。
	疲労		鼻やのどの粘膜が緩み、空気の出入りのたびに震え、いびきをかきやすくなる。

◎しゃっくりとげっぷ

しゃっくりは医学用語では**吃逆**といいます。横隔膜や肋間筋が急に収縮するため、急速に息を吸込み、一瞬、遅れて声門が閉じます。声門が閉じるときに空気の流れが妨げられて、しゃっくりの音がでます。意図しないのに筋肉が収縮するミオクローヌスという現象の1つです。ふつうは一時的ですが、あまりにつづくときには、消化器や肺、脳などの疾患が疑われます。

げっぷは、医学用語では**おくび**といいます。胃の中のガスが食道を経由して口にまでのぼって出るものです。酸っぱい感じをともなう場合は、**呑酸**（**酸性おくび**）といいます。気づかないうちに、空気を飲み込んでいることが原因です。

頭髪が抜ける（脱毛）

区分	病名	参照頁	症状
	男性型脱毛症	1854頁	頭部が特定のパターンで薄くなる状態。男性ホルモンの活性化で、ふつうの頭髪がうぶ毛に変化し、前頭部、頭頂部の髪が薄くなる。加齢にともなって進行する。
	円形脱毛症	1854頁	頭髪が部分的に抜けおちて円形の脱毛斑ができる。眉毛やひげ、全身の毛が抜けることもある。
	粃糠性脱毛症（ふけ症）	1854頁	ふけの量が多くなり、かゆみをともなって脱毛がおこる。
	瘢痕性脱毛		毛が生えている部位の傷ややけどのあとのひきつれ（瘢痕）に生じる脱毛。
	無毛症	1855頁	先天的な原因で毛の生えるべきところに生えていない。生えてもわずか（乏毛症）。
	紅皮症（剥奪性皮膚炎）	1818頁	皮膚炎や乾癬に引き続いて発症。皮膚が鮮紅色になり、全身に広がる。皮膚がガサガサとなり、はがれてくる。そのままにしておくと、頭髪や体毛が抜ける。
	梅毒による脱毛	2128頁	梅毒の第二期症状。皮膚・粘膜の発疹と頭髪が虫食い状に抜ける。
	薬剤による脱毛	1817頁上段	抗がん剤、抗てんかん薬、抗血液凝固薬、インターフェロン、ビタミンAとその誘導体剤などの使用で脱毛がおこる。
	全身性の病気		低たんぱく血症（1700頁）、低カリウム血症（1532頁）、鉄欠乏性貧血（1441頁）、肝硬変（1647頁）などで脱毛がおこることも。
	ホルモンの異常		甲状腺機能亢進症（1474頁）、甲状腺機能低下症（1478頁）、副甲状腺機能低下症（1487頁）、糖尿病（1501頁）などで脱毛がおこることも。
	その他		高熱、大手術、出産後などに一時的に脱毛がおこることも。
子ども	抜毛症（トリコチロマニア）	612頁	ストレスを感じて、自分で頭髪を抜いてしまう。抜けかたが不規則で、まばらに抜けるのでわかる。頭髪以外の毛を抜くことも。
子ども	頭部浅在性白癬	1828頁	しらくも。円形状の紅斑や脱毛斑ができる。かつては児童にみられたが、現在はまれ。
子ども	ケルスス禿瘡	1828頁	毛孔にかさぶたが生じ、皮膚が赤く腫れたり、膿がたまってぶよぶよに。毛が簡単に抜けて脱毛斑ができる。発熱や倦怠感も。
子ども	脂腺母斑	1843頁上段	黄白色で平らに盛り上がり、その部分の毛がなくなる。頭部に多い。

◎頭髪の色調のいろいろ

髪色はメラニン色素の量で決まります。メラニン色素には濃い褐色のユーメラニンと黄色から赤色のフェオメラニンがあります。ユーメラニンが多ければ、黒い髪になります。黒髪よりもユーメラニンが少なくフェオメラニンが多いとブルネット（褐色毛）に、フェオメラニンが多ければブロンドや赤毛になります。

脱色とは、脱色剤によってメラニン色素を徐々に破壊していく処置です。フェオメラニンはユーメラニンよりも安定しているので、先にユーメラニンが壊れ、赤や黄色が目立つようになります。脱色処理を途中で停止させることで、好みの明るさの髪色になります。

かゆみ

おもな症状	考えられる病気	頁	病気のおもな症状
皮膚に変化がない	老人性皮膚瘙痒症	1800頁	年をとると、皮膚の水分や皮脂が減り、少しの刺激にも敏感に反応してかゆくなる。
	肛門瘙痒症	1616頁	肛門とその周囲がかゆい。ただれることもある。原因はいろいろ。
	外陰瘙痒症	833頁	外陰部の強いかゆみ。原因はいろいろ。男性でも。外陰パジェット病（836頁）の初期症状であることも。
	多血症	1465頁	頭痛、皮膚のかゆみ、視力障害、顔面や白目の充血など。高血圧をともなうことも。痛風や消化性潰瘍をおこしやすくなる。
	ホルモンの異常		甲状腺機能亢進症（1474頁）、甲状腺機能低下症（1478頁）などで皮膚にかゆみ。
	その他		糖尿病（1501頁）、痛風（1514頁）、肝疾患、慢性腎不全、悪性腫瘍、血液疾患、精神的・肉体的ストレス、薬剤の使用などでかゆみ。
皮膚に変化	接触皮膚炎	1805頁	なんらかの化学物質が皮膚につくと、かゆみや痛みをともなって赤く腫れたり、ぶつぶつ（丘疹）や水ぶくれができる。人によっては、コバルト、ニッケル、金、漆などでアレルギー性接触皮膚炎をおこす。
	子どものアトピー性皮膚炎	767頁	乾燥して粉をふいたような皮膚。顔（おでこ、目の周囲、頬、顎）、耳の前と後ろ、耳たぶの下、くび、関節の内と外に赤いカサカサやブツブツができて強いかゆみ。慢性化することも。季節的な変動があり、皮膚以外の臓器には症状はない。
	おとなのアトピー性皮膚炎	1806頁	顔に治りにくい紅斑やとびひに似た症状、くびに網状に色素が沈着する、かゆみのある湿疹が全身に現れるなど。アトピー性皮膚炎は本来は子どもの病気だが、近年、おとなでも慢性化・重症化した症状がみられるようになった。
	手・指の湿疹（手湿疹・主婦湿疹）	1807頁	手・指全体が乾燥し、粗くなった皮膚がぼろぼろと落ちる。亀裂やただれ、紅斑や小さな水ぶくれができてかゆくなる。冬季に悪化することが多い。慢性化すると皮膚が厚く、黒ずんでくる。
	貨幣状湿疹	1808頁	貨幣状のとてもかゆい湿疹。足の脛にできることが多いが、膝の周囲、手の甲、胴体にもできる。いったんよくなっても、すぐに強いかゆみがぶりかえす。

◎髪が白くなるしくみ

毛髪（体毛も）は毛母細胞でつくられます。毛母細胞は、毛細血管から栄養分を受け取り、つぎつぎと細胞分裂をします。増えた細胞は皮膚の表面に向かって押し上げられ、髪の毛になります。また、メラノサイトというメラニン色素をつくる細胞も存在し、色素をつくって髪の毛になる細胞に加えて色をつけます。

白髪とは、毛母細胞のはたらきは活発でも、メラノサイトがメラニンを生成しなくなった状態です。

毛髪はふつう1日に70～120本ほど抜けますが、その分は毛母細胞のはたらきで補われます。加齢や体調不良、ストレスなどで毛母細胞のはたらきが低下すると、髪が薄くなります。

かゆみ

皮膚に変化

分類	病名	参照	症状
	じんま疹	1810頁	皮膚に強いかゆみをともなう小さな膨らみ（膨疹）が急にでき、いろいろな形や大きさに広がり、周囲が赤くなる（紅斑）。数時間以内に消えるが、なかには1日以上残るものも。症状が激しいときは、まれにのどの粘膜が腫れて呼吸困難に。
	疥癬（ひぜん）	1831頁	胸部、腹部、大腿部、わきの下などに小さな赤い膨らみ、手指の水疱、陰部の小さなしこりなど。かゆみが激しく、とくに夜間に増す。ダニの寄生による。
	あせも（汗疹、汗貯留症候群）	1853頁	汗をかいたあと、くび、関節の内側、腹部や背中、わきの下に小さな水ぶくれができて、破れることもある。かゆいことが多い。赤いあせもは子どもに多い。
	虫刺症	1812頁	昆虫に刺されたあとにかゆみの強い紅色の丘疹ができる。広がることも。かきつづけると、長い間残るしこり（痒疹）になることも。
	薬疹	1816頁	薬剤の使用が原因。少しかゆい、米粒半分大の赤い斑点がからだじゅう左右対称にできる。進行すると、大きくなり、軽くこするだけではがれるようになる。
	陰部のかゆみ		股部白癬（いんきんたむし 1827頁）、ケジラミ症（1831頁）など。
	頭のかゆみ		頭部浅在性白癬（しらくも 1828頁）、アタマジラミ症（1831頁）など。
	その他		自家感作性皮膚炎（1808頁）、ビダール苔癬（1809頁）でもかゆみのある湿疹。
水ぶくれ	水疱性類天疱瘡	1839頁	全身にかゆみをともなう紅斑と大型の水ぶくれが多数見られる。とくに高齢者に多い。
皮膚が赤くなる	紅皮症（剥奪性皮膚炎）	1818頁	皮膚が鮮紅色になり、全身に広がり、ガサガサになってはがれる。皮膚にむくみ、熱感、強いかゆみがあり、発熱や倦怠感も。症状が進むと、頭髪や爪が抜け落ちる。
皮膚が赤くなる	多形（滲出性）紅斑	1819頁	両方の手足の同じ部位に、境界が明瞭で、ほぼ円形をした鮮紅色をした紅斑が多数できる。紅斑は二重に見え、かゆいことが多い。全身に広がったり、発熱することも。
皮膚が赤くなる	乾癬	1833頁	赤く、平らに盛り上がる、うろこ状のかさかさした斑点。肘、膝、腰などの摩擦の加わりやすい部位と頭にできることが多い。かゆみをともなうことも多い。
足指のかゆみ	足白癬（みずむし）	1826頁	足指の皮がむけてふやける、足の裏に小さな水ぶくれができるなど。かゆくない場合もある。蒸れやすい靴をはいたり、汗の多い人によくみられる。

◎かゆみを感じるしくみ

皮膚には感覚受容器があり、刺激を受け取って脳に伝えます。皮膚が圧迫されたり何かが触れたりすると機械的受容器が感知します。温熱受容器は熱さや冷たさを感知します。痛覚受容器は何かに刺されたときなどの痛みを感知します。これらの刺激は機械的受容器とはちがって、C線維など神経線維の末端で感知され、そのまま脳に届きます。実験でC線維を軽く刺激するとかゆみを感じます。また、痛みが治まってくると、かゆみを感じるようになることもあります。物理的な刺激や、たとえばヒスタミンなどの化学物質がC線維を刺激することでかゆみが発生します。

おもな症状	考えられる病気	頁	病気のおもな症状
顔に、蝶が羽を広げたような発疹（蝶形紅斑）	全身性エリテマトーデス	2030頁	発熱、だるさ、体重減少。顔に蝶形紅斑、円形紅斑、ディスコイド疹。手のひら、手指、足の裏にしもやけ状の発疹。脱毛や日光への光線過敏症。レイノー現象。腎臓障害、中枢神経障害、髄膜炎や脳炎などがみられることも。
	脂漏性皮膚炎	1809頁	頭、顔面、わきの下、股など皮脂の分泌が多い部位に、赤みのある境界のはっきりした湿疹ができ、皮膚がふけのようにむける。顔に蝶形紅斑ができることも。
	凍傷	126頁	最初は鼻の頭、指先、耳たぶ、頬などが紫色になって腫れ、かゆみ、軽い痛み、しびれ。進行すると水ぶくれなどが発生。顔に蝶形紅斑がでることも。
	酒皶	1852頁	赤ら顔、赤鼻とも。初期は寒いところから暖かい室内に入ったり、酒を飲んだときに、鼻の頭、頬、額が赤くなる。蝶形紅斑になることも。
	その他		子どもの蝶型紅斑は、接触皮膚炎（1805頁）、しもやけ、多形（滲出性）紅斑（1819頁）、色素性乾皮症（1814頁）、皮膚筋炎（2034頁）などの症状のことも。
顔にぶつぶつ	尋常性座瘡（にきび）	1851頁	毛孔に一致した部位に、毛孔に皮脂がつまった面皰（白色か黒色）から赤い丘疹（ぶつぶつ）や膿胞（膿をもった発疹）になり、跡が残ることも。
	酒皶性座瘡	1852頁	酒皶が進行し、赤い丘疹、面皰、膿胞ができる。
	酒皶様皮膚炎	1852頁上段	副腎皮質ホルモンを含む軟膏を長期間使っていると、にきびのような発疹ができ、かゆみやほてりが生じる。
	面疔（顔にできた癤）	1822頁	痛みをともなう円錐形の赤い盛り上がりができ、頂点には膿をもつ。はじめはかたいが、しだいにやわらかくなり、膿が流れ出して治る。
	毛瘡（かみそりまけ）	1823頁上段	ひげをそることによって、毛孔が化膿したもの。毛孔に発疹や膿胞ができて、かゆみと軽い痛みがある。
	青年性扁平疣贅	773頁	0・5～1㎝大、褐色で扁平に隆起する。青年の顔面や手の甲に多いが子どもにも。
	薬剤の使用		抗結核薬、ビタミンB_2、抗けいれん薬、鎮静薬などの使用で、顔ににきびに似た発疹がでることも。

◎えくぼ

笑ったり口を動かしたときに、頬にできるくぼみがえくぼです。下顎や額にできる人もいます。

顔にあるさまざまな筋肉は、骨ではなく皮膚に付着して自由に動き、豊かな表情をつくります。頬にできるえくぼは、口の端の外側にある笑筋がひきつれたものです。このため笑筋は、えくぼ筋とも呼ばれます。

皮下脂肪の多い丸顔の人ほど、笑筋のひきつれが目立ちやすいものです。えくぼが女性や子どもに多いのはこのためです。

ちなみに腰骨のすぐ上、ウエストとお尻のあいだが少しくぼんでいたら「ビーナスのえくぼ」といいます。欧米では美しさとスタイルのよさの象徴とされます。

分類		症状・病名	参照頁	説明
顔にぶつぶつ		汗管腫	1848頁	成人女性の下まぶたから頬にかけてできる直径2～3㎝の皮膚の隆起。
顔にぶつぶつ		毛母腫	1849頁	子どもや若い人の顔、頭、上腕にできる、石のようなしこり。炎症をともなうことも。
顔にぶつぶつ		稗粒腫	1849頁上段	成人女性の眼瞼やその周囲にみられる直径1㎜程度の小さな良性腫瘍。
顔にぶつぶつ		子どものアトピー性皮膚炎	767頁	乾燥して粉をふいたような皮膚。顔（おでこ、目の周囲、頬、顎）、耳の前と後ろ、耳たぶの下、くび、関節の内と外に赤いカサカサやブツブツができて強いかゆみ。おとなのアトピー性皮膚炎（1806頁）でも顔に治りにくい紅斑やとびひに似た症状。
黄色のかたまり		黄色腫症	1857頁	脂質異常症（1509頁）の皮膚症状だが、そうでない人でも、両上まぶたの目がしらや目の下などに、黄色い豆のようなかたまりの眼瞼黄色腫ができることがある。
顔にまだら（斑）		そばかす（雀卵斑）	1841頁	顔や腕など直射日光があたる皮膚にできる、小豆大までの褐色や灰褐色の斑点。思春期に濃くなる。
顔にまだら（斑）		しみ（肝斑）	1841頁	額、頬、口の周りなどの左右同じ場所にできる境界が鮮明な褐色斑。成人女性に多いが、男性にできることも。
顔にまだら（斑）		太田母斑	1843頁	片側のまぶたから頬にかけて境界のはっきりしない褐青色から灰青色の色素斑ができる。皮膚から盛り上がることはない。
顔にまだら（斑）		老人性色素斑	1800頁	加齢にともない、日光があたるところに、しみができる。耳の前やこめかみにできる小型斑と頬や額、眉毛の外にできる大型斑がある。
顔にまだら（斑）		その他		色素性乾皮症（1814頁）、メラノーマ（538頁）、皮膚の炎症の後遺症などで顔に斑。
顔色などの異常		赤い顔		多血症（1465頁）、糖尿病（1501頁）、高血圧（1396頁）、更年期障害（870頁）、クッシング症候群（1491頁）など。
顔色などの異常	黄色い顔	黄疸	1629頁	肝硬変や肝不全の特徴的な症状。顔色が黄色っぽくなり、白目も黄色くなる。そのほかクモが手足を広げたような紅斑、腹水、むくみなど。
顔色などの異常	黄色い顔	その他		柑皮症（1840頁上段）、稗粒腫（1849頁上段）など。
顔色などの異常		組織のくずれ		顔の基底細胞がん（539頁）、有棘細胞がん（539頁）、スポロトリコーシス（1830頁）など。

◎しわ

しわは皮膚の老化現象のひとつです。真皮や結合組織の退化・変性・収縮、皮膚の水分や脂肪の減少のために弾力性がなくなり、皮膚にたるみが生じるために発生します。

20歳の人の皮膚を顕微鏡で観察すると、すでに老化のはしりともいえる変化がみられます。その後、日光（とくに紫外線）、乾燥、寒冷、不適切な化粧品や外用薬の多用などが多く加わるほど、若いうちからしわが目立つようになります。

顔のしわは、しわとり術でとることができますが、完全にとれるわけではありません。外科的な手術ではなく、プラセンタやコラーゲンを注入する方法も行われています。

手足に発疹

おもな症状：かゆい

考えられる病気	頁	病気のおもな症状
接触皮膚炎	1805頁	なんらかの化学物質が皮膚につくと、かゆみや痛みをともなって赤く腫れたり、ぶつぶつ（丘疹）や水ぶくれができる。人によっては、コバルト、ニッケル、金、漆などでアレルギー性接触皮膚炎をおこす。
手・指の湿疹（手湿疹・主婦湿疹）	1807頁	手・指全体が乾燥し、粗くなった皮膚がぽろぽろと落ちる。亀裂やただれ、紅斑や小さな水ぶくれができてかゆくなる。冬季に悪化することが多い。慢性化すると皮膚が厚く、黒ずんでくる。
貨幣状湿疹	1808頁	貨幣状のとてもかゆい湿疹。足の脛にできることが多いが、膝の周囲、手の甲、胴体にもできる。いったんよくなっても、すぐに強いかゆみがぶりかえす。
子どものアトピー性皮膚炎	767頁	乾燥して粉をふいたような皮膚。顔、耳の前と後ろ、耳たぶの下、くび、関節の内と外に赤いブツブツができて強いかゆみ。慢性化することも。季節的な変動がある。
おとなのアトピー性皮膚炎	1806頁	顔に治りにくい紅斑やとびひに似た症状、くびに網状に色素が沈着する、かゆみのある湿疹が全身に現れるなど。慢性化・重症化した症状が見られることも。
多形（滲出性）紅斑	1819頁	両方の手足の同じ部位に、境界が明瞭で、ほぼ円形をした鮮紅色の紅斑が多数できる。紅斑は二重に見え、かゆいことが多い。全身に広がったり、発熱することも。女性に多い。
凍瘡（しもやけ）		寒さにさらされると指の先、耳たぶ、鼻の頭が腫れる。うっ血、水ぶくれ、ただれなど。かゆみがあり、暖まると強くかゆい。
足白癬（みずむし）	1826頁	足指の皮がむけてふやける、足の裏に小さな水ぶくれができるなど。かゆくない場合もある。蒸れやすい靴をはいたり、汗の多い人によくみられる。
疥癬（ひぜん）	1831頁	胸部、腹部、大腿部、わきの下などに小さな赤い膨らみ、手指の水疱、陰部の小さなしこりなど。かゆみが激しく、とくに夜がかゆい。ダニの寄生による。
乾癬	1833頁	赤く、平らに盛り上がる、うろこ状のかさかさした斑点。肘、膝、腰などの摩擦の加わりやすい部位と頭にできることが多い。かゆみをともなうことも。

◎主婦湿疹から手を守る

主婦湿疹はかゆみや痛みがあり、つらいものです。水仕事をしなければよいといっても、毎日の炊事や洗濯でどうしても水に触れないわけにはいきません。

湿疹がでている間の水仕事には、必ず手袋をつけましょう。ゴム手袋は皮膚を刺激することになるので、木綿の手袋をして、その上からゴム手袋をするようにしましょう。どうしても素手で洗い物をしなければならないときは、水や熱いお湯は避けて、ぬるま湯で洗剤は薄めて使います。

水を使ったあとは、よく手を拭いてから、刺激が少ない油性クリームか精製度が高いオリーブオイルを塗りましょう。

分類		病名	頁	症状
手足に発疹		掌蹠膿疱症	1839頁上段	手のひらと足の裏のみに、膿をもった発疹ができ、再発をくり返す。
手足に発疹		苔癬	1835頁	ざらざらした小さな盛り上がり（丘疹）が苔のように長期にわたってできる。手足の外側にたくさんできることが多いが、陰部や口の中の粘膜にもできる。
手足に発疹		手掌紅斑		肝硬変（1647頁）、多汗症（1853頁）、毛孔性紅色粃糠疹（1834頁上段）で手のひらがピンク色になる。
手足に発疹		慢性色素性紫斑	1821頁	両足のふくらはぎに点状の紫斑がたくさんでき、しだいに褐色斑になる。色は薄れるがしばしばくり返し、慢性化する。中年以降に多い。血液にも臓器にも異常はない。
手足の皮膚に異常		結節性紅斑	1819頁	両足、とくに下腿にできる大小さまざまの紅斑。皮膚から少し盛り上がり、境界が不鮮明。触れると熱感があり、深いところまでしこりがある、押すと痛い。
手足の皮膚に異常	子ども	伝染性膿痂疹（とびひ）	770頁	子どもが夏にかかる。多数の黄色ブドウ球菌がからだのあちこちに飛ぶように感染して、すぐに破れる薄い水ぶくれができる。化膿性連鎖球菌の感染は、膿ができ、痛い。
手足の皮膚に異常	子ども	伝染性軟属腫（みずいぼ）	772頁	1～10㎜で半球状。つるっとした白色調のいぼができる。大きいものは中央がへこむ。放っておくと数が増え、ほかの子どもにうつすことになる。
手足の皮膚に異常	手足の皮膚が白くなる	レイノー病／レイノー症候群	1427頁	寒さにさらされたり緊張すると、手足の指が白くなり、ついで紫色に変わり、刺激がなくなるともとに戻る。この現象をレイノー現象という。原因はなく現象だけが現れるのをレイノー病、病気の症状のひとつとして現れるのをレイノー症候群という。
手足の皮膚に異常	手足の皮膚が白くなる	閉塞性動脈硬化症	1424頁	手足が冷たくなって、しびれ、手足の先が蒼白または紫色になる。症状が進むと歩行中に脚が痛むようになる。皮膚が傷つくと治りにくく、壊疽になることも。
手足の皮膚に異常	手足の皮膚が白くなる	バージャー病（閉塞性血栓血管炎）	1425頁	手足の指が蒼白から紫色になり、冷たく感じる。慢性化すると赤紫色になる。歩くと脚が痛む。症状が進むと手足に潰瘍や壊死がおこる。
手足の皮膚に異常		下肢静脈瘤	1428頁	脚の皮膚近くの静脈が蛇行したり、瘤のように膨れた静脈瘤ができる。立ちつづけると脚がむくみ、だるい。進行すると褐色の色素が沈着し、そこに湿疹ができてかゆい、潰瘍になることも。女性に多い。

◎指紋

指紋は汗腺の出口が連なって盛り上がっていることで、皮膚の表面に凹凸ができたものです。指紋がある指先の感覚はとても鋭敏になっています。

指紋は一生変わることはありません。やけどやけがをしても皮下組織まで破壊されていなければ、もとどおりに再生します。一卵性双生児でも指紋はちがいますが、似たものになります。

19世紀にイギリスから来日した医師のヘンリー・フォールズは、日本の拇印の習慣と、大森貝塚から発見された土器に残されていた古代人の指紋から指紋に興味をもち、『ネイチャー』に指紋について論文を発表しました。これが世界初の指紋に関する研究論文です。

手足にしこり（結節）

考えられる病気	頁	病気のおもな症状
尋常性疣贅（いぼ）	1837頁	手の指、手のひら、膝、足の裏などにできる、かたいこぶ。表面は粗く、白色調、粟粒大からエンドウマメ大まで。
ヘバーデン結節	1926頁	手指の先の関節が太くなって、結節（しこり）になり、ときに腫れ物ができる。中年以降の、よく指を使う職業の女性に多い。
結節性紅斑	1819頁	両足、とくに下腿にできる大小さまざまの紅斑。皮膚から少し盛り上がり、境界が不鮮明。触れると熱感があり、深いところまでしこりがある、押すと痛い。発熱、関節の腫れや痛みがあることも。女性に多い。
粉瘤	1849頁	表皮か毛包の細胞が増殖して嚢腫になったもの。大豆程度からこぶしぐらいの大きさのしこりまでいろいろ。嚢腫が破れると炎症をおこしたり、内容物が出てくることも。
化膿性汗腺炎	1823頁	わきの下、外陰部、肛門の周囲、女性の乳房などにできる。痛みのあるしこりができて赤くなり、膿をもって腫れる。
脂質異常症	1509頁	黄色腫症（1857頁）ができる。家族性高コレステロール血症（724頁）ではアキレス腱などにしこり、膝、肘の表側や殿部に扁平な黄色いしこりができるのが特徴。
痛風	1514頁	足の関節が突然、激しく痛みだす。3～10日ほどで痛みは治まる。親指の付け根の関節が痛みやすい。いちどに1か所だけ痛む。足首や肘にしこりができることも。
関節リウマチ	2014頁	初めは手首や手足の指の関節痛と腫れ、朝のこわばり。やがて、腫れと痛みが全身の関節におよび、安静時でも痛むようになる。悪化すると関節が変形する。
慢性静脈不全症	1431頁	脚のむくみ、腫れ、痛み、しこり、失神、色素沈着や潰瘍など、多彩な症状がある。
血栓性静脈炎	1430頁	静脈に沿って発赤ができ、押すと痛む。しこりができる。ときに発熱や寒け。
多発性動脈炎	2042頁	高熱、体重減少、だるい、関節や筋肉の痛みなど。皮膚の症状は、青紫色の網目状発疹、しこりのある紅斑、じんま疹のような発疹、皮膚の潰瘍、指先の組織の壊死など。
腫瘍		からだのいろいろな部位にできるしこりは、悪性腫瘍や良性腫瘍のこともある。
その他		皮膚サルコイドーシス（1859頁）などでも、しこりのようなものができる。

◎鳥肌

寒さや恐怖を感じると鳥肌が立ちます。毛孔がぎゅっと閉じられて盛り上がり、体毛がまっすぐに立ち上がっています。体毛を立てるのは立毛筋という筋肉です。自分の意志ではなく、交感神経が緊張すると立毛筋が収縮し、体毛が立ちます。

なぜ、寒さや恐ろしさを感じると、立毛筋が緊張するのでしょうか。これは人間のからだに、今よりももっと毛が生えていたころの名残りかもしれません。寒いときに毛を立てれば、からだの熱が逃げるのを防ぐことができます。また、毛が立つことで、自分が実際よりも大きく見えます。敵に襲われる恐怖をおぼえたときに、威嚇するのに有効だったかもしれません。

爪の異常

分類	病名	参照頁	内容
	爪みずむし（爪白癬）	1827頁	爪にできる白癬。爪の先端から根元にかけて、白色から灰白色に濁り、爪の下の角質が増えて厚くみえる。
	瘭疽（化膿性爪囲炎）	1824頁	爪の周囲が赤くなり、腫れてズキズキと痛む。炎症が爪の内側にできると痛みが強くなる。爪の生え際が感染すると、爪の周囲が赤くなり腫れて痛む。膿が出ることも。進行すると膿が深いところにたまり、炎症をくり返すと爪が変形する。
	爪甲剥離症	1856頁	爪が先端ではがれる。剥離した部分は白く見え、根もとに向かって広がる。
形の異常	匙形爪甲（さじ状爪）	1856頁	爪の先端や両側が反り返り、中央がへこんで見える。鉄欠乏性貧血（1441頁）が長くつづくとさじ状爪になることも。ふつうは問題ない。
形の異常	陥入爪	1856頁	巻き爪。爪の先端が皮膚にくいこみ、くいこんだところが赤く腫れる。足の親指によくおこり、痛みや出血のために歩けなくなることも。
形の異常	鉤彎爪	1856頁	足の親指に多い。爪が厚く、かたく、表面がデコボコして汚くなる。ひどくなると靴が履けないことも。深爪などが原因。
形の異常	時計皿爪（ヒポクラテス爪）		爪が膨らみ、ドーム状になったもの。肺の病気、先天性心疾患、肝硬変（1647頁）、甲状腺機能亢進症（1474頁）などの症状のことも。
黒色の爪	メラノーマ（悪性黒色腫）	538頁	爪にメラノーマができると濃淡差のある黒色から茶色の幅広い縦筋ができ、進行すると爪が変形したり破壊されてしまう。日本人では足の裏や爪にできることが多い。
黒色の爪	その他	354頁下段	爪の下で出血すると黒色斑ができて、爪先に移動していく。メラニン色素が着色して黒色の筋ができたり、爪全体が黒くなることも。
	黄色の爪	354頁下段	リンパの循環不全で手足の爪が黄色くなる黄色爪症候群症状。鉤彎爪（1856頁）の初期に爪がぶ厚くなり黄色みを帯びる。
	緑色の爪	355頁下段	カンジダ感染や爪白癬（1827頁）、人工爪と爪の間に緑膿菌が感染すると緑色に。
	白色の爪	355頁下段	爪が白く濁るのは爪白癬（1827頁）が多い。低たんぱく血症（1700頁）のとき点状の白い斑点ができることも（点状爪甲白斑）。貧血や肝硬変、腎障害でも白くなる。

◎爪半月

爪の根元の白い三日月部分を爪半月といいます。爪は爪母細胞が分裂して、角化したものです。爪半月の部分はできたばかりの爪で、完全に角化しておらず、水分を多く含んでいるので白くみえます。乳児では小さく、20歳ごろ最大になり、50歳をすぎると減少します。効き手の指のほうが大きいことも知られています。

爪の付け根は爪郭という皮膚におおわれています。爪郭が大きいと、爪半月もおおってしまいます。日常的に手指を使う機会が多いと、爪郭が後退し、爪半月がむきだしになってくるようです。昔から体調が悪いと爪半月が小さくなるといわれますが、健康状態とは無関係といえるでしょう。

体幹（胴体）の皮膚の異常

おもな症状	考えられる病気	頁	病気のおもな症状
紅斑	乾癬	1833頁	赤く、平らに盛り上がる、うろこ状のかさかさした斑点。肘、膝、腰などの摩擦の加わりやすい部位と頭にできることが多い。かゆみをともなうことも多い。
紅斑	線状IgA水疱性皮膚症	上段1838頁	全身に環状の紅斑が出現し、その周囲に小型の水ぶくれができる。
紅斑	水疱性類天疱瘡	1839頁	全身にかゆみをともなう紅斑と大型の水ぶくれが多数見られる。とくに高齢者に多い。
白斑	老人性白斑	1801頁	中年以降に多い。皮膚の色素が抜けてしまった、直径1cmほどの白い斑点。
白斑	尋常性白斑（白なまず）	1840頁	皮膚の色が抜けて、白い斑点ができる。最初は小さな白斑が数個あるだけだが、しだいに増えて全身が白くなってしまうA型白斑と、限定された部分で急速に広がったあと1年ぐらいで進行が止まるB型白斑がある。
白斑	癜風	1830頁	おもに胴体に硬貨大以下の大きさの淡い褐色の斑点がたくさんできる。こそぐと細かい皮膚片が出る。時間がたつと色が抜け、白斑として長く残る。
白斑	サットン白斑	1841頁	小型のほくろの周囲に円形に白斑ができる。子どもや青年の胴体、顔、くびにでき、だんだん大きくなる。
白斑	フォークト・小柳・原田病	上段1841頁	眉毛、まつげ、頭髪が白くなり、目の周囲に左右対称の白斑ができ、胴体にも広がる。
白斑	その他		海水浴の日焼けのあとにできるものを海水浴白斑と呼ぶ。先天的に皮膚の一部から色素が欠落して白斑があることも。
紫斑		1820頁	皮膚や組織からの出血で肌の上に赤紫色の斑ができる。皮膚表面に近い出血は赤く、深い出血は青く見える。時間がたつにつれ黄色っぽくなる。血管や血小板の異常や、再生不良性貧血（1445頁）など出血傾向がある病気にともなっておこる。また、からだの一部を強くぶつけたときなどの内出血でも紫斑ができる。
褐色斑	慢性色素性紫斑／シャンバーグ病	1821頁	両足のふくらはぎに点状の紫斑がたくさんでき、しだいに褐色斑になり、薄れる。しばしばくり返し慢性化する。中年以降に多い。血液にも臓器にも異常はない。
粉瘤		1849頁	表皮か毛包の細胞が増殖して嚢腫になったもの。大豆程度からこぶしぐらいの大きさのしこりまでいろいろ。嚢腫が破れると炎症をおこしたり、内容物が出てくることも。

◎爪の色の異常

▼黒い爪

爪の下の出血か、メラニン色素によります。出血による黒斑は突然現れて、爪が伸びるにつれて移動します。出血がひどいと爪が脱落します。メラニン色素による場合は褐色か黒色の線か帯ができます。爪母に母斑があったり、爪が炎症をおこしたあとに黒斑ができます。薬剤の使用や全身疾患で爪全体が黒くなることもあります。

▼黄色の爪

爪甲がぶ厚くなり、黄色みを帯びます。足の親指に多く、鉤彎爪の初期に爪の成長が妨害されたものです。原因は深爪がほとんどです。鉤彎爪は人工爪で治ります。

爪全体が黄色くなる黄色爪症候群はリンパのうっ滞（循

分類	病名	参照頁	症状
赤い腫れ	癤	1822頁	痛みをともなう円錐形の赤い盛り上がりができ、頂点には膿をもつ。はじめはかたいが、しだいにやわらかくぶよぶよになり、膿が流れ出して治る。
赤い腫れ	癰	1822頁	うなじ、肩、殿部、太ももなど、皮膚の緊張が強いところにできる。最初は鈍痛、やがて激しい痛み。赤くかたく半球状に盛り上がり、進行するとやわらかくなって表面に穴があき、膿が流れ出す。
赤い腫れ	化膿性汗腺炎	1823頁	わきの下、外陰部、肛門の周囲、女性の乳房などにできる。痛みのあるしこりができて赤くなり、膿をもって腫れる。
赤い腫れ	蜂巣炎	1823頁	広い部分が赤く腫れ、熱感と痛みがある。発熱とだるさもあるがひどくはない。
赤い腫れ	褥瘡（床ずれ）	1802頁	長時間、圧迫された皮膚におこる。圧迫を取除いても皮膚の赤みが残るのが初期症状。症状が進むと水ぶくれやただれを生じ、やがて皮膚が壊死して黒く変色する。
赤い腫れ	皮膚カンジダ症	1829頁	カンジダ菌が皮膚の表面で増殖。わきの下や股の皮膚がすれる部分が赤くなり白くふやけて皮膚がはげる間擦疹型皮膚カンジダ症、水仕事が多い人で指と指の間が赤くなり白くふやける指間カンジダ症、爪の周囲の皮膚が赤く腫れるカンジダ性爪炎がある。
黒くなる	母斑細胞母斑（ほくろ、黒あざ）	1842頁	メラニン色素をつくる細胞が皮膚で異常に増殖したもので、色は褐色から黒色。平らで大きいものが黒あざ、小さくて盛り上がったものがほくろ。
黒くなる	メラノーマ（悪性黒色腫）	538頁	大きさが1㎝以上で不規則な形、黒色から茶色で濃淡差がある。日本人では足の裏や爪にできることが多い。紅色のものもある。
黒くなる	アジソン病	1490頁	全身倦怠感、脱力、低血圧、体重減少、吐きけ、全身の皮膚の色が黒くなる。
黒くなる（中高年以降）	老人性疣贅（脂漏性角化症）	1848頁	中年期以降に顔、胴体などにできる直径1～数㎝の黒褐色の良性腫瘍。扁平かドーム状で周囲との境がはっきりしている。
黒くなる（中高年以降）	基底細胞がん	539頁	高齢者の顔面に多い。小さいうちはほくろとまちがえやすい。表面が滑らかで透明感がある。放置すると筋肉や骨に侵入し、鼻や目がえぐられてしまうことも。
黄色	黄疸	1629頁	肝臓・胆道の病気が進行すると、黄疸がでて、白目や皮膚、爪も黄色くなる。

環不全）が原因です。エトレチナートの内服が効果があります。

▼緑色の爪

緑膿菌が感染して緑色になります。カンジダ感染や爪白癬などになっていると緑膿菌に感染しやすくなります。人工爪や付け爪と爪甲の間にすき間があると、感染することもあります。緑膿菌は湿った環境で増えるので、治療には患部を乾燥させます。カンジダ感染の場合は爪甲を取除いて抗真菌薬をつければ治ります。

▼白色の爪

爪白癬で白色に濁ります。爪母に外傷があると、角化が異常になり、点状の白い斑点ができます（点状爪甲白斑）。低アルブミン血症（1700頁）では弓形の白い帯が現れます。肝硬変や腎障害でも爪が白くなります。

発疹についての解説は、1799頁の「発疹のいろいろ」を参照。

発熱をともなう発疹

おもな症状		考えられる病気		病気のおもな症状
発熱後に発疹		はしか（麻疹）	804頁	初めは発熱、せきなどかぜの症状。白目が充血し、めやにも出る。口の中には粟粒大の白い斑点（コプリック斑）が数個から数十個。やがて全身に赤い発疹。
発熱後に発疹		溶連菌感染症（猩紅熱）	811頁	のどが痛みだし、数時間のうちに38～39度の熱がでる。嘔吐することも。1～2日で口の周囲以外の全身に赤くこまかい発疹がでて、3～4日で舌に赤いぶつぶつができていちご舌になる。
発熱後に発疹		川崎病	800頁	39～40度の高熱が5日以上つづく。発熱後2～3日で発疹。手足がしもやけのようにパンパンに腫れて10日ぐらいで指先から皮がむける。白目の充血。いちご舌になる。
発熱後に発疹		つつがむし病	2117頁	ツツガムシに刺されたところが小さく赤く腫れる。6～10日で発熱し、40度の高熱に。全身に直径2～3㎝の赤い発疹がまばらにでるが、しだいに消える。
発熱後に発疹		腸チフス	2094頁	1週間ごとに異なる症状がでる。第1週に頭痛、腹痛、40度前後の発熱。第2週にバラ疹、高熱。第3～4週には熱が上がったり下がったりをくりかえして平熱に戻る。
解熱後に発疹		突発性発疹	806頁	急に38～39度の高熱が3日間つづく。のどが赤くなり、鼻汁が出ることも。解熱と同時に全身に発疹がひろがる。かゆみはなく2～3日で消える。
発熱とともに発疹	子ども	風疹	803頁	発熱と同時に顔から全身にこまかい発疹がでる。年少児では熱がでても微熱。年長以上は38度前後。耳の後ろや、くびのリンパ節が腫れて、押すと痛む。結膜が充血する。
発熱とともに発疹	子ども	手足口病	809頁	手のひら、指の間、足の裏、足の指、口の中に、周囲が赤く縁どられた米粒大～小豆大の水ぶくれができる。発熱することも。
発熱とともに発疹	子ども	水痘（水ぼうそう）	809頁	急に38～39度の発熱があり、同時に全身に赤いつぶつぶができ、小豆大の水ぶくれになる。2～3日でかさぶたになって落ちる。
発熱とともに発疹	子ども	エルシニア菌感染症（泉熱）	810頁	急に38～39度の熱がでて、2日目から濃淡のある赤い発疹。肘、膝、足首などに密集する傾向がある。発疹はかゆく、舌に赤いつぶつぶができることも。
発熱とともに発疹	子ども	若年性特発関節炎（若年性関節リウマチ）	2027頁	全身型は関節痛に加え、全身のだるさ、39度を超える発熱がつづき、リンパ節の腫れ、赤い発疹、肝臓・脾臓の腫大など。

◎点状出血斑

5㎜以下のひじょうに小さい紫斑を点状出血斑といいます。真皮の中に出血しているため、鮮紅色をしていて、指で押しても赤い色は消えません。

紫斑病と同じく、出血傾向があることを示しますが、おもに血小板か血管の病変が原因です。ほとんどの場合は心配ない、体質的なものです。ただ、どんどん増えていく、点状から紫斑へと大きくなる、だるさや熱などほかの症状をともなうようであれば、診察を受けましょう。

乳幼児では激しく泣いたりせきこんだりすると、目の周りの毛細血管が大きく膨れて切れるので出血し、点状出血になることもありますが、自然に治ります。

発熱をともなう発疹

発熱とともに発疹

病名	頁	症状
帯状疱疹	1836頁	発疹が現れる1週間前から神経痛に似た痛みが生じる。その後、神経に沿って痛みをともなう帯状の発疹ができ、やがて水ぶくれになる。2～3週間でかさぶたになって治癒。重症の場合は発熱後、水痘のような発疹が全身にできる。
単純ヘルペス	1836頁	感染後4～7日で、性器や顔面などにかゆみや疼痛、その後、水疱ができる。リンパ節の腫れと高熱、口腔内ではただれが多数できる。いちど感染すると、刺激や免疫低下で再発をくり返す。再発は小さな水疱が多発し、破れてかさぶたになる。
敗血症	2124頁	高熱、寒け、震え、発汗など。重症の場合は血圧低下、無尿、敗血症性ショックをおこす。重症の敗血症では皮膚や粘膜の出血斑が現れる。
アレルギー性紫斑病	1456頁	扁桃炎などにかかってから1～3週間後に発疹ができ、数時間後には発疹ができたところに紫斑がでてくる。発熱、関節の腫れ、腹痛、吐きけ、下血などもともなう。
流行性脳脊髄膜炎	963頁	発熱と寒けで始まり、頭痛がひどく、吐きけや嘔吐がおこり、くびのうしろが張ってくる。皮膚に紅斑や丘疹などの発疹がでたり、腰痛や下痢をおこす。
リウマチ熱	2028頁	咽頭炎や扁桃炎の2～3週間後に全身のだるさや高熱。関節が赤くなったり腫れる。不規則な形の紅斑が輪の形になる輪状紅斑がでる。小舞踏病がでることも。
全身性エリテマトーデス	2030頁	発熱、だるさ、体重減少。顔に蝶形紅斑、円形紅斑、ディスコイド疹。手のひら、手指、足の裏にしもやけ状の発疹。脱毛や日光への光線過敏症。レイノー現象。腎臓障害、中枢神経障害、髄膜炎や脳炎などがみられることも。
多発性筋炎／皮膚筋炎	2034頁	くび、肩、腕、腹、お尻、太ももなどの骨格筋が炎症をおこす（多発性筋炎）。皮膚に特異的な赤い斑点（ヘリオトロープ疹）がみられると皮膚筋炎という。手指、肘、膝の関節の外側に多い。皮膚の表面が白っぽくはがれる紅斑もできる。
多発性動脈炎	2042頁	高熱、体重減少、疲れやすい、だるい、関節や筋肉の痛みなど。皮膚の症状は、青紫色の網目状発疹、しこりのある紅斑、じんま疹のような発疹、皮膚の潰瘍、指先の組織の壊死など。病変の部位によって、症状はさまざま。

◎加齢臭

中高年になると加齢臭と呼ばれる独特の体臭が強くなります。加齢臭の原因物質は、ノネナールという不飽和脂肪酸です。40歳をすぎるころから、皮脂腺から9・ヘキサデセン酸という脂肪酸が多く分泌されるようになります。この脂肪酸が酸化したり、表皮のバクテリアによって発酵すると、ノネナールが生じます。

9・ヘキサデセン酸が増えるのは男女を問いません。しかし、加齢臭は男性に強いものです。男性ホルモンは皮脂腺を活発にするため、よりノネナールが生産されやすいからと考えられています。加齢臭対策はからだを清潔にすることです。汗をかいていなくても、毎日からだを洗いましょう。

おもな症状	考えられる病気		病気のおもな症状
発熱をともなう発疹（発熱とともに発疹）	ベーチェット病	2047頁	目、口、外陰部、皮膚に炎症。口の中に再発するアフタ性潰瘍、顔やくび、胸部に、にきびのような発疹など。発熱や関節炎もともなう。
発熱をともなう発疹（発熱とともに発疹）	皮膚サルコイドーシス	1859頁	サルコイドーシスではからだのあちこちに肉芽腫（細胞のかたまり）ができる。できた場所によって症状はさまざま。健康診断などで見つかることが多い。皮膚の病変は、丘疹、紅斑、しもやけのような変化。
発熱をともなう発疹（発熱とともに発疹）	梅毒	2132頁	第2期で皮膚・粘膜にバラ疹などさまざまな形状の発疹がみられる。
発熱をともなう発疹（発熱とともに発疹）	猫ひっかき病		猫や犬にひっかかれたあと、数日後に赤紫の発疹や小水疱ができる。その後2～5週間後に、発熱、頭痛、倦怠感がおこり、傷の近くのリンパ節が腫れて、押すと痛い。
発熱をともなう発疹（発熱とともに発疹）	炭疽（脾脱疽）	2122頁	炭疽菌が傷から侵入すると発疹やむくみ、その後、潰瘍となって高熱をだす。まれに菌を吸入することも。家畜や毛皮を扱う人が感染することがある。
熱のない発疹	尋常性天疱瘡	1838頁	表皮の下に水ぶくれができる。口の中や舌だけに水ぶくれができる病型と、口だけではなく、わきの下や鼠径部などに、水ぶくれやただれができる病型がある。
熱のない発疹	落葉状天疱瘡	1838頁	胴体の表皮の上に小型の水ぶくれができる。口の中にはできない。
熱のない発疹	伝染性紅斑（りんご病）	806頁	顔に発疹がでて両頬がリンゴのように赤くなる。前腕、太もも、お尻にも発疹がでるが、胸、腹、背中にはあまりでない。熱はでないことが多い。
熱のない発疹	帯状疱疹	1836頁	神経に沿って痛みがある帯状の発疹ができ、やがて水ぶくれになる。2～3週間でかさぶたになって治癒。重症の場合は発熱することもある。
熱のない発疹	じんま疹	1810頁	皮膚に小さな膨らみ（膨疹）が急にでき、それがいろいろな形、大きさに広がる。周囲が赤く（紅斑）、かゆみが強い。
熱のない発疹	ジベルばら色粃糠疹	1834頁	小児から青年に多い。胴体を中心に直径0・5～3㎝大で楕円形の淡い紅色の斑点が急速にできる。春と秋に多く、2度かかることは少ない。
熱のない発疹	薬疹	1816頁	薬剤の使用が原因。すこしかゆい、米粒の半分大の赤い斑点であることが多い。進行すると、大きくなってくる。

◎虫刺されの民間療法

虫に刺されたとき、昔は身近な野菜や植物を使って腫れやかゆみを鎮めました。

▼キュウリの汁
おろした汁をつけたり、切り口をそのまま刺されたところにこすりつけます。

▼酢に漬けた干し柿
干し柿1個を酢に漬け、冷暗所で1か月くらい保存したものをつけます。

▼フキの汁
葉や茎をガーゼで包み、汁をしぼってつけます。

▼アサガオの葉の汁
葉をよくもんでガーゼに包み、絞った汁をつけます。

▼ヨモギの葉の汁
葉を口でかんでつぶしたものをつけます。

▼カボチャの花や葉
花や葉をガーゼに包んでしぼった汁をつけます。

部位	側	病名	参照頁	症状
肘（肘関節）の痛み	片側	変形性肘関節症	1875頁	肘を動かすと痛み、曲げ伸ばしが十分にできない。進行すると小指や薬指がしびれたり、触った感じが鈍くなり、握力が低下する。
肘（肘関節）の痛み	片側	テニス肘（上腕骨外側上顆炎）	1920頁	肘の外側を押さえると痛み、手首を手の甲のほうに動かしても肘が痛む。痛みでドアノブを回せない、ぞうきんをしぼれないなど。テニスだけではなく、腕を多く使う職業やくり返し同じ動作を行ったあとでもおこる。
肘（肘関節）の痛み	片側	ゴルフ肘（上腕骨内側上顆炎）	1920頁	肘の内側を押さえると痛み、手首を手のひらのほうへ動かしても肘が痛む。ゴルフだけではなく、手首や腕の使いすぎでおこる。
肘（肘関節）の痛み	片側	その他		外反肘（1921頁）、肘の関節結核（1879頁）、神経病性関節症（1882頁）、橈骨（肘から手首までを構成する骨のひとつ）骨頭のけがなどで肘に痛み。
肘（肘関節）の痛み	片側・子ども	肘内障	787頁	「肘が抜けた」状態。2、3歳の幼児の手を強く引っ張ったときに、痛がって泣き出し、腕をだらりと下げて動かさない。とくに手を上げる動作を嫌がる。
肘（肘関節）の痛み	片側・子ども	野球肘	786頁	肘を動かしたり、内側や外側を押すと痛い。肘が腫れたり伸ばせないことも。過度の投球練習でおこる。身長がよく伸びている時期の子どもに多い。
肘（肘関節）の痛み	両側	関節リウマチ	2014頁	初めは手首や手足の指の関節痛と腫れ、朝のこわばり。やがて、腫れと痛みが全身の関節におよび、安静時でも痛むようになる。悪化すると関節が変形する。
手くび（手関節）の異常	片側	手首の捻挫（靭帯損傷）	1937頁	手首が腫れて、押すと痛い。内出血がおこることも。
手くび（手関節）の異常	片側	腱鞘炎	1924頁上段	指や手首、ときには腕が動かしにくい、だるい、痛み、違和感がある。進行すると慢性化する。手をよく使う作業の人に多い。
手くび（手関節）の異常	片側	手根不安定症	1923頁	捻挫や骨折のあと、痛みがとれずに手首を動かしにくかったり、動かすと音がしたり、違和感がある。握力が低下する。
手くび（手関節）の異常	片側	その他		手首の骨の骨折、手首の化膿性関節炎（1879頁）、関節結核（1879頁）など。
手くび（手関節）の異常	両側	関節リウマチ	2014頁	初めは手首や手足の指の関節痛と腫れ、朝のこわばり。やがて、腫れと痛みが全身の関節におよび、安静時でも痛むようになる。悪化すると関節が変形する。

◎しびれ

しびれは、触覚や痛覚を感じる感覚神経の障害でおこる知覚異常です。正座で足がしびれるのは、膝から下が圧迫されるので血液の流れが悪くなり感覚神経に十分な酸素を供給できないからです。神経そのものも圧迫され機能が低下するので、異常な知覚を伝えます。正座をやめれば解消する、心配のないしびれです。

毎日しびれが長くつづいたり、しびれる範囲が全身に広がるなどの症状があったら、診察を受けましょう。どこがしびれているのか、からだの片側だけしびれるのか、両側ともしびれているかを注意しなければなりません。左右対称の部位におこるしびれは、全身的な病気のこともあります。

おもな症状

手指や腕のしびれ

考えられる病気	頁	病気のおもな症状
頸部脊椎症（頸椎症性神経根症）	1894頁	片側の腕から指先までの響くような激痛としびれが初期症状。くびを後ろに曲げても症状がでる。進行すると、指先の感覚が鈍くなったり、腕の力が弱くなる。
頸椎椎間板ヘルニア	1898頁	片側の腕に広がる痛み、しびれ、脱力感。くびの後ろが痛み、動かせない。重症のときは、しびれ感が足の先から胸まで広がり、歩きづらくなることも。
頸椎後縦靭帯骨化症	1907頁	箸を使うなど細かい動作がしにくい、足がガクガクして歩きにくい、尿が出にくい、手足のしびれなど。くびも動かしづらくなる。
胸郭出口症候群	1916頁	腕のしびれ、肩こり、くびが重くてだるい、肩から肩甲骨にかけてこわばって痛い、腕や手の指のだるさや腫れぼったさ、指先が冷たい、肩から指に走るような痛みなど。頭痛や顔面のしびれがあることも。肩の位置や姿勢で症状が変わるのが特徴。
腱鞘炎	1924頁上段	指や手首、ときには腕が動かしにくい、だるい、痛み、違和感がある。進行すると慢性化する。手をよく使う作業の人に多い。
動揺肩（動揺性肩関節）	1915頁	肩関節の痛み、脱臼しそうな不安な感じ、腕のしびれ、肩こりなど。13～14歳で発症することが多い。
肘部管症候群	1921頁	小指と薬指の半分（小指側）にしびれ。ときに肩から肘にかけての小指側全体に痛みやしびれ。進行すると指の付け根の筋肉が萎縮し、ペンが持ちにくくなったりする。
手根管症候群	1923頁	手のひらの親指側、親指から薬指にかけてのビリビリしたしびれと痛み。夜間に強い。進行すると親指の筋肉が萎縮し、親指と小指で物をつまめなくなる。
くびのけが		頸椎捻挫（むちうち損傷 1951頁）などで、手指や腕にしびれがでることも。
狭心症	1356頁	寒い日に急いで階段や上り坂を登ると、胸が圧迫され、息切れを感じるが立ち止まると治まるというのが典型的な症状。左腕がしびれることも。
閉塞性動脈硬化症	1424頁	手足が冷たくなりしびれ、白色や紫色になる。皮膚が傷つくと治りにくい。
レイノー病	1427頁	寒さにさらされたりすると、手足の指が蒼白になり、冷感、しびれや痛みがある。
薬剤の使用		ぜんそくの治療薬（気管支拡張薬）などの服用で手がしびれることも。

◎指と手首の痛み

腱鞘炎のほかにも、パソコンの作業時間が長い人に多く見受けられる指や手首が痛む病気があります。マウスやキーボードを疲れにくいものに変えたり、定期的に手を休ませましょう。

▼ガングリオン（1849頁上段）

手首や指などによくできる数mmから数cmのゼリー状の皮膚良性腫瘍です。違和感があったり、神経を圧迫して手を使う作業をすると痛みます。注射で粘液を吸い出しても、再びたまってしまいます。症状がひどいときには、手術でガングリオンそのものを除去します。手を使う仕事が多い女性に多発しますが、原因はわかっていません。

▼狭窄性腱鞘炎（ドゥ・ケルバン病）

分類		病名	参照頁	症状
手指のまひ		腕神経叢（わんしんけいそう）まひ	1919頁	くびから腕にかけての神経の束が、事故などで損傷を受けるとまひがおこる。損傷の範囲により、腕全体、肩と肘、手の指が動かなくなるなど。
		橈骨（とうこつ）神経まひ	978頁	腕を持ち上げても手首が垂れ下がったままの「垂れ手（おばけの手）」になる。腕まくらで寝たときにおこりやすい。一過性のものがほとんど。
		くびのけが		くびにけがをすると、指にしびれやまひが残ることもある。
手指の痛み・変形	片側	ばね指	1924頁	腱鞘炎（1924頁上段）がくり返しおこると、腱（けん）がひっかかって指が伸びなくなり、「パキッ」という感じ（音がすることも）とともに指が伸びる。親指、中指、薬指に多い。手をよく使う職業の人や妊娠・出産・更年期の女性に多い。
	片側	ヘバーデン結節（けっせつ）	1926頁	手の指の先端の関節が太くなり、結節（しこり）状になる。ときに腫れ物ができて痛む。変形性関節症（へんけいせいかんせつしょう）（1872頁）が指先におこったもの。
	片側	母指（ぼし）CM関節症		親指の付け根が腫れ、物をつかむとき痛む。親指を開きにくい。中高年の女性に多い。
	片側	振動障害（白（はく）ろう病）	2062頁	手指や腕にレイノー現象のような、しびれ感、冷感、疼痛（とうつう）がおき、皮膚がろうのように白くなる。感覚が鈍くなったり過敏になったり、関節がこわばり、変形することも。
	片側	胼胝腫（べんちしゅ）（たこ）	1835頁	よく使う部分の皮膚の角質（かくしつ）が厚く、かたくなったもの。ペンだこ、しゃぶりだこなど。
	片側	手根部靭帯損傷（しゅこんぶじんたいそんしょう）	1934頁	手根部の腫れ、押すと痛い、手を動かしたり、物を持つと痛い。
	片側	つき指	1934頁	指先や関節の腫れ、痛み、動かしにくいなど。
	片側	ガングリオン	1849頁上段	手の関節や指の付け根にできるゼリー状の良性腫瘍（りょうせいしゅよう）で、皮膚を下から押し上げてドーム状になり、痛い。
	片側	強皮症（きょうひしょう）	2036頁	皮膚がかたく、こわばり、手指が動かしにくく、むくんだ感じになり、物がつかみにくくなる。レイノー現象がみられる。
	片側	乾癬性関節炎（かんせんせいかんせつえん）		紅斑（こうはん）の乾癬をともなう関節炎。指の先端に痛みがでて、進行すると変形することも。
	両側	関節リウマチ	2014頁	初めは手首や手足の指の関節痛と腫れ、朝のこわばり。やがて、腫れと痛みが全身の関節におよび、安静時でも痛むようになる。悪化すると関節が変形する。

腱鞘炎の症状のひとつで、親指の付け根から手首が痛みます。親指を中にして手を握り、手首を小指側に曲げると強く痛むのが特徴です。親指の使いすぎによる炎症なので、安静にしたり、ステロイド注射で炎症を鎮（しず）めます。手を多く使う人、長時間パソコンを使う人、妊娠、産後、更年期の女性に多くおこります。

▼キーンベック病（月状骨軟化症（げつじょうこつなんかしょう））

手首に近いところにある月状骨が血流障害をおこして壊死（えし）してしまい、手の甲が腫（は）れて、押すと痛みます。とくに手首が痛んで動かせません。月状骨の周りは軟骨に囲まれているので、手の使いすぎで軟骨に異常が発生することが原因と考えられています。

おもな症状		考えられる病気	頁	病気のおもな症状
手の震え	片側	本態性振戦	952頁	不随意だが規則正しい震えのこと。手に現れることが多く、手を伸ばしたり物を持ったりしたときに手が震える。くびが震えて頭部が揺れることも。明らかな原因はない。加齢とともに増加し、近親者に多い傾向がある。
	両側	パーキンソン病	948頁	片側の手と腕が震え、つぎに同じ側の脚、やがて両側が震える。安静時の震えが特徴。そのほかに、指が「丸薬を丸める」ような動きをする、筋肉がガクガクと硬直、からだがあまり動かなくなる、姿勢を保持することができなくなるなど。
		バセドウ病	1475頁	甲状腺が肥大、頻脈や動悸、目が突出してくるのが主症状。ほかに手の震え、発汗、倦怠感、イライラする、眠れないなど。20〜30歳代の女性に多い。
		羽ばたき振戦	1629頁	鳥が羽ばたくように手が震える。肝臓の病気が進行して意識障害をおこしたときにおこる特徴的な症状。
		アルコール離脱症候群		長期間アルコールを多飲していた人が、アルコールを飲まないと、手が震える。
		薬剤の使用		気管支拡張薬の使用によって手が震える。
手足のまひ	片側	脳血管障害		脳出血（930頁）、くも膜下出血（937頁）、脳梗塞（脳血栓・脳塞栓 934頁）、一過性脳虚血発作（942頁）、慢性硬膜下血腫（944頁）で、激しい頭痛、めまい、嘔吐、けいれん、意識障害、言語障害があり、顔面や手足がまひすることも。
		脳腫瘍	476頁	頭痛・頭が重い、吐きけ・嘔吐、視力の低下が三大特徴。頭痛は朝が多い。物が二重に見える、めまい、けいれんなども。悪性は症状が強くなるが、良性はゆっくり。
		急性小児片まひ	588頁	急な発熱とともに意識障害におちいり、からだの片側にけいれんがおこり、長時間つづく。けいれんが止まっても意識障害がつづき、その後、からだの片側にまひが残る。脳の血管障害や髄膜炎（963頁）が原因になることも。
		脊髄血管障害	970頁	梗塞した場所の背中が痛み、脚または手足のまひ、障害を受けたところから下の痛覚と温度覚の障害、排尿・排便障害をおこす。

◎振戦のいろいろ

震えには2種類あります。

1つは寒さにあったときにおこる震えで、からだを伸ばすときに使う筋肉（伸筋）と、曲げるときに使う筋肉（屈筋）が同時に収縮（縮む）します。医学ではこれを戦慄といいます。

もう1つは、伸筋と屈筋が交互に収縮する震えで、医学では、振戦といいます。

振戦はときに病気の症例として発現します。

▼生理的振戦　不安や恐怖を感じたとき、手が細かく震えます。病気ではありません。

▼本態性振戦（952頁）　とくに原因はないのに、速く、細かい震えがみられるものです。

▼動作時振戦　何か目的をもって動作をしようとする

手足のまひ

両側

疾患	頁	症状
脊髄の損傷		交通事故や病気で脊髄を損傷すると、まひが残る。
脊髄腫瘍	479頁	腰とその近くにできた腫瘍が進行すると脚のまひ・知覚障害、排尿・排便障害など。
脊髄血管障害	970頁	梗塞した場所の背中が痛み、両脚または手足のまひ、障害を受けたところから下の痛覚、温度覚の障害、排尿・排便障害をおこす。
急性灰白髄炎（ポリオ）	811頁	かぜに似た症状、熱が下がるころから手足がまひすることがある。日本ではまれ。
感染後性ニューロパチー（ギラン・バレー症候群）	981頁	かぜ症候群や下痢が治って1～2週間後に急に手足のしびれ、筋力の低下がおきて進行する。歩行困難やひどいときには呼吸困難をおこす。
多発性硬化症	967頁	視力の低下、複視など目の症状が多い。ついで手足の動きがぎごちない、飲み込みにくい、排泄困難、しゃべりにくいなど。症状が強く現れたり治まったりする。
筋ジストロフィー	985頁	筋力が徐々に低下していく。心不全や呼吸不全を合併することも。ふくらはぎの筋肉が太くなるのに筋肉が弱くなる仮性肥大がおこる。
周期性四肢まひ	987頁	過労、飲酒、過食をすると、急に手足の力が抜けてだらんとなる。数時間で治まる。脱力がおきていないときに、とくに症状はない。
重症筋無力症	990頁	物をかむだけでも疲れる、著しい疲れやすさが特徴。物が二重に見えたり、まぶたが下がってくる。症状は朝は軽く、夕方になるとひどくなる。
ナルコレプシー	1036頁	日中に強い眠けがあり、どのような状況であっても発作的に眠ってしまう。突然、手足に脱力感を生じる。入眠時に睡眠まひ（金縛り 1038頁上段）がある。
心内膜炎	1374頁	発熱、倦怠感、息切れ、呼吸困難、まひや意識障害など。手術や抜歯などをきっかけに菌類が心臓で増殖したもの。
ボツリヌス食中毒	2101頁	倦怠感とともに嘔吐、腹痛、下痢などの胃腸症状のあと、まぶたが開かない、物が二重に見える、嚥下困難や手足のまひがおこる。
原発性アルドステロン症	1491頁	高血圧がおこる。とくに最低血圧が上昇。血液中のカリウムが減少するため、カリウムを大量に必要とする筋肉の力が弱まり、手足がまひする。30～40歳の女性に多い。

ときにだけ震えます。本態性振戦が含まれます。ただし、小脳に疾患がある場合もあります。

▼**姿勢時振戦**　ある姿勢を保とうとすると震えます。

▼**安静時振戦**　リラックスしているときにおこる、ゆっくりした、動きの粗い震えです。パーキンソン振戦（948頁）では1秒間に4～6回、規則的に震え、親指がリズミカルに動くのが特徴です。

▼**羽ばたき振戦**（アステリクシス）　手を前方や横に伸ばすと、手首や指が、鳥が羽ばたくように震えます。肝臓病や脳の疾患でおこります。

▼**中毒振戦**　アルコールなど、依存している物質を摂取できないと手が震えます。

部位	おもな症状	考えられる病気	頁	病気のおもな症状
足首の痛み	片側	**アキレス腱断裂**	1935頁	バシッと音がして叩かれた感じがして、痛くて足を下につけない。断裂部に触れるとくぼみがある。皮下出血があることも。
		変形性足関節症	1875頁	運動時に足関節が痛んだり、動かしづらい。ひどくなると完全に軟骨がなくなる。
		足関節捻挫	1939頁	足首が腫れて、痛めた方向へ足を動かすと痛い。皮下出血がおこることも。足首が不安定になって歩けないことがある。
踵の痛み		**関節リウマチ**	2014頁	初めは手首や手足の指の関節痛と腫れ、朝のこわばり。やがて、腫れと痛みが全身の関節におよび、安静時でも痛むようになる。悪化すると関節が変形する。
		足底腱膜炎（ジョガー足）	1949頁	踵や足の中央部に痛み。慢性化することも。
		踵骨骨端症	793頁	8～12歳の活発な子どもに多い。踵に痛みがあり、押さえると強く痛む。階段を上がったり走ると痛くなる。
		その他		踵の骨折や骨嚢腫（1891頁）のほか、足の変形でも踵に痛み。
足の指の痛み		**外反母趾**	1928頁	足の親指が小指側に曲がり、外側に突出した付け根が腫れて痛み、歩行に支障がでる。足の裏にたこができたり、足の親指が第2趾の下にもぐりこむことも。
		痛風	1514頁	足の関節が突然、激しく痛みだす。3～10日ほどで痛みは治まる。夜中に痛みだすことが多い。親指の付け根の関節が痛みやすい。いちどに1か所だけ痛む。
		その他		足の指の爪に異常があると痛む。鉤彎爪（1856頁）は足の親指にできやすい。
足（足部）の痛み	片側	**扁平足**	1928頁	長く立っていたり、歩きすぎると、土踏まず、ふくらはぎ、太ももに痛みや疲労感。
		疲労骨折	1940頁	同じ場所に小さな力がくり返し加わることでおこる。脛骨や足の骨に多い。
		モートン病		足部の神経が骨に締めつけられて痛む。ハイヒールを履いているとおこりやすい。
		うおの目	1835頁	足の裏や足の指の間の皮膚が厚く、かたくなり、靴が触れると痛み、歩きにくい。
		ケーラー病	793頁	足の骨が血液の循環障害で壊死して痛みがおこる。4～5歳ころは治療すれば1年ほどで回復する第一ケーラー病、思春期では変形が残る第二ケーラー病が多い。
		足根管症候群	上段 1923頁	踵や足中央部内側に痛み。ジョギングなど足の使いすぎによる。

◎使いすぎ症候群とさまざまなスポーツ障害

スポーツをつづけることで、痛みや骨折がおこることがあります。もっともよくみられるのは、**使いすぎ（オーバーユース）症候群**です。筋肉の使いすぎによって、筋肉、腱、腱付着部が炎症をおこします。とくに発育中の子どもにおこりやすいので、過度な運動には注意が必要です。腱炎、軟骨の摩耗・断裂、離断性軟骨炎、コンパートメント症候群、疲労骨折などがあります。

そのほかにも、さまざまなスポーツ障害があります。

▼**投球骨折**　投球のときに、上腕骨に加わる自分の筋力によっておこる、らせん骨折です。「ボキッ」と音が

部位		病名	頁	症状
股関節の痛み		変形性股関節症	1873頁	初期は長く立っていたり、歩くと重だるく軽い痛み。進行すると運動後に休んでも痛みがとれず、股関節が動かしにくくなってくる。脚が短くなることも。
		特発性大腿骨頭壊死	1888頁	急に股関節が痛みだし、坐骨神経痛のような痛みを感じることも。初期は安静にしていれば治まるが、しだいにつづくようになる。関節が動かしづらく、歩けないことも。
		大腿骨頸部骨折	1942頁	太ももの付け根の部分の骨折。骨粗鬆症のある高齢者に多い。転倒でおこりやすい。
		股関節脱臼	1939頁	関節が異常な形に変形し、痛みがあって動かせない。関節周囲で出血し、腫れてくる。
膝（膝関節）の痛み	片側	変形性膝関節症	1874頁	初期は、立つ、歩き出す、昇り降りなど動き始めが痛む。しだいにふつうの歩行でも痛み、膝に水がたまり腫れる。曲げ伸ばしができなくなり、ギシギシ音がする。O脚が進み、長時間歩けなくなる。
		神経病性関節症	1882頁	痛みはあっても少ない。関節が変形し、ぐらぐらしてくる。膝のほか、股関節、足関節、脊椎などにも。膝には水がたまる。糖尿病によるものが増えている。
		関節遊離体（関節鼠）	1882頁	最初は、痛くて関節を動かしにくい。完全に剥離すると、痛みが強く、曲げ伸ばしができない。膝に水がたまる。肘や足関節でも。遊離体がネズミのように動き回る感じ。
		膝の半月板損傷	1937頁	痛みや引っかかる感じがして、十分に曲げ伸ばしができない。屈伸でカクンカクンと音がする。水がたまることも。
		膝の靭帯損傷	1938頁	膝が腫れて痛い。安静にしていると痛みはとれるが、膝の不安定な感じが残ることも。
		膝の骨肉腫	541頁	運動後に痛む。進行すると安静にしていても痛むようになり、患部の腫れ、発赤、熱感、関節の動きが悪くなるなど。若い人に多い。膝の周囲によくできる、骨のがん。
		膝の化膿性関節炎	1879頁	関節が急激に痛み、動かせない。赤く腫れあがり、熱をもつ。発熱で全身に寒けや震えがでる。膝関節におこることが多い。
		オスグッド・シュラッター病	792頁	膝の下が腫れて、押したり、強く動かすと痛む。活発な男の子に多い。
		おもにスポーツによる損傷	1948頁	ジャンパー膝、ランナー膝など。安静にして運動量を減らすことで痛みが軽減する。
	両側	関節リウマチ	2014頁	手首や手足の指の関節痛と腫れ、朝のこわばりから、全身の関節が痛むようになる。

して肘が変形し、ひどく痛みます。筋力の強い人にだけおこります。

▼野球指　手指の先端の伸筋や腱が断裂したり、剥離骨折をおこして、指が伸ばせなくなります。野球やバレーボールなど球技でみられます。

▼ボクサー骨折　握りこぶしで相手を殴ったり、転倒して手をついたときに、小指、人さし指、薬指を骨折するものです。

▼平泳ぎ膝　平泳ぎの蹴り足のときに膝に加わる水の抵抗を受けて膝の靭帯が酷使され、痛むようになるものです。

▼水泳肩　クロールやバタフライをつづけて肩関節を酷使すると、肩の腱が厚くなり、靭帯や骨にぶつかって痛みがでます。

おもな症状	考えられる病気	頁	病気のおもな症状
脚の痛み	腰椎椎間板ヘルニア	1898頁	急性型は痛みが激しく動けないが、2～3週間で軽くなり、慢性化する。慢性型は鈍い腰痛や手足のしびれがでたり治まったりする。腰痛とともに、左右どちらかの殿部から太ももの後ろ、膝から足首の外側、つま先まで痛みがはしり、くしゃみやせきで強くなる。前屈みや中腰姿勢でも痛みが増す。
	腰部脊柱管狭窄症	1896頁	腰痛のほか、背を伸ばして立ったり、歩いたりすると、腰が重くなる、脚がもつれる、痛むなどで歩けなくなるが、腰を丸くして休息すると症状が消える。進行すると、あお向けやうつぶせで寝ただけで足がしびれる。
	化膿性骨髄炎	1880頁	子どもの太ももやすねの骨におこりやすい。発熱とともに、炎症がおこった部分が痛み、腫れて動かせなくなる。
	軟骨肉腫	544頁	20～30歳代に多い。痛みがしだいに強くなる。腫れや瘤が大きくなり、痛むようになる。二の腕の骨、ももの骨、膝から下の骨などにできる。小さな力でも骨折。
	脛骨疲労骨折	1940頁	同じ場所に小さな力がくり返し加わることでおこる。脛骨や足の骨に多い。
	足関節捻挫	1939頁	足をひねって、外くるぶしを痛めた状態。押したり、足を動かしたときの痛み、腫れ、皮下出血があるときも。
	こむら返り		ふくらはぎの筋肉が引きつって、もとに戻らず痛む。ふつうは病気ではないが、尿毒症（1722頁）、代謝異常などのときにもみられる。
	深部静脈血栓症	1430頁	突然、脚が腫れて痛みと軽い熱感。そのままにしておくと急性肺塞栓症（1414頁）になり呼吸困難や胸痛をおこすことも。寝込んでいたり、飛行機など狭いところで長期間じっとしているときにおこる。エコノミークラス症候群（1414頁上段）のひとつ。
	閉塞性動脈硬化症	1424頁	手足が冷たくなりしびれ、白色や紫色になる。最初に足の先におこる。症状が進むと歩行中に脚が痛むようになる。皮膚が傷つくと治りにくく、壊疽になることも。
	バージャー病（閉塞性血栓血管炎）	1425頁	手足の指が蒼白から紫色になり、冷たく感じる。慢性化すると赤紫色になる。歩くと脚が痛む。症状が進むと手足に潰瘍や壊死がおこる。

◎快足と鈍足

走るときに使う筋肉には、**速筋と遅筋**があります。

速筋は収縮速度が速く、瞬発力を必要とする、無酸素運動で使われます。短距離走では速筋が活躍します。

遅筋は収縮速度が遅く、快足は望めませんが、持久力に優れ、有酸素運動で使われます。普段の生活では遅筋を使うことのほうが多いといわれます。

短距離走が速い人は、速筋の量が多く、マラソンが得意な人は遅筋のほうが多いのです。どちらの筋肉量が多いかは生まれつき決まっており、その割合によって、スポーツ種目の適正や得意不得意がでてきます。

速筋は老化が速いので、ふつう、30歳をすぎると瞬発力が低下してきます。反

くび、肩の痛み

区分	病名	参照頁	症状
肩こり	頸部脊椎症	1894頁	うなじの痛みや重だるさ、くびの疲れ、肩こりが現れ、長くつづく。腕が痛んだり、しびれる、感覚が鈍くなる、筋力が落ちるなどの症状がでることも。
肩こり	頸肩腕症候群	上段1914頁	くび、肩、腕、手指にかけて、痛みやしびれ、こり、だるさ、冷たさ、力が入らないなどの症状はあるが、原因がわからない場合に、この病名が使われることがある。
肩こり	胸郭出口症候群	1916頁	腕のしびれ、肩こり、くびが重くてだるい、肩から肩甲骨にかけてこわばって痛い、腕や手の指のだるさや腫れぼったさ、指先が冷たい、肩から指に走るような痛みなど。頭痛や顔面のしびれがあることも。肩の位置や姿勢で症状が変わるのが特徴。
肩こり	頸椎椎間板ヘルニア	1899頁	片側の腕に広がる痛み、しびれ、脱力感。くびの後ろが痛み、動かせない。重症のときは、しびれ感が足の先から胸まで広がり、歩きづらくなることも。
肩こり	頸椎後縦靭帯骨化症	1907頁	箸を使うなど細かい動作がしにくい、足がガクガクして歩きにくい、尿が出にくい、手足のしびれなど。くびも動かしづらく、とくに前後に動く動作が狭くなる。50歳前後の発症が多く、糖尿尿や肥満体型の人におこりやすい。症状がでないことも多い。
肩こり	頸椎捻挫（むちうち損傷）	1951頁	うなじの痛み、熱感、頭重、肩こりが多い。くびや背中、腕、腰の痛みやこわばり、しびれ。くびや肩をよく動かせない、頭痛、めまい、かすみ目、耳鳴り、難聴なども。
	肩関節周囲炎（四十肩、五十肩）	1913頁	肩を動かす、腕を上げる、背中に回すなどで肩に痛み。とくに朝方に痛みが強く、しだいに肩を動かしにくくなる。腱板に石灰が沈着する石灰沈着性腱板炎の場合は、突然、激痛がはしり、腕を動かせなくなる。
	肩関節脱臼	1939頁	関節が異常な形に変形し、痛みがあって動かせない。関節周囲で出血するために、腫れてくる。
	反復性肩関節脱臼	1915頁	けがをして脱臼したあと、その後も脱臼がおこりやすくなる。転んだり、腕を動かしただけで脱臼することも。ボールを投げようとすると、脱臼しそうな違和感がある。けががないのに脱臼をくり返す習慣性脱臼もある。
	肩の腱（板）損傷	1933頁	肩が痛んで腕を上にあげられない。夜間に痛みが強くなることも。

対に遅筋の持久力は30歳をすぎてもあまり衰えません。

遅筋は酸素分子を貯蔵するミオグロビンというたんぱく質を多く含んでいます。ミオグロビンは赤い色をしているために、遅筋は赤く見え、別名を赤筋といいます。ミオグロビンが効率よく酸素を供給するため、長い時間、運動しても疲れがでにくいのです。反対に、速筋は白っぽく、白筋といわれます。酸素がない状態でも効率よくエネルギーを供給します。

なお、マグロやカツオなど赤身の魚の赤さは遅筋の色で、ヒラメやタイの白身は速筋の色です。マグロやカツオは、一生、止まることなく泳ぎつづける回遊魚です。その持久力を生み出すのが赤い遅筋なのです。

おもな症状	考えられる病気	頁	病気のおもな症状
くび、肩の痛み	動揺肩（動揺性肩関節）	1915頁	肩関節の痛み、脱臼しそうな不安な感じ、腕のしびれ、肩こりなど。13～14歳で発症することが多い。
	野球肩	1914頁	投球をくり返すことで肩関節や組織に障害が生じたもの。ボールを投げると瞬間的に痛みがはしる。
	寝ちがい	1912頁上段	朝、起きたときに、くびの後ろ側か片側が痛く、動かせない。
	VDT症候群（テクノストレス症候群）	1112頁	肩や腕、腰の痛みやこり、だるさのほか、目のピントが合いにくい、目が乾くドライアイ（1080頁）など眼科症状、食欲不振など。ディスプレイを見つづけるとおこる。
	関節リウマチ	2014頁	初めは手首や手足の指の関節痛と腫れ、朝のこわばり。やがて、腫れと痛みが全身の関節におよび、安静時でも痛むようになる。悪化すると関節が変形する。
	狭心症	1356頁	寒い日に急いで階段や上り坂を登ると、胸が圧迫され、息切れを感じるが立ち止まると治まるというのが典型的な症状。左肩や背中が痛むことも。
	くびのけが		くびの痛みや熱感、頭重、肩こりなど。ほかに、くびのこわばり、背中の痛み、くびや肩を動かしにくい、めまい、目のかすみ、耳鳴り、腰痛がおこることも。
	肩の骨肉腫	541頁	ボールを投げたりしたあとに肩関節が痛む。安静にしていても痛むようになり、患部の腫れ、発赤、熱感、関節の動きが悪くなるなど。若い人に多い骨のがん。
	石灰化滑液包炎		組織と組織の摩擦を和らげる滑液包に、石灰化した物質がたまる病気で、肩関節と股関節に多い。肩関節に発生すると、激痛のため肩が動かせなくなる。
	その他		がんの頸椎転移、強直性脊椎炎・化膿性脊椎炎（1904頁）、背骨の化膿性骨髄炎（1880頁）、くびのリンパ腺が炎症をおこして腫大しているなど。
くびのしこり	甲状腺がん	488頁	くびにしこりができる。腫瘍が急に大きくなることがあり、呼吸困難や物を飲み込みにくくなる。女性に多い。
	バセドウ病	1475頁	甲状腺が肥大、頻脈や動悸、目が突出。ほかに手の震え、発汗、倦怠感など。
	慢性甲状腺炎	1479頁	甲状腺がごつごつと腫れることも。倦怠感、むくみ、冷え、皮膚のかさつきなど。

◎肩こり

肩の筋肉がこわばって、だるい、重苦しい感じがするのが肩こりです。「肩がはる」とも表現されます。

病気の症状ではなく、ふつう経験する肩こりは、不自然な姿勢や精神的なストレスが原因と考えられます。

このような条件が重なると、肩の僧帽筋（くびの下から広がるひし形の大きな筋肉）が緊張して、血液の流れが悪くなり、乳酸などの疲労物質がたまったり、ビタミンの補給が悪くなります。その結果、筋肉がこわばり、肩こりを感じます。

英語圏で肩こりに相当する単語は、neck stiffnessやstiff shoulderです。日本のように肩の局所的な痛みだけではなく、くびや背中の痛みも示します。

無意識なからだの動き（不随意運動）

パーキンソン病	948頁	安静時の震え（安静時振戦）が特徴。片側の手や腕が震え、つぎに脚、やがて両側が震える。指が「丸薬を丸める」ような動作をする、頭を前後に振る、筋肉がガクガクと動く、からだがあまり動かなくなる、うまく歩けないなど、さまざまな症状。
チック	952頁上段	特定の動作を速いテンポでくり返す。顔面、くび、肩などでみられる。まばたき、顔をしかめる、唇をなめる、肩をあげるなど。子どもの多発性けいれん性チック（ジルドラ・トゥレット症候群）ではチックのほかに汚言やけいれんもみられる。
ミオクローヌス	951頁	不規則に現れる電撃的な素早い動き。手足や胴体にでる。自然に生じることが多いが、光や音の刺激を受けたり、運動しようとすると現れるものもある。
ジストニー（ジストニア）	951頁	からだが異常な姿勢に曲がったり、硬直したりする。全身性と局所性がある。局所性では、まぶたがけいれんしたり、くびを曲げる、字を書こうとすると手が不自然な位置になるなど。
本態性振戦	952頁	不随意だが規則正しい震え。伸ばしたり物を持ったりしたときに手が震えることが多い。くびが震えて頭部が揺れることも。明らかな原因はない。高齢者にみられる場合を老人性振戦、近親者に多い傾向がある場合を家族性振戦という。
メージュ症候群	952頁	両目が閉じてしまい、開けようとしても開けられない。口周囲からくびにも不随意運動がでて口を「への字」にしたり、しかめ顔をする運動がゆっくりくり返される。
ハンチントン病	953頁	不規則に踊るような動き（舞踏運動）が、最初は手足に、しだいに顔やくびでもみられるようになる。認知症も加わり、ゆっくりと進行する。
ジスキネジー（ジスキネジア）	953頁	薬剤によってひきおこされる不随意運動。手足をばたつかせたり、口をモグモグさせる、飛び上がるように手足をバタバタさせるなどさまざまな動きがある。口部ジスキネジーは薬と関係なく高齢者にみられることがある。
手の震え		甲状腺機能障害、アルコール依存症などで手の震えがおこるほか、肝性脳症、尿毒症、ウィルソン病（1661頁）などで鳥が羽ばたくように手を動かす。

◎舞踏病症候群

からだがダンスをしているように動く病気にはハンチントン病をはじめ、さまざまなものがあり、舞踏病症候群と呼ばれています。

シデナム舞踏病（小舞踏病）は子どもにおこる急性の舞踏病です。急に怒りっぽくなり、手足と胴体がくねったように動き、しかめ面もみられます。リウマチ熱が原因であることが多く、数か月以内には回復します。

レヴァイン・クリチュリー症候群（有棘赤血球性舞踏病）は、舞踏病とともに唇や舌をかむ行動もみられます。赤血球が棘のある形に変形している先天性の病気です。

このほか、高齢で発症する老人性舞踏病や良性遺伝性舞踏病などがあります。

尿の色が赤い（血尿）

考えられる病気		病気のおもな症状
急性腎炎症候群	1692頁	むくみ、高血圧、血尿が三大症状。これにたんぱく尿も含まれる。急激に発症する。見た目にわかる赤い血尿になることも。かぜなどのあとにおこることが多い。
急速進行性腎炎症候群	1693頁	数週から数か月で腎不全（1720頁）が進行する。血尿、たんぱく尿、貧血がおこる。治療しないと急速に末期の腎不全におちいる。原因は、腎臓そのものの場合と、ほかの病気の場合がある。
慢性腎炎症候群	1696頁	むくみ、高血圧とともに、たんぱく尿や血尿がつづき、徐々に腎機能が低下していく。糸球体に疾患がある場合と、ほかの病気が原因で腎臓が障害を受ける場合がある。
無症候性たんぱく尿・血尿症候群	1698頁	たんぱく尿や血尿が1年以上つづくが、腎機能のはたらきは変わらない。以前、慢性腎炎といわれていたもののうち、腎機能が低下しないものをさす。
IgA腎症	1704頁	ほとんどは自覚症状がなく、検査でたんぱく尿か血尿が見つかる。かぜのあとに真っ赤な血尿が数日間あったり、高血圧やむくみなど腎臓の機能低下の症状がでることも。
腎梗塞	1718頁	腰の背中側が急に痛みだす。背中側の背骨のわき、肋骨のすぐ下を叩くと痛む。見た目にわかる血尿が出ることもある。吐きけや嘔吐をともなうことも。
腎結石／尿管結石	1743頁	突然に背中からわき腹に激痛がはしり、冷や汗が出たり、嘔吐する。痛みは間欠的で、治まれば自覚症状はなくなる。鈍痛や不快感だけのときも。見た目にわかる血尿が出ることもあるが、ほとんどが顕微鏡でしかわからない微量な血尿。
膀胱結石	1744頁	排尿が途中でとぎれる二段排尿は膀胱結石特有。頻尿や排尿痛、血尿がみられる。
尿道結石	1744頁	強い排尿障害、排尿痛、目で見てわかる血尿。尿線が何本かに分かれることも。
急性膀胱炎	1748頁	排尿時や排尿の終わりに痛み。残尿感があり、尿意が増える。真っ赤に見える血尿からピンク色のにじみがつく程度の血尿まで。女性では性交や便秘、ストレスをきっかけに、しばしば症状をくり返すこともある。
腎盂腎炎	1730頁	ぞくぞくする寒け、38度以上の高熱、むかつき、嘔吐、全身のだるさなど。腎臓付近や腰の痛み、頻繁な尿意、残尿感、排尿痛。血尿が出ることも。

◎行軍血色素尿症

マラソンやジャンプが多いスポーツをすると、赤い尿が出ることがあります。軍隊の行軍のように長時間歩いたあとにみられる現象なので「行軍」という名称がつけられています。運動によって足の裏が地面や床に何度も強くぶつけられると、足の裏の毛細血管にも衝撃が伝わり、血管の中の赤血球が壊れてしまいます。壊れた赤血球から赤い色素であるヘモグロビンが血液に流れ出し、腎臓でろ過されて尿中に排出されるので、尿が赤く見えるのです。

血尿の赤い色は赤血球そのものの色です。この場合は、色素で赤くなっているので、血尿ではありません。一時的な現象で、運動をやめれば、もとに戻ります。

尿の色の異常		参照頁	症状
尿の色が赤い（血尿）	腎下垂／遊走腎	1738頁	長い時間立っていると、わき腹の鈍痛や腰痛。むかつきや嘔吐があったり、血尿、たんぱく尿、高血圧をともなうことも。
	特発性腎出血	1732頁上段	2つの腎臓のどちらかから出血して血尿が出る。原因不明の腎出血だが、それほど心配はない。
	腎結核／尿路結核	1734頁上段	濁った血尿。発熱、だるさ、寝汗、体重減少など。膀胱まで感染すると排尿痛、残尿感、腎臓部分の強い痛みへと進行する。
	急性出血性膀胱炎	1749頁	子どもにみられる。治療しなくても10日ほどで治る。
	腎細胞がん	523頁	血尿、患部の痛み、しこり、発熱や体重減少など。血尿は肉眼では見えないものから、コーヒー色のもの、真っ赤なものなど程度はさまざま。
	ウィルムス腫瘍	525頁	腫瘍が大きくなって腹部の腫れで気がつくことが多い。目で見てわかる血尿が出ることも。腹痛や腹部不快感がでる。1～4歳の子どもに多い。
	腎盂がん／尿管がん	526頁	痛みや発熱をともなわない、肉眼でわかる血尿。血尿は出たり出なかったりし、数日間から数か月にわたってとまることもある。わき腹が痛むことも。
	膀胱がん	528頁	発熱や痛みをともなわない血尿が最初の症状。血尿は1回だけのことも多い。排尿時の痛みや排尿回数が増えるなどの膀胱炎（1747頁）のような症状もある。血尿がひどくて貧血になったり、血のかたまりが尿に混じって尿道につまることも。
	その他		良性家族性血尿（756頁）、紫斑病（1455頁）、ポルフィリン症（1530頁上段）、前立腺炎症候群（1786頁）、下腹部のけが（1958頁）など。
黄色から茶褐色	黄疸	1629頁	肝臓・胆道の病気が進行して黄疸を発症すると、白目や皮膚、爪が黄色くなり、尿がビール色になる。
	溶血性貧血	1444頁	尿の色が濃くなり、進行するとつねに茶褐色の尿。貧血の症状のほかに黄疸が現れる。
青緑色			緑膿菌による膀胱炎で青緑色の尿が出ることが。抵抗力が落ちている人や、高齢者が感染しやすい。

◎排尿失神

トイレに行くのを長時間がまんしたあと、急に排尿すると気を失って倒れることがあります。これを排尿失神といい、飲酒後や夜間の排尿の際におこることがあります。

膀胱に尿がたまっていくと末梢血管が収縮し、血圧が上昇しています。急に排尿すると、いっきに血圧が下がり、内臓の緊張をとく迷走神経が刺激されるため、血管が拡張し、心臓の鼓動もゆっくりになります。その結果、脳に行く血液量が減り、脳貧血をおこして失神するのです。数分で気がつくので心配はありません。

前立腺肥大症などがあり、膀胱をからにするために力を入れなければいけない男性におこりやすいものです。

おもな症状	考えられる病気	頁	病気のおもな症状
尿の色の異常	黄色		過剰に摂取したビタミンBが尿とともに排出されると鮮やかな黄色になる。
	青色		検査薬のメチレンブルーやインジゴカルミンの使用で青色になる。
	黒色		パーキンソン病治療薬のL・ドーパなどで黒色になる。
黄白色から白色に濁る	急性膀胱炎	1748頁	排尿時や排尿の終わりに痛み。残尿感があり、尿意が増える。尿が濁ることも。
	急性腎盂腎炎	1730頁	38度以上の高熱、むかつき、倦怠感など。頻尿、残尿感、排尿痛。尿が濁ることも。
	慢性腎盂腎炎	1731頁	あまり症状はなく、だるさ、頭痛など。急激に悪化する場合もある。尿が濁ることも。
	尿道炎	1761頁	淋菌性ではひりひりした強い排尿痛があり、多量の膿状の分泌物が尿道口に付着。クラミジア尿道炎は排尿時にわずかな違和感。下着についた分泌物が乾くと黄色くなる。
	前立腺炎症候群	1786頁	会陰部・骨盤部の痛み、違和感など。排尿痛、頻繁な尿意、残尿感、排尿困難、急な尿意など。尿が濁り、膿が出ることもある。炎症が急性のときは血尿が出ることも。
	精嚢炎	1781頁	排尿痛や頻尿、濁った尿など。慢性では射精時に痛みがあることも。
	糸状虫症（フィラリア症）	2112頁	発熱とリンパ管の炎症。慢性化すると白濁した尿が出る。陰嚢が腫れあがり、手足の皮膚がかたく腫れる。
排尿回数が多い（頻尿）	急性膀胱炎	1748頁	排尿時や排尿の終わりに痛み。残尿感があり、尿意が増える。真っ赤に見える血尿からピンク色のにじみがつく程度の血尿まで。
	間質性膀胱炎	1750頁	ひじょうにトイレが近くなる。トイレに行ってもすっきりしない、膀胱が痛いなど。中高年の女性に多くみられる。原因はよくわかっていない。
	過活動膀胱	1751頁	ひじょうにトイレが近く、がまんできずに尿漏れをおこす。40歳代からみられ、年齢が進むと急増する。膀胱の筋肉の抑えがきかなくなるため。
	尿管結石	1743頁	突然に片側の背中からわき腹に激痛がはしり、冷や汗をかいたり嘔吐する。痛みは間欠的。鈍痛や不快感だけのときも。結石が膀胱入り口まで降りると頻尿や残尿感。
	前立腺炎症候群	1786頁	会陰部・骨盤部の痛み、違和感など。排尿痛、頻繁な尿意、残尿感、排尿困難、急な尿意など。尿は濁り、膿が出ることもある。血尿が出ることも。

◎気尿と糞尿

気尿とはガスを含んだ尿のことで、尿に気泡が混じります。糞尿とは尿に糞便が混じったもので、気尿とともに排出されます。尿路と腸の間に異常な通路（瘻孔）ができてつながってしまった、あるいはガスを発生する細菌が膀胱内で繁殖したことが原因です。

瘻孔は腸にできたがんが膀胱まで広がっていたり、大腸の炎症が膀胱に達すると生じます。炎症をともなっていると、強い腹痛や排尿痛をともないます。クローン病でみられることが多い症状です。

しかし、一般に、尿に泡が混じるのは、たんぱく尿が出たときです。腎臓に疾患があったり、糖尿病のときに泡立つ尿がみられます。

分類		病名	参照	症状
排尿回数が多い（頻尿）		前立腺がん	530頁	頻尿、排尿困難、残尿感。腫瘍で尿道が圧迫されると尿が出なくなる。進行すると排尿痛、背中や腰の痛み、脚のむくみなど。がんが大きくなるまで症状はでない。50歳代から多くなる。
排尿回数が多い（頻尿）		前立腺肥大症	1782頁	尿線が細く、勢いがない、出始めが遅い、力を入れないと出ない。尿が膀胱に残るので、トイレの回数が増えて、尿漏れも。合併症もおこる。50歳以上の男性に多い。
排尿回数が多い（頻尿）		膀胱結石	1744頁	強い排尿障害、排尿痛、目で見てわかる血尿。尿線が途切れる二段排尿が特徴。
排尿回数が多い（頻尿）		神経性頻尿	1753頁	日中の排尿回数が8回以上。睡眠中は尿意はない。尿漏れもない。からだに病気はなく、精神的なもの。女性に多い。
排尿回数が多い（頻尿）	発熱	腎盂腎炎	1730頁	ぞくぞくする寒け、38度以上の高熱、むかつき、嘔吐、全身のだるさなど。腎臓付近や腰の痛み、頻繁な尿意、残尿感、排尿痛。血尿が出ることも。
排尿回数が多い（頻尿）	子どもの発熱	急性出血性膀胱炎	1749頁	子どもにみられる。治療しなくても10日ほどで治る。
排尿回数が多い（頻尿）	排尿量が多い（多尿）	糖尿病	1501頁	初めは自覚症状がないが、少し悪化すると、尿が大量に出るようになり、のどがひじょうに渇き、水分を多くとるようになる。だるい、やせてくるなど。
排尿回数が多い（頻尿）	排尿量が多い（多尿）	副甲状腺機能亢進症	1485頁	多尿から脱水ぎみになってのどが渇く。筋力低下、食欲不振、吐きけ、ひどくなると集中力低下、抑うつ状態に。骨粗鬆症がおこったり、腎結石ができることも。
排尿回数が多い（頻尿）	排尿量が多い（多尿）	慢性腎不全	1721頁	尿の量が増える。とくに夜間に多い。目の周りや足のむくみ、疲れやすい、食欲不振、アンモニアのような口臭、高血圧、貧血など。
排尿回数が多い（頻尿）	排尿量が多い（多尿）	尿崩症	1489頁	尿の量が健康な人の10倍以上にもなるため、のどが渇いて頻繁に水分をとるようになる。睡眠中も排尿とのどの渇きのため、何度も目覚める。
尿の量が少ない		急性腎不全	1720頁	1日の尿量がひじょうに少なかったり、ほとんど出ないことも。腎不全の原因によって、下腹部に膨張した膀胱が触れたり、尿量の減少やむくみがみられないことも。
尿の量が少ない		ネフローゼ症候群	1699頁	目立つ症状はむくみ。尿検査や血液検査で、たんぱく尿、低たんぱく血症、高コレステロール血症がみられる。腎機能が低下すると尿量が減少する。

◎しぶり

便意や尿意を感じてトイレに行きますが、わずかな量しか出ないため、すぐにまたトイレに行きたくなるのをくり返すことを「しぶり」といいます。出てくるのを「しぶって」いるようにみえるために、この用語が使われるようになりました。英語ではテネスムスといいます。日本ではかつては裏急後重と呼びました。

排便のしぶりを「しぶり腹」といいます。たんにテネスムスといった場合には、排便のしぶりをさします。直腸の炎症、赤痢などでみられます。排尿の場合を膀胱しぶり、膀胱テネスムスといいます。頻尿になり、失禁することも多いものです。膀胱炎や膀胱結石でみられます。

尿が出にくい（排尿困難）、排尿時に痛みがある

考えられる病気	頁	病気のおもな症状
膀胱結石	1744頁	排尿が途中でとぎれる二段排尿は膀胱結石特有。頻尿や排尿痛、血尿が見られる。
尿道結石	1744頁	強い排尿障害、排尿痛、目でみてわかる血尿。尿線が何本かに分かれることも。
急性膀胱炎	1748頁	排尿時や排尿の終わりに痛み。残尿感があり、尿意が増える。真っ赤に見える血尿からピンク色のにじみがつく程度の血尿まで。
腎盂腎炎	1730頁	ぞくぞくする寒け、38度以上の高熱、むかつき、嘔吐、全身のだるさなど。腎臓付近や腰の痛み、頻繁な尿意、残尿感、排尿痛。血尿が出ることも。
腎結核／尿路結核	1734頁上段	濁った血尿。発熱、だるさ、寝汗、体重減少など。膀胱まで感染すると排尿痛、残尿感、腎臓部分の強い痛みへと進行する。
淋菌性尿道炎	1761頁	ひりひりした強い排尿痛があり、多量の膿状の分泌物が尿道口に付着する。
前立腺炎症候群	1786頁	会陰部・骨盤部の痛み、違和感など。排尿痛、頻繁な尿意、残尿感、排尿困難、急な尿意など。尿が濁り、膿が出ることもある。血尿が出ることも。
前立腺肥大症	1782頁	尿線が細く、勢いがない、出始めが遅い、力を入れないと出ない。尿が膀胱に残るので、トイレの回数が増えて、尿漏れも。合併症もおこる。50歳以上の男性に多い。
前立腺がん	530頁	頻尿、排尿困難、残尿感、尿が出ないなど。進行すると排尿痛、背中や腰の痛み、脚のむくみなど。がんが大きくなるまで症状はでない。中高年に多い。
神経因性膀胱	1754頁	思うとおりに排尿できなくなる。残尿が増えるため、尿路感染や結石がおき、腎臓の機能低下のおそれも。原因は脊髄損傷が多く、脳や神経の疾患のことも。
膀胱頸部硬化症	1757頁	膀胱の出口が狭くなり、排尿困難、残尿感、尿線が細い、頻尿などがおこる。男性に多い。明らかな原因はない。
尿道狭窄	1763頁	尿道が細くなるために、尿線が細くなり、力を入れないと全部出ない、尿が出きらないため頻尿になる。残尿が増えるため、尿路感染や結石がおこる。男性に多い。
膀胱、尿道付近の腫瘍		直腸、結腸、子宮や卵巣にがんや腫瘍があると、膀胱や尿道が腫瘍に圧迫されて尿が出にくくなる。

◎おとなのおねしょ

成人のおねしょは珍しいことではありませんが、恥ずかしさから、悩みをかかえたままになってしまいます。しかし、成人になってからの夜尿症は、ホルモン分泌異常などの疾患も考えられますので、早めに泌尿器科を受診しましょう。

夜尿には尿量が多い多量遺尿型と、少量の尿を漏らす排尿機能未熟型、両者の混合型の3つのタイプがあります。成人では過活動膀胱による排尿機能未熟型が多くみられます。病院では、おむつを使って夜間の尿量を測定し、どのタイプかを判断して、薬の処方、生活習慣の見直しの指導がされます。おねしょがひどい間は、おとな用紙おむつで対応しましょう。

尿が漏れる　尿の出かたの異常　尿失禁については、1759–1760頁「尿失禁とその対策」を参照。

分類	病名	参照頁	症状
尿が漏れる（遺尿、尿失禁）	過活動膀胱	1751頁	ひじょうにトイレが近く、がまんできずに尿漏れをおこす。40歳代からみられ、年齢が進むと急増する。膀胱の筋肉の抑えがきかなくなるため。
	腹圧性尿失禁	1759頁	せき、くしゃみ、笑ったり、重い物を持ち上げるなどで、おなかに力がかかると尿が漏れる。中年女性が多いが、出産や加齢で骨盤内の筋肉が弱くなることが原因。
	切迫性尿失禁	1759頁	高齢者に多い。突然激しい尿意を感じ、トイレまでがまんできずに漏らす。脳血管障害や下部尿路に通過障害があったり、膀胱炎が原因のことも。
	溢流性尿失禁	1759頁	尿意を感じても排尿できないために、尿が膀胱に充満し、少しずつ漏れる。
	反射性尿失禁	1759頁	膀胱にある程度の尿がたまると、反射的に膀胱が収縮して尿が漏れる。
	真性尿失禁	1759頁	尿道括約筋が機能しないため、尿が膀胱にたまらず、つねに漏れている。
	尿道外失禁	1759頁	尿道が陰茎の途中に開くなど、尿道以外の場所から漏れる。
尿の出かた（尿線）が異常	前立腺肥大症	1782頁	尿線が細く、勢いがない、出始めが遅い、力を入れないと出ない。尿が膀胱に残るので、トイレの回数が増えて、尿漏れも。合併症もおきる。50歳以上の男性に多い。
	前立腺炎症候群	1786頁	会陰部・骨盤部の痛み、違和感など。排尿痛、頻繁な尿意、残尿感、排尿困難、急な尿意など。尿が濁り、膿が出ることもある。血尿が出ることも。
	前立腺がん	530頁	頻尿、排尿困難、残尿感、尿が出ないなど。進行すると排尿痛、背中や腰の痛み、脚のむくみなど。がんが大きくなるまで症状はでない。中高年に多い。
	膀胱結石	1744頁	排尿が途中でとぎれる二段排尿は膀胱結石特有。頻尿や排尿痛、血尿がみられる。
	尿道結石	1744頁	強い排尿障害、排尿痛、血尿がみられる。結石が尿道の先端にあると、尿線が何本かに分かれることがある。
	膀胱頸部硬化症	1757頁	膀胱の出口が狭くなり、排尿困難、残尿感、尿線が細い、頻尿など。男性に多い。
	尿道狭窄	1763頁	尿道が細くなるために、尿線が細くなり、力を入れないと全部出ない、尿が出きらないため頻尿になる。残尿が増えるため、尿路感染や結石がおこる。男性に多い。
	真性包茎	1772頁	高度な包茎では、排尿時にペニスの先端が膨れ、力まないと尿が出ない。

◎頻尿・尿失禁を予防するギンナン

頻尿に効果があると昔から有名なのが、ギンナンです。筋肉の収縮を促すマグネシウムが含まれ、膀胱の括約筋を強くする作用があるといわれます。ギンナンに含まれるギンコライドは、からだを温めて、冷えからくる頻尿を防いでくれます。頻尿や夜尿症には煎ったギンナンを毎日5～6個食べるとよいといわれます。ただし、食べすぎると消化不良をおこすので、おとなで1日10個、子どもでは5個以内にとどめましょう。

ギンコライドは、イチョウの葉にも含まれています。イチョウ葉茶を飲んでもいいですし、イチョウ葉エキスのサプリメントも出回っています。

おもな症状	考えられる病気		病気のおもな症状
ペニスが痛い	前立腺炎症候群	1786頁	会陰部・骨盤部の痛み、違和感。排尿痛、頻尿、残尿感、排尿困難など。尿は濁る。
	精嚢炎	1781頁	排尿痛や頻尿、濁った尿、発熱など。慢性では射精時に痛みがあることも。
	嵌頓包茎	1772頁	仮性包茎である陰茎を包皮が翻転した状態で勃起させると、血管やリンパ管が包皮輪に締めつけられ、そこから先がむくんで激しく痛む。
	性器ヘルペス	1836頁	ペニスなどの陰部に水ぶくれ（水疱）ができて、痛む。
	陰部のけが		痛みと腫れ。ペニスには血液が豊富なので血腫（血のかたまり）ができやすい。
	クラミジア尿道炎	1761頁	排尿時にくすぐったいような違和感がある。
ペニスにしこり	尖圭コンジローマ	1774頁	陰嚢や肛門周囲の粘膜、亀頭の付け根や包皮に1つまたは多数のいぼができる。カリフラワーのようになることも。
	陰茎がん	533頁	包皮や亀頭部にいぼ状の隆起物や変色した平らな腫瘍。痛みはない。
	陰茎形成性硬結症	1775頁	陰茎の背にしこり（硬結）ができる。ひも状から板状の骨のようなものまでさまざまな形。勃起すると硬結のほうに曲がる。
陰嚢がかゆい	陰嚢白癬	1827頁	股部白癬が陰嚢にできたもの。いんきんたむし。
	陰嚢湿疹		陰部に湿疹（1803頁）ができ、かゆくなる。
	ベーチェット病	2047頁	目、口、外陰部、皮膚に炎症がおこる。男性では陰嚢に痛みをともなう潰瘍ができる。発熱や関節炎など全身的な症状もともなう。
	乳房外パジェット病	540頁	高齢者の外陰部によくできる。淡い紅褐色の平らな病変で、かゆみは軽い。進行するとかさぶたやしこりができる。湿疹やいんきんたむしとまちがわれることも。
陰嚢や精巣が大きくなる	急性精巣上体炎（急性副睾丸炎）	1780頁	片側の陰嚢に痛み、精巣周囲の腫れ、しこり。38度以上の高熱を発し悪寒を感じる。ひどくなると陰嚢の皮膚は赤くなり熱をもち、精巣がこぶし大以上に腫れることも。
	慢性精巣上体炎（慢性副睾丸炎）	1780頁	陰嚢内にしこりがあるが、痛みはなく、熱もでない。しこりが大きくなることがある。
	精巣（睾丸）捻転症	1777頁	おもに思春期の男子で、突然、精巣が激しく痛み、赤く腫れあがる。熱はでない。
	陰嚢水腫	1778頁	過剰に分泌されたリンパ液がたまって、陰嚢が鶏卵大に腫れる。

◎「男になる」メカニズム

母親の子宮内に着床した受精卵は、男でも、女でもない未分化の状態です。受精卵が発達するにしたがい、子どものからだが形作られていきますが、最初は女性性器になるミュラー管と男性性器になるウォルフ管の両方を兼ね備えています。

受精卵がＸＹという性染色体をもっていると、3か月ぐらいで精巣（睾丸）ができてきます。睾丸からは、男性ホルモンのテストステロンが分泌されてきます。このホルモンの作用でウォルフ管が発達して、精管・精嚢・輸精管・陰茎・陰嚢などの男性性器が育ってきます。同時に、ミュラー管抑制物質が分泌されて、女性器になるミュラー管を退

症状	病名	参照頁	説明
陰嚢や精巣（睾丸）が大きくなる	急性精巣炎（睾丸炎）	1776頁	片側の精巣（睾丸）が急に赤く腫れあがり、激しく痛む。多くは思春期以降のおたふくかぜ（流行性耳下腺炎 808頁）にともなう。両側の精巣が腫れることも。
	慢性精巣炎（睾丸炎）	1776頁	徐々に精巣（睾丸）が腫れる。痛みはない。結核性精巣炎によるものが多い。
	精索静脈瘤	1779頁	精巣の静脈が青黒く膨れあがって蛇行する。立ったままでも見えるが、息をつめて踏ん張ると、より明瞭になる。精巣の不快感や圧迫感を感じることも。ほとんどが左側。
	精液瘤	1781頁	精子が混じった液が漏れだして、陰嚢が腫れる。
	精巣がん	533頁	初期は精巣内にしこりを触れる。痛みや熱感はない。腫瘍が肥大し精巣が大きくなる。
	鼠径部ヘルニア	1604頁	鼠径部に膨らみがある。腹圧をかけるととびだす。痛みや違和感があることも。放置すると大きくなり、男性では陰嚢に達し、陰嚢が大きくなることも。
	糸状虫症（フィラリア症）	2112頁	発熱とリンパ管の炎症。慢性化すると白濁した尿が出る。陰嚢が腫れあがり、手足の皮膚がかたく腫れる。
性欲減退・勃起不全	勃起障害（ＥＤ）	1790頁	十分な勃起がおこらず、性交のチャンスがあっても、その75％以上で行えない。陰茎や神経、血液、内分泌などからだの障害が原因の器質的障害と、からだには障害がない機能的障害（心因性ＥＤ）があり、大部分は心因性。
	中枢神経系の障害		脳血管障害、脳腫瘍、脊髄のけがなどで中枢神経に障害がおこり、勃起不全に。
	ホルモンの病気		甲状腺機能低下症（1478頁）などで性欲が減退し、勃起不全になることも。
	その他の慢性の病気		糖尿病、肝臓病、腎臓病など慢性の病気で性欲が減退し、勃起不全になることも。
	こころの病気		うつ病（1011頁）、統合失調症（1007頁）で性欲が減退し勃起不全になることも。
性欲亢進	こころの病気		統合失調症（1007頁）などで性欲が異常に高まることも。
	中枢神経の障害		脳腫瘍、頭部外傷、脳血管障害（脳卒中）などの後遺症で性欲が異常に亢進。
	認知症		脳血管性認知症（944頁）、アルツハイマー病（945頁）の症状として性的に非常識な行動をするので、性欲が高まったようにみえることも。

行させていきます。

一方、ＸＸという性染色体をもっていれば、胎生3〜4か月後には卵巣ができてきます。卵巣をもつ場合はテストステロンもミュラー管抑制物質も分泌されないので、ミュラー管が発達し、卵管・子宮・腟・小陰唇・大陰唇・クリトリスなどの女性性器が発育してきます。同時にウォルフ管は退行します。たとえ睾丸をもっていてもテストステロンが分泌されてこなければ男性性器は成長せず、女性性器が育ってきます。

男の子は、「女の子」として生まれ、男性ホルモンによって「男の子」になるのです。

ホルモンは性器だけではなく脳にもはたらきかけ、「男の脳」「女の脳」をつくるといわれています。

おもな症状	考えられる病気	頁	病気のおもな症状
乳房にしこり	乳がん	555頁	乳房にかたいしこりができる。周囲との境界がはっきりしないものが多い。押しても痛みはない。動きにくいものだったり、表面がツルツルで丸く動くものもある。ほかに乳頭の変形、皮膚のひきつれ、特徴的なえくぼ現象など。
	乳腺線維腺腫	827頁	乳房の良性腫瘍。小豆大からうずらの卵大の、消しゴムくらいのかたさで表面が滑らかなしこり。周囲との境界がはっきりして乳腺の中をころころ動く。痛みはない。1つだけではなく、複数できることも。
	葉状腫瘍	828頁	かたいところと弾力のあるところが入り混じり、しこりの縁にきれこみがある。周囲との境界ははっきりしている。数か月で握りこぶし大になる。痛み、皮膚の赤み、静脈の盛り上がりがあることも。
	乳腺症	826頁	片側か両側の乳房に痛み。境界が不明瞭で不規則な形のしこりができる。押すと痛みが強くなる。月経前後に痛みが強いことも。35～45歳の女性に多い。
	その他		急性化膿性乳腺炎（824頁）、慢性乳腺炎（825頁）、乳管拡張症（826頁）、急性うっ帯性乳腺炎（824頁）、思春期乳腺炎（825頁上段）など。
乳頭から分泌がある	乳がん	555頁	乳頭から血液の混じった分泌物が出ることも。乳房にかたいしこりができる。押しても痛みはない。乳頭のへこみ、変形、皮膚のひきつれや、特徴的なえくぼ現象など。
	乳腺症	826頁	境界が不明瞭なしこりができ、乳頭から異常分泌があったり、嚢胞をつくることも。
	乳管内乳頭腫	829頁	血液の混じった分泌物や粘りけの少ない液体などが出る。しこりができることは比較的少ないが、乳がんとの区別が大切。
	乳管拡張症	826頁	異常分泌、乳腺の痛み、乳頭の陥没、乳輪下に境界が不明瞭でかたいしこり、皮膚のただれ、へこみ、痛みなど。
	薬剤の使用		うつ病の治療薬、神経の病気の治療薬、経口避妊薬などの使用で乳汁が出ることも。
乳房に湿疹	乳房パジェット病	557頁上段	乳頭とその周囲に紅色や紅褐色の湿疹のようなものができ、かゆい。進行すると、乳房全体に紅色の湿疹ができ、ただれてくる。

◎副乳

乳房が3個以上存在する赤ちゃんが生まれることがあります。ふつうの乳房の下、わきの下の近くに小さな乳房、あるいは乳頭があります。これを副乳といい、珍しくありません。胎児には乳房になる乳腺原基が複数個ありますが、ふつうは1対を残して退化します。退化しないで残ったものが副乳です。乳腺組織があると妊娠時に大きくなります。簡単な手術で切除できます。乳頭だけだと、ほくろだと思って気がついていないことも多いものです。

副乳は先祖返りともいわれます。犬や猫のように2対以上の乳房をもつ哺乳類は多いものです。人間の先祖も複数対の乳房をもっていたのかもしれません。

区分	病名	頁	症状
歪み	乳がん	555頁	乳頭近くにがんができると、乳頭のへこみ、変形、皮膚のひきつれなど。
乳房の痛み	急性うっ滞性乳腺炎	824頁	乳房が腫れ、全体がかたくなり、押すと痛む。多少熱をもつ。
乳房の痛み	急性化膿性乳腺炎	824頁	38度以上の発熱、全身の寒けとふるえ。乳房が大きく赤く腫れあがる。痛みと熱が激しく、押すと痛いしこりがある。お産のあと、2～3週間後に発症。
乳房の痛み	その他		思春期の女子で乳房が痛むことがある。肋間神経痛（974頁）などでも痛み。
月経周期の異常	稀発月経	864頁	月経の第1日目から、つぎの月経までの期間が39日以上90日未満。
月経周期の異常	頻発月経	864頁	月経の第1日目から、つぎの月経までの期間が24日以内。子宮内膜ポリープや子宮頸がん（561頁）などによる出血を頻発月経と間違えることも。
月経周期の異常	過長月経		出血日数が8日以上と長い。子宮に病変があったり、血液の病気のことも。
月経血量の異常	過多月経	865頁	血のかたまりが2日以上続いたり、貧血をともなう場合。無排卵月経やホルモンの分泌異常でおこる機能性過多月経（864頁上段）と、子宮筋腫など子宮に異常がある器質性過多月経（865頁上段）がある。
月経血量の異常	過少月経	864頁	月経血の量が極端に少ない。出血日数が2日以内と短い過短月経と同時におこることが多い。子宮発育不全などが原因の器質性過少月経と、無排卵月経、黄体機能不全でおこる機能性過少月経がある。
月経がない（若年期）	遅発初経	860頁	初経が16～17歳。問題はほとんどない。
月経がない（若年期）	原発性無月経	862頁	18歳になっても初経がない。染色体異常や腟の異常などが考えられる。
月経がない（性成熟期）	続発性無月経	862頁	毎月あった月経が3か月以上ない。強いストレス、急激な体重減少、過度の運動などが原因であることが多い。視床下部、下垂体、卵巣、子宮に原因があることも。
月経がない	更年期障害	870頁	閉経に近づくにしたがって、月経の周期が不定期になってくる。
不快感	月経困難症	866頁	月経にともない、下腹部痛や腰痛、吐きけ、頭痛、イライラ感、憂うつ感など。
不快感	月経前症候群（PMS）	867頁	月経の始まる3～14日前から不快な症状。下腹部痛、乳房の痛み、イライラ感など。

◎代償月経

予定日になっても月経がこない女性が、毎月1回定期的に、性器以外から少量の出血をおこすことを代償月経といいます。よくみられるのは鼻血です。その他、歯肉やのどから出血することもあります。また、月経血の量が少なく、同時にほかの部位から出血する場合を補充月経といいます。

これは出血しやすい部位の粘膜が女性ホルモンの影響を受けて出血すると考えられています。卵巣の機能が弱く、月経不順の女性の場合に多いようです。

代償月経ならばそれほど心配はいりませんが、血が出やすくなる血液や内臓の病気のこともありますので、出血部位に応じた専門医の診察を受けましょう。

おもな症状	考えられる病気		病気のおもな症状
月経期以外の性器からの出血（不正性器出血）	若年期 機能性出血	868頁	1日だけの出血、長期にわたる出血、血量が少ない、多いなど症状はさまざま。長期間、多量に出血すると貧血になる。思春期と更年期に多い。
	若年期 思春期早発症	708頁	二次性徴が異常に早く現れる。女子では7歳未満で乳房が発達、初経が10歳未満。
	子宮筋腫	840頁	血のかたまりが出たり、貧血をおこすほど月経血が多い。ひじょうに強い月経痛や不正性器出血がある。下腹部にしこりを感じるなど。無症状のことも多い。1個とはかぎらず、複数個できることも。成人の頭ほどまで大きくなることもある。
	子宮内膜増殖症	847頁	不正性器出血があり、血のかたまりが出たり、貧血をおこすほど月経血が増えたり、過長月経など。月経不順や無排卵周期がある人、40～50歳代でおこりやすい。
	子宮体部内膜ポリープ	847頁	不正性器出血や月経日数が多くなる。
	子宮内膜炎	848頁	分娩後の子宮内膜炎では高熱、膿のようなおりもの、不正性器出血などがある。それ以外の内膜炎では膿性のおりもの、下腹部の不快感と熱感など。
	子宮頸管ポリープ	842頁上段	不正性器出血、性交時の出血など。無症状のことも多い。
	子宮腟部びらん	844頁上段	性交時に出血しやすかったり、おりものの増加。ふつうは治療の必要はない。
	子宮頸部異形成	846頁	性交時などに不正性器出血、おりものの増加があるが症状はあまりでない。30～40歳代に多い。がんに進行することも。
	子宮頸がん	561頁	初期は無症状。進行すると不正性器出血、おりものの増加、血の混じったおりもの、性交時の出血がみられる。
	卵管がん	567頁	水っぽいおりもの、不正性器出血、下腹部痛など。自覚症状はほとんどない。
	子宮体がん	563頁	初期から少量の不正性器出血や褐色のおりものがみられる。進行するとおりものに血や膿が混じって悪臭がし、量が増える。
	絨毛がん	568頁	おもな症状は妊娠後の不正性器出血。妊娠していないのに高温期がつづくことも。肺や脳、腎臓などに転移したことで症状がでる場合も多い。
	腟がん	570頁	不正性器出血や血が混じったおりもの。初期には無症状のことが多い。

◎月経血はかたまらない

血管が破れると血液中のフィブリノーゲンや血小板がはたらき、血をかためて栓をします。しかし、出血とはいえ、月経血はかたまるわけにはいきません。月経は、妊娠にそなえて肥大した子宮内膜がはがれていく現象ですが、もし途中で血液がかたまってしまうと、不必要な子宮内膜がからだの中にいつまでも残ることになってしまいます。

子宮内膜の組織には、たんぱく質を溶解する酵素のプラスミンが豊富に含まれています。プラスミンがかたまった血を溶かすために月経血は凝固することがありません。レバーのような血液のかたまりが出る場合は、受診しましょう。

分類	病名	頁	症状
妊娠中・妊娠後の出血	切迫流産	878頁	不正性器出血と下腹部痛。必ずしも流産するわけではない。
妊娠中・妊娠後の出血	胞状奇胎	856頁	妊娠初期の出血、妊娠週数のわりには子宮が大きい、強いつわりなど。高齢妊娠と若年妊娠で発生率が高い。
妊娠中・妊娠後の出血	異所性妊娠	881頁	左右どちらかの下腹部痛、暗赤色の少量の出血。腹腔内に出血すると、急な腹痛、吐きけ、嘔吐など。
妊娠中・妊娠後の出血	前置胎盤	883頁	妊娠中期以降に、痛みはともなわず、突然、新鮮で大量の出血がおこる。大量出血の前に少量の出血（警告出血）があることも。
おりものの増加と色などの異常	腟カンジダ症	836頁	ヨーグルト状のおりものの増加と外陰部の強いかゆみ。外陰部がかぶれることも。
おりものの増加と色などの異常	腟トリコモナス症	837頁	泡状で悪臭がある淡黄色のおりものの増加と外陰部のかゆみ、かぶれによる赤み。
おりものの増加と色などの異常	細菌性腟炎	837頁	クリーム状の黄色っぽいおりものが増える。悪臭や下腹部痛があることも。外陰部の皮膚がかぶれて赤くなっても、かゆみは少ない。一般的な細菌の感染でおこる。
おりものの増加と色などの異常	萎縮性腟炎（老人性腟炎）	838頁	淡黄色の膿のようなおりもの。性交時の出血や性交痛があることも。
おりものの増加と色などの異常	淋菌感染症	2129頁	おりものが増えたり、外陰部にかゆみがあり、下着が汚れる。
おりものの増加と色などの異常	子宮腟部びらん	844頁上段	性交時に出血しやすかったり、おりものの増加。ふつうは治療の必要はない。
おりものの増加と色などの異常	子宮頸管炎	848頁	白色か黄色の膿のようなおりもの。痛みやかゆみは少ない。炎症が進むと下腹部痛。
おりものの増加と色などの異常	子宮内膜炎	848頁	分娩後の子宮内膜炎では高熱、膿のようなおりもの、不正性器出血などがある。それ以外の内膜炎では膿性のおりもの、下腹部の不快感と熱感など。
おりものの増加と色などの異常	子宮付属器炎（卵管炎）	852頁	おりものが増加する。炎症の度合いや時期によってさまざまな強さの下腹部痛があり、発熱することも。
おりものの増加と色などの異常	子宮頸がん	561頁	初期は無症状。進行すると不正性器出血、おりものの増加、血の混じったおりもの、性交時の出血がみられる。
おりものの増加と色などの異常	子宮体がん	563頁	初期から少量の不正性器出血や褐色のおりものがみられる。進行するとおりものに血や膿が混じって悪臭がし、量が増える。

◎若い女性の更年期障害？

20～30代の女性が、のぼせやほてり、頭痛など更年期障害に似た症状を訴えることがあります。ほとんどの場合、卵巣に問題はなく、ホルモンの分泌を制御する脳の視床下部がうまく機能していないようです。

視床下部はエストロゲンの分泌を促進する卵胞刺激ホルモンを出します。これが十分に分泌されないため、エストロゲンの量が減って、あたかも更年期障害のようになるのです。強いストレス、不規則な生活、過剰なダイエットなどが原因です。生活の改善で治ることが多いのですが、長期間、症状がつづくようであるのならば、早めに病院を受診しましょう。

おもな症状	考えられる病気	頁	病気のおもな症状
女性の腰痛	卵巣嚢腫	851頁	嚢腫が大きくなると、下腹部が膨れた感じがしたり、しこりを触れたり、腰痛が現れる。大きさに関係なく嚢腫の茎の部分がねじれると、下腹部に激痛がおこる。
	子宮内膜症	843頁	内膜症ができた部位に痛み。月経困難症（866頁）がみられ、だんだん月経痛がひどくなる。子宮以外にできると、腰痛、下腹部痛、排尿痛などがおこる。
	子宮頸管炎	848頁	白色か黄色の膿のようなおりもの。痛みやかゆみは少ない。炎症が進行すると激しい腰の痛みや下腹部痛がある。
	卵巣子宮内膜症性嚢胞	852頁	月経痛、月経時の頻尿、排便痛、腰痛、性交時の痛みなど。無症状のこともある。
	月経困難症	866頁	月経にともない、強い下腹部痛や腰痛がおこる。吐きけ、頭痛、イライラ感、憂うつ感などもともなう。
	月経前症候群（PMS）	867頁	月経の始まる3～14日前から不快な症状がおこる。下腹部痛、腰痛、乳房の痛み、むくみ、頭痛、めまい、便秘、下痢、吐きけなどの身体症状と、イライラする、怒りっぽくなる、憂うつになるなどの精神症状がある。
	その他		子宮筋腫（840頁）、子宮内膜炎（848頁）、子宮体がん（563頁）で腰が痛むことも。
下腹部にしこり	子宮筋腫	840頁	血のかたまりが出るような大量の月経血。ひじょうに強い月経痛や不正性器出血がある。下腹部にしこりを感じたり、太ってみえるなど。
	卵巣嚢腫	851頁	嚢腫が大きくなると、下腹部に膨満感があったり、しこりを触れたり、腰痛が現れる。
	卵巣がん	565頁	初期は無症状。腫瘍が大きくなると、下腹部のしこり、膨満感、下腹部痛、圧迫感などがでる。下腹部痛は鈍痛が多いが、卵巣のねじれや破裂があると激痛。月経困難症（866頁）が強かったり、腹水で腹部が膨れることも。
女性の下腹部痛	子宮筋腫	840頁	血のかたまりが出るような大量の月経血。筋腫が神経を圧迫して足がしびれることも。
	子宮内膜症	843頁	内膜症ができた部位に痛み。月経困難症（866頁）がみられ、だんだん月経痛がひどくなる。子宮以外にできると、腰痛、下腹部痛、排尿痛がおこる。

◎妊娠線

妊娠7か月目ぐらい、おなかが大きくなり始めると、腹部を中心にみみずばれのような赤い線ができることがあります。これを妊娠線といいます。

おなかが急激に膨らむにつれて、皮膚がひっぱられます。表皮は伸びることができますが、皮下結合組織は伸長が追いつかず、裂けてしまいます。裂けてむきだしになった皮下結合組織の毛細血管が皮膚の上から透けて見えるので、赤い線になるのです。幅は5～6㎜、長さは5～6㎝です。出産後は白っぽくなり、目立たなくなります。

妊娠線はできやすい人とできない人がいます。予防用のクリームを塗ったりマッサージで防ぎましょう。

女性の下腹部痛

区分	病名	参照頁	症状
	子宮頸管炎	848頁	白色か黄色の膿のようなおりもの。痛みやかゆみはすくない。炎症が進行すると激しい腰の痛みや下腹部痛がある。
	子宮内膜炎	848頁	分娩後以外の内膜炎では膿性のおりもの、下腹部の不快感と熱感など。
	卵巣嚢腫	851頁	嚢腫が大きくなると、下腹部が膨れた感じがしたり、しこりを触れたり、腰痛が現れる。大きさに関係なく嚢腫の茎の部分がねじれると、下腹部に激痛がおこる。
	子宮付属器炎（卵管炎）	852頁	炎症の度合いや時期によってさまざまな強さの下腹部痛があり、発熱することが多い。おりものが増加する。
	月経困難症	866頁	月経にともない、強い下腹部痛や腰痛がおこる。吐きけ、イライラ感なども。
	月経前症候群（PMS）	867頁	下腹部痛、腰痛、乳房の痛み、むくみ、頭痛、めまい、便秘、下痢、吐きけなどの身体症状と、イライラする、怒りっぽくなる、憂うつになるなどの精神症状がある。
	骨盤腹膜炎	854頁	進行すると、発熱、強い下腹部痛、吐きけや嘔吐。
	卵巣がん	565頁	初期は無症状。腫瘍が大きくなると、下腹部のしこり、膨満感、下腹部痛、圧迫感などがでる。下腹部痛は鈍痛が多いが、卵巣のねじれや破裂があると激痛。
妊娠中	胞状奇胎	856頁	妊娠初期の出血、妊娠週数に比べて子宮が大きい、強いつわりなど。40歳以上の高齢妊娠、20歳以下の若年妊娠で発生率が高くなる。下腹部痛がおこることも。
妊娠中	異所性妊娠	881頁	左右どちらかの下腹部痛、暗赤色の少量の出血。腹腔内に出血すると、急な腹痛、吐きけ、嘔吐など。症状が現れる前に検査で発見されることが多い。
妊娠中	切迫流産	878頁	不正性器出血と下腹部痛。
妊娠中	進行流産	879頁	いきなり出血と下腹部痛がおこる。多くは出血がとまらない。
妊娠中	早産（切迫早産）	886頁	下腹部の鈍重感、少量の出血、赤色や茶色のおりものなど。
妊娠中	常位胎盤早期剥離	884頁	妊娠中期から後期に、持続的な強い下腹部痛。おなかの上から触っても強い痛みを感じる。出血はほとんどなく、あっても少量。
妊娠中	子宮破裂	892頁	破裂がおこりそうになっている切迫子宮破裂では、押すと強い痛み。

◎マタニティーブルー

マタニティーブルーは産後に発症する産褥期精神障害（896頁）ですが、最近では、妊娠中におきる不安感全般をさすようになってきています。

妊娠中はホルモンバランスが変わることに加え、つわりなどの症状、出産や育児への不安感が増大することで、心身の安定が保てなくなるものです。核家族化によって周囲に信頼できる年長者が少ないのも一因といえましょう。多くは時間が経てば回復するものです。

ただし、あまりに症状が強いと、堕胎まで考えるようにもなってきます。家族、医師、保健師に相談しましょう。安易に抗うつ薬は使えないので、精神科医との連携も必要になります。

外陰のかゆみと痛み

考えられる病気	頁	病気のおもな症状
外陰炎	833頁	外陰部の腫れ、かゆみ、痛み、分泌物の増加。高齢者、妊娠中の人、糖尿病をもっている人などは炎症をおこしやすい。
外陰瘙痒症	833頁	外陰部の強いかゆみ。原因が特定できないものをさす。
外陰ジストロフィー	835頁	陰唇部に白いまだらができる。クリトリスや大腿部内側に広がることも。かゆいことが多く、痛みや灼熱感も。
外陰部ベーチェット病	836頁	小陰唇、大陰唇などに痛みをともなった潰瘍ができる。
外陰パジェット病	836頁	汗腺に発生したがん。外陰部、会陰、肛門周囲、わきの下などに境界が明らかな湿疹ができる。かゆみ、痛みをともなう。
腟カンジダ症	836頁	ヨーグルト状のおりものの増加と外陰部の強いかゆみ。外陰部がかぶれて赤くなったり熱感をもつことも。
腟トリコモナス症	837頁	泡状で悪臭がある淡黄色のおりものの増加と外陰部のかゆみ、かぶれによる赤み。排尿痛があることも。
淋菌感染症	2129頁	おりものが増えたり、外陰部にかゆみがあり、下着が汚れる。炎症は腟だけではなく、内膜炎や卵管炎、尿道炎に進むことがある。
性器ヘルペス	833頁	急性の初期は外陰部に強いかゆみ、痛みと腫れ。その後、陰唇部に水ぶくれがたくさんできて、破れて潰瘍となる。痛みのために歩行や排尿が困難になることも。慢性では疲労や月経、病気をきっかけに症状がでる。
尖圭コンジローマ	834頁	外陰部、会陰部、肛門の周囲、腟、子宮頸部に白色からピンク色のカリフラワー状のいぼができる。増大すると不快感や痛みがおこる。
バルトリン腺炎	834頁	膿胞だけでは痛みはないが、炎症をおこすと、小陰唇の内側が赤く腫れて、痛み、熱感をもつ。鶏卵大まで腫れあがることも。
その他		糖尿病（1501頁）、ケジラミ症（1831頁）などのほか、またずれ、外陰部の不潔、ホルモンの分泌状態の変化でときに外陰にかゆみ。

◎臍帯血

赤ちゃんとお母さんをつなぐ臍帯と胎盤に含まれる血液を臍帯血といいます。出産と同時に不要になるものですが、骨髄移植に使うことができます（1450頁）。

骨髄移植ではＨＬＡという白血球のタイプの適合が問題になります。ふつうの骨髄移植ではＨＬＡのタイプが完全に一致していなければなりませんが、臍帯血では１００％一致していなくても移植が可能です。あらかじめ冷凍保存してあるため、新たにドナーから採血することもなく、必要になればすぐに移植できます。採取できる血液量が少ないため、おもに子どもへの移植に限られていましたが、おとなへの適用技術も進んでいます。

第4部 病気の知識と治療

第1章 生活習慣病の予防と抗加齢

生活習慣と病気

増えつづけている生活習慣病

◇快適生活が招く生活習慣病

ここ何年かの間に、「**生活習慣病**」ということばを聞く機会が増えてきました。生活習慣病とは、かたよった食生活、お酒の飲みすぎ、喫煙、夜更かしの連続、運動不足といった、生活習慣の積み重ねを要因とする病気です。

糖尿病（1501頁）、脂質異常症（高脂血症 1509頁）、高血圧症（1396頁）、脂肪肝（1659頁）、痛風（1514頁）、そして最近注目されているメタボリックシンドローム（1494頁）はその代表格です。また、大腸がん（505頁）や乳がん（555頁）をはじめ、がんのなかにも生活習慣病の一種とみなされるものがあります。

最近、こうした生活習慣病のことがひんぱんに取りざたされるのは、生活習慣の変化が、日本人の大きな健康問題につながり、医療費にまで影響を与えているからにほかなりません。

戦後70年、この間に日本人の暮らしは飛躍的な向上を遂げてきました。電化製品や自動車の普及で、家事や移動にかかる労力は大幅に軽減し、さらに、パソコンや携帯電話の登場によって、多くの仕事や買い物も居ながらにしてすませられるようになっています。

それと平行して、穀類や野菜、魚を主体にしていた食生活も、肉を中心とした欧米スタイルに変化し、高たんぱく、高脂肪な内容となりました。さらに、ファーストフードショップやコンビニエンスストアが日本中にできたことで、好きなときに、食物や飲み物を手に入れることができるのです。

こうした生活環境の変化により、日本人の暮らしが快適かつ、安楽になったことは確かでしょう。しかし、このことが国民全体にエネルギーのとりすぎや運動不足を招いたのも事実です。それがもとで肥満となる人が増え、生活習慣病も急増しているわけです。

ちなみに、アメリカでは日本よりずっと早い１９７０年代から生活習慣病の増加が社会問題化し、国民の死因も、生活習慣病を要因とする心筋梗塞が、大きな割合を占めていました。そこで禁煙や高コレステロール食対策などを行い、ある程度の成果をあげました。

いっぽう、日本ではかつて、低栄養、高食塩食を背景にした脳卒中が死因の1位を占めていました。その後、食塩摂取に対する意識の高まりや医療保険制度の整備で高血圧対策が進み、脳卒中による死亡率は著しく減っています。

その反面、運動不足や過食を背景に、糖尿病、脂質異常症、高血圧を合併し、心筋梗塞や脳梗塞になる人が増えています。そうした状況を踏まえて、政府は生活習慣病予防運動を展開し、２００８（平成20）年には、自身の血糖、血圧、脂質の数値を把握できるよう、**特定健診**（いわゆる**メタボ健診**）も始まりました。これらの制度により、ひとりひとりが生活習慣の改善に取組みやすい環境を整備しているわけです。

◇こわさを自覚して節制を

生活習慣病の予防にもっとも必要なことは、いうまでもなく生活習慣の改

◎特定健診とは？・394頁
◎今日から実行したい「がんを防ぐための12か条」……396頁

◎生活習慣病の予兆

今も日本人のなかには、「肥満の本場は欧米」という考えが根強くあるようです。確かに、欧米でしばしばみかけるような、驚くほどの肥満を抱えた人は日本では少数です。しかし、だからといって油断は禁物です。日本人は、少し太っただけで、代謝が乱れるなど、健康に支障がでやすい特質があるのです。しかも、1990年代に入って、若い世代のコレステロール値はアメリカより日本のほうが高くなったとの報告もあります。

生活習慣病は、誰にとっても他人事ではないと心得ましょう。

糖尿病患者数の推移

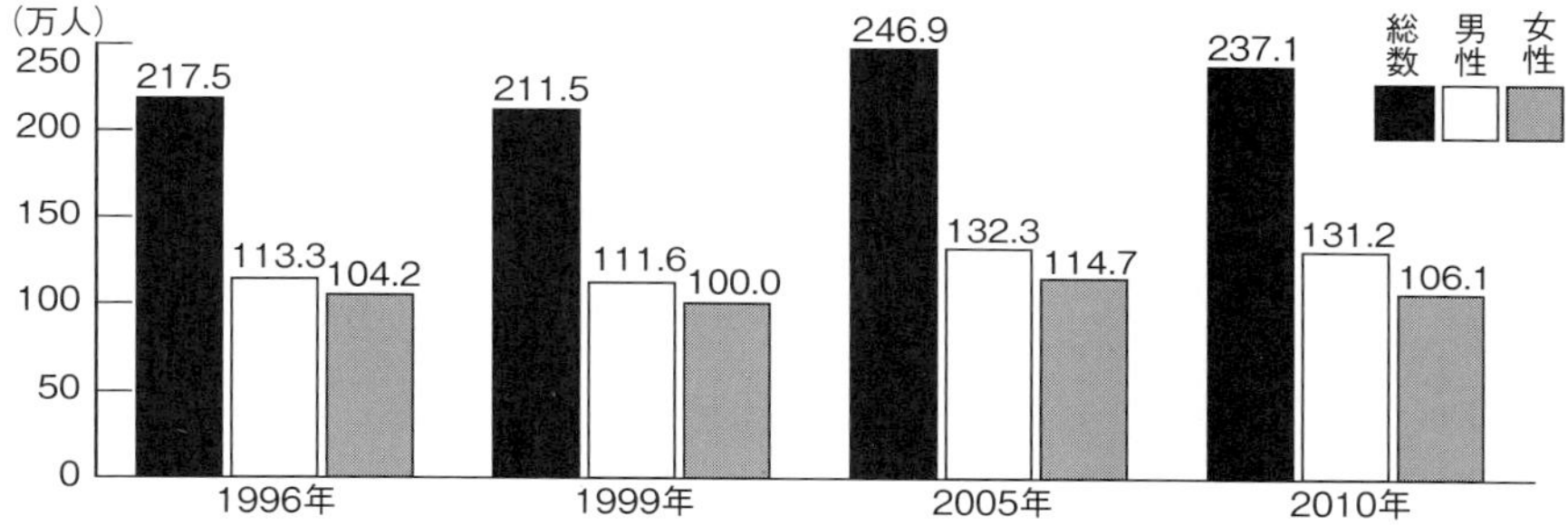

高血圧性疾患患者数の推移

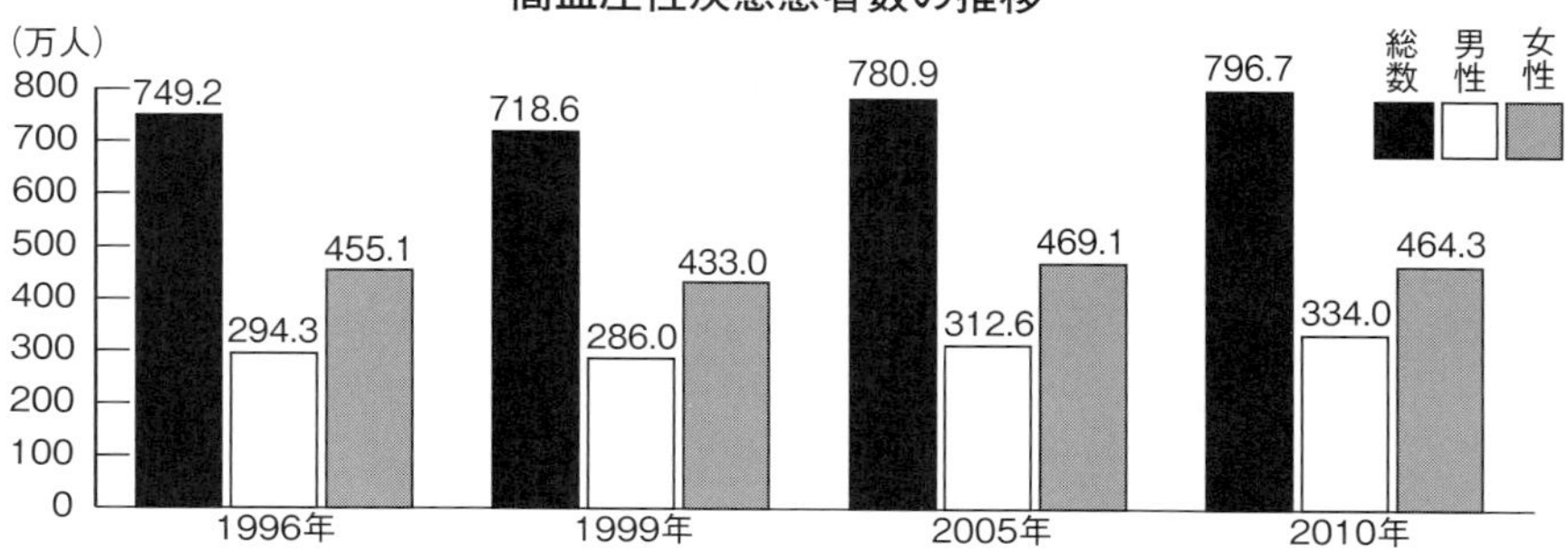

（厚生労働省「患者調査の概況」）
総患者数は平均診療間隔を用いて算出するため、男性と女性の合計が総数に合わない場合があります。

善です。かたよった食生活、お酒の飲みすぎ、喫煙、運動不足、そしてその結果として生じる肥満も含めて、生活習慣病の原因となる要素を日常生活から少しでも除くこと、それが第一歩であり、すべてといってもよいのです。

ただ、実際にそれまでつづけてきた生活習慣を変えるのは、簡単ではありません。生活習慣病を招く生活態度は、往々にして享楽的、快適なものです。それを断ち切ってみずからを変えるには、それなりの決意が必要となります。同じような生活を長くつづけている人となれば、なおさらでしょう。

また、生活習慣病の大半は、これといった自覚症状がないため、検査で数値が異常と診断されても、「まあ、大丈夫」と甘くみてしまいがちです。こうしたことが、生活習慣病がなくならない要因にほかなりません。

しかし、生活習慣病は知らないうちに着々と進行し、最終的には人を死にまで至らしめるおそろしい病気なのです。それを自覚して、できるだけ早い時期から予防に本腰を入れましょう。

自覚症状のないおそろしさ

生活習慣病は、生活習慣を要因とする病気の総称です。その代表が、糖尿病、脂質異常症、高血圧症などです。そして、こうした生活習慣病の多くには、共通した特徴があります。

それは、はっきりした自覚症状のないまま、着実に進行していくことです。強い痛みをともなう痛風のような例外はあるにせよ、大半の生活習慣病は明確な症状がなかなか現れてきません。そのため、自分が病気だと自覚しにくく、改善への取組みも遅れがちになるのです。ある調査によれば、30代以降の男性と50代以降の女性のほぼ半分が脂質異常症であるにもかかわらず、そのうちの7割は自分に検査異常があることを自覚していなかったそうです。

しかし、その間にも生活習慣病による血管の変化は進行し、そして、脳梗塞や心筋梗塞（症）などの明確な症状が現れたときには、すでに根本的治療が困難なケースが少なくありません。

生活習慣病がこわいのは、まさにこの点です。たとえば、糖尿病であれば、自覚症状がないまま、血中の過剰な糖が血管を傷つけ、腎臓や網膜、神経まで障害が広がっていきます。それをほうっておけば、失明や腎不全（1720頁）、足の壊疽（1426頁）などを発して、日常生活にも支障をきたしてしまいます。

生活習慣病と呼ばれる、糖尿病、脂質異常症、高血圧症は、どれも心筋梗塞（1362頁）や脳梗塞（934頁）の原因である、動脈硬化を進行させます。心筋梗塞や脳梗塞は、突然おこるうえに急性死亡率が高く、重い障害を残すことも多い病気です。生活習慣病が進行した結果、いきなり心筋梗塞や脳梗塞におそわれることも十分あるのです。

◇併発によって症状の悪化も急進

また、ある生活習慣病を抱えた人が生活を改めずにいると、ほかの生活習慣病まで併発するケースが多いことにも注意しなくてはなりません。ひとつの生活習慣病に該当すれば、潜在的に他の生活習慣病の因子も、持ち合わせているとみたほうがよいでしょう。

そして、複数の生活習慣病を合併して発症した場合、病気どうしが影響しあって、病状の進行を著しく速めます。実際、糖尿病、脂質異常症、高血圧症、肥満という4つの要素をもとに調べると、軽度であってもこれらの要素を多くもつ人ほど、死亡率が高くなることが実証されています。4つの要素をすべて併せもつことを「死の四重奏」と呼ぶのは、そのためです。

厚生労働省の2013（平成25）年「人口動態統計」によれば、日本人の死亡原因は、1位が悪性新生物（がん）、2位が心疾患、3位が肺炎、4位が脳血管疾患。肺炎以外の3つが占める割合は、死亡原因全体の半分以上にもなります。そして、これらの病気は、生活習慣病の進行による血管や細胞へのダメージの蓄積を発症要因のひとつにしているのです。

生活習慣病を放置していれば、大きなしっぺ返しがきます。そうならないため、健診で自分の血圧、血糖などの状態を知っておくことがたいせつです。

生活習慣と病気

生活習慣病の進行とそれにともなう症状

不健康な生活習慣

・栄養のかたより
・エネルギーのとりすぎ
・お酒の飲みすぎ
・脂肪の摂取過多
・運動不足
・夜更かしの連続
・たばこを吸う
・塩分のとりすぎ
など

⇨

生活習慣病予備群の形成

・内臓脂肪型肥満(1496頁)
・脂質異常
・高血圧 (1396頁)
・脂肪肝 (1659頁)
・尿酸値の上昇
・慢性腎臓病(CKD 1709頁)
など
大半は自覚症状なし

⇨

生活習慣病の顕在化

・糖尿病 (1501頁)
・脂質異常症 (1509頁)
・アルコール性肝炎(1656頁)
・痛風 (1514頁)
・がん因子の形成

自覚症状の出現

⇨

より重大な症状への進行

・動脈硬化症 (1407頁)
・糖尿病性腎症 (1710頁)
・糖尿病網膜症 (1095頁)
・糖尿病神経障害 (1507頁)
・肝硬変 (1647頁)
・脳梗塞 (934頁)
・心筋梗塞症 (1362頁)
・がん発生・転移(434～570頁)

⇨

末期症状へ

・失明
・足の切断
・半身不随
・腎不全 (1720頁)
・肝不全(1648頁上段)
・死亡

おもな死因別死亡率の割合

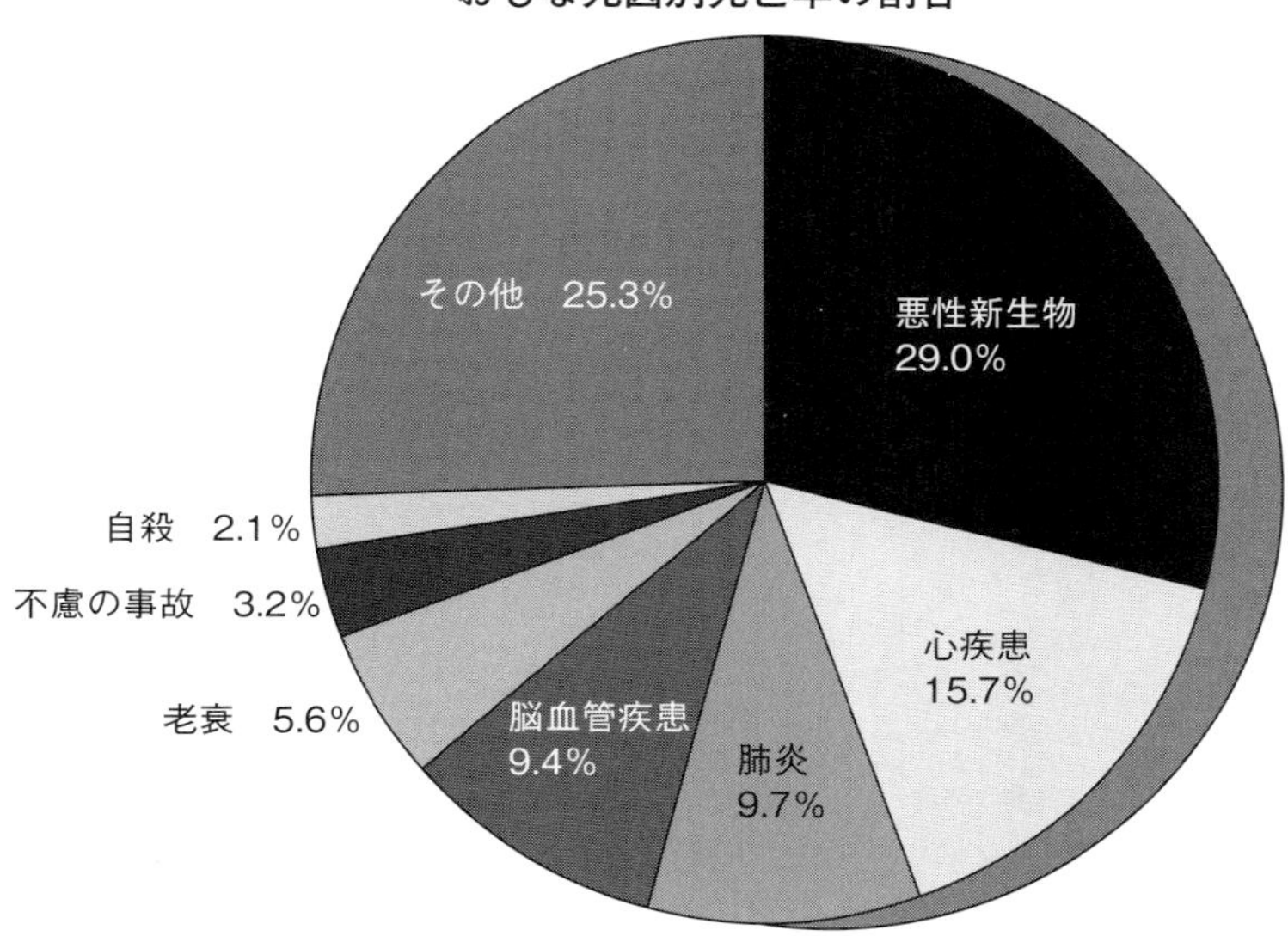

(厚生労働省「人口動態統計」2013年)

◎男性45歳以降、女性55歳以降は、とくに注意

動脈硬化によって引き起こされる病気は、心筋梗塞や脳梗塞ばかりではありません。狭心症（1356頁）、大動脈瘤（1416頁）、脳動脈瘤（939頁）、大動脈解離（1420頁）、腎硬化症（1713頁）といった病気は、すべて動脈硬化を大きな要因としています。そして、そのどれもが、からだに重大な影響をもたらすこわい病気なのです。

男性は45歳以降、女性は55歳以降になると、動脈硬化の危険度が顕著に高まるといわれます。この年代の人は、動脈硬化を防ぐため、日ごろの生活習慣にも、いっそう気をつけることがたいせつ。積極的に健診を受けて、自分のからだの状態を知るようにしましょう。

生活習慣病と動脈硬化

ものいわぬまま、からだにさまざまな害をおよぼす生活習慣病、なかでも、私たちにとってもっとも身近な脅威となるのが、生活習慣病によって引き起こされる動脈硬化（1407頁）でしょう。

前項で述べたように、動脈硬化は、心筋梗塞（1362頁）、脳梗塞（934頁）といったこわい病気の発症に至る最大の要因です。そして、糖尿病、脂質異常症、高血圧症、メタボリックシンドロームという代表的な生活習慣病は、すべて動脈硬化への道をたどるものばかりなのです。

では、これらの生活習慣病が、どのようにして血管にダメージを与え、動脈硬化をもたらすか。その過程を具体的にみてみましょう。

◇高血圧症（高血圧）の場合

全身に血液を送り出すため、動脈の壁には大きな圧力がかかっています。その力は、収縮期血圧の基準値上限である１３０mmHgの場合でも、１・７m近い噴水を吹き上げる水圧と同等です。もし、高血圧症（1396頁）であったとすれば、さらに大きな圧力が動脈にかかっていることになります。

動脈には高い修復能力が備わっており、通常の血圧であれば、内壁に傷がついても、大きな問題にはなりません。しかし、高血圧によって極端に強い力がかかりつづければその修復能力を超え、ダメージの蓄積によって、動脈硬化をおこすのです。

◇糖尿病（高血糖）の場合

糖尿病（1501頁）では、血液中にいつも過剰なぶどう糖がだぶついた状態となっています。こうした血液中のぶどう糖は、きわめてたんぱく質にくっつきやすいのが特徴です。そのため糖尿病の人の血液中には、ぶどう糖とたんぱく質が結びついた**糖化たんぱく**という物質がどんどん増えていくのです。

糖化たんぱくのなかには、血管を傷つけるものがあります。それが継続的に血管にダメージを与えるため、毛細血管はボロボロになって、しだいに用をなさなくなります。また、動脈も傷つけられて弾力性を失い、動脈硬化をおこしてしまうのです。

◇脂質異常症（高コレステロール血症）の場合

脂質異常症（1509頁）では、血液中に含まれている脂質（血清脂質）がつねに過剰になっています。この状態では、コレステロールを主体としたＬＤＬコレステロール（いわゆる悪玉コレステロール）が、ひじょうにできやすくなっています。このとき、動脈の内壁に傷ができると、そこにＬＤＬコレステロールが入り込んで蓄積し、ＬＤＬコレステロールがつまった粥状のこぶへと発達するのです（**粥状動脈硬化**）。

粥状動脈硬化のこぶは、血液の流れを妨げて、さまざまな臓器のはたらきを低下させたり、狭心症（1356頁）を引き起こしたりします。さらに、こぶの表皮がなにかのはずみで破れると、血栓を生じ、それが脳梗塞や心筋梗塞を招いてしまいます。

生活習慣と病気

総コレステロール値と冠動脈疾患死亡の相対危険度（男女）

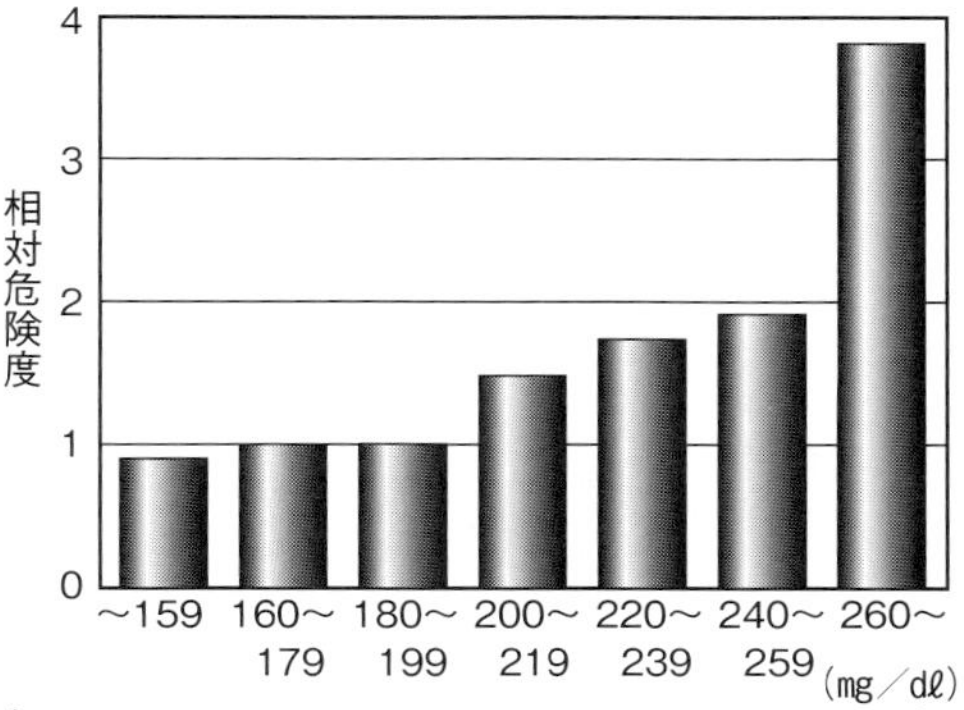

（Okamura T et al:Atherosclerosis,190:216-223,2007）

中性脂肪値（随時）と冠動脈疾患発症の相対危険度（男女）

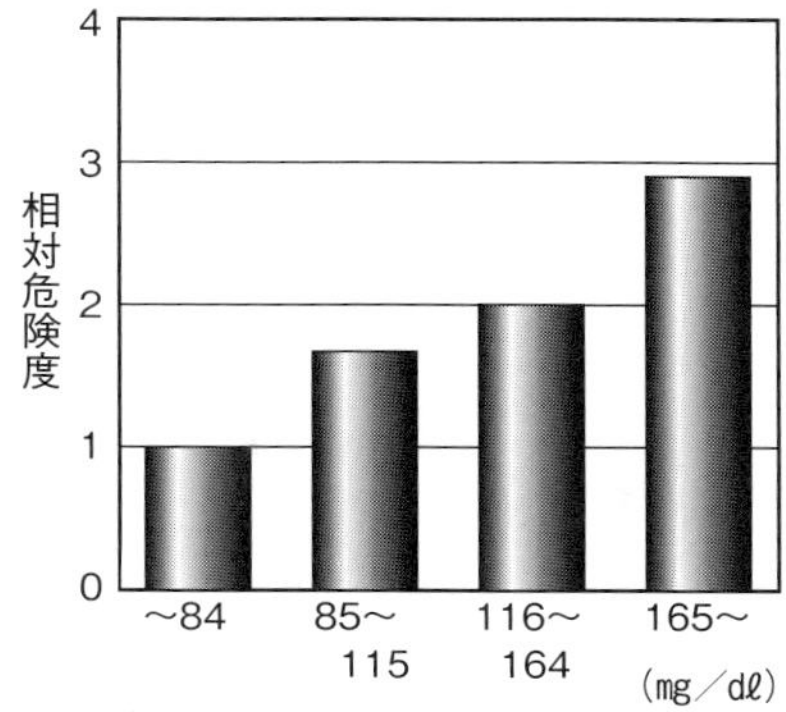

（Iso H et al:Am J Epidemiol, 153:490-499,2001）

HDLコレステロール値と冠動脈疾患合併率

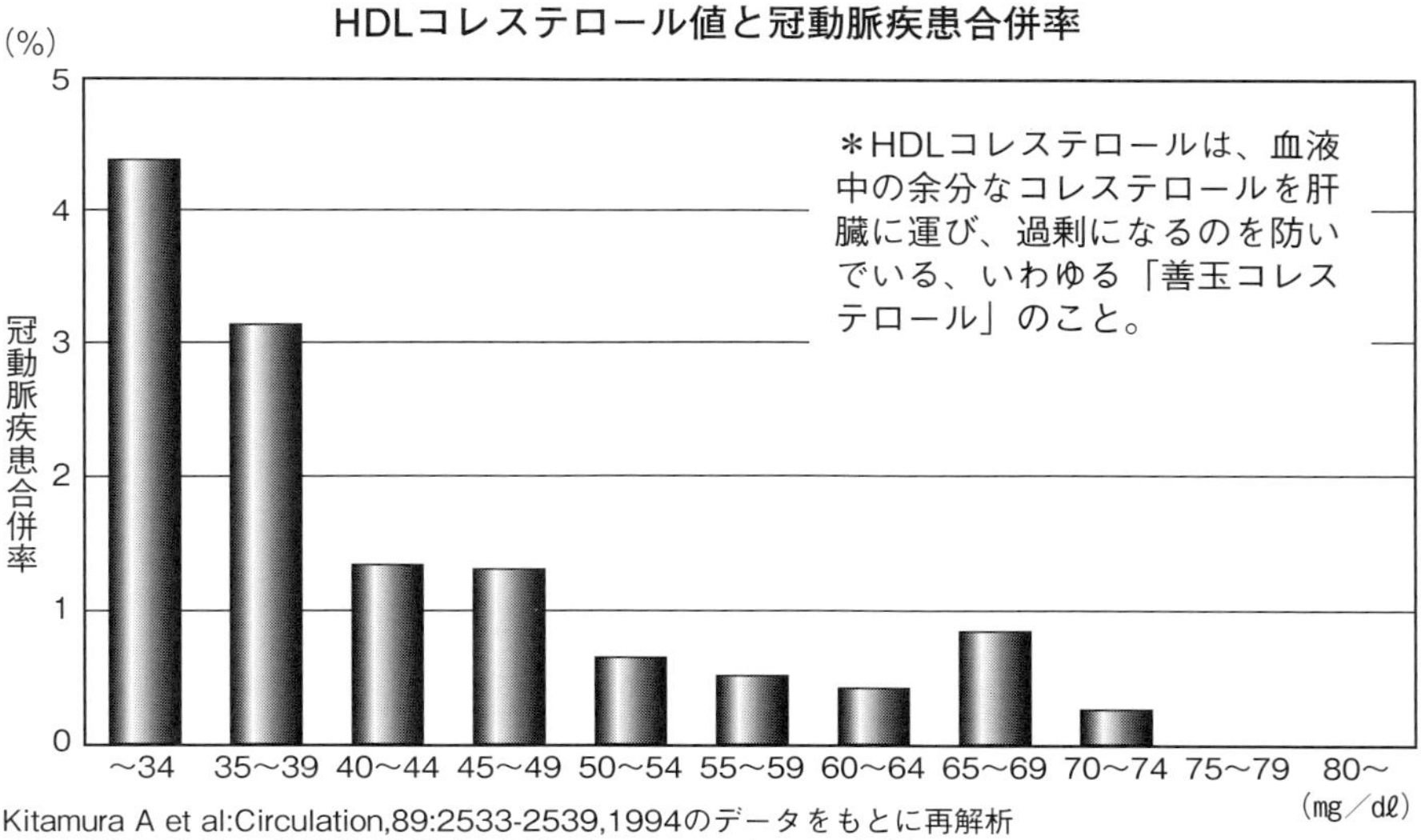

Kitamura A et al:Circulation,89:2533-2539,1994のデータをもとに再解析
（日本動脈硬化学会「動脈硬化性疾患予防ガイドライン」2007年版）

◇メタボリックシンドロームの場合

メタボリックシンドローム（1494頁）は、おなかの中に脂肪が蓄積した内臓脂肪型肥満の人が、高血糖、脂質異常、高血圧のうち2つ以上を併せもった状態です。高血糖、脂質異常、高血圧は、それぞれが動脈硬化を引き起こす要因となり、複合して抱えていれば、動脈硬化の進行はいっそう速くなると考えねばなりません。

また、過剰な内臓脂肪の蓄積自体も動脈硬化を招く大きな要因です。脂肪細胞には、血管の傷を修復するアディポネクチンを分泌するはたらきがあります。しかし肥満、とくに内臓脂肪型肥満になると、血液中のアディポネクチンの量は低下してしまいます。こうして動脈硬化の進行に、さらに拍車がかかります。

こうしたことから明らかなように、動脈硬化とそれに関連する病気の予防には、血圧、脂質、血糖値の異常などの「危険因子」をコントロールすることが、たいへん重要なのです。

◎更年期以降の女性も内臓脂肪型肥満には警戒を

内臓脂肪型肥満は女性より男性のほうに多くみられることは、まちがいありません。ただし、女性も更年期以降になったら要注意です。更年期をすぎてホルモンのバランスが変わってくると、女性でも内臓脂肪型肥満をおこしやすくなるのです。この年代になったら、女性は食生活を見直したり、適度な運動を行うなど、肥満予防をより積極的に心がけるようにしましょう。

運動や食事のバランスを心がけることによって、骨粗鬆症を予防することも、この年代の女性にはたいせつです。

生活習慣病は肥満と隣合わせ

生活習慣病の予防・改善を語る際、必ず取りざたされるのが**肥満**（1496頁）の問題です。それは、肥満こそが生活習慣病へ向かっている危険を示すシグナルだからです。ほとんど自覚症状のない生活習慣病を、みずから認識する唯一といっていい手がかりが肥満です。

肥満を判定する方法はいくつもありますが、現在もっとも広く用いられている基準は、**BMI**です。

BMI＝体重(kg)÷身長(m)÷身長(m)

この数値が25を超えると、肥満と判断されます。また、BMIが25以上になった場合、男女、年齢を問わず、生活習慣病の発生リスクが大幅に高まることが明らかになっています。

もっとも、やせていればいいわけではなく、病気にかかる率がいちばん少ないのは、BMIが22のときです。このことから、BMIが22になる体重を**標準体重**と呼びます。

標準体重(kg)＝身長(m)×身長(m)×22

BMIが25以上で生活習慣病を抱える人は、少しでも減量して検査値を改善することが、当面の目標になります。

◇肥満のタイプで、からだへの影響も異なる

ところで同じ肥満でも、脂肪のつきかたによって、からだに与える影響がちがってくるのをご存じでしょうか。

血圧、脂質、血糖値の異常を重ねて持ち合わせると、単独の場合よりも、大幅に動脈硬化の進行を速めます。そして、これらの異常が複合しておこりやすいのが、内臓脂肪型肥満です。

一般に肥満は、2つのタイプに分類されます。その1つは、腰回りや太ももをはじめとした、全身の皮下に脂肪がついている**皮下脂肪型肥満**（**洋ナシ型肥満**）。いっぽう、内臓の周りに大量の脂肪がついて、ウエストが極端に太くなった状態を**内臓脂肪型肥満**（**リンゴ型肥満**）といいます。

ちなみに脂肪の大きな役目は、吸収したエネルギーを一時的にためておくことですが、皮下脂肪と内臓脂肪では、その代謝の特性もちがいます。皮下脂肪の場合、エネルギーをため込む量は内臓脂肪よりはるかに多くいちど脂肪になると、そう簡単にエネルギーには変換しません。いわば、定期預金的な役目を果たすのが皮下脂肪です。

これに対し、内臓脂肪はからだの要求に応じて、比較的素早くエネルギーへと変換されます。同時に、内臓脂肪は短時間にエネルギーをため込むことができ、余ったエネルギーを素早く取入れます。つまり、からだに取込まれたエネルギーの当面の出し入れは、内臓脂肪が担っているわけです。

ただ、内臓脂肪は狭い腹腔内にあり、蓄積できる量には限度があると考えられます。もし、内臓脂肪が限界までエネルギーをため込んでいて、さらに食べすぎ、飲みすぎをつづければ、あふれ出すのは当然です。その結果、からだに異常を生じる可能性があります。

生活習慣と病気

肥満者(BMI 25以上)の割合(20歳以上)

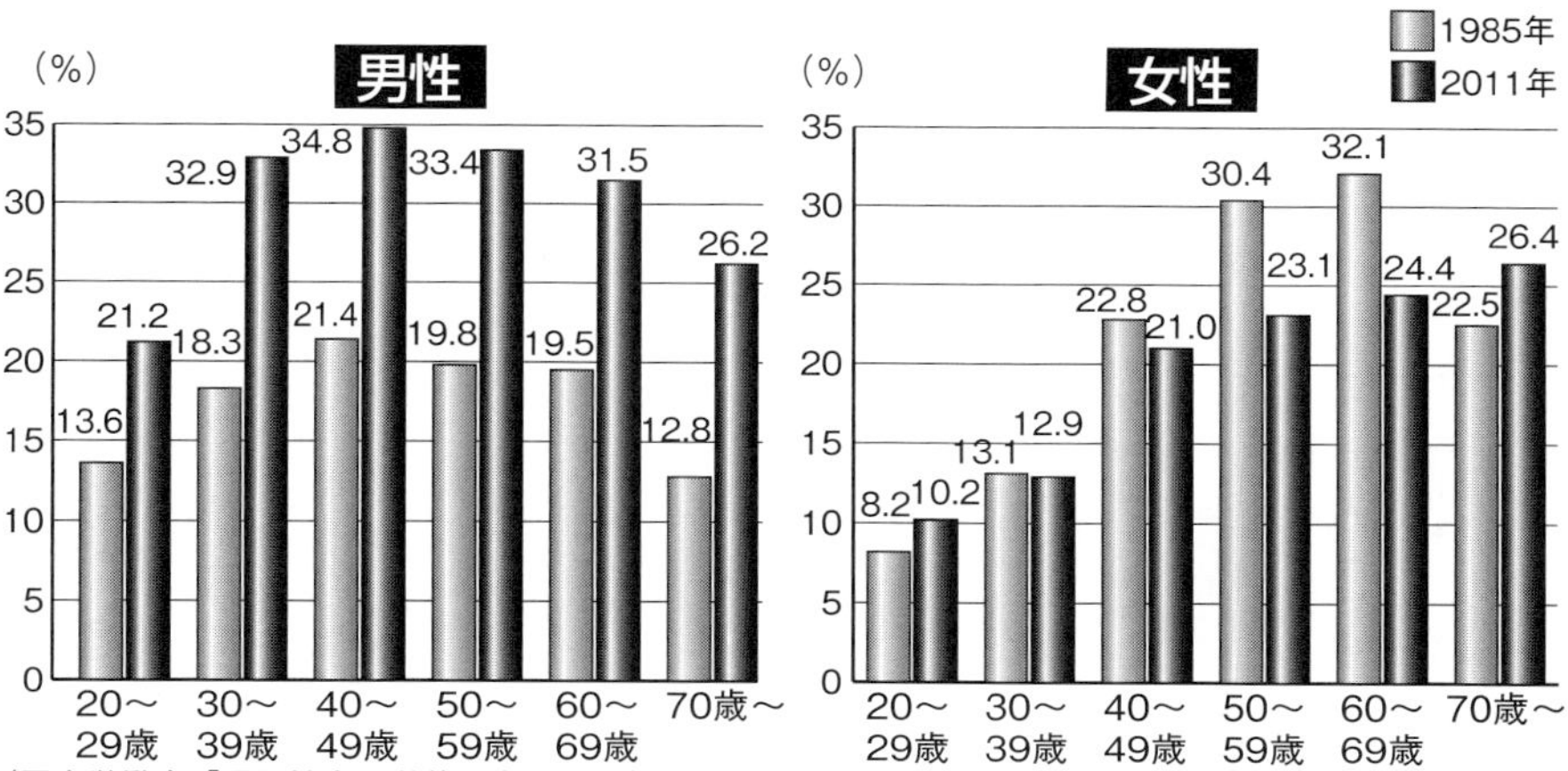

(厚生労働省「国民健康・栄養調査の概要」2011年)

肥満度別、糖尿病有病者の割合

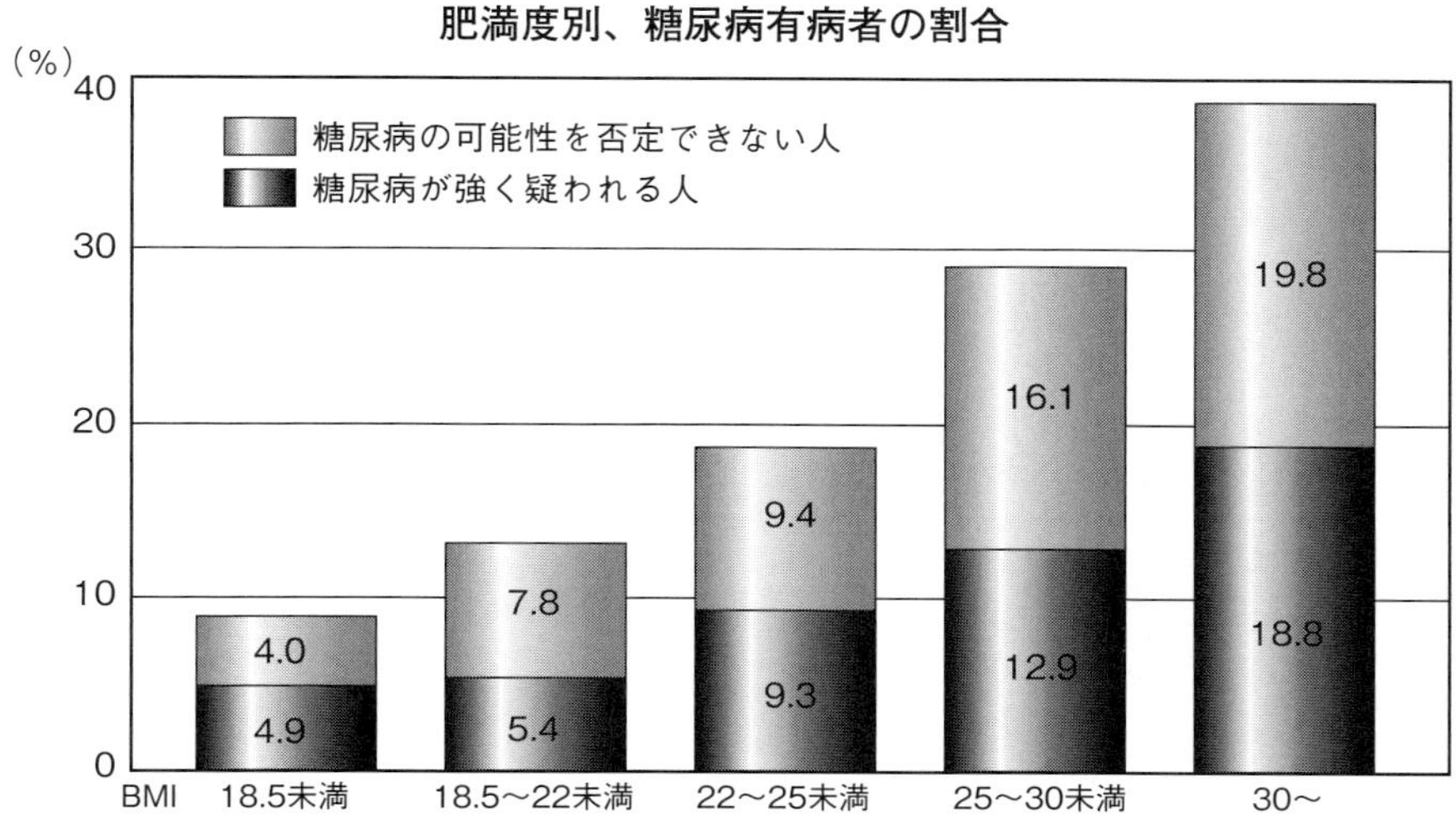

注)BMI=kg÷m÷m　(厚生労働省「糖尿病実態調査」2002年)

また、最近の研究では、脂肪細胞はエネルギーをためるだけでなく、さまざまな生理活性物質を血液中に放出していることがわかってきました。ただ、こうした生理活性物質のなかには、内臓脂肪が蓄積すると、分泌に異常をおこすものがあります。その代表例として、血糖値や血圧の上昇に関係するものが知られています。そうした物質の分泌異常が、血圧、脂質、血糖値に、直接的な悪影響を与えるわけです。

内臓脂肪型肥満を警戒すべきなのは、こうした理由からです。肥満度は高くないのに、内臓に脂肪がたまった結果、血圧、脂質、血糖値の異常を重ねもつ人もみられます。このような人は、内臓脂肪を減らすことで、効率よくからだの状態を改善し、動脈硬化の予防につなげられる可能性が高いのです。

男性では成人以降、女性では更年期以降に肥満した場合、内臓脂肪が蓄積していることが多くなります。BMIの数値とともに体型もチェックし、もし内臓脂肪型肥満に該当するなら、早急に対策をとってください。

◎特定健診とは?

２００８（平成20）年４月から、40～74歳の医療保険加入者（被保険者と被扶養者）を対象とした、新しい健康診断制度が始まりました。それが**特定健診**です。その目的は、メタボリックシンドロームの早期発見と、重症化の予防です。この健診でメタボリックシンドローム、もしくは予備群と診断された場合、その改善のための保健指導を受けることができます。

なお、健診の内容や場所は、加入している医療保険によって異なります。会社員の場合、年1回、会社で行われる健診を受けられますが、自営業者などで健診を受ける場合、各医療保険者に問い合わせてください。

メタボリックシンドローム、早期発見のポイントは

テレビ番組や雑誌の記事でも、ひんぱんに取上げられるようになったメタボリックシンドロームですが、その予防・改善は、生活習慣病対策の最大のテーマといっていいでしょう。

２００５（平成17）年の「国民健康・栄養調査」によれば、20歳以上の日本人のうち、メタボリックシンドロームの疑いが強い人の比率は、男性22・4％、女性10％。つまり、女性で10人に1人、男性では5人に1人という高い割合になっています。

◇ウエスト径が診断のポイント

「メタボリックシンドローム診断基準」は、２００４（平成16）年に設立されたメタボリックシンドローム診断基準検討委員会が、メタボリックシンドローム予防・改善のための、具体的基準づくりにとりかかり、２００５年に発表されたものです。

メタボリックシンドロームか否かを判断する重要な目安のひとつが**ウエスト径**です。メタボリックシンドロームの要素である内臓脂肪型肥満は、リンゴ型肥満ともいわれるように、おなか周りが顕著に太くなります。それを測れば、メタボリックシンドロームの徴候をとらえられるという考えです。具体的には、男性の場合ウエスト径85cm以上、女性の場合ウエスト径90cm以上が、メタボリックシンドロームの診断基準値となります。とくに男性の場合、ＢＭＩが25未満でも内臓脂肪が蓄積して、動脈硬化の因子を2つ以上抱えていることがあるので要注意です。

ウエストの計測はメジャーがあれば手軽にできるので、こまめにチェックしましょう。ただ、ウエスト径は姿勢や測る場所で大きく変わるため、正しく計測することがたいせつです。また、診断で計測するウエストは、スリーサイズでいう、おなかのもっとも細い部分とはちがうので注意してください。計測のポイントは、以下のとおりです。

①服を脱いで、まっすぐに立つ。
②息は大きく吸ったり吐いたりせず、自然な感じで軽く呼吸しているくらいに。からだはリラックスさせる。
③前はお臍の位置、後ろは肋骨のいちばん下と腰骨のいちばん上の中間を通るように、メジャーを回して測る。

もちろん、こうした家庭でのチェックとともに、健診機関で血圧や血糖値、コレステロール値の定期的な診断を受けることもたいせつです。健康診断を受ける機会が少ない自営業の人や家庭の主婦なども、年に1度を目安に、進んで健康診断を受けましょう。

◇素早い対応で早期解消も可能

さて、測定の結果、血圧、脂質、血糖の異常があり、加えてウエスト径の数値が基準をオーバーしていた人は、すでにメタボリックシンドロームであるか、早晩その仲間入りをする可能性が大きいと考えなくてはなりません。すぐにでも、生活習慣の改善に取りかかることが望まれます。

内臓脂肪は皮下脂肪に比べて蓄積し

生活習慣と病気

メタボリックシンドロームの状況のグラフ（20歳以上）

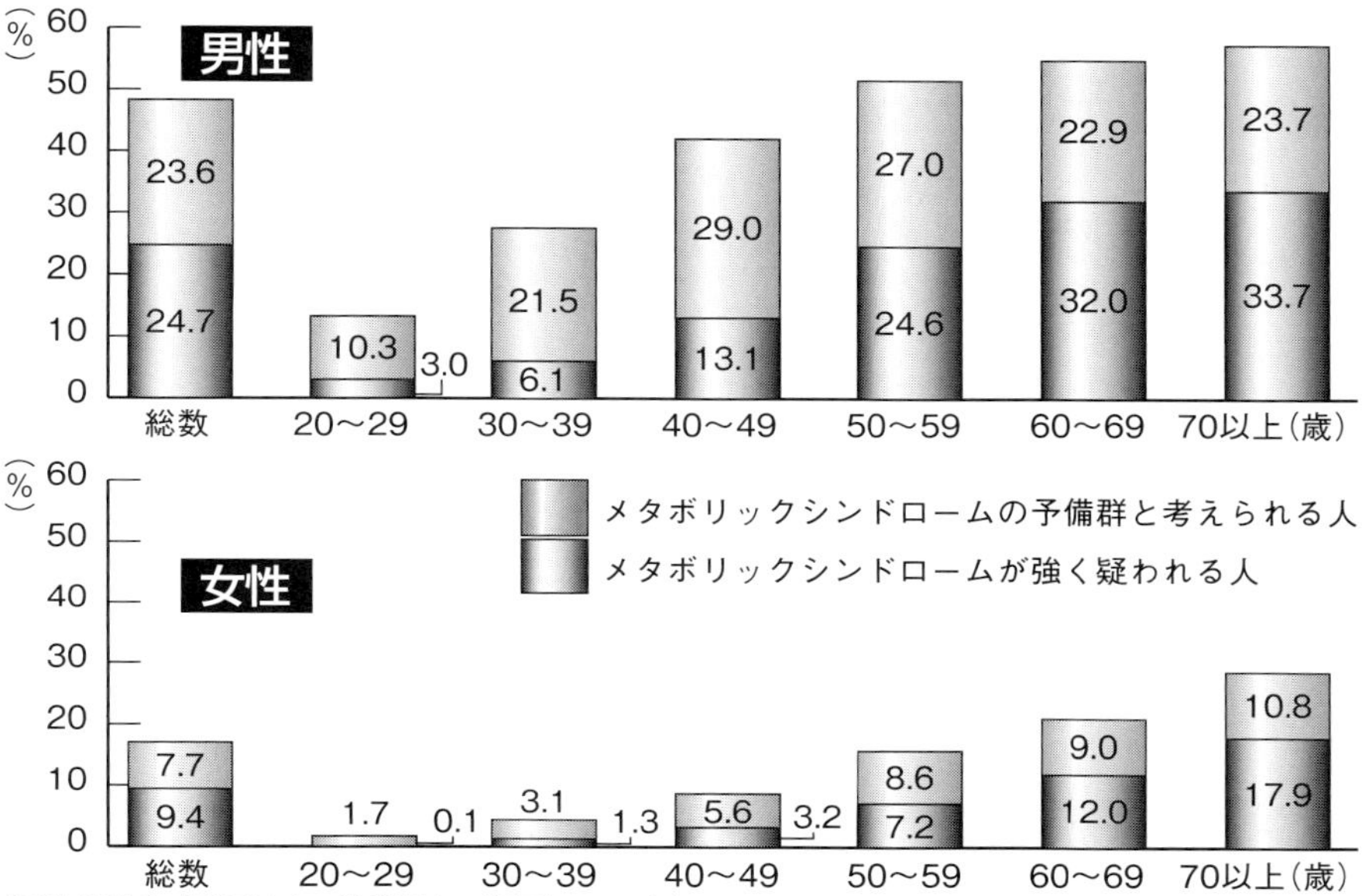

（厚生労働省「国民健康・栄養調査の概要」2012年）

メタボリックシンドロームと病気の関係

脂質異常症　高血圧　高血糖（糖尿病）

＋（上記の２つ以上）

肥満（内臓脂肪型肥満）

↓

メタボリックシンドローム

↓ 動脈硬化の進行

心筋梗塞、脳梗塞などの危険性

やすい反面、エネルギーの収支を正してやれば、確実に減らすことができるのが特徴です。だからこそ、早いうちにメタボリックシンドロームの影を察知して、食生活を改善したり、運動習慣を身につければ、改善することもそれほどむずかしくないのです。

特定健診の結果、メタボリックシンドロームやその予備群と判断された場合、生活習慣や検査値を改善するための保険指導を受けられます。該当した人は、積極的に相談してみましょう。

いずれにしても、メタボリックシンドロームは、薬で治す類の病気ではありません。まず、生活を見直すことが、最善の治療だと考えてください。

◎今日から実行したい「がんを防ぐための12か条」

がんも生活習慣病のひとつといえます。がん予防に役立つ生活習慣のポイントをまとめたものに、がん研究振興財団による「がんを防ぐための新12か条」があります。

①たばこは吸わない。
②他人のたばこの煙をできるだけ避ける。
③お酒はほどほどに。
④バランスのとれた食生活を。
⑤塩辛い食品は控えめに。
⑥野菜や果物は豊富に。
⑦適度に運動。
⑧適切な体重維持。
⑨ウイルスや細菌の感染予防と治療。
⑩定期的ながん検診を。
⑪身体の異常に気がついたら、すぐに受診を。
⑫正しいがん情報でがんを知ることから。

生活習慣に起因する、そのほかの病気について

糖尿病、脂質異常症、高血圧症、メタボリックシンドロームのほかにも、生活習慣病とみなされる病気はいろいろあります。その筆頭にあげられるのが、大腸がん（505頁）、肺がん（491頁）をはじめとした悪性腫瘍でしょう。

がんを引き起こす要因は、もともと持ち合わせている遺伝子的要因と、外部から受ける環境要因があります。この環境要因が、生活習慣とかかわってくる部分、たとえば喫煙と肺がんの因果関係はいうまでもありません。

肺がんになった人の7～8割、咽頭がん（484～485頁）になった人の9割は喫煙者といわれるほどです。そして、これらのがんは喫煙の開始時期が早いほど、1日の喫煙本数が多いほど、発生率が高まります。

また、エネルギーのとりすぎとそれがもたらす肥満も、がんを生む要因のひとつです。肥満の進行にしたがって、体内のホルモンバランスがくずれ始めます。それが大腸がん、乳がん（555頁）、子宮体がん（563頁）、前立腺がん（530頁）などの引き金となるのです。これらのがんは最近、増加傾向にあるものばかりなのも注目すべき点です。メタボリックシンドロームと診断された人は、こうした肥満と関連のあるがん検診も受けておくとよいでしょう。

さらに、過剰な塩分の摂取は、胃がん（501頁）を誘発したり、過度なアルコールの摂取が肝細胞がん（511頁）や食道がん（499頁）を誘発するといった具合に、生活習慣とがんの間には、想像以上に多くの因果関係があるのです。

◇歯周病の意外なおそろしさ

最近、思わぬ危険性が指摘されている生活習慣病に、**歯周病**（1232頁）があります。歯周病は口腔内の不衛生などが原因で、歯の周りの組織が失われていく病気です。その発生要因となるのは、歯磨きの不徹底や喫煙などです。

歯周病は、歯の周辺に病巣ができますが、それだけですまないのです。歯周病にかかると、繁殖した歯周病菌に対抗して免疫細胞がはたらき、サイトカイン、プロスタグランジンなどといった物質が急増します。それが血液中に広がって、心臓や子宮などに悪影響を与えるといわれます。さらに、ある種の歯周病菌は血栓の生成を促進したり、粥状動脈硬化の悪化も促進すると考えられています。重症の歯周病の人が心筋梗塞（1362頁）をおこす確率は、健康な人の2～2・8倍ともいわれるので見過ごせません。

ＣＯＰＤ（慢性閉塞性肺疾患　1268頁）も、最近注意を呼びかけられている生活習慣病です。以前は、肺気腫、慢性気管支炎と呼ばれていましたが、まとめてＣＯＰＤと呼ぶようになりました。

これは肺がん同様、喫煙をおもな要因とする病気で、肺や気管支といった気道がおかされて、呼吸機能が低下します。重症になると、正常な呼吸にも支障をきたしてしまいます。患者の9割が喫煙者というほど、たばことの因果関係が深く、職場環境の塵埃や化学

生活習慣と病気

日常生活におけるがんの危険要因と防御要因

食道がん（499頁）　酒とたばこ
危険要因：喫煙習慣で２～３倍のリスク増、飲酒習慣が重なると５～10倍
防御要因：緑黄色野菜・果物の頻回摂取でリスクの半減

胃がん（501頁）　ヘリコバクター・ピロリ菌感染
危険要因：慢性萎縮性胃炎、塩分過剰摂取などで２～３倍にリスク増。喫煙習慣、多量飲酒習慣で約２倍のリスク増
防御要因：緑黄色野菜の頻回摂取で軽度のリスク減

大腸がん（505頁）　脂質過剰摂取
危険要因：肉・脂肪の過剰摂取、多量（毎日２合以上）飲酒習慣で倍増
防御要因：緑黄色野菜・果物の頻回摂取、身体活動習慣でリスクの半減

肺がん（491頁）　たばこ
危険要因：喫煙習慣で４～６倍のリスク増、重度喫煙（30本以上）で10倍
防御要因：緑黄色野菜・果物、魚油の頻回摂取で腺がんの危険度低下

乳がん（555頁）、**子宮体がん**（563頁）　肥満
危険要因：肥満により閉経後乳がんは２倍、子宮体がんは３倍のリスク増。未妊娠・未産、初経年齢若年化、閉経年齢高齢化でリスク増
防御要因：健康のための身体活動習慣（週２回以上）で半減

（愛知県がんセンターの病院疫学研究から得られた主ながんの原因に関する研究成果1988～2002年度）

歯周病と全身の病気

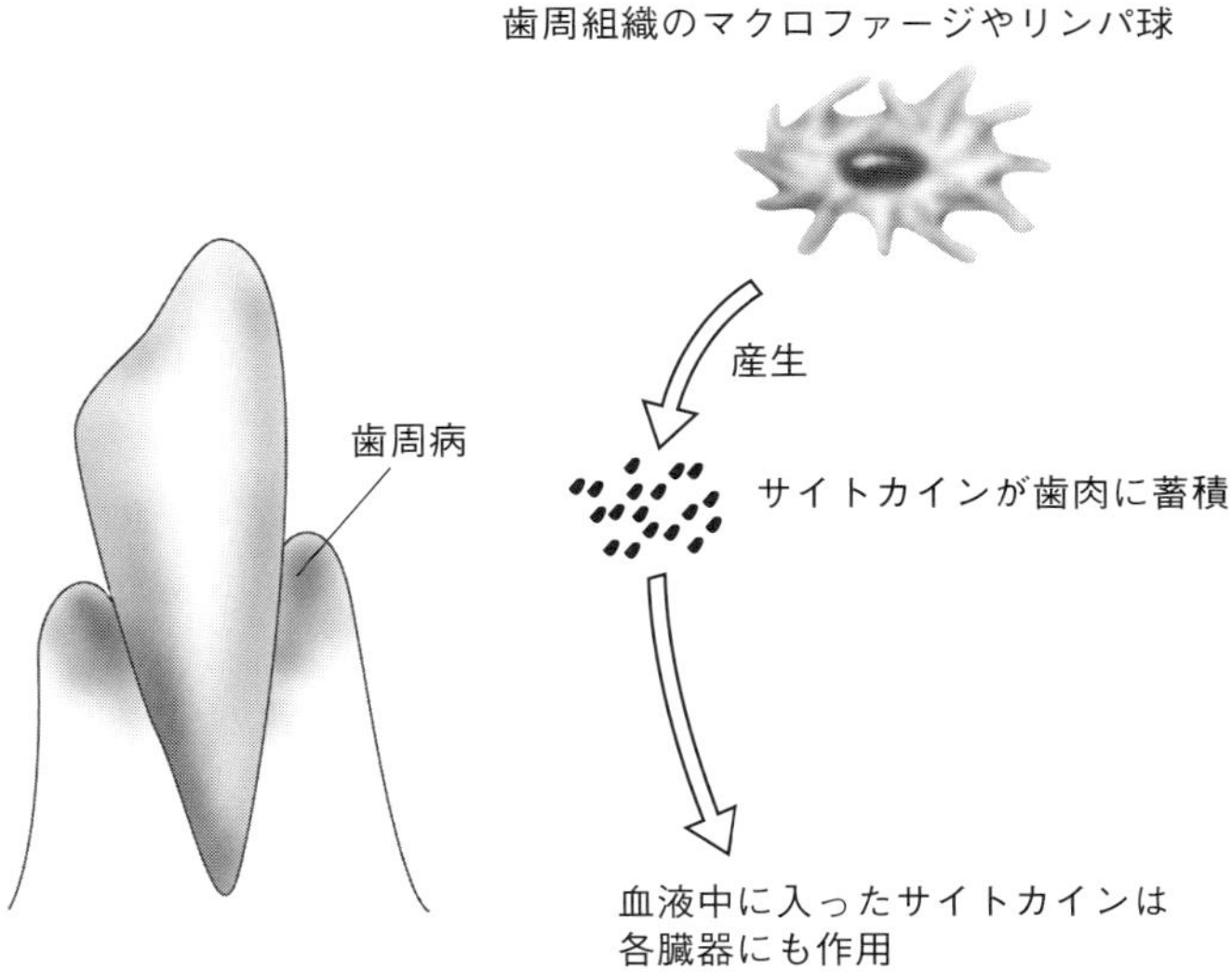

歯周病は、糖尿病（1501頁）、心内膜炎（1374頁）、狭心症（1356頁）、早産（886頁）、低出生体重児（580頁）などをおこすことがある。また、肺炎（1275頁）、骨粗鬆症（1884頁）、関節炎（1879頁）、腎炎などにも影響。（情報提供　サンスター）

物質も、発症や悪化に関連しています。

もちろん、こうした生活習慣病を予防するにも、原因となる生活習慣の改善が欠かせません。その点では糖尿病、脂質異常症、高血圧症、メタボリックシンドロームとまったく同じ状況です。

食べすぎ、飲みすぎを戒め、喫煙習慣は断ち切るように努力しましょう。また、適度な運動や趣味によるストレス解消は、からだの免疫力を高めることにも有効なので、ぜひ普段の生活に取り入れるようにしましょう。

生活習慣病予防実践のポイント

◇食生活の見直し

生活習慣病の要因はさまざまですが、その双璧は食生活の乱れと運動不足です。生活習慣病予防を実践する際も、これらを正すことが第一歩となります。

糖尿病（1501頁）や脂質異常症（高脂血症 1509頁）、高血圧症（1396頁）といった生活習慣病を抱える人の食生活には、共通した傾向があることがわかっています。その代表的な例が「食べすぎ」「飲みすぎ」「間食ぐせ」「肉や脂っこいもの、濃い味つけのものを好む」「早食い」「ドカ食い」「不規則な食事」などで、これらこそが生活習慣病を招く食生活の見本でもあるわけです。

食べすぎ、飲みすぎが生活習慣病の元凶である肥満（1496頁）に直結し、内臓に大きな負担を強いることはいうまでもありません。またかたよった食事は栄養のバランスをくずすほか、塩分やコレステロールなどのとりすぎを招きます。早食いも、エネルギーの過剰摂取を招く要因のひとつです。人は食事をしてから満腹感を得るまでに、15～20分かかります。早食いをすると満腹感が得られるまでの間に、必要以上の量を食べてしまうことになるのです。

さらに、不規則な時間に食事をしたり、朝食昼食を抜いて夜にまとめて食べたりすることも要注意です。こうした食事のしかたをつづけると、からだが安定してエネルギーを得られないため、エネルギーが入ってきたとき、それをできるだけためこもうとして、肥満しやすい体質になってしまいます。

◇腹八分目が健康維持の基本

もし、自分の食生活が左表で17点以上なら、改善が急務です。具体的には、以下のような食生活を実行しましょう。

①腹八分目を守る　朝昼が八分目、夜は七分目にするのが理想的です。もちろん、間食やお酒も控え目にします。

②3食規則正しく食べること　規則正しく均等な食事をして、ドカ食いを防ぎます。また、決まったリズムで食事をすると、胃腸の機能も高まって、消化もスムースになります。

③よくかんで、ゆっくり食べる　ひと口でかむ回数は20回以上が目安です。よくかむことで消化がよくなり、早食いも防げます。かんでいる間はつぎの料理をつままず、1回の食事時間に30分かけるのを目標にしましょう。

④夜食、就寝前の食事を避ける　深夜に食事をすると、その後のエネルギー消費が少ないため、より多くが脂肪としてからだに蓄積されやすいのです。

⑤インスタント食品を避ける　インスタント食品や既製の食品は、味つけが濃くて、高脂肪のものが大半です。避けるにこしたことはありません。

⑥皿数を多くする　丼物のような料理は、栄養がかたよりがちです。同じエネルギー量なら、皿数を多くして、いろいろな品目を食べたほうが、幅広くバランスよく栄養を摂取できます。

日ごろから、こうした点を意識しながら食事をすれば、生活習慣病の予防に大きな効果をもたらすはずです。

健康につながる生活習慣

試してみよう　あなたの食生活チェック！

以下の質問に答え、回答に応じた点数を足していってください。

		ない	ときどき	ある
1	飲酒や夜食、間食の習慣はありますか？	0	1	3
2	朝食を欠食することがありますか？	0	1	3
3	主食・主菜・副菜を基本に多様な食品の組合わせを心がけていますか？	3	1	0
4	毎日、ご飯などの穀類をしっかりとっていますか？	3	1	0
5	毎日、野菜、果物をたっぷりとっていますか？	3	1	0
6	毎日、豆類、小魚、牛乳、乳製品などを組合わせてとるよう心がけていますか？	3	1	0
7	食塩や脂肪のとりすぎに注意していますか？	3	1	0
8	適正体重を知り、毎日の活動に見合った食事量を心がけていますか？	3	1	0
9	食事では、家族あるいは友人との交流をたいせつにしていますか？	3	1	0

23点以上	食生活全体が危機的状況です。すでにメタボリックシンドロームの領域に入っていることも考えられます。至急、食生活の改善をしましょう。
17〜22点	注意信号が点灯しています。このままでは、本格的なメタボリックシンドローム予備群となります。積極的にからだを動かし、それに見合った食生活に改善しましょう。
12〜16点	もう少し、食生活全体を考える機会を増やしましょう。そのなかで、できる改善策から早速取組みましょう。
6〜11点	ほぼ良好と思われますが、食事の質と量をもういちど点検しましょう。
0〜5点	健全な食生活が営まれています。このまま継続してください。

（メタボリックシンドローム撲滅委員会 http://www.metabolic-syndrome.net より一部改変）

◎エネルギーのとりすぎを防ぐ料理のコツ

エネルギーの過剰摂取を招きやすい料理の代表が揚げ物です。ただ、同じ揚げ物でも、調理法によってかなりエネルギー量を抑えることができます。そのポイントは衣を薄くすることです。天ぷらやフライより、空揚げ、素揚げにしたほうが、油の吸収量が少なく、エネルギー量も少なくなります。逆にかき揚げのように表面積の大きなものは、油を多量に吸うのでお勧めできません。

ほかの料理の際も、肉の脂身を取除いたり、下ゆでして脂を落とすことで、かなりエネルギー量を抑えられます。

また、マヨネーズやドレッシングなどの油を多く含む調味料は、無意識のうちにエネルギーの摂取量を増やすので、使いかたに気をつけましょう。

過剰なエネルギー摂取は最大の元凶

◇豊かな食事とは

何十年か前までの日本人の食生活は、穀類と野菜を主体に魚を加えた、比較的質素なものでした。いっぽう、現在の日本人の食生活は、肉や油脂の占める割合が多くなり、過去に例をみないほど豊かなものとなっています。ただ、健康の面からみた場合、その評価は逆転します。昔の食生活は脂肪分が少なく、バランスのよい内容だったのに対して、現在の食生活は、栄養のかたよりやエネルギーの収支バランスの悪さなど、多くの問題を生んでいるのです。

とくに、インスタント食品やファストフードをよく利用する人は、知らないうちに脂肪分や糖分、塩分をとりすぎているケースが少なくありません。

こうした食生活は、健康にさまざまな悪影響をもたらします。その典型が、肥満（1496頁）と生活習慣病でしょう。

それを防ぐには、日ごろから食事の内容やエネルギーのとりすぎに、気をつけるべきです。とはいえ、やみくもに摂取エネルギーを減らすのは禁物です。正しい知識のないまま、極端な節食や絶食をしたら、かえって健康を害してしまいます。健康を維持しながら、過剰なエネルギー摂取を防ぐには、自分が1日に必要とするエネルギー量を把握することが不可欠です。

◇必要なエネルギー量を知ろう

年齢や性別、体格、生活スタイルなどによって、その人の必要とするエネルギー量は大きくちがってきます。1日の大半をデスクワークですごす小柄な人と、肉体労働に従事している大柄な人では、後者の必要とするエネルギー量が多いのは当然です。また、授乳している間を除いて、女性は男性より20％程度、必要なエネルギー量が少なく、高齢者も若い人に比べて、必要なエネルギー量が少なくなります。さらに、糖尿病（1501頁）などの生活習慣病を抱えている人も、通常より摂取エネルギー量を抑えなくてはなりません。

必要なエネルギー量の算出方法はいろいろありますが、手軽でよく用いられるのは以下の式です。

標準体重※（kg）×25～35
＝1日に必要なエネルギー量（kcal）

※標準体重＝身長(m)×身長(m)×22

この計算に用いる25～35は、各自の身体状況や生活スタイルによって調整される数値で、健康な人は30～35、生活習慣病などのために減量が必要な人は25に設定します。つまり、身長170cm（標準体重は、63・58kg）で減量が必要な人の場合、

63.58kg×25＝1589.5kcal

が、1日に必要なエネルギー量となります。

同じ身長170cmでも健康な人なら35を掛け、2225・3kcalくらいを目安とするわけです。

食事摂取量は日によってバラつきがあるので、つねに控え目にする気持ちがたいせつ。自分に必要なエネルギー量をよく考え、それを3食にバランスよく配分して、食事を構成しましょう。

◎推定エネルギー必要量について

厚生労働省策定の「推定エネルギー必要量」では、年齢層と身体活動レベルに応じて、1日に必要なエネルギー量が示されています（体格は基準体位をもとに算出）。これも必要なエネルギー量の目安にするとよいでしょう。

なお「推定エネルギー必要量」は国際的に使われているエネルギーの摂取基準値で、この数値より摂取エネルギーが多ければ肥満の確率が高くなるわけです。

日本人の基準体位

	男性			女性		
歳	参照身長（cm）	参照体重（kg）	基礎代謝量（kcal／日）	参照身長（cm）	参照体重（kg）	基礎代謝量（kcal／日）
12～14	160.5	49.0	1,520	155.1	47.5	1,410
15～17	170.1	59.7	1,610	157.7	51.9	1,310
18～29	170.3	63.2	1,520	158.0	50.0	1,110
30～49	170.7	68.5	1,530	158.0	53.1	1,150
50～69	166.6	65.3	1,400	153.5	53.0	1,100
70～	160.8	60.0	1,290	148.0	49.5	1,020

エネルギーの食事摂取基準（推定エネルギー必要量）

	男性			女性		
身体活動レベル	Ⅰ	Ⅱ	Ⅲ	Ⅰ	Ⅱ	Ⅲ
12～14（歳）	2,300	2,600	2,900	2,150	2,400	2,700
15～17	2,500	2,850	3,150	2,050	2,300	2,550
18～29	2,300	2,650	3,050	1,650	1,950	2,200
30～49	2,300	2,650	3,050	1,750	2,000	2,300
50～69	2,100	2,450	2,800	1,650	1,900	2,200
70～	1,850	2,200	2,500	1,500	1,750	2,000

成人では推定エネルギー必要量（kcal／日）＝基礎代謝量（kcal／日）×身体活動レベルとして算定。
18～69歳の身体活動レベルは、Ⅰ（低い）＝1.50、Ⅱ（ふつう）＝1.75、Ⅲ（高い）＝2.00。70歳以上では、Ⅰ＝1.45、Ⅱ＝1.70、Ⅲ＝1.95とした。（厚生労働省「日本人の食事摂取基準」2015年）

◎フルーツの糖分にも気を配ろう

フルーツにはビタミンやミネラル、食物繊維を豊富に含んでいるものが多く、積極的に食事に取入れたい食品といえます。だからといって、いくら食べても大丈夫と考えるのはまちがいです。フルーツに含まれる糖分は、過剰に摂取すると、脂肪として蓄積されやすく、食べすぎればたやすく肥満につながります。

とくに、ジュース類はついつい飲みすぎてしまいがちです。健康的な飲み物として最近人気のある、野菜と果汁のミックスジュースも、かなりの糖分を含んでいます。エネルギー量をきちんと考えて摂取するようにしましょう。

バランスのよい食生活で、より健康に

◇1日３５０gの野菜摂取を

生活習慣病の予防を考える際に、エネルギーのとりすぎと並んで大きな課題となるのが、かたよった食生活です。生活習慣病を抱える人の食生活を調べると、肉料理や脂っこいもの、甘いもの、濃い味つけのものを過度に好むケースが、多く見受けられます。こうした嗜好にまかせた食生活が、からだによくないのは当然です。逆に、からだによい成分を含んでいるからといって、特定の食品だけ食べていても健康は維持できません。

正しい食生活の基本は、すべての栄養素をバランスよくとることです。それが自然に、生活習慣病予防にもつながります。

「健康日本21」では、成人における野菜摂取の目標値を1日３５０g以上(このうち緑黄色野菜が１２０g以上)としています。しかし、日本の成人男女の野菜摂取量平均値は、どの年代もこの基準をクリアしておらず、20～40歳代では３００gにも達していません(２０１３年「国民健康・栄養調査結果の概要」)。

また、全エネルギー摂取量に占める脂肪エネルギーの比率は、25%以下が推奨値なのに対して、25・9%になります。まだまだ日本人全体が食生活のバランスを見直す必要に迫られているといってよいでしょう。

◇「食事バランスガイド」を利用しよう

バランスのよい食生活を実践する方法として、以前よくいわれたのが、１日に30品目の食品をとるというものです。これは多彩な食品から幅広く栄養を摂取することで、バランスのよい食生活が実現できるという考えかたです。

もちろん、その際にも動物性の食品ばかり、もしくは炭水化物ばかりといった選びかたをしていれば、品目を増やしたところで効果はありませんし、30品目にこだわって食べすぎては意味がありません。たんぱく質、脂質、炭水化物、ビタミン、ミネラル、食物繊維といった主要な栄養素をまんべんなくとれるように、食品を選ぶことがたいせつなのです。

そこで役立てたいのが、生活習慣病の予防を目的として作成された「**食事バランスガイド**」です。ガイドに示されるのは、１日に「何を」「どれだけ」食べればよいかの目安で、コマの中には、主食、主菜、副菜、牛乳・乳製品、果物の5項目について、１日にとるべき量の目安が表示されています。

このとき、摂取量の目安となる単位は「～つ(ＳＶともいう)」で、主食であれば1日に5～7つ(5～7ＳＶ)、主菜は1日に3～5つが適量と考えていきます。また、「1つ(1ＳＶ)」が示す、各料理の分量は、イラストに示されているとおりです。こうして、イラストの配分に従って、１日の食事を組立てれば、おのずとバランスのとれた、適量の食生活を実現できるとされています。

健康につながる生活習慣

「食事バランスガイド」の基本形

成人１日分の食事として、2200±200kcalを想定した料理の量と組合わせが示されています。この食事に該当するのは、ほとんどの女性と身体活動レベルの低い男性（デスクワークに従事する人のほとんど）です。そのなかでも、30〜60歳代の男性肥満者、単身生活者、子育てを担う世代に対して活用することが奨励されています。

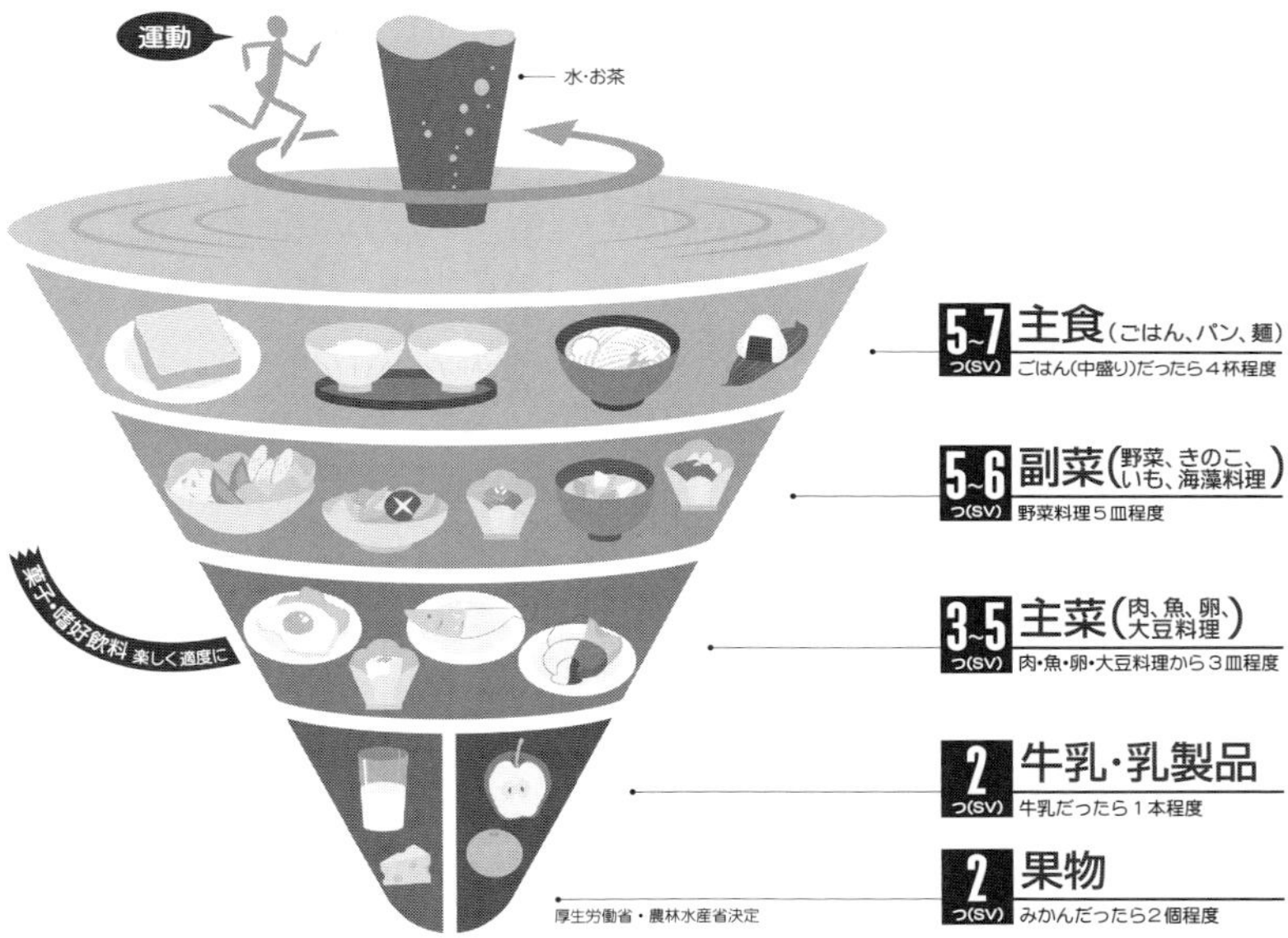

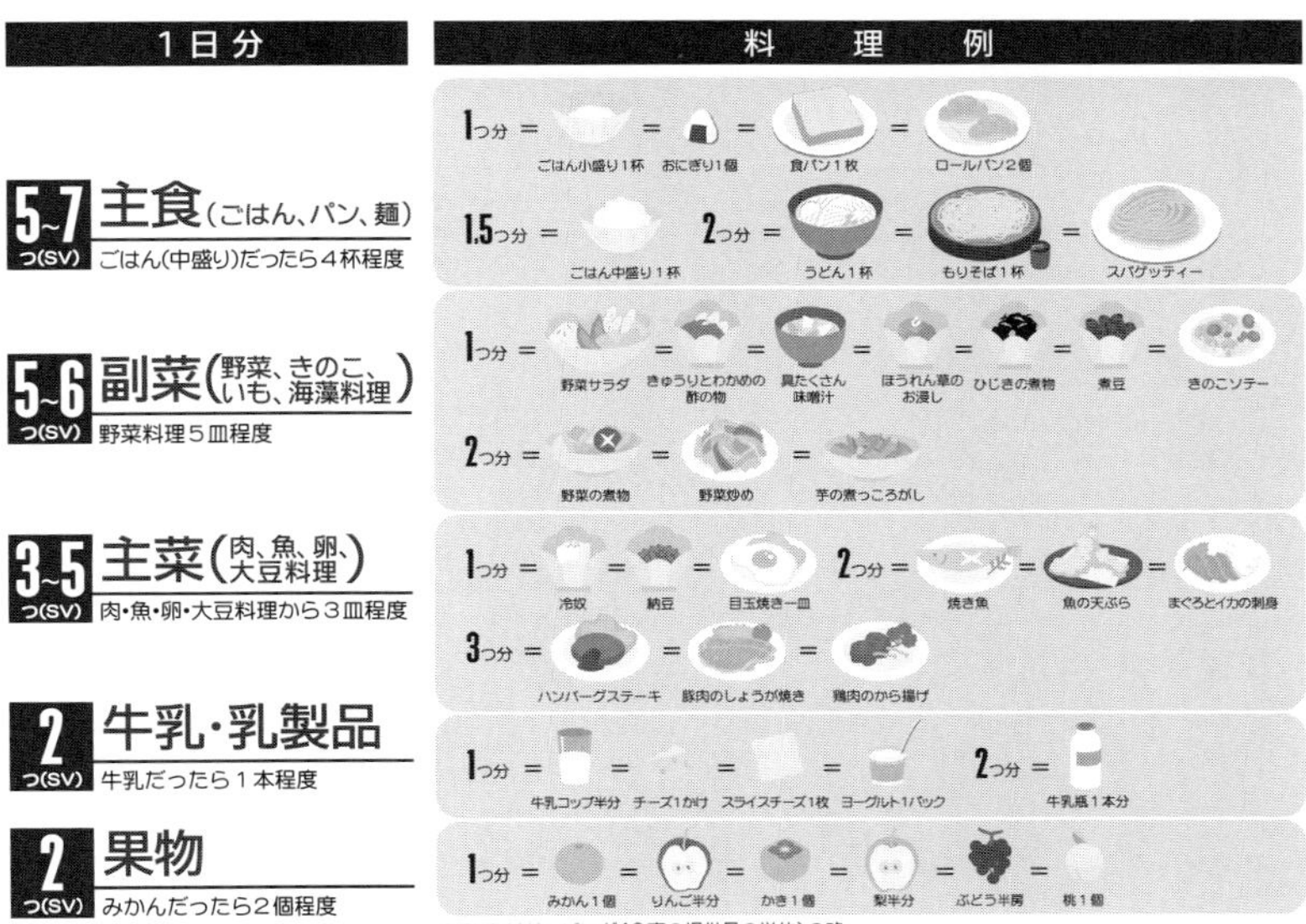

※SVとはサービング（食事の提供量の単位）の略

（厚生労働省・農林水産省決定「食事バランスガイド」）

◎お酒の度数と1日の適量

日本酒（15度）　180㎖（お銚子1本）
ビール（5度）　500㎖（中ビン1本）
ワイン（13度）　200㎖（グラス2杯）
ウイスキー（43度）　60㎖（ダブル1杯）
焼酎（25度）　110㎖（お湯割り2杯）

◎調味料大さじ1杯分の塩分含有量

濃い口しょうゆ＝2・7g
薄口しょうゆ＝3・0g
みそ（甘口）＝1・1g
みそ（辛口）＝2・3g
ウスターソース＝1・4g
トマトケチャップ＝0・6g
マヨネーズ＝0・3g

塩分やアルコールとのつきあいかた

昔も今も、日本人の食生活の問題点となっているのが、塩分のとりすぎです。成人1日あたりの塩分摂取量は8g未満が目標ですが、日本の成人の塩分摂取量平均値は10・2g（2013年「国民健康・栄養調査結果の概要」）で、年々減少していますが依然として目標をオーバーしています。

塩分のとりすぎが高血圧（1396頁）を招くのは周知のとおりで、高血圧は糖尿病や脂質異常症と同様、動脈硬化を引き起こし、脳梗塞（934頁）、心筋梗塞（1362頁）の要因になります。また、多量の塩分は胃壁を荒らすため、胃潰瘍（1558頁）や胃がん（501頁）の引き金にもなりかねません。統計的にも平均寿命が短い地域には、塩分の摂取量が多い傾向がみられます。

では、実際に塩分のとりすぎを防ぐには、どうするか。ポイントは塩そのものの使用量はもちろん、調味料に含まれる塩分にも注意を払うことです。そこで、まず主要な調味料の塩分含有量を把握しておきましょう。調理のときには使うものをしっかり計量し、合計で塩分がどれだけになったかチェックします。ハムやカマボコ、漬物のように塩分を多く含んだ食品を食べるときは、その塩分にも気をつけなくてはいけません。それらすべてをコントロールしてはじめて、本当の減塩が可能になると思いましょう。

また、味つけの際は、塩分を減らすかわりにだしのうま味や酸味、スパイスの香りをきかせるのがこつです。こうすると味にめりはりがつき、減塩にしても十分な満足感が得られます。

◇1日に日本酒1合が適量

とりすぎに用心といえば、もうひとつ忘れてならないのがアルコールです。アルコールは摂取量が適度なら、血行をよくして血圧を下げる、善玉コレステロールを増やす、精神をリラックスさせてストレス解消に役立つ、などのメリットをもたらしてくれます。

しかし、度がすぎれば脂肪肝（1659頁）やアルコール性肝炎（1656頁）、急性膵炎（1678頁）、胃潰瘍（1558頁）などの疾患に直結します。中性脂肪の増加や高血圧、動脈硬化を促す要因にもなるなど、よいことは1つもありません。

アルコールの適量は、日本酒1合程度が目安です。ただし、アルコールの代謝能力は個人差が大きいので、お酒に弱いと自覚したら、決してむりに飲んではいけません。ちなみに、日本人の約40％はお酒に弱い体質に該当します。とくに、女性は本質的にアルコール代謝能力が低いので、男性の半分程度を適量と考えておくべきでしょう。

また、飲むときはつまみを適度に食べながら、ゆっくり時間をかけて飲むことです。つまみは枝豆や豆腐のように、ビタミンやたんぱく質が豊富で、脂質の少ないものが理想的です。強いお酒であれば、薄めて飲むことも大事です。そして、どんなにお酒に強い人でも、必ず週に2日は、お酒を飲まない休肝日を設けるようにしてください。

健康につながる生活習慣

薄塩でも満足感を得る工夫

塩味は１品に集中して使いましょう。
酸味をじょうずに利用する。

焼き物は香ばしさを味わいましょう。
揚げ物は油の風味とこくを活用する。
味つけは料理の表面だけ強く。

旬の食材で、素材のおいしさをいかそう。
天然のだしを活用する。
香辛料や香味野菜でアクセントをつける。
汁物は具を多く、汁は少なめに。
料理はできたてのうちに食べる。

食物繊維の効果

消化管でのはたらき	予防する疾患
口腔	
咀嚼回数の増加（唾液分泌の促進）	むし歯
小腸	
栄養素の消化・吸収を抑制・遅延（コレステロール、中性脂肪、胆汁酸の消化・吸収の抑制・遅延などによる脂質代謝の改善）	脂質異常症 虚血性心疾患 胆石症
（血糖値上昇の抑制、インスリンの過剰分泌の抑制などによる糖代謝の改善）	糖尿病
（食物のエネルギー低下）	肥満
大腸	
腸内細菌叢の改善（発がん物質の抑制、胆汁酸代謝を変化）	大腸がん
食物の通過時間の短縮（腹圧、腸圧の低下）	大腸憩室症
便容積を増加	便秘

（大妻女子大学家政学部食物学科・池上幸江「食物繊維に関する最近の研究動向と疾病の関係」を参照）

◇食物繊維の摂取

塩分やアルコールとは逆に、不足に気をつけたいのが食物繊維です。食物繊維には水溶性と不溶性があり、いずれも人の消化酵素ではほとんど消化されません。しかし、体内でさまざまな生理作用を発揮するのが大きな特徴です。その作用には、①咀嚼（そしゃく）回数を増やしてむし歯を予防する、②エネルギーのとりすぎを防ぐ、③コレステロールや塩分、糖分の吸収を抑制する、④腸内の有害物質を吸着・排出する、などがあります。さらに、腸内の免疫機能向上やミネラルの吸収促進といった、新たなはたらきも示唆されています。

食物繊維のこうしたはたらきは、糖尿病、脂質異常症、高血圧症、大腸がんなどの予防に有効です。食生活の欧米化した現在では、食物繊維が恒常的に不足しており、積極的な摂取が求められています。食物繊維をとれるサプリメントもありますが、食物繊維は自然な食物からとったほうが、高い生理作用を示すことがわかっています。

◎サプリメント選びの注意

日本にはサプリメントということばの明確な規定はありませんが、それに該当するものに**特定保健用食品**と**栄養機能食品**があります。

特定保健用食品は、からだの機能にはたらきかける成分を含んだ食品で、健康の維持や特定の保健用途に利用されるものです。審査に基づいて許可された、効能効果をある程度表示することが認められています。

栄養機能食品は、定められた栄養素を一定量以上含んでおり、その補完を目的に利用される食品で、こちらは一定量以上含まれる栄養素の内容と、そのはたらきに関することしか表示できません。

この2つをまとめて**保健機能食品**といい、ここにあてはまらないものは、すべて一般の食品になります。サプリメントを選ぶときは、こうした分類にも気をつけるようにしましょう。

外食で気をつけたいポイント

エネルギーのとりすぎを防ぎ、栄養のバランスがとれた食事を心がけるなら、3食すべてを自宅で用意するのが理想的です。しかし、独り暮しで会社に勤めている人などにとって、それはかなりむずかしいことでしょう。

外食の大きな問題は、栄養のバランスがとりにくく、とくに野菜の摂取量が少なくなりがちなことです。そのためどうしてもビタミンやミネラル、食物繊維が不足気味になってしまいます。

また、ファストフードやファミリーレストランをはじめとする外食店の料理は、口に入れたときの印象が強くなるよう、味つけを濃くしたり、脂肪分をたっぷり使うことが多いのも問題です。そうした料理を頻繁に食べていれば、当然、エネルギーや塩分などのとりすぎとなります。それゆえ、外食の多い人はじょうずに栄養バランスをとる工夫が欠かせません。具体的には、

①同じ店の同じ料理ばかり食べない。
②多彩な品目をとれるよう、注文を組立てる。丼物や麺類などの単品メニューより、皿数の多い定食がベター。
③揚げ物は、なるべく控える。シチューやカレーのように、目に見えない脂肪分を多く含んだ料理にも注意する。
④野菜が足りなければサイドオーダーでフォローし、その分、肉などは残す。
⑤麺類のつゆは飲み干さない。丼物の場合、つゆを少なめにしてもらう。
⑥すしのつけじょうゆ、お浸しのかけじょうゆなどは、最小限にとどめる。

いずれにしても、意識的に野菜の比率を増やして、脂肪や塩分を減らすことが要点です。分量や味つけなどのわがままを聞いてくれる、馴染みの店をいくつかもてれば理想的です。

◇サプリメントは、あくまで補助

外食の多い人や食生活の不規則な人が、よく利用するものにサプリメントがあります。サプリメントとは、通常の食事では不足しがちな、栄養素などを補うための補助食品のことです。望む栄養素を手軽にとれるため、忙しい人には魅力的な存在です。

そのため、ひじょうに多くのサプリメントが出回るようになりました。含まれる成分はビタミン、ミネラルから漢方薬的なものまでさまざまです。形状も錠剤、カプセル、粉末、ドリンクなど、好みに合わせて選べます。また、特定保健用食品のように、有効性や安全性に関する審査を受け、健康への具体的はたらきを表示した食品も増え、一般にも普及しつつあります。

ただ、便利だからといってサプリメントにばかり頼り、普段の食事をおろそかにしてしまっては本末転倒です。サプリメントだけで、すべての栄養素をカバーすることはできません。また、特定の栄養素をとりすぎれば、過剰摂取による障害を招くこともあるのです。

サプリメントはあくまで補助的存在で、基本となるのは正しい食生活です。摂取する際は、自分の体調や食生活を知ったうえで、必要な成分を選び、必ず適量を守るようにしてください。

健康につながる生活習慣

外食をじょうずにとるポイント

皿数の多いメニューを選ぶ。

野菜が足りない場合は、サイドオーダーで。

揚げ物はなるべく避け、カレーにも注意。

同じメニューばかり頼まない。

麺類のつゆは飲み干さない。

つけじょうゆ、かけじょうゆは最小限に。

サプリメントのじょうずなとりかた

サプリメント頼みはダメ。正しい食生活を基本に。

自分の体調や生活習慣を知ったうえで利用しましょう。

むやみにとりすぎるのは禁物。

何度かに分けて摂取しましょう。

健康につながる生活習慣②

運動の必要性と効果

バランスのとれた食生活とともに、生活習慣病予防の柱となるのが、適度な運動習慣です。日ごろから運動を行っている人と、そうでない人を比べると、前者のほうが糖尿病（1501頁）や心筋梗塞症（1362頁）の発症率が低く、寿命も長い、という研究結果は1960年代ころから盛んに報告されており、運動と健康の密接なかかわりは、医学的にも証明されています。しかし、現代の日本人の生活をみると、ひたすら運動不足を促す方向に向かっているといわざるをえません。

自動車の普及や交通機関の発達によって、日本人は歩くことが少なくなっています。また、電化製品の機能が充実することで、家事の負担は以前にもまして、大きく軽減されています。生活のあらゆる面において、からだを動かす必要が減ってきているわけです。

このような環境に甘えて、慢性的運動不足になれば、たとえバランスのとれた食生活を実践したとしても、健康によいはずがありません。運動の効用というと、エネルギー消費による肥満防止が真っ先に思い浮かびますが、それ以外にも、さまざまなかたちで健康への恩恵をもたらしてくれるのです。

◇代謝能力の活性化

運動をつづけていると、血中の中性脂肪の低減や内臓脂肪の消費が促進されるのに加えて、糖分を代謝するインスリンのはたらきが活発になります。これによって、血糖値の急激な上昇が抑制されます。その結果、糖尿病や脂質異常症（高脂血症 1509頁）、メタボリックシンドローム（1494頁）などの予防・改善にも役立つというわけです。実際、よく歩く人は血液中の中性脂肪値とＬＤＬコレステロール値が低くなり、逆に善玉のＨＤＬコレステロール値は高くなるという研究結果もでています。

また、運動している最中は、からだのすみずみに多くの血液を送る必要があるため、全身の血管が拡張します。そのため、運動を習慣づけると、安静にしているときでも血流のよい状態が維持されるようになり、高血圧症（1396頁）の改善や、動脈硬化症（1407頁）を防ぐなどの効果をもたらすのです。

さらに、気持ちよく汗をかくことで、精神的にもリフレッシュされ、ストレス解消に役立つ点も見逃せません。

こうしたことから考えても、自発的に適度な運動習慣をもつことが、生活習慣病予防に欠かせないのは明白です。にもかかわらず、日ごろから運動を行っている人は、全体の３分の１なのです。とくに、30～39歳の男女とも20％にも達していません。生活習慣病にならないような生活を築くべき年代であるのに、むしろ運動習慣をもつ人がもっとも少ないのは大きな問題です。

この年代の人は、社会生活でもとくに忙しい時期にあたるので、それを理由に運動から遠ざかってしまうことも理解できます。しかし、先々の長い人生を健康かつ快適に暮らすため、時間を見つけて、積極的にからだを動かすように心がけましょう。

健康につながる生活習慣

運動習慣のある人の割合（20歳以上）

運動習慣のある人：1回30分以上の運動を週2日以上行い、1年以上継続している人。

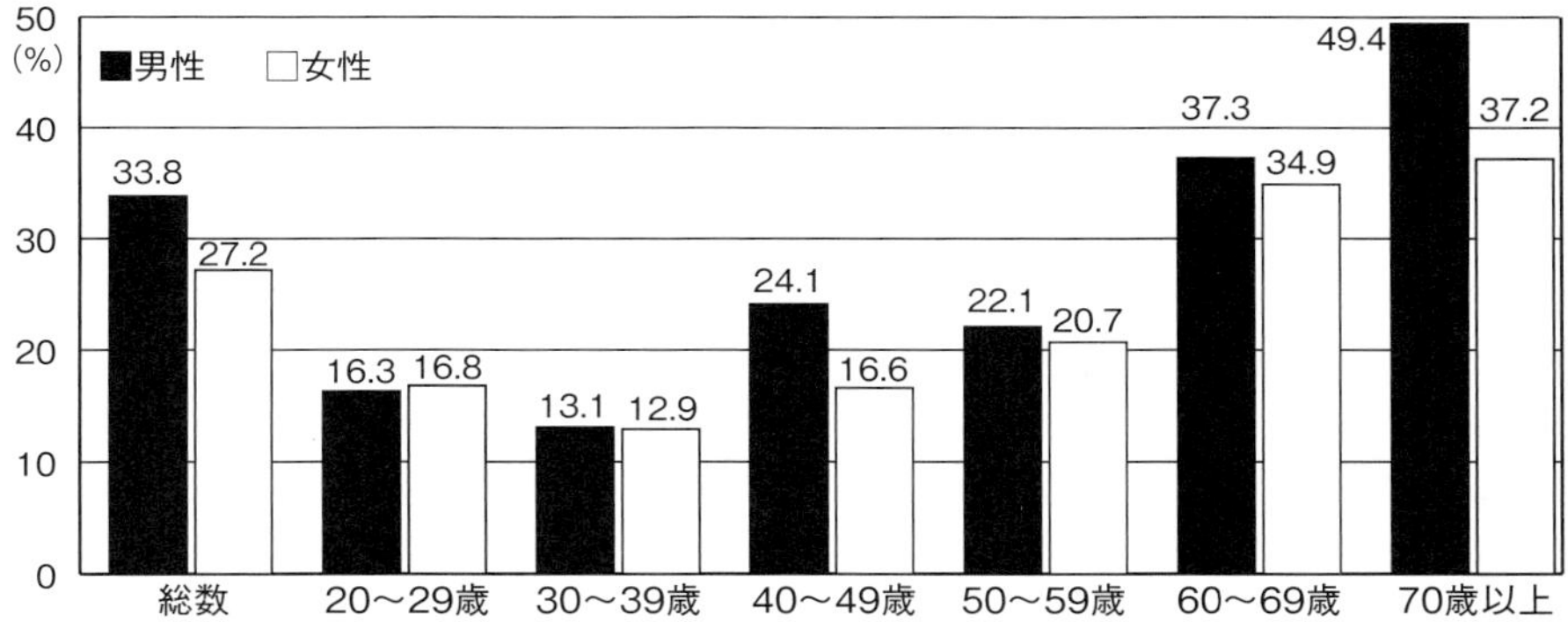

（厚生労働省「国民健康・栄養調査の概要」2013年）

軽いジョギングによる、インスリン感受性の変化

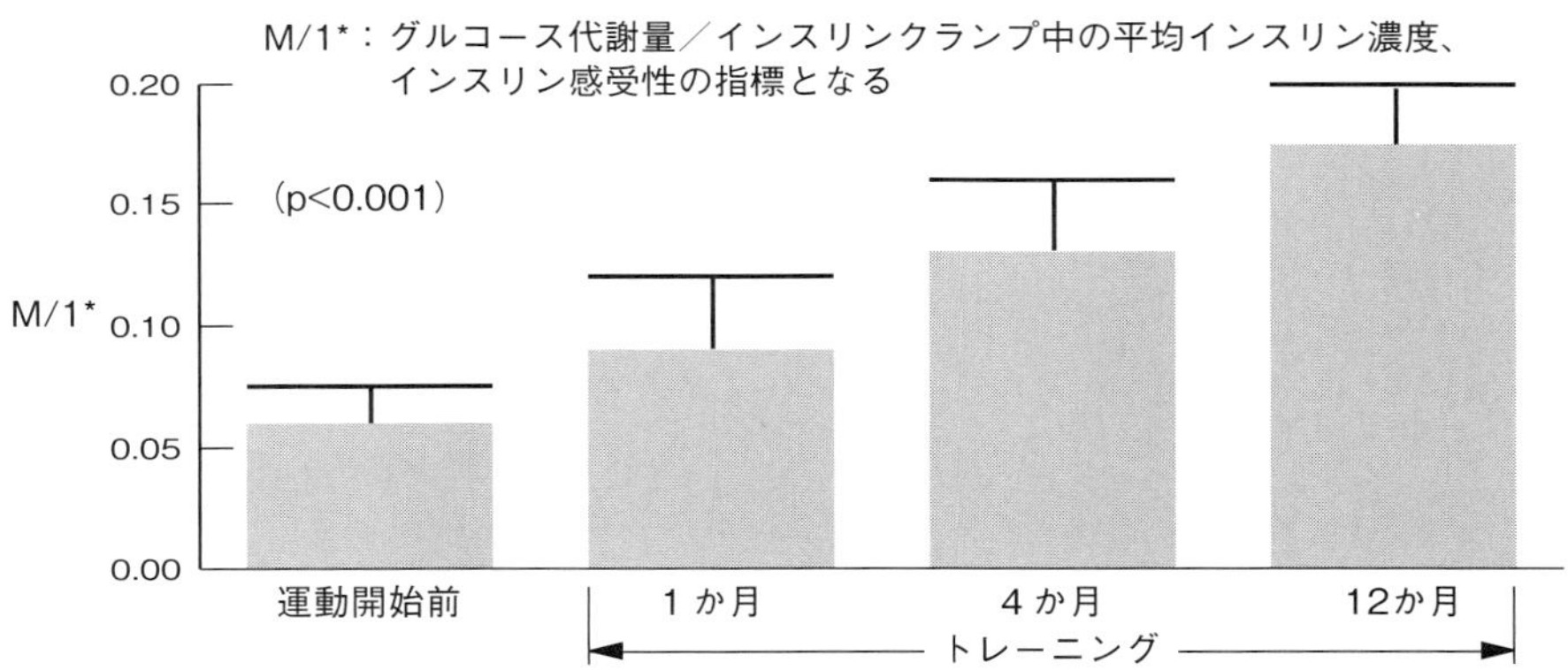

（押田芳治、ほか「日本内科学会雑誌」93（4）：726～732 2004年）

歩行数によるコレステロール値などの変化

歩行数区分（歩／日）	0～1,999	2,000～3,999	4,000～5,999	6,000～7,999	8,000～9,999	10,000～
収縮期血圧（mmHg）	141.8	137.2	134.8	132.7	131.9	131.3
HDLコレステロール（mg／dℓ）	54.8	55.3	56.6	58.0	59.5	60.0
トリグリセリド（mg／dℓ）	146.9	158.2	152.6	143.0	137.9	136.9
BMI	23.4	23.4	23.4	23.0	22.9	22.7

（厚生労働省「第5次循環器疾患基礎調査」2000年）

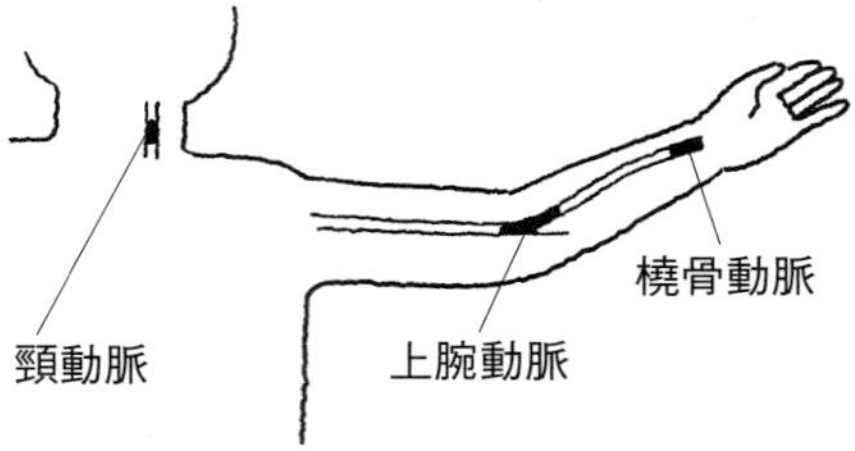

脈をとりやすい部位

適度な運動量とは

生活習慣病の予防を目的に運動する場合、運動の強度が適切であることがたいせつです。競技成績が目的ではないので、からだに大きな負荷をかける必要はありません。しかし反対に、あまり負荷が少なすぎても、運動の効果は得られにくくなります。では、どの程度の運動を適度と考えればいいのでしょうか。

一般に、生活習慣病の予防や改善を目的とした運動では、1日あたり200～300㎉のエネルギーを消費するのが適当とされています。300㎉のエネルギーを消費する運動というと、体重60kgの人がやや速足の一般的なウオーキングのペース（1分間に90～100m進む程度）で、1時間強、歩きつづけた場合に相当します。

運動の強度でみた場合、少し息が弾むけれども、会話はつづけられるくらいが、ちょうどいいレベルなのです。

運動の強度は、心拍数を目安として、計算することができます。

（最大心拍数－安静時心拍数）×（0.5～0.7）＋安静時心拍数

この式の0・5～0・7は、その人がもっている運動能力をどの程度まで使うかを表します。この数値は各自の運動習慣や年齢、持病の有無などの要素をもとに調整します。

また、**最大心拍数**を正確に求めるには、医療機関などで運動負荷テストを受ける必要がありますが、そのために医療機関に行くのはたいへんです。そこで220から自分の年齢を引いた数値が、おおむね最大心拍数に相当すると考えればよいでしょう。

たとえば、45歳でとくに運動習慣がなく、安静にしているときの心拍数が65という人であれば、

［(220－45)－65］×0.5＋65＝120

この心拍数に達する運動が、その人にとって適度な強度になるというわけです。

運動を始めて5分くらい経過したところで、脈拍を感知しやすい、くび、肘の内側、手首などで脈をとって（上段図）、心拍数を計ります。1分間の脈拍が基本ですが、15秒間脈を数え、その数値を4倍してもかまいません。目標とする心拍数より多ければ運動のペースを落とし、少なければペースをあげればいいのです。

◇メッツとは

健康にかかわる話題のなかに「メッツ」ということばが、用いられるようになりました。これは身体活動の強度や量を示す単位です。

メッツとは、運動、労働、家事といった、身体活動の強度を表す単位で、安静時を基準として、その何倍に相当するかで活動の強度を表しています。

座って安静にしている状態を1メッツとして、ふつうに歩いているときは3メッツ、ジョギングをしているときは7メッツといったかたちで、活動の強度を示します。

行った身体活動の量を示すには、メッツ・時で表します。仮にある運動を行ったとしたら、その運動のメッツ数に、実施した時間をかけて算出します。

3メッツ以上の身体活動

3メッツ以上のおもな運動

メッツ	おもな運動
3.0	ボーリング、社交ダンス、バレーボール
3.5	ゴルフ（カートを使う）、自体重を使った軽い筋力トレーニング
4.0	ラジオ体操第１、卓球
4.5	テニス（ダブルス）、ラジオ体操第２
4.8	ゆっくりとした背泳
5.0	かなり速歩（平地、107m／分）、ソフトボール または野球、サーフィン、バレエ
6.0	パワーリフティング、ボディビル、のんびり泳ぐ水泳、 バスケットボール、軽いジョギング
6.5	0〜4.1kgの荷物をもって山を登る
7.0	ジョギング、サッカー、スケート、スキー
8.0	サイクリング（約20km／時）

3メッツ以上のおもな生活活動

メッツ	おもな生活活動
3.0	ふつうの歩行
3.3	カーペットふき、フロアふき
3.5	モップがけ、掃除機、軽い荷物運び
3.8	床磨き、風呂掃除
4.0	自転車に乗る（16km／時未満）、動物と遊ぶ（中強度）、階段を上る、 高齢者や障害者の介護
4.5	耕作、家の修繕
5.5	シャベルで土や泥をすくう
6.0	スコップで雪かき
8.0	重い荷物の運搬

ゴルフでは、待ち時間を除く。（厚生労働省「健康づくりのための運動指針2013」）

3メッツの運動を1時間半つづければ、

3×1.5＝4.5メッツ・時

さらに、メッツ・時に体重をかけることで、おおまかな**エネルギー消費量**も計算できます。

メッツ・時×体重

厚生労働省では、健康維持のために適切な身体活動のありかたを、メッツを用いて、次のように設定しています。

「65歳以上の人では、『身体活動』の強度を問わず毎日40分(毎週10メッツ・時)以上、18〜64歳の人では強度3メッツ以上の『身体活動』を毎日60分(毎週23メッツ・時)以上行い、そのうち毎週4メッツ・時以上の活発な『運動』を行うこと(ここで使われている『身体活動』とは、家事、労働、通勤、運動などを含めた、からだを動かす活動のすべてをさします。『運動』とは、スポーツなどの体力の維持や向上を目的に、計画的・意図的に実施するものをさします)。

運動を実施するときには、こうした数値も目安にして、自分に最適なメニューを組むようにしてください。

◎運動中は十分な水分補給を

昔は運動中に水を飲むなと、よくいわれたものです。しかし、医学的にみるとこれは大まちがいです。発汗で失われた水分を補給せずに運動をつづければ、熱中症（2054頁）や脱水症状をおこして、ときには命にもかかわります。

とくに、高齢者はからだに保持されている水分の量が少ないので、きちんと水分を補給することが不可欠です。ウォーキングなどに出るときは、水の入ったペットボトルなどを携帯し、のどの渇きを感じる前に、口を湿らす感覚で、少しずつ水を飲むようにしてください。

有酸素運動とは

生活習慣病の予防には、適度な運動が欠かせないのですが、からだささえ使えば何でもいいわけではありません。不適切な運動では、努力に見合うような効果は得られないのです。

運動には大きく分けて、**有酸素運動**と**無酸素運動**があります。有酸素運動は、呼吸によって酸素を取入れながら、比較的長い時間をかけて持続的に行う運動のことです。これに該当するのは、ジョギングやウォーキング、サイクリングなどです。いっぽう無酸素運動は、一時的に呼吸を止め、短時間に大きな筋力を発揮させる運動で、重量挙げや短距離走などがその代表です。

両者を比較すると、有酸素運動のエネルギーにはおもに体内の脂肪が使われ、無酸素運動には糖質の1種のグリコーゲンが使われます。つまり、肥満や生活習慣病の予防・改善に適しているのは、脂肪を燃焼させる有酸素運動のほうです。無酸素運動は筋肉のパワーアップには有効ですが、健康維持を目的とする場合には、補助的な運動と考えたほうがよいでしょう。とくに、強い負荷をかける無酸素運動は、一時的に大きく血圧が上昇するので、高齢者では注意しなければなりません。

有酸素運動としてもっともよいのは、呼吸が乱れない程度の適切な強度を保ちながら、ゆっくり30分以上かけて行うことです。一般的に、有酸素運動によって体内の脂肪が本格的に燃焼し始めるには、30分ほどかかります。そのため、より大きな効果を期待するなら、30分以上運動をつづけることが望ましいわけです。

では、具体的に有酸素運動を行う際に、留意すべきポイントを各運動ごとにみていきましょう。

●ウォーキング

生活習慣病の予防を目的にした有酸素運動として、もっとも万人向けといえるのがウォーキングでしょう。特別な道具や技術を必要とせず、思い立ったらすぐに始められるのが大きな特長です。また、ジョギングに比べてからだの上下動が少なく、足腰にかかる衝撃が小さいため、高齢者や肥満者でも、膝や足首、腰などを痛めにくいという利点ももちあわせています。実際、中高年層を中心に、ウォーキングを行う人の数は急増しています。

もちろん、歩くといっても、漫然と歩いているだけでは、大した運動効果は期待できません。たいせつなのは、きちんとしたフォームで正しく行うことです。そうすれば、ウォーキングは全身の筋肉や骨格をまんべんなく動かし、むりなくエネルギーを消費できる、すぐれた有酸素運動となるのです。

実際にウォーキングを行うときのポイントは、背筋を伸ばして胸を張り、ある程度広い歩幅をとって、腕をしっかり振りながら歩くことです。歩幅の目安は、自分の身長（cm）から１００を引いた数字とします。

また、体力に合わせて、行う回数と時間、ペースをコントロールすることも大事です。ウォーキングを始めた段階では、1日おきに1回30分程度、散歩くらいの軽いペースにしてください。

◎筋力トレーニングも取入れよう

生活習慣病予防のために行う運動は、有酸素運動が基本です。ただ、そこに筋力トレーニングを少し織り込むことで、健康の維持増進効果をさらに高めることができます。

筋肉の量が増えれば基礎代謝量が増し、エネルギーの消費はよりスムースになります。また、筋肉に負荷がかかることによって、骨も丈夫になるのです。もちろん、健康維持の目的では、息を止めて全力を込めるような、強度の高い筋力トレーニングは必要ありません。自分の体重を使ったスクワットや軽いダンベルの上げ下げなど、呼吸を整えながらできるもので十分です。目先を変えて運動に飽きないようにするうえでも、こうしたトレーニングを取入れることは有効なのです。

ウォーキングの理想的なフォーム

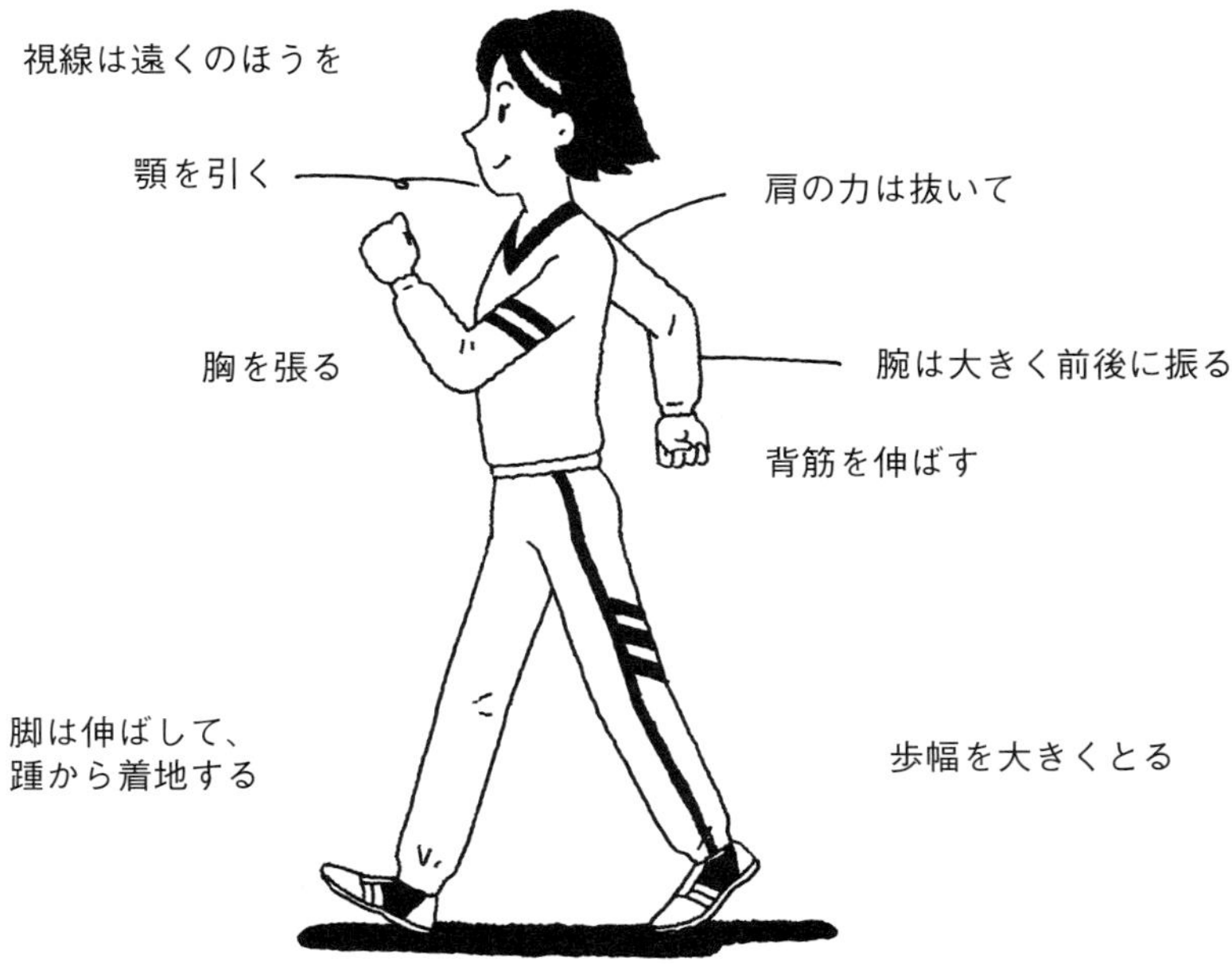

これを2週間ほどつづけて、からだが慣れてきたら、少し息が弾むくらいまでスピードをあげていきます。運動時間もだんだんと延ばしていき、最終的には1回1時間程度にし、これを週に5回以上行うことを目標とします。

◉ジョギング

ウォーキングとともに、手軽な有酸素運動として人気が高いのがジョギングです。ジョギングはウォーキングに比べてスピードをあげやすく、より高い強度で運動をつづけられるのが特徴です。そのため、スポーツに慣れていて体力のある人、若い人などには、ジョギングのほうが向いているでしょう。

ただし、ジョギングは足腰にかなりの衝撃が加わる点に、気をつけなくてはいけません。一般にウォーキング時に足腰へかかる衝撃が、体重の1・2倍程度なのに対して、ジョギングの場合は体重の3〜4倍にまで達します。当然、足首や膝の関節、腰などを痛める可能性も高いのです。

それを防ぐため、ジョギングを始めるときには、準備運動をしっかり行い、

◎1年後まで運動をつづけている人は3分の1以下

運動を始めた当初は、誰でも長くつづける意気込みでいるにちがいありません。しかし、統計をみると1年後まで運動を継続できている人は、わずか30％程度です。その最大の理由は「時間がない」というものです。

とはいえ、日々の暮らしのなかで利用できる時間は、運動を志した時点でわかっていたはずです。また、ウォーキングのように通勤時に実行できる運動もあるのです。

やはり、運動を長続きさせるには、その人の心がけがいちばんたいせつです。そして、むりなくつづけられるよう、計画を立てることも欠かせません。

正しいフォームをとることがたいせつになります。走るときは、流れるように体重を移動させるのがポイントです。振り出した足を踵から着地させ、からだの重心をつま先に向かってスムースに移行し、最後は足の親指の付け根付近で、地面を蹴るように意識します。こうすれば関節にかかる負担が少なくなり、蹴る力も有効に利用できます。また、衝撃吸収性の高いジョギングシューズを用意するとよいでしょう。

経験を積んで走ることに自信がついたら、目的を明確にしてモチベーションを高めるため、市民マラソンのような大会をめざすのもよいでしょう。

◉サイクリング

近ごろ、健康的な運動としてサイクリングが見直され、その人気も高まっています。サイクリングは道具を使った運動のなかでは手軽に始められるうえ、腰掛けて行うため、足腰にかかる負荷や衝撃が少ないのが利点です。

サイクリングをする場合も、ウォーキングと同様、少し息が弾む程度のペースを守り、30～60分間運動を持続するのがポイントです。また、自転車のサドルやハンドルの位置を自分の体格に合わせて調整することが、効率的に筋力をいかすうえで重要です。

サドルの高さは、踵をペダルにのせてもっとも遠い位置まで踏み下ろしたとき、足がほぼまっすぐ伸びるくらいが最適です。買い物などに使われている自転車のサドル位置では、サイクリングには低すぎるケースが大半です。ハンドルは、遠すぎず近すぎず、自然に手を伸ばした状態で握れる位置にしましょう。

自転車をこぐときは、土踏まずではなく、足の親指の付け根付近をペダルにのせると、力をうまく伝えられます。無論、滑りやすい革靴やハイヒール、サンダルを履くのは避けてください。

サイクリングではウォーキングやジョギングより長い距離を走れるのが魅力です。ただし、走行中は自動車や歩行者など、周りの状況に気をつけることが必要です。事故防止のためにも、交通量の少ない道、川原や湖畔のサイクリングコースなどがよいでしょう。

◉水泳

水泳はすぐれた全身運動であるのに加えて、水中で行うことによる、さまざまなメリットがあります。①水に奪われる体温を保つため、陸上より多くのエネルギーが消費される、②水の抵抗によって、軽く泳ぐだけでも大きな運動効果が得られる、③水に浮いているため、足腰にかかる負担がひじょうに少ない、といった利点があります。

その反面、うまく泳げる人とそうでない人で、運動効果にかなり差がでる部分は否めません。とくに息継ぎがうまくできないと、無酸素運動に等しい状態になるので、まず正しい泳ぎかたをマスターすることが先決です。また、水泳中の心臓発作などを防ぐため、ほかの運動以上にウォーミングアップを入念に行うことがたいせつになります。

20～30分間を目標に、むりせずゆっくり泳ぎつづけましょう。プールを往復するので、端から端まで泳ぎきるたびに、休憩をとってしまいがちですが、泳ぎかたを変えたりしながら、なるべく長く泳ぎつづけましょう。

第1章—第10章
生活習慣病
がん(悪性腫瘍)
子ども
女性
脳・脊髄・神経
こころ
目
耳・鼻・のど
歯・口腔
呼吸器

運動で消費するエネルギー量

運動	強度 メッツ	運動時間 分	運動量 (メッツ・時)	体重別エネルギー消費量（kcal）			
				50kg	60kg	70kg	80kg
速歩	4.0	10	0.7	25	30	35	40
水泳	8.0	10	1.3	60	75	85	100
自転車	4.0	20	1.3	55	65	75	85
ゴルフ	3.5	60	3.5	130	155	185	210
軽いジョギング	6.0	30	3.0	130	155	185	210
ランニング	8.0	15	2.0	90	110	130	145
テニス	7.0	20	2.3	105	125	145	170

エネルギー消費量は、強度(メッツ)×時間(時)×体重の値から安静時のエネルギー量を引いたもので、5kcal単位で表した。(厚生労働省「健康づくりのための運動指針2013」)

◇運動を長続きさせる秘訣

健康のために運動を行う際、覚えておいてほしいのは、効果が即効的に得られるわけではないことです。どんな運動でも、ある程度の期間つづけなければ、明確な効果は現れてきません。少なくとも2〜3か月、長いときは1年くらいつづけてようやく変化が現れることもあります。それゆえ、焦ったりあきらめたりせず、根気よく運動をつづけることが大事なのです。

運動を三日坊主に終わらせないこつは、最初から気合いを入れすぎないことです。あまりに高い目標を立てて、いきなり自分にむりを強いれば、その反動で挫折することも多くなります。

また、効果が高そうだからと、あえて興味のない運動を始めるのも疑問です。肩の力を抜いて、楽しみながらつづけられる運動を行うのがいちばんです。もし、同じくらいの年代、体力の仲間といっしょに、運動を始められれば、互いに励まし合うこともできるので申し分ありません。

◎こんな症状は赤信号

以下の項目に自分が該当するときは、からだの変調や危険を知らせるシグナルです。いったん、運動をストップして、必ずメディカルチェックを受けましょう。

①運動時、または安静時の胸の痛み、不快感。
②安静時、または軽度の運動での息切れ。
③失神または重度のめまい。
④心雑音を指摘されている。
⑤夜間の呼吸困難。
⑥動悸、または頻脈。
⑦間欠性跛行（1424頁）
⑧日常生活のなかで、いつもとちがう疲労感や息切れを感じる。
⑨突然死の家族歴がある。

運動時の心得

日々の健康を保つうえで、適度な運動を行うことは、ひじょうに大きな意味をもっています。しかし、まちがった考えかたで臨んでしまうと、逆に体調をくずしたり、場合によっては心臓発作などの事態を招きかねません。

とくに、若いころからずっと運動の経験や習慣がなかった人、もともと体質的に虚弱な人、循環器や呼吸器に持病をもっている人などは、運動の際、より体調に注意を払う必要があります。

また、中高年になると、気がつかないうちに高血圧症（1396頁）や動脈硬化症（1407頁）が進行していることもしばしばあります。そのため、とくに自覚症状がない場合でも、運動中のからだの変調には、よく気をつけましょう。

もし、これから本格的に運動を始めようという人は、自分の健康状態に不安がなくとも、可能なかぎりスポーツクリニックなどで**メディカルチェック**を受けておくべきです。通常、メディカルチェックで行われるのは、これまでかかった病歴（既往症）や自覚症状の有無、日常的身体活動や食生活に関する問診、診察、尿や血液の検査、心電図の状態を見ながら行う運動テストなどです。これらのデータをもとに、最大心拍数をはじめとする各人の運動能力や、どの程度の運動であれば安全かなどを確認してもらえます。

その結果に基づいて、自分のからだに合ったメニューを指導してもらえば、より効率的かつ安全に運動をつづけることができます。運動中の突然死のような最悪の事態を避けるためにも、面倒がらずにこうした検査を利用し、正しい運動習慣を身につけましょう。

◇けがの防止

運動時のけがなど、不測の事態を防ぐために忘れてならないことに、準備運動と整理運動があります。

本格的な運動を始める前には、必ず軽い**ストレッチング**や**体操**を行いましょう。**準備運動**によって、かたくなっている関節や筋肉をときほぐし、心臓や血管へ急激に負担がかかることを防ぎます。ちなみに、運動中によくあるけがには、肉離れや腱断裂（アキレス腱断裂1935頁）がありますが、その多くは15～20分の準備運動を行っていれば防げたものといわれます。

ストレッチングでは、反動をつけてむりにからだを伸ばさないようにしましょう。伸ばす部分の筋肉や腱に意識を集中し、大きく息をはきながら、ゆっくり伸ばしていきます。痛みを感じるようなら、やりすぎです。気持ちよく伸びを感じる程度にしましょう。

整理運動では、メインの運動が終わったあと、軽い運動に切りかえて徐々にペースを落とし、使った筋肉をゆっくりクーリングダウンさせます。いきなりからだの動きを止めると、急激に血圧が変化したり、疲労物質の乳酸が筋肉に残る原因になるので注意しましょう。運動後に整理運動を行うと、疲労回復のスピードも速くなります。

整理運動の場合も、体操とストレッチングを行うのがお勧めです。よく使った部分の筋肉や腱を中心に、入念に

体操とストレッチング

軽い体操（大きな動きでゆっくりと行いましょう）

ストレッチング（20秒程度ゆっくり伸ばします）

（厚生労働省『健康づくりのための運動指針 2006』より改変）

行ってください。このとき、深呼吸を組合わせて行うと、クーリングダウンの効果が、より高まります。

◇がんばりすぎが危険を招く

最後に、必ず肝（きも）に銘（めい）じておいてほしいことは、からだの変調を感じたときには、絶対にむりをしないことです。

勤勉なのは日本人の美点ですが、それゆえにからだから赤信号がでていても、がんばって運動を強行する人が少なくありません。それがもとで健康に重大な支障を招くケースも、多々あります。もし、運動中に胸の痛みや息苦しさ、頭痛、めまい、極端な疲労感などを感じたら、すぐ運動を中止して、医師の診察を受けてください。病院へ行く前に症状が治まったとしても、素人判断で運動を再開するのは禁物です。

また、極端に暑い日や寒い日、雨の日なども、からだに変調をきたす可能性が高くなります。こうした天候のときは、屋外の運動は避けましょう。

体調を見極めて、必要なときは休むこともたいせつです。

◎生活習慣病予防の制度を活用するためには?

今や、生活習慣病対策は国をあげて取組む課題となっています。その一環として、健康保険の保険者に健診実施を義務づけ、受診率や肥満の改善率などに一定の数値目標を定めた特定健診(178頁)制度が導入されました。かけ声だけに終わらせないよう、数値目標を達成できない場合には、保険者にペナルティーが科せられる可能性があります。

しかし、数値目標にこだわるあまり、極端な食事制限を実施したり、急に激しい運動を始めたりするのはかえって健康を脅かすことがあります。健康な社会をつくるための制度が、結果として健康を害する人をつくってしまうのでは、本末転倒も極まります。

誰もが自分の生活習慣をもういちど見直し、悪い生活習慣を直していくことで、制度が本当に生活習慣病予防へつながるようにしたいものです。

よくない習慣の見直し

◇喫煙の害

生活習慣病予防の2本柱は食生活と運動ですが、喫煙、睡眠不足、ストレスにも注意しましょう。

喫煙は、肺がん(491頁)や喉頭がん(482頁)などのリスクを高めるほか、COPD(1268頁)、脳梗塞(934頁)、心筋梗塞(1362頁)、歯周病(1232頁)といった病気に直結し、妊娠中の人では早産(886頁)や死産の要因にもなります。さらに、周囲にいる人を副流煙による受動喫煙に巻き込む点も見逃せません。

健康意識の高まりとともに、喫煙習慣をもつ人の数も減っていますが、それでも現在、習慣的に喫煙している人は日本の成人全体の約5分の1もおり、30代の男性では、44%に達します。

喫煙者の大半に共通するのは、からだに悪いと知りつつやめられないことです。とくにニコチン依存度の高い人は、禁煙がむずかしくなります。

現在では、禁煙治療の一部に健康保険が適用されるようになって、禁煙に成功する人も増えてきました。

禁煙治療の基本は、カウンセリングによる行動療法と代替療法です。代替療法では、たばこのニコチンにかわる禁煙補助剤を用いて、たばこへの依存度を減らし、最終的に禁煙に導きます。

しかし、禁煙治療でいちばんたいせつなのは、強い意志です。喫煙がからだにおよぼす害や、自分がどの程度たばこに依存しているかを理解し、断固たばこをやめると自覚することが不可欠なのです。

◇ストレスに強くなる

喫煙がおもに自分の内面にかかわる問題なのに対して、外界からもたらされるのがストレスです。

とくに精神的なストレスの増大は、多くの現代人にとってひじょうに切実な問題でしょう。

ストレスにさらされると、内分泌や自律神経、免疫をはじめとする身体機能に悪影響が生じます。その結果、高血圧症(1396頁)、胃・十二指腸潰瘍(1558頁)、ぜんそく(1264頁)、狭心症(1356頁)、自律神経失調症(914頁上段)、うつ病(1011頁)、各種の感染症など多くの病気を招きます。それを防ぐためには、ストレスをうまく解消する工夫が欠かせません。

ストレス解消の方法は人によって千差万別ですが、よく行われているのは、①他人と会話する、②趣味やスポーツに没頭する、③ゆっくりお風呂に入る、④好きな音楽を聞く、⑤ペットと遊ぶ、⑥適量のお酒を飲む、⑦アロマオイルなどの香りを楽しむ、⑧木立ちの中を散歩する、などです。

そして、忘れてならないのが笑いの効用です。笑いにはからだの抵抗力を高めるはたらきがあり、ストレスへの耐性も高めてくれると考えられます。実際、よく笑うことで、免疫力が3割近く向上し、血糖値も下がるという研究報告があります。

ときどき気分を解きほぐして、喜劇や落語、漫才などを楽しむのはとてもいいことなのです。

健康につながる生活習慣

喫煙状況別40歳からの余命

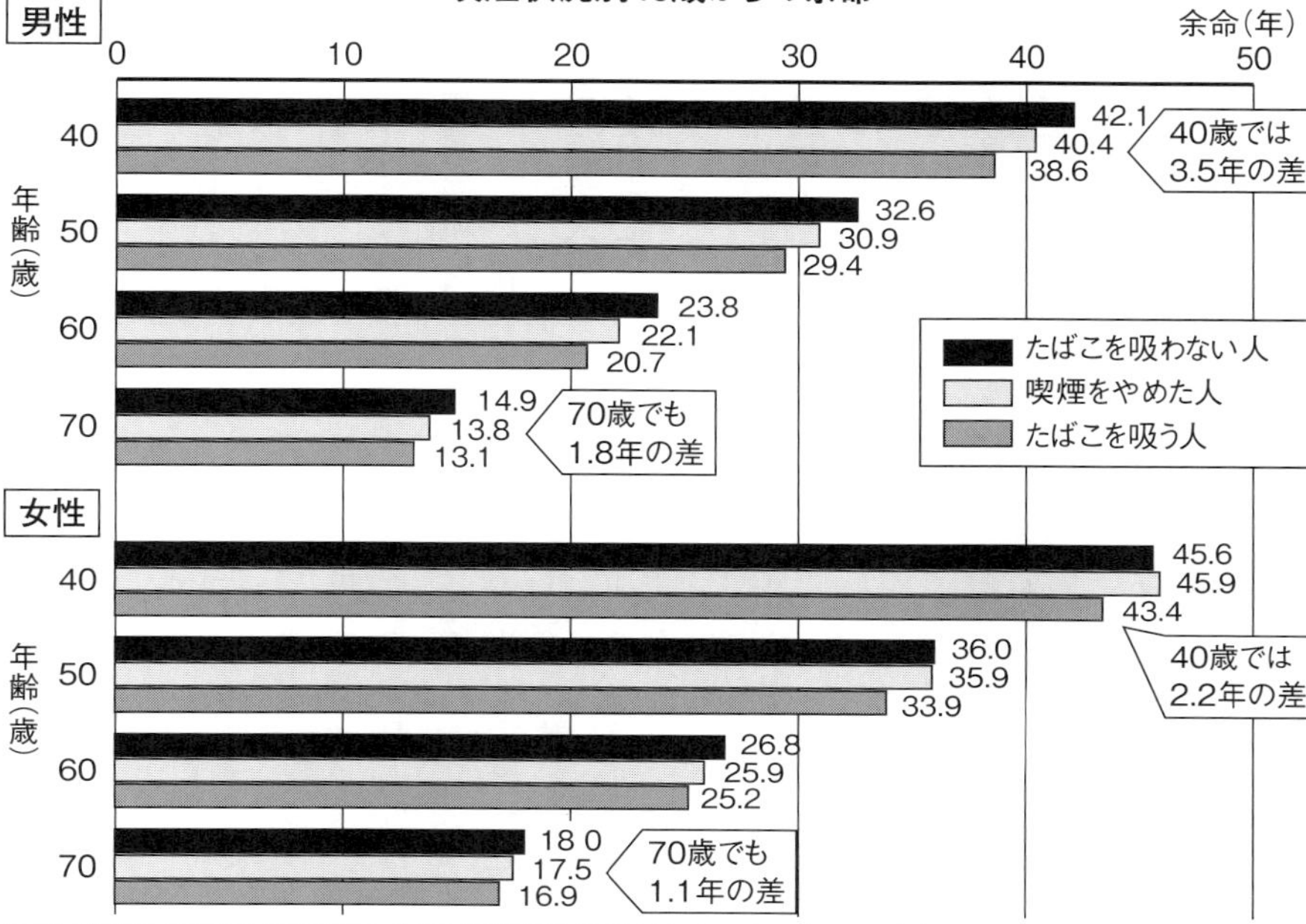

（厚生労働省「最新たばこ情報／厚生労働省研究班 村上らによる」2007年）

睡眠時間と糖尿病の有病率

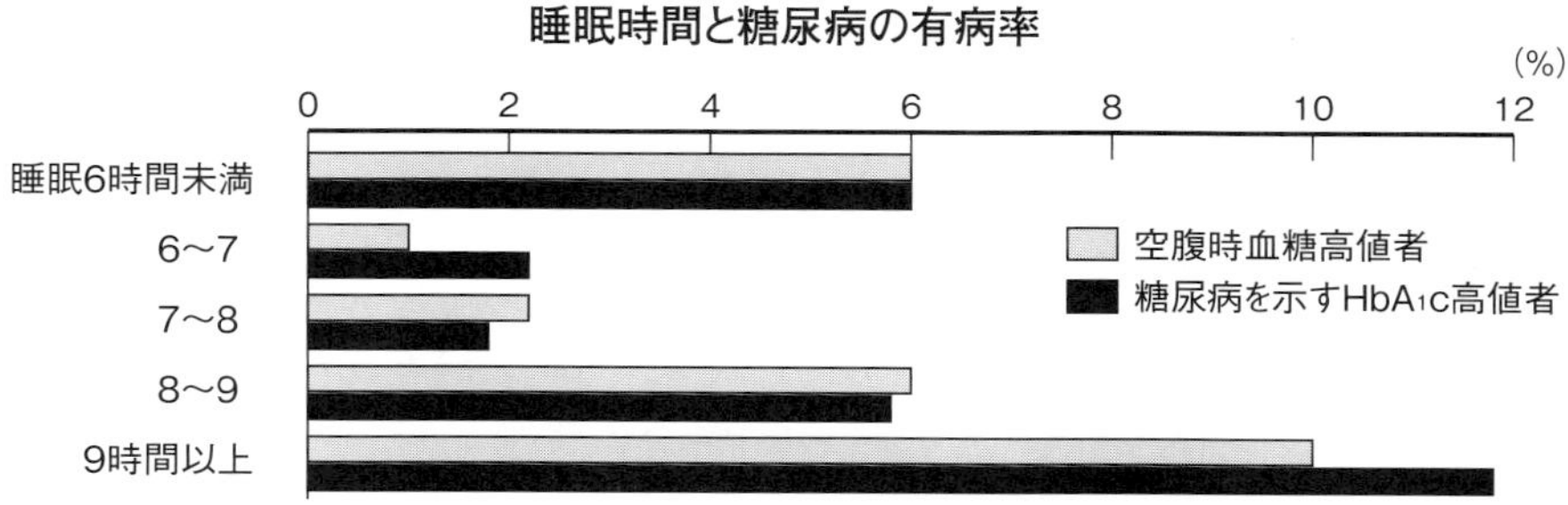

（日本大学医学部准教授・兼板佳孝らが地域健診データから分析）

◇睡眠の効用

睡眠は健康維持のうえで重要な役割を担っています。睡眠の質や時間に問題があると、生活習慣病のリスクも高くなります。糖尿病の場合、睡眠6時間以上8時間未満でもっとも発症率が低く、睡眠が6時間未満や8時間以上になると、発症率が3～5倍に高まるという研究発表があります。

質のよい睡眠をとるには、睡眠のリズムをつくることがたいせつです。毎日、同じ時間に寝て同じ時間に起きること。寝室は暗く静かにして、枕や布団は心地よいものを選び、温度や湿度も快適に整えます。また、テレビゲームや刺激の強い映画は、脳を興奮させるので深夜には禁物です。カフェイン、アルコール、喫煙も、質のよい睡眠を妨げるので就寝前には控えましょう。

日本人の睡眠時間は、年々短縮しており（NHK国民生活時間調査）、不眠症（1035頁）の人も増加しています。心身の健康を維持するためにも、よい睡眠をとることを忘れないでください。

高齢者の健康

終戦以降、日本人の平均寿命は、男女ともにほぼ一貫して伸びつづけてきました。そして、今では誰もが知っているとおり、世界でもトップクラスの長寿国となっています。厚生労働省の調査によれば、２０１３（平成25）年における日本人の平均寿命は、男性が80・21歳、女性は86・61歳です。90歳や１００歳を超える人も、決して珍しくありません。そうなると、定年を迎えたあとにも15～20年どころか、場合によっては30年以上もの人生が待っているわけです。

このように、長い人生をすごすことが当たり前になってくると、本人はもちろん、周りの人も、老後の健康維持に対する取組みをしっかり考える必要がでてきます。いくら長生きしたとしても、それはあくまで「健康あっての物種」なのです。不幸にも寝たきりのような状態ですごすことになれば、長寿の喜びは得られません。しかも、周囲の人にかかる負担が増し、誰もが不幸な状況になってしまいます。

そうした事態を防ぎ、よき老後をすごすには、「老化（加齢）」とはどういうものかを理解し、老後の健康を維持する術を身につけることが欠かせません。そこで、ここからは老化に関する知識や対応策をみていきましょう。

◇まだ謎の多い老化

そもそも老化というものは、なぜおこるのでしょうか。じつは、老化がおこるメカニズムはひじょうに複雑で、完全に解明されていない点もまだ多く残されています。そんななか、老化のメカニズムに関する学説で有力と考えられているのが、つぎの２つです。

①プログラム説　老化そのものが、生命活動のプログラムとしてあらかじめ遺伝子の中に組込まれているとする説です。この考えかたでは、組込まれたプログラムに従って老化がおこり、進行していくと考えます。

②エラー蓄積説　細胞の再生をくり返す過程で、遺伝子がなんらかの要因によって傷つき、エラーを生じます。そのエラーの積み重ねによって、遺伝子の修復が利かなくなって老化を招くとする説です。このエラーをおこす要因については、放射線、紫外線、化学物質、活性酸素（422頁上段）など、さまざまな説が唱えられています。

また、私たちは「老化」というものを通常ひとくくりにとらえていますが、そのなかにも**生理的老化**と**病的老化**の2種類があります。

このうち、生理的老化は年を重ねるとともに身体機能や生理機能が低下する、一般的な意味での老化のことです。

いっぽう、病的老化は、生理的老化が通常の速度より著しく速く進行してしまうもので、アルツハイマー病（945頁）や遺伝子に起因する早老症（臓器などとともに、見た目も老化が進む状態）などが、例としてあげられます。また、糖尿病（1501頁）、脂質異常症（1509頁）、高血圧症（1396頁）、そして動脈硬化（1407頁）など、生活習慣病とそれにかかわる症状も、不健康な生活を要因とする一種の病的老化と考えられます。

◎日本が直面する超高齢社会

日本の少子高齢化は、年々深刻化しています。ちなみに、65歳以上の人口が国民の７％を超えた社会のことを高齢化社会、14％を超えたときは高齢社会といいます。さらに、その割合が21％を超えたものが超高齢社会です。現在の日本は、まさにこの超高齢社会へと突入してしまいました。

介護や老人医療の問題は、もはや誰にとっても他人事ではありません。高齢者の健康維持は、全国民的な課題といってよいでしょう。

各国の平均寿命

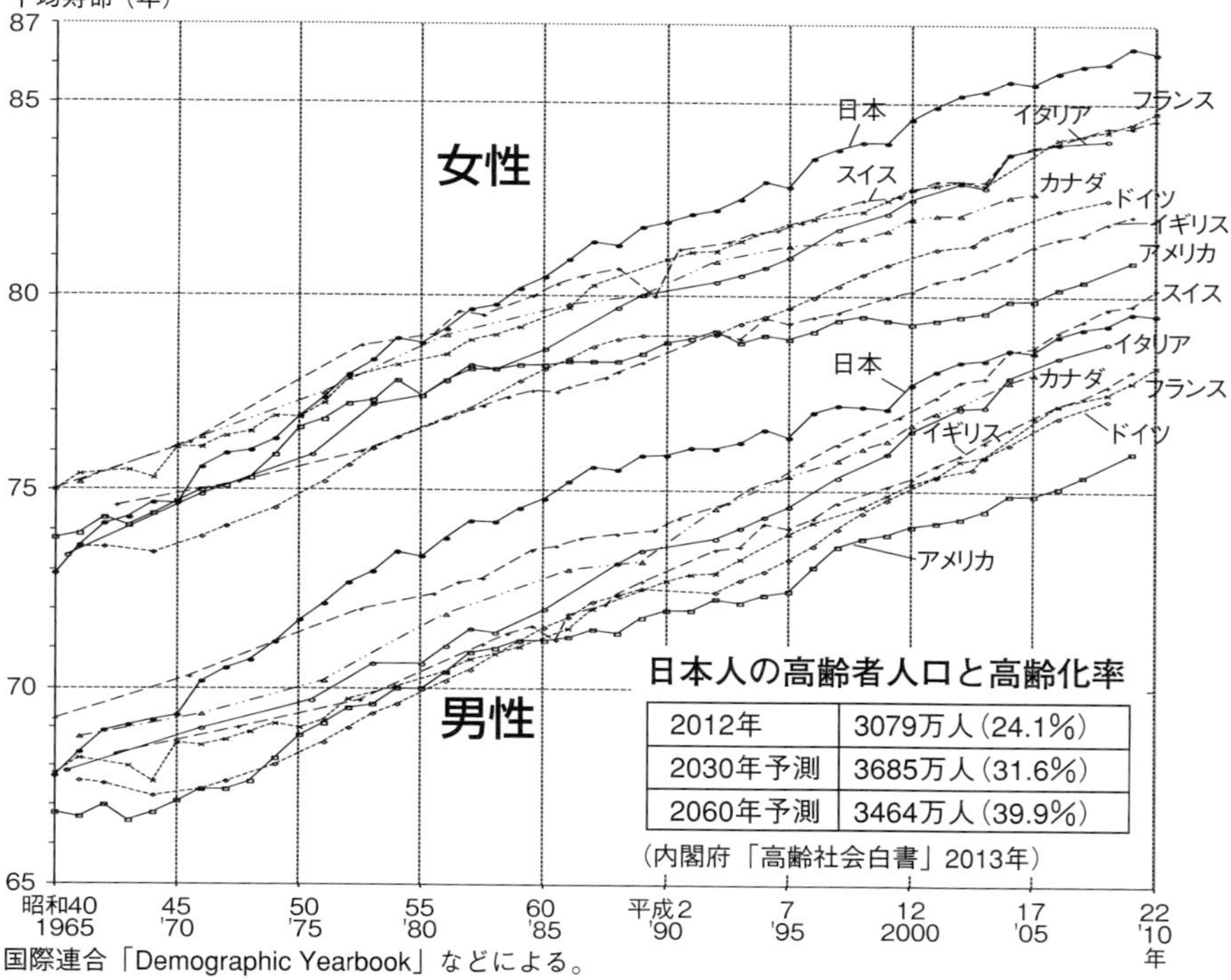

日本人の高齢者人口と高齢化率

2012年	3079万人（24.1％）
2030年予測	3685万人（31.6％）
2060年予測	3464万人（39.9％）

（内閣府「高齢社会白書」2013年）

国際連合「Demographic Yearbook」などによる。
注：1990年以前のドイツは、旧西ドイツの数値。（厚生労働省「第21回生命表」より）

◇老化の進行は抑えられる

老化は私たちが思っている以上に、複雑で難解な現象です。ただ、ひとつ確実なのは、老化がどんな人にも、いつか必ず訪れるということです。そして、加齢にともなって、運動能力や感覚器官の衰え、病気への抵抗力や回復力の低下といった、さまざまな影響が、心身にもたらされます。

残念ながら、それらは日常生活にとって、基本的にマイナスへとはたらくものばかりです。さらに、いちど進んだ老化が後戻りすることはありません。

ただ、老化のスピードを抑えることは不可能ではありません。規則正しい生活やバランスのとれた食事、適度な運動と休息、積極的な社会活動などを心がけることが、老化予防に有効なのです。老化の予防に努めている人とそうでない人とでは、後々のからだの衰えかたに大きな差がでてしまうのです。80歳、90歳まで元気にすごすためにも、今の生活を見直し、悪い部分はすぐ改めるようにしましょう。

◎老化と活性酸素の関係について

近年、老化の要因として、しばしば取りざたされる活性酸素ですが、これは化学的に活発で、強い酸化力をもった酸素のことです。活性酸素は病原菌やウイルスを撃退する武器としてからだに必要な存在ですが、過剰に発生すると正常な細胞まで傷つけてしまいます。

人のからだには活性酸素の害を防ぐ能力がありますが、年とともにそれも衰えてきます。そのため活性酸素による細胞へのダメージが増大、蓄積し、老化をもたらすというわけです。老化と活性酸素との関係は、すべて解明されたわけではありませんが、その害を防ぐにこしたことはないでしょう。

β-カロテン、ビタミンC、ビタミンEなどの抗酸化物質には、活性酸素の害を防ぐはたらきがあります。

老化がもたらすもの

◇心身の機能低下と高齢者特有の病気

年とともに若いころのような動きができなくなり、からだが不調を訴えることもしばしばとなります。そんなかたちで老化の現実を思い知らされるのは、誰にとっても辛いことにちがいありません。しかし、そこから目をそむけず、老化がからだやこころへどのような影響をおよぼすのか、しっかり見据えることはとてもたいせつです。

そうすれば、肉体的な衰えを補う策を講じたり、こころの変調をコントロールするなど、老化の影響に対する的確な対応もできるわけです。ちなみに、老化による心身へのおもな影響には、つぎのようなものがあげられます。

●内臓機能の低下

呼吸器、循環器、消化器など、大半の内臓の機能は、加齢とともに低下していきます。それによって、便秘や下痢など胃腸のトラブルが多くなるほか、肉体的に疲れやすくなり、病気への抵抗力や回復力も低下していきます。

年をとると慢性の病気をいくつも抱えるケースが多くなりますが、それも内臓機能の低下が大きな要因です。さらに、そうした病気が引き金となって、肺炎（1275頁）、脳梗塞（934頁）、心筋梗塞（1362頁）といった、命にかかわる病気を招いてしまう可能性もあります。

●運動能力の低下

加齢とともに体重に占める筋肉の割合は減り、脂肪の占める割合は増えていきます。全身の筋力も弱まるため、歩行がおぼつかなくなったり、緊急時の瞬間的な反応ができなくなったりします。

また、バランスをとる能力も鈍ってくるため、ちょっとしたことで足をとられて転ぶケースが増えてくるのです。骨粗鬆症（1884頁）になっている人では、ささいな転倒でも大きな骨折をおこすことが少なくありません。それがきっかけで寝たきり生活となってしまうケースも、しばしば見受けられます。

●感覚機能の低下

年をとると視力が落ちたり、耳が遠くなったりするのは、周知のとおりです。そのほか、味覚や嗅覚、皮膚の触覚も含めて、あらゆる感覚が低下していきます。

高齢者が脱水症状をおこしやすいのも、感覚の低下が一因です。ただでさえ、高齢になるとからだに蓄えられる水分の量が減ってきます。それに加えて、のどの渇きを感じにくくなるため、水分補給が不十分になり、脱水症状をおこしやすくなるのです。脱水症状は血液の減少をもたらし、脳や腎臓の機能に悪影響を与えることがあります。

また、物を飲み込む際にはたらく嚥下反射が鈍くなると、飲食物や唾液などを正しく食道へ送れなくなり、気管支や肺に入ってしまうことが多くなります（誤嚥）。それがもとでおこる誤嚥性肺炎（1255頁）は、命にもかかわることがあり、注意が必要です。

●精神的な適応力の低下

よく「年をとると自己中心的になる」とか「頑固になる」といわれます。こ

◎高齢者の難聴

高齢者の耳が遠くなったという場合、ほとんどが老化による難聴と考えられます。

ただ、ときには中耳炎（1125～1128頁）のような耳の病気が原因であったり、耳垢がたまりすぎて、声が聞こえにくくなっているというケースもあります。

耳が遠くなってきたと思ったら、「年だから」と決めつけずに、いちど耳鼻科でみてもらうようにしましょう。

老化のもたらす影響

れは加齢とともに周囲の状況変化に対する、精神的な適応能力が弱まったことの現れです。加齢によって脳細胞が萎縮するため、記憶力も低下します。

また、意欲の低下も老化がもたらす影響のひとつです。年とともに、何かと不精になったり、身仕度や新しい体験をおっくうがるようになります。意欲の低下は、脳のはたらきの衰えを速めたり、閉じこもり、うつなどにつながる要因にもなるので注意が必要です。

◇老化の進行は病気も呼び込む

さらに老化が進行すると、病気にもかかりやすくなります。若いうちはあまりみられないのに、高齢になると発症率が急に高くなる病気も少なくありません。そうした警戒すべき病気には、つぎのようなものがあります。

●脳や神経の病気

認知症（997頁）、脳血管障害（脳卒中921頁）、パーキンソン病（948頁）、アルツハイマー病（945頁）などです。

●消化器の病気

大腸ポリープ（1593頁）、消化性潰瘍（1558

頁）、逆流性食道炎（胃液や膵液が逆流しておこる食道の炎症　1546頁）など。

●呼吸器の病気

肺炎（1275頁）、肺結核（1285頁）、慢性気管支炎（1268頁）、ＣＯＰＤ（慢性閉塞性肺疾患　1268頁）など。

●感覚器の病気

老人性白内障（1103頁）、老人性難聴（1119頁）など。

●泌尿器の病気

前立腺肥大症（1782頁）、尿路感染症、慢性腎不全（1721頁）など。

●代謝系の病気

糖尿病（1501頁）、脂質異常症（高脂血症　1509頁）、甲状腺機能低下症（1478頁）など。

●免疫系の病気

関節リウマチ（2014頁）、膠原病（2003頁、2014～2046頁）など。

●運動系の病気

骨粗鬆症（1884頁）、変形性関節症（1872頁）など。

●精神の病気

うつ病（1011頁）など。

とくに高齢者の場合、病気の発症に関して、厄介な特徴があることを覚えておきましょう。それは年をとると、病気の典型的症状が現れなかったり、若いころとはちがった症状が現れたりすることです。つまり、症状からどんな病気なのかを把握しにくいのです。

おそろしいのは、肺炎なのに熱がでない、心筋梗塞なのに胸の痛みを感じないといったケースで、こうなると命にかかわる事態を招きかねません。万一に備えて、高齢者の病気に関する知識を備えておくのはたいせつですが、「こんな症状だから、この病気だろう」と、素人判断するのは危険です。

実際の治療に関しても、高齢者の場合、一筋縄ではいきません。これは人によって体力の差が大きく、他の病気を抱えていることも多いためです。そうした個人的要素を考え合わせたうえで、医師は各人に最適な治療や投薬の方法を決めなくてはならないのです（**オーダーメイド医療**）。

それゆえ、高齢者が病気になったときは、老人医療にくわしい病院でみてもらうことを忘れないでください。

◇廃用症候群に注意

とくに高齢者がけがや病気になった場合、床に伏す期間が長くなりがちです。そうしたときに気をつけなくてはいけないのが、使わないからだの機能がどんどん衰えていく**廃用症候群**といわれるものです。

ベッドなどに寝たままでいると、関節が硬直したり、筋力が弱まったりして、それまで動かせたはずの手足が本当に動かなくなってしまいます。さらに、心臓が血液を送り出す力が衰えたり、血栓ができやすくなり、心筋梗塞などをおこす要因にもなります。

また、頭を使わなくなるのも大きな問題です。物忘れがひどくなったり、時間の感覚や自分の居場所を認識できなくなるなど、知的脳力の低下が急速に進んでしまうことがあります。

廃用症候群にならないためには、リハビリテーション（2193頁）はもちろん、病気が完治したあとは、高齢者自身が積極的に自分で動いたり、考えたりすることがたいせつなのです。

加齢と健康

生活機能チェックリスト

質問事項	回答（いずれかに○をつける）	
① バスや電車を使ってひとりで外出できる	0.はい	1.いいえ
② 日用品の買い物ができる	0.はい	1.いいえ
③ 預貯金の出し入れができる	0.はい	1.いいえ
④ 友人の家を訪ねることができる	0.はい	1.いいえ
⑤ 家族や友人の相談にのることがある	0.はい	1.いいえ
⑥ 階段を手すりや壁をつたわらずに上ることができる	0.はい	1.いいえ
⑦ いすに座った状態からなにもつかまらずに立ち上がることができる	0.はい	1.いいえ
⑧ 15分くらいつづけて歩いている	0.はい	1.いいえ
⑨ この１年間に転んだ	1.はい	0.いいえ
⑩ 転倒に対する不安が大きい	1.はい	0.いいえ
⑪ ６か月間で２～３kg以上の体重減少があった	1.はい	0.いいえ
⑫ BMI（＝体重(kg)÷身長(m)÷身長(m)）が18.5未満の場合に「１」とする	1.はい	0.いいえ
⑬ 半年前に比べてかたいものが食べにくくなった	1.はい	0.いいえ
⑭ お茶や汁物などでむせることがある	1.はい	0.いいえ
⑮ 口の渇きが気になる	1.はい	0.いいえ
⑯ 週に１回以上は外出している	0.はい	1.いいえ
⑰ 昨年と比べて外出の回数が減っている	1.はい	0.いいえ
⑱ 周りの人から「同じことを聞く」などの物忘れがあるといわれる	1.はい	0.いいえ
⑲ 自分で電話番号を調べて電話をかけることができる	0.はい	1.いいえ
⑳ 今日が何月何日かわからないときがある	1.はい	0.いいえ
㉑ （ここ２週間）毎日の生活に充実感がない	1.はい	0.いいえ
㉒ （ここ２週間）これまで楽しんでやれていたことが楽しめなくなった	1.はい	0.いいえ
㉓ （ここ２週間）以前は楽にできていたことが今ではおっくうに感じられる	1.はい	0.いいえ
㉔ （ここ２週間）自分が役に立つ人間だと思えない	1.はい	0.いいえ
㉕ （ここ２週間）わけもなく疲れたような感じがする	1.はい	0.いいえ

（厚生労働省「介護予防のための基本チェックリスト」を改変）
①～⑳までのうち12項目以上が「１」、⑥～⑩のすべてが「１」、⑪～⑫のすべてが「１」、⑬～⑮のすべてが「１」のいずれかに該当する人は、要支援・要介護に至る危険性の高い特定高齢者（二次予防事業対象者）の候補とする。なお、⑱～㉕で２項目以上が「１」の人は、特定高齢者と決定されなくても精神保健福祉対策のもとにケアを受ける。

◎高齢者の生活習慣病

糖尿病（1501頁）や脂質異常症（1509頁）、メタボリックシンドローム（1494頁）といった生活習慣病が取りざたされるのはおもに中年世代ですが、高齢者においても、その増加は見過ごせません。

厚生労働省の調査によれば、今や60歳以上の日本人男性の半数以上がメタボリックシンドロームといわれます。高度成長期以降の豊かな時代に育った世代が高齢化するとともに、生活習慣病にかかる人も急増しているわけです。

高齢者の場合、運動能力や内臓機能の個人差が大きいため、治療もむずかしくなりがちです。そう考えると、やはり若いうちから老化と生活習慣病の予防を心がけるべきなのです。

高齢者の健康維持

超高齢社会を迎えようとする日本にとって、老化の予防と老後の健康維持は大きな課題です。では、実際に老化を防ぎ、健康な老後をすごすためには、何をすればよいのでしょうか。

結論からいうと、その核となる部分は生活習慣病の予防とほとんど変わりません。先にも触れましたが、糖尿病や脂質異常症などの生活習慣病は、不健康な生活によって、本来よりも早く老化が進行した状態と考えられます。

つまり、生活習慣病と老化は同じ道筋の上にあるわけで、それを予防する方法も本質的に同じなのです。食べすぎや飲みすぎの防止、栄養バランスのとれた規則正しい食事、禁煙、適度な運動、十分な睡眠、じょうずなストレスの解消などを心がけることが、老化予防のうえでも基本であり、最重要課題なのです。

また、老化にともなう記憶力や理解力の低下を予防するには、日ごろから頭をよく使うのがいちばん大事です。

とくに、他人との交流は脳の活性化にきわめて有効です。家に閉じこもらず外へ出かけ、町内会や老人クラブなどの社会活動に積極的に参加しましょう。

そのほか、1～2日前のことを思い出して日記をつけたり、旅行のプランを考えるのもお勧めです。囲碁、将棋、麻雀、料理、パソコンなども脳の活性化に役立ちます。

そして忘れてならないのは、こうした予防策をなるべく早くから実行することです。

いちど進行した老化を後戻りさせることはできない以上、少しでも若いうちから老化を食い止めなくてはなりません。中年どころか青少年のころから老化予防に取組むべきなのです。

◇心身の衰えを補うポイント

また、実際に老化による心身の機能低下がみられるようになった場合、それをフォローする工夫もたいせつです。とくに、以下のような点には注意しましょう。

●食事に関して

消化器の機能が衰えてきた場合、1度の食事量を少なめにして、食べる回数を増やすなど、内臓への負担の少ない食事スタイルにします。また、独り暮らしの高齢者には、食が細くなったり、食事内容が単調になる人が少なくありません。そうなると必要なエネルギーが不足することもあるので注意が必要です。いろいろな食品をまんべんなく取入れ、栄養がかたよらないようにしましょう。ただし、脂肪や糖質のとりすぎは、若いころ以上に戒めなくてはいけません。

さらに高齢者の場合、体力がある人とそうでない人によって、必要とする栄養やエネルギー量も大きくちがってきます。そうしたことをふまえて、適切な食事内容を考えましょう。

いっぽう、水分についてはまめに補給しましょう。高齢者は脱水症状をおこしやすいので、あまりのどが渇いていなくても、少しずつ水やお茶を飲むようにしましょう。

このほか、腎臓の機能が衰えると、

高齢者の食事・運動のポイント

食事量・回数を調整して、ひとりひとりの状況に合った食事にする。

水分補給はこまめに。

食事は前屈みで行うと、飲み込みやすい。

積極的にからだを動かそう。

メディカルチェックを受けて、運動能力を確認しておこう。

ウォーキングも、体調や天候などに合わせて行う。

◎女性の老化と健康

女性ホルモンは更年期以降、分泌量が大幅に減少し、妊娠・出産のためにからだを守るようにはたらいていた機能も低下してきます。

閉経とともに急速に症状が進行するものに骨粗鬆症（1884頁）があります。また、皮下脂肪型肥満から内臓脂肪型肥満（1497頁）に変わってきて、メタボリックシンドローム（1494頁）、脂質異常症（高脂血症 1509頁）を発症する確率も急増します。

このほか、生殖器が萎縮することによっておこる、不正性器出血（821頁上段）や萎縮性膣炎（838頁）、子宮留膿腫（849頁）も、高齢の女性にしばしばみられる病気です。さらに、子宮下垂や子宮脱（850頁）、外陰がん（570頁）なども、高齢女性は注意が必要です。

女性の場合、男性とはちがう老化の影響があることを念頭におき、健康維持に気を配ることがたいせつです。

薬の副作用が現れやすくなるので治療も慎重になります。薬を長期間飲みつづけたり、同時にいくつも飲む人は要注意です。また、誤嚥を防ぐため、食事の姿勢にも気を配るべきです。反り返った状態で食物を口に運ぶのは、誤嚥につながりやすいので禁物です。少し前屈みで食べるようにしてください。

●運動に関して

高齢者では、運動能力の個人差が大きく、運動中に倒れたり、けがするなど、不測の事態もおこりやすくなります。それを防ぐため、運動を行うときは、必ずメディカルチェックを受けて、医師の指導に従って行いましょう。

高齢者にお勧めの運動はウォーキングです。少し汗ばむ程度のペースで1日15～20分歩くのが効果的です。できれば週に5日以上行うとよいのですが、体調に異常があるとき、暑さや寒さの厳しい日、強風、雨などのときにはむりをしてはいけません。また、体力が低下してウォーキングがむずかしい場合でも、家事やストレッチなどでからだを動かすことはたいせつです。足が不自由な人は、いすに座って上半身の体操をするだけでも体力維持に有効です。廃用症候群を予防するためにも、積極的にからだを動かしましょう。

●高齢者のこころの健康

老化によってからだが衰えるにつれ、高齢者は日常生活でいろいろな不自由を感じるようになります。それだけならまだしも、思うように動けないために自信を失い、自分から何かする意欲までなくしがちです。それが閉じこもりやうつ病（1011頁）、急速な認知症（997頁）の進行を招くことも少なくありません。そうしたことを防ぐには、思考を前向きにして生きがいを感じることが重要です。趣味をもったり、今年の目標を立てたりするほか、地域活動やボランティアに参加して、家族以外の知り合いをつくるのもよいことです。

また、高齢者は睡眠のリズムが乱れがちで、不眠になる人も少なくありません。そこで規則正しい睡眠習慣をつけるため、毎日同じ時間に就寝、起床するようにします。寝る前は音楽などを聞いてリラックスし、光の入らない静かな部屋で寝るようにしましょう。

●生活環境に関して

高齢者は大きな転倒を経験すると、それがもとで恐怖心が芽生え、からだを動かす意欲を失ってしまうことが少なくありません。

そこで、加齢による運動能力の低下が顕著になってきたら、不意の転倒を防ぐために、家のバリアフリー化を考えてみましょう。経済的余裕があれば、階段や風呂場、トイレに手すりをつける、敷居の段差や床を這うコードをなくすなどの対策を行いましょう。

視力の衰えに対するフォローもたいせつです。年をとると若いころの3～4倍の明るさが必要になるといわれます。読み書きはもちろん、つまずかないためにも、電灯の明るさをあげる、小型の照明スタンドを用意するなどして、視力をフォローしてください。

なお、こうした老化へのケアを行うには、高齢者本人と周囲の人が力を合わせなくてはなりません。それには両者が互いを尊重し、理解することが何より重要と心得ておきましょう。

家族と高齢者とのコミュニケーション

❖日常での接しかた

社会の第一線を退いても、「自分が人に頼りにされる存在でありたい」と思うのが、多くの高齢者に共通した気持ちです。

そうした気持ちに応えるためにも、家族は高齢者にときおり相談ごとをもちかけたり、掃除や庭の手入れなどの家事の役割分担をお願いしましょう。

そうすれば、高齢者も存在感を発揮でき、毎日の生活に張り合いをもってすごせるにちがいありません。

逆に、家族が高齢者の手助けをするときも、本人の返事を聞いてからにしましょう。そうすれば、高齢者のプライドを傷つける心配もありません。

とくに寝たきりの人や認知症（997頁）の人に対しては、日常の世話であっても、いきなりではなく、声をかけてからにしましょう。突然、電灯を点けたり、窓を開けたり、布団に手をかけたりすると、高齢者を驚かせてしまうことがあります。

❖高齢者との会話のこつ

家族は、高齢者と積極的に会話することを忘れないでください。ことばを交わすことは、こころを通い合わせるうえでも重要な役割をはたします。

高齢者の場合、同じ話をくり返すことがよくありますが、面倒がらずにしっかり話を聞いたり、意見を返したりして、話が弾むようにしましょう。話がうまくかみ合わないときは、高齢者のペースに合わせることです。さらに、1度に多くのことを言わず、ひとつひとつの話題にじっくり答えられるよう、余裕をもって話を進めることも大事です。

脳卒中後遺症などで、失語症（913頁）や構音障害（1192頁）になった人との会話では、相手が不自由なことへ十分に配慮し、ことばをフォローすることも欠かせません。

会話をおっくうがっていると、高齢者の孤立を招いてしまいます。さらに、からだの具合が悪くなったときにも、高齢者はその状況をうまく伝えられず、生命にかかわる危険性が高まるのです。

高齢者とのコミュニケーションで、気をつけるポイントは以下にあげるとおりです。

①話しかけるときは、わかりやすく短いことばでゆっくりと。相手の言うことは、根気よく聞くよう心がける。

②相手の顔を見て、身振り手振りも織りまぜながら意思の疎通をはかる。

③高齢者がことばにつまっているときは、助け船をだしたり、勘をはたらかせて話をじょうずにフォローする。

④読み書きが達者なときは、文字や絵を描いて会話の助けとする。ホワイトボードを用意しておくと便利。

⑤相手の耳が遠いときは、少しでもよく聞こえる耳の近くで話をする。補聴器を使っているときは、その近くで。

ただし、耳が遠くなってきたからといって、補聴器をむり強いするのはよくありません。補聴器を嫌がる高齢者も多いので、まず本人とともに耳鼻科医を訪ね、その必要性や使用法などについて相談し、本人がよく納得したうえで購入しましょう。

いずれにしても、高齢者と接するときは、彼らが人生の先達であることをこころに留め置き、その経験や知識を尊重しましょう。このことが、高齢者の心身の健康を保つ要諦なのです（2146頁「家庭での介護（看護）」）。

認知症の概念と対処のしかた

　高齢者の健康を語るとき、認知症（997頁）の問題に触れないわけにはいきません。人間には記憶力、判断力、理解力、推理力、想像力といった知的能力があり、それらを総動員して知的作業を行っています。こうした知的能力は、年とともに衰えます。とくに記憶力は衰えるのが早く、40歳をすぎたころから物忘れが急増するのは、誰でも経験することです。しかし、その大半は生理的な老化現象であって、認知症とはちがいます。

　認知症とは、いわば知的能力の病的な低下のことです。記憶力のほか、理性や精神活動を含めた総合的能力が急激かつ大幅に低下し、日常生活に大きな支障が生じてくるものです。そして、認知症を引き起こす原因の多くは、脳や脳血管の病気によって、脳細胞が大量に死滅してしまうことにあります。こうした認知症は、75歳以上の人において顕著に見られます。

　そうした原因となる、代表的な病気の1つが脳梗塞（934頁）などの脳血管障害です。表面的には脳梗塞らしい症状が現れていなくても、小さな脳梗塞の病変が蓄積して、しだいに認知症が進行することもあります。

　そして、もう1つの代表的な病気がアルツハイマー病（945頁）です。これは脳細胞が萎縮しながら死んでいく病気で、まだ明確な原因がわかっていません。アルツハイマー病の恐さは発病の時期が明確でなく、ひそかに進行することで、そのため、気づいたときには病状が深刻になっているケースも多いのです。このほか、脳腫瘍（476頁）、頭部の外傷、脳の感染症、アルコールの長期過剰摂取などでも認知症症状をおこすことがあります。

　また、配偶者の死、退職、引っ越しなどの環境の変化やうつ（1011頁）、薬の副作用によって、認知症に似た症状が現れる**仮性認知症**といったケースもあります。

◇認知症対策は家族ぐるみで

　認知症には、原因となる明確な要素がある点が、たんなる老化との大きなちがいです。そして、原因である病気や生活習慣の見直し（396～419頁）を行えば、症状を緩和させたり、進行を遅らせることも可能なのです。

　認知症に現れる端的な症状は、記憶障害です。身の回りの出来事、人や物の名前、今話したことなどから始まって、家族や自分の名前まで忘れるようになります。また**見当識**という、自分がおかれた状況を判断する能力に障害が現れると、時間や場所、自分と周囲の人間関係などがわからなくなったり、徘徊、妄想、幻覚といった症状が現れます。さらに、突然怒りだすなど、感情の制御ができなくなるのも、認知症によって引き起こされる典型的症状のひとつです。

　もし、こうした症状に思い当たる部分があれば、専門医の診断を受けるのが先決です。その結果、認知症と認められた場合は、治療とともに家庭での

認知症を防ぐこつ

積極的に新しいことに挑戦する。

普段から段取りを考えて行動したり、旅行などの計画を立ててみる。

昨日や一昨日のことを思い出しながら、日記や家計簿をつけてみる。

掃除をしながら洗濯をしたり、同時に２つ以上のことをやってみる。

ケアの方法も相談しておきましょう。家族が認知症になったときは、以下のような点に気をつけて接します。

①失敗を責めない　認知症を抱えた高齢者は、なにかと失敗をしがちですが、それを怒るとかえって問題のある行動をとるようになります。

失敗はさりげなく処理し、やさしく包み込んであげることが肝心です。

②悪口、愚痴は言わない　認知症が始まった人でも、自分の悪口は敏感に察知するものです。人としての尊厳を傷つけてはいけません。

③健在な能力はいかしてあげる　具合のいいときには、昔得意だった作業をしてもらったり、趣味で覚えた芸事などを披露してもらうとよいでしょう。そうすることで気持ちに張りが生まれ、活力を取戻せます。

④健康管理は注意深く　認知症の高齢者は、暑さ、寒さ、痛みなどに対する感覚も鈍くなりがちです。そこで、定期的に体重や体温、血圧を測るなど、周囲の人間が注意深く健康管理をしてあげましょう。

◎ホスピスと緩和ケア病棟

「ホスピス」とは、治る見込みのない人がよりよい最期を迎えられるよう、ターミナルケアを専門で行う施設のことです。また、そうした理念自体もホスピスと呼びます。

厚生労働省では、ホスピスとして活動する施設のなかでも、一定水準以上のスタッフや設備をもつところを「緩和ケア病棟」として承認し、そこでは健康保険も適用されます。こうした施設の役割は、今後より大きくなることでしょう。

よりよいかたちで人生をしめくくるために

人生の終着点である死、それをよいかたちで迎えたいと願うのは、誰でも同じでしょう。病気で苦痛に悩まされたり、寝たきりや認知症で周囲の人に負担をかけたりせず、晩年までかくしゃくとしてすごしたあと、静かに天寿を全うできるなら、まさに理想的です。

しかし、現実はそううまくいきません。厚生労働省の調査によれば、日本人の死因第1位はがん、第2位が心疾患、第3位が肺炎です。老衰は第5位で、全体に占める割合は5・5%です。つまり、ほとんどの人は病気や事故で亡くなっています。その際、痛みや心身の障害に見舞われることも、おおいにありえます。容態によっては、しっかりした判断力や思考力を失う可能性もあるのです。

そう考えると、自分がどんなかたちで死を迎えたいのかは、元気なうちに明確にしておくべきです。たとえば、現状で治る見込みがほとんどなく、しかも延命措置の継続が苦痛をともなう状況におちいったとします。そのとき、一縷の望みにかけて治療をつづけるか、むりな延命はやめて安らかな死を願うのか、自分の意志を伝えておけば、安心して身を委ねられます。そうでなければ、自分にも家族にも大きな悔いを残すことになります。

◉ターミナルケアとは

ところで、死へ向かう人が延命措置を望まなかった場合、その先何もしないかというと、そうではありません。そこで施されるのが**ターミナルケア**です。これは延命措置を望まない人が死に至るまでの間、できるかぎり快適で充実した時間をすごすための医療と介護のことです。主眼とするのは、身体的苦痛を緩和する治療や、精神的不安を和らげるこころのケアです。

このうち、苦痛の緩和については、モルヒネなどを用いて、痛みや呼吸困難、倦怠感、不眠といった症状を軽減するのがおもな措置となります。

いっぽう、精神的ケアでは精神科医やソーシャルワーカーといった専門家の支援を得て、死に対する恐怖感や不安感、家族と離れる孤独感などを和らげるようにはたらきかけます。また、周囲の人の役割も重要です。ターミナルケアを受けている人の家族や親しい人は、折をみてその人と触れ合い、励ましてあげてください。それは死と対峙するこころを支えるうえで、大きな意味をもつのです。

本人の気持ちを考えると、最期のときは自宅で迎えさせてあげるのがベストなのはいうまでもありません。しかし、医療設備などの問題でそれがむずかしい場合、**ホスピス**や**緩和ケア病棟**といった施設も考えてみましょう。

医療については医師にすべて委ねるのが当然だった昔とちがい、現在は本人や家族の意向を尊重するのが基本になっています。ある程度の年齢になったら、自身の死に対する考えかたを示すのが人生の大事なマナーといえます。それは人間らしい尊厳を保って死を迎えるためにも、不可欠なことなのです。

第4部 病気の知識と治療

第2章

がん（悪性腫瘍）

がんとは

がんとは

◇がん（悪性腫瘍）とは

●良性腫瘍と悪性腫瘍

腫瘍とは、からだの細胞の一部が勝手に増殖を始め、かたまりとなったもので、「腫れもの」という意味です。

これには良性のものと悪性のものとがあります。細胞が無制限に増殖して周囲の正常な細胞を破壊し、いろいろな部位に転移をおこして生命に危険をおよぼす腫瘍を、**悪性腫瘍**または**悪性新生物**といい、**がん**がその代表です。

皮膚にできるいぼやほくろ、脂肪腫、消化管に発生するポリープなども腫瘍ですが、ある程度増殖はしても速度は遅く、周囲の細胞を破壊したり、転移をおこしたりはせず、生命にかかわることはありません。そのため、これらは**良性腫瘍**と呼ばれます。

ただし、脳腫瘍の場合は、少し事情がちがいます。脳腫瘍の大部分は良性腫瘍ですが、近くの脳組織を圧迫してそのはたらきを阻害するために、腫瘍の発生した部位に応じた頭痛、まひなどの症状がおこってきます。生命を支える脳幹に発生した場合は、手術ができず、生命にかかわることもあります。

また、良性腫瘍のなかには、時間とともに性質が変化し、悪性腫瘍になるものもあります。皮膚、骨、大腸の良性腫瘍にときにみられます。

◇悪性腫瘍のいろいろ

●がん腫と肉腫に大別される

悪性腫瘍は、発生する細胞の種類によって、**がん腫**（ふつう、略して**がん**）と**肉腫**とに分けられます（次頁表）。

頻度は圧倒的にがん腫が多く、悪性腫瘍の90％以上を占めます。このことから、がんは悪性腫瘍の代名詞として使用されることが多く、がん腫と肉腫とを含めて「がん」と呼ばれています。本書でも、とくにことわらないかぎり、この方式を踏襲しています。

▼**がん腫**　皮膚、粘膜、いろいろな臓器の表面に近い部分を構成している上皮細胞という細胞から発生する悪性腫瘍で、顕微鏡で見た組織の型のちがいによって、大きく扁平上皮がん、腺がん、未分化がんの3つに分けられます。

扁平上皮がんは、おもに皮膚や器官の粘膜表面にできるがんで、皮膚、上顎、口腔、喉頭、咽頭、食道、肺、子宮頸部、外陰、陰茎などに発生します。

腺がんは、身体内部の分泌物を出す上皮からできるがんで、甲状腺、乳房、肺、胃、大腸、肝臓、腎臓、卵巣、子宮体部、前立腺などに発生します。

未分化がんは、がん細胞であることは確かでも、発生の母地となった細胞が確認できないタイプです。からだのあらゆる部位から発生しますが、甲状腺、肺などでは、かなり多く認められます。

部位別に組織型をみると、胃がん、大腸がんには腺がんが多く、いっぽう、食道がんは腺がんが少なく、大部分は扁平上皮がんです。このように同じ消化管でも部位により発生するがんの組織型が異なります。

また、肺には扁平上皮がん、腺がん、未分化がんのいずれも発生します。未

◎同時に複数発生する多重がん

がんは、同時に複数存在していることがあります。これを**多重がん**あるいは**重複がん**といい、がん患者の約6％にみられるという報告があります。

大部分は初めに発生した原発がんからの転移によるものですが、転移と無関係に発生することもあります。

複数のがんが同一臓器にある場合は**多発がん**、多臓器に発生している場合は重複がんと区別して呼ぶこともあります。また、がんの治療中または治療後に、転移ではなく、新たにがんが発生する場合を**二次がん**といいます。

多重がんは、乳がん、喉頭がん、咽頭がん、胃がんなど、わりあい治りやすいがんに多くみられます。

がんの種類と発生する部位

	分　類	対応する細胞	がんの発生する部位
がん腫（上皮性悪性腫瘍）	扁平上皮がん	扁平上皮細胞	皮膚、上顎、口腔、喉頭、咽頭、食道、肺、子宮頸部、外陰、陰茎
	腺がん	腺上皮細胞	甲状腺、乳房、肺、胃、大腸、肝臓、腎臓、卵巣、子宮体部、前立腺
	未分化がん	不明	どこでも。とくに甲状腺、肺
肉腫（非上皮性悪性腫瘍）	肉腫	骨・軟骨細胞、神経細胞、線維細胞	骨・軟骨組織、筋組織、神経組織、軟部組織、血管
	悪性リンパ腫*	リンパ球	リンパ節、皮膚、消化管（胃、小腸など）、脾臓など
	白血病*	骨髄細胞、リンパ球	骨髄
	多発性骨髄腫*	形質細胞	骨髄

注）*印は、血液のがん（悪性腫瘍）と呼ばれる。

分化がんとそれ以外の扁平上皮がん、腺がんは治療戦略がちがうため、前者を小細胞肺がん（未分化がん）、後者をまとめて非小細胞肺がんと2つに大別しています。

小細胞肺がんは進行が速く、転移も早期から認められるため、手術はほとんど行われません。しかし化学療法、放射線療法が効果的なので、この双方の治療法を適切に組合わせて治療します。いっぽう、非小細胞肺がん（扁平上皮がん、腺がん）は比較的ゆっくり進行し、転移の発現も遅い傾向があります。このため早期では手術の対象となります。しかし、化学療法、放射線療法の効果は小細胞肺がんと比較すると劣ります。

このように治療する立場からは、どの臓器に発生したか、どの組織型であるかの両方がたいせつです。

▼**肉腫**　上皮細胞以外（非上皮）の細胞から発生する悪性腫瘍を、肉腫といいます。骨・軟骨組織に発生する**骨肉腫**、筋組織に発生する**筋肉腫**、神経組織に発生する**神経肉腫**、軟部組織に発生する**軟部肉腫**、血管に発生する**血管肉腫**などがあります。

肉腫は好発する部位があります。たとえば脚の大腿骨・脛骨からは骨肉腫が多く発生しますし、消化管の胃の筋肉部分を構成している平滑筋細胞からは胃平滑筋肉腫が発生します。

▼**血液のがん**　全身のリンパ節、皮膚、消化管のリンパ組織、脾臓などのリンパ球からは**悪性リンパ腫**が発生します。血液をつくる骨髄からは**白血病**が発生します。幼若な骨髄細胞（骨髄芽球、前骨髄球）からは**骨髄性白血病**、リンパ球からは**リンパ性白血病**が発生し、病状、臨床像、病状の進展速度から急性、慢性に分けられます。骨髄に存在する形質細胞（552頁）からは**多発性骨髄腫**が発生します。

これらの悪性腫瘍は上皮細胞以外の細胞から発生する悪性腫瘍ですから肉腫の一種ですが、血液・骨髄の異常所見で診断され、発病時に全身化していることが多く、治療は化学療法が主体のため、まとめて血液のがんと呼ばれます（上表）。

◎がんを発生させる遺伝要因

▼家族性腫瘍　がんは遺伝子の変異が原因で発生しますが、ほとんどの場合、親から子へは遺伝しません。しかし、ごくまれに遺伝するがんもあり、とくに家族内に同じがんができるような家族性腫瘍は、日本では全体のがんの1％以下と考えられます。

大腸がんになりやすい家族性大腸線腫症、DNA修復遺伝子の異常による家族性非腺腫性大腸がん、家族性乳がんなどが、日本でも比較的頻度の高い家族性腫瘍です。ひじょうにまれですが、目にできる網膜芽細胞腫や腎臓にできるウィルムス腫瘍のごく一部が遺伝するがんとして知られています。遺伝的にさまざまながんを発生するリー・フラウメニー症候群はp53遺伝子の変異が原因です。

家族性腫瘍の原因は、最初の遺伝子変異が生殖細胞（精子、卵子）におこることです。

がん発生のメカニズム

◇がん発生にかかわる遺伝子

●がんを発生させる遺伝子

がんは遺伝子の病気で、からだをつくっている細胞の中にある遺伝子に突然変異がおこって発生します。その結果、細胞は正常のはたらきをせずに、必要のない場所で勝手に増え始めて、腫瘍という変異細胞のかたまりをつくってしまうのです。

もともと正常な細胞の中に、がんを発生させる因子がすでに潜んでいて、これに外部からの刺激、環境要因が加わってがんが発生すると考えられています。この正常な細胞の中に潜む因子とは、がんの発生を促進させるがん遺伝子と、がんの発生を抑制するがん抑制遺伝子という、正反対のはたらきをする2種類の遺伝子です。

①がん遺伝子　細胞の中にある遺伝子のうち、変異して活性化すると細胞をがん化させる遺伝子をがん遺伝子といいます。もともとは、がんを発生させる遺伝子ではなく、細胞が増殖、分化する際にはたらくたいせつな遺伝子で、その機能が活性化するとがんが発生するのでがん遺伝子と呼んでいます。

②がん抑制遺伝子　いっぽう、細胞ががん化するのを抑制する作用をもつ遺伝子をがん抑制遺伝子といいます。がん抑制遺伝子が欠けたり（欠損）、変異してはたらかなくなると、細胞ががん化するのをとめられず、がんが発生します。もともとは、がん発生を抑制する遺伝子ではなく、細胞が増殖や分化をするとき、あるいは、老化したり、死んだりするときにはたらく遺伝子で、その機能が失われるとがんが発生するのでがん抑制遺伝子と呼んでいます。

実際に、肺がん、胃がん、大腸がん、乳がんなど、ほとんどすべての腫瘍で、さまざまながん遺伝子やがん抑制遺伝子の異常が発見されています。

●遺伝子の異常を修復するしくみ

1個のヒトの細胞には、約30億個のDNA（デオキシリボ核酸）があり、アデニン（A）、グアニン（G）、シトシン（C）、チミン（T）と呼ばれる4種類の塩基が「CAGATCCGA」などのように、規則正しく並んでいます。このような配列のうち、たんぱく質をつくる情報を伝達するDNAの配列（設計図）が遺伝子で、約3万個の遺伝子があるといわれます。

私たちのからだは、この遺伝子のDNA配列に基づいてたんぱく質がつくられ、さまざまな臓器が正常に機能するようにプログラムされています。

遺伝子が変異するというのは、このDNAの配列に変異がおこることで、細胞が増えるときのDNAの複製異常によっておこります。DNA配列に変異がおこると、性質のちがうたんぱく質をつくるようになったり、まったくたんぱく質をつくらなくなったりします。また、発がん物質やその他の環境要因によってDNAそのものが傷害されると、変異しやすくなったり切断しやすくなったりします。

その結果、がん遺伝子の活性化やがん抑制遺伝子の不活性化がおこり、変異をおこした細胞ががん細胞へと変化その変異をもつ子が生まれると、つぎつぎに子孫に受け継がれ、変異した遺伝子をもって生まれた人には、やがて同じ種類のがんが発生します。

▼がん体質　家族性腫瘍ほど遺伝要因は強くありませんが、各個人によってがんになりやすさがちがっていると考えられます。その原因は個人のもつ遺伝子の配列のちがいで、遺伝子多型と呼ばれますが、それによってさまざまな遺伝子産物の量や活性が異なり、がんのなりやすさもちがってきます。たとえばＤＮＡ修復酵素の活性が低い人は遺伝子変異をおこしやすく、がんになりやすいと考えられます。また発がん物質の代謝や炎症・免疫にかかわる遺伝子の活性のちがいも、がんの発生に大きく影響するでしょう。

現在、個人のがんのなりやすさを環境要因との関連で明らかにする研究が進められており、近い将来、個人の体質に合ったがんの予防法がわかることが期待されます。

していきます。

①ＤＮＡ修復遺伝子　遺伝子のなかにはＤＮＡに変異や傷害がおこるとそれを修復する機能をもつものもあり、ＤＮＡ修復遺伝子と呼ばれています。このＤＮＡ修復遺伝子に異常がおこるために、がんが発生しやすくなる場合もあります。ごくまれですが、家族性非腺腫性大腸がんや皮膚がんをおこしやすい色素性乾皮症が、その例です。

②アポトーシス　細胞は、高度なＤＮＡ傷害に対しては自然に死ぬようにプログラムされています。ＤＮＡの傷害を修復できない場合はアポトーシスという細胞の自殺機構がはたらき、細胞を死なせてがん細胞の発生を防ぎます。

このアポトーシスに関係する遺伝子に異常がおこると、がん遺伝子やがん抑制遺伝子に変異をおこした細胞が死なずに増殖を始めて、腫瘍という変異細胞のかたまりをつくるのです。Ｐ53というがん抑制遺伝子がその代表で、この遺伝子はすべての人のがんの50％以上で、変異や欠損によってその機能を失っています。

◇がんを発生させる環境要因

遺伝子の変異や欠損は通常の細胞分裂の際にも一定の確率でおこっていますが、おこりやすさを増強するつぎのような環境要因が知られています。

①発がん物質　動物実験では、ある種の化学物質をくり返し接触させたり、あるいは摂取させたりすると、がんが発生してくることがわかっています。このような物質を発がん物質といい、たとえば、たばこの煙には数十種類の発がん物質が含まれており、大気汚染物質、食品中のかびや添加物、調理した魚や肉にも多く含まれています。

②ウイルス感染　動物に発生するがんのなかには、たとえばネズミの白血病のように、ウイルス感染との関係がはっきりしているものがあります。人間のがんでも、成人Ｔ細胞白血病や子宮頸がんは、ウイルス感染が原因でおこりますし、肝がんは、その多くがウイルス性のＢ型肝炎やＣ型肝炎の発症後に肝硬変などを経て発生します。また、アフリカの黒人に多いバーキット腫瘍や、台湾に多い上咽頭がんも、ウイルス感染が引き金になっています。

③放射線照射　原爆のように、大量の放射線を浴びた場合はいうまでもなく、少量の放射線でもくり返し長期間浴びていると、皮膚がんや白血病がおこってきます。そのため、病気の診断に使うＸ線検査や治療法の1つである放射線療法も、照射量を極力抑えるように改善されてきています。

④紫外線　紫外線は皮膚がんの原因となります。紫外線に対する保護作用のある皮膚色素（表皮メラニン）の少ない白人にとくに多く発症がみられます。最近は日本人にも皮膚がんが増えていますが、紫外線の量が増えていることも一因と考えられています。

発がん物質や放射線、紫外線はＤＮＡを傷害したり切断したりして、遺伝子の変異や欠損を誘発します。子宮頸がんを誘発するヒトパピローマウイルスはがん抑制遺伝子の機能を失わせて感染細胞をがんになりやすくします。これらの環境要因を知りその影響を減らすことが、がん予防につながります。

◎がんの名の由来

がんは、漢字で「癌」と書きます。中国では、癌以外に「岩・巌」などと記した例もみられ、「岩のようにかたいしこりができる病気」という意味を表しているものと思われます。

また、英語ではキャンサー（Cancer）またはカルチノーマ（Carcinoma）、ドイツ語ではクレブス（Krebs）といいますが、どちらも「カニ」の意味で、ギリシア語のカニを表すカルチノウスが語源です。これは、乳がんで、ちょうどカニが手足を広げたようなかたいしこりが、表面から触れるようになることを表現したものといわれています。

がんの特徴

◇がんという病気の性質

●初期の症状がはっきりしない

病気がおこると、ふつうは発熱、痛み、息切れ、倦怠感（だるさ）、むくみなどの症状が現れてきます。

ところが、がんは発生しても初期のうちはまったく症状が現れないことがほとんどです。進行しても、まだ症状が現れないことも多く、病気らしい明らかな症状が現れたときには、すでに手遅れということもよくあります。

●がん細胞は無制限に増殖する

からだを構成している細胞では、古くなったものは死んではがれ、新しい細胞と入れかわるという、新陳代謝が行われています。新しくつくられた細胞は、死んだ細胞のコピーともいえるもので、数、形、性質がもとの細胞とまったく同じように再生していきます。皮膚がけがをしても、もとのようにきれいになるのもこのためです。

この細胞再生の過程がおかしくなり、正常な細胞が突然変異をおこし、もとの細胞とは数、形、性質がまったく異なった細胞がとめどなく発生してきたのが、がんです。正常な細胞は、もとの数だけの細胞が再生されると、それ以上増殖させない機能がはたらくのですが、がん細胞はこの機能がはたらかず、無制限に増殖しつづけます。

●がんは遺伝子の病気である

最近の分子生物学の進歩によって、正常な細胞をがん細胞に変化させるためには、大きく分けて、3種類の遺伝子が関係していることがわかってきました。細胞増殖のアクセル役のがん遺伝子の活性化、ブレーキ役のがん抑制遺伝子の非活性化、遺伝子の損傷を修復する修復遺伝子の異常です。そして、これらの遺伝子異常が単独ではなく、多段階に多数の遺伝子異常が積み重なり、がん化すると考えられています。

この遺伝子を傷つけてがん細胞を発生させる引き金になる外部の要因としては、いろいろな発がん物質、ウイルス、放射線、遺伝病などがあげられています。そして1個のがん細胞は、10年、20年と長い期間をかけてがんになるのです。

●がん細胞は周囲の細胞に侵入する

血液が運んできた栄養素や酸素の多くをがん細胞が横取りするため周囲の正常な細胞は弱り、破壊されてしまいます。粘膜にできたがんは、成長するにつれて粘膜の下の組織をおかし、筋肉層まで入り込み、正常な細胞を破壊しながら大きくなります（**浸潤**）。

●がん細胞は転移する

がんがある程度以上に発育すると、がん細胞の一部がそこからはがれ、血液やリンパ液の流れにのっていろいろな臓器に飛び火し、そこに定着します。

この現象を**転移**といいますが、転移した先でまた無制限に増殖し、周囲の細胞を弱らせていきます。

また、がん細胞は、近くの組織にもぐり込んで広がっていくことがあります。胃壁や肺の胸膜を突き抜けて、腹腔や胸腔、臓器のすき間などに飛び散り、がん性腹膜炎やがん性胸膜炎をおこしたりします。

◎多段階発がん

がんは1つの遺伝子の変異によってすぐにできるのではなく、複数のがん遺伝子やがん抑制遺伝子の変異が蓄積して、良性の腫瘍からしだいに悪性度の強い腫瘍に変わっていきます。

また、腫瘍になる前にも長い間、前がん病変と呼ばれる異常がみられることがあります。大腸のポリープや子宮頸部の異形成はその代表で、やがて周辺の組織に浸潤して増殖するがんに変わり、最終的には他の臓器に転移するようになります。

このような過程を、多段階発がんといいます。この過程で変化する遺伝子の組合わせと順番は、がんの種類によってある程度決まっていることがわかっています。そこで、このような特徴を遺伝子診断によって検出して、大腸がんや胃がんなど、一部のがんの病態を判定することも試みられています。

がんの進行

◇がんの病期と進行の程度

がんは一般に、早期がん、進行がん、末期がんの3段階に大別されます。

がん細胞は、1個が2個に、2個が4個に、4個が8個にというように、分裂をくり返して増殖していきますが、早期がんとして発見できる大きさになるまでには30回以上の分裂をくり返し、10～20年はかかるといわれています。

そのうち、ごく初期に発見される小さながんは**初期がん**または**微小がん**と呼ばれ、早期治療で完全に治すことが可能です。

●前がん状態

がんとは認められないが、そのまま放置するとがん化する確率の高い状態を、前がん状態といいます。大腸ポリープ、胃粘膜の異型上皮、舌の白板症、皮膚の日光角化症などがその例です。これらの病変がみられた場合は、定期的に検査を受けることが必要です。

●早期がんから進行がん、末期がんへ

がんの進行状態がどの時期にあるかは、臓器ごとに病像が大きくちがうので、それぞれ個々に決められます。

胃がんの場合、まず、胃壁の内側表面の粘膜層にがんが発生し、数年間はそこにとどまっていますが、少しずつ大きくなり、やがて粘膜下層にまで広がります。ここまでが**早期がん**です。

この段階でがんを切除すれば、ほとんどが治ります。さらに下層の固有筋層に達すると、転移や浸潤が増え、胃の内腔にも増殖して盛り上がってきます。これが**進行がん**です。

がん細胞が固有筋層より下層の漿膜（臓器のいちばん外側を包む膜）に侵入し、漿膜表面にまで達するようになると、腹膜に転移してがん性腹膜炎をおこしたり、肝臓や肺、リンパ節に転移したりします。こうなると全身状態はひじょうに悪化し、手術も不可能となります。これが**末期がん**です。

◇がんの病期分類と判定

がんの病期（進行の程度や広がり）をいろいろな検査の結果から分類する方法は、各国で共通の基準として用いられています。がんを適切に治療するには、事前にがんの病期を正確に診断しておくことも必要です。

▼**TNM分類**　国際的によく用いられている分類方法で、臨床所見（診察によってわかる情報）やX線検査その他のいろいろな特殊検査の結果から病期を判定するものです。

Tは原発腫瘍の大きさ、広がり、深さを、Nは周囲のリンパ節への転移の程度を、Mは他の臓器への転移の有無を表し、それぞれ、進行の段階別に分けて判定され、それらの結果を総合して病期が決められます。

Ⅰ期（早期がん）、Ⅱ期（軽症がん）は完全に治るもの、Ⅲ期（中期がん）、Ⅳ期（進行がん）は将来を考慮した治療の選択が必要なものとされます。

▼**その他の分類法**　病期（ステージ）分類、WHO（世界保健機関）組織分類、学会分類などがあり、いずれも、検査によってがんの組織の型を決定したうえで、進行の程度が判定されます。

臓器別がん死亡数の割合

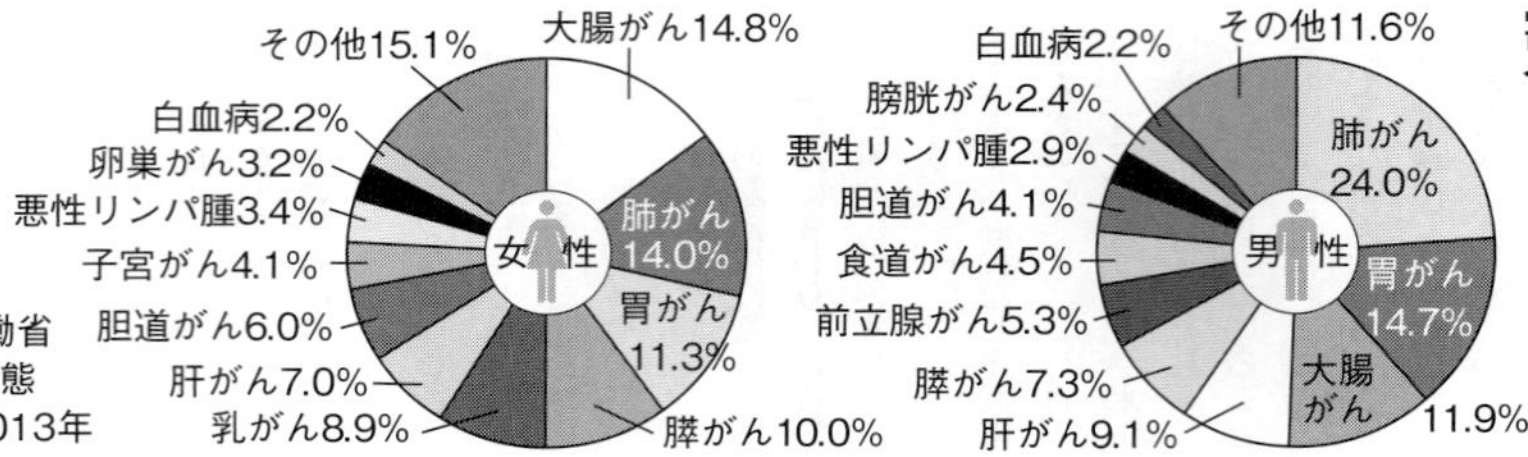

厚生労働省「人口動態統計」2013年

がんの予防

◇禁煙、感染予防、食生活の改善を

細胞の中にあるＤＮＡ（デオキシリボ核酸）が変化することにより、細胞ががん化することが、研究によってわかってきました（436頁）。

生活習慣や感染によりＤＮＡが変化しますが、変化しやすい人としにくい人、変化した細胞を排除できる人とできない人があり、これには遺伝的体質の関与が考えられています。

◉禁煙はもっとも有効ながん予防方法

たばこの煙には４７００種類もの化学物質が含まれており、ニトロソアミン類や多環性炭化水素など約60種類の発がん物質が知られています（1270頁）。

これらの発がん物質により、口腔がん、喉頭がん、肺がん、食道がん、胃がん、肝臓がん、膵臓がん、膀胱がんなどの発生頻度が高まります。

禁煙すると発生率の上昇は止まり、禁煙後10年以上たてば非喫煙者のがん発生率に近づきます。

たばこの煙は喫煙者の周囲の人にも吸引され（受動喫煙）、がんの発生率を上昇させることがわかってきました。

たばこの先から直接出る煙（副流煙）は吸引されて口に入る煙（主流煙）よりも有害物質濃度が高く、２００３（平成15）年に施行された健康増進法第25条にあるように、受動喫煙を防止することは健康を守るために重要です。

◉ピロリ菌除菌による胃がん予防

日本の胃がんのほとんどは、ピロリ菌感染（1560頁上段）が原因でおきています。60歳以上では６～８割、40歳代の人は半数程度、10歳代の人では１割程度がピロリ菌に感染しています。

感染者に胃がんが発生する割合は非感染者の数倍も高く、ピロリ菌を除菌することによる胃がん予防が期待されています。

◉肝炎ウイルスと肝臓がん

Ｂ型肝炎ウイルスとＣ型肝炎ウイルス（1635頁）の持続感染は肝臓がんの原因となります。

Ｂ型肝炎ウイルスは小児期や免疫力が落ちているときに感染すると、持続感染することがありますが、現在はワクチンなどにより出生時の母親からの感染を予防することができます。

Ｃ型肝炎ウイルスは輸血により感染することが以前はありましたが、現在は検査により感染している血液がわかるようになったため、輸血による感染はほとんどなくなりました。しかし、注射針の共有や、刺青のための針の消毒不足などで、Ｃ型肝炎ウイルスに感染する危険はまだあります。

◉ヒトパピローマウイルス（ＨＰＶ）と子宮頸がん

子宮頸がんは性交渉の相手が多い女性に多く、性交渉をもたない女性で少ないという現象は以前よりよく知られていました。最近になり、子宮頸がんの原因が性行為により感染するＨＰＶであることがわかり、この現象の理由が解明されました（561頁）。

がん化の力が強いのはＨＰＶの16型や18型などですが、血液検査でＨＰＶの感染の有無や型を調べることはできません。コンドームを使用するなど感

がんの死亡率

　日本のがんによる死亡者数は年々増加しています。2013（平成25）年のがん死亡者数は36万5000人（男性は21万7000人、女性は14万8000人）で、全死亡者の29％を占めています（臓器別がん死亡者数の割合　前頁上段図）。

　がん死亡は年齢とともに増加するので、高齢化が進行中の日本で死亡数が増えるのは当然です。人口の年齢構成が変化しないと仮定すると（年齢調整死亡率）、男性では変化なし、女性では減少傾向にあります。

　人口の高齢化を調整したうえで臓器別にみると、減少傾向にあるがんと増加傾向にあるがんがあります。これは生活習慣の変化に起因するものと考えられ、また、がんが予防できるということを同時に示しています。

◉減少傾向にあるがん

　胃がんは、1960年代から減少傾向にあります。このころ、家庭に冷蔵庫が普及し、新鮮な野菜、果物が家庭に届けられるようになって、塩蔵食品の消費が減ったためと考えられます。

　今後はピロリ菌感染率の低い世代が胃がん年齢に到達するので、胃がんは減少しつづけると予想されます。

　子宮頸がんはこれまで減少傾向にありましたが、最近は下げ止まっています。検診の普及により早期に治療されるようになり、死亡数が減少してきましたが、その効果も頭打ちとなっています。

　肝臓がんは原因が肝炎ウイルス感染であるとわかり、感染対策とウイルス除去治療が実施されています。減少傾向がみられるようになってきました。

◉増加傾向にあるがん

　喫煙者は減少していますが、戦後の高喫煙率の影響がつづき、肺がんの死亡は増加しています。男女合計すると、もっとも多いがんになりました。

　日系アメリカ人の大腸がん発生は、白人と変わらず高率なように、日本でも食生活の欧米化にともない、大腸がんは増加をつづけています。

　膵臓がんでは増加の理由は、はっきりしていません。

　前立腺がんも増加傾向にあり、死亡に至る前立腺がんは、とくにアフリカ系アメリカ人に多いと報告されています。

　乳がんも増加傾向にあり、初経年齢の低下、初産年齢の高齢化、脂肪食品摂取の増加などが原因と考えられています。卵巣がん、子宮体がんも増加傾向にあります。

染の機会を減らす工夫が必要です。女子は中学1年生になる年度に予防接種を受けることができます。

◉食事はバランスよく

　食品のなかには、がん化にはたらく物質とがんを予防する物質が含まれています。バランスよく食事をとることが、がん予防には重要です。

①とりすぎてはいけない食品　焦げた食品には発がん物質が含まれています。また、塩分が高い食品は胃粘膜を傷つけるので、とくにピロリ菌感染者は多く食べないよう注意することが必要です。動物性脂肪のとりすぎは大腸がんや乳がんの発生を助長する可能性があります。

　アルコールから生成されるアセトアルデヒド（二日酔いの原因物質）はDNA分子と結合し、発がん性を示します。お酒の飲みすぎは食道がんや肝がんと関連しています。

②不足してはいけない食品　野菜、果物には繊維やビタミンが豊富に含まれ、がん予防のはたらきがあります。不足しないよう定期的に摂取しましょう。

◎がんの自覚症状

がんでは、ほとんどの場合初期症状がないのが特徴ですが、ふとしたことでからだの異常に気づいて検査を受け、発見されることもあります。

日本対がん協会では、がんの自覚症状について、一応の目安となる項目を、つぎのように定めています。

▼**胃がん**　胸焼けやもたれなど胃の具合が悪く、食べ物の好みが変わってくる。

▼**食道がん**　食べ物や水を飲み込むとき胸につかえる感じ。

▼**大腸がん・直腸がん**　便秘と下痢をくり返し、便に血液や粘液が混じったりする。

▼**肺がん・喉頭がん**　せきが長引き、痰に血が混じる。

▼**舌がん・皮膚がん**　できものがいつまでも治らない。

▼**子宮がん**　帯下（おりもの）や不正性器出血がある。

▼**乳がん**　乳房のしこり。

▼**腎がん・膀胱がん・前立腺がん**　尿の出が悪くなったり、尿に血が混じったりする。

がんを見つける検査

◇早期発見をめざすがん検診

多くのがんでは、発症初期においてはなんら異常な症状はみられません。ですから、検診による早期発見と早期治療がとてもたいせつです。とくに、がんの発生頻度が高くなる40歳ごろからは、定期的にがん検診を受けることが勧められます。

◉がん検診のスクリーニング検査

がん検診には、3つのシステムがあります。すなわち、健康増進法に基づいて各自治体が実施する**がん検診**、職場での健康診断などの際に行われる**集団検診**、また個人で受けられる**人間ドック**などです。基本は、がんの疑いがあるかどうかを調べる**スクリーニング検査**で、疑いがあると判定されると、つぎの段階として**精密検査**が勧められます。

ただし、なんらかの自覚症状のある人は、検診ではなく病院の外来を受診し、症状（訴え）を話して診察やくわしい検査を受けるべきです。

自治体が行っているがん検診は、つぎに述べる5つです。詳細は自治体に事前に確認しましょう。

①**胃がん検診**　バリウム（造影剤）と発泡剤を飲んで、X線撮影を行うものです。ふつうは**間接X線検査**と呼ばれる略式の検査となりますが、より精度の高い診断をするために**直接X線検査**を行うこともあります。検査の結果、「要精検」と判定されれば、つぎは胃内視鏡検査などの精密検査となります。

②**子宮がん検診**　一般に子宮がんと呼ばれているものは子宮頸がんです。その検診では、子宮の出口（頸部）の内壁から綿棒やへらで上皮細胞をこすりとって顕微鏡で調べる**細胞診**（**スメアテスト**）が行われます。

自治体の検診では、子宮頸がん検診を受けた人のうち、50歳以上で不正性器出血のある人を対象に、子宮体部の細胞診を行っています。

③**肺がん検診**　肺がんは発生する場所により、太い気管支にできる肺門型（肺の中枢側）と、気管支の末梢やその奥にできる肺野型（肺の末梢側）に分けられます。日本に多い肺野型の肺がんは**胸部単純X線写真**で、またX線で発見しにくい肺門型肺がんは**喀痰細胞診**が有用です。

④**乳がん検診**　最近は**乳房X線撮影**（**マンモグラフィー**）や**超音波検査**を積極的に行うようになっています。乳がんは早期発見しやすいがんですから、定期的に自己検診して、しこりなど異常が発見されればすぐ受診することがたいせつです。

⑤**大腸がん検診**　便を採取して**潜血検査**を行い、便の中に血液が混じっているかどうかを調べます。陽性なら精密検査を勧められます。

◇がんの精密検査と診断

前述のような検診でがんの疑いがあった場合、がんがあるのかないのか確かめるために行われるのが精密検査です。さらにくわしい問診、診察、そしてX線やCT、MRI、超音波、内視鏡などによる画像診断、病変部の細胞

◎PET検査

PET（Positron Emission Tomography、陽電子放出断層撮影）とは、陽電子を放出する核種（RI、放射性同位元素）を用いる検査です。現在、もっとも広く使われている核種をFDGといい、糖と類似した代謝をしますが、糖を分解する代謝を受けないため細胞内に蓄積します。そして、正常細胞より盛んに糖代謝をして、多くの糖を蓄積するがん細胞により多く取込まれます。この集積度をPETで画像化して診断します。

がんの早期発見、腫瘍の良性・悪性の鑑別診断、転移の範囲を確定して治療の方針をたてるのに必要な病期診断、治療効果の判定、再発の診断などに利用されています。しかし、炎症性疾患との鑑別が困難な場合があること、糖代謝の低い肺の高分化腺がん、肺胞上皮がんなどでは検出されないことがあるなどの問題点もあります。

や組織をとって調べる病理学的検査、血液や尿の中の腫瘍マーカーの検査などが、そのおもなものです。

がんの最終診断には、病理組織学的診断あるいは細胞診が必要です。しかしその重症度診断には、病変部のある部位の状況やその病変の広がりを検査する必要があるため、1つの検査だけではっきり診断できることは少なく、いくつかの検査を組合わせて全体像を確認することが必要です。多くの情報をひとつに集約して最終判断をするのが鉄則です。

●X線検査（225～226頁）

特殊な方法や装置を用いない単純撮影と、造影剤を使う方法があります。

①単純撮影　つぎのような部位の場合には、単純撮影でも十分に精密検査として役立つ場合があります。

胸部単純X線写真は肺がんや縦隔腫瘍の検査に有効です。専門家は円形の腫瘤の陰影から90％の確率で肺がんを推定することができるといわれています。

骨腫瘍や骨髄腫の場合は、**骨単純X線写真**で、局部的に骨が溶けていたり、硬化していたりするために骨の影が濃くなったり薄くなって写ります。

また、乳がんの検査には、低電圧によるX線を用いた**マンモグラフィー（乳房X線撮影）**が多く使われており、しこりになる以前の微小ながんも発見できるようになってきました。

②造影撮影　食道、胃、大腸などの消化管、胆嚢や腎臓などの臓器は、単純撮影では病変がはっきり写りません。そこでヨード剤やバリウム剤などの造影剤を用いてコントラストを際立たせ、より鮮明な画像を得るようにするのが造影撮影です。

食道、胃、十二指腸の造影撮影（**上部消化管造影**）では、口からバリウムと発泡剤を飲みます。大腸の造影撮影（**注腸検査**）では、バリウムと空気を肛門から送り込みます。こうした工夫により、胃や腸の粘膜のひだが鮮明に見えるようになります。これは**二重造影法**と呼ばれ、病変の範囲や深達度（がんが胃腸管壁へ浸潤している深さ）などが推定できて、早期がんも容易に発見できます。

胆嚢や胆管のがんの検査では、ヨード剤を点滴で静脈注射して、X線撮影します。内視鏡を挿入し、十二指腸につながる胆管から造影剤を注入する**内視鏡的膵胆管造影（ERCP）**や、腹部の外側から針を刺して、肝臓内の胆管にヨード剤を注入する**経皮経肝胆道造影（PTC）**が行われることもあります。

そのほかに、からだの各部位の造影検査として、脳室造影、唾液腺造影、腎盂造影、膀胱造影、子宮卵管造影などがあります。

しかし最近では、CT検査やMRI検査で特殊な工夫をすることによって、これらの検査にかわり得る詳細な情報も得られるようになってきました。

がんが疑われる臓器の血管を調べる血管造影と呼ばれる精密検査もあります。肝（臓）がんや腎（臓）がんなどによる血管の走行状態の変化や腫瘍の悪性度をみるのに有効です。また手術を予定する場合には、この血管造影が必要となることがあります。

なお、比較的簡単にすむ上部消化管造影を除き、造影検査は入院して行われるのが一般的です。

◉CT検査（コンピュータ断層撮影 227頁）

X線の人体透過度をコンピュータで計算し、画像化したものがCT写真です。からだを輪切りにした鮮明な二次元の断面像が得られるため、従来のX線撮影では不可能だった臓器やリンパ節、血管などの状態が識別可能であることから、小さながんの存在やその進展のようすも診断可能になりました。

頭部では脳腫瘍や上顎がん、上咽頭がんなどの頭頸部がんの診断にめざましい効果があります。また、肺がんや縦隔腫瘍、あるいは縦隔のリンパ節への転移を診断するのに欠かせない検査です。腹部では、肝がん、胆嚢がん、膵がん、腎がん、卵巣がん、骨盤内臓器（子宮、膀胱など）のがんなど、おもに実質臓器（内部が空洞でなく、つまっている臓器）のがん診断にすぐれています。腹腔内のリンパ節腫大もはっきりわかります。

近年、精密な三次元立体画像の得られる**ヘリカルCT**や、ごく微小ながんも診断できる**高分解能CT**も開発されています。

◉MRI検査（磁気共鳴画像診断 228頁）

磁力を用いてその変化をコンピュータで計算して画像化する検査法です。からだの横断面（輪切り像）のみならず、縦断面（矢状断）や斜めなど、あらゆる方向の断面写真が鮮明に得られるのが利点です。

筋肉、内臓など軟部組織の状態をみるのにすぐれ、脳腫瘍や脊髄腫瘍、脳へのがん転移などの診断にはとくに有効です。造影剤を使わずに、血管が細くなっているなど血管の形の変化や血流の状態を鮮明に映しだす**MRA（磁気共鳴血管造影法）**という検査法も開発されており、脳血管などの観察に有効性を発揮しています。

◉核医学検査（シンチグラフィー 230頁）

放射性同位元素（ラジオアイソトープ、RI）を静脈注射し、その結果、体外に放出される放射線を撮影して写真を撮り、診断する画像検査法です。甲状腺、副甲状腺、副腎など内分泌系のがんなどを診断したり、骨に転移したがんや全身に転移したがんの場所を診断するのに使われます。

◉超音波検査（234頁コラム）

超音波をからだにあてて臓器や組織からの反射波を画像化して診断します。

からだへの負担がきわめて少なく、機器もそう高価ではなく、そして簡便なのが利点です。

甲状腺、乳腺、肝臓、胆嚢、膵臓、腎臓、前立腺、膀胱、子宮、卵巣、からだの各所リンパ節などの検査に幅広く使われています。

ただし、超音波は骨や空気を通りにくいので、骨や頭蓋骨内の脳、内部に空気のある肺、胃、腸などの検査には向きません。このため、肺や胃腸に対しては内視鏡の先端に超音波診断装置をつけた超音波内視鏡検査が行われることがあります。

◉内視鏡検査（232頁コラム）

細長い管を体内に挿入して直接肉眼

◎がんの遺伝子診断

がんの発生は、細胞の中にあるがん遺伝子やがん抑制遺伝子、その他のがん関連遺伝子の異常や欠損によって始まることがわかっています。

このようながん発生に関係する遺伝子（DNA）を、血液、喀痰、尿、便などの中の細胞から抽出、検査してがん診断に役立てる方法を遺伝子診断といい、つぎのような方法があります。

①遺伝性のがんを早期発見して、将来発症する可能性を探ります。DNAの一部が欠損しているためにポリープのできやすい家族性大腸腺腫症（1593頁）などの診断が、現在は出生前でも可能で、受精卵の段階で判定できるものもあります。

②がんがからだのどこにできているかを調べます。術後の微小な残存がんや再発がんも確認できます。実際例では、白血病（548頁）の発症に関係する異常遺伝子の存在がわか

っており、この遺伝子を突き止めて早めに診断し、治療することが行われています。

③がんの広がりや転移のしやすさなど、悪性度を調べたり、放射線や抗がん剤に対する感受性を調べて、がんの性質を判定します。これによって、むだのない的確な治療法が選択できます。

④検出のむずかしいがんを、症状の出る前に発見します。

症状がでてからでは根治手術がほとんど不可能な膵がんと胆管がんを、血液中に含まれる腫瘍DNA（遺伝子本体）から診断する方法が、1998（平成10）年に初めて発表されました。まだ研究中ですが関心は高く、期待される診断法です。

なお、とくに①の遺伝性のがんの診断については、判定される子どもや家族の精神的な負担、プライバシー、生命保険や就職、結婚で不利を招かないか、などの問題点が指摘され、今後、論議を尽くした指針づくりが望まれます。

やモニターで観察したり、写真撮影したりします。昔は胃カメラなどと呼ばれ、観察だけでしたが、今では管の先端につけた装置で病変部の組織を一部採取して病理診断したり、あるいは病変部を完全に除去することで治療したりと、治療法の1つとしても重要な手段となっています。

食道、胃、十二指腸のがんには**上部消化管内視鏡**、大腸がんには**下部消化管内視鏡**、肺がんには**気管支内視鏡**が用いられます。

そのほかにも、肝臓、胆嚢、腹腔内リンパ節などを調べる**腹腔鏡検査**、婦人科の**腟拡大鏡**、泌尿器科の**膀胱鏡**など、各科特有の内視鏡検査があります。

◉病理学的検査

がんの診断は、がん細胞を証明することで確定診断となります。画像診断や血液検査などの間接的な証拠だけでは不十分で、物的証拠がないと最終診断に至りません。病変部の細胞や組織を採取して、顕微鏡でがんであるかどうかを確認する検査が、病理学的検査です。

これには、細胞診検査と病理組織検査の2種類があります。基本的にこれらの検査を受けないとがんとは診断できません。

①**細胞診検査**　採取した検体の中に1個でもがん細胞があれば、がんと診断します。

痰や気管支洗浄液で肺がん、腟分泌液で子宮頸がん、尿で膀胱がんや腎がん、リンパ節穿刺（針をリンパ節に刺して内部の細胞を吸引採取する）で悪性リンパ腫やリンパ節転移がん、胸水や腹水でがん性の胸膜炎や腹膜炎が診断できます。

このうち、簡単に採取できる痰と腟分泌液は、肺がんと子宮頸がんの集団検診に利用されています。

②**病理組織検査**　臓器組織の一部を採取して、がん化した細胞集団がないかを検査するものです。

確定診断のために摘出する場合を**生検**（**バイオプシー**）といい、内視鏡検査の際や、リンパ節が腫れている場合によく行われます。

この検査によって、がんの種類や悪性度がわかります。

◉腫瘍マーカー（215頁）

がん（腫瘍）が発生すると、血液中に含まれるある物質の量が増えたり、あるいは新たな物質が出現したりすることがあります。それらはがんの消長を反映することがあるので、腫瘍マーカーと呼ばれます。

がんが発生するとこの腫瘍マーカーが陽性になるのですが、良性腫瘍や腫瘍以外の病気でも陽性になることもあり、陽性になれば必ずがんがあるというわけではありません。最終的には上記の病理学的検査が必須です。

また、がんができたときだけ、血液中に出現してくる物質があると考えられています。これは**がん特異抗原**と名づけられ、がんを特定する有効な診断法として期待されていますが、まだ確実な物質は発見されていません。ですから、腫瘍マーカーによるがんの早期発見は困難ですが、それらのなかで、前立腺がんの腫瘍マーカーPSAの検査は、がん診断にある程度頼りになるとして、広く実施されています。

がんの治療法①

がんの治療法

◇がんはどこまで治るか

●がん5年生存率

がんの治療成績は、近年、めざましく向上していますが、その要因には、早期発見法が確立されたことにより、がんの種類、位置が正確に診断できるようになったことと、治療法の進歩があげられます。

がんは、早期に発見し早期治療を行えば治りやすいことは常識になっています。

がんが治った目安となる5年生存率は、治療終了後5年間再発しないでいると、その後は再発する頻度が極端に減少し、生存率が横ばいとなるため、治った指標として用いられます。

つぎに、おもながんの5年生存率を、最新のがん統計によって解説しておきます。

●治りやすいがんと治りにくいがん

同じ病期（がんの大きさ、リンパ節転移の有無、遠隔転移の有無などから決定する病気の広がりの程度）で治療されても、がんの種類や選択された治療法のちがいによって、治りやすいがんと治りにくいがんがあります。

5年生存率（診断時の全病期の症例を含む）は、乳がんは約90％、子宮頸がんでは70％以上であり、早期治療例（病期Ⅰ）では90％以上です。胃がん、大腸がん（結腸・直腸がん）の5年生存率（男女とも）は約70％であり、早期治療例では90％以上です。

これらのがんは治りやすいがんといえます。

いっぽう、肺がん、肝臓がんの5年生存率は30～40％程度で治りにくいがんといえます。

しかし、病期により生存率はちがいます。肺がんの場合、病期Ⅰでは80％、病期Ⅱでは40～50％ですが、病期Ⅲになると20～30％の成績もあり、早期発見、早期治療のたいせつなことを示しています。

一般的に、からだの表面にできる、あるいは症状が早くから現れる皮膚がん、乳がん、子宮頸がんは、発見しやすいこともあって、早期治療が行われ、治りやすいといえます。

いっぽう、膵臓がん、肝臓がん、胆道・胆嚢がんなどは、からだの深部にあるために発見が遅れやすく、治りにくいがんといえます。

また、がん細胞を組織の型からの分類でみると、未分化がんは進行が速かったり転移しやすいなど悪性度が高く、治療成績も劣ります。ところが、化学療法は、未分化がんより悪性度は低いとされる扁平上皮がんや腺がんに比べ、かえってよく効きます。

このように、がんは、どの臓器に発生したかよりは、どの組織型に属するかによって治療法が選択されることが多いのです。同じ臓器のがんでも、どの組織型のがんかで、中心となる治療法には手術がよいか、化学療法がよいかがちがってきます。

そのため、治療前に、がんの病期やがんの種類が画像診断や病理組織検査によって正確に診断され、治療方針が決定されます。

◎サイコオンコロジー

こころ(サイコ)とがん(オンコ=腫瘍)との関係を解明し、患者の精神面のケアを目的とする学問で、がん医療の領域では新しい分野です。精神医学、社会科学、腫瘍学の3つの立場から研究され、**精神腫瘍学**とも訳されます。

研究は、がんが、患者や家族、医療従事者の精神面にどのような影響を与えるかという点と、逆に、精神面や行動が変化するとがんの予防や進行、生存率などにどんな影響を与えるかという点の2方向から行われています。

たとえば、がんを抑える免疫機構が精神状態やストレス、うつ状態などと密接な関係があることが明らかになり、がんの予防と治療に役立てるようになりました。また、がん告知からホスピスに至るまで、がん患者のQOL(生活の質)を高める成果があり、さらに質の高いがん診療の実現が期待されています。

◇どんな治療法があるか

◉局所療法と全身療法

がんの治療方法は、がんの広がりや転移の状態によってちがってきますが、大きく、局所療法と全身療法に分けられます。

①局所療法　がんがからだの一部にとどまり、転移する可能性がない場合に行われます。

がん病巣を手術などで切除する**外科療法**(次頁)や、放射線を照射して縮小または消滅させる**放射線療法**(452頁)がおもなものです。

とくに外科療法は、がん病巣を切除するもっとも強力な局所療法として、がん治療の中心となっています。

このほか、**温熱療法**(456頁)や**レーザー療法**(459頁)も有力な局所療法です。最近では、**動注療法**(464頁)や**エタノール注入療法**(464頁上段)などの新しい治療法も行われています。

また、内視鏡を使った治療(**内視鏡治療**　458頁)も進み、胃や大腸にできたポリープを切除したり、**レーザー**や**マイクロ波**を出してがん細胞を死滅させる方法が行われています。

②全身療法　白血病などの血液のがんや、全身へ転移している可能性があるがんに対しては、抗がん剤を使用する**化学療法**(460頁)が、代表的な治療法です。

免疫療法(466頁)もよく行われています。また、乳がん、子宮体がん、前立腺がんなど、ホルモンの影響を受けやすいがんには、**ホルモン療法**(465頁)が行われています。

漢方療法(467頁)も、がん細胞を縮小させ、全身状態を改善する効果が見直されています。

◉集学的治療

がんの治療法はいろいろありますが、どの治療法にも限界があって、どんながんにも単独で効く完全な治療法はありません。がんは全身病的な性格をもつ疾患なので、局所療法だけでは、ごく早期のがんを除き、根治するには不十分です。

そこで、外科療法に化学療法や放射線療法を加えるというように、複数の治療法を組合わせ、それぞれの限界を補い合うことによって大きな成果があがっています。このように異なった治療法を組合わせることを、集学的治療といいます。この場合には、それぞれの専門家が知識をもちよってもっとも有効な方法について検討されます。

たとえば、手術前にすでにリンパ節転移や血行性の転移を生じている可能性が高い乳がんや大腸がんの場合、それを術後に化学療法で根絶する**術後補助化学療法**や、進行していて根治手術が困難な上顎がんを、化学療法で縮小してから手術する**術前化学療法**などが成果をあげています。

集学的治療

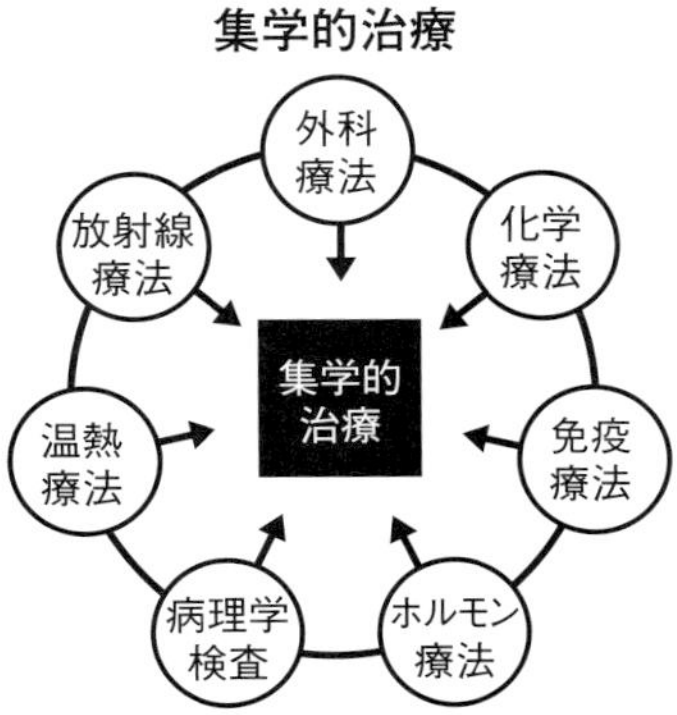

がんの外科療法

◇外科療法はどんながんに有効か

●固形がんを切除する治療法

がんには、白血病のように全身に広がるものと、胃がんや皮膚がんなどのように特定の臓器や組織に発生する固形がんとがあります。

このうちの固形がんに対しては、まず第一に選択される治療法として、がん病巣を除去する外科手術が行われています。その際は、がんの発生した原発巣だけでなく、がんが他の部位に飛び火した転移巣まで取除かれます。また、手術で失われた組織や臓器の機能を修復したり、再建する治療法も行われます。

がんは、大きく早期がん、進行がん、末期がんの3段階に分けられますが、このうち外科療法の対象となるのは、それほど広い範囲に転移をおこしておらず、あまり大きく増殖していない、おもに中期以前のがんです。

現在では、外科療法は手術の方式や技術の向上に加え、麻酔法の進歩、術後の栄養を補給する高カロリー輸液法の開発などもあって、精細で安全な療法として確立しています。

からだを切り開かなくてもすむ治療法として、**内視鏡治療**（458頁）や**レーザー療法**（459頁）、**マイクロサージャリー**（**顕微鏡下手術**　1983頁）などがあります。

また外科療法は、複数の療法を組合わせて行う集学的治療でも、その中核として重要な位置を占めています。

◇外科療法のいろいろ

●根治手術と姑息手術

外科療法は、完全な治癒をめざす根治手術と、それが不可能とわかっていても行う姑息手術に大別できます。

①**根治手術**　完全にがん細胞をとりきれたと判断できる手術で、**治癒手術**とも呼ばれ、完全に治る可能性の高い手術です。

手術の範囲は原発巣のほか、がんの広がりに応じて、浸潤した隣接臓器の切除、転移した可能性のある周辺のリンパ節の**郭清**（きれいに取除くこと）にまでおよびます。

このように、完全にがんをとりきるために、がん細胞といっしょに周囲にある臓器を切除することを**合併切除**といいます。合併切除は、癒着浸潤によるがんの周囲組織への波及を除去することと、リンパ節を郭清して、がんがリンパ管を介して転移するのを防ぐことが目的です。

進行したがんに対しては、より完全な治療をめざして、がんが波及していないと思われる部分まで広く切除する**拡大根治手術**が、かつては行われましたが、それでも再発を防げなかったり、機能障害を引き起こすこともあります。この反省から、今では、進行したがんに対しては、化学療法や放射線療法などの助けを借りて完全治癒をはかる集学的治療が大勢となっています。

②**姑息手術**　**絶対非治癒手術**ともいいます。がん細胞を完全にとりきるのは不可能でも、手術によってがん病巣を小さくしたうえで、他の療法でカバー

がんの手術の治癒、非治癒の種類

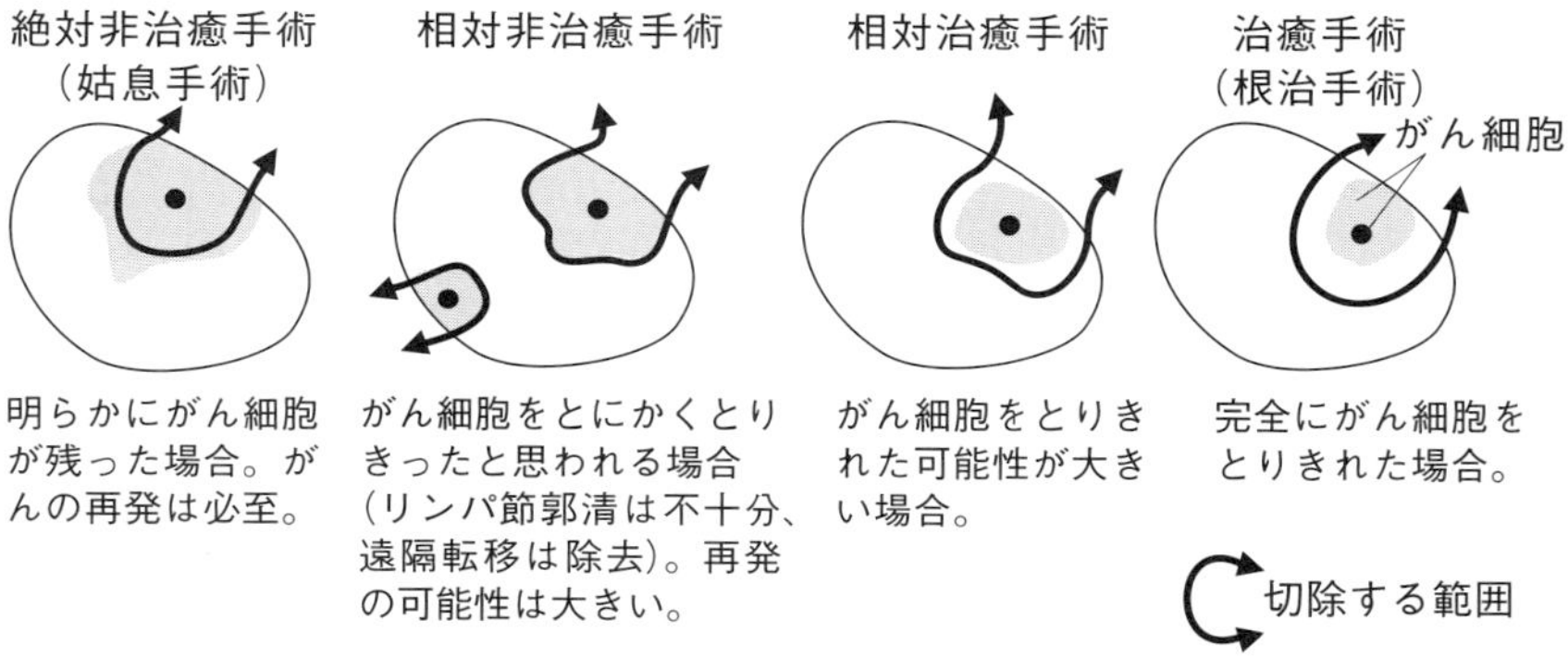
絶対非治癒手術
(姑息手術)
相対非治癒手術
相対治癒手術
治癒手術
(根治手術)
がん細胞
明らかにがん細胞が残った場合。がんの再発は必至。
がん細胞をとにかくとりきったと思われる場合(リンパ節郭清は不十分、遠隔転移は除去)。再発の可能性は大きい。
がん細胞をとりきれた可能性が大きい場合。
完全にがん細胞をとりきれた場合。
切除する範囲

します。

手術後、がんが再発する可能性はありますが、がんによる臓器の出血や狭窄を治療し、がん細胞の量を減らすことによって、併用される化学療法や放射線療法などによる効果が高まります。

●拡大手術と縮小手術

がんを切除する範囲で大別すると、広い順から、拡大手術、標準手術(一定範囲の切除にとどめる基本的な手術)、縮小手術があります。

①拡大手術 一般に、中期以降の進行がんに行われる手術です。がんが再発せず、根治する率が高くなるように、がん原発巣の切除やリンパ節の郭清など、なるべく広い範囲を切除します。

麻酔法や術後の管理法の進歩によって、従来不可能だったがんの手術が可能になり、高齢者や重い合併症をもつ人に対しても、比較的安全に拡大手術ができるようになりました。肺門がん、膵がん、肝がん、胃がんなどが拡大手術で完全に摘出できるようになったのは、その例です。

②縮小手術 多くは早期がんに行われる手術で、なるべく小範囲の手術にして、しかも根治することを目的としたものです。手術で受けるからだの障害が小さく、機能も温存でき、回復が早いなどの利点がありますが、手術後にがん細胞がわずかでも残ると再発するので、術前の検査で、がんの広がりをできるかぎり正確に見極めたうえで、とり残しのないように行います。

これが可能になったのは、早期発見のための診断技術の進歩、手術方法の向上、化学療法など新しい補助療法の開発などのおかげで、現在では縮小手術で十分とする例が多くなっています。乳がん、直腸がん、肝がん、肺がんなどは機能温存をはかりつつ、縮小手術が可能になった例です。

●機能・臓器温存手術

がんを根治させるという目的を損なわず、なるべく臓器の機能や形態を温存して、手術前と同じ社会生活が可能な状態にする手術です。

①機能温存手術の選択基準 過不足なく最小限の範囲を切除する手術法を選ぶのは、現状では至難とされ、がんの

標準的な手術と縮小手術の比較（乳がんの例）

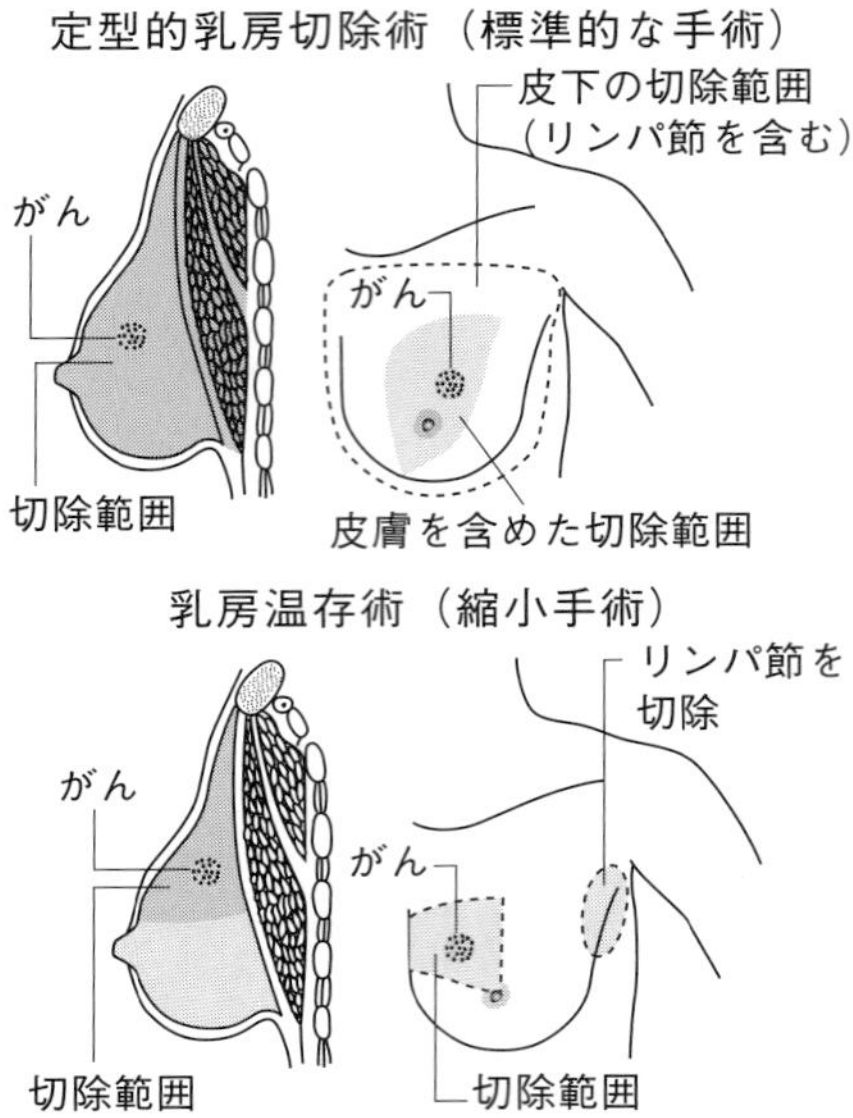

拡大手術（胃がんの例）

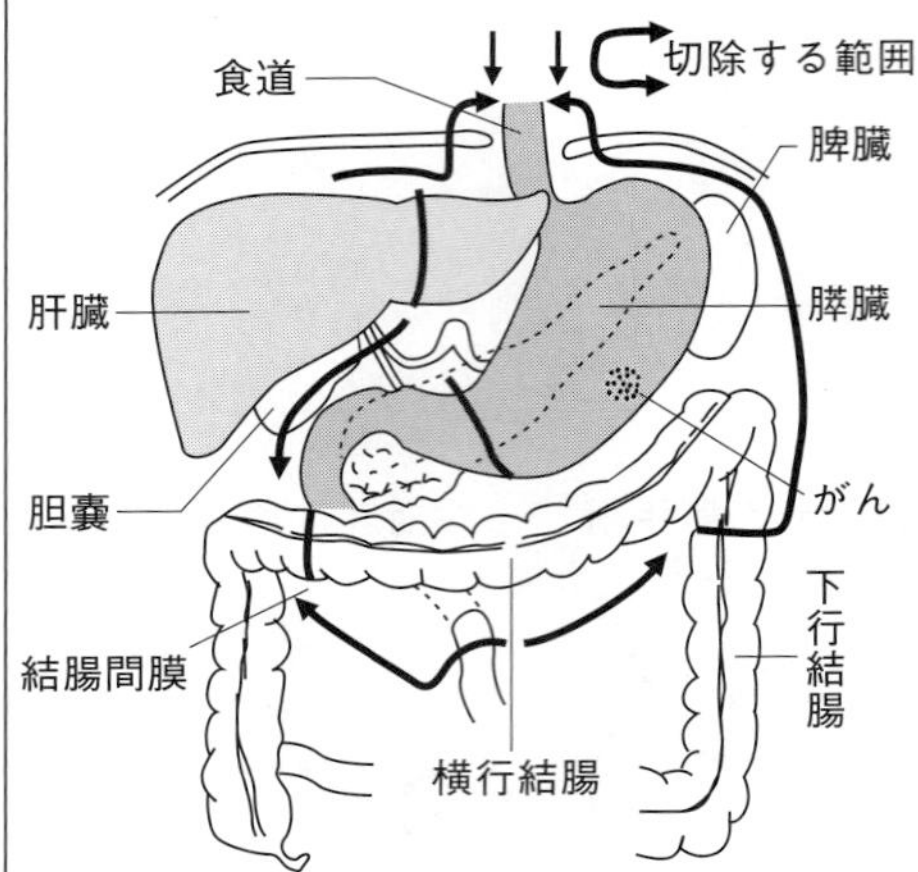

左上腹部の内臓の全摘術

他の臓器への浸潤・波及がみられる胃の進行がんに対して、胃全体をはじめ、肝臓・膵臓の一部、脾臓、左横行結腸を含めて、結腸間膜根部より切除する。

進展度、治癒する確率、手術による機能障害の程度と患者のQOLとの関係などを慎重に検討し判断されます。

②おもな機能温存手術　代表的な機能温存療法としては、乳がんの乳房温存術、肺がんの切除部分を狭くして肺機能を温存する気管支形成術、喉頭がんの声帯部分切除、舌がんの放射線と手術（頸部リンパ節切除）の併用療法、胃がんの幽門保存胃切除や迷走神経温存手術、直腸がんの自然肛門を残す括約筋温存直腸切除などがあります。

また、直腸がん、膀胱がん、前立腺がんなどの全摘除手術の場合は、性機能や排尿機能に関係する神経を残して障害が避けられるような温存手術が行われています。

③センチネルリンパ節生検　センチネルリンパ節（559頁上段）とは、がんがリンパ節に転移するとき、最初にリンパ節微小転移が発生する場所と考えられており、ここに転移がなければ、その他のリンパ節転移は生じていないと判断することができます。

センチネルリンパ節の生検による転移の有無を指標として、リンパ節郭清を個別的に縮小ないし省略し、切除範囲を最小限とする手法です。

乳がんではセンチネルリンパ節の転移が陰性であれば、わきの下のリンパ節郭清が省略でき、従来、術後に高頻度に発生していた腕のむくみや知覚障害、腕が上がらないなどの症状を減少させました。現在、腋窩リンパ節の郭清を行う場合との予後の比較を、長期にわたって検討する大規模試験が進められており、結果が待たれています。

また、消化器がん（胃がんなど）でもセンチネルリンパ節生検の臨床応用が進められており、機能温存手術への応用が期待されています。

●再建・形成手術（1960～1996頁）

①再建手術の目的　手術で切取ってしまった臓器や器官を新たにつくり直し、健康な人と同じように生活できるように治療するのが再建手術です。

再建手術には、食道がんや舌がん、膀胱がんのように生命を保つために欠かせない代用器官をつくって再建する場合と、皮膚がん、乳がん、下顎がん

がんの治療法

再建術（舌がんの例）

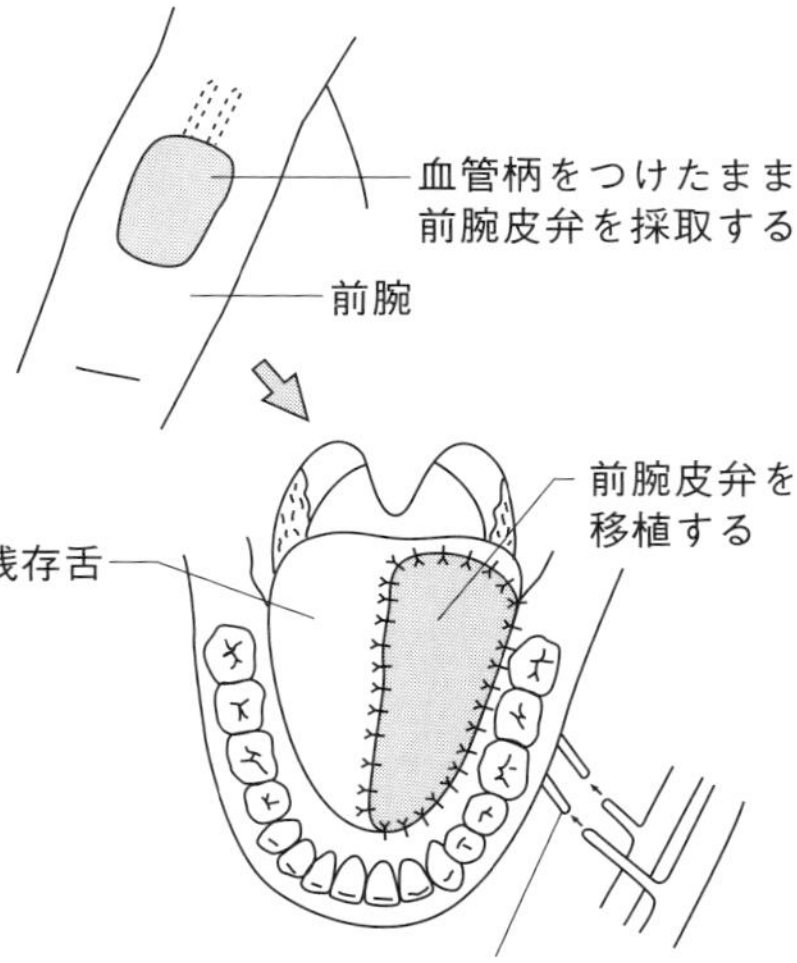

舌がんの手術後、前腕から皮弁を採取し、微小血管を吻合して残りの舌に移植する。

機能温存術（直腸がんの例）

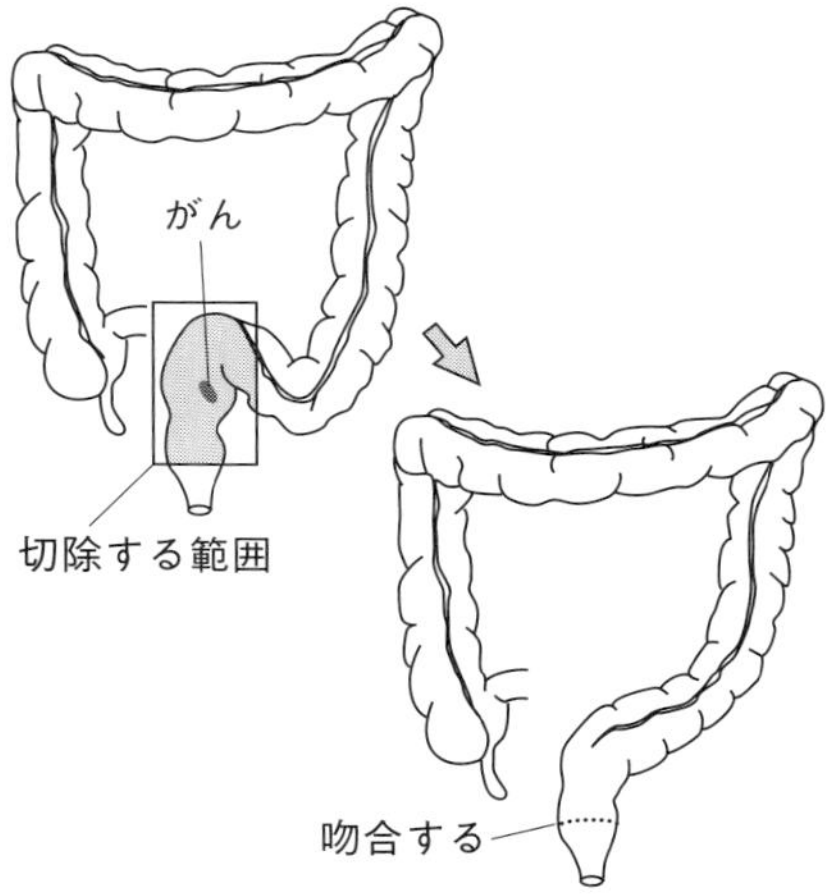

括約筋温存直腸切除術
肛門から離れたところにある直腸がんでは、肛門の括約筋を残して切除し、S状結腸と吻合すると、人工肛門（ストーマ）をつくらず、自然排便できる。

のように、手術によって生じた外見上の変形や機能障害を解消するために再建する場合とがあります。

再建手術は、おもにがん専門の形成外科の担当ですが、がんの手術をした外科や整形外科で行われる場合もあります。

②形成外科の進歩　小範囲の手術で欠損した組織を修復するのに、離れた部位から皮膚や皮弁（皮膚・皮下組織を弁状に切取ったもの）をとってきて移植する方法は、古くから行われていました。

現在では、骨や筋肉を含む広範囲の欠損部分も、患者のからだの離れた部位から皮膚・筋肉・骨・神経など必要な組織を、血管をつけた状態で切取り、移植することができるようになっています。このため、健康な人の器官や組織と同じような機能を、移植された組織が代用可能になりました。

これができるようになったのは、臓器を除去したあとに、代用となる器官を器械吻合（器械でつなぎ合わせる）する技術や、患部を拡大して見ながら細い血管どうしをつなぐこともできるマイクロサージャリー（顕微鏡下手術）が開発されるなど、外科手技の大きな進歩があります。

代表的な再建術の例をあげてみましょう。

▼頭頸部のがんの再建術　顎の骨、舌、のど（咽頭）などを切除すると、食べ物をかんだり、飲み込んだり、声をだして話すことができなくなります。顎の再建には、肩甲骨などの骨の一部と皮膚を、血管をつけて切取ってきて骨融合させ、義歯を植えると、かめるようになります。

舌がんの再建には、腕や腹部の筋肉と皮膚を血管つきで切取り、切除した舌の部分に移植すると、飲み込んだり、話せるようになります。

▼頸部の食道がんの再建術　小腸の一部を切取って、切除した食道の部分に移植すると、飲み込んだり声をだしたりする機能を損なわず再建できます。

▼乳がんの再建術　腹部の皮膚、脂肪組織、筋肉を厚く切取り、乳房を切除した部分に移植して再建します。

◎放射線の線量限度と医療で使う放射線量

放射線の被曝量はできるだけ少ないにこしたことはありません。

国際放射線防護委員会（ICRP）は、放射線の線量限度（やむをえない場合の上限値）の勧告を行っています。

1990（平成2）年のICRP勧告によると、放射線作業従事者は5年で100mSv（ミリシーベルト）、かつ50mSv／年、一般公衆（医療行為とは別）は1mSv／年となっています（1mSvは1000分の1Sv）。

放射線による検査や診断における被曝量は、検査の種類やからだの部位にもよりますが、多くが1検査につき0・1以下～数mSvというわずかなものです。

放射線療法では、がん細胞に最大のダメージを与え、健康な細胞には最小限の影響しか与えないよう、つぎのように決められています。

1日あたり2Gy（グレイ）、

がんの放射線療法

◇放射線療法はどんながんに有効か

●放射線でがん細胞の増殖を抑える

放射線療法は、手術と同じように、がんの代表的な局所療法のひとつで、X線やガンマ線といった放射線を照射して、がん細胞の増殖を抑え、消滅させてしまおうというものです。これは、照射によってがん細胞核の中の重要な遺伝子であるDNAが傷ついて、多くのがん細胞が死滅するからです。

このとき、正常な細胞も障害を受けますが、障害をできるだけ少なくし、がん細胞だけに大きな効果を発揮するように、照射方法が工夫されます。

放射線療法は、手術のようにからだを傷つけたり、治療中、痛みを感じるようなことはありません。

●放射線療法が行われる場合

現在では、放射線療法だけで治るがんも増えてきていますし、手術その他の治療法との併用によって治癒率が向上するようになってきています。

①機能や形を温存したいとき

手術で患部を切除すると、治ってもからだの機能や形態が損なわれることがあります。喉頭がん、舌がん、子宮頸がん、陰茎がんなどは、早期がんであれば、手術で簡単に治りますが、放射線単独でも根治治療が可能です。

治療に要する日数は多少かかりますが、放射線照射で治すよう努力すれば、臓器・組織を傷つけずに機能や形を保つことができます。

たとえば、転移のまだみられない喉頭がんの場合、手術と放射線療法の治療成績はほとんど同じくらい良好ですが、手術によって声をだす機能が失われる危険性が避けられるのです。

また、早期の乳がんのうち、とくに組織型が腺がんの場合では、しこりのある部分を狭い範囲で切除して乳房の形をきれいに残し、その後、放射線だけで治そうという温存療法が、今では主流になっています。

しこりが3cm以下の場合、組織内照射という、がん組織の中に放射線源を直接入れる治療法も行われています。

②手術より治療効果が大きいとき

放射線療法のほうが手術より治療成績がよいがんもあります。悪性リンパ腫のうち、組織型が比較的良性でかぎられた部位のもの（ホジキン病など）は、早期がんなら放射線による通院治療だけでほとんど治ります。また、進行がんでも放射線と化学療法との併用によって治癒可能です。また、胃や腸などの臓器に発生した悪性リンパ腫も、手術で切除したあとに化学療法を行っていましたが、最近は手術にかわり、放射線治療が行われています。

③手術が不可能なとき

脳幹部にできた脳腫瘍のように、手術するのがきわめて困難な位置に発生したようなケースに、放射線療法のみか、または化学療法と組合わせた集学的治療が行われます。

④手術後のがん再発を予防するとき

乳がんやセミノーマ（精巣腫瘍の一種）などの原発巣を切除したあと、がん細胞が転移しやすいリンパ節に放射線の照射を行います。

がんの治療法

放射線がよく効くがん、効きにくいがん

よく効くがん	・悪性リンパ腫（ホジキン病、非ホジキンリンパ腫） ・セミノーマ（精巣がん） ・ウィルムス腫瘍 ・多くの小児がん ・白血病（特殊の場合のみ照射する） ・乳がん ・未分化がん
中等度に効くがん	・皮膚がん・舌がん・喉頭がん ・子宮頸がん・食道がん・肺がん ・陰茎がん
あまり効かないがん＊	・胃がん・腎がん・子宮体がん ・膵がん・甲状腺がん・唾液腺がん ・骨肉腫・悪性黒色腫

注）＊放射線抵抗性がんという。手術もできないほど進行した場合も、少しでもがんを治せるよう、いろいろな照射法が研究されている。たとえば、術中照射、抗がん剤との併用、重粒子放射線治療の開発など。

週5日、6週間（計30回）で合計60Gyが標準線量であり、最大線量です。ただし、がんの種類や大きさ、進行度によって線量は決定されます。

＊Sv（シーベルト）は放射線が、人体に与える影響をはかる単位（線量当量）、Gy（グレイ）は、生体に吸収されるエネルギー量（吸収線量）を表す単位です。

⑤がんによる苦痛を和らげたいとき

がんが末期になると、神経や気管を圧迫して痛みや呼吸困難がひどくなったりします。根治はむずかしいのですが、このような症状を改善する緩和的治療として用いられることがあります。

がんの骨転移による疼痛、脊髄が圧迫されておこる神経まひ、肺がんや食道がんで気管・食道狭窄がおこった場合などによく用いられ、かなり高い効果が得られています。

◇放射線療法の種類と進めかた

●まず治療計画を立てる

放射線による治療が選択されたら、治療前に、画像診断などによって診察しながら、つぎのことが検討されます。

①からだの一般状態や、他の病気はないかチェックする
②がんの病期（進行の程度や広がり）を正確に診断する
③どの治療装置が最善か決める
④照射する部位と範囲を決める
⑤年齢や一般状態から、照射する線量を決める

放射線を照射する際には、正常な細胞には障害を与えないように、逆にがん細胞には最大の障害を与えるように、綿密な計画が立てられます。

そのためには、がんが存在する位置と広がりを正確に把握することが必要です。そして、がんの周辺にある放射線に弱い臓器にまで放射線が届かないように位置関係を検討し、高エネルギーの放射線をがんに集中させるようにします。

それには、コンピュータによる三次元画像が得られる装置（CTやMRI）によって、体内の病巣を透視し、照射位置や範囲を確認して、皮膚表面に特殊なインクでマークして準備しておきます。

最近では、このほか、線量計算、装置の管理、治療後の患者登録に至るまで、コンピュータを用いて、精度の高い治療計画が立てられるようになっています。

●照射法と治療のしかた

からだの外側から放射線を照射する外部照射（遠隔照射）と、からだの内部に密封した小さな放射線源を入れて照射する、腔内照射や組織内照射がありますが、外部照射が主流になっています。

①外部照射　ガンマ線という放射線を出すコバルト60遠隔治療装置や、X線や電子線を出すライナック（リニアック）という装置がありますが、現在では高エネルギーが出せて、からだの深部まで照射できるライナックが広く用いられています。患者の横たわったべ

アフターローディング法

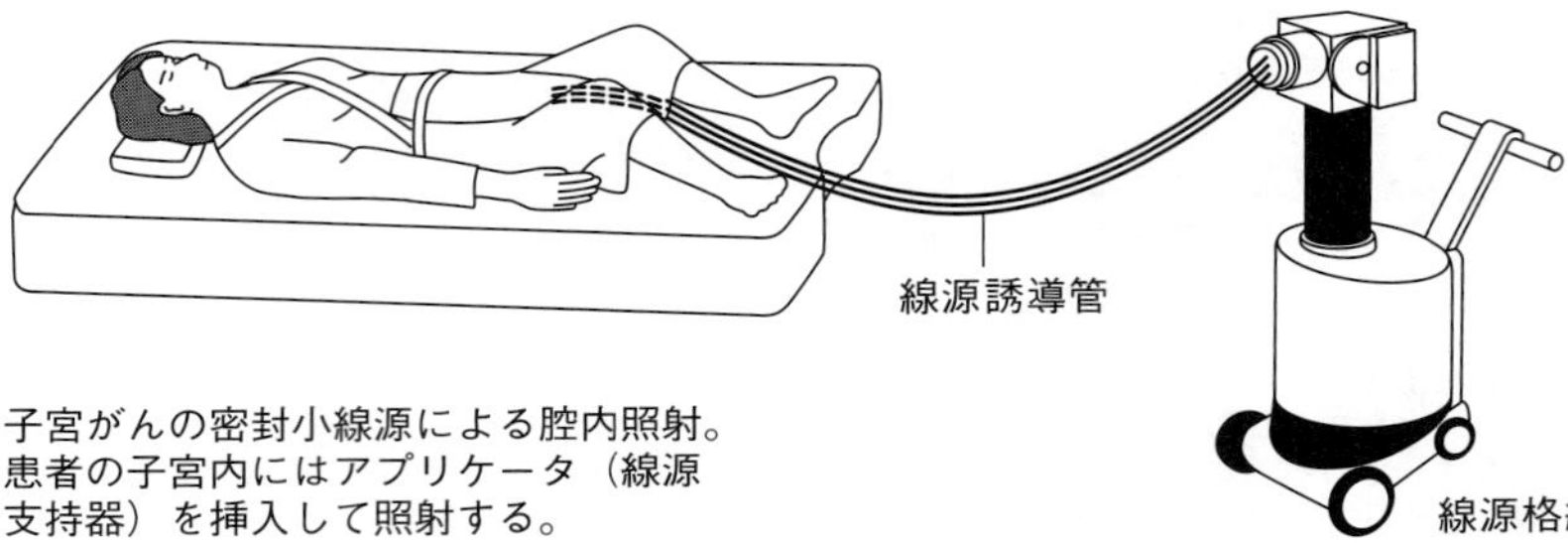

子宮がんの密封小線源による腔内照射。患者の子宮内にはアプリケータ（線源支持器）を挿入して照射する。

ッドの周りを回る回転照射型の装置が主流です。

治療は、治療計画の段階でマークされた照射部位と一致することを確認して開始されます。

照射は、1回に2～3分、1日1回、週4～5回で、20～30回行われるのがふつうですが、より治療成績をあげるために、1日2、3回照射する**過分割照射**も工夫されています。ただし、がんの種類、他の治療法との関係、患者の状態をみながら、そのつど変更されます。

がん細胞には、放射線障害からの回復力が正常細胞より弱いという性質があります。何回かに分けて照射するのは、この特徴を利用し、正常細胞になるべく障害を与えずにがん細胞をたたこうとするものです。

また、弱い放射線を多方向から病巣に集中させる**ピンポイント照射法**も開発されています。放射線は焦点になる病巣だけに集積されて大量にあたり、周囲では分散されるため、障害を少なくして治療できます。

この目的にガンマーナイフやサイバーナイフという装置が用いられ、転移性脳腫瘍や脳動静脈奇形を開頭手術なしで治療する場合などに威力を発揮しています。

コンピュータ技術と画像診断の進歩により、がんがひじょうに小さい段階から画像で描写されるようになりました。また、それらの画像診断を用いた治療計画装置の精度が向上し、三次元治療やIMRT（強度変調放射線治療）などの高精度放射線治療が急速に普及発展しています。

初期の肺がん、肝臓がん、そして小さい転移病巣に対しても、5日程度の短期間の照射で80％以上に照射部位のがんの消失がみられるようになりました。その成績は手術の治療成績と変わらなくなってきています。

放射線治療が副作用の少ないことを考えると、将来ますます普及していくと思われます。それらの治療専用機器として、トモテラピーなどの装置が開発されていますが、通常のライナックにそれらの機能を搭載している装置も開発されています。

②腔内照射　腟、子宮、食道、気管などの管腔内のがんの治療には、放射線を出す物質を小さな容器の中に密封した**密封小線源**が用いられます。がんの発生した管腔内にチューブ状のアプリケータ（線源支持器）を挿入し、その中に密封小線源を送り込んで、病巣を照射する方法（アフターローディング法　前頁図）です。

放射線を出す物質（放射性同位元素）には、一般に、ガンマ線を出すヨウ素、イリジウム、セシウムなどが利用されます。

高度な治療技術が必要ですが、とくに子宮がんでは、外部照射と組合わせて、手術に劣らない治療成果をあげています。

③組織内照射　密封小線源が入った針または管を直接、がん病巣に刺し込んで照射します。針は固定し、一定期間、連続して照射します。

舌がん、口腔がん、脳腫瘍、中咽頭がん、乳がん、前立腺がん、腟がんなどに用いられています。

早期の舌がんの場合、約1週間照射を行いますが、手術で切除せずに治療できるので、食事や会話などが不自由になるような機能障害を残さずにすみます。

◉将来、期待される放射線療法

現在使われている放射線療法は、X線やガンマ線などの電磁波や電子線によるものです。

これからの新しい放射線療法として期待されているものに、電子より重い粒子（重粒子）である陽子、重イオン（炭素）などを使った**重粒子線治療**があります。

がん組織には、細胞の酸素が多い部分と少ない部分がみられますが、酸素の多い部分ほど放射線に弱く、X線やガンマ線で死滅します。

しかし、酸素の少ない細胞は死なずに残る可能性もあり、再発の原因になります。

重粒子線は、この酸素の少ない細胞まで殺すことができ、また、がん組織のある範囲だけに集中して効率よく照射できる長所があるのです。

◇他の治療法と併用する集学的治療

放射線療法と他のいくつかの療法を組合わせる集学的治療も、多く行われています。

▼術前・術後照射　手術前に大きながんを小さくして切除しやすくしたり、転移を防止したりするために行われる術前照射と、手術後にがんの再発を予防するために行われる術後照射があります。

▼術中照射　手術中に、直接、がん病巣に集中して照射します。

▼薬剤との併用　転移を予防したり、放射線の効きにくいがんに対する治療効果をあげるために、化学療法や免疫療法などを併用します。

▼温熱療法との併用　一般に、温度が高くなると放射線はがんに効きやすくなりますが、この性質を利用して、温熱療法と組合わせて治療します。

◇放射線療法の副作用

放射線療法により、いろいろな症状が現れることがあります。しかし、現在は、治療計画が綿密になり、正常組織には照射されないような工夫がなされ、治療後の症状も軽くすむように検討されています。

副作用も、現在では耐えられる程度のものになっているといってよいでしょう。

●おもな副作用と対策

放射線療法によって生じる副作用には、治療中におこる急性障害と、治療後、半年以降に徐々におこる晩期障害があります。

①急性障害　たとえば、皮膚が日焼けしたように赤くなり、かゆくなることがあります。この場合は、刺激の少ないステロイド（副腎皮質ホルモン）軟膏が効き、急性障害は治ります。

食道や胃の炎症で食事がとりにくくなることがありますが、やわらかく飲み込みやすい食べ物を少しずつとるようにします。吐きけや下痢、食欲不振などには漢方薬も有効です。

白血球が減少することもありますが、血球をつくりだす骨髄は、全身にたくさんあるので、ふつうはすぐに回復します。

また、放射線療法で髪の毛が抜けると思い込んでいる人もいますが、頭に放射線をかけないかぎり、頭髪が抜けることはありません。

そのほか、からだがだるい、手足がむくむなどの症状もみられますが、予測される副作用については、治療前に、それらの症状と対策について医師から説明があるはずですから、不要な心配はしないようにしましょう。

②晩期障害　たとえば、大腸の潰瘍、肺炎、白血病や成長障害などがおこることがあります。これらの頻度はひじょうに低いのでまず心配ありませんが、治療後の定期検診でチェックを受けるようにしましょう。

放射線療法の副作用に対しては、患者本人ががんを告知されている場合とされていない場合では、我慢の限度がちがってきますから、家族の協力が欠かせません。放射線治療に対する正しい理解があるかぎり、決してこわいものではありませんので、告知を前向きに考えてください。

がんの温熱療法（ハイパーサーミア）

◇どんな治療法か

●温熱療法はがんになぜ効くか

かつて、がんの人が別の病気で何日か高熱をだし、その後がんが小さくなったことから、がんの部位に熱を加えてがん細胞を死滅させようという温熱療法（加温療法）が始まりました。

増殖中のがん細胞は、正常細胞に比べて、温度がいつも少し高めになっています。また、がん細胞は酸性になっていて、弱酸性を保っている正常細胞より熱に弱いという性質があり、同じように熱を加えても正常細胞より温度が上がりやすく、冷めにくいこともわかってきています。そこで、この性質を利用して、がん細胞の温度が42・5度（やや熱い風呂の温度）程度になるように保つと、正常細胞は41度ぐらいとなるので障害を受けず、がん細胞だけを殺すことができるのです。

RF波誘電加温システム

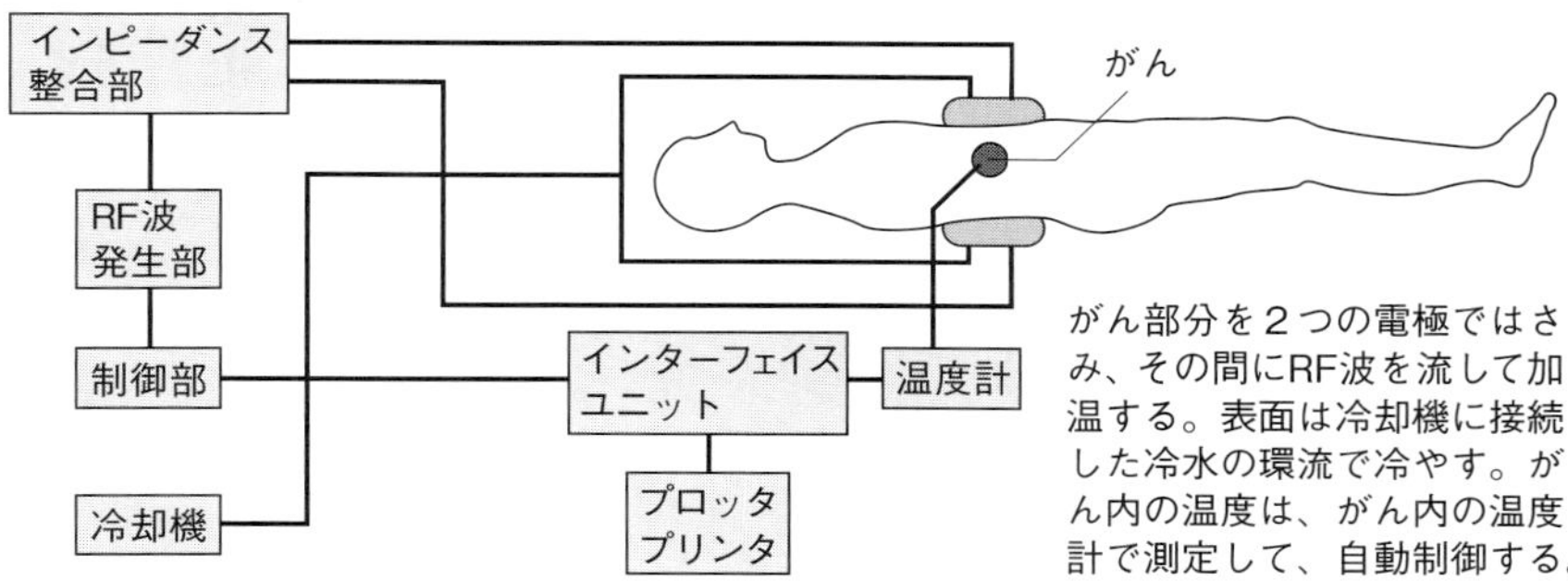

がん部分を２つの電極ではさみ、その間にRF波を流して加温する。表面は冷却機に接続した冷水の環流で冷やす。がん内の温度は、がん内の温度計で測定して、自動制御する。

◉加温法の種類としくみ

大別して、全身加温法と局所加温法がありますが、局所療法が主流です。治療中は患部の温度が42～43度程度に保てるように、患部に挿入した温度計（温度測定用のセンサー）で刻々チェックされ正確に管理されます。

①全身加温法　血液を体外に取出し加温する方法ですが、それほどの効果が得られず、あまり行われていません。

②局所加温法　全身加温法に比べて、わりあい簡単にできる方法です。

体外から患部に電磁波をあてて加温する方法です。電子レンジと同じ原理で、がんのある部分をはさんで体外に一対の電極を置き、その間に電磁波を流します。電磁波には、低周波のＲＦ波と高周波のマイクロ波があり、おもに、ＲＦ波はからだの深部にあるがんを、マイクロ波は体表に近いところにあるがんを温めるのに適しています。

体表温度が上がってやけどをおこさないよう冷却水や冷風で皮膚を冷やします。治療はふつう、1回1時間、週に1、2回、合計4～10回行われます。

◇温熱療法はどんながんに効くか

温熱療法は、まだ単独でがん治療に使われることはありません。外科療法、放射線療法、化学療法などを補助する集学的治療の一環として効果をあげており、おもに進行がんやがんの再発を防ぐために用いられています。

比較的温めやすい部位にある、乳がん、皮膚がん、胸部のがん（食道がん、胸壁に浸潤した肺がん）、下腹部のがん（子宮頸がん、膀胱がん、直腸がん）、頭頸部がん（頸部リンパ節への転移）、手足の軟部腫瘍などに使われます。乳がんや皮膚がんでは放射線療法との併用が多く、放射線だけの治療より2倍の縮小効果があるといわれます。

◇温熱療法の副作用

治療中に、とても熱く感じたり、皮膚表面に軽いやけどをすることがあります。熱いときは遠慮せず、技師や医師に伝えましょう。

終了後、1時間ほど冷やすのもよいでしょう。

◎内視鏡治療の実際

①内視鏡的切除

おもに大腸のキノコのような形をしたポリープ（隆起型）を切取る治療法を**ポリペクトミー**といいます。

大腸ポリープはがん化しやすく、5㎜以上の大きさのものはとっておいたほうがよいといわれています。しかし、大腸の早期がんも胃がんや食道がんのように、平坦に盛り上がる形（表面型）のものが発見されるようになりました。このような形では、キノコ型のポリープと異なり、がんに針金を簡単には引っ掛けることができません。

そのような場合には、がんの下側に生理的食塩水などを注入して、がん全体を盛り上がらせ、針金を引っ掛けやすい形にしてから取除きます。これを、**内視鏡的粘膜切除**（EMR、Endoscopic Mucosal Resection）といいます。この方法では、直径約2㎝程度のものが限界と考えられてい

がんの内視鏡治療

◇内視鏡治療とは

口や肛門、尿道や鼻から内視鏡を挿入して治療を行う内視鏡治療と、胸やおなかに直接内視鏡（胸腔鏡や腹腔鏡）を差し込んで治療する内視鏡外科の2つの治療法があります。前者の内視鏡治療は、おもに早期がんに対して行われます。

また、本来は手術が最善の治療法であっても、高齢者や持病が重い場合、手術が危険と判断されることがあります。また、手術を絶対に拒否するという人もいます。そのようなときは次善の策として内視鏡治療が行われることがあります。

進行がんで完治がむずかしいときも、内視鏡治療が行われることがあります。これはおもに、病人の生活の質を維持するために、食物の通過を促し、また黄疸を軽減して苦痛を和らげ、延命をめざすなどの治療です。

内視鏡外科は、これまで開腹や開胸で病変部を取除いていた方法にかわり、体内に内視鏡を入れて映しだされる画面を見ながら従来どおりの手術を行う方法です。この方法は通常の大きくおなかや胸を開く方法に比べて、身体的負担が軽く、入院期間の短縮に大いに貢献しました。

◇早期がんの治療

●内視鏡的切除

最近、食道がん、胃がん、大腸がん、膀胱がんなどは、早期がんのうちに発見される割合が高くなってきました。また、内視鏡による診断や超音波診断も進歩したために、大きさや形でリンパ節に転移しない早期がん（粘膜内がん）を見分けられるようになりました。このような早期がんは内視鏡でとり残すことなく除去すれば完治します。

もっとも一般的な治療法は、**ポリペクトミー**と、**内視鏡的粘膜切除**（EMR）の2つです。どちらも内視鏡で病変を見ながら、スネアという針金を入れ高周波を通電して、がんを切取り回収する方法です。このほか、**粘膜下層切開剥離法**（ESD）といって、高周波メスで病変部をはがして取除く特殊な方法もあります（次頁上段）。

切除された病変部は、顕微鏡でくわしく調べられます。もし、がんが粘膜よりも下の層に深く入り込み、リンパ節転移をもつ可能性が高い場合は、病変部の臓器とリンパ節を取除く手術が追加されます。

●内視鏡外科

この方法（次頁上段）は、大腸や胃の早期がんでも、リンパ節転移が疑われるものに行われます。そのほかに肝臓がん、前立腺がん、食道がんにも行われ始めました。なかでも大腸がんは、進行がんに内視鏡外科を導入する施設もみられるようになりました。

◇進行がん・末期がんの治療

●食道のがん性狭窄部の治療

進行した食道がんでは、食道が狭くなって飲食物が通らないことがあります。そのような場合、内視鏡で、食道の狭い部分をバルーン（風船）などの

ますが、それ以上大きいものには、**粘膜下層切開剥離法**（**ESD**、Endoscopic Submucosal Dissection）という方法が開発され、徐々に広まりつつあります。これは内視鏡で見ながら、特殊な高周波メスで病変部をはがして取除く方法です。

高周波を通電した針金で病変部を取除く方法以外に、レーザーで病変部を焼いてしまう方法もあります。これはごく初期の肺がんや膀胱がんなどに用いられます。

②内視鏡外科

腹部や胸部に5～12㎜の小さな孔をあけて、特殊なポートという筒を差し込み、その筒を通して内視鏡を入れて、身体の内部のようすをモニターに映しだします。そして同様に差し込んだ筒から手術器械を入れて、モニターを見ながら手術をします。

切取った病変部は小さな孔から取出し、胃や腸は器械で縫い合わせます。

拡張器具を使って広げたり、代用食道となる短い管（ステント）を留置したり、レーザーを用いたりして、狭いところを広げる治療を行います。

また、食道がんや胃がんなどが高度に進行すると、どうしても口から食べ物を摂取できない状態になることもあります。このような場合は、内視鏡で、腹部にあけた小さな孔から胃や腸の中へ直接管を誘導し、その管から高カロリーの栄養を送り込みます。この方法を内視鏡的胃瘻造設術といいます。

◉胆道のがん性狭窄部の治療

胆道がんのため狭くなる胆道がん性狭窄では、肝臓から出る胆汁がつまって黄疸になります。これを防ぐため、狭窄部を広げるステントを留置し、胆汁の通り道をつくる方法があります。

これは、口から十二指腸まで挿入した内視鏡の先端からカテーテル（細い管）を出し、十二指腸乳頭（1537頁図2）から胆管に通して、管を留置する方法です。また、肝臓に直接体外から針を刺して、胆道内にカテーテルや内視鏡を挿入して広げる方法もあります。

がんのレーザー療法

◇レーザー療法とは

レーザー光線は、レーザーメスとして、また、網膜剥離を治療する光凝固術、形成外科の皮膚形成術など、各分野で広く応用されていますが、がん治療に内視鏡と併用する方法がとくに期待されています。治療法には、腫瘍焼灼法と光線力学的治療法があります。

◉腫瘍焼灼法

体内に挿入した内視鏡の管の先端から腫瘍に向けて、高出力のレーザー光線をくり返し照射します。がん細胞は加熱されて、たんぱく変性をおこし、乾燥し、炭化して焼き切られます。レーザーにはNd‐ヤグ、炭酸ガス、KTPレーザーなどが用いられます。

◉光線力学的療法（PDT）

事前に、レーザー光線をあてると光化学反応をおこす光感受性物質を静脈注射しておきます。光感受性物質には、がん細胞に集まりやすく、しかもがん細胞を殺す性質をもつポルフィマーナトリウムやタラポルフィリンナトリウムが使われます。

現在、熱エネルギーの少ない低出力のエキシマ・ダイやダイオードレーザーなどが用いられ、照射のとき発生する一重項酸素の作用で、周りの正常細胞を傷つけずにがん細胞だけを攻撃できる利点があります。

◇どんながんに有効か

腫瘍焼灼法は、肺がん、食道がん、胃がん、大腸がん、膀胱がん、子宮頸がん、脳腫瘍、喉頭がん、舌がんなどの、おもに進行がんによる管腔の狭窄や閉塞による呼吸困難、通過障害の治療に用いられます。

光線力学的治療法も応用範囲は広く、とくに早期の肺がん、食道がん、胃がん、子宮頸がんの治療には保険が適用されます。早期がんでは治癒率が高くなりますが、手術が不可能なとき、手術前に病巣を縮小しておきたいとき、進行がんで全身状態の改善に役立てたいときなどにも有効です。

◎分子標的薬による治療

▼分子標的薬とは　１９９０年代から、分子標的薬が盛んに開発されるようになり、がん治療に導入されています。その背景には、長年にわたる分子生物学の研究の進歩により、標的であるがん遺伝子、がん抑制遺伝子の機能が明らかとなり、遺伝子の指令によりつくられる異常たんぱくが、がんの発生、増殖、転移などにどのようにかかわっているかが解明されたためです。

このため、遺伝子のはたらきを直接阻害する、あるいは異常たんぱくのはたらきを阻害することにより、がん細胞に選択的に作用する阻害剤が開発されました。これらの薬剤を、molecular-targeted drug（分子標的薬）と呼びます。

▼分子標的薬の種類と効果　現在、日本で認可されているのは、トラスツズマブ、リツキシマブ、イマチニブ、ゲフィチニブ、ベバシズマブなど

がんの化学療法

◇化学療法はどんながんに有効か

●全身性のがんに最適な治療法

がんの化学療法は、薬剤を用いて、がん細胞の増殖を抑えたり、がん細胞を殺傷することによって、がんを治療しようとする方法です。このがんの治療に用いる薬剤を**抗がん剤**といいます。

外科療法や放射線療法が、からだのある部位にかぎられた固形がんを対象にした局所療法の代表であるのに対して、化学療法は、おもに、からだ全体のがんを対象に治療する全身療法で、注射、内服、点滴などの方法で使用します。

抗がん剤は、血液に入り、血流にのって全身にゆきわたるので、化学療法は、血液のがんや、固形がんが転移して全身に散らばった場合などに、最適な治療手段となります。

●化学療法が有効な場合とは

化学療法は、主として全身性のがんに効果がありますが、実際には、あらゆるがんの治療に用いられています。とくに効力を発揮しているのは、つぎのような場合です。

①全身的ながんの治療として

最初から全身的に発病するため、外科療法や放射線療法などの局所療法が行いにくいがんに使われます。白血病などの血液のがんや、リンパ系のがんである悪性リンパ腫などに対しては、最善の治療法の1つです。

また、固形がんが進行し、血液やリンパ液を経由して全身の臓器や組織に転移した場合には、手術で病巣を摘出するのには限界があります。このようなケースでは、抗がん剤を使う以外に方法がない場合があります。

②術前・術後の補助化学療法として

外科療法や放射線療法の前後に、がんが全身に転移している可能性がある場合などに、集学的治療として抗がん剤が使用されます。

手術によってがんをとりきれたと判断された場合でも、目に見えない微小ながんが残っていて、後日、再発することがあります。そのような危険性があると予想される場合などに、がん細胞を根絶するため、手術後、抗がん剤による治療を行うのです。

③特殊な使用法による治療として

化学療法剤の新しい使用法が研究され、適切な薬剤を用いることによって大きな成果が認められています。

白血病などの血液のがん、乳がん、卵巣がんなどに抗がん剤の大量投与を併用する**骨髄移植**（468頁）や**末梢血幹細胞移植**（469頁）が良好な成績をあげています。

肝がんなどの病巣に対する局所療法としては、抗がん剤を注入する**動注療法**（464頁）やエタノール（アルコールの一種）を注入する**エタノール注入療法**（464頁上段）が効果的です。

また、消化器のがんや卵巣がんを手術で摘出後、腹腔内に抗がん剤を注入して、残っている微小がんやがん性体腔液（腹水）を消失させようとする**腹腔内化学療法**も注目されています。

最近の話題としては、オールトランス型レチノイン酸（ＡＴＲＡ）という

です。これらの薬剤の代表的な臨床成績をつぎに述べておきます。

イマチニブは、慢性骨髄性白血病の原因遺伝子であるBcr／Ablのつくるたんぱく（チロシンキナーゼ）のはたらきを阻害する薬（阻害剤）であり、慢性期の症例に単剤で使用され、生存期間を大幅に延長しています。

リツキシマブは、B細胞リンパ腫の90％以上に発現しているCD20を標的とする薬剤で、B細胞リンパ腫に対して、抗がん剤と併用して生存期間の延長に貢献しています。

トラスツズマブは、進行乳がんの25～30％の症例に発現しているHER2たんぱくの阻害剤で、抗がん剤と併用して、奏効率の向上、生存期間の延長に効果をあげています。

ベバシズマブは腫瘍に栄養や酸素を供給するためにつくられる血管新生の阻害薬です。進行大腸がん、非小細胞肺がんに対して、抗がん剤と併用すると、抗がん剤のみを使用

ビタミンAの誘導体を使って治療する**分化誘導療法**があります。ふつう、細胞は属している臓器や組織の一部として機能できるように分化（成長）します。ところが、がん化した細胞は分化せず、増殖するだけです。このがん細胞を、分化誘導剤を使って分化する軌道にのせ、正常な細胞に戻すようにするのが分化誘導療法です。急性白血病などで用いられ、副作用が少なく、高齢者にも使える療法として期待されています。

◇抗がん剤の効果

◉抗がん剤はなぜ効くか

がん細胞は、正常細胞と同じく、基本的にたんぱく質でできていて、分裂によって増殖していきます。抗がん剤が効くのは、がん細胞中の遺伝情報を伝えるDNAやRNAの合成を阻害したり、がん細胞が分裂して増殖するのを阻止するからだと考えられています。

そして、がん細胞の分裂が活発になり、増殖速度の速い状態（増殖期）のときほど、抗がん剤の影響を受けやすいので、増殖速度の速い血液のがんにはとくに効果が高いとされています。

ただし、抗がん剤ががんに効くしくみは一様ではなく、まだ十分に解明されているわけではありません。

また、抗がん剤は多くの場合、大量にかつ長時間作用させるほど、がん細胞を殺す効果が高くなりますが、正常細胞も同じように影響を受けるため、副作用がおきて、からだに苦痛を与えてしまいます。そこで、正常な細胞になるべく害を与えず、がん細胞だけを殺す力をもつ抗がん剤の研究がなされ、現在では、治療効果の高い抗がん剤がいくつも開発されています。

◉抗がん剤による治療法の進歩

四十数年前に最初の抗がん剤が発見されて以来、多くの抗がん剤が開発されてきました。抗がん剤による治療成績もこの間に大きく進歩し、かつて不治の病といわれた急性白血病その他の難病も、治癒可能となっています。

その理由の第1は、新しい有効な抗がん剤がつぎつぎと発見されたことです。また、近年、がん細胞にとくに多い分子を標的とする分子標的薬が開発され、使われています（前頁上段）。

第2は、いくつかの抗がん剤を組合わせて、より高い効果を得る併用療法が進歩したことです。現在では、抗がん剤が1種類だけの単独で用いられるケースは少なく、この、複数で用いる**多剤併用療法**が主流となっています。

理由の第3には、がんにともなういろいろな合併症を治療したり、抗がん剤の副作用を管理する方法（**支持療法**）が発達して、化学療法が安全に行えるようになったことがあげられます。

◇化学療法の治療目的と効果

がんの化学療法の最終目標は、がんの治癒ですが、治癒が不可能なときは延命が目的になります。同時に、がんにともなう痛みや呼吸困難を和らげるなど、いろいろな症状を改善します。

◉化学療法で治癒可能ながん

現在、進行したがんでも、化学療法だけで治癒する可能性があるとされているものをあげてみましょう。

①急性白血病　血液のがんである小児急性リンパ性白血病は、化学療法で治

したときと比較して生存期間の延長が認められました。

最近、認可された上皮増殖因子受容体チロシンキナーゼ阻害剤の**エルロチニブ**は、進行非小細胞肺がんに対して、第二次、三次治療として、偽薬との比較研究が行われ、生存期間の延長が認められました。

さらに最近の報告では、新しい分子標的薬を難効性の進行腎がん、進行肝がんに対して、初回治療として単剤で使用し、生存期間の延長に貢献した欧米の成績もあります。

分子標的薬が、がん治療に果たしている役割としては、①初回治療として単剤で使われ、進行がんの延命に貢献している、②抗がん剤と併用して延命に貢献している、③単独投与で進行がんの第二、第三の治療として延命に貢献していることがあげられます。

癒可能な代表的ながんで、5年生存率（治癒率）が約80％という治療成果があがっています。

成人の急性骨髄性白血病には、かつては有効な抗がん剤がなかったのですが、現在、ダフノルビシンやイダルビシンを含む多剤併用療法で、75％以上の人の白血病細胞が完全に消失し、治癒率も40％以上に増加しつつあります。

また、オールトランス型レチノイン酸（ATRA）を用いる分化誘導療法（461頁）では、急性前骨髄球性白血病の90％以上で白血病細胞が消失し、60％以上が治癒すると考えられています。

②悪性リンパ腫　白血球の1つであるリンパ球ががん化したもので、おもにリンパ節から発生します。

ホジキン病と非ホジキンリンパ腫があります。そのうち、ホジキン病は欧米に多く、日本ではわりあい頻度の低いがんですが、60％以上の治癒率があります。

非ホジキンリンパ腫は日本に多い型で、従来はホジキン病に比べると化学療法が効きにくいがんでしたが、現在では、アドリアマイシン、ビンクリスチンなどを含む多剤併用療法で、60～70％にがん細胞の完全消失が認められ、治癒率も40％程度にあがっています。

③精巣腫瘍　精巣（睾丸）腫瘍は、成人のがんのなかでは化学療法が最高の治癒率を示すがんです。シスプラチンを中心とする多剤併用療法で60％以上の治癒率を示しています。

④小細胞肺がん　肺がんのうち、組織型のうえで小細胞肺がんとして分類されるがんは、進行が速く悪性度が高いとされますが、他の非小細胞肺がんに比べて化学療法がよく効きます。

⑤女性特有のがん　女性のがんでは、絨毛がんが化学療法によりほぼ100％に近い治癒率を示し、卵巣がんでも40％以上にがん細胞の完全消失が認められます。また、子宮頸がんは手術や放射線療法で治癒が可能な代表的ながんですが、再発して進行した場合でも、抗がん剤の多剤併用療法で治癒する可能性がでてきました。

乳がんも、有効な抗がん剤が多く、多剤併用療法が行われています。近年は、**自家骨髄移植**（抗がん剤で障害を受けやすい骨髄幹細胞を前もって採取、冷凍保存しておき、治療後にからだに戻す治療法　468頁）と併用した大量化学療法によって、長期生存ができるようになっています。

◉延命を目的として治療するがん

進行したがんでは治癒を期待するのはむりですが、化学療法でがんをコントロールしつつ、健康な人と変わらない日常生活を送り、しかも長期に生存できるようになった例も増えています。

頭頸部がんは、外科療法や放射線療法の前にシスプラチンを含む多剤併用療法を行うことによって、治癒の可能性も期待できます。

膀胱がんは、シスプラチンを中心とする多剤併用療法が有効です。

その他、同様の治療成績が得られるものには、多発性骨髄腫、慢性白血病、前立腺がんなどがあります。

また、化学療法の効きにくいがんに、発生頻度の高い胃がん、大腸がん、非小細胞肺がんなどがありますが、外科療法や放射線療法と併用して術前・術

抗がん剤のおもな副作用

副作用	おもな症状・合併症	治療法
血液障害		
白血球減少	細菌・真菌（かび）による感染、発熱	抗生物質、G-CSF、白血球輸血、クリーンルーム
血小板減少	出血傾向（皮下、尿、便など）	止血剤、血小板輸血
血色素減少	貧血、倦怠感	赤血球輸血、鉄剤、エリスロポエチン
胃腸障害	悪心（吐きけ）、嘔吐、食欲不振、下痢	制吐剤、胃腸薬、点滴
神経障害	しびれ、感覚障害、筋力低下	一時休薬、ときにビタミン剤など
肺機能障害	肺機能低下、間質性肺炎、肺線維症	一時休薬、ステロイド（副腎皮質ホルモン）剤
心臓障害	不整脈、心不全、心筋障害	総使用量の制限
肝機能障害	肝機能の低下〔AST（GOT）、ALT（GPT）上昇〕	一時休薬、安静、ビタミン剤など

後補助化学療法を行うことなどで、がんの縮小や再発予防の効果をあげています。

◇化学療法の副作用

がん細胞だけを損傷し、正常細胞に作用しない抗がん剤の研究が行われていますが、現在ではまだ、副作用のない抗がん剤はなく、副作用を防ぐための確実な方法もありません。ただし、抗がん剤は生命にかかわる病気の治療が目的ですから、むしろ副作用があっても、がん細胞を十分効果的に破壊できるのなら、よい薬だといえます。

●おもな副作用と対策

①血液への副作用　もっとも頻度が高い副作用は血液の障害で、なかでも白血球が減少することが多く、白血球を増やすために、G-CSF（造血因子）を用いたり、白血球の輸血を行います。また、細菌感染のおそれがあるので、感染を防ぐために抗生物質を使用したり、無菌室（クリーンルーム）を用いて治療します。

また、血小板が減少して出血した場合は止血剤の使用や血小板輸血を行い、血色素が減少して貧血がおこったときは、鉄剤やビタミン剤を使ったり、赤血球輸血を行って治療します。

②胃腸への副作用　食欲不振、悪心、嘔吐、下痢などの胃腸症状も頻度の高い副作用です。胃腸症状の現れる程度は個人差が大きく、抗がん剤によってもちがいますが、症状によりいろいろな制吐剤、胃腸薬が使われます。症状が激しい場合は点滴を行います。

③そのほかの副作用　手足がしびれ、進行すると感覚がなくなるような神経障害がおこることがありますが、薬の使用を減らしたり、一時中止します。

ブレオマイシンなどの特殊な抗がん剤を使用すると、肺機能が低下することがあります。早期に発見し、ステロイド（副腎皮質ホルモン）剤などで治します。

アドリアマイシンの副作用に心臓障害がありますが、総使用量を制限して、不整脈や心不全を予防します。

肝機能障害として、ASTやALT値（191頁）が上昇した場合は、薬の使

◎エタノール注入療法（PEIT）

がんの病巣部に、アルコールの一種であるエタノール（100％）を注入し、がん細胞を壊死させてしまう方法です。エタノールには細胞を構成するたんぱく質を迅速に凝固する化学作用があります。

原発性肝がんで、手術の不可能なケースのために考えられた治療法で、くり返し行うことができ、がんが完全に壊死する場合もあります。また、転移性肝がんにもこの方法が用いられることがあります。

エタノールの注入は、局所麻酔をし、胸部または腹部の皮膚の外から細い針を刺して、おもに超音波で肝がんの位置を確認しながら行われます。

この療法を行う条件としては、がん全体が超音波の画像でとらえられること、がんの直径が3㎝以下で、病変部が数か所以内であること、コントロールのできない腹水や出血傾向がないこととされてい

用を一時中止し、安静にしてビタミン剤などを服用します。

腎機能障害をおこすシスプラチンや出血性膀胱炎をおこすシクロホスファミドの副作用の予防には、水分の補給や利尿薬で、尿量を増やします。

脱毛は、美容上、不愉快な副作用ですが、抗がん剤を中止すれば、3～6か月でもとに戻ります。その他、口内炎、皮膚の色素沈着や硬化、爪の変化なども、中止すれば治ります。

◉副作用の治療は可能

抗がん剤の副作用はすべて可逆性（使用を中止すれば治まる）で、治療が可能です。実際の治療には、病人が副作用に十分耐えることができて、なおかつ十分に効果のある抗がん剤だけが用いられています。

化学療法は、抗がん剤の効果や副作用を熟知している専門医が行えば、ひじょうに安全な治療法です。とくに通院治療の場合は、つねに主治医と連絡を欠かさないことです。知らせたほうがよいという症状が現れたら、すぐに電話連絡して指示を受けましょう。

がんの動注療法

◇動注療法とは

動脈は、細胞に酸素や栄養を含む血液を送っています。がん細胞も動脈から酸素と栄養を得ています。この血管に直接抗がん剤を注入するのが、動注療法です。

抗がん剤は、経口薬や静脈注射で全身に使用された場合、目標のがん細胞に達するまでに薄まって低い濃度になり、また正常細胞にも抗がん剤の毒性が影響してしまいます。ところが、がん細胞の近くの動脈に抗がん剤を注入すると、静脈を経由するよりも約10倍の濃い抗がん剤を送ることができ、その分、少ない使用量で高い効果が期待され、副作用も軽くなります。

◉動注療法の方法

X線で血管撮影をしながら、カテーテル（細い管）を太ももの付け根や鎖骨下などの動脈から挿入して、がん病巣の栄養血管（がんに酸素と栄養を供給している動脈）まで通し、抗がん剤を注入します。注入は定期的に行う必要があるので、通常、カテーテルとリザーバーと呼ばれる注入装置全体を体内に埋め込んでしまうため、ふつうの生活をしながら通院して治療を受けることができます。

▼血管塞栓術（TAE）　血液ががん細胞に行かなくなるように、動脈内へ挿入したカテーテルから血管塞栓物質を注入して栄養血管をつまらせてしまう方法です。このため、がん細胞は栄養源を絶たれ、低酸素状態になって壊死してしまいます。

このとき、動注療法と同様に、抗がん剤を用いることもあります。

ただし、1回の治療ですべての栄養血管をつまらせることはむずかしいため、数週間から数か月の間をおいて治療をくり返すのが一般的です。

◇どんながんに効くか

動注療法は局所療法であり、全身に広がったがんには、ふつう用いられません。また、カテーテルを挿入できる

ます。

また、がん細胞の壊死を完全にするために、血管塞栓術（TAE　前頁）との集学的治療が行われる場合もあります。

だけの太さの栄養血管がある部位のがんが対象となります。

動注療法が行われるがんは、肝がん、肝臓に転移したがん、腎がんのほか、頭頸部がん、骨腫瘍、卵巣がん、膀胱がん、前立腺がん、進行した乳がんなどです。

また、血管塞栓術は、これらのがんのうち、血管の多いがんに用いられ、とくに原発性肝がんの治療に広く用いられています。

がんのホルモン療法

◇ホルモン療法とは

がん細胞が増殖していくのに、ホルモンを必要とするものがあります。このようながん細胞には、ホルモンが結合して作用を発揮するためのホルモン受容体があります。

ホルモン療法は、①ホルモンそのものを除去する治療（卵巣や精巣の摘出。最近ではこれと同じ効果が得られるLHRHアゴニスト薬を使用）、②ホルモンが受容体に結合するのをじゃまする治療（抗ホルモン剤を使用）により、がん細胞を死滅させる治療です。抗がん剤による治療と比べて、白血球減少や悪心・嘔吐などの副作用がひじょうに少なく、からだに優しい治療です。

◇どんながんに効くか

ホルモン療法は、ホルモン受容体をもっている乳がん、子宮体がん、前立腺がんに効きます。乳がんや子宮体がんは女性ホルモン（エストロゲン）受容体、前立腺がんは男性ホルモン（アンドロゲン）受容体をもっているので、それぞれエストロゲン、アンドロゲンを抑える治療が有効です。

◉乳がん

閉経前の女性には、卵巣摘出と同じエストロゲンの低下効果が得られる**LHRHアゴニスト**の皮下注射が有効です。また、閉経後の女性は卵巣からエストロゲンは出ませんが、副腎から出るアンドロゲンを使って、皮下脂肪のなかにあるアロマターゼという酵素がエストロゲンをつくっています。ですから、アロマターゼを抑える**アロマターゼ阻害薬**の内服によりエストロゲンを抑える治療が有効です。

いっぽう、タモキシフェンなどの**抗エストロゲン剤**の内服は、閉経前にも閉経後にも有効です。

以上の治療により、再発がんの生存期間が延長し、再発予防にも明らかな効果が認められています。

◉子宮体がん

エストロゲン分泌を抑制する**合成黄体ホルモン剤**（酢酸メドロキシプロゲステロンなど）の内服が、早期がんで子宮温存を希望する場合や、進行がん・再発がんに有効です。

◉前立腺がん

精巣摘出と同じアンドロゲン低下効果が得られる**LHRHアゴニスト**の皮下注射、アンドロゲン受容体に結合してアンドロゲンの作用を抑える**抗アンドロゲン剤**やアンドロゲンと逆の作用をもつ**エストロゲン剤**の内服が用いられます。がんの術後の再発予防や再発がんに有効です。

がんの治療法②

がんの免疫療法

◇免疫療法の種類と効力

●免疫療法とは

生体には、本来、体外から異物が入ってくると、その異物（抗原）を攻撃し、排除しようとするはたらきがあります。がんに対しても、それを異物と認識して、増殖を抑制しようとする免疫作用があり、作用（免疫力）を増強することによってがんを克服しようというのが、免疫療法です。

●従来の免疫療法

古くは、BCG、ピシバニール、クレスチン、ウベニメクスなどの**免疫賦活薬**が広く利用されました。これらは全身的な免疫力を高めることにより、がんに対しても攻撃力を高めることを期待するものです。有効性を示すはっきりした証拠と明確な理論的根拠が乏しいこともあり、現在は一部を除いて使用される機会が少なくなっています。

その後、リンパ球やマクロファージ（貪食細胞）など免疫を担当する細胞からつくられる**サイトカイン**という生理活性物質が使用されました。これには、インターフェロン（IFN）、インターロイキン-2（IL2）、腫瘍壊死因子（TNF）などがあり、直接がん細胞を攻撃したり、他の免疫担当細胞を活性化して、がんの増殖を抑えたりすることが知られています。

また、体内からリンパ球を取出し、サイトカインを加えて活性化してから体内に戻す**養子免疫療法**（LAK療法、TIL療法など）も行われました。

これらの効果も、一部のがんに対してのみであり、強い副作用や細胞調整の繁雑さなどから、広く用いられるものにはなっていません。

◇これからの免疫療法

免疫療法の新しい展開として、もっとも重要と思われるものは、多くの腫瘍でがん抗原遺伝子が同定（検査で確定されること）されたことです。がん抗原という標的分子が明確になったことにより、より特異的な免疫療法の開発につながることになりました。

抗原そのものを、あるいは抗原としての機能を示すペプチド（抗原内にあるたんぱくの一種）をワクチンとして用いる**がんワクチン療法**、さらにはこれらを樹状細胞（免疫細胞の一種）に取込んで生体内に使用することで、がんに対する免疫反応を高める**樹状細胞療法**などが数多く進められています。

現在までのところ、まだ期待したほどの効果は報告されてはいませんが、理論的根拠に基づく治療法として、今後の成果が期待されるものです。

免疫療法を評価する方法については、化学療法と同じように、がんの縮小効果のみで判定することが妥当かどうかということが問題になっています。生存期間の延長効果や、生活の質（QOL）の改善効果なども考慮に入れて判断すべきだろうということです。

そして、効果的な免疫療法を、化学療法（460頁）や分子標的療法（460頁上段）と併用することによって、より治療効果が高まり、がんの治療成績の向上に役立つことが期待されます。

◎漢方療法で延命できるか

漢方療法により、がん自体を治すことやがんの進行を遅らせることが可能な場合があります。

がんが、生体の異物排除システムをすりぬけて、なぜ増殖をつづけるかは、いまだに解明されておらず、いっぽう、漢方薬が病人の全身状態をなぜ改善するのかもわかっていません。

しかし、主治医に余命3～6か月程度と判断された進行がんの人で、漢方薬を飲みながら1年以上元気に通院している人が多数おり、また、腫瘍マーカーの値が減少したり、増加しない例も少なくありません。

まだ確定的な証拠は得られていませんが、標準的ながん治療と同時に漢方療法を受けることにより、「質の高い延命」が期待できます。

がんの漢方療法

◇漢方療法はがんになぜ有効か

がんは、からだの一部ではなく全身に影響をおよぼす病気であり、からだのどこかにがんが発生すると、からだ全体に歪みが生じます。

一般に、新薬は1つの有効成分が1つの作用を現しますが、漢方薬（2328頁）はがん患者の全身の歪みを調整します。そのしくみは、神経・免疫・内分泌など、人間の生命活動の中枢部分に漢方薬の成分が作用することによると考えられます。

神経・免疫・内分泌などに作用する新薬はありますが、漢方薬と異なり、1か所だけを変化させてしまうために、全体のバランスがくずれ、さまざまな副作用を生じやすいのです。

●がん治療のサポートとしての役割

がん治療の柱は、手術・放射線・抗がん剤の3つですが、症状を和らげる緩和医療も重要です。最近では、リンパ球やマクロファージなどの免疫細胞を強化する免疫療法も注目されています。

漢方療法は、「緩和医療＋免疫療法」と位置づけられますが、さらに手術・放射線・抗がん剤による治療の副作用の予防や治療にも効果があり、がん治療のサポートとして有用です。

●全身状態と症状の改善

がん患者に共通してみられる症状は、全身倦怠感、食欲不振、体重減少、気力体力の低下ですが、これらはがん細胞からの刺激により、からだの中に産生される物質（サイトカイン）によると考えられています。

このような人に対して、副腎皮質ホルモン（ステロイド）や、精神や神経に作用する薬が使われますが、必ずしも効果は期待できません。

いっぽう、漢方薬には、気力や体力を補う「補剤」という一群の漢方薬（補中益気湯、十全大補湯、人参養栄湯など）があり、多くの例で全身状態の改善がみられます。

そのほかに、下痢・便秘、腹痛、手足の冷え、頻尿、不眠・不安などの症状も、補剤あるいは補剤と他の漢方薬の併用により改善します。

●がん治療の副作用の予防と治療

手術・放射線・抗がん剤などの治療により、さまざまな副作用（合併症）がおこります。

近年、手術の後遺症は少なくなりましたが、手術後の腸閉塞や食欲不振、気力体力の低下、傷の痛みを訴える人は少なくありません。

このような場合、補剤（とくに補中益気湯）、あるいは大建中湯、茯苓飲、牛車腎気丸、桂枝茯苓丸、小柴胡湯などの漢方薬が有効な場合があります。

放射線治療後の貧血や白血球減少は、補剤で予防できることがあり、舌・咽喉がんの放射線治療後の唾液分泌低下には、麦門冬湯を基本とした漢方療法が有効です。

抗がん剤による手足のしびれや関節痛には、補剤、牛車腎気丸、桂枝茯苓丸などが有効です。

ただし、これらの漢方療法を行う場合には、漢方治療に十分な経験のある医師の治療を受ける必要があります。

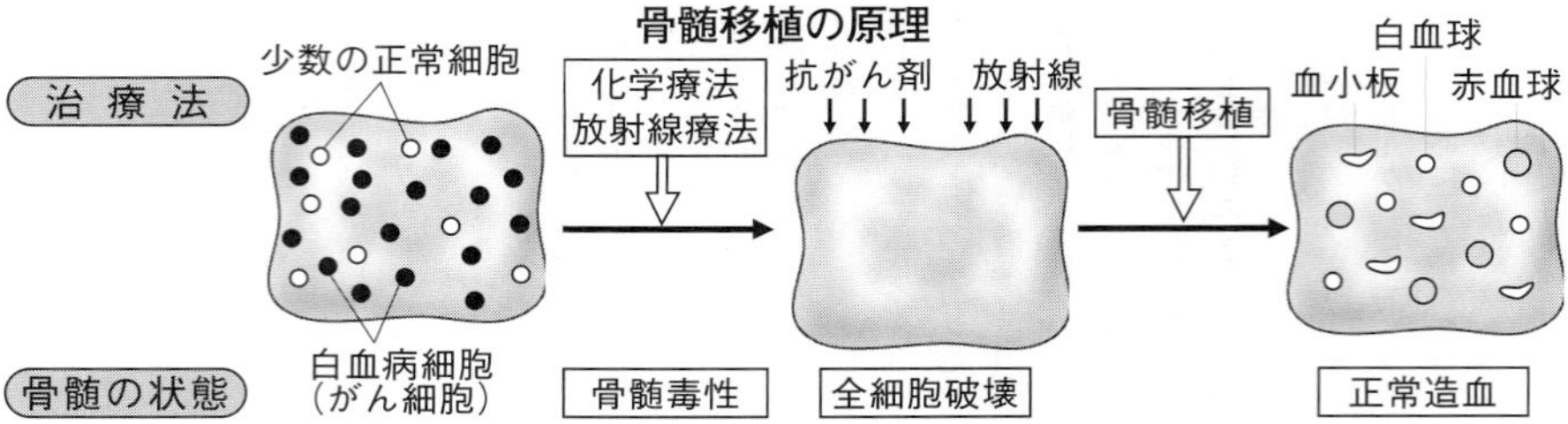

造血幹細胞移植

◇造血幹細胞移植の方法と効力

◉造血幹細胞移植とは

がんの化学療法で、いちばん問題となるのは、白血球や血小板が減少する副作用がでることです。これは、骨の内部にあって血液細胞をつくりだす造血組織である骨髄が、抗がん剤によって障害されるためです。これを**骨髄毒性**といいます。このような障害を回避するために考えられた治療法が造血幹細胞移植で、とくに白血病の治療によい治療成績が得られています。

造血幹細胞移植には、骨髄移植、末梢血幹細胞移植、臍帯血幹細胞移植の3つの方法があります。

①**骨髄移植**（1450頁）

▼**同種骨髄移植**　抗がん剤を大量に使用したり、放射線を全身に照射すると、骨髄のがん細胞とともに正常細胞までも破壊されます。そこで、患者の骨髄細胞を全滅させてから、他人の正常な骨髄細胞をもらって造血機能を回復しようとするのが同種骨髄移植です。

骨髄細胞を移植するには、ドナー（提供者）に全身麻酔をかけて腰の骨（腸骨）から骨髄液を採取し、患者に点滴で注入します。すると、骨髄液中の幹細胞（分化・成長して血球をつくりだすもとになる細胞）が血流にのり、骨髄に定着して増殖を始め、正常な血球をつくる能力が回復されるのです。

治療中は、白血球がなくなる時期がつづき、感染の危険があるため、無菌室に入って厳重に管理されます。

この同種骨髄移植は、白血病や再生不良性貧血によく用いられ、早期に行う治療では約60％の人が治っています。

▼**移植反応の対策**　骨髄細胞のつくりだす血液成分のうち、白血球（リンパ球や単球）には体外から入ってきた異物を攻撃するという免疫作用があります。移植された他人の骨髄でつくられたリンパ球は、患者の細胞組織を異物と認めて攻撃するため、**移植反応**（**移植片対宿主病**）がおこります。重症の場合は死亡することもあります。

これを防止するために、患者とドナーの間で、リンパ球の型（ＨＬＡ）が合うことが重要です。

この適合ドナーは、きょうだいの間では4分の1の割合ですが、血縁関係のない他人同士では何百人から何万人に1人の割合になり、ドナーを探しだすのは困難な現状です。そのため、骨髄バンクが開設され、ドナーの登録を受付けています（2303頁）。

▼**自家骨髄移植**　あらかじめ患者自身の骨髄を採取し、冷凍保存しておいて、大量の抗がん剤の使用や放射線照射のあと、体内に戻す方法が、自家骨髄移植です。

他人の骨髄を使用しないので、免疫反応がおこらず、副作用のない利点がありますが、再発率が高くなる傾向があるので、予防策が研究されています。

自家骨髄移植は、子どもの神経芽細胞種や悪性リンパ腫の治療によく用いられます。ただし、採取した骨髄細胞のなかに、がん細胞が混じっているような場合、完全に取除けるのかという問題も残されています。

②末梢血幹細胞移植

骨髄移植が有効な治療法であるのは、骨髄から採取した骨髄液に赤血球、白血球、血小板などの血球をつくりだすもとになる造血幹細胞があるからです。しかし、同種骨髄移植では免疫反応がみられたり、自家骨髄移植ではがん細胞が混入している危険性があるので、幹細胞だけを精製して移植できれば、大きな利点になります。

いっぽう、末梢血（血管を流れる血液）には、成熟した血球が流れていて、幹細胞はわずかしか含まれていません。

ところが、化学療法後の骨髄回復期や、G‐CSFなどの造血因子を使用したあとには、血中の幹細胞が大幅に増加することがわかってきました。この幹細胞を、あらかじめ患者の末梢血から採取して冷凍保存しておき、大量化学療法後に戻す**自家末梢血幹細胞移植**が行えるようになりました。この方法は、ドナーや高度な無菌室を必要としません。造血機能の回復も早く、悪性リンパ腫、乳がん、子どもの神経芽細胞種などに実績が得られています。

また、他人の末梢血から幹細胞を採取する、**同種末梢血幹細胞移植**も行われています。

③臍帯血幹細胞移植

１９９０年代から、臍帯血中にある造血幹細胞を用い、おもに子どもを対象として、同種移植が開始されました。日本でも全国臍帯血バンクネットワークがつくられ、最近、移植数が増加してきました。副作用が少ないことが利点ですが、細胞数が少ないため、生着までに日数がかかることが欠点です。

◇骨髄移植を受けるのに適した時期

骨髄移植で治療成績をあげるには、病気の早い時期がよいとされます。

急性骨髄性白血病や急性リンパ性白血病では、抗がん剤で白血病細胞を減少させて症状がみえなくなる時期を**寛解期**といいます。最初の第一寛解期と再発後に再び治まる第二寛解期がありますが、第一寛解期に骨髄移植するのがもっとも効果的とされます。

慢性骨髄性白血病はイマチニブメシル酸塩（分子標的薬）が効かなくなった人が対象になります。悪性リンパ腫は化学療法のみで治癒する可能性が高いので、再発した場合に、早めに骨髄移植を行うとよいでしょう。

◇骨髄移植の副作用

骨髄移植では、白血病細胞を死滅させるために大量の抗がん剤や強い放射線が使用されるので、副作用もおこります。吐きけなどの症状のほか、感染症、間質性肺炎、出血性膀胱炎、肝障害などの合併症や、免疫反応である移植片対宿主病がみられることがあります。かつては年齢があがるほど合併症もおこりやすかったのですが、現在では、副作用の治療法が進歩し、G‐CSFなどの白血球を増やす薬剤が開発されたため、45歳までなら良好な治療成績があがるようになっています。

さらに最近では、移植前の抗がん剤などによる造血抑制を低く抑えた「**ミニ移植**」も行われています。この治療法は高齢者や臓器障害のある人でも移植できる可能性があり、血液専門医に相談されることをお勧めします。

◎遺伝子治療の対象とされるがん

がんの遺伝子療法は、とくにアメリカで、広く臨床研究が行われています。その対象となっているがんは、悪性黒色腫、前立腺がん、脳腫瘍、卵巣がん、頭頸部がん、乳がん、肺がん、大腸がん、その他、多岐にわたっています。

イギリスでは、ＡＤＡ欠損症に対する遺伝子治療薬の製品化が進められています。

日本では、まだ10に満たない医療機関で臨床研究が行われているにすぎませんが、肺がん、前立腺がん、腎がん、脳腫瘍、悪性黒色腫、食道がんなどを対象とした遺伝子治療が試みられています。

がんの遺伝子療法

◇遺伝子療法とは

●遺伝子とは

人間のからだは、脳・心臓・肝臓などの臓器や皮膚・粘膜などの組織から成り立っています。それらの臓器・組織はそれらに特有な機能をもつ細胞によって成り立っています。これらの細胞の中の核には10万種類の遺伝子がつまっていて、これらの遺伝子がその細胞独特の機能を発揮させたり、その細胞の生死（新陳代謝）についての指令をだします。

そのような特定の機能を有する遺伝子を用いて治療を行うのが、遺伝子療法です。

●がんは遺伝子の異常によっておこる

がんは発がん物質、放射線、がんウイルスなどによって引き起こされると考えられてきました。１９９０年代になって**がん遺伝子**と**がん抑制遺伝子**が発見され、それらの遺伝子が正常な形から変異することによって、がんができると考えられるようになりました。

がん遺伝子は、正常な細胞が正常に増殖することをコントロールしています。このがん遺伝子に異常が発生すると、細胞はどんどん増殖するようになり、がん化します。がん抑制遺伝子は細胞増殖を抑制するようにはたらくので、細胞の異常増殖が抑制され、がん化が防げます。このがん抑制遺伝子に異常がおこると、異常増殖がおこってがんが発生します。

つまり、がんは遺伝子に異常が発生することによっておこる病気です。

◇遺伝子療法の実際

がんの遺伝子治療は、遺伝子または遺伝子を導入した細胞をがんになった人の体内に注入することによって行われます。つまり、がん細胞の増殖を抑えるがん抑制遺伝子や免疫を向上させる物質をつくる遺伝子を組み込んだ細胞を体内に注入して治療するのです。

これにより、がん細胞の死滅、増殖抑制、免疫力の向上が期待できます。

遺伝子を、がん細胞の中へ導入するのが**ベクター（運び屋）**です。遺伝子を効率よく細胞へ導入するには、どのようなベクターがよいかが研究されています。大別して、ウイルス由来のベクターと非ウイルスベクターがあります。前者ではレトロウイルス、アデノウイルス、センダイウイルスがあり、後者ではリポゾーム（脂質人工膜の一種）が使用されています。

がん遺伝子療法には、おもにつぎのような3つの方法があります。

●免疫遺伝子治療

がんに対して拒絶反応をおこすサイトカイン（体内に存在する免疫物質の一種。インターロイキン‐2、インターロイキン‐6、ＧＭ‐ＣＳＦなど）を産生する遺伝子を、リンパ球などに導入してがん治療を行うものです。

たとえば インターロイキン‐2遺伝子をリンパ球などの細胞に導入すると、その細胞はインターロイキン‐2たんぱくを出すので、それを利用して免疫遺伝子治療が行われます。

また、日本では、ＧＭ‐ＣＳＦを用

がんの治療法

損傷を受けた細胞におけるｐ53がん抑制遺伝子の修復機能

放射線、紫外線、DNA作用性化合物 → 細胞内のDNA損傷
↓
p53の誘導

p53によってコントロールされる遺伝子	14-3-3	p21／WAF1	BAX,DR5, PIGs,GML	GADD45	BAI1, TSP-1
遺伝子の機能	G2／M停止	G1停止	アポトーシス	DNA修復	血管新生阻害

G1、G2、Mは、細胞が増殖するときに必ず通る細胞周期のポイントです。

いて腎がんに対する臨床研究が行われています。

◉自殺遺伝子治療

ヒトは本来もっていないが、ウイルスや細菌がもっている、薬剤を代謝する（化学変化させる）はたらきのある酵素があります。このような酵素のなかには本来ヒトに毒性がない薬剤を代謝して、ヒトの細胞に毒性を発揮して殺すようになるものがあります。

このようなウイルスの薬剤代謝酵素をがん細胞の中へ導入しておいて、毒性のない薬剤を全身投与すると、薬剤はがん細胞の中に入って代謝され、がん細胞に対して毒性を発揮するようになり、がん細胞を殺すようになります。

このようなメカニズムに基づいた治療を、自殺遺伝子治療といいます。

ヒト単純ヘルペスウイルスのもつサイミジンカイネースという酵素は、本来、毒性の少ないガンシクロビルという薬剤をリン酸化化合物に変えます。このリン酸化化合物はがん細胞を殺します。そこで、サイミジンカイネース遺伝子をがん細胞に導入しておいてから、ガンシクロビルを使用すると、ガンシクロビルはリン酸化されて、がん細胞を殺します。

日本では、脳腫瘍に対する臨床治験が行われています。

◉がん抑制遺伝子治療

いままでに、がん抑制遺伝子として10以上の遺伝子が認められています。そのなかで、ｐ53遺伝子がもっともよく使用されています。

放射線や化学物質で細胞内のDNAが損傷を受けると、細胞はがん化するおそれがあります。このような場合にｐ53たんぱくが誘導され、細胞の増殖を停止したり、アポトーシス（細胞死）を誘導して、がん化が防げます。

細胞が放射線などで障害を受けたときに、細胞の修復にはたらくｐ53遺伝子の機能をまとめると、上図のようになります。

これまでの研究で、肺がん、大腸がんでは、ｐ53遺伝子の変異が高頻度で認められています。これは、がんの発生にｐ53遺伝子の異常が関与していることを示唆しています。

また、食道がんの手術後にｐ53遺伝子に変異が認められた人は、変異が認められない人より再発をおこしやすく、術後の生存率が悪いことが明らかになっています。

そこで、日本の医療機関では、正常型ｐ53の遺伝子をがん細胞内へ導入し、ｐ53たんぱく質をはたらかせて、アポトーシス（細胞死）によってがんを殺す遺伝子治療が行われています。ｐ53遺伝子を導入されたがん細胞は、抗がん剤や放射線に対する感受性が増す効果があります。

◇今後の展望

がんの遺伝子療法は、現在、種々のがんに対する臨床研究が行われていますが、まだ、抗がん剤に匹敵するような治療効果を示す段階にはなく、薬剤として承認されたものはありません。

しかし、がんの縮小や生存率の向上につながる成果も確認されており、遺伝子治療は、今後、21世紀のがん治療の大きな柱になることはまちがいないでしょう。

ケアとQOL

がん患者のケアとQOL（生活の質）

◇がん告知

◉告知の考えかたと問題点

比較的近年まで、日本では、がんの告知をするべきでないとされていました。それは、がんになった人に精神的ショックを与え、かえって命を縮めることになるという理由からです。

近年、がん治療の進歩にともない、がんも治る確率が高くなり、一般の人々のがんに対する知識が普及し、また、患者の知る権利や治療法を選択する権利が求められるようになって、がんを告知する重要性が認識されるようになってきました。

日本の、がん告知に関するいくつかのアンケート調査によると、約3分の2の人が自分ががんになったら知らせてほしいと答えています。また、がん専門病院のアンケート調査では、初診の90％以上の人が、病名告知を希望しているという結果がでています。

ただ、家族ががんになったら告げるという人はまだ多くはなく、現実には、医師も家族の了解を得たうえで告知するなど、日本でのがん告知に対する社会的通念は、揺れ動いているのが実情です。

◉告知したほうがよい理由

がんであると知ることによって、人は、以後の闘病計画を立て、人生設計を考え直すことができます。

治療する医師側も、手術、放射線療法、抗がん剤など、がん治療についての知識が一般の人に広まってきた現在、手術や副作用の強い抗がん剤の使用が必要なときなど、すぐに気づかれてしまうような、うその説明をしなくてすみます。

そして、医師と患者の双方が信頼し合うことによって、納得する正しい治療法を選ぶことができます。

また、余命が少ないと知った末期がんの人は、残された時間を自覚しながら社会で果たすべき責任を全うし、家族と触れ合う時間をたいせつにしてすごすこともできます。

もし真実を知らされなければ、疑心暗鬼のまま、周囲とこころが通わず孤立し、医療への不信と絶望のうちに苦しいときをすごす以外、道がなくなるかもしれません。

◉告知の条件と告知後のケア

ただし、がんの告知をすることが、すべての場合によいとはいえません。本人が告げてほしいといっているのに、家族が拒否するのでは困りますが、知りたくない人にむりやり告げる必要はありません。患者個人の意思を尊重することがたいせつです。

まず、医師側と患者側の間で、インフォームド・コンセントが正しく行われていることがたいせつです。**インフォームド・コンセント（説明と同意）**とは、医師が病気についてよく説明し、それを患者が理解し納得したうえで、検査や治療を受けることに同意するという意味で、両者の信頼関係を保つための医療の基本というべきものです。

告知の前提条件として、一般につぎのようなことがあげられています。

①告知の目的がはっきりしていること

十分な治療を受けてもらうためか、落ちつかない患者の精神安定をはかるためか、無用な肉体的苦痛を除くためか、残された時間を人間らしくすごしてもらうためかなど、患者にとっての利点や必要性をみきわめ、告知すべきかどうかを決定すべきです。

②患者と家族に受容力があること

性格的に弱かったり不安な心理状態にある場合などは、告知をしっかり受けとめる力がなく、かえって精神的ダメージが大きくなります。告知には患者が真実を知りたいとこころから願う態度がみられるときを選び、家族もともに痛みを分かち合い、協力して闘病する気持ちをもつことがたいせつです。

③患者・家族と医師・看護師との関係がよいこと

両者の間にインフォームド・コンセントに基づくよい信頼関係がなければ、告知を受け入れたうえでの正しい治療を行うことができません。

④告知後の精神的なケアができること

告知と病状説明は医師が行いますが、その場に患者の希望する家族が同席することが望まれます。その日は、家族が一晩付き添うようにしましょう。

患者を支える中心的な役割をはたすのは家族です。家族全員が告知の目的と告知後の支援のしかたに統一した意識をもつことが必要です。家族の対応がばらばらだと、患者の不安をいっそうかきたてることになります。

患者にとって精神的にとくにつらい時期は、告知の直後、手術のとき、治療による副作用が激しいとき、治療の結果がよくなかったり治療を断念すべき結果がでたとき、がんの再発が発見されたとき、痛みがひどいときなどです。このようなとき、家族がこころを配り、支えてあげることが必要です。

また、告知後の支援態勢には、医師や看護師のほか、人によっては、友人、会社の上司や同僚、カウンセラー、宗教家などの参加も必要でしょう。

ただし、過保護や哀れみの態度は慎みましょう。患者が望むのは、同情ではなく、人間として尊重され、ふつうの生活を送ることでしょうから。

◇がん患者のQOLと緩和ケア

最近、医療とくにがん治療に関して、クオリティ・オブ・ライフ（Quality Of Life 略してQOL）という考えかたが提唱されています。QOLは「生活の質」「生命の質」などと訳され、がん患者の身体的な苦痛を取除くだけでなく、精神的、社会的活動を含めた総合的な活力、生きがい、満足度を高めようという意味があります。

●QOLを維持する治療法の選択

手術後の機能障害や苦痛を和らげ、日常生活のQOLを維持するために、適切な手術方式が慎重に検討されます。治療成績が同じなら、縮小手術や機能温存手術が選ばれます。がん病巣のある器官・臓器の摘出術が行われた場合でも、可能なかぎり、失われた機能の再建手術が行われます。

激しい副作用が予測される化学療法には、抗がん剤の使用法を検討したり、副作用を抑える薬剤が使われます。また、標準的化学療法が無効、または効きにくくなった症例には、副作用が軽

痛みの強さ（あるいは薬剤の効きかた）によって選ぶ鎮痛薬の順序

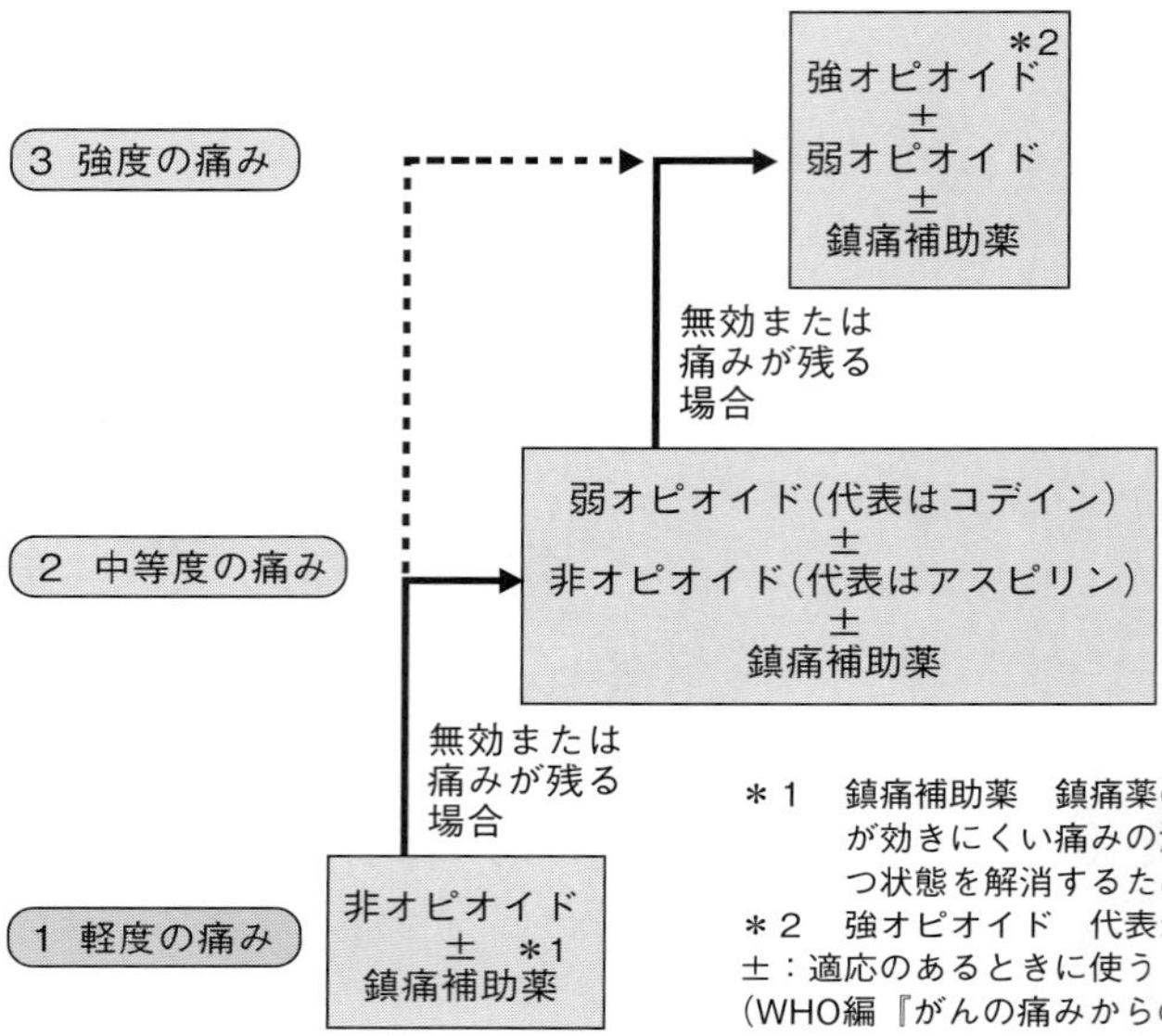

WHO「がん疼痛3段階治療ラダー」と呼ばれる基本的な考えかたを示す段階図。
痛みの強さに応じてどの段階から薬を使用し始めてもよいし、段階を2段上がったり、痛みのようすによって段階を下がったり、さまざまなケースがある。
非オピオイドとオピオイドは作用機序がちがうので同時に使うと効果が増強する。

＊1　鎮痛補助薬　鎮痛薬の副作用の防止目的や、鎮痛薬が効きにくい痛みの治療、痛みにともなう不安やうつ状態を解消するために、必要なときに使う薬。
＊2　強オピオイド　代表がモルヒネ。
±：適応のあるときに使うことを示す。
（WHO編『がんの痛みからの解放』より修正引用）

度で延命効果が立証されている分子標的薬（460頁上段）が使用されることもあります。

◉がんの症状の対策

がんが進行するにつれて、食欲不振、嘔吐、下痢、出血、貧血、呼吸困難、むくみ、痛みなど、いろいろな症状が現れますが、輸血、輸液、投薬その他の対症療法によって、がん患者の肉体的、精神的不安が取除かれます。

がんになった人には共通して低栄養がみられるので、栄養管理が重要です。中心静脈栄養法（次頁コラム）で高カロリー輸液を補給する方法などが行われます。

また、胃の摘出後には、食事の摂取量の減少や吸収障害、ダンピング症候群（1572頁）、食道炎、貧血などがみられますが、食事のとりかたの指導や投薬などによって、回復がはかられます。

◉がんの痛みの緩和

進行がん、末期がんの6～7割の人が痛みを訴えるといわれます。がんの痛みはがん患者をもっとも苦しめる症状であり、精神面からもがん患者の尊厳性を損なうほどの脅威となります。

現在は、WHO（世界保健機関）が1986（昭和61）年に公表した**疼痛治療法**が普及し、がんの痛みからの解放は、確実に可能になりました。この方法は、軽度から中等度、強度の痛みへと進んでいく症状に合わせて、段階的に効力の異なる鎮痛薬を経口で与えていくものです（上図）。鎮痛薬の主役はモルヒネですが、長期間使用しても薬物への依存性が現れるようなことはありません。鎮痛薬だけでは効果が不十分な場合には、ステロイド（副腎皮質ホルモン）剤や抗うつ薬などの鎮痛補助薬を使うこともあります。

◇ターミナルケアとホスピス

◉ターミナルケアのめざすもの

末期がんで死を間近にしたがん患者に対して、できるかぎりの医療上の支援をめざすのが、**ターミナルケア（終末期医療）**です。

ターミナルケアは、「延命」「苦痛の緩和」「望ましい死への援助」の3つからなっています。がんの治癒を目的

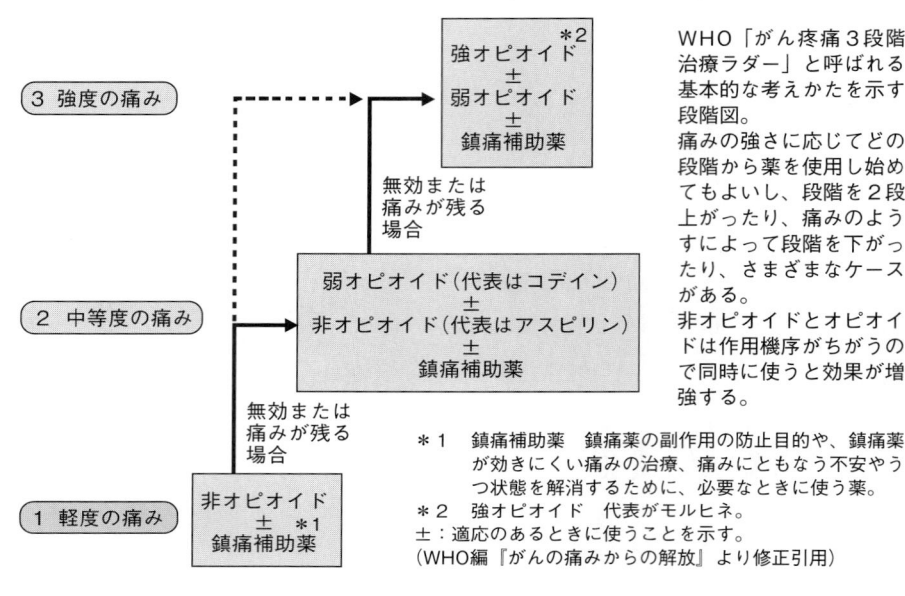

在宅ケア

がんの末期状態になった場合、自宅で最期をすごしたいと考える人が圧倒的に多いのですが、現実には、約8割の人が病院で死を迎えています。

その理由には、介護に専念できる家族がいない、住宅が狭く病室を整えられないなどの事情が考えられます。また、病状が悪化したとき、すぐに対応できないという不安もあるでしょう。医療面では、進行がんや末期がんに特有の症状をコントロールするには、高度の医療・看護技術が必要であったり、往診医や訪問看護、ヘルパーなどのサポート体制や経済面での援助が不十分だということもあります。

◆自宅で可能な治療

①在宅栄養管理　口から食事をとれないときに行われる治療で、胸かくびの部分から心臓に近い中心静脈にカテーテル（細い管）を挿入して栄養剤を注入したり（**中心静脈栄養法**）、鼻またはわき腹からカテーテルを挿入して胃や腸に流動食を注入したりします（**経腸栄養法**）。

②在宅化学療法　抗がん剤などを動脈に注入したり（**動脈内注入化学療法**）、内服か点滴で静脈に注入します（**全身化学療法**）。

③在宅疼痛管理　鎮痛薬のモルヒネを内服、坐薬、点滴、静脈注射などで使用します。

退院前には、患者や介護する家族に十分な説明と治療技術の実施訓練が行われますが、再入院の必要がでてくる場合や、家族が介護に疲れた場合、一時的にホスピスを利用することも考えられます。がん患者の満足できるケアのため、施設側と患者側が連携していくことが望まれます。

とするのではなく、苦痛となる症状を解消させる治療と、がん患者の心理面を中心にしたケアが主になります。結果的に延命できれば理想的です。

死に直面した不安、恐怖、孤独感などの精神的な苦痛や、家族、職業、経済のことなどで悩む社会的苦痛を除き、平安な気持ちで死を迎える準備ができるように、精神科医、心理学者、宗教家、ソーシャルワーカー、看護師などの専門家が加わって、解決の方向をみいだす支援がなされます。

がん疼痛をはじめ、呼吸困難、不眠、食欲不振、全身倦怠などの肉体的な苦痛に対しては、症状をコントロールして、残された時間を、最期まで有意義に、尊厳を保って生きられるように、がん患者のＱＯＬを維持する努力が払われます。

●ホスピスの意味と活動

治る見込みのない末期がんの人の生を支えるために、チームを組んでターミナルケアを専門的に行う施設を、**ホスピス**といいます。

ホスピスは、ただ特定の建物・施設をさすのではなく、終末期医療の場で、最期の瞬間までこころの平安と人間的な尊厳を保ちながら、がん患者にとっての価値ある人生を生き抜くための場所であり、理念であるともとらえられるべきでしょう。

これに加わる専門家チームのケアの対象は、患者だけでなく、その家族や遺族に対する精神的な支えや援助も含まれます。ホスピスは、たんに死を待つところではなく、生の終わりを全うするために、全人的医療、全人的ケアのもとにすごすところなのです。

日本でもホスピスとしての具体的な活動を行う施設が徐々に増えています。

厚生労働省では、一定の水準以上の設備やスタッフをもつ施設を**緩和ケア病棟**として承認し、健康保険が適用されるようになっています。

国立がん研究センター東病院をはじめとして、全国で約３００の施設が承認され、そのほかにも末期がん患者の緩和ケアを行っている施設は多く、今後さらに、緩和ケア病棟を設立する動きは高まってくると思われます。

脳・脊髄・神経のがん

▼症状▲頭痛や嘔吐のほかに、腫瘍の発生した部位によって神経症状が現れる。進行すると呼吸や意識の障害が現れ、生命が危険に。ただし、他の部位へ転移することはまずありません。
▼治療▲手術による摘出、放射線療法、免疫療法などを行う。

脳腫瘍とは
(Brain Tumor)

◇良性腫瘍と悪性腫瘍がある

頭蓋内（頭蓋骨で囲まれている内側）には、脳のほか、髄膜（脳膜）、脳神経、下垂体などの組織が存在し、そのいずれからも腫瘍が発生します。頭蓋内の腫瘍をまとめて**脳腫瘍**と呼んでいます。

脳腫瘍のうち、頭蓋内から発生したものを**原発性脳腫瘍**、肺がんや乳がんなど、ほかの部位で発生した腫瘍が、頭蓋内へ飛び火してきたものを**転移性脳腫瘍**といいます。

また、脳腫瘍には、良性腫瘍と悪性腫瘍があります。良性腫瘍は、腫瘍が急激に増殖することも転移することもなく、手術で完全に摘出できれば完治するものです。悪性腫瘍は、急激に増殖して周囲に広がり、組織を破壊して、脳の他の部分へ転移する傾向があり、手術で腫瘍を完全に摘出することがむずかしかったり、完全に摘出できたと思っても再発したりするものです。

◇脳腫瘍の種類

脳腫瘍の種類は多く、WHO（世界保健機関）では、80種以上に分類していますが、頻度が比較的高く、代表的なものは、神経膠腫、髄膜腫、下垂体腺腫、神経鞘腫、頭蓋咽頭腫、胚細胞腫瘍、転移性脳腫瘍です。

●神経膠腫（グリオーマ）

脳は、神経細胞（ニューロン）と、これを支え、保護する神経膠細胞で成り立っています。

このうち、神経膠細胞から発生するものを神経膠腫といいますが、神経細胞も神経膠細胞ももとをただせば同じ起源なので、両方の細胞から発生したものをまとめて神経膠腫と呼んでいます。頻度は、神経膠細胞から発生する神経膠腫が圧倒的に多くなっています。

神経膠腫は、脳腫瘍全体の3分の1を占めます。子どもの脳腫瘍にかぎってみれば、全体の3分の2は神経膠腫です。おもなものは、膠芽腫、未分化星細胞腫、星細胞腫、髄芽腫、上衣腫などです。

●髄膜腫（966頁）

脳を包んでいる髄膜から発生する腫瘍で、たいていは良性腫瘍です。

●下垂体腺腫（966頁）

甲状腺、副腎、性腺などの内分泌器官にはたらきかけてホルモンを分泌させる下垂体に発生する腫瘍で、多くは良性腫瘍です。

●神経鞘腫（966頁）

脳神経に発生する良性腫瘍です。95％は前庭神経に、残りのほとんどが三叉神経に発生します。

●頭蓋咽頭腫（478頁）

生後も残っている胎児のころの組織である頭蓋咽頭管から発生する腫瘍で、子どもにおこることが多いのですが、おとなにもおこります。悪性腫瘍ですが、治療で完治させることが可能です。

●胚細胞腫瘍（966頁）

生殖細胞由来の脳腫瘍で、抗性腺刺激ホルモンを分泌する松果体に発生することが多いのですが、視神経交叉、前頭葉、基底核に発生することもあります。良性腫瘍と悪性腫瘍（478頁）があります。

◎脳腫瘍の手術法

脳腫瘍の手術では、顕微鏡を使い、手術をする部位を数倍に拡大して行うマイクロサージャリー（顕微鏡下手術）が行われます。これによって、肉眼では見えないような細い血管や神経を傷つけずに手術ができるようになっています。

脳の表面に超音波をあて、腫瘍のある正確な位置を画面に描きだし、これを見ながら手術することもあります。

振動を与えて腫瘍を破壊し、吸い上げる超音波外科用吸引装置を使って治療することもあります。

そのほか、いろいろなモニター装置などを使ったナビゲーション手術で、正常な組織には損傷を与えないで腫瘍を摘出することが可能になっています。

最近ではカーナビゲーションと同じように位置情報を利用し、手術中に腫瘍の位置、広がりを正確に確認して後遺症を残さないように行うナビ

脳悪性腫瘍
Brain Malignant Tumor

治療成績は向上しつつある

◇がんに相当する腫瘍

［どんな病気か］ 脳腫瘍（前頁）のうち、からだのほかの部位のがんに相当するのが脳悪性腫瘍です。

頻度は、全脳腫瘍の25％程度です。

［症状］ 脳腫瘍には、頭蓋内の圧が高くなるための頭蓋内圧亢進と、腫瘍ができた脳の部位に応じて現れる脳局所症状とがあります。

◉悪性と良性の症状のちがい

脳腫瘍では、これらの症状が徐々に強くなってくるのが特徴ですが、悪性腫瘍は進行が速いために、ふつうは月単位、ときには週単位でどんどん強くなってきます。良性腫瘍は、症状の進行が数か月以上か、年単位です。

◉頭蓋内圧亢進症状

腫瘍が発生すると、周囲の組織が圧迫されて、頭蓋内の圧が高くなり、それにともなって症状が現れてきます。

現れやすいのは、**頭重・頭痛、吐きけ・嘔吐、うっ血乳頭**で、これを脳腫瘍の三主徴と呼んでいます。

頭重・頭痛は、初めは日によっておこったり、おこらなかったりします。しかも、朝におこり、夕方になると消えるので、**「朝の頭痛」**と呼ばれます。

腫瘍が大きくなると、いつも頭重・頭痛を感じるようになります。

吐きけ・嘔吐も現れやすい症状です。吐きけをほとんど感じないのに、突然、噴水のように吐く噴出性嘔吐になることもあります。

うっ血乳頭は、眼底にいく視神経の根元の乳頭に水分がうっ滞している状態で、視力が低下してきます。

腫瘍の発生した部位によっては、けいれんがおこります。てんかんを思わせるけいれんになることもあります。

そのほか、物が二重に見える複視、耳鳴り、めまいなどがおこることもあります。

頭蓋内圧が異常に高くなると、脳ヘルニア（964頁）がおこり、呼吸や意識の障害が現れ、生命の危険を招きます。

◉局所症状（巣症状）

腫瘍が発生すると、その部位のはたらきが障害されるためにおこる症状が現れてきます。

これを局所症状または巣症状といい、腫瘍の発生した部位によって、おこってくる症状はさまざまになります。

腫瘍が大きくなるにつれて症状が悪化してきますが、良性腫瘍の場合は、そのスピードが年単位であるのに対し、悪性腫瘍は、数週間です。

［検査と診断］ CT、MRIで、腫瘍のある部位・大きさ・性状などがわかります。とくにSPECT（単電子放射型CT）、PET（ポジトロンCT）を行えば、よりくわしい情報が得られます。

眼底検査を行い、うっ血乳頭の有無を調べるほか、血液検査で腫瘍マーカー（215頁）の値を調べます。脳腫瘍のなかには、ホルモンを分泌させるものもあるので、血液中のホルモンの値も調べます。

手術が必要なときには、造影剤を注

ゲーション手術も実施されています。

また、運動中枢や言語中枢近辺の脳腫瘍には、術後の運動麻痺や言語障害を予防するため、全身麻酔以外の麻酔によって患者を覚醒した状態で手足を動かせたり、会話したりしながら行う手術（覚醒手術）も実施されています。

入して、脳の血管を撮影する脳血管撮影が行われます。

◇年々、治療成績が上がっている

治療

手術だけで根治できる脳悪性腫瘍は少なく放射線療法、化学療法などが治療の中心になります。養子免疫療法やミサイル療法などの免疫療法（466頁）も行われています。

◉膠芽腫

脳の神経細胞やそれを支える神経膠細胞から発生する神経膠腫のひとつで、50～65歳の人の前頭葉や側頭葉にできることが多いものです。

全脳腫瘍の約10％、神経膠腫の約3分の1が膠芽腫という頻度です。

きわめて悪性度が高く、発見されたときには、広い範囲に腫瘍が広がっていて、手術ができないことがほとんどです。このため、放射線療法、化学療法、免疫療法などが行われますが、平均余命は1～2年です。

◉未分化星細胞腫

退形成星細胞腫、**悪性星細胞腫**ともいいます。神経膠腫のひとつで、おとなに発生することが多いものです。子どもの橋脳に発生することもあって、この場合、**橋グリオーマ**と呼ばれます。

悪性度は、良性腫瘍の星細胞腫と悪性腫瘍の膠芽腫の中間くらいで、放射線療法、化学療法が治療の中心になりますが、平均余命は3年くらいです。

◉髄芽腫

神経膠腫のひとつで、ほとんどが子どもに発生します。子どもに、頭痛、嘔吐、転びやすい、手の震え、眼球の震えがおこったときは、この病気の可能性があります。ほとんどは3歳から13歳ごろまでに発生しています。治療は、手術で腫瘍を摘出しますが、腫瘍細胞が広い範囲に飛散しているので、そのままでは必ず再発します。このため、放射線療法、化学療法を追加します。かつては、死亡率が高かったのですが、集学的治療（447頁）が導入されてから、5年生存率が80％を超えました。

◉未分化上衣腫（退形成上衣腫、悪性上衣腫）

神経膠腫のなかの上衣腫の悪性型で、子どもに発生することが多いものです。

手術で腫瘍を摘出し、放射線療法と化学療法を追加しますが、5年生存率は、10％程度です。

◉頭蓋咽頭腫

胎児のころの組織で、生後も残っている頭蓋咽頭管から発生するといわれています。子どもに多いのですが、成人や高齢者にも発生します。

手術をして、腫瘍を全部摘出します。全部摘出できなかった場合は、放射線療法を追加します。化学療法が行われることもあります。

この腫瘍が発生すると、ホルモンの分泌が減少するので、副腎皮質ホルモンと甲状腺ホルモンの補充療法も行われます。子どもの場合は、成長ホルモンの使用や二次性徴発現の遅れに対する治療が必要になることもあります。

5年生存率は、約60％です。

◉悪性胚細胞腫瘍

生殖細胞から発生する胚細胞腫の悪性型で、男性に多く発生します。

手術で腫瘍を摘出したあと、放射線療法と化学療法を追加します。これで10年以上元気でいる人もいます。

◎転移性脳腫瘍

脳以外に発生したがんが飛び火し、脳にできた腫瘍を、転移性脳腫瘍といいます。

転移するのは、肺がんがもっとも多く、ついで胃がん、乳がん、直腸がん、頭頸部がんなどの順になっています。

これらのがんと比べれば頻度は少ないのですが、絨毛がん、悪性黒色腫、腎細胞がんは、脳に転移しやすいものです。

これらのがんが先に発見されていて、あとから転移性脳腫瘍が発見されることもありますし、逆のこともあります。

治療は、もとのがんが完治し、脳の腫瘍が1つだけであれば、手術をして摘出します。

手術が不可能なときは、放射線療法を行いますが、化学療法を併用したほうが効果が高くなります。

γ線を腫瘍に集中的に照射するガンマナイフが行われるようになり、効果をあげています。

脊髄腫瘍
Spinal Cord Tumor

どんな病気か

脊髄や、脊髄から出た神経（神経根）、脊髄をとり囲む硬膜（髄膜）、脊椎に発生した腫瘍を脊髄腫瘍といいます。このうち硬膜の外に発生したものを**硬膜外腫瘍**、硬膜の内側に発生したものを**硬膜内腫瘍**といいます。

また、最初から脊髄や脊椎に発生したものを**原発性脊髄腫瘍**といい、出生時にすでに症状があるものと、あとで症状がでてくるものとがあります。ごくまれに遺伝的な素因が関係するものもありますが、大部分は原因が不明です。これに対し、他の部位に発生した腫瘍が脊髄や脊椎に転移したものを**転移性脊髄腫瘍**といいますが、これは、肺がん、乳がん、前立腺がんなどの悪性腫瘍が転移をおこしたものです。

脊髄そのものに発生する脊髄腫瘍は比較的まれなものです。また、神経根などの脊髄に接した部位に発生する脊髄外腫瘍は良性腫瘍が多く、硬膜の外側に発生する硬膜外腫瘍は転移による悪性腫瘍が多くなっています。

子どもでは、おとなに比べると原発性の悪性腫瘍が多く、おとなでは転移性の悪性腫瘍が増える傾向にあります。

症状

おもにつぎのような症状がみられます。

▼圧痛　腫瘍が発生した部位を軽くたたくと痛みがおこることがあります。

▼圧迫症状　脊髄の中を通る神経が、脊髄の外にある腫瘍に圧迫されておこる症状で、知覚障害、運動障害、排便・排尿障害がおこります。

▼知覚障害　腫瘍の発生した部位の背中に早くから鈍痛が現れ、背中を曲げたり伸ばしたりすると痛みが放散したり（広がり）ます。また特定の神経に沿って痛みが放散することもあります。腫瘍によっては、四肢（手足）や胴体の知覚が鈍くなることもあります。

▼局所症状　脊髄が腫瘍におかされると、手足、胴体の一定範囲に知覚障害、筋力低下、筋萎縮が出現します。

これらの症状とともに、CT、MRIなどの検査により診断が確定します。

治療

腫瘍の摘出が最善ですが、全部摘出できなければ、化学療法（薬物療法）や放射線療法を併用します。また、手足のまひや排便・排尿障害が残らないよう、手術後早くからリハビリテーションを開始します。

神経芽細胞腫
Neuroblastoma

どんな病気か

乳幼児のおもに腹部や縦隔（胸部の肺に挟まれた部分）、まれには頭蓋内や頸部の神経系組織から発生する悪性腫瘍です。

この腫瘍は、早期から転移しやすく、骨、骨髄、肝臓、皮膚などへの転移症状から発見されることもあります。

元気がない、顔色が悪い、原因不明の発熱、腹部の腫れ、筋力低下、下肢まひ、難治性下痢などがみられます。

治療

摘出手術、化学療法、放射線療法などが行われます。

乳児健診（6か月）の際のマススクリーニングテストで発見された場合は、一般に予後は良好です。

目・耳・鼻・のどのがん

◎網膜芽細胞腫

乳幼児の網膜に発生する悪性腫瘍です。放置すれば、おもに頭蓋内に浸潤して（入り込んで）命にかかわります。

目のがん
Cancer of the Eye

どんな病気か

眼球、眼瞼、眼球の周囲にできる悪性腫瘍の総称です。出生直後から乳児期に見つかる**網膜芽細胞腫**（上段）や幼児期に多い**横紋筋肉腫**以外のがんは、たいてい40歳以上の「がん年齢」に生じます。

まぶたのがんは、体表面にできるので、家族から指摘されたり、本人が気づくことが多いのですが、悪性の可能性を知らずに、進行してから医療機関を受診することも少なくありません。

眼窩（眼球がおさまる骨のくぼみ）のがんで頻度が高いのは、**涙腺腫瘍**です。眼球の後方の眼窩にできる**眼窩腫瘍**（神経腫瘍、リンパ腫や血管腫など）や涙腺腫瘍では、進行すると眼球が外側にとび出てきたり（眼球突出）、物が二重に見える複視が現れます。

眼球内にできるがんには、網膜芽細胞腫のほかに、**悪性黒色腫**（**メラノーマ** 538頁）やほかのがんが転移した**転移性脈絡膜腫瘍**があります〔統計的には、男性に肺がん（491頁）、女性に乳がん（555頁）からの転移が多い〕。眼球内の腫瘍は、眼底検査で見つかります。

検査と診断

眼球内腫瘍や眼窩腫瘍では、CTやMRI、超音波検査などの画像診断が必要になります。

治療

外科的切除が基本です。しかし、網膜芽細胞腫では視機能の温存のために抗がん剤を最初に使用することがあります。

悪性黒色腫には、重粒子線照射（455頁）などの特殊な放射線治療を行うため、手術が必ずしも第1選択ではありません。腫瘍が広範囲に広がっていたり、ほかの部位に転移しているケース、または目のがんがほかの部分から転移した場合には、手術を行わず、放射線治療や抗がん剤で治療します。がんは早期発見、早期治療がたいせつです。

耳のがん
Cancer of Ear

どんな病気か

外耳（耳介と外耳道）と中耳に発生する、まれながんです。紫外線にさらされることが原因ともなる**耳介がん**は皮膚がんの一部で、**外耳道がん**は頻繁な耳掻きのような物理的刺激が原因になるともいわれています。**中耳がん**は慢性中耳炎（1128頁）が原因として多いとされていますが、いずれも明確な原因は不明です。

症状

耳介がんや外耳道がんは外から直接見えることがあり、多くは耳痛や耳漏（耳だれ。血性耳漏が特徴で、ときに悪臭をともなう）があります。中耳がんも耳痛や血性耳漏がありますが、顔面神経まひや感音難聴、めまいが現れることもあります。

検査と診断

耳鏡で耳の孔を調べてがんを疑い、CTやMRIなどの画像検査で病気の広がりを診断し、外耳や中耳からの組織検査で確定診断します。頸部リンパ節転移や遠隔転移の有無も確認する必要があります。

治療

外科的手術、化学療法（抗がん剤）、放射線療法を組み合わせた集学的療法が行われます。

外耳道がんは外科的切除が容易で、症例に応じて化学療法と放射線治療を初めは、**白色瞳孔**（黒目が白く見える）で、おもに親が気づき、斜視（626頁）や眼球位置の異常がみられることもあります。

▼治療　腫瘍の位置や大きさ、両目か片方かによって治療が異なります。4割が両眼性の腫瘍です。腫瘍が小さければ抗がん剤やレーザー治療（光凝固 1100頁）などの眼球保存療法を行います。腫瘍が大きければ眼球摘出が行われます。

◎上顎洞がんの予後

上顎洞がんの場合、比較的早期であれば、5年生存率は60～70％との報告が多く、化学療法や放射線療法、縮小手術（必要最小限の手術）を行い、再建術併用で顔面の形態をできるだけ残しても、予後は比較的良好になってきました。しかし、進行がんでは拡大手術を行っても、予後不良で5年生存率は20～40％と報告されています。

併用します。予後は比較的良好です。

中耳がんは顔面神経や硬膜、内頸動脈、S状静脈洞などの周囲組織に広がっていることも多く、予後は一般に不良です。手術が基本ですが、化学療法および放射線治療の併用も必要です。

鼻・副鼻腔のがん
Cancer of Nose and Paranasal Sinuses

どんな病気か

鼻には、鼻腔と副鼻腔があり、副鼻腔には上顎洞、篩骨蜂巣、前頭洞、蝶形骨洞があります（1147頁図3、4）。これらはすべて粘膜でおおわれており、そこからがんが発生します。男女比は3対2でやや男性に多く、50～60歳代に多く発症します。上顎洞がんがもっとも多く、ついで鼻腔がんとなり、ほかのがんはまれです。

原因

従来から、慢性副鼻腔炎（1162頁）がつづいていると、副鼻腔がんが発生する原因になると考えられています。いっぽう、鼻・副鼻腔に乳頭腫（1165頁）ができる場合に、がんが合併することも知られています。

症状

鼻腔がんは片方の鼻出血、鼻閉（鼻づまり）など、比較的早期から症状が現れます。

副鼻腔がんは、骨に囲まれた空間にできるため、初期は無症状です。片方のくり返す鼻出血が唯一の症状の場合もあります。がんが進み周囲の骨を破壊すると、さまざまな症状が現れます。

上顎洞がんが前方や下方に広がると頬部や口蓋の腫れ、歯痛、歯肉の腫れが現れます。上方や内側に広がると眼球が下から押されて上を向いたり、鼻涙管が閉塞して涙が多くなったりします。後方へ広がると顔面痛や頭痛、口が開きにくくなったりします。

検査と診断

電子スコープで鼻腔の検査と、口蓋や歯肉の慎重な視診と触診を行います。CTで鼻・副鼻腔の腫瘍陰影の有無と骨破壊の有無を調べます。骨が破壊されて進行した場合には、周囲への浸潤（広がり）を診断するためにMRI検査が必要です。

腫瘍が疑われた場合は、鼻腔や副鼻腔から組織を試験採取して診断を確定します。副鼻腔から組織採取する場合、入院のうえ、局所麻酔または全身麻酔で上顎洞を切開することがあります。

▼受診する科　耳鼻咽喉科、または頭頸科（がん専門病院など）です。

治療

入院治療が必要です。比較的初期の段階であれば、放射線治療と化学療法、または上顎の部分切除で治療できます。放射線治療と化学療法を行う場合でも、手術で上顎洞を切開して観察し、必要に応じて組織検査で治療効果を確認します。

進行すると上顎全摘術となり、場合によっては眼球摘出の必要もあります。広範囲にわたる拡大手術では、口蓋の再建や、顔貌の変化を最小限に抑えるための顔面骨の再建が必要になります。

再建を行わない場合は、咀嚼のために口蓋に大きな義歯（義顎）を挿入することになります。顔面が大きく変形するために、副鼻腔がんの手術は耳鼻咽喉科医と再建を担当する形成外科医とが共同で手術を行います。篩骨蜂巣がんや鼻腔がんが頭蓋底に広がる場合は、脳外科医と共同で頭蓋底を含めた拡大手術を行う例が多くなりました。

喉頭がん
Laryngeal Cancer

どんな病気か

喉頭は声をだすための声帯がある器官で、のどぼとけがその一部として触れます。喉頭がんとは、のどぼとけの奥にある声帯やその上下にできるがんのことです。病理組織分類（がん細胞の種類）ではほとんどが扁平上皮がん（434頁）で、それ以外の種類はまれです。喉頭がんのできる位置から、３つに分類されます。

①**声門がん**　声帯に発生するがんで、全体の約70％弱を占めます。

②**声門上がん**　声帯より上に発生するがんで、約30％を占めます。

③**声門下がん**　声帯より下に発生するがんで、1～2％にしかすぎません。

喉頭がんは、60歳以上に発病のピークがあり、発生率は10万人に３人程度です。男女比は15対１で圧倒的に男性に多いという特徴があります。

原　因

危険因子は、たばことお酒です。これらの継続的な刺激が発がんに関係するといわれており、喉頭がんの人の喫煙率は97・３％にのぼります。また、アルコールの飲みすぎが声門上がんの発生に関係するといわれています。最近では、胃酸の逆流（逆流性食道炎　1546頁）が原因になるともいわれています。

症　状

最初に現れる症状は、発生部位により異なります。

声門がんでは、声帯そのものにがんが発生するので、がんが小さいうちから声帯の振動が悪化し、**嗄声**（**声がれ**）を生じます。声門がんが早期に発見されることが多いのはこのためです。進行してくると、痰に血が混じったり、呼吸が苦しくなってきます。頸部の腫れとして現れるリンパ節への転移は比較的少ないのが特徴です。

声門上がんの早期の症状は、のどの異物感や、とくに固形物や刺激物を飲み込んだときの痛みです。他の部位より比較的早期からくびのリンパ節が腫れて気づくこともあります。さらに進行してがんが声帯へおよぶと、嗄声や呼吸苦が現れてきます。

声門下がんは、進行するまで症状が現れないことが多く、進行するとやはり嗄声や呼吸苦がでてきます。

検査と診断

検査・診断は、耳鼻咽喉科で行われます。喉頭を直接観察して、ほとんどの症例で診断がつきます。直接観察する検査法には、間接喉頭鏡という小さな鏡を口の中から入れて行う検査と、鼻から喉頭ファイバースコープを挿入する方法があります。とくに声門がんに対しては、喉頭ストロボスコープという、声帯振動の乱れを検知して早期発見に役立てる検査もあります。

これらの検査で喉頭がんが疑われるときは、腫瘍の一部を小さくとり、病理組織診断（生検）をすると、診断が確定します。腫瘍のようすによって、外来でファイバースコープを用いて生検を行ったり、入院して全身麻酔下で行ったりします。さらに、ＣＴやＭＲＩ、超音波検査などで、がんの進展範囲、頸部リンパ節や他臓器への転移の状況を診断し、病期が決められます。

病期は、Ⅰ期から進行するにつれⅣ期へと４段階に分類されます（通常Ⅰ、

Ⅱ期は早期、Ⅲ、Ⅳ期は進行がんとみなされます）。この病期に応じて治療方針が決定されます。なお、腫瘍マーカー（215頁）を行う場合もありますが、あまり有用とはいえません。

治療

喉頭は発声という、人が生活するうえでとても重要な機能を担っている器官ですので、がんを治すことと同時に、できるだけ声を残す（喉頭全摘手術を避ける）ことも考慮しなければなりません。治療は放射線、手術が中心となります。

抗がん剤は喉頭を温存するため、放射線や手術と組合わせて使われたり、手術不可能なときに放射線治療後の再発などのケースで使われたりしますが、治療においては補助的です。

▼放射線治療　早期の喉頭がんには、放射線治療が標準的治療といえます。これまで喉頭を全摘されていたような進行がんに対しても、最近では放射線と抗がん剤を同時に併用して喉頭を温存する治療が行われることがあります。

▼手術　手術には大きく分けて、喉頭部分切除術と喉頭全摘術があります。

喉頭部分切除術は、音質は多少悪くなりますが声を残すことができる手術で、主として早期がんに対して行われます。喉頭鏡（内視鏡）下でがんを切除するものと、頸部を切開してがんを摘出するものがあります。前者ではレーザーによる切除がよく行われます。後者では、喉頭垂直部分切除術、喉頭水平部分切除術、喉頭亜全摘術などがありますが、なかでも喉頭亜全摘術は切除範囲が広く、従来の喉頭全摘術が行われていたような進行がんにも、行える場合があります。

喉頭全摘術は主として進行がんに対して行われますが、声帯をすべて摘出してしまうので、術後は声が失われ、頸部に呼吸をするための穴である永久気管口がつくられます。失った声を補うための**代用音声**として、食道に空気をためて声をだす食道発声や、電気喉頭などの人工喉頭による発声、シャントによる発声があります（喉頭摘出後の代用音声　1196頁）。

頸部リンパ節に転移している場合は、頸部リンパ節を系統的に摘出する頸部郭清術が同時に行われます。また、実際に明らかな頸部リンパ節転移の所見がなくても、微小な転移の可能性がある場合で行うことがあります。

Ⅰ期では放射線治療でも手術でも90％以上治ります。Ⅰ～Ⅳ期全体では、70％前後の5年生存率が得られます。

予防

発がん要因として、喫煙との関連が示唆されており、とくに50歳以上のヘビースモーカーに発生率が高いといわれています。喉頭がんの人の喫煙率は97・3％で、**ブリンクマン指数**（1日喫煙本数×年数）が平均1000と高値であり、喫煙が喉頭がんの死因にどの程度関与するかを示す危険寄与度は96％で、全がん中最高値です（ちなみに喫煙と発がんの関連が有名な肺がんでも75％）。したがって、禁煙はたいせつです。また飲酒も発がん因子として、喫煙と相乗的にはたらくといわれており、たばこを吸いながら酒を飲むのは、よくありません。40歳以上で声がれが1か月以上治らない場合は、ぜひ耳鼻咽喉科を受診してください。

上咽頭がん
Nasopharyngeal Cancer

どんな病気か

上咽頭とは、咽頭（のど）の最上部、鼻腔の後方に位置する上気道の一部で、ここにできる悪性腫瘍が上咽頭がんです。

とくに40～60歳に多くみられますが、10～30歳の若年層にもみられ、男女比は2～3対1です。

他の咽頭のがんの多くが、飲酒・喫煙に関係しているのとは異なり、ＥＢウイルス（1452頁）の感染が関与すると考えられています。

症　状

中耳とつながる耳管の開口部がふさがれると、耳閉塞感・聴力低下などが現れます。進行すると、鼻出血や鼻づまりなども現れます。また脳神経が圧迫を受けると、複視（物が二重に見える）、顔面知覚異常、嚥下障害などの顔面・口腔・咽頭の神経症状をおこします。いっぽう、比較的早期から頸部リンパ節に転移しやすく、頸部の腫瘤（はれもの）が先に現れることも少なくありません。

検査と診断

観察困難な部位のため、早期診断は困難ですが、耳鼻咽喉科で上咽頭の内視鏡検査を行い、病変があれば生検（組織採取による病理診断）を行います。病理組織学的には、低分化扁平上皮がんないし未分化がん（434頁）なのが特徴です。

画像診断として、ＣＴやＭＲＩを行い、腫瘍の進行度とリンパ節の腫れを評価し、病期を確定します。遠隔転移を調べるには、ＰＥＴ（230頁）や骨シンチグラフィー（230頁）も必要です。

治　療

上咽頭は、手術がきわめて困難な部位であるいっぽう、他のがんに比べて放射線の感受性が比較的高いことから、病期にかかわらず放射線治療が行われます。放射線治療後に残った頸部リンパ節転移に対しては手術治療も行われます。

進行例では、肺や骨などへの転移の頻度が高くなり、治療後も定期的に通院・検査をつづけることが必要です。

５年生存率は50～60％ですが、近年は抗がん剤を併用した放射線治療によって、治療成績が向上しています。

中咽頭がん
Oropharyngeal Cancer

どんな病気か

中咽頭とは、口を大きく開けて鏡でのどを見たときに奥に見える部分で、食物の飲み込み（嚥下）、会話に重要な役割を果たします。中咽頭は、上壁（軟口蓋）、後壁、側壁（口蓋扁桃など）、前壁（舌根）の４部位に分けられます。中咽頭の粘膜から生じた悪性腫瘍を中咽頭がんといい、発生がもっとも多いのは側壁です。

中咽頭はもともとリンパ組織が豊富なので、中咽頭がんはリンパ節転移をおこしやすいのが特徴です。

原　因

喫煙や過度の飲酒との関連が証明されており、禁煙が重要です。また過度の飲酒も控えましょう。欧米からは、ヒト乳頭腫ウイルス（ＨＰＶ）感染の関与が報告されています。

症　状

がんが小さいうちは何の症状もありません。進行すると、のどの違和感、異常感、痛みなどを生じます。さらに、飲み込みにくい、体重減少、血痰、いびき、呼吸困難などがみられます。頸部リンパ節転移をおこすと、くびにしこりを触れますが必ずしも痛くありません。

検査と診断　耳鼻咽喉科医であれば、ふつうの外来診療で中咽頭がんを見つけることができます。病理組織学的検査によって、診断を確定します。中咽頭がんのほとんどが扁平上皮がん（434頁）です。

CTやMRI、PETなどの画像診断で、病期を調べます。食道がん（499頁）との合併も多いので、上部消化管内視鏡検査を行うこともあります。

治療　早期がんは、手術でも放射線治療でもよく治ります。

進行がんは、手術、放射線、化学療法（抗がん剤）を組合わせて治療します。手術すると切除範囲が広くなるため、切除した組織を補う遊離組織移植を行います。手術による後遺障害を避けるために、放射線と抗がん剤の同時併用療法を行うこともあります。手術ができないほど進行している場合、放射線治療や化学療法を行います。

下咽頭がん
Hypopharyngeal Cancer

どんな病気か　下咽頭は、咽頭のいちばん下にあり、くびのほぼ中央に位置します。すぐ前には、声をだす喉頭があります。下咽頭がんは下咽頭にできる悪性腫瘍で、食事の欧米化、濃度の高い酒、喫煙などにより増加傾向にあります。高齢男性に多く発症し、くびのリンパ節に転移しやすい特徴をもっています。最近は、上部消化管内視鏡検査で偶然発見されたり、違和感を感じて耳鼻咽喉科を受診し、早期発見される場合が増えています。

症状　初期には症状がでにくいのですが、病気の進行とともに食物の通りが悪くなったり、声がかれたり、息苦しさを感じたり、異物感、飲み込むときの痛みが生じます。耳に響く痛みを感じる場合もあります。

検査と診断　下咽頭は、内視鏡を使って観察します。専門医であれば、腫れた状態を観察しただけで診断が可能ですが、最終的には組織の一部を切除して病理組織検査を行い、悪性かどうか診断します。これに加えてCT、MRI検査によって周辺への広がりを調べ、治療法を選択します。

治療　早期に発見された場合は、口の中から行う顕微鏡下の手術、放射線治療などが選択されます。

進行した状態でも手術ができる場合は、いくつかの選択肢があります。まずは抗がん剤を用い、これによく反応して腫瘍がひじょうに小さくなったら、つづけて放射線療法を行い、喉頭を残します。抗がん剤の反応が悪いか、もしくは初めから手術を選択する場合は、喉頭も含めて切除することが多いです。術後、くびの前にあけた気管口より呼吸するので、それまでのような発声はできません。リハビリテーションによって、食道発声で音声の再獲得をめざします（1196頁）。また、腸、皮膚などを用いて、食物の通り道を再建します。

手術ができない場合は、放射線と抗がん剤を併用しますが、口内炎の副作用がおこり、唾液の分泌障害による口内乾燥がおこります。

◎下咽頭がんの予防

下咽頭は、食物の通り道にあり、たばこなどの影響も受けやすいために、せっかく下咽頭がんが治っても、従来と同じ嗜好の生活を送ると、また、食道・胃などの消化管にがんが発生する危険があります。食生活の改善を中心とした規律正しい生活が肝要です。

また、早期発見、早期治療が基本で、発声などの機能温存治療のキーポイントとなりますので、のどがおかしいと思ったら、なるべく早く耳鼻咽喉科専門医の受診をお勧めします。

口腔のがん

口腔がんとは

口腔とは歯、歯肉、舌、頬粘膜、硬口蓋（上顎前方のかたい部分）、軟口蓋（硬口蓋の奥のやわらかい部分）、口（腔）底（下顎の歯肉と舌の間の部分）、口唇からなり、歯以外のすべての部位にがんが発生します。組織型は扁平上皮がんが95％以上を占めています。唾液腺から発生する唾液腺がんも口腔に症状が現れ、腺がん、腺様嚢胞がん、粘表皮がんなどの組織型がみられます。

舌がん
Carcinoma of Tongue

どんな病気か

口腔がんのうちもっとも発生頻度の高いがんです。下顎臼歯部付近の舌の側縁に好発します。粘膜表面にただれや潰瘍を形成することが多いのですが、初期では痛みはほとんどありません。頸部リンパ節（顎の下やくび）への転移が高頻度におこり、反対側の頸部へも転移します。

症状

初期には粘膜に白色の斑点や薄い膜状の病変、ただれ（紅斑、びらん）がみられます。通常痛みはありませんが、しょうゆや香辛料などの刺激で痛むことがあります。進行すると、舌表面に乳頭状の腫瘤（こぶ状の腫れ）がみられたり、舌の内部にしこり（硬結）が現れます。さらに進むとただれの部分は深い組織欠損（潰瘍）になり、痛みや出血がみられるようになります。病変中央部のがん組織は壊死し、ひじょうに汚くなり、がん特有の悪臭があります。食事や会話で舌は動き、近くの歯や入れ歯に接触し、その機械的な刺激でさらに発育が速まり、痛みや出血などもひどくなります。

また深部の筋肉内に進むと舌はスムーズに動かなくなり、会話や食事が不自由になり、嚥下障害（飲食物が飲み込みにくい）も発現します。誤嚥性肺炎（1255頁）により突然全身状態が悪化する可能性もあります。神経がおかされると知覚まひがみられ、味覚もなくなります。まひだけでなく激しい痛みがつづくこともあります。

原因

直接の原因はわかっていません。しかし、喫煙と飲酒の習慣が背景因子であることは明確になっています。また、歯の鋭縁や合わない義歯の持続的な刺激で傷がつき、発がん物質の深部組織への到達を容易にさせることも考えられます。

検査と診断

口腔がんは視診と触診が可能です。細胞診が容易で、とくに液状細胞診システム（Thin Prep法）は、施術者の技術差が少なく有用です。最終的には組織の一部を採取して調べる病理組織診で確定診断されます。さらにＣＴ、ＭＲＩ、超音波、ＰＥＴ、シンチグラフィーなどの画像検査で病変部の位置、大きさ、広がり、転移の有無などを調べます。

治療

病変の位置と大きさ、組織学的悪性度、転移の有無などで治療方針が異なります。小さい病変では周囲に十分な安全域をとって切除し、そのまま縫い合わせる方法がとられます。病変部が大きい場合は、形成外科的再建術により形態と機能の回復をはかります。頸部リンパ節転移に

◎口腔がんは定期検診と自己観察で早期発見が可能

口腔がんはすべてのがんの1～2％程度と低い発生頻度ですが、高齢化が進む日本では増加傾向にあります。

口腔の機能は、食べる、飲み込む、話す、表情をつくるときの中心的役割を果たすなど、生活の質（QOL）を維持するために重要です。

口腔がんでそれらの機能が損なわれることは重大事です。

口腔は直視でき、触れられる場所ですから、歯科（口腔外科）や耳鼻咽喉科での定期的検診や自己観察で口腔がんの早期発見が可能です。とくに歯の疾患で歯科を受診する機会は多いため、その際に早期発見されるケースが増加しています。

は頸部郭清術を行います。放射線療法も行われます。組織内照射も有効です。

化学療法は手術前後に他の療法と併用することが多く、有力な治療法です。

予防 喫煙や過度の飲酒をやめ、粘膜に慢性的な刺激を与えないように口腔環境を改善します。日常の自己観察と歯科受診時の定期的検診が早期発見につながります。白板症や紅板症の前がん病変（439頁）を放置せず、なるべく早く専門医の診断を受けてください。また、アフタなどの口内炎とはしっかり区別してください。

歯肉がん
Carcinoma of Gingiva

どんな病気か 歯肉に発生したがんです。歯がない歯槽粘膜に発生したがんも含みます。顎骨内部から発生し、歯肉に症状を現すものもあります。

歯肉が赤くなり、白斑やただれ、潰瘍がみられます。腫れがあり、歯みがきで出血するので初期は歯周病と似た症状です。進行すると病変部周囲の骨が吸収、破壊され、そこにある歯は動揺し、脱落しそうになります。義歯の下にがんがあると義歯が合わなくなります。気がつかず義歯安定剤などですませていると発見が遅れます。

原因として喫煙と飲酒の習慣、さらに破損した義歯や粘膜との間にすき間のできた義歯の使用も背景因子です。

治療 画像検査で、直下の歯槽骨への浸潤程度を診断します。

舌がんと異なり、病変が骨に近く放射線照射で骨壊死をおこすため、放射線療法よりも手術が主体です。下顎では顎骨下縁まで切り離す区域切除法と顎骨の下縁を一部残す辺縁切除法があります。切除範囲が大きい場合はチタニウムプレートや腸骨などの自家骨での再建手術、形成外科的な再建法で機能回復をはかります。化学療法が併用されることもあり、頸部リンパ節転移には頸部郭清術が行われます。

予防 基本的には舌がんと同じですが、歯周病との鑑別が重要です。歯周病に気をつけていれば、予防だけでなく早期発見が可能です。

唾液腺がん
Salivary Gland Cancer

どんな病気か 唾液腺にできるがんで、耳下腺に多く、ついで顎下腺に発生します。口蓋、歯肉の頬粘膜移行部、口唇粘膜などにも発生します。

症状 片側の耳下腺部や顎下腺部に腫瘤がみられます。以前からの腫瘤が急に増大したり、痛みや顔面神経まひがでることもあります。

口腔では骨上の粘膜下に半球状の腫瘤がみられ、軟組織内に球状の腫瘤として触れ、痛みはありません。手術後の組織標本でがんと診断されることもあります。頸部や肺への転移があります。

検査と診断 CT、MRI、超音波などの画像検査で良性との鑑別はある程度可能ですが、腫瘤内へ刺入する穿刺細胞診でほぼ診断できます。

治療 関連する唾液腺および周囲の健常組織を含めた切除が行われます。腺体の中を通る顔面神経をいっしょに切除する場合があります。放射線療法との併用も行われます。

内分泌腺のがん

▼症状▲くびのしこりで気づいたり、検査で初めて発見されることがある。

▼治療▲多くは、手術で甲状腺を摘出すれば治ることが多い。

甲状腺がん

Thyroid Cancer

女性に多くみられる

◇多くは発育の遅い乳頭がん

どんな病気か 甲状腺には、乳頭がんと濾胞がん、未分化がん（434頁）、髄様がん、悪性リンパ腫（553頁）といったがんが発生します。

乳頭がんと濾胞がんは、ホルモンを分泌する組織からできる腺がん（434頁）です。これらのなかでは、乳頭がんが圧倒的に多く、甲状腺がんの約85％を占めます。

乳頭がん、濾胞がん、髄様がんでは30～59歳の人が全体の60％前後を占めますが、30歳未満の若年者での発症もまれではありません。ただし、悪性度の高い未分化がんは、60歳以上の高齢者に多くみられます。

男女比は1対6で、圧倒的に女性に多い病気ですが、髄様がんと未分化がんでは、その差が小さくなっています。

◇くびのしこりで気づく

症　状 くびのしこりで気がつくことが多いです。

最近では、無症状であっても、人間ドックや他の病気で検査を受けたときに、偶然に発見されることがしばしばあります。

未分化がんや悪性リンパ腫の場合は、腫瘤が急激に大きくなることにともなって、呼吸困難、物を飲み込みにくい（嚥下困難）などの症状もおこってきます。

検査と診断 通常、甲状腺のはたらきは正常で、血液中の甲状腺ホルモンの量を調べても異常はみられません。

◉画像診断

比較的やわらかい組織も写す頸部の軟X線撮影、超音波検査、放射性同位元素を使った甲状腺のシンチグラフィー（230頁）、CT撮影、水分などのかすかな磁力を利用して画像をえるMRI（磁気共鳴断層撮影）検査などの方法があります。

これらの検査では、腫瘤の有無、大きさ、形やリンパ節の腫れの有無などを調べます。

乳頭がんの場合は、微小な石灰が甲状腺組織に沈着した特有の陰影がみられることがあります。

◉血中腫瘍マーカー（215頁）

体内に腫瘍ができると、血液中にある種の物質が増えることがあります。このような物質を腫瘍マーカーと呼び、腫瘍を見分ける手がかりに利用しています。

たとえば、甲状腺髄様がんでは、血液中にカルシトニンや、CEAという物質が増加します。

また、甲状腺がん、とくに濾胞がんができると、血中にサイログロブリン（甲状腺内にある巨大な糖たんぱく質分子）が増えます。

しかし、サイログロブリンは、良性腫瘍である甲状腺腺腫（濾胞上皮細胞によってできる濾胞腺腫（1482頁）の一種）やバセドウ病（1475頁）などでも増加します。

したがって、腫瘍マーカーだけから

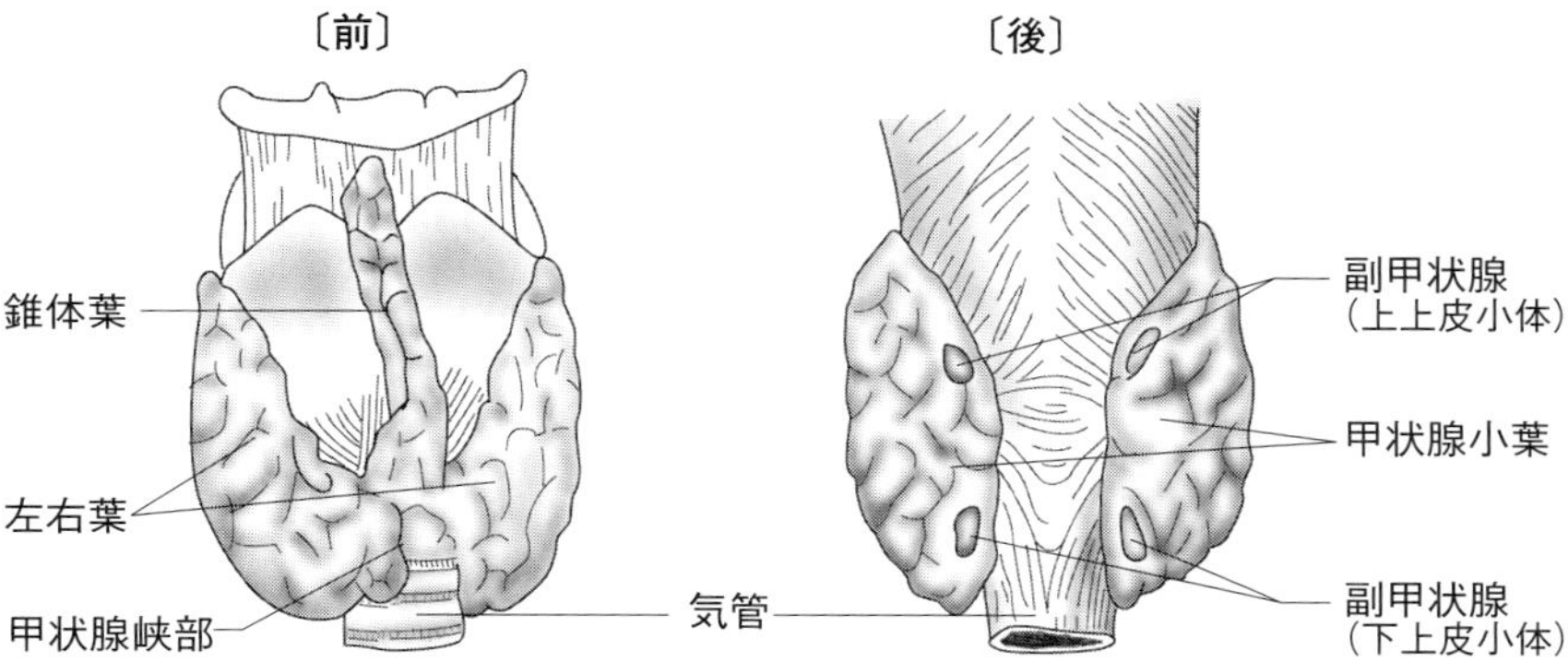

前と後ろから見た甲状腺

では、がんと診断を確定することができません。しかし、治療後の経過をみたり、がんの再発や転移の有無を確認することに役立ちます。

◉甲状腺穿刺吸引細胞診（こうじょうせんせんしきゅういんさいぼうしん）

甲状腺がんの診断を確定するために、針を刺して腫瘍内の細胞をとり、顕微鏡で調べることをいいます。最近、見つかる機会が増えてきた小さな腫瘤でも、超音波ガイドのもとに穿刺吸引細胞診を行うことができます。

◇早期手術で治ることが多い

治療

悪性腫瘍では診断を確定し、手術など適切な治療を行うことがたいせつです。

◉手術療法

手術の方法は、がんの種類や進行度によってさまざまです。甲状腺全体を切除した場合は、術後、甲状腺ホルモン剤の内服が必要となります。周囲のリンパ節も、同時に切除することが、しばしばあります。

手術は、全身麻酔のもとに行われ、2～3週間の入院が必要です。

◉そのほかの治療法

乳頭がんや濾胞がんの多くに、ヨードという物質を取込む性質があります。このため、放射性ヨード（^{131}I）療法が行われます。放射性ヨードががん組織に取込まれると、放射線を出して、がん細胞を破壊する効果が期待できるからです。

乳頭がんや濾胞がんの転移がみられる場合、甲状腺をすべて摘出したあとに、放射性ヨードの内服を行い、甲状腺由来のがん細胞が破壊されることを期待します。その後、甲状腺ホルモン剤の内服をつづけます。

未分化がんや悪性リンパ腫では、手術療法のほかに、抗がん剤による薬物療法（化学療法）や放射線療法が行われます。

◉治療を受けるときの注意

がんでは、早期診断、早期治療が必須です。少しでも甲状腺がんが疑われるときには、内分泌、とくに甲状腺の専門医を受診してください。

放射性ヨード療法を受ける場合は、治療の2週間前から、ヨードを含む食品の摂取を厳重に制限する必要があります。海藻など、ヨードを含む食物や薬剤は、絶対にとらないようにしてください。

また、放射性ヨード療法では、放射線が胎児や乳児に影響をあたえる可能性があるので、妊娠中の女性や母乳で授乳している女性には行うことができません。

甲状腺をすべて摘出すると、甲状腺機能低下症（1478頁）になります。このため、甲状腺ホルモン剤を、毎日欠かさず生涯にわたって、服用しつづけなければなりません。

その後の経過が良好でも、年に2～3回は、定期的に診察を受けましょう。

予後　甲状腺のがんの約85%を占める乳頭がんは、発育が遅いものです。そのため、早期に手術をすれば治ることがほとんどです。

したがって、甲状腺がんの多くは経過がよい病気といえます。

ただし、未分化がんだけは、治療をしても大半は6か月以内に死亡するという、ひじょうに悪性の病気です。

副甲状腺がん（上皮小体がん）

Parathyroid Cancer

どんな病気か　きわめて珍しい病気で、原発性副甲状腺機能亢進症（1485頁）の1～5%を占めるといわれています。

副甲状腺腫瘍を摘出してから、その組織を調べて、初めてがんとわかる場合や、リンパ節や遠い臓器への転移などがあって、初めてがんとわかる場合があります。

症状　副甲状腺がんになると、副甲状腺ホルモンが過剰に分泌されるため、副甲状腺機能亢進症になります。このため、骨などに蓄えられていたカルシウムが血液中に過剰に溶け出して、血中のカルシウム濃度が上昇します。

すると、尿濃縮力が低下し、口渇と多尿をきたします。こうして脱水（血管の中の水分が少なくなる状態）となると、さらに血中のカルシウム濃度が上昇する悪循環を引き起こします。

血中のカルシウム濃度が上昇すると、筋力の低下、食欲不振、吐きけ、便秘、集中力の低下をきたし、ひどいときには、うつ状態、意識障害をおこします。

そのほか、尿路結石（1740頁）や腎臓への石灰の沈着がおこったり、カルシウムによる刺激で、胃・十二指腸潰瘍（1558頁）や膵炎（1678、1679頁）もおこりやすくなります。また、骨からカルシウムが溶け出すために、骨粗鬆症（1884頁）がおこり、骨折しやすくなります。

副甲状腺機能亢進症の原因の約80%は、良性腫瘍である腺腫によるものですが、がんによる場合には、これらの症状が急速に進むことが多いです。

治療　手術前には、副甲状腺がんの診断がつかないことも多くあります。血中のカルシウム濃度が高い、副甲状腺腫瘍が大きい、リンパ節が腫れているなど、がんが推測される場合には、腫瘍の周囲組織も含めてひとかたまりに切除します。

また、腫大したリンパ節もいっしょに切除します。

呼吸器のがん

肺がん
Lung Cancer
早期発見がカギ

◉肺がんとは

細胞の遺伝子には増殖を調整するはたらきがありますが、この遺伝子に異常がおこり、気管支や肺胞などの細胞が無秩序に増えてしまうものが肺がんです。

肺がんにはさまざまな種類があり、悪性の程度、増える速さ（増殖速度）や転移のしやすさにちがいがあります。

なお、もとの発生場所が肺であった場合に**原発性肺がん**と呼び、他臓器から肺に転移してきた悪性腫瘍は**転移性肺腫瘍**と呼んで明確に区別しています。

２０１３（平成25）年の統計によると、肺がんによる死亡数は約7万人で、男性ではがんによる死因の1位、女性では2位です。

死亡率は40歳代後半から増加がみられ、高齢になるほど高くなります。１９６０～80年代に急激に増加しましたが、90年代後半から男女ともに緩やかな減少傾向にあります。男性のほうが高く、女性の約3倍になります。生存率が低く、肺がんの5人に1人が生存という割合になります。

◉肺がんの組織型

肺がんには多くの種類の組織型がありますが、**小細胞肺がん**と**非小細胞肺がん**に大別されます。

非小細胞肺がんはさらに**腺がん**、**扁平上皮がん**、**大細胞がん**、**腺扁平上皮がん**、**多形、肉腫様あるいは肉腫成分を含むがん**などの組織型に分類されます。これらは手術などで肺を切除して検査して初めて区別できるものであり、気管支鏡検査などでの標本はきわめて小さいので小細胞肺がんと非小細胞肺がんの区別しかできないこともあります。

組織型によって発生しやすい部位、進展様式、進展速度が異なり、臨床所見は多彩になります。

肺腺がんは発生頻度がもっとも高く、女性では肺がんの約7割、男性では約4割を占め、喫煙との関連はあまり明確ではありません。通常のX線検査で発見されやすい、肺の末梢（**肺野**）に発生する「**肺野型肺がん**」の代表です。肺腺がんは他の組織型と比べて性質が多様であり、増殖速度や転移のしやすさにもちがいがあります。

つぎに多い扁平上皮がんは男性で4割、女性では1割を占めます。喫煙との関連は明らかで、**肺門**と呼ばれる肺に入る付近の太い気管支に発生する「**肺門型肺がん**」の代表です。

小細胞肺がんは肺がんの1～2割を占める、男性に多い肺がんです。非小細胞肺がんに比べて増殖が速く、リンパ節、脳、肝臓、副腎、骨など他臓器に早期に転移しやすい悪性度の高いがんです。反面、抗がん剤や放射線治療が効きやすいがんです。ホルモンを産生するがんで、ホルモン産生過剰による症状がでることもあります。

【原　因】

肺がんの最大の危険因子は喫煙です。欧米では非喫煙者に対する喫煙者の肺がん発生率は20倍以上といわれていますが、日本では男性で4・8倍、女性で3・9倍とい

◎肺がんの組織型

▼**扁平上皮がん**　大きく発育するまではリンパ節への転移が比較的おこりにくく、腫瘍の中心部が壊れて空洞ができていることがあり、重い喫煙者の気管や、太い気管支に発生することも多くあります。

▼**腺がん**　腫瘍が比較的小さいときからリンパ行性転移や血行性転移がおこりやすく、気管や気管支よりも、肺の末梢（肺野）に発生しやすい傾向があります。

▼**大細胞がん**　腺がんや扁平上皮がんに比べ、がん細胞が大きく、悪性度は高いです。

▼**小細胞がん**　がん細胞が小さく、きわめて転移しやすく、さらに、がんの発育も驚くほど早いものです。

まれながんとして、腺がんと扁平上皮がんが混在している**腺扁平上皮がん**、肺門の大きな気管支で、内分泌細胞から発生する**カルチノイド**、気管支腺から発生する**腺様嚢胞がん**、**粘表皮がん**があります。

われています。組織型別でみると、扁平上皮がんでは男性で12倍、女性で11倍であるのに対して、腺がんでは男性で2・3倍、女性で1・4倍と大きくちがいます。日本では、たばこは肺がんの発生原因として、男性で69％、女性で20％程度と推計されています。受動喫煙による危険もあります。

他の肺がんの危険因子として、アスベスト、クロム、コールタール、放射線、ディーゼル排気ガス、ラドンなど、職業や環境の汚染があげられます。

野菜や果物は摂取危険因子の軽減になる可能性がありますが、どの成分が重要な役割を果たしているのかはわかっていません。

例えば、β-カロテンは、重喫煙者のハイリスク群を対象にして行われた試験の結果、多く摂取（1日20～30mg）した場合、逆に肺がん発生の危険が約20～30％高くなりました。

遺伝的素因として、発がん物質の代謝経路にある酵素の活性などを決める遺伝子多型（変異）が考えられていますが、根拠として不十分です。

症状

患部におこる局所症状、転移による症状、全身症状、がんがつくりだす物質の影響による腫瘍随伴症状がありますが、いずれも肺がんに特有な症状はあまりありません。

局所症状は、長引くせき、痰、血痰、息切れ、声のかすれ（嗄声）、胸背部痛などが一般的です。太い気管支に発生した扁平上皮がんや小細胞肺がんでは、早い時期からせき、痰、血痰が認められます。がん細胞が声をだす神経をおかすと嗄声がおこります。肺がんや腫れて大きくなったリンパ節が、上大静脈を圧迫すると、頭や両腕からの血液が心臓に戻るのを妨げ、顔や両腕がむくむ**上大静脈症候群**をおこします。

特殊な症状として、**ホルネル症候群**があります。肺の最上部に発生した肺がんが肺の近くの神経をまひさせ、眼瞼の下垂、縮瞳（瞳孔が小さくなる）、眼球陥没、無汗症（汗をかかない）がおこります。背部痛や腕の痛みを多くともないます。しかし、いずれも呼吸器の症状でないために、発見が遅れることも多くあります。

肺野型である腺がんは症状がでにくく、検診や他疾患の治療経過中に見つかることが多いものです。

転移による症状には、骨転移による痛み、骨折、脳転移による神経症状、体表リンパ節腫脹などがあります。転移による症状が肺がんの発見につながることも少なくありません。

腫瘍随伴症状の発生頻度は高くありませんが、種々の電解質異常をきたして、肺がんの発見のきっかけになることがあります。

検査と診断

肺がんの有無は胸部Ｘ線検査で確認します。つぎに胸部ＣＴによって、病変の位置、正確な大きさ、形状を調べ、可能なら、造影剤を使用した胸部ＣＴで転移、腫大したリンパ節の有無も観察します。

まれに、胸部Ｘ線検査では見つからず、喀痰細胞診で肺がん細胞を認めることがあります。その際には、気管支鏡検査で病変部位を確かめます。

肺がん細胞が以下にあげる検査で確かめられて初めて、「確定診断」といいます。いずれの検査法も、肺の検査

	T1a	T1b	T2a	T2b	T3	T4	M1
N0	ⅠA	ⅠB	ⅠB	ⅡA	ⅡB	ⅢA	Ⅳ
N1	ⅡA	ⅡA	ⅡA	ⅡB	ⅢA	ⅢA	Ⅳ
N2	ⅢA	ⅢA	ⅢA	ⅢA	ⅢA	ⅢB	Ⅳ
N3	ⅢB	ⅢB	ⅢB	ⅢB	ⅢB	ⅢB	Ⅳ

図1　肺がんの病期分類

では負担の重いほうに属します。

①気管支鏡検査　喀痰細胞診では、ある種の肺がん以外は陽性率が低く効率が悪いので、専門施設ではまず気管支鏡検査を外来で行います。細くてやわらかい気管支鏡を鼻や口から挿入し、気管支の中を観察して病変の組織や細胞を採取、顕微鏡でがん細胞があるかどうかを検査します。気管支鏡検査は20～30分で終わります。検査後数時間以内に帰宅できますが、検査結果は1週間～10日ほどを要します。

②（CT透視下）X線透視下針生検　気管支鏡検査で診断が不十分な場合などは、X線あるいはCT透視下での針生検を行います。皮膚などの局所麻酔を行い、肋骨の間より細い針を病巣に命中させて細胞をとります。検査による合併症として気胸や血痰がおこる可能性があるので入院して行います。ほとんどは検査翌日に退院できますが、まれに合併症のために1週間前後の入院が必要なこともあります。多くはX線透視下で行いますが、病巣が小さい場合や心臓などの重要臓器に近接する場合にはCT透視下針生検を行います。

③胸水細胞診　肺がんによる胸水貯留がある場合は胸水細胞診を行います。皮膚などの局所麻酔を行い、胸水を採取して同様に検査します。胸水貯留の息苦しさも改善されます。

④リンパ節生検　くびなど体表のリンパ節が腫れている場合は、局所麻酔をしてリンパ節の針生検あるいは外科的な切除を行います。採取した細胞や組織を顕微鏡で検査します。

⑤縦隔鏡検査　胸部CT画像などで縦隔リンパ節転移腫大がみられる場合に行います。全身麻酔下に胸骨上縁の皮膚を切開して、縦隔鏡を挿入し、気管周囲のリンパ節などを採取します。

以上の方法でも確定診断が困難な場合、胸腔鏡を用いて**審査開胸**という外科的方法で診断します。胸部CTでしか認められないような病変に対しては、初めからこの方法を用いることもあります。全身麻酔をした後に胸の数か所を数cm切開し、胸腔鏡や肺をつまみ出す肺鉗子などを挿入して病変部分を採取し、数十分で作成できる迅速標本で診断します。肺がんがあり、また予定範囲の手術で病変すべてを取切ることが可能な場合には手術をつづけ、肺葉切除などを行います。この場合は診断と治療が1度に行える利点があります。がんでなかった場合は、むだな手術をしたことになりますが、反面、肺がんでなかったことが確定します。

◉病期

肺がんの病期は、潜伏がん、0期、ⅠA期、ⅠB期、ⅡA期、ⅡB期、ⅢA期、ⅢB期、Ⅳ期に分類されており、この順序に進行した病状を示します。

▼潜伏がん　がん細胞が痰の中に見つかるのに、病巣がどこにあるかわからない、ひじょうに早い段階です。極めてまれです。

▼0期　がんのありかはわかっていますが、気管支の表面をおおう細胞層の一部のみに認められる早期の段階です。極めてまれです。

これより進行した病期は、原発巣の状態（**T因子**）とリンパ節転移の状態（**N因子**）、遠隔転移の有無（**M因子**）の組合わせで決められます（図1）。

図2　T因子

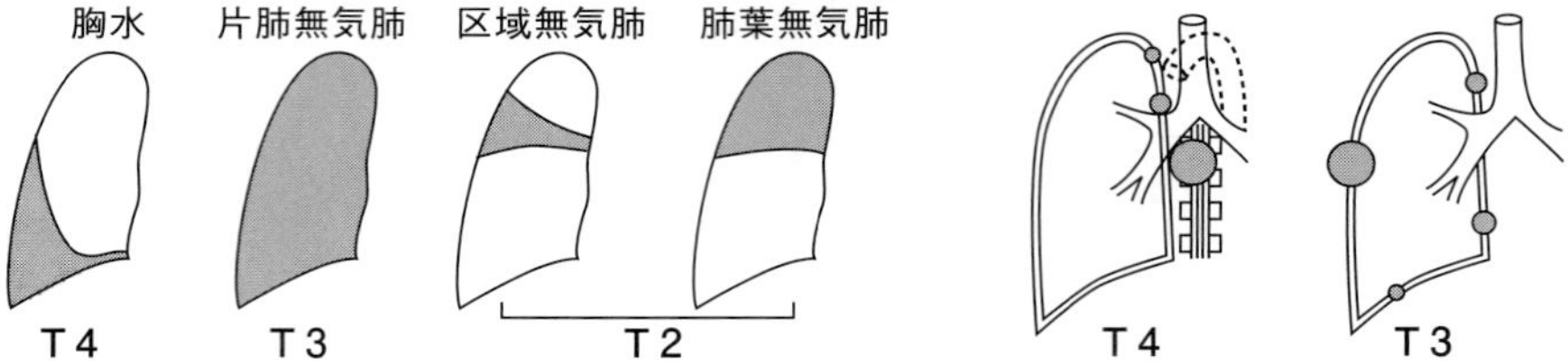

図3　N因子

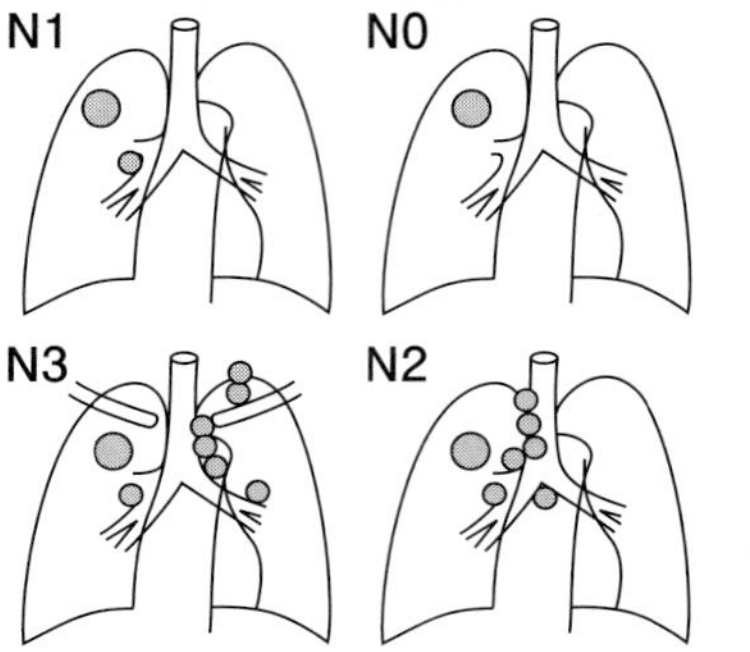

図4　M因子

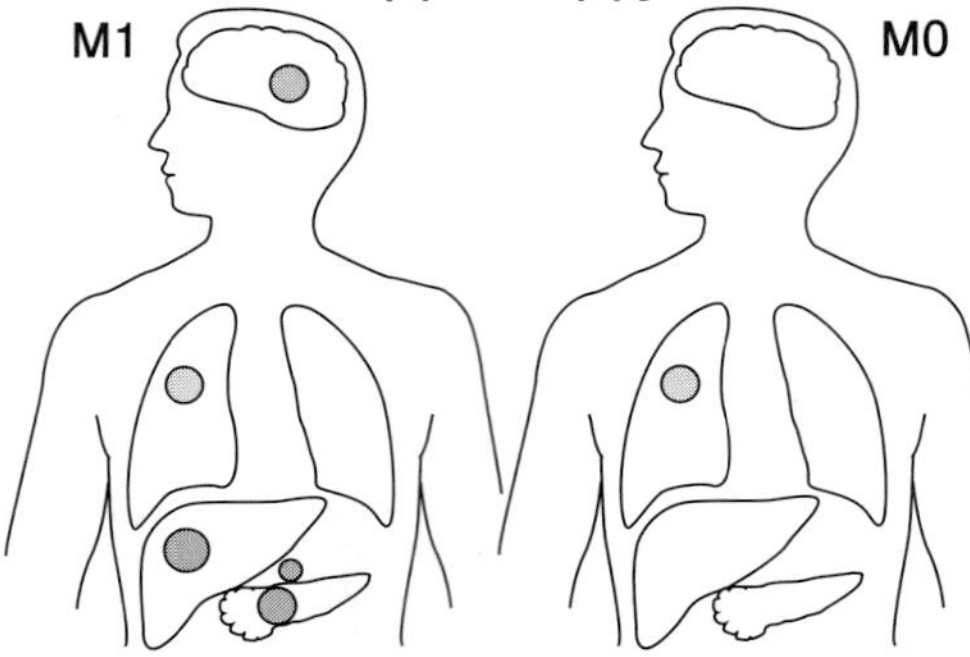

病期決定のためには種々の検査が行われます。脳CT検査、磁気共鳴装置を使った脳MRI検査、胸部CT、腹部CT検査あるいは腹部超音波検査、ラジオアイソトープを使用した全身の骨シンチグラフィです。最近はポジトロンCT（PET）が、診断に用いられるようになっています。

T（Tumor）因子（図2）

T1　がんの大きさが3cm以下で、肺の表面に露出しておらず、各肺葉の肺葉気管支よりも奥に存在する。さらに大きさが2cm以下のものをT1a、2～3cmの大きさのものをT1bと分ける。

T2　①がんの大きさが3～7cm以下、②無気肺か、肺炎をおこしている（閉塞性肺炎）が、その変化が片側の肺全体にはおよんでいない、③がんは主気管支におよぶが、気管分岐部（左右主気管支に分かれる部位）より2cm以上離れている、のいずれかに該当する。

さらにがんの大きさによって、がんの大きさが3～5cm以下をT2a、5～7cm以下をT2bと分ける。

T3　いずれかに該当するもの。①がんの大きさが7cmを超える、②がんが肺に隣接する胸壁、横隔膜、横隔神経、縦隔胸膜、壁側胸膜、心嚢に直接浸潤する、③がんが気管分岐部から2cm未満におよんでいる、④無気肺、閉塞性肺炎が片側の肺全体におよんでいる、⑤がんができた肺葉中に転移がある。

T4　以下のいずれかの場合。①がんが縦隔、心臓、大血管、気管、食道、背骨に直接浸潤する。②がんが気管分岐部におよんでいる。③がん細胞を認める胸水が存在する。④がんができた肺葉と同じ肺葉に転移がある。

N（Lymph Node）因子（図3）

N0　リンパ節に転移がない。

N1　がんができた側の肺の中、あるいは肺門部のリンパ節に転移がある。

N2　がんのできた側の縦隔、あるいは気管分岐部のリンパ節転移がある。

N3　がんとは反対側の縦隔、あるいは肺門部、またはくびの付け根のリンパ節に転移がある。

M（Metastasis）因子（図4）

M0　離れた臓器やがんのできた肺葉以外に転移がない。

呼吸器のがん

◎抗がん剤

▼非小細胞肺がん　おもな抗がん薬に、がん細胞のDNAに効果をおよぼす白金製剤のシスプラチン、カルボプラチン、ネダプラチン、植物の毒

M1　離れた臓器やがんのできた肺葉以外に転移がある。

◉小細胞肺がんの病期分類

小細胞肺がんでは手術可能例が少ないため、限局型、進展型に分類します。

▼限局型　がんが片側の肺と同側の肺門部と縦隔リンパ節やくびの付け根のリンパ節にしか見つからない場合です。

▼進展型　がんが肺の外まで広がり、転移が他の臓器に見つかる場合です。

治療

肺がんの組織型や病期、心臓、肺、腎臓、肝臓などの状態、一般的な健康状態に基づいて治療法を選択します。最終的には患者本人の意思が尊重されます。治療法にはおもに外科療法、放射線療法、抗がん剤療法があり、これらの治療を単独で行う場合と併用する場合があります。

▼外科療法　早い時期の肺がんで行われます。標準的には、肺がんがある肺葉をひとまとめに切除します。しかし、肺機能などに問題があって肺葉切除が困難な場合などは肺がんのある部分だけを切除することがあります。逆に、肺がんをすべて取切るために、片側の肺をすべて切除せざるをえない場合もあります。リンパ節に転移があるかどうかを確認するために肺門、縦隔リンパ節切除（リンパ節廓清）を行います。非小細胞肺がんでは、一般的にⅠ期からⅢA期の一部が手術の対象となりますが、肺や心臓の機能障害がある場合や一般状態が不良な場合は手術を断念します。小細胞肺がんの場合はⅠ期など極めて早い病期の場合のみが手術の対象になりますが、手術後には抗がん剤療法が必須です。

肺がんの外科切除の副作用としては、手術直後の息切れや数か月におよぶ傷あとの痛みがあります。また、場合によっては生活様式の変更を余儀なくされる場合もあります。

▼放射線治療　X線や高エネルギーの放射線を使って原発巣や転移リンパ節のがん細胞を殺す治療法です。非小細胞肺がんの場合は、肺機能などの問題があって手術不能なⅠ期からⅢA期、胸水がないⅢB期、小細胞肺がんの場合は限局型が対象になります。しかし、肺がんの病巣の広がりが広範囲におよび、放射線治療の範囲（照射野）が広すぎる場合は対象になりません。

通常の照射方法は、1日1回週5回、5～6週間です。小細胞肺がんでは1日2回週10回照射する**加速多分割照射**が行われることもあります。また、肺がん病巣のみを集中的に治療して、副作用を軽減する定位放射線照射、粒子線治療も行われています。以上は根治的照射の場合です。

骨転移による激しい痛みや脳転移の症状がある場合にも、該当部に放射線治療を行います。また、小細胞肺がんは脳に転移することが多いので、脳への転移を予防する目的で脳への放射線治療（予防的全脳照射）が行われることがあります。

放射線治療のおもな副作用は照射部位の一種のやけどです。放射線治療中から終わりごろに症状がでてくる間質性肺炎（肺臓炎）、食道炎、皮膚炎などです。肺臓炎の症状はせき、痰の増加、微熱、息切れです。肺臓炎が広い範囲におこり、長期化すると肺線維症（1293頁）に変化して長期間の息切れが

から抽出されるビンカアルカロイド製剤のビンデシン、ビノレルビン、トポイソメラーゼ阻害薬のイリノテカン、タキサン製剤のドセタキセル、パクリタキセル、がん細胞の分裂・増殖を抑える代謝拮抗薬のゲムシタビン、ティーエスワン、がん細胞の増殖にかかわるたんぱく質に作用する分子標的薬のゲフィチニブ、エルロチニブなどがあります。

▼小細胞肺がん　シスプラチン、カルボプラチン、エトポシド、イリノテカン、アムルビシン、トポテカン、サイクロホスファミド、ビンクリスチン、ドキソルビシン、アルカロイド製剤のビンクリスチン、アルキル化薬のイフォマイドなどが用いられます。

◎肺がんの生存率

生存率は、がんの病期や治療内容別に示しますが、年齢

つづきます。食道炎では食べ物を飲み込むと痛いという症状がでます。皮膚炎では発赤や皮膚がむけることがあります。いずれの症状も薬によって軽減することができますので、早めに担当医に告げてください。

▼抗がん剤療法　抗がん剤治療（**化学療法**）は抗がん剤を点滴静脈注射、静脈注射、内服することでがん細胞を殺す治療法です。静脈注射や内服された抗がん剤は血流によって肺を含む全身にいきわたるため、**全身療法**と呼ばれています。それに対して外科療法や放射線治療は**局所療法**と呼ばれています。抗がん剤は1種類を投与する場合もありますが、2種類以上の抗がん剤を組合わせて投与する場合が一般的です。

小細胞肺がんでは、化学療法がよく効いて病巣が縮小する場合が多いですが、非小細胞肺がんでは化学療法が効きにくく、抗がん剤のみで治すことは不可能で、放射線療法と併用します。最近では、特定のタイプのがんを狙い撃ちして作用する分子標的薬が登場し、効果をあげています。

抗がん剤の副作用には個人差があり、抗がん剤の種類によっても異なります。また、副作用は自分でわかる自覚症状と検査などでわかる他覚所見に分けられます。自覚症状には、全身のだるさ、吐きけ、嘔吐、食欲低下、口内炎、下痢、便秘、手足のしびれ感、脱毛などがあります。他覚所見には白血球減少、貧血、血小板減少、肝機能障害、腎機能障害、肺障害、心機能障害などがあります。まれに重篤な副作用が現れて、命にかかわる場合もあります。

高度な白血球減少がおこると感染症を合併しやすくなるので、白血球を増やす薬を皮下注射します。貧血や血小板減少が高度な場合は輸血することもあります。吐きけ止めの薬もありますが、手足のしびれ感や脱毛に対する有効な薬はまだありません。時間はかかりますが、自然に回復します。

▼内視鏡治療（レーザー治療）　肺門に発生する肺がんなどが対象になります。気管支鏡で見える範囲の肺がんにレーザー光線を照射して治療します。副作用などはまれですが、気管支鏡検査で肺がん病巣全体が把握できるような極めて限られた人だけが対象になります。がん組織に取込まれやすく、特殊なレーザー光線に反応しやすい薬を注射し、レーザー光線をあてて肺門部の肺がんを選択的に治療する**光線力学的療法**もあります。

▼免疫療法　免疫の機能を高めることや、がん細胞を特異的に殺す免疫担当細胞を点滴静脈注射するなどのさまざまな免疫治療が実験的に試みられていますが、現状では肺がんに有効な免疫療法はありません。

◉病期別治療法

治療の選択はおもに病期で決まりますが、同じ病期でも、全身状態、心臓、肺機能、治療を受ける人の意思などによって治療法が異なる場合があります。ここでは標準的治療を述べます。

◉非小細胞肺がん

▼0期　発生部位により、外科療法か内視鏡治療が選択されます。

▼IA期　外科療法が選択され、術後の化学療法や放射線治療は行いません。

▼IB期～ⅢA期（N2以外）　外科療法が

呼吸器のがん

や合併症の有無などの影響を受けます。ここに示す数値は統計的な参考値です。個々のケースにあてはまるものではありません。

▼非小細胞肺がん　手術を受けた場合に手術から5年間生存した割合（5年生存率）は、病期ⅠA期80％、ⅠB期65％、ⅡA期60％、ⅡB期50％、ⅢA期で30％です。手術が適切でないⅢ期で放射線治療と化学療法の合併療法を受けた場合、2年生存率40～50％、5年生存率15～20％です。Ⅳ期で化学療法を受けた場合、1年生存率は50～60％です。

▼小細胞肺がん　限局型で放射線治療と化学療法の合併療法を受けた場合、2年生存率50％、3年生存率30％です。進展型で化学療法を受けた場合、3年生存率は10％です。

このように、現状の治療法で完全に治る肺がんは多くなく、治療による副作用もあります。このために治療成績の向上をめざして多くの臨床試験が行われています。

選択されます。術後の化学療法は有効とされていますが、術後の放射線治療は有効とされていません。ただし、術後化学療法の有効性はわずかであり、術後化学療法による死亡もありますので、医師とよく相談してください。

▼ⅢA期（N2）　化学療法と放射線治療の合併療法が選択されます。がん病巣の広がりが広範囲におよび、放射線治療の照射野が大きすぎる場合は、化学療法を先行し、がん病巣が縮小した後に放射線治療を行うこともあります。あるいは、化学療法単独を選びます。

▼ⅢB期　胸膜への広がり（胸膜播種）や胸水貯留などを認めない場合は、化学療法と放射線治療の合併療法が選択されます。強い副作用が心配される場合は、化学療法を先行して行う場合もあります。また、照射野が広すぎる場合は、化学療法単独を選びます。多量の胸水貯留による息切れなどの症状を認める場合は胸水排液を行ったあと、胸膜を癒着させる薬を胸腔内に注入して、胸水が再びたまらない治療を行います。その後に化学療法を行います。

▼Ⅳ期　抗がん剤による化学療法を行います。しかし、一時的にがん病巣の縮小を認めても抗がん剤単独で治ることはまず不可能です。脳転移や骨転移など転移病巣による症状が強い場合は、転移巣に対して放射線治療が行われます。がん病巣による症状を認めることが多いので、痛みに対する麻薬剤の投与や呼吸困難に対する酸素投与など、症状を緩和する治療も重要になります。

▼再発　再発、悪化した場合は、再発した部位や症状、最初の治療法やその反応などを考慮して治療法を選びます。最初の治療に抗がん剤を使用していない場合や最初の化学療法がよく効いた場合は、化学療法を行う場合があります。脳転移や骨転移の症状が強い場合は放射線治療を行います。症状に対してはⅣ期に準じた緩和治療を行います。

◉小細胞肺がん

限局型と全身型、いずれの場合も化学療法が中心になります。ⅠA期など極めて早い病期では外科療法が先行することもあります。

▼限局型　化学療法と放射線治療の同時合併療法が行われます。照射野が広すぎる場合や強い副作用が予想される場合は化学療法を先行して行い、がん病巣が縮小した後に放射線治療を追加する場合もあります。治療がよく効いた場合には脳転移を予防するための予防的全脳照射を行います

▼進展型　化学療法を行います。化学療法がよく効くので転移病巣の症状も軽快する場合がほとんどですが、化学療法でも転移病巣の症状が軽快しない場合は、症状を和らげるために放射線治療を行うこともあります。進展型ではがん病巣による症状を認めることが多いので、痛みに対する麻薬剤の投与や呼吸困難に対する酸素投与などの症状を緩和する治療も重要になります。

▼再発　最初に使用した抗がん剤がよく効いた場合には同じ抗がん剤による再治療をする場合、あるいは別の有効な抗がん剤にかえて治療する場合があります。また、化学療法でも転移病巣の症状が軽快しない場合は、症状を和らげるために放射線治療を含む緩和治療も重要になります。

胸膜の悪性腫瘍（胸膜中皮腫を含む）

Malignant Tumor of the Pleura

どんな病気か

胸膜とは、肺の表面と肺を納める胸腔というスペースの内面をおおう、中皮細胞と呼ばれる1層の細胞からなる膜のことです。胸膜の悪性腫瘍には、胸膜から発生する胸膜中皮腫と、他の臓器のがんが胸膜に転移する転移性胸膜腫瘍があります。

◉胸膜中皮腫

胸膜の中皮細胞から発生する胸膜中皮腫は、胸膜に沿って広がり、多くは胸水がたまります。**石綿（アスベスト**1303頁）の吸入が原因と考えられています。石綿は、セメントや樹脂、ゴムに混ぜ、保温断熱材や建材、ブレーキなどに加工し、昭和20～60年代に幅広く使われ、また、セメントに混ぜて、鉄骨や天井などに防火・防音を目的に吹きつけられました。このような作業に従事した人（直接曝露）、近くで別な作業に従事した人（間接曝露）、石綿工場の周辺住民（環境曝露）のなかから、一定の確率で中皮腫が発生します。曝露から数十年を経て発症するため、「静かな時限爆弾」と呼ばれ恐れられますが、中皮腫の発生する確率はあまり高くはなく、長年、直接曝露した人のなかから、年に数千人に1人発症する程度で、間接曝露、環境曝露ではこれより低いと考えられます。石綿には青、茶、白があり、青石綿がもっとも中皮腫をおこしやすく、茶石綿がつづきます。

◉転移性胸膜腫瘍、がん性胸膜炎

他の臓器のがんが胸膜に転移する場合、多くは胸水をともないます。胸水からがん細胞が検出されれば**がん性胸膜炎**と呼び、多いのは乳がん、肺がん、胃がんです。

症状

息切れと胸痛が多くおこります。息切れは胸水がたまり肺を圧迫するためです。肩やわき腹が痛むこともあります。腫瘍が胸壁に広がると（浸潤）、腫瘤（しこり）が胸に現れることもあります。

検査と診断

胸水があれば胸壁から穿刺し、ヒアルロン酸の値が高ければ中皮腫を疑います。また穿刺液に含まれる細胞を染色し、顕微鏡で悪性度を検討します（細胞診）。CTなどを利用して胸壁から生検針を刺入し胸膜腫瘍を採取できれば正確に診断できます（針生検）。確実に腫瘍を採取するには胸腔鏡を用い、胸腔に挿入したビデオカメラの画像を見ながら行います（胸腔鏡生検）。転移性胸膜腫瘍を疑う場合、他臓器にがんがないか調べます。

治療

胸膜中皮腫では、早期であれば、胸膜と肺をともに切除する**胸膜肺全摘術**が行われますが、負担が大きく、成績も施設により差があります。化学療法では代謝拮抗性の抗がん剤ペメトレキセドナトリウム水和物のアリムタ（商品名）が用いられ、腫瘍の縮小と延命に効果があります。放射線治療は緩和治療を目的とします。胸水が大量にあればドレーンを挿入して排液し、癒着薬という薬を注入することがあります（胸膜癒着術）。胸水の再貯留を防止し、息切れの緩和に効果があります。

消化器のがん

食道がん
Carcinoma of the Esophagus
60歳代を中心に男性に多いがん

◇飲酒、喫煙などに関係する

どんな病気か

食道は、口腔・下咽頭と胃との間にある、長さが約25cmの消化管です。頸部に始まって、胸部（縦隔内）、腹部におよび、胸部では大きく胸部上部、胸部中部、胸部下部と3部位に分けて呼んでいます。

食道がんは、食道内腔のもっとも表層の粘膜上皮から発生するものですが、がん細胞の組織形態によって、扁平上皮がん、腺がん、そのほかに分類されます（434頁）。日本では扁平上皮がんが大部分を占めていますが、欧米では腺がんも多くみられます。

発がん年齢は30～80歳代と幅広く、もっとも多いのは60歳代です。発生率は、男性のほうが女性の約6倍高く認められます。発生部位では、胸部中部にもっとも多く（54％）、ついで胸部下部（22％）、胸部上部（12％）、頸部（12％）の順になります。

原因

発がん要因としては、遺伝的・体質的なものよりは、環境中の刺激因子のかかわりのほうが大きいと考えられています。たばこやアルコールがその代表的なものです。

たばこでみると、発がんした人では、1日の喫煙本数と喫煙年数をかけた**ブリンクマン指数**が平均６５０以上を示すことが多くなります。

またアルコールでは、1日の飲酒量が日本酒換算で3～5合を20～30年間つづけている多飲者に発症が多くみられます。

食道がんは、時間とともに粘膜上皮から粘膜内、粘膜下層、筋層、外膜へと浸潤（広がり入り込むこと）して増殖し、その過程でリンパ節転移、臓器転移をおこすと考えられています。

外膜を越えると、縦隔内臓器である気管や大動脈などへも浸潤します。

治療および予後（治療後の状態）の面から考えると、食道がんは粘膜がん、表在がん（粘膜下層がん）、進行がんと分けて考えるのが合理的です。リンパ節転移は、粘膜がんではほとんどありませんが、表在がんでは40％前後のリンパ節転移が認められ、進行がんでは70％を超えます。

症状

粘膜がん、表在がんぐらいまでは自覚症状はあまりみられません。進行がんになると、嚥下障害（飲み込みにくい）、つかえ感、しみる感じが現れ、胸骨（胸の中央の骨）の後ろ側が痛むなどの症状が現れます。この期間が約2か月つづきます。

食道がんのリンパ節転移は胸腔内から頸部、腹部の3領域に広がることが特徴的で、この点が治療と予後に密接にかかわります。

外膜を越えた進行がんになると、発生部位により反回神経（声帯の運動に関与する神経）まひがおこり、嗄声（声がれ）が生じ、気管食道瘻（733頁）、大出血などの重大な合併症が発生することがあります。

検査と診断

代表的な検査は、食道X線造影検査と食道内視鏡検査の2つです。食道の粘膜をヨード（ルゴール）染色法によって染めて行う内視鏡検査によって、表在がんや粘膜がんが発見される例が増えています。

扁平上皮がんの発がんの背景として、粘膜上皮の変化（異形上皮）が注目されています。ルゴール染色法を行うとともに、組織を採取して検査する生検が診断のためには必要となります。

ヘビースモーカー、ヘビードリンカーで55歳以上の男性、口・頸部がんの人、がん家系（血縁者にがんになった人が何人もいる家系）の人のほか、腐食性食道炎（1546頁）、食道アカラシア（1549頁）、バレット食道（1546頁上段）などのある人など、食道がんになる危険性が高い人は積極的に内視鏡検査を受けてください。このような人々に対しては、ルゴール染色法を行うなど、より注意深い観察が必要となります。

進行がんに対しては、CT検査、MRI検査などが行われ、周囲臓器への浸潤やリンパ節転移の状況、肝臓や肺への転移の有無が調べられて、進行度が確認されます。

最近は、食道がんと他の臓器のがん、とくに口・頸部がん、胃がん（次頁）との重複や多発がんが発見されることが増えています。ことに口・頸部がんの人では、12～16％に食道がんや胃がんが発見されています。したがって、口・頸部がんまたは胃がんを患った人には、自覚症状の有無にかかわらず、内視鏡検査が有用です。

◇内視鏡または手術で切除

治療 がんの原発病巣の進行度、転移の状況によって、治療法は異なります。

粘膜がんでは、広範囲の病巣である場合を除いて、内視鏡的粘膜切除術（EMR）が行われ、成績は良好です。

表在がんや進行がんには手術治療が原則ですが、進行度に応じて、放射線や抗がん剤による治療をいっしょに行う方法（集学的治療）も必要となります。また、胃管や結腸などを用いて、切除した食道が再建されます。

進行がんの手術成績は、5年生存率（術後5年間生きている割合）が20～30％ほどになっています。

高度に進行した他臓器浸潤がんや、肝臓、肺に転移したがんに対しては、放射線治療、抗がん剤治療法が中心となります。

最近では、手術自体も安全なものになり、しかも、もとの機能や臓器を温存することに注意が払われるようになり、QOL（生活の質）向上のための努力がなされるようになりました。

他臓器切除を余儀なくされた場合でも、たとえば、喉頭機能（咽頭と反回神経）を温存した手術とか、咽頭が切除されて音声を失ったときにでも、音声を代用する方法があります（1196頁）。

また、高齢者や心肺機能が低下している人には、少しでも負担が軽くなるように、縦隔鏡や胸腔鏡による手術が行われることもあります。ときには内視鏡的粘膜切除法と放射線照射を組合わせることもあり、状態にきめ細かく対応できるようになっています。

ただし、食道がんの治療は専門性が高いため、手術については、食道外科の専門医がいる施設を選ぶことをお勧めします。

▼**症状**▲早期胃がんは症状が少ない。進行すると体重が減少したり、胃のあたりにしこりを触れるように。
▼**治療**▲できるだけ早期に根治切除手術を行う。

◎胃の構造

人が食物を食べると、のどから食道を通り、胃に入ります。胃は胃袋と俗にいわれ、食物を一時的にため、胃液と混ぜ合わせ、適量ずつ十二指腸へ流します。

胃は、食道からの入り口部分である噴門部、胃の中心部分である体部、十二指腸側への出口部分の幽門部に大きく分けられます。胃の壁は、内側が胃液や粘液を分泌する粘膜層、中心が胃の動きを担当する筋肉層、外側は臓器全体を包む薄い膜で漿膜層と呼ばれています（1537頁図）。

胃がん

Gastric Cancer

早期胃がんは手術でほとんどの人が治る

◇罹患率が高く、男性に多い

どんな病気か

胃がんは、胃壁のいちばん内側の粘膜内の細胞から発生し、数十μm大（1μmは1000分の1mm）の1つの細胞から始まるとされています。月または年単位で5mmから1cm程度の細胞集団になると、早期発見が可能になります。

胃がんは、胃壁の外に向かって徐々に深く大きくなり（浸潤）、それにともなって転移しやすくなり、治療して治る見込み（予後）が不良になります。

胃がんの罹患率（病気にかかる割合）と死亡率は男性のほうが女性より高く、2対1の割合程度で、年齢は50～60歳代が約6割を占めるとされます。いっぽう近年の高齢社会のもと、高齢者の割合も増加傾向にあります。日本の胃がん死亡率は、1960年代から男女とも大幅な減少傾向にありますが、がんで亡くなった人の数では、男性で第2位、女性で第3位が胃がんです（2013年）。世界的にみても、日本は胃がんの罹患率が高い国のひとつです。

がんが粘膜・粘膜下層にとどまる場合を**早期胃がん**、筋肉層より深く浸潤するものを**進行胃がん**といいます。

早期胃がんは転移している可能性が低く、この時点で適当な治療（手術）が行われれば、再発することはまれで、完全に治るものです。いっぽう、早期発見できず、胃がん細胞の増殖を放置すると、胃の壁深く浸潤するとともに、リンパ液の流れに沿って、胃の周囲のリンパ節やさらに遠方のリンパ節に転移したり、血液の流れに沿って肝臓や肺などへ転移します。また、おなかの中にがん細胞が散らばっていく（腹膜播種）こともあります。

症状

早期胃がんの半数ほどは、自覚症状もなく、検診で見つかります。また症状があっても、胃がん特有のものはなく、たとえば早期胃がんに合併した潰瘍による痛み、出血、胃部不快感などは、胃炎（1552頁）や胃潰瘍（1552頁）にともなう症状と同様です。また、胃自体は内腔が広い臓器なので、がんがかなり大きくならないと症状が現れない傾向があります。

進行胃がんの症状は、食事が通りにくい、胃痛、胃重圧感、体重減少、貧血（貧血による動悸、息切れ）など、多彩です。味覚異常、胸焼け、げっぷ、口臭、吐きけなど、他の胃腸の病気でみられるものもあります。

さらに進行すると、みぞおちや腹部正中の臍上あたりにかたいしこり（腫瘤）を触れたり、おなかに水（腹水）がたまったりします。胃がんから出血がある場合には、吐物に血液が混じったり（吐血）、便が黒褐色になる（タール便）こともあります。

肝臓や肺、骨、脳などの臓器に転移すると、転移した臓器や程度によって、さまざまな症状が現れます。

胃がんの治療成績が向上した大きな理由は「早期発見・早期治療」によります。早期胃がんのうちに適切な治療を受ければ、多くの人は完全に治りま

◎胃がんの検査の注意

胃X線や胃内視鏡検査は、外来で受けられます。検査前日の食事・飲酒は控えめにし、当日の朝は食事をとらずに検査に臨みます。常用内服薬がある人は、担当医師と相談してください。

検査の際に使う薬により、目がかすんだりすることがありますので、検査当日は、車や自転車での来院は控えましょう。

す。いっぽう進行胃がんは、手術（根治手術）をしても再発の危険性が高いものです。症状がなくても「早期発見・早期治療」をめざして、定期的な検診・健康診断と、自分のわずかな異変に気づいたら、すぐに受診し、検査をするという姿勢がたいへん重要なのです。

【原因】 胃がんの原因は未解明ですが、食生活を中心とした生活習慣との関連が示唆されています。

過食・早食いの習慣、飲酒、喫煙、食塩・高塩分食品などが危険因子とされています。また、熱すぎる料理や焦げた食物もよくないとされています。

逆に、緑黄色野菜や乳製品を多く食べることで、胃がんの発生率が抑えられるといわれています。ほかに、ビタミンC、カロテノイド、にんにく、緑茶などが胃がん予防因子として示唆されていますが、まだ研究段階です。

いっぽう、胃粘膜にすみつく細菌の**ピロリ菌**（1560頁上段）の持続感染が、胃がんの危険要因とされています。噴門部以外の部位の胃がんで、ピロリ菌の関与がより強いとされ、その除去（除菌）が推奨されるひとつの理由となっています。しかし、ピロリ菌感染が100%胃がんにつながることではなく、除菌によるがん予防に関してはまだ結論がでていないのが現状です。

【検査と診断】 胃がんが疑われると、胃内視鏡や胃X線検査を行います。胃がんの広がりを調べる検査としては、腹部超音波、胸部・腹部CT、注腸検査などがあります。

胃がん検診では、胃X線または胃内視鏡検査が行われます。胃X線や胃内視鏡検査を含め、日本の診断技術は世界のトップレベルです。

▼胃X線検査（上部消化管X線検査）

胃X線検査は、市区町村や職場の検診で広く行われています。バリウムと呼ばれる白い造影剤を飲んで行います。胃がんの全体像をとらえたり、胃の中におけるがんの位置を知ることができる点で有用です。

▼胃内視鏡検査 内視鏡は、胃内部を直接見て、がんが疑われる場所の広がりや深さを調べる検査です。内視鏡で組織を採取し、そこにがん細胞があるのか、どのような種類のがん細胞なのかなどについて、顕微鏡を使って調べることもできます（病理検査）。がんの深さをくわしく調べるために、超音波内視鏡が実施される場合もあります。

改良により胃内視鏡は、細くやわらかくなり、麻酔の工夫とともに、より楽な検査になってきました。最近では鼻を通して行う**経鼻胃内視鏡**が導入され、内視鏡挿入時の違和感をさらに軽減する試みがなされています。

胃がんが発見された場合は、ほかの臓器に転移していないか調べるために、超音波検査やCTなどの検査が追加されます。早期胃がんの場合、内視鏡による胃がん切除が可能な場合もあり、その決定のため、超音波内視鏡検査（233頁）が追加されることもあります。

がんによっては、血液中で**腫瘍マーカー**（215頁）という特殊な物質の数値が上昇することがあります。腫瘍マーカーには、さまざまな種類があります。胃がんでは、CEAやCA19‐9という物質が一般的に測定されます。しかし、胃がん特有のマーカーではないた

◎胃がんで受診する科

総合的な診断はおもに内科、とくに消化器内科の医師のもとで行われます。症状がある場合にも、腹部を担当する消化器内科を受診するべきでしょう。

また健康診断・検診として内視鏡やバリウム検査を受けたい場合には、各地の消化器専門医、消化器病センター、内視鏡センターなどを受診して、精密検査と同質のスクリーニング（ふるい分け）検査を受けたいものです。

治療は、切除可能な胃がんであれば消化器外科が、内視鏡治療が可能な場合は消化器内視鏡医が担当します。化学療法の施行に関しては、腫瘍内科専門医師や化学療法にくわしい熟練医師に担当してもらうと安心です。

め、すべての胃がん患者で値が上昇するわけでもありません。

◇根治治療の原則は手術

治療

胃がんと診断されたら、できるだけ早く治療を受けてください。現在、唯一完全治癒できる治療の原則は、手術による根治切除（完全にがんをとりきる手術）です。手術以外の治療方法として、抗がん剤、免疫療法、温熱療法、放射線療法などがあります。

従来、胃がんには抗がん剤が効かないとされてきました。しかし、最近開発され、保険適用となった新規抗がん剤の数種は有効で、胃がんも抗がん剤の効くがんとなりました。

◉手術

手術方法は、胃がんの発生した場所や、広がりの程度、他の臓器への転移の有無によってちがいます。一般的には、がん組織が残らないように十分な範囲の胃を切除し、かつ、転移の可能性がある胃の周囲のリンパ節を除去する（リンパ節郭清）手術を行います。

以前は早期胃がんであっても、広く大きく切除することが大原則でした。しかし現在では、なるべく小さい範囲の傷・胃切除・リンパ節郭清で、根治手術をめざしています（からだの負担が少ないため低侵襲手術といいます）。

たとえば、内視鏡のみを使って、粘膜内にとどまるごく早期のがんを切除する**内視鏡的粘膜切除術**もしくは**内視鏡的粘膜下層剥離術**を行えば、おなかを切る必要もなく、入院も短期間ですみ、胃の形や機能が完全に保存され、術後の障害がありません。最近では、小さい傷からおなかに内視鏡（腹腔鏡）を挿入し、胃切除・リンパ節郭清を行う**腹腔鏡手術**も普及してます。手術後、早く社会復帰できる利点があります。

進行がんの治療の原則も根治手術です。しかし、完全にがんをとりきる手術ができても、手術後、再発や転移によって命を落とす危険性があります。治療方針や予後を決めるには、病期またはステージを目安にします。

病期のⅡ期、Ⅲ期胃がんでは、根治手術が十分可能で、予後も比較的良好です。術後にTS-1という抗がん剤を使うと、より長期間、生存できたという研究結果が公表されています。

Ⅳ期胃がんは、もっとも悪い病状の時期です。遠い臓器への転移・腹膜播種（腹膜への広い転移）・ひどいリンパ節転移などをともない、手術切除を行っても治る確率が低い状態です。根治切除が可能であったⅣ期（Ⅳ期のなかでも状態のよい）の胃がんの治療成績でも5年生存率が10％前後と報告されるため、Ⅳ期胃がんへの手術適応は疑問があります。

いっぽう、ひどいがんの状態でも、症状を改善するために**姑息的な手術**（食物の通過障害に対するバイパス手術、出血に対する胃切除など）が行われることもあります。

切除した胃は、もとに戻ることはありませんが、手術の際、胃切除後に残った胃や小腸を用いて、食物の通り道をつくり直すことができます（再建）。

◉手術が不可能な場合

広い範囲に転移をおこしているなどの理由で手術が不可能な場合は、抗がん剤を用いる化学療法などの非手術治療が行われます。最近の新規抗がん剤の導入によって、ひどい胃がんの治療成績も飛躍的に向上しています。

◉手術後の療養

手術直後は、口から飲食物をとることができません。その間は、点滴で栄養を補います。飲水・摂食開始は（施設差・術式による差がありますが）、術後３日目から1週間くらいです。水分から始まり、流動食から徐々にふつうの食事へと練習していきます。胃を切除したあとは、1回にとれる食事の量が少なくなるため、当初は1日５～６回に分けて食事をする必要があります。しだいに1回の食事量が増えて、ふつうの人と同じように食事できるようになります。手術創の糸が抜け（抜糸）、からだに入っていた排液管などがとれると、入浴も可能になり、退院間近になります。手術後の食事の練習や社会復帰は、個人差があります。自分のペースで行ってください。

◉がん化学療法

新規抗がん剤の臨床導入により、根治手術が困難なひどい胃がんに対する治療の選択肢も広がり、多くの患者がその恩恵を受けるようになってきました。しかし、Ⅳ期胃がんは最終的に、根治は不可能であるようです。ＴＳ-1を含めてイリノテカン塩酸塩、ドセタキセル水和物、パクリタキセルなどの薬剤は、従来の抗がん剤に比較して、効果はよく、副作用は耐えられる程度であり、これからも積極的に胃がんに使われていくと予想されます。また、まだ市場にでていない新規薬剤の開発が強く期待されるでしょう。そのほかに、切除したがん組織を用いた抗がん剤感受性試験という方法の有用性がたくさん報告されています。個々の胃がんに効果がある薬剤の選択が可能になれば、よりよい治療効果が期待できるでしょう。

◉免疫療法

免疫療法とは、その人自身がもつ免疫機能を高める治療法です。免疫強化薬（ピシバニール、クレスチン、レンチナンなど）が保険適用され、広く用いられていますが、それらの有用性は明らかにはされていません。また、民間で行われているさまざまな治療法の科学的根拠は薄いものの、効果があったとする症例も散見され、科学的証明が今後の課題です。

◉その他の治療

欧米で胃がんの標準治療とされる放射線治療は、日本ではその有用性が疑問視されています。温熱療法も十分な効果をあげてはいません。

【日常生活の注意】 **▼手術後の後遺症**　胃を切除すると、小胃症状（腹部膨満、摂食不良、消化吸収障害・下痢）、胸焼けをおこす逆流性食道炎（1546頁）、まれにダンピング症候群（めまい、頻脈、発汗など 1572頁）などの術後後遺症がみられます。また、手術による消化管の癒着、暴飲暴食による腸閉塞（1591頁）、貧血、骨代謝異常［骨粗鬆症（1884頁）、骨軟化症（1886頁）など］、胆石（1669頁）の発生なども認められます。外来での主治医とよく相談して、最適な社会復帰をめざしましょう。また、手術後の再発チェックや後遺症対策のために定期的な外来受診が望まれます。

◎小腸がん

小腸がんの頻度は低く、大腸がん頻度の１００分の１程度です。したがって、消化管の症状があっても小腸がんを疑って検査することはほとんどありません。胃、大腸を調べてとくに異常がないが何かおかしいというときに、小腸を調べることがあります。

小腸がんが少ない理由はよくわかっていませんが、小腸の粘膜は新陳代謝が盛んで、どんどん新しい細胞に入れ替わっていることが、理由のひとつと考えられています。

小腸の検査は、バリウムを用いたX線造影検査がおもな検査法です。内視鏡検査もありますが、疾患頻度が少ないため、小腸の内視鏡ができる施設はたいへんかぎられています。カプセル型内視鏡を飲み込んで診断するという方法もかぎられた専門施設で行われています。

最終的には、さまざまな診断法を用いて総合的に診断する必要があります。

治療は手術となりますが、大腸に比べると簡単な手術ですみます。治療成績は、大腸がんの成績とほぼ同じです。

大腸がん
Colorectal Cancer

どんな病気か

大腸は、消化吸収されたあとの腸内容物をため、水分を吸収しながら大便にするところです。約2mの長さがあり、結腸と直腸・肛門からなります。大腸はどこにでもがんができますが、日本人ではS状結腸と直腸（直腸がん 507頁）ができやすい部位です。大腸がんは、日本人では横ばい状態で、胃がんにつぐ罹患数になっています。男性も女性もほぼ同じ頻度で大腸がんにかかります。年齢は、60歳代がピークで70歳代、50歳代とつづきます。いっぽう、**若年者大腸がん**は家族や血縁者のなかに多発する傾向が認められます。

原因

大腸がんの発生には、遺伝的因子よりも環境的因子の比重が大きいと考えられています。食生活の急激な欧米化、とくに動物性脂肪やたんぱく質のとりすぎが原因ではないかといわれています。しかし、数%の大腸がんは遺伝的素因で発症するとされています。

症状

大腸がんに特徴的な症状はなく、血便、便が細くなる（便柱狭小）、残便感、腹痛、下痢と便秘のくり返しなど排便に関する症状が多く、これらはS状結腸や直腸に発生したがんにおこりやすい症状です。

なかでも血便の頻度が高く、痔と勘違いして受診が遅れることもあります。注意してください。がんによる血便は肛門痛がなく、暗赤色の血液が便に混じったり、ときに黒い血のかたまりが出るなどの特徴があります。肛門から離れた**盲腸がん**や**上行結腸がん**では血便に気づくことは少なく、貧血症状が現れて初めて気がつくこともあります。腸の内腔が狭くなっておこる腹痛や腹鳴、腹部膨満感や痛みをともなうしこりが初発症状のこともあります。

ときには、嘔吐などのがんによる腸閉塞症状で発見されたり、大腸がんの転移として肺や肝臓の腫瘤（腫れもの）が先に発見されることもあります。

治療

大腸がんの治療法には、内視鏡的治療、手術療法、化学療法（抗がん剤治療）があります。

①内視鏡的治療

初期の大腸がんは、内視鏡でポリープとして発見されます。一般に、ポリープが大きい場合には、短期間の入院のうえ内視鏡治療を行います。直腸がんや転移、再発した場合には放射線療法が施行される場合もあります。また、摘出したポリープの病理（顕微鏡）検査が重要です。異型細胞（腺腫）や粘膜内にとどまる早期のがんは、これらの方法で治療することができますが、病理検査で病変が深くまで（粘膜筋板を越えて）広がっていれば、リンパ節転移の危険性が10%前後生じるため手術が必要となります。

②手術療法

大腸がんの治療は、手術療法が基本で、早期がんの場合でも手術が必要になる場合があります。

▼**結腸がんの手術**　結腸がんでは、術後の機能障害はほとんどおこりません。リンパ節郭清と呼ばれるリンパ節の切除とともに結腸切除術が行われます。

▼**腹腔鏡手術**　腹腔鏡手術では、炭酸

ガスで腹部を膨らませて、腹腔鏡を腹部の中に入れ、その画像を見ながら小さな孔から器具を入れて手術を行います。手術時間は開腹手術より長めですが、小さな傷口でも大腸の切除が可能ですので、術後の痛みも少なく、7～8日以内で退院できるなど、からだの負担の少ない手術です。

大きなポリープや早期の結腸がんが腹腔鏡手術に適していると考えられています。進行がんや直腸がんで広範囲に切除する開腹手術と同等の安全性や治療成績が、腹腔鏡手術でも得られるかどうかは、臨床試験の結果待ちの状況です。腹腔鏡手術は、近年開発された手術手技であり、専門医もかぎられており、大腸がんに対する腹腔鏡手術を導入していない施設もたくさんあります。腹腔鏡手術を希望する場合には、専門医がいる病院を受診しましょう。

③化学療法（抗がん剤治療）

大腸がんの化学療法は、大きく分けて2つの目的があります。

ひとつは、進行がんの手術後に再発予防を目的として行う補助化学療法で、もうひとつは治癒不可能な進行がん、または再発がんに対する生存期間の延長およびQOL（生活の質）の向上を目的とした化学療法です。

この10年間に大腸がんに有効な抗がん剤がつぎつぎに開発され、使用できるようになり、たとえ再発しても長期の生存が可能な人もいます。逆に、抗がん剤は必ず使わなくてはいけないというものでもなく、状況によっては、むしろ使用しないほうが患者にとって有益である場合もあります。主治医とよく相談して、最善の治療方法を選択してください。

予後

大腸がんは早い時期に発見すれば、内視鏡的切除や手術療法により、完全に治すことができます。少し進んで肝臓や肺へ転移しても、手術可能な時期であれば、手術療法で完全治癒が望めます。しかし、発見が遅れれば、肺、肝臓、リンパ節や腹膜などに切除困難な転移がおこります。こうした時期では、手術に加え放射線療法や化学療法が行われます。

手術後に再発することもあります。術後は定期的に（4～12か月の間隔）再発チェックのための検査を受ける必要があります。肝臓、肺、腹膜が転移しやすい臓器で、また、切除した部位に再発がおこること（局所再発）もあります。早い時期に再発を見つければ、再発巣の切除により、完治も期待できます。再発の8割以上は、術後3年目以内に発見されます。手術後、5年以上再発しないことが完治の目安です。

予防

直系の親族に同じ病気の人がいるという家族歴は、大腸がん発生の危険因子になります。生活習慣では、過体重と肥満によって結腸がんの発生が高くなることが確実とされています。飲酒、ハムなどの加工肉、喫煙も大腸がんの発生を上昇させる可能性があると考えられています。

大腸がんの予防としては、運動の予防効果が確実とされています。また、野菜や果物は、大腸がん予防の可能性をもつとされています。非ステロイド消炎鎮痛薬（アスピリンなど）とホルモン補充療法も、大腸がん発生を減少させる要因としてあげられています。

直腸がん………507頁
▼症状▲下血、下痢、便秘、残便感、便が細くなるなど。
▼治療▲内視鏡的切除や経肛門的切除、進行したがんでは手術を行い、抗がん剤治療や放射線治療も。

◎肛門がん
肛門がんは、肛門から約3cm以内の肛門管といわれる部位に生じるがんです。頻度は低く、大腸がんの頻度の100分の1程度です。肛門は、

直腸がん
Rectal Cancer

排便関連症状で発見されることが多い

◇良性ポリープから発生するものと良性ポリープを経ないものも

どんな病気か

大腸のなかでも肛門から約15cm程度の部位を直腸と呼び、そこにできる悪性腫瘍を直腸がんといいます。食生活の欧米化で大腸がんは長らく増加傾向でしたが、最近、その増加は頭打ちとなっています。

直腸がんは、大腸がん（505頁）全体の40％を占めていますが、米国では大腸がん全体の30％で、日本でも近い将来、米国と同じような頻度になると考えられています。年齢は60歳代が最多で、男女差はあまりありません。

直腸がんができる原因は、多くのがん同様、よくわかっていませんが、遺伝子の異常が蓄積して生じることはまちがいありません。良性のポリープを経過してなるものと、良性のポリープを経過しないでなるものの2種類ありますが、どちらから生じるものが多いのかもわかっていません。

症状

直腸がんの症状でもっとも多いのは下血、つまり便に血が混入することです。消化管のがんは一般に出血しやすいため、かたくなった便が通過する直腸では、がんからの出血がおこりやすくなりますし、血液が便に付着するため、気がつきやすいということもあります。

痔のような良性の肛門疾患でも下血が生じますから、「下血、即、がん」というわけではありませんが、下血を痔と自己判断するのも危険です。下血があったら、必ず大腸の精査をしてください。

その他の症状として、下痢、便秘、残便感、便が細くなるなどがあります。これらの症状は、直腸に腫瘍ができたために、正常な排便ができなくなるためにおこります。下血と同様、この症状が即、がんというわけではありませんが、排便異常が徐々に悪化するのであれば、必ず病院を受診しましょう。

検査と診断

病院を受診した場合、まず肛門から指を入れて診察します。これを直腸指診といいます。これで、直腸の約半分の部分を診察できます。

さらに肛門鏡という器具で、肛門から数cmまでの直腸を直接観察します。さらに直腸鏡を用いれば、直腸すべてが観察可能ですが、肛門の専門医以外は用いません。

これらの検査でとくに異常がないからといっても安心できません。やはり、症状があるのであれば、さらに精密検査をすることをお勧めします。

精密検査として、肛門からバリウムと空気を入れてX線撮影を行う注腸検査と、肛門から内視鏡を入れて観察する大腸内視鏡検査があります。

注腸検査のほうが簡便で、からだへの負担は少ないのですが、ポリープや腫瘍を見つけても、その組織をとって良性か悪性かを検査することができません。そのため、とくに問題がなければ、大腸内視鏡検査を受けることが望ましいでしょう。

腸と皮膚が接合する部位のため、腸由来のがんと皮膚由来のがんが生じ、それぞれ治療法が異なります。

腸由来の肛門がんは**腺がん**と呼ばれ、直腸がん（前頁）と同じ種類です。したがって、治療は、直腸がんと同じく原則、手術となり、その発生部位から、肛門を残すことは不可能で、永久人工肛門となります。日本の肛門管がんの85％は、この腸由来のタイプです。

皮膚由来のがんは、**扁平上皮がん**と呼ばれ、抗がん剤と放射線を併用する治療がたいへん効果があり、この治療が第1選択になります。かなりの症例で、抗がん剤と放射線治療だけで腫瘍が消失し、手術を必要としないですみますが、腫瘍が消失しない場合には、手術しなくてはいけなくなり、やはり人工肛門となります。

◇治療は部位と程度で異なる

治療

粘膜にとどまる腫瘍であれば、内視鏡で切除して（内視鏡的切除）、治療終了となります。ただし、粘膜にとどまる腫瘍でも大きくて内視鏡的切除が困難な場合には、器具で肛門を広げて腫瘍を切除（経肛門的切除）します。いずれも、肛門からの治療なので、負担の少ない治療です。

とれた腫瘍を顕微鏡検査して、本当に粘膜内にとどまっている程度なのかを確認します。粘膜を越えていた場合には、一般的に追加切除が必要となります。これは進行がんと同じく、開腹手術となります。腹腔鏡を用いた小さな傷での手術も可能ですが、まだ一般的ではありません。

進行した直腸がんに対しては、手術が必要です。直腸がんの手術というと、人工肛門（次頁）というイメージがありますが、手術方法、器機の進歩、がん進展に対する理解の深まりから、肛門から３cm程度の範囲のがんであっても人工肛門としない手術が可能となりました。

ただし、直腸がほとんどなくなるため、肛門を残しても健康なときの排便状態とは異なることを理解しておかなくてはいけません。直腸がんの手術では、排便以外でも排尿機能や性機能の障害が生じる可能性がありますが、現代は、排尿や性機能に関連する神経を温存する手術がふつうになっています。実際に、排尿機能や性機能の障害がおこることは少なくなりました。

直腸がんは、手術だけでは十分な治療効果があげられない場合もあるため、抗がん剤や放射線療法を組合わせて治療することもあります。リンパ節に転移がある場合には、手術のあと、抗がん剤治療を行うのが一般的です。どんながんに放射線治療を行うべきか、まだ一定の見解が得られていません。

直腸がんの治療は、一般に結腸がん（505頁）に比べてむずかしいので、多数の症例を手がけている病院を受診することをお勧めます。

人工肛門は、とくにむずかしい手術を行ってつくるわけではありません。排便の処置をしやすい場所に、そして処置しやすい形に結腸を腹部に固定してつくります。慣れてしまえば、運動も、仕事も可能です。

予防

直腸がんの予防に特別なものはありません。基本は、適度な運動、バランスのよい食事、規則正しい生活という、いわゆる通常の健康法を心がけることにつきます。

早期発見には、検診や人間ドックを受診する必要があります。というのも、症状が現れたものは、ある程度の進行がんであるからです。検診では、便潜血反応（188頁）を調べるのですが、実は、これだけではすべての直腸がんは発見できません。この検査では30～50％のがんは発見できません。逆に、便潜血が陽性だからすぐにがんというわけでもありません。そういった便潜血反応の問題点をよく理解して、検査に臨んでほしいと思います。とくに、なにか気になる症状のある人が、便潜血反応だけですませるというのは、とても危険なことなので、必ず病院を受診してください。

人工肛門の知識

❖人工肛門とは

大腸や肛門の病気を治療するために、大腸から肛門までの全部、あるいは直腸から肛門までを切除しなければならない場合があります。その際、腹壁に孔をあけ、切除する場所の手前の腸管を孔から引き出し、そこから便をからだの外へ排泄できるようにするのが人工肛門です。

❖人工肛門の種類

人工肛門は、２つに分類できます。

腸閉塞（1591頁）、潰瘍性大腸炎（1584頁）やクローン病（1586頁）などの炎症性腸疾患、ヒルシュスプルング病（735頁）や鎖肛（735頁）などの先天性疾患といった病気の治療の一環として人工肛門がつくられることがあります。この場合、時期がくれば、もとの状態に戻せることがあります。このような目的でつくられたものを**一時的人工肛門**といいます。

これに対して、直腸がん（507頁）や肛門がん（507頁上段）などの治療のために肛門を切除した場合は、**永久的人工肛門**をつくります。

また、人工肛門をつくる場所によって、**回腸人工肛門**や**結腸人工肛門**と呼ばれます。

❖人工肛門の管理

自然の肛門とちがって、人工肛門には肛門括約筋（肛門を開閉する筋肉）がありません。そのため、自分の意思で排便を我慢したりできません。したがって、意思でコントロールできない不随意な排便にわずらわされることなく、日常生活を快適に送るためには、人工肛門の管理方法の習得がたいせつです。

◉装具

不随意に出てくる便をためておくための装具が、人工肛門の外側につけられます。この装具は、袋状のストーマ袋と、人工肛門周囲の皮膚に袋を接着固定させる面板部分からできています。装具が皮膚に接する部分には、皮膚保護剤が使われ、材質や形状などがさまざまに工夫されて市販されています。

◉スキンケア

人工肛門周囲の皮膚は、便や便中の細菌、また装具そのものの刺激を受けて、皮膚炎などの障害がおこりやすくなります。とりわけ回腸人工肛門は、排泄される便が液状になっていて、そこには消化酵素が含まれているため、皮膚につくとひどいただれをおこしてしまいます。

人工肛門の種類

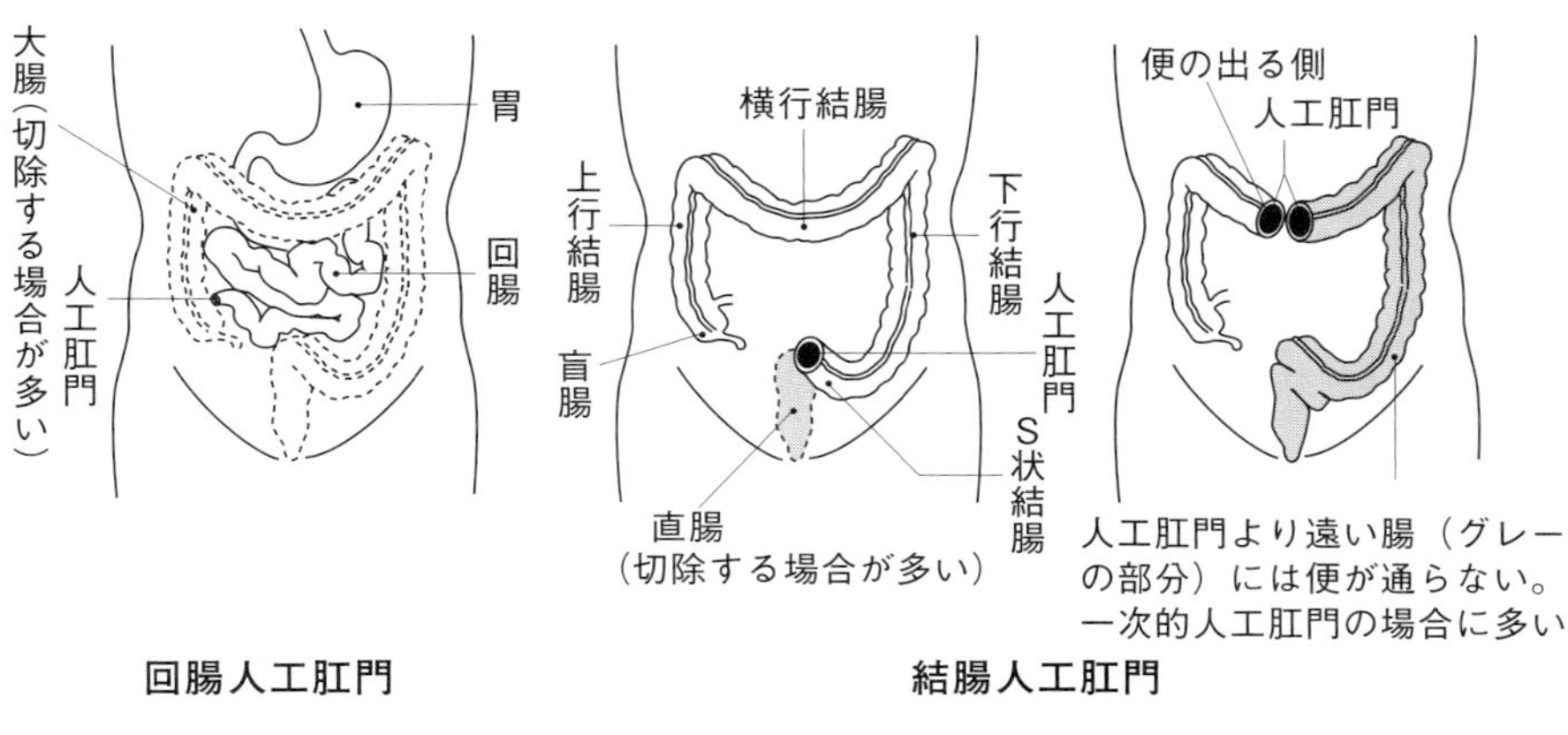

回腸人工肛門　　**結腸人工肛門**

ひとたび皮膚炎をおこしてしまうと、たいへん治りにくいため、適切な皮膚保護剤を選ぶとともに、皮膚の清潔を保つなど、予防的なスキンケアを行うことが重要です。

◉防臭対策

基本的には、現在のストーマ装具には防臭機能があるため、においが漏れることはありません。しかしにおいの強い食品を食べたりすると漏れることがあります。ニンニクなどのにおいの強い食品を避け、においを減らす効果のあるヨーグルトや牛乳、パセリなどをとると防臭に役立ちます。また、ストーマ装具専用の防臭剤を利用すると有効です。

◉洗腸法

結腸人工肛門で行われる排便調節法を洗腸法といいます。人工肛門からぬるま湯を注入し、強制的に便を排泄させるもので、いわば浣腸の一種です。定期的に行うことで不随意な排便から解放されますが、人工肛門の種類によってはできない場合もあるので、手術を受けた病院で相談してから実施しましょう。

◉人工肛門のトラブル

よくみられるトラブルには、人工肛門が狭くなって便が出にくくなる（狭窄）、腸が筒状にとび出す（腸脱出）、人工肛門の周囲が膨らむ（傍ストーマヘルニア）、人工肛門からの出血などがあります。これらの合併症は手術を受けてからしばらくたってからみられます。また、皮膚のしわが邪魔になって、うまく装具が装着できないとか、人工肛門の位置が悪くて管理しにくいといったトラブルもあります。

以上のような症状や悩みがある人は、手術を受けた病院やストーマ外来のある病院で相談してみてください。これらのトラブルは、適切な管理方法を習得することや、手術で人工肛門をつくり直すことで改善できることが少なくありません。

❖ストーマ外来

人工肛門は**ストーマ**（人工的な排泄口で、人工肛門のほかに人工膀胱などがある）のひとつですが、精神的ストレスも含めてストーマ全般の問題を専門にケアする看護師が**皮膚排泄ケア認定看護師**（**WOCナース、ETナース**）などです。これらの看護師がストーマ外来を担当しています。

ストーマ外来の役割は、ストーマ周囲の皮膚炎や悩みごとの相談、ストーマケアに関する新しい知識や情報提供など、人工肛門をもっている人たち（**オストメイト**）を長期間にわたって支援していくための専門外来です。

各病院は、オストメイトの退院後のトラブルを解決したり、個々の生活にあったケアを行って社会で活躍できるように、人工肛門の専門家が相談にのったり、情報を提供したりするストーマ外来を設けています。

❖オストメイトのフォローアップ

現在、日本には18万人くらいのオストメイトの人がいます。２００３（平成15）年4月の身体障害者（児）福祉法の改正で、永久的に造設された人工肛門をもつ人であれば、腸管の解剖学的位置に関係なく、手術後ただちに障害者の申請ができるようになりました。認定を受けるには、都道府県の指定を受けた医師に診断書を作成してもらい、居住地域の市区町村役所に申請します。

さらに、公的年金制度による障害年金や、児童福祉法・生活保護法による治療費の支給が受けられる場合があります。２００６年（平成18年）4月1日施行の「障害者自立支援法」に基づき、同年10月から補装具費が地域生活支援事業による日常生活用具給付となりました。補装具費の利用者負担は原則定率で、１割負担です。くわしくは、市区町村役所に問い合わせてください。

▼症状▲特有の症状は現れにくく、腹部膨満感、腹痛、全身倦怠感など。

▼治療▲病状に合わせて、切除術、カテーテル治療、エタノールの注入、マイクロ波凝固療法などを行う。

肝細胞がん

Hepatocellular Carcinoma (HCC)

C型慢性肝炎が多くの原因

◇肝臓から発生するがん

どんな病気か

肝がんは、原発性肝がんと転移性肝がん（514頁）に分けられます。この原発性肝がんの90%以上を占めるのが、肝細胞がんです。

肝細胞は、肝臓のはたらきをになっている細胞で、栄養素の代謝・分解・合成・排泄などにかかわっています。

日本で肝細胞がんになりやすいのは、60歳代を中心にした世代で、4～5対1の割合で男性のほうが多くなっています。

肝細胞がんは、肝臓の中で転移することが多いものです（**肝内転移**）。それも比較的早期の段階からみられます。このため、肝細胞がんが発見された時点で、すでに複数の箇所に発生しているケースも少なくありません。この場合には、多中心性発がん（513頁上段）の可能性もあり、腫瘍の大きさ、組織型などで区別します。

肝細胞がんが、肝臓以外の臓器・組織に転移する場合は**肝外転移**といい、かなり進行してから血液を介して肺、副腎、骨に転移することが多いものです。骨に転移し、骨の痛みや骨折をきっかけとして肝細胞がんが発見されることもあります。

原因

肝細胞がんになった人の多くが、慢性肝炎（1642頁）か肝硬変（1647頁）を患っています。とくにC型肝炎ウイルス（1635頁）に感染した人が、慢性肝炎、肝硬変へと進み、発がんする例が目立っています。

◉高危険群

肝細胞がんのうち、C型肝炎ウイルスに関係する例が約75%、B型肝炎ウイルスは約15%、アルコールに関係する例は約10%といわれます。C型肝炎ウイルスに感染後、慢性肝炎、肝硬変を経て20～30年して発がんする例が、典型的です。

このため、C型慢性肝炎、B型慢性肝炎、肝硬変を、高危険群（ハイリスク・グループ）と呼んでいます。このなかでもC型慢性肝炎は超高危険群とされます。

高危険群にあてはまる人で、高齢者、アルコールを多飲する人は、さらに危険度が増します。高危険群の人は肝細胞がんを早期発見するためのスクリーニング検査を6か月に1回、超高危険群の人は、3～4か月に1回受けるように勧められています。

◉その他の原因

B型肝炎、C型肝炎のほかに、かび毒のアフラトキシンが肝細胞がんを発症させることが知られています。

まれですが、経口避妊薬、消耗性疾患の治療に用いるたんぱく同化ステロイドホルモン剤、塩化ビニールが、肝細胞がんを誘発することもあります。

症状

肝臓は「沈黙の臓器」と呼ばれるように、肝臓が障害されても特有の症状は現れにくいものです。慢性肝炎や肝硬変で現れる腹部膨満感、腹痛、全身倦怠感などを感じることがあります。そのほか、発熱、黄疸（1668頁）、体重減少なども現れる

◎肝がんのいろいろ

肝がんは肝臓にできたがんの総称で、原発性肝がんと転移性肝がん（514頁）とに大別することができます。

原発性肝がんは肝臓から発生したものをいい、肝細胞がん、肝臓内の胆管にできる肝内胆管がん（胆管細胞がん514頁）、肝細胞がんと胆管細胞がんの混合型、肝肉腫、肝芽腫、嚢胞腺がんがあります。

転移性肝がんは、肝臓以外の臓器・組織から転移してきたものをいいます。肝がん全体の4分の3は、転移性肝がんです。

ことがあります。

診察すると、肝腫大（肝臓の腫れ）、腹水、上腹部の圧痛、クモ状血管腫（前胸部、くび、肩、腕に赤く盛り上がった斑点）などがみられます。

進行した肝細胞がんでは、がんが破裂し、腹腔内に出血して発見されることがあります。

検査と診断

肝機能を調べる血液検査と画像診断が用いられます。

▼スクリーニング検査　慢性肝炎の人は、年2回の超音波検査と年3回の腫瘍マーカーの検査、肝硬変の人は、年4回の超音波検査と年6回の腫瘍マーカー検査を行い、早期発見につとめます。異常（肝内占拠病変＝ＳＯＬ）が発見された場合は、精密検査を行います。

▼肝機能検査　採血した血液で調べます。ＡＳＴ（ＧＯＴ）、ＡＬＴ（ＧＰＴ）の値が高くなりますが、ＡＳＴの値のほうがより高くなります（解離現象）。胆道系酵素のアルカリホスファターゼ（ＡＬＰ）などの値も高めになります。

しかし、慢性肝炎や肝硬変でも、同じ結果がみられるので、肝機能検査の結果から肝細胞がんが存在するかどうかを判断することはできません。

▼腫瘍マーカー　体内に腫瘍ができると血液中に増えてくる物質があり、腫瘍を発見するために利用しています。

肝細胞がんがあると、ＡＦＰ（アルファフェトプロテイン）という腫瘍マーカーの値が高くなります。

ＡＦＰの値が正常の際は、ＰＩＶＫＡ－Ⅱという物質の値が高くなることがあります。

▼画像診断　肝細胞がんの診断には、画像診断が利用されています。

超音波検査は、無侵襲（からだに負担を与えない）で、スクリーニング検査としても最初に行うべきものです。直径1cm前後の腫瘍を映しだすことができます。

ＣＴ検査では、肝細胞がんがあると類円形の形として映しだされます。静脈に造影剤を注入し、時間を追って撮影する**ダイナミックＣＴ**を行うと、肝細胞がん以外の腫瘤性病変（腫れもの）とがんを見分けるのに役立ちます。

ＭＲＩ検査では、肝細胞がんとほかの腫瘍との区別に有効です。

肝臓は肝動脈からの血流が豊富なため、血管造影検査で造影すると濃く染まります。がんは、肝臓内の血管（門脈、肝静脈）をつまらせる腫瘍塞栓として発見されやすいものです。したがって、肝動脈造影、門脈造影を行うと、肝細胞がんかどうかが見分けられ、がんの位置や大きさなどがわかります。

血管造影検査では、直径2cm以下で単発した肝がん（細小肝がん）も診断可能です。

さらに肝動脈造影とＣＴを併用する**アンギオＣＴ**を行うと、数mmの細小肝がんも発見でき、血管造影の情報を数値化して画像処理すると、少量の造影剤でも鮮明な画像が得られます。

◇病状に合わせて治療する

肝細胞がんには、いろいろな治療法があって、病状に合わせた治療法が選択されます。

治　療

▼肝切除術　がんの肝外転移がなく、3個以内の場合に切除されます。切除する範囲は、病巣の位置、大きさ、数

◎肝細胞がんの再発と多中心性発がん

肝細胞がんは、完治させることができても、再発することがあります。

この再発には、**多中心性発がん**という、がんの発生のしかたがかかわっていると考えられています。多中心性発がんは、1つの臓器に複数のがん病巣が発生する現象のことで、同時に発生することもあれば、時期をかえて発生することもあります。

問題は、時期をかえて発生してくる多中心性発がんで、治療後に再発する肝細胞がんの多くがこれに相当するのではないかと考えられています。

などによっていろいろです。

完治が望める治療ですが、肝硬変を合併していると、肝臓を切除することで肝臓のはたらきがさらに低下してしまうために切除できないケースが多くあります。

▼TAE（経カテーテル肝動脈塞栓術）

がん直径が3cm以下であっても、4つ以上ある場合や、がんが3つ以内であっても3cmを超える場合に行われます。がんに栄養を与えている動脈をつまらせて（閉塞）、がんを栄養不足にして、死滅させる治療法です。

血管造影検査と同じ方法で動脈にカテーテル（細い管）を入れ、目的とする肝動脈まで届かせ、血管を閉塞させる物質（塞栓物質）を注入します。

がん細胞以外の正常な細胞にも血液が届かなくなりますが、正常な細胞は門脈の血液を利用できるので影響がおよびません。閉塞後に、PEI（後述）を行うこともあります。

▼TAT（肝動脈内抗がん剤注入療法）

TAEと同じ方法で、目的とする肝動脈までカテーテルを入れ、抗がん剤を注入します。血管を閉塞させないので、TAEよりも発熱・肝機能障害などの副作用が少なく、幅広いケースに応用できます。

▼PEI（経皮的エタノール注入療法）

がんの直径が3cm以下で、3個以下の場合に行うのがよいとされます。

超音波検査で、がんの位置を確認しながら、腹部の皮膚に針を刺し、エタノール（アルコールの一種）をがんに注入し、死滅させる治療法です。

安全な治療法ですが、何度もくり返し行う必要があります。

▼MCT（マイクロ波凝固療法） がんの直径が3cm以下で、3個以下の場合に行うのがよいとされます。

超音波検査で、がんの位置を確認しながら、胸部か腹部の皮膚に誘導針を刺し、がん病巣近くまで入れます。つぎに内針を抜いて、電極をがん病巣に向かって挿入し、マイクロ波を照射します。

マイクロ波を照射すると、がん自身が熱を発生させ、この熱によってがん細胞のたんぱく質がかたまり、壊死します。経皮的、腹（胸）腔鏡下、開腹下などいろいろな方法があります。

▼RFA（ラジオ波熱焼灼療法） がんが3cm以下と比較的小さく、3個以内の場合に行われます。

MCTと同様の方法で、マイクロ波より周波数の低いラジオ波で、がんを焼きとる方法です。

1回の治療効果が高いため、早期肝細胞がんでよく行われる治療法で、保険適用されています。

▼化学療法　抗がん剤を点滴静脈注射や皮下植え込み式リザーバーを用いて間欠動注（1週間注入し、1週間休薬）することがあります。生存期間を延長する効果のある分子標的薬が登場しています。

▼放射線療法　がんが5cm前後の単発性の場合によいとされます。また、門脈をふさいでいる場合や骨に転移している場合に有効で、行われることがあります。

▼肝移植　肝外への転移がなく、がんが3つ以内で3cm以内の場合に、移植が行われることがあります。

胆管細胞がん（肝内胆管がん）

Cholangiocellular Carcinoma

どんな病気か　肝内胆管（肝臓の中にある胆管）の細胞に由来するがんで、原発性肝がんのひとつとして分類されます。頻度は、原発性肝がんの4％程度にすぎません。

発症は、60歳以上の人が多く、2対1で男性が多くなっています。

症状　初期には無症状で、進行すると上腹部痛、黄疸（1668頁）、全身のだるさ、食欲不振、体重減少、発熱などが現れます。

肝細胞がんとちがって慢性肝炎や肝硬変をともなうことが少ないため発見が遅れ、発見されたときには、進行がんになっていることが多いものです。

治療　がんのできている部分を切除する肝切除が優先されます。手術ができないときは、抗がん剤や放射線治療が行われ、ＱＯＬ（生命の質）を考えた緩和治療が行われます。

転移性肝がん

Metastatic Liver Cancer

どんな病気か　ほかの臓器・組織のがんが転移してきたものが転移性肝がんで、肝がんの4分の3は、この転移性肝がんです。

一般的にがんの転移は、動脈系とリンパ系によるものに分けられます。ところが肝臓には、門脈系（小腸で吸収した栄養素を肝臓へ運ぶ静脈）も存在し、門脈を介して消化器のがんが転移してきます。

そのため、ほかの臓器に比べると、がんの転移が多いのです。

とくに肝臓に転移しやすいのは、大腸がん（505頁）、胃がん（501頁）、胆嚢がん（次頁）、胆管がん（517頁）、膵がん（518頁）、肺がん（491頁）、乳がん（555頁）、卵巣がん（565頁）などです。

がん病巣は、多発するケースがほとんどですが、単発のこともあります。

症状　がんが小さく、少数のときには、無症状のことが多いのですが、進行すると、黄疸（1668頁）、腹水、意識障害（肝性脳症）、体重減少などが現れます。

超音波検査、ＣＴ、ＭＲＩ、血管造影などの画像診断で診断がつきます。

治療　転移性肝がんの多くは門脈系の転移で、肝機能は正常で、慢性肝炎や肝硬変はともなっていません。このため、肝切除術が適応となることがあります。

肝切除術が適応となるのは、①もとのがんを完全に切除できるか、すでに切除されている、②肝臓以外に転移がない、③肝臓のがん病巣が、切除できる一定の範囲内に集中している、などの条件に合うケースです。

こうした条件を満たすケースは、大腸がんからの転移に多く、肝切除した場合の5年生存率は、30～40％ですが、年々、向上してきています。

肝切除術を行えない場合は、抗がん剤の内服や点滴、肝動脈内抗がん剤注入療法、ラジオ波治療（ＲＦＡ法513頁）が行われます。抗がん剤の効果があって、切除手術が可能になることも増えています。

図2　胆道の名称

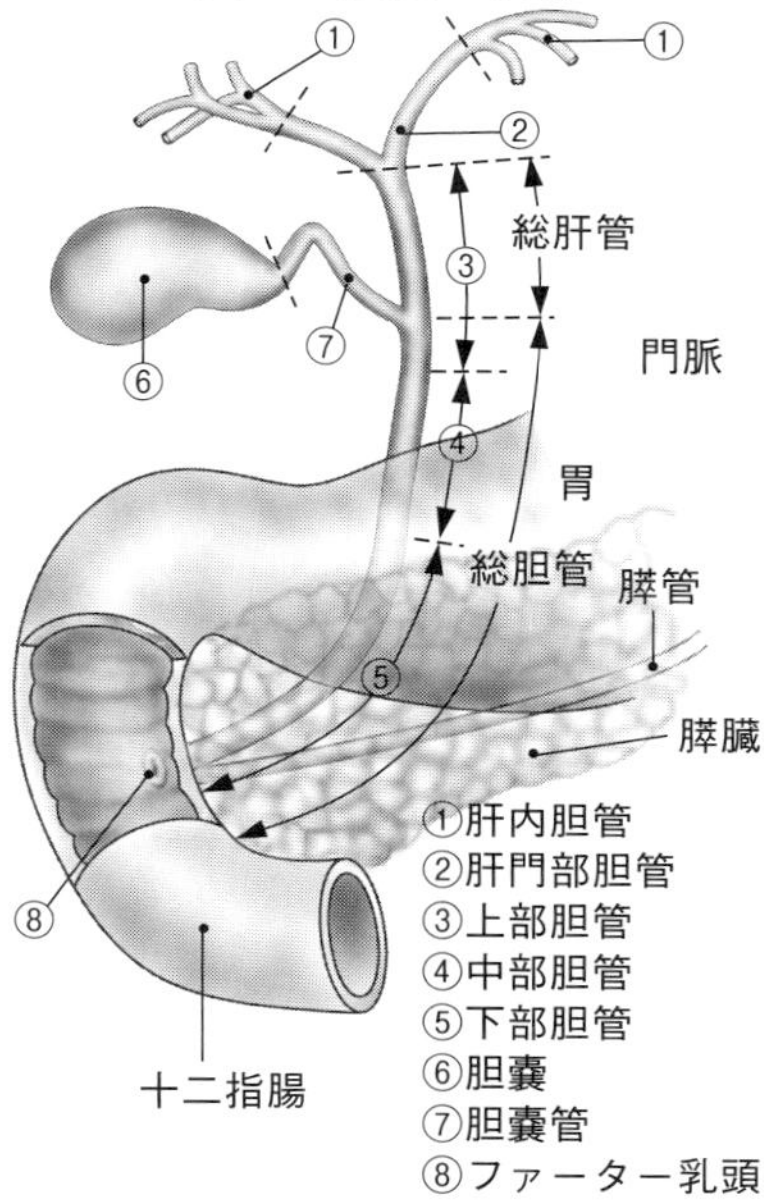

図1　胆嚢周囲の解剖

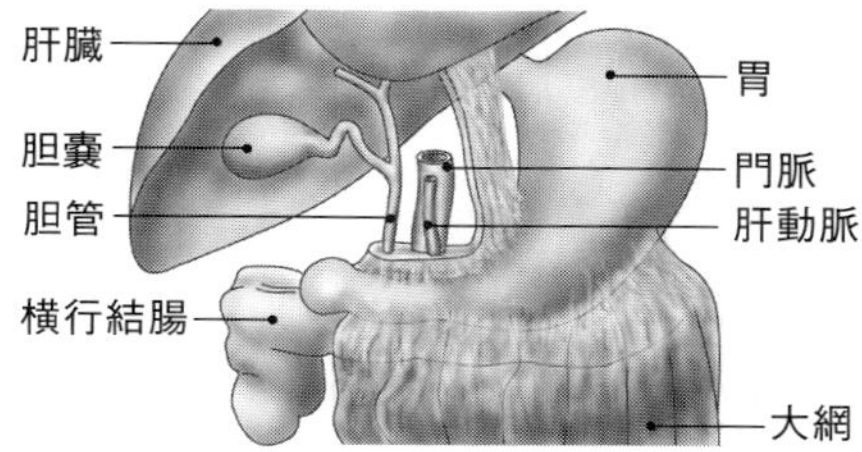

胆嚢がん
Gallbladder Carcinoma

どんな病気か　胆嚢および胆嚢管にできるがんを胆嚢がんと呼びます。

胆嚢がんは60～70歳代の女性に多く、男性の約1・5～2倍とされています。

胆嚢の粘膜や筋層にとどまっているうちは早期がんと考えられ、この時期に転移することはきわめてまれです。

しかし、胆嚢壁はひじょうに薄いため、粘膜から筋層を越えて、リンパ管や小血管に容易に浸潤して、転移（リンパ節転移や肝転移など）をおこします。また、壁を突き破って隣接する肝臓、十二指腸、横行結腸などや、胆管、肝動脈、門脈などの脈管に直接広がることもあります（図2）。胆嚢がんは進行すると、切除だけでは根治が望めないため、早期発見がとても重要です。

症　状　早期では、無症状な場合がほとんどです。胆石症（1669頁）を合併していると、胆石による腹痛や発熱を覚えることがあります。

進行した場合、右季肋部の鈍痛を自覚したり、胆嚢自体が腫瘤（腫れもの）として腹部から触れたり、胆管にがんが浸潤すると黄疸（1668頁）を現したりすることがよくみられます。十二指腸や横行結腸に浸潤した場合、食欲不振、吐きけや嘔吐、腹部膨満感などの消化器症状をおこすこともあります。

原　因　胆石をほうっておくと胆嚢がんになりやすいと昔からいわれてきました。たしかに胆嚢がんに胆石が合併する頻度は高い（40～75％）と報告されています。胆石は胆嚢がん発生と関連があるとする報告は多数ありますが、胆石症の長期経過観察例の報告では、胆嚢がん発生頻度は増加しないという報告もあり、胆石と胆嚢がんとの直接的因果関係は完全には証明されていません。

胆管と膵管の合流形式に異常（膵胆管合流異常 1677頁上段）がある場合、胆嚢がんの頻度が高くなることが知られています。これは膵液が胆管内に逆流し、胆嚢や胆管に慢性炎症をおこすことが原因と考えられています。

検査と診断　人間ドックや健康診断の超音波検査で胆嚢ポリープが偶然発見され、1cmを超えたり、急に増大する、広基性（すそ野の広い）のポリープなどであれば、がんが隠れている可能性が高くなります。

手術を考えるような胆嚢ポリープを指摘された場合、造影剤を使ったCTやMRI検査、先端に超音波装置を内蔵した内視鏡を使った超音波内視鏡検査などが治療方針決定に有用です。

進行した胆嚢がんでは、黄疸を現していることがあり、黄疸をとる（減黄）ために、胆管内に内視鏡を使って

◎胆道がんとは

肝臓の中で肝細胞から分泌された胆汁は、胆管を通って、ファーター乳頭より十二指腸に流れています。胆嚢は、胆汁を一時的にためる袋であり、胆嚢内で濃縮された胆汁は、食事の刺激で胆嚢が収縮すると十二指腸に排出されます。

胆道とは、肝細胞から分泌された胆汁が十二指腸に流出するまでの全排泄経路をさしており（胆道がん取扱い規約第5版による定義）、肝内胆管、肝外胆管、胆嚢（胆嚢管を含む）、乳頭部を合わせて胆道といいます（前頁図2）。

胆道に発生したがんを胆道がんと呼びます。胆道がんは厳密には、肝内胆管がん、肝門部胆管がん、上部胆管がん、中部胆管がん、下部胆管がん、胆嚢がん、胆嚢管がん、乳頭部がんなどをさす呼称です。

しかし、肝内胆管がんは肝腫瘍の形態を現すことが多いため、肝がん（511頁）のひとつとして分類されることが多く、

チューブを挿入したり、肝臓に針を刺して肝内胆管の中にチューブを挿入したりすることがあります。また、手術が可能かどうかを決めるために、周囲の血管への浸潤を判定する血管造影検査を行ったりします。

血液検査では、黄疸や肝機能検査のほかに、腫瘍マーカー（215頁）を測定します。胆嚢がんに特異的な腫瘍マーカーはありませんが、CA19‐9やCEAの測定が、診断や治療後の再発の評価に有用です。

治療

治療の中心は手術で、がんの進行度によって術式が大きく変わることが特徴です。進行度は、胆嚢壁や周囲への進展度、リンパ節転移の度合いによって決まります。

肝転移や腹膜への広がりなどの遠隔転移をともなう場合には、手術は行わず、抗がん剤による化学療法、放射線治療などが選択されます。

胆嚢の粘膜や筋層にとどまっているがんの場合、胆嚢を摘出するだけで十分とされています。

がんが完全には否定できない胆嚢ポリープで、粘膜にかぎられている病変の場合は、腹腔鏡下胆嚢摘出術が行われる場合もあります。しかし、胆嚢がんを疑う症例に対しての腹腔鏡下胆嚢摘出術の適応は、がんの進展度診断の不確実性や、術中の胆嚢損傷にともなう胆汁漏出（胆汁にがん細胞が含まれていることがあるため）の危険性が、開腹手術より高いことなどから勧められないとする意見も多くあります。

筋層を越えて、漿膜下組織以遠への浸潤が疑われ、周囲臓器（とくに肝臓）や脈管（とくに胆管）に明らかな浸潤がない場合、拡大胆嚢摘出術が行われます。これは胆嚢を含めて胆嚢付着部周辺の肝臓と、胆嚢近辺のリンパ節をいっしょに切除する術式です。がんの広がりによっては、肝外胆管をいっしょに切除することもあります。

周囲臓器や脈管に浸潤をともなう胆嚢がんの場合、胆嚢といっしょに肝臓の右半分（右葉）を切除する肝右葉切除術や、膵臓の頭部と十二指腸を切除する膵頭十二指腸切除術、横行結腸切除術などが付加されることがあります。

これらの手術は侵襲（からだへの負担）の大きい手術なので、患者の年齢や、持病（心疾患、糖尿病など）の有無などを十分検討したうえで、慎重に選択される治療です。

切除可能であった胆嚢がん症例全体の5年生存率は42％ですが、周囲臓器や脈管浸潤をともなう進行胆嚢がんの場合には10％に満たない成績となり、早期発見がたいへん重要なのです。

予防

超音波検査で胆嚢の観察は容易にできますので、50歳以上の人は、年に1～2回、人間ドックや検診を受けることをお勧めします。とくに、胆石や胆嚢ポリープがあるといわれた高齢の女性は、放置しないで、定期的に検査を受けるべきです。

上腹部痛がつづく、食欲がない、疲れやすいなどの症状はしばしば経験しますが、いちど消化器内科や消化器外科で検査を受けることが重要です。

顔や目が黄色い、尿の色がだんだん濃くなっているなどの症状は、黄疸の可能性がありますので、すぐに病院を受診しましょう。

胆道がんといった場合には、一般的には肝外胆管系のがん（肝外胆管がん、胆嚢がん、乳頭部がんなど）の総称と考えます。

肝外胆管の区分法は種々のものがあり、胆管・胆嚢合流部を指標として、それより肝側を総肝管、十二指腸側を総胆管と呼称する区分法もあり、総胆管という呼称は総胆管結石などの疾患名として使われています。しかし、がんの区分法では、膵内胆管を下部胆管、胆管左右分岐部までの膵外胆管を二分して上・中部胆管と定義しています。

胆道がんは増加傾向にあり、死亡率の高いがんです（10万人に対して約14・5人の死亡率）。

胆管がん
Bile Duct Carcinoma

どんな病気か

胆管にできたがんの総称で、**肝内胆管がん**と、**肝外胆管がん**に分けられます。

肝外胆管がんは部位によって、**肝門部胆管がん**、**上部胆管がん**、**中部胆管がん**、**下部胆管がん**に分類されます。

肝内胆管がんの大部分は、肝臓の中に腫瘤（腫れもの）を形成するため、肝腫瘍のひとつとして扱われることが多く、一般的に「胆管がん」といった場合は肝外胆管がんをさします。

60～70歳代の男性に多く、胆管がんの男性死亡率は女性の約1・7倍です。

症状

胆管がんにより胆管内腔が閉塞し、胆汁の流れが滞ると、上流（肝臓側）の胆管の圧が上がって拡張し、胆汁中に含まれる黄色い色素のビリルビンが血液中に逆流して、皮膚や目の白い部分が黄色くなる**閉塞性黄疸**が、代表的な症状です。

黄疸にともない、胆汁中の胆汁酸という物質も血管内に入るために皮膚がかゆくなったり、尿にビリルビンが排泄されて茶色っぽくなったり、胆汁が腸管に流れないために便の色が白っぽくなることがあります。これらの症状で、病院を訪れる人も多くみられます。

原因

胆管がんの原因は、特定されていませんが、膵胆管合流異常をともなう胆管拡張症（総胆管嚢腫）では、胆管がんを合併することが多く、胆管切除が積極的に行われています。

また、原発性硬化性胆管炎の5～10%に胆管がんを合併すると報告されており、厳重な経過観察が必要です。

胆管結石などによる慢性炎症と、胆管がんの関連性に関しては、明確な報告はなく、結論は得られていません。

胆管がんはインクが紙にしみ込むように発育し、がんの範囲を特定することがひじょうに困難です。

治療

治療の主体は手術です。肝転移などの遠隔転移がみられる症例や、広範囲に浸潤しているため切除不能の場合、抗がん剤による化学療法や、放射線治療が選択されます。

その際は、減黄用のチューブを金属製のステントチューブに変更します。

手術治療は胆管がんの場所により全く異なることが特徴です。

下部胆管がんの場合、おもに膵頭部と十二指腸を一括切除し、胃を温存する幽門輪温存膵頭十二指腸切除術が行われます。

肝門部胆管がんの場合、肝門部胆管から肝内胆管におよぶ病変を含んだ肝切除（肝右葉切除もしくは左葉切除）が行われます。それでもとりきれないときは、さらに大きく肝切除を行う場合があります。

上部・中部胆管がんでは、病変の広がりの程度によって、肝外胆管切除のみか、膵頭十二指腸切除や肝切除を付加します。

切除可能であった胆管がん全体の5年生存率は26%程度で予後不良ながんのひとつと考えられています。

予防

黄疸や皮膚のかゆみ、褐色尿、白色便などを自覚した際は、すぐに肝胆膵領域を専門とする医師のいる病院を受診しましょう。

膵（臓）がん ……… 518頁

▼症状▲症状が現れにくく、病気が進行すると、背部痛、短期間での体重減少、糖尿病の出現など。

▼治療▲局所の場合は切除するが、広範囲に広がった場合は抗がん薬や放射線療法が中心。

◎膵がんの危険因子

膵がんになりやすい危険因子には、糖尿病（とくに2年以内の発症）、慢性膵炎（1679頁）、喫煙などが報告されており、最近では膵嚢胞（1680頁）の存在が、膵がんの発見と関連していると報告されています。家族に膵がんの人がいる場合も、危険因子として指摘されていますが、明確な因果関係についてはわかっていません。

膵（臓）がん
Pancreatic Cancer

早期発見、早期治療がたいせつ

◇診断・治療がむずかしい病気

どんな病気か

膵臓に発生した悪性腫瘍で、早期発見がむずかしく、手術で切除できても再発する可能性が高い、消化器がんのなかでもっとも診断・治療がむずかしい病気のひとつです。

2013（平成25）年の人口動態統計によると、膵がんの死亡率はがんのなかで男性第5位、女性第4位で、年々増加傾向にあり、膵がんの年間死亡数は3万人以上となっています。

膵臓の組織には、アミラーゼ、トリプシン、リパーゼといった消化酵素を含む膵液を分泌する細胞（外分泌細胞）と、糖尿病と関連したインスリンなどのホルモンを産生する細胞（内分泌細胞）から成り立っていますが、そのほかにも外分泌細胞から産生された膵液を流す導管（膵管）を構成している上皮細胞が含まれています。通常発見される膵がんの多くは、膵管上皮細胞ががん化したものです。

膵臓は、おなかから見ると胃の後ろに位置し、右側から左側まで横に走る細長い臓器で、背中側の壁に張り付いており、長さは約15cm、幅3～5cm、厚さ2cmほどしかありません。さらに、膵臓の周りには太い血管（腹腔動脈、上腸間膜動・静脈など）や神経（腹腔神経叢、上腸間膜動脈神経叢など）が近接しているため、膵臓にがんが発生し大きくなってくるとこれら周囲の血管、神経などに浸潤（広がり）しやすいという特徴があります。また、胃や大腸といった消化管臓器とは異なり、直接内視鏡で膵臓を観察できないことが、早期発見をむずかしくしています。

解剖学的に膵臓は右側から頭部、体部、尾部の3つの部位からなり、膵がんの発生する場所から、十二指腸側の**膵頭部がん**と脾臓側の**膵体尾部がん**に分かれます。

膵がん治療成績を向上させるポイントは、早期に見つけて治療することです。最近は診断技術も進歩してきており、従来より早い時期の膵がんが見つかるようになってきています。

症状 膵がん全般に共通することは、症状が現れにくく、早期では無症状のことが多いということで、症状があっても心窩部（みぞおち）の不快感などの腹部不定愁訴程度です。しかし、病気が進行すると、背部痛、短期間での体重減少、糖尿病の出現あるいは急激な悪化などが現れます。

膵頭部がんは、胆汁の通り道である総胆管がそばを通るため、総胆管がつまり、閉塞性黄疸（1668頁）が見られることが多いのですが、膵体尾部がんでは、なかなか黄疸は現れてこないため、膵頭部がんより大きくなってから発見される割合が多くなっています。

検査と診断 膵がんの検査には、大きく分けて血液検査と画像検査があります。

血液・生化学検査では、残念ながら膵がんに結びつく決定的なものはありません。疑うべき検査結果としては、膵がんにともなった膵炎に関連する酵

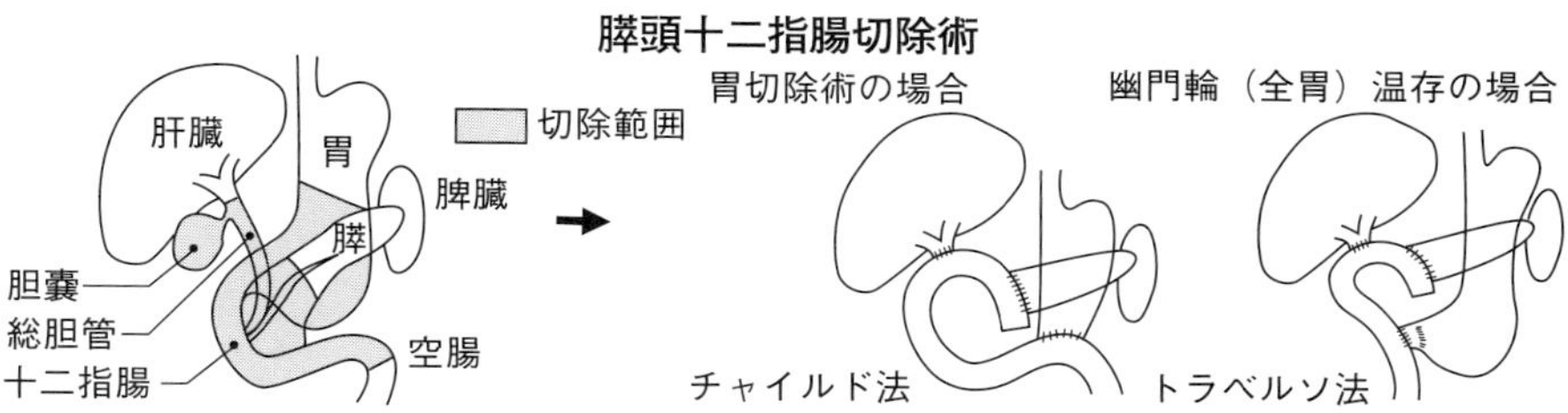

素（アミラーゼ、エラスターゼ）の上昇、閉塞性黄疸にともなう肝・胆道系酵素の上昇、そのほか、貧血や低栄養といったものがあります。

がんから血液中に放出される物質に、腫瘍マーカーがあります。膵がんの場合、CEAやCA19‐9が上昇します（216頁）。しかし早期がんの場合は、必ずしも全例が高値を示すわけではないので注意が必要です。

膵がんが疑われれば、画像検査を行います。膵臓は体内の奥に存在しているため、情報が得にくい臓器です。最近では画像診断技術の進歩により、かなりのところまで診断できるようになってきました。それでも膵臓の病気の診断はむずかしく、いくつかの画像検査を組合わせ、総合的に判断することになります。

通常、からだへの負担が少ない腹部超音波検査から行います。腹部超音波検査では、腫瘍の検出のほか、主膵管の拡張などの発見が重要です。ただし、腹部超音波検査における膵がんの検出率は必ずしも高くはありません。

膵がんの大きさ、性状、位置、広がりをより正確に把握するためにはCT、MRIなどの断層像が得られる検査が必要になってきます。これらの検査では、膵臓だけでなく膵周囲組織や肝臓などの他の臓器についても把握することができ、手術可能かどうかおおよその診断が可能となってきます。

さらに診断の精度を増すため、内視鏡を十二指腸まで挿入して、造影剤を注入し、膵管像を映し出す**内視鏡的逆行性（胆管）膵管造影**（**ERCP**）や、同じく内視鏡を胃ないし十二指腸まで入れ、直接超音波で検査する**超音波内視鏡検査**（**EUS**）などを行います。

ERCPや、EUS下で行う穿刺検査では、膵臓から細胞や組織を採取することができ、顕微鏡による細胞診、組織診などの検査が可能となります。また採取された検体に、がん遺伝子の変異などを調べる遺伝子診断を補助診断として行うことも検討されています。

最終的に足の付け根の大腿動脈からカテーテルを入れて、膵臓の動脈、静脈の変化をみる血管造影検査が必要になることもあります。PET（ポジトロンCT 230頁）は膵がんの鑑別診断に難渋する場合などに役立ちますが、小さい病変に対してはまだ感度が低く、はっきりとした有用性は認められていません。膵頭部がんで閉塞性黄疸がある場合は、まず黄疸を軽減する処置（後述）が行われます。

◇外科切除が原則

治療 治療の原則は、外科的切除です。しかし、発見時すでに進行がんとなっていることも多く、必ずしも全例が手術の適応になるわけではありません。画像検査によるがんの広がりから、病期（病気の進み具合）を診断し、年齢や心身生理機能とあわせて治療方針を決定します。

一般的には、局所に限られる膵がんが手術の対象となり、膵周囲組織に広範に浸潤した（広がった）膵がんは、抗がん剤ないし抗がん剤と放射線療法の併用、遠隔転移のある膵がんは抗がん剤単独による治療が中心となります。

膵がんの手術は、大きく分けると膵

膵全摘術　膵体尾部切除術

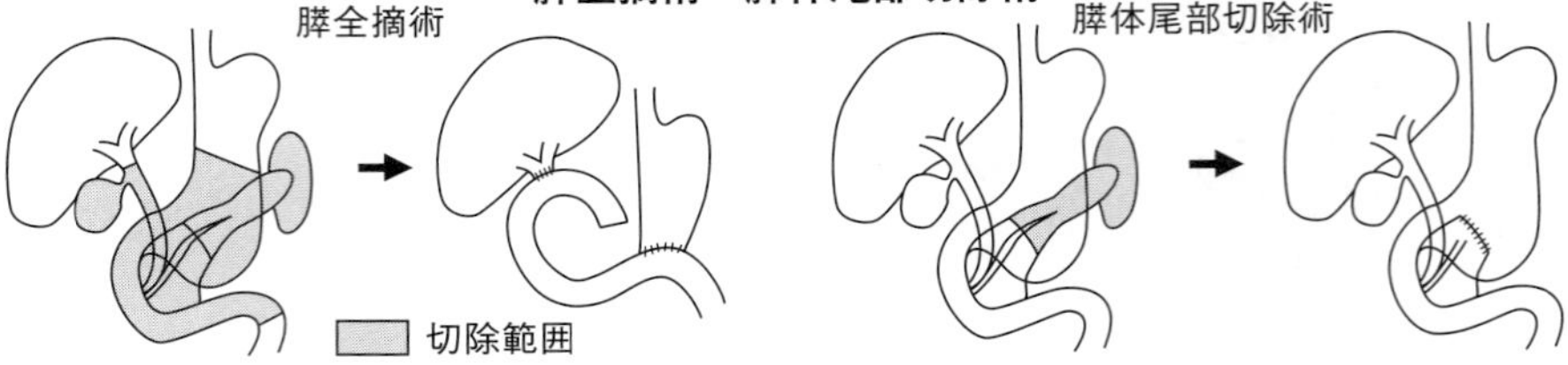

頭部がんに対する**膵頭十二指腸切除術**、膵体尾部がんに対する**膵体尾部切除術**、頭部から体部まで広がっている場合の**膵全摘術**、の3つになります。それぞれの切除に加えて、周囲のリンパ節、神経、結合組織をとり除きます（郭清）。膵がんが近くの血管に浸潤していた場合、それらの血管をあわせて切除することもあります。

膵頭部がんで行われる膵頭十二指腸切除術は胃から空腸までと切除範囲も大きく、また再建も複雑で、腹部外科手術のなかではもっとも大きい手術のひとつです。最近では胃を切除せずに残す**幽門輪温存膵頭十二指腸切除術**が選択されることも多くなってきています。

膵体尾部切除術では膵尾部につづく脾臓も切除されますが、その影響はほとんどないとされています。膵全摘術が行われた場合は、血糖コントロールのため、終生インスリンの注射が必要となります。

膵がんを切除しても、術後また同じがんが現れてくること（再発）があります。膵がんの再発で多いのは、病変部を切除したすぐそばにできてくる局所再発と肝転移再発です。また腹膜に種をばらまいたような転移（腹膜播種）で再発してくることもあります。そこで、切除後、再発をできるだけ予防するために、手術に加えて抗がん剤や放射線照射を手術前・中あるいは術後に施行する集学的治療が行われるようになってきています。方法は医療機関によってさまざまで、標準治療といわれるものは、まだ確立されていません。

遠隔転移はなくても膵周囲組織（腹腔動脈、上腸間膜動脈、総肝動脈、門脈から上腸間膜静脈など）に広範に浸潤している場合は、切除不能となります。この場合、がん浸潤のための障害が現れている場合は、その障害を取除く治療を行います。たとえば、膵頭部がんで閉塞性黄疸が現れている場合は、黄疸を軽減させるために、胆管内に閉じ込められてたまっている胆汁をストローのようなチューブで外に出してやるという処置（内瘻術）を行います。胆管閉塞部にチューブでなく金属でできた網目状のステントを留置することもあります。また開腹術によって、胆管と小腸を吻合する（つなぐ）バイパス手術を行うこともあります。十二指腸が閉塞して、食物の通過障害がある場合は、胃と小腸を吻合するバイパス手術を行い、残された生存期間でのＱＯＬ（生活の質）の向上がはかられます。

局所の進行膵がんに対しては、抗がん剤治療やそれらを併用した放射線療法を行い、肝臓などに転移がある場合や腹膜播種を認める場合は、抗がん剤による単独治療となります。最近ではゲムシタビン、ＴＳ‐１などの抗がん剤が期待されていますし、今後、がん細胞上の分子を標的とした分子標的薬の開発も進められ、その有用性も現れてくるものと思われます。

膵がんの治療成績は、他の消化器がんと比べると、必ずしもよいといえませんが、年々向上していることも確かです。膵がんの切除率は約40～60％で、「膵癌登録報告２００７」によれば、50％生存期間（半数の人が生きている期間）は切除例で18・2か月、切除不能な場合は７・８か月となっています。

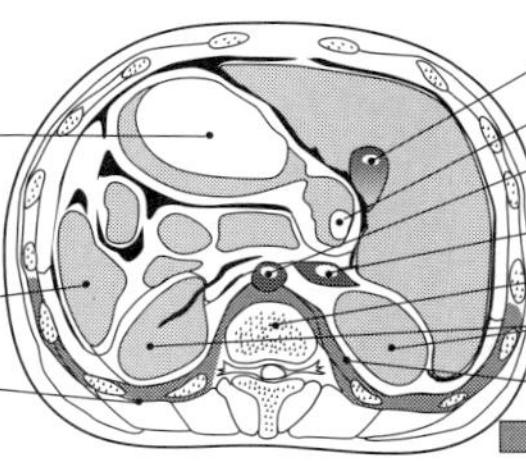

腹部の横断面（下方から見た図）

がん性腹膜炎
Peritoneal Carcinomatosis

どんな病気か

腹壁の内面をおおい、腹部の臓器の表面を包むようにとり囲む腹膜に、おなかの中（腹腔内）にできた消化器系のがんや婦人科系のがんが、種をまくように散らばって転移（播種性転移）した状態です。この転移が進むと、黄白色のがんの小さな結節（しこり）が、腹膜の全面にわたって多発します。

症状

がん細胞が大きくなることで、腹水がたまったり、腸管の癒着や狭窄による腸管運動障害がおこり、腹部膨満感、腹痛、吐きけ、嘔吐などの症状が現れます。進行すると、腸がつまる腸閉塞（1591頁）になり、症状は悪化します。

また、がん細胞が尿管を巻き込むと水腎症（1736頁）という排尿の障害がおこり、腎機能の悪化の原因となります。

悪液質（末期の衰弱状態）が進むと、貧血、低栄養の状態となり、むくみが出現することもあります。

原因

多くは、卵巣がん（565頁）、膵がん（518頁）、胃がん（501頁）、大腸がん（505頁）、胆道がん（516頁上段）などが進み、播種性に転移することでおこります。また、腹水（222頁）によって発見され、原因となるがんがはっきりしない場合もあります。

検査と診断

腹膜へ転移したがんは大きなかたまりとなることが少ないため、超音波検査やCT検査で直接に検出することは困難です。しかし、これらの検査によって、腹水、水腎症、拡張した腸管、腸間膜が厚くなるなどの診断に役立つ情報が得られます。

腹水が認められた場合、穿刺（長い針を腹腔内に刺すこと）して腹水を吸引し、細胞診でがん細胞が検出されるかどうかで診断します。原因がはっきりしない場合、腹水穿刺で得られたがん細胞を詳細に検査し、原因となるがんを推測します。この際に腫瘍マーカー（215頁）が役に立つこともあります。

治療

全身的あるいは腹腔内への抗がん剤が使用されます。

抗がん剤は、腎臓または肝臓から腸を通って排泄されるために、水腎症や腸閉塞をおこしている場合には、抗がん剤が使用できないこともあります。

腹腔内に抗がん剤を使用する治療法も行われ、卵巣がんが原因の場合には有効とされています。腹腔内で使用される薬剤として、マイトマイシンC、シスプラチン、タキサン系薬剤などがあります。このほかに、免疫療法（466頁）、サイトカイン製剤、温熱療法（456頁）、腹膜切除術なども検討されていますが、現在、効果はあまり期待できません。

抗がん剤治療ができない場合には、苦痛を軽減するための対症療法が行われます。腹水に対しては、利尿薬を使い、腹腔穿刺で腹水を直接排液し、症状を緩和します。しかし腹水は再びたまりやすいために、効果は一時的で、頻回の排液で水分やたんぱく質が失われ、全身状態の悪化を引き起こします。このために、排液した腹水をフィルターできれいにして、静脈に戻す方法が行われることもあります。腸閉塞に対しては、イレウス管の挿入や、人工肛門（509頁）をつくることもあります。

心臓のがん

◎縦隔腫瘍

縦隔内に発生する腫瘍をいいます。縦隔腫瘍の発生する場所から、腫瘍の種類が推定できます。上縦隔には甲状腺腫、前縦隔には胸腺腫と奇形腫、中縦隔にはリンパ性腫瘍・気管支嚢腫・心膜嚢腫、後縦隔には神経性腫瘍が好発します。発生頻度は胸腺腫がもっとも多く、ついで奇形腫、神経性腫瘍です。

縦隔腫瘍の約半数は無症状で、健康診断による胸部X線検査で偶然発見されます。

胸線腫では腫瘍随伴症状として、重症筋無力症（990頁）や赤芽球癆（赤血球のみが減る病気）が高率にみられます。

▼治療　発見後できるだけ早く手術するのが原則です。多くは手術により治癒します。また、放射線治療や化学療法を併用する場合もあります。

心臓腫瘍
Cardiac Tumor

どんな病気か

心臓腫瘍は、心臓にできる腫瘍で、心臓原発の腫瘍と、他の臓器の腫瘍が心臓に転移した転移性腫瘍があります。

▼原発性心臓腫瘍　約80％は良性腫瘍（1388頁上段）で、そのうちの半数近くは粘液腫です。良性腫瘍は主として左心系に発生し、悪性腫瘍は右心系に発生することが多いです。

悪性腫瘍はまれですが、心臓原発の悪性腫瘍のほとんどは肉腫です（原発性心臓腫瘍の約20％）。肉腫には、横紋筋肉腫、血管肉腫、線維肉腫などがあり、進行は早く、心膜・縦隔・肺に浸潤（広がり）したり、多臓器に転移し、予後はきわめて悪い腫瘍です。

しかし、化学療法や放射線療法、さらには外科手術により比較的長期生存する場合もあります。

血管肉腫は心臓、心膜の肉腫のなかでは比較的頻度の高い肉腫で、男性に多く認められます。心不全、胸痛、呼吸困難、発熱などの症状が現れ、心膜液貯留が認められます。

▼転移性心臓腫瘍　原発性心臓腫瘍の20～40倍の頻度で出現し、原発巣として多いのは、肺がん、胃がん、乳がん、腎がんなどで、心臓への転移は、すべての悪性腫瘍で生じます。そして、心外膜、心筋、心内膜、弁膜および冠動脈などあらゆる部位に病変が生じます。

メラノーマ（538頁）では半数以上の症例が心臓に転移します。また、肺がん、乳がんから心臓への転移がもっとも多くみられます。肝がん、腎がんからの転移では、下大静脈を経て右房内に到達し、三尖弁を閉塞することもあります。白血病や悪性リンパ腫も心臓に浸潤、転移します。

症状

無症状で、心嚢液がたまって（貯留）、心拡大で見つかる場合もありますが、心タンポナーデ（1372頁）によるショック状態や、心不全、不整脈が出現したり、突然死をおこす場合もあります。また、腫瘍の一部が剥離し、全身の末梢動脈につまる塞栓症状（脳梗塞によるまひなど）がおこる場合もあります。

検査と診断

診断のための検査として、心臓超音波検査、CT、MRI検査、心血管造影検査で、心臓内の異常な構造物、心膜液貯留や心膜液内の腫瘤状構造物を調べます。確定診断のためには、心膜液、心膜生検、腫瘍生検から腫瘍細胞を検出します。

治療

手術による摘出術を行います。良性腫瘍でも、塞栓症や心腔内の血流障害や突然死をおこす可能性もあるため摘出手術を行い、根治します。悪性腫瘍は、限局性であれば手術によって摘出する場合もありますが、原発性悪性心臓腫瘍や転移性心臓腫瘍で根治手術がむずかしい場合は、化学療法や放射線治療を行う場合もあります。また、大量の心膜液貯留のある場合には、心膜穿刺やドレナージを行います。

心臓腫瘍の予後は、左房粘液腫では手術による摘出により予後は良好ですが、心臓肉腫の予後はきわめて不良です。転移性心臓腫瘍の予後は原発巣の状態により左右されます。

泌尿器のがん①

腎細胞がん
Renal Cell Carcinoma

どんな病気か

腎臓は、血液を濾過して尿をつくりだすはたらきをしています（「腎臓のしくみとはたらき」1682頁）。

おとなの場合、腎臓の大きさは握りこぶしくらいで、ちょうどみぞおちの両側、それも背中に近い奥の位置に、左右1個ずつあります。肋骨で囲まれていて、ふつうは、からだの外から触れることはできません。

腎細胞がんは、腎臓で尿のもとになるもの（原尿）が最初に流れ出てくる尿細管という部分が、がん化して腫瘍になったもので、左右どちらの腎臓にも同じ程度に発生します。

腎臓にできる腫瘍のうち、約80％がこの腎細胞がんであり、その約3分の2は男性に発症します。

ほとんどは、50歳以降に発症しますが、30歳代や、ときには20歳代でもみられます。ごくまれですが、子どもに発症することもあります。

症状

腎臓は、もともとからだの奥深いところにあり、かなり腫瘍が大きくならないと、症状が現れません。

腎臓は、尿をつくる臓器なので、がんの進行にともなって、血尿が出ることがあります。顕微鏡で見ないとわからない血尿から、コーヒー色の血尿、新鮮な赤い血尿まで、程度はさまざまです。

とくに早期診断につながる初期症状はなかなかでてきませんが、ときに、不明熱（感染・炎症など明らかな原因をともなわない発熱）や、体重減少が症状として現れることもあります。

昔から血尿、患部の痛み、患部のしこりを触れるといったことが、腎細胞がんの特徴とされてきました。しかし最近では、こうした自覚症状がでてから病院を訪れる人は少なくなってきました。健康診断や、ほかの病気で腹部を超音波やCT（コンピュータ断層撮影）などで検査しているときに、腎臓に腫瘍が見つかることが増えてきているからです。

最近では、腎細胞がん全体の半数以上が、偶然に見つかったがん（偶発がん）で占められています。こうした偶発がんの腫瘍は小さく、早期のものが多く、手術後の経過も順調です。

放置すると、肺、肝臓、リンパ節、骨などに転移します。

検査と診断

問診、視診、触診、検尿、血液検査などの一般的な検査のほか、超音波やCTなどによる画像診断が行われます。画像診断では、腎臓に特徴のある腫瘍像がみられるので、腎細胞がんの診断は比較的容易につきます。いちばん手軽に行えるのは超音波検査で、偶発がんの約70％が見つかっています。

偶発がんの大きさは、平均で直径約5cmですが、最近では、1cmくらいのものなら、発見可能になっています。

4cmまでの腫瘍を、手術の都合上、小腫瘍と呼んでいますが、こうした小腫瘍の割合が増えているいっぽう、なかなか症状が現れないため、依然として、かなり症状の進んだ例もみられます。

◎腎がんのいろいろ

　腎臓は、血液を浄化して尿をつくる臓器ですが、大きく2つの部分から成っています。

　腎臓の本体である**腎実質**（糸球体、尿細管など）と、そこでつくられた尿を集める**腎杯**や**腎盂**です（1682頁）。

　腎実質に発生するがんとしては、おもに子どもに発生する**ウィルムス腫瘍**と、おもにおとなに発生する**腎細胞がん**があります。

　腎杯や腎盂に発生するがんは、腎実質にできるがんとは細胞の性質が異なり、膀胱にできるがんと同じ仲間である**移行上皮がん**（膀胱や尿管、腎盂の層で生じるがん）です。

　腎実質の腫瘍であってがんではない病気に、腎囊胞（体液がたまったもの 1736頁）と、腎血管筋脂肪腫がありますが、超音波検査、CTスキャン、MRIなどの画像診断で、ほとんどは腎細胞がんと区別できます。

　腎がんは、いずれも早期発

左腎細胞がんのCT像
（造影剤注入像）

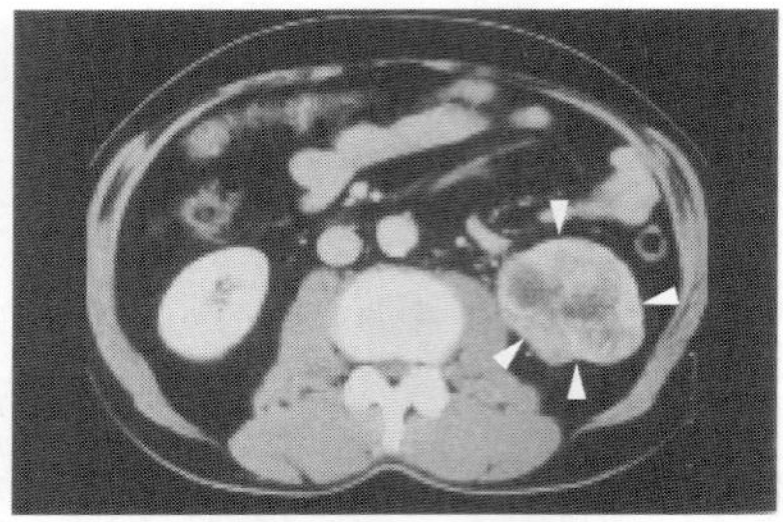

左腎の下極（矢頭の部分）に直径6㎝の不均一な腫瘤像がみられます。この症例では、左腎の根治的摘出術が行われました。

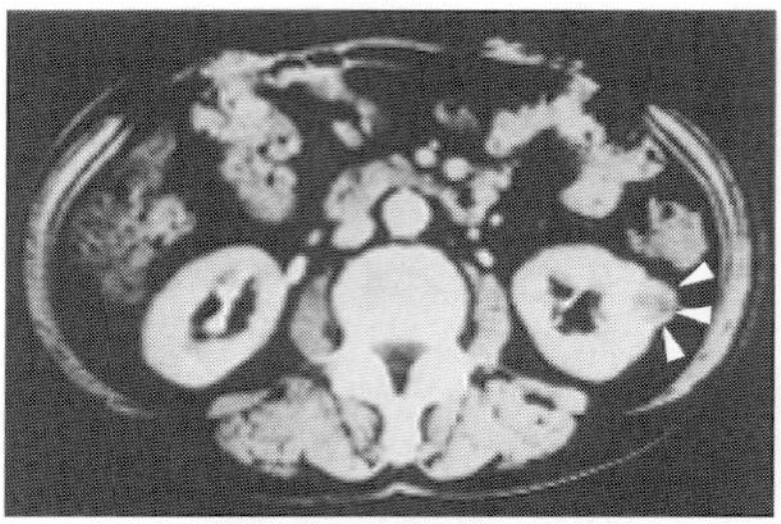

左腎の中央部外側（矢頭の部分）に直径1.8㎝の不均一な腫瘤像がみられます。この症例では、腫瘍が小さいため、左腎部分切除術が行われました。

　したがって、定期的な健康診断は、この病気の場合、早期発見にとても役立っています。

◉受診する科

　最近では、内科や検診センターで病気がわかることが多くなっています。治療の基本は手術なので、泌尿器科を紹介してもらい、受診しましょう。

治療

　腎細胞がんでは、腫瘍を薬や放射線で消失させることはできません。したがって、手術が治療の第1原則となります。

　ふつうは、腫瘍ができたほうの腎臓を、周囲の脂肪組織といっしょに取り去る手術を行います。この場合、通常は、上腹部の皮膚を横か縦に切開して、腎臓に到達します。

　手術後は、切開部にチューブを数日入れておかなければなりません。手術後、一時的に体内にたまる血液やリンパ液をからだの外に出すためです。翌日から歩行も可能です。約1週間の入院が必要です。

　最近では、からだに複数個の小孔をあけて、内視鏡下に腎臓を摘出する方法がとられることもあります。

　腎臓は1個になってしまいますが、もともと腎臓に内科的病気がなければ、残った腎臓が十分にはたらくので、日常生活は心配なく送れます。

　小腫瘍（4㎝以下の腫瘍）の場合、手術が技術的に困難でなければ、腎臓をすべて取らなくてもよい手術法もあります。

　これは、比較的最近のがんに対する取組みのひとつで、腎部分切除術あるいは腫瘍核出術といわれ、腫瘍部分だけを切除し、問題のない部分は残すという手術法です。

　この場合は、ふつう、わき腹を切開して腎臓に到達します。この場合も、入院期間は約1週間ですみます。

　この方法は、手術自体がからだに与える負担が少ないので、腎臓の両側に腫瘍があったり、残るほうの腎臓のはたらきに問題があったりする場合に、とくに有用です。

　ただし、よいことずくめではありません。少数ながら、約5%の人に再発がみられることがあるので、治療法を見と早期手術が大原則です。

選ぶ際には慎重な姿勢が必要です。

いずれにしても、手術を受ける場合は、主治医から手術方法・内容について、納得のゆくまで説明を受け、他人まかせではなく自分の問題として、よく病状を理解しておくことがたいせつです。

一般に、この病気にはよく効く抗がん剤がありませんので、転移がみられたら、肺や骨の転移巣は手術して切除することがあります。

手術ができない部位に転移した場合には、放射線を照射する療法も試みられます。

また、一部の患者には、インターフェロンや、インターロイキン-2といった免疫治療薬が有効なことがあります。さらに、生物活性を阻害することで抗がん作用を示す血管新生阻害薬(スニチニブやソラフェニブ)も登場しています。

腎細胞がんでは、早期発見・手術治療がもっともたいせつです。発見が早期であれば、完全に治すことができる病気です。

予後

転移がみられない人の術後の経過はよく、5年後まで生存する割合(5年生存率)は約80%と、よい結果が得られています。

しかし、腫瘍がかなり大きかったり、転移がみられた場合、術後の経過は悪く、5年生存率は30%以下です。

いっぽう、術後5年、ときには10年を過ぎて転移がおこったり、転移がおこってからも、数年~5年以上生存する例があり、これも腎細胞がんの特徴のひとつといえます。

ウィルムス腫瘍
Wilms Tumor

どんな病気か

ウィルムス腫瘍は、腎臓で発生する悪性腫瘍で、**腎芽腫**とも呼ばれます。

子どもの悪性腫瘍の約5%を占める病気で、1~4歳の子どもに多くみられます。

左右の腎臓のどちらにも同じ程度に発生し、約5%の人では、両側に腫瘍がみられます。また、数%の人では、家族に同じ病気がみられるなど、遺伝的な素因が認められます。

ときに、無虹彩(目の虹彩が欠けている)、半身肥大、泌尿器系の形態の異常、精神発達の遅れなど、生まれつきの先天異常や染色体異常をともなうことがあります。

症状

腫瘍が、かなり大きくなるまで、症状はなかなか現れません。

多くの場合、まず、腫瘍の増大にともなって、腹部が膨れたり腫れたりすることで気づきます(全患者の約4分の3)。

血尿は、約20%の人にみられ、ときに肉眼でもわかるような血尿が出ます。ついで、腹痛、腹部不快感などの症状が現れます。

また、約3分の1の人では、腫瘍による高血圧症がみられます。

この病気と、ただひとつまぎらわしいものに、神経芽細胞腫(479頁)がありますが、この腫瘍の特徴は、表面が凹凸・不整で、からだの左右中央の正中線を越えて、反対側にまで大きく腫

◎**副腎腫瘍**

副腎は、腎臓の上に接した5gほどの平べったい組織で、左右に1個ずつあり、からだに必要ないろいろなホルモンをつくり、分泌しています。

副腎の外側にある**皮質**からは、糖質ホルモン（グルココルチコイドともいい、炭水化物の分解や合成にかかわるほか、炎症を抑えるなど、さまざまな作用がある）やアルドステロン（塩類ホルモンともいい、ナトリウムや塩素イオンなど電解質といわれる体液の成分をコントロールする）が分泌されています。

また、内部の**髄質**からはカテコラミン（カテコールアミンともいい、交感神経を興奮させたり抑制したりするホルモンの総称）が分泌されています。

副腎にできる腫瘍は良性のものが多く、がんは比較的まれです。最近は、画像検査（超音波、CTなど）が普及し、偶然に見つかることが多くな

れることがある点で区別ができます。

ウィルムス腫瘍の特徴は、表面がなめらかで、腫瘍が正中線を越えることはまれです。

◉受診する科

子どものおなかが異様に大きいと感じたら、まず小児外科または泌尿器科を受診しましょう。

この病気は、放置すると死亡率の高い病気であり、手術以外に、抗がん剤の大量使用も必要で、からだが衰弱し、感染症などにかかりやすくなります。

したがって、無菌的な環境であるクリーンルーム施設を備えた病院が望ましいといえましょう。

【検査と診断】 ウィルムス腫瘍では、尿にも血液にも、この病気でしか現れない物質（腫瘍マーカー）というものは見つかりません。

したがって、おもに超音波やX線などによる画像検査（CT、MRI、X線による血管造影）で見つけるしかありません。

X線造影などでは、腫瘍内に血管の新生が多数みられるのが特徴です。

腫瘍細胞が、血液やリンパ液に入って、リンパ節のほか、肺、肝臓、骨、脳などに転移（血行性転移）をおこすので、CTや骨シンチグラフィー（放射性同位元素を注射してその放射能を画像化する検査）などの画像検査によって、転移の有無を調べ、病状を正確につかむことがたいせつです。

【治療】 手術が治療の中心となりますが、その場合は、腎臓を含めて腫瘍をまるごと切除することになります。

腫瘍が転移しているかどうか、手術して腫瘍が残ることはないか、腫瘍が腎臓の外に波及しているか、リンパ節転移はないか、ほかの臓器に血行性転移があるか、両側の腎臓に腫瘍があるかなどによって、病期が細かく分けられています。

この病期の分類、年齢などを考慮して、手術、抗がん剤の使用による化学療法、腫瘍に放射線を照射する治療を組合わせて治療プランがつくられ、それにそって治療が進められます（**集学的治療**と呼ばれます）。

どの病期であっても、徹底した集学的治療を、長期にわたって（約15か月）受ける必要があります。

近年、ウィルムス腫瘍の治療成績はひじょうに向上しています。

術後、何年生きられるかということは、その人の病期と腫瘍の性質（病理組織像）に深くかかわっています。きわめて悪性のもの（全体の約10％）は、手術しても約50％が亡くなってしまいますが、それ以外の、比較的悪性度の低いもの（全体の90％）では、よい治療成績が得られています。

腎盂がん／尿管がん
Renal Pelvic Cancer / Ureteral Cancer

【どんな病気か】 腎臓の組織（腎実質）からしみ出した尿は、まず腎杯というすき間にたまり、つぎに腎臓内に袋状に広がる腎盂に集まります。

集まった尿は、腎盂と膀胱を結ぶ太さ5㎜ほどの細い管（尿管）の中を流れていきます。

腎杯・腎盂・尿管の内面は、膀胱と

りました。

腫瘍には、ホルモンを分泌するものと、分泌しないものがあります。

分泌する腫瘍では、そのホルモンの過剰が、さまざまな症状を引き起こします。一般によくみられるのは、高血圧症です。クッシング症候群(1491頁)、原発性アルドステロン症(1491頁)、褐色細胞腫(1492頁)などにともなって、おこってきます。

こうした病気では、腫瘍のできた副腎を取出す手術が必要となります。

ホルモンを分泌しない腫瘍なら、すぐには手術をしないで、経過をみることがあります。しかし、腫瘍の大きさが3cmを超えたものは、がんの可能性もあり、手術で切除します。

残ったほうの副腎が、切除された副腎のはたらきをカバーするようになるまで、薬によって副腎皮質(ステロイド)ホルモンを補充することがあります。

同じように、移行上皮という粘膜でおおわれています。

この粘膜から発生したがんが、**腎盂がん**(腎杯がんとはいわず、腎盂がんに含めて呼ばれる)と**尿管がん**です。

そのためほとんどが、移行上皮がんに分類されますが、腎盂・尿管がんの約10%は、扁平上皮という細胞とよく似た組織をもち扁平上皮がんに分類されます(434頁)。

腎盂がんは腎臓にできる腫瘍の約10%を占め、約3分の2は男性で、50歳以降に多く発病します。

また、約5%の人では、左右両方の腎盂や尿管に、がんが発生します。片側だけの場合でも、がんの病巣が腎盂・尿管の別の場所に、複数できることがあります。

わりあいに早期のもの(表層より外の組織に広がったり、転移していないもの)では、術後5年たっての生存率(5年生存率)は比較的よいのですが、がん細胞の悪性度の高いものや、外の組織まで広がったり転移したものでは、20%以下の生存率となっています。

症状

痛みや発熱などをともなわない、肉眼でわかる血尿(**無症候性肉眼的血尿**)が、最初の症状として、多くみられます。

血管が豊富な部位のがんは、一般にある程度大きくなると、その表面から出血し、それが血尿という形で現れてきます。四六時中、血尿がつづくわけではなく、出血が止まると数日あるいは数か月間、無症状ということもあるので、注意が必要です。

また、血のかたまりや、がんそのものが尿管をふさいだりすると、わき腹に痛みがおこります。

検査と診断

問診、視診、触診などの一般的な検査のほか、尿に含まれるがん細胞を調べるなどの尿細胞診、静脈に造影剤を注入し、それが腎臓で尿にまじって排泄されるところをX線撮影する静脈性尿路造影、超音波やCT(コンピュータ断層撮影)などによる画像検査が行われます。さらに麻酔下に尿管鏡を用いて直接的に腫瘍病変を確かめることもあります。

また、膀胱内に別の腫瘍ができている可能性があるので、尿道から内視鏡を入れて観察する検査も必要です。

治療

がんができているほうの腎臓と尿管すべてと、さらに尿管口(尿管の膀胱への出口)のそばの膀胱壁を切除しなければなりません。

手術は全身麻酔で行われ、3～4時間かかります。腎臓から膀胱まで手術するので、腹部を大きく切開しなければなりません。また、膀胱壁を切開するので、膀胱が尿で膨らんで縫合した傷口が開かないように、術後は尿道から膀胱にカテーテル(細い管)を約1週間入れて、尿を体外に導きます。

ふつう、2週間以内で退院できますが、がんが進行している場合には、抗がん剤の点滴治療が追加して行われることがあります。

約3分の1の人では、術後、膀胱内に腫瘍の再発がみられます。したがって、手術後3年以内は、頻繁に尿に含まれるがん細胞を調べる細胞診検査や、膀胱の内視鏡検査(3～4か月に1度)が必要となります。この病気では、とくに定期的な外来通院がたいせつです。

泌尿器のがん②

▼**症状**▲発熱や腹痛をともなわない血尿がみられる。

▼**治療**▲がんの状態で治療法がちがう。

◎職業病としての膀胱がん

膀胱がんと関係する化学物質としてナフチルアミン、アミノビフェニール、ベンジン、芳香族アミン類などが知られています。これらの化学物質を扱う染料業などに従事する人の数%に膀胱がんが発生するといわれています。１９７２（昭和47）年以降これらの化学物質の多くは製造・使用が禁止されていますが、膀胱がんは潜伏期間が長いので、現在でもこれらが原因で膀胱がんが発生することがあります。

膀胱がん

Bladder Cancer

症状をともなわない血尿に注意

◇高齢者の男性に多く、膀胱内の再発が多い

どんな病気か

泌尿器科が取扱うがん（悪性腫瘍）のなかで、男性は前立腺がん（530頁）についで多く、女性ではもっとも頻度が高いものです。発生頻度は40歳から高まり、70歳代がピークであると報告されています。男性は、女性の約3倍の発生頻度です。

膀胱がんには2つのタイプがあり、**表在性がん**と**浸潤性がん**に分けられます。表在性がんは膀胱内再発が多く、再発をくり返すうちにその10～20%が浸潤性がんに移行します。また、浸潤性がんは膀胱の深くまでがんが入り込み、進行すると転移します。

症状

発熱や腹痛などの症状をともなわない無症候性血尿（1698頁）が多くみられます。無症候性血尿は1回だけのこともあり、症状がないために病院を受診するのが遅れがちになります。がんが大きくなると、血尿の回数や血尿がつづく期間が長くなることもあります。

がんの発生部位や表在性がんのひとつである上皮内がんができると、排尿時の痛みや、排尿回数が増えるといった膀胱炎（1747頁）のような症状がみられることがあります。血尿がひどくなると貧血になったり、血のかたまりが尿に混じるようになり、これが尿道につまると尿が出にくくなったり出なくなることがあります（尿閉）。また、浸潤性がんでは尿管の出口がふさがれて水腎症（1736頁）になり背部痛をともなうことがあります。

◉受診する科

膀胱がんの治療は泌尿器科で行います。できれば、がんを専門としている泌尿器科を受診しましょう。

検査と診断

尿検査、尿細胞診検査をはじめ、膀胱内のがんの存在は、その多くが膀胱鏡検査によって診断されます（次頁上段写真右）。表在性がんの一種である上皮内がんは膀胱の表面を這うように存在するため、その診断には生検（膀胱の組織を採取し顕微鏡で調べる検査）が必要なことがあります。また、膀胱がんは上部尿路（腎杯、腎盂および尿管）に、がんを合併することがあるので、静脈性尿路造影を行い、造影剤が腎盂から尿管に流れる状態を調べます。浸潤性がんの場合は、がんの広がりや転移を調べるため、超音波検査（次頁上段写真左）、ＣＴ、ＭＲＩを行います。骨の転移を調べるには骨のシンチグラフィー（230頁）を行います。

◇がんの状態で治療法がちがう

治療

①表在性がん

上皮内がんは膀胱の表面を這うように発育するため内視鏡ではすべてを削りとるのはむずかしく、生検で組織を確認したあと、**膀胱内注入療法**を行います。膀胱内注入療法は、週1回合計6～8回、膀胱内に抗がん剤またはＢＣＧを注入しますが、どちらかというとＢＣＧが多く用いられま

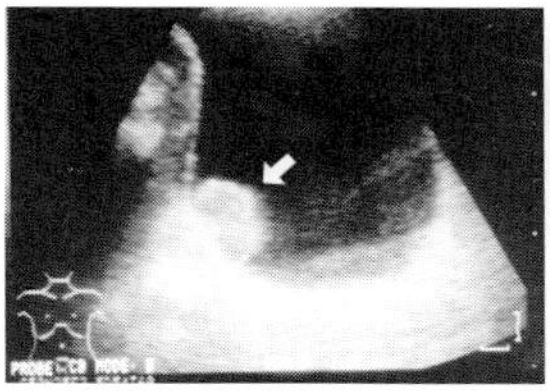
超音波による膀胱がんの画像

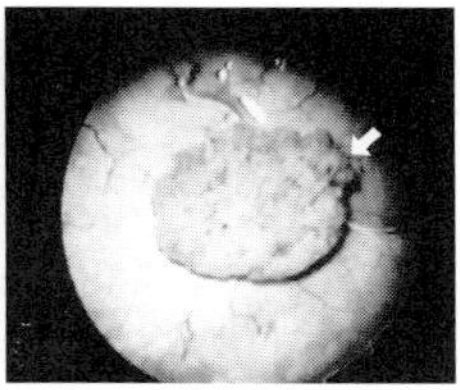
膀胱鏡で見た膀胱がん

◎喫煙と膀胱がん

喫煙者は非喫煙者に比較して膀胱がんになる危険度は約3倍に、また、45年以上の長期喫煙者では、7・2倍に増加することが報告されています。全膀胱がんの人の3～4割が、たばこが原因と考えられていますが、たばこの発がん物質については、まだ解明されていません。

す。

表在性がんは膀胱内再発が多いため、**経尿道的膀胱腫瘍切除術**（尿道から内視鏡を入れてがんを切除する）後に、再発の予防目的で膀胱内注入療法を使用します。BCGは抗がん剤に比べ、治療効果は高い反面、副作用（発熱、排尿痛、血尿、頻尿など）が多いことが問題となっています。

表在性がんのなかで経尿道的膀胱腫瘍切除術や膀胱内注入療法を行っても頻回に再発する場合や、BCGの効かない上皮内がんは、浸潤がんへ変化し、転移をおこす可能性が高いため、根治的膀胱摘除術を行うときもあります。

②転移のない浸潤性がん

根治的膀胱摘除術は、膀胱および尿道を含めて摘出し、がん病巣とその周囲組織をすべて取除くことを目的としています。多くの症例では、骨盤内のリンパ節（総腸骨リンパ節、内腸骨リンパ節、外腸骨リンパ節、閉鎖リンパ節など）をいっしょに摘除します（**リンパ節郭清術**）。これは、膀胱がんが転移しやすいリンパ節を摘除することで、がんの広がりを正確に確認し、微小ながんを摘除するために行います。

また、根治的膀胱摘除術は、男性では精嚢と前立腺も含めて摘除します。この手術は大きな手術で、5～8時間以上かかり、出血量も1000～2000㎖を超え、輸血が必要になることが多くなります。膀胱を摘除すると、尿道以外のところから尿を体外へ出す必要があります。これが尿路変更術です。摘出された膀胱がんは病理医が顕微鏡で、がん細胞の性質とその広がりについて調べます。

がんの範囲が狭くても浸潤が深いときは、がんの周囲の膀胱組織を含めて膀胱の一部を切除することがあります（膀胱部分切除術）。この方法では、尿路変更術は必要なく、膀胱の機能が保たれますが、残した膀胱に再発することが多く、この手術の適応は慎重に選ばなくてはいけません。

▼尿路変更術　尿路変更術にはいくつかの方法があります。尿管を直接皮膚に固定して尿を体外に出す方法（**尿管皮膚瘻術**）、小腸の一部を使って導管（筒状にすること）をつくり、そこに両側の尿管を吻合し、反対側の小腸の導管を皮膚に固定して尿を体外に出す方法（**回腸導管**）などです。これらの尿路変更術は尿をためるための袋をからだに貼る必要があります。

また、膀胱がんが尿道の近くに存在せず、広範な上皮内がんがない場合は、尿道を残すことができるため、小腸を使ってつくった袋に尿管と尿道をつないで、自力で排尿ができるようにする尿路変更術があります（**自排尿型新膀胱造設術**）。自分で排尿できるようになりますが、もとの膀胱と異なり、排尿時に十分な圧を加えることができずに尿が残るため、ときどき自分で自己導尿（管を尿道から入れて新膀胱に残っている尿を出すこと）をする必要があります。ある一定量の尿がたまると無意識に尿が漏れることもあります。

◉手術以外の治療法

▼放射線治療　膀胱部に放射線をあてる治療法です。治療効果を高めるため、選択的に骨盤の動脈から抗がん剤を注

男性性器のがん

入したり、全身に抗がん剤を使用したりします。この治療法は一定の効果が得られますが、手術治療に比べると満足するものではなく、おもに高齢者や合併症があるために手術に耐えられない人を対象に行われます。

▼全身抗がん剤投与　膀胱摘除術の前後に治療効果を高めるため、数種類の抗がん剤を組合わせて投与することがあります。この治療法は手術単独治療に比べて治療効果が高いとの報告がありますが、抗がん剤による合併症や治療期間がさらに数か月かかるため、すべての施設では行われていません。

③転移性がん

シスプラチンという抗がん剤を中心とした全身抗がん剤投与が中心となります。抗がん剤の使用により転移病巣は一時的に小さくなりますが、いずれは効果がなくなるため、転移性がんを完全に治す可能性はほとんどないと考えられています。骨への転移による痛みをとるために放射線治療を行うことがあります。また、転移がある場合でも、膀胱がんによる出血や痛みが強いと、全身状態、予後や本人の希望を考慮して膀胱摘除を行うことがあります。

前立腺がん

Prostatic Cancer

高齢者の発病が多い

◇高齢者に多い、急増中のがん

どんな病気か　前立腺がんは、前立腺に発生する悪性腫瘍です。尿道から離れた前立腺の辺縁部に発生することが多いとされています。そのため、ある程度大きくならないと尿道を圧迫することはなく、排尿障害などの症状をおこしません。つまり、症状をともなう段階では、がんがある程度進行している可能性が高いのです。

前立腺がんは、40歳代から発生するといわれますが、臨床的には50歳代からみられることが多く、年齢が進むにつれてその頻度が高くなる、典型的な高齢者のがんです。

原因として、老齢になるにつれて男性ホルモンの分泌が少なくなり、性ホルモンの不均衡がおこるためと考えられていますが、くわしいことはまだわかっていません。

このがんは、初期にはあまり症状がなくても、進行するとリンパ節や骨に転移して、痛みをともなうようになります。前立腺がんは、早期の段階から腫瘍マーカーのひとつであるPSA（前立腺特異抗原　218頁）が上昇することが知られています。前立腺がんのほとんどでPSAが上昇するため、検診で広く用いられ、早期の段階で見つかるようになりました。

症状　初期には、ほとんど症状はありませんが、ある程度がんが大きくなると尿道を圧迫するようになり、前立腺肥大症（1782頁）と同じような排尿障害が出現します。排尿障害の症状としては、頻尿、排尿困難、残尿感などがあり、尿道が強く圧迫されると尿閉になることもあります。前立腺がんが膀胱に浸潤すると、排尿痛や、尿管がふさがれるため水腎症（1736

前立腺がんの超音波画像
（左は正常な前立腺、右は前立腺がん。
矢印の低エコー領域ががん病巣）

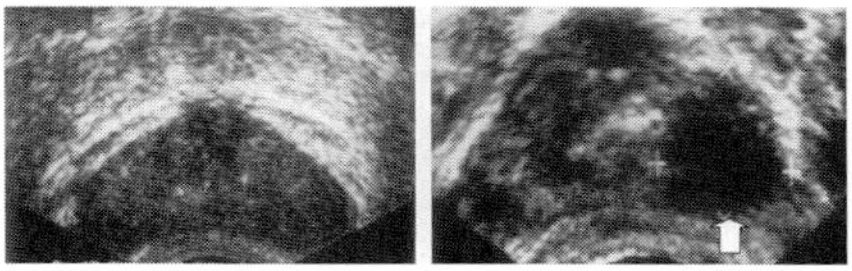

◎増えつづける前立腺がん

欧米では、男性に発生するがんのうちでいちばん多いのが前立腺がんです。日本では6番目に多いがんですが、前立腺がんの人は急激に増加して、30年前に比べると7倍にもなっています。前立腺がんは高齢者に発生することから、

頁）となり、背部痛が現れます。また、骨転移による腰痛など骨の痛みや貧血、リンパ節転移による脚のむくみなどがみられるようになります。

【検査と診断】 診断にはスクリーニング、そして確定診断するために前立腺生検を行い前立腺がん細胞の存在を確認します（病理診断）。そして、がんと診断後にがんの広がりを調べるための検査があります（病期診断）。

▼スクリーニング　外来では直腸内指診（肛門から指を入れて前立腺を触診すること）と、PSA値で前立腺がんの疑いがあるか決めることが多いです。

近年は直腸内指診で異常がなく、PSA高値のみで発見される前立腺がんが増加しています。

PSAは年齢にともない上昇することが知られていて、50歳代と60歳代の平均PSA値は4未満であるため、これらの年代では、PSAの基準値とされる4以下であっても、生検を受けて早期がんを発見したほうがよい場合があります。しかしながらPSAは前立腺肥大症や前立腺炎（1786頁）で上昇することがあるため、前立腺の大きさや経時的なPSAの変化を参考にして、生検を行うかどうかの選択をします。また、PSAは、治療後の再発をモニターするのにも有用です。

▼前立腺生検（確定診断）　一般的には経直腸的超音波検査（肛門から超音波の機械を入れる方法）で前立腺を確認して、直腸から、または会陰から前立腺に針を刺して組織を採取します。これを生検といいます。

前立腺がんの病巣は、超音波検査では正常の前立腺に比べて黒く写ることが多いのですが、これを判断するのがむずかしいため、前立腺全体を均一に生検する方法（系統的生検）が考案されました。この方法により、前立腺がんの見つかる割合が向上しました。

▼病期診断　前立腺がんと診断されると、がんの存在する範囲を診断する必要があります。これが病期診断です。

前立腺内の病巣や、前立腺の外にがんが広がっているか調べるには、生検時に用いた超音波検査と並んでMRIが有用です。前立腺周囲の臓器である精嚢、直腸や膀胱への広がり、およびリンパ節転移や遠隔転移病巣の検索にはCT検査が有用です。前立腺がんのよく転移する部位はリンパ節と骨であり、全身の骨転移の検索には骨のシンチグラフィー（230頁）が用いられます。

◇病期により治療法が選択される

【治療】 生検の結果のがんの悪性度、病期、患者の年齢・希望・合併症の有無などを総合的に考えて決定します。治療方針を実際に決定するうえで、たいせつなポイントになるのが臨床病期（がんの広がり）です。

▼内分泌療法　前立腺がんは、約80%以上が男性ホルモン依存性がんであるという性質を利用して、男性ホルモンを除去する治療を行います。**男性ホルモン除去療法**の種類は、両側精巣（睾丸）を摘除する去勢術と、薬剤でテストステロンを去勢レベルにするLH-RH療法があります。

男性ホルモン除去療法以外の内分泌療法としては、女性ホルモン剤や抗男性ホルモン剤があります。内分泌療法

一時は高齢者人口が増えたことによって前立腺がんが増加したと考えられました。しかし、前立腺がんの増加率は、男性の高齢者人口の増加率をはるかに上回っており、高齢者人口の増加だけでは、日本の前立腺がん患者の増加を説明することはできません。食生活などの生活環境の変化も影響しているようです。

また、前立腺がんは将来も増加しつづけると推測され、厚生労働省の発表では２０２０年には前立腺がんが肺がんや大腸がんと並んで頻度の高い男性がんになると予想しています（左図）。

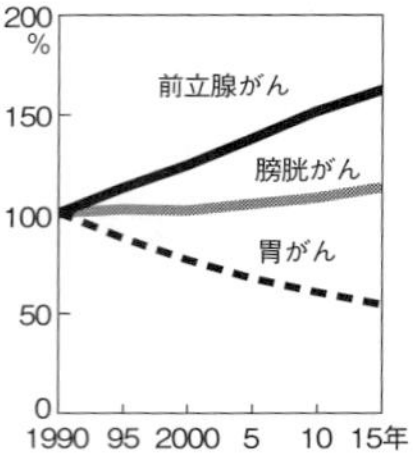

は、いずれの病期でも90％以上に効果がありますが、何年か経過するとこの治療が効かなくなることが多いです。

▼手術療法　根治治療としての手術に、**根治的前立腺摘除術**があります。前立腺への到達経路により、恥骨後式（順行性、逆行性）と会陰式があり、恥骨後式の腹腔鏡手術が一部の病院では保険適用となっています。前立腺摘除術は、全身麻酔をかけて前立腺と精嚢を摘出し、尿道と膀胱をつなぐ手術です。約2～3時間かかり、大量出血の可能性もあるため、手術前に自分の血液を保存する病院も多くあります。そのほか、ロボットを遠隔操作するロボット補助下手術も保険適用されています。

がんがある程度進行し、リンパ節転移の可能性があるときは、手術と同時にリンパ節郭清術（529頁）を行います。

がんが前立腺内に限られている場合は、患者さんの希望により勃起機能を温存する神経温存術が行われています。

術後に尿道から膀胱にカテーテルを留置しますが、1～2週間で抜けます。カテーテルを抜いてから、約5％に尿失禁（1日に尿漏れパットを2枚以上使用）がみられることがあります。

根治的前立腺摘除術の適応については、多くの見解がありますが、一般的に本人が希望し、重篤な合併症がなく、75歳以下で、がんが前立腺内に限局していれば、手術のみで根治の期待ができるため広く行われています。

▼放射線療法　前立腺がんの根治治療または骨転移部位の痛みを和らげるために、（緩和治療）用いられています。

前立腺に限られているがんに対して、根治治療として放射線療法を行う場合は、前立腺に多くの線量を照射します。高線量であるため、前立腺の近くにある直腸や膀胱などへの影響を抑えるように照射方法が工夫されています（原体照射法、強度変調放射線療法など）。

放射線療法は治療効果を上げるために、多くは一定期間、内分泌療法と併用します。ほかに、悪性度が低い限局がんに対して、前立腺内に小線源（約5㎜の金属片を40～80個）を埋め込む小線源治療が、保険診療が認められ、広く行われるようになりました。

◉病期別治療法

限局がんは根治が期待できるので、手術療法または放射線療法が推奨されます。75歳以上の高齢者や重篤な合併症がある場合は、ホルモン療法を選択することもあります。また、限局がんで、ＰＳＡ４・1～10、がんの大きさが小さく、悪性度が低い場合は、活動性の低いがん（**ラテントがん**）と考えて、治療しないで経過を観察することもあります。転移がなく、がんが前立腺からわずかに周囲の組織に浸潤している場合（**局所浸潤がん**）は、内分泌単独療法や手術、または放射線療法と内分泌療法との併用が行われています。

また、転移があると、前立腺以外にも広がっているため根治はむずかしく、内分泌療法を行うことになります。

十分な内分泌療法後に再発した転移がある場合を**再燃がん**といい、副腎皮質ホルモン剤のプレドニゾロン単独療法や、プレドニゾロンと抗がん剤のドセタキセル併用療法が行われていますが、2年以上の治療効果を期待するのはむずかしいのが現状です。

◎恥垢も陰茎がんの原因

陰茎がんは、男性人口10万人に0・5人の割合でおこる比較的頻度の少ないがんです。赤ちゃんが生まれたときに割礼を行うユダヤ人には、陰茎がんがほとんどみられません。このことから、包皮でおおわれていて恥垢がたまりやすい亀頭部では、恥垢によるさまざまな刺激で、がんが発生しやすくなると考えられています。真性包茎は別ですが、仮性包茎の場合には、いつも清潔にして、恥垢がたまらないように心がけてください。

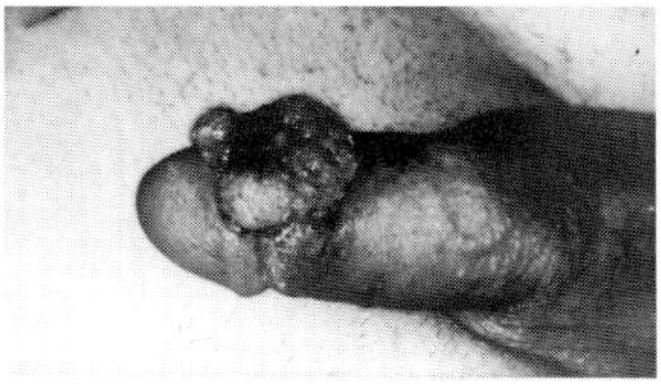
陰茎がん

陰茎がん
Penile Cancer

どんな病気か

陰茎の亀頭部や包皮に発生する皮膚がんの一種です。

50～60歳代に多く発生しますが、比較的頻度の少ない病気です。がんの発生には、パピローマウイルスが関与していると考えられています。また亀頭がいつも包皮におおわれていて、恥垢がたまったりして亀頭部が清潔でないと、発生する危険が高いといわれています。

症状

陰茎包皮や亀頭部にいぼ状の隆起物または変色した平らな腫瘍として発生します。痛みはなく、腫瘍が大きくなると潰瘍ができたり、腫瘍の一部が壊死して強い悪臭を放つようになります。

包茎（1772頁）の場合は、腫瘍を発見しにくいため、かなり進行した状態で病院を受診することがあります。また、腫瘍部の感染から鼠径部のリンパ節が炎症で腫れることがあります。炎症の場合は痛みをともなうことが多く、抗生物質の使用でリンパ節の腫れが改善することが多いようです。

陰茎がんはリンパ管を通って転移することが多く、鼠径部のリンパ節に転移すると、リンパ節が腫れます。この場合は、痛みをともなうことが少なく、抗生物質でも腫れが改善しません。リンパ節に転移と炎症を合併していると、見極めるのが困難となります。

検査と診断

陰茎包皮や亀頭部に、痛みなどの症状をともなわないいぼ状の隆起物、または変色した平らな腫瘍がみられて、泌尿器科を受診し、診断されることがほとんどです。陰茎がんと似ている腫瘍があるため、腫瘍の一部を切除して顕微鏡検査を行い、組織学的に確定診断する必要があります（病理診断）。

がんと診断されたあと、陰茎内の病変の広がりを調べるには超音波検査やMRIを行い、リンパ節転移や遠隔転移を調べるにはCT検査を行います。また腫瘍マーカーのSCC（216頁）が上昇していることが多いので、これを測定していくと治療後の変化や再発のチェックに利用できます。

治療

病変が小さくて陰茎にかぎられていれば、陰茎部分切除術や陰茎全摘除術を行います。ある程度の大きさになっている場合は、鼠径部のリンパ節に転移する可能性が高いため、リンパ節郭清（529頁）をいっしょに行います。手術治療のほかには、放射線照射または抗がん剤の治療があります。治療効果を高めるため、これらの治療法を併用することもあります。

精巣がん
Testicular Cancer

どんな病気か

精巣（睾丸）に発生する悪性腫瘍です。0～2歳の幼児と壮年期（20～40歳代）に発病率が高く、高齢者に少ない悪性腫瘍です。また、停留精巣（765頁）の人に発生率が高いといわれています（次頁上段）。

症状

初期では精巣内にしこりとして触れますが、痛みや熱感がないため放置する場合が多く、徐々に腫瘍が大きくなり精巣全体が大きくならないと、病院を受診しないこと

◎青壮年に多い精巣腫瘍

精巣腫瘍は10万人あたりに1人、男性の悪性腫瘍の1～2％とまれな腫瘍ですが、そのほとんどが悪性腫瘍で、泌尿器科領域では唯一、将来のある乳幼児と青壮年男性に好発します。

１９８０（昭和55）年以前は精巣がんで死亡する男性が多かったのですが、最近のがん化学療法の進歩で、進行がんでも治癒が期待できるようになりました。出生時に精巣（睾丸）が陰嚢に降りていない停留精巣（765頁）の人は、ふつうの人に比べて3～14倍も精巣腫瘍が発生しやすく、停留精巣ではない反対側の精巣に発生することもあります。

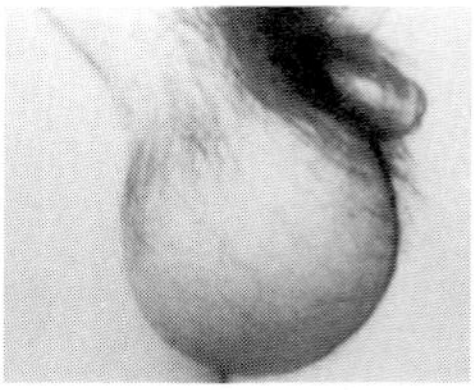

精巣（睾丸）腫瘍

が多いです。

精巣がんは腫瘍が小さい段階から腹部のリンパ節や肺に転移しやすいため、リンパ節転移による腰の痛みや肺転移が検診などで指摘されて、泌尿器科を受診する人も少なくありません。

◉受診する科

精巣がんは多くの種類があり、がんの広がりによって治療法が異なります。精巣がんが疑われたら、泌尿器科を受診しましょう。

検査と診断

問診、視診、触診で精巣がんが疑われた場合、超音波検査などで腫瘍の存在を確認し、できるだけ早く手術を行います。精巣内の腫瘍の進展の診断には、超音波検査またはＭＲＩが有用です。リンパ節転移、肺などの遠隔転移の検索にはＣＴ検査が有用です。精巣がんは腫瘍マーカー（ＡＦＰ、βＨＣＧ、ＬＤＨなど 215頁）が上昇することが多いので、必ず測定します。

これらは腫瘍の広がりを反映するだけでなく、治療効果や再発をモニターするのに有用です。

治療

まず、病変側の精巣を摘出し、顕微鏡で組織を調べます。組織の種類、腫瘍マーカーの値、がんの広がりで、予後が異なります。

◉手術

▼高位精巣摘除術　精巣の摘出は、精巣がんが精巣を越えて広がっている可能性があるため、鼠径部に切開を加えて内鼠径輪（腹膜が見える部位）まで精索といっしょに摘除します。

▼転移巣に対する手術　化学療法で腫瘍マーカーが正常化し、ＣＴでリンパ節転移や肺転移の転移巣の残存がある場合は、基本的に摘除します。転移部位がリンパ節または肺にとどまる場合には、転移がみられても、全部摘除できれば完全治癒できる可能性が高いため、積極的な治療を行います。

◉化学療法

精巣摘除後に転移がある場合は、つぎに化学療法を行います。精巣がんは進行が速いですが、シスプラチンを中心とする抗がん剤に高い感受性があることが多いため、腫瘍マーカーが正常化するまで化学療法を行います。

１つの化学療法で腫瘍マーカーが正常化しない場合、抗がん剤の種類を変えて治療します。腫瘍マーカーが正常化したときは、手術で摘除を行うか判断します。リンパ節や肺にとどまる転移であれば、完全治癒が望めるため積極的に摘除します。抗がん剤は治療効果が高いのですが、副作用も強く、嘔吐、脱毛、骨髄障害〔貧血、白血球減少症（1447頁）、血小板減少症（1458～1461頁）〕、肝・腎機能障害などがあります。

◉放射線治療

精巣がんのなかでも、がんが精巣内にとどまっている精上皮腫というタイプの場合には、放射線感受性が高いため、再発予防目的で大動脈周囲に放射線照射を行うことがあります。また、精上皮腫の大動脈の小さなリンパ節転移に対して、抗がん剤のかわりに放射線照射で治療することもあります。

◉待機療法

精巣がんが精巣内に限られ、腫瘍マーカーが正常化した場合は、80％以上が再発しないため、精巣摘除後の治療は行わずに、外来で経過観察します。

皮膚がん①

◎皮膚悪性リンパ腫

リンパ球は白血球の1種であり、T細胞、B細胞、ナチュラルキラー（NK）細胞に分けられます。これらの細胞ががん化し、皮膚で増えた状態を**皮膚悪性リンパ腫**といいます。病状が進むと全身のリンパ節が腫れ、末梢血液の中にもがん化した異常リンパ球が現れることがあります。

皮膚悪性リンパ腫はがん化したリンパ球の由来により皮膚T細胞リンパ腫、皮膚B細胞リンパ腫、ナチュラルキラーT細胞リンパ腫に分けられます。これらの皮膚悪性リンパ

皮膚前がん症（がん前駆症）とは

皮膚のもっとも外側の層は表皮と呼ばれ、最終的には垢やふけとなって剥げ落ちる表皮細胞でできています。この表皮細胞に異常がおこり、がんになる可能性の高い状態が**皮膚前がん症**です。この状態が長くつづくと、表皮細胞はがん細胞に変わることがあります。

日光角化症
Solar Keratosis

どんな病気か

日光の紫外線によって表皮細胞のDNAが傷つけられて生じる前がん病変です。唇（口唇紅部）にできたものは**光線性口唇炎**といいます。

症状

髪の毛の抜けた頭、額、頬、鼻、耳、鎖骨付近、手の甲など、日光が直接あたる露出部位に1個あるいは数個同時にできる病変です。この病変は淡い紅色ないし紅褐色で、盛り上がりがなく表面はザラザラしたもの、盛り上がったいぼ状、角状（皮角）のものなどがあります。大きなものは直径1～2cmにもなります。

高齢者に多くみられ、とくに農業や漁業など、長期間の屋外労働に従事する人に多いようです。

患部ががんになる割合は1～27％程度です。がんになると患部が盛り上がったり、絶えずかさぶたができたり、皮膚の深いところまでかたくなったり、押すと痛みを感じたりします。

原因

日光の紫外線が原因です。この病気になるかどうかは、その人がそれまでに受けた紫外線の総線量の多さと、皮膚がどの程度紫外線に抵抗力があるかで決まります。

検査と診断

患部の一部を切り取って（生検）、顕微鏡で病理検査します。日光角化症とよく似ている脂漏性角化症（1848頁）、老人性色素斑、汗孔角化症、砒素角化症、ボーエン病（540頁）、基底細胞がん（539頁）、有棘細胞がん（539頁）、悪性黒色腫（538頁）、円板状エリテマトーデス（DLE 2033頁）などと区別するためです。

治療

患部を完全に切り取る切除手術がもっともよい治療法です。一定範囲内にたくさんできているときは一括して切除し、植皮して傷を治します。手術以外には、抗がん剤のフルオロウラシル軟膏を塗る方法、液体窒素を用いる方法（冷凍外科的療法）、レーザー照射などがあります。これらの治療法はまだ完全とはいえず、再発の危険がつきまといますが、欧米では主流となっています。

日常生活の注意

1つできると、つぎからつぎへとできることがありますので、絶えず皮膚を注意して観察する必要があります。

予防

直射日光にあたりすぎないように気をつけます。

放射線角化症
Radiation Keratosis

どんな病気か

短期間に大量の放射線を浴びると**急性放射線皮膚炎**（1815頁上段）をおこしますが、それが

腫は症状、経過、各種の検査法などにより、さらにいろいろな病型に分けられます。

発生頻度では皮膚T細胞リンパ腫が全皮膚悪性リンパ腫の75～90％以上を占め、つぎが皮膚B細胞リンパ腫です。

皮膚T細胞リンパ腫の代表的病型（疾患）として**菌状息肉症**、**セザリー症候群**、**成人T細胞白血病／リンパ腫**があります。菌状息肉症は、湿疹などと区別がつかない状態で始まり、ゆっくりと進行し、やがて全身のリンパ節が腫れ、末期には肝臓や脾臓も腫れ、皮膚には腫瘤が生じ、死に至ります。全経過は10～20年以上にもおよびます。セザリー症候群では全身の皮膚が赤くなり（紅皮症）、かゆみが強く、全身のリンパ節が腫れ、末梢血液中にセザリー細胞と呼ばれる異常細胞が現れます。成人T細胞白血病／リンパ腫はHTLV－Iというウイルスの感染によって引き起こされますが、皮膚病変から始まることがあります

治ったところに、あるいは少量の放射線を長期間にわたって浴びつづけたところにおこるいぼ状の病変です。

症状 慢性放射線皮膚炎（1815頁）の患部にいぼができます。このいぼは、たくさんできがちで、白っぽいもの、紅褐色のもの、黒褐色のものがあります。がんになる傾向が強く、しかも転移しやすい特徴があります。がんになるのは慢性放射線皮膚炎が生じてから15～20年後です。

原因 X線、放射性物質、粒子線などからの放射線の被曝です。

医療上あるいは職業上、過去に放射線照射を受けた人、あるいは現在も受けつづけている人で、慢性放射線皮膚炎があり、その患部にできたいぼであれば予測がつきます。切り取った組織を病理検査して診断を確定します。

治療 患部を完全に切り取る切除手術を行います。多くできているときは一括して切除し、傷あとは植皮して治します。その他の治療法として、抗がん剤のフルオロウラシル軟膏を塗る方法、液体窒素を用いる方法（冷凍外科的療法）、レーザー照射などがありますが、完全な治療法とはいえず、再発に注意する必要があります。

日常生活の注意 慢性放射線皮膚炎のある人は、ときどき患部にいぼができていないか確かめましょう。

白板症（ロイコプラキー）
Leukoplakia

どんな病気か 広い意味では、粘膜あるいは皮膚と粘膜の境界にできる白色の、盛り上がりのないできものをいいますが、狭い意味では、そのなかの前がん性のものだけをいいます。

症状 **前がん性白板症**は、40歳以上の男性がかかりやすく、口の中の粘膜、口唇、外陰部によくできます。最初は皮膚あるいは粘膜の一部が白くなるだけですが、進行すると白い部分に赤灰色の斑点状のものができます。あまり自覚症状はありませんが、外陰部にできたものはかゆみをともなうことがあります。カンジダ症（1203頁）といっしょに発病することもしばしばあります。口の中にできたものは6～10％の割合でがんになります。白板症の診断からがんになるまでの期間は1～20年です。がんになると、かたいしこりができたり、いぼがブツブツとできたような状態になります。

原因 口の中や口唇のものは喫煙、虫歯、歯肉炎などが関係するといわれています。

検査と診断 鵞口瘡（1203頁）、扁平苔癬（1835頁）、硬化性萎縮性苔癬、梅毒（2132頁）の第2期疹、円板状エリテマトーデス（DLE 2033頁）など、よく似た病気と区別しなければなりません。患部の一部を切り取り、病理検査して診断をつけます。

治療 患部を完全に切取る切除手術を行います。液体窒素を用いる冷凍外科的療法、レーザー照射もありますが、まだ完全な方法とはいえません。

日常生活の注意 口の中、口唇、外陰部などはつねに清潔に保つように心がけます。喫煙者であれば禁煙を厳守します。

皮膚がん②

皮膚がんのいろいろと自己発見法

◇皮膚にはどんながんができるか

皮膚にはいくつかの異なった種類のがん（腫瘍）ができます。そのうち、もっとも悪性度（たちの悪さ）が高いのは**メラノーマ**（**悪性黒色腫** 538頁）という腫瘍です。とても転移しやすいため、注意が欠かせません。いちばん頻度が高い**基底細胞がん**（539頁）は、幸い、ほとんど転移しません。**有棘細胞がん**（539頁）はメラノーマと基底細胞がんの中間の悪性度で、ときにリンパ節などに転移することがあります。

以上の3つが皮膚がんの主要3病型ですが、これ以外にも**乳房外パジェット病**（540頁）など、いくつかの皮膚がんが知られています。

◇皮膚がんの増加

皮膚がんの患者数が最近、増えています。見逃して手遅れにならないよう気をつけなければなりません。

とくに、高齢社会になって、皮膚がんにかかる高齢者が増えています。外界に接する皮膚には、紫外線や大気中の化学物質が強く作用しています。長い年月にわたって、これらの影響を受けてきた高齢者の皮膚には、すでにがんができやすい素地ができているわけです。

また、皮膚にけがなどの機械的刺激などがくり返し加えられたり、肌を不潔な状態にしておくのも、皮膚がんを発生しやすくすると考えられます。

◇予防法と早期発見

皮膚がんの予防には、まず過度の日光照射を受けるのを避けることがたいせつです。これは、若いころから心がけるべきで、とくに海水浴やスキーなどに注意します。

つぎに、皮膚の清潔を心がけること、特定の部位にくり返し強い刺激を受けつづけないように気をつけることです。発がん性のある物質に触れる可能性がある仕事や趣味を行う場合は、防護をはかるようにしましょう。

もう1つたいせつな点は、早期発見を心がけることです。皮膚がんは観察しやすい皮膚にできるものですから、知識があれば早期のうちに見つけることができます。もっとも悪性のメラノーマでも、早期ならば、簡単な治療で完治させることができるのです。

1年に数回で結構ですから、足の裏なども含め、全身の皮膚をくまなく自分で調べるようにしましょう。背中など自分でよく見えない部分は家族に見

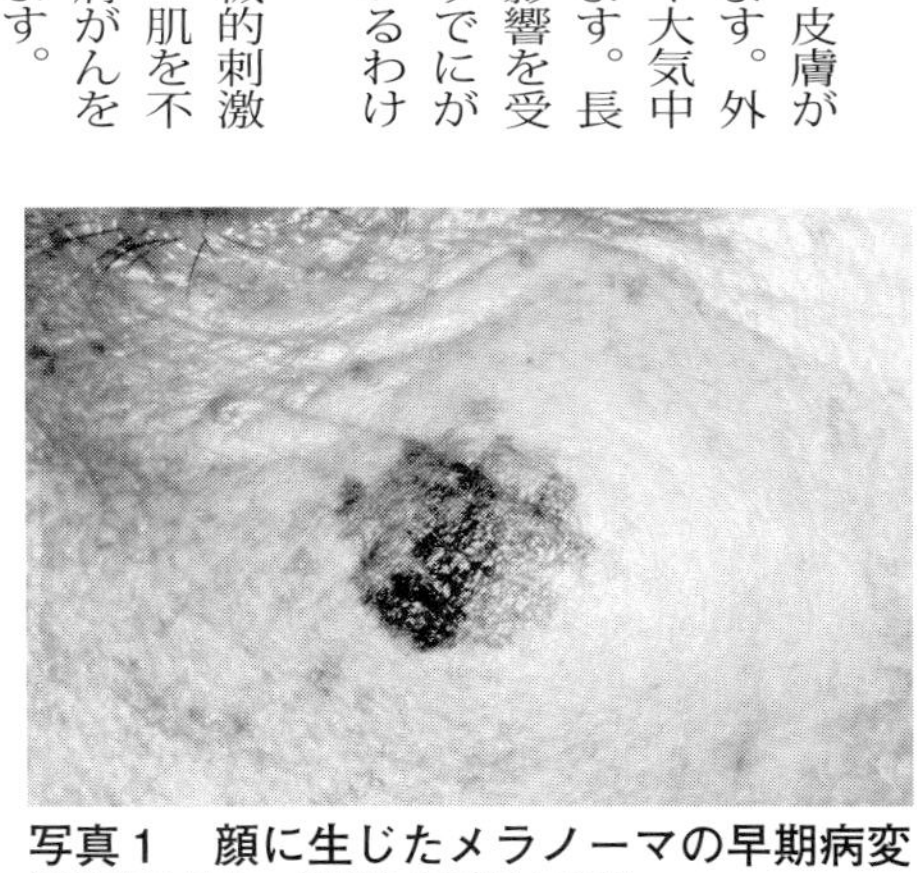

写真1　顔に生じたメラノーマの早期病変
濃淡差の目立つ黒褐色の扁平な病変。

◎皮膚がんが白色人種に多い理由

メラノーマをはじめとする皮膚がんの発生率は、白色人種が際立って高いのに対し、黒色人種は低く、日本人などの黄色人種はその中間になります。

この差は、白色人種の皮膚にメラニン色素が少ないことによります。メラニン色素は、日光の紫外線を遮断することによって、皮膚細胞が障害され、がん化するのを防止するというたいせつな役割をはたしているのです。黒色人種に皮膚がんが少ないのは、皮膚にメラニン色素が多量に存在するためです。日本人でも、とくに色白の人は、日ごろから紫外線にあたらないよう気をつけましょう。

てもらうとよいでしょう。そして、少しでも疑わしい病変を見つけたら、皮膚科専門医の診察を受けるようにしてください。

前頁の写真1はメラノーマの早期病変の1例ですが、このような早期がんを専門家でない人が正確に区別することはかなりむずかしいものです。自己判断せず、皮膚腫瘍の専門家の判断を受けるようにしましょう。

以下にそれぞれの皮膚がんの特徴、発見法、治療法について解説します。

メラノーマ（悪性黒色腫）

Malignant Melanoma

どんな病気か

メラニン色素をつくっている色素細胞のがんで、皮膚が黒褐色に変わることで気づくことが多いものです。とても転移しやすく、悪性度が高いため注意が欠かせません。

この病気は白色人種に多くみられ、強い日光（紫外線）にくり返し曝されることが原因のひとつと考えられます。

日本人では足の裏や爪にできることが多く、その原因は、けがなどの機械的な刺激ではないかと考えられてきました。最近は背部や手足にできる人が増えてきており、白色人種同様、紫外線の影響によるとみられています（カラー口絵31頁）。

▼自己発見法　ふつうの人にはなかなか区別しにくいのですが、大きさが1cm以上で、不規則な形をしており、黒色から茶色で濃淡差が目立つ病変ができたら、すぐに皮膚科専門医を受診し、みてもらいましょう。

なお、黒褐色ばかりでなく、紅色のメラノーマもまれにあります。

爪のメラノーマは、爪に濃淡差のある黒色から茶色の幅広い縦筋ができ、進行すると爪が変形したり破壊されてしまいます（写真2）。

メラノーマの診断には皮膚科専門医の診察が必要です。皮膚が黒くなる病変にはほかに、いわゆるほくろ（母斑）や脂漏性角化症（1848頁）など、良性のものもたくさんあるからです。

治療

手術治療が中心です。病変部をすべて摘出し、場合によってはリンパ節を郭清（除去）します。早期の段階のものならば完治しますが、進行したものはリンパ節や他の内臓に転移している危険があります。

転移した進行期のメラノーマには、化学療法、免疫療法などが行われます。効果があることもありますが、大きな期待はできないことも少なくありません。

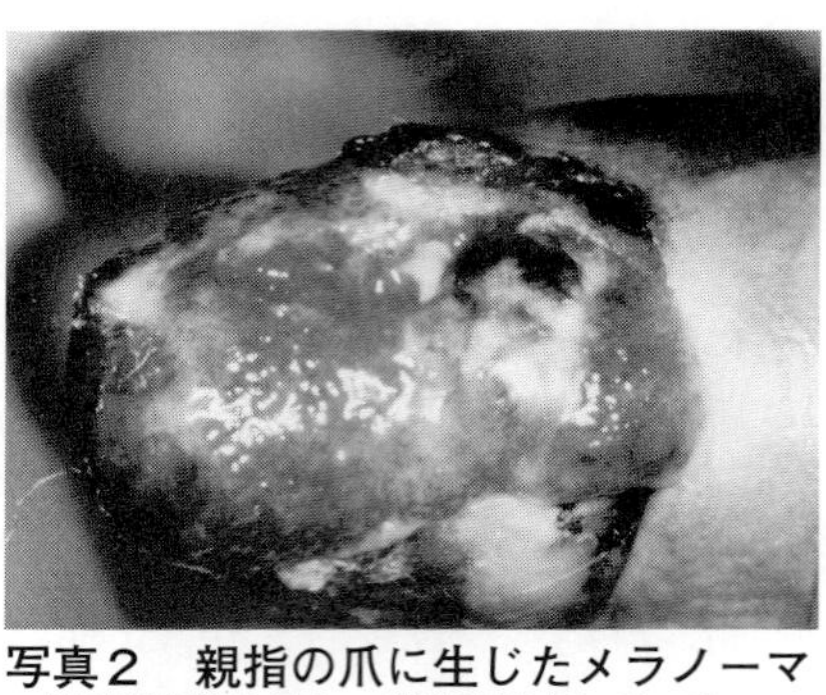

写真2　親指の爪に生じたメラノーマ
一部が黒色調を呈し、爪は破壊されている。

◉ほくろからメラノーマが生じるか

俗にほくろといわれる病変の多くは色素細胞母斑です。以前は、メラノーマはほくろからできると信じられていましたが、最近は、ほくろとは別個に、はじめからメラノーマとして生じる、という考えかたが有力です。

▼メラノーマの厚さの重要性　メラノーマは、転移しやすい、とてもこわいがんですが、転移がおこるかどうかを予測するのにもっとも役立つのが病変の厚さです。厚さが1㎜未満の早期病変はほとんど転移しません。しかし、厚さが4㎜以上になると転移する確率が高くなります。

基底細胞がん
Basal Cell Carcinoma

どんな病気か　もっとも頻度の高い皮膚がんで、高齢者の顔面によくできます。長い年月、日光に曝されることが重大な原因と考えられており、高齢社会になって、ますます患者が増えています。

メラノーマと同様、皮膚が黒色調に変わることで気づくのですが、小さいうちはほくろとまちがわれたりします。大きくなると潰瘍化してくずれてしまいます（31頁カラー口絵）。

▼自己発見法　表面がなめらかで透明感があるのが基底細胞がんの特徴ですが、診断確定には、やはり皮膚科専門医の診察が必要です。

高齢者の顔に濃い黒色の結節ができ、ほくろやいぼとはようすが異なるようでしたら、皮膚科専門医の診察を受けることをお勧めします。

このがんは悪性度が低く、転移することはほとんどありません。ただし、放置しておくと、無制限に増殖して深いところに侵入し、筋肉や骨をえぐってしまう可能性もありますから、注意は必要です。

▼基底細胞がんは転移しないのになぜこわいのか　基底細胞がんはほとんど転移せず、このがんで死亡することはまれです。しかし、局所で増殖する力が強く、皮膚の下の筋肉や骨にまで侵入して、これらを破壊します。

放置しておくと、鼻や目が完全にえぐり取られてしまうことさえありますので、手遅れにならないうちに発見し、治療しなければなりません。

治療　手術で患部を完全に摘出すれば完治します。放射線療法も有効です。

有棘細胞がん
Squamous Cell Carcinoma

どんな病気か　暗紅色のかたい結節や潰瘍ができ、表面に汚いかさぶたがついて悪臭がすることもあります（31頁カラー口絵）。

有棘細胞がんは、いろいろな前がん症から生じることが知られています。たとえば、子どものころのひどいやけどやけがの傷あと、治療のために受けた放射線による皮膚炎の箇所などから生じるのです。

最近は、高齢者の顔面などにみられる日光角化症（535頁）から生じるものが増えています。また、色素性乾皮症（1814頁）という遺伝性疾患や慢性砒素中毒患者などにもよくできます。

▼自己発見法　このがんは、黒色になることはほとんどありません。治りにくく、しだいに増大するしこりや潰瘍

◎オゾン層の破壊と皮膚がん

大気中に放出されたフロン類はオゾン層に到達すると、これを破壊します。オゾン層は日光中の紫外線を吸収し、紫外線が地表に到達するのを防いでいますから、オゾン層が破壊されると強い紫外線が地上にふりそそぎ、そのために皮膚がんの発生が急増するのではないかと恐れられています。

ができたら、皮膚科専門医の診察を受けましょう。

治療　有棘細胞がんの悪性度は、メラノーマと基底細胞がんとの中間で、ときにリンパ節などへ転移することがありますが、手術で取りきれればほとんどの場合、完治します。

転移した場合は、化学療法、放射線療法が行われます。効果はかなり期待できます。

乳房外パジェット病
Extramammary Paget's Disease

どんな病気か　**乳房外ページェット病**ともいい、高齢者の外陰部によくできるほか、肛門の周囲やわきの下にもできます。最初は淡い紅褐色をした平らな病変で、湿疹やいんきんたむしとまちがわれることがあります。外陰部のものは、**外陰パジェット病**（836頁）と呼びます。

かゆみは軽く、少し進行するとかさぶたやしこりができます。見つけにくい場所のため、手遅れになってから診断されることが少なくありません。

なお、乳房パジェット病（557頁上段）は女性の乳頭部に生じる乳がんの一種ですが、皮膚の変化は乳房外パジェット病とほとんど同じ特徴を示します。

▼自己発見法　外陰部に赤みのある湿疹のような病変やかさぶたができ、治りにくく、ようすがおかしい場合は皮膚科専門医の診察を受けましょう。

治療　早期のものならば、手術のみで完治します。しかし、進行してリンパ節などに転移すると、化学療法や放射線療法も効かず、治りにくくなります。

ボーエン病
Bowen's Disease

どんな病気か　有棘細胞がんのがん細胞が表層部にとどまっている表皮内がんです。わずかに隆起した紅褐色の病変として気づきます。かさぶたができることもあります（写真3）。いろいろな場所にでき、湿疹とまちがわれることもありますが、かゆみはほとんどありません。

慢性砒素中毒の人にはボーエン病がよくでき、内臓がんをともなうことが知られています。外陰部にできることもありますが、これは特殊なイボウイルスが原因だと考えられています。

治療　ボーエン病は、放置しておくと深くへ侵入することがまれにあるため、病変部を手術で切除します。単発（1か所）の場合は、局所麻酔ですむ手術のことも多く、治療は比較的容易です。

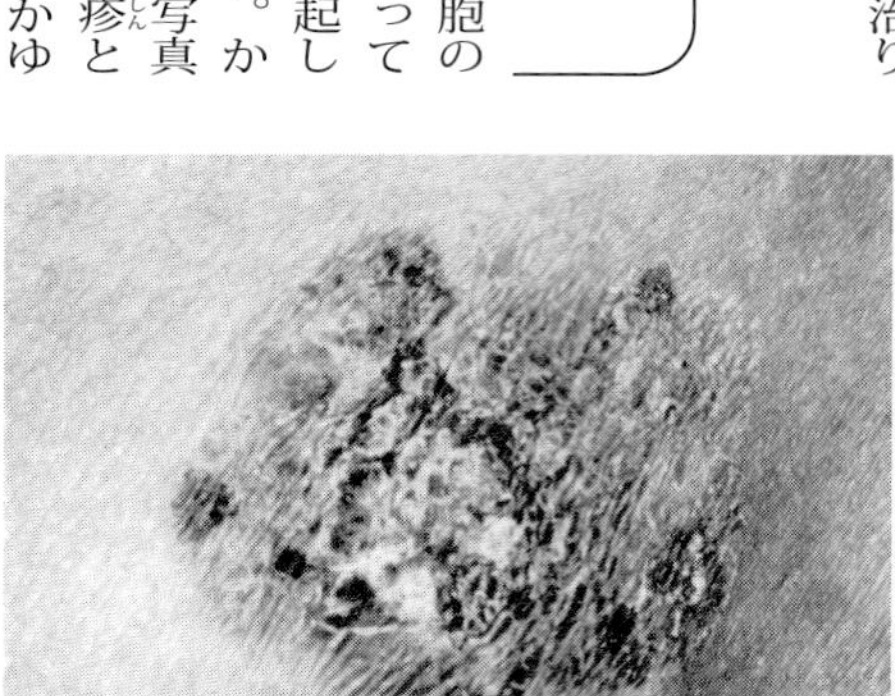

写真３　殿部に生じたボーエン病
かさぶたが付着した紅褐色の病変。

骨のがん

骨腫瘍（骨のがん）とは
(Bone Tumor)

骨の組織には、いろいろな腫瘍ができますが、大きく分けると3種類になります。

第1は、**原発性骨腫瘍**です。これは初めから骨にできる腫瘍です。このなかには、発生した場所では大きくなりますが、ほかの臓器や組織には転移をしない良性骨腫瘍（骨の良性腫瘍）と、発生した場所で大きく発育するばかりでなく、ほかの臓器や組織に転移する可能性のある悪性骨腫瘍（いわゆる骨のがん）が含まれます。

このような良性か悪性かという腫瘍の診断と、その診断に応じた治療が、もっともたいせつです。

第2は、**続発性骨腫瘍**です。肺がん、乳がん、前立腺がんなど、いろいろな臓器にできたがんが骨に転移した場合、および筋肉や皮下組織などに発生した肉腫が骨に転移した場合です。これは、本当の意味での骨腫瘍ではありませんが、骨腫瘍の一分野として扱われています。

第3は、**骨腫瘍類似疾患**です。最初に骨にできますが、その性質がほんとうの腫瘍であるかどうか、はっきりしない病気です。腫瘍に類似した性格をもっているので、骨腫瘍に含めて扱われています。

良性骨腫瘍と悪性骨腫瘍とでは、発生頻度は良性骨腫瘍が圧倒的に多く、悪性骨腫瘍の発生は少数です。また、ほかのがんと比べると、悪性骨腫瘍の発生は、とても少ないといえます。

しかし、診断が遅れると生命にかかわりますから、早期発見・早期治療が何よりもたいせつです。

比較的発生数の多い悪性骨腫瘍としては、子どもに多くみられる**骨肉腫**（次項）や**ユーイング肉腫**（545頁）、比較的高い年齢層にみられる**軟骨肉腫**（544頁）、**悪性線維性組織球腫**（545頁）などがあります。

このほかにも、発生数は少ないのですが、いろいろな腫瘍があります（良性骨腫瘍については、1889頁）。

骨肉腫
Osteosarcoma
若い人に好発する骨のがん

◇骨のがんのなかでは多い

どんな病気か　骨肉腫は、悪性骨腫瘍（骨のがん）のなかでは、もっとも発生数の多い腫瘍です。

少し専門的になりますが、この腫瘍の細胞は、幼弱な骨の組織をつくる能力をもっています。

▼**頻度**　日本整形外科学会では、全国の骨腫瘍の人の登録を行っていますが、毎年、百数十例の骨肉腫の人が登録されています。

この数が、すべてのがん発生数の何%にあたるのか明らかではありませんが、全悪性骨腫瘍の発生率は、10万人に対して0・8人といわれています。また、骨肉腫は、悪性骨腫瘍全体の40%近くを占めています。しかし、胃がんや肺がんに比べて、骨肉腫の発生数は、きわめて少ないといえます。

骨肉腫の発生しやすい部位

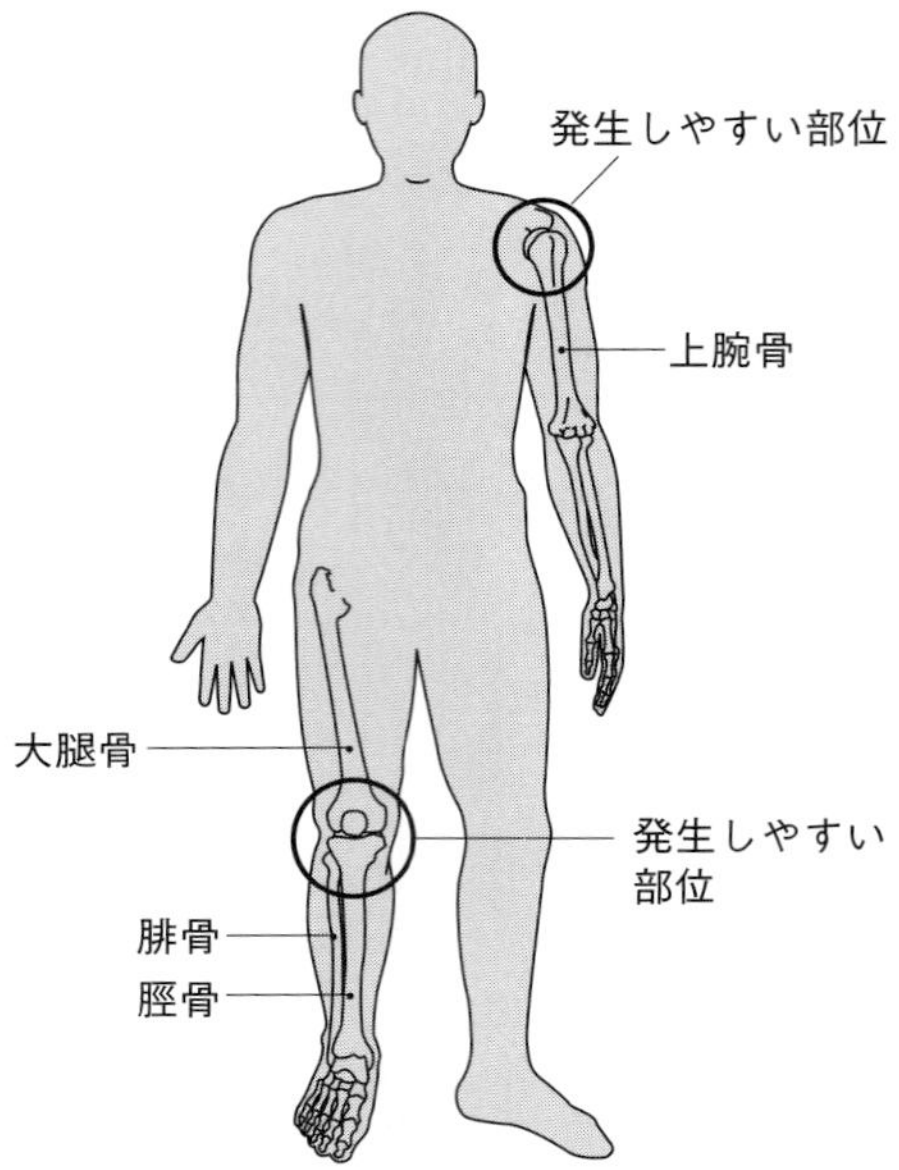

小学生から大学生といった若い年齢層に多くみられ、治療成績が、いまだに満足できるようなものではないことが問題点となっています。

▼年齢・性別　もっともかかりやすいのは10歳代、以下20歳代、10歳未満の順になっています。年齢が高くなるにつれて発生は少なくなります。

男女比は3対2で、男性にやや多く発生します。

▼発生しやすい部位　この腫瘍の半数近くは、大腿骨の下端にできます。つぎに多くみられる部位は脛骨（膝から下の太いほうの骨）の上端です。腓骨（膝から下の細いほうの骨）の上端にも発生し、70～80％が、膝の周囲にできます。

上腕骨の上端（肩の部分）にも比較的多くみられます。

その他の骨にも発生しますが、その数はきわめて少数です（上図）。

症状　走ったり跳んだりしたあとに、膝の関節が痛んだり、肩の関節に痛みを感じたりします。痛みは、安静にしていると軽くなるので、多くの人は、スポーツによる痛みと考えます。事実、大部分の痛みはそうなのですが、骨肉腫の場合は痛みがだんだん強くなり、安静時でも痛むようになります。

この時期になると、患部の腫れ、発赤（赤くなる）、熱感（触ると熱く感じる）、さらに関節の動きが悪くなり（可動性制限）、脚をひきずって歩いたりする（跛行）こともあります。

たいていの人が、この時期に医師を受診しますが、最初の痛みがおこってから2～3か月たっています。

したがって早期発見のためには、このような痛みが1か月以上もつづく場合、整形外科を受診して、骨腫瘍であるかないかを確かめる必要があります。

検査と診断　もっとも簡便な診断方法はX線検査です。X線像だけで診断ができることもあります。

しかし、骨肉腫の疑いが強い場合には、X線像のほかに、CT（コンピュータ断層撮影）、MRI（磁気共鳴画像撮影）、血管造影（造影剤を血管に注入して血管のX線写真を撮るもの）、骨のシンチグラフィー（アイソトープによる画像で腫瘍を見つける検査　230頁）などの検査を行います。

また、血液に含まれるアルカリホスファターゼ（とくに骨の腫瘍で血液中に増える物質）を検査したり、肺への転移を調べるために肺のX線検査やCT検査を行います。

最終的な診断は、腫瘍の組織の一部をとって顕微鏡で調べる病理組織学的検査を行い、その結果と、いろいろな検査の結果を総合して決定します。

◇手術と抗がん剤が治療の中心

治療

骨肉腫の治療は、手術と抗がん剤などを使用する化学療法が中心ですが、ときに放射線療法が加わることもあります。

手術が不可能な場合には、化学療法、放射線療法が行われます。

▼手術療法　以前は、骨肉腫の発生した四肢（腕や脚）を切断する切断術、関節から切り離す関節離断術が行われていました。しかし、化学療法の発達によって、腕や脚を切らないようにする手術が広く行われるようになりました（**患肢温存手術**）。

手術では、腫瘍を、骨を含めて切除し、骨の切除された部分は、人工関節、人工骨など、いろいろな材料を用いて再建します。こうした手術は、すべての人に行うわけにはいきません。腫瘍がさほど大きくない、化学療法がよく効く、主要な血管や神経を切らずにすむ、といったときに、患肢温存手術の対象となります。

▼化学療法　骨肉腫は、血管に悪性の細胞が流れ込んで、しばしば肺に転移します。

この肺への転移を防ぐことが、生命を救うたいせつな治療のひとつです。

そのため、骨肉腫の診断が確定すると、抗がん剤などを使った化学療法が行われます。

化学療法は吐きけ、嘔吐、脱毛、白血球減少などの副作用をともないますが、治療が終われば回復するものです。化学療法は、治療を始めてから約1年で終了します。

▼放射線療法　腕や脚を温存するひとつの方法として、手術で腫瘍の部分を健康な部分から分けて、腫瘍の部分にだけ放射線を照射する方法（術中放射線療法）を行っている医療施設もあります。また、手術が不可能なところに腫瘍ができた場合は、放射線療法が行われます。

◉治療成績

治療を開始したときに肺や他の骨に転移していない人では、5年生存率（5年たった時点での生存率）は約50%となっています。このうち腕や脚を切らずにすんだ人では、五年生存率は約70%以上となっています。

つまり、腕や脚を切らずにすんだ人は、それだけ条件がよいといえます。この点からも、早期発見・早期治療がたいせつであることがわかります。

切断や関節離断を行った人には、義足などが必要になります。今では、すぐれた義足もありますので、歩行は杖なしで十分可能となります。

治療の費用については、子どもの場合、厚生労働省が定めた「小児慢性特定疾患」に含まれる病気なので、手続きをすれば、公費によって治療費の給付が受けられます。18歳未満でこの病気になった場合には、20歳まで延長して治療費の給付が受けられます。

また、大腿で切断された場合は、身体障害者手帳にある、3級の障害に相当します。都道府県の指定医の診断書（身体障害者用診断書）を添えて、手続きをすれば、身体障害者手帳が交付され、いろいろなサポートが受けられます。

軟骨肉腫
Chondrosarcoma

どんな病気か

軟骨肉腫は、腫瘍が軟骨を形成するもので、骨肉腫についで多い骨の悪性腫瘍（がん）です。

骨肉腫に比べると、かかりやすい年齢は高く、20〜30歳代に多く、さらに高い年齢でも、かかります。

以前からあった骨の良性腫瘍〔骨軟骨腫（1889頁）、内軟骨腫（1889頁）〕が、悪性に変化して、軟骨肉腫となることがあります。このようなことは、比較的高い年齢の人におこります。

上腕骨（二の腕の骨）、大腿骨（ももの太い骨）、脛骨（膝から下のもっとも太い骨）などの長管骨（大きく長い筒状の骨）のほか、骨盤や肩甲骨などの扁平骨、肋骨などにも発生することがあります。

症状

主要な症状は、痛みです。しだいに痛みが増して、鎮痛薬が必要になってきます。

以前からあった腫瘤（腫れもの、こぶ）が急速に大きくなり、痛みをともなうようになることがあります。このようなときは、良性の骨軟骨腫が悪性に変化した可能性があります。したがってただちに、がんなどの専門医を訪れる必要があります。

また、この病気では病的骨折（腫瘍のために骨の強度が弱まり、小さな力で骨折すること）をおこし、急に激痛を感じることもあります。

腫瘍がひじょうに大きくなると、関節の動きが障害されます。

検査と診断

診断は、単純X線像、骨のシンチグラフィー（アイソトープによる画像で腫瘍を見つける検査230頁）、CT、MRIなどの画像検査と、最終的には、腫瘍の小片をとって顕微鏡で組織を調べること（生検）によって診断します。

治療

ふつうの軟骨肉腫は、比較的悪性の程度が低く、肺などの遠い臓器に転移（遠隔転移）することはまれです。しかし、腫瘍がひじょうに大きくなると、遠隔転移がおこることがあります。

化学療法、放射線療法などは効果が期待できません。したがって手術が主要な治療法となります。

手術には、腫瘍の部分を完全に切除して、人工関節などに置き換える方法、腫瘍のできた骨を、腫瘍ごといったん取出したあとに、オートクレーブ（高圧蒸気滅菌器）で処理をして、もとに戻す方法、自分の骨を移植する方法などがあります。

このようにさまざまな方法による再建術を用いて、腕や脚を失わないですむような患肢温存手術が行われます。

腫瘍が巨大で、部分的な切除が不可能な場合には、やむをえず手足の切断術、腕や脚の関節からの離断術が行われます。

悪性度の高い未分化型、特殊型の軟骨肉腫では、手術だけでは転移を防ぎきれない可能性があるので、補助的に、抗がん剤などによる化学療法が行われます。

しかし、通常型に対しては、このような補助的な化学療法は行われていません。

手術による5年生存率（5年たった

時点の生存率）は、60％を超えています。また、治療を開始したときに、遠隔転移がない場合には、5年生存率は70％以上となっています。

ユーイング肉腫
Ewing Sarcoma

どんな病気か

きわめて進行が速く、悪性度の高い骨の悪性腫瘍（がん）です。

大部分が子どもにおこります。もっとも発生数の多い年齢は10歳代で、つぎは10歳未満です。

この腫瘍は、腫瘍が骨を形成するのではなく、骨を破壊しながら増殖するものです。

この病気が発生しやすい部位は、骨盤、肩甲骨などの扁平骨と、大腿骨（ももの太い骨）、上腕骨、脛骨（すねの太い骨）など、大きくて長い筒状の骨（長管骨）です。

症状

初期の症状は、ほとんどが痛みです。悪性腫瘍に共通する症状は、痛みがしだいに強まることで、ユーイング肉腫の場合も同じ経過をたどります。

さらに、肉腫のあるところが熱い感じがし、発熱、白血球の増加など、炎症のような症状がみられることもあります。

検査と診断

診断は、単純X線像のほかに、CT、MRI、骨のシンチグラフィー（アイソトープによる画像で腫瘍を見つける検査 230頁）などの画像検査、悪性骨腫瘍に対する一連の検査を行います。

骨肉腫との見分けがつきにくい場合もあり、最終的には、腫瘍の一部をとって顕微鏡で調べる生検が必要となります。

治療

まず、抗がん剤などによる化学療法が行われます。

この腫瘍は、きわめて悪性の程度が高く、ひじょうに早い時期に、他の骨や肺などの遠いところへの転移（遠隔転移）をおこしやすいので、全身を相手にしなければならないからです。

まず、強力な化学療法を行って、遠隔転移を防ぐようにしたあとに、腫瘍を切除します。

腫瘍の切除が不可能な場合には、放射線照射で、腫瘍を殺す治療が行われます。

手術療法のあとも、転移を防ぐため、化学療法がつづけられます。

治療成績は、しだいによくなっていますが、まだ十分ではありません。腕や脚にユーイング肉腫が発生した場合、手術後の5年生存率（5年たった時点での生存率）は60％ですが、10年後の生存率は36％にすぎません。

悪性線維性組織球腫
Malignant Fibrous Histiocytoma

どんな病気か

最初は軟部腫瘍（次頁上段）として、この病名がつけられたのですが、その後、骨にもできることが明らかとなり、骨の病気としても悪性線維性組織球腫という腫瘍名がつけられています。

比較的に高い年齢層によくみられる病気です。50歳代にもっとも多く、以下、40歳代、60歳代の順になっていま

◎軟部腫瘍とは

骨、リンパ組織、皮膚以外の皮下組織、筋肉、筋間組織、血管、神経などにできた腫瘍を軟部腫瘍と呼びます。

骨腫瘍と同じように、**良性軟部腫瘍**、**悪性軟部腫瘍**、**軟部腫瘍類似疾患**に分けます。

悪性軟部腫瘍（次頁）は、発生した場所で大きくなるだけでなく、肺、リンパ節、骨などに転移する可能性があるものです。

腫瘍の性格をもっていますが、真の腫瘍とはいえないものが軟部腫瘍類似疾患です。

良性軟部腫瘍は、発生した場所で大きくなりますが、他の臓器には転移しません。

▼脂肪腫　良性軟部腫瘍の代表的な腫瘍です。筋肉内にできることもありますが、多くの場合、皮下にやわらかい境界のはっきりした腫瘍として触れます。痛みはありません。

1つだけできる場合と、多数できる場合があります。

大部分は、触診で触れて、

す。

発生しやすい部位は、大腿骨（ももの太い骨）、上腕骨、脛骨（すねの太い骨）などの長管骨（大きく長い筒状の骨）と、骨盤です。

症状

初期の症状は、痛みです。まれですが、腫瘍のために骨がもろくなり、病的骨折がおこり、急激な痛みを感じて発見されることもあります。

検査と診断

診断は、X線像、CT、MRI、骨のシンチグラフィー（アイソトープによる画像で腫瘍を見つける検査　230頁）などの画像検査のほか、最終的には、腫瘍の一部をとって顕微鏡で調べる検査（生検）を行って決定します。

治療

多くの場合、手術だけで治ります。

腫瘍が巨大でなければ、腫瘍を正常な組織を含めて切る切除術と、その部分の再建術が行われます。

切除が不可能な場合は、腕や脚などの切断術を行います。

ひじょうに悪性度の高い場合は、転移を防ぐため、抗がん剤の使用など、補助化学療法が行われます。

また、手術が不可能な部位に腫瘍ができた場合には、放射線療法が行われます。

日本整形外科学会がまとめた記録によると、この病気にかかった人の手術後の5年生存率は48％です。

しかし、治療を始めたときに転移がない例では、手術後の5年生存率は55％となっています。

線維肉腫
Fibrosarcoma

どんな病気か

線維肉腫は、骨の悪性腫瘍（がん）のひとつですが、発生数は少なくて、骨肉腫の約4％くらいです。

この病気が発生しやすい年齢は、10～40歳で、30歳代にもっとも多くみられます。

発生しやすい部位は大腿骨（ももの太い骨）、脛骨（すねの太い骨）、腓骨（すねの細い骨）などの長管骨（長くて大きな筒状の骨）のほか、骨盤や肩甲骨などの扁平骨にも発生します。

症状

主要な症状は痛みで、ごくまれに、病的骨折をおこして発見されることもあります。

検査と診断

診断は、X線像、CT、MRIなどの画像検査と、腫瘍の一部をとって組織の変化を顕微鏡で調べる生検（病理組織学的検査）で行われます。

治療

生検によって、腫瘍細胞のタイプがわかり、それによって転移しやすいかどうかなど、悪性の程度がわかりますので、悪性度が低ければ、腫瘍部分の切除と、それによっておこる骨の欠損に対する再建術が、おもな治療法となります。

悪性度が高い腫瘍では、抗がん剤の使用などによる補助化学療法が必要となります。

日本整形外科学会がまとめた記録によると、線維肉腫の手術後の5年生存率は49％です。治療を始めた時点で転移がない例では、5年生存率は60％となっています。

境界が明瞭であり、腫瘍がやわらかいことで診断されます。

まれに脂肪肉腫とのちがいをみきわめるために、針を刺したり手術的に腫瘍の一部をとり、その組織を顕微鏡で調べること（生検）が必要な場合もあります。

脂肪腫と診断がつけば、とくに治療の必要はありません。

▼ガングリオン　手指や手関節などに、小さなかたい腫瘤（こぶ）ができます。ひじょうにかたく、骨の腫瘍とまちがわれることもあります。このほか、膝の後ろにできることもあります。

ときに、鈍い痛みをともないます。

腫瘤は、袋状のものの中に透明なゼリー状の内容物がつまっていて、注射器によって内容物を吸引すれば、診断が確定できます。

吸引によって腫瘤は消えますが、再発することもあります。再発しても、良性腫瘍であることがはっきりしていますので、心配はありません。

悪性軟部腫瘍
Malignant Soft Tissue Tumor

どんな病気か

軟部腫瘍（前頁上段）のなかでも、腫瘍が発生した部位で発育するばかりでなく、肺、骨、リンパ節などに転移をおこす可能性をもったものを、悪性軟部腫瘍といいます。

悪性軟部腫瘍は、10万人あたり2・0人に発生するといわれています。したがって、悪性骨腫瘍の2・5倍も多く発生する病気、ということになります。

悪性軟部腫瘍には多くの種類がありますが、なかでも、比較的多くみられる腫瘍が、**悪性線維性組織球腫**（545頁）です。

そのほか**脂肪肉腫**、**横紋筋肉腫**、**滑膜肉腫**、**平滑筋肉腫**、**悪性神経鞘腫**、**線維肉腫**など、いろいろな腫瘍があります。

症状

多くの悪性軟部腫瘍の初期症状は、腫瘤（こぶ）の形成で発病します。

腫瘤が皮下の浅いところにできた場合は、簡単に発見できます。しかし、大腿（太もも）や殿部のように、脂肪や筋肉がたくさん集まっているところで、深い位置に発生すると、腫瘤がよほど大きくならなければ見つからないこともあります。

痛みをともなう例もありますが、その種類は少なく、ほとんどの場合、痛みをともなうことはありません。したがって発見が遅れることもあります。

検査と診断

診断のためには、触診によって腫瘍を触れることが、まず第一です。

骨腫瘍と異なり、Ｘ線の画像ではとらえにくいので、単純Ｘ線検査はあまり役に立ちません。この病気には、超音波断層検査が診断にとって、たいへん有用となります。

悪性腫瘍の疑いがある場合は、ＣＴ、ＭＲＩなどの高度な画像検査が行われます。

診断を確定するには、腫瘍の一部をとって顕微鏡で調べる病理組織学的検査（生検）が必要です。

特殊な針を、体外から腫瘍に刺して行う針生検は、外来でもできる簡単な病理組織学的検査の一種です。

治療

悪性軟部腫瘍の治療は、腫瘍を手術で確実に切除することが基本です。

腫瘍が大きく、切除が不可能な場合には、腕や脚などを切断することが必要になることもあります。

腫瘍の種類によっては、転移を防止するために、抗がん剤などを使って、補助的な化学療法を行うこともあります。また、腫瘍が大きい場合には、がんの転移を防止するとともに、手術の効果を高めるため、手術の前に、腫瘍への放射線の照射、温熱療法、化学療法などを組合わせた治療を行うこともあります。

腫瘍の種類によって、治療成績にちがいがありますが、悪性軟部腫瘍全体としては、手術後の5年生存率（5年たった時点での生存率）は64％となっています。

しかし、治療を開始した時点で転移がない場合には、5年生存率は75％となっています。

血液・造血器のがん

◎急性白血病の分類

急性白血病は、骨髄穿刺による血液を、ペルオキシダーゼ染色などの特殊な検査で調べることで分類され、これをFAB分類と呼びます。

◉急性リンパ性白血病

L1　リンパ芽球は小型で均一なもの（子どもに多い）。

L2　リンパ芽球は大型で不均一なもの（おとなに多い）。

白血病とは
(Leukemia)

◇急性白血病と慢性白血病がある

白血病は骨髄、脾臓といった血液をつくる器官（造血器）で白血球系細胞が無制限に増殖する病気です。

いわば造血器のがん、ともいうべき病気です。

白血病の頻度は低いのですが、年々、高齢化とともに増加傾向にあり、1回発症すると生命にかかわることが多い点が問題です。

確かな原因はまだ不明ですが、ウイルスの感染、放射線の照射、発がん性のある薬物や、有機溶媒（有機物を溶かすために使う液体）との接触、もともと発病しやすい遺伝的な因子などが誘因となって発症すると考えられています。

白血病は、増殖する悪性の細胞の種類や病気の経過などから、急性白血病と慢性白血病に分けられていて、治療の方法も予後もちがってきます。

急性白血病
Acute Leukemia

どんな病気か

血液中の血液細胞は、骨髄でつくられます。初めは未熟ですが（芽球）、やがて成熟し、完全な細胞に分化します。急性白血病はこの分化・成熟の能力を失った未熟な細胞（白血病細胞）が、骨髄内で無制限に増殖してくる病気です。

このため、骨髄での血液をつくるはたらきが低下し、貧血、好中球減少、血小板減少といった血液組成の異常がおこってきます。また、悪性の細胞が血液の流れとともに全身をめぐるために、いろいろな臓器に侵入し、そこに障害をおこします。

増殖する白血病細胞の種類によって、急性骨髄性白血病と急性リンパ性白血病に大きく分けられています。さらに、急性リンパ性白血病は3つに、急性骨髄性白血病は8つに分類されます（上段）。

このほか、白血病細胞の分類に特徴的な染色体の異常が知られています。

白血病細胞が無制限に増殖するのは、細胞増殖に重要な遺伝子の異常によることもわかっています。

急性白血病の分類は、白血病細胞の種類（FAB分類）とともに、治療成績の指標となる染色体や遺伝子の変化を加味して行われるようになりました（WHO分類）。

骨髄性白血病とリンパ性白血病の割合は、おとなでは4対1、逆に子どもでは、1対4の割合になります。

◉急性リンパ性白血病

リンパ球ががん化し、血液や骨髄中で増殖します。ペルオキシダーゼ染色に反応する芽球は3％未満です。

◉急性骨髄性白血病

白血球のうち、とくに顆粒球となるはずの芽球ががん化します。ペルオキシダーゼ染色という特殊な検査で反応する芽球が3％以上ある白血病です。早期発見できれば、治癒が可能です。

症　状

疲れやすい、動悸、息切れなどの貧血の症状のほか、発熱、寝汗などがおこります。

歯肉出血、鼻出血、皮下出血などを

L3　リンパ芽球は大型で均一なもの。

◉**急性骨髄性白血病**

M0　ペルオキシダーゼ染色に反応する芽球は3％未満ですが、骨髄性白血病の特徴をもつ、もっとも幼若な急性骨髄性白血病です。

M1　骨髄芽球に成熟傾向がないもの。

M2　骨髄芽球が成熟しつつあるもので、前骨髄球などがみられます。

M3　顆粒を多く含む前骨髄球が多くみられるもの。**急性前骨髄球性白血病**ともいう。

M4　**急性骨髄単球性白血病**ともいい、好中球と単球がともに20％以上で混在します。

M5　**急性単球性白血病**ともいい、単球系細胞が80％以上みられます。

M6　**急性赤白血病**ともいい、赤芽球が50％以上みられる赤血球系の白血病。

M7　**急性巨核芽球性白血病**ともいい、巨核芽球が30％以上みられます。（血液のしくみ1434頁参照）

おこしやすい出血傾向がみられることも多く、とくに**急性前骨髄球性白血病**は出血がおこりやすいものです。

また、胸骨（胸の中央に縦に長く触れる骨）を指先で軽くたたくと痛む叩打痛、リンパ節の腫れ、肝臓と脾臓の腫れなどもおこります。

【検査と診断】　診断には、血液検査と骨髄穿刺が必要です。

▼血液検査　静脈から血液を採取して調べると、赤血球が減少している貧血と、血小板の減少がみられます。

白血球数は、増加していることが多いのですが、3分の1の人は正常よりも減少しています。白血球中の白血病細胞の比率はさまざまです。

▼骨髄穿刺　骨髄に針を刺して骨髄中の血液を微量採取して調べると、白血病細胞が多数見つかり、血液細胞をつくっている正常な細胞群が減少しています。この白血病細胞が多数見つかることが診断の決め手です。

また、増殖している白血病細胞の種類がどれかを決めるには特殊な検査が必要なので、専門の機関で検査します。

【治療】　血液専門医のいる病院でないと治療を行いにくいものです。治療の目標は、いろいろな方法で白血病細胞を絶滅させ、正常な細胞の再生をはかることで、つぎのようにして治療を進めていきます。

なお、高齢者では、薬の副作用や合併症をおこしやすく、治療がむずかしいことが多いため、生活の質（QOL）を配慮した治療が行われます。

▼寛解導入療法　抗白血病薬を使用し、できるだけ白血病細胞を減少させることを試みます。

抗白血病薬は、白血病細胞だけではなく、正常な造血細胞やその他のからだの細胞も障害することがあり、貧血、好中球や血小板の減少が一時的に悪化したり、嘔吐、脱毛、肝障害などの副作用がおこったりします。

▼支持療法　白血病では、出血をおこしやすく、感染に対する抵抗力が低下するので、大量出血や細菌などの感染によって、ときに生命にかかわることがあります。このため、無菌室に入室したり、抗生物質を大量に使用したりして感染に対処し、たびたび輸血をして出血に備えたりします。

▼地固め療法　抗白血病薬が効いてくると、体内に10^{12}個（1兆個台）以上あった白血病細胞が10^{10}個（100億個台）以下にまで減少してきて、正常な血液をつくるはたらきも回復してきます。この状態を完全寛解といいますが、この段階で治療を打ち切ってしまうと、必ず白血病細胞が再び増殖してくるので、10^{6}個（100万個台）程度に白血病細胞が減少するまで、治療をつづける地固め療法がたいせつです。

▼維持強化療法　完全寛解の状態をつづけるために、抗白血病薬の使用など、必要な治療をつづけます。

最近では、より副作用が少ない治療法が登場し、一部の白血病で用いられています。白血病のなかでも急性前骨髄球性白血病は、臨床的に出血傾向を示し、緊急性の高い特徴をもちます。ビタミンA製剤である全トランス型レチノイン酸（ATRA）がこの白血病細胞の分化・成熟を誘導する分化誘導療法が導入され、より安全で有効な治療として用いられています。さらに、猛毒として知られる三酸化ヒ素（亜ヒ酸）製剤が再発または治療抵抗性の急性前骨髄球性白血病を適応として厚生労働省から承認されています。

▼骨髄移植　新しい薬剤の開発などにより化学療法の成績もあがっていますが、白血球抗原（ＨＬＡ）の適合や患者の年齢・健康状態などの条件がそろえば、骨髄移植が検討されることもあります。（1450頁）

白血球抗原の形が一致する骨髄提供者（ドナー）から採取した骨髄を、静脈から輸血することで移植します（同種骨髄移植）。

移植後は、約1か月無菌室に入り、感染症や合併症の予防などの管理が行われます。

▼予後　治療の進歩によって、完全寛解の状態になる人は、増加しています。おとなに多い急性骨髄性白血病では、完全寛解の状態になる人が約80％で、子どもの急性リンパ性白血病では、完全寛解の状態になる子どもが95％を超えるほどです。

慢性白血病
Chronic Leukemia

どんな病気か　徐々におこってくる白血病で、慢性骨髄性白血病と慢性リンパ性白血病の2種類があります。慢性骨髄性白血病と慢性リンパ性白血病の比率は、約8対1となっています。

◉慢性骨髄性白血病

フィラデルフィア染色体という異常な染色体をもった細胞が、成熟・分化しながら無制限に増殖する白血病です。患者は、40～50歳の人に多く、とくに男性に多くみられます。

◉慢性リンパ性白血病

体内に侵入した病原微生物と闘うなどの免疫学的なはたらきをもたない成熟小リンパ球が増殖して、全身の臓器に侵入する白血病です。

日本では少ない白血病です。白血病全体に占める割合は、2～3％にすぎません。

症状　徐々に発症し、健康診断を受けた際などに、血液検査で白血球数が増えていたり、腫れている脾臓が触れたりして発見されることも少なくありません。

慢性骨髄性白血病では、からだがだるい、疲れやすい、体重減少、寝汗、上腹部の不快感などが現れます。胃潰瘍を合併していることも多いものです。また、ほとんどの人に脾臓の腫れがみられます。

慢性リンパ性白血病では、リンパ節の腫れと脾臓の腫れなどがおこってきます。

検査と診断　静脈から血液を採取して調べると、正常の場合では1㎣中４０００～９０００個である白血球数が著しく増加し、ときには10万～20万個にも増えています。

貧血は発症初期にはみられませんが、病気が進行してくるにつれて、現れてきます。

血小板数は正常なこともありますが、慢性骨髄性白血病では増加していることが多いものです。

慢性骨髄性白血病では、いろいろな成熟段階の白血球が血液中に出現し、フィラデルフィア染色体を調べると、

◎フィラデルフィア染色体とは

ヒトの染色体のうち、22番目の染色体に異常がおこったものをフィラデルフィア染色体と呼びます。染色体は形と大きさの同じものが2本で1組となっていますが、22番目の染色体の1本と9番目の染色体の1本が入れかわったものがフィラデルフィア染色体で、異常なはたらきをします。

◎チロシンキナーゼとは

酵素の一種で、たんぱく質を活性化し、細胞を分裂・増殖させるはたらきがあります。がん細胞の増殖にかかわりがあり、がんの標識である腫瘍マーカーとして利用されています。

染色体と呼ばれる22番目の染色体の異常がみられることが、診断の有力な手がかりになります。また、血液中の好中球のアルカリホスファターゼ（細菌を破壊する酵素）が低下していることも、診断の一助となります。

慢性リンパ性白血病では、成熟小リンパ球が増加します。骨髄穿刺を行って骨髄液を調べても、同じ結果がみられます。

治療

慢性骨髄性白血病では、フィラデルフィア染色体をもつ細胞の増殖を根本的に抑える治療として、チロシンキナーゼ阻害薬療法があります。

フィラデルフィア染色体をもつ細胞の増殖は、染色体・遺伝子の変化によりもたらされた強力なチロシンキナーゼ（上段）の活性によります。チロシンキナーゼ阻害薬は、この強力なチロシンキナーゼを抑制します。このため、白血病細胞は、増殖に必要な一連の細胞内の反応が遮断され、増殖できなくなります。

従来の化学療法に治療抵抗性の白血病にも効果が期待でき、何よりも正常組織への傷害を回避できるという点で画期的です。

慢性骨髄性白血病のチロシンキナーゼ阻害薬療法は、以前使用されていたヒドロキシカルバミドやインターフェロンなどの（薬物）化学療法や唯一根治が期待される治療法であった骨髄移植にとってかわり、副作用のない治療法として広く利用されています。

病気が末期になると、急性白血病と同じ症状になります。これを**急性転化**といいます。急性転化した場合、多剤併用化学療法を行います。

慢性リンパ性白血病では、抗がん剤のフルダラビンや副腎皮質ホルモン剤などを用いて治療しますが、発病初期は、治療をしないで経過をみることも少なくありません。若い人には、骨髄移植が行われます。

▼予後　診断確定後、慢性骨髄性白血病が急性転化をおこすまでの期間は平均3～4年で、約90％の人は、急性転化後3～6か月で死亡します。慢性期のチロシンキナーゼ阻害薬療法によって約90％の人が長期生存しています。

いっぽう、慢性リンパ性白血病の平均生存期間は、約5年といわれています。

成人T細胞白血病
Adult T-Cell Leukemia (ATL)

どんな病気か

リンパ球（白血球の一種）のうちのT細胞が異常になる白血病で、おもに40歳以降の人におこることから、「成人」という形容詞がついています。

異常になったT細胞をＡＴＬ細胞といい、ＨＴＬＶ－１（ヒトTリンパ球向性ウイルス）というレトロウイルスの感染が原因で出現しますが、潜伏期間が数十年と長いため、発症しないこともあります。

四国、九州、沖縄に多い病気ですが、その他の地域でも散発的にみられます。

感染経路は、母乳によるお母さんから赤ちゃんへの感染、性行為による異性間での感染などが、おもにあげられます。

▼種類　病状の進みかたなどから、つぎの４つに分類されます。

①急性型　ＡＴＬ細胞が多数で、進行が速く、生命にかかわる危険が高いものです。

リンパ節の腫れ、肝臓、脾臓、皮膚、肺などへのＡＴＬ細胞の浸潤(取込み)がみられます。高ＬＤＨ（乳酸脱水素酵素）値（192頁）、高カリウム血症などの血液の異常をともなうことも多いものです。

②慢性型　多数のＡＴＬ細胞がみられるのにもかかわらず、進行は緩やかで、慢性リンパ性白血病（前項）と似た経過をたどります。

高ＬＤＨ値、高カリウム血症があっても軽く、正常なこともあります。

③くすぶり型　血液中に占めるＡＴＬ細胞の割合が数％と少なく、ほとんどが無症状のまま経過します。

④リンパ腫型　白血病としてよりも悪性リンパ腫（次頁）として経過し、急性型に転化しやすいものです。血液中のＡＴＬ細胞の数はまれで、リンパ節の腫れが目立ちます。

検査と診断　血液検査でＡＴＬ細胞が証明されるほかに、ＨＴＬＶ‐１の感染を受けている抗ＨＴＬＶ‐１抗体が検出されるなどで診断がつきます。

治療　急性型やリンパ腫型は、ＡＴＬ細胞を撲滅するための抗がん剤の多剤併用療法を行います。

慢性型とくすぶり型は、定期的に検査し、現在以上に病状が進行しないように薬を使用します。

免疫が低下し、日和見感染（2134頁）がおこりやすいので、予防のための薬の使用も行います。しかし、予後はきわめて不良です。

多発性骨髄腫
Multiple Myeloma

どんな病気か　からだの健康を守っている免疫の一翼をになう抗体はたんぱく質でできていて、**免疫グロブリン**と呼ばれています。

免疫グロブリンは、骨髄に存在する**形質細胞**（Ｂ細胞が変化したもの）でつくられますが、この形質細胞ががん化して**骨髄腫細胞**と呼ばれる異常な細胞となり、無制限に増殖する病気です。形質細胞のはたらきが低下するいっぽう、正常な血液をつくる骨髄のはたらきも障害されます。

症状　50歳以上になってからの発症が多く、腰や背中の痛み、骨の痛みのほか、からだのだるさ、息切れ、動悸、顔色が悪いなどの貧血の症状が現れ、出血しやすくなります。感染に対する抵抗力も低下して、肺炎などにかかりやすくなります。

骨髄腫細胞には、骨を溶かしてしまう因子が含まれているために、いろいろな骨が破壊され、わずかな外力が加わっても骨折（病的骨折）をおこしやすく、骨折でこの病気が発見されることもあります。視力障害、めまい、頭痛などがおこることもあります。

頻度の低い病気のために、医師の治療を受けていてもこの病気と気づかれないことがありますから、疑わしい症状がつづくときは、血液専門の医師を紹介してもらいましょう。

検査と診断

血液を採取して調べると、血沈（赤沈（210頁））が非常に高まっているほかに、貧血、白血球や血小板の減少がみられることがあります。

骨のX線撮影で「打ち抜き像」と呼ばれる骨の破壊像がみられることや、血清たんぱく中に、異常な免疫グロブリン（免疫グロブリン‐Mたんぱく）の増加がみられることで診断できます。

免疫グロブリン‐Mたんぱくの血中濃度が高くなると、血液の粘りけ（粘稠度）が高まり、血液の循環障害がおこり、眼底の異常、中枢神経や末梢神経の異常、心不全、腎臓障害などの症状が現れます（**過粘稠度症候群**）。

治療

化学（薬物）療法では、メルファランやシクロホスファミドなどの抗がん剤と副腎皮質ホルモン剤のプレドニゾロンとの長期併用が効果をあげています。また、骨髄腫細胞の増殖を抑えるサリドマイドも効果があります。

補助療法として、痛みが激しいときは、鎮痛薬を用いますが、ときに、放射線を照射することもあります。

最近、根本的な治療法として、骨髄移植にかわって、**造血幹細胞移植**が期待されています。これには、造血幹細胞を自分の血液から分離し移植する自己末梢血幹細胞移植（保険適用）や、造血幹細胞が豊富な赤ちゃんの臍帯血を利用する臍帯血移植などがあります。

治療が効果をあげているときは、ふつうに生活してもかまいません。多少、骨の痛みがあっても、適度にからだを動かすことや、水分を多くとって尿量を増やすことが、合併症を防ぐためにたいせつです。

悪性リンパ腫
Malignant Lymphoma

どんな病気か

リンパ組織（1438頁）は、感染などからからだを守る、重要なはたらきをしています。

悪性リンパ腫は、このリンパ組織を構成するリンパ節、脾臓、扁桃などのBやT細胞が悪性化して、無制限に増殖し、腫瘤を形成する病気で、白血病とならぶ代表的な血液のがんです。

▼**種類**　大きく分けると、**ホジキン病**と**非ホジキンリンパ腫**の2つですが、悪性化した細胞の種類によって、さらに細かく分類されます。

また、種類によって、病気の経過や治療に対する反応のしかたなどがちがってきます。

ホジキン病は、リンパ球優位型、結節硬化型、混合細胞型、リンパ球減少型の4つに分類されます。

非ホジキンリンパ腫には、濾胞性リンパ腫とびまん性リンパ腫に大別する分類や、予後を考慮した国際分類などの分けかたがあります。

原因はまだわかっていませんが、一部のものは、ウイルスの感染が原因と考えられています。また、免疫不全や遺伝子の異常も深くかかわっているとみられています。

レトロウイルスのひとつであるＨＴＬＶ‐Ｉが原因となって、リンパ球のＴ細胞に異常をおこすものは、成人Ｔ細胞白血病のリンパ腫型（前頁）として扱われています。

▼頻度　日本でのリンパ系悪性腫瘍による死亡率は、人口10万人に対し約17人、男女比は3対2です。

ホジキン病の発症は、20～30歳代の若い人と高齢者に多くみられます。非ホジキンリンパ腫は、50～60歳に多い傾向があります。

また、日本ではホジキン病は少なく、非ホジキンリンパ腫が多くなっていますが（90%）、なかでも悪性度の高いT細胞性のリンパ腫の頻度が高くなっています。

症状　からだの表面近くのリンパ節が腫れてきて、いわゆるぐりぐりができますが、押しても痛くなく、周囲に傷口や化膿も見あたりません。

ぐりぐりの発生しやすい部位は、くび、わきの下、脚の付け根などです。

病気が進行すると、何か所ものリンパ節が腫れてきて、発熱、体重減少、寝汗なども現れてきます。

からだの奥の、外からは触れることのできないリンパ節が腫れたり、扁桃や脾臓が腫れてくることもあります。

検査と診断　腫れたリンパ節の組織の一部を採取し、顕微鏡で見て細胞の種類を調べるリンパ節生検を行わないと、確実な診断はくだせません。

リンパ節生検で診断が確定したら、血液・骨髄検査、各種のX線検査、CTスキャン、MRIなどを行って、病気の広がりを調べます。これらの検査結果は、治療の方法を選ぶのにたいせつな指標となります。

病気の初期は、血液検査で特徴的な異常はみられませんが、病気が進行していろいろな臓器に広がってくると、病巣ができている臓器に応じて肝障害、貧血などの異常が現れてきます。

治療　ある部位に病気が限局していて、進行していない場合は、放射線療法を主体にして治療します。病気が全身に広がっている場合は、いろいろな抗腫瘍薬を組合わせて使用する多剤併用化学療法を主体にして治療するのが原則です。

最近、新しい**モノクローナル抗体療法**が導入されました。

抗体は通常、自分のものと異なる抗原が体内に侵入した際に、認識して結合し無毒化します。

モノクローナル抗体は、1つの抗原に対してのみ結合する1種類の抗体です。異常増殖したB細胞は、細胞膜にB細胞の増殖・分化に重要なはたらきをもつ抗原をもっています。この治療法はその抗原のひとつ、CD20抗原に対するマウス・ヒトキメラ型抗体による治療で、B細胞のがん化した一部の悪性リンパ腫に、高い治療効果がみられています。

また、場合によって、骨髄移植（1450頁）が行われることもあります。

悪性リンパ腫が、胃や腸などの臓器に発生した場合には、手術をして切除するのがふつうです。

▼予後　ホジキン病は、多剤併用化学療法によって、10年生存率は約70%に達し、初期の段階で診断できた場合は、治る可能性もあると考えられています。

非ホジキンリンパ腫は、ホジキン病に比べると予後が悪いのですが、型によっては、生存期間が5～7年と長い場合もあります。

乳がん

乳がん……………555頁

▼症状▲乳房の中にかたいしこりを触れるほか、乳頭からの血性分泌、乳房・乳頭の変形やただれなどがみられることも。

▼治療▲手術による乳房の切除が基本。切除部分の縮小化や乳房再建術の進歩で、手術後の生活の質は向上。

炎症性乳がん………559頁

コラム 乳がんの自己発見法………560頁

◎医師が行う乳がんの触診………556頁

◎乳房パジェット病………557頁

◎センチネルリンパ節………559頁

乳がん

Breast Cancer

自己発見が可能ながんのひとつ

◇ほとんどが乳管がん

どんな病気か 乳がんは、乳房にできる悪性腫瘍です。乳房の中には乳腺といわれる組織があります。乳腺は、乳汁をつくる腺胞という小さな腺組織の集まりで、ブドウの房のようになっていて、それぞれが乳管（乳汁を集め乳頭へ送る管）で連絡されています。乳がんの約90％は、乳管から発生する**乳管がん**で、ほかに腺胞から発生する**小葉がん**や、乳頭に発生する**乳房パジェット病**（557頁上段）などいろいろあります（次頁図）。

◇乳房のかたいしこりが特徴

症状 乳がんは、乳房にできたしこりを触れて発見されることがもっとも多く、ほかに乳頭からの血性分泌や、乳頭やその周囲のただれ、乳房・乳頭の変形などがきっかけで発見されることもあります。

◉しこりの特徴

乳がんは、乳房の中にかたいしこりとして触れますが、その状態はまちまちで、表面が凸凹で周囲との境界がはっきりせず、動きにくいものから、クリッとしてよく動くものまであります。とくに、表面がツルツルで、丸くよく動くものは、良性腫瘍［乳腺線維腺腫（827頁）など］との区別が必要です。

乳がんの場合は一般に、ややかための乳腺の中に、境界がはっきりしないしこりを触れることが多いようです。

しこりを押したときの痛みはほとんどなく、あってもあまり強くはありません。乳房の大きさにもよりますが、脂肪の豊かな人の場合は、やや強めに触らないとしこりの状態がわからないこともありますので、注意が必要です。

◉しこり以外の特徴

▼乳頭の血性分泌 がんからの出血が乳管を通って乳頭に出てくるもので、乳頭直下の早期がんの場合が比較的多く、しこりを触れないことがあります。

▼乳頭の変形 乳頭直下やその近くにがんができると、がんの周りの組織がひきつけられ、乳頭がへこんだり（陥凹乳頭）、変形したりします。

▼皮膚の陥凹（へこみ）・えくぼ現象 乳がんが、皮下組織やクーパー靭帯（皮下組織と乳腺をつないで乳腺を支えている）に浸潤（根を張るように入り込む）すると、その真上の皮膚がひきつれ、へこみます。これは、鏡の前でゆっくりと腕を上げ下げしてみるとわかります。

また、親指と人さし指でしこりをつまむと、しこりの真上の皮膚がへこみ、えくぼのようになることがあります。これは、乳がんにみられる特徴的な現象で、**えくぼ現象**といわれています。

▼オレンジ皮様皮膚 乳がんが進行し広範囲に浸潤してくると、乳房の皮膚が赤く腫れぼったくなり、ちょうどオレンジの皮のように、毛穴のへこみが目立つようになります。もっとがんが進行すると、小さなブツブツが盛り上がり、さらに進行すると、潰瘍をつくったり、不快なにおいや出血がみられ

◎医師が行う乳がんの触診

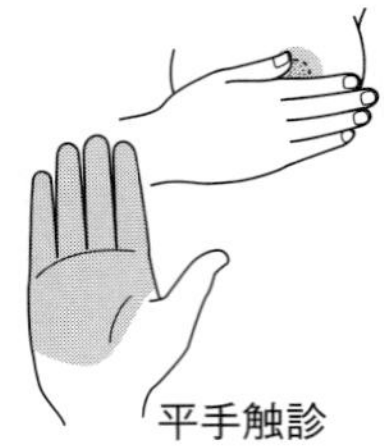

手のひらで乳房を押さえ、しこり、乳腺の硬結（しこり）の有無を調べる。

平手触診

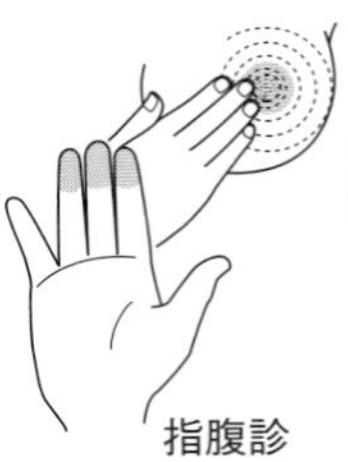

人さし指、中指、くすり指の指先で、うずまき状に輪を広げるように触れる。

指腹診

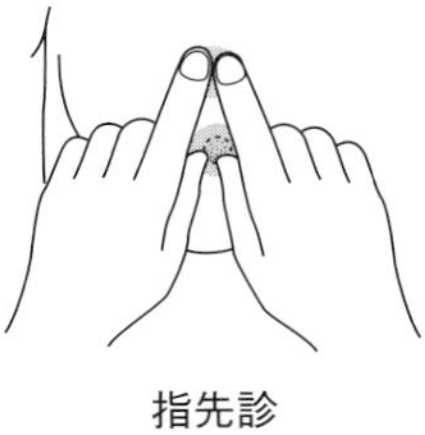

左右の人さし指で、乳腺を左右交互に押さえ、形、表面の状態・移動性などを調べる。

指先診

るようになります。オレンジ皮様皮膚の変化は、炎症性乳がん（次項）にもみられます。

◉乳房以外の特徴

▼腋窩（わきの下）のリンパ節腫脹（腫れ）　乳がんが進行すると、周囲の血管やリンパ管に広がって転移をおこします。

乳房のリンパ管は、腋窩を通り鎖骨の下の静脈に合流しています。がん細胞がそのリンパ液の流れにのり、途中のリンパ節にひっかかると、リンパ節転移をおこすわけですが、リンパ行性（リンパ管を介して）または血行性（血液を介して）によって肺や肝臓などの離れた臓器にまで転移します。

乳房の断面と乳がんの発生部位

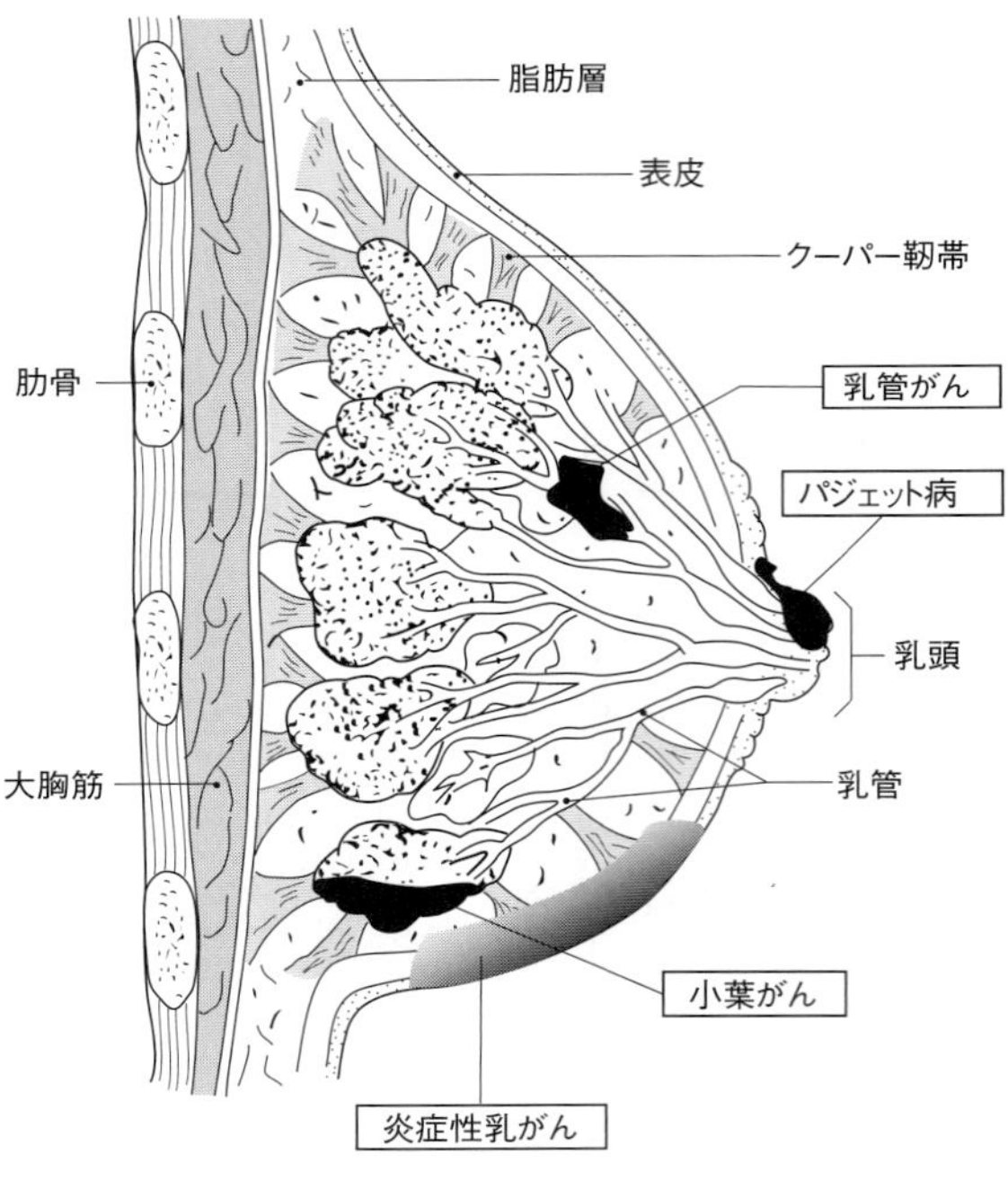

転移したリンパ節内でがん細胞が増えると、そのリンパ節は腫れて触れるようになるのです。

◇良性か悪性かの区別が必要

【検査と診断】　乳房にしこりが発見されたら、良性腫瘍か悪性腫瘍かをみきわめることが必要です。

◉問診

乳がんは、女性ホルモンの分泌と深い関係があります。初経が10歳以下の人や、妊娠・出産の経験がない人、授乳の経験がない人、閉経年齢の遅い人などは、乳がんができやすいといわれています。そこでまず医師は、ホルモンに関係する内容をたずねます。

月経の状況（初経・周期・閉経の年齢など）、結婚の有無、妊娠・分娩の回数、授乳の状況（乳汁の出・左右のちがい・人工乳授乳の割合など）などです。

ついで、乳腺炎（824～826頁）や乳房腫瘤などの乳腺の病気にかかったことがあるか、女性ホルモンや副腎皮質ホルモンなどの治療を受けたことがある

◎乳房パジェット病

乳房パジェット病は、乳頭・乳輪にびらん（ただれ）をともなう湿疹ができる乳がんの特殊な型で、乳がん全体の1～2%というまれな病気です。

発病年齢は乳がんよりやや高く、50歳代にもっとも多くみられ、ついで60歳代、40歳代とつづきます。

初期症状は多くの場合、乳頭やその周囲に、境界が比較的はっきりした軽い紅色や紅褐色の湿疹のようなものができることで始まることが多く、そのほとんどに軽いかゆみをともないます。ときには、かゆみだけで、皮膚の変化が見つからないこともありますので、注意が必要です。

進行すると、乳頭はしだいに変形し、乳輪も不明瞭になります。さらに進行拡大すると、乳房全体が紅色の湿疹や、ジメジメしたただれなどでおおわれるまでになります。

はじめは、乳頭・乳輪の急

かなどの既往歴をたずねます。

また、乳がんは遺伝的要素が強いといわれてきましたが、最近、がん抑制遺伝子と呼ばれる、乳がんの発生を抑える特殊な遺伝子が見つかり、乳がんにかかる人の多くは、その遺伝子が欠損していることもわかってきました。

このように、乳がん発生の遺伝的要因も、しだいに解明されつつあります。

したがって、血縁者のなかに乳がんの人がいないか、他のがんについてはどうかなどの家族歴についてもたずねます。

◉視診

上半身の衣類は全部脱ぎ、座った状態で、腕を下ろしたり、頭の後ろに上げて、乳房のひきつれ・へこみ・盛り上がりなどの変化を観察します。

◉触診 （前頁上段図）

まず、診察台にあお向けに寝て、肩の力を抜きます。肩に力が入ってしまうと、乳房が自然な形で胸の上に広がらず、よい触診ができません。最初に手のひら全体で乳房を触れ、ついで指の腹で乳房に輪を描くように触れます。

さらに、わきの下および乳房外側上方から乳頭に向って触れます。異常があれば、指先でくわしく調べます。つぎに、座った状態で、両側のわきの下や、頸部のリンパ節が腫れていないかを調べます。

◉追加診断法

問診・視診・触診だけでは、しこりを触れない早期の乳がんは発見できませんし、良性か悪性かの区別も必要となります。そこで、以下のような追加診断法が行われ、それらの組合わせで最終的な診断が下されます。

①単純乳房撮影法（マンモグラフィー）

胸部や腹部のX線より被曝線量の少ないX線で、乳房の中を撮影するものです。乳房を上下と左右から板ではさみ、乳房用X線装置で撮影します。乳がんの場合、砂をまいたようなとても小さな石灰化像や、不整形な腫瘤（こぶ）の陰影がみられます。

②乳管造影法　乳頭から造影剤を注入して、乳管の状態を調べるX線検査です。乳頭から出血がみられるような、乳管から発生した早期の腫瘍の診断に役立ち、乳管の変形やとぎれの状態により、病巣のようすが診断できます。

③乳管内視鏡検査　とても細いファイバースコープを乳頭から挿入し、乳管の状態を調べます。乳管内腫瘤の状態や出血部位などが診断できます。

④超音波検査（エコー）　乳がんの検査でもっとも苦痛の少ないもので、乳房の表面から超音波をあて、そのはね返ってくる反射波を測定することにより、腫瘍の状態を調べます。また、その腫瘍の周囲や内部の血液の流れによって、良性・悪性の区別もできます。

この検査は、副作用の心配がないので、くり返し行うことができます。

⑤細胞診　細胞の性質を調べる顕微鏡検査で、X線検査やエコーとちがい、直接がん細胞の確認をするものです。

細胞診には、乳頭異常分泌物細胞診と穿刺吸引細胞診があります。

乳頭異常分泌物細胞診　乳頭から出る異常分泌物を顕微鏡で調べ、細胞の異型度を診断します。乳頭分泌だけでしこりを触れない早期がんや、乳房パジェット病などの診断に有効です。

性湿疹やたむし（白癬1827頁）などとまちがえられやすいので、長期間治療しても症状の改善がみられないときや、かさぶたなどができるようなことがあったら、皮膚科の医師や、乳腺専門の医師にみてもらいましょう。

　診断は、顕微鏡による乳頭分泌物やかさぶたなどの皮膚の細胞診断が決め手となります。80～90％に乳房内のがんを合併しているので、マンモグラフィーや超音波検査も重要です。

　治療は、原則として手術による切除ですが、通常の乳がんに準じて行われます。

穿刺吸引細胞診　静脈注射用の細い針で乳房の中のしこりを直接刺し、微量の細胞を吸いとって、顕微鏡でその性質を調べる検査です。1・0㎝以下の小さなしこりでも診断ができ、乳がんを診断するうえでもっとも簡便な検査です。
⑥**針生検**　細胞診より太い針で、細胞のかたまりを採取してきます。局所麻酔後、皮膚を数㎜切開して太い針を挿入します。より正確な乳がんの診断が可能です。
⑦**その他の診断法**　ＭＲＩ（磁気共鳴画像撮影）やＣＴ（コンピュータ断層撮影）検査は、乳がんと診断された人には有用です。

◇治療の基本は手術

治療

乳がんに対する基本的な治療法は手術ですが、その補助療法として、抗がん剤による化学療法やホルモン剤による内分泌療法、局所治療の放射線療法などがあります。

◉手術
　乳房全部と胸の筋肉（大胸筋・小胸筋）および、わきの下のリンパ節を全部とってしまう**胸筋合併乳房切除術**という手術が、かつてはもっとも多く行われてきました。しかし、術後の胸の変形や、腕のむくみ、しびれ、運動機能の低下などが問題となり、日本では、1990（平成2）年前後を境に、胸の筋肉を切除しないか、一部だけ切除する**胸筋温存乳房切除術**がもっとも多く行われるようになりました。

　現在では胸筋合併乳房切除術は、よほど進行した乳がんでないかぎり行われません。

　早期の乳がんであれば、乳房の一部や4分の1を切り取る**円状乳房部分切除**、または**扇状乳房部分切除**などの乳房温存手術が行われますが、その場合、術後に残った乳腺に対して、放射線治療などの補助療法が追加されます。これにより、乳房切除術と比べても遜色のない治療成績が得られるようになりました。

　以上のように、最近では乳がんの手術の縮小化が進んではいますが、乳房切除と乳房部分切除は、半々くらいの割合です。

　従来、乳がんの手術では、腋窩リンパ節郭清（わきの下のリンパ節のある程度の範囲を決めてとること）が、標準治療として実施されてきましたが、最近では縮小手術としての**センチネルリンパ節生検法**が多くの施設で、早期乳がんに対して施行されるようになってきました。

　センチネルリンパ節は、腫瘍からのリンパ流を、最初に直接受けるリンパ節です（次頁上段図）。多くの場合は、わきの下のリンパ節の中に存在します。このリンパ節は1個から数個存在し、これを調べて顕微鏡で転移の有無を調べることにより、それ以上の腋窩リンパ節郭清が必要かどうかを判断します。

　通常の腋窩リンパ節郭清によりおこることがある、患部のある側の手のむくみやしびれ感などが、縮小手術で軽減すると考えられます。手術による合併症とその対策について、よく説明を受けましょう。

　またいっぽうでは、乳がんの手術と同時に、切除手術により欠損した部分

◎センチネルリンパ節

乳がん細胞が、リンパ流にのって最初に到達するリンパ節が、センチネルリンパ節です。

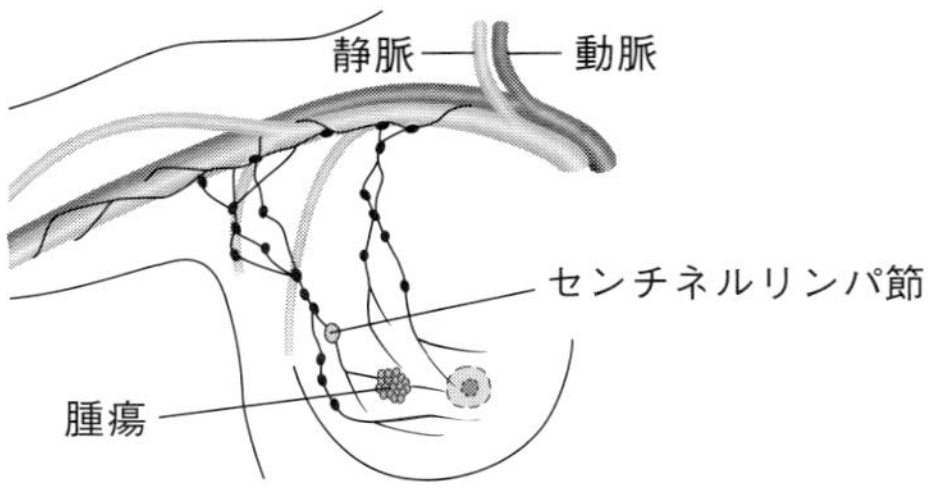

に、自分の背中や腹部の脂肪と筋肉を移植し、乳房を復元する同時または二期的**乳房再建術**が積極的に行われることもあります（1994頁）。これは、かつてのシリコンなどの人工異物とちがい、新たな乳がん発生の懸念はありません。

◉手術後の補助療法

乳房温存手術の場合、残った乳腺の中に、手術前の検査ではわからなかった目に見えないわずかながん細胞が残されていることが考えられます。そのがん細胞を撲滅するために、術後の放射線療法が多く行われています。

そのほか、閉経の前と後で使用薬剤が異なりますが、ホルモン感受性のある乳がんを抑える内分泌療法（ホルモン剤）があります。

さらに、ホルモン感受性がない、あるいは進行した乳がんの場合は、化学療法（抗がん剤）が行われます。

◉乳がん治療後の妊娠

乳がんは女性ホルモンと関係が深く、とくにエストロゲンの影響を受けるといわれています。妊娠すると、このエストロゲンが急激に増加し、がん再発の危険度が高くなることがあります。ですから、再発の危険が高い、術後2～3年間や補助治療中は、妊娠は避けたほうがよいでしょう。

しかし、まったく妊娠不可能というわけではありませんので、担当の医師に相談してみましょう。

炎症性乳がん
Inflammatory Breast Cancer

どんな病気か はっきりとしたしこりを乳房に触れない、発赤（皮膚が赤くなる）・腫脹（腫れ）を特徴とする乳がんの特殊な型です。

日本では、全乳がん中の1％くらいで、他の乳がんと同様に、40～50歳ごろによく発病します。

症状としては、乳房の皮膚が広い範囲で赤く腫れ、オレンジ皮様皮膚といわれるように、皮膚がむくんで毛穴が目立つようになります。皮膚が厚ぼったくなるので、乳腺内のしこりは触れにくく、乳房全体が1つのかたいかたまりのように触れます。

検査と診断 診断の第1は、病理学検査です。乳房の皮膚の一部を採取し、顕微鏡で調べると、皮膚および皮下のリンパ管に、がん細胞が著しく入り込んでいることが観察されます。

乳がんの診断に有効なマンモグラフィーでは、ほとんどしこりは映しだされません。しこりが触れず、X線検査で陰性だからといっても、安心はできません。

必要に応じて、超音波検査など他の検査法も併用すべきでしょう。

治療 かつては乳房切除術のみがおもに行われていましたが、当時の全国集計では100％に再発がみられ、5年間生存できる率はわずかに17％でした。しかし現在は、抗がん剤による術前化学療法を中心にして、放射線療法や手術を組合わせた複合療法を行い、術後も継続した化学療法を行うことによって、5年生存率も50％前後にまで改善されました。乳房に、ただれや発赤を見つけたら、たんなる乳腺炎だろうと思わず、乳腺外科専門の医師の診察を受けるべきです。

乳がんの自己発見法

現在、日本の女性のがん罹患率の第1位は乳がんです。したがって、早期発見・早期治療がとても重要になってきます。

病院の乳腺外来を訪れる人の訴えの多くは「しこりを触れた」ですが、そのうちの80％以上は、自分で気がついたものです。

このように、乳がんは自分で発見することのできる数少ない悪性腫瘍のひとつです。定期的に乳がん検診を受けるとともに、普段から乳房の自己触診を行い、異常を早期に発見するように心がけましょう。

乳房の自己検診は、毎月一定の日を決めて行い、しこりやひきつれがないか、皮膚の色はどうか、乳頭から異常な分泌はないかを調べます。

女性の乳腺は、ホルモンの関係上、月経直前・直後や月経中は全体に張っているために、乳がんの診断時期としてふさわしくありません。月経終了後4～7日ごろがもっともよい時期です。

閉経後の人の場合は、いつでもよいですから、日を決めて調べましょう。

自己触診法（上図）は、調べる乳房とは反対側の手で行います。乳房の外側から内側、上側から下側というように、手のひらや指先で全体をなでるようにしてまんべんなく触り、決してわしづかみにしてはいけません。わきの下も忘れずに調べましょう。最後に、乳頭を軽くつまんで、異常な分泌がないかを調べます。

検診の結果は、毎月の比較をするために、ぜひメモをしておきましょう。

乳がんの自己触診法

①あお向けに寝て、背の下に薄い枕などを入れる。調べる乳房と同じ側の腕を頭の後方に上げ、反対側の手の指の腹でまんべんなく乳房の内側半分を調べる。

②腕を自然の位置に下げ、乳房の外側半分を指の腹でまんべんなく調べる。つぎに、手のひらで乳房全体を押さえて調べる。同じようにして反対側の乳房を、内側・外側・全体の順で調べる。

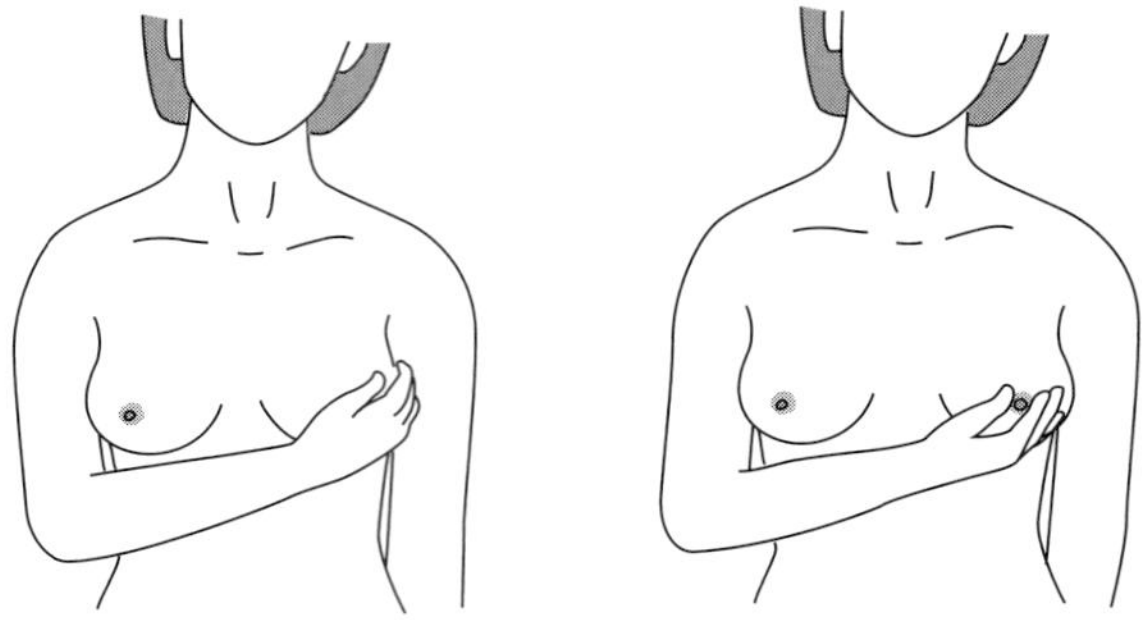

③左右のわきの下を触れ、リンパ節が腫れていないかどうかを調べる。

④乳頭を軽くつまみ、血のような異常な分泌物が出ないかどうかを調べる。

女性性器のがん①

▼症状▲進行するまで無症状の子宮頸がんと、初期から出血症状のみられる子宮体がんの2種類がある。

▼治療▲種類や進行の程度により、さまざまな治療法が選択される。

子宮がんとは
(Uterine Cancer)

◇発生部位により2つに分類

一般に、子宮がんといわれるがんは、発生する場所によって2種類に分けられます。子宮頸部に発生するがんを子宮頸がん、子宮体部に発生するがんを子宮体がんといいます（左図）。

以前は日本人の子宮がん全体で、80～90％の割合を子宮頸がんが占めていましたが、最近では子宮体がんの増加にともない、子宮がん全体のなかで子宮体がんが45％程度を占めるようになってきました。

子宮がんの発生部位

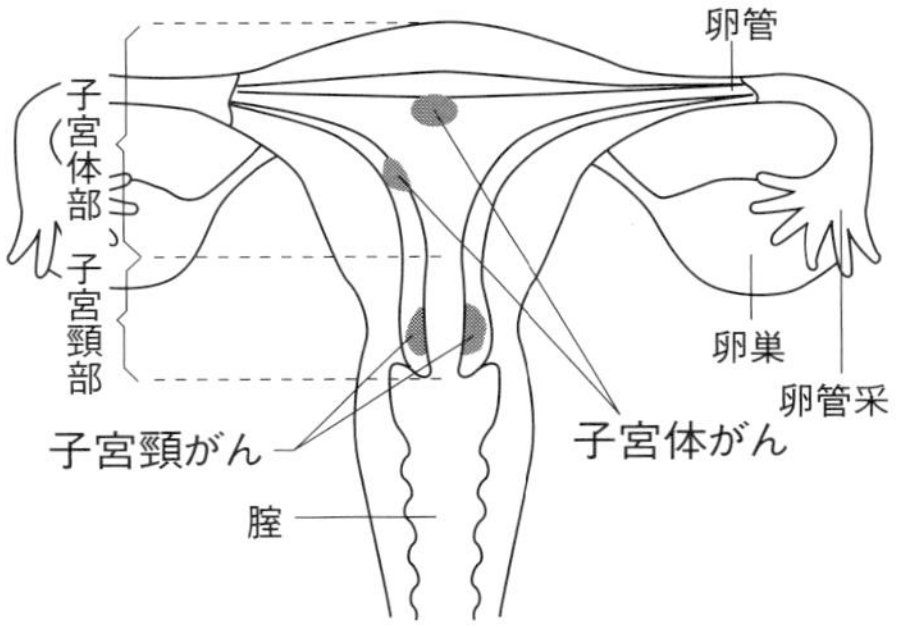

子宮頸がん
Uterine Cervical Cancer

どんな病気か

子宮頸がんは、定期検診の普及によって早期発見が可能となり、死亡率は年々減少してきました。しかし、近年死亡率の再上昇、若年子宮頸がん患者の増加、子宮頸がんのなかでも腺がん（434頁）の増加などが指摘されています。

子宮頸がんは治癒率の高いがんで、進行期０期であれば１００％治ります。がんが進行するほど治る率は低くなりますが、定期的に検診を受けていれば、早期のうち、あるいは前がん状態、すなわち子宮頸部異形成（846頁）の状態のうちに発見できます。ですから、子宮頸がんの場合には、定期検診が、もっとも有効な診断法なのです。

原因

子宮頸がんの原因は、子宮頸がん組織の95％以上からHPV（ヒトパピローマウイルス＝いぼの原因ウイルスの一種）が検出されることから、HPV感染であると考えられています。

HPVに感染した人すべてが、子宮頸がんを発症するわけではありません。一般女性の約60～70％は、HPV感染の経験がありますが、ほとんどの場合、自分のもつ免疫で治癒してしまいます。

しかし、なんらかの原因でHPVの持続感染をおこし、そこに喫煙、ピル服用、多産などの因子が加わると、前がん状態（子宮頸部異形成）を引き起こし、さらに進んで、がんを発症します。

なお、HPVの仲間には何種類ものウイルスのタイプがあります。そのなかで数種類が、とくにがんになりやすい、ハイリスクタイプとされています。予防接種が受けられます。

症状

早期の子宮頸がんは、進行がゆっくりしていて、自覚症状もほとんどありませんから、定期検診で見つけることが必要です。

子宮頸がんの進行期分類と治癒率

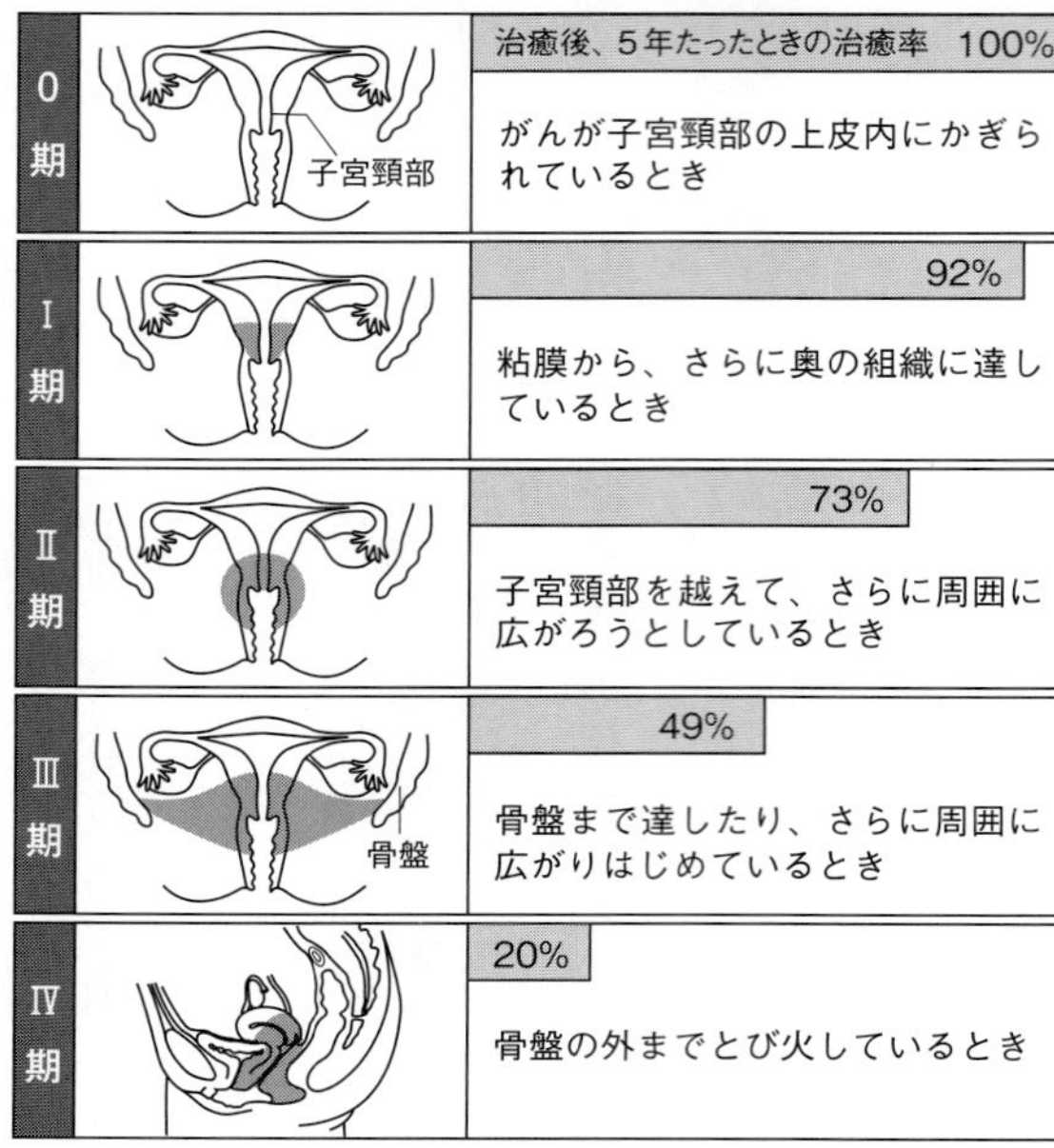

0期
子宮頸部
治癒後、5年たったときの治癒率　100%
がんが子宮頸部の上皮内にかぎられているとき
Ⅰ期
92%
粘膜から、さらに奥の組織に達しているとき
Ⅱ期
73%
子宮頸部を越えて、さらに周囲に広がろうとしているとき
Ⅲ期
骨盤
49%
骨盤まで達したり、さらに周囲に広がりはじめているとき
Ⅳ期
20%
骨盤の外までとび火しているとき

しかし、進行すると、性交時の出血、不正性器出血（868頁）、おりもの（839頁）の増加や血性のおりものなどがみられるようになります。

検査と診断

初期の子宮頸がんは自覚症状が少ないので、定期検診を受けるようにしてください。

検診は、まず一次検診として、内診と細胞診検査を行います。**細胞診検査**とは、子宮頸部（子宮の出口）の細胞を採取し、スライドグラスに塗布したあと、特殊な染色をして顕微鏡で観察する検査です。最近ではこの細胞診検査に、原因の項で述べたHPV検査を組合わせることで、診断効率を上げる試みがなされています。

細胞診検査はあくまでもスクリーニング検査で、異常があったときには、二次検診として、精密検査を行います。

精密検査は、コルポスコープ（拡大鏡）で見ながら病変部の組織を少量とり、顕微鏡でくわしく見る病理組織検査で、この検査では、多少の痛みと出血があります。

定期検診以外でも、子宮頸がんの確定診断には、内診、細胞診、コルポスコープ、組織検査が行われます。

治療

日本では、上図の進行期0～Ⅱ期には、手術療法が主体となります。

0期には、子宮頸部だけを円錐状に削る方法（未婚女性や妊娠・出産を希望する女性が対象）や、**子宮全摘術**が行われます。

Ⅰ期は、軽いⅠa期と、少し進んだⅠb期の2群に分けられ、Ⅰa期では**準広汎性子宮全摘術**が、Ⅰb期では**広汎性子宮全摘術**が行われます。

どちらも、子宮の周囲組織をつけてとり去る手術です。そのとる広さが、準広汎性は子宮寄りで少なく、広汎性は骨盤寄りで広く摘出します。どちらの手術も、術後は尿が出にくくなることがあります。

また最近では、Ⅰ期がんのなかで特殊な例にかぎって、**広汎性子宮頸部全摘術**を行うこともあります。この手術は、赤ちゃんの宿る子宮体部を温存する手術なので、術後に妊娠することが可能です。しかし、特殊な例にかぎられるため、経験を積んだ専門病院での診断が必要です。

Ⅲ期やⅣ期では、抗がん剤や放射線を組合わせた治療が主体です。

放射線は、少しずつ照射するので6週間程度かかります。照射法は、腹部の周囲から5分間程度行う体外照射法と、腟内に器具を入れて行う腟内照射法があり、この2つを組合わせて行わ

◎**子宮肉腫**

子宮の悪性腫瘍の一種です。子宮がんは、子宮内膜腺上皮、子宮頸部扁平上皮などの上皮成分から発生する悪性腫瘍ですが、子宮肉腫は子宮の非上皮部分から発生する悪性腫瘍で、とくに子宮平滑筋から生じたものを**子宮平滑筋肉腫**と

呼びます。

がんに比べてひじょうにまれな病気ですが、診断がむずかしく、子宮筋腫（840頁）と診断されて、手術時に発見されることもあります。

40～60歳の人によく発病し、発育がとても速いうえ、血行性に（血液の流れによってがん細胞が運ばれて）肝臓や肺にも転移をおこしやすく、予後不良の腫瘍です。

治療は手術療法がおもで、子宮全摘出術を行います。抗がん剤や放射線療法はあまり効果がありません。最近は、CTスキャン、MRI、PET（陽電子放射断層撮影）などの画像診断、あるいは子宮腔内の細胞検査などで、子宮肉腫の診断がつくこともありますが、いまだに、婦人科の腫瘍のなかではもっとも術前診断のむずかしい病気です。

子宮肉腫は、子宮筋腫と同様に子宮が増大しますが、筋腫よりはややわらかく、その増大速度が筋腫に比べて速いことが特徴です。

れます。

子宮頸がんは、顕微鏡で見た細胞の形によって、おもに扁平上皮がんと腺がんに分けられます。

現在は、子宮頸がんのうち、扁平上皮がんが80％、腺がんが20％の割合になっていますが、腺がんは、増加傾向にあります。腺がんは、早期にリンパ節へ転移しやすく、また放射線が効かないため、治る率が扁平上皮がんより低いのです。しかし、腺がんでも0期では100％治るので、早期診断がひじょうに重要です。

子宮体がん
Uterine Corpus Cancer

どんな病気か　子宮体部（561頁図）に発生したがんを子宮体がん（子宮内膜がん）といい、日本では、最近増加の傾向にあります。

もともと欧米では、子宮がんのうちでも多いがんだったのですが、日本でも、全国平均で全子宮がんの50％程度まで増えてきました。

子宮体がん増加の原因には、食生活の欧米化にともなって動物性脂肪の摂取量が増えたことや、女性ホルモンのひとつであるエストロゲンの長期間にわたる過剰刺激が関係しているともいわれています。しかし、女性ホルモンとはまったく関係なく発生するタイプのがんもあります。

▼どんな人がなりやすいか　子宮頸がん（前項）に比べて、子宮体がんになる人は比較的年齢層が高いのが特徴で、50歳代にもっとも多く発見されます。ところが、最近では若い年齢層にもみられるようになり、30歳代の子宮体がんもまれではありません。

以前は、肥満、高血圧、糖尿病の人に多く発生するともいわれていましたが、はっきりした因果関係は否定されています。また、妊娠との関係を調べてみると、妊娠・分娩の回数が少なかった人に比較的多く発生する傾向があります。月経不順が長期間つづいた場合にも多いといわれています。

最近では、骨粗鬆症（1884頁）などに対してHRT（ホルモン補充療法）などを行う場合も多く、閉経後もホルモン環境（体内のホルモン量）が変化している場合がありますので、こういった治療を受けている人は、乳がん、子宮がん（頸部、体部）の検査を定期的に受けてください。

子宮がん検査の際に行った経腟的超音波検査（腟のほうから超音波を用いて子宮などの形を画像に表す装置）で、子宮内腔の肥厚（異常に厚くなる）が見つかり、検診を行って早期発見される場合もあります。

●がんの進行

子宮体がんの広がりかたには、大きく分けて4つあります。

①子宮の壁にくい込むように（浸潤）進み、おなかの中に転移する。
②卵管を通り抜けて、子宮の周りに転移する。
③卵巣の動・静脈に沿って走るリンパ管の流れにのり、全身に転移する。
④子宮の下部にある子宮頸部へ向かって浸潤し、子宮頸がんのように進む。

現在、子宮体がんの進み具合は、手術後の組織検査により決められ、つぎ

◎ピルとがん

避妊の目的で使われる、経口ピルは、卵胞ホルモン（エストロゲン）と黄体ホルモン（プロゲステロン）の作用をもちます。これらの女性ホルモンと、がんの発生には関係があるとされています。

国際がん研究機構の調査によると、ピルを服用していたグループでは、乳がん、子宮頸がん、肝臓がんのリスクがやや高くなりました。ただし、ピルの使用を中止して10年ほどで、リスクは、ピルを使用しなかったグループと同程度に戻りました。

また、子宮体がんと卵巣がんのリスクは、ピルの使用期間が長くなればなるほど低くなります。ピル服用中は排卵が止まり、卵巣を傷つけることが少なくなるのが理由とされています。

のように分類されます。

▼0期　まだ本当のがんとはいえないが、がんに移行するおそれが強いもの。**異型子宮内膜増殖症**（子宮内膜増殖症847頁）などがこれに相当します。

▼Ⅰ期　がんが子宮体部にとどまるもの。子宮内膜にとどまるIa期と、子宮体部の筋肉層の2分の1以内の浸潤（くい込み）にとどまるIb期、筋肉層の2分の1以上に浸潤しているIc期に分けられます。

▼Ⅱ期　がんが子宮頸部にまで浸潤しているもの。

▼Ⅲ期　がんが子宮の外側に広がり始め、卵管や卵巣、腟、リンパ節に浸潤や転移がみられたり、腹腔の細胞診が陽性のもの。

▼Ⅳ期　がんが子宮から遠い位置にある臓器へ転移し、膀胱や直腸の粘膜に浸潤がおよぶもの。

症状　無症状のものもありますが、子宮体がんは、いわゆる0期の段階から少量の出血や褐色のおりものなどの出血症状が現れることが多く、少なくともこれを目安に、子宮体がん検査を行うよう推奨されています。

とくに閉経前後は、不順な月経と区別するのがむずかしいので、おかしいと思ったら婦人科の診察を受け、子宮体がん検査も受けるようにしましょう。

がんが進行してくると、おりものは血性や水様性、膿性となって悪臭をともなうようになり、量も増えてきます。また、子宮の内側に膿、血液、分泌物、がんの崩壊した物質がたまって子宮が膨れ、子宮留膿腫の状態になります。この状態から、子宮が収縮して内容が流れ出すときに、規則的に反復して痛みがおこり、悪寒や発熱がおこることもあります。

子宮体がんは子宮頸がんに比べて穏やかに進行することもありますが、やがては、がん性悪液質（がんの毒素が臓器や神経をおかした状態）におちいります。

検査と診断　子宮体がんの検査には、つぎのようなものがあります。

▼細胞診　子宮頸がんと同様、細胞を採取して顕微鏡で検査する方法です。

子宮の内腔から細胞をとるため、子宮の中にポリエチレン製の細くやわらかい管や細いブラシ、プラスチック製の棒状の器具などを挿入します。

その際、多少の痛みを感じる場合もありますが、操作前に内診（手指で子宮などの大きさや形を診断）や経腟的超音波断層診断装置で子宮の状態を確認してから操作するため、ほとんど危険はありません。

この検査でがんの存在が疑われた場合は、つぎの精密検査を行います。

▼組織診　子宮の内膜（子宮内腔の内側の部分）を掻爬してその一部を採取し、病理組織検査を行って最終診断をつけます。多少の痛みをともなうため、麻酔をして行うことが多い検査です。

▼子宮鏡診　細い内視鏡を用いて、子宮の中を直接見る検査です。麻酔をかけて行う場合もあります。

▼画像検査　組織診でがんの診断が確定した場合には、ＭＲＩやＣＴ検査などで、がんの浸潤（くい込み）や頸部への浸潤、リンパ節転移の有無、腹水の有無、多臓器への転移の有無などを確認します。

女性性器のがん②

▼症状▲初期には症状がほとんどなく、進行すると下腹部腫瘤感、膨満感、圧迫感、鈍痛などの腹部症状が出現。

▼治療▲手術療法と化学療法が中心。

◎発症年齢別にみた卵巣腫瘍の頻度

卵巣腫瘍は、20歳前後の若い人では、胚細胞性腫瘍が大部分です。性成熟期の女性は、ときに**転移性がん**〔とくに胃がん（501頁）や乳がん（555頁）〕から卵巣がんに、そして高齢者の卵巣腫瘍は、約70%が卵巣がんといわれています。

治療

進行の程度によって、治療の内容がちがいます。

▼0期　妊娠・出産を希望する場合は、ホルモン療法を行います。

妊娠・出産を希望しない場合は、年齢などを考慮して、**単純子宮全摘術**と**両側卵巣卵管切除術**を行うこともあります。

▼Ⅰ期　単純子宮全摘術と両側卵巣卵管切除術、リンパ節の郭清術を行います。リンパ節の郭清術は、骨盤内にとどめる場合と、上位の傍大動脈リンパ節の郭清術を追加して行う場合があります。

▼Ⅱ～Ⅳ期　子宮全摘術と両側卵巣卵管切除術を行うことが原則ですが、病変の進み具合によっては、手術、抗がん剤や放射線療法を組合わせた治療を行います。子宮の摘出範囲とリンパ節の郭清術を行うか否かの判断はケースバイケースです。

手術を行った場合には、摘出物のくわしい組織検査の結果により、抗がん剤や放射線療法が追加になることがあります。

卵巣がん（卵巣腫瘍）
Ovarian Cancer

年々増加しつつあるがんのひとつ

◇初期にはほとんど症状がでない

どんな病気か

成人女性の正常卵巣の大きさは、親指の頭くらいで、子宮の左右についています。

婦人科のがんのなかで、卵巣がんは年々増加傾向を示し、年間9900人が罹患し、4500人以上が亡くなっている、予後のよくない病気です。

もともと卵巣は、骨盤腔の奥にあるため、直接的な検査方法が乏しいことや、早期には症状があまりなく、発見されたときには、すでに腹腔内に広がった進行がんになっていることが多いことによります。

卵巣からは、多種多様な腫瘍が発生します。そのため、卵巣腫瘍は発生した組織の種類により、表層上皮性間質性腫瘍、性索間質性腫瘍、胚細胞腫瘍、その他の腫瘍の4つに分類され、さらにそれが良性、境界悪性（良性と悪性の中間）、悪性の3群に分けられ、診察・治療上の便宜がはかられています。

一般的にいう卵巣がんとは、上皮性腫瘍の悪性群と境界悪性群を意味しています。

卵巣がんの治療にあたっては、腫瘍の広がり具合を表した進行期の分類が重要です（次頁図）。

卵巣腫瘍の発生頻度は、上皮性間質性腫瘍が60～70%ともっとも多く、ついで胚細胞腫瘍の15～20%、性索間質性腫瘍5～10%の順です。

卵巣腫瘍は、その性状から嚢胞性腫瘍（袋状のもの）と充実性腫瘍（中身がつまったもの）に大別され、嚢胞性、とくに1つの嚢胞のみの多くは良性です。いっぽう、充実性腫瘍の約80%は悪性が疑われ、そのうちの70～80%はいわゆる卵巣がんです。

症状は、ある程度腫瘍が大きくならないと現れないことが多く、一般的には下腹部腫瘤感（下腹部に何かかたいものを触れる）、膨満感、下腹部痛、圧迫感などの腹部症状が主です。下腹

卵巣がんの進行期分類

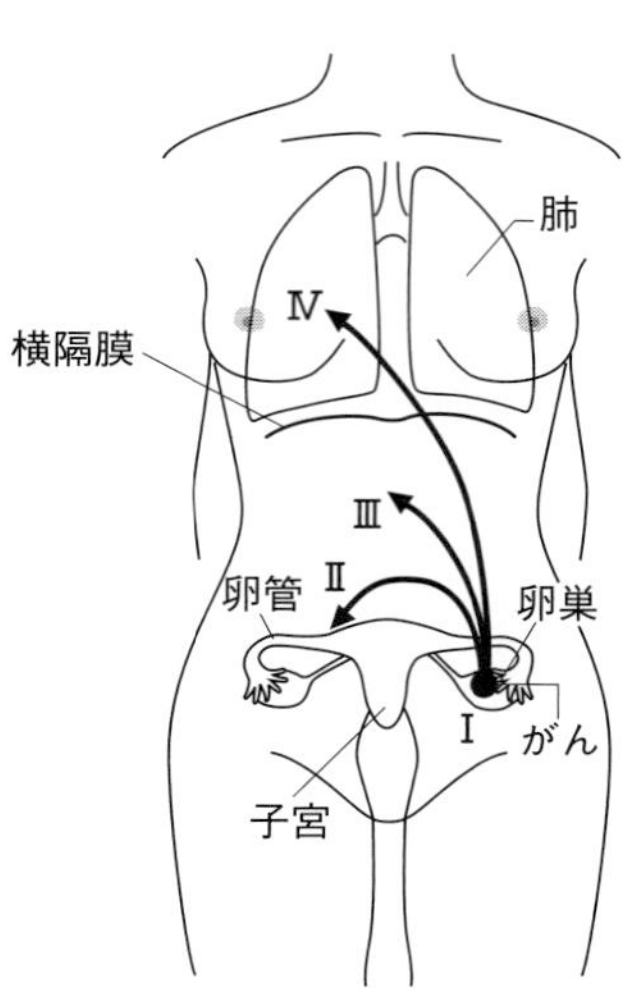

Ⅰ期――がんが卵巣の中にとどまっている。	
Ⅰａ期	がんが片側の卵巣にとどまっている。卵巣被膜の表面に破綻や増殖がない。腹水がない。
Ⅰｂ期	がんが両側の卵巣にとどまっている。卵巣被膜の表面に破綻や増殖がない。腹水がない。
Ⅰｃ期	ⅠａまたはⅠｂの状態で、卵巣被膜の表面に腫瘍の増殖あるいは被膜の破綻があるか、腹腔内細胞診で洗浄液陽性・腹水陽性。
Ⅱ期――がんが骨盤内に広がっている。	
Ⅱａ期	子宮、卵管へ転移または浸潤している。
Ⅱｂ期	その他の骨盤内組織へ浸潤している。
Ⅱｃ期	ⅡａまたはⅡｂの状態で、卵巣被膜の表面に腫瘍の増殖あるいは被膜の破綻があるか、腹腔内細胞診で洗浄液陽性・腹水陽性。
Ⅲ期――がんが骨盤外の腹腔内に転移、あるいはリンパ節に転移している。また、骨盤腔内にとどまっており、リンパ節への転移はないが、腹膜面に顕微鏡的播種*がある。	
Ⅲａ期	がんが骨盤腔内にとどまっており、リンパ節への転移はないが、腹膜面に顕微鏡的播種*がある。
Ⅲｂ期	直径２㎝以下の腹膜播種*があるが、リンパ節転移はみられない。
Ⅲｃ期	腹膜播種が直径２㎝を超えるか、リンパ節転移がみられる。
Ⅳ期――腹腔を越えて、肺などの遠隔臓器に広がっているもの。胸水の細胞診で陽性あるいは肝実質への転移がある。	

＊播種：種をばらまいたように、あちこちにおこること。

部痛の多くは鈍痛ですが、突然の激痛があるときには茎捻転（卵巣のねじれ）や破裂が疑われます。

月経困難症（866頁）や腹水貯留なども、卵巣腫瘍発見の契機となります。

また、不正性器出血などの場合は、ホルモンをつくる腫瘍のこともありますので、女性化や男性化などの特殊な症状にも注意が必要です。

【原因】 卵巣がんがおこるはっきりした原因はありません。しかし、卵巣機能不全（855頁）、流産（878頁）、不妊症（897頁）など、月経・妊娠に関する異常の経験のある人や消化器がん、乳がんの手術をした人などは、卵巣がんになるリスクが高いともいわれており、注意が必要です。最近、ＢＲＣＡ1や2といったがん抑制遺伝子の変異が、家族性の卵巣がんに関係していることもわかってきました。

【検査と診断】 通常の診療と同様に、問診、外診、内診が行われ、必要に応じて直腸診が併用されます。卵巣腫瘍の疑いがあると診断されたら、スクリーニング検査（子宮頸部・内膜細胞診、超音波断層法、腫瘍マーカー、ホルモン検査など）を行います。悪性腫瘍の疑いが強いときには、進行期、組織型を推定するため、精密検査（ＣＴ、ＭＲＩ、腹水穿刺細胞診、腹腔鏡、胃腸検査、その他）を行います。

▼問診　転移性がんの可能性を考え、消化器がんや乳がんの手術をしたことがないかどうか、また、卵巣機能不全や不妊症は上皮性卵巣がんになるリスクの高い病気なので、そうした病気をもっていないかどうか聞かれます。

▼外診　卵巣がんの場合、胸水や腹水がたまることが多く、外から見て腹部などが膨れていることがあります。

▼内診　婦人科細胞診を行うとともに、腫瘤の位置、大きさ、形、性状、可動性、圧痛の有無などを調べます。弾性硬（弾力があってかたい）、髄様軟（やわらかい）、凹凸不整（でこぼこしている）、可動性不良（触ってもあまり動かない）のものは悪性の可能性が高くなります。

▼画像診断　卵巣腫瘍の画像診断は、飛躍的に発展し、超音波断層法、ＣＴ、

MRIなどにより、存在診断（腫瘍の有無をみる）、質的診断（腫瘍の種類をみる）、腫瘍の広がりの診断ができるようになりました。また、最近では、再発の早期発見に対し、PET‐CT検査も導入され始めています。

▼腫瘍マーカー　卵巣がんは、その種類により、特有の腫瘍マーカー（215頁）を発現しますので、腫瘍マーカーの測定は、手術前の診断の補助になるとともに、治療効果の判定や再発の早期発見に有用です。

卵巣がんの診断・治療に応用されているおもな腫瘍マーカーには、CA125、CEA、CA199、CA724、AFP、hCGなどがあり、悪性腫瘍の場合は、高い値を示すことが多く、卵巣がんの診断に役立ちます。

治療

卵巣がんの治療は、手術療法、化学療法、放射線療法がおもなものですが、中心となるのは手術療法と化学療法です。

▼手術療法　卵巣がん（上皮性）と診断されたら、比較的早期に基本手術（子宮全摘、両側の卵巣卵管摘出、大網切除、リンパ節郭清術など）を行い、がんの進行期を決定するいっぽうで、できるだけ残っている腫瘍を少なくすることが治療効果を上げると考えられています。さらに、他の臓器をいっしょに切除することもよくあります。

いっぽう、若い人に多く発生する胚細胞性腫瘍の場合は、妊娠する可能性を残した卵巣の保存手術も可能です。

▼化学療法　化学療法は、手術のあとに行う補助化学療法と、現時点で根治手術できる可能性の少ない進行がんに行う術前化学療法に区別されます。手術後の補助化学療法は、ふつう3～4週間ごとに3～6サイクルで抗がん剤が使用されます。使用される薬剤は、タキサン製剤のパクリタキセルとプラチナ製剤のカルボプラチンの併用療法が標準的治療となっています。

化学療法の副作用には、白血球・赤血球・血小板の減少、消化器症状（吐きけ、嘔吐）、脱毛などがありますが、脱毛以外は薬剤の使用により改善が可能です。また、脱毛後には、髪の毛は再び生えてきますので心配はいりません。副作用の心配よりもむしろ、積極的な化学療法を行うほうが治療後の経過の改善につながります。

なお、放射線療法は、卵巣がんの場合は特別な腫瘍と部分的な再発にかぎって行われます。

日常生活の注意　卵巣がんの手術後や化学療法後に、退院が許可されてからはとくに心配することはありませんが、白血球の減少がある人は、免疫力が低下しているので注意が必要です。また、手術による腹腔内の癒着が考えられるときには、消化不良の原因となるものはできるだけ食べないようにしましょう。予防としては、定期検診をしっかり受け、卵巣腫瘍の早期発見につとめることがたいせつです。

卵管がん
Cancer of the Fal lopian Tube

どんな病気か　日本での卵管がんの発生頻度は、女性性器悪性腫瘍全体の0・3～0・4％で、その発生年齢は40～65歳にわたり、平均で55歳です。

女性性器のがん③

▼**症状**▲妊娠・分娩後におこるものがほとんど。とくに胞状奇胎のあとは要注意。おもな症状は子宮からの不正性器出血。ほかの臓器に転移しやすく、転移した部位によりさまざまな症状を示す。

▼**治療**▲手術療法、化学療法、あるいは、その両者を組合わせた治療が基本。

におこります。

卵管がんは、卵管内腔の卵管上皮から乳頭状に発生し、おもに片側の卵管におこります。

大きさは、鶏卵大〜ガチョウの卵よりやや大きいくらいで、病理組織学的には、ほとんどが腺がん（434頁）です。

検査と診断

卵管がんを、手術前に診断することはきわめて困難ですが、水様性のおりもの、不正性器出血（868頁）、下腹部痛、子宮付属器の腫瘤など、自覚症状や医師の診察所見に留意する必要があります。

検査は子宮内膜細胞診や組織診、腹水細胞診、子宮卵管造影、超音波断層法、骨盤ＭＲＩ検査、内視鏡などを行います。しかし、手術前に確定診断されることはまれで、摘出した細胞の病理組織学的検査で、原発性卵管がん（卵管から発生したもの）か、卵巣がん（前項）や子宮体がん（563頁）からの続発性（波及したもの）かが決定されます。

治療

進行がんになることが多く、治療後の経過はきわめて不良ですが、卵巣がんと同様の治療（前項）を積極的に行うべきです。

絨毛がん

Choriocarcinoma

ほとんどが妊娠にともなって発生する

◇胞状奇胎や流産のあとは要注意

どんな病気か

絨毛がんは、妊娠に関連する**妊娠性絨毛がん**と、妊娠とは関係なくおこる**非妊娠性絨毛がん**に分けられます。多くの絨毛がんは、妊娠に関連した妊娠性といえます。

妊娠性絨毛がんの発生に関しては、まず妊娠によって胎盤が形成されますが、この胎盤は、もともと絨毛細胞によってつくられています。この絨毛細胞が妊娠終了後もからだの中に存在して、それが悪性に変化したものが絨毛がんといえます。したがって妊娠性絨毛がんは、流産、妊娠中絶、異所性妊娠、早産、正常分娩などあらゆる妊娠のあとに発生する可能性があります。

絨毛がん発生の原因となった前の妊娠を、先行妊娠といいますが、この先行妊娠が胞状奇胎（856頁）の場合は、とくに絨毛がんの発生率が高くなります（絨毛がんの30〜40％の先行妊娠が、胞状奇胎）。そのため、胞状奇胎の治療後は、十分な追跡管理が必要です。

絨毛がんの多くは妊娠性ですので、妊娠可能年齢の女性であれば、誰でも発生します。まれに、妊娠経験のある閉経女性に発生した例もありますが、一般に若い女性によく発生します。

いっぽう、非妊娠性の絨毛がんは、胚細胞性腫瘍のひとつの型として、女性の卵巣や男性の精巣（睾丸）、前縦隔（胸骨のすぐ後方から気管、心臓までの腔）に発生するものや、胃がんや肺がんなどの分化異常によって絨毛がんが発生するものがあります。これらの非妊娠性は、妊娠性の絨毛がんよりも予後が悪いといわれています。

また、ごくまれに、妊娠中の胎盤内に絨毛がんが発生する、**胎盤内絨毛がん**も存在します。

症状

絨毛がんで見逃してならない症状は、子宮からの不正出血です。妊娠が終了してからも、長引く出血がみられる場合や、月経以外

◎絨毛性疾患の種類

胎盤の絨毛細胞に異常がおこる病気を総称して絨毛性疾患と呼んでいて、つぎのようなものがあります。

▼胞状奇胎（856頁） 絨毛細胞が袋のように膨んでくる（嚢胞化）病気で、全奇胎と部分奇胎があります。

▼侵入奇胎 胞状奇胎が、子宮の筋層内に侵入してくるもので、肺などに転移することもあります。

▼絨毛がん（前頁） 絨毛細胞ががん化するもので、胞状奇胎からおこることが多いものです。

▼存続絨毛症 侵入奇胎や絨毛がんらしい症状や検査成績がみられるのに、組織を採取できなかったり、仮にできたとしても、検査結果の不明確なものをいいます。

胞状奇胎か絨毛がんに準じて治療します。

の出血が何度もつづくようなら、絨毛がんも疑って精査する必要があります。

また、絨毛がんは、肺や脳、ときに腎臓などの臓器に転移し、転移した臓器で腫瘤をつくったり、出血をおこしたりすることがあります。

肺転移ではせき、血痰、胸痛、呼吸困難など、脳転移では、頭痛、けいれん、まひ、意識障害など、腎臓転移では、血尿などといった、多彩な症状が出現することがあります。そのため、産婦人科以外の科を受診して、発見されることも少なくありません。

また、基礎体温の変動によっても、ある程度の判断が可能です。妊娠をしていないのに、高温期が持続する場合などは要注意といえます。

いずれにしても発生原因がはっきりとわかっていない絨毛がんの予防は、困難といえるでしょう。

【検査と診断】 胎盤を形成する絨毛細胞は、絨毛性ゴナドトロピン（hCG）を産生し、分泌しています。絨毛細胞ががん化した絨毛がんも、同様に、このhCGを産生・分泌しています。したがって、血液中のhCGの値は、がん化した絨毛細胞の数に相関し、hCGの値がそのまま病勢（病気の勢い）を表しています。hCGの値は、治療の効果や再発の早期発見のよい指標となります。最終的な絨毛がんの診断は、手術によって摘出したものを、病理組織学的検査で確認することです。

いっぽう、手術の前や、手術ができない症例に対しては、先行妊娠や発症の経過、検査所見や値によって、絨毛がん診断スコアで採点し、判断されます（スコアが5点以上の場合は臨床的絨毛がんと診断します）。

いずれにせよ、絨毛がんを疑った場合は、病巣を探すことが重要です。そのため、胸部のX線撮影や骨盤動脈撮影といった検査や、超音波検査、MRI、CT検査などのさまざまな画像検査は、必須といえます。

【治療】 絨毛がんは、比較的早期から血行性転移（血液中にがんが侵入し、血流にのって運ばれ、ほかの臓器に転移すること）をきたしやすいため、治療の中心は全身的治療の化学療法です。

局所的治療である、手術療法や放射線療法は、あくまで補助的な治療といえます。手術によって病巣（子宮や肺、脳の転移部位など）を取除き、抗がん剤のメトトレキサート、アクチノマイシンD、エトポシドなどを組合わせた、多剤併用化学療法を一般的に行います。

化学療法の継続や終了の目安は、血液中のhCGの値を参考に行っていきます。また、脳への転移巣には放射線療法も有効といわれています。

絨毛がんの寛解率（治療終了の時点で治ったと判断される確率）は、転移のないものでは90％以上ですが、転移例では50％前後、再発例では40～75％とされています。ですから治療終了後も、慎重に経過を観察する必要があります。治療後は基礎体温（卵巣が残っている場合）と血液中のhCGをしっかり測定して、定期的な医師の診察を受けることが大事です。

【予防】 絨毛がんの発生を予防することは基本的にできません。

前述のように先行妊娠が胞状奇胎の場

合は、絨毛がんの発生率が高くなりますので、胞状奇胎後は厳重な管理が必要といえます。

しかし、どんな妊娠のあとでも絨毛がんの発生の可能性はありますので、症状に注意し観察する必要があります。

腟がん
Vaginal Cancer

どんな病気か

腟に発生するがんで、女性性器がんの1～3％といわれています。もっとも発生しやすいのは、腟の上部3分の1の部分で、ここから子宮方向に広がることが多いといわれています。また、腟からのリンパ流路は複雑で、骨盤内リンパ節や鼠径リンパ節に転移します。まれに肝臓や肺などに遠隔転移する例もあります。

症状は不正出血や血性のおりものを訴えて来院することがありますが、初期にはほとんど症状はありません。

検査と診断

腟鏡で腟の病変を観察し、細胞診や直接組織の一部をとる生検によって確定診断されます。視診（コルポスコピー）、内診、直腸診を行い、また膀胱鏡や直腸鏡によってがんの広がりや周囲臓器への浸潤の程度を評価し、CTやMRI検査によってリンパ節転移や遠隔転移の有無を確認します。

治療

まれな腫瘍のために標準的な治療は確立されていません。手術治療では腟のがん腫を中心として子宮といっしょに摘出する広汎子宮全摘手術や骨盤内リンパ節郭清術を行います。また、放射線治療は、外照射（からだの外から）と局所の腔内照射（からだの内側から）を併用したりします。化学療法は、シスプラチンを中心とした多剤併用療法が有効といわれています。

外陰がん
Cancer of the Vulva

どんな病気か

外陰がんは、外陰部のとくに大陰唇に発生することが多いがんといわれています。女性性器がんの3～4％を占め、多くは更年期をすぎた高齢女性に発生します。

症状

外陰部のかゆみやほてり感などで始まり、湿疹やびらん、ひどい場合には潰瘍を形成したりします。また外陰部の色素が抜けた白斑症からしだいに腫瘤をともなう場合も少なくありません。高齢者で、長引く外陰部の違和感がある場合は、注意が必要です。

検査と診断

外陰部を診察し、びらんや腫瘤の部分の細胞診や組織検査をして診断します。最近ではヒトパピローマウイルス（HPV）感染との関連も指摘されています。多くは扁平上皮がんですが、褐色の色素沈着の強い腫瘤を形成する外陰悪性黒色腫も存在します。

治療

治療の基本は手術療法です。外陰部のがん腫を切除し、転移しやすい鼠径リンパ節の郭清を行います。外陰部の切除範囲が広い場合は、皮膚と組織の一部を移植します。

また、放射線治療やブレオマイシンやシスプラチンを中心とした多剤併用の化学療法が試みられています。

第3章

子どもの病気

遺伝のしくみ

◇遺伝と遺伝子

子どもは父親と母親にどことなく似ている、このように親のもつからだの特徴や性質が子孫に伝わっていくことを**遺伝**といいます。

世界で初めて遺伝についての科学的実験を行ったのはオーストリアのメンデルです。メンデルはエンドウマメの種子のでき方を何年にもわたって交配試験をくり返して調べ、結果を１８６５年にまとめました。そこから導かれたのが有名な**メンデルの法則**です。

メンデルは、エンドウマメの種子の色や形の特徴が液体のように混ざりあうのではなく、ある法則をもって次世代に伝わるのは、「遺伝因子」が規定しているからであると考えました。この遺伝因子が現在、**遺伝子**と呼ばれているものに相当したのですが、当時はそれが具体的にどういうものかわかりませんでした。

その後、細胞の核の中にある物質が遺伝に関係していることがわかりました。核にある物質は、アデニン（A）、グアニン（G）、シトシン（C）、チミン（T）という4種類の塩基が順序よく対をなして結合し、細長く存在しているもので、**DNA（デオキシリボ核酸）**と呼ばれています。塩基の組合わせによって細胞質でつくられるアミノ酸が決まり、アミノ酸が連なって、たんぱく質がつくられます。DNAは遺伝子の本体で、すべての細胞の中に存在します。１つの遺伝子は、１０００から２００万の塩基対から成り立ち、１つのたんぱく質を産生するのに必要な情報をもっています。ヒトの遺伝子の数は2万２０００といわれています。

私たちのからだの細胞の核の中には**染色体**と呼ばれるものがあり、顕微鏡で見ることができます。DNAはこの染色体に厳密な規則をもって1列に並んで折りたたまれています（次頁図）。このDNAが遺伝情報をもっていて、細胞はDNAの指令に従ってそれぞれのはたらきをしているのです。私たちは、最初は、たった１つの細胞＝**受精卵**からスタートします。この受精卵が細胞分裂をくり返して人間へと成長するわけですが、その細胞分裂の際に遺伝子はまったく自分と同じものを複製し、それが新しい細胞に受け継がれていくのです。私たちのからだは、約60兆個の細胞からできているといわれていますが、そのすべての細胞の中に、最初の受精卵と同じ遺伝情報をもった遺伝子があることになります。

◇染色体のしくみ

ヒトの細胞の中にある染色体の数は46本です。染色体数は生物の種によって異なります（次頁表）。染色体は、細胞周期（細胞分裂の周期）のうち、分裂期という時期に凝縮するため、顕微鏡で見ることができるようになります（579頁写真）。ヒトの46本の染色体を、大きさと形が同じものを2本1組にしていくと、22の組（対）ができます。この22組＝44本を**常染色体**といいます。残りの2本は、男女の性を決める**性染色体**です。女性にはX染色体が２本、

遺伝と遺伝病

染色体の分配のしくみ

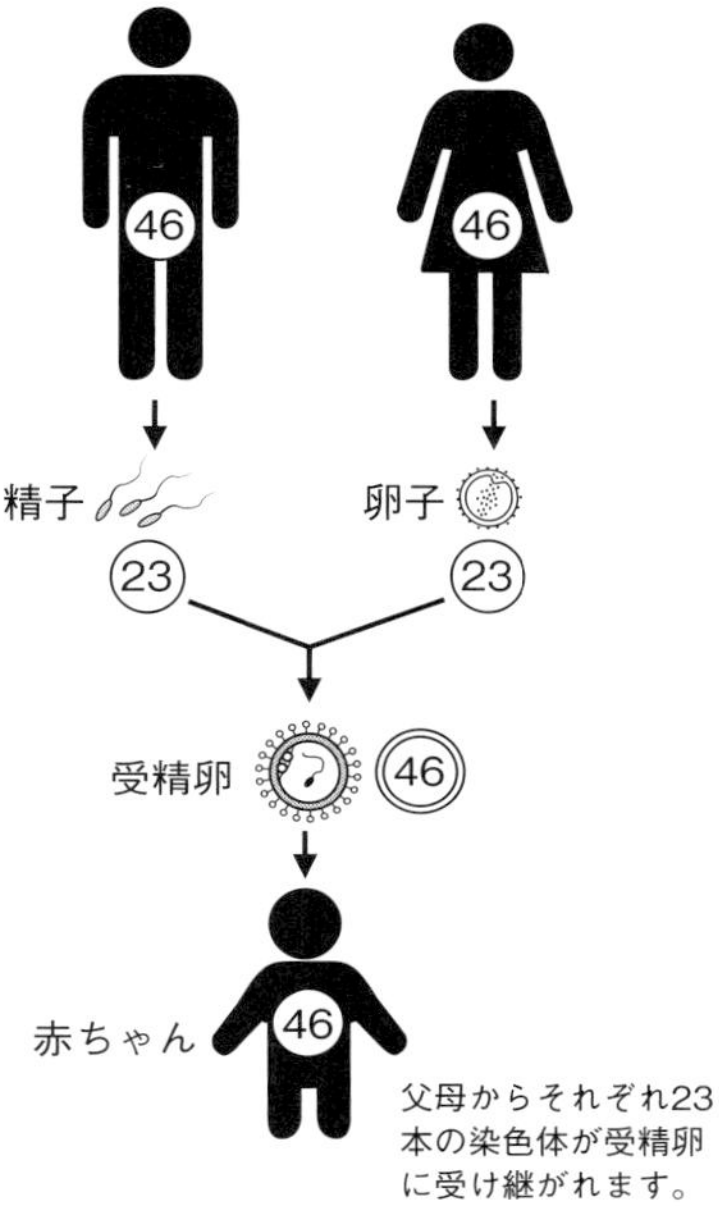

遺伝子（DNA）と染色体

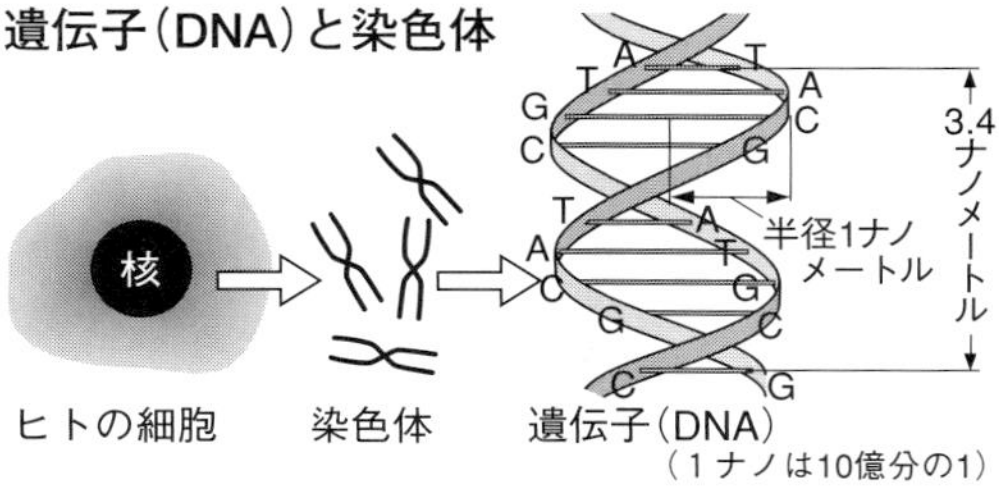

いろいろな生物の染色体数（倍数体2nで表示）

生物名	染色体数	生物名	染色体数
コイ	104	トマト	48
イヌ	78	ゼンマイ	44
ウマ	64	グラジオラス	30
ウシ	60	イネ	24
ヒト	46	ナス	24
ハツカネズミ	42	スギ	22
ネコ	38	トウモロコシ	20
カエル	26	キュウリ	14
ハエ	12	アカパンカビ	7（n）

男性にはX染色体とY染色体がそれぞれ1本ずつあります。つまり、性染色体がXXなら女性になり、XYなら男性になるわけです。

染色体を識別するためには、大きさと形を組合わせて並べかえた染色体を番号順に並べたもの（核型）で表し、縞模様により、各染色体が識別できるように染色するGバンド法という方法でつくります。

46本の染色体は、23本を父親（の精子）から、残りの23本を母親（の卵子）から受け継いでいます。これは、精子と卵子のもとになる生殖細胞がつくられるときに、**減数分裂**というしくみによって、2本1組の染色体の片方（どちらか1本）だけが子どもに受け継がれるようになっているからです。

その結果、精子は22本＋XまたはY、卵子は22本＋Xと、それぞれ計23本ずつの染色体を子ども用に準備することになります。そして受精卵となったときに再び46本（22組の常染色体と1組の性染色体）の染色体が構成されるのです（左上図）。

このしくみによって、私たちのからだ中の細胞は、どの細胞も最初の受精卵と同じ染色体をもっており、基本的にはまったく同じ遺伝情報をもっていることになります。

生まれてくる子どもの遺伝情報は、父親と母親からそれぞれ半分ずつ受け継がれています。両親からみれば、組になっている2本の染色体のうち、どちらかを子どもにあげるわけですから、染色体1本につき、2通りの可能性があることになります。染色体全部（23組）についてみた可能性の総数は、2の23乗通りですから、なんと839万通りにもなります。

両親それぞれにこれだけの可能性があるわけですから、その2人の間にできた子どもがもつ可能性は、2乗の70兆通り以上になります。さらに、**キアズマ**という染色体が一部入れ換わる（交叉）確率も含めると、天文学的な数字の可能性があることになります。

同じ両親から、顔つきやからだつきは似ているけれど、ひとりひとりまったく異なった個性や才能をもつ兄弟姉妹が生まれてくる背景には、このような染色体の分配のしくみがあるのです。

◇遺伝病のいろいろ

メンデルの法則でほぼ説明できるたった1つの遺伝子の異常で病気がおこることがあります。**遺伝病**（**単一遺伝子病**）です。遺伝病は、親から正常な遺伝子を受け継ぎながら、子どもの代で遺伝子に変異がおこって（**突然変異**）病気になる場合と、親から病気の遺伝子を受け継いで発症する場合とがあります。遺伝病には、大きく分けて、**優性遺伝病**と**劣性遺伝病**とがあります。

遺伝子は2本で1組の染色体上に厳密な順序で並んでいます。常染色体では父親由来の遺伝子と母親由来の遺伝子とが1対になって並んでいますが、このうち、どちらか片方だけの遺伝子の異常によっておこるのが優性遺伝病です。また、1対両方の異常でおこるのが劣性遺伝病です。

どちらもまれな病気が多いのですが、単一遺伝子病を全部合わせると、全出生児の約1・5％、つまり生まれてくる赤ちゃん１００人中1～2人くらいの割合になります。

常染色体優性遺伝病には、家族性高コレステロール血症、多嚢胞腎、多発性外骨腫、ハンチントン病、神経線維腫症、筋緊張性ジストロフィー、結節性硬化症、大腸ポリポーシス、盲（常染色体優性）、難聴（常染色体優性）などがあります。

常染色体劣性遺伝病は、人種によって頻度に顕著な差があります。たとえば嚢胞性線維症は白色人種に多く、サラセミア、鎌状赤血球貧血は黒色人種や地中海沿岸の国々の人に多くみられ

効果的な治療法のある単一遺伝子病と多因子遺伝病の例

疾　　患	治　療　法
単一遺伝子病	
先天性副腎過形成	ホルモン補充
フェニールケトン尿症	フェニールアラニン制限食
ガラクトース血症	ガラクトース制限食
血友病	欠損血液凝固因子補充
重症複合型免疫不全症	骨髄移植
大腸ポリポーシス	大腸切除
無ガンマグロブリン血症	免疫グロブリン補充
成人多嚢胞症	腎移植
ウイルソン病	薬物治療
家族性高コレステロール血症	食事制限、薬物治療
遺伝性球状赤血球症	脾臓摘出
ヘモクロマトーシス	瀉血
多因子遺伝病	
口唇口蓋裂	手術
幽門狭窄	手術
先天性心疾患	手術、薬物治療
水頭症	手術、薬物治療
インスリン非依存性糖尿病	生活習慣の改善、薬物治療
高血圧	生活習慣の改善、薬物治療
消化性潰瘍	手術、薬物治療
てんかん	薬物治療

ます。また、テイ・サックス病、ゴーシェ病はユダヤ人に多くみられます。

　新生児のマススクリーニング（濾紙に採取した血液による集団検診）が行われているフェニールケトン尿症などの先天性代謝異常症も常染色体劣性遺伝病ですが、日本人に現れる頻度は低く、特別なミルクと制限食で早期に治療を開始すれば、まったく問題なく成人することができます。

X連鎖（伴性）劣性遺伝病の原因となる遺伝子はX染色体の上にあります。患者のほとんどは男性です。それは、男性はX染色体が1本しかないため、病気の遺伝子を受け継ぐと必ず症状が現れるのに対し、女性にはX染色体が2本あり、片方が病気の遺伝子でも劣性なので、もう片方の正常遺伝子のはたらきで症状がでないためです。

　頻度の高い赤緑色覚異常、脆弱X症候群、デュシェンヌ型筋ジストロフィー、ベッカー型筋ジストロフィー（良性型）、血友病A（第Ⅷ因子欠損）、血友病B（第Ⅸ因子欠損）、無ガンマグロブリン血症などがX連鎖劣性遺伝病です。そのほか、1つの遺伝子ではなく複数の遺伝子が作用し、環境要因も作用していると考えられるものに**多因子遺伝病**があります（前頁表）。口唇口蓋裂、先天性心疾患、幽門狭窄、先天性股関節脱臼などの先天異常と、糖尿病、てんかん、高コレステロール血症、高血圧、消化性潰瘍、リウマチ性関節炎、躁うつ病、統合失調症など、頻度の高い病気が含まれています。最近では、これらに関係している遺伝子の解析が進みつつあります。

◇遺伝子治療の現状と将来

　遺伝子治療は、遺伝子の異常でおこる病気の人に対して、異常遺伝子そのものを正常化することを目ざしています。しかし、現実的には病気の遺伝子はそのままにしておき、新たに正常遺伝子を細胞に組込んで細胞の機能を改善する、遺伝子導入という方法がとられています。

　常染色体劣性遺伝の免疫不全症で、感染をくり返すＡＤＡ（アデノシンデアミナーゼ）欠損症の女の子に対する遺伝子治療が１９９０（平成2）年、アメリカで初めて行われ、成功しました。それ以来、アメリカでは、単一遺伝子病、がん、エイズなどを対象とする遺伝子治療が行われています。

　単一遺伝子病としては、ＡＤＡ欠損症のほかに、家族性高コレステロール血症、嚢胞性線維症、血友病B、ゴーシェ病などが対象となっています。アメリカの技術を導入して、日本では１９９５年に北海道大学で初めてＡＤＡ欠損症の男の子に対する遺伝子治療が行われ、効果が確認されました。

　そのほか、東京大学医科学研究所では腎細胞がん患者を対象にした遺伝子治療が行われており、他にも肺がん、乳がん、神経芽腫や白血病、パーキンソン病などに対する遺伝子治療研究が国内約30か所で行われています。また、臨床での応用と並行して、遺伝子を細胞内へ運ぶ担体（ベクター）の研究も進められています。

　現在、遺伝子治療と関連した白血病の発症などで死亡する例があり、より安全な遺伝子治療が期待されています。

遺伝相談（カウンセリング）

◇遺伝カウンセリングとは

遺伝カウンセリングは、遺伝性疾患の発現について心配をもつクライアント（相談に訪れた患者や家族）に正確な診断や最新の情報を与え、その情報を知ることで生じる不安に対して援助することを目的に行われています。

クライアントやその家族を助けるための専門家たちによる診断、病因の検索、家系分析、危険率の推定などが行われています。遺伝カウンセリングの基本姿勢は、「生活や生殖において遺伝的に不安がある人たちを、責任をもって支援する」ことです。

◇遺伝相談で取扱うことがら

遺伝相談の場でもちこまれる問題をまとめると、つぎのようになります。

Ⅰ先天異常のある人について、①遺伝性の有無とその診断、②治療の有無と予後、③遺伝性がある場合、その同胞再現率（近親者に発現する割合）と、次世代に同一の異常が現れる可能性とその予防法について。

Ⅱ保因者である可能性のある人について、①保因者か否かの判定、②保因者である場合は、その近親者に発現する可能性とその予防策。

Ⅲ近親婚の問題

Ⅳ妊娠中の健康管理、胎芽・胎児に悪影響をおよぼすおそれのあるできごと（感染、放射線被曝、薬品服用など）があった場合の危険性とその対策。

Ⅴ親子鑑定

◇遺伝相談の場で行われる診断

◉保因者診断

保因者とは、表現型（からだへの現れかた、見た目）には異常がなく、健常者とほとんど変わらないが、病的遺伝子（劣性遺伝ヘテロ）や相互転座染色体をもつ人のことです。

保因者発見の意義は、遺伝性疾患の早期発見・早期予防にあります。保因者診断には、生化学的検査、染色体検査、病理学検査、ＤＮＡ診断などの分子生物学的検査が行われます。

◉出生前診断

遺伝性疾患や各種先天性形態異常などの診断を、出生前に行うのが出生前診断です。染色体異常や遺伝子病の診断は妊娠の比較的早期に、絨毛膜の一部を採取したり、羊水穿刺で胎児の細胞を得たり、母体血から胎児の遺伝子を解析したり、形態異常の多くは妊娠中期から後期にかけて、胎児超音波検査やＭＲＩ検査など、画像分析を中心に行われます。すべての先天性形態異常を診断しきれるわけではありません。

出生前診断の実施にあたっては、倫理的側面にも十分配慮すべきことはいうまでもありません。

◉遺伝カウンセリングで配慮されるべきことがら

配慮されなければならないことがらは、つぎのとおりです。

①患者とその家族への敬意
②家族の「絆」の保持
③相談者の健康にかかわるすべての情報の提供（たとえ不利な情報でも）

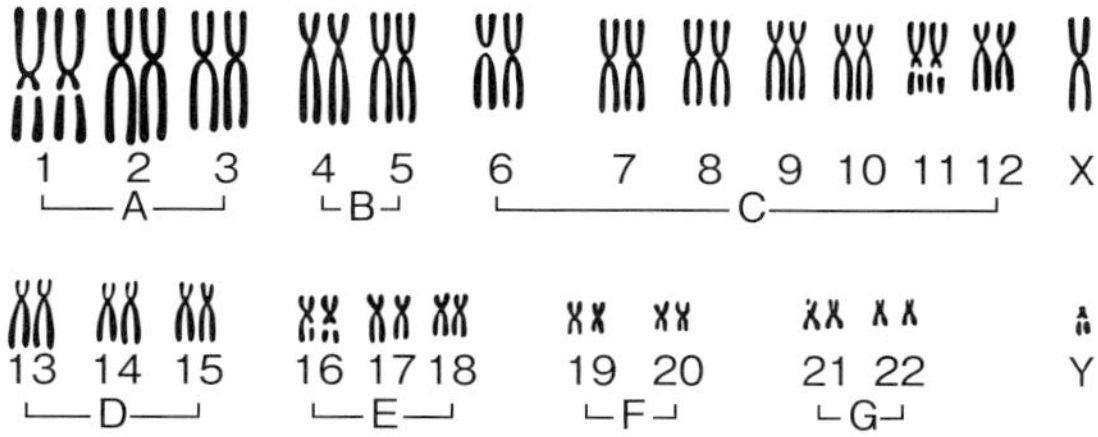

◎染色体の構造

父方、母方から1本ずつ由来した相同染色体を対（23対）に並べたもの。

1～22番までが常染色体で、A～Gまで7グループに分けられる。X、Yは性染色体。女性はXX、男性はXYの構造をしている。

④相談者のプライバシーの保護
⑤親族内にいるハイリスクの人への対応と配慮
⑥カウンセラーが方針決定せず、クライアントが自己決定できる選択肢を伝える

染色体異常
(Chromosomal aberration)

染色体異常には、常染色体異常と性染色体異常があります。

◇常染色体異常

常染色体の数の異常として代表的なものは**トリソミー症候群**（同一染色体が3本ある状態）で、21トリソミー症候群（ダウン症候群）、13トリソミー症候群、18トリソミー症候群などがあげられます。

これらの症候群の病因は、過剰なトリソミー染色体にあります。そのために、胎生発達の異常を通じて特有の病像（病気の様態）がつくられます。もっとも基本的な点は、問題となる染色体が病像に一致して存在することです。

トリソミーには、標準型トリソミー、欠失（欠損）をともなった過剰染色体による部分トリソミー、トリソミーのモザイク、ほかの常染色体または性染色体異常を合併した二重の染色体異常などがあります。

常染色体異常は、それぞれの症候群で、かなり共通の臨床像（医師が観察する病気のようす）を示します（相互転座の保因者は例外）。

それは、①知的能力障害、②外表の形態異常、骨格あるいは内臓の形態異常、③指紋・掌紋、足底紋の異常などです。

◉ダウン症候群
Down Syndrome

どんな病気か

21番染色体（上図）に、1本過剰な染色体が存在することでおこります。

発生頻度は、出生700～1000人に1人といわれています。

大部分は遺伝することのない散発性のものですが、21番染色体の一部が、他の染色体に付着している転座例では、血のつながった家族のなかにも同じ病気の人がいて遺伝することがあります。

この病気を最初に報告したダウン博士の名にちなみ、呼ばれています。

症状

目と目の間隔が開き、目じりがつりあがった特有の顔貌（顔つき）をしています。また、短い頭、幅広く扁平な鼻根、低い鼻すじ、長い舌、変形した耳介、頸部の皮膚のたるみ、幅の広い手、太く短い指などの特徴がみられます。全身の筋肉の緊張が低下し、精神遅滞もみられます。

心室中隔欠損症（682頁）などの先天性心疾患を約半数に合併します。そのほか、十二指腸閉鎖症、巨大結腸症（1584頁上段）、鎖肛（735頁）などの内臓の形態異常や、甲状腺機能低下症（1478頁）などをともなうことも少なくありません。

治療

内臓の形態異常があればその治療を行います。

知的能力障害の程度に応じて、社会生活が営めるよう訓練します。

◉18トリソミー症候群
Trisomy 18 Syndrome

【どんな病気か】 18番染色体（前頁図）に、1本過剰な染色体がついていて3本になっています。この状態がトリソミーです。

知的能力障害、後頭部突出、耳介の低位、小顎症、先天性の心臓の形態異常、指の屈曲と拘縮（ひきつれ）、足の変形などがみられます。

在胎期間に比べて出生時体重が軽く、哺乳・保育が困難なことが多いものです。発生頻度は、出生約3500人に1人といわれています。

集中治療しても、多くは1年以内に死亡するといわれています。

◉13トリソミー症候群
Trisomy 13 Syndrome

【どんな病気か】 13番染色体（前頁図）に1本過剰な染色体があり、3本になっています（トリソミー）。知的能力障害のほか、前頭部の発育不良、無眼球症または小眼球症、虹彩欠損、両眼開離、口蓋裂（660頁）、口唇裂（660頁）、耳介の低位、多指（趾）症（1982頁）、先天性心疾患、腸回転異常などの多彩な形態異常がみられます。

発生頻度は出生約5000人に1人といわれ、多くは生後3か月以内に死亡するといわれています。

◇その他の常染色体異常

常染色体の数が少ない（相同染色体の一部が欠けた）モノソミーが発見されています。

◉5pモノソミー症候群
Monosomy 5p Syndrome

5番染色体（前頁図）の短腕部の一部が欠損しています。子猫の鳴き声に似た、甲高い鳴き声で泣く特徴があり、猫鳴症候群とも呼ばれます。

乳児のときには円形顔貌、知的障害をともないます。

◉4pモノソミー症候群
Monosomy 4p Syndrome

4番染色体（前頁図）の短腕部が欠けているもので、眼球の非対称、眼球の開離、虹彩の欠損など、からだの正中線（からだの中心）に沿って、形態異常が集中しておこります。

◉18pモノソミー症候群（18番染色体短腕部欠失症候群）
Monosomy 18p Syndrome

小頭症、眼瞼下垂（1074頁）、変形耳介などがおこります。

◇性染色体異常

性染色体異常の表現型（からだへの現れかた）は、常染色体異常と比較すると乏しいことが一般的で、とくに小児期においては臨床診断がむずかしい場合が少なくありません。

◉ターナー症候群
Turner Syndrome

【どんな病気か】 卵巣が存在するなど、からだの表現型は女性でありながら、XXの構成をもつはずの性染色体のX染色体全体または短腕部分が1本分しかない染色体異常です。

身長は同年齢の人に比べて著しく低く、外陰部に、形態異常はないものの、成長しても子どものような外観のままです。

月経発来、恥毛の発育などの二次性徴の発現もほとんどみられません。子

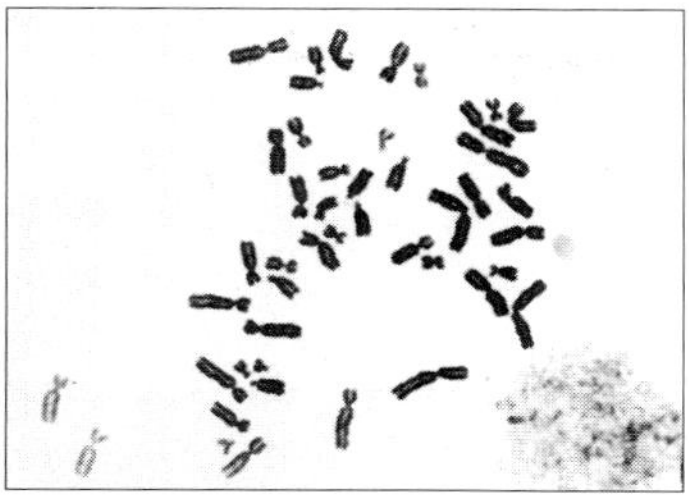

顕微鏡で見た整理前の染色体

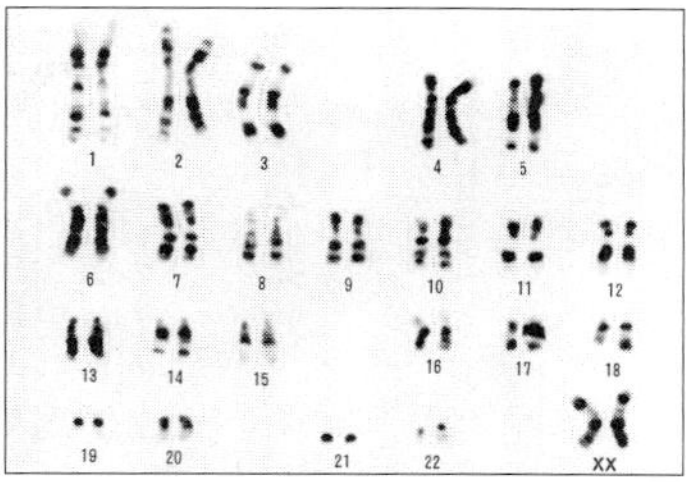

大きさと形を組合わせて並べかえた染色体（核型）

宮、腟、卵管は存在しますが、発育は不十分です。

知能の発達は、やや遅れがみられることもありますが、正常なこともあります。

本症には、正常核型とのモザイク例があり、臨床像も多彩です。

【治療】 女性ホルモンが使用されます。低身長に対しては、成長ホルモン治療が有効です。

◉クラインフェルター症候群

Klinefelter Syndrome

【どんな病気か】 陰茎の存在など、からだの表現型は男性です。いくつかのタイプがありますが、染色体が47本と正常な人よりも1本多く、性染色体がXXYを示すのが、代表的なものです。

男子の出生約500人に1人の割合で生まれるといわれています。

小さな精巣（睾丸）、女性化乳房、無（乏）精子症をともない、軽い知的能力障害がみられることがあります。

◉トリプルX症候群（超雌／スーパー女性）

Triple-X Syndrome

【どんな病気か】 表現型は女性ですが、染色体が47本と1本多く、性染色体がXXXと正常な女性よりも1本多い構造になっています。

この病気の発生頻度は、女児1000人に0・8人といわれます。

染色体に異常があるだけで、病的な症状が表面に現れてこないことが多いものです。

知能障害は軽度です。

外陰部や卵巣、子宮、腟などの内性器、二次性徴にも異常が少なく、妊娠、分娩が可能です。

◉XYY個体（YY症候群）

XYY Individual

【どんな病気か】 表現型は男性ですが、染色体が47本と1本多く、正常な男性よりもY染色体が1本多いもので、XYYの構造になっています。

1960年代に、身長が高く、凶暴性があって、著しく反社会的な行動をとる男性にこのような染色体構成をもつものがあると報告され、注目を集めました。

その後の新生児の集団追跡調査から、男児の出生1000人に1・1人の割合で発生していることがわかっています。この調査結果は、一般の人のなかに、この染色体異常をもつ人が案外存在する可能性があることを示唆しています。このため、さらに今後の追跡調査が待たれています。

◉遺伝の相談機関

遺伝病や先天異常についての相談は、一部の大学病院や専門病院で行われています。相談日を設定しているところもありますので、あらかじめ電話で確認してから受診するとよいでしょう。

新生児の病気

新生児とは何か

◇新生児の分類

新生児とは、母体から生まれて子宮外の生活に適応する過程にいる子どものことです。出生日を0日として生後28日未満をさします。

新生児を、その在胎期間や出生体重から分類することは、統計上の目的だけでなく、病気を予想して、適切な新生児の管理を行ううえでもたいせつなことです。

出生時の体重で分けると、2500g未満で生まれた新生児を**低出生体重児**、1500g未満の新生児を**極低出生体重児**、1000g未満で生まれた新生児を**超低出生体重児**といいます。

また、日本では4000g以上の新生児を巨大児と呼んでいます。

出生時期で分けると、在胎37週未満で生まれた場合を**早産**、在胎37週から42週未満を**正期産**、42週以上を**過期産**といいます。

早産の低出生体重児
Preterm Low Birth Weight Infant

どんな病気か

早産の低出生体重児では、その程度によって、各臓器の未熟性が異なり、その生命予後や罹患率も大きくちがいます。より早期に生まれ、からだが小さいほど体温調節が未熟で感染にも弱いため、保育器に収容して清潔に扱うことが必要になります。

在胎期間が28週未満や出生体重が1000g未満の超低出生体重児では肺が未熟であるため、人工呼吸管理が必要となります。

肺が正常に機能しても、呼吸の調節が未熟な在胎34週未満までは**無呼吸発作**がおこります。

哺乳には呼吸と嚥下に対する調節が必要で、34週ごろにはできるようになります。それ以前に生まれた赤ちゃんでは、栄養チューブを鼻や口から胃の中に入れ、母乳などを注入しなければなりません。

そのため、早産児は本来の出生予定日ごろまでは入院が必要となります。

その後の発育・発達ですが、1歳から3歳ごろにはふつうに生まれた子どもたちと変わらなくなります。

1000g未満の超低出生体重児でも、小学校入学ごろには発育・発達がほとんど追いつきます。

巨大児
Giant Baby

どんな病気か

巨大児の場合、からだが大きすぎて、難産の原因になることがあります。

その結果、分娩損傷（585頁上段）や仮死産となることもあります。

母親が糖尿病（真性もしくは妊娠性）で、糖尿病のコントロールが悪く、血糖値が高いために胎児が巨大児になった場合は、出生後、子どものからだは大きくても呼吸障害、心不全や低血糖になる危険があります。

妊娠中の糖尿病の管理が、母親だけでなく子どもにとってもたいせつなのはこのためです。

新生児の病気

◎胎児と新生児

胎児が子宮の外に出てからみせるもっとも劇的な変化は、呼吸を開始し、それを維持することです。胎内では臍の緒を介して母親から酸素と栄養を供給され、老廃物を処理していましたが、臍の緒が断たれた瞬間から、新生児はそれらを自分でまかないます。

臍の緒が結紮・切断され、産声があがった瞬間、新生児の肺で換気が始まり、肺血流が増え、胎児期に重要な役割をはたしていた動脈管が閉鎖するなど、その循環動態は激変します。また、自分の肝臓で血液の老廃物を処理し始めるため、生後しばらくは黄疸がでます。

胎児が分娩という物理的に大きなハードルを乗り越え、さらに生理的な激変を経ることが、分娩損傷や呼吸障害など新生児特有の疾患の原因となるのです。

不当軽量児
Light for Dates Infant

どんな病気か

在胎期間から予測される体重より体重が少ない、胎内発育遅延状態の胎児をいいます。母親側の原因としては妊娠高血圧症候群（876頁）が、胎児側の原因としては染色体異常などが考えられます。在胎週数相当の体重の早産児（相当重量児）に比べて、やせて生まれます。妊娠高血圧症候群や多胎の場合に不当軽量児になるのは、胎内での栄養の供給が足りないためです。グリコーゲンの貯蔵が少ないと出生後のストレスに対応しきれず、低血糖となりやすいのです。

重症の場合は慢性的な低酸素状態になるため、多血症や心不全、胎便栓症候群などをおこしやすくなります。

過期産児
Post-term Infant

どんな病気か

在胎42週を超えた過期産で、皮膚の表皮剥離や亀裂・落屑がみられ、皮下脂肪の少ないやせた体型の新生児が生まれることがあります。これは胎内で栄養不良状態（胎盤機能不全症候群）にあったためで、このような症状を示す新生児は**ジスマチュア児**ともいわれます。胎盤、胎児とも予備力がないため、分娩中によく**胎児機能不全**をおこします。

新生児仮死
Neonatal asphyxia

どんな病気か

出生直後の新生児が肺呼吸できず、低酸素状態が進むことをいいます。妊娠高血圧症候群、胎盤早期剥離、多胎、骨盤位分娩などが原因で、胎児が低酸素血症（胎児機能不全）になると、出生後に呼吸を開始できなくなります。

新生児仮死は全出生の約1～2％に認められ、その約1割が重度新生児仮死で、永続的な脳障害のリスクが高くなります。新生児仮死の程度は、**アプガースコア**という点数をつけて評価されています。

症状

低酸素の影響は全身の臓器すべてに認められますが、中枢神経（脳）の影響は、低酸素性虚血性脳障害と呼ばれます。生後12～24時間に興奮状態、けいれん、無呼吸発作などの神経症状がみられます。低酸素による心・肺、肝・腎、消化管などの障害は死亡の原因となります。

検査と診断

新生児仮死の程度と予後の評価のために、血液検査、血液ガス分析、超音波検査、ＭＲＩ検査などが用いられます。

治療

呼吸を開始させ、輸液や昇圧薬で循環を安定させ、電解質などを補います。また、脳低温療法が注目されています。

産瘤
Caput Succedaneum

どんな病気か

分娩が進み、胎児の先進部分（頭位分娩では頭、逆子のときは殿部）が子宮から外に出てくると、出ている部分には圧迫がないため、体液がたまりやすくなり、浮腫（む

◎NICUとは

NICUというのは新生児集中治療管理室（Neonatal Intensive Care Unit）の略で、身体機能の未熟な低出生体重児や、仮死・先天性の病気などで集中治療を必要とする新生児を対象に、高度な専門医療を24時間体制で提供する治療室のことです。

現在では、NICUに加え、さらに母体・胎児集中治療管理室が設置され始めています。これは妊婦の異常や切迫早産など胎児の緊急時に備えて、24時間体制で治療を行うところです。

この2つの集中治療管理室を備えているのが総合周産期母子医療センターです。

NICUは都道府県の認可を受けて運営されますが、施設の構造や設備、運用の構成人員にいたるまで厳しい基準が定められています。

NICUの特徴は、未熟さに起因した疾患を多く対象としており、治療を受ける新生

くみ）が生じます。お産に時間がかかると、この皮下浮腫が大きくなり、ときには暗赤色のコブのようにみえます。これが産瘤です。

生後2～3日で自然に消失します。治療の必要はありません。

頭血腫
Cephalohematoma

どんな病気か

分娩時、胎児が産道を通過する際に外力を受け、その頭蓋骨を包んでいる骨膜の一部が剥離したり血管が破綻して血腫となったものをいいます。これは骨膜と頭蓋骨との間の出血ですが、1つの骨にかぎられており、骨縫合（骨の継ぎ目）を超えて他の骨におよぶことはありません。ただし、同時に2つの頭骨にできることはあります。

吸引分娩や鉗子分娩の場合（2261～2262頁）に生じることが多いのですが、そうでない場合にもみられます。

症状

生後数日の間にしだいに腫れてきます。貧血をおこすほどの出血とはなりません。しかし、血腫が吸収されると黄疸が強くなったり、遅延性黄疸（584頁）の原因になります。

治療

大きな頭血腫でも、針で穿刺するのは感染や再出血の危険があるため行われません。無治療でも生後2～3か月で消失します。

新生児の頭蓋内出血
Intracranial Hemorrhage

どんな病気か

頭蓋骨の内側におこる出血です。出血部位によって、硬膜下出血、くも膜下出血、脳室内出血、脳実質出血などに分類されています。新生児の頭蓋内出血は、分娩時の外力による外傷性のものと、仮死状態で生まれた際の血液中の酸素不足による低酸素性のものとがあります。

新生児では、ビタミンK不足によっておこります。

34週未満の早産児は脳の形成が未熟なため、脳室内出血が発生しやすくなります。出血の程度によって症状はさまざまです。

症状

いずれの出血も、軽度の場合は一過性か無症状です。

出血量が多いと、全身の失血による貧血症状がみられ、血圧低下などショック状態となります。また、出血によって脳が圧迫されると、頭蓋内の脳圧が上昇する脳圧亢進症状や髄膜刺激症状がおこり、甲高い泣き声、異常な動き、けいれんなどがみられます。

検査と診断

症状から出血が疑われたら、超音波検査、X線CT検査、MRI検査などで頭部を検査して診断を確定します。

治療

出血の種類と程度により異なりますが、軽度の出血では症状への対症療法だけですみ、正常な発達が期待できます。

出血多量のショックに対しては輸血や輸液などの全身管理が必要になり、頭蓋内の脳圧を下げるほか、脳への圧迫をとるために血腫除去手術が必要となることもあります。出血後に髄液がたまって脳室が拡大する場合（水頭症）は、髄液を排出するためシャント（髄

液還流）術が行われます。

分娩まひ
Birth Injury to Peripheral Nervous System

どんな病気か 分娩時に産道で胎児の末梢神経が圧迫されてまひがおこるものです。顔面神経まひ（979頁）、腕神経叢まひ、横隔膜神経まひなどがあります。

治療 神経の損傷が一時的な圧迫によるものであれば、症状は一過性で自然に治ります。**顔面神経まひ**は、泣くと口が歪んだり、眼瞼（まぶた）が閉じないことで気がつきますが、特別な治療は不要です。

腕神経叢まひは、頸部を通って腕に行く神経の束が、分娩時に伸びきったり圧迫されて傷ついておこります。このまひは、自然に治ることが多いのですが、まひしている部分を十分に動かしたり、マッサージすることが機能回復に有効です。

横隔膜神経まひは、腕神経叢まひと同様の原因で生じます。新生児は腹式呼吸を行っており、横隔膜が動かないと呼吸がうまくできないため、適切な呼吸管理が必要になります。

新生児の骨折
Bone Fracture

どんな病気か 分娩時に赤ちゃんのからだの一部が産道にひっかかり、そこにむりな力が加わることでおこる骨折です。もっとも頻度の高いのは鎖骨骨折です。

まれに上腕骨骨折や大腿骨骨折などもあります。

検査と診断 ある部分を触ると痛がって激しく泣いたり、その周辺が浮腫（むくみ）をおこして腫れていれば骨折が疑われます。X線撮影で診断がつきます。

治療 新生児の骨は接着しやすく、骨折部位を固定して安静に保っていれば治ります。

鎖骨の骨折でも、10日もすると骨折部位が接着し始め、数か月で完全に治ります。

新生児の呼吸障害
Respiratory Disturbances

どんな病気か 早産にともなう呼吸障害には、呼吸中枢が未熟なためにおこる**無呼吸発作**と、サーファクタントという肺胞の表面張力をコントロールする物質が不足して肺が膨らみにくくなる**呼吸窮迫症候群**とがあります。

正期産・過期産にみられる呼吸障害には、胎児機能不全にともなう**胎便吸引症候群**と**気胸**とがあります。

早産、正期産いずれでもおこるのは、産道を通るときにB群溶連菌などに感染する**新生児肺炎**です。

そのほか、新生児の呼吸障害の原因として、先天異常による横隔膜ヘルニア、食道閉鎖をともなった気管食道瘻、羊水過少による肺低形成などがまれにみられます。

検査と診断 呼吸困難の症状は、多呼吸や呻吟（うなり声）、陥没呼吸（胸骨下や肋間が息を吸うとくぼむ）があります。新生児の呼吸障害では、胸部X線撮影が診断に役立ちます。

新生児の病気

児の成長発達がもとの病気からの回復のポイントとなるところにあります。そのため、集中治療を行う期間は長くなります。たとえば、1000g未満の超低出生体重児をNICUで管理する期間は90日にもなります。

NICUには、莫大な費用がかかります。そのため、その機能は地域全体で有効に共同利用されるべきであり、その運営についても、行政が協力して、全国各地域で情報のネットワークをつくってあたることが望まれます。

◎新生児黄疸

黄疸の原因となる色素は、赤血球の血色素であるヘモグロビンが壊れて生じるビリルビンという物質です。このビリルビンが血中に増えて皮膚や白目が黄色くなることを黄疸といいます。

ビリルビンは肝臓で処理さ

れて胆汁中に排泄されます。胎児・新生児は生理的に多血（血が濃い）であり、しかも胎児の赤血球の寿命は短いため、出生後多量の赤血球の崩壊がおこります。このために生じたビリルビンを処理する肝臓の機能が未熟であることや、母親からのホルモンの影響もあり、血液中のビリルビンが高値になりやすいのです。

光線療法は新生児黄疸の治療としてもっともよく行われています。保育器内で新生児を裸にして青色（波長420～460nm）の光をあてます。光エネルギーが作用すると皮膚や皮下毛細血管内のビリルビンが水に溶けやすい型（抱合型ビリルビン）に変わり胆汁中に排泄されるのです。

交換輸血法という方法もあります。これは溶血性黄疸のような重症の黄疸に対して、血中のビリルビンと壊れやすくなった赤血球を取除き、壊れにくい新鮮な血液を輸血する治療法です。循環血液量の2倍の量の血液を用意し、い

治療　呼吸障害に対して酸素吸入を行いますが、改善しなければ、気管内に管を挿入して人工呼吸器を使用します。

サーファクタント不足には、ウシの肺からつくられた人工サーファクタントを気管内に与えます。

胎便吸引症候群では、胎便による肺炎をおこします。軽症の場合は、酸素吸入だけで数日で改善します。人工呼吸器を使う際に、気胸などの合併症を回避するため換気圧や吸気時間に注意します。

重症の場合は、一酸化窒素（NO）吸入療法や体外式膜型人工肺（ECMO）を使って治療します。

生理的黄疸
Physiological Jaundice of the Newborn

どんな病気か　新生児において、生後2～3日ころから徐々に皮膚が黄色みを帯びてきます。病気がなくてみられる皮膚の黄色み（黄疸）を生理的黄疸といいます。

胎児赤血球の崩壊で多くのビリルビンが産生されることや、肝臓のはたらきが低いためにビリルビンを処理しきれないことが、その原因と考えられています。

日齢5～6で、血中の総ビリルビン値が1dℓ中13プラスマイナス4mgに達し、その後減少します。

ところが、生後2週間以上黄疸がつづくことがあります。これが遷延性黄疸（次項）です。

治療　生理的黄疸のなかでも、血中のビリルビン値が一定の基準を超えて高くなった場合（成熟児では通常、1dℓ中16～18mg以上）は、**特発性高ビリルビン血症**と呼ばれます。

高ビリルビン血症では核黄疸を防ぐ目的で、予防的にからだに光線をあて、ビリルビンの処理を促進する**光線療法**が行われます。

その基準は、新生児の日齢、出生体重、呼吸状態などによって異なります。光線療法を行ってもビリルビン値の上昇が止まらない場合には交換輸血法が行われます（上段）。

遷延性黄疸
Prolonged Neonatal Jaundice

どんな病気か　生後2週間以後も、肉眼でわかる黄疸がみられるものです。血中に増加するビリルビンの種類によって、肝臓で処理されていない型のビリルビンが高い**高間接型ビリルビン血症**と肝臓で処理された水に溶けやすい型のビリルビンが高い**高直接型ビリルビン血症**とに分けられます。

原因　高間接型ビリルビン血症の原因は、母乳性黄疸、溶血性疾患にともなう黄疸、体質性（遺伝性）黄疸などで、高直接型ビリルビン血症の原因は、胆道系疾患、胎内感染、敗血症（2124頁）などです。

母乳性黄疸
Breast Milk Jaundice

どんな病気か　母乳栄養児の約10～15%にみられる遷延性黄疸（前項）で、間接型ビリルビンが高い黄疸です。

生後4～7日ごろから黄疸が増強し、

っぽうの血管から脱血し、他方から輸血します。体重3000gの新生児で、500〜600mℓの血液を交換します。

◎分娩損傷対策

娩出時に新生児が受けた外傷を分娩損傷といいます。種々の出血、末梢神経のまひまたは離断、骨折、内臓破裂などがあります。いずれも狭い産道からむりやり胎児を娩出しようとしてひっかかったり、急いで胎児を出そうとするために生じます。

損傷の予防には、分娩が始まる前に超音波検査などで児頭骨盤の大きさや状態をよく調べて、むりのない分娩計画を立てることが必要です。経腟出産がむずかしければ帝王切開を選択しますが、母親に麻酔や手術にともなうリスクがあり、つぎの妊娠時に子宮破裂をおこす危険が残ります。

分娩時の脳性まひに対しては、**産科医療補償制度**の対象となり、補償されることがあります。

2〜3週でピークに達したあとも高間接型ビリルビン血症が持続し、2〜3か月で消失します。

血中の総ビリルビン値は1dℓ中20mg以上に達することがあります。ただし、発育や発達は正常で核黄疸を示す所見もありません。

母乳栄養以外に遷延性黄疸の原因がないことを確認するため、母乳を一時的に人工乳に変えてようすをみることが試みられます。すると血中のビリルビン値が減少します。それを確認して判定されます。

母乳性黄疸は良性の黄疸で、核黄疸へ進展する例はありません。重要なのは、母乳栄養児の遷延性黄疸をすぐに母乳性黄疸と決めつけず、きちんと診察を受け、経過観察することです。

新生児溶血性黄疸
Hemolytic Jaundice of the Newborn

どんな病気か

新生児の血液型抗原が母親に欠如している場合（血液型不適合妊娠 2246頁）、その血液型抗原に対する抗体が母親の血液中にできます。この抗体は流産や分娩時の胎盤剥離の際に、少量の胎児赤血球が母体の血液に入ってできることが多いため、初回の妊娠ではふつうおこりません。

ところが、2回目以降の妊娠中に、母親の血液中の抗体が胎盤を通過して胎児の血液中に入ると、抗原抗体反応がおこり、胎児の赤血球が破壊（溶血）されて、大量のビリルビンができてしまうことがあります。溶血は胎児や新生児に貧血をもたらすほか、出生後24時間以内の新生児に重症黄疸をもたらします。

妊娠中は、過剰に産生されたビリルビンが胎盤を通じて母体へ排泄されるため、胎児の黄疸は軽くてすみます。

母親がRh（D）陰性の血液型で、Rh（D）陽性の子どもを妊娠した場合は比較的重症の黄疸となることが多いのですが、O型の母親がA型またはB型の子どもを妊娠した場合は重症例は少ないといわれています。

また、Rh（C）、Rh（E）や、そのほかの血液型不適合妊娠でもおこることがあります。

予防

母親がRh（D）陰性の場合、1回目の出産後直ちに抗Rh（D）抗体を含むγグロブリンを母体に注射し、2回目以降の妊娠の際に胎児の血液中で抗原抗体反応がおこらないようにします。

核黄疸
Kernicterus

どんな病気か

新生児の血液中の間接型ビリルビンが異常に増え、脳の神経細胞にたまって神経毒性を引き起こし、脳性まひや難聴などの後遺症を残す病態を核黄疸といいます。高直接型ビリルビン血症や母乳性黄疸では、このようなことはおこりません。

症状

核黄疸の初期には、重症黄疸症状のほかに、元気がなくなる、哺乳力が低下する、1日中うとうとしているなどの症状がみられます。ついで筋緊張が亢進し後弓反張という、頭を後ろに反らした全身硬直をおこします。

子どもの脳・脊髄・神経の病気①

熱性けいれん
Febrile Convulsion, Febrile Seizure

どんな病気か　生後6か月から6歳ぐらいまでの子どもが、38度以上の熱をだしたときにおこすけいれんです。子ども10～20人に1人の割合で、男女ともにみられます。

遺伝的な素因が関係しておこります。

症状　急に発熱した際におこることが多く、左右の手足や顔面を激しくぴくつかせます。意識がなくなり、眼球がしばしば上を向いています。

ほとんどは数分で治まりますが、ときに長引き、唇が紫色になります（チアノーゼ 1344頁上段）。

いったん治まったけいれんが24時間以内に再発する、けいれんがからだの片側だけにおこる、意識がなくなって手足をだらりとさせ、けいれんはみられないといったタイプもあります。

大部分は上気道炎、とくに咽頭炎（1172～1173頁）の発熱の際におこりますが、ときに肺炎、胃腸炎でおこることもあります。

髄膜炎（963頁）、脳炎（961頁）、急性脳症（589頁）などでも発熱とけいれんがおこりますが、これは、熱性けいれんには含めません。

けいれんが長引く・くり返す、けいれんが治まったあと、意識がはっきりしない、吐きけがひどいといったときは、医師の診察を受けましょう。

検査と診断　髄液検査、血液検査、その他の精密検査が必要になることもあります。

脳波検査は、熱性けいれんの診断に不可欠ではないのですが、てんかんとの鑑別に役立つことがあります。

けいれんが、1度の発熱で2回以上おこる、からだの片側だけにおこる、熱がないのにおこるといった人が、血のつながっている家族のなかにいるケースでは、脳波検査を受けたほうがよいでしょう。

治療　たいていは数分で治まるので、けいれんがおこっているとき、意識がはっきりしない場合は、顔を横に向け、吐物が気道に入らないようにしてようすをみます。

口の中に指や物を入れる手当は、行わないようにします。

なかなかけいれんが治まらないときには、速やかに医師の手当を受けましょう。

予防　後遺症が残ることはなく、熱性けいれんがくせになることは、ふつう、ありません。しかし、2、3人に1人の頻度で再発します。

このため、医師が37・5度以上の発熱に気づいたら、ジアゼパムという抗けいれん薬の坐薬かシロップ薬を使用することがあります。

◇子どものけいれん性疾患と対応

子どもは、脳の発育が未熟なため、けいれんをおこしやすいのです。

原因としてもっとも多いのは熱性けいれんですが、ほかの原因のこともあるので、子どもがけいれんをおこしたとき、いちどは小児科医や小児神経科医のいる医療機関を受診しましょう。

これは、けいれんとまちがえやすい症状も、子どもに多くみられるからです。

◎光感受性発作…590頁

◎ウエスト症候群（点頭てんかん）

手足を急に突っ張るように伸ばしたり、抱いているときにくびをこくんとうなずくようにしたりする発作が、何秒間かの間をおいてくり返しおこります。発作のくり返しが何分かつづくこともあります。

生後4～7か月の乳児（ほとんどは1歳以下）に発症するてんかんで、眠りから覚めた直後や少し眠くなったようなときにおこりやすいものです。脳波検査を行うと、特徴的な所見（ヒプスアリズミア）がみられます。

原因となる病気があったり、発達の遅れをきたしたりするので、注意が必要です。

▼**治療**　抗てんかん薬のほかに、副腎皮質刺激ホルモン剤を使用するホルモン療法が有効なケースもあります。

てんかん
Epilepsy

【どんな病気か】　てんかんの多くは、小児期に発症します。

おとなと同様、いろいろなかたちの発作（958頁）がおこりますが、ごく軽い発作や短時間の発作のために気づかれずにすんでしまうこともあります。

特別な原因がなく、脳に障害のない場合には、治療に反応しやすいことが多く、数年のうちに治療を中止できる子どももいます（**特発性小児良性てんかん**）。

しかし、脳に何か原因があっておこることもあります（**症候性てんかん**）。子どもだけにおこるてんかんに**ウエスト症候群**（上段）や**レンノックス・ガストー症候群**（590頁）がありますが、頻度はまれです。

【検査と診断】　意識障害をともなうことが多く、また子どもは、症状をはっきりと言えないことが多いので、診断には、発作を目撃した人の情報がたいせつになります。

発作を目撃した人がつき添い、できるだけ正確に症状を医師に伝えてください。

【治療】　おとな同様、抗てんかん薬の使用（960頁）が中心で、薬をやめられる人も多くみられます。

難治性の場合、ホルモン療法や**ケトン食療法**（炭水化物やたんぱく質を抑え、脂質の割合を増やした食事で治療する）を行うことがあります。また専門の脳神経外科で治療することもあります。

【日常生活の注意】　規則正しい生活を心がけ、寝不足を避けて、治療をきちんと行うことがたいせつです。

日常生活の規制は必要ないのがふつうですが、症状によっては必要なこともあります。主治医とよく連絡をとり、相談しましょう。

てんかんの子どもを特別扱いしたり、過保護にしないようにします。

ただし、1人で高いところに登ったり、水に潜ったりさせないようにします。水泳・入浴時もまったく1人にしないほうが安全です。

憤怒けいれん（泣き入りひきつけ）
Breath Holding Spells

【どんな病気か】　急に泣き始めたときに、息を止め、顔や唇がしだいに紫色になります（チアノーゼ 1344頁上段）。1分程度で治まります。発作が長引くと手足にけいれんがおこることがありますが、これはまれです。

自分の思うようにならない、いやなことをされた、または痛みなどがきっかけとなっておこりがちです。

おこるのは、生後3か月から3歳くらいの乳幼児で、成長とともに頻度が減り、やがておこらなくなります。

【検査と診断】　発作のきっかけがはっきりしていれば特別な検査は必要ありませんが、てんかんと見分けるため、脳波検査が行われることもあります。

【治療】　きっかけをできるだけ避けるようにするだけで、薬による治療は必要ありません。

◎フロッピーインファント

筋肉がやわらかくなってぐにゃぐにゃする（フロッピー）という意味です。**低緊張乳児**、フロッピーベビーともいいます。

▼原因　原因は、脳、脊髄、末梢神経、筋肉と神経の接合部などの病気や染色体異常で、筋ジストロフィー、重症筋無力症、先天性ミオパチー、ウエルドニヒ・ホフマン病など、さまざまな病気でおこります。

▼症状　筋肉の緊張度が低下してやわらかくなり、健常児にはみられない特異な姿勢になります。

くびの据わり、お座り、歩行などの発達が、健常児と比べると遅れます。

▼検査と診断　詳細な診察がたいせつで、とくに腱反射のようすが、原因となる病変がどこにあるかを推定するうえで重要です。

採血し、そこに含まれるクレアチンキナーゼ（筋肉の酵

やってはいけないことをやってしかられて泣いたときに、発作がおこるケースは少ないものです。

急性小児片まひ
Acute Infantile Hemiplegia

どんな病気か　急な発熱とともに意識障害におちいり、からだの片側にけいれんがおこります（半身けいれん）。このけいれんは、いったんおこると長時間つづくことが多いものです（けいれん重積）。

けいれんがやっと止まっても、意識障害が数日つづき、その後にからだの片側にまひ（片まひ）が残ります。

あとに知的障害やてんかんがおこる頻度が高くなっています。ふつう、3歳以下の子どもにおこります。

脳の血管障害、髄膜炎などいろいろなことが原因になりますが、原因がわからないケースもあります。

検査と診断　熱性けいれん、てんかん、髄膜炎、急性脳症、脳血管疾患など、多くの病気との鑑別が必要です。そのため、入院して、血液、髄液、脳波、CT、MRI、SPECTなどの検査をする必要があります。

CTなどの画像診断では、最初大脳半球の片側（けいれんをおこした反対側）に浮腫（むくみ）がみられ、やがて萎縮していく（縮む）ようすが観察されます。脳波検査では、波形に左右差がみられ、やがて、てんかん性の異常波がでてくることがあります。

治療　急性期（病気のおこり始め）には、けいれんを止めて、脳を保護する治療（抗けいれん薬や脳浮腫をとる薬の使用、酸素吸入）を行います。

症状が落ちついたら、後遺症に対する治療を行います。

まひには機能訓練、てんかんには抗けいれん薬の使用を行います。知的障害がみられる場合は、教育上の配慮が

子どもの失神

なんらかの原因で脳に血液が流れにくくなり、脳が低酸素または無酸素状態になって一時的に意識を失うケースが失神です。

疲労、空腹、入浴、注射などによる痛みなどの刺激、恐ろしい経験、血を見るといったことがきっかけとなり、脳へ流れる血液の量が少なくなっておこります。

めまい、吐きけ、脱力（手足から力が抜ける）とともに手足が冷たくなり、顔色が青くなって、意識が消失して倒れます（いわゆる脳貧血）。ときに、けいれんや尿失禁（おもらし）がみられます。

不整脈をおこすような心臓病（1346頁）でも、同じようなことがおこります。

てんかんの発作でも意識を失って倒れることがあるので、失神をてんかんとまちがえたり、心臓病に気づかなかったりすることがあります。

初めて失神をおこしたときは、小児科医の診察を受けさせ、その原因をはっきりさせておくことがたいせつです。

素）、AST（GOT）、ALT（GPT）のほか、乳酸、ピルビン酸などの値を調べます。頭部のMRI、ときに筋電図、末梢神経伝導速度などの検査もします。

筋肉の病気が疑われた場合は、筋生検を行います。

近年は、染色体や遺伝子の検査で診断のつく病気もでてきました。

▼治療　重症筋無力症を除けば、特別な治療法がありません。抵抗力が弱いので、健康管理に気をつけます。

運動発達を促進するための訓練や関節拘縮（かたまって関節が動かせなくなる）を防ぐためのストレッチ体操を行います。

社会への適応をはかるため、早期から保育園や幼稚園などの通園施設に入園させるほうがよいでしょう。

必要になります。

障害が強い場合は、専門の訓練施設へ通院することもあります。

急性脳症
Acute Encephalopathy

どんな病気か　細菌やウイルスの感染（インフルエンザなど）、中毒その他のいろいろな原因で脳がむくみ、突然、意識障害やけいれんをおこす病気です。原因がわからないこともあります。

たいていは発熱をともない、下痢や嘔吐がおこることもあります。

意識障害やけいれんが治まりにくい傾向があって、後に重症のけいれんや精神・運動障害などの後遺症を残すケースがしばしばです。

ライ症候群（672頁上段）も、この急性脳症のひとつです。

血液、髄液、脳波の検査や、CT、MRIなどの画像診断で診断しますが、脳炎との区別が困難なケースも多くみられます。

治療　全身のけいれんや意識障害に対しては、けいれんを止め、脳を保護する治療（抗けいれん薬や脳のむくみをとる薬、酸素吸入など）を行います。

症状が落ちついたら、後遺症に対する治療（機能訓練、抗けいれん薬の使用、知的障害に対する教育上の配慮など）を行います。

急性小脳失調症
Acute Cerebellar Ataxia

どんな病気か　ウイルス感染症などにかかって1～2週間後に、急にふらついて、うまく歩けない・立てない・座っていられないなどの症状が現れ、ときに眼振（眼球が左右に細かく震える）をともなうこともあります。

ウイルス感染がきっかけとなって、小脳に炎症がおこるのが原因と考えられています。

治療　数週間のうちに徐々に症状が消え、もとどおりの元気な状態に戻ります。

強力な治療を必要とすることはほとんどなく、後遺症が残ることもまずありません。

子どもの脊髄炎
Myelitis of the Child

どんな病気か　脊髄に炎症がおこり、手足のまひ（立てない、歩けない、手の運動がうまくできないなど）、感覚の異常（感覚がない、異常な感じがするなど）、膀胱直腸障害（排尿、排便がうまくできない）といった症状が急に現れる病気です。

まひは、最初は手足がだらりとする弛緩性まひですが、しだいに手足がかたくなって突っ張るような痙直性まひになります。脊髄のどこの部位がおかされたかによって、まひや感覚の異常の現れかたが異なります。

呼吸障害がおこることもあります。

検査と診断　症状、病気の進みかた、神経学的な診察で診断がつきますが、ほかの病気と鑑別するため、血液、髄液の検査やCT、MRIが行

◎光感受性発作

テレビ画面などの閃光や点滅を注視した直後、けいれん、意識障害、不快感などをおこすもので、脳波の異常がみられます。一定以上の光点滅周波数による、脳への強い刺激などが原因でおこるとされています。

テレビを見る環境に注意するほか、普段の生活でも光刺激によって発作をくり返す場合は、治療が必要です。

われます。

髄液検査の異常や、ＭＲＩで脊髄に病変がみられたりすることがあります。

治療　症状に対する治療が中心です。呼吸障害がおこれば呼吸の管理、まひに対しては理学療法（温めて動かすなど）、膀胱直腸障害に対する処置などを行います。

約60％は予後がよいのですが、重い後遺症が残り、専門施設での訓練療法が必要になることもあります。

子どもの多発性神経炎
Polyneuritis of the Child

どんな病気か　先行する病気（上気道感染症のことが多い）があって2～3週間後に、全身の末梢神経に障害がおこり、急に手足のまひが現れる病気です。

症状　立てない、歩けないといった症状が急に現れてきますが、脊髄炎（前項）とはちがい膀胱直腸障害（排尿、排便の異常）はおこりません。

感覚の異常や血圧の異常などの自律神経症状がみられることもあります。

検査と診断　髄液検査でたんぱく細胞解離（たんぱくが増えていて、細胞が増えていない現象）がみられる場合は、**ギラン・バレー症候群**といいます。このたんぱく細胞解離が最初はみられず、あとから出現することもあります。神経伝導速度の遅れが多くみられます。

治療　自然に治癒することが多いのですが、γグロブリンの静脈注射や血漿交換療法が行われることもあります。

副腎皮質ホルモン（ステロイド）剤の効果には賛否両論があります。

運動障害が残れば訓練を行います。

レンノックス・ガストー症候群（レノックス症候群）
Lennox-Gastaut Syndrome

どんな病気か　子どもにおこるてんかんのひとつで、けいれん発作が、いつも同じ1種類だけではなく、急に手足を突っ張るようにする（強直けいれん。ごく短い時間の場合はスパスムという）、意識だけがぼーっとする（非定型欠神発作）、手足をピクピクさせる（ミオクロニー発作）など、いろいろなかたちでみられるのが特徴です。

精神・運動発達の遅れをともなうことが少なくありません。

脳波検査を行うと、特徴的な波形（遅い棘徐波結合など）が出現します。

2～5歳で発症することが多いのですが、もっと年齢を重ねてから発症するケースもあります。

頻度の少ないまれな病気です。

原因　一部はウエスト症候群（587頁上段）に引き続いて発症します。脳炎、急性脳症などの後遺症としておこることもあります。

治療　いろいろな抗けいれん薬が使用されますが、けいれんが治まりにくいことが多いものです。副腎皮質刺激ホルモン（ＡＣＴＨ）を使用するホルモン療法が有効なケースもあります。

子どもの脳・脊髄・神経の病気②

脊椎披裂（二分脊椎）
Spina Bifida

どんな病気か

背骨が胎内で発生する途中で、背部正中（背中の中央）の脊椎弓の癒合（くっつき）が不完全だったために、左右に分裂している病気です。脊髄膜や脊髄が、分裂している脊椎弓からはみ出し、皮膚が腫瘤（こぶ）のように突き出します。これを**嚢胞性二分脊椎**といいます。

逆に、脊椎弓の一部が欠けていても脊髄や脊髄膜が正常である場合は**潜在性二分脊椎**といいます。

症状

生まれたときに、背部正中に腫瘤がみられます。腰仙部に発生することが多いので、下肢（脚）の運動障害や膀胱直腸障害（排尿、排便の障害）をともないます。多くは水頭症（594頁）を合併します。

検査と診断

脳・脊椎のＭＲＩ検査で、水頭症の有無と嚢胞の中の脊髄神経の有無を確認します。

胎児がこの病気になると、お母さんの血液中のアルファフェトプロテインという物質の値が高くなります。また嚢胞性二分脊椎は、超音波断層法で映ることが多いので、出生前の診断が可能になりました。

治療

嚢胞性二分脊椎は、感染症を防ぐために、早急に手術をして腫瘤を切除し、膀胱直腸障害に対する機能訓練を行います。

潜在性二分脊椎で無症状の場合は、慎重に経過を観察します。

神経皮膚症候群
Neurocutaneous Syndrome

皮膚と神経は、同じ外胚葉からできるので、先天的に両方に病変がおこるケースがあります。

結節性硬化症、レクリングハウゼン病（1844頁）、スタージ・ウェーバー病（1845頁）などがその代表です。

ここでは、結節性硬化症について述べます。

レックリングハウゼン病とスタージ・ウェーバー病については、それぞれの項を参照してください。

◉結節性硬化症
Tuberous Sclerosis

どんな病気か

てんかん発作、知的障害、皮膚症状の３つをおもな症状とする先天的な病気です。

てんかん（958頁）は、乳児期（ほとんどは1歳以下）にウエスト症候群（587頁上段）で発症することがあります。成長後も、ほかの型のてんかんを合併する頻度が高く、しかも難治のケースがしばしばです。

皮膚症状は、乳児期にはからだに不整型な白斑がいくつかみられるだけですが、4～5歳ごろから顔、とくに頬に血管線維腫と呼ばれる暗赤紫色のにきびのような皮疹が現れ、しだいに数が増えてきます。

そのほかの内臓の病変として心臓の腫瘍が発見されたり、腎血管筋脂肪腫や嚢胞腎が見つかったりします。

治療

根本的な治療法はありません。てんかん発作をコントロールすることがいちばんたいせつです。また、定期的に腎臓や眼底の検査を行う必要があります。

◎脳形成不全

脳形成不全は、胎児期、分娩中、出生直後のいずれかにおこるいろいろな原因で、脳の発育が障害された結果、脳の形成が不全となる状態をさします。脳形成不全は、したがって特定の病気を意味するものではありません。

脳形成不全をおこす原因には、低酸素血症、脳虚血、頭蓋内出血、代謝障害（低血糖、黄疸、高アンモニア血症、アミノ酸代謝異常、そして神経変性疾患など）、頭蓋内感染症、周産期・分娩時の脳の外傷、脳腫瘍、脳血管の形態異常などが含まれます。

無脳症
Anencephaly

どんな病気か

脳や脊髄は、胎児の神経管から形成されます。無脳症は、受精後24日ごろに神経管の正常な発達が障害されておこる疾患と考えられています。

大脳のほか、生命の維持に重要な役割をはたす脳幹の形成も障害されます。

原因

原因は不明ですが、発生頻度に人種差があり、遺伝的な背景が関与すると考えられています。

無脳症は経済的な環境が好ましくない家庭に発生しやすいので、食生活を含め生活環境がその成因に関係する可能性も指摘されています。

症状

頭で、帽子をかぶる部分に相当する頭蓋骨やこれをおおう皮膚が欠損し、ここから、変性した脳の一部が露出しています。妊娠4か月以降になれば、胎児の超音波診断で出生前診断が可能です。

約75％は死産、残る赤ちゃんも生後数日以上、生存することはまれです。

孔脳症
Porencephaly

どんな病気か

胎児や分娩中・分娩直後（周産期）の赤ちゃんの脳に、一定期間、十分な酸素とぶどう糖がゆきわたらないと、脳の一部が変性をおこし、機能を失います。

変性した部分は吸収され、そのあとが液体に満たされた空洞（欠損）として残ります。主として大脳半球に発生する病態です。

左側の中大脳動脈から血液の供給を受けている部位に発生する傾向があります。

脳の欠損が両側にあって、大脳の表面に多量の液体（髄液）が貯留している場合を**水無脳症**といいます。また、スイス・チーズのように脳に多数の空洞ができることもあります。

症状

脳性まひ（597頁）と呼ばれる状態となり、四肢（両手足）の痙性まひ、てんかん、精神遅延などがおこります。しかし、目立った症状のないこともあります。

原因

周産期におこる脳循環障害（脳虚血）、低出生体重児の脳内出血、細菌感染、出産時の頭部外傷などによる脳の低酸素状態が原因となります。

頭部のＣＴやＭＲＩで診断できます。てんかんがあれば脳波検査が必要です。

治療

急性期には、脳神経外科医の重点的な治療が必要です。

慢性期には、てんかんには抗てんかん薬を使用し、痙性まひには内科的あるいは外科的な治療（選択的後根切除術）が行われます。リハビリテーションもたいせつな治療法です。

狭頭症（頭蓋骨縫合早期癒合症）／小頭症
Craniosynostosis / Microcephaly

どんな病気か

出生時の脳の大きさは約３３０ｇですが、２歳までにその容積は3倍になり、頭部もそれにともない大きくなります。

頭蓋は、多数の骨がかみ合って脳を

囲み、頭部の形状を保っています。この骨と骨のかみ合わせを縫合（頭蓋骨縫合）といい、胎児のうちに縫合が早期に癒合したり、一部の縫合が存在しなかったり（欠損）すると、脳の発達に呼応して頭蓋が健全に発達することができず、頭部に異常な変形がおこってきます。これを狭頭症（頭蓋骨縫合早期癒合症）といいます。

脳は発育するのに、頭蓋が大きくならないので、脳や脳神経の発達と機能が障害され、耳の聞こえが悪くなったり、視力を損なうことがあります。

症状 縫合の早期癒合や縫合の欠損部位によって、頭の前後径が異常に長い**舟状頭**（56％の頻度）、頭の前後径が異常に短くて横幅が広く、額が扁平になる**短頭**、額の中央が突出して三角形となる**三角頭蓋**など、頭蓋がさまざまに変形します。そのほか、狭頭症に顔の骨の発達の障害をともなう**クルーゾン病**、これに手足の指の癒合をともなう**アペール症候群**などがおこることもあります。頭部や顔面の変形、眼球突出などだけではなく、頭蓋骨が正常に発達できないために脳の圧迫や頭蓋内圧亢進がおこり、脳の発育障害が誘発されることがあります。

原因 狭頭症を合併する病気の一部は、遺伝子の異常でおこることが明らかにされましたが、多くは、原因がまだ不明です。

検査と診断 頭蓋骨のＸ線撮影やＣＴで、頭蓋骨縫合の早期癒合部位が明らかになります。

変形はないが、頭が小さく、大泉門（911頁）も触知できない場合は、脳の発育が障害されているために頭が小さい**小頭症**の可能性が大です。この場合は、頭蓋骨のＸ線撮影やＣＴで頭蓋骨縫合の早期癒合はまったくみられません。

治療 頭蓋骨を切断して組み換え、頭蓋内腔容積を拡大するとともに変形を矯正し、脳の発育を促します。顔面骨の形成不全に対しても根治術が可能です。眼球突出があれば、角膜潰瘍（1084頁）がおこらないように注意し、呼吸困難や喘鳴があれば、扁桃、アデノイドの除去術や気道確保に必要な口腔外科的治療が行われます。

巨頭症
Macrocephaly

どんな病気か 頭部の大きさは、巻き尺で前頭部と後頭部を通る頭の周囲（頭囲）を計測し、その最大値で決めます。健常児の頭囲は、脳の発育と一致して増加します。

測定した頭囲の値が、標準の頭囲発育曲線の上限を上回ったときに、巨頭症と診断します。

したがって巨頭症は、さまざまな疾患を背景に、頭部が異常に大きくなる病態をさします。

原因 代謝性疾患による神経細胞の肥大や異常な増殖、さまざまな神経皮膚症候群、軟骨異形成症、薬物中毒による脳の腫れ、頭蓋骨の肥厚、急性期・慢性期の水頭症（次項）や硬膜下腔液体貯留などが原因となります。

治療 症状は、精神面、運動面の発達障害、てんかんなど、人によって異なります。

水頭症や硬膜下腔液体貯留の場合は、脳神経外科的な治療を必要とします。

◎巨頭症と巨脳症のちがい

巨頭症は、さまざまな疾患が原因となり、頭部が異常に大きくなる（頭囲が標準頭囲発育曲線の上限を上回る）病態を意味します。

いっぽう、巨脳症は、原因を問わず、脳の容積が異常に増大する病態を意味します。

◎脳形成不全性水頭症

脳組織に広範囲の形成不全を合併する水頭症を、脳形成不全性水頭症と呼ぶことがあります。

しかし、脳形成不全（前頁上段）には、孔脳症、水無脳症などの多くの病気が混然一体となって包含されているために、病態を整理して議論するには不適切な用語と考えられるようになりました。したがってこの用語の妥当性を支持する専門家は、現在はきわめてかぎられています。

◎髄液の産生と吸収のバランス

脳の中心部には、側脳室、第三脳室、第四脳室と呼ばれる総計30～50㎖ほどの腔（空間）があり、そこは髄液で満たされています。

髄液の由来は、脳の組織液と、左右の側脳室と第四脳室にある脈絡叢から分泌される髄液で、1日に500㎖ほどつくられます（髄液の産生）。

この髄液は、側脳室から左右のモンロー孔を通って第三脳室に流れ込み、さらに中脳水道という細い管を通って第四脳室へと流れていきます。

第四脳室へ入った髄液は、左右のルシュカ孔とマジャンディー孔と呼ばれる孔から、脳の表面と脊髄をおおうくも膜下腔に流出します。

したがって、脳と脊髄は、髄液の中に浮いたような状態になっています。

くも膜下腔を満たした髄液は、脳の表面にある太い静脈（静脈洞）に流れ込みます（髄

水頭症
Hydrocephalus

原因はさまざま、症状も年齢で異なる

どんな病気か

髄液の産生量と吸収量とは、バランスがとれています（上段）。

髄液の流れと吸収が、なんらかの病気で障害されると、髄液が脳室やくも膜下腔に異常にたまります（貯留）。この状態を水頭症といいます。

原因

脳の腫瘍やがん、細菌・ウイルス・寄生虫などの感染でおこる髄膜炎、脳の外傷、脳動脈瘤の破裂や高血圧が原因でおこる脳内出血、低出生体重児におこりやすい脳室内出血、脳の形態異常（先天性の病気）などで水頭症がおこってきます。

水頭症の原因となる脳の形態異常には、**中脳水道狭窄症**、脊髄髄膜瘤に合併した**キアリⅡ型奇形**（596頁）、髄液の静脈洞への流入が障害される**交通性水頭症**、**ダンディー・ウォーカー症候群**（次項）、**脳瘤**などがあります。

症状

年齢によって、症状が異なります。

◉赤ちゃん（乳児）の症状

頭部が異常に大きくなり、頭蓋の中の圧力が上がってきます（頭蓋内圧亢進）。頭蓋内圧が亢進すると、頭の皮膚の静脈が怒張して膨らみ、くり返し眼球が下転して、黒目の下半分が下まぶたにかかり、白目が目立つ**落日現象**がおこります。

赤ちゃんを座らせてミルクを飲ませたときに大泉門（911頁）を触れると、へこみがなく、ときには盛り上がって緊満している場合もあります。また、両手足を突っ張る傾向もあります。

頭蓋内圧亢進が急速に進むと、嘔吐やけいれん、さらには不機嫌、嗜眠傾向（うとうと眠る状態）が現れ、頭痛のためか、赤ちゃんが甲高い声でくり返し発作的に泣くこともあります。

頭蓋内圧の亢進がゆっくりとおこった場合は、前述のような症状はあまり目立ちませんが、脳の発達が障害されるために、月齢、年齢にふさわしい発育がみられません。

◉幼児以上の子どもの症状

成人だけでなく、子どもにも頭蓋内圧亢進が生じ、そのため頭痛、嘔吐が頻繁におこるようになります。

頭痛は明け方に現れやすく、嘔吐は吐きけをともなわないで急におこります。また、注意力、集中力の低下を招き、健常な日常生活が損なわれます。

頭蓋内圧亢進がしだいに悪化すると傾眠傾向（刺激を与えないと眠ってしまう）となり、ついには、意識障害がおこります。さらに、歩行障害など手足の運動障害、眼球運動障害もおこってきます。

◉正常圧水頭症の症状

正常圧水頭症は高齢者におこります。認知症などの精神機能障害、歩行障害、尿失禁がおこりますが、これら3つの症状がそろわないケースもまれではありません。

正常圧水頭症は、原因となった病気を明らかにすることはできないのがふつうです（**特発性正常圧水頭症**）。

検査と診断

頭部のCTやMRIで診断できます。これらの検査で

液の吸収）。健康であれば、毎日毎日、５００㎖ほど産生される髄液はすべて静脈洞に吸収されるので、髄液の産生量と吸収量はバランスがとれています。

原因となった病気がわかる場合も多いのですが、脳の形態異常に合併した水頭症では、原因を明らかにできないことが少なくありません。

けいれんを合併する子どもの水頭症は、小児神経学の専門家の診察と脳波検査が必要です。

治療　腫瘍や出血、血腫などが脳室内の髄液の流れを障害していれば、外科的治療で除去します。

病巣を除去できない場合は、貯留する髄液を腹腔や胸膜腔に導出する**短絡術（シャント術）**を行います。シャント術ではシリコンのチューブ（短絡管）を皮下に埋め込み、脳室と腹腔や胸膜腔、脊髄のくも膜下腔と腹腔や胸膜腔とを短絡（つなぐこと）します。

細菌感染などによる髄膜炎がおこっているときは、脳室などから髄液を体外に流し出し、感染が治った時点でシャント術を行います。

中脳水道が閉塞して水頭症となっている場合や、第四脳室に腫瘍があって脳室内の髄液の流れが障害されている場合は、脳室鏡を用いて第三脳室と脳底のくも膜下腔に交通をつける第三脳室底開窓術が行われます。この場合、短絡管の設置は必要ありません。

日常生活の注意　水頭症の治療を受けた人は、定期的な脳神経外科医の診察を受けることが必要です。病気の管理が良好であれば、通常の生活を送ることが可能です。

ダンディー・ウォーカー症候群

Dandy - Walker Syndrome

どんな病気か　小脳の先天性形成障害と第四脳室嚢胞に水頭症が合併する病気で、原因は不明です。

小脳の中央部に大きな欠損があるために、第四脳室とこの欠損によってできた腔とが一体となって嚢胞のようになり、これが左右の小脳半球を外上方に押し上げます。

この第四脳室嚢胞がさらに大きくなると、二次的に中脳水道の狭窄がおこり、第三脳室から第四脳室へ髄液が流れにくくなります。こうした状況になると、第四脳室嚢胞だけでなく側脳室と第三脳室の水頭症もおこってきます。

この病気は、小脳の欠損のほかに、左右の大脳半球を結ぶ脳梁の形成障害や中枢神経以外の臓器の形態異常を合併することが少なくありません。

先天性水頭症の５～10％が、この病気だといわれています。

症状　出生時、すでに第四脳室嚢胞のために、後頭部の後上方への突出が目立ちます。

ほかの先天性水頭症とは異なり、異常に大きな頭部、頭皮静脈の怒張や大泉門の緊満は目立ちませんが、生後１年ほど経過すると、側脳室や第三脳室の拡大のために、ほかの水頭症（前項）に似た症状が現れるようになってきます。

成人になってから水頭症が発症することもあるといわれています。

頭部のＣＴやＭＲＩで診断できます。

治療　まず、第四脳室の嚢胞と腹腔を短絡する（つなぐ）シャント術（前項）が行われます。

第三脳室と側脳室に水頭症がおこっていれば、側脳室と腹腔を短絡する脳室腹腔短絡術もあわせて行います。

最近では、脳室鏡で治療することもあります。

予後 合併している脳の形態異常の程度によって、知的発達の予後が異なります。重度の脳梁形成障害がある場合のＩＱは、65程度という報告が多いようです。

キアリⅡ型奇形（アーノルド・キアリ奇形）

Chiari type II Malformation

どんな病気か 延髄、第四脳室、小脳は、頭蓋腔の中の後頭蓋窩という部位に納められています。

この後頭蓋窩は、頭蓋底の一部を構成していて、その中央に大後頭孔と呼ばれる大きな孔があり、これは、頸椎と相接していて、後頭蓋窩と頸椎管腔との連絡孔となっています。

ところが、延髄、第四脳室、小脳が大後頭孔を介して頸椎管腔内に入り込んでしまっていること（この状態をヘルニアと呼ぶ人もいる）があります。これがキアリⅡ型奇形で、脊髄髄膜瘤の子どものほとんどにみられます。

キアリⅡ型奇形それ自体は延髄の機能を障害しますが、またいっぽうで、脊髄髄膜瘤に合併する水頭症（594頁）の原因のひとつとなります。すなわち、このヘルニアが、第四脳室からくも膜下腔に流出する髄液の流れ（594頁上段）を障害するのです。

原因 原因は明らかではありませんが、妊娠前から葉酸、ビタミンB_{12}を服用すると、脊髄髄膜瘤の発生頻度が著しく低下することが知られており、このビタミンが、原因になんらかの関連があるものと考えられています。

症状 延髄の機能が障害されるために、生命予後と密接に関連する誤嚥、喘鳴、無呼吸発作が３分の１の患児におこります。

このような延髄の症状は、水頭症の進行とともに悪化します。

検査と診断 頭部のＣＴやＭＲＩで重症度、合併する水頭症や、ほかの脳脊髄の形態異常を診断することができます。

治療 延髄機能障害と水頭症が合併する場合は、まず、水頭症の治療を行います。

水頭症の治療法には、脳室腹腔短絡術、脳室胸膜腔短絡術、脳室髄液外導出術などがありますが、患児の状態をみて治療法を選択します。

水頭症の治療を行っても、延髄の状態が改善しないときには、延髄に対する圧迫を解除するため、頸椎の椎弓切除術を行うこともあります。

気管内挿管を行って呼吸を管理しながら内科的に治療することも少なくありません。

予後 脊髄髄膜瘤の位置と程度に応じて、膀胱直腸障害、下肢（脚）の運動障害がおこります。車いすの生活となる場合もあります。

延髄機能障害と水頭症の管理が適切に行われた場合は、知的な発達は良好で、ＩＱ90以上が期待できます。

◎アーノルド・キアリ奇形という病名について

ドイツの医師、キアリ博士が19世紀に報告した4つの小脳の病変のうち、第2番めの病態をキアリⅡ型奇形といいます。

ところが、このキアリⅡ型奇形の報告は、最初にアーノルド博士（ドイツの医師）が行い、ついでキアリ博士が行ったというように誤って伝えられ、アーノルド・キアリ奇形という病名が用いられるようになり、この病名が普及しました。

キアリⅡ型奇形が医学的に正しい病名です。

◎（脳性）運動障害のタイプ

運動障害は、その性状によって、つぎのような種類に分けられています。

▼痙直型　手足を伸ばす反射が強くなり、両手足が突っ張りやすくなります。強剛型と異なり、伸筋だけがかたく緊張します。

▼アテトーゼ型　両手足や顔面、くびに、ゆっくりとした奇妙な動きの不随意運動（自分の意思によらない動き）がみられます。

▼失調型（協調運動および平衡機能の障害）　バランスのとれた姿勢保持や運動ができません。

▼低緊張型　運動性がなく、グニャグニャの低緊張状態になります。

▼混合型　これまで述べた運動異常のいくつかがあっておこります。

▼分類不能型　これまで述べてきた運動異常のどれにもあてはまらないものをいいます。

脳性まひ
Cerebral Palsy

どんな病気か

胎児や新生児のころの脳の病気のために生じた運動と姿勢の異常を脳性まひといい、いろいろな病気の結果としておこる症候群のひとつです。

症状

運動障害の部位に応じて、分類されています。

▼単まひ　障害が、一肢（いわゆる両手足のうちの一か所）だけにおこる。

▼片まひ　からだの片側が障害される（左右いずれか）。

▼両まひ（対まひ）　両側の上肢（両手）と下肢（両足）が同時に障害され、下肢の障害のほうが重い。

▼三肢まひ　障害が、三肢（両手足のうちの三か所）におこる。

▼四肢まひ　障害が、四肢（両手足）に同程度におこる。

運動異常の性状により、痙直型、アテトーゼ型、失調型、低緊張型、混合型、分類不能型などに分類されることもあります（上段）。

知的障害が合併するとはかぎりませんが、てんかん（958頁）、行動異常、情動障害、言語障害、知覚障害などの症状をともなうことがあります。

原因

かつては、成熟児の分娩障害や血液型不適合妊娠による核黄疸が多かったのですが、周産期（出産前後）医療の進歩で、これらが原因の脳性まひは著しく減少しました。

現在では、超低出生体重児（出生体重１０００ｇ未満）や極低出生体重児（１０００～１５００ｇ）におこる脳性まひの割合が増えています。とくに極低出生体重児は、低酸素性脳症にともなう脳室周囲白質軟化症による両まひ型の脳性まひの頻度が高くなっています。そのほか、発生異常や胎内感染などの出生前原因による脳性まひの割合も増えています。

検査と診断

重症の場合は、生後1～2か月のうちに症状がでます。中等症は、生後3～4か月までは順調に発達しているようにみえますが、お座りの遅れで気づかれることが多いものです。

胎児期、分娩時、新生児期に問題のあった子どもや低出生体重児は、定期的な乳児健診を必ず受け、必要があれば、小児神経科医を紹介してもらいます。出生体重が１５００ｇ以下の子どもは、少なくとも歩いて話せるようになるまで、定期的な診察が必要です。ＭＲＩや脳波検査も考慮されます。

治療

地域の療育センターで将来をみすえた治療目標のもとに訓練が行われます。

姿勢の管理が重要で、そのためにはボバース法などの運動・感覚訓練が行われます。年長児では、障害の程度によって摂食、呼吸のリハビリや代替コミュニケーションの導入が行われます。

股関節脱臼や膝関節屈曲、尖足には整形外科的治療が考慮されます。その場合、手術後の機能回復訓練が重要になります。最近、筋の痙縮に対してボツリヌス毒素療法や選択的脊髄後根切断術が試みられています。

分娩に関連して発症した脳性まひに対して、**産科医療補償制度**によって補償が行われています。

子どもの脳・脊髄・神経の病気③

子どもの神経筋疾患の特徴

子どもの神経筋疾患（神経、神経筋接合部、筋肉のいずれかに原因があっておこる筋肉の障害）でもっとも頻度が高いのは、**筋ジストロフィー**と**ウェルドニッヒ・ホフマン病**です。

また、代謝異常である糖原病のⅡ型（**ポンペ病**）も、進行性で、生命にかかわるという意味で重要です。

どの病気も**フロッピーインファント**（**フロッピーベビー** 588頁上段）として生まれてきますが、フロッピーベビーの筋トーヌス（筋緊張）低下が、まひ型であるか、非まひ型であるかを鑑別することがたいせつです。赤ちゃんをあお向けに寝かせ、手や足首を持ち上げて、手を放してみます。なんの抵抗もなく落下した場合が、まひ型です。

このまひ型には、先天性筋ジストロフィー（福山型）、ウェルドニッヒ・ホフマン病、糖原病など、問題となる病気があります。

診断には、筋電図検査や筋生検が必要です。

先天性筋ジストロフィー（福山型）

Congenital Muscular Dystrophy

どんな病気か

先天性筋ジストロフィーには、いくつかのタイプが報告されています。もっとも頻度が高いのは、日本で報告された**福山型先天性筋ジストロフィー**ですので、これについて解説します。

福山型先天性筋ジストロフィーは、常染色体劣性遺伝病（985頁「筋ジストロフィー」の項を参照）で、男女ともに発症します。

症状

フロッピーベビー（フロッピーインファント 588頁上段）として発症します。生まれたときから明らかな関節拘縮（関節がかたまり、曲げ伸ばしができない）がみられます。

脳を含む中枢神経系の異常をともないます。多くは、歩くことができず、知能の低下も著明で、てんかんをともなうことも少なくありません。

幼児期に嚥下性肺炎（誤って飲食物などを気管のほうへ入れてしまうためにおこる肺炎）を併発して死亡することが多いのですが、この時期をのりきると、20歳代まで生き延びることもめずらしくありません。

検査と診断

脳をCTで撮影して中枢神経系の異常の有無を確かめ、筋肉を微量採取し、筋生検（筋肉の組織を顕微鏡でみて、異常の有無を調べる検査）を行います。

19番染色体に異常があることが証明されたので、遺伝子診断が可能になっています。

治療

関節を動かせるようにするための関節マッサージがたいせつです。また、年齢が進むにしたがって、いつも痰が出るようになるので、体位性ドレナージ（痰が出やすくなる姿勢）を行って、痰を出すようにすることもたいせつです。

根本的な治療法は、まだありません。

先天性筋強直性ジストロフィー

Congenital Myotonic Dystrophy

どんな病気か　筋強直性ジストロフィー（986頁）は、筋肉の萎縮、筋力の低下、知能障害などが徐々に進行する病気です。約20％は小児期に発症し、これを先天性筋強直性ジストロフィーといいます。

常染色体優性遺伝する病気で、通常、お母さんが同じ病気です。

症　状　フロッピーベビー（588頁上段）として発症し、生まれたときから重症で、顔面筋の筋力低下があるため、ミルクがうまく飲めなかったり、人工呼吸器の治療を必要とすることがしばしばです。筋肉にはミオトニア（筋強直）があり、運動の発達が遅れます。また、知能低下も徐々に現れてきます。乳幼児期に肺炎で死亡することが多いものですが、乳幼児期を切り抜け、成長できる子もいます。

根本的な治療法はまだありません。

ウェルドニッヒ・ホフマン病

Werdnig-Hoffmann Disease

どんな病気か　**神経原性筋萎縮症**（筋肉を動かす神経に障害がおこる984頁）の先天型です。

神経原性筋萎縮症は遠位筋（手足の先などの心臓から遠い筋肉）がやせるのが原則ですが、本症では近位筋（肩、腰などの心臓に近いほうの筋肉）がおかされるミオパチーと同様、おもに躯幹（胴体）に筋力の低下がみられます。

脊髄性筋萎縮症の一種で、常染色体劣性遺伝します。

症　状　生まれたときからフロッピーベビー（588頁上段）の症状がみられ、まもなく呼吸筋まひから呼吸不全に至り、人工呼吸器による治療が必要になります。典型的なウェルドニッヒ・ホフマン病では4歳までに呼吸不全で死亡するとされています。

知能の低下はなく、むしろふつうの子どもより高いといわれています。

中間型（症状が軽い良性型）は予後がよく、成人できます。遺伝子が解明され、遺伝子診断が可能になりました。

糖原病Ⅱ型（ポンペ病）

Glycogen Storage Disease typeⅡ

どんな病気か　筋肉エネルギー代謝の異常疾患で、常染色体劣性遺伝をします。分解されるべきグリコーゲンが、分解されずに、おもに筋肉、肝臓に蓄積されます。

症　状　生まれたときからフロッピーベビー（588頁上段）として発症します。

呼吸困難や、チアノーゼ（唇、舌、爪などが青紫色になる症状）などの心不全の症状がみられます。

舌、心臓、肝臓の肥大が急速に進行します。肝臓は肥大しても、はたらきは比較的正常です。

知能の低下はありませんが、運動発達が遅れ、生後2年以内に心不全で死亡するといわれています。

酵素補充療法が有効です。

子どものこころの病気①

子どものこころの病気とは

●子どものこころの病気の特徴

一口に子どものこころの病気といっても、知的能力障害や自閉症などの発達障害から、心理的葛藤によって生じる神経症的障害、さらには精神病的障害など多岐にわたり、同じ病気でも、年齢によって症状がちがってくることがよくあります。

子どものこころの病気は、①体質的特徴や気質的性格特徴などの子どもの側の要因、②養育環境の要因、③学校の状況や仲間との関係などの社会的環境要因の3つの観点から総合的に理解していくことが重要です。

1つの観点だけで子どもの問題を理解しようとする態度は、「本人が悪い」「親の育てかたが悪い」「学校の対応が悪い」といった犯人探しや責任のなすり合いになりがちで、肝心の「子どもの援助」は蚊帳の外におかれてしまう危険があります。両親をはじめ子どもを支えていくおとなたちが、この3つの観点から子どもの示す症状を理解していくことは、援助のしかたのヒントを見つけることにも役だつのです。

また、子どものこころの病気を理解していくうえで、「その症状によって子どもは何を訴えようとしているのか」を考えていくこともたいせつです。とくに神経症的問題を示す子どもの援助ではこの観点が重要になってきます。こうした観点で子どもの症状を考えていくと、それがたんなる「悪いもの」「治すべきもの」というマイナスの側面だけではなく、「子どもが今後成長していくための題材」というプラスの側面ももっていることがみえてきます。

●どう対応すればよいのか

子どもにこころの病気と思われる症状が出現したとき、親は、どう対応したらいいのか、育てかたが悪かったのかなど、さまざまな不安におそわれることでしょう。子どもの状態を理解しようとして、育児書や専門書などを購入することもあるでしょう。書籍から一般的な知識を得ることはできますが、自分たちの子ども固有の症状を理解する方法や援助法が書かれているわけではありません。本によっては全く正反対の対処法が書いてあって、混乱してしまうケースもよくあるのです。

まず、「子どものことをいちばんよくわかっているのは自分たち親である」と自信をもつことが重要です。そして、こうした本はあくまでも参考資料として利用するといった、ゆとりのある態度で読むことをお勧めします。

そのうえで、自分たちの子どもに固有の問題としていっしょに考えたいとか、治療が必要と思った場合には、専門機関に相談してみましょう。病気の内容や年齢に応じて、薬物療法、遊戯療法などの精神療法、治療教育的アプローチ、両親へのアドバイスなどを組合わせて治療することになります。

相談機関としては、児童精神科だけではなく、こころの問題も診てくれる小児科などの医療機関、児童相談所や保健所、教育相談機関などがあります。同じ問題をもつ親たちによる自助グループなども、心強い存在となることがあります。

◎知的能力障害の原因となる疾患

▼先天的な異常　先天性代謝異常症（フェニルケトン尿症、メープルシロップ尿症、ヒスチジン尿症、ガラクトース血症など）、染色体異常（ダウン症候群、結節性硬化症、クラインフェルター症候群、ターナー症候群、プラダー・ウィリー症候群など）、先天性内分泌疾患（クレチン症など）

▼妊娠中の異常　母体の風疹ウイルス・トキソプラズマ・単純ヘルペスウイルス・梅毒などの感染、母体のさまざまな薬物の服用、母体のX線撮影など放射線被曝、母体のアルコール中毒や低栄養状態

▼分娩時の異常　仮死分娩・胎盤機能不全症候群などによる無酸素症、分娩時外傷、核黄疸など

▼後天的な異常　脳炎、脳外傷、点頭てんかん、けいれん重積、脳腫瘍など

知的能力障害

Mental Retardation

発達を支援することがたいせつ

◇さまざまな原因による

どんな病気か　全般的な知能の発達に遅れがみられ、社会生活にうまく適応できない状態です。生まれたときからほぼ18歳くらいまで（発達期）に低い知能がみられる場合をいいます。以前は、精神遅滞と呼ばれていました。

原因　とくに原因はなく、社会適応に十分な知能水準に達していない場合と、脳になんらかの原因があって、知的能力障害をきたす場合とがあります。前者には、個人差と考えられる範囲のもので、軽度の知能の遅れが多くみられます。いっぽう、後者の場合には、障害の程度の重いケースが多くみられます（上段）。

症状　染色体に異常のある場合、その症候群に特有の顔つきやからだの形態異常をともなうケースがよくみられます。先天性や妊娠中の異常には小頭症（592頁）や水頭症（594頁）がみられたり、身体的な合併症をともなうこともしばしばです。

分娩時の異常には脳性まひをともなうことが多く、後天的な異常では発熱、嘔吐、けいれん発作などの症状を示します。

検査と診断　先天的な異常については、生後間もない時期に行うスクリーニング検査が重要です。ごく少量の尿や血液で判定できるので赤ちゃんに負担はかかりません。

血液と尿の検査に加え、脳波、頭部ＣＴなどで脳の機能や構造の異常がないかどうか調べます。さらに発達診断、知能検査、心理検査などを子どもの年齢に応じて行います。

知的能力障害の重症度は知能指数（ＩＱ）により判断されます。ＩＱは生活年齢（実際の年齢）に対する精神年齢（知能程度は何歳くらいか）を表すもので、生活年齢と精神年齢がちょうど釣り合うとＩＱは１００です。国際疾病分類では、ＩＱは50くらいからおよそ70を軽度、35～50を中等度、20～35を重度、20未満を最重度としています。

◇症状により治療期間がちがう

治療　原因が明らかになった場合には、基盤にある疾患の治療を始めます。先天性代謝異常や内分泌異常には、早期に治療を始めれば知的障害をある程度防げるものがあるからです。小児科や内科の専門医にかかりながら、長期間にわたり服薬などを継続する必要があります。中途半端に治療を中断しないことがたいせつです。

てんかん発作をともなう場合は、小児科や精神科で治療を受けます。

情緒不安定や奇妙な行為、衝動的な行動をとり、生活に支障があるときは児童精神科や精神科を受診するとよいでしょう。

知的能力障害をもつ子どもは、ストレスに弱く、社会的、心理的、身体的なあらゆる事柄に反応しやすい傾向があります。不安や恐怖、困惑、怒りなど複雑な感情を感じたり、表したりする力も不十分なので、行動の異常が現

◎学習障害

その子どもの年齢や受けてきた教育の程度、全体の知能程度に比べて、「書く」能力あるいは「読む」能力、または算数など特定の能力がとびぬけて低いものをいいます。

感覚器の障害がある場合でも、その能力が、予想されるより強く障害されているケースがみられます。

れやすいのです。

治療としては、精神安定薬などを用いた薬物治療、心理面の解決を目的とした遊戯療法などがあげられます。治療期間は状態に応じて、一時的な対応ですむ場合と、1年以上にわたり経過をみる必要のある場合とがあります。

日常生活の注意 知的能力障害そのものへの対応は「治療」ではなく、「発達を支えること」にあります。知的な遅れはみられても、その子どもなりに成長してくることも確かです。専門的治療よりもむしろ、親や教師などの日常的なかかわりが、その子どもの精神発達を支え、促していくのに重要な役割を担っています。

以下のような点を考慮しつつ子どもを養育していくことがたいせつです。

◉知的能力障害児はストレスに弱い

ささいなことで反応しやすいため、厳しすぎるしつけや叱責はかえって成長を妨げることがあります。

善悪の判断など重要な事柄は早い時期から教え、それ以外の達成すべき課題や問題が生じたら、子どもの発達段階に応じて取上げ、子どもが混乱しないように1つずつ達成させるようにします。時間はかかってもよいので、おとなの側もじっくり取組みましょう。

◉教育場面はその子に合う場所を

知的能力障害をもつ子どもが、学校や社会生活で不適応をおこすケースは少なくありません。ストレスに弱いことに加え、仲間についてゆけない、いじめにあうなど試練は相当なものです。

しかし、子どもが教育を受け、さらに仲間関係を得て社会のルールを学ぶことは、精神発達に欠かせません。特殊学級がよいか、普通学級がよいか、選択に悩むところです。学校のもつ機能は地域によってちがいもありますので、できれば就学前に学校や教育委員会とよく相談をし、その子にとってよりよい教育場面を選ぶとよいでしょう。

コミュニケーション症
Speech and Language Difficulties

どんな病気か 聴力にも問題がなく、知的能力障害（前項）があるわけでもないのに、言語によるコミュニケーション能力だけが障害されている状態です。「年齢に比べて使える単語の数が著しく少ない」「時制のまちがいをおかす」「複雑な文章をつくることができない」「会話が困難なほど発音が不明瞭である」といった症状がみられます。

広汎性発達障害（次項）との鑑別が問題になることがありますが、広汎性発達障害の3つの特徴のうちの、対人関係の障害と、こだわりを欠く点から区別することができます。

ことばには、理解する能力（受容性言語能力）と、表現する能力（表出性言語能力）の2つの側面がありますが、この2つともが障害されている場合を**受容・表出混合性言語障害**と呼び、理解は正常であるのに表現がうまくいかないものを**表出性言語障害**と呼びます。

アメリカの調査では、5歳児の有病率は5％とみられています。男の子と女の子の比率はおよそ3～4対1です。

原因 最近の研究では、遺伝的な要素があることが推測され

◎**吃音**

単語全体ではなく、音や音節の反復で特徴づけられる流暢でない発語のことで、3～6歳で発症し、男の子よりも女の子に多くみられます。

発達上の生理的な現象とも考えられますが、内向的、強迫的な子どもに目立ち、親の厳格・過干渉と、それにともなう子どもの緊張・不安定感などとのかかわりも指摘され、神経症的な症状のケースもあります。

DSM-5では、**小児期発症流暢症**といいます。

治療としては、吃音そのものを叱ったりせず、不安や緊張を取除くように対応します。多くは自然に改善しますが、長引く場合は、ことばの訓練などが行われます(659頁)。

ています。

音を記憶して反復する力、文法を理解する力に障害があるようです。

検査と診断 ことばの遅れがみられた場合、小児科医に相談しましょう。聴力検査、知能検査、言語発達検査を行うことで診断ができます。

治療 言語療法士のもとで、ことばの訓練をします。表出性言語障害の子どものなかには、著しい進歩を示す子どもがいます。いっぽう、受容-表出混合性言語障害の子どもでは、より学業での困難を経験することが多いでしょう。

広汎性発達障害とは
(Pervasive Developemental Disorder)

社会的相互作用やコミュニケーションの分野の発達に障害がある人の一群を広汎性発達障害と呼びます。知的能力障害(601頁)が発達の全般的な遅れであるのに対し、広汎性発達障害の人は、領域によって能力の差が大きく、社会的相互作用やコミュニケーションの分野で障害が大きい反面、特定の分野では正常発達児以上の能力を示すこともあります(1988年公開のアメリカ映画「レインマン」のような例)。

広汎性発達障害の幅広さを示すことばとして、**自閉スペクトラム症**という呼びかたが用いられることがあります。

この障害はいくつかの種類に分類されますが、そのなかでも典型的で重症な自閉症と、個性的な症状をもつアスペルガー障害について以下の項目で説明します。

自閉症
Autistic Disorder

どんな病気か 3歳以前に明らかになる発達の障害です。①対人関係の障害、②言語発達の障害、③こだわり(つねに同じ行動をくり返したり、特定の物を同じままにしておこうとする執着的な行動)の3つの特徴をもっています。

乳児期には、ほとんど泣かず、じっとしているので、手間のかからない子と思われることがありますが、成長するにつれて「あやしても笑わず、抱き上げてもしがみつこうとしない」「呼びかけても反応しない」といった親への愛着の乏しさが目立ってきます。コミュニケーションの手段としての言語発達は遅れ、甲高い声や、オウム返しことば(聞いたままのことばをくり返す)などの特徴をもち、模倣・身ぶりによる非言語コミュニケーションも独特で、一風変わっている印象をもたれます。

こだわりはかなり小さい時期からみられ、たとえば保育園に通う際に、いつも必ず同じ道順をたどることを強要したり、あるメーカーの特定の食品しか食べなかったりします。「花瓶がいつもとちがう場所に置いてある」「新しい靴を履くように言われる」といったささいな変化に反応して、かんしゃく発作をおこすケースがあります。

原因 脳の認知機能の障害と考えられています。見たり、聞いたり、触ったりして得た知覚情報を処理する過程にトラブルがあり、物事の全体的な意味や文脈の理解が悪く、部分や、形、周囲との対比がはっきりした物が目に入りやすい傾向があります。注意力にも障害があり、ひとつのことに過度に集中して柔軟性を欠くため、パターンの変化には激しく混乱してパニックにおちいってしまいます。

検査と診断 保健所の乳幼児健診などで気づかれることが多く、小児科医、児童精神科医の診察を勧められた場合、就学前には受診してください。知能検査、脳波検査が必要です。

自閉症児は言語性知能指数が動作性知能指数より低く、ことばを使って考えることは困難ですが、視空間を使って答える課題では年齢に近い水準を示すことがあります。脳波異常は約30%に、また、自閉症児の10〜20%にてんかん発作（587頁）がみられるとされ、幼児期から思春期の間に初発します。

治療 現在、自閉症の根本的な療法はありません。発達に障害をもった子どもとしての発育の支え、教育的対応をしていく必要があります。

なお、てんかん発作の出現、激しい多動や自傷行為、攻撃的行動がみられるときには薬物療法が行われます。

日常生活の注意 自閉症児のもつコミュニケーション能力や社会的認知の障害は、友だちや仲間関係の形成をとても困難なものにします。周囲に適応できず、低学年では、多動・こだわり・パニックなどがよくみられます。

小さい時期にかんしゃくやパニックをくり返す場合、親は振り回されないようにして、泣いたり叫んだりしてわがままが通るという状態を習慣化させないことが、適応力を高めるために重要です。

思春期になると、心身症（1033頁）、強迫行為（1021頁）、うつ状態（1013頁）、被害妄想、自傷行為、攻撃性がみられることがあります。このようなときは精神科を受診してください。

アスペルガー障害
Asperger Disorder

どんな病気か 広汎性発達障害のグループのなかでは、知能も高く、もっとも言語発達のよい子どもたちです。おとなびたむずかしい語彙を使って流暢にしゃべります。

しかし対人関係の障害、こだわりは存在し、人の気持ちを思いやることが苦手なので、就学後は同年代の人たちとの交流が困難になります。

特定の分野（アニメ、コンピュータ、鉄道など）の知識習得に熱中し、膨大な知識を得るケースがあります。

検査と診断 自閉症児に比べると言語発達がよいため、乳幼児健診などでは気づかれず、就学後、集団に適応できなくなってから小児科医、児童精神科医を受診して診断されるケースがあります。知能検査が必要です。

自閉症児とはちがって、言語性知能指数のほうが動作性知能指数より高いことが多く、不器用な傾向があります。

治療 現在のところ、アスペルガー障害を根本的に治療することはできません。発達に障害をもつ子どもとして、教育的対応をしていく必要があります。

思春期になると集団への適応に挫折

してうつ病（1011頁）になったり、こだわりが強くなって強迫症（1020頁）になったりするケースがみられます。その場合は精神科を受診してください。

注意欠如・多動症
Attention-Deficit / Hyperactivity Disorder (ADHD)

どんな病気か

以前は**微細脳機能障害**（**MBD**）、**多動症候群**、**注意欠陥・多動性障害**などと呼ばれていました。7歳未満の幼児期に始まり、「不注意」「多動性」「衝動性」を主症状とする障害で、**ADHD**ともいいます。

症状

不注意による症状では、勉強、仕事、その他の活動において、綿密に注意することができず、注意を持続することが困難です。また、必要な物をしばしばなくしたり、話しかけられても聞いていないなど、不注意な態度が目立ちます。課題や活動を順序だてて考えることができません。精神的努力の持続を要する課題を、避けたり、いやいや行ったりします。

多動性では、手足を始終そわそわと動かし、じっと座っていられません。不適切な状況で走り回ったり、高いところへ登ったりします。また、しばしばしゃべりすぎます。

衝動性では、質問が終わる前に出し抜けに答えたり、順番を待てなかったりします。また、他人の会話や遊びを妨害し、じゃまします。

これらの症状に加え、細かな作業に対する「不器用さ」や「学習障害（602頁上段）」などが合併しやすいといわれています。こうした子どもは、幼少時から叱られたり、仲間から孤立することが多いために「どうせ何をやってもだめ」「嫌われ者」といった劣等感を抱きやすく、情緒的問題や非行などの問題行動が現れるケースもあります。

原因

まだ、この病気の明らかな原因は証明されていませんが、脳機能のなんらかの障害による症候群と考えられています。

注意欠如・多動症の頻度は、全児童数の少なくとも3％を占めるといわれ、男女比はおよそ6対1で男の子に多いとされています。

治療

こうした子どもの特徴をよく理解して、根気強くつきあっていく姿勢が重要です。支持的・受容的な姿勢と毅然とした態度をうまく調和させることが必要となります。そして子どもが、叱られてもそれを「自分の全人格が否定された」と受け取らないような工夫が求められます。

薬物療法としては、中枢神経刺激薬、抗精神病薬、抗うつ薬などが用いられます。また、前述したようなさまざまな情緒的問題や劣等感などの改善を目的に、遊戯療法が行われることもあります。親子間のかかわりもむずかしくなることが多いので、ペアレントトレーニングなども有用です。

素行症
Conduct Disorder

どんな病気か

子どもの行動上の障害のひとつで、他者への攻撃、重大な規則違反などの反社会的行動をくり返すものです。背景には資質としての衝動性の高さがあり、知的能力の問題やADHDを基盤とする場合も少なくないのですが、「保護されていない子ども」である場合も念頭におかなくてはなりません（児童虐待617頁）。

症状　他人へのいじめ、脅迫、威嚇や、取っ組み合いのけんか、ナイフなどの武器の使用、人や動物に対する残酷な行為、強盗、ひったくり、強奪、性行為の強要、不法侵入、他人の所有物損壊、しばしば嘘をつく、万引き、偽造などの重大な攻撃的行動や犯罪レベルの規則違反がみられます。さらに、13歳未満から始まる夜遅くの外出、無断外泊、怠学なども生じています。これらの行動について、本人は「それほど重大なことではない」と捉えていることもしばしばで、行為の重大さの評価は、周囲の者によって客観的に判断される必要があります。

治療　素行症の子どもは、それまでの養育環境の中で周囲から理解されていなかったり、十分な保護を受けていないケースが多いので、おとなや社会への不信感は強いものです。まず児童相談所や児童精神科に相談をして、不適切な養育環境や本人の能力の問題の有無について評価される必要があるでしょう。そのうえで、カウンセリングや専門家による心理療法が行われます。

反抗挑発症
Oppositional Defiant Disorder

どんな病気か　目上の者に対する拒絶的、反抗的、不従順、挑戦的な行動がくり返され、少なくとも6か月以上つづくものです。典型的には、よく知り合っているおとなや仲間との人間関係にみられ、相談に訪れた機関や診察室などでは症状を表さないこともしばしばです。もともとADHDのような衝動統制の未熟な子どもや、ネグレクトなどの養育不全の家庭にみられることが多く、学習障害やコミュニケーション症の子どもに生じるケースもあります。**反抗挑戦性障害**と呼ばれていました。

症状としては、かんしゃくをおこしやすく、おとなと口論、不従順、反抗が多く、故意に人をいらだたせたり、自分の失敗を人のせいにします。また、このような子どもは神経過敏で、他人からイライラさせられやすい傾向があります。しばしば怒って、腹を立て、意地悪で執念深さもみられます。これらの問題行動は、ふつうでもある年代の子どもに多少はみられることがありますが、その年齢や発達水準に照らして、通常認められるよりも頻繁におこる場合を反抗挑発症と考えます。

治療　現れた問題行動だけに着目して罰しても反抗はつのるばかりです。その子どものおかれている生活環境、能力、ADHDや学習障害の有無などを考慮して、総合的に判断・評価することではじめて対応の手がかりがつかめます。根本的な問題を理解したうえで、行動療法、家族療法、薬物療法などが組合わされることが必要です。さらに、子どもに十分な対応がなされない場合などには、素行症へ発展する可能性があるので、早期の介入が重要です。

◎精神症状として現れる子どもの神経症

▼分離不安症　愛着をもっている人物（主として母親）から離れることに過剰な不安を示したり、その人物にしがみつく状態で、不登校（608頁）の年少の子どもや、突然の戦慄をともなう体験のあとにみられるケースが多くあります。

母親に危険がふりかかるかもしれないとか、自分が災難にあって母親から引き離されるのではないかといった非現実的な心配をして、母親のそばを離れないといった症状を示します。

▼全般不安症　将来の出来事や過去の行動の適切さに対して過剰・非現実的な心配を示す状態で、不登校の子どものなかにその典型的な姿をみることがあります。

勉強、運動、友だちとの交流など、日常生活における自分の能力についても過剰な心配をし、そうした不安にともなって、頭痛や腹痛などの身体症状を訴えることが多くあります。

緊張感が強く、心配の種について家族などにたびたび大丈夫かと確認したりします。

そのほか、子どもにみられる神経症としては社交不安症、広場恐怖症、パニック症、強迫症などがあります（神経症性障害 1016頁）。

子どもの神経症
Neurosis in Childhood

どんな病気か

子どもは、自分のこころのなかの状態をことばで表現する能力がまだ十分に発達していなかったり、こころとからだがまだ未分化なために、心理的な葛藤や苦悩が生じると、それが身体症状や行動上の問題として表現されることが、おとなと比べて多いといわれています。

それゆえ子どもの神経症は、①精神症状として現れるもの、②頭痛や腹痛などの身体症状として現れるもの、③行動上の問題として現れるもの、④習癖（くせ）として現れるものなど多様な姿を示します。子どもにこうした問題が出現したときの基本的な心構えについては「子どものこころの病気とは」（600頁）を参照してください。

治療

遊戯療法を含む精神療法や親面接が基本となります。また、強迫症や不安症など、薬が有効な場合もあります。さらにこうした子どもは、学校でなんらかの不適応状態にあるケースも多いので、そうしたときには教師との連携も重要となります。子どもが相談に行くことを嫌がる場合も多いと思いますが、子どもへの対応を工夫することで症状が軽快する場合もあるのです。まず親だけでも児童精神科や児童相談所などへ相談に行ってみましょう。

子どもの身体症状症
Somatoform Disorders

どんな病気か

子どもが葛藤や苦悩の表現として腹痛などの身体症状を訴えるケース（身体化）がよくあります。たとえば、不登校の初期に、多くの子どもがこうした身体症状を訴えることはよく知られています。

身体症状としては腹痛、頭痛が目立ち、そのほかにもさまざまな症状がみられます（下表）。その多くは小児科などで検査しても医学的な異常が認められないため、「精神的なもの」と簡単に片づけられたり「仮病」と否定的にとらえられがちです。

また、からだの病気が治れば学校に行けるはずだと考えて、からだの治療に専念しようとしても、背景にある葛藤が解決しなければ、子どもはますますその身体症状にしがみつくといった悪循環におちいることもよくあります。

痛み止めなどの薬に頼るのも、こうした症状を「強化」してしまう場合があるので注意が必要です。

治療

精神的なものだなと思っても、たとえばおなかが痛いこと自体は認めてあげ、その上で大げさに扱わないほうが、子どもが身体症

子どもによくみられる身体症状症

分類	症状
消化器系	腹痛、吐きけ・嘔吐、下痢、便秘
中枢神経系	頭痛、めまい、立ちくらみ
循環・呼吸器系	動悸、胸部痛、息苦しさ
筋骨格系	四肢の痛み、背部痛、関節痛
泌尿器系	頻尿
その他	倦怠感、食欲低下、視力低下

状を「手放す」近道になります。そうしながら子どものこころのなかで、あるいは家庭や学校で何がおこっているのかを考えていきましょう。

なお、気管支ぜんそくやアトピー性皮膚炎など、心理的要因が影響するからだの病気は心身症（1033頁）と呼ばれています。

不登校（登校拒否）
School Refusal

どんな病気か

小学生、中学生、高校生に広くみられる「学校へ行かない」あるいは「行かれない」現象で、特定の病気ではありません。怠学とは異なり、さまざまな心理的要因を基盤とします。

思春期の子どもたちは、情緒発達にともなう不安定さと社会性の獲得にともなう葛藤のまっただ中におり、日常的な出来事のなかで随時、こころを揺らし、悩んだり、考えたり、行動したりしながら、これらを克服しようとしています。しかし、ときに、生じた問題がその子どもの克服する力を超えてしまうことがあり、そのようなときに子どもの示す現象の1つが不登校です。

原因を何か1つに求めるのは、その子どもを理解するには不十分なばかりか、しばしば的外れな見かたをして、かえって子どもを苦しめてしまうことになりかねません。少なくとも「子ども自身」「家庭」「学校・仲間集団」の3つのそれぞれの要素についてよく検討して対処する必要があります。

症状

不登校のタイプには、以下のようなものがあります。

◉過剰適応型

親からの分離をしようと、子どもは「背伸び」をして自分をとりまく環境に適応しようとします。「背伸び」自体は健康的なはたらきなので心配せず見守ることが必要ですが、結果として成功せず、挫折した場合にみられる不登校がこのタイプです。

主として親や学校の示す期待を負おうとする子どもに多く、この過剰適応型の不登校が生じると、子どもの挫折はそのまま親あるいは教師の挫折となり、おとなのこころへも動揺を引き起こします。

子どもに対する強い期待が子どものこころの余裕を奪って疲労困憊させていることにおとなが気づかないと、ヘトヘトの子どもに「がんばっていい子だ」とさらなるむりを知らず知らずのうちに強要していたり、がんばった果ての子どもの挫折を「根性がない」と一方的に責めるといった、まちがった対応をしてしまいます。

◉受動型

中学・高校年代の荒々しくなった仲間集団や、それに対応して厳しく指導が行われる学校の雰囲気に圧倒され、不登校におちいるタイプです。

この型には、幼いころから受身的・消極的な子どもが多いようです。子どもに「従順さ」を過度に求める傾向のあるおとなは、子どもの従順さによって自分の権力や能力を確かめようとしていることに気づきにくいものです。

◉衝動統制未熟型

衝動をコントロールして行動することが苦手なために自己中心的な振る舞

◎スクールカウンセラー

文部科学省が活用を奨励する学校スタッフで、その趣旨は以下のとおりです。

「児童生徒の不登校や問題行動等の対応に当たっては、学校におけるカウンセリング等の機能の充実を図ることが重要な課題になっている。このため、各都道府県・指定都市において、児童生徒の臨床心理に関して高度に専門的な知識・経験を有するスクールカウンセラーを公立中学校を中心に配置し、それらを活用する際の諸課題についての調査研究を行うために必要な経費の補助を行う。」

スクールカウンセラーの職務内容は、児童生徒へのカウンセリング、教職者に対する助言・援助、保護者に対する助言・援助となっています。

資格要件としては、臨床心理士、精神科医、心理学系の大学教授・准教授・講師（非常勤を除く）とあり、またスクールカウンセラーに準ずる者（心理臨床や児童生徒の相談などの業務に一定の経験を有する者）を配置することも可能とされています。

いが多く、仲間集団の暗黙のルールが読めずに、みんなとズレた振る舞いや加減を知らない乱暴な振る舞いをしてしまう子どもたちが、仲間集団や学校との摩擦を生じ、結果として孤立するために登校する意欲を失ってしまうといった型の不登校です。

これは注意欠如・多動症（605頁）の子どもにみられる不登校を典型例として想定されています。このような子どもの行動は「しつけの欠如」や「わがまま」ではありません。このような子どもをむやみに叱りつけることは「自分はだめな子だ」「自分は悪い子だ」といった思いを助長し、子どもの自尊心をさらに傷つけてしまいます。

◉境界例型

中学生以降の比較的高学年にみられます。多彩な神経症症状や問題行動に加え、不安定な対人関係や、急に激しい怒りを爆発させたり、自傷行為や自殺企図に走るといった衝動性などがおもな特徴です。対人関係を求めず閉じこもりがちな生活を延々と送り、社会的な能力を発展させてこないような青年もいます。

【日常生活の注意】 不登校のさなか、子どもの多くは、理由は何であれ、親を悲しませていることを知っており、こころを閉ざして自分を守る反面、孤独のただ中におかれています。原因やきっかけがあったとしても、子どもたちは「学校に行っていない」だけで十分に「悪い子」になったと自分を責めており、原因解決には簡単に向かえません。子どものこころの真の理解を深めるために、少なくともおとなたちはこのような時期をできるだけ早く乗り越え、落ちついて判断することがたいせつです。

そして「学校に行かない子ども」のこころにゆっくりと付き添っていくことはいうまでもありませんが、子どもは孤独や不安のあまりに、暴力や自分を傷つける行動や、自殺をほのめかすことも少なからずみられ、対応に苦慮するものです。

ここで大事なことは、親や周囲のおとなは、暴力や自傷行為を無視したりせず「してはいけない」と伝えることなのです。これは挫折して自尊心を失いかけている子どもにとって、自分を取戻す過程としてきわめて重要なことです。伝えるおとなの側にも、もちろん重大な責任を担うという覚悟がいるわけで、ここで真に子どものこころと対峙することになるといっても過言ではないでしょう。子どもの不登校の相談にのってくれる機関は、近年増えてきており、各学校の窓口、教育相談所、地域のフリースクールなどがあります。まず親が足を運び、信頼できるところへ継続的に相談をもちかけるとよいでしょう。

家庭内暴力
Family Violence

【どんな病気か】 子どもが家族に対して暴力をふるうことを総称して家庭内暴力といいますが、現象をとらえた概念で、特定の病気ではありません。

こうした暴力は、たいてい家庭内にかぎられています。暴力の対象は母親

◎過換気症候群（過呼吸発作）

強い不安や緊張感などが引き金となって過換気（過呼吸）が生じ、それによって手足のしびれ感や胸部圧迫感などの症状を呈するものをいいます。

思春期の女の子に多くみられる疾患で、解離症（1024頁）と区別できないこともあります。

こうした発作がおこったときには、周囲は慌てず、楽な姿勢をとらせて、大丈夫であること、心配しないでよいことを伝えるようにします。

紙袋を使って口と鼻をおおい、紙袋の中でゆっくりと呼吸をさせる方法（ペーパーバッグ法）は効果を疑問視され、危険性も指摘されているため行われなくなっています。

こうした発作が頻回につづくようであれば、腹式呼吸を指導したり、心理的な治療を考える必要もあります。

のことが多いですが、父親や弟妹などが対象となることもあります。子どもは、怒りや攻撃性と同時に甘えや依存性を母親へ向けてくる場合が多く、母親は甘えさせても突き放してもうまくいかず、対応に苦慮してしまいます。

家庭内暴力には、過干渉的な親に対する抗議や反抗、あるいは自立の試みといった側面から理解できる場合もありますし、自宅への引きこもり（不登校（前項）などによる）の結果、母子の心理的距離が接近しすぎて、母親をめぐる葛藤が出現したと考えられる場合もあります。しかし、なかには統合失調症（615頁）などの精神障害があって、その症状として、暴力行為がみられることもあります。

治療　家庭内暴力が始まったからといって、それを問題行動や病気と決めつけ、初めから「警察を呼ぶ」とか「相談に行きなさい」「治療を受けなさい」というような、おとなの力でコントロールしようとするだけの態度は逆効果になりかねません。まず、子どもが何を訴えようとしているのかを考える必要があります。

ただし、このとき親は暴力に巻き込まれているので、状況の客観的な判断や対応策を講じることなどが冷静にできないケースもしばしばです。そうした場合、まず親だけでも地域の相談窓口や児童精神科に出向き、かかわりかたの手がかりについて相談をしてみることが役に立ちます。

家庭内で生じた暴力的な問題は、往々にして家族全員を精神的に追い込むものです。長期化したりエスカレートする場合には、自分たちだけで解決しようとしてがんばりすぎたり、追い詰めすぎないようにしてください。こうした子どもの援助には、何といっても親がある程度「ゆとり」を保つことがたいせつです。その意味でも、何かあったときに頼れる場所を親がもっていることが重要です。

相談できる地域の機関は、児童相談所、保健センター、児童精神科、教育相談所などで、暴力が激しく危険が迫っている場合には、警察の協力を仰ぐことも躊躇しないほうがよいでしょう。

子どもの摂食障害
Eating Disorder of Child

どんな病気か　摂食障害には、神経性やせ症（神経性無食欲症、拒食症）と神経性過食症（大食症）があります。

思春期以降の女性に目立つ疾患ととらえられていますが、発症の低年齢化（初経前の発症）が進んでいて、摂食障害予備群の子どもたちが急速に増えているのが現状です。子どもにおこってくる摂食障害は女の子に多いのですが、ときには男の子にもみられます。

思春期以降におこる場合に比べると、成熟性の拒否の側面が強く、複雑な葛藤状況よりもむしろ漠然とした成長への抵抗感が背景となっているケースが多いのです。けろっとしていて、自己誘発嘔吐や過食をともなわないものや、食物や食べかたへのこだわりが強いもの、抑うつ感が強いものなどがみられます。

神経性やせ症（**神経性無食欲症**）の定義（ＤＳＭ‐５）は、つぎのとおり

子どものこころの病気③

です。

①必要量と比べてカロリー摂取を制限し、年齢、性別、成長曲線、身体的健康状態に対する有意に低い体重（正常の下限を下回る体重で期待される最低体重を下回る）になる。

②有意に低い体重であるにもかかわらず、体重増加または肥満になることに対する強い恐怖、または体重増加を妨げる持続した行動がある。

③自分の体重または体型の感じかたの障害、自己評価に対する体重や体型の過剰な影響、または現在の低体重の重大さの否認。

症状

よくみられる症状や合併症をあげてみましょう。

▼身体面　やせ、低体温、肌の乾燥、うぶ毛の密生、手の平や足の裏の黄色化（カロチン血症）、脱毛、便秘、むくみ、無月経、低血圧、徐脈など。

▼行動面　拒食や小食、隠れ食い、盗み食い、食べることを家族に強制する、家族の食事に異様な関心を示す、食べ物への固執など。

▼精神面　ダイエットハイ（やせたらなんでもできるという万能感）、活動性の高まり、やせ願望、肥満恐怖、身体像認知の障害（やせていることを決して認めない）、病識の欠如、抑うつ、見捨てられ不安、強迫傾向、焦り、無力感、無気力、睡眠障害（614頁）など。

▼合併症　家庭内暴力、不登校、自殺企図、盗癖、性的逸脱行為、甲状腺機能低下症など。

また、将来的に成長障害、骨粗鬆症（1884頁）、不妊症（897頁）などを招く可能性があります。

治療

食欲低下と体重減少の原因は、身体的な病気や、まれにはうつ病（1011頁）や統合失調症（615頁）の一症状というケースもみられるので、早めに小児科、心療内科、精神科などを受診する必要があります。

本人や家族が「病気である」ということを理解するのが、とてもたいせつです。現状を把握し、栄養摂取と休養が必要であることを教育していきます。

外来治療では体重をなかなか維持できない、あるいは減っていくようなケースでは、入院治療も考慮されます。

選択性緘黙
Elective Mutism

どんな病気か

家族や親しい人とはふつうに会話をしますが、幼稚園や学校ではまったく話をしないといったように、場面や相手によってことばを発しなくなる現象を選択性緘黙（**場面緘黙**）といいます。

ことばを話す能力の発達は正常であるにもかかわらず、幼稚園や保育園といった、比較的早い時期から出現します。

このような反応を長期間にわたってつづける背景には、母親から離れることの不安（分離不安）や、家庭外での社会的な活動に参加していくための力が十分に育っておらず、不安や緊張が高まりすぎているということが考えられます。

また、一部には、周囲から指示されたり動かされたりすることに対する抵抗を「喋らない」ということで意志表示している、と理解できる場合もあります。

◎指しゃぶり

乳児期後半からみられ、2～3歳ころまでには消失しますが、4～5歳までみられることもあります。発達にともなう生理的な行為で、乳児では空腹、幼児では母子分離の過程や欲求が満たされないときに指しゃぶりをします。

うるさく注意しないほうがよく、子どもが自然に母親から離れて、友だちと遊べるようになると消失していきます。

◎爪かみ

4、5歳から10歳くらいにかけてよくみられます。ときに成人まで習慣化してつづくことがあります。

一般に心理的緊張のおきかえと考えられ、むりにやめさせると、さらに緊張を高めて他の行動へおきかわるだけになるケースもあります。爪かみ自体を気にしないようにすることが肝要です。

治療　まずたいせつなのは、周囲のおとなたちが「話すことをむり強いしない」ことです。むりに話させようとすれば、ますます萎縮・緊張したり、おとなに強制されたと感じて引きこもるといった悪循環におちいってしまいます。喋らないでその場にいることを周囲が認め、本人がその場に慣れて自分らしさを発揮できるような援助が必要です。

また、外の世界での経験不足を補う意味で、習い事などさまざまな活動への参加も有効なことがあります。ただし、社会的なものごとへの不安や恐怖の高い子どもの場合には、むりに経験をつませようとしてもうまくいかないケースがみられます。焦らず、子どものペースを尊重してあげてください。

子どものチック
Tic

どんな病気か　チックとは筋肉の不随意的、突発的、反復性の急速な運動や発声です。

まばたき、くび曲げ、肩すくめ、顔しかめなどを**単純性運動性チック**、咳払い、鼻をくんくんさせる、叫ぶなどを**単純性音声チック**といいます。身なりを正す動作、自分をたたいたりかみついたりする、足を踏みならす、物のにおいを嗅ぐなどの**複雑性運動性チック**、状況に合わない単語のくり返し、汚言（しばしばわいせつな語や社会的に容認されがたいことば）などの**複雑性音声チック**もあります。男女比は2対1から3対1の割合で男の子に多く、だいたい5、6歳ころに始まります。

チックは数週間から1年程度で自然に消退するタイプと、1年以上持続して長い経過をたどると、癖のようになっていくタイプがあります。

トゥレット症候群（複数の運動性チックと1つ以上の音声チックがみられるもの）では、1年以上にわたりほとんど毎日、1日に何度も症状がでます。

原因　チックには、体質的な要因が強く関与していると考えられています。チックの体質をもった子どもに、環境の変化（転居、転校、両親の離別など）への適応困難な状況や、不安・不満・緊張を抑えるといったストレスがかかるときに症状がでるものと考えられます。

しかし、トゥレット症候群などのように症状が複雑で長引く場合は、環境の要因によらず、脳内のなんらかの変化の要因が強いと考えられます。

治療　チックの症状を指摘したり、やめさせようとしたりせず、子どものストレスになっている状況を見きわめ、不安や緊張を軽くするようにつとめます。

症状が激しい場合は、薬物療法や遊戯療法などが必要になります。

抜毛症（トリコチロマニア）
Trichotillomania

どんな病気か　からだの毛をくり返し抜き、その部分の体毛の喪失が目立っているものです。頭髪以外にまつげや眉毛、腋毛、恥毛を抜くことがあります。抜毛症は、学童期から思春期にかけて、女の子に多くみられます。

原因　心理的、性格的要因に基づくものです。不安・緊張による一時的な反応のケースもありますし、その子どもをとりまく環境における心理的葛藤（たとえば家庭内での葛藤）による攻撃的な気持ちを表す行為のケースもあります。

治療　その子どもをとりまく環境をよく理解したうえで、攻撃性の発散や気持ちのコントロールのしかたをうまくできるように支援します。症状が長引くようなときには、遊戯療法を含む心理療法、家族療法などが行われます。

排泄障害（夜尿／遺尿／遺糞）

Elimination Disorders (Enuresis Nocturna / Enuresis / Encopresis)

どんな病気か　**夜尿**は排尿の自立の時期をすぎても夜間睡眠中に排尿がみられるものです。**遺尿症**は昼間目が覚めているときに尿が漏れてしまうことをいいます。**遺糞症**は排便習慣が確立してから、おもに日中に自分の意志とかかわらず排便することです。

原因　乳児期から引き続いて夜尿がみられる場合や、夜尿をともなう遺尿症、あるいは遺糞症は中枢神経系や膀胱尿道系、あるいは肛門直腸の異常による場合があります。

　また、知的能力障害の子どもで排泄の習慣が未確立な場合や、排尿排便訓練を十分にされない環境で養育された子どもの場合もあります。

　こうした要因がなく、とくに排泄の習慣がいったん確立されたあとに、4、5歳をすぎてこれらの症状がみられるとき、なんらかの心理的な要因が考えられます。

　たとえば弟妹の誕生、家族の不和やトラブルがもたらす不安・緊張などや、トイレ恐怖でトイレに行けないといったケースもあります。

治療　身体的な異常がある場合はその治療を優先します。心理的な要因の場合は、不安・緊張・恐怖を取除くことが必要です。

　夜尿の場合、就寝前の水分制限や夜中に起こしてトイレへ行くことなどがよく試みられますが、努力の割にはかえって緊張感を高めてしまいがちです。

　ほとんどの夜尿はいずれ治ってしまうものですが、小学校高学年になっても夜尿がつづく場合、抗うつ薬、自律神経薬などの薬物療法を行うことがあります。

　遺糞症の場合は、浣腸、下剤による一定時刻の排便、心理療法（環境調整）、精神安定薬や抗うつ薬などの薬物療法を併用することもあります。

トラウマ（心的外傷）を受けた子どもの反応

Post-traumatic Stress Disorder of Childhood

どんな病気か　災害や事故、身近な人の死、虐待など、突然の激しいストレス状況におかれると精神的失調を生じることがあります。とくに子どもの場合、おとな以上にこのようなストレスに弱いため、症状（左表）が出現しやすいと考えられます。

治療　まず、子どもに安心感を与えることが必要です。ことばだけではなく、抱きしめてあげたりするのもよいでしょう。子どもが悲しみや恐怖の感情を話すようなら、十分に聞いてやり、恐怖の体験を思い出してパニックになっているようなら、今はそうしたことはおこらないということを子どもが理解できるように時間をかけて話してあげましょう。

また、子どもを長時間ひとりぼっちにさせない、安心できる相手や場所で、穏やかに遊ばせるといった配慮も必要です。こうした工夫をしても状態が変わらないようなら、児童精神科などの専門機関に相談してみましょう。

トラウマを受けた子どもに出現しやすい症状

①突然、不安になったり、興奮したりします。
②突然、現実にないようなことを言い出します。
③必要以上におびえたり、敏感すぎます。
④落ち着きがなくなったり、集中力がなくなります。
⑤表情の動きが少なく、ボーっとしています。
⑥引きこもって周りの人とかかわりがなくなります。
⑦眠りません。
⑧くり返し恐ろしい夢を見ます。
⑨著しい赤ちゃんがえりがあります。
⑩自分が悪いからこんなになったとか、あれこれ心配しすぎます。
⑪頭痛、腹痛、吐きけ、めまいなど、からだの症状を訴えます。
⑫からだの一部が動かなくなったり、意識がなくなって倒れたりします。

子どもの睡眠中におこる障害（睡眠時随伴症）

Parasomnia in Childhood

どんな病気か　恐い夢を見て目を覚ます**悪夢障害**、突然大きな叫び声をあげて起き上がり、強い不安と自律神経症状が出現する**睡眠時驚愕症**（**夜驚症**）、睡眠中に起きだして部屋を歩き回ったりする**睡眠時遊行症**（**夢遊**）、などがあります（次頁表）。

いずれも原因は明らかではありませんが、日常生活上の不安・緊張感や、脳の睡眠機構の未成熟さなどが想定されています。

ただし、てんかん（587頁）の場合にも同じような症状を示すことがあるので、頻回に症状をくり返すようなときは、小児科や精神科で脳波などの検査を受けてみてください。

治療　悪夢の場合は、はっきりと覚醒していますから、抱っこしたりしながらなだめて、再び眠りにつくまで付き添ってあげましょう。

睡眠時驚愕症や睡眠時遊行症の場合は、覚醒させようとしたり、なだめたりしてもあまり効果がありません。子どもが危険なものにぶつかったりしないように注意しながら見守り、自然に興奮がおさまったり、再入眠するのを待つようにしましょう。

症状が頻回だったり、あまりにも激しいときには、薬物（抗うつ薬など）が有効なことがあります。

子どもの統合失調症
Childhood Schizophrenia

どんな病気か

統合失調症は、見たり聞いたりする知覚の過敏性、考えたり判断する思考力の混乱などがおこり、幻覚や妄想といった症状を示す精神疾患です。多くは10歳代の後半以降、30歳くらいまでに発病します。

この病気が子どもにおこることはまれですが、10歳以前にみられるケースもあります。

症状

おとなのように、ことばで精神状態の複雑な混乱状況を語ることはできない場合が多く、極度にファンタジックな、あるいは奇妙でグロテスクな遊び、漠然とした恐怖や不安による落ち着きのなさ、急に表へ飛び出そうとするといった突発的で不可解な行動などに、症状の現れることが少なくありません。

子どものこころの病気

◎統合失調症スペクトラム障害

統合失調症は、精神疾患の国際的分類DSM－5において統合失調症スペクトラム障害として分類されています。妄想、幻覚、まとまりのない思考、異常な運動行動（緊張症も含む）、陰性症状のどれか1つ以上の異常とされています。

子どもの睡眠中におこる障害

	悪夢障害	睡眠時驚愕症	睡眠時遊行症
発現時期	睡眠の後半に多い	入眠後３～４時間以内	入眠後３～４時間以内
持続期間	１～２分	数分～１時間	１～30分
症状の特徴	恐ろしい夢を見て覚醒し、その内容を詳細に覚えており、不安が強く残ります。目覚めたあと、意識はすぐにはっきりしています。自律神経症状（前頁「睡眠時驚愕症」）は強くありません。	突然、恐怖の叫び声をあげて起き上がり、強い恐怖と、心悸亢進・呼吸促迫・発汗などの自律神経症状が出現します。周囲の人が落ち着かせようとしても反応しません。覚醒しても夢のくわしい内容は思い出せず、翌日、夜驚のエピソードを尋ねても覚えていません。	突然、寝床から起き上がり、部屋の中を歩き回ります。うつろな表情で、話しかけてもあまり反応せず、覚醒するのが困難です。不安はあまり強くありません。再び寝床に戻って、眠ってしまうことが多いものです。翌日、睡眠時遊行のエピソードを尋ねても覚えていません。
好発時期	幼児期	５～７歳	児童期
男女比	同じ	男の子に多い	男の子に多い
発現率（%）	10～30%	１～４%	１～６%

◎双極性障害と抑うつ障害

躁うつ病は、精神疾患の国際分類DSM‐5において躁とうつ状態をくり返すものを双極性障害、うつ状態をくり返すものを抑うつ障害と分類しています。

また、幻視や白日夢のような体験もみられます。儀式的にくり返される強迫症状は、よくみられる症状の1つです。しだいに活気がなくなり、内にこもるようすがみられますが、ささいなことにかんしゃくやイライラを示し、ときには乱暴な行動に至ることもあります。

一般に発病年齢が低いほど、精神の発達全般に歪みが生じ、後の精神荒廃が重症になるとされています。子どもの異常に気づいたら、早めに児童精神科医の診察を受けてください。

検査と診断 子どもの場合、統合失調症の診断はかなりの期間経過をみて、慎重に行われます。

さまざまな症状を示してくるために他の精神疾患と区別しにくく、自閉症（603頁）、強迫症（1020頁）、恐怖症（1017頁）、ヒステリー性の障害、うつ病（1011頁）などとの鑑別が必要です。

また、知的能力障害や自閉症の子どもに、統合失調症様の症状がみられることもあります。

思春期に一時的に過敏性や妄想的な思考がみられる場合がありますが、長い経過のなかでこのような症状をくり返すことのないときは、統合失調症と診断されないでしょう。

治療 統合失調症であることがはっきりわかれば、抗精神病薬による治療が基本になります。

この病気は、症状がいったんよくなったようにみえても、治療を中断すると再発、悪化する可能性が高いので、精神科医の処方のもとに服薬を継続するべきです。症状の強いときは、できるだけ穏やかで騒音などのない状況におき、そばでおとなが過干渉はせず見守るようにします。症状が治まったあとも、ストレスの少ない生活をつづけることがのぞましいのです。

子どもの躁うつ病

Manic-depressive Psychosis in Childhood

どんな病気か 躁うつ病（気分障害）は、喜びや悲しみといった感情が、出来事や体験の程度を超えて激しく長くつづくもので、しばしば躁とうつの相をくり返す病気です。

一般に躁うつ病は、統合失調症（前項）よりもさらに後の年齢に発病するケースが多く、思春期以前の子どもにみられることはまれです。

しかし、小・中学生などで不登校（608頁）のような状態を示しながら、うつ病の場合もあるので、児童精神科医の診察を受けるようにしてください。

検査と診断 子どもにとって、感情の変化をことばとして語ることはむずかしいものです。口数が減り、元気がなく、成長期にもかかわらず体重が増えない、不眠あるいは睡眠過多といった行動や身体状況などの異常に注意する必要があります。

また、うつ病でありながら、イライラしたり、落ち着きなく動き回ることも子どもでは珍しくありません。

治療 抗うつ薬などによる薬物療法、本人への心理的な支えが治療の主体です。躁状態やうつ状態の強いときには、学校や習い事を休ませることも必要でしょう。

（福）子どもの虐待防止センター
（電話相談）
03-5300-2990
（全国共通ダイヤル）
0570-064-000
※24時間対応
http://www.ccap.or.jp/

被虐待児症候群（虐待された子ども）

Battered Child Syndrome

どんな病気か

親または養育者が、子どもに対して身体的暴力または精神的苦痛を与え、その結果、子どもの心身にわたる健康や福祉が損なわれることを**児童虐待**（Child Abuse）といいます。

児童虐待防止法の定めるところでは、児童虐待とは、保護者がその監護する児童（18歳に満たない者）について行う以下のような行為をさします。①**身体的虐待**　児童の身体に外傷が生じ、または生じるおそれのある暴行を加えること。②**性的虐待**　児童にわいせつな行為をすること、または児童をしてわいせつな行為をさせること。おとなの性的な目的のための対象（例：ポルノの被写体）にさせること。③**ネグレクト**　児童の心身の正常な発達を妨げるような減食または長時間の放置など、保護者としての監護を著しく怠ること（養育の拒否や放棄、学校へ行かせないなどがあります）。④**心理的虐待**　児童に対する著しい暴言または著しく拒否的な対応、児童が同居する家庭における配偶者に対する暴力など、児童に著しい心理的外傷を与える言動を行うこと。

ひとりでは生きられない子どもにとって、生命や人としての尊厳が損なわれる体験にさらされることは、以下のような症状をもたらすことからも軽視できません。

症状

虐待を受けている子どもには、さまざまな心身の症状が生じえます。身体的には、外傷、やせ、飢餓、脱水症状など緊急の対応を要するものから、身体や衣服の汚れ、慢性的な養育不全をうかがわせる症状がいくつかの組合わせでみられ、最悪の場合は死に至ることもあります。

精神的問題も深刻です。虐待を受けて育った子どもたちには、そうでない子どもに比べて精神発達の遅れが多いことがわかっています。また、情緒面では愛着障害（人に心を開かない、あるいは、だれかれとなく無分別な愛着を表してしまう）、心的外傷反応（トラウマ症状）、適応障害などはしばしばみられます。さらに、幼少期に受けた不適切な養育やトラウマは、思春期以降になってもさまざまな精神的困難をもたらすという重大な問題があります。被虐待児が、その後うつ病やPTSD（心的外傷後ストレス障害）と診断されることは多く、境界性パーソナリティ障害、自傷行為や希死念慮などもみられます。親になったとき、子どもへの虐待をくり返してしまうという困難も生じます。

▼対応　まず、何よりもたいせつなのは、子どもの心身の安全の確保です。親がうまく養育できないのであれば、誰かそれに代わる者がその子どもを愛情深く育てることで、ある程度の発達を支えることは可能でしょう。周囲に適切な支援者がいなかったり、親が支援の手を差し伸べられることを拒否する場合には、専門機関のかかわりが必要です。心配なときには早めに相談してください（上段）。

子どもの目の病気

睫毛乱生
Trichiasis

どんな病気か

睫毛（まつげ）の生える向きが不規則なものを睫毛乱生といいますが、内向きに生えているまつげが眼球に触れるために、黒目（角膜）に障害がおこります。

症状

まつげが黒目にあたると異物感を生じますが、子どもではっきりと症状を訴えることができないので、まぶしがるとか、めやに（眼脂）が多いといった症状で、多くは両親が気づきます。

黒目を持続的に傷つけるので、角膜が傷ついたり、角膜混濁の原因となることもあります。

治療

黒目にあたるようなまつげを抜くと、しばらくはよいのですが、1～2か月するとまた生えてきます。角膜障害の程度がひどくなければ、角膜保護薬や抗生物質の点眼薬を使ってしばらくようすをみます。

まつげが生えてこないようにするためには、電気分解やレーザーで毛根を焼却する治療が行われますが、それでも再発することが少なくありません。

睫毛内反／眼瞼内反
Entropion

どんな病気か

俗にいう**さかさまつげ**のことで、睫毛内反または眼瞼内反という病名で呼ばれますが、子どもの場合、ほとんどは眼瞼内反です。睫毛（まつげ）が眼球のほうに向き、そのために角膜（黒目）を傷つけたりします。

眼瞼（まぶた）は、表面をなす前葉と、内面をなす後葉に分けられますが、この前葉と後葉の力のバランスが悪い場合に眼瞼内反がおこります。

症状

眼瞼内反は乳幼児にはよくみられるものです。下側のまぶたに生じやすく、まぶしがったり、涙が出るなどの症状によって両親が気づくことが多いのですが、健康診断で見つかることもあります。

角膜障害があっても、異物感を訴えることはあまりありません。

治療

年齢とともに自然に治癒する傾向があるので、角膜障害が明らかでなければ、手術を急ぐ必要はありません。角膜障害が強い場合には、角膜保護薬や抗菌薬の入った点眼薬が使用されます。

6歳以降で眼瞼内反の程度が強い場合には、手術を行います。手術は、短時間でできる程度のものですが、術後に再び眼瞼内反に戻ってしまうことや、まぶたにしわができること（二重まぶた）があります。下まぶたでは見かけ上、治療の結果に不満が残ることもあります。

先天性眼瞼下垂
Congenital Blepharoptosis

どんな病気か

生まれつき、上眼瞼（上まぶた）が下がっている状態です。その多くは、まぶたをつり上げる上眼瞼挙筋という筋肉の発育不全によるもので、**単純性下垂**と呼ばれます。

どちらか片側の目にでる（片眼性）ことがやや多いようですが、両側の場

子どもの目の病気

合（両眼性）もあります。神経の異常はともないませんが、目を上に動かす筋肉（上直筋）の機能不全をともなうことがあります。

原因

おもに、上眼瞼挙筋の発育不全が原因ですが、このほかに先天性動眼神経まひ、**マーカスガン現象**（下垂した片側のまぶたが、口を開くとともに上がる現象）などの神経の異常や重症筋無力症（990頁）、進行性外眼筋まひ、瞼裂狭小症候群などによってもおこります。

瞼裂狭小症候群は、優性遺伝する先天異常で、瞼裂（上まぶたと下まぶたの間）の水平径、垂直径の双方が縮小して、目と目の間が離れたように見えます。

また、一見、眼瞼下垂があるように見えますが、真の下垂ではない**偽眼瞼下垂**もあり、小眼球（先天性のもので、眼球が正常に比べて著しく小さい）や無眼球（手術などによる眼球の摘出）などの眼窩の容積の減少、上斜視などにともなっておこります。

眼瞼下垂の原因は、このようにさまざまですので、まず専門の眼科医の診断を受けることがたいせつです。

先天性眼瞼下垂では、斜視（626頁）や弱視（623頁）をともなうことが少なくありません。通常は、弱視の程度は軽いことが多いのですが、下垂が重度になればなるほど、弱視をともなうことが多くなるといわれています。弱視の成因としては、斜視によるものと屈折異常（1068頁）、とくに乱視（622頁）によるものが多く、弱視治療のため眼鏡をかける必要があることもあります。

眼瞼下垂がまるで目をつむっているように見えるほど重度の場合には、視界が妨げられるため視機能の発達がおかされる**視性刺激遮断弱視**をおこすこともあります。この場合には、早期の手術が必要になります。

治療

下垂の程度が強く、視性刺激遮断が強く疑われる場合以外は、早期に手術を考える必要はありません。下垂があっても、下向きのときには目が開いていることが多く、顎を上げて物を見ようとすることが多いので、たいてい視機能はある程度発達しているものです。

子どもの顔面の発達と検査が十分に行える時期を考えると、手術は3～4歳以降がよいでしょう。手術は1時間程度で終わりますが、過矯正や低矯正がおこることがあります。とくに過矯正の場合には、目が閉じなくなることがあります。

両眼性の場合には、両方の目を手術することもありますが、程度が軽いほうの目に程度の重いほうの目を合わせるように、片方の目だけ手術をすることもあります。

眼瞼下垂のほかに、屈折異常や弱視がある場合は、できるだけ早期から屈折矯正と弱視治療を行っておくことがたいせつです。

斜視がある場合には、手術前はまぶたが下がっているため、斜視がわかりにくかったのが、手術後には斜視が目立つようになることもあるので、この場合には、眼瞼下垂といっしょに斜視の手術を行うことがあります。

治療としては、基本的に手術しかないのですが、手術はあくまでも外観を

◎屈折異常とは

目の屈折の状態には、無限に遠いところから目に入ってくる光線が像を結ぶ位置によって、4つに分けられます。

①**正視**　網膜に像を結ぶ。
②**近視**　網膜より前（水晶体側）に像を結ぶ。
③**遠視**　網膜より後ろ（視神経側）に像を結ぶ。
④**乱視**　どこにも像を結ばない。

以上のうち、正視を除く②～④を屈折異常（1068頁図）と呼びます。

屈折異常の原因はさまざまですが、角膜や水晶体がもつ凸レンズとしての「強さ」あるいは「歪み」と、眼球の前後方向への「長さ」（眼軸）の関係で、屈折異常が決まります。

成人の眼軸長（左図）は24㎜前後ですが、近視の人の眼軸長は長く、遠視の人は短い傾向があります（**軸性近視**、**軸性遠視**と呼びます）。

また、角膜や水晶体がもつ

整えることを目的としているだけで、その奥にある目の機能を屈折矯正や弱視治療で、正しく発達させることが先決と覚えておきましょう。

先天性鼻涙管閉塞
Congenital Occulusion of the Nasolacrimal Duct

どんな病気か

涙は上眼瞼（上まぶた）の奥（外上方）にある涙腺から分泌され、目の表面を潤したあと、涙点という排水口（まぶたの内側の縁に上下各1個ずつある）から、涙のたまる袋（涙嚢）を通って、鼻の奥に排出されていきます。涙点から先は、いわば涙の下水管で、涙嚢から鼻の奥までは、鼻涙管という管が骨を貫いて通っています。

この管は、生まれる前に通じているのがふつうですが、まだ貫通していない状態で生まれることがあり、これが先天性鼻涙管閉塞です。

症　状

涙の排出路が閉塞しているために流涙がおこります。

流涙とは、なんでもないときに、涙が片方の目だけから出ている状態のことです。これに細菌感染が加わると、新生児涙嚢炎（次項）になります。

治　療

鼻涙管の閉塞は、薄い膜1枚だけによることが多く、これをブジーという細い針金のようなものを通すことで開通させることが、治療の基本となります。

ただし、この閉塞はやがて自然に開通することが多いので、生後半年くらいまでは、自然治癒を期待することができます。

そのため、生後6か月くらいまでは細菌感染の予防のために、抗菌薬の入った点眼薬を用いてようすをみます。点眼したあとは、涙嚢の部分をマッサージしてあげるとよいでしょう。

新生児涙嚢炎
Neonatal Dacryocystitis

どんな病気か

先天性鼻涙管閉塞（前項）があると、涙の排出がうまくいかないため、涙嚢という袋に涙がたまるようになります。この状態では細菌が繁殖しやすくなり、涙嚢に炎症をおこすことがあります。これを新生児涙嚢炎と呼びます。

症　状

涙嚢（目の内側と鼻の間で、下まぶたに近い部分にある）の部分が腫れて、触ると痛がり、めやに（眼脂）が多く出ます。涙嚢部を圧迫すると、涙点（まぶたの内側の縁に上下各1個ずつある涙の排水口）から膿が出てくることもあります。

治　療

抗生物質の点眼や内服を行います。さらに、点眼した薬をよくいきわたらせるためと、たまった膿を排出する目的で、涙嚢のマッサージを行います。

炎症がある程度治まっても、点眼はつづけて行い、再発を予防するとよいでしょう。

根本的に治療するためには、鼻涙管閉塞が解消されなければなりません。自然に開通しない場合には、ブジーという細い針金のようなものを涙点から挿入し、涙嚢から鼻涙管に通して、膜様の閉塞部分を突き破るようにします。

凸レンズパワーが強い人は近視に、弱い人は遠視になります（屈折性近視、屈折性遠視と呼びます）。軸性あるいは屈折性のいっぽうだけでなく、両者の要素によって屈折異常が決まります。

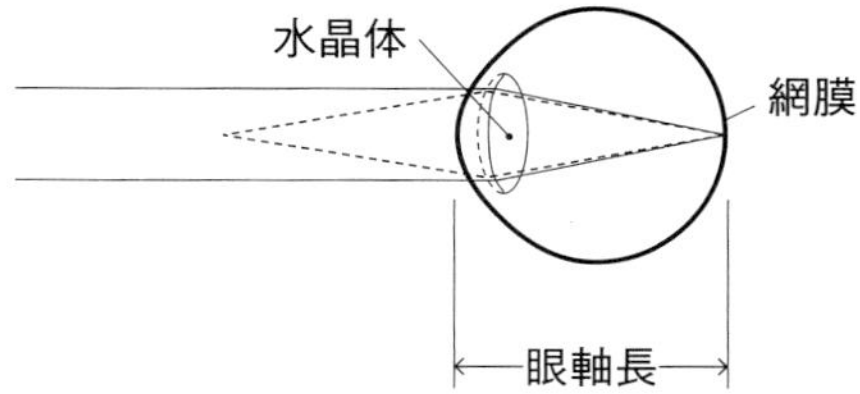

子どもの近視
Myopia

どんな異常か

遠くから目に入ってきた光線が網膜より前（水晶体側）に像を結び、遠くが見えにくい状態を、近視と呼びます（1069頁上段図）。

新生児、乳児は一般的には遠視（次項）ですが、年齢、成長とともに正視に近づき、学童期には近視になる場合が少なくありません。子どもは、調節力（毛様体をはたらかせて水晶体の屈折力を強くする）が強く、目が安静の状態であっても、生理的に調節力を強くはたらかせている場合が少なくありません。毛様体の緊張が異常に高まった状態では、近視と同様に、網膜より前に像を結んでしまう状態となります。これを**偽近視**（**仮性近視**）あるいは**調節緊張**と呼び、近視とは区別されます。

原因

原因は明らかでありませんが、遺伝的要因による**先天近視**と、読書などの環境因子による**後天近視**とに区別されます。

学童期に始まり、進行する近視を**学童近視**といいます。この発生には、調節緊張、偽近視の関与、近視への移行が考えられています。しかし、先天的な要因が大きいと考えられます。

検査

子どもでは毛様体の緊張が高まりやすいため、通常の状態での視力検査、眼鏡検査では過度の矯正（過矯正）となる場合があります。そのため、眼鏡の必要があるか否か、また、正しい近視の程度（度）を知るには、調節まひ薬（散瞳薬）の点眼を用いて、緊張を除いた状態で屈折検査を行うことが必要です。

治療

眼鏡、あるいはコンタクトレンズによる矯正が基本です。高度の近視は幼少時でも眼鏡の装用が必要となります。近視では、遠くの物にはピントが合いませんが、近くのものには、近視の程度に応じた距離でピントが合います。したがって遠視とは異なり、弱視（623頁）を生じることはまれです。

子どもの生活環境、学校生活に応じて眼鏡をつくることになります。軽度の近視で、学校で黒板に近い席に座ることが可能であれば、必ずしも眼鏡をつくる必要はありません。

コンタクトレンズは装用、洗浄、保管などについて自己管理できる子どもであれば装用可能です。強度の近視では、眼鏡矯正よりもコンタクトレンズによる矯正のほうが、十分な視力矯正を得られる場合があります。また、スポーツを行う際には、コンタクトレンズによる矯正が有利である場合もあります。しかし、コンタクトレンズの装用によって角膜の障害を生じることもありますので、眼鏡による矯正が可能である場合は、子どものコンタクトレンズは避けたいところです。

▼近視に対する理解　毛様体の過度の緊張から生じる偽近視（仮性近視）は、調節まひ薬（散瞳薬）の点眼で治療することができます。しかし、子どもの近視では、本当の近視と偽近視の両方が混在している場合が少なくありません。また、からだの成長とともに、目が近視化する傾向は避けることができませんので、最初、偽近視と診断されても、その後、年齢とともに近視へ移

行することがほとんどです。

読書時の照明、ゲーム時の姿勢などは、毛様体の過度の緊張のきっかけとなる可能性がありますが、このような要因のみで近視になるわけではありません。

適切な度、あるいはやや低矯正の眼鏡を用いている場合は、眼鏡が近視を一層悪化させることにはなりません。しかし、過矯正（強すぎる度の眼鏡）は毛様体の緊張をさらに高め、近視の悪化を招くおそれがあります。

子どもの遠視
Hyperopia

どんな異常か

遠視とは、目の調節を休ませた状態で、遠くから目に入ってきた光が網膜よりも後ろで像を結んでしまい、遠いところも近いところもぼやけてよく見えない状態をいいます（1071頁上段図）。

凸レンズの眼鏡を用いることによって、網膜上に像を結ぶことができます。

新生児、乳児は一般的に遠視ですが、年齢とともに正視に近づきます。子どもは調節力が強いため、軽度の遠視では眼鏡を用いなくても、ピントを合わせることができます。しかし、強度の遠視では調節力によってもピントを合わせることができないため、視力の発達が損なわれ弱視（次頁）になる場合があります。また、調節性内斜視（626頁）を生じる場合もあり、このような強度の遠視では、眼鏡やコンタクトレンズによる矯正が必要となります。

原因

学童期あるいは成人の遠視の原因は不明であり、遺伝的な要因も考えられます。

検査

子どもは調節力が強いため、通常の視力検査では、正視と判定されたり、実際よりも軽度の遠視と判定される場合がありますので、調節まひ薬（散瞳薬）の点眼を用いて、遠視の程度を検査することが必要です。

治療

強度の遠視では、眼鏡、あるいはコンタクトレンズによる矯正が必要です。年齢とともに遠視の程度は少なくなる可能性が多く、矯正が不要になることもあります。

また、読書や勉強をする際に目の疲れを訴えるときは、中程度の遠視の場合があり、眼鏡を用いることで、改善できることがあります。

子どもの乱視
Astigmatism

どんな異常か

乱視は、遠くから目に入ってきた光がどこにも像を結ぶことができず、物が見えにくい状態をいいます。円柱レンズによって矯正することができます。

子どもの乱視は、弱視（次項）の原因となる場合があり（屈折弱視）、1・5～2・0ディオプター（屈折度の単位）程度の乱視でも、弱視を生じる場合があります。

治療

視力が0・5以下であったり、1・5ディオプター以上の乱視がある場合には眼鏡矯正が必要です。また、近視や遠視に乱視をともなっている場合には、1・5ディオプター以下であっても、乱視を含めた眼鏡矯正が望ましいと考えられます。

弱視 Amblyopia

どんな病気か

弱視は、視力が発達する途中の乳幼児の時期に、物をはっきりと見ることができない状態にあったため、視力の発達が止まってしまった病気、と考えられています。

原因

原因として、斜視（626頁）や屈折異常〔とくに強度の遠視（前頁）や乱視（前項）〕、あるいは視力発達の旺盛な時期に、なんらかの原因によって、外界からの視覚刺激が阻まれた場合などがあります。

生まれつき斜視があると、斜視のほうの目が使われないため、その目の視力が発達してきません。このように斜視が原因となっておこる弱視を、**斜視弱視**といいます。

また、片方の目だけに強度の遠視や乱視があると、見えにくいので使われないため、その目の視力が発達しません。このように、左右の目の屈折度のちがいが原因となっておこる弱視を、**不同視弱視**といいます。

さらに、両目に強度の遠視や乱視があると、つねにぼやけた状態におかれるために、十分に視力が発達しません。これを**屈折弱視**といいます。

視力の発達時期に十分に視覚刺激が目に入らなかったために引き起こされた弱視を、**形態覚遮断弱視**といいます。これはたとえば、出生直後から2歳ごろまでの視力の発達の盛んな時期に、まぶたが完全に下がっていたり、けがをして片方の目だけに眼帯をしたりして、光の進入がじゃまされたときに引き起こされる弱視のことです。

検査と診断

弱視は、早く発見し、早期の治療をすれば治せるものもあります。しかし、早期の発見はなかなか困難です。

乳幼児期に視力検査はできないので、できるだけ物を見るそぶりを観察して、いかにも見えにくそうな態度（たとえば、テレビを見るときにくっついて見る、横目で見る、目を細めて見る、黒目がゆれている、斜視があるなど）に気づいた場合には、すぐに眼科医の精密検査を受ける必要があります。

視力が弱く、弱視が疑われる場合には、本当に弱視かどうかを調べ、弱視とわかったら、どういう種類の弱視か、そして治療をすれば回復する可能性があるのかどうかを検査します。

治療

原因となっているものを治すことがたいせつで、治療法は原因によって異なります。人間の視力は6～9歳ごろには、ほぼ完成してしまうので、1日も早く発見し、治療を開始することが重要です。

斜視弱視の場合は、乳幼児であれば健康な目に眼帯をかけ遮閉し、弱視の目で物を見させる遮閉法を行います。不同視弱視の場合は、眼鏡を使用することで左右の目の度を同じにし、それでも視力が向上してこなければ遮閉法を併用します。屈折弱視の場合は、眼鏡を用いて屈折を正します。

色覚異常（色盲／色弱） Color Blindness

どんな病気か

色覚異常とは、色に対する感覚が正常とは異なることをいいます。その程度によって、色の識別がまったくできない**色盲**から、まぎらわしい色の識別だけができない**色弱**まであります。

色覚異常は先天性と後天性に大きく分けられます。

▼先天色覚異常　健康な人は、赤（長波長光）、緑（中波長光）、青（短波長光）を感知する3種類の錐体細胞によって色を認識していますが、先天色覚異常はこれらに問題があります。

どの細胞の異常かにより、**異常三色型色覚**（3種類のうち1種類が正常でない場合）、**二色型色覚**（色覚が2種類だけの場合）、**一色型色覚**（色覚が1種類だけの場合）に分けられ、さらに、色覚検査での色のまちがいの性質によって、**先天赤緑異常**、**先天青黄異常**、**先天全色盲**などに分類されます。

これらのうちでいちばん多く、問題になるのは赤と緑を区別しにくい先天赤緑異常です。こうした異常には、本人や周囲は気づかないままのことが多いものです。学校での色覚検査が廃止されて以来、進学や就職時に見つかることがあります。

▼後天色覚異常　生まれたときは正常の色覚であった人が、なんらかの病気にかかり、その症状として色覚に異常をきたしたものをいいます。

原因

先天性の色覚異常は、伴性劣性遺伝（574頁）をすることがわかっています。発生頻度は男性に多く、全人口の約5％であるのに対して、女性は約0・2％にしかみられません。

後天性の色覚異常の原因には、眼底、視神経、脳などの視覚に関係する部位の障害によるものや、心因性のものなどがあります。この場合、色覚の異常だけでなく、視力の低下や、違和感のある物の見えかたなどの症状を同時に自覚することがあります。

治療

先天色覚異常には、治療法はありませんが、生涯のある時期に正確な検査をして、色覚異常の病型と程度を診断してもらい、的確な指導を受けることがたいせつです。

たいていの人は、代償能力と訓練によって問題なく日常生活を送り、ほとんどの職業につくことができますが、色覚の異常の程度によっては色彩を直接扱う職業などでは制限が加わることもあります。ただ、最近ではこのことを理由に就職などを不必要に制限するような風潮はなくなってきています。

色覚異常といっても、色に対する感覚が、色覚の正常な人とやや異なっているだけで、特別な配慮はいらないことが多いのですが、程度もさまざまなので、医師に相談して早めに状態を把握し、その後の対処を決めていくことが必要です。

後天色覚異常では、原因になっているものを治すことがたいせつで、治療法は原因によって異なります。

目の病気が原因である場合には、視力、視野、眼底などの眼科的検査が必要です。また、心因性のものでも眼科的検査を行い、構造的な変化がないことを調べなくてはいけません。物の色が以前とはちがって見える、なんとなく見えにくいなどの症状を自覚した場合には、眼科を受診して、くわしい検査をしてもらいましょう。

心因性視力障害
Psychogenic Disturbance of Vision

どんな病気か　はっきりした原因がないのに視力が弱い状態で、近視（621頁）や遠視（622頁）などとは関係なく、眼鏡では良好な視力が得られません。心理的要因によるもので、小学校高学年の子どもに多くみられ、女の子が男の子の2～4倍となっています。

症状　自分では視力障害に気づかず、約50％は学校検診で発見されます。見えにくいと訴えるのは約30％で、そのほかは、軽い目のけがのあとの視力低下、目の痛み、頭痛、チック（612頁）などがよくみられます。

0・4～0・6程度の中等度の視力低下が多いのですが、0・1以下の重度の視力低下も最近増えています。

日常生活には支障がないことが多く、ピアノ練習時、試験時、算数の授業時のみ見えないと訴える例もあります。

検査と診断　視力検査で数値が低い場合は、必ず調節まひ薬（散瞳薬）の点眼によって屈折検査を行い、その値を参考にして矯正視力検査を行います。それでもあがらないときは眼底検査を含めた精密検査を行い、目には異常のないことを確かめます。目に異常がなくても、視神経や物を見る中枢の病気で見えないこともあるため、瞳孔反応、視野検査、ＥＲＧ（網膜電図）、ＶＥＰ（視覚誘発電位）などの電気生理学的検査、頭部Ｘ線、ＣＴやＭＲＩ検査が必要なこともあります。

また、視野検査で測定しているうちに視野の見える範囲がどんどん狭くなっていく**螺旋状視野**や、見える範囲が極度に狭くなる**求心性視野狭窄**がみられることがあり、色覚の異常（前項）がみられることもあります。

子どもの心因性視力障害の場合は、必ず保護者といっしょに面接をします。医師の質問に対して親と子がどのように答えるかも診断の参考にします。

心因としては、学校や家庭環境におけるさまざまなストレスが原因となることが多いようです。親子関係、両親の不仲、離婚、受験勉強、稽古事の負担、いじめなどさまざまです。

心因性視力障害の特別なタイプに、**眼鏡願望**があります。裸眼では視力がでませんが、凸レンズと凹レンズを組合わせ、度のない眼鏡で視力を測ると視力がでて、診断がつきます。

治療　治療でたいせつなことは、子ども・親と医師との信頼関係です。心因がわかったら、原因となっている環境を改善するようにします。本人には、視力は必ずよくなることを説明し、ストレスを和らげます。

暗示療法は効果があり、子どもには、つぎに来院するときまでに必ず視力が回復することを話すと、よくなることも多くみられます。母親がだっこして目薬をさす**だっこ点眼療法**も効果があります。眼鏡願望の子どもには眼鏡をかけさせると視力が改善します。こうした治療は概して小学生はよく反応しますが、年齢が高くなると効かなくなります。原因がわからず、視力が長い間改善しないときは、精神科または心身症専門医を受診してください。予後はよく、失明することはありませんが、長引くこともあります。

▼**症状**▲片方の視線がずれており、その方向によって、内斜視、外斜視、上下斜視などに分けられる。
▼**治療**▲眼鏡、手術、視能矯正などを行う。

斜視
Strabismus
両眼視の異常や弱視を引き起こす

◇片方の視線がずれている

どんな病気か

ある目標を見るとき、両目の視線はその目標に向かうのがふつうですが、片方の目の視線だけは正しく目標に向かい、もういっぽうの目の視線がずれている状態です。斜視とは、まず目の視線の向き（**眼位**）の異常であるわけです。

斜視はほかにも異常をきたします。人間には目が2つありますが、ふだんは目が2つあるとは意識しておらず、まるで1つのもののようにはたらいています。これは、両目で受け入れた感覚を脳でまとめて、1つの新しい感覚としているからで、このはたらきを**両眼視**といいます。たとえば、物が立体的に見えるのはこの両眼視のおかげです。斜視があると、両眼視ができないので、斜視は両眼視の異常も引き起こすのです。

また、斜視があると、眼位ずれのある目を使わなくなり、その結果、斜視のある目の視力の発達が悪くなることがあります（**斜視弱視**）。

このように、斜視は眼位の異常、両眼視の異常、それに弱視（623頁）という視力の発達異常にも関与している病気です。

斜視はその方向によって、片方の目が内に寄る**内斜視**、外に外れる**外斜視**、上下のいずれかにずれる**上下斜視**などに分けられます。

また、つねに斜視の状態にあるものを**恒常性斜視**、ときどき斜視になるものを**間欠性斜視**といいます。

原因

生後6か月未満に明らかになってくる内斜視に**乳児内斜視**があります。原因不明で、弱視になることもありますので、赤ちゃんの目が内側に寄っている場合、なるべく早く専門医の診察を受けてください。

遠視（622頁）が原因でおこる斜視もあります。私たちが近くを見るとき、調節（近くへのピント合わせ）と輻輳（目の内側への寄せ）がおこりますが、遠視がある程度以上に強くなると、物を見るとき、ふつうの人より余分に調節をする必要があるため、目が内側に寄って内斜視になるのです。このような内斜視を、**調節性内斜視**といいます。

調節性内斜視のうち、遠視でないのにおこるものがごくまれにあり、これを**非屈折性調節性内斜視**といいます。

外斜視のうちもっとも多いものは**間欠性外斜視**です。この斜視は、目が疲れたり眠くなったときに、片方の目が外に外れる、視線が合わなくなるというものです。明るいところで片方の目をつむったりする子どもでは、この斜視のことがあります。

目を動かす筋肉や神経の異常、目のほかの部位の病気、あるいは神経の病気などで、眼球の運動がうまくいかなくなっても斜視になることがあります。

検査と診断

斜視と思い込んでいても、ときとして斜視でない場合や、斜視でもたんなる斜視でなく、白内障（630頁）など、ほかの目の病気が原因ということもあります。そこで、まず斜視であるかどうか、ほかの病気がないかどうかを検査します。

斜視でないのに斜視のようにみえるものを**偽斜視**といいます。よくみられるのは乳児の**偽内斜視**です。乳児は鼻根部（眉間の鼻の付け根の部分）の発育が悪いため、その部分が広くなり、両目が離れていて内側に結膜（白目）がみえず、一見、内斜視のようにみえるのです。偽内斜視は、成長とともに鼻も発育して高くなり、両目の間も狭くなって、斜視にはみえにくくなりますが、ほんとうの斜視になることもあり、やはり専門医の診察が必要です。

斜視の場合には、眼底検査をして異常がないか、眼球の動きが悪くないか、弱視がないかなどを調べます。つぎに、内斜視や弱視がある場合には、遠視があるかどうかを調べます。この場合、目の調節を一時的に休める目薬（散瞳薬）を点眼したうえで調べます。

◇眼鏡や手術で対応

治療

斜視の治療は、眼位を治すこと、正しい両眼視ができるようにすること、弱視があれば視力を向上させることの3つが必要になってきます。そのためにつぎのような治療が行われます。

▼屈折矯正　遠視が原因でおこる調節性内斜視では、目に合った度の眼鏡をかけます。

非屈折性調節性内斜視は、遠くを見るときにはその目に合った度、近くを見るときにはそれに凸レンズの度を加える二重焦点レンズ眼鏡、あるいは累進焦点眼鏡をかけることになりますが、このような斜視はまれです。

▼視能矯正　眼鏡をかけたり、手術を行うことで眼位を治すことはできますが、両眼視は回復しないことがあります。このような場合に、両眼視をうまくできるようにしたり、視力を回復させる目的で、視能矯正という治療を行うことがあります。

視能矯正は、国家試験に合格した視能訓練士が医師の指示に従って行いますが、すべての人が治るわけではありません。適応のある人に対して正しい方法で行うようにし、それでもあまり効果がない場合には、長期間つづけることは意味がないので行いません。

▼手術　調節性内斜視以外の斜視では、手術を必要とする可能性があります。調節性内斜視でも、半数は眼鏡だけでは治らない**部分調節性内斜視**があり、この場合は、眼鏡と手術の両方が必要となります。

手術は、目の筋肉の位置をずらすだけなので、技術的にはそれほどむずかしくはありませんが、どちらの目のどの筋肉に、どの種類の手術をどの程度行うかは、斜視の種類によって異なり、手術前に斜視の程度や両眼視の状態を十分検査しておく必要があります。

乳幼児の斜視の手術は、全身麻酔で行うので、なおさら正確な検査が必要になります。年長児や成人では必ずしも入院は必要ではなく、通常は局所麻酔で手術をします。

▼眼球の動きが悪い場合　眼球の動きが悪い斜視では、原因をよく検査して、その原因に対する治療を行うのが原則です。それでも治らない場合には、手術を行います。

◎白色瞳孔

新生児や乳幼児にみられる瞳孔領が白色に輝いて見える状態ですが（Leukocoria）、先天白内障（630頁）は含みません。以下のさまざまな病気が原因で引き起こされ、原因によって治療が異なります。

▼網膜芽細胞腫（480頁上段）　悪性腫瘍で、片眼性（片方の目だけ）または両眼性で、早期に治療しないと命にかかわります。

▼第一次硝子体過形成遺残　片眼性で小眼球が多く、水晶体の後面に線維性の血管組織がみられる先天異常です。

▼未熟児網膜症（次頁）　網膜剥離（1097頁）を合併すれば、水晶体後方に白色の組織塊（水晶体後線維増殖）が見られます。通常は両眼性です。

▼コーツ病（次頁）　多くは男の子の片眼性におこる網膜の血管異常です。滲出性網膜剥離がおこってくれば白色瞳孔を呈します。

　蛍光色素を注射して網膜血

新生児結膜炎
Neonatal Conjunctivitis

どんな病気か　赤ちゃんが生まれてくるときに、母親の腟や外陰部にいる細菌やウイルスに感染しておこる結膜の炎症です。

　生まれたばかりの赤ちゃんは全身の抵抗力だけでなく、目の抵抗力も弱いことが関係しています。

原因　一般細菌、淋菌、クラミジアなどが原因で、以前は淋菌によるものが多かったのですが、最近ではクラミジアによるものが増加しています。

症状　**淋菌性結膜炎**は**新生児膿漏眼**と呼ばれ、生後1～3日に発症し、まぶた（眼瞼）の腫れと結膜の充血、多量のめやに（眼脂）を特徴とします。また角膜に潰瘍をつくり、視力障害の原因となることもあります。

　この病気は、母親に淋病（2129頁）がある場合に発症するものですが、淋病の減少と、出生時に抗菌薬の点眼を行うようになって以来、ほとんどみかけることはなくなりました。

　クラミジアも性感染症の一種ですが、自覚症状に乏しいことがあり、知らないうちに保菌者となっていることがあります。この場合は、新生児に、めやにや偽膜（炎症によって生じる、目の表面に形成された膜のようなもの）をつくる結膜炎を生じます。上咽頭感染や肺炎を合併することもあり、全身症状にも気をつける必要があります。

治療　抗生物質の点眼薬や軟膏を用いて治療します。

　一般細菌や淋菌が原因であるものには抗生物質が効きやすいのですが、クラミジアの場合には、通常の抗生物質は効果が少ないことが多く、テトラサイクリン系やフルオロキノロン系の抗菌薬を用いる必要があります。

目の白子
Albinism

　色素がつくられる過程で、先天的（生まれつき）に皮膚のメラニン細胞にメラニン色素が欠けているか不足し、皮膚が真っ白に見えるのが**白子**です。

　全身の皮膚と目の両方で色素が欠損しているものを**全身白子**といいます。先天異常が原因で、皮膚は桃色、毛髪は白ないし薄茶色となります。

　程度の軽いものは皮膚に異常がなく、目のみに白子症が生じます。これが目の白子です。

　虹彩（1061頁図2）が桃色で、眼底は明るく赤く見えます。頭髪、まゆげ、まつげは白色です。光をひどくまぶしがり（羞明）、弱視（623頁）、眼振（黒目の震え）をともないます。

　残念ながら治療法はありません。羞明を防ぐためには、色つきのコンタクトレンズや遮光眼鏡が使用されます。

先天無虹彩(症)
Congenital Aniridia

　生まれつき虹彩の発育が不良のもので、前方から見ると瞳孔（ひとみ）が真っ黒に見え、虹彩が見えません。

　症状としては羞明（まぶしがる）、弱視（623頁）、眼振（黒目の震え）が管をみる蛍光眼底造影で診断します。特徴的な所見として、毛細血管の拡張像や毛細血管瘤などの血管異常がみられます。

▼**家族性滲出性硝子体網膜症**　遺伝性の先天異常で、網膜の周辺部に血管が伸展していない無血管領域があり、血液の成分が漏出し、滲出性変化をおこします。周辺部の網膜に先天網膜鎌状剥離（網膜に鎌状のひだができる）をともなうこともあります。視神経乳頭から伸びた線維性増殖組織が周辺部網膜（多くは外下方）を引っ張り、網膜血管はそれに引き寄せられたように走っています。弱視（623頁）、眼振（黒目の震え）などがみられます。網膜剥離が進行した場合は手術が必要です。

▼**脈絡膜欠損**　多くは両眼性で、網膜と脈絡膜の欠損がみられる先天異常です。視力に影響する場合と、しない場合とがあります。

▼**トキソカラ症**　犬や猫に寄生する回虫の幼虫が乳幼児に

あり、多くが黄斑（網膜の中心部）低形成、白内障（次頁）や緑内障（次頁）をともない、視力は不良です。

治療法はありません。羞明は色つきコンタクトレンズを装用して防ぎます。

ぶどう膜欠損（症）
Uveal Coloboma

妊娠初期の発生異常によって生じるもので、胎児のときに眼球の下側で開いていた胎生裂（眼杯裂）が完全に閉じず、ぶどう膜（1089頁）の形成不全によっておこります。

ぶどう膜欠損が眼球前方の虹彩だけに生じると、瞳孔（ひとみ）が下方に開くために西洋ナシのような形になり、**虹彩欠損（症）**となります。

ぶどう膜欠損が眼球後方の脈絡膜だけに生じると、下方の脈絡膜が形成されず、**脈絡膜欠損（症）**となります。

小眼球、弱視（623頁）、眼振をともなったり、白内障（次頁）、網膜剥離（1097頁）を合併することが多くみられます。

残念ながら治療法はありません。

未熟児網膜症
Retinopathy of Prematurity

どんな病気か　早産で生まれた乳児の未熟な網膜血管におこる疾患です。網膜の血管が視神経乳頭から伸びる前に生まれるため、周辺部は網膜の血管がない状態になっています。

出生後も順調に網膜血管が周辺部まで伸びることもありますが、出生にともなう環境の変化で網膜血管が成長をやめて、病的な新生血管が生じて網膜剥離（1097頁）をおこします。

最重症例では失明し、角膜が濁って眼球が萎縮してしまいます。

超低出生体重児（580頁）では、急激に進行する劇症型もおこり得ます。

治療　早産児には、定期的な眼底検査を行います。血管の成長が悪ければ自然治癒する可能性は低く、増殖組織が収縮して網膜剥離になる前に、レーザー治療を行う必要があります。レーザー治療を行っても網膜剥離になってしまったら、増殖組織を除去する硝子体手術を行います。

黄斑部（網膜の中心部）を含む網膜剥離となった場合には、光がわかる（光覚弁）、もしくは物が動いているのがわかる（手動弁）程度の視力に回復するのがやっとです。

コーツ病
Coats Disease

どんな病気か　網膜の毛細血管が拡張して、血液成分が漏出します。その滲出液が網膜下にたまると滲出性網膜剥離（次頁上段）になります。男女比は3対1で、80％以上が片眼性です。

遺伝性要因や全身合併症はみられません。ほとんどは16歳以下に発症しますが、しばしば成人にもみられます。

症状　多くは片方の目の視力低下や視野欠損ですが、まれに両目にも発症します。

治療　まずレーザー治療による光凝固、または冷凍凝固を行って、透過性の高まった異常血管を凝固します。滲出性網膜剥離が軽快しない場合には、硝子体手術を行います。

感染し、硝子体混濁（1102頁）や網膜に隆起した網脈絡膜肉芽腫（網膜や脈絡膜の炎症でできた結節）を形成します。

▼網膜異形成　両眼性で小眼球、浅前房（角膜裏面と水晶体表面が接近している状態）、視力障害、目以外の先天異常をともないます。

▼滲出性網膜剥離　網膜裂孔をともなわない網膜剥離（感覚網膜と網膜色素上皮層との間に別離がおきる）です。代表的な疾患は原田病（1090頁）や中心性漿液性網脈絡膜症（1091頁）、コーツ病（前頁）などの網膜血管腫、妊娠高血圧症による網膜症、脈絡膜腫瘍に続発した網膜剥離があります。

先天白内障
Congenital Cataract

どんな病気か　生まれつき水晶体が濁っているもので、別の目の異常や全身の異常もときにみられます。

遺伝的な素因のものと胎内感染によるものとがあります。妊娠初期に母親が風疹（803頁）に感染しておこる先天性風疹症候群（804頁上段）が代表的です。

症状　子どもが周囲を見ないことや、白く濁った瞳孔で親が気づきます。多くは両眼性ですが、片眼性のこともあります。

混濁の程度はさまざまで、出生後に発生して進行することもあります。

検査と診断　白色瞳孔（628頁上段）をおこす別の疾患との識別、風疹など母親についての既往歴の問診、目の先天異常である小眼球、眼振（黒目の震え）、斜視（626頁）の有無の検査が行われます。

治療　視機能の発育途上にある乳幼児では、弱視（623頁）、両眼視機能の面を考慮し、生後すぐにも手術を含めた治療を行う必要があります。混濁が強い場合は早期の手術が原則ですが、片眼性のものはあまりよくなりません。放置すれば弱視となり、その後の経過もよくありません。

先天緑内障
Congenital Glaucoma

どんな病気か　生まれつき房水（眼球をみたす細胞外液）の出口（隅角）のつくりが未発達のため、眼圧が高くなっておこるもので、乳幼児や若い人にみられます。角膜が濁り、明るいところでは目を開けようとせず、涙を流します。強い痛みはありません。

治療　できるかぎり早期に手術することですが、その後の経過はあまりよくありません。

デルモイド
Dermoid

どんな病気か　先天性の腫瘍のひとつで、目では目の奥（眼窩）や白目（結膜）、黒目（角膜）と白目の境の部分（輪部）にできることがあります。視機能や整容上の観点からもっとも問題になるのは、輪部にできるデルモイドです。

症状　輪部、多くは外側に白い半球状の隆起物があり、出生時か生後早期に気づかれます。デルモイドは良性腫瘍で、生後は大きくなることはありません。また瞳孔をおおうような大きなものはまれです。しかし、デルモイドがあると黒目にひきつれが生じ、乱視（622頁）を生じていることや弱視（623頁）の原因になることがあります。早めに眼科を受診して、弱視の心配がないか診てもらうことがたいせつです。

治療　治療は手術になり、小さいものでは単純切除、ある程度大きなものでは表層角膜移植が行われます。手術の時期は視力の発達がある程度落ち着く4～5歳以降がよいでしょう。弱視をともなう場合には、手術前に健眼遮閉や眼鏡装用などの弱視治療を先に行っておく必要があります。

第1章―第10章
生活習慣病
がん（悪性腫瘍）
子ども
女性
脳・脊髄・神経
こころ
目
耳・鼻・のど
歯・口腔
呼吸器

子どもの耳の病気

耳の形態異常

生まれつきの耳（耳のしくみとはたらき 1115頁図）の形態異常には、先天性耳瘻孔（次項）、小耳症・外耳道閉鎖症のほかに、副耳（耳珠の前に小さな出っ張りがある）、袋耳（耳の上半分が皮膚に埋没している）、折れ耳（耳介の上縁が折れ曲がっている）、コップ耳（耳介が小さくカップ状になっている）、立ち耳（対輪の低形成により耳介がのっぺりする）、耳垂裂（耳たぶが2つに割れている 左図）などがあります。

見た目が気になるときや、眼鏡をかけられないなど、機能的な問題があるときは、矯正や手術などの治療をします（1973頁）。子どもの手術では全身麻酔が必要なため、手術はふつう1歳以上になってから行います。

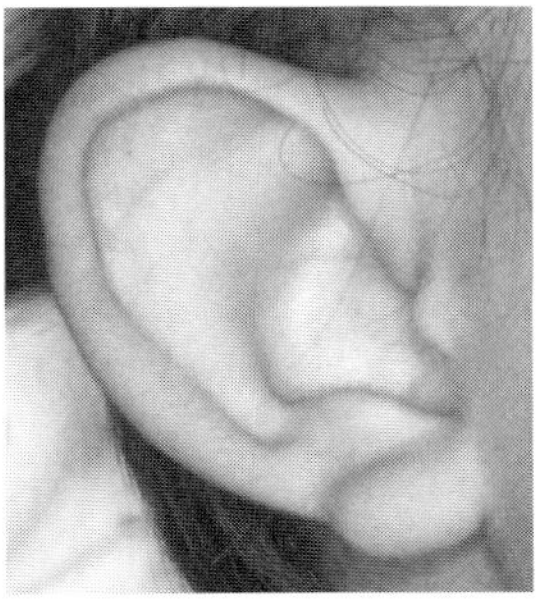
耳垂裂

先天性耳瘻孔
Congenital Preauricular Fistula

どんな病気か

生まれつき耳介の前側にできた小さな孔で、孔の内側には1～2cmの管があって、奥は閉じています（盲管）。ときどき孔から、かすや液体（垢や皮脂）が出てくることがあります。細菌が感染し炎症をおこすと、孔の周囲が赤く腫れ、孔から膿が出ます。炎症をくり返すと、周囲の皮膚が赤くなったり黒ずみます。

治療

細菌感染があるときには、抗菌薬を内服します。感染が広がり周囲に膿瘍（膿のかたまり）ができた場合には、切開して膿を出すこともあります。いったん感染をおこした場合には、感染をくり返す可能性が高いので、炎症が治まってから手術で盲管を切除します。

外耳道閉鎖症
Meatal Atresia

どんな病気か

外耳道の孔がなかったり、とぎれたりしているもので（左図）、子どもの場合はほとんどが先天性です。**小耳症**（耳が小さかったり、なかったりする 1974頁）をともなうことが多く、ほかに顔面や中耳の形態異常をともなうこともあります。先天性の場合はほとんどが骨性閉鎖（骨でふさがっている）であり、中等度以上の難聴がみられます。

治療

外耳道閉鎖症は片側だけのこと（片側性）が多いのですが、両側とも小耳症・外耳道閉鎖症がある場合は、生後4か月ころから骨

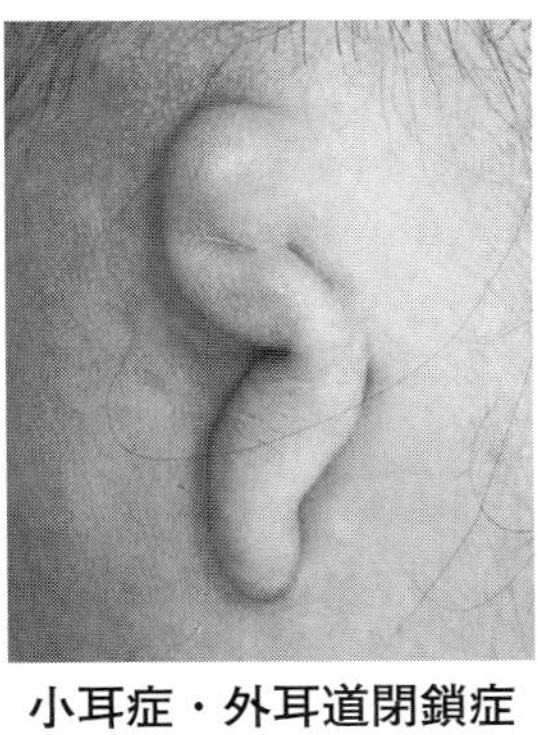
小耳症・外耳道閉鎖症

導補聴器を装着します。

片側性の場合、8歳以降に形成外科医による耳の形をつくる手術（耳介形成術 1974頁上段）を行います。外耳道をつくる手術（外耳道・鼓室形成術）は、長期的効果があまりよくないため、片側性の場合はふつうは行いません。

両側の閉鎖の場合は、CTの所見などを総合的に判定して手術を決定しますが、術後の再狭窄などの問題があるため、手術は8歳以降がよいでしょう。

外耳道真珠腫（1123頁上段）を合併することがまれにあり、その場合は年齢に関係なく手術を行います。

なお、炎症などで後天性に外耳道が閉鎖することもありますが、その場合は外耳道形成術を行います。

急性限局性外耳道炎
Acute Localized External Otitis

どんな病気か 急性外耳道炎が外耳道の外側（軟骨部）にかぎっておこったものです。耳の入り口にできたおでき（**耳癤**）で、耳かきや指で耳をいじったあとに細菌が感染しておこることが多いです。起炎菌は、おもにブドウ球菌です。耳垢をそのままにしてプールに入るとおこることがあります。

症状 強い耳痛があります。ふつうの外耳道炎より痛みは強く、触ったり耳介を引っ張ったりするとさらに痛みが強くなります。熱はありません。耳の入り口付近の皮膚が赤く腫れていて、外耳道がふさがるまで腫れると聞こえにくくなります。

治療 外耳道を清掃し、抗菌薬の軟膏を塗ります。抗菌薬を内服すれば、1週間以内には治ります。痛みが強ければ、鎮痛薬を内服します。耳をいじりすぎないことと、夏の水泳教室の前には耳垢を専門医にとってもらうことで防げます。

外耳道湿疹
Ear Canal Eczema

どんな病気か 外耳道から外耳孔（耳の孔の入り口）の皮膚にできる湿疹（じくじくした皮膚炎）です。この部分には、毛嚢、皮脂腺、耳垢腺があって、分泌物や耳垢が付着しやすく、さらに皮膚直下に軟骨があるため、浮腫（むくみ）がおこりやすくなっています。外耳道湿疹の原因には、外傷（耳いじり、耳かきによるひっかき傷）、細菌感染（中耳炎（次頁）などの耳だれから）、薬品によるアレルギーなどがあります。新生児ではどちらかの耳をいつも下にして寝ていることがあり、下側になった耳が蒸れて、外耳道湿疹になることがあります。

症状 耳のかゆみがあります。悪化して細菌感染がおこると痛むこともあります。赤ちゃんは耳のかゆみや痛みは訴えませんので、外耳孔周囲のかぶれや耳だれ、かさぶたがあれば外耳道湿疹を疑います（この場合、中耳炎との識別が必要です）。

治療 耳をいじることをやめさせ、原因となる薬剤があればそれを中止します。外耳道を清掃し、ステロイド軟膏の塗布あるいはステロイド剤の点耳を行います。感染があれば抗菌薬の点耳あるいは内服が有効です。

◎中耳炎と乳突蜂巣の発達

乳突蜂巣は中耳腔の一部で、乳突洞から上鼓室を経て鼓室に連なります。側頭骨内に乳突蜂巣が蜂巣状に発達することで、中耳腔の全体の体積および表面積を大きくして、側頭骨の軽量化と中耳圧の変化を最小限にするようにはたらいています。

乳突蜂巣は、側頭骨の成長が完了する10歳代まで発達します。この発達の間に中耳炎をくり返すと、乳突蜂巣の発達が止まってしまうことがあります。乳突蜂巣から鼓室までの経路で、未発達のために狭小化している部位、とくに上鼓室の周囲に、慢性的な炎症が生じると経路が遮断されて換気ができず、乳突蜂巣には滲出液がたまるようになります。このようにたまった滲出液は細菌感染の場となり、中耳炎の反復または慢性中耳炎の原因となります。

◎急性乳様突起炎

　急性中耳炎（下段）に続発して生じる乳様突起内の乳突蜂巣（前頁上段）の急性炎症で、おもに乳幼児に生じます。抗菌薬の普及や中耳炎早期からの適切な治療によって、今日では少なくなっている病気ですが、急性中耳炎がなかなか治らない場合や、耳漏（耳だれ）や高熱がつづく場合には、この病気を疑います。

　乳幼児の側頭骨は未発達で、かつ発達中の側頭骨の内外側と側頭骨内の乳突蜂巣との間には、発達のために必要な多くの細い血管があり、乳突蜂巣に栄養を補給しています。

　急性乳様突起炎で乳突蜂巣の細菌感染が持続、悪化すると、これらの血管を通って感染が側頭骨外に波及します。耳の後ろに感染がおよぶと、耳の後ろが腫れて発赤し、耳が立つ（耳介聳立）ようになります。

　また、感染が側頭骨から頭蓋内に波及すると髄膜炎（963

子どもの耳垢栓塞
Impacted Cerumen

どんな病気か

耳垢（耳あか）がかたまりになって、耳の孔をふさいだ状態を耳垢栓塞といいます。完全につまってしまうと耳鳴り（1143頁）や難聴（635頁）がおこります。

原因

　耳垢は軟骨部外耳道（成人では外耳道の外側3分の1、赤ちゃんではほとんど全体）にある皮脂腺、耳垢腺からの分泌物と、はがれた皮膚がいっしょにかたまったものです。耳垢にはカサカサしたもの（乾性）とベトベトしたもの（湿性、あめみみ）がありますが、これは遺伝的に決まっている耳垢腺の分泌物の性状によります。**乾性耳垢**は分泌物を出す遺伝子が欠損しているもので、**湿性耳垢**のほうが優性遺伝となります（両親のどちらかが湿性なら子どもの耳垢も湿性）。ヨーロッパ人と黒人はふつう湿性耳垢で、日本人では縄文人系は湿性耳垢、弥生人系は乾性耳垢が多いとされています（日本人全体では8割が乾性耳垢）。

　耳垢は、通常、外耳道皮膚上皮の内から外への移動につれてはがれますが、水泳や洗髪などで急に耳垢がふやけて外耳道をふさぐと耳垢栓塞になります。また、耳垢を綿棒や耳かきでとろうとして、かえって奥に押し込んでしまい、耳垢栓塞となることもあります。耳垢栓塞をほうっておくと、外耳道炎がおこって痛んだりします。

治療

　耳鼻咽喉科を受診して、耳垢を除去してもらう必要があります。吸引や耳垢用の鉗子で少しずつ取除きます。がっちり耳垢がかたまっている場合は、点耳薬（耳垢水として調剤したもの）を耳に入れて、耳垢をやわらかくしてから水で洗い流します。なお、耳垢があってもつまっていない状態であれば、自然に外に出てきますので、むりに家庭で耳掃除をする必要はありません。耳掃除をやりすぎると、外耳道炎や湿疹ができて、かえって耳垢が増えたり、また耳垢を奥に押し込んで耳垢栓塞となったりしますので、ほどほどにするべきです。

　家庭で子どもの耳掃除を行うのであれば、湿性耳垢の場合は、綿棒で耳の入り口だけをそっととるようにします。奥の耳垢はむりにとろうとすると押し込んでしまいやすいので、自然に外に出るのを待ちます。乾性耳垢は、綿棒ではとりにくいので、耳かきでとることがありますが、子どもが急に動くなどして、外耳道や鼓膜を傷つけることがあるので、十分に注意しながら行います。また、耳の孔の入り口から1cm以上奥はいじらないようにします。耳垢がとれにくい場合は、点耳薬をつけて自然にとれるのを待つこともあります。奥のほうの耳垢が気になる場合は、耳鼻咽喉科でとってもらうのがよいでしょう。夏のプールの前には、耳鼻咽喉科で耳垢をとってもらうと、外耳道炎や湿疹の予防になります。

子どもの急性中耳炎
Acute Otitis Media

どんな病気か

中耳に急性の炎症がおこっているもので、3歳までの子どもにたいへん多い病気です。乳幼頁）や脳膿瘍（962頁上段）が生じるようになり、乳幼児が中耳炎につづいてぐったりして意識レベルが下がるようになると、このような危険な状態に進んでいる可能性を疑う必要があります。

児の急な発熱では、考えておかなければならない疾患のひとつです。

原因　鼻やのどについた細菌やウイルスが、耳管を通って中耳に侵入することでおこります。3歳までの子どもに急性中耳炎が多い理由としては、免疫のはたらきが未熟なことと、子どもは耳管が短く、その角度も水平に近いことがあります。

原因となる菌には、肺炎球菌、インフルエンザ菌が多いのですが、いずれも抗菌薬の効きにくい耐性菌が増えていることが問題になっています。鼓膜が破れて孔があいていなければ、外耳道から細菌が入ってくる心配はありません。

症状　耳の痛みや、耳漏（耳だれ）、発熱があります。

耳だれが出ると痛みや熱は少しよくなります。

赤ちゃんでは耳が痛いと訴えることはできませんので、かぜのあとにまた急に熱がでたり、機嫌が悪く、しきりに耳を触ったりするときには急性中耳炎を疑います。

検査と診断　鼓膜を耳鏡で見て、赤くなったり、濁ったりしていないか確認します。耳だれがあるときには細菌検査を行い、どの種類の抗菌薬が効くかを調べます。乳様突起炎（前頁上段）などの合併症が疑われるときにはCT検査を行います。

治療　抗菌薬を内服します。自然に治ることもあるため、生後6か月以上で軽いものであれば、3〜4日痛み止めの頓服のみでようすをみます。耳だれがあるときには、点耳薬も有効です。

高い熱や強い痛みがあるときには、鼓膜を切開して、膿を出します。中耳炎を頻繁にくり返す場合は、鼓膜を切ったところにチューブを置くという治療を行うこともあります。

予防　中耳炎をくり返すときは、予防対策も重要です。

乳児では、ミルクを飲ませるときにしばらく起こした姿勢をとるようにします（寝かせるとミルクや胃酸が耳管を介して中耳に侵入しやすいため）。おしゃぶりは使わないようにします。

おもちゃは定期的に洗浄し、口に入れたおもちゃを子どもに共有させないよう注意します。

家族は手をこまめに洗い、かぜがはやっているときには人混みは避ける、帰宅後のうがいをするなど、一般的な感染予防もたいせつです。

子どもの滲出性中耳炎
Secretory Otitis Media

どんな病気か　中耳の鼓室に液体がたまり、聞こえが悪くなる病気です。6か月〜3歳の幼小児に多いのですが、あまり症状がなく、周囲も気づきにくいため、病院を受診するのは5歳ごろが多いようです。

原因　鼻やのどの感染または急性中耳炎（前項）に引き続いておこることが多いようです。口蓋裂（660頁）や頭蓋顔面の形態異常、アデノイド肥大（642頁）、免疫不全、ダウン症候群（577頁）などがあると、滲出性中耳炎は反復・遷延化（長引く）しやすくなります。

幼児難聴……635頁

▼症状▲音や話しかけに反応しない、ことばがでないなど。

▼治療▲原因疾患の治療や、感音難聴では補聴器の装用、人工内耳の利用、手話の活用などで、ことばの訓練を行う。

【症状】 耳の痛みや熱はありません。症状として難聴（次項）、耳閉塞感などがありますが、幼小児ではそのような症状をあまり訴えないため、テレビの音を大きくする、呼んでも振り向かない、話しかけたときに聞き返しが多いなどの難聴を思わせるようすがあれば、滲出性中耳炎を疑います。滲出性中耳炎が長期に見逃された場合、ことばの遅れで病院を受診するケースもあります。

【検査と診断】 診断は、鼓膜を見るだけでわかることもありますが、通常は**ティンパノメトリー**（鼓膜の動きを調べる検査）などを組合わせて診断を行います。

耳鏡で見ると鼓膜は内側に落ち込んでいて、また鼓室にたまっている液が鼓膜を通して見えることもあります。

ティンパノメトリーでは、外耳道の圧を変えても鼓膜の動きやすさは変わらず、平坦なグラフとなります。聴力検査では、軽度から中等度の伝音難聴（音の伝わりに障害がある難聴）を示します。外耳道がひじょうに狭く、診断が困難な場合や、真珠腫（1128頁）が疑われるときはCT検査を行います。

【治療】 黄色い鼻水があるなど、鼻やのどに感染があって、滲出性中耳炎がおこっている場合は、抗菌薬の使用が有効なことがあります。

鼓膜を切開して、滲出液を出すことも診断を確定することを兼ねて行われます。自然に治ることも多い病気ですが、2か月以上治らないか、再発をくり返す場合は、鼓膜を切ったところにチューブを置くという治療（鼓膜チューブ留置）を行います。口蓋裂などの病気があると、滲出性中耳炎がおこりやすいので、そのような場合は鼓膜チューブ留置を積極的に行います。アデノイド肥大がある場合は、その切除も滲出性中耳炎に対して有効で、とくにいびきや鼻づまりがあれば、アデノイド切除を行います。

▼注意点　急性中耳炎（前項）の予防として述べた感染対策は、滲出性中耳炎の場合にも重要です。鼻すすりや強く鼻をかむことをやめるようにします。

子どもの滲出性中耳炎は気づかれないことが多いので、テレビの音を大きくしていないかどうかなど、子どものようすをよく観察して、難聴のサインを見つけることがたいせつです。とくに鼻水がつづく場合は要注意です。鼓膜チューブ留置を行えば、ふつう聞こえは正常になりますが、術後は定期的なチェックが必要です。また、水泳のときは鼓膜チューブ留置を行った耳に耳栓をつけるようにします。

幼児難聴（ようじなんちょう）

Pediatric Hearing Loss

発音や言語の習得に影響する障害。

◇早い対応と専門的教育が必要

【どんな病気か】 難聴には、外耳や中耳などの音を伝える部分に障害がある**伝音難聴**と、音を感じる部分に障害がある**感音難聴**があります。

伝音難聴には滲出性中耳炎（前頁）や外耳道閉鎖症（631頁）などがあり、適切な治療により改善が見込めます。

◎難聴の早期発見法

乳幼児では、本人が「聞こえない」とは訴えませんので、周囲の人ができるだけ早く難聴に気づいて、治療や訓練を開始する必要があります。

新生児期に難聴を診断する方法として、突然の音にびくっとする、あるいは目を閉じるなどの強大音に対する反応をみることも行われますが、近年は新生児聴覚スクリーニングとして耳音響放射（ＯＡＥ）および新生児用自動ＡＢＲが広く行われ、難聴が早期にわかるようになってきました。

２０１４年現在、新生児聴覚スクリーニング検査は9割近くの新生児に行われています。しかし、スクリーニングで正常であっても、その後に発症・進行する難聴もありますので、家庭で「**聞こえとことばの発達チェックリスト**」（654頁表）によって聞こえに異常がないかどうか注意をつづけるべきです。1歳をすぎ

感音難聴では、聴力を回復させる有効な治療法はありません。

成長するにつれ発音や言語の習得に影響しますので、できるだけ早い対応と専門的な教育が必要です。

【原因】 幼児難聴には、先天性のものと後天性のものがあります。両側高度（両側の耳で重度）の先天性難聴は、約１０００人に1人の割合で生まれ、ほとんどが感音難聴です。

先天性難聴の原因には、１５００g以下の低出生体重（580頁）、胎児機能不全（889頁）、高ビリルビン血症（197頁）、母親が妊娠中に風疹（803頁）やサイトメガロウイルス（1283頁）などの感染症にかかったこと、内耳の形態異常などがあります。難聴の明らかな原因がないケースのうちの約3分の2が遺伝性と考えられています。**遺伝性難聴**の30%は、他の先天的な病気にともなうもの（**症候群性難聴**）ですが、70%にはほかの病気はありません。ほかの病気のない**非症候群性遺伝性難聴**は、約80%が劣性遺伝で、両親ともに難聴がなくてもおこりうるものです。新生児集中治療管理室（ＮＩＣＵ）に入っている子どもには、より難聴の頻度が高く、１００人に1人くらいに両側高度難聴がみられます。

【症状】 大きな音や話しかけに反応がない、ことばがでないなど、日常生活のようすから難聴が推測されることがあります。しかし、乳幼児で難聴の程度が軽度から中等度の場合は、大きな声には反応するので周囲にわかりにくく、ことばの遅れで初めて気づかれることも少なくありません。

両側高度難聴では、放置するとことばを身につけられませんし、難聴の程度が重くなくても、ことばの発達や理解力・表現力が遅れることがあります。

片方のみが先天的に高度難聴であることも１０００人に1人くらいありますが、この場合は日常生活でのコミュニケーションには問題はありません。

小学校入学時の健診で、両側の軽度から中等度の難聴や片側性の高度難聴が発見されることがかつてはありましたが、近年は新生児聴覚スクリーニングおよび**3歳児聴覚検査**が行われるようになってきたため、そのようなことは少なくなっています。

【検査と診断】 親が聞こえていると思っても中等度以上の両側難聴のことがあるので、全出生児に対し聴覚の検査を行う**新生児聴覚スクリーニング**（657頁上段）が推奨されています。

新生児期に難聴を発見して、生後6か月までに補聴器装用を開始し、訓練を行えば、3歳までに健康な人の90%近い言語力が得られるとした報告があり、日本でも60%程度の産科施設で新生児聴覚スクリーニングが行われています。

新生児聴覚スクリーニングの方法としては、**耳音響放射**（**ＯＡＥ**）と**新生児用自動ＡＢＲ**の2通りの検査法があります（次頁表）。

ＯＡＥとしては、簡便で短時間に測定が行える**ＤＰＯＡＥ**（歪成分耳音響放射）がおもに用いられます。

自動ＡＢＲは、**聴性脳幹反応**（**ＡＢＲ**）判定を自動化したもので、コスト面ではＯＡＥよりかかりますが、ＯＡＥより要再検率が低いという利点があります。ＮＩＣＵの子どもを含め、難

です。1歳をすぎても「マンマ」のような一語文がでない場合は、難聴を疑っておく必要があります。

3歳児健診では聴覚のアンケートを行い、また家庭で**指こすり検査**、**ささやき声による検査**を行って、聴覚をチェックするように案内しています。指こすり検査では、親指と人さし指を子どもの耳元から5cm離れたところでこすり合わせて、その音が聞こえるかどうかを調べます。ささやき声による検査では、犬や猫、靴などの6個の絵を描いたシートを見せ、ささやき声で絵の名前を言って指さすことができるかをみます。

聴の危険因子がある場合には、必ず聴覚スクリーニング検査を行います。

スクリーニング検査で難聴の疑いがある場合は、鼓膜や外耳の状態を調べ、また子どもの行動を観察して、だいたいの聞こえをみます。

さらにくわしい検査としてABRや**聴性定常反応**（ASSR）を行い、聴力の程度を測定します。ABRのほうが短時間で検査できますが、クリック音を用いたABRでは2～4kHz（キロヘルツ）の平均聴力しかわからないのに対し、ASSRでは周波数別に聴力を測定できるという利点があります。

聴力の程度をみるには、行動反応による聴力検査も有用で、年齢に応じて**聴性行動反応聴力検査**（BOA）、**条件詮索反応聴力検査**（COR）などを行います。BOAは赤ちゃんの後ろから音をだして、振り向くか、まばたきするかなどの反応をみます。CORは音と光刺激を組合わせて与え、まず音が聞こえただけで振り向くようにさせ、それから音をしだいに小さくして反応閾値を測定します。

各々の検査法には利点と限界がありますので、いろいろな検査の結果をあわせて、難聴の程度を判定します。

難聴の早期発見法

1	新生児聴覚スクリーニング（他覚的検査）
	耳音響放射検査（OAE）
	新生児用自動 ABR（Auto ABR）
2	行動観察によるスクリーニング
	聞こえとことばの発達のチェックリスト　0～1歳6か月
3	3歳児聴覚検査
	指こすり検査
	ささやき声による検査（絵シートを使用）
4	行動反応による聴力検査
	聴性行動反応聴力検査（BOA）　0歳～6か月
	条件詮索反応聴力検査（COR）　4か月～2歳
	ピープショウ検査　2～3歳
	遊戯聴力検査　2歳6か月～6歳
5	精密聴力検査（他覚的検査）
	聴性脳幹反応検査（ABR）
	聴性定常反応検査（ASSR）

◇6か月までに聴能訓練を

治療

滲出性中耳炎などの原因疾患がある場合には、その治療を優先して行います。しかしほとんどの先天性の両側高度難聴は、回復が望めない感音難聴のため、補聴器の装用、人工内耳（1140頁上段）の利用、手話（1195頁）の活用などが行われることになります。この場合、6か月までに補聴器を装用して、ことばのやりとりができる力（聴能）の訓練を開始することが望ましいものとされています。

年齢が1歳6か月以上の両側高度難聴で、補聴器のみでは言語能力の獲得が困難と考えられた場合は、人工内耳の手術が行われます。人工内耳は機器の進歩もあって、適応はだんだん拡大しています。また難聴児に言語教育を行う場合、補聴器や人工内耳による聴覚活用に加え、手話による視覚活用を行うことも言語獲得にたいへん役に立ちます。

子どもの鼻の病気

◎赤ちゃんの鼻づまり

赤ちゃんの鼻はおとなに比べてひじょうに狭く、ちょっと鼻の粘膜が腫れたり、鼻水

子どもの鼻出血
Epistaxis

どんな病気か

鼻に指を入れたときにちょうど触れることのできる軟骨の部位を**キーゼルバッハ部位**と呼び、この粘膜には毛細血管が豊富です。

アレルギー性鼻炎（1154頁）や急性鼻炎（次頁）では、鼻水が刺激になってかゆくなり、この部分を指や手の甲でこすってしまって出血してしまいます。いったん止血してもかさぶたができると、さらにかゆくなり、鼻づまりも感じるため、かさぶたをはがしてしまい、また出血をくり返してしまいます。

のぼせて、鼻から出血することもあります。

気をつけないといけないのは、全身の血液疾患（白血病（548頁）や血友病（699頁））でも鼻出血が最初にみられる場合があることです。鼻出血の多くはそれほど心配のないものですが、鼻出血をくり返したり、なかなか止血しないようであれば、耳鼻咽喉科で診察を受けましょう。

治療

出血しているときは、子どもをあお向けに寝かせると鼻血を飲み込んでしまうため、前屈みに座らせ、のどに降りてきた血液は口から出させるようにします。鼻血が出ている側の鼻の孔に脱脂綿やティッシュペーパーを丸めてつめて、鼻を両側からつまんで圧迫します。鼻の付け根付近を冷たいタオルで冷やすことも効果的です。20～30分しても止まらなければ、耳鼻咽喉科を受診しましょう。

鼻を触って出血をくり返している場合は、抗アレルギー薬の内服や点鼻薬の使用も効果があります。

子どもの鼻内異物
Foreign Bodies in Nasal Cavity

どんな病気か

木の実、玩具のピストルの弾、ピーナッツなどの豆類を鼻の孔に挿入してしまい、とれなくなってしまった状態です。子どもは身の回りにある小さなものに興味をもつので、幼稚園の散歩中などに拾って、耳や鼻の中に入れてしまう機会が少なくありません。さらにしかられることが予想できるため、おとなには黙っていることもあります。しかし、しばらく放置していると異物の入っているほうの鼻がつまり、黄色の膿のような鼻水がみられ、そこで耳鼻咽喉科を受診して初めて気づくこともあります。

治療

異物がボタン電池であれば、早急に摘出しないと鼻中隔に孔があくことがあります。異物が手前にある場合は、ピンセットで摘出できますが、ビーズ玉のように丸くてかたいものでは、かえって鼻の奥に押し込んでしまうこともあります。奥に入ると痛がるので、さらにとりにくくなります。むりせず耳鼻咽喉科を受診しましょう。

先天性後鼻孔閉鎖
Congenital Choanal Atresia Nose

どんな病気か

赤ちゃんの鼻は、母親のおなかの中にいる間に形成されますが、本来破れるはずの鼻とのどの間（後鼻孔）の膜が、なんらかの理

が出ると、さらに鼻の中が狭くなります。赤ちゃんは鼻呼吸をしており、口で呼吸できるようになるのは生後2～3か月ころからです。このため、鼻がつまるとよく眠れなかったり、ミルクを飲むときに息つぎができず、うまく飲めなくなってしまうことがあります。鼻づまりがひどいときは、耳鼻咽喉科で鼻処置を受けましょう。

▼日常生活の対応　部屋の中が乾燥していると、鼻水が乾燥して鼻の中に鼻くそがつまっていることもあります。これをむりやり除去しようとすると、鼻の粘膜がこすれて傷がついたり、出血することもあります。入浴後など、鼻の中が湿っているときに、綿棒で鼻の中をふきとってあげましょう。市販の鼻吸い器などで鼻水を吸ってあげると、鼻が通って呼吸も楽になります。

赤ちゃんの鼻づまりは、成長して鼻が大きくなるにしたがってほとんどよくなってきます。

由で破れそこなったことにより、片側または両側の鼻がふさがったまま生まれた状態です。このため生まれたとき、鼻から息を吸うことができません。

症状

生まれたばかりの赤ちゃんは鼻呼吸しかできず、口呼吸ができるようになるのは生後2～3か月ころからです。このため、チアノーゼ（1344頁上段）をおこすほど呼吸が苦しく、ミルクも飲めず、体重も増えないことがあります。

鼻水を吸引するための太さ2㎜程度の吸引管がのどまで通過しないことで気がつくことも多く、内視鏡で確認すると、後鼻孔が閉じていることがはっきりわかります。またCTでは、粘膜だけで閉鎖（膜性閉鎖）しているのか、骨も同時に閉鎖（骨性閉鎖）しているのかを確認することができます。

治療

呼吸が苦しそうなら、気管内にチューブを入れて呼吸しやすくしたり、口から細いチューブを入れてそこからミルクを飲ませてあげます。赤ちゃんの全身状態がよいときに、全身麻酔をして、後鼻孔のふさがっている部分を開き、再閉鎖しないようにしばらくの間、癒着防止のステント（拡張器具）を留置します。

子どもの急性鼻炎
Acute Rhinitis

どんな病気か

いわゆる**鼻かぜ**と呼ばれる病気で、ライノウイルスやパラインフルエンザウイルスなどのウイルス感染により、鼻がつまり、透明の鼻水が出ます。しばらくして細菌感染を併発すると、黄色の膿性の鼻水が認められるようになります。

症状

鼻の入り口が赤くなってただれたり、鼻血が出やすくなります。鼻がつまると、夜に何度も起きて、よく眠れなかったり、苦しくてミルクが飲めないなどの哺乳障害もおこすことがあります。また、鼻水がのどに下りて、刺激になり、せき込むこともあります。

治療

ウイルス感染の間は、暖かくして部屋を乾燥しないようにし、水分をとらせましょう。入浴後は鼻水がやわらかくなっているので、鼻水をとってあげましょう。耳鼻咽喉科を受診して、鼻水を吸引器械でとってもらうとしばらく楽になります。症状に応じて、内服薬が必要となります。

子どもの慢性副鼻腔炎
Chronic Inflammation of Paranasal Sinuses

どんな病気か

いわゆる**蓄膿症**と呼ばれるもので、頬にある上顎洞や目と目の間にある篩骨蜂巣と呼ばれる空洞に、病的な粘膜や膿がたまって炎症がくすぶっている状態です。

鼻かぜをひいたあと、ずっと鼻水がつづいていると、子どもは鼻をかむことがじょうずにできないため、つねに副鼻腔の入り口に鼻水がたまり、副鼻腔炎（1162頁）に移行することが少なくありません。さらにひどくなると、病的な粘膜がポリープとなって、鼻の中をふさいでしまうこともあります。

症状

粘りけのある鼻水がみられ、鼻づまりやいびきをかくこともあります。鼻水がのどに下りると(後鼻漏)、せきや痰の原因となります。鼻水がかたくて、かみきれないこともあり、かぜ(670頁)をひくたびに黄色い鼻水をくり返して、治りが悪いこともあります。

治療 アレルギー性鼻炎(1154頁)やアデノイド肥大(642頁)などが原因となっていることもあります。鼻をたびたびかむことや、耳鼻咽喉科で鼻水を吸引して、鼻の通りをよくし、ネブライザー治療(薬剤の吸入療法)を行うと効果的です。膿のような鼻水が出ているときは、抗菌薬や膿を出しやすくする薬を内服します。アレルギー性鼻炎がある場合は、抗アレルギー薬も内服します。

治りが悪い場合、アデノイドが大きくて鼻水がたまってしまうためのことがあり、アデノイド切除で鼻の通りがよくなると治りやすくなります。

生理食塩水などで鼻の中を洗う(鼻うがい)と治りやすくなり、効果的です。

慢性副鼻腔炎が、滲出性中耳炎(634頁)の原因となることもあるので、長引く鼻づまり・鼻水が現れたときは、早めに耳鼻咽喉科を受診しましょう。

新生児上顎洞炎
Sinusits Maxillary Neonatarum

どんな病気か 4つある副鼻腔のうち、頬の位置には上顎洞と呼ばれる空洞があります。赤ちゃんの上顎洞の骨はまだ発達途上のために薄く、炎症が簡単に広がりやすいのです。さらに上顎洞のすぐ下にある上顎は血管が豊富なので、口腔や鼻からの感染が広がると、上顎洞の粘膜だけではなく、上顎の骨の中にある骨髄にまで炎症が急激に広がってしまう(骨髄炎 1880頁)ことがあります。ひどくなると敗血症(2124頁)や髄膜炎(963頁)などの重い状態になることもあります。

症状 1歳未満の赤ちゃんにおこることが多く、膿のような鼻水と39度以上の発熱、頬が赤くなり、まぶたが開かないくらいに腫れます。

治療 抗菌薬の点滴や、口腔内から上顎洞を切開したりします。骨髄炎によって骨が壊死している場合は、手術によって除去することもあります。

歯性上顎洞炎
Odongenic Maxillary Sinusits

どんな病気か 副鼻腔のひとつである上顎洞は、頬の内側で上顎の上にある空洞です。上顎には歯根が埋まっており、とくに奥歯は上顎洞とひじょうに近い位置にあります。

むし歯、歯周病になると歯根膜炎(1226頁)をおこし、つづいて急性上顎洞炎や膿瘍をおこすことがあります。

症状 おもに片側のみにおこり、頬が腫れて、くさい膿のような、ときに血液が混じった鼻水が出ます。

原因となっている歯をたたくと頬全体に痛みを感じることもあり、また歯肉より膿が出てくることもあります。

治療 抗菌薬の服用と上顎洞の膿を排出させます。原因となった歯は、歯科での治療が必要です。

点鼻薬と副作用

❖乱用を避け、副作用を防ぐ

点鼻薬とは、直接鼻の中に入れる液体の治療薬のことですが、おもに鼻づまりをとるのに用いられています。

鼻の粘膜は血管に富んでいるので、これらの血管がさまざまな鼻の病気で腫れてくると、結果的に粘膜も腫れ、鼻づまり（鼻閉塞）となります。鼻づまりをとる点鼻薬の多くは血管収縮薬で、このような鼻づまりに対する治療として有効で、かつ即効性があります。薬局などで簡単に購入できるということもあって、安易に用いられているのが現状です。

これらの点鼻薬は、むりやり空気の通り道を広げる薬ですから、使用する場合はいわゆる鼻かぜなど、短期間で治り、長く使わずにすむ病気にかぎられます。

点鼻薬を長期に使用していると、だんだんと効果が少なくなり、持続時間も短くなってきます。さらには鼻の生理的な血管運動の調節が障害されて、逆に鼻粘膜が腫れてしまうこともあります。

もともと鼻の粘膜には、**鼻サイクル**というものがあり、鼻粘膜の容積は左右の鼻で交代制で変化しています。そのため、左右の鼻の通りはつねに変化していますが、左右を合計した通りやすさは、一定に保たれています。

この鼻サイクルは、自律神経を介した生体リズムですが、点鼻薬の長期使用や乱用によって、生理的なリズムが障害されてしまい、つねに鼻がつまった状態となってしまうのです。

点鼻薬は正しい使いかたをすれば、副作用が少なく、かつ効果のある薬剤です。副作用がおこるのは、使いかたの誤りや、使う場合（適応）がまちがっているからです。

❖点鼻薬の正しい使いかた

点鼻薬には、垂らすタイプと、スプレー方式で噴霧するタイプがありますので、使いやすいほうを選びましょう。

おもな注意事項は以下のとおりです。

①使用方法をよく読み、使用回数は1日3回以内、使う期間は3～4日以内としましょう。

②どのような姿勢で点鼻薬を使用するかは、薬剤によっても異なります。使用方法をよく読みましょう。

③容器の口が鼻に触れないように注意します。これは、ウイルスなどの感染や、薬剤に異物が混入し、変質するのを防ぐためです。

④点鼻薬は日のあたらない、湿気のない所に保管します。また、使用期限がすぎたものは使用しないようにします。

⑤乳幼児、高齢者、妊婦、高血圧・甲状腺の病気・心臓の病気がある人は医師に相談しましょう。

では、もし点鼻薬の使いすぎで副作用がでてしまい、鼻粘膜が腫れて、かえって鼻づまりが強くなってしまったらどうすればよいのでしょうか。鼻づまりがあるからといって、さらに点鼻薬を使用すれば、ますます鼻粘膜が腫れて、悪循環におちいるだけです。

まずは、点鼻薬の中止が第一です。約1～2週間の中止で、点鼻薬の影響はなくなるといわれています。

副作用だと思われる場合には、薬剤師に相談してみましょう。

鼻づまりがつらければ、耳鼻咽喉科を受診して、適切な処置を受け、早めに点鼻薬の乱用をやめるようにしましょう。

点鼻薬は、鼻づまりに対して一時的には効果がありますが、根本的にそれを治す薬剤ではありません。耳鼻咽喉科医とよく相談のうえ、原因となっている鼻の病気を治すことが最善の治療となります。

子どものどの病気①

アデノイド肥大（腺様増殖症／アデノイド／咽頭扁桃肥大症）

Adenoid Vegetation
(Hypertrophy of Pharyngeal Tonsil)

睡眠時無呼吸症候群の原因になることも

◇子どもに特有の病気

どんな病気か

鼻の突き当たりの部分であり、鼻からのどに移行する部分でもある上咽頭にあるリンパ組織のかたまりを**アデノイド**（**咽頭扁桃**）といいます（次頁図）。口のほうから見た場合、のどの突き当たりの上方、軟口蓋の裏側（いわゆるのどちんこの裏側）になるので、口蓋扁桃のように簡単に目で見て確認することはできません。

このアデノイドがいろいろな原因で大きくなり、鼻や耳のさまざまな症状を引き起こす場合をいいます。

原因

アデノイドや口蓋扁桃は、リンパ系の組織です。リンパ系の組織は2～5歳ぐらいがもっとも大きく、その後は少しずつ小さくなる傾向があることが知られています。しかし、その年齢ではまだ骨格や筋肉は十分発育していないので、相対的にアデノイドや口蓋扁桃ののどに占める割合はひじょうに大きくなります。

したがって、アデノイド肥大は子どもに特有の病気といえます。アデノイドが生理的に増殖・肥大する時期や程度は個人差があり、アデノイドが大きいにもかかわらず症状が現れないこともあり、何が原因で病的なまでに大きくなるのか、症状が現れるのかは、はっきりしません。生まれつきの体質が関係しているともいわれています。

アデノイドなどのリンパ系の組織は免疫に関連していると考えられ、前記の時期をすぎても、かぜをひいたあとなどに、アデノイド肥大の症状がひどくなることがしばしばみられます。

症状

アデノイドは鼻とのどの間にあるわけですから、鼻の空気の通り道が狭くなり、鼻づまり、閉鼻声（鼻声）、口呼吸、いびきなどがおこります。

ひどいときには、眠っている間に呼吸が一時的に止まる睡眠時無呼吸症候群（646頁上段）がおこります。眠っている間に息が苦しくなると、本人は覚えていませんが、一時的に目を覚まして睡眠が浅くなり、睡眠中に激しくからだを動かしたり、夜驚症（614頁）、夜尿（613頁）を生じたりすることがあります。また、朝の寝起きが悪くなったり、昼間もボーッとして集中力が低下したりすることがあります。

乳児期には、とくに鼻呼吸が重要なので、アデノイド肥大による鼻づまりが重い呼吸困難を生じさせ、哺乳の際に息苦しくなり、十分にミルクが飲めなくなる哺乳障害・栄養障害の原因となります。

●アデノイド肥大の合併症

成長障害が知られています。また、集中力低下のため学習障害を生じます。

重症の呼吸障害が長期間つづくと、眠っている間の血液中の酸素量が低下するために、脳にダメージが生じることもありますし、心臓に負担がかかり

◎子どもの睡眠時無呼吸症候群……646頁

肺高血圧症（1320頁）や心不全（1342頁）などの危険な合併症を生じることもあります。

また、鼻水の流れを妨げて、慢性副鼻腔炎（639頁）を引き起こしたり、その症状の改善を遅らせたりします。

さらに、症状が長くつづくうちに、口を開け、舌を突き出したしまりのない顔つき（**アデノイド顔貌**）や、漏斗胸（785頁）、鳩胸（785頁）などの胸郭の変形をきたすこともあります。つねに口を開けているために、歯並びが悪くなるともいわれています。

いっぽう、アデノイドのある上咽頭には、耳と鼻の奥をつなぎ、中耳腔の空気の圧力の調節を行っている耳管という管が開口していて、肥大したアデノイドがこの耳管を圧迫することで、その機能を妨げ、滲出性中耳炎（634頁）をおこすと考えられています。滲出性中耳炎を生じると、軽度ですが難聴（635頁）が生じたり、急性中耳炎（633頁）をくり返したりします。

検査と診断

まずは、睡眠中のいびき、息のつまり、無呼吸、寝相の悪さ、寝起きの悪さなどの症状、視診でアデノイド顔貌や、口呼吸などから推察します。胸をはだけた状態で、睡眠中のようすを録画しておくと、息を吸うとき、家族が驚くほど胸の中央の部分が大きくへこみ、それが診断の参考になります。また、診断の裏づけのため、顔の側面からX線撮影を行うと、アデノイドの増殖の程度と鼻の空気の通り道の狭まりの度合いを確認できます。

内視鏡を鼻から入れて、アデノイドの状態を直接観察することもできますが、多少の痛みと恐怖感があるので、子どもには積極的には行われません。

◇症状に応じて手術で切除する

治療

かぜなどの急性の炎症で、アデノイドが一時的に腫れているような場合には、炎症を抑える薬の服用や、血管収縮作用のある点鼻薬で、症状を軽減することも可能です。

しかし、アデノイド肥大の症状が日常化している場合には、薬による治療は効果がありません。

一般に8～10歳ぐらいになると、アデノイド自体が小さくなり、しかも骨格が大きくなるので、症状が軽くなってきます。したがって、軽症の場合は、経過観察で十分なことがあります。

しかし、明らかな合併症を生じている場合は、アデノイドを切除する手術（649頁）が必要となります。アデノイド肥大の症状には、口蓋扁桃の肥大も関与していることが多いので、口蓋扁桃も同時に切除するのが一般的です。

アデノイドが生理的増殖・肥大をおこす3～6歳ごろに手術が行われます。

しかし近年、それ以下の年齢でアデ

咽頭扁桃の位置

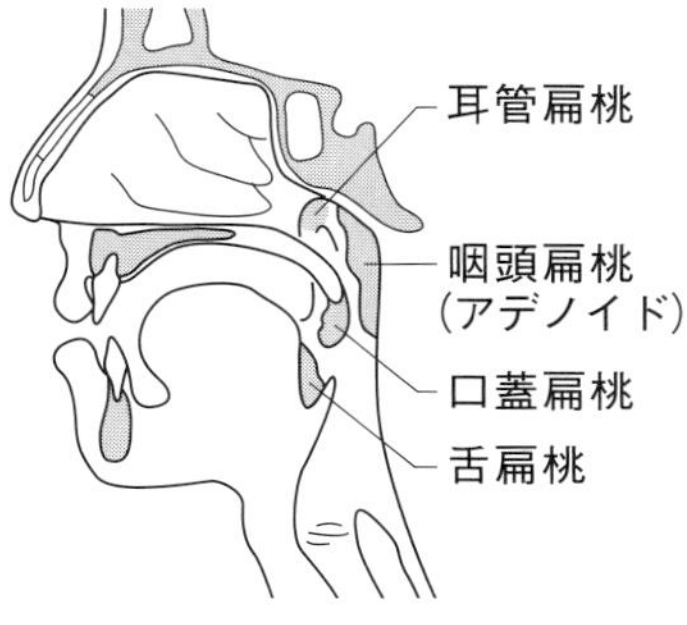

ノイド症状を生じる子どもが増加しています。この場合は、アデノイドが自然に萎縮し、症状が軽快するまでにかなり長い年月を要するので、むしろ積極的に手術を行うべきと考えられています。

予防　アデノイドは、生理的な増殖・肥大によって症状を生じるので、確実な予防法はありません。しかし、感染をくり返すとアデノイドの増殖を助長すると考えられるので、かぜで鼻水が出ているときは、しっかり鼻をかみましょう。

必要があれば耳鼻咽喉科で鼻の掃除をしてもらうなど、鼻を清潔に保つことを心がけてください。

耳の聞こえ、鼻づまりなどのアデノイド肥大に関連した症状は、ちょっと関心をもてば比較的簡単に発見できるにもかかわらず、症状が強くなるまで見逃されていることがあります。また、症状に気づいていてもそのまま放置されてしまうことが少なくありません。子どもの症状に十分注意を払い、早めに耳鼻咽喉科を受診しましょう。

急性扁桃炎
Acute Tonsillitis

どんな病気か　口を開けると、舌と口蓋垂（のどちんこ）が見えます。口を開けたまま「アー」と声を出すと、口蓋垂がもち上がり、その下の両脇に、梅干の種のようなかたまりが見えます（小さくてわからない子どももいます）。これが、口蓋扁桃（いわゆる扁桃腺）です。

口蓋扁桃はリンパ系の組織で、細菌やウイルスからからだを守る免疫を獲得する役割をはたしていると考えられています。この口蓋扁桃に、急性の炎症がおこる病気が急性扁桃炎です。

原因　口蓋扁桃は、それ自体の免疫力と、そこに住みついている病原性をもたない常在細菌のはたらきによって、外からの病原微生物の感染を防いでいます。ところが、病原性をもった細菌やウイルスにさらされたときに、のどの衛生状態の悪化や、過労、睡眠不足などのストレスが加わると、病気に対する抵抗力のバランスがくずれ、扁桃炎がおこります。

ほとんどは細菌感染によるものですが、ウイルスによるものも一部にみられます。

症状　のどの痛みが強く、飲食物を飲み込めず、耳の周りに響くような痛みを感じることもあります。のどの痛みとともに、ひどい寒け（悪寒戦慄）、だるさ、38～40度程度の高い発熱がみられ、手足や背中の関節が重く感じられたり、痛みを感じたりすることもあります。

口の中を見ると、両方の口蓋扁桃が周囲に比べて赤く腫れていて、しばしば表面に膿栓といわれる小さな白いかたまりがついています。

検査と診断　診断は、咽頭の視診を行うことで容易につきます。ポイントは、口蓋扁桃の赤みが周囲に比べて強いことと膿栓が付着していることです。また、膿栓が口蓋扁桃の表面全体をおおい（偽膜）、はがすと表面がただれていて、出血が少し見られることもあります。

頸部リンパ節の触診は、ウイルス性

◎子どもの扁桃周囲炎／扁桃周囲膿瘍

急性扁桃炎の炎症がひどくなり、深い部位まで広がって、口蓋扁桃をおおう皮膜と咽頭収縮筋の間にあるすき間に炎症が見られるものを扁桃周囲炎、ここに膿がたまった状態を扁桃周囲膿瘍といいます。

このような炎症の広がりは、子どもにはあまり見られません。その理由として、①子どもの口蓋扁桃の被膜は緻密で厚い、②子どもの口蓋扁桃は、扁桃上窩（扁桃表面にあるもっとも大きなくぼみ）や陰窩（扁桃表面のくぼみ）の幅が広く、閉塞や炎症がくり返されることによる瘢痕（ひきつれ）を形成することが少ないことがあげられます。

そのため、炎症が被膜を越えて広がることが少ないとされています。

急性扁桃炎の症状につづいて熱がでます。のどの痛みがかなり強く、口を開けることができず、つばを飲み込むのにも苦労するため、よだれを垂らすようになります。飲食物も飲み込みにくくなります。

脱水などの全身状態が悪いときは、入院して水分や栄養の補充のための点滴と抗生物質の点滴が必要です。

扁桃周囲膿瘍の場合は、注射針を用いて濃を排出させたり、ひどく腫れている部位を切開して膿を排出させたりします。

くり返しおこる場合は、口蓋扁桃摘出術を行うようにします。

扁桃炎を区別するのに役立つこともありますが、子どもの場合は、リンパ節が多発性に腫れていることが多いので、参考にならないことが多いようです。

原因菌の種類を調べて、有効な抗生物質を選ぶため、のどから細菌を採取して検査します。

また、炎症の程度を知るために、血液を採取し、白血球の数や種類などを調べます。

治療

急性扁桃炎にかぎらず、すべての感染症の治療は、体力を温存し、自分の免疫力を高めることから始まります。寝不足だとかぜをひいたり、吹き出物ができたりすることが多いように、睡眠が足りないと免疫が低下することが知られているので、十分睡眠をとらせることが肝心です。

また、のどの渇きはのどにウイルスや細菌を付着させやすくしますし、発熱することが多く、からだの水分が奪われることが多いので、十分な水分の摂取がたいせつで、うがいも有効です。のどが痛いのでたいへんですが、十分に食事をとるようにしましょう。刺激が少なく消化のよいおかゆなどがお勧めで、水分を比較的多く含み栄養価も高いことから、プリン、ヨーグルト、ゼリー、アイスクリームなどもよいでしょう。トローチなどには特別な効果はありませんが、唾液を分泌させてのどの乾燥を防ぐため、症状が楽になることがあります。

薬による治療は、ウイルス性か細菌性かによって大きく変わってきます。

ウイルスが原因の急性扁桃炎の場合、症状を薬で軽くすることはできますが、ウイルスそのものを薬で減らすことはできません。前記のような免疫を高める工夫がたいせつです。

細菌が原因の場合は、抗生物質の服用がたいせつです。扁桃炎をおこす菌の大部分にはペニシリン系の抗生物質が有効なので、初期にはペニシリン系の抗生物質を使用します。大部分の子どもは抗生物質のみで1週間程度のうちに治りますが、効果がないときは、原因菌に合わせた抗菌薬に変更します。原因菌はすぐにはわからないので、最初に菌を調べておくことが重要です。

痛みや熱がひどいときには、消炎鎮痛薬を使用しますが、むやみやたらに使用するのは考えものです。40度近い高熱の際や、熱で寝苦しそうなときなど以外はなるべく使わないほうがよいでしょう。

のどの痛みで薬が飲めないときには、解熱薬の坐薬を用い、食事が十分にとれないときや、高い熱がつづいて脱水傾向にあるときは、静脈から水分と栄養を補うための点滴とともに、抗生物質も点滴する場合があります。

扁桃表面への殺菌消毒液の塗布は、炎症を抑える効果がありますが、症状が激しいときには刺激が強いので、病気のかかり始めや、炎症が軽くなってから行うようにします。

急性扁桃炎はかぜと症状が似ているために、家庭での治療で治そうとしたり、ようすをみる人もいますが、細菌が原因の場合、抗生物質を使わなければなかなか改善できず、扁桃周囲膿瘍（前頁上段）などの、より重い状態に進むこともあります。早めに耳鼻咽喉科を受診しましょう。

◎子どもの睡眠時無呼吸症候群

睡眠中に気道が狭くなり、呼吸が10秒以上止まったり、安静呼吸時の半分以下に少なくなったりする状態を反復する病気です。子どもの場合、およそ1時間に1回以上無呼吸、低呼吸があると、異常と考えられています。

子どもの睡眠時無呼吸症候群は、アデノイド増殖と口蓋扁桃肥大がおもな原因になり

扁桃肥大(口蓋扁桃肥大)
Tonsillar Hypertrophy

どんな病気か

口を大きく開けたときに、のどの奥の両脇からとび出しているように見えるリンパ組織のかたまりが、口蓋扁桃です。

のどの周りには、ほかに咽頭扁桃(アデノイド)や耳管扁桃、舌扁桃などの多くの扁桃組織がありますが、一般に「扁桃」といったときには、口蓋扁桃のことをさし、扁桃肥大は口蓋扁桃が大きくなった状態をいいます。

肥大の程度によって、わずかに突出するⅠ度扁桃肥大、左右の口蓋扁桃が中央で接しているⅢ度肥大、その中間のⅡ度肥大に分類されます。

子どもは、もともと口蓋扁桃がある程度大きいのが自然で、通常3～6歳ころにその大きさのピークを迎え、その後、徐々に萎縮して小さくなっていきます。

原因

口蓋扁桃が肥大する原因には、生まれつきもっている子どもの体質が関係していると考えられるほか、口蓋扁桃の炎症を何回もくり返すことで、より大きく肥大する傾向もあるようです。

症状

子どもは、通常、口蓋扁桃がある程度大きいのが当たり前ですが、それがⅡ度からⅢ度肥大にまで大きくなると、いろいろな症状がおこってくる可能性があります。

1つには、空気の通り道が狭くなって、十分な呼吸ができなくなることがあげられます。

口蓋扁桃が大きい子どもは、同時に咽頭扁桃も大きく、そのため、鼻からも口からも十分な呼吸ができず、睡眠中に大きないびきをかいて、ひどくなると呼吸がつまってしまう睡眠時無呼吸症候群(上段)をおこすこともあります。

さらに、口蓋扁桃が大きいためにおこってくる症状として、食事の際に食物の飲み込みが悪くなることが考えられます。大きな食物が飲み込めず、少しずつしか食べられないために、ふつうの子どもよりも食事に時間がかかります。

また、炎症をくり返すたびに肥大が顕著になる傾向もあるので、扁桃肥大があれば、これまでの症状から扁桃の炎症をくり返している可能性について検討してみる必要があります。

ただし、炎症をともなわない口蓋扁桃肥大も数多くあるので、単純に肥大と炎症を結びつけることはできません。

仮に扁桃肥大があっても、呼吸や食物の飲み込みに支障がなく、とくに扁桃炎もくり返さないようなら、口蓋扁桃が自然に萎縮して小さくなってくる年齢まで、そのまま経過をみてかまいません。

検査と診断

口蓋扁桃の肥大の程度は、口の中をのぞくだけで簡単に見分けられます。しかし、見える部分の口蓋扁桃の大きさはあまり目立たなくても、舌の陰に隠れた口蓋扁桃の下端の部分が、喉頭に向かって大きく肥大していることもあるので、口蓋扁桃肥大と思われる症状があるときには、耳鼻咽喉科の診察を受けたほうが安心です。

また、慢性扁桃炎(次項)が扁桃肥

ます。症状としてはいびきがみられ、あえいでいるような苦しそうな呼吸や、呼吸の中断を現します。頻繁に寝返りを打ち、寝相が悪くなります。苦しいときには、本人は自覚がなくとも、脳波上は目を覚まして、息をついているので、眠りは浅くなり、睡眠不足になります。おねしょをすることが多く、寝起きは悪く、昼間は落ち着きがなく、昼すぎになるとついつい眠ってしまうなどの行動異常が見られます。重症になると、からだや精神の発達が悪くなり、胸郭は中央が陥没し漏斗胸（785頁）となり、心不全（1342頁）をきたすこともあります。

現在、子どもの睡眠検査はかぎられた施設でしか行われていませんが、臨床症状があれば、アデノイド切除や、口蓋扁桃を摘出すべきと考えられています。子どもにこのような症状があったら、小児科、耳鼻咽喉科を受診し、アデノイド切除・口蓋扁桃摘出術について相談してみましょう。

大に関係していることもあるので、扁桃の細菌検査も必要となる場合があります。

治療

症状が強く、日常生活に支障をきたすようであれば、手術を考えることになります。

口蓋扁桃の手術（649頁）は、ごくふつうに行われる手術で、特別危険な手術というわけではありません。しかし、口蓋扁桃肥大は、ある程度の年齢に達すれば、萎縮して小さくなり、自然に治ってしまうので、子どもの年齢や、手術によって得られる利益と、手術にともなう危険性などをよく考えて、手術を行うかどうかを決める必要があります。

一般的にいえば、低年齢（4～5歳以下）で扁桃肥大の症状が現れた場合には、その後も長い間、症状がつづく可能性が高いので、積極的に手術を行うほうが望ましいと考えられます。

呼吸症状に咽頭扁桃の肥大の影響が関与している場合は、口蓋扁桃と咽頭扁桃の両方の手術を同時に行う必要があります。

慢性扁桃炎
Chronic Tonsillitis

どんな病気か

口蓋扁桃に軽い炎症がつづく状態で、急性扁桃炎（644頁）が完全に治りきらずに、のどの痛みや違和感、乾燥感、微熱感などの軽い症状がつづきます。口蓋扁桃や前口蓋弓は赤く、陰窩（扁桃の表面のくぼみ）に白い膿栓が見られます。

治療

陰窩洗浄、膿栓吸引、薬物塗布、うがいなどが中心で、症状や状態に合わせて、少量の抗生物質、消炎薬などの内服も行います。症状が強い場合は、扁桃を摘出することもあります。

うがいは頻繁に行いましょう。

習慣性扁桃炎
Habitual Angina

どんな病気か

急性扁桃炎（644頁）をたびたびくり返す状態をいい、**習慣性アンギーナ**ともいいます。

もともと、子どもが急性扁桃炎をおこすことは珍しくなく、年に1、2回の急性扁桃炎をおこす程度では異常とはいえません。

小学校の低学年をすぎるころには、だんだん炎症をおこす回数が減ってくるのがふつうです。急性扁桃炎がおこったら、その都度しっかり治療すれば、まず問題はないといえます。

しかし、年4～5回以上も急性扁桃炎をくり返す、毎回の急性扁桃炎の症状が重く、保育園、幼稚園、学校を休まなければならない、入院が必要になるほどの炎症がおこるなどの場合は、対策を講じることが必要です。

原因

急性扁桃炎をくり返す原因ははっきりしていません。最近では、口蓋扁桃に常在している病原性をもたない細菌のバランスの乱れや、病原菌に対する免疫機能の低下が原因のひとつと考えられています。

過労や睡眠不足などのストレスにより、免疫能力が低下するような状況で発症しやすくなります。また、病原菌が口蓋扁桃に常在するようになり、免疫能力が低下したときにも発症します。

症状

急性扁桃炎の症状を、年に何回もくり返しますが、そのうちにからだのほかの部位に炎症が波及する扁桃病巣感染症（1179頁）に移行する可能性があります。

検査と診断

問診で経過を聞いて、診断します。

急性扁桃炎では、高熱をともなうことが多く、口蓋扁桃に白色の膿栓が付着することも多いことから、発作期の症状がかぜなどによるものなのか、扁桃炎によるものなのかを、丁寧に問診することが必要です。発熱やのどの痛みがあるときに、のどのようすから診断することがもっとも確実です。

また、口蓋扁桃の細菌検査で、原因となる菌が付着していないか検査することや、血液検査で、扁桃炎の原因菌のひとつであるA群β溶血性連鎖球菌の感染の指標となるASO値（210頁）などを調べることも参考になります。

治療

急性扁桃炎の発作を生じている時期の治療は、急性扁桃炎と同じです。

治療の厳密な基準はありませんが、一般に年に4～5回以上急性扁桃炎をくり返す、毎回の急性扁桃炎の症状が重く入院が必要になる、扁桃周囲膿瘍（644頁上段）のような重い合併症をおこすなどの場合は、手術（口蓋扁桃摘出術　次頁）を考えます。

口蓋扁桃からβ溶血性連鎖球菌が持続的に検出される場合は、将来腎臓や心臓など、ほかの部位に炎症が生じる危険性があるため、手術が行われることが多いようです。しかし、有効な抗生物質もあり、その内服などで保存的治療をきちんと行えば、症状は比較的容易にコントロールでき、合併症の可能性も低いと考えられます。

また、子どもは成長とともに扁桃炎をおこす頻度が減少してくるのがふつうなので、習慣性扁桃炎が子どもの日常生活に与える影響と、扁桃の手術にともなう危険性や、子どもの年齢などを考慮して、手術するかどうかを最終的に決定することになります。

扁桃の手術は安全なものなので、手術をおそれて必要以上に保存的治療に固執しないことも必要です。

伝染性単核球症
Infectious Mononucleosis

どんな病気か

EBウイルスの初感染でおこる病気です。日本人ではほとんどの人が乳幼児期にEBウイルスに感染しますが、この時期に感染した場合は、ふつう無症状ですんでしまいます。10～20歳代でEBウイルスの初感染を受けた場合に症状が現れ、これを伝染性単核球症と呼びます。

症状

発熱、のどの痛み、くびのリンパ節の腫れのほか、肝臓や脾臓が腫れることもあります。また皮膚に発疹が現れることもあります。

血液検査上、リンパ球が増加して、そのなかに異型リンパ球がみられます。

治療

基本的に安静、発熱には解熱薬、痛みには鎮痛薬といった対症療法で自然に治癒します。細菌感染予防に抗生物質を使用することもあります。

高熱がつづいたり、肝臓の機能が悪化したりする場合は、入院が必要になることもあります。

子どもの扁桃の手術
（アデノイド切除術、口蓋扁桃摘出術）

❖手術は安全に受けられる

咽頭扁桃（アデノイド）と口蓋扁桃の手術は、子どもの耳鼻咽喉科領域においてもっともふつうに行われるものです。

　これらの手術は、それぞれが単独で行われることもありますが、睡眠時無呼吸症候群（646頁上段）などの場合には、発症にアデノイド肥大（642頁）と口蓋扁桃肥大（646頁）の両方が関係していることが多いので、これら2つの手術が同時に行われることも少なくありません。

　子どもの手術は、ふつう、入院して全身麻酔をかけて眠った状態で行われます。

　したがって、手術中に子どもが痛みや恐怖を感じたりすることはありません。もちろん、全身麻酔をかけ、からだの一部を切開するのですから、まったく危険がないとはいえませんが、子どもが特殊な体質をもっている、予想もできないことがおこるなどの、よほど特別な状況にならないかぎり、安全に行える手術です。

❖手術の実際

　手術の際は、口を開けて固定する開口器という器具を口にかけ、口の中から手術を行います。そのため、顔やくびの表面に傷がつくことはありません。

　アデノイド切除術では、専用の器械でアデノイドを削りとります。口蓋扁桃摘出術では被膜に包まれた扁桃を被膜ごと摘出します。手術時間は、アデノイド切除術で10分程度、口蓋扁桃摘出術は両側で20分程度です。

　睡眠時無呼吸症候群に対する口蓋扁桃摘出術の場合、空気や食物の通り道を確保するため、片方の口蓋扁桃だけを摘出すればよいという考えかたもありますが、残した口蓋扁桃がのちのちさらに大きくなって、睡眠時無呼吸症候群が再発してくることも少なくありません。

　したがって、最初の手術で両方の口蓋扁桃を摘出するのがふつうです。

❖手術後の治療

　手術後は、のどの痛みのために十分に飲んだり食べたりできないことがあるので、点滴

口蓋扁桃摘出術

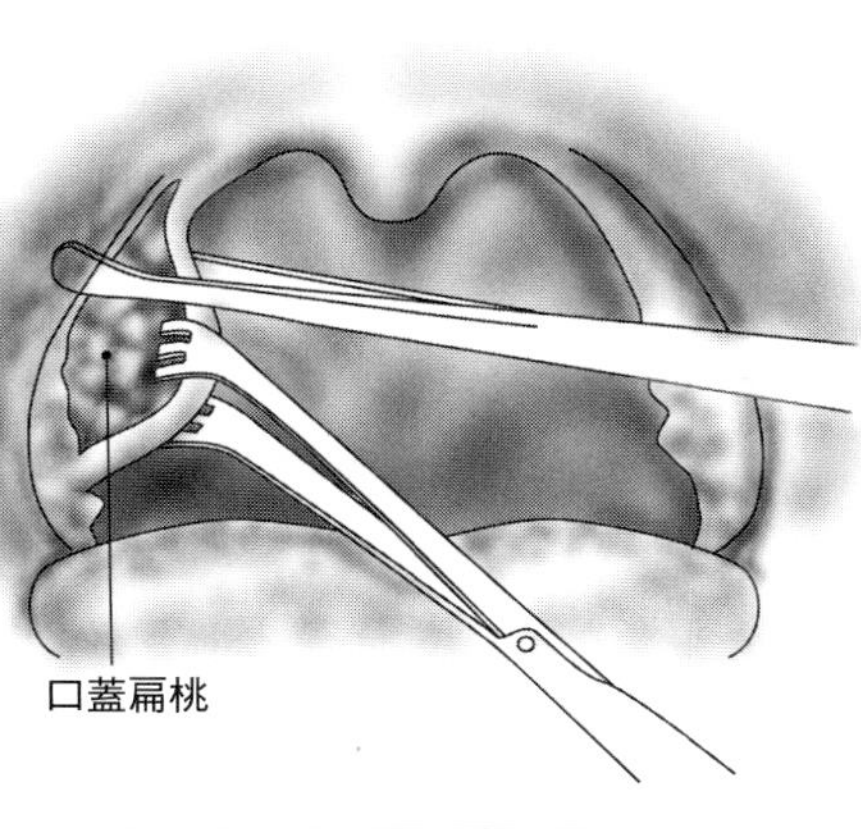

アデノイド切除術

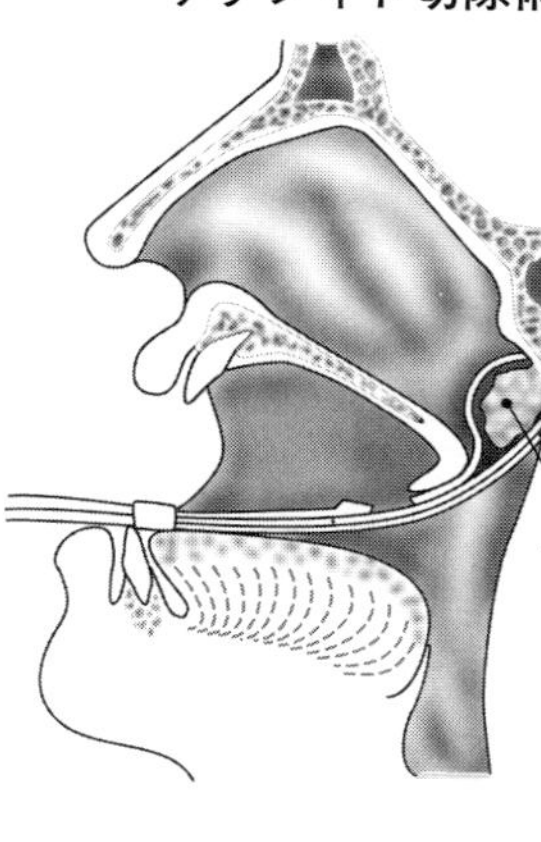

をつづけます。食事の量が十分増えたら、点滴をやめます。

手術後の痛みは、アデノイドの手術では軽くてすむことが多いのですが、口蓋扁桃の手術では食物の通り道に傷ができることになりますので、食物を飲み込むときの痛みが必ずおこります。

痛み止めの薬剤を使用しても、薬で痛みを完全にコントロールすることはできませんので、ある程度は、子どもに痛みを我慢させることが必要になります。

手術の直後は、麻酔の影響もあって、子どもの感情がストレートにでてきます。泣いたり、騒いだりすることも多く見られますが、手術の翌日には落ち着きを取戻していることが多いようです。

手術の翌日には、やわらかめの食事から始め、2、3日以内には、ふつうの食事がとれるようになります。

もうひとつ、手術に際して問題となる可能性があるものに、術後の傷あとからおこる出血があります。手術の最後に、出血が止まっていることをきちんと確認することは当然ですが、そうしても手術当日、あるいは数日後に傷あとから出血が生じることがあります。すぐに気づいて止血処置を行えば、とくに問題はないのですが、知らないうちに子どもが出血した血液を飲み込んでいて、気づいたときには、すでにかなりの量の出血が生じていたというようなこともあります。このような場合はごくまれではありますが、輸血が必要となる可能性もあります。

❖退院後の経過と注意

手術後、食事がある程度ふつうにとれて、発熱や出血がなければ、術後4～7日で退院となります。

保育園、幼稚園、小学校などは、手術後7～10日ごろから通い始めてかまいませんが、退院後1週間程度は、激しい運動は避けさせなければなりません。

また、入浴は、退院後にシャワー程度から始めるようにします。

退院後の食事も、辛いものや酸っぱいものは、のどの傷を刺激して痛みを感じることがありますので、やや薄味の食事にしたほうがよいでしょう。

かたいものをかんだり、大きなかたまりを丸飲みしたりすることは避けるように注意しましょう。子どもに、よくかんで食べるように指導しましょう。

手術後、約1か月で、手術の傷あとは正常な粘膜（ねんまく）におおわれて治癒（ちゆ）します。

アデノイドや口蓋扁桃といったリンパ組織は、感染防御の役割を果たしていることから、手術でこれらを切除すると、感染に対する抵抗力が低下して、感染症にかかりやすくなるのではないかということを問題視する人もいます。

しかし、鼻やのどにあるほかのリンパ組織が、切除したアデノイドや口蓋扁桃の機能を果たしてくれますので、手術後に感染がおこりやすくなるという心配はありません。

免疫機能に問題がある子どもの場合、扁桃の手術は避けたほうがよいと考えられます。

また、重症の気管支ぜんそく（668頁）やけいれんをおこしたことがある子ども、血友病（けつゆうびょう）（699頁）などの出血傾向のある疾患を合併している子どもでは、麻酔や手術のリスクが増えるので、手術の適否に関して、小児科医や麻酔科医とあらかじめよく相談する必要があります。

なお、ある程度の理解力がある年齢（3～4歳以上）の子どもに対しては「しばらく病院に泊まって、のどの悪い部分をとる」程度の説明は行うべきだと考えられます。

子どものどの病気②

◎気管・気管支異物

1〜3歳の子どもは、口に物を入れたままで、転ぶ、泣く、笑うなどしたときに、口に入れている物が、気管に吸い込まれることがあります。

▼症状　激しいせきと呼吸困難が特徴です。

しばらくするとせきが治まって、無症状になりますが、再びせき、喘鳴が始まり、「ぜんそく」として治療されていることもあります。

先天性（喉頭）喘鳴
Congenital Stridor

どんな病気か

乳児や子どもの気道（空気の通り道）は、おとなに比べると狭く、やわらかいので、とくに狭い部分があると、そこを空気が通過するときに乱気流が生じて、呼吸のたびにヒューヒュー、ゼーゼー、ピーピーといった音がでます。この音を**喘鳴**といいます。喘鳴が、生まれてすぐか、生後間もなく現れてくる場合を、先天性喘鳴といいます。

原因

先天性喘鳴は、症状につけられた名称で、気道を狭くする病気すべてが原因になります。

喘鳴があるときは検査をして、原因となる病気を知ることがたいせつです。原因となる病気には、**喉頭軟弱症**（次項）、**声帯まひ**（声帯の動きが悪い）、**舌根嚢胞**（粘液のたまった袋状の腫れものが舌根部にできる）、**声門下血管腫**（声帯の下に血管腫ができる）、**喉頭横隔膜症**（声帯の間に鳥の水かきのような膜がある）、**声門下狭窄**（声帯の下の部分が狭い）があります。

治療

頸部のX線検査と、鼻から入れる喉頭ファイバースコープ検査を行い、原因となっている病気を明らかにします。原因となる病気によって治療が異なります。

成長とともに自然によくなる病気もありますが、喘鳴は命にかかわる症状でもあるので、小児科と耳鼻咽喉科の両方を受診しましょう。

その際、哺乳で標準の量を口から飲めているか、体重が増加しているか、喘鳴だけでなく、息を吸うときに陥没呼吸（呼吸をするときにのどや胸がへこむ）がないか、泣き声が弱くないか、声がかれていないかを観察し、医師に報告しましょう。

喉頭軟弱症
Laryngomalacia

どんな病気か

赤ちゃんの喉頭の軟骨がやわらかいために、空気を吸うときに軟骨がぺたんとつぶれて狭くなり、空気が吸えなくなって呼吸困難をおこす病気です。先天性の病気ですが、多くの場合、成長とともに6か月から1年で自然によくなります。

症状

息を吸う際にゼーゼー、ヒューヒューといった音（喘鳴）がし、呼吸のたびにのどや胸がへこみます（陥没呼吸）。呼吸が苦しいためにミルクが十分に飲めなくなり、体重が増加しなくなります。

治療

内視鏡で喉頭を観察すると、喉頭の軟骨が、空気を吸うときに気管に引き込まれるのがわかります。

呼吸困難の程度と哺乳ができるかどうかが、入院の指標になります。ミルクの飲みがよくて、体重増加がみられれば、家庭で看護することが可能です。

呼吸困難の程度が重症で、陥没呼吸があり、ミルクが飲めない場合は入院します。病院では、上体を高くして腹臥位（うつぶせ）にし、酸素吸入を行ったうえで、鼻からチューブを入れてミルクを注入するなどの治療が行われます。それでも、成長とともにしだいによくなります。

▼原因　吸い込む物でいちばん多いのはピーナッツ、大豆、カシューナッツなどの豆類です。5歳をすぎるとおもちゃの破片やピストルの弾などが多くなります。

▼予防　物を食べるときには座ってお行儀よく食べるようにしつけましょう。

乳幼児のいる家庭ではピーナッツなどの豆類は食べない、置かないことがたいせつです。

事故に気づいたときは、救急車を要請し、早く手当を受けることが必要です（のどに物がつまったときの手当116頁）。

◎食道異物

1～3歳の子どもは、周囲にある物をなんでも口に入れる習性があり、硬貨、磁石、おもちゃなどを飲み込んでしまうことがあります。魚の骨がのどにひっかかることもあります。

飲み込んだ物は、食道の第一狭窄部（食道入り口部直下）にひっかかることが多く、物

急性声門下喉頭炎（仮性クループ）

Acute Subglottic Laryngitis

どんな病気か

1～3歳の子どもがかかりやすい病気で、冬期の乾燥した時期によくおこります。

発熱とともに嗄声（声がれ）、犬吠様咳嗽（ケンケンと犬がほえるようなせき）、ゼーゼー、ヒューヒューという喘鳴、呼吸困難をおこすのが特徴です。

重症になるとチアノーゼ（1344頁上段）をおこし、窒息による生命の危険もあります。

原因

ウイルスの感染によって声帯の下が浮腫状に腫脹し（むくんだように腫れ）、喉頭が狭くなるために呼吸困難をおこします。

子どもの喉頭はもともと細いのですが、声帯の下部はとくに細いためにおこしやすいと考えられています。

検査と診断

頸部X線写真で、声帯の下部がどの程度狭くなっているかを診断します。

頸部に聴診器をあてると、ヒューヒューという喘鳴が聞かれます。内視鏡を鼻から入れ、喉頭を観察すると、声帯の下部が白く腫れているのを見ることができます。これが診断のいちばんのポイントになります。

治療

生命にかかわるので、入院治療が原則です。

粘膜収縮薬と副腎皮質ホルモン（ステロイド）剤の吸入を行い、腫れをとります。

また、吸入器で生理的食塩水を噴霧し、喉頭に湿りけを与えます。点滴で水分を補給するとともに抗生物質、副腎皮質ホルモン剤を使用します。

呼吸困難がある場合は、酸素吸入が行われます。呼吸困難が重ければ、気管内挿管、気管切開が行われます。

発熱、声がれ、犬がほえるようなせきが突然始まったときは、緊急に受診する必要があります。休日や夜間であれば、救急車の出動を要請しましょう。

冬期、家の中で暖房を使用すると乾燥しすぎます。乾燥すると発症しやすいので、加湿器を使用しましょう。

子どもの急性喉頭炎

Acute Laryngitis

どんな病気か

かぜ症候群（670頁）から引きつづいておこることが多く、喉頭粘膜が発赤腫脹します（赤くなって腫れる）。冬や季節の変わりめにおこりやすい病気で、声がかれ（嗄声）、声がでなくなる（失声）こともあります。発熱はほとんどなく、空せきがでて、止まりにくくなります。

かぜ症候群、細菌感染のほか、声の使いすぎ、ほこりなどの非感染性の場合もあります。

治療

喉頭を観察すると、声帯が発赤腫脹し、声をだしたときに声帯の間にすき間が見られます。

声帯の安静を保つために沈黙を守ることがたいせつです。治療としては、湿りけを与えるために、ネブライザーで生理的食塩水を噴霧します。そのほか、抗生物質、せきに対して鎮咳薬（せき止め）、去痰薬を併用します。

家庭では、安静を守らせ、保温を心がけるとともに、部屋の湿度を保つこ

が飲み込めなくなり、よだれをたらします。

胃に落下すれば、ほぼ心配ないのですが、アルカリ電池は、粘膜を腐蝕させるので、直ちに取出す必要があります。

▼**診断**　硬貨のようにX線検査で映る物は容易に診断ができます。映らない物は、造影剤を飲ませ、異物の輪郭を映し出して確認します。

▼**予防**　子どもの周囲に危険な物を置かないことです。

もし、子どもが危険な物を口に入れていることに気づいたら、しかったりせずに、口に静かに指を入れ、取出します。びっくりさせると、逆に飲み込んでしまいます。

お餅がつかえたときは、救急車も間に合わないので、指を横から入れて、取除きます。

たばこの誤飲も危険です。たばこ、灰皿の吸い殻、各種の洗剤なども子どもの手の届くところには置かないような注意が必要です（のどに物がつまったときの手当 116頁）。

とを心がけます。

日常生活の注意　部屋が乾燥しないようにし、家族は禁煙を守り、部屋の空気を汚さないようにします。

急性喉頭蓋炎
Acute Epiglottitis

どんな病気か　喉頭には、飲み込んだ飲食物が気管に入らないように喉頭を閉鎖する蓋（喉頭蓋）がありますが、この喉頭蓋に細菌が感染し、そこが腫れる病気です。

B型インフルエンザ菌が感染しておこることが多いものです。

欧米では、子どもにおこりやすく、急激に呼吸困難がおこる病気として恐れられています。日本では、成人がかかることが多いのですが（30歳代に発症のピークがあります）、ときに、子どもにもおこります。

症状　発熱などのかぜの症状とともに、咽頭痛（のどの痛み）、嚥下痛（飲み込む際の痛み）がおこり、唾液も飲み込めなくなって、よだれをたらします。声も、こもった声になります。発症から2時間くらいで、急速に呼吸困難におちいります。

検査と診断　頸部側面のX線検査を行うと、喉頭蓋が丸く腫れた陰影として映ります。

喉頭ファイバースコープ検査でも、喉頭蓋が腫れているのが見られます。

治療　診断がついたならば、入院のうえ、治療します。

水分補給と、インフルエンザ菌を含めた細菌に有効な抗生物質が点滴で用いられます。また、副腎皮質ホルモン（ステロイド）剤も使用されます。そのほか、抗生物質、副腎皮質ホルモン剤、血管収縮薬を含んだ液剤をネブライザーで噴霧し、喉頭蓋の腫れをとります。

重い呼吸困難がある場合、気管内挿管や気管切開などの処置がとられます。

日常生活の注意　唾液が飲み込めないほどの咽頭痛が突然おこったときには、急いで耳鼻咽喉科の診察を受けることが必要です。生命に危険がありますので、休日や夜間であれば、救急車の出動を要請しましょう。

下咽頭梨状窩瘻
Pysiform Sinus Fistula

どんな病気か　食道入り口部の両側に三角の形をした部分（梨状窩）があります。その三角の頂点の部分に管状の孔（瘻孔）があいている先天性の病気で、瘻孔に細菌が感染します。

感染症状は、瘻孔から離れた甲状腺の部分におこります。急性の甲状腺炎をくり返すようなら、この病気を疑い、外科か耳鼻咽喉科を受診しましょう。

症状　発熱、咽頭痛（のどの痛み）とともに、頸部の左右どちらか片側（甲状腺の部位）が腫れます。

瘻孔に気づかずに放置していると、何回も甲状腺の部分が腫れます。

造影剤を使って食道をX線撮影すると、梨状窩から下へ伸びた線状の管が写ります。甲状腺のシンチグラフィー（230頁）で、甲状腺の炎症部位への放射性物質の取込みの低下がみられます。

治療　頸部の皮膚を切開し、甲状腺の炎症部分から梨状窩の瘻孔までを切除摘出します。

子どものことばの障害

ことばの発達

　赤ちゃんも2か月くらいになると、「アー」「ウー」などの意味のない音（喃語）を発します。6～7か月くらいになると、家族といっしょにいるときに話しかけるような声をだしたり、さらにこれに対しておとながことばをかけると、まねをして声をだしたり、また自分からも声をだしたりするようになってきます。それと同時に、おとなの言うことも理解し、しかられているのか、ほめられているのか、といった状況も理解するようになります。

　1歳近くになれば、簡単なことば、たとえば、「おいで」「ちょうだい」など、ことばによるいいつけにも適切な行動ができるようになってきます。個人差は大きいのですが、子どもは自分から意味あることばを話しだし、1歳半で「ママ」「ブーブ」などの1語、2歳で「マンマチョウダイ」などの2語文と、ことばの数とともに話しことばの構造も急速に発達していきます。

　2歳半くらいで、ことばによる思考力もついて、「ダレ?」「ドコ?」などの質問文も発するようになってきます。

　ことばの発達には、親子のコミュニケーションが必要で、親子の情緒の安定に基いたやりとりが不可欠です。子どもの口から発する音を聞いてあげる、それに反応してあげる、そして親が話しかけ、豊かな生活体験をつくってあげる、という環境があってこそ、子どものことばは発達してくるのです。

　言語の発達には、ことばの理解、表出（話すこと）、発音の3つの側面があります。ことばを話すことは、日常の話しかけを理解していることがその土台となっています。

　なかなかことばが増えない場合、聞こえに問題がないか、年齢相当の発達課題をどのくらいクリアしているかをみることが必要です（上表）。

　安心できる環境で、人に興味をもち、人のことばに耳を傾け、まねをしてい

聞こえとことばの発達チェックリスト

３か月ころまで
大きな音に驚く
大きな音で目を覚ます
音がするほうを向く
泣いているとき、声をかけると泣きやむ
あやすと笑う
話しかけると、「アー」「ウー」などと声をだす
６か月ころ
音がするほうを向く
音がでるおもちゃを好む
両親など、よく知っている人の声を聞きわける
声をだして笑う
「キャッキャッ」と声をだして喜ぶ
人に向かって声をだす
９か月ころ
名前を呼ぶと振り向く
「イナイイナイバー」の遊びを喜ぶ
しかった声「ダメッ！」「コラ！」などというと、手を引っ込めたり、泣きだしたりする
おもちゃに向かって声をだす
「マ」「パ」「バ」などの音をだす
「チャ」「ダダ」などの音をだす
12か月ころ
「ちょうだい」「ねんね」「いらっしゃい」などのことばを理解する
「バイバイ」のことばに反応する
おとなのことばをまねようとする
意味のあることばではないが、盛んにおしゃべりをする
意味のあることばを１つか２つ言える（食べ物を「マンマ」、おかあさんを「ママ」など）
単語の一部をまねして言う
１歳６か月ころ
絵本を読んでもらいたがる
絵本を見て知っているものをさす
簡単ないいつけがわかる（「その本とって」「このゴミを捨てて」など）
意味があることばを１つか２つ言える
意味があることばを３つ以上言える
絵本を見て知っている物の名前を言う

るうちに、ことばはひとりでにあふれでてくるものです。むりに教え込んでしゃべらせるのではなく、自然に子どものなかで育つことばを引き出し、育てていくことがたいせつです。

子どもの音声障害
Voice Disorders

どんな病気か

本来の声ではない、異常な声になることを音声障害といいます。音声障害は大きく分けて、声をだすこと（発声）に障害がある**発声障害**と、口や鼻などへの声の響き（共鳴）が異常になる**共鳴障害**に分けられます。

声は、肺からはく息が気管上部にある声帯を震わせることで、だすことができます（上図）。呼吸、とくに呼気（はくこと）がうまくできなかったり、声帯や気道に異常があると発声障害がおこります。

声がれ（**嗄声**　次頁上段）は、声帯に異常がある場合におこる発声障害です。発声障害の多くは、声質、声の高さ、声の強さ（大きさ）、声の持続の異常が複合しておこります。幼児期から学童期には、嗄声、声の持続の障害、声域の縮小などが1割弱にみられるとされ、決して珍しくはありません。

共鳴障害は、鼻や副鼻腔、のど、あるいは口蓋に病気の原因があるためにおこります。

症状

年齢相応の声がでない、歌を歌うと高い声がでないなど、声の異常が現れる状態です。泣くことしかできない乳児でも、かれた泣き声になります。ガラガラ声、ダミ声、かすれ声などが子どもには多くみられます。

原因

どなる、奇声を発するなど激しい発声行動をとる傾向のある男の子、とくに運動系のクラブ活動に所属する児童に多くみられることから、声の濫用、誤用によって、声帯粘膜がつねに物理的に刺激されることが原因と考えられています。また思春期以前には、声帯の構造が未完成であるため、音声障害がおこりやすい傾向にあります。

●発声障害の原因

①声変わり　生活に支障がある場合、**変声障害**ともいいます。軽い嗄声、声が高い、声が裏返るなどの症状がでます。男の子では、喉頭隆起（のどぼとけ）が前方へとび出してきて、約1オクターブ声域が低下します。声変わりは女の子でもおこり、男の子よりやや早くおこります。

②声帯結節（1183頁）　声帯に小さな結節（しこり）ができると発声障害がおこります。大声をだすことの多い、7

発声に関係する器官とその周囲の構造

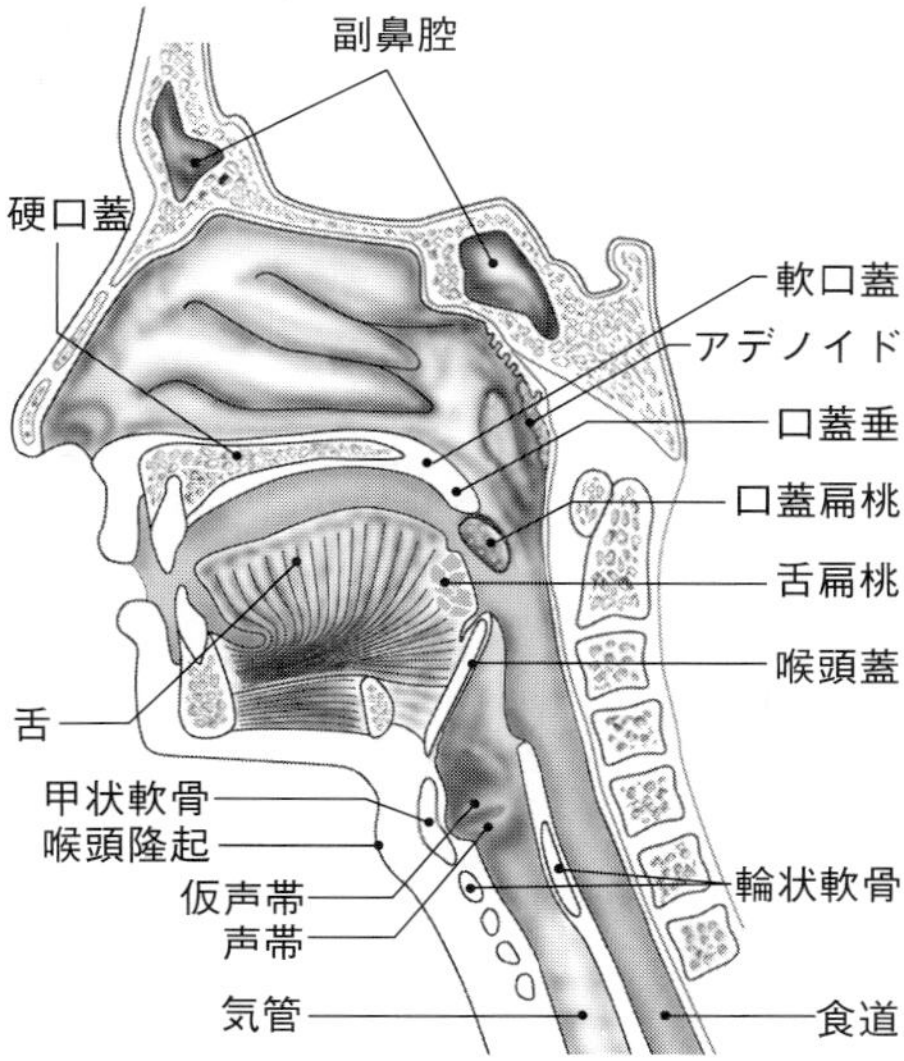

◎嗄声のいろいろ

声質の異常を、嗄声といいます。

①ガラガラ声、ダミ声、かすれ声　雑音の多い声は**粗糙性嗄声**といい、かぜ、声帯ポリープ（1183頁）、声帯結節（1183頁）、急性喉頭炎（652頁）などで現れます。

②スースーする声、息漏れする声　声をだすときに、声帯が完全に閉じないためにおこり、**気息性嗄声**といいます。反回神経まひ（声帯を動かす神経のまひ）、声帯ポリープ、などで現れます。

③力のない声、弱々しい声　**無力性嗄声**といい、反回神経まひ、全身衰弱などでみられます。

④力んだ声　**努力性嗄声**といい、反回神経まひ、声帯の衰弱などのときに現れます。

診断した嗄声の程度は、**GRBAS尺度**で表します。G＝音声の総合的な異常、R＝ざらつきや粗さ（粗糙性）、B＝声の息漏れ（気息性）、

～9歳の男の子に多くみられ、**小児嗄声**ともいいます。

③急性喉頭炎（652、1181頁）　かぜのときなど、喉頭が炎症をおこすため、声帯も赤く腫れ、嗄声がおこります。

④声帯ポリープ（1183頁）　かぜをひいたときなど、喉頭炎の状態のときに、むりな発声をつづけると、声帯に出血がおこって腫れあがり、嗄声がおこります。成人男性に多く、子どもでは比較的まれです。

⑤急性喉頭蓋炎（1186頁）　喉頭蓋を中心として声帯より上部に炎症、腫れがおこり、高熱とともに唾液が飲めないほどののどの痛みがあり、よだれが異常に増え、ふくみ声になります。

⑥急性声門下喉頭炎（1181頁）　声帯とその下部に炎症がおこった状態です。嗄声とともに、ケンケンという犬の遠ぼえのようなせきをします。熱はあまり高くあがりません。

⑦先天性の病気　喉頭軟弱症（651頁）、喉頭横隔膜症（声帯の間に隔膜が張っている先天異常）、声帯まひ（1186頁）、先天性声門下狭窄（生まれつき声帯の下が狭い）など、嗄声とともに、気道が喉頭やその付近で狭くなっているために喘鳴（呼吸音がゼーゼーいう）がおこります。また、喉頭乳頭腫（1185頁）、血管腫、リンパ管腫などの腫瘍が、子どもにみられることがあります。

◉共鳴障害の原因

①鼻、上咽頭の病気　急性鼻炎（1151頁）、急性副鼻腔炎（1162頁）などの急性の炎症、慢性鼻炎（1153頁）、慢性副鼻腔炎（1162頁）など慢性の炎症、鼻茸（1160頁）、アデノイド肥大（642頁）、扁桃肥大（646頁）などで、鼻がつまったような、いわゆるかぜ声になります。

②口蓋の病気　口蓋裂（660頁）、粘膜下口蓋裂などで、声が鼻に抜けたようなフガフガした声になります。

◉その他の原因

①心因性失声症　精神的ショックなどの心理的要因で声がでなくなります。

②全身衰弱　重病で全身が衰弱すると、呼気が弱くなるために、声が弱くなります（**音声衰弱症**）。

治療

原因となる病気があれば、その治療を行います。

声帯の病気によって呼吸が苦しくなる場合には、鼻や口から気管チューブを入れたり、気管の途中から呼吸できるように孔をあける気管切開が必要となることもあります。喉頭横隔膜症、先天性声門下狭窄では、気道を確保するために、まず気管切開を行ってから、原因疾患を治療することもあります。

手術を行わない保存的治療の場合には、吸入やネブライザー（霧状にした薬を吸入する方法）、内服薬治療などが行われます。

声帯結節の場合、手術はあまり行われず、保存的治療を行います。

声帯に異常がある場合は、おとなでは沈黙療法が勧められますが、子どもでは沈黙を厳守させることがむずかしく、子どもに精神心理的発達の障害をおこすおそれがあるので、沈黙を強制するべきではありません。

しかし、声がでにくいとき、声がかれているときには、なるべくしゃべらないようにすることがたいせつです。

日常生活の注意

小児嗄声（声帯結節）では、大声をだす習慣を直すこと

がたいせつです。どなる、奇声を発するなどの機会が減り、声帯の構造が成人に近づいて発達してくるにつれて、よくなってきます。

言語発達遅滞
Speech Retardation

どんな病気か　知的発達障害、自閉症（603頁）、広汎性発達障害、表出性および受容性での言語遅滞、聴覚障害、環境性・心因性の言語発達遅滞などで、ことばの発達が遅れます。

知的発達障害では、運動発達も遅れることが多くみられます。

自閉症では、3歳までに発症し、社会性、言語発達に障害がみられ、執着やつねに同じ行動をするなどをともないます。

言語遅滞のうち、表出性の場合は、ことばがなかなかでませんが、そのほかの発達には異常がなく、経過は良好です。受容性の場合、言語の理解が悪いためにことばがなかなかでない状態で、ことば以外の絵などは理解でき、字が読めて、復唱ができても、内容が理解できず、話していても問いと答えがかみ合わず、会話が成立しません。

聴覚障害の場合は、音への反応が悪く、聞き返しが多い、テレビの音を大きくする、話をする人の口元を見るなどがみられます。言語発達のためにも、くわしい検査・治療が重要です。

治療　いずれも幼児期から適切な習慣を身につけたり、周囲の理解と協力、応援など、教育的な配慮、指導が必要です。

受容性の言語遅滞では、ことば以外の理解力を活用して言語理解力を伸ばす特別な教育が必要です。医学的に治療が可能であれば、それを優先させます。

中程度以上の感音難聴（1142頁）があれば、乳幼児期から補聴器、人工内耳（1140頁上段）などを装用し、聴能訓練を受けます。小耳症（631頁）、中耳の形態異常など、伝音難聴（1142頁）で手術的治療が可能なものでも、手術適応年齢（8～10歳ころ）になるまでは、補聴器装用が必要です。

予防　新生児聴覚スクリーニングを受けて、聞こえには問題がなかったとしても、その後の聴力もチェックすることがたいせつで（654頁表）、運動面の発達年齢との間に目立った差がないか比較してみましょう。

子どもの構音障害
Articulation Disorder

どんな病気か　発音の誤りが習慣的になり、いつでも誤りをおこす状態をいいます。

原因　子どもの構音障害の多くは、機能性障害です。はっきりした原因はありませんが、いろいろな要因が重なって症状を形成しています。

口蓋裂（660頁）、粘膜下口蓋裂、口蓋が短い口蓋短縮症などでは、声が鼻へ抜けるために（鼻咽腔閉鎖機能不全）、鼻で共鳴する**開鼻声**となります。

発語器官の動きが悪いためにおこる構音障害は、脳性まひ（597頁）のほか、舌や唇の運動が不器用な場合にも現れます。舌先で左右の口角を連続してな

A＝声の弱々しさ（無力性）、S＝声の力みの程度（努力性）を0～3の4段階に分け、その組合わせで表します。

◎新生児聴覚スクリーニング

難聴の早期発見と早期療育は、難聴の子どもが言語を獲得していくためには重要です。2000（平成12）年ころより、すべての新生児を対象に聴覚のチェックを行っています。誕生後、退院までの間、おもに産婦人科や新生児科で、自動ABR（聴性脳幹反応）、OAE（耳音響放射）などを用いて聴力検査を行います。難聴の疑いがある場合には、全国170か所の精密聴力検査機関での精密検査を受ける必要があります。

▼日本耳鼻咽喉科学会の新生児聴覚スクリーニング後の精密聴覚検査機関リスト
http://www.jibika.or.jp/citizens/nanchou.html

ことばの教室で指導を受けている言語障害

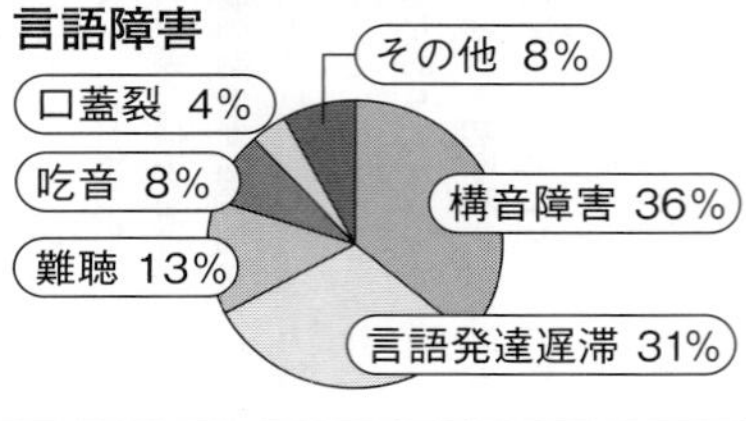

◎吃音症の原因

吃音症は、話しをするための神経や運動器官にはとくに異常がなく、心理的、機能的疾患であることがわかっています。しかし、何がその原因となっているかについては、

めることができないような場合、構音障害が現れる可能性があります。

家族の構音障害が影響を与えることもあり、年齢の近い兄や姉と類似した構音障害が生じることがあります。また、言語の発達が全般的に遅れている（言語発達遅滞）場合には、構音の発達過程の言語障害も遅れています。

症状

構音の発達は、ア・エ・イ・オ・ウの母音、舌の奥と軟口蓋で生じる（破裂音）カ行・ガ行、上下の唇でつくりだす（両唇音）マ行・パ行・バ行から始まり、4歳代でタ行・ダ行・ジャ行・シャ行・ハ行などの舌のなかほどや舌先を使ったり声門でつくる音の構音ができるようになるとされます。サ行・ザ行・ラ行・ツなどは遅く、5～6歳ごろになります。4歳でサ行が言えず、「サル」を「シャル」と発音していても問題はありません。

構音の発達課程でみられる音の誤りは、ほかの音に置き換えられる**置換**（サカナをタカナ）、子音を発音しない**省略**（サカナをアカナ）、日本語の語音にない音となる**歪み**に分けられます。

おこることの少ない異常構音として、声門破裂音、口蓋化構音、鼻咽腔構音、側音化構音などもあります。

口蓋裂では、開鼻声に声門破裂音、咽頭破裂音、喉頭摩擦音、喉頭破裂音などの異常構音が合併している場合が多くみられます。

粘膜下口蓋裂、先天性鼻咽腔閉鎖機能不全でも声が鼻に抜け、口蓋裂と似た構音障害を示します。粘膜下口蓋裂の場合は「アー」と言うと、口蓋後方の真ん中がくぼむことで診断できます。

口蓋裂のような鼻咽腔閉鎖機能不全がない場合にも、口蓋化構音、鼻咽腔構音などがみられることがあります。

舌小帯短縮症（661頁上段）は、新生児や乳児でも、乳首に吸いつく力が弱いために気づかれる場合もあります。タ行、サ行などの発音がうまくできず、舌足らずな話しかたになります。

治療

口蓋裂の場合は、1～2歳ごろに口蓋の間隙をふさぐ手術を行い、4～5歳ころより言語聴覚士による構音訓練が開始されます。

粘膜下口蓋裂、先天性鼻咽腔閉鎖機能不全では、構音の発達に支障をきたす場合に手術が行われます。術後、あるいは手術の必要がない構音障害でも、小学校に入学すると、授業などで集団のなかでの発言の機会が増えるので、その前までに構音訓練が終了することを目標にします。

言語発達遅滞（前項）をともなう場合は、原因の究明と対処を優先します。

難聴のためにことばの発達が遅れ、構音障害がみられる場合、補聴器をつけた直後からことばが発達し、発音も改善されてくることも珍しくありません。

日常生活の注意

乳児期に授乳の力が弱い、ミルクの鼻漏れがある場合は、構音障害の原因となる病気をもっている可能性もあるので、くわしい検査が必要です。また、音への反応が悪い、中耳炎（633頁）をくり返すなども構音障害の原因となるので、補聴器をつけたり、中耳炎の治療を行うことがたいせつです。

会話のなかでときに正しい構音が聞かれる場合、正しい構音を聞かせると正しくまねができる場合には、遊びの

子どものことばの障害

いまだはっきりとはしていません。

　言語を調節する部分に神経性の反応がおきているという説、ことばを話すための呼吸・発声・構音の運動をつかさどる領域の緊張異常という説、乳児期独特の欲求が満たされないことが要因という説などがあり、幼児期の精神的・環境的因子や遺伝的要素、話しかたのまねも要因になるといわれています。

　吃音になる子どもは、基本的に正直でまじめ、それゆえに少々融通がききにくい性格をもっています。本来、子どもは、自分の生まれもった個性を周囲にぶつけ、その反応をみながら周囲に適応して成長してゆくのですが、個性をぶつける周囲に対して、自分をむりに調整しなくてはいけない環境では、こころの根底は成長できず、人格形成に大きな影響を与えます。抑えていたものがあるとき爆発し、ことばの問題として現れるのではないかと考えられます。

なかでおとながその音を含むことばを発することで自然に治ることもありません。子どもが過度に発音の誤りを意識すると、話すことを避けたり、非難されているという社会的問題や情緒的問題を引き起こすので避けなければいけません。

吃音症（きつおんしょう）
Stuttering

どんな病気か

　吃音とは、ことばがうまくでないことです。話しをするとき、ことばが流暢（りゅうちょう）にでてきません。**リズム障害**（しょうがい）に分類される言語障害です。

症状

　大勢でいっしょに朗読をするときはスラスラと読めますが、大勢の前で朗読するときには、つかえます。ことばがつかえる、くり返される、引き伸ばされる話しかたは、2歳から2歳半くらいを中心に4歳くらいまでに発生する**一次性吃音**（いちじせいきつおん）です。

　成長とともに自分のことばの非流暢性を意識しだすと、これについて悩んだり、流暢に話す努力をしたり、吃音になる状況を回避しようという心理的負担が加わってきます。これを**二次性吃音**（にじせいきつおん）と呼び、吃音そのものが心理的負担となり、重症化していきます。話すときに顔をしかめたり、まばたきをする、手足で調子をとったり、ドキドキする、顔が赤くなるなどの自律神経症状がみられることがあります。

　まれに、ことばがつづけて話せるようになっても（5～9歳ころ）、突発的にことばの引き伸ばしから吃音が始まる場合や、成人になって単語や語句全体のくり返しから始まる場合もあります。

治療

　発症初期で、一次性吃音の場合には、周囲とくに母親が、吃音はこころの問題であることを理解し、対応する（環境調整）だけで月単位で改善していきます。吃音症状については、本人に指摘したり、直したりせず、無干渉とします。

　自意識のある子どもや成人、二次性吃音では、心理的負担がかなり強いため、環境的配慮はもちろんのこと、幼児期についたこころの歪（ゆが）みを修整するとともに、やる気をださせる、こころのなかに希望を育てる、生き生きさせる、自信をもたせるようにします。言語指導法、遊戯療法、メンタルリハーサル法、自律訓練法、行動療法などいろいろな方法が開拓されていますが、改善は年単位になってきます。

　吃音があっても、まったく問題なく学校生活に適応している子どもも多く、小学校の**ことばの教室**（きょうしつ）への通級は、吃音の有無より、吃音によって子どもの行動範囲が狭くなるなどの悪影響がある場合に適応されます。本人に吃音を自覚させないように、発症してすぐ治療を開始するのがもっとも有効です。

　二次性吃音になったら、ほめること、認めてあげること、生き生きさせてあげることがひじょうによい方法です。

　吃音を気にせずに話すことができたら、また生き生きと活動できたら、他人に対して自己主張ができたら、本人がことばの教室に通わなくてもよいと思うまで自信がもてたら、吃音は克服されたと考えてよいでしょう。

子どもの歯・歯肉・口腔の病気

◎先天性口角瘻

生まれつき口角部（口の横のすみ）の口腔粘膜側に生じる瘻（あな）で両側または片側にみられます。ほとんどは

口唇裂／唇顎口蓋裂／口蓋裂

Cleft Lip / Cleft Lip and Palate / Cleft Palate

どんな病気か

上唇が裂けているものを**口唇裂**といいます。唇の赤唇部から皮膚にかけて部分的に裂ける**不完全唇裂**と、外鼻孔内まで裂ける**完全唇裂**があります。

裂け目が上唇だけでなく、歯槽部（歯が生える部分）におよんだものを**唇顎裂**、さらに上顎の奥の口蓋まで裂けたものを**唇顎口蓋裂**といいます。上顎の奥の口蓋だけ裂けているのは**口蓋裂**といいます。

いずれも顔面にみられる先天異常（口腔顔面裂）で、多くは片側性で左側に好発しますが、両側性の場合もあります。日本では口唇裂・口蓋裂は、出生500人に1人の割合で発生し、外国の発生に比べて高率です。両親のいずれかにこの異常がある場合は、子どもの発生率はさらに高くなります。

原因

口唇は、母親の胎内で胎生4～7週に、口蓋は7～12週に形成されますが、各部分が予定どおり癒合しなかった場合に、裂け目が残ります。はっきりした原因はわかっていませんが、多数の遺伝子と環境因子の相互作用によって発生すると考えられています。環境因子は、母親の子宮をとりまく環境のことで、ホルモン剤、抗てんかん薬などの使用のほか、胎児の異常体位、風疹、水痘、麻疹などのウイルスの関与などがいわれています。最近では、発症に関連する候補遺伝子が明らかにされつつあります。

症状

顔の中心部の病気のため、ひじょうに目立ち、子ども自身に加えて、両親や家族の精神的ストレスが強いものです。新生児の哺乳に障害がでたり、成長とともに咀嚼・嚥下・構音などに障害がおこります。

口蓋裂の場合の発音は、開鼻声（音が漏れ、鼻声で聞きとりにくい）と異常構音が特徴で、スムースな会話ができず、対人関係が消極的になります。またのどや鼻などの上気道感染をおこしやすく、滲出性中耳炎や難聴になる危険もあります。口蓋裂の手術後には、上顎の成長発育が悪くなり、歯並びの乱れや反対咬合（うけくち）になり、かみ合わせに問題がでます。

治療

口唇裂の手術は生後3～5か月で体重5～6kgの時期に行い、口蓋裂の手術は1歳2か月～1歳6か月ころに行います。唇顎口蓋裂に対しては患児の哺乳を容易にすることと、顎の成長発育を助けることを目的に、ホッツ床と呼ばれる口蓋床が、出生直後より口蓋裂の手術直前まで用いられます。また、口唇・口蓋形成手術後は、二次的に鼻口腔瘻閉鎖手術、スピーチエイド装着、咽頭弁移植手術などのほか、歯列矯正や義歯やブリッジなどの歯科的治療が必要になることがあります。ル・フォー型上顎骨骨切り術で上顎を前方へ出したり、下顎枝矢状分割骨切り術で下顎を後退させる顎矯正手術も行われます。

このように口腔外科、歯科、形成外科などで、出生直後から成長発育が完了するまで一貫治療が行われます。

本人も周囲も気づかないまま経過するため、治療の必要はありません。

口唇裂と同様に、胎生期の癒合異常のためにおこります。

軽い場合は瘻にはならず、点状のくぼみ（**先天性口角小窩**）の状態となります。

いずれも治療の必要はありませんが、瘻が深くて汚れがたまり、炎症をたびたびくり返す場合は、瘻の切除手術を行います。

◎舌小帯強直症（舌小帯短縮症、舌小帯癒着症）

舌を上にあげると、舌下面の真ん中に、舌の奥から先のほうに向かってすじ状にみられるのが舌小帯です。

舌小帯強直症では、この舌小帯の片方が舌の先端近くに付着したり、下顎の前歯の内側の歯肉近くにまで付着しているので、舌の動きがとても

子どものむし歯
Dental Caries
小さいころからの予防が重要

◇むし歯は減少傾向にある

どんな病気か

むし歯（う蝕）は、細菌が原因で、歯が溶けてくる病気です。

子どものむし歯は減少しつつあり、むし歯の程度も軽くなりつつあるとはいえ、1歳児で全体の約10％、2歳児で約40％、12歳になると70％以上の子どもにむし歯がみられます。

子どもは、生後6か月ころから下顎乳歯が生え始め、約3年で生えそろいます（図）。この乳歯がむし歯にかかりやすいのは、2歳から5、6歳にかけてといわれています。

いっぽう、永久歯は、6歳ころに生え始め、智歯（親しらず）を除くと、15歳ころに生えそろいます。この永久歯がむし歯にかかりやすいのは、11歳から19歳にかけてといわれています。

子どものむし歯は、①進行が速く、深くまで進みやすい、②同時にたくさんの歯がむし歯になりやすく、また、歯の側面にむし歯ができると、隣り合っている歯もおかされやすい、③自覚症状がはっきりしない、④子どもがいやがると治療がむずかしい、といった特徴があります。

原因

乳歯も永久歯も、生えて間もない時期はむし歯が発生しやすい時期です。

その理由は、歯が生えて間もない時期には、むし歯に対する抵抗力が弱いからです。

唾液は、物をかんだり、しゃべったりするときの潤滑油の役目をはたすとともに、歯の表面について歯を保護しています。しかし、唾液の効果がエナメル質におよぶまでには、何年もの時間が必要で、生えて間もない乳歯や永久歯のエナメル質は、十分に保護・強化されていません。そのため、2～5、6歳の乳歯や、11～19歳までの永久歯では、むし歯になりやすいのです。さ

乳歯の萌出順序

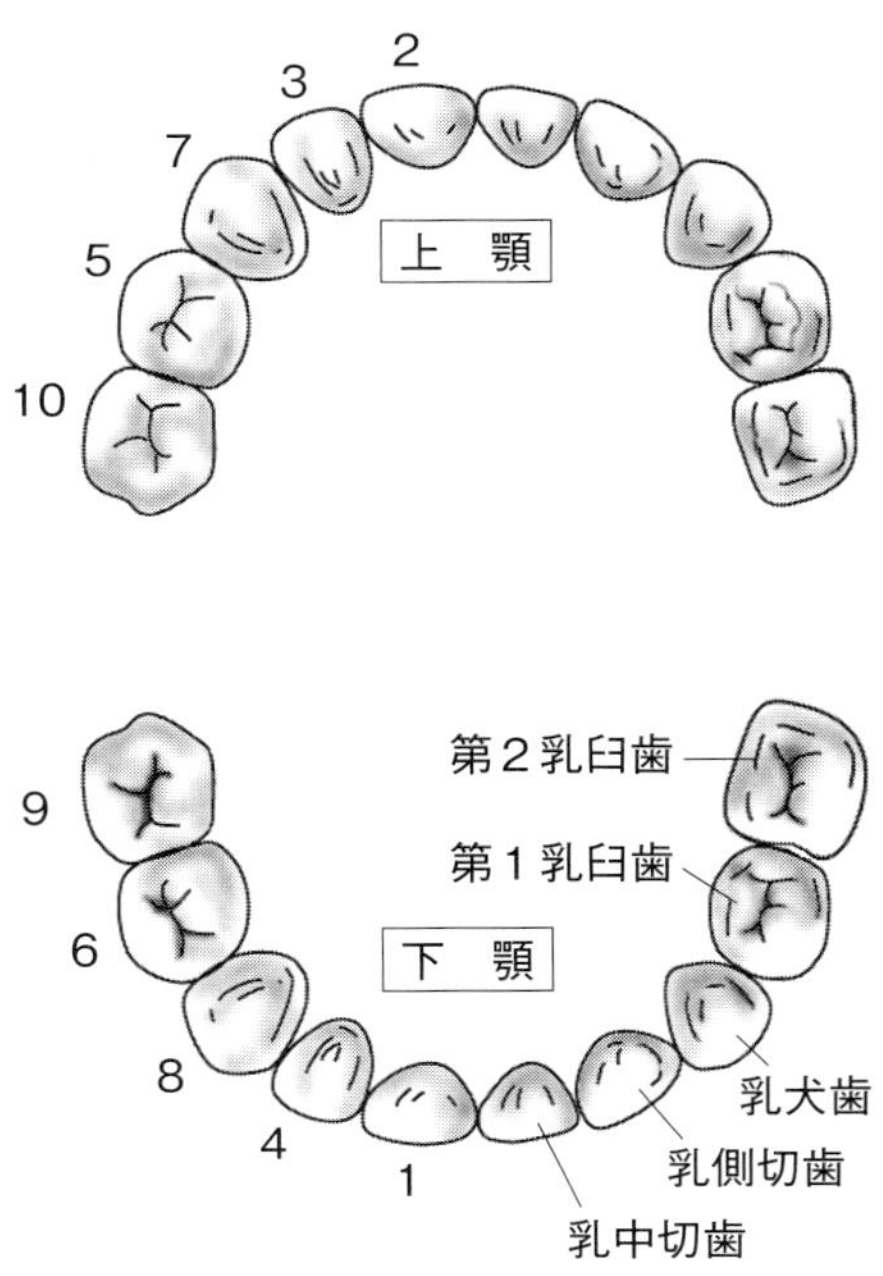

（注）数字は乳歯の萌出順序を示す。

悪くなり、むりに舌を前方に出させると、舌の先端がハート形にくびれます。

先天性のものと、外傷や熱傷（やけど）のあとにおこる後天的なものがあります。

舌の運動が悪くなるため、とくにサ行音、ラ行音などの発音が不明瞭になります。

発音異常が重度であったり、将来の発音が心配なら、3歳前に舌小帯切除術または舌小帯延長術を行います。

手術は比較的簡単ですが、乳児の場合は全身麻酔が必要です。吸収性の縫合糸を用います。3歳以降でも手術は行えますが、手術後に発音練習が必要です。後天的な重症の強直症には、癒着部の剥離後に粘膜移植や皮膚移植を行うこともあります。

らに、子どもは、糖分が多く、歯に付着しやすいおやつ類を好むこともあって、溝の形が複雑な乳臼歯には、とくに糖分やプラークがたまりやすくなります。

そのほか、幼児では、自分だけでは歯みがきが十分にできないことも、むし歯が発生する原因となります。

また、むし歯の原因となる細菌（う蝕病原菌）は、生まれたときには、口の中には存在しません。しかし、保護者が口うつしで食べ物を与えるなどして、保護者の口から子どもの口にうつる場合があります。そのため、保護者の口腔ケアも、子どものむし歯の予防に関係してきます。

症状

乳歯は合計20本、永久歯は全部で32本ありますが、このなかでも、とくにむし歯になりやすい歯があります。乳歯では、上顎の前歯と上・下顎の臼歯にむし歯ができやすいといわれています。永久歯では、上・下顎の大臼歯と上顎の前歯がむし歯にかかりやすい部位です。

むし歯ができると、歯がしみたり、歯が痛んだりします。そのほか、食事が食べにくい、かみにくい、しゃべりにくいなどの障害もおこします。

むし歯の進行の度合いによって、C_0、C_1、C_2、C_3、C_4の5段階に分けられます（1223頁）。

◇乳歯からの予防がたいせつ

治療

子どものむし歯は、治療をいやがるなどの理由でむずかしいことが多いものです。

ただし、乳歯がむし歯になった場合でも、放置すると、あとから生える永久歯に悪影響をおよぼしますので、早めに治療を受けるようにしてください。

治療は、むし歯の進行状態にあわせて、歯の痛みをとったり、歯冠修復や充填を行います。また、プラークの除去、歯みがき指導などもあわせて行われることがあります。

正しい歯みがきをすることは、たいせつです。長年にわたって、あやまった歯みがきをつづけると、歯ブラシによる慢性的な作用で、歯ぐきに近い部分がすり減って、楔状の欠損ができます。この磨耗症は、歯質が失われるので、知覚過敏の原因にもなります。磨耗症では、知覚過敏やむし歯に準じた治療が必要になります。

予防

食事やおやつなどのあとは、唾液のpH（水素イオン濃度）が低下します。食後2～3分でpH4～5くらいになるといわれています。つまり、物を食べるたびに口腔内の環境が酸性になるわけです。

一般に、歯は酸におかされやすいのですが、永久歯のエナメル質はpH5・5～5・7で溶けるといわれています。乳歯や生えたばかりの永久歯（幼若永久歯）のエナメル質、および永久歯の象牙質はpH5・7～6・2で溶けるとされています。つまり、乳歯や幼若永久歯は、それほど強い酸性度でなくても溶けてしまうのです。

食後40分くらいたつと、酸性になった口の中が中性に戻るとされますが、これには個人差があります。よく唾液の出る人では唾液の緩衝効果によって早く中性に戻り、唾液の少ない人では時間がかかることになります。

◎口腔習癖

口腔習癖には、指をしゃぶったり吸ったりする癖、舌を吸う癖、唇を開けたまま呼吸をする口呼吸、唇をかんだり吸ったりする癖、爪や鉛筆などをかむかみ癖、さらに頬杖などがあります。小児期における心因性の適応障害が口腔周辺の異常行動として表現されたものと解釈されています。

口腔習癖の発現は年齢により異なり、指しゃぶりは4～5歳ごろに多く、爪かみ癖は学童期に増加します。これらが長くつづくと、上下前歯の前方突出、不正咬合、開咬など顎の変形の原因になるといわれ、矯正歯科治療や顎矯正手術が行われます。

治療後は、癖を排除し、正しい習慣や機能をつけさせる筋機能療法が必要になります。背景に情動不安定、性格、家庭環境が関係すると考えられる場合は、いきなり習癖をやめさせるのではなく、臨床心理士とも相談してください。

こうしたことから、生えて間もない歯で、飲食の回数が多く、唾液の量が少ない子どもほどむし歯になりやすいということになります。したがって、子どもにも毎食後、必ず歯をみがく習慣をつけさせることがたいせつです。

歯の生え始めたころから、歯ブラシが持てるようになるまでは、子どもを膝枕で寝かせ、お母さんが歯をみがいてあげましょう。このとき、歯みがき剤は使わないようにします。子ども用の歯ブラシが合わないようならば、ガーゼを指に巻き付けるか綿棒を使って、歯をみがきます。歯ブラシが持てるようになったら、おとなといっしょに歯みがきするようにしましょう。これは、歯みがきを習慣づけるためと、事故をおこさないようにするためです。

小学校に入るまでには、ひとりで歯みがきできるようにしましょう。ただし、子どもはまだ自分では正しく歯をみがけませんから、まず本人にみがかせたあと、保護者が仕上げみがきをしてあげる必要があります。また、おやつなどの間食をとりすぎないよう、時間や回数をきちんと決めることもたいせつです。おやつは、糖分の少ない物を食べさせるようにしましょう。

むし歯の予防法には、歯の表面にフッ素を塗って、歯が酸におかされにくくするフッ素療法や、奥歯の溝をプラスチック樹脂で埋めるフィッシャー・シーラントという方法があります。くわしくは歯科医によく相談してみてください。最近では、小児歯科という子ども専門の歯科医が、乳児期からのむし歯予防にも力をいれています。

ランパント・カリエス
Rampant Caries

どんな病気か

いちどにかなり進行したむし歯が多数の歯にみられるもので、**汎発性う蝕**ともいいます。早い時期に歯髄がおかされやすい特徴があります。多数の歯の歯肉との境の部分が同時に褐色に変色し、歯が溶けてやわらかくなります。

この場合のむし歯のできる過程はふつうのむし歯と同じで、むし歯に対する抵抗力の弱い歯（2歳～5、6歳の乳歯および11～19歳までの永久歯）にできます。原因は、糖分のとりすぎや、飲食の回数が多いことです。

治療は、ふつうのむし歯の治療と同様に、むし歯の病変部を取除きそこに金属やレジンなどをつめたり、かぶせたりします。その後フッ素療法、プラークの除去や歯みがきの指導などを行います。

上唇小帯短縮症
Short Upper Lips Frenulum

どんな病気か

上口唇（うわくちびる）の正中部粘膜と歯肉の間のひだを上唇小帯といいます。このひだが学童期になっても左右上顎中切歯の間の歯肉まで伸びている異常を上唇小帯短縮症といいます。ひだは成長とともに上方にあがり退縮するので、多くの場合、ようすをみます。

ひだが退縮しないで、切歯にすき間が残る場合のみ、麻酔をして切除後に縫合手術を行います。

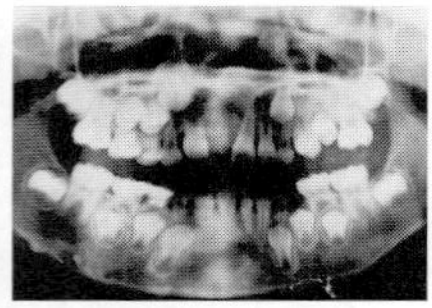

写真1　咬合の異常

歯の位置、萌出異常などを知ることができます（小児のＸ線写真）。

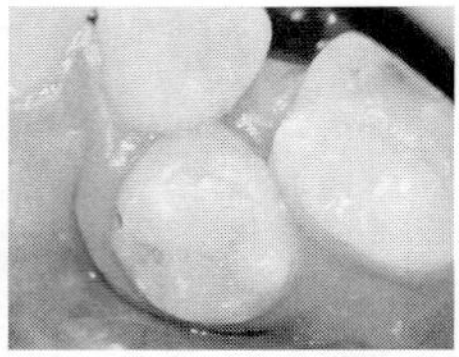

写真2　転位歯

正常な歯並びから１本ずれているのがわかります。

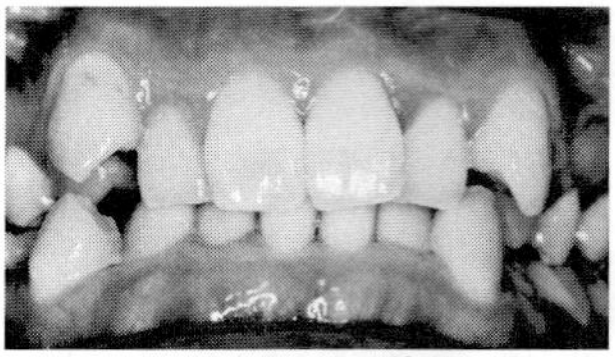

写真3　乱杭歯

転位歯、傾斜歯などが叢生の原因となります。

不正咬合

Malocclusion

歯並びや歯の位置の異常

◇なぜ不正咬合は治療が必要か

どんな病気か　不正咬合とは、正しいかみ合わせができないことをいいます。ただし、かみ合わせが正しいかどうかの判定はとてもむずかしく、その子どもの成長のバランスもありますので、矯正専門医による見きわめが必要になります（写真1）。

不正咬合の一般的な治療は、歯列矯正（666頁）です。

◇原因は大きく分けて3つ

原　因　不正咬合の原因には、遺伝や癖によるもの、歯自体に問題があるもの、上下の顎の関係が悪いものなどがあります。

◉遺伝や癖によるもの

遺伝的な原因としては、顎や顔面の大きさ、歯の大きさ、形および数が、くせには、異常な飲み込みかたや、舌を出したり指をしゃぶるなどの癖、鼻の病気でいつも口で息をすることなどがあります。

◉歯自体の問題

▼歯の生えかたの早さと遅さ　永久歯が生えてくる前に乳歯が抜けてしまったり（乳歯早期喪失）、性的早熟で永久歯が早く萌出したり、永久歯が生える時期になっても乳歯が抜け落ちないで永久歯の生えるじゃまをしたり（乳歯晩期残存）、永久歯が外傷、むし歯（う蝕）、歯周病など、さまざまな理由で抜けてしまうことによって、歯の生える位置に異常がおこります。

▼歯の形の悪さ　歯の形や大きさも歯並びに少なからず影響を与えます。萌出可能な余地に対して、歯の幅が大きすぎると、歯の生える余地が不足して、異常な位置に歯が生えてしまいます。

逆に、ふつうの歯より小さい場合（**矮小歯**）は、上顎の側切歯や親しらずに多くみられます。

▼歯の生えるときの異常　歯の生える場所や方向が正常でないことも不正咬合の大きな原因のひとつといえるでしょう。また、異常な生えかたをする状態も問題です。

たとえば、正常な歯並びから、舌や頬のほうにずれている**転位歯**（写真2）、歯の軸に対してねじれて生えている**捻転歯**、歯の軸が傾いている**傾斜歯**、歯冠が粘膜下または顎骨内に埋没している**埋伏歯**などがあります。

これらが多かれ少なかれ関与して、**叢生**と呼ばれる**乱杭歯**（写真3）の状態が発生します。

▼歯の数の不足または過剰　歯の数が足りなくても、多すぎても、やはり不正咬合の原因になります。生まれつき歯の芽がない**完全無歯症**は遺伝的なものが多いのですが、1本とか数本が部分的にないことは比較的よくみられます。もっとも多いのは、第3大臼歯と呼ばれる親しらず（智歯）ですが、上顎の側切歯や下顎第2小臼歯がないこともあります。

反対に、歯の数が余分にみられる場合は**過剰歯**といって、上顎の両側中切歯間にもっともよくみられます。この

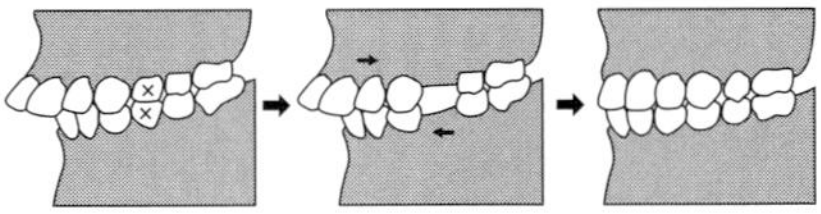

図１　上顎前突の治療例
（×は抜歯）

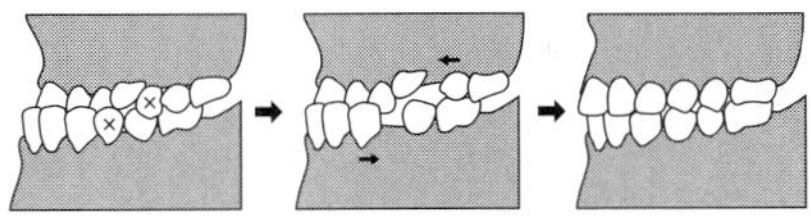

図２　下顎前突の治療例
（×は抜歯）

場合、歯の形は円錐形で、根も短いのが特徴です。一般に歯の異常は乳歯より永久歯に多いと報告されています。

◉上下の顎の関係が悪い場合

日本人にもっとも多い**下顎前突（反対咬合・受け口）**について説明します。

下顎の前歯が上顎の前歯より前方に出ている咬合状態です。下顎骨が発育しすぎる場合と、上顎の発育が足りない場合など、顎の骨に原因があるものがもっとも多いのですが、顎の骨には異常がなく、下の歯が前に出ている場合もあります。

治療

下顎前突の治療を始めるのは通常、乳歯が生えそろってから、かみ合わせの状態をみて決めます。下顎の前歯だけが前方に出て、歯だけが反対咬合になっているような状態ならいつでも矯正を始められます。しかし長い間放置しておくと、上の歯が下の歯を押して反対咬合をひどくしてしまい、骨も成長をつづけてしまうため、顎の骨の治療をしなければならないこともあり、注意が必要です。

図2は、下顎前突で抜歯を必要とした治療例です。上下の歯（通常は小臼歯）を1本ずつ抜き、下の前歯を後ろへ、上の奥歯を前に動かして全体の咬合をよくします。

前歯だけでなく、犬歯までが反対のかみ合わせの場合には、下顎が大きすぎたり、上顎が小さすぎたりする骨の異常によりますので、骨の成長を早くコントロールする必要があります。成人になってしまうと、大きくなった骨を切ったり、小さすぎる骨を広げたりする顎矯正手術が必要になります。

◇その他の不正咬合

▼上顎前突（出っ歯）　上顎の前歯が下顎の前歯より著しく前方に出ている咬合状態をいいます。上顎が大きく前に出ている、下顎が小さくて引っ込んでいる、顎に異常はなく歯だけが前に出ているなどの場合があります。これは、遺伝でおこるほか、上顎と下顎の成長の不調和、指しゃぶり、蓄膿症による口呼吸（鼻で息がしにくいため口で息をする）などが原因でおこります。図1のように治療します。

▼叢生（乱杭歯、八重歯）　歯が不規則なジグザグ状に配列している状態をいいます。歯と顎骨の大きさの不調和や、臼歯の内側への転位などが原因となります。また、辺縁性歯周炎（歯槽膿漏）が原因になる場合もあります。

▼正中離開　上顎の両側中切歯の歯間にすき間ができるものです。過剰歯や埋伏歯、上唇小帯（上唇と上顎の歯肉をつなぐ粘膜のひだ）の付着異常などが原因となります。

▼開咬　通常、臼歯部は正常に咬合するが、小臼歯から前歯にかけて咬合しないものをいいます。

▼切端咬合　前歯は一般に上顎の切歯が下顎の切歯切端をおおって（被蓋）いますが、上顎の前歯と下顎の前歯が互いに切縁で接触している状態です。

▼過蓋咬合　上顎と下顎の前歯のかみ合わせが深い場合をいい、下顎の前歯が上顎の内側の歯肉を傷つけることもあります。

▼交差（交叉）咬合　下顎の歯列が上顎の歯列に対して、側方にずれてかんでいる状態をいいます。

子どもの歯列矯正とは

❖子どもの咬合異常とその弊害

子どもの咬合異常は放置しておくと顎骨の発育をはばみ、骨格系の異常を引き起こし、顎の機能の異常をも誘発しかねません。したがって、なるべく早めの処置が必要です。

顎の機能の異常は、咀嚼や発音がうまくできない、顎が歪む、むし歯ができやすい、歯周組織の病気や顎関節症をおこしやすい、外見が悪くなり心理的な障害（審美感）などの悪影響をもたらす可能性があります。

混合歯列期の咬合異常には、永久歯の生える部位の不足（萌出余地不足）による個々の歯の位置異常に起因するものが多くみられます。上顎と下顎の発育速度や発育様式は同じでなく、上顎骨の発育は下顎骨よりも遅く、しかも12歳ころまでつづきます。

❖正しいかみ合わせにするために

乳歯列期から永久歯列期にわたり、正しい調和のとれた永久歯咬合を導くために行われる処置が**咬合誘導**です。これは、長期間、同じ処置をするものではなく、発育期の節目に発育の変化に応じて行われます。

▼6歳まで　この時期は乳歯列期から第1大臼歯の萌出期です。乳歯咬合を維持し、顎の関係を正常に保ち、正しい位置に第1大臼歯を導くことが重要ですから、むし歯の処置、正しい歯の位置関係を保つ処置（保隙処置）、反対咬合の処置などが必要になります。

▼7～8歳　前歯の交換期です。切歯の正常な配列を目標に切歯の異常萌出を処置します。

▼9～11歳　この時期は小臼歯などの側方歯群の交換期です。側方歯群が正常に交換するよう、また、第1大臼歯が正常に咬合するよう維持します。

▼12歳以降　12歳を過ぎると永久歯列期に入ります。この時期には多くの歯の歯根が完成するため、本格的な矯正が可能になります。

❖矯正でなぜ歯が動くのか

矯正というのは、ワイヤーやバネの力を利用して、歯や顎の骨を目的とする位置へ人為的に移動することです。この人為的な力が矯正力です。

歯は、顎の骨と直接結合しているわけではありません。歯と顎の骨との間には、歯根膜という線維性の組織があり、座布団のようなはたらきをしています。歯に矯正力がかかると、歯根膜の細胞が圧迫される骨を吸収し、引っ張られた側の骨には新しい骨を添加して歯根のすき間を一定に保つようにします。その結果、時間の差はありますが、歯は、上にも（挺出）、下にも（圧下）、横にも（歯体移動）動くことになります。

❖矯正治療に時間がかかるわけ

強い力をかければすぐに動きそうですが、骨より先に歯が吸収したりするため、ゆっくりと緩やかな力をかけて動かすので時間がかかるのです。また、動かされた歯はある期間、固定（保定）しておかないと、もとの位置に戻ります。保定期間は、歯と歯根膜と骨の関係が落ち着くまでの期間のことで、1～2年かかるのがふつうです。

歯が動く原理

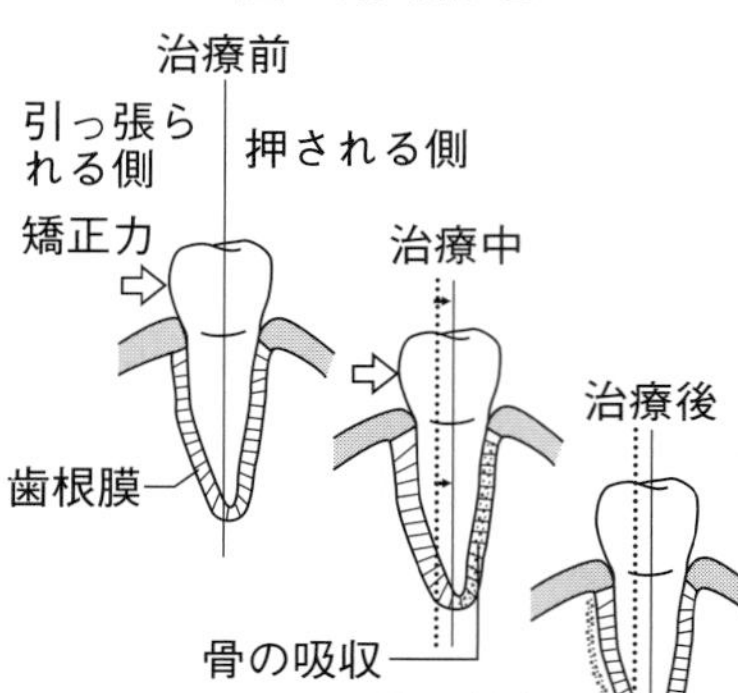

子どものためのスポーツ歯学

❖ 咀嚼システムと全身の発達

子どもが、咀嚼（食物をかみくだく）システムを発達させてゆく過程で、ファストフードなど、やわらかい食品をよくかまないで食べて成長した場合、スポーツでより高い技術を得るためのトレーニングをしても、トップに通ずるレベルには達しないといわています。

それは、咀嚼システムの発達が全身の生体機能システムにも強い影響を与え、バランスをとりながら成長するとされているからです。

子どものころから正しい咀嚼システムを育成し、同時に全身の生体機能システムを育成することを基本と考えなくてはなりません。

❖ 口腔・顎・歯の健康とスポーツ

最近、子どもたちがスポーツクラブなどでサッカーなどに熱中し、骨の変形をおこすことが社会的な問題になっています。

成長段階の子どもたちがトレーニングを始めた場合、いろいろな運動による負荷がからだにかかってきます。顎や筋肉の成長に影響をおよぼすような負荷をつねに受けるような状態がつづけば、子どもの正しい顎の位置（顎位）や咬合（かみ合わせ）の確立にもよい影響をおよぼさないと考えられます。

子どもたちの健康を守るスポーツ医学の1分野として、スポーツ歯学の観点から考えると、このような環境下にいる子どもたちには半年に1度、一般の歯科検診以外に顎位や咬合の機能的な検査を行い、正しい口腔機能の確立を誘導していくことが必要です。さらに、将来トップアスリートをめざす子どもたちにとっては、その夢をかなえるサポートにもつながります。

❖ 口腔・顎・歯とスポーツ外傷

最近、子どもたちの屋外での遊びは、サッカーや野球などのスポーツがメインとなっています。たとえば、サッカーをみると、低学年から高学年まで、あるいは1学年のなかでも4月生まれの子と早生まれの子など、体力的にも差がある子どもがいっしょにプレーすることになります。サッカーや野球は、人と人、人と物などが接触する**コンタクトスポーツ**なので、体力差などから口腔・顎などに発生するスポーツ外傷も増えてきているようです。

コンタクトスポーツでは、けがの程度も大きくなることが想像でき、さらに、自分自身だけでなく相手にも傷害を負わせることが多くなります。

スポーツ外傷の年齢別発生頻度をみると、10歳代がもっとも多く、ついで20歳代で、これらの年代で全体の7割以上を占めています。子どものスポーツ外傷による歯の喪失、歯槽骨および顎骨骨折が、その後の歯列や顎骨の成長・発達に障害を与え、咬合・歯列の不正を生じることにもなりかねません。

また、脳への衝撃により深刻な障害をおこすこともあります。したがって、子どものスポーツ外傷を予防するために、**マウスガード**（左写真）の装着などを積極的に行うべきです。安全であってこそ健康スポーツです。マウスガードの使用は、ひとつのスポーツ文化としてとらえるべきと考えられます。

図1　マウスガード

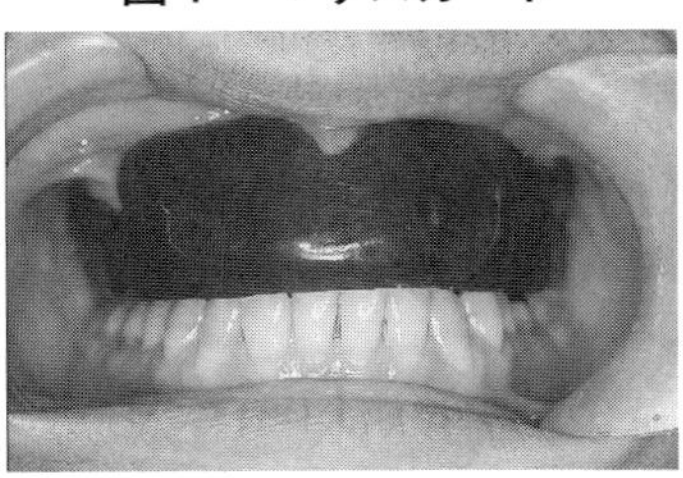

マウスピース、マウスプロテクターなどとも呼ばれ、口腔・顎・歯に生じるスポーツ外傷の予防、傷害の軽減だけでなく、頸部の安定、脳震盪の予防にもなります。

小児ぜんそく

Childhood Asthma

思春期までに60％は症状が治まる

どんな病気か

発作性に気道が狭まり、息がはきにくくなり、ゼーゼー、ヒューヒュー（ぜん鳴）と呼吸困難をくり返す慢性の病気です。このような**ぜんそく発作**は生命の危険につながる場合があります。

ぜんそくの発病には遺伝素因と環境が関係しています。気道の粘膜に慢性の炎症があり（下図）、そこに気道の病原性微生物の感染や、ダニなどアレルゲンの吸入、煙や冷気の吸入、気候の変化、運動による負荷、空気の汚染、心理的ストレスなどが加わると発作がおこります。

病気の経過や症状の重さは個人差が大きく、さまざまです。どの年齢でも発病しますが、3歳までに80％が発症します。また、思春期までに60％は症状が治まります。ただし、成人になって再発することもあります（1264頁）。この経過は治療により改善が期待できます。

治療にあたっては、一時的なぜんそく発作の治療だけでよしとせず、発作のでていない日常の管理がたいせつです。ぜんそくをもつ人は増加していますが、医療の進歩によって重症になる人は激減しています。医師とよく相談してください。

症状

ぜんそく発作は季節の変わりめによくおこります。強さはゼーゼー、ヒューヒューが少し聞こえる程度の小発作から、息苦しくて横になれない、動けない、眠れない大発作、さらには救急救命を必要とする呼吸不全まで段階（次頁表）があります。発作のタイプも、年に数回ゼーゼーぜん鳴がでるだけのタイプから、毎日のように大、中発作をくり返すタイプまで段階があります。

子どもは気道が狭いため、ぜんそくでなくてもぜんそくに似た症状がでることがありますが、それをくり返す場合にはぜんそくを疑います。

乳児では、眠りが浅くなり、泣き声が短く、授乳が困難になります。

子どもが呼吸が苦しく肩で息をして（**肩呼吸**）、呼吸をする際に胸がぺこぺこ凹む（**陥没呼吸**）というようにぜんそくの症状が現れていても、せきがで

ぜんそくによる気管支の変化

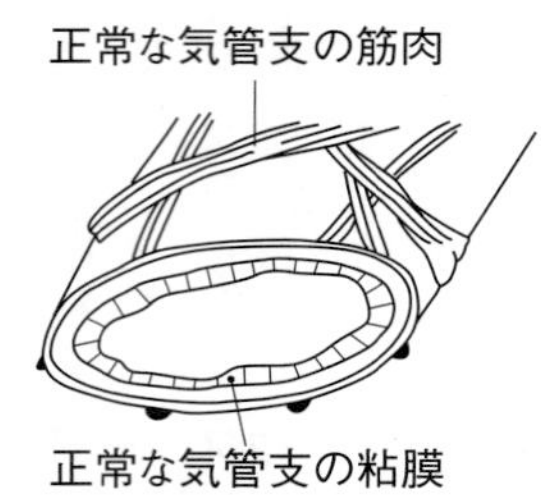

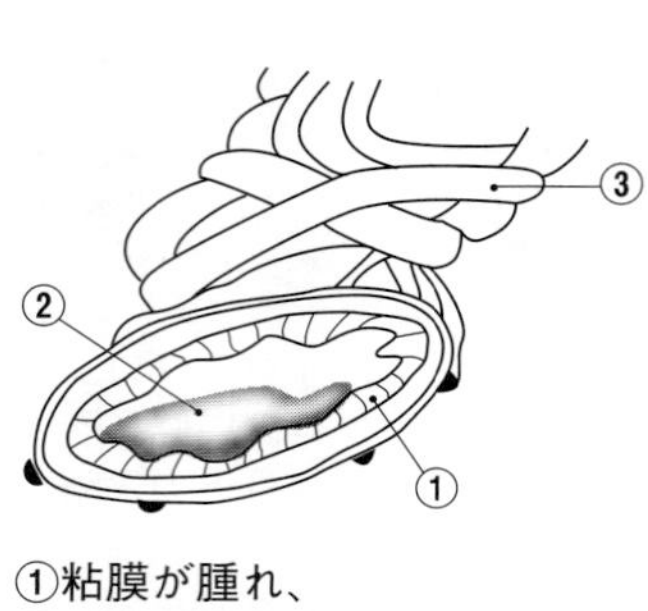

①粘膜が腫れ、
②粘液の分泌が多くなり、
③筋肉が気管を締めつけます。

小児ぜんそくのタイプとその症状

発作のタイプ	症状とその頻度
間欠型	・年に数回、同じ季節にせき、軽い喘鳴が現れる。 ・ときに呼吸困難をともなうことがあるが、β_2（ベータ）刺激薬の頓服で短期間で症状は改善し、持続しない。
軽症持続型	・せき、軽い喘鳴が月に1回以上、週1回未満で現れる。 ・ときに呼吸困難をともなうが、持続は短く、日常生活が障害されることは少ない。
中等症持続型	・せき、軽い喘鳴が週に1回以上現れる。毎日は持続しない。 ・ときに中・大発作となり、日常生活が障害されることがある。
重症持続型1	・せき、軽い喘鳴が毎日持続する。 ・週に1～2回、中・大発作となり、日常生活や睡眠が障害される。
重症持続型2	・重症持続型1に対する治療を行っても、症状が持続する。 ・しばしば夜間の中・大発作で時間外の受診をし、入退院をくり返し、日常生活が制限される。

ていないと意外と見逃されていることがあります。ゼーゼー息苦しいのがぜんそくの本質で、コンコンというせきはぜんそくの特徴ではありません。

ただし、ぜん鳴をともなわない、せきだけの**せきぜんそく**（1266頁）と呼ばれる特殊なタイプもあります。せきぜんそくは将来、通常のぜんそくに進展する可能性があります。

治療

早期診断が基本ですが、診断が正しいかどうか、経過のなかで確認していきます。保護者はぜんそくの診断を逃げず、軽視せずに対処するようにします。保護者、子ども自身と医師が共通理解することによって、その後の治療経過がずいぶん違います。

治療には発作時の対処と、発作のでていないときの長期管理薬物療法の2つがあります。

▼発作時の治療　上体をおこし呼吸が楽な姿勢にして、できるだけ水分を与えます。そうすると、気分が落ち着き、痰が切れやすくなります。ゆっくりおなかを使って息をはきます（腹式呼吸）。ぜんそくによる息苦しさは、息をはけないことが原因です。軽く背中をトントンたたいて痰が切れやすくします。処方された気管支拡張薬の頓服薬や吸入薬を使用してください。吸入は20分おきに3回まで可能です。

それでも息苦しさが回復しなければ医療機関を受診してください。救急受診時には、いつも服用している薬剤を報告するようにします。

▼長期管理薬物療法　吸入ステロイド剤など、長期管理薬の進歩がぜんそくをもつ人に大きな福音をもたらしています。自覚症状のない状態でも薬剤の使用を継続することが不可欠です。医師によく説明を受けて試してみてください。副作用には注意しますが、ほとんど心配はありません。

長期管理の基本薬は吸入ステロイド剤です。電動器具で吸入する乳幼児用もあります。病型に合わせて容量、期間を決めていきます。以前から使われているクロモグリク酸ナトリウムも評価が定まっています。

内服薬としては、免疫細胞のはたら

◎テオフィリン関連けいれん

テオフィリンは古くからぜんそくに使われてきた薬です。体内での分解、変換に個人差が大きいため、けいれんを誘発することがあります。

テオフィリン関連けいれんは予後が悪いので、専門医の管理が必要です。とくに発熱時や乳幼児では使用に注意が必要です。

◎ぜんそく様気管支炎

子どもは気管支が細く、痰を切る力も弱いので、ぜんそくでなくてもゼロゼロと痰がからみやすくなります。

このような状態をさすぜんそく様気管支炎という病名は正式な診断名ではなく、気管支炎、ぜんそく、気道の先天異常なども含め、症状が似ている状態で暫定的に使われている病名です。

きを抑える抗ロイコトリエン薬が従来の抗アレルギー薬に比べて有効です。中等症までには試みる価値があります。

気管支拡張薬のテオフィリンはけいれんを誘発することがあるので（上段）、専門医の管理のもと使用します。

本人でも分からない呼吸機能の状態の変化を測定し、発作の前触れを予知する**ピークフローメータ**という簡単な器具があります。小学生以上なら測定することができます。

予防　生活環境を整えることと心身の鍛錬がたいせつです。

家庭のダニやほこりはアレルゲンの代表的なものとして注意が必要です。よく掃除をすること、じゅうたんや布製のソファー、そばがらの枕、ぬいぐるみなどは子どもの近くに置かず、寝具やカーテンを洗濯する、素材の工夫をする、室内でのペットをさけるなどで発作が減ります。周囲の人が禁煙することもたいせつです。

運動により発作が誘発されることがあります。準備運動をすること、薬剤の使用などで予防が可能です。また、学校の理解もたいせつです。水泳は肺機能を高めるため、ぜんそくの子どもによい運動です。

日常生活の注意　入浴時の水かぶりはからだの過敏性を減少させるため、勧められます。ぬるま湯でもよいので、始めましょう。発作に備えて腹式呼吸を日ごろから練習することも重要です。

早寝早起き、薄着の習慣、栄養のバランスがとれた食事、過保護を控え、自立心を育てることなどは、ぜんそくの子どもに限らず重要です。思春期には心理面の支えが必要です。

ぜんそくは、軽症者でも急に重い発作をだすこともあるいっぽうで、ぜんそくを克服して活躍しているスポーツ選手も多数います。日常生活での注意を必要としますが、悲観することもありません。

子どものかぜ
Common Cold Syndrome

どんな病気か　「かぜ」は鼻、のどなどの上気道におこる急性炎症のことで、**普通感冒**（1258頁）と呼ばれます。軽い病気の代名詞ですが、広義には気管支炎、扁桃炎、感冒性胃腸炎、さらにはインフルエンザなども含みます。原因は9割がウイルス、一部が細菌の感染によります。

保育園に入園した当初などは毎週のようにかかることもありますが、小学生ごろからあまりかからなくなります。

症状　普通感冒は、のどの痛み、鼻水、鼻づまり、せき、発熱、ときに嘔吐や下痢をともない、4、5日で治ります。ただ、「かぜは万病のもと」といわれているように、気管支炎、肺炎、中耳炎、副鼻腔炎に進展することや、まれには中枢神経系に合併症をおこすことがあります。

乳児で、呼吸が苦しそう、機嫌が悪い、哺乳しない、ぐったりしているなどの場合は早めの受診をすべきです。ただし、高熱があっても比較的元気があり、食欲もあれば、あわてる必要はありません。

治療　適度な温度、湿度の環境での安静が第一です。消化の

子どもの呼吸器の病気②

よい食べ物に、イオン飲料などの水分補給が必要です。吐きけのある場合はあせらず食欲がでるのを待ちましょう。

　抗菌薬は細菌に対するもので、ウイルスが原因のかぜには無効です。抗菌薬は医師の判断によって細菌、マイコプラズマなどの感染が考えられる場合に使用します。合併症をおそれての予防的使用はあまり意味がないとされています。

　せき止めは強いものは使わず、むしろ痰（たん）が出やすいような薬を使います。気管支拡張薬は便利な貼り薬がよく使われるようになりましたが内服薬にも同じ薬が含まれていることがあります。自己判断での使用はさけましょう。

　痰が切れないときは、背中をトントンたたいて、振動で痰を動かすと効き目があります。

　乳児の鼻づまりは、砂糖水を少したらして吸引したり、蒸しタオルをあてたりすると軽くなります。おとな用の点鼻薬はさけましょう。吸引ができれば行いましょう。大きな子どもには鼻をかむ練習をさせます。

　解熱薬は一時的に症状を和らげるので、38度5分以上の高熱時に1日2回程度は与えてもよいでしょう。ただし、発熱は病原体を退治するためのたいせつな体の防御反応の1つです。また、解熱薬を使用したからといって、脳障害が防げるわけでもありません。むやみに熱を下げるために成人用の解熱薬を使おうとせず、小児用解熱薬（アセトアミノフェン）を指示どおり使用してください。熱冷ましパッチを額に貼ることは解熱効果を期待することはできませんが、子どもが楽になるなら使ってください。

　高熱であっても意識がしっかりし、息苦しさもなく水分がとれるようなら急を要する心配はありません。熱だけで脳障害はおこりません。逆に熱が下がっても全快とはかぎりません。学校行事などに振り回されずに余裕をもった対応が望まれます。

　入浴は回復期にはさしつかえありません。周囲での喫煙は喫煙者本人の呼吸器だけでなく子どもの健康に有害ですので、保護者は禁煙しましょう。

子（こ）どものインフルエンザ

Influenza of the Child

かぜより激しい全身症状がおこる

どんな病気か

インフルエンザウイルスによる呼吸器感染症です。子どもが感染するインフルエンザウイルスにはおもにA、Bの2型があり、とくにA型は毎年性質を変えて流行をくり返します。インフルエンザは普通の「かぜ」より激しい全身症状を引き起こします。通常は1週間程度で自然に治りますが、肺炎やインフルエンザ脳症など、生命にかかわる症状も引き起こすことがあります。

　近年では鳥のインフルエンザから変異した新型の出現の脅威が差し迫っており、全世界が警戒をしています。

症状

普通のかぜと違い全身症状が強いのが特徴です。突然の高熱、寒け、関節痛、筋肉痛、咽頭（いんとう）痛（つう）、せき、下痢（げり）などがおこります。

小児結核……675頁
百日ぜき……675頁
子どもの長引くせき……676頁
◎たばこの害……672頁
◎ライ症候群……672頁
◎喉頭軟化症……673頁
◎気管支肺異形成症……673頁

◎たばこの害

たばこの副流煙は子どもの呼吸器に直接、害を与えます。かぜをひきやすい、せきが止まらないなどの原因となります。さらに乳児突然死症候群の危険をもたらします。受動喫煙は「百害あって一利なし」、子どもの健康のためにも禁煙しましょう。

◎ライ症候群

かぜや水痘（水ぼうそう）

ただし高熱の症状だけでは、ふつうのかぜでもおこるので区別が困難です。その違いをしいてあげれば、熱のわりにのどの発赤が軽い、いったん熱が下がっても再び発熱するなどの特徴があります。乳児は意外に軽症であることもあります。

　診断は、のどや鼻から粘液を採取してインフルエンザウイルスの有無を調べる、迅速検査キットで90％以上の確度でできます。ただ、発病初期には反応が弱いので、医師の総合判断によります。

　1週間ほどで自然治癒する病気ですが、合併症として肺炎、中耳炎、骨格筋炎、心筋炎、症状が重くなる**インフルエンザ脳症**があります。

　インフルエンザ脳症は発病後、ごく短時間で意識障害やけいれん、異常言動・行動などをおこします。インフルエンザ脳症の治療は進歩していますが15％が死亡、30％が重度後遺症を残します。毎年およそ200人が発症しています。インフルエンザ脳症に限らず、子ども（とくに男の子）では、高熱時にうわ言、幻覚、異常行動、熱性けいれんをおこすことがあるので、インフルエンザ脳症との区別が困難です。ようすがおかしい場合は急いで受診するようにしましょう。

治療　特効薬としてオセルタミビル（商品名タミフル）内服薬、ザナミビル（商品名リレンザ）とラニナミビル（商品名イナビル）の吸入薬の3つがあります。発生が危惧されている新型インフルエンザにも有効とされています。いずれも発症48時間以内に使用すれば有熱期間を半減することができ、早ければ翌日に解熱します。

　現在、タミフルの服用と異常行動の関連が疑われて10代への使用が制限されています。まだ、関係性についての結論はでていません。

　タミフルの使用に関係なく発熱時には異常行動がみられることがあるので、とくに発病当初は子どもを就寝中も含めて一人にしないことがたいせつです。

　ふつうは安静にして、水分を補給していれば治る病気です。ただし、学校保健法で登校は発症後5日かつ解熱して2日を経過してからと規定されています。解熱しても、しばらくは回復を待つ慎重さが望まれます。

　解熱剤はアセトアミノフェンにかぎり、使用します。アスピリンなどサリチル酸系では**ライ症候群**（上段）の危険があります。せき、細菌感染の合併には抗菌薬を使用します。

予防　インフルエンザワクチンは接種すれば必ず予防できるものではありませんが、入院が必要になるほどの重症化を防ぐ効果は認められています。

　乳幼児ではおとなに比べて効果は弱いのですが、ワクチンよりも有効な手段がない現状では、日本小児科学会も接種を勧めています。費用負担がかかりますが、家族全員への接種が勧められます。

子どもの咽頭・扁桃炎
Pharyngotonsillitis of the Child

どんな病気か　細菌やウイルスの感染で、咽頭や扁桃に炎症がおこりにかかったときに脳と肝臓がおかされて死亡する病気です。

原因として、昔から解熱薬として使われてきたアスピリンが疑われ、使用を中止してからほぼ発生がみられなくなりました。ただし、原因が確定したわけではありません。

現在では子どもの解熱薬としてアセトアミノフェンが第一に選択される薬です。

◎喉頭軟化症

喉頭軟骨が未成熟のため、息を吸うときに気道が狭まり呼吸困難、ぜん鳴（ゼーゼー）がおこります（651頁）。成長とともに2歳ごろには治ります。

◎気管支肺異形成症

早産児が呼吸窮迫症候群（1321頁）にかかり、肺組織が損傷したために呼吸障害がおこる慢性肺疾患です。成長とともに1歳ごろに回復しますが、肺炎やぜんそくにかかりやすい状態が残ります。

ます。症状、治療はおとなの咽頭炎（1172〜1173頁）、扁桃炎（1176頁）と同じです。

治療 子どもの扁桃炎では溶連菌感染症によるものが多く、検査によって細菌が検出された場合には、ペニシリン系抗菌薬による治療が第一選択です。薬がよく効きますが、急性腎炎などの合併症を防ぐために、10日間の服用が必要です。

溶連菌以外のウイルス性の場合、治療に抗菌薬は不要です。アデノウイルス感染では熱はなかなか下がりませんが、あせらず回復を待てば、心配はいりません。

クループ症候群
Croup Syndrome

どんな病気か おもにウイルス感染によって喉頭付近に炎症がおこり**（急性喉頭気管気管支炎）**、息を吸うときに呼吸困難をおこします。まれにアレルギーが原因でおこるものもあります。クループ症候群はもともとジフテリア感染でおこるものを意味していましたが、現在日本ではそれによる発生はありません。

また、クループ症候群のきわめてまれなものに**急性喉頭蓋炎**（653頁）という病気があります。経過が急激で致死的であり、区別が必要です。

症状 乳幼児が「かぜ」の症状に引き続いて、夜間に声がかれ（嗄声）、ケンケンと犬が吠えるようなせきをして、苦しそうな呼吸をします。重症化することは少ないですが、顔色が悪く、苦しそうであれば受診してください。

急性喉頭蓋炎は、数時間で窒息の危険のある緊急の病気です。高熱、咽頭痛、くぐもり声がおこり、下顎を前にだし、よだれを流して息苦しがります。ウイルスではなくインフルエンザ菌の感染によっておこり、ふつうのクループより高年齢の2〜6歳にみられます。

治療 家庭ではできるだけ高湿度（たとえば風呂場と同程度）にします。声がれ、犬が吠えるようなせきだけならあわてることはありませんが、不安がらせて泣かせないようつとめてください。クループ症候群が重い場合、入院しての治療が必要になりますが、軽症なら外来で、気管支拡張薬エピネフリンの吸入療法を行います。

急性喉頭蓋炎の疑いがあれば緊急入院が必要です。治療では酸素の吸入や、抗菌薬などが使われます。

予防 欧米で実績のある**インフルエンザ菌b型（Hib）ワクチン**が日本でも認可されました。これは髄膜炎、急性喉頭蓋炎の予防に有効です。

子どもの気管支炎、肺炎
Bronchitis / Preumonia

どんな病気か ウイルスや細菌、あるいは両者の混合感染などでおこります。気管支炎では、かぜ症状に引き続き発熱、せき、痰が出ます。乳幼児では痰を飲み込んでしまい、吐くこともあります。炎症が肺の深部におよび肺炎になると、呼吸数の増加、呼吸困難など全身状態が悪化し、肺炎ではX線検査で異常が見られます。

症状 発熱、ケンケンと乾いたせき、ゼロゼロと湿ったせき、胸痛、不機嫌、食欲不振、嘔吐などがおこります。

重症化すると呼吸数が増加（1歳未満で毎分50回以上、5歳未満で40回以上）し、鼻翼呼吸（呼吸時に鼻翼が膨らみ、鼻の穴が広がる）や陥没呼吸などの呼吸困難の症状、さらに爪や唇などが紫色になるチアノーゼ、呻吟（苦しみうめく状態）、うとうとするなど意識障害がでてきます。

小さい乳児ほど症状の変化が急激なため、注意が必要です。

治療 水分補給、部屋の適温、加湿を心がけましょう。

肺炎では重症の場合、入院治療が必要となります。とくに乳児、さらに低出生体重児、心疾患児など基礎疾患のある場合は生命の危険も懸念されます。病原菌、症状、年齢などに合わせて抗菌薬の投与、酸素吸入などの呼吸管理、輸液など集中治療を行います。

ふだん健康な年長児では外来治療も可能です。

マイコプラズマ肺炎／クラミジア肺炎

Mycoplasma Pneumonia / Chlamydia Pneumonia

どんな病気か マイコプラズマ、クラミジアという微生物の感染により発病します。幼児、学童以上の年齢ではめずらしくない病気で、散発的に流行します。新生児期にはクラミジア肺炎で発熱をともなわない無熱性肺炎がおこります。

症状 激しいせきがつづくわりには、肺炎としては全身症状が軽いのが特徴で、外来で治療可能な程度が少なくありません。ほとんどは通院して2週間くらいで治ります。ときに髄膜炎、胸水、発疹などを併発します。

治療 ペニシリンなど多くの肺炎で使用する抗菌薬は効かないので、マクロライド系抗菌薬を使用します。薬剤への耐性化が一部にみられるので、薬の選択に注意が必要です。

せきが長引く場合は胸背部をたたいて、痰の出るのを助けます。登校は主治医の判断に従ってください。

急性細気管支炎（RSウイルス感染症）

Acute Bronchitis (RS Virus Infection)

どんな病気か RSウイルスやその他のウイルス感染によって、枝分かれした気管支の先端の細い部分（細気管支）が炎症でふさがり、呼吸障害をおこします。晩秋から春にかけ、乳児では入院を必要とするほど症状が悪化することが多い病気です。ぜんそくや乳幼児突然死症候群（2269頁）との関係もいわれています。

ふつうは「かぜ」程度ですむ症状が、低体重出生児、基礎疾患のある子どもでは重症化します。

症状 おもに1、2歳児がかかります。鼻水に始まりますが、急速に呼吸困難に進展する危険があります。とくに低体重出生児、心疾患など基礎疾患のある子どもには「鼻かぜ」だと思っていたものが致死的危険に結びつくことがあります。症状が悪化すると、呼吸が浅く、早くなり、哺乳が困難になります。症状だけではぜんそく、肺炎との区別は困難です。鼻水、くしゃみがでてきたら症状の変化に注意しましょう。RSウイルスの診断キットの使用は1歳未満の子どもや入院治療にのみ保険適用が認められています。

治療　特効薬はありません。重症では酸素吸入、輸液など集中治療が必要です。

予防　RSウイルスに対する抗体注射（パリビズマブ）が低体重出生児、心疾患児などに保険で承認されています。これによって重症化を防ぎ、入院をしないですむケースが増えています。

RSウイルスは生涯くり返し感染し、かぜの原因になります。乳児のときにかぜをうつさない工夫が大事です。ウイルスは手について生きているので、保護者が手洗いをし、マスクをつける、禁煙することなどが重要です。

気道内異物
Foreign Body In Airway

どんな病気か　1、2歳児では、異物を気道につめることがあります。気管支に食べ物をつめてせきこんでも、その後は症状のない時期もあり、物をつめてむせた事実が不明の場合は診断が困難になります。せきがつづいたり、肺炎をくり返したりする場合は、気道内に異物がつまっていないか疑ってみましょう。日常生活ではピーナツや豆まきの豆などに注意が必要です。

治療　専門医による全身麻酔下での摘出が行われます。

なお、のどに物がつまったときの応急手当ては116頁を参照してください。

小児結核
Tuberculosis

どんな病気か　結核は現在でも毎年2万人が発病している感染症です。小児結核はほとんどが家族内感染です。結核になった人が自分の病気に気づいていない場合があり、免疫のない若年者に感染する原因となります。結核の原因や治療はおとなの場合（1285頁）と同じです。

ただし、乳幼児ではおとなと異なり、経過が早く、粟粒結核（1286頁上段）や髄膜炎（963頁）など重症になることがあります。

予防　結核の予防としてBCG注射があります。生後3か月から6か月の間に接種します。ポリオワクチンに先だち、時期を逃さずに接種するようにしましょう。

百日ぜき
Whooping Cough

どんな病気か　百日ぜき菌によっておこる感染症で、治るまでに文字どおり100日かかることもあります。感染力が強く、乳幼児には危険な病気です。

症状　かぜ症状で始まり、熱もなく1～2週経つうちにせきが強くなっていきます。とくに夜間に激しくせき込んで、のどを鳴らして吸気する特有のせきを連発するようになります。乳児ではいきなり無呼吸発作、急性脳症をおこすおそれがあります。

治療　流行状況や特有のせきの有無、血液検査などで早期診断のうえ、抗菌薬のマクロライド薬を使用します。周囲のおとなにも感染し、そのおとながまた感染源になっていくため、同様の治療が必要となることもあります。

予防には百日ぜきワクチンとジフテリア、破傷風、ポリオワクチンを混ぜた**4種混合ワクチン**を接種します。

子どもの長引くせき
(Chronic Cough)

子どものせきは長期化することがありますが、重症化せず、比較的元気でいるため、放置されていることも日常的にみられます。

原因として多いのは呼吸器感染症のあとのせきで、とくに百日ぜき（前頁）が増加しています。予防接種を受けていても感染することがあり、症状が典型的でないため見逃されて、周囲の乳児への感染源となります。ついで気管支ぜんそく、鼻炎、副鼻腔炎などもせきの原因として多いものです。

ときに心因性のせき、アレルギーによるせき、せきぜんそく（1266頁）、胃食道逆流によるせきがあります。

まれに気道内異物、気管支拡張症、先天異常（喉頭軟弱症、気管支狭窄、動脈輪）が原因のこともあります。

◉心因性のせき

かなり強く、わざとらしい乾いたせきがつづきます。

心因性ですので、胸部X線撮影や胸部の聴診などの検査では異常がみつからず、睡眠中はせきがでないのが特徴です。おもにストレスが原因となっておこります。

◉先天異常が原因のせき

喉頭軟弱症（651頁）は、通常、かたい軟骨（硝子軟骨）で構成されている喉頭の上部が、先天的にやわらかい軟骨でできているために、のどがふさがりやすくなり、せきこんだり、呼吸困難をおこしたりするものです。

根治する治療法はありませんが、数年経過するうちに自然に治癒することが多いものです。

先天性の気管支狭窄では、呼吸の際に気管支の収縮を滑らかにする、気管支軟骨をつなぐ膜が失われて、呼吸が苦しくなります。そのために、せきがでやすくなります。

根治する治療法はまだみつかっていません。

動脈輪は、胎児の期間に消失するはずの動脈がそのまま残り、気管や食道を締めつけている先天的な形態異常のことです。気管が狭くなるためにせきこみやすくなります。

外科手術によって治療します。

◉後鼻漏によるせき

のどの奥へ流れた鼻水が（後鼻漏1149頁）、せきを誘発することがあります。かぜ、副鼻腔炎（蓄膿）、アレルギー性鼻炎が原因になります。副鼻腔炎が原因の場合には、マクロライド系抗菌薬の少量長期投薬が行われます。

第1章—第10章
生活習慣病
がん（悪性腫瘍）
子ども
女性
脳・脊髄・神経
こころ
目
耳・鼻・のど
歯・口腔
呼吸器

子どもの心臓・血管の病気①

先天性心疾患とは
(Congenital Heart Disease, CHD)

◇頻度と原因

先天性心疾患とは、心臓および大血管（大動脈、大静脈、肺動脈、肺静脈などの血管）の生まれつきの構造異常（先天性心奇形）です。

先天性心疾患の日本での発生頻度は、厚生労働省の研究班（中澤教授ら、1986（昭和61）年）によると1・06％と報告されています。

先天性心疾患の病型別頻度

病名	頻度（％）
心室中隔欠損（682頁）	56.6
肺動脈狭窄（685頁）	9.6
心房中隔欠損症（682頁）	5.3
ファロー四徴（686頁）	4.5
動脈管開存（684頁）	3.6
大動脈縮窄（686頁上段） 大動脈離断（687頁上段）	2.7
完全大血管転換（686頁）	2.2
房室中隔欠損（684頁）	1.8
両大血管右室起始（688頁）	1.3
総肺静脈還流異常（690頁）	1.2
無脾症、多脾症（690頁上段）	0.9
単心室（688頁）	0.6
三尖弁閉鎖（691頁）	0.4
修正大血管転換（685頁上段）	0.4
エプシュタイン奇形（692頁）	0.4
総動脈幹遺残（689頁上段）	0.4
大動脈弁狭窄（689頁）	0.4

厚生労働省研究班（中澤教授ら、1986年）による

先天性心疾患の原因については、遺伝要因（遺伝子異常、染色体異常）によるものが十数％、母体の風疹（2238頁）、薬物、ある種の病気などの催奇形因子によるものが数％、残りの約85％は原因のはっきりしない多因子遺伝（遺伝的素因と環境的要因が相互に作用し合って発生）によると考えられています。

◇血行動態を理解するために

先天性心疾患の病態を説明されるときには、つぎの用語がよく使われますので、理解しておいてください。

(1) 短絡

異なる循環系の間（たとえば大動脈と肺動脈、左心室と右心室）に異常な血管があったり、中隔（心臓の壁）に孔があいていたりして、そこを血液が流れる（血液が混じる）ことを短絡といいます。

心室中隔欠損（682頁）のように左心系（左心房、左心室）から右心系（右心房、右心室）に短絡するものを**左右短絡**（動脈血が静脈血に混じる）、ファロー四徴（686頁）のように右心系から左心系に短絡するものを**右左短絡**（静脈血が動脈血に混じる）といいます。

(2) 肺血流量

①**肺血流量増加**　心室中隔欠損や動脈管開存（684頁）では、左右短絡のため、肺を流れる血液が増加します。肺血流量の増加が著しいと、肺の血管はパンパンになって**肺高血圧**が生じます。増加した肺の血液は左心房・左心室に帰ってきますので、その血液量に見合った心腔（左心房・左心室）の拡大がおこります。左心室が増加した血液を十分に送り出せ（駆出）なくなると、左心室の拡張末期血圧が上がり、左心房からの血液の流入がうまくいきません。後方（左心房や肺）に血液の停滞が、順次おこります。この状態を**うっ血性心不全**といいます。

②**肺血流量減少**　ファロー四徴では、肺動脈狭窄（685頁）と心室の右左短絡のため、肺への血流量は普段より減少します。肺血流量が減ることは、肺から左心房に還流してくる動脈血の血液量の減少を意味します。心室での右左短絡と合わせて、いっそう血液に含ま

図1　健康な心臓

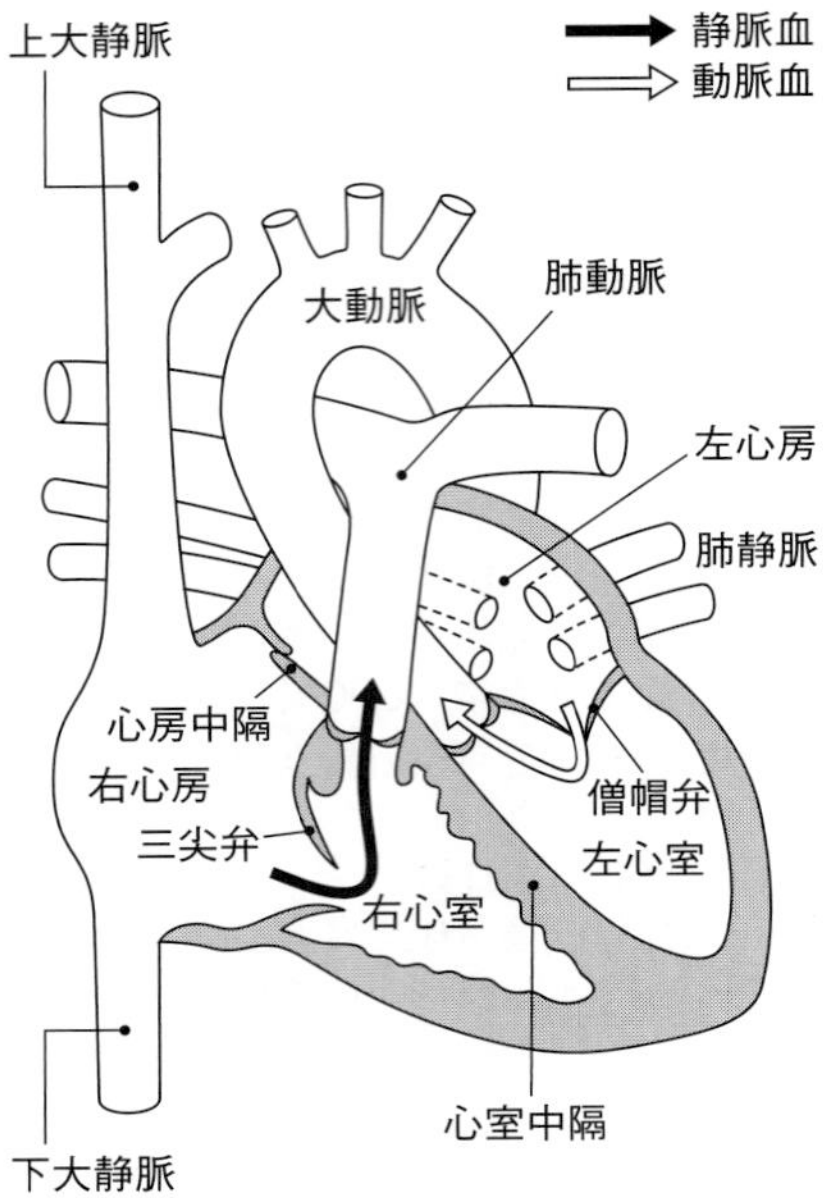

◎健康な心臓と血液の流れ

心臓は4つの部屋（心腔）から構成されています。上の2つの部屋を心房、下の2つの部屋を心室といい、各々に左右をつけて呼びます（右図）。

心房は、還流してきた（心臓に帰ってきた）血液を1心拍分ためます。心室は、血液を駆出する（送り出す）ポンプとしてはたらきます。つまり心臓は2つのポンプが並んではたらいている器官です。

れる酸素の量が少ない状態（低酸素血症）が強くなり、皮膚や唇が暗紫色になる現象（チアノーゼ）も強くなります。肺動脈狭窄や肺動脈閉鎖を合併した心房、心室での短絡がある先天性心疾患では、同様に肺血流量が減少します。

(3) 負荷

① 圧負荷　血管や弁などに狭窄があると血流は障害され、狭窄の手前の血圧は高くなり圧負荷が生じます。肺動脈狭窄では圧負荷のかかる右心室で、狭窄の程度に応じた収縮期血圧の上昇がおこり、心筋は肥大します。

② 容量負荷　短絡や弁の逆流で血流量が増加すると容量負荷がおこります。心室中隔欠損は、肺、左心房、左心室に容量負荷の血液量に見合った心腔（左心房・左心室）の拡大が生じます。

(4) 肺循環と体循環（上段「健康な心臓と血液の流れ」、上図）

(5) 肺高血圧（前頁）

(6) チアノーゼ

低酸素血症（血液中の酸素の量が少ない）のために皮膚や唇の色が暗紫色に見えます。

心臓や肺の病気でみられ、舌や口腔粘膜も暗紫色になっています。

健康な子どもの寒いときにみられる指先のチアノーゼは、末梢血管が収縮したためにおこるもので病的なものではありません。

◇病態からみた分類

先天性心疾患にはさまざまな病型があるため、個々の疾患をなかなか理解しにくいものです。血行動態（肺血流量の増加・正常・減少、チアノーゼの有無、新生児特有の血行動態）によって分類すると、症状や治療に共通点があり、理解しやすくなります。

① 無チアノーゼ性肺血流量正常群（チアノーゼがなく、肺血流量に変化のみられないグループ）　各種の弁疾患や大動脈縮窄（686頁上段）がこのグループになります。弁の逆流の場合は容量負荷に、弁の狭窄の場合は圧負荷をおこします。たとえば、肺動脈弁閉鎖不全（肺動脈弁が閉じない）では右心室に容量負荷、肺動脈弁狭窄（肺動脈弁が十分開かない）では右心室に圧負荷がおこります。

② 無チアノーゼ性肺血流量増加群（チアノーゼがなく、肺への血流量が正常に比べて増加しているグループ）　心室中隔欠損、房室中隔欠損（684頁）、動脈管開存、心房中隔欠損（682頁）などがあり、左右短絡のために肺血流量が増加する疾患です。

たとえば、心室中隔欠損では、右心室より左心室のほうが血圧が高いために心室中隔に孔があいている（欠損）と血液は左心室から右心室に流れ（短安静時の脈拍は、新生児で毎分約120で成長とともに減り、小学生では約80～90、おとなでは約60～70になります。

還流してきた酸素の少ない青い静脈血（酸素飽和度約75%）は、上大静脈と下大静脈から右心房に入っていきます。そして三尖弁を通って、右心室に入り、右心室から肺動脈に駆出されます。肺動脈は心臓から出るとすぐに左右に分かれ、肺まで流れます。肺では二酸化炭素を捨て、酸素を取込んで真っ赤な血液になり、肺静脈から左心房に帰ってきます。赤い動脈血（酸素飽和度約98%）は左心房から僧帽弁を通り、左心室から大動脈に駆出され、全身を回ります。

肺動脈から肺静脈の間を肺循環、大動脈から上・下大静脈の間を体循環と呼びます。

肺循環は流れやすい（血管抵抗が低い）ので、肺動脈の血圧（右心室の収縮期血圧に同じ）は、大動脈の4分の1から5分の1です。

絡）ます。そのためにこのグループでの病気の重症度は、欠損孔の大きさや血液の短絡量で決まります。

からだ中を循環して心臓に帰ってきた血液（静脈血）に、欠損孔を通った短絡血（動脈血）が加わるために肺血流量が増加し、肺・左心房・左心室と容量負荷がおこります。そのために中等症以上ではうっ血性心不全の症状（1342頁）がみられます。

③チアノーゼ性肺血流量増加群（チアノーゼがみられ、肺血流量が正常に比べて増加しているグループ）　両方向性短絡があるチアノーゼ性心疾患。総肺静脈還流異常（691頁上図）、総動脈幹遺残（689頁上段）、肺動脈狭窄をともなわない完全大血管転換（687頁下図）、両大血管右室起始（688頁）、単心室（688頁）などの重い複合的な心臓の形態異常がこのグループです。

右左短絡のために低酸素血症を、または左右短絡のために肺血流量が増加し、うっ血性心不全を呈します。

④チアノーゼ性肺血流量減少群（チアノーゼがあり、肺への血流が正常に比べて減少しているグループ）　ファロー四徴（687頁上図）や肺動脈狭窄をともなった完全大血管転換、両大血管右室起始、三尖弁閉鎖（691頁）、単心室など、心内短絡に肺動脈狭窄をともなう複合的な心臓の形態異常です。肺血流量は減少し、チアノーゼや低酸素血症を呈します。

⑤新生児動脈管依存型　動脈管は新生児期に通常は自然閉鎖します。しかし、この疾患群では肺循環や体循環が、その動脈管を介する血流に依存しているため、動脈管が開いていることが生命の維持に必要です。

この疾患群の多くは、うっ血性心不全と低酸素血症をともなっています。純型肺動脈弁閉鎖（688頁上段）では肺循環（肺動脈血流）が動脈管を介する大動脈からの血流（左右短絡）に依存しています。

いっぽう大動脈縮窄複合（686頁上段）や大動脈弓離断では、下行大動脈の血流が動脈管を介した肺動脈からの血流に依存しています。いずれも動脈管が閉じると状態は急変します。

◇病態と症状

▼うっ血性心不全　心臓に過剰な負荷が加わったり、心筋が障害されている場合、初めは予備力で埋合せ（代償ますが、代償できなくなったときに心不全症状が現れます。先天性心疾患では心臓への過剰な容量負荷が、うっ血性心不全のおもな原因となります。

乳児期のうっ血性心不全の症状は、多呼吸、せき、喘鳴（呼吸がゼーゼーいう）、呼吸困難、哺乳困難、体重増加不良、嗄声（かすれ声）などの肺うっ血による症状と肝腫大がみられます。

成人にみられるむくみは、乳児では末期的状態を除いてあまりみられません。また、心不全の代償機構による症状として頻脈（1346頁）、発汗過多、皮膚の蒼白、手足の冷感などが観察されます。

▼低酸素血症による症状　低酸素血症時にみられるチアノーゼは、心不全とともに先天性心疾患の重要な症状です。しかし、貧血があるとチアノーゼは現れにくくなるので注意が必要です。ま

◎肺高血圧

負荷のために肺動脈の血圧が高くなった状態をいいます。肺高血圧になると、右心室もその圧をかけないと血液は駆出できないので、右心室の収縮期血圧は上り、右心室にも圧負荷がかかります。

◎先天性心疾患の検査

▼胸部X線検査　心拡大や肺の状態（肺血流量、肺うっ血、肺合併症）を観察します。

▼心電図　心肥大（1386頁）や不整脈（1346頁）を調べます。

▼心エコー　心臓の形態、異常血流（短絡、弁の逆流、狭窄部を通る乱流）の検出、心機能の評価も可能で、先天性心疾患の診断にはなくてはならない検査法です。

▼心臓カテーテル　末梢血管から大血管や心腔内にカテーテルを挿入し、内圧の測定や血液採取（酸素飽和度を測定）して、短絡量や圧較差などの血行動態の評価を行います。また、カテーテルから造影剤

た、心臓が運動に耐える能力（運動耐用能）の低下、蹲踞（歩行時などに息切れしてうずくまる）、年長児では、ばち指（1293頁写真）もみられます。低酸素血症が持続すると、赤血球が増加し多血症（1465頁）になります。

▼無酸素発作　ファロー四徴などでみられます。哺乳、排便、泣く、入浴、目覚めたときなどに発作はおこりやすく、発作時にはチアノーゼが強まり、呼吸は速く、意識レベルは低下します。発作時の病態は、右心室の流出路がさらに狭まることが主因であるため、肺動脈狭窄に由来した収縮期におこる心雑音が弱まったり、消失したりします。

◇先天性心疾患の治療

治療法の選択には、形態学的・機能的に正確な診断、病態、重症度の判定、原因疾患の自然な経過、手術治療の必要性、手術の時期と危険率、長期的に予後をふまえた判断が必要となります。

◉薬物療法

①強心薬　心筋の収縮力を改善する薬です。

②利尿薬　からだの余分な水分を尿としてだして、うっ血性心不全を改善します。

③血管拡張薬　左心室の後負荷（心臓の収縮時に心筋にかかる負荷）をとり、心機能を改善したり、左右短絡の減少をはかるために使います。

④βブロッカー　低酸素発作の予防や不整脈の治療に使います。

⑤プロスタグランジンE_1　動脈管開存（684頁）を維持するための薬で、新生児動脈管依存型（病型分類⑤）の疾患に使われます。

⑥インドメタシン　新生児の動脈管を閉鎖するために使います。

◉カテーテルによる治療

先端に丈夫なバルーン（風船）のついたカテーテルを用いて、弁や血管の狭窄部位を拡張したり、カテーテルによって特殊な閉鎖栓やコイルなどを血管内などに置き（コイル塞栓術）、欠損した孔や異常な血管を閉鎖・閉塞させる治療です。

肺動脈弁狭窄症における**バルーン弁形成術**のように、カテーテル治療が第一選択となる病気もあります。

◉手術的治療

▼手術の時期　完全大血管転換、総肺静脈還流異常のように、新生児の早い時期から生命の危機にさらされる疾患は、早期に手術が行われます。中等度の心室中隔欠損では、欠損孔が縮小することもあるため、一定期間経過をみますが、重症の肺高血圧をともなう場合は、乳児期に手術をします。

フォンタン型手術（次頁「最終手術（修復手術）」）は、肺の成長が完了する幼児期以降まで待ちます。人工弁など、成長できない人工物を用いる手術も、病態との兼ね合いですが、できるだけ待機します。

ファロー四徴や大動脈狭窄のように過剰な負担が心筋にかかる場合は、症状が安定していても、負担をかけた心筋に変化が生じる前に手術を行います。

同じ病名でも、病態によって手術の時期は個人差があります。主治医は長期予後もみすえて、手術の時期を考えていますので、医師の説明をよく聞いてください。

を注入して、選択的血管造影を行い、形態学的診断を行います。カテーテル治療も行われます。

▼**MRI、CT**　三次元画像が描出でき、血管の形態診断に有用です。

◎学校生活管理指導表

学校での運動についてのガイドラインになります。主治医に記載してもらい、学校に提出します。診断名、運動の指導区分（A～Eの5段階で記載）、部活動の可否が記載されます。軽い運動・中等度の運動・強い運動は以下のように考えられています。

①軽い運動　同年齢の平均的児童生徒にとって、ほとんど息が弾まない程度の運動。

②中等度の運動　同年齢の平均的児童生徒にとって、少し息が弾むが、息苦しくはない程度の運動。

③強い運動　同年齢の平均的児童生徒にとって、息が弾み、息苦しさを感じるほどの運動。

▼準備手術（姑息手術）　症状の軽減や最終手術ができるように条件を整えるための手術です。

①体肺動脈短絡手術（ブラロック手術、B・Tシャント）　肺血流量を増加させる目的で行う手術で、鎖骨下動脈を直接、肺動脈につないだり、鎖骨下動脈から肺動脈に人工血管でつなぐ方法があります。

②大静脈肺動脈吻合術（両方向性グレン手術）　上大静脈を切断して肺動脈につなぐ手術で、チアノーゼを軽減できます。肺動脈の発育を促す効果はありませんが、心室の負担は増えません。

③肺動脈絞扼術　テープをかけて肺動脈を狭くし、肺血流量を減少させ、肺高血圧の進行を防ぎます。

◉最終手術（修復手術）

正常な心臓と同様に、2つの心室（肺に静脈血を拍出する肺心室と、からだに動脈血を拍出する体心室）が機能するかたちの**心内修復術**が目標となります。より複雑な心臓の形態異常では、**フォンタン型手術**（右心バイパス手術、TCPC）が最終手術となります。

◇日常生活の管理

①乳・幼児期　重症の子どもでは、うっ血性心不全や無酸素発作の症状に注意が必要です。肺血流量増加群の疾患では呼吸器感染も併発しやすいので、むやみに人ごみに連れて行かない、積極的に予防接種を受けるなどの予防策にも配慮します。

心不全があると汗をかきやすくなります。こまめに衣服をかえたり、シャワー浴をします。心臓病の子どもは、暑すぎるのも寒すぎるのも苦手です。暑いと汗も増えますし、ハーハーします。またチアノーゼのある子どもは、寒いとチアノーゼが強くなり、運動耐用能は低下します。幼・小児期の運動は、自分の機能的予備力以上には動かないので、チアノーゼや呼吸促迫があっても、多くは本人まかせでよいと思います。ただし、競争させたりしないようにしましょう。

②小児期以後　今日では、多くの先天性心疾患で心内修復術が可能となりましたが、慢性の障害を抱えながらその健康状態に応じた療養生活を送っている子どももいます。

学校では主治医の指示による「学校生活管理指導表」（上段）を用いて、管理（部活、体育、水泳、林間学校など）がなされます。しかし、術後に病変が残ったり、特殊な不整脈では、運動や水泳が制限される場合もあります。

見学や運動制限があると、子どもは集団の中で孤立しがちになります。病状、年齢、子どもの性格などを考慮して、みんなから認められる役割や生きがいを探して、いつもその集団の中に自分の居場所が感じられるような、周囲の人のきめ細かい対応が望まれます。居場所があるということは、周囲から自分が必要とされていると感じることで、とても大事なことです。家族の人は、意識して子どもに社会性をもたせるようにしましょう。

また、重い病気をもった子どものきょうだいは、普段から我慢を強いられることが多いと思います。「おりこうさん」ほど我慢をしていますので、病児のきょうだいにも注意が必要です。

子どもの心臓・血管の病気②

心室中隔欠損(症)
Ventricular Septal Defect (VSD)

どんな病気か

先天性心疾患のなかで、もっとも多くみられる、無チアノーゼ性肺血流量増加群（678頁）の疾患です。

心室中隔（左心室と右心室の間の壁）に孔（欠損孔）があいている疾患で、左右短絡（677頁）が生じます。この短絡血（動脈血）に、からだを循環して右心房、右心室に還流してきた静脈血が加わると、肺へ向かう血流量は増加します。左・右心室の血圧差、欠損孔の位置や大きさによって、心室中隔欠損の血行動態は左右されます。

欠損孔が小さくて短絡量の少ない軽症例では、心臓や肺への負担はありません。欠損孔が大きくて短絡量の多い例では、肺や左心房、左心室への血流量が増大するため、肺への負荷（肺うっ血）や左心負荷（左心房・左心室の拡大）がみられます。

肺血流量の増加が多くなると肺動脈圧も高くなり、肺高血圧（1320頁）と右心室の肥大を生じてきます。

症状

重症度によって異なります。

軽症の場合は心臓への負荷がなく無症状です。

中等症では呼吸促迫（息が弾む）や哺乳障害（お乳がなかなか飲めない）がみられることがあります。

重症例では、多呼吸、せき、哺乳障害、体重増加不良、皮膚の蒼白、嗄声（かすれ声）、気道の易感染性がみられます。つまり呼吸が速く、せきもよくみられ、哺乳の際は息が弾んでなかなか飲めなく、体重の増えが悪く、色白で汗をかきやすい子どもは、症状が重いことになります。かすれ声も重症時の症状です。ゼイゼイしやすく、かぜもひきやすいので注意が必要です。

治療

軽症の場合、経過は良好で、手術の必要はありません。

中等症でも、乳児期を無事に経過すると、膜様部（心筋の壁が膜のようになっている場所）の中隔欠損では、欠損孔が縮小することがあるので、乳幼児期では経過をみていきます。幼児期以後も欠損孔が変わらなければ手術をします。

左心室の拡大、うっ血性心不全（679頁）、肺高血圧がある場合は、乳児期に手術をします。欠損孔が小さくても、流出路部（左心室から大動脈に向かう部分）の中隔欠損では大動脈弁の逆流をおこしてくることがあるので、手術が必要です。

手術の必要のない軽症例であっても、感染性心内膜炎（692頁上段）の予防には心がけてください。

心房中隔欠損症（二次孔欠損症）
Atrial Septal Defect (ASD)

どんな病気か

無チアノーゼ性肺血流量増加群（678頁）の疾患で、心室中隔欠損（前項）についで多い疾患です。左心房と右心房の間の壁（心房二次中隔）に欠損があるため、左心房から右心房に動脈血が流れ（左右短絡677頁）、肺血流量が増加します。

右心房、右心室、肺の容量負荷（678

子どもの心臓・血管の病気

頁）になります。成長にともなって左心室より右心室のコンプライアンス（血流充満抵抗）が低下するため、心房間の左右短絡がさらに増します。

症状 小児期は、多くの例で心雑音以外ほとんど無症状ですが、手術後には体重も増え、運動能力も増加するので、負担があったとわかることがよくあります。短絡量が多いと、かぜにかかりやすく、せきや痰のからんだ状態が長くつづいたりすることがあります。

無症状で経過しても、思春期ころから疲れやすさや不整脈がみられるようになります。僧帽弁逸脱症（1383頁）をともなってくることもあります。

治療 欠損部を閉鎖する外科治療と、カテーテル治療があります。カテーテル治療とは、カテーテルによって閉鎖栓を欠損孔に留置して、心房中隔欠損を閉鎖する方法です。治療を行うには、欠損孔の大きさ、周辺の状態、年齢など、いくつかの条件があります。また、施行できる病院もかぎられていますので、専門医に相談してください。

一次孔欠損（症）
Ostium Primum Defect

どんな病気か 左心房と右心房の間の壁の一次中隔の発生異常によって生じた心房中隔下部の欠損です（房室中隔欠損不完全型・心内膜床欠損不完全型）。

僧帽弁に切れ目（僧帽弁裂隙）があり、弁の逆流がおこります。

欠損口による左右短絡（677頁）に、僧帽弁閉鎖不全（1383頁）が加わった病態を示します。

図2　心室中隔欠損（症）

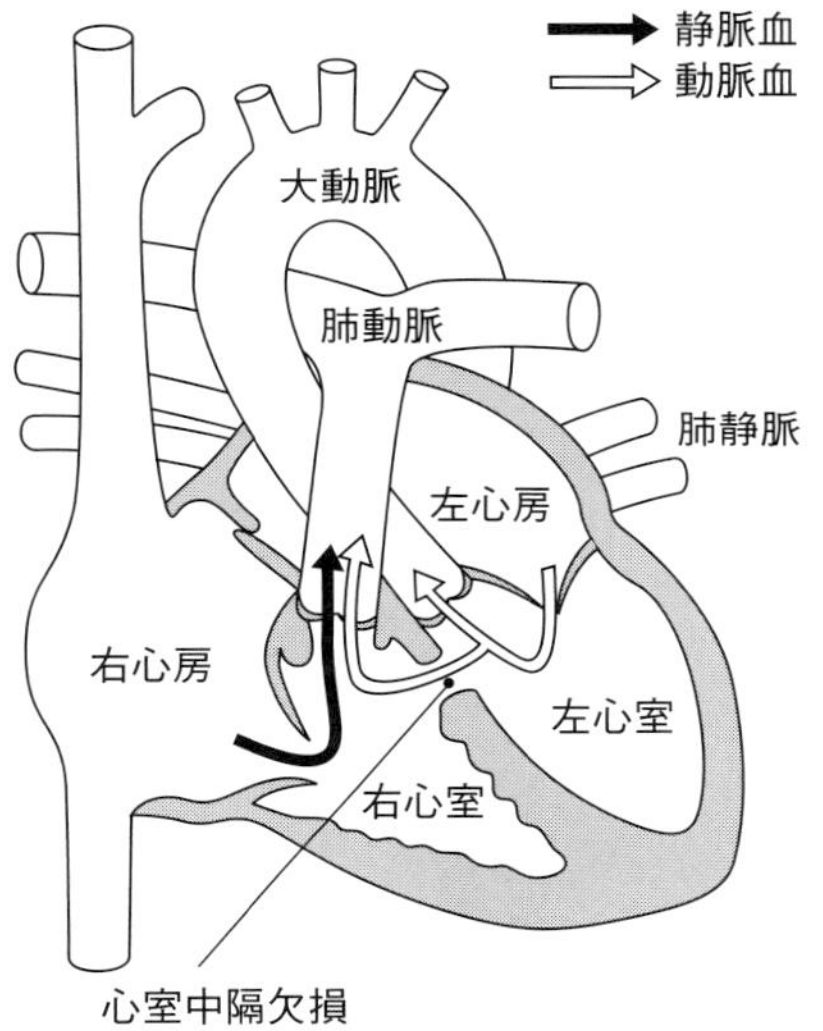

図3　一次孔欠損

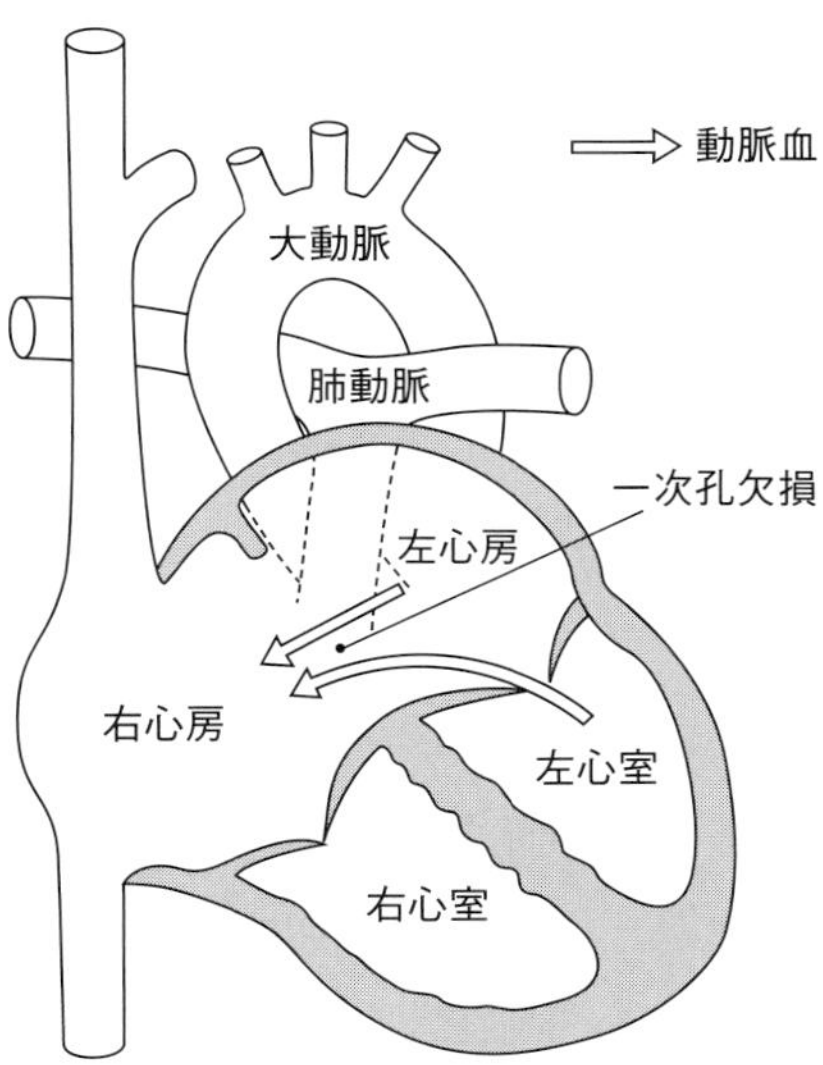

◎呼吸について

赤ちゃんは「呼吸が苦しい」と言えません。でも呼吸のしかたをよく観察すると、呼吸困難の状態はわかります。浅く速い呼吸、**陥没呼吸**（みぞおちのラインがペコペコと吸気時に凹む、もっと進むと肋骨の間も凹む）、**鼻翼呼吸**（小鼻がぴくぴく呼吸に連動して動く）、**呻吟**（ウー、ウーと声を出して、うめくような呼吸）、後者ほど呼吸困難がひどくなります。呼吸困難が新しく出現したり、呼吸困難の程度が重くなったら病院を受診しましょう。

一次孔欠損だけでは、心房中隔欠損（682頁）に類似した症状なので、幼児期までにうっ血性心不全（679頁）がみられることは少ないのですが、一次孔欠損に僧帽弁閉鎖不全をともなった例では、乳児期からうっ血性心不全や肺高血圧（1320頁）がみられる場合があります。

治療　手術は、一次中隔欠損孔の閉鎖と僧帽弁裂隙の縫合を行います。僧帽弁の形態によっては、弁形成術（680頁）や人工弁置換術（1382頁）を行います。

房室中隔欠損（症）
Atrioventricular Septal Defect (AVSD)

どんな病気か　心内膜床欠損症（ＥＣＤ）といわれていた疾患で、発生学的概念から、最近は房室中隔欠損（完全型）と呼ばれます。ダウン症候群（577頁）に合併することが多い無チアノーゼ性肺血流量増加群（678頁）の疾患です。

房室中隔欠損は、一次孔欠損（前項）、房室弁の異常、流入部の心室中隔欠損（682頁）が組合わさった複雑な心臓の形態異常です。

症状　この疾患は、心房中隔欠損（682頁）と心室中隔欠損に房室弁（とくに僧帽弁）の逆流が組合わさった病態になります。

大きな欠損孔によって多量の左右短絡（677頁）を生じ、乳児早期からうっ血性心不全（679頁）と高度の肺高血圧（1320頁）がみられます。そのために早期の手術が必要となります。

治療　乳児期に心内修復術（681頁）を施行します。しかし左心室の低形成をともなう例では肺動脈絞扼術（681頁）を、肺動脈狭窄（685頁）をともなう例ではブラロック手術（681頁）を行う場合があります。

動脈管開存（症）
Patent Ductus Arteriosus (PDA)

どんな病気か　動脈管開存症は、胎生期の循環に使用されていた大動脈弓と肺動脈とを結ぶ動脈管が、生後も閉鎖せずに開存した（つながった）状態のもので、無チアノーゼ性肺血流量増加群（678頁）の疾患です。

大動脈側から肺動脈側に、動脈血が流れます（左右短絡 677頁）。

この短絡血流のために、肺血流量は増加し（679頁）、これが左心系（左心房・左心室）への容量負荷（678頁）の原因となります。

短絡量は、主として動脈管の太さと長さ、大動脈圧と肺動脈の圧の較差によって決まります。

肺血流量増加の程度が高いと肺血管抵抗が増大し、肺高血圧（1320頁）が生じ、息切れや疲れやすさなどが現れるようになります。

治療　カテーテル治療（680頁）は、比較的細い動脈管に対して行われます。

外科的治療は、開胸して動脈管の切離しを行ったり、動脈管をしばったり（結紮）します。

また、胸腔鏡下手術（内視鏡を用いて動脈管をクリップで閉鎖）も行われます。

◎修正大血管転換（症）

左心室から肺動脈が、右心室から大動脈が始まりますが、同時に心房と心室の関係も逆転している疾患で、c―TGAと略します。

静脈血は、右心房→左心室（僧帽弁をともなう構造上の左室）→肺動脈と流れ、動脈血は、左心房→右心室（三尖弁をともなう構造上の右室）→大動脈と流れます。

静脈血は肺へ、動脈血は大動脈に流れますので、大血管が転換していますが、血液の流れは修正された形になっています。しばしば心室中隔欠損（682頁）、肺動脈狭窄、房室弁の逆流、右胸心（心臓が右胸にある）、内臓逆位、完全房室ブロック（1348頁）を合併します。

手術方法は、合併する病型によってさまざまです。

肺動脈狭窄（症）
Pulmonary Stenosis (PS)

どんな病気か

肺動脈狭窄症は、血液が右心室から肺動脈へと送り出される（駆出）際に、右心室の流出路（肺動脈に向う部分）ないしは肺動脈内に存在する狭窄のために血流が障害されるもので、無チアノーゼ性肺血流量正常群（678頁）の疾患です。

圧負荷（678頁）のかかる右心室では、狭窄の程度に応じて収縮期血圧が上昇し、心筋は肥大します。

狭窄している部位によって、**漏斗部狭窄**（右心室からの流出路の狭窄）、**弁性狭窄**（肺動脈弁の狭窄）、**分岐部狭窄**（左右肺動脈が分岐する部分の狭窄）、**末梢肺動脈狭窄**（肺動脈の末梢部分）に分類されます。

このなかで、頻度の高いのは弁性狭窄です。

症状

軽症から中等症では、チアノーゼ（678頁）もなく元気です。

しかし中等症の一部には、運動時の息切れがみられることがあります。

重症例では、静脈血の一部が卵円孔（心房中隔の穴）を通り、右心房から左心房に流れるために（右左短絡677頁）、チアノーゼが認められます。またさまざまな程度の運動耐用能（心臓が運動に耐える能力）の低下がみられます。

治療

カテーテル治療（バルーン弁形成術680頁）が第一選択です。

状態に応じて、外科的治療（弁の切開、右心室流出路の拡大手術）が行われます。

図4　房室中隔欠損

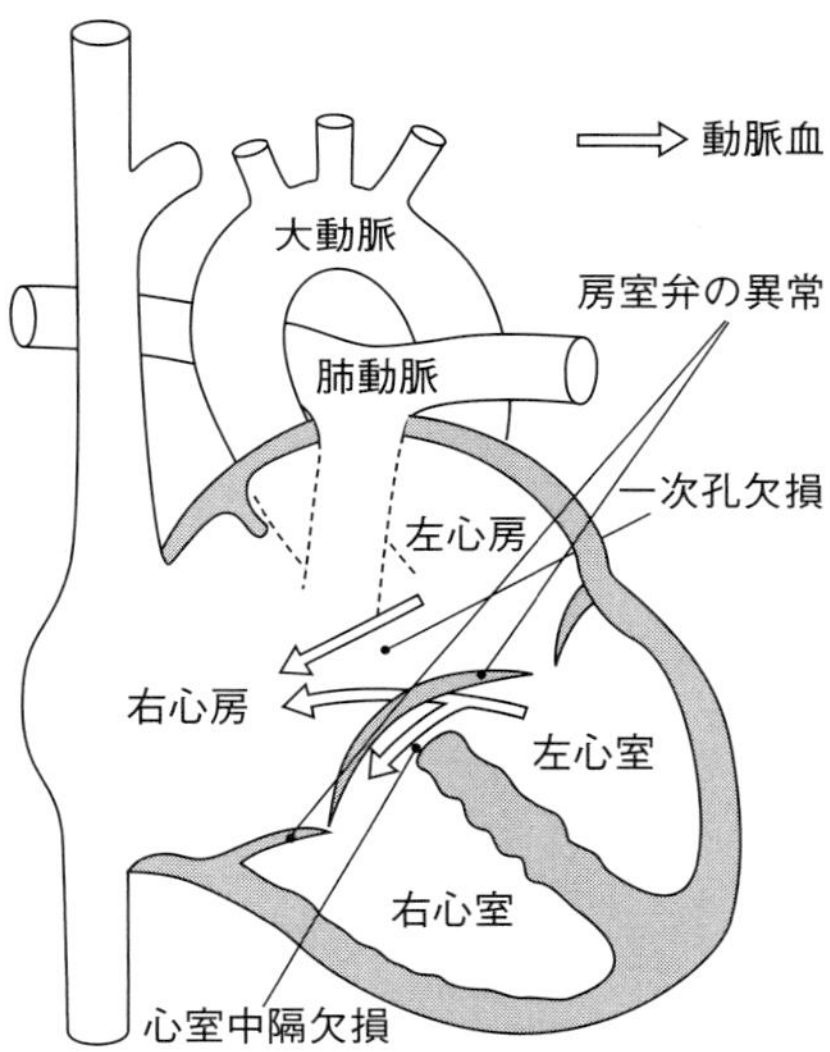

図5　動脈管開存

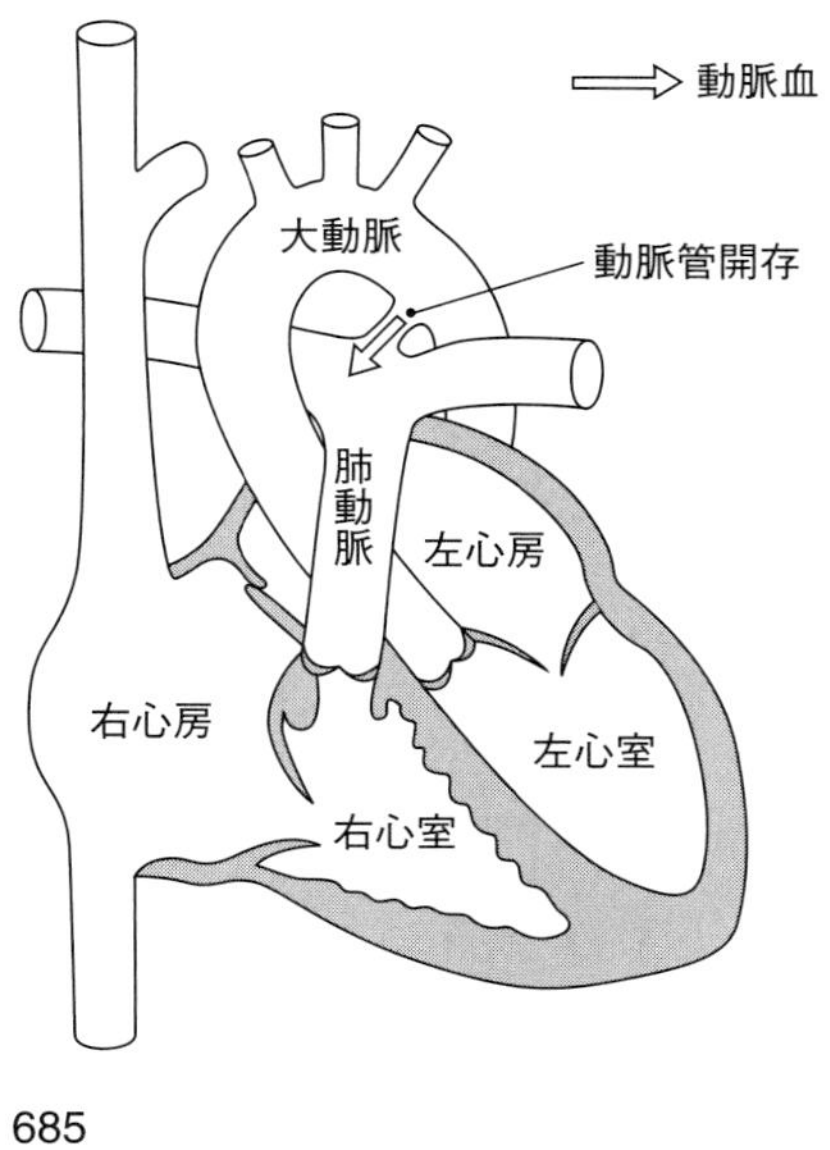

◎**大動脈縮窄（症）**

大動脈弓の一部がくびれるように狭くなっている疾患で、動脈管との接続部分にみられます。COAと略します。

単独に存在する場合と、心室中隔欠損（682頁）、動脈管開存（684頁）などを合併することがあります。前者は**大動脈縮窄**、後者は**大動脈縮窄複合**と呼ばれます。

大動脈縮窄は、比較的症状が軽く、年長になって心雑音や高血圧で見つかることもあります。

大動脈縮窄複合は、新生児期に重い心不全症状（1342頁）が出現しますので、早期（ときには緊急）の手術が必要となります。

ファロー四徴（症）

Tetralogy of Fallot (TOF)

どんな病気か

チアノーゼ性肺血流量減少群（679頁）を示す先天性心疾患の代表的な病型で、1888（明治21）年にフランスの医師ファローによって報告されました。

四徴とは、①**肺動脈狭窄**（685頁）、②**心室中隔欠損**（682頁）、③**大動脈騎乗**（大動脈が心室中隔欠損をまたぎ、右心室の血液が大動脈に流れやすい）、④**右心室の肥大**をいいます。

この病気の重症度は①②③の程度で決まりますが、①の肺動脈狭窄の状態がもっとも予後（経過）を左右します。

この病気の肺動脈狭窄の部位は、漏斗部（右心室からの流出路）、肺動脈弁輪部を含めた弁、左右の肺動脈分岐部、そして末梢肺動脈にも、狭窄の低形成がみられます。

極型ファロー四徴症では、肺動脈が閉鎖しています。

原因

ファロー四徴症は、心臓の発生過程において漏斗部中隔が前方に偏位することによって、前方の右心室流出路が狭くなって、心室中隔欠損も生じると考えられています。

症状

チアノーゼ（678頁）と無酸素発作（680頁）が特徴です。

チアノーゼは、生後2～3か月ごろまでは軽度で気づかれないこともあります。しかし、初めは泣いたときのみだったチアノーゼも、成長とともに漏斗部狭窄の程度が強くなり、右左の短絡が優位になるので、しだいに安静時にもみられるようになります。

漏斗部狭窄が軽いと、幼児期でもチアノーゼがみられない場合もあります。

低酸素発作は、急激な右心室流出路の狭窄が増強することによって、肺血流量が減少して発症します。

発作は、哺乳、排便、泣く、入浴、目覚めたときなどにおこりやすく、急に不機嫌となって、ハーハーと息が荒く、どんどんチアノーゼは強くなり、そして目もとろんとして意識が朦朧としてきます。

幼児期以降では、歩行や運動時に、息切れや、しゃがみ込む姿勢（蹲踞）がみられるようになります。

治療

新生児期から小児循環器科医の管理が必要で、とくに、低酸素発作の予防や治療が重要です。

外科的に心内修復術（心室中隔欠損のパッチによる閉鎖と、右心室流出路狭窄の解除）を行いますが、時期は重症度によって乳児後期から4～5歳と異なります。

内科的に低酸素発作のコントロールが困難な例や、肺動脈の形成における障害の重い例では、まずブラロック手術（681頁）を行い、二期的に心内修復術が行われます。

完全大血管転換（症）

Complete Transposition of Great Arteries (TGA)

どんな病気か

完全大血管転換のⅠ型とⅡ型はチアノーゼ性肺血流量増加群（679頁）、Ⅲ型はチアノーゼ性肺血流量減少群（679頁）です。

心房および心室の位置関係は正常ですが、大血管（肺動脈と大動脈）の位

◎大動脈離断（症）

大動脈縮窄（前頁上段）のみられる部分で、大動脈が切れている疾患で、ＩＡＡと略します。

上半身は大動脈からの血液、下半身は肺動脈からの血液が、動脈管を介して還流されます。心室中隔欠損（682頁）や動脈管開存（684頁）を合併しています。

症状は、大動脈縮窄複合に似て、新生児期から重い心不全症状（1342頁）が出現しますので、早期の手術が必要となります。

置関係が逆になっています。完全大血管転換では、全身から還流した静脈血は、右心房→右心室→大動脈へ駆出されます。いっぽう肺からの動脈血は左心房→左心室→肺動脈へ駆出されます。すなわち肺から還流した動脈血は再び肺動脈（肺）へ送り出され、全身から還流した静脈血は再び大動脈（全身）に送り出されます。

肺循環と体循環（1333頁図）が平行関係にあるため、きわめて重い低酸素血症（679頁）におちいります。生存のためには体循環と肺循環の間に交通（動静脈血の混合する短絡部位）が必要です。短絡が多いと有効肺血流量が多くなり、チアノーゼは軽くなります。卵円孔開存（心房中隔の孔があいたままになる）、心房中隔欠損（682頁）、心室中隔欠損（682頁）または動脈管開存（684頁）などの合併がなければ、危機的状態におちいります。新生児期に卵円孔や動脈管が閉鎖すると急速に状態が悪化します。

●完全大血管転換の分類

心室中隔欠損の有無と肺動脈の状態により３つに分類されます。

▼Ｉ型完全大血管転換　心室中隔欠損を合併しないもの（約60％）。

▼Ⅱ型完全大血管転換　心室中隔欠損があり、肺血流量は増加し、肺高血圧症を合併（約30％）。

▼Ⅲ型完全大血管転換　心室中隔欠損と肺動脈狭窄または肺動脈閉鎖があり、肺血流量が減少（約10％）。

症状　この病気は、チアノーゼ（678頁）および心不全（1342頁）が主症状です。チアノーゼは出生直後、ないしは生後しばらくしてから出現します。チアノーゼの程度は動静脈血を

図６　ファロー四徴（症）

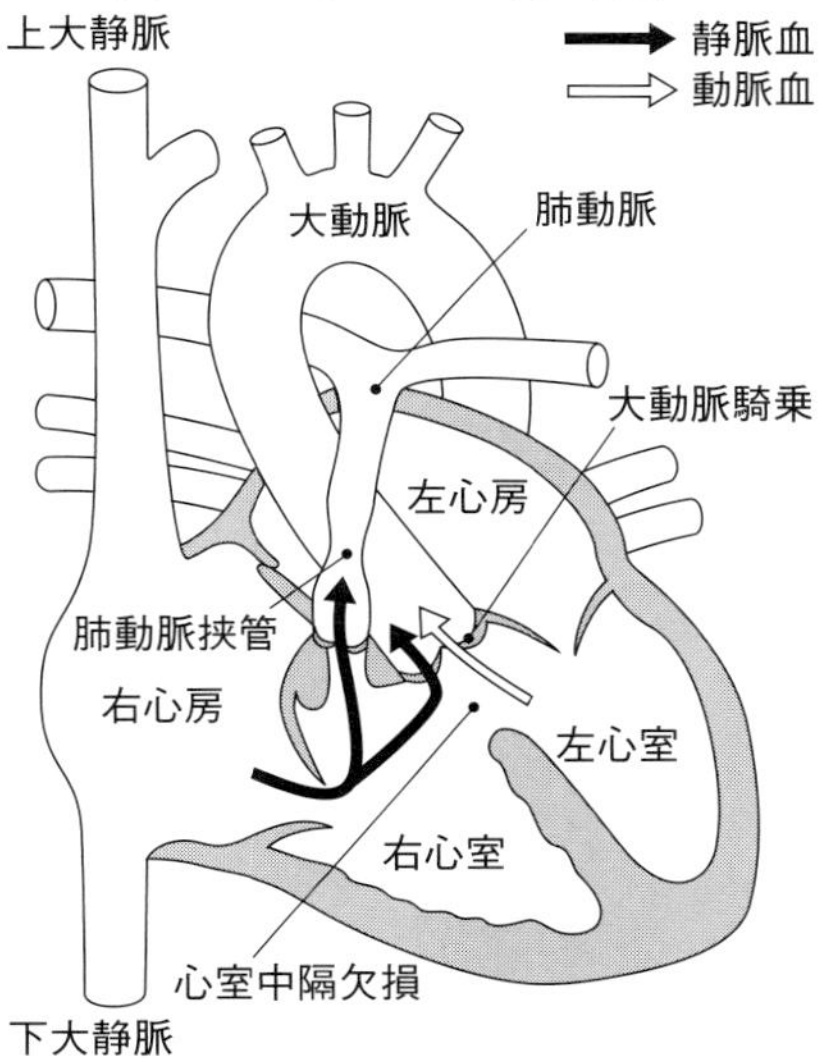

図７　大血管転換（Ｉ型）

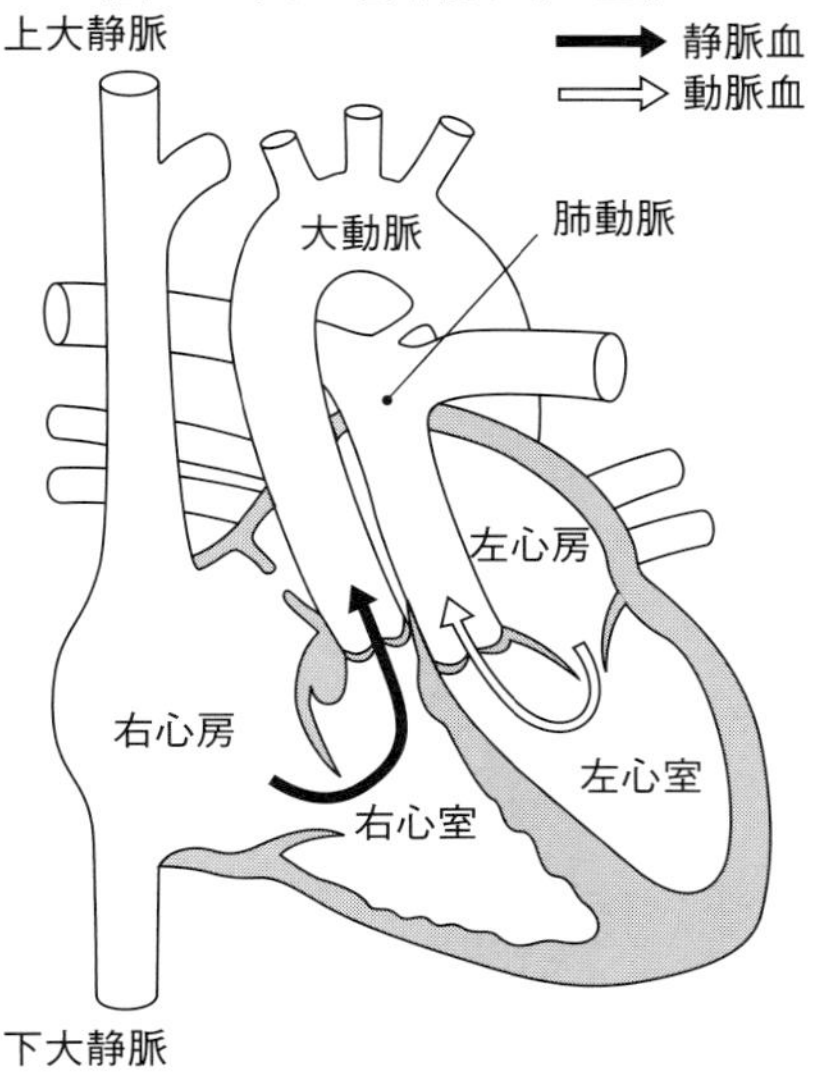

◎純型肺動脈弁閉鎖（症）

心室中隔欠損（682頁）がなく、肺動脈弁が閉じている疾患で、多くは右心室も低形成（発達が不十分）です。ＰＰＡと略します。

肺循環の血液は動脈管からの血流のみなので、生後数日で動脈管が閉じると、状態は急変します。

診断がつきしだいプロスタグランジンE_1（680頁）を点滴して、動脈管を拡張させます。早期に大動脈・肺動脈短絡術を行います。

幼児期に右心室の容積が十分あるときは、右室流出路再建術を、十分でない場合はフォンタン型手術（681頁）をします。

混合することのできる形態異常の合併によりますので、動脈管開存や心室中隔欠損の合併があれば、チアノーゼの程度は軽く、出現時期は遅くなります。

治療

▼Ⅰ型・Ⅱ型　新生児期に**ジャテネ手術**（大動脈と肺動脈を入れかえる大血管転換手術）が行われます。術前の全身状態を改善するための人工換気、プロスタグランジンE_1（680頁）使用、カテーテルによる心房中隔切開術（ＢＡＳ）、強心薬や利尿薬の使用など、状態に応じて治療されます。

▼Ⅲ型　幼児期から小児期に**ラステリー手術**（右心室と肺動脈の間に心外導管を用いて血流を転換する）が行われます。

単心室
Single Ventricle (SV)

どんな病気か

単心室は、２つの房室弁口または１つの共同房室弁口が、１つの大きな心室に向かって開いている疾患です。他の心室は、流出路腔（流出路の一部になっている）を形成する場合と、心筋内に埋れている場合と、存在しない場合があります。

おもな心室が左心室起源であるか、右心室起源であるかによって、**左室性単心室**、**右室性単心室**と呼びます。

合併する形態異常も、大血管転換（686頁）、肺動脈狭窄（685頁）または閉塞、大動脈弁下狭窄（大動脈弁の下で狭窄をおこす）、房室弁逆流（三尖弁や僧帽弁の閉鎖不全によって逆流が生じる）、右胸心（心臓が右側にある）・左心症（臓器の位置が左右逆にあるのに、心臓だけが左側にある）、無脾症・多脾症（690頁上段）など種々の形があります。

症状

病態は、肺動脈狭窄の合併の有無に左右されます。心室内における動静脈血の混合がよく、肺動脈狭窄をともなわないときは、肺血流量が多く、したがってチアノーゼ（678頁）は軽く、早期にうっ血性心不全の症状（679頁）を呈します。

肺動脈狭窄または閉鎖をともなうときは、チアノーゼが強く、肺血流量減少群（677頁）の症状がみられます。

房室弁逆流をともなうときは、房室弁逆流の症状が加わります。

治療

姑息手術として、肺血流減少群では大動脈‐肺動脈短絡術（大動脈と肺静脈の間に短絡路をつくる）を、肺血流増加群では肺動脈絞扼術（681頁）が行われます。多くはフォンタン型手術（681頁）を目標とします。

両大血管右室起始（症）
Double-outlet Right Ventricle (DORV)

どんな病気か

両大血管右室起始は、大動脈と肺動脈の両方の大血管が、ともに右心室から出ている疾患です。

必ず心室中隔欠損（682頁）を合併しており、その位置によって血行動態は大いに異なります。また肺動脈狭窄（685頁）の合併の有無も、病態に大きな影響があります。

大動脈の下に心室中隔欠損がある場合は、左心室の血液は、心室中隔欠損

◎**総動脈幹遺残（症）**

心臓からは2本の大血管（大動脈、肺動脈）が始まりますが、この疾患では大きな心室中隔欠損（682頁）があり、その上から1本の総動脈幹という血管が出ています。肺動脈は、総動脈幹から分かれます。TACと略します。

左心室と右心室の両方の血液が総動脈幹に流れるので、強い心不全（1342頁）と肺高血圧（1320頁）を生じます。早期に、ラステリー手術（右心室‐肺動脈再建手術）が行われます。

を通って主として大動脈に向かいます。肺動脈狭窄の合併がないと、重症心室中隔欠損に類似します（**心室中隔欠損型**）。

肺動脈狭窄の合併があるとファロー四徴（686頁）に似た病態（**ファロー四徴型**）になります。

いっぽう、肺動脈の下に心室中隔欠損がある場合は、左心室の血液は、心室中隔欠損を通って主として肺動脈に向かい、血行動態は完全大血管転換（686頁）に近い病態（**完全大血管転換型**）になります。

完全大血管転換型のものは大動脈縮窄（686頁上段）の合併も多く、重症のうっ血性心不全（679頁）の症状が早期に現れます。

治療

各病型（心室中隔欠損型、ファロー四徴型、完全大血管転換型）ごとに、その相当する疾患の治療原則に準じて治療が行われます。

一側房室弁閉鎖（房室弁の1つが閉じている）や一側心室低形成（心室の1つの発達が不十分）などをともなう場合は、フォンタン型手術（681頁）が適応となります。

図8　両大血管右室起始（大動脈弁下心室中隔欠損）

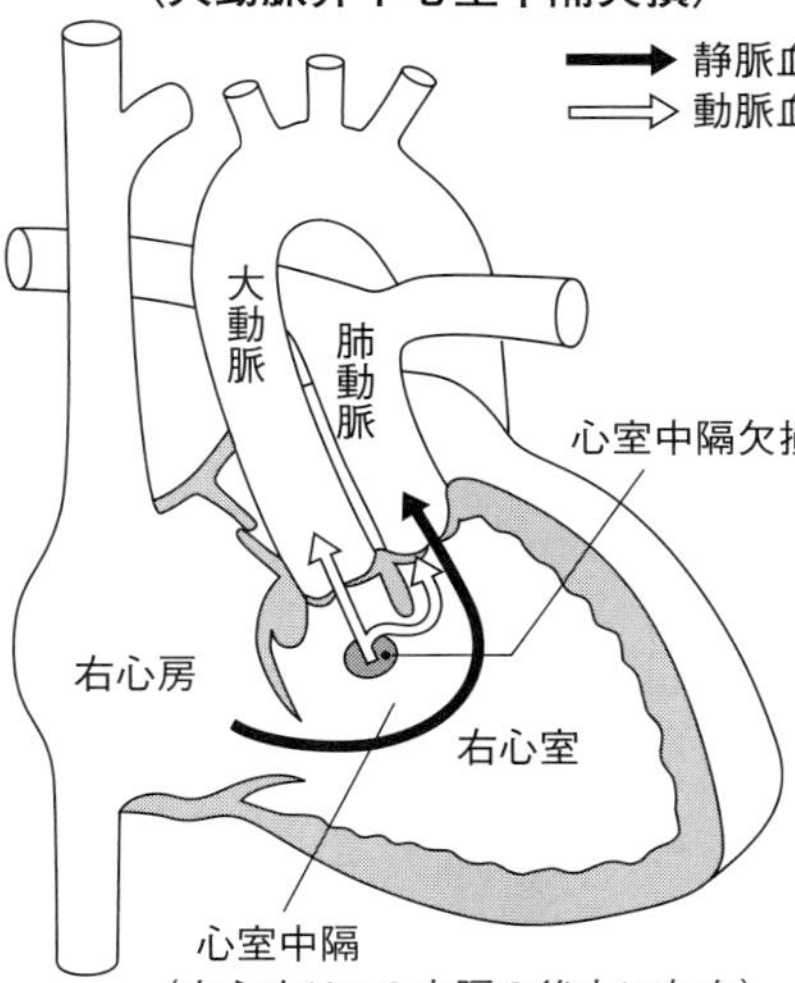

図9　大動脈弁狭窄

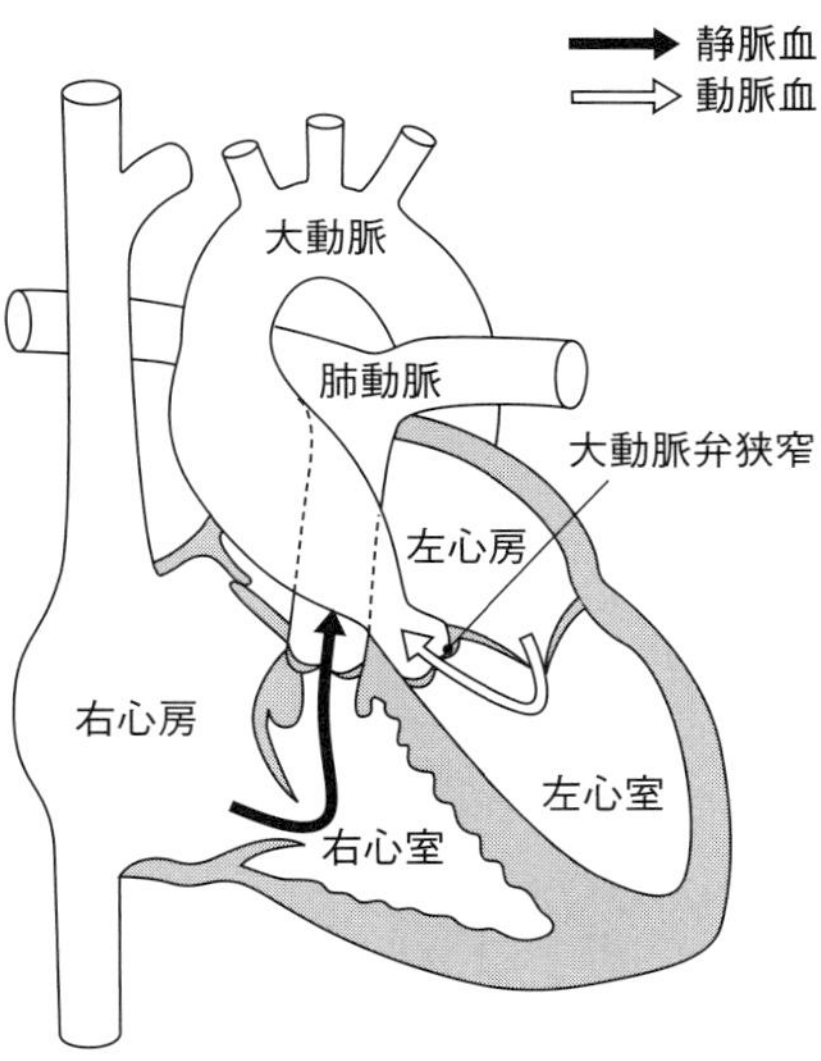

大動脈弁狭窄（症）
Aortic Stenosis (AS)

どんな病気か

左心室の出口にある大動脈弁が狭いため、左心室から大動脈へ向う血液の流れが障害され、その狭窄の程度に応じて左心室に圧負荷（678頁）がかかり、左心室の心筋が肥大します。

大動脈弁は、本来、三尖弁ですが、この病気の90％以上が二尖弁になっています。

軽度の狭窄では、自覚症状はありま

◎無脾症／多脾症

　無脾症は、脾臓が欠損しているものです。多脾症は、脾臓がブドウの房状に分かれているものをいいます。

　無脾症、多脾症があると、肺の分葉異常、内臓の部分逆位を認め、複雑な先天性心疾患を合併します。

　無脾症のほうがより重症で、多くは、単心房、単心室（688頁）、共通房室弁、大血管転換（686頁）、肺動脈狭窄（685頁）ないしは閉鎖、総肺静脈還流異常を合併した複雑な心疾患になります。

　治療は、病態に合わせたものになりますが、むずかしい病気です。条件がよい場合は、フォンタン型手術（681頁）を行います。

せん。中等度以上の狭窄では、運動時に胸痛や失神発作がみられることがあります。ごく軽度の場合を除いて、狭窄の程度に応じた運動制限が必要となります。

治療　カテーテル治療（バルーン弁形成術 680頁）と外科的治療（肺動脈弁を大動脈弁として用いるロス手術、人工弁に取替える人工弁置換術）があります。左心室の機能や心筋に変化が生じる前に治療することがたいせつです。

重症大動脈狭窄（症）
Critical Aortic Stenosis

どんな病気か　重症大動脈弁狭窄は、新生児期、乳児期早期に重い心不全（1342頁）がみられるものです。

　大動脈弁だけでなく僧帽弁、左心室、さらに大動脈弓も低形成（発達が不十分）であることが多く、左心低形成症候群（左心室の形成が不十分で、大動脈弁や僧帽弁が閉じていることがある）に血行動態は似ています。

　左心房に還流した血流の大部分は、心房中隔欠損（682頁）を経由して右心房に入り、右心室から肺動脈へ送り出されます。

　その血流の一部は、動脈管を通じて大動脈に流れ、体循環を維持します。左心房圧も上昇して、肺うっ血（1311頁）をおこします。

症状　症状は重く、肺うっ血と体血流量低下を示す症状（呼吸困難、チアノーゼ、血圧低下など）が出現します。

治療　早期にカテーテル治療（バルーン弁形成術 680頁）、あるいは外科的治療（大動脈弁切開術など）が必要になります。

総肺静脈還流異常（症）
Total Anomalous Pulmonary Venous Connection (TAPVC)

どんな病気か　健康な場合、左右2本ずつ、計4本の肺静脈によって、肺からの血液は左心房に還流していきます。しかし、その肺静脈が左心房に還流せず、左心房の後方で左右の肺静脈が合流して、共通肺静脈を形成し、直接あるいは他の経路〔無名静脈（次頁図）、冠状静脈洞（心房と心室の間を通る静脈）、門脈（1665頁上段）など〕を介して右心房に還流する、チアノーゼ性肺血流量増加群（679頁）の疾患です。

　肺静脈が流入している部位が重要になります。流入部位によって、４つに分類されています。これらのなかでも、I型がもっとも多いものです（約50％）。

▼**I型**　上心臓型（共通肺静脈→垂直静脈→無名静脈→上大静脈→右心房）。

▼**II型**　傍心臓型（共通肺静脈→直接右心房／共通肺静脈→冠状静脈洞→右心房）。

▼**III型**　下心臓型（共通肺静脈→垂直静脈→門脈・静脈管・下大静脈→右心房）。

▼**IV型**　混合型。

　この病気の血行動態は、つぎの４つになります。

①右心房に大量の還流血（左右短絡 677頁）。

◎子どもの心筋疾患

原因不明の心臓の筋肉の病気です。肥大型心筋症や拡張型心筋症、心筋緻密化障害があります。

肥大型心筋症は、心臓の筋肉が肥大してくる病気です。急死することがあるので運動は止めます。

拡張型心筋症は、心臓の筋肉の収縮する力が弱る病気で、しだいに心臓は拡張し、心不全（1342頁）を生じてきます。

近年、報告例が増えた**心筋緻密化障害**は、心室の壁に著しい肉柱が形成されるのが特徴です。乳児期発症のものは、重い心不全や不整脈（1346頁）がみられます。

②心房間の右左短絡。
③肺血流量増加（677頁）。
④肺静脈路狭窄による肺うっ血（1311頁）。

症状

症状は、チアノーゼ（678頁）をともなう肺うっ血症状を示します。

体循環（1333頁図）の血液量は、心房間を交通する血液量によります。静脈管や動脈管が閉鎖してくる時期に、強い肺うっ血症状が現れて、急激に状態が重くなることがあります。

治療

診断がつきしだい、外科的治療を行います。

三尖弁閉鎖（症）
Tricuspid Atresia (TA)

どんな病気か

1歳以後のチアノーゼ型心疾患のなかでは、ファロー四徴（686頁）についで多いものです。

大血管の位置異常、肺動脈の狭窄や閉鎖の有無によって、チアノーゼ性肺血流量増加群（679頁）を示すものとチアノーゼ性肺血流量減少群（679頁）を示すものがあります。

三尖弁は閉じており、右心房と右心室の間の血液の交通はありません。右心房に還流してきた静脈血は、心房中隔の欠損口〔心房中隔欠損（682頁）あるいは卵円孔開存（心房中隔の孔があいたままになる）〕を通り、左心房に短絡します。

一般的に、左心系はよく発達しています。右心系の発達は、心室中隔欠損の大きさと肺動脈の狭窄に規定されます。多くの症例で、右心室は低形成（発達が不十分）です。そして心房間の血液の交通の程度は、病状に大きく影響します。

三尖弁閉鎖は、合併した形態異常の

図10　総肺静脈還流異常（上心臓型）

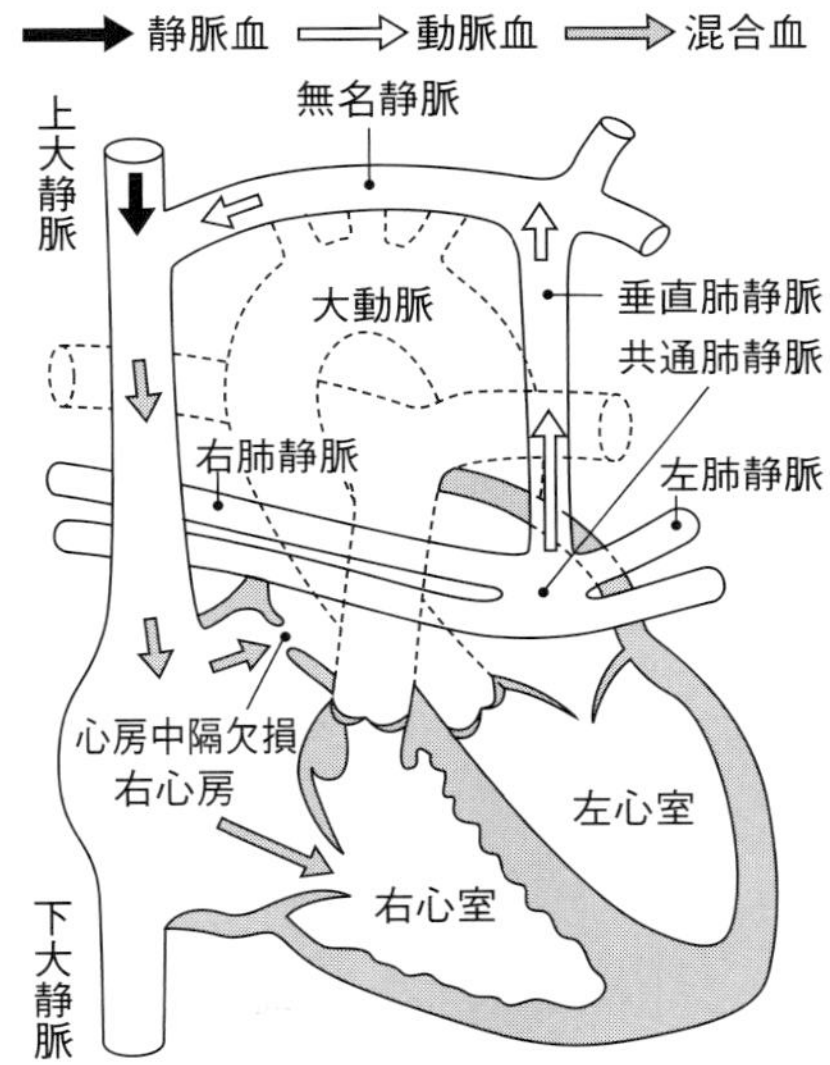

図11　三尖弁閉鎖

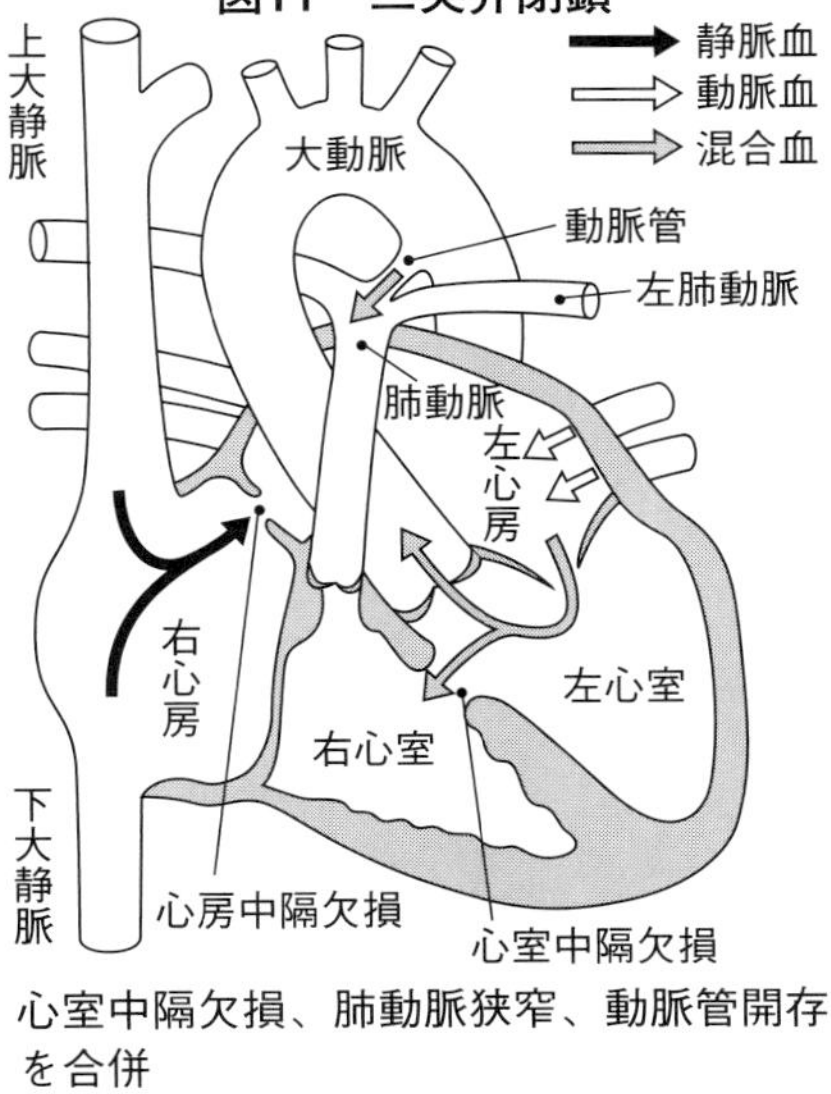

心室中隔欠損、肺動脈狭窄、動脈管開存を合併

◎感染性心内膜炎の予防

心臓病をもっている人（とくに人工血管・弁を使用している場合）は、感染性心内膜炎（1374頁）の予防に配慮する必要があります。

病変部位では血流の乱れがあるため、細菌が感染しやすくなっています。出血をともなう歯科治療を受ける場合は、必ず心臓病のことを伝え、治療の前後に抗生物質を使ってもらいましょう。

外傷時にも、傷はよく消毒しましょう。もし何日も熱がつづいたり、1日のうちに何度も急な高熱をおこしたり、下がったりするとき、発熱時に寒けをともなうとき、このような場合は早めに病院を受診しましょう。

組合わせで、たくさんの形があります。大血管の位置異常や、肺動脈の狭窄や閉鎖の有無で3つに大別されています。

Ⅰ型は大血管転換（686頁）のない病型であり、約70％を占めます。そのなかでは心室中隔欠損が小さく、肺動脈弁狭窄（685頁）や肺動脈低形成を有するもの（Ⅰb型）がもっとも多いです。

Ⅱ型（約25％）は、完全大血管転換と心室中隔欠損（682頁）をともなうものです。このなかでは肺動脈狭窄がなく、肺血流の多いもの（Ⅰc型）が多くみられます。

Ⅲ型は、修正大血管転換をともなうものです。

症状

肺血流の少ないものでは、ファロー四徴に似た症状を示すので、出生直後からチアノーゼ（678頁）がみられます。低酸素発作（679頁）をおこすこともあります。心不全（1342頁）は、ふつうみられません。

いっぽう、肺血流の多いものでは、重い心室中隔欠損に似た症状を示すので、チアノーゼは軽いのですが、多くは心不全がみられます。

治療

フォンタン型手術（681頁）に到達することを目標にします。姑息手術として、肺動脈が細い場合は大動脈肺動脈短絡術を、肺血流量増加群（677頁）では早期に肺動脈絞扼術（681頁）を行います。条件が合わずにフォンタン型手術に到達できない症例もあります。

エプシュタイン奇形
Ebstein Anomaly

どんな病気か

エプシュタイン奇形は、三尖弁の先天的な付着異常で、1864（元治1）年にドイツの医師W・エプシュタインによって報告されました。中隔尖、前尖、後尖の3弁よりなる三尖弁のうち、中隔尖と後尖が正常の位置より下方の右室壁に付着している病気です。

下方に付着した弁より上の右心室は右心房化するため、右心房は拡大し、残りの右心室は小さくなり、ほとんど右心室の流出路だけとなります。しばしば三尖弁の逆流をともないます。卵円孔開存（心房中隔の孔があいたままになる）ないしは心房中隔欠損（682頁）をともなうと、心房間の右左短絡（677頁）が生じ、チアノーゼ（678頁）が現れます。心雑音のみの無症状なものから、胎児期に死亡するものまで、重症度はさまざまです。WPW症候群（1350頁）をともなうこともあります。

治療

治療は、重症度によりさまざまです。軽症のものは、経過観察のみです。手術は、三尖弁の弁形成術や人工弁に取替える弁置換術が行われます。

動静脈瘻
Arteriovenous Fistula

どんな病気か

動静脈瘻は、動脈と静脈間に異常な血管（バイパス）が形成されたもので、血液が毛細血管を通らずに、動脈から静脈へ短絡（677頁）します。

動静脈瘻は、脳、頸部、肺、心臓、肝臓、手足とさまざまな部位にみられ、発生頻度は、脳42％、肺19％、肝臓と手足12%と報告されています。

肺循環系、体循環系のいずれにもみられ、小児期にみられる体動静脈瘻（体循環系にみられる動静脈瘻）の多くは先天性です。

また動静脈瘻が、ランデュ・オスラー・ウェーバー症候群（遺伝性で、毛細血管が拡張して出血をくり返すもの）の部分症状である場合もあります。とくに肺動静脈瘻（肺循環系にみられる動静脈瘻）では、60%がこの症候群に合併したものです。

症状

肺動静脈瘻では、静脈血が肺の毛細血管を通らないため、酸素の少ない静脈血が直接、左心房に還流します。大きな肺動静脈瘻や多発性肺動静脈瘻ではチアノーゼ（678頁）がみられます。

体動静脈瘻のなかでは、脳動静脈瘻の頻度が高く、大きな場合は循環血液量が増加して、心不全症状（1342頁）が出現するものもあります。

冠動脈瘻では、右心系に瘻（管状の交通路）が開口する症例が多く、頻度は、右心室、右心房、肺動脈、左心房などの順で、右冠動脈にやや多く認められます。

治療

瘻の部位や大きさにより、治療の時期や術式はさまざまですが、カテーテル治療（瘻をふさぐコイル塞栓術）や外科的に切除する治療が行われます。

起立性調節障害
Orthostatic Dysregulation (OD)

どんな病気か

起立性調節障害では、自律神経（交感神経と副交感神経）機能不全のため、起床後の体調が悪かったり、朝礼などで倒れてしまうことがおこります。

病態は、起床後や起立時の血液循環動態の変化に、からだが適応できずにおこる一過性の血圧低下、それにともなう脳や臓器血流の低下であると考えられています。比較的頻度の高い疾患です。

症状

多発年齢は、小学校高学年から中学生で、立ちくらみ、ふらつき、頭痛、腹痛、朝起き不良、だるい、食欲がない、乗り物酔い、立っていると気持ちが悪くなる、ひどくなると倒れるなど、多彩な症状がみられます。症状は、午前中、とくに起床時に強く、午後になると改善する傾向がみられるのが特徴です。自律神経機能はさまざまな内的、外的要因によって変化するので、生活のリズム、学校や家庭環境が変わる時期に発症しやすく、症状の変化にも影響することがあります。

検査と診断

詳細な問診を行うことで多くは診断できますが、診断には器質的疾患を除外する必要があります。新起立試験によって、起立直後性低血圧、体位性頻脈症候群、神経調節性失神、遷延性起立性低血圧の4タイプに診断します。

治療

規則正しい生活、早寝早起きで、朝の時間を十分とる、急に立ち上がらない、適度な散歩や運動、長時間にわたる起立位の保持を避けるなどの生活指導を行います。学校生活に支障がある場合や症状が強い場合は、薬物療法を併用します。

◎学校の心臓検診

小学1、中学1、高校1年生で心臓検診が行われています。ここで見つかるものは、多くは心配のない不整脈です。二次検診の連絡が届いてもびっくりしないで、落ち着いて検査を受けてください。まれに、心筋症（心臓の筋肉の病気1377頁）やロマノ・ワード症候群（重症の不整脈をおこし、失神することがある疾患）のような重い病気が発見されることがあります。

◎全国心臓病の子どもを守る会

心臓病の子どもをもつ親と心臓病者の会で、40年以上の歴史があります。会員相互の情報交換、講演・研修会、医療・社会保障制度の改善運動、療養キャンプ、機関紙の発行を行っています。

ぜひ、ホームページを開いてみてください。
http://www.heart-mamoru.jp

子どもの血液の病気①

◎止血機能のしくみ

血管が破れると、血漿中の血液凝固因子と呼ばれる物質がはたらきだし、フィブリン網（線維素）を形成して、血

子どもの血液の病気の特徴と対策

◇子どもに多い血液の病気

子どもの血液の病気は、遺伝的なものや先天的な要因が加わったためのものが多く、また、年齢によっておこりやすい病気があるのが特徴です。

血液の病気が疑われるときは、まず小児科や内科を受診します。その結果、特殊な検査が必要となる遺伝性の病気のとき、重い感染症をくり返すとき、出血しやすいときなどは、受診した医師とよく相談し、血液専門の医師の診察を受けるようにしましょう。

◇赤血球の病気

もっともおこりやすいのは、**貧血**です。貧血かどうかは、血液中のヘモグロビン値、赤血球数、ヘマトクリット値を調べて診断しますが、子どもは年齢が進むにつれて基準値がかわってきますから（次頁表）、これと照らし合わせて診断します。

◉新生児期の貧血

おもにみられるのは、つぎのようなものです。

①先天性や遺伝性を含めた溶血（赤血球がふつうより早くこわれて消失する）による貧血（**新生児溶血性貧血**）がおこるものには、遺伝性球状赤血球症、赤血球酵素異常症、ヘモグロビン異常症、血液型不適合などがあります。

②出血による貧血がおこるものには、胎盤内出血、胎児から母体への出血、双生児のいっぽうから他方への出血、頭蓋内出血、帽状腱膜下出血、消化管出血などがあります。

◉乳児期の貧血

心配のない生理的貧血のほか、低出生体重児にみられる早期貧血、鉄分の摂取不足でおこる鉄欠乏性貧血（696頁）、細菌などの感染でおこる感染性貧血などがみられます。

◉幼児期以降の貧血

幼児期以降は発育が早いので、結果的に鉄分不足になり、鉄欠乏性貧血がおこりがちです。とくに女の子は、思春期をむかえて月経が始まると、鉄分の摂取が少し不足してもおこります。

◉子どもの貧血の対策

貧血の検査はどこでも受けられますが、先天性や遺伝性の貧血が疑われるときは、血液専門医の診察が必要になってきます。

◇白血球の病気

白血球は、感染を防いだり、免疫に関与したりする重要な細胞で、顆粒球、リンパ球、単球に大別できます。

白血球数とその百分率は、出生時はおとなよりも2～3倍も高く、以後次第に低下して、5歳ごろからおとなの基準値に近づいてきます（次頁表）。

◉おもな病気

白血病（548頁）、悪性リンパ腫（553頁）、細網内皮腫などの悪性腫瘍のほかに、免疫不全症候群（2052頁）、顆粒球減少症などの白血球が減少する病気や顆粒球機能異常症がおこります。

◉子どもの白血球の病気の対策

重い感染症にくり返しかかる場合は、白血球の病気の可能性があります。受

漿中の血小板と協力して血液をかたまらせ、出血を止めるはたらきをします。血液凝固因子は、これまでに12種類の物質の存在が確認されていて、Ⅰ～XIII（Ⅵは欠番）までのローマ数字がつけられています。血液凝固因子が欠乏すると、血液の凝固がおこりにくくなり、いったん出血すると止まりにくくなるのです。

いっぽう、破れた血管部分での血液凝固がどんどん進んでしまうと、血管が完全に閉ざされてしまい、その先に血液が流れなくなります。このような過剰な凝固を抑制する機構もあります。血漿中には血液をかたまりにくくし、流動性を保つ凝固阻止因子と呼ばれる物質と、フィブリン網を溶かす（**線維素溶解＝線溶**）プラスミン系が存在し、過剰な血液凝固を抑制するはたらきをしています。

またこの線溶が亢進してくると、血液凝固を抑制しすぎることになり、いったん出血すると止まりにくくなります。

年齢別末梢血液所見（基準範囲）

	赤血球数/mℓ	ヘモグロビン g/dℓ	白血球数/mℓ	好中球（平均）%	リンパ球（平均）%	血小板数/mℓ
臍帯血		14～20	9,000～30,000	60	30	10～29万
新生児期	410～640万	11～20	5,000～30,000	40	45	15～39万
乳児期	380～550万	10～15	6,000～18,000	30	60	20～47万
幼児期	380～550万	11～16	4,500～13,500	55	40	15～45万
それ以後						
男	470～610万	14～18	5,000～10,000	55	35	15～40万
女	420～540万	12～16				

（Nelson, Textbook of Pediatricsを一部修正）

診している医師と相談し、血液専門の医師を受診しましょう。

◇出血性の病気

●新生児期の止血機能

新生児期は、おとなに比べると出血しやすい状態にあります。新生児期には、ビタミンKに依存する血液凝固因子（第Ⅱ、Ⅶ、Ⅸ、Ⅹ因子）の低値、線溶の亢進、血小板機能の低下がみられるためです。しかし、それ以降になると、止血機能（前頁上段）はおとなと変わらなくなります。

●新生児期の出血性の病気

ビタミンK欠乏（701頁）、感染、呼吸促迫症候群（1321頁）、感染や仮死などが原因でおこる播種性血管内凝固症候群（703頁）、母親からの抗体移行、先天性風疹症候群、先天梅毒、トキソプラズマ感染が原因の血小板減少がみられます。まれですが、臍出血や、頭蓋内出血を初発症状とする特殊な凝固因子欠損症（先天性フィブリノゲン欠損症、先天性第XIII因子欠損症）および線溶制御因子であるα_2プラスミンインヒビター欠損症もあります。

●乳児期の出血性の病気

肝臓病による凝固障害、感染、巨大血管腫などが原因の血小板減少のほか、血友病（700頁）、フォン・ヴィレブランド病（702頁）などの先天性凝固障害による出血もみられるようになってきます。

●幼児期以降の出血性の病気

幼児期から学童期にかけて、特発性血小板減少性紫斑病（703頁）のほか、風疹、はしかなどのウイルス感染症に合併しておこる血小板減少症やアレルギー性紫斑病（1456頁）、血小板無力症などの先天性血小板機能異常症（1462頁）、アスピリンなどの薬剤による血小板機能低下にともなう出血などが多くなってきます。

●子どもの出血性の病気の対策

問診や症状から、医師であればおおよその病名の推定が可能です。

しかし、確実な診断には、凝固因子測定、血小板機能検査などが必要なこともあるので、受診している医師と相談し、血液専門医を受診しましょう。

◎子どもの造血

妊娠2週ごろの胎児では、卵黄嚢という部位にある新生血管の中で赤血球がつくられています。

妊娠8週ごろになると、肝臓内で赤血球がつくられるようになり、白血球や血小板の産生も始まります。その後、肝臓のほかに、脾臓やリンパ節でも造血が行われるようになりますが、そのピークは妊娠5か月ごろです。

それ以降は、出生後と同じように骨髄が造血器の主役となり、出生ぎりぎりまで肝臓の造血機能がつづきますが、肝臓での造血機能は次第に低下していきます。

出生後は、完全に骨髄が造血器の中心になります。赤血球の破壊が進む先天性溶血性貧血（次頁）の場合は、肝臓や脾臓が腫れてきます。

子どもの貧血とは
(Anemia)

ふつう新生児期では赤血球が多く多血症ぎみなので、貧血がおこることはまれです。しかし、さまざまな原因で、鉄欠乏性貧血、巨赤芽球性貧血、再生不良性貧血、溶血性貧血、続発性貧血などがおこることもあります。なかでも多いのは鉄欠乏性貧血です。

授乳中のお母さんは、鉄分の消費が増えるため、母乳に含まれる鉄分が不足します。そのため、母乳だけで育てられている赤ちゃんは鉄欠乏性貧血になることがあります。からだの発育がさかんなこともこれを助長しています。

幼児以降の鉄欠乏性貧血は、たいていは鉄分の摂取不足が原因です。牛乳、レバーなど鉄分を多く含む食品を適宜摂取することが必要です。

新生児溶血性黄疸（585頁）のほか、以下の病気が、子どもに代表的な貧血です。そのほかの貧血は、原因、治療などおとなの場合と同じです。

子どもの鉄欠乏性貧血
Iron Deficiency Anemia in Childhood

どんな病気か　赤血球の中にあるヘモグロビンの合成には鉄分が必要となります。この鉄分が不足するためにおこる子どもの貧血です。

低出生体重児が急激に成長するときに鉄分が不足する**未熟児後期貧血**、出生時に貯蔵されていた鉄分が消費され、母乳や離乳食からの補充が不十分な**離乳期貧血**、市販の牛乳は鉄分が少なく、吸収もよくないため、牛乳を多飲して、母乳や普通食の摂取量が少ないとおこる**牛乳貧血**、思春期の急激な成長に対して鉄分の摂取が不足している**思春期貧血**などがあります。

症状　軽度の貧血では、症状が現れないか、不調を訴える程度ですが、中等度になると顔色が悪く、疲れやすく、息切れや動悸をともないます。

重度の貧血になると、心雑音、心肥大がおこることがあります。

また、注意力の欠如がみられたり、興奮しやすくなったり、幼児では、土や石を食べる行動異常がみられることもあります。

検査と診断　血液検査を行い、赤血球数、ヘモグロビン量、ヘマトクリット値、平均赤血球容積、網赤血球、血清鉄、血清フェリチン値などから診断されます。

また診断には、白血病などの悪性疾患、再生不良性貧血、溶血性貧血などとの識別が必要です。

治療　鉄剤を服用することで、貧血は改善されます。

輸血は、原則的に行いませんが、重症の場合は、赤血球だけの成分輸血が行われます。

予防　普段の食事で、鉄分が多く含まれる食品を積極的に取入れるようにしましょう。

とくに成長期の子どもおよび思春期の女の子は注意します。

鉄分の多く含まれている食品は、ひじき、のり、レバー、シジミ、アサリ、ウナギ、煮干し、ホウレンソウ、コマツナ、きな粉などです。

◎その他の欠乏性貧血

▼銅欠乏性貧血　銅は、体内で鉄分をヘモグロビンに転換させるはたらきがあります。そのため、欠乏すると貧血をおこすことがあります。

▼ビタミンE欠乏症　低出生体重児や新生児は、血液中に含まれるビタミンEが少なく、高度不飽和酸を多く含む粉乳をとるとビタミンEが消費され、貧血をおこすことがあります（1526頁）。

▼葉酸欠乏症　葉酸は赤血球をつくる際に必要で、欠乏すると巨赤芽球性貧血をおこすことがあります（1443頁）。

▼ビタミンB12欠乏症　ビタミンB12は、葉酸のはたらきをたすける物質で、欠乏すると巨赤芽球性貧血をおこすことがあります。

いずれも、不足している栄養素を補充することで、治療します。

未熟児貧血
Anemia of Prematurity

生まれたときの体重が2000g以下の低出生体重児は、大部分が生後数週間たつと貧血になります。

これは、旺盛なからだの成長に、造血機能が追いつかないことが原因のこともありますし、造血機能がまだ未熟なことが原因のこともあります。

症状として特別なものはありません。体重の増加不良などで気づくことがあります。

このような貧血は心配ありません。生後10〜12週になって貧血がある程度ひどくなるころ、造血機能が追いついてきて、貧血は自然に治ります。

しかし、低出生体重児は、生後3か月以降になって鉄欠乏性貧血がおこってくることが多く（**未熟児後期貧血**）、鉄剤の使用が必要となります。

また、下痢のために**巨赤芽球性貧血**がおこることもあり、このときには、下痢の治療とともに、葉酸の補充が必要です。

先天性溶血性貧血
Congenital Hemolytic Anemia

赤血球の破壊が進むためにおこる貧血で、赤血球自体に異常がある遺伝性球状赤血球症、酵素に異常がある赤血球酵素異常症、異常ヘモグロビン症（1446頁上段）、サラセミア（1446頁上段）などがあります。

◉遺伝性球状赤血球症

先天性溶血性貧血の約70%を占め、おもに常染色体優性遺伝（574頁）します。重い貧血をおこすこともあれば、生涯、発病しない場合もあります。

治療は、脾臓の摘出です。手術前に肺炎球菌ワクチンの接種や、手術後に細菌感染症の予防のため抗生物質を内服します。敗血症をおこすこともあり、原則的に手術は5歳以上になって行います。

◉赤血球酵素異常症

グルコース6リン酸脱水素酵素の異常やピルビン酸キナーゼの異常が代表的です。脾臓を摘出することもありますが、必ずしも効果があるとはかぎりません。対症療法として、赤血球の成分輸血が行われます。

先天性再生不良性貧血
Congenital Aplastic Anemia

先天的に骨髄に障害があって、赤血球が十分につくれないためにおこる貧血です。低身長、皮膚の色素沈着、形態異常をともなうものを**ファンコニ貧血**、赤血球がつくられないだけのものを**ブラックファン・ダイヤモンド貧血**といいます。常染色体劣性遺伝（574頁）する、治療のむずかしい病気です。

おもに4〜6歳ごろに症状が現れることがほとんどです。

治療は、骨髄移植（1450頁）が有効です。そのほか、薬物療法として、たんぱく同化ホルモン剤や副腎皮質ホルモン（ステロイド）剤が併用されます。メチルプレドニゾロンの大量使用やシクロスポリンなどの免疫抑制療法も行われています。

その際には、薬の副作用や感染症、合併症に十分注意します。

子どもの白血球減少症
Leukopenia

どんな病気か

血液中の白血球が減少している状態をいいます。おもに好中球減少症とリンパ球減少症が問題になります。

◉好中球減少症

好中球は、感染防御のはたらきをする白血球のひとつで、好中球が減少すると感染症にかかりやすくなります。

感染症を合併しやすく、発熱、のどの痛み、口腔内潰瘍、直腸潰瘍ができやすく、治りにくい皮膚感染症（おでき）の多発もしばしばです。

原因として、もっとも多いのは、骨髄でつくられる好中球の数よりも、細菌やウイルスの感染によって破壊される好中球の数のほうが多いためにおこるものです。

そのほか、薬物の使用、化学物質や放射線との接触、免疫反応、栄養障害、先天性や遺伝性のものもあります。

◉リンパ球減少症

リンパ球は、体内に入ってきた物質を、生まれつき体内にもっていたものか、そうでないものか識別するはたらきがあります。この免疫応答をつかさどるリンパ球が減少する病気です。

免疫不全症候群、免疫抑制薬、副腎皮質ホルモン剤の使用や放射線照射によってリンパ球の減少がおこります。

検査と診断

静脈から採血して調べます。

好中球減少症は、骨髄を調べたり、白血球抗体の有無をみるなどして、つくられる好中球が少ないのか、破壊される好中球が多いのか、その両方なのかをみきわめます。

家族に同じ病気の人がいないか、形態異常の有無、薬物や化学物質との接触の有無、感染症との関係なども調べられます。

治療

原因となる病気がある場合は、その病気を治療し、感染症にかからないよう注意します。

好中球減少症は症状のないことが多く、その場合はとくに治療は必要ありません。

感染症にかかったら、抗生物質の使用や顆粒球の輸血を行います。

リンパ球減少症の原因となる重症複合免疫不全症には、遺伝子治療（575頁）も試みられています。

白血球機能異常症
Leukocyte Dysfunction

白血球には、単球、リンパ球、顆粒球（好中球、好酸球、好塩基球）などがあります。このなかで、感染防御のはたらきをする顆粒球に機能の異常があると感染症にかかりやすくなります。

白血球機能異常症には、**慢性肉芽腫症**、**チェディアック・東症候群**などがあります。

慢性肉芽腫症は、X連鎖劣性遺伝（575頁）し、皮膚の化膿性病変、リンパ節の腫れ、肝臓・肺・骨に色素の沈着した肉芽腫ができる病気です。

チェディアック・東症候群は、常染色体劣性遺伝する病気で、化膿性病変、リンパ網内系の悪性腫瘍を合併しやすいのが特徴です。

いずれもまれな病気で、好中球減少症と同様に治療します。

第1章－第10章
生活習慣病
がん（悪性腫瘍）
子ども
女性
脳・脊髄・神経
こころ
目
耳・鼻・のど
歯・口腔
呼吸器

子どもの血液の病気②

血友病（ヘモフィリア）
Hemophilia
出血すると血が止まりにくい

◇遺伝する先天性出血性疾患

どんな病気か　血液（血漿）中には、出血したときに血液をかためて止血する物質が含まれています。この物質を**血液凝固因子**といいます。

これまでに12種類の凝固因子の存在が明らかにされ、Ⅰ（1）からⅩⅢ（13）までローマ数字の番号が付されています。ただしⅥ（6）は欠番です。

血友病は、この血液凝固因子のうち、第Ⅷ（8）因子か第Ⅸ（9）因子の欠乏や異常のために血液がかたまらず、出血すると止血しにくくなる病気です。

遺伝する先天性の出血性疾患のなかで代表的な病気です。

第Ⅷ因子が欠乏や機能の異常を示すものを**血友病A**、第Ⅸ因子が欠乏や異常を示すものを**血友病B**といいます。

健常人の凝固因子活性を１００％としたときに、1％未満を重症、1～5％未満を中等症、5％以上を軽症と分類します。数％の凝固因子活性のちがいで、出血の頻度や程度が左右されるからです。

▼遺伝のしかた　血友病は、祖先からの病的遺伝子を受け継いだ女性（保因者といい、発病はしません）から生まれる男児に50％の確率で発病します。この遺伝のしかたをX連鎖劣性遺伝と呼びます（575頁）。

保因者でない女性から生まれる突然変異の血友病の人も、30％前後存在します。この場合も、病的遺伝子は、子孫に遺伝し受け継がれます。

保因者の女性と、血友病でない男性との間に生まれる男児は、50％の確率で発病し、女児は50％の確率で保因者となります。

血友病の男性と保因者でない女性との間に生まれる男児は発病することがなく、女児はすべて保因者となります。

血友病の男性と保因者の女性との間に生まれる男児は、50％の確率で発病し、女児は50％の確率で保因者、50％の確率で発病しますが（女性血友病）、このようなケースはたいへんまれです。

▼頻度　血友病は世界中のすべての人種にみられ、その頻度は大差ないものと考えられています。

日本での血友病Aの頻度は、男児出生数の1万人に1人で、血友病Bはその5分の1から8分の1の頻度です。

◇ささいな打撲でも出血する

症状　ふつうなら出血がおこるはずのないような、ささいな外傷で出血がおこることがあります。明らかなけがをした覚えもないのに、出血がおこることもあります。

出血は、関節内や筋肉内などのからだの深部臓器にくり返しおこるのが特徴です。皮下、口腔内、頭蓋内などにもおこります。

通常、欠乏している凝固因子を静脈注射で補わなければ、十分な止血は得られません。

新生児期（生後1か月まで）に出血をきたすことはまずないのですが、まれに、分娩時に頭蓋内出血（582頁）や

◎血友病とは

関節内や筋肉内、皮下、口腔内、頭蓋内などにささいな外傷で出血をおこす先天性の病気で、いちど出血すると不足している凝固因子の補充なしには止血することは困難です。治療は、血液専門医のいる病院で、血液凝固因子の補充療法を受けます。主治医の指導をもとに家庭での補充療法を行うこともできます。

帽状腱膜下出血などをきたすことがあります。

乳児期（生後1歳まで）の初めのころも出血することはまれですが、ハイハイ、つたい歩きをするころから、ささいな外傷で殿部（お尻）などの皮下に出血するようになります。

幼児期・学童期になると血友病に特徴的な関節出血、筋肉内出血をたびたびおこすようになります。

そのほか、血尿、吐血、下血、抜歯後の出血、手術後の過剰出血など、出血症状は多彩です。

軽症型の場合、抜歯後の出血、手術後の過剰出血が最初の症状となり、血友病が見つかることも多くあります。

関節出血がおこりやすいのは、足関節、膝関節そして肘関節です。初期症状は、関節がむずむずするなどの違和感、ついで痛み、熱感をともなった腫れ、運動制限という三主徴がみられます。同じ関節に出血が何度もくり返されると、関節は変形し、最終的には曲げ伸ばしができなくなる（**関節強直**）こともあります。

▼受診する科　新生児・乳幼児・学童は小児科、思春期以降は内科を受診しますが、血液の専門医、なかでも血液凝固学の専門医のいる病院を受診するのが望ましいと思います。

検査と診断　出血の始まった時期や今までの出血状況、同じような出血傾向をもった人が家系内にいないかどうかなどを問診します。出血している部位があれば、その性状をよく観察します。つぎに血液検査を行い、活性化部分トロンボプラスチン時間（209頁）の延長が認められ、第Ⅷ因子か第Ⅸ因子の凝固活性の低下が証明されれば診断がつきます。第Ⅷ因子に異常があれば血友病Aと、第Ⅸ因子に異常があれば血友病Bと診断されます。

フォン・ヴィレブランド病（702頁）などとの識別のため、血液専門医の精密検査が必要になることもあります。

◇凝固因子を輸注

治療　欠乏している凝固因子を輸注（静脈注射）する補充療法が、血友病の止血治療の原則となります。

血友病Aには第Ⅷ因子製剤、血友病Bには第Ⅸ因子製剤を用います。

輸注しても凝固因子の血中濃度は下降してきます。血中濃度が半減する時間は、第Ⅷ因子では8～12時間、第Ⅸ因子では12～24時間です。

出血部位や程度によって止血に必要な輸注量は異なるので、適切な輸注量と輸注間隔を計算して輸注します。出血から時間がたつほど、輸注効果は少なくなるので早期補充がたいせつです。

また、出血後には患部を冷やし、安静を保つこともたいせつです。運動会、遠足、旅行などの前に、予備的に、補充療法を行うこともあります。

▼定期補充療法　最近、関節出血などの非外傷性出血を防ぐ目的で、非出血時に凝固因子製剤を長期間にわたり定期的に補充する止血管理法が、重症に対して試みられています。

この治療法を定期補充療法といい、関節障害発症前の乳幼児期に開始することにより、関節障害を阻止できる可能性があります。関節障害発症後に開

◎血友病治療薬の副作用

1980年代前半、ヒト免疫不全ウイルス（HIV）に汚染された非加熱濃縮製剤によって血友病治療の最大の副作用であるHIV感染が生じました。それまで改善していた血友病の予後に大きな問題を投げかけ、現在においても血友病治療の最大の問題になっています。しかし現在では、供血者検査やウイルス不活化対策、遺伝子組み換え製剤の開発などの製剤の改良によって新たな感染は防止でき、安全なものとなりました。

また、過去の輸血、凝固因子製剤（クリオ、非加熱濃縮製剤）で肝炎ウイルス（おもにB型とC型）に多くの人が感染しましたが、こちらも現在、安全性は著しく高まっています。

始した場合も、その遅延効果が期待されています。

▼止血に用いられる凝固因子製剤　凝固因子製剤は、ヒト血漿を材料に純化・濃縮した製剤と、遺伝子工学を利用して試験管で培養した細胞につくらせたリコンビナント製剤に大別されます。

▼凝固因子製剤以外の止血治療薬　中等症や軽症の血友病Aでは、軽度の出血や抜歯などの小手術に対して、第Ⅷ因子を血管内に放出させる作用のある抗利尿ホルモン（バソプレシン）の誘導体であるDDAVPが用いられます。

線溶活性阻害薬であるトラネキサム酸は、鼻出血や口腔内出血（抜歯後を含む）に有効です。しかし、腎・尿路系の出血がある場合は凝血塊（血液のかたまり）をつくるので禁忌です。

▼家庭での補充療法　現在、患者自身や両親などの保護者による凝固因子製剤の輸注が承認されています。

早期輸注と定期補充療法を含めた予防的治療を行えるようにし、整形外科的合併症を軽減させること、重篤な出血の後遺症を防止し、日常生活の質的向上を図ることが目的です。

医師は、本治療法が安全かつ適確に行えるように、注射技術を含め血友病の人や家族を教育し、正しく行えると判断されたら開始します。

家庭での補充療法が効果的に行われるように、医師によって、本治療法の開始後、輸注記録表のチェック、定期的検診が行われ、問題点がある場合は再教育します。

▼凝固因子製剤の副作用　凝固因子製剤の輸注の最中や輸注後に、じんま疹、腰痛、ぜんそくのような呼吸困難がおこることがあります。

このようなアレルギー様反応は、以前用いられていた新鮮凍結血漿、クリオではしばしば認められていましたが、現在用いられている製剤では、たいへんまれなものになりました。

一部の人ですが、輸注された凝固因子を中和し、その効力を無効にする抗体（インヒビター）ができることがあって、その対策が研究されています。

そのほか、血栓症などがみられることがあります。

ビタミンK欠乏症
Vitamin K Deficiency

どんな病気か　体内のビタミンKが欠乏することにより、肝臓でつくられるビタミンK依存性血液凝固因子（凝固第Ⅱ、Ⅶ、Ⅸ、Ⅹ）の活性が低下し、出血傾向をおこす病気を、ビタミンK欠乏症といいます。

生後2～3日目の赤ちゃんに下血、吐血などの消化管出血をおこす**新生児出血症（新生児真性メレナ）**と、生後1～2か月ごろに頭蓋内出血をきたす**特発性乳児ビタミンK欠乏性出血症**とがあります。

特発性ビタミンK欠乏性出血症は、母乳栄養の赤ちゃんにおこりやすいものです。

治療　治療の基本は、ビタミンKの投与です。日本では、予防的に生後1～2日目、5～6日目、1か月目などにビタミンKを赤ちゃんに与えています。

これによって、ビタミンK欠乏症は大幅に減少しました。

◎**血栓症**

凝固制御因子の欠損、線溶異常、血管障害によって血栓（血液のかたまり）が生じる病気があります。

血栓は、静脈に生じることが多いのですが、一部の病気では動脈に生じることもあります。

この病気には先天性のものと後天性のものとがあります。

▼**先天性の血栓性疾患**　プロテインC欠損症、プロテインS欠損症、アンチトロンビン

フォン・ヴィレブランド病
Von Willebrand Disease

どんな病気か

血漿中には、フォン・ヴィレブランド因子という接着たんぱく（のりのようなはたらき）が含まれています。この因子は、血管内皮細胞や骨髄巨核球でつくられる分子量の大きな糖たんぱくです。

フォン・ヴィレブランド因子は、血管が傷ついて出血がおこったときに、血小板が傷口に粘着して出血を止める際に必要な因子です。また、この因子は、凝固第Ⅷ（８）因子（699頁）と結合し、第Ⅷ因子を安定させながら運搬する役目をあわせもっています。

このフォン・ヴィレブランド因子が欠乏すると、血小板が傷口に粘着しにくくなるために、出血が止まりにくくなります。また、第Ⅷ因子の半減期が短縮し、活性低下がみられるので、血液がかたまりにくくなります。

先天的にこの因子が欠乏しているのがフォン・ヴィレブランド病で、血友病Ｂ（699頁）と同じくらいの頻度で見つかります。

フォン・ヴィレブランド病には、大きく分けて3つのタイプがあります。

タイプ1は、因子の質には異常のない、量の少ないタイプです。タイプ2は、因子の質に異常のあるもので、さらに2A、2Bなどに亜分類されています。タイプ3は、この因子が極端に少ない重症型です。

タイプ1とタイプ2の大部分は、常染色体優性遺伝し、タイプ2とタイプ3の一部は、常染色体劣性遺伝します。もっとも多いのはタイプ1で、タイプ2とタイプ3はまれです。

症状

幼児期から、鼻出血、歯肉出血、消化管出血などがおこり、思春期の女の子では、月経過多になることがあります。

血友病のように著明な出血傾向を示すものもありますが、まったく無症状で、外傷、抜歯、手術などの際に出血量が多いことで初めて気がつくことも多いものです。

▼**受診する科**　小児科か内科を受診しますが、特殊な検査が必要なので、血液凝固学の専門医を紹介してもらうとよいでしょう。

検査と診断

血縁者のなかに出血症状を示した人がいたかどうか、過去の出血したときの状態などを問診で聞きますが、確実に診断するには出血傾向の検査が必要です。

血液を採取してさまざまな検査を行います。血小板数が正常なのに出血時間が延長することや、血小板粘着能の低下、リストセチンによる血小板凝集能の低下、活性化トロンボプラスチン時間の延長などといった凝固能の異常とともに、フォン・ヴィレブランド因子抗原量・活性などがすべて低下していることが証明されれば、診断がつきます。また、凝固第Ⅷ因子活性の低下もみられます。

治療

タイプ1およびタイプ2Aの鼻出血・歯肉出血などの軽度の出血に対しては、血管内皮細胞からフォン・ヴィレブランド因子を放出させる作用のあるホルモン（バソプレシン）の誘導体であるＤＤＡＶＰを使用します。

Ⅲ欠損症などが、凝固制御因子の欠損のためにおこります。

また、線溶異常はプラスミノゲン欠損症が、血管障害はホモシスチン尿症があります。

いずれもまれな病気です。

これらの病気の発症は、通常、思春期後期以後ですが、プロテインC欠損症のホモ接合体は、新生児期に電撃性紫斑病などの重篤な血栓症をおこします。

▼後天性の血栓性疾患 子どもの後天性の血栓症は、成人に比べてまれです。

血管内へのカテーテル留置、DIC（播種性血管内凝固症候群）、先天性心疾患、大手術、脱水症、感染症、肝臓病、ネフローゼ症候群、慢性腎炎、炎症性消化管症候群、抗リン脂質抗体症候群、膠原病、川崎病などが、その原因となります。

◉対策

先天性の血栓性疾患の診断には、特殊な検査が必要で、血液専門の医師の診察が必要になります。

タイプ3、タイプ2BにはDDAVPは効果がなく、これらのタイプの出血時、またタイプ1の手術時あるいは重症の出血に対しては、第Ⅷ因子製剤のうち、フォン・ヴィレブランド因子活性をもっている製剤を輸注します。

子どもの特発性血小板減少性紫斑病

Idiopathic Thrombocytopenic Purpura (ITP)

どんな病気か

なんらかの原因によっておこる血小板減少状態で、成人と同様（1458頁）、自己免疫の異常が原因と考えられるため、**免疫性血小板減少性紫斑病**とも呼ばれます。

▼子どもの発症の特徴 上気道感染にかかって2～3週間後に発症する急性型が多く、この場合は3～4か月以内に自然に治ることが多いのが特徴です。

6か月以内に治癒する急性型が7～8割で、6か月以上つづく慢性型もその内7～8割は5年以内に治癒することが期待されます

血小板減少が長期間つづく慢性型の場合は、膠原病のひとつの全身性エリテマトーデス（2030頁）の初期症状の場合もあるので、定期的に診察を受けることが必要です。最近、おとなの場合はピロリ菌感染と関連する場合が多いと報告されていますが、子どもの場合にはほとんど関与しません。

症状

皮膚の点状出血、皮下出血、鼻出血などがおこることが多いものです。

安静を保たせるのがむずかしい乳幼児は、まれに頭蓋内出血をおこすこともあります。

治療

急性型で血小板数がもっとも減少している期間は、入院して安静を守ります。

その後、特別な治療を必要とせずに自然に治るケースもあります。

慢性型の場合は副腎皮質ホルモン剤、免疫抑制薬を使用しますが、最終的には脾臓の摘出を行うこともあります。

重篤な出血には血小板輸血、ガンマグロブリンの大量使用が行われます。

子どもの播種性血管内凝固症候群

Disseminated Intravascular Coagulation Syndrome (DIC)

血栓の形成と過剰な血栓の溶解により、全身の臓器に障害がおこる病気です。発症のしくみ、症状、治療法などは成人（1462頁）と大差ありません。

原因となる病気として子どもに多いのは、敗血症などの重症感染症、新生児仮死、急性前骨髄性白血病、急性リンパ性白血病、急性骨髄性白血病です。

新生児は、呼吸促迫症候群、新生児皮膚硬化症、壊死性腸炎、多血症、胎児赤芽球症、低体温、先天性プロテインC欠損症（ホモ接合体）なども原因になります。新生児期は凝固制御因子が低値で、血栓ができやすいので、容易に播種性血管内凝固症候群がおこりやすいと考えられています。

もとの病気の治療が第一で、並行してヘパリンやアンチトロンビンの点滴、血漿や血小板の補充療法を行います。

子どものホルモンの病気

子どものホルモンの病気の特徴と対策

　ホルモンは、成人では、おもに代謝作用の調節を通して、からだの恒常性を維持するためにはたらいています。しかし、子どもでは各器官の形成とからだの成長・成熟のためにも重要なはたらきをします。

　したがって、子どものホルモンの病気は、こうした「からだをつくる」過程の異常として現れることに大きな特徴があります。

◉性器形成に異常をおこすホルモンの病気

　胎児期にはさまざまの器官が形成されますが、そのなかでホルモンは、性器の形成についてもっとも主要な役割をはたしています。

　胎児の性器はそのままだと女性型になっていきますが、健康な男の子では、**精巣**から分泌される男性ホルモンによって、男性内性器（この場合は精巣上体と輸精管をさします）が誘導され、さらに、男性外陰部が形成されていきます。すなわち、陰嚢が形成され（女性の陰唇にあたるものが癒合）、膣が退縮し、陰茎（女性の陰核にあたるものが肥大）が形成されます。

　もし、男性ホルモンがまったく分泌されないと、外陰部は完全女性型になります。そうした病気には、先天性副腎過形成症の1つの病型（**リポイド過形成症**）があてはまります。

　また、男性ホルモン（アンドロゲン）は十分に分泌されても、受容体に異常があってホルモンの作用が発揮されない病気でも、まったく同様の性器の異常が現れます。これを**アンドロゲン不応症**といいます。

　精巣をもちながら、精巣からの男性ホルモンの分泌が量的に不足していた場合には、外陰部は小陰茎や二分陰嚢となり、男性化が不完全となります。原因としては先天性の性腺機能不全などが考えられます。

　いっぽう、女の子でも、胎児期に男性ホルモンが過剰に分泌されると、外陰部が男性化します。その原因としてもっとも多いのは、**21水酸化酵素欠損症**と呼ばれる、先天性副腎過形成症（708頁）の1つの病型です。

　このように、胎児期からの性ホルモンの異常の病気は、生まれたときに外陰部の異常として見つけられることが多いのです。

◉成長（身長の増加）に異常をおこすホルモンの病気

　子どものからだの最大の特徴は成長することです。背が伸びるのはおもに骨が成長するためですが、その骨の成長を支配しているのもホルモンです。

　子どもの成長のどの時期にも欠かせないホルモンは、**成長ホルモン**と**甲状腺ホルモン**で、どちらが欠けても背の伸びは悪くなり、**成長障害**を生じます。

　成長障害とは、背の伸びる速さがとても遅くなる場合（たとえば、小学校1年生で、1年間に3cmしか伸びない場合）と、低身長の場合（性別・年齢別にみた身長の基準値に比べて低い場合）の2つを合わせてそう呼びます。

　成長障害をきたす病気を早期発見す

第1章―第10章
生活習慣病
がん（悪性腫瘍）
子ども
女性
脳・脊髄・神経
こころ
目
耳・鼻・のど
歯・口腔
呼吸器

◎思春期とホルモン分泌 …708頁
◎小児がん ……710頁

るためには、「成長がおかしいかな」と思ったら、成長曲線を描いてみることです。

標準成長曲線の図（左図）に、何歳何か月に身長何cmであったかを正確に点で記入していき、線でつなぎます。標準成長曲線のいちばん下の線（－2SDと呼ばれます）を下回っていたり（図の①）、伸びが悪くて横軸に平行になるようなら（図の②）成長障害の疑いがあります。小児内分泌科の専門医に診てもらうことをお勧めします。

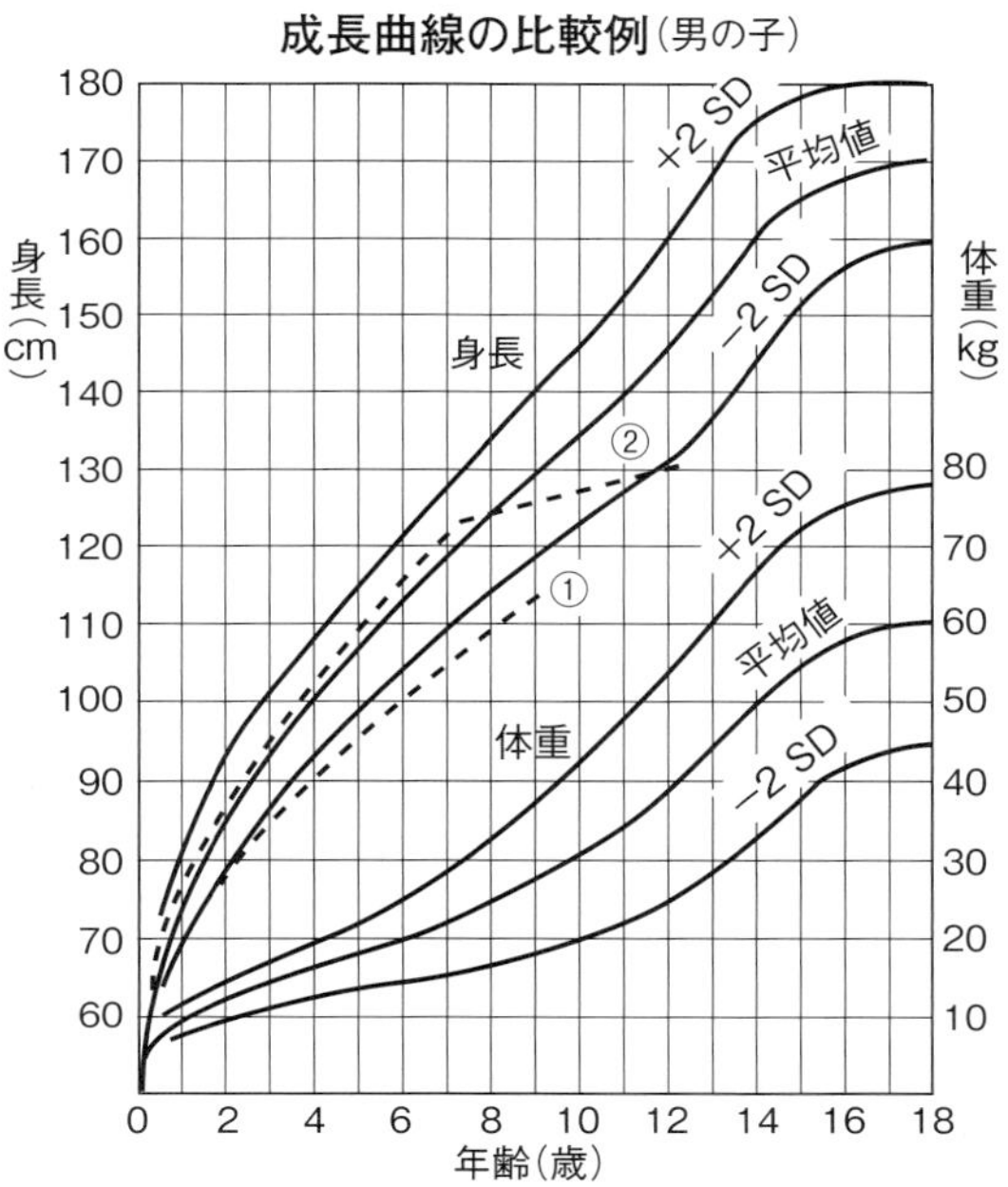

男の子の標準成長曲線に、特発性成長ホルモン分泌不全性低身長症（①の点線）と脳腫瘍による続発性成長ホルモン分泌不全性低身長症（②の点線）の典型的な成長曲線を記入してあります。SDは標準偏差を示します。

● 性発達に異常をおこすホルモンの病気

二次性徴は性ホルモンの分泌の増加によって始まり、進行します。それが始まる年齢が早すぎる病気が**思春期早発症**で、遅い場合は**思春期遅発症**です。

さらに、いっこうに二次性徴が出現しないのは**性腺機能低下症**（709頁）です。

思春期早発症では、二次性徴にともなって骨の成長と成熟が促進されますから、**成長スパート**（急激に成長する時期）が早く現れます。したがって、成長曲線を描いてみると、早い時期から急に線が立ち上がることでも異常に気づかれます。

以上のように、子どものホルモンの病気は性分化の異常、成長や性発達の異常というように、健康な発達の過程からはずれることによって発症するものが多いのです。いずれもゆっくりとした経過をたどるため、なかなか異常に気づきにくいので、注意が必要です。

そのほか、子どものホルモンの病気のなかには、一般にはおとなの病気と思われていても子どもにもおこるものがあります。糖尿病、甲状腺機能亢進症（とくに思春期の女の子に多い）、尿崩症（どの年齢でもみられる）などがそれにあたります。

これらは、それぞれ特徴的な症状があるために早く発見されるはずです。

◎低身長のいろいろな原因と対策

低身長（成長障害）はつぎのようなさまざまな原因でおこります。

①ホルモンの異常〔成長ホルモンの不足、甲状腺ホルモンの不足〕

②染色体の異常〔ターナー症候群（578頁）など〕

③骨、軟骨の異常〔軟骨無形成症（780頁）など〕

④主要臓器の異常〔心臓、腎

成長ホルモン分泌不全性低身長症

Growth Hormone Deficiency

どんな病気か

下垂体から分泌される成長ホルモンは、骨に作用して骨を成長させます。ところが、成長ホルモンが不足すると、成長が障害されて**低身長**となります。この病気が成長ホルモン分泌不全性低身長症です。かつて、下垂体性小人症と呼ばれていた病気です。

この低身長症は**特発性**、**続発性**、**遺伝性**のものに大きく分けられます。

まず、特発性と呼ばれるものは、出生のころに成長ホルモンの分泌が低下したためにおこると推測されますが、原因は不明です。なかには、骨盤位分娩とか胎児機能不全などの分娩障害が原因ではないかと推測できるものも含まれます。

続発性のものの多くは、下垂体周辺の脳腫瘍（476頁）が原因でおこります。髄膜炎（963頁）、頭部放射線照射、頭部外傷などによるものもあります。

遺伝性のものは、成長ホルモン遺伝子の異常などでおこるものですが、かなりまれなものです。

症状

成長ホルモンの不足は成長速度の低下を引き起こします。特発性の低身長症は、乳児期からしだいに低身長の傾向が現れ、幼児期に明らかになるのがふつうです。放置しておくと、平均身長から年々遠ざかり、低身長の程度が強まります。

続発性の低身長症の多くは、ある年齢から急に伸びが悪くなります。成長曲線を描くと、発症時を境にして、成長曲線が急に横に寝てくるのがわかります（前頁図の②）。遺伝性の低身長症は、特発性よりもさらに著しい低身長をきたすのがふつうです。

検査と診断

血液中の成長ホルモンの濃度は時々刻々と変化するため、1回の採血で成長ホルモンを測定しても、診断はできません。そのために、成長ホルモンを分泌させる薬剤を使用して血液中の成長ホルモンの濃度が十分に増加するかどうかを調べます。これを**成長ホルモン分泌刺激試験**といいます。2種類以上の成長ホルモン分泌刺激試験を行ってみて、成長ホルモンの出かたが不足していれば、診断がつきます。

ただし、成長ホルモン分泌刺激試験は、子どもにとってはやや負担のかかる検査です。そこでまず、成長曲線を描き、左手のX線写真で骨年齢をみます（遅れていることが多い）。また、1回の採血でインスリン様成長因子Ｉ（ＩＧＦ－Ｉ）を調べるのがふつうです（低いことが多い）。

成長ホルモン分泌不全性低身長症と診断された場合は、その原因（脳腫瘍など）を探るために頭部ＭＲＩ（磁気共鳴撮影）検査が行われます。

治療

遺伝子工学によって製造された成長ホルモンを皮下注射します。その量は体重に合わせて調整され、週6～7回、ふつうは夜に注射されます。在宅での自己注射が認められており、本人自らまたは親が注射することができます。ペン型の注射器が開発されたりして、注射時の苦痛も

臓、肝臓、腸の病気など）
⑤心理社会的原因〔愛情遮断症候群など〕
⑥病気とは考えにくいもの〔特発性低身長、ＳＧＡ性低身長など〕

①は、下欄で説明したように、不足しているホルモンの補充により適切に治療できるのですが、低身長の原因全体の約10％にすぎません。

②と③のうち、ターナー症候群と軟骨無形成症は、成長ホルモンによる治療が可能になっています。

④はもとの病気への対処がたいせつですが、治療の結果、必ずしも成長が正常化するとはかぎりません。

⑤は、軽いものも含めるとまれではないようです。子どもへの心理的ストレスの排除と、良好な環境が必要になります。

⑥は、低身長全体の約75％を占めますが、治療法がありません。病気ではないのですが、心理的サポートが必要な場合があります。

ずいぶん和らげられています。

成長ホルモンはとても高価な薬ですが、主治医が成長科学協会から適応判定を得るとともに意見書を書き、本人・家族が保健所を通じて小児慢性特定疾患の申請をして認可されれば、治療費の自己負担はかなり少なくなります。

成長ホルモンによる効果はさまざまですし、思春期にさしかかってからは、性ホルモンの骨への作用にも注意が必要になります。そのため、小児内分泌科専門医の治療を受けるほうが好ましいといえます。

なお、成長ホルモンによる副作用は一般的にはまれです。かつて注目された白血病（548頁）については、その因果関係は否定的にとらえられています。

下垂体性巨人症
Pituitary Gigantism

どんな病気か

下垂体からの成長ホルモンの分泌過剰のため、著しい高身長になる、きわめてまれな病気です。分泌過剰になる原因は下垂体の腫瘍（腺腫）です。成人に生じた場合は**先端巨大症**（手足の指や顎の先が大きくなる。1488頁）となります。

治療

治療には、脳外科手術（経蝶形骨洞下垂体手術）が選択されますが、効果が不十分な場合には薬物療法も用いられます。

甲状腺機能低下症
Hypothyroidism

どんな病気か

甲状腺ホルモンの不足によって引き起こされる病気です。**先天性甲状腺機能低下症**（**クレチン症**1479頁）では、治療されないと、精神運動発達遅滞をおこしますが、現在は、新生児マススクリーニングによって、ほとんどの症例が発見されます。

小児期に発症する**後天性甲状腺機能低下症**は、大部分が自己免疫性甲状腺炎です。そのなかには思春期以降の女の子に多い橋本病（1479頁）もありますが、思春期前の女の子には萎縮性自己免疫性甲状腺炎もあります。

甲状腺ホルモンは成長に不可欠です。甲状腺機能が低下すると、その年齢から急に身長の伸びが鈍くなるため、異常に気づきます。

萎縮性甲状腺炎では、とくに著しい成長障害がおこります。

検査と診断

血液中の甲状腺ホルモンと甲状腺刺激ホルモンの測定により診断されます。機能低下の原因を調べるため、甲状腺の超音波検査や、血液中の抗甲状腺抗体の検査が必要です。放射性ヨードを用いた検査も必要に応じて行われます。

治療

甲状腺ホルモンの内服によって適切に治療できます。

先天性甲状腺機能低下症の場合は、脳障害の予防のために、１日も早く治療を開始すべきです。後天性甲状腺機能低下症では、年齢的に遅すぎないかぎり、治療によって成長は回復します。

内服薬で治療できるのは大きな利点ですが、飲み忘れのないようにすること、薬の量が適切かどうかを血液検査でときどき確認することがたいせつです。適切な量を服用していれば、副作用はありません。

◎思春期とホルモン分泌

性腺刺激ホルモンには、黄体化ホルモンと卵胞刺激ホルモンの2種類があります。これらは男女共通です。

性腺刺激ホルモンの分泌は小児期には低く抑えられていますが、思春期が近づくとその分泌が夜間から増加し始め、徐々に昼間でも増加するようになります。この変化がどういうしくみでおこるのかは、まだわかっていません。

男の子では、性腺刺激ホルモンは精巣を発育させ、さらに男性ホルモン（テストステ

思春期早発症
Precocious Puberty

どんな病気か

二次性徴が異常に早く現れる病気です。おもな問題点は、つぎの3つです。

①早すぎる二次性徴そのものが、年齢や人格の成熟度によっては心理的、社会的な支障になること。

②治療しない場合、最終身長が低く終わる可能性があること。性ホルモン（直接には女性ホルモン）が骨に作用して成熟を促すため、早期に成長が停止して、最終身長が低くなるのです。

③脳腫瘍（476頁）が発見されるかもしれないこと。この病気は特発性（原因不明）であることが多いのですが、脳腫瘍が原因であることがあります。とくに男の子でその率が高いのです。

症状

男の子では精巣や陰茎の発育が9歳未満、陰毛発生が10歳未満で始まり、女の子では乳房発育が7歳半未満、初経が10歳半未満で始まるなど、通常よりも二次性徴が早く始まります。思春期にみられるはずの成長スパートも早く始まります。

検査と診断

下垂体から分泌される性腺刺激ホルモンの出かたを調べるため、LHRH試験という検査が行われます。また、血中、尿中の性ホルモンの測定が行われます。

左手のX線写真による骨年齢の促進の有無の判定も行われます。器質的な原因を調べるために、頭部MRIなどの画像診断も必要です。

治療

性腺刺激ホルモンの分泌を抑えて性腺（精巣や卵巣）からの性ホルモンの分泌を抑制し、二次性徴や骨年齢の進行をくいとめます。

そのための薬には、点鼻薬（1日3～6回の鼻腔内噴霧）と注射薬（4週間に1回の皮下注射）がもっともよく用いられています。とくに注射は、効果が確実で日常のわずらわしさが少ないので好まれています。二次性徴が進んでもよい時期まで治療をつづけます。

最終身長がかなり低く終わりそうな場合は、さらに長期間治療をすると有効なことがありますが、専門医とよく相談したうえで行う必要があります。

先天性副腎過形成症
Congenital Adrenal Hyperplasia

どんな病気か

副腎皮質はコレステロールを原料として、つぎの3種類のホルモンをつくっています。①ナトリウムを体内に保持させる鉱質コルチコイド、②日中の活動に備えるとともにストレスからからだを守る糖質コルチコイド、③弱い男性化作用をもつ副腎性アンドロゲン。

これらのホルモンをつくるには種々の酵素が必要ですが、そのうちのどれかが欠けて糖質コルチコイド（とくにコルチゾール）がつくられないと、下垂体から副腎皮質刺激ホルモン（ACTH）が多く分泌されます。

その結果、糖質コルチコイド以外の一部のホルモンが過剰につくられるか、これらのホルモンがほとんどつくられない異常が生じます。これが先天性副腎過形成症です。

そのうちでもっとも多い病型の**21水**

ロン）の分泌を促進します。

女の子では、性腺刺激ホルモンは卵巣からの女性ホルモン（エストラジオール）の分泌を促進します。

これらの性ホルモンの増加によって男女それぞれの二次性徴が出現し、完成します（ただし、女の子の二次性徴の多くは女性ホルモンの作用で説明がつきますが、陰毛と腋毛は、副腎からも分泌されるアンドロゲンによると考えられています）。

いっぽう、成長ホルモンの分泌も、性ホルモン（おそらく女性ホルモン）によって増加します。思春期にはたくさんの成長ホルモンが分泌されるようになり、成長ホルモンはインスリン様成長因子Ｉ（ＩＧＦ‐Ｉ）を増加させ、性ホルモンの骨への直接のはたらきとともに、思春期の**成長スパート**を支えます。

このように、思春期の身体的変化に主導的役割をはたしているのがホルモンのネットワークです。

酸化酵素欠損症では、鉱質コルチコイドもしばしば不足し、逆に副腎性アンドロゲンが過剰になります。

これらの病気は遺伝子の異常によって引き起こされ、常染色体性劣性遺伝（574頁）をします。なお一部の病型では、副腎性アンドロゲンの過剰によって女の子の外陰部の男性化がおこったり、性ホルモンがほとんどつくられないことによって、男の子の外陰部の男性化が欠如したりするので**副腎性器症候群**と呼ばれたこともあります。しかし、病名としては「先天性副腎過形成症」を用いるのがふつうです。

症状

21水酸化酵素欠損症では、副腎性アンドロゲンの過剰によって、女の子の外陰部に男性化がおこり、男の子と誤認されることさえあります。また、嘔吐、脱水、体重減少、ナトリウムの喪失などの症状が現れ、放置しておくとショックをおこすこともあります。しかし、新生児マススクリーニング（721頁）によって、早期発見されるようになり、早期から対応できるようになっています。

検査と診断

種々の副腎皮質ホルモン、ＡＣＴＨ、レニン活性（体内のナトリウム不足の指標）などが測定されます。子どもが安全な状態なら、ＡＣＴＨ負荷試験も行って、どの酵素反応に障害があるかを確かめることもあります。外陰部の造影検査などの画像診断もときに必要になります。

治療

不足している糖質コルチコイドを生涯にわたり内服するのが原則です。必要なら鉱質コルチコイドも加えられます。成長や二次性徴が正常におこるよう、時期に合わせた適正な治療が必要です。したがって、できれば小児内分泌科専門医の治療を受けるほうが好ましいといえます。

女の子では、外陰部の男性化に対する形成術が必要になることもあります。

性腺機能低下症
Hypogonadism

どんな病気か

性腺（精巣や卵巣）が機能不全をおこす病気です。ふつうは配偶子（精子や卵）をつくる機能と性ホルモンを分泌する機能の両方が障害されますが、小児期には性ホルモンの不足による症状で気づかれます。

性腺自体に原因がある場合〔ターナー症候群（578頁）、クラインフェルター症候群（579頁）など〕と、下垂体からの性腺刺激ホルモンの不足による場合〔カルマン症候群（嗅覚障害を合併する性腺機能低下症）、脳腫瘍（476頁）など〕とがあります。

症状

男女とも、二次性徴がなかなか現れないことで気づきます。成長スパートもおこらないので、思春期に低身長の傾向が現れます。

治療

男の子では男性ホルモンの注射（2～4週に1回）を、女の子では女性ホルモンの内服または貼付薬を、少量から徐々に増量します。この方法で、二次性徴（女子では月経様性器出血を含む）を発来させ、おとなと同じからだつきになることができます。しかし、子どもをつくる能力（生殖能力）を獲得するためには、性腺刺激ホルモンの注射など、より上位から性腺に刺激を与える治療が必要です。

◎小児がん

白血病（548頁）などの血液疾患、子どもの固形腫瘍（かたまりをつくる腫瘍で、神経芽腫、網膜芽細胞腫、ウィルムス腫瘍、横紋筋肉腫、骨肉腫などが含まれます）、脳腫瘍（476頁）を合わせて、小児がんと呼びます。小児がんは、近年の治療法の進歩によって命が助かるようになり、すでに15～40歳の1000人に1人以上が小児がん経験者である時代になっています。しかし、小児がん経験者におこる内分泌異常は、重要な問題となっています。

小児がんの晩期合併症としての内分泌異常

白血病（548頁）などの血液疾患、子どもの固形腫瘍、脳腫瘍（476頁）では（これらを合わせて**小児がん**と呼ぶ）、それ自体によって、あるいは小児がんに対する手術療法、化学療法、放射線療法によって、さまざまな合併症がおこります。そのなかで、内分泌異常はもっとも多く、小児がん経験者の約40％に認められるといわれています。

内分泌異常のなかでもっとも多いのは、下垂体の障害です。下垂体の近くの脳腫瘍では腫瘍自体や手術によって、また他の脳腫瘍でも放射線療法の線量などに応じて下垂体機能の異常がおこりやすくなります。とくに、成長ホルモンの分泌低下がおこりやすく、しばしば成長ホルモン分泌不全性低身長症（706頁）をおこします。また、性腺刺激ホルモンは、早い年齢から分泌が多くなって中枢性思春期早発症（708頁）をおこすこともあり、さらに機能障害が強くなると性腺機能不全になります。その他にも、中枢性副腎皮質機能不全、中枢性甲状腺機能低下症（1478頁）、高プロラクチン血症（862頁）、中枢性尿崩症（1489頁）がおこります。

性腺（精巣と卵巣）も、放射線療法と一部の化学療法に弱い器官なので、性腺機能低下症をおこすことがあります。甲状腺も、放射線療法により甲状腺機能が障害されます。

多発性内分泌腺腫症
Multiple Endocrine Neoplasia (MEN)

どんな病気か

良性腫瘍である「腺腫」が、一生のうちに複数の内分泌器官におこってくる、とてもまれな病気です（10万人に数人以下）。常染色体性優性遺伝（574頁）を示します。

内分泌腺腫の組合わせにより、2つに大別されます。

1型（MEN1）は、副甲状腺腫を中心にして腸管・膵臓の内分泌腺腫や下垂体腺腫をともないます。

2型（MEN2）は、甲状腺髄様がん（488頁）を中心にして褐色細胞腫（1492頁）をしばしばともない、副甲状腺の腺腫をともなうMEN2Aと、とくに良性腫瘍の粘膜神経腫などをともなうMEN2Bに分けられます。

原因

遺伝子異常の研究の結果、MEN1の大部分がMEN1遺伝子のはたらきが失われる異常によること、MEN2ではがん遺伝子のRET遺伝子のはたらきが盛んになっていることが明らかにされています。

治療

これらの病気はめずらしく、子どもで見つかることは全くといってよいほどありません。ただし、成人でMEN2が見つかった場合には、遺伝子異常をなるべく検査し、子どもを含めた家族でもその遺伝子異常があるかどうかを調べることが勧められています。RET遺伝子の異常が確認された人では、とても高い率で甲状腺髄様がんを発症することがわかっており、このがんは治療が困難で死亡率が高いために、できれば発症前に甲状腺を摘出して、がんを予防します。

第1章—第10章
生活習慣病
がん（悪性腫瘍）
子ども
女性
脳・脊髄・神経
こころ
目
耳・鼻・のど
歯・口腔
呼吸器

子どもの代謝異常と栄養障害

子どもの肥満
Obesity

どんな病気か

過剰な脂肪蓄積状態を肥満といいます。健康障害をともなう場合に**肥満症**とし、治療が必要です。さらに、内臓脂肪の増加によって動脈硬化（1407頁）や糖尿病（716頁）に進むハイリスク群をメタボリックシンドローム（717頁上段）といいます。学童の肥満は約10％で、そのうちの10％がメタボリックシンドロームです。

症状

肥満を放置すると、つぎのような多くの合併症を引き起こすことになりますが、そのほとんどは自覚症状に乏しいことが特徴といえます。

①**脂肪肝**（1659頁）、**非アルコール性脂肪肝炎**（1659頁） 脂肪肝では倦怠感がみられることがあります。血液検査でALT（GPT）が高値の場合、超音波検査をして脂肪肝を確認します。脂肪肝が悪化すると肝硬変（1647頁）に至る場合があります。また、子どもの非アルコール性脂肪肝炎は、血液検査、超音波検査で脂肪肝と区別するのがむずかしく、生検（針で穿刺して肝臓の組織を採取し、顕微鏡で評価する）が必要です。非アルコール性脂肪肝炎は、通常の脂肪肝よりも肝硬変に移行しやすく、肝がん（511頁）になることもあります。

②**耐糖能異常・2型糖尿病**（716頁） 血糖を維持するために、膵臓からインスリンが分泌されています。このインスリンが効きにくい状態をインスリン抵抗性といい、血液検査では高インスリン血症として確認されます。さらに、インスリン抵抗性が強くなったり、インスリン分泌が低下してくると血糖値が上昇します。

糖尿病を発症し、10～15年以上血糖コントロールの悪い状況がつづくと、目、腎臓、神経に合併症が現れます。

③**心肥大**（1386頁）、**心不全**（1342頁）、**高血圧**（1396頁）

④**動脈硬化** 動脈硬化から、脳梗塞（934頁）、脳内出血、狭心症（1356頁）、心筋梗塞（1362頁）に発展します。

⑤**脂質異常症**（**高脂血症**）（1509頁）

⑥**高尿酸血症**（1514頁） 痛風の原因となります。尿酸値が9～10mg／dℓ以上になると内服薬で治療します。最近は動脈硬化との関連も指摘され、尿酸値6～7mg／dℓ以上では要注意です。

⑦**その他** 睡眠時無呼吸（715頁上段）、月経異常、皮膚症状〔股ずれ、皮膚線条、黒色表皮腫（715頁上段）〕、関節障害、いじめ、不登校などがあります。

原因

摂取エネルギーが消費エネルギーを上回る場合、余分な栄養は中性脂肪を増加させ、脂肪細胞の増殖あるいは肥大につながります。現代の食生活においては、高カロリー、高脂肪食の傾向が家庭内でもみられ、外食ではさらに顕著です。夕食も遅い時間になることが多いようです（食べてすぐ寝るとエネルギーが消費されず、脂肪蓄積しやすい）。

交通機関の発達や、屋内でもエレベーター、エスカレーターの設置によって歩く機会が減少しています。さらに放課後は塾通いのことが多く、運動しない子どもが増えています。またコンピュータやゲームが子どもの生活を大

小児肥満症の診断基準

〔肥満児の判定〕
18歳未満の子どもで肥満度が20%以上、かつ有意に体脂肪が増加した状態
体脂肪の基準値は以下の通りである（測定方法は問わない）
　男児（小児期全般）：25%
　女児11歳未満：30%、11歳以上：35%

〔肥満症の定義〕
肥満症とは肥満に起因ないし関連する健康障害（医学的異常）を合併する場合で、医学的に肥満を軽減する治療を必要とする病態をいい、疾患単位として取扱う

〔肥満症の診断〕
５歳０か月以降の肥満児で下記のいずれかの条件を満たすもの
　①Ａ項目を１つ以上有するもの
　②肥満度が50%以上で、Ｂ項目の１つ以上を有するもの
　③肥満度が50%未満で、Ｂ項目の２つ以上を有するもの

Ａ　肥満治療がとくに必要となる医学的問題
　①高血圧
　②睡眠時無呼吸など肺換気障害
　③２型糖尿病、耐糖能異常（$HbA_{1}c$の異常な上昇）
　④腹囲増加または腹部CTで内臓脂肪蓄積

Ｂ　肥満と関連が深い代謝異常など
　①肝機能障害（ALTの異常値）
　②高インスリン血症
　③高コレステロール血症
　④高中性脂肪（トリグリセリド）血症
　⑤低HDLコレステロール血症
　⑥黒色表皮症
　⑦高尿酸血症

参考項目：身体的因子および生活面の問題（２項目以上の場合はＢ項目１項目と同等とする）
　①皮膚線条、股ずれなどの皮膚所見
　②肥満に起因する骨折や関節障害
　③月経の異常（続発性無月経が１年以上持続する）
　④体育の授業などに著しい障害となる走行、跳躍能力の低下
　⑤肥満に起因する不登校、いじめなど

きく変化させており、深刻な問題です。
親子の体型は似ることが多く、親が肥満であれば、子どもも肥満していることが多いのです。これは遺伝的素因、生活習慣を共有するため、当然の現象です。親がやせないと、子どももやせないと考えるべきです。

【検査と診断】 体格指数として、乳幼児期には**カウプ指数**［体重(g)÷身長^2(cm)×100］、学童期には**ローレル指数**［体重(kg)÷身長^3(m)×10］、**肥満度**［(実測体重〈kg〉−標準体重〈kg〉)÷標準体重〈kg〉］があります。学童では一般的に肥満度で評価します。肥満度の計算は、文部科学省学校保健統計調査に基づく年齢別、性別、身長別標準体重を用いますので、家庭では計算できません。肥満度20～30%を軽度肥満、30～50%を中等度肥満、50%以上を高度肥満とします。

体重、身長の推移を成長曲線（705頁図）や肥満度曲線に記し、同じくらいの程度で経過している場合には、軽い治療ですむことが多いのですが、急激に体重増加している場合は要注意です。

小児肥満の99%は単純性肥満で、過剰なエネルギー摂取および消費エネルギー不足が原因です。ごく一部に、過食・運動不足がなくても肥満しやすい**症候性肥満**があり、つぎのような原因でおこります。

▼内分泌疾患　甲状腺機能低下症（707頁）、成長ホルモン分泌不全（706頁）、クッシング症候群（1491頁）、偽性副甲状腺機能低下症（1487頁）

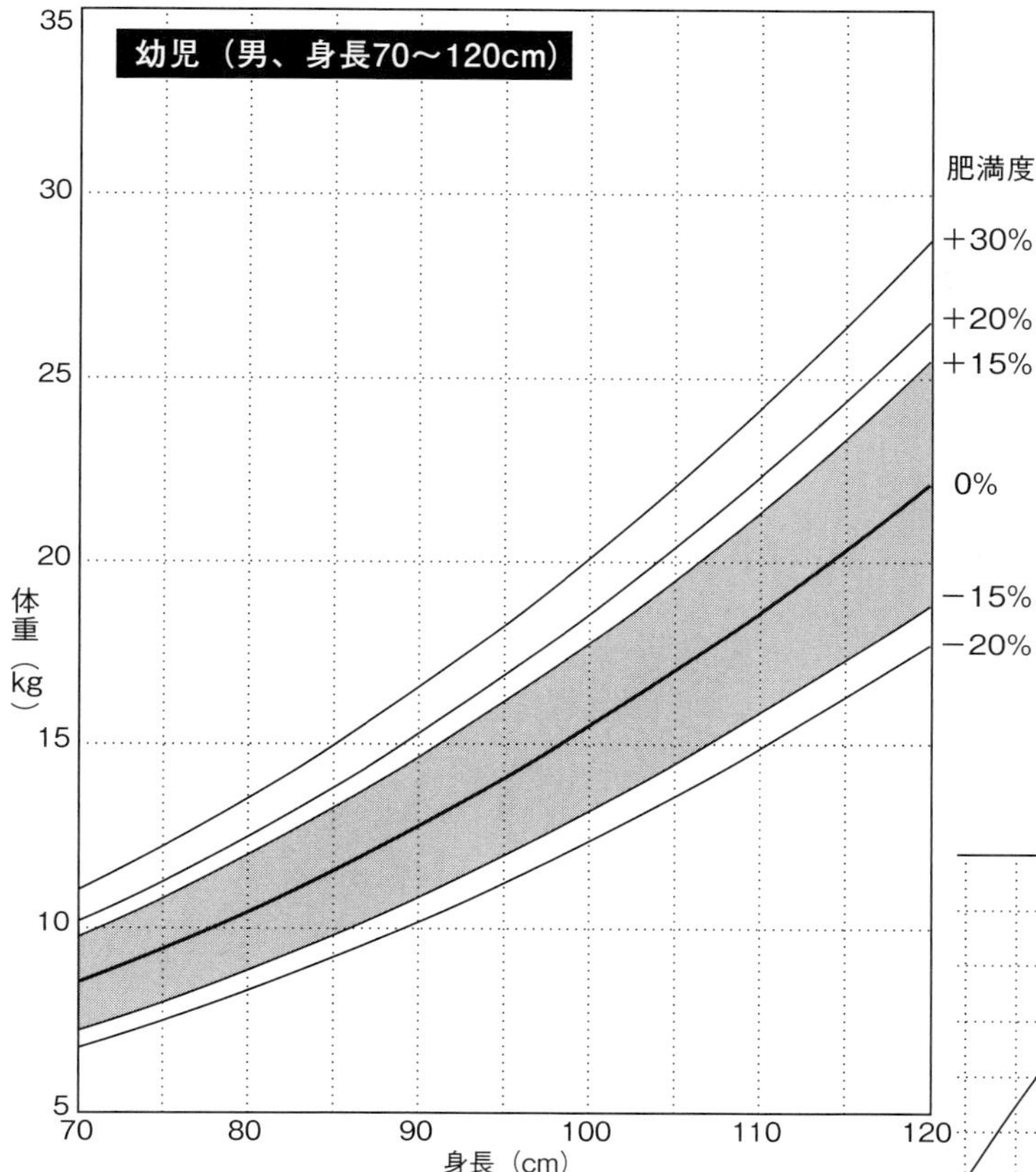

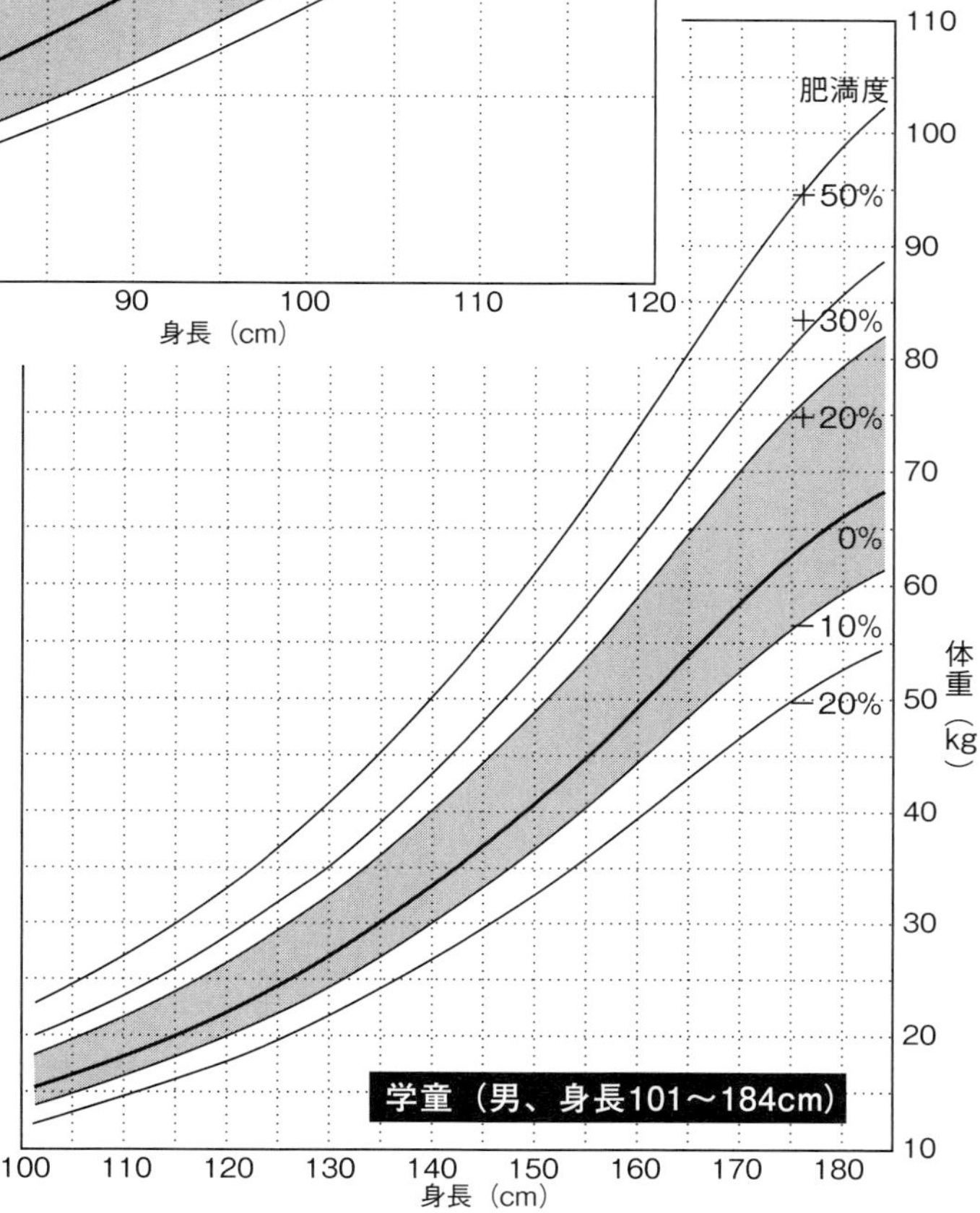

肥満度曲線(男の子) 幼児では、+15%以上を肥満、-15%以下をやせとし、学童では+20%以上を肥満、-10%以下をやせとします。幼児期からの肥満予防が、生活習慣病を防ぐことにもつながります。

(作図者:伊藤善也ほか、発行:メディックネット㈱より)

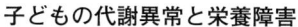

肥満度曲線（女の子） 幼児では、+15％以上を肥満、-15％以下をやせとし、学童では+20％以上を肥満、-10％以下をやせとします。幼児期からの肥満予防が、生活習慣病を防ぐことにもつながります。

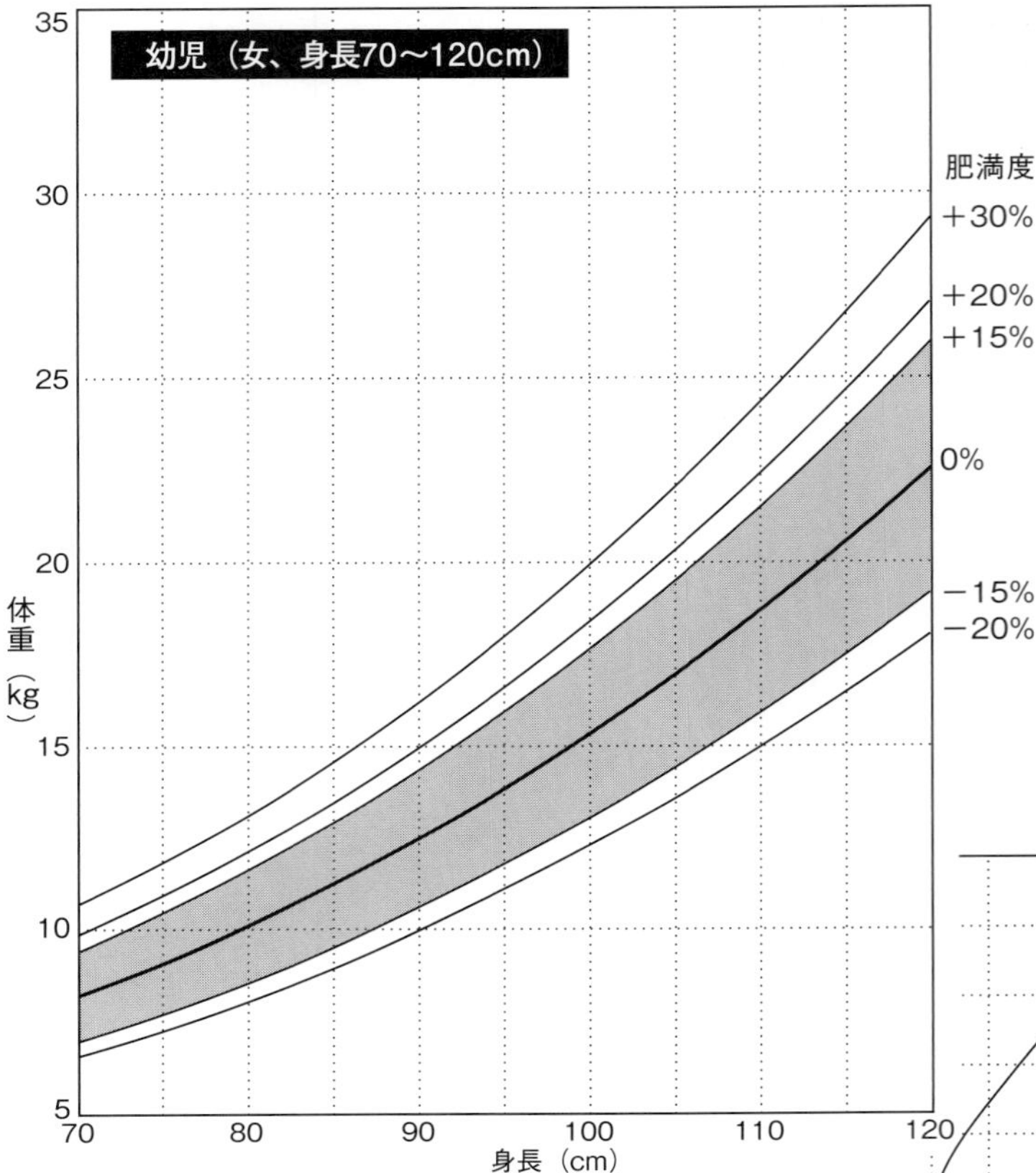

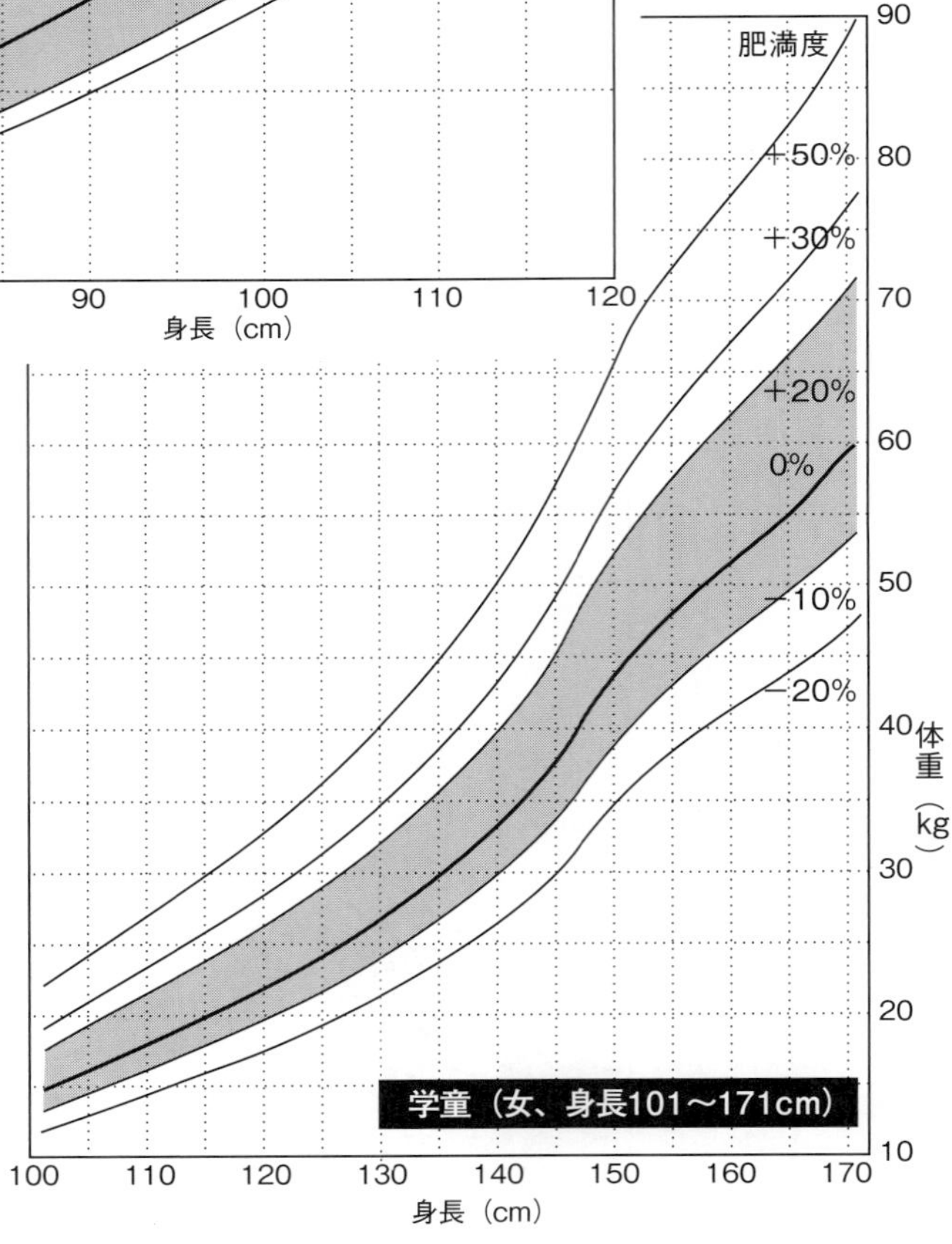

（作図者：伊藤善也ほか、発行：メディックネット㈱より）

◎睡眠時無呼吸

肥満では、上気道がやや狭く、内臓脂肪と胸壁の皮下脂肪が肺の広がりを抑制しています。このような場合は「座って寝ると楽である」という特徴があります。睡眠時無呼吸は、耳鼻咽喉科で検査を受け、必要な場合は人工呼吸器による呼吸のサポートを行うことがあります。高度肥満の場合にみられ、強いいびきがある場合には要注意です。

◎黒色表皮症（腫）

頸部、わき、陰部周辺の皮膚が黒くなり、皮膚が分厚くなります。過剰なインスリン（インスリン抵抗性、高インスリン血症）が皮膚にあるインスリン様成長因子の受容体を刺激し、皮膚の色調変化、肥厚をきたします。

▼視床下部病変　頭蓋咽頭腫、脳炎後、髄膜炎後、頭部への放射線照射

▼薬剤性　ステロイド、抗てんかん薬

▼遺伝子・染色体異常　低身長・肥満などがみられるプラダー・ウィリー症候群、ターナー症候群（578頁）、ダウン症候群（577頁）、多指症などをともなうローレンス・ムーン・バルデ・ビードル症候群、神経性難聴などをともなうアルストレーム症候群。

治療

食事療法と運動療法を中心に行います。

◉食事療法

エネルギー所要量＝1000＋(年齢×100)kcal（ただし15歳まで）

炭水化物、脂質、たんぱく質は、50対25～30対20～25％の組成とします。このエネルギー所要量を上回らないようにし、体格、運動習慣、肥満合併症の有無などにより、適宜増減します。病院では、栄養士が栄養指導を行っています。実際の食事内容をできるだけ細かく記録し（3日間くらい）、栄養士に相談するとよいでしょう。資料としては「食品交換表」を利用し、食材として「1単位（80kcal）あたりの目方(g)」を目分量で覚えると効率的です。

◉運動療法

継続可能な軽い運動で、できれば有酸素運動を多く行うとよいでしょう。高度な肥満では、過度な運動により関節障害をおこしやすいので要注意です。

◉行動療法

食事や運動療法の継続は、一般的にむずかしいことが多いようです。むりのない計画を立て、周囲の理解、協力のもと、継続させることがたいせつです。とくに夏休みなどの長期休暇の際、体重が増えやすいので注意を要します。毎日の体重測定、食事、間食、運動などのチェックリストを作成し、本人に記入させるのもよいでしょう。

子どものやせ（るいそう）
Slimness

どんな病気か

身長に対して体重が著しく少ない状態をやせといいます。食事量が少ない場合や体質性のやせは、病気ではないことが多いです。

症状

からだの特徴として、顔色不良、低体温、手足の末梢冷感、徐脈、脱毛、皮膚緊張の低下、むくみなどがあれば要注意です。

原因

やせの原因には、さまざまなものがあります。病院での検査が必要なケースもあります。

消化器疾患では、食物アレルギー（牛乳など）、乳糖不耐症（742頁）、胃食道逆流症（1546頁）、肥厚性幽門狭窄症（734頁）、クローン病（1586頁）、潰瘍性大腸炎（1584頁）、胆道閉鎖症（736頁）などがあります。腎疾患では、慢性腎不全（1721頁）、尿細管性アシドーシス（1712頁）などがあります。

また、各種の先天性心疾患や、結核（675頁）、寄生虫などの感染症、甲状腺機能亢進症（1474頁）、糖尿病（次項）、下垂体前葉機能低下症（1488頁）、尿崩症（1489頁）、褐色細胞腫（1492頁）などの内分泌疾患、貧血、脳腫瘍（476頁）、悪性腫瘍、膠原病、免疫不全症などのほかに、育児過誤（不適切な哺乳）、虐待、愛情遮断症候群、神経性やせ症（思春期やせ症　722頁上段）、うつ病

▼**症状**▲口の渇き、尿糖、尿量の増加による夜尿がみられることも。1型は体重減少、2型は肥満がみられる。
▼**治療**▲1型ではインスリン注射による血糖管理、2型では食事療法と運動療法を行う。

（616頁）、統合失調症（1007頁）、砒素や鉛の中毒などがあります。

検査と診断　やせの判定は、見た目にも判定可能ですが、客観的指標として肥満の項（711頁）で示した体格指数を用います。一般的には肥満度を用い、マイナス20％以下をやせとし、マイナス35～マイナス40％以下では生命の危険があります。

また、体重、身長の経過を成長曲線（705頁図）に描くことが大事です。急激な変化がみられる場合には、やせの原因を明らかにする必要があります。病院を受診する際は、身長、体重の記録を持参するようにしましょう。

血液検査と検尿で、血中たんぱく濃度、肝機能、腎機能、脱水、感染症、貧血などをチェックし、必要に応じて、ホルモン検査（成長ホルモン、甲状腺ホルモン、カテコールアミン）、便検査（潜血、脂肪、寄生虫）を行います。

治療　原因疾患に対する治療が必要となりますが、栄養状態が著しく悪い場合には、胃管や点滴による栄養管理が必要となります。

小児糖尿病
Childhood Diabetes Mellitus

子どもにも2型糖尿病が増えている。

◇糖尿病とは

血液中に含まれる糖質を血糖といい、大部分がぶどう糖です。血糖値は、血漿1dℓ中のぶどう糖をmg数で表され、空腹時血糖の基準値は110mg／dℓ未満を示します。

血糖は、膵臓のβ細胞から分泌されるインスリンというホルモンによって、ぶどう糖が細胞内に取込まれ、代謝されることで調整されます。このインスリンの分泌低下や作用の不足（**インスリン抵抗性**）などにより、血糖値が高くなって糖尿病（1501頁）を発症します。

①早朝空腹時血糖値126mg／dℓ以上、②75g経口糖負荷試験で2時間値200mg／dℓ以上、③随時血糖値200mg／dℓ以上。

いずれかの血糖値が確認された場合には**糖尿病型**と判定され、いずれかで糖尿病型が再確認できれば糖尿病と診断されます。

④早朝空腹時血糖110mg／dℓ未満および、⑤75g経口糖負荷試験で2時間値140mg／dℓ未満の血糖値が確認された場合は**正常型**と判定し、糖尿病型、正常型のいずれにも属さない場合は**境界型**と判定します。

◇糖尿病の分類

糖尿病は、原因と病態の両面から分類されます。

原因分類には、β細胞が破壊され、通常は絶対的インスリン欠乏に至る**1型糖尿病**、インスリン分泌低下を主体とするものとインスリンの相対的不足をともなうものなどの**2型糖尿病**、そのほかのしくみや疾患によるもの、**妊娠糖尿病**などがあります。

病態による分類には、インスリンが絶対的に欠乏し、生命維持のためインスリン治療が不可欠なインスリン依存状態、インスリン抵抗性などによってインスリンが相対的に欠乏しているインスリン非依存状態があります。

◎小児期のメタボリックシンドローム

全学童の1％がメタボリックシンドロームと考えられます。肥満の子どもでは、将来の糖尿病・動脈硬化が危惧されますが、メタボリックシンドローム（1494頁）では、よりいっそうの厳格な管理が必要です。

メタボリックシンドロームの診断基準

①腹囲　腹囲が小学生で75㎝、中学生で80㎝以上。腹囲身長比0・5以上の場合も注意します。

②脂質異常　中性脂肪120㎎／dℓあるいはHDLコレステロール40㎎／dℓ以下

③血圧　収縮期血圧125㎜Hg以上、拡張期血圧70㎜Hg以上

④血糖　100㎎／dℓ以上（空腹時）

▼判定　①を満たし、②〜④のうち2つを認めるもの。

●1型糖尿病
Type 1 Diabetes Mellitus

どんな病気か　自己免疫やそのほかのいくつかの原因によって、インスリンを産生する膵臓のβ細胞が破壊されるためにおこる病気です。小児期から思春期に多く発症し、インスリンの絶対的欠乏状態になり、インスリン補充治療が不可欠になります。

日本での14歳以下の年間発症率は10万人あたり約2人で、フィンランドなどの北欧諸国やイタリアのサルディニア島など、日本の発症率の40倍以上の国もあります。

原因　おもに自己免疫を基礎にした膵臓のβ細胞破壊が、ヒト特異抗原（HLA）などの遺伝因子になんらかの誘因、環境因子が加わっておこります。

膵島抗体（ICA）、GAD抗体、IA、IA-2などの自己抗体の陽性率が高くなります。ほかの自己免疫疾患（甲状腺疾患など）を合併する場合があります。肥満は、1型の原因ではありません。

症状　インスリンの絶対的欠乏によって高血糖がおこり、血液の浸透圧が上昇します。その結果、口渇が生じ、また高血糖によって糖が排泄閾値を超えるために尿糖となり、浸透圧利尿による尿量の増加がみられます。その結果として、夜尿が始まることがあります。病院での検尿で、尿糖を指摘されることをきっかけに診断に至ることもあります。

ぶどう糖をエネルギー源として利用できないため、脂質やたんぱく質をエネルギー源として消耗するので、体重減少がみられます。さらに脂肪の分解産物であるケトン体がたまり、血液が酸性に傾き、**糖尿病性ケトアシドーシス**と呼ばれる状態になります。呼気が甘いアセトン臭になったり、腹痛、嘔吐などの消化器症状が現れ、さらに進行すると昏睡状態になり、早急な治療が必要になります。

検査と診断　糖尿病の診断基準を満たし、高血糖にともないインスリン前駆物質の代謝産物であるCペプチド（CPR）の低値がみられます。典型的な症状があれば、速やかに治療を開始します。学校検尿や夜尿などをきっかけに発見された発症初期と思われる場合は、血糖の日内プロフィールを確認したり、24時間蓄尿中CPR測定やグルカゴン負荷試験を行い残存するインスリン分泌能を評価します。

治療　インスリン療法が不可欠ですが、良好な血糖コントロールを行うためには、食事や運動もたいせつな要素となります。

▼インスリン療法　インスリンは血糖値を下げるだけではなく、ぶどう糖を中心としたエネルギー活動、生命維持をするために不可欠なホルモンです。健康な人の生理的なインスリン分泌は、24時間血糖値を調整する基礎分泌と摂食後の血糖を調整する追加分泌があります。

絶対的なインスリン欠乏をおこすこの疾患では、健康な人に近づけるようにインスリンを補う補充療法を行います。インスリン補充治療は、注射で行います。

近年、インスリン製剤や注射器具の改良、簡易血糖測定器の普及によって、インスリン療法をめぐる環境は著しく改良されています。従来、行われてきた速効型インスリン、中間型インスリンを中心とした治療に加え、超速効型インスリン、持効型インスリンなどの作用発現や持続時間を調整したインスリンアナログ製剤が発売され、生活習慣に対応した注射薬の幅広い組合わせから選択できるようになっています。

インスリン治療を開始後に内因性インスリンの分泌が一時的に回復することがあり、この時期に注射するインスリン量がほとんどいらなくなるケースがあります。この時期を**ハネムーン期**と呼びますが、やがてインスリン分泌能は疲弊し、必要なインスリン注射の量が増加します。

▼その他の薬物療法　食前インスリン注射を行っても、食後血糖の上昇が十分に改善しない場合は、二糖類分解酵素阻害薬で消化管からのぶどう糖の吸収を穏やかにするαグルコシダーゼ阻害薬を併用します。

▼食事　1型糖尿病の子どもの食事療法の基本は、食事制限ではなく、発育・成長に必要なエネルギーを十分摂取することにあります。一般に日本人の栄養所要量が用いられますが、思春期完成年齢までは、年齢×100＋1000kcalを代用し、体格や日常の活動量に合わせて、エネルギー摂取量や栄養配分を調整します。いっぽうで肥満になることは避けなければなりません。

▼運動　1型糖尿病では、とくに肥満がないかぎりは、減量する必要はありません。しかし、適度な運動は、末梢組織でのインスリン作用を増強し、血糖を低下させます。摂取エネルギーの5%は、毎日の運動で消費するよう勧められていますが、インスリン量が不足しないことと食事との時間的な関係を考慮し、低血糖予防のための補食を準備して、運動することが必要です。幼児では、ふつうに遊んでいるだけで十分運動になります。尿ケトンを認めず、インスリンが十分であれば、とくにスポーツなどの運動を制限する必要はありませんが、日常生活のなかで運動量を増やすことが、将来、社会生活のなかで運動不足にならないために必要とも思われます。

▼低血糖への対応　1型糖尿病の子どもは、血糖値が変動しやすく、運動や生活活動の影響を容易に受けます。慢性の合併症を予防するためには、よりよい血糖コントロールが必要ですが、血糖コントロールの改善とともに低血糖（1507頁）の頻度が増加することが知られています。小児期、思春期の血糖管理目標は、正しく発育することを目標とし、低血糖の危険を避けることが優先されます。もし、低血糖の症状を認めたら砂糖、ぶどう糖、しょ糖の入った飲み物や飴玉などの補食をとり、血糖値を回復させます。

低血糖が進み、意識障害がみられるときは、血糖値を上げるグルカゴン注射を行ったり、医療機関で点滴治療を受ける必要があります。低血糖に対する備えについては、主治医とよく相談し、低血糖や補食に関して、学校関係者にも正しい理解を求め、協力してもらうことも必要です。

◎メタボリックシンドロームの原因は、内臓脂肪が分泌するアディポサイトカイン

脂肪細胞、とくに内臓脂肪からたくさんの種類の生化学物質が分泌されていることが近年わかってきました。この生化学物質を総称して**アディポサイトカイン**といいます。

一部のアディポサイトカインを除き、そのほとんどが悪玉因子としてはたらき、糖尿病（1501頁）や動脈硬化（1407頁）にかかわっています。アディポサイトカインを減らして、糖尿病や動脈硬化を防止しなければなりませんが、このためには食事・運動習慣の是正が必要です。減量により、皮下脂肪よりも内臓脂肪のほうが効率よく減少しますので、食事・運動療法を実行すれば必ずよい効果が期待できます。

◎こんなダイエットはダメ

女子高生や大学生では、まちがったダイエットを行う人が多いようです。リンゴダイエットやコンニャクダイエットなどを行うと、確かに短期間に体重は減ります。しかし、脂肪はあまり減らずに、たんぱく質不足のために筋肉が減ってしまいます。筋肉が少なくなると、基礎代謝量（何もしなくても消費するエネルギー）が減少し、以前よりも「太りやすく、やせにくい」体質になります。

ダイエットを止めて、以前の食事に戻すと、当然リバウンドがおこります。

また、骨粗鬆症（1884頁）、無月経（862頁）などの原因となることもありますので、このような無茶なダイエットをしてはいけません。

◉2型糖尿病
Type 2 Diabetes Mellitus

［どんな病気か］ インスリンの分泌が悪くなったり（インスリン分泌低下）、効きが悪くなったり（インスリン抵抗性）する複数の遺伝因子に、過食や運動不足、肥満、加齢、ストレスなどの環境因子が加わって、インスリン作用の不足をおこして発症します。

血縁者に糖尿病の人を多く認めます。成人、とくに40歳以上に多く発症する疾患ですが、近年では若年発症例も増加しています。かつては子どもには少ないと思われていましたが、学校検診で尿糖検査が行われるようになり、2型糖尿病の子どもが多く見つかるようになりました。罹患率は10万人あたり5～7人とされています。

肥満または以前肥満であった子どもが多く、1型糖尿病にみられる自己抗体は陰性です。大部分は複数の遺伝子が関与していると考えられていますが、特定はされていません。単一遺伝子異常から発症するインスリン遺伝子、ミトコンドリア遺伝子などの変異から生じる糖尿病は、インスリン非依存型ですが、2型糖尿病とは区別して扱われています。

［症状］ 肥満以外には、自覚症状が乏しく、学校検尿や医療機関での尿検査で、尿糖陽性として発見される場合は、糖尿病の代表的な症状である口渇、多飲、多尿が現れる以前に発見される例がほとんどです。

しかし、最近では若年者がスポーツドリンクや清涼飲料水の飲みすぎによって、糖尿病性ケトアシドーシス（717頁）におちいる**清涼飲料水症候群**（**ペットボトル症候群**）といわれる状態で発見されることがあります。急激な血糖上昇が糖毒性といわれる状態を引き起こし、一時的に膵臓からのインスリン分泌が減少することでおこるとされています。早急なインスリン治療を必要としますが、血糖値を改善し、しばらく経過するとインスリン分泌は回復します。

［検査と診断］ 早朝空腹時血糖値、随時血糖値などを測定して診断します。これらの測定で診断できない場合は75g経口糖負荷試験を行います。過去1～2か月間の平均血糖値を反映するHbA1cの測定も行います。

［治療］ 食事療法、運動療法を基本として、血糖コントロールの改善が思わしくなければ、経口血糖降下薬やインスリン製剤を用います。

若年発症2型糖尿病の合併症は、自覚症状が乏しく、治療を中断しやすいことから、小児1型糖尿病よりも予後が不良なことが報告されています。厳格な治療・管理の必要性について十分認識しなければなりません。

▼食事療法　原則は、摂取エネルギーの適正化により、体重を標準体重に近づけることです。そうすることで血糖コントロールの正常化につながります。

まだ成長期であれば、体重を維持することで肥満は改善します。しかし成長期のピークを過ぎた思春期後期の場合は、減量を必要とします。

身長および思春期段階、栄養所要量を考慮して、肥満度をもとに実際摂取するエネルギー量を決定します。脂肪摂取量を少なくし、成長期に合わせて

◎フェニルケトン尿症とテトラヒドロビオプテリン欠損症

　フェニルケトン尿症の治療の基本は、フェニルアラニンを制限した食事をすることですが、血液中のフェニルアラニンが高値になるテトラヒドロビオプテリン欠損症の治療では、テトラヒドロビオプテリンの補充が治療の基本となります。そのため、両者の鑑別診断がたいせつとなります。

たんぱく質を多く含むように、糖質50～60%、脂質20～25%、たんぱく質15～20%とします。思春期中期以降は糖質55%、脂質20～25%、たんぱく質15%前後とします。

　食事療法は、長期間継続できなければ意味がなく、子どもの生活に合わせた配慮も必要になります。また、くり返し栄養指導を行い、有効な食事療法が行われているか確認するとともに、知識の整理を行います。肥満のない場合でも、バランスのとれた食事をすることが必要です。

▼運動療法　運動によって筋肉などの末梢組織におけるインスリン抵抗性が改善し、糖質の消費が増加することから、血糖コントロールが改善します。また、適度な運動によって内臓脂肪は効果的に減少し、脂質代謝の改善が得られます。1日摂取エネルギー量の10%以上を運動で消費するように指導を行います。

◉糖尿病の合併症

　いずれの糖尿病においても、高血糖を放置しておくと血管や神経がしだいに障害され、いろいろな症状がおこります。これを**糖尿病合併症**といい、とくに神経障害、網膜症、腎症を三大合併症といいます。最初の10年くらいの間は、あまり症状がないままに経過します。そして、症状がでてくるころには進行が早く、すでに手遅れとなることが多いのです。合併症を進行しにくくするためには、良好な血糖コントロールをつづけていくことが必要です。

フェニルケトン尿症
Phenylketonuria

どんな病気か　必須アミノ酸の1つであるフェニルアラニンが、体内で代謝されず蓄積する病気で、遺伝形式は常染色体劣性遺伝（574頁）です。血中のフェニルアラニンが高値となると、尿中にフェニルケトンという物質が排泄されるのでフェニルケトン尿症という病名がついています。日本における頻度は100万人に8人です。

　フェニルケトン尿症の人は、フェニルアラニンをチロシンに変換するフェニルアラニン水酸化酵素のはたらきが生まれつき欠損しています。フェニルアラニンの一部はそのままたんぱく質の材料となりますが、大部分がチロシンに変換されて代謝されます。

　この代謝が滞ることにより、血中のフェニルアラニンをチロシンに変換できず、血中のフェニルアラニンが高値となります。血中のフェニルアラニンは、フェニルケトンという通常は出現しない物質に代謝されて、尿中に排泄されます。またフェニルアラニン水酸化酵素の補酵素であるテトラヒドロビオプテリン欠損症という病気も、血中フェニルアラニン高値で発見されます。

　両者の治療法は異なりますので（上段）、鑑別診断にはテトラヒドロビオプテリン負荷試験やフェニルアラニン水酸化酵素の活性（はたらき）や遺伝子の検査などが行われます。

症状　生まれたときには症状がありませんが、放置すると生後6か月ころから知能の発達が滞り、けいれんをともなうこともあります。

　また、メラニン色素はチロシンから

合成されますが、この病気ではチロシンが産生されないため、メラニン色素が欠乏し、頭髪は赤茶色になり、皮膚は白くなります。

ほかに「ネズミ様」の体臭と尿臭をともないますが、これはフェニルケトンに含まれるフェニル酢酸という物質の影響と考えられています。同様にフェニルケトンの影響と推測されているものに治りにくい湿疹があります。

検査と診断　早期に発見し治療開始することで発症を予防できるので、現在、日本では新生児に対してマススクリーニングが行われ、早期発見につとめられています。

治療　ただちにフェニルアラニンを制限した食事に変更します。ただしフェニルアラニンは、体内で合成できない必須アミノ酸なので、摂取量をゼロにはできません。またチロシンが不足するので、乳児期まではフェニルアラニン制限チロシン添加ミルクを用います。離乳期以降は、フェニルアラニンを制限した食事を生涯継続する必要があります。

メープルシロップ尿症（楓糖尿病）
Maple Syrup Urine Disease

どんな病気か　ロイシン、イソロイシン、バリンは、分岐鎖アミノ酸と呼ばれますが、この分岐鎖アミノ酸はアミノ基がとれてαケト酸となります。このαケト酸は、分岐鎖αケト酸脱水素酵素複合体によって代謝されるとアセチルCoAやサクシニルCoAという物質になって利用されます。

この病気では、分岐鎖αケト酸脱水素酵素複合体のはたらきが低下しているためにαケト酸や分岐鎖アミノ酸が蓄積します。αケト酸の代謝産物の影響で、尿がメープルシロップのような甘い臭いをしているので、この病名がついています。日本における頻度は56万人に1人です。

症状　分岐鎖αケト酸脱水素酵素複合体のはたらきが極度に低下し、新生児期から症状が現れる重篤な古典型、はたらきの低下が軽度でときどき急性症状を呈する間欠型、その中間型があります。

▼古典型　生後数日でαケト酸が蓄積し、ケトアシドーシス（酸血症）をおこし、哺乳不良、嘔吐、筋緊張低下、けいれん、意識障害をおこします。これを**ケトアシドーシス発作**とか、**急性発作**と呼びます。

▼間欠型　新生児期は無症状です。その後、感染症、ストレス、栄養摂取不足、たんぱく質摂取過剰などをきっかけとして、急性発作を反復します。ただし、それ以外は無症状で経過します。発作のおこっていないときは、血液検査でも見つからないことがあります。

▼中間型　経過はゆっくりですが、ときに急性発作をおこします。

検査と診断　新生児マススクリーニング検査では、血中のロイシン量を測ります。しかし古典型では、すでに嘔吐などの症状がでている場合もあります。その場合は、尿中のαケト酸を測定するジニトロフェニールヒドラジン反応、関連する酵素活性測定や遺伝子検査が行われます。

◎思春期やせ症（神経性やせ症）

思春期前後の女性にみられ（男性ではまれです）、自分の体型を客観的にとらえられず、太ってもいないのに「自分は太っている」と誤った認識をしたり、十分やせているのに「まだまだやせなければならない」と考えるような、いわゆるボディー・イメージの障害が原因といわれます。

多くの場合に、小さいころから、よく親の言うことを聞き、お利口さんに育ってきた子どもに多く、学業もまじめで、とても成績のよい子どもが多いです。

症状は、体重減少、食事内容のこだわり（肉を嫌い、野菜を好む）、嘔吐、皮膚乾燥、多毛、抜け毛、便秘、無月経、徐脈などがありますが、このような症状があるわりには元気に振舞っていることが特徴です。また、周囲が変化に気づいて、病院の受診を勧めても「わたしは、大丈夫、元気

治療　急性発作時は、全身の管理とともに、脱水やアシドーシスに対する一般的な治療を行います。インスリンを使用すると、αケト酸を消費させ、その血中濃度を低下させます。重篤な場合には、血液透析（1725頁）を行い、蓄積した分岐鎖アミノ酸やαケト酸を取除きます。

急性期を乗り越えた場合には、分岐鎖アミノ酸の制限を一生継続します。ただし、食事全体を制限しすぎたりすると、体内で新たに分岐鎖アミノ酸がつくりだされます。したがって、感染症やストレスを避け、十分な栄養を摂取することも重要です。

このような治療を継続すれば、予後は比較的良好ですが、古典型では知能指数が低くなる傾向があります。

ホモシスチン尿症
Homocystinuria

どんな病気か　大量のホモシスチンが尿中に排泄される疾患をまとめてホモシスチン尿症といいます。そのほとんどは、シスタチオニンβ合成酵素の欠損症です。この酵素は、ビタミンB_6を必要とし、ホモシスチンをシスタチオニンに変える酵素です。

人の体内では合成できない必須アミノ酸のひとつであるメチオニンは、食事から摂取する必要がありますが、このメチオニンがホモシスチンに変換され、シスタチオニンβ合成酵素のはたらきでシスタチオニン、システイン、シスチンに代謝されます。シスタチオニンβ合成酵素のはたらきが欠損していると、ホモシスチンが体内に蓄積し、ホモシスチンとなって尿中に排泄されます。蓄積したホモシスチンは、再度メチオニンに変換されるため血中のメチオニンも高値となります。日本における頻度は90万人に1人です。

症状　放置していると、目の水晶体の位置がずれたり、骨格異常（高身長、指が長くなるなど）、血栓症（血のかたまりがつまる）、知能障害などをおこします。現在では、新生児マススクリーニング検査が行われるため、典型的な症状をみることはまれになっています。

検査と診断　新生児マススクリーニング検査では、血液中のメチオニンの量を測定します。メチオニン量が高値のときには、血液や尿のアミノ酸分析や、尿中のホモシスチンを調べる尿ニトロプルシッド反応を行ったり、シスタチオニンβ合成酵素のはたらきを調べることで診断されます。

治療　低メチオニン食とし、不足することになるシスチンを添加します。これによって、ホモシスチンの蓄積を防ぐことができます。食事療法は一生必要ですが、メチオニンは多くの食物に含まれており、厳格な食事療法の継続は簡単ではありません。

また、ホモシスチンをメチオニンに戻すベタインという薬も試みられています。

なお、この病気の一部は、補酵素であるビタミンB_6に反応するので、時期を見計らってビタミンB_6大量療法も試みられますが、新生児期に行うと呼吸不全と肝不全をおこすことが知られています。

よ」などといって、受診したがらないことが多いです。

発見が早く、早期に治療できた場合には、予後のよい場合がありますが、一般的には短期間での治癒は困難です。早い時期に専門医（小児科、心身症外来、思春期外来や児童精神科）を受診してください（子どもの摂食障害 610頁）。

◎反抗期と誤解されやすいバセドウ病

「食べても食べてもやせる、冬でも暑がる、ちょっとした運動で息切れする、下痢しやすい、イライラする、怒りっぽい、学業成績が悪くなった」これらが、バセドウ病（甲状腺機能亢進症 1474頁）の特徴です。イライラや学業低下を反抗期や怠慢と誤解され、長期間放置される例もあります。治療が遅くなると、薬が効きにくい傾向にあり、手術が必要になることもあります。

ガラクトース血症
Galactosemia

どんな病気か

母乳に含まれる乳糖は、ぶどう糖とガラクトースという2種類の糖からなっています。乳糖はそのままでは体内に吸収されず、小腸に存在する乳糖分解酵素ラクターゼによって分解されて吸収されます。吸収されたガラクトースは、ぶどう糖に変換されて利用されますが、その過程が障害された場合に、ガラクトースやその中間代謝産物であるガラクトース-1-リン酸が体内に蓄積し、さまざまな症状をおこします。

ガラクトース代謝経路のどの部分に原因があるかで3つに分類されます。このうちもっとも症状が重篤なものは、分解酵素の1つであるガラクトース-1-リン酸ウリジルトランスフェレース（トランスフェレース）の欠損が原因の**ガラクトース血症Ⅰ型**です。そのほか、酵素のガラクトキナーゼが欠損し、ガラクトースが蓄積する**ガラクトース血症Ⅱ型**と、酵素のエピメラーゼが欠損し、ガラクトースとガラクトース-1-リン酸が蓄積する**ガラクトース血症Ⅲ型**があります。いずれも常染色体劣性遺伝（574頁）です。

症　状

ガラクトース血症Ⅰ型は、出生してミルクを飲み始めると発症します。まず体重の増えが悪くなり、嘔吐、肝臓や脾臓の腫れ、黄疸（584頁）が現れます。発見が遅れると白内障（1103頁）、筋緊張低下、発達の遅れがでます。そのまま放置すると、肝硬変（1647頁）やアシドーシス（酸血症）で生命にかかわります。日本における頻度は、92万人に1人です。

ガラクトース血症Ⅱ型は、治療を行わないと10歳になるまでに白内障をおこします。ただし、そのほかの症状は一般的にはないとされていますが、発達の遅れをともなったという報告もあります。日本における頻度は、100万人に1人です。

ガラクトース血症Ⅲ型は、エピメラーゼという酵素のはたらきが、赤血球のみで欠損するために、赤血球中でのガラクトース-1-リン酸の濃度が上昇します。他の臓器での酵素のはたらきは正常なので、肝臓が腫れたり白内障をともなったりはしません。しかし他の臓器の酵素機能の低下をともなうガラクトース血症Ⅰ型と同じような症状を認めた報告もあり、専門医による慎重な経過観察が必要です。日本における頻度は、5～7万人に1人です。

検査と診断

新生児マススクリーニング検査では、ガラクトース-1-リン酸ウラジルトランスフェレース（トランスフェレース）と血中ガラクトースを測定することがほとんどです。血中ガラクトースが8mg／dℓ以上の場合は、再検査やよりくわしい検査が行われます。

治　療

ミルクを栄養源とする乳児では、乳糖やガラクトースを除いたミルクに切りかえます。

乳糖とガラクトースの除去は生涯必要ですが、乳児期以降の食事中では市販されている加工品の多くに乳糖、脱脂粉乳、牛乳などが増粘多糖類として含まれるので、完全な除去は困難です。

食事療法によって急性期を乗り越え

たガラクトース血症I型の子どもの多くに、成長障害、言語障害、神経症状、女性では卵巣機能障害などがみられることがわかっています。専門医による治療、経過観察が必要です。

クレチン症

Cretinism

どんな病気か

クレチン症（先天性甲状腺機能低下症）は、甲状腺の形成異常（無形成、低形成）、異所性甲状腺、ホルモン合成異常などが原因となります。頻度は３０００〜４０００人に１人とされます。

症状

甲状腺機能低下症状として、赤ちゃんの場合、「不活発でミルクの飲みが悪く、体重が増えにくい」ことが特徴です。

また、長引く黄疸（584頁）、体重増加不良、巨舌（舌の肥大）、むくみ、便秘、皮膚乾燥・落屑（ふけ）、嗄声（かすれ声）、小泉門開大（新生児の頭蓋骨にある小泉門というすき間が広くなる）、臍ヘルニア（748頁）、活発でない、手足の冷感、甲状腺の腫れが現れます。

検査と診断

先天性代謝異常マススクリーニング検査でほぼ１００％の新生児がチェックを受けています。ただし、クレチン症の検査が陽性と判定されても、じつはクレチン症でないことのほうが多いのです。クレチン症以外にＴＳＨ（甲状腺刺激ホルモン）が高値となるものとして、一過性高ＴＳＨ血症、持続性高ＴＳＨ血症、一過性甲状腺機能低下症（1479頁）、母親の甲状腺疾患の影響などがあり、これらでは甲状腺機能自体は正常か、一時的な異常で、いずれ正常化します。

マススクリーニング検査で陽性と判定されても、過度な心配はせずに、よく医師の説明を聞いてください。

なお、神奈川県と札幌市ではＴＳＨと遊離サイロキシン（フリーT_4〈1484頁〉）が測定されていますが、他の地域ではＴＳＨのみです。また、ＴＳＨの基準値は地域によって異なります。

ＴＳＨ、フリーT_3（1484頁）、フリーT_4、ＴＢＧ（サイロキシン結合グロブリン）などの血液検査と膝関節（大腿骨遠位骨端核）のＸ線撮影で骨の成熟の程度を確認します。

治療

レボチロキシンナトリウム水和物あるいはリオチロニンナトリウムを内服させます。月齢、体重に合わせて内服量は異なり、血液検査で甲状腺機能を評価しながら、服用量を決定します。

予後

早期発見・早期治療されたものでは、重大な成長障害や知能障害はみられません。万が一、治療されなければ、低身長、知能低下が必ず現れます。

まず、治療が優先され、2〜3歳以降に甲状腺超音波、シンチグラムなどで原因を調べる検査をします。

家族性高コレステロール血症

Familial Hypercholesterolemia

どんな病気か

家族性高コレステロール血症は、先天的におこる脂質異常症（高脂血症 1509頁）の代表的な

◎ヒスチジン血症

先天性代謝異常症のなかのアミノ酸代謝異常症に分類されるものです。ヒスチジンは、花粉症などと関係が深いヒスタミンという物質のもととなるアミノ酸であるといわれています。体内では、ヒスチジンはグルタミン酸というアミ

ノ酸に構造変化し、ミトコンドリアに取込まれますが、グルタミン酸に構造変化する過程で必要なヒスチダーゼといわれる酵素が先天的に少ないか、欠けているといった理由で、ヒスチジンが体内にたまってしまう状態となります。常染色体劣性遺伝です(574頁)。

かつては、ヒスチジンの体内量増加によって知能、ことばの発達が悪くなったり、けいれんの原因になるといわれていましたが、現在では、無症状の日本人にも比較的多くみられるということがわかり、そのような病的な症状はおこさないといわれるようになりました。

そのため、１９７７(昭和52)年から開始された新生児マススクリーニング検査では対象疾患でしたが、１９９２(平成4)年には検査対象から除外されました。現在のところ先天性代謝異常症の１つではありますが、病気としては捉えられていませんので、無治療でよいとされています。

もののひとつです。

原因

ＬＤＬ(低比重リポたんぱく)は、末梢組織へコレステロールを運ぶリポたんぱくであり、末梢組織へのコレステロールの過剰供給の指標となります。ＬＤＬコレステロールの高値がつづくと、動脈硬化の原因となることから悪玉コレステロールともいわれています。

家族性高コレステロール血症は、細胞のＬＤＬを受け入れるＬＤＬ受容体が、遺伝的に欠損していることで生じる常染色体優性遺伝疾患です(574頁)。

１組の遺伝子の片方に原因があるヘテロ接合体は、50%しかＬＤＬ受容体のないタイプで、日本人の約５００人に１人の頻度で見つかります。

遺伝子の両方に原因があるホモ接合体は、ＬＤＬ受容体がほぼ欠損しているタイプで、約１００万人に１人の頻度で見つかります。

症状

著明な高コレステロール・高ＬＤＬコレステロール血症、アキレス腱が肥厚するアキレス腱黄色腫(1857頁)、早発性冠動脈疾患などが現れます。

アキレス腱黄色腫や皮膚黄色腫が特徴的症状で、ホモ接合体では、幼少時より膝・肘の表側(伸側)や殿部に、扁平な結節性黄色腫をしばしば併発します。また、角膜周囲にできる若年性角膜輪もよくみられます。

冠動脈疾患は、家族性高コレステロール血症の予後を規定します。男性では30歳代から冠動脈疾患が高頻度となり、女性では60歳代の約80%が冠動脈疾患を発症します。

検査と診断

血清１dℓ中の総コレステロール値が成人ヘテロ接合体では２６０～５００mg、成人ホモ接合体６００～１０００mgになります。ＬＤＬコレステロール値、アポたんぱくの値も高値を示します。

治療

早期の診断が重要であり、できるだけ早期に総コレステロール、ＬＤＬコレステロール値を下げることが必要です。ホモ接合体では小児期に、ヘテロ接合体の男性では20歳ころから、ヘテロ接合体の女性では妊娠・出産・授乳終了後、できるだけ早期に治療を開始します。家族を含めた脂質の管理も必要です。

▼食事療法　高ＬＤＬコレステロール血症の食事療法として、脂質制限を強化し、脂質に由来するエネルギーを総摂取エネルギーの20%以下とします。コレステロール摂取量は、１日２００mg以下とします。飽和脂肪酸摂取の制限を加え、肉類などの飽和脂肪酸、オレイン酸などの一価不飽和脂肪酸、ドコサヘキサエン酸(ＤＨＡ)やイコサペンタエン酸(ＩＰＡ)などの魚や植物性脂肪の多価不飽和脂肪酸の摂取比率(Ｓ/Ｍ/Ｐ比)を、３対４対３とし、効果が不十分であれば０・７対１・５対１程度とします。

▼薬物療法　ＨＭＧ-CoＡ還元酵素阻害薬(スタチン)、プロブコール、陰イオン交換樹脂製剤の単独または併用療法を用います。

▼その他の治療　ホモ接合体は薬物治療が効きにくい薬物抵抗性があり、血漿中から専用の装置を用いてＬＤＬを除去するＬＤＬアフェレーシス(1413頁)を行う場合があります。

先天性代謝異常症の早期発見のために

❖先天性代謝異常症とは

人間はおもに食事から栄養素を摂取し、活動の源であるエネルギーや、からだを大きくしたり維持したりする物質を合成しています。

しかし栄養素は、さまざまな形をしており、むだなく、じょうずに利用するためには、からだが利用しやすいような形にしたほうが都合がいいのです。この栄養素を利用しやすい形に変化させ、からだの必要な場所にうまく送り届けることを**代謝**といいます。

先天性代謝異常症は、代謝が生まれつきうまく行われないためにおこる病気のことです。

具体的には、栄養素の形を変化させる**酵素**や物質を必要な場所に送り届けるはたらきをするたんぱく質（**担送たんぱく質**）が生まれつき足りない、生まれつきうまくはたらかないといったことが原因となります。代謝に必要なたんぱく質は、遺伝子が情報源となってつくられるため、これらの病気では遺伝子情報が生まれつき変化しているともいえます。

先天性代謝異常症は、現在までに500種類以上あると報告されています。

発生頻度からみると、それぞれの病気は決してよくある病気というわけではありませんが、種類が多いために先天性代謝異常症と大きくとらえた場合、4000人に1人以上となり、まれな病気ともいえなくなります。

先天性代謝異常症は親族などで遺伝する病気といえます。先天性代謝異常症の心配がある人は、代謝専門医などを通じて、遺伝相談に行くことも大きな助けになるでしょう。

❖早期発見のために

先天性代謝異常症には、根本的な治療法がなく、症状を和らげるために、有害物質が体内に蓄積しないような食事をしたり、たまりすぎた有害物質の排泄を促進する薬を内服したり、欠乏する栄養素などの補充をするといった対症療法が中心となってきました。

近年、遺伝子治療分野の研究が進み、正しい遺伝子を取入れることによって、根本治療ができるようになってきた疾患もあります。また、足りない酵素を人工的に合成して、体内に入れることで、症状を和らげるといった治療法も確立されつつあります。あるいは、健康な人からの骨髄移植（1450頁）、肝移植（1658頁）なども治療効果をあげています。

しかし、これらの治療も対象疾患としてはごく一部で、治療の実施にあたっては、技術的、設備的、倫理的な問題から、まだ一般的ではなく、多くの課題を残しているのです。

先天性代謝異常症のなかには、早期に発見し、適切な食事制限を行えば、とくに無症状で、健康に育つケースがあります。このような病気の早期発見のために日本では、1977（昭和52）年から、**新生児マススクリーニング検査**（ふるい分け検査）が、新生児全員に対し、公費で行われています。

これまでのガスリー法という検査方法では、フェニルケトン尿症（720頁）、メープルシロップ尿症（721頁）、ホモシスチン尿症（722頁）、ガラクトース血症（723頁）、先天性副腎過形成症（708頁）、クレチン症（724頁）の6疾患を検査していました。しかし、治療上からも早期発見が望ましい代謝異常症はこの6疾患だけではないことから、スクリーニングの対象疾患数を拡大する必要性が認識され、2011（平成23）年より、いちどに20種類以上の代謝疾患をスクリーニングできるタンデムマス法を導入する自治体が増えています。タンデムマス法によって、さらにアミノ酸血症、尿素回路異常症、有機酸代謝異常症、脂肪酸代謝異常症が発見できるようになります。

❖先天性代謝異常症の疑わしい徴候

先天性代謝異常症は、たくさん種類がありますが、症状としてもさまざまで、病気を症状のみから診断するにはひじょうにむずかしいとされます。同じ病気であっても、症状の程度や出現する時期など個人差があり、確定診断にはくわしい検査が必要となっています。

ただし、先天性代謝異常症は遺伝する病気ですので、①血縁者に原因不明で亡くなった子どもがいる、②家系内で近親婚の人がいる、③家系内で同じ症状をおこしている人がいるなどといった情報が、医師にとって先天性代謝異常症を疑わせる情報となります。

❖代表的な症状

▼新生児期　つぎにあげる症状が必ずしも先天性代謝異常症とは確定できませんが、医療機関を受診することが望ましいと思われます。

①頻回の嘔吐　哺乳するたびに、しっかり排気しても嘔吐する。

②哺乳不良　哺乳量が少ない、欲しがらない。

③元気よく泣かない　大きな声で泣かない、哺乳の時間がきても泣かないなど。

④全身けいれん　からだを反る、こわばらせる、異常にピクピクするなど。

⑤異常な体臭、尿臭　体臭、汗、尿などに異常なにおいがするなど。

⑥からだに力が入らない　手足に力が入らない、筋緊張低下など。

⑦特異な顔つき・体形、肝臓が大きいなど

▼新生児期以降　赤ちゃんのときは気づかなかったが、大きくなってみると、症状としてわかってきたということがあります。

①精神・運動発達遅滞　定期検診（くびの据わりなど）でチェックされるべき異常です。

②体重増加不良　体重が増えない。

③全身けいれん　けいれん、白目をむくなど。

④頻回の嘔吐　嘔吐がとても多いなど。

⑤異常な体臭、尿臭　清潔に保っても、異常なにおいがするなど。

⑥特異な顔つき・体形、肝臓が大きいなど

❖先天性代謝異常症の分類

どの代謝が妨げられるかで分類されます。

①糖代謝異常症　グルコースなどの糖質の代謝異常症で、ガラクトース血症、糖原病（992頁）などがあります。

②アミノ酸、有機酸、尿素サイクルの代謝異常症　エネルギーのもととなる物質の代謝や、老廃物などの無毒化を行う代謝の異常で、フェニルケトン尿症、メープルシロップ尿症、ホモシスチン尿症、高アンモニア血症（意識障害やけいれんなど）などがあります。

③脂肪酸代謝異常症　エネルギーのもととなる脂肪酸の代謝異常症で、ミトコンドリア病（729頁）、ペルオキシソーム病（729頁）など。

④リソソーム代謝異常症　細胞のなかにあるリソソーム（小器官）は、内部に数種の加水分解酵素をため込んでおり、この酵素を使って、多糖類、ムコ多糖類などを分解します。この酵素がうまくはたらかない代謝異常症で、ムコ多糖症（731頁）、テイ・サックス病（731頁）、ゴーシェ病（732頁）などがあります。

⑤リポたんぱく代謝異常症　血液中の脂質をじょうずに運搬するはたらきをするリポたんぱく質の異常症です。家族性高コレステロール血症（724頁）などがあります。

⑥核酸代謝異常症　遺伝子のもととなる核酸の合成分解過程がうまくいかないもので、レッシュ・ナイハン症候群（729頁）、アデノシンデアミナーゼ欠損症（729頁）などです。

⑦膜担送たんぱく質異常症　銅などの金属は酵素の役割を助けます。金属を運ぶ役割をするたんぱくの異常などでおこり、ウィルソン病（732頁）、メンケス病（732頁）などです。

おもな先天性代謝異常症

病名（代謝異常分類）	変異遺伝子・欠損酵素	遺伝様式	おもな症状・所見
◉アミノ酸の代謝異常			
メープルシロップ尿症（721頁）	分岐鎖αオキソ酸デヒドロゲナーゼ複合体	常染色体劣性遺伝	けいれん、哺乳障害、くり返す嘔吐、尿臭がメープルシロップ様
フェニルケトン尿症（720頁）	フェニルアラニン水酸化酵素	常染色体劣性遺伝	知的障害、けいれん、赤毛、体臭がネズミ様
高チロシン血症Ⅰ型	フマリルアセトアセターゼ	常染色体劣性遺伝	嘔吐、出血、肝障害、腎障害、体臭がキャベツ様
高チロシン血症Ⅱ型	チロシンアミノトランスフェラーゼ	常染色体劣性遺伝	流涙、角膜肥厚、白内障、角膜潰瘍、軽度知的障害
ホモシスチン尿症（722頁）	シスタチオニンβ合成酵素、その他	常染色体劣性遺伝	水晶体亜脱臼、長い手足、骨粗鬆症、知的障害
◉有機酸の代謝異常			
プロピオン酸血症	プロピオニルCoAカルボキシラーゼ	常染色体劣性遺伝	哺乳障害、嘔吐、筋力低下、けいれん、低血糖、高アンモニア血症
メチルマロン酸血症	メチルマロニルCoAムターゼ	常染色体劣性遺伝	嘔吐、筋力低下、けいれん、低血糖、高アンモニア血症、腎不全
◉尿素サイクルの代謝異常			
オルニチントランスカルバミラーゼ欠損症	オルニチントランスカルバミラーゼ	伴性優性遺伝	意識障害、嘔吐、けいれん、高アンモニア血症
カルバミルリン酸合成酵素Ⅰ欠損症	カルバミルリン酸合成酵素Ⅰ	常染色体劣性遺伝	意識障害、嘔吐、けいれん、高アンモニア血症
シトルリン血症	アルギノコハク酸合成酵素	常染色体劣性遺伝	意識障害、嘔吐、けいれん、高アンモニア血症、肝機能障害

病名（代謝異常分類）	変異遺伝子・欠損酵素	遺伝様式	おもな症状・所見
アルギノコハク酸尿症	アルギノコハク酸分解酵素	常染色体劣性遺伝	意識障害、嘔吐、けいれん、高アンモニア血症、肝機能障害
アルギニン血症	アルギナーゼ	常染色体劣性遺伝	進行性痙性（けいせい）まひ、けいれん、高アンモニア血症
◉脂肪酸の代謝異常			
極長鎖脂肪酸アシルCoA脱水素酵素欠損症	長鎖脂肪酸アシルCoA脱水素酵素	常染色体劣性遺伝	嘔吐、昏睡（こんすい）、低血糖、心筋症、肝腫大、乳幼児突然死症候群の一因といわれている
中鎖脂肪酸アシルCoA脱水素酵素欠損症	中鎖脂肪酸アシルCoA脱水素酵素	常染色体劣性遺伝	嘔吐、昏睡、低血糖、心筋症、肝腫大、乳幼児突然死症候群の一因といわれている
単鎖脂肪酸アシルCoA脱水素酵素欠損症	単鎖脂肪酸アシルCoA脱水素酵素	常染色体劣性遺伝	進行性の精神運動発達遅滞、筋緊張低下など
◉ミトコンドリア病			
MELAS（メラス）症候群	ミトコンドリア遺伝子異常	ミトコンドリア遺伝	低身長、糖尿病、頭痛、片まひ、脳筋症、難聴など
MERRF（マーフ）症候群	ミトコンドリア遺伝子異常	ミトコンドリア遺伝	けいれん、小脳失調、認知症など
◉ペルオキシソーム病			
ペルオキシソーム形成異常症	PEX遺伝子群異常	常染色体劣性遺伝	特徴的な顔つき、筋力低下、乳を飲まない、発達遅滞、けいれん、視聴力低下
X連鎖性副腎白質ジストロフィー	極長鎖脂肪酸アシルCoA合成酵素	伴性劣性遺伝	歩行障害、精神障害、色素沈着、視聴力低下など
◉核酸代謝異常症			
アデノシンデアミナーゼ(ADA)欠損症	アデノシンデアミナーゼ	常染色体劣性遺伝	重症免疫不全、下痢、痙性運動まひなど
レッシュ・ナイハン症候群	ヒポキサンチン・グアニン・ホスホリボシルトランスフェラーゼ	伴性劣性遺伝	運動遅滞、自傷行為、てんかん、尿路結石、痛風など

病名（代謝異常分類）	変異遺伝子・欠損酵素	遺伝様式	おもな症状・所見
◉糖代謝異常症			
遺伝性果糖不耐症	1-ホスホフルクトアルドラーゼ	常染色体劣性遺伝	母乳栄養からの切りかえ時の頑強な嘔吐、低血糖、発育障害、黄疸（おうだん）など
ガラクトース血症Ⅰ型（723頁）	ガラクトース-1-リン酸ウリジルトランスフェレース	常染色体劣性遺伝	出生時より嘔吐、下痢、黄疸、肝障害、白内障など
ガラクトース血症Ⅱ型（723頁）	ガラクトースカイネース	常染色体劣性遺伝	白内障
ガラクトース血症Ⅲ型（723頁）	UDP-ガラクトース4エピメレース	常染色体劣性遺伝	無症状が多い
糖原病Ⅰa型（フォン・ギールケ病）	グルコース-6-フォスファターゼ	常染色体劣性遺伝	人形様顔貌（がんぼう）、低血糖、低身長、肝腫大
糖原病Ⅰb型	グルコース-6-フォスフェート・トランスロケーター	常染色体劣性遺伝	Ⅰa型と同症状、白血球機能不全
糖原病Ⅰc型	リン酸トランスロケーター	常染色体劣性遺伝	Ⅰa型と同症状
糖原病Ⅱ型（ポンペ病）	αグルコシダーゼ	常染色体劣性遺伝	乳児型：体重増加不良、筋緊張低下、心不全 小児型、成人型：進行性の筋力低下
糖原病Ⅲ型（コリ病、フォルベス病）	アミロ-1、6-グルコシダーゼ	常染色体劣性遺伝	Ⅰ型に類似症状。心筋症、肝障害など
糖原病Ⅳ型（アンダーソン病）	アミロ-1、4-1、6-トランスグルコシダーゼ	常染色体劣性遺伝	黄疸、腹水、肝腫大
糖原病Ⅴ型（マッカードル病）	筋ホスホリラーゼ	常染色体劣性遺伝	運動時の強度な筋力低下、筋肉痛
糖原病Ⅵ型（ハース病）	肝ホスホリラーゼ	常染色体劣性遺伝	肝腫大、低血糖、無症状のときもあれば、成長とともに軽快することも
糖原病Ⅶ型（垂井病）	筋ホスホフルクトキナーゼ	常染色体劣性遺伝	Ⅴ型に類似症状。痛風

病名（代謝異常分類）	変異遺伝子・欠損酵素	遺伝様式	おもな症状・所見
糖原病Ⅷ型	筋ホスホリラーゼキナーゼ	常染色体劣性遺伝、伴性劣性遺伝	伴性劣性遺伝：Ⅰ型に症状類似 常染色体劣性遺伝：Ⅴ型に症状類似
糖原病0型	グリコーゲン合成酵素	常染色体劣性遺伝	低血糖、高乳酸血症、ケトン体高値など、肝腫大なし
◉ムコ多糖症			
ムコ多糖症ⅠH型（ハーラー病）	α-L-イズロニダーゼ	常染色体劣性遺伝	顔貌異常、骨格異常、水頭症、角膜混濁、聴覚異常、症状は一般的に重い
ムコ多糖症ⅠS型（シェイエ病）	α-L-イズロニダーゼ	常染色体劣性遺伝	軽度の骨格変形、関節拘縮（こうしゅく）、症状は一般的に軽い
ムコ多糖症Ⅱ型（ハンター病）	イズロネート-2-サルファターゼ	伴性劣性遺伝	ハーラー病に症状は似ているが角膜混濁はなし
ムコ多糖症Ⅲ型（サンフィリッポ病）	ヘパラン硫酸代謝に関する4つの酵素	常染色体劣性遺伝	酵素欠損によりA～D型に分かれる。知的障害、行動異常、骨格変形は比較的軽い
ムコ多糖症Ⅳ型（モルキオ病）	ケラタン硫酸代謝に関する2つの酵素	常染色体劣性遺伝	酵素欠損によりA、B型に分かれる。知能正常、骨格変形は一般的に重度
ムコ多糖症Ⅵ型（マルトー・ラミー病）	N-アセチル-ガラクトサミン-4-スルファターゼ	常染色体劣性遺伝	知能正常、ハーラー病に似た骨格変形
ムコ多糖症Ⅶ型（スライ病）	β-グルクロニダーゼ	常染色体劣性遺伝	ハーラー病に似た骨格変形
◉脂質代謝異常症			
GM1ガングリオシドーシス	β-ガラクトシダーゼ	常染色体劣性遺伝	Ⅰ～Ⅲ型がある。精神運動発達遅滞、骨格異常、筋緊張低下など
テイ・サックス病	β-ヘキソサミニダーゼA	常染色体劣性遺伝	知的障害、音に対する過敏反応、巨頭症、けいれんなど
サンドホフ病	β-ヘキソサミニダーゼB	常染色体劣性遺伝	テイ・サックス病と似た症状、肝脾腫（かんひしゅ）
異染性脳白質変性症	アリルスルファターゼA	常染色体劣性遺伝	知的障害、けいれん、痙性四肢まひなど

病名（代謝異常分類）	変異遺伝子・欠損酵素	遺伝様式	おもな症状・所見
ゴーシェ病	グルコセレブロシダーゼ	常染色体劣性遺伝	Ⅰ～Ⅲ型がある。神経症状、骨痛、肝脾腫など病型によって症状は異なることがある。
ニーマン・ピック病	スフィンゴミエリナーゼ、コレステロール転送機構	常染色体劣性遺伝	A～D型に分かれる。摂食障害、肝脾腫、黄疸、眼球運動障害など病型により異なる。
ファブリー病	α-ガラクトシダーゼA	伴性劣性遺伝	知覚異常、手足の痛み、血管腫、肥大型心筋症など。知能は正常
ファーバー病	セラミダーゼ	常染色体劣性遺伝	かすれ声、皮下結節、角膜混濁、有痛性関節硬縮など
クラッベ病	β-ガラクトセレブロシダーゼ	常染色体劣性遺伝	易刺激、視力障害、難聴、神経障害など
ウォルマン病	酸性リパーゼ	常染色体劣性遺伝	下痢、嘔吐、脂肪便、肝脾腫、精神運動発達遅滞、副腎腫大と石灰化など
◉リポたんぱく代謝異常症			
家族性高コレステロール血症（724頁）	LDL-レセプター	常染色体優性遺伝	黄色腫、動脈硬化、心筋梗塞の早期発症
家族性高カイロミクロン血症	リポプロテインリパーゼ	常染色体劣性遺伝	膵炎、体重増加不良、肝脾腫、発疹状黄色腫など
◉膜担送たんぱく質の異常症			
ウィルソン病（1661頁）	銅転送たんぱく（ATPアーゼ7B）	常染色体劣性遺伝	肝機能障害、肝硬変、言語障害、黄疸など
メンケス病	銅転送たんぱく（ATPアーゼ7A）	伴性劣性遺伝	発達障害、黄疸、てんかん、特徴的な毛髪など
シスチン尿症	シスチン転送障害	常染色体劣性遺伝	尿路結石、腎障害など
家族性低リン血症性くる病	腎でのビタミンD活性化障害	伴性劣性遺伝	発育不良、低身長、むし歯、くる病

子どもの消化器の病気①

消化管異物
Foreign Body in Digestive Tract

どんな病気か
子どもの消化管異物は1歳代に多くおこり、異物は硬貨、ボタン型電池が3分の2を占め、画鋲、ネジ、おもちゃなども多いです。

子どもが異物を飲み込んだと考えられる場合は、できれば飲み込んだ物と同じ物を病院に持って行きましょう。

検査と診断
胸部、腹部の単純X線撮影を行います。単純X線撮影で写らない場合、造影剤を飲む検査が必要になることもあります。

治療
①食道異物、②胃内異物、③胃より下の腸内異物に分けられ、治療が少し異なります。

①食道異物を放置すると、食道潰瘍（1547頁）または穿孔（孔があく）の危険があるため、必ずとってしまうか、胃の中に落とします。直径が2cm以上あると、食道にひっかかる可能性が高く、とくにボタン型リチウム電池は短時間で食道の組織を傷害することがあるため、早く取出す必要があります。

硬貨やボタン型電池（リチウム、アルカリ）などは、バルーンカテーテルを鼻から入れ、透視しながら異物の下で風船を膨らませて、引っ掛けて取出します。針、釘などの鋭利な金属異物は、磁石つきカテーテルで摘出を試みます。摘出不可能な場合は、全身麻酔して、内視鏡で取出します。

②胃内異物は、2週間以内に90％が自然排出されるといわれます。胃から十二指腸の間に幽門輪という狭まったところがあり、そこを通過すれば自然排泄されると考えられます。ただしボタン型電池や先端が鋭利な異物、5cm以上の長い異物は潰瘍や穿孔の危険が高いので、磁石つきカテーテルまたは全身麻酔して内視鏡で取出します。

③胃から腸を通過した異物は、原則的に自然排出するまでようすをみます。先端の鋭利な異物も自然排出することが多いのですが、穿孔すること（1％未満）もありますので、腹痛、嘔吐、発熱に十分注意しておきます。また、排出されるまで排便ごとに便を観察し、異物の排泄を確認しましょう。

先天性食道閉鎖症／気管食道瘻
Congenital Esophageal Atresia / Tracheoesophageal Fistula

どんな病気か
食道が途中で途切れていて、その先端が閉じて（閉鎖）、袋のようになっていたり（盲端）、気管とつながっている（瘻）形態異常です。いろいろな形がありますが（次頁上図）、胃側の食道が気管とつながっているC型では、唾液が飲み込めずに気管に入るため、生まれた直後から、口から泡をふいているのが特徴です。哺乳させると呼吸困難、チアノーゼ（678頁）などが出現します。

食道が途切れて、上下に分かれて、気管とは通じていないA型がつぎに多い型です。A型の場合、胎児診断で胃が見えなく、羊水過多がある、上下の食道の距離が長い（ロングギャップ）ことが多いのも特徴です。

検査と診断
栄養チューブを鼻から胃まで挿入する検査で、チュー

食道閉鎖／気管食道瘻の分類

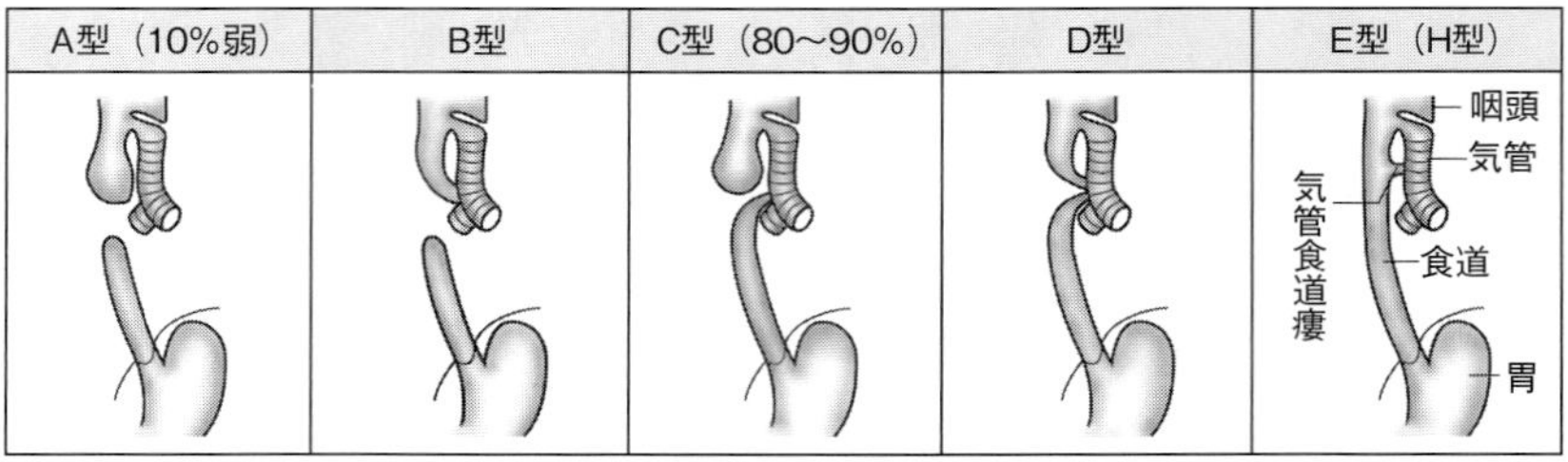

ブが胃まで届かず、Uターンして戻ってきます（**コイルアップ現象**）。E型では、コイルアップ現象がみられないために、発見が遅れることもあります。

治療　C型では、食道と気管を切り離し、気管の孔を閉鎖したあと、途切れた上下の食道をつなぎます。上下の食道が離れている場合は、食道を一時的に気管と切り離し、あとで小腸や結腸の一部を使って代用食道としたり、食道延長術でつなぎます。

A型では、上下の食道の間隔が長いことが多いので、すぐにつなげない場合は、あとで代用食道を使ったり、食道延長術を行ってからつなぎます。

肥厚性幽門狭窄症
Hypertrophic Pyloric Stenosis

どんな病気か　胃の出口にある幽門部の輪状筋が異常に厚くなり（肥厚）、幽門部が狭くなってミルクが通りにくくなったものです。第一子の男児に多いといわれています。

十分にミルクを飲み、体重も順調に増えていた赤ちゃんが、生後2週ごろからミルクを飲んだあとに、口と鼻の孔から噴水のようにピューッと吐きます。吐いた物に緑色や茶色の胆汁が混ざっていないことが特徴です。

おなかがすくのでミルクを欲しがって泣きますが、与えると吐きます。しだいに栄養不良となって、体重が減少し、手足やくびに皺がよってきます。脱水のために尿量も減ってきます。

治療　胃液を多量に嘔吐するために、血液の電解質のバランスがくずれアルカリ性に傾いているので、輸液で是正したあとに、肥厚した輪状筋を切開する手術をします。

先天性腸閉鎖（閉塞）症
Congenital Intestinal Obstruction

どんな病気か　腸の内腔が閉鎖しているか狭くなっている先天性の形態異常です。腸の内腔が膜のようなもので閉ざされているもの（**膜様閉鎖型**）、腸の一部が、ひものようになっているもの（**索状閉鎖型**）、腸が完全に途切れていて、その先端が袋のようになっているもの（**離断閉鎖型**）、離断閉鎖型が複数の箇所でおこっているもの（**多発閉鎖型**）などがあります。

おこりやすいのは十二指腸や小腸で、結腸におこることはまれです。

生後1～2日で胆汁の混じった嘔吐や腹部膨満があり、出生後24時間以上たっても胎便が出ません。

検査と診断　腹部の単純X線検査で、**ダブルバブル徴候**（ガス像が2つ並んで見える）、**マルチプルバブル徴候**（ガス像が複数見える）で診断できることが多いのですが、造影X線検査を行うとよりくわしくわかります。

治療　低体温を予防するため、保育器に収容し、点滴による輸液、輸血、抗生物質の使用などを行い、全身状態を改善させます。そのうえで、腸を開通させるダイヤモンド吻合術などの手術を行います。

術後に縫った部分が細くなって、食物がなかなか通らなかったり、縫った部分がほころびてしまう（縫合不全）などの合併症がおこることもあります。

◎ヒルシュスプルング病に似た病気

腸管壁内神経細胞が存在するにもかかわらず、胎便排出の遅れ、便秘などのヒルシュスプルング病と同じ症状をおこす病気を**慢性特発性仮性腸閉塞**といいます。

原因は、まだよくわかっていません。

治療はむずかしく、小腸の上部に腸をつなぐ孔（腸瘻）をつくって腸閉塞（1591頁）を予防し、栄養は中心静脈栄養（上大静脈への点滴）でとることになるので、在宅中心静脈栄養の適応となります。

数年から十数年かかって口から食べられるようになることもあります。

ヒルシュスプルング病

Hirschsprung Disease

どんな病気か

腸管の蠕動運動は、壁内にある神経節細胞がコントロールしています。この神経節細胞が生まれつき欠如しているために、排便できなくなる病気です。

患部より口側の部分に便がたまって拡張するので**先天性巨大結腸症**とも、**腸管無神経節症**とも呼ばれています。

原因

消化管の神経節細胞は、胎生5週に食道の壁内から下方へ伸びていきます。いっぽう、仙尾部からは直腸部に神経節細胞が移動します。この過程が途中で止まるために、神経節細胞の存在しない部分が腸にでき、蠕動運動がおこりません。直腸下部からS状結腸にかけておこることが多いのですが、下行結腸やまれに結腸全体、さらに小腸全域にわたっておこることもあります。

症状

出生後24時間たっても胎便の排出がありません。嘔吐、腹部の膨れがみられ、浣腸をすると、爆発的な排便がおこります。こうした症状から、たいていは生後1週間以内に気づかれます。乳児期や幼児期に気づいた場合は、便秘、異常な腹部の膨れ、やせ、発育障害などがみられます。

検査と診断

腹部の単純X線撮影と注腸造影を行うと、腸の狭い部分と、その口側に拡張した部分が見えるので、この病気を疑います。

確定診断には、腸壁を生検して神経節細胞がないことを証明する必要があります。また、直腸粘膜生検を行って、アセチルコリンエステラーゼ染色をすると、活性を示す神経線維束の異常増殖がみられます。直腸肛門内圧測定を行うと、内肛門括約筋が緩む反応（直腸肛門反射）がみられません。

治療

人工肛門（509頁）を造設して、そこから排便させます。

人工肛門をつくった3～6か月後に、神経節細胞のない部分を摘出して、正常部分の腸管を肛門部とつなぐ手術を行います。神経のない腸の部分が短い場合は、人工肛門をつくらずに摘出手術をすることもあります。最近は腹腔鏡手術による根治手術が行われるようになってきました。

手術後は、排便がスムーズにできるまで、浣腸や坐薬の使用が必要です。

鎖肛

Anorectal Malformation

どんな病気か

肛門ができる過程で異常がおこり、肛門が形成されていない形態異常です。

肛門がなく、そこより前方の会陰部に瘻孔（管状の孔）となってあいていたり、女の子では腟前庭部や腟にあいていたり、また尿道と腟、直腸がつながって総排泄腔という1つの孔になっている場合もあります。男の子では膀胱や尿道との交通路（瘻）をもつものがあります。

閉鎖されている位置によって、低位、中間位、高位型に分類します。

検査と診断

出生直後の診察や、肛門での体温測定の際に発見されます。閉鎖部と瘻孔の位置を確認するためにX線撮影や造影検査、また骨盤底筋群との関係をみるためにＭＲＩ検査が必要です。

治療　手術で瘻孔を閉鎖し、正しい位置に肛門をつくります。肛門の機能は骨盤底筋群を利用します。

低位の場合には、一般的に人工肛門をつくらず、新生児期から3か月ころまでに肛門形成術を行います。

中間位と高位型では、まず人工肛門を造設して、生後約6か月から1年ごろに、直腸肛門形成術を行います。中間位では会陰部から、高位では開腹して手術します。

胆道閉鎖症
Biliary Atresia

どんな病気か　胆道が閉鎖している病気です。そのため胆汁が肝臓にたまって、肝硬変（1647頁）、肝不全（1648頁）をおこし生命にかかわることもあります。かつては先天的に胆道が閉鎖していると考えられ、先天性胆道閉鎖症と呼ばれましたが、現在では炎症で閉鎖すると考えられています。男女比は2対3で、女の子に多い病気です。

症状　肝臓内にたまった胆汁が血液中に逆流して黄疸（1668頁）がおこり、とくに生後1か月ころに目立ってきます。尿の色も濃褐色になります。便は、最初は黄色のこともありますが、灰白色便になるのが特徴です。

肝硬変におちいると、門脈圧亢進にともなう脾機能亢進症（1467頁）や食道静脈瘤（1551頁）がおこってきます。

治療　肝門部が開いている場合は、胆嚢も含めて肝外胆道を切除し、肝管と空腸をつなぎます（肝管空腸吻合術）。肝門部も完全に閉鎖している場合は、胆道を切除し、肝門部の肝臓の一部をとってそこに空腸をつなぐ肝内部空腸吻合術（葛西式手術）を行います。

手術後は、黄疸、腸内細菌が肝臓に入っておこる発熱（上行性胆管炎）、肝硬変の進行に注意が必要です。

手術をしても黄疸がとれない、胆管炎をくりかえして重症な肝硬変を合併した場合、著しい成長障害を認める場合などは肝移植が適応となります。

先天性胆道拡張症
Congenital Biliary Dilatation

どんな病気か　胆道の一部が生まれつき円柱や袋のように拡張している病気です。**先天性総胆管拡張症**、**総胆管嚢腫**なども呼ばれます。

膵管と胆道は、十二指腸に入る直前まで分離していますが、この病気ではほとんどの場合に、膵胆管合流異常（1677頁上段）を合併しています。

そのため膵液と胆汁が混合して胆道や膵臓に逆流すると、膵炎や胆石（1669頁）、胆管がん・胆嚢がん（515頁）が発生しやすくなります。

東洋人で、女の子に多い病気です。

症状　腹痛、黄疸（1668頁）、発熱や腹部腫瘤で発見されることが多いものです。また、ＣＴや腹部超音波検査の際に偶然、発見されるケースが増えています。

治療　拡張した肝外胆管を切除して、肝門部と空腸をつなぐ肝管空腸吻合術を行います。

子どもの消化器の病気②

子どもの感染性胃腸炎

Acute Gastroenteritis

どんな病気か

吐きけ、嘔吐、下痢、腹痛などの消化器症状が急におこってくるさまざまな病気の総称です。

原因

感染性胃腸炎は病原微生物がさまざまな経路で消化管に侵入しておこるもので、ウイルスによるものと、細菌によるものとに大きく分けられます。頻度はウイルス性胃腸炎が圧倒的に多く、便などの中のウイルスが手を介して口から入って感染します。細菌によるものの多くは、食物を介しておこるため食中毒（2092頁）と呼ばれます。食中毒は集団発生して、社会問題になることもあります。

ウイルス性では、嘔吐をともなうことから、乳幼児嘔吐下痢症と呼ばれます。ロタウイルスがもっとも多く、毎冬、多数の乳幼児に嘔吐下痢症をおこすことで知られています。ロタウイルスには、乳児を対象にワクチン接種が行われています。またノロウイルスは、カキや貝類などの食物を介して感染することもあります。

細菌性ではカンピロバクターがもっとも多く、そのほかにサルモネラ、病原性大腸菌、エルシニア、腸炎ビブリオなどがあります。病原性大腸菌の一種で感染力の強いO－157は、出血性の下痢をおこします。この細菌がつくるベロ毒素が体内に吸収されると、溶血性尿毒症症候群（759頁）という重い症状になります。かつて集団発生したこともあります。最近では海外との交流が盛んになっているので、コレラ、赤痢などにも注意が必要です。

なお、まれですが、原虫が原因となる胃腸炎もあります。ジアルジア（2104頁）、クリプトスポリジウム（2105頁）、赤痢アメーバ（2104頁）などによるもので、抵抗力の弱い子どもでは重症化する可能性があります。

症状

突然の下痢、腹痛です。

ウイルス性胃腸炎による下痢は、水のような便（水様便）が出て、嘔吐をともないます。発熱しても、ほとんどは1日で下がります。嘔吐・下痢をくり返すことがあるため、とくに脱水症状に注意が必要です。急激な体重や尿量の減少、皮膚粘膜の乾燥はもちろん、ぼんやりとして元気がなく、すぐ眠ってしまうといった意識状態の変化に気をつけましょう。

細菌性胃腸炎の場合、夏に多く、発熱をともなうことがよくみられます。便はしばしば粘液状となり、膿が混じったり、血便となります。排便してもすぐに便意を覚え、またトイレに行きたくなる**しぶり腹**もよくみられます。

治療

自然に治ることが多いのですが、家庭でも水分補給に注意します。お茶や湯冷まし、市販の経口補水液などを、少量ずつ頻回に与えます。スポーツドリンクには塩分が含まれています。脱水のときには、塩分摂取量が過剰になる可能性がありますので、医師の指示に従いましょう。

嘔吐のために水分摂取ができなかったり、激しい下痢で脱水が激しいときは入院治療の必要があります。とくに脱水症状がある場合は、水分と電解質を点滴で補充します。

食事療法としては、消化管を休ませ

るためにいちど絶食して、胃腸に負担をかけないように少量の薄めたミルクや重湯から始めます。多くの場合、下痢止めの薬（止痢薬）を使用し、便の性状の改善を確認しながら、消化のよい固形食物を少しずつ加えていきます。

細菌性の場合は、抗菌薬を使用することもあります。

予防　家族全員で手をよく洗うことがもっとも重要です。食事前や、外出から帰ったときなどは必ず手を洗う習慣をつけましょう。

また、食中毒がおこりやすい季節には、食事直前に調理し、つくりおきの食物は保存に注意しましょう。

◉乳幼児嘔吐下痢症
Acute Vomiting and Diarrhea in Infants and Children

どんな病気か　乳幼児にみられる、嘔吐と下痢をおもな症状とする状態です。

冬から春にかけて流行するロタウイルスの感染による胃腸炎では、白色から黄白色の下痢便が特徴的なため、**白色便性下痢症**、**白痢**、**乳児仮性コレラ**などと呼ばれることもあります。しかし最近では、ノロウイルスなどのほかのウイルスによる感染が増え、白色でない下痢の例も目立っています。

原因　おもにウイルスの感染による胃腸炎です。ウイルスは便から手、口へと感染しやすく、感染を広げないためにはまめに手洗いを行うことがたいせつです。

ロタウイルスとアデノウイルスについては、検査が簡単に行えるようになっています。しかし、ノロウイルスについては、特殊な方法で検査するため、迅速な診断はむずかしいのが現状です。

また、一部の細菌感染でも嘔吐下痢症をおこすことがあります。

症状　ロタウイルスの感染による場合は、潜伏期間が48時間未満と短いのが特徴です。あまり高くない発熱と、頻繁な嘔吐で始まり、米のとぎ汁のような白色の水状の下痢が何度もつづいて出ます。目に見えるほど大量の血液や粘液が混じることは、あまりありません。発熱と嘔吐は数日以内に治まります。便は、症状が始まってから、ふつう2〜3日で黄色がかった色になり、5〜7日後にはいつもの便に回復します。

ノロウイルスの感染では、嘔吐が強く現れます。また、頭痛をともなうこともあります。

アデノウイルスの感染では、嘔吐・下痢に発熱をともないます。いずれも、冬を中心に寒い季節によくみられます。通常3日程度で回復します。

また、急激な嘔吐と頻繁な下痢のため、急速にからだから水分が失われ、脱水状態になりやすくなります。体重や尿量の減少、皮膚粘膜の乾燥、うとうとするなどの意識状態の変化に注意が必要です。

治療　脱水状態を防ぐための水分補給と食事療法が治療の基本です。軽症から中等症のときには、経口補水液を少量ずつ、回数を多く飲ませます。はじめはスプーン1杯ずつ、5分間隔で与えるようにし、吐きけが治まってきたら1回の量を徐々に増やしていきます。十分な水分摂取が必要ですが、病気の初期には、嘔吐のために口から飲むこともむずかしく、点滴が必要になることもあります。

吐きけがなくなると食事療法が開始されます。初めは胃腸に負担を極力かけないように、少量の薄めたミルクや重湯を飲ませます。便の状態をみながら量や濃度を増やし、徐々に消化のよい固形食物を加えていきます。

下痢には整腸薬を服用させたり、嘔吐には消化管運動改善薬の坐薬を使うこともあります。

子どもの胃・十二指腸潰瘍
Gastroduodenal Ulcer

どんな病気か

胃・十二指腸の壁に潰瘍ができる病気です。内視鏡検査の進歩によって、子どもたちにも見つかる率が上がってきました。

ただし、新生児や乳児ではごく少なく、学童以上に多くみられます。

原因

水なしに鎮痛解熱薬などを飲んだり、感染症ややけどにともなっておこることが多く、ほとんどが急性胃潰瘍として現れます。

ピロリ菌の感染による場合は、慢性十二指腸潰瘍として現れ、家族内にも胃・十二指腸潰瘍の人がいることが多いです。年長児では、成人と同じように、精神的ストレスがかかわっている場合もあります。

症状

胃潰瘍では、嘔吐、血液を含んだ胃の内容物を吐く吐血がみられます。

十二指腸潰瘍では、貧血と便に血が混じる下血がみられます。多くの子どもで、みぞおちや臍の周囲に腹痛を訴えますが、おとなのように空腹時痛とはかぎりません。

治療

胃酸の分泌を抑える制酸薬と食事療法が基本です。香辛料などの刺激の強いものは避け、1日3食の食事時間を習慣づけます。とくにやわらかい食事にする必要はありません。ピロリ菌が感染している場合には、除菌治療が必要です。

吐血や下血がつづくときは内視鏡を使って止血することがありますが、場合によっては手術が必要になることもあります。

反復性腹痛
Recurrent Abdominal Pain

どんな病気か

子どもは、しばしば腹痛をくり返して訴えることがあります。

幼児の場合、感染性胃腸炎（737頁）などのからだの病気が腹痛の原因として見つかることが多いのですが、幼稚園児、学童の場合は、からだの病気が見つからないことがよくあります。

突然、腹痛が現れ、自然に治り、また出現することを3か月以上くり返していても特別な原因疾患がないものを反復性腹痛と呼びます。

また、この腹痛は臍の周辺に多いことから、**反復性臍疝痛**とも呼ばれます。

症状

腹痛は、数分から数時間にわたってつづくことがあり、顔面蒼白、頭痛、吐きけをともなうこともあります。

腹痛がないときは、元気で、腹痛をくり返すごとに症状が強くなりますが、病気が重くなるような印象はありません。

夢中になって遊んでいるときは訴えが少なく、睡眠中に腹痛で目が覚めることは、ふつうありません。また、週末や長い休みに入ると訴えが減る傾向がみられることもあります。

神経質な子どもや神経質な家庭で育っている子どもにおこりやすく、精神的ストレスが神経系にはたらきかけて腹痛を感じさせていると考えられます。

治療

腹痛をおこす原因疾患がないことを確実に診断します。特別な治療は必要ありませんが、ストレス、不安などのもとを取除き、安定した生活をさせることが、治療になります。

アセトン血性嘔吐症（周期性嘔吐症）

Cyclic Vomiting

どんな病気か

リンゴの腐ったような特有のにおいの吐物を吐く発作をくり返す病気です。

リンゴの腐ったようなにおいは、血液中に増えたケトン体という物質によるにおい（アセトン臭）なので、アセトン血性嘔吐症といいますが、嘔吐をくり返すので、周期性嘔吐症ともいいます。かつては、自家中毒とも呼ばれていました。

最近では、子どもの栄養状態が改善しているために、重症の例はみられなくなっています。また、患者数も激減しています。

症状

ぐったりしたり、眠たそうにしたりしているうちに嘔吐が始まることもあれば、突然、嘔吐が始まることもあります。

吐物がリンゴの腐ったようなにおいがするので、この病気による嘔吐だとわかります。

嘔吐は、1日、数回から十数回のことが多く、吐きけだけで嘔吐しないこともあります。

栄養状態が悪いと、コーヒーのかすのような物が吐物に混じるようになります。重症では、嗜眠（意識が薄れ、うとうとした状態）やけいれんがおこることもあります。

おこりやすいのは2～10歳の子どもで、やせた男の子に多くみられます。数週から数年に1回と、おこる頻度はさまざまです。

原因

からだが脂肪をエネルギー源として使用すると、ケトン体という物質が生じてきます。血液中にこのケトン体の量が増えすぎるのが原因です。

過度の疲労や精神的なストレスによって、成長過程の脳や神経系に異常な興奮がおこり、嘔吐中枢や視床下部、下垂体などを刺激して、血液中のケトン体の量を増やしてしまうと考えられています。

神経質な子どもで、かぜなどの感染症、環境の変化、精神的・肉体的ストレスなどをきっかけとしておこることが多いようです。ただし、10歳をすぎるとおこらなくなります。

治療

嘔吐が治まるまでは、安静を守ります。ふつうの食事は控えて、点滴で水分、ぶどう糖、電解質などを補います。ふつう数日で嘔吐は止まり、元気になります。

子どもの消化器の病気③

子どもの下痢

◇下痢の種類

便がやわらかくなって、液状の便になることを下痢といいます。子どもの胃腸の粘膜は、まだ抵抗力が弱く、少しの刺激にも反応してしまいます。

下痢の原因については、つぎのように分類されています。

①浸透圧性下痢

乳糖不耐症（742頁）などのように、腸で吸収できないものがあると、腸壁の水分が腸内に出て、水分の多い便となります。

②分泌性下痢

食中毒（2092頁）をおこしたときには、細菌がつくる毒素などによって、腸の粘膜から水や電解質が分泌されて、水分の多い便になります。

③滲出性下痢

潰瘍性大腸炎（1584頁）などのように腸粘膜の炎症によって、水分がしみだし、便がやわらかくなります。

④腸管運動亢進性下痢

緊張や精神的ストレスなどで、自律神経の失調によって、下痢をおこします。また、①から③の原因にともなっておこることもあります。

◇下痢の対処法

子どもが下痢をしていても、普段と変わらないようすであれば、あわてることはありません。腹痛が軽く、発熱がない場合は、ようすをみてもよいでしょう。

激しい腹痛や発熱、血便がみられる場合、便が黒っぽい場合には、すぐ病院を受診しましょう。また、便が白い場合、脂が混じった下痢、悪臭がする場合などでも、病院を受診しましょう。

下痢をくり返すときには、脱水に注意が必要です。食事は、胃腸を休めるためにも控えたほうがよいのですが、水分は十分とらせてください。

下痢には、体内の毒素を排出するはたらきもあるため、子どもには、市販の下痢止め薬は安易に使わないほうがよいでしょう。

単一症候性下痢
Monosymptomatic Diarrhea

どんな病気か

機嫌がよく、食欲もあって、体重も順調に増加している乳児が、液状の便を出しつづけることがあります。

このように全身状態は良好で、下痢が唯一の症状であるものを単一症候性下痢といいます。

母乳で育てられている乳児は、1日に数回軟便を出すことがあります。乳児によっては、ミルクを飲む刺激によっておこる腸の動き（蠕動運動）が過度に活発になり、授乳のたびに排便がみられることもありますが、これらは病気として考える必要はありません。

治療

ほとんどの場合、治療をしなくても自然に治ってしまいます。

しかし、発熱、嘔吐、食欲低下、体重減少、体重増加不良をともなったり、便に粘液や血液が混じる場合は、感染性胃腸炎（737頁）などの可能性がありますので、すぐに受診しましょう。

乳児難治性下痢
Infantile Intractable Diarrhea

どんな病気か

乳児にみられる治りにくい下痢の総称で、2週間以上つづく場合をいいます。とくに体重が増えない場合は、**遷延性下痢**とも呼ばれます。

原因

難治性下痢は、さまざまな原因でおこります。

牛乳などの食品に対するアレルギー、免疫の異常、消化酵素の欠乏、先天的な消化管の形態異常、感染症などがあります。

また、感染などが引き金になって下痢が始まり、口から食物がほとんど食べられなくなり、吸収不全、栄養不良、小腸粘膜萎縮などが悪循環をおこした結果、治りにくくなるものもあると考えられています。

治療

原因に応じた治療を行い、腸管粘膜の機能の回復をはかります。栄養状態により、入院して治療することもあります。数日、水分を点滴で補給しながら、ようすをみます。乳酸菌製剤や乳酸カルシウム剤を服用することもあります。下痢が治まってきたら、離乳食を早めに始めます。

とくに栄養状態がよくない場合には、アミノ酸混合ミルクや栄養剤などを、胃まで入れたチューブで与えます。腸からの吸収が悪い場合は、栄養分も点滴で与えます。

乳糖不耐症
Lactose Intolerance

どんな病気か

栄養分が腸管から吸収される量が減少しているさまざまな状態を**吸収不全症候群**といいます。とくに母乳やミルクに含まれる乳糖は、子どもの成長に必要な物質ですが、吸収不全によって下痢をおこすものを乳糖不耐症といいます。

乳糖は、小腸で乳糖分解酵素によって、吸収されやすいグルコースとガラクトースという糖に分解されます。ところが、乳糖分解酵素がなかったり、不足した状態になると、乳糖が吸収されず、そのまま大腸に送られて、腸内細菌の作用で発酵します。

その結果、便に水分が多く、乳糖の発酵でできた有機酸やガスをたくさん含んだ下痢便となります。

生まれながら乳糖分解酵素がない**先天性乳糖不耐症**と、急性の下痢などが原因で小腸粘膜の酵素のはたらきが弱まって下痢になる**二次性**（**後天性**）**乳糖不耐症**とがあります。先天性乳糖不耐症は、遺伝子の異常によるまれなものです。

乳糖分解酵素は、乳児期には体内で十分につくられますが、成長して乳糖の摂取が減少するにしたがってつくられる量が減っていきます。

その結果、小さいときには何でもなかったのに、大きくなって牛乳などの乳糖を含む食品を食べたり飲んだりすると、下痢、腹痛をおこす人がでてきます。

症状

乳糖を含んだ食物や飲料をとると、ガスが発生して、おなかが張ってゴロゴロ鳴り、腹痛や嘔吐、水様性の下痢がおこります。有機酸が多いため、便は酸性になって、すっぱいにおいがします。

治療　乳糖を食物から除きます。

乳児には、乳糖を含まない原料でつくった無乳糖乳を与えます。また、不足している乳糖分解酵素を薬で補充する方法もあります。

　年長児や成人で牛乳を飲むと下痢をする場合は、乳糖を分解処理した製品を選ぶようにしましょう。

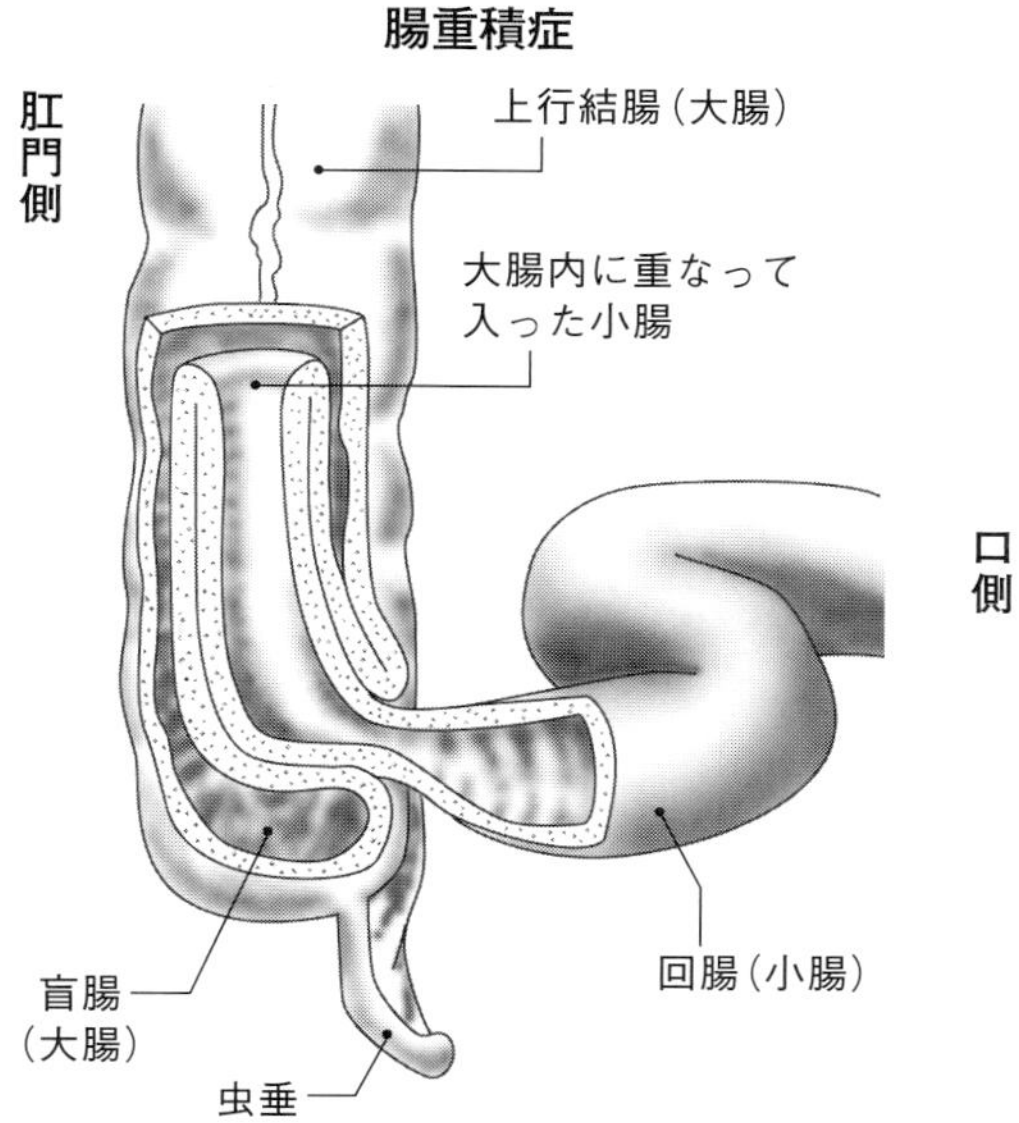

小腸（回腸）の終わりの部分が、大腸の始まる部分（盲腸）の中に入った回腸結腸型腸重積症。

腸重積症（ちょうじゅうせきしょう）

Intussusception

腸が重なり、放置すると危険な病気

◇急な激しい腹痛で始まる

どんな病気か　腸の一部が、肛門側の腸の中に入り込んで、二重に重なった状態になってしまうものです。

　小腸から大腸に移行する部分で、小腸の終端（回腸）が、大腸が始まる部分（結腸の盲腸部分）に入り込む**回腸結腸型腸重積症**が大部分です。そのほか、回腸が回腸の中に入り込む**回腸回腸型腸重積症**や、盲腸に入り込んだ回腸にさらに回腸が入り込む**回腸回腸結腸型腸重積症**もあります。

　腸の中に入り込んだ腸は、血液が流れにくくなり、時間が経つと壊死（組織細胞の死滅）をおこすため、放置しておくと危険です。

　早期に発見できれば、手術せずに治療することもできます。

　生後6か月前後の乳児にもっとも多くみられ、生後3か月から3歳に多い病気です。また、男の子に多く、女の子の約4倍の頻度といわれています。

原因　なぜ腸が腸の中に入り込むのかは、ほとんどの例で不明ですが、アデノウイルスの感染と関係があるのではないかと考えられています。

　なお、腸管のポリープ、メッケル憩室（1593頁上段）など、腸重積の原因と考えられる疾患をもつ例もあり、2歳以上の子どもに多くみられます。

症状　腹痛、嘔吐、血便がおもな症状です。入り込んだ腸は腸閉塞（1591頁）の状態になり、激しい腹痛が急に始まり、それまで元気であった子どもが、突然不機嫌になり、顔色が真っ青になり、激しく泣きだします。

　ことばで痛みを訴えられない乳児はからだをよじって苦しみます。

　激しい痛みはしばらくすると一時消えますが、10～30分すると、またくり返します。初めのうちは痛みのない間は比較的機嫌がよいのですが、痛みがくり返され、時間がたつとともに元気がなくなり、ぐったりしてきます。泣き声も、初めは激しく強いのですが、しだいに弱々しくなります。

嘔吐がみられることがあります。これは腸管に通過障害がおこっているためで、時間がたつにつれて、嘔吐の回数が増します。吐物は、最初のうちは胃の内容物ですが、しだいに胆汁を含んだ黄色い液になります。

また、粘液と血液の混ざった粘血便が約9割の例でみられます。多くの場合、病気が始まってから12時間以内に生じますが、ときには1〜2日たっても生じないことがあります。便はイチゴゼリーのようにみえます。

いままで機嫌がよかった乳幼児が突然、間をおきながら激しく泣くときは腸重積症の可能性があります。小児科医あるいは外科医をすぐに受診しましょう。

検査と診断 腸重積症が疑われるときには、超音波検査や注腸造影検査が行われます。

超音波検査では、右のわき腹やみぞおちのあたりに、重なった腸が標的のような輪切りになって見えます。

注腸造影検査で、X線を透過しないバリウムを含む水溶液を肛門から注入してX線で透視すると、腸が重なった部分がカニの爪（つめ）のような形、あるいはコイル状にみえます。これで腸重積症の診断がつきます。

◇注腸法か手術で治療

治療 腸重積症の診断が確定すれば、ただちに治療が行われなければなりません。時間がたつほど腸の壊死が進み、腸壁が破れて腹膜炎（ふくまくえん）（1620頁）をおこす危険性も高まってくるからです。

治療法は、注腸法による保存的方法と手術とがあります。どちらの方法で治療するかは病気の経過、症状、診察結果、検査成績で判断されます。

発症24時間以内ならば、ほとんど注腸法で治りますが、早期に見つかっても手術が必要なこともあります。

▼注腸法（ちゅうちょうほう） 発症してから24時間以内の回腸結腸型腸重積症の場合、全身麻酔して、X線で透視しながら、バリウム水溶液あるいは空気、生理的食塩水を肛門から注入し、少しずつ圧力をかけて、肛門側から腸を押し戻して、整復（もとに戻す）していきます。

注腸整復後の再発がわずかの例にみられるため、数日入院してようすが観察されます。

▼手術 注腸法は圧力で整復するために、血行障害が進んでいると腸壁が破れてしまう危険性があります。また、整復しにくい場所や、入り込んだ腸が二重になっていたりすると、注腸法では整復できないこともあります。さらに、診断時にすでに壊死していた腸が破れ、腸の内容物が腹腔（ふくくう）内に漏れ出し、腹膜炎をおこしていることもあります。このような例が、手術対象となります。

腹部を開いて腸を観察し、腸壁の血行障害による変化が軽い場合は、重なった腸を引き出してもとに戻します。腸が壊死や穿孔（せんこう）（孔（あな）があく）をおこしているときは、腸の一部を切除して、つなぎ合わせる手術（吻合手術（ふんごうしゅじゅつ））が必要になります。

子どもの便秘と対策

❖排便時に苦痛をともなう便秘

排便の習慣はさまざまです。毎日何度も排便する子どももいれば、2〜3日に1回の子どももいます。一般に、新生児の排便は1日2〜7回ですが、1〜2歳で成人と同じ回数になります。たとえ3日に1回であっても、とくに苦痛がなく、定期的にくり返される場合は便秘とは考えません。

しかし、一般に間隔が3日以上で、便がかたく、排便時に痛んで、出血したり、排便に苦痛をともなう場合は便秘といいます。

便秘は、原因によって2つに大別できます。

❖症候性便秘

便秘をおこす消化管の病気には、ヒルシュスプルング病（735頁）、肛門狭窄などの形態異常、肛門裂傷などがありますが、もっとも多いのは**肛門裂傷**です。便秘で太くかたくなった便が肛門を通過するときにできる粘膜の裂傷と痛みのため、排便を嫌がって悪循環をおこし、さらに便秘がひどくなっていきます。

消化管以外の病気では、甲状腺機能が低下するクレチン症（724頁）のような内分泌疾患や、脳性まひ（597頁）、筋ジストロフィー（985頁）、脊髄損傷などの神経筋疾患、さらに薬物の影響で便秘になることもあります。

精神的要因による心因性便秘もあります。トイレで排便できる年齢なのに、下着に排便してしまう**遺糞症**がみられます。

❖常習性便秘

母乳で育てられている赤ちゃんでは**母乳不足**が原因のことがあります。母乳不足の場合、赤ちゃんは、なかなかお乳を口から離さず、授乳後すぐ空腹で泣きだします。また、栄養不足がちになるため、体重がなかなか増えません。このような赤ちゃんには授乳後、人工ミルクを与えてみると、よく飲みます。十分な量のミルクを飲めるようになると、便秘は解消します。

ミルクや離乳食を十分摂取している赤ちゃんに常習性便秘がおこると、前回の排便から時間がたつにつれて食欲が低下し、ときどき力んで、痛そうに泣きます。便は、しばしばウサギの糞のようにかたく、ころころしています。原因ははっきりしませんが、何かのきっかけで便がかたくなり、排便時の痛みを避けようとして排便を嫌がる結果、便秘になると考えられます。便に血液が付着するときには、肛門裂傷を疑います。

成長にしたがって食事内容が変化すれば、便秘は解消されていきますが、苦痛のない排便習慣をつくってあげる必要があります。「こより」などで定期的に肛門を刺激すると排便が促されます。

また、便がなかなか出ないときは、浣腸でかたい便を出し、作用の緩やかな下剤を使って排便をコントロールします。浣腸が習慣にならないように、連用には注意しましょう。

年長児の場合は、よい排便習慣ができていないために、便秘になる子どももいます。朝食後、ゆっくり排便する時間がとれないまま登校すると、排便を我慢する癖がつき、常習性便秘になりやすくなります。便秘を防ぐには、食後20〜30分の腸の動きが盛んな時間に、ゆっくり排便できる余裕をつくってあげましょう。

また、遊びに夢中になったり、トイレがこわい、汚い、授業中に行くのは恥ずかしいなどのささいな原因から排便を遅らせ、我慢する癖がついて、常習性便秘になることもよくあります。排便を遅らせる原因が何かを理解し、トイレに行ける環境をつくってあげることがたいせつです。

◎ヘルニア嵌頓との識別が必要な病気

ヘルニア嵌頓の症状は、初めは鼠径部の腫瘤、痛み、嘔吐で、時間がたつと局部に赤みや浮腫（むくみ）が現れます。これらの症状を示すほかの病気との鑑別が必要です。

鼠径部や陰嚢の腫瘤は、精索水瘤（1778頁）、精巣水瘤（1778頁）、ヌック管嚢腫（生後消える男の子の腹膜の一部にできる腫瘍）、精索静脈瘤（1779頁）、停留精巣（765頁）などでもみられます。精索静脈瘤を除いて、これらの病気に痛みはふつうありません。

鼠径部や陰嚢の腫れに赤みや浮腫がともなう場合は、化膿性リンパ節炎（1452頁）、精巣捻転（1777頁）、精巣炎（1776頁）、精巣上体炎（1780頁）、悪性腫瘍のリンパ節転移などと区別する必要があります。

これらの識別は簡単ではありません。必ず専門医の診察を受けてください。

子どものヘルニア

◇生まれつきの孔から内臓がとび出す

ヘルニアとは、内臓などが正常に存在する部位から、異常な部位にとび出すことをいいます。子どもでは生まれつきに存在する異常な孔が、横隔膜や腹壁にあって、そのため腹部の内臓が腹腔外にとび出すことが多いのです。

内臓がとび出す孔（**ヘルニア門**）、脱出する内臓（**ヘルニア内容**）、ヘルニアの袋（**ヘルニア嚢**）の3要素から成り立っています。

子どものヘルニアで多いものは、鼠径ヘルニア（748頁）と臍ヘルニア（次頁）です。

横隔膜に孔があるものに、横隔膜ヘルニア（次項）、食道裂孔ヘルニアがあります。腹壁に孔があるものに、鼠径ヘルニア、臍ヘルニア、臍帯ヘルニア（748頁上段）、正中腹壁ヘルニア（次頁上段）などがあります。

横隔膜ヘルニアと臍帯ヘルニアは、ほとんどが胎児期からのもので、生まれてすぐに症状がでます。他のヘルニアでは、孔があっても生まれてすぐには内臓が出ないこともあり、内臓が出なければヘルニアではありません。

子どものヘルニアは、おとなとは発生が異なり、鼠径ヘルニアのように病名が同じでも、おとなとは治療法が異なる場合があります。

子どもの横隔膜ヘルニア（ボホダレク孔ヘルニア）

Diaphragmatic Hernia (Bochdalek Hernia)

【どんな病気か】 子どもの横隔膜ヘルニアでもっとも多いのがボホダレク孔ヘルニアです。

胎児期に横隔膜が形成されるときに、横隔膜の後ろ側、外側が完全に閉まらずに孔が残り、その孔から胃、小腸、大腸、脾臓などが胸腔に脱出したままで生まれてきます。胎児期から内臓が肺や心臓を圧迫しているため、生まれつき肺の低形成（発達が不十分）があり、生まれたときから呼吸困難とチアノーゼ（678頁）がみられます。

【検査と診断】 胎児期から超音波で発見されることが多く、消化管ガスが胸部にみられれば診断がつきます。

【治療】 生まれたらすぐに酸素を用い、呼吸器管理になります。肺高血圧（1320頁）が落ち着いたら、開腹手術をして、脱出した内臓を腹腔内に引き戻し、横隔膜の孔を閉じます。

肺の低形成が致命的であることが多く、救命率は60～70％くらいです。

子どもの食道裂孔ヘルニア

Esophageal Hiatus Hernia

【どんな病気か】 食道が横隔膜を貫通する孔（**食道裂孔**）が生まれつき大きく、周囲の筋肉や靭帯も弱いため、胃の一部が横隔膜の上（縦隔）に脱出します。食道下端の逆流防止機構が障害されて、ミルクを吐きやすくなります。胃液の逆流がつづくと、食道炎のため、食道の短縮や狭窄がおこり、貧血の原因にもなります。嘔吐が長くつづくと

◎正中腹壁ヘルニア（白線ヘルニア）

臍の上の正中線上にできるヘルニアで、左右の腹直筋の間の白線と呼ばれる腱膜の小さな孔からおもに大網（胃周囲の脂肪組織）が脱出しています。立つと目立ちますが、寝ると消えます。自然に治ることはありません。

2～3歳ごろに、美容的な意味で手術を受けるといいでしょう。

体重が減り、栄養失調になります。

検査と診断 食道と胃を造影し、胃の一部が横隔膜よりも上がっていれば診断がつきます。

治療 上半身を高くした姿勢を保ち、ミルクは胃に入れた管から注入します（**姿勢療法**）。食道裂孔周囲の組織が発育し、自然に治るのを待ちます。

姿勢療法で効果がないときは、食道裂孔を縫い縮め、胃の一部を食道下部に巻きつける逆流防止手術（**ニッセン手術**）を行います。年齢によっては腹腔鏡手術で行う場合もあります。

右鼠径ヘルニアの手術

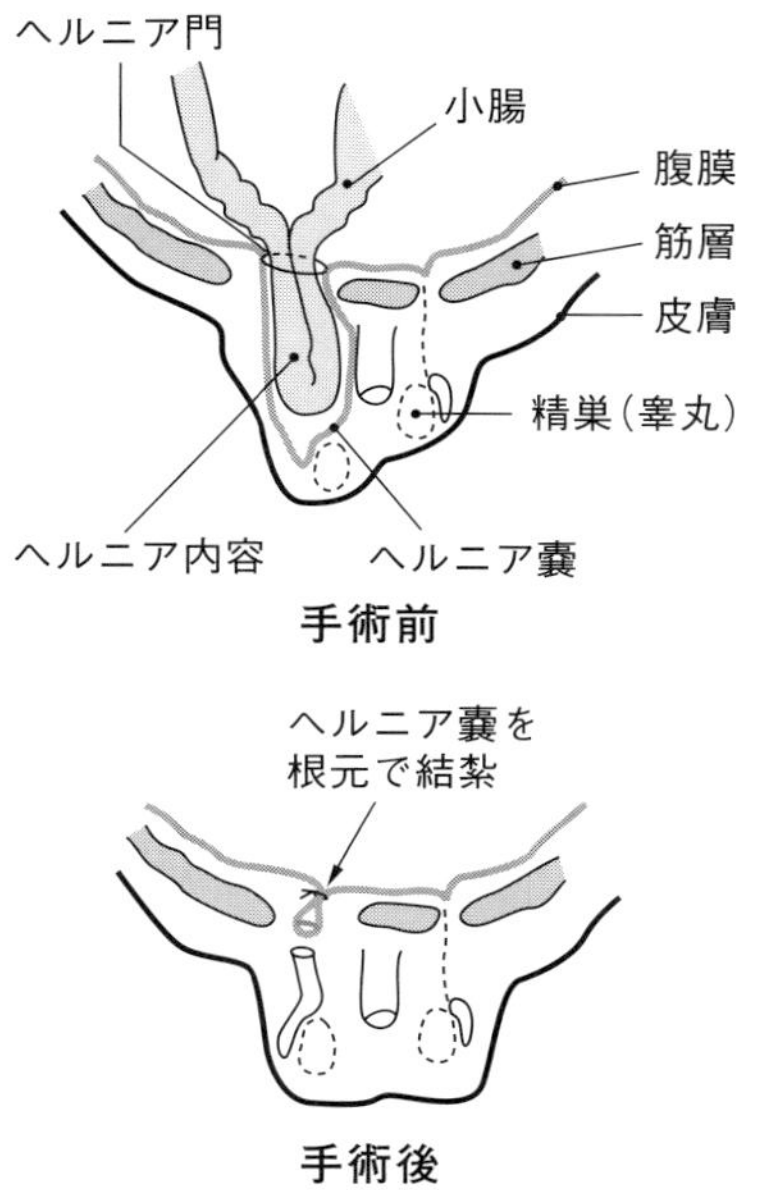

子どもの鼠径ヘルニア

Inguinal Hernia

どんな病気か 腹部に圧が加わると、内臓が鼠径部（股の付け根）から脱出し、陰嚢や大陰唇にやわらかい腫瘤（腫れもの）が現れる病気です。

生まれつき腹膜の一部が袋状（ヘルニア嚢）になっていて、そこに内臓が出るとおこります。

この袋は、男の子では母親のおなかにいる胎児期に、精巣（睾丸）が、腎臓のあたりの腹腔内から陰嚢に降りてくるときに、睾丸の通り道として開いているものです。ふつうは生まれる前に閉じますが、一部の子で開いたままになっています。女の子の場合、子宮を固定している靭帯（円靭帯）にそって開いたままになっています。そこに内臓が出ると鼠径ヘルニアになります。

発生率は0・5～1％で、男の子のほうが女の子よりも2～3倍多いです。ヘルニアが出る時期は、30～40％は1歳未満でいちばん多いのですが、幼児、学童になって初めて気がつくこともあります。左右別では右側に多く、両側の場合も約10％あります。

脱出する内臓は小腸、卵巣、胃の周囲の脂肪組織である大網などです。小腸が出ている場合、ふつうは痛みがなく、手で押すとグジュグジュと音がして腹腔に戻ります。しかし、腹腔の孔（ヘルニア門）が狭く、腸管が締めつけられると、腸が閉塞され、静脈の戻りが悪くなり、さらに、腫れがひどくなり、最終的には血流がとだえて、腸管が壊死してしまうことがあります。この状態を**嵌頓**といいます。嵌頓をおこしたら医師の診察が必要です。

女の子で乳児の場合には、卵巣が脱出することがあり、卵巣が血流障害をおこすと、壊死してしまうことがあります。早期の手術が勧められています。

検査と診断 泣いたり、力んだりしたときに鼠径部が腫れることでわかります。ヘルニアが腹腔に戻っているときでも、専門医なら、鼠径部の厚ぼったい感じやヘルニアの袋の内面が擦れ合う感じ（**シルクサイン**）で診断がつきます。

◎臍帯ヘルニア

生まれつき腹壁が不完全なため、臍の緒（臍帯）の中に内臓が脱出する先天異常です。臍の皮膚が欠損しているため、臍帯の半透明な膜の下に腸や肝臓が透けて見えます。

治療は、腸の一部だけが出ている小さなヘルニアでは、内臓を戻して、臍帯を縛り、腹壁を閉じます。

肝臓が出ているような大きなヘルニアでは、臍帯を医療用の布で一時的に覆い5～10日ほどかけて布を少しずつ縫い縮めて内臓を腹腔内に戻して、腹壁を閉じます。

臍ヘルニアの手術

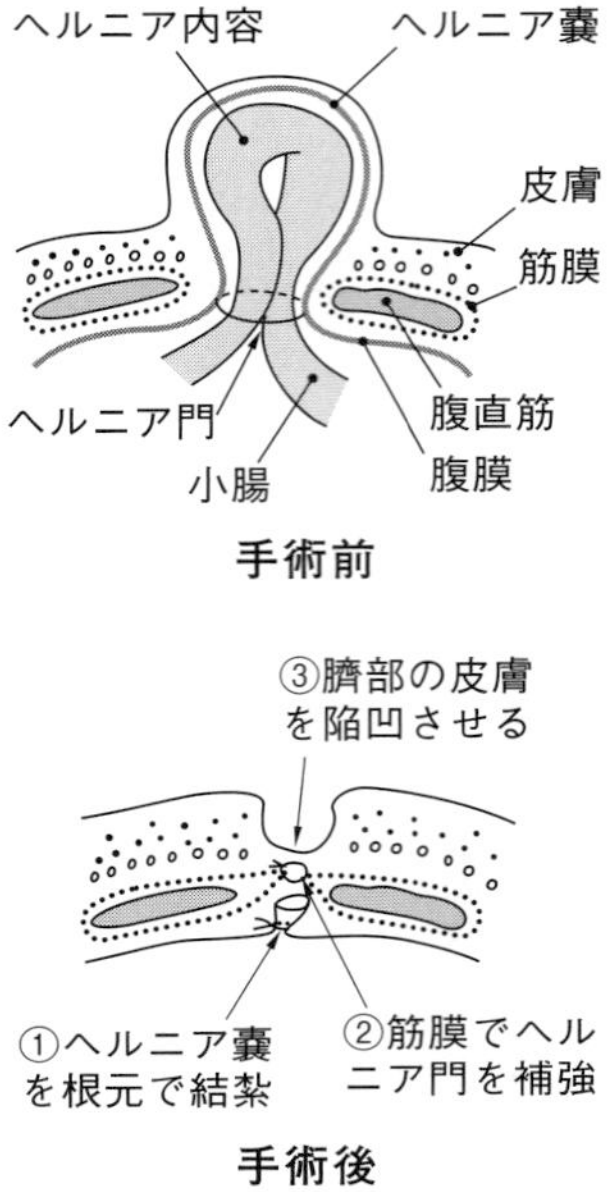

治療

鼠径ヘルニアが自然に治ることはあまり期待できません。いつ嵌頓をおこすかわからないことから、診断がついたらなるべく早期に手術するほうがよいようです。手術は、ヘルニア嚢を根元で結紮（縛る）して閉鎖します（前頁図）。麻酔法の進歩から、乳児でも安全に手術することができ、傷あともほとんど目立ちません。入院期間も短期間ですみます。

ヘルニアバンド（脱腸帯）は、ヘルニアの出口を圧迫してヘルニアが出ないようにする昔からの方法です。効果が確実でなく、おむつかぶれや睾丸の萎縮などの弊害も多いため、現在ではほとんど行われません。

ヘルニアが嵌頓をおこした場合は、なるべく早く内臓を押し戻す必要があります。押し戻せない場合は、緊急手術によって内臓への締めつけを取除かなくてはなりません。

日常生活の注意

手術待ちの間の日常生活はふつうでかまいません。おむつ交換時にはヘルニアが出ていないか確認し、出ていたら手で押し戻します。手をはなしたとたんに出てしまっても、とりあえず戻せたら安心です。

痛がって激しく泣いたり、吐いたりして、鼠径部をみるとしこりがあったり、赤く腫れている場合は、ヘルニア嵌頓の可能性があります（746頁上段）。すぐに医師の診察を受けましょう。

臍ヘルニア（出べそ）
Umbilical Hernia

どんな病気か

臍の緒が乾燥してとれる際に、臍の根元が十分に閉鎖されていないと、泣いたり、力んだりしたときに内臓が脱出して臍が膨らんだ状態になります。小腸や大網（胃の周囲の脂肪組織）が脱出することが多く、指で押すと容易に腹腔に戻せます。鼠径ヘルニア（前項）のように嵌頓をおこすことはほとんどありません。

検査と診断

泣いたり、力んだりしたときに臍が突出すれば臍ヘルニアです。突出した臍を指で押し戻すと、下の腹壁に小指が通るぐらいの孔（欠損部）があります。この欠損部の大きさが自然治癒と関係しています。

治療

2歳までに90％の子どもは自然に治癒します。

2歳以上の臍ヘルニアは自然治癒が期待できず、手術（上図）が必要になります。手術の傷は臍のしわに合わせるので目立たなくなります。

日常生活の注意

昔は10円玉を臍に当てて絆創膏で圧迫していましたが、自然軽快に関係がないことと、皮膚がかぶれることから、効果がないとされていました。最近、かぶれない絆創膏とガーゼの玉、綿球、ビー玉などで圧迫すると、大きな臍ヘルニアの場合、余分な皮膚が大きくならないために有効であると見直されています。

◎黄疸の原因

胆汁色素のビリルビンが、さまざまな原因によって血液中に増加した結果、皮膚が黄色く染まったように見えるのが黄疸です。原因によって大きく、**溶血性黄疸**（ビリルビンの過剰生産）、**肝細胞性黄疸**（肝細胞の機能障害）、**閉塞性黄疸**（胆管の閉塞や異常）、**体質性黄疸**の4つに分けられます（1668頁）。

◎体質性黄疸とは

遺伝的な原因で黄疸を生じる病気で、クリグラー・ナジャール症候群、ジルベール症候群、デュビン・ジョンソン症候群、ローター症候群などがあります。クリグラー・ナジャール症候群の一部は重く、治療が必要ですが、ほかのものは体調がくずれたときに黄疸が生じる程度で、ほとんど治療の必要はありません。

子どものウイルス肝炎

肝炎は肝臓の細胞がさまざまな原因で破壊されておこる病気で、黄疸（1668頁）を生じる特徴があります。

一般に、ウイルス肝炎というと、肝炎ウイルスによるものをさし、そのなかでもA、B、C、E型肝炎ウイルスが有名です。E型は日本ではひじょうにまれです。肝炎ウイルス以外に肝炎をおこすウイルスとして、EBウイルス（伝染性単核球症　1452頁）、サイトメガロウイルス（1283頁）などがあります。

A型肝炎
Hepatitis A

どんな病気か　A型肝炎ウイルスが感染しておこる肝炎です。

A型肝炎ウイルスは、便に排出されるため、患者の便が感染源になります。便中のウイルスが水に入り、汚染された水を飲んだり、貝や魚を生で食べると感染します。さらにウイルスが、人から人へと伝達されて感染が広がります。世界中どこにでもありますが、衛生状態が悪く、人口密度が高いところに多くみられます。

症状　感染すると、約4週間（15～50日）で発熱し、けだるさ、食欲不振、吐きけ・嘔吐が現れます。おとなでは便秘が多いとされますが、子どもでは下痢がみられることがあります。5歳以下の子どもは症状が軽いことが多くあります。その後、黄疸（1668頁）が生じ、色の濃い尿が出ますが、血液検査をしないとわからないことがあります。

症状は約1か月で消え、ほとんどの場合、完全に治り慢性化もしません。ただし、劇症化（激しい症状をもたらし、命にかかわる）もみられるので、注意が必要です。

検査と診断　症状の確認とともに、周囲に同じ症状の人がいないか、海外旅行に行っていないか（とくに生水を飲んだり、生の貝を食べていないか）などの情報が診断に有用です。

血液検査で、黄疸や肝機能の異常が認められます。A型肝炎ウイルスに対する抗体を確認し、診断します。

治療　A型肝炎の多くは自然治癒するため、症状に合わせた補助的な治療が行われます。高度な肝機能異常や食欲不振など、症状が強い場合は入院します。安静にして輸液療法、食事療法が行われます。

予防　口からウイルスが入り感染が広がるため、手をよく洗うことが基本的かつ重要な予防法です。感染の危険性が高い家族などは、ガンマグロブリン製剤を筋肉注射します。

長期的な感染予防にはA型肝炎ワクチンを接種します。

B型肝炎
Hepatitis B

どんな病気か　B型肝炎ウイルスは、おもに血液を介して肝炎をおこします。子どもに多い感染経路は、**母子感染**（次頁上段）で、父子感染はまれです。そのほか、輸血による感染、思春期以降の性行為感染などがあります。

◎B型肝炎の母子感染の予防法

B型肝炎ウイルスの母子感染の予防は国家的事業と認められ、1995（平成7）年からは、HBs抗原陽性の母親から生まれたすべての子どもが、保険診療で感染予防措置を受けられます。出生後すぐ（場合によって生後2か月にも）に、B型肝炎ウイルスに対する抗体を高濃度に含むガンマグロブリン製剤（血液製剤の一種）が新生児に注射されます。その後、ワクチンが3回接種され（通常、生後2、3、5か月）、子ども自身にウイルスに対する抵抗力をつくらせ、母親のウイルスが体内に入っても排除できるようにします。これで母子感染を90％以上予防できます。

症状

急性感染では、感染すると約3か月（45～160日）で食欲不振、吐きけ・嘔吐、けだるさ、黄疸が現れます。ときに劇症化したり、急性期をすぎてから慢性化します。年齢が上がると慢性化しにくくなります。

感染しても症状が現れないままウイルスが体内に長期間居つづける人がいて、**キャリア**と呼ばれます。キャリアのなかには、数十年後に徐々に慢性肝炎の症状がでてくる例もあります。

生まれたての赤ちゃんが感染した場合（おもに母子感染）、ガンマグロブリン注射やワクチン接種をしないと、免疫力が弱いために、ほとんどのケースでキャリア化してしまいます。

治療

急性肝炎では、症状に合わせた補助的な治療が行われます。慢性肝炎では、インターフェロンや抗ウイルス薬などを用いることもありますが、小児期ではまれです。

予防

感染するリスクがある場合（父親か母親がB型肝炎ウイルスのキャリアなど）、任意でB型肝炎ワクチンを接種することができます。また、HBs抗原陽性の母親から生まれた子どもは、保険診療で感染予防措置を受けられます（上段）。海外の多くの国では、ある年齢になるとすべての人がワクチンを接種しています。

C型肝炎
Hepatitis C

どんな病気か

C型肝炎ウイルスは、おもに血液を介して肝炎をおこします。母親から出生時に母子感染（1638頁）することもありますが、頻度はウイルス量の多い母親から10％程度と考えられ、母子感染しても3歳までにウイルスが消失することもあります。

どの肝炎よりも慢性化しやすく、おとなでは急性C型肝炎の約70～80％は慢性肝炎に移行します。進行が緩やかで経過が長く、肝硬変（1647頁）や肝がん（511頁）になる可能性はB型肝炎に比べて高くなります。

治療

おとなの場合と同様、インターフェロンが使われます。治療する時期については、年齢、肝臓の状態、ウイルスの量などから検討します。B型肝炎と異なり、母子感染の確実な予防法はありません。

新生児肝炎
Neonatal Hepatitis

どんな病気か

生後2か月以内に発見される肝炎（肝内の胆汁うっ滞）で、黄疸などの肝炎の症状が現れます。原因は不明ですが、多くの場合、生後4～5か月で黄疸は消え、生後6～7か月になると肝機能も正常になります。

しかし、重症化して肝硬変（1647頁）や肝不全（1648頁上段）になる例も一部にみられるため、十分な注意が必要です。

新生児肝炎と似た病気に、胆道閉鎖症（736頁）と先天性代謝内分泌疾患があります。ともに早期の治療が必要なので、新生児肝炎らしい症状があるときは、これらの病気と区別するための検査がまず行われます。

治療

脂溶性ビタミンの補充や、胆汁の排泄を促す薬を用いることがあります。

子どもの腎臓・尿路の病気①

◎腎炎をおこす原因

細菌の菌体成分や、菌体壁などの抗原に対して生じた抗体が血液中で免疫複合体を形成し、これが腎臓の糸球体に沈着するため、と考えられています。

急性糸球体腎炎（急性腎炎）
Acute Glomerulonephritis

どんな病気か

多くは、細菌、ウイルスの感染による上気道炎や上咽頭炎、扁桃炎がおこった1～3週間後に急に腎臓に炎症がおこる病気です。A群β溶連菌（溶血性連鎖球菌）という細菌による扁桃炎や上咽頭炎に引続いておこることがもっとも多く、このような場合は、**溶連菌感染後急性糸球体腎炎**と呼びます。

ふつう、3～10歳までの子どもで、晩秋から寒冷期に多発しますが、近年は抗生物質の使用によって、発症頻度は減少してきています。

症状

かなり急激に発症します。おもな症状は血尿、浮腫（むくみ）、高血圧です。2～3日の経過で尿量が減り、尿はコーラ色か濃い茶色のような肉眼的血尿（目で見て尿の色がはっきりわかる）になり、その後、浮腫がまぶたや下肢（脚）に現れます。浮腫が強くなると胸水や腹水がたまってくることもあります。

体重をはかると、急に太っていることがわかります。

ときに頭痛を訴えたり、吐いたりする子どももいますが、これは高血圧によっておこる症状です。

重症の場合には、血圧が上がりすぎて、急性心不全（1342頁）や高血圧性脳症（943頁）をおこすことがあります。急性心不全の症状としては、脈拍促進、多呼吸、呼吸困難などで、高血圧性脳症の症状としては、けいれんや意識障害などがあります。

検査と診断

検尿では、血尿のほかにたんぱく尿がみられます。血液を検査すると、補体という成分が減っています。病状が改善してくると補体の数値は上昇し、約3週間後には、半数以上の人が基準値に戻ります。

また、溶連菌が原因の場合、最近、溶連菌にかかったことを示す抗体価（ASO、ASKなどの抗体）が上昇しています。

これらの検査所見は、この病気に特徴的なので、病気の症状と検査から簡単に診断がつきます。腎機能は、病気の初期には低下しており、血液中のクレアチニンや尿素窒素値も高くなっていることがあります。

治療

保存的治療が治療の中心となります。安静、保温のほか、水、塩分、たんぱく質の食事制限が行われます。また、急性期には溶連菌感染に対する抗生物質の使用と、高血圧に対しては、降圧薬と利尿薬が使われることもあります。

いずれにしても、これらの治療は、発病初期の数日から数週間に限られるもので、検尿の異常以外の症状がなくなったら、ふつうの生活に戻し、通常、薬を服用する必要もありません。

この病気の特徴は、急に発症して急に悪くなるけれど、よくなるのも早いことです。

肉眼的血尿は、ふつう1週間以内に消えてしまいますが、顕微鏡的レベルの血尿は、数か月から、ときに1年かかってゆっくりと消失します。

経過中、かぜなどをひいて一時的に血尿が悪化することもありますが、とくに心配することはありません。

◎巣状の病変

巣状とは、病変部が一部に限られるケースをいい、組織や臓器の5割未満にしかおよんでいないことです。

慢性糸球体腎炎（慢性腎炎）

Chronic Glomerulonephritis

どんな病気か

子どもの慢性糸球体腎炎とは、糸球体に慢性的な変化、すなわち、もとに戻らない組織変化があるものをいいます。腎臓の細胞をとって調べる腎生検で、組織の変化や障害の程度を確認したうえで、いくつかの腎炎のタイプに分類し、それにより予後や経過が予測されます。

慢性糸球体腎炎は、糸球体に組織学的変化があるため、尿に赤血球やたんぱくが漏れ出てきます。

腎生検で組織を確認しなくても、血尿などの尿の異常が1年以上つづいたときは、慢性糸球体腎炎と考えることもありますが、いずれにしろ治りにくい腎炎の総称であるといえます。

子どもによくみられる慢性糸球体腎炎の病型には、大きく分けるとつぎのようなものがあります。

▼IgA腎症　糸球体の血管と血管の間にあり、たいせつなはたらきをしているメサンギウム細胞が増殖し、かつ免疫にかかわるたんぱくのひとつである免疫グロブリン（IgA）が沈着している腎炎を、IgA腎症といいます。遺伝については十分に解明されていませんが、遺伝因子と環境因子が関与していると考えられています。

この病気は、組織の障害度によって予後はさまざまですが、子どもの場合は、おとなとちがってゆっくり自然によくなっていくことが多いといわれています。しかし血尿・たんぱく尿が持続するもののなかには、少ないですが腎不全に移行するものもあります。学校健診時の検尿で見つかる腎炎の30～40%はこのタイプといわれます。かぜをひいたときに突然、尿の状態が悪くなり、肉眼的血尿発作をくり返すことも特徴です。

有効な治療法は確立されていませんが、腎炎一般での治療に準じて、ステロイド、免疫抑制薬、抗凝固薬、抗血小板薬が用いられています。組織の障害が強い重症型にはこれら4種類の薬をいっしょに併用するカクテル療法が有効と報告されています。

▼膜性増殖性糸球体腎炎　びまん性に（広範囲に）、糸球体毛細血管壁の肥厚とメサンギウム細胞・基質の増殖を示す腎炎で、予後は悪いと考えられていましたが、最近、ステロイドや抗凝固薬が有効なことが確かめられつつあります。組織学的重症度の低い巣状型（上段）もあることが知られています。

▼膜性腎症　たんぱく尿がおもな症状で、ときにネフローゼ症候群（次項）の型で現れることの多い腎炎です。

腎不全に進むことはないか、まれにあっても緩やかなので、ネフローゼ症候群を示さないときは、治療せずにようすをみることもあります。

▼巣状糸球体硬化症　難治性のネフローゼ症候群を呈し、比較的短い経過で腎不全におちいりやすい腎臓病です。

残念ながら、現在、確実といえる治療法はありません。

▼紫斑病性腎炎　紫斑、腹痛や下血などの腹部症状、関節痛を三主徴とする血管性紫斑病（アレルギー性紫斑病またはシェーンライン・ヘノッホ紫斑病ともいう 1456頁）に合併する腎炎で、

特発性ネフローゼ症候群……753頁
▼症状▲2～6歳の男の子に多く発症する。浮腫（むくみ）がまぶたや顔全体から始まり、手足やからだにおよび、腹水や胸水もおこる。
▼治療▲入院して安静を保つ。症状により食事療法、薬物療法を行う。

血管性紫斑病の20～40％に合併するといわれています。紫斑病発症後少なくとも3か月までは腎炎の合併に注意し、尿を検査しながら観察すべきです。紫斑病性腎炎は血尿や軽度のたんぱく尿のみを呈することが多く、全身のむくみなどの症状はみられません。多くは1～2か月で治りますが、なかには半年から数年かかって治るもの、慢性型になるもの、まれにネフローゼ症候群になるものもあります。

特発性ネフローゼ症候群
Idiopathic Nephrotic Syndrome
子どもに多い病気で、再発をくり返す

どんな病気か

ネフローゼ症候群とは、病気自体の名前ではなく、尿中にたんぱくが多量に出て、それによって血液中のたんぱく質（とくにアルブミン）が減り、からだに浮腫（むくみ）が現れたり、血液中の脂質（コレステロールなど）が増えている症状の総称です。特発性ネフローゼ症候群には、膜性腎症をはじめいろいろな腎炎による**続発性ネフローゼ症候群**と、病気の本体が不明で、かつ腎組織に特別な変化がない、あるいはあってもごくわずかの変化しかみられない**微小変化型ネフローゼ症候群**があります。特発性とは本来、原因不明の意味であるため、ここでは微小変化型ネフローゼ症候群について解説することにします。

微小変化型は、小児のネフローゼ症候群のなかではもっとも多くみられ、突然に大量のたんぱく尿が出て発症する病気です。また、臨床的には、ステロイド（副腎皮質ホルモン）剤を用いた治療がきわめて有効ですが、再発しやすいことが特徴となっています。

症状

好発年齢は2～6歳で、男の子に多く発症します。症状は、なんとなく元気がなく、まぶたや顔全体が腫れぼったくなるといった浮腫（むくみ）で気づくことから始まります。むくみがだんだん強くなると、顔面だけでなく、手足、体幹、男の子の場合は陰嚢にもおよび、おなかや胸にまで水がたまります（腹水と胸水）。

腹水や胸水がたまることにより食欲不振、嘔吐、下痢などの消化器症状が現れ、多呼吸や呼吸困難といった呼吸器症状も現れます。また体重が短期間に急増したり、尿の出が悪くなることもあります。多くはかぜや扁桃炎などの感染症のあとにおこります。

検査と診断

発病時、むくみがあるときは尿量も減少しています（乏尿）。たんぱく尿はもっとも重要で、強いたんぱく尿がみられ、1日の尿中へのたんぱくの喪失が10～15gにおよぶことさえあります。

高度なたんぱく尿がつづくために、血液中のたんぱく、おもにアルブミンの値が低下してきます。それと同時に、血液中の脂質（コレステロールなど）の数値が上昇してきます。

そのほかの検査異常としては、血液がかたまりやすくなるといったことがあげられます。

治療

むくみや乏尿があるときは、原則として入院し、安静を保ちます。むくみがなくなり、尿が出るようになったならば、安静を強要せず、適度の運動を許可します。

食事は、血液中のたんぱくが低いからといって、大量のたんぱく質を摂取することはせず、通常の量をとります。ただし、乏尿やむくみが強い急性期は、水分や塩分を制限します。

血液中のたんぱくが極端に低いため、むくみがひどく、乏尿がつづく場合には、人の血液からつくったたんぱくであるアルブミンの点滴静注をしたり、利尿薬を用いたりすることもあります。

微小変化型ネフローゼ症候群の治療の基本は、ステロイドの使用です。治療を開始すると、80～90％の人は2～3週間で尿中のたんぱくが減り、病気はよくなっていきます。子どものネフローゼ症候群のうち約20％がステロイドが効きにくく、そのなかの巣状糸球体硬化症（752頁）は子どもの末期腎不全の20％を占め、予後不良と考えられています。

ステロイド剤としては、一般にプレドニゾロンを使うことが多く、最初は体表面積に対して1㎡あたり60㎎と大量に使います。

「小児特発性ネフローゼ症候群薬物治療ガイドライン2013」では、初期量（60㎎）の3連日使用を4週間行ったあと、使用量を漸減しながら、4週間、隔日朝1回投与する方法（減量方法は主治医の裁量にゆだねられる）を治療指針としています。

再発は、ネフローゼ症候群の60～80％でみられます。とくに最初の3年間くらいは再発の頻度が高く、その後は、再発の間隔があいてきて、7年をすぎると、再発の割合はぐっと少なくなります。

たびたび再発をくり返す場合（頻回再発型）や、ステロイド依存性のあるネフローゼ症候群には、免疫抑制剤の併用も考えます。

このように、ネフローゼ症候群の治療には長い期間がかかりますが、微小変化型ネフローゼ症候群の予後はきわめてよいものです。

治療にあたっての注意すべき点は、ステロイドの副作用です。肥満になったり、身長の伸びが悪くなったり、骨粗鬆症（1884頁）が現れたりするので、できるだけ再発をおこさずに、ステロイドの総量が少なくてすむ治療法が工夫されつつあります。

先天性ネフローゼ症候群
Congenital Nephrotic Syndrome

どんな病気か

生後3か月以内に発症したネフローゼ症候群をいいます。常染色体劣性遺伝形式（574頁）をとるフィンランド型と、びまん性のメサンギウム硬化病変（上段）を示すフランス型、そして微少変化型、巣状糸球体硬化症（752頁）、膜性腎症（1705頁）などがあります。

フィンランド型は出生直後よりたんぱく尿が強くみられ、予後はきわめて悪いです。著しい浮腫、易感染性、血栓傾向などの種々の合併症が引き起こされるからです。

しかし近年、強いたんぱく尿に対する両側固有腎摘出および腎不全に対する透析、そして最終的治療として腎移植が行われるようになり予後が劇的に改善しています。

◎メサンギウム硬化病変

糸球体の血管と血管の間にあるメサンギウム細胞がつくる結合組織（メサンギウム基質）が増殖した状態で、さまざまな糸球体の病気で現れます。

子どもの腎臓・尿路の病気②

先天性の腎尿路の異常

◇すべてが遺伝とはかぎらない

いわゆる、生まれつきの腎疾患ですが、必ずしも遺伝するものばかりではありません。

もともと腎臓病は症状がでにくいこともあって、生まれてからずっとあとになって見つかることもあります。

腎臓の構造的変化のあるものは、胎児超音波検査の進歩によって、妊娠中に発見されます。

遺伝性腎炎
Hereditary Nephritis

【どんな病気か】 いわゆる**アルポート症候群**と呼ばれているもので、遺伝性進行性腎炎に神経性（感音）難聴（1142頁）や眼科的症状をともなうものをいいます。

糸球体の血管壁（基底膜）の異常が原因となっておこります。最初のうちは血尿がみられるだけですが、しだいにたんぱく尿も出るようになり、長い期間を経て悪化し、青年期から中年期の間に、腎不全（1720頁）に進んでしまいます。

最近、このアルポート症候群の原因が、腎臓の基底膜のおもな構成成分であるⅣ型コラーゲンの遺伝子異常によることが明らかになりました。

遺伝形式はX染色体優性型と常染色体劣性型に分けられますが、アルポート症候群の約85%はX染色体優性型と考えられています。

【症状】 10歳までに、血尿あるいは血尿とたんぱく尿で気づかれることが多いようです。たんぱく尿は徐々に増加して、進行するとネフローゼ症候群（1699頁）を示すようになることがあります。

一般的には、男の子は予後が悪く、腎不全になりやすいものですが、女の子は予後がよいといわれています。

腎臓以外の症状では、感音難聴が約40%の人に、白内障（1103頁）や円錐角膜（1086頁）などの目の症状が約15%の男の子にみられます。

【検査と診断】 診断を確実にするためには、腎臓の組織学検査が必要です。

腎組織の特徴としては、光学顕微鏡では目立ったものはありませんが、小児では、未熟糸球体の数が多いことがあげられます。

年をとるとともに糸球体に変化が現れてきます。

糸球体基底膜の電子顕微鏡を用いた観察では、この病気の診断にきわめて重要な所見がみられます。それは、基底膜の肥厚と菲薄化（薄くなること）、網目状変化などです。

家族歴を調べて、家系のなかに末期腎不全の人がいたり、母親、きょうだいにも同じような腎臓の変化があれば、容易に診断ができます。

Ⅳ型コラーゲンの単クローン抗体を用いると、診断にきわめて有効です。

腎生検で得た組織を、この抗体を用いて免疫染色すると、遺伝性腎炎では、糸球体基底膜が染色されず、Ⅳ型コラ

◎嚢胞とは

組織の一部が袋状になったもので、中には液体や粘液などがたまっていることが多いものです。

ーゲンの異常から、診断が可能となりました。

治療

特別な治療法はなく、従来より腎炎の治療に使用されているステロイド（副腎皮質ホルモン）剤、免疫抑制薬、抗凝固薬も効果がありません。腎不全におちいった場合は、人工透析や腎移植が勧められます。

良性家族性血尿
Benign Familial Hematuria

どんな病気か

糸球体基底膜の異常による血尿が、家族性、遺伝性にみられる病気で、**菲薄基底膜病**ともいいます。

しかし、アルポート症候群（前項）とちがい、その異常は軽く、進行することもなく、おとなになっても腎機能の低下はありません。

遺伝形式は、多くは常染色体優性遺伝（574頁）ですが、なかには両親が尿異常を示さない家系（常染色体劣性）、あるいは孤発性（遺伝にかかわらず発症する）もあります。

症状

顕微鏡で見られる血尿が小児期よりみられ、学校健診時の検尿で発見されることが多いものです。

確定診断は、腎生検をして腎組織を電子顕微鏡で調べなければわかりません。家系に重い腎臓病がなければ、年に何度か検尿をして、たんぱく尿が出ないことを確かめつつ、経過を観察します。

治療

予後は良好で、とくに治療は必要としません。

年に数回の検尿などで経過を観察します。たんぱく尿がみられた場合、あるいは家系に重い腎臓病の人がいる場合にかぎり、アルポート症候群との鑑別が必要となりますので、腎生検が行われます。

多発性嚢胞腎
Polycystic Kidney

どんな病気か

左右両方の腎臓に多数の嚢胞（上段）ができる病気です。遺伝性で、常染色体劣性と常染色体優性の2つの型に分けられます。

▼常染色体劣性多発性嚢胞腎（乳児型）

重症の場合では、出生まもない時期から腎不全になります。

両親に半分ずつ因子がある場合には、その子どもは4分の1の割合でこの病気が発症し、4分の2の割合で、病気は発症しないが、その因子を受け継ぐ保因者になり、残りの4分の1は、因子をもたないことになります。

▼常染色体優性多発性嚢胞腎（成人型）

乳児型に比べて病気の進行は緩やかで、中高年期になって腎不全になることが多いものです。

両親のいずれかに同じ病気があり、子どもには、2分の1の割合で病気が発症しますが、残りの2分の1の子どもは、因子ももたず、病気にもなりません。

症状

常染色体劣性多発性嚢胞腎による腎不全を防ぐ方法はありませんが、現在では、乳幼児でも透析治療ができるようになりました。

また、この病気では肝臓にも嚢胞ができ、障害がおこることもあります。

常染色体優性多発性嚢胞腎は進行が緩やかなため、早い時期から生活管理、食事療法などによって、できるだけ長く腎機能を保つことができます。

また、高血圧を合併することも知られています。

検査と診断

腎超音波、腎盂造影、CTスキャンなどの画像検査によって、容易に診断できます。家系内の腎疾患の有無によって、診断はより確実になります。最近では、胎児超音波検査（2224頁）によって、早期に発見できるようになりました。

常染色体優性多発性嚢胞腎は症状が現れないことが多く、学童期以降に、血尿や腹部腫瘤によって発見されることがほとんどです。

治療は慢性腎炎（1696頁）に準じた保存的療法を原則とします。

多嚢胞性異形成腎
Multicystic Dysplastic Kidney

どんな病気か

あきらかな遺伝性はなく、多くは片側の腎臓に嚢胞ができる病気です。

嚢胞のある腎臓の組織は未熟なため、腎臓の機能はありません。

症状

新生児期に腹部腫瘤があることで発見されることが多かったのですが、最近は、胎児超音波検査（2224頁）によって、出生前に発見できるようになっています。

検査と診断

腎超音波検査、CTスキャン、MRI、アイソトープ検査などの画像検査によって、容易に診断が可能となっています。

嚢胞以外の腎尿路の形態異常、おもに膀胱尿管逆流症（次頁）の合併を見つけるためには、排泄時膀胱尿道造影（カテーテルで膀胱内に造影剤を注入したのち、排尿させて、尿の流れを観察する）を行います。

治療

従来は悪性腫瘍や高血圧の合併があることから、発見されると腎臓の摘出が行われていました。しかし、これらの合併の頻度がきわめて少ないことから、最近では、放置しておくことが多くなっています。

また、経過観察中に、嚢胞が自然に縮小したり消失することもあります。ただし、観察中に尿路感染や腹部の圧迫症状が現れたときには、腎摘出が行われます。

対側、すなわち嚢胞のない腎尿路に嚢胞以外の異常がおこる割合は、20～45％といわれています。その多くは膀胱尿管逆流症や水腎症（次項）です。そのため、この病気の予後は、これら合併症の管理と治療によるところが大きくなっています。

先天性水腎症
Congenital Hydronephrosis

どんな病気か

水腎症とは、尿の流れるどこかが閉塞したり（つまったり）、狭窄（狭くなったり）したために、腎盂に尿がたまって、その部分が広がってしまう病気です。

腎盂と尿管の移行部が狭窄する場合がもっとも多くなっています。

もし、この狭窄が下の尿管と膀胱の移行部におこると、上流の尿管も広がってきます。このような場合を**水腎水**

尿管症と呼びます。

こうした異常が左右どちらかの腎尿路にあれば一側性の水腎症に、また、両方の腎尿路にあったり、膀胱からの出口より下にあれば両側性の水腎症になります。

一般に子どもの水腎症は先天的ですが、遺伝性はありません。

症状

くり返す尿路感染症や腹部腫瘤として発見されることが多いのですが、急性の水腎症では、腹痛や腰痛を訴え、肉眼的血尿（目で見てわかる血尿）が出ることがあります。学校健診時の検尿で膿尿（白血球尿）が出ることで見つかることもあります。

最近では、妊娠中の胎児超音波検査（2224頁）によって、出生前に診断されるケースが増えています。

検査と診断

超音波検査や腎盂造影で容易に診断ができます。腎盂や尿管の広がりが片側か両側か、また、尿管がどの高さから広がっているかをより正確に診断するために、放射性同位元素を用いた検査を行うこともあります。

狭窄によって尿がたまるだけでなく、逆流によることもあるため、排尿時膀胱尿道造影を行うこともあります。

治療

水腎症の程度の軽いものは、感染を防ぎながら経過をみていくうちに、自然に治るものも少なくありません。

手術をすべきかどうかは、水腎症の程度と画像検査の結果によって決定します。放射性同位元素を用いたＤＴＰＡ利尿レノシンチグラムで、放射性同位元素の排泄遅延の程度を正確に判断してから、手術の適応を決めることがほとんどです。

尿路感染症を何度もくり返したり、高度の水腎症の場合には、腎実質が障害され、腎機能低下をきたすことがあるので、早期に手術をします。

膀胱尿管逆流症
Vesico-ureteral Reflux

どんな病気か

膀胱尿管逆流とは、膀胱内の尿が尿管内に逆流する現象をいいます。

ふつうは、膀胱内の尿は、尿管と膀胱の移行部にある逆流防止機構によって、尿管内に逆流するようなことはありません。

細菌の混ざった汚い膀胱内の尿が、尿管を介して腎盂へ逆流することにより、腎盂腎炎（1730頁）が引き起こされます。腎盂腎炎をおこした子どものうち、約40％に、膀胱尿管逆流がみられます。とくに乳児期では、その割合が高くなります。

膀胱尿管逆流は、尿管が膀胱に入り込む部分が弱くなったためにおこる原発性のものと、生まれつきの神経筋の異常や尿路閉塞などの基礎疾患によって膀胱機能が障害されている二次性のものに分けられます。

症状

くり返しおこる尿路感染症や水腎症（前項）の原因を調べることで発見されます。

また、腎臓が小さいこと（低形成腎）や、ほかの腎尿路の形態異常（多嚢胞性異形成腎など）のくわしい検査で見つかることもあります。

検査と診断

超音波検査や排尿時膀胱尿道造影で診断します。逆流が高度でないと、超音波検査だけでは発見はむずかしいものです。

逆流の程度を正確に調べるには、排尿時膀胱尿道造影が必要です。

膀胱尿管逆流の重症度は、その程度によって国際分類でI～V度の5段階に分けられています。

治療

膀胱尿管逆流は、年齢が若いほど、そしてその程度が軽いほど、自然に消失することが知られています。

そのため、少量の抗生物質を夜1回使用することによって、尿路感染症を予防しながら、経過を観察します。

ただし、発見時にすでに逆流の程度がひどく、あるいは抗生物質の少量の予防的使用にもかかわらず、尿路感染をくり返す場合には、逆流防止術といった手術を行います。最近は内視鏡的治療として、膀胱鏡により尿管口にペースト（欧米ではデフラックス、日本ではコラーゲン）を注入することで逆流を防ぐ方法が行われ始めました。

膀胱尿管逆流症は、放置しておいても自然に消失するものもある反面、進行性に腎実質の瘢痕(傷あと)、萎縮(このような病態を**逆流性腎症**といいます)をおこし、末期腎不全などの重篤な状態になることもあります。現在では腎瘢痕のみによって末期腎不全に至ることはきわめて少なく、腎不全になる多くは先天性の腎形成不全が関与していると考えられています。そのため膀胱尿管逆流のみを診断するのではなく、腎実質の障害の有無をも的確に把握することがたいせつです。

溶血性尿毒症症候群
Hemolytic Uremic Syndrome

どんな病気か

細菌が産生する、おもに志賀毒素によって引き起こされる**血栓性微小血管障害**で、溶血性貧血、血小板減少、急性腎不全を三主徴とする病気です。

志賀毒素産生性大腸菌（腸管出血性大腸菌Ｏ‐１５７）の感染にともなっておこるものが、もっとも有名です。

症状

数日間の先行感染（下痢などの胃腸炎や上気道炎）のあとに、突然に顔面蒼白、無欲状態となり、出血斑、乏尿（尿量が少ない）、無尿で気づかれることが多いものです。けいれん、昏睡などの中枢神経症状によって発見されることもありますが、この場合は、予後がきわめて悪くなります。

検査と診断

前記の症状と血液検査の結果から、この病気の診断は容易にできます。

貧血、血小板減少、尿素窒素値とクレアチニン値（204頁）の上昇がみられます。

治療

ふつう、保存的治療と対症療法を行います。

止痢薬（下痢止め）は使わないようにし、高血圧のコントロール、血液の水・電解質や酸塩基の補正を行います。貧血に対する治療は、ゆっくり行います。

尿がまったく出なくなったり（無尿）、コントロールのできない高血圧、水・電解質異常、酸血症、そしてけいれんがあれば、すみやかに透析（血液透析あるいは腹膜透析「人工透析」1724頁）を行います。

その他の治療として、新鮮凍結血漿の輸注、大量ガンマグロブリン療法、血漿交換などが行われます。

病原大腸菌に対する抗生物質は、溶血性尿毒症症候群を発症している時期には使わないことが一般的です。

10年以上経過したあとで、たんぱく尿や高血圧、あるいは腎機能低下といった症例が20～40％の人にみられるので、この病気の予後は、必ずしもよいとはいえません。

小児尿路感染症
Urinary Tract Infection in Children

どんな病気か

腎尿路に細菌（多くは大腸菌）が感染して膀胱炎、腎盂腎炎などをおこす病気で、かぜなどの呼吸器感染症についで頻度が高いものです。

感染がおこった部位によって、症状や経過が異なります。

下部に感染があるときは膀胱炎や尿道炎、上部に感染があるときは腎盂腎炎がおこります。

細菌の感染がおこりやすくなるような腎尿路の構造的な異常をともなっているかどうかによっても、**単純性尿路感染症**と**複雑性尿路感染症**に分けられ、このちがいによって、治療の期間も異なってきます。

症状

かぜの症状がないのに発熱したり、腰痛、排尿痛、頻尿、残尿感といった症状があるときは、この病気が疑われます。

子どもでは、無症状のことが多いのですが、おねしょ（夜尿症）やおもらし（昼間遺尿）によって気づくこともあります。

具体的には、

①原因不明の発熱がある。
②嘔吐や腹痛といった消化器症状がある。
③頻尿、排尿障害、あるいは遺尿などがおこる。
④身長、体重が増加しない。
⑤新生児期の黄疸が長引く。
⑥顔色が蒼白で、倦怠感がある。

などの不定愁訴があげられます。

検査と診断

診断は、尿沈渣（189頁）で白血球や細菌が増えていることが決め手になります。

最近では、まったく症状がなく、腎尿路に異常がないにもかかわらず、尿からつねに細菌や白血球が見つかることがあります（無症候性膿尿あるいは無症候性細菌尿）。

これらは学校健診時の検尿などで偶然発見されることがあります。

尿路感染をくり返すようであれば、腎尿路で尿が停滞あるいは逆流するような構造的異常があることも考え、超音波検査、腎盂造影、排泄性膀胱尿道造影などの画像検査を行います。

治療

治療の基本は、感受性抗生物質の服用、あるいは静脈注射による使用です。

ふつう膀胱炎では5～7日間、腎盂腎炎では14日間の治療を行います。腎盂腎炎をくり返すと、腎臓が障害されて、最終的に腎機能低下をきたすため、早期発見・早期治療が重要です。

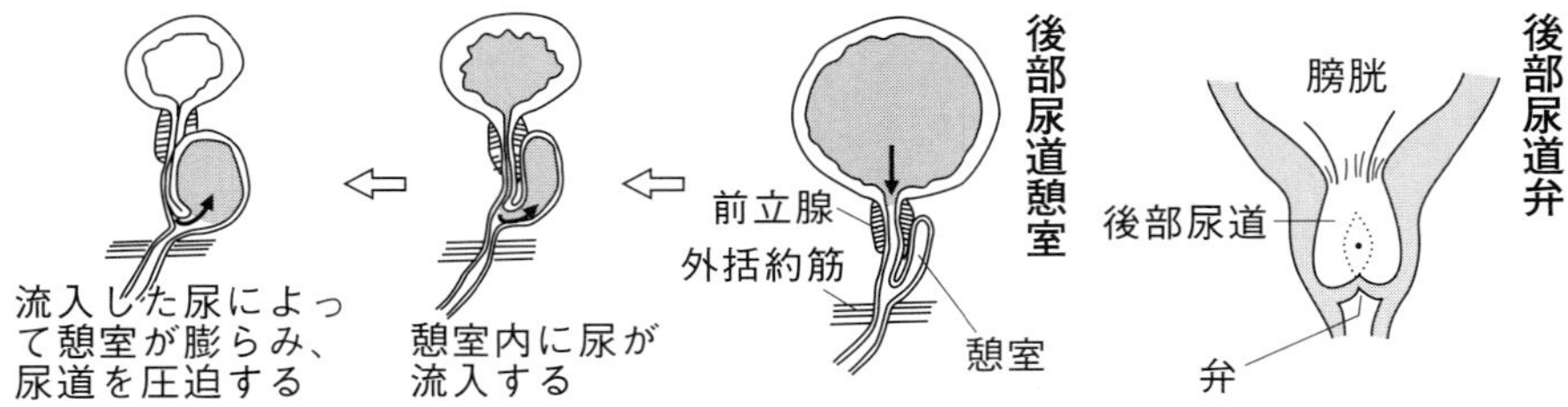

先天性尿道狭窄症／尿道弁／尿道憩室

Congenital Urethral Stricture / Urethral Valve / Urethral Diverticulum

どんな病気か

尿道は発生学的にみると、内胚葉に由来する部分と外胚葉に由来する部分が別々につくられ、両者の間にあった尿生殖隔膜が胎生7週で破れて開口してつながり、1本の尿道になります。

先天性尿道狭窄とは、この接合部に膜が残り、線維化して尿道が狭くなるためにおこります。内視鏡で見ると、尿道の括約筋の近くにリング状の線維組織ができ、尿道が狭くなる病気です。

膀胱に近い側（後部）の尿道の後ろの壁に薄い膜として残り、尿の通過障害がおこすものを**後部尿道弁**と呼びます（上段図）。陰茎に近い側（前部）の尿道にできた膜は**前部尿道弁**と呼びますが、まれなものです。

また、生まれつき尿道に一部弱い部分ができた場合に、排尿の圧力によってこの部分に負荷がかかって膨らみ、嚢ができて尿道の外側に張り出したものを**尿道憩室**（上段図・次頁図）と呼びます。やはり膀胱側に近い後部に発生することが多いのが特徴です。

いずれも男の子に多く、尿道憩室の場合は排尿が終ったと思っても、尿がしたたってきます。

症状

尿道狭窄や尿道弁で閉塞が大きいと、一生懸命排尿しようとしてもタラタラとしか尿が出せません。しかし、このような高度の排尿障害よりは、残尿が多くなることから、失禁、夜尿、くり返す尿路感染による発熱などがみられます。

とくに後部尿道弁では新生児期より腎臓や膀胱の拡張がみられ、膀胱尿管逆流症（758頁）を併発した場合には重い腎機能低下がみられることがあります。腫れた腎臓による腹部の圧迫や、腎機能異常により不活発、食欲不振、嘔吐、栄養不良による身長・体重の増加不良などがおこります。また、膀胱尿管逆流症、尿道下裂（763頁）、重複尿道（次項）など、ほかの尿路形態異常をともなうことがあります。

女の子では、尿道の出口近くに狭窄がみられて排尿困難になることがあります。

重複尿道をともなうと膣の近くにもう1つ尿道が開口（異所性尿道）するために、いつもおむつが湿っているなどの症状を示すことがあります。

検査と診断

造影剤を点滴したり、直接膀胱内に注入して排尿するところをX線で撮影する検査（排泄性腎盂尿管撮影、排尿時膀胱尿道造影）が重要です。尿道につづく膀胱の出口である膀胱頸部や尿道が拡大し、狭窄や弁、憩室などはくびれとしてその先の尿道が狭く見えるのが特徴です。さらに内視鏡を尿道から挿入して狭窄の部位を確認します。膀胱尿管逆流症や水腎症（757頁）、水尿管症（尿管が拡張し、腎盂の拡張は軽度のもの）をともなうことも多く、超音波やCT検査などで確認します。

治療

小児泌尿器科を受診します。

治療は麻酔を施したあとで、内視鏡を尿道口から挿入し、切開刀や

重複尿道のいろいろ

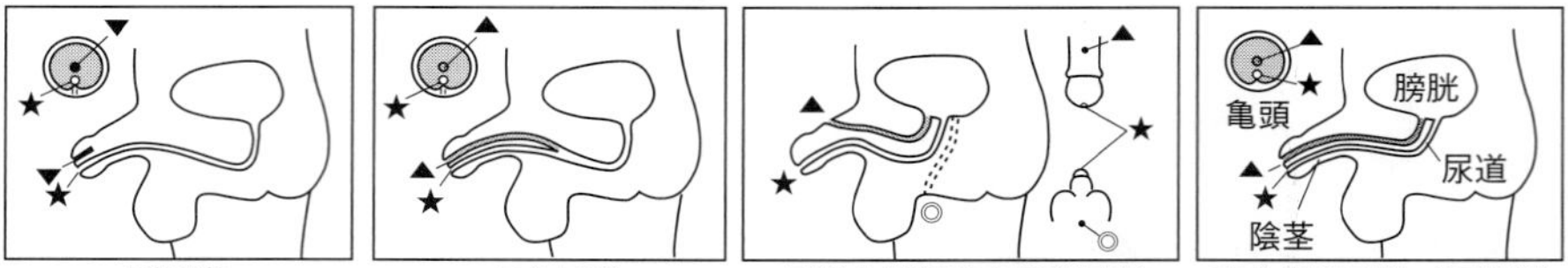

副尿道　二分尿道　▲尿道上裂型完全重複尿道　◎尿道下裂型完全重複尿道　完全重複尿道（平行型）

▼◎ 副尿道の開口部　★ 本来の外尿道口

憩室と尿道弁の関係

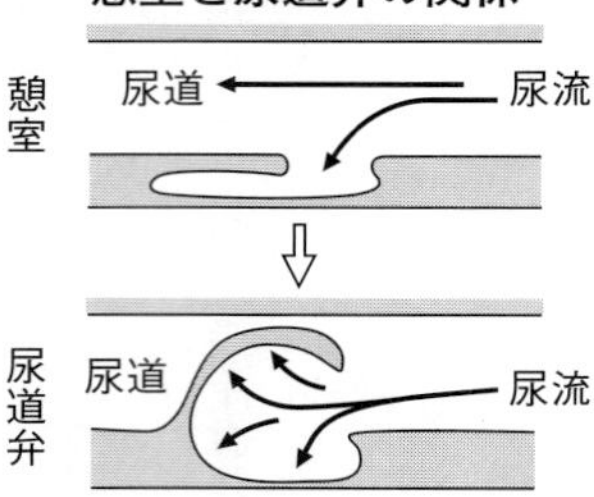

憩室が拡張すれば尿道弁となります。尿道憩室と遠位尿道弁とは本来同一のものです。

レーザーで狭窄部位を切開します。尿道弁は切除します。憩室も大きなものは切開して切除することもあります。

狭窄の程度が高度な場合には、尿路感染をくり返していたり、すでに腎不全（1720頁）が併発している場合もあります。このため、まずは尿の排泄経路を確保する必要があるので、拡張した膀胱に尿道からチューブ（カテーテル）を挿入したり、下腹部から直接膀胱にカテーテル（膀胱瘻）を留置します。

腎臓が高度に拡張している場合には、背中から腎盂カテーテルを挿入（腎瘻）して、尿を低圧で体外に排泄して尿毒症（1722頁）を是正し、腎機能の改善を待ちます。このように腎機能の回復を確認してから手術を行います。手術の効果は、腎機能がどの程度まで障害されていたかによって決まります。

重複尿道
Urethral Duplication

どんな病気か

男の子の場合、1つの陰茎に尿道が2本存在します。女の子の場合には、膣の近くに異所性開口していることがあります（下図）。

完全重複尿道は、膀胱から亀頭（外尿道口）までの全長にわたって2本の尿道があるまれな病気です。異常な尿道の走行は正常尿道の上側（陰茎の背側）に位置しており、尿道括約筋の中を通っていないために閉まることがなく失禁がみられます。

不完全重複尿道は、膀胱から出た2本の尿道が外尿道口の手前で1本になります。**二分尿道**は、膀胱から出た1本の尿道が途中から2本に分かれます。異常な尿道口は陰茎の背腹側、会陰部、膣、直腸にみられることがあります。

副尿道は、2つの尿道口が存在するものの、いっぽうは途中で途切れて盲端となり、陰茎の背側に位置します。

症状

尿線が細い、出にくい、尿線が2本に分かれるなどの症状があります。排尿が終わってもおむつがぬれており、本来は出ないところから尿がしたたり落ちるなどの症状があります。

治療

症状がなければ治療は不要です。尿道が狭くなっている場合には拡張術をし、失禁がある場合には括約筋の通っていない異常な尿

女の子の重複尿道

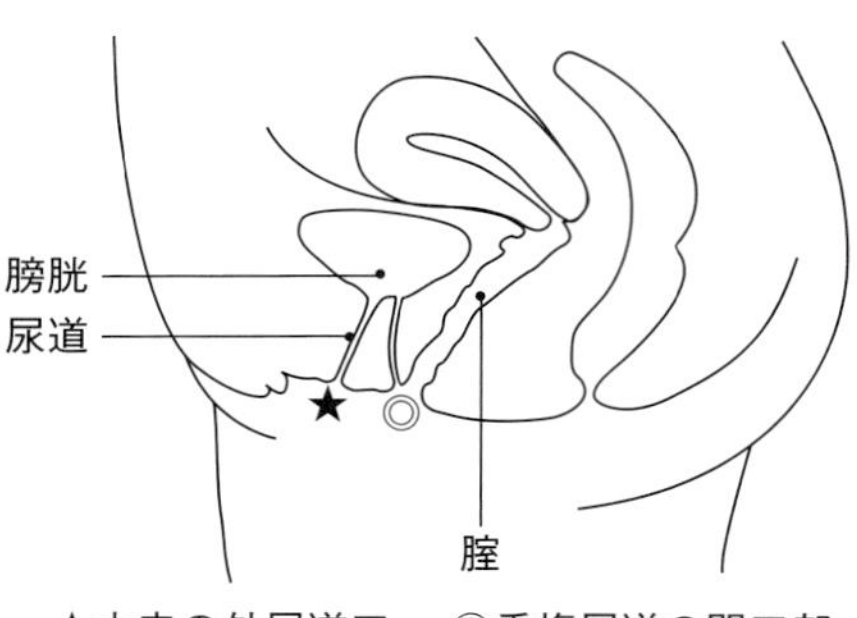

★本来の外尿道口　◎重複尿道の開口部

第1章—第10章
生活習慣病
がん（悪性腫瘍）
子ども
女性
脳・脊髄・神経
こころ
目
耳・鼻・のど
歯・口腔
呼吸器

尿道下裂のいろいろ

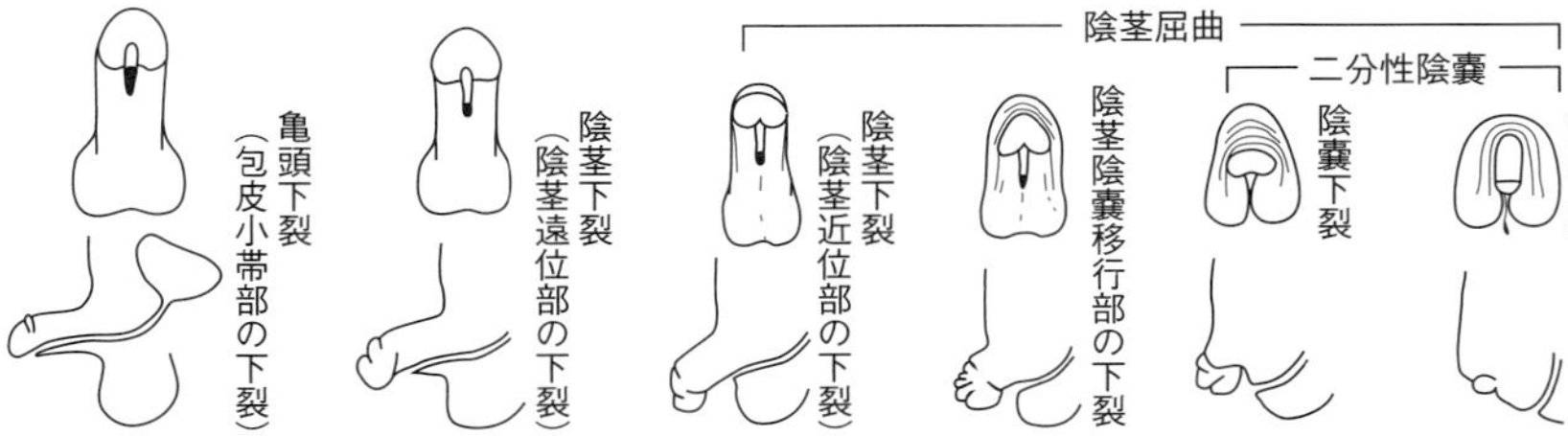

道を手術で閉鎖、もしくは摘出します。

尿道下裂
Hypospadias

どんな病気か

なんらかの原因で尿道開口部が亀頭先端にないときに尿道下裂という診断名がつきます。尿道の出口（外尿道口）が正常な位置よりも手前（会陰側）に開口しているもので、開口している部位によって、**亀頭下裂**、**陰茎下裂**、**陰嚢下裂**、**会陰下裂**などに分類されます（上段図）。この病気は男児の出生数1000人に対して、3～7人程度認められます。なかでも亀頭下裂のように程度の軽いものが、疾患全体の70％以上を占めます。停留精巣（765頁）などの他の泌尿器科関連の形態異常をともなうこともあり、小児泌尿器外科医の診察が必要です。

原因

男性の陰茎は、女性の陰核に相当する部分と、尿道が合わさって成長することにより、形成されます。胎生期に尿道は1本の溝で、両側の縁が真ん中で合わさることで尿道が形成されますが、この癒合がなんらかの理由で停止したものです。胎児の陰茎への男性ホルモンの作用が減弱するためにおこるとされ、妊娠初期の性ホルモンの異常が胎児のさまざまな性器の形態異常をおこします。遺伝性ははっきりしていませんが、家族内（兄弟）発生などが報告されています。

症状

陰茎の発育不全、包皮の変形、陰茎の屈曲がみられます。ちがったところから尿が出てくるので、わかる場合もあります。本来の正常な外尿道口から異常な尿道口までの形成がうまくいかなかった部分は、尿道海綿体が線維化した陰茎索と呼ばれる伸展に乏しい組織で、陰茎はそれに引きつられて腹側に曲がり、亀頭部には堤防のような隆起と変形をともないます。陰茎自体の発育不良をともなうことが多いので、余分な包皮が頭巾のように陰茎の背側をおおっているいっぽうで、腹側では包皮が欠如しています。尿道下裂の程度が重症なものは、陰嚢自体が左右に分かれた二分性陰嚢（上段図）と呼ばれ、精巣（睾丸）を触れない場合には、停留精巣を合併していないか、触診、超音波検査、さらにCT検査などを行います。半陰陽（765頁）との鑑別診断のために、染色体検査が必要となる場合もあります。

治療

程度の軽い亀頭下裂で、まっすぐに尿が出る場合には治療は必要ありません。障害の程度により手術方法もさまざまですが、技術的にむずかしく、ひじょうに繊細な手術のため、小児泌尿器科専門医による手術治療が望まれます。

手術治療の原則は、正常な排尿状態に近づけることと、将来の性生活が可能になるように外性器を形成することです。手術時期の目安は2～3歳前後が一般的で、2回に分けて行うこともあります。おもに陰茎索の切除術と尿道形成術（余剰包皮を形成して、たりない尿道をつくる）を行い、のちに亀頭を形成し、陰嚢の変形を治します。

手術合併症には、尿道皮膚瘻（つくった尿道と皮膚の間に孔が生じ、尿が漏れる）や、つくった尿道の狭窄などがあり、再手術が必要です。

子どもの性器の病気

◎性染色体の障害

人間の染色体は23対、46本あり、22対の常染色体と、X、Yの性染色体からなります。男性はXY（46XY）、女性はXX（46XX）の組合わせになります。

発生の過程で、性染色体に障害がおこると、46XX／46XY型、性染色体が足りない45X／46XY型、性染色体の多い46XX／47XXY型などの遺伝子型となります。

類宦官症
Eunuchoidism

どんな病気か

精巣（睾丸）の機能異常のため、男性ホルモンの分泌がほとんどなく、男性の二次性徴に高度の障害を示す病気です。

思春期になっても二次性徴がみられず、陰茎も小さいままです。前立腺や精嚢も発達しません。ふつうは造精機能もおかされています。

原因は2つあります。1つは、視床下部、下垂体前葉に原因のあるもので、性腺刺激ホルモンの分泌量が少なくなっているために、性腺が発達しない状態です（**低ゴナドトロピン性類宦官症**）。もう1つは、精巣自体に障害があっておこるもので、ゴナドトロピンの量は正常より多くなります（**高ゴナドトロピン性類宦官症**）。類宦官症という病名は特徴的ですが、最近では**精巣機能不全症**（1791頁）という病名のほうが一般的です。

治療

低ゴナドトロピン性のものは性腺刺激ホルモン剤の注射により、精巣の発育をうながすこともありますが、一般的には、2つの型とも男性ホルモンの補充療法が有効です。男性ホルモンは造精機能促進にもたいせつなものです。

性分化異常症
Sexual Ambiguity

どんな病気か

人間の性はまず性染色体の組合わせで決められます。Y精子が受精すると男性となり性染色体はXY、X精子が受精すると女性、XXになります。受精後やがて胎児に性腺原基が発生して、これが精巣（睾丸）あるいは卵巣へ分化します。Y染色体が存在すると、胎生7週ころから性腺原基が精巣へ分化を始めますが、XXの場合はやや遅れて卵巣へと分化します。内性器系は性腺原基とともに存在する1対のウォルフ管、ミュラー管が性腺の分化にともない発育あるいは消退することにより形成されます。おもに精巣から分泌される男性ホルモン（おもにテストステロン）の作用などにより内性器や外性器が男性型に分化発育していきますが、テストステロンの分泌がないと女性型に分化し、子宮、卵管、膣などが形成されます。

これらの性の分化の過程では男性ホルモンのほかいくつかの因子のはたらきが重要で、さらにこれらのホルモンや因子を制御するいろいろの遺伝子の存在が明らかとなっています。これらの性分化の制御機構のどこかに障害や過誤を生ずるとさまざまな種類、程度の性分化異常を生ずることになります。

●性分化異常症の分類と発生機序

性分化異常症とは、性分化の過程のどこかに異常を生じて、その結果、内、外性器系に障害をきたし、男・女・中間型を示す病態です。以前はつぎのような真性半陰陽、男性仮性半陰陽、女性仮性半陰陽などと分類していました。

▼**真性半陰陽**　精巣組織と卵巣組織の両方を有するもので、表現型はほぼ正常男女に近いものから、全くの男女中間型までさまざまです。

▼**男性仮性半陰陽**　性腺は精巣で、一般に男性に近い表現型を多く示します。

◎半陰陽とは

外生殖器の外見が男とも女ともつかず、両方の性の特徴をあわせもっている異常です。男と女の2つの形を具えているので、**ふたなり**とも呼ばれます。

半陰陽には、男女両方の性腺（卵巣と精巣）をもつ**真性半陰陽**、性腺は精巣なのに腟があったり、陰茎などの性器が女性化している**男性仮性半陰陽**、性腺は卵巣なのに外生殖器が男性化している**女性仮性半陰陽**の3種類があります。

一般に、治療はかなりむずかしいものです。できるだけ早く男か女かを正しく診断し、それに基づいた治療計画をたてることがたいせつです。

そのためには、経験豊かな医療機関を受診して、診断してもらうようにしましょう。

性の決定は、遺伝的な性にあわせるのが望ましいのですが、性器の形などから、どうしてもむりなことがあります。

この場合は、やむをえず遺

▼女性仮性半陰陽　性腺は卵巣で、一般に女性に近い表現型を多く示します。

最近では、この古典的な分類ではなく、おもに病因を基準としたつぎのような分類が用いられています。

①性腺の分化異常（性染色体異常）

▼真性半陰陽　表現型は男・女・中間型さまざまです。46ＸＸとＸＹ型の細胞の混ざりかたにより発生します。2個の受精卵が早期に癒合して1個の個体になったもので、さまざまな核型がみられます。精巣決定遺伝子ないしこれに関連する遺伝子の欠失、転座、機能障害などによると考えられます。

▼ＸＸ男性、ＸＹ女性　本来の核型の反対の表現型を示します。これも精巣決定遺伝子の異常によるものと考えられています。ＸＸ男性のほうが多くみられ、クラインフェルター症候群と類似した臨床像を呈します。

▼混合性性腺異形成　片側の性腺がなわのような（索状）瘢痕性腺で45Ｘ／46ＸＹの核型が多い。

▼クラインフェルター症候群　Ｘ染色体の過剰による男性化障害で、47ＸＸＹが代表的な核型です。小児期では症状はみられず、男性二次性徴障害で多く発見されます。一般に障害の程度は軽く、結婚後に男性不妊症（1788頁）として発見される場合も少なくありません。

②46ＸＸ個体での男性ホルモン過剰

先天性副腎過形成（708頁）、とくに21水酸化酵素欠損症では生下時に陰核の強い男性化がみられ、生後も進行します。塩喪失型では、生後1～2週に塩喪失現象をきたし、危険な状態になるので注意が必要です。アロマターゼ欠損症（次頁上段）、母体の男性ホルモン曝露などでも女性化障害がおこります。

③46ＸＹ個体での男性ホルモン分泌、作用障害

精巣でのライディッヒ細胞低形成、先天性副腎過形成、男性ホルモン合成酵素、男性ホルモン不応症などで男性化障害が生じます。代表的な病態に**精巣女性化症候群**があげられます。男性ホルモン受容体の障害で男性ホルモンが作用しない病態です。完全型では、46ＸＹでありながら表現型は全くの女性型です。しかし、血中の男性ホルモン値は健康な男性より高値を示します。病態を理解していれば診断は容易です。

【治療】　この病気の治療でもっとも大事なことは、なるべく早く育てていく性を決めることです。染色体検査、ホルモン検査などを行って、本来の性を調べますが、ふつうは外生殖器の形により、男性か、女性かを決めます。性腺は、選択した性にしたがって、男性は精巣を、女性は卵巣を残します。卵精巣は、原則として切除します。外生殖器の形成手術を行い、必要に応じてホルモン療法をします。

早期に性を決定してあげることが重要ですが、将来の社会生活を問題少なく営むためには、精神的、身体的な支えがたいせつです。

停留精巣（停留睾丸）
Undescended Testis

【どんな病気か】　精巣（睾丸）は、胎児のはじめには腹腔にありますが、成長するにつれて下降し、出生時には伝的性と反対の性を選ぶことになります。

診断された性が、戸籍の性と反する場合、性の変更をすることもあります。

治療は、決定した性にあわせて、性腺を摘出したり、性器を形成します。

性器の形成は、女性側に形成するほうが、男性側に形成するより容易です。したがって真性半陰陽の場合、女性を選択するほうがよいでしょう。

◎アロマターゼ欠損症とは

女性の性機能を調節する重要なホルモンが減少するため、女性化障害がおきます。

陰嚢内部に固定されます。

この正常な下降がなんらかの原因で障害され、陰嚢内まで完全に下降していない状態を、停留精巣といいます。

精巣の停留部位により、つぎのように分類します。

1度 鼠径管の外に出ていて、陰嚢の近くまで下降しているもの。

2度 鼠径管の中にあるが、圧迫により外鼠径輪から出るもの。

3度 鼠径管の中に常にあって、圧迫しても外鼠径輪から出ないもの。

4度 腹腔内にあるもの。

停留精巣の約80％は片側で、両側におこるのは約20％です。未熟児では両側性停留精巣が多くみられますが、大部分は自然下降します。停留精巣をおとなになるまで放置すると、がんなどの精巣腫瘍がおこる危険があります。

精巣を正常に陰嚢に下降させるのに役立つ精巣導帯は、陰嚢底部についていますが、停留精巣の多くは、この精巣導帯が陰嚢底部についていないためにおこります。

陰嚢内に精巣を触れないこと以外に症状はありません。定期健診でも見逃されることがありますので、いちどは触れて調べておくとよいでしょう。

治療 精巣は、陰嚢内に下降していないと、胚細胞の変化が6～12か月で始まります。したがって自然下降がみられないときは、3歳までに手術を受けるべきです。

鎖陰
Gynatresia

どんな病気か 腟腔の一部が閉鎖している異常で、つぎのようなものがあります。

▼処女膜閉鎖 処女膜が開口せずに閉鎖しているものです。腟欠損症に似ていますが、腟は存在しています。

▼腟閉鎖症 腟の一部が閉鎖しているもので、多くは腟の上3分の1と中3分の1の境界部にあります。大部分は先天的な病気ですが、後天的な原因でもおこります。

▼頸管閉鎖症 子宮頸部の内腔が閉鎖しているもので、まれな先天異常です。

鎖陰は、思春期以前はまったく無症状で、発見されることはまれです。性腺、内生殖器の発育は問題ないので、思春期になると月経が始まりますが、流出路がないために経血がみられず、潜伏月経になります。月経血が腟内にたまって腟留血腫を形成し、子宮から卵管まで進行していきます。留血腫が大きくなると排尿・排便障害をおこすことがあります。月経周期に一致して下腹部痛、腰痛がおこります。治療は閉鎖部の状況によって異なり、切開のみでよい例から、造腟術（1981頁図1）を必要とする例までいろいろです。

陰唇癒合
Labial Adhesions

左右の小陰唇が、薄く膜のように癒着した状態です。出生前後に、炎症や外傷で表皮がはがれたあとが癒着しておこるといわれています。治療は、癒合しているところを剥離すれば治ります。エストロゲン軟膏を塗布して自然に剥離するのを待つ方法もあります。

子どもの皮膚の病気①

子どものアトピー性皮膚炎

Atopic Dermatitis

原因はアレルギー体質だけではない

◇かゆみの強い湿疹が全身に

どんな病気か

まずはじめに、これは皮膚の病気であることを強調しておきます。他の臓器にはまったく症状がみられないからです。

この病気は、生後2か月以降の乳児期から、かゆみの激しい湿疹が全身のあらゆる場所に生じるものです。慢性化することも特徴で、数年以上続くこともめずらしくありません。ただし、症状が目立つ時期や軽快する時期にはかなり個人差があります。

症状

乾燥して粉をふいたようなザラザラした皮膚（乳児期には目立たないこともあります）に加え、つぎに述べるような特徴的な症状があるため、すぐに診断がつきます。

顔（おでこ、目の周囲、頬、顎）、耳の前と後、耳たぶの下（裂けることがある）、くび、関節の内側と外側などに赤いカサカサやブツブツができ、強いかゆみがあります。また、ジュクジュクと汁が出てかさぶたができたり、切れたりします。これがくり返してでき、かくうちに、皮膚はゴワゴワに厚くなり、かたいしこりになったりします。

このほか、頭皮が乾燥し、白いふけのような湿疹ができたり、手足があれたりします。また、肩から背中に乾燥性湿疹ができたり、お尻や外陰部、太ももの付け根に湿疹が見られることもあります。

アトピー性皮膚炎のもうひとつの特徴は、症状に季節的な変動があるということです。多くの場合、夏には症状が軽くなります。これは、夏には皮膚が乾燥しにくくなるためと考えられています。ただし、汗や細菌感染の影響で逆に夏に悪化する人もいます。

原因

遺伝的な素因（もって生まれた体質）によります。祖父母、両親、兄弟姉妹、いとこ、おじやおばにアトピー性皮膚炎だけでなく、アレルギー性鼻炎（花粉症を含む）、アレルギー性結膜炎、ぜんそく、じんま疹をもつ人がいると、その家系にはアトピー体質があると判断できます。

アトピー体質というのは、アレルギーをおこしやすい体質と考えてよいのですが、必ずしもアレルギーだけが原因でアトピー症状がおこるとは限りません。たとえば、アトピー性皮膚炎の人がチクチクするような毛糸の衣類を着たとき、また、たくさん汗をかいたときに湿疹が悪化することがあります。これはアレルギーとはちがい、刺激を受けたためにおこる現象です。また、皮膚が乾燥しにくい夏に症状が軽くなるという事実は、もともとアトピー体質の人にはもって生まれた皮膚の性質があるということ、つまりアレルギー以前の問題があるということを物語っています。

こういう乾燥性皮膚の原因として、アトピー体質の人には皮膚の角質層のセラミドという脂質がつくられにくいことが最近わかってきました。アレル

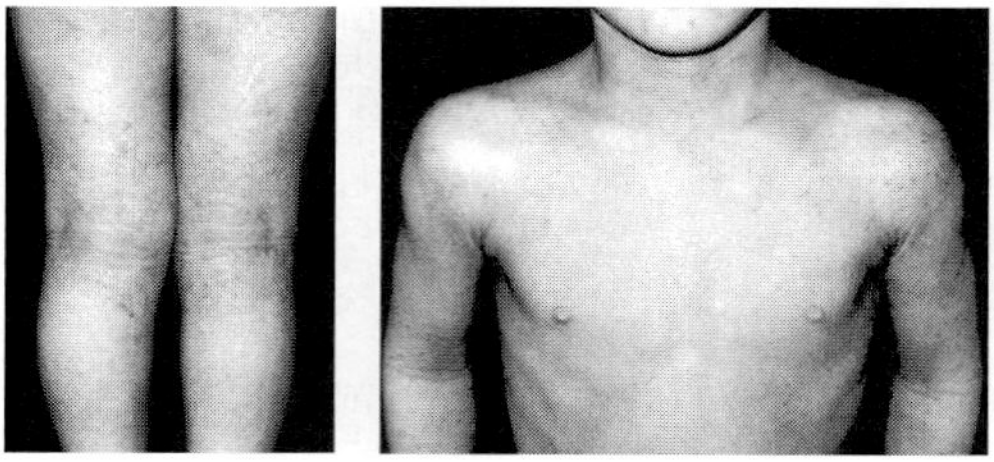

小児期のアトピー性皮膚炎

ギーの原因として、乳児期には食物、乳児期以降はダニ、室内塵（ハウスダスト）などがあげられています。しかし、これらが関係しているかどうかは人によって異なります。なかには関係していない場合もあります。マスコミの情報や人から聞いた話などから自己判断して、まちがった対応をしないように気をつけましょう。

検査と診断

この病気は世界中でみられますが、診断は特徴的な症状によって決めます。逆にいうと、検査は原因を調べることには直接役立たないことが多いということになります。検査が必要かどうか、またどのような検査を実施するかは人によってちがいます。自己判断せず、専門医の受診をお勧めするのはそのためです。

検査方法には、大きく分けて血液検査と皮膚検査があります。血液検査は、アレルギーの原因となる動植物や食物（抗原）などに対して血液中に抗体ができているかどうかを調べるものです。

皮膚検査には、それらの抗原エキスを少し皮膚をひっかいたところにたらして、じんま疹がおこるかどうかをみる**プリックテスト**や、抗原を皮膚に貼って24時間以上たってから反応をみる**パッチテスト**（貼付試験）などの方法があります。

そのほか、より詳細なことがわかるアレルギーの検査方法も開発されていますが、実際の治療に役立つ検査は、まだ少ないといわざるをえません。

◇外用剤とスキンケア

治療

アトピー性皮膚炎は皮膚に症状がある病気ですから、皮膚に直接塗って治す外用剤（塗り薬）が治療にいちばん適しています。

症状が軽い場合は、乾燥をとる保湿外用剤、たとえば白色ワセリンなどだけでも徐々によくなります。ところが、患部をかきこわして細菌感染がおこっている場合や、炎症がひどくて夜も眠れないほどかゆみが強い場合などには、それらを早く治さないと、夜間など無意識にかきつづけ、さらに悪化させてしまうことがあります。治療が遅れると、全身のリンパ節が腫れて悪寒がし、食欲減退、脱水などをまねき、危険な状態になることもあります。

炎症をとる薬として現在広く使われているのは副腎皮質ホルモン（ステロイド）剤の入った塗り薬（外用薬）です。ステロイド外用剤は、副作用が強調されて報じられることがありますが、適切に使えばこわい薬ではありません。これによって炎症を早く鎮め、徐々に清潔と保湿を中心にしたスキンケアにきりかえていきます。

ステロイド外用剤は、作用の強さで5段階に分けられています。これらの使い分けや、使用量および使用期間については専門的な知識と経験が必要になります（1860頁）。治療中は医師が症状の程度に応じてきちんと処方してくれますから、自己判断で勝手に使用を中止したりしないようにします。

かゆみや炎症症状がとくに強い場合は、かゆみ止めの抗ヒスタミン薬やアレルギーをおこしにくい状態を保つための抗アレルギー薬を内服します。

予防

家庭で毎日、皮膚を清潔にし、乾燥させないための保

◎あせものより

あせもが長引いたり、治療が遅れてひどくなると、直径1cm以上もある膿をもったおできになることがあります。これが、あせものよりです。

頭、顔にできることが多いのですが、体幹部（胴体）でもあせもができたところにみられます。膿をもつだけではなく、赤み、ぶよぶよとした腫れになり、痛みをともなうこともよくあります。赤ちゃんでは熱をだすこともあります。

人の汗腺には、エクリン腺とアポクリン腺の2種類があります。あせもはエクリン腺が分泌する汗が貯留して閉塞したものですが、そこに細菌が感染するとあせものよりになります。

原因菌に合った抗生物質を内服することが第一です。痛みをとり、早く治すためには、病院で患部を切開して膿を出してもらうほうがよいでしょう。

湿ケアをこまめに行うことがたいせつです。シャンプーや石けんは低刺激のものを選びます。保湿剤は選択がむずかしいので、専門医に相談しましょう。また、室内の環境整備、寝具の選びかたなども相談し、個人の生活に合わせながら症状を改善していくようにしましょう。

乳児脂漏性皮膚炎
Seborrheic Dermatitis of Infants

どんな病気か

生後3か月くらいまでの乳児の頭皮や顔にできる、かゆみのない皮膚炎です。

症状としては、頭皮、おでこ、眉毛などに黄色やうす黄色の脂っぽいかさぶたがつきます。放置しておくとだんだん厚くなり、洗っても落ちないようになります。

原因

皮膚には、皮脂という脂肪が分泌されています。皮膚に生えている毛の根元あたりに皮脂腺という器官がありますが、男性ホルモンの刺激を受けると皮脂腺の活動がさかんになり、皮脂が分泌されます。生後3か月以降10歳までの子どもは性ホルモンをほとんど分泌しませんが、生後3か月までの乳児は男性ホルモンの分泌がさかんです。皮脂腺は、頭やおでこでよく発達しているため症状がでやすくなります。

治療

白色ワセリンや亜鉛華単軟膏を厚めに塗り、ガーゼなどでおおい、まる1日放置します。軟膏で脂漏がはがれやすくなったところで、翌日、櫛で頭皮からすき上げ、その後シャンプーをします。シャンプー後は尿素配合のローションなどを塗ります。予防としては、洗髪や頭皮の洗浄に石けんを使うのはやめ、ベビーシャンプーを使用します。

おむつ皮膚炎（おむつかぶれ）
Diaper Dermatitis

どんな病気か

おむつがあたるためにおこる皮膚のかぶれです。最初の症状は、おむつがあたる場所の赤みです。はじめのうちは軽く平らな赤みですが、ひどくなると、腫れてきます。何度もこすられる場所にはただれができ、赤ちゃんは排尿や排便のたびに痛がって泣きます。

原因

おむつの中でふやけた皮膚が、おむつの素材によって摩擦を受けて傷つきます。そこへ、尿中のアンモニアや便中の酵素が作用して、さらに皮膚をこわし、炎症をおこすためにおこります。

治療

まず皮膚を清潔にした後、外用剤を塗ります。炎症が軽い場合は亜鉛華単軟膏をおむつ替えのたびに塗ります。

炎症が強い場合は、マイルドなステロイド外用剤か非ステロイド外用薬を使います。ほぼ1日で治ります。

予防

おむつをこまめに替えることです。おむつによるむれをなるべくなくすことが先決です。布おむつよりも通気性のよい紙おむつのほうが、おむつかぶれをおこしにくいというデータもでています。

便は拭き残しのないように注意します。とくに下痢のときは、拭くよりも頭部にできたあせものよりは、切開した場所の消毒をおこたらず、抗生物質入りの塗り薬を使い、なるべく1週間以内に軽快させるようにします。そうでないと、汗腺付近の毛根が障害され、毛髪が生えなくなってしまうことがあるのです。

洗い流すようにし、その後ワセリンなどで保湿をはかるようにしましょう。

汗疹（あせも）

Miliaria

どんな病気か

気温や室温の高い環境下にいるときに、くび、関節の内側、腹部や背中、わきの下などにできる、細かく赤い湿疹です。赤いあせも（紅色汗疹）は、幼い子ども、とくに赤ちゃんによくできます。

また、高熱がでた後に、透き通った白い小さなブツブツ（白いあせも）ができることがあります（水晶様汗疹）。

原因

汗腺の閉塞によっておこります。汗腺は、おとなも子どもも、全身に200万個ほどありますが、体表面積の少ない子どもほど密に集まることになりますから、赤ちゃんほどあせもができやすいことになります。

発熱時にできる白いあせもは、皮膚の一番外側の角層の中に汗がたまったときにでき、赤いあせもは角層の下にたまったときにできます。

治療

まず、温熱、高湿度などの環境を改善することから始めます。エアコンを使用して過度の発汗を抑え、シャワーで汗を洗い流すか、冷タオルでこまめに拭き取ります。軽いあせもであれば、これだけでも治り、薬を使うこともありません。

炎症をともない、かゆみがあるような場合には、洗浄後に塗り薬を使います。塗り薬としては、マイルドなステロイド外用剤か非ステロイド外用剤を使用するか、亜鉛華軟膏で湿った皮膚表面を乾燥させるようにします。

モモの葉を煎じた汁を塗るなどの民間療法は、感染をまねくことがあるため、やめたほうがよいでしょう。

伝染性膿痂疹（とびひ）

Impetigo Contagiosa

どんな病気か

皮膚の表面に黄色ブドウ球菌が感染しておこる病気で、夏に子どもがかかる代表的な皮膚の細菌感染症です。成人がかかることはまれで、多くはおとなのアトピー性皮膚炎に発症する場合です。すぐに破れる薄い水ぶくれ（水疱）がからだのあちこちにできます。

水疱は、黄色ブドウ球菌の毒素が原因で、水疱の中や、破れた水疱の表面、痂皮（かさぶた）にいる多数の黄色ブドウ球菌がつぎつぎと飛んだように感染するので、**とびひ**の名前があります。

ほとんどは黄色ブドウ球菌による水疱性膿痂疹です。少数例ですが、化膿連鎖球菌の感染では季節に関係なく、赤みから始まり、膿や黄褐色痂皮ができ、痛みがあり、圧迫により膿汁を出す痂皮性膿痂疹もあります。ひどい場合は発熱をともないます。

治療

よく消毒し、抗生物質の軟膏を塗ります。かなりたくさんできているとき、あるいはつぎつぎと新しくできるときには、黄色ブドウ球菌、化膿連鎖球菌に効く抗生物質を内服します。鼻腔に常在する黄色ブドウ球菌が原因で鼻腔周囲にとびひがあるときは鼻腔にも軟膏を塗ります。かゆみには、かゆみ止めも内服します。

白皮症
Albinism

どんな病気か

色素細胞のメラニン合成に障害があるために、目や皮膚の色素が生まれつき少ないか、欠けている病気です。多くの亜型があり、色素の発現量や経過が異なります。

メラニンが完全に欠けると目が赤く、髪は金色に、皮膚は白くみえます。これは、メラニンを黒くするチロジナーゼという酵素に異常があるためにおこる重症型です。それに対して、成長とともに色がでてくる型はチロジナーゼ陽性型と分類されていましたが、現在では白皮症がチロジナーゼ以外のさまざまな酵素の異常でもおこることがわかり、多くの亜型にわけられています。

全身の皮膚の色がさまざまな程度に薄くなるものを**眼皮膚白皮症**と呼びます。常染色体劣性遺伝（574頁）を示します。確定診断に遺伝子診断が必要になることが多い疾患です。

このほか、一部の皮膚の色が抜ける**限局性白皮症**（**ぶち症**、**まだら症**）もあります。顔面や手足、ときに体幹（胴体）に部分的な白色斑が生じます。限局性白皮症はKit遺伝子の異常で生じ、常染色体優性遺伝性です。後天的に色が抜ける**白斑**（1840頁）とは、色が抜ける点は似ていますが機序はまったく異なります。

治療

現在のところ根本的な治療はありません。紫外線による発がんを抑えることが大事です。眼皮膚白皮症では網膜にも色素がないため、羞明（外光をまぶしく感じる）などの目の症状もあります。遮光コンタクトレンズを使用するなどの眼科的処置が必要です。皮膚に対してはがん予防のために遮光を行います。亜型によって色素の量や、光に対する反応が異なるので亜型診断が大事です。専門医の受診をお勧めします。

ダリエー病
Darier Disease

どんな病気か

頭部、顔、胸部、背中、鼠径部、臀裂部などの皮脂分泌の多い部分や間擦部に細かい丘疹（ブツブツ）ができる病気です。常染色体優性遺伝で親から子に伝わります。発汗の多い部位では丘疹が融合して少し盛り上がった局面を形成します。細菌感染をおこしやすく、夏は悪臭を放つことがあります。また、ヘルペスウイルスの二次感染もよくおこします。難治性で慢性の経過をとります。

最近、細胞のなかのカルシウムの制御に関与する遺伝子の異常が原因であることが判明しました。組織所見が特徴的なので、診断にはまず皮膚生検（一部の皮膚を採取して顕微鏡で観察する検査法）を行います。遺伝子検査を行うこともあります。

治療

エトレチナート製剤という薬の内服が有効ですが、骨に異常をきたす副作用があるので注意が必要です。細菌の感染がおこりやすく、これは悪臭の原因になるので、汗をかいたとき、とくに夏季には清潔を心がけます。日光にあたると悪化するので、なるべく日にあたらないようにしましょう。細菌感染をおこしたとき

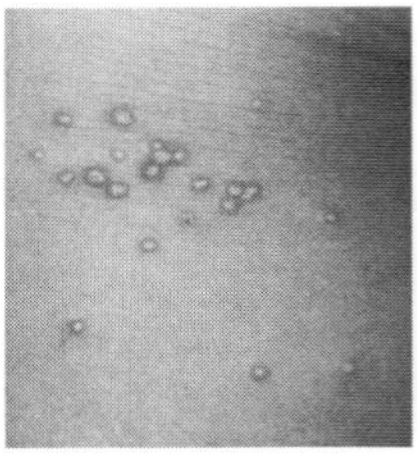
写真1　伝染性軟属腫

は抗生物質を、単純ヘルペスの感染があるときは抗ウイルス薬を使用します。

遺伝性掌蹠角化症
Hereditary Palmoplantar Keratoderma

どんな病気か　手のひらと足の裏の皮膚の角質が厚くなる病気です。

出生時から症状があることも、生後数年してから発症することもあります。角化の範囲が手のひらと足の裏に限局するもの、手の甲や足の甲、そして四肢に拡大してゆくもの、皮膚以外の臓器に随伴症状があるものなどさまざまな型があります。

ウンナ・トースト型とフェルナー型は手のひらと足裏に限局します。フェルナー型は組織所見で皮膚の顆粒層に異常がおこる顆粒変性という特徴的所見があり、ケラチン遺伝子の異常のために生じることが明らかになりました。どちらも常染色体優性遺伝です。手の甲と足の甲に拡大してゆくものに長島型があり、常染色体劣性遺伝を示します。型によって症状や経過、遺伝型、合併症が異なるので専門医を受診するようにしましょう。

治療　角質をやわらかくする角質軟化剤や活性型ビタミンD_3の外用を行い、赤みが強いときはステロイド軟膏を使うこともあります。

白癬菌や細菌の感染は悪臭の原因になります。この場合は抗真菌薬や抗生物質の外用を行います。症状が強い場合はエトレチナート製剤を内服しますが副作用があるので注意が必要です。

遺伝性対側性色素異常症
Dyschromatosis Symmetrica Hereditaria

どんな病気か　手の甲、足の甲、手足の末端に、数㎜までの褐色斑と色素脱失を生じ、褐色斑は融合して網状になる病気です。病変は皮膚の色素異常のみで全身的な問題はありません。

6歳までに発症し、日光にあたると皮膚が赤くなる日光過敏をともなうこともあります。常染色体優性遺伝の病気で親から子どもに伝わります。体幹（胴体）にも同様の症状があるものは**遺伝性汎発性色素異常症**と呼ばれ、遺伝性対側性色素異常症とは原因遺伝子が異なるようです。

治療　特別な治療法はありませんが、日光過敏がある場合は紫外線を避ける工夫が必要です。皮膚にがんが多発する色素性乾皮症（1814頁）と似ているので専門医に相談して診断を確認することを勧めます。

伝染性軟属腫（みずいぼ）
Molluscum Contagiosum

どんな病気か　伝染性軟属腫ウイルスの感染によっておこる病気です。

幼児期から小学生の間に80％以上の子どもがかかるといわれています。感染経路は直接接触感染や、かくことによる自家感染、スイミングプールでのビート板などを介する間接接触感染などです。とくにアトピー性皮膚炎の子どもには感染しやすい傾向があります。

できるいぼは、1～10㎜大で半球状、つるっとした白色調のいぼで、大きいものは真ん中に小さな凹みがあります

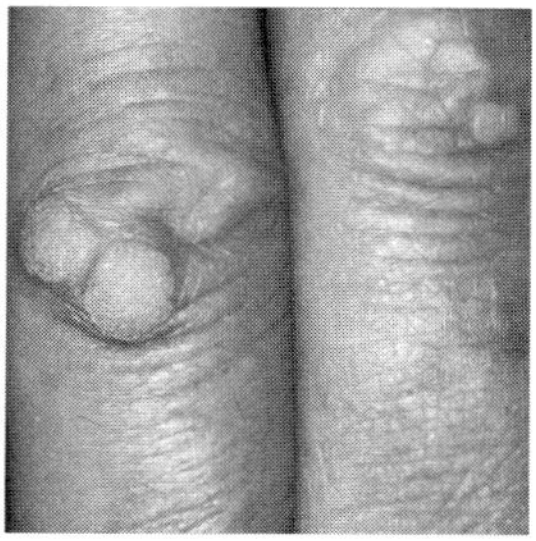
写真２　尋常性疣贅

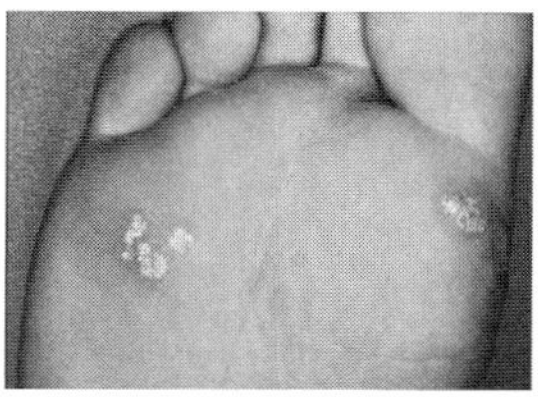
写真３　足底疣贅

（写真１）。免疫が低下した人には顔面や体幹などに多発することがあります。長期的にみると自然に消えるものですが、いつ消えるかは予測できません。ほうっておくと数が増えて広がり、他人に感染することになります。

治療

特別なピンセットを使って内容物をしぼり出す方法が一般的ですが、冷凍凝固法やサリチル酸絆創膏を貼ってとる方法などが試みられています。

尋常性疣贅
Verruca Vulgaris, Common Wart

どんな病気か

ヒト乳頭腫ウイルスが皮膚に感染してできるいぼです。子どもの手足の甲や指、膝がしらなどによくできますが、爪の周囲にもできます。

直径２～10㎜のかたいいぼで、表面は粗く、色は灰白色です（写真２）。

融合して２～３㎝になることもあります。

足の裏にできると、皮膚から盛り上がらず、敷石を敷きつめたようなモザイク状になり、しばしば、たこやうおの目（鶏眼）とまちがわれます（写真３）。顔面、くび、頭部に生じると細長い指状または糸状の突起になることがあります。

他人にはなかなか感染しませんが、自分の皮膚には自家接種で感染して数が増えてゆきます。

免疫力を高めることで自然に消えることがあり、昔からいろいろな民間療法が行われてきましたが、確実な効果は期待できません。

治療

現在、一般的に行われているのは、液体窒素でいぼを凍らせる方法です。何回かくり返して行う必要があります。

グルタールアルデヒドという、たんぱくを凝固変性させる薬剤を塗ったり、炭酸ガスレーザー、電気凝固などが試みられています。

自然治癒を期待して、ヨクイニンなどで免疫を高める治療を併用することもあります。

青年性扁平疣贅
Verruca Plana Juvenilis, Flat Wart

どんな病気か

ヒト乳頭腫ウイルスの感染が原因ですが、尋常性疣贅とはウイルスの型がちがいます。青年の顔面や手の甲にできますが、10歳以下の子どもにもできます。

大きさは０・５～１㎝大、褐色で、皮膚から扁平に隆起しており、いちどにたくさんできることが特徴です。ひっかいたあとの線に沿って並んでできることもあります。

突然赤くなって皮がむけ、かゆくなるのは治る前兆で、この症状がでてから数週間で自然に治ります。治療は尋常性疣贅（前項）と同じです。

子どもの皮膚の病気②

先天性表皮水疱症
Epidermolysis Bullosa Hereditaria

どんな病気か

刺激が少し加わっただけで、表皮（皮膚のいちばん外側の組織）や、その近くに水ぶくれ（水疱）のできる病気を**表皮水疱症**といいます。表皮水疱症は、厚生労働省の特定疾患（難病）に指定されています。

このうち、体質が遺伝したためにおこるものを先天性表皮水疱症といい、つぎのような病型があります。

◉単純型表皮水疱症

ケラチン5／14の遺伝子異常が原因といわれ、常染色体優性遺伝（574頁）します。

生後まもなくから、手足をはじめ、からだの摩擦を受けやすい部位に大小の水疱ができ、やがて破れてただれますが、あとが残ることはありません。

夏に病状が悪化します。思春期以降は、病状が軽くなる傾向があります。

◉優性栄養障害型表皮水疱症

Ⅶ型コラーゲンの遺伝子異常が原因といわれ、常染色体優性遺伝します。

幼小児期に、手足の外側に水疱が発生し、破れてただれとなり、その後に瘢痕（引きつれ）や稗粒腫（いぼ）を残します。しばしば爪の変形や脱落、手足の指先の萎縮がおこります。魚鱗癬、毛孔苔癬、多汗症、多毛症などを合併することも少なくありません。夏に病状が悪化し、冬は軽くなる状態が生涯つづきます。

◉劣性栄養障害型表皮水疱症

原因は優性栄養障害型表皮水疱症と同じで、常染色体劣性遺伝します。

生下時または生直後から手足や体幹に多数の水疱が見られ、その部位に瘢痕や稗粒腫が残り、瘢痕の部位に潰瘍が発生し、がん化することもあります。手足の指が癒着し、こん棒のようになることもあります。

皮膚の乾燥、爪・歯の変形、脱毛のほか、口腔・咽頭・食道の粘膜にも水疱が発生し、その後にひどい瘢痕が残り、嚥下障害がおこることもあります。

◉接合部型表皮水疱症

ラミニン5、ⅩⅦ型コラーゲンの遺伝子異常が原因といわれ、常染色体劣性遺伝します。

生下時、爪の付け根に水疱が見られ、全身の皮膚、口腔粘膜、気管などにも波及し、あとに治りにくいただれが残ります。とくに鼻や口の周囲のただれが治りにくいものです。

発病後、数か月以内に死亡することが多いのですが、青年まで成長するケースもあります。

検査と診断

病型によって予後が異なるので、電子顕微鏡検査で病型を確定します。血液検査でＤＮＡを用いた遺伝子診断を行えばさらに確実です。

治療

皮膚の病変部に抗生物質含有の軟膏を塗ります。強い炎症には、副腎皮質ホルモン軟膏を用いることもあります。治りにくいただれには、創傷被覆剤を塗布します。ビタミンＥの内服が効果を発揮することもあります。

劣性栄養障害型で手足の指が癒着した場合は形成術が、食道が狭くなって嚥下障害がおこったときには、食道拡張術が必要になります。

ブドウ球菌性熱傷様皮膚症候群
Staphylococcal Scalded Skin Syndrome (SSSS)

どんな病気か

新生児から乳幼児までにみられる皮膚の病気で、とびひ（伝染性膿痂疹　770頁）につづいて、または扁桃炎などのあとに、高熱とともに全身の皮膚に水ぶくれ（水疱）が現れたり、少しの力で皮膚がむけてしまったりする病気です。やけど（1813頁）と同じような皮膚症状のため、この病名があります。

ブドウ球菌性中毒性表皮壊死剥離症とも呼ばれていました。

3歳ごろに多くみられ、5～6歳以降、成長とともに発症はみられなくなります。

ただし、成人でも免疫力の低下した人で、発症がときにみられます。

症状

初め、37・5～38度程度の発熱と、目や口の周囲の発赤がみられます。口の周囲は、やがて乾燥し、放射状の亀裂を生じるようになるのが特徴的です。

目の発赤のあとには、めやにが多く出るようになります。

翌日には、頸部やわきの下、鼠径部などのリンパ節がある部位が腫れ、発赤がおこります。

その後、乳児では輪郭のはっきりしない水ぶくれが全身に現れ、5～6歳では擦ったり、力を加えたりするなどの刺激により皮膚が簡単にはがれ落ちる**ニコルスキー現象**がみられます。

発症してから10日前後で症状は軽くなり、3～4週間で治ります。あとが残ることはありません。

ただし、新生児の場合には症状が重くなり、命にかかわることもあります（**新生児剥奪性皮膚炎**とも呼ぶ）。

原因

鼻やのどなどに常在し、伝染性膿痂疹の原因ともなる黄色ブドウ球菌（ファージII群71型）の産生する毒素（表皮剥奪毒素）が原因でおこります。黄色ブドウ球菌からつくり出された毒素が、血流にのって全身へ広まり、表皮細胞に作用して、表皮細胞間の結合を破壊したり、表皮細胞を壊死させたりするために、皮膚がはがれやすくなります。また、毒素によって皮膚に炎症がおこります。

検査と診断

鼻腔やのどの粘膜、めやにから黄色ブドウ球菌が検出され、皮膚の一部を採取し、黄色ブドウ球菌が見つかれば、この病気が診断できます。

黄色ブドウ球菌が表皮剥脱性毒素を産生していることを確認すれば、確定診断できます。

治療

治療には黄色ブドウ球菌を死滅させるために抗生物質を使用します。症状が重い場合には抗生物質の静脈点滴注射を行い、皮膚の症状に対しては軟膏を使用します。

また、皮膚の症状に対しては、やけどと同じように治療を行います。

新生児の場合は、脱水症状をおこしやすいため、入院しての治療が必要となることもあります。

熱が下がり、皮膚の発赤が治まったら、シャワーを浴びるなどして、全身の皮膚を清潔に保つことが必要です。また、日常的に手洗いなどを行うようにしましょう。

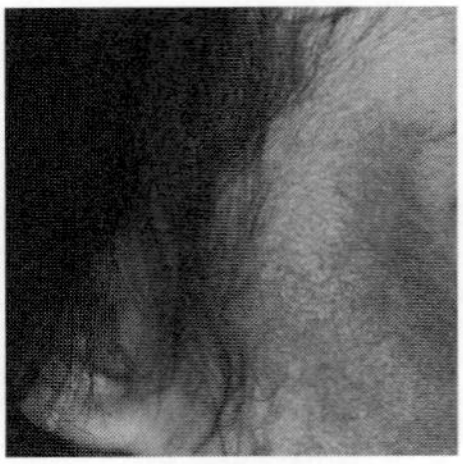
写真1　太田母斑

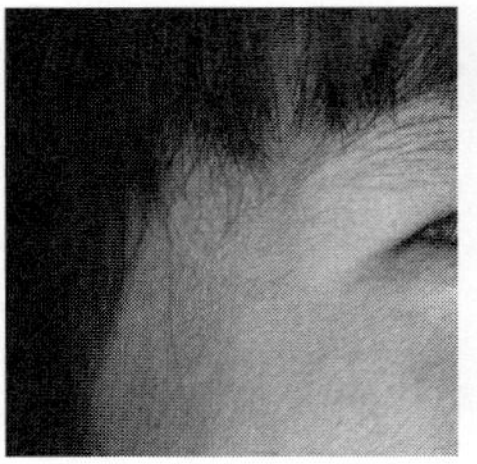
写真2　レーザー治療後の太田母斑（写真1より5年後）

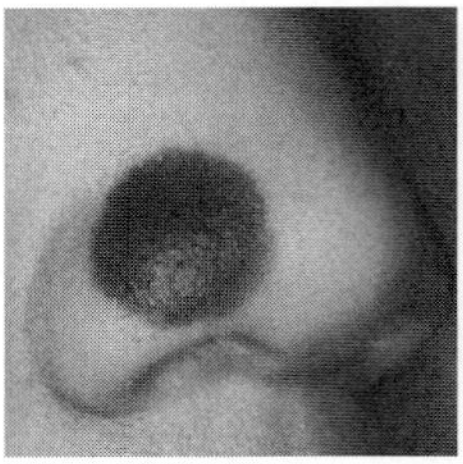
写真3　母斑細胞母斑

太田母斑（青あざ、異所性蒙古斑）
Nevus Ota

どんな病気か

太田母斑は目の周りを中心に、頬、額や鼻に生じる褐青色から灰青色調の母斑（あざ）です（写真1）。通常は顔の片側にできますが、両側の場合もあります。また、生まれたときからすでにある場合と、小児期にできて徐々に濃くなり、拡大する場合とがあります。

さらに、皮膚だけでなく眼球結膜や口腔粘膜にも青色斑をともなうことがあります。メラニン顆粒とよばれる茶色〜黒色の色素を産生する、色素細胞が皮膚の深部（真皮）にあるために青みをおびて見えます。

なお、同様のあざが肩から上腕にみられることがあり、これは**伊藤母斑**と呼ばれます。

治療

以前からドライアイスを患部に1秒程度あてる圧抵療法が行われ効果をあげてきましたが、近年はレーザー治療（Qスイッチ・ルビーレーザー、Qスイッチ・アレキサンドライトレーザー、Qスイッチ・YAGレーザーなど1990頁）が主流であり、きわめて高い効果をあげています。

レーザー治療は、レーザー光線を皮膚にあてるものですが、皮膚の表面にはダメージを与えず、その下にあるメラニン顆粒を選択的に焼灼します。それによってメラニン顆粒を多量に含む色素細胞を焼灼することができます。およそ3か月の間隔で、効果がみられるまでに少なくとも5、6回の照射が必要です。効果には個人差もありますが、かなり薄くなることが期待できます（写真2）。

ふだんの生活では病変部をファンデーションで隠します。また、レーザー治療によって一時的に日光の影響を受けやすくなるため、日焼け止めも使います。

治療は、小児の場合で全身麻酔が必要な場合は3歳ごろから開始するのがふつうですが、より早期から開始するほうがレーザーの効果が高いといわれています。なお、太田母斑へのレーザー治療は、健康保険の適用になっています。

母斑細胞母斑、黒あざ、ほくろ（色素性母斑）
Nevocellular Nevus

どんな病気か

母斑細胞母斑ないし**色素性母斑**は皮膚の表面（表皮内）、真皮内の母斑細胞（未熟な色素細胞）からなる良性のあざです（写真3）。

大きさと形はさまざまで、色は褐色や黒色です。表面は、平らのもの、軽く隆起したもの、でこぼこしたものとさまざまです。あざのなかではもっとも一般的にみられ、健常な人でも最低2〜3個の母斑細胞母斑があるといわれています。平均は14〜15個です。

出生時すでにみられるものを先天性母斑、生後のいろいろな時期から現れるものを後天性母斑といいます。

一般的には、その大きさによってほくろないし黒あざと呼ばれています。

◎若年性黒色腫（スピッツ母斑）

黒色腫といっても、悪性黒色腫とはちがい、良性のほくろの一種です。おとなにできることもありますが、おもに幼児にでき、急速に大きくなる特徴があります。

顔面によくできますが、他の場所や色素性母斑の病変内にできることもあります。腫瘍は円形ないし楕円形をしてドーム状に盛り上がっており、色は淡紅色から褐色調のものが多く、表面はなめらかです（写真5）。

悪性黒色腫との区別が専門医にとってもむずかしい場合がよくあります。

治療は、切除が適当です。

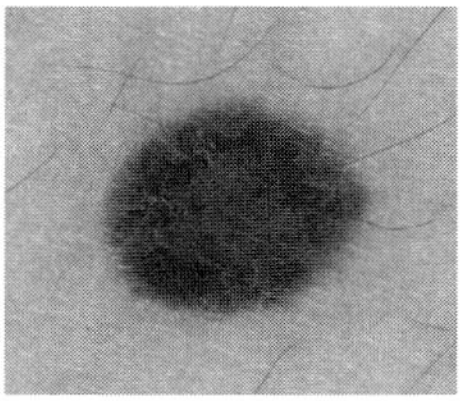

写真５　若年性黒色腫

長径が20cm以上にもなる大きな黒あざは、**巨大色素性母斑**で、しばしば濃い毛が生えています。

なお、黒いあざが急に増大する、変形する、境界が不鮮明になり黒い色が染み出したように見える、炎症をおこして赤くなる、出血する、一部が隆起する、潰瘍ができる、などの場合は**悪性黒色腫**（538頁）の疑いがあります。早めに専門医の診察を受けましょう。

治療

小さいものは放置してもかまいません。ただし、巨大色素性母斑の場合には、その一部から悪性黒色腫が発症してくることがまれにあります（巨大色素性母斑全体の５～６％）から、注意しましょう。

年月とともに盛り上がってきて、外見が気になる場合レーザー治療（現在保険適用にはなっていません）や切除を行ってもよいでしょう。

大きな黒あざは、子どもにとって精神的なハンディキャップになることが多いですから、手術治療を行うのが望ましいでしょう。

手術方法には、何回かに分けてあざの周辺の皮膚を縫い縮めていく方法や、からだのほかの場所から皮膚を移植する方法（植皮術 1961頁）、正常な皮膚の下に特殊な風船を入れてそれをふくらませ、伸びた皮膚で病変部をおおう方法（スキンエキスパンダー法 1986頁上段）、隣接した皮膚を持ち上げて患部をおおう方法（皮弁術 1985頁）などがあります。

病変の大きさや部位、形などからふさわしい方法が選択されます。手術時期は3歳以降が適当です。

扁平母斑（茶あざ）
Nevus Spilus

どんな病気か

扁平母斑は、一般的に茶あざと呼ばれています。形は円型（類円形）ないし不整形、色は均一に淡褐色をしており、表面は平らな母斑です（写真４）。

思春期前後に発症することが多いのですが、出生時からみられる場合もあります。

とくに10歳代ころに発症し、毛が生えているものを**ベッカー母斑**といいます。前項の母斑細胞母斑（黒あざ）とはちがって、皮膚の表面に通常ある色素細胞が若干増え、また色素産生が活発になった状態です。

治療

従来はドライアイス圧抵療法や削皮術（皮膚を機械的に削る方法）がおもに行われてきましたが、現在はレーザー治療が主体となっています。ただし、色は薄くなりにくく、またしばしば再び色がつくことが多いため、根気よく照射治療をつづけることがたいせつです。扁平母斑へのレーザー治療は、健康保険の適用になっています。

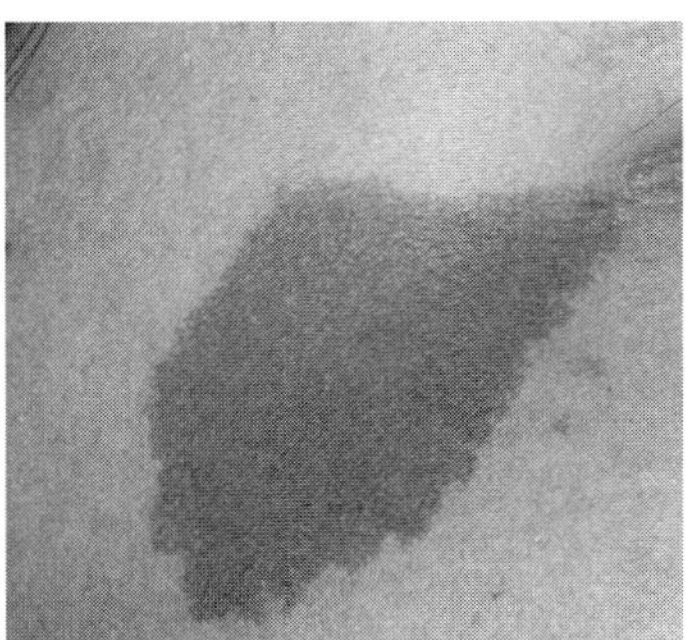

写真4　扁平母斑

◎その他の血管腫

▼被角血管腫　表面が角化する血管腫で、しもやけのある小児の手足にできやすい**ミベリ被角血管腫**、老人の陰嚢におこりやすい**陰嚢被角血管腫**、紅斑が拡大する**母斑様体部被角血管腫**などがあります。レーザー治療や外科的手術により摘出します。

▼血管芽細胞腫　血管内皮をつくる細胞が異常に増殖してできる血管腫で、押すと痛みます。生後まもなく発生するものと、遅くできるものがあり、いずれも放射線療法により消失します。

▼動静脈奇形　動脈と静脈が毛細血管を経ずに直接つながり、血流に異常がおこるために皮膚が盛り上がる血管腫です。皮膚表面の温度が高くなり、拍動する場合もあります。外科的手術により摘出します。

▼海綿状血管腫　血管が異常に増殖しておこる血管腫で、自然には消えません。硬化療法や手術により取除きます。

赤あざ（血管腫）
Hemangioma

どんな病気か

皮膚の血管が異常に増えたことが原因でできるあざです。血液が透けて見えるために、いろいろな程度に皮膚が赤く見えます。先天的な病気ですが、遺伝性ではありません。赤ちゃんのあざでは、赤あざ（血管腫）、黒あざ（**色素性母斑** 776頁）、青あざ（**異所性蒙古斑**や**太田母斑** 776頁）、茶あざ（**扁平母斑** 前頁）がほぼ同数みられます。

◇血管腫の種類

赤あざは、盛り上がりのない赤あざ（単純性血管腫）と、盛り上がりのある赤あざ（いちご状血管腫）が大部分を占めます。

◉単純性血管腫

単純性血管腫は、境界のはっきりした、赤色から暗赤色の平らなあざで、生まれたときからすでに見られます。からだのどこにでも発生し、自然に消えることはありません。

▼治療　以前は、切除、植皮、冷凍治療など、傷あとの残る治療が中心でした。単純性血管腫は盛り上がりがないため、化粧で隠すことができるのですが、そこに手術を行うと皮膚の表面に凹凸ができ、化粧で隠せなくなることがよくありました。そのため、治療に踏み切るには、慎重な判断が必要でした。通常12～13歳になって、本人が希望したときに治療を開始することが多いものでした。

しかし、単純性血管腫の治療は、レーザー治療が導入されて急速に進歩しました。レーザー治療（色素レーザーを患部にあてる治療）によって、皮膚を傷つけることなく赤みを消失させることが可能になってきました。そのために、単純性血管腫の治療は、積極的に行われるようになっています。

ただし、2～9歳くらいの子どもでは、恐怖感から暴れることがあるため、全身麻酔をかけないとレーザー照射ができないことがよくあります。そのため、2～9歳の年齢ではなるべく避けて、10歳まで待って治療を始める場合と、0歳児から治療を開始する場合とがあります。0歳児の場合は、痛み止めを外用すれば、ほとんど通院で治療できます。また、0歳児のほうが、少ない治療回数で赤みを消失させることができます。

レーザー照射は、3か月おきに行います。赤あざのレーザー治療は、保険診療の適用です。

▼スタージ・ウェーバー症候群とクリッペル・トレノーナイ症候群　広範囲にわたる顔面にできた単純性血管腫の場合、目の異常（緑内障）や脳の異常（てんかん発作）が現れることがあります。これは**スタージ・ウェーバー症候群**と呼ばれ、眼科医、小児科医への受診が必要です。

脚にできる広範囲の単純性血管腫にリンパ管腫や静脈瘤を合併し、脚が不釣り合いに大きくなることがあります。これは、**クリッペル・トレノーナイ症候群**と呼ばれ、血管外科医と整形外科医への受診が必要です。

▼サーモンパッチとウンナ母斑　単純性血管腫と同じ色ですが、額から眉間

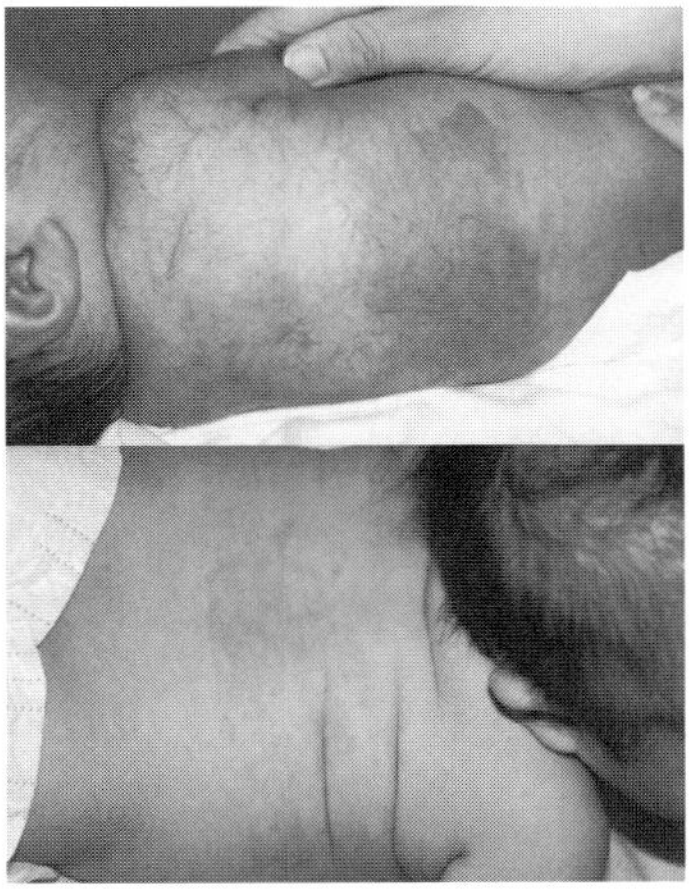
背の単純性血管腫　治療前（上）と治療後（下）

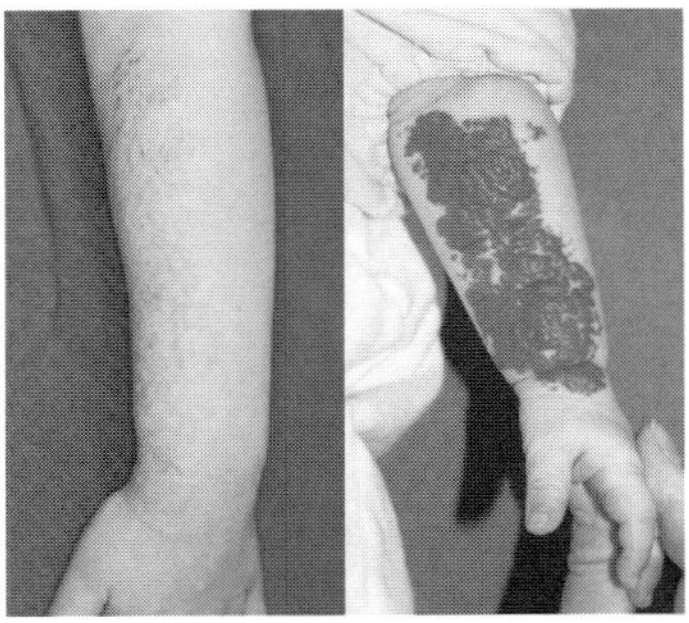
腕のいちご状血管腫　治療前（右）と治療後（左）

にかけてできる薄い赤あざ（**サーモンパッチ**）は、大部分が2～3歳で自然に消えます。通常は放置してようすをみて、3歳になっても残っていたら治療しますが、レーザー照射により確実に消せるため、家族が希望すれば、0歳児のうちにレーザー治療を行います。

うなじの薄い赤あざ（**ウンナ母斑**）は、サーモンパッチと同様に、自然に消える場合もありますが、成人になっても残る場合があります。家族の希望によって、0歳児のうちにレーザー治療を行います。

◉いちご状血管腫

いちご状血管腫は、生まれたときは目立ちませんが、生後数週間のうちにみるみる目立ちはじめ、6か月ごろまでにどんどん大きく膨らんでしまいます。その後、ゆっくりと色が薄くなり、少しずつ平らになって、5～6歳で赤みは消えます。放置しても自然に治ってしまう場合も多く、これまでは、5～6歳までは手を加えず、ようすをみるのがふつうでした。

けれども、膨らみや皮下のしこりが大きい場合には、あとを残すことがあります。最近では、色素レーザーの導入とともに、より早く、あとを残さずに治す目的で、0歳児から治療を開始する例が増えています。生後できるだけ早期の、いちご状血管腫が盛り上がる前に治療が開始されるのです。

いちご状血管腫は、治療せずに放置しておくと、ただれたり出血したりすることもあります。

巨大になって腫れた場合、血小板が減少して、出血傾向（血が止まりにくくなる）となることがあります。これを**カサバッハ・メリット症候群**といいます。

この場合、早期に適切な治療（放射線療法、副腎皮質ホルモン剤の使用、切除手術など）を行わないと生命にかかわることがあります。

眼瞼部にできたいちご状血管腫によって、目を開くことができなくなる場合があります。この状態が長くつづくと、視力の低下をおこすことがありますから、眼科医と小児科医の協力のもと、慎重な治療が必要になります。

◉その他の血管腫（前頁上段）

比較的まれな血管腫ですが、**被角血管腫**、**血管芽細胞腫**、**動静脈奇形**、**海綿状血管腫**などがあります。専門医による正確な診断がたいせつです。

子どもの運動器の病気①

◎骨系統疾患とは

骨は、コラーゲンと呼ばれるたんぱく質に、カルシウムとリンを主体とする骨塩（石灰化物質）が沈着することによってつくられています。

これらの骨が200個あまり集まって、からだ全体を支える骨格を形成しています。

また、骨は、カルシウムやリンの貯蔵庫にもなっています。

骨は、骨芽細胞と呼ばれる細胞から直接つくられる場合と、いちど、軟骨細胞ができてから新たに骨がつくられる

軟骨無形成症
Achondroplasia

どんな病気か　遺伝性の病気で、おとなになっても、身長が120～130cm程度にとどまります。とくに手足の成長が悪いため、独特の体型を示す代表的な病気です。

発生頻度は、1万人あたり0・5～1・5人といわれており、遺伝する病気としては多いほうです。

原因　原因として、遺伝子（線維芽細胞増殖因子受容体3という遺伝子）の異常によっておこることがわかってきました。

症状　頭が大きく、額が突き出て、鼻の付け根は陥没し、顎も突き出た特有の顔貌をしています。

胴体の長さに比べて、手足が極端に短くなります。

健康状態は良好で、知能の低下もなく、筋力低下もみられません。

検査と診断　出生後の体型や、X線検査によって、診断することができます。

また、妊娠中でも超音波検査で診断が可能です。

健康な両親から、この病気の子どもが生まれる場合もありますが、その子のあとに生まれる子ども（弟や妹）に、つづけてこの病気が発症することは、まず考えにくいといわれています。

治療　根本的な治療法は、いまのところありません。低身長に対しては、幼児期に成長ホルモンを使用する療法を行うこともあります。

手術によって、脚を伸ばす方法（脚延長術）がとられることもあります。

モルキオ病
Morquio Disease

どんな病気か　モルキオ病は、遺伝性の病気の1つです。人の体内には、グリコサミノグリカン（ムコ多糖類）という物質があって、さまざまな組織に存在しています。この物質は、体内での生産と分解のバランスがとれていれば問題はありません。

モルキオ病の場合では、グリコサミノグリカンを分解する酵素（ガラクトサミン6硫酸スルファターゼと呼ばれる酵素）が生まれつき欠けています。

そのため、骨格や内臓にグリコサミノグリカンが異常に蓄積されて、いろいろな障害がおこってくるのです。

症状　関節がゆるく、環軸椎（第二頸椎の歯突起）の亜脱臼などの頸椎の病変がおこるため、脊髄の神経が圧迫されて、神経症状が現れたり、股関節の症状がおこったりします。知能障害はなく、また、生命にも別条はありません。

しかし、いわゆる低身長症の症状が著しく、体型はくびと胴が短くなり、X脚（790頁）となります。

骨格の異常としては、背中が曲がったり、鳩胸（785頁）や扁平足（794頁）がおこりやすくなります。

その他の異常としては、目の角膜が濁って視力が低下したり、心臓が大きくなったりすることがあります。

検査と診断　尿中のグリコサミノグリカンの成分を調べることで、だいたいの予想はつきますが、正確な

場合があります。

また、いちどつくられた骨は、破骨細胞と呼ばれる細胞によってたえず壊されており、骨はつねにつくりかえられているのです。

こうした骨の形成や維持には、骨や軟骨をつくるための材料や酵素、ホルモンなどが必要です。これらのしくみや材料などの供給が障害されておこる病気を骨系統疾患と呼んでいます。

骨系統疾患の症状としては、成長障害、骨格の変形、関節の障害、骨折などがあげられます。

骨系統疾患には、いろいろな病気が含まれますが、遺伝する病気も多く、最近では原因となる遺伝子が見つかったものもありますが、まだ原因のわからない病気もたくさんあります。

ひじょうに頻度の少ない病気ですので、整形外科などの専門医にかかって、適切な診断と治療を受ける必要があります。

診断をするには、酵素の活性を調べる検査が必要です。

治療　この病気の根本的な治療法はありません。

最近では、他のムコ多糖類の分解酵素の障害による病気に、治療薬が開発されています。近い将来、この病気でも治療薬が開発されることが期待されています。

骨形成不全症（こつけいせいふぜんしょう）
Osteogenesis Imperfecta

どんな病気か　生まれつき骨のつくりが悪く、簡単に骨折をおこしてしまう病気です。

ふつう、10歳くらいまでに何度も骨折をおこしてしまうため、骨が変形してしまいます。

症状　この病気にともなう症状として、白目の部分が青かったり、むし歯（661頁）になりやすかったり、また、耳が聞こえにくかったりすることがあります。

骨折にともなう変形によって、身長が低くなる（低身長）ことはありますが、知能の低下はおこりません。

多くの場合、骨折がよくおこるのは10歳までで、それ以降は少ないとされています。

原因　骨の形成にたいせつなI型コラーゲンと呼ばれるたんぱく質の異常によっておこると考えられています。

治療　この病気に対していまのところ有効な治療法はありません。

骨折がおこらないように、カルシトニンというホルモンを用いる場合もありますが、その効果については、まだはっきりしていません。

くり返しおこる骨折のために変形した脚（下肢）の骨には、変形を矯正する手術を行ったりします。

生後すぐに死亡する場合もありますが、それ以外では、成人に達することが多いので、寝たきりにならないように、とくに脚の体重を支える機能を保つような治療が行われることがたいせつとなります。

大理石病（だいりせきびょう）
Osteopetrosis / Marble Bone Disease

どんな病気か　遺伝性の病気です。骨は、適度のかたさと弾性をもった組織ですが、大理石病では、骨が大理石のようにかたくなりすぎて、もろく折れやすくなります。

乳幼児期に発症すると死亡する場合もありますが、ほとんどは、小児期以降に発症するもので、死亡することはありません。

症状　骨がかたくなりすぎるため、まるでチョークを折ったように、骨折をおこすことがあります。

骨の中には、血液をつくる骨髄と呼ばれる空間がありますが、この病気では、骨髄の入っている空間が狭くなり、そのはたらきが悪くなって、貧血（696～697頁）や骨髄炎（1880頁）がおこりやすくなったりします。

また、頭の骨におこると、脳神経が通っている孔も狭くなって神経が圧迫され、視力障害や聴力障害など、さまざまな脳神経症状が現れたりする場合

子どもの運動器の病気②

があります。

治療

この病気の根本的な治療法はありません。

しかし、ビタミンD製剤の大量使用や低カルシウム食によって、骨の過剰な骨化を防ごうという治療が行われることもあります。

骨髄の減少によっておこる重症の貧血や感染（骨髄は血液のほかに、免疫にはたらく細胞もつくるので、骨髄の減少によって感染がおこりやすくなる）に対しては、小児期までに骨髄移植（1450頁）が行われることもあります。

骨折に対しては、ほとんどの場合、手術が行われますが、治りにくいとされています。

くる病（子どもの骨軟化症）

Rickets

どんな病気か

成長過程にある小児期におこる骨軟化症（1886頁）を、くる病といいます。

なんらかの原因によって、カルシウムやリンが骨に沈着しないで、類骨と呼ばれるやわらかい組織が、骨の中に過剰にできてしまう病気です。

そのため、骨がやわらかくなり、O脚（789頁）になったり、背骨が曲がったりするなど、からだの変形がおこりやすくなります。

原因

骨がやわらかくなる原因としてはいろいろな病気があり、くる病はそれらの病気の総称です。なかには、腎臓病が原因でおこったり、消化吸収不良のためにおこったり、薬の副作用によっておこったり、紫外線不足によっておこったりすることもあります。

原因となっている遺伝子（ビタミンD受容体）がはっきりわかったものもありますが、まだ原因のわからないものもあります。

症状

早いものは、1歳ぐらいからO脚によって見つかることがあります。骨格の異常としては、ほかに鳩胸（785頁）になったり、手足の関節の周りが腫れたりします。

その他の症状として、血液中のリンやカルシウムの濃度が低くなるために、精神症状（不機嫌）が現われたり、けいれんをおこしたり〔低カルシウム血症（1534頁）がある場合〕、下痢をおこしたりすることもあります。

検査と診断

骨のX線写真だけで、簡単に診断がつくことが多いのですが、どういうタイプのくる病かを調べるためには、血液検査が必要となります。

治療

ビタミンD製剤、カルシウム製剤、リン酸塩の使用が治療の原則となります。

変形をおこした骨や関節、低身長も薬の服用によって改善することが多いものです。しかし、薬を飲みすぎると、ビタミンD過剰症（1526頁）、高カルシウム血症（1534頁）などの副作用が現れる危険がありますので、副作用を防ぐためにも整形外科などの専門の医師を受診することがたいせつです。

薬を服用しても治らない変形や低身長に対しては、手術を行うことがあります。

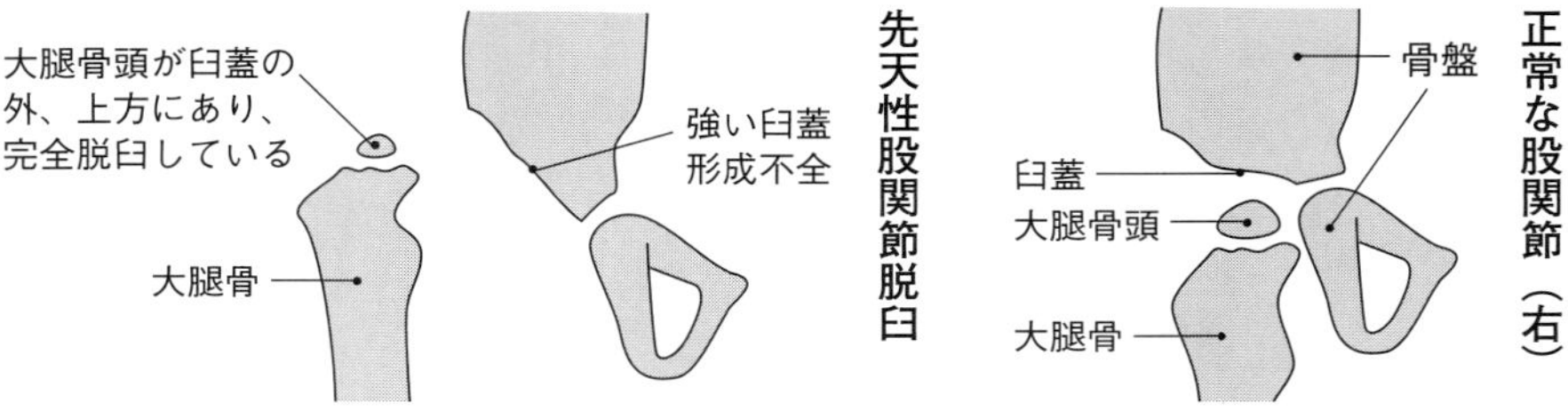

先天性股関節脱臼
Congenital Dislocation of the Hip

どんな病気か

赤ちゃんの股関節（股の関節）が、とくに外傷もないのに、はずれている（脱臼している）病気です。

日本では、30年前までは、赤ちゃんの1％にみられる、かなり頻度の高い病気でした。しかし現在は、育児法の改善（予防運動）にともなって、0・3％にまで減ってきています。男の子1に対して女の子6の割合で女の子に圧倒的に多いのが特徴となっています。

この病気は、妊娠中に子宮の中で膝を伸ばした姿勢でいた、逆子（骨盤位分娩）の赤ちゃんに多くみられます。

生まれつき（先天的に）関節が緩くて（関節弛緩）、不安定な股関節をもっている赤ちゃんに、出産直後からの不適当な育児環境（股関節や膝関節を伸ばして育てる）が加わることによって、脱臼がおこることが証明されています。このため**発育性股関節形成不全**ともいいます。

症状

生まれて1週間以内の赤ちゃん（新生児）に股関節脱臼があると、股を大きく外に開いたときに、コクッという音がします（**クリックサイン**）。

また、生後1か月以後の赤ちゃんでは、股関節の開きかたが悪い（開排制限）、脚の長さがちがう、太ももの内側のしわが左右対称でない、脚の動きがふつうとちがうなどの症状がある場合、股関節脱臼を疑います。

赤ちゃんが歩き始めると、脚を引きずって歩いたり（跛行）、お尻を突き出して歩いたりします。

検査と診断

①女の子、②第一子、③冬季出産（厚着をして脚を動かしにくい）、④骨盤位分娩、⑤股関節脱臼の家族歴、このうち3つ以上が該当する場合、整形外科でくわしい検査を受けておくことが望まれます。

X線写真では、股関節の状態によって、①完全脱臼、②亜脱臼（はずれかかった状態）、③臼蓋形成不全（脱臼ではないが、関節の発育が悪いもの）に分けることができます。最近は、超音波検査（エコー）も行われています。

治療

臼蓋形成不全の場合には、股関節をなるべく開いておくだけで、ほとんどが自然に治ってしまいます。

亜脱臼や完全脱臼の場合は、**リーメンビューゲル**という、肩から脚をつるバンドを装着します。着用期間は、ほぼ4か月です。生後3～6か月の間に、リーメンビューゲルを正しく使用すれば、亜脱臼は、ほとんどが治ります。完全脱臼でも、その85％が装着後1週間以内に整復されます。脱臼が整復されれば、股関節の開きがよくなります。

リーメンビューゲルで整復されない脱臼の場合には、入院して、脚を4週間牽引したあとに、全身麻酔をかけて整復し、ギプスや装具などを用いて治療します。

こうした治療で、整復できないときは、手術を行うことになります。

整復された股関節は、10歳ぐらいまでに、しだいに発育して、正常に近くなっていきますが、その間は、経過を注意深く観察する必要があります。

◎外反足

足全体が外側に反り返り、足の小指が床から反り上がっている状態をいい、扁平足（794頁）を合併した場合は**外反扁平足**と呼ばれます。

子どもは足の筋肉が弱いためにおこるので、裸足で芝生の上を歩くなどして筋肉を鍛えると治りやすくなります。靴は、踵に芯が入ったかたいもので、土踏まず部にアーチがついたものを選びます。

◎斜頸のいろいろ

赤ちゃんの斜頸には、筋性斜頸のほかに、原因によってつぎのようなものがありますが、これらは、原因である病気の治療が必要となります。

定期検診を行って、どうしても股関節の発育が不良で、成人後に股関節の痛み（変形性股関節症　1873頁）がおこる危険性があるときには、5～6歳くらいで手術によって股関節を正常に近い形につくりかえることもあります。

予防　先天性股関節脱臼は、先天性といっても、日ごろのお母さんの注意があれば、かなり予防することができます。赤ちゃんの股関節と膝を伸ばしてしまうような服やおむつのつけかたは避けましょう。

生まれたばかりの赤ちゃんは、カエルの脚のように股を広げて、脚を曲げていますが、その格好をじゃましないようにし、また、自由に脚を動かせるようにしてあげてください。

赤ちゃんの横抱きはやめて、コアラのように、お母さんのおなかの前にだっこすることも、股関節脱臼を予防するためによいことです。ベビースリング（だっこ紐）を使うときは、赤ちゃんの脚を伸ばさないように注意しましょう。おんぶするときも、股が広がるような状態でしてあげます。

先天性内反足
Congenital Clubfoot

どんな病気か　片方または両方の足全体が内側に反り返り、足の裏が向かい合っているような状態を**内反足**といいます。

生後に足の先が下を向いてしまう**尖足**、足の先が親指のほうに曲がっている**内転足**、足の裏のカーブ（土踏まず）が高い**凹足**といった変形が合併したものを先天性内反足といい、医師が手で矯正しようとしても簡単にはできないかたい足の変形です。

治療　生後、このような変形に気づいたら、すぐに矯正マッサージやギプスによる矯正を行います。その後、矯正靴などの装具をつけて、正しい状態を保つように治療がつづけられます。

少なくとも数年間は、変形が再発していないかどうか診察してもらうことがたいせつになります。

矯正が十分でない場合には、手術が行われることもあります。

筋性斜頸
Muscular Torticollis

どんな病気か　赤ちゃんのくびの片側の筋肉（胸鎖乳突筋）にしこりができて、筋肉が短縮するためにくびが横に曲がる病気です。

こうしたことがおこる原因は、よくわかっていません。

症状　生後1週間目くらいに、くびの片側に指先ほどの大きさのしこりができ、それが生後3週間までに、徐々に大きくなります。それ以後、しこりは自然に小さくなって、90％は1年以内に消えてしまいます。

しこりが残ると、赤ちゃんは顔をしこりの反対側に向け、くびをしこりのほうに傾け、それぞれ反対側には動かしにくくなります。

この状態が長くつづくと、寝ぐせがついて、片側の後頭骨が平らになり、顔と頭がいびつになってしまいます。

治療　90％は自然に治ってしまうので、赤ちゃんの間は、とくに治療の必要はありません。

▼眼性斜頸　斜視（626頁）のため、物を見つめるときにおこるものです。片側の目を眼帯で隠すと障害が消えるので診断できます。やわらかい斜頸で、くびの筋肉はこわばっていません。

▼耳性斜頸　片側の耳が難聴（635頁）だったり、迷路障害（平衡感覚が悪い）のときにおこります。

▼骨性斜頸　生まれつき、くびの骨（頸椎）が変形しているためにおこるかたい斜頸です。

▼炎症性斜頸　かぜ（670頁）、扁桃炎（644頁）、中耳炎（633〜634頁）などで、くびのリンパ節が腫大しているときに痛みと筋肉のこわばりが生じ、斜頸になります。

▼外傷性斜頸　くびを強くひねったときに頸椎が亜脱臼をおこして斜頸が生じることがあります。かたい斜頸で、手で治そうとしてもできません。

▼習慣性斜頸　原因がなくて、習慣的にくびを曲げているものです。やわらかい斜頸で、注意すればすぐに治ります。

治るまで、頭や顔がいびつにならないように、寝かせかたを工夫します。向きぐせがあるほうの反対側におもちゃや窓などがあるようにします。

マッサージをすると、しこりと周囲の組織の間に癒着がおこって、自然治癒をさまたげることが多いので、しないようにしましょう。

1歳以上になってもよくならないときに、初めて手術を考えます。

手術は、緊張している筋肉を鎖骨の上で切り離して、くびに矯正用のカラーをつける方法が行われます。

鳩胸
Pigeon Breast

どんな病気か

胸の真ん中に縦に長く触れる骨を胸骨といいますが、この胸骨が、ハトの胸のように前方に出っ張っている変形を鳩胸といいます。

また、片側の胸壁が突出するタイプもあります。

肋骨と胸骨をつなぐ肋軟骨という部分が、生まれつき異常に長くなって変形がおこる先天性のものと、くる病（782頁）など、骨の発育障害をおこす病気にともなって現れるものとがあります。胸郭が変形しているだけで、心臓や肺などに障害はおこりません。

治療

生まれつきのもので、軽度であれば、発育とともに目立たなくなります。

特別な症状がなく、気にならなければ、治療の必要はありません。

くる病が原因であれば、ビタミンDなどの薬を服用します。くる病が治れば、胸の変形もよくなります。ふつう手術は行いません。

漏斗胸
Funnel Breast

どんな病気か

胸骨（胸の中央にある平らな骨）の中央部が、縦にへこんでいる状態を、漏斗胸といい、男の子に多くみられます。肋骨と胸骨をつないでいる肋軟骨という部分が異常に長すぎて、胸骨が押されて、内側にへこんでしまうためにおこります。

症状

軽いものは、少し胸がくぼんでいるだけで、日常生活に支障はありません。

ひどいときは、へこんだ胸骨が心臓や肺を圧迫し、心臓が横に押し出されたり、肺活量が減ったりすることがあります。

治療

軽度の場合は、治療の必要はありませんが、子どもが外観上、くぼみを気にすることもありますので、心理的なサポートが必要なことがあります。

中等度の変形は、まず胸郭全体の発

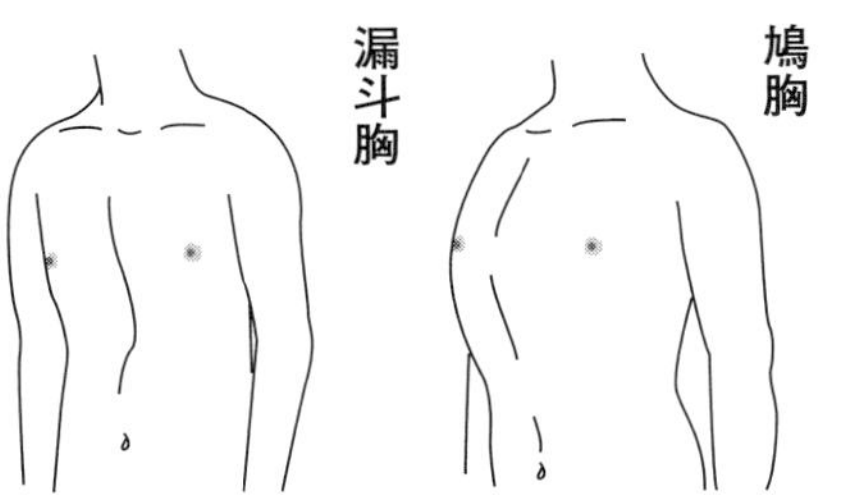

達を促すような運動をすることを勧めます。

程度がひどくて、心臓や肺が圧迫されて障害があるときは、両側の肋骨を胸骨から切り離し、くぼんだ胸骨を裏返しにしてかぶせたり、胸骨を持ち上げたりする手術を行います。

子どもの野球肘
Baseball Elbow

どんな病気か　野球で投球をするときは、筋肉がついている肘の関節部分に、強い牽引力がはたらきます。ボールを投げすぎると、筋肉が付着している部分に炎症がおこったり、関節軟骨に障害がおこり、肘に痛みが現れます。つまり、野球肘は、1回のけがではなくて、過度の練習の結果おこる障害です。

伸び盛りの子どものからだは、骨格と、これを支える組織が未発達で、過度の練習には弱く、同じ動作をくり返すスポーツ活動は、障害をおこしやすいものです。

野球肘は、身長の伸びが年間7㎝以上の子どもに多くみられ、伸びが4㎝以下の子どもには少ないことがわかっています。また、投球数の多い投手では、その38％が野球肘になりますが、内野手では13％、外野手は8％とあまり多くありません。

症状　肘を動かしたり、内側や外側を押すと、痛みがあります。肘が腫れたり、完全に伸ばしたりできなくなります。

X線検査をすると、肘の関節軟骨（上腕骨小頭や内側上顆など）が破壊されかかっていたり、重度ではがれた骨片が、関節の中に入り込んでいたり（関節遊離体 1882頁）しています。

治療　初めは、肘の安静が基本で、痛みのある間は投球をやめさせます。早いうちなら、大部分は適切な治療で治ります。

炎症が強いときは、消炎鎮痛薬を含む軟膏や湿布が用いられます。

関節遊離体になると、手術が必要になります。

予防　野球肘をおこさないためには、投球数を1日1試合50球以内、1週間に300球以下に抑えるように指導します。

また、いったん野球肘がおこったときは、将来野球をつづけるためにはいま治療をしておく必要があることを、本人や家族、指導者にもよく理解してもらわねばなりません。

子どもの野球肘のＸ線像の例

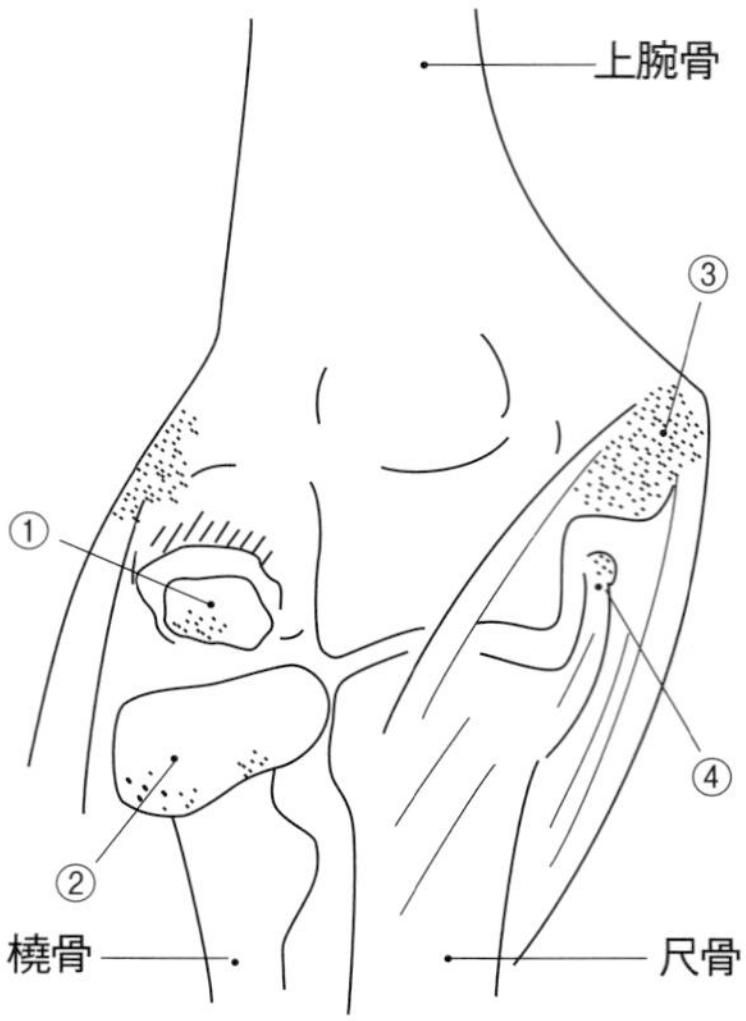

①上腕骨小頭の離断性骨軟骨炎（関節遊離体）、②橈骨頭の肥大、③内上顆の変性、④内側側副靭帯の断裂・石灰化

外反肘
Cubitus Valgus

どんな病気か　腕をまっすぐに伸ばしたとき、肘のところから親指側

子どもの運動器の病気

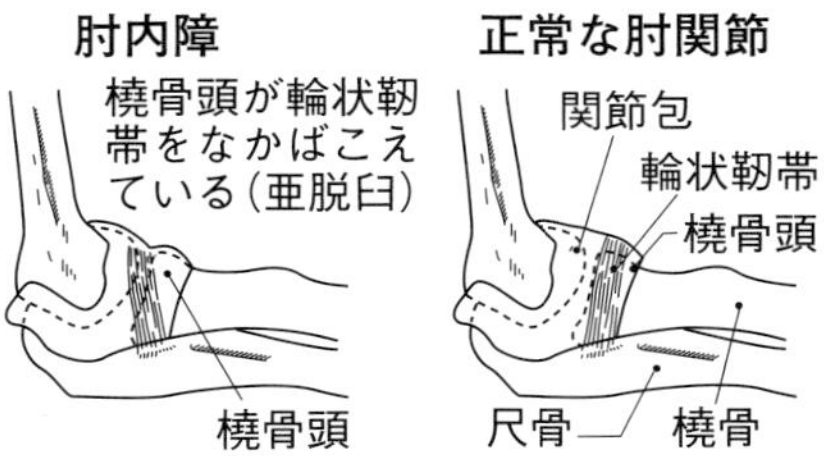

(外側)に弯曲している変形を、外反肘といいます(内反肘/外反肘 1921頁)。

ほとんどは、上腕骨の下端(肘)の外側(外側上顆 1920頁図)でおこった骨折の後遺症が原因です。

この部分での骨折は、骨が成長していく先端の部分である成長線(骨端線)にかかるために、変形がおこりやすいのです。

症状　肘の変形が強いときには、成長するとともに、肘の内側を走っている尺骨神経がしだいに引っ張られて、まひがおこることがあります。

尺骨神経まひがおこると、小指にしびれや痛みが生じ、小指を伸ばすのが困難になったり、握力が低下したりします。

治療　変形が強いときは、上腕骨の肘の部分で変形を矯正するように骨を切って(骨切り術)、鋼線やねじ釘で固定します。

尺骨神経まひがあるときは、神経を周囲から剥離して、引っ張られないような場所に移します。

内反肘 Cubitus Varus

どんな病気か　腕をまっすぐに伸ばしたとき、肘のところから小指側(内側)に弯曲している変形を、内反肘といいます(内反肘/外反肘 1921頁)。

ほとんどは、上腕骨の下端(肘)の内側でおこった骨折(上腕骨遠位端骨折 1942頁)の後遺症です。骨折の整復が不完全なときや、骨折が骨の成長していく部分である成長線(骨端線)にかかったときに、肘の変形がおこりやすいものです。

症状　変形は、肘を曲げたときにはあまりはっきりしませんが、手のひらを上にして、肘を完全に伸ばすとはっきりします。

治療　軽い変形では、日常生活に支障をきたすことはありませんが、変形が強くなると、美容上の問題とともに、肘の曲げ伸ばしが完全にできなくなることがあります。

弯曲の角度が20度以上で生活に支障があるとき、また美容上、本人が希望すれば手術を行います。手術は、骨折後1年以上たってから行います。

手術は、上腕骨の肘の部分で変形を矯正するように骨を切って(骨切り術)、鋼線やねじ釘で固定する方法がとられます。

肘内障 Pulled Elbow

どんな病気か　よく肘が抜けたといわれるものが、この病気です。2、3歳の幼児で、急に手を強く引っ張ったときに、突然痛がって泣きだし、腕をだらりと下げて動かさず、まったく手を使おうとせず、とくに、腕を上げる動作をいやがり、誰かが手を持ち上げようとすると強く泣いたりします。

これは、前腕の親指側にある橈骨という骨の骨頭(先端の膨らんだ部分)が、それを安定させている肘の輪状靭帯からはずれかかって、輪状靭帯が肘の関節内に一部分入り込むためで、ほんとうの脱臼ではありません。

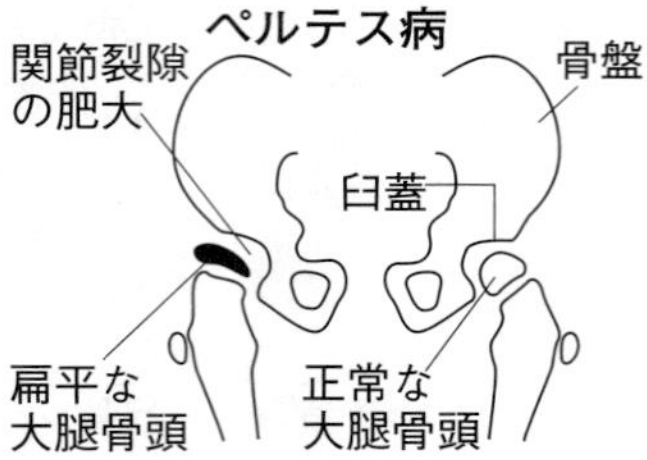

手をだらりと下げているので、肩が脱臼しているとまちがわれることもあります。

治療　骨折でないことをよく確認してから、整復を行います。

整復をする人が、親指で橈骨の骨頭を前方から押さえ込み、肘関節を90度に曲げると同時に、手のひらが上に向くようにねじる（前腕を回外する）と、コツッという音とともに、肘がもとの状態に戻ります。

整復されると、幼児などは急に手を動かすようになります。ただし、肘内障がおこってから時間がたつと、整復しにくくなることが多いものです。

予防としては、お母さんなどが、子どもの手を急に強く引っ張らないように注意することがたいせつです。

ペルテス病
Perthes Disease

どんな病気か　大腿骨（ももの大きくて長い骨）の上端の膨らんだ部分を骨頭（大腿骨頭）といいますが、なんらかの理由でこの部分の血行が悪くなり、腐っていく（壊死する）病気です。**レッグ・カルベ・ペルテス病**ともいいます。

3～8歳の活発な、小がらな男の子に多くみられます。

症状　脚を引きずって歩き（跛行）、股関節、大腿（太もも）、膝に痛みがおこります。症状が進むと、股関節の動きも悪くなり、悪いほうの脚は細く、短くなります。

X線写真でみると、大腿骨頭が平たくつぶれたり、欠けたように変形しています。MRI検査（磁気共鳴画像検査）は、子どもの関節軟骨の状態もよくわかり、治療に役立ちます。

治療　治療せずに放置し、体重をかけて歩いていると、壊死した骨頭はどんどんつぶれて、変形がひどくなります。

しかし、ペルテス病では、発病後1年半くらいたつと、骨頭への血行が再び始まり、壊死した骨が自然にもとのように回復してきます。

そこで治療としては、骨が正常な状態に回復されるまでの間、壊死したやわらかい骨頭が変形をしないように、体重を悪い脚にかけないこと（免荷）がたいせつになります。

また、股関節の動きが悪いので、まず入院して脚を牽引し、動きがよくなったら、股関節の装具（**西尾式**）をつけて歩かせます。この装具は、股関節をやや開いた位置にして、骨頭を骨盤の受け皿（臼蓋）の中にしっかり入れ込んでおき、さらに支柱で体重を支えて、股関節の負担を軽くするものです。

装具の装着により、教室でいすに座ったり、松葉杖なしで走ったり、階段の昇り降りができるようになります。また、サッカーなどもできるようになります。

装具を装着している期間は約1年半で、装具をとったあと、半年間は軽い運動や水泳、サイクリングなどを行わせます。

9歳以上の子どもで、骨頭の変形がひどく、股関節のはまり具合が悪い（亜脱臼）ときは、大腿骨の骨切り術を行います。

子どもの運動器の病気③

O脚

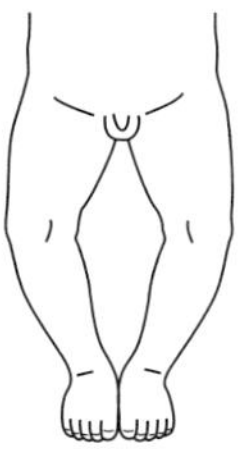

大腿骨頭すべり症
Slipped Capital Femoral Epiphysis

どんな病気か

大腿骨（ももの大きな太い骨）が骨盤と股関節をつくる部分を骨頭（大腿骨頭）といい、子どもでは、骨頭のすぐ下に骨端線（骨が成長する部分）があります。かたい骨に挟まれた軟骨部分である骨端線は、外力に弱く、骨頭にむりな力がかかると、その部分で後方にずれてしまいます。これが、大腿骨頭すべり症です。

11～15歳くらいの、ぼてっとした肥満型の男の子に多くみられます。

原因の1つに成長ホルモンと性ホルモンの異常があるといわれています。

症状

外傷をきっかけにして、突然、強い股関節の痛みがおこり、歩けなくなる急性型と、徐々に股関節の痛みが強くなって、脚を引きずって歩く慢性型があり、慢性型のほうが多くみられます。

X線写真では、骨頭が後方へすべっているのがみられ、CT検査をすると、その程度がよくわかります。

治療

急性型では、手術で骨に鋼線を通して牽引し、ずれをゆっくり整復するか、麻酔をかけて手で整復後、大腿骨頭をねじ釘で固定します。

慢性型では、ずれが軽い場合には、そのままの位置で骨頭をねじ釘で固定しますが、重症の場合には、骨を切る手術（矯正骨切り術）を行います。

骨頭のすべりを放置していると、成人してから変形性股関節症（1873頁）になり、強い痛みがおこる危険性が大きくなります。

単純性股関節炎
Transient Synovitis of the Hip

どんな病気か

5～8歳の子どもで、朝起きたときに急に脚が痛くて歩けないなど、突然に股関節の痛みがおこります。かぜをひいたあとに、おこることもあります。

症状

股関節の痛みがあり、関節を動かすと、とくに痛がります。歩くときは、痛みのために脚をかばって引きずります（跛行）。

X線写真ではとくに変化が見られませんが、超音波検査によって、関節内に水がたまっている状態を観察できることがあります。

治療

股関節の安静を保ち、歩行させなければ、ほとんどの場合、1週間以内に治ります。消炎鎮痛薬の使用は、ふつう必要としません。

重症で、痛みのために脚を曲げて動かさない場合は、入院のうえ、脚を牽引して痛みが消えたあと、徐々に運動を始めます。

関節内に水がたくさんたまっているときは、関節に針を刺し（関節穿刺）、注射器で吸い出します。

O脚
Bowleg

どんな病気か

いわゆる**がに股**のことで、立ったときに、両側の脚が外側に凸に変形していて、両膝の間が開き、O型に見える状態をいいます。

片側だけ弯曲している場合は**内反膝**

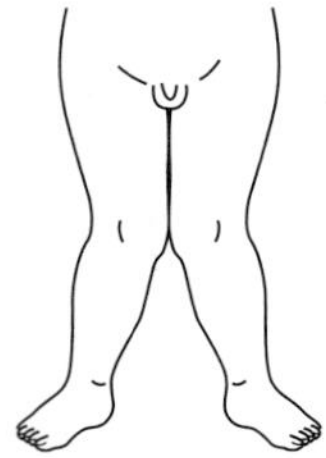

といい、両側性の内反膝がO脚です。

ほとんどの子どもは、2歳までは軽いO脚（生理的O脚）ですが、成長とともに自然に改善され、3歳ではむしろX脚（次項）になります。

したがって、2歳をすぎてもO脚の程度が強いときは、注意が必要です。

症状

両足首をつけて立って、両膝の間に、おとなの指が3本以上入るときは、O脚変形が強いといえます。O脚の子どもは、内股歩き（内旋歩行）をするので、転びやすかったり、疲れやすかったりします。

X線写真では、骨に病的な変化がみられない場合がほとんどですが、まれに、脛骨（すねの大きな太い骨）の膝の関節面に発育異常がおこる**ブラウント病**が生じている場合があります。

また、全身の骨の発育障害を生じる**くる病**（782頁）や、骨の異常をともなうさまざまな病気でも、強いO脚がみられることがあります。

治療

子どものO脚の大部分は年齢的な変形で、成長するとともに自然に矯正されますから、とくに治療する必要はありません。

以前は、矯正靴を使って治療していましたが、その治療効果は、何もしないで自然に矯正される度合いと差がないことから、現在では矯正靴は使用されなくなっています。

ブラウント病は、軽症であれば成長とともに自然に治りますが、重症の場合は、変形が進むので、手術が必要となります。

くる病によるO脚は、ビタミンDなどの薬剤の服用でくる病が改善されれば、変形も治ってきます。

X脚
Knock Knee

どんな病気か

立ったときに、両側の脚が内側に凸に変形していて、両足のくるぶしの間が開いてX型に見える状態をいいます。

片側だけの変形は**外反膝**といい、両側性の外反膝がX脚です。

子どもの脚は、3歳ころからX脚になり（生理的X脚）、7歳ころに、だいたいまっすぐになって、おとなの脚に似てきます。したがって、7歳以上になってX脚があるときは、異常といえます。

症状

両足のくるぶしの間が、指5本分以上開いていれば、変形があると考えます。

X脚の子どもは、全身の関節が著しくやわらかい（関節弛緩）ので、立ったときに、膝が後ろのほうに反り返ったり（反張膝）、足が左右の方向に反っているため足裏のアーチ（土踏まず）が低い状態（外反扁平足）がよくみられます。

この全身の関節弛緩がみられる場合には、運動に機敏さがなく、転倒しやすいとか、膝にむりがかかりやすいので、夜、寝ているときに脚が痛むという子もいます。

X線写真では、骨に病的な変化がみられない子どもがほとんどですが、まれに、骨にかかわる病気をもった子どももいます。

治療

X脚の大部分は、年齢的な変形で、成長するとともに、自然に矯正されます。ですから、定期的な経過観察だけで十分です。

以前はO脚と同様、矯正靴を使って治療していましたが、その治療効果は、自然矯正と差がみられないことから、現在は使われていません。

ただし、骨にかかわる病気が原因でおこったX脚は、手術が必要なことがあります。

成長痛
Growing Pain

どんな病気か

2～6歳の子どもで、日中は元気よく遊んでいるのに、夜寝ているとき、急に脚が痛いといって目を覚まし、泣いたりしますが、痛みは長くつづかず、さすってやったり、だっこしたりすると治り、また寝てしまう状態をいいます。

脚にけがや炎症はなく、翌日には何事もなく飛び跳ねているという特徴があります。

月に1～3回の割合でおこり、1～2年くらいつづくことが多いものです。

脚の急激な成長の過程に多くみられるので、いわゆる成長痛と呼ばれています。しかし、成長は子どもにとってあたりまえのことですから、成長そのものが直接の痛みの原因とは考えられません。もし、成長するための痛みであるなら、すべての子どもが痛みを訴えるはずです。

したがって、成長痛という名称は、原因不明の子どもの脚の痛みをいうのに便利な一般用語であっても、医学的には適当な名称ではありません。

原因

いわゆる「成長痛」の多くは、日中に運動したあとの、たんなる脚の疲労感を、まだ十分にことばで表現できない幼・小児が、もっとも表現しやすい「痛み」ということばで訴えているものと考えられます。

夜に訴えることが多いのは、昼間とちがい、就寝時や睡眠中には子どものこころの抑制がとれ、「痛み」を訴えやすい時間帯になるからでしょう。

また、家庭や学校を含めた生活環境の変化や、心理的ストレスによる、こころや睡眠の軽い障害が、「痛み」として表現されたとも考えられます。

たとえば次子の誕生、入園・入学などの集団生活の開始、過度の運動などがそれにあたるでしょう。

また、この脚の痛みを訴える子どもたちは、全身の関節が緩い（関節弛緩）ことが多く、そのため運動が負担になっていると思われます。

治療

医師は、病気による痛みではなく、また、脚の形が悪くないことを確認したうえで、子どもが痛がっても、過度に心配しなくてよいことを両親によく説明します。

痛みの原因が、悪い病気ではないことを両親が理解し、ゆったりと子どもに接するようになれば、子どもも安心し、痛みで不安になるようなことはなくなります。

薬は使わずに、痛む場所をさすったり、温めたり、あるいはだっこすると痛みは消えることが多いものです。

どうしても痛みがつづき、心理的要因が大きいと判断された場合は、専門医の心理カウンセリングを受けることも考えます。

◎骨端症とは

子どもの骨の端（骨端）は、やわらかい軟骨で、その真ん中に骨端核という、骨をつくるセンターがあります。

成長とともに、この骨端で、軟骨が外側に向かってかたい骨に変化していきます。

なんらかの理由で、この部分の血液の循環が悪くなり、骨端核を含めて組織が腐っていく（壊死する）病気を、骨

子どもの膝内障

Internal Derangement of the Knee

どんな病気か

膝の内部に原因があって痛みがおこる場合を総称して、膝内障といいますが、子どもにもっとも多くみられる原因は、**半月板損傷**（1937頁）です。

半月板は、膝の関節にあってクッションの役目をする三日月型の軟骨ですが、ときに、これが満月のような円板状（**円板状半月板**）のことがあります。

円板状半月板は、膝の屈伸時に負担が強くかかり、しわがよって傷つくことがあり、そのときに膝に痛みがおこるのです。膝の痛みとともに、膝の屈伸がしづらくなります。屈伸時に膝に音がして、痛みもともないます。

治療

半月板の傷が軽ければ、サポーターや装具をつけ、自然に傷が治るのを待ちます。

重症のときは、膝を1cmほど切開して、関節の中に内視鏡（関節鏡）を入れ、傷ついた部分を切り取ります（内視鏡手術）。

オスグッド・シュラッター病

Osgood-Schlatter Disease

どんな病気か

すねの骨（脛骨）の、膝のすぐ下に張り出している部分（脛骨結節）が腫れて、痛みがおこる病気です。

子どもの脛骨結節には、軟骨の成長線があり、外力に弱い部分ですが、そこには膝を伸ばす大きな筋肉（大腿四頭筋）がはたらいており、つねに大きな力がかかっています。

ジャンプ、ランニング、キックなどといった激しいスポーツをすると、くり返し脛骨結節に筋肉の牽引力がはたらいて、細かい骨折様の変化（ひびなど）がおこり、痛みが生じます。

11～15歳くらいの活発な男の子に多くみられる病気です。

症状

膝の下が腫れて、押すと強い痛みがあります。膝を強く曲げるときや、けるなどして抵抗にさからって膝を伸ばすときに、痛みが強くなります。

X線写真を見ると、脛骨結節が不規則な形になり、腫れているのがわかります。

治療

膝の安静が基本です。スポーツを完全に中止すれば、約半数の子どもでは、骨の変化が改善されます。しかし、中途半端な中止では、修復する例は4％にすぎません。

膝を強く曲げる運動を2～3週間は中止し、**オスグッドバンド**という装具や、消炎薬を含む軟膏などが用いられます。痛みがひどいときは、膝を一時

オスグッド・シュラッター病

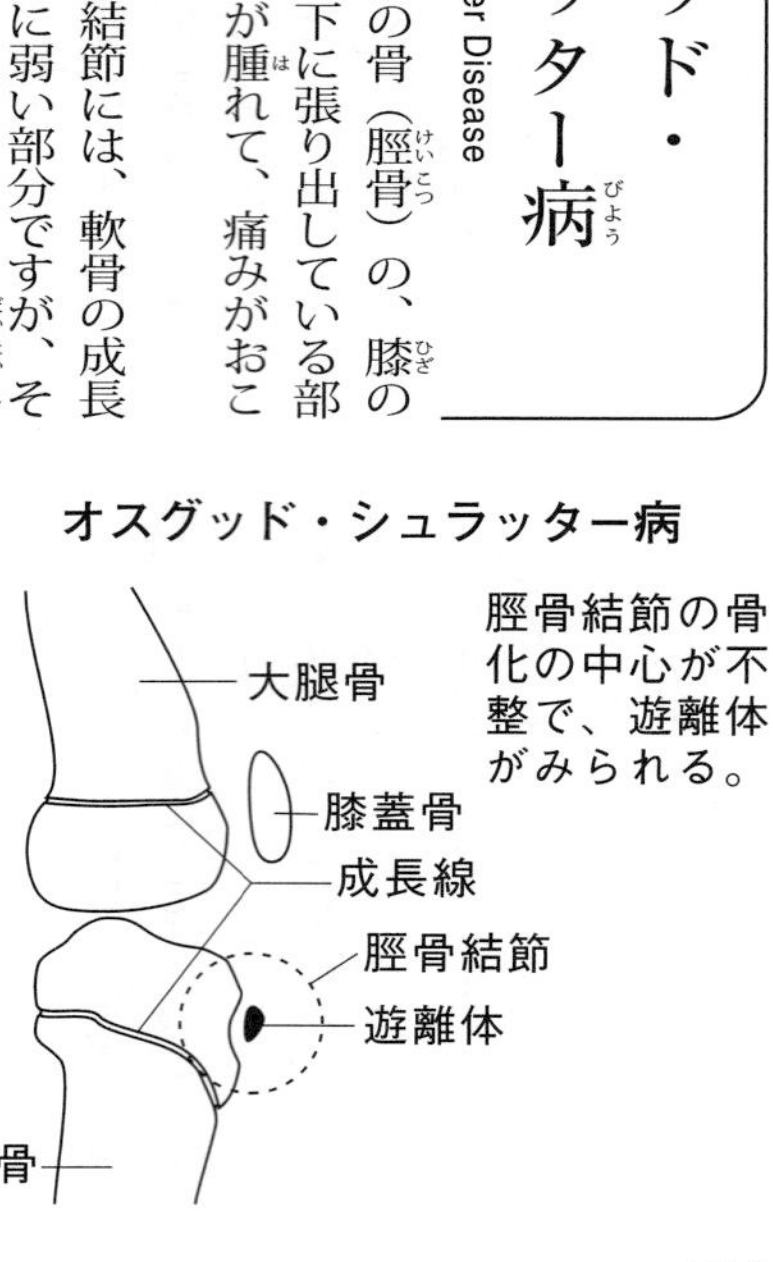

端症といいます。

原因としては、外傷、生まれつきの素因、内分泌ホルモンの異常などが考えられています。

腕や脚の長い骨（長管骨）の骨端には、からだを動かすときに、主として押しつけられる力（圧迫力）がはたらきます。

その圧迫力が悪影響をおよぼしておこる骨端症としては、大腿骨の骨頭にみられる**ペルテス病**（788頁）と、足の第二中足骨の骨頭にみられる**第二ケーラー病**、短骨である舟状骨にみられる**第一ケーラー病**があります。

いっぽう、大きな筋肉が骨についている部分には、その筋肉がはたらくときに、牽引力が作用します。

その牽引力の影響でおこる骨端症には、膝を伸ばす大腿四頭筋の付着部の脛骨粗面におこる**オスグッド・シュラッター病**（前頁）、アキレス腱の付着部におこる**踵骨骨端症**があります。

的にギプスなどで固定します。

生活指導もたいせつで、この病気が膝の使いすぎでおこることを本人や家族、スポーツの指導者が理解することが必要です。

また痛みは、子どもが成長して、脛骨結節の軟骨の部分が骨になって（骨化して）くっついてしまえば、おこらなくなることも知っておく必要があります。

運動を再開するときは、うさぎ跳び、ジャンプ、キック、スクワットなどをしないように注意します。

運動後の膝を中心としたアイスマッサージも予防効果があります。

第一ケーラー病／第二ケーラー病

1st Köhler Disease / 2nd Köhler Disease

どんな病気か

足の骨は全部で26ありますが、**第一ケーラー病**は、そのうちの舟状骨（1929頁図）、**第二ケーラー病**は、第二中足骨の骨頭部（先端部）の組織が、血液の循環障害により壊死し、痛みがおこる病気です。

第一ケーラー病は4～5歳ころに、第二ケーラー病は思春期ころに多くみられます。

症状

第一ケーラー病は舟状骨がある足の甲に、第二ケーラー病は足の第二中足骨の骨頭がある第二指の付け根に、腫れと痛みがおこり、痛みのために歩きにくくなります。

X線写真では、それぞれの骨が不規則な形をして、つぶれたり、壊れたりしている像が見られます。

治療

足を安静に保つために、過激な運動を避けます。また靴の中敷に、土踏まずを高くしたもの（アーチサポート）を使用して、異常のある骨に体重がかからないようにします。

第一ケーラー病では、治療していると、骨は1年くらいで自然によくなってきます。

第二ケーラー病では自然によくなる程度が少なく、変形が残って痛みがあれば手術することもあります。

踵骨骨端症

Sever Disease

どんな病気か

足の踵の骨（踵骨）の後ろの部分には、成長線（骨端線）があって、アキレス腱が付着しています。激しい運動をしたり長時間歩いたりすると、アキレス腱の付着部に炎症がおこり、踵に痛みが生じてきます。これが踵骨骨端症です。8～12歳の、活発な子どもに多くみられる病気です。

症状

踵に痛みがあり、押さえると痛みが強くなります。階段を上がったり、走ったりした場合にも、痛みが強くなります。

X線写真では、踵骨の骨端線が不規則な形に変形しているのがわかります。

治療

足の安静が第一です。痛みがあるときは、運動をなるべく控えます。痛みが強ければ消炎鎮痛薬を含む軟膏を塗り、踵部分が上がるように靴の中敷を工夫して、アキレス腱の緊張を減らすか、あるいは短期間ギプスで固定するかします。

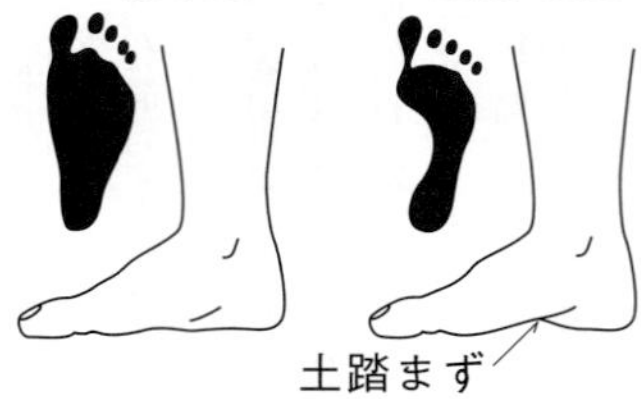

扁平足 Flatfoot

どんな病気か

足の裏側には、土踏まず(前後のアーチ)があります。

立ったり歩いたりするときに、土踏まずが体重を支えるバネのような役目をしています。

扁平足は、土踏まずがなくなり、足の裏全体が平らになっている状態をいいます。

足を後ろから見ると、踵が外に反っています(外反)。このため、整形外科では、この変形を**外反扁平足**といいます。

子どもの扁平足は、足の骨を連結している靭帯がやわらかすぎて(関節弛緩)、自分の体重に足が耐えられず、変形がおこるものです。

したがって、寝た姿勢では正常の足の形に戻り、アーチが見られるのが特徴です。

おとなの扁平足(1928頁)では、変形は固定されていてかたく、子どもの扁平足とは全くちがいます。

症状

立ったとき、足の内側のアーチ(土踏まず)が下がり、後ろから見ると、踵が、ふくらはぎに対して外に反っています(外反)。足の前方は、踵に対して外に向いて(外転)います。

立った姿勢で足のX線写真を撮ると、足の骨(足根骨)の変形はないのですが、その配列が平らになって、アーチがなくなっていることがわかります。

乳幼児の足はふっくらしており、足裏の脂肪組織が豊富なため、一見すると扁平足のように平らに見えますが、X線写真では正常なことが多いので、診断には注意が必要です。

また、足裏に墨を塗って、そのプリント像で土踏まずの状態を検査するやりかたでは、子どもの足のアーチを正確に評価するのは困難です。

扁平足の幼児は、関節が緩いために転びやすく、夜間に脚の痛みを訴えることがあります。

しかし、歩いているときに脚が痛いということはありません。

中学生になって、からだができあがるころに、朝礼などで長い間立っていたりすると、脚のだるさや痛みがおこることがあります。

治療

子どもの足の土踏まずは、初めは低いのですが、3～5歳までに、成長とともにしだいに高くなっていきます。

したがって、幼児の扁平足では、裸足で芝生や土の上で遊ばせたり、つま先歩きの練習をさせたりして、足の筋肉を鍛えながら、5歳くらいまで経過を観察します。

また、靴は、踵の外反を防ぐため、踵の入る部分がかたいものを選びます。

変形が強く、歩行が不安定と思われる子どもや、経過を観察していて改善がみられない子どもは、矯正靴や靴の中敷(アーチサポート)などの装具を使用します。

いずれにせよ、扁平足はすぐに治るものではなく、子どもの足がかたまってくる小学生後半までは、注意することがたいせつです。

手術が必要になるのは、神経のまひが原因である扁平足だけです。

子どもの免疫異常

子どものアレルギー性の病気

◇異物の侵入とアレルギー反応

人のからだには、外界と通じているいくつかの器官があります。

呼吸のための気道は鼻や口に始まり、咽頭、喉頭、気管、気管支、細気管支とつづき、はじめは1本の管であったのが、だんだんに枝分かれして、最後は肺胞という小さな袋で終わります。

消化管は口から、咽頭、食道、胃、腸、そして肛門で外界に出ます。

眼球は、眼瞼の内側とともに結膜でおおわれ、眼窩におさまっています。

外界からは、これらの器官の中に、さまざまな物質や、細菌・ウイルスなどの微生物など、人にとって異物であるものが入り込んできます。

異物を異物と認識し、これを排除しようとする反応は、どんな生物にもあり、**自然免疫**と呼ばれます。脊椎動物では、さらに**獲得免疫**という、異物を記憶する能力のある免疫のはたらきがあります。

このような免疫反応は、生物の生存にとってひじょうに重要なしくみです。

しかし、場合によっては、免疫反応が人にとって不愉快な症状をおこし、人の生命をおびやかす場合があります。これを**病的免疫反応**とか**アレルギー反応**といいます。そして、このような反応をおこす異物は、**アレルゲン**あるいは**抗原**と呼ばれます。

◇アレルギー性の病気の種類

アレルギー反応は、いろいろな臓器でおこり、反応のおこった場所によってさまざまな症状がでます。ふつうは、アレルゲンが入った場所でアレルギー反応がおこります。したがって空気中にあるアレルゲンでは、呼吸気道でアレルギー疾患をおこしやすく、食物アレルゲンなら、消化器にアレルギー症状がでます。

しかし、アレルゲンが血液に入って全身に散布されると、循環器の症状や、全身の皮膚に症状（じんま疹）がでたりします（左表）。

◇なぜ、いまアレルギーか

20世紀以降、世界的にアレルギー性の病気が増加しています。屋内、屋外の環境が急速に変化し、人にとって異物と認識されるものが増えたことが原因と考えられています。

アレルギー疾患の臓器別分類

アレルギー反応のおこる場所	疾患、症状
結膜	アレルギー性結膜炎
呼吸気道	アレルギー性鼻炎、アレルギー性気管支炎（せきぜんそく）、気管支ぜんそく
消化器	悪心、嘔吐、腹痛、下痢、粘血便
循環器	低血圧、ショック
皮膚	じんま疹

◎ワクチンと獲得免疫

病原微生物が体内に侵入するのを防ぐ免疫には、さまざまな病原微生物を一様に排除しようとする自然免疫と、それぞれの病原微生物を区別し、効率よく排除する獲得免疫があります。

予防接種はこの獲得免疫を利用して免疫力を高めるもので、ワクチンには生きた病原微生物(毒性は弱めています)や薬剤で処理をして、その特徴だけ残したものなどを使います。

1度、獲得免疫ができれば、感染はしないことになりますが、ただし、インフルエンザウイルスのように多くの種類があり、すぐに変種が現れるような場合は、獲得免疫も効果を示さないことがあります。

屋内では、気密性の向上（換気の減少）、カーペットの敷きつめ、屋内のペット、たばこの煙などが増悪因子として、気管支ぜんそく患者を増やした要因と考えられます。

屋外の要因としては、日本が戦後全国的にスギの植林をしたことがあります。戦後50年がたつと、スギは爛熟期に入って、毎年春になると花粉をあたり一面に噴き出すようになりました。

そのため、最近では、スギの花粉症に悩まされている子ども(年長児に多い)やおとながきわめて多くなっています。

花粉は、結膜、鼻の粘膜に付着するので、アレルギー性結膜炎、アレルギー性鼻炎をおこします。気管支ぜんそくの子どものなかにも、スギ花粉のアレルギーを合併している子がいます。

◇アレルギー性の病気の特徴

アレルギーでおこる症状のなかで、生命にかかわるのは、激烈な即時型の反応であるアナフィラキシーショック（2006頁）と、重症気管支ぜんそく発作で、そのほかは比較的に軽いものです。

アレルギー性の病気の特徴は、ともかく「かゆい」ということです。目がかゆい、涙が出るとかゆい、鼻がかゆい、皮膚がかゆい、食べた口の周りがかゆい、粘血便の出たお尻の周りがかゆい、などです。

これは、アレルギー反応がおこると出てくるヒスタミンなどの物質によって、神経が刺激されるためです。

気管支ぜんそくでは、かゆみはありませんが、おこっているアレルギー反応は、もっと深刻です。

ぜんそくの発作は、アレルゲンが、肥満細胞（マスト細胞）という細胞の表面にある抗体（おもにIgE抗体）に結合すると、肥満細胞がたくわえていたヒスタミンなどの生理活性物質(からだにさまざまな変化をおこす物質）が放出され、それによって気道が狭くなることから始まります。

そこに、好酸球という白血球がよってきて、遅発型のアレルギー反応をおこし、また、気道の内側の組織を破壊します。これは好酸球性炎症と呼ばれています。

この状態は、発作が終わった後でも、かなり長くつづきます。

この炎症の結果、気道は過敏になって、つぎのぜんそくがおこりやすくなります。慢性的に重症の発作をくり返すと、気道の内側をおおっている基底膜というものが、ぶ厚くなってしまい、もとに戻らなくなります。

◇気道のアレルギー反応と感染症

子どもも、おとなも、大量の空気を吸い込み、はき出しています。そのため、気道の内側の粘膜は異物が付着しやすく、それは花粉やそのほかのアレルゲンが付着する場であると同時に、かぜの病原ウイルスが感染する場でもあります。

これらはいずれも炎症をおこす原因となるもので、アレルギー反応ならアレルギー性の炎症が、病原性の微生物では感染性の炎症が気道でおこることになります。

また、気管支ぜんそくの発端を調べてみると、乳児期の気道の感染から始まっていることが少なくありません。

子どもの免疫異常

　このように、気道を舞台とした炎症にはアレルギー反応によるものと、感染症によるものがあり、部位別にアレルギーと感染症を対応させたものが、795頁の表です。

　たとえば鼻腔（びくう）におこるアレルギー性鼻炎とウイルス感染によるかぜ(鼻炎)は症状が似ており、また同時に重なっておこることもあります。

　かぜをおこすウイルスは200種類以上もあります。マイコプラズマ、クラミジアといった、ウイルス以外の病原微生物がおこす気道の感染症も、ウイルスがおこす感染症と区別がつかないので、ふつう、まとめて「かぜ」といっています。

　乳幼児は、さまざまなかぜウイルスにつぎつぎに初感染していき、そのうちには、再感染もします。そのため、小児はかぜをひきやすく、その病気のようすは多彩です。

　また、なかなか治らないこともあります。気管支炎がなかなかよくならないと思っていると、ぜんそくだったということもあります。

　このように感染症は、アレルギー性の病気と密接に関連していて、しばしば互いに悪化させる原因となります。

◇アレルギー性の病気への対処

　アレルギー性の病気をみる外来では「この子のぜんそくは、からだの中からきているから、もとから治してほしい」あるいは、「アレルギーの原因を精密検査してほしい」という要望をよく聞きます。

　しかし、アレルギー反応は、人が生まれつきもっている反応そのものなので、それだけをからだの外につまみ出すことはできません。

　アレルギーをおこす物質は、人が異物と認識するさまざまな気体、液体、固体です。

　アレルギー反応は、おこっている場所のからだの反応なので、たとえば、じんま疹をみて、その原因物質を特定することは不可能です。

　これを除こうとするなら、家庭でのきめの細かい観察が役に立ちます。

　病医院では、血液中のハウスダストやダニ、スギ、そのほか特定のアレルゲンに対するIgE抗体（即時型のアレルギー反応をおこす血液中の成分）があるか調べたり、皮膚にアレルゲンを接触させるテスト（パッチテスト）を行い、その反応をみてアレルゲンをさがしたりします。

　食物などのアレルゲンの場合は、除去試験（除いてみる）、誘発試験（わざわざ食べさせてみる）をする場合もあります。

　以上のようにして、幸運にもアレルゲンが特定できれば、できるかぎりアレルゲンから遠ざかることができる場合もあります。

●アレルギーを受け入れよう

　しかし、アレルギー性の病気にはもう1つ対処法があります。それは、アレルギーという現象を認めたうえで、アレルギー性の反応を抑え、また、病気の再発を予防することに全力をつくすことです。

　ぜんそくの発作には、気管支を広げる薬（気管支拡張薬）を使いますが、外見では発作がおさまってきても、気管支表面の炎症は依然としてつづいています。

この発作と過敏性体質というぜんそくの悪循環を断ち切るには、ステロイド（副腎皮質ホルモン）剤の吸入と、抗アレルギー薬の内服や吸入で対処します。

発作をできるだけ早い時期に治療して抑え、発作が、見かけ上はしずまった後も、ステロイド剤の吸入と、抗アレルギー薬の内服や吸入を根気よくつづけます。

これができるかどうかが、ぜんそくをコントロールし、支障なく生活できるようになるかどうかの分かれ目になります。

気管支ぜんそくは、このコントロールしだいです。あなどると致命的な発作がおこることがありますが、コントロールさえできれば、病気がないも同然の生活ができます。

◇同じ物質でも入りかたがちがうとアレルギー反応をする

食物や薬は、一般には、きわめて安全性の高いものです。しかし、食物、昆虫による刺傷、薬剤などは、人にとって異物です。一部の例外的な人は、ほかの人にとってきわめて安全な食物や薬剤に対して、強いアレルギー反応をおこし、死亡することもあります（アナフィラキシーショック）。

食物アレルギーは、米や小麦粉などの穀物、卵、牛乳、大豆などが原因となります。また、昆虫アレルギーは、蚊やハチなどに刺され、あるいはガに触れることで毒（抗原）が体内に入っておこります。

ふつう、食物や服用する薬剤は、口から肛門に通じる管（消化管はからだの真ん中を通過する管で、管の内部は体外だといえます）を通り、消化、吸収によって体内に取込まれます。しかし、注射される薬剤や昆虫の毒（抗原）は、直接からだの中に入ります。

したがって、同じ物質でも、口から入ると大丈夫でも、注射をするとアレルギー反応をおこすことがあります。

異物に対する反応は、免疫反応（アレルギー反応）です。その反応が病気として現れる場合に、いくつかのタイプがあります。これを、ゲルとクームスという学者が4つの型に分類しました。

Ⅰ型反応（即時型反応）は、通常30分以内で反応が出ます。

Ⅱ型反応やⅢ型反応では、ワンステップおいて、結局はⅠ型反応と同じことがおこります。たとえば、注射の翌日にじんま疹などの反応がでるのは、このメカニズムによります。

Ⅳ型（遅延型）のアレルギー反応は、48時間くらいたって、はっきりする反応です。

食物、昆虫、薬剤などの異物に対しても、それがアレルギー反応なら、4つの型のどれでもおこりえます。

いずれも、アレルギー反応であることが診断されれば、アレルゲンを遠ざけたり、アレルギー反応を弱めるようにする減感作療法、薬物療法などが行われます。薬物療法では、抗アレルギー薬、抗ヒスタミン薬、ステロイド剤、気管支拡張薬などが、症状に応じて使われます。

子どもに多い自己免疫疾患と対策

子どもの自己免疫疾患は、おとなほど多くはみられません（2002頁）。それでも、リウマチ熱、若年性特発性関節炎、全身性エリテマトーデス、アレルギー性紫斑病などは、子どもに比較的によくみられるものです。

◉リウマチ熱（2028頁）

溶連菌による急性扁桃炎（644頁）ののち、1～4週間たってから、関節炎や、発疹など全身のいろいろな炎症が生じる病気です。38～40度の発熱がつづくことが多いのですが、熱がないこともあります。約半数で心臓にも炎症が生じます。5～15歳に多くみられます。手や足、顔面の筋肉が無意識、無目的に動く不随意運動（小舞踏病）がみられることもあります。

心炎が生じている場合は、副腎皮質ホルモン（ステロイド）剤を服用します。心炎をおこしていない子どもでは、アスピリンを服用します。

溶連菌の感染に対しては、ペニシリンの内服が有効です。

心炎は、放置すると高い割合で心臓弁膜症（1380頁）をおこしてきますから、早期診断、早期治療がたいせつです。

ふつうは6か月以内に治りますが、再発しやすいので、退院後も定期的な通院が必要です。

◉若年性特発性関節炎（2027頁）

15歳以下の子どもにみられる慢性炎症疾患で、以前は**若年性関節リウマチ**とも呼ばれていました。関節炎が主症状で、朝に関節がこわばりますが、午後には治ります。全身型、多関節炎型、少関節炎型の病型があります。

全身型は急に発病し、39～40度の発熱がつづき、2～3か月してから関節症状が現れます。発熱時にじんま疹のような発疹がみられることがあります。

多関節炎型は5～6歳の子どもがよくかかります。指の関節を含む多くの関節に強い関節炎が生じますが、内臓などの全身症状は軽くてすみます。

少関節炎型は膝、肘、足などの大きな関節がおかされます。目の虹彩炎症がおこり、失明することもあります。

アスピリンや非ステロイド系の抗炎症薬による治療が行われますが、心膜炎、胸膜炎、虹彩毛様体炎がある場合は、ステロイド剤を使用します。骨が変形するような重症の場合は、金製剤、メトトレキサート製剤が使用されます。

大半は後遺症を残さずに治りますが、治療が適切でないと関節の変形を残すことがあり、専門医の治療が必要です。

◉皮膚筋炎（2034頁）

特有の発疹と、筋肉の痛みで始まり、しだいに筋力の低下が生じる病気です。免疫反応の異常が関係していると考えられています。

症状は、緩やかに、からだの中心に近い筋がおかされていき、しだいに歩行や、物を飲み込むなどの動作が困難になります。赤い発疹が顔やからだにみられ、まぶたにはヘリオトロープ疹という薄紫色の発疹が現れます。

ステロイド剤が有効です。再発することが多いため、根気強く治療をつづけることがたいせつです。

川崎病……………800頁
▼症状▲高熱、発疹、手足の腫れ、目の充血、唇が腫れ、舌が赤くぶつぶつになる。
▼治療▲アスピリン、ガンマグロブリン製剤の投与。

川崎病（かわさきびょう）
Kawasaki Disease
原因不明の病気で、突然死することも

◇特徴的な6つの症状

どんな病気か　4歳以下の乳幼児、とくに1歳ぐらいの赤ちゃんに多い病気で、1967（昭和42）年に、川崎富作博士によって報告されたことから、川崎病と呼ばれています。

原因は不明ですが、全身の血管に炎症性の変化がみられるのが特徴です。

症状　この病気には、つぎのような6つの特徴的な症状がみられます（26頁カラー口絵）。

①39～40度の高熱が、5日以上つづく。
②熱がでて2～3日すると、からだに発疹（ほっしん）がでる。
③手足がしもやけのように赤くパンパンに腫（は）れ、10日ぐらいすると手足の指先から皮がむける。
④目が充血して赤い目になる。
⑤唇が腫れ、舌はイチゴのように赤くブツブツになる。
⑥急性期にリンパ腺が腫れる。

以上のほか、乳児ではBCGを接種したあとが赤くなります。

発病して10日目あたりから、心臓の血管の一部にこぶのような膨（ふく）らみ（冠動脈瘤（かんどうみゃくりゅう））ができることがあります。そのために血管が細くなり、心臓に血液が流れなくなって、突然死することがあります。

検査と診断　症状に特徴があるため、あまりむずかしい検査をしなくても診断がつきます。

心臓の異常を発見するために、胸部X線検査、心電図、心超音波（心エコー）検査を行います。

心超音波検査は、冠動脈瘤の大きさや病変の進行のようすを調べるために絶対に必要な検査です。

診断は、先に述べた6つの症状のうち5つ以上の症状があれば、川崎病と確定されます。ただし、4つの症状しかみられなくても、心超音波検査で冠動脈瘤が確認されれば、川崎病と診断されます。

◇合併症の予防が重要

治療　川崎病と診断されると、入院を勧められます。また、川崎病の可能性が大きいときも、入院を勧められることがあります。それは、この病気が、心臓に合併症を引き起こす危険があるからです。

現在、川崎病の特効薬はありませんが、心臓の合併症を予防するために、入院するとすぐに、アスピリンの内服、大量のガンマグロブリン製剤の静脈注射が行われます。

発病初期に、心筋に炎症がおこり、機能が低下することがありますが、安静を保つことや強心薬の服用でよくなるので、あまり心配はいりません。

心臓の冠動脈に動脈瘤ができると、血栓（けっせん）ができて突然死することがあるので、これを予防するために、血液がかたまるのを抑えるような薬が、症状に応じて使用されます。

川崎病によって突然死が生じる割合は、以前は、この病気の子どもの2％ぐらいでした。現在では、超音波検査

◎アレルギー性紫斑病

細くて小さい血管が、炎症によっておかされて、皮下に出血するため、皮膚に紫色の斑点（紫斑）ができる病気です（1456頁）。皮膚の病変のほか、関節痛、腹痛などがみられることがあります。紫斑は脚によくみられますが、お尻や背中にもみられます。しばしば、顔や頭部に、こぶのようなむくみがみられます。

強い腹痛があり、血便をともなうこともあります。まれに、腸重積症（743頁）を合併します。膝や足の関節の痛みと腫れもみられます。

血尿、たんぱく尿がみられ、ネフローゼ症候群（1699頁）や慢性腎炎（752頁）がおこることも少なくありません。

根本的な治療法はありませんが、腹痛が強いときには副腎皮質ホルモン剤を使います。この病気の大半は、2～6週間で治り、再発はあまりありません。腎炎がともなうかどうかで、経過が左右されます。

によって早くから冠動脈瘤を発見し、予防できるようになったため、突然死の割合は、0・7％に減っています。

不幸にして冠動脈瘤ができても、大半の子どもでは、2年以内に冠動脈瘤が消えます。病変が残ってしまうのは、この病気の子ども全体の3％以下です。

心臓に合併症が生じた場合は、心臓の専門医による定期的な精密検査が必要になります。

予防接種については、ほかの子どもと区別する必要はありません。保育園などの集団生活や運動については、ほかの子どもと同じにしてよいかどうかは、病気の程度によってちがってきますので、専門医に相談してください。

原発性免疫不全症
Primary Immunodeficiency Disease

どんな病気か

リンパ球、好中球、補体などの免疫反応を担う要素のどれかが、先天的異常をおこしているためにおこる病気です。さまざまな感染がくり返しおこり、なかなか回復せず、重症化していきます。

多種多様な病型がありますが、以下に代表的なものを解説します。ほとんどが遺伝する病気です。

◉無ガンマグロブリン血症

免疫細胞の1つであるB細胞が先天的に欠けているため、抗体（ガンマグロブリン）をつくることができない病気です。男性だけが発病する（伴性劣性）遺伝病です。

▼症状　発病する時期は、母体からもらった抗体が消失する生後4～6か月で、皮膚化膿症、中耳炎、気管支炎、肺炎などをくり返しおこすようになります。炎症をおこす菌は、ブドウ球菌、溶連菌、肺炎球菌などで、ウイルス、カンジダ、緑膿菌、結核菌は原因になりません。ぜんそくや関節リウマチをともなうこともあります。

▼治療　ヒトの血液からつくられたガンマグロブリン製剤を定期的に静脈注射すれば、感染を予防することができます。しかし、治療の開始が遅れたり、ガンマグロブリン製剤の量が十分でないと、気管支拡張症（1274頁）が生じて、病状が悪くなります。早期診断、早期治療がたいせつです。

◉胸腺低形成（ディジョージ症候群）

生まれつき胸腺の形成が未熟で、そのはたらきが発揮されない病気です。

リンパ球の1つであるT細胞は、胸腺でつくられますが、胸腺低形成では、細胞性免疫のはたらきが低下し、出生直後から、ウイルス、真菌、大腸菌、緑膿菌、原虫の感染をくり返します。

▼症状　この病気には、胸腺低形成のほかに、先天性の心臓の形態異常、顔面やあごの低形成、副甲状腺の欠損によるけいれんがみられます。こうした合併する形態異常の程度によっても、予後が左右されます。

こうした症状のほか、血液検査でT細胞の著しい減少がみられれば、胸腺低形成と診断されます。

▼治療　この病気は、早期診断が重要で、胎児の胸腺を移植する手術によって、T細胞が増え、免疫のはたらきを回復させることができます。

◉重症複合型免疫不全症

生まれつき、T細胞とB細胞という

2種のリンパ球が欠けているために、乳児期から、あらゆる病原菌に感染することで重症化する病気です。

伴性劣性遺伝、常染色体劣性遺伝、アデノシンデアミネースの欠損など、いくつかのタイプがあります。

▼症状　いずれも、生後2か月ころから、慢性の下痢、せき、呼吸困難、発疹が現れ、皮膚や粘膜のカンジダ症やニューモシスチス肺炎にかかり、しだいに栄養失調におちいる悲惨な病気です。

▼治療　ADA（アデノシンデアミネース）欠損症では、その酵素の補充療法と、酵素をつくる遺伝子をからだに組込む遺伝子治療が行われます。

T細胞、B細胞が欠けるタイプでは、これらのリンパ球をつくりだす骨髄を、移植する手術が行われています。

◉ウィスコット・アルドリッチ症候群

伴性劣性の形式で遺伝する、免疫不全症です。血小板が減少して生じる出血、湿疹、反復する感染、ある種の菌抗原に対する抗体がうまくつくれない、などの異常がみられます。

▼症状　出生直後から皮膚の皮下出血（紫斑）、血便、吐血がみられ、脳出血をおこすことも少なくありません。

皮膚に治りにくい湿疹が現れ、やがて、肺炎球菌や大腸菌による中耳炎や肺炎をくり返すようになります。髄膜炎（963頁）や敗血症（2124頁）など、重症の感染症もみられます。

▼治療　現在のところ、骨髄移植が唯一の治療法と考えられています。

◉毛細血管拡張性失調症

常染色体劣性遺伝する病気です。

緩やかに発病します。幼児期から、歩行時のふらつき、ことばのもつれ、舞踏病のような不随意運動などが現れます。やがて、眼球結膜や耳たぶの毛細血管が太くなります。さらに、肺炎、気管支炎、副鼻腔炎などの呼吸器の感染症にくり返しかかるようになります（反復感染）。

これらの症状は、年齢とともに進んで10歳代のなかばから、運動機能不全、呼吸不全、免疫不全をきたします。

紫外線や放射線に対する感受性が高く、発がん率が異常に高いのも、この病気の特徴です。

▼治療　残念ながら、この病気の有効な治療法はありません。

紫外線や放射線に対する高い感受性は、この病気の子どもの兄弟姉妹や両親にもみられます。発がんを抑えるために、日焼けを予防し、X線写真の撮影もできるだけ少なくします。

◉慢性肉芽腫症

からだの中に細菌が侵入すると、血液中の好中球が活性酸素をつくりだし、その酸化する力で殺菌するしくみがあります。

慢性肉芽腫症は、先天的に、この好中球の活性酸素をつくる力が弱く、殺菌能力が低下するために、細菌の感染をくり返す病気です。

▼症状　乳児期から、皮膚や毛髪部におできができ、化膿します。中耳炎、肺炎、リンパ節炎、肛門周囲膿瘍をくり返します。肝臓に膿瘍ができることがあります。

▼治療　根本的な治療法はありませんが、γインターフェロンの使用や、骨髄移植が有効と考えられています。

子どもの感染症

風疹
Rubella (Three-Day measles)

どんな病気か

風疹ウイルスの感染により、およそ3日間の発熱、特有な発疹、目の充血、耳の後ろのリンパ節の腫れなどがおこる5類感染症です（24頁カラー口絵）。病気そのものは通常、軽症ですが、妊娠初期の女性が風疹にかかると**先天性風疹症候群**（次頁上段）の子どもが生まれることがあります。

▼かかりやすい年齢　幼稚園から学童期に好発しますが、この時期に感染しないと成人でもかかります。通常、生後6か月くらいまでの乳児は、母親からの移行免疫があれば感染しません。

風疹は1度かかると免疫ができ、2度とかかることはありません。

▼流行する季節　大流行の年を除き、春から初夏にかけて流行します。

症状

潜伏期は16～18日で、発熱とほぼ同時にこまかい発疹が顔から全身に多数現れます。

年少児では微熱や無熱のことが多く、年長～成人では38度前後となります。耳の後ろや、くびのリンパ節が数個、小指の頭くらいの大きさに腫れ、押すと軽く痛みます。目の結膜が充血して赤くなります。その他、軽いせきや、のどの痛みがでることもあります。成人では頭痛や関節痛がおこることがあります。

風疹の症状は年少では軽く、年長になるほど重い傾向がありますが、発病して3日目が峠で、4日目から熱が下がり、発疹、目の充血、リンパ節の腫れなども3～5日で消えて治ります。

▼合併症　まれに肺炎（673頁）、髄膜炎（963頁）、脳炎（961頁）、血小板減少性紫斑病（1458頁）などがおこります。

治療

風疹ウイルスに有効な薬はありません。自宅での養生が主体です。

▼家庭看護のポイント　多くは軽症ですが、熱が高い場合は就床させ、水分摂取とクーリング（わきの下などを冷やす）を行います。頭痛がひどく、発熱が長引くときは、髄膜炎の合併も考慮して、受診する必要があります。

髄膜炎が疑われる場合には、入院治療することがあります。

▼病人や家族の注意　病気の子どもから他の人に感染する期間は、発病の約7日前から、発疹が現れて少なくとも5日後までの間です。

熱が下がっても、発疹がすっかり消えるまでは、学校や幼稚園に行かせてはいけません。

風疹は学校感染症なので、届け出れば出席停止扱いで欠席にはなりません。

また、風疹にかかったことのない妊婦とは接触しないように配慮してください。

これらの注意は、成人が風疹にかかったときも同様に必要なことです。

予防

予防接種法による定期接種として、1歳時に1回と、就学前の1年間に1回、計2回、**麻疹・風疹混合ワクチン（MRワクチン）**として皮下接種を受けます（2141頁）。

また胎児の感染を防ぐために、免疫のない成人女性は妊娠していないことを確認のうえ、風疹ワクチン（またはMRワクチン）の接種を受けましょう。

◎先天性風疹症候群

妊婦が、妊娠初期に風疹にかかると、障害のある子どもが生まれてくることがあります。これを先天性風疹症候群といいます。

妊娠1か月以内に風疹にかかると、約50%、妊娠3か月以内の場合は約20%の確率で先天性風疹症候群の子どもが生まれます。妊娠6か月をすぎれば、先天性風疹症候群はおこらなくなります。

目の異常（白内障、小眼球、網膜の病変）、聴力の障害、心臓の形態異常（動脈管の開

はしか（麻疹）
Measles

◉生後7か月以後、注意する

どんな病気か

麻疹ウイルスの感染で、発熱、せき、目の充血や目やに、全身の発疹などがおこる5類感染症です。

予防接種の接種率が十分に上がっていない日本ではいまだに流行が認められます。発病すると体力を消耗する重い病気で、肺炎や脳炎を併発して生命にかかわることもあります。

▼かかりやすい年齢　母親からの移行免疫がある生後3か月くらいまでの乳児は、通常、はしかにはかかりません。その後、移行免疫は徐々に減少しますが、生後6か月ごろまではかかる可能性は少なく、かかっても軽症です。

生後7か月をすぎると感染しやすい状態になります。したがって、幼児期にかかりやすいのですが、予防接種が普及して、はしかになる子どもが少なくなったため、幼児期にかからずに、成人になってからかかる人もいます。

▼流行する季節　秋から冬にかけて多発します。

最近は、予防接種を受けていない年齢の乳幼児の多い保育園、1回だけ予防接種を受け（あるいは受けずに）、その後免疫が低下した10～30歳代の集団での流行が報告されています。

◉コプリック斑が特徴

症　状

約11日の潜伏期のあと、当初はかぜと区別のつきにくい38度前後の発熱やせきで始まります。目の充血、めやに、乳幼児では、下痢や嘔吐がおこることがあります。

発病2～3日後に口の中をみると、頬部の内側の粘膜（臼歯に近い部分）に白い斑点が数個～数十個みえます。これを**コプリック斑**といい、はしかだけにみられる特徴的な症状です（21頁カラー口絵）。

2～3日の発熱後、いちど熱が37度台に下がりますが、1日ぐらいで再び上昇し始め、皮膚に発疹が現れて、本格的なはしかの症状が始まります。

▼発疹期　発病後4日目ごろから顔や胸に発疹が現れ、腹・腕から太ももへと広がります。発疹は赤色で、初めは5～10㎜程度のものが散在しますが、時間とともに増え、隣接した発疹が融合し、大小不規則な形になります。熱も日ごとに上昇し、発病後6日目ごろには、39度前後になります。この発疹期は3～5日間で、せきや目の充血もひどくなり、衰弱します。通常、発病7日目ごろが病気のピークで、以後は急速に回復にむかいます。ただし、この時期に合併症を併発して重症化し、異常な経過を示す子どももいます。

▼回復期　通常の経過では、発病後8日目ごろから熱が下がって元気になり、食欲も回復します。発疹も現れた順に色が薄くなり、こまかいふけのように皮膚がむけます。あとには褐色のしみが残りますが、これもやがて消えます。

▼修飾麻疹　母親からの移行免疫が残っている乳児期や、麻疹ワクチンを受けて10年くらい経過し、抗体量が低下してきた中高生以上の年齢で麻疹に感染すると、コプリック斑が認められず、発熱の期間や発疹の性状も異なる非典型的な経過をとり、これを**修飾麻疹**と

存）、心室や心房の中隔欠損、中枢神経系の異常（水頭症、小頭症、精神発達遅滞）、歯の異常などが子どもにおこるおもな障害です。

◎はしかで幼稚園や学校を休ませる期間

はしかは学校感染症に指定されているので、届け出れば出校停止扱いになり、欠席にはなりません。

はしかにかかった子が幼稚園や学校に復帰する時期は、治療を担当した医師に相談して決めることが必要です。

これは、ほかの子どもに病気をうつさないためにたいへんたいせつなことです。

また、はしかは体力を消耗する病気で、十分に体力が回復しないうちに登園・登校すると、ほかの感染症にかかる危険もあります。

かってに判断せずに、医師の判断をあおいだほうがいいわけです。

いいます。

診断には血液での抗体検査などが必要ですが、他の人への感染力があるため、休校する必要があります。

▼合併症と異常経過　合併症で多いのは肺炎で、ときに生命にかかわることもあります。まれに、麻疹脳炎がおこることもあります。

発病後8日目をすぎても解熱の傾向がみられない場合や、解熱後に再発熱したときは、合併症が疑われます。

免疫不全状態の子どもでは、はしかそのものが重く、死亡することもあります。また、はしかにかかると結核にかかりやすくなります。

はしかが治って数年後に、**亜急性硬化性全脳炎**（多くは1年以内に死亡する重い脳炎　961頁）がおこることもあります。

▼受診する科　小児科か内科を受診します。ふつう自宅で治療できますが、異常経過の場合は2週間程度の入院が必要です。

【検査と診断】　コプリック斑が見つかれば診断は容易ですが、血液検査で抗体などを調べることもあります。

◉家庭での看病が主

【治療】　麻疹ウイルスに有効な薬はありません。症状に合わせて対症的に治療します。家庭では、つぎのような注意を守りましょう。

▼家庭看護のポイント　部屋は20℃ぐらいの暖かさにします。寒けがないときは薄着にして熱を発散させ、高熱のときは、気持ちがよくなる程度に頭やわきの下などを冷やしてあげます。食欲がありませんから、栄養の高いものを与え、飲料を十分に飲ませます。

朝、昼、夕と体温を測り、症状の変化に気づいたらメモをして、医師に報告しましょう。

はしかが治って、幼稚園や学校へ行く時期は、医師に相談しましょう（上段。）

【予防】　はしかにかかっている人のせきや会話などで飛び散る麻疹ウイルスが、周囲の人の鼻やのどに付着すると、免疫のない人は感染して発病します。はしかは、幼い子ほど合併症をおこして重症になりやすいので、予防が重要です。

予防接種法による定期接種として、1歳時に1回と、就学前の1年間に1回、計2回、**麻疹・風疹混合ワクチン（MRワクチン）**として皮下接種を受けます。

予防接種を受けていない時期に、はしかの人と接触してしまった場合には、つぎの緊急予防法があります。

▼はしかの緊急予防法　接触3日以内であれば、はしかワクチン（またはMRワクチン）を接種します。

発熱などによってワクチンが接種できない状態のときは、人の血液から麻疹ウイルスに対する免疫抗体だけを取出してつくったγ-グロブリンを注射します。接触2～3日以内の注射であれば、完全に発病を防ぐことができ、6日以内であれば発病しても軽くてすみます。

γ-グロブリンの効果は1～2か月しかつづきませんから、その後は、はしかのワクチンを受けて、完全に免疫をつくっておくことがたいせつです。

ただし、γ-グロブリンの注射とはし

◎**体質性高体温**

37～38度の熱がでますが、いろいろ診察・検査をしても原因となる病気はみあたりません。

このようなことをくり返す場合に、体質性高体温という診断名が用いられることがあります。

本態性高体温、**常習性高体温**、**神経性高体温**という病名になることもあります。

子どもから高齢者まで、どの年代にもみられますが、どちらかといえば若い女性に多いようです。

発熱とともに全身のだるさ、食欲不振、不眠、頭痛などの自律神経の症状をともなうこともあります。

このことから、自律神経の不安定さが原因ではないかといわれていますが、確かな原因はまだわかっていません。

ふだんと同じように生活してかまいません。

解熱薬を服用する必要もありません。

かの予防接種の間隔は、3か月くらいあけることが必要です。γ-グロブリンの効果が少しでも残っているうちに予防接種を受けても、免疫が完全にはできません。

突発性発疹
Exanthema Subitum

どんな病気か　ヒトヘルペスウイルス6型（HHV6）と7型（HHV7）の感染でおこる病気です。集団発生することはありません。

▼**かかりやすい年齢**　3歳以下の赤ちゃん、とくに生後6か月から1歳までの離乳期の赤ちゃんにもっとも多くみられます。かかると終生免疫ができ、2度とかかることはありませんが、7型ウイルスにより、2回目の突発性発疹を経験する子どももいます。

▼**流行する季節**　いつでも発生し、季節の変わり目に多い傾向があります。

症状　急に38～39度の熱がでて、昼夜を通して3日前後つづきます。発熱初期にぐったりする赤ちゃんもいますが、高熱の割に機嫌がよいことが多く、他にあまり症状がないのも特徴的です。ときに嘔吐や軽い下痢、熱性けいれんをおこすことがあります。また、のどが赤くなり、鼻汁が出ることもありますが、せきやくしゃみはでません。

初期には、かぜや胃腸炎などと診断されることもあります。

発病後3～4日たつころから急に不機嫌となり、熱が下がるのとほぼ同時期に、顔や胸腹部から全身に広がる、あせもやはしかに似た発疹が現れてきます。この発疹はかゆみがほとんどなく、2～3日で消え、病気は治ります。

治療　特効薬はありません。熱のため不機嫌で眠れないときや、水分もとれないような場合には、解熱薬を使います。

▼**家庭看護のポイント**　高熱があるため、水分補給を十分に行いましょう。赤ちゃんの初めての発熱の場合が多く、高熱がつづき、心配させられますが、朝、昼、夜に熱を測り、機嫌や食欲などの症状をよく観察しましょう。

伝染性紅斑（りんご病）
Slapped Cheek Disease

どんな病気か　パルボウイルスによる5類感染症で、頬がリンゴのように赤くなります（24頁カラー口絵）。

終生免疫ができるので、1度かかれば生涯かかることはありません。

▼**かかりやすい年齢**　3～12歳の子どもに多い傾向があります。

▼**流行する季節**　季節性はとくにありません。7～8年周期で流行し、このときには、家族内発生や小学校での小流行がみられます。

症状　7～16日の潜伏期を経て、特有な発疹が現れます。発疹は、顔から始まることが多く、前腕、大腿部、殿部にも現れますが、胸、腹、背中にはあまり現れません。顔の発疹は、両頬がリンゴのように一面に赤くなります。前腕や大腿部の発疹は、初めは斑点状ですが、まもなく1円硬貨くらいの大小の円形の集まりとなり、この発疹の周辺部は、堤防状に隆起し、全体と中心部は色が淡く環状に見え、

◎夏季熱(かきねつ)

気温も湿度も高いところにいると発熱し、涼しいところに移動すると、うそのように平熱に戻る子がいます。

高温多湿の夏におこりやすいので夏季熱といい、生後4～8か月の赤ちゃんにおこりやすいものです。

体温の調節機構が未発達のためにおこると考えられ、1歳の誕生日をすぎるころにはたいていはおこらなくなります。

高温多湿の環境にいると、38～39度の熱がでますが、涼しいところに移動させると解熱します。

熱があっても、元気がよく、食欲もおちません。下痢(げり)もしませんが、汗のかきかたが少ないようです。

高温多湿の季節には、冷房などを利用し、涼しい環境をつくりましょう。

熱があっても、入浴をさせてかまいません。

してはレース編み状に見えます。

発疹は、現れて3～4日目がもっとも著明で、かゆみ、ほてった感じなどがします。暖めたり、日光にあたったりすると、再び明瞭になり、これがこの病気の発疹の特徴です。

熱はでないことが多く、あっても病初期の1～2週間、37度台の微熱です。ときにせき、頭痛、のどの痛み、関節痛などがでることもあります。

成人では発疹の前に関節症状が強く現れ、関節リウマチと疑われることがあります。

治療

発疹のかゆみが強ければ、かゆみ止めを塗る程度で、特別な治療は必要ありません。

▼家庭看護のポイント　本人は元気なので、通常の生活をして問題はありません。しかし、日光にあたったり、摩擦したりすると、消えかかった発疹がぶり返すので注意しましょう。

予防

発病してからは感染しません。感染するのは発病前の潜伏期間中なので、隔離による感染防止は不可能です。また軽い病気ですからとくに予防対策は行われていません。

ただしりんご病にかかったことのない妊婦が感染すると、流早産の原因となることがあるので、流行期には妊婦との接触は避けましょう。

咽頭結膜熱(いんとうけつまくねつ)（プール熱(ねつ)）
pharyngoconjunctival Fever

どんな病気か

おもにアデノウイルスの3型や7型の感染でおこる5類感染症です。学校のプールでの集団発生が目立ちます（25頁カラー口絵）。

▼かかりやすい年齢　幼稚園や小学校へ通う子どもがほとんどです。

▼流行する季節　晩春から夏にかけて多発します。

症状

急に寒けがして、39～40度の高い熱がでて、のどが赤く腫(は)れて痛み、くびのリンパ節が痛みます。同時に結膜炎(けつまくえん)で目が赤くなり、ゴロゴロして痛み、まぶしく、涙やめやにが出ます。せき、痰(たん)、鼻汁、下痢(げり)、腹痛などの症状がでることもあります。

熱は3～4日つづき、その他の症状も1週間くらいで治ります。

治療

熱が高くてつらい場合は解熱薬を服用します。目の二次感染を予防するため、抗生物質の眼軟膏や点眼を用いることもあります。

学校感染症で、主要症状が消え、2日を経過するまでは出席停止となります。届け出れば欠席にはなりません。

▼受診する科　熱が高ければ小児科、目の症状が強ければ眼科を受診します。

▼家庭看護のポイント　かぜと同じように養生します。感染力が強いので、流行性角結膜炎(りゅうこうせいかくけつまくえん)（1078頁）の「予防」の項と同じ注意を守ってください。

また、下痢が強いと、高熱とあいまって幼児では脱水症をおこしやすいので、十分に水分を与えてください。

ヘルパンギーナ
Herpangina

どんな病気か

コクサッキーウイルスA群の感染でおこる代表的な**夏かぜ**の1つで、5類感染症です。

▼かかりやすい年齢　かかるのは、90

%以上が5歳以下の乳幼児です。

▼流行する季節　晩春から夏にかけて多発します。

症状

3～5日の潜伏期を経て発病します。急に39度前後の熱がでて、食欲がなくなります。熱の割には元気がよいことが多いですが、嘔吐をともなうこともあります。年長児の場合は、のどの痛みのほか、腹痛や頭痛を訴えることがあります。

のどの上顎の奥の部分の粘膜に、直径1～2㎜の小水疱状の口内疹が数個から十数個みえます。また、これがつぶれて小潰瘍になったものが混在していることもあります。熱は2～3日で下がり、のどの潰瘍も少し遅れて回復し、1週間で治るのがふつうです。

治療

有効な薬はないので、痛みが強いときには鎮痛解熱薬を用います。やわらかく、味の薄い、口あたりのよい食事にします。

予防

病人の唾液や糞便中のウイルスが飛沫感染、あるいは経口感染します。隔離による予防は疑わしく、また予後は良好な病気です。

おたふくかぜ（流行性耳下腺炎）
Epidemic Parotiditis

どんな病気か

ムンプスウイルスの感染でおこる5類感染症です。「お多福」のような顔になるのでおたふくかぜといいます。

▼かかりやすい年齢　母親からの移行免疫があるので、乳児はこの病気にはかかりません。かかりやすいのは3～7歳の子どもです。人によっては青年期になってからかかる人もいます。

終生免疫ができるので、1度かかれば生涯かかることはありません。また20～30％の人は感染しても症状がでない（不顕性感染）で免疫ができます。

▼流行する季節　秋から冬に多発しますが、都会では1年中発生します。

症状

20日前後の潜伏期を経て発病します。片側または両側の耳下腺が腫れて痛みます。顎下腺または舌下腺が腫れることもあります。片側だけが腫れた場合は、2～3日遅れて反対側が腫れてくることがあります。腫れる前に微熱や頭痛を認めることもあります。腫れが最大になるのは3日目ごろで、腫れたところを押すと痛み、食べるために顎を動かしても痛みます。熱は40度になることもありますが、腫れた耳下腺が熱をもつことや、色が変わることはありません。

その後、1週間くらいで腫れがひき、熱も下がり、痛みも消えて治ります。

▼合併症　発病後1週間くらいで、髄膜炎を併発することがあります（約10％）。強い頭痛や嘔吐をともない、重症（髄膜脳炎）では意識混濁やけいれんがおこります。また0・1％以下ですが、片側の永久性の難聴をおこします。思春期以降では精巣炎や卵巣炎をおこすことがありますが、両側性でなければ不妊の原因にはなりません。

治療

このウイルスに有効な薬はなく、対症療法が中心です。

▼家庭看護のポイント　熱のある間は安静にし、高熱のときはクーリング（わきの下などを冷やす）をします。腫れた耳下腺を冷湿布し、口中の清潔のためにうがいをします。食事はかまなくていいようにやわらかいものにし、唾

◎思春期のおたふくかぜと精巣炎

思春期の人がおたふくかぜにかかると、耳下腺が腫れてから5日目ごろに、男性は睾丸炎（精巣炎）、女性は卵巣炎を併発することがあります。

問題は精巣炎（1776頁）で、両側におこると男性不妊になることがあります。睾丸炎は、ほとんどが片側におこり、このときは男性不妊にはなりません。また子どもが睾丸炎をおこすことはありません。

睾丸炎をおこすと、通常の4～5倍の大きさに睾丸が腫れ、痛みます。睾丸炎を治せる薬はないので、サポーターや提睾帯をして、睾丸の安静を保ちます。初めは睾丸に冷湿布をして、痛みがとれたら温湿布にします。

卵巣炎は腹痛がおこりますが、不妊症にはなりません。

液の分泌を刺激すると痛むので、すっぱい食物は避けます。髄膜炎の疑いがあるときは、医師の指示に従います。

感染を防ぐため、耳下腺、顎下腺または舌下腺の腫れが現れてから5日間かつ全身状態がよくなるまで、学校は休ませます（第二種の学校感染症）。希望すれば生後1歳より予防接種を受けることができます（2143頁）。

手足口病
Hand Foot and Mouth Disease

どんな病気か コクサッキーウイルスのA群16型、エンテロウイルスの71型などの腸内ウイルスの感染により、手、足、口に水疱性の発疹が現れる病気です（22頁カラー口絵）。

▼かかりやすい年齢 生後7か月から4～5歳の子どもです。

▼流行する季節 夏に流行することが多いのですが、秋から冬にかけて流行することもあります。

症状 3～5日の潜伏期ののち、手のひらや指の間、足の裏や足の指などに、周囲が赤く縁どられた米粒大から小豆大の、だ円形の水ぶくれがまばらにできます。

水ぶくれは破れることなく、小豆色から飴色の斑点になり、数日で消えます。足の甲や膝の関節、殿部などに丘状のあせもに似た発疹がでることがありますが、数日で消えます。

口の中の水ぶくれは、口唇の内側、頬の内側、舌、軟口蓋などにできますが、短時間で破れるので、ふつうは赤く縁どられた直径5～6㎜のだ円形の潰瘍になっています。この潰瘍は食事のときに痛むので、食事をいやがることから、気づくことがあります。

気づかない程度の微熱がでることが多いのですが、20％くらいの子どもは2～3日、38度前後の発熱を認めます。

治療 有効な薬はありません。口の中の粘膜疹が痛むときは、味が薄く、やわらかい食べものにします。熱が高く、口の中の痛みが強い場合、鎮痛解熱薬を使うこともあります。

予防 原因ウイルスが、おもに飛沫感染、ときに糞便その他から経口感染します。流行期には不顕性感染者も多く、同様に感染源になるので、隔離による予防は疑わしく、また予後の良好な病気です。保育園や幼稚園では、園医と相談して登園の可否を決定します。予防接種はありません。

水痘（水ぼうそう）
Varicella / Chickenpox

どんな病気か **水痘・帯状疱疹ウイルス**の感染で、全身に水疱性の発疹がでる5類感染症です（21頁カラー口絵）。

▼かかりやすい年齢 2～6歳ごろがかかりやすい年齢ですが、子どものときに感染しないと、成人になってかかる人もいます。1度かかれば終生免疫ができます。

母親に免疫がないと、赤ちゃんでも感染することがあります。

▼流行する季節 冬から春にかけての流行が多くみられます。

症状 約2週間の潜伏期を経て発病します。急に38～39度の

◎溶連菌と溶連菌感染症

溶連菌は、**溶血性連鎖球菌**の略称です。

この菌は、血液を含んだ寒天培地で培養すると、赤血球を溶かす毒素をだし、顕微鏡で見ると、ピンポン球のような球形の菌が数珠つなぎに並んで連鎖状に見えるので、この名がつけられました。

溶連菌感染症とは、この溶連菌が感染しておこる病気の総称で、
①癤、膿痂疹などの皮膚の化膿性疾患
②中耳炎、乳様突起炎などの局所の化膿性疾患
③扁桃炎、咽頭炎などの上気道の急性炎症性疾患
④猩紅熱、敗血症などの全身性疾患
などいろいろあります。

猩紅熱も、このようにたくさんある溶連菌感染症のひとつです。

熱がでて、赤い小丘疹が、顔や胸から始まって全身にまばらに現れ、小豆大の水疱となり、やがて膿疱になります。2～3日で膿疱は乾いてしぼみ、黒褐色のかさぶたになり、7～10日で脱落して治ります。これらの発疹、かさぶたが混在してみられます。

発熱しないこともありますが、発疹の数が多いと、39度前後の熱が1週間ほどつづくこともあります。

▼異常経過 副腎皮質ホルモン剤の内服治療中や、白血病や免疫不全状態の子どもがこの病気にかかると、重い経過をたどる出血性水痘になります。

治療 重くならずに治るのがふつうです。かゆみが強いときには、かゆみ止めの内服薬や、塗り薬を使い、かきこわさないようにします。かきこわして細菌の皮膚感染をおこした場合には、抗生物質の内服、外用治療を行います。

抗ウイルス薬のアシクロビルを発病初期から内服すると、症状が軽く経過しますが、発症72時間以内に開始しないと効果がありません。アトピー性皮膚炎などもともと皮膚がデリケートな子どもや、基礎に病気がある場合は薬での治療が有用ですが、健康な子どもでは必ずしも必要ではありません。

▼看護のポイント 水疱をかきむしって細菌が感染し、化膿するとあとが残りますから、かきこわさないように対処しましょう。

感染力が強いので、水疱がすべて痂皮（かさぶた）になるまで幼稚園や学校は休ませます（学校保健法の規定）。

予防 帯状疱疹（1836頁）も同じウイルスが原因でおこるため、帯状疱疹の人と子どもを接触させないようにしましょう。

1歳以上では有効な予防接種もあり、発症している人と接触した場合でも、72時間以内に接種すれば、発症を予防、または軽くすることができます。

エルシニア菌感染症（泉熱）
Yersinia Enteritis

どんな病気か 飲食物を通じてエルシニア菌が感染しておこる病気で、発熱、発疹、腹痛、下痢などの症状をともないます。川崎病（800頁）と似た症状を示すので、鑑別が重要です。

▼かかりやすい年齢 学童から思春期にかけての年代の人が、かかりやすい傾向があります。

▼多発する季節 春と秋に多発する傾向があります。集団発生することが多いですが、散発することもあります。

症状 潜伏期は4～10日で、急に38～40度の熱がでて、寒け、頭痛、食欲不振がおこります。2日目ごろから、部位によって濃淡のある赤い発疹が全身に現れますが、ひじ、手首、膝、足首などに密集して出る傾向があります。発疹はかゆく、舌がいちご舌になることもあります。

5～6日して発疹が消えると、熱も37度くらいまで下がります。これで治ることもありますが、その翌日あたりから熱が38～39度に上がると、10日～2週間つづきます。

この時期には、じんま疹のような発疹や結節性紅斑（1819頁）という発疹が、腕や下肢に現れることがあります。ま

◎猩紅熱の緊急予防

たとえば、兄や姉が猩紅熱になったときには、弟や妹にも家庭内感染した可能性があります。まだ、発病はしていませんが、弟や妹は潜伏期にある可能性が濃いわけです。

このようなときには、緊急の予防処置として、ペニシリンなどの抗生物質を内服させると発病を予防できます。

しかし、間に合わずに、軽く発病することもあります。

家庭の手当で予防するのはむりですから、医師に相談しましょう。

た、右下腹痛や1日数回の軽い下痢が多いのも、この病気の特徴です。

2度目の解熱のあと、さらに3度目の発熱が数日つづくこともあります。

余病をおこしたり、生命にかかわったりすることはありません。

治療

テトラサイクリン系の抗生物質が効きます。

▼家庭看護のポイント　高熱がつづきますが、苦しい思いはしません。高熱の間は安静にし、気持ちのいい程度に頭を冷やします。腹痛が強ければ、右下腹部を冷湿布します。

熱が長引く病気ですので、医師の指示を守ってください。

予防

菌をもっているネズミの糞や尿で汚染された井戸水や食物を通じて感染するので、ネズミの駆除と飲食物の保管に注意します。

急性灰白髄炎（ポリオ）

Acute Anterior Poliomyelitis (Polio)

どんな病気か

ポリオウイルスが感染して、脊髄の灰白質という部分をおかすため、数日間かぜをひいたような症状が現れたのち、急に足や腕がまひして動かなくなる病気です。

もともと幼児がかかりやすい病気で、かつて**小児まひ**と呼ばれ、１９６０（昭和35）年には６５００人以上の大流行を認めましたが、その後の予防接種の普及により、現在ではまれな病気になりました。

しかし、インドや東南アジアの一部でウイルスが認められ、海外旅行から帰った人にウイルスの保有者がときどき見つかるので、油断はできません。

症状

潜伏期は1～2週間です。感染を受けても95％は発病せず治ります（不顕性感染）。

発病すると、初期には、発熱や頭痛、下痢など、夏かぜに似た症状を認めます。この症状も1～4日で大部分は治りますが、ごく一部の人が、熱が下がるころから、足や腕に力が入らなくなってまひしてきます。重症の場合は、胸の筋肉や横隔膜までまひし、ときには呼吸中枢のある延髄までウイルスにおかされ、呼吸ができなくなって、死亡することもあります。

治療

病原ウイルスに効く薬はないので、寝て安静を保つことがたいせつです。背骨が痛ければ、温湿布や鎮痛薬を用い、呼吸困難が生じたら、レスピレーター（人工呼吸器）を用います。まひが生じたら、マッサージ、電気療法、運動療法などのリハビリテーションで回復をはかります。

予防

感染症法で2類感染症に指定されています。

おもな感染源は、糞便中にいるウイルスですが、のどにいるウイルスも感染源になります。したがって、病人は入院して治療し、糞便、鼻やのどの分泌物で汚染されたものは消毒します。

4種混合ワクチンの予防接種が行われています。

溶連菌感染症（猩紅熱）

β-Hemolytic Streptococcal Infection

どんな病気か

A群溶血連鎖球菌（810頁上段）の感染により、全身に紅い発疹が現れる5類感染症です。

◎学校感染症

集団生活をする学校などで、とくに注意が必要な感染症を、学校感染症として学校保健安全法で定めています。

学校感染症は、次の3つに分けられています。

●第一種

エボラ出血熱、クリミア・コンゴ出血熱、南米出血熱、重症急性呼吸器症候群（病原体がSARSコロナウイルスであるものに限る）、鳥インフルエンザ、ペスト、マールブルグ病、ラッサ熱、急性灰白髄炎（ポリオ）、ジフテリア。

●第二種

インフルエンザ、百日ぜき、麻疹（はしか）、おたふくかぜ（流行性耳下腺炎）、風疹、水痘（水ぼうそう）、咽頭結膜熱、結核、髄膜炎菌性髄膜炎。

●第三種

腸管出血性大腸菌感染症、コレラ、細菌性赤痢、腸チフス、パラチフス、流行性角結膜炎、急性出血性結膜炎、そ

かつては死亡率が高かったために、法定伝染病に指定されていましたが、抗生物質療法の進歩により重症例はほとんどなくなり、感染症法では、まれな劇症型溶連菌感染症（2126頁）以外は、法的な規制を受けなくなりました。

▼かかりやすい年齢　3～12歳の子どもがかかることが多く、幼稚園や学校で集団発生することが多いので、学校伝染病に指定されています。

▼流行する季節　夏は少なく、晩秋から春にかけての寒い季節に多発しますが、都会では1年中発生します。

症状

潜伏期は2～5日です。のどの痛みで始まり、寒けがして数時間のうちに38～39度の熱がでます。病気の初期は食欲がなく、嘔吐することもあります。のどの中を見ると扁桃（口蓋扁桃）が赤く腫れ、上顎の奥にも赤みがあり、飲食物を飲み込むときに痛みます。

1～2日たつと、紅くこまかい発疹が、くびや胸あたりから現れて全身に広がりますが、かゆみで気づくこともあります。顔は、口の周囲だけ発疹が現れないので**口囲蒼白**といい、風疹やはしかとの区別に役立ちます。

3～4日たつと、舌の厚い苔がはがれてイチゴのようなぶつぶつのある紅い舌（いちご舌）になります。

熱が下がると、発疹もしだいに消え、皮膚がこまかくむけますが、あとは残りません。

▼受診する科　小児科（内科）を受診します。子どもの熱と発疹のでる病気は感染するものが多いので、周囲に感染が広がらないようにしましょう。兄弟姉妹がいる場合は医師に報告しましょう（811頁上段）。

検査と診断

熱、のどや発疹のようすなどから大体診断できますが、のどの粘液を綿棒でぬぐいとって検査をし、溶連菌が多数いることで診断します。10分間で結果がわかる簡易な迅速検査法も普及しています。

治療

溶連菌に有効な抗生物質（標準薬としてはペニシリン）を内服します。症状は1～2日でよくなり、抗生物質開始後24時間経過すれば、他の人には感染しにくくなります。しかし、その後も10日～2週間くらい抗生物質の治療をつづけないと、のどの溶連菌が残って、合併症をおこしたり、他の人に感染することもあります。

菌が完全に陰性になったかどうかは、抗生物質治療が終了して3日以上おいてから、のどの粘液を培養検査し、溶連菌がいないことを確かめます。

▼合併症　第2病週には、しばしば口角炎をおこし、口唇の両端がただれ、食物がしみて痛みます。

回復期に、リウマチ熱（2028頁）や急性腎炎（751頁）がおこることがあります。発生率は約1％程度ですが、治療に長い年月を要するので、しばらくは早期発見に留意してください。

近年、抗生物質の種類によっては5日間ほどの治療期間でよい場合もありますが、症状が消えても、医師の指示に従って抗生物質を服用しつづけることが重要です。

▼看護と養生のポイント　高熱の間は安静と養生が大事です。のどを痛がるときは、うがいや、鎮痛薬を使用しま

の他の感染症。

◉出席停止・臨時休業

　校長は、感染症にかかっているか、その疑いのある人、または、かかるおそれのある人に対して、理由および期間を明示して出席を停止します。また、予防上の必要があれば臨時に学校の全部または一部を休業とします。

す。皮膚のかゆみが強いときは、かゆみ止めの軟膏や、抗ヒスタミン薬の内服を使用します。

　高熱の間は、消化のよい食事にし、食欲がでれば、ふつうの食事にします。腎炎の症状があるときは、塩分制限が必要です。

▼免疫　昔は、1度猩紅熱にかかれば、生涯つづく免疫ができました。しかし近年は抗生物質の使用で病気が軽い状態ですんでしまい、免疫のできかたが不完全で、何度も感染する人がいます。

予防　病人や保菌者ののどにいる溶連菌が、会話の際などに飛沫感染します。看護をする家族は、マスクが予防に有効です。うがいや抗菌薬のトローチ（口内錠）も効果があります。予防接種はありません。

ノロウイルス胃腸炎
Norovirus Gastroenteritis

どんな病気か　**小型球型ウイルス**といわれたウイルスの1つ、ノロウイルスによる胃腸炎症状を主体とする病気です。2002（平成14）年に命名がされてから、学校や老人施設での集団感染や食中毒で有名になりましたが、昔からある代表的な感染性の胃腸炎です。

▼かかりやすい年齢　すべての年齢で感染発症が認められますが、幼児や高齢者など抵抗力の弱い人では症状が重くなることがあります。

▼流行する季節　1年中認められますが、とくに冬（11月～2月）に多く流行します。

症状　1～2日の潜伏期のあと、吐きけ、嘔吐、下痢、腹痛などの症状が単独、または重なって認められ、ときに発熱をともなうこともあります。健康な人では多くが軽症で回復します。幼児や高齢者では、症状が重くなることがあり、脱水や誤嚥への注意などが必要です。

検査と診断　流行状況と症状で推測されますが、集団食中毒などの際には、衛生研究所などで、ウイルス検査を行います。ロタウイルスのような迅速検査は、まだ普及していません。

治療　特効薬はなく、適切な水分補給を中心とした食事療法が治療の中心です。吐きけが強いときは少しずつイオン飲料や経口補水液などを与え、嘔吐が治まったらおかゆ、スープなどのやわらかいものを与えます。整腸薬や、腹痛や発熱に対する対症的な投薬が行われることもあります。

予防　ワクチンなどの予防法はありません。ウイルスは糞便や吐物などの付着した手指や、ウイルスに汚染された食品を介して経口感染するため、手洗い、食品の加熱などが重要です。また吐物や排泄物で汚染された衣服や容器などは、塩素系漂白剤での処置が有効です。

ロタウイルス胃腸炎
Rotavirus Gastroenteritis

どんな病気か　ロタウイルスによる胃腸炎症状をおこす病気です。ノロウイルスより一般的に症状が重い特徴があります。

▼かかりやすい年齢　乳幼児から就学

前後の年齢ごろまで認められ、2歳未満にもっとも多く認められます。

▼流行する季節　冬から春（とくに3〜4月）に多く認められます。

症状

嘔吐、下痢、発熱がおもな症状で、ノロウイルスに比べて嘔吐の程度は強く、発熱の頻度が高いことが特徴です。下痢は白色から淡黄色の水様泥状便がひんぱんに認められます。無熱性のけいれんをともなうこともあります。

検査と診断

特徴的な臨床症状で診断ができますが、便中のウイルスを同定する迅速検査キットによる外来での診断も可能になっています。

治療

嘔吐や下痢の程度が強いので、脱水を防ぐために水分補給と、食事療法が重要です。吐きけが強いときの水分補給は経口補水液などを、最初はスプーンなどで少量ずつ、頻回に与えます。嘔吐が治まったら、下痢に対しては、おかゆ、スープなど、できるだけ消化のよいものを少しずつ与えます。ときに輸液治療が必要となることもあります。特効薬はありませんが、整腸薬などが使用されます。

予防

下痢便に含まれるウイルスが、手指などを介して経口感染するため、おむつの適切な処置と、手洗いがとくに重要です。

２０１１（平成23）年から、任意による予防接種が行われています。

日本脳炎
Japanese Encephalitis

どんな病気か

日本脳炎ウイルスに感染して脳がおかされる病気で、4類感染症です。

約20％は死亡し、生存しても40〜70％に知能障害や手足のまひが残ります。完治するのは、半数程度の予後の悪い病気です。

▼感染と発病　ウイルスをもつコガタアカイエカという蚊に刺されて感染します。しかし、大部分の人は無症状のまま免疫ができます（不顕性感染）。発病するのは、ごく一部の人（ふつうは10万人について数人）だけです。また人から人への感染はありません。

▼発生地域と流行する季節　8月から9月にかけて、蚊のいる青森県以南の地域に発生します。

▼発生状況　予防接種の普及と蚊の減少により、近年、日本では、病人の発生がひじょうに少なくなりました。

症状

4日〜2週間の潜伏期を経て、急に38度前後に発熱し、頭痛、嘔吐、軽い腹痛や下痢などがおこります。

「夏かぜ」や「胃腸かぜ」と思っているうちに、熱が39度前後になり、興奮したり、顔や手足にけいれんがおこったり、斜視や眼震がおこったり、脳炎らしい症状になってきます。

病気の峠は、発病後4〜5日ころです。この時期をもちこたえると、しだいに熱が下がり、他の症状も治まってきますが、数週間は表情が失われ、話が低声・単調だったり、健忘症になったりします。

▼後遺症　重症だった場合は、重い精神障害や手足が硬直して動かせないなどの後遺症が長く残ります。成人の場合は、半年くらいで回復することもあ

りますが、子どもは回復が困難です。

▼受診する科　内科か小児科を受診します。疑いがあれば、入院して血液や脳脊髄液の検査が必要になります。

治療　日本脳炎ウイルスに効く薬はありません。鎮静薬や強心薬を用いるほか、意識のない間は輸液や経鼻栄養で栄養や水分を補給し、肺炎・床ずれなどの合併症や後遺症の予防・治療を行います。

予防　予防接種が有効です（2142頁）。炎天下で帽子をかぶらずに遊んで体力を弱らせたりすると発病の誘因になります。

百日ぜき（ひゃくにち）
Pertussis

どんな病気か　百日ぜき菌の飛沫（ひまつ）感染（かんせん）でおこる5類感染症です。特有なせきの発作がおこったり、治まったりを長期間くり返します。

▼かかりやすい年齢　かかりやすいのは3歳以下の乳幼児で、母親から免疫を受け継がないので、新生児でもかかることがあります。1度かかれば終生免疫ができます。

▼流行する季節　夏に多い傾向ですが、1年中みられます。予防接種が普及し、少なくなりましたが、近年成人での流行が報告されています。

症状　潜伏期は1～2週間です。初めは、せきがでるだけです。熱はなく、痰（たん）も少ないのに、せきがしだいに増加し、とくに夜間に多くなります。この時期を**カタル期**（き）といい、1～2週間つづきます。

そのうちに、特有なせきのでる発作期に入ります。コンコンと短い爆発的なせきが10～15回連続しておこり、顔が赤くなり、目は充血し、唇は紫色になり、嘔吐（おうと）をすることもあります。

このようなせきのあと、1回ヒューと深く息を吸い込みます。この症状を**レプリーゼ**といいます。

大きな子どもは、このせき発作を数回くり返したのちに、ふつうの状態に戻りますが、乳児では、呼吸が止まったり、けいれんがおこったりします。

1回のせき発作は2～3分ですが、1日に数十回おこることもあって、夜間に頻発するので睡眠不足になります。

せき発作が激しいのは、初めの2～3週間で、あとは激しさも回数もしだいに減少して治まります。発作のないときは健康時と変わりありません。

▼合併症　肺炎や中耳炎を併発することがあります。

治療　百日ぜき菌に効く抗生物質や、鎮咳薬（ちんがいやく）、去痰薬（きょたんやく）などを用います。乳児で呼吸困難や合併症をおこしたときは、入院治療が必要になることもあります。

▼家庭看護のポイント　食事、泣くなど、ちょっとした気分の変化や気道の変化でせき発作がおこるので、環境や食事に注意してください。

熱はでないのがふつうです。発熱したときは、合併症をおこした疑いがあるので、医師に報告しましょう。

せきが出なくなるまで、または適正な抗菌薬による治療が終了するまで学校を休ませます。学校感染症なので、出席停止扱いで欠席にはなりません。予防接種（2141頁）が有効です。

◎血清病

ジフテリアや破傷風の治療のために、ウマの免疫抗毒素血清を注射したときにおこる副作用が、血清病です。

最初の注射では、リンパ節の腫れ、発熱、発疹、たんぱく尿などがおこりますが、軽症です。

1回目の注射の後、1週間以上の間隔をおいて2回目の注射をすると、ショックをおこし、死亡することが多いものです。

したがって、以前、抗毒素血清の注射を受けたことのある人は、事前に医師に報告する必要があるのです。

ジフテリア
Diphtheria

どんな病気か

ジフテリア菌の感染によっておこる病気で、感染力が強く、致死率も高いのですが、予防接種の普及で先進国ではまれな病気です。

▼かかりやすい年齢　幼児と小児に多く、乳児と成人は少ないものです。寒い季節に多発します。

症状

潜伏期は、2～6日で、感染部位によって症状がちがい、つぎの病型に分けられています。

▼扁桃、咽頭ジフテリア　急に38～39度の熱がでて、のどが赤く腫れて痛み、扁頭が灰白色の偽膜でおおわれます。悪性の場合は、くびのリンパ節も腫れて痛み、菌の毒素で心臓の筋肉もおかされて血圧が下がり、発病後1～2週間で死亡することもあります。

▼喉頭ジフテリア　38度前後に発熱し、せきがでます。しだいに声がかれ、犬の遠吠えのようなせきになります。偽膜が喉頭に広がり、気管が狭くなるので、息を吸うたびにのどをゼイゼイいわせ、呼吸困難によって死亡することもあります（**真性クループ**）。

▼鼻ジフテリア　鼻の中の粘膜に偽膜ができ、鼻がつまります。鼻の入り口がただれ、鼻汁に血液が混じることもあります。乳児におこりやすい病型ですが、頻度は少ないです。

▼その他　まれに、目の結膜、皮膚、新生児の臍、女の子の陰部などに菌が病変をつくることがあります。

▼合併症　後まひと、それにともなう肺炎、心筋障害による血圧の低下や心不全、ネフローゼなどがあります。

ジフテリアの後まひは、菌の毒素の作用でおこる運動神経のまひで、発病後2～3週間たったころにおこります。部位は軟口蓋のまひが多く、鼻声になったり、飲食物がうまく飲み込めず、むせたりします。眼筋におこると、ものが二重に見え、手足の筋肉におこると、歩行がうまくできなくなります。

後まひは長く残ることはまれで、3週間くらいで回復にむかいます。

▼受診する科　小児科、内科、耳鼻咽喉科のどこでも受診できます。

治療

感染症法で2類感染症に指定されているので、状況に応じて入院し、治療を行います。ふつうの経過で1か月くらいです。学校は出席停止扱いで欠席にはなりません。

ジフテリアの抗毒素血清を注射して毒素を中和し、抗生物質でジフテリア菌を消失させます。以前、血清注射を受けたことのある人は、医師に報告しましょう。報告しないと血清病（上段）がおこることがあります。

窒息の危険のあるときは気管切開をしますが、偽膜が気管の下部までつまっていると、生命を救えません。

▼養生のポイント　軟口蓋がまひすると、飲食物が気管に入り、肺炎をおこします。飲食の際の姿勢に注意します。毒素で障害を受けた心臓が、かなりたってから心不全をおこすことがあるので、安静の程度と期間について、医師の指示を守ってください。

予防

せきや会話で飛び散る飛沫を吸い込むことで感染します。看護をする人はマスクをしましょう。予防接種（2143頁）が有効です。

第4章 女性特有の病気

女性特有の病気

女性のからだには、妊娠・出産のためのしくみが備わっています。それゆえに、男性とは異なる女性特有の病気があります。

女性特有のからだの変化と病気

◇性分化

女性としての内性器・外性器が完成するのは、胎児期です。母体内で妊娠が成立した直後の「中性」の状態から、性的に分化していく過程を**性分化**といいます。

子宮内で発育する胎児は、受精卵が子宮内膜に潜り込む（着床といいます）ことから始まります。受精卵は分割をくり返して胎芽になりますが、初めは未分化の状態です。性の分化は、胎生の第3週から第8週にあたる胚芽期に始まります。遺伝的な性（性染色体の組合わせによる性）は、受精時にすでに決定されていますが、この時期に、生殖腺、生殖管系の分化が進行するのです。

◉生殖腺の分化

胚芽中に**生殖堤**が現れ、この部位の細胞は増殖をくり返して**生殖索**を形成します。そして原始生殖細胞は、胎生第6週に生殖堤に入ります。

活発な細胞増殖をくり返すこの時期の生殖腺を、**未分化生殖腺**といいます（次頁図1⑶）。Y染色体のない遺伝子的女性胚芽では、これらの部位は卵巣の髄質に位置し、後にここは卵巣髄質と呼ばれる組織にかわります。

さらに生殖索は、**皮質索**となり生殖腺の表層近くにとどまり、やがてその中に原始生殖細胞を囲む細胞塊となり、生殖腺の表層にとどまります。そして、引き続き分裂をくり返し、生殖細胞は**卵祖細胞**に、表面上皮は**卵胞細胞**になります。

◉生殖管の分化

男女とも2対の生殖管をもち、このうち**中腎傍管**（**ミュラー管**）は頭のほう（上方）では卵管を、また尾側（下方）では左右が癒合して子宮管、後に子宮体部、子宮頸部を形成し、そこにミュラー丘ができます。癒合した部位からは幅広くひだが形成され、後に子宮広間膜となります。そして、中腎傍管の尾側端より洞腟球の組織が増殖し、後の腟壁を形成します（次頁図2）。

図1　生殖腺の分化

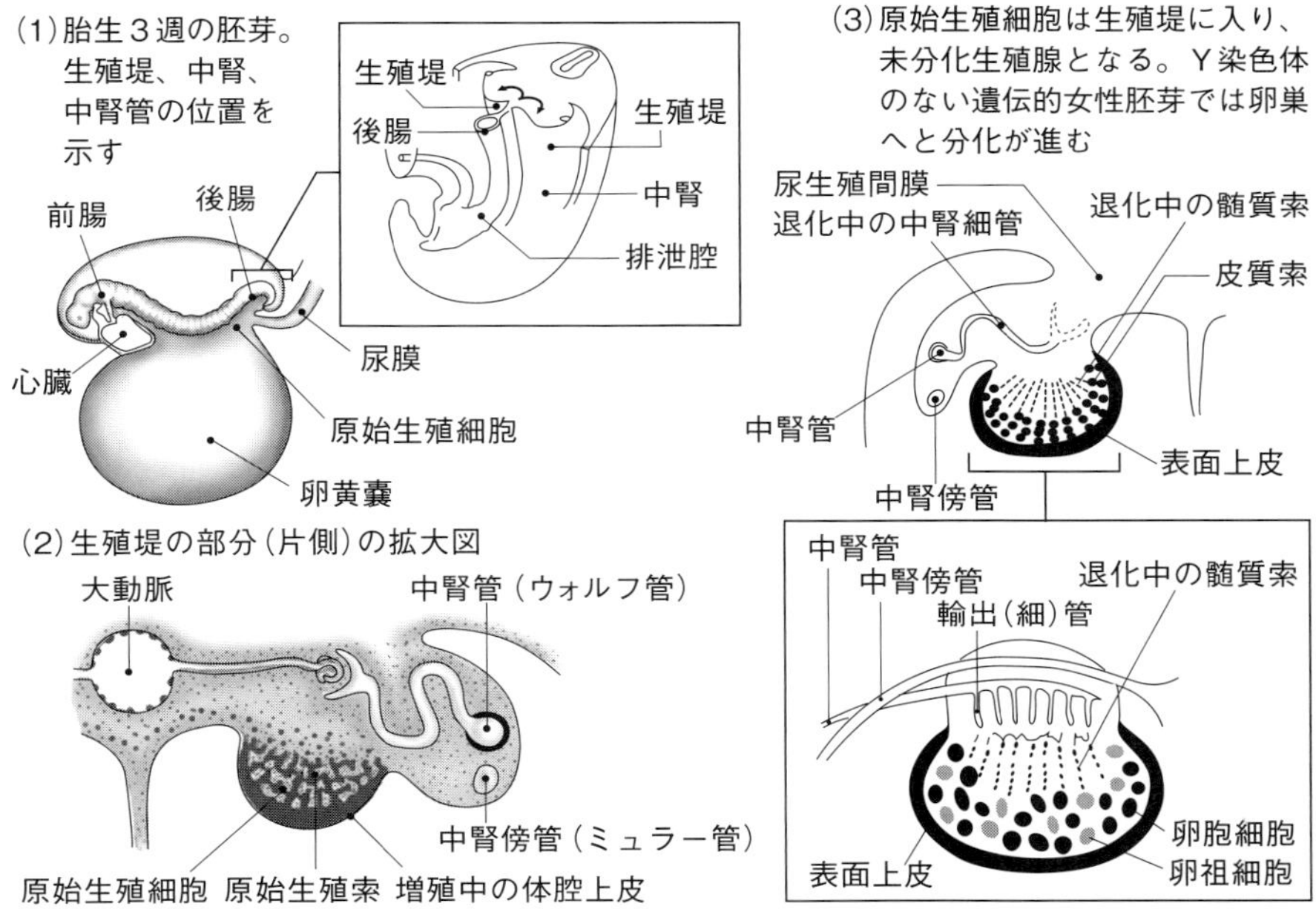

図2　生殖管の分化

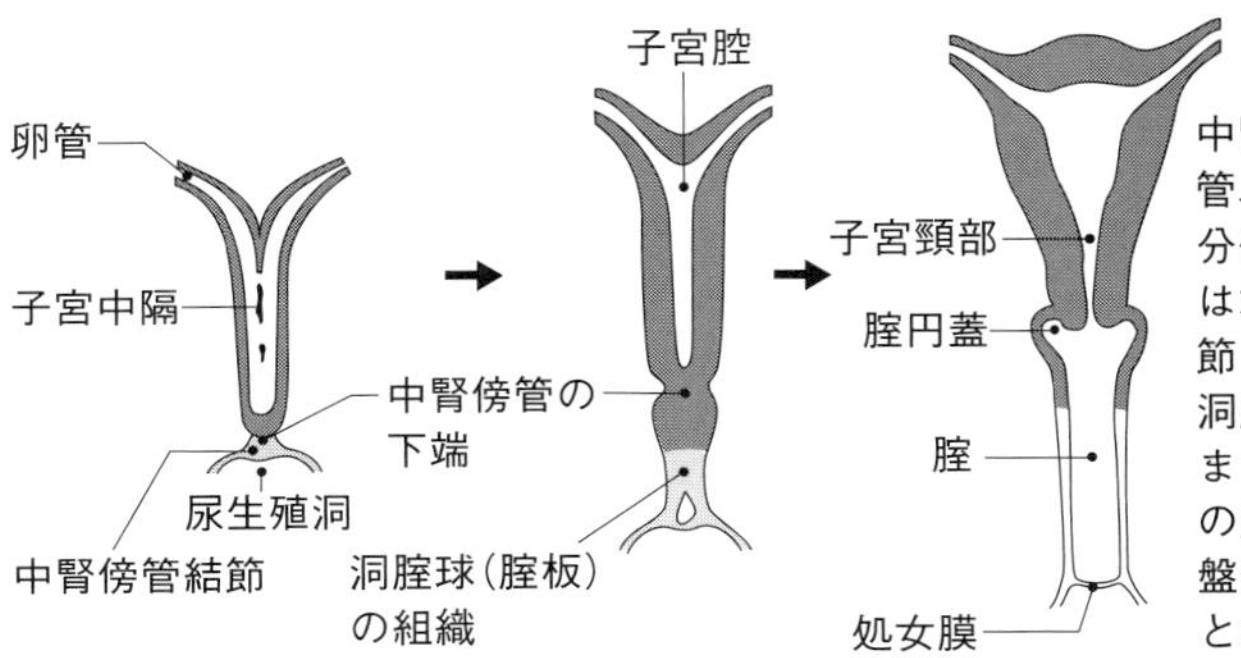

中腎傍管が後ろの卵管、子宮管、子宮体部、子宮頸部へと分化していきます。中腎傍管は左右で癒合して中腎傍管結節となり、尿生殖洞を押し、洞腟球が増殖、腟板を形成します。腟壁は、中腎傍管由来の腟円蓋部と、尿生殖洞の骨盤部由来の洞腟球からなることがわかります。

◉外生殖器の分化

排泄腔膜周囲の細胞の増殖により排泄腔ヒダが形成され、これが左右合体して生殖結節となります。このころ、さらに生殖隆起が排泄腔ヒダの両側に現れてきます。生殖結節は陰核を形成し、排泄腔ヒダの一部より小陰唇、生殖隆起より大陰唇が形成されます。

◇女性の一生とからだの変化

女性の一生は、①胎児期、②乳幼児期、③思春期、④（性）成熟期・更年期、⑤老年期に大別できます。

女性として生まれるための機能は胎児期に整いますが、誕生したときは、女性特有の機能はまだはたらきません。乳幼児期は、内性器と外性器のちがい（一次性徴）以外、からだつきは男女ともほとんど同じです。

8～9歳ごろになると、卵巣が少しずつ活動を始め、女性ホルモンがつくられ始めます。この影響で、乳房の発育が始まり、ついで陰毛、わき毛が生えるなど二次性徴が現れます。卵巣、子宮、腟などの性器も急速に発達して

女性の一生に現れるホルモンに関連する病態

幼・小児期	思春期〈初経〉	性成熟期	更年期〈閉経〉	老年期

月経の異常（周期／期間／量）　　脂質異常症、動脈硬化
初経初来の異常　　早発閉経
無月経—（原発性／続発性）—無排卵　　性器萎縮
黄体機能不全、機能性子宮出血　　萎縮性腟炎
月経前緊張症　　更年期障害　　性交障害
月経困難症、子宮内膜症
子宮発育不全
子宮内膜増殖症（子宮体がん）
（習慣／切迫）流早産、軟産道強靭　　骨粗鬆症

初経を迎えます。

思春期の終わりごろから、女性のからだはほぼ完成し、性成熟期では、生殖機能が充実してピークを迎えます。

やがて、卵巣がそのはたらきを止めて閉経を迎え、老年期に入ります。性器や乳房以外にもからだ全体の機能が衰え、萎縮するのが老年期の特徴です。

このように、女性ホルモンは、女性のからだに大きくかかわっており、女性ホルモンの変化によっても、一生の各時期に、出現しやすい病態があります（上段表）。

◇加齢にともなう女性の病気

女性ホルモンが急激に減少する更年期以降は、さまざまな病気がおこりやすくなってきます。

その典型的な疾患が**骨粗鬆症**（1884頁）です。加齢により、男性も徐々に骨粗鬆症が進行しますが、女性においては閉経によって急速に骨粗鬆症が進みます。一般的に、骨の強さは骨塩量を測定して推定されていますが、女性は性成熟期のいちばん元気な時期の骨塩量を測定しておいて、その後の骨粗鬆症の進行に備えておくことが大事です。

閉経期は、女性ホルモンの減少という内分泌環境の急激な変化がおこる時期であると同時に、年齢的にも、メタボリックシンドローム（1494頁）をはじめとして、さまざまな病気が現れてくる時期でもあります。なかでも、顕著な変化が**脂質異常症**（**高脂血症**　1509頁）です。高脂血症には血中のコレステロールが上昇するものと、中性脂肪（トリグリセリド）が上昇するものと、さらに両方が上昇するものがあります。

とくに気をつけたいのが、コレステロールのなかでもＬＤＬコレステロールという〝悪玉コレステロール〟が上昇した場合です。

更年期以前は女性ホルモンの血管保護作用が女性を守って、心筋梗塞（1362頁）や脳卒中（921頁）の頻度を男性より格段に低いものにしてくれていますが、更年期以後は女性ホルモンが低下して高脂血症になりやすくなることとあいまって、動脈硬化症（1407頁）が進行するといわれています。

卵巣、外陰、腟、子宮などの女性性器は、卵巣ホルモンが関与する代表的な臓器です。以下に、これら女性性器の老化現象について説明します。

●卵巣の老化と女性ホルモンの減少

卵巣の重量、容積の減少は30歳代後半から始まりますが、閉経前後からはより急激に減少します。性成熟期には９～10ｇだった卵巣が、40～50歳代で６・６ｇ、50～60歳代で４・９ｇ、60～70歳代で４・０ｇに減少します。卵胞数も、思春期には約40万個あったものが40歳には約８０００個に減少するといわれています。とくに、40歳代の減少率は著しく、39歳の卵胞数の値を１００とすると、41歳にはその約70％、45歳には約90％が減ってしまいます。

性成熟期には、視床下部—下垂体から分泌されるゴナドトロピンの作用で、卵巣から女性ホルモン（**エストロゲン**、**プロゲステロン**）が分泌されています。しかし、更年期には卵巣のゴナドトロピンに対する感受性も低下しますから、更年期に入ると排卵周期も減少し、月経周期も不規則になります。

◎更年期以降の不正性器出血に注意

エストロゲンの欠乏による生殖器の萎縮からおこる不正性器出血（868頁）は、閉経期前後から老年期の女性にしばしばみられる症状です。そのため、**萎縮性腟炎**（838頁）として治療されることが少なくないのですが、**子宮頸がん**（561頁）や**子宮体がん**（563頁）、**卵巣がん**（565頁）、まれですが老年期におこりやすい**外陰がん**（570頁）も念頭においておくべきです。

不正性器出血がある場合、医師が子宮頸がん検査しか行わなかったときは、子宮体がん検査も受けたい、と医師に伝えてください。

また、卵巣がんのおもな自覚症状の約13%が不正性器出血で、閉経後の人に限定すると、約27%に不正性器出血が認められたとの報告もあるので、注意が必要です。

不正出血がある場合は、必ず婦人科を受診しましょう。

エストロゲンの減少、とくに**エストラジオール**（エストロゲンの一種）は、その傾向が著しく、50歳ごろには性成熟期の4分の1～5分の1になるといわれています。そして、閉経により、卵巣から分泌される女性ホルモンは、急激に減少します。

●外陰、腟の萎縮

生殖器は、閉経後は萎縮性変化が著しく現れます。外陰、とくに大陰唇の皮下脂肪組織は減少し、陰毛もまばらとなります。皮膚も萎縮性変化によって、物理的刺激に弱くなり、細菌に感染しやすくなります。

性成熟期には、腟上皮に蓄積されているグリコーゲンが**デーデルライン桿菌**の作用で乳酸化され、腟内は酸性に保たれるので、炎症をおこしにくい環境にあります（**腟の自浄作用**）。

しかし、閉経によって腟粘膜は薄くなり、自浄作用が低下するため、物理的刺激や細菌感染に弱くなり、黄褐色のおりもの、不正性器出血（868頁）、難治性瘙痒感（治りにくいかゆみ）、痛みなどの症状がでやすくなります。

このような状態は、萎縮性腟炎（838頁）と総称されます。

また、腟の容積、腟の伸展性・拡張性の減少も加わり、一部の閉経期前後の女性は、強い性交痛を感じることがあります。しかし、腟の縮小の程度は、分娩歴や性交経験などによって、個人差が大きいものです。

●子宮の萎縮変化

子宮にみられる萎縮性変化は外陰や腟の変化より先に現れます。エストロゲンの減少により子宮内膜、子宮筋は萎縮し、子宮の体積は縮小します。

子宮筋腫（840頁）も同様で、閉経後は縮小する傾向があります。したがって、閉経期前後の子宮筋腫で症状の軽いものは、悪性病変（子宮頸がん561頁、子宮体がん563頁）でなければ、治療をせずに経過を観察することができます。しかし、子宮筋腫が急激に発育する場合は、診断のむずかしい子宮肉腫（562頁上段）の可能性を考慮し、原則として、手術を行います。

子宮内膜は、閉経後でも外因性エストロゲンに対する反応性は保たれているので、エストロゲン補充療法によく反応し、消退出血（859頁）をおこすことがあります。したがって、ホルモン補充療法を受けている場合は、不正性器出血がおこることがあります。

その他の局所変化としては、骨盤底筋や基靭帯などの子宮を支えている組織の萎縮や老化のための弛緩により、子宮の下垂、脱出が生じやすくなります（子宮下垂／子宮脱850頁）。

また、腟、膀胱、直腸の下垂、脱出をともなうことも多くあります。しかし、これらは出産回数、出産時の骨盤底筋の離断の程度などにも影響されるので、個人差が大きいものです。

子宮の萎縮とともに、子宮頸管の狭窄（狭くなる）も生じます。その結果、子宮内腔に分泌物がたまり、細菌が感染することによって発症するのが子宮留膿腫（849頁）で、下腹部痛、発熱、膿性分泌物などの症状がみられます。

子宮留膿腫は、子宮頸がん・子宮体がんを合併していることがありますので、場合によっては頸管を開いて、がん検査を行う必要があります。

図1　乳房のしくみ

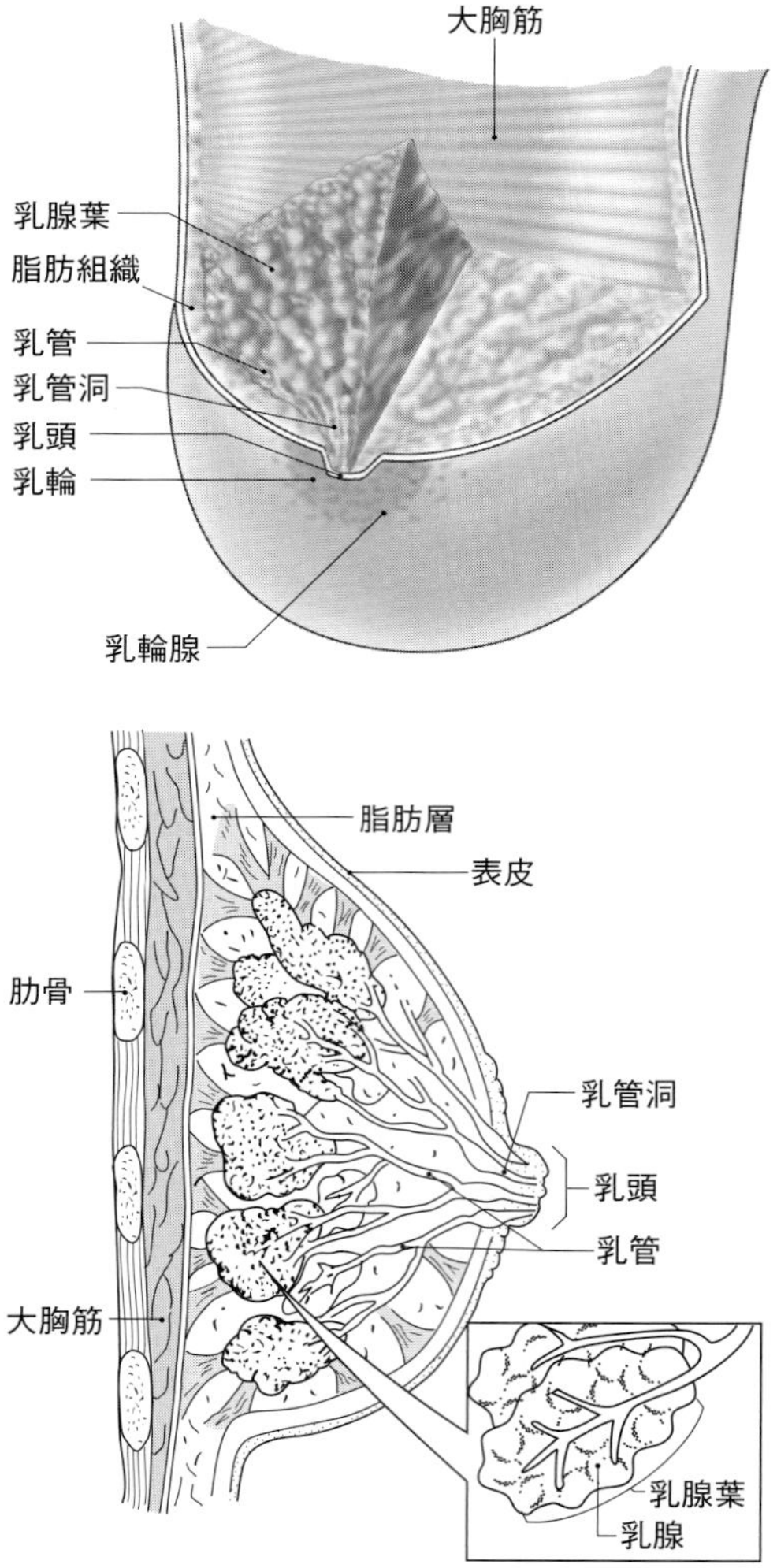

乳房のしくみとはたらき

◇乳房と母乳のしくみ

乳房の大きさや形状は、人種、体格、肥満度によりいろいろですが、乳房は左右の大きさが異なることが少なくなく、多くは左が大きいです。

乳房の中は、おもに**乳腺**と乳腺組織から成り立っています。乳腺は、15～25の**乳腺葉**に分かれ、**乳頭**を中心に放射線状に並んでいます（図1上）。おのおのの乳腺葉はそれぞれ2～4・5㎜径の**乳管**をもち、乳管は円錐形の膨大部（乳管洞）を形成して、15～25の**乳口**として開口しています。

乳腺葉の先は、さらにより多数の小葉（乳腺小葉）に分かれ、それぞれの小葉は、10～100の乳腺細胞（腺胞）の集りである**腺房**に分かれます。分娩後の乳汁はここでつくられ、乳管を通って乳頭から分泌されます。

乳頭の周囲を**乳輪**といい、多数の皮脂腺、汗腺、10個程度の乳輪腺が見られます。乳頭、乳輪の皮膚には、たくさんの種類の知覚神経末端があり、その刺激によって、乳頭勃起と視床下部―下垂体反射がおこり、乳汁分泌ホルモンの分泌を促します。

●乳房の年齢による変化

女性の乳房は、性ホルモンの分泌がみられる小学校低学年から発育が始まります。思春期の13歳ごろになると、乳房はおもに卵巣から分泌されるエストロゲンの刺激により、膨らんでいきます。

月経周期が始まると、卵胞期のエストロゲン、黄体期のプロゲステロンの共同作業により、乳房全体の輪郭、かたさ、小葉・腺房組織がしだいに形成され、乳頭、乳輪の色素沈着も見られるようになってきます。

さらにこの2つのホルモンによる乳房末梢部の発達により、成熟した乳房が形成されます。

◎乳房痛と対策

月経のある女性の乳房が、月経周期の黄体期後半から月経期にかけて痛んだり、軽く張ったりすることがあります。この乳房痛は月経前症候群（867頁）の症状のひとつです。

黄体ホルモン剤や男性ホルモン剤の内服が有効ですが、長期の服用はよくありません。利尿薬のほか、乳腺に作用するプロラクチン、ホルモンの分泌を抑える麦角製剤といった薬剤の内服も、痛みをやわらげるのに効果があります。

図2　妊娠による乳房の変化

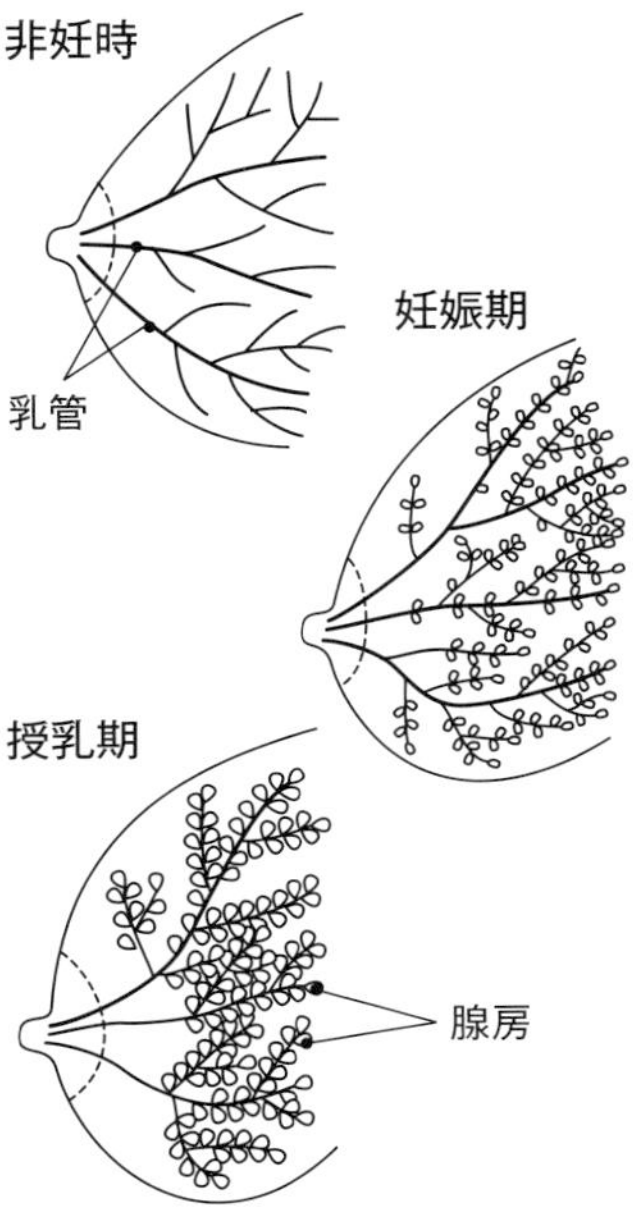

30歳代後半から乳房は後退期に入り、乳腺組織はしだいに退縮（萎縮）が始まります。更年期（閉経前）になると、卵巣の衰えとともに、血中の性ホルモンの減少により、老年性の乳腺の退縮が始まります。

閉経以後は、乳腺実質（乳腺固有の機能を含む部分）の継続的な消退とともに、脂肪組織化が乳房の末梢から中心に向かっておこってきます。やがて乳腺はほとんど消失し、脂肪組織の中に少数存在する乳管だけになります。

◉妊娠による乳房の変化

妊娠週期が進むにつれて乳房全体がかたく張ってきて、増大していきます。乳房の内部では、妊娠2～4週ごろから乳管の枝分かれが始まり、妊娠3か月ごろからは腺房の発達が著しくなります（図2）。

妊娠5～6か月ごろになると、腺房腔内に初乳がたまり始めます。妊娠末期になると、腺房の中は初乳で満たされ、乳腺は拡大し、出産後の授乳に向けての準備が完了します。

妊娠中に乳腺が急速に発育するのは、胎盤から分泌されるエストロゲン、プロゲステロン（黄体ホルモン）、胎盤性ラクトーゲン、下垂体から分泌されるプロラクチンなどのホルモンのはたらきによります。

◉乳汁が分泌されるしくみ

乳汁は、下垂体から分泌されるプロラクチンが乳腺細胞に作用してつくられるのですが、妊娠中は胎盤性のホルモンのエストロゲン、プロゲステロンがプロラクチンの機能を抑制し、乳汁分泌を抑えています。

分娩が終了すると、胎盤性のホルモンのエストロゲン、プロゲステロンが急激に血中から消退し、抑えられていたプロラクチンの機能が発揮され、本格的な乳汁の生成と分泌が始まります。

なお、乳汁の分泌には、プロラクチンのほかに、甲状腺ホルモン、副腎皮質ホルモン、インスリンなどのはたらきも必要で、これらのホルモンの協調的な作用により、順調な乳汁の分泌が行われるのです。

◉乳房のおもな病気

乳房の病気は、大きく2つに分けることができます。

1つは、なんらかの原因で乳管がつまって乳汁の分泌が障害され、乳房内に乳汁がたまり、そこに細菌感染をおこして発症する炎症性疾患、もう1つは、乳房にしこりができる乳腺腫瘍疾患です。

乳房の炎症性疾患には、**産褥性乳腺炎**（**授乳期乳腺炎**ともいう）があります。この乳腺炎には、非細菌性炎症の急性うっ滞性乳腺炎（824頁）と、そこに化膿菌が感染して発症する急性化膿性乳腺炎（824頁）の2種類があります。

乳腺腫瘍疾患には、良性疾患と、乳がん（555頁）をはじめとする悪性疾患があります。

乳房の病気

急性うっ滞性乳腺炎
Acute Stagnation Mastitis

どんな病気か

分娩後数日たつと、乳腺内で乳汁が盛んにつくられるようになりますが、この時期には、乳管が十分に開口していません。そのため、乳汁が乳腺内にたまり（うっ滞）、さまざまな症状がおこってくることがあります。これを急性うっ滞性乳腺炎といいます。

通常は、乳管の発育が未熟で乳汁の通過が悪く、授乳に不慣れな若い初産婦の出産後1～2週間ごろに発症することが多いものです。

手当をおろそかにすると、細菌が感染して、急性化膿性乳腺炎（次項）となりますから、注意が必要です。

症状

乳房が広範囲に腫れて、乳房全体、あるいは部分的にかたくなり、押すと痛みます。乳房は多少熱をもちますが、全身の発熱をともなうことはありません。38度以上の発熱がみられれば、急性化膿性乳腺炎をおこした疑いがあります。

検査と診断

急性化膿性乳腺炎との区別がたいせつですが、発熱をともなうかどうかで、区別できます。

治療

治療の第一は、たまった乳汁を除去することです。

まず、乳頭や乳房のマッサージ（2279頁）で乳管を開き、積極的に授乳につとめるとともに、授乳後は搾乳器で乳汁を残らず排除します。さらに、感染予防のために乳頭、乳輪の清拭を行い、清潔にしておくことが重要です。

乳房の痛みや張りが解消できない場合や、症状が強い場合は、乳房を冷湿布で冷やして、消炎と一時的な乳汁の分泌抑制につとめます。炎症をしずめるために、消炎酵素薬や抗生物質を使用することがあります。乳汁分泌抑制薬の使用が有効なこともあります。

予防

産褥初期から規則的に授乳し、そのあと必ず搾乳器かマッサージで乳汁を残らず排除することが重要です。乳頭の亀裂や乳頭のへこんだ陥没乳頭などがあると授乳がうまくできず、乳汁うっ滞をきたすので、妊娠中からの手入れがたいせつです。

急性化膿性乳腺炎
Acute Purulent Mastitis

どんな病気か

乳房内に細菌が感染することによっておこる病気です。

多くの場合、産褥（お産のあと）の2～3週間後に発症します。

急性うっ滞性乳腺炎（前項）が誘因となり、化膿菌が乳管口から乳管に侵入して**乳管炎**をおこし、それが進行すると乳腺におよんで、**実質性乳腺炎**になります。

乳頭の亀裂や表皮剥脱、かみ傷などの小さな傷から細菌が侵入し、リンパ液の流れにのって乳房に感染した場合は、**間質性乳腺炎**になります。

どちらも感染が長期化すると、膿がたまり膿瘍ができてきます。

症状

突然の寒け・ふるえをともなう、38度以上の高熱がでます。乳房は赤くなって、大きく腫れます。乳房の内側は痛みと熱が著しく、押すと痛いしこりを触れます。さらに、わきの下にあるリンパ節が腫れて痛むこともよくあります。

◎思春期乳腺炎

若い女性の乳腺が腫れたり、しこりがでる病気で、ときには男性におこることもあります。乳腺の腫れやしこりは、片側だけのことも、両側に同時にできることもあり、乳房全体におよぶことも、一部分だけのこともあります。

腫れやしこりができたりした部位には痛みがあり、圧迫すると乳頭から透明な分泌物が出ます。わきの下のリンパ節が腫れることもあります。

これは、思春期の性ホルモン分泌の乱れによって、乳腺が刺激されておこるもので、治療の必要はありません。数週間で自然に治りますが、痛みなどの症状が強いときは、氷嚢などで乳房を冷やすと、症状は和らぎます。

治療 炎症が初期であれば、授乳を中止し、乳汁うっ滞に対しては搾乳器を使用して搾乳し、乳房を氷嚢などで冷やします。全身的には、抗生物質や消炎薬を内服します。膿瘍（膿のかたまり）ができているときは膿瘍部の皮膚を切開して排膿します。

予防 乳頭、乳輪を清潔に保つことがたいせつです。ほとんどの場合、急性うっ滞性乳腺炎が誘因になるので、乳汁がたまらないように、マッサージなどで手入れをしましょう。乳頭の亀裂、表皮剥離からも感染しますので、早く手当をしておきます。

乳輪下膿瘍
Subareolar Abscess

どんな病気か 乳頭の乳管口から化膿菌が侵入したことにより、乳輪の下にできる難治性の膿瘍で、急性、慢性の炎症をくり返す病気です。膿瘍は乳輪付近で破れて瘻孔（炎症によってできる管状の穴）を形成し、膿が排出されるようになります。授乳に関係なく、若い女性や中年の女性におこりやすく、乳頭のへこんだ陥没乳頭が原因になっていることが多いようです。

症状 最初、乳輪の下に痛みのあるしこりが現れ、これが徐々に大きくなってきます。乳輪部の皮膚が赤く腫れて、やがて膿瘍がつくられます。この膿瘍は自然に破れるか、切開することによりいったん瘻孔をつくって消失します。しかし、たんなる切開、排膿では、一時的によくなったようにみえても、多くは再発し、長期にわたり再発、寛解（症状の一時的鎮静）をくり返すようになります。

治療 抗生物質の使用で治らない場合は、膿瘍部の切開、排膿などが必要になります。炎症をくり返す場合は、感染の原因となった乳管を含め、膿瘍の完全な切除が必要です。

慢性乳腺炎
Chronic Mastitis

どんな病気か 乳腺の慢性的な炎症で、授乳に関連しておこる慢性授乳性乳腺炎と、授乳に関係なくおこる慢性乳腺炎があります。

●慢性授乳性乳腺炎

授乳期の急性化膿性乳腺炎（前頁）が、不適切な治療によって治りきらずに慢性化したものです。

授乳後、長期にわたっておこることがあります。

乳房が赤く腫れて大きくなり、熱をもったり、しこりを触れることがありますが、急性化膿性乳腺炎よりも症状が軽いのがふつうです。

治療としては、膿瘍があれば切開して排膿します。しこりがあれば摘出手術が必要です。

●授乳と関係ない慢性乳腺炎

閉経前後にみられるもので、乳房全体や一部にしこりを触れますが、圧痛や発赤などの炎症症状はありません。

乳腺の炎症により乳房の皮膚にひきつれやへこみができたり、わきの下のリンパ節が腫れることもあります。

とくに治療を必要としませんが、乳がんとの区別がむずかしいことがあります。そのため、いちどは外科の乳腺

◎乳房のしこりに気づいたら

しこりは、テレビで乳がんの番組を見ていて自分の乳房を触り気がついた、入浴中にたまたま手に触れたなど、偶然発見する人が多いようです。

20歳代の若い女性の乳房のしこりは、大部分が乳腺線維腺腫（次頁）などの良性腫瘍ですが、年齢が進むにつれて、乳がんなどの悪性腫瘍の頻度が増してきます。乳がんのしこりは原則的にかたいものが多く、乳腺症などの境界が判然としないしこりと比べると、わかりやすいといえます。

いずれにしても、乳房のしこりに気づいたら、良性か悪性かをはっきりさせることがたいせつです。鑑別診断には、しこりを触れて診断する触診のほかに、マンモグラフィー、超音波検査、穿刺細胞診などの補助診断法が必要です。できるだけ、乳腺専門の医師のいる外科を受診して、確実な診断をつけてもらいましょう。

専門の医師の診察を受ける必要があります。

乳汁分泌不全
Hypogalactia

どんな病気か

分娩後の乳汁の分泌が十分でない状態をいいます。原因は、乳腺の発育不全などで乳汁量が不足している場合や、乳汁分泌を促すホルモンに異常がある場合などがありますが、大部分は、乳汁分泌が順調なのに、正しい授乳が行われないために、2次的にしだいに乳汁が分泌されにくくなるものです。

この2次的な乳汁分泌不全症には、母親が母乳を与えようとしない場合や、妊娠中からの乳房の手入れが不十分であったり、乳頭のへこんだ陥没乳頭（1977頁）などのように、乳頭の形に異常がある場合などが含まれます。

また、赤ちゃんの吸う力が弱いことなどが原因でもおこります。

予防

早いうちであれば、医師の指導に基づいて適切な手当をすることで乳汁は分泌されるようになります。いったん、乳汁分泌不全になってしまうと、治療はむずかしくなりますから、予防を心がけることがたいせつです。

乳管拡張症
Mammary Duct Ectasia

どんな病気か

比較的まれな疾患です。なんらかの原因で拡張した乳管へ分泌液がたまり、この分解産物の化学的刺激により乳管の周囲に炎症がおこる病気です。乳管拡張症は閉経前後に発症します。

乳管拡張の原因は、乳管壁が破壊されておこる2次的な変化と考えられます。乳管壁の破壊のおもな原因は、若いときの乳管の慢性炎症で、病気としては慢性乳腺炎（825頁）が原因のひとつと考えられます。なお、授乳との関係は少ないようです。

症状

非周期性（月経周期と関係のない）の乳腺痛、乳頭からの異常分泌、乳頭陥没、乳輪下のしこり、皮膚のただれ、へこみ、痛みなどがあります。

しこりに触れるとかたく、境界が不明瞭で乳がん（555頁）に類似しており、その横のわきの下に、腫れたリンパ節を触れることがあります。

一般に、触診、理学検査では乳がんとの区別が困難なので、外科の乳腺専門医の診察を受ける必要があります。

治療

マンモグラフィー（乳腺X線検査）、超音波検査、乳頭異常分泌液の細胞検査、さらに細菌検査を行って、確定診断がつけば、拡張あるいは肥厚（厚みを増して膨れた状態）した乳管を含め、病巣部位を切除します。

乳腺症
Mastopathy

どんな病気か

乳腺症は、中年女性によくみられる乳腺の良性の変化で、性ホルモンの不均衡（相対的なエストロゲン過剰）によりおこります。乳腺組織の増殖、萎縮、化生（ほかの

乳房の病気

◎乳腺結核

乳腺結核はまれな病気です。よく発症する年齢は30～50歳で、とくに妊娠中や授乳中にかかりやすいといわれています。乳腺のみに病巣が生じるものと、肺結核など、ほかの臓器の結核から由来するものとがあります。

症状としては、痛みをともなわない乳房のしこりがありますが、かなり進行すると痛みがでてきます。また、しこりが浅いところにある場合には、進行すると自然に破れて排膿し、そのあとに瘻孔をつくります。乳腺の深いところにできたときには、冷膿瘍（結核性膿瘍）をつくります。

乳腺結核のしこりは、触れただけでは、乳がんやその他の乳腺腫瘍とまちがえることが多いので、注意を要します。

治療は、抗結核薬の使用が基本ですが、必要に応じて、一時的には切開、場合によっては病巣を切除する手術が行われることもあります。

細胞に変化すること）した状態が混在しています。乳腺症は、病気ではありませんが、しこりをともなうことがあるため、乳がん（555頁）との区別が必要になります。

乳腺症は、診察・治療中に自然治癒、あるいは退縮することがあります。

症状　よく発症する年齢は、35～45歳で、閉経後は急減します。

ふつう、片側または両側の乳房に痛みがあり、乳房内に境界が不鮮明で不規則な、顆粒状、結節状、皿状のしこりが触れ、押すと痛みが強くなります。しこりと痛みは、必ずしも持続するわけではなく、月経前後に強くなり、月経開始とともに軽くなるといった周期性をもつことがあります。

また、乳頭の異常分泌がみられたり、嚢胞をつくることがあります。嚢胞の場合は、境界のはっきりした球形ないし、卵形のしこりとして触れます。

検査と診断　指でつまむとしこりがよく触れ、平手では触れにくいことから、乳腺症と診断できることが多いものです。乳腺症は前がん状態ではないのですが、乳がんと発症年齢が重なっているので、マンモグラフィー（乳腺X線検査）や超音波検査を行って、乳がん（555頁）ではないことを確かめることが必要です。

とくに、乳管内上皮増生や乳管内乳頭腫（829頁）という病変が、超音波検査などで見つかった場合は、試験的にしこりの一部を切除するか、穿刺細胞診（乳房のしこりに針を刺し、しこりの細胞を微量採取して病理学的に細胞を調べる検査）、または針生検（局所麻酔のあと、太めの針でしこりの細胞のかたまりを採取して、病理学的にしこりの組織を調べる検査）を行い、がんでないことを確認します。嚢胞の場合も、がんとの区別が必要な場合もありますが、超音波検査が有用です。

治療　乳腺症は良性の変化ですから、とくに治療を必要としません。

痛みの強い場合には、薬物による治療が行われます。男性ホルモン剤、あるいは抗エストロゲン剤などが使用されます。

乳腺線維腺腫
Fibroadenoma of The Breast

どんな病気か　乳房の小葉（乳汁をつくる腺胞が集まっているところ）内の結合組織が増殖し、しこりをつくる病気です。思春期から25歳くらいまでの若い年代の女性にできやすく、よくみられる良性の乳房の腫瘍です。線維腺腫が乳がんに発展することはほとんどありません。

症状　しこりは、小豆大からうずらの卵大のことが多いのですが、ときには鶏卵大になることもあります。形は、球状や卵形が多く、ときにしこりの縁がくびれたような切れ込み（分葉状）になっていることもあります。

しこりの表面はなめらかで、かたさは、ふつうの消しゴムぐらいです。しこりと周囲との境界がはっきりしていて、乳腺の中でしこりがころころと動くのが特徴です。しこりは、1個だけでなく、いくつもできることがあります。痛みもなく、しこりに触れて、偶然、気がつくことが多いようです。

◎**乳頭異常分泌と対策**

乳頭から乳汁様、漿液性（透明な）、膿様、血性などのいろいろな分泌物が出てきて、量は少なくても、あるいは押しつけなくても自然に毎日下着を汚すような場合を、乳頭異常分泌といいます。

乳頭異常分泌は、乳腺疾患全体の５％にみられます。原因疾患としては乳腺症（826頁）、乳管内乳頭腫（次頁）、乳がん（555頁）などがあります。

乳頭異常分泌でもっとも問題となるのが、乳がんや乳管内乳頭腫などの、乳管内上皮の増殖病変の症状であることが多い**血性分泌**です。とくに、乳頭異常分泌のうち、血性分泌がある場合を**出血性乳房**といいます。全乳がん中、血性、漿液性の乳頭異常分泌がみられるのは約５％程度ですが、そのうちの半分以上は血性分泌です。

分泌物に対しては、まず潜血反応を調べ、つぎに分泌物の中の異型細胞や悪性細胞の

経過を観察すると、しこりは多少大きくなりますが、時間の経過とともに際限なく大きくなることはなく、急速に大きくなることもありません。

検査と診断　若い女性は、乳腺の密度が濃いため、マンモグラフィー（乳腺Ｘ線検査）では診断しにくいことが多く、超音波検査のほうが、腫瘍の特徴を映しだすことができるので診断がつきやすいようです。50歳をすぎて発見される場合は、マンモグラフィーで診断がつきやすく、大粒の石灰化像と腫瘤陰影という、乳腺線維腺腫の特徴的な変化が映しだされます。

鑑別診断で重要なのは、限局性の乳がんです。マンモグラフィーや超音波検査でも区別がむずかしいことがありますので、穿刺細胞診（乳房のしこりに針を刺し、しこりの細胞を微量採取して病理学的に細胞を調べる）、または、針生検（局所麻酔のあと、太めの針でしこりの細胞のかたまりを採取して、病理学的にしこりの組織を調べる検査）を必ず行うことがたいせつです。

乳腺線維腺腫は、触診の結果だけでは、乳腺の葉状腫瘍（次項）にも類似しています。大きなものは、葉状腫瘍も疑われます。超音波検査などによる区別はむずかしく、針生検による鑑別診断が重要です。

治療　25歳以下であれば、しこりの摘出を急ぐ必要はありません。ただし、穿刺細胞診で良性腫瘍であることを確認し、その後も、年１、２回の定期検査を欠かさず受けるようにすることが必要です。25歳をすぎて発症した場合は、乳がんの可能性もあるので、手術をして、しこりを摘出するという選択があります。

手術は、局所麻酔をして皮膚を数cm切開し、しこりを摘出するだけですので、外来で受けられます。しこりが小さければ、手術により、乳房に変形が残ることはありません。

葉状腫瘍
Phyllodes Tumor

どんな病気か　組織学的には乳腺線維腺腫（前項）に類似していますが、乳腺の小葉内の結合組織が増殖する線維腺腫に対し、線維性間質と乳管上皮が急速に増殖したものをいいます。短期間のうちに発育して、巨大な腫瘤をつくるのが特徴です。30cm以上の症例も報告されています。

葉状腫瘍は、基本的には良性ですが、ときに悪性化して肉腫になることがあります。そこで、この腫瘍は、大きさや増大速度、そして組織学的所見から良性、境界病変（良性と悪性の中間）、悪性の３段階に分類されます。

葉状腫瘍にかかりやすい年齢は、30～55歳です。しかし、10～20歳の若い人にも発生することがありますので、注意してください。

症状　初めのうちは、乳腺線維腺腫に似たしこりで、形は分葉状（しこりの縁にくびれたような切れ込みがある）です。しこりの中に嚢胞ができるので、かたいところと弾力のある部分とが入り混じっている感じで、しこりと周囲の境界ははっきりしています。

しこりができてから数か月で大きく

有無を、塗沫細胞診で調べます。また、分泌物内の腫瘍マーカーをCEA簡易測定キットで測定すると、乳がんの診断に役立つことがあります。

血性などの分泌物が出ている乳管口から造影剤を注入し、X線撮影をする乳管造影を行って、乳管内の病巣の部位や状態を確かめる方法もあります。この乳管造影で発見される乳がんの多くは、乳管内進展型の早期乳がんで、非浸潤がん、触知不能がん、微小がんです。

乳管内視鏡検査を行うこともあります。

さらに、血性分泌があって、これらの各種検査で診断がつかない場合は、分泌物が出ている乳管開口部から色素液を注入し、色素を目印に乳管が所属する乳腺葉を部分的に切除して病理組織検査を行います。この検査で、乳管内進展型の早期乳がん（非浸潤がん、触知不能がん、微小がん）が発見されることがあります。

なり、握りこぶし大や、それ以上になり、左右の乳房のバランスが著しくちがってきて気づくこともあります。

ときには、自発痛、圧迫感、皮膚の発赤（充血して赤くなる）、皮下静脈の盛り上がりなどの症状がみられます。

検査と診断

乳房の形の変化や皮膚の色の変化をみたり、触診でかなり診断できますが、局所進行性乳がんとの区別が必要ですので、マンモグラフィー（乳腺X線検査）、超音波検査と針生検（局所麻酔のあと、太めの針でしこりの細胞のかたまりを採取して、病理学的にしこりの組織を調べる検査）による診断が必要です。

治療

手術による切除が必要です。

この腫瘍は、良性とされるものでも、周囲の健常乳腺組織を含めて切除しないと、同じ場所に再発をおこすことがあります。

小さなものは、外来で局所麻酔で手術できますが、大きくなると、入院して、全身麻酔のもとで切除します。腫瘍が大きなものは、乳房切除術が必要となります。

乳管内乳頭腫
Intraductal Papilloma

どんな病気か

乳頭近くの比較的太い乳管に発生することが多い病気ですが、末梢乳管から発生することもあります。これは、乳管内の細胞が乳頭上に増殖している状態で、乳腺症（826頁）の一部的症状です。

乳管内乳頭腫は良性の腫瘍ですが、乳がん（555頁）との区別が必要です。

症状

おもな症状は乳頭からの異常分泌で、しこりを触れることは比較的少ないものです。

分泌物は、血性（血液の混じった分泌物）のことが50％、粘りけの少ない漿液性のことが50％で、水のように透明なこともあります。ふつう、分泌物が下着に付着することで気がつきます。

検査と診断

乳管内乳頭腫は、外見からはわかりませんが、乳頭から出てくる異常分泌物の細胞診を行うと、多数の細胞が群れをなして認められることから、その存在がわかります。

確実に診断するには、乳管造影を行います。これは、分泌物が出ている乳管開口部から造影剤を注入し、X線撮影を行うものです。

乳管内乳頭腫があると、造影欠損像、乳管の閉塞像、拡張像、狭窄像、断裂像、走行異常などが映りますので、かなり小さいものでも発見することができます。

治療

血性分泌がある場合は、乳管がんとの区別がたいせつです。

区別のためには、分泌物が出ている乳管開口部から、インジゴカルミンなどの色素液を注入しておき、乳管内乳頭腫のある乳腺葉を、色素を目印にして切除し、病理組織検査を行って、良性か悪性かを調べます。

つまり、治療と検査をかねて乳腺葉を切除するわけです。

乳管内乳頭腫は、乳がんとの区別がむずかしい病気ですから、乳頭の異常分泌に気づいたら、必ず乳腺専門の外科医師の診察を受けておきましょう。

治療後も定期的に検査を受けて、経過をみてもらうことが重要です。

女性性器のしくみとはたらき……830頁

図1　女性の外性器（外陰）

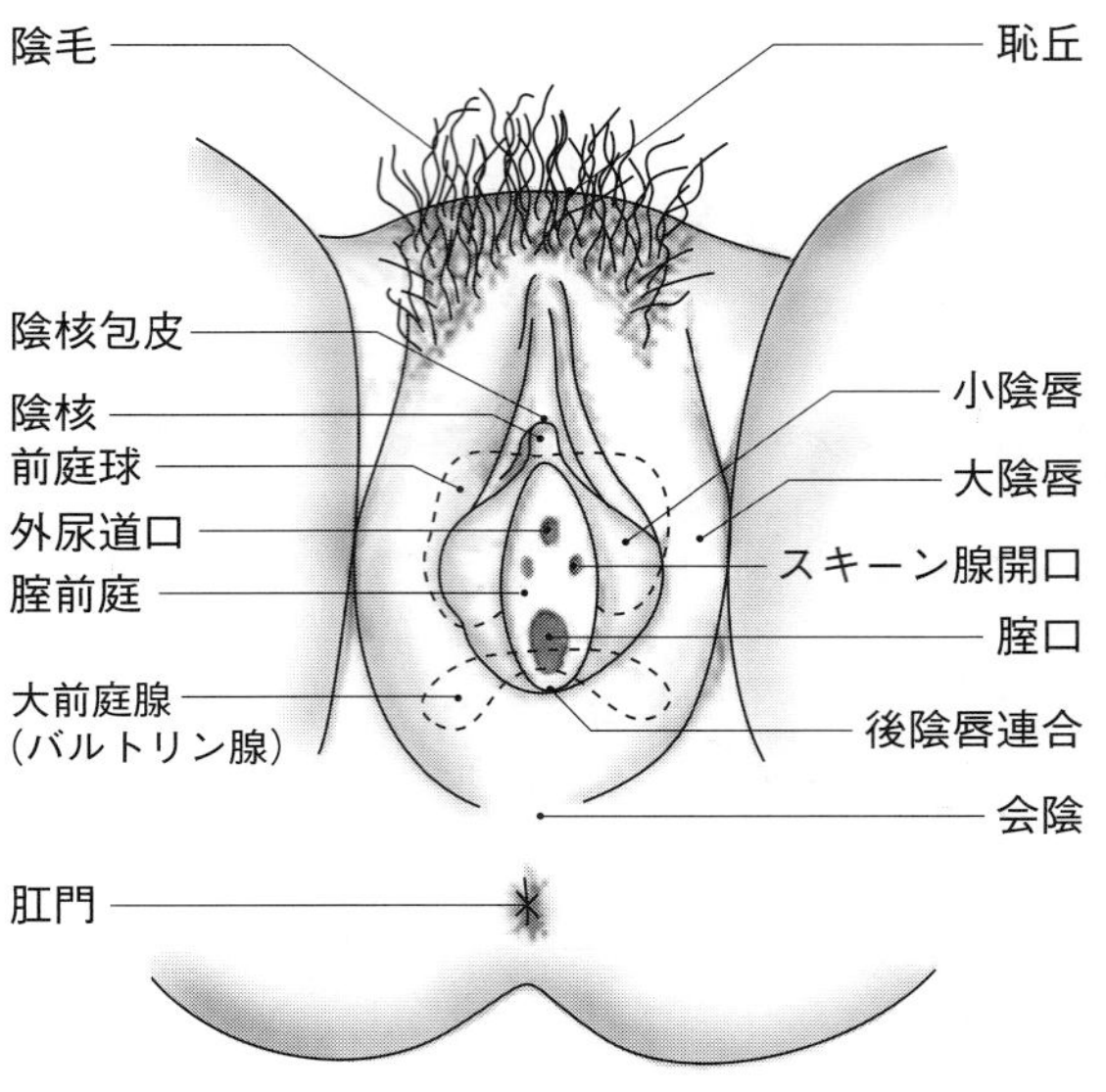

女性性器のしくみとはたらき

女性の生殖に直接関与する臓器を、女性性器といいます。

女性性器には、体表に現れている**外性器**と、体内にかくれている**内性器**とがあります。

◇外性器のしくみ

女性の外性器（図1）は**外陰**とも呼ばれ、恥骨の上部から会陰に至る部位で、恥丘、大陰唇、小陰唇、陰核、腟前庭および会陰からなります。

▼恥丘　恥骨結合の前上方に隆起した部分で、その組織は皮下脂肪に富み、思春期をすぎると陰毛でおおわれます。

▼大陰唇　陰裂を挟んで、左右2枚に分かれた弁のような構造をした皮膚組織で、内側にある性器と尿道口を保護しています。皮脂腺、汗腺に富みますが、陰毛は恥丘に比べて少なく、男性器の陰嚢に相当します。

▼小陰唇　大陰唇の内側にある、左右2枚の薄い扁平な無毛の皮膚組織で、大きさや形状には個人差があります。男性の陰茎部尿道に相当します。

▼陰核（クリトリス）　陰裂上方の端にあって、外尿道口の前に突き出た小さなつぼみの形をしており、男性の陰茎に相当する部分です。女性器のなかでもっとも敏感で、性的に興奮すると勃起します。

▼腟前庭　左右の小陰唇に囲まれた粘膜部をいい、そこには外尿道口、腟口、大前庭腺（バルトリン腺）などが開口しています。

①外尿道口　陰核と腟入り口の間にある小さな孔で、尿道の左右両側にはスキーン腺（副尿道）という分泌腺が開口しています。女性の尿道は男性に比べて短く、つねに湿っている腟前庭に開口しているために、膀胱炎（1747頁）をおこしやすくなっています。

②腟口　腟前庭の後方にあり、すぐ内側には、処女膜という薄い膜があります。処女膜の中央には、小指を挿入できる程度の孔があり、そこから月経血やおりものが出てきます。またタンポンの使用、激しい運動、性交などにより処女膜は裂け、出血をともなうこともあります。

③大前庭腺（バルトリン腺）　腟口の両側にあるえんどう豆大の分泌腺で、性的に興奮すると粘液を分泌します。外部からの化膿菌などの侵入により、バルトリン腺炎（834頁）をおこすことがあります。

女性性器のしくみとはたらき

図2　女性性器(断面)

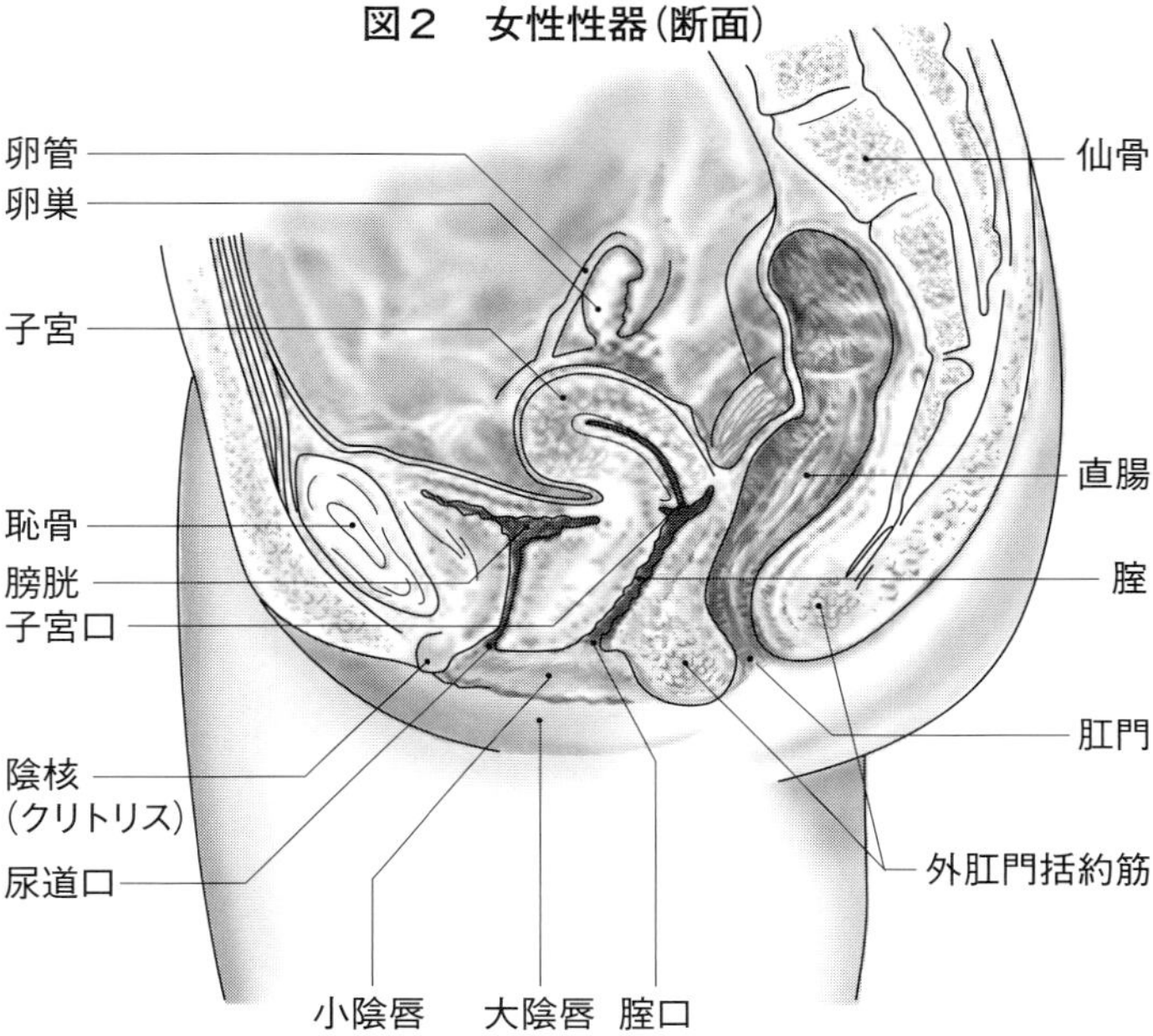

▼**会陰**　小陰唇と肛門との間の部分で、長さには個人差があります。

◉外性器のおもな病気

外陰部は、腟や子宮からの分泌物によりつねに湿っているため、細菌・ウイルス・真菌(カンジダなどのかび)などの病原微生物、衣類・尿・便などの刺激にさらされることによって、感染や炎症（外陰炎　833頁）をおこしやすく、ときにはくり返すこともあります。

そのほか、前述のバルトリン腺炎や、性感染症のひとつである性器ヘルペス（833頁）、まれに外陰がん（570頁）などの病気もおこります。

◇内性器のしくみ

内性器は、外から見えない性器で、腟・子宮・卵管・卵巣からなります（上図2、次頁図3）。

▼**腟**　腟は膀胱と直腸の間にあり、長さ8〜10㎝のH状の内腔をもつ筋肉性の管で、腟前庭に開口しています。後上方に伸びた管の先端は子宮につながっています。腟粘膜には、平らで滑らかなひだが横に走っていて、伸縮性があり、出産時には胎児が通る通路になります。健康な腟内には、**デーデルライン桿菌**が常在し、乳酸を産出するために、腟内は高い酸度（pH3・8〜4・0）に保たれ、病原微生物の感染を防いでいます（**腟の自浄作用**）。

腟のおもな病気　カンジダという真菌に感染し、白色のおりものやかゆみのあるカンジダ腟炎（836頁）、トリコモナスという原虫に感染し、泡沫状のおりものが出る腟トリコモナス症（837頁）、閉経後にみられる老人性腟炎（838頁）などがあります。

▼**子宮**　子宮は、骨盤内腔のほぼ中央にあります。大きさは鶏卵大で、扁平な西洋ナシのような形をし、腟の上端と接続している子宮頸部と、その奥の子宮体部に分けられ、内側は子宮内膜という粘膜でおおわれています。

この子宮内膜は、思春期になると厚さを増し、月経周期の開始とともに、周期性変化がみられるようになります。

女性ホルモンの影響で、月経時にはがれた子宮内膜は妊娠に備えて厚くなりますが、妊娠しないと再度はがれて、出血をともない体外に排出されます。これが**月経**です。

①子宮頸部　腟内に突き出た部分を子宮腟部といい、腟の奥に指を入れると、触れることができます。子宮腟部には

図３　子宮・卵管・卵巣

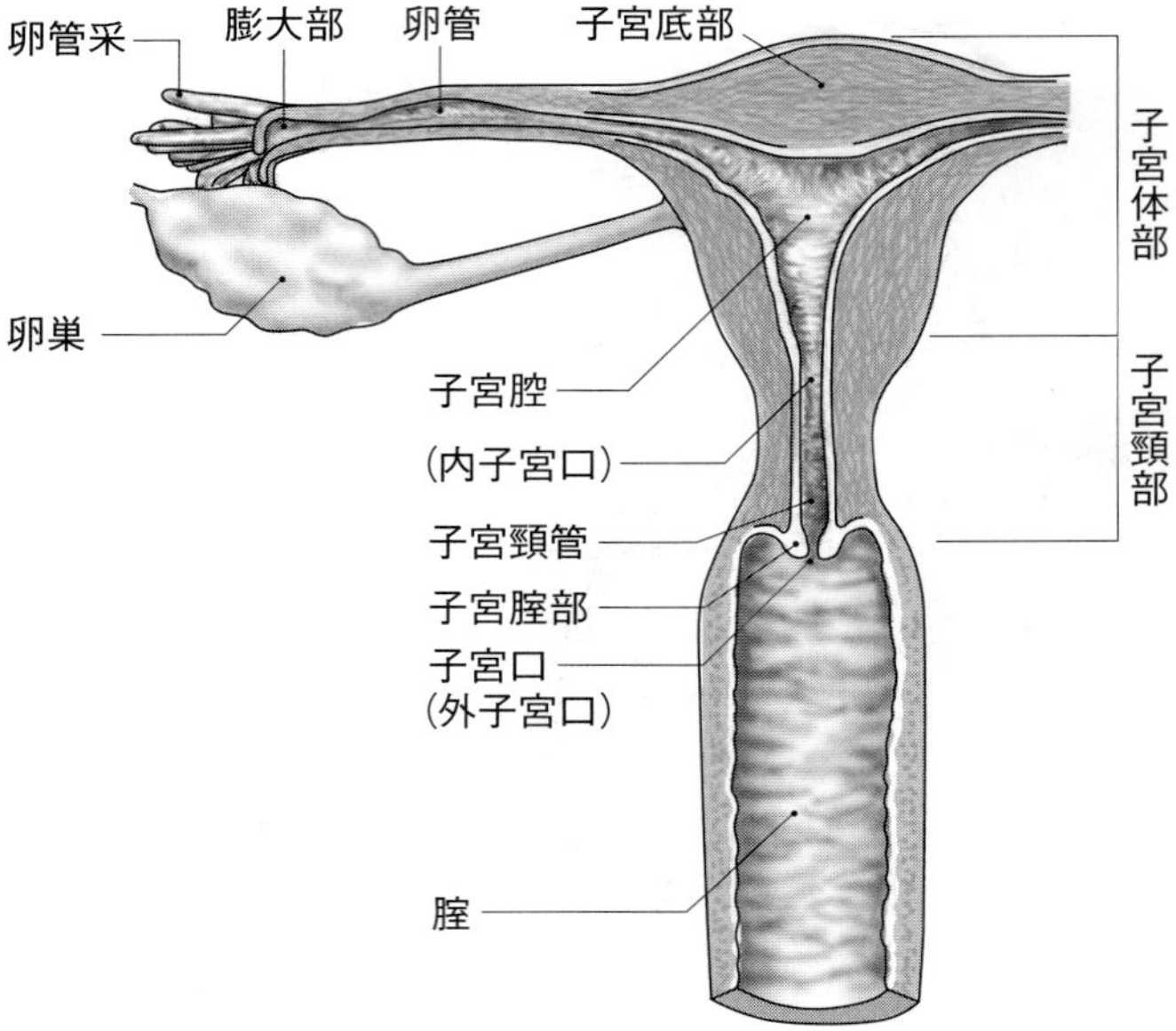

子宮口が開いていますが、ふだんは小さく、指やタンポンを入れることはできません。しかし、出産の際には、腟とともに産道となり、陣痛により子宮口が大きく開きます。

②子宮体部　子宮の上３分の２の膨らんだ部分で、内側に子宮腔、子宮腔をおおう子宮内膜、そして子宮内膜の外側にはよく発達した子宮筋層があり、この子宮筋層で子宮壁の大部分を構成しています。

　妊娠すると子宮体部は容積を増し、胎児は子宮腔で成長します。

子宮のおもな病気　子宮腟部にみられる子宮腟部びらん（844頁上段）、子宮頸管ポリープ（842頁上段）、子宮の筋組織から発生する良性の子宮筋腫（840頁）、子宮内膜が子宮腔以外の場所で増殖する子宮内膜症（843頁　子宮筋層内で増殖するものは子宮腺筋症とも呼ばれます）、子宮頸部にできる子宮頸がん（561頁）、子宮体部にできる子宮体がん（563頁）などがあります。

▼卵管　卵管は、子宮体部から出る長さ10～12cm、太さ約５mmの左右一対の細い管です。卵管のいっぽうは子宮腔、もういっぽうは卵巣に接し、腹腔内に口を開いた部位は、花びらのように広がっていて、卵管采（図３）と呼ばれます。

　排卵によって卵巣から出た卵子は、卵管采で捕えられ、卵管内を子宮に向かって移動し、卵管の膨大部に達します。このとき、腟内から子宮内に上ってきた精子と卵子が出会うと、受精がおこります。

卵管のおもな病気　卵管内は、細菌やクラミジアが感染する卵管炎（852頁　不妊の原因になったりします）や、異所性妊娠（881頁）のおこりやすい場所でもあります。

▼卵巣　子宮の両側、卵管の後外方にある親指大で扁平な楕円形の臓器で、女性ホルモンであるエストロゲンとプロゲステロン（858頁）を産生して分泌します。下垂体からのホルモンの影響を受けて、卵胞は成熟して月に１度排卵し、卵子が排出されます。

▼卵巣のおもな病気　袋状の良性腫瘍である卵巣嚢腫（851頁）には、内容物により漿液性嚢胞腺腫、ムチン性嚢胞腺腫、類皮嚢腫（デルモイド嚢腫）、卵巣子宮内膜症性嚢胞（852頁）などがあります。また、悪性腫瘍では、卵巣がん（565頁）が発生します。

外陰の病気

外陰炎
Vulvitis

どんな病気か
外陰部におこる炎症を総称して外陰炎といいます。外陰は、腟からの分泌物（おりもの）、尿、便で不潔になり、炎症をおこしやすいところです。しかし、正常な月経周期をもつ健康な女性は、卵巣から分泌されるエストロゲンという女性ホルモンの影響で、細菌などに対する抵抗力が強く、簡単には炎症はおこりません。

　ところが、幼児や高齢者、妊婦や産褥期の人、さらに糖尿病（1501頁）をもっている人は、外陰部の抵抗力が少なく、炎症がおこりやすくなります。

原因
ひっかき傷ややけがなどの外傷、腟炎（836～838頁）の原因となるカンジダなどの病原微生物、月経時の不衛生、ナプキンや下着にかぶれておこるものなどがあります。

症状
主症状は外陰部の腫れ、かゆみ、痛み、分泌物の増加などです。かいたあとに細菌感染などをおこすと、症状はさらに悪化します。

治療
腟炎や糖尿病があれば、まずそれを治療することが先決です。排尿のたびに、かゆみ止めや抗炎症薬の軟膏を塗りますが、必要に応じて抗生物質や副腎皮質ホルモン剤を使用します。

　治療中は、とくに局所を清潔に保つようにしますが、石けんは刺激になるので、ぬるま湯でよく流し、そのあと軟膏を塗るようにします。また局所を締めつけるような下着やズボンも避けたほうがよいでしょう。

外陰瘙痒症
Pruritus Vulvae

どんな病気か
外陰部に強いかゆみのある状態を総称して、外陰瘙痒症といいます。

原因
外陰炎（前項）、腟炎（836～838頁）、全身性の病気、たとえば糖尿病（1501頁）、ビタミン欠乏症、肝炎（1634頁）、アレルギーなど、原因の明らかなものの外陰部のかゆみについては、外陰瘙痒症とはいいません。むしろ、原因不明の場合の診断名として用いられます。しかし、外陰パジェット病（836頁）の初期症状であったり、神経性皮膚炎（精神的な要素により発症する皮膚炎）の一症状だったりする場合もありますから、注意が必要です。

治療
原因となっている病気があれば、その治療を行います。

　原因不明の場合には、抗ヒスタミン薬、抗アレルギー薬、ビタミン剤などを服用し、外陰部には抗ヒスタミン薬や副腎皮質ホルモン剤を含む軟膏を塗ります。慢性化することもありますので、原因の追求は重要です。

性器ヘルペス
Genital Herpes

どんな病気か
ヘルペスウイルスの一種である単純疱疹（単純ヘルペス）ウイルス（ＨＳＶ）1型、または2型の感染によりおこります。おもに外陰に感染し、水疱や潰瘍ができます。性器ヘルペスは性交によって感染する代表的な病気です（性感染症、ＳＴＤ）。

この病気は、急性型と再発型に分けられます。

症状

▼急性型（初感染）　ＨＳＶの感染の機会（性行為など）から3～7日目ごろに発症するタイプで、ＨＳＶ1型、あるいは2型が原因となります。

症状は、まず、外陰に軽いかゆみがおこり、その後間もなく、強い痛みと腫れを感じます。小陰唇の内側や大陰唇の左右対称部位に水疱が多発し、数日のうちに破れて潰瘍となります。鼠径部のリンパ節が腫れて痛むこともあります。性行動の活発な女性に多発し、痛みのために歩けなくなったり、排尿がしにくくなることがあります。

▼再発型（潜伏感染の再活性化）　すでに体内に潜伏感染しているＨＳＶ（おもに2型）が、疲労、月経、病気などをきっかけに外陰部に発症するもので、水疱や潰瘍がくり返し現れるタイプです。一般に、性交とは無関係で、症状も急性型よりは軽いのが特徴です。

検査と診断

症状とその経過、外陰部の特徴的な症状などでほぼ診断されますが、血液中にＨＳＶの抗体が見つかったり、病変部位からウイルスが発見されれば、診断は確定的です。

痛みをともなう外陰潰瘍をおもな症状とする疾患に、外陰部ベーチェット病（836頁）がありますが、外陰部ベーチェット病の潰瘍が広くて深く難治性なのに対し、ＨＳＶでは小さく浅いことから、比較的容易に識別できます。

治療

外陰部を清潔にします。痛みが強い場合は、鎮痛薬の内服や表面麻酔薬のゼリーを塗って対処します。抗ウイルス薬として、アシクロビルの点滴（重症の場合）、内服、軟膏塗布や、バラシクロビルの内服で、1週間ぐらいで治ります。ただ、いずれも根治的薬剤ではないので、しばしば再発することがあります。

尖形(圭)コンジローマ
Condyloma Acuminatum

どんな病気か

ヒトパピローマウイルス(ＨＰＶ）６型、あるいは11型が感染してできるいぼの一種です。米粒大から親指の頭大くらいの、白色からピンク色のカリフラワー状のいぼが多発します。外陰部、会陰部、肛門の周囲、膣、子宮膣部などにも発生し、性交渉で感染します。

小さなものは無症状ですが、少し増大すると、不快感、腫瘤感（しこりがある感じ）、痛みなどがおこってきます。

治療

電気で焼いたり、凍結させたり、切除したりする治療が一般的です。抗ウイルス薬や抗がん剤を含む軟膏を塗ることもあります。

普段から局所の清潔を保ち、性交にも十分な注意が必要です。

バルトリン腺嚢胞／バルトリン腺炎／バルトリン腺膿瘍
Bartholin Cyst / Bartholinitis / Bartholin Abscess

どんな病気か

小陰唇の内側下方、膣の入り口にあるバルトリン腺は、性的興奮時に分泌液を出し、性交を容易にします。このバルトリン腺の開口部がふさがり、分泌物がたまって腫れ

◎造袋術と嚢腫摘出術

造袋術とは、病変部を切開し、外側の粘膜部分と内側の嚢腫部分を縫い合わせて、膿汁の排泄口をつくる手術です。外来でも行える、代表的な外科的治療法です。

これに対して、嚢腫摘出術は嚢腫そのものを全部とる手術で、手術室での処置を必要とします。

ている状態を**バルトリン腺嚢胞**、感染をおこした状態を**バルトリン腺炎**といい、さらに感染が悪化して膿がたまった状態を**バルトリン腺膿瘍**といいます。

バルトリン腺嚢胞の状態では、通常痛みはともないませんが、感染して膿瘍を形成すると、局所に痛みを感じるほか、赤く腫れて熱感を自覚するようになります。バルトリン腺膿瘍は大きくなると、鶏卵大ちかくまで腫れあがることもあります。

原因

バルトリン腺嚢胞／腺炎／膿瘍の原因菌は、ブドウ球菌、連鎖球菌、大腸菌などによるものが大多数を占めます。

検査と診断

バルトリン腺部に一致してしこりがあることから、診断は容易です。多くは片側に発生し、バルトリン腺膿瘍の状態になって受診する人が多いようです。治療も兼ねて注射針で内容液を穿刺吸引（針を刺して内容液を微量採取する）し、細菌培養検査を行って原因菌を特定します。

治療

保存的（手術をしない場合）には、検査結果で明らかになった細菌に感受性を示す（効果のある）抗生物質で治療しますが、多くは穿刺や切開をして、膿汁を排液させる必要があります。実際は、これでも再発することが多く、再発をくり返すバルトリン腺膿瘍には、造袋術が一般的な治療法として行われます。また、難治性のものには、嚢腫摘出術が行われることもあります（上段）。

この病気は、外陰部の病気のなかでももっとも多くみられるもので、治療後も、いったん消失した嚢胞、膿瘍が再発することもまれではありません。

しつこく再発をくり返す場合は、嚢腫摘出術をしたほうがよいのですが、性交渉時に分泌液不足をきたすことがあります。

外陰ジストロフィー
Vulvar Dystrophy

どんな病気か

外陰部の発育異常、または栄養障害に基づく病気とされています。以前は外陰萎縮症や外陰白斑症とも呼ばれていました。

特徴的な白斑（皮下の色素脱失）がみられ、大陰唇や小陰唇、クリトリスや大腿部内側にも広がることがあります。かゆみをともなうことが多く、痛みや灼熱感のある場合もあります。

細胞の異型（形態上の異常）をともなうものと、ともなわないものとがあるため、前者を**外陰上皮内腫瘍**、後者を**非腫瘍性上皮性疾患**という範疇に入れ、外陰ジストロフィーという用語は、あまり使われなくなってきています。

検査と診断

病変部分の生検（組織診断のための切除検査）を行います。異型をともなうものは、がんに移行することもあるので、注意が必要です。

治療

病変が小さければすべて切除できることもありますが、CO_2レーザーを用いて蒸散（照射した部分の細胞が瞬間的に煙を上げて蒸気になる）する治療や、副腎皮質ホルモン軟膏の塗布などが行われます。

局所の清潔と乾燥、刺激性のある石けんや化粧品の使用を控えるなどの注意も必要です。

膣の病気

◎膣炎とは

健康な成熟女性の膣内には、デーデルライン桿菌という非

外陰部ベーチェット病
Behçet Disease of the Vulva

どんな病気か

ベーチェット病（2047頁）は、原因不明の炎症が口腔粘膜、皮膚、目などに現れ、全身のいろいろな臓器をおかす難病で、厚生労働省の特定疾患に指定されています。

女性の場合、皮膚・粘膜症状が主体で、小陰唇、大陰唇などの外陰部に、痛みをともなった潰瘍を生じます。

検査と診断

ベーチェット病の診断基準（2048頁上段）にあげられている4つの特徴的な症状のほか、血液検査での炎症反応も参考にして診断が行われます。また、皮膚の被刺激性も高まっており、注射後の針あとが赤く腫れて膿がたまる（針反応陽性）ことも診断の参考となります。

治療

現在のところ、根本的な治療法はありませんので、各症状に応じた治療をしなくてはなりません。外陰部潰瘍には、局所の清潔を保つとともにステロイド剤や抗生物質の軟膏が使用されます。

外陰パジェット病
Paget Disease of the Vulva

どんな病気か

パジェット病には乳房パジェット病（557頁上段）と乳房外パジェット病（540頁）とがあり、乳房外パジェット病のなかでもっとも多いのが、外陰部のパジェット病です。

アポクリンという汗腺に発生したがんで、外陰部、会陰、肛門周囲、わきの下などに発生したものを外陰パジェット病と呼びます。境界が明らかな湿疹とともに、かゆみ、痛みなどの自覚症状をともなってきます。

閉経後にかかりやすい病気です。外陰部の難治性湿疹がある場合には、外陰パジェット病の可能性も考えなくてはなりません。

検査と診断

外陰部の肉眼的所見とともに、生検（組織診断のための切除検査）をします。

治療

治療は、外陰部を切除することです。再発が多いので、手術後は、定期的に通院して再発のチェックを行う必要があります。

膣カンジダ症（カンジダ膣炎）
Vaginal Candidiasis

どんな病気か

真菌類（カンジダアルビカンスが大半）によっておこる膣炎で、かゆみが強く、おりもの（帯下）の異常によって気づくことの多い病気です。妊娠、糖尿病（1501頁）、ステロイド服用者、エイズ（2133頁）などで免疫力の低下している人に多くみられます。

抗生物質使用後に菌交代現象（膣内を酸性に保っているデーデルライン桿菌が死滅し、別の菌にとってかわられる）によって発症することもあります。

症状

外陰部のかゆみと白色のヨーグルト状（酒かす状）のおりものの増加が主症状です。

白色のヨーグルト状のおりものが下着に付着し、外陰部から肛門周囲まで強いかゆみがあり、発赤（皮膚が赤くなる）や灼熱感が認められることが多くあります。

病原性細菌が常在しており、この菌は女性ホルモン（エストロゲン）のはたらきによって、膣粘膜の上皮に多量に存在するグリコーゲンという物質を分解し、乳酸をつくります。この乳酸によって、膣内は強い酸性（pH4・0前後）に保たれており、膣内は病原微生物に感染しにくい環境となっているのです。

ところが、なんらかの原因によって、病原微生物が膣内に侵入したり、外陰部やほかの内性器の炎症が膣に波及して、膣内にも炎症をおこすことがあります。これを膣炎といいます。

代表的な病原微生物には、トリコモナスなどの原虫（膣トリコモナス症　下段）、カンジダなどの真菌（膣カンジダ症　前頁）、淋菌（淋菌性膣炎）などがあります。

また、大腸菌、ブドウ球菌、連鎖球菌など、一般細菌の感染によっておこる膣炎もあります。

検査と診断

膣内の分泌物を採取して、顕微鏡で原因菌を検出することは比較的容易な方法ですが、分泌物を培養すれば、より確実な診断が得られます。

また、子宮がん検診の細胞診で見つかることもあります。

治　療

抗真菌薬の膣錠挿入が一般的な治療方法です。毎日挿入する膣錠と5～7日に1度挿入する膣錠の2種類あります。そのほか外陰の炎症には抗真菌薬の入った軟膏を塗布します。一般的なものとしてはクロトリマゾール、イソコナゾール、ミコナゾールなどがあります。

治療が困難な場合、また炎症をくり返す場合には抗真菌薬の内服なども考慮しますが、糖尿病など原疾患のコントロールを検討することも重要です。

膣トリコモナス症
Vaginal Trichomoniasis

どんな病気か

トリコモナスという原虫の感染によっておこる膣炎（**トリコモナス膣炎**）で、場合によりかゆみとおりもの（帯下）の異常を認めます。多くは無症状です。

原　因

原因は性交渉による感染がほとんどですが、それ以外の感染経路として、風呂場や手指などによるものも考えられます。

また、まれに性行為のない幼児・小児の膣トリコモナス症もみられ、この場合には母親がトリコモナス膣炎のことが多いといわれています。

症　状

泡状で悪臭をともなう淡黄色のおりものの増加と、外陰部のかゆみ、皮膚の発赤がみられます。また排尿痛など膀胱炎（1747頁）に似た症状が現れる場合もあります。

検査と診断

膣内分泌物を採取し、顕微鏡検査により鞭毛をもったトリコモナス原虫が検出できますが、特殊な培地での培養による検査もできます。また、子宮がん検診の細胞診で偶然にトリコモナス原虫が発見されることもあります。

治　療

膣内以外に尿路系にも感染していることが多いので、メトロニダゾールの膣錠あるいは内服薬の使用が一般的です。ただし妊娠中は膣錠のみでの治療になります。

トリコモナス原虫は男性の尿や精液中にも存在しますが、自覚症状が乏しいため治療されていないことがあります。パートナーの治療も同時に行い、性交時にコンドームを使用することが再発を防ぐうえで重要です。

また、淋菌やクラミジアとの混合感染にも注意を要します。

細菌性膣炎
Bacterial Vaginitis

どんな病気か

カンジダ、トリコモナスなど特定の病原微生物ではなく、大腸菌、ブドウ球菌、連鎖球菌などの一般的な細菌の感染でおこる膣炎で、**非特異性膣炎**ともいいます。

通常、膣内はデーデルライン桿菌によってつくられる乳酸で酸性に傾いており、一般の細菌の侵入や繁殖を防ぐ自浄作用があります。ところが、女性ホルモンの分泌低下などによってデー

膣炎の種類

	膣カンジダ症	膣トリコモナス症	細菌性膣炎	萎縮性膣炎
おりものの特徴	ヨーグルト状 酒かす状	泡状黄色	クリーム状黄色	漿液性黄褐色
瘙痒感	強	弱	強	弱
原因	体力の低下 抗生物質使用 糖尿病	性行為 （風呂場など）	体力の低下 膣内異物 不潔	更年期 両側卵巣摘出
治療	抗真菌薬 （膣錠・軟膏）	メトロニダゾール （膣錠・軟膏）	抗生物質 清潔	ホルモン補充 抗生物質

デルライン桿菌が減少すると、一般の細菌が病的に増加することになり、細菌性膣炎を発症します。

そのほか、膣内異物（タンポンのとり忘れなど）、子宮頸がん（561頁）、糖尿病（1501頁）などがあると発症しやすくなります。

また、物理的、化学的刺激によって細菌の繁殖がおこることもあります。外陰部を清潔にしようと石けんなどで洗いすぎると、デーデルライン桿菌が減少してしまうこともあります。

【症状】 月経時期に関係なく、黄色っぽいおりもの（帯下）が増えて、下着に付着物が見られることがあります。ときには、悪臭と下腹部痛をともなうこともあります。

外陰部は、おりものによってかぶれて、発赤（皮膚が赤くなる）がみられます。しかし、多くの場合、かゆみは軽度です。

【検査と診断】 外陰部に発赤があり、膣内に膿のような黄色い分泌物がみられます。また、多くの場合、膣粘膜に斑点状の出血が認められます。

検査は、分泌物の細菌培養と、抗生物質の感受性試験（有効な薬剤の選択）を行い、治療の参考にします。

【治療】 クロラムフェニコールやフラジオマイシン膣錠の使用のほか、卵巣機能を正常に保つように治療することも必要です。

下着は通気性のよいものを選び、外陰部を清潔に保ち、石けんの使用は避けます。外陰部には、抗生物質の軟膏の塗布が必要な場合もあります。

萎縮性膣炎（老人性膣炎）
Senile Colpitis

【どんな病気か】 更年期に入ると卵巣機能は低下し、やがてその機能を停止します。それにともなって、女性ホルモンの分泌も低下・停止しますが、これにより膣粘膜は萎縮し、膣の自浄作用も低下します。そのため、一般の雑菌が感染しやすくなり、膣炎がおこります。

更年期以前であっても、悪性腫瘍などにより、両側の卵巣の摘出手術を受けた人も同様に女性ホルモンの分泌が停止するために、萎縮性膣炎をおこす原因となります。

【症状】 淡黄色の膿性おりもの（帯下）と、膣粘膜の点状出血がおもな症状です。ときには性行為による接触出血がみられたり、膣粘膜の萎縮による性交痛を感じたりすることもあります。ひどい場合には、潰瘍を形成することもあります。

【検査と診断】 膣内分泌物の細菌培養や、膣細胞診などのほか、膣粘膜の萎縮と点状出血を認めることからも萎縮性膣炎の診断ができます。ときには女性ホルモンなどの測定が必要となります。

【治療】 女性ホルモンの膣錠、抗生物質の膣錠の併用のほかに、女性ホルモンの補充療法なども行われています。

ただし、使用方法によっては不正出血がおこることもあり、使用してはいけない場合（悪性腫瘍の治療歴など）もあるため、専門医との相談が必要となります。

◎小児の膣炎

小児期に婦人科を受診する原因のうち、いちばん多いのはおりもの（帯下）の異常によるもので、約半数に上ります。おりものの異常の原因のほとんどは、一般細菌による細菌性膣炎（837頁）ですが、まれに、カンジダ、トリコモナス、淋病などによることがあります。

膣炎の検査では、膣口を傷つけたり、痛みをともなったりすることはありません。

小児期には、女性ホルモンであるエストロゲンの分泌量が少ないために、膣の酸性度が低く、自浄作用が弱いので、外陰部が不潔であったり、月経の際の処理の不慣れ、下着の刺激などによっても、容易に膣炎が引き起こされます。

膣炎を予防するためには、外陰部の清潔を心がけ、爪をいつも手入れしておくこと、皮膚刺激の少ない素材の下着を着せることなどもたいせつです。

おりもの(帯下)とは

おりものとは、膣内から流れ出る、水様性あるいは粘液性の分泌物をいいます。おりものの症状と原因は、それぞれつぎのように分類されます。

◇症状による分類

▼血性のおりもの　不正性器出血（868頁）としてみられるもので、膣・子宮・卵管の炎症、または悪性腫瘍（がん）の可能性がないかどうかの診断・鑑別が必要なことがあります。

▼膿性のおりもの　黄色、緑黄色などを呈し、クリーム状で、悪臭をともなうこともあります。このようなおりものが出るときは、膣炎や子宮卵管の細菌感染、膣内異物による二次感染、腫瘍性の疾患などが疑われます。

▼白色のおりもの　生理的なおりもので、心配のないものですが、膣炎などの場合にもみられることがあります。ただし、ヨーグルト状の白色のおりものが出ている場合には、カンジダ膣炎（836頁）が疑われます。

▼液状のおりもの　漿液性（さらさらした透明の分泌物）、水様性、牛乳様など、液状である場合をいい、各種炎症、腫瘍性疾患などでみられます。とくに、下着の外にまでしみるような多量のおりものを認める場合は、悪性腫瘍の可能性があります。

◇原因による分類

▼生理的なおりもの　健康で成熟した女性のおりものは、白色で多少粘りけをともなうことはありますが、濁っていたり、外陰部にかゆみや痛みをともなうことはありません。

外陰部や膣前庭部（830頁図）には、粘液腺（バルトリン腺、スキーン腺）、汗腺、皮脂腺などがあり、分泌物が産生されます。これがおりものです。また、月経周期の排卵期（月経と月経の間）には、卵巣から分泌される女性ホルモンであるエストロゲンの影響を受けて、子宮頸管から分泌される頸管粘液の量が増え、おりものが増えることがあります。

さらに、妊娠中も頸管粘膜や膣粘膜から分泌される粘液が増えることがあります。また、性的興奮状態になると、膣粘膜からの分泌液が増えて、大量のおりものとなることがあります。

これらは生理的なものですので、心配はありません。

▼病的なおりもの　いっぽう、おりものに黄色や緑黄色などの色がついていたり、悪臭がしたり、量が多い場合、また、下腹部や外陰部などにかゆみや痛みなどをともなう場合は、なんらかの病気の症状であることが多いので、注意が必要です。

病的なおりものを引き起こす原因としては、性器の病原微生物による感染（感染性）、ホルモン分泌の低下や悪化（ホルモン失調性）、腫瘍（がん性）などが考えられます。このなかで、もっとも頻度が高いのは感染性ですが、まれに、がんの症状であることもあるので、注意が必要です。

また、原因の存在する部位により膣帯下、子宮頸管帯下、子宮帯下、外陰帯下などと呼ばれることもあります。

子宮の病気①

子宮筋腫（しきゅうきんしゅ）

Uterine Myoma

35歳以上の女性に多い

◇筋肉にできる良性腫瘍（しゅよう）

どんな病気か

子宮筋腫は、婦人科の病気のなかでももっとも一般的な疾患のひとつです。35歳以上の女性の15～30％(報告によっては、最大77％)に、子宮筋腫があるといわれています。

子宮は、大部分が平滑筋（へいかつきん）という筋肉でできていますが、その筋肉から発生したおでき(腫瘍（しゅよう）)のうち、良性のものを筋腫（きんしゅ）といいます。

なお、悪性の腫瘍は肉腫（にくしゅ）(562頁上段)といいます。筋腫が悪性化したものを肉腫とするのは、誤りです。

成人女性の子宮は、ニワトリの卵の大きさ(約50g)ですが、そこに筋腫ができると徐々に大きくなり、ガチョウの卵大とか、リンゴ大、おとなの握りこぶし大、新生児の頭大などと表現されます。ときには、成人の頭より大きくなることもあります。また、個数も1個とはかぎらず、無数に存在する場合もあります。

子宮筋腫の原因は、はっきりしていません。しかし、子宮はもともと生殖器であるため、エストロゲンという女性ホルモンの影響を受けて、思春期から増大していき、老年期にかけて縮小していきます。

筋腫もエストロゲンにより、大きさが変化します。発生原因は不明でも、発育には、女性ホルモンが大きく関与しているのです。

筋腫は発生部位により、もっとも大きくなりやすい**漿膜下筋腫**（しょうまくかきんしゅ）、いちばん頻度の高い**筋層内筋腫**（きんそうないきんしゅ）、ときに多量の

子宮筋腫の発生部位

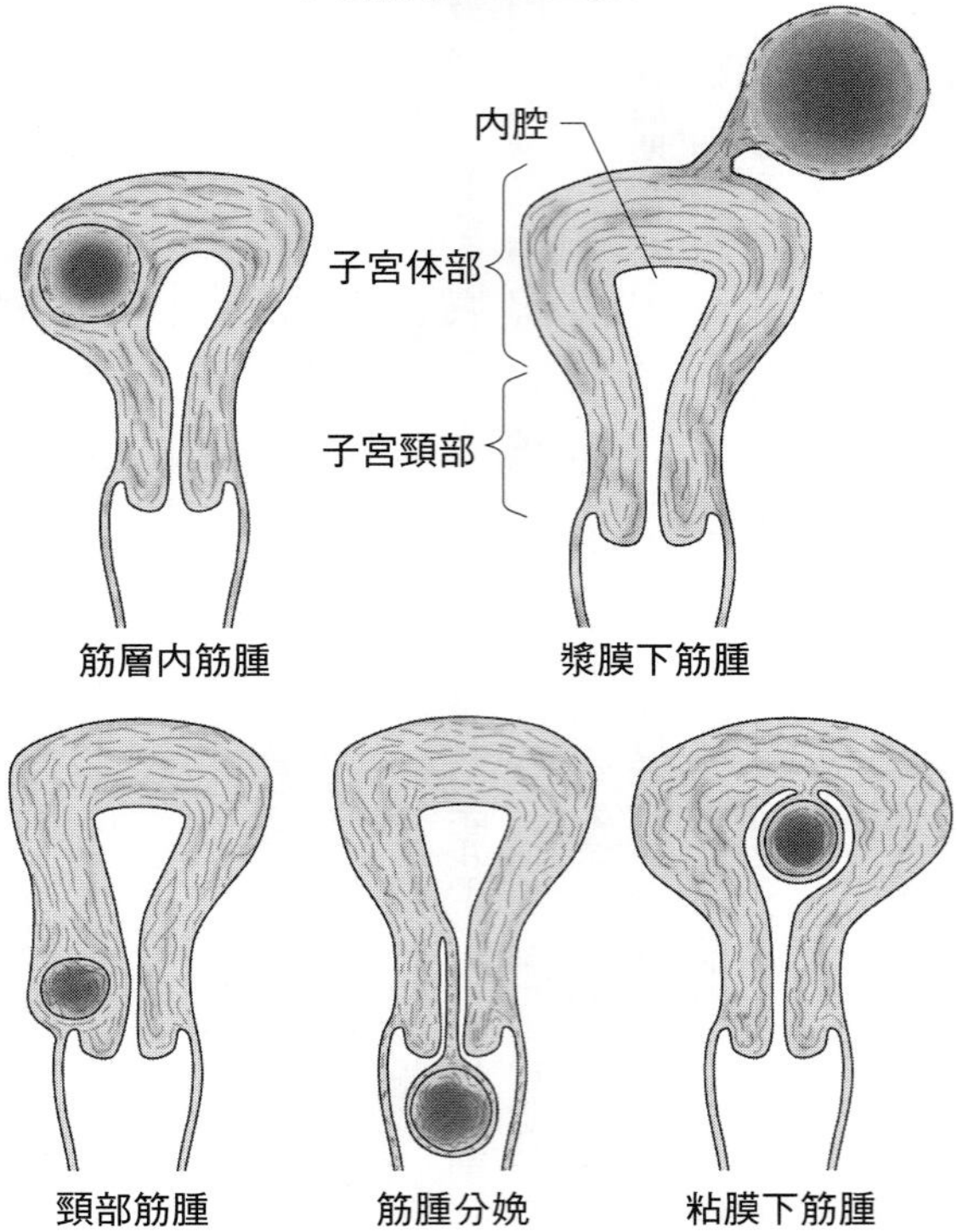

◎筋腫とは

筋腫とは、文字どおり筋肉から発生する腫瘍（おでき）のことです。筋肉には、手足などを動かす横紋筋と、心臓や胃腸などを動かす平滑筋の2種類がありますが、筋腫の多くは平滑筋から発生し、このうち子宮はもっとも筋腫のできやすい臓器です。

腫瘍には、良性と悪性、そして境界悪性といわれるものがあります。筋腫は、一般的に良性のものをさしており、悪性のものは肉腫（筋肉腫）といって区別します。肉腫は数こそ少ないのですが、手術前に筋腫と見分けがつかないことが多く、術後摘出物の顕微鏡検査（病理検査）で初めてわかることがかなりあります。筋腫は周囲の筋肉と境界がはっきりしており、半年くらいでは、それほど急激に大きくなりません。したがって急激に増大するような場合は、肉腫を疑って、早めに手術をしたほうがよいでしょう。

不正出血をともなう**粘膜下筋腫**の3つに分けられます（前頁図）。さらに、特殊な場合として、**筋腫分娩**（筋腫が腟に脱出したもの）や**頸部筋腫**（子宮頸部に発生したもの）があります。

症状

子宮筋腫によるおもな症状は、過多月経（865頁）、不正性器出血（868頁）、月経痛、貧血症状、下腹部腫瘤感（しこりを感じる）などです。しかし、無症状の場合も多く、筋腫の大きさ、個数、発生部位によってさまざまです。

過多月経とは、毎月の月経の出血量（経血量）が多いことです。これは、子宮が増大するためや、子宮内膜が多くなること、内腔の変形のためなどと考えられます。

自分の出血量が多いかどうかはなかなか判定がむずかしいのですが、月経血に、血のかたまりが出るようなら、過多月経と考えてよいでしょう。

月経痛や不正性器出血もしばしばみられる症状です。筋腫によって月経血の流出が妨げられたり、出血が多いためにおこります。

月経痛がひどい場合は子宮内膜症（843頁）であったり、子宮体がん（563頁）の可能性も否定できないので、専門医の判断が必要です。

過多月経や長期の不正性器出血を放置しておくと、やがて貧血になります。自分のつくる血液量よりも毎月の月経血量が多ければ、しだいに血がなくなっていき、動悸、息切れがおこります。しかしたいていの場合、貧血は徐々に進行するため、その状態にからだが慣れてしまい、かなりひどくなってからようやく気づくことも多いのです。

内科の診察や健康診断のときなどに、初めて貧血といわれ、婦人科受診を勧められて、筋腫が見つかることもよくあります。

前記の症状がなくとも、なにげなく下腹部を触ったら、かたい腫瘤（こぶ）に触れて、子宮筋腫に気づくこともあります。なんとなく下腹部が太ったと思っているだけの人もいます。しかし、このような場合は、卵巣が腫れていることがありますので、子宮筋腫だと油断せず、必ず婦人科の診察を受けることが大事です。

子宮筋腫が大きくなると、その圧迫症状で病気に気づくこともあります。たとえば、大きくなった筋腫が膀胱を圧迫すると、頻尿などの膀胱炎症状がでたり、直腸を圧迫すれば便秘になったりします。また、筋腫が骨盤内の神経を圧迫すると、足にしびれがおこります。

検査と診断

超音波断層法（エコー）がもっとも一般的な検査です。筋腫が大きい場合、より正確に映し出すために、尿をためて（膀胱をいっぱいにして）、腹部に器械をあてて検査します。最近は腟から直接（経腟的に）超音波の器械を入れて行うことが多く、小さな筋腫や粘膜下筋腫の診断に有効です。

しかし、場合によっては超音波検査だけでは、卵巣がん（565頁）、子宮頸がん（561頁）、子宮体がん（563頁）と区別できない場合があります。そのため、さらにCTスキャン（コンピュータ断層撮影）やMRI（磁気共鳴画像装置）検査を行うことがあります。

血液検査では、特有なものはありませんが、貧血が見つかった場合、筋腫の有無を検査する必要があります。また、子宮内膜症、卵巣がん、子宮頸がん、子宮体がんなどと区別するために、腫瘍マーカー（体内にがんができると増加、または出現してくる物質　215頁）も診断の補助となります。

治療

筋腫があるだけでは、治療の対象となりません。筋腫が大きい場合、痛みをともなう場合、貧血を合併する場合、不妊症（897頁）の場合など、理由がある場合にかぎって治療が必要となります。

治療法には大きく分けて、手術療法と薬物療法があります。

基本的には子宮を全摘する手術療法がもっとも一般的で、おなかを切る腹式と、腟から摘出する腟式があります。腹式はどんな場合でも行えますが、腟式は経産婦で、あまり子宮の大きくない場合などにかぎられます。

最近では、**腹腔鏡下腟式子宮全摘術**や、**子宮鏡下筋腫切除術**も行われるようになり、よりからだへの負担が少ない術式が行われています。

また、子宮は残して、筋腫のみを子宮から摘出する**筋腫核出術**という方法もあります。しかし、この方法は妊娠・出産を希望する人、若い人などにかぎって行われます。筋腫核出術は、筋腫の大きさ、数、発生部位によっては、子宮全摘術より出血量が多くなることがあり、術後の回復の遅れや、癒着の可能性、筋腫再発の可能性、子宮がんをおこす可能性など、欠点が多くあるからです。

よく、子宮をとると女性でなくなると思う人がいます。たしかに子どもはできなくなりますが、卵巣が残っているかぎり女性ホルモンは出ます。月経時の出血はなくなってもホルモン周期はありますし、ホルモン的にはなんら変化がないといわれています。

また、精神的には十分女性のままであり、腟も残っているので性交にも支障ありません。

薬物療法は、女性ホルモンを抑えることで、筋腫や子宮内膜症に治療効果が得られることがわかってきました。脳の視床下部の性腺分泌ホルモンが、下垂体に卵巣を刺激するホルモンを出させ、卵巣から女性ホルモンが分泌されますが、このホルモンの流れを薬で抑えてしまうのです。閉経時と同じ状態になるため、**偽閉経療法**といわれています。

しかし現在のところ、まだいくつかの問題点をかかえています。薬物によって、筋腫の縮小はあっても、消失することはないこと、薬を中止し、再び月経が戻ると再発する可能性があること、女性ホルモン低下によって更年期障害、骨塩量低下の副作用があること、最長6か月間しか治療できず、その6か月間の治療でかかる費用が決して安くないことなどです。

最近では、メスを入れず子宮筋腫を治療する方法も行われるようになりました。

子宮動脈塞栓術（ＵＡＥ）は、筋腫に栄養を送る子宮動脈の血流を止めて、筋腫を小さくする方法です。また、**集束超音波術**（ＦＵＳ）は超音波を束のように集めて1点に集中させて、筋腫

◎子宮頸管ポリープ

子宮頸管の粘膜に、茎のある赤くやわらかい良性の腫瘍が発生する病気です。

原因はまだはっきりしていませんが、子宮頸部の炎症や、ホルモンの作用がもとになっておこるのではないかと考えられています。妊娠中の女性には、しばしばみられます。

症状としては、不正出血、性交時の接触出血などがありますが、まったく症状がない場合も多いです。

手術でポリープを摘出しますが、通常は簡単な手術で、外来で受けられます。ポリープがとても大きくなっているときには、入院しての手術が必要になることもあります。

また、たとえ症状がなくても摘出して細胞を調べ、がんでないことを確認します。

妊娠初期でポリープが大きい場合、手術などを行うとかなり出血して危険になることがあるので、摘除せずに、そのままにしておくこともあり

ますが、このときもポリープの組織を調べる細胞診が行われるのがふつうです。

　手術で切除しても、再びポリープができる人がいますが、これは、ポリープのできやすい素因があるからではないかと考えられています。

子宮内膜症……843頁

▼症状▲下腹部の痛み、月経困難症、腰痛、排便痛など。

▼治療▲手術で摘出したり、ホルモン剤を使用する。

の細胞を破壊する治療法です。ただ、いずれの場合も、健康保険適用外となります。

　治療法は、症状や条件によっても選択肢がちがってきますので、主治医とよく相談して決定してください。

▼子宮筋腫合併妊娠（しきゅうきんしゅがっぺいにんしん）　妊娠して筋腫が見つかることがよくあります。妊娠により女性ホルモンが大量に出るため筋腫も大きくなることや、妊娠で初めて産婦人科を受診して、筋腫が発見されるという人が少なくないからです。

　子宮筋腫合併妊娠の場合、流産、早産になりやすいといわれています。以前は妊娠中に筋腫核出術がよく行われましたが、自然の流産、早産より、手術のリスクのほうが高いと考えられるため最近はあまり行われません。

　しかし、筋腫を合併した妊娠では、妊娠6か月ごろよく腹痛がおこったり、結局帝王切開（ていおうせっかい）になったりすることを覚悟する必要があります。手術をするかしないかは、筋腫の位置や大きさをよくみて、主治医と相談するほうがよいでしょう。

子宮内膜症（しきゅうないまくしょう）

Endometriosis

月経のある女性だけにおこる

◇内膜組織の異常な発生

どんな病気か

　子宮の内側は、子宮内膜という重要な粘膜によっておおわれています（下図）。子宮内膜は妊娠が成立しない場合、卵巣（らんそう）から分泌される女性ホルモンのはたらきによって、一定の性周期ではがれて、月経をおこします。この子宮内膜や子宮内膜に類似した組織が、子宮内腔（ないくう）以外の部位に発生してくることがあり、これを子宮内膜症といいます。

　これらの組織は、本来の子宮内膜と同様に女性ホルモンの影響を受けるので、子宮の内側以外の部位に発生しても、性周期に応じて月経のように出血をおこすと考えられています。子宮内膜症は、女性ホルモンの作用を受けて増殖、進行するため、月経のある女性だけにおこる病気で、思春期前や妊娠中、閉経後（へいけいご）の女性にはほとんどみられません。

▼発生しやすい部位　発生しやすい部位は、子宮とそれ以外に大別されます。子宮の場合は筋層内に発生するもので、**子宮腺筋症**（しきゅうせんきんしょう）といわれ、子宮内膜症の約50％を占めています。

　子宮以外の臓器に発生する場合は、腹膜内（おなかの中）と腹膜外の2つに分かれます。前者は骨盤（こつばん）内に発生することがもっとも多いのですが、腹膜自体に発生することもあります。後者は、膣（ちつ）、外陰（がいいん）などの性器のほかに、肺やリンパ節に発生することもあります。

子宮内膜

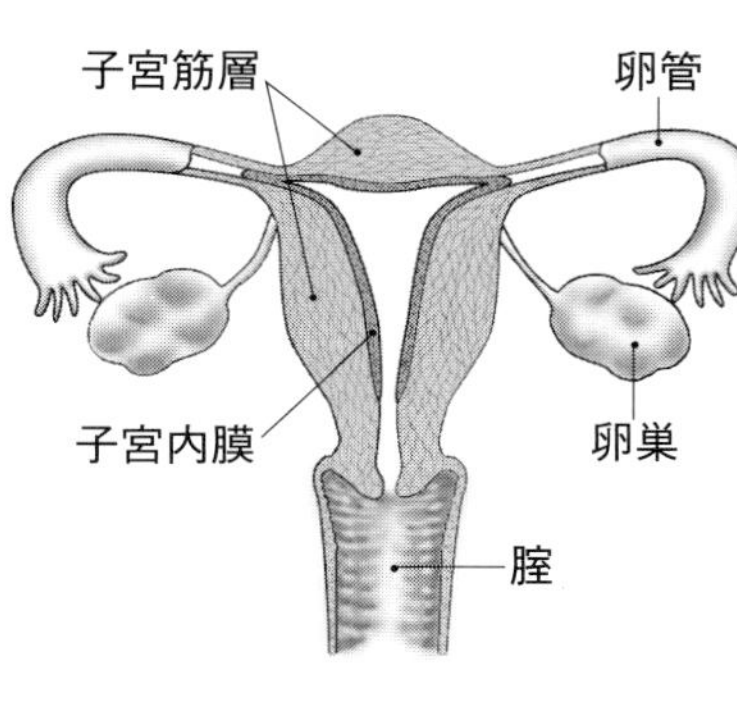

◎子宮腟部びらんとは

子宮の入り口の上皮が、傷や炎症でむけてしまったり（真性びらん）、奥の粘膜が、入り口の周りまで広がってただれたように赤くみえる（仮性びらん）ことがあります。

仮性びらんは、性成熟期の女性の8～9割にみられる生理的な変化です。

一般的には治療しなくてもよいのですが、性交時に出血しやすかったり、おりもの（帯下）が多くて気になるときは治療をします。

治療法には、腟内に薬を入れる方法や、びらんを凍結したり、電気やレーザーで焼灼凝固する方法があります。

症状

子宮内膜症がおこると、その部位に腫瘤（こぶ）ができたり、周囲の組織と癒着したりするため、痛みをおこします。ひじょうに進行した場合は、骨盤内の臓器すべてが癒着し、ひとかたまりになってしまうこともあります。この癒着の程度により、病気の進行状況が3～4段階に分類されています。

月経困難症（866頁）は、子宮腺筋症および子宮内膜症の約70％にみられる重要な症状です。それまではなんでもなかったのに、最終の分娩や妊娠中絶後しばらくたって、下腹部痛や腰痛が生じたりします。また、回を重ねるごとに月経痛が強くなるのが特徴的です。

子宮以外にできた子宮内膜症では、腰痛、下腹部痛や排便痛、排尿痛などをともなうことがあり、月経時以外にも、これらの症状を訴えるようになることがあります。このほか、いろいろな臓器の癒着にともなって、性交痛が現れたり、不妊症（897頁）になることもあります。

また、ときには、卵巣に発生した子宮内膜症（**卵巣子宮内膜症性嚢胞＝卵巣チョコレート嚢胞**）の腫瘤が破裂して腹膜炎（1620頁）をおこしたり、腸管が癒着して腸閉塞（1591頁）をおこすなどして重態となり、進行卵巣がんのような症状を示し、緊急処置が必要となる場合もあります。

原因

子宮内膜症がおこる原因としては、2通りの説があります。子宮内膜症の組織発生を、本来の子宮内膜以外の組織に求めた説と、子宮内膜組織に求めた説です。

前者では、腹腔内の漿膜がなんらかの原因で子宮内膜組織に変化するというもので、近年なお有力な説です。いっぽう、後者は、子宮内膜が直接筋層に入り込んで子宮腺筋症をおこしたり、月経血の逆流現象により、子宮内膜が他の部位に転移生着すると考える説で、やはり多数の支持者があります。

検査と診断

腟や外陰部などの見てわかる部位に発生した子宮内膜症以外は、確実に診断することはむずかしいものです。年齢、症状、内診所見などを総合的に検討して診断しますが、子宮内膜症を確実に診断できる検査法はなく、子宮内膜症を疑って開腹手術を行い、初めて確実に診断できることも多いのです。

▼超音波検査　簡単で苦痛もなく、性能のよい超音波断層機器が一般に普及しており、補助診断法として有用です。とくに腟式超音波の進歩は著しく、卵巣子宮内膜症や子宮腺筋症などに高い診断的意義があります。

▼CT、MRI検査　CTおよびMRIも一般病院での普及率が高くなってきており、これらの所見は超音波像に似ていますが、形態的な異常を描出する能力はさらにすぐれています。

▼直視下診断法　子宮内膜症の診断は、原則として腹腔鏡または開腹手術によって診断すべきとされています。腹腔鏡による病態診断は、子宮や卵巣の形態、色調の異常や癒着の状況を内視鏡により拡大観察するもので、やはり高い診断的意義があります。

▼血清学的検査　卵巣がんの抗原である血液中のCA125（腫瘍マーカー215頁）は、本来、卵巣がんや子宮内膜

がんの場合に高値を示すとされています。しかし今日では、これらのがん以外の婦人科疾患でも検討され、とくに子宮内膜症や子宮腺筋症、子宮筋腫で高値を示すことが注目され、補助診断法のひとつとして用いられています。

◇治療は手術とホルモン療法

治療

治療は、手術療法とホルモン剤による薬物治療の2つに大きく分けられます。

治療方針を決定する因子としては、年齢、これまでの分娩歴、自覚症状、進行の程度（病気の範囲と癒着の程度）があげられます。

子宮内膜症は比較的若い人に発生しやすく、不妊症をともないやすいので、治療法の主体は、特有の痛みなど、自覚症状の除去とともに、妊娠率を上げることにあり、病気の進行具合と将来子どもを希望するか否かという点で、年齢を考慮しながら保存的な治療法か根治的な治療法かを選択します。

最近、とくに進行していない場合にはホルモン療法を先行させることが多いので、病歴の慎重な検討と診察を必ず受けて、担当の医師と相談し、治療方針を決めていけばよいでしょう。

◉手術療法

将来子どもを希望する場合の手術療法では、子宮内膜症の病変部だけを摘除するのが原則ですが、手術後も病変部が残っている場合は、3～6か月の術後ホルモン療法を行うと、妊娠する可能性が高いようです。子どもを希望しない場合には、子宮、両方の卵巣およびそのほかの病気の部位すべてを取除く根治的な手術を行います。

いずれの場合も、必要があれば、手術が行いやすくなるように、手術前3～4か月間のホルモン治療が勧められます。

◉ホルモン療法

ホルモン療法は、ホルモン剤を直接的あるいは間接的に病巣に作用させ、無月経状態にして病気の勢いをとめようとするものです。

女性ホルモンのうちのひとつであるプロゲステロンを使用し、子宮内膜症の組織を縮小させる方法や、プロゲステロンに少量のエストロゲンを加えて使用する方法があります。

しばしば行われるのは、避妊に用いる経口避妊薬（低用量ピル）の使用で、子宮内膜症の組織の増殖が抑えられます。この場合は、20～21日間内服したあと、月経のような出血があってから再び内服を開始する方法と、薬の内服量を徐々に増やしていき、月経様出血をまったく止めてしまう2つの方法があります。後者は、妊娠時と同じようなホルモン環境をつくりだそうとする**偽妊娠療法**と呼ばれるものです。

いっぽう、今日では、4～6か月服用して、更年期様の無月経状態にもちこむ**偽閉経療法**が盛んに用いられ、現在ではホルモン療法の主役となっています。

しかし、ホルモン療法には副作用の問題があり、際限なくつづけられず、この療法を行っている間は絶対に妊娠できません。さらにホルモン療法は、肝臓および心臓疾患、内分泌系疾患などを含めた慢性疾患がある場合には行えないので、注意が必要です。

子宮の病気②

子宮頸部異形成／子宮頸部上皮内新生物

Cervical Dysplasia / Cervical Intraepithelial Neoplasia (CIN)

どんな病気か

子宮頸がん（561頁）の前がん状態、あるいは子宮頸がんの0期で、子宮頸部の上皮に異型細胞が認められます。

原因

最近、異形成の原因として、ヒトパピローマウイルス（HPV）感染とのかかわりが注目されるようになりました。

HPVには、数十種類の型があり、異形成と関係の深い型と、関係がない型があります。また、関係の深いハイリスクタイプの型に感染しても、異形成が発生するのは数%で、多くは自然治癒します（後述「HPVの感染の診断と予防」）。

症状

症状はなく、子宮がん検診で初めて発見されることが多いものですが、不正性器出血（とくに性交時の出血 868頁）やおりもの（帯下）の増量をみることもあります。

30歳代、40歳代に多発しますが、最近は、20歳代での発生も増加しています。

検査と診断

子宮頸部の細胞診や、コルポスコープ（子宮頸部拡大鏡）診で異常のある人をふるい分け、異常のあった人には、子宮頸部の狙い組織診（コルポスコープで見て異常のある部位を1～2㎜程度切除して行う病理組織検査）で診断します。

治療

異形成のすべてが、がんに進行するわけではありません。程度が軽いものでは8割くらい、重いものでも4～5割くらいが自然に治ります。しかし、異形成ががんに進行することもあるので、定期的に検査を受けることが大事です。

最近は、異形成の程度により、治療することが多くなっています。治療には、子宮頸部円錐切除術や、レーザーで病変を蒸散させる方法が行われます。

●ヒトパピローマウイルス（HPV）の感染の診断と予防

HPV感染の診断には、細胞にHPVのDNAが入り込んでいないかどうかをみる、分子生物学的手法を用いて調べます。この検査は、子宮がん検診の項目で述べた細胞診検査と同時に行うことが可能で、苦痛はありません。

HPV感染が異形成、子宮頸がんの発生にかかわっているので、HPV感染を予防することが、異形成の予防に大きな役割を担うと考えられます。

HPVのなかでも、問題となるのが、異形成や子宮頸がんの発症と関係の深いハイリスクタイプの型です。

現在では、ハイリスクタイプのHPVワクチンが開発されており、感染を予防し、子宮頸がんの発症を予防するために、ワクチン接種をする試みが欧米を中心に始まっています。日本でもワクチン接種の臨床試験が開始されています。

●子宮頸部円錐切除術／子宮腟部円錐切除術

子宮の入り口を、円錐形に切取る手術です。ふつうのメスで切除する方法、レーザーメス法、高周波電流の流れる電気メスを用いる方法があります。

この手術は、子宮頸部異形成や初期

◎子宮がん検診

一般的な子宮がん検診では、子宮頸部細胞診による**子宮頸がん検診**と内診を行います。

子宮頸部細胞診では、子宮腟部と子宮頸管から綿棒ややわらかいヘラで細胞をこすりとり、固定染色して顕微鏡で観察します。若いときは、子宮頸がんや異形成は、頸部の表面の腟部にできますが、高齢になると、奥のほうの頸管にできやすくなります。

内診では、おなかにあてた手と腟内に挿入した指で、性器を挟みこんで診察し、子宮や卵巣の大きさ・かたさ・動きやすさを調べます。

このほかに、コルポスコープ（子宮頸部拡大鏡）で子宮頸部を観察したり、超音波で子宮や卵巣の状態を検査することもあります。

子宮体がん検診では、子宮内腔に細長い器具を挿入して、内膜細胞を吸いとったり、こすりとって調べる細胞診が行われます。

がんの治療を目的として行われるほか、子宮頸がんの病変の広がりを評価する精密検査としても行われます。

子宮頸部の一部を切除するだけで、子宮の本体は温存されるので、術後の妊娠や分娩も可能です。ただし、子宮頸部が若干短縮するので、流産・早産をおこしやすくなることがありますので、妊娠中には注意が必要です（頸管無力症　879頁）。

なお、円錐切除術後の病理検査の結果によっては、子宮全摘出術が必要になることがあります。

子宮内膜増殖症／異型子宮内膜増殖症

Endometrial Hyperplasia / Atypical Endometrial Hyperplasia

どんな病気か

子宮の内腔をおおっている内膜の全体、あるいは一部が過剰に増殖し、内膜が異常に厚くなってしまいます。子宮内膜増殖症は、内膜細胞自体には異型がみられませんが、これに対し、細胞異型がみられるものを異型子宮内膜増殖症といいます。

両者ともに子宮体がん（子宮内膜がん）の前がん状態として扱いますが、子宮内膜増殖症が、がんになるのは数％にすぎないのに比べ、異型子宮内膜増殖症の1～2割程度はがんに進行します。また、がんと合併していることも多くあります。異型子宮内膜増殖症は、子宮体がん進行期分類の0期にあたります（子宮体がん　563頁）。

症状

不正性器出血（868頁）や月経量の増加、月経期間の延長をおこすことがあります。月経血にレバーのようなかたまりが混じる、夜シーツを汚してしまう、血液検査で貧血を指摘されるなどがあれば、過多月経を疑ったほうがよいでしょう。

また、症状がなく子宮体がん検診で発見されることも少なくありません。

月経不順や無排卵周期の人、40～50歳代の人におこりやすい病気です。

検査と診断

子宮内膜の細胞診を行い（子宮がん検診　上段）、異常があれば、精密検査として子宮内膜掻爬術（子宮内膜組織をかきとって行う病理組織検査）や、子宮鏡検査（子宮内腔を内視鏡で観察する検査）をして診断します。

また、超音波検査で子宮内膜が厚く不規則にみえる場合は、子宮内膜増殖症や異型子宮内膜増殖症、子宮体がんが疑われます。鑑別のために精密検査を行います。

治療

子宮内膜増殖症の7～8割、異型子宮内膜増殖症の3～4割は、自然に治癒するので、定期的に内膜細胞診を行っていればよいのですが、症状の強い場合やなかなか治らない場合は、子宮全摘術を行います。

また、ホルモン療法を行うこともあり、女性ホルモンを抑制して子宮内膜の増殖を抑える方法や、黄体ホルモンを補充する方法が用いられます。

子宮体部内膜ポリープ

Endometrial Polyp

どんな病気か

子宮内腔をおおっている内膜の一部がポリープ状に突

子宮体がん検診は、不正性器出血（868頁）があった人や、月経異常のある人、子宮体がんになりやすい体質の人（563頁）を対象にして行われることが多い検診です。

子宮頸がん検診も子宮体がん検診も、がんだけでなく、前がん病変を発見することを目的としており、前がん病変のうちに見つけて経過観察することにより、がんになる前や初期がんの段階で手当ができるわけです。

出した病変で、多くは不正性器出血（868頁）や過長月経（月経日数が多い）を主訴に来院します。

乳がん（555頁）の治療後にホルモン療法を行っている人に発生することがあります。

検査と診断 経腟超音波検査で子宮内腔の状態を観察し、異変がある場合は、子宮鏡検査（内視鏡で子宮の中を観察する）や、子宮内腔に液体を注入し、経腟超音波下で子宮内腔を調べる検査を行って、診断します。

治療 麻酔をしたうえで、子宮内膜搔爬術（子宮内膜をポリープとともにかきとってしまう）や子宮鏡を行いながらポリープを摘出します。摘出物は病理組織検査に提出して、良性であることを確認します。

子宮頸管炎
Endocervicitis

どんな病気か 子宮の入り口にあたる子宮頸管部（832頁図3）に細菌などの感染がおこった状態を、子宮頸管炎といいます。

子宮頸管炎になると、腟から白色または黄色の膿のような分泌物（おりもの）が出てきます。

痛みやかゆみなどの明らかな症状をともなうことは少ないですが、慢性化すると、まれに炎症の進行によって深部の筋層、結合織におよび、子宮傍結合織炎となり、腰の激しい痛み、下腹部痛が現れます。

また、症状が少ないために放置すると、子宮内膜炎（次項）、子宮付属器炎（852頁）、骨盤腹膜炎（854頁）と、しだいに腹腔内に波及し、持続的な下腹部痛が現れてきます。不妊症（897頁）の原因となることもあります。

原因 性交、人工妊娠中絶や分娩時の子宮頸部損傷などによる細菌感染が原因と考えられています。

以前は炎症をおこす菌として淋菌が多かったのですが、最近は連鎖球菌、大腸菌、クラミジアなどが主となっています。

治療 検査としては、分泌物を取りだし、細菌培養や薬剤感受性検査を行います。とくに淋菌培養検査、クラミジア抗原検査は重要です。

治療は、感受性のある抗生物質や抗炎症薬を内服したり腟内に直接入れたりします。淋菌に対してはペニシリン系、テトラサイクリン系の抗生物質、クラミジアに対してはテトラサイクリン系、マクロライド系抗生物質、ニューキノロン系の製剤が有効です。

子宮内膜炎
Endometritis

どんな病気か 子宮内膜は、子宮の内側をおおっている粘膜で、その粘膜に細菌が感染して引き起こされる炎症です。子宮内膜炎は産褥性と非産褥性に分けられます。

産褥性子宮内膜炎は、分娩後に悪寒をともなう高熱、膿のようなおりもの（膿性帯下）、不正性器出血（868頁）といった症状が現れます。子宮は、収縮不良となり、圧痛（押すと痛い）がおこります。

非産褥性子宮内膜炎は、全身的な症

子宮の正常位と後屈位

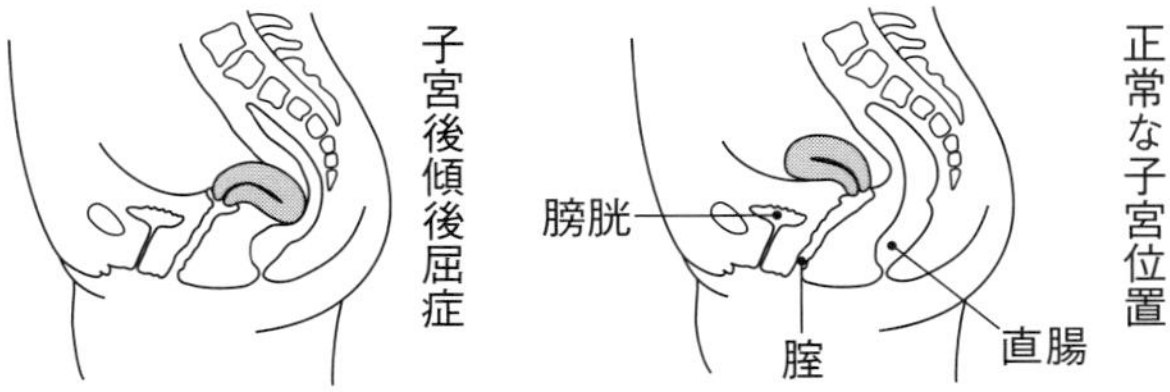

状は少なく、膿性のおりものの増加、下腹部の不快感、熱感がおもな症状となります。高齢の女性に発症した場合、子宮内に膿がたまり、**子宮留膿腫**と診断されることもあります。

原因

流産、分娩、子宮内の手術、性感染症（2128頁）などが誘因となって発症します。

流産後および分娩後は、子宮内遺残物（絨毛または胎盤や卵膜など）により子宮内感染がつづき、炎症が強くなります。多くは外部からの菌の侵入によるものですが、結核菌の場合は血行性感染（血液の流れにのって感染する）により発症します。

子宮留膿腫は、子宮頸部または子宮体部の悪性腫瘍により頸管狭窄をおこして発症することもあるので、十分注意が必要です。

治療

膿性のおりものまたは子宮内の細菌の培養検査を行い、感受性のある抗生物質の注射または内服をします。

流産や分娩後の子宮内膜炎は、子宮内の遺残物が原因で炎症がつづいていることが多いため、子宮内の遺残物を除去（掻爬）し、子宮収縮剤を使用します。また、子宮留膿腫の場合は、子宮口を広げて、たまった膿を排出させて、子宮腔内を洗浄することが必要な場合もあります。

子宮後傾後屈症（子宮後転症／子宮後屈）

Retroversioflexion of Uterus

どんな病気か

子宮は骨盤内のほぼ中央に位置し、ふつうは前方に傾き、前方に屈曲しています。これを子宮の前傾、前屈といいます。これとは逆に、子宮が後方に傾き、後方に屈曲している状態を、それぞれ子宮の後傾、後屈といい、子宮が後傾かつ後屈している場合、子宮後傾後屈症または子宮後転症（俗に子宮後屈）といいます（上段図）。

子宮後傾後屈症は、可動性と癒着性に分けられます。**可動性後傾後屈症**は自覚症状や障害はみられません。子宮がん検診や妊娠などで婦人科を訪れたときに偶然発見されることが多く、病気としての意味は少ないと考えられています。

それに対して**癒着性後傾後屈症**は、子宮内膜症（843頁）や骨盤腹膜炎（854頁）などによって子宮が骨盤壁後壁に癒着し、後傾後屈症の状態になったと考えられ、癒着をおこした病気の症状と癒着による症状、すなわち排便時痛、性交痛がみられます。

子宮後傾後屈症の人が妊娠した場合、ごくまれに妊娠経過中に子宮が後傾したまま骨盤内にはまってしまうことがあります。この状態を**妊娠子宮後屈嵌頓症**といい、尿閉（尿が出ない）や流産などをおこすことがあります。

治療

以前は、子宮後傾後屈症と診断された場合、不妊症や流産の原因になるとして子宮の位置を矯正する手術を行った時代がありました。しかし最近は、子宮後傾後屈症と不妊症、流産との関係はないと考えられており、矯正する手術は行われなくなりました。

子宮内膜症や骨盤腹膜炎による癒着性の後傾後屈症は、もとの病気の治療にあわせて癒着剥離や位置を矯正する手術が行われることもあります。

子宮下垂／子宮脱
Uterine Descent / Uterine Prolapse

どんな病気か

子宮は骨盤内のほぼ中央に位置し、前後左右の支持靭帯で支えられ、また骨盤底の支持組織（筋肉など）によってその位置が維持されています。

子宮下垂／子宮脱

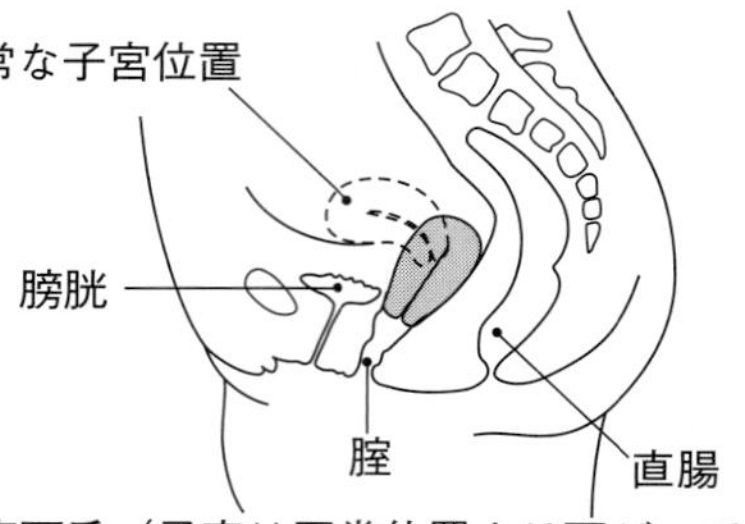

子宮下垂（子宮は正常位置より下がっているが膣内にとどまっている）

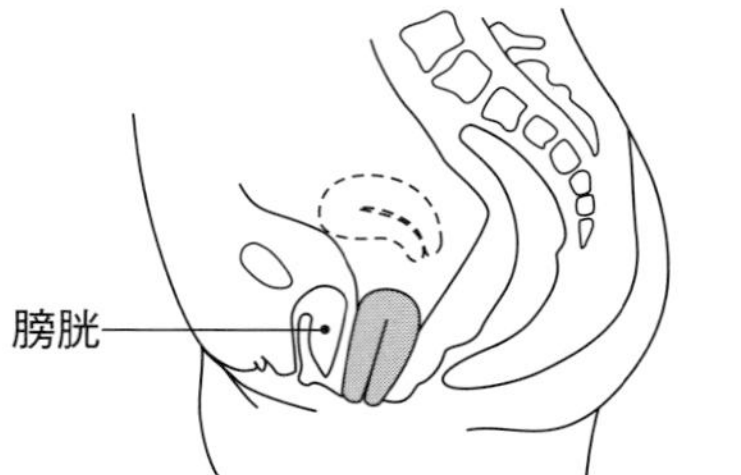

子宮脱（子宮の一部が、膀胱とともに膣から脱出している）

その子宮が膣内に下降し、子宮膣入口部まで下がっているものを子宮下垂といい、膣入口部を越えて膣外に脱出するものを子宮脱といいます（上図）。

また同時に、前側に隣接する膀胱も、膣壁の伸展とともに膀胱壁の一部が膨隆、脱出することがしばしばみられます（**膀胱脱**）。

原因

子宮を支える靭帯や骨盤底を形成する筋肉などの支持組織が弱くなったためにおこります。

その原因には、分娩による膣、子宮および子宮支持組織の弛緩（ゆるみ）、加齢、先天的素因などがあります。

症状

子宮下垂では下腹部の違和感、圧迫感、尿失禁など、子宮脱では脱出子宮の接触による著しい不快感と頻尿、排尿困難などの尿排泄症状がみられます。

また、まれに合併した直腸脱（1618頁）により、排便困難が現れることもあります。

治療

子宮下垂、子宮脱の治療法としては、ペッサリー挿入法、手術療法があります。治療法は年齢、子宮下垂、子宮脱の程度などによって選択されます。

ペッサリー挿入法は、細いドーナツ状のリングを膣内に挿入し、子宮の脱出をおさえて尿排泄症状を改善する方法です。これは、まず試みるべき治療法であり、それでも症状が改善されない場合は、手術療法が必要になります。

ペッサリー挿入法をつづけるためには、3～6か月に1度の診察、または交換が必要となります。

手術療法には、いろいろな種類があります。妊娠を希望しない場合は、脱出した子宮を摘出し、膣壁を縫い縮め強化する手術（**膣式子宮全摘出術**と**前後膣壁形成術**）を行います。

子宮温存を希望する場合には、子宮頸部を切除し、膣壁を縫い縮めて強化する手術（**マンチェスター手術**）を行います。

そのほか、高齢者などに対する侵襲の少ない（痛みや危険のあまりともなわない）手術として、前後の膣壁を縫合する手術（**ルフォー氏手術**）などがあります。

卵巣・卵管の病気

卵巣嚢腫（卵巣嚢胞）

Ovarian Cystoma (Ovarian Cyst)

嚢腫が小さいうちは無症状のことが多い

◇嚢腫はほとんどが良性

どんな病気か

卵巣には、多種多様な腫瘍が発生します。卵巣嚢腫とは、これらの卵巣腫瘍の一部をさし、つぎの3つのタイプに分けられる、一般に良性の腫瘍です。

▼漿液性嚢胞腺腫　内容物が水溶性のものをいいます。

▼粘液性嚢胞腺腫　内容物が粘稠性（粘りけのある）のものをいいます。

▼皮様嚢胞腫　内容物に、毛髪・骨・軟骨・歯・脂肪などが含まれるものをいいます。

毛髪や歯を手術後に見て驚く人がいますが、卵巣は人間ができるもとですから、こうしたものができても不思議ではありません。

症状

嚢腫が大きくならないと、なかなか症状は現れませんが、大きくなるにつれ、下腹部の膨満感（膨れた感じ）、腫瘤感（おなかに触れると腫瘍の存在がわかる）、腰痛などが現れてきます。さらに大きくなると、消化器・呼吸器・循環器などが嚢腫に圧迫され、それぞれの圧迫症状が現れることもあります。

また、大きさに関係なく、卵巣嚢腫の茎の部分がねじれると（**卵巣嚢腫の茎捻転**）、下腹部に激痛がおこり、緊急手術が必要になることもあります。

検査と診断

卵巣がんを否定することがたいせつです。婦人科の一般的な診察（内診など）に加え、経腟的な（腟経由の）、あるいは経腹的超音波断層撮影、CT（コンピュータ断層撮影）、MRI（磁気共鳴画像撮影）によって、嚢腫の大きさや性状をより正確に判断し、さらに、血中腫瘍マーカー値を測定することによって、悪性腫瘍との識別を行います。

治療

卵巣は腹部の奥深くにあるため、画像検査や腫瘍マーカーを行っても悪性・良性の識別がむずかしい場合があります。したがって、手術（開腹・腹腔鏡）で嚢腫を摘出し、顕微鏡レベルの検査（病理組織検査）を行って初めて確定診断となります。

いっぽう、卵巣は卵子を育て排卵するといった一連の過程で、漿液性嚢胞腺腫に類似の卵胞（卵子の袋、直径2cm）を毎月形成し、さらに漿液性嚢胞腺腫に類似の黄体嚢胞（排卵後の袋、直径3～4cm程度）を形成することもあるため、4cm以下の大きさの漿液性嚢胞腺腫様の嚢胞腫は、経過をみるうちに自然に消滅することも多くあります。

▼手術　年齢および嚢腫の状態により方法が異なりますが、嚢腫のみを摘出する場合（卵巣嚢腫摘出術）と、嚢腫のある側の卵巣全体を摘出する場合（卵巣摘出術）、嚢腫のある側の卵巣と卵管を摘出する場合（子宮付属器切除術）があります。

これらの方法では、通常、反対側の卵管・卵巣が健康であれば、排卵や女性ホルモンの分泌機能を保存でき、妊娠・分娩も通常に行うことができます。

◎卵巣子宮内膜症性嚢胞の悪性化

日本人は、卵巣子宮内膜症性嚢胞の悪性化が欧米人よりも高い頻度でみられることが、最近わかってきました。

とくに40歳以上、あるいは直径7㎝以上の卵巣子宮内膜症性嚢胞の場合は、卵巣がん（とくに明細胞腺がん）への転化に十分な注意が必要です。

◎クラミジア感染症

原因となるクラミジア・トラコマチスという病原体は、男性では尿道炎、女性では子宮頸管炎、子宮内膜炎、卵管炎、さらに腹膜炎など、生殖器に好んで感染し、炎症をもたらします。

女性が感染した場合は、症状がでないことが多く、感染が長期化するのが特徴です。

そのため卵管や卵巣などに癒着が生じ、卵管機能が障害され、不妊症や異所性妊娠の

▼術後の経過　ほかの開腹手術に比べてほかの臓器を傷つける危険が少ないため、手術時間も短く、多くの場合、比較的早い社会復帰が可能です。最近、医療機器の改良により、腹腔鏡下での手術が可能な場合が多くなり、さらに早い社会復帰ができるようになってきました。

卵巣子宮内膜症性嚢胞（卵巣チョコレート嚢胞）

Endometrial Cyst of the Ovary (Chocolate Cyst)

どんな病気か

卵巣に、子宮内膜症（843頁）と同様の子宮内膜組織が発生して、月経と同様の出血をおこし、血液が卵巣にたまって、嚢胞となったものです。その内容物がチョコレートのように見えることから、卵巣チョコレート嚢胞とも呼ばれています。近年、増加の傾向にあり、食生活の欧米化や、生涯妊娠および分娩回数の減少などが原因のひとつと考えられています。

症状

子宮内膜症と同様に、月経痛、月経時の頻尿、排便痛、腰痛などが現れ、性交痛もよくみられる症状です。しかし、これらの症状のまったくない人もいます。

また、不妊症（897頁）の原因となる場合もあります。

治療

子宮内膜症と同様に、手術療法やホルモン療法、あるいはこの2つの併用療法が行われます。

嚢胞が大きい場合には手術が必要で、ほとんどはホルモン療法と併用します。最近、医療機器の改良により、腹腔鏡下での手術が可能な場合が多くなり、また、腟からの超音波ガイド下で、嚢胞内へアルコールを注入する方法なども行われています。

病変が卵巣内にかぎられている場合は、卵巣を摘出（卵巣摘出術）すれば予後は良好です。しかし、卵巣が内膜症のために癒着している場合には、卵巣の摘出は簡単なものではありません。

また卵巣子宮内膜症性嚢胞のみの摘出（卵巣子宮内膜症性嚢胞摘出術）は、ほかの種類の卵巣嚢腫の摘出（卵巣嚢腫摘出術）と異なり、ひじょうに困難です。

子宮付属器炎（卵管炎／卵巣炎）

Adnexitis (Salpingitis / Oophoritis)

どんな病気か

子宮付属器とは、卵管、卵巣（832頁図3）をいい、卵管炎、卵巣炎をあわせて子宮付属器炎と呼びます。子宮付属器のうち、卵管のほうが炎症をおこしやすく、炎症が卵巣だけにみられることはあまりありません。つまり、子宮付属器炎といえば卵管炎が中心になります。

卵管が炎症をおこすと発赤（赤くなる）、腫脹（腫れる）し、ひどくなると、中に炎症にともなう滲出液や膿がたまり、先端がふさがって**卵管留水腫**、**卵管留膿腫**という腫瘤をつくり、卵巣、子宮、骨盤腹膜（骨盤の内腔をおおう腹膜）、直腸、膀胱などと、炎症性の癒着をおこすことがあります。

また、感染が卵管を通って腹腔に達

原因になることがあります。

また、流産や早産の原因ともなり、さらに分娩時に新生児に感染すると結膜炎（トラコーマ）や肺炎をおこすことがあります。

クラミジア抗体検査は、今までにクラミジアに感染したことがあることを示しており、必ずしも現在感染中であることを意味しません。

現在感染中であることを示すためには、クラミジアが存在することを証明しなければなりませんが、女性の生殖器ですぐ調べられる場所は子宮頸管だけであり、すべてを網羅することはできません。したがって、クラミジア治療歴がなく抗体陽性の場合は、現在の感染を否定できないので、念のため薬剤服用が勧められます。

治療は、おもに内服薬の治療が行われます。性交により互いに行き来するクラミジア感染を阻止するために、性交のパートナーも同時に治療することが必要です。

し、骨盤腹膜炎（次項）をおこすと、骨盤腔の下方に滲出液や膿がたまって、ダグラス窩（直腸子宮窩＝子宮の後方、直腸前方のくぼみ）膿瘍（1622頁）をつくることもあります。

適切な治療をせず放置すれば、炎症が骨盤腔を越えて広がり、腹膜炎（1620頁）、敗血症（2124頁）、まれに大腸や膀胱への穿孔（穴があくこと）をおこすことがあります。

卵管炎は卵管の通過性を阻害し、不妊の原因となることがあります。

症状　急性期か慢性期か、あるいは炎症の強さなどによって症状は異なりますが、さまざまな程度の下腹部痛をともない、急性期または炎症が強いときには、発熱をともなうことが多いようです。また、おりもの（帯下）の増加、炎症によると思われるおりものがみられることがあります。

炎症が腹膜に広がれば、吐きけ、嘔吐（腹膜刺激症状）をともなうことがあります。また、ダグラス窩膿瘍をおこすと、排便痛、肛門の痛みを感じ、膀胱の周囲に波及すれば、排尿痛などの膀胱炎に似た症状をともなうことがあります。

原因　子宮付属器への細菌類の感染によっておこります。腹腔内は無菌ですので、感染経路は、腟から子宮を通って卵管、さらに腹腔内へと上向性の経路になります。

外陰の皮膚表面には、大腸菌、ブドウ球菌、連鎖球菌などの一般の細菌が常在していますが、通常、腟内はラクトバシルスという菌（＝デーデルライン桿菌）が存在して酸を出し、腟内を酸性に保っており、外部からの細菌類の侵入を防いでいます。体調不良や抵抗力の低下などにともなってラクトバシルスが減少すると、これらの常在菌が腟に侵入します。

性行為などによって淋菌やクラミジア（ウイルスと細菌の中間のもの）などの病原菌が、腟内に侵入する場合もあります。

これらの菌がたんに腟内に存在しているだけ（腟炎）では、下腹部痛は通常ありませんが、子宮から卵管や腹腔内へ侵入すると下腹部痛をともなうようになります。

分娩、流・早産、人工妊娠中絶、人工授精（精子を子宮内に注入）、卵管通水法（不妊症の検査および治療）、子宮卵管造影法（不妊症のX線検査）など、子宮の中を処置する医療行為によって、この感染を助長する可能性があります。このため、これらの医療行為の際には消毒をしたり、抗生物質を使用して感染の予防を行います。

検査と診断　触診によって、下腹部に圧痛（押すと痛みがある）、筋性防御（一定の部分の筋肉が緊張する）、ブルンベルグ徴候（指で圧迫したあと、急に指を離すと痛みを感じる）を示すことがあります。婦人科の診察では、内診（片方の手の指を腟に挿入し、もういっぽうの手を腹部にあてて診察する双合診）で、子宮付属器の位置に圧痛を認め、腫瘤、硬結（しこり）を触れることがあります。

子宮付属器炎の診断には、炎症反応として末梢血液検査（白血球数増加、血沈促進、CRP陽性）、細菌検査として、子宮分泌物の細菌培養、薬剤感受性試験（どの抗生物質が有効かを調べる）、クラミジア抗原、淋菌抗原、血液中の抗体の有無、抗体価の検査、画像診断としてエコー（超音波断層撮影）、CT（コンピュータ断層撮影）、MRI（磁気共鳴画像撮影）などを行います。

治療 抗生物質や抗菌薬による治療を行います。細菌培養、薬剤感受性試験などの結果によって、有効な抗生物質を使用するほうが理にかなっていますが、結果が判明するまでに1週間を要します。この1週間を無治療ですごすと病状の悪化を引き起こすため、有効と思われる抗菌スペクトルの広い抗生物質、抗菌薬を使用します。下腹部痛が強く、高熱で炎症反応が高い場合などは、入院して抗生物質の点滴治療が必要な場合があります。

ダグラス窩膿瘍を生じているときには、抗生物質や抗菌薬とともに、経腟的に（腟から）針でダグラス窩を穿刺し、切開、排膿して、ドレーン（たまった分泌物を排液するための管）をおくか、ある程度炎症反応が低下したあと開腹して骨盤腔を洗浄し、ドレーンをおくなど、外科的な治療が必要になる場合があります。

卵管留水腫、卵管留膿腫ができているときにも、化学療法によりある程度炎症が低下したあと、腹腔鏡を使って、あるいは開腹して、開窓術（ふさがっている卵管を切開して排膿し、開放する）などの卵管形成術（妊娠を希望する人の場合）、卵管摘出術、子宮付属器摘出術などを行います。

子宮付属器炎の治療は、抗生物質、抗菌薬による治療が主体ですが、消炎薬を使用することもあります。

骨盤腹膜炎
Pelveoperitonitis

どんな病気か 子宮付属器炎（前項）が悪化して、炎症が骨盤腹膜（骨盤内腔をおおう腹膜）に波及したものをいいます。

虫垂炎（1575頁）など、腸管の炎症性の病気から骨盤腹膜炎をおこすこともあります。

ひどくなると、卵管、卵巣、子宮と腸管、大網（515頁図1）、腹膜などが癒着してひとかたまりとなり、その間に膿瘍ができます。発熱、下腹部痛、吐き気・嘔吐などの症状を示します。

検査と診断 触診によって、下腹部に強度の圧痛（押すと痛みがある）、腹膜刺激症状の代表である、筋性防御（触診した部分の筋肉が緊張する）、ブルンベルグ徴候（指で圧迫したあと、急に指を離すと痛みを感じる）を示します。

婦人科の内診で、内性器（子宮、卵巣、卵管）に圧痛を認め、子宮の周囲に腫瘤、硬結（しこり）、波動（炎症にともなう滲出液や膿などがたまっている状態）を触れることがあります。

検査については、子宮付属器炎を参照してください。

治療 入院して、抗生物質や抗菌薬による治療を強力に行います。軽快しない場合には、手術療法を行います。

手術療法については、子宮付属器炎（前項）を参照してください。

◎シーハン症候群

分娩の際の大出血やショックによっておこった下垂体の変性・壊死が原因の脳下垂体機能不全症を、シーハン症候群といいます。

症状としては、分娩後に乳房の萎縮や乳汁の分泌停止がみられ、その後、産褥期をすぎても月経の再来がなく、無月経の状態になることがあります。また恥毛、わき毛、眉毛などの脱毛がみられます。そのほか、甲状腺機能の低下、副腎機能の低下などがおこります。

治療には、エストロゲン剤、甲状腺ホルモン剤、副腎皮質ホルモン剤などのホルモン補充療法が行われます。妊娠を望む場合には、ゴナドトロピン療法が行われます。

卵巣機能不全（卵巣機能低下症）

Ovarian Dysfunction

どんな病気か

卵巣機能（卵巣のはたらき）とは、卵子を育て排卵させることと、エストロゲン（E）とプロゲステロン（P）という女性ホルモンを分泌し、女性のからだを維持していくことです。このはたらきが十分でなくなった状態を、卵巣機能不全または卵巣機能低下症といいます。

症状

時期により症状が異なります。思春期以前におこった場合は、性器の発育不良や、二次性徴が現れるのが遅かったり、欠如したりします。

性成熟期では、性器の退行萎縮、月経周期の異常、無月経（862頁）、機能性出血（868頁）などがみられ、不妊症（897頁）の原因にもなります。いわゆる更年期によくみられる症状（肩こり、頭痛、ほてりなど）も、卵巣機能の低下と関係のある症状です。

検査と診断

自宅でできる方法として、毎朝の**基礎体温**（2223頁）の測定があります。これにより、排卵の有無や、低温相の長短、高温相の長短と高低などがわかります。

病医院で行う検査では、血中ホルモン検査〔LH（黄体形成ホルモン）、FSH（卵胞刺激ホルモン）、PRL（プロラクチン）、E（エストロゲン＝卵胞ホルモン）、P（プロゲステロン＝黄体ホルモン）〕、経腟超音波検査、子宮内膜組織検査、頸管粘液検査、女性ホルモン投与試験（P単独あるいはE&P）、LH‐RH（黄体形成ホルモン放出ホルモン）負荷試験、TRH（甲状腺刺激ホルモン放出ホルモン）負荷試験などがあります。

原因

卵巣のはたらきは、頭の中にある下垂体前葉から分泌されるゴナドトロピン（性腺刺激ホルモン）によって支配され、下垂体はさらに上位の中枢である間脳（視床下部）により支配されています。

視床下部、下垂体、卵巣は、機能的に1つのネットワークをつくっていて、互いに刺激したり、抑制したりしながら規則的な卵巣機能を維持しています。このうちのいずれが障害されても、卵巣機能不全が引き起こされます。

間脳性の卵巣機能不全の原因としては、急激なダイエットや、それにひきつづきおこる神経性食欲不振症、精神的ストレス（転勤、転職、受験、身内の不幸など）などがあります。

下垂体性の卵巣機能不全の原因としては、下垂体の腫瘍や、下垂体の近くにできた腫瘍による圧迫、出産で大量出血をしたあとにおこるシーハン症候群（上段）などが考えられます。

そして、卵巣性のものの原因としては、感染症（以前は梅毒などによるものがありましたが、最近はほとんどみられません）、手術・抗がん剤・放射線照射による卵巣実質（卵巣そのもの）の破壊、卵巣嚢腫（851頁）や卵巣腫瘍、卵巣がん（565頁）などがあります。

そのほか、内分泌疾患（甲状腺機能の低下症や亢進症など）や、別の病気で薬（抗精神病薬や睡眠薬、胃薬、血圧の薬など）を使用しているためにおこる高プロラクチン血症などによっても、卵巣機能不全がおこります。

健康食品ブームにより、女性ホルモンを多く含む食品（大豆製品など）が更年期以降の女性に好まれる傾向にありますが、女性ホルモンの摂取は、年齢を問わず、ときとして不正出血の原因となるので注意が必要です。

治療 根本的には、原因を除去することが治療となります。

また、卵巣の機能をよくする薬もいくつかあり、女性ホルモン剤と排卵誘発薬（クロミフェンクエン酸塩など）がよく用いられます。

漢方薬でも、当帰芍薬散や温経湯などのように、卵巣機能不全に効果のあるものが数種あります。

黄体機能不全
Luteal Insufficiency

どんな病気か 黄体とは、卵巣において排卵後の卵子の抜け殻から形成される組織で、エストロゲンとプロゲステロンの2つの女性ホルモンを分泌します。これらのホルモンは、増殖した子宮内膜にはたらきかけ、分泌期内膜（受精した卵子が着床しやすい状態の子宮内膜）へと分化させます。

このはたらきが十分でない状態を、黄体機能不全といいます。

検査と診断 自宅でできる方法として、毎朝の**基礎体温**（2223頁）の測定があります。

高温相が12日未満のとき、また高温相と低温相の温度差が、0・3度未満の場合は、黄体機能不全を疑います。

基礎体温の測定は、測定方法や測定器具（水銀やデジタル）、測定環境（部屋の寒暖など）による誤差があるため、黄体期中期の血液中のＰ（プロゲステロン）の測定や、子宮内膜日付診を行い、総合的に診断します。

治療 黄体機能不全に対する治療法は、直接黄体を刺激して機能を活性化させる方法（排卵後にｈＣＧ製剤を注射する）と、Ｐ（プロゲステロン）を補充する方法があります。

また、排卵の状態をよくするために、卵巣機能不全（前頁）の治療も有効です。

絨毛とは

妊娠中に、母体と胎児をつないでいるのが胎盤です。妊娠初期には、母体側の子宮内膜が変化した脱落膜の中に、胎児側の臍の緒のもとの組織のようなものが差し込まれて、母体から酸素、栄養分を吸収します。このように、母体と胎児との間を取持つ組織が、妊娠週数の経過とともに完成して胎盤となります。絨毛とは、胎盤を構成する胎児側の組織から発生したもので、母体側から酸素、栄養分を吸収している組織です。その絨毛に発生した腫瘍を**絨毛性疾患**といい、胞状奇胎（次項）、絨毛がん（568頁）、存続絨毛症（次頁上段）の３つが含まれます。

胞状奇胎
Hydatidiform Mole

どんな病気か 胞状奇胎は、胎盤を構成する絨毛が２㎜以上に膨らみ（水腫状変化）、白いブドウの房のようになる病気です。

絨毛の全部が奇胎化（水腫状変化）したものを**全胞状奇胎**（**全奇胎**）、部分的に奇胎化したものを**部分胞状奇胎**（**部分奇胎**）、奇胎化した絨毛が子宮筋肉層の中に侵入した（くい込んだ）ものを**侵入胞状奇胎**（**侵入奇胎**）といいます。

全奇胎では、子宮内に胎児は存在しませんが、部分奇胎では、胎児が異常なく育つことがあります。侵入奇胎の一部を除き、奇胎自体は悪い病気ではありませんが、**絨毛がん**（568頁）が発生しやすいので、奇胎治療後、厳重な管理が必要です。奇胎治療後に侵入奇胎が発生する率は8～10％です。

胞状奇胎はアジア地域に多い病気で（欧米の3～4倍）、日本でも妊娠700～800回に対して1回の割合で発生しますが、発生は妊娠数の減少にともない減っています。

原因

全奇胎の原因は、受精卵の異常（雄核発生）です。異常卵子ができる可能性の大きい40歳以上の高齢妊娠、あるいは20歳以下の若年妊娠では、妊娠数に対する発生率が高くなります。

症状

妊娠初期の子宮出血、妊娠週数に比べて子宮が大きい、強いつわりなどがあります。

また、侵入奇胎の約20％は、肺などへの転移をおこすことがあり、その部位での特有な症状から、産婦人科以外の科で気づかれることもあります。

検査と診断

前記の症状が現れる前でも、妊娠初期の超音波検査で、絨毛の水腫状態がみられれば診断できます。最近は、経腟超音波装置の機能向上とともに、奇胎の診断時期も早くなっています。

70％の症例でhCG（ヒト絨毛性ゴナドトロピン）の値が、正常妊娠よりも高くなります。

侵入奇胎は、先行妊娠（直前の妊娠をいい、多くは奇胎）の終わったあとで、hCGが長期にわたって検出されるときに、「絨毛がん診断スコア」で診断されます。

治療

子宮内容搔爬術（子宮の内容物を除去する手術）を、約1週間ほどの間隔で2回行います。高齢者の場合は、子宮を摘出することもあります。

奇胎を排出したあとは、絨毛がんが発生していないか、厳重に管理する必要があります。侵入奇胎の場合は、手術療法と抗がん剤による化学療法が基本になります。

◉予防と管理

胞状奇胎の発生は予防できませんが、絨毛がんあるいは侵入奇胎の発生は、定期的な観察・管理によって早期に発見することができます。そのためにも、奇胎治療後の管理がたいせつです。侵入奇胎の約90％は、全奇胎および部分奇胎につづいて発生しています。

奇胎治療後は、hCGが検出されなくなり、基礎体温が二相性を回復し、正常な月経周期を6か月～1年間確認できれば、新たに妊娠してもさしつかえありません。

しかし、奇胎治療後10年以上たってから絨毛がんが発生することもあるので、定期検診は必ず受ける必要があります。

◎存続絨毛症

胞状奇胎を含む妊娠後、hCG（ヒト絨毛性ゴナドトロピン）の数値が高いままつづき、絨毛がんや侵入胞状奇胎が疑われる検査結果がみられるにもかかわらず、組織の採取ができなかったり、病巣がはっきりしないものを総称して、存続絨毛症といいます。

治療は、絨毛がん（568頁）や侵入胞状奇胎に準じて行います。

月経のトラブル

月経のおこるしくみ

月経のおこるしくみは、子宮、卵巣だけでなく、脳内のいくつかの部位も密接に関与して、思いのほか複雑なメカニズム、ホルモンのバランス、変化によって成り立っています。このホルモンの変化は**視床下部・下垂体・卵巣**の３つの部位から出されたホルモンが、お互いに制御しながらバランスをとっています。月経のしくみを理解するため、まずはこれらのホルモンのつながりからみてみましょう。

◇卵胞の発育と排卵

視床下部というのは、脳の深部にあります。視床下部には、呼吸中枢、体温調節中枢、摂食中枢など、生命を維持するために重要な中枢が集中しており、女性の性周期をつくる中枢（性中枢）も、ここに存在します。

最近、**脳内ホルモン**がいろいろと見つかっています。たとえば、セロトニン、メラトニン、エンドルフィン、ドパミンなどです。悩み、苦痛、体重減少、睡眠不足、疲労、スポーツ負荷などのさまざまなストレスは、脳内ホルモンに影響を与え、視床下部の性中枢を抑制します。そのため、ストレスにより月経が不順になったり、停止したりするのです。

月経周期のはじめには、まず視床下部から**性腺刺激ホルモン放出ホルモン**（ＧｎＲＨ）というホルモンが分泌されます。これが下垂体前葉に作用し、下垂体から**卵胞刺激ホルモン**（ＦＳＨ）と**黄体形成ホルモン**（ＬＨ）という２種類の卵巣を刺激するホルモンを分泌させます（これらを**ゴナドトロピン**といいます）。その結果、卵巣では卵胞が発育してきます。卵巣の卵は、けっして新しくつくられることはなく、胎生期（女児が母親の子宮内に発生したとき）に、卵巣が形成される際、つくられたものです。

卵の周囲には、顆粒膜細胞と莢膜（卵胞膜）細胞があり、ゴナドトロピンの刺激によって発育・増殖して、**エストロゲン**（卵胞ホルモン）を分泌し、卵胞液がたまってきます。そして、中の卵も成熟します。これらの現象を、**卵胞発育**といいます。

エストロゲンは、子宮内膜を増殖させたり、頸管粘液を分泌させたりします。頸管粘液は、性交時に精子が子宮内腔に上昇したり、受精したりするのを助けるはたらきがあります。

また、このエストロゲンの上昇は中枢にはたらきかけ、**ＬＨサージ**をおこします。ＬＨサージというのは、下垂体から一時的に大量のＬＨが分泌されることをいい、この現象によって、卵巣の卵胞は破裂し、排卵がおこります。

排卵したあとの卵胞は、黄体化して**黄体**となります（黄体形成）。

黄体からはエストロゲンと**プロゲステロン**（黄体ホルモン）が分泌され、この影響で、子宮内膜は**分泌変化**をおこします。

分泌変化とは、子宮内膜が受精した卵に栄養を供給するためにグリコーゲンに富んだ状態になったり、細胞と細胞の間が広がって絨毛が侵入しやすくなるなど、受精卵が着床したり生着し

◎過多月経の原因別分類……864頁
◎器質性月経困難症と機能性月経困難症……866頁
◎不正性器出血の年代別原因疾患……868頁

◎排卵のしくみと排卵障害

卵巣には、卵子を包んでいる卵胞が20万個以上つまっています。ふつう、初経から閉経までの間に、毎月1個ずつそれが成熟して排卵されます。

この調節には、脳の中の間脳視床下部と下垂体、卵巣とが、相互に関連しあっています。したがって、間脳、下垂体系や卵巣に問題があると、排卵がスムーズにいかなくなり、無排卵の状態になって、妊娠も不可能になります。

実際に、不妊症の原因の3分の1が排卵障害と考えられています。

たりして妊娠が成立するのを手助けするような変化をさします。

性交渉がなかったり、受精や着床がおこらなければ、黄体は形成から約2週間で白体化（萎縮し白色になって退化する）し、エストロゲンとプロゲステロンの分泌は低下してきます。これを**ホルモンの消退**といいます。

こうなると、子宮内膜はその構造を保てなくなり、内膜がはがれて出血をおこします。これが**月経**です。

したがって月経とは、排卵があって、十分女性ホルモンが分泌されたのち、そのホルモンが消退するとき、子宮内膜がはがれて、性器出血をおこすことをさします（**消退出血**）。つまり、月経が定期的にあるということは、視床下部・下垂体・卵巣・子宮のはたらきが、正常だということを意味しているのです。

性腺機能とホルモンのはたらき

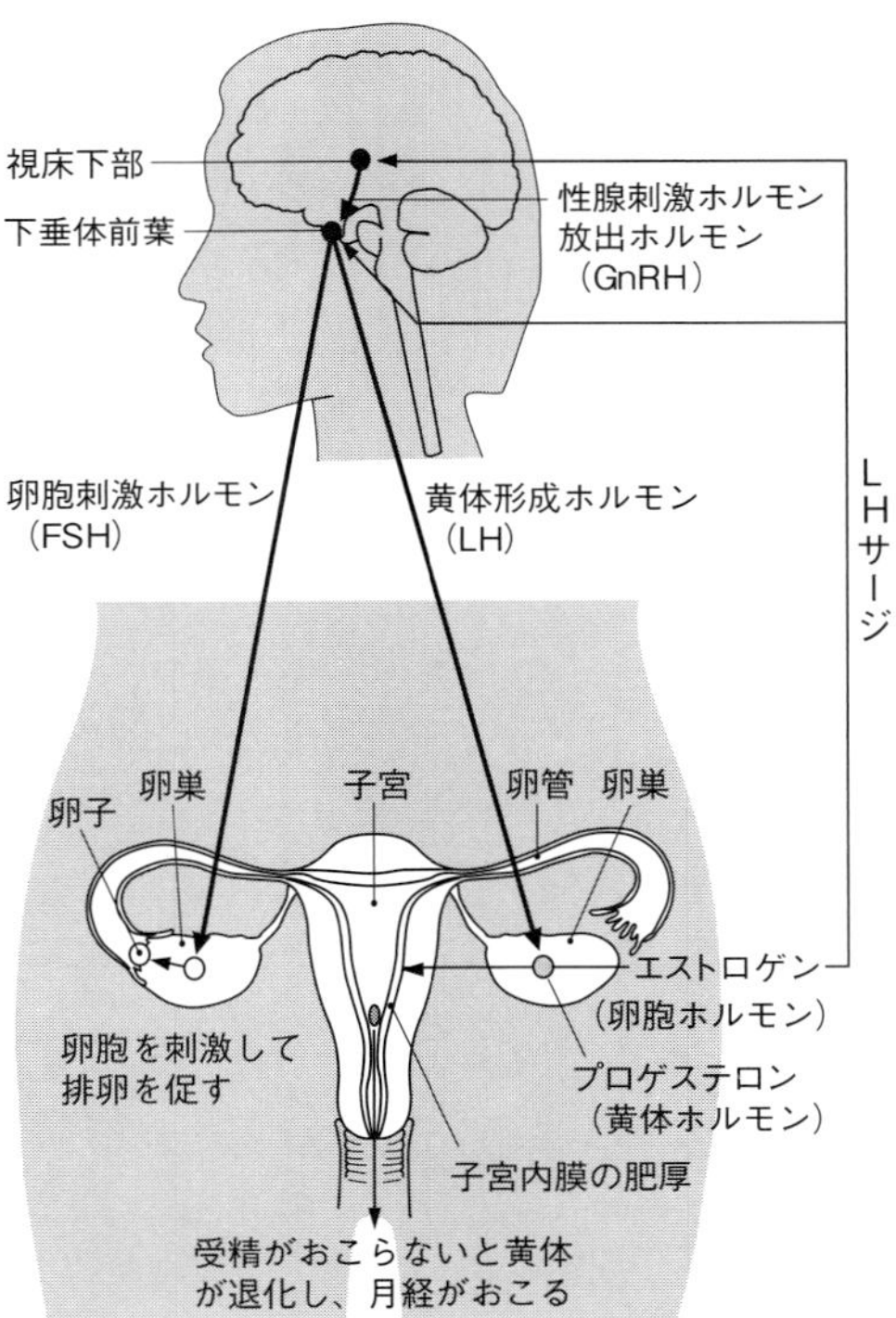

◇出血の異常

月経は、ふつう4～7日間程度で止まります。これは、つぎの周期の卵胞発育が開始し、エストロゲンが上昇し始めることによります。つまり、はがれたあとの子宮内膜が、再び新しい内膜によっておおわれることにより、止血するわけです。また、子宮出血には、消退出血以外に、**破綻出血**というものがあります。

これは、卵胞発育があり、エストロゲンを分泌しているにもかかわらず、排卵がない場合におこります。つまり、エストロゲンの分泌が持続し、子宮内膜は増殖しつづけますが、排卵がなく、その2週間後のホルモンの消退もないため、あまりにも厚くなった内膜が厚さを保てなくなり破綻し、くずれてくるのです。こうなると、さみだれ式に内膜がこわれ、出血は少量、ときには大量で、いつになってもなかなか出血が止まらないという現象がおこります。

これは、性成熟期の女性でも、卵巣のはたらきが不十分な人にときどきみ

◎思春期と月経異常

初経がみられたすぐあとに正常な月経周期が始まる人は少なく、全体の30～50％といわれています。

約50％の人は、初経のあと4～5年は無排卵性月経がつづき、約25％の人は、黄体機能不全（856頁）の状態にあるといわれています。

したがって、初経後しばらくの間は、月経が不順であっても、必ずしも異常があるとはいえないのです。

られますが、よくおこりやすいのは、性機能がまだ完成していない思春期と、性機能が低下しつつある更年期です。

これを、**機能性出血**（868頁）といいますが、若い人にみられる場合には、**若年性出血**などとも呼ばれます。ときには、大量出血のため、出血性ショックをおこし、輸血をしないと救命できない場合すらあります。

▼初経　生まれて初めての月経をいう初経は、女子の二次性徴のひとつで、9～15歳（平均は12歳）でおこります。

卵胞が成熟し、エストロゲンが分泌されるようになると、乳房の発育、恥毛の発毛とともに、子宮の発育、子宮内膜の増殖がおこり、月経が始まりますが、多くの場合、初経は**無排卵性出血**です。しかし、18～20歳ごろまでには、たいていの場合、排卵周期となって、月経が正順化してきます。

したがって、初経から4～5年は無排卵であることが多く、周期も不順なことが多いのです。若年性出血も、このころおこりやすいものです。

16～17歳で初経がある場合を、**遅発初経**といいますが、初経があれば、重大な問題があることはまれです。

18歳になっても初経がない場合を、**原発性無月経**といいます。この場合、染色体異常や性管分化の異常（性器の先天形態異常）があることが少なくなく、ときには、脳腫瘍（頭蓋咽頭腫など476、478頁）のこともあります。

16歳までに初経がない場合には、遅発初経よりも、原発性無月経であることが多いので、産婦人科でいちどくわしく検査しておくとよいでしょう。

月経のあった人が、3か月間以上月経がなくなった状態を、**続発性（二次性）無月経**といいます。妊娠をのぞけば、性中枢がストレスによって抑制されたため、視床下部・下垂体・卵巣系のはたらき（前頁図）が停止し、ホルモンバランスがくずれ、結果として無月経となることがほとんどです。

ストレスにはさまざまなものがありますが、体重減少によるものが代表的です。標準体重の女性が、美容を目的にむりなダイエットをした結果おこることが多く、とくに、性成熟の過程にある思春期にダイエットすることは、たいへん危険であることを知っておく必要があります（**体重減少性無月経**）。

このほか、最近、女子マラソンが盛んですが、**運動（スポーツ）性無月経**としては、長距離ランナーの無月経が多く、注意が必要です。

エストロゲンは、骨の代謝にとても密接な関係があります。長期の無月経で、エストロゲンが分泌されないと、**骨粗鬆症**（1884頁）をおこします。

女性の骨量は20歳代がピークであり、思春期の長期の無月経は、一生の骨量が低いレベルとなり、年をとってから、骨粗鬆症が現れることになります。

また、**高プロラクチン血症**といって、プロラクチン（乳汁分泌ホルモン）が高いために、排卵が障害されることがあります。プロラクチンが高くなると、産後でもないのに乳汁分泌がみられることがあり、この場合を**乳汁漏出**といいます。高プロラクチン血症は、胃薬の一部などの薬剤が原因のこともあるので、ほかに内服している薬があれば、担当医に相談してください。

月経のトラブル

ホルモンの変化によって調節される女性の性周期（例）

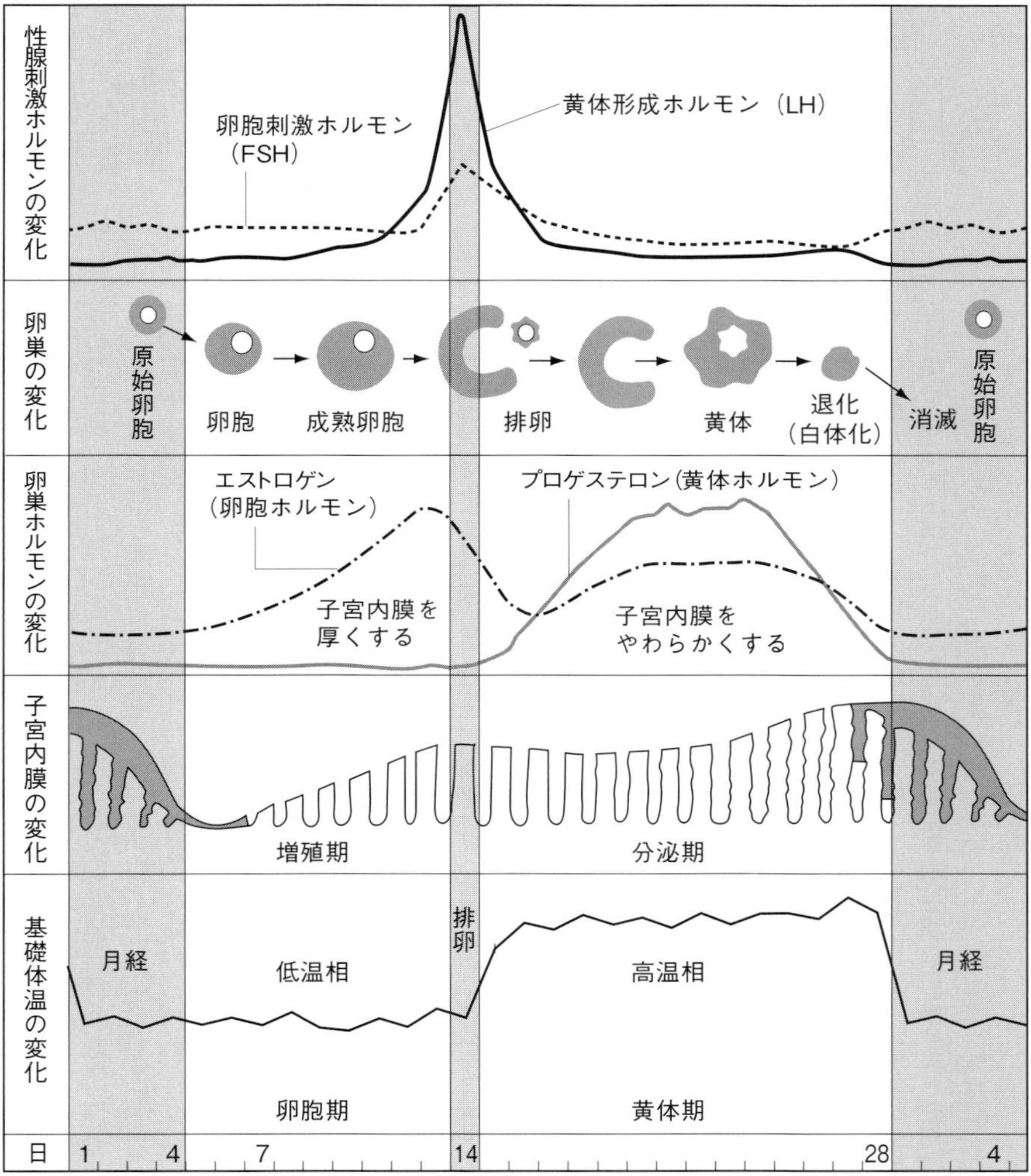

このほかに、下垂体の腫瘍によって無月経となる場合もあり、くわしく検査する必要があります。

▼閉経 45～55歳くらい、平均約50歳で、月経が停止します。加齢により、脳下垂体からの刺激ホルモン（ゴナドトロピン）に対する卵巣の反応性が低下してきます。40歳代後半になると、無排卵周期が増えてきて、徐々に月経不順となってきます。また、エストロゲン分泌の低下や無排卵、ゴナドトロピンの上昇がみられるようになります。

このころから、**更年期**と呼ばれる時期になり、のぼせ、イライラなどを訴えることが多くなります。更年期にみられるこのような障害を、**更年期障害**（870頁）と呼びます。更年期障害は、閉経の数年前から始まり、閉経後も5年程度はつづくことが多いようです。

この時期は、卵巣機能不全による不正性器出血をおこしやすいのですが、同時に、がんなどの器質的疾患による不正性器出血の可能性もあります。自分で判断せずに、産婦人科を受診して、検査を受けることをお勧めします。

◎無月経治療のためのホルモン補充療法

ホルムストローム療法　卵巣から分泌される性ホルモンのうち、卵胞ホルモンは分泌していて、排卵障害などで黄体ホルモンの分泌がない場合に、黄体ホルモンを月経周期後半から補充する治療法です。

カウフマン療法　卵胞ホルモンと黄体ホルモンの両方の分泌がない場合には、月経周期の期間中、卵胞ホルモンを補充し、後半にこれに加えて黄体ホルモンを補充します。

無月経
Amenorrhea

どんな病気か

月経とは、通常1か月の間隔でおこり、かぎられた日数で自然に止まる子宮内膜からの周期的出血、と定義されています。これは一見、子宮のはたらきだけでおこっているようにみえますが、実際は、視床下部、下垂体、卵巣、子宮が、すべて協調しあって発生する現象です。

この協調がくずれ、月経がみられなくなる状態を、無月経といいます。

無月経は、18歳以後になっても初経のみられない原発性無月経と、月経がそれまであったにもかかわらず、3か月以上みられなくなる続発性無月経に分類されます。

◉原発性無月経

原因には、染色体が正常な女性のものと異なっている場合、たとえばターナー症候群（578頁）のように性染色体異常があって、卵巣はあっても卵胞成分を含まないため無月経になる場合や、胎児期に性管が正常に分化できず子宮や腟がない場合、腟が閉鎖して月経血が体外に排出されない場合があります。

また、続発性無月経がおこる環境にあるために、初経がみられない場合もあります。

◉続発性無月経

以前には協調しあっていた各臓器（視床下部・下垂体・卵巣・子宮）の一部分が、障害されてしまった状態です。つぎのような原因があります。

▼視床下部に原因のある無月経　続発性無月経の原因の80～85％を占めます。

視床下部は、下垂体を介して卵巣のはたらきをコントロールする反面、卵巣から分泌される卵胞ホルモンに反応し、ホルモンの放出を促進する物質の分泌を調節しています。

視床下部に原因のある無月経には、強い精神的ストレスによっておこる**ストレス性無月経**、急激な体重減少によっておこる**体重減少性無月経**、極端な食物の摂取異常、たとえば**神経性食欲不振症や過食症による無月経**、過度の運動によっておこる**運動性無月経**などがあります。

また、これらのような原因が何もないのにおこる**特発性視床下部性無月経**も少なくありません。

そのほかに、ふだんは視床下部によって抑制されている乳汁の分泌を促すプロラクチンというホルモンが、視床下部のはたらきが低下することによって過剰に分泌され、このホルモンが原因で無月経になる**機能的高プロラクチン血症**もあります。

▼下垂体に原因のある無月経　続発性無月経の原因の4～6％を占めます。

下垂体は、直接的に卵巣を刺激するホルモンを分泌するほかに、副腎皮質や甲状腺を刺激するホルモンと、プロラクチンなどを分泌しています。

下垂体に腫瘍ができた場合、とくにプロラクチンをつくりだす腫瘍ができた場合を、**乳汁漏出性無月経**といいます。また、分娩の際、大量に出血し、下垂体に血液が行かず、下垂体の機能がなくなって無月経になる場合（**シーハン症候群**　855頁上段）もあります。

▼卵巣に原因のある無月経　続発性無月経の原因の5～9％を占めます。

月経のトラブル

◎運動性無月経

女性アスリートへの健康調査で、月経周期の異常が約40%にみられ、10~20歳代では無月経がみられました。とくに無月経のアスリートでは、疲労骨折の頻度が高く、摂食障害や栄養不足も多くみられると報告されています。

卵巣のはたらきは、排卵と、卵巣ホルモン（卵胞ホルモンと黄体ホルモン）の分泌です。

下垂体から分泌される卵巣を刺激するホルモン（卵胞刺激ホルモン・FSHと黄体形成ホルモン・LH）の作用により、卵は育って卵胞となり、排卵がおこりますが、この2つのホルモンのバランスがくずれると、排卵ができなくなります。そして、こうしたことをくり返すうちに、卵巣の中にたくさんの嚢胞ができて、下垂体の指令をさらに受けにくくなってしまいます。このような状態を**多嚢胞性卵巣**といい、卵巣性無月経の代表的な病気です。

また、卵巣に、男性ホルモンや女性ホルモンをつくりだす腫瘍ができても無月経になります。

▼**子宮に原因のある無月経**　続発性無月経の原因の1~3%を占めます。

月経は、子宮内膜からの出血です。子宮内膜に障害がある場合、たとえば、くり返し行った妊娠中絶の掻爬手術や、帝王切開術のあと、子宮内腔が癒着して無月経になる場合（**アッシャーマン症候群**）があります。

▼**その他の原因**　全身の健康状態がくずれたとき、たとえば、甲状腺や副腎の機能が高まっている場合や、糖尿病、腎不全でも無月経になります。

また、特定の薬によって無月経になる場合もありますので、長期的に内服している薬があるときには、医師に相談してみる必要があります。

治療

初経は、現在では15歳までに95%以上の人でみられます。16歳になっても初経がみられない場合は、婦人科の診察を受けたほうがよいでしょう。

その結果、原発性無月経と診断され、染色体や性管に異常があることがわかった場合には、残念ながら根本的な治療法はなく、対症的な治療が必要となります。なお、腟閉鎖は切開することによって治ります。

いっぽう、続発性無月経と診断された場合の治療は、原因によっても、年齢によっても異なります。無月経の状態が長期間つづくことは、子宮の内膜にとって悪い影響をもたらしますので、専門医に相談し、治療を考える必要があります。

しかし、初経後しばらくは、卵巣の機能が未熟なので、経過を観察していくことになります。それ以外は、まず原因を明らかにして、原因を取除くことからはじめます。

それでも無月経がつづく場合には、子宮に原因があるものを除いて、卵巣から分泌する2種類の性ホルモンで、正常の月経周期と比べて足りないものを補うホルモン療法（前頁上段）を行います。

このほか、視床下部に刺激を加えて排卵を促すクロミフェン療法などがあり、それぞれの症状に応じた選択をしていくことになります。ただし、不妊症の場合には、これらとは異なった治療を行う必要があります。

心因性無月経には、精神的なカウンセリングを併用したり、規則正しい生活、適度な運動、食生活の注意をしていくこともたいせつです。

子宮性無月経は、内腔の癒着を剥離して、再癒着しないように、ホルモン

◎過多月経の原因別分類

▼**機能性過多月経** おもに、卵巣ホルモンの異常によっておこります。

排卵しないのに出血する無排卵周期症や、排卵後の黄体ホルモンの分泌の異常などが、これにあたります。

療法を行います。

なお、例外として、治療を必要としない無月経に、生理的無月経（初経以前、閉経後、妊娠中、産褥期、授乳期）があります。

稀発月経
Oligomenorrhea

どんな病気か 月経の第1日目から、つぎの月経が開始する前日までの期間が、39日以上90日未満の場合を、稀発月経といいます。

原因は、視床下部や下垂体に異常があって排卵がない**無排卵周期症**（基礎体温で高温相がないもの）の場合と、排卵はあっても時間がかかる排卵性の場合があります。これは、基礎体温をみることにより診断がつきます。

無排卵性の場合、続発性無月経（前項）に移行することが多くあります。

治療 続発性無月経と同じような治療が行われます。しかし、卵巣機能の未熟な10歳代では、経過をみていくこともあります。

頻発月経
Polymenorrhea

どんな病気か 月経の第1日目から、つぎの月経が開始する前日までの期間が、24日以内のものを、頻発月経といいます。原因には、排卵のない無排卵周期症（基礎体温で高温相がないもの）や、基礎体温で二相性にはなっても、低温相の短い卵胞期短縮性頻発月経症、高温相の短い黄体機能不全（856頁）があります。

▼**無排卵周期症** 稀発月経（前項）になる場合もあります。思春期の女性に、しばしばみられます。治療は、続発性無月経（862頁）と同様に、卵胞ホルモンを補充するカウフマン療法（862頁上段）と、クロミフェンを用いて排卵を促す方法のどちらかを選択します。

▼**卵胞期短縮性頻発月経症** 月経周期の早いうちに排卵してしまうものです。治療は必要ありません。

▼**黄体機能不全** 排卵したあと、つぎの月経がくるまでの高温相は通常12～16日ですが、これが短くなってしまったものをいいます。

治療には、黄体ホルモンを補充するホルムストローム療法（862頁上段）や、黄体を刺激する性腺刺激ホルモンの注射を高温相になったときに行う方法があります。

▼**その他の頻発月経** 基礎体温に関係なくおこるもので、子宮内膜ポリープや、子宮体がん（561頁）、子宮頸がん（563頁）など、出血をともなう疾患が原因で、見せかけ上、頻発周期にみえるものです。

この場合は、原因となる病気を治療することで、出血もおさまります。

過少月経
Hypomenorrhea

どんな病気か 月経血の量が極端に少ない場合をいいます。月経の持続日数が2日以内のときを**過短月経**といい、両方が同時におこることもよくあります。原因は、子宮に異常のある器質性のものと、異常のない機能性のものに分けられます。

月経のトラブル

▼器質性過多月経　子宮に異常があっておこるもので、その代表は、子宮筋腫（840頁）です。そのほかに子宮腺筋症（843頁）、子宮体がん（563頁）、子宮内膜ポリープ（847頁）などがあります。

　月経とは、子宮内膜からの出血で、月経のあと子宮は収縮し、血管を圧迫して止血します。しかし、子宮に異常があると、月経時に出血する子宮内膜の範囲が広くなり、出血量が増加したり、器質的な異常のため、血管の圧迫がうまくいかず、止血せずに出血量が増加する場合があります。

▼その他の過多月経　まれに、内科的な病気、たとえば血小板減少性紫斑病（1458頁）、高血圧症（1396頁）、腎疾患、肝疾患、甲状腺機能異常などによって過多月経になる場合があります。したがって、過多月経では、全身の検査も必要になります。

　また、避妊リングの挿入も、過多月経の原因になることがあります。

▼器質性過少月経　子宮の発育の悪い子宮発育不全、結核性の子宮内膜炎、数度にわたる中絶のための子宮内膜掻爬術や、帝王切開後の感染などで子宮内腔の前壁と後壁がくっついてしまう子宮癒着症（アッシャーマン症候群）などが、原因としてあげられます。

▼機能性過少月経　排卵のない無排卵周期症や、黄体機能不全のときにおこります。

治療

　器質性過少月経の原因となる子宮発育不全には、卵胞ホルモンと黄体ホルモンを月経周期と同じように補充するカウフマン療法を行って、出血を周期的におこすとともに、子宮発育を助けていきます。

　子宮癒着症は、癒着を剥離したあと、再癒着しないように子宮腔内に避妊リングなどを挿入し、ホルモン療法で月経をおこして治療します。

　機能性過少月経には、無月経（862頁）の場合と同じように、排卵をおこすクロミフェン療法か、ホルモンを補充するカウフマン療法（862頁上段）を行います。

過多月経
Hypermenorrhea

どんな病気か

　月経血の量は、ふつう50〜120mℓぐらいとされますが、どの程度の量を過多月経というか、明確には決まっていません。一般に、血のかたまり（凝血）が2日以上にわたってみられる場合や、貧血をともなうような場合、過多月経といいます。

　過多月経には、子宮に特別な異常がないにもかかわらずおこる場合（**機能性過多月経**）と、子宮に異常があるためにおこる場合（**器質性過多月経**）とがあります（前頁上段）。

治療

　機能性過多月経のうち、無排卵周期症には、クロミフェンで視床下部を直接刺激する方法や、カウフマン療法・ホルムストローム療法（862頁上段）などが行われます。黄体ホルモンの分泌異常には、ホルムストローム療法が行われます。

　また、どちらについても、ピル（卵胞・黄体ホルモン合剤）を用いて周期性出血をコントロールしたり、少量の男性ホルモンを持続的に使用して月経量をコントロールする方法があります。

　器質性過多月経の場合は、原因となっている病気の治療が第一です。しかし、子宮体がん以外の良性の病気では、すぐに手術して子宮を摘出するのではなく、貧血の程度をみて、増血薬を内服して改善するかどうかを調べます。

　増血薬を用いての治療をしながらも貧血が進んでしまう場合や、過多月経によって生活に支障をきたしてしまう場合には、手術療法や、月経を一時止めて、閉経の状態をつくる偽閉経療法を行います。

　また、機能性過多月経と同様に、ピルのような経口避妊薬を用いて月経周期をつくり、月経量を減らす治療や、少量の男性ホルモンを持続的に使用する方法などもあります。

　これらの治療法の選択は、年齢によって異なります。

　以上のほか、内科的な病気による過多月経の場合は、原因となる病気の治療を行い、避妊リングが原因の場合には取除きます。

◎器質性月経困難症と機能性月経困難症

器質性月経困難症は、原因となる病気が存在する場合で、代表的な病気は、頻度が高いものから子宮内膜症（843頁）、子宮筋腫（840頁）、卵巣腫瘍などがあげられます。

機能性月経困難症は、月経困難症の原因となる病気がみられない場合です。月経時にはプロスタグランジンという子宮を収縮させる痛み物質が分泌され、より強い子宮収縮がおこり、月経困難症の原因となります。

また、年齢が若いために子宮や卵巣が未熟だったり、出産経験がなく子宮頸管（月経血が出る子宮の出口部分）が狭いこと、さらには冷えや骨盤の歪みなども月経困難症の原因となります。

月経困難症
Dysmenorrhea

どんな病気か

月経の開始にともなって、強い下腹部痛（**月経痛**）や腰痛がおこり、日常生活に支障をきたしたり、鎮痛薬を服用しなければならないほどの痛みの強い状態を、月経困難症といいます。下腹部痛や腰痛のほか、下腹部膨満感、吐きけ、頭痛やイライラ、憂うつなどの精神症状をともなうこともあります。一般的には、排卵のある月経周期におこり、妊娠・出産後には軽くなることもあります。

月経困難症は、原因によって**機能性月経困難症**と**器質性月経困難症**に大きく分類されます（上段）。

検査と診断

原因を調べる検査として、まず婦人科で問診、内診、超音波検査（エコー）などを行います。器質的な病気が疑われた場合、診断をより正確に行うために、CT（コンピュータ断層撮影）やMRI（磁気共鳴画像撮影）を行うこともあります。

また、子宮内膜症の診断には、血液検査でCA125（腫瘍マーカー215頁）を測定することがあります。

治療

機能性月経困難症に対しては、まず対症的治療として、鎮痛薬や漢方薬などの内服が一般的です。市販されている鎮痛薬は痛み物質プロスタグランジンの生成を抑制するタイプのものを中心に、効率よく痛みを緩和するために、さまざまな薬の合剤となっているものがあります。

漢方薬は、当帰芍薬散、加味逍遙散、桂枝茯苓丸などが代表的ですが、漢方薬は自分の体質によって選ぶことがたいせつで、体質に合わないと効果が現れないこともあります。

また月経困難症の治療にホルモン剤であるピル（経口避妊薬、OCともいう）を用いることがあります。ピルを服用することによって、排卵が抑制され、月経痛や月経血量が軽減されます。

とくに近年、日本においても、ホルモン含量が少なく副作用も軽減された低用量ピルが認可され、避妊目的だけでなく、月経困難症や月経前症候群、過多月経（前項）などの治療に積極的に使われています。

ただしピルは誰にでも処方できるわけではありませんので、服用を希望する場合は医師に相談してみましょう。

婦人科的診察で器質性の原因となる病気が見つかった場合、まずその原因の治療が基本となります。子宮内膜症（843頁）や子宮筋腫（840頁）では、ホルモン療法や手術療法などの治療が必要な場合があり、原因疾患の治療により、月経困難症の改善が期待できます。しかし病気の大きさや症状、年齢などによっては、積極的な治療を必要とせず、定期的な経過観察だけでよい場合もありますので、担当医とよく相談してください。

このような器質性月経困難症においても、機能性月経困難症と同様に、対症的治療として鎮痛薬、漢方薬、低用量ピルなどの使用で十分治療効果をあげる場合も少なくありません。

日常生活の注意

耐えられないような痛み、1～2年の間に徐々にひどくなる痛みがあるときには、婦人科で診察を受けるようにしましょう。子宮内膜症、子宮筋腫、卵巣嚢腫が発見されることもあります。

これらの病気は、程度が軽かったり、大きさが小さいうちは、薬物による治療が主体となる可能性が高いのですが、大きくなったりすると、原則的に手術となることが多くなります。また、これらの病気は、月経困難症がきっかけとなって発見されることも多く、放置すると不妊症の原因となることもあるため、月経痛が強いときには、検査を受けてみることが必要です。

月経のつど鎮痛薬を服用することに抵抗を感じる人もいるようですが、月に1～2日程度なら飲んでも悪影響はありません。ただし、だんだん効きめが薄れてきたり、服用する量や回数が増えるようなら、婦人科を受診しましょう。婦人科なら原因を見つけると同時に、自分の体質や症状にあった薬を処方してもらうこともできます。

また鎮痛薬は、痛み物質プロスタグランジンが生成されるのを阻止することはできますが、すでにできてしまったプロスタグランジンを消すことはできないため、痛みが強くなってから飲んでも効果が十分でないことがあります。症状がでそうになったら早めに服用するのがコツです。

月経前症候群（PMS）
Premenstrual Syndrome

どんな病気か　月経の始まる3～14日前から、さまざまな精神的、身体的な不快症状がおこり、月経開始とともに症状が消える状態をいいます。**月経前緊張症**（PMT）とも呼ばれます。代表的な症状は、下腹部痛、腰痛、むくみ、乳房の張りや痛み、頭痛、めまい、便秘、下痢、吐きけなどの身体的症状と、イライラする、怒りっぽくなる、憂うつになる、落ち込むなどの精神的症状があります。身体的や精神的症状など多岐にわたるため、程度によっては対人関係や日常生活に支障がでることも多くみられます。

原因　はっきりした原因はわかっていませんが、排卵前の卵胞期には症状がまったくみられずに、排卵後の黄体期になると症状が出現することから、月経前症候群の病因はホルモン環境の変化と考えられています。黄体期のプロゲステロン（黄体ホルモン）不足説、エストロゲン（卵胞ホルモン）過剰説などがその代表です。

しかし、月経前症候群をもつ人の血中ホルモン濃度は標準的であることも多く、単一ホルモンの異常ということでは説明が困難です。ただ、ホルモン環境の総合的変化がまったく無関係というわけではなく、直接的あるいは間接的に関与していると思われます。それ以外に精神的要素も重要な因子と考えられています。

検査と診断　月経開始と同時に症状が改善するので、問診だけで月経前症候群を疑うことはできますが、子宮筋腫（840頁）、子宮内膜症（843頁）、卵巣嚢腫（851頁）などの婦人科器質的疾患や神経症、うつ病（1011頁）など精神的疾病の識別をしなければなりません。

治療　月経前症候群は病因が不明のため、決定的な治療法がまだないのが現状です。通常は個々の

◎不正性器出血の年代別原因疾患

▼**若年期**　機能性出血（下段）

▼**性成熟期**　腟炎（836～838頁）、子宮腟部びらん（844頁上段）、子宮頸管ポリープ（842頁上段）、子宮頸がん（561頁）、子宮内膜炎（848頁）、子宮筋腫（840頁）、子宮腺筋症（843頁）、妊娠性のもの、機能性出血

▼**更年期**　腟炎、子宮頸管ポリープ、子宮頸がん、子宮体がん（563頁）、機能性出血

▼**老年期**　老人性腟炎（838頁）、子宮頸管ポリープ、子宮頸がん、子宮体がん、機能性出血

症状に応じた対症療法が行われます。

たとえば精神症状には抗うつ薬や抗不安薬が使用されたり、下腹部痛や腰痛には鎮痛薬が使用されます。ホルモンバランスを整えるため、漢方薬を使用する場合もあります。

また、症状が強い場合には、排卵を抑制するために、ピル（経口避妊薬・OC）が治療として使われることがあり、高い治療効果がみられます。

とくに近年では、副作用などを考慮して、多くの場合、ホルモン含量の少ない**低用量ピル**が処方されます。

【日常生活の注意】 精神的な因子が強いため、月経前の時期はストレスや疲れをためないように、十分な休養と睡眠をとるなど、生活面から改善していきましょう。またイライラして感情的になりがちなので、好きなことをしたり、軽い運動をするなど、リラックスして気分をまぎらすこともたいせつです。

「月経が始まればおさまる」と気楽に考え、ゆったりした気持ちですごしましょう。

不正性器出血とは

女性性器からおこる、月経以外の外出血を、不正性器出血といいます。

その原因は、器質的出血と、機能性出血との2つに分けることができます。

器質的出血とは、子宮がん（561頁）や子宮筋腫（840頁）のような腫瘍性病変、あるいは炎症や妊娠などによるものをいいます。

機能性出血とは、子宮内腔からの出血で、月経や器質的出血以外のものをいいます（次項）。

不正性器出血のおこる部位は、おもに子宮ですが、外陰部、腟、卵管、まれには卵巣からの場合もあります。

出血の原因を部位ごとに分類すると、「不正性器出血の部位別原因疾患」の表（次頁）のようになります。また、年代によって、その原因は異なります（上段）。機能性出血は、いずれの年代にもみられ、しかも不正性器出血の原因として、各年代を通じてもっとも頻度が高いとされています。

機能性出血
Functional Uterine Bleeding

【どんな病気か】 月経は、卵巣から分泌される卵胞ホルモンと黄体ホルモンとが、周期的にバランスよく変動することによっておこります。

機能性出血は、これらのホルモンのバランスが、なんらかの原因でくずれることによっておこります。

つまり、卵巣機能が十分にはたらかないことによっておこる、不正性器出血と考えていいでしょう。

とくに、排卵がない場合は、黄体ホルモンが分泌されず、機能性出血をおこしやすい状態となります。

ですから、卵巣機能が不安定で、排卵障害をきたしやすい思春期や更年期に多くおこり、逆に、卵巣機能が比較的安定している性成熟期には少なくなります。

出血の量や持続期間には、決まったパターンはありません。1日で止血するものから、1か月以上つづくものまでさまざまです。もちろん、長期間多

量に出血すれば、貧血となります。

原因

卵巣から分泌されるホルモンのバランスの異常をきたす原因としては、思春期や更年期のような年齢的なもののほかに、精神的なストレス、環境の変化、過度の運動、特殊な薬物の使用（ホルモン剤、抗精神病薬、麻薬など）、摂食異常（過度のダイエット、過食）、内科的疾患（甲状腺疾患、糖尿病など）にともなうものなど、多岐にわたっています。

検査と診断

まず、器質的疾患の有無を確認するために、内診、妊娠反応、超音波検査、おりもの（帯下）培養、細胞診、組織検査を行います。これらがすべて異常なければ、機能性出血と診断します。

つぎに基礎体温や血中ホルモンの測定を行い、治療方針が決まります。

治療

年齢や排卵の有無によって、治療方針が異なります。

◉若年期

多くが無排卵性の出血です。漢方薬を長期間服用したり、ホルモン剤で月経のような出血を周期的におこし、卵巣機能の成熟を待ちます。

それでも多量に出血をくり返す場合には、若い人であっても、排卵誘発剤（902頁）を使用することもあります。

◉性成熟期

この時期の機能性出血には、排卵性と無排卵性の両方があります。

排卵性の場合は、卵巣から卵胞ホルモンと黄体ホルモンの分泌はあるものの、分泌量がいくぶん少ないためにおこります。

ですから、ホルモン剤を少量補充すると、出血は止まります。

また、排卵性の出血でも、いわゆる中間期出血と呼ばれる、排卵期におこる少量の出血は、病的なものではないと考えられており、ほとんど治療の必要はありません。

無排卵性の場合は、排卵誘発剤を使用します。

◉更年期以後

この年代では、子宮頸がん（561頁）や子宮体がん（563頁）のような悪性疾患が発症しやすいので、細胞診や組織診を行い、必ずこれらの可能性の有無を確認することがたいせつです。

悪性疾患でないことがわかったら、ホルモン剤を使って出血を止めます。

機能性出血の多くは、無排卵性の出血ですが、止血後、排卵誘発剤を使用することは、通常ありません。

不正性器出血の部位別原因疾患

出血部位	不正性器出血をおこすおもな疾患
外陰部	外傷、外陰炎（833頁）、外陰がん（570頁）
腟	腟炎〔腟トリコモナス症（837頁）、腟カンジダ症（836頁）、老人性腟炎（838頁）〕、腟がん（570頁）
子宮腟部	子宮腟部びらん（844頁上段）
子宮頸部	子宮頸管炎（848頁）、子宮頸管ポリープ（842頁上段）、子宮頸がん（561頁）
子宮体部	機能性出血、子宮内膜炎（848頁）、子宮腺筋症（843頁）、子宮筋腫（840頁）、子宮体がん（563頁）、子宮肉腫（562頁上段）、妊娠性のもの
卵管	異所性妊娠（881頁）
卵巣	卵巣出血

更年期障害

Climacteric Disorder

卵巣機能の衰えがきっかけとなる

◇更年期におこる不定愁訴

どんな病気か

更年期とは、医学的には妊娠可能な時期（生殖期）から不可能な時期（非生殖期）に移行する期間をいい、一般的には40歳代後半から50歳代後半をさしますが、ひじょうに個人差があります。

この時期は、卵巣ホルモンの分泌状態が、成熟期から老年期へと変わる時期（**閉経期**）ですから、月経の異常がおこりやすくなると同時に、さまざまな身体的、精神的な違和感が現れやすくなります。そして、更年期におこるこうした不定愁訴（次頁上段）を、更年期障害と呼んでいます。

症状

更年期におこるからだの変調は、つらいと思わずにやりすごす人もいれば、日常生活に支障をきたすほどの人もいて、症状の現れかたや感じかたはさまざまで、広範囲にわたります。訴えの多い自覚症状を、器官別にみてみましょう。

▼泌尿生殖器　月経不順、無月経などの月経異常、外陰や膣の萎縮、乾燥感、瘙痒感（かゆみ）、性交痛、頻尿、残尿、尿失禁など。

▼血管運動神経系　のぼせ、ほてり（ホットフラッシュ）、発汗、冷え、動悸など。

▼精神神経系　めまい、頭痛、不眠、耳鳴り、倦怠感、憂うつ感、イライラ感など。

▼運動器官系　腰痛、肩こり、関節痛など。

▼知覚神経系　しびれ感、皮膚のかさつき、瘙痒感（かゆみ）など。

そのほか、女性ホルモンのエストロゲンの減少によって、コレステロールがたまりやすくなり、脂質異常症（高脂血症　1509頁）になったり、骨がもろくなりやすく、骨粗鬆症（1884頁）になったりすることがあります。

原因

一般的には、更年期障害は加齢によって卵巣の機能が衰え、女性ホルモン（とくにエストロゲン）が低下していくことが原因といわれていますが、実はそれだけでなく、いろいろな要因が複雑に絡み合っておこります。心理的要因（たとえばストレスや本人の性格など）や環境的要因（たとえば子どもの自立や夫との関係、職場での人間関係など）も更年期症状がおこる要因と考えられています。

更年期のさまざまな症状には自律神経失調症と深いかかわりがあります。

人間のからだのはたらきは、自分の意志でできる機能（動物機能）と、自分の意志では動かせない機能（植物機能）に大別されます。このうち植物機能というのは、自律機能ともいわれ、私たちが意識しなくても、からだを保つために自然に調節してくれる機能です。そして、この機能には、ホルモンの分泌をつかさどる内分泌系と、内臓や各種の分泌腺、血管などのはたらきを自動的に調節する役目をはたす自律神経系の2つの系統があります。

この2つの中枢は、両者とも間脳にあり、お互い影響しあっています。し

◎不定愁訴とは

違和感を感じ、それを口で表現することを愁訴といいますが、その違和感は、本人だけが感じる自覚症状であり、他人にはわからないものです。他人からみてもわかる他覚症状があっても、本人が訴える症状とは関係がないことも多いものです。このような愁訴を、**不定愁訴**といいます。

この愁訴の特徴として、1つの症状が長くつづくことは少なく、日によって変わることが多かったり、何種類もの愁訴を同時に訴えたりすることがあります。

たがって、卵巣機能（内分泌系）に異常がおこると、自律神経系にも異常がおこり、おのおのの支配下にある臓器のはたらきが悪くなり、そのため、更年期で自律神経の失調がおこるのです。

検査と診断

更年期障害を、更年期に発症する**不定愁訴症候群**としてとらえると、卵巣機能の低下によるもののほかに、社会的・文化的な環境因子によるもの、個々の性格にもとづく精神的・心理的なものも考慮したうえで診断されなければなりません。

また更年期は、いろいろな症状がでやすい時期ですが、なんでも更年期のせいにしてしまうのは危険です。同じような症状でも、更年期障害ではなく、病気が原因のこともあるからです。

更年期障害が強く疑われる場合、医師はまず問診で、愁訴の発症時期や誘因を聞き、さらに、**クッパーマンの更年期指数**（不定愁訴の症状を指数化したもの）のような、客観的な数字として表せる検査を行います。

つぎにたいせつなのが、高血圧、低血圧、貧血、心疾患、甲状腺疾患などの内分泌疾患や、仮面うつ病（1014頁上段）、うつ病、統合失調症（1007頁）などの器質的疾患の有無の確認です。また、血液・尿検査、内診・細胞診・超音波検査などの婦人科一般検査、ホルモン測定（卵巣機能関連ホルモンなど）と同時に、婦人科だけでなく、内科や精神神経科の協力も必要になります。

さらに心筋梗塞や脳梗塞の原因となる脂質異常症がないかどうか、また、骨折の原因となる骨粗鬆症の有無についても検査する必要があります。

更年期障害であることが確定すれば、タイプを決定する目的で、精神状態・生活環境・職場の問題・生育歴・性生活などの生活背景調査が行われます。心理テストなども併用されます。

更年期障害の検査と診断には、症状の背景に原因となる基礎疾患があるかどうかの確認が重要であり、そのために多方面にわたる検査が必要なのです。

治療

更年期障害は、症状によっては治療すればずいぶんと楽になる場合があります。がまんして、不調のままで生活や人間関係に支障をきたすことがあれば、QOL（クオリティ・オブ・ライフ＝生活の質）を落とすことになります。

更年期障害は、卵巣機能の衰えがきっかけとなっておこる病気ですから、治療としては、卵巣機能の低下によって不足したホルモン（エストロゲン）を補うことは意味のあることです。ホルモン補充療法以外に、多様な更年期障害の症状に合わせ、さまざまな治療法を組合わせたりします。

①ホルモン補充療法（HRT）

不足した女性ホルモン（とくにエストロゲン）を外から補うことで、ホルモンバランスを整える治療法です。ホルモン補充療法には、飲み薬、注射薬、皮膚に貼るタイプの貼付薬、塗り薬などいろいろあり、どれも医師の処方が必要です。いろいろなホルモンを組合わせる治療法もあり、症状や体質に合わせて医師が判断し処方してくれます。

一般的にホルモン補充療法は、のぼせ、発汗、動悸、自律神経失調症状、また性器の乾燥感、萎縮感などに効果があります。とくにホットフラッシュといわれる、のぼせ、ほてり、発汗などの症状によく効きます。また骨粗鬆症の予防に効果が認められています。

ホルモン補充療法はすべての人が治療を受けられるわけではありません。乳がん、子宮体がんの人、血栓症や塞栓症を患った人、肝機能障害のある人などは、ホルモン補充療法を受けられない場合があります。

ホルモン補充療法は症状の改善に大きなメリットがあるいっぽう、副作用についても知っておくべきです。アメリカでのホルモン使用に関する大きな臨床試験で、乳がんや脳卒中の発生率が上昇したとする報告があります。ただし、日本産科婦人科学会と日本女性医学学会は、２００９年のガイドラインでホルモン補充療法は効用が高く、的確な管理のもと5年以上の使用も問題ない治療法ととらえています。

ホルモン治療を受けている人は、副作用がでていないか、医師の指示に従って必ず定期的に検診を受けましょう。

②漢方療法

漢方治療はからだのバランスを整え、更年期にみられる不定愁訴に効果があります。また女性ホルモンに直接影響しないので、ホルモン療法が受けられない人やホルモン治療の副作用が心配な人にはメリットがあります。効果があるいっぽうで、漢方薬にも胃腸障害やアレルギーなど副作用が現れることがありますので、体質や症状に合った漢方薬を選択することがたいせつです。更年期でよく使われる漢方薬には当帰芍薬散、加味逍遙散、桂枝茯苓丸などがあります。

③そのほかの薬物療法

更年期症状は、しばしばこころの不調も感じることがあります。こころの不調に気づいたら、早めに心療内科、精神科、婦人科を受診しましょう。

▼自律神経調整薬　更年期の不定愁訴はしばしば自律神経のバランスがくずれることでおこります。自律神経調整薬はそのバランスを整えます。

▼抗精神病薬　イライラや憂うつ、不安など、こころの症状の治療に必要な薬です。症状に応じて、医師が処方してくれます。

▼抗うつ薬　うつ症状は更年期によくみられるこころの病気です。症状に気づいたら、ひとりで悩まないで、早めに心療内科や精神科、婦人科に相談してみましょう。薬でよくなりますので、慢性化させないように、早く治療を開始することがたいせつです。

④心理療法、心身医学的療法

更年期障害はホルモンの低下がすべての原因ではなく、心理的・環境的要因も多く含まれています。性格、家庭環境、家庭や職場での対人関係によるストレスなどから、こころの病気に発展しやすいものです。薬に頼るだけでなく、カウンセリングを受けたり、心理、精神的ケアをすることで、心身をリラックスさせるのも効果があります。

【日常生活の注意】　一般に更年期は、男性も女性も経験する時期であり、身体的以外に、心理的・社会的にも、ライフサイクルのうえで大きな変化の生じる時期です。更年期らしき症状を感じるようになったら、がまんせず、恥ずかしがらず、早めに婦人科や心療内科などに相談しましょう。

ホルモン補充療法とそのリスク

❖ホルモン補充療法とは？

ホルモン補充療法（ＨＲＴ、Hormone Replacement Therapy）は閉経後の女性の健康維持や増進を目的に開発された療法で、エストロゲンとプロゲステロンなどの女性ホルモンを補うことにより、エストロゲン不足が原因でおこるさまざまな病気や症状を予防、治療するものです。１９６０年代から欧米で使用され始めました。

日本では80年代後半から導入され始めましたが、からだの外からホルモン剤を入れることに対する抵抗感や副作用へのおそれから、すぐには欧米ほど広まりませんでした。

しかし、90年代ごろからＨＲＴが、のぼせ、発汗、腟の萎縮などの更年期症状にひじょうに有効だということと、骨粗鬆症（1884頁）や動脈硬化症（1407頁）などの生活習慣病の予防にも効果があるということが知られてきて、普及し始めました。

❖ホルモン補充療法のメリットとデメリット

ＨＲＴは、欠落した女性ホルモンを外から補うという合理的な療法であり、更年期症状の治療や骨粗鬆症の予防以外に、美肌や認知症の予防などの抗加齢（アンチエイジング）効果も報告され、一時は万能薬としてもてはやされました。しかし、そのいっぽうで、90年代後半からＨＲＴを受けている人に乳がん（555頁）や子宮体がん（563頁）の増加が報告されるようになり、ついに２００２（平成14）年、アメリカにおいての大がかりな臨床治験で衝撃的な中間報告（米国ＷＨＩ〈Women's Health Initiative〉報告）がなされ、ＨＲＴに対して警鐘が鳴らされることとなりました。

その中間報告のおもな内容としては、ＨＲＴの効果を認めつつも、リスクのほうが高いとの結論を発表し、とくに乳がん、脳卒中（921頁）など血管障害の増加が指摘されました。

この報告はマスメディアを通じて全世界に配信されたため、ＨＲＴに対する期待や評価はまたたく間に後退することとなりました。

日本でも、日本産科婦人科学会など3団体は、この中間報告の内容をふまえつつ、ＨＲＴ使用に慎重を期すいっぽうで、必要な患者には使用をつづけるといったことを中心とする以下のような見解をだしました。

①更年期症状に対してＨＲＴの効果は明らかであるので、使用している人については乳がんなどの定期検診を十分に行いながらつづけること。

②心筋梗塞（1362頁）、狭心症（1356頁）、大腸がんなどの予防のためにＨＲＴは行わないこと。

③ＨＲＴは薬物療法のひとつの選択肢であり、患者ひとりひとりについて、メリットとデメリットを慎重に判断すること。

ＷＨＩ報告がなされて以後、さらなる解析結果やＷＨＩとちがった結果の新しい報告がだされるにつれ、このＷＨＩ報告の結果をすべての患者集団にあてはめることは妥当ではないともいわれるようになり、現在ではＨＲＴのリスクについて再評価が行われ、問題ない治療法ととらえられています。ホットフラッシュや発汗、腟萎縮などの更年期症状には、ＨＲＴは有益であり、骨粗鬆症の予防など、女性のＱＯＬ（生活の質）向上への役割は否定できないものです。

更年期症状に対するＨＲＴは、あくまでもひとつの選択肢であり、それを受けるかどうかは、本人がそのリスクとベネフィット（有益性）について十分に考慮、理解したうえで、自分で決めることが重要です。

セックスの異常

不感症（オーガズム不全）
Hyphedonia

どんな病気か

不感症とは、性的な感情が、抑制されたり阻止されたりしておこるもので、解剖学的にも生理学的にも、最初から女性に何かが欠けていておこるものではありません。

女性が性的な満足感を得るためには、女性自身の性的に成熟した感情が必要であり、相手の男性のイメージも、性的な感情をかき立てるようでなくてはなりません。

男性と女性が基本的に異なっているところは、男性はセックスの喜びを生理的に表現する女性を必要とするということです。また、女性が男性に「愛」を感じたときには、ひじょうに強い性的な欲望を感じます。その結果、性交に際してオーガズム（絶頂感）を感じるようになるのです。

オーガズムには、陰核（クリトリス）によるものと膣によるものがあります。陰核によるオーガズムはより生理的なもので、膣によるオーガズムはより精神的なものということです。

そして、このような精神的、生理的な因子がうまくかみ合わないことが、不感症の原因になります。

原因

不感症には、初めての性交からオーガズムを感じない場合と、最初はオーガズムを感じていたものが、後にオーガズムを感じなくなる場合とがあります。

前者の場合は、幼児期の性的ないたずらの体験、父やほかの男性の寵愛、男性願望、イメージに合わない夫、性交の失敗への不安、夫の勃起障害（ED 1790頁）、夫に対するこころの傷、男性の早漏、性交に対する恐怖・罪悪感などが原因になります。

最初はオーガズムを経験していたのにもかかわらず、後に不感症になる原因には、夫への不信感、女性の不倫、夫への怒り、妊娠の恐怖、疲労、精神的ストレス、病気、夫の勃起障害、ピルの服用などがあります。

治療

不感症になる原因はさまざまなので、まず、その原因を正確に診断する必要があります。

診断に際しては、男性には話せないことがあるので、まず女性だけで婦人科医に相談します。後に必要があれば、男性だけに話を聞きます。そして、両者の話を総合的に判断し、両者に解決の糸口があれば、婦人科医が男性と女性といっしょに、解決法を説明します。

不感症の原因が身体的、生理的（病的）な場合には、婦人科医が治療します。その際に、医療的な原因のみではなく、心理的、精神的な解決法が必要な場合には、医師は精神科医や臨床心理士を紹介します。

いずれにせよ、躊躇しないで婦人科医と相談してください。婦人科医は適切な解決法を用意しています。

●産婦人科手術後の性感

婦人科の病気により、子宮や卵巣を摘出してしまうことがあります。

片側の良性の卵巣腫瘍だけを摘出した場合には、子宮や膣はそのままで、残りの卵巣からは手術前と変わらずに女性ホルモンが出ますので、性感にはまったく変化はありません。

子宮筋腫（840頁）や、子宮がん（561

頁）で子宮をすべて摘出した場合でも、腟は必要十分な長さは残っていますので、手術後の一時的な不安感はあっても、不感症になることはありません。

もともと子宮には知覚神経はなく、生理的な性感の大部分は陰核によるものです。腟への挿入感は、精神的な因子として、相乗的にオーガズムへ導くもののひとつにすぎないのです。したがって、手術したからといって、腟があれば、子宮がなくとも不感症になることはありません。

なお、両方の卵巣を摘出した場合は、年齢によってホルモン補充療法（871、873頁）が有効なこともあります。

●高齢者の性生活

更年期になると、女性ホルモンの減少にともない、腟はしだいに萎縮し始め、腟の粘液も少なくなります。このころから、女性の性欲はしだいに減退し始め、性交時に痛みを感じ、性交が苦痛になることがあります。男性とも十分に話し合うことが必要ですが、潤滑クリームの使用も含めて、婦人科医の適切な指導を受けてください。

性交不能症（性機能障害）
Impotence

どんな病気か

女性が高齢になり女性ホルモンが出なくなると、萎縮性腟炎（老人性腟炎　838頁）をおこして腟が狭くなるうえに、粘液が少なくなることもあります。そして、性交の際には痛みがでて、性欲は減退します。しかし、性交が不可能というわけではありません（前項）。

性交不能症とは、女性も男性も性欲があるにもかかわらず、物理的に性交できない場合と、精神的に性交できない場合をいいます。

治療

女性が性交できない場合の多くは、性的に未熟な少女、粗暴な性交、性交への恐怖、痛み、羞恥心、罪悪感など、精神的なものが原因になります。

このような場合には、障害になっている原因について、性交を避けたほうがよいのか、取除くことができれば性交が可能かどうか、婦人科医の診断を受けてください。

性交不能症の原因が病的なものであれば、まず、原因になる病気の治療が必要になります。

まれに、女性の性器の解剖学的な理由による場合があります。たとえば、**処女膜強靭症**の場合です。この場合には、通常の性交では処女膜が破れず、性交できませんので、麻酔のうえ処女膜を切開し、性交を容易にします。

男性側の原因としては、性交に対する緊張による一時的な勃起障害（ＥＤ　1790頁）があります。また、日常生活にストレスが多い生活をしていると、勃起障害になることがあります。しかし、これも時間をかけ、女性も協力してプレッシャーを除けば解決できます。

男性は、高齢になると徐々に勃起障害になりますが、これは避けられません。これに対する薬として勃起不全治療薬が処方されます。

そのほかに、糖尿病や精神神経疾患のような病気が原因で勃起障害になることがあります。これは、原因になる病気が治療できれば、回復させることができます。

妊娠の異常①

妊娠高血圧症候群 876頁
▼症状▲高血圧のほか、むくみ、たんぱく尿など。
▼治療▲安静と食事療法を行う。

子癇 ……… 877頁

◎**ヘルプ(HELLP)症候群** ……… 877頁

妊娠高血圧症候群の重症度

軽症	収縮期血圧 140mmHg以上160mmHg未満	尿たんぱく 300mg／日以上 2g／日未満
	拡張期血圧 90mmHg以上110mmHg未満	
重症	収縮期血圧 160mmHg以上	尿たんぱく 2g／日以上
	拡張期血圧 110mmHg以上	

妊娠高血圧症候群

Pregnancy Induced Hypertension (PIH)

定期健診により早期発見を

◇妊娠末期の発症が多い

どんな病気か

妊娠20週以降、分娩後12週までに、①高血圧、②高血圧とたんぱく尿、③子癇（次項）がみられるもので、とくに妊娠後半におこりやすいものです。

以前は高血圧、たんぱく尿、浮腫（むくみ）のいずれかがみられるものを「**妊娠中毒症**」としていましたが、国際的に通用する定義・分類に改訂されて、2005（平成17）年から、「妊娠高血圧症候群」という名称に改められました。妊娠高血圧症候群では、子宮や胎盤の血液の流れが悪くなり、胎児の発育に影響がでて、早産、子宮内胎児発育障害、子宮内胎児死亡などの原因となることがあります。

また、ときには、常位胎盤早期剥離（884頁）、肺水腫（1311頁）、ヘルプ症候群（877頁上段）、脳出血（930頁）など母体の生命にかかわる症状に関連しているともいわれています。

原因

さまざまな学説があり、いくつかの要因が複雑に関連しあい発症すると考えられています。

症状

新しい名称からもわかるように、高血圧（1396頁）がその中心的な症状です。たんぱく尿やむくみだけで、高血圧がみられない場合は、妊娠高血圧症候群と診断されません。軽症では、自覚症状がないことが多いのですが、重症では、頭痛、頭重感、目の前がチカチカするなどの症状がみられることがあります。

なお、妊娠高血圧症候群には、上の表のような「重症度分類」と「病型分類」があります。

むくみは妊娠高血圧症候群の症状には含まれませんが、妊娠28週以前や妊娠末期に急速に悪化する全身のむくみには、注意が必要です。

治療

妊娠高血圧症候群の根本的な治療は、妊娠の終了（お産をすること）ですが、胎児が成熟するまでは、妊娠の継続が必要となります。そのために、自宅での治療としては、安静と食事療法が重要になります。

食事療法の中心は、食塩の制限（1日7～8g以下）です。ただし、極端な塩分制限は、かえって病態を悪化させる可能性があるので注意が必要です。

さらに、症状によっては、降圧薬などの薬物療法を行うこともあります。

自宅での安静がむずかしい場合や、重症の妊娠高血圧症候群の場合は、入院が必要となります。

また、妊娠高血圧症候群では、胎児発育障害や胎児機能不全（889頁）などの危険があるため、超音波による胎児計測や、分娩監視装置による胎児心拍のモニタリングなどを行って、胎児の健康状態をチェックしていきます。

お産の時期や方法は、胎児の成熟度と母体の状態によって決定します。ただ、分娩施設の状況（産科や新生児科の医療・看護体制、麻酔科、手術室スタッフなど）によっても、お産の方法、時期などが若干異なることがあります。

胎児の発育が悪かったり、母体の状

妊娠高血圧症候群の病型

	高血圧	たんぱく尿
妊娠高血圧腎症	＋	＋
妊娠高血圧	＋	−
子癇	＋	＋／−

注：たんぱく尿のみ、高血圧症（20週以前より高血圧が存在する場合）、浮腫は病型分類に含めない。

◎ヘルプ（HELLP）症候群

妊娠高血圧症に合併する重篤な疾患。おもな症状である溶血（Hemolysis）、肝臓からの酵素の上昇（Elevated Liver enzymes）、血小板数減少（Low Platelets count）の頭文字をつなげてヘルプ（HELLP）症候群と命名されています。

肝機能の悪化が特徴で、母体に生命の危険がともないます。一般的な自覚症状に、上腹部の痛みや不快感、吐きけ、嘔吐、頭痛などがあります。

態が悪く、自然の陣痛を待てない場合には、陣痛促進薬による陣痛誘発（2257頁）や帝王切開（2262頁）を行うことも少なくありません。

予防

塩分を控えるなど、食事に十分気をつけて、心身の安静と休養をはかりましょう。ストレスを避け、十分な睡眠時間をとることがたいせつです。早期発見・治療のために、定期的に妊婦健診を受けましょう。

子癇
Eclampsia

どんな病気か

妊娠高血圧症候群（前項）の病型のひとつ（上段表）で、意識消失と反復する全身のけいれんが特徴です。発症の時期によって、①**妊娠子癇**、②**分娩子癇**、③**産褥子癇**の3つに分けられます。

子癇は、母体の死亡率が10〜15％、胎児の死亡率が25〜40％という統計もあり、また治癒しても、さまざまな後遺症を残すことがあるひじょうに危険な病気です。出血、肺塞栓症（1414頁）についで、母体死亡の第3位を占めます。

症状

妊娠20週以降に、けいれんが突然おこります（子癇発作）。発作の前触れとして、目の前がチカチカする、視野が狭まるなどの眼症状、吐きけ・嘔吐、胃痛などの消化器症状、頭痛、めまい、耳鳴りなどの脳神経症状がみられることがあります。

発作がおこると、黒目が上を向き、全身が硬直し、ガクガクとけいれんをおこします。意識はなくなり、一時的に呼吸が停止することもあります。また、高血圧がみられ、たんぱく尿、全身におよぶむくみもみられることがあります。

検査と診断

てんかんなどのけいれん発作をおこす病気の既往がなく、妊娠、分娩、産褥期に、意識消失とけいれん発作があれば、子癇と考えられます。検査と治療を同時に素早く行う必要があります。

検査では、血圧測定、血液検査、胎児心拍モニタリング、状態が安定していればCTまたはMRI検査などを行います。けいれん発作の原因が、脳出血など別の病気の場合には、脳神経外科などと連絡をとり、適切な治療を開始しなければなりません。

治療

子癇発作の前触れがみられた場合は、外部からの光、音、振動などの刺激を避けるために、暗くした静かな場所に移動します。光や振動などの刺激によって、子癇発作が誘発されることがあるからです。

薬物療法として、鎮静薬、抗けいれん薬、降圧薬、利尿薬、強心薬などを使用します。けいれん発作をおこしてしまった場合には、まず、気道を確保して舌をかむ危険を防ぐようにし（バイトブロック）、鎮静薬を使用します。

妊娠・分娩子癇では、一刻も早く分娩をすませるために、吸引分娩、鉗子分娩、場合によっては帝王切開を行います。

予防

妊娠高血圧症候群の早期発見と早期治療が予防の基本で、妊娠中の定期健診がもっともたいせつです。日常生活では、心身の安静と、減塩食を中心としたバランスのとれた食事を心がけましょう。

妊娠の異常②

◎合併症妊娠

妊娠にともなっておこった他の病気をいい、病気をもっている人が妊娠した場合と、妊娠中に病気が発生した場合があります。

以前から病気をもち、専門の医師にかかっている場合は、まず、その医師に妊娠・分娩が可能かどうかを十分に判断してもらう必要があります。

また、場合によっては、妊娠することにより合併症が悪

流産とは
(Abortion)

◇妊娠22週未満の分娩

妊娠22週未満で分娩がおこってしまうことや、胎児が子宮内で死亡してしまうことを流産といい、妊娠がわかった人の10～15％におこるといわれています。流産のおこる原因はさまざまで、特定できない場合もよくあります。

おもな原因として、受精卵そのものに異常がある場合や、母体の子宮に病変があったり、お母さんが重篤な合併症をもつ場合（次頁上段）があげられます。

また、流産の大部分を占める、妊娠3か月以内の流産の約半数例で、胎芽（受精後8週未満のまだ人間の外形をしていない胎児）に染色体異常があるともいわれ、これらはもともと発育不能な運命にあり、自然淘汰の現れであるとする考えかたもあります。

流産は、症状や進行度によりいくつかに分類されます。

切迫流産
Threatened Abortion

どんな病気か

流産の危険が迫っている状態を、切迫流産といい、性器出血と下腹痛がおもな症状です。これらの症状が、必ずしも流産につながるわけではありませんが、流産の始まりの症状として大事です。なお、たとえ切迫流産と診断されても、症状がよくなって、胎児の生存が確認できれば、健康な赤ちゃんを産むことも可能です。

検査と診断

胎児が生存しているかどうかが、診断上重要となります。妊娠4週ぐらいになると、子宮内に胎嚢と呼ばれる袋が認められます。胎嚢は、週数が進むにつれて大きくなり、7週ぐらいまでに、胎嚢内に胎児および胎児心拍がみられるようになります。胎児心拍が認められれば安静にして、症状がよくなるのを待ちます。

胎児心拍が認められない場合は、週数が早すぎるか、すでに子宮内で胎芽が死亡し、流産が進行しつつあるかですが、症状がおこり始めたばかりでは判定できないことも多いものです。

妊娠週数は最終月経開始日から計算するため、基礎体温測定を行っていた人や、受精日が特定できる場合以外は、各自の排卵日の差によって、計算上の妊娠週数と、実際の排卵日から計算した胎齢が合わないことがよくあります。

したがって、症状が軽く、経過観察が可能な場合は、ときどき超音波で胎嚢や胎児の大きさの変化を観察し、最終的に胎児心拍が認められるのを待つことになります。

治療

安静が第一です。症状の程度によっては、入院が必要なこともあります。そのほかに、症状を緩和する方法として、止血薬や子宮収縮抑制薬が用いられます。最近は、低用量アスピリン療法が行われることもありますが、いずれにしても完全に流産を予防できる方法はありません。

妊娠中期以降の切迫流産では、病原菌の感染でおこるものもあります。

この場合は、妊娠中でも、医師の指示にしたがって、治療、あるいは予防の目的で適切な抗生物質を使用します。

化して危険な状態となり、妊娠中絶が必要になることもあります。

　合併症妊娠のもとになる病気は、「慢性の病気をもつ人の妊娠・出産の注意」（2281頁）の項で説明したもの以外にも、つぎにあげるようにさまざまな分野にわたります。

▼**婦人科疾患**　子宮筋腫（840頁）、卵巣腫瘍、性器の形態異常、子宮頸がん（561頁）など

▼**循環器疾患**　本態性高血圧（1397頁）、心不全（1342頁）、肺水腫（1311頁）など

▼**血液疾患**　白血病（548頁）など

▼**泌尿器系疾患**　慢性腎炎症候群（1696頁）、ネフローゼ症候群（1699頁）、腎盂腎炎（1730頁）など

▼**肝胆道系疾患**　胆嚢炎（1673頁）、胆石症（1669頁）、ヘルプ症候群（877頁上段）など

▼**呼吸器系疾患**　肺結核（1285頁）など

▼**感染症**　梅毒（2132頁）、風疹（803頁）、単純ヘルペス（1836頁）、エイズ（2133頁）など

進行流産（不全流産／完全流産）
Inevitable Abortion

どんな病気か

　切迫流産（前項）として経過を観察し、治療していたにもかかわらず、症状が重くなり流産が避けられない事態となるのが、進行流産です。流産のおこりかたによっては、切迫流産の状態を経ずに出血と下腹痛がおこり、いきなり進行流産と診断されることもあります。これは、症状と診断時期による相違であり、本質的には、妊娠の維持が不可能になった状態と考えられます。

検査と診断

　超音波検査をしてみると、胎児の発育や生存が確認できないばかりでなく、胎嚢（胎児の入っている袋）の形が崩れたり、消失していたりします。

　妊娠初期で、子宮内容物が完全に排泄されると**完全流産**、子宮内容物の排泄が不十分で、子宮内に一部残っている場合を**不全流産**といいます。

治療

　完全流産で出血もほとんどない場合は、処置をしないこともありますが、多くの場合は不全流産のかたちをとるため、放置すると出血が止まらず、感染をおこす危険もあるため、処置が必要です。

稽留流産
Missed Abortion

どんな病気か

　妊卵（受精卵）や胎児が、すでに死亡しているのに、子宮内にとどまっている状態です。はっきりした自覚症状はありません。

検査と診断

　妊娠すると、時間の経過とともに、超音波検査で胎児の生存が確認されるようになりますが、稽留流産ではそれがみられません。

　症状がないため、妊婦にとっては流産の診断を受け入れがたい場合もあります。しかし、妊娠前期の超音波検査では、胎児の大きさや心拍の検出の可能な時期に個人差はなく、妊娠週数によってほぼ決まっており、数回行った超音波検査で、予定どおりの発育や変化がみられない場合は、稽留流産と診断されます。

　いちど、胎児心拍を認めて、胎児の生存が確認された後に、あるいは超音波検査で明らかな胎児の画像がみられるにもかかわらず、胎児心拍や胎動が確認できない場合には、とくに、**子宮内胎児死亡**と呼ばれることもあります。

治療

　診断がついたら、子宮内容物除去、清掃術を行います。

　ふつう、流産のときは子宮の頸管（出口）が広がってきますが、稽留流産ではそれがおこらないため、前もって子宮頸管拡張が必要な場合もあります。

　また、妊娠中期で比較的大きくなってきている胎児を娩出させるのに、子宮収縮薬を用いることもあります。

頸管無力症
Cervical Incompetency

どんな病気か

　切迫流産（前頁）の徴候もなしに子宮口がやわらかくなって開き、流産してしまうものを、頸管無力症といいます。頸管無力症は、

▼外科疾患　虫垂炎（1575頁）、腸閉塞（1591頁）など

▼精神神経疾患　統合失調症（1007頁）、気分障害（1011頁）など

したがって、産婦人科医だけでは合併症をもつ人の病気のコントロールは十分に行えず、それぞれの病気に対する専門の医師とのスムーズな連絡が必要不可欠となります。なるべくもとの病気の治療を受けている医師に紹介してもらって、産婦人科を選ぶようにするとよいでしょう。

いちどおこると、つぎの妊娠時にもおこりやすいと考えられています。

【検査と診断】　妊娠中は、内診や超音波検査によって、子宮口の開き具合ややわらかさを調べて診断します。前回の妊娠が流産や早産だった場合は、妊娠前にバルーンを使った検査や、造影検査などで頸管の状態を把握しておくという試みもされています。

【治療】　子宮口が開き始めたばかりで、流産になる前であれば、子宮頸管を輪状にしばる頸管縫縮術（けいかんほうしゅくじゅつ）が行われます。前回の妊娠で、頸管無力症のため流産や早産をした場合や、妊娠していないときも子宮口が広がっているなどで、今回も頸管無力症が疑われるときは、妊娠4～5か月で予防的に頸管縫縮術を行うこともあります。

習慣流産（しゅうかんりゅうざん）
Habitual Abortion

【どんな病気か】　流産することは、確率的にはめずらしいことではありません。しかし、2度3度くり返すとなると、何か流産をおこす原因が存在し、それを取除かないと、次回の妊娠時も流産すると考えるのが妥当です。

つづけて3回以上自然流産をくり返す場合を**習慣流産**といい、2回つづけて自然流産した場合に**反復流産**（はんぷくりゅうざん）といいます。

従来は、3回つづけて流産した場合には、習慣流産として検査や治療を行っていましたが、最近では、結婚、妊娠の高齢化にともない、2回つづけて流産した場合にも、習慣流産に準じた検査や治療をする傾向にあります。

【検査と診断】　習慣流産の原因は多岐にわたり、すべての検査をいちどに行うのは不可能です。まず、よくありそうな原因疾患の有無を調べることから始まります。

原因は母体側だけでなく、胎児側に問題があることもありますが、治療は不可能なことが多いものです。

母体側に問題がある場合には、おもにつぎのような原因があげられます。

①子宮の形態異常や、子宮腫瘍（しゅよう）、頸管（けいかん）無力症（むりょくしょう）（前項）などの子宮の病気。
②ホルモンのはたらきの異常。
③感染症。
④糖尿病などの代謝異常。
⑤心血管系や腎機能障害（じんきのうしょうがい）などの婦人科以外の病気によるもの。

母児ともに関連したものでは、血液型不適合妊娠（2246頁）や、免疫異常などがあります。

【治療】　原因となる病気を治療します。子宮に病気があるときは、子宮機能を改善するための手術をすることもあります。ホルモン異常は、卵巣（らんそう）だけでなく、甲状腺（こうじょうせん）など、ほかの内分泌臓器に障害がある場合も含まれます。

妊娠の維持には、免疫系のはたらきが重要です。免疫的な考えかたをすると、母体にとって胎児は、自分以外のものとして認識され排除されるはずです。しかし、ふつうは免疫的な維持機構がうまくはたらいて、妊娠を継続することができるのです。

免疫的な妊娠維持機構に問題があり、自然流産をくり返すときは、免疫療法が効果がある場合もあります。

妊娠の異常

妊娠の異常③

異所性妊娠……881頁
▼**症状**▲一般的には、片側の下腹部痛、性器出血、吐きけ、嘔吐など。▼**治療**▲卵管などの子宮外での妊娠部位を摘出する。
前期破水……882頁
前置胎盤／低置胎盤……883頁

異所性妊娠の着床とその頻度

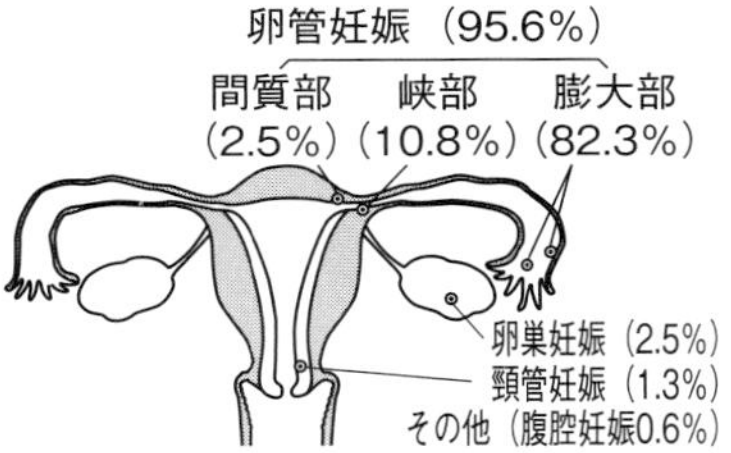

異所性妊娠

Ectopic Pregnancy

多量の出血による生命の危険も

◇受精卵が子宮以外に着床

どんな病気か　正常妊娠では、子宮の中で胎芽（胎児の初期の状態）・胎児が育ちます。

ところが、妊娠はしていても、子宮の中の正常な部位以外で胎芽・胎児が大きくなる場合があり、これを**子宮外妊娠**と呼んでいました。もっとも頻度の多い異所性妊娠は、卵管という細い管の中で胎芽が大きくなり、通常、妊娠5～8週くらいの間に、卵管破裂や卵管流産などをおこし、手術が必要となることの多い病気です。

症状　超音波などの検査技術の進歩した今日では、無症状のうちに診断がつき、手術となる場合も少なくありません。しかし、一般的には、左右のどちらかの下腹部痛や、暗赤色の少量の性器出血があり、さらに、腹腔内に出血すると急な腹痛、吐きけや嘔吐などの症状をおこします。ひとたび腹腔内に出血し始めると、場合によっては多量（２００mℓ以上）となり、生命の危険もあり得るので、大至急病院へ行かなければなりません。

原因　骨盤内感染といって、卵管付近に炎症がある場合や、以前の感染がもとで、受精した卵が正常に子宮の中に運ばれないためにおこることが多いとされています。

▼**受診する科**　妊娠の可能性のある女性の下腹部痛は、まず産婦人科を受診するとよいでしょう。

検査と診断　妊娠反応薬は、通常、妊娠4～5週でほぼ１００％陽性にでます。この時点で超音波検査をしても胎嚢が子宮内に確認できるとはかぎりませんが、基礎体温表や絨毛性ホルモン値（hCG値）からみて、妊娠6週をすぎても子宮内に胎嚢が確認できないときは異所性妊娠を疑います。

ただし、この時点では、ごく初期の流産との識別がたいせつです。子宮の中に胎嚢が現れず、卵管やほかの部位に胎嚢が確認された場合には、無症状であっても、異所性妊娠の疑いが強いと考えられます。

妊娠週数がほぼ確実に6週以上となり、経腟的（腟から行う）超音波検査などで子宮の中に胎嚢が現れない場合、子宮内膜掻爬という検査をすることがあります。その後、絨毛性ホルモン値が低下しなければ診断できます。これにより子宮内での妊娠かどうかを直接診断できます。

その他の検査でたいせつなものは、継続的に尿中の絨毛性ホルモン値を測ることや、診断と治療をかねて、腹腔鏡による検査で、直接に卵管などをみることもあります。

腹痛のある状態では、腹腔内出血の有無や、その量が重要な問題となります。ダグラス窩という子宮と直腸の間にあるくぼみに、血液がたまっているかどうかを、腟から針を刺して調べます。出血が多量で、腹部も膨満し、全身状態が不良である場合には、血液検査も同時に行います。

かつては、腹痛や腹腔内出血がおこ

ってからしか診断のつきにくかった異所性妊娠も、現在では、無症状のうちに手術などの治療を行うことも可能になってきました。しかし、残念なことに、いまだに初期の流産と異所性妊娠を、完全に区別するのがむずかしい場合もあります。異所性妊娠の可能性がある場合には、妊娠のごく初期からの検査や注意がたいせつです。

治療　異所性妊娠の診断がついたならば、基本的な治療は、手術により卵管などの異所性妊娠部位を摘出することです。頸管妊娠の場合には、異所性妊娠部位を摘出すると大量出血をきたすこともあるため、子宮全部を摘出せざるを得ないこともあります。

腹腔内に出血が多く、全身状態も不良であれば、輸血・輸液が必要となることも少なくありません。ごく初期の異所性妊娠で、出血などもない場合には、腹腔鏡を用いて卵管を摘出する手術が可能であることがあります。また、特殊な状況では、抗がん剤を用いた治療や、卵管形成術などの卵管を残す治療も行われます。

前頁図のように、卵管という器官は左右2つあり、基本的に片方の卵管、卵巣が正常であれば、妊娠は可能です。

それぞれの治療の副作用などを相談のうえ、選択可能な状態であるならば、担当医と治療法を話し合ってください。

前期破水
Premature Rupture of Membrane

どんな病気か　胎児は、子宮の中で、羊水といわれる水の中に浮いています。正常な分娩では、陣痛が始まって子宮口が全開大になってから羊水を包む卵膜が破れ、破水がおこるのに対して、陣痛が始まる前に破水がおこり、羊水が子宮外に流れ出すことを、前期破水といい、早産の原因の30～40%にあたります。

突然、水のようなおりものがみられ、卵膜の破れた場所により量の差はありますが、絶えず羊水が流れ出ます。多くの場合、それに引き続き陣痛が始まります。

原因　卵膜が炎症などで弱っているとき、強い圧力が加わったり、性交などの外力を受けておこることが多いといわれています。

炎症の原因としては、Ｂ群溶連菌、淋菌、クラミジアなどがあるといわれています。

検査と診断　量が多いときは、医師が診察すると、子宮内から羊水が流れ出るのが見えるのでわかりますが、破れた場所が子宮口から遠く、小さいときは、診断がむずかしいことがあります。羊水はアルカリ性で、腟内は弱酸性ですので、ＢＴＢ試験紙（pH試験紙）を使ってみて青変したり、羊水中に高濃度に存在する物質を検出することで、前期破水と診断できます。

治療　前期破水がおこると、無菌状態である羊水中に細菌が感染することがあり、胎児に肺炎などの重篤な病気が生じることがあります。

胎児がまだ母体の外での生存が不可能な時期の場合、羊水量が保たれているかどうかで管理が異なります。

羊水がほとんどなくなってしまった

妊娠の異常

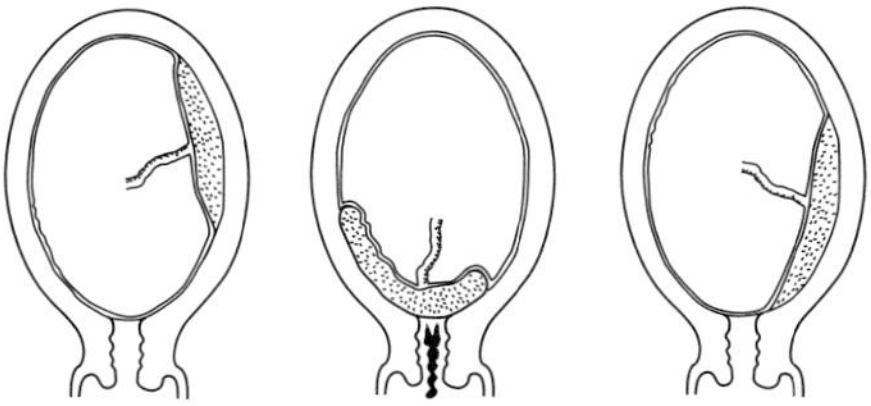

場合（羊水過少885頁）は、胎児が成長しても胎児の肺が成長しないため、母体の外で生存できないことが多く、大半は妊娠の継続をあきらめることになります。いっぽう、羊水量が保たれている場合は、入院して安静を保ち、子宮収縮を抑える薬と抗生物質を使用します。

　さらに、胎児が母体の外で生存が可能な場合は、原則として感染の可能性の高くなる72時間以内に分娩することが望ましく、早産となる場合には、NICU（新生児集中治療室）などの設備の整った病院への転院が必要となります。

【日常生活の注意】 妊娠中は、日ごろから外陰部を清潔に保ち、子宮が収縮しないようにむりせず、休息をとりながら生活することが必要です。

前置胎盤／低置胎盤
Placenta Previa / Low Lying Placenta

【どんな病気か】 胎盤は妊娠12～13週ごろからかたちづくられ、子宮の増大とともに成長し、妊娠32週ごろに完成するといわれています。

　その胎盤の一部または大部分が、子宮下部（子宮の入り口近く）に付着し、内子宮口におよぶものが**前置胎盤**で、子宮口の近くに付着していても、内子宮口におよばないものが**低置胎盤**です。妊娠中期以降に、おなかはほとんど痛くないのに、突然、新鮮な大量の出血をおこします。大量出血の前に、少量の出血をおこすことがあり、**警告出血**といわれます。

【原因】 胎盤の付着場所の異常が原因です。妊娠中に子宮口が開いたり、子宮が収縮したりすると、子宮壁と胎盤の間にずれが生じ、その部分の細い血管から出血がおこります。

【検査と診断】 妊娠経過や症状でもほぼ診断がつきますが、超音波診断装置で、胎盤の位置と内子宮口を確認することにより診断します。

　経腟超音波検査のほうが、より正確に診断が可能です。

　ただし、胎盤の位置は子宮が大きくなるとともに、多少移動をするので、妊娠初期や中期に前置胎盤の状態でも、妊娠後期には位置が正常となることもあります。そのため、最終的な診断は、妊娠30週前後に行います。

【治療】 前置胎盤では、経腟分娩はできません。出血の量にもよりますが、胎児が母体の外での生活が可能ならば、帝王切開術を行い、胎児を娩出します。前置胎盤の帝王切開では通常の帝王切開に比べて出血量がとても多く、輸血が必要となることも少なくありません。さらに、胎盤が付着していたところからの出血が止まらず、子宮摘出が行われることがあり、母体の生命にかかわることもあります。

　胎児が、まだ母体外での生活が不可能な時期ならば、入院し安静にして、子宮収縮抑制薬と止血薬を使用し、体外生活の可能な時期まで待ちます。

　もしも出血がひどく、母体が危険なようならば、輸血や緊急帝王切開を行う必要があります。

【日常生活の注意】 突然出血がおこりますので、遠出は控え、子宮収縮をおこさないように過労は避け、安静に努めます。

妊娠の異常④

常位胎盤早期剥離（早剥）

Placental Abruption

どんな病気か

胎盤は、胎児が娩出されたあと、5分ほどで子宮からはがれて娩出されます。常位胎盤早期剥離とは、前置胎盤（前項）とは異なり、胎盤の付着部位は正常なのですが、胎児が娩出される前に、胎盤が子宮からはがれるものをいい、全部がはがれるものから、部分的にはがれるものまであります。全分娩の0・4～1・5％におこり、胎児の死亡率は10～25％、母体の死亡率は、1～2％といわれています。

妊娠中期から後期におこることが多く、陣痛または月経痛のような痛みのあと、持続的な強い下腹部痛となります。間欠的な（間をおいた）痛みである陣痛と異なり、持続する強い痛みが特徴です。性器出血はほとんどみられないか、あっても少量です。ひどくなると、胎児が死亡したり、母体の血液がかたまらなくなる病気であるＤＩＣ（播種性血管内凝固症候群 1462頁）となったりします。おなかの上から軽く触ってもとても強い痛みを感じます。

しかし、非典型的な症状を示すこともあり、診断がむずかしい場合も少なくありません。

原因

妊娠高血圧症候群（876頁）の母親におこることが多いといわれますが、妊娠経過がまったく正常な場合でも突然おこることも少なくありません。また、子宮内胎児死亡のあとにおこることもあります。外傷など原因が特定できるものもありますが、ほとんどが原因を特定できません。

検査と診断

症状に加えて、胎児心拍数図、超音波検査などから総合的に診断をします。その他、母体の血液検査、とくに血液凝固に関する検査が必要です。

治療

常位胎盤早期剥離と診断がつけば、胎児の生死にかかわらず、多くの場合、ただちに帝王切開術が行われます。

また、血液が子宮の筋層内に染み込み、止血できなければ、子宮摘出が必要となることもあります。

日常生活の注意

妊娠高血圧症候群の母親に発生することが多い病気ですから、妊娠中の食生活などに注意し、妊娠高血圧症候群にならないようにすることがたいせつです。また、胎盤の付着部に強い打撲を受けたときもおこることがありますので、妊娠中の行動は控えめにする必要があります。

羊水過多

Polyhydramnios

どんな病気か

妊娠中の羊水の量には個人差があり、また妊娠の時期によっても異なりますが、時期を問わずに８００mℓ以上の羊水がある場合を、羊水過多といい、これによっていろいろな症状がともなうものを、羊水過多症と呼んでいます。

このうち、羊水が数か月の間に徐々に増量するものを**慢性羊水過多症**といい、数日のうちに急速に増量するものを**急性羊水過多症**といいます。

原因

原因としては、胎児側では脊椎破裂、無脳児などの神

◎サイヌソイダルパターン……888頁
◎アプガースコア：889頁

◎羊水量の測定

羊水量を正確に計測する方法は、まだありません。そのため、羊水ポケットや羊水量インデックスによって判断されています。

羊水ポケットでは、超音波を利用して胎児と子宮壁とのすき間（子宮腔）を測ります。羊水量インデックスでは、子宮腔を4分割して羊水深度を計算します。

経管閉鎖不全、消化管上部の閉鎖などの形態異常によっておこることがあります。また、母体側では、心臓・肝臓・腎臓の疾患や、糖尿病などが原因となるといわれています。

しかし、まったく胎児に異常のみられない原因不明の羊水過多も、約50%前後あるといわれています。

症状　羊水の量が多くなると、腹部は球形となり緊満感や痛みを訴え、ときには呼吸困難、吐きけ・嘔吐、脚や外陰部にむくみや静脈瘤をみることがあります。また子宮内圧は高まり、前期破水をおこしたり、流産や早産の可能性が高くなります。

また分娩時にも、分娩遅延（分娩が長引く）、臍帯や手足の脱出、弛緩出血などに注意が必要となります。

検査と診断　子宮内の羊水の正確な量を計測することは、たいへんむずかしいのですが、正常妊娠のときに比べて、子宮底長（恥骨結合上縁から子宮底部までの長さ）や腹囲の急激な増加がみられた場合、超音波検査で、**羊水ポケット**または**羊水量インデックス**を計算し、診断します。

治療　母体に原因がある場合には、その治療を行います。

羊水過多が急性で、症状が重い場合には、子宮収縮抑制薬を使用し、超音波診断を行いながら、おなかに針を刺して羊水の排液を行います。症状が改善しなければ、早急に分娩させる必要があることもあります。

慢性の場合で、胎児に明らかな異常がなく、母体の症状が軽い場合は、安静のみでようすをみることもありますが、症状が現れた場合は、必要に応じて子宮収縮抑制薬を使用したり、羊水の排液を行うことで、症状の軽減をはかることが可能です。

羊水過少
Oligohydramnios

どんな病気か　羊水が異常に少ない場合を、羊水過少といいます。正確な羊水の量の定義はありませんが、一般的には１００mℓ以下を、羊水過少としています。

子宮底長（恥骨結合上縁から子宮底部までの長さ）が妊娠月日に比べて小さかったり、おなかの上から胎児部分をはっきりと触れるような場合は、羊水過少を疑います。超音波検査で羊水の量を測定します。

原因　原因として胎児腎形態異常、胎盤機能低下、前期破水、過期妊娠などが考えられますが、原因のはっきりしない場合もあります。

羊水過少が妊娠早期に発生すると、胎児の肺の成長が阻害されたり、羊膜の一部が胎児に癒着し、胎児の皮膚や指に異常をきたすことがあります。また、羊水量が少ないために、子宮壁や臍帯による子宮内での胎児圧迫がつづくと、圧迫による胎児の異常や胎児機能不全をおこすことがあります。

治療　胎児の状態により、早急に分娩させる必要がある場合があります。羊水量が少ないことによる臍帯圧迫のための胎児機能不全を予防するため、生理食塩水を子宮内に注入するなどの方法なども検討されています。

◎人工妊娠中絶の基礎知識

日本では、**母体保護法**に基づいて、妊娠の継続または分娩が、身体的または経済的理由により、母体の健康を著しく害するおそれのある場合や、暴行または脅迫により抵抗や拒絶をすることができない間に姦淫されて妊娠した場合などは、合法的に妊娠中絶の実施が認められています。

ただし、妊娠22週をすぎると、いかなる理由があっても妊娠中絶はできません。

実際の手術は、緊急の場合を除いて、母体保護法指定医のみが行うことが許されています。なお実施に際しては、本人及び配偶者（相手の男性）の同意書が必要で、費用は通常自費扱いとなります。

人工妊娠中絶手術が女性のからだに与える負担は大きく、手術にともなうリスクもありますから、手術を軽く考えてはいけません。

妊娠の時期によって、手術

早産（切迫早産）
Premature Labor
(Threatened Premature Labor)

どんな病気か

妊娠22週から36週までの分娩を早産といいます。また、早産になりそうな状態を切迫早産といいます。早産で生まれた赤ちゃんは、週数が短いほど体重が少なく臓器は未熟です。とくに肺が未熟な場合は、育てるための管理が容易ではありません。

原因

早産をおこす母体側の原因には、頸管無力症（879頁）、子宮筋腫（840頁）、子宮形態異常などの子宮の異常、クラミジアなどの母体感染症、あるいは妊婦の過労などがあります。胎児側では、多胎妊娠（2243頁）、羊水過多（884頁）、前期破水（882頁）、絨毛羊膜炎などがあります。重症の妊娠高血圧症候群（876頁）も、代表的な原因のひとつです。

検査と診断

早産は、子宮口開大、子宮収縮もしくは陣痛の有無、羊水流出などから診断されます。

検査には、胎児心拍数モニタリング（ノンストレステスト）、超音波断層法、おりもの（帯下）中のフィブロネクチン検出法、子宮頸管粘液中の顆粒球エラスターゼ測定およびおりものの細菌培養検査などがあります。また、血液検査で感染症の有無なども調べます。

治療

横になって安静を保ち、子宮収縮抑制薬や抗生物質を使用するのが基本的な治療法ですが、子宮頸管縫縮術を行うこともあります。

日常生活の注意

転居などの激しい労働や過度の運動を避けます。早産の初期症状は、下腹部の鈍重感、少量の出血、赤色および茶色のおりものなどです。このような症状がみられたら、安静を保ち、病院へ連絡してください。

入院治療はもっともよい成果が得られますので、できるだけ病院に入院して、治療を受けるようにしましょう。

妊娠貧血
Anemia of the Pregnancy

どんな病気か

妊娠することによって引き起こされる貧血です。症状は、軽度のものはほとんど無症状ですが、重症になると、めまい、動悸、息切れなどがおこり、皮膚や爪が蒼白になります。

極度の貧血の場合は、胎児の発育に悪影響を与え、分娩時の出血で母体が危険な状態になることもあります。

原因

妊娠によって、母体は血液の量が増えて水血症状態（血液中の水分の割合が異常に増えた状態）となり、そのため血液自体が薄くなります。

また、胎児の発育にともなって、母体の血液中の鉄分が胎児に移行するため、母体に貯蔵されていた鉄分が著しく消費され、妊婦は鉄欠乏性貧血（1441頁）になります。

妊娠貧血は、妊婦の定期健診の際に行われる初期、中期、後期の3回の血液検査でチェックできます。

治療

明らかな貧血を食事療法だけで改善することはむずかしいものです。医師に相談し、鉄剤を内服するか、または、鉄剤の静脈注射をしてもらうとよいでしょう。

の方法、難易度、危険性、さらに費用にも大きな差があります。

▼手術に際しての注意点

①人工妊娠中絶という結論に至った場合は、早めに受診し、安全度がもっとも高いといわれる、妊娠7～8週前後までに中絶手術を受けるようにする。

②母体保護法指定医であることは無論のこと、信頼できる医師を選ぶ。具体的には、術前に十分な問診や説明、検査を行ってくれ、同意書や注意書きなどもきちんと準備されているような施設が望ましい。

③術前、術後の注意など、医師の指示を必ず守る。

④術後に出血、腹痛、発熱など、心配な症状がある場合は、処置を受けた施設に早めに連絡する。

⑤術後気になる症状がない場合でも、指定された再診時には必ず受診する。

胎児死亡
Fetal Death

どんな病気か

妊娠の期間に関係なく、胎児が母体から娩出される前に死亡することを胎児死亡といいます。

原因

胎児死亡をおこす母体側の原因には、糖尿病（1501頁）、膠原病（2003頁）、血液型不適合妊娠（2246頁）、過期妊娠（次項）などがあります。胎児側の原因には、胎児の形態異常、染色体異常、風疹（803頁）・梅毒（2132頁）・エイズ（2133頁）などの感染症などがあります。さらに、重症の妊娠高血圧症候群（876頁）や原因不明の胎児発育遅延などもその代表的な例です。また胎盤や臍帯（臍の緒）の異常に原因があるものでは、常位胎盤早期剥離（884頁）、双胎間輸血症候群（2244頁）、臍帯過捻転、破水に引き続く臍帯脱出などがありますが、原因不明のものも少なくありません。

検査

超音波断層法などで心拍動の消失を確認したり、超音波カラードップラーで、心臓や血管の血流の消失を確認することで診断できます。診断が確定したら、すみやかに胎児の娩出をはかります。

予防

お母さんにほかの病気がある場合には、主治医の指導のもとで十分に病気を管理します。胎児の発育などを頻繁にチェックすることもたいせつです。

過期妊娠
Postterm Pregnancy

どんな病気か

妊娠期間が42週以上になっても分娩に至らないものを、過期妊娠といいます。

過期妊娠では、胎盤の老化および機能低下がおこり、しばしば胎児機能不全（889頁）をおこして、胎児死亡（前項）に至ることがあります。

過期妊娠で生まれた赤ちゃんは、胎脂（胎児の皮脂）がなくなり、皮膚は羊皮紙のようになります。この顕著な症状を**クリフォードサイン**といいます。

検査

まず、妊娠初期の頭殿長（胎児の頭からお尻までの長さ）から、在胎週数を確認します。そして、超音波検査で、羊水量・胎動・胎児呼吸様運動・筋緊張・ノンストレステスト（胎児心拍数モニタリング）で、胎児機能不全の徴候の発見につとめます。また、超音波検査で、石灰化などの胎盤の変化も観察します。

治療

分娩の際に、帝王切開となることも念頭におき、十分な準備をしておく必要があります。分娩時期や方法を主治医と十分に話し合い、よく理解しておくことが大事です。

胎児水腫
Hydrops Fetalis

どんな病気か

胎児の全身の浮腫（むくみ）、胸水、腹水がみられ、心不全、重症の貧血などをおもな症状とする病気です。

胎児水腫がおこる原因には、Rh式血液型不適合妊娠（2246頁）に代表される免疫性のものと、胎児の感染症、先天性心疾患や染色体異常などによる非免疫性のものがあります。

◎クームス試験

抗グロブリン試験ともいい、赤血球の崩壊（溶血）または凝集の原因となる抗体を検出する方法です。

直接クームス試験と**間接クームス試験**があり、ともに正常の場合は陰性㊀です。

輸血の赤血球を溶かす副作用、血液型不適合妊娠（2246頁）による新生児溶血性疾患や自己免疫性溶血性貧血などの検査で行われます。

◎サイヌソイダルパターン

胎児心拍数図で、サイン曲線のようななだらかなカーブを連続して描く場合をいいます。胎児の貧血や、臍帯（臍の緒）の圧迫などでおこります。サイヌソイダルパターンは、胎児機能不全を疑わせる所見のひとつとしてとらえられています。

検査と診断　免疫性か非免疫性かを確かめるため、母親の血液型がRh㊀かどうか検査し、母体血の間接クームス試験（上段）を行います。

また、超音波断層法で胎児の頭部皮下組織の浮腫、脾腫（脾臓の肥大）や腹水、胎盤の浮腫状巨大化などの有無を調べます。近年では、胎児の中大脳動脈の血流で、貧血の有無を推定することも行われています。羊水中のビリルビン様物質の測定（胎児が溶血性黄疸〈新生児溶血性黄疸 585頁〉をおこしていないか調べる）や、胎児心拍数図でのサイヌソイダルパターン（上段）の確認なども行います。

さらに、非免疫性の場合には、パルボウイルスやサイトメガロウイルスなどの感染症の有無を調べたり、胎児の染色体検査を行います。

治療　原因が免疫性の場合で、胎児が心不全をおこしたり、水腫のため危険な状態におちいっている場合には、胎児を早期に娩出し、交換輸血を行います。また、母体血の間接クームス試験の値が上昇を示したときは、抗体がつくられるのを予防する抗D抗体を使用する方法もあります。

非免疫性の胎児水腫の場合には、根本的な治療法はありませんが、パルボウイルス感染（伝染性紅斑 806頁）の場合は、妊娠週数によっては、胎児輸血で治療可能な場合もあります。

予防　免疫性の胎児水腫は、Rh㊀のお母さんからRh㊉の赤ちゃんが生まれたとき、お母さんに分娩後速やかに抗D抗体を注射することで、次回妊娠の際の発症を予防することができます。また、保険適用ではありませんが、妊娠中に抗D抗体を注射する方法もあります。しかし、非免疫性の胎児水腫に特別な予防法はありません。

子宮内胎児発育遅延
Intrauterine Fetal Growth Restriction

どんな病気か　子宮内での発育がかんばしくなく、胎児発育曲線上で、10％以下の出生体重の赤ちゃんを子宮内胎児発育遅延と定義します。これがおこる頻度は全出生の5％前後で、胎児機能不全（次項）になりやすく、周産期死亡率が高い病気です。胎児死亡全体の約3割を占めます。

妊娠20週以前に発育遅延がおこると、胎児の身長と体重の発育がさまたげられ、胎児の体型から**対称型発育遅延**といわれます。妊娠28週以後におこった場合は、頭部の発育は保たれますが、四肢（手足）や体幹（胴体）の発育が妨げられ、**非対称型発育遅延**と呼ばれます。実際には、その中間型のものもかなりあります。

原因に低重量胎盤、臍帯異常、先天性感染、多胎妊娠（2243頁）、重症の妊娠高血圧症候群（876頁）、重症の糖尿病（1501頁）、喫煙、麻薬などの薬物常習などがあげられますが、原因不明なものも少なくありません。超音波断層法で胎児のからだを計測し、規準値と比較するのがもっとも正確な方法です。

治療　安静を保つことで、子宮や胎盤を流れる血液の量を増やし、胎児の発育を期待することがあります。また、超音波検査や胎児心拍数モニタリングで胎児が元気であるかどうかをチェックします。

元気がなくなってきた場合や、胎児の成長が止まってしまった場合は、早期に分娩を行わなくてはなりません。

この病気は、胎児が小さいだけという認識が一般的で、問題の重要性（病的意味）が理解されにくい傾向が強いので、医師からの説明を十分に受け、なるべく入院してくわしく検査し、治療するよう努力しましょう。

胎児機能不全（胎児ジストレス）

non-reassuring fetal status
(Fetal Distress)

どんな病気か

胎児仮死と同じ意味ですが、仮死という用語が誤解を招きやすいということもあり、胎児ジストレスが使用されていました。

２００６年より**ＮＲＦＳ**という用語が使用されるようになっていますが、日本語表記については、「正常ではない所見」が存在し、胎児の健康に問題がある、あるいは将来問題が生じるかもしれないと判断された場合をいう胎児機能不全が使用されています。

子宮・胎盤・臍帯（臍の緒）・胎児間の血行障害がおこると、胎児は低酸素状態になります。これを、胎児機能不全といいます。胎児の低酸素状態がつづくと、胎児の各臓器に障害がおこり、子宮内胎児死亡や新生児死亡、脳性まひに至ります。

通常、胎児機能不全は、**潜在性胎児機能不全**と**顕在性胎児機能不全**に分けられ、その経過により、**急性胎児機能不全**と**慢性胎児機能不全**に分類されます。いずれにしても、十分な管理が必要となりますが、現実には、いつ胎児機能不全がおこるかは確実には予期できず、すべての胎児機能不全に、すぐ対応するのは不可能です。

原因

母体側の原因には、妊娠高血圧症候群（876頁）、糖尿病（1501頁）、心肺疾患、ぜんそくなどの無呼吸発作、過強陣痛（次頁）などがあります。胎児側の原因としては、臍帯異常、胎盤異常、染色体異常、胎児感染などがあります。

検査と診断

胎児心拍数モニタリングや超音波検査上の異常で診断されることがほとんどですが、胎動の低下や消失で、発見されることも少なくありません。胎児心拍数モニタリングと超音波検査を利用したＢＰＳ（バイオフィジカル・プロファイルスコア）や、陣痛促進薬を使用して、一定間隔の子宮収縮をおこしながら胎児心拍数モニタリングを行うＣＳＴ（コンストラクション・ストレステスト）によって、胎児機能不全の有無を判定します。

また、超音波カラードップラー法による、胎児や子宮の血流状態の把握を行うこともあります。

胎児を娩出したあとにアプガースコアや分娩直後の臍帯血の血液ガス測定を行い、機能不全（呼吸ならびに環境機能の障害）の程度を把握します。

治療

胎児機能不全と診断した場合は、胎児の娩出をはかります。娩出方法には、吸引分娩や帝王切開術などがあり、機能不全の程度や分娩の進行具合で選択されます。

◎アプガースコア

新生児の呼吸・心拍数・筋緊張・啼泣（泣くこと）・皮膚の色の5項目を、指数（スコア）で評価する採点法をいいます。

出生1分後のアプガースコアの評価は分娩時の赤ちゃんの状態、5分後の評価は赤ちゃんの予後に関係すると考えられています。

出産の異常①

狭骨盤の定義

	狭骨盤	比較的狭骨盤
結合線外	18.0㎝未満	
産科真結合線	9.5㎝以下	9.6 ～ 10.4㎝
入り口横径	10.5㎝以下	10.6 ～ 11.4㎝

微弱陣痛
Weak Pains

どんな病気か

お産の原動力となる子宮の規則的な収縮を、陣痛といいます。

正常な出産のときには、弱くて間隔の長い陣痛から始まり、お産の進行にともなって、陣痛は徐々に強くなるとともに間隔も短くなり、胎児を押し出す力になります。

この陣痛が弱かったり、持続時間が短く、間隔の長い場合を、微弱陣痛といいます。

お産が始まったときから陣痛が弱い場合を**原発性微弱陣痛**、最初は正常であったものが、お産の途中から弱くなった場合を**続発性微弱陣痛**と呼んでいます。

微弱陣痛をそのままにしておくと、分娩が進まなくなったり、分娩に異常に長く時間がかかったり（遷延分娩）して、胎児の具合が悪くなったり（胎児機能不全　前項）、弛緩出血（893頁）をおこしたりすることがあります。

治療

いずれの場合も、分娩監視装置で陣痛の強さや間隔、胎児の状態をみながら、子宮収縮薬（オキシトシンやプロスタグランジン製剤）を使用して、正常な陣痛がくるようにします。それでも改善されない場合には、帝王切開となることもあります。

過強陣痛
Excessively Strong Pains

どんな病気か

お産は、規則的におこる子宮の収縮によって進行します。この子宮の収縮を陣痛といいますが、子宮の収縮が異常に強かったり、持続時間が長すぎたり、周期が短い場合を、過強陣痛といいます。

過強陣痛の状態になると、子宮破裂（892頁）をおこしたり、胎児の具合が悪くなる場合があります。

原因

骨盤が狭かったり、産道がかたく抵抗が大きい場合、精神的なもの（分娩に対する恐怖感）、陣痛促進薬（子宮収縮薬）の過剰使用などが原因となります。

治療

陣痛促進薬を使用している場合は、量を減らすか、もしくは中止します。麻酔薬や子宮収縮抑制薬（子宮の収縮を抑える薬）を使用することもあります。

骨盤が狭いなど原因を取除けない場合や、母子に危険が迫っている場合には、帝王切開（2262頁）を行います。

狭骨盤
Contracted Pelvis

どんな病気か

お母さんの身長が低い（一般には１４５cm以下）場合や、予定日近くなっても胎児が骨盤の中に降りてこない場合、陣痛があるのにお産が進まない場合などに、骨盤の大きさや形をみるためにX線写真を撮ることがあります（次頁図1）。このX線写真の結果、正常な人と比べて骨盤が狭い場合を狭骨盤といいます。骨盤の狭さの程度により、**狭骨盤**と**比較的狭骨盤**に分類されます（上段表）。

治療

比較的狭骨盤の場合、経腟分娩（正常にお産すること）

図１　骨盤のＸ線撮影

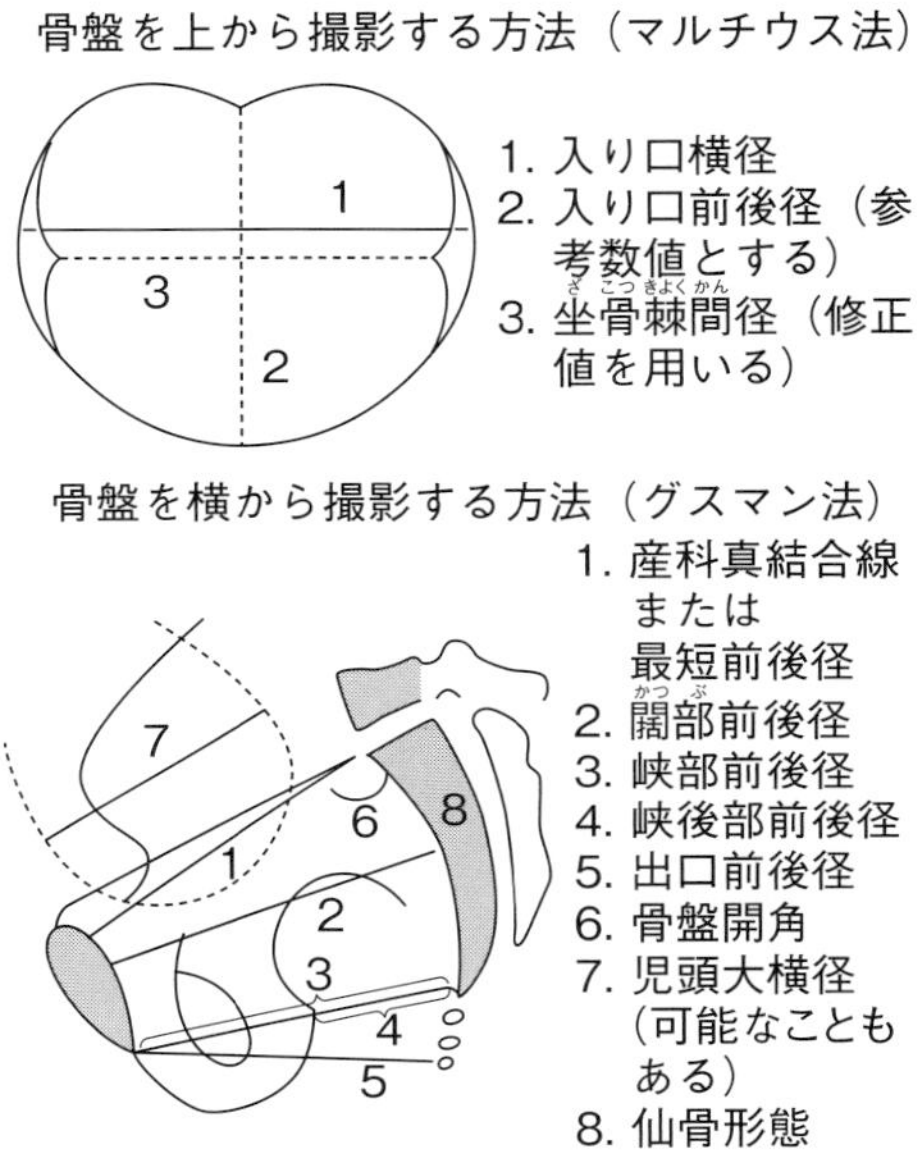

図２　軟産道強靭

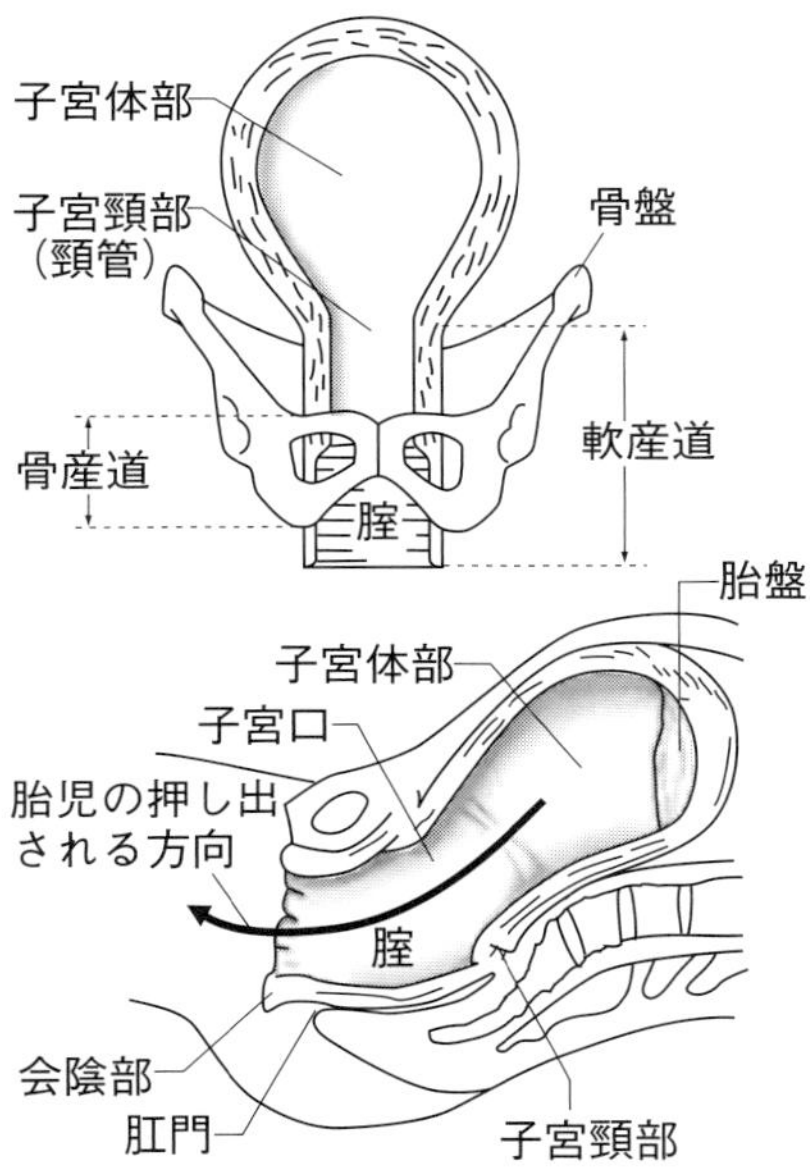

が可能なこともありますが、一般的には、いつでも帝王切開（2262頁）ができる準備をしながら、お産に臨むことが多いものです。胎児の大きさや向き（さかごなど）によっては、お産が進まない可能性が高いので、そのときは帝王切開を行います。狭骨盤の場合は、帝王切開を行います。

軟産道強靭（なんさんどうきょうじん）
Soft Birth Canal Dystocia

どんな病気か　子宮の下部（子宮峡部）、子宮頸管（子宮の出口）、腟、会陰からなる胎児の通過路を**軟産道**といいます（上図２）。

陣痛が始まったら、軟産道もやわらかくなり、お産が順調に進むのが望ましい状態です。しかし、初産婦、とくに年齢の高い初産婦の場合、軟産道がかたくて広がりにくく、分娩がなかなか進行しないことがあります。このような状態を、軟産道強靭といいます。

治療　腟や会陰部のみがかたい場合には、会陰切開を行っただけでお産できることが多いものですが、子宮口を切開する処置が必要となることもあります。また、分娩が長びいて胎児の具合が悪くなったり、妊婦が極度に疲労した場合には、吸引分娩や鉗子分娩、ときには、帝王切開（2262頁）が行われることもあります。

臍帯巻絡（さいたいけんらく）
Coiling of the Umbilical Cord

どんな病気か　胎盤と胎児をつなぐ臍帯（臍の緒）が胎児のからだの一部に巻きつくことを、臍帯巻絡といいます。

胎児のくびに巻きつく場合がもっとも多いのですが、そのほか四肢（手足）や体幹（胴体）に巻きついていることもあります。また、通常は1回のことが多いものですが、2回以上の場合もあります。過長臍帯（臍帯が長いこと）や、胎児の活発な運動が原因になるといわれています。

治療　臍帯巻絡があっても問題のないのがふつうですが、と

出産の異常②

◎羊水塞栓（症）

肺塞栓症（1414頁）の特殊な型と考えられます。

妊娠に関連して、子宮内**胎児死亡**（887頁）、**稽留流産**（879頁）、**常位胎盤早期剥離**（884頁）、**前期破水**（882頁）などが基礎疾患となり、胎脂（胎児の皮脂）や胎児の皮膚細胞などの胎児成分が母親の血管内に流入し、肺の微小血管につまる

きには、臍帯の血行が不良となって胎児の状態が悪くなったり、お産の進行が止まったりすることがあります。

そのようなときには、頭部娩出後に巻きついている臍帯を切断して分娩させます。また、ひじょうにまれですが、帝王切開（2262頁）が必要となる場合もあります。

子宮破裂
Uterine Rupture

どんな病気か

分娩のとき、まれに子宮壁の弱いところが裂けてしまうことがありますが、これを子宮破裂といいます。ひどいときには、裂けた部位から胎児が母親の腹腔内に押し出されてしまいます。その結果、胎児は死亡し、母体も子宮の傷からの大量の出血によってショック状態におちいります。産科の救急処置が必要となる重要な病気のひとつです。

原因

子宮の壁は筋肉でできていますが、陣痛が強すぎたり、胎児が大きすぎるとき、胎児の位置が異常なために分娩が進まないときなどに、子宮壁が裂けることがあります。

また、かつて帝王切開や子宮筋腫の手術などを受けて、子宮に瘢痕（ひきつれ）ができていると、それが原因で裂けることもあります。

治療

子宮破裂の危険があると予測できるときは、陣痛が始まる前に帝王切開を行うのが原則です。

子宮破裂がおこりそうになっている状態を**切迫子宮破裂**といいますが、その部位を押すと強い痛みがみられます。この場合、陣痛を弱くする処置をしたり、早めに帝王切開を行います。

子宮破裂をおこした場合、緊急の開腹術が必要となります。さらに、母児、とくに、赤ちゃんは死亡したり、障害を残すことが多くあります。

子宮頸管裂傷
Cervical Laceration

どんな病気か

子宮の出口に近い部分を頸管といい、妊娠中はほぼ閉じた状態ですが、分娩時には胎児が通過する産道になるため、十分に拡大されます。

しかし、巨大児の分娩のために頸管が過度に広げられた場合や、吸引分娩、鉗子分娩によって頸管が急激に広げられた場合に裂けてしまうことがあり、これを子宮頸管裂傷といいます。また、頸管が十分に拡大しないうちに、急に分娩が進んだときにもおこります。

治療

小さい裂傷の場合は、とくに治療の必要はありません。

大きな裂傷の場合、とくに頸管の左右側壁は血管が走っているため、ここが大きく裂けると、多量の出血をおこすことがあります。また、出血がなくても、つぎの妊娠の際に流産や早産の原因となることもあるため、裂傷部位を縫合することが必要となります。

腟・会陰裂傷
Colpoperineal Laceration

どんな病気か

腟口と肛門の間の部分を会陰といいます。分娩時には、腟や会陰は薄く引き伸ばされますが、

ことにより生じるという説と、羊水中のある種の化学活性物質が原因という説があります。

羊水塞栓は急激に発症することが多く、症状は胸部苦悶（胸苦しさ）、チアノーゼ、せき、頻脈、血圧低下、出血傾向などがみられます。激症型では、瞬時に死亡することもあります。

肺塞栓が軽度の場合には、播種性血管内凝固症候群（DIC 1462頁）を続発し、著しく出血します。分娩中におこった場合などは、胎盤の剝離面から大出血をおこすこともあります。

治療は、急性ショックに対する救急処置、DICに対する薬物療法が主体となります。

確定診断には**バフィーコート法**といって、母親の心臓の右心系の血液を採取して、胎児の皮膚や胎脂に由来する成分が含まれていないか調べる方法が用いられることもありますが、一般的には、その特徴的な症状から推定して診断されます。

ときに裂けてしまうことがあり、これを腟・会陰裂傷といいます。

治療 腟粘膜が浅く裂けるだけのものから、裂傷が肛門や直腸までおよぶものまでありますが、会陰裂傷が生じたら、分娩後に裂けた部位を縫合して修復します。

会陰の伸びやすさは個人差が大きく、初産婦か経産婦かによって、あるいは年齢によっても変わってきます。会陰の伸びが悪い場合や、胎児機能不全（889頁）のために急速に分娩を終了させなければならない場合は、裂傷が大きくなる可能性があるため、会陰切開を行います。

子宮内反（症）
Uterine Inversion

どんな病気か 分娩の直後に子宮が内側にうらがえって、ひどいときには、内反した子宮が腟外に脱出するものをいいます。激しい痛みと多量の出血をともないます。

まれな病気ですが、早期に適切な処置が行われないと、大量出血やショックのため、母体が死亡に至ることもある重大な病気です。

治療 多くの場合、大量出血がみられるので、まず、その予防と治療を行います。つづいて、手を使って整復を行いますが、不成功の場合は手術が必要となります。

開腹手術でも整復ができない場合には、子宮摘出を行います。

弛緩出血
Atonic Bleeding

どんな病気か 胎児娩出後、胎盤がはがれますが、剝離した部位の子宮の血管は、子宮筋の収縮によって圧迫され、出血が止まるしくみになっています。

ところが、胎盤娩出後も、子宮の収縮が不十分なために出血がつづくことがあり、これを弛緩出血といいます。長時間かかった分娩や、急速に終了した分娩のときに発生しやすいといわれています。

大量の出血では、播種性血管内凝固症候群（DIC 1462頁）になることがあり、母体の生命に危険がおよぶことも少なくありません。

治療 下腹部をマッサージしたり、冷やしたりして、子宮筋の収縮を促すだけで止血できることもありますが、子宮収縮薬の注射や、子宮を強く圧迫しなければならないことも少なくありません。

出血が大量の場合には、輸血を行うこともあります。

また、子宮の収縮が改善せず、出血がつづく場合には、子宮摘出が必要な場合もあります。

産科ショック
Obstetrical Shock

どんな病気か ショックとは、重要な臓器への血液の供給や、からだ全体への酸素の運搬などが極度に低下して、顔色が悪くなったり、血圧低下や手足が冷たくなってくる状態をいいます。妊娠・分娩・産褥と直接関係の

産褥期の異常

ある原因でおこる場合を産科ショックといい、原因となる病気にはさまざまなものがあります。重症になると脈拍が触れなくなり、呼吸不全の状態におちいります。

治療　ショックに対する適切な救急処置が重要となります。輸液療法、酸素吸入療法や人工呼吸、薬物療法などを行います。出血している部位を確認し、止血の処置を行うことも重要です。さらに、原因となっている病気に対する治療も行います。

子宮復古不全
Subinvolution of the Uterus

どんな病気か　分娩後、子宮は収縮して、6週で妊娠前の大きさに戻りますが、それがうまくいかず、遅れている状態をいいます。

原因　胎盤や卵膜の一部が子宮内に残っている、子宮内に感染がある、分娩が長くかかった、授乳しない、不摂生、膀胱や直腸の充満（尿の我慢や便秘）などが原因となります。

そのほか、帝王切開術後、多胎分娩（ふたご以上の分娩）、羊水過多、巨大児分娩のときにもおこります。

症状　血性の悪露（2277頁）や子宮出血が多量で、かつ長くつづく晩期出血（次項）がみられ、子宮は正常産褥の場合に比べ、大きくやわらかいので診断がつきます。

治療　子宮収縮薬が用いられます。その際、子宮内に胎盤などが残っている場合には、すぐに子宮内掻爬（子宮内容物の除去手術）が行われます。

なお、発熱などのみられるときは、抗生物質を十分使用したうえで、子宮内掻爬が行われます。

晩期出血
Late Puerperal Bleeding

どんな病気か　分娩後、長期間経過していても、子宮から出血する危険性がありますが、分娩が終わって24時間以降におこる性器出血を、晩期出血といいます。

原因　子宮内に胎盤などが残っているとき、つまり子宮復古不全（前項）にともなっておこる場合と、気づかれずにそのままとなった裂傷、血腫、腫瘍（子宮筋腫、悪性腫瘍）、子宮内反（子宮の内側と外側が反転してしまう状態）、全身性の血液疾患などがあっておこる場合があります。

治療　まず、子宮収縮薬を使用します。それでも止血しないときは、感染を助長させないために、産後5～7日目に子宮内掻爬（子宮内容物の除去手術）が行われます。ただし、出血量の多いときには、ただちに子宮内掻爬術が行われます。

そのほかの原因で出血がある場合は、それぞれに適した治療が行われます。

産褥熱
Puerperal Fever

どんな病気か　子宮内の胎盤の剥離面をはじめ、分娩によって生じた傷に細菌が感染し、産後24時間以降から10日以内に、38度以上の熱が2日以上つづいた場合をいいます。現在では、分娩管理や抗生物質の進歩により、著しく少なくなりました。

症状

もっとも多い子宮内感染（産褥子宮内膜炎）の場合では、産後3～4日ごろに、発熱、下腹部痛、子宮の圧痛をきたし、悪露（2277頁）に悪臭があり、子宮復古不全がみられます。さらに重症になると、敗血症（2124頁）のような生命にかかわる状態となります。

検査と診断

血液検査が行われますが、産褥4日目ごろまでは、分娩の生理的影響を受けるので、判定が困難です。また、悪露、膿、血液について、細菌の培養検査が行われます。

産褥熱は、その症状から診断は比較的容易ですが、乳腺炎（824～826頁）、腎盂腎炎（1730頁）、手術による傷あとの感染などと識別する必要があります。

治療

全身、あるいは局所を安静にして、抗生物質や消炎薬を使用します。悪露がたまっている場合は、子宮の出口を拡張させ、子宮収縮薬を使います。子宮内に胎盤などが残っている場合には、十分な抗生物質を使用したうえで、子宮内掻爬（子宮内容物の除去手術）が行われます。

さらに、子宮内を直接消毒する治療が行われることもあります。

産褥静脈血栓症
Puerperal Venous Thrombosis

どんな病気か

分娩のとき早く血が止まるように、妊娠中は生理的に血液が凝固しやすい状態になっていますが、これがかえって悪い作用をおこすことがあります。つまり、血栓症（血液のかたまりができて、血管をふさいでしまう病気）を発症させる引き金になるのです。

現在、血栓症は、表在性と深在性（深部）に分けられています。

▼表在性静脈血栓症　産褥時に発生する血栓症の約70％を占め、一般的に軽症です。産褥2～3日目に、皮膚のすぐ下にある静脈に沿って、足関節内側から膝関節内側にかけて線状の発赤（皮膚が赤くなる）を認め、熱感と痛みがおこります。

▼深部静脈血栓症　妊婦死亡の原因として頻度の高い肺塞栓症（1414頁）の約70％が、この疾患を合併しています。

そのため、肺塞栓症を減少させるには、深部静脈血栓症を早期に発見し、適切な治療を行うことが重要です。しかし診断はとても困難で、なんらかの症状を示すのは、約10％にすぎません。

発症しやすい部位は、脚や骨盤内で、とくに左側に多くおこります。

症状は、脚の浮腫（むくみ）や腫脹（腫れ）、腓腹部（ふくらはぎ）の圧痛や痛みなどです。

以上のことから、最近では、深部静脈血栓症にかかる可能性の高い人（血栓塞栓症の既往歴のある人、浅在性静脈瘤、静脈炎のある人など）の場合は、予防的治療（少量のヘパリンカルシウムやヘパリンナトリウムを用いる）を行う必要があるとされています。

検査と診断

静脈に造影剤を入れてX線撮影をすると、血管の画像がとぎれていたり、造影剤が充満しているはずのところが欠けているのがみられ、診断が確定します。

また、超音波血流計測法で、大腿静脈音が聴きとれない場合、閉塞があると推測されます。

治療　表在性の場合、患部側の脚を高くしたり、圧迫するための弾性ストッキングを着用します。

深部静脈血栓症の場合は、抗凝固療法（ヘパリンやワルファリンカリウムといった薬剤を使い、血液をかたまりにくくする）が行われます。

予防としては、脱水状態や血液の濃度の改善をはかり、弾性ストッキングの着用や間欠的空気圧（空気圧による足のマッサージ）を行い、産後は早期に離床します。正常な出産でも、予防のため、抗生薬や消炎薬を使用します。

胎盤遺残
Retention of the Placenta

どんな病気か　赤ちゃんを出産すると、それにつづいて胎盤が出てきます。ふつう、胎盤は出産後まもなく出てきますが、30分以上たっても、胎盤の一部が子宮の中に残ってしまって、出てこない状態のことを、胎盤遺残といいます。

治療　胎盤遺残の治療では、おなかの上から子宮底をマッサージしたり冷やしたりするのと同時に、子宮の収縮を助ける薬剤を使って、子宮の中に残っている胎盤を外に出すようにします。それでも胎盤が出てこない場合、子宮内に手を入れて胎盤を出すことを試みますが、癒着胎盤では、胎盤を取出すことができません。

子宮の中に胎盤が残ったままだと、子宮が収縮しきれずに大量に出血したり、子宮の中に感染がおこって、ときには敗血症（2124頁）になってしまいます。そのため、子宮全体を摘出する手術を行わなければいけない場合もあります。

産褥期精神障害
Puerperal Psychosis

どんな病気か　産後の精神障害は、つぎの３つに大別されます。

▼マタニティーブルー　産後３、４日〜３週間程度で発症します。症状は、涙もろさ、抑うつ気分、不安、軽い知的能力低下（集中困難、行動が緩慢、忘れっぽさ）です。約半数の人に現れますが、多くはとくに治療しなくても、数日で自然に解消します。

▼産後うつ病　産後３か月ごろまでに発症します。症状は、睡眠困難や疲労感、活動レベルの低下、興味や楽しみの喪失、自責感、思考力や集中力の減退などです。とくに「母親として十分赤ちゃんの世話ができない」などの自己評価の低下、「これは自分の赤ちゃんではない」といった妄想、母子心中や嬰児殺しを含めた自殺の考えが浮かぶことが特徴です。頻度は３％程度で、精神薬物療法が必要となります。

▼産後精神病　多くは産後２週間以内に発症します。症状は不眠、不穏、疲労、気分の急速な変動などで始まり、妄想、錯乱といった本格的な精神病状態になります。頻度は１０００回の出産に１〜２例といわれ、入院および精神薬物療法が必要となります。

不妊

▼症状▲男性側では、性交障害や精子の異常、女性側では、排卵障害や卵巣機能不全、受精障害などが原因でおこる。

▼治療▲それぞれの障害や異常に応じた治療が選択され、場合により人工授精や体外受精なども行われる。

不妊症

Sterility

原因は男女どちらにも考えられる

◇子どもが欲しいのに妊娠しない

どんな病気か

避妊をせずに性交渉があれば（性交渉の頻度はカップルによりまちまちですが）、2年以内に約90％のカップルが妊娠するというデータがあります。残った10％のカップルは、その後の自然妊娠の率が低いため、不妊症と呼ばれます。

ほかの病気と異なり、**不妊症**という場合には、赤ちゃんが欲しくて、避妊せずに性交渉をもっていても妊娠しない人をさします。赤ちゃんを希望していなければ、病気とは考えないのがふつうです。

原因

男性に原因がある場合と（1788頁）、女性に原因がある場合があります。ここでは女性側についてみていきます。

▼排卵障害、黄体機能不全などの卵巣機能不全による不妊　排卵がなければ、当然妊娠はしません。排卵がない原因は、中枢性のものがほとんどです（中枢性無月経については「月経のおこるしくみ」858頁）。

しかし、**多嚢胞性卵巣症候群**（900頁）や**早発閉経**（**ゴナドトロピン抵抗性卵巣**）など、卵巣性の場合もあります。

また、排卵はあっても、排卵後に形成される黄体のはたらきが十分でない場合には、子宮内膜の分泌変化も不十分なため、着床障害をおこして、妊娠しにくくなると考えられています。このような状態を**黄体機能不全**（856頁）といいます。

▼卵管性不妊　淋菌やクラミジア感染などの性器感染が原因で卵管炎（子宮付属器炎 852頁）をおこすと、**卵管留膿腫**や**卵管留水腫**となり、**卵管閉塞**をおこします。大腸菌や、その他の細菌が原因となる場合もあります。

また、閉塞はなくても、卵管炎により卵の輸送能（排卵された卵子を卵管が子宮腔のほうへ送る能力）に障害があれば、不妊や異所性妊娠（881頁）の原因となることも考えられます。

▼子宮性不妊　子宮筋腫、なかでも内膜側にとび出しているような**粘膜下筋腫**は不妊の原因になると考えられます。

また、子宮筋層内に子宮内膜症が発生する**子宮腺筋症**や、**弓状子宮**（子宮底にくぼみがある）、**双頸双角子宮**（子宮体部が2つに分かれている）、**重複子宮**（子宮および腟の上部を形成するミュラー管の癒合不全）などの先天性の子宮の形態異常（899頁上段図）も、不妊の原因になりうると考えられています。

子宮内腔にできる子宮内膜ポリープや腫瘍なども不妊の原因となり得ます。

▼子宮内膜症　月経痛、性交痛、不妊などをおこす厄介な病気で、近年、増加傾向にあります。**骨盤内癒着**をおこすだけではなく、卵巣機能を障害したり、卵管采（832頁図3）の卵の捕捉や、卵管の卵の輸送能を障害したり、受精や初期胚（ごく初期の胎児）の発育をさまたげるなど、妊娠成立の多くの過程で障害をおこすといわれています。

▼免疫性不妊　精子は、女性にとって非自己たんぱくであるため、精子に対

◎顕微授精

顕微鏡で見ながら、細い針を卵子に刺入して、卵子内に精子を注入して受精させる体外受精法です。精子の活動性が低く、卵子の膜を破って中に入れないために受精できない不妊などの治療法で、1992（平成4）年4月には日本でも初めて、顕微授精による子どもが誕生しました。高度の治療ですが、統計的には通常の体外受精よりも妊娠率はやや低く、妊娠後の流産率はやや高い傾向にあります。

する抗体ができてしまい、子宮頸管粘液で精子を凝集させたり、動かなくしてしまったりして、受精を障害する場合があります。

このような**抗精子抗体**が検出される場合や、女性がリン脂質に対する抗体をもっている場合、自己抗体をもっている場合などは、不妊や習慣流産（880頁）の原因になると考えられています。

▼受精障害　従来わからなかったことですが、体外受精が普及するなかで、受精障害のあることが知られるようになりました。精子数が少ない場合や精子の異常率が高い場合には、受精能も悪いことが少なくないこと、卵の側では、高齢女性の卵の場合、受精率が低いことなどが明らかになりつつあります。

▼機能性不妊、原因不明不妊　検査をしても、原因が明らかにならないものをいいます。どこまで検査するか、腹腔鏡検査を行ったかどうかなどにより頻度が異なりますが、これほど生殖医学が進歩した今日でも、原因不明の不妊は少なくありません。

検査

不妊症の検査には、つぎのようなものがあります。

▼基礎体温測定　まず、基礎体温を測定し、排卵の有無、排卵日の推定、低温相（卵胞期）の長さ、高温相（黄体期）の長さなどをチェックします。

▼ホルモン測定　ホルモン分泌が正常かどうかを調べるために、卵胞期、排卵期、黄体期（着床期）などの時期ごとに、ゴナドトロピンやエストロゲン、プロゲステロンなどの量を測定します。

▼頸管粘液検査、性交後テスト　排卵期には、増加したエストロゲンの影響で、子宮頸管粘液が分泌されます。これを採取して、その量や粘りけ、結晶の有無などを調べます。

また、この時期に性交渉をもって、頸管粘液中の精子を観察することにより、頸管粘液と精子の適合性を検査します。抗精子抗体などにより、精子が凝集したり、不動化してしまうことも少なくないからです。

▼子宮卵管造影法（ＨＳＧ）、卵管通水法、卵管通気法（ルビンテスト）　これらの検査は、月経終了後、排卵がおこる前に行われます。

子宮卵管造影法では、膣から子宮腔に造影剤を注入します。卵管の通過性、子宮腔の状態、粘膜下筋腫の有無、子宮形態異常の有無などを調べることができます。通気法や通水法では、卵管閉塞の有無を検査できます。

▼子宮内膜生検、子宮内膜日付診　この検査をする場合は、避妊をして、着床期（黄体期中期）に、子宮内膜の生検（組織検査）を行います。

エストロゲンやプロゲステロンの効果により、子宮内膜が十分増殖しているか、分泌機能は正常かなど、着床環境が整っているかどうかを調べます。

この検査は、子宮体がんのないことを確認する意味でも、意義があります。

▼免疫学的検査　最近、免疫異常による不妊や習慣流産の存在が報告されています。そのため、抗精子抗体、抗核抗体、抗リン脂質抗体をはじめとして、抗ＤＮＡ抗体など、各種の自己抗体を調べます。

▼腹腔鏡検査　腹腔鏡は、卵管周囲の癒着や、腹膜のみに存在する内膜症の

◎子宮の形態異常

子宮頸部、子宮体部などに分化していく、左右の中腎傍管の癒合がうまくいかない場合に、子宮の形態異常がおこります。

発見と治療に有効です。

▼**子宮鏡**　子宮内膜ポリープや粘膜下筋腫の診断や治療に有効です。

　これらのほかにも、体外受精関係では、多くの精子受精能の検査が考案され、試みられています。

治療

　検査で判明した障害や異常に応じて、適切な治療を選択することがたいせつです。

▼**排卵障害、卵巣機能不全**　軽い卵巣機能不全（855頁）や基礎体温で高温相がない無排卵周期症などでは、温経湯や当帰芍薬散などの漢方薬が有効なことが少なくありません。また、無排卵周期症や、軽い中枢性無月経のような第1度無月経では、排卵誘発剤のクロミフェンクエン酸塩がよく使われます。

　第2度無月経では、hMG（ヒト閉経期ゴナドトロピン）の注射が用いられます（排卵誘発剤の詳細については、902頁を参照してください）。

　高プロラクチン血症（860頁）による排卵障害の場合は、下垂体腺腫がないかどうか、薬剤性でないかなどを検討した後、それらがなければ、ブロモクリプチンメシル酸塩やテルグリドなどのプロラクチン分泌を抑える薬剤を使用します。このほか、黄体機能不全では、プロゲステロンの補充やhCG（ヒト絨毛性ゴナドトロピン）の注射などが行われます。

　体重減少による排卵障害では、まず体重を戻すこと、ストレスによる排卵障害では、ストレスを解消することから始めなければならないのは、いうまでもありません。

▼**卵管性不妊**　卵管閉塞が原因の不妊では、まず、腹腔鏡や卵管鏡による手術で卵管形成術や拡張術を行うことを考えます。

　それでも再閉塞した場合や、卵管留膿腫や卵管留水腫など、形成術後の再発が心配されるような病気の場合には、体外受精の適応が考えられます。

▼**子宮性不妊**　粘膜下筋腫による不妊の治療には、子宮鏡を使った核出（筋腫の摘出手術）が行われます。

　子宮形態異常の場合は、形成手術が行われますが、子宮形態異常があってもそのまま妊娠することもあり、手術すべきかどうか、医師が迷う例も少なくありません。

▼**免疫性不妊**　治療薬として、漢方薬の柴苓湯、抗血小板用のアスピリン、少量の副腎皮質ホルモン（プレドニゾロン）などの使用が試みられています。

　これらの薬剤は、自己抗体の産生を低下させたり、血液の細かい擬集を抑制したりすることにより、受精や着床、初期胚の維持を阻害している因子を低下させると考えられています。

　抗精子抗体が陽性の場合では、体外受精も適応となります。

▼**受精障害**　受精障害がみられる場合は、体外受精で顕微授精をする以外に方法がありません。

▼**機能性不妊、原因不明不妊**　原因不明なので、特別な治療法があるわけではありませんが、漢方薬（おもに当帰芍薬散、桂枝茯苓丸、温経湯など）や、ときには、排卵誘発剤の使用、人工授精や体外受精なども行われます。

　体外受精の過程で、受精障害が発見されることもあります。その際には顕微授精が行われます。

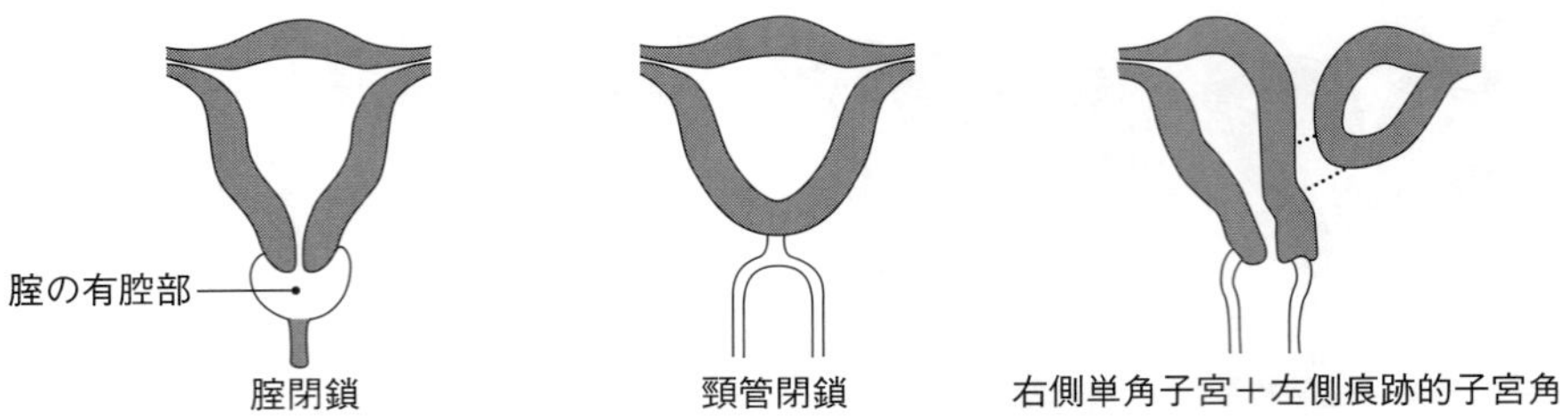

多囊胞性卵巣症候群
Polycystic Ovary Syndrome,
Polycystic Ovary Disease

ＰＣＯＳあるいはＰＣＯＤと略称されます。また、男性化をともなうものでは、**スタイン・レーベンタール症候群**などとも呼ばれます。その病態はまだ十分にわかっておらず、臨床的にも問題の多い病気です。

卵巣内で卵胞が発育して排卵直前になると、成熟した卵胞の直径は20㎜前後になり、エストロゲンが十分に分泌されます。そして、ＬＨサージ（858頁）もおこるのですが、この病気では、排卵はされません。このような状態になると、卵胞が卵巣内に多数できてしまい、多囊胞性卵巣の状態となります。

症状

月経不順になったり、無月経になったりします。また不妊症の原因にもなります。

この病気の特徴は、まず、超音波検査をすると、卵巣の表面にネックレスのように小さな囊胞が多数並んでいる（**ネックレスサイン**）のが確認できます。

病理学的には、囊胞が多数存在するとともに、白膜肥厚がみられます。つまり、卵巣の表面がかたくなってしまい、破れにくく、排卵しにくくなっているのです。

内分泌学的にもたいへん特徴があり、ゴナドトロピン（性腺刺激ホルモン）は、ＦＳＨ（卵胞刺激ホルモン）がほぼ正常で、ＬＨ（黄体形成ホルモン）が高い値を示し、ＬＨ-ＲＨテストをすると、ＬＨが高反応を示します。この状態になると、卵胞の周りの莢膜細胞が増殖し、アンドロゲン（男性ホルモン）が高値となりやすくなります。

日本人では、男性ホルモンが高値となっても、多毛（恥毛が濃くなる）や陰核肥大、嗄声（男性の声のように太くて低い声）などの男性化症状をおこす人は少ないのですが、ＰＣＯＳのある人は少なくありません。ＰＣＯＳは、不妊症の原因にもなります。

診断

問診で無月経の期間や状態を確認し、基礎体温で排卵があるかどうかをチェックします。また超音波検査で卵巣の状態をみたり、血液検査でホルモンの値を測定したりします。２００７（平成19）年に日本における新しい診断基準が統一され、①月経異常、②多囊胞性卵巣、③男性ホルモン高値またはＬＨ基礎値高値かつＦＳＨ基礎値基準範囲、これらの３つすべてを満たす場合に多囊胞性卵巣症候群と診断されます。

原因

原因として、肥満や耐糖能との関係、副腎との関係など諸説あります。

治療

子どもをすぐに望まない場合にはホルモン剤や低用量ピルなどで月経周期を整えます。子どもをすぐに望む場合は、クロミフェン療法やｈＭＧ製剤などの排卵誘発剤の使用が有効ですが、多胎妊娠や卵巣過剰刺激症候群（902頁）がおこる確率が高くなりますので、担当医とよく相談し、注意しながらの使用が必要です。

薬物療法では排卵がむずかしい場合、腹腔鏡手術で卵巣表面に穴をあけたりする方法で排卵しやすくすることもありますが、術後の副作用などの心配もありますので担当医と相談しましょう。

体外受精、胚移植とは

◇体外で受精させた受精卵を子宮に注入（胚移植）する方法

❖どんな人に体外受精が必要なのか

体外受精はからだの外で精子と卵子を受精させるため、本来の受精の場である卵管を必要としません。

したがって、卵管に障害がある人がもっともよい適応となりますが、卵管障害だけでなく、現在ではいろいろな場合に使われています。

▼卵管不妊　癒着などにより卵管がつまっていたり、異所性妊娠（881頁）などにより両側の卵管を摘出している場合。

▼子宮内膜症　重症の子宮内膜症（843頁）で、薬物療法や外科的治療（腹腔鏡下手術、開腹手術）をしても妊娠しない場合。

▼男性不妊　精子の数や運動率が不良で、人工授精をしても妊娠しない場合。また、極端に精子が不良のときは、顕微授精といって、顕微鏡で見ながら精子を直接卵子に注入する操作が必要になります。

▼免疫性不妊　女性のからだに、精子に対する抗体が存在し、精子の運動性が障害されて卵子と受精できない場合。

▼原因不明不妊　女性、男性のどちらにも異常がなく、一般的治療をしても何年間も子どもができない場合。体外受精は治療のみならず、受精障害の最終的検査としても有用です。

日本では、夫や妻以外の第三者の精子や卵子を使った体外受精や、第三者の子宮への移植（代理母）、遺伝子診断を目的とした場合などの体外受精は、倫理的に認められていません。

❖体外受精の手順

2～3日の入院を必要としたり、外来通院のみで可能な場合もあるなど、施設によって多少異なります。

①母体の卵子を採取します　自然にまかせると卵巣内で成熟する卵胞は1個だけなので、たくさんの状態のよい卵を採取できるよう排卵誘発剤（hMG製剤など）を注射し、卵胞を数多く発育させます。経腟超音波検査などで発育をみながら、卵胞が成熟したら超音波ガイド下で細い針を使って卵を吸引して採取します。麻酔をかけるので、ほとんど痛みはなく、数分で終わります。

②受精させて胚移植を行います　受精はシャーレの中で行いますので、卵を採取したら、夫に自分で精液を採取してもらい、よく運動している精子を選んで受精させます。

受精卵は卵管内に近い環境に設定された培養液と培養器の中で、約2日間培養します。2日後受精卵をそっと子宮の中に注入（胚移植）します。

状態のよい胚をたくさん移植すれば、妊娠率は高くなりますが、それと同時に多胎妊娠の発生率も高くなります。

日本産科婦人科学会では移植胚の数は原則として3個以下とするように勧めています。余った受精卵は冷凍して、つぎの周期のために保存する施設もあります。

採卵後20日して月経がなければ、妊娠反応検査を行います。

❖妊娠率はどれくらいか

1回の体外受精で妊娠できる率は、15～50%と病院によりさまざまで、妊娠しても約22%が流産に終わり、生産率（赤ちゃんを得られる確率）は、全国平均で約19%といわれています。

また、形態異常児の発生頻度は、自然に妊娠した場合と変わりありませんが、多胎妊娠率が高いことが問題となっています。

排卵誘発剤の知識

卵子が卵巣から排出（排卵）されるのを促進する薬を、排卵誘発剤といいます。

一般には、月経不順や無月経、排卵障害が原因の不妊症の治療に使われますが、排卵がふつうにある場合でも、人工授精や体外受精のときに、妊娠率をあげる目的でもよく用いられます。

排卵誘発剤は婦人科では必要不可欠な薬となっており、その開発や使用方法に対する研究に多くの努力がなされています。

❖排卵誘発剤の種類と効果

①クロミフェンクエン酸塩製剤（内服薬）　もっともよく使われ、副作用も比較的少なく安全性の高い薬です。使用する人の状態によりいろいろな使いかたがありますが、基本的には月経５日目から５日間内服します。

この薬の効果は、比較的軽い排卵障害では、70～80％の排卵率がありますが、頸管粘液の減少や、子宮内膜の発育が悪くなったりして、妊娠率は20％程度です。

この薬を用いて治療すると、多胎妊娠が約４％にみられ、ほとんどがふたごです。

②ｈＭＧ（ヒト閉経期〔下垂体性〕ゴナドトロピン）製剤（注射）　卵巣を直接刺激することによって排卵を引き起こす、現在ではもっとも強力な排卵誘発剤です。ｈＣＧ製剤（ヒト絨毛性ゴナドトロピン）といっしょに使うのが一般的です（ｈＭＧ‐ｈＣＧ療法）。

クロミフェンクエン酸塩製剤で排卵しない重症の排卵障害や、体外受精の排卵誘発のときに使用します。排卵の効果は70％に認められ、妊娠率も40％程度です。

同時に多数の卵胞が刺激を受けるので、多胎妊娠や卵巣過剰刺激症候群などの副作用がおこる頻度が高く、十分に卵巣の反応をみながら使用します。また、使いかたはいろいろありますが、注射のため、頻繁に通院することが必要で、治療代も高価です。

❖排卵誘発剤の副作用

ｈＭＧ‐ｈＣＧ療法を行う場合には、以下の副作用が問題になります。とくに、35歳以下の若い人、やせ型の人、多嚢胞性卵巣症候群（900頁）の人は、ｈＭＧ製剤に対する感受性が高いので、注意が必要です。

▼卵巣過剰刺激症候群（ＯＨＳＳ）　ｈＭＧ製剤を使用すると、同時に多数の卵胞が刺激を受けて発育してくるため、卵巣が腫れてしまい、おなかに水がたまります。さらに重症になると胸にも水がたまり、血管の中の水分が不足するので、血液が濃くなって粘りけが増します。これは、血栓症や呼吸困難、腎不全などをおこすとてもこわい副作用です。

しかし、ＯＨＳＳをまったくなくすことは、ｈＭＧを使う以上不可能です。下腹部痛や腹部膨満感、尿量の減少などの症状を自覚した場合は、早めにかかりつけの病院を受診します。また、適度に水分・塩分を摂取することと、安静にすることがたいせつです。軽症の場合は、外来で超音波検査、血液検査を行い、重症の場合は入院が必要です。

▼多胎妊娠　多胎妊娠やその分娩は、母体合併症、早産、低出生体重児、新生児死亡、後障害など、母子ともに産科的問題をおこしやすく、精神的、経済的に大きな負担になります。とくにｈＭＧ製剤を使用した際の多胎妊娠の頻度は高いので注意が必要です。

現在のところ、排卵誘発剤による多胎妊娠を防止する確実な方法はありませんが、卵胞の発育状態を十分に観察し、使用量を可能なかぎり少なくするように注意が払われています。また、体外受精の場合には、移植する胚の数を制限するなどしています。

第5章 脳・脊髄・神経の病気

脳・脊髄・神経の病気

脳、脊髄、末梢神経からなる神経系は、全身の組織や細胞に指令をだしたり、情報を受取ってコントロールしている。

脳・脊髄・神経のしくみとはたらき

◇神経系とは

人間のからだを形づくる細胞の数は、約60兆個といわれています。これらの細胞は、いくつかのブロックに分かれ、呼吸、循環、消化、代謝などのはたらきを分担しています。

この細胞の大集団が一糸乱れぬはたらきをするのは、神経系といわれる機構（次頁図1）が備わっていて、ときに応じ、状況に応じて全体のはたらきをコントロールしているからです。神経系は、構造のうえから脳・脊髄・末梢神経に分けられています。

このうち、脳と脊髄を**中枢神経（系）**といい、末梢神経から送られてくる情報を受け、それに応じて指令を発するコントロールシステムの役割をはたしています。

末梢神経は、からだのすみずみにまで広がる通信網で、中枢神経に情報を送るいっぽう、中枢神経から送られてくる指令をからだの各部分に伝達します。神経系は、そのはたらきの面から、**体性神経（系）**と**自律神経（系）**に分けることができます。

体性神経は、行動に関与する神経です。見たり、聞いたり、触れたりしたことを伝えて脳に認知させる受信機能と、この情報に反応してからだを動かす指令を伝える発信機能とがあります。受信機能を担当する神経系を**知覚（感覚）神経系**、発信機能を担当している神経系を**運動神経系**といいます。

自律神経は、生命維持に関与する神経です。私たちはそれと意識していませんが、細胞や組織といったミクロのレベルのはたらきも、心臓、肝臓といった臓器のマクロのレベルのはたらきも、この自律神経によって反射的に調節されています。

自律神経は意識にかかわりなく、自動的に内臓や体外から加わる刺激やショックを感じて間脳に伝える受信機能と、これらに反応して血圧、脈拍、発汗などを自動的に調節する発信機能を備えていますが、ホルモンのはたら

脳・脊髄・神経のしくみとはたらき

図1　神経系のしくみ

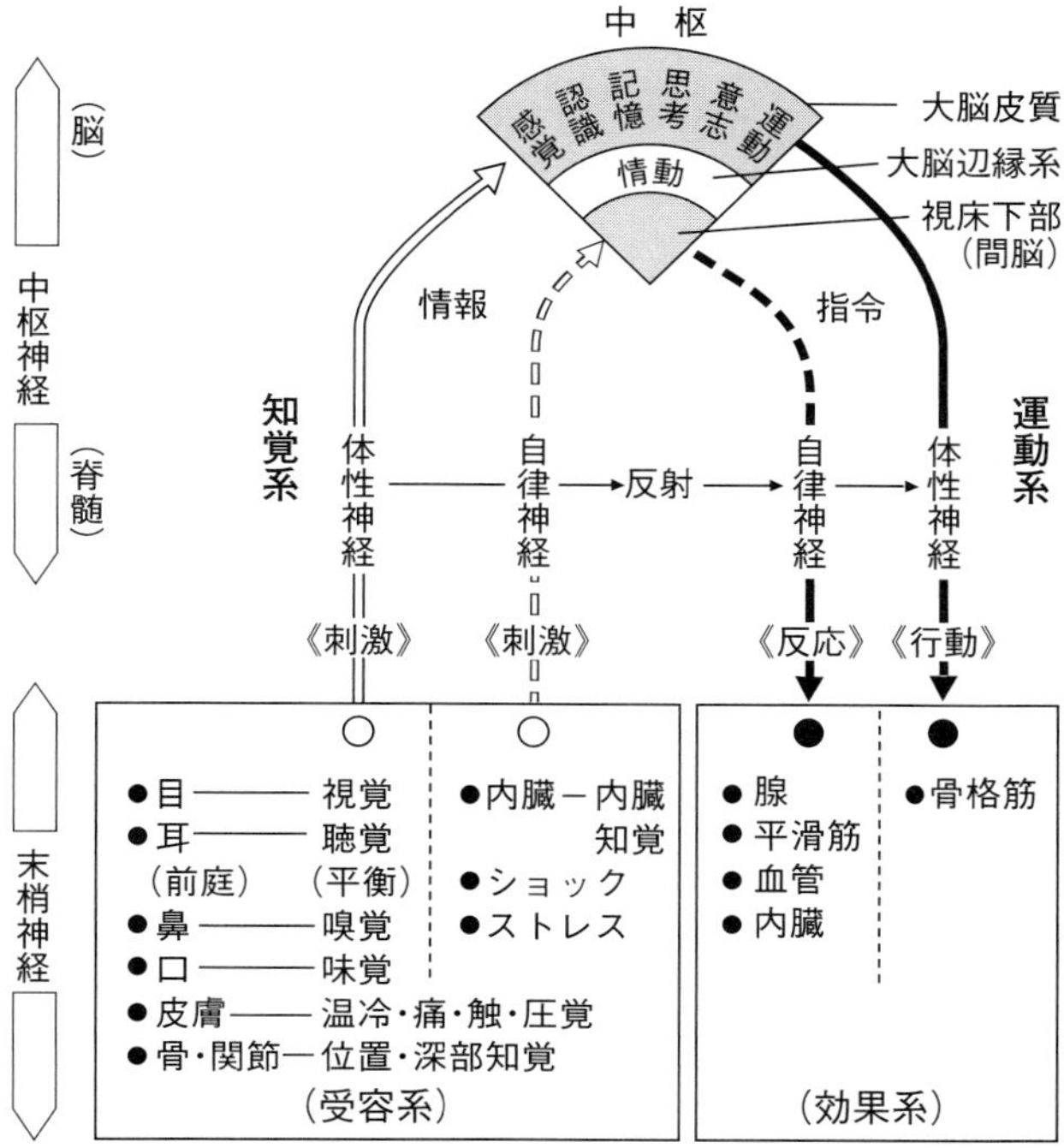

身体内外の物理的・化学的変化は、刺激となってそれぞれ専門の受容器（レセプター）という細胞群に受けとめられ（受容系）、神経インパルス（情報）として末梢神経、脊髄を経て脳に伝えられる（感覚）。脳へ伝えられた情報は、ここで分析・認知され（知覚）、適切な反応、行動が決定されて、脳から神経インパルスとして指令がだされ、脊髄、末梢神経を介して必要な部位（効果系）へ伝えられる。

図2　脳の構造

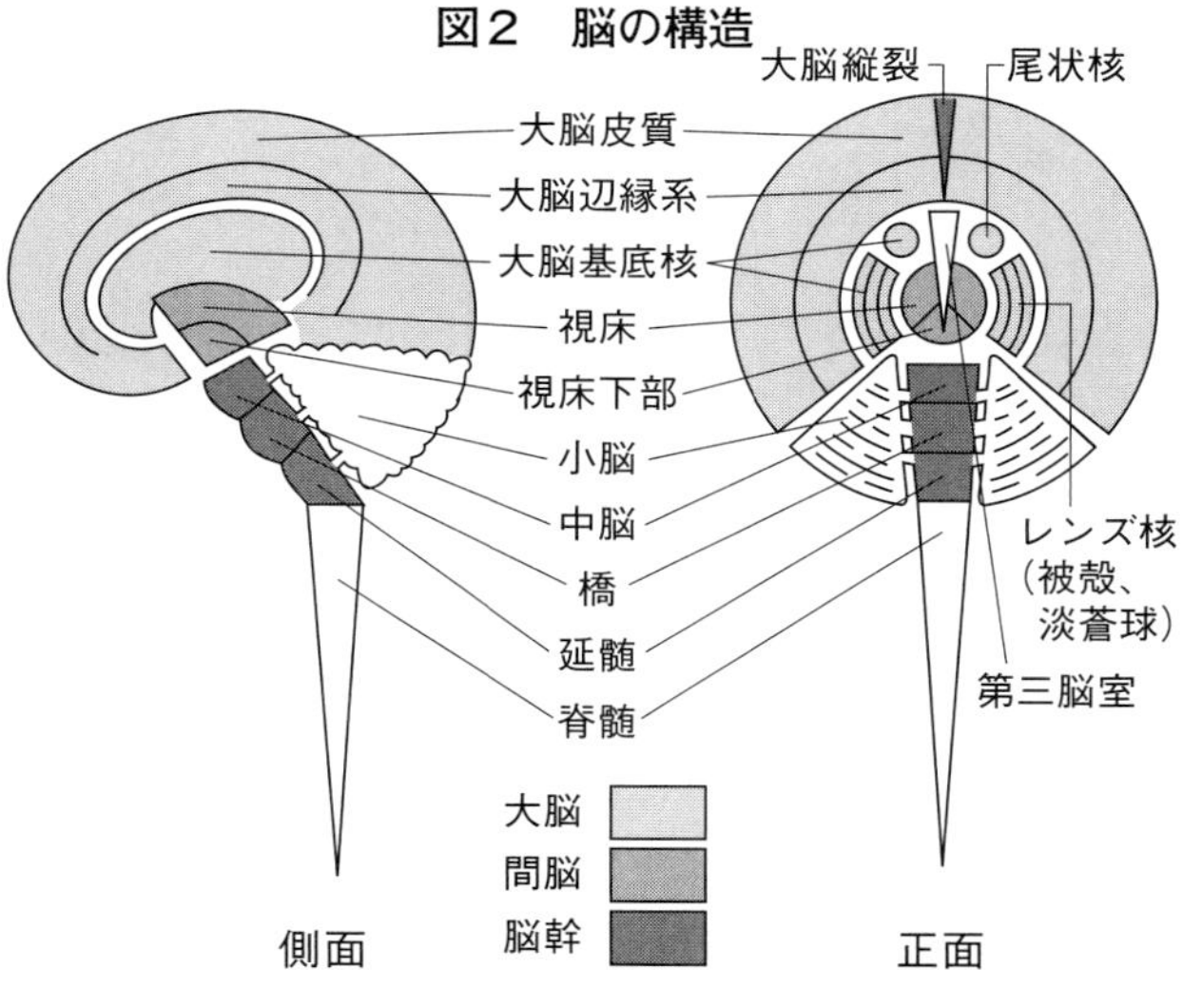

きとも深いかかわりをもっています。

脳・脊髄に伝えられる情報の大部分は、意識にのぼることなく、知覚‐運動という短路で処理されています。これを反射といいます（図1）。

さらに、人間の神経系は、コミュニケーションの手段としての言語活動や、言語によって営まれる精神活動（思考、創造）をもつことが他の動物と著しく異なる点です。

◇脳のしくみ

脳の大脳皮質の神経細胞の数は約140億個。脳は1・3～1・5kgの重さをもっており、最高の機能を有するコンピュータシステムといえます。

この脳は、機能と構造の面から大脳皮質、大脳辺縁系、大脳基底核（この3つを合わせて大脳という）、間脳、小脳、脳幹の6つの部分に分けることができます（図2）。

図３　大脳新皮質の運動中枢と知覚中枢

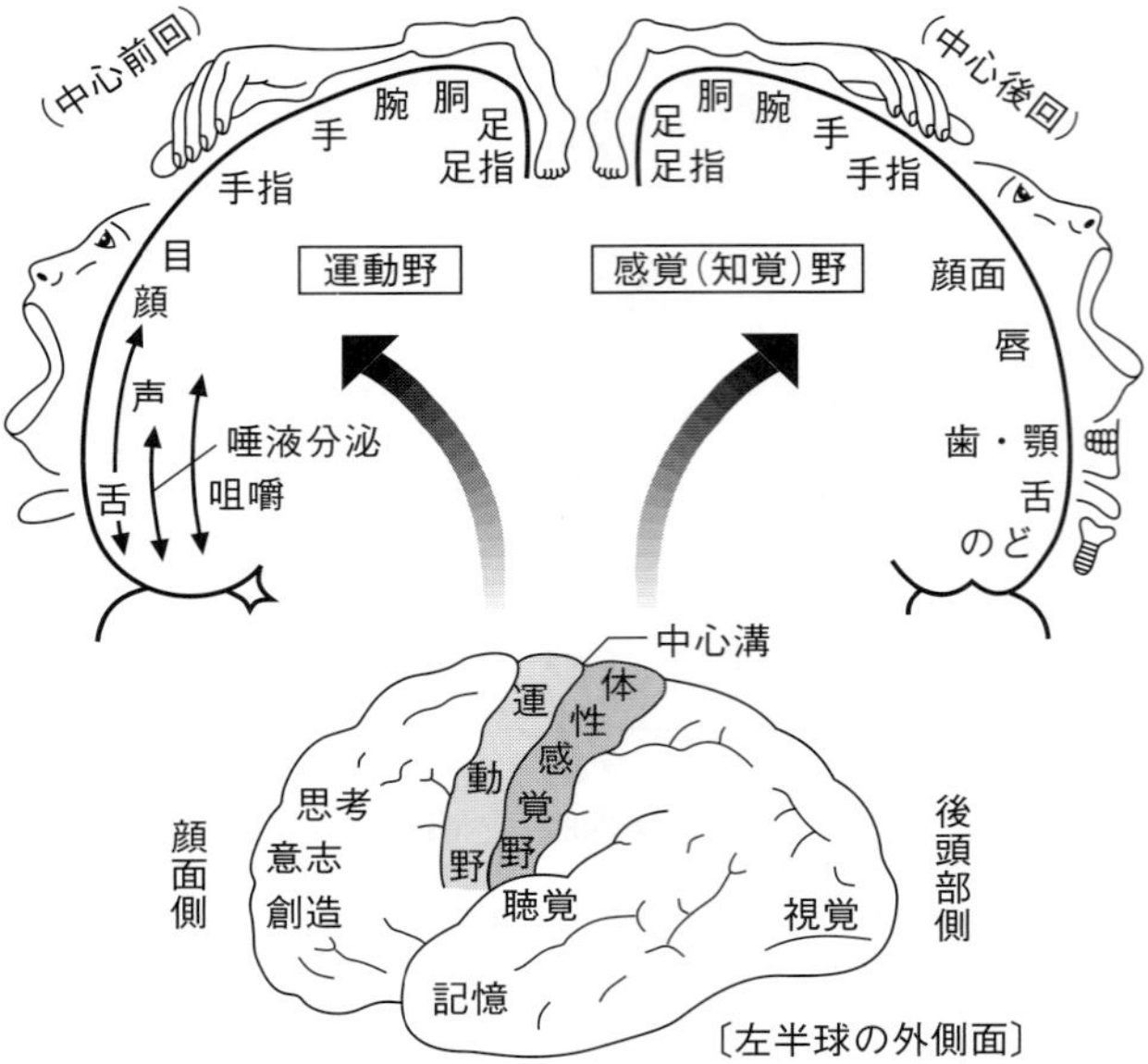

▼**大脳皮質**　大脳のいちばん外側をおおう広い面積を占める部分で、層状になった細胞の集まりです。この大脳皮質は、高等動物ほどよく発達しています。進化にともなって発達してきた部分なので、新皮質ともいいます。

大脳皮質は、前後に走る大きな溝（大脳縦裂）によって右半球と左半球とに分かれます。

２つの半球は、それぞれ**前頭葉**、**側頭葉**、**頭頂葉**、**後頭葉**という４つの部分に分かれています（908頁図６）。

前頭葉には、考え、話し、行動するための中枢（細胞群）が、側頭葉には、話を聞いたり、音楽を聞いたりする聴覚中枢が、頭頂葉には、からだの内外に加わる刺激を総合的に感知する感覚認知中枢が、後頭葉には、物を見る視覚中枢が、それぞれ存在します。

人と人とがコミュニケーションを保ち、理解し、考えるための部位を**言語中枢**（**言語野**）といいますが（次頁上段）、これも大脳皮質にあります（図４）。

話す中枢は前頭葉に、聞く（理解する）中枢は側頭葉に、読み書きの中枢は頭頂葉に存在します。言語中枢は、右ききの人は左半球に、左ききの人は右半球に存在するのが原則です。

前頭葉と頭頂葉の境を中心溝といい、この中心溝に沿って身体各部の運動と知覚の中枢が、頭と足とを逆さまにした配列で分布します（図３）。

中心溝の前方を**中心前回**、後方を**中心後回**といいます。中心前回は運動（**運動野**）を、中心後回は知覚（**体性感覚野**）をそれぞれつかさどる中枢ですが、手と口の運動と知覚とをつかさどる中枢がとくに大きな面積を占めています。これらの運動・知覚の中枢は、呼吸や嚥下（飲み込む運動）などの例外を除いて、からだの反対側を支配しています（呼吸、嚥下は両側支配）。したがって、脳卒中で右側の手足がまひした場合は、左側の脳（左半球）が障害を受けていることになります。右ききの人が、脳卒中のあとに失語症（913、1193頁）をおこしたときは、左半球が障害を受けているのです。

▼**大脳辺縁系**　大脳皮質の一部ですが、進化のうえでは古い部分にあたり、大脳皮質が新皮質と呼ばれるのに対し、旧皮質または古皮質と呼ばれています。進化につれて新皮質が発達してきたために、大脳皮質の内側底面に閉じ込められた形になっています。

帯状回、脳梁、海馬、歯状回、小帯回、海馬回、鉤、嗅回、嗅球、後眼窩

◎言語野とは

ことばの理解や表現をつかさどる脳の部分を言語野（言語中枢）といい、前言語野、後言語野、上言語野の３つの領域から成り立っています（図４）。

前言語野は、運動性言語野ともいい、ことばを話す機能をつかさどっています。

後言語野は、感覚性言語野ともいい、話しや文字の理解、書字の機能をつかさどっています。

上言語野は、前言語野の機能を補助するはたらきをしていると考えられています。

この３つの言語野は、神経でつながっていて、互いに協調しながらことばの機能を保っています。

また、この３つの言語野は、右ききの人は左の大脳半球に、左ききの人は右の大脳半球に存在するのが原則です。

回、透明中隔といった部分で構成されています（図５）。

大脳辺縁系は、自己保存のための食欲、種族保存のための性欲、集団をつくって種族を保護しようとする集団欲などの本能行動をはじめ、快、不快、怒り（闘争）、恐れや不安（逃避）といった原始感覚（情動）にかかわる部分で、動物的行動の中枢ともいえます。海馬は「記憶の座」としても注目されます。

▼大脳基底核　脳の芯の部分にあたる細胞集団で（905頁図２）、尾状核とレンズ核、視床が中心となっていて、視床下部（ルイ体）、脳幹の中脳（赤核と黒質）・橋（網様体）・延髄（オリーブ核）、小脳と相互に関連をもちながら、随意運動（動かそうと思って動かすからだの運動）をスムーズにし、姿勢を正しく保ち、筋肉の緊張を調節するはたらきをしています。このようなはたらきに関与している脳のシステムを**錐体外路系**と総称しています。

▼間脳（視床と視床下部）　視床は、第三脳室（髄液で満たされている脳室の一部で、間脳の中に位置する）の下部を両側から挟むように位置している部分で（図２）、嗅覚を除くすべての感覚を伝える神経線維の中継点となっています。

図４　大脳皮質の言語中枢
（左大脳半球上部および側面）

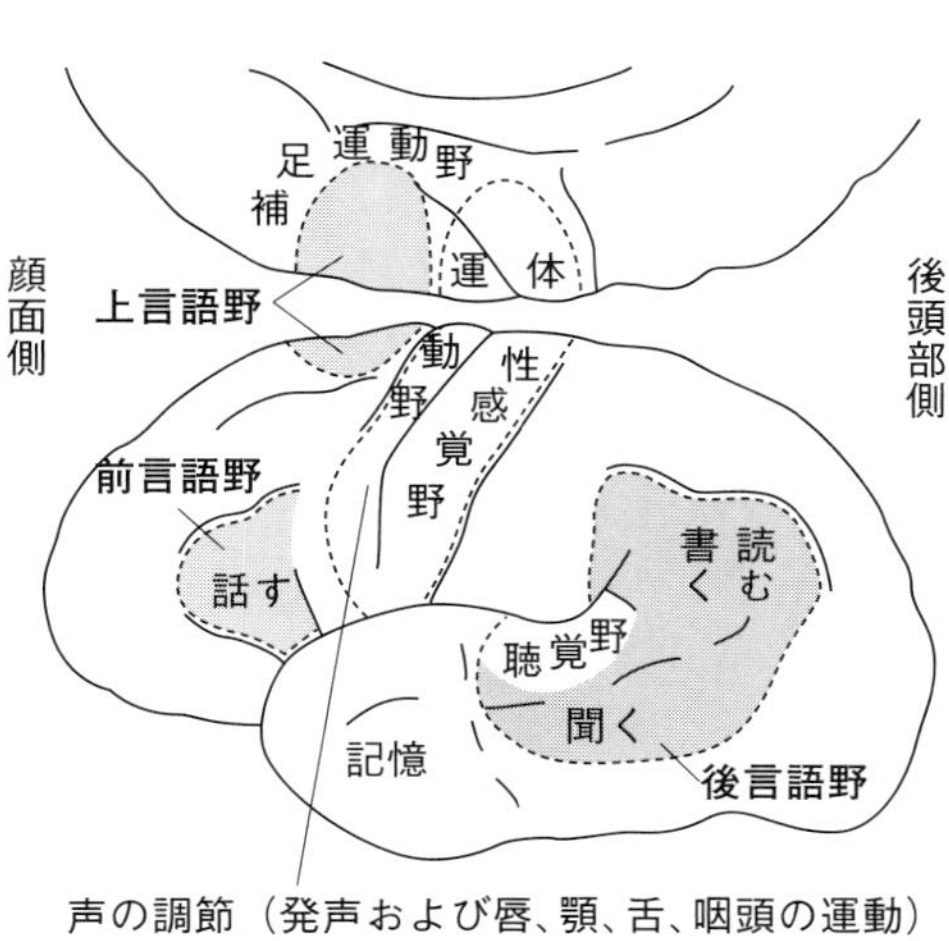

図５　大脳辺縁系
（右大脳半球の内側面）

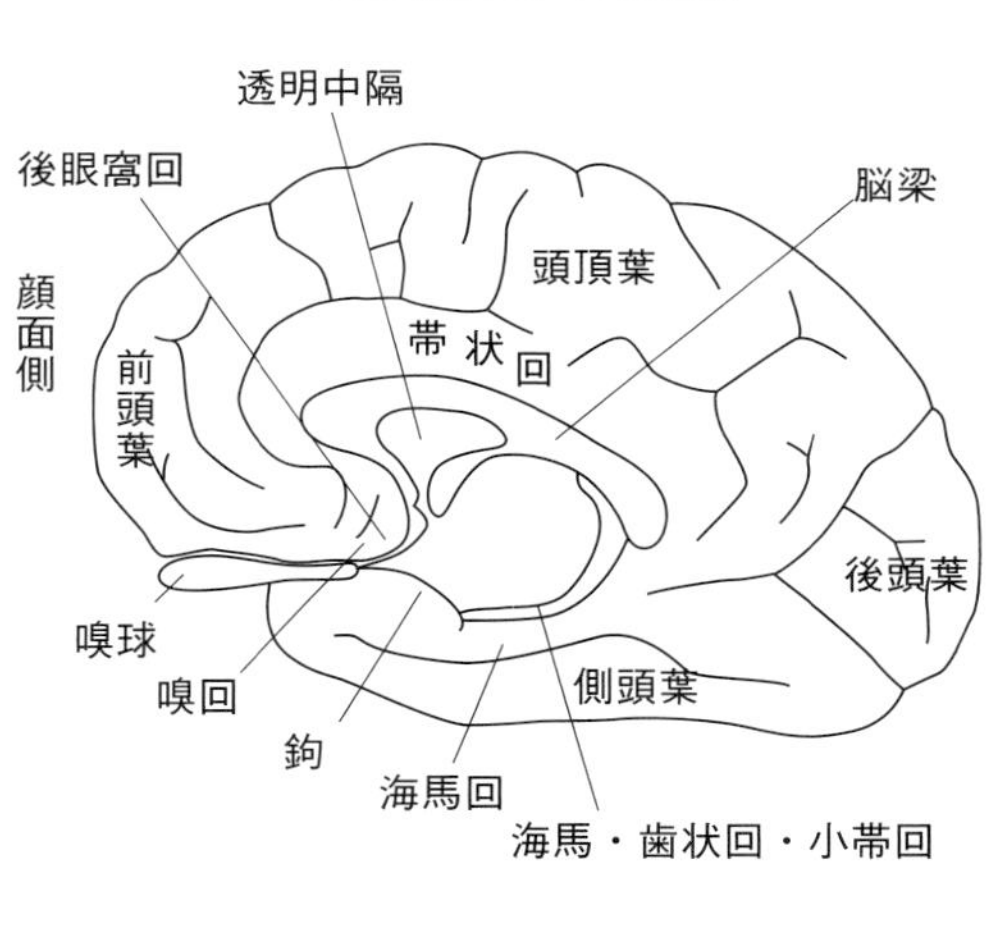

図6　大脳皮質の4つの部位
（左大脳半球の側面図）

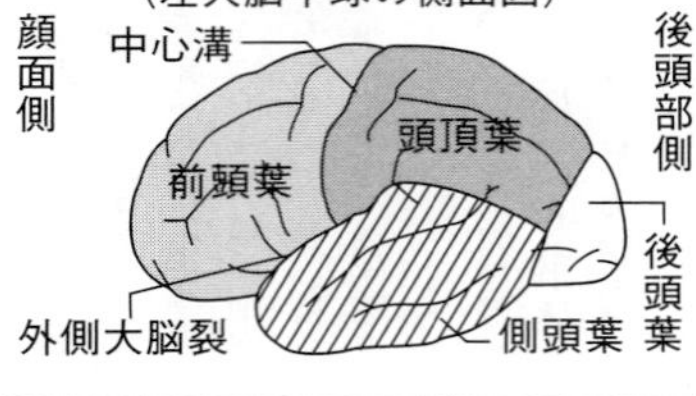

図7　小脳（上から見たところ）

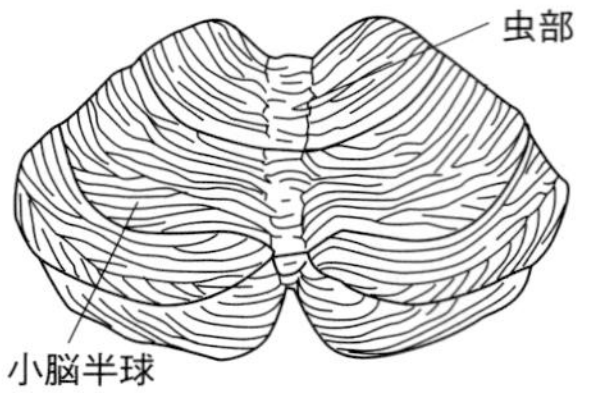

そのほか、脳幹の網様体から出ている線維を受け、大脳へ線維を伸ばして意識を保つはたらきをしたり、錐体外路系の一環として運動機能に一役買ったり、大脳辺縁系とも関連をもつなど多面的なはたらきをしています。

視床下部は、第三脳室の下方にあって、自律神経系、内分泌（ホルモン）系、体液調節の中枢としてはたらいているほか、大脳辺縁系の一部として生命を維持するのに重要なはたらきをしています。

▼小脳　大脳の後ろ下方にあって（905頁図2）、左右の半球に分かれ、中央には、虫部という細長い構造をした部分があります（図7）。

小脳半球は、手、足の複雑で敏速な運動をスムーズに行わせるはたらきをしています。虫部は、姿勢やからだのバランスを保つ役目をもっています。

▼脳幹（中脳、橋、延髄）　脳全体はキノコの形（図2）に似ていますが、キノコの幹（柄）の部分にあたる中脳、橋、延髄の3つを合わせて脳幹と呼びます（図8）。脳幹の形も大きさもその人の親指に似ています。

図8　脳幹
（横から見たところ）

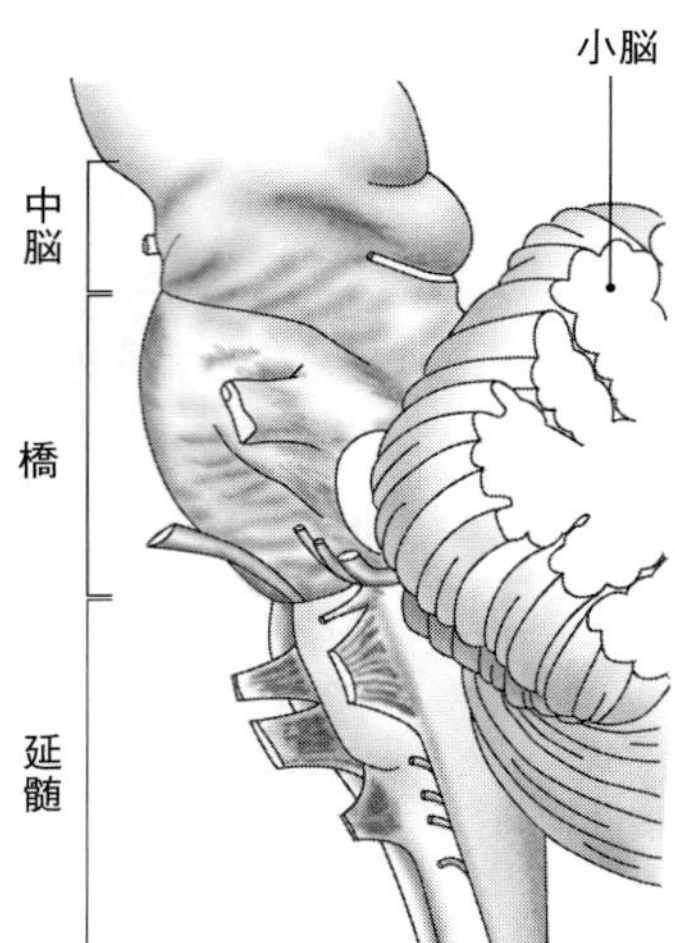

脳幹の中には、脳と脊髄とを結ぶ上行（脊髄から脳へ）、下行（脳から脊髄へ）の各種神経伝導路が通過しているほか、運動・知覚・自律神経の核、脳神経の核、網様体などの細胞の集団が含まれています。

中脳には、筋肉の緊張、運動の調節に関与する黒質、赤核のほか、眼球の動きや瞳孔の大きさの調節を行う核があります。

橋は、脳幹のなかでもっとも大きく膨らんだ部分で、ここには、顔や目を動かす運動核、運動線維の中継核である橋核があります。

延髄は、その形から球部とも呼ばれ、発音や飲食物の嚥下（飲み込み）をつかさどる核や呼吸・循環・発汗などを調節する自律神経の重要な核が含まれています。

網様体は、中脳から延髄にかけての広い範囲を占める、特別な構造をした部分で、意識の覚醒や注意力を保つのに重要なはたらきをしています。

◇脊髄のしくみ

脊髄は、延髄から下方に向かって細長く伸びた脳の突起（延長）といえる部分で、全体が脊椎（背骨）に囲まれて保護されています（910頁図11）。

図9　脳神経

〔脳の底面〕

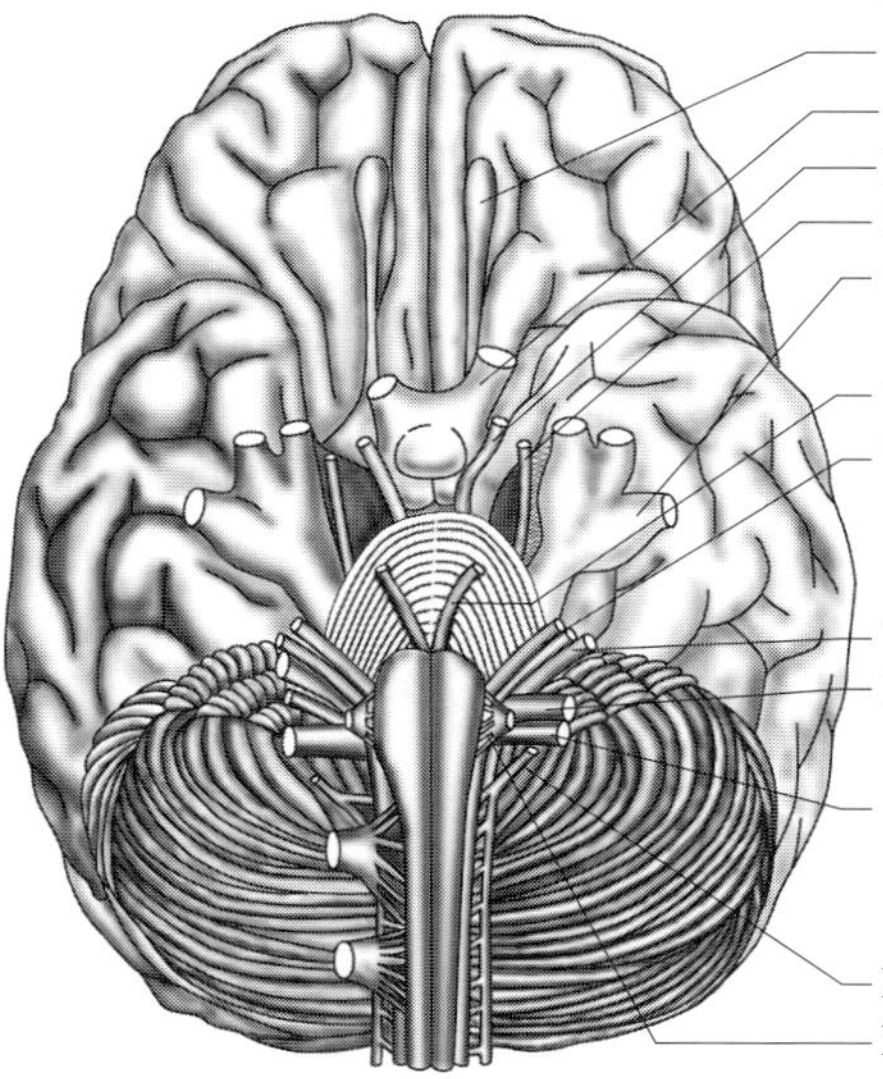

（名称）	（機能）
Ⅰ 嗅神経	嗅覚
Ⅱ 視神経	視覚
Ⅲ 動眼神経	眼球運動、瞳孔の縮小と調節
Ⅳ 滑車神経	眼球運動
Ⅴ 三叉神経	咀嚼筋と鼓膜張筋の調節、頭部の一般感覚
Ⅵ 外転神経	眼球運動
Ⅶ 顔面神経	顔面表情筋と耳小骨筋の調節、涙腺と唾液腺の調節、味覚、内臓感覚
Ⅷ 内耳神経	聴覚と平衡感覚
Ⅸ 舌咽神経	嚥下運動、唾液腺の調節、味覚、内臓感覚
Ⅹ 迷走神経	嚥下運動、喉頭筋・胸腹部・内臓器官に対する副交感性支配、味覚、内臓感覚
Ⅺ 副神経	肩と頭の運動
Ⅻ 舌下神経	舌の運動

脊髄の中心部は、灰白質という細胞の集団でできていて、外側は、白質という神経線維からなり（次頁図10）、さらにその外側を髄膜という膜がおおっています。

脊髄は、運動系、知覚系、自律神経系の神経の伝導路で、ここから派生した末梢神経が椎間孔という脊椎の孔から出て、からだの各部位に伸びています。また、脊髄反射（腱反射、皮膚反射）、交感神経（胸髄）、副交感神経（仙髄）の中枢としてのはたらきもしています。

◇末梢神経のしくみ

中枢神経より先の神経の部分を**末梢神経**と総称しています。

末梢神経は、ヒモか糸（線維）のように見え、神経信号（インパルス）を伝える電線のようなはたらきをしています。末梢神経には、脳から出て、おもに顔面や頭部に分布する12対の脳神経（図9）と、脊椎の椎間孔から出て、からだのすみずみにまで分布する脊髄神経（次頁図11）とがあります。

▼脳神経　脳神経の本数は、12対、計24本で、いずれも脳幹（前頁図8）に神経核をもちます。これらの神経核は、脳幹の背部に左右2列に順序よく並んでいます。

目・耳・鼻・口・顔面の皮膚や粘膜に加わった刺激を伝える知覚系、外眼筋・顔面筋・咀嚼筋などの筋肉や嚥下・発声に関与する筋肉を動かす運動系の神経のほか、涙やよだれに関与する自律神経（副交感神経）も脳神経に含まれています。

▼脊髄神経　頸椎から尾骨までの脊椎（背骨）の椎間孔から出ている神経で、8対の頸髄神経、12対の胸髄神経（肋間神経）、5対の腰髄神経、5対の仙髄神経、1対の尾髄神経の31対、計62本の神経で構成されています。

これらの神経は、脊椎を出たところでは、運動系の前根と知覚系の後根に分かれていますが（図10）、やがて合流して混合神経となります。また、自律神経節（911頁図12）からの線維もつながっていて、結局、末梢神経には、運動系、知覚系、自律神経系の3種類

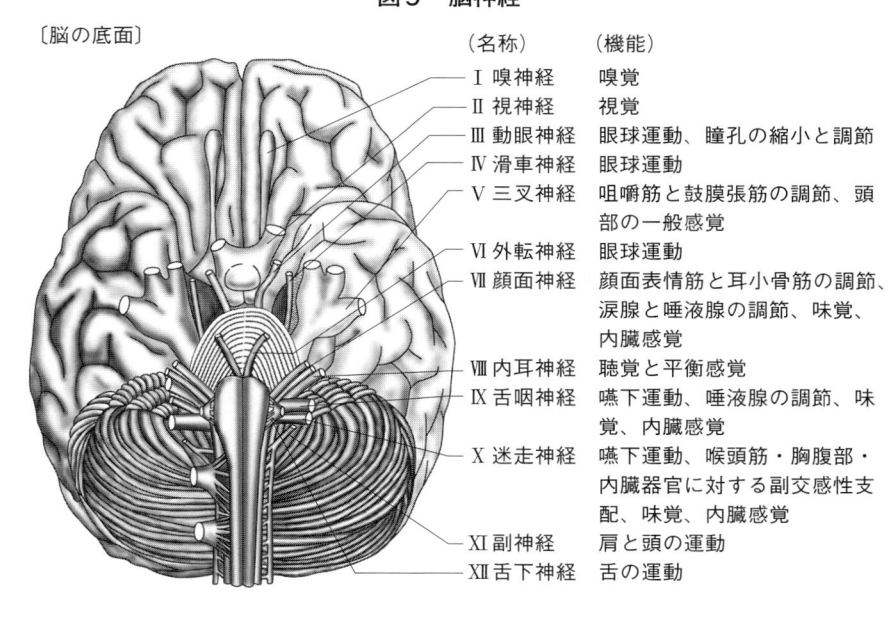

図10　脊髄

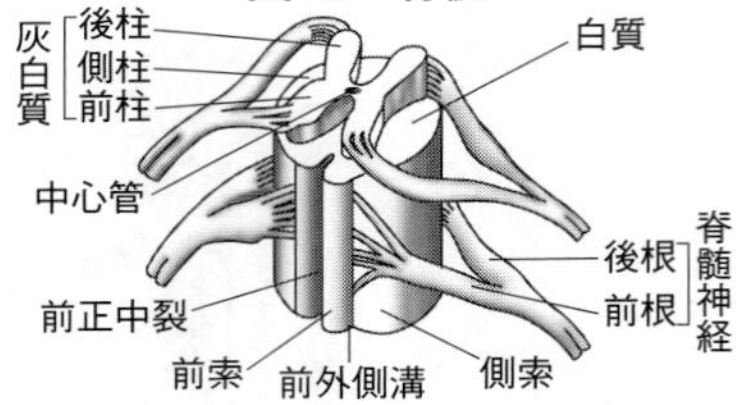

図11　脊髄のしくみ

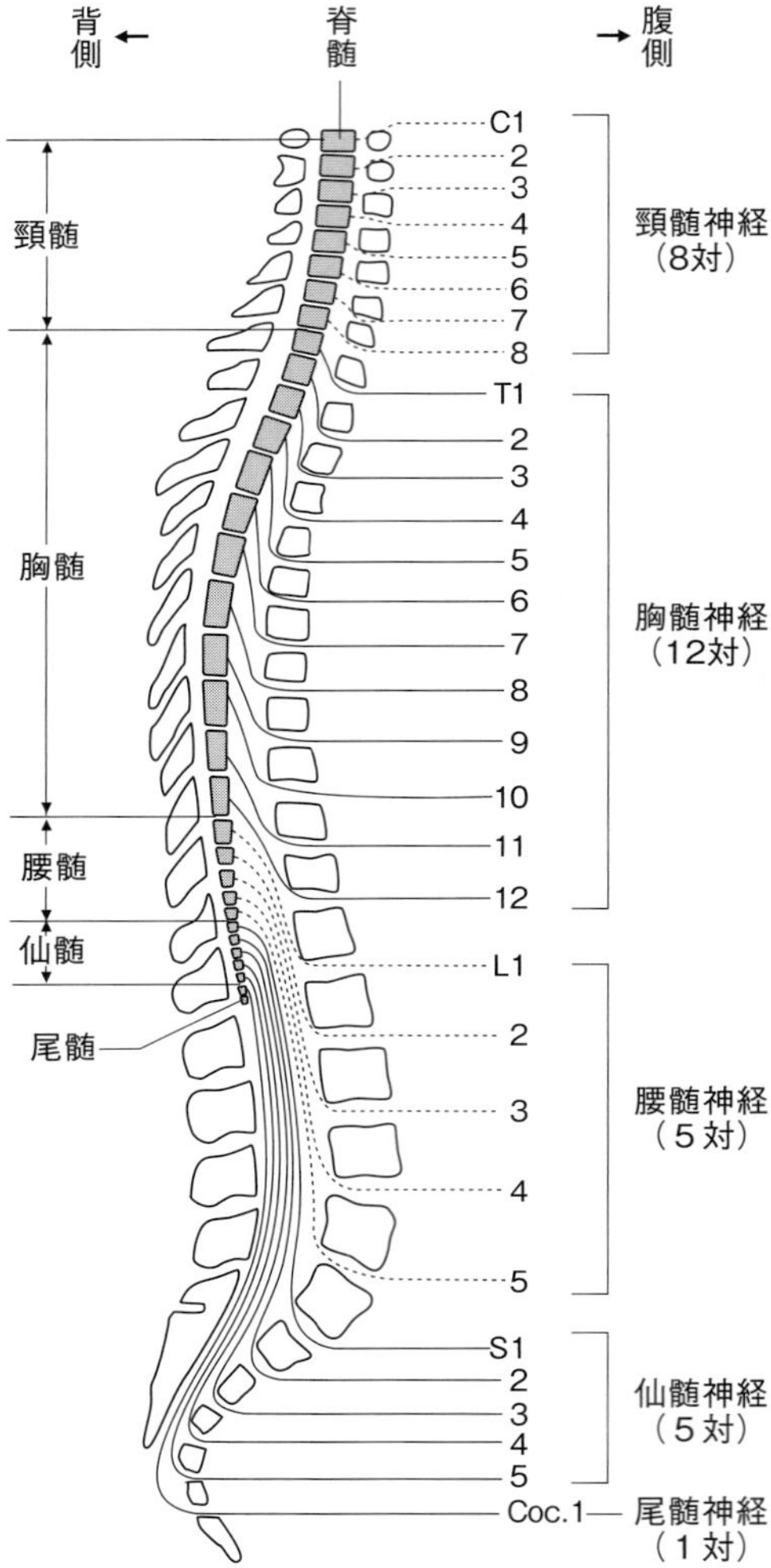

の神経線維が混在することになります。

運動系の神経線維の末端は、神経筋接合部という特殊な構造によって筋肉と連結していて、脳から送られてくる神経信号に応じて筋肉を動かします。

知覚系の神経線維の末端は、痛覚、温度覚、触覚などの知覚専用のレセプター（受容器）となり、ここで感じた刺激を脳に伝えます。

自律神経系の神経線維は、その末端が血管、分泌腺、内臓の平滑筋に達していて、これらのはたらきを調節しています。

◇自律神経のしくみ

いろいろな臓器や器官のはたらきを自動的に調節しているのが**自律神経**です。呼吸、脈拍、血圧、体温、発汗、排尿、排便などは、自律神経によって調節されています。眠っていても生命を維持できるのは、自律神経のはたらきによるのです（図12）。

自律神経の中枢は、間脳の視床下部（907頁）にあって、運動系や知覚系の神経と同様、脳幹・脊髄を通り、脊椎の椎間孔という孔から出て、からだの各部位に分布しています。

自律神経には、**交感神経**と**副交感神経**の2種類があり、相反するはたらきをもち、必要に応じてどちらかのはたらきが強くなって臓器や器官の機能を調節します。たとえば、運動をすると交感神経が活発にはたらき、心臓の拍動が速くなり、運動をやめると副交感神経がはたらき、心臓の拍動はゆっくりになります。内臓や器官の機能は、このように自律神経によって自動的に調整されているのです。

◇頭蓋のしくみ

脳は、**頭蓋骨**というかたい骨で囲まれ、保護されています。

この頭蓋骨は、20個以上の骨で組立てられていますが、赤ちゃん時代には、骨と骨の間にはすき間があります。赤

図12　自律神経のしくみ

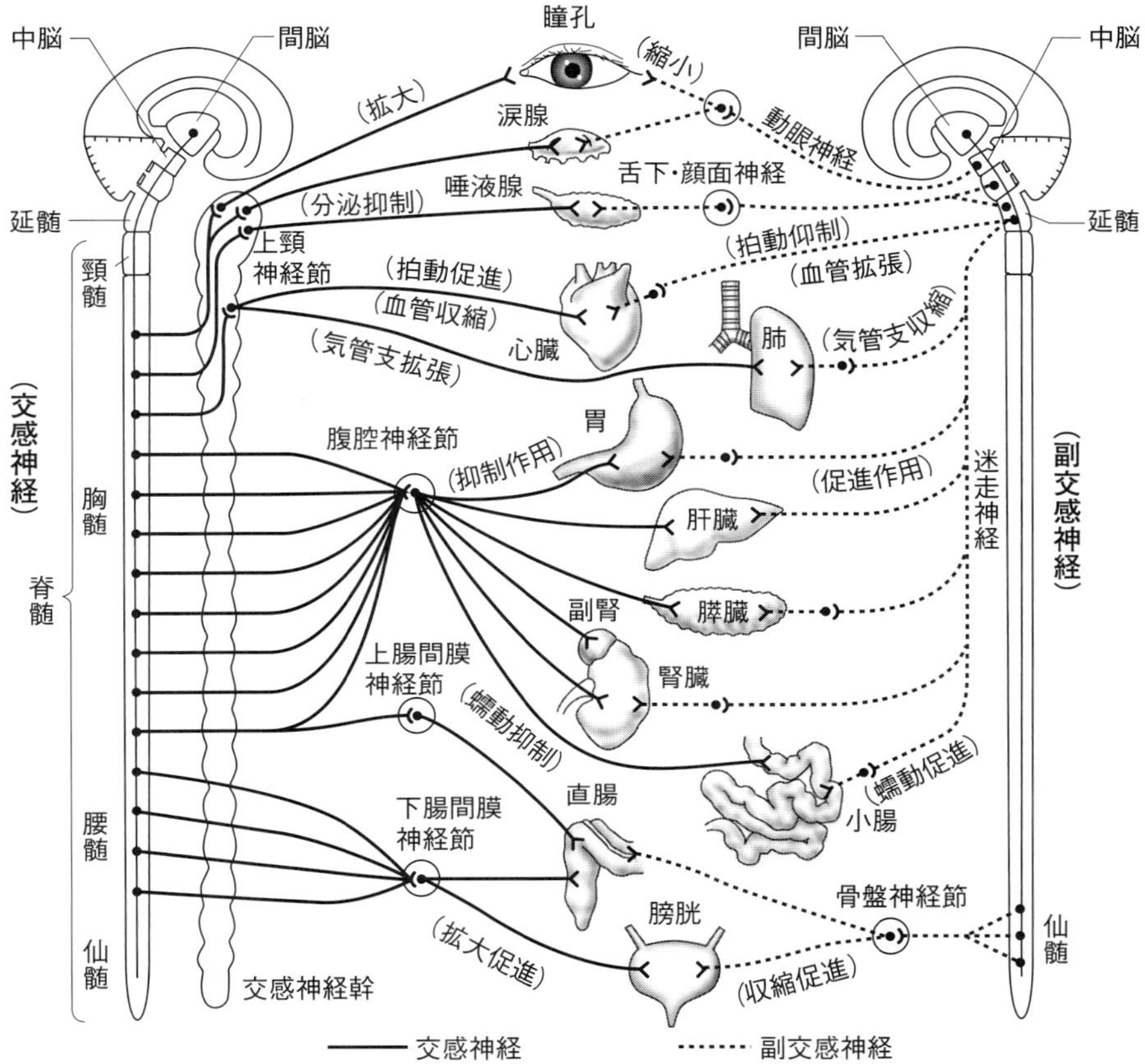

	心臓の拍　動	血管	血圧	瞳孔	気管支	発汗	消化運動	立毛筋
交感神経	促進	収縮	上昇	拡大	拡張	促進	抑制	収縮
副交感神経	抑制	拡張	下降	縮小	収縮	抑制	促進	弛緩

ちゃんの頭の中央にある**大泉門**（だいせんもん）もそのひとつです。赤ちゃんの頭蓋骨のすき間は、成長するにつれて狭まり、やがて閉じます（癒合（ゆごう））。大泉門が閉じるのは、生後1年3か月ごろです。

　脳の表面は、3層の膜でおおわれています。いちばん外側をおおうのは硬膜（こうまく）で、この膜は頭蓋骨に密着しています。その下をくも膜（まく）がおおい、さらにその内側を軟膜（なんまく）がおおっています。この軟膜の内側に脳があるわけです。

　くも膜と軟膜の間には、髄液という体液が循環していて、外から加わる衝撃から脳を保護するクッションのはたらきをしています。硬膜とくも膜の間には、リンパ液が循環しています。

◇髄液のしくみ

　脳と脊髄は、骨（頭蓋骨と脊椎）に包まれていますが、骨と脳・脊髄の間にはすき間があって、ここを髄液（ずいえき）が循環しています。

　髄液は、外力から脳と脊髄を保護するクッションの役目をするほかに、代謝にも関与しています。

脳・脊髄・末梢神経系の主要な症状

◇特異な症状が多い

神経系は、頭から手足の先まで連絡網を張りめぐらせ、生命と生活と文化を支えています。神経系にトラブルが生じると、その重要さがあらためて切実にわかりますが、症状にも特異なものが少なくありません。

神経系にトラブルが生じたときのおもな症状を表にまとめましたが(次頁)、以下にも代表的な症状について解説しておきましょう。

◉気分の変調

イライラ感、不安感、恐怖感、絶望感などの耐えがたい気分に襲われますが、このような気分の変調も、自分からは言いださないことが多いものです。

◉頭痛（917頁）

もっともありふれた症状で、自己診断、自己治療ですまされていることが多いようですが、生命にかかわるくも膜下出血や、油断のならない脳腫瘍などが原因の頭痛もあります。

吐きけ、嘔吐をともなう、痛みがいつもよりも激しい、痛みかたがいつもとはちがう、痛みがいつまでも治まらないといったときは、いちど、診察を受けるべきです。

◉視力・視野の障害

急に視力が落ちる、視野の一部や半分が見えなくなる、物が二重に見える（複視）といった目の症状は、脳（とくに後頭葉）と脳神経（視神経、動眼神経、滑車神経、外転神経）に病変が生じたことを示す重要な兆候です。

◉めまい（眩暈）（1137頁）

めまいには、周囲がぐるぐると回って目を開けていられない**回転性めまい**と、足元がぐらぐらしたり、浮いた感じがする**浮動性めまい**とがあります。

回転性のめまいは、内耳・脳幹・小脳の病気（血管の障害、腫瘍）が原因のことが多く、吐きけ、嘔吐、頭痛をともないます。また、めまいは体位や頭の位置を変えると強くなります。

浮動性めまいは、血圧の変化や血管障害でおこることが多いものです。ときに脳卒中の前触れのこともあります。

◉難聴（1136頁）**・耳鳴り・頭鳴り**

難聴、耳鳴りにめまいをともなう場合は、メニエール病（1132頁）や聴神経腫瘍（1140頁）が疑われます。

高齢者には、頭の中でゴーゴー、ブンブンと音のする頭鳴りがおこることがあります。これは血管障害が原因と考えられています。

脈拍と一致して、頭の中でザーザーという音が続く場合は、動静脈の異常のことがあります。

◉しびれ

じんじん、ぴりぴり、ちくちく、むずむずといった不快感を、からだの一部分に、あるいは半身に感じることもあります。

長くつづくことが多く、耐えがたいものです。知覚神経が刺激されておこると考えられています。

末梢神経障害（糖尿病、アルコール依存症など）、脊髄の病気（多発性硬化症など）、脳の病気（視床の障害など）が原因となります。

脳・脊髄・末梢神経系のおもな症状

	おもな症状と解説頁
自分にしかわからない症状	気分の変調（前頁）、頭痛（917頁）、視力・視野の障害（前頁）、めまい（1137頁）、難聴（1138頁）、耳鳴り（1143頁）、頭鳴り（前頁）、しびれ（前頁）、吐きけ、神経痛（972頁）など
自分ではわからない症状	意識障害（下段）、高度の認知症など
自分も周囲の人も気づく症状	運動まひ（次頁）、運動失調（次頁）、不随意運動（951頁）、けいれん（次頁）、構音障害（915頁）、嚥下障害（915頁）、歩行障害（915頁）、一般動作の異常、失禁（915、1759頁）・尿閉（915頁）、発汗の異常（自律神経の障害　915頁）、起立性低血圧（1406頁）、筋萎縮、四肢の変形など
周囲の人が気づく症状	顔つき・目つき（915頁「その他」）、徘徊・不潔な行為などの異常行動（915頁「その他」）、態度（ようす）など
コミュニケーションの障害	失語（症）（下段）など
考えるしくみの障害	失認（症）（次頁）、失行（症）（下段）、健忘（症）（次頁）

◉意識障害

　ねぼけや居眠りのようにもみえますが、ひどい場合は、呼びかけたり、ゆすったりするふつうの刺激では意識が覚めず、意識が戻ったあとにそのときのこと、たとえば、大騒ぎしたり、苦痛をともなう手当を受けたりしたことなどをまったく覚えていない点が大きくちがいます。意識障害は、脳の全般的な重症の病態を意味する症状で、一刻も早く生命維持の手当（呼吸・循環の機能確保）をし、病因の確定、適切な治療を受けさせなければなりません。

　意識障害には、いろいろな程度があります。ぼんやりしていて、自分のいる場所、時間、周囲の人のことなどがわからない程度のもの（見当識の障害）から、大声で呼んでも、痛みなどの皮膚刺激を与えても、何の反応もない昏睡まで、いろいろな段階があります。

　重症になると、呼吸や血液循環の障害をともない、生命の危険にさらされます。当人にはまったくわからない出来事なので、周囲の人の機転と配慮が生命を左右します。

　意識障害は、脳卒中でおこることがもっとも多いのですが、脳外傷、てんかんなどでもおこります。

◉失語（症）

　脳の障害でおこるコミュニケーション障害の代表は、失語（症）です。

　失語は、大脳皮質の言語野の障害でおこり、つぎのようなタイプがあって、読み書きもできなくなりますし、失行や失認（次頁）をともなうこともしばしばです。

▼運動性失語（症）　思うことを話すことはできないが、聞いて理解することはできる。

▼感覚性失語（症）　聞いたことを理解できない。話しても意味が通じない。

▼全失語（症）　しゃべることがまったくできないし、聞いて理解することもまったくできない。

▼健忘失語（症）　話すことも聞くことも一応はできるが、目の前の品物の名前などがどうしてもでてこない。

◉失行（症）

　手足の動き、目・耳などの神経機能には異常はありません。それなのに、

◎自律神経失調症

病気らしい症状があるのに、診察や検査で原因となる病気が特定できないことがあります。

この場合、自律神経失調症という病名が用いられることがありますが、とりあえずの診断名であって、原因がはっきりすれば、その病名が用いられます。神経症や隠れたうつ病が注目されます。

▼**症状**　自律神経失調症という病名が用いられる症状には、さまざまなものがあります（不定愁訴）。また、症状が強いのは午前中で、午後になると軽くなり、夜になると元気になる傾向があります。

若い女性や更年期の女性に多く、夏に悪化しがちです。

①**全身症状**　疲れやすさ、だるさ、のぼせ、冷えなど。

②**脳神経系の症状**　めまい、頭重・頭痛、集中力の低下、しびれなど。

③**循環器系の症状**　立ちくらみ、脈の乱れ、胸苦しさ、動

目を閉じる、口を開く、手を振ってさようならをするなどの動作を行うように促されてもできない状態が失行（症）です。また、食器、歯ブラシ、鍵などの生活用具が使えなかったり、衣服を着ることができなかったりするケースもしばしばです。

大脳皮質の障害でおこるもので、失語（前項）や失認（次項）をともなうことも少なくありません。

◉失認（症）

見たり、聞いたりしたものが何なのか、何を意味するのか理解できないのが失認（症）で、視覚の認識に関する障害が問題になります。

品物を見ても何かわからないのに、触るとわかったり、知人に会っても誰だかわからないのに、声を聞いたとたんにわかったりします。

大脳皮質の障害によっておこるもので、症状はしばしば、失語や失行をともなって現れます。

◉健忘（症）

覚えていなければいけないことを忘れてしまったり、思いだせなかったりして、そのために社会生活や日常身辺の対処にこまる状態が健忘（症）です。

たとえば、誰もが覚えていて話題にする事柄や自分の人生のなかで大事な事柄を思いだせなくなったり（記憶力の障害）、日常生活に必要で、意識的に覚えておくべきことを覚えられなかったり（記銘力の障害）します。

◉運動まひ

筋力の低下や運動能力の不足のために手足に力が入らず、手足の先がだらりと垂れ下がったりします。

大脳皮質の運動野から脊髄にかけての錐体路と呼ばれる運動神経の束や、脊髄から筋肉にかけての末梢神経のどこかに障害があっておこります。

◉運動失調

話す、書く、細かい手仕事をする、歩く、走るなどの動作をスムーズにこなすには、各筋肉群がバランスよく協調してはたらくことが必要です。

小脳に病変が発生すると筋肉の調整機能がはたらかなくなり、たどたどしいしゃべりかたになったり、書いた文字の大きさがまちまちになったり、酔ったような歩きかたになったりします。

◉無動症と不随意運動

脳の芯の部分にある大脳基底核を中心とする錐体外路系が障害されると、筋肉がかたくなってからだを動かしづらくなったり、とっさの動きができなくなったりします。からだの動きが停止した状態です（無動症）。また、手足を静止させておくことができず、ひとりでに手足が動きだし、止めようとしても止められなくなる場合があります。動かそうと思わないのに、手が震えたり、手足が奇妙に動いたり、からだが不自然にくねったり、おどけ踊りのような動作になったりします。このような運動の異常を不随意運動といいます。

◉けいれん

不意の筋肉の収縮がけいれんで、手足が突っ張ったままになったり（**強直性けいれん**）、がたがたと手足を震わせたり（**間代性けいれん**）しますが、自分で止めることはできません。

全身にわたる大きなけいれんは**てんかん**といい、意識がなくなります。

悸など。

④**呼吸器系の症状**　息切れ、のどの不快感、あくび、せきなど。

⑤**消化器系の症状**　食欲不振、便秘、下痢、吐きけ・嘔吐、げっぷ、胃部不快感など。

⑥**運動器の症状**　後頭部の筋肉痛、肩こり、腰痛など。

⑦**皮膚の症状**　青白い皮膚、発汗の異常（過剰・過少）、手足の冷え、顔面紅潮など。

⑧**泌尿器・生殖器の症状**　頻尿、ＥＤ（勃起障害）など。

▼**治療**　症状を和らげる薬の使用が、治療の中心になります。この種の病気の治療を得意としているのは心療内科です。なかなか解消しない場合は、心療内科を受診するのもひとつの方法です。自分のからだの特性、あるいは特徴としてとらえ、自己調節の訓練を重ねることがたいせつです。

部分的なけいれんで、意識ははっきりしていることもあります。

いずれも、神経系の異常な興奮によるものです。

◉構音障害

ことばを発するときにはたらく口・舌・のど（咽頭・喉頭）の運動障害でおこる発語の異常が構音障害です。

ろれつが回らない、ことばがはっきりしない、息が漏れる、声がかすれる、声がだせないといった症状が現れます。

延髄を中心とする脳神経の障害（球まひ）、大脳の運動神経の左右両側の障害（仮性球まひ）、小脳の障害が原因でおこります。

◉嚥下障害

物が飲み込みにくいのが嚥下障害で、飲み込むときにむせたり、のどにつまったりします。

構音障害（前項）と同じ原因でおこります。

のどをぜいぜい鳴らしたり、よだれをだらだら流したりしているときは、嚥下障害があると考えられます。飲食物が誤って気管に入って肺炎をおこしたり、食物をのどにつまらせて窒息する危険があります。

◉歩行障害

末梢の運動神経に障害があると、膝を曲げて高くもち上げ、垂れる足を前に振りだし、つま先から下ろしてぺたぺたと歩く鶏歩になります。

筋肉の病気では、腰をゆすってゆらゆらと歩いたり、小脳に病気がある場合には、よたよたと歩く千鳥足になります。

大脳の病気では、ちょこちょことした小刻みな歩行になったり、足が突っ張って膝が曲がらなくなったり、足がすくんで前に出なかったりします。

これらの歩行障害に、四肢（両手足）の関節の変形や筋萎縮（筋肉がやせて細くなる）などをともなうことも少なくありません。

◉失禁と尿閉

幼児期までに身についた『がまん機能』が失われ、尿や便の垂れ流し状態になるのが失禁です。

いっぽう、出すべきときに括約筋が締まって尿が出なくなり、膀胱に尿がたまりすぎるケースを尿閉といいます。

いずれも、脳や脊髄の障害が原因となります。

◉自律神経の障害

自律神経に障害が生じると、からだの一部がひどく汗をかいたり、逆にかかなくなる発汗異常、立ち上がると血圧が極端に下がり、失神して倒れる起立性低血圧（1406頁）などをおこしたりします。

◉その他

脳や脳神経（動眼神経、滑車神経、外転神経、顔面神経）に障害があると、無表情、不穏（おだやかではない）な顔つき、まぶたや唇の締まりが悪い、よだれをたらす、左右の目の位置が変わる（本人は、物が二重に見える）、まぶたが垂れ下がる、まぶたや口が開いたまま閉じないといった症状が現れます。

異常な行動（徘徊、不潔な行為など）も脳の病気の症状として重要です。いつもとちがう、何か変だという周囲の人の気づきが、脳の病気を発見する糸口になることがよくあります。

◎**廃用症候群とは**

脳卒中の発作後、ベッドに寝たまま、からだを動かさないでいると、まひ側の関節がかたまって動かせなくなったり、床ずれができたり、健側の筋力が弱くなったり、高齢者の場合は、認知症様の症状（物忘れ、日にち、曜日、いる場所などがわからなくなる、気力が低下するなど）がでてきたりします。

このように手足を動かさなかったり、頭を使わないでいることによって生じるさまざまの二次的な合併症（本来、発生すべきではない、脳卒中とは直接関係のない症状）を廃用症候群と呼びます。

脳・神経の老化と症状

◉脳・神経の老化のメカニズム

中年をすぎると、脳・神経細胞の微細構造に変化がおこり（変性）、異常なたんぱく質（アミロイドなど）が沈着し、やがて、細胞が少しずつ脱落して、全体が萎縮していきます。それにつれて、脳・神経の機能も少しずつ衰えていきますが、老年期に入るといっそう、著しくなります。これが、脳・神経の老化です。

脳・神経の機能を保つためには、適量のぶどう糖と酸素が不可欠です。たとえば、糖尿病のように血糖値（血液中のぶどう糖濃度）がひどく変動したり、あるいは動脈硬化が進んで血液の循環が悪くなり、十分な酸素が供給されなくなると、脳・神経の細胞は機能が低下して、老化が急速に進みます。

老化した脳・神経系は、機能が落ちると同時に、いろいろな病気の影響を受けやすくなります。たとえば、心臓・肺・肝臓・腎臓の病気、ホルモンの異常（甲状腺の病気など）、膠原病（2014～2046頁）、がん、感染症などによって、脳・神経が障害を受けることもしばしばあります。しかも回復が遅れ、重症になりやすくなります。

◉中枢神経（脳と脊髄）の障害

▼**生理的な変化**　年をとると、**物忘れ**、**緩慢な動作**、**不眠**などが目立つようになります。見聞きした直後は頭に入るのですが、それを記憶にとどめることがむずかしく、物忘れになるのです。

動作が緩慢になるのは、感覚が鈍くなり、判断・反応に時間がかかるためですが、失敗を恐れて、慎重になるのも原因です。不眠も悩みの種になります。寝つきが悪く、寝てもすぐに目覚め、夢をみなくなるのが特徴ですが、多くの人にみられ、直ちに症状とはいえません。

▼**病的な変化**　脳卒中（脳梗塞、脳内出血）、認知症、パーキンソン病、老人性振戦などがあげられます。

◉末梢神経の障害

末梢神経の障害は、糖尿病、尿毒症、薬剤の副作用、がん、感染症、栄養障害、膠原病といった病気の影響でおこりますが、特別な病気がなくても、食事の量や種類の不足・偏り、飲酒の常習などの日常的な要因でもおこります。

▼**知覚障害**　しびれ、にぶさ、痛み（神経痛）が中心です。

しびれは、じんじん、ぴりぴりといった耐えがたい不快感で、不機嫌から不穏へと進み、深刻になります。

にぶさは、とくにバランスにかかわる深部知覚の障害が問題で、よろけ、転倒につながります。

神経痛は、脳底動脈の動脈硬化による三叉神経痛、頸椎の変形による後頭神経痛、胸椎の変形による肋間神経痛、腰椎の変形による坐骨神経痛がよくみられます。

▼**運動障害**　筋肉がやせ細って力が入らなくなります。そのため、疲れがひどく、痛みをともなうこともあります。

▼**自律神経障害**　起立性低血圧（立ちくらみ）、脈拍の変化（徐脈、頻脈）、便秘・排尿障害（大小便の失禁、尿閉、頻尿）、発汗の異常（多汗、無汗）などがおこります。

頭痛

頭痛
Headache
適切な治療が必要なことも

◇頭痛のおこるしくみ

人間、頭、頭痛――誰もが自然に連想することでしょう。

人間には、頭痛をおこす条件が整いすぎているとさえいえるのです。その条件をあげてみましょう。

私たちは、てっぺんに頭という大きなコンピュータを載せています。その重さを支えるくび（頸）、肩の骨と筋肉の負担は、ほかの動物とは比較にならないほど過重なものです。この過重な負担が、頭痛を誘発することがあります。頭部には、4本の太い血管から大量の血液が送られてきています。この血液をまんべんなく配るために、頭部には、末梢血管、毛細血管の網が緻密に張りめぐらされているので、頭を打ったりすると、そこに多量の血液やリンパ液が集まり、こぶやあざができます。感情が高まると、毛細血管が拡張したり収縮したりして、流れる血液の量が変化し、顔がまっ赤になったり、青くなったりします。この激しい血管の変化が痛みを誘発します（血管性頭痛）。目、耳、鼻、口は、感覚器として反応が鋭敏ですし、粘膜が直接、外気と接するので、その保護のために知覚神経がきわめて敏感になっています。このため、ちょっとした刺激で痛みを感じ、頭痛になることもあります。

脳そのものには知覚神経がありませんが、脳を包む髄膜には知覚神経があって、脳圧の変化、脳の血管の拡張、炎症の発生などの刺激や圧迫に対して敏感に反応します。その結果、頭痛がおこってきます。

まさに、人間に頭痛の種は尽きないのです。

◇医師の診察が必要な頭痛

多くの人が、医師の診察を受けることもなく、経験から自己診断、自己治療でしのいでいます。自分にあった常用薬を準備している人もいます。

しかし、医師の診察が必要な頭痛もあります。

つぎのような状態がみられたときは、医師の診察を受け、原因をはっきりさせて適切な治療を受けるべきです。

▼突然おこった激しい頭痛　嘔吐があり、助けを求めるほどの危機感をともなう場合、救急車で脳神経外科のある病院へ（救急救命士の判断も重要）。

▼いつもとようすが異なる頭痛　安静にしていても治まらず、常用薬も無効な場合、できれば神経内科へ。

▼くり返し、いつまでもつづく頭痛　しかも、しだいにひどくなる場合、なるべく神経内科へ。

▼目、耳、鼻、歯の症状がはっきりでている頭痛　それぞれの専門科へ。

▼女性特有の頭痛　月経障害、性器出血にともなう貧血などによると思われる女性の頭痛の場合、婦人科へ。

◇受診するときの心得

頭痛の診断に、問診はとても重要です。問診には正しく、はっきりと答えてください。とくにつぎのような事項

◎頭痛を誘発する目、耳、鼻、のど、歯の病気

▼目の病気　緑内障、眼精疲労、眼鏡の不適合など。

▼耳の病気　中耳炎、外耳道炎、突発性難聴など。

▼鼻の病気　慢性鼻炎、慢性副鼻腔炎など。

▼のどの病気　扁桃炎、アデノイドなど。

▼歯の病気　むし歯、智歯周囲炎、側頭下顎関節痛（義歯のかみ合わせが悪いためにおこる側頭痛で、高齢者に多い）など。

は重要な情報です。あらかじめメモにして持参するとよいでしょう。

▼いつから頭痛がおこったか　何月何日、何時におこったか。または、おこり始めたのは何日前か、何週間前か。

▼頭痛のおこりかたは　急におこったか、徐々におこったか。

▼痛みの強さと経過は　頭が割れるほどひどいのか、軽いのか。だんだん強くなるのか、軽くなるのか。痛みかたに波があるか。

▼持続時間と頻度は　痛みはどのくらいつづいているか。何回もくり返すか。

▼痛む部位は　痛むのは、頭の前か後ろか、右か左か、全体か。くびや、うなじにも痛みがあるか。

▼どんな性質の痛みか　ずっきんずっきん、がんがんといった拍動性の痛みか。きりきりと鋭い痛みか。じーんと鈍い持続性の痛みか。

▼痛む時間帯は　朝と夕方、どちらが痛むか（朝の頭痛は、高血圧、二日酔い、てんかん、肺気腫、うつ状態などが原因のことが多い。夕方の頭痛は、緊張型頭痛、眼精疲労などが原因のことが多い）。

▼ほかに、どんな症状をともなうか　①発熱、②鼻汁、くしゃみ、せき、③めまい、耳鳴り、④吐きけ、嘔吐、⑤涙、汗、顔面紅潮、⑥手足のしびれ、まひ、⑦けいれん、⑧くびや肩のこり、⑨目のかすみ、複視（物が二重に見える）、⑩まぶしい、⑪意識障害、⑫目の前がちかちか光る、⑬せきや排便の力みで痛みが増強、などのうちのどれかをともなっていないか。

▼生活環境、家庭環境は　悩みごとや環境の変化はないか。肉親のなかに同じような頭痛もちの人はいないか。

▼これまでに経験したけが、病気は　頭部外傷、脳卒中、梅毒、リウマチ性の病気などを患ったことはないか。

▼持病はないか　とくに高血圧、糖尿病、アルコール依存症、不眠症、神経症、うつ状態のほか、目（とくに緑内障）、耳、鼻、歯の病気（上段）などの病気にかかっていないか。

▼服用中の薬は　現在、服用している薬はないか。あれば申告。また、頭痛薬を使用していれば名称と効果も報告。

◇重症別、頭痛の原因

▼緊急入院が必要な頭痛　くも膜下出血（937頁）、脳出血（930頁）、髄膜炎（963頁）など。いずれも突発的または急性に頭痛がおこり、嘔吐、意識障害などをともなうことも多く、重症感がある。髄膜炎は熱が高い。

▼入院・検査・治療が必要な頭痛　脳腫瘍（476頁）、慢性硬膜下血腫（944頁）、頸椎の病気など。比較的慢性的、進行性に経過し、進行すると運動障害や意識障害をともなうこともある。その他、目（緑内障）、耳、鼻、歯の病気。

▼通院で治療できる頭痛　緊張型頭痛（次項）、片頭痛（次頁）、群発頭痛（920頁）、側頭動脈炎（2041頁上段）、心因性・精神性頭痛（神経症、うつ状態など）。いずれも症状に特徴があり、問診で診断できる。薬で痛みを抑えることが可能。ときに特別な検査や安静、医学的観察のために入院が必要になることも。

▼生活習慣の見直しが有効な頭痛　高血圧、糖尿病、睡眠障害、過労、不摂生など。

◇慢性頭痛

頭痛がおこりますが、常用薬を飲んだりしてじーっと耐えているうちに痛まなくなります。しかし、いつの日か、また、同じ頭痛がおこってきます。

頭痛のおこっていない時期は元気で、ふつうの人と同じように支障なく生活できます。このようにくり返す頭痛を**慢性頭痛**といいます。

かつては、原因不明とされるケースが多く、本人も「自分は頭痛もち」と考えてあきらめている人が多かったのですが、診断技術の進歩によって原因のわかる慢性頭痛が増えてきました。

慢性頭痛で悩まされている人は、神経内科か脳神経外科を受診し、原因を探索してもらいましょう。原因さえはっきりすれば、薬剤の使用などの治療によって頭痛から解放されることも夢ではありません。

慢性頭痛には、緊張型頭痛、片頭痛、群発頭痛の３つがあります。また２種類の頭痛が混在しているケースもあります。

緊張型頭痛
Tension-type Headache

どんな病気か 後頸部（うなじ）や肩などの筋肉が収縮・緊張しておこる頭痛です。30～50歳代の人に多くおこります。

症状 痛みの多くは鈍痛で、じーんとした痛みがつづくことが多いのです。

まるで頭に鉢をかぶったような、あるいは締めつけられるような痛みを覚えます。

このような痛みが、午後になるといっそう強くなります。

肩こり、くびの筋肉の張りをともないます。

これらの症状は、雨天などの天候や精神的ストレス（仕事上や対人関係の悩み、不安、過労、不眠など）がきっかけとなっておこってくることが少なくありません。

治療 抗不安薬、筋肉の緊張をほぐす筋弛緩薬、鎮痛薬の併用が効果があります。

片頭痛
Migraine

どんな病気か 脳の周辺の血管の周りにある三叉神経から出される物質や、血管の過度の拡張などがかかわっておこると考えられています。前兆のある片頭痛と前兆のない片頭痛の２タイプがあります。

●前兆のある片頭痛

頭痛の始まる前に目の前がちかちかする、視野の中心部や片側が見えない、半身にしびれや脱力感を感じるなどの前駆症状があります。この前駆症状は60分以内に治まり、頭痛が始まります。

痛みは、ずきずきと拍動性で、頭の片側から始まることが多いのですが、両側性のこともあります。

からだを動かすと頭痛がひどくなったり、いつもよりも光がまぶしい、音がうるさいといった症状や、吐きけ、嘔吐をともなうこともあります。こうした頭痛が数時間～２日くらいつづきます。この発作が反復しておこり、１か月に数回におよぶこともあります。

疲労、ストレスなどがきっかけとなって頭痛が誘発されてきます。

女性に多く、10~20歳代に最初の頭痛がおこり、以後、くり返しおこるようになって、いわゆる**頭痛もち**になります。血のつながった家族のなかにも、同じ頭痛もちの人がいることが少なくありません。

◉前兆のない片頭痛

痛みかた、痛む部位、好発年齢のほか、女性に多いこと、家族のなかに同じ頭痛もちの人がいるといった点は前兆のある片頭痛と同じですが、前駆症状がなく、頭痛発作が認められます。

治療　トリプタン系薬剤や鎮痛薬が用いられます。

トリプタンは過度に拡張した血管を収縮したり、過敏になった三叉神経を鎮静したりすると考えられ、発作が重度になってからでも効果が期待でき、随伴症状も軽減してくれます。ただし、心臓や血管の病気などがあると使用できない場合もあります。

予防　生活への支障が大きい場合や頻度が多い場合には、予防薬としてカルシウム拮抗薬、β-受容体遮断薬、抗うつ薬などを用いることがあります。トリプタンと鎮痛薬はいずれも予防的に頻繁に服用をつづけると、逆に頭痛がつづくようになるケースがみられるので（薬物乱用頭痛）、薬の服用方法については医師と相談しましょう。

群発頭痛
Cluster Headache

どんな病気か　ある期間、たとえば季節の変わり目などに頭痛が毎日のようにおこり、やがて治まりますが、ある期間をおいて、また同じ頭痛がおこることをくり返します。ある期間、頭痛がまとまっておこるので群発頭痛という病名がついています。

20~50歳代の男性によくみられ、とくにヘビースモーカーに多いようです。

症状　片側の目の奥がえぐられるように激しく痛み、前頭部から側頭部へと痛みが広がっていきます。頭痛は、夜間におこるケースが多く、痛みで目が覚めることもあります。

頭痛とともに、顔面の紅潮、頭痛と同じ側に眼瞼結膜（白目の部分）の充血、涙や鼻水が出たり、鼻づまりなどの症状をともなうこともあります。

頭痛のおこりかたが特徴的です。数十分~1時間くらいつづく頭痛が、1日に数回おこります。

このような状態が短くても数週間、長いと2~3か月つづき、その後痛みはいったん治まりますが、数か月~数年間たつと、また同じ頭痛がおこってきます。

過労、ストレス、飲酒などがきっかけとなって、痛み始めることが多いようです。

治療　群発頭痛の激痛は鎮痛薬を服用しても抑えられないことが多く、治療にはスマトリプタンの注射や純酸素吸入法が有効です。予防のために、カルシウム拮抗薬や副腎皮質ホルモン剤が投与されるケースもあります。

また痛みのでている時期は禁酒を守ることが必要です。

脳卒中①

脳卒中（脳血管疾患）とは

(Cerebral Apoplexy)

◇脳動脈が破れる、つまる

脳は、4本の脳動脈（左右2本ずつの内頸動脈と椎骨動脈）を介して送られてくる血液から、酸素と栄養素の供給を受け、これをエネルギー源として活動しています。

4本の脳動脈は、頭蓋内でいくつにも枝分かれして細くなり、脳のすみずみにまで血液を供給します。

これらの動脈のどこかに**破れる**、**つまる**といったトラブルを生じると、脳実質（脳そのもの）が障害され、手足のまひや感覚障害、言語障害、失語症などのほか、意識障害や呼吸困難のために生命に危険を及ぼすさまざまな症状が現れてきます。

このような状態を**脳卒中**（**脳血管疾患**）といいます。

おもに高血圧、糖尿病、心臓病、脂質異常症、多血症、脳動脈瘤、脳動静脈奇形などが基盤となっておこります。

◇脳卒中を2種類に大別

脳卒中はおこりかたによって、頭蓋内出血と脳梗塞（脳軟化症）の2つに大きく分けられます（次頁上段図）。

▼**頭蓋内出血**　脳動脈が破れて周囲に血液があふれ出るものです。脳動脈が破れても、血管が収縮し、血液がかたまるので、出血はまもなく止まりますが、あふれ出た血液がかたまって血腫となり、周囲の脳組織を破壊したり、圧迫したりするため、さまざまな神経症状が現れてきます。

頭蓋内出血はさらに、①脳実質の中に出血する**脳出血**（**脳溢血**）と、②脳の表面のくも膜下腔に出血する**くも膜下出血**に分けられます。

▼**脳梗塞**　動脈の内腔がつまり、その先へ血液が流れなくなってしまうものです。

したがって、つまった部位より先の脳は、酸素不足、栄養不良におちいって障害を受け、さまざまな神経症状がおこってきます。

脳梗塞は原因となる動脈のつまりかたによって、さらにつぎのように分けられます。

①**脳血栓（症）**　動脈硬化によって脳動脈の内腔に血栓が生じ、血管を閉塞させるものです。

そのおこりかたや出現する神経症状、成因、治療方法、予後などが異なるため、太い脳動脈がつまる**アテローム血栓性脳梗塞**と、脳の深部にある細い動脈がつまる**ラクナ梗塞**に分けて呼ばれています。

②**脳塞栓（症）**　脳以外の部位（心臓のことが多い）に発生した血栓などが脳の動脈まで流れてきて、突然、内腔をつまらせてしまうものです。

◇脳卒中の前兆となる症状

脳動脈の内腔が血栓によってつまりかけても、血流が再開して症状が24時間以内（20分以内のことが多い）に自然に消える**一過性脳虚血発作**（942頁）は、脳梗塞の前兆としてもっとも重要な症状です。

脳の動脈硬化が強く高血圧の治療を受けている人で、血圧が下がりすぎた

脳卒中のいろいろ

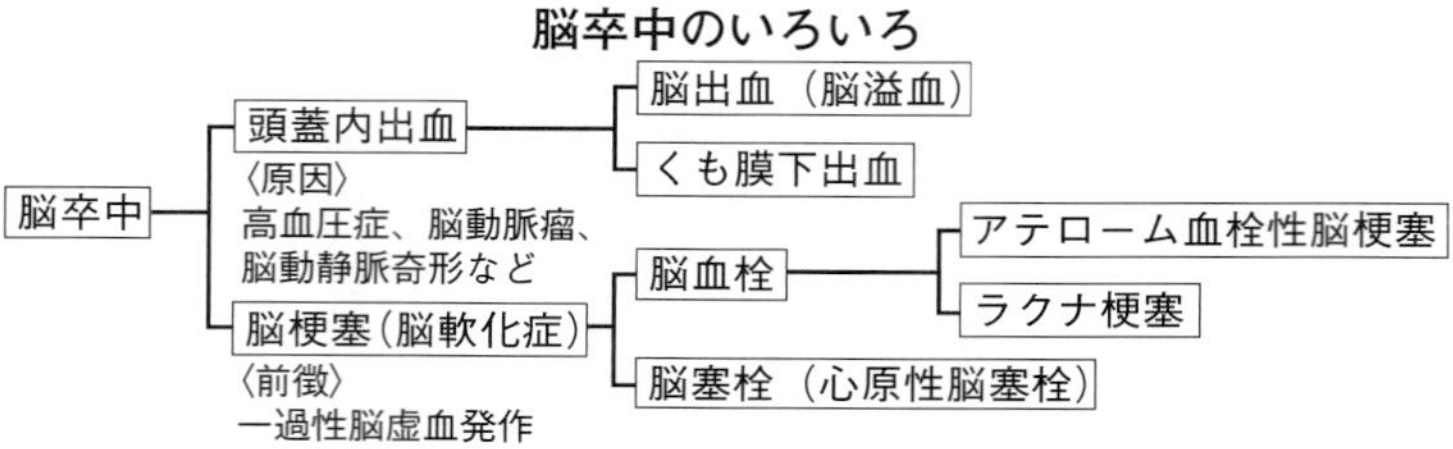

ときにも、同様の症状（脳循環不全）がみられることがあります。

◇脳卒中の診断

◉問診が診断の決め手

診断の手がかりは、問診です。

①どんな状況で発作がおこったか。

②顔や手足のまひ・しびれや感覚のにぶさなどの感覚障害、ろれつが回らなかったりことばがでないといった言語障害、呼びかけても反応が悪いといった意識障害がおこっているか。

③頭痛・吐きけ・嘔吐・めまいなどをともなうか。

④その後症状がどのように変化したか。

⑤高血圧症、糖尿病、心臓病といった脳卒中の基盤となる慢性の病気（危険因子）をもっているか。

以上のことを聞くだけで、脳卒中の種類やその程度まで、おおよそ見当をつけることができます。

意識障害や言語障害などのために、本人がこれらの情報を直接、医師に伝えられないケースが少なくありません。発作をおこしたときに近くにいた家族や倒れているのを発見した人など、いちばん状況を知っている人が付き添い、医師に報告するのが最良です。

病院に着くと、入院手続きに追われがちですし、医師も手当や検査につきっきりになるため、口頭で伝えられないこともあります。病状の経過を簡潔なメモにして医師に手渡すことも勧められます。

◉検査に欠かせない画像診断

脳卒中が疑われた場合は、診察後にまずCTが行われます。CTは、脳の中を輪切りに断層撮影できる装置で（上の写真）、脳卒中の種類、脳の病変の部位や程度を診断できます。脳出血なら発病直後に、脳梗塞なら発病半日から数日後には病変を見ることができます。CTは、短い時間で撮影ができて、脳卒中の診断には欠かせない検査ですが、小さな病巣、脳幹（中脳、橋、延髄）や小脳の病変はわかりにくいため、さらにMRI（磁気共鳴画像装置）を行うと、CTではわからない部位の診断が可能になります。MRIは、撮影方法を変えれば、脳血管を画像にすること（MRIによる脳血管造影：MRA）ができ、比較的太い血管の閉塞や脳動脈瘤を診断できます。このほか、全身状態を調べるために尿検査、血液検査、胸・腹部X線検査、心電図検査などの一般的検査も、同時に行われます。また、必要に応じて脳血管造影、SPECT、病型によっては心エコーなどが行われます。

脳出血（CTスキャン）

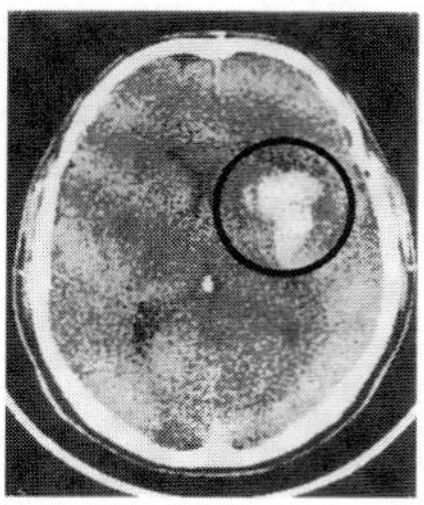

出血している部分が白く写っている（円内）

脳梗塞（CTスキャン）

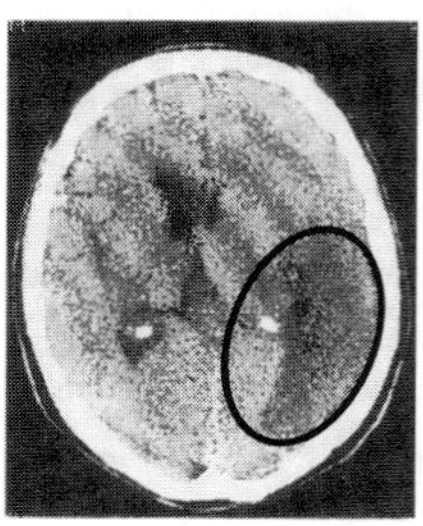

血管がつまり、脳の組織が壊死した部分が黒く写っている（楕円内）

◎危険な脳卒中

脳卒中の発作後、つぎのような状態がみられるときは、生命が危険なときです。一刻も早く病人を医師の手に渡すことが必要ですが、医師が手当をしても、生命を救えないケースもあります。

①倒れてから1時間以内に意識がなくなった。

②発作をおこしたものの、しばらくして回復したが、その後、意識状態が悪化し、2～3日後に意識がなくなった。

③興奮して暴れた後、意識がなくなった。

④激しい嘔吐、頭痛、めまいがあって、しだいに意識がうすれ、昏睡におちいった。

⑤呼吸が不安定で、不規則になったり、呼吸数が増えたりする。

⑥発作時に、肺炎、胃・十二指腸潰瘍、心筋梗塞などを合併している。

◇脳卒中の応急手当

◉予後に影響、早く医師の診察を

脳卒中をおこしたときは、できるだけ早く医師に診てもらうことが必要です。治療開始までの時間が、その後の後遺症などに大きく関係してくるからです。

発症後2時間以内に、専門医療機関へ搬送することが求められますので、すみやかに救急車の出動を要請しましょう。

かかりつけの内科医がいればすぐに指示をあおぐとよいでしょう。

治療が受けられる医療機関は、そのときの状態によって救急隊員が決めてくれますが、救急救命センターや脳卒中専門治療室のある病院で、到着後1時間以内に専門的治療が開始されることが理想です。

◉まず、意識状態の確認を

医師や救急隊員がくるまでに、適切な手当を行うことがとても重要になります。

手当をせずに放置したり、誤った手当をすると、病状がいっそう悪化することがあるので、適切な手当のためにも、まず本人の名前を呼んだり話しかけたりして、意識状態を確認して病状を把握することが必要です。

▼軽症　呼びかけると返事をし、会話ができるなら意識がしっかりしている証拠で、軽症のことが多いのです。

▼中等症　呼びかけると返事はしても、すぐにうつらうつら眠ってしまう（傾眠）ときは、意識はあってもかなり悪い状態で、さらに悪化する可能性があります。

すぐにも入院が必要です。

▼重症　呼びかけても返事がなく、皮膚をつねっても反応がにぶく、いびきをかいているとき（昏睡）は、もっとも悪い状態です。

重症になるほど生命にかかわる危険が高くなるので、一刻も早く病人を医師の手に渡す手段を講じるべきです。

注意　意識の有無を確かめるためにからだ（とくに頭部）をゆすってはいけません。

重症の脳出血やくも膜下出血の場合、病状を悪化させることがあります。

◉中等症・重症の応急処置

救急車を呼んで、一刻も早く脳卒中の専門医のいる病院に運ぶことが大事なのですが、とりあえず応急処置としてつぎのようなことをやっておきましょう。

①安全に寝かせられる場所へ運ぶ　トイレ、風呂場、玄関、道路などで倒れているのを発見したら、まず安全に寝かせられる場所へ病人を運びます。

ひとりで運ぶことをしないで、周囲の人に応援を頼み、病人のからだを横にまっすぐにした状態で抱え上げて運びます。

かつては脳卒中で倒れたときは、その場を動かしてはいけないとされていましたが、現在では、運ぶことによって病状が悪化することはないと考えられています。

注意　気道閉塞や脳ヘルニアを助長しないため、くびが前方に曲がってうなずいた格好にならないように、頭とくびの下をしっかりと支え、まっすぐに伸ばした状態で運びます。

◎治る後遺症、治らない後遺症

脳卒中発作がおこった時点では、その症状が回復可能かどうかはわかりません。

高齢者は、訓練を受けても回復が思わしくないことが多く、とくに重度の失語症、半側失認（まひしている側の事物を認識することができない）、失禁をともなっている場合は、まひなどが回復しない傾向があります。

▼手足のまひ　1か月以内に手足をいくらかでも自分で動かせるようになった場合は、以前のように動かせるようになる可能性があります。

6か月たっても完全に回復しないときは、健康なときと同じ状態には戻れないことが多いのですが、その後6か月は、訓練しだいで、少しはよくなる可能性があります。

1年たつと、まひがそのままの状態で固定し、訓練してもそれ以上に回復する可能性はなくなります。

---

②ややかための布団に、肩まくらをして寝かせる　室内に運んだら、からだが沈まない程度のかたさの布団に、あお向けに寝かせ、衣服を緩めます。

意識状態の悪いときは、呼吸困難におちいることがあります。

いびきをかいていたり、のどをゼーゼーいわせていたりするときは呼吸が苦しい証拠です。

折りたたんだバスタオルなどを肩の下にあて（肩まくら）、のどを後ろにそらせると、楽に呼吸ができるようになります。

③嘔吐に備えて、顔を横向きにする　脳卒中では、発症時に嘔吐をともなうことが少なくなく、意識状態が悪いときには、吐いたものを気管につまらせて窒息するケースがあります。したがって、そのときの嘔吐の有無にかかわらず、顔を横向きにしておきます。

入れ歯がのどにつまることもあるので、外せる入れ歯は外しておきます。

④けいれんをおこしていたら、やわらかいものを口にかませる　けいれんをおこし、歯をくいしばっているようなときは舌や唇をかむことがあるので、折りたたんだハンカチなどを奥歯にかませておきましょう。どうしても口が開かないときは、むりにこじあけてかませる必要はありません。

⑤尿失禁に備えて、腰の下にビニールなどを敷く　意識状態が悪いと尿を漏らすことがあるので、腰の下にビニールなどを敷いておきましょう。

⑥部屋に直射日光が入らないようにする　直射日光があたったり、風通しが悪く部屋が蒸していると、病人が脱水状態になりがちです。このようなことにならないように注意しましょう。

◉軽症なら不安をしずめて安静に

軽症の場合は、適切な手当はもちろんのこと、こころを落ちつかせてあげることがとてもたいせつになります。

①中等・重症のときと同じ手当をする　軽症の場合も基本的には、中等症、重症に対する応急処置を行います。

注意　ひとりで歩けても、絶対に歩かせてはいけません。発症時は安静にすることがたいせつです。トイレへ行きたくなったときは、できるだけ尿器や差し込み便器かおむつを使うようにします。

飲み物を欲しがったら氷をふくませるか唇をぬらす程度にとどめます。通常の食事をとらせてはいけません。一刻も早く病院に運びます。

②興奮をしずめて落ちつかせる　不安になって興奮し、動き回ろうとしたり、暴れたりするときは、幼児をあやす要領でことばをかけて落ちつかせます。

救急車の手配や医師への連絡がついていることを伝えると落ちつくものです。

◉一刻を争うときはすぐに病院へ

頭痛や嘔吐がひどかったり、まひが進んだり、意識状態がしだいに悪くなってくるときは、病状が悪化している証拠です。

すぐに救急車を呼び、一刻も早く病人を医療機関へ搬送しましょう。

どうしても自分で病院まで運ばなければならないときは、病人が横になれる広さの車で、頭を進行方向に向け、からだを伸ばした状態にして、誰か病人のそばについて運びます。ふつうの乗用車ではむりです。

ふつう、肩の周辺よりも手先のほうが回復の度合いが悪く、また、手に比べて足のほうが先に回復します。

発作時に手足がまったく動かない場合、手（とくに手先）のほうは回復しなくても、足のほうは補装具の使用で歩けるようになることがしばしばあります。

▼失語症、その他の言語障害

1年間訓練しても回復しない場合は、回復の見込みのないことが多いのですが、ときに1年以上かかって回復する人もいます。

▼しびれ感などの感覚障害

しびれ感は回復しにくく、何年も持続するケースが少なくありません。薬物療法でよくなることもあります。

◇脳卒中の治療

◉薬物療法が治療の原則

脳卒中をおこしたときは、たとえ軽症と思った場合でもけっして放置せず、できるだけ早く入院して治療を受けることが必要です。

脳卒中は発症後、病状が不安定な急性期と、それ以上は進行しなくなる安定期とに分けられますが、入院すれば、発病初期にたいせつな安静も正しく守ることができ、病状が急変してもすぐに適切な治療が受けられます。

さらに、手術が必要なときの対応や、安定期に入ってからの後遺症（手足のまひや言語障害など）に対する早期からのリハビリテーションが受けられるなど、脳卒中をおこした人にとって、有利なことが多いのです。医師から入院を指示されたときは、従うべきです。

脳卒中の治療は、手術を必要とする脳動脈瘤破裂によるくも膜下出血などを除いて、ほとんどが、症状に応じた薬剤の使用などの内科的な治療が主体となります。

◉脳出血の場合

高血圧による脳出血では、特殊な場合（大きな小脳出血や、脳圧が高く脳室が大きくなっている閉塞性水頭症など）を除き、内科的治療を行うのが原則です。

重症の場合は、手術をしても、寝たきりや植物状態となることが多く、救命を目的とする以外は手術は行われません。

最近では細い針で血腫を吸引する手術（**血腫吸引術**）が行われるようになっていますが、内科的治療とどちらのほうがより効果があるのか、まだ結論がでていません。

◉脳梗塞の場合

脳梗塞の場合も、ほとんどが内科的治療になります。

太い脳血管（内頸・中大脳・脳底動脈）に血栓がつまって6時間以内であれば、カテーテル（細い管）を血管内に入れて、つまった血管内の血栓を薬で溶かす特殊な治療が行われることがあります。

最近、発症3時間以内の脳梗塞では、血栓溶解薬t―PAが静脈注射で用いられます（936頁）。

これらの治療は、発病後早く行えば効果が期待できます。

しかし、病院の設備、専門医の人数、受け入れ体制、時間的制約などのために、いつでも、どこでも受けられるとはかぎりません。

また、内頸動脈に70％以上の狭窄がある場合は、熟練した外科医が細くなっている内頸動脈の傷ついた内膜を切り取ることもあります（**頸動脈内膜摘除術**）。

◉急性期の治療

脳卒中をおこしてから2週間以内を急性期と呼んでいます。

この時期は病状が安定しないので、すぐに入院して、治療を始めることがたいせつです。

急性期の治療は、全身状態を改善させるための全身管理と、脳の病変を改善させるための薬物療法が中心となります。

◉全身管理

①栄養補給　十分に食事がとれないた

◎視床痛

脳の視床（情報の中継点）の病変によって引き起こされる耐えがたい痛みで、損傷の反対側の左右半身に現れます。脳血管疾患や脳腫瘍などが原因となり、半身の感覚障害が生じて数週～数か月が経過し、それが改善してくると痛みが認められるようになります。外からの刺激で誘発されることが多く、治療としては薬物療法、通電療法、手術（定位視床手術、大脳皮質電気刺激）などがあげられます。

◎施錠症候群

もっとも重症の構音障害で、頭はしっかりしていて、言語の理解はきちんとできるのに、手足が完全にまひして動かせ

めに脱水状態におちいりがちなので、点滴をして、水分・栄養の補給や、治療に必要な薬剤の注入を行います。

意識状態が悪かったり（傾眠、昏睡）、嚥下障害などで飲食物がとれない場合は、チューブを鼻腔から胃の中に通し、このチューブを介して栄養物（経鼻経管栄養物）や薬剤を注入します。

このようなケースでは、胃の中の圧に押されて胃の内容物が食道のほうに逆流し、気管に入って窒息したり肺炎をおこしたりする危険がありますが、チューブは流動物を注入するだけでなく、胃の中の圧を下げる役目もあるので、予防のためにも胃内に入れたままにしておきます（留置）。

②呼吸の管理　呼吸の状態が悪く、体内が酸素不足におちいっているときは、酸素マスクをかけたり、鼻腔の中にチューブを入れたりして体内に酸素を送り込みます。

体内の酸素不足がとくにひどい場合は、チューブを口や鼻腔から直接、気管に入れて空気の通り道を確保し、人工呼吸器を使用することもあります。

③尿失禁の手当　尿失禁があるときは、尿道から膀胱までカテーテル（細い管）を挿入して尿を体外に排出させる導尿を行ういっぽうで、尿量や尿の性状を調べます。

導尿をつづけていると、細菌による感染をおこしやすいので、陰部をこまめに拭くなどして、つねに清潔にしておくことがたいせつです。

意識がはっきりしてきたら、できるだけ早く自分の力で排尿できるようにする訓練（膀胱訓練）を開始し、尿道に留置してあるカテーテルを抜くようにします。

●薬物療法

①脳圧降下薬　脳卒中の急性期には、程度の差はあっても脳がむくんで（脳浮腫）、脳圧が高くなるため、脳圧降下薬（浸透圧利尿薬）を使用します。

とくに、意識状態が悪いとき、頭痛や嘔吐がつづくとき、CTで脳圧の高いことがわかったときは、すぐに脳圧降下薬を使います。

②血栓溶解薬・抗凝固薬・血小板凝集抑制薬・抗トロンビン薬　脳血栓で、症状が徐々に悪化し、進行してくる場合には、血栓を溶かす血栓溶解薬や、血液をかたまりにくくして血栓ができるのを防止する抗凝固薬、血小板凝集抑制薬、抗トロンビン薬などを適宜、使用します。

③降圧薬　脳卒中発作をおこしたあとは、たいてい血圧が高くなっています。

脳の血流量は、ふつうの状態であれば、血圧に左右されることなく、かなりの余裕をもって一定の範囲内で必要な量に保たれています（自動調節能）。しかし、脳卒中で脳が障害されると、自動調節能が破壊され、血圧を高くして脳の血流を保とうとする生理的反応がおこってきます。

したがって、血圧を正常範囲まで下げると、脳へ流れていく血流量が減少してしまうので、脳梗塞の急性期には、合併症のためにどうしても血圧を下げなければならない場合を除いて降圧薬は使いません。

しかし、血圧が著しく高い場合は、脳がむくんで、かえって脳の血流量が減少するため、一時的に降圧薬を使用

ず、構音、発声機能、嚥下機能も完全に損なわれているため、自分の意思を外に伝えることができなくなった状態をさします。

唯一、障害されずに残存しているのはまぶたと目の動きだけで、こちらの問いかけに対するイエス・ノーをまぶたや目の動きで応答することができます。このような状態に気づいてあげなければ、患者は外部との接触が断たれてしまうことになります。

摂食嚥下訓練も言語聴覚士の重要な仕事です。患者に嚥下障害がみられる場合は、状態に合わせて食事の内容や方法を検討します（流動食、刻み食、とろみ食など）。

嚥下障害（誤嚥、肺炎をくり返す）、摂食障害が強く、通常の方法で食事がとれないとき、胃瘻増設（一次的、または永久的設置。胃にカテーテルを入れて栄養を直接入れる）をすることがあります。施錠症候群では胃瘻増設が必須となります。

することがあります。

脳出血で血圧が高い場合は、再出血をおこすこともあるので、正常血圧よりやや高めに保つように降圧薬を使用します。

④抗潰瘍薬　脳卒中発作がストレスとなって、胃・十二指腸潰瘍が発生することがあるので、これを防止するためによく使用されます。

⑤精神安定薬・鎮静薬・睡眠薬　意識障害のある場合は、通常は使用されません。しかし、大声をだして暴れたり、起き上がって、ベッドから落ちたり転倒する危険性があるときは、からだを抑制するため、鎮静薬を使う必要があります。

意識障害がなく、不安感が強かったり、不眠を訴えるときは、精神安定薬や睡眠薬を使用し、ストレスをとり、安静を保たせます。

⑥抗けいれん薬　けいれんがおこっていたり、おこす可能性があるときは、抗けいれん薬を使用します。

薬を服用できないときは、抗けいれん薬の点滴静注を行います。

◉慢性期の治療

脳卒中の発作をおこしてから2週間以上たつと、症状が安定してきます。再発作や合併症もなく発作後4週目以降になると、それ以上に症状が悪化しなくなる時期を迎えます。これを慢性期といいます。

この時期は、症状に応じた薬剤の使用と、脳卒中をおこす原因となった病気の本格的な治療が主体となります。

脳卒中の治療に用いられるおもな治療薬

- ●脳圧降下薬
- ●血栓溶解薬・抗凝固薬・血小板凝集抑制薬・抗トロンビン薬
- ●降圧薬
- ●抗潰瘍薬
- ●精神安定薬・鎮静薬・睡眠薬
- ●抗けいれん薬
- ●脳循環改善薬

◉薬物療法

脳梗塞の場合は、再発を予防するために、必要があれば、急性期に引き続いて血小板凝集抑制薬や抗凝固薬が使われます。

脳梗塞で血管がつまった部位や脳出血で血腫ができた部位、およびその周辺は血流量が減少しているので、血流量を増加させるために、脳循環改善薬が用いられることがあります。

これらの薬剤は、脳卒中後遺症としておこる頭痛、頭重感、めまい、しびれ、意欲の低下、抑うつ状態などの症状の改善に効果を示すことがあります。

◉原因疾患の治療

高血圧、糖尿病、心臓病、脂質異常症、多血症などといった、脳卒中の原因となっている病気の治療を行います。これは、再発を予防するためにもたいせつです。

脳動脈瘤、脳動静脈奇形などが存在する場合は、治療には手術が必要になります。

たばこを吸う人は、禁煙を守ることが重要です。

◎半側無視症候群とリハビリ

おもに右の大脳半球の障害でみられる症状です。左の片まひがあるのに、本人はそのまひに気づいておらず、問われても「歩けますよ」「ひとりでトイレに行っています」などと矛盾したことを平然と口にします（**片まひ否認**、**病態失認**）。このような患者は自分のからだの左半分にも無頓着となり、更衣、ひげそり、整髪時に左側のそれをしないですますなど、おかしな行為がみられます（**半側身体無視**）。

この2つの症状は、通常、時間経過とともに消失します。

問題は**半側空間無視**で、後々まで日常生活上のさまざまな障害となります。これは自分の左半分の空間にある人や物の存在に気づかなくなるという症状です。おもに視空間の障害が問題になりますが、重症の場合、顔を右の方に向けています。お見舞いに訪ねても患者の左側にいる人には

脳卒中のリハビリテーション

脳卒中（脳血管疾患）によって運動・感覚障害（手足のまひやしびれ）や言語障害、高次脳機能障害などが生じます。これらの症状は発病後、数週間から数か月の間に、傷ついた脳の自然回復にともない軽減していくことがありますが、多くの患者では後遺症のために日常生活動作や歩行（移動動作）、コミュニケーションが以前のようにできなくなります。

損なわれた機能をとり戻し、生活障害を克服するための訓練が医学的**リハビリテーション**（以下リハビリ）です。障害されずに残っている機能を十分に使い、できるかぎり自立した質の高い生活ができるように訓練します。リハビリ専門医のもとで理学療法士、作業療法士、言語聴覚士がチームを組み、障害に応じた訓練計画を立てます。

理学療法士は、歩行の自立を目標にさまざまな訓練をします。**作業療法士**は、日常生活動作の自立をはかるための訓練をします。**言語聴覚士**は、日常でのコミュニケーションができるようにする訓練のほか、嚥下障害を含む摂食のトラブルに対する訓練をします。病棟において看護師は、訓練で改善しつつある起居動作、歩行や日常生活動作を実際の生活場面でもできるように援助します。

◉急性期のリハビリ

廃用症候群（916頁上段）の予防がひとつの目的で、理学療法士、看護師によって行われます。

自分でからだを動かせないときは体位変換（2～3時間ごとにからだを横向きの良肢位に変えることで床ずれを予防）、すべての関節の屈伸運動による関節の可動域の維持（まひ側の関節の動きが介助によっても制限される拘縮の予防）を心がけ、寝かせきりにしないで早期から座位（できれば車いすに移す）の時間を設けるようにします。

急性期病棟では、座位（車いす）で食事が自力でとれるようにすることを目標にします。

◉回復期のリハビリ

理学療法士のほかに作業療法士、必要に応じて言語聴覚士が加わります。

理学療法では、急性期に引き続いて関節可動域訓練、筋力強化訓練、臥位から座位への訓練、立位保持の訓練、足踏み訓練、車いすへの移乗訓練、車いすの自走訓練、歩行訓練などを行い、歩行の自立を目ざします。

まひが強いときは杖やプラスチックの下肢装具などを用いて、弱くなっている部位を補強します。訓練中には浮腫（むくみ）、関節や筋肉の痛みがみられることもありますが、そのような場合には温熱や低周波などを利用した物理療法をあわせて行います。

作業療法では、日常生活動作（食事から更衣、排泄動作、入浴動作まで）の自立をめざした訓練を行います。利き手がまひした場合、まひの程度によっては早期から利き手の変換訓練（左手で食事がじょうずにとれるようにするなど）や片方の手での日常生活動作訓練（更衣訓練）を実施します。

注意が向かず、無視されているようになります。

日常生活では、左に置いてある障害物にぶつかったり、食事の際に左側に置いてある食器に手をつけなかったり（存在に気づかない）するなどさまざまなトラブルを生じ、介助や見守りが必要になります。このような症状は、まず早くその存在に気づいて対処してあげることがたいせつです。まひがなくても車の運転は厳禁にしなくてはなりません。失敗場面で、くり返し、その都度、注意を促すことが現実的な対応になります。

日常生活動作を自立させるため、介護保険を利用し、自宅改修（段差の解消、手すりの設置、洋式トイレの設置、ベッドや車いすの貸与など）など、環境の整備が必要になることもあります。

人によっては下肢装具が必要なように、上肢（手）には自助具（特殊加工したスプーンや食器など）を処方することがあります。

◉維持期のリハビリ

回復期のリハビリについては訓練期間に制限が設けられるようになっていますが、通常は3か月程度、長くても6か月あれば十分な効果が得られます。

回復期のリハビリが終了したあとは、必要に応じて介護保険のもとで訪問リハビリや通所リハビリを受けることができます。維持期の訓練は、回復期病棟で獲得した歩行や日常生活動作の能力を維持していくためのものです。家に閉じこもることのないように、ぜひ介護保険でのサービスを十分に活用するよう心がけてください。

◉脳卒中でみられる言語障害

言語障害には失語症（913頁）と構音障害（915頁）があります。

①失語症のリハビリ

失語症に対する本格的な訓練は、車いすに座って食事がとれるようになってから開始します。言語訓練の内容は、学歴、職歴、趣味などによって調節することもあります。いろいろな訓練がありますが、通常、患者と言語聴覚士の一対一で行われます。患者のおかれている状況をよく理解したうえでの対応は、患者の不安感、いらだち、抑うつ状態を解消するのにも役立ちます。

②構音障害のリハビリ

訓練は構語筋（頬筋、口唇筋、咽頭筋、舌筋など）の運動訓練のほか、呼吸筋の訓練を行います。重症の構音障害の人では、発声の障害（大きな声がでない、声がかすれる）、嚥下障害がみられます（施錠症候群　926頁上段）。

話しことばが不明瞭で、声が小さく聞きとれないような場合は書字を併用したり、文字盤を使用してコミュニケーションをはかります。

◉高次脳機能障害

脳血管疾患では、脳の障害部位によって高次脳機能障害がみられることがあります。失語症がそうですが、ほかにも記憶障害、認知障害、発動性の障害、失行症、失認症などがあげられます。これらの存在は判断力、理解力、実行力を損ない、運動まひや視知覚障害以上に、日常生活、社会生活をたいへんにします。ここでは失行症と失認症について触れておきましょう。

◉失行症、失認症のリハビリ

失行症（933頁上段）の多くは、病気の初期にみられることがありますが、そのほとんどは時間の経過とともに消失していきます。したがって積極的に、その障害の治療に取組む必要はありません。

失認症（914頁）にはさまざまなタイプがあります。**相貌失認**は、家族をはじめ、よく知っている人の顔がわからなくなりますが、声を聞くとすぐに誰かわかります。失認症の場合、情報を処理できるルートが必ずあるので、それを見つけることが、医師をはじめとするリハビリ担当者の仕事になります。残存機能の利用がまさにそれです。

脳卒中②

▼症状▲出血部位によって、症状はさまざま。気分が悪くなり、頭痛、めまい、嘔吐が現れる。その後、ろれつが回らなくなったり、片側の手足のまひなどが典型的。重症では意識障害、昏睡、死亡することも。

▼治療▲多くの場合、開頭手術をしないで、薬物療法や血腫吸引などが行われる。

脳出血

Brain Hemorrhage

脳の動脈が破裂する脳卒中

◇ほとんどは高血圧が原因

どんな病気か

脳の動脈の一部が破れ、脳の中（脳実質内）に血液があふれ出るのが脳出血です。

動脈の破れた部分は自然にふさがり、出血はまもなく止まりますが、あふれ出た血液がかたまって血腫ができ、この血腫が脳を圧迫したり破壊したりして、脳のはたらきが障害され、さまざまな神経症状が現れてきます。

原因

脳出血のほとんどは、高血圧が原因でおこります。

高血圧があると、動脈に絶えず高い圧がかかるため、動脈壁、とくに脳の奥深いところにある細い動脈の動脈壁がもろくなって弾力性がなくなり、こぶ状に膨らんできます（微小動脈瘤）。この部分が高い血圧に耐えきれなくなって破裂し、脳出血をおこすと考えられています。

そのほか、脳動脈の一部が先天的にこぶ状に膨らんでいる脳動脈瘤（938頁）、動脈と静脈が異常な血管を介して直接つながっている脳動静脈奇形（940頁）、異常に細い血管が網の目のように発育するもやもや病（941頁）といった脳の血管の異常、頭部外傷、脳腫瘍、血管腫のほか、血友病、白血病といった血液の病気が原因でおこる脳出血もあります。

また、血栓防止の治療薬（脳梗塞の再発予防）であるアスピリン（抗血小板薬）、ワルファリンカリウム（抗凝固薬）などの血液をかたまりにくくする薬の常用でおこる脳出血もあります。

そのいっぽうで、いくら検査をしても原因がわからないケースもあります。

症状

症状は出血した部位によって異なります（931〜933頁）。

典型的な場合は、気分が悪くなって、頭痛、めまい、嘔吐などが現れてきます。ときには、けいれんや大小便の失禁をともなうこともあります。

その後、ろれつが回らなくなって思うように話せない、片側の手足の力が抜けて思うように動かせない（片まひ）、片側の口角からよだれをたらす、舌をまっすぐに伸ばせないといった症状が数時間以内に現れてきます。

軽症の場合は、ろれつが回らない、片側の顔や手足の軽いまひ、半身のしびれや感覚が鈍くなる程度ですみますが、重症になると意識障害が出現し、さらに進行すると深い昏睡状態（名前を呼んだり、からだをつねったりしても反応しない）におちいり、いびきをかき、呼吸状態が悪くなって、そのまま死亡することもあります。

意識が回復しても、片側の顔面や手足のまひ、言語障害、認知障害などの後遺症が残ることも少なくないのです。

脳出血の発作は、典型例では日中の活動時におこることが多く、過度のストレスや興奮、急激にからだに力を入れたり腹圧を加える、寒いところに出る、といったことがきっかけとなります。したがって、トイレに入っているときや入浴前後の寒い脱衣場などで発作がおこるケースが少なくありません。

◎脳卒中とまちがえやすい病気

脳卒中とまちがえやすい病気があります。その代表が、慢性硬膜下血腫（944頁）と脳腫瘍（476頁）です。

この2つの病気は、脳卒中と症状がよく似ているのですが、いつ症状がおこり始めたかわからない、症状がよくなったり、悪くなったりと変動するといった点が、脳卒中とは異なります。

この2つの病気は頭痛をともなうことが多く、認知症が主症状のこともあります。

◇出血しやすい部位がある

脳は、大別すると左右の大脳半球、小脳、脳幹部の3つの領域に分けられます。

脳出血は、脳の動脈のどこにおこっても不思議はないのですが、高血圧が原因の場合は、おこりやすい部位が決まっています。高い圧がかかると破裂しやすい部位があるのです。

大脳半球では、脳深部の中心に近い視床という部位（視床出血）と、その外側にある被殻という部位（被殻出血）におこることが多いのですが、表面に近い部位（皮質下出血）におこるケースもみられます。

脳幹部では橋という部位（橋出血）におこりやすく、小脳にもおこりやすい部位（小脳出血）があります。

そのほか、まれに尾状核頭部にもおこることがあります（次頁図）。

◉視床出血

▼症状　視床は情報の中継点であるため、ここに出血がおこると、顔面を含む半身の感覚が鈍くなったり、過敏になったりします。

視床のすぐ外側には内包という部位があって、運動や感覚をつかさどる神経の束がぎっしりと存在するため、血腫が内包におよぶと、顔面や手足のまひ、ろれつが回らないといった言語障害なども現れてきます。

また、視床の内側には脳室という部屋があり、脳幹部や脊髄、大脳の表面とつながっているので、血腫が脳室にまでおよぶと脳室内に血液が漏れ出し（脳室穿破）、意識障害をおこしたり、眼球が鼻先を見つめるように下を向いたりします。

そのほか、力は入るのに手足を思うように動かせない（運動失調）、手足や手の指が意思に反してひとりでに動く（不随意運動）こともあります。

▼治療の原則　視床は、脳の深いところにあるので、手術をすると健全な脳を傷つけることになるため、開頭による手術はしないのが原則です。

症状や障害に応じて薬物療法やリハビリテーションを行います。

▼予後　血腫の大きさや脳室への穿破の程度、出血部位で異なります。

軽症ならば、後遺症を残さずに回復することもありますが、運動まひはよくなったのに、顔面（おもに口の周囲）や手の先などにびりびりとしびれるようないやな感じが残ったり、感覚障害が強く、失調や不随意運動のためにスムーズに運動ができず、立ったり歩いたりしようとしても、思うようにバランスがとれないといった後遺症が残ることもあります。

重症の場合は、発作時から意識状態が悪く、回復しても手足のまひや感覚障害が強く残り、寝たきりの状態になったり、ときには発作後1週間以内に死亡するケースもあります。

◉被殻出血

高血圧が原因でおこる脳出血のなかで、もっとも頻度が高いものです。

▼症状　被殻の内側には、運動や感覚をつかさどる神経が通る内包という部位があります。被殻に出血がおこると、内包に血腫が入り込んだり、内包を圧迫することが多いので、顔面や手足のまひ、半身の感覚が鈍くなるといった

脳出血がおこりやすい部位
（脳の正面断面図）

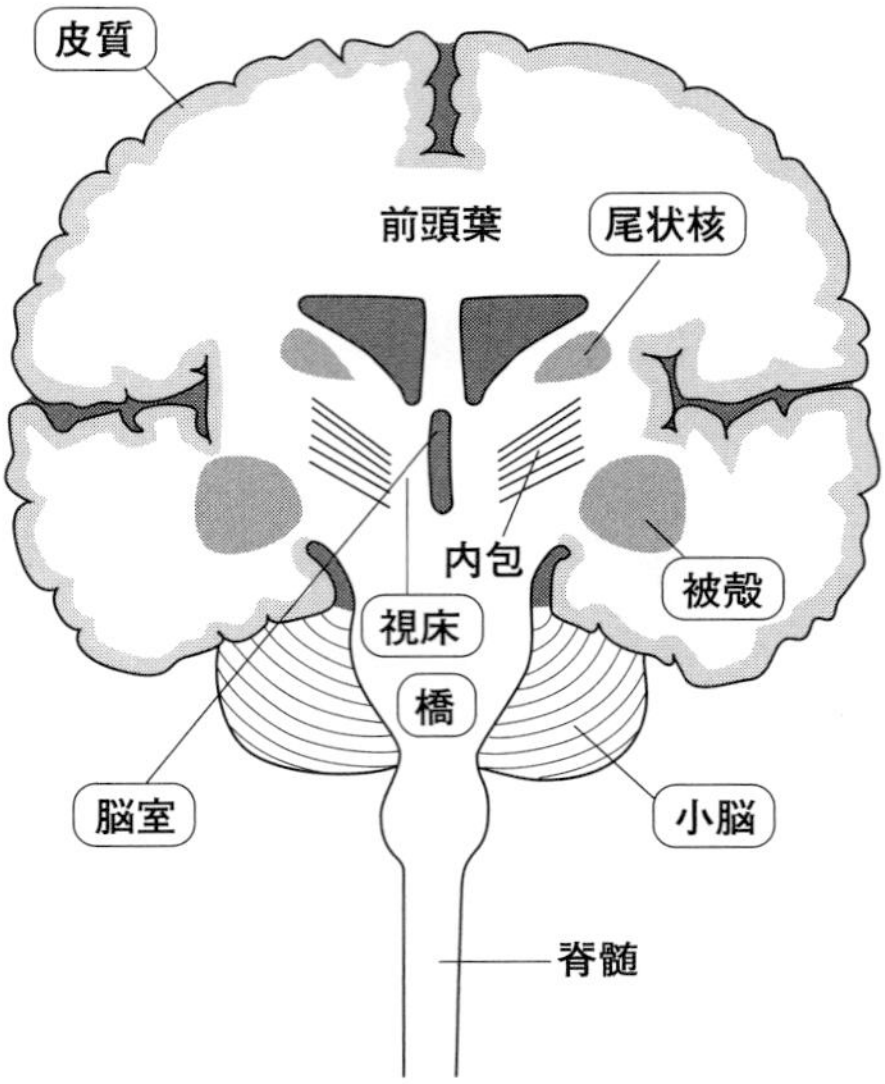

症状が現れますが、視床出血に比べて感覚障害は軽いのが特徴です。
　被殻の外側は、言語、行動、理解、認識などの高次機能をつかさどる神経細胞と連絡路でつながっています。
　このため、左大脳半球に出血すると、ことばがだせない、しゃべれても意味をなさない、人のいうことが理解できないといった失語症が現れることもあります。
　右大脳半球に出血すると、左半側の空間のものを無視する**半側空間無視**がおこることもあります（928頁上段）。

▼治療の原則　中等度以内の脳出血は、手術でも、内科的治療でも機能的な予後は変わらないので、手術はしないのが原則です。細い針を血腫まで入れて、血液を吸いとる手術（血腫吸引術）が行われることがあります。
　重症の場合は、手術でたとえ一命をとりとめても、重度の後遺症が残ったり寝たきりや植物状態になることが多いため、内科的治療が原則となります。

▼予後　血腫の大きさで決まることが多く、軽症の場合は、適切な治療で比較的早い時期に社会復帰ができますが、重症の場合は、意識障害が強く現れ、半身不随で寝たきりになったり、1週間以内に死亡することもあります。

●皮質下出血（脳葉型出血）

　位置と機能の面から、大脳半球の表面に近いところは、前頭葉、頭頂葉、側頭葉、後頭葉の4つの部分に分けられていて、ここに出血がおこるものを皮質下出血といいます。

　高血圧のほか、脳動静脈奇形、海綿状血管腫、脳動脈瘤、脳静脈洞血栓症、脳腫瘍、アミロイド血管症、頭部外傷、出血をおこしやすい血液の病気、薬物などが原因となることもあって、早く原因をつきとめることが必要です。

▼症状　たいてい頭痛がおこります。大脳半球の表面には、神経細胞の存在する皮質という部位がありますが、その下の皮質下（白質）は、運動や感覚をつかさどる神経帯がまばらなため、血腫の大きさに比べてまひや感覚の障害は比較的軽いのが特徴です。
　前頭葉の出血の場合は、認知症や尿失禁、場所や時間がわからない、話し声が小さい、ことばがでにくい、まひなどの症状が現れることもあります。

　頭頂葉や側頭葉の出血では、左半球におこれば失語症、失行、失認などの症状が、右半球の場合は、左側の空間失認（左半側にあるものを無視する）や注意力の低下、感情表現の障害などがみられることがあります。

　また、どちらの半球に出血しても、血腫と反対側の視野が狭くなり、見えにくくなることがあります。

　後頭葉に出血した場合は、血腫と反

◎失行症とは

ネクタイがうまく結べない、更衣がうまくできないなど、手、足の運動障害とは関係なく、普段なんの苦労もなくできている動作がうまくできなくなった状態を、失行症といいます。動作の手順がわからなくなったり、普段使っている道具、日用品の使用法を忘れ、じょうずに使えなくなってしまいます。

このような行為・動作の障害の多くは、病初期にみられることがありますが、時間経過とともに、その多くは消失していきます。

対側の視野が見えにくくなるため（**同名性半盲**）、見えない側の頭やからだをものにぶつけやすいので、家族や周囲の人が注意する必要があります。

▼治療の原則　原因となった病気によって異なり、脳神経外科での手術が必要な場合もあります。

▼予後　重い病気が隠れていない場合は、内科的な治療で経過も良好ですが、出血をおこした原因となる病気を早く調べることがたいせつです。

◉橋出血

脳のもっとも奥深い、大脳と脊髄をつないでいる脳幹にある、橋という部位での出血です。

高血圧が原因となることが多いのですが、脳動静脈奇形、血管腫、脳腫瘍によることもあります。

▼症状　橋は、その下にある延髄とともに生命中枢といわれ、意識、呼吸、体温調節、嚥下（飲み込み）などの機能をつかさどるたいせつなところで、大脳半球の出血と比べると意識障害が現れやすく、呼吸の抑制、体温の異常な上昇、嚥下障害がおこることがあります。また、手足のまひや感覚障害も現れることが多いものです。

橋には、眼球を動かしたり、顔や口を動かしたりする脳神経や中枢があるため、眼球の位置や動きが障害されたり、瞳孔が極端に小さくなったり、大脳半球の出血に比べて、よりひどく顔が歪んで、ろれつが回らなくなるのが特徴です。

▼治療の原則　原則として手術はせずに、症状に応じた治療が行われます。

▼予後　意識障害が軽い場合は社会復帰が可能ですが、血腫が大きく意識障害の強い場合、強い後遺症を残したり、死亡することも少なくありません。

◉小脳出血

もっとも多い原因は、高血圧です。

▼症状　突然のめまい、頭痛、吐きけ、嘔吐などで発症します。

軽症であれば、意識は障害されず、手足のまひもおこりませんが、小脳は運動全体をコントロールしているところなので、立ち上がろうとしても立てなかったり、歩けなかったりする症状がよくおこります。

また、出血した側の手足に運動失調が現れたり、ろれつの回りが悪くなったり（**小脳性言語障害**）することもあります。

血腫が大きい重症例では、初めは意識がはっきりしていますが、しばらくすると、血腫が脳幹部を圧迫するため徐々に意識状態が悪化し、手足のまひが現れ、呼吸が不規則になります。

▼治療の原則　小さな出血（直径３cm以下）は、内科的治療で良好な経過をたどり、社会復帰が可能なことが多いものです。意識状態が急速に悪化する場合は、手術が必要となることもあります。

◉尾状核頭部出血

症状が似ているため、くも膜下出血とまちがわれやすく、CTで診断します。原因の多くは高血圧です。

▼症状　突然、頭痛と嘔吐がおこり、意識障害が現れることが多く、手足のまひはないか、あっても軽度です。

▼予後　大出血でなければ、予後はよく、内科的治療で後遺症を残さず回復します。

脳卒中③

脳梗塞（脳軟化症）：934頁

▼症状▲片側の手足のまひ、ろれつが回らないといった軽いものから、意識障害、まひのつよいケースまで。梗塞の部位によって症状が異なる。死亡することもある。

▼治療▲血栓溶解薬、抗凝固薬などの薬物療法が主。

◎無症候性脳梗塞とラクナ梗塞……934頁
◎くも膜嚢胞……936頁

◎無症候性脳梗塞とラクナ梗塞

CTやMRIなどの画像診

脳梗塞（脳軟化症）

Brain Infarction

脳の動脈が閉塞する脳卒中

◇3つの病態がある

どんな病気か

脳の動脈の内腔が途中でつまってしまい、そこから先へ血液が流れなくなり、その動脈から血液の供給を受けている脳の部分が、酸素不足におちいって死んでしまい（壊死）、はたらきが低下したり、失われたりする病気です。

脳梗塞には、脳血栓（症）、脳塞栓（症）（心原性脳塞栓）、出血性脳梗塞という3つの病態があります。

●脳血栓（症）

脳の動脈の動脈硬化が進むと、動脈の内腔が狭くなり、そこに血流のよどみができます。そのため、徐々に血栓（血液のかたまり）ができて、血栓が血管の内腔をつまらせてしまう（閉塞）のが脳血栓です。

症状、治療方針、予後などがちがうことから、つぎの2つに分けられています。

①アテローム血栓性脳梗塞　脳に酸素や栄養を運ぶ太い動脈（主幹動脈）の内腔に、血栓によって狭窄や閉塞がおこるもの。

②ラクナ梗塞　脳の深部にある数百μm（ミクロン。1μmは1000分の1mm）の細い血管に閉塞がおこるもの。

脳血栓は、とくに高血圧や糖尿病が原因となっておこることが多く、そのほか、脂質異常症、多血症、喫煙なども原因としてあげられます。

▼症状の特徴　よくみられる症状は、片側の顔面や舌のまひのためにろれつが回らない構音障害、そして同じ側の手足のまひや感覚の低下です。

アテローム血栓性脳梗塞では、これらの症状に加え、意識障害や失語、失行、失認、視野障害などの高次機能障害がみられるのが特徴です。

これに比べてラクナ梗塞は、意識障害はなく、構音障害、まひや感覚障害だけで、症状が軽いのが特徴です。

脳血栓は、睡眠中や起床時など安静時におこることが多く、数時間から数日にわたり時間を追ってゆるやかに段階的に症状が強くなってくるのが特徴です（緩徐進行型）。

●脳塞栓（症）（心原性脳塞栓）

脳以外の部位に発生した血栓、細菌、腫瘍、脂肪、空気（の泡）などが血液中を流れてきて、脳の動脈にひっかかってつまらせるのが脳塞栓です。

ほとんどが、心臓に発生した血栓がはがれて、脳の動脈まで流れてきてひっかかるケース（心原性）です。

原因となる病気のなかでもっとも多いのは**心房細動**で、ほかに心臓弁膜症、心筋梗塞、洞機能不全、原発性心筋症などがあります。

これらの病気のために心臓のはたらきが低下すると、心臓に血栓が生じやすくなります。また、心臓内に細菌の感染病巣があると（細菌性心内膜炎）、細菌のかたまりがはがれて流れてくることもあります。

がんなどでからだが弱っている人は、血液がかたまったり溶けたりするシステムに異常をきたし、心臓に血栓を含断の普及にともなって、脳梗塞がおこっているのにもかかわらず、それに応じた症状がみられない脳の病変が存在することがわかってきました。これを**無症候性脳梗塞**といいます。

もっともよくみられるのは、脳の深部の細い血管がつまっておこる小さな梗塞巣（直径15㎜以下）で、頭痛、めまい、耳鳴りなどの症状が現れることもありますが、これによる脳梗塞の発作や症状がない（無症候）ケースも少なくありません。

この無症候性脳梗塞は、加齢とともに増加し、高血圧や糖尿病があると頻度が高くなることがわかっています。

したがって、無症候性脳梗塞では、脳卒中をおこしやすくなる危険因子の治療がたいせつです。

同じような病変でも、はっきりとした脳梗塞の発作や症状のある場合は、**ラクナ梗塞**といい、脳梗塞の治療が必要です。

内頸動脈系と椎骨脳底動脈系

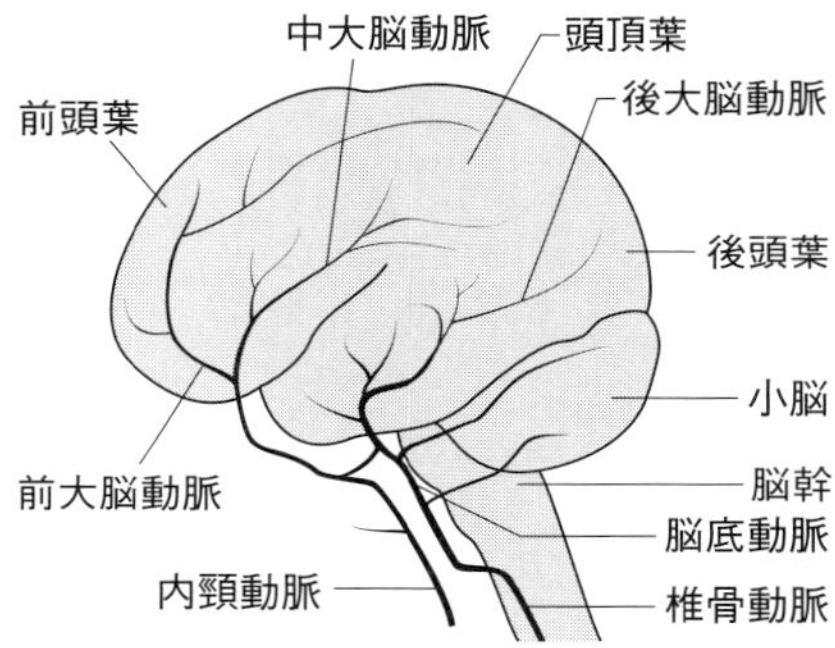

んだ異物のかたまりが発生しやすくなります（非細菌性血栓性心内膜炎）。この異物が流れて脳動脈にひっかかり、脳塞栓をおこし、はじめてがんの存在がわかるケースもあります。

そのほか、外傷や骨折などで血管が切れ、そこから入り込んだ空気（の泡）や皮下脂肪が脳の動脈にひっかかることもあります。

▼**症状の特徴**　脳血栓と同じ症状が現れますが、脳血栓のように時間を追って症状が徐々に強くなってくること（緩徐進行型）は少なく、突然におこり、すぐに症状が現れる（突発完成型）のが特徴です。一般に、脳血栓よりも重症のケースが多いものです。

●**出血性脳梗塞**

脳梗塞をおこしても、つまった血栓が自然に溶けて、再び血液が流れ出すことがあります（再開通）。

脳の血管がつまっても、すぐに血栓が溶けて流れてしまえば、現れていた症状が劇的によくなることもありますが、つまってから6時間以上たって再開通がおこると、閉塞されていた部位から先の動脈は、その間、血流が途絶えていたために障害を受け、血流が再開すると、弱った動脈壁から血液がにじみ出て脳の中に出血します。この状態を出血性脳梗塞といいます。

心原性脳塞栓が発症して数日後に多くみられます。

▼**症状の特徴**　落ちついていた脳梗塞の病状が急に悪化したときは、出血性脳梗塞の可能性があります。しかし、症状が軽く、変わりがないこともあって、ＣＴ、ＭＲＩなどを行わないと診断がつきません。

◇閉塞部位により症状はさまざま

症状　脳に血液を供給している動脈系には、左右2本ずつの内頸動脈と椎骨動脈の2系統があります（上図）。

内頸動脈は、大脳半球に血液を供給している動脈系で、頭蓋内に入ったあと、前大脳動脈と中大脳動脈の2本に枝分かれします。

左右の椎骨動脈は、合わさって1本の脳底動脈となって小脳や脳幹部に血液を供給したあと、枝分かれして大脳半球に入り後大脳動脈となります。

脳梗塞の症状は、これらの動脈系のどこがつまったかによって、さまざまにちがってきます。

●**内頸動脈閉塞の症状**

内頸動脈のうち、脳梗塞がおこりやすいのは中大脳動脈で、前大脳動脈だけに梗塞がおこるのは比較的まれです。

内頸動脈が閉塞したときは、

①つまった部位はどこか。

②閉塞が急激におこったか、徐々におこったか。

◎くも膜嚢胞

先天的な原因でくも膜に、髄液などの透明または黄色味をおびた液がたまった嚢胞ができたものです。

嚢胞が大きくならず周りに影響をあたえなければ、ようすをみていきますが、大きくなってくると脳を圧迫し、けいれんや頭痛などをおこすことがあります。

治療は、嚢胞を切除します。高齢者の場合や嚢胞が巨大な場合には、内容液を出すための短絡路をつくるシャントが行われることがあります。

③障害されていない血管から、つまって血液の流れが悪くなった部位に血液を補給するルート（側副血行路）などの程度発達しているか。

により、症状がほとんど現れない場合から重篤な場合までさまざまです。

中大脳動脈のうち、脳の深部へ血液を供給している細い動脈（穿通枝）がつまったときは、つまった側とは反対側の顔面や手足のまひ、触覚や温痛覚が低下したり、過敏になったりする感覚障害がおこります。

脳の表面（皮質）に血液を供給している動脈（皮質枝）がおもにつまったときは、まひや感覚障害が出現しますが比較的軽く、障害された側の大脳半球やその部位によって、さまざまな高次機能の異常が現れます。

ことばがでなかったり、会話の理解ができない失語症、やろうとしている動作や行為もわかっているのに行うことができない失行、日常使っているものやよく知っている人の顔がわからなかったり、つまった側と反対側の空間にあるものをすべて無視する失認、字が読めない失読、字が書けない失書、障害された側とは反対側の視野が見えなくなる視野障害（同名性半盲）などの症状が現れることがあります。

中大脳動脈の根元がつまったときは、穿通枝も皮質枝もともに障害を受けることが多く、意識障害が強く出現して、脳が腫れ上がり（脳浮腫）、死亡したり、後遺症が強く残る場合もあります。

細い脳血管である穿通枝の梗塞は、**ラクナ梗塞**と呼ばれ、欧米人に比べて日本人に多く、予後は良好です。

いっぽう、皮質枝にもおよぶ太い脳血管におこった脳血栓は**アテローム血栓性脳梗塞**といい、人種や食事のちがいからか欧米に多く、予後はさまざまです。

心原性脳塞栓は、皮質枝の梗塞が多く、脳血栓よりも重症のケースが少なくありません。

◉椎骨脳底動脈系閉塞の症状

めまい、吐きけ、嘔吐、頭痛、ろれつが回らない、飲み込みにくいなどの症状のほか、手足のまひ、力は入るのに手足が思いどおりに動かず、立ち上がれない失調症、動かそうと思わないのに手足がひとりでに動いてしまう不随意運動、口の周りや手の先、半身の感覚が鈍くなったり過敏になる感覚障害、片側の視野が見えなくなる視野障害などが現れます。

脳底動脈の広い範囲に梗塞がおこると（**脳底動脈血栓症**）、生命中枢のある脳幹部が障害され、意識障害に加えて両方の手足のまひが現れます（四肢まひ）。その後、呼吸状態が悪くなり、重篤な病状になります。

◇治療開始が早いほど好結果

治療

血栓を溶かす血栓溶解薬、血液をかたまりにくくする抗凝固薬や抗血小板薬、脳のむくみをとる脳圧降下薬（浸透圧利尿薬）などが用いられます。

２００５（平成17）年から公的医療保険が適用となった血栓溶解薬ｔ‐ＰＡ（アルテプラーゼ）の静脈注射は、発症後４・５時間以内であれば治療効果が期待できますが、使用基準を守らないと脳内出血のおそれがあります。

第1章―第10章
生活習慣病
がん（悪性腫瘍）
子ども
女性
脳・脊髄・神経
こころ
目
耳・鼻・のど
歯・口腔
呼吸器

脳卒中④

くも膜下出血 ……937頁

▼**症状**▲バットで殴られたような激しい頭痛、けいれん、意識障害などが突然おこる。

▼**治療**▲救急車などで一刻も早く脳神経外科のある病院へ運ぶ。

くも膜下出血

Subarachnoid Hemorrhage

働きざかりに発症

◇生命にかかわる危険が高い

どんな病気か　脳は、3層の膜でおおわれています。脳の表面を直接おおっている膜を軟膜といい、その上をくも膜が、さらにその上を硬膜がおおっています（34頁カラー口絵）。くも膜と軟膜の間には、くも膜下腔というすき間（腔）があって、ここには、脳脊髄液が循環しています。血管が破れ、このくも膜下腔に出血するのが、くも膜下出血です。

　くも膜下出血も脳卒中の一種ですが、脳卒中のなかに占めるくも膜下出血の割合はおよそ10％で、脳梗塞や脳出血と比べると頻度はそう高くはありません。しかし、生命にかかわる危険が高く、心臓まひなどを含めた全突然死の約5％を占めます。

　また、中高年のいわゆる**過労死**の原因の1つとしても、しばしばとり上げられています。

◇多くは脳動脈瘤破裂が原因

原因　頭部外傷で脳に傷がつくと、くも膜下出血がおこることがあって、これを**外傷性くも膜下出血**といいます。

　外傷（けが）が原因でないものを**特発性くも膜下出血**といい、たんにくも膜下出血といった場合は、この特発性のケースをさします。

　特発性くも膜下出血は、ほとんどが脳動脈の一部がこぶのようにふくらむ脳動脈瘤（次項）の破裂によっておこります。従来、脳動静脈奇形（940頁）や、もやもや病（941頁）という脳血管の形態異常も、くも膜下出血の原因になると考えられていたのですが、CT検査が普及して以来、これらが破裂して出血したときは、くも膜下出血よりも脳出血になるケースが多いことがわかってきました。

　脳梗塞や脳出血は、高血圧、動脈硬化などの生活習慣病が基盤にあっておこるために、中年以降の人に多いのですが、くも膜下出血は、ほとんどが脳血管の形態異常が原因でおこるため、年齢を問わずに発症するのが特徴で、20〜30歳代で発症する人もいます。

　脳動脈瘤破裂によるくも膜下出血は、40〜50歳代の人に多くみられます。

◇突然の激しい頭痛が特徴

症状　バットで殴られたような激しい頭痛、嘔吐、けいれん、意識障害などが突然おこるのが、くも膜下出血の症状の基本ですが、出血のしかたや出血量によって症状の現れかたがちがいます。

　重症の場合は、意識障害や呼吸障害が強く、昏睡から覚めないまま死亡することもあります。

　出血量が少ないと、意識障害がないか、あっても数分で意識が回復し、医師の治療を受けなくても元気になりますが、その後、いわゆるぼんのくぼといわれるくびすじの痛みや頭全体の痛み、嘔吐がつづきます。出血量がごく少量の場合は、これらの症状をたんな

脳血管疾患①

るかぜや胃炎の症状とまちがえてしまうこともあります。

脳内出血をともなうときは、からだの片側のまひや、ことばがでなくなったり、ことばはでても意味をなさない失語症がおこることがあります。

動脈瘤破裂が原因の場合、血管攣縮（血管が細くなること）や正常圧水頭症の症状（次頁）も現れてきます。

◇CTが診断の決め手

検査と診断 突然の激しい頭痛、嘔吐、けいれん、意識障害などの症状があれば、まずくも膜下出血を疑わなくてはなりません。

出血してから時間がたつと、くびすじがかたくなり（項部硬直）、前屈（うなずく動作）ができなくなります。

CTで頭蓋内を撮影すると、出血の有無、部位、程度などが確実に診断できます。軽いくも膜下出血の場合には、出血後数日たつと、出血した血液が吸収されてしまってCTに写らないことがあります。このようなときは、腰椎穿刺を行って脳脊髄液を採取します。この中に血液が混じっていれば、くも膜下出血がおこった証拠です。

また、MRIのFLAIR法という撮影法を行うことで、診断できるケースもあります。

◇一刻も早く、脳神経外科へ

治療 くも膜下出血は、発症後1時間ぐらいの間の状態の変化が、その後の病状を左右することが多いものです。また、6時間以内に再び出血するケースも少なくありません。したがって救急車を呼ぶなどして、患者を一刻も早く脳神経外科のある病院へ運ぶことが必要です。乱暴な運びかたをしてはいけないのはもちろん、手当をしながら静かに運ばなければいけないので、救急車の出動を依頼したほうがよいのです。

病院では、呼吸、血液循環などの全身状態を改善する治療を開始し、興奮や苦痛を除いて安静をはかります。血圧や脳圧を下げる薬剤も使用します。さらに脳動脈瘤など、出血の原因を探す検査が行われます。

脳動脈瘤
Cerebral Aneurysm

どんな病気か 脳の動脈の壁の一部分が、こぶや風船のように膨らんでくる病気です。

動脈の内側からかかる圧（血圧）に耐えきれなくなって、動脈の膨らんだ部分が破裂（脳動脈瘤破裂）すると、**くも膜下出血**（前項）になります。

動脈の壁に生まれつき弱い部分があって、血圧に押されて徐々にこぶのように膨らんでくるケースがほとんどと考えられていますが（先天性）、脳の動脈の動脈硬化、脳の動脈への細菌の感染、頭部外傷などが原因でおこることもあります（後天性）。

症状 脳動脈瘤ができても、なんの症状も現れないのがふつうですが、まれに、大きくなった脳動脈瘤に動眼神経が圧迫され、片側のまぶたが下がる（眼瞼下垂）といった症状が現れることがあります。しかし、大部分はなんの前ぶれもなく、突然破裂します。

脳動脈瘤（脳血管撮影像）
手術前　動脈瘤がみられる

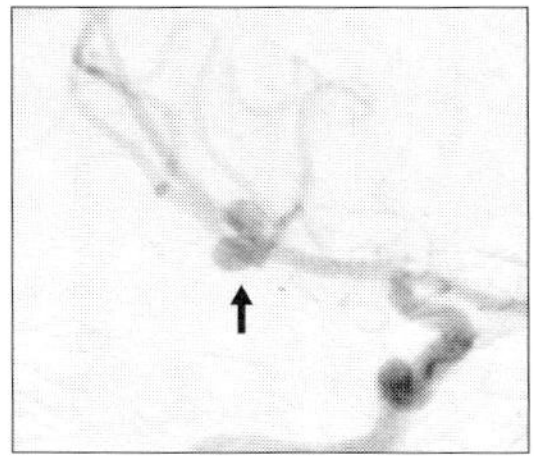

手術後（クリッピング）
動脈瘤をクリップしたところ

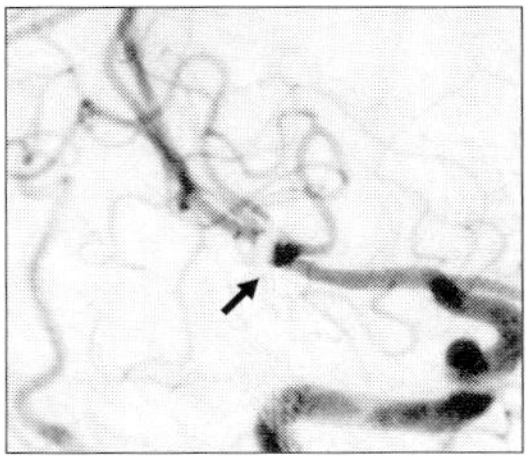

▼脳動脈瘤が破裂したときの症状　バットで殴られたような激しい頭痛、嘔吐、けいれん、意識障害などのくも膜下出血の症状（937頁）が突然、現れます。また、くも膜下出血をおこしてしばらくは元気だった人が、数日後に急に具合が悪くなり、手足のまひ、ろれつが回らないなどの言語障害が現れてくることがあります。これは、出血のために脳の血管がきゅーっと細くなり（脳血管攣縮）、脳に十分な血液が流れなくなっている（脳虚血）ときの症状です。

さらに、時期が経過してから、認知症、歩行困難、尿失禁などがおこってくることもあります。これは、くも膜下出血のために脳脊髄液の流れが悪くなり、脳脊髄液がたまって脳室が大きくなった**正常圧水頭症**の症状です。

検査と診断　CTでくも膜下出血を確認したら、脳動脈瘤を探すためにMRA、3D‐CTAや脳血管造影が行われます。脳血管造影は、脳に血液を送っている動脈が4本（2本の内頸動脈と2本の椎骨動脈）あり、脳動脈瘤が多発していることもあるので、4本すべてを調べなければなりません。動脈に造影剤を注入するので多少の苦痛をともないます。

最近は脳ドックなどでMRAや3D‐CTAを用いた非侵襲的検査が行われ、未破裂の状態で見つかる脳動脈瘤が増えています。

治療　破裂した脳動脈瘤からの出血は一時的に止まっても、そのまま放置すると、再出血し、生命にかかわる危険が高いのです。脳動脈瘤は、いつ破裂するかわからない時限爆弾のようなものなのです。したがって状態が許せば、再出血をおこさないうちに手術をしたほうがよいのです。

◉動脈瘤が破裂したときの治療

▼手術　手術を行う最大の目的は、再出血の予防です。

開頭して、動脈瘤の根元にクリップという金具をかけるクリッピングがもっとも確実な治療です。

動脈瘤の形などに問題があって、クリッピングができないときは、動脈瘤全体を特殊なのりでかためることもあります（コーティング）。

▼手術の予後　血腫（血液のかたまり）、脳室の拡大、脳浮腫に対する処置を手術のときに行うことは可能ですが、出血によって破壊された脳の部分を手術で治すことはできません。このため、出血の程度によって、予後が大きく変わってきます。

軽症の場合は、約4週間で退院でき、社会復帰も可能となります。重症の場合には、からだの片側のまひや失語症（913頁上段）などの後遺症が残り、数か月のリハビリテーションが必要になることもあります。また、不幸にして寝たきりになることもまれではありません。

▼手術ができないときの治療　状態があまりにも悪い、あるいは状態がしだいに悪くなる、脳血管が攣縮をおこしているといったケースでは、手術ができません。この場合は、絶対安静を保ち、血圧や脳圧を下げる薬を使用して、状態が落ち着くまでようすをみるのがふつうです。

▼血管内手術　最近は、切らずに脳動

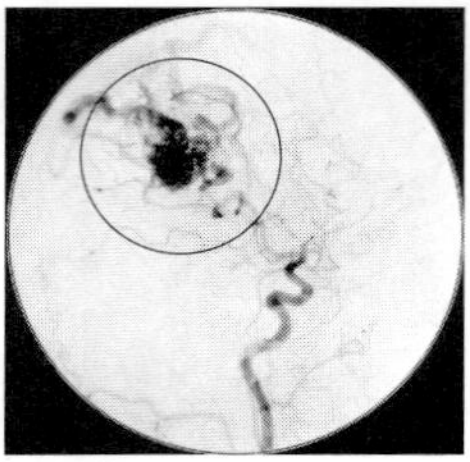

脳動静脈奇形（脳血管撮影像）
動脈と静脈をつなぐ異常な血管がみられる（円内）

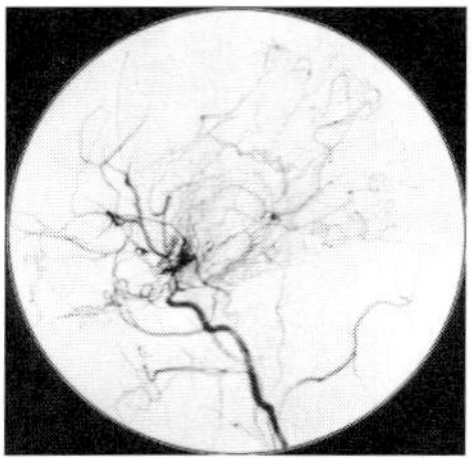

もやもや病（脳血管撮影像）
もやもやとした異常な血管網がみられる

脈瘤を治そうという血管内手術が普及してきました。大腿部の動脈から直径0・5㎜ほどの細い管（カテーテル）を脳動脈瘤まで送り、この中を通して、プラチナのコイルを瘤内につめ、破裂しないように塞いでしまいます。これまではおもに外科的手術のできない部位の脳動脈瘤に行われてきました。

まだ、長期的な結果がでていませんが、カテーテルやコイルの改良も進み、血管内手術による治療例が増えています。

▼正常圧水頭症をおこしたときの治療

脳室と腹腔（V-Pシャント）、あるいは腰髄くも膜下腔と腹腔（L-Pシャント）を人工の管（シャント）で連結させて腹腔に髄液を流し、脳室に脳脊髄液がたまらないようにする手術を行います。

◉未破裂の脳動脈瘤の治療

手術をせずに放置して破裂した場合の危険性と、手術をした場合のリスク（手術成績や合併症など）の兼ね合いを慎重に検討し、手術をするかどうか判断します。

脳動静脈奇形
Cerebral Arteriovenous Malformation

どんな病気か

脳の一部で、異常な血管を介して動脈と静脈がつながっている病気です。

動脈の血液は、毛細血管を経て静脈へと流れますが、この病気では、毛細血管を経由せずに、異常血管を介して圧の高い動脈の血液が静脈へ流れ込むために、静脈内の圧が高まり、破裂して出血します。

また、動脈血が異常血管を介してよその部位に流れてしまうために、異常血管の先の脳に十分な血液が流れず、そこが酸素不足におちいって、けいれんをおこしたりします。

症状

脳内出血や脳室内出血をおこすことが多く、このときは、突然の頭痛、嘔吐、意識障害、からだの片側のまひ、失語症（913頁）などが現れます。

また、けいれん発作がおこり、精密検査で脳動静脈奇形が発見されるケースもあります。

これらの発作は、20～40歳代におこることが多いものです。

原因

先天性の血管の異常です。胎生期の脳の毛細血管の発生のしかたに異常があるため、動脈と静脈とをつなぐ異常血管が発生するのです。

検査と診断

CTやMRIで脳の中を撮影すると、出血や異常血管が映ります。

よりくわしい状況を知るためには、脳の動脈に造影剤を注入してX線撮影する脳血管造影が必要です。これによって、異常血管のかたまりや、動脈から静脈へ直接、血液が流れるようすを把握することができます。けいれんをおこした場合は、脳波検査も必要です。

治療

破裂して出血をおこしたときや、薬でけいれんを抑えられないときは、手術をして異常血管を摘出します。最近では、異常血管を人工的につまらせる血管内手術、放射線を照射して異常血管を破壊するガンマナイフなどを組合わせて、治療が行われます。

◎頭部外傷後遺症

頭部外傷（1950頁）は、なんの症状も残さずに治ることもありますが、さまざまな症状が残ってしまうこともまれではありません。けがをして3週間以上たっても残る症状や新しくでてきた症状を、一般に**頭部外傷後遺症**といいます。

脳に傷を残すような頭部外傷では、てんかん発作が後遺症となることがあり、**外傷性てんかん**といいます。外傷性てんかんの多くは2年以内に発作がおこるので、この期間、予防的に抗けいれん剤の服用が必要になることがあります。

ほかには、植物状態などの意識障害、片まひや視力障害などの脳神経まひ、精神症状、鼻や耳から髄液の漏れる髄液漏などがあります。長期にわたって、頭痛、めまい、いらいら、不安感などを訴えるのに、診察や検査では異常が見あたらず、後遺症かどうかの判断がむずかしいケースもあります。

▼日常生活の注意　治療で異常血管が消え、手や足に力が入らないなどの神経脱落症状が現れなければ、1か月前後で退院でき、通学、通勤などはふつうにできるようになります。

しかし、長期間の抗けいれん薬の服用が必要なことが多く、この場合は、自動車の運転などはひかえなければなりません。

からだの片側のまひ、失語症などの後遺症がおこった場合は、数か月間のリハビリテーションが必要です。

脳動静脈奇形が残った場合は、激しい運動の禁止などの日常生活の注意が必要になります。

もやもや病（ウイリス動脈輪閉塞症）

Cerebrovascular Moyamoya Disease

どんな病気か

日本人に多い原因不明の脳血管の病気です。

脳血管撮影を行うと、脳底部の動脈が細くなっていたり、つまっていたりして、もやもやとした異常な血管網が映ることから、この病名がついています。厚生労働省の特定疾患（難病）に指定され、治療費は公費から補助されます。

症状

5歳前後で発症する若年型では、突然、手や足に力が入らなくなる脱力発作、言語障害、意識障害、けいれんがおこります。

これは、動脈が細くなっていて、脳に十分な量の血液が流れなくなるためにおこる症状で、脳虚血発作と呼ばれます。自然に治まることが多いのですが、くり返し脳虚血発作をおこしているうちに、脳梗塞（934頁）がおこり、精神や知能の障害、四肢まひ、言語障害、全盲などの後遺症が残ることがあります。

30～40歳代を中心に発症する成人型のうち、3分の2は、突然の頭痛、嘔吐、意識障害などの脳内出血や脳室内出血などの症状で発症します。残り3分の1は、若年型と同様、脳虚血発作の症状で発症します。どちらも、症状の再発をくり返します。

検査と診断

ＣＴやＭＲＩ、脳波検査、脳循環測定などが行われますが、確実に診断するには、脳動脈に造影剤を注入してX線撮影する脳血管造影や、ＭＲＩやＣＴによる脳血管撮影が必要です。

治療

原因がわからないので、まだ確実な治療法はありません。手や足に力が入らないなどの神経脱落症状がなければ、ふつうの生活が送れますが、けいれんをおこす可能性があるときは、長期間の抗けいれん薬の服用が必要です。

まひ、失語症（913頁）などがおこった場合にはリハビリテーションが行われます。

精神や知能に大きな障害が残った場合には、専門施設への入所も考えなければなりません。

▼外科的治療　頭蓋の外を流れている血液を脳内に導き、脳内を流れる血液の量を増やせば、脳虚血発作や出血を予防できるのではないかという考えから、いろいろな手術が工夫され、行われています。

一過性脳虚血発作
Transient Cerebral Ischemic Attack (TIA)

どんな病気か　脳にいく血液の流れが悪くなって（**脳虚血**）、いろいろな神経症状が出現しますが、24時間以内（多くは20分以内）に自然によくなり、症状がなくなるものを一過性脳虚血発作と呼びます。

症　状　片側の手足や顔のまひなどの運動障害、しびれや感じかたが鈍くなるといった感覚障害、ろれつが回らなかったり、ことばがでなかったりする言語障害、片方の目が見えにくくなる視力障害（**一過性黒内障**）、片側にあるものが見えなくなる視野障害（**同名性半盲**）など、症状はいろいろです。

一過性脳虚血発作を、すぐよくなったからと放置して治療をしなかった場合には、数年以内に20～30％が**脳梗塞**（934頁）をおこすので、その警告症状としてたいへん重要です。

とくに、発作を何回もくり返したり、発作のたびに症状が強くなる、症状の持続時間が長くなるといったときは、それに引き続いて脳梗塞の発作をおこすことが多いので、要注意です。

一過性脳虚血発作をおこしたときは、できるだけ早く神経内科などの専門医の診察を受けて、医師の指示があったときは、入院して適切な治療を受けることが必要です。

原　因　脳の血液の循環障害のためにおこりますが、その原因は大きく分けて2つあります。

①脳の動脈に血栓が一時的につまっておこる　脳梗塞をおこす警告症状です。脳の動脈の動脈硬化が進むと、その部位の血液の流れによどみができて、血栓ができやすくなります。そして、血管の壁にできた血栓がはがれて、その先の動脈の細い部分につまります。心臓や大動脈などの脳以外の部位に生じた血栓が、脳の動脈に流れてきてつまることもあります。

幸いにも、つまった血栓が小さいと、短時間で自然に溶けて血液が再び流れるようになります（再開通）。

血栓がつまると、その動脈から血液の供給を受けていた脳の部分のはたらきが障害を受け、その部分がつかさどっていた機能に応じてさまざまな症状が現れます。

血管が閉塞していた時間が短いと、脳はまだ壊死をおこしていないので、血流の再開とともに再びはたらきだします。そのため、症状が一過性で消失するのです。このようなことをくり返していると、もとに戻れない変化が徐々に脳組織に生じてきて、そのうちに脳梗塞がおこります。

②急に血圧が下がるために、脳へ流れる血流量が減少する　健康な人は、かなり血圧が下がっても脳へ流れる血流量が減少することはありません。

俗に脳貧血といって、神経のはたらきが一時的に乱れて血圧が下がり、脳への血流量が減って立ちくらみを感じたりすることもありますが、横になればすぐに回復します。

長い間、高血圧を治療せずに放っておいたり、脳卒中をおこしたことのあるような脳動脈の動脈硬化が強い人は、健康な人では影響のない程度の血圧の

◎脳血管性うつ病

脳血管疾患の発症後にみられるうつ病（1011頁）で、頻度はおよそ20％程度です。左側の前頭葉の損傷によるものが多いともいわれ、意欲や関心の低下が目立ちます。

明らかな神経症状がみられる脳卒中発作後のうつ状態（PSD）と、明らかな神経症状はみられませんが、MRIで虚血性病変が確認されるケースがあります。MRIなどで無症候性の脳梗塞が見つかるようになり、老年期のうつ病との関連が注目されています。

降下で、脳の血流量が減少して、脳の神経細胞が血液不足におちいり、いろいろな症状が現れます（**脳循環不全症状**）。頭位や体位を変換したとき、たとえば、寝た位置から急に立ち上がったときなどに症状が現れます。

高血圧の人が降圧薬を服用し、急激に正常血圧まで下がったときにおこるケースもみられます。軽い場合は、立ちくらみ、めまい感、頭重感ですみますが、ときに、ろれつが回らなくなったり、手足の力が入らなくなったりすることがあります。

【検査と診断】 症状は、短時間のうちに自然に消えてしまうので、医師が症状を実際に確認できることはまれで、本人や周囲の人の話が診断を下すうえで重要になります。

このようなことがあったら、症状を正確に医師に報告しましょう。症状から、脳梗塞のまえぶれと判断されたときは、すぐに入院して詳しい検査や、脳梗塞をおこさないようにする治療が必要です。

脳のCTやMRIのほか、血栓を生じさせる動脈硬化をおこしている血管はどこかを調べるため、CTやMRIによる脳血管の検査や超音波検査が行われます。

また、心臓に異常（心房細動などの不整脈や心臓弁膜症など）があると血栓が生じやすいので、心臓の検査（超音波検査やホルター心電図など）も必要です。

【治療】 脳梗塞の前兆と診断がついたときは、すぐにも治療が必要です。

◉内科的治療

血液をかたまりにくくして血栓形成を防ぐために、抗血小板薬や抗凝固薬、血栓溶解薬などを使用する薬物療法を行います。

◉外科的治療

脳動脈の内腔がアテローム性動脈硬化により狭く、不整で、いまにもつまりそうな部位（頸部の内頸動脈のことが多い）が見つかったり、血液の流れを改善させれば症状がよくなると考えられる場合は、動脈に対する手術が行われることがあります。

高血圧性脳症
Hypertensive Encephalopathy

【どんな病気か】 急激な血圧の上昇（典型的な例では、収縮期血圧250㎜Hg、拡張期血圧150㎜Hg前後と著しく高い）のために、脳がむくみ（**脳浮腫**）脳圧が上がって、激しい頭痛、吐きけ、嘔吐、意識障害、視力障害、手足のけいれんをおこしたケースを、高血圧性脳症といいます。

【原因】 進行した高血圧、腎臓病、妊娠高血圧症候群、血圧を高くする物質を分泌する腫瘍（褐色細胞腫や原発性アルドステロン症など）が原因でおこりますが、高血圧性脳症になるまで血圧が上昇するケースは比較的まれです。

【治療】 放置すると脳浮腫が強くなり生命にかかわるので、緊急に入院する必要があり、降圧薬を使用して血圧を下げ、症状を落ちつかせます。CTでくも膜下出血や脳出血でないことを確認した後、原因となっている病気の治療を行います。

◎慢性脳循環不全

脳血管の動脈硬化が進み、全般的な脳の血流障害があっても、脳卒中発作にみられるような手足のまひやはっきりとした言語障害などの神経症状は認められないが、めまい、立ちくらみ、頭痛、頭重感、物忘れ、耳鳴りなどを訴える場合に用いられる病名です。

以前は、**脳動脈硬化症**という病名が使われていましたが、あまりにも抽象的なため、現在では使われなくなりました。

このような自覚症状があるときは、いちど、検査してもらいましょう。

動脈硬化を促進する病気が見つかれば、治療する必要があります。

慢性硬膜下血腫
Chronic Subdural Hematoma

どんな病気か

脳は、外側から硬膜、くも膜、軟膜の3層の膜で包まれています。

このうちの硬膜と、くも膜の間の静脈が切れて出血し、血腫をつくる病気です。頭の左右両側におこることもあります。

症状

血腫によって脳が圧迫されるために、頭痛、手足のまひ、認知障害、尿失禁などが現れ、放置すると血腫はどんどん大きくなり、脳圧が亢進して意識障害がおこり、生命にかかわります。

症状が似ているので脳卒中とまちがえやすいのですが、CT、MRIなどで診断がつきます。

原因

頭部に外傷を受けてから1～2か月後に症状が現れてくることが多く、記憶に残らないほど軽い外傷でもおこります。

また、認知症のある人や酒飲みの人では、頭を打ったことを覚えていないケースも多く、症状が現れた時期がはっきりしないのが特徴です。

治療

頭に小さな孔をあけて血腫を吸引し、洗い流します（**血腫吸引術**）。場合によっては開頭して、血腫を取除きます。

発見が遅れなければ、たいていは後遺症を残さずに治ります。

脳血管性認知症
Cerebrovascular Dementia

どんな病気か

脳卒中（脳梗塞や脳出血）の発作後に現れてくる認知症のことです。

1回の脳卒中発作で現れることもありますが、何回かの脳卒中発作をおこしたあとに現れることが多いものです。

はっきりとした脳卒中の発作がなくても、症状のでない多数の小梗塞などの病変（無症候性脳梗塞 934頁上段）が脳の中にできて、徐々に認知症が出現するケースもあります。

高血圧や糖尿病などの危険因子をもっていて、治療をしていない場合は要注意です。

症状

症状の主体は、年齢相当より以上の物忘れのほか、ちょっとしたことで泣いたり、怒ったり、笑ったりする感情失禁がみられますが、計算力、人格、一般常識、病識（自分が病気であるという認識）などは比較的保たれているのがアルツハイマー病と異なる点です。

ぼけているところと、正常なところが混じり合った認知症（**まだら認知症**）ともいえます。

症状は徐々に進行し、よくなったり、悪くなったりするのも特徴です。歩行障害、運動まひ、言語障害、嚥下障害、尿失禁などの神経症状をともなっていることが多いものです。

治療

脳の血管の動脈硬化を促進させる危険因子となっている高血圧、糖尿病、脂質異常症などに対する食事・運動療法、薬物療法を行います。

血液をかたまりにくくして脳梗塞を予防する抗血小板薬などを使用し、症状の進行を抑えます。

変性疾患

変性疾患とは

つぎの2つの特徴をもつ一群の疾患を変性疾患といいます。

①ゆっくり発症し、進行性で、家族性のケースがあり、特定の神経系統を中心としたほぼ対称性の症状を示します。

②神経細胞を中心に種々の退行性変化を示すが、血管障害、感染や中毒といった明らかな原因を特定できません。

大脳皮質をおかすアルツハイマー病（次項）やピック病（947頁）、大脳基底核が主病変のパーキンソン病（948頁）やハンチントン病（953頁）、小脳系が中心の脊髄小脳変性症（956頁）、脊髄が障害される筋萎縮性側索硬化症（954頁）などがあります。

◉認知症

正常に発達した知的機能が、その後の脳障害により社会生活や日常生活に支障をきたすほど低下した状態。知的機能には、記憶、思考、見当識（次項）、理解、計算、学習、言語、判断など、さまざまなはたらきが含まれます。

アルツハイマー病

Alzheimer Disease

認知症となる代表的疾患

◇65歳以降に多発する

どんな病気か　認知症を招く代表的な疾患で、65歳以上の老年期に発症する**老年認知症**と同一の疾患とみなされ、**アルツハイマー型老年認知症**あるいは**アルツハイマー型認知症**とも呼ばれます。

大脳を主病変とする変性疾患で、記憶や**見当識**（時間・場所・人物に関する認識）の障害で発症し、徐々に**失語**（ことばがでてこない）、**失認**（見えているのに認識できない）や**失行**（わかっているのに動作ができない）などが加わります。

まれに遺伝性の**家族性アルツハイマー病**もみられますが、一般的に、アルツハイマー病は遺伝性疾患ではありません。

認知症の有病率は、男性よりも女性で若干高く、加齢とともに増え、85歳以上では男性約22％、女性約30％となっています。原因別にみると、アルツハイマー病、脳血管性認知症（前頁）および両者の混合型が認知症の大半を占めます。

画像診断では、大脳を中心とした脳萎縮を示します。

組織学的には、大脳皮質の神経細胞の脱落と顆粒空胞変性という変化、神経原線維がかたまりになったり、老人斑（大脳に現れる斑点状の変化）が現れたり、グリオーシス（神経膠細胞が増殖した状態）を特徴とします。

原因　老人斑の中心に沈着しているアミロイドの主成分はβたんぱくで、アミロイド前駆体たんぱく（APP）からつくられますが、この代謝異常が病因に関係していると考えられています。

また、大脳皮質の神経伝達物質であるアセチルコリンが著しく減少することによって大脳皮質の機能障害、つまり認知症が生じると想定されています。

遺伝子異常、金属異常（アルミニウ

◎大脳皮質基底核変性症 ……948頁

◎パーキンソン症候群のおもな原因 ……950頁

◎アルツハイマー病の病名の由来

1907（明治40）年にこの病気を報告したドイツの医師アロイス・アルツハイマー（1864～1915年）に由来します。当初は、65歳以下の初老期に発症する認知症と考えられていましたが、後に65歳以上の老年期に発症する老年認知症と同一の疾患とみなされるようになりました。

◎認知症のいろいろ

認知症の原因は、多岐にわたります。変性疾患以外では

ム過剰）、神経伝達物質異常（アセチルコリン低下）など、さまざまな説がありますが、真の原因は不明です。

症状

アルツハイマー病は50歳以降に多く、とくに65歳以降に多発します。ほとんどの場合、徐々に健忘症が現れ、しだいに記銘力・記憶障害が明らかとなり、計算力、判断力、注意力や見当識も障害されます。自発性の低下がみられることもあります。しかし、一見ふつうの対人態度を示し、人格が比較的保たれる点が、ピック病（次頁）とのちがいです。

認知症を主とした**中核症状**とともに、**周辺症状**（BPSD）もみられます。周辺症状には、興奮、易刺激性（イライラする）、焦燥、幻覚、妄想などの陽性症状と、無気力、無関心、抑うつなどの陰性症状があります。

中期に入ると認知機能障害に加えて、失語、失行や失認などが現れます。とくに地誌失見当識障害（場所がわからなくなる）が明らかで、筋肉がこわばる筋強剛や小刻み歩行といったパーキンソン症状（948頁）がみられることもあります。末期には認知症、失語、失行や失認の程度が強くなり、筋強剛や関節拘縮（関節がかたく動かなくなる）も強まり、たいていは寝たきり状態になってしまいます。

検査と診断

認知症の簡単なスクリーニング検査には、長谷川式簡易知能評価スケール（HDS-R）やミニメンタルステート検査（MMSE）があります。くわしく評価する場合はウェクスラー成人知能検査（WAIS-Ⅲ）やアルツハイマー病評価スケール（ADAS）を使用します。

頭部CTやMRI検査では大脳の萎縮を認め、初期には側頭葉や頭頂葉の萎縮が目立ちます。これらの検査結果は、脳梗塞（934頁）、あるいは慢性硬膜下血腫（944頁）や正常圧水頭症（594頁）など、認知症のほかの原因を見いだすのにも役立ちます。

脳波検査、SPECTによる脳血流検査、PETによる脳酸素・グルコース代謝検査が行われることもあります。

認知症が存在して、神経症候や諸検査からほかの原因疾患が除外できる場合にアルツハイマー病と診断します。その際は、DSM-5やNINDS-ADRDAの診断基準が用いられます。

区別しなければならない疾患は、脳血管性認知症（944頁）、レビー小体型認知症（次項）やピック病（次頁）で、脳血管疾患になったことがあるか（既往）や頭部CT・MRI検査の結果が参考になります。

◇薬物療法が行われる

治療

現在のところ、認知機能障害（中核症状）に対する十分な治療法はありません。

脳内アセチルコリンの減少を補う目的で、アセチルコリン分解酵素の作用を抑制するアセチルコリンエステラーゼ阻害薬が使用され、アセチルコリンの脳内蓄積を促します。

ドネペジル塩酸塩、ガランタミン、リバスチグミン、メマンチンが保険適用薬です。1日に1～2回の使用によって認知機能および日常生活動作（ADL）が若干改善します。

無気力、抑うつなどの陰性症状に対

脳血管性認知症（944頁）が重要です。**多発梗塞性認知症**が大部分を占め、大小の脳梗塞をくり返すうちに認知症を生じます。大脳白質の広範な血流不足が原因とされるビンスワンガー病もこのなかに含まれます。

パーキンソン病（下段）、進行性核上性まひ（950頁）やハンチントン病（953頁）などでも認知症を生じることがあり、アルツハイマー病（945頁）などと対比して**皮質下性認知症**と呼ばれています。

正常圧水頭症（594頁）や慢性硬膜下血腫（944頁）が原因の認知症は、診断が確定すれば脳外科手術によって治療することができるため、「治療し得る認知症」といわれます。

ビタミンB1欠乏症（ウェルニッケ脳症　1519頁）、甲状腺機能低下症（1478頁）や副腎皮質機能低下症（アジソン病　1490頁）などの内分泌代謝疾患による認知症も、多くが治療可能です。

認知症が短期間に急速に進

して、脳循環代謝改善薬や抗うつ薬を使用します。興奮、不穏、焦燥、幻覚、妄想などの陽性症状に対してはリスペリドン、オランザピンやクエチアピンなどの非定型抗精神病薬が有効ですが、アメリカ食品医薬局（ＦＤＡ）より死亡率の増加が指摘されています。

末期には寝たきり状態にともなう床ずれ（1802頁）、栄養障害や嚥下性肺炎（1255頁）などの合併症に注意します。

レビー小体型認知症（びまん性レビー小体病）

Dementia with Lewy Bodies

どんな病気か

認知症の原因としてアルツハイマー病（前項）、脳血管性認知症について多い疾患です。

パーキンソン病（次頁）で黒質などに現れるレビー小体という変化が大脳皮質に多発し、進行性の認知機能低下を示します。

症状

認知症については、初期には記憶障害が目立たず、意欲・注意力低下などの前頭葉症状や視空間認知障害が主体となります。早期から鮮明な幻視が現れ、パーキンソン症状をともなうことが多く、起立性低血圧、失神や尿失禁などの自律神経症状もみられます。パーキンソン症状が目立たない場合、アルツハイマー病との区別が困難です。一般に5～10年の経過で寝たきり状態に至るとされます。

治療

脳内アセチルコリン系およびドパミン系の神経伝達物質の低下がみられるため、治療にはアセチルコリンエステラーゼ阻害薬のドネペジル塩酸塩などが有効です。

パーキンソン症状に対してはレボドパなどの抗パーキンソン病薬を使用しますが、幻覚、妄想やせん妄が現れやすくなります。精神症状や行動異常には非定型抗精神病薬が有効です。

前頭側頭型認知症

Frontotemporal Dementia

どんな病気か

前頭葉と側頭葉、あるいはそのいずれかに限局性脳葉萎縮がみられ、認知症が出現する疾患の総称で、ピック病や原発性進行性失語症などが含まれます。アルツハイマー病（945頁）やレビー小体型認知症（前項）と同様に大脳皮質が病変の主体となるため、**皮質性認知症**と呼ばれます。

発症頻度はアルツハイマー病の10％以下で、好発年齢は40～60歳とやや若年です。

◉ピック病

画像検査で、前頭葉または側頭葉、あるいは両方に高度の脳萎縮がみられます。側頭葉の先端がナイフの刃状に強く萎縮しているケースもあります。多くの場合、神経細胞にピック嗜銀球という細胞内封入体が現れます。

たいていは65歳以下の初老期に発症します（**若年認知症**）。進行性の認知症を主症状としますが、初期から人格変化や行動異常が目立ちます。性格が粗雑化し、自制力がなく、非協力的で、周囲への配慮を欠くようになります。社会的規則を無視し、物を盗んだりすることもあります。これらは**側頭葉症状**とされ、**前頭葉症状**が前面にでると行する場合は、慢性硬膜下血腫、血管内悪性リンパ腫（553頁）やクロイツフェルト・ヤコブ病（962頁）を疑います。クロイツフェルト・ヤコブ病はプリオン感染が原因のまれな疾患です。

◎パーキンソン病の病名の由来

パーキンソン病は、1817年にイギリスの地質学者・古生物学者・開業医のジェームズ・パーキンソン（1755～1824年）が初めて報告したことから、病名として用いられています。

◎大脳皮質基底核変性症

パーキンソン症状および失行などの高次脳機能障害を特徴とする変性疾患です。60歳以上の高齢者に多く、数年の

自発性が欠如し、無関心、無感動な状態となります。健忘性失語などもみられますが、頭頂葉は障害されないため、アルツハイマー病と比べて地誌見当識障害（道に迷うなど）、失認（見えているのに認識できない）や失行（わかっているのに動作ができない）が少ないのです。

●原発性進行性失語症

緩徐進行性失語症ともいいます。失語症（913、1193頁）で発症し、それだけが数年間にわたって進行します。

その後に認知症が加わり、やがては前頭側頭型認知症や全般性認知症となります。

画像検査で、側頭葉や前頭葉の言語野に強い限局性脳萎縮がみられます。病理学的には、ピック病やほかの前頭側頭型認知症と区別できません。

失語症の原因としては、脳血管疾患が圧倒的に多いのですが、既往歴や画像検査によって、脳血管疾患がない場合にも考慮します。

治療 残念ながら現在のところ有効な治療法がありません。

パーキンソン病

Parkinson Disease

振戦、筋強剛、無動、姿勢反射障害が特徴

◇高齢化にともない増加傾向

どんな病気か パーキンソン症候群のなかで、もっとも頻度が高い疾患がパーキンソン病（**特発性パーキンソニズム**）です。脳の黒質線条体のドパミン作動神経の変性により、振戦、筋強剛、無動や姿勢反射障害などを生じます。

パーキンソン病の有病率は、人口10万人に対し100～150人前後（全国で12万～15万人）とされています。好発年齢は50～70歳で、高齢者ほど有病率が高いため、人口の高齢化にともない有病率も増加傾向にあります。

ときに家族内発症（**家族性パーキンソン病**）がみられます。

原因 原因は不明ですが、黒質緻密層のメラニン含有神経細胞の変性と脱落を特徴とします。さらに、青斑核のメラニン含有神経細胞の変性・脱落と、それにともなうノルアドレナリン系の障害もみられます。

症状 特徴的な症状の振戦、筋強剛（筋固縮）および無動（寡動）を**パーキンソン病の三徴**といいます。さらに姿勢反射障害を加えると、**パーキンソン病の四徴**とも呼びます。

振戦は、規則正しいリズミカルな不随意運動をさします。通常は片側の上肢（手・腕）が震え、同じ側の下肢（脚）を経て、反対側におよぶことが多く、安静時に4～6Hzの粗大な震えがみられます。手指では、しばしば「丸薬を丸める」ような仕草となります。頸部にみられる（頸部を前後に振る）こともあります。**安静時振戦**はパーキンソン病に特徴的で、ほかのパーキンソン症候群ではあまりみられません。

筋強剛（**筋固縮**）は、受動的な筋肉の伸展に対する抵抗をさします。とくに振戦をともなうケースでは、歯車のようなガクガクした筋肉のかたさを示すことが多いのです。

経過で進行します。

初発症状は、パーキンソン症状あるいは高次脳機能障害（肢節運動失行や観念運動失行）で、遅れて知的機能障害が現れます。初期には片側の手の動かしにくさや不器用さを訴えます。

肢節運動失行は、まひや失調がないにもかかわらず、箸を使う、ボタンをはめるといった細かい動作がじょうずにできないことをさします。

観念運動失行は、自発的には可能でも、口頭命令や模倣によって手でキツネの形をつくったり、足で空中に円を描くなどの動作ができないケースをさします。

また垂直性眼球運動障害や皮質下性認知症が現れます。

頭部CTやMRIでは、前頭葉後方の運動野から頭頂葉の萎縮が目立ち、とくに左右差のあることが多いのです。進行すると、前頭葉や頭頂葉が強く萎縮します。抗パーキンソン病薬はあまり効果がありません。

無動（寡動）は、ひとつひとつの動作が緩慢で、全体の運動量も少ないことをさします。表情の乏しい顔つき（**仮面様顔貌**）になり、まばたきが減り、歩行は前傾姿勢で、腕の振りがなく、小刻みになります（**パーキンソン歩行**）。

すくみ現象（歩行を開始しようと思っても足が前へ出ない）や**加速歩行**（しだいに歩行速度が速くなりつんのめる）がみられることもあり、声は小さく・低く・単調になります。

姿勢反射障害は、立ち直り反射の障害です。からだを前方や後方に押された際に姿勢を立て直すことができず、前方や後方に突進したり転倒します。

そのほか、さまざまな非運動症状が現れます。便秘、よだれや起立性低血圧（1406頁）などの自律神経症状が多く、うつ症状、認知症や幻覚などの精神症状がみられることもあります。

夜間にレム睡眠行動障害（レム睡眠時に寝言、殴る、蹴るなどの異常行動が現れる）やレストレスレッグス症候群（脚の不快な異常感覚で不眠の原因となる）が現れる場合があります。

検査と診断 特別な検査はなく、専門医（神経内科医）による診察が重要です。頭部CTやMRIは、脳血管性パーキンソン症候群（大脳基底核の多発性梗塞でおこる）、正常圧水頭症（594頁）や他疾患との区別に役立ちます。最近では、MIBGという診断用放射性薬剤を用いた心筋シンチグラフィーが、診断や類似疾患との区別に有用とされています。重症度の評価には、ホーン&ヤール分類（5段階に分類）が用いられ、さらにくわしく評価する場合にはUPDRS（パーキンソン病統一スケール）を使います。

◇薬物療法が中心

治療 薬剤の治療効果は飛躍的に向上しています。レボドパは、脳内でドパ脱炭酸酵素の作用によって、不足するドパミンに変換されます。レボドパ剤、あるいはレボドパと末梢性ドパ脱炭酸酵素阻害薬（レボドパの代謝を阻害する）合剤が治療の主役をなし、すべての症状に有効です。

しかし、レボドパ製剤を長期使用すると、効果の減弱、ウェアリング・オフ現象（効果時間の短縮にともなう日内変動）、オン・オフ現象（服薬に関係なく効果が消失）、幻覚、ジスキネジー（953頁）、すくみ現象などが生じるため、軽症例ではドパミン受容体作動薬で治療を始めることもあります。

症状の進行にともないドパミン受容体作動薬とレボドパ製剤を併用します。

なお、安静時振戦が主体の軽症例では、抗コリン薬（トリヘキシフェニジルなど）で治療することもありますが、認知症の原因ともなるため、高齢者には適しません。モノアミン酸化酵素（MAOB）やCOMT阻害薬を補助薬として使用することもあります。すくみ現象にはノルアドレナリン前駆物質のドロキシドパがときに有効です。

薬でコントロールが困難な場合は手術治療を考慮します。パーキンソン症状の発現に関係する脳内神経回路の一部を破壊・刺激することで、症状を改善させる方法です。最近は定位脳手術による脳深部刺激療法（DBS）が主流で、脳内電極を介した視床下核の刺

◎パーキンソン症候群のおもな原因

- びまん性レビー小体病
- 多系統萎縮症
  - 線条体黒質変性症
  - シャイ・ドレーガー症候群
  - オリーブ橋小脳萎縮症
- 進行性核上性まひ
- 大脳皮質基底核変性症
- 脳血管性パーキンソニズム
- 薬剤性パーキンソニズム
  - 抗精神病薬
  - スルピリド、チアピリド、メトクロプラミド、シサプリド、ドンペリドン、フルナリジン、レセルピン、メチルドパ
- 正常圧水頭症
- 腫瘍性パーキンソニズム

激はパーキンソン症状全般を改善し、また、すくみ足やジスキネジーにも一定の効果がみられます。

進行性核上性まひ
Progressive Supranuclear Palsy

どんな病気か

核上性眼球運動障害とパーキンソン症候群（次項）を主症状とする変性疾患です。通常60歳以後に発症し、数年の経過で進行します。有病率はパーキンソン病の20分の1程度で、原因は不明です。

症　状

足もとが見にくい垂直性眼球運動障害を特徴とします。二次ニューロン障害による眼球運動障害を示し、頭位変換眼球反射では十分な眼球運動がみられます（人形の眼現象）。

パーキンソン症候群としては、筋強剛（筋肉がかたくなる）や無動（動作がおそく、少なくなる）がみられますが、安静時振戦（安静時の震え）は目立ちません。筋強剛は頸部や体幹（胴体）に強く、頸部は後屈位（項部ジストニー）をとります。やや足を開いた小刻み歩行となり、すくみ現象（前頁）がみられることもあります。早期から姿勢反射障害（前頁）が現れ、後方突進や転倒が多く、また構音障害（915、1192頁）や嚥下障害（飲み込みにくい）もみられます。皮質下性認知症がみられますが、程度は比較的軽く、初期にはイライラする、怒りやすいなどの性格変化を示し、しだいに抑うつ傾向や思考緩慢となります。頭部ＭＲＩでは、中脳の萎縮、第三脳室の拡大が目立ちます。前頭葉萎縮もみられます。

治　療

抗パーキンソン病薬を使用することもありますが、効果は少なく、ときにアミトリプチリンなどの三環系抗うつ薬が有効です。

パーキンソン症候群
Parkinsonism

どんな病気か

振戦（手足の震え）、筋強剛（筋肉がかたくなる）、無動（動作に時間がかかる）や姿勢反射障害（姿勢の立て直しができない）などがみられる場合、パーキンソン症候群（**パーキンソニズム**）と呼びます。

パーキンソン症候群の原因（上段）は多様ですが、もっとも頻度が高く、重要な疾患がパーキンソン病（948頁）です。パーキンソン病と他疾患では経過や薬剤の効果が異なるため、正確な診断が必要となります。

パーキンソン症候群では、小脳症状、錐体路症状や認知症など、パーキンソン病以外の症状をともなうことが多く、安静時振戦は目立ちません。

頭部画像検査では、特有な所見がみられることがあります。

薬剤性パーキンソニズムは、さまざまな薬剤の服用が原因となったパーキンソン症候群で、原因薬剤の中止で改善が期待できます。また、正常圧水頭症（594頁）や腫瘍性パーキンソニズムでは、脳外科手術で治療できます。

治　療

抗パーキンソン病薬を用いますが、その効果はパーキンソン病より小さく、レボドパ製剤よりもドパミン受容体作動薬のほうが有効なようです。

不随意運動

不随意運動とは
(Involuntary Movement)

自分の意志によって、自由に手足などを動かすことを随意運動といいます。いっぽう、自分の意志とは関係なく、自然に手足やからだが動いてしまう現象が不随意運動です。

不随意運動としては、動きの特徴から、**ミオクローヌス**（筋肉が急に激しくピクピク動く）、**ジストニー**（ジストニア。筋肉が収縮して、からだが引きつる）、**振戦**（手足の震え）、**舞踏運動**（踊るような不規則な仕草をする）、**バリズム**（飛び上がるように手足がバタバタと動く）、**ジスキネジー**（ジスキネジア。薬剤によって誘発された異常な動きの総称）、**チック**（素早くくり返す動き）など、さまざまなものがあげられます。

不随意運動では、てんかん（958頁）とは異なり、意識が消失することはなく、通常は痛みをともなうこともありません。

ミオクローヌス
Myoclonus

どんな病気か

ミオクローヌスには、さまざまな異なった不随意運動が含まれますが、代表的なものは不規則に現れる電撃的で素早い動きです。きわめて短い筋肉の不随意収縮によっておこり、協働筋とそれに対抗する拮抗筋が同時に収縮するケースが多く、手足や体幹（胴体）などに生じます。

ミオクローヌスは自然に現れること（**自発性ミオクローヌス**）が多いのですが、視覚や聴覚などの刺激によって誘発されたり（**反射性ミオクローヌス**）、運動または運動しようとして誘発されるケース（**動作性ミオクローヌス**）もあります。**軟口蓋ミオクローヌス**は、軟口蓋にかぎってみられる振戦に近い律動的な不随意運動です。

原因は、多岐にわたります。多くはまれな疾患で、尿毒症（1722頁）などの代謝性疾患にともなうものが比較的よくみられます。ミオクローヌスが部分発作（958頁）やミオクローヌス発作の症状として出現するときは、脳波検査で異常波を認めます。クロイツフェルト・ヤコブ病（962頁）では、脳波の周期性同期性放電（PSD）に一致してミオクローヌスが現れます。

夜間（睡眠時）ミオクローヌスは、夜間の睡眠時に脚に頻発する特異な動きです。**脊髄性ミオクローヌス**は、髄節によって支配される筋群に生じるミオクローヌスで、腹壁筋、体幹筋や脚にみられます。脊髄腫瘍（479頁）、脊髄動静脈奇形（971頁）や多発性硬化症（967頁）などが原因となります。

治療

治療法は原因によって異なります。てんかんが原因の場合は、抗てんかん薬を用います。ほかの場合では、クロナゼパムやバルプロ酸ナトリウムが有効です。

ジストニー（ジストニア）
Dystonia

どんな病気か

異常な姿勢や肢位をさし、そのような状態になるためのゆっくりした不随意運動も含まれま

◎チック

顔面や頸部、肩などにみられる、比較的速く、くり返しおこる不随意運動です。顔面の場合、まばたきをする、顔をしかめる、額にしわを寄せる、口唇をなめるといった常同的な運動をくり返します。

運動を随意的に真似たり、抑制できることが多く、睡眠中には現れず、精神的緊張で増加します。脳疾患によっておこるケースと心因性のケースがあります。

子どもに発症する**多発性けいれん性チック（ジルドラ・トゥレット症候群）**では、高度のチック、汚言（汚いことば、猥褻なことばをくり返す）やけいれんがみられます。

治療には、ハロペリドールを用います。

す。ジストニーが全身におこるケースが**捻転ジストニー**で、子どもにみられる常染色体優性遺伝（574頁）の疾患です。下腿または腕の随意運動時のジストニーで発症しますが、しだいに安静時にも目立つようになり、手足、頸部や体幹が強くねじれた姿勢をとります。さまざまな薬物療法が試みられますが、効果はあまり期待できません。

局所におこるジストニーには、眼瞼けいれん（1075頁）、メージュ症候群（下段）、攣縮性斜頸や書痙があります。

攣縮性（痙性）斜頸では、頸部の筋肉にジストニーを生じ、頸部を斜め後方へ振り上げるような動作をつづけたり、頸部が側屈位や後屈位をとります。薬物療法は困難で、A群ボツリヌス毒素の局所注射が有効です。

書痙は、字を書こうとすると前腕や手指が不自然な位置をとり、書字が妨げられます。本態性振戦（次項）にともなう書字障害との区別が必要です。

そのほか、さまざまな変性疾患や抗精神病薬の服用などによって症候性ジストニーが現れることがあります。

本態性振戦

Essential Tremor

どんな病気か

振戦（震え）は、不随意運動のなかで、規則正しい律動的な運動をさします。通常、手足や頭頸部にみられます。かぜなどで高熱がでるときは、寒けとともに全身が激しく震えます（悪寒戦慄）。これも一種の振戦といえますが、一時的で、解熱や病気の回復によって消失します。

パーキンソン病による振戦のほかに本態性振戦、甲状腺機能亢進症（バセドウ病　1475頁）にともなう振戦、薬剤による振戦などがあります。

本態性振戦は、明らかな原因がなくておこる振戦をさします。若年者にもみられますが、加齢とともに増加し、高齢者にみられるケースは**老人性振戦**と呼びます。遺伝性疾患ではないのですが、近親者に多い傾向があり、この場合は**家族性振戦**といいます。つまり本態性振戦、老人性振戦と家族性振戦は、ほぼ同じものをさしています。

手を伸ばしたときや物を持ったときなど、動作にともなって現れる手の振戦が中心ですが、頸部に振戦のみられる（頸部を左右に振る）こともあります。振戦のサイクルは6～10Hzと、パーキンソン病（4～6Hz）よりやや速く、精神的緊張で強まり、飲酒によって改善するとされています。

治療

アロチノロール、プロプラノロールなどのβ遮断薬やクロナゼパムが有効です。

放置しても振戦以外の症状が加わることはないため、振戦の強さに応じて薬物治療を行います。

メージュ症候群

Meige Syndrome

どんな病気か

両目が意志に反して閉じてしまい（閉眼）、意志によって開くこと（開眼）ができない状態を眼瞼けいれん（1075頁）といいます。ひどいとまったく開眼できず、外出も不可能となります。閉眼は、両側の眼輪筋のジストニーによると考えられます。

眼瞼けいれんに口周囲から頸部のジ

◎定位脳手術

定位脳手術は、目標の位置を定めることによって行う脳手術をさし、不随意運動、痛みやてんかんの治療に用いられます。

不随意運動の治療においては、脳内の視床腹側核、淡蒼球内節や視床下核が手術の目標となります。定位脳手術装置を用い、画像検査、電気生理検査や臨床症状の観察などから目標点を決定します。目標点を電気凝固により破壊するか、目標点に電極を留置して持続的に電気刺激することで治療効果が得られます。

パーキンソン病（948頁）の脳深部刺激療法（DBS）では、視床下核（または淡蒼球内節）の電気刺激によって、振戦、筋強剛、無動やジスキネジーなど、パーキンソン病の主要な症状が改善します。

ストニーが加わると、メージュ症候群と呼ばれます。口を「への字」にしたり、しかめ面をするような運動がゆっくりとくり返されます。

治療 トリヘキシフェニジルの内服やボツリヌスA群毒素の局所注射を行います。

舞踏運動／ハンチントン病
Chorea / Huntington Disease

どんな病気か **舞踏運動**は、おもに手足、胴体などの近位筋にみられる、比較的速く不規則で振幅の大きい、踊るような不随意運動で、さまざまな原因があげられます。なかでもハンチントン病が代表的疾患です。

ハンチントン病は、ゆっくりと進行する舞踏運動と認知症を主症状とする常染色体優性遺伝（574頁）の疾患で、有病率は100万人に4人程度です。中年以降に発症します。病理学的には、脳の線条体、とくに尾状核の神経細胞の変性と脱落がみられます。大脳半球、とくに前頭葉が萎縮します。

症状 初発症状は舞踏運動で、最初は手足にみられ、しだいに顔面や頸部にも現れます。進行にともない認知症が加わり、発症から20年程度で死亡するケースが多いのです。

頭部CTやMRIで、脳の形態変化を調べ、遺伝子検査によって診断が確定します。遺伝子検査ができない場合は、類似の病気との区別が重要です。

治療 ハンチントン病の治療薬はありませんが、舞踏運動にはハロペリドール、ペルフェナジン、テトラベナジンなどが有効です。

ジスキネジー（ジスキネジア）
Dyskinesia

どんな病気か 薬剤によって誘発されたさまざまな不随意運動をさしています。原因薬剤としては、抗精神病薬（フェノチアジン系、ブチロフェノン系）、抗パーキンソン病薬（レボドパ製剤、抗コリン薬、ドパミン受容体作動薬）、抗てんかん薬（フェニトイン、カルバマゼピン）などがあげられます。抗精神病薬では、長期・大量服薬時の副作用として出現することが多く（**遅発性ジスキネジー**）、抗パーキンソン病薬を長期間服用している中等症以上の人にもよくみられます。

不随意運動としては、舞踏運動が目立ちますが、バリズム、アテトーゼ、ジストニーなど、さまざまなものが混じります。ジスキネジーは原因薬剤の減量によって改善することが多いのですが、減薬にともなって本来の病気が悪化する可能性があるため、注意が必要です。**口部ジスキネジー**（**口舌ジスキネジー**）は、ジスキネジーが口部や舌にかぎられたもので、口をモグモグさせる、舌をねじるといった比較的ゆっくりした不随意運動が現れます。抗精神病薬や抗パーキンソン病薬の長期連用時にみられることが多いのですが、高齢者では薬剤と関係なく現れることがあります。

治療 まず原因と考えられる薬剤の減量・中止を行います。原因薬剤がない場合、チアプリドが有効なケースがあります。

運動ニューロン疾患

◎運動ニューロン疾患と類似している病気

つぎにあげる病気は、運動ニューロン疾患と類似する症状を現しながら、治療法のある疾患です。最初に区別することが重要です。

①変形性脊椎症〔1893頁〕
②糖尿病性筋萎縮
③脊髄空洞症〔970頁〕
④筋疾患〔多発性筋炎〔2034頁〕、ミオパチー〔985～989頁〕〕
⑤脊髄を障害する感染症〔神

運動ニューロン疾患とは
(Motor Neuron Disease)

◇運動神経が変性する病気

ニューロンとは、神経細胞のことをさします。運動ニューロン疾患は、筋肉の運動にかかわる神経細胞が変性・死滅するため、全身の筋肉が徐々に萎縮していく原因不明の疾患の総称です。

個々の筋肉を動かす神経系は、大脳から出て脊髄（または脳幹）に至るまでの**上位運動ニューロン**と、脊髄（または脳幹）から筋肉に至る**下位運動ニューロン**という2つの単位から成り立っています。そして変性が生じた範囲によって、筋萎縮性側索硬化症（次項）、進行性球まひ（次頁）、脊髄性進行性筋萎縮症（次頁）という病名がつけられています。

筋萎縮性側索硬化症は、全運動神経系におよびますが、あとの2つはその部分症とも考えられているのです。

発病率は、人口10万人に対して1・1～2・5人です。確かな治療法はなく、厚生労働省の特定疾患（難病）に指定されています。

筋萎縮性側索硬化症（ALS、アミトロ）
Amyotrophic Lateral Sclerosis

どんな病気か

上位運動ニューロンと下位運動ニューロンが組合わさって障害される疾患です。発病は40～60歳代の男性に多い傾向がみられますが、ほかの世代でも発症します。

特殊な型（家族性ALS）を除けば、遺伝性はありません。

通常、片側の手または足の筋力の低下と筋萎縮で始まります。筋肉の盛り上がりがなくなるので、手が扁平な感じになったり、足ではつま先が上がらなくなったりします。また萎縮の初期に、筋肉の一部の細かい不規則なぴくつき（筋線維束攣縮）がおこり、皮膚の上からも見てわかることがあります。

診断には、筋電図検査などが有用ですが、初期には別の疾患と見分けることがむずかしい場合もあります。

症状

最初におこった部位から、徐々に周囲へ広がるような順番で、反対側や体幹（胴体）、四肢（手足）、舌・顔面へ進展します。つまり手足が動かせなくなる、うまく話せなくなる（構音障害）、むせて食べられなくなる（嚥下障害）といった症状が現れます。

呼吸筋が障害されると呼吸が困難になり、痰を吐き出す力が弱まるので肺炎（1275頁）をおこしやすくなります。人工呼吸器を用いなければ体内に二酸化炭素がたまり、意識がもうろうとして、やがて呼吸も止まってしまいます。

最終的には寝たきりの状態になりますが、眼球の動きはひじょうに末期になっても残ります。感覚障害や膀胱直腸障害（大小便の失禁）はおこらず、また床ずれもできにくいのが特徴です。呼吸が保たれれば、原則的に思考能力は保たれます。

進行には個人差がありますが、総じて予後は不良で、発病から数年以内に、呼吸器の合併症などで死に至ります。

経梅毒（2132頁）、ＨＡＭ（969頁）

⑥免疫異常による運動性ニューロパチー（ギラン・バレー症候群　981頁）

また、脊髄性進行性筋萎縮症に似た遺伝性の病気に、つぎのようなものがあります。

▼ウェルドニッヒ・ホフマン病（599頁）

▼クーゲルベルグ・ヴェランダー病　10歳前後に発症し、肩・腰・上腕などの筋力低下と萎縮がひじょうにゆっくりと進行します。常染色体優性（または劣性）遺伝により、男の子に多くみられます。

▼球脊髄性筋萎縮症　伴性劣性遺伝で、20歳代後半～40歳代の男性に発症します。四肢（手足）や舌の萎縮や線維性攣縮、鼻声がみられ、性腺機能不全をともなうのが特徴で、女性化乳房がみられます。

経過はきわめてゆっくりで、高齢になるまで仕事や通常の社会生活をつづけることが可能なケースもまれではありません。

◉進行性球まひ
Progressive Bulbar Palsy

筋萎縮性側索硬化症の特殊型で、延髄の運動ニューロンから病変が始まります。

息が鼻に抜けて鼻声になるなど、うまく発音できなくなり（構音障害）、嚥下困難（飲み込みにくい）や舌の萎縮が初期からおこります。

会話と食事ができないため、心理的負担が大きく、栄養障害をおこしやすいため、予後は不良で、多くは発病から3年くらいで肺炎などにより死亡します。

◉脊髄性進行性筋萎縮症
Spinal Progressive Muscular Atrophy

下位運動ニューロンの障害だけを示す型で、上肢（手・腕）または下肢（脚）の末梢（末端のほう）あるいは近位部（付け根に近いほう）から筋力低下と萎縮が始まり、徐々に広がっていきます。

筋萎縮性側索硬化症に比べて進行が遅く、発病から10年以上、生命を維持できるケースもあります。

治療

現在のところ根本的な治療法は確立されていません。リルゾールという薬の内服が試みられていますが、効果については結論がでていません。

症状は進行性ですが、直接内臓を障害はしないので、診断がついたからといって直ちに生命にかかわるというわけではありません。将来を考えて悲観ばかりせず、充実した生活を心がけることがたいせつです。

そのために、家族や身近な人たちの保護と支援が欠かせません。医師、看護師、セラピスト、ヘルパー、ソーシャルワーカーなどの支援ネットワークもできています。周囲の人々の協力のもと、身体障害による不自由さを解決する工夫をし、可能なかぎり生活の喜びを見いだすようにします。

◉症状に対しての対策

▼筋力低下　筋肉を使わないと、そのこと自体が筋肉の衰えを招きます。適度の運動は、手のまひや歩行障害などの進行を遅らせる効果があります。しかし、過度に行うと逆効果になるので、リハビリテーションの専門家の指導で運動療法をつづけることが求められます。状況に合わせて、装具や車いすを使用します。

▼疼痛　関節痛や筋肉痛が強い場合には、鎮痛薬などを用います。関節痛の予防の目的でも、リハビリテーションを行います。

▼嚥下困難　症状の軽いときは、とろみをつけるなど、のどを通りやすい調理を工夫します。障害が高度になると、チューブを用いた栄養（**経管栄養**）を考えます。チューブを鼻から胃まで挿入する方法（**経鼻経管栄養**）や、内視鏡を用いて孔をあけ、腹壁から胃に直接チューブを通す方法（**胃瘻造設術**）があります。状況によっては「むせ」を防いで口からの摂取を可能にするため、喉頭摘出などの耳鼻咽喉科的手術が行われることもあります。

▼呼吸困難　唾液がたまりやすくなったり、痰を吐き出しづらくなったりしたときには、吸引器で吸引するようにします。

肺活量が減って呼吸不全におちいっ

その他の運動の異常

◎多系統萎縮症
中年以降に発症し、小脳失調、パーキンソン症状、痙性まひ、自律神経症状がさまざまな程度に組合わさって現れ

た場合には、人工的な換気が必要になりますが、人工呼吸器を使用するかどうかについては、本人の心身の状態や家族の状況など、さまざまな条件を考慮して決める必要があります。

人工呼吸器を使用する場合には、小型のものがリースで利用できるので、自宅で生活することも可能です。

▼コミュニケーションの障害　会話が困難になった場合には、動きが残った身体部位で、文字盤やワープロを使ってコミュニケーションをはかります。最近のコンピュータ意思伝達装置には、眼球運動やわずかな筋活動で操作できるものもあります。

脊髄小脳変性症
Spinocerebellar Degeneration

どんな病気か　小脳、脳幹、脊髄を中心として、運動のコントロールをつかさどる神経系に変性がおこり、全身の運動失調が徐々に進行していく疾患の総称です。いろいろな病型があり、大きく遺伝性のものと非遺伝性のものに分けられます。

近年、遺伝性のものでは、病因遺伝子の存在がつぎつぎに明らかにされています。

いっぽう、非遺伝性のものは、小脳や脊髄だけでなく、多くの系統に変性をおこす疾患群として、多系統萎縮症（上段）という概念でまとめられるようになりました。

分類上の問題で、脊髄小脳変性症のなかに含められていても、小脳失調以外の症状のほうが目立つ疾患もあるので注意が必要です。

症状　**運動失調**の症状として、まずからだのバランスがとりづらく歩行が不安定になります。少しでも安定させようと、両脚を広げた姿勢をとるのが特徴的です。手の動きがぎこちなくなり、何かしようとすると震えたりします。

また、ろれつが回りづらく、**小脳失調**に特有の話しかたになります。

進行すると、頭や上体が揺れて座っている（座位）のも困難になり、また嚥下障害（飲み込みにくい）も現れます。ときに声帯まひがみられ、急に窒息におちいる危険性もあるので、異常ないびきなどが現れるようになったら注意が必要です。

病型によってはパーキンソン病（948頁）のような症状や、**自律神経症状**〔起立性低血圧（1406頁）、排尿・排便障害、勃起障害（1790頁）など〕が加わることもあります。

ゆっくりと進行し、末期にはベッド上の生活になりますが、それまでの期間は病型によって、数年から20年と異なります。

◉非遺伝性の脊髄小脳変性症

▼晩発性小脳皮質萎縮症　中年以降に発症し、症状は小脳性の運動失調のみで、ほかの系統の症状は現れません。別の原因、たとえばアルコール中毒、抗てんかん薬の中毒、悪性腫瘍の影響などでおこる小脳失調症との区別が必要です。

▼オリーブ・橋・小脳萎縮症（OPCA）　中年以降に歩行障害で発症し、上肢（手・腕）や言語の失調も現れ、パーキンソン症状や自律神経症状が加

る疾患の総称です。

前景にでている症状により、オリーブ・橋・小脳萎縮症、シャイ・ドレーガー症候群、線状体黒質変性症として知られていますが、病理学的な研究により、大脳・脳幹・脊髄のなかで運動にかかわる系統（小脳とそれに関係する系統、大脳基底核、錐体路）や自律神経系に、広範囲に同じような異常をきたすことがわかりました。経過とともに障害の範囲が広がると、新たな症状が加わって、病気のようす（病像）が変化することもあります。そこで、最初の症状が異なっても、ひとつの疾患として考えられるようになりました。

わります。ＭＲＩ検査で小脳と脳幹の萎縮がみられます。日本でもっとも多いとされるタイプです。

▼シャイ・ドレーガー症候群　自律神経症状を主要症状とします。臥位（横になっている姿勢）から、立位あるいは座位になると、血圧が極端に低下する症状（起立性低血圧）のため、立ちくらみや失神がおこったり、勃起障害、排尿・排便の障害、発汗の減少がみられます。小脳症状、パーキンソン症状、筋力低下などもみられます。

▼線状体黒質変性症　パーキンソン症状が主要症状で経過します。パーキンソン病と異なり、抗パーキンソン薬があまり効かないのが特徴です。

◉遺伝性の脊髄小脳変性症

原因遺伝子によって新たな分類がなされるようになってきましたが、従来の病型としては、つぎのようなものがあります。非遺伝性のものに比べて、若年で発症します。

▼メンツェル型遺伝性運動失調症　オリーブ・橋・小脳萎縮症と同様の症状を示します。

▼ホルムス型遺伝性運動失調症　晩発性小脳皮質萎縮症と同様の症状を示します。

▼遺伝性痙性対まひ　脊髄で上位運動ニューロンに変性がおこる病気で、両脚の筋肉の緊張が高まり、突っ張った歩きかた（痙性歩行）になるのが特徴です。やや若年で発症します。

▼フリードライヒ運動失調症　脊髄で小脳に連絡している神経線維に変性がおこって、運動失調に深部感覚の障害や手足の筋萎縮をともないます。

10歳前後に発症し、男の子に多くみられます。

▼歯状核赤核淡蒼球ルイ体萎縮症　小脳失調のほかに、全身の不随意運動、けいれん、知能低下などがみられます。

▼ジョセフ病　小脳失調のほかに、全身の不随意運動、眼球の運動障害、筋萎縮などがみられます。

治療　現時点で根本的な治療法はありません。

ＴＲＨ（甲状腺刺激ホルモン放出ホルモン）の製剤であるタルチレリン水和物の内服や、プロチレリンの注射が試みられ、一時的に症状が改善する場合もありますが、進行を食い止めるまでの効果は得られていません。

起立性低血圧に対しては、脚の血液がたまる（貯留）のを防ぐために弾性ストッキングを着用したり、昇圧薬の内服を行います。

排尿障害で尿が出せなくなった場合には、尿道からカテーテルを使用して排尿します。

日常生活の注意　運動機能の低下を少しでも遅らせ、日常生活を維持するために、リハビリテーションも重要です。

できるかぎり自力で生活するようにしますが、転倒といった事故のリスクも高まるので、状態に合わせて車いすなどを導入します。

厚生労働省の特定疾患（難病）に指定されており、治療費は公費から補助されます。そのほか、行政サービスを活用するなどして介護体制を整え、日常生活動作（ＡＤＬ）の維持、生活の質（ＱＯＬ）の向上をはかることが重要です。

てんかん

Epilepsy

発作をくり返す慢性の脳疾患

◇さまざまな要因がかかわる

どんな病気か　大脳のニューロン（神経細胞）の過剰な発射（異常な電気的興奮）によっておこる、反復性の発作をおもな症状とする慢性の脳疾患です。脳の一部または全体に一時的な機能障害が生じ、運動、感覚、自律神経や精神機能の突発的な異常を招きます。

現在のところ、てんかんの成因は不明ですが、遺伝的素因、周産期異常、炎症、腫瘍、外傷、代謝異常などが関係すると考えられています。

症　状　てんかんには、多くの臨床病型が知られています。

①焦点発作（部分発作）

大脳のある部位にかぎられて発症する発作をいいます。発作症状は、てんかん発射の部位によって異なります。意識障害のないものを単純部分発作、意識障害のあるものを複雑部分発作（認知障害発作）と呼びます。

脳波では、てんかん性異常波（棘波、鋭波、徐波）が片側の大脳半球の限局した部位にみられます。てんかん発射が脳内に広がって、全般発作に至ると、**二次性全般化（両側性けいれん性発作）**と呼ばれます。

▼**単純部分発作**　運動発作、感覚発作（からだの一部の異常感覚）、自律神経発作（腹痛、下痢などの自律神経症状）や精神発作があります。運動発作ではからだの一部がけいれんします。けいれんは、しばしば手→腕→脚などという進展を示します（**ジャクソンけいれん**）。発作後に一時的なまひ（トッドまひ）を残すことが多いものです。

▼**複雑部分発作**　意識障害がややゆっくりと現れ、動作を停止して無反応な状態となります。1～2分つづいたあと、徐々に回復します。

自動症（口唇をなめる、口をモグモグするなど）をともなうことが多く、従来の精神運動発作や側頭葉てんかんに相当します。脳波では片側あるいは両側の側頭部、前頭・側頭部に、徐波、鋭波や棘波がみられ、睡眠で誘発されやすいものです。

②全般発作

発症時から両側の大脳半球のかかわる発作をさします。

最初から意識は消失し、発作症状は左右同時に始まります。

脳波では両側の大脳半球全体にてんかん性異常波を認めます。

▼**欠神発作**　突然におこる短時間（5～15秒）の意識障害が中心で、動作を止めて一点をじっと凝視します。従来の小発作に相当します。子どもに多く、脳波では3Hzの棘徐波複合がみられ、過呼吸で誘発されやすいものです。

▼**ミオクロニー発作**　手足、胴体や顔面などの筋が、多くは両側対称性・同期性にピクッと攣縮（けいれん）をおこす発作です。脳波では不規則に多棘徐波複合がみられ、光刺激で誘発されやすいものです。

▼**強直間代発作**　突然に手足・頸部・胴体が強く突っ張る発作を**強直発作**、

◎てんかん発作の国際分類

Ⅰ　**焦点発作（部分発作）**
A　単純部分発作（意識障害なし）
　①焦点性運動発作
　②自律神経発作
　③前兆
B　複雑部分発作（意識障害あり）
C　両側性けいれん性発作
Ⅱ　**全般発作**
A　欠神発作
B　ミオクロニー発作
C　間代発作
D　強直発作
E　強直間代発作
F　脱力発作（失立発作）
Ⅲ　未分類のてんかん発作
（国際てんかん連盟、2010年）

突発する手足の激しい屈曲伸展発作を**間代発作**といいます。いずれの場合も意識は消失します。強直間代発作は全身の強直発作で始まり、間代発作へ移行するものをさし、いわゆる大発作に該当します。

通常、発作は数分間で治まり、もうろう状態となることが多く、脳波では全誘導にびまん性・連続性に棘波や棘徐波複合がみられます。

検査と診断　てんかんの診断には、脳波検査が不可欠で、安静覚醒時のほか、必要に応じて過呼吸、光刺激、睡眠や薬物による活性化を組合わせて行います。長時間の脳波ビデオ同時モニタリング（発作時のビデオと脳波を同時に記録するもの）も診断に役立ちます。

異常脳波には、突発性異常波と非突発性異常波があり、前者がとくにてんかん性異常波として重要です。突発性異常波とは、背景となる基礎活動の上に高振幅の棘波、鋭波、棘徐波複合、徐波群発などが突発性に現れるものをいいます。てんかんの人では、初回の脳波検査で約3分の1にてんかん性異常波を認め、反復して行うと検出率はさらに上がります。

頭部CTやMRIで、てんかん特有の所見は少ないのですが、症候性（二次性）てんかんの原因検索には有用です。側頭葉てんかんでは海馬を中心とした側頭葉内側部に萎縮や硬化性病変が描出されることがあります。

てんかんの診断では、まず本当に「てんかん発作があるかどうか」の判断が重要です。

診察中に発作を生じることは少ないため、本人または目撃者の情報から判断します。発作の誘因、発作直前・発作中・発作後の状況、持続時間、頻度、発作の初発年齢、既往歴やてんかんの家族歴などが参考になります。

てんかん発作が明らかな場合は、てんかん発作の国際分類（上段）にしたがって発作型を診断します。さらに頭部CTやMRIや血液検査の結果などを参考に、てんかんおよびてんかん症候群の国際分類に基づく診断を行います。

特発性てんかんは、大脳に病変を特定できないてんかんで、**一次性てんかん**、**真性**あるいは**本態性てんかん**とも呼ばれます。**症候性てんかん**は大脳に病変の存在するてんかんで、**二次性**または**続発性てんかん**とも呼ばれます。

◉てんかんとまちがえやすい病気

▼**鑑別診断**　てんかんまたはけいれんとの区別を要する疾患には、不随意運動、失神発作、一過性脳虚血発作（942頁）、過換気症候群（1313頁）、ナルコレプシー（1036頁）や転換症（1024頁）などがあります。これらの疾患には、抗てんかん薬が無効なため、識別が大きな意味をもちます。

不随意運動では、ときに振戦（震え）が紛らわしく、とくに手足全体におよぶ大きな振戦では、患者本人や家族にけいれんと誤解されますが、専門医であればまちがいなく診断できます。発熱にともなう悪寒戦慄もけいれんと誤解されることがあります。

区別が困難なのは失神発作です。意識障害は一時的で、短時間のうちに自然に回復することが多いのです。けい

◎けいれん発作とてんかん発作

「けいれん発作」と「てんかん発作」は同一ではありません。けいれん発作は、強直発作や間代発作のように手足や顔面が突っ張ったり、ガクガク動くといった運動をともなった発作をさします。いっぽう、てんかん発作では必ずしも運動をともなうわけではありません。たとえば、側頭葉てんかんのてんかん発作では、けいれんはなく、じっと動作が停止したり、無目的な手足や口の動き(**自動症**)がみられます。

◎おもな抗てんかん薬(一般名)

フェニトイン
カルバマゼピン
バルプロ酸
エトスクシミド
フェノバルビタール
プリミドン
ゾニサミド
クロナゼパム
ラモトリギン

れんもあればてんかん発作の可能性が高いのですが、自覚症状や目撃情報が不十分なことが多く、また、側頭葉てんかんのようにけいれんをともなわないてんかん発作もあります。

いっぽう、失神発作は通常けいれんをともないませんが、アダムス・ストークス発作（1348頁上段）のように急激に全脳虚血を生じると、間代けいれんとともに意識を失います。

◇薬物療法が効果を現す

治療

てんかん発作のなかで、発作の持続時間が長く、1日に数回再発する場合や、1つの発作から回復する前につぎの発作が生じる状態を**てんかん重積状態**といいます。これは緊急の対処を要する救急疾患で、気道を確保し、呼吸・循環動態を維持します。通常、ジアゼパム10～20mgの静脈注射を行いますが、呼吸抑制には注意します。ジアゼパムは効果の持続が短く、発作が止まらない場合はさらにホスフェニトインまたはフェニトインの点滴を行います。この際、血圧低下と不整脈に留意します。

てんかんの治療は、抗てんかん薬による薬物治療が中心となります。

てんかん発作が1回のみ(初回発作)の場合は、薬物治療を開始するか否かが問題となります。脳波検査で明らかなてんかん性異常波を認めたり、頭部画像所見をともなう場合は、初回発作から治療を開始することが多いのです。いっぽう、神経所見、脳波異常や頭部画像所見をともなわない場合は、再発まで治療を見送るケースが多いのです。

抗てんかん薬にはさまざまなものがありますが（上段）、発作型に適した第1、第2選択薬を用います。薬剤の血中濃度の安定には半減期の約5倍の時間を要します。

一般に単剤治療が原則ですが、十分な量を用いても発作をコントロールできない場合は他剤へ変更されるか、2剤が併用されます。2剤以上の併用では、抗てんかん薬間の相互作用に注意が必要です。

薬の使用中は、定期的に脳波検査、抗てんかん薬の血中濃度測定と副作用チェックのための血液検査が行われます。

抗てんかん薬の減薬・中止にあたって一定の基準はありませんが、通常はてんかん発作消失と脳波正常化が約2～3年つづいたら徐々に減薬に入ります。

なお、薬物治療とあわせてメンタルヘルスや社会生活上の指導も重要です。

妊娠中の抗てんかん薬の服用により、胎児形態異常の発生率が若干増加します。しかし、その絶対数は多くなく、原則として妊娠中も抗てんかん薬は継続します。ただし、可能なかぎり単剤とし、最小有効量を使用します。

てんかんの70～80％は薬物治療によって発作が著しく減少または消失し、ほぼ普段どおりの社会生活を営むことができます。

約10％が、適切な薬物治療を行っても発作が消失しない**難治性てんかん**です。難治性てんかんで限局性病巣が明らかな場合は、手術治療を考えます。海馬アンモン角硬化をともなう内側側頭葉てんかんは難治例が多く、扁桃体・海馬切除術や側頭葉前部切除術が行われます。

中枢神経の感染症

脳炎とは
(Encephalitis)

脳実質（脳そのもの）に炎症がおこるのが脳炎で、とくにウイルスに感染しておこることが多いものです。細菌の感染でおこると脳膿瘍（次頁上段）となります。ウイルスが直接、脳に感染しておこる脳炎は、日本では、単純ヘルペス脳炎（次項）と、日本脳炎（814頁）が代表的なものです。

まれに、はしか（麻疹804頁）、おたふくかぜ（流行性耳下腺炎808頁）、水痘（水ぼうそう809頁）、風疹（803頁）などのウイルス感染症にかかった後に脳炎になることがありますが、たいていは発熱、頭痛程度で治ります。

このほかに、かぜのような症状が現れた後1～2週間して発症する急性散在性脳脊髄炎（968頁）と呼ばれる特殊な病気があります。

また、ウイルスに感染してから、かなりの月日がたって発症してくる、遅発性ウイルス脳炎（下段）もあります。

単純ヘルペス脳炎
Herpes Simplex Encephalitis

どんな病気か

単純ヘルペスウイルスの感染による脳炎で、どの年代にもおこりますが、とくに成人に頻度が高い病気です。日本では、年に約200例という発症頻度です。

症状

かぜの症状で始まり、40度以上の発熱、頭痛、けいれん発作、意識障害、異常行動、性格の変化、知能障害、失語症、運動まひなどが現れ、周囲の人が気づいて受診するケースが少なくありません。

重症になると、物が飲み込めなくなる嚥下障害や呼吸障害が現れ、昏睡におちいり、生命にかかわります。

治療せずに放置した場合の死亡率は60～70％です。

検査と診断

血液や脳脊髄液を調べ、ヘルペスウイルス感染の証拠が得られれば診断できますが、検査結果がでるまでに日数がかかるので、症状のほか、CTやMRI、脳波などの検査結果から判断します。

治療

発病早期に抗ウイルス薬を使用すれば、後遺症を残さずに治すことが可能です。

遅発性ウイルス脳炎
Slow Viral Encephalitis

どんな病気か

ウイルスが感染してから、かなりの日数を経ておこる脳炎で、つぎのようなものがあります。

●亜急性硬化性全脳炎（SSPE）

麻疹（はしか）ウイルスが感染したり、弱毒麻疹ワクチンの接種を受けた後、数年～数十年を経て発症するまれな脳炎です。

4～20歳代、とくに学童に多くみられ、落ちつきがなくなり、学業成績の低下、記憶力の低下、異常行動が徐々に進行し、数週～数か月の間に、けいれんや動かそうと思わないのにからだの一部が動いてしまう不随意運動、視力障害などが現れてきて、しだいに無口、認知症となり、やがて寝たきりの状態に至ります。

根本的な治療法はなく、1歳以上の

◎医療行為とクロイツフェルト・ヤコブ病

医療行為によっておこるクロイツフェルト・ヤコブ病があります。日本では、角膜移植や脳外科手術の際に行われた硬膜移植によっておこった例が報告されています。

移植した角膜や硬膜にプリオンが含まれていたために、移植を受けた人にクロイツフェルト・ヤコブ病が発症したとみられています。

血液製剤の使用が原因で発症した例はありません。

◎脳膿瘍

脳実質内（脳の中）に細菌が感染して化膿し、膿のかたまり（膿瘍）ができる病気です。からだのほかの部位の感染症（中耳炎、副鼻腔炎、気管支炎、心内膜炎など）の原因となっている細菌が脳に侵入したり、頭部の傷から細菌が脳に侵入しておこりますが、脳に細菌が侵入した原因が見

子どもに麻疹ワクチンの接種をして、流行させないことがたいせつです。

◉進行性多巣性白質脳症

がん、白血病、悪性リンパ腫、エイズや臓器移植などのために免疫機能が低下している人の脳（とくに白質）に、ウイルスが感染しておこるまれな脳炎です。運動まひ、視力障害、失語症、認知症、意識障害などが徐々に現れ、最後には昏睡状態におちいって、死亡するケースが多いものです。

抗ウイルス薬が有効なこともありますが、もとにある病気が重篤なものが多いため、予後はよくありません。

プリオン病（伝達性海綿状脳症）

Prion Disease

どんな病気か

脳が海綿やスポンジのように穴だらけになって認知症の症状が進み、寝たきりとなり、やがて死亡する病気を総称してプリオン病といいます。

以前は遅発性ウイルス感染が原因と考えられていましたが、そのようなウイルスは発見されず、感染した脳にプリオンと呼ばれる、正常な細胞たんぱくが変化して感染性たんぱくとなったもの（たんぱく質性感染粒子）が見つかりました。これが感染をおこす病原物質と考えられています。

◉クロイツフェルト・ヤコブ病

人間のプリオン病の80％前後を占め、世界中にみられます。

発生は１００万人に1人前後とまれな病気で、50歳以降に発症することが多いものです。

発症の初期から、精神症状、歩行障害、記憶力低下、言語障害、視覚異常などが現れ、数か月で認知症が急速に進行します。

その後、意識障害や不随意運動（914頁）、全身けいれんがみられ、3～7か月で寝たきり状態（無動性無言状態）となって、1～2年で死亡します。

遺伝子に異常のみられる家族性のものもあります。確定した根本的な治療法はなく、厚生労働省の特定疾患（難病）に指定されています。

◉ゲルストマン・ストロイスラー症候群

遺伝性プリオン病の代表的な病気で、プリオンたんぱく遺伝子の変異によっておこり、優性遺伝します。

プリオン病のなかで7～10％を占め、40～60歳代に発症することが多く、進行性の小脳性運動失調による症状（言語障害、眼振、手足の運動失調、歩行障害）がおこってから末期に認知症が現れ、数年から10年後に寝たきり状態となり、死亡します。

◉新変異型クロイツフェルト・ヤコブ病

１９８７（昭和62）年から英国で、家畜のプリオン病である牛海綿状脳症（ＢＳＥ。俗に狂牛病）が急増しました。１９９４～１９９５年にかけてクロイツフェルト・ヤコブ病の若年発症例が10数例、同国で報告され、牛海綿状脳症によって伝達されたものであることがあきらかになりました。

日本でも、英国滞在中に感染したと思われる患者が確認されています。

つからないケースも少なくありません。

なお、脳の外側をおおっている硬膜の下に膿がたまった場合を**硬膜下膿瘍**、硬膜の上（硬膜と頭蓋骨との間）に膿がたまった場合を**硬膜外膿瘍**といいます。

▼**症状**　発熱などの全身の炎症症状のほか、持続性の激しい頭痛や嘔吐などの頭蓋内圧亢進症状、からだの片側のまひや失語症などの脳局所症状、けいれんや意識障害がおこることもあります。

▼**診断**　全身の炎症症状がはっきり現れていないときは、脳腫瘍との鑑別がむずかしいこともありますが、多くの場合、CTやMRIで診断できます。

▼**治療**　抗生物質の使用、針を刺して膿を吸引する穿刺吸引、さらに管を留置して排膿をはかるドレナージなどが行われます。

手術後、長期間の抗けいれん剤の服用が必要になることが多いものです。

髄膜炎とは (Meningitis)

脳と脊髄は、脳脊髄膜（髄膜）という連続した膜で包まれています。この髄膜にいろいろな原因で炎症がおこるのが髄膜炎です。細菌、真菌（かび）、ウイルスなどが直接、髄膜に感染しておこることが多いものです。そのほかに、がんや悪性リンパ腫などの腫瘍細胞の髄膜への転移、梅毒、サルコイドーシス、ワイル病、ベーチェット病、膠原病などの病気や薬剤の使用などでおこる髄膜炎もあります。

細菌性（化膿性）髄膜炎
Bacterial Meningitis

どんな病気か

細菌感染による髄膜炎です。おもな原因菌は、肺炎球菌、髄膜炎菌、インフルエンザ菌、ブドウ球菌、大腸菌などで、重篤な病気です。

中耳炎、副鼻腔炎、肺炎、心内膜炎の原因となっている細菌が、髄膜に直接、感染したり、血液中に細菌が入って敗血症となったりしておこります。

頭部外傷後に、傷口から細菌が侵入してもおこります。

症状

発熱と寒けで始まり、頭痛がひどく、吐きけや嘔吐があり、徐々にくびの後ろが張り、かたくなります（項部硬直）。その後、意識の低下やけいれんがおこることもあります。

治療

腰に針を刺して脳脊髄液を採取し（腰椎穿刺）、細菌の種類を調べ、その細菌にもっとも効く抗生物質を使います。髄膜炎をおこす原因となった病気（基礎疾患）を見つけ、同時に治療する必要があります。

治療の開始が早く、細菌に対して抗生物質がよく効けば、後遺症を残さずに治すことができます。

流行性脳脊髄膜炎
Epidemic Cerebrospinal Meningitis

どんな病気か

細菌性髄膜炎のひとつで、髄膜炎菌の感染でおこります。感染性が強く知能低下などの後遺症を残し、乳幼児や高齢者では生命にかかわりますが、近年はまれです。

症状

細菌性髄膜炎（前項）の症状や皮膚に紅斑、丘疹、発疹がでたり、腰痛や下痢がおこります。

治療

細菌性髄膜炎と同様の治療を行います。

結核性髄膜炎
Tuberculous Meningitis

どんな病気か

結核菌の感染による髄膜炎で、肺結核の初期感染に引き続いておこるのが一般的です。早期治療が予後を左右します。今でも死亡率が高く、命をとりとめても高度の後遺症（てんかん、知能障害、運動障害など）を残すことの多い病気です。

症状

乳幼児は、不機嫌、食欲不振、元気がないなどの症状で始まり、発熱、けいれん、嘔吐など。

成人は、微熱、体重減少、頭痛のほかに、精神状態の変化、異常行動、神経症状で始まることもあります。

治療

抗結核薬や、細菌性髄膜炎に準じた治療を行います。

真菌性髄膜炎

Mycotic Meningitis

どんな病気か

がん、白血病、エイズ、悪性リンパ腫、重症糖尿病、臓器移植後などで免疫機能が低下している人に、真菌（かび）が感染しておこる髄膜炎です。

治療

抗真菌薬で治療しますが、基礎疾患（髄膜炎をおこす原因の病気）で予後が左右されます。

ウイルス性髄膜炎

Viral Meningitis

どんな病気か

ウイルス性髄膜炎は無菌性髄膜炎の大半を占め、コクサッキー、エコー、ムンプスなどのウイルスが原因でおこります。

治療

発熱、頭痛などの対症療法を行えば、ほとんどが後遺症を残さずに治ります。

頭蓋内圧亢進／脳ヘルニア

Intracranial Hypertension
Cerebral Herniation

脳のはたらきが低下し生命が危険に

◇脳組織増大や血腫でおこる

どんな病気か

頭蓋はかたい頭蓋骨でおおわれているため、頭蓋内の容積はかぎられています。そのため、脳組織や髄液などが増大したり、脳腫瘍や血腫（血のかたまり）などの占拠物が発生したりすると、脳の中の圧が高くなってきます。この状態を**頭蓋内圧亢進**といいます。

脳には代償機能が備わっているので、頭蓋内の圧を高くする原因が加わっても、初めは、圧が高くならないように、食い止めることができます。しかし、いったん代償機能がくずれると、頭蓋内の内容物のわずかな増大にも耐えきれなくなり、圧が高くなってきます。

頭蓋内の圧がひじょうに高くなると、圧に押されて脳の組織の一部が正常な位置からはみ出してしまい、周囲の脳組織を圧迫するようになります。このような状態を**脳ヘルニア**といいます（次頁図）。脳にこのような変化がおこると、頭蓋内圧がますます高くなり、脳に加わる障害もさらにひどくなるという悪循環が生じ、脳のはたらきが低下して生命が危険になってきます。

原因

頭蓋内圧が高くなる原因には、つぎのようにいろいろなものがあります。

①正常ではない占拠物（脳腫瘍、頭蓋内血腫）の発生。②頭蓋内の病変にともなう脳の容積の増大（脳浮腫）。③脳脊髄液の通過障害による頭蓋内の髄液の増大（水頭症）。④脳の循環障害（とくに静脈系が閉塞する静脈洞血栓症）。⑤頭蓋の病的な狭小（狭頭症、外傷による頭蓋骨の巨大陥没骨折）。

◇急性のものは生命にかかわる

症状

頭蓋内圧亢進の症状は、短時間のうちに急速に現れてくる場合（急性症状）と、長い時間をかけて徐々に現れてくる場合（慢性症状）とがあります。

▼急性症状　見た目にわかる症状としては、意識障害、瞳孔不同（片側の瞳孔が開きっ放しになる）、からだの片側のまひ、除脳硬直（手足が突っ張ったままになる）、呼吸困難などがあります。

検査を行うと、対光反射の減弱や消失（光を直接、目に当てても瞳孔が縮まない）、脈圧の増大、脈拍数の減少、血圧の上昇、腱反射の異常などがみられます。

これらは、たいていは側頭葉の内側にある鉤部が天幕切痕部（下図）から下方へ入りこんで、中脳や動眼神経を障害したためにおこる症状です。

放置すると、脳幹にもとへは戻らない障害が生じ、生命の危険を招きます。

▼慢性症状　頭痛と嘔吐がおもな症状です。早朝におこる頭痛と、噴水のように吐くことが特徴的です。

長い期間、頭蓋内圧亢進がつづくと、眼底検査でうっ血乳頭がみられます。

また、物が二重に見える複視がおこることもあります。検査を行うと、眼球が外側のほうへは動かない外転神経まひがみられます。

治療

原因に応じた治療が行われます。

頭蓋内圧を下げる治療としては、占拠物の摘出をはじめ、髄液の排除、頭蓋骨を切り取ったままにして圧が上がらないようにする外減圧手術、頭蓋内圧降下剤や副腎皮質ホルモン薬などを使用して、脳にむくみ（浮腫）がおこらないようにする抗浮腫療法などがあって、必要に応じて行われます。

呼吸状態をよくし、血液中の酸素濃度を十分に保ち、血液中の炭酸ガス濃度を低くすることも必要です。さらに、大量のバルビタールを使用して眠らせておく冬眠療法や、脳の温度を下げ、脳を保護しようとする低体温療法がありますが、副作用も大きいため、慎重に判断しなければなりません。

脳ヘルニア

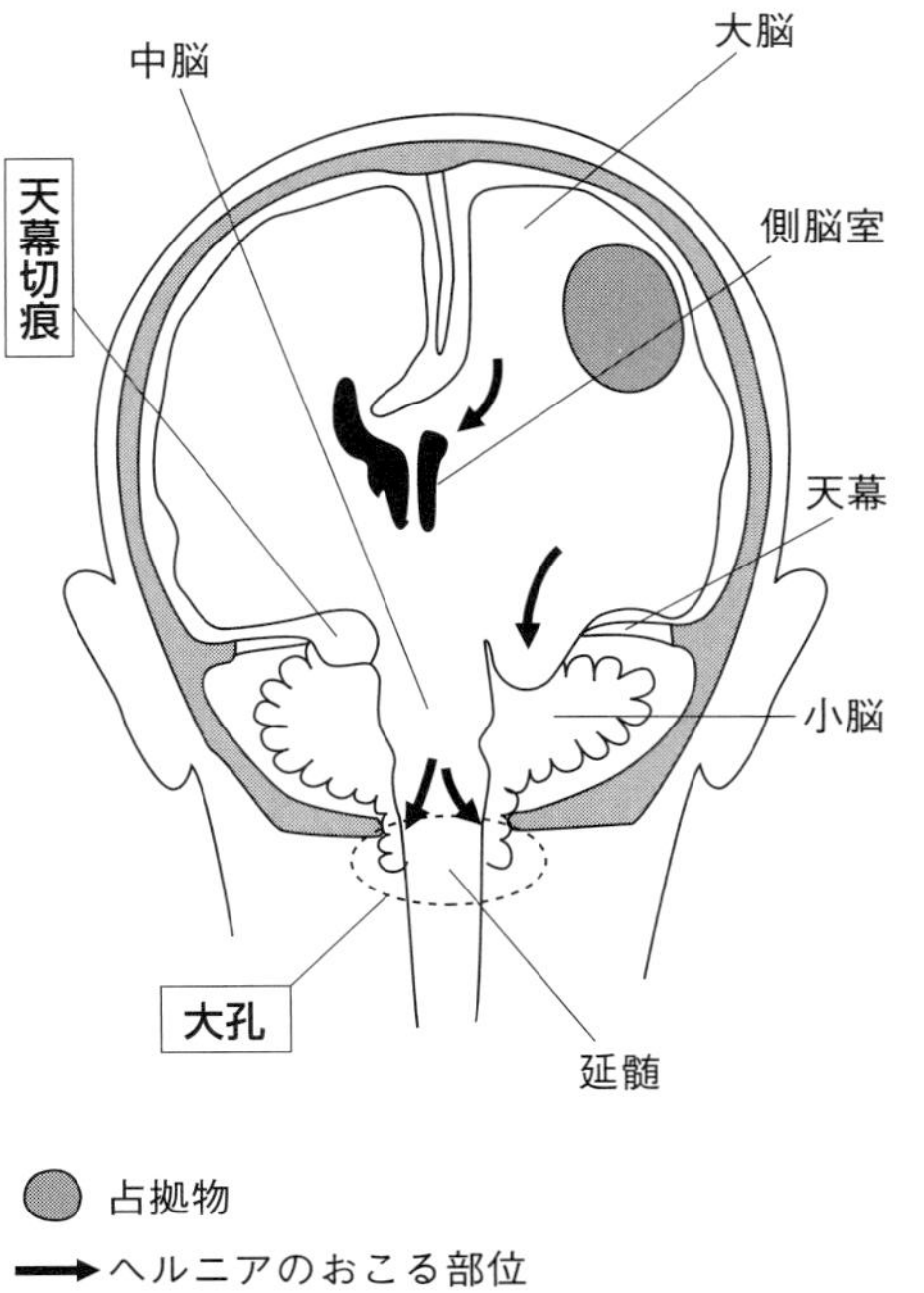

脳良性腫瘍とは
(Brain Benign Tumor)

脳腫瘍（476頁）のうち、生命にただちに危険のおよぶものを**脳悪性腫瘍**（477頁）、生命に比較的危険のおよびにくいものを**脳良性腫瘍**といい、脳良性腫瘍は脳腫瘍の75％前後を占めます。脳良性腫瘍が発生すると、その部位に応じた局所症状が現れてきますが、頭痛、吐きけ・嘔吐などの頭蓋内圧亢進症状（964頁）が現れることは少ないものです。

良性腫瘍は、たいていは手術で取除くことができ、これで症状も消え、完治します。

しかし、良性腫瘍でも、発生した部位によっては、生命にかかわることがあります。たとえば、呼吸、血液循環などをコントロールする脳幹に発生すると、そのはたらきが失われ、生命にかかわるようになりますし、脳幹を傷つけ、そのはたらきを損なう危険があるために手術もできません。このような脳良性腫瘍を**臨床的悪性**と呼んでいます。

また、放置すると、しだいに悪性に変化するものもあります。これを**準脳悪性腫瘍**または**比較的脳悪性腫瘍**といいます。

脳良性腫瘍には、数多くの種類がありますが、以下にあげる腫瘍が代表的なものです。

❖星細胞腫

神経細胞とそれを支える神経膠細胞に発生する神経膠腫のひとつで、おとなは大脳半球に、子どもは、小脳、脳幹、視神経に発生することが多いものです。手術をして腫瘍を取除きますが、小脳に発生したものは、部分切除になることが多いようです。脳幹、視床下部に発生したものは臨床的悪性です。星細胞腫全体の5年生存率は、約50％にすぎません。

❖神経鞘腫

脳神経を包むシュワン鞘の細胞（968頁図）から発生する腫瘍で、95％は聴神経に、残りのほとんどは三叉神経に発生します。

まず、耳鳴りと聴力の低下がおこり、ついで顔面神経まひがおこってきます。

手術をして腫瘍を摘出しますが、難聴や顔面神経まひなどの後遺症が残ることがあります。顔面神経まひが残れば、1か月以内に顔面神経の再建手術が行われます。

腫瘍にγ線を集中して照射するガンマナイフが行われることもあります。

❖髄膜腫

脳・脊髄を包む髄膜に発生する腫瘍で、成人の女性に多く、妊娠による腫瘍の増大や乳がんの合併がみられることがあるため、発生に性ホルモンが関係すると考えられています。

手術で腫瘍を摘出します。5年生存率は、95％前後と良好です。

❖下垂体腺腫

下垂体の前葉に発生する腫瘍で、おとなに多くみられます。

下垂体からはいろいろなホルモンが分泌されるので、腫瘍が発生すると、ホルモンの分泌状態が変化してきます。そして、変化したホルモンに応じて、プロラクチン産生腫瘍、成長ホルモン産生腫瘍、副腎皮質刺激ホルモン産生腫瘍、卵胞刺激ホルモン産生腫瘍、黄体化ホルモン産生腫瘍などとも呼ばれます。

手術で腫瘍を摘出しますが、プロラクチン産生腫瘍の場合は、乳汁を分泌させるプロラクチンの分泌を抑制するブロモクリプチンという薬が使用されることもあります。

❖胚腫瘍（胚細胞腫）

生殖細胞から発生する胚細胞腫瘍のひとつで、子どもに多いのですが、おとなにもおこります。手術で腫瘍を摘出することもありますが、放射線療法がよく効くので、放射線療法だけで治療するケースが多いものです。

◎橋中心髄鞘崩壊症

急性、重症の脳疾患です。もともとアルコール依存症や栄養障害など慢性の内臓障害のある人におこります。このほか、肝硬変、腎疾患、糖尿病、さらには白血病、各種感染症、アミロイドーシスなどが基礎疾患あるいは準備状態として注目されています。

急にぼんやりして意識障害をおこし、左右ともに手足がまひし、口がきけず、物が飲み込めなくなります。けいれんをおこすこともあります。

血液の電解質に異常をきたし、低ナトリウム、低カリウムなどが明らかにされます。

脱髄疾患

脱髄疾患とは
Demyelinating Disease

神経線維は、中心部を走る軸索とその外側をかこむ髄鞘から成り立っています（次頁図）。髄鞘は、大部分が脂肪で構成されていて、一定間隔にくびれがあり、神経の電気伝導を速めるしくみにかかわっています。髄鞘が破壊される（脱髄変化）のが脱髄疾患で、ウイルス感染、アルコールなどによる中毒、栄養障害が原因でおこりますが、原因不明のものもあります。それを**特発性脱髄**といい、ふつう、脱髄疾患といえば特発性脱髄をさします。

脱髄疾患は、アレルギー、自己免疫などの免疫異常がかかわって発症すると推定されています。脱髄病変が大脳、小脳、脳幹、脊髄に広く散らばって発生するため、目・顔・口・舌・のど・手足の運動障害や知覚障害、直腸膀胱障害などが複雑に絡み合って出現してきます。多発性硬化症と急性散在性脳脊髄炎の２つが脱髄疾患の代表です。

多発性硬化症
Multiple Sclerosis

どんな病気か

原因のわからない特発性脱髄疾患（前項）の代表的なものです。

症状

もっとも多く現れるのは視力の低下、複視（物が二重に見える）、眼球振盪（眼球が震える）、眼痛などの目の症状です。ついで知覚障害（手足のしびれ）、運動失調（手足の動きがぎこちない）、運動まひ（手足に力が入らない）、直腸膀胱障害（大小便の排泄困難や失禁）、めまい、構音障害（しゃべりにくい）、嚥下障害（飲み込みにくい）などがおこります。

これらの症状が強く現れる増悪期と、症状の和らぐ緩解期をくり返しますが、症状のすべてがでそろうわけではなく、緩解期には、一部の症状は消失または軽減し、ある症状は後遺症として残るというように複雑な経過をたどります。

増悪期と緩解期とをくり返すうちにいろいろな症状が後遺症として残り、生活機能が失われ、知能が低下することもあります。

多発性硬化症のうち、両目の視力障害（視神経炎 1109頁）、歩行障害、下半身の知覚障害と大小便の失禁（**横断性脊髄炎**）が数週間以内に相ついでおこるものを**視神経脊髄炎（デビック病）**といいます。

検査と診断

診断には、眼科の検査、髄液検査、筋電図、脳波（目・耳・皮膚を刺激する誘発電位の検査を含む）、ＣＴ、ＭＲＩ、血液検査などが必要です。

治療

増悪期には入院しての安静が必要です。そのうえで副腎皮質ホルモン剤やＡＣＴＨ（副腎皮質刺激ホルモン）などを使用します。

緩解期には運動障害を改善させるためのリハビリテーションがたいせつです。

妊娠・分娩、かぜなどの感染症、喫煙、直射日光、心労などがきっかけとなって症状が悪化しますから、これらを避けることが必要です。

この病気は厚生労働省の特定疾患（難病）に指定されており、医療費は公費負担助成の対象となります。

進行は急速で、数日から数週のうちに、診断困難なまま死亡することが多いのです。

若・中年の男性に多く、子どもでもまれではありません。

くわしい病気の成り立ちは不明ですが、血液の低ナトリウムを急速に補正しようとして行われる輸液療法が一因と考えられています。

末梢神経の髄鞘

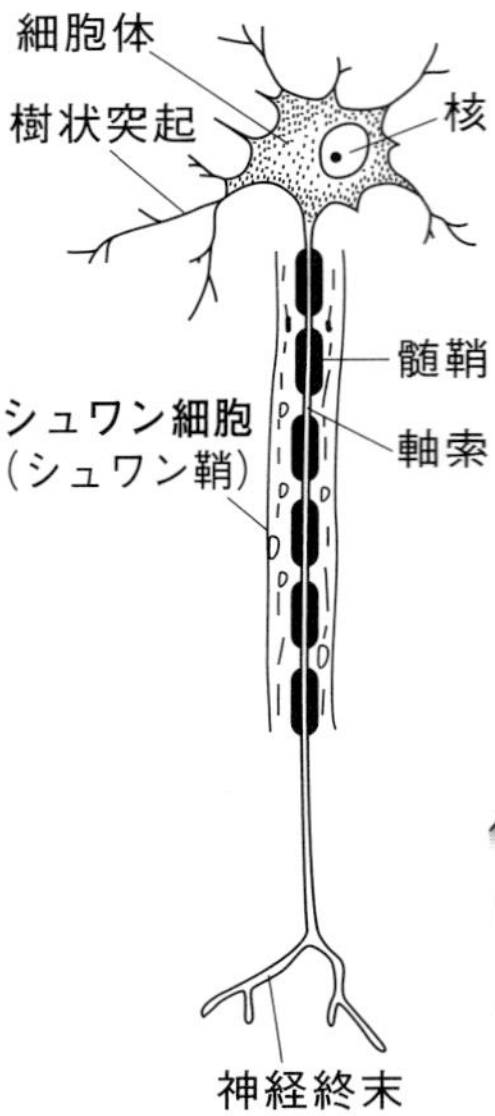

中枢神経の髄鞘

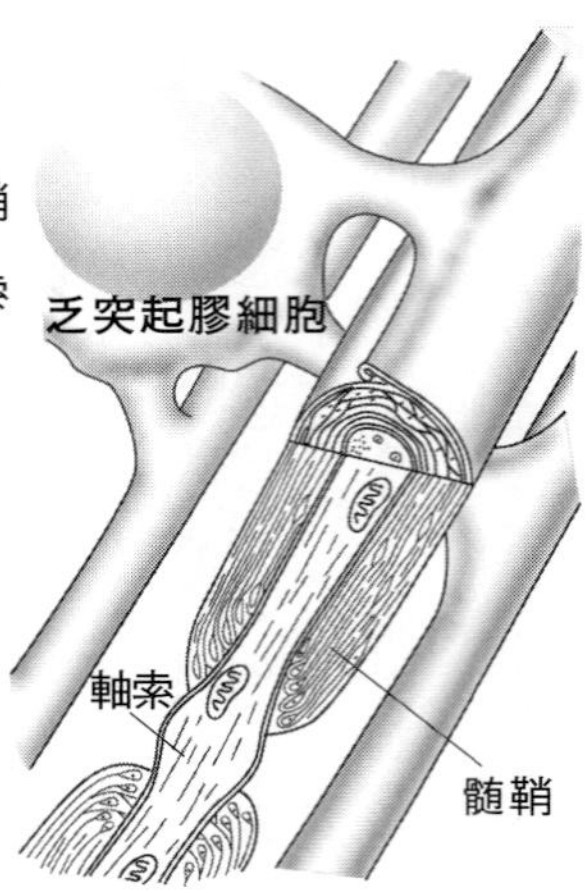

急性散在性脳脊髄炎（アデム）

Acute Disseminated Encephalomyelitis (ADEM)

どんな病気か

静脈周囲の炎症と脱髄病変（前頁「脱髄疾患とは」）が脳・脊髄の白質内に多数形成されるまれな病気で、たいていは、予防接種を受けたあとや、感染症にかかったあとにおこります。

原因

神経に障害を招きやすい予防接種や感染症のあとにおこるケースがほとんどです。

狂犬病、インフルエンザ、ポリオ、破傷風の予防接種を受けたあとや、はしか、水ぼうそう、風疹、おたふくかぜ、伝染性単核症などにかかった後に発症します。これらの予防接種や感染症に対するアレルギー反応が発症の誘因と考えられています。

原因のわからないものもあります。

症状

予防接種を受けたり、感染症にかかったりしたあとの1～2週間後に、後述のような神経症状が現れてきます。

原因不明の場合も、発熱、頭重、全身倦怠、嘔吐などの症状がおこって1～2日後に神経症状が現れてきます。

▼神経症状　現れてくる神経症状の種類や重症度は、人によってさまざまです。頭痛・不眠・不穏状態（大声をあげて、暴れたりする）・全身けいれん・意識障害といった重い脳症を示す人、半身不随・同名性半盲（視野の横半分が見えない）・言語障害といった脳の部分的な障害を示す人、運動失調（手足の動きがぎこちない）・歩行障害・知覚障害（しびれ）・大小便の排泄困難や失禁といった小脳や脊髄の障害を示す人などです。

たいていは、数週間後に症状が治まり、回復しますが、まれに症状が再発したり、症状が重くなって死亡することもあります。

検査と診断

血液と髄液を採取して、ウイルスの抗体価を調べる免疫学的検査などを綿密に行って診断します。

治療

音や光による刺激を避けた絶対安静、そして全身状態を改善させる集中治療が必要なので、入院治療を行います。

副腎皮質ホルモン剤をはじめ、必要とする各種の薬剤を使用します。

回復期に入ったら、ビタミンの豊富な食事をとり、リハビリテーションで運動障害の改善をめざします。

脊髄の病気

脊髄炎（せきずいえん）
Myelitis

どんな病気か　脊髄に炎症のおこる病気を総称しています。

一般的には急性脊髄炎をさすことが多く、細菌、あるいはポリオや帯状ヘルペスなどのウイルスが直接脊髄に感染するものもありますが、異常な免疫反応によって脊髄が障害されるケースが多くを占めます。

その原因として、ウイルス感染後やワクチン接種後の異常反応、アレルギー性疾患あるいは自己免疫疾患（2002頁）などがあげられます。原因が特定できない場合もあります。

いっぽう、慢性におこる脊髄炎として、梅毒（2132頁）による脊髄癆やHTLV-1の感染によるHAM（次項）があげられます。

症状　脊髄のどこに炎症がおこったかによって異なりますが、もっとも典型的なのは**横断性脊髄炎**です。多くは背中から胸または腹にかけて帯状にしびれ感が生じ、それより下の感覚が鈍くなり、両脚がまひします。尿や便の感覚もまひして排泄できなくなったり、漏らしたりします（膀胱直腸障害）。

病気が頸髄におこると、手足のまひや呼吸障害をきたします。髄液を検査すると、たんぱくの量や細胞の数が軽度に増加しています。

初期には症状が急速に進行しますが、原因に対する治療あるいは自然経過で、極期に達したあとは徐々によくなります。なんらかの後遺症が残る場合もあります。

治療　病気の初期の症状が強い時期には、安静を保ち、副腎皮質ホルモン（ステロイド）剤を使用して炎症を抑えます。病原体が判明した場合には、それに対して抗ウイルス薬などを用います。

寝たきりで褥創（床ずれ 1802頁）ができないように体位変換をこまめに行い、エアーマットなどの寝具を工夫します。尿が出せない場合には、尿道からカテーテルを挿入して排尿します（膀胱カテーテル）。

リハビリテーションもたいせつで、早期から関節の曲げ伸ばしをして拘縮（組織が固くなって動きづらくなった状態）を予防し、症状が落ち着いたら機能回復訓練を行います。

HAM（HTLV-1関連ミエロパチー）
HTLV-I Associated Myelopathy

どんな病気か　HTLV-1（成人T細胞白血病ウイルス 551頁）の感染による慢性脊髄炎です。必ずしも白血病を発症しませんが、ほかの臓器の障害を合併することが少なくありません。**HAM**とも呼ばれます。

症状　両脚が突っ張る痙性まひ、下半身の感覚障害、排尿障害がゆっくりと進行します。

血清および髄液のHTLV-1抗体が陽性であることで診断します。

治療　副腎皮質ホルモン、血漿交換療法、インターフェロンなどが試みられています。

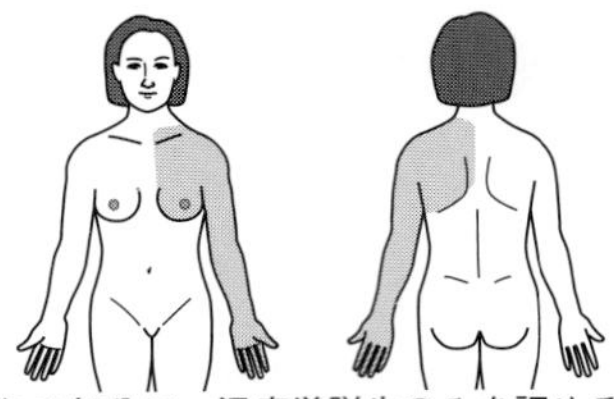

脊髄空洞症の「肩かけ型」温痛覚障害

灰色の部分に、温痛覚脱失のみを認める。
進行すると両側性となる。

脊髄空洞症
Syringomyelia

どんな病気か
脊髄の中心部（脊髄を鉛筆にたとえると芯にあたる部分）に空洞ができて、徐々に拡大していく病気です。大多数は先天性の異常と考えられており、ほとんどは頸髄から胸髄上部に発生します。20～40歳で発症することが多く、ひじょうにゆっくりと進行します。

いっぽう、腫瘍、脊髄の損傷、髄膜炎（963頁）の後遺症などにともなっておこるものもあります。

症状
空洞のできた範囲に応じて、いろいろな神経症状が現れます。脊髄の中心部が障害されるので、その付近を通る温度覚・痛覚の神経線維が影響を受けますが、脊髄の後方を通る触覚や深部覚（関節や筋肉の状態を伝える感覚）は保たれるのが特徴で、これを**解離性感覚障害**といいます。

空洞の範囲に対応した皮膚で、熱さ、冷たさ、痛さを感じなくなり（上段図）、このため気づかずに、やけどやけがをくり返しやすくなります。

さらに自律神経の障害によって発汗障害や皮膚の萎縮がおこり、運動神経の障害によって手指から肩甲骨周囲の筋肉が衰えます。初期は、片側のみですが、しだいに両側に広がります。

治療
根治的な治療法は確立されていませんが、発症初期には外科的に空洞を切開することで、症状の改善や進行の阻止が期待できる場合もあります。

亜急性連合性脊髄変性症
Subacute Combined Degeneration

どんな病気か
ビタミンB_{12}の欠乏により、脊髄の中で側方（側索）を通る運動を伝える経路（錐体路）と、後方（後索）を通る深部感覚を伝える経路に変性が生じる疾患です。末梢神経や大脳も障害され、また同時に悪性貧血の巨赤芽球性貧血（1443頁）をともないます。ビタミンB_{12}の欠乏は、摂取不足だけでなく、吸収に必要な因子の障害によってもおこり、中年以降に多く発症します。

症状
両脚末端のビリビリしたしびれ感と脱力感で始まり、徐々に脚が突っ張ったり（痙性）ふらついたり（失調性）して、歩行が困難になります。血液中のビタミンB_{12}の濃度を測定することで診断します。

治療
ビタミンB_{12}の注射をつづけます。約2か月以内に改善がみられますが、治療が遅れて脊髄の変性が進行してしまった場合には、完全に回復しないこともあります。

脊髄血管障害
Vascular Diseases of Spinal Cord

脊髄に血液を供給している血管の異常によっておこる疾患の総称です。脳の血管障害に比べて頻度は少なく、つぎの2つがおもなものです。

●前脊髄動脈症候群
Anterior Spinal Artery Syndrome

どんな病気か
脊髄のもっとも太い動脈である前脊髄動脈の領域の血流が途絶えたため、脊髄の前3分の2

◎脊髄硬膜外膿瘍

脊髄をとり囲む硬膜の外側に、化膿菌による膿瘍が生じ、脊髄などを圧迫する疾患です。皮膚、呼吸器、泌尿器などの感染に続発しておこります。

▼症状　胸髄におこることが多く、背中の両側の痛みで始まります。痛みは持続性で、せきやくしゃみをすると強まります。それにつづいて下半身のまひや感覚障害が急速に進行します。通常は発熱をともないます。

MRI検査が有用で、硬膜外腔を穿刺して膿が吸引されれば診断がつきます。

▼治療　適切な抗生物質を使用し、できるだけ早く手術で膿を取除き、脊髄への圧迫をとります。治療が遅れると回復が困難になります。

が梗塞におちいっておこる症状をさします。前脊髄動脈が枝分かれしている下行大動脈の動脈硬化や解離性大動脈瘤（1420頁）なども原因になります。

脊髄の梗塞箇所にほぼ一致する背中の痛みで始まり、両脚または手足のまひ、障害脊髄より下の身体部位の痛覚・温度覚の障害、排尿・排便の障害をおこします。触覚・深部感覚（手足の位置や動きなどの感覚）は保たれています。梗塞部位の診断には、脊髄MRIが有用です。

【治療】　脳梗塞（934頁）に準じた治療を行います。尿路感染症を招きやすく、また褥創（床ずれ 1802頁）ができやすいので、その予防と治療が重要です。下半身まひなどに対してリハビリテーションを行います。

●脊髄動静脈奇形

Arteriovenous Malformation of Spinal Cord

【どんな病気か】　動静脈奇形は、動脈から毛細血管を経ずに直接静脈へ血液が流れ込む、先天的な血管の形態異常です。脊髄ではほとんどが背面に生じ、くねくねと拡張した静脈が特徴的です。病巣から出血したり、血流が滞ったりして、脊髄自体が虚血（血液不足）になったりすることによって症状が現れます。

背部痛または脚の痛み、両脚のまひ、排尿障害がおこります。発症のパターンには、①突然おこるもの、②歩行、入浴、飲酒などによって一時的に症状がおこって、くり返すもの、③徐々に進行するものなどがあります。

検査では、脊髄MRI、脊髄造影（ミエログラフィー）が有用ですが、詳細な診断には脊髄血管造影が必要です。

【治療】　手術によって異常血管を摘出します。

低髄液圧症候群

Intracranial Hypotension

【どんな病気か】　脳・脊髄は頭蓋骨と脊柱の中にありますが、全体がひとつの袋状の膜で守られ、膜の中は髄液という液体で満たされています。

腰椎穿刺や手術、頭や脊椎の外傷などで膜が傷ついて髄液が漏れ出したり、脱水などで髄液の産生が悪くなったりすると、頭蓋の中の圧力が低下します。このことによって、頭痛を中心とする症状をおこす状態をいいます。

なかには原因がはっきりしないものもあり、**特発性低髄液圧症候群**と呼ばれますが、核医学検査（230頁）などでくわしく調べると、脊椎の一部に髄液の漏出箇所が見つかる場合もあります。

【症状】　頭痛がおもな症状で、立ち上がると痛みが増し、横になることで改善するのが特徴です。

【検査と診断】　診断には、造影剤を使ったMRIが有用です。髄液圧は腰椎穿刺で測定できますが、検査で状態を悪化させる危険性があるので、慎重に行われます。

【治療】　多くの場合は、安静臥床（横になって安静を保つ）と輸液や水分摂取で自然に治ります。2週間以上たっても改善しないときには髄液の漏出箇所をくわしく調べ、見つかれば、その近辺の膜の外に自分の血液を注入したり（**硬膜外自家血パッチ**）、手術でふさぐことがあります。

神経痛

Neuralgia

原因がわかれば根本的治療が可能

◇症候性と特発性とがある

どんな病気か 痛みは、痛さ、熱さ、冷たさなどの温痛覚をつかさどる末梢神経が刺激されておこります。

この痛む病気の代表格が神経痛で、古くから知られ、なじみの深い病名ですが、痛めばすべて神経痛というわけではありません。

医学的には、つぎのような特徴がみられるときに、神経痛といいます。

①痛む部位が、1本の末梢神経の支配領域に一致している。

②鋭く、激しい痛みが突然おこり（発作性）、持続時間が、ふつう数秒～数分と短く、いったんは治まっても再発をくり返す（反復性）。

③痛みの治まっているときに、痛みの生じる末梢神経の部位を指で押すと痛みがおこる（圧痛点の存在）。

④痛みの治まっているときに、痛みの生じる皮膚や粘膜を指で刺激すると痛みが誘発される（引き金帯）。

⑤特定の姿勢をとったり、せき、くしゃみなどをしたりすると痛みが誘発される。

そのほか、発症が中年以降の人に多いことも神経痛の特徴です。

●神経痛の分類

神経痛は、原因のわかる症候性神経痛（続発性神経痛）と原因のわからない特発性神経痛（原発性神経痛、真性神経痛）とに分類されています。

このように分けられているのは、原因がわかれば根本的な治療が可能になるからです。それに対し、原因がわからなければ、痛みという症状に対する治療が主になるなど、どちらに属するかによって治療の内容がちがってくるのです。

▼症候性神経痛（続発性神経痛） 診察や検査で、末梢神経を刺激して痛みをおこしている病変、たとえば、骨の変形、神経およびその周囲の炎症（帯状疱疹など）、腫瘍、変性、外傷などが見つかる神経痛です。

本人は自覚していないことが多いのですが、綿密な検査を行ってみると、運動障害、筋肉の萎縮（やせ細り）のほか、発疹、しびれ、突っ張り、こわばりといった知覚障害、および反射の障害が明らかにされるケースが少なくありません。

▼特発性神経痛（原発性神経痛、真性神経痛） 綿密に診察や検査を行っても、痛みをおこす病変が見つからない神経痛です。

この場合、一般に痛みをおこしている末梢神経の名称を冠した病名が用いられます。

この病名は、原因となっている病気が見つかるまでのとりあえずの病名として用いられます。原因となる病気がはっきりすれば、その病名に切りかえられます。

以下におもな神経痛について解説しますが、痛む部位や症状はちがっても、行われる検査や治療はほぼ同じなので、検査と治療は、最後にまとめて述べることにします（976頁）。

◎血漿交換とは……981頁
◎ステロイド・パルス療法……982頁
◎スモン（SMON）……983頁

三叉神経の分布

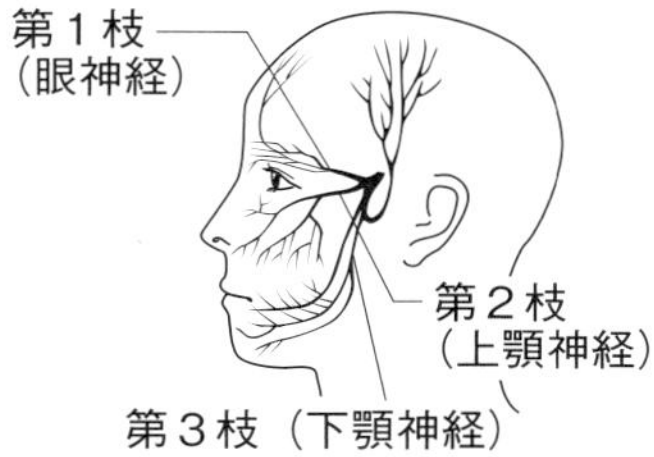

◎三叉神経痛の治療

脳腫瘍や脳動脈瘤の圧迫など原因がはっきりしている場合は、それに対する治療が必要です。以前は、これらの原

◉三叉神経痛 Trigeminal Neuralgia

顔面の片側が激しく痛む神経痛です。

顔面が痛むことから、この神経痛は、俗に**顔面神経痛**とも呼ばれているようですが、顔面神経は、顔の筋肉を動かす運動神経であって、この神経が刺激されても痛みを感じるということはありません。したがって顔面神経痛は誤りで、三叉神経痛が正しい病名です。

三叉神経は、顔面の左右ともに、上から第1枝（眼神経）、第2枝（上顎神経）、第3枝（下顎神経）の3本に分かれていますが（上図）、痛みのおこるのは、第2枝と第3枝の支配領域のことが多いようです。

隣接する神経の支配領域まで痛みが響き、脊髄の神経の支配領域である後頭部や肩まで痛みを感じることがあります。

▼症状　刺しえぐるようだ、焼けるようだ、切られるようだなどと表現される鋭い痛みが、顔面の片側に突然おこります。あくび、くしゃみ、会話、物をかむ、水による洗面、冷風といったことが刺激となって、突然、痛みだすケースが多いものです。

▼原因　三叉神経痛は、原因のわからない特発性神経痛の代表にあげられますが、よく調べてみると、脳幹に腫瘍や動脈瘤が発見されたり、多発性硬化症（967頁）の症状であったり、帯状疱疹（1836頁）の後遺症であったりします。

▼手術　脳幹部で、三叉神経が小動脈に圧迫されている場合は、後頭部を切開し、手術用顕微鏡を使って、圧迫している血管をずらして神経を減圧します（神経血管減圧術）が、まれに再発することがあります。三叉神経節に針を刺して、高周波電流を流す方法もあります。

◉舌咽神経痛 Glossopharyngeal Neuralgia

刺すような痛みが、舌の奥、咽頭（のど）を中心におこる神経痛で、痛みが耳にまで響きます。

物をかむ、飲み込む、話をするといったことをきっかけとして痛みだすケースがよくあります。中年の男性に比較的多くみられるものです。

◉後頭神経痛 Occipital Neuralgia

第2頸髄から出る後根神経が刺激されておこる神経痛で、片側の後頭部、頭頂部、側頭部にかけて痛みがおこります。ちょうど、その人の手のひらでおおえるぐらいの範囲が痛みます。

くびの運動、くしゃみ、せきなどで痛みが誘発されます。

痛みがおさまっているときでも、後頭の中央にある隆起部の1～2cm外側を指で押すと痛む圧痛点があるのが特徴です。

高齢者に比較的よくみられ、変形性頸椎症（頸部変形性脊椎症）などの頸椎の変形（1894頁）やむち打ち症（1951頁）が原因のことが多いものです。

◉膝状神経節痛 Geniculate Neuralgia

顔面神経の知覚枝である中間神経を受ける神経節（神経細胞が集合して太くなっている部分）の障害による神経痛で、頻度はまれです。

帯状疱疹（1836頁）が原因になることが多いものです。

因がはっきりしている症候性神経痛と、原因が見つからない特発性神経痛に分けられていました。

　特発性神経痛とされるうちの多くは、三叉神経が脳に入る部分で、動脈が神経を圧迫しており、手術で圧迫を取除くと、痛みが治ることがわかってきました。

　手術は、後頭部を小さく開頭し、手術用顕微鏡を使用して、圧迫している血管をずらし神経を減圧します（神経血管減圧術）。手術成績もよく、多くの脳外科の施設で行われています。まれに、術後に再発することもあります。

　手術を行わずに、カルバマゼピンなどの抗てんかん薬の内服や、三叉神経節に針を刺して高周波電流を流す方法もあります。

　抗てんかん薬には副作用もあり、手術には危険がまったくないとはいえないなど、それぞれ長所や短所があります。慎重に治療法を選ぶことが必要となります。

耳の孔を中心に痛みますが、耳の奥から顔面の深部も痛み、同じ側の顔面まひがおこります。

　この膝状神経節痛に顔面まひ、耳鳴り、難聴をともなったものを、**ラムゼイ・ハント症候群**（1145頁）といいます。

◉翼口蓋神経節痛
Sphenopalatine Neuralgia

　三叉神経の第2枝を受ける翼口蓋神経節が刺激されておこる神経痛です。顔面下部の痛みとともに、鼻を中心に耳へ痛みが響くのが特徴です。

　鼻汁、涙、唾液の分泌をともなうことがあって、非定型的顔面痛（後述）に属する神経痛と考えられています。まれな神経痛で、おもに更年期の女性にみられます。

　さらに、鼻腔の炎症が翼突管神経を刺激し、歯、耳に痛みが響くことがあります。これを**ビデアン神経痛**といいますが、やはり、まれです。

◉迷走神経痛
Vagal Neuralgia

　迷走神経の知覚枝の分布する外耳道、鼓膜、舌根、のどが痛む神経痛です。

◉非定型的顔面痛
Atypical Prosopalgia

　痛みが顔面におこり、三叉神経痛に似ていますが、まったくちがう神経痛です。神経痛の特徴（972頁）を示しません。

　痛みが顔の両側におこり、涙や鼻汁の分泌、鼻づまり、顔面紅潮といった自律神経の症状をともないます。

　若い女性に比較的多くみられる神経痛で、感情、気分、気候の変化により、痛みが強くなったり、弱くなったりします。

◉上腕神経痛
Brachial Neuralgia

　片側のくび、肩、腕、手と広い範囲に痛みがおこる比較的多い神経痛です。くびから手のほうへ伸びるいろいろな末梢神経が合流している上腕神経叢という部分の病変が痛みの原因のケースが多く、このため、広い範囲が痛み、ほかの神経痛とちがい、痛みが長くつづいたり、鈍い痛みになったりすることも少なくありません。

　鎖骨の上のくぼみを押すと痛みが強くなり、腕を伸ばしたまま後ろ上方に上げ、上腕神経叢を伸ばすようにすると痛みが誘発されてきます。

▼原因　変形性頸椎症（頸部変形性脊椎症）などの頸椎の変形（1894頁）、胸郭出口症候群（1916頁）などによるくびの部分の神経や血管の圧迫が原因になることが多く、キーボード作業などで肩、腕、手を酷使する人によくおこります。

　くびから手のほうに伸びている末梢神経のうち、尺骨神経は肘の後ろ、正中神経は手首のところで、それぞれ骨や関節周囲の靭帯の間を通るため、これらの組織に変化が生じると、末梢神経が圧迫されたり挟まれたりして神経障害がおこります。これを**絞扼性ニューロパチー**（977頁）といい、このときにも、しびれや痛みがおこります。

◉肋間神経痛
Intercostal Neuralgia

　肋間神経は、背中（胸髄）から出て、胸腹部に分布する末梢神経（胸髄神経）で、右側と左側のそれぞれに12本、計24本（12対）あります。上部（くび

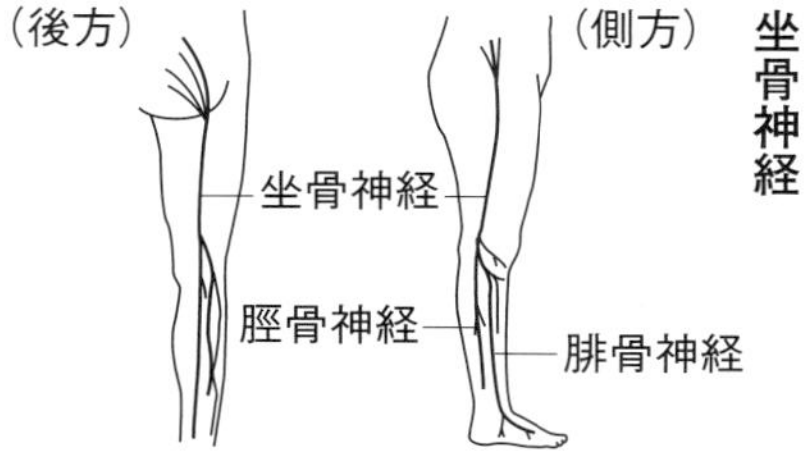

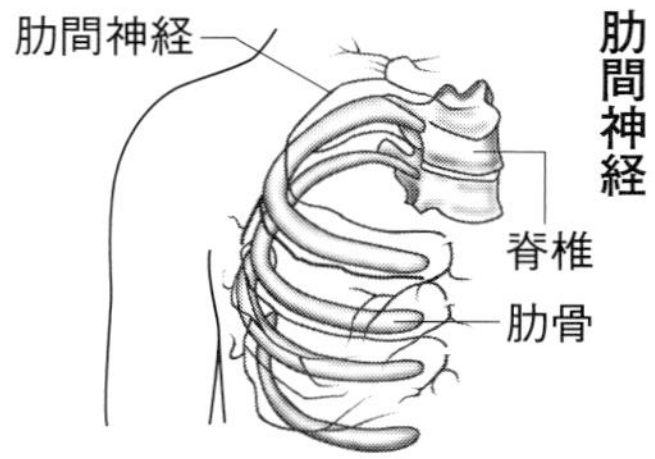

に近いほう）の7対は、肋骨に沿い、胸骨（胸の中央に縦に長く触れる骨）に向かって伸びています。下部（腹部のほう）5対は、前下方に向かって伸び、腹部に分布します（上図右）。この肋間神経に沿って痛むのが肋間神経痛で、頻度の高い神経痛です。

▼症状　脊椎（背骨）から片側の1本の肋骨に沿って、激しい痛みが突然おこります。

肋骨に沿った部位や腹直筋（腹部の筋肉）の上に、指で押すと痛みのおこる圧痛点が存在することが少なくありません。

深呼吸、せき、大声などで痛みが誘発されるほか、痛みのない側へからだを曲げ、肋間神経を伸ばすようにしても痛みが誘発されます。

▼原因　変形性脊椎症（1893頁）などの脊椎の病気や帯状疱疹（1836頁）が原因になることが多いものです。

胸膜炎、肺炎、肺がんといった胸部の臓器の病気が関係しているケースがあるので、いつまでもつづくときは、内科を受診して、原因をはっきりさせることがたいせつです。

◉大腿神経痛
Femoral Neuralgia

大腿（太もも）の前面が痛む神経痛で、ふつう、大腿ヘルニアのために大腿神経が圧迫されておこります。

中年の女性に比較的多くみられます。

◉閉鎖神経痛
Obturator Neuralgia

大腿（太もも）の内側中央が痛む神経痛で、閉鎖管ヘルニア（閉鎖孔におこる）が原因でおこります。

高齢の女性に比較的多くみられます。

◉坐骨神経痛
Sciatic Neuralgia

坐骨神経（上図左）は、最大最長の末梢神経で、下部は腓骨神経と脛骨神経に分かれ、大腿（太もも）後面から足部にかけての広い範囲の知覚をつかさどっています。

このため、この神経が刺激されると、片側の殿部、大腿の後面、ふくらはぎが痛み、踵やくるぶしのほうまで痛みが響くことがあります。

▼症状　安静にしているときでも、多少、痛みがつづいていることが多いものです。

せき、くしゃみなどで痛みが下方にまで響き、からだを曲げたりすると痛みが強くなります。

痛みのほかに、下肢（脚）のしびれ、知覚の鈍麻（にぶさ）、腱反射の異常、歩行障害などがみられるケースが少なくありません。

あお向けに寝て、まっすぐ伸ばした脚を垂直になるまで上げていくと大腿の後面に激しい痛みがおこり、十分に脚を立てることができません（**ラセーグ徴候**）。

また、痛みを軽減するため、痛まないほうの脚に体重をかけ、からだを横に曲げた姿勢になることも多いものです（**坐骨神経痛性側弯**）。

▼原因　症候性神経痛の代表で、たいていは、椎間板ヘルニア、脊椎（背骨）の腫瘍（がんなど）、腰部変形性脊椎症などのために、坐骨神経が刺激・圧迫・浸潤されておこります。帯状疱疹、糖尿病、アルコール依存症などが原因のこともあります。

第1章－第10章
生活習慣病
がん（悪性腫瘍）
子ども
女性
脳・脊髄・神経
こころ
目
耳・鼻・のど
歯・口腔
呼吸器

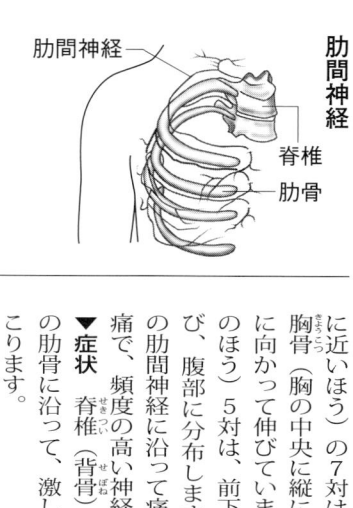

◎ペイン・クリニック

痛みを抑える治療をペイン（痛み）・クリニックといい、麻酔科で行われることが多いのですが、脳神経外科や神経内科で行っている医療機関もあります。たいていは、**痛み外来**または**ペイン・クリニック外来**という名称で実施しています。

いろいろな鎮痛薬の内服や坐薬ではどうしても止められない痛みや、いったんは止まっても再発をくり返す慢性の痛みに対して行われることが多く、この治療で、がんこに再発をくり返している痛みから、解放される場合が少なくありません。

方法は局所麻酔と同様に、神経に麻酔薬などの鎮痛薬を注入します。

◇骨の変化をまず調べる

検査と診断 神経痛は、変形などの骨の変化、とくに脊椎（背骨）が変形し、脊髄から派生してくる末梢神経の根元が圧迫されたり、刺激されたりしておこることが多いので、脊椎のＸ線撮影が行われます。

骨の変化をより詳細に調べるために、人体の部位をある厚さをもった層として撮影できる断層撮影、人体を輪切りの状態にして撮影できるＣＴやＭＲＩ、造影剤を注入して、はっきり映し出す造影法などの画像診断が行われることもあります。

腫瘍や炎症が原因と考えられるときは、アイソトープ（放射性同位体）を注入し、病変部を映し出すシンチグラフィーが行われることもあります。

筋電図や末梢神経伝導速度の測定などを行って、末梢神経のはたらきを調べることもあります。

糖尿病などの全身性の病気があるときは、血液や尿の検査なども必要になります。

◇原因の治療が先決

治療 神経痛らしいときは、内科か神経内科を受診します。骨に原因があるときは、整形外科の担当になります。

原因を探し、それを治療するのが先決ですが、ふつう、つぎのような治療が行われます。

▼安静保護療法 痛みがおこったら、むりはせずに休養をとります。

もっとも痛みが和らぐ姿勢を保ち、安静を心がけます。

痛む部位を冷やさないようにし、コーヒー、アルコール、香辛料などの刺激の強い飲食物、そしてたばこの摂取を避け、ビタミン類の豊富な食品をとるように心がけます。

便秘になると、力んで痛みが強くなりますから、便通を整え、便秘にならないようにすることもたいせつです。

痛まなくなったら、軽い運動をするようにします。

▼薬物療法 解熱鎮痛薬、非ステロイド抗炎症薬、筋弛緩薬、抗けいれん薬、ビタミン剤、血管拡張薬などの使用が痛みを和らげます。

使用法は、内服や坐薬のほか、注射のこともあります。

▼理学療法 おもに整形外科で行われる治療法で、痛みの原因が存在する部位の負担を除く牽引療法、痛む部位を固定して安静を保つコルセットや頸椎カラーの装着のほか、痛む部位を温めるためのいろいろな方法（入浴や赤外線照射など）が行われます。

▼鍼灸療法 鍼や灸でいわゆるツボを刺激し、痛みを抑える治療法で、人によっては、かなり効果があります。

▼神経ブロック 痛みのおこる末梢神経に麻酔薬を注入し、痛みを止める治療法です。

ペイン・クリニック（上段）を実施している医療機関で受けられます。

▼手術 椎間板ヘルニア、脊椎や脊髄の腫瘍などは、手術が第一の治療法ですが、手術が必要かどうか、慎重に検討されます。

医師から手術を勧められたときは、説明をよく聞いて判断しましょう。

末梢神経障害（ニューロパチー）…………977頁

▼症状▲障害を受けた末梢神経によって、しびれや筋萎縮、感覚の鈍麻など、多彩な症状が現れる。

▼治療▲神経症状の現れかたにより、投薬や理学療法などさまざま。

◎末梢神経とは

神経系を電気にたとえると、脳は発電所、脊髄は変電所、末梢神経は、変電所から各家庭に電気を届ける電線に相当します。

脳からは12対の脳神経が、脊髄からは31対の脊髄神経が出ています。そして交通整理されながら、道路のようにからだのすみずみにまで走っています。この末梢神経には、運動神経や感覚神経、自律神経が含まれます。

末梢神経障害（ニューロパチー）

Neuropathy

障害を与えている病気をまず治す

◇しびれや痛みは神経障害の警告

どんな病気か

末梢神経とは、脳や脊髄から分かれたあとの、からだ中に分布する神経のことをいいます（979頁図）。

末梢神経には、筋肉を動かす**運動神経**のほか、**感覚神経**、**自律神経**の3種類があります。

感覚神経は、熱さ、冷たさ、痛さといった温痛覚や触覚を伝え、また、手足の位置、運動変化、振動などを認識する深部感覚も伝えます。

自律神経は、からだのさまざまな組織や器官のはたらきを調節します。

この末梢神経に故障がおこった状態を、末梢神経障害またはニューロパチーと呼びます。

症状

3種類の末梢神経のうち、運動神経に障害がおこると、筋力が低下したり筋肉が萎縮します。

感覚神経の障害では、しびれや痛みが現れたり、逆に、痛みや熱さ、冷たさなどの感覚が鈍くなったりします。

深部感覚の障害では、手足の位置関係がわからなくなる、からだのバランスがくずれるといった症状が現れます。

自律神経の障害では、立ちくらみ、排尿障害、発汗異常などが現れます。

実際には、どの神経にもひとしく障害がおこるわけではなく、おもに感覚のほうに障害が強いといった感覚優位、あるいは運動優位といった特徴があるのがふつうです。痛みやしびれは、神経に故障がおこったことを知らせる警告信号といってよいでしょう。

神経症状の現れかたは、障害の分布によって、全身の末梢神経が障害を受ける**多発神経炎**（多発ニューロパチー）と、1つの神経だけに障害がおこる**単神経炎**（単発ニューロパチー）、および単神経炎があちこちにおこる**多発性単神経炎**（多発性単ニューロパチー）に分類されます。

◇原因による分類が診断名

末梢神経障害は、「症状」で述べたような障害の分布による分類のほかに、次頁上段に示すように、原因による分類もあります。

絞扼性ニューロパチーや血管炎性ニューロパチーは（多発性）単神経炎のかたちをとりますが、代謝性ニューロパチーや中毒性ニューロパチーなどは多発神経炎のかたちをとって現れます。

なお、これらは実際の診断名として用いられています。以下に、この分類にしたがって、それぞれのニューロパチーについて解説していきます。

◇絞扼性ニューロパチー（機械的神経障害）

末梢神経幹が周りの組織に圧迫されておこるニューロパチーです。**絞扼性神経障害**、あるいは**機械的神経障害**とも呼ばれます。ふつう、1本の神経にだけおこる単神経炎のかたちをとり、上肢（手や腕）では正中神経、尺骨神経

◎末梢神経障害の原因による分類

絞扼性ニューロパチー（977頁）
代謝性ニューロパチー（980頁）
感染性ニューロパチー（981頁）
感染後性ニューロパチー（981頁）
慢性炎症性脱髄性多発ニューロパチー（981頁）
血管炎性ニューロパチー（982頁）
中毒性ニューロパチー（982頁）
悪性腫瘍にともなうニューロパチー（982頁）
遺伝性ニューロパチー（983頁）

◎顔面神経まひと顔面まひ

ベルまひで代表される**顔面神経まひ**では、片側の顔面を動かす筋肉がすべて障害されます。

これに対して、一側の大脳

経、橈骨神経、下肢（脚）では腓骨神経によくおこります。

◉橈骨神経まひ

手首および指の付け根を伸ばす筋肉がはたらかなくなるものです。実際は、恋人のために一晩腕枕をしてあげたとか、酔っ払って一晩自分の頭を上腕部にのせていたといった原因でおこるので、別名「**ハネムーンまひ**」とか「**土曜の夜まひ**」といわれます。

▼症状　肘から上の上腕で橈骨神経が圧迫されておこるので、腕を持ち上げても手首が垂れ下がったままの「垂れ手（おばけの手）」になります。

▼治療　大半は一過性で、徐々に回復します。長引く場合は、筋肉の拘縮を防ぐため、装具（障害のある部分に装着することで、その部分を固定したり、負荷がかからないようにするための簡単な道具）をつくり、リハビリテーションを行う必要があります。

◉正中神経まひ

正中神経は、手首から手根管を通り、手のひら側の真ん中に至る末梢神経です。骨と靭帯（横手根靭帯）に囲まれた手根管は、正中神経に対して圧迫を生じやすいところなので、慢性的に圧迫した結果として、手根管症候群（1923頁）がおこります。

▼症状　親指から薬指にかけてのしびれと痛みで、進行すると、親指の付け根の筋肉が萎縮してきます。とくに、痛みは夜に悪化するため、目が覚めることがあります。農作業や手首を酷使する作業は症状を悪化させます。

▼治療　痛みがひどい場合、あるいは筋肉の萎縮がおこる場合は、圧迫を取除く手術の必要があります。

◉尺骨神経まひ

小指、薬指とその側の手のひらの部分を支配領域としている尺骨神経が圧迫されるためにおこります。

原因の多くは、肘のところで神経が慢性的に圧迫されるためです（肘部管症候群など）。肘部管の上方は、よく肘をぶつけた際にしびれがくるところです。肘を酷使するスポーツのほか、以前の上腕骨の骨折が原因の場合があります。

▼症状　小指と薬指がしびれるうえに手の筋肉が萎縮し、手指の運動がぎこちなくなります。指どうしをうまくくっつけられなくなるため、手ですくった水が漏れたりします。また、指はワシの爪のように曲がってきます。

▼治療　肘を過度に屈曲しないようにサポーターをすれば改善する場合もありますが、手術を要することが少なくありません。

◉腓骨神経まひ

膝下の外側にある骨の出っ張り（腓骨頭）の裏を走っている腓骨神経が圧迫されておこります。圧迫は足を深く組んだときに生じます。足を深く組んだまま、いすにふんぞり返ってテレビを観ていたあとによくおこることから、「**テレビまひ**」とも呼ばれます。

▼症状　足のつま先が上がらず、ぺたぺたと歩く「垂れ足」がおこります。多くの場合、症状は一過性で、やがて回復します。

▼治療　症状が長引く場合は、つま先が引っかかってけがをしないように、装具（前述「橈骨神経まひ」）をつくり、リハビリテーションを行います。

末梢神経の分布

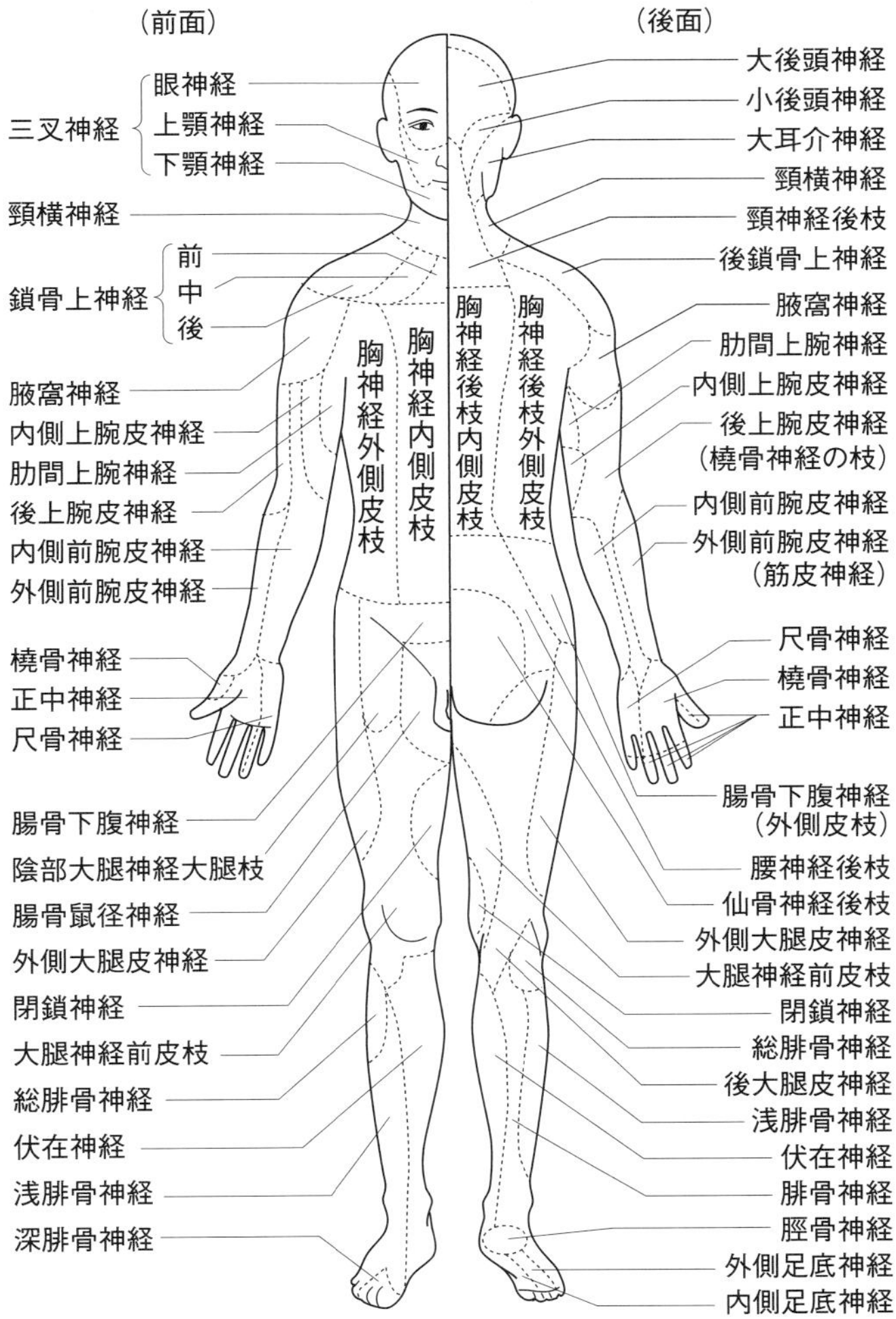

障害で生じる顔面まひでは、まひは目より下だけに目立ち、額のしわよせはできます。これは、顔面上部の筋が、両側の大脳によって支配されているためです。

◇その他の単神経炎

◉顔面神経まひ（ベルまひ）

顔面神経は顔の筋肉を動かす神経です。したがって、そこがまひすると、顔半分の筋肉が動かせなくなります。目を閉じられない、口角（口のわき）から水が漏れるといった機能障害もおこります。冷気にさらされたことやウイルス感染が原因と考えられます。

▼症状　初め、耳の後ろが痛むこともありますが、ある日突然に顔半分が動かせなくなるのがふつうです。まぶたは開かれたままで、強いて閉じようとすると、黒目が上がって白目だけになります。

口はまひしていない側に引かれて曲がり、まひした側からはよだれが流れます。

口が十分閉じられないので、頬を膨らませたり、口笛を吹いたりすることができず、食べた物がまひした側にたまります。

ときには物音ががんがん響いたり、味覚が障害されたりします。

ベルまひの90％ほどは、数か月のうちにほぼ完全に回復しますが、回復が不十分な場合、後遺症が残ることもあります。

▼治療　薬物療法に加えてリハビリテーションが行われますが、まひが強い場合は、かえって数か月後にまひ側の顔面けいれんを誘発することもあります。目が閉じられない場合は、目を保護するために、眼帯や目薬が必要です。

◎末梢神経伝導検査

正中神経は、前腕の手のひら側を走って親指の付け根の筋肉を支配し、親指から薬指までの手のひら側の感覚を脳に伝えます。

この神経を、肘と手首の2か所で電気刺激し、支配筋における筋活動を記録することによって、肘から手首に神経の興奮が伝わる伝導速度を計算することができます。これが、**運動神経伝導速度**です。

ここで得られる筋活動の大きさは筋線維の密度を反映しています。

逆に、指を電気刺激し、手や肘の神経幹上から神経活動電位を記録することによって、**感覚神経伝導速度**を測定することができます。得られる電位の大きさは神経の密度を反映しています。

このようにして、ほかの神経でも、その機能を調べることができます。ニューロパチーのなかでも、とくに神経細胞体や軸索（968頁図）が障害

◇代謝性ニューロパチー

全身の代謝異常が原因でおこるニューロパチーです。多発神経炎のかたちをとり、脊髄から遠い末梢（末端）ほど強い障害が現れます。

◉糖尿病性ニューロパチー

日本の成人の10%がかかるという糖尿病（1501頁）は、きわめて重大な病気です。糖尿病の人では、経過年数が長いほど、また病気のコントロールが悪いほど、ニューロパチーが進行します。

▼症状　とくに下肢（脚）末端部のしびれから自覚症状が始まることが多く、その範囲や程度がしだいに拡大し、手足の筋肉の萎縮や筋力低下もみられます。自律神経に障害がおこると、起立時のめまい、汗の異常、特有の頑固な下痢、勃起障害などが現れます。また、糖尿病のコントロールがさらに悪化します。

進行すると、足部の感覚低下、栄養障害に循環障害が加わって、ちょっとしたけがから壊疽（1426頁上段）におちいったりします。

▼治療　糖尿病のじょうずなコントロールがもっともたいせつです。そのためには食事療法と運動療法を行います。強い痛みやしびれには、抗けいれん薬などを用います。神経障害を進行させないよう、ビタミン剤、血行や代謝を改善する薬を使うこともあります。

◉尿毒症性ニューロパチー

腎機能の悪化にともない、体液中の老廃物を捨てきれなくなった状態を尿毒症（1722頁）といいます。

このニューロパチーは、老廃物の中に含まれる、神経に障害を与える物質によっておこります。

▼症状　手足の先端を中心とした異常感覚、灼熱感、痛み、感覚鈍麻（感覚が鈍くなること）、筋力低下などが現れます。

▼治療　尿毒症の治療が主体となります。適切な血液透析や腎移植によって有害な老廃物を除去します。

◉ビタミンB_1欠乏によるニューロパチー

ビタミンB_1欠乏による脚気が有名で、深部腱反射の消失に代表される多発神経炎のかたちをとります。

白米を常食としてきた日本人では、かつては結核とともに2大国民病といわれていましたが、最近では食料事情の改善にともない、白米が原因の脚気はほとんどなくなりました。

しかし、インスタント食品ばかり食べている人や、アルコールを多飲する人など、栄養のバランスがかたよった人にみられることがあります。

▼症状　足部に左右対称にぴりぴりしたしびれや熱感、痛みなどが現れます。進行すると手足の感覚障害が強まり、筋力低下や筋萎縮をともないます。下肢のむくみも現れます。

▼治療　ビタミンB_1を補給します。ニューロパチーの回復には時間がかかることが多いものです。日ごろのきちんとした食生活がもっともたいせつです。

◉その他のビタミンの欠乏によるニューロパチー

ビタミンB_1、B_2、B_6、B_{12}などのビタミンB複合体が欠乏するとペラグラ（ナイアシン欠乏）がおこります。このため、皮膚炎や下痢とともにニューロパチーから、認知症が現れてきます。

を受ける病気では、活動電位の振幅が小さくなり、髄鞘が障害を受ける病気では、とくに伝導速度が低下します。

◎血漿交換とは

免疫異常にともなう末梢神経障害の治療に用いられます。免疫に関与する血液中のたんぱくであるγグロブリンを除くために、血球（赤血球、白血球、血小板）以外の血液成分（血漿）を交換するものです。とくにγグロブリンだけを除く**二重膜濾過法**や、特定の抗体だけを除く**免疫吸着法**も行われます。

ギラン・バレー症候群の急性期に威力を発揮します。

正常のγグロブリンを大量に用いる方法も同様な効果をもたらします。

ビタミンB_{12}の欠乏でも、貧血とともにニューロパチーが現れます。胃の全摘手術を受けた人は、注射でビタミンB_{12}を補う必要があります。

◉その他の代謝性ニューロパチー

さまざまな内科的疾患にともなってニューロパチーが生じます。甲状腺機能低下症（1478頁）などが有名です。

◇感染性ニューロパチー

ジフテリア、ボツリヌス食中毒、ハンセン病などの細菌感染によるほか、ヘルペスウイルスによる帯状疱疹、マイコプラズマ感染によるニューロパチーなどがあります。

◉帯状疱疹

子どものときにかかった水ぼうそう（809頁）のウイルスは、治ったあとも神経節の中に潜んでいます。そして、体力が落ちたときなどに再発し、帯状疱疹となります。

▼症状 支配神経の分布に沿って水疱が現れ、強い痛みをともないます。三叉神経や肋間神経に沿ってよくみられます。

▼治療 皮膚の手当に加えて、抗ウイルス薬と抗炎症薬を用います。

予防には、日ごろからむりをせず、体力を蓄えることがたいせつです。

◇感染後性ニューロパチー（ギラン・バレー症候群）

感冒（かぜ症候群）の症状や下痢などが治って1～2週間後、急に手足のしびれ、筋力の低下などがおこります。

原因は、先行して感染をおこした病原体に似た成分が末梢神経内にあるので、からだの免疫機構が誤って神経を攻撃してしまうからです。

末梢神経のうちでも、とくに表面をおおっている髄鞘（968頁図）に強い障害が現れると、神経の興奮が伝わる速さが遅くなります。

▼症状 比較的急性に手足のしびれが現れて筋力低下がどんどん進行し、歩行困難やひどい場合は呼吸困難になります。多くは、発症後1～3週間でピークに達し、その後は徐々に回復します。重い後遺症が残ることは少なく、再発もまれです。

▼治療 障害の程度や回復の度合いを調べるために、末梢神経幹を電気で刺激し、その反応をみる末梢神経伝導検査（前頁上段）が行われます。

血液中に存在する、神経を攻撃する異常な抗体を除くために、血漿交換（上段）や大量のγグロブリンの静脈注射を行います。もちろん、重症例で呼吸が困難になれば人工呼吸が必要です。とにかく全身状態を保つように管理していれば、1～3週間のうちにピークがすぎて、回復に向かいます。その後はリハビリテーションがたいせつです。

◇慢性炎症性脱髄性多発ニューロパチー（CIDP）

ギラン・バレー症候群の慢性型ともいえます。ギラン・バレー症候群と比べると発症は緩やかで、1か月以上かけて悪化し、その後の経過もゆっくりです。やはり髄鞘に障害がおこるので、神経伝導速度（前頁上段「末梢神経伝導検査」）が著しく低下します。

▼治療 異常な免疫反応を抑えるために、副腎皮質ホルモンを用いたステロ

◎ステロイド・パルス療法

副腎皮質ホルモン（ステロイド）は、炎症を抑える作用や免疫を抑制する作用をもっています。

そのため、炎症や異常免疫反応によるニューロパチーの治療に用いられますが、ふつう、飲み薬として用いる量では、効果がでるまでに少し時間がかかります。

そこで、ふつうの量の10倍以上を点滴でいちどに用いて、早期に十分な効果を得ようとするのがステロイド・パルス療法です。

この治療法は、すでに感染症を合併している場合などでは、危険をともないます。

イド・パルス療法、大量のγグロブリンの静脈注射、血漿交換が行われます。この治療でほとんど改善しますが、なかには薬を減量すると再発する例もあります。

◇血管炎性ニューロパチー

結節性動脈周囲炎、アレルギー性血管炎、全身性エリテマトーデスなどのアレルギー疾患にともなうニューロパチーです。末梢神経に栄養を送る血管が炎症をおこすので、こう呼ばれます。

基本的には多発性単神経炎のかたちをとりますが、経過が長いと多発神経炎と区別がつきにくいことがあります。

単神経炎では、障害を受けた神経に応じた症状が現れます。

▼治療　原因となる病気を治すことがたいせつです。免疫反応をしずめるために、副腎皮質ホルモンなどを用います（ステロイド・パルス療法）。

◇中毒性ニューロパチー

◉重金属

鉛、有機水銀、砒素、タリウムなどの重金属が原因となります。

鉛中毒は、日本では職業に関連して発症することが多く、腕を持ち上げても手首から先が垂れ下がる「垂れ手」が現れます。また、ニューロパチーのほかに、貧血やけいれんをおこすことがあります。

有機水銀中毒は水俣病に代表されるように、視野が狭くなり、難聴、言語障害、歩行障害のほか、ニューロパチーとして、障害部が一見して手袋、靴下をはいたように分布する「手袋靴下型」の感覚障害が現れます。

砒素は殺虫剤に含まれ、慢性中毒になると感覚優位の多発神経炎が現れます。タリウムも殺鼠剤に含まれ、中毒になると脱毛がおこり、とくに感覚神経と自律神経が障害されます。

◉薬剤

結核治療薬として広く用いられているイソニアジドは、ビタミンB_6欠乏をもたらすので、ビタミンB_6を補充しながら用いないと、多発神経炎をおこします。抗がん剤のなかでも、ビンクリスチンやシスプラチンは感覚優位の多発神経炎をおこします。

◉有機溶媒

社会問題になっているシンナーや接着剤（ボンド）の吸入遊びは、それらに含まれるn‐ヘキサンによって末梢神経障害をおこします。

◉アルコール

アルコール依存症の人では、低栄養やビタミン不足とあいまって、運動および感覚障害が現れます。

▼治療　原因除去が最優先です。

◇悪性腫瘍にともなうニューロパチー

がんなどの悪性腫瘍がある場合に、がんの直接作用ではなく現れる神経障害のことです。とくに肺がん（491頁）に合併することが多く、異常な抗体産生にともなう免疫反応がかかわっていると考えられています。

▼症状　多発神経炎のかたちをとり、比較的急速に、感覚あるいは運動障害が進行します。

▼治療　原因の悪性腫瘍を取り去ることが最良の治療となります。

◎スモン(SMON)

キノホルムの服用でおこった医原性（治療行為などが原因となる）神経障害です。感染性下痢症の薬であるキノホルム使用後2～3週間のうち(亜急性 Subacute)に、脊髄(Myelo)と視神経（Optico)および末梢神経(Neuropathy)がおかされます。

日本では1969(昭和44)年に発症数がピークに達し1万人を超えましたが、1970年9月にキノホルムが販売停止となってから、新たな発病者は発生しなくなりました。

典型的な症状は腹痛、腹部膨満につづいて、下半身のしびれと痛み、冷えがおこり、歩行が困難になります。多くは数か月で回復しますが、後遺症や合併症に長く苦しんでいる人が少なからずいます。

この病気は厚生労働省特定疾患（難病）に指定され、医療費の補助が受けられます。

◇遺伝性ニューロパチー

シャルコー・マリー・トゥース病と家族性アミロイド・ポリニューロパチーが知られています。いずれも、一部の原因遺伝子の変異が関与することがわかっていますが、現在のところ根本的な治療法はありません。

◉シャルコー・マリー・トゥース病

遺伝性運動感覚性ニューロパチーとも呼ばれ、末梢神経の変性がおこります。軸索の周りをおおっている髄鞘たんぱく（ミエリン）の合成が障害されて線維組織に置きかえられる**肥厚型**（1型）と、髄鞘の障害をともなわない**軸索型**（2型）があります。

多くは両親のどちらかが素因をもつ、優性遺伝形式をとります。

重症度はさまざまですが、歩行などに不自由はあっても、進行はきわめてゆっくりです。

▼**症状**　小児期から運動が苦手で、大腿下部より下が細くなる、いわゆる逆シャンペンボトル型の筋萎縮と、歩行時につま先が垂れて引っかかる「垂れ足」が自覚されます。

感覚障害は、障害を受ける部分が、一見して手袋や靴下をはいたようにみえる「手袋靴下型」で現れます。進行すると、手の筋肉も萎縮してきます。

病気は慢性的で、病状はきわめてゆっくり進行するため、症状のわりには日常生活での支障は少ないものです。

▼**診断**　予後を知り適切な対策を立てるためにも、正確な診断が必要です。

診断には、末梢神経幹を電気で刺激し、神経や筋肉の活動電位をみる末梢神経伝導検査（980頁上段）が重要です。神経の障害が大きくなるほど、これらの活動電位が小さくなりますが、とくに肥厚型（1型）では、神経伝導速度がきわめて遅くなります。

最近、肥厚型（1型）の多くで遺伝子診断ができるようになりました。

▼**治療**　根本的な治療法はありませんが、薬や理学療法で少しでも快適にすごせるよう工夫したいものです。

◉家族性アミロイド・ポリニューロパチー

優性遺伝形式をとります。成人期になってから、異常感覚や自律神経障害が現れ、やがて全身の臓器にアミロイド（特異な線維たんぱくからなるガラス様物質）が沈着するようになります。血清たんぱくのうちの、トランスサイレチン（プレアルブミン）の異常が原因です。

▼**治療**　異常なたんぱくを産生する肝臓をとりかえる肝臓移植が行われています。

◇原因をつきとめ、対策を

末梢神経障害に対する心がまえとしては、いま以上に神経障害が進まないように、原因をつきとめ、それについての対策を立てることがもっともたいせつです。

そのほか、一般的な注意としては、からだが障害に立ち向かえるように環境を整えることが必要です。睡眠不足や疲労の蓄積を避け、神経のはたらきに欠かせないビタミンB群を十分とるようにしましょう。

また、病気がおさまったあとの機能回復には、リハビリテーションが欠かせません。

神経筋疾患とは
(Neuromuscular Disease)

◇神経原性と筋原性がある

脊髄の前角に存在するα運動ニューロン（運動神経）、神経筋接合部（運動終板＝運動神経と筋肉のつなぎ目）、筋肉細胞のいずれかの障害によっておこった病気を、神経筋疾患といいます。

このうち、神経の側が障害されておこった神経原性疾患を**筋萎縮症**（**運動ニューロン疾患** 954頁）、神経以外の部位が障害されておこった筋原性疾患を**ミオパチー**といいます。

筋力の低下や筋肉がやせるなど症状が同じで、みた目には、神経原性の筋萎縮症なのかミオパチーなのか区別できません。そこで神経筋疾患としてまとめられているのですが、この2つはまったくちがう病気です。

症状は、筋力低下（筋肉の力が弱くなる）のために手足がまひして、手足に力が入らなくなり、だらんとします。これを**弛緩性まひ**といいます。

また、筋肉がやせてきます。これを俗に「筋萎縮」と呼びますが、医学的には、神経原性筋萎縮症のために筋肉がやせた場合をさします。筋肉自体の原因で筋肉がやせてきた場合の筋原性萎縮と区別しています。

神経原性筋萎縮症とミオパチーのどちらにも、合併症として高頻度に呼吸不全がみられます。

▼**心臓の場合**　心臓には運動神経がないので、神経原性筋萎縮症では、心臓に障害がおこることはありません。いっぽう、心臓も筋肉でできているので、ミオパチーでは手足の筋肉と同様、心臓にも障害がおこり、心筋症から左心不全になることもあります。

▼**先天性の場合**　神経筋疾患の赤ちゃんは、泣く力や母乳を吸う力が弱く、フロッピーベビー（588頁上段）となります。しかし、フロッピーベビーのすべてが神経筋疾患というわけではなく、大部分は中枢神経の病気です。

神経筋疾患の診断には、CT検査、血液検査、筋電図検査、筋生検、遺伝子検査などが欠かせません。

◇治療は今のところ対症療法

多くの神経筋疾患の本態がわかってきて、治療が可能な病気も増えてきました。神経筋疾患の多くは遺伝性なので、遺伝子治療が実現すれば根本的治癒も期待できます。現在は、対症療法（症状を和らげる治療）しか治療法がないのが実情です。

神経筋疾患のケアは、高頻度におこる呼吸不全に対しての人工呼吸との格闘といっても過言ではありません。

また、筋力を今以上に弱らせないこともたいせつです。

筋肉は、使いすぎると壊れますが、使わなくても弱ります。使わないために筋力が落ちるケースを**廃用性萎縮**といいますが、廃用性萎縮が進む速度は回復する速度の2倍です。弱くなるのに要した時間に比べ、回復するのには倍の時間が必要となります。

筋力が弱っていても、日常生活はなるべく自力で行い、廃用性萎縮を防止し、リハビリテーションにも積極的に取組むことがたいせつです。

◎遺伝子診断の問題点

遺伝子検査が発達し、遺伝子の異常でおこる病気の診断ができるようになりました。**保因者**（劣性遺伝子をもっていて、発症しない人）かどうかの診断（**保因者診断**）や、

筋ジストロフィー

Muscular Dystrophy

突然変異で発症することも

◇徐々に筋力が低下する

どんな病気か 筋ジストロフィーは遺伝性で、進行性に（徐々に）筋力が低下してくるミオパチー（筋肉疾患）です。筋ジストロフィーは、遺伝形式によって3種類に分類され、さらにいくつかの病型に分かれます。

病型ごとに障害される筋群が異なり、症状がちがいますが、共通する症状は、進行する筋力の低下です。

性染色体劣性遺伝型は原則として男性のみに、常染色体劣性遺伝型と常染色体優性遺伝型は男女ともにおこります。また、常染色体劣性遺伝型は、血族結婚でおこるケースが多いものです。

性染色体劣性遺伝病のデュシェンヌ型は、子どものころに発症し、20歳代で死に至る悲惨な病気であることからもっとも知られていて、筋ジストロフィーといえば、ふつうこれをさします。

症状 ふくらはぎの筋肉が異常に太くなるのに筋力が弱くなる状態を**仮性肥大**といい、デュシェンヌ型の特徴的な症状ですが、良性型といわれるベッカー型でもみられます。

◇遺伝子の異常や欠損が原因

原因 近年、筋ジストロフィーを発症させる異常遺伝子が見つかり、この異常遺伝子がつくるジストロフィンという異常なたんぱく質も発見されています。

さらに、このたんぱく質と関連する膜たんぱく質がたくさん見つかり、そのうちのいくつかの遺伝子の異常や欠損によっていろいろな型の筋ジストロフィーが発症することがわかりつつあります。もっとも重症な**デュシェンヌ型**も、良性型の**ベッカー型**も同じ遺伝子の異常でおこるのですが、後者では遺伝子の障害の性質が異なり、軽症となります。

デュシェンヌ型とベッカー型の人の家系を調査したところ、遺伝子の一部が欠けているケース（欠失）が50%、遺伝子の一部が複数あるケース（重複）が10%あることがわかりました。残りの40%は、1つの核酸がちがう核酸に置き換えられているケース（点変異）や、関係のない余分な核酸が存在するケース（挿入）などの異常であることがわかってきました。

これらとはちがう**筋緊張型**だけは、特殊型なので、次項（筋強直性ジストロフィー）で解説します。

筋ジストロフィーは、遺伝でおこることが多いのですが、突然変異でおこるケースもかなりあります。

デュシェンヌ型やベッカー型の3分の1は突然変異でおこるといわれてきましたが、それは実際の調査でも確認されました。

筋ジストロフィーを遺伝性の病気と決めつけ、病人や家族を差別することのないようにしたいものです。

検査と診断 筋肉のCT撮影、血液中のCK（クレアチンキナーゼ 196頁）の測定、筋電図検査、筋生検、遺伝子解析などの検査が行われます。

保因者や病人が妊娠した場合、おなかの赤ちゃんが病気かどうかの診断（**出生前診断**）もできます。

成人してから発症する遺伝子異常の病気でも、胎児期や出生時の診断が可能ですから、赤ちゃんのその後の運命を変えてしまう恐れもあります。

したがって、遺伝子診断を無制限に行うことには、倫理的な問題があります。

日本では、胎児に病気があるという理由で人工中絶はできませんから、法的にみれば出生前診断は無意味ともいえます。しかし、遺伝のことで悩んでいる人も多いと思われます。そうした人は、ぜひ、専門医に相談してください。

◎筋炎のいろいろ

筋肉の病気は遺伝するものが多いのですが、筋炎は遺伝しません。

▼多発性筋炎　筋炎といえば、膠原病のひとつの多発性筋炎（2034頁）がまずあげられます。

◇副腎皮質ホルモンが有効

治療　遺伝子治療が根本的な治療法ですが、まだ、実用化の段階ではありません。

副腎皮質ホルモン（プレドニゾロン）の服用が有効なことが最近、わかりました。専門医（神経内科の医師など）と相談し、服用量を決めてもらいましょう。また、リハビリテーションもたいへん有効な治療法なので、受けることを勧めます。

合併症として、心不全や呼吸不全がおこることがあります。とくに呼吸不全の頻度は高く、デュシェンヌ型では80％の人が人工呼吸器による治療が必要になります。定期的に専門医の診察を受け、全身状態をチェックしてもらうことが重要です。

筋強直性ジストロフィー
Myotonic Dystrophy

どんな病気か　ほかの筋ジストロフィーとは異なり、正常な遺伝子に比べて、3つの核酸のくり返しが多くなっている異常によっておこります。この遺伝子の異常が、19番染色体にあることが、明らかになっています。**筋緊張性ジストロフィー**ともいいます。

常染色体優性遺伝型で、家系を調べると、両親の片方や兄弟姉妹のなかに、同じ病気の人が複数見つかります。

3つの核酸がくり返す疾患は、親よりも子どものほうでくり返し数が増加するため、世代交代をするにしたがって、若くして発症し、しかも重症化します。

ふつう、30歳くらいで発症しますが、まれに、生まれたときから発症している先天型（先天性筋強直性ジストロフィー599頁）もあります。

症状　運動をしたあとに、即座に筋肉を弛緩する（緩める）ことのできない状態を**ミオトニー**といいます。たとえば、物を握ってからはなそうとしても、すぐには手が開きません。

このミオトニーと筋萎縮（筋肉がやせる）、筋力の低下（手足に力が入らず、だらんとする弛緩性まひ）がおこります。このほかに、糖尿病や性腺の萎縮などがみられます。

呼吸不全がおこることが多いのですが、進行は緩やかで、人工呼吸器が必要になるケースは少ないものです。

不整脈がおこることも多く、こちらは心臓ペースメーカーが必要になるケースが少なくありません。

先天型は、呼吸不全をともない、重症で、乳幼児期に死亡することが多いものです。この場合、先天型の赤ちゃんのお母さんが、筋強直性ジストロフィーにかかっているケースがほとんどです。

治療　根本的な治療法はありません。ミオトニーに対する対症療法、合併症への対策、そして生活指導が行われます。ミオトニーを改善させるために、抗けいれん薬のフェニトインや抗不整脈薬の塩酸プロカインアミドが用いられます。

定期的に心電図検査を行い、必要に応じて心臓ペースメーカーの装着を考慮します。

成人のミオパチーのなかでは患者数も多く、診断のむずかしい病気です。

副腎皮質ホルモンがよく効きますが、中年以降に発症した多発性筋炎の半数近くが、実はがんの一症状であるのは注目すべきです。

多発性筋炎が発症した時点では、検査をしてもがんは見つからず、数年経過してはじめて、がんが見つかることが多いものです。

▼炎症性筋炎　インフルエンザなどのウイルスによる**ウイルス筋炎**が多くなっています。最近は、エイズにともなう筋炎が注目されています。

▼細菌性筋炎　連鎖球菌による電撃性の筋炎がときにマスコミに取り上げられますが、頻度はまれです。

▼封入体筋炎　ウイルスの感染をきっかけとしておこることもあるといわれています。しかし、一般には炎症というよりは、筋ジストロフィーのような変性疾患と考えられています。

先天性ミオパチー（非進行性ミオパチー）
Congenital Myopathy

どんな病気か

出生時または生後まもなく発症したミオパチー（筋肉疾患）です。

非進行性ミオパチーという別名からもわかるように、病状が現在以上に悪化しない良性のミオパチーです。筋肉を微量採取して顕微鏡で調べる生検の結果から、**ネマリンミオパチー**、**セントラルコア病**、**中心核病**、**筋線維タイプ不均一症**などに分類されています。

症状

いずれも筋力の低下が主症状です。泣く力や母乳を吸う力が弱く、あお向けに寝かせると両足を開いて独特の体位になります（フロッグの体位）。

歩行開始などの運動能力の発達は遅れますが、概して病状は進行せず、社会生活が送れるようになります。

しかし、なかには生後間もなく呼吸不全におちいり、人工呼吸器が必要になるケースもあります。また成人してから呼吸不全をおこし、この病気が発見されることもあります。

治療

筋力をつけるリハビリテーションが有効です。

内分泌性ミオパチー
Endocrine Myopathy

どんな病気か

内分泌臓器（ホルモンを出す器官）の異常でおこる筋肉の障害です。

▼原発性アルドステロン症（1491頁）の場合　副腎髄質の異常でおこります。血液中のカリウム濃度が低下するために筋肉が破壊されます。

▼クッシング症候群（1491頁）の場合　副腎皮質ホルモンの分泌が増加するため、筋細胞は破壊されませんが、筋力が低下します。

▼甲状腺機能亢進症（バセドウ病 1475頁）の場合　高率にミオパチーを合併します。まれに重症筋無力症（990頁）を併発したり、低カリウム血性周期性四肢まひ（次項）をともなったりすることもあります。

▼甲状腺機能低下症（1478頁）の場合　筋肉痛と筋力低下がみられ、**ホフマン症候群**と呼ばれています。

治療

これらのミオパチーは、もとの病気を治療すれば治りますから、正確に診断することがたいせつになります。

周期性四肢まひ
Periodic Paralysis

どんな病気か

一般に常染色体優性遺伝をする病気で、過労・飲酒・過食が誘因となって、急に四肢（手足）の力が抜けてだらんとなる弛緩性まひがおこります。たいてい数時間で発作は治まります。

血液中のカリウム濃度との密接な関係がわかっており、発作時の血清カリウム値により**低カリウム血性周期性四肢まひ**、**高カリウム血性周期性四肢まひ**、**正カリウム血性周期性四肢まひ**の3種類に分類されています。

実際には、甲状腺機能亢進症（バセ

◎急性横紋筋融解症

筋肉が崩壊すると、筋肉に含まれるミオグロビンが尿に出てくるので、**ミオグロビン尿症**ともいいます。

原因不明（特発性）の場合は、運動負荷後におこる型と非運動負荷型に分けられます。代謝性ミオパチーでは、糖原病やミトコンドリアミオパチーにもみられます。外傷による型もあります。

血清ＣＫ（クレアチンキナーゼ）は１mℓあたり数万から10万単位にも上昇し、腎不全を合併することもあります。

ドウ病）にともなう低カリウム血性周期性四肢まひが多くなっています。

症状　急に脱力がおこります。宴席などでごちそうをたくさん食べた翌朝、力が入らなくなって起き上がれなくなるというのが、低カリウム血性周期性四肢まひの典型的な症状の現れかたです。

発作間欠期（発作が治まっているとき）に症状はありません。

検査と診断　発作時の血液中のカリウム値測定を行います。したがって、この病気が疑われる場合は、発作誘発試験が行われることもあります。低カリウム血性周期性四肢まひでは飽食試験（おなかいっぱい食べる）やインスリンと糖液の点滴が、高カリウム血性周期性四肢まひではカリウム液の使用が、それぞれ行われます。

正確に診断できるのは、遺伝子診断です。低カリウム血性周期性四肢まひでは、１番染色体にある細胞のカルシウムチャンネルの遺伝子の異常、高カリウム性周期性四肢まひでは、17番染色体にあるナトリウムチャンネルの遺伝子の異常でおこることが判明しています。日本では、まだ遺伝子診断は発展していません。

治療　低カリウム血性周期性四肢まひで、甲状腺機能亢進症の場合は、もとにある病気の治療が先決です。

原因のない場合は、炭酸脱水素酵素阻害薬のアセタゾラミドを使用します。また、カリウム剤や抗アルドステロン薬のスピロノラクトンが使用されることもあります。

筋緊張症（ミオトニー症候群）
Myotonia

どんな病気か　いったん筋肉を収縮させると（縮めると）、なかなか弛緩できない（緩められない）状態を**ミオトニー**といいます。たとえば、物を握ると、なかなか手を開いてはなすことができません。このミオトニーをおもな症状とする疾患群には、つぎのような病気があります。

▼トムゼン病　７番染色体にあるクロライドチャンネル遺伝子の異常によって発症する病気で、常染色体優性遺伝をします。

ミオトニーの症状がはっきり現れます。また、筋肉が発達し、ヘラクレスのような体型になります。幼児期に発症するものですが、中年以降に多少の筋力の低下が残ります。

▼ベッカー病　トムゼン病と同じ遺伝子の異常でおこり、常染色体劣性遺伝をします。症状もトムゼン病と同じですが、ベッカー病のほうが筋力の低下が強いといわれています。

▼パラミオトニー　17番染色体にあるナトリウムチャンネル遺伝子の異常でおこります。

ミオトニーのほかに、寒冷時に脱力がみられます。高カリウム血性周期性四肢まひ（前項）と同じ病気と考えられています。

▼その他　子どものころに発症する**シュワルツ・ジャンペル症候群**が知られています。

◎悪性症候群
精神疾患の人が向精神薬（1047頁）を服用すると、高熱がつづき、意識障害や筋硬直をおこすことがあり、これを悪性症候群といいます。悪性過高熱とは別の病気です。向精神薬が、神経にはたらきかけるドパミンの作用を抑えてしまうのが原因と考えられ、ドパミン作動薬の使用が試みられています。

先天性のミオトニーが一症状ですが、日本では少ないようです。

検査と診断
筋電図検査を行うと、どの病気にもミオトニー放電がみられます。正確な診断には遺伝子検査が必要ですが、日本ではまだできません。

治療
抗けいれん薬のフェニトインや抗不整脈薬の塩酸プロカインアミドが使用されますが、さほど効果はありません。

薬剤性ミオパチー
Drug Induced Myopathy

どんな病気か
薬剤を使用したためにおこるミオパチー（筋肉疾患）です。誘発する薬剤としては、甘草、利尿薬、下剤、ペニシラミン（関節リウマチなどの治療薬）、塩酸プロカインアミド（不整脈の治療薬）、アムホテリシンB（真菌症の治療薬）、クロフィブラート（脂質異常症の治療薬）、アルコール、副腎皮質ホルモン（炎症を抑える治療薬）、クロロキン（マラリアの治療薬）、スタチンと呼ばれるコレステロール降下薬、全身麻酔薬、向精神薬（精神疾患の治療薬）などがあげられます。

治療
薬剤の使用をやめれば治ります。普段とちがった症状が現れたら、医師に相談してください。

悪性過高熱（悪性高熱症）
Malignant Hyperpyrexia

どんな病気か
全身麻酔をすると、15分に1度ずつ体温が上昇し、42度にも達して筋肉が硬直する病気です。死亡率が高く、麻酔科医や外科医に恐れられています。

19番染色体にあるリアノジン受容体遺伝子の異常によっておこります。筋肉が収縮すると、筋小胞体に蓄積されていたカルシウムイオンが放出され、再び筋小胞体に吸収されると、筋肉は弛緩（緩む）します。この病気では、カルシウムイオンの再吸収が生じないために、筋肉が収縮しっぱなしになってしまうのです。同じ19番染色体異常でおこるセントラルコア病や筋強直性ジストロフィー（986頁）でも、この症状が現れやすいものです。

悪性過高熱のおこりやすいミオパチーが報告されているので、ミオパチーの人は、全身麻酔を極力避けたほうがよいのです。

治療
末梢性筋弛緩薬のダントリウムが使用されるようになって、救命率が大幅に向上しました。

遠位性ミオパチー（末梢性ミオパチー）
Distal Myopathy

どんな病気か
ミオパチー（筋肉疾患）は肩、腰などの近位筋（心臓に近い筋肉）に、また、末梢神経障害による筋肉の異常は手足の末端などの遠位筋（心臓から遠い筋肉）におこるのが原則です。

この原則に反し、ミオパチーなのに

遠位筋が障害されることがあります。これを遠位性ミオパチーといい、日本では、**三好型遠位性筋ジストロフィー**と**空胞変性をともなった遠位性ミオパチー**（**DMRV**）の2つが見つかっています。両方とも思春期に発症し、常染色体劣性遺伝します。

三好型では、2番染色体に異常遺伝子があることが明らかになりましたが、この遺伝子がつくる異常たんぱくは、まだわかっていません。

DMRVの遺伝子は9番染色体にあります。

症状

三好型は、ふくらはぎから障害されるので、つま先立ちができなくなります。DMRVは、膝から下の前面筋（前脛骨筋など）が障害されるので、つま先を上げられなくなり、つまずきやすくなります。

検査と診断

筋肉を微量採取して顕微鏡でみる筋生検が決め手になります。DMRVでは、空胞変性がみえます。

血液中のCK（クレアチンキナーゼ196頁）は、三好型では高値を、DMRVではやや高値を示します。筋電図検査は、DMRVでは筋原性変化に加え、神経原性変化の所見も認められるのがふつうです。

治療

残念ながら、治療法はまだなく、症状を和らげる対症療法が中心になります。

重症筋無力症

Myasthenia Gravis

いろいろなタイプがある難病

◇著しく疲れやすくなる

どんな病気か

著しい易疲労性（疲れやすさ）と日内変動（病状が1日のなかで変わる）が症状の中核となる病気です。厚生労働省の特定疾患(難病）に指定され、医療費は公費からの補助が受けられます。

発症は、若い成人では女性が、中年以降では男性が多くなっています。また、子どもでは、眼筋型というタイプが多くみられます。

病状や症状によって、いろいろなタイプに分類されています。

原因

自己免疫疾患のひとつです。

自己免疫疾患とは、自分のからだの組織を敵とみなす抗体ができ、抗体がその組織を攻撃して破壊してしまう疾患群をさします。

重症筋無力症の場合は、神経筋接合部（運動終板＝運動神経と筋肉のつなぎ目）に存在するアセチルコリン受容体（レセプター＝物質を取入れる細胞の取入れ口）に対する抗体ができ、受容体が破壊されます。すると、神経の命令を細胞に伝える伝達物質であるアセチルコリンが、筋肉細胞の中に入れなくなります。そのために神経の命令が筋肉に伝わらず、筋肉を動かしづらくなって、疲れやすくなるのです。

症状

物が二重に見えたり(複視)、まぶたが下がって（眼瞼下垂)、眠そうな顔つきになります。

からだを動かすことはもちろん、物をかむだけでも疲れるという著しい疲れやすさ（易疲労性）が特徴です。また、この症状は朝は軽く、夕方になるとひどくなります（日内変動）。

ときに、生命に危険がおよぶほどに急激に悪化する、クリーゼという状態になることもあります。

検査と診断　採血をして、血液中に含まれるアセチルコリン受容体に対する抗体の値を測定します。しかし、なかには基準範囲内を示すケースもあります。

末梢運動神経を連続的に刺激する筋電図検査も有効です。不要になったアセチルコリンは、（アセチル）コリンエステラーゼという酵素によって分解されていますが、分解されなければ、筋肉への伝達作用は増長されると考えられます。

そこで、この酵素のはたらきを一時的に抑えてようすをみる**テンシロンテスト**を行います。

この検査では、酵素のはたらきを抑える、作用時間の短い、抗コリンエステラーゼ剤（アンチレクス）を静脈に注射します。重症筋無力症の場合、症状が劇的に改善します。

症状が急激に悪化するクリーゼの原因としては、筋無力症自体の悪化や、抗コリンエステラーゼ剤の使いすぎが考えられます。この場合も、テンシロンテストを行えば、どちらか判定できます。

重症筋無力症は、胸腺腫瘍をともなうことも多いので、CTなどで胸を撮影し、その有無を調べます。

◇アセチルコリンの作用を増強

治療　神経末端から放出されるアセチルコリンを神経筋接合部で分解してしまうコリンエステラーゼの作用を抑え、アセチルコリンのはたらきを増強させるのが治療の基本です。そのため、抗コリンエステラーゼ剤を服用しますが、テンシロンよりも作用時間の長い薬を使用します。

複視や眼瞼下垂以外の症状が出現するようであれば、胸腺を摘出する手術が考慮されます。手術後、一時的に症状が悪化することがありますが、長期的には手術の有効性が明らかになっています。異常な免疫を抑えるために副腎皮質ホルモン剤や免疫抑制剤のアザチオプリンも使用します。血液中のアセチルコリン受容体に対する抗体を取除く血漿交換療法（いったん血液を体外へ導き出し、目的とする物質を取除いて体内へ戻す治療）も有効です。

筋無力症症候群（イートン・ランバート症候群）

Myasthenic Syndrome

どんな病気か　神経末端にあるアセチルコリンを放出する部位に対する抗体ができ、十分な量のアセチルコリンを放出できなくなるためにおこる病気です。多くは、肺がんやほかのがんにともなっておこります。

症状　疲れやすく、筋肉に力が入らなくなりますが、同じ動作をつづけていくうちに、しだいに力がでてくるのが特徴です。

検査と診断　末梢神経を連続刺激する筋電図検査で、低頻度刺激では漸減現象が、高頻度刺激では漸増現象がみられるのが特徴です。

◎筋肉エネルギー代謝のしくみ

筋肉は、からだの運動を行う器官なので大量のエネルギーを消費します。このエネルギー源は**ATP（アデノシン三リン酸）**という物質です。

このATPは、大まかにいって2つの機構によってつくりだされています。

1つは、細胞の中にあるミトコンドリア内での酸化的リン酸化（酸素を使ってエネルギーを発生させる機構）で、もう1つは、細胞の液体成分にある嫌気性解糖系（酵素を使ってエネルギーを発生させる機構）です。

瞬発力を必要とする運動のときには解糖系で、長時間の運動のときには酸化的リン酸化でつくられたATPがそれぞれ利用されます。

この代謝の異常でおこる病気は、ミトコンドリア筋症と糖原病がおもなものです。

治療

がんなどの、もとにある病気の治療が第一です。

薬物療法では、4アミノピリジンや免疫抑制薬も有効といわれています。

ミトコンドリア脳筋症
Mitochondrial Encephalomyopathy

どんな病気か

細胞内においてATP（上段）をつくりだすミトコンドリアの異常でおこる、エネルギー代謝の異常疾患のひとつで、いくつかの病型があります。

進行性外眼筋まひ（KSS）は、目が動かない、眼瞼下垂などの症状を示します。**MELAS（メラス）**は、ほとんどが子どものころに発症し、低身長で発作的に嘔吐したり、脳卒中のような症状をみせます。**MERRF（マーフ**とか**福原病**ともいう）は、遺伝性で、小脳障害とてんかんが、おもな症状です。

原因

ミトコンドリアは、通常の遺伝子（核内DNA）と母親のみから伝えられるミトコンドリアDNAによってつくられます。このミトコンドリアDNAの欠失や点変異（「筋ジストロフィー」の原因の項 985頁）などの異常が原因です。したがって、遺伝性の場合は母型遺伝形式です。

治療

治療として脳代謝改善薬のイデベノンや強心薬のユビデカレノンなどの大量使用が有効とされています。

糖原病（グリコーゲン病）
Glycogenosis

どんな病気か

嫌気性解糖系（上段）を担っている酵素が、不足するか欠損するために、分解されるべきグリコーゲン（糖原）が蓄積されて、筋肉がおかされる病気です。

欠損酵素によって分類されます。一般に常染色体劣性遺伝をします。

Ⅰ型（フォン・ギールケ病）は、直接には筋肉をおかさない病型です。しかし、2つしかないATP（アデノシン三リン酸）産生系のいっぽうが障害されれば、ATPを大量に消費する筋肉に障害がおこらないはずはありません。**Ⅱ型（ポンペ病）**は、筋ジストロフィーとの区別が問題となります。筋肉だけではなく、肝臓や心筋にも障害をともなう重症の疾患です。成人では呼吸不全となることが多いものです。

Ⅲ・Ⅳ型はまれな疾患で、心筋障害をともないます。**Ⅴ型（マッカードル病）**は、ホスホリラーゼが欠損します。若年から発症し、運動時に筋肉の痛みをともなうけいれんや**ミオグロビン尿**（急激に筋肉が壊れて、尿がビール瓶のような色になる）がみられます。**Ⅵ型**は直接に筋肉は障害されません。**Ⅶ型（垂井病）**は、筋肉のホスホフルクトキナーゼが欠損します。発作性ミオグロビン尿がみられます。

治療

阻血下運動負荷試験（酸素がない状態で運動をして、乳酸が生成できるかをみる）を行います。Ⅱ型以外の糖原病であれば、乳酸の生成がみられません。筋や白血球などで生化学的に欠損酵素を判定します。Ⅱ型で酵素補助療法が開発され、大きな効果をみるようになりました。

第6章 こころの病気

こころの病気

こころの病気には、正常からの偏りや、からだに原因のあるもの、原因不明のものもあり、さまざまな症状を現します。

こころの病気の特徴

◇こころの病気とは

こころはどこにあるのでしょう。脳のはたらきをもとにしていることは疑いありません。科学の進歩はめざましく、これまでブラックボックスといわれていた脳の機能がしだいに明らかにされてきました。ではすべてを脳で説明できるかというと、まだまだわからないことがたくさんあります。

こころの正常と「偏り」は、どこで線を引くのでしょうか。はっきりした偏りは誰の目にもわかりますし、誰でも少しばかりはずれたところをもっています。どこからを病気と考えればよいのでしょう。

これらの疑問に、精神医学はまだ十分な答えを用意していません。こころの病気の分類も、見かたによってさまざまです。ここではドイツの精神病理学者K・シュナイダーの考えをもとに精神障害をとらえてみましょう。彼は、

(1) 正常からの偏り
(2) 病気
　(a) 脳やからだに原因のあるもの
　(b) 今のところ原因が見つかっていないもの

と分けています。

正常からの偏りとみなし得るものには、知的能力障害(601頁)、パーソナリティ障害(1028頁)、異常体験反応(神経症)が含まれます。これらはどんなに重くても病気ではなく、正常なこころにそのまま切れ目なくつながっていきます。

病気とは、このつながりが断たれ、本来のその人なりのこころの発展が折れ曲がってしまうことで、原因の多くを脳やからだの障害（**体因性**）に求めることができます。具体的には、さまざまな脳の病気（形態異常、外傷、炎症、腫瘍、変性、血管障害など）、からだの病気（内分泌、代謝疾患など）、アルコールや薬の中毒、高齢者の認知症（997頁）、てんかん（958頁）などがあげられます。

原因が見つかっていない病気（**内因性**）は、気分障害（躁うつ病 1011頁）と統合失調症（1007頁）の2つです。し

かし、脳内の物質レベルの異常を示す研究成果がそろいつつあり、近い将来の原因解明が期待されています。

◇こころの病気の症状

人のこころは全体で1つのまとまりをもっています。こころの病気はどれも、その全体が病むのですから、ばらばらにすることはできません。ここでは理解しやすくするために、いくつかの側面に分けて、症状をみていきます。

◉意識

意識がはっきりしているとは、注意が行き届き、自分や周囲のようすをはっきりつかんでいることです。意識とは、すべてのこころの動きを載せている舞台のようなものです。意識の明るさが減ると、舞台の照明が暗くなるように、あらゆる精神活動が落ちてきます。真っ暗になると昏睡ですが、その前のぼんやりしたあたりでは、ないものが見えたり（**幻視**）、日時や状況をとりちがえたり（**失見当**）、不安で落ち着かなくなったりします。一見まともな応答をしても、あとになると覚えていません。意識の障害は、脳やからだの病気、手術後、てんかん、アルコールや薬の中毒などでよくみられます。

◉知覚

対象を誤って知覚することを**錯覚**、何もないのに知覚することを**幻覚**といいます。幻覚には五感に応じて**幻視**、**幻聴**、**幻嗅**、**幻味**、**幻触**などがあります。意識の障害では錯覚や幻視が多く、統合失調症では声やことばの幻聴がよくみられます。

◉思考

思考の流れは、躁状態や中毒では速く、うつ状態では遅く、てんかんではくどくなります。統合失調症では筋道がつながらず（**連合弛緩**）、まとまりが悪く（**支離滅裂**）、流れが中断（**途絶**）します。不合理な内容の考えや語句を、意に反して考えずにいられず（**強迫思考**）、不安を和らげようと確認や動作をくり返す（**強迫行為**）症状は強迫症（1020頁）にみられます。

誤った確信、病的な思い込みを**妄想**といいます。なにげない出来事を自分に結びつけてしまうこと（**関係妄想**）が多く、どんなに説得してもとけませんが、置かれた状況から理解できる場合もあります。内容から被害妄想、誇大妄想、微小妄想などがあり、統合失調症、パラノイア（強固で体系的な妄想をもちつづける妄想性障害）、気分障害、認知症などにみられます。

◉記憶

情報の貯蔵期間から**長期記憶**と**短期記憶**、内容によって、身についた技術習慣の**手続き記憶**、学んだ知識の**意味記憶**、人生の思い出の**エピソード記憶**など、いろいろな記憶があります。

高齢者が新しいことを覚えられないのは**記銘力低下**といいます。事故や心理的な理由などから、あることを思い出せないのは**健忘**といいます。

◉知能

発達過程で知能が開花しなかった場合は**知的能力障害**といい、脳の損傷で知能が失われた場合を**認知症**と呼んでいます。おもに心理的な原因（**心因性**）から応答がちぐはぐで、子どもっぽくなったりするケースを**仮性認知症**と呼ぶことがあります。

◎ライフ・サイクル

ライフ・サイクル（人生周期）あるいはライフ・ステージは、おもにアメリカで活躍した精神分析学者E・H・エリクソンによる人格発達理論のことばで、人は誰でも一生のいくつかの時期に、それぞれ乗り越えるべき課題があるというものです。いろいろな精神障害も、環境や社会と関連しておこりやすい人生の節目がだいたい決まっています。

乳幼児期は発達障害や自閉症、学童期は登校拒否、素行障害、てんかんなど、思春期や青年期には統合失調症、境界例、摂食障害、パーソナリティ障害、神経症など、成人期は気分障害、神経症、アルコールや薬の中毒、パラノイアなど、老年期には認知症が代表的なものです。

◎こころの病気へのアプローチ

こころの病気らしいことがわかると、症状と検査から診断をつけます。

症状は外に現れる表情や行動の異常（興奮、中毒、摂食障害、強迫、てんかんなど）と、内面を話してもらって初めてわかる異常（不安、うつ、妄想など）があります。検査には、脳やからだを調べるＣＴ（コンピュータ断層撮影）、ＭＲＩ（磁気共鳴画像装置）、脳波などと、精神面を調べる心理テスト、知能検査などがあります。

まず、脳やからだの障害で原因となるもの（**体因性**）を探り、つぎに心理的な要素が強いもの（**心因性**）か、それとも原因のはっきりしない病気（**内因性**）かを区別する方向で進めていきます。

◉感情

気分障害（躁うつ病）では、気分が高ぶったり（気分高揚）、滅入ったり（うつ気分）します。境界例（1028頁上段）や統合失調症の初期には気分が変わりやすく、進行した統合失調症では感情の起伏がなくなり、無感動になります。

◉意欲

人はわいてくる欲動（食欲、性欲、権力欲、名誉欲など）にかられて活動します。欲動に方向を与え、健全な行為を促すのが意志の力です。気分障害（躁うつ病）では、意欲がありあまってはめをはずしたり、元気がなくやる気がおきなくなります。脳（前頭葉）の病気や統合失調症ではエネルギーはありそうなのに、目的に向かって発せられないようにみえます。境界例では意志のコントロールが悪く、ささいなきっかけで激しい行動をおこします。

◉自我

私たちはふだん、自分が自分であるなどとあらたまって意識しているわけではありません。うつ状態や疲労時には自分自身や周囲の現実感がなく、膜を隔てたような違和感を覚えることがあります（**離人症**）。

また、自分が２人になる（**二重身**、**二重人格**）、自他の区別がつかなくなること（**変身妄想**、**つきもの妄想**）も自我の異常です。統合失調症では別の力で動かされる、考えや意志を外から支配される**させられ体験**がおこります。

こうした異常や症状があるからといって、ただちに病気とはかぎりません。軽いものは誰にも経験があり、自分のこころの奥を探ってみると、われながら理解しがたい事柄はいくつも見つかります。精神障害は、もともと人間の内部にある考えとも気分とも意欲ともつかない、これらの混じり合った未分化な要素が、部分的に大きくなったり歪んだり、形を変えて外に現れたものともいえます。

こころの健康とは、こうした不可解で矛盾に満ちた内面の要素をもたないことではありません。そうではなく、むしろ目をそむけずに、それらをうまくコントロールして、バランスよく現実を生きることにあると思います。

◇どのように治すのか

体因性のものは、内科治療や手術によってからだの機能が回復すると、精神症状もよくなります。

心因性と内因性の精神障害には、薬と精神療法が治療の２つの柱です。これをどのようにバランスよく組合わせるかが治療のポイントになります。脳機能の解明と並んで、近年の薬の進歩にはめざましいものがあり、これまでむずかしかった症状や病気にも光明が見えてきました。

しかし、今でも「こころを物質でコントロールされる」「薬づけになる」など、薬に抵抗を覚える人が少なくありません。もちろん薬は万能ではないのですが、こころの病気は気のもちようで治すなどという考えは、過去の話になりつつあります。

なお、こころの病気の治療で用いられる薬については「向精神薬のいろいろ」（1047頁）を、精神療法については「精神療法のいろいろ」（1050頁）を参照してください。

老化にともなうこころの病気

◇どんなこころの病気があるのか

老年期にはさまざまなこころの病気が発生する可能性があります。脳の慢性的な障害による**認知症**、からだの病気が原因で生じる**せん妄**（意識変容）、うつ病に代表される**うつ状態**、統合失調症に似た**幻覚・妄想状態**、より心理的、環境的原因による**神経症**など、およそすべての精神障害があげられます。

老年期の精神障害は、原因を１つにしぼることがむずかしく、「多元的」であるといえます。脳を含む身体的な老化性変化のみならず、喪失体験をはじめとするさまざまな心理・社会的な変化が複合的にかかわり合い、こころの病気の原因となったり、その病像を修飾したり、あるいは経過に影響を与えたりするからです。ここでは、脳の病的な老化現象に根ざした認知症の症状と対応についてとりあげます。

◇認知症と老人ぼけ

認知症と老人ぼけとは、どこがちがうのでしょうか。**老人ぼけ**は便利なことばですが、生理的な老化現象による物忘れから、認知症までもが含まれ、誤解を招きやすい表現です。

いっぽう、認知症は「正常に獲得された知的機能が、後天的な脳の障害により低下し、日常生活に大きな支障をきたしている状態」と定義され、生理的な老化現象とは異なる、明らかに病的な状態（＝病気）と考えてください。

●認知症とはどんな病気か

認知症を引き起こす原因（病気）はたくさんありますが、老年期に生じる認知症としては、**アルツハイマー型老年認知症**（945頁）と**脳血管性認知症**（944頁）、あるいは両者の合併した**混合性認知症**、そして幻視とパーキンソン症状を特徴とする**レビー小体型認知症**（947頁）があげられます。

認知症のもっとも中心的な症状は、**物忘れ**ですが、認知症＝物忘れではありません。人間の脳は知性だけでなく、精神や理性をもつかさどっています。そして、認知症は、脳が広範囲に障害され、それが回復できなくなった状態を意味しています。

ですから、「認知症」はたんなる知性（記憶に代表される知的能力）の低下にとどまらず、理性や精神の障害をも引き起こします。

しかし、さまざまな認知症の症状のなかでも物忘れ（記銘力障害、健忘）は必ずおこる症状といえるでしょう。

●認知症で生じる物忘れとは

認知症で生じる物忘れと、ふつうの老化現象とはどこがちがうのでしょうか。初期にはこれを見分けることは困難ですが、認知症がある程度まで進行すると見分けることはそれほどむずかしくはありません。

①経験自体を忘れる

認知症の物忘れは、比較的最近の記憶の障害から始まります。昨日にあった出来事、さっき言ったこと・言われたこと・頼まれたこと、たいせつな約束など、その具体的内容の一部にとどまらず「そういうことがあった」こと

（経験自体）を、すっかり忘れてしまうのです。

つまり記憶を保てる時間がとても短くなり、そのときはしっかり覚えたつもりでも数分たつと忘れてしまいます。

食事がすんだばかりなのに、「ごはんはまだですか？」と言ったりするのは、認知症の記憶障害の一例です。メニューの一部が思い出せない、出会った人の顔はわかるが名前がでてこないといった程度の物忘れとは、区別しなければなりません。こういうときの高齢者の反応は「そんなことは聞いてない」「言った覚えはない」ということがよくあります。本人にとっては、本当に「身に覚えのないこと」と感じていることが少なくないのです。

②失見当

時間・場所・人物に関する記憶を**見当識**といいます。これらの記憶は日常生活には欠かせないものですが、認知症が進行すると、時間・場所・人物の順番で見当識が失われていきます（失見当）。日付があやしくなり、月日の感覚が大きくずれるようになります。その人なら当然知っているはずの場所（近所や自宅の中など）で迷子になったり、自宅にいるのに「帰ります」と言いだすこともあります。記憶障害がかなり進行すると、息子や娘を自分の兄弟姉妹と、孫を自分の子どもなどとまちがって答えることがあります。

③物忘れの自覚がない

認知症の高齢者が、自らの物忘れの程度を正確に自覚することは（病気の初期を除くと）ほとんどありません。物忘れの自覚が乏しいことは、家族にとっては扱いにくいことかもしれません。しかし、自覚の欠如は、認知症になっても人生に絶望せずに生きていこうとする、人間の心理的な防衛機制とも考えられるのです。

◉物忘れ以外の症状

物忘れ以外の症状についても簡単にふれておきます。認知症ではしばしば言語を介するコミュニケーションが困難となります。話の了解が悪くなり、自分の意志をことばでうまく伝えることができません。こういった言語の障害を**失語**と呼びます。ちぐはぐな応答や語句の言いまちがいが頻繁になる、簡単な指示が理解できない、「あれ」「これ」などの代名詞を多用する、著しく発語が減少するといった症状がみられます。

運動障害がなく、どのような行為を行うべきか十分理解しているのに要求された行動をとれない状態を**失行**と呼んでいます。たとえば、洋服をきちんと着ることができない、鍵の開けかたがわからない、ガスのつけかたがわからない、排泄の後始末ができないなどがあげられます。

そのほかにも、ものは見えているのに見たものが何であるかわからない状態である、**失認**と呼ばれる大脳の高次機能の障害もみられます。

性格の変化は、病気の症状としては見すごされやすいもののひとつです。多くの患者に共通しているのは**無関心**です。趣味に関心を示さなくなったぐらいの軽度の関心の低下から、入浴や着がえをしなくても平気でいたりする自己身辺への無関心におよぶものまで、その程度はさまざまです。

◎簡易知能検査

医師だけでなく、医師以外の保健医療福祉関係者の使用を前提に考案された簡便な知的機能検査で、認知症の疑いのある対象者のスクリーニング（選別）に用いられます。改訂版長谷川式簡易知能評価スケール、国立精研式認知症スクリーニングテスト、ミニ・メンタル・ステート、N式精神機能検査などが知られています。

見当識、記銘力、記憶想起、計算力などが評価されますが、各検査の合計点が一定の得点以下のときに認知症である可能性が高いとみなされます。

しかし、簡易知能検査だけで診断が確定するわけではありません。聴覚や視覚機能の低下でも、あるいはうつ状態や軽度の意識障害の際にも、これらの知能検査では認知症の疑いとなることがあるので注意を要します。また、教育歴によっては、得点が高いからといって認知症を否定することはできませんし、低かったからといって認知症と断定することもできません。

くわしい病歴、教育歴・職歴を含む生活史、全般的な精神状態の評価、画像診断、血液検査、脳波といったさまざまな角度からの評価を行い、初めて認知症の診断が確定されます。

こうした無関心を背景に、もともとの性格が強調されることがあります。節約家だった人が、お金に対してひじょうに執着心が強くなったり、疑い深い人が配偶者に病的な嫉妬心を抱いたり、多少抑制がきかなくなった形で現れるこれらの性格変化は、病気の症状というよりは、その人の性格の延長線上にあるものと誤解されがちです。

物忘れを中心にいくつかの症状を説明してきましたが、これらは認知症のさまざまな症状のなかでも、治らない部分、**中核症状**と呼ばれているものです。ただし、必ずしもすべてがでそろうわけではありません。物忘れを中心として、失語や失行が加わることもありますし、物忘れと軽度の性格変化だけで穏やかに認知症が進行するケースもあり、病気の展開のしかたは個人差が大きく、病気の種類や発症年齢などによっても異なります。

◉いわゆる問題行動について

認知症には中核症状に加えて、種々の精神症状や行動異常（問題行動）をともなうケースが少なくありません。**物盗られ妄想**、**被害妄想**、**徘徊**、**興奮**、**不眠・夜間せん妄**などがあげられます。

しかし、すべてが出現するわけではありませんし、病気の進行具合により問題点が変化するのがふつうです。これらのなかには、知的機能が低下しながらも、なんとか現実のなかで生きていこうとする高齢者の努力の現れや心理的な安定を確保するための自己防衛的な反応も含まれています。

問題行動があれば、それをすぐにやめさせるのではなく、そのまま見守ることができないかというところから考える必要があります。

◇認知症の高齢者との接しかた

①「認知症という病気にかかっている」という理解

たとえば、末期がんの人が痛みをくり返し訴えることで腹を立てる人はいないでしょう。ところが、認知症の高齢者が同じことをくり返し尋ねることに対して、本気になって怒る家族は少なくありません。がんの人の痛みの訴えも、認知症の高齢者の執拗な訴えも、どちらも私たちの力ではどうすることもできない、治療の困難な病気が引き起こした症状であることには変わりがありません。認知症で生じるさまざまな行動異常や精神症状は、「もし、この人が認知症でなかったなら、こういう行動はとらなかっただろう」という意味で、もともとの性格の偏り云々よりも、やはり病気の一症状と考えるべきです。

②なぜ叱ってはいけないか

「こういう失敗はくり返さないでね」という気持ちを込めて、高齢者を叱ってしまうことがあります。しかし、認知症の高齢者には「何が悪かったのか」を正確には理解できず、失敗の内容もすぐに忘れてしまい、そのときの不愉快な感情だけがあとを引いてしまうケースがあります。叱られることがくり返されると、高齢者の自尊心は傷つけられ、人間関係はぎくしゃくして、感情的な対立だけが悪化してしまいます。

③高齢者がこころのなかに描く世界へ近づくこと

「家へ帰ります」と自分の家を出てい

◎認知症の相談窓口

高齢者の知的機能の低下や問題行動に家族が気づいたときの相談窓口には、身近なところでは保健所と福祉事務所が考えられます。

保健所はその地域の精神保健活動の中心となっており、種々のサービス機関についての情報もたくさんあります。家族への介護指導や今後どのような機関に相談に行ったらよいかなど、具体的な指導が行われています。

ホームヘルパー、ショートステイやデイサービス、老人ホームの入所といった福祉サービスの利用に関しては**福祉事務所**が窓口となっています。残念ながら現状では福祉サービスは量的に不足しており、ニーズに対して十分な対応はできていませんが、在宅介護の継続および家族の介護負担軽減のためには、福祉サービスの活用をお勧めします。

より専門的な機関としては都道府県の設置する**認知症疾**

こうとするAさんを例にあげてみましょう。

困った家族はまず「ここはあなたの家ですよ」と説明しましたが、Aさんは納得しません。「ほかに、あなたの家はないんだよ」と説き伏せようとしましたが、うまくいきません。それどころかAさんは怒って家をとび出してしまいました。

高齢者が周囲の説得に応じているならそれでかまいません。しかし、ときに、このようなあたりまえの論理や理屈が入っていかず、かえって高齢者を不安にさせたりすることがあるのです。Aさんの場合は「家に帰れないのではないか」と不安になってしまったようです。

よく話を聞いてみると、Aさんが帰りたい家は、長く住んでいた故郷の家でした。こういうときは、高齢者のこころの動きに沿って対応してみることです。「夕食だけでも食べていって。それから駅まで送っていくよ」と言うと、それだけで安心することもあります。それでも帰ると言ってきかない場合は、外へ出てみるのもひとつのやりかたでしょう。しばらく歩いたところで「今日はもう遅いから、うちに泊まってください。明日、私が送りますよ」と声をかけるのもよいかもしれません。

認知症が進行すると、高齢者が私たちと同じように現実を理解し、適切な行動をとることがむずかしくなります。そんなときには、むしろ私たちが高齢者の思い描いているこころの世界に近づき、彼らが混乱しないように受け入れやすいことばをかけてあげることが重要です。

「それでは嘘をつくことになってしまうのではないか」あるいは「そんなことを言って大丈夫なのか。あとで本当に連れて行ってくれと言われないだろうか」と心配する人もいるでしょう。この対応のしかたは、もちろん悪意のある嘘ではありません。むしろ思いやりのある方法といえるでしょう。

それから、前頁で述べた認知症の高齢者の物忘れの特徴を思い出してください。認知症がある程度まで進行すると「そういうことがあった、さっき言われた」こと自体をすっかり忘れてしまいます。ですから、同じようなやりとりをくり返してもかまいません。声を荒立てながら説き伏せようとするよりも、気持ちよく受け入れられるような会話のほうが感情的な対立も避けることができます。

④かわりの課題を頼むこと

認知症になるまでは、家族の食事の世話を一手に引き受けていたBさんの例をあげてみましょう。

Bさんは、年をとっても家族の負担になりたくない、自分でも役に立ちたいという気持ちで家事をつづけていました。火には十分気をつけていましたが、物忘れが目立ち始めてから何度か鍋を焦がすことがありました。ひとりで調理をさせることが危ないのは明らかでしたが、家族もBさんの気持ちがわかっていたので、料理を取り上げてしまっていいものかどうか悩みました。

家族で相談した結果、誰かが側についていられるときはいっしょに料理をして、それができないときは、Bさんの気持ちを傷つけないように「今日は、

患センターがあります。ここでは保健・福祉各機関の連携をはかりながら、専門医療相談、診断、治療方針の選定、救急対応など、認知症疾患の人の総合的な対応を行っています。おもに精神科を有する総合病院に設置されています。

ほかにも**精神保健福祉センター**、**高齢者総合相談センター（シルバー110番）**も窓口として有用です。

医療機関に直接相談する場合は、CTスキャンなどの設備の整った病院の精神科か神経内科がよいでしょう。認知症専門外来のある精神科専門病院では家族指導を含めた総合的な方針を打ち出してもらえますが、初めて受診するのには家族や本人にとっても抵抗があるかもしれません。本人は受診の必要性についての認識が乏しい（病識がない）ので、「健康診断に行きましょう」などと、受け入れやすい形で本人を誘導するとよいでしょう。

私がお母さんにご馳走するから、後片付けだけでも手伝ってくれるかしら」と頼むことにしました。

実は、Bさん自身も自分の物忘れがひどくなっているのに気づき、火を使うことには、家族が気がつくずっと前から不安に感じていたのです。この提案は、Bさんにも喜んで素直に受け入れられました。認知症がさらに進行して、料理ができなくなっても、食事の後片付けや簡単な掃除はつづけることができました。

あることができなくなったとき、むりにがんばらせるのではなく、またその逆にすべてをあきらめてしまうのでもなく、認知症の高齢者がむりなくこなすことのできるかわりの課題を頼んだり、単純化したりする工夫が必要になってきます。

⑤「今」の不安を解消してあげること

認知症の高齢者は健忘のために、ついさっきの過去があやふやになり、未来についての関心も乏しくなっていきます。認知症の高齢者にあるのは、遠い昔と「今」だけといってよいでしょう。

これはひじょうに不安定な状態なのですが、周囲への関心を極度に失った認知症の高齢者の場合は、もはや混乱することもなく、ぼんやりとすごしていることがあります。

そのいっぽうで、ささいな変化で混乱し、よりどころを失い「自分は生きていかれるのか」という不安に襲われる認知症の高齢者もいます。「今」の不安を解消し、安心して頼れる状況を保証してあげることがたいせつです。

ここでは介護者へのアドバイスとして、とくに認知症の高齢者が危機的な混乱状態におちいらないための対応策を中心に述べてきました。

認知症の高齢者の介護は長期戦です。ひとりきりでがんばろうとせずに、社会資源（保健・福祉サービス）も積極的に利用して、介護負担を分散させることもひじょうに重要なポイントであることをつけ加えておきます。

◇入院について

認知症の高齢者は知的機能の低下以外にも、精神症状や問題行動、身体合併症、日常生活能力の低下のために在宅介護が困難となることがあります。そのようなときに施設での対応が検討されるわけですが、基本的にはつぎのように考えられています。

精神症状や問題行動に対する精神科的治療は**精神科専門病院**、急性身体合併症の治療は**一般総合病院**、慢性身体合併症の治療は**老人病院**、寝たきりなどの状態に対するリハビリテーション・看護・介護に対しては**介護老人保健施設**、さらに常時の介護が必要な状況では**特別養護老人ホーム**といった施設における処遇が想定されています。

このように原則は明快ですが、実際には医療、看護、介護のすべてが必要とされるケースが多く、しばしばむずかしい判断を迫られます。精神科専門病院のなかでは、認知症の高齢者のための専門病棟をもっている施設があります。専門病棟には、長期療養を目的とした療養型病棟と、短期間の入院治療により精神症状・問題行動の改善をはかることを目的とした治療病棟があります。

こころの病気の症候群

❖症候群とは

近年、「～症候群」「～シンドローム」といったことばがメディアでとりあげられることが多くなりました。症候群（syndrome）とは、いくつかの症状（symptom）をまとめたものです。それぞれの症状が単独で現れるのではなく、複数の症状がある決まったパターンで現れることが多い場合に、それらを1つにまとめて症候群とします。

なんらかの疾患になると、それに対応した症候群が現れますが、疾患の経過にしたがって、現れる症候群も変わってくることがあります。また、異なる疾患に同一の症候群が現れることもあります。

メディアでとりあげられる症候群には、医師や心理学者によって命名されたものだけでなく、ジャーナリストの命名によるものもあり、必ずしも医学的な根拠が明確とはいえないものもみられます。また、個人よりも社会的な問題に焦点があてられている傾向が強く、発達上の問題、家庭内の問題、職場での問題を扱ったものが多いのです。これは、現代社会の変化が、そこに生きる個人に大きく影響し、それが家庭や職場といった身近な世界の問題として現れてきているためとも考えられます。

❖発達上の問題

◉ピーター・パン・シンドローム

アメリカの心理学者D・カイリーが、おとなになりたくない永遠の少年ピーター・パンの物語にちなんで命名したものです。

この症候群では、男性において、無責任さ、不安、孤独、性役割の葛藤が基本症状として現れます。これは、10歳代での家庭のしつけの悪さや、両親の不和などの家族関係の問題から現れるとされています。20歳代に入ると、異常に肥大したナルシシズムをもつようになり、自己不全感を空想で補い、現実との接触を避けるようになります。そして社会人になると、深刻な自己の危機に直面することになります。

◉モラトリアム

アメリカの心理学者E・H・エリクソンは、「自分が何者なのか」ということに対する確信を自我同一性と呼び、これが青年期の終わりに確立されると主張しました。そして、同一性確立前に社会人としての義務や責任を果たすことを猶予される期間を心理・社会的モラトリアムと呼びました。

モラトリアム自体は、必ずしも問題ではありません。しかし、モラトリアムが延長される場合は問題となります。たとえば、大学で授業に出席しないで留年をくり返したり、目標ももたずにアルバイトだけで生活するようなケースです。

精神分析学者の小此木啓吾は、モラトリアム状態に長くとどまる青年を**モラトリアム人間**と呼びました。多くの場合、精神的・社会的発達に問題があると考えられます。

◉スチューデント・アパシー

アメリカの精神医学者P・A・ウォルターズが命名したもので、大学生にみられる無気力、無感動の状態をさします。精神医学者の笠原嘉によると、この症状を示す学生は、平均以上に努力型で能力も高いのに、ある時点から特別の理由もないのに勉学への意欲を失います。しかし、アルバイトや専門科目以外の学業には熱心で、いわば本業不能、副業可能の状態になります。

その特徴をみると、無関心、無気力、生きがい・目標・進路の喪失感がありますが、不安、焦燥感、抑うつ感は自覚されません。この症状は大学生に限ったものではなく、若い会社員や高校生、中学生にもみられるため、総称して**アパシー・シンドローム**と呼ばれることもあります。

●五月病

大学の新入生が5月の連休明けごろに、無気力、無関心、無感動を訴えるケースを五月病といいます。1950年代末から大学の精神保健関係者の間で、このようなケースの増加が指摘されるようになりました。これは新しい状況に対する適応不全のためにおこるストレス反応と考えられています。

小此木啓吾は、五月病の危機的状況を通過することが人格形成上有意義であるとして、これを経験しない人々を、**五月危機不在症候群**と命名しました。

●ニート（NEET：Not in Education, Employment or Training）

若年無業者を意味することばで、厚生労働省の定義では「仕事をしない、失業者として求職活動もしていない非労働力人口のうち、年齢15歳～34歳、卒業者、かつ未婚で通学・家事もしていない者」となっています。推定数は、約56万人と報告されています［2014（平成26）年］。

近年では若年者だけの問題ではなくなりつつあり、30歳代後半～40歳代といった中年層のニートが確実に増加しており、自殺者や社会保障費の増加が懸念されています。

引きこもり（次項）のほとんどがニートに含まれます。両者の定義の差は、人間関係の有無の一点にかかり、対人関係があればニート、対人関係のないものが引きこもりとなります。しかし、ニートもまた対人関係を結ぶことに困難を抱えている場合が多く、働く自分に対する自信の喪失感や仕事をしていない焦燥感などがみられます。ニートには中学卒、高校中退、不登校経験者がおちいりやすいという特徴があり、中学・高校時代からの状況の継続、そして離脱することが困難になって長期化しやすい傾向がみられます。要因には、個人の性格、家族、学校、地域、社会、その他が複雑に絡み合っているのです。

●引きこもり

単一の疾患や障害の概念ではなく、状態像を表します。厚生労働省の定義では「さまざまな要因によって社会的な参加の場面がせばまり、就労や就学などの自宅以外での生活の場が長期にわたって失われている状態」とされています。とくに統合失調症（1007頁）といった狭義の精神疾患のために生じたケースを除外したものを、**社会的引きこもり**と呼ぶようになりました。ストレスに対する一種の反応として引きこもりにおちいります。引きこもりは、精神疾患や発達障害などの生物学的要因、発達段階での挫折体験や心的外傷体験、社会参加への困難感などの心理的要因、社会構造から発生する「社会的排除」の問題などの社会的要因といった複合的な要因が絡み合っておこるものです。そして生物学的側面・心理的側面・社会的側面のさまざまな要素によって精神的健康を損ね、しばしば本人の意志の力だけでは離脱することがむずかしくなり、長期化しやすい傾向があります。

症状として、体内時計の変調、ホルモンの分泌リズムのくずれといった身体症状、意欲の低下、挫折感や罪悪感、集団復帰に対する強い拒否感、対人面での緊張感や不安感、社会へ出ていくことの困難さなどが現れます。

精神障害が認められる場合は、薬物療法などの専門的治療を最優先し、また、さまざまな精神保健福祉サービスの活用が有用です。

●自己愛症候群

現代日本では、関心や注意が自分自身にだけ向かっている「自己愛者」あるいは「ナルシシスト」が急増しているようです。人は誰でも自己愛をもっていますが、未成熟なままの自己愛しかもてないでいると、不健康な自己愛に苦しむことになってしまうのです。

　人とのかかわりを阻むような不健康な自己愛には3つの特徴があります。①自分に対する誇大で現実離れしたイメージが強く、修正がきかない。②人とのかかわりが自己中心的で、特別扱いされることを当然視する。③他者への共感性に欠けていて、人がどう感じているかを思いやれない。さらに、他者の期待外れの言動に対して苛立ちを感じたり、傷ついたり、屈辱感を抱いたり、激しく怒ったり（自己愛憤怒）する場合があります。これは、尊大な自己イメージを守るための防衛策ととらえることができます。

　強すぎる自己愛のため、摂食障害（1026頁）、不眠障害（1035頁）、不安症（1017頁）、うつ病（1011頁）、心身症（1033頁）といったこころの病を抱えることがあります。また、職場や学校での不適応や引きこもり（前項）、自傷行為（次項）や家庭内暴力（DV 1006頁）という形で現れるケースや、周囲が特別扱いしてくれて自己愛が満たされるために内科や外科の病気として現れるケースもあります。

　自己愛が病的に強く、そのため社会適応が困難な状態になると、ときには**自己愛性パーソナリティ障害**と診断されます。

　健康な自己愛が育まれなかった要因として、気質的な素因や乳幼児期の共感不全、脳内の神経伝達物質の過不足などの仮説が検討されています。さらに家庭環境や社会の変化などの影響も大きいようです。

◉リストカット・シンドローム（手首自傷症候群）

　青年期あるいは若い成人期の、主として女性が、手首をカッターなどで切る自傷行為をくり返すケースをさします。これは「理解してもらえなかった」「裏切られた」といった対人関係上のトラブルを契機に行われることが多く、出血を見て安心感を得る場合も少なくないようです。

　境界性パーソナリティ障害（境界例 1028頁）などのように、発達過程に問題があって、母親からの心理的な分離がうまくできていない女性に多くみられます。治療には、全人格を対象とする精神療法が必要となります。

❖家庭内の問題

◉空巣症候群

　子どもの独立によって家庭が空になった中年の女性に現れるうつ状態をさします。育児と教育に専心していた母親は、子どもが進学、就職、結婚などで独立すると、空虚感、別離感、孤独感を覚えてうつ状態になることがあります。

　これには更年期の内分泌（ホルモン）的変化が関係している場合もあります。仕事や趣味をもっていたり、夫との関係が良好な場合にはなりにくいと考えられています。

❖職場での問題

◉ミドルエイジ・シンドローム（中年症候群）

　おもに中年期の男性が、突然落込むケースをさします。仕事熱心で猛烈社員型の人に多くみられます。ミドルエイジ・シンドロームにはいくつかのタイプがあります。

　昇進うつ病は、昇進直後にうつ状態になるケースで、昇進したものの、自分は無能でその地位にふさわしくないと感じて落ち込むような場合をさします。

　昇進停止症候群あるいは**上昇停止症候群**は、昇進を目標として一生懸命働いてきた人が、これ以上の昇進を望めないことに気づいたときにおこるケースです。

　そして**過剰適応症候群**は、仕事に熱心に打ち込みすぎて、そのストレスや体力的・精神的消耗のためにうつ状態になるケースです。

　中年という年代は、身体的にも精神的にも転回点にあたり、それまでの生活パターンが維持できなくなる時期です。したがって、生活や生きかたの見直しが求められる時期ともいえるでしょう。

●燃え尽き症候群（バーンアウト症候群）

　アメリカの精神分析学者H・フロイデンバーガーが命名したもので、「燃え尽き」とは自分が最善と信じて打ち込んできた仕事、生きかた、対人関係のもちかたが、まったく期待はずれに終わったことによってもたらされる疲弊のありさまと定義されています。

　仕事にエネルギーを使い果たしたためにおこります。症状として、心身の極度の疲労と感情の枯渇、自己嫌悪、仕事嫌悪、思いやりの喪失などが現れます。この症候群は、エネルギッシュで理想の高い、猛烈社員型のビジネスマンやキャリア・ウーマン、受験生などにみられます。

●テクノストレス（OA症候群）

　OA（オフィス・オートメーション）によって引き起こされる精神的な歪みを総称したものです。これには大きく分けて2つのタイプがあります。

　1つは**コンピュータ不安型**で、コンピュータ操作に習熟できず、心身が拒否反応をおこしてしまうものです。

　もう1つは**コンピュータ耽溺型**で、コンピュータに過剰適応してしまい、こころのひだが失われ、対人関係をうまく処理できなくなるものです。

●サンドイッチ・シンドローム

　中間管理職が、上司と部下との板挟みになり、そのストレスからうつ状態になるケースをさします。

　日本の企業の場合、中間管理職は、業績の達成と職場の凝集性の維持という2つの目標を両立することを求められています。そのため、極度のストレス状態にさらされる場合も多いようです。このようなストレスが長期的につづくと、心身にさまざまな悪影響をおよぼすことが考えられます。

●出社拒否（通勤拒否）

　心理的な問題によって会社に行くことができなくなる状態をさします。具体的な症状は、たんに会社に行く気になれないというものから、行こうと思うのに、朝、寝床から起き上がれなかったり、頭痛や腹痛などの身体症状から出ていけなくなるものまでさまざまです。

　原因もさまざまで、これまでにあげたような症候群にともなって現れることもありますが、うつ病（気分障害　1011頁）や統合失調症（1007頁）、あるいは神経症性障害（1016頁）の症状として現れることもあります。

●セクシャル・ハラスメント（セクハラ）

「性的いやがらせ」をさします。男性にもありますが、女性が被害者となるケースがほとんどで、職場の上司や同僚から被害を受ける場合や、学校で教師から被害を受けるケースもあります。

　具体的には、本人がいやがっているにもかかわらず、性的関係を迫る、からだに触れる、性的な内容の悪評を流す、性的な冗談を言う、といった行為が含まれます。不快感を与えていることに加害者が気づいていない場合もあり、まず、被害者がはっきりした態度で臨むことが重要でしょう。また、援助機関に電話で相談したり、深刻な場合は法的な手段に訴えるケースも増えています。

❖その他の問題

●マインドコントロール

　本人が他者から影響を受けていることに気づかない間に、意志決定過程に他者が影響をおよぼすことをさします。

かつて問題となった洗脳は、個人を長時間拘禁状態に置いて拷問したり、薬物を投与したりして、強制的に個人の精神構造を変化させるものですが、マインドコントロールの場合、社会心理学で発達した説得の技術などを利用し、はっきりした身体的拘束は用いない場合が多いようです。それだけに、本人がコントロールされていることに気づきにくく、自分の意志に基づいて行動しているように感じてしまいます。

マインドコントロールから抜け出すには、コントロールしている集団から離れ、その集団の実態やコントロールされていること自体に気づく必要があります。

●ドメスティック・バイオレンス（DV）

親密な関係の男女間におこる暴力のことで、いっぽうが他方に対して権力や支配力を行使する暴力をさします。

暴力の形態には、身体的暴力、精神的暴力、性的暴力、経済的暴力、社会的隔離などがあり、DVの多くは何種類かの暴力が重なっておこります。

くり返される暴力によって、被害者は身体的に傷つくだけでなく、不安や緊張、恐怖を抱き、無気力状態やPTSD（心的外傷後ストレス障害 1022頁）などの精神的な影響を受けることもあります。

うつ状態、自責感や罪悪感、自傷行為、一過性の解離（1024頁）、離人感（1024頁）、人への不信感などの症状が現れますが、怒りの感情は自覚されないことが多いようです。

暴力を目撃しつづける子どもにとっても心的外傷となり、さまざまな心身の症状を招くケースがあります。

●閉じこもり

高齢者が、寝たきりなどではないのにもかかわらず、週1回未満の外出、またはまったく外出せず、おもに自宅内のみを活動範囲(生活空間）としている状態です。つまり、閉じこもりとは、活動範囲が自宅内のみに狭小化してしまい、社会との交流頻度が極端に低下した状態を表します。

高齢者の閉じこもりは、老化を背景とする心身の不活発さから廃用症候群（生活不活発病ともいう。916頁上段）をきたし、結果として寝たきりなどの要介護状態や、入院・入所、死亡などにいたる危険性があります。

廃用症候群とは、廃用（使わないこと）、つまり不活発な生活や長時間の安静などによって引き起こされる、全身のあらゆる器官・機能に生じる「心身機能の低下」のことをいいます。

閉じこもりは、身体的要因、心理的要因、社会・環境要因の3要因が相互に関連して発生すると考えられています。

●ペットロス（Pet Loss）

ペットロスとは「ペットを失うこと」で、ペットとの死別というストレスが契機になって発症する精神的・身体的不調を**ペットロス症候群**と呼びます。

抑うつ感、情緒不安定、空虚感、無気力、摂食障害、精神病様症状、不眠、疲労感、胃の痛み、息苦しさなど、さまざまな症状が現れます。

日本では、２０００年代ころから注目を集めるようになりました。

ペットロス症候群は、核家族化や少子高齢化社会を背景に、ペットを生活上の伴侶（コンパニオンアニマル）として扱う人の増加によって、ペットの死がこれらの症候群の発症をうながす喪失体験となり得ることを示しています。

心身の不調が1か月以上もつづくようなときは、精神科や心療内科などの受診が勧められています。

統合失調症

統合失調症
Schizophrenia
幻覚、妄想、意欲の低下がみられる

◇青年期に発症する

どんな病気か 10歳代後半から30歳代前半の間に発症し、徐々に進行します。症状は、幻覚、妄想のほか、無為（意欲が低下し、何もしなくなる）、自閉（他人と交流をもたなくなり引きこもりがちになる）がおこってきます。人格も、病気になる前と比べて、創造的で生き生きした部分がなくなります。DSM-5では、**統合失調症スペクトラム障害**と呼んでいます。

◇内因性の精神病

原因 およそ120人に1人の割合（0・8％）で発症します。かなり高い頻度で、けっして「珍しい病気」ではないのです。

脳内の神経と神経の間ではたらいている物質が関係しているといわれていますが、明らかな原因はまだわかっていません。ストレスや環境の変化など、外部の因子でおこったのではなく、脳の中に原因があるという意味で、統合失調症と躁うつ病は**内因性精神病**ともいわれます。

両親のいっぽうが統合失調症の場合、その子どもが統合失調症になる割合は約16％といわれ、一般人口中の統合失調症になる割合より高いことから、発症には、ある程度遺伝が関係していると考えられています。

しかし、一卵性双生児の1人が統合失調症であっても、もう1人が統合失調症である確率は100％ではなく、約60％であり、このことは、統合失調症の発症には、遺伝だけではなく、それ以外の要因も関係していることを示しています。

◇幻覚、妄想、意欲の低下が主症状

症状 幻覚、妄想、意欲の低下がおもな症状です。

そして、幻覚、妄想、興奮などの派手な症状（**陽性症状**）と、意欲の低下、自閉、感情鈍麻といった目立たない症状（**陰性症状**）に分けられます。病気の初期には、陽性症状が主体ですが、徐々に陰性症状が主体になってきます。

抗精神病薬は、陰性症状よりも、陽性症状によく効きます。陰性症状に対しては、薬物療法だけでなく、作業療法やデイケアなどを行っていきます。

▼幻覚 実際にはないものをあると知覚することを幻覚といいます。知覚の内容によって、**幻聴**、**幻視**などに分けられます。たとえば「人の声が聞こえる」（幻聴）、「ものが見える」（幻視）などと訴えます。

統合失調症でもっともよくみられる幻覚は、幻聴です。幻聴の多くは人の声です。話される内容はさまざまですが、「……しろ」と命令したり、本人の悪口や本人を迫害するような内容が多く、このことでひじょうに不安な気持ちになったり、被害妄想を抱いたりすることがあります。

▼妄想 事実ではないことを、本当であると確信することを妄想といいます。周りの人が「それはちがう」と説得し

◎パラノイア

強固で体系化した**妄想**が持続するものをいいます。

妄想の内容は**被害妄想**、**誇大妄想**、**恋愛妄想**（ある人から愛されているという妄想）などいろいろで、1つのテーマの妄想をもとにして、周囲の出来事をどんどんそれに関係づけていき、妄想が広がっていきます。妄想に基づいて、訴えをおこしたり、人とトラブルをおこすことも少なくありません。

妄想以外では、話はまとまっており、人格（次頁上段）の水準もさほど低下しておらず、ふつうに生活や仕事をしている人がたくさんいます。統合失調症の妄想型の1つとも考えられますし、統合失調症とは別の病気であるという考えかたもあります。

ても、訂正できません。内容によって、**被害関係妄想**（無関係なことを自分自身に関係があると被害的に確信します。たとえば「あの人がせきをしたのは自分へのあてつけだ」など）、**注察妄想**（「誰かから家の中を監視されている」など）、**被毒妄想**（「食べ物に毒を入れられている」など）、**血統妄想**（「自分は天皇家の子孫だ」など）、**誇大妄想**（「自分はすごい発明をした」など）と名前がつけられています。

▼意欲の低下　統合失調症では、徐々に意欲がなくなっていくのが特徴です。程度の差はありますが、多くの患者にみられます。仕事をてきぱきできなくなるという軽いものから、学校や職場を休みがちになる、家でごろごろするようになる、入浴をいやがったり、身の回りをかまわなくなるなど、さまざまです。

意欲の低下がひどくなると、1日中ボーッとして、ほとんど何もしない状態となり、これを「**無為**」と呼んでいます。

▼自閉　他人との交流が乏しくなります。友人とのつきあいを避けて、家にこもりがちとなることで、気がつかれます。

▼感情の鈍麻　喜怒哀楽の豊かな感情が少なくなります。テレビをおもしろく感じなくなったり、笑顔がみられなくなったり、悲しいときも平然としていたりします。

▼思路（思考過程）の障害　その人の話しかたでわかります。よくみられるものに「**思路弛緩**」があります。話が徐々に別の話題へそれていったり、唐突に別のことを言いだしたりします。重症になると、他の人にはまったく話の意味が理解できない「**滅裂思考**」になります。

▼身体症状　不眠が多くみられます。病気の初発症状や、再発するときの最初の症状であることが少なくないので、注意が必要です。身体面には何も異常がないのに、動悸、頭痛、倦怠感などの、いわゆる身体愁訴を訴えることもあります。

▼表情に現れる症状　ぶつぶつひとり言を言う**独語**や、おかしくもないところで笑う**空笑**がみられます。**しかめ顔**（顔をしかめる）、**ひそめ眉**（眉をひそめる）がみられることもあります。感情が鈍くなる感情鈍麻のため、顔の表情が乏しくなります。

◇病型

大きく、破瓜型、妄想型、緊張型に分かれます。

▼破瓜型　破瓜期とは思春期のことをさします。3つの型のなかでも発症年齢が低く、思春期によく発症します。統合失調症のもっとも典型的な病態といわれています。幻覚、妄想といった陽性症状もありますが、むしろこれより意欲の低下、自閉といった陰性症状が目立ちます。急に症状がでるのではなく、ゆっくりと現れてきます。1～2年たって、ようやく発症に気がつくことすらあります。

初めは学校を休みがちになったり、友人と遊ばなくなったりします。家族も、「怠け」ぐらいに考えているうちに、ほとんど家にこもるようになり、家族とも話をしなくなります。また、入浴

◎人格とは

　人格とは、性格よりももっと広い意味で、その人のもつ性格、個性、行動様式すべてをさします。

　「人格の水準が下がる」「人格の水準が落ちる」とは、病気になる以前のような生き生きしたところが少なくなることをいいます。生活がだらしなくなったり、意欲が乏しくなったりすることでわかります。人格の水準の低下が著しくなり、最低限のこと（身の回りのことをする、他人と会話するなど）もせず、人間らしい豊かな感情もなくなったような場合を「人格の荒廃」と呼んでいます。

や着がえをいやがり、不潔でいても平気になるなど、病状が進行するにつれて、人格の水準がだんだん下がってきます（上段）。

▼妄想型　妄想が主症状です。発症年齢は3つの型のなかでも高く、20歳代後半から30歳代に多くみられます。破瓜型のように、人格水準が徐々に下がることは少なく、比較的人格が保たれています。

▼緊張型　興奮、滅裂な言動あるいは緘黙（押し黙ること）、幻覚、妄想が急速に（数日から数週の間に）おこってきます。

　症状はひじょうに激しいのですが、持続は短く、1～3か月もすれば、ほぼ落ち着きます。病状が落ち着いたあとは、破瓜型のような人格の低下はあまりみられません。ただし、再発しやすいのが特徴です。

◇経過

　経過はさまざまですが、最初は幻覚や妄想、落ち着かない状態で始まり、薬物療法で幻覚や妄想が治まっても、そのあとで意欲の低下した状態がつづくケースが多くみられます。

　薬物をやめてしまったあとや、ときには薬物服用中でも、ふたたび落ち着かない状態になり、病気が再燃（再発）することがあります。このような再燃は何回かくり返すことがあります。

　意欲の低下や自閉は、経過とともに徐々に強くなっていき、病気になる以前より人格の水準が落ちます。これを**欠陥状態**と呼んでいます。

　ほぼ完全によくなる場合が3分の1、欠陥状態になる場合が3分の1、「人格の荒廃」（上段）をきたす場合が3分の1といわれています。

◇薬物療法が主体

治療

　薬物療法が治療の中心です。

　抗精神病薬という薬を飲みます。この薬は、とくに幻覚や妄想によく効きます。

　幻覚や妄想が薬で消失したあとに、軽度の抑うつ状態になることがあります。抑うつ状態が改善しても、意欲の低下した状態がつづきます。

　この時期には薬物療法に並行して、軽作業やレクリエーションなどを行う、作業療法やデイケアに通うなどして、意欲や自発性の低下を改善するようにします。

　抗精神病薬の副作用には、手足の動きがかたくなる、指の震え、足のむずむず感、便秘、眠けなどがあります。最近では、これらの副作用が少ない非定型抗精神病薬の使用が主流になっています。しかし非定型抗精神病薬では、血糖値の上昇（糖尿病）や肥満をきたすことがあり、注意が必要です。

　このような症状がでたときは、医師に相談して、副作用を防止する薬をだしてもらったり、薬を調節してもらったりします。副作用がでたからといって、勝手に薬を中断するのはやめましょう。

　薬は再発予防の効果もあるので、病状が落ち着いていても、飲みつづけることが多いのです。病状が落ち着いた時期でも、よくなったからといって、薬を勝手にやめないようにしてください。

　心理的にはたらきかける精神療法も、

◎病識とは

自分が病気であるという自覚を病識といいます。統合失調症の人は、自分は病気ではない、妄想も本当のことである、幻聴も本当に聞こえてくる、などといいますから、「病識がない」とされています。

病識がないために、受診をいやがったり、途中で治療を中断してしまうケースがあります。統合失調症の場合、完全な病識をもたせることはむずかしいのですが、薬の服用や病気についての説明をくり返し行うことで、少しずつ治療の必要性をわかってもらうようにしていきます。

薬物療法や作業療法に並行して行われます（1050頁）。身体的治療法の電気けいれん療法は、以前に比べて行われることが少なくなりました。

◉家族はどう対応すればよいか

精神科、神経科（神経内科ではありません）、精神神経科を標榜している医療機関を受診します。本人は病識（上段）がないので、受診をいやがることがあります。このときは、まず家族だけが医療機関に行って相談してもかまいません。また保健所でも、相談にのってくれます。

診察しても、すぐに統合失調症と診断できないこともありますが、この場合は医師が経過をみていきます。統合失調症のような症状をだしながら、別の病気（脳炎、脳腫瘍、その他のからだの病気）が原因のこともあります。

統合失調症の症状が軽いときや、家族が家で看られる場合は、外来治療になります。

本人の苦痛がひどいときや、症状が激しく家族が家で看られない場合は、入院治療になります。

「統合失調症」といわれた場合、ひじょうに驚くでしょうが、前でも述べたようにまれな病気ではありません。就職など、なんらかのストレスのあとで発症することもありますが、これはあくまでも引き金でしかないと考えられています。ストレスや環境とかの外的要因でおこる病気ではありません。ましてや、親の育てかたが悪かったためにおこった病気ではないのです。

病気はよくなったり悪くなったりをくり返すことがあるので、あまり一喜一憂しないほうがよいでしょう。長期戦と思って、どっしり構えてください。そのほうが家族も疲れませんし、本人にとってもよい影響を与えます。

精神障害者対象の福祉関係の制度も、積極的に利用するとよいでしょう。

条件を満たせば、障害年金の支給が受けられます。通院費自己負担分が軽くなる自立支援医療制度や、精神障害者手帳交付の制度もあります。医療機関や役所で相談してみてください。

◉社会復帰のために

幻覚や妄想などの症状が軽快して、意欲の低下が強くなくなった場合、入院中の人には、作業療法を行うこともあります。簡単な作業をしたり、レクリエーションや趣味的なことをするなどさまざまです。

さらに、入院中の人または通院中の人に、生活技能訓練（SST）という社会復帰のための教育をすることもあります。

通院中の人のためのデイケアは、医療機関のほか、地域の保健所や精神保健福祉センターにもあります。スポーツ、料理、手工芸、生活技能訓練などのプログラムを通じて、社会性や対人関係を改善していきます。

そのほか、社会復帰のための施設は各種あります。地域生活支援センターは、日常生活の支援や相談を行う施設です。作業所、授産施設、福祉工場は、一般の就労がまだむずかしい人が作業をする施設です。生活訓練施設（援護寮）、福祉ホーム、グループホームは、自立した生活がむずかしい人が入所して、生活指導を受ける施設です（精神保健福祉法と入院形態 1056頁）。

気分障害

気分障害（躁うつ病）

Mood Disorder

うつ状態や躁状態をくり返す病気

◇感情の極端な変動が現れる

どんな病気か

気分障害は感情（気分）の病気で、感情や意欲の面で極端な上昇や落ち込みが現れるものです。気分がひどく落ち込み、何事もおっくうになる状態を**うつ（抑うつ）状態**といいます。極端に気分が高まり、活動的になりすぎる状態を**躁状態**と呼びます。

もちろん、誰でも悲しいことがあったときに落ち込みます。正常な憂うつならば、楽しいことがあれば気分転換できますし、好きなことならしようという気になります。

しかし、うつ状態では、普段なら楽しく感じられることも楽しめませんし、やる気になりません。うつ状態は、健康な人が感じる正常の憂うつとちがって、ただ気分が沈むだけでなく、ほかに自分を責めたり、おっくうさがあって、病的なものです。

ノイローゼも、くよくよ思い悩むものですが、ノイローゼはうつ状態とちがって、くよくよ悩むだけで、極端にやる気がなくなったり、頭がはたらかなくなったりはしません。

新しい国際的な診断基準のDSM-5では、うつ状態や躁状態をくり返す病気を、**双極性障害**と呼びます。うつのみが現れる場合は、**抑うつ障害**と呼びます。

感情の極端な上昇や落ち込みのある期間を病相といい、うつ状態の時期を**うつ病相**、躁状態の時期を**躁病相**と呼んでいます。

気分障害の特徴で、たいせつなことは、うつ病相や躁病相が終わると、まったく健康なもとの精神状態に戻ることです。

◉種類

気分障害のほとんどは、うつ病相のみをくり返すタイプと、躁病相とうつ病相の両方を交互にくり返すタイプの2つに分けられます。

前者のうつ病相のみをくり返すタイプを抑うつ障害といいます。抑うつ障害とは耳慣れないことばですが、以前は**単極性うつ病**、あるいは**うつ病**、**大うつ病**と呼ばれていたものを、最近の分類では抑うつ障害というようになりました。

そして躁病相とうつ病相の両方があるタイプを**双極性障害**（以前は**躁うつ病**、**双極性うつ病**とも呼んでいました）といいます。躁病相だけをくり返すことはまれですが、この場合は双極性障害に含まれます。

つまり気分障害のなかには、抑うつ障害（うつ病）と双極性障害（躁うつ病）があることになります。気分障害の約75％は抑うつ障害で、約25％が双極性障害です。

日照時間が短くなる秋や冬に限ってうつ状態になるタイプがあり、それは**季節性感情障害**と呼ばれています。季節性感情障害の治療として、高照度の光を浴びる光療法が行われています。

そのほかに、慢性的な軽いうつ病を**気分変調症**と呼び、これは、抑うつ障

◎モノアミン仮説

これは「脳内の神経伝達物質であるノルアドレナリンやセロトニンといったモノアミンが躁病では多すぎ、うつ病では少なすぎる」というものです。うつ病で脳内のモノアミンのはたらきが低下し、躁病でモノアミンのはたらきが高まることを示す例が多いため生まれました。

モノアミンを少なくするレセルピンという薬によって、うつ状態がおこることや、モノアミンを増やすモノアミンオキシダーゼ阻害薬がうつ病に効果があることから、この仮説は注目されました。また三環系抗うつ薬はモノアミンの作用を増強し、つづいてそれらの受容体数の減少をおこすことがわかっています。

モノアミン仮説を出発点として、さらに気分障害の機序が解明されつつあります。現在、うつ病ではモノアミンが少なく、その受容体が敏感になっているとされています。

害よりうつ状態が軽いものです。以前は**抑うつ神経症**（神経症的な性格があり、葛藤を引き起こすようなきっかけがあって現れるうつ状態）と呼ばれていたものにほぼあたります。憂うつ、不活発、何をしても楽しくないなどのうつの症状がありますが、典型的な抑うつ障害と異なり、朝早く目覚めることや日内変動（午前中は調子が悪く、午後から夕方にかけて調子がよくなること）は目立ちません。

気分変調症のうつは軽く、日常生活は困難ながらできるのですが、慢性的にうつ状態がつづきます。

◉経過

うつ病相は、約3か月から6か月くらいつづきます。躁病相は、より短く約1か月から4か月くらいです。早い時期に治療を始めると、病相を短くできます。病相が終わると、以前の健康な状態になることが特徴です。

気分障害は、一生に一度のこともありますが、くり返すことがよくあります。抑うつ障害はおおむね2人に1人が再発し、双極性障害の再発率は約70%です。再発は、きっかけがあって再発する場合と、特別のきっかけがなく再発する場合があります。

◇環境の変化が大きく関係する

原因

脳細胞の活動に関係しているノルアドレナリンやセロトニンなどのはたらきの障害が指摘されています。

一般的に、この病気にかかる危険率はだいたい0・44%程度ですが、両親のどちらかが気分障害になったとき、その子どもが発病する危険率は約24・4%、また、血のつながったきょうだいの誰かが気分障害になった場合、そのほかのきょうだいが発病する危険率は約12・7%です。

遺伝的素因が発病に関係していることがわかっていますが、血縁者に気分障害の人がいない場合でも、気分障害になることも多いのです。

性格や環境が、発病に関係していることもあります。気分障害になりやすい性格（次頁上段）があります。

また、ライフイベントをきっかけとして躁状態やうつ状態になるケースも多いのです。気分障害のきっかけとなるライフイベントとしては、たとえば、親しい人との別れや死別、失恋、試験や事業の失敗、転勤、転居、昇進、退職、からだの病気などがあげられます。

失敗が抑うつ障害のきっかけになるのはわかるのですが、新築や昇進など本人が希望していた、おめでたい出来事でも抑うつ障害になることがあります。つまり、環境の変化が大きく影響するのです。

引っ越しの際に抑うつ障害になることが多く、それを**引っ越しうつ病**といいます。これは、主婦に多くみられます。引っ越しは、過労になるだけでなく、新しい環境に変わり、いままで慣れ親しんだ秩序を失ってしまうからです。

目標を達成し、ほっとしたときにおこる抑うつ障害もあります。**荷おろしうつ病**と呼ばれ、長いストレスがつづいた生活から、急に緊張のとれた生活に入っておこるものです。

気分障害の本当の原因は、まだわかっていませんが、遺伝的素因と環境が

◎気分障害になりやすい性格

気分障害になりやすい性格として、**循環気質**があります。これは、開放的・社交的で温かい性格で、明るさや憂うつをさまざまな割合でもつものです。

また、**執着性格**があります。これは熱中しやすく徹底的で、責任感が強く、融通がきかず、方向転換するのが苦手な人です。疲れていても休むことができず、ますます疲れて、躁病やうつ病になるのです。

メランコリー親和型性格とは、抑うつ障害になりやすい性格で、すべてのことをきちんとする人です。すなわち他人に対しては気を配り、仕事は几帳面、徹底的、責任感が強く、予定した仕事はしてしまわないといられない性格です。このような人が、昇進や転居などで、それまで慣れ親しんだ環境が乱れると柔軟に対処できず、うつ病になると考えられています。

相互に作用し発病すると考えられています。

◇うつ状態と躁状態

症状　うつ状態の症状と躁状態の症状があります

●うつ状態の症状

うつ状態は、つぎに説明する症状がいくつか現れて、初めてうつ状態といえます。気持ちが沈み、憂うつで、むなしく、さびしくなります。何事も悲観的に考え、取越し苦労が多くなります。気分が沈むだけでなく、喜びや楽しさが感じられず、何もやりたくなくなります。おっくうになり、普段と比べるとテレビや新聞、服装、化粧に関心がなくなります。

思考が滞りがちで、頭の回転が悪くなったように感じます。新聞やテレビを見ても、普段と比べて内容がすらすら入ってきません。いつもよりも献立などが考えられなくなります。何事にも迷って、物事を決められなくなります。以前覚えていたことを思い出すことができず、新しいことは覚えられず、本人は自分がぼけてしまったように感じるケースもあります。とくに高齢者のうつは、物忘れから認知症（997頁）が始まったように思われることがあります。

そして、自分に自信を失い、自分を責め、申し訳ないことをしてしまったという気持ちが強くなります。

また、事実と異なる思い込みが強くなります。その内容は、悲観したり自分を責めたり、過小評価するものです。たとえば、お金が払えない、病気がもう治らない、取返しのつかない罪を犯したなどと話したりします。このような思い込みは強く、周囲の人がそんなことはないと説明しても、本人に受け入れてもらえません。

うつ状態では、絶望感から死にたくなること（希死念慮、自殺念慮）があり、実際に自殺するケースもあります。

表情は暗く、声も小さく、口数も少なくなり、簡単な会話となり、ときには、まったく答えないこともあります。

典型的なうつ状態では、日内変動や食欲不振があり、眠れなくなります。

このような精神の症状のほかに、からだの症状として頭痛、頭が重い感じ（頭重）、口の渇き、便秘、下痢、おなかが張る、吐きけ、しびれ、肩こり、動悸などがあげられ、内科の病気と思われることもまれではありません。

●躁状態の症状

躁状態は、気分が高ぶり、エネルギーに満ちあふれ、何事にも意欲的で活動しすぎるのが特徴です。何を見ても楽しく感じ「人生はバラ色だ」と思います。いっぽう、イライラしやすく、自分の考えが通らないと怒ったりします。考えがつぎつぎと湧き出します。気持ちが大きくなり、自信過剰となります。そして自分の能力、財産、身分について過大評価し、自慢話が多くなります。万能感から「自分は特別な人間」と自慢することもあります。

普段とちがってしゃべりっぱなしで、動作も落ち着きがなくなり、絶えず動き回り、外出していることが多くなります。

ことばづかいが乱暴になることもあります。身なりや化粧も派手になりま

◎仮面うつ病

憂うつなどの精神的な変調が目立たず、からだの症状が強く現れるうつ病があります。これを身体病の仮面をかぶったうつ病という意味で、仮面うつ病と呼びます。

からだの病気と思って、内科を受診してしまいますが、精神科でうつ病の治療を受けることがたいせつです。

◎ラピッド・サイクラー

気分障害には、病相を頻繁にくり返すものがあります。1年に4回以上の躁、あるいはうつ病相をくり返す人を、ラピッド・サイクラーと呼びます。女性に多く、うつ病相から始まり、しだいに頻繁になることが多いのです。うつ状態から躁状態へ急激に変わることもあります。ほとんどは**双極性障害**（1011頁）です。

す。考えがどんどん浮かぶため、話題がころころとかわり、話がまとまりません。注意や関心がつぎつぎと変わり、あれもこれもしようとし、まとまったことができません。

また、思いつきや考えをすぐ実行しようとします。むやみに電話をかけたり、人に会ったり、歌ったり、他人におせっかいをやいたり、気持ちが大きくなり、たくさん買い物をして借金をつくったり、会社をつくったりします。性的な面でも抑制がなくなっています。家族や周囲の人がこれらの行動を注意すると怒りだすこともあります。

睡眠時間は短くても足りているように感じ、食欲も性欲も高まります。

◇薬物療法が効果的

治療

気分障害の治療は、着実に進歩しています。

うつ状態の治療は、休養と抗うつ薬による薬物療法が最優先します。まず休養することが必要です。

医師は、本人の悩みをよく聞き、気持ちを楽にしてくれます。そして適切なアドバイスをし、本人と協力してよい方向にもっていきます。

抗うつ薬は、神経伝達物質の調節をし、うつ状態を解消させるものです。抗うつ薬を飲み始めて、数日は倦怠感や眠け、口の渇きがありますが、しだいにそれらはとれていきます。薬を飲み始めてから約10日から2週間で効果がでてきます。また、うつ状態は回復後しばらくは、再び悪化することが多いので、よくなってから約4～6か月は、抗うつ薬の服薬が必要です。うつ状態は、治療を受けることで治ります。

躁状態の治療は、抗躁作用のあるリチウム製剤や抗精神病薬などの薬物療法を行います。リチウム製剤が発見されてから、躁状態の治療は画期的に進歩しました。リチウム製剤は、躁を取除くよう自然な形で治します。抗精神病薬は、考えがつぎつぎと湧いてくるのを抑え、イライラしやすい不安定な気分を安定させます。

また、カルバマゼピン製剤やバルプロ酸ナトリウム製剤も躁状態を消失させる効果があります。

●入院か通院か

うつ状態は必ず治るものですが、自殺の危険もあります。死にたい気持ちが強いときは入院が必要です。

入院の利点は、ゆっくり休養できることです。家ではゆっくり休めない場合や、責任感からむりして仕事をしてしまうような場合は、入院が適しています。

躁状態の程度が強く、借金をつくってしまうなど、社会的逸脱行為があるときや、ゆきすぎた言動のため社会的な信用を失う場合や、事故がおこりそうなときは入院が必要となります。

●家族の対応

本人がうつ状態のときに、周囲の人は病気と思わないことがあります。うつ状態は、気のせいとか、怠けていると誤解されやすいものです。しかし、うつ状態の落ち込みやおっくうさの度合いは、健康な人の経験する落ち込みとはちがいます。

家族は、本人が病気であると十分に認識することがたいせつです。そして早めに病院を受診させるようにしてく

◎非定型精神病

非定型精神病とは、統合失調症（1007頁）と気分障害（1011頁）の両方の特徴が少しずつあるのですが、どちらともいえない病気です。何かのきっかけがあって急に発病し、一時的に幻覚、妄想などの精神変調をきたし、統合失調症のようにみえますが、その後は完全によくなり、気分障害のようにもみえるものです。

完全によくなるのですが、くり返すことが多いとされています。精神変調は、幻覚、妄想や錯乱などさまざまで、気分が高ぶったり、落ち込んだりすることもあります。物事に熱中しやすく、明るく社交的な人が、非定型精神病になりやすいタイプです。

ださい。気のもちかたを変えるようにと説得したり、がんばれ、しっかりしなさいと励ますのは、よくありません。うつ状態では、かえって本人の劣等感、自責感を強くしたり、励ましを受けて「わかってもらえない」と絶望してしまうからです。同様に批判、説教や、気晴らしに人ごみへ連れ出すことも逆効果です。また、うつ状態のもっとも強い時期に過去の葛藤を思い出させるような話をしないように気をつけます。

とにかく、聞き役に徹するようにします。周りの人はあせらず、ゆっくり本人を見守ることがたいせつです。

うつ状態では、休養することがとても重要です。当人の心身の負担を取除き、気長に療養できるように休養を勧めてください。

つぎに、薬を正しく飲ませることです。十分な量の抗うつ薬を十分な期間、服用することもうつ状態の治療で重要です。治療や再発予防のための服薬の必要性を、家族全員が理解し、協力することもたいせつです。

うつ状態では、**自殺**を防ぐことが大事です。うつが強いときは自殺する元気もないのですが、大うつ病の始まりの時期と回復期は、からだが動くようになって自殺するケースがあります。それらしいことをほのめかしたときは、本人から目を離さないようにし、細心の注意をはらいます。

また、うつ状態のときは、自信を失っているので、「会社をやめる」「学校をやめる」と本人が言っても、重要な決定はせずに、うつ状態の回復後まで延ばしましょう。

躁状態のときは、「今まで抑えていたことが言える。本来の自分に戻った」と言い、本人は自分が病気にかかっていると思わないことがあります。睡眠時間が短いことや、イライラしていることなど、普段のようすとはちがうことを話し、病院を受診するよう勧めてください。また躁状態では、怒りっぽいので、周囲の人は本人に無用な刺激を与えないよう注意します。

◉再発予防

気分障害は、くり返すことが多い病気ですから再発を防ぐことがたいせつです。一般に、抑うつ障害は仕事熱心、几帳面、完全主義、理想が高い傾向の人に多いのです。そのような人ががんばりつづけ、疲れきったり、環境の変化に柔軟に対応できず、抑うつ障害になるケースがあります。

余裕のある生活を送ること、早めに休むことが重要です。

回復期には「自分は物事をやりすぎてしまう」「新しいことにあせってしまう」など、発病しやすい状況を自覚するようにし、物事の受けとめかたを変え、周囲の状況にうまく対応することも必要です。

再発を防ぐために、リチウム製剤やカルバマゼピン製剤、バルプロ酸ナトリウム製剤などの感情調節薬や抗うつ薬を飲みつづけることもあります。

早期に治療を受けると病期を短くできます。再発の兆しを早く発見し、早めに精神科を受診することがたいせつです。

また、不眠がつづくと再発しやすいので、そういうときは病院を受診するようにしましょう。

神経症性障害

神経症性障害とは
(Neurotic Disorders)

◇国際分類に統一される

ノイローゼということばに、なじみのある人が多いかと思います。精神医学では、伝統的にこれらの病態を「**神経症**」と呼んできましたが、近年、国際的に、精神医学的な名称を整理して、共通な名前をつけて分類しようという方向が生まれてきました。これらはその分類では、神経症、ストレス因関連障害、身体症状症などの名前が与えられています。そしてそのなかに、細かい分類として、パニック症（不安神経症）、恐怖症、強迫症（強迫神経症）、などがあげられます。

◇神経症性障害の特徴

▼心因性　心因性とは、心理的なことが原因であるという意味です。

からだの病気や身体科の検査結果に反映される病気が精神障害の原因であることを、「体因性（外因性）」と呼びます。また、からだの病気の結果でもなく、検査結果にも反映されないが、精神病の範疇に入ると判断されるものを、「内因性」の病気と呼びます。

心因性とは、まず「体因性」の精神障害を疑って診察・検査を行っても問題がなく、つぎに「内因性」を疑って、精神病理学的に診察を行っても「内因性」とは考えられない場合にのみ用いられる概念です。

なお最近では、精神障害の原因を内因性や心因性などに分けず、いちど棚上げしたうえで分類することもありますが、ここではこの伝統的な分類に基づいて解説します。

「気分が落ち込んで何もする気がない」「いらいらしてしかたがない」といった症状であっても、神経症性障害と決めつけないで、まずからだの病気がないかどうかを診察してもらうことがたいせつです。

「心因性」とは、災害や親しい人物の死去などの急激な精神的衝撃、毎日の生活のなかで環境的に取除くことのできないような慢性的なストレス、家族関係がぎくしゃくしていることなどによって生じる精神的葛藤、幼児期までさかのぼる環境のなかで徐々に形成された性格の偏りなどを含みます。

▼発病には性格傾向が影響　心理的な原因には、その人の性格傾向も含まれています。性格傾向にも大きく分けて2つあります。1つは、「生まれついたもの（生来の素質）」です。たとえば、もともと自律神経が過敏であったり、疲れやすい体質であったりすることなどです。もう1つは、幼児期から現在までの成長の間にその人が置かれた環境によって形成される性格の偏りです。たとえば、過度に几帳面であったり、完全主義すぎたり、自己顕示欲が強かったり、逆に極端に自信が欠乏していたり、といったケースです。

これらの神経症性障害になりやすい準備性をもった人がいて、そこに相応する精神的な出来事が加わったときに発症すると考えられています。

神経症性障害は、同じ環境で、同じ精神的衝撃を受ければ、誰でもがかかるというわけではありません。ある人

神経症性障害

◎自己臭症

自分のからだからいやなにおいが漏れ出ているのではないか、そのせいで人に嫌われるのではないか、と考えてしまう症状をさします。比較的日本人に多いとされています。

体感異常をともなったり、本当は存在していないにおいを感じてしまう幻嗅がともなうこともあります。若いころに始まることが多く、恐怖症の一種、すなわち対人恐怖症、社交不安症の形をとることもありますが（恐怖症 1019頁）、あまりにその考えが強いと、妄想になってしまったり、徐々に統合失調症のほかの症状が出現してくることもあります。

本人の苦痛が強いことが多く、気になって家から出られずに引きこもりがちになるなど、日常生活に支障をきたすケースもあります。早めに精神科の医師に相談することをお勧めします。

にとっては、なんら精神的な問題を生じないこともあれば、周囲の人間からみて、大したことのないような出来事にみえても、ある人にとってはとても重大な出来事で、その衝撃から神経症性障害が生じることもあるのです。

▼機能性（非器質性）　たとえば、不安障害では、強い不安とともに動悸や胸の痛み・不快感などが生じることがあり、身体症状症などでは、極端な場合は、脳出血などのときと同じような手足の脱力・まひなどの症状がおこることがあります。

しかし、神経症性障害によってこれらの症状がおこっているならば、内科的な検査を行っても異常はみられません。脳の病気によって症状が現れている場合は器質性と呼びますが、神経症性障害では、これが存在しないため、非器質性の病気、もしくは機能性の病気と呼びます。

逆に、一見、不安障害に似た症状が現れても現実に心臓病が存在したり、いわゆる「ヒステリーっぽい」症状にみえても、神経内科の検査などで異常が認められるならば、これらは神経症性障害とは呼びません。

▼障害は心身両面にわたる　心理的な事柄が原因とはいっても、精神的な症状しか現れないかというとそうではありません。動悸やめまい、脱力感やしびれ感、胸部の痛みなどの身体的な症状がともなうケースが多くみられます。

▼可逆的　神経症性障害は、「機能性の」障害であり、原則的には、うまく治癒すればあとになんら後遺症や精神的な欠陥を残しません。しかし、たとえば身体表現性障害で歩行困難などの症状が現れて、それが長くつづいたときには、足の筋肉が衰えてしまうなどの二次的な障害が残ってしまう場合がないわけではありません。

不安症（不安障害／恐怖症）
Anxiety Disorder

どんな病気か

強い不安や恐怖感が特徴である神経症性障害が不安症で、全般性不安症、パニック症、恐怖症を含みます。パニック発作、広場恐怖などの症状が現れることもあります。

パニック発作とは、突然、強い不安感、脅威・恐怖感などが始まり、まるで「破滅が目の前に迫ってきているような」状態になってしまうことです。

この発作中には、動悸、胸痛、胸部の不快感（胸が苦しい）、息切れ、呼吸困難（息が苦しい）、のどに物がつまるような感覚といった自覚症状が出現します。

実際に呼吸器の病気があるわけではないので、生命の危険は本来ないのですが、息が苦しい感じが強まると呼吸が激しくなり、過喚気症候群（1313頁）にいたることもあります。また、胸痛が強まり、心臓が悪いのではないか（このまま心臓が止まってしまうのではないか）という不安にとらわれてしまうと心臓神経症（1389頁）と呼ばれることもあります。

広場恐怖症とは必ずしも広い場所がこわいという意味ではなく、具合が悪くなったときに、逃げることのできないような場所（たとえば、電車の中、とくに急行など停車駅の少ない電車や、エレベーターの中などの狭いところ）、助けを得られなかったり、恥ずかしい思いをしたりしてしまうのではないかと心配になるようなところ（人ごみのなかや、人のたくさんいる広い場所）などの、慣れた場所から離れた、孤立した状況で「発作がおこるのではないか」という不安を抱いてしまい、それらの場所や状況を避けてしまうことです。

　このために、家から一歩も外に出ないですごすようになったりします。さらに、発作がでていなくとも、「また発作がくるのではないか」と不安になる「**予期不安**」も症状のひとつです。

　不安症にもいくつかの種類があり、このパニック発作と広場恐怖によって特徴づけられます。大きく分けると、

「広場恐怖のあるパニック症」
「広場恐怖のないパニック症」
「広場恐怖があってパニック症のないもの」

があり、またこれらとは別に、「**全般性不安症**」と呼ばれるものがあります。これは、パニック発作や広場恐怖がはっきりしないものの、6か月以上持続して漠然と不安・心配な気持ちでいるケースをさします。

◉どう対応すればよいか

　不安症の発作は、前述のように、「このまま死んでしまうのではないか」という強い恐怖感がともなうことがあるので、救急車で病院に駆け込んでくるケースもみられます。しかし、周囲の人間がいっしょになって不安になってしまうと、ますます本人の不安を強めてしまいます。不安症の発作であることがわかっているならば、身体医学的に心配はないとはいえ、本人の苦痛・不安は耐えがたいものです。そのつらさを共有・理解してあげると同時に、身体的には心配いらないという考えを忘れずに、あわてることなく、本人のからだや手を押さえてあげるなどして安心感を与えるようにします。

　そして、ある程度落ち着いたら医療機関を受診するようにします。薬の調節などによって発作を防いだり、発作がおこりそうなときに追加する発作の予防薬が有効なこともありますので、受診時に、発作のおこった場所や症状、頻度などについて主治医に説明し、よく相談することがたいせつです。

治療　抗不安薬や抗うつ薬などを用いた薬物療法を行います。

抗不安薬の服用によって不安感がとれ、落ち着いてきます。抗うつ薬は継続的に飲むことによって、徐々に効果が現れます。

　それと同時に、人によって異なるさまざまな心理的要因が隠されているケースが多く、それらが徐々に明らかになってくることがあります。これらの点については、主治医の診察をくり返すなかで話し合いを行いながら考えていきます。

　この場合、薬物療法に加えて、短時間精神療法、認知療法、精神分析的精神療法などを組合わせていきます。日本の精神科外来では、保険制度上どうしても診察時間が短くならざるを得ないことが多いため、短時間で行える精神療法がよく用いられます。

　また、不安症の人は、さまざまなこ

とに対して自信をなくしており、過度に悲観的にものを考える癖がついていることが多いのです。それらを治していくには、認知療法や、少しずつ行動範囲を広げて自信をつけていく行動療法、認知行動療法などが有効とされています。

恐怖症
Phobia

どんな病気か

恐れる理由はないことがわかっていながらも、たいして危険でも、脅威でもないような対象や状況に対して、不釣り合いなほどの激しい恐れを抱く症状をいいます。不安症の場合の不安は、特定の対象のない恐れの気持ちでしたが、この場合の恐怖は、対象が不安に比べてはっきりしている点が異なります。

さまざまな精神科の病気にともないますが、この恐怖症しか症状が現れない人もいます。恐怖の対象には、200種類以上が認められていますが、大きく分けると、4つの範疇があります。

▼**広場恐怖症**　たんに「広い場所がこわい」というものではなく、慣れた場所を離れて孤立するのがこわいという点が特徴です。

細かく分けると、**外出恐怖**、**遠出恐怖**や、**閉所恐怖**（エレベーターなどの狭い場所がこわい）、**乗り物恐怖**（電車やバスに乗れない）、**空間恐怖**（広い空間を横切るときに、支えがないと倒れそうになる）などがあります。

▼**社交不安症**　他人とかかわることに恐怖を感じるもの全般をさします。

代表的なのは**対人恐怖**で、他人が同席する場面で緊張感が強まって、人に不快感を与えるのではないかと心配になってしまい、人づきあいを避けたり、自室にこもってしまったりすることもあります。

対人恐怖を細かく分けると、人前で顔が赤くなることを恐れる**赤面恐怖**、自分の視線が他人を不快にするのではないかと悩む**自己視線恐怖**、自分が極端に醜い姿をしていると考える**醜形恐怖**、自分からいやなにおいが流れ出ていると考える**自己臭恐怖**などがあり、他人に危害を与えてしまうのではないかと心配になる**加害恐怖**もあります。

▼**限局性恐怖**　対象がひじょうに限定されるものを限局性恐怖と呼びます。**単純恐怖**、**特定恐怖**ともいいます。**高所恐怖**、**尖端恐怖**、**雷恐怖**、**暗闇恐怖**、**動物恐怖**などがあります。

▼**疾病恐怖**　恐怖の対象が疾病に関連したもので、**細菌恐怖**、**がん恐怖**、**エイズ恐怖**などがあります。何かに触ると汚れる、バイ菌がつく、病気がうつるなどと考えてしまい、他人が触れたドアの取っ手に触れないといった場合は**不潔恐怖**といいます。

これらの恐怖症の症状、「……がこわい」というものは、誰にも多少はみられるもので、少しでもこの症状があるからただちに病気だ、というわけではありません。

症状が極端に強くて社会生活が損なわれる場合、強迫症（強迫性障害　次項）などの他の病気の症状の一部として生じていることなどもあるので、決めつけて考えずに精神科医に診断を任せましょう。

◎**DSM-5**

精神疾患の世界的診断マニュアルで、2013年にアメリカ精神医学会が刊行しました。「DSM-5」への改訂では、自閉症や気分障害（躁うつ病）などのとらえ方が大きく変化しています。

◉どう対応すればよいか

　恐怖症の人の恐怖感は、他人からみればなぜそのようなものに恐怖を覚えるのか理解できない場合が多く、周りの人は「気にするな」とか、「そんな弱い気持ではいけない」などと言いたくなってしまいます。本人にとってみれば、理屈抜きにたいへんな恐怖で、自分でもなぜそんな恐怖感を覚えるのかはわからないので、こうした助言は好ましくありません。少なくとも、そのつらさに理解、共感を示し、少しでも安心感を与えるようつとめることがたいせつです。恐怖症は、さまざまな病気の一部の症状として現れることもあれば、人間の無意識の願望の裏返しであったり、家族・生育環境のなかで徐々にできあがってしまったものであったり、いろいろなケースがあります。

治療

　恐怖症の形をとっていても、なんらかの精神疾患が背後にある場合は、そのもととなる病気の治療を行うことが第一です。

　それらが存在しなくて、この恐怖症が主症状である場合には、不安症に準じて、抗不安薬や抗うつ薬などを用いた薬物療法を行います。やはり薬物療法に加えて、短時間精神療法、認知療法、精神分析的精神療法、徐々にその恐怖の対象に慣らしていく行動療法など、さまざまな治療法を組合わせることもあります。

パニック発作の診断基準

DSM-5（1019頁）では〈強い恐怖または不快を感じるはっきりと他と区別できる期間で、そのとき、以下の症状のうち4つ以上が突然に発現し、数分以内にその頂点に達する〉としています。

①動悸、心悸亢進、または心拍数の増加　②発汗　③身震いまたは震え　④息切れまたは息苦しさ　⑤窒息感　⑥胸痛または胸部の不快感　⑦嘔気または腹部の不快感　⑧めまい感、ふらつく感じ、頭が軽くなる感じ、または気が遠くなる感じ　⑨冷感または熱感　⑩異常感覚（感覚まひまたはうずき感）　⑪現実感消失（現実でない感じ）、または離人感（自分自身から離れている）　⑫コントロールを失うことに対する、または錯乱することに対する恐怖　⑬死ぬことに対する恐怖。

強迫症（強迫性障害）
Obsessive-Compulsive Disorder

どんな病気か

　自分で「こんなことを考えるのは、ばかばかしい」「気にしなくていいこと」などとわかっていながら、意志に反して浮かんでくる考え、頭から離れなくなってしまう考えを**強迫観念**といいます。

　たとえば、夜、ドアや窓の戸締まりをして布団に入ったあとで「本当に鍵をきちんと掛けただろうか」、手紙を投函したあとに「ちゃんと切手をはっただろうか」といった心配、「1たす1はなぜ2になるのだろうか」といった一般には明らかと考えられていることを、何度も何度も詮索してしまう、なんらかの集まりなどがあるときに「なにか自分がとても恥ずかしいことや失礼なことをしてしまうのではないか」「人に危害を加えてしまうのではないか」といった考えが、打ち消しても打ち消してもでてきてしまうといったものです。浮かんでくる考えの内容によっては、恐怖症と関連づけられることもあります。

強迫観念が取払えず、その結果として、なんらかの行為をくり返しとらざるをえないことがあります。これらの行動を**強迫行為**（きょうはくこうい）といいます。

たとえば、布団に入ったあとで、戸締まりがどうしても心配で、何度も起きて鍵の確認をくり返す、ドアの取っ手に触れたあとに、何度も何度も手を洗う、自分が触れる前に必ずドアの取っ手を消毒する、横断歩道を渡る際には、必ず右足から出て自分で決めた一定の歩数で渡り終えるようにする、などです。

くり返すうちに動作の手順が固定化してしまった場合は、**儀式**（ぎしき）と呼ぶこともあります。

強迫観念や強迫行為は、程度の軽いものならば、どんな人にもみられるものです。試験の答案を提出したあとで、「ちゃんと名前を書いただろうか」と心配になったり、目上の人といるときに、緊張のあまり「なにか失礼がなかっただろうか」という考えが頭から離れなかったりすることは、珍しくはありません。また、社会のなかにも、大晦日（おおみそか）や冠婚葬祭（かんこんそうさい）などの儀式のように、多くの人が「そうしないと気がすまない」と考えている、多少の強迫性をもった行為がたくさんあります。

しかし、強迫症では、これらの強迫観念、強迫行為の程度が強すぎて、限られたことに確認・詮索をくり返すため、ほかのことに考えが向けられなくなったり、1日に何時間も手を洗っていて、ほかのことができなくなるなど、日常生活上のエネルギーのほとんどが費やされ、通常の社会生活が困難になってしまいます。また、強迫観念の「意志に反して何度も何度も不合理な考えが浮かんでくる」、強迫行為の「どうしてもくり返し、そうしないと気がすまない」という点は、本人としても苦しく、つらいものです。

◉どう対応すればよいか

強迫症の人は、外見も話の内容も、ふつうの人と大きく異なったり、奇異であったりすることは少ないので、一見、病気にみえないケースがほとんどです。しかし、強迫観念、強迫行為に苦しんでいるので、周囲の人は、「そんなつまらないことにこだわっていてはダメだ」などと言いたくなることがあります。しかし、強迫観念、強迫行為は、「自分の意志に反して」という部分が特徴であり、やめたいやめたいと思いながら、やめられないでもっともつらい思いをしているのは、当の本人なのです。周囲の人間がそのことを理解しているかいないかで、症状に影響がおよぶので、この理解がもっとも重要な点です。

また、強迫観念が浮かんでくると、不安を解消するために、強迫行為を行ってしまう面があります。強迫行為をむりやりやめるようなことはせず、可能なかぎり受容的な目でみてあげることがたいせつです。

治療

薬物療法としては、クロルプラミンやSSRI（選択的セロトニン再取込み阻害薬）と呼ばれる抗うつ薬が有効とされます。ほかに抗精神病薬などが併用されることがあり、また適宜、さまざまな精神療法も用います。

ストレス因関連障害とは
(Stress-related Disorders)

大きな天災や事故のような強いストレスのあとには、古くは情動まひ、今は急性ストレス反応と呼ばれるさまざまな症状が生じます。あまりにもストレスが強いために、嘆き悲しむというよりは、茫然自失となり、離人感（1026頁）が生じたり、健忘などもおこりやすくなります。しばらく時間がたってから生じるものとしては、心的外傷後ストレス障害などがあります。

心的外傷後ストレス障害（PTSD）
Post-traumatic Stress Disorder

どんな病気か

阪神・淡路大震災のあと、心的外傷後ストレス障害ということばがよく知られるようになりました。これは、大きなショックの直後ではなく、約1か月くらいたって、災害などの直接的危険が去ったあとに生じるものをいいます。PTSDを引き起こすのは、生命に危険がおよぶほどの大きな事故、災害、戦争、拷問などで、自分自身がこのような体験をするだけでなく、人がこのような目にあうのを目撃することでも発症します。

症状

おもに3つの種類があります。1つは、**侵入的想起**、あるいは**再体験**という症状で、心的外傷を受けたときの情景を、あたかももういちどその場に戻ったかのようにありありと体験したり（**フラッシュバック**）、突然その情景がくり返し頭のなかに浮かんだりします。

2つ目は、**回避**、**感情まひ**と呼ばれる症状で、フラッシュバックを引き起こしそうな場所には行けなくなったり、外傷を受ける前とあとでは自分がちがってしまって、人には自分の気持ちが通じない、自分は他の人とちがってふつうの生活は今後もできないと思ってしまいます。

悪夢やちょっとした刺激に大きな反応がおこってしまう「驚愕反応」などの**覚醒亢進状態**が、3つ目の症状です。

これらの症状があると、引きこもり（1003頁）がちとなり、社会生活に大きな支障をきたします。いやな症状から逃れるため、お酒を大量に飲むようになることもあります。

治療

まず、正しく診断がついていることが何よりもたいせつです。大震災など人々の注目を集めるものとはちがって、個人的な自動車事故などでは、本人が黙っていると、症状が見すごされるケースもあります。いやなことを話すのは回避したいという症状のため、医師の前でも心的外傷のことを話さない人も多いのです。

診断がきちんとついたら、食事、睡眠を十分にとり、安心して休養できる環境を整えることが重要です。症状によっては、薬物療法も行われます。

いやな体験を忘れようとすればするほど、その体験がフラッシュバックとなってよみがえる場合は、精神療法（認知療法）などの方法を用います。いやな体験について、つらくても思い出し、語り直すことが必要なケースも多いも

◎身体症状症

検査の結果からは何も異常が見つからないのに、からだの具合が悪いはずだという考えを捨てきれず、こだわってしまう状態のことをいいます。

検査結果に異常がないからといって、本人は、意図的に症状をつくりだしているわけではありません。「わざとやっているんだろう」「どうせ演技だろう」といった態度で本人に対するのは好ましいことではありません。

心気症のほとんどはここに含まれます。また、**身体化障害**という、精神的な問題があるにもかかわらず、そうとは認識されずに、身体症状としてでてきてしまう状態をさす概念もあります。この場合には、身体症状の出現のしかたは、ある程度その人によって決まっています。心臓神経症（1389頁）や、過換気症候群（1313頁）、過敏性腸症候群（1583頁）、神経性頻尿（1753頁）などが含まれます。

のです。

症状が消失するには時間がかかることもありますが、家族はあせらず見守る態度が必要です。「もう忘れなさい」と叱責したり、励ましすぎると、孤立感を強めてしまいかねません。

消防隊員、救急隊員など、大惨事の現場で働く職種の人は、心的外傷後ストレス障害になる可能性が高いのですが、毎日の仕事のあとに、グループミーティングをして気持ちを整理することが予防になるという報告もあります。

適応障害
Adjustment Disorder

どんな病気か

適応障害とは、職場や学校、そして家庭などの生活環境に不適応を生じ、不安や抑うつなどの症状を招くケースをさします。

ただし、うつ病（1011頁）や不安症（1017頁）ほど深刻な状態は呈しておらず、比較的軽い状態といえます。アメリカ精神医学会の診断マニュアル「**DSM-5**」によれば、明らかなストレスに反応して3か月以内に生じ、ストレスが消失してから6か月以内に消失するものとされています。

症状

たとえば、42歳の男性会社員の例では、課長へ昇進したものの、業務量が倍増し、夕方になると疲労、倦怠、憂うつ感を覚えるようになりました。業務にも些細なミスを生じるようになったので、部長に相談して、いったん降格させてもらったところ、まもなく症状は回復しました。

36歳の専業主婦の例では、連日、帰宅の遅い夫が部下の女性と親密な仲であることが発覚。夫は「もう別れた」というものの、疑う気持ちはなかなか拭えませんでした。ふとしたときに「また会っているのではないか」と不安になり、動悸や息苦しさを覚えるようになりました。そこで実家の両親に相談し、結婚記念日に指輪を買ってもらうと、気持ちはだいぶ落ち着いたのです。

治療

第一に環境調整がたいせつです。本人が苦痛を覚えているストレスを特定し、可能なかぎりそれを取除くようにします。その際、職場の上司や学校の教師など、鍵となる人物に援助を要請することも望まれます。適切な援助と対処により、不安は和らぎます。不安や抑うつにともなう苦痛が強い場合には、抗不安薬や抗うつ薬を用います。SSRIと呼ばれる、脳内のセロトニンという神経伝達物質へ特異的に作用し、副作用の少ない抗うつ薬がよく用いられています。症状がある程度落ち着いたら、本人の適応能力・対処能力を高めるようなトレーニングも望まれます。

もっとも効果的な方法は「問題解決」です。ストレスとなった原因を冷静に分析し、現実的で最善の方法を考えます。根本的な解決が不可能な場合は、問題に対する本人の「認知」を修正します。直面している問題に対して、否定的・悲観的にとらえるのではなく、肯定的・楽観的にとらえることにより、困難な状況をむしろ「試練」として乗り越えていこうという前向きな態度をもたらします。そして困難な試練を糧にして、自分の成長・発展につなげられたならば理想的です。

◎慢性疼痛

狭い意味では、身体的原因があまりはっきりしないにもかかわらず、痛みが慢性的につづくものをいいます。この場合は、身体症状症（前頁上段）に含まれ、緊張型頭痛、心因性の腰痛、舌の痛みを訴える舌痛症などがあげられます。

また、広い意味では、身体的な病気がはっきりしているものを含むこともあります。たとえば、がんによる疼痛、帯状疱疹による神経痛、緑内障による疼痛、顎関節症による疼痛、五十肩、肋間神経痛、てんかん発作によるからだの疼痛など、さまざまなものがあげられます。

原因となっている疾患があれば、まずその治療がたいせつです。しかし、完全に疼痛を取去ることは困難な場合が多いようです。そういったときには、痛みを和らげる薬物療法やリハビリテーションと並行して、「症状が多少残り

解離症
Dissociative Disorder

どんな病気か 心理的なストレスがおもな要因となって、意識の連続性がくずれ、普段とはちがう意識状態におちいったり、記憶に障害が生じるケースです。脳血管疾患（脳卒中 921頁）などのときの意識障害とは異なり、自分自身に対する実感が不連続になった状態といえるでしょう。

以前は**解離ヒステリー**と呼ばれ、ヒステリーの概念に含まれていました。ヒステリーは、からだの病気がないにもかかわらず、精神的ストレスなどのあとに、意識障害やまひにみえる症状が現れるケースをさしていましたが、今では使われなくなった用語です。

症状 さまざまなタイプがあります。大きなストレスとなる体験をしたあとに、そのストレスに関する記憶を喪失してしまうケースは、**解離性健忘**といわれます。そのなかの**選択健忘**では、たとえば職場でストレスにさらされた翌日から、職場の場所、名称、役職、仕事内容など、ストレスに関連する事柄のみを思い出すことができなくなります。

衝撃が大きく、自殺を考えるほどの窮地にある場合に、名前、年齢、家族、住所など、自分に関するすべての事柄を思い出せない**全般性健忘**（1027頁上段）となることもあります。このような場合、もとの居住地から失踪して（**解離性遁走**）、新たな場所で新たな名前で生活しているケースがあります。

知能や、新しいことを覚える能力などに問題はなく、記憶はとどめているものの、それを取出すことのできない状態と考えられます。

比較的多くみられるのは、ストレスのあとに一見意識を失ったように反応がなくなる**解離性昏迷**で、数時間から、長いときには数日間寝たままで、反応することができません。

また、いわゆる**多重人格**（**解離性同一症**）では、自分の人格の連続性が失われ、数人のさまざまな人格が交代で出現し、行動を支配します。ストレスに弱くなり、感情が不安定となりやすく、幻覚や衝動行為などの症状もともない、重症の病態であるケースが多いといえます。幼児期の被虐待体験が関係していることもあります。

解離症は、それまで健康に生活してきた人にも、極度のストレス状態、疲労状態で現れることがあります。古くは「シェルショック」といわれる、戦場での心因性のけいれん、失神が知られていました。現代にもよくみられる「**離人感**」というのは、自分のからだがガラスの中に入ったように周囲の実感が薄れる状態ですが、これも軽度の解離症といえます。

解離症は、うつ病（1011頁）や統合失調症（1007頁）といったほかの精神疾患の一部として発症したり、薬物依存（1045頁）や摂食障害（1026頁）などの病気を合併することもあります。

治療 症状に対して直接効果のある薬はまだ開発されていませんが、不安や気持ちの落ち込みをともなうことも多く、薬物療法と心理療法を組合わせて治療が行われます。長期間におよぶので、症状があっても、

ながらも、充実した日常生活を送れるようになる」ことを目標とした、認知行動療法や、心身医学的アプローチが有効なケースもあります。

まず落ち着いて生活できることが目標になります。

心気症（心気障害）
Hypochondriasis

どんな病気か

健康や、心身のちょっとした不調感がひじょうに気になり、「重大な病気にかかったのではないか」「重症なのではないか」という不安が強まり、医療機関でさまざまな検査を受けて異常がないことが確認されたあとも不安が解消されない状態を「心気的」といいます。

ふつうの心理状態であっても、性格的に「病院嫌い」「薬嫌い」の人はいます。逆に健康に不安を抱きやすい人もいます。一般的に、高齢になるにつれて健康に対する自信は低下するので、より心気的傾向になるものです。

からだに対する不安があまりに強くなって、日常生活にいろいろな支障をきたすとき、普段の心理状態を超えた「心気症」の可能性があります。

心気症におちいると、からだの不調感に1日中とらわれてしまい、医療機関で異常がないと診断を受けて、医師からくわしく説明を受けても、不安は拭えず、いくつもの医療機関や診療科をかけもちで受診するケースがよくみられます。生活が通院で占められてしまい、ほかのことをする余力がなくなってしまう人もいます。

心配の対象となる症状はさまざまですが、皮膚の違和感、食物の飲み込みにくさ、動悸、めまい、腹痛、頭重感、頭痛、しびれ、震え、便秘、下痢、発汗、耳鳴りなどがあげられ、症状が入れかわったり、あるいは同時にでてくるケースもみられます。

心気症は、うつ病（1011頁）や統合失調症（1007頁）といった精神疾患の一症状のこともありますが（二次性の心気状態）、からだに対する不安のみで単独に出現して、ほかの症状を認めないときには病気不安症と診断されます。

▼対処法　心気症になると、周囲の人や医療者に対してからだの不調と病気の不安を訴えつづけます。検査で異常がないから大丈夫だといくら説得しても、それはつづきます。

訴えを聞く家族も疲弊し、気持ちが落ち込んだり、納得してくれない本人に対して怒りがこみあげたりします。

心気症では、日常生活での挫折、トラブル、孤立状態で現れ、身体症状にかかわることでさらにほかのことができなくなり、自信をなくして、自分の殻に閉じこもるようになってしまいます。気がつくと、本人とは症状以外のことを話さなくなっていたりします。

むりに説得しようとせず、孤立していないことを理解してもらい、日常の気持ちを話してもらうことがたいせつです。長い目でみて、ともにトラブルを解決していくように協力できると、感情が落ち着いてくるものです。

治療

軽症の場合は、抗不安薬などでよくなることもあります。背景にうつ病など、ほかの精神疾患があるときは、その治療が必要です。中等度以上の心気症は治りにくいケースも多いので、気長に構えることがたいせつです。精神療法に薬物療法を組合わせて治療を行います。

離人症（離人症性障害）
Depersonalization Disorder

どんな病気か

離人症とは、自分の内界や外界、または自分のからだに関する感覚に変化が生じ、それらに対して疎外感や非現実感を覚えたり、生きている実感が喪失して感じられる状態です。離人症の症状が前面にでていて、人格の変化などのほかの症状がみられず、発病に際してなんらかの原因があり、神経症（1016頁）に含まれると判断されたとき診断されます。

ＤＳＭ‐５では、**離人感・現実感消失症**といいます。

症状

自分の内界に変化が生じると、「感情がなくなってしまった」「自分が自分でない感じがする」といった症状が現れ、外界に変化が生じると「周りの世界がベールで包まれている」といった症状になります。からだにかかわる感覚が変化するときは「自分のからだが他人のようで実感がなくなった」「感覚が鈍くなった」などと感じられます。

比較的女性に多く、思春期以降にみられますが、ほかの神経症に比べてまれです。

治療

離人症に対して直接効果をもつ薬はありませんが、治療は薬物療法と精神療法を組合わせて行われます。初めは離人症と診断されても、のちにうつ病（1011頁）や統合失調症（1007頁）などが明らかになるケースもみられます。

摂食障害
Eating Disorder

どんな病気か

一般に**拒食症**といわれている**神経性やせ症**、**神経性過食症**など、身体的な病気がないのに食事がとれなかったり、逆に食欲のコントロールができずに食べすぎてしまう病気を総称して、摂食障害といいます。

なにかショックなことがあって、食欲が一時的に落ちたり、逆にやけ食いをしてしまったりするのは多くの人にみられる現象ですが、摂食障害は、たんなる一過性の反応でなく、かなり長い間、食事に関する問題がつづき、しかも体型や体重に対する強いこだわりがあるのが特徴です。

▼神経性やせ症（神経性食欲不振症）

神経性やせ症では、節食や激しい運動などにより、適正な体重の15％以上のやせがみられ、月経も止まります。それだけやせても、もっとやせたいと思ったり、少しでも太ると自分は醜いと思いつめるなど、体重しだいで自己評価が大きく左右されるので、毎日の生活が、体重の心配を中心に回るようになってしまいます。

本人は十分食べているつもりでも、食事の内容が野菜などに偏っていて、必要な栄養を満たしていないことがよくあります。食事量が少ないと胃腸の動きが悪く、便秘になりやすいため、つねに腹部膨満感があり、ますます食事量が減ってしまいます。

摂取する栄養が少ないと、貧血（酸素をからだの隅々に運ぶ赤血球が少ない状態となり疲れやすい）、白血球減少（感染しやすくなる）、低血圧、低体温などさまざまな弊害がでます。手

◎全般性健忘　解離症状のひとつで、自分の名前や年齢、生育史、家族など自分個人に関する記憶をすべて失ってしまうケースです。多くの場合、本人に耐えきれない強いストレスがきっかけとなって突然生じます。

大きな事故などが絡んでいる場合は、頭部外傷後の脳震盪などによる記憶障害も加わり、複雑な病状になることもあります。

狭義には、純粋に心理的原因のみで生じ、自分に関連する記憶だけを忘れているケースをいいます。

記憶の手がかりになるものに少しずつ接触させていくといった方法で回復をはかります。比較的短期間で速やかに回復することが多く、再発はまれです。ただし、精神的苦痛のために健忘を生じているのですから、記憶回復後、うつ状態や希死念慮（自殺願望）を生じることもあるので、家族は注意が必要です。

のひらが黄色くなったり、体毛が増えたり、頭髪が抜けることもあります。低体重がつづくと、女性ホルモンが分泌されにくくなり、若い女性でも閉経後の女性と同じようなホルモン環境になるので骨粗鬆症（1884頁）を招きやすいといわれています。

▼神経性過食症　過食症では、短時間の間に大量の食物を食べてしまいますが、これがたんなるやけ食いとはちがうのは、背後に、拒食症と同じく、「やせていないと自分は醜い」という思い込みがあることです。そのため過食のあと、うつ状態におちいったり、体重をもとに戻すために自分で嘔吐したり、下剤を必要以上に使ったりします。症状が重い時期には毎日、1日中、過食、嘔吐をくり返す状態になります。

拒食症による栄養失調の状態が長くつづいたあとに、過食症になることもあります。過食だけでなく、お酒を飲みすぎたり、その他の薬物乱用が同時にみられるケースもあります。

過食症の人の体重は、嘔吐や下剤乱用の程度によりさまざまですが、かなり低体重になった場合は、拒食症と同様の合併症への注意が必要です。

嘔吐や、下剤を大量に使っていつも下痢をおこしている場合は、胃液・腸液とともにカリウムが大量に失われ、低カリウム血症（1532頁）になります。心臓はカリウムの値に敏感で、不整脈などをおこしやすく、注意が必要です。慢性的に嘔吐していると、歯のエナメル質が失われたり、唾液腺炎になることもよくあります。

治療　精神面の治療とともに、からだの治療を行います。外来では、精神療法、家族療法などとともに、さまざまな検査をしたり、栄養士による栄養指導を行います。必要に応じて、婦人科や内科などとも連携をとりながら治療を進めます。

体重低下が著しい場合や、抑うつ感や希死念慮（自殺願望）が強い場合は、入院治療をすることもあります。

摂食障害は食事に絡む症状なので、他の家族に対してもストレスをおこしやすい疾患です。家庭内のストレスがひじょうに大きい場合は、やはり専門家に相談し、本人の課題と家族の課題をはっきりさせ、少しずつ解決していくほうがよいでしょう。

神経性やせ症の診断基準（DSM-5 1019頁）

神経性やせ症の診断基準として、３つの項目があげられます。

①必要量と比べてカロリー摂取を制限し、年齢、性別、成長曲線、身体的健康状態に対する有意に低い体重に至る（有意に低い体重とは、正常の下限を下回る体重で、子どもまたは青年の場合は、期待される最低体重を下回る）。

②有意に低い体重であるにもかかわらず、体重増加または肥満になることに対する強い恐怖、または体重増加を妨げる持続した行動がある。

③自分の体重または体型の感じかたの障害、自己評価に対する体重や体型の不相応な影響、または現在の低体重の重大さに対する認識の持続的欠如がある。

パーソナリティと障害

◎境界例（ボーダーライン）

境界性パーソナリティ障害とも呼ばれます。表面にでている症状はうつや過食などでも、よく観察すると、境界例の特徴が基盤にあるケースがよくみられます。

境界例の人は、対人関係上の不安定さが目立ちます。ある時期は、特定の人をひじょ

パーソナリティ障害
Personality Disorder

【どんな病気か】

健康な人でも性格上の特徴や偏りをもっており、それが個性をつくっていますが、その偏りが大きすぎると、不適応をきたすことがあります。

性格の分類にはさまざまなものがあります。一般によく知られている血液型や星座などによる分類は、科学的にはあまり意味がありません。しかし、性格を総合的に判断するのは、科学的にもたいへんむずかしいものです。過去には、やせ型は分裂気質、肥満型は循環気質、筋肉質の闘士型はてんかん気質というように、体型と気質を結びつける考えかたもありました。

最近は、対人関係や社会適応に重点をおいて判断し、不適応をきたしやすい場合を**パーソナリティ障害**（**人格障害**）と呼んでいます。

「人格」障害といっても、欠陥人間や犯罪者という意味ではありません。

精神症状ではなく、対人関係などのありかたで定義されるので、「パーソナリティ」障害と呼ぶのです。それは長くつづくものです。思春期以降明らかになり、成人期を通じて、本人にとって、職業的にも、社会的にも、日常生活面でも大きな困難をもたらします。種類によっては、本人より周囲の人たちが困難を感じることもあります。

種類としては、**猜疑性パーソナリティ障害**、**シジイドパーソナリティ障害**、**統合失調型パーソナリティ障害**、**演技性パーソナリティ障害**、**反社会性パーソナリティ障害**、**自己愛性パーソナリティ障害**、**境界性パーソナリティ障害**、**強迫性パーソナリティ障害**、**依存性パーソナリティ障害**、**回避性パーソナリティ障害**などが知られています。

また、その人の属している社会の価値観によっても、ある種のパーソナリティ障害を受け入れにくかったり、寛容だったりするといった特徴がみられることがあります。

パーソナリティ障害の種類

種類	おもな特徴
猜疑性パーソナリティ障害	他人が悪意をもっていると思い、懐疑的になる。
シジイドパーソナリティ障害	感情表現が少なく、人間関係が希薄になる。
統合失調型パーソナリティ障害	極端に迷信深かったり、奇妙な言動が目立つ。
演技性パーソナリティ障害	他人の注意を引こうとし、感情表現も誇張される。
反社会性パーソナリティ障害	人をだましたり、暴力をくり返す。法律や道徳の無視。
自己愛性パーソナリティ障害	自分を特別と感じたり、他人からの賞賛を求める。
境界性パーソナリティ障害	人間関係や感情が不安定、衝動的な行動。
強迫性パーソナリティ障害	極端な几帳面さで、人間関係も犠牲にしてしまう。
依存性パーソナリティ障害	他人任せであったり、人からの支持を強く求める。
回避性パーソナリティ障害	人からの批判や否定を恐れ、極端な引っ込み思案になる。

うに理想化したかと思うと、ちょっとしたきっかけで同じ人を急に蔑んだりします。ひとりでいることに強い苦痛を覚え、いつも誰かといっしょにいようとしますが、安定した人間関係は築けません。他人に対してだけでなく、自己評価も浮き沈みが激しく、気分も変わりやすいのが特徴です。仕事や学業も、うまくいく時期とそうでない時期の差が大きいことが多いのです。急に自己嫌悪におちいると、リストカット、大量服薬、大量飲酒、過食などの衝動行為が生じることがあります。

◎狭義の放火症

なんらかの精神障害によらず、金銭的利益、犯罪行為の隠蔽、怒りまたは報復の表現、生活環境の改善などの結果として行われる放火を除いたもので、感情的興奮を求めて放火してしまう病的な状態をさします。

治療

パーソナリティ障害そのものの治療を希望して精神科を受診するケースは多くありません。

パーソナリティ障害の人は、生活上の変化やストレスに弱いことが多いので、うつ病（1011頁）や摂食障害（1026頁）などの精神症状を現し、その時点で初めて精神科を受診することが多いものです。

性格や人格を変えるというのはたいへん困難なことで、少しずつ適応できるよう援助するだけでも長い時間がかかります。

ただし、パーソナリティ障害の人にみられる不安、衝動性などには薬物療法が有効な場合もあります。

少しずつセルフコントロールができていくように気長に治療をつづけ、社会生活も広げていく必要があります。

●家族の対応

パーソナリティ障害の人は、治療についても非現実的な、過大な期待をもったり、少しでも期待が裏切られると治療を放棄したり、病院を転々としたりしがちです。

継続的に治療をつづけることが望ましいのですが、それが困難な場合は、少なくとも何か精神的変調や小さな危機があったときは早めに精神科を受診してください。こういう場合に大きな危機にならないよう、援助を受けることについては主治医とも家族とも、あらかじめ意見を一致させておくようにしましょう。

詐病／虚偽性障害
Malingering / Factitious Disorder

どんな病気か

一般に「仮病」ということばがありますが、仕事や試験、兵役を避ける、刑事訴追から逃れるといったように、明らかに何か目的があって、意図的に病気の症状をつくりだすケースを医学的には**詐病**といいます。からだの病気だけでなく、精神の病気の真似をする人もいます。

いっぽうで、自ら症状をつくりだしては、病院で検査を受けたり、救急外来を受診することをくり返す人がいます。病気はないのに急性の腹痛を訴えて手術を要求したり、入院後、点滴の中に汚物を混入して高熱をだしたりします。このようなケースを**虚偽性障害**と呼びます。詐病のような明らかな目的はなく、ただ「病院の患者」になりたいために、このような行動が現れるのです。

ＤＳＭ‐５では**作為症**といいます。

身体症状を長年にわたって産出しつづける場合は、ドイツの小説『ほらふき男爵（ミュンヒハウゼン男爵）の冒険』にちなんで、**ミュンヒハウゼン症候群**とも呼ばれます。

子どもに不必要な薬を与えて、体調を悪くさせ、救急病院に連れて行くなど、子どもを病気にさせる親もおり、小児虐待の亜型ともいえるでしょう。

治療

詐病の場合は、その症状が役に立たなくなった時点で、症状は消失します。

虚偽性障害の場合は、病院への入退院がライフスタイルになっているケースが多いので、早めに診断を下し、無意味な検査や試験開腹などをしないことがまず大事です。

◎**多重人格**

1人の人のなかに、いくつかの人格が存在する状態です。健康な人でも「よい自分」と「悪い自分」がいるように感じられることは、まれではありません。これらは部分的なものであって、2つの間には連続性があるのがふつうです。

多重人格という場合には、それぞれの人格が独立し、交代して出現するので、「A人格が行動している間に経験したことをB人格は知らない」といった現象がおこります。

最近の研究では、小児期に身体的虐待や性的虐待を受けることが原因になると考えられています。いくつかの人格があっても、おもな人格が1人いるのがふつうで、この人格が抑うつ感や不適応感を覚えて精神科を受診し、よく調べると多重人格であったというケースもみられます。小説や映画では多重人格と犯罪性がよく結びつけられますが、明白な根拠はありません。

ギャンブル依存症
Pathological Gambling

どんな病気か

職業的、社会的、家庭的に破綻をきたしているにもかかわらず、強い誘惑・衝動にかられて持続的にギャンブルをくり返す病的な状態をさし、**病的賭博**ともいいます。経済的にも破綻をきたしやすく、犯罪に結びつくケースもみられます。女性より男性に多いとされ、ギャンブルの種類は多岐にわたりますが、日本ではその文化的特徴として**パチンコ依存**の存在が指摘されています。

治療

趣味や社交としての一定限度のギャンブルは社会で容認されているので、賭博常習が病的か否かという線引きはむずかしく、本人も自分が病気であるとなかなか認識できずに治療は困難をともないます。治療導入に際しては、家族や周囲の人の協力が不可欠です。衝動制御の障害とされていますが、「嗜癖の問題とすべき」という意見もあります。

治療は、アルコール依存症（1043頁）や薬物依存（1045頁）同様に「嗜癖モデル」（自助努力を中心に置く治療的アプローチ）としての本人および家族への介入、教育や集団療法が行われ、自助グループとしてGA（Gamblers Anonymous）が活動しています。認知行動療法も有効とされます。

窃盗症（病的窃盗）
Kleptomania

どんな病気か

衝動にかられるままに窃盗をくり返してしまう病的な状態をさします。ほとんどが**万引き**で、経済的に困窮して引き起こされる窃盗とはちがい、動機にとぼしく、盗品はさしあたり必要としないような物品で、それを購入するだけの金銭は所持していることも多いとされます。盗みによる利益よりも、窃盗の行為自体を求めてしまう病理があると思われます。

衝動制御の障害と考えられ、男性よりも女性に目立ちます。

治療

SSRI（セロトニン再取込み阻害薬）を用いた薬物療法や認知行動療法が行われます。窃盗は犯罪なので、適切に治療を行わないと犯罪者を増やす結果となります。

放火症（病的放火）
Pyromania

どんな病気か

狭義では、放火に対する好奇心や興味から感情的興奮を求めて実行してしまう病的な状態をさします。消火設備や消火活動に興味をもち、しばしば放火の通報者や見物人になったり、自ら消火活動を手伝ったりすることもあります。しかし、狭義の放火症に該当する人は少なく、その存在さえも否定する意見があります。

連続放火の背景に精神障害が考えられる場合（広義の放火症）は知的能力障害（601頁）、統合失調症（1007頁）、躁病（1011頁）、アルコール関連障害（1043頁）、反社会性パーソナリティ障害（1028頁表）などがひそむことが多く注意が必要です。

治療

衝動制御の障害とされますが、症例が少なく、治療は確立されているとはいえません。

こころの病気とからだの病気

◎精神神経免疫学

従来、心身症などにおけるこころとからだの関連を理解するためのアプローチは自律神経系と内分泌系に関するものが主流でした。近年では免疫系に焦点をあてた研究が急速な成果をあげており、この分野を精神神経免疫学と呼びます。

脳細胞と免疫細胞（白血球、リンパ球、ナチュラルキラー細胞など）は、元来、同一の

こころの病気とからだの病気

◇体因性精神障害とは

統合失調症や神経症など、脳にもからだにも明らかな病変がみられない精神障害を**機能性**（**内因性**、**心因性**）**精神障害**と呼ぶのに対して、脳あるいはからだが原因となっておこる精神障害を**体因性精神障害**と呼びます。体因性精神障害は、2つに分けられます。

●器質精神病

精神症状をおこす脳の病気のことを器質精神病と呼びます。頭部外傷、髄膜炎、脳炎、脳血管疾患（脳出血、脳梗塞、くも膜下出血などのいわゆる脳卒中 921頁）、脳腫瘍、パーキンソン病、神経梅毒、認知症［アルツハイマー病（945頁）、脳血管性認知症（944頁）］などの病気があります。

●症状精神病

精神症状をおこす全身性の病気を症状精神病と呼びます。さまざまな感染症、内分泌の病気、肝臓病、糖尿病、血液の病気、膠原病（2014～2046頁）などがあります。

◇おもな症状

器質精神病、症状精神病いずれの場合でも、病状経過を急性期と慢性期に分けることができます。

▼急性期の症状　意識障害がおもな症状です。重症の場合は昏睡状態や傾眠状態（刺激を与えないと眠ってしまう状態）となります。

意識障害の程度が回復するにしたがって、運動不穏（暴れたり騒いだりする状態）とともに幻覚や妄想の現れるせん妄状態、アメンチア（当惑をともなうせん妄状態のこと）、もうろう状態、錯乱、あるいは健忘症候群（記銘力障害、追想障害、作話、見当識障害をともなう認知症様の状態）など、さまざまな状態がみられます。

さらに意識の回復が進むと、**通過症候群**と呼ばれる状態をみることがあります。これは意識障害をほとんどともなわない種々の精神症状のことです。全般的な精神機能の低下、抑うつ、感情鈍麻、意欲低下、幻覚妄想、興奮、攻撃性などがみられます。神経症、うつ病、統合失調症などと区別がつきにくい場合があります。

頭部外傷に関しては、脳挫傷では受傷直後から意識混濁が始まり持続するのに対して、硬膜下血腫では受傷直後の意識消失のあと、数時間から1、2日の意識清明期を経て、その後再び脳圧迫による意識混濁が始まることが多いといわれています。また、高齢者においては、頭部打撲後、徐々に硬膜下血腫を生じて、1～3か月後に神経症状や精神症状をみることがあるので注意が必要です。

なお、頭部外傷では、受傷前後の出来事だけでなく、受傷以前にさかのぼって一定期間の出来事が思い出せなくなる場合があり、これを**逆行性健忘**と呼びます。

▼慢性期（後遺症期）の症状　急性期の症状が容易に回復せず、認知障害、人格変化、巣症状（次頁）、自律神経症状、神経症・精神病様症状などとな

システムに属していたものが進化の途上で分化したという説があり、これを裏づける数々の知見が提出されています。また、免疫系に固有の伝達物質であるとみなされていた種々の物質（インターロイキン、インターフェロンなど）が脳の視床下部に直接作用してさまざまな精神症状をおこすという報告もあります。そして、脳内固有の伝達物質とされていた物質（アセチルコリン、アドレナリン、脳内麻薬様物質のエンドルフィン、エンケファリンなど）が、免疫細胞に直接的に作用して、その活性を強めたり弱めたりすることもわかってきました。

臨床場面では、たとえば、うつ病の人にがんの発生率が高いという報告は、枚挙に暇がないほどですが、これを精神神経免疫学的観点から裏づける研究があります。うつ病の人ではリンパ球やナチュラルキラー細胞の活性の低下が証明され、これは脳が分泌する免疫抑制物質のためではな

って固定した状態で、回復不能の脳障害が残ったことを意味します。

これらはあらゆる体因性精神障害に共通の病状経過ですが、各疾患に特異的な精神症状をつぎに述べます。

◉器質精神病の症状

頭部外傷、脳血管疾患、脳腫瘍など、脳の損傷が特定の部位に存在する場合には、それに対応する手足や顔面のまひ、知覚障害、発語障害、嚥下困難などの神経症状が現れます。また、それと並行して失語（自発言語が障害される運動失語、言語理解が障害される感覚失語など）、失行（運動障害が存在せず、行うべき動作を十分知っていながらそれを遂行できない状態）、失認（たとえば、物体を見ることはできてもそれが何であるかを認知できず、触ったり音を聞いたりして、初めて認知が可能となる視覚失認など）といった**巣症状**をみることがあります。これらはそれぞれ、脳の側頭葉、頭頂葉、後頭葉に特異的な症状であると考えられています。また、前頭葉が障害を受けた場合、自発性の低下、感情鈍麻、人格変化などが出現することがあり、**前頭葉症候群**と呼ばれています。後頭葉や脳幹の障害で幻視を見たり、側頭葉の障害で種々の幻覚（幻聴、幻味、幻嗅など）を生じる場合もあります。

パーキンソン病では、精神活動の遅鈍化、認知症、うつ状態、性格変化、幻視などが現れることがあります。また、神経梅毒（脳梅毒）は感染後10～15年たって発症し、認知症、人格変化（上機嫌、無恥、脱線行為など）を生じます。

◉症状精神病の症状

症状精神病に関しては、とりわけ内分泌疾患において疾患特異的な症状をみることが多いといわれています。急性期の意識障害（せん妄など）は、すべての疾患に共通ですが、通過症候群のレベルでいろいろな特徴がみられるのです。

甲状腺機能亢進症（バセドウ病）では、精神機能も亢進する方向へと変化がおこり、不安、焦燥、気分不安定をはじめとして、躁状態、うつ状態、関係妄想、被害妄想などが現れることがあります。これに対して、甲状腺機能低下症では、認知障害、自発性低下、集中力の低下など、精神活動の不活発化がおこります。

副腎皮質機能亢進症（クッシング症候群）や副腎皮質機能低下症では抑うつ気分、意欲低下、性欲低下、不安、焦燥、気分不安定など、気分と欲動の変化がおもな症状です。なお、副腎皮質ホルモン（ステロイド）剤の慢性使用による副作用として、躁状態や幻覚妄想状態となることがあります。

糖尿病では、うつ状態や気分変化などをともなうともいわれています。

女性ホルモンの分泌異常に関しては、月経の前後に感情不安定や抑うつなどを呈する月経前症候群（PMS 867頁）、出産にともなってうつ状態や幻覚妄想状態が出現する産褥期精神障害（896頁）、マタニティブルー、そしていわゆる更年期障害（870頁）では抑うつ気分や感情不安定がみられます。このほか、副甲状腺、下垂体疾患でも種々の精神症状がおこる可能性があります。また、慢性の人工透析患者に抑うつ、人格変

いかと考えられています。また、インターロイキンと消化性潰瘍の関連を示唆する報告があるほか、さまざまな心身症に関して精神経免疫学的なアプローチが進行中です。

◎サイコオンコロジー（精神腫瘍学）

サイコオンコロジーとは、がん患者の病状経過に対する社会的・心理的影響を研究する学問分野のことです。従来は末期医療と関連づけられることが多かったのですが、近年は、患者の生活様式、ストレス、性格などの因子ががんの発生、進行とどのような関係があるかという問題へと関心が移行しつつあります。

がん患者に対する身体的治療と並行して、心理面からの積極的アプローチ（レクリエーションの活用など）が重視されます。うつ病とがん発生率の関連のように、サイコオンコロジーは精神神経免疫学における重要な一分野です。

化などを生じることがあります。

なお、ＩＣＵ（集中治療室）に収容されている術後の人にせん妄、錯覚、幻覚、見当識障害などの精神症状が出現することがあり、**ＩＣＵ症候群**と呼ばれています。原因には麻酔の影響、脳の循環障害、外界との接触がないこと、睡眠障害などがあげられます。対策として、速やかに一般病室に移す、入眠薬を用いた十分な睡眠、スタッフと患者との心理的接触、家族との面会時間の増加などが必要となります。

◇どのように対応すればよいか

体因性精神障害に関しては原因疾患の治療が先決ですが、その間、精神科医による薬物療法や心理療法が必要となることがあります。一般に、身体疾患の場合でも患者は種々の心理的問題を抱えており、精神科医の助けを受ける機会が少なくありません。このように、精神科医が一般科の医師と連携しながら治療に参加することは**リエゾン精神医学**と呼ばれ、心身症でも行われています。

心身症
Psychosomatic Disorder

どんな病気か

心理的な原因によって、特定の器官に限定されて身体症状が現れる疾患を、心身症と呼んでいます。これらの疾患を発生器官別に分けてみます。

▼**呼吸器系**　気管支ぜんそく、過換気症候群（心因性呼吸困難）など。

▼**消化器系**　反復性腹痛、周期性嘔吐、過敏性腸症候群（便秘、下痢など）、消化性潰瘍、神経性やせ症、神経性過食症（摂食障害　1026頁）など。

▼**循環器系**　心臓神経症（頻脈発作）、高血圧症、狭心症など。

▼**泌尿器系**　神経性頻尿、夜尿症など。

▼**知覚・運動系**　知覚・運動まひ、書痙、痙性斜頸、チック（952頁上段）など。

書痙とは、精神緊張によって手や指が一時的に硬直して、字が書けなくなることです。**痙性斜頸**は、精神緊張によって片方の頸部筋が硬直しつづけ、くびが反対側に傾斜することで、病変のある側の頸部筋に明らかな肥大がみられる場合もあります。

▼**内分泌系**　甲状腺機能亢進症、糖尿病など。

▼**皮膚**　アトピー性皮膚炎、じんま疹、円形脱毛症など。

▼**その他**　頭痛（とりわけ緊張型頭痛）、めまい、睡眠障害（不眠症　1035頁）など。

一般には身体疾患として扱われる病名が多くみられますが、患者の病歴を詳細にみると、日常生活における行動パターンや精神面の歪みが病気の発生と悪化に深く影響していると考えられるケースがあります。

こうしたさまざまな疾患は、精神疾患としての色彩が濃厚なもの、身体疾患としての色彩が濃厚なものという2群に大別できます。つまり、過換気症候群や心臓神経症など、組織病変をともなわない「機能性」の障害は精神疾患に近いものに、消化性潰瘍や狭心症など、組織病変をともなう「器質性」の障害は身体疾患に近いものに相当します。

狭い意味での心身症といえば、身体疾患に近いものをさす傾向があります。

◎プリオン

イギリスでは昔から、ヒツジやヤギの間に伝染するスクレイピーという病気が知られています。全身の震え、歩行障害などの多様な神経症状を現し、数か月の経過で死にいたる原因不明の奇病です。その脳を解剖すると、まるでスポンジのようにみえます。以前、問題になった**BSE**（**牛海綿状脳症**）は、スクレイピーに感染したヒツジの内臓を用いた飼料が原因といわれています。かつてニューギニアの原住民間に流行したクールー病、初老期認知症のひとつであるクロイツフェルト・ヤコブ病（962頁）でもスクレイピーと同様の神経症状と脳の解剖所見、感染性がみられます。この感染性は、ウイルスによるものではなく、プリオンという特殊なたんぱく質が媒介物質であるといわれています。プリオンは感染動物の脳、肺、脾臓などに蓄積され、消化酵素や熱に強い性質があります。

とくに、精神疾患に近いものでは、不安が身体症状を引き起こし、その身体症状がさらに不安を増すという神経症的な悪循環の構造がみられます。

しかし、いずれにしても心身症は、精神疾患にも身体疾患にも分類できない、一種のグレイゾーンに位置するといえます。

原因

心身症は、精神面の葛藤や歪みが抑圧され、身体的に表現されたものとして理解できますが、身体症状ばかりが目につき、その根底にある心理的なものが容易にはみえてこないということが、心身症一般に共通の特色です。

すなわち、心身症の人は、自己の精神的葛藤やストレス、あるいは身体的不調を自覚したり言語化したりするのが不得意であり、社会生活に対して過剰な適応状態にあるといわれています。

このような心理的特性を**アレキシサイミア**（**失感情症**ないし**失体感症**）といいます。ふつうの人なら音をあげるようなストレス状況にあっても、不平ひとつもらすことなく、人一倍体力に自信があり、バイタリティーにあふれているといったタイプの人が、突然、狭心症や消化性潰瘍に倒れるというような場合が身近な例です。

このように、自分自身のからだをかえりみず、目的に向かって一直線に邁進する行動パターンはA型行動とも呼ばれ、自覚されないまま蓄積したストレスが自律神経系や内分泌系の失調を招きます。消化性潰瘍に関していえば、胃酸や副腎皮質ホルモンが過剰に分泌され、これらが胃や十二指腸の粘膜に障害をおこすというメカニズムが考えられます。

治療

本人は自分の病気を純粋な身体疾患であると思い込んでいる場合が多いので、治療としては、まず身体面の治療を重視します。そして徐々に患者自身の内面に注意を促していきます。その結果、患者は自己の行動パターンや、さらに根本的な心理的葛藤や性格構造の偏りを自覚し、それをただす契機とすることができるわけです。

これは、神経症やうつ病などの精神疾患に対する一般的な精神療法に準じたやりかたですが、アレキシサイミアという心理特性を基盤にもつ心身症に対しては、このような言語的・内面的アプローチよりも非言語的・体験的アプローチのほうが有効であるとする考えかたもあります。

これには、身体的緊張の自己コントロールを学習する自律訓練法、ストレス状況に実際に直面することを通して異常な身体反応を除去する系統的脱感作法などの行動療法、あるいは症状をもったまま行動することの実践によって症状への執着を断つ森田療法（1050頁）などがありますが、緊張型頭痛、痙性斜頸、書痙などに対しては筋電図を用いながら筋緊張の自己コントロールを学習するバイオフィードバックという方法もあります（1051頁）。

また、これらの治療と並行して、緊張を和らげ、気分をひきたてる目的で、抗不安薬や抗うつ薬などの向精神薬が用いられますが、眠け、口の渇き、便秘などの副作用が現れる場合があるので注意が必要です。

第1章―第10章
生活習慣病
がん（悪性腫瘍）
子ども
女性
脳・脊髄・神経
こころ
目
耳・鼻・のど
歯・口腔
呼吸器

睡眠障害

不眠障害
Insomnias

どんな病気か

睡眠障害（次頁上段）のひとつのタイプで、睡眠が不足するものです。これはもっともありふれた病気のひとつです。

症状

入眠困難（横になってもなかなか寝つくことができない）、**中途覚醒**（睡眠の途中で目が覚めてしまう）、**早朝覚醒**（早朝の暗いうちに目覚める）、**熟眠感欠如**（眠りが浅く熟眠感がない）などがあります。

　これらの不眠症状が持続性に現れ、本人や家族の人々に対して、著しい苦痛を与えたり、社会生活や仕事のうえで著しい機能障害をもたらしたりする場合に、不眠症と診断されます。

原因

物理的環境因子（騒音、高温、高所など）、化学物質（アルコール、カフェイン、覚醒剤など）の使用などが不眠症の原因になります。また、こころの病気（神経症、気分障害、統合失調症など）、神経の病気（認知症、脳血管疾患、脳腫瘍など）、その他のからだの病気（内分泌疾患、代謝性疾患、がんによる疼痛など）にともなう不眠症もあります。

　このように、特定の物理・化学的原因やさまざまな病気により二次的に発生する不眠症を**二次性不眠症**と呼びます。いっぽう、原因がはっきりせず、不眠のみをおもな症状とするものは、**一次性（原発性）不眠症**と呼ばれます。

検査と診断

診断、原因を確定するためには、精神医学的な診察や検査、脳や神経系の検査、さまざまな身体的検査を行い、薬物、アルコールの使用歴や環境についても調べます。

また、睡眠を客観的に検査することが必要な場合には、睡眠ポリグラフィ（1039頁上段）を行います。この検査により、ノンレム睡眠、レム睡眠を含む睡眠の量的・質的特徴がわかります（下図）。

治療

原因がはっきりわかっている場合には、その原因の除去が重要です。さらに、次頁の「日常生活の注意」を試みてもつづく場合には、不眠症の治療が必要になります。

たとえば、睡眠薬を用いた薬物療法、自分で体調をコントロールする自律訓練法、バイオフィードバック法（1051頁）などにより、リラックスを促進させます。

　睡眠薬は恐いと思っている人がいますが、最近は副作用が少なく、快適な睡眠のとれるベンゾジアゼピン系睡眠薬などが数多くあります。専門医と相談し、その指導のもとで適切な薬物を適量服用することをお勧めします。

健康な成人の夜間睡眠経過図

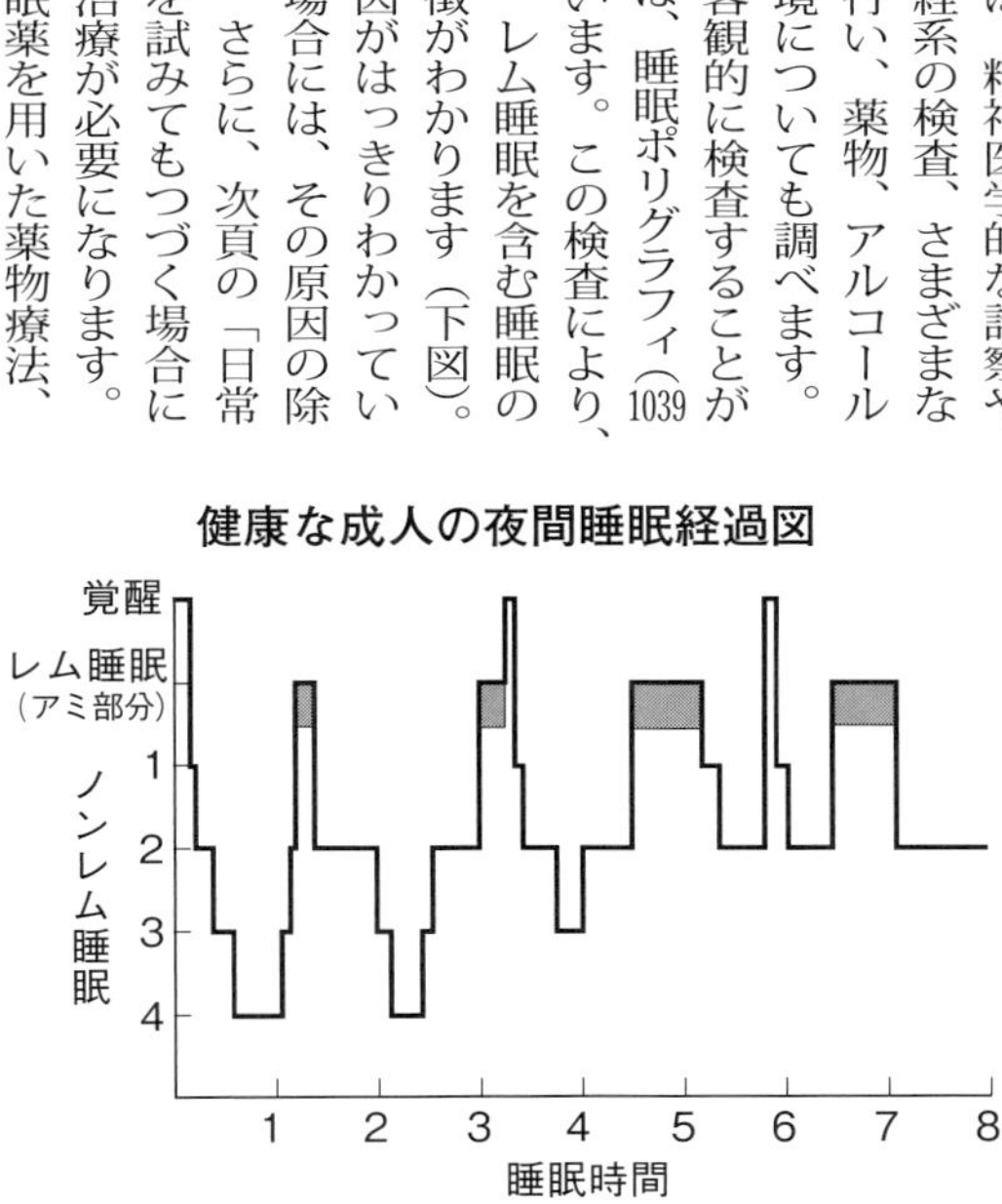

◎睡眠障害

睡眠の障害には、**不眠障害**（睡眠が不足するもの）、**過眠障害**（睡眠が過剰となるもの）、**概日リズム睡眠・覚醒障害**（睡眠と覚醒のリズムが乱れるもの）、**睡眠時随伴症**（睡眠中に異常行動をともなうもの）などがあります。これらは互いに相ともなって出現することがあります。

また睡眠時無呼吸低呼吸症候群やレストレスレッグス症候群なども睡眠障害に含まれます。

◎オレキシン

神経伝達物質のひとつ。脳内の視床下部にあるオレキシン神経で産生される覚醒物質です。覚醒・睡眠の制御や摂食行動の促進作用があると考えられています。

◎レム睡眠とノンレム睡眠

睡眠にはレム睡眠とノンレム睡眠があります。レム（R

日常生活の注意 昼間に適度な運動や日光浴を行う、昼寝を避ける、飲酒は適量以下とし、飲みすぎないようにする、夜はコーヒーやお茶などを控え、リラックスを心がける、寝室の明るさ・温度・湿度を調節し、必要に応じて遮光カーテンなどを使用する、からだに合った枕や寝具を選ぶ、眠れなくても就寝、起床時間をある程度固定し、規則的な生活を送るように心がけるといった点に留意しましょう。

過眠障害／ナルコレプシー
Hypersomnia / Narcolepsy

どんな病気か 睡眠障害（上段参照）のひとつで、睡眠が慢性的に過剰となるものです。また、過眠障害のなかで、とくに病態がよくわかっているものに**ナルコレプシー**（**居眠り病**）があります。

症状 過眠障害には、昼間の眠けが強く、よく居眠りをする、あるいは夜間の睡眠が長く、朝なかなか起きられないなどの症状があります。

夜は不眠がみられ、昼間は眠けが強い場合のように、必ずしも対立するものではありません。

ナルコレプシーの基本的症状は、第1に、日中の強い眠けによる居眠りや睡眠発作、第2に情動脱力発作です。

睡眠発作とは、重要な会議中や試験中などの緊張すべき場面でも、発作性に数分間から十数分間眠ってしまうものです。**情動脱力発作**は、情動をきっかけとして、随意筋（自分の意思で動かせる、手足の筋肉など）の脱力が突然生ずるものです。

そのほかにナルコレプシーの症状として**入眠時幻覚**と**睡眠まひ**があります。入眠時幻覚は、寝入るときに出現する、生々しい現実感と感情をともなう鮮明な夢の体験です。睡眠まひは、いわゆる**金縛り**（1038頁上段）のことです。

原因 原因のはっきりしないものを**特発性**（**一次性**）**過眠障害**と呼びます。**二次性過眠障害**には、物理的環境因子、化学物質、こころの病気、神経の病気、その他のからだの病気によるものなどがあります。

ナルコレプシーの原因は、脳内のオレキシン（上段）神経系の障害であると考えられています。実際、多くの症例で髄液中のオレキシン濃度の低下が報告されています。頭部外傷（1950頁）、脳炎（961頁）、脳腫瘍（966頁）、パーキンソン病（948頁）などによる症候性（二次性）のナルコレプシーもあります。

ナルコレプシーの過眠は、覚醒維持機能の低下によって生じます。また、情動脱力発作、入眠時幻覚、睡眠まひは、レム睡眠（上段）の異常と関連するものです。

検査と診断 過眠障害の検査として、睡眠ポリグラフィ（1039頁上段）、反復睡眠潜時検査などがあります。反復睡眠潜時検査とは、2時間ごとに入眠させて、睡眠にいたる時間を測定し、眠けを評価するものです。

これらの検査で、著しい入眠傾向、入眠後すぐにレム睡眠が出現するといった特徴がナルコレプシーにはみられます。

治療 まず、原因の明らかな過眠障害に対しては、原因の除

EM）とは急速（Rapid）眼球（Eye）運動（Movement）の頭文字をとったもので、眼球運動の測定により検出されます。レムがみられる睡眠が**レム睡眠**であり、それがみられないのが**ノンレム睡眠**です。

ノンレム睡眠は脳の電気的活動（脳波）のパターンにより4段階に分類されます。健康な成人の睡眠はノンレム睡眠の第1段階から始まり、第4段階へ移行するにしたがって深くなり、その後レム睡眠が生じます。このようにしてノンレム睡眠とレム睡眠は約1時間半の周期で交互に出現します（1035頁図）。

▼**夢とレム睡眠**　睡眠中に人を起こし、そのときの体験を聞くと、レム睡眠では80％以上の人が夢を想起でき、ノンレム睡眠では20％前後の人しか夢を想起できないという研究報告があります。この結果から、レム睡眠と夢見が強く関係していると考えられます。

▼**レム睡眠行動障害と金縛り**　レム睡眠中は、重力に抗する

去を行います。他の睡眠障害をともなう場合は、その治療も行います。

ナルコレプシーの眠けの治療には、モダフィニル（商品名モディオダール）、メチルフェニデート（商品名リタリン）などが有効です。脱力発作、入眠時幻覚、睡眠まひなどのレム関連症状には、クロミプラミン（商品名アナフラニール）やＳＳＲＩ（セロトニン再取込み阻害薬）などの抗うつ薬が有効です。これらの薬物は、その他の過眠症に対しても有効な場合があります。

概日リズム睡眠‐覚醒障害
Circadian Rhythm Sleep Disorder

どんな病気か

睡眠障害（前頁上段）のひとつで、睡眠の時間帯がずれる、あるいは睡眠と覚醒のリズムが乱れるものです。

症　状

交代勤務型では、夜勤中に眠けが生じ、夜勤後、日中の睡眠が十分にとれません。

時差（ジェットラグ）症候群、いわゆる**時差ぼけ**では、夜間の不眠、日中の眠けが生じます。

睡眠相後退（遅延）型は、睡眠の時間帯が遅いほうへ後退して固定されるもので、毎日深夜遅くに入眠し、遅い時刻に起きます。この場合、朝の定時に登校や出勤ができないため、社会的不適応が生じやすくなります。

睡眠相前進型では、睡眠相が早いほうへ前進して固定され、夕方近くに寝て、深夜に目覚めるパターンが生じます。

非24時間睡眠‐覚醒型では、約25時間周期の睡眠覚醒周期が生ずるため、入眠時刻、覚醒時刻が毎日約1時間ずつ遅れていきます。

不規則睡眠‐覚醒型は、睡眠と覚醒のリズムが周期性を失い、不規則になるものです。

原　因

人の脳には固有の体内時計があり、そのリズムは通常24時間周期の外界変化に同調した日内変動、概日リズム（サーカディアンリズム）を示します。ところが、交代勤務やジェット機による時差の場合、外界の24時間周期と体内時計の概日リズムがずれ、その結果、概日リズム睡眠‐覚醒障害が生じます。

睡眠相後退型、睡眠相前進型、非24時間睡眠‐覚醒型、不規則睡眠‐覚醒型の場合は、脳内の体内時計自体の変調が原因と考えられています。

検査と診断

睡眠‐覚醒リズムや異常行動などを記録する睡眠日誌、長時間の活動量を記録するアクチグラム、深部体温リズム測定、脳内のホルモンであるメラトニンの分泌リズム測定などを行い、睡眠‐覚醒パターンやその周期性を求めます。

治　療

朝の光刺激には、外界の24時間周期に体内時計を同調させる作用があります。

また、ビタミンB_{12}には、光に対する感受性を増加させる作用があると考えられています。そこで、眠け防止、覚醒維持のために、日光浴、高照度の光を照射する光療法、ビタミンB_{12}療法を行います。

また、睡眠を促すためには、遮光や

筋肉の緊張を抑えるという神経機構がはたらきます。そのために、行動をともなう夢をみている場合でも、実際には動かず、安全にからだの休息がとれるのです。この機構が障害されると、夢見のときに行動が表出されます。これが**レム睡眠行動障害**（睡眠時随伴症の一種）の発生メカニズムと考えられています。

また、レム睡眠から覚醒への移行に際し、筋緊張の抑制がしばらくつづくことがあります。このとき、目は覚めているのに、からだが動かないと自覚され、恐怖感をもったり、お化けや霊的存在などの夢をみたりする場合があります。これが**金縛り**です。

とくに10～20歳代で経験されるありふれた現象ですが、ナルコレプシー（居眠り病）の症状としても出現します。つまり、金縛りはレム睡眠に関連した現象で、心霊現象ではありません。

遮音、短時間作用型ベンゾジアゼピン系睡眠薬やメラトニン（次頁上段）の服用が行われます。時間療法は、入眠時刻を毎日少しずつずらせ、望ましい時間帯に睡眠を固定するもので、睡眠相後退型や睡眠相前進型に用いられます。

睡眠時随伴症（パラソムニア）

Parasomnias

どんな病気か

睡眠障害のひとつで、睡眠中に異常行動などの好ましくない身体現象をともなうものです。

小児期にみられる睡眠時随伴症（614頁）には、睡眠時遊行症（夢中遊行、夢遊病）、睡眠時驚愕症（夜驚症）、悪夢障害などがあり、高齢者に多いものにレム睡眠行動障害があります。

症状

睡眠時遊行症（**夢遊病**）は、睡眠中に起き上がり、歩き回るなど、比較的複雑な行動をとり、再び就寝するものですが、あとでその間の出来事を覚えていません。

睡眠時驚愕症（**夜驚症**）では、睡眠中に交感神経系の興奮をともない、恐怖の叫びをあげたり、泣いたりして目覚めますが、やはり覚醒後その出来事を想起できません。

悪夢障害は、睡眠中に恐怖や不安をともなう生々しい夢でうなされ、目覚めるものですが、この場合は、あとでその夢の内容をくわしく話せます。

レム睡眠行動障害（前頁上段）では、夢見中の精神活動が行動として表出され、大声をあげる、殴る、蹴る、走るなどの異常行動となります。一般には、目覚めるとただちに異常行動は中断され、直前の夢を思い出すことができます。その夢の内容は異常行動に関連づけることが可能です。

なお、レム睡眠行動障害に似た異常行動に、認知症（997頁）などでよくみられる**夜間せん妄**があります。この場合は、目覚めにくく、目覚めても意識がぼんやりしていたり、異常行動がつづいたりして、あとでそのことを思い出せません。

検査と診断

睡眠ポリグラフィ（次頁上段）によると、睡眠時遊行症、睡眠時驚愕症はノンレム睡眠の深い睡眠段階（第3、第4段階 1035頁図）で始まり、悪夢障害、レム睡眠行動障害はレム睡眠中に生ずることがわかります。いずれの場合も、脳波により、てんかんではないことの確認が必要です。レム睡眠行動障害では、脳の断層撮影によって脳幹部に血管疾患、腫瘍などが見つかる場合があります。

また、パーキンソン病（948頁）、レビー小体型認知症（947頁）などの神経変性疾患に合併する、あるいは先行することもあります。

治療

睡眠時遊行症、睡眠時驚愕症、悪夢障害は通常、成長にともない、しだいに自然消失するので心配はいりません。ただし、睡眠時遊行症、睡眠時驚愕症に対して、睡眠第3、第4段階を抑制するベンゾジアゼピン系薬を用いる場合があります。

レム睡眠行動障害に対しては、クロナゼパムなどのベンゾジアゼピン系薬や抗うつ薬が有効です。

第1章－第10章
生活習慣病
がん（悪性腫瘍）
子ども
女性
脳・脊髄・神経
こころ
目
耳・鼻・のど
歯・口腔
呼吸器

◎睡眠ポリグラフィ

脳波に加え、眼球運動、筋電図、呼吸活動、心電図、体温、赤外線カメラによる行動観察、いびき・寝言の音声録音などを、睡眠中に同時記録する検査です。

これにより、覚醒、ノンレム睡眠、レム睡眠、無呼吸の有無、異常行動の有無など、睡眠と覚醒に関連する現象が客観的に評価できます。

◎メラトニン

メラトニンは脳の松果体というところから分泌されるホルモンです。日中は光刺激により分泌が抑制され、夜間になると盛んに分泌され、明暗周期に敏感に反応した日内変動、概日リズムを示します。

メラトニンには、睡眠促進作用、外界の24時間周期に体内時計を同調させる作用があると考えられ、概日リズム睡眠障害の治療などに用いられます。

睡眠時無呼吸低呼吸症候群
Sleep Apnea-hypopnea Syndrome

どんな病気か

睡眠中に呼吸の停止をくり返す病気で、そのために不眠や過眠が生じます。

症状

睡眠中に10秒以上つづく無呼吸・低呼吸がくり返されます。また、睡眠中にいびきが激しかったり、呼吸が不規則だったりします。

くり返す無呼吸の結果、夜間に途中覚醒が生じ、昼間は過度の眠けや集中力低下をともなうことになります。さらに、高血圧、不整脈、多血症などの合併症がみられることもあります。

原因

呼吸運動そのものが停止する場合、その運動を支配する脳の呼吸中枢が活動を停止すると考えられ、**中枢性睡眠時無呼吸**と呼ばれます。呼吸運動は保たれているのに口・鼻孔の気流が停止する場合は、上気道の閉塞が考えられ、**閉塞性睡眠時無呼吸低呼吸**と呼ばれます。

中枢性の原因には、脳幹の病気（血管疾患、感染、腫瘍、変性疾患など）や心臓の病気などがあり、閉塞性の原因には、肥満、鼻・口・のどなどの気道の狭窄、睡眠薬や飲酒の影響などがあります。

検査と診断

睡眠ポリグラフィ（上段）によって、一晩の睡眠中10秒以上の無呼吸・低呼吸が1時間に5回以上出現する場合に診断されます。

治療

原因となる病気の治療が重要です。とくに閉塞性の場合、経鼻的持続陽圧呼吸療法（CPAP）が有効です。これは気道を加圧状態に保ち、気道の閉塞を防ぐ方法です。そのほかに歯科装具の使用、薬物療法としてアセタゾラミドや三環系抗うつ薬の服用、外科的療法として気道の狭窄部位を広げる手術などが行われます。

日常生活では、適量以下の飲酒、肥満の解消につとめましょう。

レストレスレッグス症候群
Restless Legs Syndrome

どんな病気か

眠っている間に下肢（脚）がむずむずして、じっとしていられなくなり、不眠を招く病気です。ドパミン神経系の機能障害が原因ではないかと考えられています。

症状

下肢の深部に、「むずむずする」「虫がはうようだ」などと表現される耐えがたい異常感覚、不快感が生じ、じっとしていられなくなります。これが悪化すると、上半身に広がることもあります。

この症状は、睡眠時や安静時に出現することが多く、足を動かすことにより消失します。そのため、夜間の不眠、日中の眠けが生じます。また、睡眠中に、足首や膝などが急に曲がる不随意運動の反復（周期性四肢運動障害）が多くみられます。

むずむず感などの症状は、鉄欠乏性貧血、妊娠、尿毒症、糖尿病、悪性腫瘍などにともなって生じたり、加齢により出現したりします。また、からだの疲労により悪化します。

治療

クロナゼパム、ブロモクリプチン、レボドパ（L－ドパ）、カルバマゼピンなどの薬物が有効です。

性障害

性同一性障害
Gender Identity Disorder

どんな病気か　人の性別は、生物学的・身体的な雌雄だけでなく、「自分は男だ／女だ」「男らしい／女らしい」「男／女としての役割をはたしている」といった心理的・社会的な性の自己意識（**ジェンダー**）もあります。

身体的性別と性の自己意識とが一致しないため、身体的性別に違和感や苦痛を覚える状態で、**性別違和**ともいいます。身体的性別を性の自己意識に近づけようとして、ときには反対の性別になりたいと望む人もいます。たとえば「自分の性器はまちがっている」と言ったり、月経、乳房の膨らみ、勃起に嫌悪感を抱いたりします。反対の性別の服装や遊びを好んだり、反対の性別として行動することもあります。

検査と診断　日本精神神経学会の「性同一性障害に関する特別委員会」が定めたガイドラインに従って診断と治療が行われています。

まず染色体検査、ホルモン検査、性器や生殖腺の検査を行い、生物学的な性別を確認します。そのうえで服装やことばづかい、人間関係、仕事、性行動など、日常生活の状況を本人や家族、友人からくわしく聞き、性の自己意識（「自分は男だ／女だ」）を決定します。そして生物学的な性別と性の自己意識が一致しないことがわかったとき、性同一性障害と診断されるのです。

ただし、生物学的な性別が決められない場合（副腎性器症候群（709頁）、クラインフェルター症候群（579頁）、ターナー症候群（578頁）など）、統合失調症（1007頁）やパーソナリティ障害（1028頁）といった精神疾患のために自分の生物学的性別を認めない場合、職業的な利益や趣味などの社会的理由により別の性別を求める場合は、性同一性障害とは診断されません。

治療　精神科医、形成外科医、泌尿器科医、産婦人科医、カウンセラーなどが参加する医療チームで行われ、３つの段階があります。

①**精神療法**（**カウンセリング**）　専門家が悩みを受け止め、気持ちを支えます。孤立感や恥ずかしさ、おそれ、差別されているという感情をくみとり、就職がむずかしいといった生活上の問題も話し合います。性の自己意識は３～４歳ころまでに形づくられるといわれており、育てかたや環境によって決まるものではありません。このことを学び、「悩みは自分の罪ではない」と納得できるようにします。

専門家が本人と、さらに家族や友人を含めて話し合い、どの性別で暮らせば快適にすごすことができて、生活に支障がないかを考えます。そのあとに、希望する性の選択がずっと変わらないか確認します。本人が希望する性別で１、２年間生活してみて、自分の性の自己意識を確認することが望ましいとされています。

②**ホルモン療法**　反対の性別で生活するうえで、身体的・精神的な安定を得るために必要と判断されたとき、ホルモン療法を行います。治療の前にホルモン療法の効果と副作用について十分に説明を受け、納得することが必要です。男性が女性の性を望むときには女

性ホルモンを、女性が男性の性を望むときには男性ホルモンを使います。女性ホルモンで乳房が膨らみ、男性ホルモンで声が低くなるといった効果があります。

③手術療法（性転換手術）　ホルモン療法を十分行っても納得のいく結果が得られず、手術療法以外に本人の苦痛を軽くする方法がないと判断されたときに、手術を行います（1980頁）。

　ただし、ホルモン療法や手術療法は身体的・精神的に大きな変化をともないますが、それによってすべてが解決するわけではありません。専門家に相談し、治療を行う前に慎重に判断することが重要です。

性機能不全
Sexual Dysfunction

　性機能不全には、①性器反応不全、②オルガズム障害、③早漏、④性交疼痛症、⑤膣けいれんなどが含まれます。①②③は、心理的要因だけではなく、身体疾患や薬剤使用（アルコール、覚醒剤、鎮痛薬、睡眠薬など）が原因となる場合があります。

　性機能不全では、性的回避、パートナーとの関係悪化、夫婦関係の破綻などの原因となることがあります。ひとりで悩まず専門家に相談しましょう。

①性器反応不全　女性では性的興奮の障害（膣の乾燥あるいは潤滑不全）、男性では**勃起障害**（ＥＤ 1790頁）です。

　女性の性的興奮の障害では、適切な潤滑・膨張をともなう性的興奮反応を性行為が終わるまで保てません。性的な快楽や感覚はほとんど覚えず、性交のときに痛みを感じ、オルガズムがおこらないことがあります。

　男性の勃起障害は、性行為の最初から勃起しないケースから、挿入時に勃起しなくなるケースまでさまざまです。

▼治療　ノン・エレクト法があります。これは、勃起障害の原因のひとつである「性交のときに勃起しないのではないか」という予期不安を解消するため、「勃起させてはいけない」と指導して治癒に導く方法です。

②オルガズム障害　男性では射精の機能不全、女性では膣壁のリズミカルな収縮の機能不全です。いずれも、性的興奮相につづくオルガズムが遅くなったり、欠けたりします。**女性オルガズム障害**は、膣の大きさや骨盤筋の強さとは関係がありません。**男性オルガズム障害**は、パートナーの手や口唇による刺激では射精できますが、性交によってオルガズムに達することができません。

▼治療　心理療法、薬物療法（抗不安薬や選択的セロトニン再取込み阻害薬）、バイブレーター法などがあります。

③早漏　本人が望むより早く射精する状態がつづきます。射精までの時間は定義されていません（1790頁）。

▼治療　心理療法、行動療法、薬物療法（抗不安薬や選択的セロトニン再取込み阻害薬）、射精直前で止める訓練をするストップ・スタート法などがあります。

④性交疼痛症　性交中に痛みが生じる状態で、ほとんどが女性です。膣に病変がある場合や膣けいれんは除きますが、性交疼痛症と膣けいれんの区別は

むずかしいとされます。最初の性交で激しい痛みを経験した女性が、ペニスを挿入すると考えただけで性器痛を覚えるなど、心理的要因が大きく影響します。

▼**治療**　性に関する正しい知識の学習、挿入練習、セックス・セラピーなどがあります。

⑤**膣けいれん**　骨盤底の筋肉が不随意に収縮することと定義されますが、実際は「挿入恐怖」であるケースが多いようです。挿入後に膣がけいれんをおこして、ペニスが抜けなくなるということはほとんどありません。心理的要因が大きく、挿入に対する恐怖感・拒否感が強くあります。

▼**治療**　心理療法、行動療法（挿入練習）、自律訓練法（リラックスのトレーニング）などです。

性嗜好障害
Paraphilias

どんな病気か

性嗜好障害には、さまざまな種類があります。ほとんどが男性で、しばしばいくつかの性嗜好障害が合併します。本人が自ら悩んで治療に訪れた場合、あるいは、他者を悩ませ、性犯罪を犯したような場合に、性嗜好障害と診断されます。

　フェティシズム障害は、異性が身につける物（下着、靴下、靴など）や異性のからだの一部（毛髪、手や足、乳房など）を見たり、触れたり、盗んだりする行為や空想で性的に興奮します。**異性装障害**は、性同一性障害（1040頁）ではない男性が、性的興奮を得るために女装します。

　露出障害は、見知らぬ人に自分の性器を露出することで性的興奮を得ます。**窃視障害**は、見知らぬ警戒していない人の裸、衣服を脱ぐ行為、性行為をのぞき見ることで性的興奮を得ます。**盗撮**は、窃視症の一種といえます。

　窃触障害は、見知らぬ人の股間や乳房などのからだに触れて性的興奮を得ます。**摩擦症**は、見知らぬ人に性器をこすりつけることで性的興奮を得ます。満員電車の痴漢行為で問題となります。

　小児性愛障害は、思春期以前あるいは思春期早期の小児を性的対象（女の子も男の子も対象）とします。性交だけでなく、性的満足のために小児を眺める、触れる、小児を被写体としたポルノ雑誌やビデオを見る場合も含みます。治療は、抗男性ホルモン（女性ホルモン剤）療法が有効とされます。

　性的サディズム障害は、性対象に身体的な苦痛を与え、屈辱、支配を行うことで性的快感を得ます。**性的マゾヒズム障害**は、他者から身体的苦痛を与えられ、屈辱や支配を受けることで性的快感を得ます。1人でサディズムとマゾヒズムをもち合わせるケースもあります。

　排泄物性愛は、パートナーの糞便をかぎ、なめ、触ることにより性的に興奮します。**浣腸性愛**は、パートナーに浣腸をしたり、されたりすることで性的に興奮します。**尿性愛**は、パートナーの尿を飲み、かぎ、触れて性的に興奮します。

治療

いずれも心理療法などがあげられますが、十分に確立されているとはいえません。

精神作用物質による こころの病気

精神作用物質による こころの病気とは

◇物質に対する依存

アルコールや薬物をくり返し乱用してやめられなくなる場合を、物質に対する依存（または依存症）といい、依存におちいると社会生活に支障をきたすようになります。

アルコールに対する依存が**アルコール依存**、薬物に対する依存が**薬物依存**です。依存症の基盤には、なにか自分に都合の悪い出来事や状況が生じても、辛抱強く現実的に対処することができず、アルコールや薬物に逃避してしまう傾向があるようです。

◇多剤乱用（多物質依存）

多剤乱用（多物質依存）とは、複数の物質に依存することです。何かの物質依存から抜け出すために他の物質に依存する場合と、物質による気分高揚の相乗効果を求めて同時に複数の物質に依存する場合があります。

1つの薬物に依存する場合より、同時に複数の薬物を乱用する場合のほうが、精神症状が強く現れ、人格変化も進行しやすく、予後が悪いことが知られています。

アルコールによる こころの病気

Alcohol-Related Disorders

どんな病気か

アルコールによるこころの病気には、誰でもなり得る**急性アルコール中毒**のほか、飲酒をやめられなくなって、さまざまのアルコール関連障害と社会的不利・不適応を現す**アルコール依存症**、多量のアルコールを長期間飲んでいる人に生じる**アルコール離脱**、幻覚などの精神症状やけいれん発作を現す**アルコール誘発性精神病性障害**、物忘れなどの記銘力障害をおこす**アルコール性コルサコフ症候群**、認知障害を招く**アルコール誘発性認知症**などがあります。

アルコールを摂取すると、少しの量ならば、誰でも気分がほぐれて陽気になり、おしゃべりになったりします。少し量が増えると眠けがさしたり、愚痴っぽくなり、歩行時にふらふらしたりもします。そして、大量のアルコールを短時間に摂取して、意識障害をおこすと、急性アルコール中毒と呼ばれます。

アルコールは依存をおこしやすい物質で、くり返し乱用してやめられなくなることをアルコール依存症といいます。アルコール依存症の人は、ひどいときには始終アルコール飲料を飲み、飲みつぶれて眠り、目が覚めればまた飲む、という連続飲酒状態におちいる場合があります。

いっぽう、いつも多量のアルコールを飲んでいる人（とくに連続飲酒をしている人）がなんらかの理由で急にアルコールを飲めなくなると、手が震えたり幻覚に悩まされたり、おかしな言動をしたり、けいれんをおこしたりする状態におちいることがあります。これをアルコール離脱と呼びます。

◎抗酒薬（嫌酒薬）

おもに肝臓にあるアルデヒド脱水素酵素という酵素のはたらきを阻害する薬物です。抗酒薬を飲んだあとにアルコールも飲むと、アルコールの代謝産物であるアルデヒドの体内濃度が高まって、吐きけ、嘔吐、発汗、冷や汗など不快な症状が出現するので、アルコール依存者にこれを使用して断酒の一助とします。ただし、抗酒薬さえ飲めば依存症が治る、というわけではありません。

◎キッチンドリンカー

アルコール依存者のうち、おもに家庭内で過量の飲酒を

また、過量の飲酒が長期間におよぶと、嫉妬妄想などの精神病症状が現れたり、脳萎縮が進行して認知症におちいる場合があります。

治療　急性アルコール中毒の治療としては、輸液（点滴注射）と利尿薬の使用により、アルコールの体外への排出を促す方法がとられます。一般病院と精神科病院のどちらでも受診が可能です。

アルコール依存症の心身両面からの総合的な治療は、精神科病院、断酒会やAAなどの自助組織（次頁上段）、地域社会（保健所ほか）の連携により行われます。

しかし、それにもまして、アルコール依存者本人の、アルコールを断つという治療意欲が不可欠です。

アルコール依存者の家族は、これらの各機関とよく相談し、本人を治療プログラムへ導き、治療から脱落しないように配慮する必要があります。

また、アルコールに関連した身体合併症（肝機能障害、マロリー・ワイス症候群（1548頁）、急性・慢性膵炎（1678～1679頁）、糖尿病（1501頁）、ビタミン欠乏症、末梢神経障害（977頁）、ウェルニッケ脳症（1519頁）など）を注意するためには、一般病院もしくは精神科病院の内科医の診察を受けることも必要となります。またアルコール濃度の高いもの（ストレートのウイスキーなど）を好んで飲んでいた場合には、食道がん（499頁）や舌がん（486頁）にも注意すべきでしょう。

アルコールによるこころの病気

①いちどに多量に飲酒した結果生じる病気

・急性アルコール中毒

②飲酒をやめられず心身の障害と社会的不利が生じる病気

・アルコール依存症

③長期にわたる多量飲酒の結果生じる病気

・アルコール離脱
・アルコール誘発性精神病性障害
・アルコール性コルサコフ症候群
・アルコール誘発性認知症

これらは、アルコール依存の結果生じる場合が多い病気ですが、そうでない場合もあります。

CAGE質問表

アルコール依存症のスクリーニングテストのひとつです。２項目以上にあてはまればアルコール依存症が疑われます。

あなたはいままでに――

①飲酒を減らさなければいけないと思ったことがありますか？

②飲酒を批判されて腹が立ったり、いら立ったことがありますか？

③飲酒に後ろめたい気持ちや罪悪感をもったことがありますか？

④朝酒や迎え酒を飲んだことがありますか？

くり返す女性をいいます。子どもが学校に行き、夫も不在がちだったり、情緒的交流をあまりしてくれず、不満や空虚感を抱きつづけ、お酒に溺れるタイプがよくみられます。そのほか育児ノイローゼを基盤に依存におちいる比較的若年のケース、子どもの自立や更年期障害などを基盤に依存におちいるケースもあります。

家族に隠れて飲酒したり、酔って問題行動をおこしたりします。男性より肝障害が早く進行する女性が多いにもかかわらず、治療を拒否する傾向がより強い特徴があります。

◎AA（酒害者匿名会）／断酒会

自ら酒害に目覚めたアルコール依存の人たちが集まってつくった自助組織です。

AA（Alcoholics Anonymous）は、1935年にアメリカで創始された会です。組織化はせず、患者どうしが互いに匿名で参加し、会合に参加

薬物乱用によるこころの病気（薬物依存）

Drug Dependence

どんな病気か

薬物をくり返し乱用してやめられなくなる場合を薬物依存といいます。薬物依存は、依存する薬物の種類により、異なるタイプに分けられます。

◎有機溶剤依存

シンナー、ボンドなどの揮発性の物質を吸入し、乱用する依存症で、依存者の多くは少年です。悪い先輩や仲間に誘われて吸入を始める場合が多いようです。

吸入がくり返されるとシンナー中毒（2069頁）をおこし、記憶障害や幻覚が現れ、ひどいと人柄が変化してもとに戻らなくなります。

吸入をやめさせ、悪い仲間との接触を断ち切るためには、学校・病院・児童相談所・保健所や、場合によっては警察などと連携して本人を指導する必要があります。

◎麻薬や覚醒剤などに対する依存

これらの薬物は依存性が強く、乱用をやめて年月がたったあとにも、なんらかのきっかけで幻覚、妄想などの症状が再燃ずる場合があります。これをフラッシュバック現象と呼びます。麻薬や覚醒剤は、精神病や人格崩壊を招くので、特殊な場合を除けば、使うことも所持することも禁止されています。

日本では麻薬よりも覚醒剤を乱用する場合が多く、近年は外国人が売人として摘発されるケースが増加しつつあります。また、依存者の低年齢化も問題となっています。

有機溶剤依存者が後に、これらの不法な薬物に手を染めるケースも少なくないといわれます。また、海外へ頻繁に出かけて、現地で薬物を乱用する人もいます。

また、大量に使用すると、けいれん、昏睡などの覚醒剤急性中毒（2077頁）をおこすことがあります。

薬物乱用をやめさせ、抗精神病薬の使用を中心とする薬物療法と、生活態度全般についての指導が必要です。しかし、家族や医師による指導だけでは立ち直れないことが多く、自助組織や、場合によっては法務省などによる保護や援助も必要となります。

◎植物加工品などに対する依存

人は昔から、ケシ、大麻草、コカの葉などに含まれる依存性物質を乱用し、その害を知って使用が禁止されるようになりました。植物加工品の乱用のうち、現在日本で時折みられるのは毒キノコの乾燥品の乱用です。乱用者の多くは若者で、毒キノコを「マジックマッシュルーム」あるいは「マジックマッシュ」などと称し、その作用で現れる幻覚や錯覚がおもな使用目的となります。たんなる毒キノコなので作用が一定せず、場合によっては思わぬ形で命を落とす人がいます。最近では毒キノコと知らずにインターネットを通じて購入する人がいるほか、輸入品が少し出回る傾向にあるようです。

◎治療薬依存

治療薬であっても、常用量をはるかに超える量を長期間連用すると依存におちいる場合があります。依存をおこ

できるのは原則として患者のみとされ、会員は12の段階に従って自分の飲酒に対する洞察を深めていきます。

断酒会は、ＡＡの活動を参考に1953（昭和28）年に東京で結成され、1963年に全国組織の社団法人**全日本断酒連盟**（☎03‐3863‐1600）となったものです。

◎アダルトチルドレン

物質依存者のうち、機能不全家族（物質依存者、パーソナリティー障害者など、親としての教育が十分にできない人の家族）に生まれ育った人を呼びます。

アダルトチルドレンは家族を自分の言動に巻き込み、家族が自分を立ち直らせようと一生懸命努力してくれればくれるほど、かえって物質依存が助長されるような状況におちいりがちです。依存者本人だけでなく、家族全体の病理現象が治療の対象となります。

す薬物に、鎮痛薬、鎮咳薬、睡眠薬、抗不安薬などがあります。これらの薬物を複数の医療機関から処方されたり、複数の薬店で購入したりするうちに、使用量が増えてやめられなくなるようです。

「睡眠薬や精神安定剤は、少しでも飲むと頭がおかしくなったり、くせになったりして、将来はぼけてしまう」などという人がいますが、決められた用量の範囲内であれば、そういうことは一切ありません（「向精神薬のいろいろ」1047頁）。

しかし、いちどに大量に服用すると、催眠・鎮静薬中毒（2074頁）、解熱・鎮痛薬中毒（2075頁）、抗うつ薬中毒（2077頁）をおこすことがあります。

治療薬のなかには、常用量であっても依存におちいる危険性をもつ薬物があります。精神刺激薬の一種であるメチルフェニデートは睡眠障害のひとつのナルコレプシー（1036頁）の治療薬ですが、依存性があり、ナルコレプシーではない人がメチルフェニデートの処方を求めて複数の医療機関を受診するケースがみられます。

また睡眠薬の一種であるフルニトラゼパムも、常用量で依存が形成されることがあるため、アメリカでは使用が禁止されています。アメリカへ入国する場合には、フルニトラゼパムを日本国内に置いて出かける必要があります。

治療薬依存を防ぐためにも、受診する医療機関を限定し、一般科（内科や外科ほか）と精神科が共同で診療し、治療薬の使用をいきなりやめるのではなく、不快な症状をある程度がまんしながら、徐々に減量してもらう必要があります。

治療

薬物依存は、いずれのタイプでも、依存者本人や家族の努力だけでは問題の改善は得られません。アルコール依存の治療と同様に医療機関、自助組織、地域社会などとの連携が必要となります。本人の治療だけでなく家族への指導、助言も重要です。

医療機関を受診する際には、精神科もしくは神経科を受診し、薬物依存歴を包み隠したり、嘘をついたりせず、真摯な態度で治療を受けるようにしましょう。医師や家族は、折に触れて本人を指導していく必要もあります。

薬物依存者の自助組織としては、ＤＡＲＣ（薬物依存症リハビリテーションセンター）などがあります。薬物依存の経験者たちと会合しながら、回復を目ざしていきます。

物質関連障害の分類（DSM-5　1019頁）

●物質使用障害

物質依存、物質乱用

●物質誘発性障害

物質中毒、物質離脱、物質誘発性せん妄、物質誘発性持続性認知症、物質誘発性持続性健忘性障害、物質誘発性精神病性障害、物質誘発性抑うつ障害、物質誘発性不安障害、物質誘発性機能不全、物質誘発性睡眠障害

向精神薬のいろいろ

向精神薬とは、脳など中枢神経に作用して、精神の活動に効果をもたらす薬物のことです。それはおもに精神科、神経科、心療内科などで用いられることがほとんどです。

▼私の気持ちは薬で治るわけないと思います。
▼薬に頼って治したくありません。
▼周りの人に気力で治せ、と言われました。

精神科での薬物療法、すなわち精神的、心理的問題を薬で解決することには、多くの人に少なからず抵抗があるようです。病気によっては、どうしても薬物療法を行わなければ治らないケースもあります。また、いろいろなこころの原因（心因）による病状では、その原因がとれないことには、病状が改善しにくい場合もあります。

しかし、向精神薬を適切に服用することで、精神的に余裕ができ、原因となる事柄への受けとめかたが変えられたり、問題の解決の糸口が見つかる場合もあります。

どちらの場合でも、気力で治せなどというのは、その人のためにならないばかりか、病状を悪化させる要因になりえます。

▼私の薬はどんな薬なんですか。
▼この薬はどんな効果があるのですか。
▼本で調べたら統合失調症の薬がでています。私は統合失調症なんでしょうか。

向精神薬にはいくつかのグループがあり、大きく抗精神病薬、抗うつ薬、抗不安薬、気分安定薬、睡眠薬などに分けられます。

最近、医者からもらった薬を解説した本が多く出回っていて、抗精神病薬を飲んでいる人が統合失調症だと思いショックを受けたりすることがあります。それは精神科の臨床の実際を知らない人の記述で、けっしてそうではありません。たしかに統合失調症の治療の中心は抗精神病薬ですが、抗精神病薬はうつ病や神経症にも使います。逆に統合失調症にほかの薬を使う場合もあります。

こうしたことは抗うつ薬、抗不安薬などについてもいえることです。

◉抗精神病薬

抗精神病薬は、幻覚や妄想といった知覚や思考の異常を抑え、病的な興奮状態を鎮静させる作用があります。おもに統合失調症、躁病（1011頁）、妄想などの精神病症状をともなううつ病（1011頁）、高齢者や手術後におこる意識混濁をともなったある種の興奮状態（せん妄）などにも用います。障害の強い不安、焦燥に用いるケースもあります。この薬は脳内のドパミンで伝達される神経のはたらきを遮断することで作用すると考えられています。

代表的な製剤に、鎮静作用の弱いブチロフェノン系（ハロペリドール、ブロムペリドールなど）、鎮静作用の比較的強いフェノチアジン系（クロルプロマジン、ペルフェナジンなど）、そのほか、最近では副作用が少なく、引きこもり、意欲低下など陰性症状の改善に有効な非定型抗精神病薬（リスペリドン、クエチアピン、オランザピンなど）があります。

◉抗うつ薬

抗うつ薬は、憂うつで落ち込んだ気分をもちあげ、意欲ややる気をおこさせるはたらきがあります。おもにうつ病や躁うつ病、気分変調症などの感情障害に用いられますが、強迫症（1020頁）、不安症（1017頁）、神経性過食症（1027頁）などにも有効とされます。効果が現れるまでに最低でも2週間以上はかかる、じっくり効いてくるタイプの薬です。この薬は、ノルアドレナリンや、セロトニンで伝達される神経の両方、またはいずれか1種類の神経末端での伝達物質の取込みを阻害することで効果をもつと考えられています。

代表的な製剤に、三環系抗うつ薬（イミプラミン、クロミプラミンなど）、副作用の少ない四環系抗うつ薬（マプロチリン、ミアンセリンなど）やトラゾドン、新世代の抗うつ薬として、選択的セロトニン再取込み阻害薬（SSRI：フルボキサミン、パロキセチン水和物、セルトラリン）、セロトニン・ノルアドレナリン再取込み阻害薬（SNRI：ミルナシプラン）があげられます。

◉気分安定薬

いわゆる「安定剤」とまちがえそうですが、これは躁とうつの波のある躁うつ病の治療薬です。波の振幅を狭めるようなはたらきがあり、再発予防効果をもちます。おもに炭酸リチウムが使われますが、本来は抗けいれん薬であるカルバマゼピン、バルプロ酸ナトリウムなども用いられます。これらの薬は血液中の薬物濃度を検査しながら服用します。

◉抗不安薬

不安、焦燥を鎮め、緊張を和らげます。不安症や軽度のパニック症状をはじめ、さまざまな精神疾患に幅広く用いられ、ベンゾジアゼピン系抗不安薬がほとんどです。高用量を長期間服用すると、依存をおこすことが知られていますが、専門医の指示のもとで適切な量と期間を守れば、なんら問題ありません。この薬物は、抑制性神経伝達物質（たとえばGABA、グリシン）の作用を強め、情動に作用する脳のはたらきを抑制することで効果をもつと考えられています。

代表的な製剤に、ジアゼパム、ロラゼパム、アルプラゾラムなどがあります。またベンゾジアゼピン系以外で、セロトニンの受容体を刺激することで効果の得られる抗不安薬（タンドスピロン）もでてきています。

◉睡眠薬

いわゆる不眠障害（1035頁）のために用いる薬ですが、精神疾患の多くに不眠をともなっている場合が多く、広く用いられます。ほとんどがベンゾジアゼピン系睡眠薬で、催眠作用の強い薬物を睡眠薬として使用しているだけです。抗不安薬と構造が似ていて、安全性も高いものが主流になっています。代表的な製剤に、エスタゾラム、フルニトラゼパム、トリアゾラムなどがあります。

▼薬を飲むと眠くて仕事になりません。
▼薬を飲むと便秘をしたり口が渇きます。
▼薬を飲み始めてから尿が出にくいのですが。

向精神薬に共通してもっともよくみられる副作用には、眠け、だるさ、便秘、口渇などがあります。この副作用の程度は薬によっても、また量によっても異なります。また各薬剤に特徴的な副作用がそれぞれあります。現在、各領域で少しでも副作用の少ない薬を開発しようと多くの試みがなされています。

抗精神病薬には、からだの運動のバランスがおかしくなったり、からだが勝手に動いてしまうといった運動系の副作用（ジスキネジー、パーキンソン症状などの錐体外路症状）がみられることがあります。場合によっては、副作用止めの薬を併用しながら使います。

抗うつ薬は、口渇、便秘、立ちくらみ、排尿障害が、ほかの薬より強くなります。しかも効果が現れるまで時間のかかる薬です。副作用も程度の問題で、飲みつづけていくうちに軽減してくる場合もありますが、どうしてもつらいときには、医師に相談してください。

抗不安薬や睡眠薬であるベンゾジアゼピン系の薬物は、ほかの薬に比べて副作用は少なく、安全性は高いといえます。しかし鎮静作用による日中の眠け、集中力の低下、筋弛緩作用による筋脱力は問題になることがあります。また作用時間の短いタイプのベンゾジアゼピン系睡眠薬（トリアゾラムなど）で、健忘がおこることが知られています。

▼安定剤や睡眠薬はぼけるのですか。
▼睡眠薬は悪い薬と聞きました。
▼精神科の薬は副作用が強いそうですが。

以前は睡眠薬といえば、バルビツール系などの依存性や安全性に問題のあるものが多く、よくないイメージがつきまとい、いまだに払拭されていないのです。最近でもときに睡眠薬の服用が問題となることがありますが、多くの場合、過量に服用したり、アルコールと併用するなどの乱用の結果を薬の副作用と混同しているようです。また安定剤や睡眠薬で早くぼけるというのは、まったくの風説です。

いずれにせよ向精神薬の副作用は、薬の用法の変更、減量、中断、副作用止めの併用などの調整を専門医のもとで行いつつ服用すれば問題にならないことのほうが多いのです。

副作用の問題もそうですが、向精神薬の薬物療法の調整には、ある程度の専門的な知識と経験が必要です。軽い安定剤程度ならどこの内科医のもとにもおいてありますが、なかなか改善しないときは、思い切って専門医を訪れましょう。精神科医の心理的なアドバイスやカウンセリングが必須なことはいうまでもありませんが、適切な薬物療法は精神科医としての腕の見せどころでもあるのです。

▼いつまで飲まなければいけないのですか。
▼薬に頼っちゃいけないのでやめました。
▼薬をやめたら、少しして急に具合が悪くなりました。

服薬の中断は、病気の再発や悪化を招くケースがあります。本来、薬は飲まなくてすめば飲まないにこしたことはありません。しかしあくまでも本人の精神的な安定が第一なのですから、担当医と、できれば家族も含めて、服薬をつづけることの必要性と意味を十分に話し合ってください。

病状によっては、月単位、年単位で、飲みつづけなければならない病気もあります。服薬をやめられるかどうかも担当医と相談し、指示に従って、病状をみながら徐々に減らしていく必要があります。自己判断で急に服薬を中断すると、そのために症状が再発するだけでなく、離脱症状（薬を中断したためにでる症状）がでることもあります。

▼飲まないと不安で、やめられません。
▼苦しくて薬を多く飲んでしまいました。
▼よくならないので、つらくて全部一度に飲んでしまいました。

今度は飲まないのではなく、飲みたくて困るほうです。精神症状はすっかりよくなっているのに薬が離せない。やめてしまうと不安でつい飲んでしまう。身体的な依存とはちがう、飲めば安心という精神的な依存になっているのです。また、具合が悪いと、決められた量より多めに飲んでしまうこともあります。

いずれにせよ、担当医に正直に相談しましょう。最近の薬物の安全性は高く、精神科医も危険のない処方を心がけています。しかし、大量の場合には致命的になる場合もあります。

▼内科でも同じような薬がでていました。
▼この薬と併用しても大丈夫ですか。
▼アルコールを飲んでもかまいませんか。

いくつもの診療科を受診している場合には、他科から同じような向精神薬がだされていることを知らなかったり、薬の飲み合わせによる薬物相互作用で具合が悪くなるケースもあります。同じ病院内なら、最近は他科の処方内容はすぐにわかることが多くなってきました。しかし、ちがう病院の場合、他科の薬を担当医に見せたり、薬剤師に相談したりするとよいでしょう。

アルコールは一種の向精神作用をもつ薬物ですから、控えましょう。

そのほか、向精神薬の服用中は、高所や危険な作業、自動車などの運転は控えましょう。

精神療法のいろいろ

❖精神療法とは

精神療法とは、精神科や心療内科の領域の病気に、職業的専門家がさまざまな手段で心理的はたらきかけを行うことをさします。どのような手段をとるかは、病気の種類、状態、患者の側の適性、治療者の考えかた、病院の体制により異なりますので、信頼のできる専門家に相談してください。

まず、精神療法は、対象となる患者が1人であるか複数であるかによって個人精神療法と集団精神療法とに区分することができます。

◉個人精神療法

日本で行われる精神療法は、個人精神療法の形をとることが多く、これは患者と治療者の1対1の人間関係を基礎とした、もっとも基本的な治療法です。患者は、治療者によって、支持的な慰め、自分が生きていくに値する人間であるという保証などを受けながら、自分の病気の原因や状態を理解し、洞察を進めていきます。その過程で、感情が発散され、浄化作用（カタルシス）がおこります。そして、最終的には人格の構造の変化が治療目標となるものです。これは、すべての精神療法の基本となるものです。

◉集団精神療法

集団場面で行う精神療法をいいます。患者と治療者という人間関係のほかに、患者どうしの相互作用が治療に深くかかわってきます。ほかの患者と共感し合う体験をもつことで、精神的成長が期待できます。

種々の精神障害を対象に病院内で行ったり、パーソナリティ障害や薬物・アルコール嗜癖の患者グループで行ったりします。後述するサイコドラマ（1052頁）や作業療法なども集団精神療法のひとつです。

❖精神療法の種類

◉家族療法

精神的な症状や問題行動は、患者本人のみに原因があるわけではなく、家族というシステムになんらかの機能不全があるためだという理論を背景にしています。したがって、治療は患者とその家族が対象です。家族がどのようなコミュニケーションをもっているかを認識し、それを変化させることにより問題解決をめざします。家族全員と治療者が面談したり、患者に付き添ってきた家族に治療者が助言や指示を与えたりします。

◉精神分析療法

S・フロイトの精神分析理論を基礎にした治療法です。フロイトは、人間にはまだ意識化されていないさまざまな感情や欲求が無意識の領域にあると考え、ここにあるこころの葛藤や傷を意識化していくことで症状が消失していくことを明らかにしました。

患者はこの治療法のなかで、現在・過去の体験や感情について、自由に連想していくことを求められます。その過程で、自分が触れられたくない部分で連想にゆきづまったり、治療者との間で自分の親との関係を再現したりします。

このような経験を重ねながら、治療者とともに洞察を進めていきます。不安症やパーソナリティ障害などがおもな対象です。

◉森田療法

日本人の精神科医、森田正馬によって創出された治療法で、「**あるがまま療法**」とも呼ばれます。

こころの葛藤にむりに立ち向かおうとせず、「あるがまま」に受け入れることで、禅の悟りに近い心境を獲得するともいわれます。人間の自然治癒力（常態心理）の発動化を促す方向で治療は進められます。

まず入院してからしばらくは、絶対臥床が命じられ、いっさいの外界との接触、娯楽は禁止されます。何もしてはいけないわけですから、こころの葛藤や自分自身と直面せざるをえないことになります。そのときの不安をあるがままに受け入れると、本来人間がもっている活動欲求が出現してきます。

その後、軽作業期、重作業期、社会復帰準備期を経て、あるがままの自分を受け入れ、感情のとらわれから自分自身を解放することができるようになります。原則として、40～60日の入院をしますが、外来治療で行われることもあります。不安症、心気症、強迫症などがおもな対象です。また、がん末期の「生きがい療法」にも応用されています。

◉催眠療法

催眠現象を利用した心理的治療法で、古くはギリシャ時代に起源があります。催眠術などと混同され、偏見や誤解を受けやすいのですが、きちんとした専門家のもとで行われるものは、心理生理学的な科学的治療法です。

人間は催眠の状態に入ると、心身が特異なトランスという状態になり、被暗示性が亢進します。これを利用して、心身の緊張・不安を取除くよう暗示を与えたり、抑圧されていた感情を表現させたりします。心身症や不安症、身体症状症、変換症などに有効とされています。また、歯科領域では抜歯の際に、産婦人科領域では無痛分娩にこの手法が用いられることがあります。

◉行動療法

恐怖症や心身症などの困った症状は、行動について誤った学習がなされたか、いまだ正しい学習がなされていない結果であると考える学習理論を背景としています。精神分析療法などのように心理的な面には立ち入らず、行動自体が治療の対象となります。

代表的な方法は、不安や恐怖の対象に慣れさせる、**系統的脱感作療法**と呼ばれるものです。高血圧や片頭痛などの心身症では、血圧や皮膚温を測定してフィードバック（自己調節）し、反応のコントロールを体得する**バイオフィードバック法**があります。恐怖症、強迫症、心身症などの症状、不登校や遺尿症などの問題行動などに用いられます。

◉認知行動療法

人間は、自分の周りの世界をどうとらえ、構造づけるかという認知のフィルターをもっています。そのフィルターが論理的に矛盾しないものであれば、健康的にすごすことができますが、歪んでいる場合、否定的な感情が自動的に湧いてきて、行動の面でも支障が生じるようになります。A・T・ベックは、うつ病の患者は幼児期から形成された否定的自動思考をもっており、それによってうつ病が引き起こされると考えました。たとえば「完全な業績を上げなければ人には好かれない」という信念（belief）をもっていると、何か仕事でつまづいたとき、「なんて役立たずな人間なんだろう」「何をやってもダメなんだ」「これからも人に好かれるわけはない」といった解釈となり、結果としてうつ病になるというわけです。認知行動療法では、そのような信念をもつにいたった原因を問題にするのではなく、その認知の歪みを修整し、それによって感情や行動を変えていくことを目的としています。「すべて完璧な仕事をできる人などいないし、失敗してもそれですべての人に嫌われることなどあり得ない」という合理的な信念に自分で書きかえることができればよいわけです。認知行動療法では、構造化されたセッションで目的を現在の適応に絞るので、従来のカウンセリング主体の精神療法より、短期に終結させることが可能です。患者は、治療者と共同して認知の歪みを探し、宿題として「どのような状況で困った行動がおこるのか」「そのときにどのような感情をもつのか」「これまでとは違った対処方法をとったときの効果」など、自分を客観的に観察し、記録し、報告し、ロールプレイなどの実践的な練習を積んでいきます。感情障害、不安症、強迫症などを中心に、身体症状症、摂食障害などの不適応行動などが対象となります。

●自律訓練法

自己統制（セルフコントロール）を目的とし、自己暗示を利用した身体調整法です。からだの部位に注意を集中し、心身の状態をコントロールする感覚を反復練習して身につけていきます。1日3回、2～5分で練習でき、比較的場所を選ばないことから、一般のリラクゼーション法としても普及し、自己学習用の書物やビデオも市販されています。心身症や不安症、子どもの情緒不安定に関する問題、緊張緩和、疲労回復などに有効です。

●サイコドラマ（心理劇）

数人の患者が自由に劇を演じる集団精神療法です。劇のなかで主演者、補助自我、観客などさまざまな役割を演じていくことで、自分の問題点に気づく自己洞察や、感情表出によるカタルシスを得ていきます。治療者（監督）はテーマを与えますが、劇はメンバーの自由な意志を尊重して進行します。したがって、自発性を高める訓練としても有効といえます。精神科の臨床では、おもに不安症などの患者を対象に、8～12名を1グループとして行われます。

●作業療法

手工芸、木工、園芸作業、レクリエーションなど、からだを使う活動によって、生産的で社会的な活動に携わろうという意欲を回復させていく集団療法です。おもに、統合失調症の長期入院者などを対象に、作業療法士が中心となって行います。また、デイケアのプログラムとしても行われています。日常的な生活動作（身支度や移動、他者との会話訓練など）、料理や園芸、手芸やスポーツなどのプログラムとしても行われています。技能の向上といったことよりも、自発性や現実検討力を増進させること、社会的な役割について自覚を促すことなどに主眼がおかれます。

●遊戯療法

言語で自分を表現することがむずかしく、成人と同じ方法では治療意欲に欠けがちな子どもの精神療法として考えられたものです。ごくふつうに子どもたちが行っている、人形や楽器、スポーツ、ゲームなどの遊びをコミュニケーションの手段として用います。子どもは自分を見守る治療者との人間関係のなかで、保護された時間と空間を経験し、自己表現ができるようになります。子どもは、遊びのなかに、意識的・無意識的な問題点の手がかりを表出するものです。個人精神療法として行う場合もありますし、グループで行うこともあります。

●絵画療法

創作活動によって言語では表現されない心理面を投影させ、患者の創造性や自発性を高めていく精神療法を**芸術療法**といいます。絵画を用いた絵画療法は、その芸術療法の一分野です。

患者は絵画のイメージを通して、無意識のなかに閉じ込めてしまっていた感情を解放していきます。そして、そこに投影された自己の内面を客観的にながめ、問題点を洞察していきます。また、患者と治療者との間で描かれた絵画を話題にし、感情的な交流を深めるためにも使われます。個人療法として行われることもありますし、集団で行うこともあります。

精神療法のいろいろ

題材は患者の描きたいものを選ぶ場合と、課題を決める場合があります。よく用いられるのは、実のついた1本の木を描くバウムテスト、家・木・人を描くHTP法、山や川などの要素を描き込んでいく風景構成法、家族メンバーを描く家族絵画療法などです。

うつ病や不安症、心因性の反応、心身症から問題行動まで、適応範囲の広い精神療法です。芸術療法にはほかに、粘土造形、詩、写真、俳句・連句なども用いられます。

◉箱庭療法

患者が、砂の入った箱の中に種々の玩具を並べ、ひとつの「世界」を構成することにより、治療を進めていく方法です。遊戯療法でもあり、芸術療法でもあります。

玩具は、人・動物・植物・乗り物・建築物・柵・石・怪獣などのミニチュアです。患者は好きな玩具を選択し、それらを砂の上に配置していきますが、そこには患者の内界が表現されます。治療者は、表現された世界に統合性があるかどうか、空間配置がどのようになされているか、テーマは何か、どのような象徴的意味があるかを解釈し、治療の助けにしていきます。解釈にはふつう、C・G・ユングの分析心理学が用いられます。患者にとっては、表現すること自体が癒しの意味をもちます。幼いころ遊んだ砂に触れることで、原始的な感覚を思い出し、心理的に発達段階がもとに戻る退行という現象をおこすと考えられます。子どものチックや遺尿症、場面緘黙などの治療に用いられますが、成人の治療に用いられることもあります。

◉セルフヘルプ・グループ

ほかの精神療法では、専門家である治療者が患者に援助するという関係ですが、セルフヘルプ・グループは同じ悩みを抱える人間同士が援助し合うことにより、それ自体が治療効果をもつという「援助者療法原理」に基づいた自助グループの活動をさします。アメリカで始まったアルコール依存症者匿名協会に起源をもちますが、日本では「**断酒会**（ＡＡ）」（1045頁上段）という独自の活動で発展してきました。月に数回、会員が集まり、飲酒と断酒に関する体験発表を行ったり、アルコールの問題に悩んでいる当事者や家族の相談活動を行っています。現在では、アルコール問題のほか、不登校や摂食障害、引きこもりなどの問題を抱える当事者、精神障害をもつ人やその家族など、さまざまなグループが活動しています。一方的に援助されるのではなく、対等な関係のなかで体験を語り合ったり、情報を交換したり、自分たちの問題に関して、社会にさまざまな情報を発信し、誤解や偏見を解いていこうとするケースもあります。お互いに援助し合うことにより、ありのままの自分を受容された感覚、グループのなかに自分の役割を見出す感覚を味わい、自分の能力を再発見するなど、さまざまな機能をもっていると考えられます。最終的には、参加者が、自分の人生を主体的に歩んでいく力を身につけることが目標となります。

◉無けいれん通電療法

頭部の皮膚から脳に通電し、けいれんをおこすことで精神症状の改善をはかる身体的治療を**電気けいれん**（**ショック**）**療法**といいます。この方法は気分障害や統合失調症に効果があったため、近年薬物療法が登場するまでは、精神科における主要な治療法でした。

無けいれん通電療法も開発され、以前のように、全身けいれんにより患者に恐怖感を与えることはなくなりました。薬物療法が主流となった現在でも、希死（自殺）念慮の強いうつ病や統合失調症の緊張病型の昏迷、変換症の症状に有効性が認められ、引き続き身体的治療として用いられています。

心理検査のいろいろ

❖心理検査（心理テスト）の種類

心理検査は、教育、医療、司法、産業など、多くの分野で行われており、それぞれの分野によって用いられかたもさまざまです。検査目的から大きく分類すると、知的能力を調べ、心理発達のレベルを測定するものと、性格傾向をみるものとに分けられます。また検査対象によって、乳・幼児用、児童用、成人用、高齢者用、視覚障害者用、男性用、女性用などにも分類されます。検査場面による分類としては、集団法と個人法に分けられます。

❖発達検査と知能検査

発達の程度、知的能力のはたらきかたをみる検査法には、発達検査および知能検査があります。知能を客観的に測定するものとしてよく用いられているのは**ビネー式知能検査**、**ウェクスラー式知能検査**です。

ウェクスラー式知能検査には、幼児を対象としたWPPSI-Iと、児童を対象としたWISC-Ⅲ、成人を対象としたWAIS-Ⅲの3種類があり、年齢によってそれぞれ適用されます。知能の水準をみるだけでなく、知能のバランスや心理発達レベルをみたり、認知機能を調べたり、社会適応性についても知ることができます。

知的能力のほかに認知機能レベルをみたり、作業能力などをみていく検査にはつぎのようなものがあります。

▼記銘力検査　数字を使って記銘力を調べる**数唱式**、ことばの組合わせの記銘力を調べる**対語式**、図形の記銘力を調べる**ベントン視覚記銘検査**があります。

▼ベンダー・ゲシュタルトテスト　図形を描き写していくテストで、大脳の器質的障害の診断にも用いられ、知的能力や認知機能のレベルをみることができます。

▼長谷川式簡易知能評価スケール　簡便に知的能力のレベルを知ることができるので、高齢者の認知症の程度を調べるときによく用います。

▼コグニスタット認知機能検査　認知機能のレベルを、正常範囲か障害されているか、プロフィールで簡単にみることができます。

▼内田クレペリン精神作業検査　性格検査としても用いられ、1けたの数字を加算していく作業から、知能や意志、性格、行動面の特徴などをみることができます。

❖人格検査（性格検査）

性格傾向やこころの状態を知る検査で、質問紙法と投影法に大別されます。

◉質問紙法

性格や行動上の特徴、こころの状態、対人関係のありかたなどに関する質問に対して、被験者自身が自己評価して、「はい」「いいえ」の2段階、「はい」「いいえ」「どちらでもない」の3段階、あるいは5段階などに回答していく方法です。代表的なものとして、つぎの3つがあげられます。

▼矢田部・ギルフォード検査（Y-Gテスト）　性格特性を12の尺度で区切った120の質問からできています。被験者は「はい」「いいえ」「?」の3段階に回答し、その結果から性格特徴を「平均型」「不安定・不適応・積極型」「安定・適応・消極型」「安定・積極型」「不安定・不適応・消極型」の5タイプに分類します。

▼ミネソタ多面人格目録（MMPI）　妥当性尺度（4尺度）と臨床尺度（10尺度）の14尺度に関する550の質問からできています。結果は尺度ごとに採点され、偏差値によって評価されます。この検査は、妥当性尺度が設けられているのが特徴で、自己評価が信頼で

きるかどうか検討します。臨床尺度では、心気症、抑うつ性、ヒステリー、精神衰弱などの10尺度のプロフィールから人格の特徴を解釈します。

▼コーネル・メディカル・インデックス健康調査票（CMI） 身体的・精神的健康状態についての質問が２００項目ほどあります。その結果から、身体的な苦痛感や精神的な疲労感、緊張感の程度をみます。

質問紙法にはほかに、不安や抑うつ症状の評価をする検査や、親子関係・家族関係をみる検査などもあります。

◉投影法

さまざまなとらえかたのできる絵や指示に対して、被験者がどう反応するかを観察することによって、こころの状況を判断する方法です。

検査の目的も刺激も、被験者にとっては質問紙法に比べてあいまいなので、より深層にある人格傾向、内面の葛藤、情緒のありかたを解釈することができます。

よく用いられている投影法検査として、つぎの5つがあげられます。

▼ロールシャッハテスト インクのしみでできた左右対称の10枚の図版を見せて、何に見えるかを自由に連想してもらいます。その内容や説明のしかたから、性格傾向や心理状態を解釈します（図1）。

図1　ロールシャッハテスト

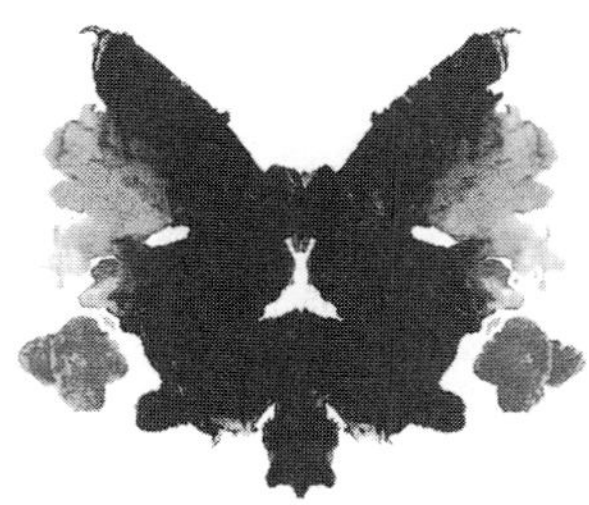

▼絵画統覚テスト（TAT） 多様なとらえかたのできる18枚の絵を見せて、それぞれの絵について自由に空想の物語をつくってもらいます。その物語作成の過程から、こころのなかにある願望、葛藤、対人関係などをみていきます。

▼絵画・欲求不満テスト（P‐Fスタディ） 日常的な欲求不満場面を描いた24枚の絵からできています。２人で会話をしている絵の空白部分にセリフを入れてもらいます。その反応のしかたから、性格の特徴や内面の葛藤をみます（図２）。

▼文章完成テスト（SCT） 「私は……」「私の気持ち……」といった、書きかけの文章が60ほどあり、自由に書いて完成させてもらいます。完成した文章から、こころの状態や対人関係などをみます。

▼描画テスト 人物画、樹木画、ＨＴＰ（家、木、人の3種をいっしょに描くもの）などがあり、それぞれ自由に描いてもらいます。絵の構成のしかたや、描いた絵についての説明の内容などから、性格特徴やこころの状態を解釈します。

これらの検査は、いずれも人格の一側面から観察をしたものなので、いくつかのテストを組合わせて多角的、総合的に人格をみてゆくことが必要です。

また、そうすることでこころの状態も理解しやすくなります。

図２　絵画‐欲求不満テスト

精神保健福祉法と入院形態

❖現行法の理念と改正点

1995（平成7）年5月に精神保健法が、**精神保健福祉法**に改正されました。

背景には、1993年12月に障害者基本法が成立し、精神障害者が基本法の対象として位置づけられたことがあります。また、これまでの保健医療施策に加え、福祉施策の充実が求められたこと、また、1994年7月に地域保健法が成立し、地域における適正な医療の確保や社会復帰の促進などの積極的な推進が求められたことなどもあります。

おもな改正点としては、法律の名称に「福祉」が加わり、法律の目的に「自立と社会参加の促進のための援助」が盛り込まれました。

これを受けて、**精神障害者保健福祉手帳**の制度が創設され、税金などの優遇措置の対象者が拡大され、事務手続きが簡略化されました。また、生活訓練施設（援護寮）、授産施設、福祉ホーム、福祉工場などの社会復帰施設が法的に整備されることとなり、正しい知識の普及や相談指導などとあわせて、地域での精神障害者の支援を、各自治体がさらに積極的に行うこととなりました。

さらに1999年から同法の一部が改正されました。精神障害者の保健福祉の充実に関しては、精神保健福祉センターの機能が拡充され、「**精神障害者地域生活支援センター**」が社会復帰後に追加されました。同時に、福祉サービスの利用に関する相談・助言などは、従来の保健所から市町村を中心に行うこととなりました。

また、2006年から施行された**障害者自立支援法**にともない、精神保健福祉法の通院医療に関する事項が同法から削除され、自立支援医療として規定されています。また2014年には、**障害者総合支援法**に改正されています。

❖患者の人権

病気の性質から、患者本人が病識（1010頁上段）を欠いてしまい、その意思に反して入院措置を行ったり、本人の行動を制限しつつ医療を行うケースなどがあることから、精神医療では、とくに患者の人権の擁護が求められています。

精神疾患による病状のために、本人の意思に反して入院治療を受けなければならない場合でも、法律では、入院措置をしたこと、入院中に行動の制限がとられうること、退院請求などができることなどを、文書で本人に知らせなければならないこととなっています。

このため従来から、本人の意思によらない入院や行動制限の判定を行う者として精神保健指定医を指定し、適正な医療を確保してきました。

さらに、この指定医が5年ごとに研修を受けることを促進するなど、人権擁護のための充実がはかられることとなっています。

❖入院形態と条件

精神医療における入院形態には、任意入院、措置入院、医療保護入院、応急入院、仮入院の5種類の形態があり、それぞれ条件が法律で規定されています。

任意入院は、本人の同意に基づく入院で、退院も本人の意思に基づくものとなっています。人権擁護の観点からも、また、医療を円滑かつ効果的に行うという観点からも、もっとも基本的な入院形態です。

措置入院は、入院させなければ自傷他害のおそれのある患者に対して、知事または政令指定都市の市長の権限で行われる入院です。

強制的な入院となるため、2名以上の精神保健指定医が、診察の結果、その必要性を認めたときにのみ行えるものです。ただし、急いで入院治療を行わなければならない場合には、72時間に限って指定医1名の診察による**緊急措置入院**になることもあります。退院など措置を解除するためには、別途、精神保健指定医の診察が必要となります。

医療保護入院は、自傷他害のおそれはないが、入院が必要で、しかし、患者本人の入院の同意が得られない場合に、家族等、あるいは市町村長の同意により行われる入院です。市町村長が同意者となるのは、市町村長以外に家族等がいない場合になります。家族等とは、配偶者、3親等以内の親権者や扶養義務者、または後見人、保佐人をさします。これまでは家庭裁判所で保護者（患者に治療を受けさせたり、患者の財産上の利益を保護したりするなどの役割をもつ）を選任する手続きが必要でしたが、家族の高齢化で保護者への負担が大きいことなどから、２０１４年の法改正で、保護者制度は廃止になりました。今後、医療保護入院の手続きでは、家族のいずれかの人が入院の同意をすることで、入院が可能となります。また、退院請求も家族のいずれかの人が行えるようになりました。

医療保護入院となった場合には、それが妥当であったかどうか、その病院からの入院届により精神医療審査会で審査することになっています。

知事または政令指定都市の市長は、審査の結果、入院の必要がないとされたとき、退院を命ずることができます。また、医療保護が必要なくなり退院するときなどは、その病院は、知事または政令指定都市の市長に届け出をしなければなりません。

退院後には、患者の生活の相談・指導を行う退院後生活環境相談員（精神保健福祉士などがあたる）の設置、患者やその家族からの相談に応じ、支援する地域事業者と精神科病院との連携づくりなどで、医療保護入院から早期に退院できるような体制の整備が進められることになっています。

以上のように、緊急時にも適切な精神医療が受けられるよう医療体制を整備することとあわせて、地域の社会復帰施設などと連携をとりながら、社会復帰・社会参加の環境整備の促進がはかられています。

精神障害者社会復帰施設と事業

精神障害者生活訓練施設（援護寮）

回復途中の精神障害者のために、居室の提供や専門職員による生活指導などを行います。

精神障害者福祉ホーム

ある程度の自活能力のある精神障害者のために、居室の提供や専門職員による生活指導などを行います。

精神障害者授産施設（通所・入所）

相当程度の作業能力があり、将来、就職を希望している精神障害者のために、職業訓練や指導を行います。

精神障害者福祉工場

作業能力があるにもかかわらず、一般企業に就職できないでいる精神障害者の雇用を行います。

精神障害者地域生活支援センター

身近な地域で相談に応じ、必要な助言や連絡調整を行います。

※そのほか、精神障害者短期入所生活介護等施設、精神障害者小規模通所授産施設などがあります。
（精神保健福祉研究会『我が国の精神保健福祉』）

産業医とそのかかわりかた

❖産業医の役割

産業医は、労働者（従業員）の健康管理などを行う医師として、労働安全衛生法に規定された資格です。事業者（企業）は、常時50人以上の労働者が働く事業場では産業医を選任する義務を負い、常時1000人以上（特定の業務では500人以上）の労働者が働く事業場では専属の産業医を選任しなければならないと定められています。

産業医の職務は、①健康管理、②作業環境管理、③作業管理、④労働衛生教育、⑤総括管理の5つに分類されます。産業医が労働者に直接かかわるのは、①の健康管理です。

健康管理は、さらに健康診断とその事後措置、および各種疾患対策としての面接指導などからなっています。健康診断は一般健康診断と特殊健康診断に分かれ、**一般健康診断**には雇い入れ時健康診断や定期健康診断が含まれていて、労働者には受ける義務があります。**特殊健康診断**は特定の業務について行われる健康診断です。労働者には健康診断の結果が通知され、結果に異常が認められた場合には医師の意見を聞き、その内容が個人票に記載されます。2008（平成20）年4月からメタボリックシンドローム対策として、医療保険者は特定健診・特定保健指導を行うことが義務づけられました。

❖メンタルヘルスとのかかわり

健康診断は元来、産業医の主要な業務ですが、近年は労働に関連した各種疾患対策の重要性が増大しています。とくに注目されているのは「過重労働に関連した疾患」と「メンタルヘルスに関連した疾患」です。

過重労働については労働安全衛生法などで、1か月の時間外労働時間が100時間を超え、疲労が蓄積した労働者には、産業医による面接指導が義務づけられています。また事業者には、2～6か月平均で月80時間を超える者、月45時間超の者、健康に不安を感じて申し出をした労働者に対しても、面接指導を受けさせる努力義務があります。

労働者が、**メンタルヘルス**に関連した疾患によるなんらかの症状のために仕事の継続が困難になった場合、産業医との面接を事業者（職場）に申し込むことができます。産業医は労働者本人と面接を行い、医療機関を受診する必要があるか、業務の可否について本人に助言をすることができます。

また、産業医は事業者に対し、本人の同意を得たうえで、適切な業務上の配慮について提言をします。**休職**が必要なとき、労働者は主治医に休職を要する旨の診断書を発行してもらい事業者に提出しますが、休職中の病状経過を事業者や産業医に行うことで、その把握が可能になります。産業医は、労働者の同意のもとに主治医と連携し、診療情報の提供や療養上の注意事項について照会することができます。**職場復帰**にあたっては、主治医に復職可能の意見書を発行してもらいますが、その際、産業医が本人と面接または主治医と産業医とが情報交換を行い、適切な復職のしかたについて産業医が労働者本人および事業者へ助言をすることで、通常勤務に復帰する前に調整勤務を行うなど、むりのない復職が可能になります。

事業場によっては、**産業保健師**や**産業カウンセラー**が配置されていることもあります。これらの援助は、労働者と産業医のほか、産業看護職や衛生管理者からなる産業保健スタッフとの面接を通して行われ、健康診断や面接指導には、諸法令において守秘義務が規定されています。

病気の知識と治療

第4部

第7章

目の病気

目のしくみとはたらき

◇眼球の構造

眼球は直径がおよそ24㎜の、ほぼ球形をした形で、**眼窩**という骨でできたくぼみの中におさまっています。眼球の後ろには、眼球についている視神経や脂肪組織がたくさんつまっていて、眼球を動かす6本の**外眼筋**（1064頁図5）が眼球側面についています（図1）。

眼球の前方には上眼瞼（上まぶた）と下眼瞼（下まぶた）があり、まぶたの開閉によって涙を角膜表面に導き、角膜や結膜の乾燥を防いでいます。また、まぶたを閉じることで、眼球をけがから守る役目も。**睫毛**（まつげ）や**眉毛**（まゆげ）は目の中にごみなどが入らないようにはたらいています。

◇正面から見た目の構造

●虹彩と瞳孔

目を真正面から見ると、黒く見える**瞳孔**（ひとみ）と、茶色をした**虹彩**（茶目）がわかります（次頁図2）。色素が多い黄色人種では虹彩は茶色に見えますが、白人では青色調です。

虹彩には**瞳孔括約筋**と**瞳孔散大筋**の2種類の筋肉があり、これらの筋肉をはたらかせて瞳孔の大きさを調節しています。たとえば、光がよけいに入るとひとみは小さくなり、暗いところでは大きくなります。つまり、虹彩はカメラの絞りのような役割をはたしているのです。

●結膜

目を正面から見ると、目の表面は透明な角膜という黒目の部分と、強膜という白目の部分からなる1枚の膜でおおわれているのがわかります。この白目の強膜の上を**結膜**という薄い膜がおおい、結膜はまぶたの裏側で反転し、上下の眼瞼の裏側をおおっています。

眼球をおおう部分を**眼球結膜**、まぶたの裏側にある部分を**眼瞼結膜**といいます。結膜は細菌や異物などの侵入を防御するはたらきをしています。

また、結膜は粘膜で、結膜にある杯細胞から粘液を、副涙腺から涙液を分泌して眼球表面を湿らせています。

結膜の病気は結膜炎（1077頁）が代表的で、さまざまな原因でおこります。

●涙腺、瞼板腺、涙道

涙腺は、上まぶたの裏側の上方、耳寄りのところにあり、そこから涙が分泌されます。まぶたの裏側には、**瞼板腺**（**マイボーム腺**）があり、脂の成分が分泌され、それがまぶたの縁から出てきます。涙腺から分泌された涙と、結膜の杯細胞から分泌される粘液、瞼板腺から出る脂の成分がいっしょになって眼球表面をおおう涙の層を構成します。この涙には、結膜と角膜を潤し、また結膜や角膜に付着しているごみや細菌などの病原微生物を洗い流す作用があります。

また涙は、上下の眼瞼の鼻側の縁にある上涙点と下涙点へ流れ込み、涙小管、涙嚢、鼻涙管を経て、鼻へ流れて行きます。涙点から鼻までの涙の道を**涙道**と呼び、涙道のどこかに障害があって涙が鼻に流れなくなると、涙が出て困る流涙症（1075頁上段）になります。

◇横から見た目の構造

眼球を横から見た横断面図を見ると、カメラに似た構造になっていることがわかります（次頁図３）。

●角膜と強膜

眼球の表面をおおう透明な**角膜**は、前から見ると、黒目の部分に相当します。厚さは、中心部が約０・５㎜で、周辺は、約０・７㎜です。

角膜に連続している白目の部分が**強膜**です。強膜は眼球の後方までつづき、眼球の内部を守る外側の壁といえます。

角膜は球の一部のような形をしているため、レンズの役目もします。角膜のカーブが変わると屈折も変わります。角膜のカーブが縦方向と横方向でちがうと乱視（1071頁）の原因になります。

角膜は、５層からなっています。表面の上皮が障害された場合、障害が浅く軽いとすぐに治り、視力障害もおこりませんが、深部が障害されると角膜が混濁して視力障害の原因になります。

目の真正面にある角膜は異物が入りやすく、けがや感染なども受けやすく、いろいろな病気がおこりやすいところです。ヘルペスなどが感染して角膜が混濁してしまうこともあり、角膜移植（1088頁）が必要になることもあります。

強膜の病気としては、強膜炎（1087頁）が代表的です。膠原病などの全身的な病気に合併することもあります。

●毛様体、水晶体、硝子体

毛様体は虹彩と連続していて、この２つの組織と脈絡膜をいっしょにして**ぶどう膜**と呼びます。眼球の表面の壁、

図１　目と周辺部の構造

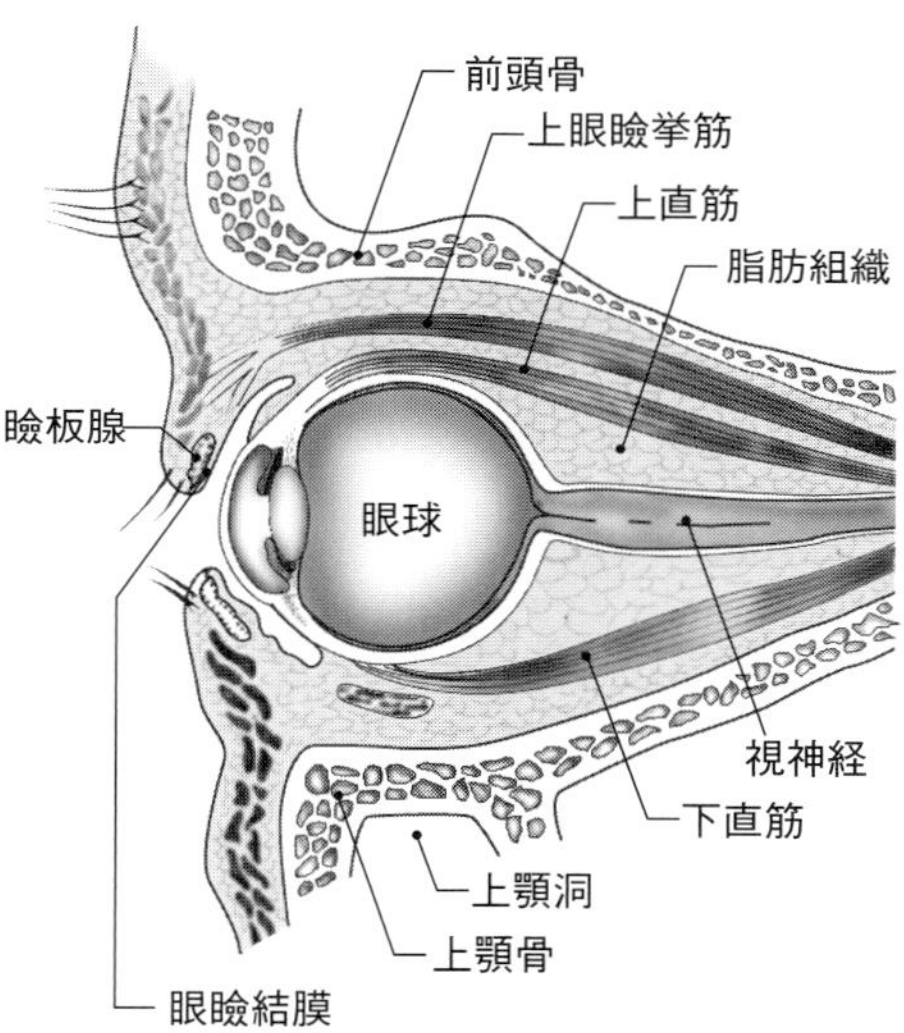

図２　正面から見た右目の構造

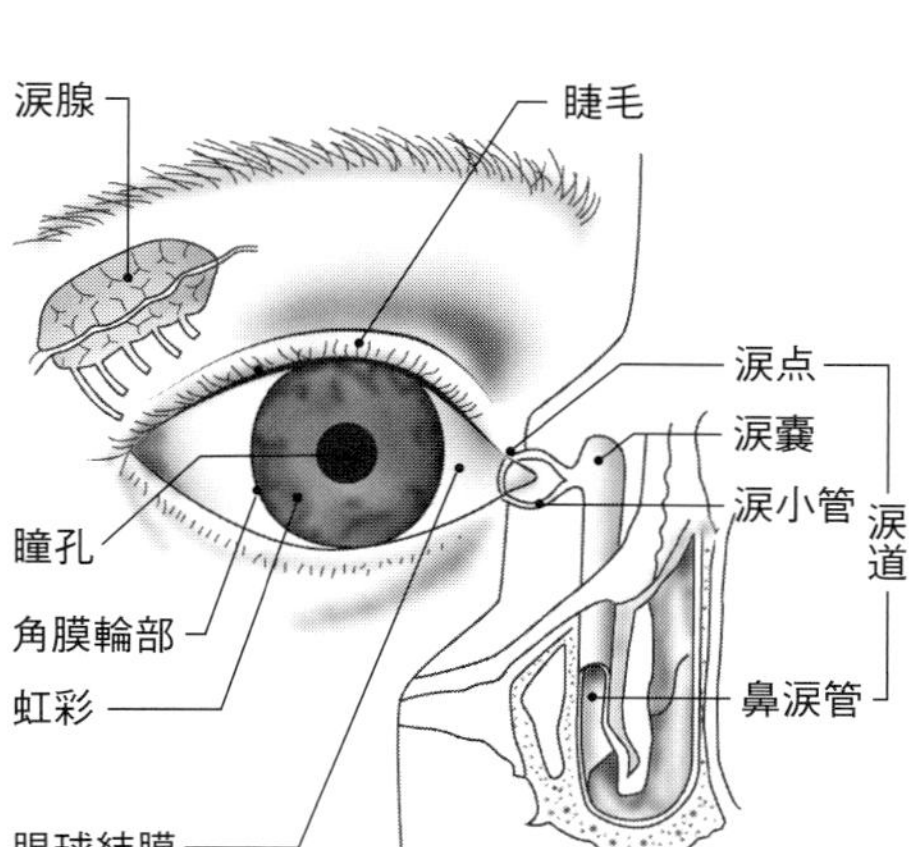

図3　横から見た目の構造

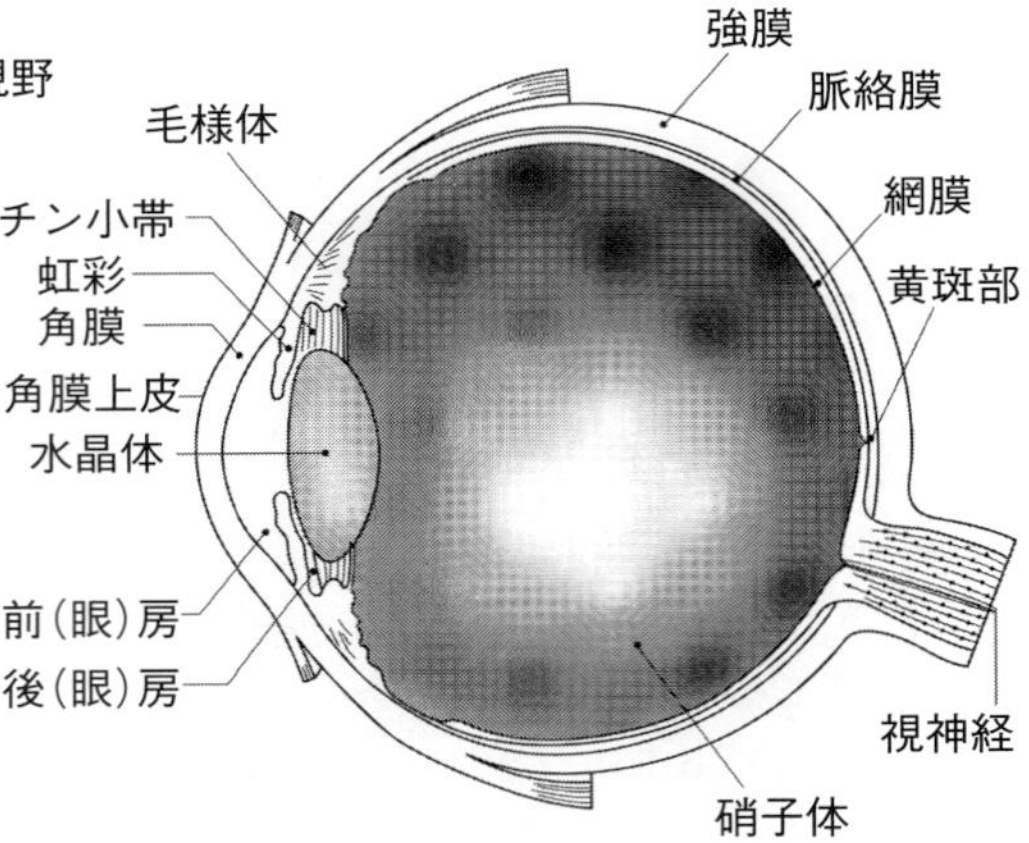

図4　物が見えるしくみ
正面より右側のものは左の後頭葉へ、正面より左側のものは右の後頭葉へ伝えられ、全体として１つの映像となる。

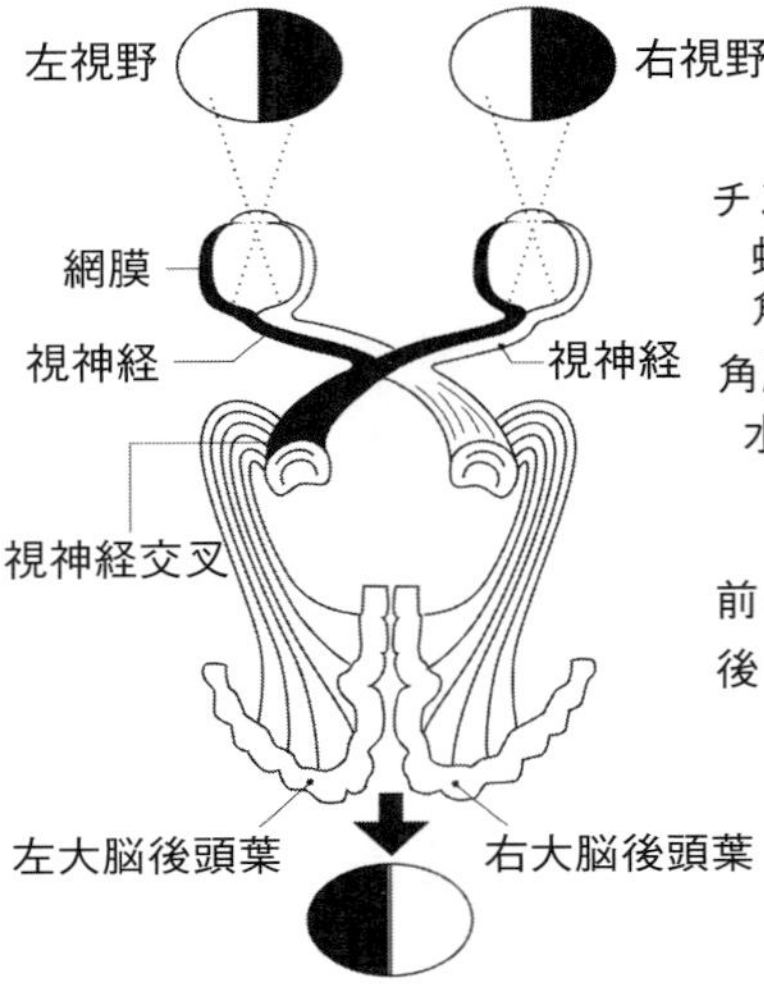

角膜と強膜を取除くと、この3つの組織に包まれた眼球はぶどうのように見えることから、こう呼ばれます。

虹彩と毛様体が炎症をおこしたものを虹彩毛様体炎と呼びますが、それに加わり脈絡膜の炎症がおこったものをぶどう膜炎（1089頁）と呼んでいます。

虹彩と瞳孔の裏側には**水晶体**があります。水晶体は凸レンズで、カメラのレンズに相当します。

毛様体と水晶体の間には、**チン小帯**（チン氏帯）という細い糸状の透明な組織があります。このチン小帯が、毛様体の筋肉の伸縮によって伸び縮みし、水晶体を厚くしたり薄くしたりしてピント合わせを行います。

近くを見るときは、毛様体の筋肉が収縮してチン小帯が緩み、水晶体が厚くなります。

遠くを見るときは、毛様体の筋肉が弛緩してチン小帯が緊張し、水晶体が薄くなり、遠くにピントが合います。

このように、毛様体の筋肉を収縮させたり弛緩させたりして、遠くや近くにピントを合わせることを、**調節**と呼びます。若いうちは調節力が十分あるため、正視の人では遠くも近くも見えますが、40歳以上になると、遠くは見えても近くが見えにくくなってきます。これが、老視（老眼　1072頁）の始まりです。

また、水晶体が年をとって濁ってくると、視力障害の原因になります。これが加齢白内障（1103頁）です。

硝子体は、水晶体の後方にある広い容積を占める無色透明な組織です。ゲル状（ゼリー状）で、眼球を球形に保つはたらきをしています。

◉網膜と脈絡膜

硝子体に接した後方の膜が網膜で、その後ろが脈絡膜です（図3）。

網膜は、カメラでいうとフィルムに相当する重要な組織です。10層からなっていますが、外から2番目にある視細胞層には**錐体細胞**と**杆体細胞**があって、錐体細胞は視力や色覚に関係し、杆体細胞は光覚（明暗の感覚）に関係します。

錐体細胞が障害されると視力の低下や色覚異常（1064頁）がおこり、杆体細胞が障害されると夜盲症（1099頁）がみられます。

網膜は、眼底鏡を使うと直接見ることができ、網膜の血管も見えます。したがって、糖尿病（1501頁）、高血圧（1396頁）、動脈硬化（1407頁）など、血管に異常がみられる病気では、眼底の血管にも異常をみることが多く、そのため眼底検査が重要になるのです。

網膜は、細胞がいちど死んでしまうと回復は不可能です。

そのため、網膜に影響のある全身的な病気にかかった場合は、もとになる糖尿病などの病気の十分な治療が必要になるのです。

脈絡膜は、網膜の外側にあり、強膜の内側にある血管に富んだ組織です。ここにはメラニンという色素がたくさんあり、眼球内に入った光が外に漏れないように暗箱の役目をしています。

脈絡膜の代表的な病気に、脈絡膜炎があります。虹彩毛様体炎をともなうことが多いため、ぶどう膜炎（1089頁）とも呼びます。原田病（1090頁）、ベーチェット病（1090頁）などでおこります。

◉視神経と視覚中枢

網膜の視細胞で得た情報は、網膜の神経節細胞へ伝わり、神経節細胞の突起である視神経を経由して、最終的には大脳の視覚中枢までいきます。

図3と4に示すように、視神経は眼球の後方から出ており、視神経管を出ると耳側からきた視神経線維は耳側に、鼻側からきた線維は交叉して反対側にいきます。

すなわち、右目では視野の右側は鼻側の網膜で感じ、左側は耳側の網膜で感じるわけで、視神経は半分ずつ交叉しているのです。

右目の左視野からきた神経と左目の左視野からきた神経はいっしょになり、外側膝状体というところで神経を乗換え、右側の後頭葉の視覚中枢までいきます。したがって、視野の左側は右側の後頭葉に、視野の右側は左側の後頭葉に映像が伝えられます（図4）。

もし、脳梗塞で左側の後頭葉に障害を受けると、右半分の視野が欠けて見えなくなります。また、視神経の交叉する場所に下垂体の腫瘍などができると、両目の耳側の視野が欠けてしまいます。これを**両耳側半盲**と呼んでいます。

◉屈折とその異常

目の調節を行わない状態で見たとき、網膜に焦点を結ばない状態を**屈折異常**と呼びます。これには、近視（1069頁）、遠視（1071頁）、乱視（1071頁）があります。

これに対し、加齢のために目の調節がうまくはたらかず、近くが見えにくくなるのが老視（老眼　1072頁）です。

◉両眼視とその異常

左右の目から入った視覚情報は脳の視覚中枢で統合され、ひとつの映像になります。このはたらきを**両眼視**といいます。両眼視ができないと立体的に物が見えなくなります。また、斜視（626頁）があると、両眼視の機能が悪くなります。

◉眼圧と房水

角膜と虹彩で囲まれている部分が**前房**で（図3）、虹彩の後方にあり、毛様体と水晶体の前の部分が**後房**です。

毛様体では**房水**が産生されており、房水は、後房から水晶体と虹彩の間を

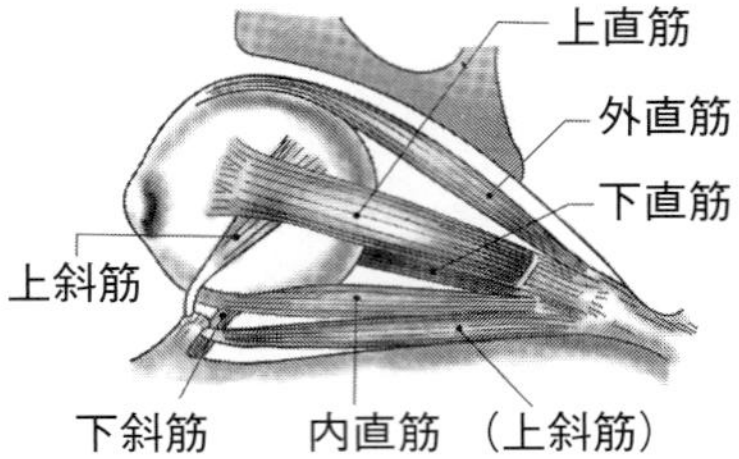

図5　眼球を動かす外眼筋
（右目、真上から）
眼球の外側には外眼筋と呼ばれる6本の筋肉がついており、1本1本が伸びたり、縮んだりして、眼球をいろいろな方向へ動かすはたらきをする。

通り前房に出て、最後に隅角という房水の出口から眼球の外に出ます。

産生された房水の量と隅角から排出される量はつねに一定で、このため、目の中の圧力（**眼圧**）は一定に保たれています。

房水が出すぎたり、また隅角からの排出が少なくなると、眼圧が高くなり、視神経に影響をおよぼし、視野が欠けてきたり、視力が低下したりします。この状態が緑内障（1106頁）です。

◉眼筋とその異常

眼球の周りには、6本の**外眼筋**と呼ばれる筋肉がついています（図5）。この筋肉のはたらきによって、眼球はどの方向にも動くことができます。見ようとする方向に左右の眼球を正しく向けるよう筋肉が伸び縮みして眼球を動かし、両目の視線を合わせます。

この6本の筋肉は、動眼神経、外転神経、滑車神経のはたらきによって動きます。したがって、これらの神経がまひしたり、筋肉そのものに異常がおこると、物が二重に見えます。これを複視（1072頁上段）といいます。

目の主要な症状

目の症状は、視機能（物の見えかた）に関連した症状と、視機能に関連しない症状とに分けられます。

◇視機能に関連した症状

◉視力障害

眼鏡、あるいはコンタクトレンズを使用しても、視力を1・0まで矯正できない場合を、病的な視力障害と考えます。視力障害の程度は、0・9～0・01、**指数弁**（眼前で指の数がわかる）、**手動弁**（眼前で手の動きがわかる）、**光覚**（明暗がわかる）とさまざまです。

また、視野全体がかすんで見えない状態（**霧視**）であったり、視野の中心あるいは一部分が見えないために視力障害を生じている場合もあります。

症状が急激であるか、緩徐（緩やか）であるか、また、片方の目のみか、両目か、両目同時か、時間を経て両目が見えなくなったかによって、原因となる疾患はさまざまです。

◉視野異常

目を動かさずに見える範囲を**視野**といいます。

視野の異常には、視野全体が狭くなる**視野狭窄**、周辺の視野が見えにくくなる**視野欠損**、上下あるいは左右の半分が見えなくなる**半盲**、見ようとする中心部分が暗く見えたり、ぼやけたり、見えなかったりする**中心暗点**などがあります。

◉色覚異常

色を感じる能力や色のちがいを識別する能力が異常であることを色覚異常と呼びます。色覚異常には、先天異常と後天異常とがあります。

網膜の光を感じる細胞（視細胞）は、おもに色を感じる錐体と、明暗を感じる杆体から構成され、錐体には赤錐体、緑錐体、青錐体の3種類あることが知られています。

先天色覚異常は、各錐体系の先天的な異常によるもので、もっとも多い色覚異常です。先天赤緑異常は、男の子の5％、女の子の0・2％の頻度にみ

◎眼球振盪(眼振)

意志とは無関係におこる眼球の規則正しい往復運動(揺れ)のことです。厳密には、不規則な揺れはこの範疇には含まれません。車中から外の景色を見たときなど、生理的にもおこることがあります。

先天的な眼振と後天的な眼振に大きく分けられ、後天的な眼振は**動揺視**(物が揺れて見える)を自覚することが多いのですが、先天的な眼振にはありません。先天的眼振は、目の病気での視力不良による場合と、眼振以外に目に異常がみられない場合(眼球運動系の異常)とがあります。

治療法は、見る方向によって眼振が少なくなるか、なくなる位置にプリズム眼鏡をつける方法と、斜視のように手術によって目の位置をずらす方法とがあります。

後天的眼振は耳や脳の病気でおこります。耳鼻科、神経内科、脳神経外科を受診して診察を受けてください。

られ、第一異常(赤錐体系の異常)、第二異常(緑錐体系の異常)とがあり、青錐体系の異常は0・002〜0・007%とまれです。

後天的な色覚異常は、角膜から大脳に至る視覚の伝達経路のどこの異常によっても生じる可能性があります。

◉夜盲

夜盲とは、明るいところではよく見えるのに、暗いところでは見えにくくなる状態をいいます。

光を感じる網膜の細胞(視細胞)には、杆体と錐体と呼ばれる2種類の細胞があります。杆体はおもに明暗を感じる細胞であり、錐体は色を感じる細胞です。杆体は網膜全体に分布していますが、錐体は黄斑部にのみ高密度に分布しています。

夜盲とは、杆体の機能のみが低下し、錐体は正常の機能を保っている状態です。網膜色素変性症(1098頁)やビタミンA欠乏症(1524頁)でみられます。

しかし最近は、夜間の照明が明るいため、夜盲を自覚することは少なくなっています。

◉眼精疲労

眼精疲労とは、たんなる目の疲労(目を休めることにより容易に回復する状態)ではなく、眼痛、頭痛、悪心などをともなう、永続的な目の疲労感をいいます。

遠視、乱視や左右の度のちがい(不同視)、不適切な眼鏡の装用、調節や輻輳(寄り目にする力)の障害のほか、精神的な原因や緑内障などの目の病気が原因である場合もあります。

◉複視

単一のものが2つに見える状態をいいます(1072頁上段)。片方の目をかくすと複視がなくなる場合(**両眼複視**)と、片方の目をかくしても複視がなくならない場合(片方の目でも2つに見える状態。**単眼複視**)とがあります。

単眼複視は、乱視などの屈折異常(1068頁)や白内障(1103頁)などによって生じますが、両眼複視は、斜視(626頁)、目を動かす筋肉の異常、脳・神経の異常などによっておこります。

◉飛蚊症

蚊が飛んで見えたり、糸くずが飛んで見えたりし、目を動かすにつれて、同時に、あるいは少し遅れて、それらが動くように感じるのが飛蚊症です。

硝子体中の混濁によって、目の中に光が入ったときに、その影が網膜上に映ることからおこります。

白い大きな紙や、青空などを見ているときに気づくことが多く、背景が暗かったり、色や形が異なった対象を見ているときには飛蚊症に気づきにくくなります。

硝子体の加齢変化によることが多いのですが、糖尿病(1501頁)や網膜の断裂によって生じる硝子体中への出血などによる場合もあります。

◉変視症、大視症、小視症

物の一部あるいは全体が歪んで見える状態を、**変視症**といいます。

歪みと同時に、あるいは歪みをともなわずに、物が大きく見える状態を**大視症**、小さく見える状態を**小視症**といいます。

眼底(網膜)の異常だけでなく、脳の異常や興奮などでもおこることがあります。

◎眼筋まひ

眼球は、外眼筋という筋肉の収縮によって動きます。外眼筋は腕や脚などの筋肉と同じ随意筋で、外側に動かす外直筋、内側に動かす内直筋、上方に動かす上直筋と下斜筋、下方に動かす下直筋と上斜筋の6本の筋肉で構成されています（1064頁図5）。これらは脳神経（外転神経、動眼神経、滑車神経）によって支配され、さらに大脳という中枢でコントロールされています。

これらの筋、神経のなんらかの障害によっておこるのが眼筋まひです。障害された筋が受けもっている作用方向に眼球を動かすことができなくなり、**複視**（1072頁上段）が生じます。また、それ以外の正常な筋によって眼球の偏位（位置のずれ）が生じます。これが斜視（626頁）です。

原因としては、外眼筋自体の障害、脳神経の障害または脳幹の障害があります。

代表的なものをあげると、

●光視症

暗闇などで光が眼内に入ってこないにもかかわらず、目の中で光を感じる状態をいいます。

大部分は、網膜への牽引力が硝子体によってはたらいた場合におこりますが、片頭痛をともなっている場合などは、大脳の血管攣縮によっておこっていることがあります（「閃輝性暗点とは」下段）。

●虹視症

電灯や月などを見たときに、その周りに虹のような輪が見える状態をいいます。

角膜の浮腫（むくみ）や混濁による場合が多く、緑内障（1106頁）のための高眼圧による角膜浮腫の特徴的な症状とされています。

◇視機能に関連しない症状

●充血

眼球が赤くなることを、充血といいます。

充血には、結膜や強膜の血管の怒張（腫れ）による、いわゆる充血と、出血とがあります。

目の表面をおおっている結膜は、白目の部分である眼球結膜（球結膜）とまぶたの裏側にある眼瞼結膜（瞼結膜）とに分けられます。

出血は通常、眼球結膜の血管が破れておこり、血液が結膜と眼筋球（強膜）の間にたまります。出血のない部分との境目ははっきりしています。

結膜炎（1077頁）による充血では、眼球結膜と眼瞼結膜の両方が同時に充血します。細菌やウイルスによる結膜炎では、眼脂（めやに）や異物感を、アレルギー性の結膜炎では、かゆみをともなうことが特徴です。

●眼脂（めやに）

眼脂は、結膜炎（1077頁）などにみられる分泌物をいいます。

結膜炎の原因によって、眼脂の性状は異なります。細菌性結膜炎やクラミジアによる結膜炎では膿性あるいは粘液膿性、ウイルス性結膜炎では水様性あるいは粘液性、アレルギー性結膜炎では白色粘液性あるいはゼリー状を呈します。

閃輝性暗点とは

片頭痛（919頁）の症状のひとつです。視野の一部にちらちらした光が現れ、目がよく見えなくなる状態が数分から数十分つづき、もとに戻ります。その後、頭痛がおこることもあります。通常は片方の目におこり、頭痛も症状のある側に生じます。脳血管の一時的なけいれんで血流が悪くなるためにおこるといわれ、症状がないときは健康な人と変わりません。まれに脳血管の形態異常が原因のこともあります。

脳血管を検査して、異常が見つかれば、その治療を行いますが、異常が発見されるのはまれです。

片頭痛は一定期間をおいてくり返すことが多く、再発しそうなときは血管拡張薬を内服することもあります。発作がおこってしまった場合や頭痛の治療には、トリプタン系の薬剤や血管収縮薬が効果があります。

外眼筋自体の障害をもたらす疾患には甲状腺疾患、外眼筋炎、ミオパチー（987、989頁）などがあります。脳神経の障害をもたらす疾患には腫瘍、血管障害（糖尿病を含む）、炎症、外傷、重症筋無力症（990頁、外眼筋以外の筋が障害されることもある）などが、脳幹を傷害する疾患には腫瘍、血管障害、外傷などがあります。

◉流涙（流涙症）

目が潤んで、涙がたまったように感じることを、流涙と呼びます。

涙（涙液）の分泌が過剰である場合と、涙液の排泄障害が原因となっておこります。

◉乾燥感（ドライアイ）

目の表面（角膜、結膜）は、つねに涙におおわれ、その粘膜が保護されています。

目の乾燥感は、涙腺から分泌される涙の減少や、涙液の蒸発量が増大することからおこります。

とくにコンピュータなどの作業やテレビゲームなどをしていると、まばたきの回数は減少します。また、目を大きく開いているために、目は乾燥しやすくなります。

◉羞明

羞明とは、光をまぶしく感じる状態であり、角膜炎（1085、1086頁）、虹彩毛様体炎（1089頁）、先天緑内障（630頁）などでみられます。

◉異物感

目の表面には、知覚をつかさどる神経があり、この知覚神経が限局性に（ある部分にかぎって）刺激されて痛みを感じている状態が、異物感となります。その結果、目の中に異物が入っているような感じがします。

結膜、角膜に異物が実際に存在する場合や、眼瞼内反（1074頁）や睫毛乱生（1074頁）のように、睫毛（まつげ）が角膜に接触していることから、異物感を感じます。

しかし、異物などによって、角膜表面に傷がある場合（角膜上皮障害）は、異物がなくなったあとも、角膜の知覚神経が刺激され、異物感の残る場合があります。

また、結膜炎（1077頁）などのように角・結膜の上皮（表面）が不整であることから生じる場合もあります。

◉瘙痒感（かゆみ）

目にかゆみを感じることであり、アレルギー性結膜炎（1082頁）、春季カタル（1082頁）などのアレルギー疾患にみられます。

◉眼痛

眼痛には、深部痛、穿刺痛（刺すような痛み）、圧痛（圧迫されるような痛み）、頭痛をともなう痛みがあります。

眼痛は、おもに眼内あるいは眼周囲組織の炎症、三叉神経痛（973頁）によっておこります。

頭痛をともなう眼痛で、急性の場合は、緑内障発作によることもあります。

◉眼球突出

眼窩（眼球を囲む骨に囲まれた部分）の内容物が、さまざまな原因によって増加し、眼球が前方へ突出した状態をいいます。

眼窩内の腫瘍、炎症（感染など）、血管の異常、出血によっておこります。また、甲状腺機能亢進症（1474頁）によっておこる場合もあります。

◉眼瞼腫脹（まぶたの腫れ）

眼瞼の腫脹は、眼球、眼窩内の炎症、眼瞼腫瘍、霰粒腫（1076頁）や麦粒腫（1076頁）などの眼瞼の炎症によっておこります。眼部の帯状疱疹の一症状としておこる場合もあります。

また、腎機能不全や心不全など、全身の浮腫の一部として生じる場合もあります。

屈折・調節・眼位の異常

屈折異常とは
(Refractive Error)

◇カメラに似た目のしくみ

眼球の構造は、カメラによく似ています。カメラ本体が強膜とぶどう膜、絞りが瞳孔、固定レンズが角膜（黒目）、可変レンズが水晶体、ピント合わせ装置が毛様体、フィルムが網膜にあたります（「目のしくみとはたらき」1060頁）。

目に入った光は角膜で強く屈折され、瞳孔で光量を調節され、水晶体によってピント合わせが行われて網膜上に像を結びます。この像を視神経が脳に伝えてはじめて物が見えます。像を結ぶ位置は、この角膜と水晶体の光を屈折する力、および眼軸（角膜から網膜までの距離）の長さとで決まります。

弾力性があり、丸くなろうとする性質の水晶体は、チン小帯という細い線維によって眼内につるされています。

遠くを見るときには、毛様体筋が緩んでいる（無調節状態）ためチン小帯は引っ張られ、水晶体は薄くなって屈折力を弱め、網膜上にはっきりした像を結びます。

近くを見るときには、逆に毛様体筋が収縮している（調節状態）ためチン小帯は緩み、水晶体はそれ自体の弾力性によって厚くなり、屈折力を強め、網膜上にはっきりした像を結びます。

◇網膜上に結像しない屈折異常

ふつうに見たとき（無調節状態）に、無限に遠いところから目に入ってくる光線（平行光線）が像を結ぶ位置によって、４つの屈折状態に分けられます。

正視　網膜面の上に像を結ぶ状態
近視　網膜面より前方に像を結ぶ状態
遠視　網膜面より後方に像を結ぶ状態
乱視　どこにもピントの合った正しい像を結ばない状態（近視や遠視と組合わさって生じることが多い）

これらのうち、網膜上に像を結ばない近視、遠視、乱視のことを**屈折異常**といいます。屈折異常があると、無調節状態で遠いところから目に入ってきた光線が網膜上に像を結ばないため、遠くの物がぼんやり見えます。

水晶体の調節

近いところを見るときは、水晶体が点線のように膨らみ、網膜に像を結ぶ。

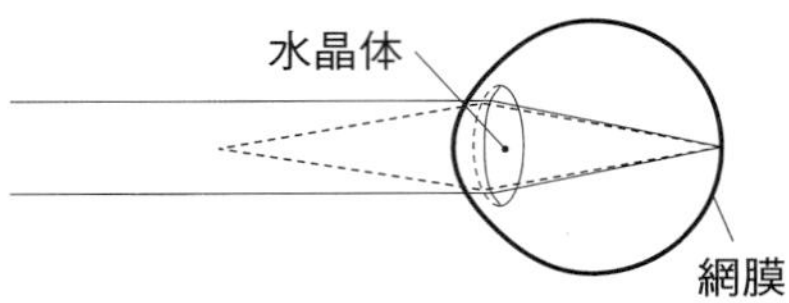

目に入る光の屈折状態

正視
網膜に像を結ぶ

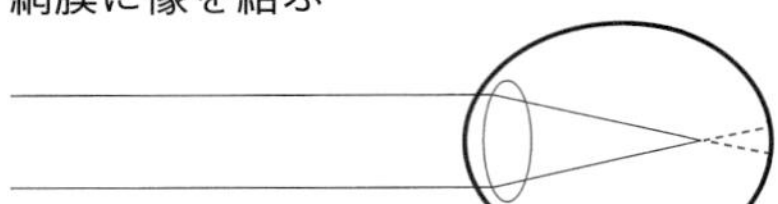

近視
網膜より前に像を結ぶ

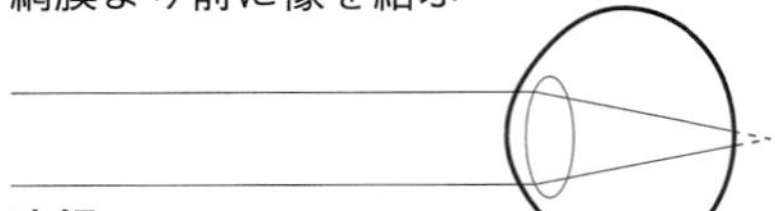

遠視
網膜より後ろに像を結ぶ

近視
眼軸が長いか、角膜や水晶体の屈折力が強いために、近くはよく見えるが、遠いところがよく見えない。

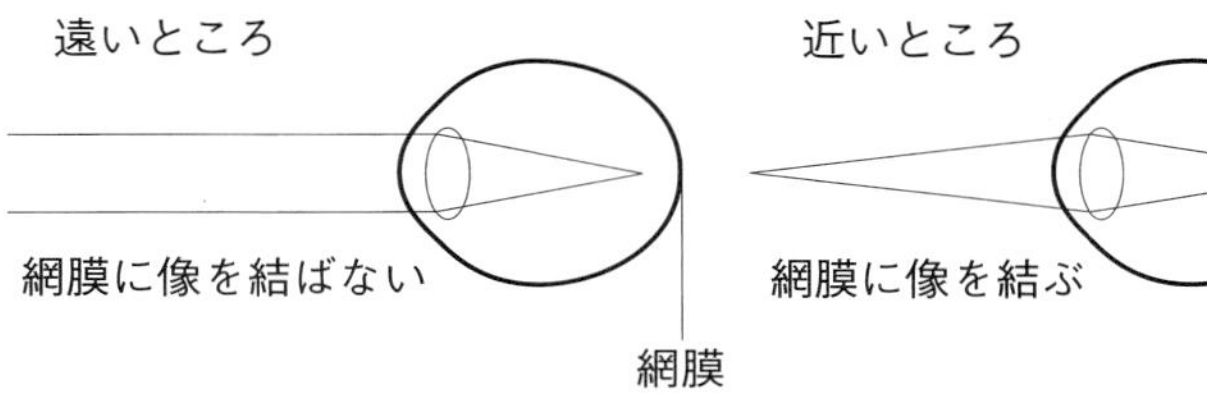

近視
Myopia
眼鏡がもっとも簡単な治療法

◇軸性近視と屈折性近視

どんな異常か　ふつうに見たとき（無調節状態）に、遠くから目に入ってきた光が網膜面の前方に像を結ぶ目の屈折異常です。近いところはよく見えるのに、遠いところはぼんやりとして見えにくくなります。これは眼軸（角膜から網膜までの距離）が長いか、角膜や水晶体の屈折力が強すぎるかのいずれかが原因でおこり、前者を**軸性近視**、後者を**屈折性近視**といいます。

一般に近視と呼ばれているものは、軸性近視をさします。屈折性近視は、円錐角膜（1086頁）のような角膜の病気や、調節けいれんといった毛様体筋の病気によっておこるものです。

近視は、その症状のちがいから2種類に大別できます。

▼単純近視（良性近視）　小・中・高校在学中に始まって成長期に急速に進行し、成人すると進行が遅くなるものです。大部分の近視はこの良性近視です。裸眼視力が0・1以下になることもありますが、眼鏡やコンタクトレンズで正常の視力に矯正できます。

▼病的近視（悪性近視）　眼軸長延長により眼球の伸展を引き起こし、眼底後極部に変性をきたす近視で、視機能障害（視力低下、視野欠損）をともなうものをいいます。

原因は軸性近視で、眼軸がかなり伸びるために、網膜や脈絡膜（網膜に栄養を与える血管の豊富な膜）が引き伸ばされて薄くなり、物を見るのに重要な黄斑部に変化がおこります。そのため、裸眼視力も0・1以下で、眼鏡やコンタクトレンズでは視力がよく矯正できません。硝子体も変化するので、網膜剥離（1097頁）や眼底出血（1101頁）をおこしやすく、緑内障（1106頁）の程度も進みます。また、さまざまな視機能障害をともないます。

病的近視の発生頻度は、あまり多いものではありませんが、治療がむずかしいため、視覚障害の主要な原因の1つになっています。

◇遺伝的素因で近視はおこる

原因　単純近視については、2通りの考えかたがあります。

ひとつは、眼軸の長さには生まれつきの長短があるという生物学的個体差に起因し、その根底には遺伝的な素因を重視する考えかたです。東洋人には近視が多く、近視は人種や民族でその頻度にかなり差があるのは事実です。

もうひとつは、近いところを見る仕事をつづけると、目はつねに調節状態にあるため毛様体筋が異常に緊張し、水晶体が肥厚します（**調節けいれん**）。この状態がつづくと、眼軸が伸びて近視がおこると考え、昔は**偽近視**（**仮性近視**）と呼ばれていました。しかし、近くを見る仕事に従事していない人でも近視になりますし、つねに近くを見ていても近視にならない人も少なくないのです。現在では、近視は遺伝的な素因をもとに、環境因子が関係しておこるという考えかたがされています。

◎LASIK（レーシック）

広く行われている屈折矯正手術です。眼球の屈折力の約3分の2は、角膜表面の組織によるものです。角膜は厚み約0・5～0・7㎜という薄い膜ですが、角膜表層にかんなのような器具でフラップ（組織片）をつくり、フラップをめくって下の角膜実質をエキシマレーザーで平らに切除し、フラップを戻して屈折力を弱くします。エピレーシック、ラセックなども、基本的な概念は同じです。

近視（前頁）のほかに、乱視（次頁）や遠視（次頁）の治療を行うこともできます。

20歳以上で、屈折異常の程度が落ち着いてから行われます。角膜の厚みなどの条件によって矯正できる度数がちがいますが、かなりの近視でも矯正できることがあります。精度や安全性は年々向上していますが、手術ですので、前後には十分な検査と医師の説明を受ける必要があります。

検査と診断　単純近視は、多くは学校の健康診断で発見されますが、教室の黒板の字が見えにくいようであれば、眼科で検査を受けましょう。病的近視は、小学校入学前に家庭や3歳児健診で発見されることが多いものです。いずれも視力検査、屈折検査で屈折度を測定して診断されます。

◇仮性近視の多くは治らない

治療　偽近視（仮性近視）の状態のときに治療を行えば、近視は治るという考えかたがあります。この考えかたは、近視は屈折性近視であって、毛様体の緊張を緩めれば治るという立場に立つもので、それによってさまざまの治療が試みられてきましたが、あまり効果のないことがわかりました。治療をして多少近視の進行を遅らせることができたとしても、近視になる素因をもった人は結局は近視になってしまうのです。

軽い単純近視で、眼鏡をかけなくても日常生活に不自由がなければ、むりに眼鏡をかける必要はありません。黒板など遠くを見るのに不便があれば、凹（おう）レンズの眼鏡、あるいはコンタクトレンズを必要に応じてそのときだけ使用するようにします。普段も不自由ならば、つねに使用しましょう。

眼鏡をかけたくなければコンタクトレンズにしますが、その装用時間を少なくするためにも眼鏡は必要です。

単純近視は20歳くらいまで進行する可能性があり、度が変わって見えにくくなれば、眼鏡をかえるようにします。眼鏡は必ずしもつねによく見える必要はなく、片方0・8～0・9、両目で1・0ぐらいに合わせれば十分です。あまり度の強い眼鏡は眼精疲労（がんせいひろう）（1111頁）を引き起こすからです。

病的近視でも、眼鏡をかけたほうがよく見えます。幼児期はとくに視力の発達過程ですから、眼鏡をかけ、弱視（じゃくし）（623頁）になるのを予防します。近視の度が強くなった場合は、完全矯正がしやすいので、眼鏡よりコンタクトレンズのほうが便利です。

▼手術治療について　手術機械の改良などによって、年々、近視矯正手術の安全性も高くなってきました。

近視の治療法として、角膜に小さな傷をたくさんつけて近視の度を弱くする、レーザーで角膜切除を行って屈折力を弱くする、眼内レンズを挿入して屈折力を調整する、眼球の後部を補強して眼軸が長くなるのを防ぐなどの手術が行われることがあります。

現在、もっとも広く行われているのは、LASIK（レーシック）（上段）です。

手術が適応されるのは、基本的に、20歳以上の人で、眼球が発育途中の人は手術できません。治療効果は、屈折の状態によってちがいますので、医師とよく相談してください。

予防　目の過労を防ぐことです。1～2時間近いところを見る作業を行ったら、15～20分休憩し、やや遠方を見るようにします。また、読み書きするときは部屋の採光に注意して姿勢を正しく保ち、印刷物は読みやすいものにする、視力検査をしばしば受けて視力を自覚しておくことなどが近視の予防法といわれています。これらを実行すれば必ず近視が予防でき

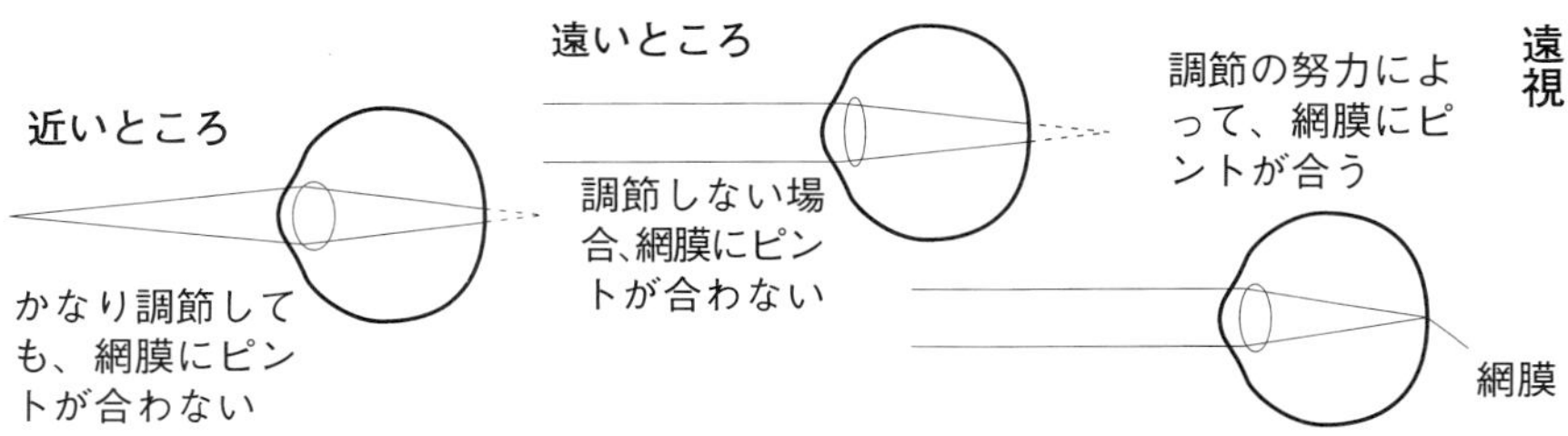

るとはいいきれませんが、目の疲れを防ぐのはよいことです。

遠視 Hyperopia

どんな異常か　ふつうに見たときに（目の無調節状態）、遠くから目に入ってきた光が網膜面より後方で像を結んでしまう屈折異常で、遠いところも、近いところもぼやけてよく見えない状態です。

これは、眼軸（角膜から網膜までの距離）が短いか、角膜（黒目）や水晶体の光を屈折する力が弱いかのいずれかの場合におこります。前者を**軸性遠視**、後者を**屈折性遠視**といいますが、遠視の大部分は軸性遠視です。

症状　遠視は網膜面の後方で像を結ぶため、物をはっきり見るためには、水晶体を厚くして光の屈折力を強め、像が網膜上に結ぶよう調節しなければなりません。とくに近くを見る場合には、遠くよりもいっそう強い調節が必要なので、目が疲れます。

子どもの遠視の場合は、度が強くなると調節しきれず、視力の発達が遅れて弱視（623頁）になったり、強い調節にともなって内斜視（626頁）になるなど、他の視機能障害を引き起こすことがあります。

子どもの遠視は発見しにくいのですが、遠くの物が見えないばかりか、近くの物も見えにくく、内斜視になるといった状態がみられる場合には、眼科医の検査を受けたほうがよいでしょう。

子どもは調節力が強く、遠視でもかなり調節して物を見ているため、ふつうの視力検査だけでは正確な度はわかりません。調節を一時的に休める目薬を点眼したうえで検査します。

治療　軽度で、物を見るのに不自由を感じず、目も疲れず、斜視や弱視になっていない遠視の場合には、眼鏡をかける必要はありません。目が疲れやすかったり、斜視や弱視になっているときには凸レンズの眼鏡かコンタクトレンズを使用します。また、遠視は、成長期にある子どもの場合は度が弱くなる傾向にあるので、定期的に眼科で検査を受け、度に応じて眼鏡をかえていく（一般的には薄くしていく）ことが必要です。

乱視 Astigmatism

どんな異常か　ふつうに見ているとき（無調節状態）に、遠いところから目に入ってきた光がどこにも像を結ばない屈折異常で、**正乱視**と**不正乱視**があります。

症状　年齢が若く、軽度の場合には自覚症状はありませんが、乱視の度が強い場合や軽度でも年を重ねると、遠くも近くも見えにくいという視力障害がおこります。また、片方の目で見ても1つのものが2つに見える単眼複視や、眼精疲労がおこります。

治療　治療法は正乱視と不正乱視とでその内容が異なります。

▼正乱視の場合　角膜（黒目）のカーブの度合いが、方向によってちがうためにおこります。円柱レンズを入れて矯正します。

◎複視

複視とは物が2つに見える状態です。**単眼（性）複視**と**両眼（性）複視**があり、とくに重要なのは両眼性複視です。

両目は協調して動きますが、眼筋まひ（1066頁上段）が生じると、ある方向で片方の目が正常に動くのに、もう片方の目がそれについていけずに両目でばらばらの像が網膜に結ばれ、2つに見えます。

たとえば、右側を見るときに複視がおこるケースでは、その状態で右目を隠すと右側の像が消えて1つになる**同側性複視**と、左側の像が消える**交叉性複視**とがあります。同側性複視では、右目の外直筋まひが、交叉性複視では左目の内直筋まひが疑われます。

甲状腺疾患、炎症、腫瘍、糖尿病、重症筋無力症などによる複視の一部は、原因疾患の治療や自然経過によって回復することがあります。それ以外では、斜視と同様の手術が行われることもあります。

▼不正乱視の場合　目の炎症やけがなどで、角膜の表面がでこぼこになったためにおこります。角膜が透明ならハードコンタクトレンズで矯正します。

老視（老眼）
Presbyopia

どんな異常か　老視は、水晶体の調節力の低下でおこるものです。若い人では、遠くの物や近くの物を見るときに、毛様体（1062頁図3）が神経の命令によって水晶体を厚くしたり薄くしたりしてピント調節を行っています。ところが、40歳を過ぎるころから、しだいにその機能が低下してきます。

症状　近くを見ようとしたときにうまく水晶体が厚みを増さず、ピントが合わなくなってきます。それでも初めのころは目をこらすなど力を入れ、なんとかピントを合わせることができるのですが、目に力を入れるので疲れたり、肩がこったりします。

この症状は、若いころから目がよかった人（正視の人）のほうが、早めに現れてきます。若いころから近視の人は、もともと近くは見えていたので、眼鏡をつくるときも少し弱めの度でつくることが多く、症状が現れにくいのです。しかし、年齢とともに症状は進行するので、近視の人もいずれは不自由になってきます。

治療　老視を治すことはできません。通常は、**近用眼鏡**（いわゆる**老眼鏡**）で対処することになります。遠近両用眼鏡や遠近両用コンタクトレンズを用いることもできます。どのような方法がよいかは老視の程度やその人のライフスタイルによります。

眼球運動障害
Eye Movement Disturbance

どんな病気か　眼球の周りの外眼筋は（1064頁図5）、見ようとする方向に左右の眼球を正しく向けるよう伸び縮みして眼球を動かし、両目の視線を合わせます。この外眼筋を動かす神経（動眼神経、外転神経、滑車神経）や筋肉そのものの異常をさします。

症状　正しい目の位置がずれた状態が斜視（眼位ずれ　626頁）で、物が二重に見えます（複視　上段参照）。

見過ごされがちなのは、成人の斜視です。幼少時から存在したものが悪化した場合や、幼少時には隠れていたものが顕性化した場合が多く、眼精疲労や肩こり、頭痛の原因になります。また、斜視の見かけを気にして、精神的な負担や劣等感をもつ場合もあります。

原因　先天性の要因が大きいものと、後天的な要因に大別されます。後天的な要因のうち、外眼筋の障害をもたらす疾患には甲状腺疾患、外眼筋の炎症、重症筋無力症（990頁）などが、脳神経や脳幹の障害をもたらす疾患には脳腫瘍（476、966頁）、脳血管障害、外傷などがあり、複視からこれらの生命にかかわる疾患が発見されることもあります。

治療　斜視はおとなになってからも手術で治療できることが多く、再手術も可能です。まず、専門医の診察を受けることをお勧めします。

第1章―第10章
生活習慣病
がん（悪性腫瘍）
子ども
女性
脳・脊髄・神経
こころ
目
耳・鼻・のど
歯・口腔
呼吸器

眼鏡とコンタクトレンズの選びかた、使いかた

❖眼鏡の選びかた、使いかた

一口に**眼鏡**といっても、目的により、近視や乱視用の眼鏡、老眼鏡、遠近両用眼鏡など、いろいろな種類があります。

▼おとなの場合　本人自身が、どのようなことが不便で、どのような目的で眼鏡をつくるのかをよく相談する必要があります。

度や大きさの合わない眼鏡をかけていると、眼精疲労（1111頁）や頭痛（917頁）の原因となることもあります。目の度数は少しずつ変化していることがありますから、2～3年に1回は、眼鏡の度が合っているか調べてもらいましょう。

▼子どもの場合　視力の矯正のためだけでなく、視機能の発達を促すための「治療」として、眼鏡をかけなくてはならない場合もあります。小さい子どもには眼鏡をかけさせたくないという親も多いのですが、弱視（623頁）や斜視（626頁）を治療するためには、まだ成長するからこそ、かけなくてはならないのです。医師の指示に従うようにしましょう。

また近視（621頁）の場合、子どもでは調節力が大きいため、必要以上に度の強い眼鏡をつくってしまうこともあります。この場合には、近視がよけいに進む原因になることもあります。眼鏡をつくるときには、眼科で屈折や視力、調節力、瞳孔間距離の検査を受け、処方せんを書いてもらうようにしましょう。

❖コンタクトレンズの選びかた、使いかた

屈折異常を矯正するもうひとつの方法が、**コンタクトレンズ**です。そのアイデアを考案したのは、モナリザで有名なレオナルド・ダ・ビンチといわれていますが、実用化されたのはおよそ50年前です。

コンタクトレンズには、ソフトとハードがあり、それぞれに特徴があります。

▼ハードレンズ　乱視の矯正力が強く、耐久性にすぐれている反面、外れやすく、異物感や見えかたに違和感が生じることがあります。

▼ソフトレンズ　装用感はよいのですが、乱視の矯正力が弱く、取扱いがやや煩雑なのが欠点です。ただし最近は、乱視用のソフトレンズや使い捨てのレンズなど、ソフトレンズの欠点を克服したタイプのものが使えるようになってきました。

どのタイプがよいかは、その人の目の屈折や状態によるので、眼科医と相談するのがいちばんです。

コンタクトレンズは便利な道具ですが、角膜にのせて使うため、目に傷をつけてしまうことがあります。多くの場合は大事に至りませんが、角膜に傷あとが残り、視力障害の原因となることもあります。

❖コンタクトレンズを安全に使う「こつ」

コンタクトレンズを安全に使う「こつ」はひとつしかありません。それは面倒がらないことです。コンタクトレンズをつけたままで寝ることを**連続装用**といいますが、下着を1週間かえずにいるのと同じで不潔になりやすく、びまん性表層角膜炎（1086頁）を生じる率が10～20倍になり、たいへん危険です。

また、レンズのこすり洗いをしなくてよい、つけ置き型の洗浄剤も市販されていますが、これはたとえば、食器を洗うときにつけておくだけのようなものです。汚れが十分に落ちないので、角膜炎やアレルギーを生じやすくなります。

ほかならぬあなたの目の安全のためです。面倒がらずに、コンタクトレンズは夜寝る前には外して、きちんと洗いましょう。

まぶたと涙道の病気

睫毛乱生
Trichiasis

睫毛（まつげ）の生える方向がばらばらの状態をいいます。

上下両方のまぶたに生じることがありますが、治療が必要になるのは、多数のまつげが眼球の表面に接触し、とくに角膜に傷がついて痛みが強いときです。この場合、まつげを抜いたり、毛根を電気で破壊したりします。

これらの方法では、まつげが伸びると症状が再発するので、くり返し処置を行う必要があります。

眼瞼内反
Entropion of the Eyelids

どんな病気か　まぶた（眼瞼）は、皮膚や皮膚の下にある結合組織、筋肉、瞼板と呼ばれる支持組織、および結膜などからなっています。これらのバランスが崩れると、まぶたが内側や外側を向きます。そのうち、内側を向くのが眼瞼内反です（子どもの「眼瞼内反」618頁）。眼瞼外反（次項）と比較すると、まつげが眼球を傷めることが多いため、よく治療の対象になります（睫毛内反1972頁）。

治療　手術で矯正する必要があります。年齢や症状の程度によって、皮膚、筋肉、瞼板のいずれか、またはそのいくつかを組合わせて切除したり、糸を用いて縫い縮め、まぶたの縁を外側に向けたりする手術を行います。矯正方法が不十分だと、手術後、時間がたつにつれて、まぶたは再び内反してしまいます。

眼瞼外反
Ectropion of the Eyelids

どんな病気か　眼瞼内反（前項）とは逆に、まぶたが外側を向いている状態をいいます。

とくにまぶたのけがが、手術などによる瘢痕（傷あと）にともなっておこることがよくあります。

眼瞼内反と比較すると、頻度は高くありません。

治療　まぶたが外側にめくれ、まぶたの裏側をおおう結膜が露出して、外見上、目立つような重症な場合は治療します。結膜、瞼板などのまぶたの内側を構成している成分が不足していることが多いので、それらを延長する手術が行われます。

眼瞼下垂
Blepharoptosis

どんな病気か　生まれつきみられる場合（先天性眼瞼下垂618頁）と、中高年にみられる場合（後天的な眼瞼下垂）に分けることができます。多くは片側の上まぶた（上眼瞼）が下垂した状態（次頁上段図）ですが、両側のこともあります。両方の上まぶたに発生して、とくに疲労がたまると悪くなる場合は、重症筋無力症（990頁）が疑われます。この場合は内科の専門医の検査を受ける必要があります。

検査と診断　重症筋無力症が疑われる場合は、アンチレクス薬を静脈内に注射し、下垂が改善するかどう

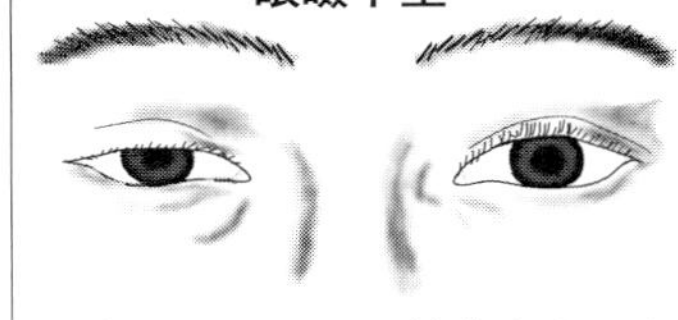

眼瞼下垂

◎流涙症

涙があふれるように出る症状のことをいいます。

原因は、なんらかの刺激によって、涙腺（涙を分泌する部位）から涙液が大量に分泌するため（**分泌性流涙症**）、涙液がたまる部分が結膜のたるみによって減少するため（**結膜弛緩症**）、あるいは、涙の排出路である涙道が狭窄、閉塞するため（**閉塞性流涙症**）と考えられています。閉塞性流涙症をもたらす代表的な病気には、鼻涙管狭窄／鼻涙管閉塞（次頁）、涙嚢炎（1077頁）、

を判定します（**テンシロンテスト**）。

治療

重症筋無力症の場合は薬を内服したり、胸腺（1326頁上段）の摘出術を行ったりします。それ以外の先天的、後天的な眼瞼下垂では、手術によって下垂の程度を減らすことが治療の目的になります（1971頁）。

左右差が小さい場合や手術後にも顔全体が成長する子どもでは、ある程度手術を待ったほうがよいこともあります。しかし、生まれて間もない乳児の眼瞼下垂で、上まぶたの縁が角膜中央部を隠すと弱視（623頁）をおこすことがあり、早期に手術を受けなければならない場合もあります。

眼瞼縁炎（ただれ目）
Marginal Blepharitis

まぶた（眼瞼）の縁の皮膚が炎症をおこし、外見上は赤くなり、かゆみや軽い痛みをともなう病気です。

抗生物質や副腎皮質ホルモン剤含有の眼軟膏を少量塗ることで、ほとんどは軽快します。

眼瞼けいれん
Blepharospasm

どんな病気か

まぶた（眼瞼）がけいれんしたり、開きにくくなったりするものです。ひどい場合は、まぶたを開けられなくなることもありますが、軽症のものはけいれんがはっきりせず、何となくごろごろする、目が開けにくいといった症状のことがあります。専門医でないとなかなか診断しにくい病気のひとつです。

まぶたがひくひくとけいれんするものの多くは、**眼瞼ミオキニア**といって一過性の、あまり心配のない病気です。眼瞼けいれんと混同されることが多いのですが、まったく別の病気です。

治療

さかさまつげ、結膜嚢異物（結膜の間に入った異物）などによって角膜が刺激され、反射的におこる眼瞼けいれんに対しては、原因疾患の治療が行われます。

脳血管により、顔面神経が圧迫されているときにおこるものもあります。重症の場合には、手術で神経への圧迫を取除いたりすることもありますが、ボツリヌス毒素注射で眼瞼の筋肉をまひさせる治療が普及してきており、有効性が証明されています。

眼部帯状疱疹
Ocular Herpes Zoster

どんな病気か

帯状疱疹ウイルスが三叉神経第一枝に沿って発疹をおこし、痛みをともなう病気です。

発疹は上下のまぶた（眼瞼）、頬、鼻にまで広がることがありますが、顔の左右同時にでることはありません。

治療

発疹の治療には、抗ウイルス薬の内服と皮膚用の軟膏を使用します。たいせつなことは、眼球内に炎症がおよばないようにすることで、放置すると角膜の濁りを残したり、緑内障（1106頁）を生じることがあります。とくに、まぶた、鼻の付け根付近の帯状疱疹は、必ず眼科医の診断を受けてください。眼科の治療では、抗ウイルス薬や副腎皮質ホルモン（ステロイド）剤を使用します。

新生児涙嚢炎（620頁）などがあります。

検査では、とくに鼻涙管通水検査が重要です。

分泌性流涙症の原因は、結膜に入った異物、めやになどをともなう結膜疾患では結膜炎（次頁）、痛みや羞明（まぶしさ）をともなう角膜疾患では角膜炎（1085、1086頁）など、さまざまです。

涙の流出路

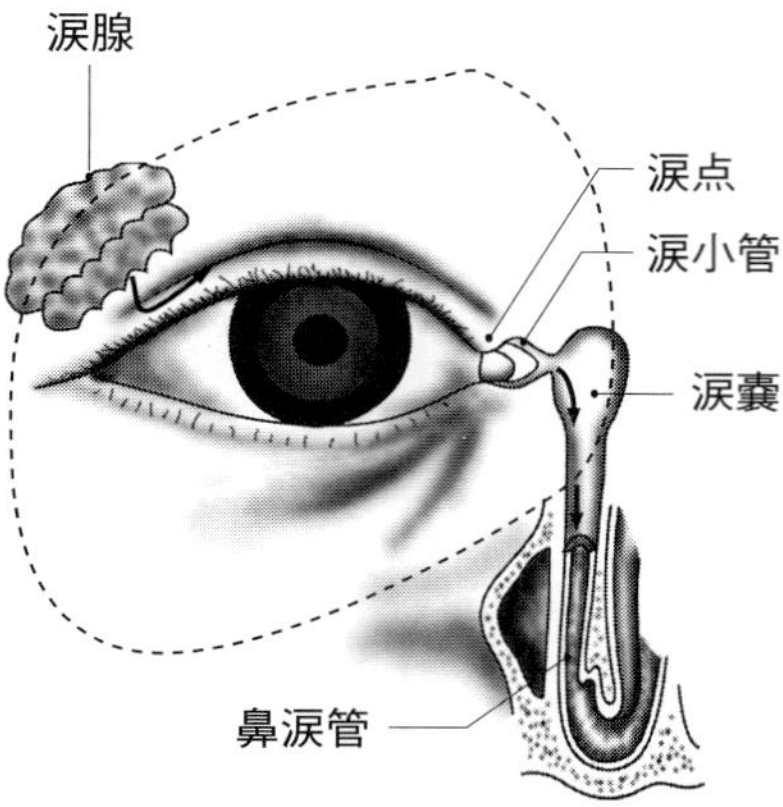

涙腺から出た涙は、目の表面を潤したあと、涙点から涙小管、涙嚢と流れ、鼻涙管を通って鼻へ排泄されます。涙点から鼻涙管を涙道といいます。

麦粒腫（ものもらい）
Hordeolum

どんな病気か

まぶたにある皮脂腺（脂を分泌するところ）に細菌が感染した状態で、上下どちらのまぶたにもおこります。

治療

赤く腫れて痛みが強いときには、抗生物質の点眼や内服、抗炎症薬の内服で治療します。

ある程度炎症が落ちついたところで切開し、内容物を排出させることもあります。

霰粒腫
Chalazion

どんな病気か

まぶた（眼瞼）の中にあるマイボーム腺（瞼板腺）という皮脂腺がつまって分泌物がたまり、周囲に炎症をおこした状態をいいます。

治療

化膿しないように、予防的に抗生物質の点眼薬を使用します。

炎症が長引いたり、内容物の吸収が遅い場合には、切開して内容物を排出させます。

鼻涙管狭窄／鼻涙管閉塞
Stenosis and Obstruction of Nasolacrimal Duct

どんな病気か

上下のまぶた（眼瞼）の内側には、それぞれひとつずつ小さな孔（涙点）があり、そこから鼻に向かって涙を排出する涙道と呼ばれる道があります。

その途中のどこかが狭くなった状態を**鼻涙管狭窄**、閉じてしまった状態を**鼻涙管閉塞**といいます。

いずれも目から鼻までの涙の流れが悪くなったり、まったく流れなくなるので、目が潤んだり、涙がこぼれる（流涙）などの症状を訴えます。

原因

生まれた直後からおこる先天性のものと、ある程度年齢が進んでからおこる後天性のものがあります。

とくに先天性の場合は、軽度の形態異常といえます。いっぽう、中高年にみられるもののうちの一部は、鼻の手術のあとや蓄膿症（1162頁）など、鼻の病気の既往のある人によくおこります。

検査と診断

涙道に生理的食塩水を通して、鼻まで水が通るかどうかを調べる涙道通水検査を行います。通水しない場合は、涙道ブジーという細い針金状のものを涙道に通したり、涙道内視鏡を使ったりして、どこでつまっているかを調べます。

治療

狭窄だけがみられる場合は、シリコンでできた涙道チュ

角膜・結膜の病気

ーブを留置する手術が有効です。

閉塞している場合、つまっている部分の範囲が狭ければ、チューブだけで治ることがあります。チューブで治らない場合には、涙嚢鼻腔吻合術という手術を行って、鼻根部に人工的な涙の流れる道をつくります。

涙嚢炎
Dacryocystitis

どんな病気か

涙道の途中に涙嚢という袋がありますが、そこに細菌が感染して炎症がおこる病気を涙嚢炎といい、長期にわたるものが**慢性涙嚢炎**です。

症状

自覚症状としては、鼻の付け根部分の強い赤み（発赤）や腫脹（腫れ）、めやに（眼脂）、涙がこぼれる（流涙）などです。治療が遅れ、感染が眼球や眼球の後方におよぶと眼窩蜂窩織炎（1110頁）になり、視力に影響がでることもあります。

涙道が途中でつまっている（閉塞）、いわゆる鼻涙管閉塞（前項）にともなって、よくおこります。

治療

治療として、抗生物質の点眼、涙嚢の洗浄などを行いますが、長期にわたって発赤や腫脹をくり返す場合には、涙嚢摘出をする場合もあります。

涙腺炎
Dacryoadenitis

どんな病気か

上まぶたの裏の外上方にある涙腺の炎症で、その部位に腫瘤（かたまり）ができたり、涙が出にくくなることがあります。

シェーグレン症候群（2040頁）などの膠原病にともなっておこることもあります。

検査と診断

CTやMRIなどの画像診断で、涙腺部の腫瘤を確認します。また、涙液の分泌が少ないことを証明することも補助的な診断になります。

治療

治療には、消炎薬の内服、涙液の少ないときに人工涙液の点眼などが行われます。

結膜炎とは
(Conjunctivitis)

◇結膜に生じた炎症の総称

結膜は、白目の部分の**眼球結膜**と、まぶた（眼瞼）の裏側をおおう**眼瞼結膜**からなっています。これら眼球結膜と眼瞼結膜は、結膜円蓋でつながっていて、連続した1枚の粘膜で構成されています（1079頁上図）。

目を閉じた状態では、結膜と角膜（黒目）で囲まれた袋状のスペースができ、これを**結膜嚢**と呼んでいます。

◉外界の刺激にさらされる結膜

角結膜（角膜と結膜）は外界と直接接しているために、さまざまな刺激にさらされています。このような刺激や乾燥から角結膜を保護するために、角結膜表面は涙液によって、つねに潤った状態になっています。

◉結膜を保護する涙液

涙液は、粘液層、水層、脂層の3層構造からなり、角結膜の表面に均一に広がって安定化し、角結膜が乾燥しにくいようにしています。

また、涙液には細菌などの病原体が繁殖するのを抑えるはたらきがあります。結膜がつねに病原体にさらされているにもかかわらず、めったに感染がおこらないのは、この涙液のはたらきのためです。

●結膜炎をおこす原因

原因は何であれ、結膜に炎症がおこった状態を結膜炎と呼んでいます。原因としては、細菌やウイルスなどの病原体による感染、アレルギー、外傷などがあります。

◇結膜炎の原因別診断名

病気に対する正式な診断は、原因に応じてつけられます。初診時には原因がわからないこともありますが、病気の経過や症状から判断して、つぎのような診断名がつけられ、原因がわかれば、それぞれに応じた診断名が用いられて、適切な治療がなされます。

▼急性結膜炎　急激におこった炎症で、原因が確定できないときに用いられる病名です。

▼慢性結膜炎　軽い症状が長くつづいているときに用いられます。高齢者など抵抗力が低下している人におこりやすいものです。

▼濾胞性結膜炎　結膜の表面にあるリンパ組織が炎症のために腫れ、まぶたの裏に小さな隆起（濾胞）ができるもので、ウイルス性結膜炎に多くみられます。

▼乳頭性結膜炎　結膜に刺激が加わって、まぶたの裏に乳頭と呼ばれる血管性の小さな隆起ができるものです。アレルギー性結膜炎に多くみられます。

▼偽膜性結膜炎　まぶたの裏に膜状の組織（偽膜）ができるものです。乳幼児のウイルス性結膜炎によくみられます。

▼カタル性結膜炎　涙、めやに（眼脂）など分泌物が多く出る結膜炎に用いられる病名です。細菌による結膜炎によくみられます。

▼化膿性結膜炎　多量の膿性の分泌物をともなう結膜炎で、細菌による結膜炎に特徴的ですが、クラミジアなどの特殊な病原体のこともあります。

ウイルス性結膜炎
Viral Conjunctivitis

ウイルスの感染によって生じる結膜炎のことです。原因となるウイルスには、アデノウイルス、エンテロウイルス、ヘルペスウイルスなどがあります。

ウイルスによって、また同じウイルスでも型によって、病状が異なります。アデノウイルス8・19・37型による流行性角結膜炎や、エンテロウイルス70による急性出血性結膜炎が、ウイルス性の代表です。

●流行性角結膜炎
Epidemic Keratoconjunctivitis

どんな病気か　アデノウイルスの感染が原因でおこる結膜炎で、ウイルス性結膜炎の代表です。感染力がひじょうに強く、プールや温泉で感染することもあり、俗に**はやり目**とも呼ばれています。感染から約1週間の潜伏期を経て発病します。

症状　充血、めやに（眼脂）、流涙、異物感、眼瞼腫脹のほか、耳前方のリンパ節が腫れたり、発熱な

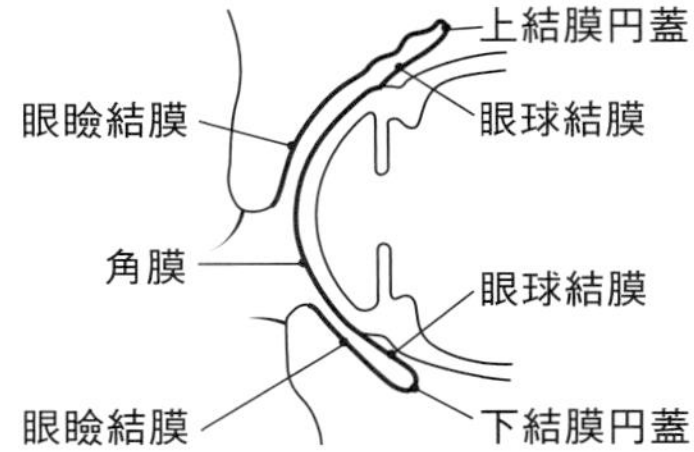

横から見た結膜の構造

ど、かぜ症状をともなったりします。

確定診断にはウイルス学的検査が必要で、最近では短時間で簡便に判定可能な検査が開発されています。

治療

発病から約2週間で治りますが、症状を和らげるために、抗生物質、副腎皮質ホルモン（ステロイド）剤、消炎薬の点眼が行われます。しかし、特効薬はなく、どのような治療によっても治癒を早めることはできません。

結膜炎が治るころに、角膜の点状の濁り（**角膜上皮下混濁**）を生じることがあり、ステロイドで治療します。

予防

病人に接触しないようにし、手をよく洗い、病人のタオルなどは別にします。煮沸できるものは煮沸消毒をしましょう。かかっている間は、他人にうつさないように注意し、治るまでは通勤、通学は控えましょう。

◉急性出血性結膜炎（アポロ病）
Acute Hemorrhagic Conjunctivitis

どんな病気か

エンテロウイルスやコクサッキーウイルスの感染による急性結膜炎です。感染から1日前後の潜伏期を経て発病します。

症状

結膜の充血、めやに（眼脂）、流涙をおこしますが、とくに結膜下出血をともなうことが特徴です。角膜（黒目）に点状表層角膜炎という細かい傷ができて、眼が痛むこともあります。

治療

ほぼ1週間で自然に治ります。治療と予防は流行性角結膜炎（前項）と同じです。

◉単純ヘルペス結膜炎
Herpes Simplex Conjunctivitis

どんな病気か

単純ヘルペスウイルスの感染でおこる結膜炎です。

子どもに多い初感染によるものと、おとなに多い再発型のものがあります。最近では、おとなでも初感染が増加してきています。

症状

流行性角結膜炎（前頁）とほぼ同じ症状が現れますが、多くは片方の目だけにみられます。まぶたに水疱（水ぶくれ）や角膜ヘルペス（1085頁）をともなうこともあります。

ほかのウイルス性結膜炎との判別がたいせつですが、確定診断のためにはウイルス学的な検査が必要となります。

治療

抗ウイルス薬のアシクロビル眼軟膏が用いられます。抗生物質の点眼も併用されます。

細菌性結膜炎（カタル性結膜炎／化膿性結膜炎）
Bacterial Conjunctivitis

どんな病気か

細菌の感染によっておこる結膜炎です。原因となる細菌（原因菌）には、ブドウ球菌、肺炎球菌、インフルエンザ菌、連鎖球菌、淋菌、緑膿菌など、さまざまです。

症状

細菌の種類によって多少異なりますが、一般的には急性または亜急性に発症し、充血、膿をもっためやに（眼脂）や、ねばねばしためやに、流涙がおこります。とくに淋菌では、膿性のめやにをともなった結膜炎が特徴的です。

重い場合には、細菌性角膜潰瘍（1084頁）ができて激しく眼が痛んだり、敗血症（2124頁）や髄膜炎（963頁）などの全身の病気に至るものもあります。

検査と診断　原因菌を確定するためには、菌の培養、薬剤の感受性テストが行われます。しかし、時間がかかるうえに、必ずしも原因菌が確定できるとはかぎりません。

治療　病状から、炎症の原因となっている菌を推定して適応した薬剤が用いられますが、ふつうは、いろいろな種類の細菌に有効な抗生物質の点眼薬や軟膏が使用されます。

なかなかよくならない場合には、特殊な細菌やクラミジアが原因かもしれません。菌の培養などくわしい検査をして原因菌を確定し、それに有効な薬剤を用いる必要があります。

クラミジア結膜炎
Chlamydial Conjunctivitis

どんな病気か　クラミジアという病原体の感染によっておこる結膜炎です。クラミジアには、目に感染して**トラコーマ**という重い結膜炎をおこす型と、泌尿生殖器に感染し性感染症の原因となる型があります。

トラコーマは、一部の発展途上国ではいまだに失明の大きな原因ですが、日本ではみられなくなりました。

性感染症のクラミジア感染症は、近年急速に増加し、性感染症の第1位を占めるに至り、それにつれてクラミジア結膜炎も同様に増加してきました。性行為の際に感染するケースと、新生児の産道感染によるものとがあります。

症状　おとなの場合には、急性の濾胞性結膜炎（1078頁）をおこします。充血、めやに（眼脂）、眼痛、異物感など、流行性角結膜炎（1078頁）と類似した症状をおこしますが、濾胞がより大型です。経過が長く、慢性化することもあります。

新生児の場合には、生後1～2週間で発症し、めやに、充血が生じ、偽膜（炎症によって、結膜の表面にできる灰白色の膜のようなもの）を形成しやすく、瘢痕（傷あと）を残します。クラミジア肺炎（市中肺炎　1276頁）を併発しやすいので、注意が必要です。

検査と診断　結膜擦過物の検査（結膜を綿棒などでこすって病原体を調べる）などを行い、病原体となっているクラミジアを確定することで、適切な治療ができるようになります。

2週間以上にわたって結膜炎が軽快しない場合には、このような検査が必要となります。

治療　クラミジアに有効なテトラサイクリン系、フルオロキノロン系などの抗菌薬が使用されます。ぶり返しやすいので、徹底的に治療することがたいせつです。症状がよくなってからも、しばらくは治療をつづける必要があります。

クラミジア結膜炎と診断された場合には、感染源となった性感染症も十分に検査し、本人はもちろん家族やセックスパートナーの検査も必要です。

ドライアイ（乾性角結膜炎）
Dry Eye (Keratoconjunctivitis Sicca)

どんな病気か　角結膜は、涙液におおわれており、乾燥や外界からの

◎眼脂（めやに）

角膜や結膜も日々新しくつくられ、皮膚の「垢」のように、古いものは剥げ落ちています。その際できる老廃物や、ごみを涙道（涙の排出路）に洗い流すのが涙です。

その涙のはたらきが悪くな

り、目頭のあたりにできる白い老廃物のかたまりが眼脂（めやに）です。ふだんでも、とくに起床時にみられることがありますが、量的には多くありません。

しかし、いったん細菌やウイルスが感染して炎症をおこすと、涙のはたらきにかかわらず、その菌を除去するために血管から白血球（好中球、リンパ球）などが出てきて、大量の黄色いめやにが生じ、結膜も腫れます。幼児や高齢者で、線維やフィブリンが多い場合は、偽膜（膜状のもの）ができることもあります。

アレルギー性結膜炎（次頁）でもめやにが生じますが、量的には少なく、充血を主とする例がふつうです。

また、眼瞼縁炎（1075頁）、眼瞼炎でも、めやにがみられるため、眼瞼（まぶた）の皮膚の状態もチェックする必要があります。めやにから細菌培養を行って菌を同定し（菌の種類を確認すること）、薬の効果を判定します。

刺激から保護されています。涙液は粘液層、水層、脂層の3層構造からなり、涙液が角結膜表面に均一に広がって安定化し、乾燥しにくいようになっています。

しかし、涙液が減少または質的な異常をきたすと、角結膜が乾燥することになり、結膜が充血したり、角膜に傷がついたりします（**ドライアイ**）。これが進行して角結膜に障害がおこることを**乾性角結膜炎**といいます。増加している現代病のひとつです。

原因　ビタミンA欠乏、結膜炎後（トラコーマやウイルス性結膜炎など）、薬剤によるもの、まぶたが閉じなくなるなどの異常、コンタクトレンズ装用による角膜知覚低下などが原因になりますが、原因のわからない原発性のものも多くみられます。

シェーグレン症候群（2040頁）という自己免疫疾患では、口の渇き、関節炎などの全身症状をともない、重症の乾性角結膜炎を生じます。

症状　乾燥感、異物感、灼熱感、充血、眼精疲労（1111頁）などが代表的な症状ですが、自覚症状はさまざまです。乾燥した場所で症状が悪化し、湿度の高い場所では改善するといった場合、診断の参考になります。

涙液が乾燥すると角結膜表面が露出し、細かい傷がたくさんできることによって、これらの症状が現れます。

検査と診断　涙液の分泌機能を測定するためのシルマー試験、涙液の貯留量を調べる綿糸法、涙液の安定性を検査するための涙液層破壊時間（BUT）、角結膜の異常を調べる生体染色検査などが行われます。

またシェーグレン症候群では、血液検査や涙腺のバイオプシー（組織検査）なども行われます。

自覚症状、涙液の減少または質的な異常、角結膜の異常の3つから診断が得られます。

治療　涙液を補うために人工涙液やヒアルロン酸の点眼が行われます。

点眼薬には一般的に防腐剤が入っていますが、涙液が減少していると防腐剤が洗い流されにくくなり、角膜に障害をおこしやすくなります。防腐剤の入っていない点眼薬を使用するようにしましょう。

人工涙液はすぐに排出されてしまいますが、効果が長いヒアルロン酸の点眼薬もよく使われます。

また、ドライアイ保護用眼鏡を使用して涙の蒸発を防いだり、涙の排出を抑えるための涙点プラグで涙液をためるような治療などが用いられることがあります。

日常生活の注意　涙液が乾燥しにくいように、部屋の湿度を高く保つようにしたり、エアコンの風が目に直接あたらないようにするなどの工夫をしましょう。

まばたきが減ったり、目を大きく開けていると乾燥しやすくなるので、VDT作業（パソコンのモニターなどを見て行う作業）など、長時間物を見る作業をする場合には、モニターをやや下方に置くとよいでしょう。目の乾燥感が強い場合には、意識してまばたきの回数をなるべく増やすようにして、注意します。

アレルギー性結膜炎（アレルギー性鼻結膜炎）
Allergic Conjunctivitis

どんな病気か

アレルギー反応によっておこる結膜炎です。異物がからだに侵入すると、免疫反応によって異物は除去され、無害化されます。しかし、この免疫反応がからだを傷害する方向に進むときがあり、これをアレルギーといいます。

原因

病気の原因となるアレルゲン（アレルギー反応を誘発する物質）としては、**季節性アレルギー性結膜炎**（**花粉症**）をおこすスギ、ブタクサなどの花粉、**通年性アレルギー性結膜炎**をおこすダニ、ハウスダスト、ペットの毛、薬剤などがあります。

コンタクトレンズも**巨大乳頭結膜炎**という、アレルギー性結膜炎の原因となる場合があります。

涙液が減少しているとアレルゲンを洗い流す作用が低下し、アレルギー性結膜炎をおこしやすくなります。

症状

瘙痒感（目のかゆみ）、流涙、めやに（眼脂）、異物感、結膜充血、むくみ、まぶたの腫れなどの症状が生じます。とくに、瘙痒感はアレルギー性結膜炎に特徴的です。くしゃみ、鼻みず、鼻づまりといった、アレルギー性鼻炎（1154頁）の症状をともなうことがしばしばあります。

検査と診断

典型的な場合には、症状から診断できます。

原因となっているアレルゲンを調べるためには、皮膚にさまざまなアレルゲンを反応させる皮膚テスト（皮内テスト、スクラッチテスト）や、アレルゲンに反応する血液中の抗体を調べる血液検査が必要です。

治療

抗アレルギー薬やステロイド（副腎皮質ホルモン）剤の点眼が行われます。ステロイドの点眼薬を使用する際には、緑内障（1106頁）、白内障（1103頁）、真菌感染などの副作用に注意する必要があります。

予防

原因となっているアレルゲンを避けることが重要です。花粉が原因の場合、花粉の飛散時期にはできるだけ外出を避け、外出するときは眼鏡やマスクを使用し、花粉との接触を避けるようにします。

ダニやハウスダストが原因の場合には、部屋をよく掃除し、なるべくじゅうたんは避け、ほこりがたまらないようにします。

春季カタル
Spring Catarrh

どんな病気か

アレルギー性結膜炎のうち、結膜に増殖性病変がみられるものをいい、春から夏にかけて悪化し、冬に症状が軽くなるため、この名称で呼ばれます。

眼瞼結膜（まぶたの裏側）が敷石を敷きつめたようにでこぼこに腫れるタイプ（眼瞼型）、角膜（黒目）の周囲の結膜が灰白色の堤防状に盛り上がるタイプ（眼球型）、両者のタイプをあわせもつタイプ（混合型）があります。

小児・青少年の男子に多く、おとなになるにつれて改善してきます。

アトピー性皮膚炎（767、1806頁）や気管支ぜんそく（668、1264頁）などのアレルギー性の病気を合併していることがよくあります。アレルゲンにはダニが多いといわれています。

症状

かゆみ、めやに（眼脂）などのアレルギー性結膜炎の症状がみられます。それに加えて、肥厚した結膜によって角膜がこすられてできる角膜上皮障害の症状、異物感、眼痛、まぶしさなどがあります。

角膜障害が進行すると、角膜が混濁して視力障害をおこすこともあります。

治療

角膜の障害をおこさないようにすることがたいせつです。原因となるアレルゲンを除去し、回避することが重要で、入院や住む環境を変えることも有力な手立てです。

抗アレルギー薬やステロイド（副腎皮質ホルモン）剤の点眼薬、角膜を保護するための点眼薬などが用いられます。結膜下にステロイドの注射をしたり、内服することもあります。

症状が改善したり再び悪化したりして、長期にわたることが多く、根気よく治療をつづける必要があります。

フリクテン性角結膜炎
Phlyctenular Keratoconjunctivitis

どんな病気か

眼球結膜（白目）、とくに角膜（黒目）との境界付近に、粟粒大で隆起した灰白色の斑点が生じたり、角膜の周辺部に白い斑点をつくったりする病気です。斑点の周囲が充血し、異物感を生じる場合もありますが、めやに（眼脂）はありません。

アクネ菌やブドウ球菌に対するアレルギー反応によると考えられています。

思春期の青少年によくみられますが、成人にも少なくありません。

治療

自然に治る場合もありますが、治療には、ふつうステロイド（副腎皮質ホルモン）剤と抗菌薬の点眼が用いられます。

結膜結石
Conjunctival Concretions

どんな病気か

眼瞼結膜（まぶたの裏側）に、小さな白色のかたい感じのかたまり（結石）ができます。結膜下に変性した細胞などが集まってできたもので、高齢者や結膜の炎症後などにできやすい病気です。

何の症状もないことが多いのですが、隆起した結石のために角膜（黒目）がこすられ、異物感の原因になることがあります。

治療

異物感の強い場合には、手術によって結石を除去します。しかし体質的に結石のできやすい人では、よく再発することがあります。

翼状片
Pterygium

どんな病気か

鼻側の結膜（白目）から角膜（黒目）に向かって、三角形の白色の組織がしだいに伸びてくる病気です。

外見上だけで、無症状のことが多いのですが、白色組織が充血して赤くなったり、異物感が生じることもあります。進行して角膜の中央付近にまで伸びてくると、瞳孔にかかり、乱視（1071頁）が生じて物が見えにくくなります。

◎**真菌性角膜潰瘍**

角膜（黒目）の外傷、とくに植物による外傷によって真菌（かび）感染をおこすことがあります。これを真菌性角膜潰瘍と呼んでいます。最近は、コンタクトレンズ装用者にも真菌による角膜潰瘍が増加しています。

角膜の感染部に境界がはっきりしない灰白色のやや盛り上がった潰瘍ができ、そこから放射線状に伸びることもあります。

潰瘍の大きさに比べて充血が強いことが症状の特徴ですが、痛みはそれほど強くありません。

診断には、病巣部を軽くこすって標本をとり、顕微鏡で観察して菌糸を見つけたり、培養検査などが行われます。

治療は、抗真菌薬の注射がおもです。注射液をそのまま点眼薬としても使用します。

紫外線を浴びる環境にいる人におこりやすく、戸外での労働に従事する人に多くみられます。

治療　充血や異物感は、消炎薬、ステロイド（副腎皮質ホルモン）剤の点眼で治療します。進行したものでは、瞳孔にかかる前に、早めに手術して白色の組織を切除します。しかし、再発することがあります。

角膜潰瘍
Corneal Ulcer

角膜（黒目）が傷ついたり、抵抗力が弱まって病原微生物に感染して、角膜表面が削れ、さらに深くえぐれて灰白色の濁り（潰瘍）が生じてくるものです。感染によるものと、感染以外の原因でおこるものとがあります。

◉細菌性角膜潰瘍
Bacterial Corneal Ulcer

どんな病気か　角膜に傷がついたり、からだの抵抗力が低下して病原微生物に感染しておこる角膜の病変です。細菌、真菌（かび）、単純ヘルペスウイルスなどが原因となりますが、もっとも多いのが細菌性角膜潰瘍です。

原因　角膜の表面が健康であれば感染しませんが、目を何かで突いたり、コンタクトレンズの誤用で角膜の抵抗力が弱まり、表面がただれたときに細菌感染をおこします。ブドウ球菌、連鎖球菌、肺炎球菌、緑膿菌などがおもな原因菌ですが、緑膿菌感染は重症で失明の危険があります。

症状　角膜に傷を受けて数日すると、角膜に灰白色の濁り（潰瘍）が生じ、視力低下、結膜（白目）の充血がおこり、涙っぽい目になります。痛みもあり、ときにまぶたまで腫れることがあります。進行すると潰瘍がしだいに大きくなり、痛みも強まります。

治療　まず、広い種類の細菌に効く抗菌薬が集中的に使用されます。この間に原因菌の種類を探り、検査結果がでたらすぐに適切な抗菌薬にかえます。通常は数週間で治りますが、耐性菌（抗菌薬に強い抵抗力をもった細菌）が原因のときは抗菌薬が効きません。また、細菌感染に対する角膜やからだの抵抗力も抗菌薬の効きかたにかかわります。

治癒しても角膜に濁りが残るため、視力障害をおこすことがあります。また、潰瘍が進行して角膜に孔があくと、細菌が眼球内に侵入して失明する場合もあります。目に少しでも傷を受けたときはすぐに受診しましょう。

◉非感染性角膜潰瘍
Non-Bacterial Corneal Ulcer

どんな病気か　非感染性の潰瘍はいろいろな原因でおこりますが、多くは角膜の周辺部（白目寄り）に生じた潰瘍をいいます。

原因　自己免疫がかかわっているもの（**モーレン潰瘍**）、ブドウ球菌に対するアレルギーがかかわっているもの（**カタル性角膜潰瘍**）、関節リウマチなどの膠原病にともなっておこるもの、角膜の知覚に関係する三叉神経痛（973頁）にともなっておこるもの、顔面神経まひ（979頁）でまぶたを閉じられず、角膜の表面がただれておこるものなどがあります。

治療

副腎皮質ホルモン（ステロイド）剤の点眼が効きますが、治療がむずかしいものもあります。

神経まひにともなう角膜潰瘍では、治療用ソフトコンタクトレンズを使用したり、まぶたが開かないよう一時的に縫ってしまうこともあります。

専門医の指示に従って治療することがたいせつです。

単純ヘルペス角膜炎（角膜ヘルペス）

Herpes Simplex Keratitis

どんな病気か

角膜神経に単純ヘルペスウイルスが感染しておこる病気です。単純ヘルペスウイルスはふつう神経内に潜伏していますが、発熱、かぜ、ストレス、紫外線などの誘因によって活性化され、神経を下降してきて角膜に炎症をおこします。

症状

発病初期はまぶたの裏がごろごろして、涙が出て止まらず、まぶしい、物が見えにくいなどの症状が現れます。角膜の表面には樹木の枝のような傷（**樹枝状潰瘍**）がみられ、この典型的な病変によって角膜ヘルペスと診断がつきます。

完全には治りにくく、いったん軽快しても再発しやすい特徴があります。再発をくり返していると角膜に濁りが残って、視力が低下していきます。

治療

抗ウイルス薬のアシクロビル眼軟膏がよく効きます。ほかにIDU点眼薬も有効です。角膜炎を何度も再発して視力が著しく低下しても、角膜移植手術（1088頁）で治る可能性がありますので、眼科専門医に相談してみてください。

アカントアメーバ角膜炎

Acanthamoeba Keratitis

どんな病気か

アカントアメーバが角膜に感染しておこる角膜炎で、ソフトコンタクトレンズを使用している人に多くみられます。

レンズ保存液やレンズケースを交換しなかったり、レンズの洗浄に水道水を使用すると、アカントアメーバ角膜炎が生じやすいと考えられています。ただし、使い捨てレンズ装用者にも生じることがあります。従来はまれな病気でしたが、コンタクトレンズ装用者の増加にともなって増加しています。

症状

単純ヘルペス角膜炎（前項）や真菌性角膜潰瘍（前頁上段）と似ています。初期は角膜の濁りや充血がみられますが、強い痛みを訴えるのが特徴です。進行すると角膜中央に白色円形の混濁がみられます。

検査と診断

症状だけからは診断がむずかしいことがあります。そこで、病変部を軽くこすりとった標本を色素で染めたあと、顕微鏡で観察して、アカントアメーバを探し、見つかれば診断がつきます。また、アメーバの培養検査も行われます。

治療

ひじょうに治りにくいものです。病巣部をかきとってアメーバを除去し（診断にも有用）、抗真菌薬や特殊な消毒薬を点眼します。診断や、治療が遅れると強い混濁が残ったり、失明に至ることもあります。

◎結膜の腫瘍

結膜（白目）に生じる腫瘍で、良性と悪性があります。

原因は、良性、悪性ともに、その一部にヒトパピローマウイルスが関与し、紫外線などの刺激があってはじめて腫瘍が生じるとされています。しかし、多くは原因が不明です。

外見上目立つところに腫瘍が生じるので、早期に気づくことが多いのですが、良性、悪性の区別は病理組織学的診断（患部の組織を顕微鏡で調べる）によります。

治療は、腫瘍を切除して、病理組織学的検査を行います。切除によって、結膜が不足した場合には、反対側の目から結膜を移植します。

◎コンタクトレンズ眼症

コンタクトレンズは角膜に接触するために、さまざまな角結膜障害を引き起こすことがあります。これを総称して

びまん性表層角膜炎
Superficial Punctate Keratitis

どんな病気か

黒目の表面の角膜は、目を守るために、とても知覚が敏感になっています。この角膜の表面の上皮と呼ばれる部分に浅い傷ができた状態を、びまん性表層角膜炎といいます。

症状

角膜の傷はすり傷のようなものですが、知覚が発達しているのでひじょうに痛く、涙があふれてきます。充血をともない、異物感のためにしばしば目が開けられなくなります。

原因

原因を大別すると、①からだの外からくるもの（異物やまつげなどの物理的刺激、コンタクトレンズ、紫外線など）、②目の病気からくるもの〔涙液減少症やマイボーム腺の炎症、アレルギー性結膜炎（1082頁）など〕、③からだの病気からくるもの〔糖尿病（1501頁）や三叉神経痛（973頁）、シェーグレン症候群（2040頁）など〕の3つになります。

紫外線によるもののうち、スキーや雪山で生じるものを**雪目**、溶接作業で生じるものを**電気性眼炎**と呼びます。

また、コンタクトレンズによるものは**コンタクトレンズ眼症**（上段）と呼ぶことがあります。

治療

原因となる疾患などを取除きます。したがって、原因により治療薬が異なります。

原因療法のほか、角膜保護薬や感染予防のために抗生物質を点眼します。原因さえ十分に取除くことができれば、数日で治癒するのがふつうです。

円錐角膜
Keratoconus

どんな病気か

角膜が前方に不整に突出したために、角膜がレンズとしての役割を果たすことができなくなった状態です。

症状

円錐角膜は10代に発症することがほとんどで、最初は近視（1069頁）や乱視（1071頁）が急に進むという症状で始まりますが、やがて眼鏡では視力矯正が不可能になります。進行すると**急性水腫**と呼ばれる角膜混濁を生じ、急激に視力が低下することがあります。

遺伝することもありますが、遺伝形式は不明です。片方の目におこることもありますが、程度の差はあれ両眼性の場合が多いようです。アトピー性皮膚炎（767頁）などの皮膚疾患、ダウン症候群（577頁）などの全身疾患に合併することもあります。

治療

中等度までの円錐角膜は、ハードコンタクトレンズで視力矯正ができます。

また、円錐角膜用の特殊なコンタクトレンズも開発され、コンタクトレンズを装用できるケースの割合が増加してきました。コンタクトレンズの装用は、角膜の突出の進行を防ぐ効果もあるようです。

進行例には、角膜移植（1088頁）が行われます。角膜移植の成功率はひじょうに高いのですが、術後に乱視や近視が残ることがあり、その場合にはコンタクトレンズで矯正します。

コンタクトレンズ眼症と呼び、コンタクト装用者の約10%がなんらかの障害を生じるとされています。

代表的なものは、びまん性表層角膜炎（前頁）、結膜炎（1077頁）、角膜浸潤（角膜内に白い炎症性の混濁ができる）などで、レンズ装用を中止すると治るものが多いのですが、なかには長引いたり、再発するものもみられます。細菌やアメーバなどによる角膜炎を生じると失明に至ることもあります。

障害を生じやすい要因としては、連続装用（レンズをつけたまま眠ること）、レンズの不適切な取扱い、レンズケアのまちがいなどがあげられます。また、レンズの種類が合わないこともあります。最近は、さまざまなタイプのコンタクトレンズ、レンズケア方法が使用できるようになっており、それぞれに特徴があります。専門医と相談しながら、適切なレンズとケア方法を選んでいくことが重要です。

角膜ジストロフィー
Corneal Dystrophy

どんな病気か

角膜混濁が、徐々に両眼性に生じてくる遺伝性の病気です。角膜の上皮、角膜そのもの、角膜の内皮のそれぞれに変性症があり、さまざまなタイプが知られています。

日本で代表的なものには、上皮変性症の**膠様滴状変性症**、実質変性症の**格子状角膜変性症**、**顆粒状角膜変性症**、**斑状角膜変性症**があります。

内皮変性症の**フックス変性症**は、欧米ではとても多いのですが、幸いなことに、日本では比較的まれです。

遺伝形式は常染色体劣性遺伝（574頁）のものが多いのですが、顆粒状角膜変性症や格子状角膜変性症の一部など、優性遺伝するものもあります。

症状

混濁が軽いうちは、光がまぶしい、ときどきぼやけて見えるなどの症状のことが多く、混濁が進むと視力低下の原因となります。ただし、若年から壮年にかけて視力が低下するものや、老年になってもほとんど自覚症状のないものまで、発症の時期や程度はさまざまです。

また、角膜ジストロフィーのなかには、異物感や痛みの発作をくり返す、**再発性上皮びらん**をおこすものもあります。

治療

角膜ジストロフィーと一口にいっても、さまざまな疾患が含まれるので、まず専門医の診察を受けて、その病気の性質や程度を判断してもらうことがたいせつです。

一般に薬物で治療できることはなく、進行例では角膜移植（次頁）が行われます。

角膜移植の成功率は悪くないのですが、病気によっては再発率が高いものがあり、くり返し角膜移植を行うことになる場合もあります。

強膜炎／上強膜炎
Scleritis / Episcleritis

どんな病気か

眼球の外壁をなす強膜（46頁カラー口絵）におこる炎症を**強膜炎**といいます。その多くは**上強膜炎**という、強膜の表面の部分のみの炎症です。

症状

多くは充血と軽い異物感程度ですが、強膜全体に炎症をおこした場合には、強い充血と痛みをともなうようになります。

強膜炎には、**びまん性強膜炎**（広範囲のもの）や**結節性強膜炎**（しこりができるもの）などいくつかの型があり、関節リウマチ（2014頁）やウエゲナー肉芽腫症（2051頁）などの全身疾患にともなって生じることもあります。

重症の場合には、強膜が薄くなって目の中のぶどう膜が透けて見えるようになったり（**強膜ぶどう腫**）、孔があいたりすることもあります。

治療

上強膜炎では、ステロイドや非ステロイド系抗炎症薬の点眼が用いられ、数日以内にほとんどが治癒します。

強膜炎では、ステロイドの点眼や内服が行われるほか、免疫抑制薬が用いられることもあります。

治療に反応しない難治性のものもあるので、注意が必要です。

角膜移植とアイバンク

❖ 角膜移植とその限界

角膜移植は、視力障害の原因となっている濁った角膜（黒目）の中央部を円形に取除き、ほぼ同じ大きさのきれいな他の人の角膜を移植して、視力を回復させるものです。最近は、角膜の表面（上皮）だけ、あるいは裏面（内皮）だけを移植する方法など、病気に応じていろいろな手術を使い分けるようになってきました。

角膜移植が有効な病気は、角膜だけの異常で、視神経や網膜などに重い障害があっておこった視力の低下は、角膜移植を行っても回復しません。また、苛性ソーダなどの強いアルカリ性の薬物や、花火などの高熱によって混濁した場合は、移植しても再び角膜が混濁してしまい、うまくいかないことがあります。

最近は、手術手技の発達、縫合糸の改良、角膜保存液の開発によって手術の安全度が向上したこと、拒絶反応を抑えるための薬物の開発が進んだことで、移植の成績は向上しています。現在、手術後1年たっても、約90％の人の角膜は透明のままです。

❖ 角膜移植を受けたい人のために

◉誰の角膜を移植するのか

移植に用いられるのは死亡した人の角膜です。１９５８（昭和33）年に「角膜移植に関する法律」が制定され、本人の意思と遺族の同意があれば、死亡した人から角膜の提供が受けられるようになりました。

◉角膜移植の申し込みかた

角膜移植を希望する人は、角膜移植を実施している医療機関で診察を受け、角膜移植を受けられるかどうかの判定を受けます。可能となれば登録して順番を待つことになります。

◉角膜移植の費用と入院期間

角膜移植は医療保険が適用されるので、医療費の支払いは自己負担分だけです。生活保護や身体障害者手帳の交付を受けている人は、自己負担分も公費でまかなわれます。角膜移植手術にともなう入院期間は、およそ7～10日間です。

◉拒絶反応

腎臓や心臓の移植は拒絶反応が問題になりますが、角膜には血管がなく、血液が流れていませんから拒絶反応がおこりにくいのです。ただし、血管がないはずの角膜に多数の血管が入り込んでいる病気の人は、拒絶反応がおこりやすいため、角膜移植が受けられるかどうかは慎重に判断されます。

❖ 角膜を提供したい人のために

◉連絡はアイバンクに

死後、角膜の提供を希望する人は、近くの**アイバンク（眼球銀行）**に連絡すれば、登録その他のくわしいことを教えてもらえます。

また、生前に登録していなくても、遺族が提供を希望する場合、アイバンクに連絡すれば提供できます。

アイバンクは全国各地に設立されています。くわしくは（財）日本アイバンク協会（☎０３‐３２９３‐６６１６）におたずねください。

◉提供希望者が死亡したとき

眼球は死後6～12時間以内に摘出する必要がありますので、死亡した場合、アイバンクへの連絡はできるだけ早く行います。連絡があると医師が出向いて眼球を摘出し、そのあとにはプラスチックの義眼を入れますから、外見は摘出前と変わりません。

摘出された眼球は、眼球保存液内で4℃に保たれ、1～2週間以内に移植されます。また一部の角膜は、緊急時に使用するために、冷凍保存されています。

第1章―第10章
生活習慣病
がん（悪性腫瘍）
子ども
女性
脳・脊髄・神経
こころ
目
耳・鼻・のど
歯・口腔
呼吸器

ぶどう膜の病気

◎眼結核

結核菌による目の障害を眼結核と総称します。

結核はぶどう膜炎の原因のひとつで、近年、成人に重症な結核性ぶどう膜炎がみられるようになっています。

虹彩炎／虹彩毛様体炎

Iritis / Iridocyclitis

どんな病気か

虹彩炎は虹彩の、**虹彩毛様体炎**は虹彩と毛様体の炎症をさしています。毛様体は虹彩と隣り合った組織であり、両方が同時に炎症を生じることが多く、通常、虹彩毛様体炎のかたちをとります。

症状

虹彩炎（虹彩毛様体炎）が生じると、角膜周囲の白目（結膜）に充血（毛様充血）がみられることが多く、目がかすんだり（霧視）、光があたるとまぶしくて痛んだりします。

眼科医の指示に従って治療を受けることが必要です。失明することはまれですが、緑内障（1106頁）や白内障（1103頁）を合併して重い視力障害がおこることもあります。

検査と診断

細隙灯顕微鏡検査によって、前房内に炎症細胞が認められることにより診断されます。重症な虹彩炎では、前房内に線維素塊（フィブリン）が認められたり、虹彩後癒着（水晶体と虹彩の癒着）を認めることがあります。眼圧や眼底の異常の有無の確認が必要です。

治療

原因疾患（次頁上段）の治療がたいせつですが、虹彩炎では点眼治療が必要です。消炎のためには、おもに副腎皮質ホルモン（ステロイド）剤の点眼を行います。また、散瞳作用のある硫酸アトロピンやトロピカミドなどの点眼薬も用いられます。

ぶどう膜炎

Uveitis

どんな病気か

ぶどう膜とは、虹彩、毛様体、脈絡膜の総称です。ぶどう膜に炎症のおこるのがぶどう膜炎であり、虹彩・毛様体が炎症の主体である場合を**虹彩（毛様体）炎（前部ぶどう膜炎）**、脈絡膜炎が主体である場合を**後部ぶどう膜炎**と呼びます。また、ぶどう膜全体が炎症を生じている場合を**汎（全）ぶどう膜炎**と呼びます。

脈絡膜の炎症は、網膜、硝子体におよんだり、また、網膜血管炎をともなったりする場合があります。その結果、硝子体が混濁したり、黄斑部（物を見る中心）の網膜が浮腫（むくみ）や循環障害をおこすために、かすんだり、歪んで見えたりするようになります。

検査と診断

細隙灯顕微鏡で前房や硝子体に炎症細胞が認められます。また、眼底検査により、硝子体の混濁、網膜の浮腫、滲出斑、出血などがみられます。ぶどう膜炎をおこす疾患は多様であり、治療を行う前に全身疾患を精査することが重要です。検査によって全身の疾患や感染症などがわかったりします。

治療

虹彩炎をともなう場合は副腎皮質ホルモン（ステロイド）剤や散瞳薬の点眼が行われます。脈絡膜や網膜の炎症が著しく、視力低下をきたしている場合や、その恐れがある場合は、眼球結膜下へのステロイド剤の注射や全身使用（内服、静脈注射）が必要となります。しかし、ぶどう膜炎の原因（次頁上段）によって治療方法は異なりますので、眼科医の診察を受ける必要があります。

◎ぶどう膜の病気の原因

ぶどう膜炎や虹彩炎、虹彩毛様体炎の原因として、外傷、薬物中毒、結核菌（1285頁）、梅毒（2132頁）、ウイルス、トキソプラズマ、回虫などの感染症、糖尿病（1501頁）、関節リウマチ（2014頁）、サルコイドーシス（2049頁）、原田病（下段）、ベーチェット病（2047頁）、乾癬（1833頁）、強直性脊椎炎（1904頁）などのアレルギーや自己免疫による全身性疾患が知られていますが、約50％の虹彩炎は原因が不明です。遺伝的な因子であるHLA（組織適合抗原）のなかの特別なタイプが疾患感受性因子（病気をおこしやすい）として、発症に関連していると考えられています。

また、原田病や交感性眼炎（片方の目のけがや手術の1か月以上後に、反対側の健康な目に、原田病とまったく同じ症状をおこす病気）の原因は不明ですが、なんらかのウイルス感染が発症の引き金に

原田病（フォークト・小柳・原田病）

Vogt-Koyanagi-Harada Disease

どんな病気か　全身のメラニン細胞（メラニン色素を有する細胞）に対する免疫反応が高まったためにおこる**ぶどう膜炎**の一種で、日本人などの有色人種におこります。

症状　発熱、頭痛、全身倦怠感などのかぜ症状で始まり、急に両目がかすんだり、物が歪んで見えたり、見えなくなったりします。そのころには、めまい、耳鳴り、難聴もともないます。髄液検査では髄膜炎（963頁）の所見がみられます。

その後、頭髪、まゆげ、まつげが抜けたり、白髪化したり、また、皮膚に白斑がみられるようになります（早期治療により、脱毛、白髪、白斑などがみられることは少なくなっています）。

検査と診断　両眼に著しい虹彩（毛様体）炎、脈絡膜炎による網膜剥離、視神経乳頭の浮腫（むくみ）がみられます。髄液検査を行い、炎症所見を調べたり、蛍光眼底造影（蛍光色素を注射して眼底写真をとる）を行います。

治療　早期に全身的な副腎皮質ホルモン（ステロイド）剤の大量使用（点滴）が行われ、その後、内服でステロイド量を徐々に減量します。通常、数か月におよぶステロイド治療が必要です。また虹彩（毛様体）炎に対するステロイドや瞳孔を大きくする散瞳薬の点眼も行われます。

ステロイド大量使用が行われる以前は、ぶどう膜炎が慢性化するため、白内障（1103頁）、緑内障（1106頁）、眼底の萎縮のために、重い視力障害を生じる場合が少なくありませんでした。現在では、90％以上で良好な視力が得られるようになりましたが、1年以上の長期間にわたってステロイド治療が必要となる場合もあります。

治療が遅れると、炎症が慢性化することがあるため、症状が現れたら、すぐに眼科を受診することがたいせつです。

眼サルコイドーシス

Ocular Sarcoidosis

どんな病気か　全身に肉芽腫（細胞のかたまり）ができる疾患ですが、目には虹彩炎（前頁）や、網膜の静脈炎、硝子体の混濁をおこします（サルコイドーシス　2049頁）。

症状　物がかすんで見える（霧視）、視力の低下などが現れます。

検査と診断　全身疾患であるため、診断には、全身の検査も必要です。内科にも依頼して、血液検査や胸部X線撮影などの検査を行います。

治療　ぶどう膜炎（前頁）に対する治療を行います。必要に応じて、硝子体手術が必要な場合があります。

目のベーチェット病

Behçet Disease

どんな病気か　全身の血管炎を主体にする病気です。再発をくり返すアフタ性口内炎（1202頁）や陰部の潰瘍

なっていると考えられています。遺伝的な要因が重要とされ、HLAのなかで、DR4などが発症に重要と考えられています。

網膜の病気

がおこります。そのほか、目の症状だけでなく、腸管や神経にも症状が現れます（ベーチェット病 2047頁）。アジア系民族に多く、別名**シルクロード病**ともいわれています。

症状　白血球が前房に半月状に沈殿する急性虹彩炎（1089頁）の発作がおこります（**前房蓄膿**）。眼底には、閉塞性の網膜血管炎（網膜の血管がふさがって、血液が流れなくなる）がおこり、このような急性炎症（眼底発作）をくり返し、著しい視力障害をおこすこともあります。

検査と診断　眼底検査や蛍光眼底造影を行います。補助診断としてHLA（白血球抗原）のB51の有無について検査を行います。

治療　急性炎症がおこっているときには、副腎皮質ホルモン（ステロイド）剤や免疫抑制薬を使うこともありますが、長期にわたって急性炎症を抑えるために内服薬を使用します。

硝子体出血（1102頁）をおこすと、手術が必要になることもあります。

サイトメガロウイルス網膜炎
Cytomegalovirus Retinitis

どんな病気か　ウイルス性の網膜炎です。通常の免疫力があれば、この病気にはなりませんが、エイズ（2133頁）に感染していたり、抗がん剤などを使用して、免疫力が低下しているときにおこります。

ウイルス性網膜炎には、帯状ヘルペスウイルスの感染によって、網膜の細胞が壊死してしまう急性網膜壊死（桐沢型ぶどう膜炎）などもあります。

検査と診断　眼底検査で、網膜に出血と浸出斑が入り混じった特徴的なようすがみられますが、確定診断には、目の角膜と虹彩の間の水（前房水）を採取し、そこにウイルスがいるかどうかで判定します。

治療　抗ウイルス薬の点滴か内服を行います。また、免疫力を回復させるために原因疾患の治療も再発防止に必要です。

中心性漿液性網脈絡膜症
Central Serous Chorioretinopathy

どんな病気か　黄斑部（網膜の中心部にあり、物を見るのにもっともたいせつな部分）が腫れて、視力が低下する病気です。

片方の目におこりやすく、中年の男性によくみられます。よいほうの目を閉じて病気のある目だけで物を見ると、ぼやけたり歪みます。また、左右で物の大きさがちがって見えます。

原因　黄斑部の腫れは、網膜の浮腫（むくみ）によっておこります。網膜の外側には網膜色素上皮細胞層という、水分を通さない膜があります。この膜に異常が発生して黄斑部付近で水漏れが生じると、そこから脈絡膜の漿液（血液の液性成分）が染み出し、網膜の下にたまります。その結果、網膜が浮き上がって腫れてしまうのです。

網膜色素上皮に、このような異常が発生する理由は明らかではありませんが、30～40歳代の男性によくおこり、過労や精神的なストレスが発病のきっかけとなっていることがよくあります。そのことから「目の胃潰瘍」とも呼ばれています。将来的に加齢黄斑変性（1099頁）に移行することがあります。

検査と診断

黄斑部の腫れは眼底検査で調べます。この病気を確定するには蛍光眼底検査（蛍光色素を注射して、眼底の写真を撮る検査）で水漏れ部を確認します。

治療

自然によくなることが多い病気ですから、ストレスの原因を減らし、心身の安静を保てる日常生活を送るようにします。黄斑部の腫れをひかせる内服薬を使用して、ようすをみますが、ふつう数か月から半年くらいで治ります。

ただ、腫れが強かったり、いちどひいた腫れが再発をくり返すときは、視力に影響しますから、レーザー光線を照射する光凝固療法（1100頁）を行うこともあります。この方法は、蛍光眼底検査で確認した水漏れ部に、レーザー光線をあてて患部をかため、水漏れをなくすものです。

日常生活の注意

この病気で失明することはありませんが、再発しやすく、腫れがひいたあとも、物が歪んで見える症状が残る場合もあります。

医師から指示された注意をよく守り、過労を避け、精神的なストレスがたまらない生活を心がけましょう。なお、再発することも多いので、定期的に眼底検査を受けましょう。

高血圧網膜症
Hypertensive Retinopathy

どんな病気か

血圧が高くなると、その影響で網膜の出血や、**綿花様白斑**（綿のかたまりのように見える白い斑点）などのさまざまな病変が生じます。これが高血圧網膜症または**高血圧眼底**と呼ばれる病気です。

目に異常を感じることは少ないのですが、眼底検査を行うと、網膜に高血圧の程度によって、さまざまな変化がみられます。網膜動脈は、眼底検査によって体外からくわしく調べられる血管で、その変化の程度から、全身の動脈におこっている動脈硬化（1407頁）の度合いを推測できます。したがって、網膜の動脈硬化の具合が、内科治療の目安ともなります。

検査と診断

眼底検査では直接に目の血管のようすが観察できるため、体内の血管にどのような変化がおこっているかを知るうえで、ひじょうにたいせつなものです。

眼底の動脈と静脈は、ところどころで交差しています。ところが、高血圧がつづくと動脈の下で交差している静脈の血管が、ちょうど途中でさえぎられたように見えます。これを**交叉現象**といい、高血圧変化を示す重要な所見（特徴）となります。

また高血圧網膜症では、動脈硬化によって網膜の動脈のところどころが細くなっていたり（口径不同）、あるいは全体に細くなっている変化がよくみられます。硬化が進んだ網膜動脈の壁は透明性を失い、コレステロールなどの沈着によって動脈壁が厚くなると、白く濁って見えます。ときには銅線や銀線のように見えることもあります。

◎血圧と網膜

全身にくまなくゆきわたっている動脈と静脈は、光を感じる器官である網膜にもきています。そのため、血圧が高くなれば、網膜にもその影響がおよびます。

網膜の血管は、目の組織の多くが透明であるため、透視でき、眼科的な検査を行えば、直接に血管の状態を見ることができます。そのため、高血圧、動脈硬化の程度を知るよい目安となります（高血圧網膜症 1092頁）。

さらに病状が進むと、網膜の出血や綿花様白斑、浮腫（むくみ）による濁りなどが現れます。そのうちでも、とくに綿花様白斑は、高血圧網膜症が進んで、血流障害を生じたことを示す重要な所見です。

さらに高血圧症がもっとも悪化した場合には、視神経乳頭（眼底のほぼ中央にある、網膜の神経と血管が集まっていて脳につながっているところ）が腫れあがって、**乳頭浮腫**を生じます。

自覚症状はまずありません。むしろ、内科で高血圧の治療を受けている人が、眼底検査のために眼科を受診して、初めて高血圧網膜症や網膜動脈硬化症を指摘されることがよくあります。しかし、網膜中心静脈分枝閉塞症（次頁）や網膜中心静脈閉塞症（次頁）などの網膜の血管閉塞性病変の前段階、あるいは全身の動脈硬化が進行している証拠で、脳梗塞（934頁）などの全身疾患の前段階ともいえ、安心はできません。

治療　内科的な高血圧の治療が、目の治療になります。眼科で定期的に眼底検査を受けるとともに、内科では高血圧症（1396頁）や脂質異常症（1509頁）の治療を受けます。

高血圧症や動脈硬化の治療には、食事の注意をはじめ、気長に養生することがたいせつです。また、とくにからだに異常を感じなくとも、毎年定期的に健康診断を受けることが病状悪化の予防につながります。

網膜中心動脈閉塞症
Central Retinal Artery Occlusion (CRAO)

どんな病気か　網膜に酸素や栄養を送り込んでいるのが網膜中心動脈ですが、この動脈に血栓などが流れてきて、つまって閉塞する（動脈の内腔がふさがって血液が流れなくなる）と、網膜に酸素や栄養が行き届かなくなります。その結果、突然、視界が真っ暗になり、何も見えなくなります。しかし、目の痛みはあまりなく、ほとんどの場合、片方の目だけにおこります。

発病があまりに急なので、本人もいつ発病したのかを明確に覚えています。

この病気は、眼科の病気のなかでも、もっとも早急な治療が必要なもののひとつで、その対応は一刻を争います。

原因　網膜中心動脈が閉塞をおこす原因は、動脈硬化症（内頸動脈の動脈硬化など1407頁）による塞栓、心臓の病気（不整脈（1346頁）など）による血栓、骨折による脂肪塞栓、側頭動脈炎（2041頁上段）などさまざまです。心臓弁膜症（1380頁）の人では、患部からはがれた組織のくず（血栓）が、動脈中を流れて網膜中心動脈に達し、つまってしまうことがあります。

酸素や栄養の供給経路を断たれた網膜は、数分から数十分というごく短い時間のうちに強く障害され、視力の回復が困難になります。

検査と診断　散瞳薬（瞳孔を大きくする目薬）を点眼したうえで、眼底検査を行います。網膜中心動脈に閉塞がおこっていれば、網膜の色が全体に白色に濁って見え、黄斑部の赤みとのコントラストが明瞭になる**チェリーレッドスポット**という特徴的な眼底のようすが現れます。また、動脈が細くなって見えます。

◎眼底とは

眼底とは文字どおり、眼球内の底（奥）のほうにある組織全体に対する名称で、網膜、

さらに、蛍光色素を注射して、眼底カメラで撮影する蛍光眼底検査を行い、動脈の循環時間を測って、どの程度血管がつまっているかを調べます。また、血栓が網膜動脈を閉塞させたことが原因であるため、同様の血栓が脳血管にも流れて、脳血管異常を併発する可能性がひじょうに高いと考えられています。とくに頸動脈病変や心臓内血栓の有無を精査しないと、重い全身疾患を併発しかねないので注意が必要です。

治療　一刻も早く血流を回復させるために治療が行われます。

早期には、まぶたの上から眼球をマッサージし、血管拡張薬や血栓溶解薬を使用します。さらに眼内の圧力を低くして網膜動脈の血流を増やすため、角膜（黒目）の縁を小さく切開して、眼球内の水を抜きとることもあります。

軽度の閉塞ならば、視力は徐々に回復していきますが、発病して間もないうちに網膜が強い障害を受けた場合は、適切な治療を行っても視力の回復が困難になります。とにかく早急に眼科を受診しましょう。

網膜中心静脈閉塞症
Central Retinal Vein Occlusion (CRVO)

どんな病気か　網膜中心動脈から送り込まれ、網膜に酸素や栄養を提供した血液は、網膜静脈の枝を通って網膜中心静脈に集められ、眼球の外へと流れて行きます。

この静脈の内腔が、さまざまな原因でふさがってしまう（閉塞）と、その閉塞部から先には血液が流れなくなってしまい、網膜の血管から血液があふれ出てしまいます（うっ血）。この循環障害のため網膜が障害される病気が、網膜中心静脈閉塞症です。

網膜中心静脈の枝（分枝）が閉塞したものは、**網膜中心静脈分枝閉塞症**（**網膜静脈分枝閉塞症**）といいます。

症状　静脈の小さな枝に閉塞がおこった場合には、何の自覚症状もありませんが、ある程度大きな枝部や幹部がつまり、網膜の黄斑部（物を見る中心の部分）が障害されると、急に物が見えなくなります。

網膜中心静脈閉塞症では全体に暗く見え、視力も低下します。

網膜静脈分枝閉塞症では、閉塞領域に一致した視野障害と、閉塞が中心にかかる場合は視力低下もともないます。

原因　網膜中心静脈をつまらせる原因は、血管の中に血栓と呼ばれる血のかたまりができ、それが血管内につまって、血液の流れを止めるからです。

血栓が生じる原因には、糖尿病（1501頁）などの血液がかたまりやすくなる病気にかかっている場合や、静脈の血管自体に炎症がある場合（炎症のおこっている部分に血栓ができやすくなる）などいろいろあります。

また、動脈硬化（1407頁）がある場合にも、その近くを通る静脈が影響を受け、血栓ができてしまうことがあります（高血圧網膜症1092頁）。

検査と診断　散瞳薬（瞳孔を大きくする目薬）を点眼したうえで、眼底検査を行います。

また、蛍光色素を注射して眼底カメラで撮影する蛍光眼底検査を行い、静脈がどの程度つまっているかも調べま

脈絡膜、硝子体、視神経乳頭といった組織があります（1101頁図）。

これらの組織は、眼底検査によって調べられます。

網膜は、カメラでいうとフィルムに相当するたいせつな神経組織で、ここが病気になって出血や浮腫（むくみ）などがおこると、視力に直接影響します。

脈絡膜は、網膜のさらに奥にある血管と色素に富んだ組織で、眼底を見ると、ここの血管が網膜から透けて見えます。脈絡膜は網膜に栄養分を運ぶはたらきをしており、ここが病気になると、網膜にも悪影響を与えることが少なくありません。

硝子体は、99％が水でできた透明な組織です。病気によって混濁したり、収縮したりします。

視神経乳頭は、視神経の入り口になる組織で、視神経の病気のためにしばしば浮腫をおこしたり、色調が蒼白になったりします。

す。黄斑部に浮腫（むくみ）がある場合には、光干渉断層計（ＯＣＴ）で網膜の浮腫を観察します。

この病気は、高血圧症（1396頁）や動脈硬化症などの病気が原因となっていることも多いため、血液、血圧などの検査も行われます。

治療 発病早期ならば、血栓を溶かす薬を使用して、血液の流れを回復させる治療を行うことがあります。

黄斑浮腫を生じた場合には、副腎皮質ホルモン（ステロイド）剤の注射を行ったりします。

障害された網膜の範囲が広い場合は、レーザー光線で病巣を凝固させる網膜光凝固（1100頁）が行われます。

閉塞の程度によっては、視力の回復がむずかしいことがあり、将来、再出血や緑内障（1106頁）などの厄介な合併症をおこすこともあります。

黄斑部の浮腫が重症であれば、硝子体を切除する硝子体手術をすることもあります。どのような治療を行うかは主治医と相談しましょう。

腎性網膜症
Renal Retinopathy

どんな病気か 腎臓の病気は、しばしば高血圧や貧血などの合併症をもたらします。それが網膜に悪影響をおよぼし、出血や浮腫（むくみ）などをおこし、ときには視力が低下することがあります。これが腎性網膜症です。

症状 腎臓病にはいくつも種類がありますが、その種類によって網膜が受ける影響もさまざまです。

▼急性腎炎の場合 腎炎をおこして間もないころに眼底検査を行うと、網膜動脈が細くなり、出血、**綿花様白斑**（綿のかたまりのように見える白い斑点）、浮腫がみられますが、病気の回復にともなって自然に消失し、後遺症はほとんど残りません。また、視力の低下もほとんどありません。

▼慢性腎炎の場合 腎炎による高血圧症の影響で、網膜動脈が細くなったり、動脈硬化をおこしたりします。また、出血や浮腫、ときには網膜剥離（1097頁）をおこして、視力が低下することがあります。

これらの症状は全身の状態によって一進一退しますが、腎炎による浮腫が消えると、網膜の黄斑部に放射線状に並んだ白斑が現れることがあります。

▼ネフローゼ症候群の場合 視力の低下も網膜の変化もおこりません。ただし、副腎皮質ホルモン（ステロイド）剤による治療を長い間つづけると、副作用として白内障（1103頁）、緑内障（1106頁）などがおこり、視力が低下することがあります。

治療 内科での腎臓病の治療が、腎性網膜症の治療にもなるため、内科と眼科の協力のもとに、検査や治療を進めます。眼科では、定期的な眼底検査を行い、病気の推移を見守ります。

糖尿病網膜症
Diabetic Retinopathy

どんな病気か 糖尿病の三大合併症のひとつです。高血糖が何年もつづくと、網膜の血管が障害され、目に

◎もしも検診で網膜出血、白斑といわれたら

網膜に出血や白斑をおこす全身性の病気には、たくさんの種類があります。糖尿病

さまざまの病変が生じてきます。重症化すると失明に至り、日本でも糖尿病患者数の増加とともに、この病気による失明も増加しています。

症状

この病気の進行状態は大きく3段階に分けられます。

①単純糖尿病網膜症　初期には病変が視力に直接影響しないため、自覚症状はありません。しかし、この時期であっても黄斑部（網膜の中心部でもっとも感度の高い部位）に浮腫（むくみ）がでてくれば、視力が低下します。糖尿病腎症（1710頁）を併発し、とくにたんぱく尿が多い場合は、黄斑浮腫がでやすいとされています。

②前増殖糖尿病網膜症　増殖糖尿病網膜症の前段階にあたり、網膜から新生血管（元来はなかった血管）が生じるもとになる病変です。網膜の黄斑部に生じることは少ないので、やはり自覚症状はありません。しかし、治療の開始を判定するのに重要です。

③増殖糖尿病網膜症　新生血管が発生しますが、これだけでは視力障害は生じないので自覚症状はありません。しかし、この新生血管はもろくて壊れやすく、ほんの少しのきっかけで目の中で大出血（硝子体出血）をおこします。硝子体出血をおこすと、目の前を蚊などが飛んでいるように見える**飛蚊症**や視力低下をおこします。さらに大出血をくり返すと、網膜の上にそれまでなかった新しい増殖組織ができ、これが収縮して網膜を引っ張り、網膜剥離（次項）をおこすようになり、飛蚊症や光視症（1104頁上段）、大幅な視力低下を自覚します。なお、障害された血管から漏れ出た血液が黄斑部にたまって、浮腫（むくみ）をおこすと、物が歪んで見えたり、ぼやけて見えたりします。

この病気は、ゆっくり進行している場合は、強い症状を自覚しないため、何となく見えかたがおかしいと感じていても、長年にわたって放置してしまい、眼科受診の際に初めて、進んだ病状が発見され、そのときは手遅れになっていることも少なくありません。

検査と診断

眼底検査を行うと、初期には、網膜の毛細血管に小さな動脈瘤（血管のこぶ）や小さな出血（点状出血）がみられます。病状が進むと、出血も増え、白い斑点や浮腫が現れます。さらに進行すると、新生血管や硝子体出血、増殖組織などが認められます。

新生血管の発生が疑われる時期になると、蛍光色素を注射して眼底写真をとる蛍光眼底造影を行って、網膜の毛細血管の閉塞範囲や新生血管を調べます。また黄斑部に浮腫が疑われる場合には、光干渉断層計（ＯＣＴ）で網膜の浮腫を観察します。

治療

たいせつなことは早期発見・早期治療で、病状を悪化させないことです。いったん悪化した場合、糖尿病はコントロールで改善しても、視力はもとには戻らないからです。糖尿病のコントロールが不良だと、いっそう失明の可能性が高くなります。

初期には自覚症状がないので、糖尿病であることがわかったら、定期的に眼底検査を受けることがたいせつです。

網膜での病変が軽い初期の単純糖尿病網膜症には、糖尿病の血糖コントロ

(1501頁)、高血圧(1396頁)、腎疾患が、その代表的なものです。また、高血圧性変化をおこす妊娠高血圧症候群(876頁)や、貧血(1439頁)、白血病(548頁)などの血液疾患もあります。網膜血管炎がおこる全身性エリテマトーデス(2030頁)などの膠原病やぶどう膜炎(1089頁)も要注意です。

白斑には、網膜血管から血液の成分が漏れて脂肪成分がかたまった**硬性白斑**と、網膜の血流障害によって生じる**軟性白斑**があります。

網膜中心静脈閉塞症や網膜静脈分枝閉塞症(1094頁)でも、網膜出血や白斑が生じます。緑内障(1106頁)の初期でも視神経乳頭近傍に出血が生じることがあり、視神経乳頭の出血した領域に一致して視野欠損がおこってくる可能性があります。

糖尿病網膜症(1095頁)では、単純糖尿病網膜症の早期から網膜に点状出血が生じます。自覚症状がない時期であっても精密検査が必要です。

ールを主体にした内科的治療が主体となります。この時期であれば、血糖コントロールが改善すれば網膜症も改善します。しかし、前増殖期にかかってしまうと、血糖コントロールがよくなっても網膜症は悪化してしまうことがあります。

もっとも、血糖コントロールが悪いとさらに網膜症が進行してしまうので、網膜症の進行予防には、血糖コントロールが最重要課題です。

増殖糖尿病網膜症になって網膜の状態が悪化し、網膜毛細血管への血液循環が悪化する虚血変化が進行して、網膜に新生血管(病的な血管)が出現すると、レーザー光線を照射する治療(汎網膜光凝固治療 1100頁)が行われます。中心部を残して周辺の網膜にレーザー光線を照射するため、治療後は網膜の感度が低下して、昼間まぶしかったり、夜暗く見えるような副作用が出現する可能性があります。

黄斑部に浮腫(むくみ)が出現して、視力が低下した場合には、浮腫をおこしている血管瘤にレーザー治療を部分的に行う方法や、副腎皮質ホルモン(ステロイド)剤の注射が行われることがあります。進行した黄斑浮腫には、硝子体を取除く手術(硝子体手術)が必要となります。

病的な血管である新生血管は破綻しやすく、硝子体の中で出血をおこす(硝子体出血)と視力が低下します。この硝子体の濁りが吸収されなかった場合や、新生血管から生じた増殖組織が網膜を引っ張って網膜剥離(次項)をおこした場合、黄斑部の浮腫が重症である場合には、硝子体手術が必要となります。近年は硝子体手術の安全性が高くなったため、早期に手術療法になる場合が多くなっています。

重症の増殖糖尿病網膜症で、手術できなかった症例や黄斑部の浮腫がおこった場合には、抗VEGF抗体(血管新生を誘発させる血管内皮増殖因子(VEGF)という物質をブロックする薬剤)を硝子体内に注入する場合があります。これは未認可の治療法であるため、一部の施設でのみ、倫理委員会の承認のもとで、治療が行われます。

網膜剥離
Retinal Detachment

どんな病気か

網膜は、内側の神経網膜(神経が集合している膜)と、外側の網膜色素上皮細胞層(神経網膜のはたらきを助ける色素を含んだ膜)との2枚の膜が合わさってできています。この内側の神経網膜が、さまざまな理由で、外側の網膜色素上皮細胞層からはがれ、硝子体の中に浮き上がってしまうのが網膜剥離です。

もっとも多い原因は、網膜が変性をおこしてもろくなり、そこが自然に破れて孔が開くことです。

症状

初期には、目の前に蚊のようなものが飛んで見える飛蚊症や、目を閉じていても光がちかちか見える光視症になることがあります。

もっとはっきりした自覚症状は視野欠損で、見える範囲がいっぽうから欠けて狭くなってきます。よいほうの目を閉じて患眼(網膜剥離をおこした目)だけで見ると、まるで視野の一部を黒いカーテンで隠したかのように、見えない部分が生じます。

網膜剥離が黄斑部（網膜の中心部で、物を見るのにたいせつな部分）におよぶと、歪んで見えたり、急激に視力が低下します。アトピー性皮膚炎（1806頁）や、未熟児網膜症（629頁）にも網膜剥離が合併することが知られています。

治療 網膜剥離と診断されたら一刻も早く入院し、手術治療を受ける必要があります。

手術は、剥離した網膜の下にたまった水を抜きとり、網膜に開いた孔にレーザー光線をあてたり（光凝固）、凍らせて凝固させる（冷凍凝固）ものです。

孔の開いた位置には、シリコンでできた当て物を縫いつけ、眼球を内側に陥没させせます。シリコンは長年、目に縫いつけても害はありません。

また、目の中にガスを入れて、ガスの浮力で網膜を押さえつけたり、硝子体（水晶体と網膜の間を占めるゲル状のもので、これが収縮することで網膜が裂けて、網膜剥離の原因となる）を切除する方法もあります。

網膜に孔が開いただけで、網膜剥離をおこしていなければ、レーザー光線で孔の周りをかためてしまう網膜光凝固だけで十分なこともあります。

予後 術後の経過が順調ならば、目への強い衝撃だけに注意すれば、ふつうに過ごせます。

しかし、網膜剥離の再発や、よいほうの目にも同様の症状がでることもあるため、定期的に目の検査を受けることが必要です。

網膜色素変性症
Retinitis Pigmentosa

どんな病気か 年をとるにつれて網膜が変性し、徐々に両目の視力が失われる遺伝性の病気です。

赤ちゃんのころには何の異常も現れませんが、思春期ごろになると、夜盲症（次項）や視野狭窄（目で見える範囲が周辺から欠け、だんだん狭くなってしまう）が少しずつ進んできます。

ただし、症状の出始めのころは、視力の低下はそれほど顕著でないため、ほとんど不自由を感じることはありません。しかし、年をとるにつれて視野狭窄が悪化し、眼鏡をかけても字が読めなくなるほど視力が低下します。白内障（1103頁）も合併しますが、これは手術で治療できます。

この病気は、厚生労働省の特定疾患（難病）に指定されており、治療費の一部は公費で支払われます。

原因 遺伝性の病気と考えられています。網膜には、光を感じる視細胞と、そのはたらきを助ける網膜色素上皮細胞とがありますが、これらは年とともに変性し、はたらきが失われていきます。その結果、網膜全体の変性が徐々に進行し、視力や視野が強く障害されます。

検査と診断 視力・視野検査、暗順応検査（暗いところで、どれだけ対応できるかを調べる検査）、網膜電位検査、眼底検査などが行われます。

治療 現在、この病気の進行を止める治療法はありませんが、細胞のはたらきを助けるため、血液循環をよくする薬やビタミン剤が使用さ

◎脈絡膜血管腫

脈絡膜血管腫は、脈絡膜にまれに発生する、原因不明の良性腫瘍です。

顔面や脳にも血管腫が存在

するスタージ・ウェーバー病（1845頁）に合併したびまん型と、脈絡膜だけに存在する孤立型とに分類されます。

びまん型の場合、スタージ・ウェーバー症候群は顔面片側の血管腫をともなうため、子どものうちに発見されます。

孤立型は、視力が低下して受診したときや、ほかの症状で受診したときに偶然発見されたりします。

診断には、眼底検査、造影剤を使った蛍光眼底検査が有用ですが、超音波検査やCT、MRIなどの画像診断も行われます。

治療は、小さなものや無症状のものは経過をみるだけでよいこともあります。視力障害がある場合は、レーザー治療が行われることがあり、通常の光凝固療法のほかに、経瞳孔温熱療法（TTT）といった特殊なレーザー治療も効果があります。網膜剥離（1097頁）や緑内障（1106頁）がある場合は、手術が行われることもあります。

れ、暗順応を改善させる薬が使用されることもあります。

少しでも網膜を保護するため、強い光は避け、サングラスや網膜を保護するイエローレンズの眼鏡を使用します。

この病気の原因遺伝子がつぎつぎに発見され、将来は遺伝子治療が可能になるかもしれません。また、人工網膜の試みもされています。

夜盲症
Night Blindness

どんな病気か

明るい場所から急に暗い場所に入ると、一時的に物が見えなくなりますが、そのうち網膜の感度が上昇して、だんだん見えるようになってきます（**暗順応**）。

しかし、網膜の反応が悪いと、暗いところでは物が見えにくくなります。この状態を夜盲といい、**先天夜盲**（生まれつき）と**後天夜盲**（ビタミンAの欠乏などが原因）があります。

先天夜盲は遺伝性で、症状が進行しない**停止性夜盲**と、徐々に病状が進行する**進行性夜盲**とがあります。

症状

後天性の場合は暗いときに見えにくくなることで気づきますが、先天性の場合は物心がつくころに気づくことが多く、生まれつき視力障害が強い場合は、家族が気づいて眼科を受診することが多いようです。

治療

視力検査、視野検査、暗順応検査（暗いところで、どれだけ対応できるかを調べる）、網膜電位検査、眼底検査などが行われます。

後天性のものに関しては、原因疾患の治療が必要です。先天性のものには、現在のところ有効な治療法はなく、暗順応を改善させる薬を内服します。

加齢黄斑変性
Age-related Macular Degeneration

どんな病気か

加齢にともない黄斑部（網膜の中心にある、物を見るためにもっとも重要な部分）に異常が生じる病気で、50歳以上の人によくみられます。**萎縮型**と**滲出型**に大別されます。世界的にはほとんど萎縮型ですが、萎縮型から滲出型に移行することもあります。日本では滲出型の頻度が高く重い視力低下をおこします。

症状

見ようとする物の中心部が見えにくくなったり、歪んで見えます。そして、進行するにともなって見えにくい範囲が徐々に広がり、視力も低下してきます。

滲出型の場合は、さらに進行して、視力低下は重症となり、回復することはありません。

原因

光を感じる視細胞の新陳代謝に関係する網膜色素上皮細胞のはたらきが、加齢にともなって衰えてくると、徐々に網膜色素上皮の萎縮が進行したり、その下に、排泄されたはずの老廃物が蓄積して、黄斑部が障害されます（萎縮型）。

網膜色素上皮細胞のさらに外側にある脈絡膜から発生した新生血管（元来はないはずの血管）が、網膜の下に伸びてきて、出血し、網膜剥離（1097頁）をおこしたのが滲出型です。大出血をおこすこともあります（硝子体出血）。

◎iPS細胞を利用した再生医療

ノーベル賞を受賞したiPS細胞（人工多能性幹細胞）の研究が、2013年より臨床研究の段階に入りました。iPS細胞から作製した網膜色素上皮細胞を、加齢黄斑変性（1099頁）の人の網膜に移植するもので、視機能回復の評価や安全性について長期間にわたって研究が行われています。このほか、網膜色素変性症（1098頁）に対する治療など眼科分野での研究が進められています。

【検査と診断】眼底検査を行うと、萎縮型の場合、黄斑部に黄白色の病変や、萎縮した領域が認められます。

また、脈絡膜新生血管が疑われる場合は、蛍光眼底造影検査を行います。蛍光眼底造影には、網膜血管をおもに検査するフルオレセイン蛍光眼底造影と、脈絡膜血管をおもに検査するインドシアニングリーン蛍光眼底造影があり、それぞれを行います。また、光干渉断層計（OCT）を用いて、脈絡膜新生血管の広がりや深さと、滲出性網膜剥離の有無などを検査します。

【治療】萎縮型には、今のところ確実な治療法はありません。

高血圧があると病状が進行するので、高血圧の治療と抗酸化ビタミンのサプリメントを内服します。

滲出型の場合は、脈絡膜新生血管の位置によって治療法が異なります。脈絡膜新生血管が中心窩（黄斑部のさらに中心）から外れた位置にあれば、病変をレーザー光線で直接焼きつぶす**光凝固療法**が行われたり、一部で脈絡膜新生血管を摘出する手術を行うことがあります。

光凝固療法では、網膜もいっしょに焼かれて、治療した部分が暗点になってしまうため、中心窩に病変がおよぶ場合は行われません。

しかし実際には、中心窩に病変がおよぶ場合がほとんどです。その場合はまず光感受性物質を静脈注射し、病変部位に薬剤が集まったところで、低エネルギーのレーザー光線を照射して、薬剤から活性酸素を発生させることで、病変のみを治療する光線力学療法（PDT）が広く行われています。低エネルギーのレーザー光線は網膜を傷害しないため、中心窩に病変がおよぶ場合でも治療が可能です。

しかし、治療後、一時的に光過敏症（太陽光線などを浴びると火傷症状をおこす可能性がある）が生じるので、数日の遮光が必要です。浴びてよい蛍光灯などの波長もあるので、治療後は医師の指示に従ってください。病変が治まるまで、何回かPDTを反復して行う可能性があります。

滲出型で脈絡膜新生血管が中心窩にある場合、血管新生を誘発させる血管内皮増殖因子（VEGF）という物質をブロックする薬剤（**抗VEGF抗体**や**VEGFアプタマー**）を硝子体内に注射する治療が行われるようになり、効果をあげています。

黄斑前膜／黄斑前線維症

Epiretimal Membrane / Epiretimal Proliferation

【どんな病気か】加齢によって硝子体と網膜が分離して、後部硝子体剥離がおこります（飛蚊症 1103頁上段）。このときに硝子体の一部が網膜上に残って（**黄斑前膜**）、それが収縮することで網膜にしわができます。黄斑部に膜が張ると、物が歪んで見えたり、視力が低下します（**黄斑前線維症**）。

格子模様（**アムスラーチャート**）を見て、どのように歪みがあるか検査します。眼底検査や、光干渉断層計（OCT）で網膜の断層像も観察します。

【治療】視力が低下したり、歪みが強ければ硝子体手術を行い、

眼球のしくみと眼底

眼底とは、網膜、脈絡膜、硝子体、視神経乳頭といった、眼球の奥にある組織全体をさします。

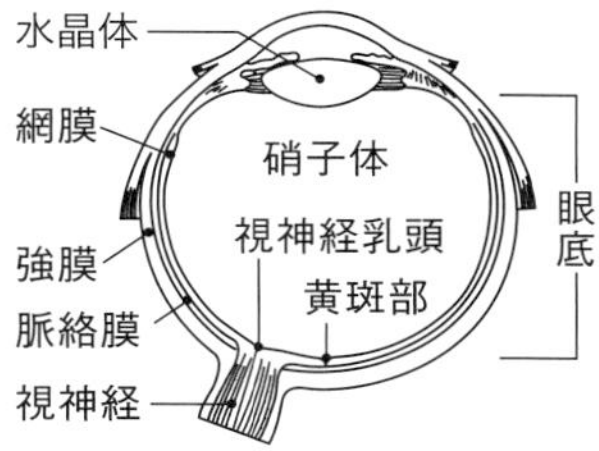

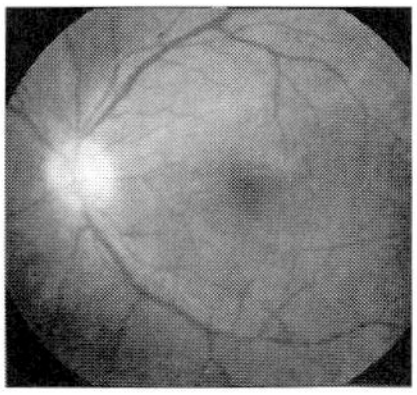

正常な眼底

黄斑前膜を切除します。視力は向上しても、歪みは完全には治りません。

黄斑円孔
Macular Hole

どんな病気か　黄斑前膜（前項）と同様に後部硝子体剥離がおこってくる途中（飛蚊症 1103頁上段）、薄くなっている黄斑部が周辺部に向かって引っ張られ、裂けて円い孔となります。

症状　黄斑部の細胞が欠損するのではなく、円孔が開いて横に移動するので、視力低下や歪みが生じます。特徴的なのは、中心が落ち込んで見える症状です。

治療　眼底検査を行いますが、光干渉断層計（OCT）で網膜の断層像も観察します。

自然によくなる場合は少なく、硝子体手術を行います。

発症から2年以上経過した古い黄斑円孔は、手術をしても視力は回復しません。逆に発症6か月以内であれば、視力の回復が期待できます。

眼底出血とは
(Hemorrhage in the Eye Fundus)

眼底（上段）のどこかの部位が出血した状態を、眼底出血といいます。眼底出血の程度や状態はさまざまで、出血の量や場所、原因疾患によって、ようすをみてよいものから緊急手術が必要なものまであります。

◉眼底出血をおこす病気

眼底出血の原因となる病気はたくさんあり、治療法も異なります。糖尿病網膜症（1095頁）、高血圧性眼底、網膜中心静脈閉塞症や網膜静脈分枝閉塞症（1094頁）、加齢黄斑変性（1099頁）や目の外傷（1953頁）が原因になることもあります。

裂孔原性硝子体出血は、高齢者にみられる後部硝子体剥離にともなって網膜血管が切れて出血するもので、硝子体出血をもたらします。網膜剥離をおこすことがあるため、しばしば緊急手術が必要となります。

網膜細動脈瘤もよくみられる原因疾患です。これは高齢者の網膜動脈に瘤ができるもので、瘤が破れると網膜下出血が生じます。出血が黄斑部にかかっていれば硝子体手術を行うことがあります。

全身性エリテマトーデス（2030頁）、ベーチェット病（2047頁）、サルコイドーシス（2049頁）などの症状のひとつとしておこる**ぶどう膜炎**（1089頁）も網膜血管炎をおこし、網膜出血や硝子体出血をもたらすことがあります。治療には炎症を抑える薬が使用されます。

コーツ病は、若年男子、あるいは子どもの片方の目におこる病気で、先天性の異常網膜血管部位から出血したり、網膜剥離をおこしたりします。レーザー光凝固療法や冷凍凝固療法などで治療されます。

イールズ病は、つまった網膜血管がもとで出血をくり返すまれな病気で、眼底出血の原因になります。レーザー光凝固療法や手術で治療されます。

これらのほかにも、血液疾患などさまざまな原因によって眼底出血がおこることがあります。

硝子体の病気

硝子体混濁
Vitreous Opacity

どんな病気か

硝子体（46頁カラー口絵）が濁った状態です。

原因は、硝子体の出血、炎症、変性などです。濁りの程度によって、視力障害の症状に幅があります。

眼底検査で診断されます。

治療

硝子体の濁りが自然に吸収されず、視力の障害がつづく場合には、手術が行われます。

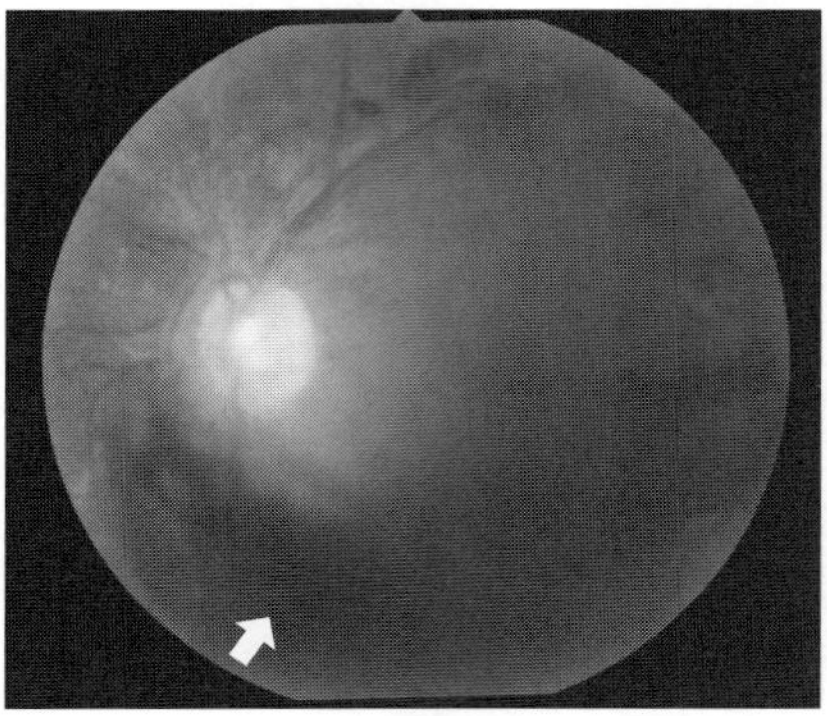

硝子体出血

硝子体出血
Vitreous Hemorrhage

どんな病気か

硝子体に出血がある状態をいいます。

原因としては、糖尿病網膜症（1095頁）、網膜中心静脈閉塞症（1094頁）、加齢黄斑変性（1099頁）、網膜剥離（1097頁）といった病気があります。眼底検査や超音波検査で診断されます。

治療

多くの場合、手術かレーザー治療が行われます。

生理的硝子体混濁
Physiological Vitreous Opacity

もともとゲル状（ゼリー状）の硝子体が、加齢とともに液状に変性（液化）していくものをいいます。

液化した部分がある程度増えると、ゲル状の部分が網膜から分離してしまいます（後部硝子体剥離）。

飛蚊症（次頁上段）の原因になりますが、これ自体は病気でない場合がほとんどです。

眼内炎
Endophthalmitis

どんな病気か

眼球にできた傷口やほかの病巣から、眼球内に細菌や真菌（かび）が感染して炎症がおこっている状態をいい、それぞれ**細菌性眼内炎**、**真菌性眼内炎**と呼ばれます。

眼科手術や外傷が誘引になって感染することも多く、**外因性眼内炎**といいます。体内のほかの病巣からうつった眼内炎を**内因性眼内炎**といいます。

それぞれ原因となった菌種が異なるため、経過も異なりますが、内因性眼内炎の場合は全身疾患をともなうことも多く、経過はよくありません。また中心静脈栄養で上大静脈に点滴している場合には、内因性の真菌性眼内炎をおこすこともあり注意が必要です。

治療

抗生物質の眼内注射や点滴を行います。場合によっては緊急手術が必要で、眼球内を洗浄して抗生物質の眼内注射を行います。ほとんどの菌種で急速に進行するので、視力の回復が困難なことがあります。

水晶体の病気

◎飛蚊症

実在しないのに、目の前に蚊が飛んでいるように見える症状をいいます。

原因としては、後部硝子体剥離などの生理的硝子体混濁がほとんどで、病気でないことが多いのですが、網膜の裂孔（亀裂）ができていたり、網膜剥離（1097頁）や硝子体出血（前頁）がおこっていることもあり、眼底検査を受ける必要があります。

白内障

Cataract

手術によって視力低下が防げる

◇水晶体が濁り、視力が低下

どんな病気か

水晶体は、瞳孔（ひとみ）のすぐ奥にある透明な組織で、カメラにたとえると、レンズにあたる機能を担っています。この水晶体が濁ってしまうのが白内障で、カメラのレンズが濁るとファインダー像や写真の映りが悪くなるように、視力が低下してしまいます。

しかし、いきなり水晶体全体が濁るわけではなく、一部分から濁り始め、徐々に他の部分に移り、最後に濁りが水晶体全体に広がります。

症状

水晶体全体が濁った場合は視力が低下します。著しい場合には、人がいることがわかる程度とか、目の前で手を振るとやっとわかる程度にまで視力がおちます。「視界が全体的に白っぽく、霧の中にいるような感じ」と訴えることがよくあります。視界が全体的に暗い感じがしたり、一部分だけが暗かったり、見えなかったりというのは、あまり典型的な症状ではなく、むしろ別の病気が疑われます。

初期の白内障は、混濁した部位によって症状が異なります。

加齢白内障（後述）のなかでもっともよくみられる**核硬化白内障**は、水晶体の中心部が徐々にやや褐色に濁るもので、検査すると、中心部のたんぱく濃度が上昇し、屈折率が上がっていることがわかります。光を曲げるレンズの効果が強くなるため、近視化してきます。眼鏡の度が合わなくなったり、老眼鏡なしでも近くが見えるようになったというのが最初の症状です。初期にはそれほど視力が低下しませんが、水晶体の濁りが進むとやはり見えにくくなってきます。

水晶体の後ろの部分の中央から濁る**後嚢下白内障**は、早くから視力低下の原因になる白内障です。初期は中央部だけが濁り、周辺部は透明のままですから、昼間の明るいときには瞳孔が縮まって症状がひどくなり、夜になって暗くなると瞳孔が開いて曇りのない周辺部の水晶体から光が通るので、症状が軽くなる特徴があります。また、強い日差しの日にはまぶしくてよく見えず、曇りの日や薄暗い屋内のほうがよく見える感じがあります。

◉白内障の種類

原因から、つぎのような種類に分けることができます。

▼加齢白内障　白内障のなかでもっとも多いもので、60歳を過ぎると、ほとんどの人に多かれ少なかれ白内障が存在します。加齢にともなって徐々に進行し、将来の視力障害の原因になります。この進行を止める有効な方法は現在もなく、せいぜい進行を遅らせる程度です。

▼先天白内障（630頁）　小児や赤ちゃんなどにみられるもので、他の白内障と異なり、弱視（623頁）の予防のため、比較的早めの治療が必要です。

▼その他の白内障　ほかの病気にともなって白内障になる**併発白内障**や、け

◎光視症

光源がないにもかかわらず、光が走ったように見える症状をいいます。硝子体が網膜に付着している箇所で網膜が引っ張られるためにおこります。

その箇所で網膜が破れたりすると、網膜剥離（1097頁）の危険もあります。

そのため、眼底検査を行って、調べてもらう必要があります。

がなどでおこる**外傷性白内障**、糖尿病による**糖尿病白内障**などがあります。アトピー性皮膚炎（1806頁）にともなう**アトピー白内障**もあります。アトピー白内障には、網膜剥離（1097頁）を合併する場合も多いことが知られています。

◇視力低下をまたず手術を

治療

進行の予防には、抗酸化薬の点眼薬や内服薬が使用されますが、これらの方法では、すでに進行してしまった白内障を軽減することはできません。視力障害やまぶしさなど、日常生活に不便を感じるようになった場合は手術が行われます。

比較的安全に手術できる方法が確立し、視力が低下していない場合でも、まぶしさなどの訴えが強ければ、手術が行われるようになっています。

完全に見えなくなるまで白内障を放置しておくと、生活が不便になるばかりか、ときに緑内障（1106頁）などの合併症を生じてしまう場合もあります。眼科医とよく相談して、手術の時期を決めましょう。

◉手術の方法

混濁した水晶体の除去には、超音波を用いて水晶体の中身を砕いて吸い取ってしまう**超音波水晶体乳化吸引術**が主流になっています。水晶体嚢という、セロファンのような薄い透明な水晶体カプセルを残して、水晶体の中身を吸引したあとに、水晶体嚢の中に眼内レンズを挿入します。ふつうはこの**眼内レンズ挿入**が白内障手術と同時に行われます。白内障が進行して、かたくなった水晶体核は、しばしば超音波での粉砕が困難となります。その場合には、水晶体核をまるごと摘出する**嚢外摘出法**が行われます。同じように、水晶体嚢の中に眼内レンズを挿入します。

◉手術後の注意

白内障手術では、手術の創が小さくなっているので、早いうちに日常生活に戻れます。

ただし、洗顔や洗髪、水泳などのスポーツの再開については、主治医とよく相談して決めます。

◉眼鏡の処方

白内障の手術後、眼鏡なしで遠くも近くもよく見えることもありますが、多くの場合、老眼鏡などの眼鏡が必要です。手術によって、目のレンズを新しいレンズに入れかえたわけですから、手術前に使っていた眼鏡が合わなくなることもよくあります。

手術直後は、度数が安定しないことがあるため、眼鏡をつくり直すには、数か月してから主治医に処方してもらうとよいでしょう。

◉後発白内障

白内障手術をして数年すると、また白内障になったときのように、視界が濁ってくることがあります。これが後発白内障です。

白内障手術時に残った水晶体の上皮細胞が、手術後に増殖して、水晶体嚢（水晶体の袋で眼内レンズが入っている水晶体カプセル）が濁ってしまうものです。

眼内レンズそのものは濁りませんから、レーザー光線でこの濁り部分を切開すれば、再びよく見えるようになります。簡単な処置ですみますから、すぐに眼科を受診しましょう。

眼内レンズ（人工水晶体）のしくみ

❖白内障治療を変えた眼内レンズ

水晶体は、水晶体囊（セロファンのような薄い透明なカプセル）に包まれた組織で、白内障（1103頁）では、その中身である水晶体皮質や核が濁ります。

濁った水晶体の中身だけを取除き、水晶体囊は一部を除いて残しておきます。そしてこの水晶体囊の中に挿入され、本来の水晶体のかわりをするのが**眼内レンズ**（**人工水晶体**とも呼ぶ）です。眼内レンズが移植されると、白内障になる前とほとんど同じに見られるようになります。

❖眼内レンズの材質と特徴

近年は、アクリル素材やシリコン素材など、小さい切開でも眼内レンズを挿入できるようにやわらかい素材が主流になっています。

やわらかな素材のものは、眼内に挿入する際に、折りたたんで入れることができるため、手術の創口も小さいものですみます。目の状態によっては、ポリメチルメタアクリレート（PMMA）というプラスチック性のかたい素材が使用されます。

形としては、直径約6㎜の円形の光学部（レンズ部分）が主流で、これに支持部と呼ばれる部分（脚）が2本ついています（上写真）。この脚を水晶体囊に入れ、レンズを固定するのです。

眼内レンズの挿入にあたっては、手術前の検査によって、それぞれの人に合った度数のレンズが選択されます。

❖すぐれた性能と利便性

自然な見えかたを得られることが、眼内レンズの最大の長所です。通常は数十年以上品質が維持され、将来劣化して、入れかえが必要ということもありません。

最近は、眼内レンズもさまざまな機能を備えたものが開発され、実用化されています。

たとえば、ある程度遠近両方が見える多焦点レンズや、無色透明なレンズばかりではなく自然な色に近い見えかたが得られる着色レンズ（またはイエローレンズ）などがあります。

多焦点レンズでは、コントラスト感度が低下する欠点もあり、どのレンズがよいかは人によって異なるので、主治医とよく相談して決めるのがよいでしょう。

着色眼内レンズ

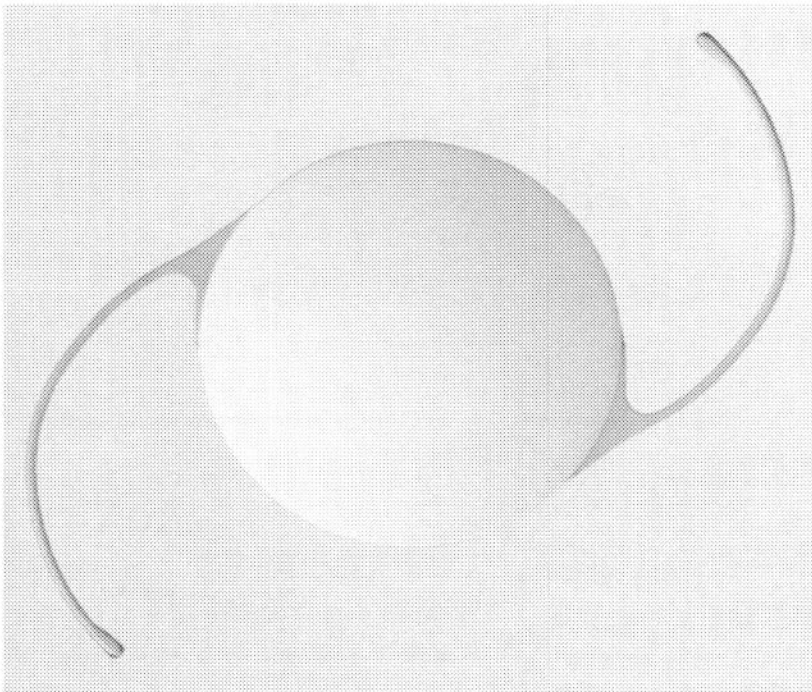

多焦点眼内レンズ

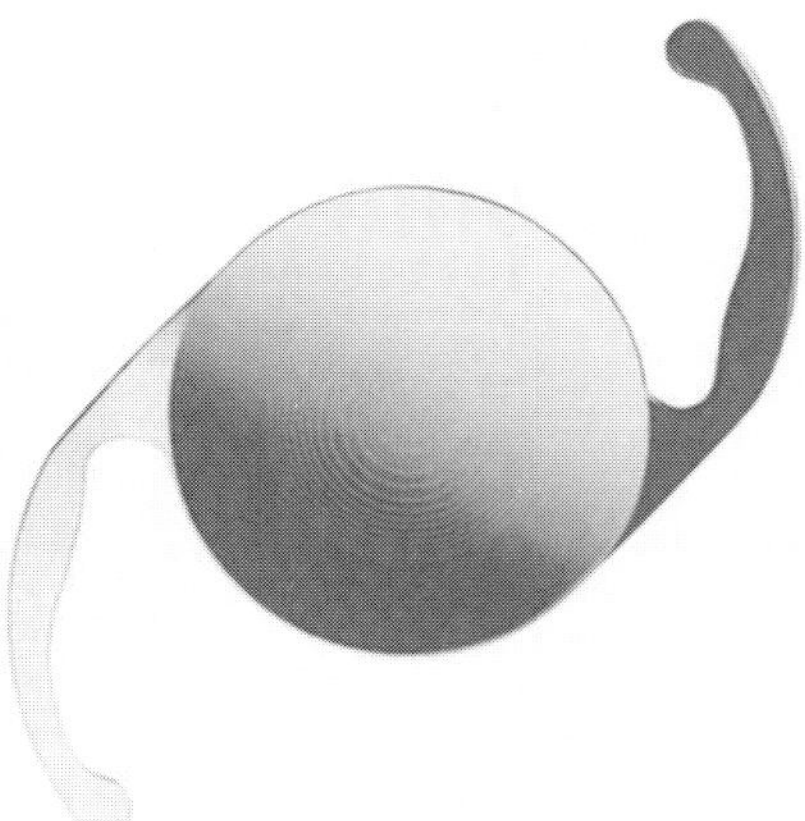

眼圧の異常

▼**症状**▲眼圧が上昇し、視力が低下する。種類によって失明することもあり、症状もさまざま。

▼**治療**▲眼圧を正し、視力を維持することを目的に、手術や薬剤などで治療する。

◎眼圧下降薬と副作用

眼圧を下げるために、まず眼圧下降薬の点眼が行われますが、副作用もあります。

▼**βブロッカー**　1日1～2回点眼を行います。心臓病やぜんそくの人には使用できません（$β_1$ブロッカーの点眼は

緑内障
Glaucoma

40歳すぎたら定期的に眼科検診を

◇視野が狭くなる病気

どんな病気か

眼球の内圧（眼圧）が高くなっておこる病気です。

40歳前後から、おこる頻度が高くなり、2001（平成13）年から2002年の岐阜県多治見市で行われた疫学調査では、40歳以上の5・8％、17人に1人が緑内障で、その約6割が正常眼圧緑内障とされています。さらに、調査で発見された緑内障の人の9割以上が眼科未受診であったこともわかりました。

緑内障は初期には無症状で、かなり進行するまで症状に乏しく、眼科を受診しないうちに緑内障による視野障害が進行しているケースがたくさんあることが予想されます。緑内障で障害された視野（見えない範囲）は治療を開始しても回復しません。そのため、できるだけ早期に発見して、治療を開始し、進行予防に努めてください。

原因

眼球がその形を保ち、機能を正しく維持するためには、一定の眼圧が必要で、房水と呼ばれる液体の生産と排出のバランスによって、8～21㎜Hgに保たれています。

房水は毛様体でつくられ、後房～瞳孔～前房と流れ、隅角と呼ばれる排出路から眼球の外へ出ていきます。緑内障のほとんどが、その房水の排出路の故障によっておこります。

故障には、隅角が虹彩の根もとによってふさがれる**閉塞隅角緑内障**と、隅角の排出路の機能に異常がおこる**開放隅角緑内障**とがあります。どちらも房水がうまく流れ出ないで、眼球内にたまるため、眼圧が上がります。眼圧が上昇すると、視神経乳頭（視神経の出口）が陥凹（中心がくぼんでみえる）して、神経線維が断裂することで、視野狭窄（視野が狭まる）が生じます。

このほかに、隅角の先天的な発達異常による**先天緑内障**（630頁）、眼圧は高くても目の機能に異常がない**高眼圧症**、眼圧は正常なのに視神経が弱く緑内障となる**正常眼圧緑内障**があります。なぜこのような緑内障になるのか原因はわかっておらず、生まれつきの遺伝的素因に環境因子や加齢変化が加わって発病すると考えられています。

◇種類によって異なる症状

症状

一口に緑内障といっても、その種類によって、出現する症状はさまざまです。

▼**閉塞隅角緑内障**　**慢性閉塞隅角緑内障**は、眼圧は上がりますが初期にはあまり症状はありません。徐々に視野欠損（視野が欠ける）を生じます。欧米人に比べ日本人に多く、また女性に多い傾向があります。ときに急性緑内障発作になることがあります。

急性閉塞隅角緑内障（**急性緑内障発作**とも呼ばれる）では眼圧が急上昇し、頭痛、眼痛、吐きけ、嘔吐が急におこります。結膜（白目）が赤く充血し、角膜（黒目）が浮腫（むくみ）のためにガラスに息を吹きかけたように曇り、瞳孔（ひとみ）が大きく開き、視力も

ぜんそくの人にも使用できます）。

▼プロスタグランジン誘導体　1日1～2回の点眼を行います。角膜に傷がつきやすかったり、眼瞼や虹彩の色素沈着を引き起こすものもあります。

▼アセタゾラミド（炭酸脱水酵素阻害薬）誘導体　1日2～3回の点眼を行います。目立った副作用はありませんが、細かい粒子入りの懸濁液の点眼であった場合に、点眼してしばらくかすんで見えることがあります。

▼ピロカルピン　1日4回の点眼を行います。閉塞隅角緑内障には有効ですが、瞳孔を小さくする作用があり、暗く見えたりする視力低下がおこります。

▼αブロッカー　ほかの緑内障薬で効果が不十分な場合に使用されます。目立った副作用はありません。

いずれの点眼薬も、医師の指示に従い、時間をきちんと決めて点眼することがたいせつです。

低下してきます。本人は気分が悪いので目を閉じているため、この目の症状に周囲の人が気づかないこともあります。症状から頭蓋内出血などの内科の病気とまちがえやすいため、初期の治療が遅れてしまうこともあります。しかし、適切な処置をしないと数日で失明することもあります。

おもに夜間におこることが多く、散瞳（瞳孔が開く）をきっかけにおこります。暗いところや薬物（かぜ薬、抗不安薬、抗精神病薬、胃腸の内視鏡検査で使用する腸管の運動を止める薬など）による散瞳、長時間のうつ伏せ、大量の水分摂取、白内障（1103頁）の進行などの誘因があります。

▼開放隅角緑内障　眼圧は上がりますが最初は無症状です。徐々に進行し、目が疲れやすい、目がかすむ症状が現れ、しだいに視野欠損が生じ、ついには視力が衰えます。

しばしば眼精疲労（1111頁）や老視（1072頁）と誤解され、手遅れになる傾向があります。とくに、近親者に緑内障の人がいる場合は発症率が高くなるので、いちどは眼科を受診するべきです。

▼正常眼圧緑内障　日本人にもっとも多い緑内障で、緑内障の約6割を占め、40歳以上の有病率は3・6％です。眼圧は正常なのに、緑内障性の視神経と視野障害をおこすものをいい、開放隅角緑内障と同様に、初期では自覚症状はありません。眼圧が基準値であっても、視神経が耐えられる眼圧には個人差があるため、人によってはその眼圧が正常でも（健常眼圧）、視神経が障害される場合があります。このような場合には、治療でさらに眼圧を下げる必要があります。

開放隅角緑内障のような視神経と視野障害があっても、1日のなかでの眼圧の変動がどこも21㎜Hgを超えていなければ、この疾患と診断されます。

▼高眼圧症　眼圧が基準値より高いのに、目の機能（視野や視力）に異常がでないものをいいます。経過観察中に開放隅角緑内障になることもあるため、目の機能に異常がなくても定期的な検査を受けるべきです。

眼圧は個人差だけでなく、1日のうちでも変動があり一定していません。1回だけ測った眼圧で、すぐ緑内障かどうかを判定することはできません。日を変えて眼圧を測ってもらい、さらに視野検査など、緑内障の精密検査を受けることも必要です。

▼発達緑内障　房水の排出路（隅角）のつくりが生まれつき未発達なためにおこるもので、乳幼児や若い人にみられます。乳幼児の場合は、眼球壁に弾力性があるため、眼圧が高まると、眼球自体が大きくなります。

角膜が濁り、明るいところでは、まぶしさのため、目を開けようとせず、涙を流します。とくに強い痛みを訴えるわけではないので、子どもにこのような症状が現れたときは、早めに眼科を受診しましょう。

▼続発緑内障　病気の症状のひとつとしておこった緑内障です。

原因となる病気に、虹彩毛様体炎・ぶどう膜炎（1089頁）、落屑症候群（次頁上段）、過熟白内障、糖尿病（1501頁）、網膜中心静脈分枝閉塞症（1094頁）、単純ヘルペス・帯状疱疹（1836頁）、外傷、腫瘍

◎緑内障の日常の注意

高血圧、糖尿病などの全身疾患も緑内障の悪化の危険因子です。いずれの緑内障も、早期発見、早期治療がたいせつですから、40歳を超えたら、定期的に眼科検診を受けるようにしましょう。

▼落屑症候群　水晶体嚢性緑内障とも呼ばれます。高齢者で偽落屑という沈着物が水晶体の前面、瞳孔縁、隅角にみられます。眼房水の流出路である隅角をつまらせるため、眼圧が上昇すると開放隅角緑内障に準じて治療を行う必要があります。まずは点眼薬を用いる薬物療法を行いますが、眼圧が下がらない場合にはレーザー治療や手術療法を行います。白内障手術も効果的ですが、水晶体嚢を支えるチン小帯が弱く、水晶体の支えが弱くなっているので、まず点眼療法を考えます。

などがあります。

また、副腎皮質ホルモン（ステロイド）剤の副作用でおこる場合もあり、点眼や内服しているときに眼圧が上昇します。この副作用は、すべての人にでるわけではありませんが、長い間ステロイドを使用している人、緑内障の家系の人は、眼圧を検査してもらう必要があります。

◇眼圧を正し、視野の悪化を防ぐ

治療

緑内障を完全に治すことはできませんが、治療して眼圧を基準範囲に維持できれば、視野の悪化が防げます。一生治療を受ける必要がありますから、身近なかかりつけの専門医を決めておくことがたいせつです。あちこち病院を変えると、ふだんの眼圧の状態や、前の医師が行った治療の内容がわからないため、眼圧の調整がうまくいかず、結果的に悪くしてしまうことがあるからです。

▼急性閉塞隅角緑内障（急性緑内障発作）　房水の流れが瞳孔部で遮断されているので、まず高浸透圧薬の点滴による静脈注射か内服によって眼圧を一時的に下げてから、縮瞳薬を何度もさし、瞳孔部での遮断を解除します。遮断が解除できたら、レーザー光線照射で虹彩に孔を開けてバイパスをつくります。遮断を解除できないときは入院して、虹彩を小さく切除する虹彩切除術か、水晶体の厚みを減らすために白内障手術を緊急に行います。ただちに治療しないと急激に視力が低下します。

▼閉塞隅角緑内障、開放隅角緑内障　一度失われた視野は回復しませんから、早期発見、早期治療しかありません。いずれの緑内障も眼圧を下げることが必要ですが、視野欠損の程度や、また緑内障の程度によって目標となる眼圧が異なります。

一般的には、視野欠損が進行していれば、より眼圧を低くしなければなりません。眼圧を下げるには、まず眼圧下降薬の点眼で眼圧を調整します（1106頁上段）。点眼薬だけで効果がなければ、炭酸脱水酵素阻害薬の内服薬が併用されます。この薬は房水の産生を抑え、眼圧を下降させますが、腎臓や膀胱に結石ができやすくなるので、長期間使用することはできないこともあります。

それでも効果がなければ、レーザー治療や手術を行います。レーザー光線で隅角の排出路を修復する治療法（**レーザートラベクロプラスティー**）は外来で治療が受けられます。しかし、眼圧が下がる程度に限界があるため、点眼、内服でも効果がない場合には、おもに**濾過手術**が行われます。眼球に小さい孔を開け、眼内の房水を眼外の結膜下に導き、眼圧の調整をはかるもので、入院期間は1週間くらいです。手術後は眼圧をコントロールするために、調整用の糸をレーザー光線で切ったりするような微調節が必要です。

▼正常眼圧緑内障　基本的には開放隅角緑内障の治療に準じますが、治療の指針となる目標眼圧は、一般の正常眼圧より低く、14mmHg以下をめざします。

▼続発緑内障　もとの病気の治療とともに、緑内障の治療を行います。

▼その他の緑内障　病状に応じて、眼圧を調整したり、手術が行われます。

視神経とその他の病気

視神経とは

視神経は、網膜に投射された光刺激（目から入ってくる視覚情報）を、視覚中枢である大脳後頭葉に伝える経路（視路）の一部です（1062頁図4）。

視神経は、髄鞘という、絶縁体の役目をしているカバー部分と、電流が流れる電線のような、約１００万本もの神経線維からできています。視神経が直接障害されたり、視神経に栄養を送っている血管がつまったり、腫瘍のようなものによって圧迫されたりすると、視覚情報がうまく大脳に伝わらなくなり、視力低下、視野欠損、色覚異常といったさまざまな症状が現れてきます。

視神経のはたらきを調べる検査には、どれくらいまで目のちらつきがわかるかという**フリッカー検査**、どのくらいのコントラスト（明暗差）まで認識できるかを調べる**コントラスト視力検査**のほか、客観的なものとして、光刺激に誘発される脳波を抽出する**視覚誘発電位検査**などがあります。

視神経の機能を直接測定するものではありませんが、視神経の栄養血管の状態を調べるためには、**蛍光眼底検査**（蛍光色素を注射して眼底の写真をとる検査）があります。視神経の周辺の状態を調べるためには、ＣＴやＭＲＩなどがよく行われます。

視神経炎
Optic Neuritis

どんな病気か

視神経に炎症がおこるもので、視力が急激に低下し、発病後数日で失明に近い状態になることもあります。

発病初期には目の奥の痛み、あるいは目を動かしたときに痛みが生じ、視野の中心部分が見えにくくなります。

原因が明らかでないものが半分くらいあります（特発性視神経炎）。原因がわかるものでは、多発性硬化症（967頁）の一部としておこるものがあります。ほかに眼窩や副鼻腔の炎症によるもの、農薬、メチルアルコール、鉛などの中毒によるものもあります。

検査と診断

眼球に近い視神経の病気（**視神経乳頭炎**）であれば、眼底検査で診断できますが、眼球から離れた視神経の病気は、眼底検査では異常がみられません。これは**球後視神経炎**と呼ばれ、炎症以外の病気との識別が必要です。視神経炎は片方におこることが多いのですが、時間をおいてもう片方にもおこることがあります。

治療

原因の明らかなものは、原因疾患の治療が行われます。重症例では副腎皮質ホルモン（ステロイド）剤の大量使用、ビタミンB_1、B_{12}を使用します。

治療後の経過は比較的良好で、視力・視野とも回復しますが、視神経が萎縮して回復しない例もあります。

虚血性視神経症
Ischemic Optic Neuropathy

どんな病気か

片方の目の視力が急に悪くなって、そのまま視力が回復しなくなる病気です。数か月間経過してから、もう片方の目にも同様の症

◎視野の異常から発見される病気

両目の外側の視野が欠損する場合は、視神経の交叉部である視交叉を圧迫する下垂体などにできる脳腫瘍（476、966頁）が疑われます。

両目の右側半分、左側半分または右下4分の1などの左右で同じ方向の視野欠損がある場合（同名半盲）は、頭蓋内の病変が疑われます。脳梗塞（934頁）、脳出血（930頁）や脳腫瘍が発見されることがあります。

逆に片方の目だけの症状であれば、目自体の異常（網膜や視神経など）である可能性が高いです。このように視野の異常がどの場所でおこるかによって、病変部位が同定されることがあります。

また解離性障害（1024頁）では、歩いたりするのには大丈夫でも、検査をすると著しい求心性視野狭窄（中心しか見えない視野が狭った状態）や、らせん状視野のように、時間

状がおこることもあります。

視神経に栄養を与える血管がつまるためで、動脈硬化症（1407頁）、高血圧症（1396頁）、糖尿病（1501頁）などの全身的慢性疾患をもつ人や、50～60歳代の人に多くみられます。側頭動脈炎（2041頁上段）にともなうこともあります。

治療 抗凝固薬、副腎皮質ホルモン（ステロイド）剤、血管拡張薬、ビタミンB_1、B_{12}などを使用しますが、経過は不良で、視力は完全には回復しません。

うっ血乳頭
Choked Disc

どんな病気か 脳圧亢進（脳の中の圧が高くなる）のため、眼底検査で視神経乳頭に強い浮腫（むくみ）がみられる、脳腫瘍（476、966頁）や脳出血（930頁）などを診断する重要な症状の1つです。両目に現れ、初めは視力低下がありません。頭痛、吐きけ、めまいなどの自覚症状があるため、神経内科や脳外科を受診し、眼底検査で発見されることも少なくありません。

うっ血乳頭が発見されれば、頭部のCTやMRI検査が行われ、頭蓋内病変の発見に努めます。脳圧が下がると、乳頭の浮腫はとれます。

治療 浮腫が長くつづくと、視神経が萎縮して視力低下をおこし、治らないことがあるので、できるだけ早く頭蓋内疾患の治療を行って脳圧を下げます。

視神経萎縮
Optic Atrophy

どんな病気か 視神経が障害され、視神経線維が萎縮し機能しなくなった状態です。萎縮の程度に応じて、視力、視野が障害され、もとに戻りません。視神経の病気の末期や栄養障害、薬物中毒、緑内障（1106頁）、外傷などが原因になります。遺伝による先天性のものもあります。

治療 視神経の萎縮がそれ以上進行しないように、原因となる疾患の治療が行われます。

眼窩蜂窩織炎
Orbital Cellulitis

どんな病気か 眼窩（眼球が入っているくぼみ）内に感染が生じた状態で**蜂窩織炎**ともいいます。副鼻腔の感染が波及してくることや、外傷が原因になることがほとんどです。

眼球が突出したり、眼球が動きにくく複視（物が二重に見える）を生じやすく、とくに子どもや高齢者では発熱をともないます。発赤、激しい痛みをともなう腫れから、眼瞼（まぶた）を開けるのが困難になることもあります。

検査と診断 まず眼窩のどの部位に病巣があるのかを頭部CTやMRIで検査します。また血液検査を行い、炎症の具合を調べます。

治療 効果の強い抗生物質の点滴を行い、必要であれば皮膚を切開して排膿します。原因が副鼻腔炎（1162頁）である場合は、耳鼻科医に連絡し、蓄膿症の手術を行います。

日常生活の注意 蓄膿症がある人は、症状が悪化したとき、目の症状が

の経過とともに視野が狭くなることがあります。

◎進歩する眼鏡とコンタクトレンズ

屈折異常を矯正する眼鏡は、現在、より高屈折で、軽くて丈夫なプラスチックレンズが普及しています。

またコンタクトレンズは、使い捨てコンタクトレンズ、乱視矯正用のソフトコンタクトレンズや、老視用の二重焦点コンタクトレンズも普及しています。

でないかどうかをつねに注意すべきです。目の症状が疑われた場合は、画像検査を行い、その際に鼻疾患や外傷の可能性を医師に伝えてください。なるべく早期に抗生物質を使用する必要があります。

眼窩炎性偽腫瘍
Inflammatory Pseudotumor of Orbit

どんな病気か 眼窩（眼球が入っているくぼみ）内に反応性のリンパ球が集まり、眼球突出や眼球運動障害などがおこる病気です。

検査と診断 CTやMRIなどの画像検査で、境界の不明瞭な腫瘍を認めることが多いのですが、診断は、悪性リンパ腫と判別することがむずかしい場合があります。

最終的には、病理組織検査によって決定します。

治療 副腎皮質ホルモン（ステロイド）剤を使用します。これで軽快しない場合には、少量の放射線照射を行うこともあります。

眼窩筋炎（外眼筋炎）
Orbital Myositis

どんな病気か 眼球を動かす6本の外眼筋（1064頁上段図）に炎症がおこり、痛みや眼球運動障害をおこします。画像検査で外眼筋が太くなったり、もやもやと境界が不鮮明になっているのがわかります。眼球運動障害のため、複視（物が二重に見える）が生じます。

治療 おもに副腎皮質ホルモン（ステロイド）剤を使用します。

甲状腺機能亢進症（バセドウ病1475頁）でも、外眼筋が肥厚して、眼球運動障害や眼球突出をおこします。甲状腺ホルモン値が基準値になっても、眼球突出は治りませんが、悪化しないように原因疾患の治療を行いましょう。

眼窩腫瘍
Orbital Tumor

どんな病気か 眼窩（眼球が入っているくぼみ）内に生じる腫瘍の総称です。血管腫、神経腫瘍などの良性腫瘍から、涙腺がん、悪性リンパ腫（553頁）などの悪性腫瘍までさまざまです。

治療 悪性リンパ腫には化学療法や放射線療法を行うことが多いのですが、それ以外の腫瘍の多くは、手術で切除します。

手術方法には、腫瘍の前方から切除する方法、眼窩外側骨を一時的に外して切除する方法、頭蓋側から切除する方法とがあり、これらを腫瘍の種類と位置によって選択します。

眼精疲労
Asthenopia

どんな病気か 目の疲れを感じるものです。眼精疲労では、眼痛、目が重い、目がしぶい、くしゃくしゃする、目が疲れる、まぶたがピクピクけいれんする、ぼやけるといった眼科的な症状だけでなく、頭痛、頭重感、目の周辺部の圧迫感、めまい、肩こり、関節痛、下痢、便秘、吐きけなど、目以外の症状もともないます。

原因

視覚的要因（目の問題）、内的要因・心因的要因（全身とこころの問題）、外的要因（環境の問題）の３つに大別されます。

①視覚的要因には、屈折異常〔近視（1069頁）、遠視（1071頁）、乱視（1071頁）〕、眼位異常〔斜視（626頁）など〕、不同視（左右の視力がちがう）、不等像視（左右で見えている物の大きさがちがう）、調節異常〔老視（1072頁）など〕のほか、結膜炎（1077頁）、角膜炎（1085、1086頁）、緑内障（1106頁）などがある場合もあります。

②内的要因・心因的要因には、心疾患、肝機能障害、糖尿病（1501頁）、自律神経失調症（914頁上段）、女性であれば貧血・月経・妊娠などの内的要因のほか、不安神経症（1017頁）、解離性障害（1024頁）などの心因性要因があげられます。

③外的要因には、コンピュータ、ワープロなどのＶＤＴ作業のほか、照明や空調などが考えられます。

治療

原則として、原因に対する治療がまず行われます。

屈折異常、老視、不同視、不等像視に対しては、適切な眼鏡、あるいはコンタクトレンズで対処します。すでに使用している場合でも、正しく矯正されているかどうかをチェックする必要があります。

眼位異常は、その程度によって、プリズム眼鏡や手術で対応します。そのほかの目の病気に対しては、それぞれの治療を行います。

全身的・心因的な病気がある場合は、適切な診療科を受診し、治療を受けましょう。

環境（外的要因）への対処については、ＶＤＴ症候群（次項）の治療を参照してください。

日常生活の注意

目を休めることも大事ですが、なかには重い疾患が潜んでいる可能性があります。眼科を受診し、適切な治療と日常生活のアドバイスを受けましょう。

ＶＤＴ症候群
Visual Display Terminal Syndrome

どんな病気か

テレビモニターなどのＶＤＴ（ビジュアル・ディスプレイ・ターミナル、視覚表示端末装置の略）を使う作業や仕事に携わる人にみられる眼精疲労（前項）などの症候のことです。

ＶＤＴ作業によっておこる目の症状を、**テクノストレス眼症**ということがあります。

症状

遠くにピントが合いにくい調節けいれん、近くにピントが合いにくい調節衰弱、目が乾くドライアイ（1080頁）、肩・腕・腰の痛みやこり、だるさ、胃腸の不良、食欲不振などの消化器症状もともないます。

治療

まず、環境の改善をはかります。

たとえば、ＶＤＴ作業は長時間連続しないで、休憩を適度にはさむ、液晶モニターに交換する、モニター画面にちらつき防止や電磁波防止フィルターをつける、机、いす、照明などを適切なものに変更するなどの工夫・改善が必要です。

ＶＤＴ症候群は眼精疲労の１種ですから、眼科などで適切な治療を受けましょう。

第8章 耳・鼻・のどの病気

耳の病気

耳には、音を聞くはたらきと、からだのバランスをとるはたらきがあります。とくに内耳の蝸牛と前庭が大きな役割を担っています。

- 耳のしくみとはたらき ……………1114頁
- 耳の主要な症状 ……………1118頁
- [コラム]補聴器の選びかた、使いかた ……………1120頁
- ◎宇宙酔い ……………1116頁
- ◎耳痛の原因となる耳の病気 ……………1118頁
- ◎耳痛の原因となる頭・頸部の病気 ……………1119頁

耳(みみ)のしくみとはたらき

◇耳のはたらきとは

耳のはたらきは大きく2つあげられます。1つは音を聞くこと(聴覚)、もう1つはからだのバランスをとること(平衡感覚)です。したがって耳に障害がおこると、音が聞こえなくなったり、めまい感やふらつきが生じます。

聴覚はコミュニケーションをとることのほかに、音の来る方向を感知することもはたらきのひとつです。

耳が関与する平衡感覚は、回転感覚や重力の感覚で、これらの感覚と視覚、深部知覚(関節や筋肉の感覚など)からの情報が小脳や大脳で統合されて、からだのバランスが保たれています。

●音の話

人間の聞こえる音の高さの範囲は、20~2万Hz(ヘルツ)です。これより低い音は、たんなる振動としてしか感じなくなります。

また、聞こえる音の大きさはマイナス10dB~120dB程度です。dB(デシベル)というのは音の強さの単位で、基準となる音の大きさを0dBとして対数で表したものです。したがって基準となる0dBより小さい音はマイナスdBで表されることになります。人間が音として認識できるもっとも大きな音は、120dBで、それ以上は痛みとして感じてしまいます。

日常生活で健康な成人の場合、およそ30dB以内の音が聞こえますが、この範囲の音が聞こえないと難聴といえるでしょう(1142頁「難聴の程度」)。

◇耳のしくみ

耳の構造は、外耳(がいじ)、中耳(ちゅうじ)、内耳(ないじ)の3つの部分に分かれており、聴覚と平衡感覚をつかさどっています。

外耳は、耳介(じかい)、外耳道、鼓膜からなっています。

中耳(ちゅうじ)は、鼓室(こしつ)(中耳腔(ちゅうじくう))と乳突蜂巣(にゅうとつほうそう)からなっています。ここには鼓膜の振動(音)を内耳に伝える3つの耳小骨(じしょうこつ)や耳小骨筋などがあります。

内耳(ないじ)は、聴覚に関与する蝸牛(かぎゅう)、平衡

耳のしくみとはたらき

図1　耳の構造

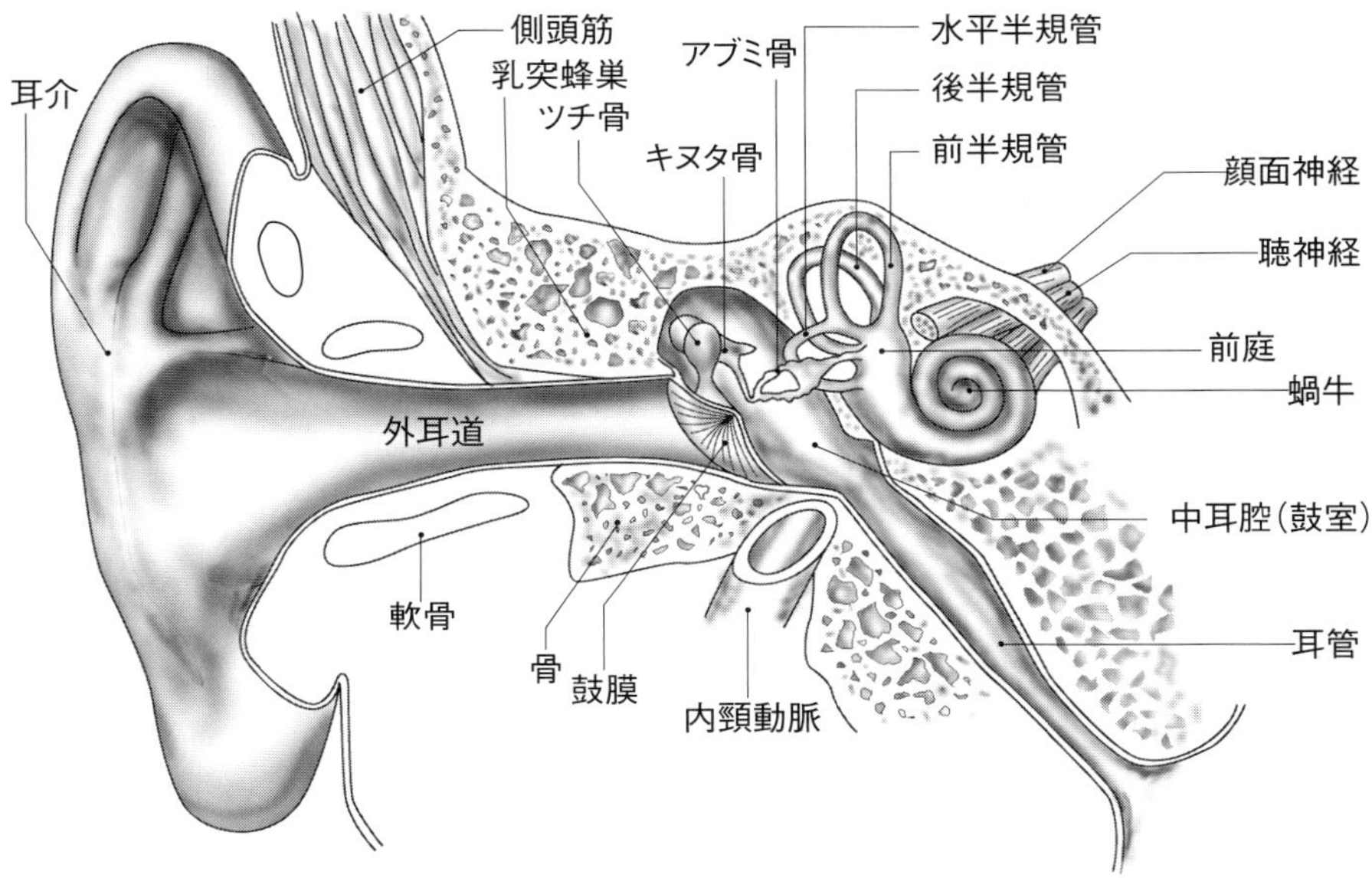

感覚に関与する前庭の2つに大きく分けられます。

前庭は3つの半規管（三半規管）、卵形嚢、球形嚢からなっています（1117頁図2）。卵形嚢、球形嚢はそれぞれ直線の方向の加速度を感知します。

◉外耳の構造とはたらき

耳介は頭部の横についている楕円形の突起です。動物の耳介は集音作用があるといわれますが、人間の耳介は比較的小さく、あまり集音には役立っていないといわれています。ただ、耳に手をあてると小さな音が聞こえるようになることから、集音作用の一端がうかがえます。

耳介には筋肉が付着しており、顔面神経のはたらきで収縮します。このため、耳介を意識的に動かすことができる人がいるのです。動物では大きく耳介を動かすことができるものもあり、このような動物では音の来る方向をより正確に知ることができます。

耳介は中心の軟骨と軟骨膜を皮膚がおおっている構造で、外傷によって軟骨膜に出血がおき、耳介が腫れ、変形することがあります（耳介血腫1122頁）。

耳介、外耳道の知覚は、場所により三叉神経、迷走神経、大耳介神経がつかさどっています。このため耳掃除をしたときに迷走神経を刺激してせきが出たりします。

外耳道は約3cmの長さで、外側3分の1は軟骨部外耳道、内側3分の2は骨部外耳道といわれます。軟骨部外耳道には耳毛、耳垢腺があります。軟骨部外耳道の皮膚は、骨部外耳道の皮膚よりも厚く、皮下に結合組織があります。骨部外耳道は皮膚が薄く、皮下の結合組織がなく、骨膜に直接ついているため、触ると痛みを感じやすくなっています。

耳垢は、汗腺の一種である耳垢腺から分泌される物質と皮膚の老廃物などが混ざったものです。耳垢は人によってやわらかい湿った耳垢、乾いた耳垢があり、遺伝が関与しています。

鼓膜は外耳道の奥にあり、外耳と中耳を境するもので、径約8mm、厚さ0・06～0・1mmほどの楕円形の膜で、外耳道側から皮膚層、中間層、粘膜層

◎宇宙酔い

ロケットに乗った宇宙飛行士が、気分不快や嘔吐、頭重感のような地上の動揺病（1135頁）と似た症状におそわれる状態です。無重力環境に入り、数分から数時間以内に発症し、約3～5日で回復します。

とくに初回の飛行におこりやすく、60～70％の飛行士が経験します。地球上で乗り物酔いしやすい人におこりやすいとはかぎりません。

地上では、人は重力環境に適応しているため、内耳の前庭器官や筋肉からの情報は、重力があって初めて正確に機能します。しかし無重力では情報が不安定になり、脳のなかで混乱してしまいます。これが原因としてもっとも有力ですが、完全には解明されておらず、宇宙では血液が頭のほうへ集まり、脳内の圧力が高くなるためにおこるともいわれています。宇宙飛行士は、強い酔い止めの注射をして対処しています。

の3層構造になっています。鼓膜は皮膚と粘膜組織の性質をもつので、外傷や鼓膜切開、炎症による鼓膜穿孔（孔があく）を生じても再生する能力があります。

鼓膜のおもなはたらきは音（空気の振動）をとらえて、その振動を耳小骨を介して内耳に伝えることです。また外耳道に入った水や異物などが、中耳に浸入することを防いでいます。

●中耳の構造とはたらき

中耳は、鼓室と乳突蜂巣からなります。その中に3つの**耳小骨**（**ツチ骨**、**キヌタ骨**、**アブミ骨**）、耳小骨筋、鼓索神経などが含まれており、鼓室をとり囲む側頭骨の中に顔面神経が走行しています。

中耳のはたらきとして、音圧の増強作用があり、約27dB増強します。いっぽう、耳小骨筋（鼓膜張筋、アブミ骨筋）は、顔面神経を介した反射で、耳小骨の動きを抑制し、強大音が内耳に入らないようにしています。

乳突蜂巣のはたらきは、中耳内の気圧の保持、鼓膜の可動性、乳突蜂巣内の空気の調節に関係しているといわれています。

中耳の知覚は、おもに舌咽神経がつかさどっています。この神経はのどの奥の知覚もつかさどっているため、のどに強い痛みが生じたときには耳にも痛みを感じます（放散痛といいます）。

耳管は鼓室と上咽頭をつないでいる管で、中耳の気圧の調節や換気、分泌物の排泄などのはたらきがあります。

ふだんは閉じていますが、嚥下（飲み込み）や開口の際に開いて圧の調節や換気を行います。耳管の粘膜には線毛があり、中耳からの分泌物の排泄が行われています。耳管は中耳が外界に開いている唯一の場所です。そのため、中耳炎（1125頁）の多くは、鼻、上咽頭の細菌が耳管を通して中耳に侵入するために生じます。耳管の開閉は鼻の状態の影響を受けやすく、普段は閉じて細菌の侵入を防いでいます。鼻炎（1151頁）、副鼻腔炎（1162頁）、かぜ症候群（1258頁）などのときには耳管が開放できず、中耳の気圧の調節ができないため耳のふさがった感じ（耳閉塞感）を覚えます。このようなときに飛行機に搭乗すると、着陸時に気圧の変化に対応できず痛みが生じる航空性中耳炎（1126頁上段）などになりやすいのです。

子どもはおとなに比べて耳管が短く、まっすぐなため、上咽頭から中耳に細菌が侵入しやすく、急性中耳炎をおこしやすくなっています。

●内耳の構造とはたらき

内耳は、中耳の奥の側頭骨の中にある構造で、**骨迷路**という外リンパ液を満たした空間があり、その中に内リンパ液に満たされた**膜迷路**という袋状の器官があります。

骨迷路は前庭窓（卵円窓）を通してアブミ骨とつながり、蝸牛窓（正円窓）で中耳腔とつながっています。また、蝸牛小管という管を介して、脳脊髄液腔とつながっています。

膜迷路は、蝸牛管、三半規管、卵形嚢、球形嚢に分かれます。

内耳（骨迷路）は聴覚をつかさどる蝸牛と平衡感覚をつかさどる前庭からできています。

▼**蝸牛**（図3）　蝸牛は、カタツムリ

図2　膜迷路と感覚細胞の領域（■で表示）

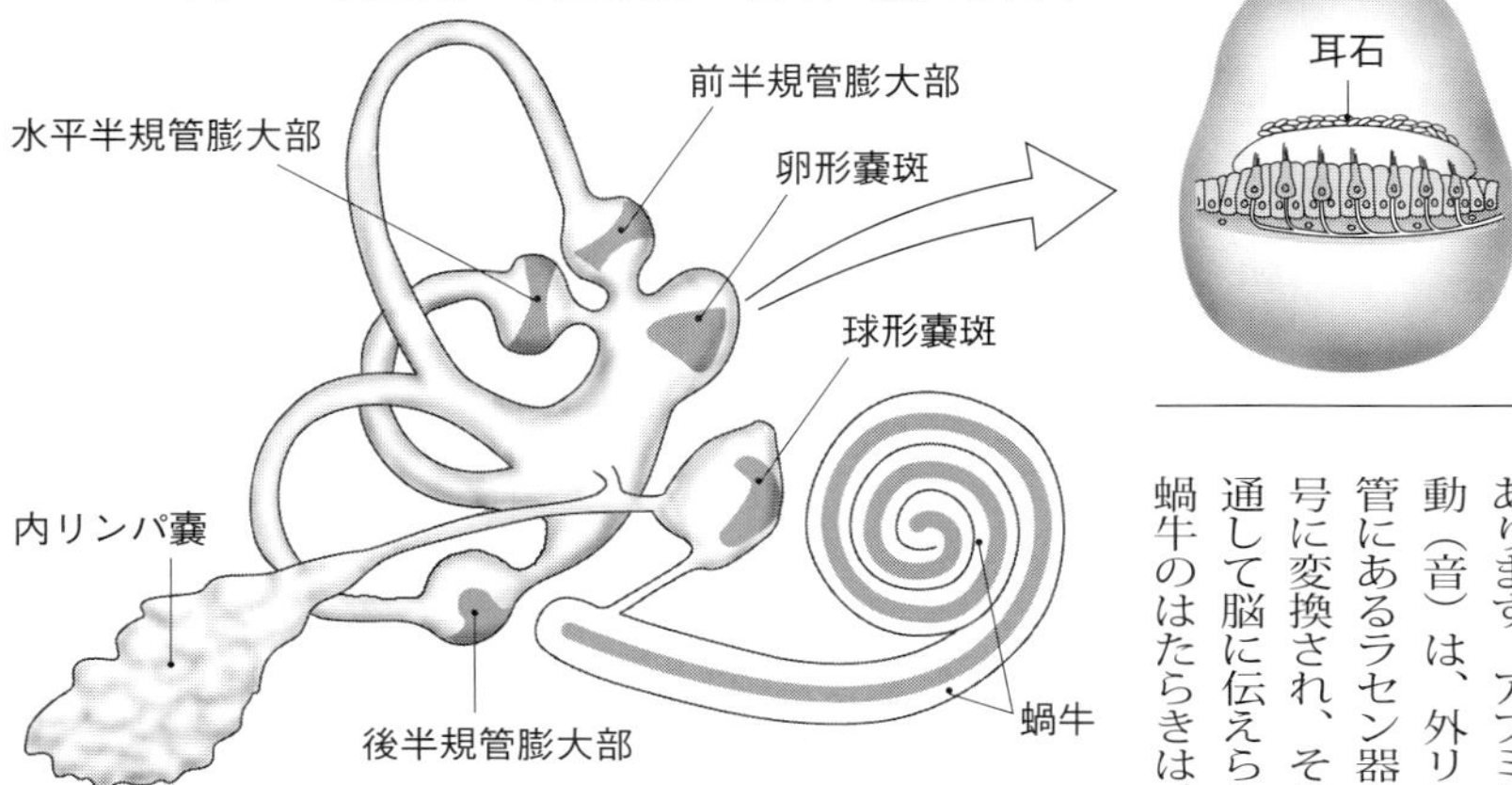

図3　蝸牛の構造

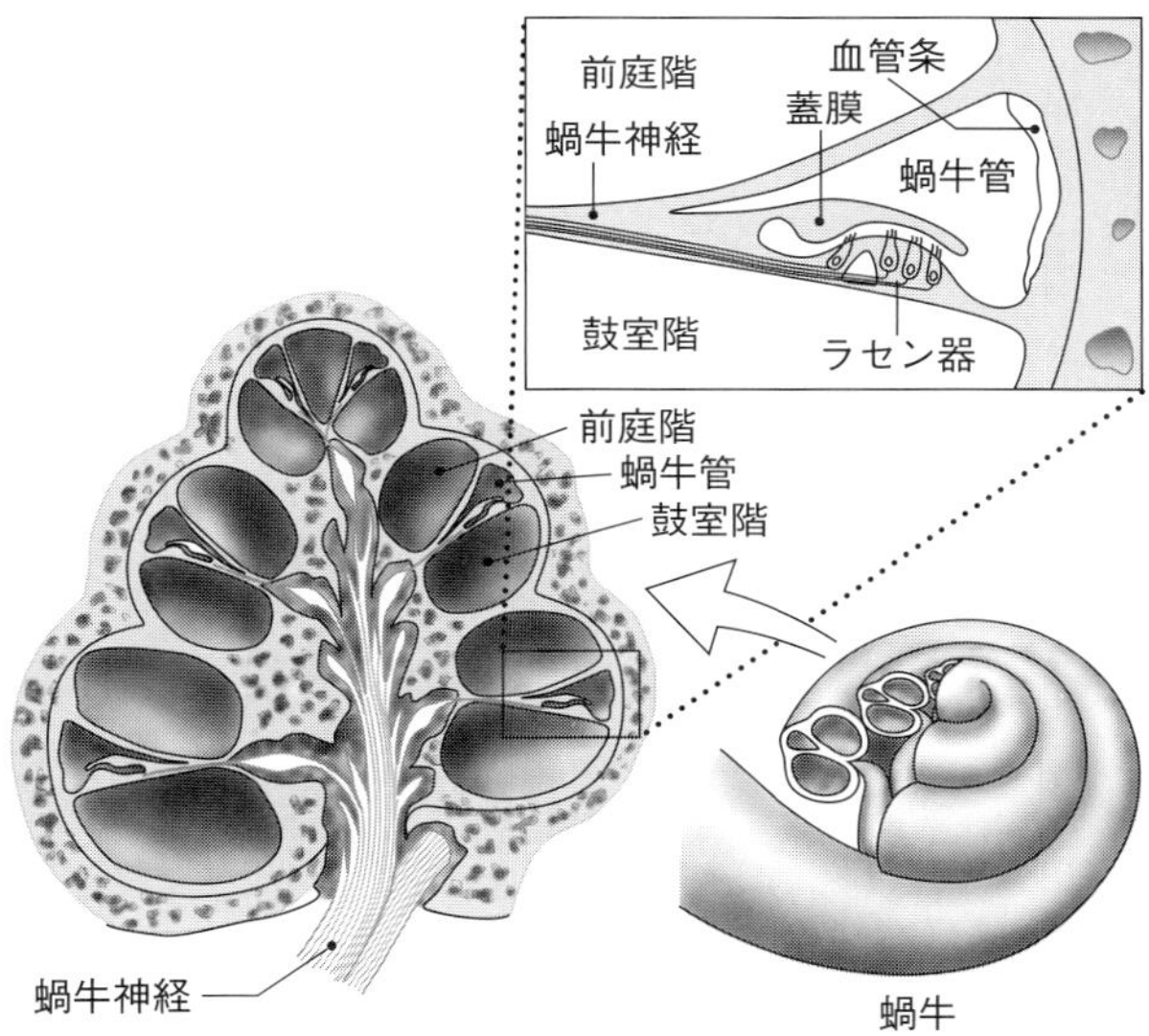

の形をした2回転半の渦巻状の構造をもつ組織で、内部に膜迷路の蝸牛管があります。アブミ骨から伝えられた振動（音）は、外リンパ液を伝わり蝸牛管にあるラセン器の有毛細胞で電気信号に変換され、その信号が蝸牛神経を通して脳に伝えられます。いうなれば蝸牛のはたらきは、リンパ液の振動を電気信号に変換することです。蝸牛は、部位によって感知する音の周波数が決まっており、渦巻の回転の下のほうでは高音域、頂上のほうでは低音域を感じるしくみになっています。アブミ骨は蝸牛の下の回転に接続しているため、強大音を受けたり、騒音性難聴（1138頁）になると高音域が中心に障害されます。

▼**前庭**　前庭は、3つの半規管と2つの耳石器（球形嚢、卵形嚢）からなっています。

半規管は半円形の管状の器官で、太い膨大部という部位に感覚細胞があり、回転加速度を感知します。半規管には**前半規管**、**後半規管**、**水平半規管**の3つがあり、それぞれの面が90度の角度の位置にあります。膨大部の感覚細胞は、感覚毛という毛のような部分をもち、有毛細胞と呼ばれます。感覚毛の先端には**クプラ**と呼ばれるゼラチン状の物質があり、頭が回転したときの外リンパの流れを感知します。

耳石器は直線方向の加速度を感知する器官で、**球形嚢**と**卵形嚢**があり、それぞれ球形嚢斑、卵形嚢斑と呼ばれる部分に毛をもった感覚細胞があります。この感覚細胞の上には、クプラではなく**耳石**という結晶がたくさんのっています（図2）。耳石は炭酸カルシウムを主成分とし、大きさは数μm（1μmは1000分の1㎜）です。耳石は耳石器の細胞でつくられ、また吸収されるという代謝をくり返しています。

◎耳痛の原因となる耳の病気

耳痛の原因となる耳の病気には、つぎのようなものがあります。

▼外耳の病気　耳介軟骨膜炎、外耳炎、限局性外耳道炎（耳癤）、外耳道真菌症、悪性外耳道炎、耳性帯状疱疹、外傷、外耳道異物（とくに昆虫など）、外耳道真珠腫、外耳悪性腫瘍など

▼中耳の病気　外傷性鼓膜穿孔、鼓膜炎、急性中耳炎、慢性中耳炎の急性増悪、急性乳様突起炎、気圧変化（航空中耳炎、ダイビング）など

このうち頻度が高いのは外耳道炎（1121頁）、耳癤（1121頁）、急性中耳炎（1125頁）です。耳癤は、耳介を引っ張ったり（耳介牽引痛）、耳の孔の前にある小さな軟骨の出っ張り（耳珠）を押したりすると痛みが強くなる（耳珠圧痛）のが特徴です。

なお内耳の病気では、耳痛はおこらないのがふつうです。

耳の主要な症状

◉耳痛（耳の痛み）

耳とその周辺には、三叉神経・迷走神経・舌咽神経・上頸神経が分布していて、これらの神経が刺激されると耳痛がおこります。

耳痛には、耳そのものの病気によっておこる**耳性耳痛**と、耳以外の病気によっておこる**関連性耳痛（関連痛）**があります。

耳性耳痛は、外耳の病気と中耳の病気によっておこります。なお、内耳の病気では、ふつう耳痛はおこりません。

関連性耳痛は、歯・口腔・顎・のど・くびなどの病気によっておこります。

◉耳周囲腫脹（耳周囲の腫れ）

耳の周囲の腫れる（腫脹）部位によって、病気が異なります。

▼耳介の腫れ　耳介血腫（1122頁）、耳介軟骨膜炎（1121頁）など

▼耳の前の腫れ　先天性耳瘻孔（631頁）の細菌感染など

▼耳の後ろの腫れ　急性乳様突起炎（633頁上段）、耳後部のリンパ節炎など

▼耳の下の腫れ　流行性耳下腺炎（おたふくかぜ　808頁）、耳下腺腫瘍（1215頁）、シェーグレン症候群（2040頁）など

◉耳漏（耳だれ）

耳漏は、外耳道から排泄される分泌物で、外耳または中耳の病気にともないます。とてもやわらかい耳垢（湿性耳垢、あめみみ）を耳漏とまちがえることがあるので注意しましょう。

耳漏には、いろいろな種類があり、それぞれに原因となる病気があります。

▼漿液性耳漏（さらさらとした耳だれ）外耳道湿疹（1121頁）、びまん性外耳道炎（1121頁）、外耳道真菌症（1122頁）、限局性外耳道炎（耳癤　1121頁）、水疱性の鼓膜炎（1124頁）など

▼粘液性耳漏（ねばっこい耳だれ）急性中耳炎（1125頁）、慢性中耳炎（1128頁）など

▼膿性耳漏（膿の混じった耳だれ）急性中耳炎、急性乳様突起炎、慢性中耳炎、鼓膜炎など

▼血性耳漏（血の混じった耳だれ）耳の外傷、外耳道悪性腫瘍、外耳道真珠腫（1123頁上段）、真珠腫性中耳炎（1128頁）、コレステリン肉芽腫（1129頁）など

▼膠状の耳漏　好酸球性中耳炎

▼水様性耳漏（透明な耳だれ）　側頭骨骨折や頭部外傷（1950頁）にともなう髄液漏

◉耳出血

耳掃除の際に誤って、外耳道や鼓膜を傷つけたための出血が多いのですが、頭部打撲による側頭骨骨折や外耳道悪性腫瘍などの治療が必要なものまでいろいろありますので、耳からの出血があった場合は、耳鼻咽喉科を受診するのが賢明です。

◉耳のかゆみ

外耳道湿疹（1121頁）、外耳道炎（1121頁）などでおこります。かゆみがおこった場合には、どうしても耳を触りたくなりますが、触れば触るほど、かゆみが増すことが多いので注意が必要です。

◉難聴（1138～1142頁）

耳の症状では、もっとも多い症状ですが、人から言われて初めて気づく場合もあります。外耳から脳までの音の伝わる経路（聴覚路）のどこが障害さ

◎耳痛の原因となる頭・頸部の病気

耳痛は、耳の病気以外にも、つぎのような病気の関連痛としておこることがあります。

▼歯の病気　むし歯、歯の発芽時、歯周病、智歯周囲炎など

▼口腔の病気　口内炎、舌炎、舌がんなど

▼顎の病気　顎関節症、咬合不全、咬筋疾患など

▼のどの病気　急性咽頭炎、急性扁桃炎、扁桃周囲膿瘍、茎状突起過長症、咽後膿瘍、舌咽神経痛、急性喉頭蓋炎、急性喉頭炎、喉頭がん、喉頭軟骨膜炎、下咽頭がんなど

▼くびの病気　頸部筋肉緊張、後頭神経痛、頸椎変形性疾患、耳下腺炎など

このうち比較的頻度が高いのは、耳の前に痛みを感じる顎関節症(1213頁)、耳の奥に痛みを感じる急性扁桃炎(1176頁)、耳の下に痛みを感じる耳下腺炎(1214頁)、耳の後ろに痛みを感じる頸部筋肉緊張です。

れても難聴はおこります。この聴覚路のうち、外耳や中耳の障害によって生じた難聴を**伝音難聴**、内耳以降の障害によって生じた難聴を**感音難聴**といいます。両者が合併したものは、**混合難聴**といいます。

◉耳閉塞感

耳のつまった感じ、あるいは耳の膨満感をいいます。耳垢栓塞(1122頁)のひどいもの、耳管狭窄症(1131頁)や耳管開放症(1131頁)、滲出性中耳炎(1126頁)など、外耳や中耳の病気にともなうことが多く、低音障害型感音難聴などの感音難聴でおこることもあります。

◉耳鳴り(耳鳴　1143頁)

周りに音源がないのに、音を感じる聴覚現象です。通常は「キーン」「ザー」「シャー」など、雑音のような音が鳴ります。難聴の原因となるどの病気でも耳鳴りがおこる可能性はありますが、老人性難聴(1138頁)などの内耳性難聴でおこることが多いものです。

◉加齢にともなう耳の病気と症状

▼老人性難聴　難聴は年齢とともに進行しますが、同じ年齢でも人によって難聴の程度はさまざまです。低音はほぼ正常に聞こえるのですが、高音ほど聞きとりにくく、電話のベルやドアのチャイムなどが聞こえにくくなります。声が小さいときや、雑音があるところでは、話し声は聞こえても、ことばの聞き分けがむずかしくなります。

また、音が聞きにくくなるだけではありません。大きい音は若いときに比べ、よりうるさく感じるようになります。さらに、もっとも聞きやすい大きさで話を聞いても、ことばがわからなかったり、聞きまちがえたりします。

原因は、音を感じる内耳の細胞の数が減ることや、音を伝える神経の数が減ることが原因で、これには大きい音を長時間聞くことや動脈硬化(1407頁)などが関係しているといわれています。

聴力をよくする治療法は、今のところありません。難聴によるコミュニケーション障害の対策には、補聴器(次頁)をつけて訓練をすることと、周囲の人が協力して、正面で顔が見える状態で、ゆっくり、はっきり話すようにすることです。

▼耳鳴り　老人性難聴にともなっておこることが多い症状です。ときどき耳の病気にともなっておこることもあるので、継続的に耳鳴りがしたり、急に聞こえが悪くなってくるようであれば、耳鼻咽喉科を受診しましょう。

▼滲出性中耳炎　鼓膜の奥の中耳に液体がたまり、難聴や耳閉塞感、耳鳴りがおこります。痛みはほとんどありません。軽い老人性難聴の人が滲出性中耳炎になると、会話がわからないほどの難聴になることがあります。

かぜなどでおこる鼻やのどの炎症が、鼻の奥と中耳をつなぐ耳管や中耳に広がり、中耳の粘膜から分泌される滲出液が、中耳にある空間にたまることでおこります。飛行機の離着陸時の気圧変動が原因になることもあります。高齢になると、粘膜の抵抗力が低下し、粘膜表面の粘液を排出する線毛の運動が低下します。また、中耳の粘液を鼻腔に排出する耳管の機能も低下します。このため、以前には中耳炎にならなかった人が、滲出性中耳炎にかかるようになります。

補聴器の選びかた、使いかた

❖まずは補聴器が必要かを判断する

聞こえが悪いことで生活に不自由を感じている人は、まずは耳鼻咽喉科を受診して、補聴器が必要かどうかの診断を受けてください。聴力検査を受けると、補聴器が必要か否かを客観的に知ることができます。両耳とも41dB以上の難聴（中等度以上の難聴）が、補聴器をするかどうかのひとつの目安です。

❖補聴器はどこで買うのか？

補聴器は、耳鼻咽喉科の補聴器外来を通して購入するか、直接、補聴器販売店に行って購入することができます。補聴器販売店で購入する場合でも、耳鼻咽喉科医に紹介してもらうのが安心です。補聴器購入後に何か問題があれば、紹介した耳鼻咽喉科医に相談することができます。

よい販売店は、①難聴のタイプにあった複数の補聴器を提示してくれる、②試聴をさせてくれる、③貸し出しをしてくれる、④検査をしっかりやってくれる、⑤購入後も自分に合うまで何度も調整してくれる、などしっかりとしたサービスをしてくれます。そういう販売店を選びましょう。また最近では、認定補聴器専門店という、検査や調整の設備が整っていて、専門の訓練をした認定補聴器技能者がいる店が少しずつ増えてきました。これが、店選びの参考になるかもしれません。

❖補聴器の選びかた

補聴器の形には、おもに耳穴型、耳かけ型、箱型があります。それぞれ長所と短所があります。たとえば、大きさは耳穴型→耳かけ型→箱型の順で大きくなるので、耳穴型は外からは目立ちにくいのですが、音の出力の大きさがかぎられ、操作がしにくく、値段も高くなります。箱型は大きい分、操作がしやすく、値段も安いのですが、付加機能（雑音を抑える機能など）はほとんどなく、目立ちます。

まずは、耳かけ型を基本に考え、それから、形、音の出力の範囲、操作のしやすさ、付加機能、値段などを判断材料にして、医師や販売店の人とよく相談をして決めましょう。

❖補聴器の使いかた

補聴器は音を増幅させるだけの器械なので、聞こえる音は大きくなりますが、すぐにことばまで聞きとれるようになるわけではありません。ことばをよく聞きとるためには、その人の耳に合った調整をくり返し行う必要があります。ある程度聞こえるようになっても、長期間たつと補聴器の機能が落ちたり、聴力が悪化することもあるので、定期的にお店で検査や調整をしてもらいましょう。補聴器の耐用年数は、通常約5年といわれています。

また、聞こえをよくするには家族の協力が必要です。近づいて、正面から、ふつうの声の大きさで、ゆっくり、はっきり話すようにしてください。

❖新しい補聴器（埋め込み型補聴器）

従来の補聴器の欠点である、①外耳道に挿入するため、不快感や耳垢による閉塞がある、②雑音下での聞きとりの悪さ、③音質、④ハウリング（補聴器の耳栓が、うまく耳に入っていないときにおこるピーピー音）、⑤耳だれが出ると補聴器が装用できない、などを改善させるために開発されたのが、埋め込み型補聴器です。埋め込み型補聴器は、耳の後方の側頭骨に器械を埋め込み、直接、神経や中耳にある耳小骨に音を伝えることで、欠点を改善させる可能性があるといわれています。欧米では広く普及していますが、日本では医療機器としての承認が得られていません。従来の補聴器より効果があったという研究の報告もあり、今後が期待される治療法です。

外耳の病気

びまん性外耳道炎
Diffuse External Otitis

どんな病気か 耳の入り口から鼓膜の外側までを外耳道と呼びますが、慢性中耳炎（1128頁）にともなう耳だれや耳掃除の際のひっかき傷などで、外耳道全体（びまん性）に炎症がおこります。

症状 耳の痛み、耳介を引っ張ると痛む、漿液性の（透明な）分泌液をともないます。

治療 抗生物質入りの点耳薬の滴下、軟膏の塗布を行います。

耳掃除のときを含めて、なるべく耳を触らないようにつとめてください。

限局性外耳道炎／耳癤
Localized External Otitis / Ear Furuncle

どんな病気か びまん性外耳道炎（前項）は広範囲にわたっていますが、限局性外耳道炎は狭い範囲にかぎられます。とくに耳掃除による小さな傷や外耳入口部の毛嚢（毛穴）に細菌が感染をおこすことが原因になります。

毛嚢に入った細菌の感染がこじれて膿がたまる（膿瘍をつくる）と、外耳入口部が膨れあがります。これを**耳癤**と呼びます。

症状 耳の痛みが現れます。とくに耳介を引っ張ると痛みが強くなる（耳介の牽引痛）ことが特徴的です。

治療 外耳道をきれいにして、抗生物質の入った軟膏を患部に塗ります。

痛みが強いときは、抗生物質や痛み止め（消炎鎮痛薬）を内服します。

痛みの強い耳癤では、切開して膿を出すことがあります。

外耳道湿疹
Ear Canal Eczema

どんな病気か 外耳道の皮膚にできる湿疹です。

びまん性外耳道炎、限局性外耳道炎（前項）と同様に、耳掃除などの耳への刺激でおこります。

症状 耳のかゆみ、ときに耳がつまるような感じ（閉塞感）が生じます。また、漿液性の（透明な）耳垢が、たまっています。

治療 なるべく耳を触らないようにします。さらに、副腎皮質ホルモン（ステロイド）と抗生物質の配合された軟膏を塗り、かゆみが強い場合には、抗ヒスタミン薬を内服します。

耳介軟骨膜炎
Auricular Perichondritis

どんな病気か 耳介（からだの外に張り出している部分）は、軟骨によってできていますが、けがが、外耳や中耳の炎症、耳介血腫（次項）などで、軟骨をおおう膜に炎症が生じます。

症状 耳介全体が赤くなり（発赤）、浮腫（むくみ）、熱感をともなう痛みなどが現れます。

治療 抗生物質を内服します。化膿した場合には、切開して膿を出します。

◎悪性外耳道炎

糖尿病（1501頁）などで免疫力の低下した人に、外耳道炎や耳癤がおこると、炎症が耳の周囲の頭蓋骨や脳神経にまでおよぶことがあり、悪性外耳道炎と呼ばれます。

激痛がつづき、膿性耳漏（1118頁）などが現れ、まひや骨髄炎（1880頁）、菌血症（2124頁上段）をおこすことがあります。

耳掃除のやりすぎや、むやみに耳を触らないように注意し、耳に違和感があるときは、耳鼻咽喉科を受診しましょう。

耳介血腫 Othematoma

どんな病気か

鈍的な外力が耳介に加わったために、耳介軟骨とそれをおおう軟骨膜との間にすき間ができ、血液がたまる状態です。外観から、**カリフラワー耳**、**ギョウザ耳**とも呼ばれます。耳介に熱感や鈍痛を感じることがあります。

原因

耳介に、打撲や摩擦をくり返して受けやすいスポーツ（柔道、ボクシング、レスリング、ラグビーなど）の選手によくみられます。

治療

血腫が自然に吸収されることは少ないため、血腫の内容液を穿刺（小さく穴をあける）し、吸引します。吸引後も血液が再びたまらないように、ガーゼタンポンを耳介に縫い付けて圧迫固定することが、数日間必要になります。

原因となるスポーツをつづけていると再発し、再発をくり返していると、軟骨が盛り上がってきて、耳介が変形してきます。

外耳道真菌症 Otomycosis

どんな病気か

外耳道にアスペルギルス、カンジダなどの真菌が感染する病気です。長期間にわたって、抗菌点耳薬あるいは局所副腎皮質ホルモン（ステロイド）の点耳薬や軟膏などを、漫然と使用している場合にみられることがあります。

症状

白色、黒色、黄色、青緑色、膜状などの耳垢のような物質が外耳道から出てきます。ときに、真菌が外耳道に粉状になって存在することもあります。感染が悪化すると、耳のかゆみ、耳のふさがった感じや難聴をともなう場合もあります。

検査と診断

耳内を診察して、真菌を確認したり、菌の培養検査を行い、真菌の種類を確定します。

治療

外耳道内を清掃し、乾燥させることが必要です。さらに抗真菌薬を塗ったり、点耳を行います。ただし、治療に時間を必要とする例や、再発をおこす例もあります。

耳垢栓塞 Impacted Cerumen

どんな病気か

耳垢（耳あか）は、軟骨部外耳道（成人では外耳道の外側3分の1、乳児では外耳道のほぼ全部）にある耳垢腺と皮脂腺からの分泌物やほこり、はがれた皮膚の表皮がたまって、いっしょにかたまったものです。人によってやわらかい湿った耳垢であったり、乾いた耳垢であったりします。この耳垢がかたまりになって、耳の孔をふさいだ状態で、**耳垢塞栓**ともいいます。塞栓をおこした側の耳に軽度から中等度の難聴（1142頁）がおこります。

原因

水泳をしたり、頭を洗ったりして、耳垢が水分を吸うと膨れ上がって外耳道をふさぐことがあります。耳かきで耳垢を奥に押し込んでしまうこともあります。

このため、難聴や耳鳴りがおこります。ほうっておくと、その刺激で耳の孔の皮膚が炎症をおこし、外耳道炎（前頁）を合併し、痛みがでてきます。

外耳の病気

◎**反復性多発軟骨炎**

全身の軟骨組織に、多発性の炎症がくり返しおこる、まれな病気です。

とくに炎症が耳介に波及して軟骨が壊死におちいると、治ったあとに、耳介の変形が残ることがあります。

◎**外耳道真珠腫**

角化してはがれた表皮が外耳道内に異常に堆積し、外耳道と鼓膜に特異な形の変化がおこるまれな病気です。

40歳以上の人の片側の耳におこることが多く、慢性の鈍い耳の痛み、耳だれ（耳漏）がおこります。外耳道の下・後ろの壁にびらん（ただれ）と骨の破壊をともなった骨膜炎もおこります。しかし、角化した表皮による外耳道の塞栓や難聴がおこることはふつうはありません。

手術によって、真珠腫を摘出し、外耳道の形が整えられます。

治療

耳鼻咽喉科では耳垢水（重曹、グリセリン水の合剤）を1日何回か耳に流し込んで、かたくなった耳垢をやわらかくしてから、外耳孔から水で洗い流し出すか、ピンセットや耳垢用の鉗子で少しずつ取除きます。あとに皮膚のびらん（ただれ）などが残ることがあるので、そこには抗生物質入りの軟膏を塗ります。

耳垢栓塞のできやすい体質もあります。こういう人は、定期的に耳鼻咽喉科で耳垢がたまらないよう掃除をしてもらうとよいでしょう。

むりに耳掃除を行うと、外耳道炎や湿疹ができる原因になりますので、注意しましょう。

外耳良性腫瘍
Benign Tumor of External (Auditory) Meatus

どんな病気か

耳介や外耳道にできる良性の腫れものです。

耳介周囲には、線維腫（膠原線維の増殖による腫瘍）、血管腫（血管の増殖による腫瘍）、粉瘤（表皮が増殖してできる腫瘍 1849頁）などの良性腫瘍が発生します。外耳道には、乳頭腫（いぼ状の腫瘍）、骨腫（骨にできる腫瘍）などの良性腫瘍が発生します。

これらの腫瘍は、頻度の高い病気ではありません。

症状

腫瘍の形成そのものが主症状で、腫瘍が外耳道をふさぐ程度によっては、伝音難聴（1142頁）をおこすことがあります。

検査と診断

視診のほか、発生した部位によってはX線検査、CT検査が必要になります。

悪性腫瘍と区別するために、組織を微量採取して顕微鏡で調べる生検が行われることもあります。

治療

腫瘍を切取る腫瘍摘出術が唯一の治療法です。

良性腫瘍なので、転移の心配はありません。

難聴などの症状がひどくなく、外見上も問題なく、本人も気にしていなければ、治療をせずに経過をみることもあります。

サーファーズイヤ
Surfer's Ear

どんな病気か

サーフィンやダイビング、潜水などの職業で、冷たい水が耳に入る状態を何年もくり返していると、水の侵入を防ぐために**外耳道**に**外骨腫**ができて、外耳道が狭くなってきます。サーファーに多くみられることから、こう呼ばれています。

症状

片側の耳の違和感、耳閉塞感、耳抜きがしにくくなるなどが現れます。さらに進むと、難聴（1142頁）になったり、中耳炎（1125～1129頁）をおこしやすくなったりします。

治療

外骨腫が大きくなると、外耳道をふさいでしまうこともあり、手術で外骨腫を削除して、外耳道の形を整えなければなりません。

予防

冷水の刺激がなくなれば、この病気の進行も止まりますが、もとの状態に戻ることは期待できません。水の中に入るときは、水の浸入を防ぐ耳栓を使用し、耳に入った水はふきとるようにしましょう。

中耳の病気

外傷性鼓膜穿孔
Traumatic Eardrum Perforation

どんな病気か
外傷によって、鼓膜が破れて穴（穿孔）があく病気です。外耳道、耳小骨の損傷や内耳の障害を合併することがあります。

症状
穿孔の大きさによって聞こえが悪くなります。耳のつまった感じ、また、耳の痛みや耳出血がみられることがあります。

原因
多くは耳掃除のときに急に動いたり、第三者がぶつかったりすることでおこります（直達性外傷）。また、耳を平手打ちされたり、スキューバダイビングで耳抜きが不良なとき、爆風などによってもおこります（介達性外傷）。

検査と診断
耳鏡で、穿孔の大きさと部位を見ます。また聴力検査で、難聴（1142頁）の程度と種類を調べます。一般には鼓膜穿孔が大きいほど、より音の伝わりが悪くなります（伝音難聴）。まれに内耳にまで障害がおよぶ難聴もあります（混合難聴）。

治療
かなり大きな穿孔でも、自然に閉鎖することが多いものです。感染をおこした場合は抗生物質を使用し、穿孔が残った場合は鼓膜の再生手術（鼓膜形成術）を行います。

日常生活の注意
感染をおこすと鼓膜の再生が悪くなるので、穿孔が閉鎖するまで、耳に水を入れないようにし、入浴時には耳栓が必要です。また、鼻を強くかまないようにしましょう。

耳掃除をするときは、周りの人に気をつけます。ダイビングは、かぜのときには控えましょう。

鼓膜炎
Myringitis

どんな病気か
鼓膜の炎症性疾患です。**急性鼓膜炎**と**慢性鼓膜炎**があり、多くは片側だけにおこります。

急性では、強い耳の痛み、耳がつまった感じ、難聴があり、原因はインフルエンザなどのウイルスや細菌感染が考えられますが、はっきりしません。

慢性では、耳だれ、耳がつまった感じ、難聴、耳の痛みなどがあり、ほとんどが原因不明です。

検査と診断
耳鏡で鼓膜を観察します。

急性では、鼓膜が赤や黄色く、水疱（水ぶくれ）のように膨らんでいます。慢性では、鼓膜にびらん（ただれ）があり、肉芽（赤くやわらかい新生組織）をつくり、痂皮（かさぶた）や耳だれがみられることがあります。耳だれがあれば細菌検査をします。鼓膜穿孔をともなうこともあります。

治療
急性では、鼓膜切開（水疱の切開）をすると、耳の痛みは軽減します。また、抗生物質を内服します。痛みが強ければ、鎮痛薬も使用します。比較的早く治癒します。

慢性では、肉芽を切除したり、薬液で焼灼します。耳だれがあれば、細菌に効く点耳薬を用います。難治性のことが多く、数週から数か月かかります。

日常生活の注意
治療中は耳に水などを入れないよう気をつけます。

急性鼓膜炎では、急性中耳炎（次頁）と同様にかぜや咽喉頭炎にならないように、手洗いやうがいを行います。

◎通気療法………1130頁
◎耳管とは………1131頁

◎急性中耳炎治療の考えかたと変化

近年、急性中耳炎の起炎菌である肺炎球菌やインフルエンザ桿菌における薬剤耐性菌の増加が問題になっています。

薬剤耐性菌とは、殺菌するために使用する抗菌薬（抗生物質）に抵抗性を獲得した細菌のことで、これら薬剤耐性菌が急増した背景には、新しいセフェム系抗生物質をはじめとする抗菌薬の不用意な使用があるといわれています。

このため、不要な抗菌薬の使用を最小限にするために小児急性中耳炎診療ガイドラインが作成されました。抗菌薬の選択は、たんに抗菌力の強弱だけではなく、薬効が中耳粘膜の炎症部位に十分達するかどうかを考える必要があります。

最近はこのような考えにしたがって内服抗菌薬が選択さ

急性中耳炎

Acute Otitis Media

子どもに多い中耳の病気

◇かぜに続発することが多い

どんな病気か

中耳の病気のなかでもっとも頻度が高く、とくに子どもに多いのが特徴です。上気道炎（かぜなど）につづいて、発熱、耳痛、難聴、耳閉塞感などが生じます。

乳幼児の場合は50％以上が上気道炎につづいて発症します。

中耳炎が進行すると鼓膜穿孔（鼓膜に孔があく）が生じ、耳漏（耳だれ）を認めます。耳漏が生じると中耳圧が減って耳痛も軽快するのが一般的です。

原因

上気道の炎症によって鼻腔や咽頭に炎症が生じると、鼻咽頭粘膜が腫れて細菌感染が生じます。一般には肺炎球菌、インフルエンザ桿菌、ブランハメラ・カタラーシスという細菌が原因菌となることが多いといわれています。これらの原因菌が、鼻腔や咽頭から耳管を通じて中耳腔内に侵入することによって、中耳炎が発症します（経耳管感染）。

また、鼓膜に小さな穿孔がある場合は、洗髪や水泳のあとに、外耳道側から細菌が侵入して中耳炎を生じる可能性があります（経外耳道感染）。

症状

ふつうは、かぜまたは上気道炎の症状につづいて中耳炎の症状が現れます。つまり、鼻づまり、鼻水、咽頭痛やせきのあとに耳閉塞感、ついで激しい耳痛がおこります。このとき、乳幼児では39度以上の発熱があることが少なくありません。

中耳炎が激化すると鼓膜が炎症によって脆弱化し、中耳内にたまった膿汁の圧によって鼓膜に孔があいて、膿性耳漏となります。耳漏が生じて、中耳圧が軽減すると激しい耳痛も軽快し、泣きじゃくっていた乳幼児も急に静かになります。

◇原因菌に合わせて抗生物質を

治療

原因となる菌に感受性のある抗菌薬を使用する必要があります。ペニシリン系、セファロスポリン系抗生物質がよく用いられます。痛みが激しく、中耳内に膿汁がたまって鼓膜が膨隆している場合は、中耳の減圧のため鼓膜切開を行います。

15歳以下の**小児急性中耳炎診療ガイドライン**が作成されていますが、このガイドラインの大きな目的は、抗菌薬の適切な使用によって抗菌薬の効かない薬剤耐性菌の増加を防ぐことです。

そのため、軽症の急性中耳炎では3日間は抗菌薬を使用せずに経過をみて、症状がますます悪くなる場合には、中等症と同様に抗菌薬を内服し、重症の場合には5日間の抗菌薬内服に加えて鼓膜切開の適応を考慮することが推奨されています（上段）。

鼓膜切開は、イオントフォレーゼ（1127頁）という麻酔方法で比較的容易に外来で行えますが、鼓膜の炎症が強い場合はすでに鼓膜の知覚神経がまひしているため、無麻酔でも鼓膜切開が可能です。鼓膜切開の孔は、炎症が治まったあとに自然にふさがります。

中耳炎をくり返す場合（**反復性中耳**

れますが、必要によっては抗菌薬の局所投与（点耳療法）を併用する場合があります。この方法では、内服薬の100～1000倍の濃度に達するといわれており、内服治療で回復しない場合には局所投与の効果が期待できます。しかし、この方法では有効な抗菌薬の濃度を維持する必要があり、現在用いられている点耳薬では有効濃度の維持がむずかしいと考えられており、今後の点耳薬の改良が期待されます。

◎航空性中耳炎

中耳は気圧の変化を受けやすい臓器で、飛行機の離着陸に激しい耳痛を感じた経験がある人も少なくないと思います。中耳圧を調節している耳管は、鼻腔と中耳腔とをつないでいますが、この耳管のはたらきが悪いときに飛行機に搭乗すると航空性中耳炎にかかる可能性が高くなります。

中耳腔に過度の陽圧、陰圧

炎）は、アデノイドなど鼻咽腔に細菌が常在し、耳管を経て中耳腔に細菌が感染する場合と、滲出性中耳炎（次項）のように中耳腔に慢性的に滲出液がたまっている場合が考えられます。鼻咽腔の感染巣に対する治療や鼓膜チューブの留置を行う場合もあります。

◇鼻づまり、耳痛の対処

日常生活の注意 乳幼児で鼻水が多く、鼻がつまっている場合は、片側ずつ鼻をかませるようにします。新生児や乳児の場合は、鼻をかむことができませんので、吸い取ってやる必要があります。

幼児や成人では、温かい蒸しタオルを通して呼吸すると一時的に鼻が通ることがありますが、持続的な効果は期待できません。

夜間に耳を痛がる場合は、耳を冷やすと痛みを抑える効果があります。

耳を暖め、鼓膜穿孔させて排膿を促すこともひとつの考えかたですが、一時的に耳の痛みを悪化させる可能性があることも考えておく必要があります。

滲出性中耳炎
Otitis Media with Effusion

どんな病気か 中耳は耳管を介して鼻腔と通じ、耳管によって中耳圧の調節と中耳粘膜からの粘液の排泄が行われています。なんらかの原因で耳管のはたらきが障害されると、中耳圧は低下し（陰圧）、鼓膜は陥没して振動しにくくなります。このような中耳腔の陰圧がつづくと中耳粘膜から滲出液が生じ、中耳腔にたまるようになります。この状態が滲出性中耳炎で、滲出液が長期間たまっていると、粘りけがでて、難聴も悪化します。

原因 滲出性中耳炎は、耳管機能が障害される疾患が原因となります。

耳管のはたらきが未熟で、かつアデノイドが増大する乳幼児にもっとも多く、耳管機能が衰える高齢者にも多く発症します。

アレルギー性鼻炎（1154頁）や急性鼻炎（1151頁）、副鼻腔炎（1162頁）にかかったあとに発症することもあり、この場合は成人にもみられます。また、比較的まれですが、上咽頭がん（484頁）でも滲出性中耳炎が初発症状になることが多く、とくに成人の滲出性中耳炎では注意が必要です。

症状 難聴と耳閉塞感が主症状ですが、乳幼児の場合は自覚症状を訴えないため注意が必要です。聞き返しが多いことやテレビに近づいて見ることが多いなど、生活のなかで難聴が疑われる場合は早めに検査を受ける必要があります。

3歳児検診や就学時検診で、滲出性中耳炎が見つけられる場合も少なくありません。アデノイドの増大によるいびきや睡眠時の無呼吸がある場合も、滲出性中耳炎を併発している可能性を考える必要があります。

乳幼児では、軽度の難聴でも言語取得や知識の吸収に影響するため、早めに対策を講ずる必要があります。

成人や高齢者では、難聴、耳鳴りや耳閉塞感で発症しますが、とくに高齢者では加齢による難聴として放置されていることも少なくありません。

が加わることで、中耳粘膜が損傷して炎症が生じます。潜水では、逆に鼓膜外に陽圧が生じることで同様の中耳炎が生じると考えられます。

　飛行機搭乗や潜水の過程で激しい耳痛が生じ、その後、難聴、耳鳴り、耳閉塞感、めまいなどの内耳障害による症状が生じます。耳痛のみで、飛行機搭乗後に症状が軽快すれば問題はありませんが、耳痛がつづき、難聴、耳鳴り、耳閉塞感、めまいなどの内耳症状が生じる場合は問題です。このような場合には、外リンパ瘻（1139頁）という別の病態に進展している可能性もあり、早急に対策を講じる必要があります。

　圧負荷によって中耳粘膜に生じた炎症が、航空性中耳炎の本体ですが、まずは抗菌薬および抗炎症薬によって、急性中耳炎に準じて保存的に治療します。内耳障害が生じた場合には、外リンパ瘻の合併も含めて治療戦略を考える必要があります。

検査と診断

鼓膜を通して滲出液が確認できれば、診断は容易です。聴力検査では、軽度から中等度の伝音難聴を現し、**ティンパノメトリー**（鼓膜の動きの変化を測定する検査）で鼓膜の可動性と中耳圧を測定し、中耳の陰圧、可動性障害（タイプBまたはC）が認められれば診断は確かです。滲出性中耳炎に真珠腫性中耳炎（次頁）やコレステリン肉芽腫（1129頁）などが併発している可能性がある場合は、側頭骨のCT検査で確認します。

治療

治療の基本は、原因疾患の治療です。

　成人の滲出性中耳炎の原因となるアレルギー性鼻炎や急性鼻炎、副鼻腔炎、上咽頭がんでは、原因疾患の治療を行うことで、滲出性中耳炎の治癒が期待できます。腫れた粘膜が原因の場合は粘膜の腫れを治める、また、耳管開口部がふさがった場合はその原因となるアデノイドや上咽頭がんを除去する治療法を考えることになります。腫れた粘膜に対する保存的治療法としては、抗炎症薬や抗ヒスタミン薬の使用や、マクロライド系抗生物質の少量長期療法が行われます。

　通院や服薬が長期間におよぶ場合は、手術などのほかの治療法を考えます。

　いっぽう、これら原因疾患の治療が困難な場合や、耳管のはたらきが未熟な乳幼児や耳管機能が衰えた高齢者の場合は、対症的に滲出性中耳炎に対する治療を考える必要があります。

　耳管機能の回復が期待できない場合は、耳管にかわる中耳圧調節および中耳粘液の排泄経路を新設する必要があります。一時的には鼓膜切開を行い、滲出液を排出しますが、鼓膜切開孔が閉じて、滲出性中耳炎が再び悪くなる場合は、耳管のかわりとして**鼓膜チューブ**を留置する必要があります。乳幼児の未熟な耳管では、鼓膜チューブ留置は一時的で、耳管機能が発達すれば不要になりますが、高齢者などで耳管機能の改善が期待できない場合には、鼓膜チューブは常時必要になります。

　一般には、耳管のはたらきが正常化する6～7歳までに滲出性中耳炎は自然治癒することが多いのですが、それでも軽快しない場合には、真珠腫性中耳炎（次頁）やコレステリン肉芽腫（1129頁）などの可能性を考える必要があります。また、アレルギー性鼻炎や気管支ぜんそくが合併する難治例では、好酸球性中耳炎の可能性も考えられます。この場合は予後も不良で、長期的な治療方針を考えなければなりません。

　鼓膜チューブは外来での局所麻酔で簡単に挿入できますが、局所麻酔下の処置がむずかしい乳幼児の場合は、全身麻酔による挿入が必要になります。

　一般に鼓膜麻酔は**イオントフォレーゼ**という方法で、局所麻酔薬を電気分解して鼓膜を麻酔しますが、10分程度でほぼ完全に無痛化されます。鼓膜切開刀で鼓膜を切り開き、シリコン製の小さな鼓膜チューブを留置します。鼓膜チューブは、からだにとっては異物なので、通常、ある一定期間で自然に排泄されます。必要に応じて鼓膜チューブ留置をくり返します。鼓膜チューブ留置中は、入浴や洗髪は通常通り行えますが、潜水はすべきではなく、水泳は耳栓を用いて行うのが安全です。

◎慢性中耳炎術後症

耳の手術（鼓室形成術）では、外耳道の壁を削ることがあります。そうすると外耳道が広くなり、本来の外耳道がもっている耳垢を排出する機能が障害されます。そのために耳垢が外耳道にたまり、感染をおこしやすくなります。感染がおこると、耳だれが出たり、かゆみを感じます。このような状態を慢性中耳炎術後症といいます。

治療として、鼓室形成術を受けたあとは、定期的に耳鼻咽喉科で診察を受け、耳垢がたまる場合には、掃除しなくてはいけません。感染がひどい場合には、抗生物質の内服や点耳を行います。このような後遺症の予防のために、手術のときに、外耳道の壁を残したり、いちど削ったあとに壁を再建することで外耳道が広くならないように工夫しています。

慢性中耳炎
Chronic Otitis Media

どんな病気か

鼓膜に孔（鼓膜穿孔）ができ、閉じなくなってしまった状態です。**単純性化膿性中耳炎**ともいいます。急性中耳炎（1125頁）や鼓膜外傷のあとなどにおこり、発症後3か月経過して、鼓膜穿孔が閉鎖しない場合に、慢性中耳炎と診断されます。

原因

急性中耳炎の治療が不十分であったり、くり返しておこる場合に、慢性中耳炎に移行することがあります。また、外傷によって鼓膜穿孔ができたあとに感染をおこすと慢性中耳炎になることがあります。

症状

難聴と耳漏（耳だれ）が主症状です。難聴は徐々に進行し、鼓膜穿孔が拡大したり、耳小骨破壊をともなうこともあります。さらに進むと炎症が波及して内耳障害をおこし、強い難聴になることもあります。

検査と診断

耳鏡で鼓膜を観察することによって診断します。穿孔の大きさ、位置、耳漏の有無を観察します。症状がいつからあったかというような経過も重要です。また中耳、乳突洞などの状態を調べるためにCT検査などが必要になることもあります。耳漏がつづく場合には、細菌検査を行い、細菌の種類、抗生物質に対する感受性を調べます。

治療

保存的治療と手術的治療に分けられます。保存的治療では、局所治療として耳漏の除去、粘膜の消炎を目的に、耳内部の清掃、抗生物質の点耳などを行います。症状がひどいときには、抗生物質の内服を併用することもあります。

手術的治療は、鼓膜穿孔を閉鎖して、根本的治療を目的とする場合や聴力改善を目的に行います。手術には、鼓膜形成術と鼓室形成術があります。鼓膜や中耳のようす、耳小骨の状態によって、手術法が選択されます

予防

急性中耳炎が長引くときやくり返すときは、きちんと治すことが重要です。急性中耳炎のあとに耳漏や難聴がつづく場合は、早めに耳鼻咽喉科医を受診しましょう。

真珠腫性中耳炎
Otitis Media Cholesteatoma

どんな病気か

鼓膜や外耳道の皮膚組織の一部が中耳腔に侵入し、増殖します。病変が白く真珠のように見えるために、真珠腫と呼ばれます。

原因

先天性は、生まれつき真珠腫組織が中耳などに入り込むことでおこります。後天性は、滲出性中耳炎（1126頁）が長引き、鼓膜が内側に窪んだところから、皮膚組織が中耳に進入して形成される場合と、慢性中耳炎（前項）の鼓膜穿孔から皮膚組織が中耳内に侵入する場合があります。

症状

感染をともなうと、耳漏（耳だれ）がおこります。真珠腫は骨を破壊するために、さまざまな症状をおこします。

①**難聴**　耳小骨が破壊されると難聴をおこし、さらに真珠腫が内耳へ増殖すると、蝸牛が障害されて回復がむずかしい強い難聴をおこすこともあります。

②**めまい**　真珠腫が半規管や前庭へ増殖すると、めまいがおこります。耳の

第1章—第10章
生活習慣病
がん（悪性腫瘍）
子ども
女性
脳・脊髄・神経
こころ
目
耳・鼻・のど
歯・口腔
呼吸器

中を触るとおこるめまいを瘻孔症状といい、半規管や前庭が真珠腫で破壊されているサインとなります。

③顔面神経まひ　顔面神経は中耳内を走行していますが、真珠腫がこの神経を圧迫したり、炎症が神経におよぶと、顔面神経まひがおこります。

④頭蓋内合併症　真珠腫が中耳と頭との境の骨を破壊すると、炎症が波及して髄膜炎（963頁）、脳膿瘍（962頁上段）などの危険な合併症をおこします。

検査と診断　先天性の場合、鼓膜のようすに異常がないことが多く、真珠腫がある程度大きくなって、難聴などが現れると診断できます。後天性の場合は、鼓膜に真珠腫病変がみられることが多く、容易に診断できます。真珠腫の増殖範囲を調べるために、CT検査が必要になります。

治療　根本的な治療には、手術が必要になります。鼓室形成術を行いますが、範囲によっては、乳突洞削開術なども必要になります。手術ができない場合には、外来で清掃し、病気の進行を遅らせることもあります。

予防　滲出性中耳炎をきちんと治療することが必要です。とくに鼓膜の上方（弛緩部）が陥凹している場合には、耳鼻咽喉科医による長期間の経過観察が必要です。

鼓室硬化症
Tympanosclerosis

どんな病気か　慢性中耳炎（前頁）や滲出性中耳炎（1126頁）などの炎症のあとに、中耳粘膜に石灰化や骨化がおこる治りにくい病気です。

症状　病変が鼓膜のみの場合は、ほとんど症状がありません。耳小骨に病変がおよぶと、内耳まで音が伝わりにくくなり、耳小骨の障害の程度によって、軽い難聴（1142頁）から中等度の難聴までがおこります。

治療　難聴がない場合や軽い場合には、治療の必要はありません。中等度以上の難聴がある場合には、聴力改善のための手術（鼓室形成術）が必要になります。しかし、再発することや、手術による聴力悪化の危険性もあって、手術は慎重に決定しなくてはなりません。手術を行わず、補聴器で対応することもあります。

コレステリン肉芽腫
Cholesterin Granuloma

どんな病気か　耳管が閉鎖することによって、コレステリンという物質を含む肉芽（赤くやわらかい新生組織）が形成され、中耳腔や乳突洞に肉芽や液が充満します。耳管が閉鎖する原因は不明です。

症状　耳閉塞感、耳痛、難聴、耳だれがみられます。多くは、片側だけにおこります。コレステリンを含む貯留液のために、鼓膜が青く見えるのが特徴です。中耳や乳突洞の肉芽や貯留液からコレステリン結晶が確認されれば診断されます。

治療　鼓膜にチューブを置いて、中耳の換気をよくしたり、副腎皮質ホルモン剤の内服や中耳への注入が行われます。肉芽除去のために手術することもあります。

◎耳掃除のこつ

耳垢は、自然に耳の入り口に向かって動いていて、最終的には耳から排出されるため、むりに耳掃除をする必要はありません。しかし、どうしても気になるようであれば、鼓膜や外耳道を傷つけないように注意して、掃除しましょう。

乾いた耳垢の場合には、耳かきを使用し、湿った耳垢の場合は綿棒を使います。耳の奥までむりに入れないように注意しましょう。

外耳道は一直線ではなく多少湾曲しています。外耳道の狭い人や耳垢の多い人は、耳鼻咽喉科で相談してください。

◎**通気療法**

鼻の奥の両側には、耳管の入り口があります。その入り口の穴から耳に向かって空気を送り込む治療が通気療法です。耳管狭窄症（次頁）、滲出性中耳炎（1126頁）では、耳管がふさがっているので、それを広げるために行われます。

通気療法には、患者本人が行うバルサルバ法、医療器具を用いる子ども用のポリッツエル法、成人用のカテーテル法があります。

▼**バルサルバ法**　両側の鼻を指でつまみ、口を閉じ、息を強くはくと、耳に空気が抜けます。かぜをひいているときには、鼻やのどの炎症が耳におよび、急性中耳炎（1125頁）となるので、行わないようにしましょう。

▼**ポリッツエル法**　確認のために通気を行う子どもの耳と医師の耳をゴム管でつないでから、同じ側の鼻にゴム球をあてます。反対の鼻は指でふさぎ、「がっこう」「だっこ」

耳硬化症
Otosclerosis

どんな病気か

耳硬化症は、伝音難聴（1142頁）をおこす代表的疾患で、手術によって劇的な聴力改善が期待できる重要な耳の病気のひとつです。両側の難聴が徐々に進行するため、ある難聴のレベルに達すると日常生活にも大きな支障をきたすことになります。

白人に比較して、日本人などの有色人種では罹患率が低いことから（全耳疾患の1％程度）、耳硬化症という疾患名の知名度も低く、的確な診断がなされずに補聴器装用などで対応していることも少なくありません。

思春期ころに発症することが多く、徐々に進行しながら40歳ころには症状も顕在化します。女性が男性に比べて2倍以上の罹患率を示すことからも、その発症には遺伝的要因が大きく関与していると考えられており、ホルモンの影響も考えられています。

臨床的および病理学的に活動型と非活動型に分類されます。

原因

なんらかの原因によって内耳骨包およびアブミ骨に生じる限局性・進行性の骨異形成が耳硬化症の本体で、初期の骨海綿状変性でいったん軟化した卵円窓とアブミ骨の病巣が硬化性病変に移って、動かなくなり（固着）、アブミ骨の可動性障害による伝音難聴が進行します。つまり、病巣では骨海綿状変性に対する修復として骨硬化が生じ（リモデリング）、骨吸収の状態と骨新生の状態が混在して、耳硬化症が生じると考えられます。

遺伝的な要因に加えて、麻疹（はしか　804頁）の潜伏感染が原因とも考えられています。女性ホルモンが影響することも特徴で、妊娠や出産を契機に難聴が進行することがあります。

検査と診断

両側耳の伝音難聴として発症したあと、徐々に難聴が進み、アブミ骨が完全に固着すると、平均聴力レベル60dB程度で伝音難聴の進行はほぼ停止します。聴力検査では2kHzの骨導聴力レベルが上昇する状態（**カルハルトノッチ**）が特徴です。耳硬化症の難聴は進行性で、比較的若年期より発症し、徐々に進行、アブミ骨が完全固着することで伝音難聴も固定します。難聴の進行率は、2～3dB／年と考えられています。ついで内耳性難聴が進行し、ときには重度の感音難聴まで悪化することがあります。耳硬化症は臨床経過および聴覚検査の結果から診断しますが、側頭骨CT検査で内耳骨包の骨吸収の状態を認めれば、診断はほぼ確定できます。

治療

治療の基本は手術（アブミ骨手術）です。耳硬化症ではアブミ骨がうまく動かなくなるために難聴が生じることから、動かなくなったアブミ骨を手術で摘出し、新しいアブミ骨（テフロンワイヤーピストン製やセラミックス人工耳小骨など）と取り替える手術を行います。手術の成功率は96～88％程度と高く、積極的な手術が勧められますが、補聴器の効果も大きいので、症例に応じて手術または補聴器を選択する必要があります。

内耳骨包の骨吸収が進行して重度の感音難聴が明らかになった場合は人工内耳（1140頁上段）の適応になります。

「ラッコ」などと言って、同時にゴム球を押して空気を送ります。子どもの滲出性中耳炎の治療に行われます。

▼カテーテル法　加圧器の先にカテーテルと呼ばれる細い管をつなぎ、通気を行う側の鼻から挿入して、耳管の入り口にあて、空気を中耳腔に送ります。耳管狭窄症の治療に行われます。

◎耳管とは

耳管とは、耳の奥（鼓膜の内側）と鼻をつなぐ細い3～5㎝ほどの管状の器官です（1115頁図1）。

普段は閉じていますが、鼓膜の外側と内側の圧力が急激に変化した場合、耳管が開いてその圧力差をなくすように調整しています。

たとえばエレベーターの中や飛行機で降下するときに、耳がつまった感じがしますが、あくびや耳抜きをすることで耳管が開き、耳がつまった感じがなくなります。

耳管狭窄症
Tubal Stenosis

どんな病気か　耳管は鼓膜の内側（中耳腔）と外界の圧力を同じにするはたらきをしています。耳管のはたらきが悪くなり、中耳腔の圧力が下がる状態が耳管狭窄症です。鼓膜が奥に引き込まれるために、耳がつまる感じや自分の声が響いたりします。

原　因　かぜや鼻炎、副鼻腔炎（1162頁）などの炎症が耳管に伝わると、耳管の通りが悪くなります。

耳管の入り口近くに物理的な障害物、たとえば子どもではアデノイド肥大（咽頭扁桃肥大症　642頁）、おとなでは上咽頭がん（484頁）などの腫瘍があるときにも耳管の通気が悪くなり、耳管狭窄症をおこします。

また、口蓋裂（660頁）のある子どもでは、耳管を開く筋肉が弱く、耳管狭窄症となります。

検査と診断　カテーテルによる通気で、空気が中耳腔に入るか確認します。

聴力検査、鼓膜の動きを調べるティンパノメトリー、鼻から機器で音を入れて、嚥下（飲み込み）の際に、音が耳に抜けるかを調べる**音響耳管法**などがあります。

治　療　炎症に対する治療を行います。かぜや鼻炎が治ったあとに、通気療法（前頁上段）で中耳腔に空気を送る治療を行います。

かぜが治らないうちは気圧変化によって中耳炎になりやすいので、飛行機に乗ったり、スキューバダイビングをしないようにしましょう。

子どもの耳管はやわらかいため、鼻すすりですぐにふさがり、そのはたらきは悪くなります。鼻すすりの癖がつくと、滲出性中耳炎（1126頁）や真珠腫性中耳炎（1128頁）などになることがあるので、鼻すすりをしないよう指導します。

子どものアデノイドは、5～6歳までがもっとも大きくなる時期で、耳管狭窄症による滲出性中耳炎が長引く場合には、アデノイド切除術と同時に、鼓膜に換気チューブを入れることもあります。

耳管開放症
Patulous Eustachian Tube

どんな病気か　耳管が開放しているために、鼻や咽頭の音と圧力が、つねに中耳腔に伝わることでおこる病気です。

自分の声が響く、耳がふさがった感じ、難聴などの症状があります。

原　因　体重の減少、運動による発汗のための脱水、妊娠などがきっかけとなります。

検査と診断　座ったまま、下に頭を下げると耳管が充血してふさがるため、症状が軽くなることが診断の参考になります。音響耳管法（前項）や、呼吸で鼓膜が動くことを確認することもあります。

治　療　耳管の中に薬を入れたり、自分の脂肪細胞や人工の細い管を入れることが考案されています。漢方薬の加味帰脾湯が有効なことがあります。

メニエール病

Ménière Disease

ストレスを避け、生活習慣の改善を

◇回転性めまいをおこす

どんな病気か

めまい（1137頁）をおこす病気は1つではなく、たくさんあります。メニエール病は耳（内耳）の異常によって、めまいをおこす病気のうちのひとつです。

メニエール病の人は内耳の一部が膨張していること（**内リンパ水腫**）が、1938（昭和13）年にわかり、現在ではメニエール病の原因は内リンパ水腫であることがわかっています。

メニエール病は、近年増加する傾向にあります。かかりやすいのは30～40歳代の働き盛りの人で、以前は男性に多かったのですが、最近、女性が増えてきました。過労や慢性の睡眠不足、職場や家庭での人間関係のもつれ、身内の不幸や家事・育児の疲れなどが発症の引き金になると考えられます。

原因

メニエール病は「内リンパ水腫」が原因であることがわかっていますが、どのような原因で内リンパ液が過剰になるのかはまだわかっていません。内リンパ液は、蝸牛の血管条や前庭の感覚上皮にある暗細胞でつくられ、内リンパ嚢で吸収（排泄）されます。内リンパ水腫の原因は、内リンパ嚢の先天的な異常や炎症による線維化、水分代謝や塩分代謝に関係するホルモンの影響という報告もありますが、確実にはわかっていません。

いっぽうメニエール病は、さまざまなストレスが発症の引き金となり、几帳面でまじめな性格の人や完璧主義者におこりやすい傾向があります。このようなストレス、個人の性格やライフスタイルが内耳に変化（内リンパ水腫）を引き起こすのではないかとも考えられています。

症状

回転性めまい発作をくり返し、発作がおこるたびに耳のつまった感じ（耳閉塞感）や耳鳴りが強くなることが特徴です。発作は1度だけではなく、何度かくり返しおこりますが、その間隔は一定しておらず、いつおこるかは予測できません。1回のめまいは、30分から2～3時間ほどつづき、しだいに治まります。

めまいがおこると同時に、あるいは少し前後して、左右いずれかの耳閉塞感や耳鳴り、聞こえが悪くなるなどの症状（蝸牛症状）がおこり、めまいが治まったら、それらも同様に治まります。また、めまいがおこると、動悸や吐きけもおこり、吐いてしまうこともしばしばあります。

発作がおこっていないとき（間欠期）には、ふつうの生活や仕事ができますが、軽いふらつきや耳鳴りを感じることもあります。

検査と診断

問診により、①めまい発作をくり返す、②めまい発作時に、片側の耳鳴りや耳閉塞感が強くなり、治まると軽くなる、③ほかに、脳の異常など、めまいをおこす原因がみあたらない、という診断基準にあてはまれば、メニエール病を疑い、聴力などの検査を行います。

聴力検査では、特徴的な結果がみら

◎メニエール症候群

　メニエール症候群は、耳鳴り、聴力障害（聞こえの異常）、めまいの症状をもつ病気すべてをさす名称です。ある1つの病気につけられた病名ではなく、いくつかの病気がこれに含まれるような、病気の集合体です。これに対してメニエール病は、内リンパ水腫によっておこり、診断基準に合致する1つの病気につけられた、れっきとした病名です。

　昔、めまいは脳の病気と考えられていましたが、1861（文久1）年にフランスの内科医メニエールが、内耳の病気でめまいをおこしたケースを報告し、めまいは耳の病気からでもおこることを世に知らしめました。後世の医者が彼の功績を称え、聴力障害や耳鳴りなどの耳症状をともなっためまい発作をメニエール症候群と呼ぶようになり、このことばが使われるようになりました。

れます。病気の初期で、めまい発作がおこる前後のときに左右いずれかの耳で低音（低いピッチの音、男性の声など）の聞こえが少し悪くなっています。発作が治まってしばらくすると、聞こえは回復します。初期のうちにしっかり治療すれば、多くはその後、発作もおこらず治ります。ところが、不幸にして経過が悪く、病気が進行すれば、高音部（高いピッチの音、女性の声など）の聴力が悪くなります。こうなるとなかなか回復しません。さらに進行すると、低い音から高い音まですべての周波数において聴力が悪くなります。

　このような経過をたどれば、片方の耳の聴力が悪いという後遺症を残してしまうことになります。最終的には、片側の内耳のはたらきがなくなってしまう（廃絶する）と、めまいの発作はおこらなくなります。

　内リンパ水腫の検査には、薬を使用して聴力が回復するか調べるグリセロールテストやフロセミドテスト、蝸牛神経のはたらきを調べる蝸電図などがあります。

◇薬物治療と生活改善を

治療

　めまい発作がおこっているときと、発作がなく、落ち着いているときに分けて説明します。

①めまい発作時　めまい発作がおこっているときには、少しでも楽な姿勢をとり、できるだけ頭を動かさないようにして安静を保ちます。部屋を暗めにして、動く物（テレビの画面など）を見ないようにします。

　薬は、めまいを和らげる作用をもつ抗めまい薬、もっともつらい症状である吐きけや不安感を抑える薬などを用います。吐きけが強く、頓服薬を飲むことができない場合には、注射や点滴で治療します。また、内リンパ水腫を軽くする目的で、副腎皮質ホルモン（ステロイド）剤や利尿薬を用いることもあります。

②めまい発作が治まっているとき　発作がおこっていないときにも、今後のめまい発作の回数を減らすために（発作予防）、悪化した聴力を回復させるために、また聴力がこれ以上悪化するのを食い止めるために、治療をつづけることが必要です。

　最初に選択されるのは、薬の治療と生活指導です。薬の種類は、利尿薬を中心に、内耳循環改善薬、鎮静薬などを組合わせて処方されます。

　生活指導は、ストレスの回避、睡眠時間の確保、休息、趣味、軽い運動の奨励などが主体です。これらの治療で、大多数の人の症状が落ち着きます。

　それでもめまいが頻繁におこり、日常生活や仕事に大きな支障をきたす場合には、耳に内耳毒性をもつ薬を注入して、内耳の機能を廃絶させる治療や、内リンパ嚢開放術、前庭神経切断術、迷路破壊術などの手術を考えます。ただし、これらの手術によって、耳の聞こえが悪くなることもあるので、重症のメニエール病の人だけが対象です。

　高齢者では術後にふらつきが長くつづくことが多いため、手術や鼓室内薬物注入は適当ではありません。最近では、鼓膜に換気チューブを置き、中耳に圧を加える器具を用いる治療も効果があることがわかっています。めまい

◎全身の病気と内耳障害

難聴やめまいにほかの異常を合併する病気がいくつか知られており、多くは遺伝子の異常による病気です。ミトコンドリアDNAの3243番目の塩基に変異がおこると、糖尿病と難聴を発症します。母系遺伝（父親からの因子は子に遺伝しない）を示します。

遺伝子に変異がおこると、甲状腺腫（1482頁）と難聴を合併する**ペンドレッド症候群**を、あるいは**前庭水管拡張症**（甲状腺腫はなく、聴力が変動するタイプの難聴）を発症します。

家族性腎疾患に難聴をともなうものを**アルポート症候群**といいます。10～20歳ごろ発症し、両側性進行性の難聴を示します。

コーガン症候群は、非梅毒性角膜炎に耳鳴り、感音難聴、めまいをともないます。

フォークト・小柳・原田病（1841頁）は、虹彩毛様体炎、脈絡膜炎、脱毛、白髪をおこ

発作の回数や程度を少なくする効果はありますが、聴力を回復させる効果は少ないようです。これはからだへの負担や聴力障害の危険が少ない治療なので、メニエール病の治療法のひとつとして、今後期待されます。また、うつ傾向や不安傾向の強い場合には、心理治療（患者の心理状態を分析し、それに応じたアドバイスをする、からだがリラックスするような自律訓練を行うなど）が功を奏することもあります。

予後

メニエール病は、難病だとか、治らないという先入観をもつ人もいます。確かに、数か月以上にわたる通院治療は必要ですが、大多数は日常生活も仕事も平常通りできる程度に回復していきます。一部の人では、頻繁におこるめまい発作のために日常生活に支障をきたし、鼓室内薬物注入や手術を余儀なくされます。

めまいや耳鳴り、耳閉塞感を感じたら、1度は医師の診察を受け、メニエール病と診断されたら、通院と生活改善によって、初期のうちに完治させることが最善の方法です。

内耳炎／ウイルスによる内耳障害

Internal Otitis / Viral Labyrinthitis

どんな病気か

細菌やウイルスの侵入によって内耳に炎症がおこり、めまいや聞こえの異常をきたす病気を内耳炎といいます。

内耳炎には、①急性中耳炎（1125頁）が波及するもの、②髄膜炎（963頁）が波及するもの、③細菌やウイルスが血液を介して内耳に達するものの3通りがあります。

急性中耳炎では、内耳窓（中耳腔と内耳の境にある窓）や迷路骨壁を通じて内耳に炎症がおよび、頭痛、吐きけ・嘔吐、めまい、聴力障害がおこります。真珠腫（1128頁）により半規管の骨が破壊されると、外耳道に圧がかかるたびにめまいを生じるようになります（瘻孔症状）。

小児期に発症する両側高度感音難聴の多くは、髄膜炎によるといわれています。

血液を介して内耳に炎症を生じるものに、梅毒（2132頁）があります。先天性梅毒性内耳炎は胎内で感染し、先天性難聴の原因となります。後天性梅毒性内耳炎は40歳以降に多く、両側性で変動する難聴、メニエール病に似るめまいなどの症状をおこします。角膜炎やハッチンソン歯牙（中切歯に見られる形態異常）を合併します。

また、内耳はさまざまなウイルスによって障害を受けます。もっとも多いのは、流行性耳下腺炎（おたふくかぜ808頁）による内耳障害です。かかって数日後に、突然片方の耳が聞こえなくなります。子どもでは数年後になって、内耳障害に気づくことも多くあります。

残念ながら難聴は回復しないことが多いです。先天性風疹症候群（804頁上段）での難聴は両側性で重いものです。麻疹（はしか804頁）でも両側の重い難聴がおこることがあります。

治療

いずれも、原因疾患の治療とともに、内耳の炎症を抑え、機能回復のために、神経賦活薬やビタミン剤などを用います。

し、めまい、感音難聴をともなうことがあります。

イェルヴェル・ラング・ニールセン症候群は、家族性の心疾患に難聴を合併します。

遺伝子異常によりおこる難聴のうち、難聴以外の異常を合併するものを**症候群性遺伝性難聴**、難聴だけでほかの異常を合併しないものを**非症候群性遺伝性難聴**と呼びます。

遺伝子の異常以外では、白血病に難聴をともなうことがあります。原因のひとつは内耳出血によるもの、もうひとつの原因は、白血病が内耳をおかすことによるものです。そのほかに、血液透析中、妊娠中や産褥期に感音難聴が発症することがあります。

動揺病（乗り物酔い）
Motion Sickness

どんな病気か

車、船、電車や遊園地の乗り物などに乗っていると、気分が悪くなり、吐きけ・嘔吐などが生じる状態で、**車酔い**、**船酔い**などといわれています。個人差が大きいのですが、酔いやすいからといって必ずしも病気ではありません。大画面に映る移動する映像でおこる**シネマ酔い**なども動揺病のひとつです。

症状

吐きけ、顔面蒼白、冷や汗、生つば、嘔吐とともに軽いふらつきがおこります。ふつうは、乗り物から降りると短時間に回復します。

原因

私たちは日常、目から入ってくる情報や筋肉などからの情報と平衡感覚を感じる内耳からの情報で、自分自身の位置を認識しています。乗り物に乗っていると、実際には自分は動いていないのに、からだは揺れたり傾いたりしているため、脳の中で位置関係が混乱して、乗り物酔いがおこると考えられています。

治療

酔いがひどくなってしまったら、乗り物から出て、症状が回復するのを待ちます。それがむりであれば、窓を開け、風を浴びて、深呼吸します。また衣服を緩めて、楽な姿勢をとるか、横になります。

動揺病には慣れがあるため、何回も乗り物に乗っていると、しだいに酔わなくなってきます。子どもは、成長とともにおこりにくくなります。

予防

運転手の真後ろや乗り物の前方の席に、進行方向を向いて座り、自分が運転しているつもりでいると酔いにくくなります。乗り物の中では、読書や携帯ゲーム機の使用などはしないことです。乗る直前に満腹にならないようにしますが、空腹もいけません。排便はすませておきましょう。もし寝不足の場合は、車内で寝てしまったほうがいいでしょう。

ガソリンのにおいなどで症状が誘発されることがあるので窓を開け、過剰に心配せず、楽しくすごしてください。市販の酔い止め薬を飲むのもひとつの方法です。

良性発作性頭位めまい症
Benign Paroxysmal Positional Vertigo (BPPV)

どんな病気か

めまい（1137頁）で、もっとも多くみられます。中年以降の女性に多い傾向があり、高齢者では、手術後など長期間の安静のあとにおこります。治療しなくても、多くは2～3週間程度で治ります。

症状

頭を動かしたときやそのあとなどに短時間のめまいがおこります。たとえば、寝たり、起きたり、寝返りをうったり、顔を洗おうとしたときなどです。回転性めまいのことが多いのですが、歩いているときにふわふわした感じがすることもあります。めまい以外の耳鳴り、難聴や手足のしびれなどの症状はありません。

原因

疲れや過度のストレス、頭を強くぶつけること、中耳炎（1125頁）や整形外科の手術後、長時間頭の位置が同じになるような状態に

◎中枢性頭位めまい（悪性頭位めまい）

頭を動かしたときにめまいが生じるという点では、良性発作性頭位めまい症（前頁）と症状は似ていますが、じっとしていてもめまいが止まりません。めまい以外に頭痛や手足のしびれなどをともなうこともあります。めまいだけでは、良性発作性頭位めまい症と見分けることがむずかしく、診断のために頭部CT、MRIなどを撮ることが必要になります。

脳出血（930頁）、脳腫瘍（476頁）などが隠れていて、命にかかわることもあるため、悪性といわれますが、頻度はまれです。

高血圧、脂質異常症、糖尿病などの基礎疾患があるとき、高齢者、めまいがなかなか治らないとき、ふらふらが強くてうまく歩けないときなどには注意が必要です。すぐに耳鼻咽喉科や脳外科を受診してください。

あることで、耳の奥にある内耳の三半規管の中にある耳石（1117頁図2）というカルシウム塊がはがれ落ちてしまいます。からだが動いたあと、はがれた耳石がバランスを感じる神経を刺激するためにめまいがおこります。

検査と診断 くわしく問診をすることで診断できます。特徴的なのは、座った姿勢から寝たり、寝た姿勢から起き上がったりすると、眼振（眼球の揺れ）が見られることです（これをめまいと感じます）。また左右に寝返りをうったときに、めまいがおこることもあります。じっとしていれば、1分以内にめまいは止まります。

治療 めまいを和らげるために内服薬、点滴を使うことがあります。頭の位置をいろいろと変える体操を指導する病院もあります（理学療法）。めまいをおこさないように、床についてじっとしている人がいますが、これはよくありません。

いちど治っても、再発することがあり、再発予防には、適度な運動、規則正しい生活などが有効と考えられます。

前庭神経炎
Vestibular Neuronitis

どんな病気か 特別な誘因もなしに、突然におこる激しいめまい発作です。めまい（次頁）、吐きけ以外の症状はありません。

原因 片側の前庭神経が障害されることにより、左右の前庭に不均衡が生じ、めまいがおこります。ウイルス感染や血液循環が悪くなったことが推定されますが、明確なことはわかりません。

症状 激しい回転性めまいで、吐きけ・嘔吐をともない、静かに寝ていてもつづきます。歩行が困難になります。2〜3日経つと、めまいは軽くなり、伝い歩きができるようになります。1か月くらいで、ほとんどの人は通常の生活に支障がなくなります。聞こえは悪くなりません。

検査と診断 左右いずれかの方向に向かう眼振（眼球の揺れ）が現れます。聴力検査は正常、あるいは以前から難聴があっても悪化はしません。ときに、耳に水をいれる検査（温度眼振検査）で、前庭機能の低下を確認します。脳の病気を否定するためにMRIを撮影することもあります。

治療 最初の2〜3日は安静にして、点滴します。めまいを抑える薬、血液の循環を改善させる薬、ビタミン剤、副腎皮質ホルモン（ステロイド）剤などを加えることがあります。吐きけが治まってきたら、指を見つめながらくびを左右にゆっくり振る、転倒に気をつけながら歩くなどの運動を勧められることがあります。

予後 軽い前庭障害であれば、その機能は回復する可能性があります。障害が強いと、機能が回復しないこともあります。しかし、小脳や反対側の健康な内耳などが補ってはたらくので、日常生活は問題なくすごせます。高齢者や初期に安静を守りすぎた人では、機能の補いが不十分で、ふらつきが残ることがあります。原因不明なので、再発がないとはいいきれませんが、激しいめまい発作をくり返すことは、ふつうありません。

めまい（眩暈）

(Vertigo Dizziness)

❖めまいの症状

「自分は静止しているのに、ぐるぐる回っているように感じる（**回転性めまい**）」「静止している景色が流れているように感じる」「かたい地面を歩いているのに、雲の上を歩いているように感じる」などの、異常な感覚がめまいです。ふらついてまっすぐに歩けないこともめまいの可能性があります。

また、**眼振**という眼球の異常な動きが出現することもあります。内耳が障害されておこる眼振は、左右どちらかに向かってリズミカルに目が揺れることです。吐きけ、嘔吐をともなうことがあります。

めまいであれば原因を問わず、吐きけをともなってもおかしくはありません。

❖めまいの原因

いろいろな原因でめまいはおこります。

からだのバランスがくずれると、めまいを感じます。バランスは、内耳（三半規管、耳石）、目、筋肉・関節などからの情報を脳が集めて処理し、目や筋肉が正しく動くように指示することで保たれています。メニエール病（1132頁）、前庭神経炎（前頁）、良性発作性頭位めまい症（1135頁）のように内耳に障害があるときは、正常とは異なった情報が脳に伝わるため、バランスを維持できなくなります。

また、小脳出血（933頁）のように脳の障害があると、情報を正確に処理できず、さらに筋肉に適格な動きをするように指示できないためにめまいがおこります。

高齢者では、脳に集まってくる情報の精度が悪下し、脳の処理能力も低下しているので、若いときと同じようにはバランスを維持することができなくなります。

ストレス、気分の落ち込みなどのこころの問題でもめまいを訴えることがあります。メニエール病のように、こころの問題が内耳の障害をもたらして、めまいをおこすこともあれば、自律神経に影響を与えてめまいが生じることもあります。

ＭＲＩで脳を撮影したら小脳に出血があった、ＣＣＤカメラやフレンツェル眼鏡（眼球を拡大して観察できる眼鏡）という検査機器で眼振を観察できたなど、検査で異常が見つかると、めまいの原因を診断する際の助けになります。

しかし、異常な所見が見つからないめまいも多くあります。受診したときには、すでに異常な所見が消えている場合や、異常が軽いために所見がつかめない場合、あるいは、こころの問題でおこっているめまいの場合などもあります。

このような場合は、１回の診察で診断がつかないこともありますので、定期的に受診したり、再びめまいがおこったときに検査を受けることが勧められます。

❖受診する科

耳鼻咽喉科、内科、脳神経外科、心療内科など、いろいろな診療科でめまいを診察・治療しています。めまいの原因によって、初めに受診した診療科から、別の診療科を紹介されて、そこで治療を行うこともよくあります。

たとえば、激しい頭痛、手足や顔のまひ（動かしにくい、感覚がおかしい）をともなう場合、高血圧、糖尿病、不整脈などを抱えているような人は、内科・脳神経外科を受診することをお勧めします。

片側の難聴・耳鳴りがいっしょにおこったようなめまいや、頭を動かしたときだけにおこる数秒のめまいなどでは、耳鼻咽喉科を受診することをお勧めします。

聴覚の異常

老人性難聴 Presbyacusis

どんな病気か

もともと聞こえに問題のなかった人が、高齢になるにつれて聞こえが悪くなった状態です。

初期では、聞こえにくさはほとんどなく、多くの場合は静かなところで「キーン」や「ジー」というような高い音の耳鳴りを自覚します。進行すると、サ行の音などから、ことばの聞きちがいが多くなってきます。

原因

音を感じとる蝸牛の感覚細胞や、そこから脳に至る神経および脳細胞は、年齢とともに数が減少し、再び増えることはないため、音を捉えたり、脳内で音の情報を処理したりする機能が低下し、難聴がおこると考えられています。

検査と診断

聴力検査で、両耳ともに高い音ほど聞こえが低下する特徴的な症状があれば診断可能です。左右で聴力に差があったり、高音部中心の聴力低下ではない場合は、ほかの原因がないことを確認して診断します。

治療

難聴を直接回復させる方法はありません。日常会話に支障がでてきた場合は、補聴器（1120頁）で音を聞こえる大きさに調節し、コミュニケーションの改善をはかります。

日常生活の注意

聴覚に悪影響を与える因子に、喫煙、動脈硬化、ストレス（内耳リンパ圧を変動させる）が知られています。したがって、一般的な老化防止、心身の健康管理や適度な運動、病気はきちんと治療しておくことなどがたいせつと考えられます。

騒音性難聴 Noise-induced Hearing Loss

どんな病気か

くり返し騒音にさらされたために聞こえが悪くなった状態です。聞こえの低下、耳鳴りが現れます。とくに大きな音にさらされて、1度だけでも聞こえが悪くなる場合は、**音響外傷**と呼ばれます。

原因

大きな音の力で内耳（蝸牛）の感覚細胞が傷つけられることで生じます。感覚細胞には再生能力がないため、細胞が完全に傷害されると聴力は回復しません。

検査と診断

3～6KHz付近のやや高い音に障害がおこりやすく、聴力検査でこの高さの聴力だけが低下していれば、騒音性難聴の可能性が高いと診断できます。しかし、難聴が進行すると、広い周波数の範囲で聴力が低下するため、聴力検査だけで、他の難聴と区別することは困難となります。

治療

音響外傷のように、急に聴力が低下した場合では、薬の内服や注射で回復する場合もありますが、くり返し騒音にさらされて、聞こえが悪くなった場合には、回復は困難なので、予防が重要となります。

予防

騒音のあるところで作業などを行うときは、耳栓や耳あてをして、耳を保護してください。また、聴力検査を定期的に受けて、難聴の早期発見につとめましょう。難聴の発生は、音の大きさと音にさらされる時間の長さにもよるとされるので、ヘッドホンなどで大きな音を長時間聞かないようにすることもたいせつです。

◎聴性脳幹インプラント（ABI）

人工内耳（1140頁上段）が両側の内耳（蝸牛）の機能を失った人に行うのに対し、ABIは両側の蝸牛神経の機能を失った人に行います。両側の蝸牛神経の機能が失われる病気のほとんどが、両側の聴神経腫瘍（1140頁）で、遺伝子の病気である神経線維腫症（1844頁）のII型の人におこることがわかっています。

ABIは、人工内耳とほぼ同じような器械で、体外装置と体内装置からなっています。手術によって電極を埋め込む場所は、脳幹にある蝸牛神経核です。

聞こえは人工内耳ほどよくなりませんが、読話（1195頁）とABIを併用することで、ある程度、会話が理解できるようになるといわれています。しかし、読話を併用しないと半分もわかりません。今後の技術の発展により、さらに改善が期待される分野です。

突発性難聴
Sudden (Sensorineural) Hearing Loss

どんな病気か

突然、聞こえが悪くなる病気で、通常は片側だけにおこります。いつ難聴がおこったかを自覚していることが多く、聞こえないことよりも、耳鳴りや耳の閉塞感を強く感じる場合があります。めまいやふらつき、ときに吐きけをともなう激しいめまいを合併します。40～50歳代に多く、子どもや高齢者にもおこります。

原因は不明で、内耳の循環不全やウイルス感染の関与が推測されます。

検査と診断

純音聴力検査で、感音難聴（1142頁）を確認します。低周波数領域だけが障害されている場合には、低音障害型感音難聴の可能性も考えます。耳垢栓塞（1122頁）、メニエール病（1132頁）、外リンパ瘻（次項）、聴神経腫瘍（次頁）などの鑑別も行います。

治療

一般的には副腎皮質ホルモン（ステロイド）剤、循環改善薬、代謝賦活薬、ビタミンが使用されます。星状神経節の神経ブロック（976頁）や高気圧酸素療法などが用いられることもあります。早期治療ほど効果が高く、発症から治療まで2週間以上経った例では聴力の改善は困難です。

日常生活の注意

心身の疲労を避け、内耳の循環障害の原因となる動脈硬化を防ぐようにします。

約30％の例では完治しますが、残りの例では難聴や耳鳴りなどの後遺症が残ります。めまいを合併すると経過が悪いとされますが、再発や両側の耳に発症する例はほとんどないので、過度に心配する必要はありません。

外リンパ瘻
Perilymphatic Fistula

どんな病気か

内耳の中にあるリンパ液が中耳に漏れることで、めまい、水が流れるような音の耳鳴り、難聴を生じる病気です。一般的に、症状は進行していきます。

原因

頭部外傷や、耳小骨のアブミ骨手術後、内耳形態異常、梅毒（2132頁）などが原因で、内耳窓に破綻が生じて、リンパ液が漏出します。また、鼻をかんだり、激しいせき、スキューバダイビングや飛行機の離着陸時などの急激な気圧の変化によって、孔が生じることもあります。

症状

多くは急性の感音難聴（1142頁）を示すほか、外耳・中耳の減圧や加圧で強くなるめまい、眼振（眼球の揺れ）がみられることがあります（瘻孔症状）。

手術で試験的鼓室開放術を行って、リンパ液の漏出を確認すれば、診断できますが、ごく少量の漏出では顕微鏡でも観察できないことがあります。

治療

なるべく安静を保ち、就寝時は頭部を30度程度心臓より高くして、内耳にかかる脳脊髄液圧を低くします。これにより、孔が自然閉鎖することもありますが、症状が進む場合には早期治療が必要で、試験的鼓室開放術によって孔を閉鎖します。手術後には、めまいは改善しますが、聴力は改善しない場合が多くあります。

手術後もしばらくは興奮や、気圧の変化を避けるようにします。

◎人工内耳

人工内耳は、両耳が90 dB以上の難聴で、しかも補聴器を使ってもほとんど役に立たない人に行う治療です。小児では1歳半より使用できます。補聴器をつければ、ある程度会話が理解できる人は、人工内耳の適応にはなりません。人工内耳の装用については、担当医師と十分相談して決定してください。

音を増幅する補聴器とちがい、音を電気信号に変え、直接、蝸牛神経に伝えます。人工内耳の器械は体外装置と、手術で埋め込む体内装置からなっています。

人工内耳が音を伝えるしくみは、まず、体外装置で音を拾い、音声信号をデジタル信

聴神経腫瘍
Vestibular Schwannoma

どんな病気か

からだの平衡感覚を司る前庭神経に生じる腫瘍です。前庭神経に並走する聴覚の神経（蝸牛神経）も障害されるため、難聴、耳鳴り、めまいを生じます。ほとんどが良性腫瘍ですが、大きくなると三叉神経や顔面神経（973頁）も障害し、顔面のしびれやまひをおこします。さらに、脳を圧迫するようになると、意識障害や呼吸障害などの危険性もあります。

原因不明ですが、両耳に聴神経腫瘍ができる神経線維腫症（1844頁）Ⅱ型では、遺伝的要因が関与します。

検査と診断

進行性の難聴や突発難聴を生じ、聴力検査で感音難聴（1142頁）を示します。聴性脳幹反応や平衡機能検査で大多数に異常がみられますが、診断にはＭＲＩが不可欠です。

治療

手術による摘出が基本的な治療です。しかし、年齢や健康状態、腫瘍の大きさなどの条件によっては、経過観察していく場合もあり、主治医とよく相談する必要があります。最近では放射線による治療〔ガンマーナイフ（454頁）や分割照射など〕も行われています。

心因性難聴
Psychogenic Deafness

どんな病気か

難聴（1142頁）をおこすような耳の病気はなく、また、日常生活での会話によるコミュニケーションには何の支障もないにもかかわらず、聴力検査を行うと、難聴が認められます。本人が難聴を訴えることもあれば、訴えないこともあります。聴性脳幹反応（音に対する脳波）など、自分で聞こえるか聞こえないかを答える必要のない検査では、難聴は認められません。前思春期（10歳前後）の児童、とくに女の子に多くみられます。

原因

児童では学校でのいじめ、受験、友人や教師との関係、家庭での人間関係など、成人では職場の人間関係、家庭生活など、なんらかのストレスがあるにもかかわらず、ストレスをことばでうまく表現できないため、からだに難聴として症状がでる心因反応のひとつといわれています。

症状

日常生活には支障がありませんが、聴力検査では片側あるいは両側の感音難聴を示します。難聴や耳鳴り、耳の痛みなどの耳症状を訴えたり、近視や視野狭窄などの視力障害を合併することもあります。

治療

原因となっているストレスが解決されると、聴力検査も正常になります。日常生活に支障がないので定期的に聴力検査を行って、経過を観察することもあります。心理治療など、ストレスに対する治療を行うことも有効です。

日常生活の注意

ストレスが解決されると、聴力検査は正常化し、治療後の経過は悪くありません。しかし、将来、ほかのからだの部位に心因反応が現れることもあります。

本人をとり囲む環境、人間関係、ストレスなどに注意を払いつつ、過干渉、溺愛、厳格といった極端な態度とならないように気をつけます。

号に変換し、体内装置に送ります。体内装置ではデジタル信号を電気信号に変換して、電極に送ります。電極は蝸牛神経を刺激し、この刺激が脳に伝わって、音として認識されるわけです。

体内装置は、手術によって耳の後ろの側頭骨に埋め込まれ、体内装置の一部である電極は蝸牛に挿入されます。

埋め込み手術のために1～2週間程度入院します。装用後にすぐにことばが理解できるようになるわけではなく、ことばを理解するための継続的なリハビリテーションが必要です。リハビリテーションの意欲がない人は、人工内耳をしてもうまく聞こえるようにはなりません。ことばを獲得する前の幼児に行った場合は、医療機関と教育機関、家族が協力して訓練を行う必要があります。

日常生活では、強い衝撃や静電気などに気をつける必要がありますが、それ以外は特別な制限はありません。

薬剤性難聴
Ototoxic Deafness

どんな病気か

治療用の薬剤によって、内耳が障害されておこります。

高音の耳鳴りがつづき、やがて、両耳で高音から始まる難聴が徐々に進行します。腎機能などの全身状態が悪い場合は、難聴が強くなりがちです。

アミノグリコシド系抗生物質、抗がん剤による難聴は、使用から数日以内で発症することが多いのですが、数年を経て徐々に進行する場合もあり、難聴はずっとつづきます（永続性）。

利尿薬、抗炎症薬による難聴は、大部分が薬の使用中止で回復します。

治療

アミノグリコシド系抗生物質や抗がん剤による難聴の場合には、代謝賦活薬、血行改善薬、副腎皮質ホルモン（ステロイド）剤などを用いますが、あまり効果は期待できません。そのため、これらの薬剤使用中に、難聴や耳鳴りが生じた場合は、直ちに使用を中止するか、他の薬剤に変更します。永続性難聴に対しては、補聴器（1120頁）あるいは人工内耳（前頁上段）で対応します。

予防

アミノグリコシド系抗生物質や抗がん剤の使用をつづける場合には、定期的に純音聴力検査を行います。母系の親類にアミノグリコシド系抗生物質による難聴者がいる場合は、アミノグリコシド系抗生物質の使用をできるだけ回避すべきです。

遺伝性難聴
Hereditary Deafness

どんな病気か

遺伝子に原因があり、難聴となる病気です。先天性難聴の約半数は、遺伝性難聴です。小児期や若年成人に発症する原因不明の両耳の難聴もその多くが遺伝性難聴です。

症状

大部分が両側性の難聴で、難聴だけの場合と、糖尿病、心臓病、腎臓の形態異常などがある場合があります。発症は、先天性の場合と小児期などに発症する場合があり、さらに徐々に進行する場合と進行しない場合があります。難聴の程度も、軽度から高度までさまざまです。

検査と診断

問診、身体検査、各種の聴力検査、耳のCT、MRIなどの検査により、遺伝以外の原因がないかどうかを調べます。難聴の家族歴、難聴の特徴（発症時期、障害されている周波数や程度、障害部位など）および難聴以外の症状などから、原因として疑われる遺伝子を調べて診断します。遺伝性難聴の診断に際しては、遺伝相談（576頁）が行われます。

原因となる遺伝子は数百種類あると考えられています。

治療

根本的な治療法はまだないため、聴覚障害を補聴器（1120頁）または人工内耳（前頁上段）で補います。先天性に発症した場合には、言語聴覚リハビリテーションの早期開始が言語発達のためには重要です。

予防

内耳に前庭水管拡張症（1134頁上段）をともなう場合、頭部への衝撃を避ける必要があります。難聴のほかにも疾患をともなう原因遺伝子が見つかった場合には、各疾患の予防と早期発見による対応が重要です。

伝音難聴と感音難聴

❖難聴のいろいろ

難聴は、伝音難聴・感音難聴・混合難聴の3つに大きく分けられます。

伝音難聴は、音が伝わっていく過程の伝音機構に障害が生じたための難聴で、外耳や中耳の障害によっておこります。

感音難聴は、伝わった音の物理的な信号が内耳（蝸牛）の感覚細胞で電気信号に変換され、それが蝸牛神経に伝わって、大脳で音として認識されるまでの感音機構に障害がおこったときに生じる難聴です。内耳の障害でおこる**内耳性難聴**（**蝸牛性難聴**）と、蝸牛神経から大脳までの障害でおこる**後迷路性難聴**の2つにさらに分類されます。感音難聴の多くは、内耳性難聴です。

混合難聴は、伝音難聴と感音難聴が混在しておこったものです。

そのほか難聴のおこる時期によって、**先天性難聴**（生まれつきの難聴）と**後天性難聴**（生まれたあとにおこった難聴）に、また難聴のある側によって、**一側性難聴**（片側だけの難聴）と**両側性難聴**に、難聴の程度によって**軽度難聴・中等度難聴・高度難聴・重度難聴・聾**にそれぞれ分類できます。

❖伝音難聴の特徴と原因

伝音難聴は、音の感覚機構そのものには障害がなく、聞こえの歪みなどはおこらないため、病気に応じた治療（鼓室形成術などの手術や薬剤など）や補聴器の装用などによって、伝音機構を修復したり、耳に入る音を大きくしたりすれば、聞こえがよくなります。

原因となる病気には、耳垢栓塞（1122頁）、外耳道閉鎖症（631頁）、耳管狭窄症（1131頁）、急性中耳炎（1125頁）、慢性中耳炎（1128頁）、滲出性中耳炎（1126頁）、真珠腫性中耳炎（1128頁）、鼓膜外傷、耳硬化症（1130頁）などがあります。

❖感音難聴の特徴と原因

感音難聴は、音の感覚機構そのものが障害を受けているため、さまざまな聞こえの歪みが生じます。

たとえば、高い周波数領域が障害されるタイプ〔老人性難聴（1138頁）など〕では、母音は聞きとれても子音の聞こえが悪く、聞きちがいが多くなります。また、小さい音が聞きとりにくく、大きい音は大きく響いて不快になったりします。耳鳴りをともなうことが多いのも特徴です。

原因となる病気には、老人性難聴、薬剤性難聴（前頁）、内耳炎（1134頁）、突発性難聴（1139頁）、騒音性難聴（1138頁）、メニエール病（1132頁）、急性低音障害型難聴（低音が聞こえにくい難聴）、聴神経腫瘍（1140頁）などがありますが、原因不明のものも多くあり、決め手となる治療法のないケースも少なくありません。

❖難聴の程度

難聴の程度は、純音聴力検査で測定します。聴力はdB（デシベル。音の強さを表す）で表されます。数字が大きいほど聴力が悪い、つまり難聴の程度は重いということになります。

平均聴力レベルが20dBまでを正常聴力、21〜40dBまでを軽度難聴、41〜70dBまでを中等度難聴、71〜１００dBまでを高度難聴、１０１dB以上を重度難聴、まったく聞こえない場合を聾と判定します。

両耳の聴力が40dBを超えると、日常生活に支障をきたし始め、補聴器が必要になる人が多いようです。また、両耳の聴力が70dB以上、または片方の耳が50dB以上で、もう片方が90dB以上の難聴がある場合は、障害者自立支援法によって、補聴器（1120頁）を交付される対象となります。

耳鳴りとは

❖問題となる耳鳴りとは

その人の周りでは、音源となるものがないのに、音を感じる聴覚現象を耳鳴り（耳鳴）と呼びます。耳鳴りは、ほとんどの人が経験するもので、音のほとんどない静かな場所にいると感じることもあります。

耳鳴りそのものは病気ではなく、1つの症状です。耳鳴りで問題となるのは、①耳鳴りの原因となる病気がある場合、②耳鳴りがあることで心理的な苦痛（不安、イライラ、うつ状態など）や生活の障害（集中力が落ちる、生活を楽しめない、眠れないなど）がある場合です。継続的に耳鳴りがする場合や難聴をともなう場合は、病気が隠れていることがあるので、耳鼻咽喉科を受診しましょう。

❖耳鳴りの分類

本人しか感じない**自覚的耳鳴**と、他人にも聞こえる**他覚的耳鳴**に大きく分けられます。

▼自覚的耳鳴　耳鳴りのほとんどは、自覚的耳鳴で、この耳鳴りは他の人には聞こえません。自覚的耳鳴は、難聴をおこす病気にともなっておこることが多いのですが、検査をしても難聴がないこともあり、これを**無難聴性耳鳴**と呼んでいます。

▼他覚的耳鳴　他覚的耳鳴は、検査すれば医師に聞きとれる音が、実際鳴っている状態です。その音は、耳の周りの筋肉が収縮する際の雑音が「カチカチ」「コツコツ」と聞こえるものだったり、血管内の血流による雑音が聞こえるものだったりします。

❖原因となるおもな病気

耳鳴りは、耳の病気でおこることがほとんどですが、全身の病気によってもおこることがあるといわれています。耳の病気では、内耳の病気が原因となることが多いようです。

▼外耳の病気　耳垢栓塞（1122頁）、外耳道異物

▼中耳の病気　急性中耳炎（1125頁）、慢性中耳炎（1128頁）、滲出性中耳炎（1126頁）、耳硬化症（1130頁）

▼内耳の病気　突発性難聴（1139頁）、メニエール病（1132頁）、老人性難聴（1138頁）、音響外傷・騒音性難聴（1138頁）、薬剤性難聴（1141頁）、外リンパ瘻（1139頁）、内耳炎（1134頁）など

▼その他の病気　聴神経腫瘍（1140頁）、脳腫瘍（476頁）、動脈硬化（1407頁）、血圧の異常、血液疾患、糖尿病（1501頁）、自律神経失調症（914頁上段）、不安症（1017頁）、うつ病（1011頁）など

❖耳鳴りの治療

原因となる病気の治療が、第一です。

原因が不明の場合や、原因となる病気の治療がうまくいかない場合もあり、その場合には、耳鳴りによっておこる心理的な苦痛や生活の障害を軽くする治療を行います。

静かな環境では耳鳴りが際立ってつらいことが多いので、音を聞くことで耳鳴りを慣らす**音響療法**がまず行われます。耳鳴りより少し小さな音を長く聞くのがよいとされています。ラジオの局間ノイズや音楽など、自宅で利用できる音を使ったり、専門の音をだすサウンドジェネレーターを使うこともあります。

程度がひどい場合は、抗うつ薬などの服用や心理療法（カウンセリング、自律訓練法（1052頁）、認知行動療法（1051頁）など）を行うこともあります。また、耳鳴りによって、生活の意欲がなくなったり、食欲が低下したり、物事に興味がなくなってくることがあります。その場合は、うつ病が潜んでいる可能性がありますので、必ず専門医に相談しましょう。

からだの疲れや精神的なストレス、睡眠不足などは、耳鳴りを悪化させる可能性があります。規則正しい生活を心がけましょう。

顔面神経の異常

◎顔面神経まひをおこす病気

顔面神経は大きく分けると5つの神経から構成されています。1つは顔面の筋肉を動かす神経（顔面神経運動枝）、もう1つは味覚を伝える神経（鼓索神経）、そして涙と唾液の分泌を刺激する神経と、内臓感覚を伝える神経、アブミ骨筋神経です。アブミ骨筋は、耳小骨のひとつのアブミ骨を引っ張って、強大音から内耳を保護する役割を担っています。

顔面神経は、脳神経のなかでまひが生じる頻度がもっと

特発性顔面神経まひ
Idiopathic Facial Palsy

どんな病気か

顔面神経まひの6～7割はこの特発性顔面神経まひで、**ベルまひ**とも呼ばれます。

特発性とは原因が不明であることを示す医学用語で、特発性顔面神経まひは長い間原因不明と考えられていました。しかし近年、この特発性顔面神経まひの3分の2は、単純ヘルペスウイルスの再活性化が原因と考えられるようになりました。なんらかの原因で、顔面神経内でヘルペスウイルスが再増殖し始め、神経に浮腫（むくみ）が生じ、頭蓋骨に包まれた部分で顔面神経が絞厄され（締めつけられ）て、まひがおこると考えられています。

症状

顔面神経を構成するほぼすべての神経領域で機能障害が生じます。

もっとも顕著な症状は、まひ側の顔面が動かないことです。額に皺を寄せたり、目を閉じたり、口笛を吹いたり、口を膨らませるといった顔面運動ができなくなります。また顔面表情筋の緊張がなくなるため、とくに高齢者で、まひ側顔面の皮膚が垂れ下がります。

目が閉じないことに加えて涙の分泌も減少するため、目が乾いて目の痛みが生じるばかりでなく、角膜潰瘍（1084頁）ができたり、角膜が混濁し、永続的に視力が低下することもあります。

さらに、舌のまひ側の前3分の2の領域に味覚障害（1208頁）も生じます。ただし、唾液は反対側の唾液腺から分泌されるので、口腔内の乾燥がみられることはごくまれです。

治療

特発性顔面神経まひは、治療しなくても70％の症例で、後遺症を残さず完全治癒するとされています（予後参照）。しかし、まひが強い場合には、早期に治療を開始しなければ、後遺症が残ることがあります。後遺症を残さないためには、頭蓋骨の中で顔面神経が絞厄されて神経線維が変性をおこす前に治療を始めて、神経線維の変性を防ぐことが重要です。

顔面神経が絞厄されるのは、顔面神経に浮腫が生じるためです。したがって、治療は顔面神経の浮腫を抑制することを目的として行われます。

まひが軽度であれば、無治療であっても、ほとんどの場合、まひを残さずに治癒します。

しかし、まひが強い場合には、顔面神経の浮腫を抑えるために副腎皮質ホルモン（ステロイド）剤を使用します。内服も可能ですが、大量のステロイド使用が必要な場合には、点滴で静脈注射します。ステロイドが使用できない場合には、グリセロールやマンニトールを点滴静注することもあります。また、原因となっているウイルスの増殖を抑制するために、抗ウイルス薬を併用する場合があります。しかし、抗ウイルス薬の治療効果については、まだ結論がでていません。これらの薬剤以外には、代謝賦活薬、循環改善薬、ビタミン剤なども併用されることがあります。

強いまひの場合には、薬物治療を行うだけではなく、手術を積極的に行って、顔面神経を包んでいる骨を取除き、顔面神経の絞厄を軽減するべきだと考

も高いとされています。それは顔面神経が頭蓋骨の中におおわれている部分が長いためと考えられています。頭蓋骨におおわれている神経に浮腫(むくみ)が生じると神経が締め付けられ、顔面神経まひがおこるわけです。顔面神経はいろいろな機能を担っているので、まひが生じると、顔が動かないばかりでなく、味覚の異常や目が乾くなどの多彩な症状が現れます。

浮腫の原因として頻度が高いのは、ウイルスの再活性化です。特発性顔面神経まひの3分の2は、単純ヘルペスウイルスの再活性化によるものと考えられています。ついで頻度の高いラムゼイ・ハント症候群も、水痘帯状疱疹ウイルスの再活性化によりおこります。このほか、頭部外傷、腫瘍(顔面神経鞘腫、耳下腺悪性腫瘍)、手術時の損傷、先天形態異常、遺伝疾患などでもおこります。また脳梗塞(934頁)や脳出血(930頁)なども原因になることがあります。

えている研究者もいます。しかし、手術の効果についても統一された意見がないのが現状です。

予後

特発性顔面神経まひは無治療であっても、70%の症例では後遺症を残さずに治癒します。顔面神経まひの予後は、発症早期のまひの程度で、ある程度推測することができます。不完全まひであれば、ほぼ全例が完全治癒します。いったん完全まひにおちいっても、発症後1か月以内にまひの改善傾向がみられる場合には、予後良好と判断することができます。

しかし発症後1か月経過しても、まったくまひの改善がみられない場合には、顔面神経線維に高度の変性が生じたと考え、神経線維の再生を待たねばなりません。

通常、発症後3～4か月経過して、初めてまひの改善傾向が現れます。ただし、このような症例では、不完全治癒にとどまり、顔面の拘縮(ひきつれ)、表情の異常共同運動、ワニの涙(食事の際に涙が出る)といった種々の後遺症が長くつづくことになります。

ラムゼイ・ハント症候群
Ramsay-Hunt Syndrome

どんな病気か

特発性顔面神経まひ(前項)についで顔面神経まひの頻度が高く、全顔面神経まひ症例の2割を占める病気で、**ハント症候群**ともいいます。

ラムゼイ・ハント症候群は、水痘帯状疱疹ウイルスの再活性化によっておこり、通常、顔面神経まひに加えて、耳介周囲や口腔内に水疱(水ぶくれ)が生じます。また、めまいや難聴が現れることがあります。

これらの症状がすべてみられるものを完全型、いずれかの症候を欠くものを不完全型と呼んでいます。

問題となるのは、顔面神経まひだけがみられるラムゼイ・ハント症候群です。この場合には、特発性顔面神経まひとの識別が困難で、病院などで特発性顔面神経まひと診断されている症例のなかには不完全型のラムゼイ・ハント症候群が含まれていると考えられています。このような不完全型ラムゼイ・ハント症候群は、**無疱疹性帯状疱疹**(ZSH)と呼ばれています。特発性顔面神経まひと無疱疹性帯状疱疹とは、ウイルス抗体価の測定やPCR法(ウイルスのDNAを増殖させて判定する方法)を用いて識別します。

治療

特発性顔面神経まひに準じた薬を使用します。ただし、発症早期(発症後3日以内)に治療が開始できた場合には、抗ウイルス薬が有効との報告もあるため、特発性顔面神経まひでは積極的に使用されていない抗ウイルス薬が、ラムゼイ・ハント症候群では、よく併用されています。

予後

完全型であっても不完全型であっても、ラムゼイ・ハント症候群で現れる顔面神経まひは、特発性顔面神経まひよりも強い場合が多く、約半数の症例で後遺症が残るとされています。

強いまひのあるケースほど、後遺症の頻度やその程度が高くなる傾向がみられます。また、顔面神経まひだけでなく、耳介周囲の痛み、めまいなどが長期に残る場合もあります。

鼻の病気

鼻は、呼吸のときの空気の通り道であるだけでなく、吸気中のごみを取除いたり、嗅覚や発声にも関係しています。

図1　外鼻

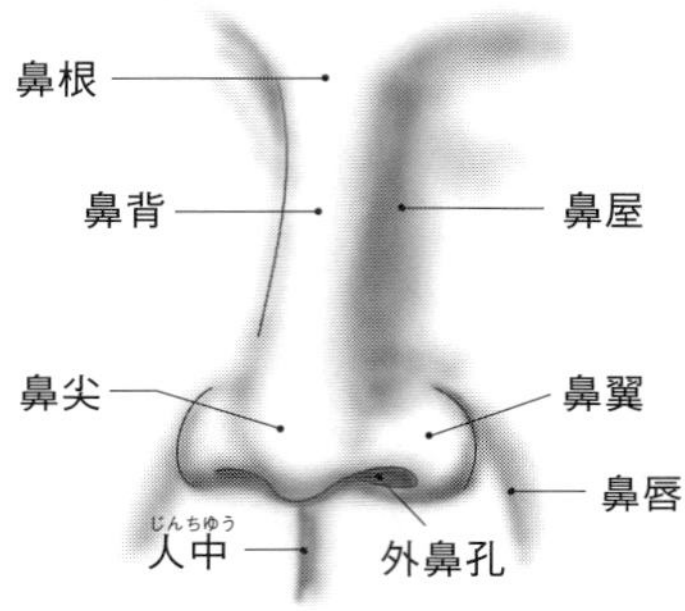

鼻のしくみとはたらき

◇鼻のおもな役割

鼻は、呼吸のときの空気の通り道としてはたらきます。そのほか、吸い込んだ空気の加温・加湿、吸い込まれた微生物や異物などに対する防御、においを感じる感覚器、発声の際に音を響かせる共鳴腔の役割などをはたしています。

鼻は場所により、**外鼻**、**鼻腔**、**副鼻腔**に分けられます。顔の外に張り出している部分を外鼻といいます（図1）。鼻の中の空気の通路を鼻腔といい（図2、4）、顔面の骨の中にある空洞を副鼻腔といいます（図3、4）。副鼻腔は、自然口という小さな出入り口で鼻腔とつながっています。

◉鼻腔のしくみ

鼻腔は、**鼻中隔**（1148頁図5）という中央の仕切りによって、左右に分かれています。動物の鼻中隔には、フェロモンの感覚器とされる鋤鼻器が存在しますが、人間では退化しており、比較的単純な構造をしています。

鼻腔の入り口を**外鼻孔**といいます。ここからやや入ったところで、ちょうど鼻翼で囲まれている部分を**鼻前庭**といいます。鼻前庭は皮膚でおおわれ、鼻毛が生えていて、吸気中の大きなごみを取除くはたらきをしています。

鼻前庭より奥の鼻腔は、皮膚ではなく粘膜すなわち**鼻粘膜**でおおわれていて、**固有鼻腔**といいます。鼻前庭と固有鼻腔との境を**鼻限**といいますが、ここは鼻腔がもっとも狭くなっているので**鼻弁部**とも呼ばれます。

固有鼻腔には、**鼻甲介**という3つのひだがあり、下から順に**下鼻甲介**、**中鼻甲介**、**上鼻甲介**といいます。上鼻甲介の上にさらに**最上鼻甲介**がある人もいます。

これらの鼻甲介は、固有鼻腔の外側の壁、すなわち鼻腔側壁にくっついています。鼻甲介によって、鼻粘膜の表面積が広がり、加温・加湿が効率よく行えるようになっています。さらに鼻腔側壁には、副鼻腔の自然口や、**鼻涙**

鼻のしくみとはたらき

図2　鼻腔側壁

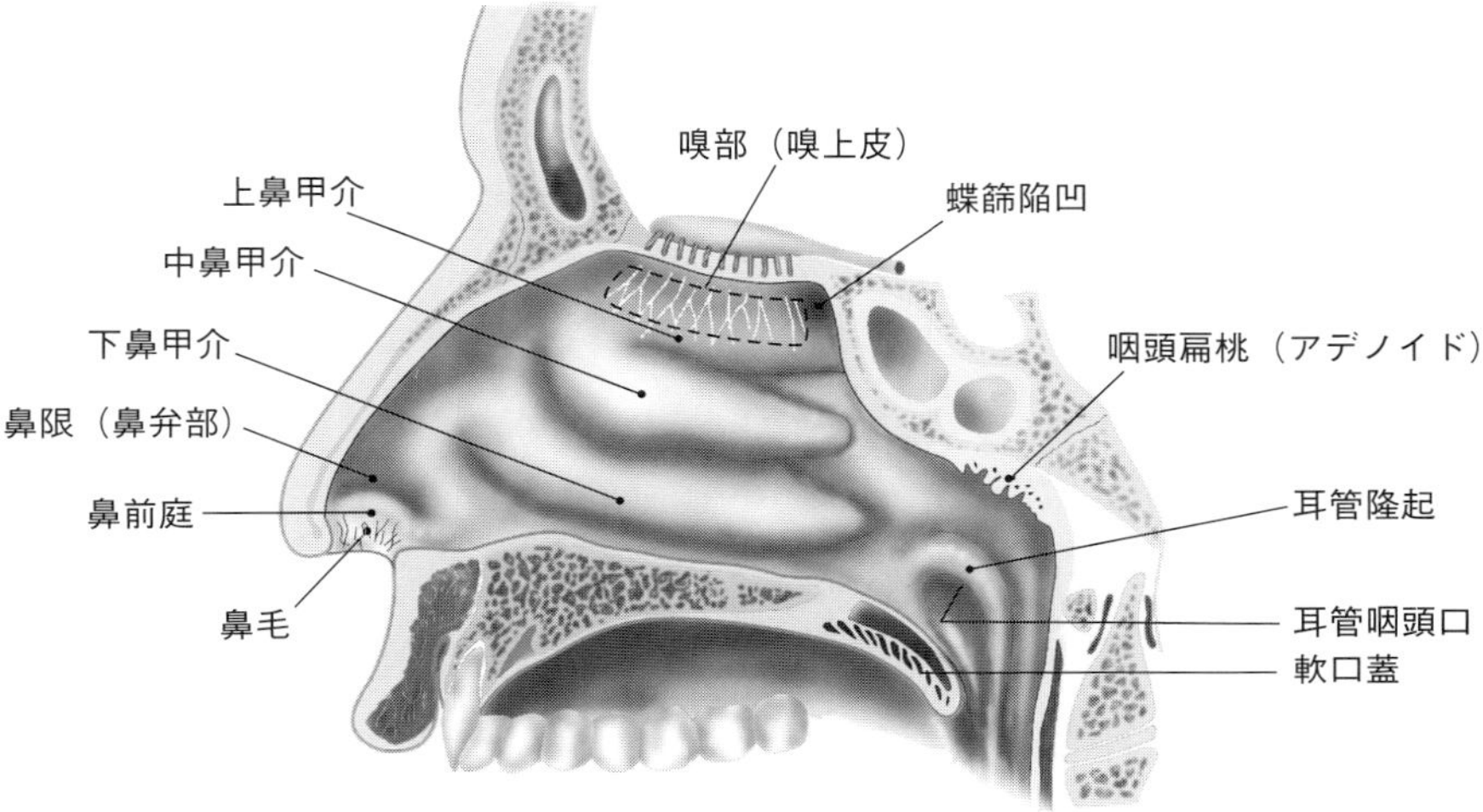

図3　副鼻腔

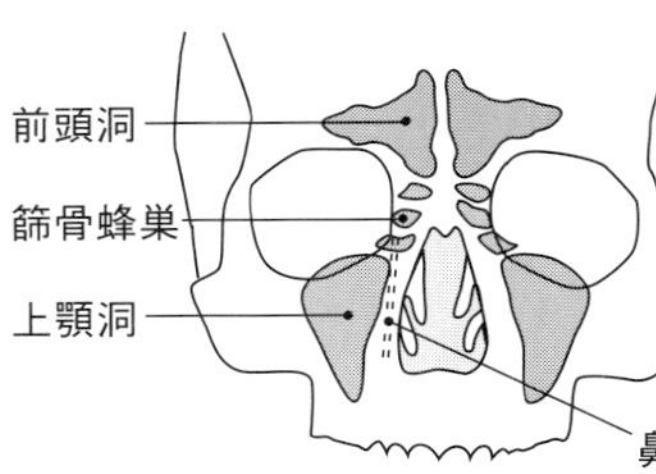

蝶形骨洞は図4参照

図4　鼻腔と副鼻腔

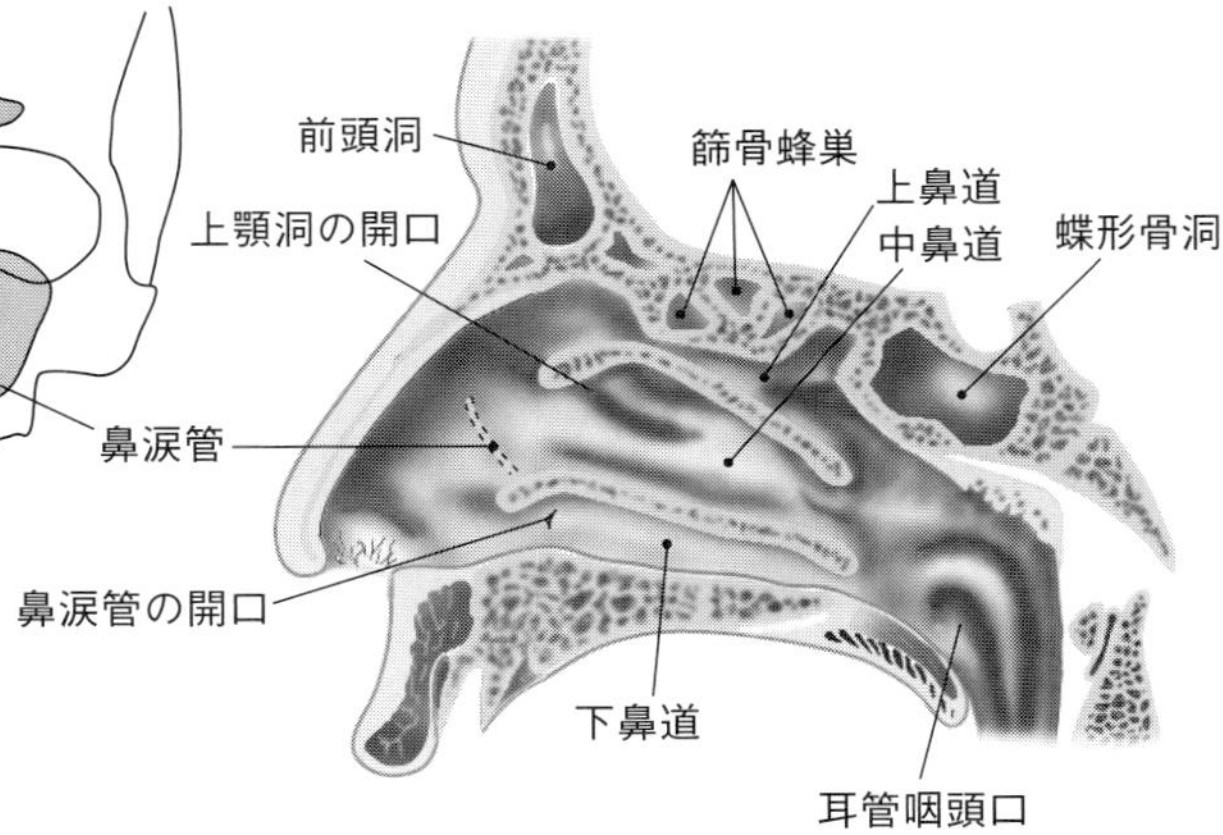

管（涙が鼻に流れる通路）の開口があります（図4）。このように鼻腔側壁の構造は、比較的単純な鼻中隔の構造に比べ、ひじょうに複雑です。

鼻腔のもっとも上部、すなわち脳に近い部分は**嗅部**といいます（図2、次頁図5）。ここには**嗅上皮**があり、**嗅覚**（においの感覚）をつかさどっています。鋤鼻器の退化した人間の鼻腔では、においを感じるのは鼻の中でもこの嗅部にかぎられています。

鼻腔のもっとも奥は**後鼻孔**で、ここで鼻中隔はなくなり（次頁図5）、上咽頭（のどのいちばん上の部分）につづきます。

◉鼻粘膜のはたらき

鼻粘膜の細胞の表面には、**線毛**という、顕微鏡でなければ見えないほどのごく細く短い毛がびっしりと生えています。また鼻粘膜の中には**鼻腺**が存在し、たえず微量の粘液を分泌しています。この粘液は線毛の上に粘液層をつくり、それが線毛の動きによって、鼻腔の前から後ろへと移動しています。

鼻前庭を通過した空気中の小さなご

◎進行性鼻壊疽
壊疽性肉芽腫病変は、主として鼻腔に始まり、ときには顔面、口蓋、咽頭、喉頭まで拡大し、潰瘍を形成するとともに隣接する骨組織も壊死におちいって、顔面やのどに大きな欠損を生じる予後不良な病態です。これまで1つの独立した疾患として考えられていましたが、**ウェゲナー肉芽腫症**（2051頁）、**悪性リンパ腫**（553頁）、**悪性肉芽腫**などの異なった疾患が含まれているこ

みやほこり、細菌などの微生物は、粘液に付着し、線毛の運動によって鼻腔の後方へ運ばれ、のどから痰となって出されたり、飲み込まれて胃で殺菌されたりします。

鼻の中の空気は、粘液層によって湿気が加えられ、温められています。

このように適度に温められ、湿りけをもったきれいな空気が、のどを通って肺に送られるしくみになっています。

◉副鼻腔のしくみ

顔の骨の中には、いろいろな形の空洞が鼻腔をとり囲むように存在しています。これらの空洞を総称して**副鼻腔**と呼んでいます。

副鼻腔は、場所によって4つに分類されます。

頬の裏側にあるのがもっとも大きな**上顎洞**、目と目の間にあるハチの巣状の空洞の集まりが**篩骨蜂巣**、額の裏側にあるのが**前頭洞**、そして後鼻孔のすぐ上にあるのが**蝶形骨洞**です。それぞれ左右一対あり、自然口で鼻腔とつながっています（前頁図3、4）。

各副鼻腔の内面は、鼻粘膜と同様の粘膜でおおわれています。副鼻腔の粘膜の細胞表面にも線毛が生えていて、副鼻腔に入ったごみは粘液層でとらえられ、線毛運動によって自然口から鼻腔へ排出されます。

◉副鼻腔のはたらき

副鼻腔がどんな役割をはたしているのかは、まだよくわかっていません。外から力が顔面にかかったとき、空洞があれば衝撃を吸収しやすくなるとか、目や脳以外の部分を鼻とつないで空洞にすることで頭の重さを軽くしているといった説があります。

また、鼻腔と同じように、副鼻腔も吸気の加温・加湿作用や、音声の共鳴腔としてはたらいているともいわれています。

◇鼻の主要な症状

◉くしゃみ

くしゃみは、鼻粘膜にある知覚神経がなんらかの刺激を受けることにより、反射的におこる爆発的な呼気であり、鼻腔内に侵入した病原体やアレルゲン（アレルギーの原因物質）、刺激物などを体外に排除し、からだを守ろうとする防御反応でもあります。アレルギー性鼻炎（1154頁）や急性鼻炎（1151頁）の特徴的な症状であり、多くは鼻水をともないます。

◉鼻漏（鼻水）

正常な鼻粘膜は、鼻腺から分泌される一定量の粘液でおおわれています。ところが病原体やアレルゲン（アレルギーの原因物質）などが鼻腔に侵入したり、刺激物や温度・湿度の急激な変化などで鼻粘膜が過度に刺激されたりすると、これを体外に排除しようとし

図5　鼻中隔

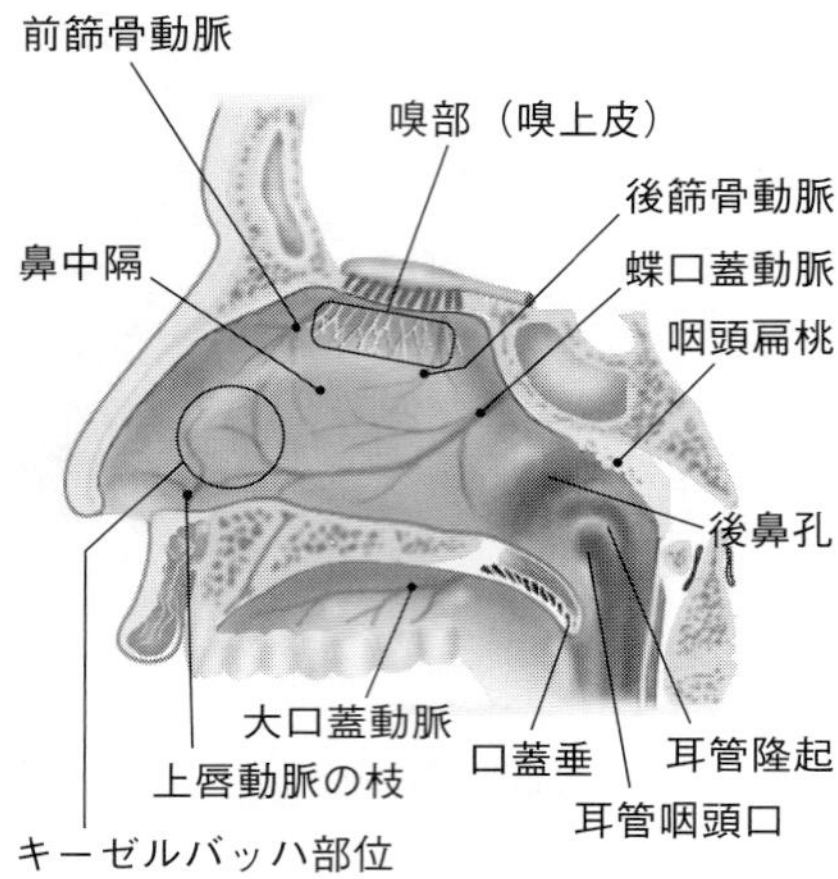

とがわかってきました。

症状は、鼻づまり、顔面の腫れ、膿や血を含んだ鼻水などの鼻症状で始まることが圧倒的に多く、発熱があって、急性副鼻腔炎（1162頁）とまちがわれやすいものです。

そのうちに、鼻腔を左右に分けている鼻中隔に孔があいたり、鼻がつぶれたり（鞍鼻）、口の中に潰瘍ができ、孔があいたりします。治療せずに放置すると、病変が全身におよび、生命にかかわります。

ウェゲナー肉芽腫症、悪性リンパ腫と診断できず、まだ明らかでない一群のものを悪性肉芽腫といっており、今後研究が必要とされています。

ウェゲナー肉芽腫症と悪性リンパ腫では治療法がまったく異なり、治療を始める前にどちらの病気であるか識別することが重要です。

ウェゲナー肉芽腫症には、副腎皮質ホルモン剤と免疫抑制薬による治療が、悪性リンパ腫には、化学療法と放射線治療が行われています。

て、くしゃみと同時に鼻腺から過剰な鼻汁の分泌がおこります。鼻腔の中にあふれた鼻汁が鼻腔の外へ出たものが鼻漏です。外鼻孔から体外へ出るのが**前鼻漏**で、後鼻孔からのどへ落ちるのは**後鼻漏**です。

アレルギー性鼻炎などの鼻過敏症（1154頁上段）や急性鼻炎では、鼻漏は水のように透明でさらさらしていますが（水様性）、慢性副鼻腔炎（1162頁）のように炎症が慢性化すると、粘りけがでてきたり（粘性）、急性副鼻腔炎（1162頁）では、膿のように黄色や緑色になります（膿性）。

また血の混ざった鼻漏（血性）が片側の鼻からつづく場合には、上顎洞がん（481頁）などの悪性腫瘍の可能性を考える必要があります。

◉鼻閉塞（鼻づまり）

鼻閉塞は、鼻腔が狭くなって空気抵抗が大きくなり、鼻呼吸が十分かつ円滑にできなくなった状態をいいます。程度の差はあれ、ほとんどすべての鼻の病気でおこりうる症状です。

原因としては、鼻漏（過剰な鼻汁）によるもの、斜鼻（次頁）、鼻中隔弯曲症（1158頁）や先天性後鼻孔閉鎖（638頁）などの構造的な問題、鼻前庭湿疹（1151頁）などによる痂皮（かさぶたや鼻くそ）、鼻癤（1151頁）、吸気時の鼻弁部の緩み、鼻腔異物（134頁）、アレルギー性鼻炎や慢性鼻炎などによる鼻粘膜の腫れ、慢性副鼻腔炎にともなう炎症性ポリープ（鼻茸 1160頁）、鼻・副鼻腔の腫瘍などがあげられます。

またアデノイド肥大（642頁）、上咽頭の腫瘍などの上咽頭の病気が、後鼻孔をふさぐことなどにより鼻閉塞を生じることがあります。

このほか、実際には鼻腔は狭くなっていないにもかかわらず、鼻粘膜の乾燥やストレスなどによっても鼻閉塞が生じることがあります。

◉鼻乾燥

さまざまな原因で鼻粘膜の粘液分泌機能が低下すると、鼻粘膜を潤す粘液が不足し、鼻粘膜が乾燥します。

こうした場合、同時に鼻粘膜の線毛運動も低下していることが多いため、乾いた粘液が痂皮となって鼻粘膜の表面に付着し、鼻腔内にたまりやすくなります。

乾燥の原因としては、加齢（鼻粘膜は年齢とともに薄くなり機能が低下する）のほか、萎縮性鼻炎（1158頁）、進行性鼻壊疽（前頁上段）などによることがあります。

また鼻前庭湿疹による痂皮など、鼻前庭の皮膚疾患でも乾燥症状が現れることがあります。

◉鼻声（共鳴障害）

発声の際に鼻腔での共鳴がうまくいかなくなると、鼻声になります。

具体的には、鼻閉塞を生じる病気などによって声がうまく鼻に抜けなくなり、共鳴が低下する**閉塞性鼻声**（**閉鼻声**）と、反対に口蓋裂（660頁）、軟口蓋（上咽頭と口腔をしきる部分）のまひなど、鼻腔とのどを遮断する機能が低下する病気によって声がつねに鼻に抜けてしまい、過度の共鳴がおこる**開放性鼻声**（**開鼻声**）があります。

そのほか、鼻出血（鼻血）については1159頁、嗅覚障害については1161頁を参照してください。

外鼻・前鼻の病気

◎酒皶

中高年の鼻や頬に現れる皮膚の発赤で、赤鼻、赤ら顔と呼ばれているものです。若い人にもおこります。

原因は不明ですが、飲酒家におこることがよく知られています。それ以外にも日光、熱、気温の変化、ストレス、香辛料の刺激、化粧品、洗浄剤などによっておこります。

それらが増悪因子となり、くり返し、長引きます。最初は、顔のほてり、皮膚の赤み

斜鼻
Twisted Nose

どんな病気か なんらかの病因で、鼻背（鼻筋）が左右どちらかに曲がっている状態をいいます。

原因 多くは外傷によっておこります。左右どちらか側に外力が加わった場合に鼻筋が曲がり、変形します。外力が強く加わった場合、鞍鼻（次項）や顔面骨の骨折との合併も少なくありません。また、顔面の発育の途中で鼻中隔の曲がりが強く現れた場合（鼻中隔弯曲症 1158頁）に、鼻筋が曲がってしまうこともあります。その場合、両側あるいは片側に鼻閉塞（鼻づまり）が生じることもあります。

検査と診断 外見からわかりますが、程度と状態は鼻腔内の観察、X線検査やCTといった検査が必要となることがあります。受傷直後は鼻全体が腫れているために、外見上、曲がりがはっきりしないことがあります。腫れがひいたあとに曲がりが明らかになることもあって、その場合には早めに耳鼻咽喉科医に相談してください。

治療 外傷が原因の場合には、受傷してから1～2週間以内での手術が必要です。あまり長い時間がたっていると手術がむずかしくなることがあるため、なるべく早い診断と治療が必要です。

全身麻酔か局所麻酔をして、曲がった部分を起こす手術となります。もとに戻すのが困難な場合や形が複雑な場合、受傷から時間のたっている場合には、形成外科的な手術が必要になることもあります。

鞍鼻
Saddle Nose

どんな病気か なんらかの病因で、鼻背（鼻筋）が落ち込んで低くなった状態です。

原因 多くは外傷によっておこりますが、特殊な炎症〔梅毒（2132頁）、結核（1285頁）〕、腫瘍、鼻の手術による後遺症、ウェゲナー肉芽腫症（2051頁）といった全身疾患のひとつとしてもおこります。また多くはありませんが、先天性のこともあります。

検査と診断 外見からわかりますが、程度と状態はX線検査やCTといった検査が必要となることがあります。また、外傷歴などの原因が明らかでない場合は、腫瘍や全身疾患を疑い、専門医による精密検査が必要となります。

治療 外傷が原因の場合には、受傷してから1～2週間以内での手術が必要です。あまり長い時間がたっていると手術がむずかしくなることがあるため、なるべく早い診断と治療が必要です。

全身麻酔か局所麻酔をして、落ち込んだ部分を鼻の中から起こすような手術となります。それでももとに戻すのが困難な場合には、形成外科的に隆鼻術が適応になります。また、陥没が複雑な場合や受傷から時間がたった場合には、大がかりな手術が必要になることもあります。腫瘍や全身疾患が原因の場合には、専門医による原因疾患の治療が優先されます。

といった症状ですが、悪化すると皮膚が変色したり、夏みかんのようなでこぼこした状態になります。

治療には、時間がかかることが多く、数か月から数年かかることもあります。早めに皮膚科の専門医を受診し、相談してください（1852頁）。

鼻腔・鼻中隔の病気

鼻癤（びせつ）
Furuncle of the Nose

どんな病気か 鼻のあたまが、赤く腫れて痛くなる状態をいいます。

鼻の入り口周辺の毛嚢（毛穴）、皮脂腺の急性炎症で、おもにブドウ球菌という細菌による感染でおこります。

鼻をいじる癖や鼻毛を抜く癖などが、おもな原因になります。また、皮膚がかぶれやすい人や糖尿病の人はくり返しやすく、治りにくい傾向にあります。

症状の軽いときに、気になって頻繁に触ったりすることも治りを悪くすることがあります。ひどくなると感染が奥まで進行して、鼻閉塞（鼻づまり）をおこすこともあります。

治療 軽症の場合には、局所の清潔を保つことで自然によくなります。腫れや痛みの強い場合、軟膏や抗生物質、痛み止め薬の使用も必要になることがあります。

また、鼻をいじる癖、鼻毛を抜く癖を改めることも必要です。くり返すようであれば、専門医に相談しましょう。

鼻前庭湿疹（乾燥性前鼻炎）（びぜんていしっしん（かんそうせいぜんびえん））
Rhinitis Sicca Anterior

どんな病気か 鼻の入り口（鼻前庭）が荒れて、かさぶたができたり、かゆみやヒリヒリ感といった刺激症状がある状態です。ひどくなると、痛みや鼻出血（1159頁）をともなうことがあります。子どもに多いといわれていますが、おとなにも発症します。

原因 アレルギー性鼻炎（1154頁）や蓄膿症（慢性副鼻腔炎 1162頁）があり、鼻水が出る場合におこります。鼻水による慢性的な刺激をくり返すと、悪化することがあります。

また、体質も関係することがあります。

治療 副腎皮質ホルモン（ステロイド）剤や抗生物質の入った軟膏を患部に塗ったり、ひどい場合には抗生物質や鎮痛薬の使用が必要になることもあります。ちゃんと鼻をかみ、アレルギー性鼻炎や蓄膿症などは、きちんと治療しましょう。

急性鼻炎（きゅうせいびえん）
Acute Rhinitis

「はなかぜ」といわれるもの

◇ウイルスや細菌による感染

どんな病気か 一般に「鼻炎」というのは、鼻の粘膜に炎症がある状態のことをいいます。そのなかでウイルスや細菌が鼻粘膜に感染をおこし、炎症が生じたものを急性鼻炎と呼びます。

わかりやすくいえば**「はなかぜ」**と同じと考えてよいでしょう。また、解剖学的に鼻の中と副鼻腔はつながっているため、多かれ少なかれ、鼻粘膜の炎症が副鼻腔にまで波及することがあります。

原因 急性鼻炎をおこすほとんどの原因が、ウイルス感染です。ライノウイルス、RSウイルス、インフルエンザウイルス、アデノウイルス、コロナウイルスなど、さまざまなウイルスが鼻粘膜で炎症をおこし、症状を現します。

◎鼻のかみかた

鼻をかむときは、のどから鼻の後ろに息を回して、鼻（外鼻孔）から勢いよく空気といっしょに鼻水を吹き出します。

鼻水を押し出すためには、鼻をかむ前に口から息を吸って、空気をたっぷりとり入れておきましょう。この空気が抵抗なく吹き出されるのがよく、のどの圧力が急に上がって、耳に響くのでは困ります。

鼻は片方ずつかみましょう。こうすれば、かんでいるほうの鼻を空気が通り抜け、かんでいない（押さえている）ほうの鼻は空気が通らないので、のどの圧力が急に上がることはありません。

両方の鼻をいちどにかむと、細菌やウイルスが鼻の奥のほうに追い込まれ、副鼻腔炎（1162頁）につながったりします。また、のどの圧力が上がって、のどと鼻をつなぐ管（耳管）を通って、鼻水が中耳にとどき、中耳炎（1125頁）になる恐れがあります。

ときにウイルス感染と同時に、または少し遅れて細菌感染もおこることがあります。

◇鼻水、くしゃみ、鼻づまりが主症状

症状 初期には、**鼻水**や**くしゃみ**、**鼻づまり**といった症状がみられます。

最初のうちは、水のような鼻水が出ますが、2、3日経つとやや粘りけのある鼻水（鼻漏）になることがあります。鼻水が鼻の中にたまったり、炎症によって鼻の粘膜が腫れてくると鼻がつまってきます。そのため、においがなくなってくることもあります。

鼻づまりがひどくなり、口呼吸になってくると、のどの粘膜が乾燥し始めます。そうなると炎症症状は鼻粘膜だけにとどまらず、咽頭から気道の粘膜にまで広がり、鼻だけの症状でなく、全身的な症状（発熱、倦怠感、せき、痰など）が現れてくることもあります。

細菌感染が加わってくると、鼻水が膿性となり、色がついて汚くなってきます。この時点で早めに治療しないと、副鼻腔にまで炎症が広がっていき、急性副鼻腔炎（1162頁）を併発してしまうことがあります。

子どもでは鼻すすりが多くなることから、急性中耳炎（633頁）を併発することもあります。鼻をかむときには、片方ずつゆっくりかむようにすることが大事です（上段）。

検査と診断 問診と臨床症状（鼻の症状や熱などのほかの症状）、鼻の中の粘膜の色や鼻水などの観察、また、かぜなどの流行状況などから、この病気を診断することができます。

しかし急性鼻炎の初期症状は、アレルギー性鼻炎（1154頁）の症状と似ています。とくに春先で、スギ花粉症の始まりの時期（2月初旬から中旬）には、インフルエンザをはじめとするかぜが流行するので、発症後の早い時期では、確定診断をすることがむずかしい場合があります。

そういうときは、鼻水をとってきて、その中の細胞を見ることによって、急性鼻炎かアレルギー性鼻炎かどうかの識別ができることがあります（アレルギー性鼻炎では、白血球の好酸球という細胞が増えているのに対し、急性鼻炎では好酸球が少なく、その他の細胞が見られる）。

副鼻腔炎が合併しているかどうかを調べるために、副鼻腔X線撮影を行うことがあります。

◇1～2週間前後で治る

治療 かぜの治療と同じと考えてよいです。

疲労を避け、安静にすることと、保温・保湿に努めましょう。鼻がつまっていると、口呼吸になるので、のどの粘膜が乾燥してきます。とくに冬は空気が冷たく、乾燥しやすいので、マスクの着用が有効です。ウイルス感染によることが多いため、特効薬はありません。現れている症状に対して対処することになります。

気管支炎や肺炎などの重い病気を合併しなければ、通常1～2週間前後で治ってしまいます。

鼻づまりがなかなかとれなかったり、

ゆっくり小刻みにかみ、かみにくいときも、いちどに力を入れず、少しずつかむようにして、強くかみすぎないようにします。力まかせにかむと、鼻血が出たり、耳が痛くなったり、トラブルの原因になります。

ただし、中途半端に鼻をかむと、残った鼻水に細菌が増え、気管支炎（1267頁）や肺炎（1275頁）につながることもあるので注意します。

鼻をかみすぎて、鼻の周りがかさかさになって、皮がむけてしまったり、荒れて真っ赤になったり、鼻の下がヒリヒリと痛くなったりしないように、鼻をかむときは、できるだけやわらかいティッシュペーパーを使うようにしましょう。

鼻水が鼻の下に残らないよう、きちんとぬぐいとり、清潔を心がけます。

かさかさ、ヒリヒリが気になるからといって、鼻の下をなめたり、指でこすらないようにしましょう。

鼻水が黄色くなる（膿性）、のどが痛くなる、せきがでる、熱がつづくといった症状があれば、医療機関を受診することが必要です。医療機関では症状に合わせた治療を行いますが、鼻づまりがひどい場合は、血管収縮薬のスプレーで、鼻の粘膜の腫れを引かせたあと、薬の入ったネブライザー（吸入器）で吸入します。

対症療法が基本となりますので、内服薬では消炎薬や粘液溶解薬などを使用します。鼻水が黄色くなったり、緑色になってきたら、細菌感染が疑われますので、抗生物質が使用されます。発熱や痛みが強いときは、解熱鎮痛薬の使用も行います。

子どものインフルエンザの場合は、解熱鎮痛薬の種類によっては、けいれんの発作がおこることがありますので注意を要します。

通常は1～2週間で治癒しますが、なかなかよくならないときは、副鼻腔炎などの合併症を併発している可能性があるので、医療機関を受診してください。

慢性鼻炎（まんせいびえん）
Chronic Rhinitis

どんな病気か

左右の鼻腔（びくう）は鼻中隔（びちゅうかく）という骨と軟骨でできた仕切りで分けられています。各鼻腔には、鼻甲介（びこうかい）と呼ばれる軒（のき）のような突起があり、空気の通りや温度、湿度の調整を行っています（1147頁図2）。

ほとんどの人の鼻中隔はまっすぐではなく、どちらかに曲がっています。そのため、左右の鼻腔の広さがちがいますが、鼻甲介は鼻腔の広さに応じた大きさとなります。

慢性鼻炎は、この鼻甲介の粘膜が病的に腫れて、空気の通りが悪くなり、鼻づまりが強くなった状態をさします。急性鼻炎（前項）、アレルギー性鼻炎（次頁）、副鼻腔炎（ふくびくうえん）（1162頁）といった病気による鼻づまりがある場合は、慢性鼻炎に含みません。

診断上、**単純性鼻炎**（たんじゅんせいびえん）、鼻の粘膜が厚くなる**肥厚性鼻炎**（ひこうせいびえん）などに分けていますが、実際には区別がはっきりしない場合が多いようです。

原因

急性鼻炎をくり返し、鼻粘膜の腫れが引かないで、その状態が長引いた場合におこります。

また鼻腔形態による粘膜肥厚も原因といわれています。鼻中隔が曲がっていると左右の鼻腔の広さが異なりますが、鼻甲介粘膜は広いほうの鼻腔内でどんどん腫れてきます。そのために空気の通り道が狭くなり、鼻がつまってきます（鼻中隔彎曲症（びちゅうかくわんきょくしょう）1158頁）。

症状

鼻づまりと鼻漏（びろう）（鼻水）が主症状です。単純性鼻炎では、片方だけの鼻づまりか、左右交互に鼻がつまります。肥厚性鼻炎では、つねに両方の鼻がつまります。鼻呼吸ができないことから、朝方にはのどが渇いていたり、乾燥して痛むことがあります。鼻漏がのどの後方へまわってきて、せきがでることもあります。

検査と診断

診察のときに鼻内を観察しますが、鼻粘膜の色や腫れの程度、鼻中隔の曲がり具合などを見て診断します。副鼻腔炎の合併を調べるために、鼻のX線写真を撮ることがあります。また、アレルギー性鼻炎と

◎鼻過敏症

くしゃみ、水様性鼻水、鼻づまりの症状を発作的にくり返す状態を鼻過敏症といいます。これらの症状は、鼻内への異物の侵入に対する人体の防御反応と考えられています。

鼻過敏症には、アレルギーが関与しているアレルギー性鼻炎と、アレルギーの関与がない血管運動性鼻炎（1157頁）などが含まれます。

アレルギー性鼻炎：1154頁

▼症状▲くしゃみ、鼻水、鼻づまりがおもな症状。

▼治療▲日常生活に支障のないように、抗原の除去・回避につとめ、抗ヒスタミン薬などの薬物療法、減感作療法や手術を行うことも。

の識別も重要です。

治療

鼻づまりに対して薬物療法が行われます。一般的には、血管収縮薬の点鼻薬を使用することが多いのですが、この薬を長期間連用すると、薬による鼻炎（**薬剤性鼻炎**）が合併してきて、さらに鼻づまりが強くなります。1日の使用回数や使用日数をきちっと守ることが大事です。

耳鼻咽喉科では、抗生物質と副腎皮質ホルモン（ステロイド）剤の入ったネブライザー（吸入器）を使います。

薬物療法で症状がとれない場合は、手術療法が選択されます。鼻甲介粘膜の容積を縮小するために、電気凝固術やレーザー手術などを行います。これらの手術は、外来で簡単にできる手術です。鼻中隔の湾曲がひどく、鼻粘膜の腫れもひどい場合は、鼻中隔矯正術と鼻甲介切除術を行うことがあります。最近では、この手術は全身麻酔下で行うことが多く、入院が必要です。

鼻づまりがひどいからといって、市販の点鼻薬を使いすぎると、逆に鼻づまりが悪化するので注意してください。

アレルギー性鼻炎

Allergic Rhinitis

アレルギー反応によっておこる鼻炎

◇とくにスギ花粉症が増加

どんな病気か

鼻の粘膜において、抗原とIgE抗体が反応（アレルギー反応）しておこる疾患です。発作性の反復するくしゃみ、水様性鼻水（鼻漏）、鼻閉塞（鼻づまり）の症状を3つのおもな症状とします。**鼻アレルギー**や**鼻過敏症**（狭義）といった病名も同じ意味で使われますが、アレルギー性鼻炎という呼びかたが一般的です。

初春におこる**スギ花粉症**もアレルギー性鼻炎のひとつです。スギ花粉症の人の数は、地域によっては人口の30％以上もみられるところもあり、社会的な問題となってきています。

アレルギー性鼻炎は、原因となる物質（抗原）を吸い込むことによって発症しますが、原因となる抗原によって、**通年性アレルギー性鼻炎**と**季節性アレルギー性鼻炎**に分けられます。

アレルギー性鼻炎は近年増加傾向にあり、とくにスギ花粉症の増加が著明です。その理由はいまだに明確にされていませんが、原因となる抗原の量が増えてきたことが、もっとも考えられています。すなわち通年性アレルギー性鼻炎では、原因となる室内のほこりやダニが、またスギ花粉症では、戦後、植林されたスギのうち、花粉生産能力の強いスギ林の面積が大きくなってきたため飛散する花粉数が多くなってきています。そのほかに大気汚染、栄養のかたより、ストレスといった因子がアレルギー性鼻炎の増加の要因であるといわれていますが、現時点では明確にされていません。遺伝的な要因に関する研究も進んできており、アレルギーに関する遺伝子の関与が明らかにされていくものと思われます。

原因

アレルギー性鼻炎の原因は、鼻から吸入する物質（抗原という）です。（おもにたんぱく質で、室内のちり（ハウスダスト）、ヒョウヒダニ、ペットの毛やふけ、かび、花粉（スギ花粉、ブタクサ花粉、カモガヤ花粉など）が代表的な抗原です。

　これらの抗原が鼻から吸入されると、抗原に対する**IgE抗体**（**抗原特異的IgE抗体**）が産生されます。この抗原特異的IgE抗体が、鼻粘膜にある免疫細胞の肥満細胞や、白血球の好塩基球の表面にくっつくことによって、抗原に対抗する準備（**感作**）が成立します。この状態では症状は現れませんが、再び抗原が鼻粘膜に侵入してきたときに、鼻粘膜内にある肥満細胞上のIgE抗体と抗原が結合し、**抗原抗体反応**がおこります。その結果、肥満細胞からヒスタミンやロイコトリエンなどの化学伝達物質が放出されます。化学伝達物質が鼻粘膜にある神経や血管などと反応することによって、くしゃみ発作、水様性鼻水、鼻づまりといった症状が引き起こされてきます。

　また、この反応をきっかけに、鼻粘膜内にあるさまざまな細胞からも炎症を引き起こす物質が放出され、鼻粘膜内で炎症反応が進行していきます。とくにアレルギー疾患で重要な好酸球から放出されるロイコトリエンなどにより、数時間後には鼻粘膜の腫れがひどくなり、鼻づまりがつづきます。

【症状】　ほこりやダニなどが原因である通年性アレルギー性鼻炎では、くしゃみ、鼻水、鼻づまりが3つのおもな症状です。比較的穏やかな症状がつづくことが多いようですが、治療しないで放置すると、鼻づまりがひどくなってくることがあります。

　スギ花粉などの花粉が原因でおこる季節性アレルギー性鼻炎では、先ほどの鼻症状以外に、目のかゆみ、涙目、のどのかゆみといった症状がでます。とくに飛散する花粉量が多い季節では、これらの症状はひじょうに強く現れます。そのほか、からだのだるさ、微熱、腹痛といった全身症状もでてくることがあります。

　最近の研究から、花粉症の人のなかには、とっさの判断力の低下、行動力の鈍化（インペアード・パフォーマンス）がおこることが示されています。

【検査と診断】　まず問診で鼻の症状を尋ねますが、特徴的な鼻症状（くしゃみ、鼻水、鼻づまりなど）からアレルギー性鼻炎が疑われた場合は、実際にアレルギーがあるかどうかの検査と、原因となる抗原は何かということを検査して診断します。

◉診察

　問診では、症状の種類、程度、発症年齢、発症する時期あるいは発症しやすい時間帯、家族の人にアレルギー性鼻炎の人がいるかどうか、ぜんそく（1264頁）やアトピー性皮膚炎（1806頁）といったアレルギー疾患が合併しているかどうかなどを調査します。そのあとに鼻粘膜の観察を行います。鼻の粘膜の色や腫れ具合、鼻水の性状や量などを観察します。副鼻腔の状態が知りたいときには、X線検査をすることもあります。

◉アレルギー性の検査

①**鼻水の検査**　鼻水を採取してきて、その中にある細胞の種類を顕微鏡で見ます。アレルギー反応がおこると、鼻水には好酸球がたくさん現れてきます。はなかぜ（急性鼻炎　1151頁）の初期には、くしゃみ、鼻水といったアレルギ

◎舌下免疫療法

スギ花粉に対するアレルギー性鼻炎の治療として、1日1回、舌下にスギ花粉エキスを滴下する舌下免疫療法が行われるようになりました。12歳以上の人で、薬物療法で十分な効果がえられなかった人や副作用が強かった人などに行われます。

ー性鼻炎と同じような症状がでてくるので、区別がむずかしいことがありますが、鼻水中には好酸球がほとんどなく、別の細胞が見られます。このように、疾患により鼻水に現れてくる細胞がちがうので、診断の助けになります。

②皮膚テスト　前腕の皮膚に細い針で引っかき傷をつけ、その上に抗原のエキスを滴下する**スクラッチテスト**と、抗原のエキスを皮膚にほんの少しの量を注射する**皮内テスト**があります。10～15分後に皮膚の反応（かゆくなる、赤くなる、腫れる）を観察して、抗原の決定を行います。ただしこのテストは、1週間くらい前までにアレルギーを抑える抗ヒスタミン薬の使用を中止していないと、正確に判定できません。

③血液特異的IgE抗体検査　血液中の抗原特異的IgE抗体の量を調べます。陽性でも、アレルギー症状が必ずしもあるとはかぎりません。

④鼻誘発テスト　鼻の粘膜に抗原のしみ込んだ小さな紙のディスクを置きます。5分間におこるくしゃみの回数、鼻水の量、鼻の中の粘膜の腫れの状態の変化を観察し、反応の程度を判定します。このテストも、抗ヒスタミン薬を使用していると正しく現れないので、1週間前には中止が必要です。

●診断

問診と診察でアレルギー性鼻炎に特徴的な症状があり、①、②（または③）、④の3つの検査のうち2つ以上が陽性であれば、アレルギー性鼻炎と診断します。ただし花粉症の場合、花粉の飛散時期に典型的な症状があり、1つのみの検査が陽性でも、花粉症という診断は可能です。

治療

◇生活に支障がでないことが目標

症状がないか、あっても軽度で、日常生活に支障がないこと、症状を安定させてひどくなっても持続しないようにすること、抗原が入ってきても反応しにくい状態にすることが、治療目標です。

▼医師とのコミュニケーション　どんな病気でもたいせつですが、病気のメカニズムや原因、治療法などについて、よく話を聞くことと、自身で積極的に参加できる治療プログラムをつくることがたいせつです。

▼抗原の除去・回避　鼻に吸入する抗原がなければ、または量が少なければ、症状の発現が抑えられます。したがって抗原の除去・回避がもっともたいせつです。

ハウスダストやダニが原因であれば、室内を頻繁に掃除することや、寝具の洗濯、布団や枕に防ダニカバーをつけたりすることで、ダニの数を減らすことができます。

スギ花粉症では、花粉を吸入しないように対策を立てることが大事です。スギ花粉は日中に飛散することが多いため、なるべく日中の外出を避けることや、積極的にマスク、眼鏡を使用し、花粉の吸入量を減らします。最近ではインターネットやマスコミなどからの花粉飛散状況や飛散予想などが充実してきているので、活用することも花粉吸入予防に役立ちます。

ペットアレルギーの場合は、原因となるペットの飼育を中止することがいちばんですが、やはりむりな場合が多

◎アレルギー性鼻炎の手術の効果

鼻粘膜を縮小させるレーザー手術、電気凝固法、凍結手術、トリクロール酢酸塗布は、局所麻酔下で行います。いずれの方法でも高い有効率が得られますが、効果の持続期間が短い傾向があります。

また、鼻づまりを改善する鼻粘膜切除術、鼻中隔矯正術などでは、入院し全身麻酔で行うことが多く、確実に症状がなくなります。

後鼻神経切断術では、鼻の後方から入って粘膜内に分布する鼻汁分泌・くしゃみに関係する副交感神経(後鼻神経)を、鼻下甲介後方で切断します。通常、入院し全身麻酔下で内視鏡を用いて行われます。鼻汁、くしゃみに対してひじょうに高い効果が得られます。

いため、なるべく接触しないようにすることと、毛などの掃除を頻繁にすることが必要です。

▼薬物療法　肥満細胞から放出される化学伝達物質の遊離を抑える薬（化学伝達物質遊離抑制薬）、ヒスタミンの作用を抑える薬（第1、第2世代抗ヒスタミン薬）、ロイコトリエンの作用を抑える薬（抗ロイコトリエン薬）、副腎皮質ホルモン（ステロイド）剤、鼻用ステロイド点鼻薬、漢方薬など、さまざまな薬剤が治療に使用されます。

重症度やどの症状が強いかどうかといったことを参考にして薬剤を選択しますが、第2世代抗ヒスタミン薬や化学伝達物質遊離抑制薬が第1選択薬となります。鼻づまりがひどい場合では、抗ロイコトリエン薬や鼻用ステロイド点鼻薬なども使用します。

花粉症の場合はこれまでの検証から、初期療法といわれる花粉の飛散初期から治療を開始することで症状がひどくならないことがわかっています。すなわち花粉の飛散開始、または少しでも症状が現れ始めたら、薬物療法を始めることが大事です。第2世代の抗ヒスタミン薬が治療の基本となります。

▼減感作療法　抗原を皮下にくり返し注射することによってアレルギー反応をおこしにくくする治療法で、根治がめざせる治療法です。皮膚反応がおこらないくらいの薄い濃度の抗原液をごく少量から皮下に注射し、徐々に量を増やしていく方法です。どの程度つづけるかは決まっていませんが、3～5年くらいつづけるとよい効果が現れてくるといわれています。

最近では、舌の下に抗原エキスを含んでおくだけでよい減感作療法の研究が行われ、よい結果がでてきています。

▼手術療法　薬物療法で効果がない場合や鼻づまりがひどい場合などに行います。鼻粘膜の縮小を目的として、レーザー手術、電気凝固法、凍結手術、トリクロール酢酸塗布などを行います。また、鼻づまりを改善する目的で、鼻粘膜切除術や鼻中隔矯正術なども行います。鼻水が多く、薬物で効果がないときは、後鼻神経切断術が行われます（上段）。以前行われていたビディアン神経切断術では、涙液分泌の低下などの合併症が多かったため、最近では行われなくなっています。

血管運動性鼻炎
Vasomotor Rhinitis

どんな病気か　血管運動性鼻炎は、アレルギー性鼻炎（前項）と同じような症状を示しますが、アレルギーを証明する検査で抗原が見つからない場合に、この診断名がつけられます。

原因はいまだ不明ですが、鼻粘膜の自律神経のはたらきが異常になっているため、外気の温度変化、とくに乾燥した冷気などの刺激によっておこると考えられています。

典型的なアレルギー性鼻炎と同じ鼻症状があるにもかかわらず、アレルギー検査を行っても明らかな抗原が検出されず、鼻水の検査でも好酸球が検出されません。

治　療　アレルギー性鼻炎とほぼ同じですが、原因療法ができないため、対症療法のみとなります。

鼻中隔弯曲症のいろいろ

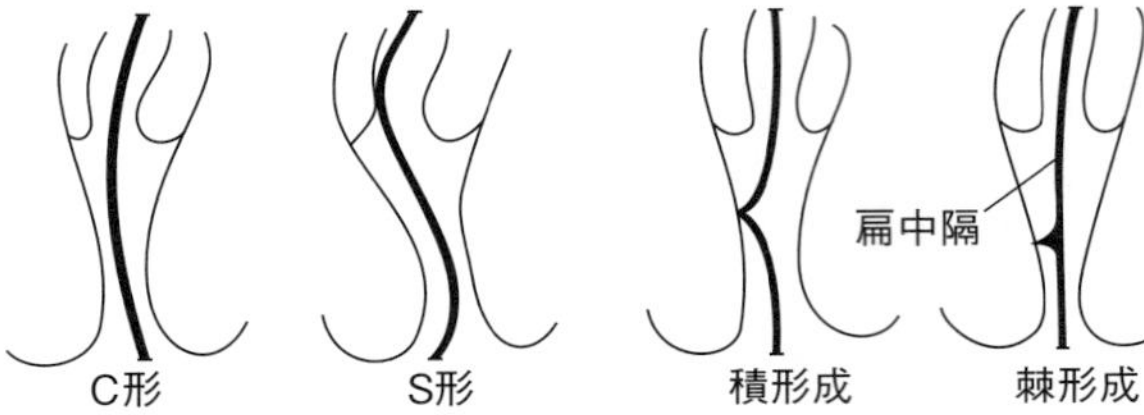

萎縮性鼻炎
Atrophic Rhinitis

どんな病気か

鼻粘膜、骨質に萎縮を生じ、鼻腔が異常に広くなった慢性疾患を萎縮性鼻炎と呼びます。主要症状のひとつである鼻の悪臭の有無で、**悪臭性萎縮性鼻炎**と**単純性萎縮性鼻炎**とに分けられます。

症状

単純性萎縮性鼻炎は、鼻腔粘膜につくかさぶたが少なく、悪臭もしません。悪臭性萎縮性鼻炎では、汚いかさぶたが鼻の中に多量につき、悪臭がします。かさぶたがつくことで鼻づまりがおこり、頭痛がしたり、においがわかりにくくなります。

原因

原因はいまだに明らかではありませんが、女性に比較的多くみられるため、ホルモンの異常が疑われたり、ビタミンA、C、Dなどの欠乏、自律神経障害、特殊な細菌の感染などが考えられています。

検査と診断

鼻の中を見ると広くなっていて、においの強いかさぶたが多量に付着していることから診断できます。ウェゲナー肉芽腫症（2051頁）、悪性リンパ腫（553頁）と区別するため、血液検査や病理検査が行われます。

治療

単純性萎縮性鼻炎は無症状のことが多く、とくに治療をしないことが多いのですが、悪臭性萎縮性鼻炎では、保存的治療と手術療法とが行われるものの、確かな治療法は確立されていません。

保存的治療としては、鼻洗浄、ワクチン療法、ビタミン剤の内服、抗生物質の噴霧または局所注射、ホルモン療法、たんぱく分解酵素薬の使用などがあります。手術療法としては、広くなった鼻腔を狭くするため、粘膜や骨の移植を行うこともあります。

鼻中隔弯曲症
Septal Deviation

どんな病気か

鼻腔を左右に分ける中仕切りの役割をはたしているのが鼻中隔です。鼻中隔を構成する骨や軟骨が、左右のどちらかに湾曲していたり、突出していたりするものを鼻中隔弯曲症といいます。

子どもではまれですが、成人ではふつうにみられ、約80～90％にみられます。曲がっているものがすべて治療の対象になるわけではありません。湾曲のために、鼻閉塞（鼻づまり）や頭痛、その他の症状が現れたときに、鼻中隔弯曲症として治療の対象となります。

症状

湾曲の程度が明らかであっても、自覚症状を現さないことがあり、また軽度の湾曲でも強い自覚症状を示すなど、湾曲の程度と自覚症状が一致しないことがあります。

自覚症状としては、一般に、鼻づまり、頭重感があり、鼻炎や副鼻腔炎（1162頁）が合併してくれば、鼻漏（鼻水）、後鼻漏（鼻水がのどのほうに下りる）、鼻出血があり、ひどくなれば嗅覚障害、頭痛をおこします。

原因

頭蓋を構成する骨の成長に比べて、鼻中隔の軟骨の発育は著しく速いために湾曲がおこります。また鼻中隔を構成している骨、軟骨間の発育速度も不均衡であるので、これも湾曲をおこす原因となります。

鼻腔・鼻中隔の病気

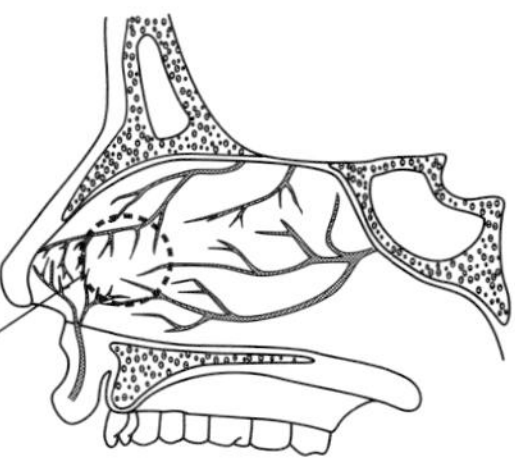

キーゼルバッハ部位

このほか、外鼻の外傷によって鼻中隔の湾曲を生じることがあります。

検査と診断　鼻の中を見るとある程度の診断が可能です。X線検査、CT検査や内視鏡を用いて診察し、湾曲の全貌を立体的に把握する必要があります。鼻閉塞の程度を客観的に表示できる鼻腔通気度検査も有用です。

治療　他覚的にみられる湾曲の程度よりも、湾曲によっておこる鼻づまり、嗅覚障害などの自覚症状がみられるときや、湾曲が副鼻腔炎の直接的または間接的な原因となっていると考えられるときに手術が行われます。

粘膜を切って、鼻中隔を構成している軟骨や骨を抜きとる鼻中隔矯正術が行われます。この手術は、外鼻の発達がいちおう完成する16～17歳以後に行うのがよいとされています。

手術で、狭い側の鼻腔の鼻づまりが改善されても、逆に反対側が狭くなっては困ります。そのため、鼻腔の側壁の手術的矯正もあわせて行う必要があります。

鼻出血（鼻血）
Epistaxis

どんな病気か　外鼻孔からの出血をいいますが、のどに流れ込むこともあり、喀血または吐血とまちがえられることがあります。鼻腔を左右に分ける鼻中隔の前下方の**キーゼルバッハ部位**（上図）からの出血が多く、約80%がここからの出血です。

原因　洗顔、鼻をかむなどの日常動作による原因を特定できない出血が多く、局所的原因と全身的原因とがあります。

▼局所的原因　キーゼルバッハ部位が傷ついておこることがもっとも多いです。急性鼻炎（1151頁）やアレルギー性鼻炎（1154頁）をおこして、鼻粘膜が充血していると、強く鼻をかんだり、指で触ったりすることで傷つきやすくなります。日ごろから鼻の孔に指を入れる癖のある子どもでは、だいたいこの部位に傷ができています。

そのほか、年齢を問わず、鼻の外傷、鼻中隔弯曲症（前項）が原因で、鼻出血がおこることがあります。

鼻にできる腫瘍から出血がおこることもあります。腫瘍には、血管腫や乳頭腫などの良性腫瘍（1165頁）、上顎洞がん（481頁）などの悪性腫瘍があります。

鼻とのどの間にある上咽頭にできた腫瘍などが原因で、出血がおこることもあります。これらの腫瘍では、悪臭のある鼻水に血が混じる症状が、比較的長期間つづきます。

▼全身的原因　血友病（699頁）、紫斑病（1455頁）、白血病（548頁）などの血液の病気、肝炎・肝硬変（1647頁）などの肝臓の病気など、血管から出血しやすくなる病気にともなって鼻出血がおこることがあります。また、動脈硬化、高血圧、糖尿病などの血管壁がもろくなる病気でもおこることがあります。

検査と診断　出血部位を見つけます。前鼻鏡または内視鏡で見て、キーゼルバッハ部位などの前方からの出血では、出血部位を確認するのは簡単です。出血量が多いときや後方からの出血の場合は、出血部位を確認することがきわめてむずかしくなります。

治療

キーゼルバッハ部位からの出血では、出血している鼻孔に少し大きめの綿球を入れ、両方の鼻翼をつまむように指でしばらく押さえておきます。座って、下を向くようにして、くびを前屈しておきます（135頁）。

それでもなかなか出血が止まらなかったり、口に流れ込む場合は、耳鼻咽喉科医を受診します。

耳鼻咽喉科では、キーゼルバッハ部位からの鼻出血であれば、血管収縮薬を含んだ綿やガーゼで圧迫止血します。これでほとんどが止血できます。ときに出血部位を電気凝固したり、タンポンガーゼを挿入して止血したりします。

後方からの出血で止血困難な場合には、止血用バルーンや、口から鼻の後ろにガーゼのかたまり（ベロックタンポン）を挿入して止血します。

また、内視鏡で見ながら電気凝固したりレーザー焼灼したりもします。

それでも止まらない場合は、鼻にきている動脈を結紮(血管を結んで止血)することがあります。動脈の塞栓術も行えますが、施設がかぎられています。

鼻茸（鼻ポリープ）

Rhinopolypus (Nasal Polyp)

どんな病気か

表面が平滑で、ゼラチン様、グレープ様の半透明のやわらかいクラゲのような腫瘤(できもの)が鼻腔内に発生する病気です。慢性副鼻腔炎（1162頁）の人の10～20％にみられるといわれ、決してまれではありません。ふつう両側に発生し、成人の約1％、20歳以後から60歳ごろまで、ほぼ等しい発生率でおこります。

原因

慢性鼻炎（1153頁）や慢性副鼻腔炎の分泌物による局所的な刺激で、粘膜がむくみ腫れて生じます。鼻茸の組織中に、アレルギーでみられるIgE抗体や好酸球が存在することから、局所のアレルギー反応によるという考えもあります。

症状

鼻茸が小さいうちは、鼻水が出る程度ですが、鼻腔をふさぐようになると鼻づまりや鼻閉塞感がでてきます。嗅覚障害を訴えることも多く、頭痛、鼻内圧迫感、記憶力減退、耳管狭窄症（1131頁）などもおこってきます。

検査と診断

鼻の中を見れば容易に診断できますが、しばしば周囲粘膜と区別できなかったり、慢性鼻炎や慢性副鼻腔炎を合併していたり、鼻中隔弯曲症があって、その奥の鼻茸を見逃したりすることもあるので、内視鏡で観察したり、X線検査やCT検査などを行って調べます。鼻腔の片側だけにある場合は、乳頭腫などの良性腫瘍や、まれに悪性腫瘍の可能性もあるので病理組織検査が必要となります。

治療

まず保存的治療を行います。副腎皮質ホルモン（ステロイド）剤を使いますが、内服薬は短期間用い、点鼻薬は約1～3か月使用します。マクロライド系抗生物質を少量併用する場合もあります。効果が現れない場合は手術が必要となります。

手術は、局所麻酔で鼻茸の茎部を含めて鼻茸絞断器で摘出します。最近は専用の器具で削り取る方法もあります。また副鼻腔炎を合併している場合には、内視鏡を用いた副鼻腔の手術を行うことになります。

◎鼻茸とぜんそく

気管支ぜんそく（1264頁）の人における鼻茸の発生頻度は、小児ぜんそくにはまれで、若年者ぜんそくでも少ないのですが、非アトピー型ぜんそく、成人重症ぜんそくでは多いことが知られています。

いっぽう、アスピリンぜんそくのほとんどでは、鼻茸がみられることが知られています。また逆に、鼻茸の人におけるぜんそくの頻度は、30～70％、アスピリンぜんそくは7～31％との報告があります。かぜ薬を服用したあとに、ぜんそく発作をおこしたことのある人は要注意です。

アスピリンぜんそくと成人重症ぜんそくにともなう鼻茸は、手術後再発しやすいといわれています。そのため、長期にわたる術後治療と経過観察が必要で、術後にステロイド吸入、ロイコトリエン拮抗薬の服用、マクロライド系抗生物質の服用などを行うと有効とされています。

嗅覚障害

❖嗅覚障害とは

鼻中隔と中鼻甲介の間の嗅裂という部分に、においを感じる嗅細胞が存在する嗅粘膜があります。嗅細胞は、嗅神経を介して脳とつながっています。においのもとになる嗅素という物質が空気中から鼻腔内に入り、嗅細胞に到達すると、その刺激が脳に伝えられ、においとして感じます。これらの嗅覚のしくみのどこかに異常がおこることがあります。

においを感じる嗅覚に、なんらかの異常がおこることを嗅覚障害といい、嗅覚障害の症状は、大きく5つに分けられます。

①においがまったくわからなくなる**嗅覚脱失**。
②においをかぐ力が弱くなる**嗅覚減退**。
③においにひどく敏感になる**嗅覚過敏**。
④どんなにおいも悪臭として感じる**嗅覚錯誤**。
⑤においがしないのに、においを感じる**嗅覚幻覚**。

❖嗅覚障害の原因

嗅覚障害はさまざまな原因でおこりますが、大きくつぎのように分かれます。

▼**呼吸性嗅覚障害**　鼻内の空気の流れが妨げられるため、においが嗅粘膜に到達できずにおこる嗅覚障害です。鼻粘膜の腫れや鼻腔の形態異常によるもので、原因になる病気としてはアレルギー性鼻炎（1154頁）、鼻中隔弯曲症（1158頁）、鼻粘膜が厚くなる肥厚性鼻炎、慢性副鼻腔炎（次頁）などがあります。

▼**嗅粘膜性嗅覚障害**　嗅粘膜に障害があるためにおこる嗅覚障害です。呼吸性嗅覚障害に比べ、障害が強く、まったくにおわないことも多いです。原因として多いのは、慢性副鼻腔炎やウイルスによるかぜなどがあります。

▼**中枢性嗅覚障害**　嗅粘膜から嗅神経を介して脳とつながっている嗅覚伝導路が障害されたことによる嗅覚障害です。原因としては、頭部外傷（1950頁）、脳腫瘍（476、477、966頁）、パーキンソン病（948頁）、アルツハイマー病（945頁）などがあげられます。

▼**その他**　加齢による嗅覚障害があります。65歳以上の高齢者では、嗅粘膜に変性がみられ、嗅覚障害が生じるとされています。また妊娠時や興奮（ヒステリー）では嗅覚が過敏になる嗅覚過敏、統合失調症（1007頁）や薬物中毒ではにおいがしないのに、においを感じる嗅覚幻覚がみられたりします。

治りやすいのは呼吸性嗅覚障害で、嗅粘膜性嗅覚障害や中枢性嗅覚障害は治りにくい嗅覚障害です。

❖嗅覚障害の検査と治療

鼻内を診察し、鼻腔内の形態異常や副鼻腔炎の有無などを調べます。場合によっては内視鏡を用いて詳細に観察します。画像検査では、X線検査で副鼻腔炎の状態などがわかりますが、詳細な情報はCT検査のほうが優れています。中枢性嗅覚障害が疑われる場合には、頭部のMRI検査が有用です。

嗅覚の検査としては、基準嗅覚検査法と静脈性嗅覚検査法があります。

薬物療法の中心は、副腎皮質ホルモン（ステロイド）剤の点鼻療法です。医師の指示に従って、点鼻薬の使用量を守り、1日2回の点鼻を3か月ほど行います。また、副鼻腔炎やアレルギー性鼻炎があれば、それらに対する治療も並行して行います。

副鼻腔炎、鼻茸（前頁）、鼻中隔弯曲症があり、薬物療法で嗅覚障害が改善しない場合は、手術療法を行うこともあります。手術療法では鼻中隔弯曲症などによる鼻腔内の形態異常を矯正し、また嗅裂や副鼻腔の病変を取除くことにより、鼻腔内の空気の通りを改善し、嗅粘膜およびその周辺の炎症を抑えます。

副鼻腔の病気

◎副鼻腔とは

　鼻腔の周囲には、副鼻腔と呼ばれる空洞がいくつかあります。頬の部分にある**上顎洞**、目と目の間にあって、ハチの巣のような構造をもつ**篩骨蜂巣**（**篩骨洞**）、その奥にある**蝶形骨洞**、おでこの部分にある**前頭洞**と、計4種類が知られています。これらの副鼻腔の内側は薄い粘膜でおおわれています。また、副鼻腔は小

急性副鼻腔炎
Acute Sinusitis

どんな病気か

　鼻の粘膜は外界と接しているので、さまざまな刺激や感染にさらされています。とくにウイルスに感染すると、鼻腔や副鼻腔の粘膜に炎症がおこり、その後、細菌が二次感染すると、粘膜の炎症はさらにひどくなります。鼻炎をともなっていることが多いため**急性鼻副鼻腔炎**ともいいます。

　鼻腔と副鼻腔をつなぐ孔は小さいので、炎症がおこって粘膜が厚くなる（肥厚）とふさがってしまいます。すると、副鼻腔の換気や分泌物の排泄ができなくなり、膿が副鼻腔にたまってきます。この状態が急性副鼻腔炎といわれる状態です。このまま放置したり、不完全な治療をくり返したりすると、慢性副鼻腔炎（次項）へと移行します。

症状

　鼻閉塞（鼻づまり）、膿性の鼻水（鼻漏）、頭痛、発熱、眼痛などの急性症状が主です。炎症のおこっている副鼻腔の場所によって、頬や鼻根部、おでこなどの圧迫感や痛みがあり、身を屈めると強くなります。

検査と診断

　鼻内を観察すると、鼻粘膜が赤くなり、むくんでいます。また中鼻道には膿汁がみられることが多く、X線撮影では炎症のある副鼻腔に陰影が認められます。これらの症状や検査結果から、診断できます。

治療

　感染のコントロールと副鼻腔から膿の排出（排膿）を促すことが必要です。多くの場合、抗生物質や消炎薬、排膿を促す薬などを使用します。また耳鼻咽喉科では、鼻の処置や薬を吸入するネブライザー療法（1188頁上段）を行い、副鼻腔の換気と排泄をよく保つようにします。

　重症の場合は、鼻の中から上顎洞に針を刺して、膿を洗い流す（上顎洞洗浄）などが必要になります。

　炎症、感染が激しいと、副鼻腔に近い目や脳に影響し、まれに眼窩蜂窩織炎（1110頁）、髄膜炎（963頁）、脳膿瘍（962頁上段）などの頭蓋内合併症を引き起こします。入院して、強力な抗生物質の使用と手術による排膿が必要です。

慢性副鼻腔炎（蓄膿症）
Chronic Sinusitis

どんな病気か

　副鼻腔に生じた炎症が、慢性化した状態をいいます。

　副鼻腔の炎症は急性期に治療すれば、ほとんどは治癒しますが、治療しないで放置したり、感染をくり返していると慢性化し、慢性副鼻腔炎となります。副鼻腔粘膜の病的な変化が長期間つづくと、鼻茸（1160頁）が発生します。

慢性鼻副鼻腔炎ともいいます。

症状

　慢性の炎症による鼻粘膜などの腫れや分泌物がたまっており、また鼻茸などで空気の通り道がふさがれるため、鼻閉塞（鼻づまり）が現れます。炎症がひどいと、より粘りがあり膿性の鼻水も出るようになり、それにともない、鼻水がのどにまわってくる後鼻漏が現れます。

　ほかに、副鼻腔の慢性炎症によって頭痛や頭重感が生じます。鼻粘膜の腫れや、鼻茸によって空気の通り道がつ

さな孔で鼻腔とつながっており、この孔を通して副鼻腔の換気や分泌物の排泄が行われています。

◎副鼻腔炎の原因

副鼻腔は、ひじょうに狭い孔を介して鼻腔と通じているので、副鼻腔に細菌が感染し、炎症がおこると、この孔を通しての副鼻腔の換気、分泌物の排泄が妨げられます。すると副鼻腔内の細菌感染が長期化して、膿汁がつづき、副鼻腔内の粘膜が炎症性の変化をおこします。

急性副鼻腔炎では、ウイルスの感染に引き続いて、ブドウ球菌、連鎖球菌、インフルエンザ菌などが、副鼻腔に感染しておこります。

急性副鼻腔炎の多くは、自然に、または治療で軽快しますが、一部にはこの感染をくり返すことがあります。その場合、粘膜の炎症性変化が慢性化し、慢性副鼻腔炎（蓄膿症）がおこってきます。

まり、結果的に嗅覚障害がおこります。

鼻づまりや頭痛、頭重感などが長期につづくと、日常生活の質が低下し、抑うつ、活動意欲が低下したり、注意力が散漫になることもあります。

【検査と診断】 鼻・副鼻腔のX線検査で副鼻腔の陰影をチェックし、粘膜の肥厚や膿のたまっている状態をみることが必要です。さらに病変の部位や程度を詳細に知るためにはCT検査が有用で、副鼻腔炎の状態だけでなく、鼻腔の形態の異常なども同時に診断することが可能です。

最近、アレルギーをともなう慢性副鼻腔炎が増加しているので、アレルギー傾向の有無を調べることもあります。アレルギーの有無が、手術後の治癒過程に大きな影響を与えるためです。

また、鼻づまりや嗅覚障害が強い場合には、鼻の通り具合の検査（鼻腔通気度検査）や嗅覚検査などを行い、自覚症状と総合して診断します。

【治療】 大きく保存的治療と手術的治療とに分けられます。自覚症状や鼻の中の検査結果、またCTなどの検査結果を総合的にみて、慢性副鼻腔炎の程度を診断します。

軽度の場合や、中等度でも発症してからの経過期間が短いようなら、鼻水の吸引や副鼻腔の洗浄といった局所治療、薬を内服する薬物療法などの保存的治療を行います。全身状態を良好にするため、睡眠時間の確保など、休養を充分にとるとともに、また喫煙、飲酒については節度を守るようにします。

▼薬物療法　炎症を抑え、粘膜や粘液の性状を改善する消炎酵素薬、粘液溶解薬のほか、アレルギーの関与する場合には抗アレルギー薬が使用されます。

抗生物質は細菌に対してよく効きますが、なかでも免疫機能を向上し、鼻からの分泌物を抑制する効果のあるマクロライド系抗生物質がよく用いられています。マクロライド系抗生物質は、通常の使用量より少なめの量を長期間（数か月から半年程度）使用することが多く、軽度の慢性副鼻腔炎なら、保存的な治療のみで症状を改善することが可能です。

▼手術　副鼻腔炎の症状が強い場合や病変が高度の場合、中等度でも、保存的治療を数か月から半年間つづけても治らない場合は、鼻腔と副鼻腔をつなぐ孔を広げる手術が必要になります。

鼻の孔から内視鏡を入れて行う内視鏡下副鼻腔手術がおもに行われています。鼻内の操作だけなので、術後に顔が腫れることもなく、出血量も少なめです。より侵襲（からだへの負担）が少ない手術といえます。また副鼻腔の換気と排泄を改善することを目的とした手術なので、副鼻腔の構造を保ったまま、より生理的に治癒へと導くことができます。鼻中隔弯曲症（1158頁）や鼻粘膜が厚くなる肥厚性鼻炎など、鼻腔内の形態異常がある場合には、その矯正手術も同時に行います。

【予後】 慢性副鼻腔炎を治すためには手術だけではなく、術後の治療も手術同様に重要です。この術後治療が適切に行われないと、慢性副鼻腔炎を治癒させることができず、再発の可能性が高くなります。

とくに内視鏡下副鼻腔手術は副鼻腔の形態を保ち、副鼻腔粘膜もなるべく

◎経上顎洞的副鼻腔根本手術

慢性副鼻腔炎の手術は、従来は、歯根部（歯の根の部分）を切開して、上顎洞の病的な粘膜を除去し、さらに他の副鼻腔の清掃を行う経上顎洞的副鼻腔根本手術がおもに行われていました。しかし、この術式では術後に頬の腫れが強く、しびれ感や違和感が持続することがありました。また上顎洞の骨を取除き、粘膜を除去することで、上顎洞に肉芽（やわらかい新生組織）が盛り上がり、上顎洞がなくなってしまいます。これは、空洞であるべき副鼻腔の存在意義を考えても好ましい手術ではありません。

現在では、より侵襲（からだへの負担）が少ない内視鏡下副鼻腔手術がおもに行われています。

残すようにしているので、術後に感染などが加わると、術後経過が悪くなり、再発の原因になります。

術後は医師による鼻の処置を受け、分泌物や血液を吸引します。また場合によっては、鉗子などで腫れた粘膜を取除くこともあります。抗生物質や副腎皮質ホルモン（ステロイド）剤を副鼻腔に吸入するネブライザー療法を行い、粘膜の回復を助けます。内服薬としては、少量のマクロライド系抗生物質を長期間、服用します。

術後性上顎嚢胞
Postoperative Maxillary Cyst

どんな病気か

歯肉の上を切開して、上顎洞（1148頁）をはじめとする副鼻腔の粘膜を取除く経上顎洞的副鼻腔根本手術（上段）を行ったあと、長期間（約10～20年）を経て、上顎洞に嚢胞が発生する病気です。嚢胞の中には、膿などがたまるため、頬が腫れたり痛みが現れます。嚢胞は1つの場合もあれば、複数の場合もあります。

症状

多くの場合、嚢胞の増大はゆっくりですが、細菌などが感染すると症状は悪化します。初めは頬の部分の重い感じや不快感から始まり、しだいに痛みをともなうようになります。

嚢胞が大きくなると、周囲の組織を圧迫し、頬や口蓋が腫れてきます。眼球の下の骨（眼窩底）が壊されると、眼球の痛みや眼球がとび出てきたり（眼球突出）、物が二重に見えたり（複視）、涙が出てきます。

重症の場合には、視力が低下したり、失明に至ることもあります。鼻の中の所見は軽いことが多いのですが、嚢胞の位置によっては鼻の通り道が狭くなり、鼻閉塞を訴えることがあります。

原因

初回の上顎洞手術の際に残った病的粘膜が閉鎖腔を形成すると、嚢胞ができると考えられています。

検査と診断

上顎洞手術を受けたことがあり、頬の痛みがある場合には嚢胞を疑って、Ｘ線検査を行います。骨の吸収像から嚢胞の診断が可能です。また嚢胞の位置、大きさ、周囲臓器との関係などを詳細に調べる場合にはＣＴ検査が有用です。

治療

頬の腫れや痛みが軽度であれば、抗生物質などの内服で症状は軽快します。Ｘ線検査やＣＴ検査で、嚢胞がはっきり存在する場合は、嚢胞の中の膿を抜く必要があります。外来での簡便な処置としては、鼻の中や歯肉に針を刺して、内容物を吸引します。この方法はあくまでも応急処置で、再び内容物がたまれば症状が再発します。

きちんと治すには手術をして、嚢胞を摘出したり、嚢胞を開くことが必要です。

鼻の中を内視鏡で観察し、嚢胞を開くとともに鼻腔との通り道をあけ、膿がたまらないようにします。この方法は、術後に頬の腫れや痛みも少なく、侵襲（からだへの負担）の少ない方法ですが、嚢胞が複数個ある場合や、嚢胞の場所によっては、歯肉を切開して、経上顎洞的に嚢胞を開くことが必要になります。

乾酪性上顎洞炎
Fungal Sinusitis

どんな病気か

上顎洞の中に乾酪性（チーズ様）物質が現れます。上顎洞の真菌感染によることが多いので、**上顎洞真菌症**とも呼ばれます。鼻づまり、鼻水、鼻出血、頬の腫れ、痛みなどが現れます。通常の副鼻腔炎とは異なり、片側だけであることが多く、腫瘍との識別が必要な場合もあります。

X線検査では片方の上顎洞に陰影を認め、CTでは球状に真菌がかたまった特徴的な像が現れることがあります。

治療

鼻の中から上顎洞を穿刺洗浄して、真菌のかたまりを排泄します。重症例に対しては、内視鏡下で上顎洞と鼻腔との通り道をあけ、真菌塊を除去します。

副鼻腔気管支症候群
Sinobronchial Syndrome

どんな病気か

慢性副鼻腔炎（1162頁）に気管支の慢性炎症が合併した状態です。慢性副鼻腔炎で膿性の鼻水がのどに落ちてくると（後鼻漏）、気管支にも影響を与えることがあります。慢性気管支炎（1268頁）、気管支拡張症（1274頁）、びまん性汎細気管支炎（1272頁）などが、慢性副鼻腔炎の約5％に合併するといわれています。

症状

鼻づまり、鼻水、後鼻漏、嗅覚障害、頭重感などとともに、せき、痰、呼吸困難などの気管支炎の症状が加わります。鼻症状が先行することが多いようです。

治療

副鼻腔炎と気管支炎の両方の治療が必要です。慢性副鼻腔炎に効果のあるマクロライド系の抗生物質が、気管支の炎症にも有効な場合があります。また副鼻腔炎に対し、内視鏡下副鼻腔手術を行うことで、気管支の症状が改善することもあります。

鼻の良性腫瘍
Benign Tumor

鼻の腫瘍の発生頻度は少ないとされますが、さまざまな種類があります。

▼乳頭腫　鼻粘膜の扁平上皮の乳頭状増殖によるもので、再発しやすく、また、がんと合併することもあります。症状としては、鼻づまりや鼻出血です。

治療は手術による切除ですが、腫瘍の大きさや場所により、内視鏡下の手術や拡大切除などの術式を選択します。

▼血管腫　鼻の良性腫瘍の約半数は血管腫です。毛細血管性血管腫、海綿状血管腫、静脈性血管腫に分けられます。出血しやすい腫瘍で、症状はほとんどが鼻出血です。

治療は、手術で腫瘍を切除しますが、出血に対する注意が必要です。

▼骨腫／線維性骨異形成症　骨腫は前頭洞（1148頁）によくおこり、X線検査で境界の明瞭な陰影がみられます。発育はゆっくりで、自覚症状もないことが多いです。線維性骨異形成症は上顎骨に多く、顔面変形がおもな症状です。X線検査で境界の不明な陰影としてみられます。若い人に多く、発育期をすぎれば腫瘍の増大はおさまることが多いとされています。顔面変形が強ければ、手術で病変部を切除します。

のど・声の病気とことばの障害

のど（咽頭・喉頭）は、空気や飲食物の入り口であるだけでなく、発声や免疫の機能ももつ重要な器官です。

◎頸部の腫瘤

頸部には、リンパ節腫脹のほかにもさまざまな腫瘤（できもの）が生じます。のどぼとけの下方の場合は、甲状腺の腫瘤、顎の下の場合は、側方なら顎下腺や耳下腺の腫瘤、

のど（咽頭・喉頭）のしくみとはたらき

◇のどとは

のどの語源は「飲み戸」ともいわれるように、のどは飲食物の入り口です。医学的には、のどは**咽頭**（上咽頭、中咽頭、下咽頭）と**喉頭**から成り立っています（図1）。ここは鼻（鼻腔）と口（口腔）からの合流点であると同時に、食道・胃と、気管・肺への分岐点でもあります。

のどは消化管としての飲食物の入り口であるだけでなく、呼吸器としての空気の出入り口ですが、声をだす発声器としての機能や、病原微生物（細菌やウイルス、かびなど）の侵入を防ぐ免疫の機能ももっています。すなわち、のどは呼吸機能、嚥下（飲食物を飲み込むこと）機能、発声機能、免疫機能を担っているのです。

●咽頭のしくみとはたらき

上咽頭は鼻の突き当たり、つまり、左右の鼻腔が後方で1つの空洞になった部分です。上咽頭はたんなる空気の通り道ではなく、免疫機能としてアデノイド（咽頭扁桃）や耳管扁桃などのリンパ組織が発達しており、空気中の病原微生物から全身を守っています。とくに子どもでは、その発達が明らかです。また、上咽頭の両側には耳管入口部があり、耳管を介して中耳（鼓膜の内側）に空気を送ることによって中耳の空気圧を調節しています。

中咽頭は口の突き当たり、つまり、口腔の奥に位置する部分です。ここは空気と飲食物の共通通路ですが、嚥下のときに飲食物を下へ押し込む役割をはたします。嚥下のとき、軟口蓋は中咽頭の上蓋の役割をして**鼻咽腔閉鎖**（上咽頭と中咽頭の行き来を遮断すること）することによって、鼻への飲食物の逆流を防ぎます。また、破裂音（カ行、タ行、パ行など）の発音のときには、息が鼻へ抜けて鼻声にならないようにはたらきます。中咽頭の両側には口蓋扁桃があり、リンパ組織として免疫の機能をもっています（後述）。

下咽頭は中咽頭の下後方に位置する

図1　のどのしくみ（咽頭・喉頭）

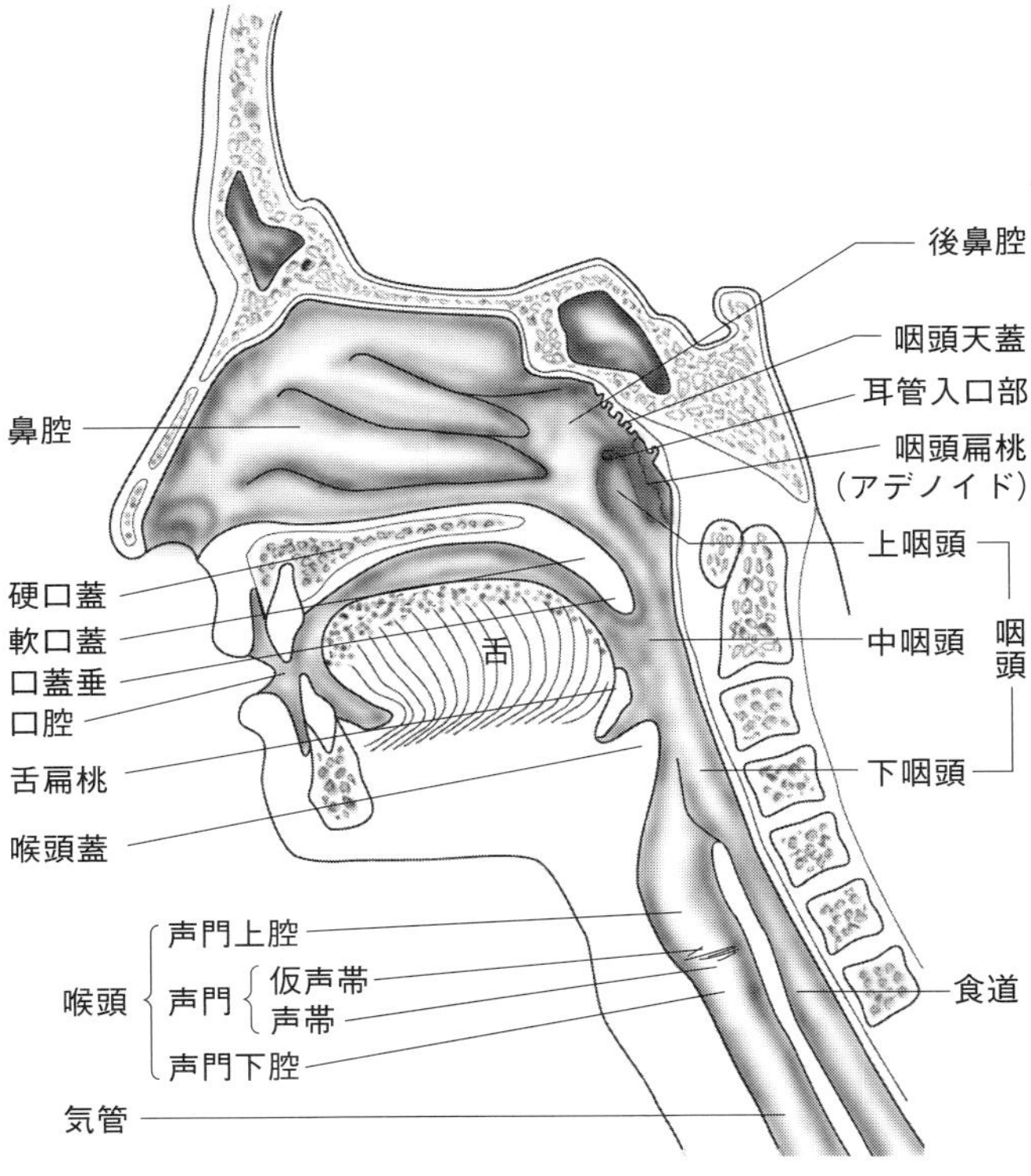

図2　中咽頭の構造と口蓋扁桃

（口腔をのぞいた図）

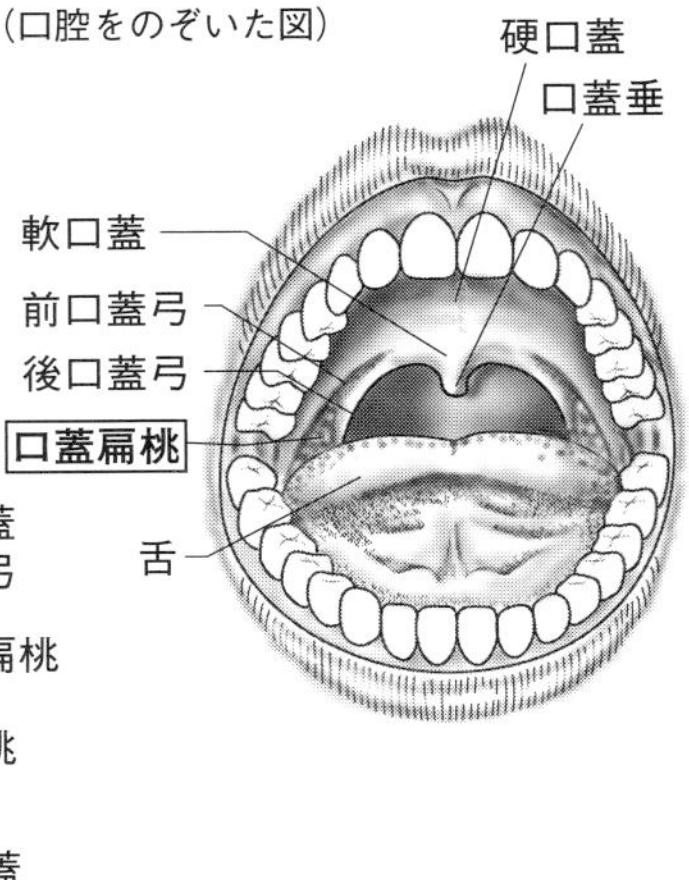

図3　後ろから見た咽頭

（咽頭を後ろから切り開いた図）

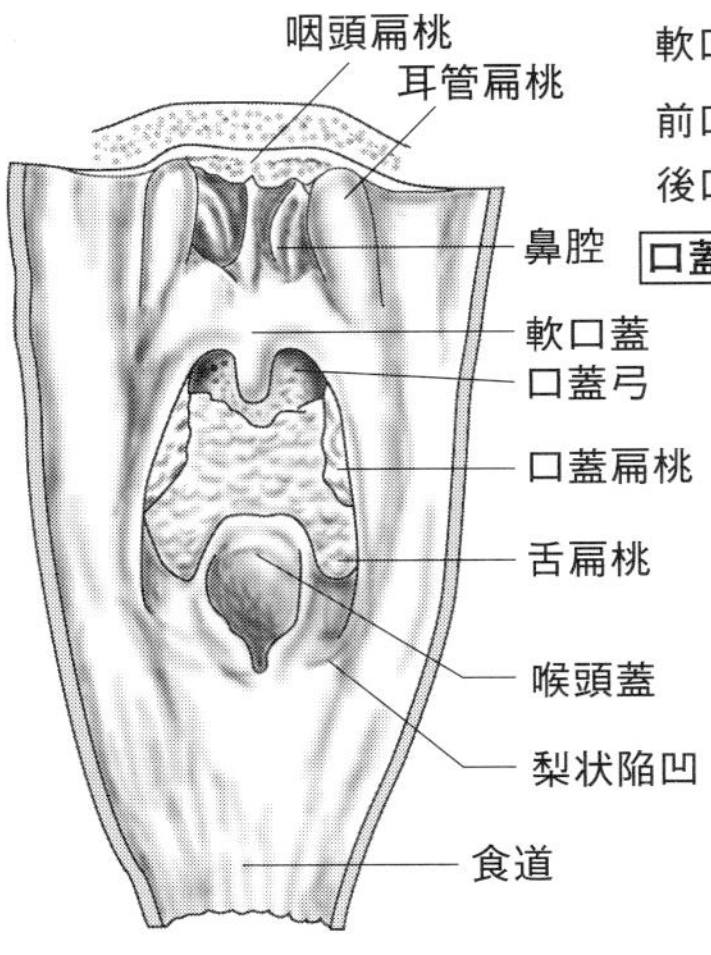

顎の正中部分なら正中頸嚢胞なども疑われます。

専門医による触診でおおむねの識別ができますが、詳細な診断のためにはCTやMRI、超音波エコーなどの検査が必要になることがあります。

部分で、嚥下した飲食物を食道へ送る通路です。下咽頭には両側に梨状陥凹（図3）というたるみがあり、中咽頭から送られた飲食物をここで受け取ることによって、肺への誤嚥（飲食物が肺に入ること）を防ぎます。

◉扁桃のしくみとはたらき

咽頭は空気と飲食物だけでなく、病原微生物の入り口にもなるため、病原微生物の侵入を防ぐ免疫機能が発達しています。

咽頭の粘膜にはたくさんのリンパ組織があり、そのなかのリンパ球が病原微生物を排除します。さらに、咽頭には扁桃というリンパ組織が集まって大きくなった組織があり、上咽頭にある**咽頭扁桃**（アデノイド）や**耳管扁桃**、中咽頭の両側にある**口蓋扁桃**（図2）、

図４　声帯付近の縦断面（後ろから見た図）

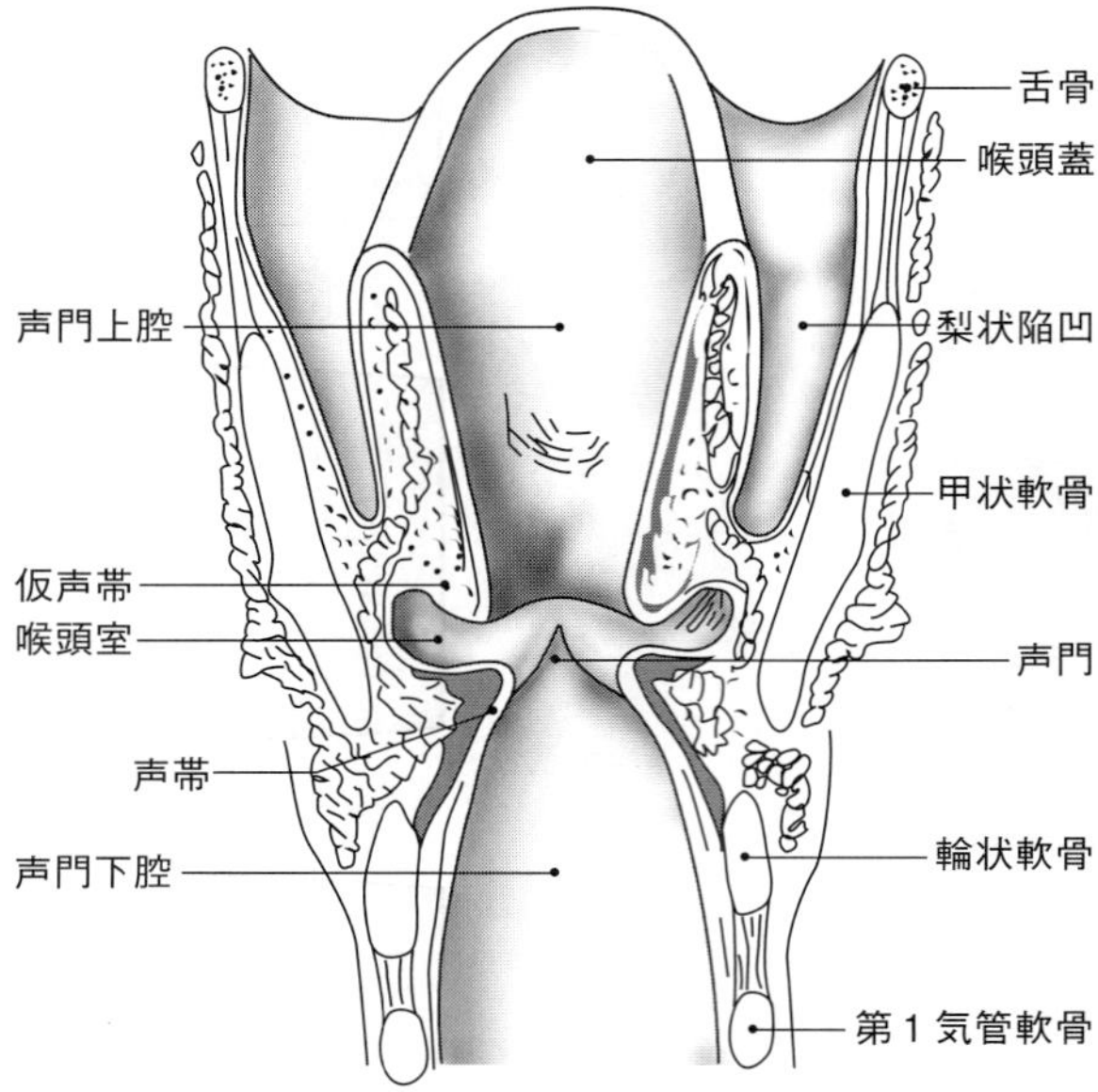

舌の付け根にある**舌扁桃**があります。これらの扁桃は中咽頭を輪状にとり囲んでいるため、**ワルダイエルのリンパ環**（**扁桃輪**、**咽頭輪**）と呼ばれています。一般に「扁桃」というと、左右の口蓋扁桃のことをいいます。また、「扁桃腺」とも呼ばれますが、腺とは分泌機能をもつ組織のことなので、「扁桃」が正しい呼びかたなのです。

●喉頭のしくみとはたらき

喉頭は中咽頭の下前方に連なり、気管へとつづきます。いわゆる「のどぼとけ」の内側に位置しています。のどぼとけの正体は、**甲状軟骨**という半筒形の軟骨で、これが喉頭を包み込むように守っています。喉頭は呼吸器としての空気の出入り口ですが、飲食物を誤嚥しないようにするはたらきと、発声のはたらきが重要です。

喉頭の上端には、**喉頭蓋**という軟骨でできた板があります。これは、飲食物の嚥下のときに喉頭をふさぐことによって、肺への誤嚥を防いでくれます。

喉頭の左右の壁からは、**声帯**というひだが張り出しています。呼吸しているときは声帯は左右に開き、左右の声帯のすき間（**声門**）が広くなっています。発声のときには、声帯が閉じて声門は狭くなり、そのわずかなすき間を呼気（はきだす息）が通り抜けることによって声帯が振動して音がつくられます。

その音が、声のもとになる**原音**です。

男性は女性と比較すると声帯が長いため、声帯の振動がゆっくりとなり、低い声がでます。また、声帯の筋肉を緊張させると、声帯の振動が速くなり、高い声になります。声帯を開閉させているのは反回神経と呼ばれる神経で、気管の外壁に沿って走ってきて喉頭に達しています。

◇のどの主要な症状と病気

のど（咽頭、喉頭）に異常がおこったときの症状には、つぎのようなものがあります。

▼発熱　咽頭や喉頭は、つねに病原微生物にさらされているために感染を生じやすく、発熱の原因となります。とくに急性扁桃炎（1176頁）の場合、38度を超える高熱と強い咽頭痛を生じます。

▼疼痛（**痛み**）　のどの痛みは、炎症やがん、異物など、さまざまな原因で生じます。急な痛みで、とくに飲み込み時の痛み（嚥下痛）が強い場合は、急性扁桃炎や扁桃周囲炎（1177頁）のことが多く、数週間から数か月で徐々に増す痛みの場合は、がんの可能性もあ

のど（咽頭・喉頭）のしくみとはたらき

◎扁桃摘出術、アデノイド切除と免疫

扁桃やアデノイドが肥大していると、呼吸や嚥下（飲み込み）の障害になります。扁桃やアデノイド肥大が睡眠時無呼吸症候群（1313頁）の原因となっている場合、昼間の眠けの原因となるだけでなく、心臓にも負担をかけます。また、扁桃に慢性的な炎症があると、腎臓や皮膚、関節に障害がおこることもあります。これらの場合には、扁桃摘出術やアデノイド切除術が考慮されます。

「扁桃やアデノイドをとると病気にかかりやすくなるのでは」と心配する人をときどきみかけます。しかし、3歳くらいになると、全身のリンパ組織が十分発達するので、扁桃摘出やアデノイド切除による免疫機能の低下は心配ありません。

ります。

▼いびき　子どもの場合、いびきの多くは扁桃肥大（646頁）やアデノイド肥大（642頁）によっておこります。

おとなのいびきの原因は多様で、肥満による咽頭の狭まり、筋力の低下による舌根の沈下、鼻づまりなどさまざまです。

▼嚥下障害（飲み込みづらい）　急性扁桃炎や扁桃周囲炎などによる強い嚥下痛があると、飲み込みがつらくなります。迷走神経、舌咽神経、上喉頭神経、舌下神経などの障害、筋萎縮性側索硬化症（954頁）、球まひ（955頁）などがあると、咽頭の筋収縮がまひして飲食物を下へ押し込めなくなります。重症筋無力症（990頁）や強皮症（2036頁）などの全身性の筋障害でも同様です。反回神経まひ（1186頁）で声帯がまひすると、誤嚥によって、むせがひどくなって食事がとれません。また、咽頭がん（484、485頁）や喉頭がん（482頁）によって咽頭が狭まっても嚥下障害がおこります。

▼知覚過敏　炎症のほか、精神的な緊張があると、のどの感覚が敏感になり、嘔吐反射がおこりやすくなります。飲酒や喫煙でも同様です。

▼咽喉頭異常感　のどに異物感や圧迫感、灼熱感、閉塞感、かゆみなどを感じるもので、魚骨などの異物のほか、軽い炎症、アレルギー、初期の咽喉頭がん、甲状腺の腫れ、胃液の咽頭への逆流などが疑われます。しかし、実際にはなんら病気を認めないことのほうが多いものです（咽喉頭異常感症）。咽喉頭はもともと知覚が敏感な部位なので、精神的な緊張などでも異物感が生じやすいのです。

▼せき　痰をともなうせきを湿性咳嗽、痰をともなわないものを乾性咳嗽（からせき）といいます。のどに炎症や異物があると、三叉神経や迷走神経が刺激されてせきがでますが、その場合はからせきが多くなります。

▼痰　痰自体は、肺や気管支から分泌されるもので、咽頭や喉頭の病気だけでは痰は増えません。しかし、咽頭や喉頭に炎症があると、知覚過敏によって痰の引っかかる感じが強くなります。

血痰（血液が混じる痰）がみられる場合、肺や気管支だけでなく、咽喉頭や口腔、鼻腔からの出血の可能性もあります。

▼嗄声（声がれ）　声帯の結節やポリープ、喉頭がんが生じた場合には、ガラガラ声のような嗄声が生じます。また、反回神経の障害などで声帯の動きがまひした場合は、息漏れのような嗄声になります。

▼呼吸困難　炎症による腫れ、腫瘍、異物、声帯のけいれんやまひなどによって、のどが狭まる（狭窄）と、呼吸困難になります。狭窄が強い場合は、喘鳴（ゼイゼイという呼吸音）をともなうようになり、救急治療が必要です。

▼頸部リンパ節腫脹　急性扁桃炎や扁桃周囲炎などによる頸部リンパ節の腫れは、強い圧痛（押すと痛い）をともないます。圧痛のないリンパ節の腫れが徐々に大きくなる場合は、がんのリンパ節転移も疑われます。その場合、経鼻内視鏡（1185頁上段）やCT、MRIなどによる精密検査が必要な場合があります。

唾液腺のはたらきとその病気

❖唾液の成分と唾液のはたらき

唾液腺は、唾液を生成して分泌する重要なはたらきをもっています。唾液は水、電解質、粘液、多くの種類の酵素からなり（99％以上が水分）、正常では1日1～1・5ℓ程度（安静時唾液で700～800mℓ程度）が分泌されています。酵素としては、でんぷんをマルトース（麦芽糖）へと分解するβ-アミラーゼがもっとも重要です。

そのほか、唾液の中には殺菌・抗菌作用をもつリゾチーム、ラクトフェリン、免疫グロブリンのIgA、ヒスタチンなどが含まれています。これら唾液の成分のちがいによって、粘りけの少ない**漿液性唾液**や粘りけがあって粘膜にとどまりやすい**粘液性唾液**になります。

また、唾液には緩衝作用をもつ重炭酸塩やリン酸塩が多く含まれ、酸・アルカリ性のpHが急激に変化しないようにはたらいています。

空腹時に食物を見て、これを咀嚼するときには粘りけの少ない漿液性の唾液が大量分泌され、これにより食物は湿らされて飲み込みやすくなっています。嘔吐の前兆としては、苦味のある唾液が大量分泌されますが、これも嘔吐物に水分を補給して排出しやすくするためだと考えられています。

❖唾液腺の種類

唾液腺には、耳下腺、顎下腺、舌下腺という**大唾液腺**があり、口唇から口腔粘膜、咽頭粘膜には多くの**小唾液腺**があります。

耳下腺は最大の唾液腺であり、耳の下に位置して、逆三角形の形をしています。唾液を口腔に流す**耳下腺管（ステノン管）**は長さが5～6cmあり、頬に伸びています。頬の粘膜を貫いて上顎の第2大臼歯の歯冠の高さで、耳下腺乳頭として口腔に開口しています。食物を咀嚼、飲み込むときに多くの漿液性唾液を分泌し、舌咽神経の枝がその分泌を調節します。

顎下腺は下顎骨の下にあり、**顎下腺管（ワルトン管）**は舌下腺の内側を進んで、舌の下の小さな突起（舌下小丘）に開いています。漿液性唾液と粘液性唾液をともに分泌する混合腺で、顔面神経の枝である鼓索神経に支配されています。

大唾液腺のなかでもっとも小さい腺が**舌下腺**です。舌をもちあげたときにその下部を口腔底と呼びますが、口腔底粘膜下にある前後の細長い腺です。顎下腺管と並ぶように位置し、後端は顎下腺と連なっています。**大舌下腺管**は、顎下腺管と合わさって唾液を流しています。おもに粘液性唾液を分泌しています。

このほかに多数の小唾液腺がありますが、多くは漿液性唾液と粘液性唾液をともに分泌する混合腺です。一部に粘液性唾液のみを分泌する唾液腺があります。

❖唾液腺の病気

▼唾液腺炎　唾液腺になんらかの原因で炎症を生じた場合を、唾液腺炎といいます。ウイルスによる流行性耳下腺炎（808頁）、すなわち、おたふくかぜがもっともよく知られています。おもに小児期（9歳までにかかるケースが95％）に流行することの多い感染症で、唾液の飛沫から感染します。潜伏期間は2～3週間です。1度かかると終生免疫ができて、以後、再びかかることはありません。かぜのような症状をともなって両側の耳下腺が腫れ、唾液の出が少なくなり、ときに高熱をともない髄膜炎（963頁）や膵炎（1678頁）、精巣炎（睾丸炎 1776頁）、卵巣炎（852頁）などの合併症を引き起こします。

髄膜炎は無菌性髄膜炎が特徴で、発熱、頭痛、嘔吐、けいれん、意識障害などが生じます。上腹部痛、嘔吐、下痢がある場合は、膵炎を疑います。精巣炎や卵巣炎は、まれに不妊の原因にもなります。一般には子どもの病気ですが、抗体をもっていないおとなもかかることがあります。感染の可能性のある期間は、自宅で安静を保つ必要があります。

細菌による唾液腺炎（化膿性唾液腺炎）は、もともと唾液腺に何も異常のない人には通常生じませんが、子どもにみられる**唾液管末端拡張症**（唾液腺の発達異常）や、唾石による唾液の分泌障害がある場合、または全身の抵抗力が落ちているときに水分補給が不足した場合などで生じます。抗菌薬を用いて治療しますが、唾石のような原因が残っている場合は、唾液腺炎をくり返しますので、原因を治療する必要があります。

また、シェーグレン症候群（2040頁）という唾液腺に慢性炎症を生じる病気もあります。シェーグレン症候群は全身的な免疫異常を原因とする自己免疫疾患（膠原病）のひとつです。慢性耳下腺炎で耳下腺の腫れと口の渇き（ドライマウス）、涙腺の分泌異常（ドライアイ）をおもな症状とする疾患です。シェーグレン症候群の根本的治療は困難ですので、ドライマウスに対しては人工唾液、ドライアイに対しては人工涙液の点眼で補います。

▼ガマ腫　唾液腺、とくに舌下腺の舌下腺管がふさがることで粘膜下に唾液がたまる病気が、ガマ腫（1206頁）です。粘膜に小さな傷がついて、その傷が治る過程で舌下腺管がふさがるのが原因と考えられています。舌の下の口腔底の粘膜が水膨れのように腫れるのが特徴で、痛みなどはありません。大きくなると顎下部の腫れも生じるようになります。

治療としては、手術的治療が原則で、唾液を流す経路を新たにつくる方法や、原因の舌下腺を摘出する方法があります。

▼唾石症（1214頁）　唾液を口内へ運ぶ管（唾液腺管）の中に、唾液が結晶となった唾石が生じる病気です。顎下腺の顎下腺管にできることがもっとも多く、唾液の流れが悪くなり、食事をすると顎下腺が腫れ、細菌が感染して化膿すると顎下腺炎がおこります。唾石症によって顎下腺炎をくり返す場合は、唾石の摘出または唾石生成の原因となっている顎下腺を摘出します。

▼唾液腺腫瘍　唾液腺腫瘍の80～90％は大唾液腺から発生します。腫瘍の組織型はさまざまで、良性と悪性とがあります。良性腫瘍としては、多形性腺腫、ワルチン腫瘍（腺リンパ腫）が多くみられます。悪性腫瘍では、粘表皮がん、腺房細胞がん、腺様嚢胞がん、腺がん、悪性リンパ腫など、多くの種類の腫瘍が生じることも唾液腺の特徴です。

大唾液腺としては、耳下腺、ついで顎下腺に多く発生します。小唾液腺にも腫瘍が生じますが、口蓋にもっとも多く、ついで頬粘膜、口唇、口腔底などに発生します。良性腫瘍は、やや女性に多い傾向があります。いっぽう、悪性腫瘍は40～70歳代に多く、男性にやや多く認められます。良性腫瘍も長期間放置することで悪性化する可能性もありますので、若年から中年の良性腫瘍は手術的摘出が原則です。悪性腫瘍の場合も早期の手術的摘出が原則で、ときに化学療法（抗がん剤）と放射線療法を行うこともあります。耳下腺内には顔面神経が、顎下腺、舌下腺には舌下神経、舌神経が隣接して走行していますので、これらの神経の機能を保存して腫瘍を摘出しますが、良性腫瘍でも腫瘍が大きい場合や再発をくり返す場合、そして悪性腫瘍の場合はこれらの神経も含めて、腫瘍を摘出しなければならない場合もあります。

咽頭の病気

鼻咽腔炎（上咽頭炎）
Nasopharyngitis

どんな病気か 左右の鼻腔は後方で合流し、軟口蓋の裏側を底面とする単一の空間につながっています。ここを**上咽頭腔**または**鼻咽腔**と呼びます。

この鼻咽腔に炎症がおこり、頭痛をはじめとしたさまざまな症状をきたす疾患を鼻咽腔炎といいます。

症状 頭痛や目の奥の痛み、顔面痛、耳痛やのどの違和感が現れます。ときとして立ちくらみ（起立性低血圧 1406頁）などの自律神経症状をともないます。急性上気道炎（いわゆるかぜ）にかかったときに発症し、比較的短期間で寛解する（治まる）場合と、原因は不明ですが慢性的に経過する場合があります。

治療 鼻咽腔炎の診断は比較的容易で、先端を薄い塩化亜鉛溶液に浸した鼻処置用綿棒で、鼻咽腔粘膜をこすります（擦過診）。炎症があると、出血のために綿棒の先が真っ赤に染まります。この処置とネブライザー（吸入）療法が、そのまままきわめて有効な治療法でもあるので、効果のあるなしをみることによって、さらに確定的な診断がくだせます。鼻咽腔ファイバースコープは、上咽頭がんを識別するために必要ですが、赤らみのはっきりしない場合も多く、擦過診のほうが診断に有用です。通常は、数回の通院治療で完治します。

急性咽頭炎
Acute Pharyngitis

どんな病気か 急性炎症が咽頭粘膜全体に広がり、咽頭粘膜の赤らみ・腫れが現れる、ひじょうに一般的な病気です。俗に**のどかぜ**と呼ばれる状態で、かぜ症候群（1258頁）のうち咽頭症状の強い状態が含まれます。

原因 鼻やのどから侵入したウイルスや細菌の感染によっておこります。アデノウイルス、コクサッキーウイルス、インフルエンザウイルスなど、かぜ症候群をおこすウイルスの感染や、化膿性連鎖球菌やインフルエンザ菌、肺炎球菌などによる細菌感染の場合があります。

症状 感染する病原体の種類によって症状が異なります。共通した症状として、咽頭粘膜全体が赤くなり、リンパ濾胞（小リンパ球が集まる部位）の腫れがみられ、咽頭痛が現れます。とりわけ咽頭後壁にある咽頭側索の炎症が強いと、飲み込むときに耳へ広がる痛みをともないます。

ウイルス感染では、発熱、関節痛、全身倦怠感などの全身症状をともないやすく、また両側後頸部のリンパ節が、縦に連なって腫れることが多いです。

両側の口蓋扁桃に白い苔状のものが付着し、赤い腫れが著しい場合は、急性扁桃炎（644頁）として区別されます。

急性咽頭炎のあとには、二次感染による気管支炎（**あとかぜ**）がおこりやすく、せきや痰がしばらくつづきます。高齢者や免疫の低下している人は、肺炎（1275頁）の併発にも注意が必要です。

治療 細菌感染が疑われる場合は、ペニシリン系やニューマクロライド系抗生物質の内服が有効です。

咽頭の病気

◎鼻咽腔炎の由来

耳鼻咽喉科医の堀口申作は、鼻咽腔に急性ないし慢性に炎症が存在し、頭痛をはじめとする多彩な症状をきたす病態を見出しました。上咽頭炎とも呼びますが、鼻腔と同じく、呼吸器上皮でおおわれる部位の炎症であることから、鼻咽腔炎と名づけました。

◎咽頭真菌症

カンジダという真菌（かび）が咽頭に感染して生じます。咽頭痛、飲み込んだときののどの痛みなどが現れます。

カンジダは口腔内に常在する非病原菌ですが、抗がん剤や免疫抑制薬により全身の抵抗力が低下したり、抗生物質を長期間服用して口腔の細菌叢に変化が生じたりすると、咽頭真菌症が発症します。またぜんそくの治療でよく用いられる副腎皮質ホルモン（ステロイド）剤の吸入によって

ウイルス感染の場合は、原則として抗生物質は用いませんが、二次感染が疑われる場合には、使用します。

予防

かぜの流行時期には人混みを避け、日ごろから手洗いやうがいをよくすることが肝心です。冬期には、室内の保温、加湿に十分気をつけ、寝冷えを避けましょう。

慢性咽頭炎
Chronic Pharyngitis

どんな病気か

急性咽頭炎（前項）が慢性化し、のどの局所症状だけがつづきますが、血液検査や咽頭の細菌培養検査を行っても、異常はほとんどみられません。

原因

原因はさまざまです。急性咽頭炎にかかったあと、弱毒菌による二次感染をおこし、症状が長引く場合や、慢性副鼻腔炎（1162頁）による後鼻漏（鼻水がのどに下りる）により、咽頭が刺激されて炎症がおこる場合などがあります。また、喫煙、花粉などのアレルゲンによる刺激や、夜間に鼻がつまって口呼吸をするため、のどが乾燥しておこることもあります。

最近では、就眠中にのどに胃酸が逆流して、咽喉頭に慢性炎症が引き起こされることが増えています。これは、遅い時間帯での夕食摂取、高脂肪食やアルコール摂取といった欧米化した食生活の変化が関連していて、**咽喉頭酸逆流症**と呼ばれます。

症状

比較的軽い咽頭痛や、のどの違和感、痰のからむ感じが長くつづきます。

治療

原因に合わせた治療法を実行することが有効です。

咽後膿瘍
Retropharyngeal Abscess

どんな病気か

1歳未満の乳幼児におこりやすく、咽頭粘膜後方にあるリンパ節に細菌感染がおこり、膿瘍（膿のかたまり）を形成する病気です。

2歳以下の子どもでは、この部位のリンパ節が発達しているため、化膿性のリンパ節炎をおこしやすいのですが、抗生物質の発達により、近年まれな疾患となりつつあります。しかし、いったん発症すると、咽頭後部のすき間と、胸郭の中央にある縦隔はつながっているので、膿瘍が下りていって、生命にかかわる縦隔炎（1327頁）が引き起こされる危険があります。できるだけ早く医師の診察を受けることが必要です。

成人に発症することはきわめてまれですが、咽頭外傷によって細菌が直接侵入しておこる場合があります。また、頸椎の脊椎カリエス（1906頁）によって、比較的症状の穏やかな咽後膿瘍（冷膿瘍）をおこすことがあります。

症状

子どもの初期症状は、機嫌が悪い、食欲がない、発熱（高熱）などで、泣き声がふくみ声になります。症状は急激に進み、鼻呼吸が障害されたり、くびが曲がりにくくなったり、痛がったりします。

成人では、発熱、嚥下痛（飲み込み痛）、嚥下困難で始まり、病気が進むと、呼吸困難感や不隠症状が現れます。診察すると、咽頭後壁が半球状に膨れ、触ると波動が感じられます。

生じることもあります。

咽頭に白い苔のようなものが付着したり、治りにくい潰瘍が認められます。

原因となっている薬剤があれば中止し、内服やうがい薬の抗真菌薬によって治癒します。ステロイド吸入剤を使用している人は、吸入後にうがいして薬剤が咽頭に残らないようにすることが重要です。

◎咽頭良性腫瘍

咽頭に生じる良性腫瘍で、乳頭腫、線維腫、血管腫が代表的です。唾液腺由来の多形腺腫、神経由来の神経鞘腫、上咽頭血管線維腫などもあります。

腫瘍が小さいとほとんど症状はありません。大きくなると嚥下（飲み込み）時の違和感や異物感を覚えます。

いずれも原因は不明です。

ほとんどの腫瘍は、視診でおおよその診断がつきますが、確定診断のためには、病理組

治療 外科的な治療で排膿（膿を排出する）します。懸垂頭位（頭を反らしてあお向けになる）にして、膿瘍が集積して膨隆した咽頭後壁に、口腔から針を刺して膿を吸引するか、縦に切開して排膿を行います。

気道が狭まりつつある場合や、すでに膿瘍が縦隔へ進んでいる疑いがある場合は、全身麻酔をして気管切開を行い、頸部を切開して排膿します。

頸部膿瘍
Cervical Abscess

どんな病気か 頸部（くび）に細菌感染が広がり、膿瘍を形成する病気です。初期には、皮下ないし粘膜下の脂肪結合織全体が腫れる蜂巣炎（1823頁）として現れますが、しだいに膿が集合し、膿瘍に移行します。化膿性リンパ節炎（1452頁）や化膿性顎下腺炎などに引きつづいておこる浅在性の頸部膿瘍と、急性扁桃炎（1176頁）や扁桃周囲膿瘍（1177頁）、臼歯の抜歯部位の感染などに引きつづき、感染巣が咽頭粘膜下の結合織の間に広がっておこる**深頸部膿瘍**があります。後者には副咽頭間隙膿瘍や咽後膿瘍（前項）があり、生命を脅かす危険な病気です。

深頸部膿瘍の場合、ガスを発生する性質をもつ嫌気性菌の感染によっておこることも多く、CT像で特徴的なガスがたまったようすが認められます。

症状 膿瘍の発生とともに、激しい頸部の圧痛が現れます。

副咽頭間隙膿瘍や咽後膿瘍の場合は、嚥下痛（飲み込む際の痛み）と嚥下困難がまず現れ、進行すると気道が狭まり、呼吸困難が出現して、生命を著しく脅かします。早期に集中治療を開始することが肝要です。

治療 膿瘍が形成されてしまうと、薬の効果が下がり、抗生物質の使用だけでは限界があります。穿刺（針を刺す）や切開といった外科的処置による膿の排出が必要となります。

進行した深頸部膿瘍に対しては、頸部の皮膚を大きく切り、排膿と同時に深頸部にドレーン（排液管）を数日間とめ置かねばなりません。

咽喉頭異常感症
Pharyngolaryngeal Paresthesia

どんな病気か 耳鼻咽喉科医が診察や検査を行って、咽頭や喉頭に異常を認めないと判断したのにもかかわらず、患者はのどの異常感を訴える状態を総称していいます。

症状 のどの違和感、閉塞感、異物感などがありますが、つねに現れるわけではなく、食事中や何かに熱中しているときは忘れているといった特徴があります。

原因 原因は不明ですが、多くの場合は心理的な要因がかかわっています。神経質で過敏な人に多く、ストレスや抑うつ傾向（1011頁）、更年期障害（870頁）との関連も疑われています。がんを心配するなどの情動的な要因が関与することもあります。

検査と診断 耳鼻咽喉科医による視診、咽頭・喉頭のファイバースコープや電子内視鏡検査、頸部の触診などが重要です。血液検査や、下咽頭食道造影検査、CT、MRIなどの画

織検査（生検）が必要です。血管腫や上咽頭血管線維腫が疑われる場合は、生検すると止血困難になることがあるため注意が必要です。

多くの場合、手術が基本になります。局所麻酔のもと、口腔を経て切除できる場合が多いのですが、腫瘍の生じた部位によっては、全身麻酔が必要になります。ただし無症状であれば、手術せずに経過を観察することもあります。

副咽頭間隙の位置

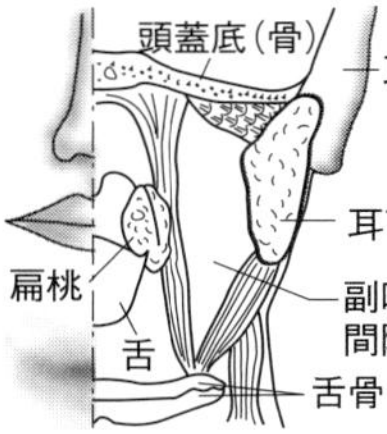

副咽頭間隙は咽頭・扁桃の後側方にあり、ほぼ逆円錐型をしたすき間で、脂肪組織で満たされています（副咽頭間隙はやや拡大して示した）。

像検査、上部消化管（食道・胃）内視鏡検査などを行うこともあります。

治療

とくに決まった治療法はありません。しばらく経過を観察しても症状が軽快しない場合には抗不安薬が用いられることもあります。また、咽頭や喉頭の早期がんが発見できずに咽喉頭異常感症として治療されてしまう場合もまれにありますので、症状が軽快しない場合は、あらためて検査する必要があります。

上咽頭血管線維腫
Nasopharyngeal Hemangiofibroma

どんな病気か

上咽頭に発生するまれな良性腫瘍で、**鼻咽腔血管線維腫**とも呼ばれます。また、10歳代の若い人に多いことから**若年性血管線維腫**とも呼ばれます。良性腫瘍ですが、周囲の組織を圧迫し、広がります。

症状

鼻づまり、大量の鼻出血をくり返す、鼻声などが特徴です。腫瘍の発育はゆっくりですが、大きくなると周囲の器官を圧迫し、さまざまな障害を引き起こします。鼻腔と中耳腔をつなぐ耳管開口部を圧迫すると、耳がふさがった感じ（耳閉塞感）や難聴をおこします。さらに大きくなると嚥下障害（1169頁）をきたします。

原因

思春期の男の子に多くみられることから、性ホルモンの関与が疑われています。

検査と診断

鼻腔の内視鏡検査、CTやMRIなどの画像検査を行います。血管造影を行うこともあります。確定診断のために病理組織検査（生検）を行いますが、血流が豊富な腫瘍なので、生検時の出血が心配されます。手術室で生検する場合もあります。

治療

手術が主体です。上咽頭が口腔や上顎から見えるようにして、腫瘍を摘出します。出血を減らすために、摘出手術の前に腫瘍に栄養を送っている血管をふさぐ塞栓術を行うこともあります。最近では、内視鏡を補助的に用いて、手術時の視野の悪さを改善する工夫も行われています。放射線治療やホルモン療法もありますが一般的ではありません。

副咽頭間隙腫瘍
Tumor of the Parapharyngeal Space

どんな病気か

副咽頭間隙（上段図）に発生する腫瘍には、耳下腺腫瘍、神経原性腫瘍などがあります。また、この部位は、リンパ流がひじょうに豊富なので、頭頸部領域の悪性腫瘍のリンパ節転移がおこりやすいところです。

症状

腫瘍が小さいうちはまったく症状がみられませんが、大きくなると、扁桃が後上方から押し出されたようになり、のどの違和感、くびの腫れなどがおこります。

良性腫瘍は痛みや神経のまひ症状はでませんが、悪性腫瘍やがんの転移であれば痛みやまひ症状がみられます。

治療

診断には、CTやMRIが有効です。また、腫瘍につながる血管を確認するため、血管造影が行われることもあります。

大きくなれば、頭蓋内に伸展（広がる）していくこともあるので、手術をして腫瘍を摘出します。

扁桃の病気

◎クラミジアによる咽頭炎

感染症の原因菌であるクラミジアのなかで、クラミジア

急性扁桃炎
Acute Tonsillitis

どんな病気か

口蓋扁桃（1167頁図2）に急性の炎症がおこる病気です。

のどの衛生状態の悪化、過労や睡眠不足などのストレスが加わると、抵抗力のバランスがくずれておこります。

原因

ほとんどは細菌感染によるものですが、ウイルスによるものも一部にみられます。最近では、性行為によるクラミジア感染、単純ヘルペスウイルスⅡ型の感染で、扁桃炎がおこることもあります。

症状

のどの痛みが強く、飲食物を飲み込めず、耳の周りに響くような痛みを感じることもあります。ひどい寒け（悪寒戦慄）、だるさ、38～40度程度の高い発熱がみられ、手足や背中の関節が重く感じられたり、痛みを感じたりすることもあります。

口の中を見ると、両方の口蓋扁桃が周囲に比べて赤く腫れていて、しばしば、表面に膿栓といわれる小さな白いかたまりがついています。

検査と診断

咽頭の視診を行うことで、容易に診断がつきます。

頸部のリンパ節の触診で、ウイルス性の扁桃炎を区別します。通常の細菌性扁桃炎では上頸部のリンパ節しか腫れませんが、EBウイルスによる伝染性単核球症（648頁）では頸部に多発性のリンパ節の腫れを触れます。

有効な抗生物質を選ぶために、のどから細菌を採取して原因菌を検査します。炎症の程度を知るためには、白血球の数や種類などを調べます。

治療

抗生物質の使用が治療の中心です。成人であれば、抗生物質の内服によって1週間程度でほとんど治癒しますが、まれに重症化することがあります。

慢性扁桃炎
Chronic Tonsillitis

どんな病気か

口蓋扁桃に軽い炎症が持続する状態で、急性扁桃炎（前項）が完全に治りきらずに、のどの痛みや違和感、乾燥感、微熱感といった軽い症状がつづきます。診察すると口蓋扁桃や前口蓋弓が赤くなり、陰窩（扁桃表面のくぼみ）に膿栓がみられます。

治療

陰窩の洗浄、膿栓の吸引、薬物塗布、うがいなどを中心に、症状や状態に合わせて少量の抗生物質、消炎薬などの内服も行います。

症状が強い場合は、扁桃を摘出することもあります。飲酒や喫煙で悪化することが多いので、控えましょう。うがいは頻繁に行うべきです。

習慣性扁桃炎
Habitual Angina

どんな病気か

急性扁桃炎をたびたびくり返す状態で（年に何回もくり返します）、**習慣性アンギーナ**ともいいます。成人では、ひどい急性扁桃炎がきっかけになり、その後、疲れたときや睡眠不足のときなどに、発熱をともなう扁桃炎を生じるという経過が多いようです。

原因

急性扁桃炎をくり返す原因ははっきりしていませんが、

（クラミドフィラ）・ニューモニエ（以下C.p.）とクラミジア・トラコマチス（以下C.t.）が咽頭に感染症をおこします。C.p.による咽頭炎は、せきや痰などによる飛沫感染で発症すると考えられています。おもに気管支炎や肺炎などの下気道炎の原因菌ですが、上気道炎もおこします。のどが痛い、のどに違和感がある、乾いたせきがでる、微熱などの症状があります。

いっぽう性感染症の原因菌であるC.t.は、咽頭にも感染症をおこします。オーラルセックスが原因と考えられ、咽頭を介した感染症の広がりが社会的問題になってきています。はっきりとした症状がないので、感染に気づかないことが多いようです。

いずれの感染症も抗生物質の内服で除菌できますが、通常よりも長めに内服する必要があります。とくにC.t.による感染症に関しては、耳鼻咽喉科または感染症科の専門医を受診してください。

最近では、口蓋扁桃に常在している病原性をもたない細菌のバランスの乱れや、病原菌に対する免疫機能の低下が原因のひとつと考えられています。

検査と診断　問診で経過を聞いて診断します。発作期の症状が、かぜなどによるものなのか、扁桃炎によるものなのか、丁寧な問診が必要です。また、発熱やのどの痛みがあるときに、のどを見て、扁桃炎かどうか診断することがもっとも確実です。

治療　急性扁桃炎の発作をおこしている時期は、急性扁桃炎と同じ治療を行います。

重症の場合、手術で口蓋扁桃を摘出するのが原則です。年に7回以上、38度以上の発熱をともなう扁桃炎を生じた場合、また、2年以上にわたり4、5回の扁桃炎をくり返す場合は、手術をすべきだというのが一般的な考えです。そのほか、毎回の急性扁桃炎の症状が重く、入院が必要になる場合、扁桃周囲膿瘍（次項）のような重い合併症をおこす場合にも手術を考えます。

以前は、口蓋扁桃からβ溶血性連鎖球菌が持続的に検出される場合は、多くの例で手術が行われました。現在は有効な抗生物質があり、治療をきちんと行えば、症状は比較的コントロールしやすく、腎臓や心臓の合併症をおこす可能性は低いと考えられます。

扁桃周囲炎／扁桃周囲膿瘍

Peritonsillitis / Peritonsillar Abscess

どんな病気か　急性扁桃炎（前頁）の炎症がひどくなり、口蓋扁桃をおおう皮膜と咽頭収縮筋の間にあるすき間に炎症がみられるものを**扁桃周囲炎**、そこに膿がたまった状態を**扁桃周囲膿瘍**といいます。

症状　急性扁桃炎より症状が激しく、強いのどの痛みが生じ、つばを飲み込むときに口を開けることができず、つばも飲み込めなくなることがあります。飲食物もほとんど飲み込めないので、脱水をともない、衰弱が激しくなります。のどの腫れのため、ふくみ声になります。発熱は38度以下の微熱であることが多くみられます。

検査と診断　口を開けにくくなることが多いので、のどの視診は困難です。左右のどちらか片側の口蓋扁桃の周りが強く腫れ、暗赤色になり、むくんだようにみえます。両方の扁桃に扁桃周囲膿瘍がおこることは少なく、これは左右の構造のわずかなちがいや、急性扁桃炎のうちに治療がなされることがあるためとされています。

原因菌を検出する検査や、重症度を把握するための血液検査も行われます。

治療　水分の補給と、抗生物質の使用が基本になります。激しい痛みから飲食物が十分に摂取できず、脱水など全身状態が悪いときは、入院して水分や栄養を点滴で補充したり、抗生物質の静脈内注射が必要です。

膿瘍を形成している扁桃周囲膿瘍の場合は、注射針を用いて膿を排出（穿刺排膿）させたり、腫れている部位を切開して膿を排出（切開排膿）させたりすることが必要となります。ごくまれに、頸部に膿瘍が広がることがあり、その場合は頸部を切開し、早急に排膿することが必要になることもあります。

扁桃周囲炎をくり返す場合は、口蓋扁桃摘出術を行います。

扁桃肥大（口蓋扁桃肥大）

Tonsillar Hypertrophy

どんな病気か

一般に「扁桃」とは口蓋扁桃をさし、口蓋扁桃が大きくなった状態を扁桃肥大といいます。

肥大の程度によって、わずかに突出するⅠ度扁桃肥大、左右の口蓋扁桃が中央で接しているⅢ度肥大、その中間のⅡ度肥大に分類されます。

睡眠時無呼吸症候群（次項）の原因になることがあります。

原　因

口蓋扁桃が肥大する原因には、生まれつきの体質が関係していると考えられるほか、炎症を何回もくり返すことで、口蓋扁桃がより大きく肥大する傾向もあるようです。

検査と診断

口蓋扁桃の肥大の程度は、口の中をのぞくだけで簡単に見分けられます。口蓋扁桃が大きい人が、必ず睡眠時無呼吸症候群をおこすわけではないので、大きいだけなら経過観察で大丈夫です。

治　療

子どもの場合は、口蓋扁桃の摘出（649頁）によって症状が劇的に改善しますが、成人の場合、必ずしも改善しないことがあります。睡眠時無呼吸症候群を生じている場合には、その治療を行います。

（閉塞性）睡眠時無呼吸症候群

(Obstructive) Sleep Apnea Syndrome

どんな病気か

睡眠中に気道が狭くなり、呼吸が10秒以上止まったり、呼吸が安静呼吸時の半分以下になったりする状態をくり返します。成人では、1時間に5回以上の無呼吸、低呼吸があると異常と考えられています。

症　状

激しくいびきをかくことが多く、睡眠中の呼吸の中断や、あえぐような呼吸がみられ、夜中に目が覚めることが多くなります。呼吸苦があると深く眠れないため、睡眠不足になり、日中の眠けを生じ、運転中には、事故をおこす確率が高くなります。

高血圧、虚血性心疾患、糖尿病などの合併も多くなります。

検査と診断

脳波、呼吸、血液中の酸素飽和度、呼吸運動などを同時に測定する**睡眠検査**（**ポリソムノグラフィー**）を行い、診断します。

治　療

子どもの場合は、口蓋扁桃を摘出することで症状が劇的に改善します。成人の場合は、必ずしも改善しないことがあります。

睡眠検査で睡眠時無呼吸症候群が疑われる場合は、まず鼻に特別なマスクをつけ、空気をのどに送り込むことで空気の通り道を膨らまして、気道が狭まらないようにする治療（**ナーザルCPAP**）を行うべきです。どうしてもナーザルCPAPができない人や、口蓋扁桃がじゃまでマスクをつけにくい人もいます。そのような人は、口蓋扁桃摘出術や口蓋垂口蓋咽頭形成術（UPPP）を行うこともあります。

扁桃病巣感染症
Tonsillar Focal Infection

どんな病気か　からだのどこかに慢性炎症病巣（原病巣）があって、その原病巣の症状はほとんどないか、きわめて軽度にもかかわらず、原病巣から離れたからだのいろいろな臓器に二次的な病気（二次疾患）がおこってくる場合を**病巣感染症**といいます。原病巣になると考えられる臓器はいろいろありますが、そのなかで、扁桃が病巣感染症の原病巣となっている場合を扁桃病巣感染症といいます。

二次疾患としては、皮膚疾患〔掌蹠膿疱症（1839頁上段）、乾癬（1833頁）、紫斑（1820頁）〕、骨関節疾患〔関節リウマチ（2014頁）〕、腎疾患〔ＩｇＡ腎症（1704頁）、糸球体腎炎（1706頁）〕、心疾患〔心内膜炎（1374頁）、心筋炎（1376頁）〕などがあげられます。

原因　一種の自己免疫疾患（2002頁）と考えられています。扁桃は、たくさんのリンパ球が集まったリンパ組織です。扁桃に慢性炎症があると、扁桃のリンパ球が扁桃組織に対する抗体やリンパ球を産生するようになり、その現象が全身のリンパ組織にも広がって、扁桃と同じような構造をもついろいろな臓器で、自己のリンパ球が自己組織を攻撃する免疫反応がおこります。このようにして、扁桃病巣感染症が発症すると考えられています。

症状　二次疾患固有の症状、つまり、皮疹（発疹）、血尿、関節の腫れや痛みなどがおもです。普段は、のどの症状はほとんどないか、あってものどの軽い痛みや異物感程度ですが、かぜなどの上気道炎や扁桃炎（1176～1177頁）などののどの炎症にかかると、皮膚症状や関節症状などの二次疾患の症状が悪化するのが、扁桃病巣感染症の典型的な例です。

検査と診断　専門の科で二次疾患の診断を受けた人に対して、耳鼻咽喉科では、のどの炎症にともなって二次疾患の症状が悪化するかどうかなど、病気の経過をくわしくききます。

現在おこっている病気の病巣が扁桃にあるらしいと疑われるときは、扁桃との関連性を調べるため**扁桃誘発テスト**を行います。これは、超音波の照射、マッサージなどで扁桃を刺激し、一定時間後に白血球数、赤沈（210頁）、体温の変化、二次疾患の症状の変化を調べるものです。これらの結果を総合的に判断したうえで診断します。

治療　二次疾患の症状は薬などでも一時的には改善しますが、薬を止めると再び悪くなることが多く、扁桃病巣感染症の根本的な治療として、扁桃摘出が有効な場合が多いものです。

現時点では、扁桃病巣感染症の明確な診断基準がないこと、扁桃を摘出しても二次疾患が必ずよくなるとはかぎらないことなどから、扁桃摘出に慎重な意見もあります。

いっぽうで掌蹠膿疱症やＩｇＡ腎症では、扁桃摘出により70～80％の治療有効率が報告されています。

皮膚科や腎臓内科など疾患それぞれの専門医、および耳鼻咽喉科医などと十分に相談して、他の有効な治療法と扁桃摘出を組合わせて治療をすることがたいせつです。

いびきと対策

❖いびきの原因

いびきは睡眠中に上気道（鼻からのど、喉頭へ至る空気の通り道）がなんらかの原因で狭くなり、そこを空気が通過することで異常な音を発するものです。

原因としてまず肥満があげられます。太った人はくびの脂肪組織が多いため、あお向けに寝たときに、上気道が狭くなってしまうからです。また、鼻づまりをきたす病気〔たとえば鼻過敏症（1154頁上段）、副鼻腔炎（1162頁）、鼻中隔弯曲症（1158頁）、アデノイド肥大（642頁）〕や、のどの奥が狭くなる状態〔たとえば口蓋垂（のどちんこ）過長、扁桃肥大（1178頁）、下顎の骨の発育不全〕においても、空気がスムーズに流れずに、のどの粘膜が異常な振動をきたし、いびきが生じます。また、過度の疲労や飲酒後は、睡眠中にのどの筋肉が通常よりも緩んで上気道が狭くなることが多いため、普段いびきをかかない人でもいびきをかきやすくなります。

❖いびきの種類

いびきは、単純いびき症と病的ないびきに大別されます。

からだが必要とする空気が通るだけの気道がある程度保たれていれば、呼吸は乱れず、いびきも規則正しくリズミカルで、悪影響はありません。これが**単純いびき症**です。

これに対し、上気道の狭まりが強い場合には、狭くなった空間をむりやり空気が通過することになるので、浅くなったり深くなったりと呼吸が乱れ、極端な場合には、数十秒の呼吸停止がたびたびおこることになります（睡眠時無呼吸症候群 1178頁）。このような状態が慢性化してくると、心臓血管系、内分泌系の臓器に負担がかかり、高血圧、心不全、糖尿病、脳血管障害など、生命にかかわる影響がでてくることもあります。睡眠の質も低下し、熟睡感が得られず、日中の眠けや頭痛、集中力の低下などがおこるようになってきます。すなわち、呼吸障害をともなういびきは病的なものですから、放置せずに病院で相談することがたいせつです。

❖いびきの対策

軽症のいびきでは、睡眠中に側臥位（横向き）や腹臥位（うつぶせ）になると、いびきが軽くなったり、なくなったりします。側臥位での睡眠をつづけられるように、抱き枕の使用や背中にソフトボールを固定するなどの工夫をするとよいでしょう。肥満の人は、標準体重を目標に減量することがたいせつです。

これらの方法でもいびきが軽快しない人は、原因に応じて治療が必要となってきます。

鼻づまりやのどの奥の狭まりなど、はっきりとした原因がある人は、耳鼻咽喉科で治療を受けて、その原因を取除きます。下顎の発育不全や、舌の根元が大きく気道が狭い場合は、下顎を前方に移動して固定する下顎前方位型装置、舌を前方に引っ張って固定する舌維持型装置などの口腔内装置が有効なこともあります。病気の種類と程度によっては、手術が必要なケースもあります。

原因がはっきりしないのに毎晩のようにいびきをかく人は、いちど、いびき外来を受診することをお勧めします。自分ではいびきをかいているだけだと思っても、検査をすると睡眠時無呼吸と診断されることも多いからです。重症のいびきの人は、精密検査が必要です。いびきや無呼吸の程度を調べるために数日間入院をして、**いびきモニター検査**が必要になることもあります。これらの検査で睡眠時無呼吸症候群と診断された場合は、積極的に治療をすることが必要となります。

第1章―第10章
生活習慣病
がん（悪性腫瘍）
子ども
女性
脳・脊髄・神経
こころ
目
耳・鼻・のど
歯・口腔
呼吸器

喉頭・声帯の病気

急性喉頭炎
Acute Laryngitis

どんな病気か

喉頭に生じた急性炎症です。多くはかぜ症候群（1258頁）の部分症状で、急性鼻炎（1151頁）、急性咽頭炎（1172頁）を多く合併します。

声帯に炎症が生じると**急性声帯炎**といい、声帯より上部（急性喉頭蓋炎1186頁）、声帯より下部（急性声門下喉頭炎 次項）に生じることもあります。

症状

急性声帯炎の場合、嗄声（声がかれる）、のどの乾燥感、痛み、せきなどがおこり、ひどくなると失声（声がでない）となります。急性喉頭蓋炎では、声が独特のふくみ声になり、激しい嚥下痛（飲み込むときの痛み）や呼吸困難を生じます。

原因

ウイルス感染が主体で、パラインフルエンザウイルス、アデノウイルス、RSウイルス、単純ヘルペスウイルスなどによって生じます。A群溶血性連鎖球菌、肺炎球菌、インフルエンザ菌などの細菌感染をともなうこともあります。とくに急性喉頭蓋炎の場合は、インフルエンザ菌の感染によることが多いです。

非感染性の原因として、刺激性ガスやたばこの煙の吸入、寒冷刺激、アレルギー、声の酷使（宴会、カラオケ、騒音環境での発声など）、放射線治療などがあります。

検査と診断

症状や声と、喉頭内視鏡で診断します。喉頭粘膜の充血や腫れ、白斑などが特徴です。急性声帯炎では、声帯粘膜に偽膜形成（白っぽい膜がつく）や粘膜下出血、浮腫（むくみ）をみることがあります。急性喉頭蓋炎の場合は、喉頭蓋や披裂部（声帯の上部）にむくみや膿瘍（膿のかたまり）の形成をみます。

治療

局所療法としては、副腎皮質ホルモン（ステロイド）剤や抗生物質をネブライザー（噴霧器）でのどに噴霧します。薬物療法として、消炎酵素薬、去痰薬、解熱鎮痛薬などが用いられる場合もあります。

細菌感染が疑われるときは抗生物質の内服が有効です。急性鼻炎や急性咽頭炎も同時に治療します。

急性喉頭蓋炎の場合は、ふつうは入院したうえで副腎皮質ホルモン剤や抗生物質などを点滴します。むくみがひどく、気道狭窄によって窒息の危険性があるときは、気管切開など気道確保が必要となることがあります。

喫煙、飲酒、入浴は炎症をひどくし、急激なむくみをおこすことがあるので避けましょう。

日常生活の注意

かぜをひかないように体調管理に気をつかい、かぜをひいたときには、悪化させないため喫煙・飲酒・カラオケなどは避け、加湿した暖かい部屋で、十分な睡眠をとりましょう。急性声帯炎の場合、なるべく声を使わないようにします。

急性声門下喉頭炎
Acute Infraglottic Laryngitis

どんな病気か

喉頭の中の声帯より下方の気管に近い部分の粘膜が炎症をおこし、急にむくんで腫れます。

4歳未満の乳幼児におこることがほとんどですが（652頁）、まれに成人にお

◎経鼻内視鏡検査‥1185頁
◎カラオケポリープ‥‥‥‥‥1186頁
◎声帯内注入術‥‥1187頁
◎ネブライザー療法（霧滴吸入療法）‥1188頁

◎**クループ症候群**

従来は、ジフテリア（816頁）によっておこる急性喉頭炎を**真性クループ**、それ以外の原因で生じたものを**仮性クループ**と呼んでいましたが、最近は両方あわせてクループ症候群と呼ぶことが多くなっています（673頁）。

◎**喉頭結核**

肺結核（1285頁）につづいて、痰に含まれる結核菌が直接のどに感染、あるいは肺以外の結核病変から血流によって結核菌がのどに感染して引き起こされる感染症です。とくに

こることもあります。

症状 かぜ様症状のあと、2〜3日たつと夜間に喘鳴（ヒューヒュー、ゼーゼーと息をする）や呼吸困難がおこります。とくに犬の遠吠えのように聞こえるせきが特徴です。声がかすれ、発熱することもあります。ひどくなると、陥没呼吸（息をするときに胸がへこむ）がみられます。

原因 パラインフルエンザウイルスなどのウイルス感染が原因として多いです。声門下は厚い軟骨で囲まれ、リンパ流が豊富で、まばらな結合組織からなっているので、炎症がおこるとすぐに腫れやすく、とりわけ幼児の声門下は狭いため、急に呼吸困難を生じやすいのです。

検査と診断 喉頭内視鏡で声帯の下に赤く腫れた粘膜が見られます。また頸部のX線検査で声門下の狭窄像が見つけられることもあります。

治療 点滴で水分補給や加湿、エピネフリンや副腎皮質ホルモン（ステロイド）剤の吸入、副腎皮質ホルモン剤の筋肉注射や内服が行われ、ときに抗生物質を使用します。このような治療で軽快せず、呼吸困難が進行する場合には、気管内挿管や気管切開で気道を確保することがあります。

日常生活の注意 かぜ症状のあとにおこることが多いので、かぜの予防やひいたあとの体調管理（「急性喉頭炎」前頁）に気をつけます。

慢性喉頭炎
Chronic Laryngitis

どんな病気か 喉頭粘膜の軽い炎症が、長期間つづいている状態です。中高年の男性に多くみられます。嗄声（声がかれる）、せき、痰、のどの異物感や不快感がおこります。

原因 急性喉頭炎（前頁）をくり返したり、その治る過程で、喫煙、声の濫用・酷使、せき払い、大気汚染、後鼻漏（1149頁）などが加わったために、治りが遅れておこります。乾燥やほこりの多い環境で仕事をしている人、鼻の病気などで口呼吸する人におこりやすく、アレルギーが原因となることもあります。また最近では、逆流性食道炎（1546頁）も原因のひとつとして注目されています。

検査と診断 喉頭内視鏡で、喉頭粘膜の発赤や腫れ、乾燥などが見られます。声帯には上皮の肥厚、むくみ、萎縮、びらん（ただれ）、白色の病変が見られることがあります。症状や検査結果は、喉頭がん（482頁）の初期と似ているので、識別のために喉頭ストロボスコープ（1190頁上段）や組織検査などが必要となることがあります。

治療 消炎酵素薬、去痰薬や抗アレルギー薬の内服、副腎皮質ホルモン（ステロイド）剤などをネブライザーで吸入することもあります。後鼻漏が多い場合や口呼吸がある場合には、鼻炎や副鼻腔炎の治療（抗生物質の内服やネブライザー治療）、逆流性食道炎があれば、その治療を行います。声の衛生指導（1184頁上段）や発声訓練が有効なこともあります。

喫煙、声の濫用、飲酒を控えるなど、生活習慣の改善が第一です。加湿器の使用も有効です。

自己免疫機能が低下するHIV感染症（2133頁）などにかかっている人は感染しやすいことが知られています。

嗄声（声がれ）、飲み込むときののどの痛み、息苦しい感じ、せきあるいは血痰などの症状がみられます。

内視鏡検査では、喉頭に腫瘤（はれもの）や潰瘍あるいは喉頭の一部がむくんだようなようすを認めます。一見、喉頭がん（482頁）のように見えることも多いので、ツベルクリン検査を行ったり、痰の培養検査による結核菌の検出あるいは胸部X線写真で肺病変の探索などを組合わせて診断されます。喉頭がんとの区別がむずかしい場合や、診断が困難な場合は、喉頭の組織を採取し、病理組織から診断をつける場合もあります。

複数の抗結核薬を半年程度服用します。とくに痰から結核菌が検出される場合など、一定期間、他の人と接触を断って治療することも必要となります。

声帯ポリープ（喉頭ポリープ）

Vocal Code Polyp (Laryngeal Polyp)

どんな病気か

発声は、喉頭にある声帯という帯状のひだの振動によって行われます。声帯は「のどぼとけ」を形成する甲状軟骨の中にある1～1・5㎝程度の器官です。この、いわば楽器の弦のような声帯にこぶのような腫瘤（ポリープ）が生じた状態を、声帯ポリープといい、発声の障害になります。この病気になるのは、成人で、やや男性が多くなっています。

原因

声は、左右2本の声帯が高頻度で振動して生じます。男性の会話では毎秒100回、女性では毎秒250回も声帯が振動します。ですから、むりな発声がいちばんの原因となります。歌手や学校の先生、アナウンサーなどの声を多く使う人に多くみられるゆえんです。かぜでのどに炎症があるのに、むりに発声したあとなどにも生じます。

症状

嗄声（声がれ）が主症状ですが、のどの違和感を感じることもあります。また、いつもは歌えていた歌が歌いにくくなったり、話すと疲れを感じることがあります。

喉頭内視鏡検査で比較的簡単に、かつ安全に診断できます。とくに最近は、診断の精度があがりました。声門がん（482頁）と紛らわしいポリープもあり、このときは組織をとって調べる病理診断が必要になります。

治療

できて間もないポリープならば、声を使わずに声帯を休めたり、消炎薬の吸入や内服で消えることもあります。

古くなってかたまった場合は、外科的切除が望まれます。最近は、喉頭顕微鏡下手術といって、拡大視して手術が行われるので安全確実です。

予防

普段から声の状態に注意して、声帯を大事にすることがたいせつです。中年以降の男性で、喫煙者は、嗄声がつづく場合は、がんとの区別も念頭に入れて、耳鼻咽喉科で診察を受けましょう。

声帯結節（謡人結節）

Vocal Nodule

どんな病気か

喉頭の中の声帯に生じる結節（ペンだこのようなもの）です。声帯は2本あり、声をだすときはお互いに超高速でこすれあいます。そして、もっとも強くこすれあう声帯の中央部分に、たこができます。したがって、両側にできることが多く、こすれあう頻度の高い、若い女性や学童期の男の子によくみられます。

おこりやすい職業は、歌手、ナレーター、ジャズダンスやエアロビクスのインストラクター、保育士などです。

嗄声（声がれ）と声域の幅の減少がおもな症状です。声の乱暴な使いすぎが原因となります。しかも、その環境が長期間にわたってつづいている場合に、多くみられます。

検査と診断

各種内視鏡、とくに軟性鏡を用いて検査し、診断します。微小な病変のため通常光を用いた内視鏡検査では診断がむずかしい場合には、瞬時の発光光源を用いるストロ

◎声の衛生指導

健康な声の維持、声がれの予防または再発防止を目的とした、患者自らが配慮すべきことがらについての指導です。発声のしくみの説明と声の濫用や誤用の予防を中心とし、嗜好品や食習慣を含めた具体的な指導を行います。また、禁止事項ばかりではなく、解決策のヒントを与えることも重要視しています。

具体的な例として、

①長話をしない……相づちをうつ。息継ぎをしながら話す。
②大声で話さない……相手に近づく。マイクを使う。
③ささやき声、力み声、高い声、低い声を避ける……だしにくくてもいつもの声を使う。くびや肩の力を抜く。せき払いを最小限にとどめる。
④のどを乾燥させない……喫煙しない。マスクを使う。水を含み、のどを潤す。ほこりっぽい場所を避ける。
⑤胃液の逆流予防のため、就寝前3時間は飲食をやめる。

ボスコープを使うと、声帯振動をゆっくり見ることができ、微妙な結節でもわかることがあります。

治療 声の衛生指導（上段）と発声訓練などの音声治療で治療することも可能です。しかし、治療効果がでるまでには時間がかかり、また、専門家が少ないこともあってむずかしい点があります。緊急で副腎皮質ホルモン（ステロイド）剤を用いることもありますが、消炎薬や吸入療法はあまり効果が期待できません。

鉗子などで注意深く結節を切除する喉頭顕微鏡下手術が有効ですが、高度な専門的技術が必要です。また、手術をしたあとも手術前と同様に職業として声を再度酷使した場合、再発してしまう可能性もあります。日ごろから発声に気をつけて生活しましょう。

予防 声を多用する人の多少の声の変化はやむをえないのですが、仕事以外の場では、声をだす時間を抑えたり、大きな声を控えたり、こまめに水を飲むといったことに注意しましょう。

ポリープ様声帯
Polypoid Vocal Cord (Reinke Edema)

どんな病気か 声帯が全長にわたって浮腫（むくみ）状に、あたかも1つのポリープのように膨らんだ状態で、**ラインケ浮腫**ともいいます。

症状 声帯という弦が不均一に太くなるため、声がれや声の低音化がおこります。重症例では、呼吸困難をきたすこともあります。

原因 声帯粘膜の血液循環障害により生じた病変で、全例喫煙者であることから、喫煙の関与が原因としてもっとも考えられています。そのほか、声の濫用や加齢変化の関与も指摘されています。

喉頭内視鏡で容易に診断可能です。

治療 軽度の症例では、禁煙や消炎薬などの保存的治療が有効な場合もあります。中等度以上の場合は、手術用顕微鏡を用いた喉頭微細手術で切除します。

日常生活では、禁煙や声の衛生指導（上段）などの配慮が重要です。

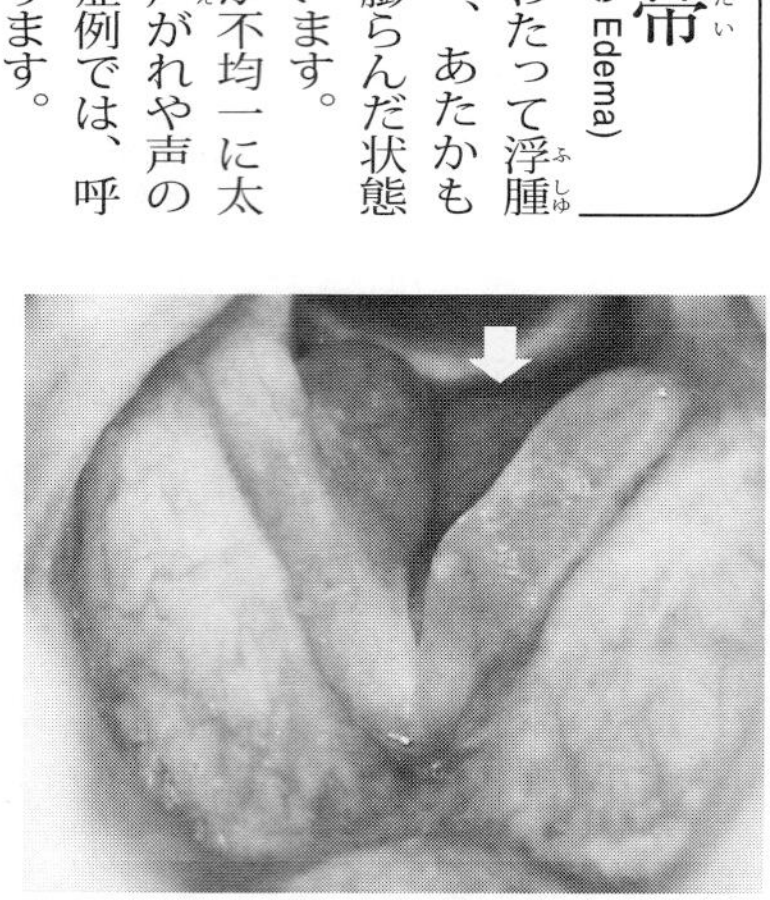

ポリープ様声帯

予防 禁煙は、保存的治療の基本ですが、同時に手術後の再発防止にも有効です。

喉頭肉芽腫
Laryngeal Granuloma

どんな病気か 炎症によって生じる半球状ないし球状の腫瘤（できもの）を肉芽腫といいます。喉頭では声帯後部に生じ、再発をくり返す難治性疾患として知られています。

症状 のどの違和感がもっとも多く、慢性的咳嗽（せき）や

⑥飲食物は、粉っぽいものや刺激物を避ける。
⑦睡眠や休息を充分にとる。
などがあげられます。

◎経鼻内視鏡検査

上咽頭や下咽頭、喉頭は、直接目で観察することができません。そのため、鼻に麻酔薬をスプレーしたあと、鼻から細い内視鏡（経鼻内視鏡）を挿入することによって、咽頭や喉頭を詳細に観察しています。

発声困難感もみられます。胃食道逆流症（1546頁）によって生じたものでは、胃液の逆流や胸焼けなどの症状が認められます。

原因　気管内挿管によって生じた**挿管性肉芽腫**に加え、胃食道逆流症、気道アレルギー、せき払いや慢性的なせきなどさまざまな要因が複合的に関与すると考えられています。

検査と診断　喉頭内視鏡で容易に診断可能ですが、治療が効きにくい場合は、喉頭がん（482頁）との区別のために病理学的検査を行います。

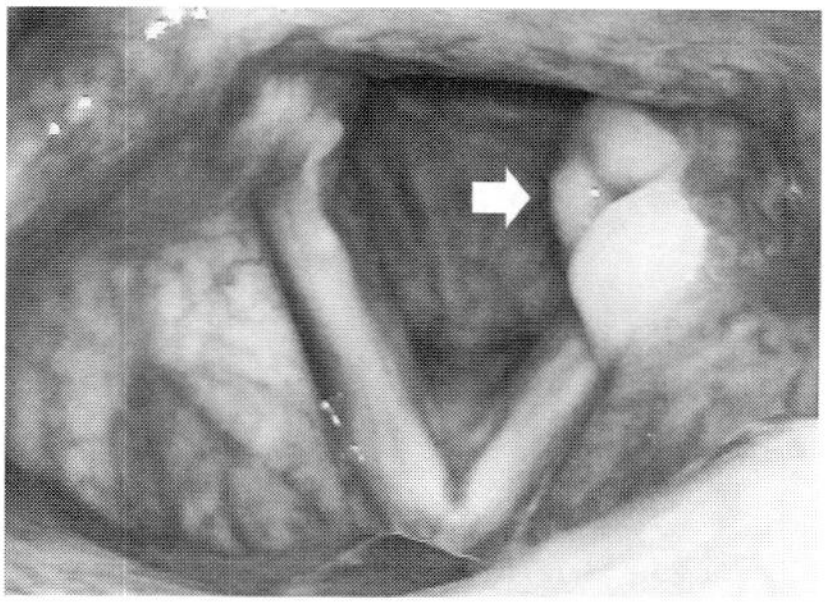

喉頭肉芽腫

治療　声の衛生指導（前頁上段）や食習慣に関する生活指導を行います。薬物療法としては、副腎皮質ホルモン（ステロイド）を吸入したり、胃食道逆流症の場合はプロトンポンプ阻害薬などの酸分泌抑制薬を用います。保存的治療に反応しにくい例では、喉頭微細手術で切除します。

喉頭乳頭腫
Laryngeal Papilloma

どんな病気か　喉頭の良性腫瘍のなかで、もっとも多く、発症時期によって若年型と成人型に分類されます。若年型は再発・多発しやすく、治療に難渋する場合も多々あります。成人型は単発性が多くみられます。

症状　声がかれたり（嗄声）、腫瘍が気道をふさいで呼吸困難をきたす場合もあります。

原因　腫瘍から尖圭コンジローマ（834頁）と同型のＨＰＶ（ヒトパピローマウイルス）が検出され、尖圭コンジローマにかかった母親から生まれた子に多くみられることから、ＨＰＶの産道感染が腫瘍形成に関与すると考えられています。

検査と診断　喉頭内視鏡でほぼ診断は可能ですが、病理学的検査によって確定します。

治療　炭酸ガスレーザーを用いた喉頭微細手術での切除が基本。再発しやすいためインターフェロン、抗ウイルス薬、漢方療法に加え、キャベツなどのアブラナ科の植物成分によるサプリメントといった補助療法が試みられています。

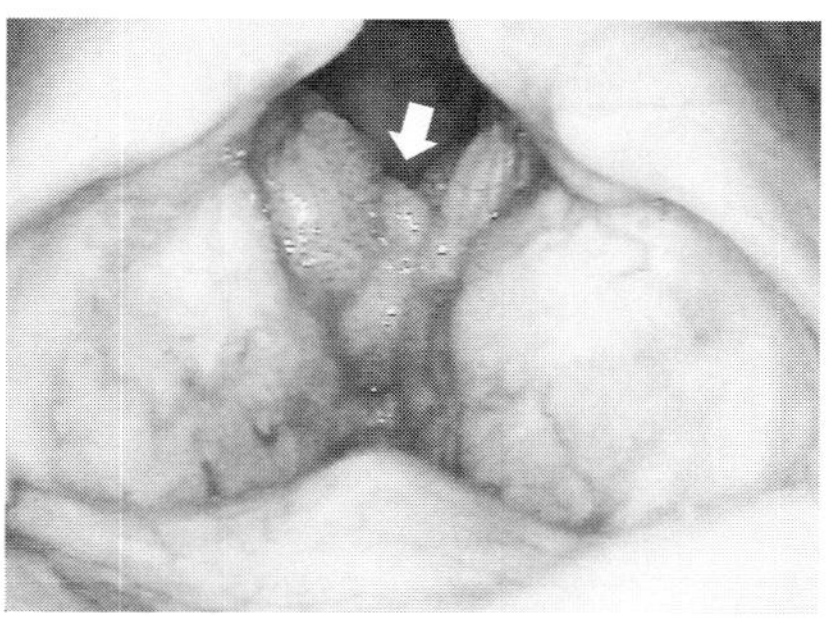

喉頭乳頭腫

◎カラオケポリープ

カラオケの歌いすぎで声帯にポリープ（こぶのような腫瘤）が生じたものを、とくにカラオケポリープと呼びます。誘因として、以下の点があげられます。

①大きな声で連続して歌う。
②他人が歌っているときに話し声が大きくなる。
③歌手の高さをまねして、自分の声域を超えて歌う。
④振りをつけて歌う。
⑤たばこの煙が多く、また部屋の換気が悪い。

声帯は、大きな声ではより強く、高い声ではより高頻度に、またからだを動かすとその分、非生理的に振動します。振動の際には潤いが必要で、声帯が乾燥していると刺激によって傷みやすくなります。

喫煙、連続して歌うことや乾燥した室内は声帯を乾燥させ、これらがポリープ形成に関与すると考えられています。

カラオケはストレス解消などの効果もあるので、前述の

急性喉頭蓋炎
Acute Epiglottitis

どんな病気か

急性喉頭蓋炎は細菌感染によって、喉頭蓋が急激に腫れるため、気道をふさいでしまい、ひどくなると呼吸困難や窒息を引き起こすこともある病気です。発症からわずか数時間で窒息することもあります。

健康で元気であれば、免疫力によって菌を抑制できますが、疲労や体力低下などで免疫力が低下した人はかかりやすいといわれています。

日本では年間約1万4000人が急性喉頭蓋炎を発症しています。成人に多い傾向があり、40～50歳の男性（男女比は4対1）によくみられます。

扁桃や咽頭のようすは正常なことも多く、夜間・救急時間帯に喉頭ファイバースコープなどの検査が行える医療機関はかぎられるため、この病気が疑われたら耳鼻咽喉科を受診し、適切な診断・治療を受けることが重要です。

症状

のどがイガイガする、発熱、のどの痛み、嚥下痛（飲み込むときにのどが痛む）などが初期症状として多くみられます。この時点では、かぜとの区別がつきにくいです。

その後、流涎（のどが痛くて唾液が飲み込めず、口からよだれを流す）、ふくみ声（声がこもる、声がだしにくい）、喘鳴（息を吸うときにゼーゼーと音が鳴る）などの症状が出現したら、この病気が強く疑われます。さらに症状が悪化すると呼吸困難が出現し、最悪の場合、窒息することもあります。

検査と診断

間接喉頭鏡や軟性鏡（喉頭ファイバースコープや電子スコープ）で喉頭蓋を観察します。

治療

軽症以外は、窒息のおそれがあるため、入院治療を行います。呼吸困難がない場合は、抗生物質、副腎皮質ホルモン（ステロイド）剤の点滴治療を行いながら、呼吸が苦しくないか、気道が充分に確保されているかなどに留意しながら治療します。

呼吸困難を生じた場合や、進行が急激で短時間のうちに呼吸困難がおこることが予想される場合は、気管切開術などの緊急気道確保を行います。

声帯まひ
Vocal Cord Paralysis

どんな病気か

声帯を動かす筋肉を支配している神経が、なんらかの原因によってまひをきたし、声帯が動かなくなる病気です。左右の声帯のうち、どちらか片方のまひ（**片側性声帯まひ**）によって声門が完全に閉鎖しないため、音声障害や嚥下障害（飲食物を飲み込みにくい）がおこります。

反回神経の障害が多いので、**反回神経まひ**と呼ばれることもあります。

症状

片側のまひでは、声門が完全に閉鎖しないために息が漏れる嗄声（気息性嗄声）がおこります。飲水などの一部が気管に流入してむせる（誤嚥）こともあります。**両側性声帯まひ**では、呼吸困難を生じることがあります。

原因

反回神経は、迷走神経からの枝として分かれたあとは、喉頭に入るまでに甲状腺、食道、気管や縦隔、左側はさらに胸部大動脈に沿って走行します。甲状腺がん（488頁）、

点に留意して、楽しんでください。

なお「ポリープだろう」と自己診断は危険です。声がれが治らないときは、専門医の受診をお勧めします。

◎声帯内注入術

内視鏡下に行う声帯内注入術に用いる注入物質は、自分の脂肪や、外来でも注入可能なコラーゲンが主流です。頸部に傷がつかず、低侵襲（からだへの負担が少ない）で安全な術式です。いっぽう、声門間隙が大きい場合はむずかしく、注入物質が吸収されて、複数回注入することもあります。生体親和性がすぐれ、吸収がひじょうに少ないハイドロキシアパタイトを注入物質として用い、声門間隙が大きい症例も声帯内注入術による治療を行っている施設もあります。

食道がん（499頁）、がんのリンパ節転移などの病気が、神経に直接広がってまひが生じたり、頸部、胸部手術によってまひが生じることがあります。気管などへの挿管チューブが神経を圧迫してまひを生じる**挿管性まひ**や外傷によるまひもあり、ウイルスによるまひや原因が特定できない**特発性まひ**も少なくありません。

検査と診断 軟性鏡、喉頭ストロボスコープなどを用いて、声帯の動きを直接観察します。CT検査、超音波検査などで、原因疾患が発見されれば、その治療を先行します。どれくらい長く発声できるか（最長発声持続時間）、どのような嗄声か（聴覚印象的評価）、声の高さや強さのゆらぎ、雑音（音響分析）などの検査を行うと治療方針や治療効果の判定に役立ちます。

治療 両側性声帯まひの場合は、気道確保のため気管切開が行われます。まひが回復しない場合、エイネル法を代表とする声門開大手術によって、気管孔を閉鎖することも可能となります。

片側性声帯まひは、反回神経が温存されていれば自然治癒が期待でき、反対側の声帯が機能を補おうとして症状が軽減されることもあり、発症後約半年間は外科的治療を行わず、経過を観察します。

声帯の動きを回復する治療法はまだありません。片側性声帯まひの手術の目的は、声帯と声帯の間（声門間隙）を小さくして、声をだしやすく、むせを少なくすることです。外科的治療は、頸部外切開による手術と、内視鏡下に行う声帯内注入術（上段）があります。どの術式もかぎられた医療機関でしか行われていません。

頸部外切開による術式は、甲状軟骨形成術や披裂軟骨内転術が代表的です。治療効果は、声帯内注入術より高いことが多く、長期間安定しています。声門間隙が大きい場合や、左右の声帯の高さに差が生じているような場合でも、手術によって改善が期待できます。欠点は術中にやや苦痛をともなうこと、ごくまれに術後気管切開が必要になることです。

機能性発声障害
Functional Dysphonia

どんな病気か 発声器官に病変がないのに、音声障害を呈する病気の総称です。声の酷使や誤った発声、精神的問題（心因）が関連しています。喉頭内視鏡では明らかな異常がないため診断がむずかしく、診断の分類も医師の間で必ずしも一定ではなく、治療できる機関もかぎられています。

▼過緊張型 男性に多く、声門や声門上が強く閉鎖するタイプです。発声には力が入り、音声は低く、がらがら声です。**過緊張性発声障害**（声の濫用、誤用が原因で、部活動や職業性などが関与）や、**仮声帯発声**（過緊張性発声障害の結果や、声帯まひ（前項）を補うことなどが原因）が代表的疾患です。

▼低緊張型 声門閉鎖が不十分なタイプです。声は弱々しく、無力性、気息性（息のような声）で、失声状態となることもあります。精神的ストレスがおもな原因です。**心因性失声症**（若い女性に多く、突然声がだせなくなる）、

◎ネブライザー療法（霧滴吸入療法）

薬液を細かい霧状にして、鼻や口から吸入する治療をネブライザー療法といいます。

薬液を霧状にするために、ネブライザー（噴霧器）という器具が用いられます。

霧状（エアロゾル）にした薬液を用いるので、**エアロゾル療法**、霧滴吸入療法とも呼ばれます。

薬液は、マイクロメートル（1μmは1mmの1000分の1）単位にまで細かくすることが必要で、細かい薬液ほどからだの奥まで届きます。

5〜10μmの薬液はのどと気管まで、3〜6μmの薬液は副鼻腔まで、1〜5μmの薬液は気管支や肺胞にまで届きます。

治療によく用いられる薬は、抗炎症薬、抗生物質、副腎皮質ホルモン（ステロイド）剤、気管支拡張薬などです。

音声衰弱症（声の濫用・誤用に心因が重なる。のどの異物感、締めつけられる感じをともなう）などがあります。

▼ピッチ型　声の高さの調節が障害されるタイプです。声が裏返ったり、地声と裏声が混じったりします。**変声障害**（声変わり）などがあります。

そのほかに、**けいれん性発声障害**があります。のどがつまったような圧迫性の声で、しぼりだすような声となります。これは局所性のジストニア（951頁）ととらえるのが一般的です。音声治療の効果は限定的で、重症のけいれん性発声障害には、ボツリヌス注射や外科的治療が行われています。

治療

音声治療専門医による診察が望ましい病気といえます。**音声治療**（言語聴覚士による発声訓練）によって、発声方法の調整を行います。

過緊張型は喉頭の過緊張を緩和する訓練、低緊張型は有響性の声をだす訓練を行います。音声治療は約3〜6か月程度行います。また、精神神経学的アプローチが中心となる場合があり、抗不安薬を併用することもあります。

頸部腫瘍
Tumors of Neck

どんな病気か

頸部（くび）に生じる腫瘍の総称で、良性と悪性に大別されます。良性腫瘍には、神経由来の**神経鞘腫**、脂肪組織が増殖した**脂肪腫**、血管が増殖した**血管腫**などがあります。そのほかの**リンパ管腫**、**軟部好酸球性肉芽腫**、**頸動脈小体腫瘍**などは、まれな頸部良性腫瘍です。

悪性腫瘍としては、**転移性頸部がん**、**悪性リンパ腫**（553頁）などがあります。

いずれも頸部リンパ節に生じた病変です。転移性頸部がんは、咽頭がん（484、485頁）や喉頭がん（482頁）に由来するものがほとんどですが、肺がん（491頁）や胃がん（501頁）に由来するものもあります。

原発病変がわからない場合は、**原発不明頸部転移がん**などと呼びます。

症状

くびがこぶ状に腫れます。

良性腫瘍では痛みをともなうことはありません。悪性腫瘍でも小さいうちは痛くありません。

検査と診断

転移性頸部がんの可能性がつねにありますので、ファイバースコープや電子内視鏡検査を行って、咽頭がんや喉頭がんがないか調べます。

超音波検査、CT検査、MRI検査、FDG‐PET（検査薬を使った画像検査）検査などの画像診断が中心になります。画像診断によって血流が豊富な腫瘍か否かはわかりますので、血流豊富な腫瘍でなければ細い針を腫瘍に刺し、中の細胞を吸いとって、顕微鏡で検査します（穿刺吸引細胞診）。悪性リンパ腫が疑われるときは、切開して生検を行って、病理組織学的に診断を確定します。

治療

ほとんどの頸部良性腫瘍は、手術での切除が基本です。

ただし神経鞘腫の場合は、術後に神経まひが残ることがありますので、手術せずにようすをみる場合もあります。

悪性リンパ腫では、化学療法や放射線療法が行われます。転移性頸部がんでは大きく摘出する頸部郭清術や放射線療法、化学療法が行われます。

声の病気とことばの障害

音声障害（声の病気）
Voice Disorders

原因疾患の早期治療がたいせつ

◇自分本来の声とちがう状態

どんな障害か 声は、呼気（はく息）が甲状軟骨（のどぼとけ）の中にある声帯のすき間を通過するときに発生します。ギターにたとえると、弦が声帯で、爪弾く指が呼気というわけです。

したがって、男性の声帯は太い弦、女性の声帯は細い弦で、それぞれ低い声、高い声が本来の声ということになります。

そして声は、声帯の状態によって変化しますから、いわゆる「声が変だな」という状態が音声障害ということになります。つまり、その人本来の声でなくなった状態です。

原因 声の病気を引き起こす原因には、声帯自体の異常、声のエネルギーとなる呼気の異常、そしてこれらを調節する脳や聴覚（聞こえ）、ホルモンの異常などがあります。

◉声帯に関係するもの

急性・慢性の炎症、**声帯ポリープ**（1183頁）や**声帯結節**（1183頁）、声帯の動きが悪くなる**喉頭まひ**、声帯の良性腫瘍や悪性腫瘍などがあります。

◉呼気に関係するもの

肺や気管支の病気で、十分な肺活量がない場合などがあります。

◉聴覚に関係するもの

先天性の**難聴**（635頁）があると、自分の声がよく聞こえないために、声の調節がうまくできないことがあります。

◉ホルモンに関係するもの

生殖機能などに関与する性ホルモンは、声帯にも作用します。

このなかには、以下のような病気があります。

▼**変声障害** 二次性徴のひとつの生理的現象で、男女ともみられますが、とくに男性の場合は、甲状軟骨（のどぼとけ）が急激に増大するために、声の高さが安定せず、声の翻転現象（声がひっくり返ったりする）がみられます。

しかし、通常は約1年以内にこの現象は消失して、男性は約1オクターブぐらい声が低くなり、男性らしい声になります。

男性ほどではありませんが、女性も約3度低くなり、女性らしい声に安定します。

これらの変化が順調に進行せず、声が安定しない状態がつづくことを、**遷延性の変声障害**といいます。

▼**類宦官症** 性腺機能が低下しているために、通常の二次性徴がおこらず、甲状軟骨の増大がないため、男性でありながら、声が低くなりません。

▼**声の男性化** 女性に対する男性ホルモンやたんぱく同化ステロイド剤による治療の副作用で、声が低くなったり、声が裏返るなどの変化がおこることがあります。

検査と診断 つぎのような検査が行われます。これらの結果を総合して、声の異常の程度や種類を診断し、原因を解明して、的確な治療法が選択されます。

▼**問診** 「いつから声の異常に気づい

◎喉頭ストロボスコープとは

人間の声は、気管の入り口にある声帯という場所からでています。

「のど笛」ということばがありますが、声帯が音をだすしくみは草笛やファゴットなどの笛が音をだすのによく似ています。つまり、やわらかい2枚のひだ（声帯）の間に息を吹き入れることで、声帯が規則正しく振動し、開閉運動を行って音をだすのです。

2枚の声帯の振動が左右でずれをおこしたり、不規則になったりすると、声のかれがおこります。

声帯の振動は、通常1秒間に100回以上の周期でおこり、目には見えません。

喉頭ストロボスコープは、高速の点滅光（ストロボ）を

たか」を聞きます。生後すぐなのか、あるいは思春期ごろなのかなどによって、発声障害が先天性（生まれつき）か、後天的（先天性でないもの）かがわかります。

▼視診　声帯を観察します。これには、肉眼で観察する方法、ファイバースコープなどを用いて観察する方法などがあります。

また、声をだしているときの声帯の状態をストロボスコープという機械を用いて観察すると、小さな病変でも見つけることができます。

▼声の検査　医師が耳で聞いた声の印象だけでなく、発声機能検査装置という機械に声を通して、声の高さ、声の強さのほか、そのときに使われた空気の量を測定し、声のだしづらさや、正常範囲からのずれを測定することも診断には必要です。

▼筋電図　声帯は、反回神経が声帯の筋肉を動かすことによって声がでるしくみになっているので、筋肉の動きをみて、神経が正常にはたらいているかどうかを調べます。

治療

声の病気のなかで、もっとも早期発見、早期治療が必要なのは、喉頭がん（482頁）などの悪性腫瘍です。それ以外の声の病気は、あまり緊急性はないといってよいでしょう。

しかし、いっぽうでは、ホルモンが関係した声の病気は、診断や治療に苦慮することがありますし、生命に関係しない場合が多いので、放置されることが少なくありません。

変声障害などは、むりに高い声をださず、自然の経過に任せましょう。

変声期が順調に経過せず、長引いてしまったとき（遷延性の変声障害）は、耳鼻咽喉科医に相談し、発声の指導を受ければ、多くは、本来の声をだせるようになります。

また、類宦官症などでは、男性ホルモンの使用で声は改善しますが、女性の声が男性化した場合は、ホルモンの使用は効果がありません。

日常生活の注意

声の異常に気づいたら、まず声の使いすぎか、むりな声をださなかったかを考え、思い当たることがあれば少し声をだすのを控え、声帯を休ませてください。

その際ヒソヒソ声で話す人がいますが、ヒソヒソ声は声帯周囲の筋肉を過度に疲労させ、声帯を休ませたことにはなりません。

声帯を休ませるというのは、まったく話をせず、大声をださないということですが、ふつうの大きさの声で必要最小限度の会話をする程度であれば、かなり声帯を休めていると考えてよいでしょう。

このようにしても声の調子がもとに戻らなかったら、耳鼻咽喉科医の診察を受けましょう。

◇音声障害のいろいろ

音声（声）の障害は、声の特徴に対応して、声の質（音質）の異常、声の高さの異常、声の大きさの異常の3つに分けて考えることができます。

◉声の質（音質）の異常（嗄声）

原因によって、異なった嗄声（声がれ）がおこります。

▼粗糙性嗄声　いわゆるがらがら声な

声の病気とことばの障害

利用して声帯振動をスローモーションで観察し、嗄声（声がれ）の原因となる振動の異常を調べる装置です。

検査方法は、観察光源にストロボ発光を使う以外は外来の診察と変わらず、痛みはありません。

スローモーションで見ることで、たとえば、声帯ポリープなどの隆起が声帯の間に挟まってできる閉鎖不全（息漏れの原因となる）、声帯の一部がかたくなったり、左右の声帯に重さや張りのちがいが生じておこる不規則振動（がらがらとした声の原因となる）などをくわしく検査することができます。

とくに喉頭がんでおこる声帯粘膜の硬化の早期発見、一見、ポリープと紛らわしい**声帯嚢胞**（声帯内に粘液をためた袋ができ、嗄声が重症）の診断などに威力を発揮します。

耳鼻咽喉科で日常的によく使用されますが、音声障害の専門外来にはなくてはならない装置です。

どをさします。

急性喉頭炎（1181頁）などの急性炎症、喉頭ポリープ（1183頁）、喉頭がんなど、さまざまな原因によっておこります。

▼気息性嗄声　声をだすときに、声帯の間に大きなすき間ができて、息漏れしている状態の声です。

声帯を動かす反回神経がまひしたり、喉頭がんなどが原因となって、片側声帯まひ（片側の声帯の動きが悪くなる）などがおこったときの声です。

▼努力性嗄声　いかにも苦しそうで、しぼりだすような声をさします。仮声帯発声や機能性発声障害のひとつといわれるけいれん性発声障害（1188頁）のほか、喉頭がんなどでもおこります。

▼無力性嗄声　いかにも弱々しい感じの声をさします。

声帯まひや音声衰弱症のときにもおこります。

日本人成人の生理的声域、話声位の正常値とその棄却限界

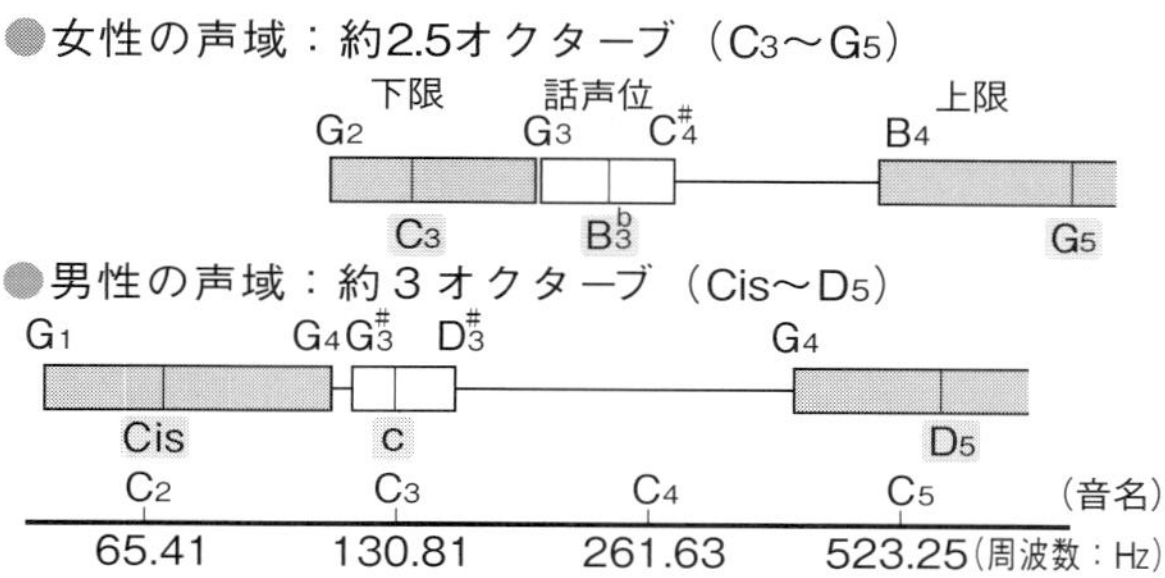

注　C などは平均値（澤島、1968）

◉声の高さの異常

もっとも低い声と、もっとも高い声の範囲を**声域**といい、日常の会話に使われる声の高さを**話声位**といいます（上図）。

声の高さは、年齢や性によって平均的な範囲があり、この範囲からはずれた場合を異常とします。

したがって、一般的には男性で声が高すぎたり、女性で声が低すぎたりする場合をさします。

ホルモンが関係した声の障害（類宦官症や女性の声の男性化など）でみられますが、喉頭ポリープや喉頭がん、喉頭の外傷などでも、声の高さは変化します。

◉声の大きさの異常

声の大きさは、一般に自分の耳で聞きながら調節していますから、難聴があると、大きすぎる声や、逆に小さすぎる声になります。脳の障害のために、声の大きさを調節できないこともありますが、それ以外に、喉頭ポリープやがんなどでも、小さな声がだしにくかったり、大きな声がだせなくなったりすることがあります。

◉その他の声に関する異常

空気が声帯のすき間を通過するときに発生した声は、その後、鼻や口の中で共鳴して完成します。

こうした共鳴が障害されると、鼻がつまったときの**閉鼻声**（いわゆる**鼻ごえ**）や、口蓋裂、軟口蓋まひなどのために空気が鼻にふがふが抜けてしまう**開鼻声**がおこります。この2つを総称して**鼻音症**（**鼻声**）といいます。

声の響きが全くなくなった場合は、**失声**といいます。

言語障害…………1192頁
▼症状▲言語と発音に障害がおこるもの。
▼治療▲原因疾患の治療や、言語療法士による訓練などが行われる。

◎流暢さを欠いた発話

発話のなかに不規則に現れる音のくり返し、引き伸ばし、話の中断などで発話が障害される状態を**吃音**といいます。

また、発話の速度が過度に速くなり、音の省略や歪みが著しくなって、明瞭に聞きとれなくなる状態を**速話症**といいます。

これらは、流暢性の障害と考えられ、発話が円滑に進行しなくなってしまいます。精神の緊張などのストレス下で

言語障害

Speech Disorder

言語の習得やリハビリテーションが大事

◇言語機能の障害

ことばによるコミュニケーションは、言語の使用、発音（構音）、聴覚によって成り立っています。言語と発音に障害があるものを言語障害といいます。

言語の習得に関する言語発達遅滞（657頁）、言語中枢の障害である失語症（次頁）、発音の障害である構音障害、言語のリズム障害である吃音症（659頁）などが言語障害に含まれます。

ここでは構音障害と失語症を中心に解説していきます。

●器質的構音障害

Organic Articulation Disorder

［どんな病気か］
唇、舌、口蓋、声帯などの器官に形態的な異常があるため、その器官によっておこる語音に歪みがおこります。

原因となる疾患として、先天的な形態異常である口蓋裂（660頁）、後天的なものでは外傷や舌がん（486頁）切除後の変形などがあげられます。

［症状］
口蓋裂では、口腔と鼻腔の境界が部分的に失われ、発音が鼻のほうに響いてしまいます。その結果、母音の響きが歪む、子音の破裂、摩擦雑音が弱まるなどの症状が現れます。

舌がんの切除後は、舌を中心に大きな組織の欠損ができています。術後の言語症状は舌の変形や運動障害の程度で異なりますが、軽い語音の歪みから、音声による意思疎通がほとんどできない重症なものまであります。

［治療］
手術や装具による治療、言語聴覚士による言語訓練があります。

手術では、形態の異常を可能なかぎり修復するのが基本で、口蓋裂に対する口蓋の形成術（1968頁）、がんの切除後の組織欠損に対する皮弁形成術（1985頁）などがあります。

口蓋裂では、言語習得のために、なるべく早く言語訓練を行います。

口蓋の大きな組織欠損で再建不能な場合は、装具による閉鎖が行われ、言語聴覚士による訓練が行われます。

●機能的構音障害

Functional Articulation Disorder

［どんな病気か］
形態的な障害やまひがなく、発音の遅れや誤って発音を覚えたことによる障害です。

子どもは、ことばの発達にともなって少しずつ正しい発音を覚えていき、6歳前後でほぼすべての日本語の音のパターンをだし分けられるようになります。これに対し、その子どもの発達段階を超えて、ときには成人までもち越された発音の誤りを、機能的構音障害といいます。

［症状］
舌の使いかたをまちがって、「サ」行の発音を「シャ」や「タ」と発音します。また、「カ」行や「ガ」行を「タ」「ダ」と発音したり、「ラ」行を「ガ」「ダ」「ナ」行と発音したりします。

［検査と診断］
発語器官の形態と運動、聴力、言語発達などの検査を行って、ほかの原因による構音障害が

症状が悪化することが多く、吃音そのものがストレスになって、ことばの症状をさらに悪化させることもあります。

　原因は不明ですが、中枢神経の微細な障害、ストレスに対する心因反応、子どもの言語発達過程での言語機能と発話機能のアンバランスなど、複数の要因が関与していると考えられます。いずれにせよ、発語器官や中枢に明らかな神経症状はみられず、小脳失調などでおこる運動障害性構音障害による非流暢性の発話とは区別して考えられます。

　幼児の発達過程で一時的にみられる場合は、そのことが子どもの情緒不安の原因とならないように、経過をみていくことがたいせつです。

　これが長期にわたり、将来、固定してしまうおそれがあるときや、成人の吃音では、ストレス、心因反応に対する精神的なアプローチ、言語聴覚士による発話の緊張緩和、呼吸法などの専門家による適切な対応が必要です。

ないことを診断します。症状のくわしい把握には、言語聴覚士による構音検査が必要です。

治療　子どもの正常な発達過程からはずれた発音を放置しておくと、年長までもち越して固定する可能性があると判断されると、言語聴覚士による訓練が行われます。

　訓練では、正しい音の聞き分けや、正しい発音のための口や舌の形を覚えていくことなどが行われます。

◉運動障害性構音障害 Dysarthria

どんな病気か　発語に関係する運動神経の障害による構音障害をいいます。脳卒中（921頁）などの脳血管疾患の後遺症にみられる「内容はしっかりしているけれども、ろれつの回らない話しかた」に代表される発音の異常が特徴です。認知症（997頁）や失語を合併しないかぎり、ことばの内容や理解に異常はみられません。

原因　脳血管疾患や外傷、腫瘍などによる脳や神経の障害、パーキンソン病（948頁）、重症筋無力症（990頁）などの神経筋疾患で発語に関係する器官に障害がおよんだ場合などでおこります。

症状　発語器官の動きが弱まったり、運動のコントロールが失われるため、ことばの音が歪んだり、話の速度が遅くなったり、抑揚が不自然になったりします。

検査と診断　神経内科、耳鼻咽喉科などで検査します。

　脳の病変の診断と治療方針の決定のためには、CTなどの画像診断を含めた脳外科の診察が必要になります。

　ことばの症状の検査は、言語聴覚士の担当となります。

　原因不明の発語の障害は、複数の専門家による多角的な診断が必要となるため、言語療法部門のある総合病院で検査を受けてください。

治療　原因となっている病気の治療が基本ですが、神経障害が後遺症として残ったり、ことばの障害の進行が予想されるような場合は、言語聴覚士による訓練が、治療と並行して行われます。

◉失語症 Aphasia

どんな病気か　ことばを習得したあとに、ことばの生成、理解をつかさどる脳の機能のうちで、概念を文章へ、さらに文章を音節のつながりへ変換する過程や、逆にことばのつながりを概念として理解する脳の障害によっておこった言語障害です。

　障害は、話しことばだけでなく、文字による表現や理解にもおよびます。

　ほとんどの人は、大脳の言語中枢が左脳の前頭葉から側頭葉にかけて存在します（907頁図4）。

症状　言語中枢のなかで、出血や梗塞などの脳血管疾患、外傷や腫瘍によって、前頭葉のブローカ野が障害されると、発話量の減少、文法の誤り、復唱の障害など、おもにことばの表現面に強い障害がおこります（**運動失語**）。

　いっぽう、側頭葉のウェルニッケ野が障害されると、発話量は増えますが意味不明だったり、一貫しない音の誤りが多発し、ことばの音や意味に関する理解面の障害が強くおこります（**感

◎言語聴覚士とその役割

ことばによるコミュニケーションに必要な言語、聴覚、発声、発音、認知などの機能、食事をとるのに必要な摂食・嚥下の機能に障害が生じた場合に、援助を行うのが言語聴覚士（ST）です。

脳血管障害や事故による失語症（前頁）、聴覚障害の場合、子どもの言語発達、あるいは発声、発音などに問題がある場合、検査と、その評価をもとに必要に応じて助言、指導、訓練など、適切なリハビリテーションを行い、コミュニケーション能力の向上を支援します。対象が子どもの場合には、両親に対しても、子どもとのかかわりかたや環境づくりについて助言します。

言語聴覚士になるには、国家試験に合格する必要があります。医療職や保健・福祉専門職、教師、心理専門職などと連携し、医療機関、保健・福祉機関、教育機関など幅広い領域で活動しています。

覚失語）。

これら2つの代表的な失語症状のほかに、両者が合併する重度の失語（**全失語**）から、言おうとすることばが思うようにでてこない（**健忘失語**）軽いものまで、ことばの表現と理解に関するいろいろな症状が現れます。

認知症や意識障害と異なり、自分をとりまく状況や対人関係についての認識はほぼ正常にはたらくのに、ことばによる意思の疎通が著しく障害されている状態です。周囲の人は、コミュニケーションがうまくとれない本人の心理的な苦痛をよく理解してあげることも必要です。

検査と診断

脳神経外科、神経内科で原因疾患の診断と治療方針の決定を行います。CTやMRIなどの画像診断によって、病巣の位置が診断されます。また、失語症状のくわしい把握のため、言語聴覚士による失語症検査が行われます。

治療

脳血管疾患にみられる成人の中枢神経障害では、発症後数か月間は症状の改善が期待できますが、発症から約半年をすぎると、神経障害は固定する傾向にあります。

失語症の治療には、原因となる病気の治療と並行して言語機能の改善をめざした早期リハビリテーションと、症状固定期をすぎてからのコミュニケーション能力の総合的な向上・維持、退院後の生活への適応を目的とする長期的なリハビリテーションが行われます。

言語訓練では、聴覚の刺激をくり返して与え、脳の言語に関係した部位を再組織化することを目標として行われます。

発症後なるべく早く理学療法、作業療法などとともに言語療法を開始することが望ましく、近年では脳神経外科に言語聴覚士が所属することも多くなってきています。

◉言語療法の実際

ことばの障害の機能訓練は、**言語聴覚士**（**ST**）が担当します。

医療現場では言語聴覚士は、病院の脳神経外科、耳鼻咽喉科、形成外科、歯科、口腔外科、リハビリテーションなどに所属しており、必要に応じて福祉・教育領域の障害担当職と連携をとりながら、失語症、構音障害などの言語障害のほか、聴覚障害、嚥下障害（飲食物を飲み込めない）の機能回復訓練をも行います。

構音障害に対する発語器官の運動機能訓練や、失語症に対することばの表出・内容理解の訓練などの基礎的なことから、これを実際の発話に結びつけ、さらに家庭内、社会適応でのコミュニケーション能力を高めることまでが、言語聴覚士の役割の範囲となります。

医療現場で働く言語聴覚士は、全国の大学や専門学校で養成されていますが、聴覚言語療法を必要とする障害者総数に対して、絶対数の不足が問題となっています。

言語障害のリハビリテーション環境は、徐々に改善されつつありますが、言語障害の人すべてに十分な訓練を行える現状ではありません。

ことばの障害に対する機能訓練を希望する人は、言語訓練部門をもつ医療機関の専門外来で相談することをお勧めします。

手話と読話

❖ **難聴者や聾者のコミュニケーション手段**

難聴者や聾者のコミュニケーションの手段には、**聴覚口話法**（補聴器などを使って残っている聴力を活用して、口で話す訓練をする）、**読話**（相手の口周辺の動きを見て、話の内容を理解する）、**手話**、**筆談**などがあります。

なかでも中心となってきたのは、聴覚口話法です。しかし、生まれつきの難聴者や聾者が口で話せるように訓練することはむずかしいことも多く、いろいろと努力をしても正しい発音ができない場合もあります。

このため、口話だけにこだわらず、手話や読話などのコミュニケーションの手段も必要に応じて取入れるべきだという考えかたが強くなっています。

❖ **手話**

手話は、ものごとの意味・内容を手指の動き、表情、動作などで具体的に表していく「視覚的な言語」です。現在、日本で使われている手話には、日本手話と日本語対応手話などがあります。世界各国でも、言語や習慣に合わせたさまざまな手話が使われています。

▼**日本手話**　日本手話は、聾者同士で生まれ、広がったといわれています。日本語の文法や語彙とは別の独立した体系をもっています。日本語対応手話が手指の動きが中心なのに対し、日本手話においては表情や頭部の動き、口型などの手指以外の動きが、文法的な表現に重要になってきます。

おもに聾者同士のコミュニケーションに使用されています。

▼**日本語対応手話**　日本語を、音声でなく、手指で表そうとするものが日本語対応手話です。語順は日本語の語順に合わせ、助詞や助動詞は、指文字や手話と口形できちんと表します。語彙は、日本語の単語に対応させて使います。おもに健聴者（聞こえが正常の人）と難聴者・聾者とのコミュニケーションに使用されています。

❖ **読話**

おもに相手の口の動きを見て、話の内容を理解するのが読話で、唇の動きを読むので**読唇**ともいいます。

難聴者のコミュニケーションの補助手段として使われているものです。

耳の聞こえない人に、読話で意思を伝えるときは、

①相手に口の動きがよく見えるように、光のあたる方向に顔を向ける。

②相手から1m前後離れたところに位置を占める。

③口の動きを明瞭にして、ややゆっくり話す。

④相手の言語能力に合わせた内容にする。

といった点に留意することがたいせつです。

しかし、日本語には口の形は同じでも、発音の異なる同口形異音（タマゴとタバコなど）があります。

また、口の動きからだけでは判断のできない音（チ、ジ、リ、ニ、シ、キ）もあります。したがって、読話だけで相手の話を正確に理解するのはむずかしいことが多いものです。また、口の動きはあいまいなことが多く、声の大きさ、高さ、抑揚などは、目で見てもわかりません。

このため、わからない部分は話の文脈の前後から推量しなければならず、難聴者にとっては集中力が必要で、負担が大きいことを忘れてはいけません。

読話だけでは話を理解するのがむずかしいため、別の補助手段も考えて、併用していくようにしましょう。

喉頭摘出後の代用音声

❖代用音声のいろいろ

悪性腫瘍（がん）などで、喉頭を摘出しなければならない場合があります。**喉頭摘出術**を受けたあとでは、気管を気管切開口として、くびに直接開口させ、ここから呼吸をします。この場合、喉頭を摘出してしまうので、声をだすことができなくなります。

しかし、喉頭を使った発声ができなくなっても、会話ができなくなるわけではありません。以下にあげる方法で声（代用音声）をとり戻すことができるのです。

❖笛式人工喉頭（タピア式人工喉頭）

気管口に振動膜のついたチューブをあてて、息で吹き鳴らして、音をだします。

この音をチューブで、口の中に響かせて会話をします。

❖電気式人工喉頭

くびのやわらかい部分にバイブレーターをあてて、振動を深部の組織に伝えると、咽頭粘膜が規則的に振動して、代用音声をつくります。

器械のあてかたや明瞭な発音動作の工夫が必要ですが、比較的容易にコミュニケーション手段として使用が可能となります。

❖食道発声

口から食道に取入れた少量の空気を逆流させ、食道粘膜を振動させることでげっぷに似た音をだし、この音を利用して発話します。

練習が必要ですが、上達すると、自然で明瞭度の高い声になりますし、この発声法には器具が不要という大きな利点があります。

❖気管食道瘻発声（シャント発声）

手術をして、気管から食道に細い空気の通り道（TEシャント）をつくり、気管切開口を指で閉じ、呼気（はく息）を食道に送り込むことによって、食道発声と同様に食道粘膜を呼気で振動させることができます。

現在では、日本国内でもシャントに挿入する特殊なチューブが市販されており、医療機関で手術を受けることで、挿入が可能となります。

❖喉頭摘出者が受けられるサービス

喉頭を摘出した人は、3級の身体障害者と判定され、笛式人工喉頭の無償交付、電気式人工喉頭購入の助成などが受けられます。

また、各地で発声教室が開催されていて、代用音声熟練者のボランティアが発声の指導にあたっています。

そのほか、言語聴覚士による発声指導を、病院内で積極的に行っている医療機関もあります。

喉頭摘出後の音声リハビリテーションは、さまざまな方法を知ったうえで、その人にもっとも適した代用音声の種類を選ぶことがたいせつです。とくに専門家の指導は、より簡便で明瞭度の高い発話への近道です。日本喉摘者団体連合会では、喉頭摘出後の音声リハビリテーションに関する相談を受け付けています。

喉頭摘出術後ののど

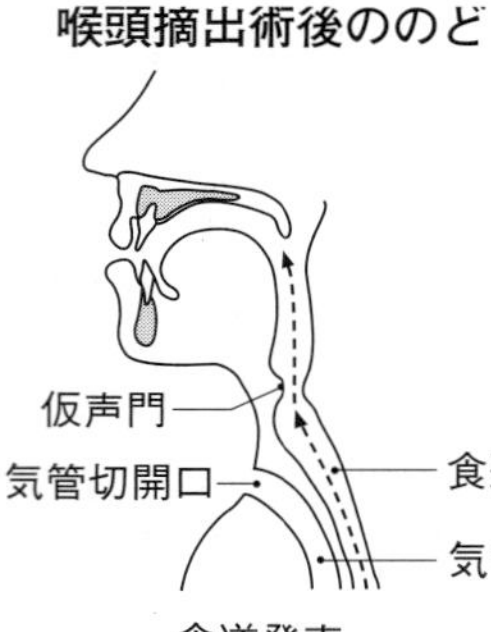

食道発声

喉頭摘出後は気管切開口がつくられ、気管と食道は分離されます。

〔NPO法人　日本喉摘者団体連合会〕
東京都港区新橋5-7-13　ビュロー新橋901
☎ 03-3436-1820
FAX 03-3436-3497
http://www.nikkouren.jp/

第9章 口腔・舌・顎・歯の病気

口腔・舌・顎の病気

消化管の入り口であり、呼吸や発声にも重要なはたらきをする器官です。腫瘍や炎症のほか、さまざまな病気が発生します。

口腔のしくみとはたらき

◇口腔のはたらき

口腔は、消化管の入り口で、食物をかむ（咀嚼）、味わう（味覚）、飲込む（嚥下）といったはたらきをもっています。

この役割をはたすために口腔は、唇（口唇）、舌、上顎（上顎骨）、下顎（下顎骨）、歯、唾液腺、頬（頬部粘膜）、そしてこれらを動かす筋肉や顎関節から構成されています。

また、呼吸や声とも関係し、とくに声の場合は、声帯で生じた音を、口腔、唇、舌、軟口蓋の形や容積を変えて、声（語音）に変える構音というはたらきをしています。

◇口腔の成り立ちとしくみ

口腔の上面は**上顎骨**で、上顎骨の歯列があり、中央の天井は、**硬口蓋**（骨で裏打ちされた前方の部分）と**軟口蓋**（筋肉が入っているやわらかい後方の部分）に分かれます。軟口蓋の後端は垂れ下がり、**口蓋垂**と呼ばれます（図1、3）。

軟口蓋は構音作用に協力するとともに、嚥下に際し後方に動いてのど（咽頭）の壁にあたり、食物が鼻のほうにいかないようにブロックします。

口腔の下面は、**下顎骨**の歯列と舌、そして舌と歯肉との間の粘膜面である**口腔底**からできています。舌の中央下面には、**舌小帯**というひだがあります。

口腔底の下方には顎下腺や舌下腺といった**唾液腺**があり、口腔底にはこれらの唾液腺からの排泄管が開いていて、唾液（つば）が出てきます。

舌の表面には茸状乳頭、糸状乳頭という小さなブツブツが敷きつめられていて、この中には、味覚を感じる味蕾があります。同じ乳頭でも、舌の側面には葉状乳頭、後方には一見、いぼがならんだような有郭乳頭（1201頁図5）があります。

口腔の両側面は、頬（頬部粘膜）で、第2大臼歯（1217頁図1）に相対する部分には、もうひとつの唾液腺である耳

口腔のしくみとはたらき

図1　口腔のしくみと上下顎骨

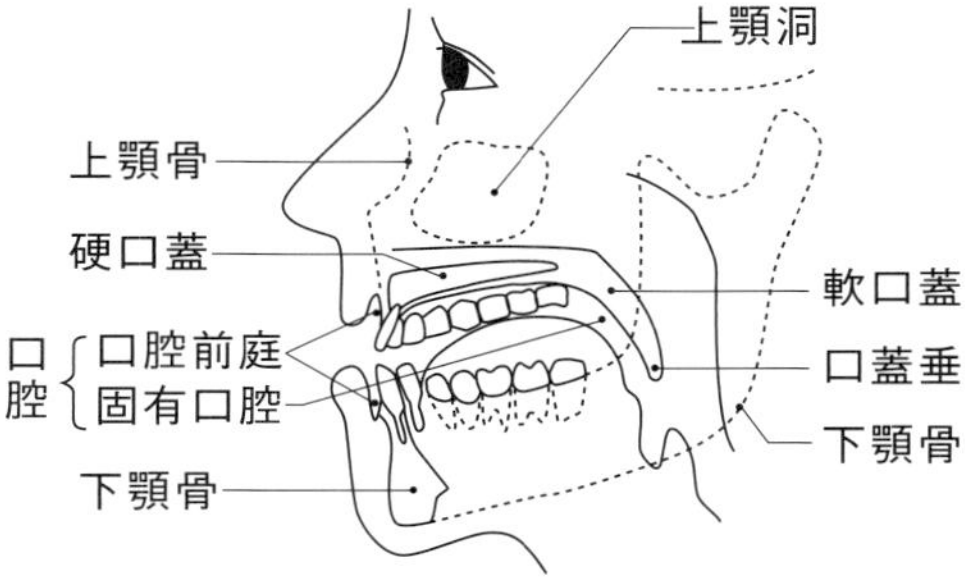

図2　咀嚼筋と三叉神経

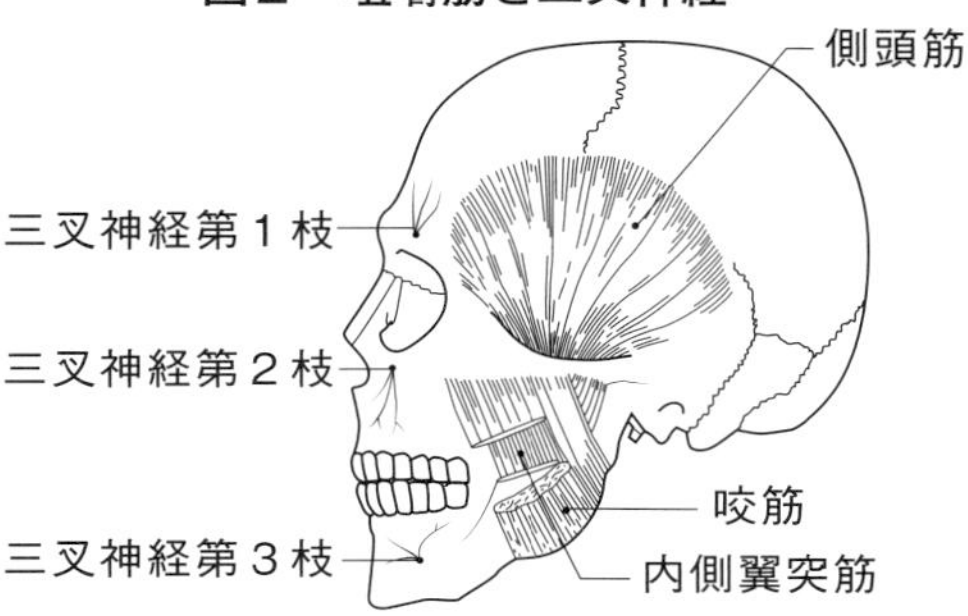

図3　口腔

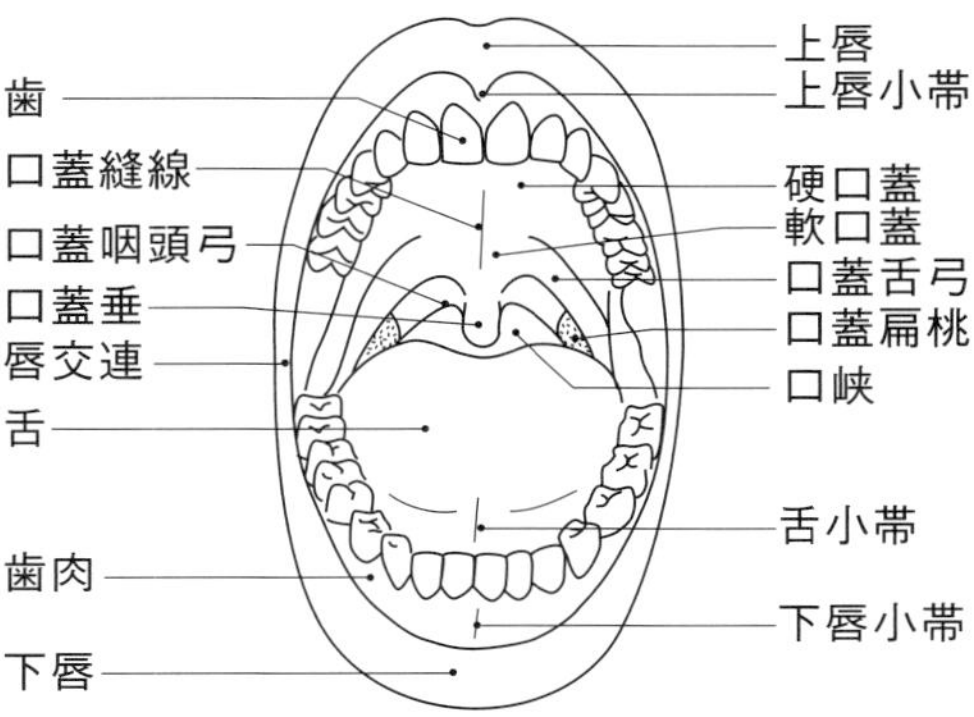

図4　唾液腺の位置

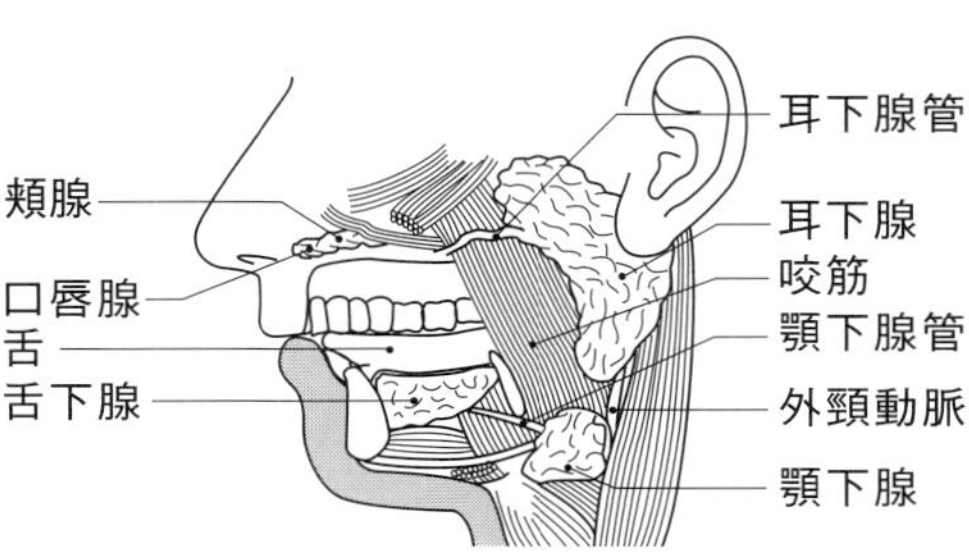

下腺からの排泄管が左右1つずつ開口していて、ここからも唾液が出ます（図4）。

なお、舌、頬、唇、口蓋などの口腔粘膜には、小唾液腺という腺があって、ここからも唾液が分泌され、いつも粘膜をぬらしています。

唾液は、口腔内でのかみ砕きや飲込みを助け、食物を消化させやすくするほか、口腔内を洗浄して、清潔に保ちます。

また、体液の量に応じて唾液の分泌量を加減し、体内の水分量を調節するはたらきもあります。

◇口腔に関係する筋肉と神経

舌の筋肉（舌筋）には、左右2本の**舌下神経**がきていて、舌が左に動くときは右の舌下神経が、前に動くときは両側の神経がはたらくといったしくみになっています。

下顎骨は、耳の孔の前方にある顎関節を中心に動きますが、咬筋、側頭筋、内側翼突筋、外側翼突筋といった筋肉（**咀嚼筋**）がついていて、**三叉神経**が支配しています。また、口腔の粘膜や歯、歯肉の知覚も、一般に三叉神経が関係しています（図2）。

舌の味覚は、奥3分の1は**舌咽神経**の担当ですが、前3分の2は三叉神経の枝と顔面神経の枝が結合してできた**舌神経**が担当しています。

左右の舌神経は、舌のそれぞれ左右

に分布していますが、舌の先（舌尖）は、両側の神経が分布するため、神経の量が多く、舌のほかの部分よりも敏感です。

味覚のうち、甘味は舌尖部、酸味は舌の中央部、塩味は舌尖と舌側面、苦味は舌後方で強く感じます（次頁図５）。

口蓋にも、一部の味覚の神経が分布していて、おもに苦味を感じます。

◇口腔の症状と検査

◉口腔粘膜の色の変化

赤血球や血色素が減少する貧血では、顔面の皮膚が蒼白となりますが、眼瞼（まぶた）、結膜や**口腔粘膜**、とくに歯肉や唇の粘膜がより早くから蒼白となり、貧血を発見するよい指標となります。

反対に赤血球増多症（1465頁）では、粘膜は桜色となります。熱い飲食物の摂取、飲酒、喫煙で粘膜の発赤（赤くなる）が現れることがあります。

飲酒、喫煙などの刺激により口腔、咽頭の粘膜に炎症がおこると知覚過敏となり、少し触れても強いえずき（絞扼反射）や吐きけをきたすことがあります。

◉唾液腺の異常

顎下腺では、排泄管の中に尿管結石のような石ができる（**唾石症**1214頁）ことがあって、唾液の排泄ができず**顎下腺炎**をおこすことがあります。口腔底の触診で粘膜下に石が見つかることがあります。

また、唾液腺造影法といって、顎下腺の排泄管開口部から細い注射器で造影剤を注入し、Ｘ線で撮影すると、石の部分だけ造影剤が途切れて写るので、石の存在部位がわかります。ＣＴでも描出されます。

舌下腺の排泄管がつまり、排泄管がふくらんで生じる唾液の袋（**ガマ腫**1206頁）や、先天性にできる皮膚状の袋（**皮様嚢胞**）も、口腔底に生じます。

このような場合は、診断と病変の把握のため、超音波検査やＣＴ検査、ＭＲＩ検査などが行われます。

◉味覚の異常

片側の顔面神経まひや舌咽神経まひがおこると、片側の舌の**味覚**が低下します。このときには、舌の各所にいろいろな味の液をあてたり、電気で刺激したりして、味覚検査を行います。

◉口腔内の腫瘍（腫れもの）

義歯やむし歯、歯石が粘膜にあたって刺激となっていることがあります。

舌がん（486頁）は舌の側面にできやすいのですが、過度の喫煙、飲酒のほかに、歯の慢性刺激で生じることがあり、いっこうに治らない舌の隆起や潰瘍は要注意です。このようなときは試験切除を行い、がんかどうかを調べる必要があります。

また、がんなどのできもの（腫瘍）の深部への進展範囲やくび（頸部）のリンパ節への転移を検索するため、ＣＴ、ＭＲＩ検査なども行われます。

硬口蓋の中央で骨が隆起してくることがあり、**骨腫**といいます。骨性の腫瘍ですが、良性でゆっくり発育するため、手術せず、経過観察だけですむことが多いものです。

◉口腔粘膜の炎症

歯の刺激やウイルスの感染などで粘膜が炎症をおこし、発赤したり、アフ

図5　舌の表面と味覚を感じやすい位置

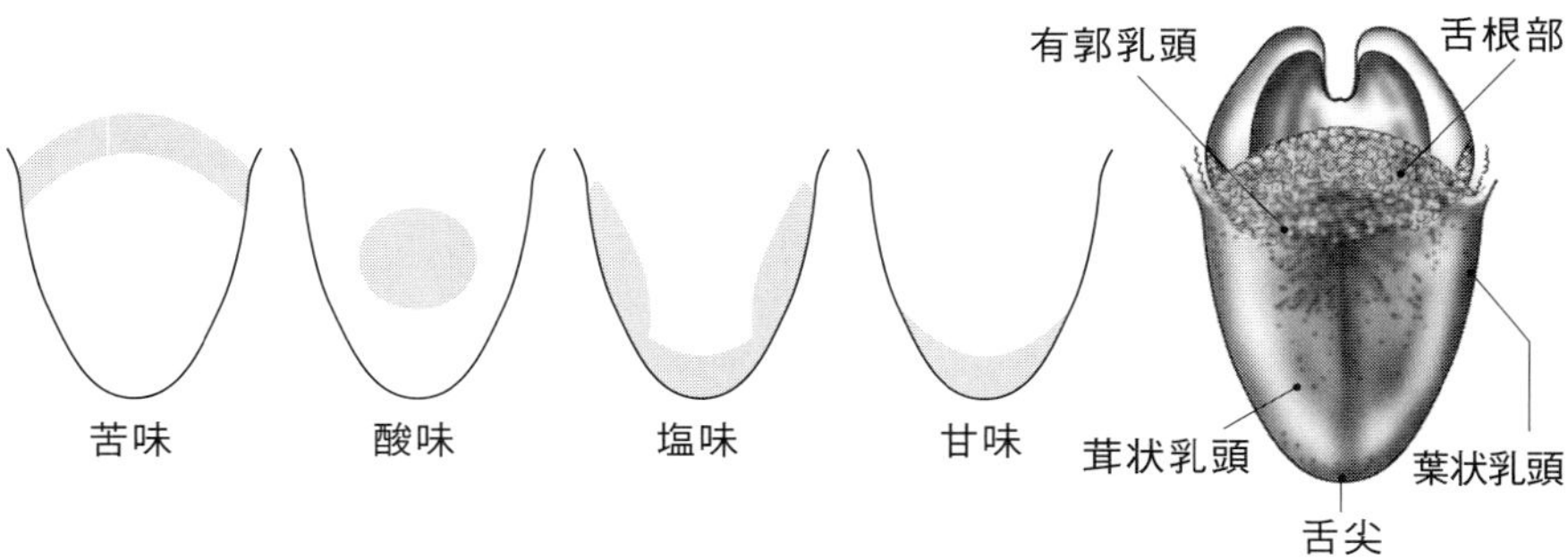

タ（粘膜の浅い欠損）、潰瘍、水疱（水ぶくれ）ができると、痛みをともないやすく、口臭の原因ともなります。偽膜（病変部をおおう白色のこけ状の膜）をともなうこともあります。

　口腔粘膜の病変は、さらに胃腸など他の臓器の病気や、手足口病、ベーチェット病、白血病などの全身性の病気と関係することがあり、口腔内の視診、触診とともに、血液検査を含めた全身検査が必要になることもあります。

　口内に炎症などの痛みや腫瘍による物理的な閉塞物があると、嚥下障害、構音障害が生じます。また、脳梗塞による軟口蓋のまひでも、同様の症状が生じ、食物が鼻腔側に逆流してしまうことがあるため、脳のＣＴやＭＲＩ検査が行われます。

◇治療と予防

●口腔の病気の治療

　細菌、真菌などの病原体による炎症の場合は、化学療法薬、抗生物質、消炎鎮痛薬が用いられます。

　粘膜のアフタや潰瘍には、副腎皮質ホルモンの軟膏も用いられます。

　貧血、糖尿病、白血病、脳梗塞などの病気が誘因となって口腔内に病変がおこっているときには、当然これらの治療が必要です。

　向精神薬や利尿薬、降圧薬、抗ヒスタミン薬などの薬剤で口内乾燥感などの異常感が生じることがあります。この場合は、かかりつけの医師に副作用かどうかを尋ねてみるとよいでしょう。

●口腔の病気の予防

　鼻腔や副鼻腔の病気による鼻づまり（鼻閉）のために口呼吸をしている場合は、空気中の病原体や塵埃（ほこり）の吸入量が多くなり、炎症の原因となりますので、鼻腔や副鼻腔の病気の治療が必要です。

　口腔粘膜や歯を清潔にしておくことは重要で、炎症やがんの発生率の軽減のためにも、歯みがきやうがい（含嗽）の励行が必要です。

　ときには自分で病変がないか観察することも重要と思われます。もし、がんを含めた腫瘍性病変が疑われたら、早期に医師に相談すべきでしょう。

口腔の病気①

カタル性口内炎
Catarrhalis Stomatitis

どんな病気か

口腔粘膜が発赤腫脹し（赤くなって腫れ）、口腔内の熱感、唾液（つば）分泌の増加がみられる病気です。

すっぱい食べ物や塩辛い食べ物を口に入れると、しみることも少なくありません。

舌側縁（舌の縁）、歯肉におこることが多いのですが、口腔粘膜全般におよぶこともあります。

原因

口腔内の不潔、義歯や金属冠などの刺激、熱湯や化学薬品の刺激などが原因となります。

また、かぜ、胃腸の病気の部分症状としてもおこります。

治療

まず、原因となる刺激の検索を行い、口腔内の炎症状態、部位の観察を行います。

そして、原因となる刺激を取除き、ポビドンヨードやアズレンによるうがいを頻繁に行って、口の中の清潔を保つようにします。

アフタ性口内炎
Aphthous Stomatitis

どんな病気か

口腔粘膜に、円形あるいは楕円形の浅い潰瘍（アフタ　1204頁上段）ができるもので、1個の場合もあれば、多数できる場合もあります。

潰瘍の縁が周囲の粘膜よりも赤く、物が触れたりすると強く痛みます。

このアフタが再発をくり返す場合を、**再発性アフタ**といい、7～10日ぐらいであとを残さず治りますが、また再発します。

年に数回から月に1度程度の頻度で再発することもあります。唇や頬の内側の粘膜、舌、歯肉によくおこります。

原因

過労、精神的ストレス、胃腸障害、ビタミン不足、ウイルスの感染、女性では妊娠、月経異常といった内分泌異常などが誘因になります。しかし、アフタそのものの原因は、まだ不明です。

ベーチェット病（2047頁）が、再発性アフタで始まることがあり、目の炎症や外陰部にも潰瘍のできているときは注意が必要です。

治療

診断のため、原因となる誘因の検査を行い、口腔内の炎症状態、部位の観察を行います。

治療としては、ケナログ、アムメタゾン軟膏などの副腎皮質ホルモン軟膏をアフタのできている部位に塗ります。硝酸銀の塗布を行うこともあります。

予防としては、過労、精神的ストレス、胃腸障害などの誘因となるものを避けるようにします。

うがいをして、いつも口腔内を清潔に保つこともたいせつです。

潰瘍性口内炎
Ulcerative Stomatitis

どんな病気か

歯肉や、舌、口蓋など口腔粘膜のいろいろな部位に潰瘍が生じるもので、病変部には灰白色のかさぶたができることが多く、かさぶたをはがすと出血することがあります。

高熱がでて、口腔内は発赤し、小さ

◎口内炎

口の中の粘膜にいろいろな症状が現れる口腔粘膜疾患のなかで、比較的広い範囲に病変がおこって、炎症をともなう場合を、口内炎と総称します。

口腔粘膜が赤くなって食物がしみる程度から、粘膜が浅くただれるびらん、深い欠損となる潰瘍や、粘膜に盛り上がりができて出血しやすくなるもの、水ぶくれができるもの、病変部が偽膜でおおわれるものなど、原因や程度によって症状はさまざまで、多くは痛みをともないます。

その症状によってカタル性口内炎（前頁）、アフタ性口内炎（前頁）、潰瘍性口内炎（前頁）、ヘルペス性口内炎などに分けられます。

口の中に原因があっておこる場合と、全身的な病気の症状として口内炎がおこる場合とがありますが、原因がわからない口内炎も少なくありません。

な水疱が生じ、ついでそれらが破れて形の一定しない大小の潰瘍となります。

原因として、プレボテラ・インターメディア、ワンサンスピロヘータなどの感染が考えられていますが、はっきりしたことはわかっていません。

治療は、アフタ性口内炎（前項）と同じですが、症状のひどい場合には、二次感染を予防するための抗菌薬や補液が併用されることもあります。

褥瘡性潰瘍
Decubital Ulcer

どんな病気か

口腔粘膜に発生する潰瘍ですが、持続的に機械的な刺激が加わっておこるもので、褥瘡（床ずれと同じ意味）という名がついています。

症状

刺激が加わる部位にほぼ一致して、周囲がやや盛り上がった潰瘍やびらん（ただれ）ができます。

刺激が長くつづくと、周囲にしこりが生じたり、表面に凹凸や白い斑点が生じたりすることもあります。

原因

むし歯の鋭縁（とがった縁）、合わない義歯、破損した義歯、歯の充填物や金属冠、誤った方向に生えている歯、歯石などの粘膜への刺激が原因になります。

治療

歯科で、刺激するものを取り除く治療を受ければ治ります。刺激がつづくと口腔がんの誘因になることもあるので、早く治療しましょう。また、口腔がんと見分けにくいことがあります。原因を取除いてもなかなか治らない場合は、早く歯科や口腔外科を受診しましょう。

口腔カンジダ症（鵞口瘡）
Oral Candidiasis

どんな病気か

カンジダという真菌（かび）の一種が、口腔粘膜の表面で増殖する病気です。**カンジダ性口内炎**ともいいます。

カンジダは、いつも口の中にすみついている常在菌のひとつで、健康なときには増殖することはありません。

しかし、なんらかの原因で口腔粘膜の抵抗力が低下してくると、増殖してきます。

乳幼児や高齢者に多くみられます。

症状

口腔粘膜の表面に、灰白色から乳白色の膜が点状や地図状に付着します。

この膜は、頬の内側や唇の粘膜、舌に発生しやすいのですが、口角部（口の端）に発生して口角びらん（次頁）をおこすこともあります。

膜は綿やガーゼでこするとはがれ、その下から、湿って赤くなった粘膜面が現れ、ざらざらして、物を食べたときにしみたりします。

原因

口腔内の不潔な状態がつづいたときやからだを衰弱させる栄養失調症のときに発症することがあります。また、膠原病（関節リウマチなど）やエイズのような免疫不全をともなう病気にかかっていると、おこりやすくなります。

抗菌薬、副腎皮質ホルモン剤、免疫抑制薬を長期間使用しているときや、放射線治療などでもおこることがあり

◎アフタと潰瘍

表面が灰白色から黄白色の偽膜におおわれ、大きさが5～6㎜以下の口腔粘膜の浅い潰瘍性病変を、**アフタ**(左の写真)といいます。

病変が、アフタよりも大きくて深いものは、**潰瘍**といいます。

潰瘍は、治った後に瘢痕(ひきつれ)をつくることもありますが、アフタは瘢痕をつくることはありません。

アフタも潰瘍の一種ですが、このようなちがいから、アフタと潰瘍は区別して呼ばれています。

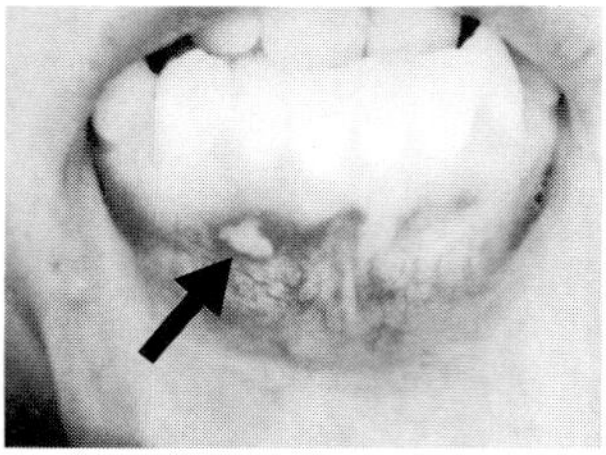

ます。

新生児や乳幼児の口腔カンジダ症は、母親が感染源のことが多いものです。新生児や乳幼児は、もともと感染に対する抵抗力が弱いために、母親が外陰カンジダ症や腟カンジダ症にかかっていると、原因菌が直接、感染することもありますし、よく消毒しなかった哺乳びんや乳首から感染することもあります。

高齢者では、義歯の手入れがよくないと、義歯の下にカンジダ菌の増殖がおこることがあります。

診断のため、培養検査で菌の種類を確認するほか、病変部の組織を採取して、顕微鏡検査で菌体の確認が行われます。

治療

原因となる病気があれば、その治療が必要です。

口腔内をいつも清潔に保つことがたいせつです。

カンジダに有効な抗真菌薬のミコナゾール(フロリードゲル)を口腔内に塗布します。またイトコナゾール(イトリゾール)を内服します。

口腔乾燥症 Xerostomia

どんな病気か

口の中が乾く状態を、口腔乾燥症といいます。

軽い場合は、口の中が乾く感じや唾液(つば)が粘るだけですが、舌や頰の粘膜が周りにへばりつくように感じることもあります。

ひどくなると、舌の表面が著しく乾いて舌乳頭がなくなり、表面がつるつるした舌になります。歯や義歯にこすられて粘膜に炎症がおこり、食物がしみたり、水分なしでは食物を飲み込めなくなることもあります。

原因

多くは、唾液腺からの唾液分泌の低下が原因とされます。

高齢になると唾液腺の老化で唾液分泌が減り、口が乾くようになります。

高熱やひどい下痢などによる脱水状態のほか、糖尿病、バセドウ病、尿毒症、鉄欠乏性貧血などが原因のこともあります。また、シェーグレン症候群(2040頁)の一症状のこともあります。

口腔がんの放射線治療で唾液腺が萎縮すると、口腔乾燥症がおこることがあり、抗精神薬や降圧利尿薬などの薬剤の副作用でもおこります。

唾液の分泌が正常でも、精神的なことで口の乾きを感じることもあり、更年期以降の女性に多いものです。

治療

まず、原因となっている病気の治療を行います。

口の乾きには歯科・口腔外科を受診して口腔粘膜保湿剤の投与を受けてください。シェーグレン症候群にはサリグレン、エボザックの内服が有効です。

日常生活の注意

お茶や水で口の中をたえず湿らせておくと、予防になります。症状が軽ければ、酸味のあるもの(レモン、ビタミンCなど)をときどきとって、唾液分泌を促してみましょう。

口角びらん(口角炎) Angulor Stomatitis

どんな病気か

ただれ、ひび割れ、ときにかさぶたが口角(口の端)

だけにできる状態を、口角びらんといいます。両側にできることも、片側だけのこともあります。

原因

子どもは、口角に付着したよだれや食物の残りかすなどに細菌が感染しておこることが多いものです。

ときに、真菌（かび）の一種のカンジダが感染することもあります。

おとなは、糖尿病、貧血（鉄欠乏性貧血、巨赤芽球性貧血）、ビタミンB欠乏症などの病気があって、感染に対する抵抗力が低下しているときに細菌やカンジダ菌が感染しておこることがあります。

抗菌薬や副腎皮質ホルモン剤の長期使用が原因のこともあります。

高齢者は、このような原因がなくても、口腔内の汚れからカンジダ菌が感染しておこることがあります。

治療

原因菌の種類を調べる培養検査や、採取した組織を顕微鏡で見る検査で、菌体を確認して診断します。

ただれのおこっている部位を清潔にして、唾液に触れないようにすれば治ることが多いものです。

重症の場合は、抗菌薬や抗真菌薬を塗布し、全身的な病気がある場合は、その治療が必要です。

口底炎
Inflammation of Oral Floor

舌の裏面におおわれた下顎の内側の部分で、口腔内の底にあたる部位を口（腔）底といいます。

この部分におこる急性炎症が口底炎で、大きく分けて、口（腔）底膿瘍と口（腔）底蜂巣織炎（蜂窩織炎）という2つの状態があります。

◉口（腔）底膿瘍

どんな病気か

口（腔）底に膿がたまった状態です。口（腔）底部や顎下腺の部分が腫れて痛み、高熱をともなうことが多く、ときに、顎が腫れて、外観上、二重顎のように見えることがあります。

原因

むし歯や歯周病が、口（腔）底部におよんでおこります。

顎の骨折や扁桃腺、唾液腺、リンパ節などの炎症のあとにおこることもあります。

ほとんどが、いくつかの細菌による混合感染です。

治療

診断には、歯における問題点の確認と、血液検査による炎症の程度の把握が必要です。

治療としては、できるだけ早いうちに切開し、膿を取出すと同時に、強力な抗菌薬の内服や静脈内投与が必要です。

◉口（腔）底蜂巣織炎（蜂窩織炎）

どんな病気か

一般的な症状は、口（腔）底膿瘍と変わりませんが、すべての点で口（腔）底膿瘍より重篤です。病気の勢いがきわめて強く、短時間のうちに炎症が周囲に大きく広がります。

切開しても膿が出ないこともあり、組織の強い壊死がおこったり、組織内にガスがたまったりすることもあります。敗血症で死亡する危険もあります。

炎症が周囲に進んで浮腫（むくみ）を生じ、これが喉頭におよぶと呼吸困

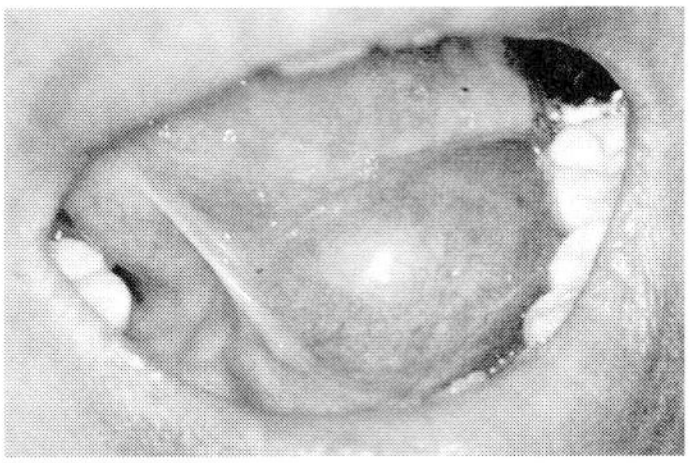

ガマ腫

難がおこり、窒息することもあります。

治療　できるだけ速やかに切開し、病巣の開放を行うとともに、強力な抗菌薬の点滴による治療を行うために入院管理が必要です。

糖尿病があると、治療に難渋することがあります。

粘液嚢胞
Mucous Cyst

どんな病気か　小豆大から大豆大の半球形をしたやわらかい、やや暗赤色の腫瘤（こぶ状の腫れ）で、下唇、頬の内側の粘膜、舌の先にできる嚢胞（袋のような腫瘤）です。ほとんど痛みをともないません。

歯の先が粘膜にあたる、あるいは粘膜をかむくせがあるなどの慢性的な刺激が加わると、粘液腺の排泄管の狭窄がおこり、粘液がたまって嚢胞をつくります。

手術によって腫瘤を摘出するか、大きい場合は嚢胞壁の一部を切取って開放（開窓）します。

ガマ腫
Ranula

どんな病気か　粘液嚢胞と同じく唾液がたまった嚢胞（袋状の腫瘤）です。舌の裏面におおわれた下顎の内側の部分で、口腔の底にあたる部位を口（腔）底といい、口底の両側には、舌下腺があります。ガマ腫は通常、この部位の左右どちらかにできる、比較的やわらかく、壁の薄い袋状の、痛みのない腫れです。

表面はなめらかな正常の粘膜におおわれていて、内部が透きとおり、青みを帯びて見えるのが特徴です。

大きく腫れると、その部分がガマ蛙ののどにある袋のように見えることから、ガマ腫という病名がつきました。

口底の前両側にある舌下腺の唾液（つば）が出る管がつまったりして、唾液がたまるため、嚢胞ができるのです。

診断は、内容液を注射針で吸引して唾液であることを確認します。

治療としては、口腔内より口腔粘膜を含めて嚢胞壁の一部を切り取って、口腔内に開放（開窓手術）します。開放部がふたたび閉じないように経過を観察するうちに嚢胞は縮小してきます。

舌下腺を含めた摘出手術を行うこともあります。

多形性腺腫
Pleomorphic Adenoma

どんな病気か　数か月から数年かけてゆっくり大きくなる、痛みのない唾液腺腫瘍で、耳下腺だけでなく上顎にもできます。

表面はなめらかで、正常の粘膜におおわれている半球状のかたまりですが、悪性腫瘍の場合もありますので(487頁)、その区別をつけることがたいせつです。

上顎には、唾液（つば）を分泌する腺細胞（小唾液腺）があり、多形性腺腫は、この細胞から発生するとされています。

治療としては、おおっている粘膜と周囲の組織を含めて、病変部を切除します。

口腔異常感症
Oral Malaisis

どんな病気か

歯科（口腔）心身症のひとつです。口腔内になんら器質的病変（腫瘍や炎症）が存在しないのに、疼痛（痛み）、乾燥感、知覚過敏、まひ感、異物感などの異常を生じる病態をいいます。

なかでも多いのは、舌先や舌縁に感じる疼痛とヒリヒリ感・ピリピリ感といった知覚過敏の症状で、これらをとくに**舌痛症**といいます。乾燥感を訴えることも多く、これを**口腔乾燥感症**と呼ぶこともあります。

これらの症状は、食事中はほとんど変化がないか、消失する場合が多いのが特徴です。

原因

原因は明確ではなく、心理的要因と身体的要因とが合わさっておこると考えられます。心理的要因は、ストレス、不安、恐怖などで、性格的には几帳面、完全癖などの強迫傾向や心気傾向がみられます。

症状の多くは、歯科処置や粘膜の炎症などの際の異常感を、ことさら気にしつづけるというものです。

身体的要因としては、唾液腺機能の低下、血清鉄や亜鉛の低下、口腔内の細菌叢の変化などがあります。

検査と診断

まず、視診で腫瘍や炎症などの原因となる病気がないかを確認します。また問診では、食事で症状が増強しないか、消失するかを知ることも重要です。

安静時と刺激時の唾液量を測定し、唾液腺機能を調べます。また、血液検査で血清鉄、亜鉛の値を調べます。

口腔内細菌検査は、食事などの影響を受けない早朝唾液を検体としますが、真菌（かび）の一種であるカンジダ菌の増殖の有無には、とくに注意します。

心理的要因は問診の際に感じとれますが、いろいろのアンケートを行って、より客観的に診断します。

診断に苦慮する場合もあり、そのときは軽い抗不安薬を少量使用し、症状の変化をみることもあります。

治療

検査で異常があれば、その治療が行われます。

舌痛症の場合は、口腔内に悪性腫瘍などの病気のないことを根気よく説明し、口の中を頻回に鏡で見たり、指で触ったりしないようにと説明します。

口腔乾燥感症の場合は、唾液腺機能が正常なので、精神的に症状にとらわれないように説明します。

いずれも症状が治まらないときは、軽い抗不安薬が用いられます。

日常生活の注意

体内の鉄のほか、亜鉛の低下でもおこりやすくなるので、偏食を避けることが重要です。

舌痛症は、唾液量の低下もその要因のひとつですが、唾液量の低下に引き続いておこりやすいカンジダ菌の増殖も重要で、口腔内を清潔に保つことを心がけてください。

医師からくわしい説明を受けて納得し、精神的なこだわりをもたないことも必要です。

予防

歯みがき、うがいなどで口腔内の清潔を保つように心がけることです。また、必要以上に口の中を鏡で見たり、指で触ったりしてはいけません。

舌の異常

味覚障害
Taste Disorder

どんな病気か

おもに食物の味がわからなくなる病気ですが、何も食べていないのに口の中で苦い・甘い・渋いなどの味がしたり（**自発性異常味覚**）、何を食べてもまずく感じてしまったりすることもあります。

味覚障害は、年をとるとおこりやすくなります。

原因

原因は、さまざまです。服用薬剤が原因であったり（**薬剤性味覚障害**）、体内の亜鉛量の不足（**亜鉛欠乏性味覚障害**）、糖尿病、あるいは腎障害、肝障害などの全身性の病気が原因になっておこることもあります。

また、原因不明の味覚障害（**特発性味覚障害**）もあります。

唾液分泌量の減少や、鼻閉や口呼吸のため口腔乾燥があると、味覚障害がおこります。

嗅覚障害を味覚障害と思うことがあり、これを**風味障害**といいます。

検査と診断

血液・尿、肝機能・腎機能の検査のほか、亜鉛・銅・鉄などの血清中の微量金属の検査が行われます。

味覚については、電気刺激による味覚検査や味の溶液を用いた検査が行われます。

治療

原因によって治療法が異なります。

亜鉛欠乏性味覚障害は、亜鉛剤を内服します。

原因不明の場合も、この亜鉛剤内服が有効なことがあります。

薬剤性味覚障害は、原因薬剤の使用の中止や減量の必要があります。

頭部外傷や顔面神経まひの場合は、神経障害に効果が期待されるビタミン剤や循環改善薬などが使われます。

口の乾きがひどい場合には、含嗽剤（うがい薬）や口腔粘膜保湿剤を使用します。

日常生活の注意

いつも口の中を清潔に保つことがたいせつです。

野菜、魚介類、肉類をバランスよくとり、亜鉛を十分に摂取します。

亜鉛代謝を妨害する保存料の多い食品は避けるようにします。

予防

単調な食生活は危険です。

薬剤については、とくに高齢者の常用薬に注意が必要です。また、う蝕（むし歯）や歯周病の早期の治療、口腔乾燥に注意します。

地図状舌
Geographic Tongue

どんな病気か

舌の中央部や舌の辺縁部（ふち）に、不整で境界の明瞭な円形や楕円形の赤い斑点が見られる状態で、1個できることもあれば多数できることもあります。

大きさは数mmから数cmとさまざまで、ふつう、薄い白色の隆起で周囲の正常な粘膜と隔てられています。

病変は癒合し地図状に見え、日によって形や位置が変わり、**移動性舌炎**と呼ばれることもあります。

病変は、糸状乳頭という舌の表面の細かい突起が剥脱して（はがれて）できたものです。ふつうは、痛みや味覚

◎全身の病気と舌炎（平滑舌・赤色舌）

全身の病気の症状のひとつ

として、つぎのような舌炎がおこることがあります。

▼鉄欠乏性貧血による舌炎 舌の表面の突起である糸状乳頭と茸状乳頭が著しく萎縮し、舌の表面が平滑になり、赤い平らな舌になります。口角炎や口腔乾燥症をともなっていることもあります。

鉄欠乏性貧血に嚥下困難(食物を飲み込みにくい)をともなうものを**プランマー・ビンソン症候群**といいます。

治療には、鉄剤の内服が行われます。

▼悪性貧血(**巨赤芽球性貧血**)**による舌炎** 舌尖部(舌先)の灼熱感や痛みをともなう舌の赤色病変を、**ハンター舌炎**といいます。糸状乳頭と茸状乳頭が萎縮してしまい、舌の表面が平滑になります。

ハンター舌炎は、ビタミンB12の欠乏による悪性貧血でみられる舌炎で、胃の全摘手術を受けた人にも類似の症状がみられます。

ビタミンB12の注射で改善します。

障害などの自覚症状はありません。

治療

原因は不明ですが、遺伝的要因、心因的要因、アトピーなどとの関連性が指摘されています。

数週から数か月、ときには何年も存在することがありますが、とくに治療する必要性はありません。

溝舌(溝状舌)
Fissured Tongue

どんな病気か

舌の表面に、多数の亀裂や溝が生じている状態で、地図状舌(前項)とよく合併します。

その形が陰嚢に似ていることから、陰嚢舌と呼ばれることもあります。

溝の深さ、幅、長さ、数などはさまざまですが、舌の中央を縦に走る溝からおおよそ左右対称的に生じるのが特徴です。

原因は不明です。年齢がすすむにつれて出現頻度が高くなり、男女による差はみられません。

反復する顔面表情筋の運動まひ(顔面神経まひ)をおこす**メルカーソン・ローゼンタール症候群**(1859頁)という原因不明の病気がありますが、顔面・くちびるの浮腫(むくみ)とならんで、溝舌は、この病気の症状のひとつです。

症状

通常、自覚症状はありませんが、溝に細菌や真菌が感染したり、あるいは食物の刺激などによって炎症をおこすと、軽い疼痛(痛み)や味覚障害がおこることがあります。

ふつうは、うがいなどで口の中を清潔にして、舌の表面を舌ブラシや軟らかい歯ブラシで軽くこすります。

毛舌/黒毛舌
Hairy Tongue / Black Hairy Tongue

どんな病気か

舌の表面には、糸状乳頭と呼ばれる細かい突起があります。これが過形成によって伸びて、あたかも毛が生えたような状態が**毛舌**です。

毛の色は、白色から黄色ですが、黒い場合を**黒毛舌**と呼びます。

毛舌の色は、そこに付着した色素産生菌が出す色、食物の色、たばこのタールなどによるものです。

原因

糸状乳頭が過形成をおこすしくみは、明らかではありませんが、発熱、胃腸障害、抗菌薬の服用、喫煙、放射線照射、精神的ストレス、真菌(カンジダやアスペルギルスなど)の感染などが誘因です。

治療

原因の除去と口腔内を清潔に保ちます。消毒作用のある含嗽剤(うがい薬)の使用も必要です。舌の表面を舌ブラシや歯ブラシで軽くこすり、角化上皮を除去するのも有効です。

舌炎
Glossitis

どんな病気か

舌に炎症がおこっているのが舌炎ですが、ほかの口腔粘膜にも同様の炎症(口内炎)がみられることが珍しくありません。

広範囲に赤く腫れ、痛みがおこる**カタル性舌炎**の場合、舌苔(次頁上段)を生じ、強い口臭がみられます。

◎舌苔

舌の表面が、白黄色から褐色に汚れた状態をいいます。

これは、舌の炎症などのために白血球、リンパ球、剥離した上皮細胞、細菌や真菌、唾液の成分、食物残渣などが堆積するかたちで舌の表面に付着し、形成されたものです。

舌苔と毛舌（前頁下段）とが、同時に存在することも珍しくありません。

全身の病気、抗菌薬や副腎皮質ホルモン剤などの使用が関係している場合がありますが、舌の汚れの場合もあります。

基本的な治療は、口腔内の清潔を保つことです。

細菌が感染している場合には、消毒効果のある含嗽剤（うがい薬）でうがいをし、真菌の感染には、抗真菌薬の局所投与を行うことがあります。

また、薬剤が原因と考えられる場合には、その薬剤の使用を中止します。

そのほか、舌尖（舌先）に疼痛をともなう黄白色の小粘膜疹をもつ**アフタ性舌炎**、潰瘍をもつ**潰瘍性舌炎**、おもに外傷や感染症に合併して、舌の内部の実質に高度な炎症が生じる**実質性舌炎**などがあります。

これらは、局所的な原因による舌炎ですが、おもに全身の病気の一症状として舌全体がたんに赤色となるだけの舌炎（**赤色舌** 1208頁上段）もあります。

舌背の中央部分の菱形から楕円形で境界の明瞭な赤い病変は、**正中菱形舌炎**と呼ばれます。舌が発育していく際の形態異常と考えられています。表面の糸状乳頭が欠損しています。

治療

局所的な原因によるカタル性舌炎、アフタ性舌炎、潰瘍性舌炎は、うがいと、ときに副腎皮質ホルモンを含んだ軟膏を病変部に塗る局所治療が主体となります。

実質性舌炎は、炎症が細菌感染をともなう場合もありますので、抗菌薬の内服が必要になります。

正中菱形舌炎の場合、ふつう自覚症状はないので治療の必要はありません。しかし、真菌が感染しないように、口腔の清潔には注意すべきです。

舌の良性腫瘍
Benign Tumor of the Tongue

舌にもいろいろな腫瘍が発生します。良性の腫瘍としては、乳頭腫、線維腫、血管腫、リンパ管腫などが多く、まれに、脂肪腫、神経線維腫、平滑筋腫などが発生することがあります。

◎乳頭腫

舌に生じる良性腫瘍のなかでもっとも多く、表面は不整で、乳頭状、いぼ状に見えます。色は、赤色調から白色調まで、角化の状態で異なります。

多くは、全体的に隆起していますが、キノコ状に茎をもったもの（有茎性）のこともあります。大きさは1cm以下が大部分です。

口腔がん（扁平上皮がん）の乳頭型との鑑別が重要です。

原因としては、ウイルス、機械的刺激、内分泌などの関与が考えられています。治療は切除で、予後は良好です。

◎線維腫

半球状に隆起する有茎性の腫瘤で表面は正常の粘膜でおおわれています。

治療は切除で、予後は良好です。

◎血管腫

単純性血管腫は、舌の表面にできる青紫色をした楕円形のやわらかい腫瘤ですが、問題となるのは**海綿状血管腫**で、紫色から青色をしたやわらかい腫瘤で、舌の深部まで進展しています。

海綿状血管腫は成長とともに増大し、ときに舌全体を占め、いわゆる**巨舌症**の状態になり、発語や咀嚼が障害されます。巨大なものは治療がむずかしいことが多く、部分的切除やレーザーによる治療、電気凝固などが行われます。

◎リンパ管腫

泡粒状の小水疱が表面にできる限局性リンパ管腫もありますが、問題となるのは、進展範囲が舌の深部まで広範におよぶ**海綿状リンパ管腫**です。

色調は、血管腫に比べると舌本来の色に近いです。海綿状リンパ管腫は、巨舌となることもあり、海綿状血管腫の場合と同様の治療が必要となります。

顎の病気

顎炎（顎骨炎）
Inflammation of the Jaw

どんな病気か

むし歯が進行して細菌が増殖すると、歯髄に炎症がおよんで**歯髄炎**（1225頁）になります。

歯髄の炎症は容易に歯の根の尖端におよんで、**根尖性歯周炎**（1226頁）が発症します。

この段階での治療を怠ると、炎症が歯の周囲や歯の植わっている歯槽骨におよんで、**歯槽膿瘍**（1236頁）や**歯槽骨炎**になります。

さらに進行すると、顎の骨に炎症が広がり、**顎炎**（**顎骨炎**）になります。

炎症が骨膜や骨髄に広がったものを**顎骨骨膜炎**、**顎骨骨髄炎**といいますが、両方が同時におこることが多いため、顎炎という診断名で統一されています。

症状

根尖性歯周炎の段階では、かむと痛かったり、歯が浮いた感じがしたりする程度ですが、歯槽骨炎や歯槽膿瘍になると、痛みが強くなり、歯肉が赤く腫れたり、歯肉から膿が出たりします。

顎炎といわれる状態になると、痛みはますます強くなり、原因となる歯を中心に歯肉が腫れあがり、食事も満足にできなくなります。

顔が腫れたり、顎下リンパ節が腫れたりして、熱もでてきます。

炎症がさらに顎骨周囲の筋肉や結合組織に広がると**蜂巣織炎**（**蜂窩織炎**）となって、生命にかかわる重篤な状態になります。

治療

症状や経過から、診断は容易ですが、検査はおもにＸ線検査が行われます。

治療には抗菌薬、抗炎症薬、解熱鎮痛薬が用いられますが、安静を保ち、口腔の清掃に努めることもたいせつです。

膿瘍を形成している場合は、切開排膿を行います。

炎症が治まったら、原因となる歯の抜歯が必要です。

予防

むし歯は放置しないで、炎症が歯や歯の根の周囲に限局している時期に、早く歯の治療をすることがたいせつです。

顎骨嚢胞
Jaw Bone Cyst

どんな病気か

顎の骨の中に袋状のもの（嚢胞）ができる病気です。

顎骨嚢胞は、歯に原因があっておこるものと、歯に原因がなくておこるものとがあって、どちらも顎が腫れるのが特徴です。

◉歯に原因のある嚢胞

▼濾胞性歯嚢胞　歯が生えるまでの期間、顎の骨の中で歯がつくられていきますが、歯をつくる組織が変化して、骨の中に嚢胞ができるもので、中に歯冠と淡黄色の内容液が入っています。

▼歯根嚢胞　むし歯が原因で、歯の根の先端にできた歯根肉芽腫が大きくなって嚢胞になったものです。

この嚢胞に、細菌が感染すると腫れたり、痛みがでます。

症状

嚢胞は徐々に大きくなって、顎の骨を溶かし、顎が腫れてきます。

濾胞性歯嚢胞は痛みをともなうことはありませんが、歯根嚢胞は熱や痛み

◎唾液腺の腫れや痛みで見つかる全身の病気

▼**流行性耳下腺炎**（おたふくかぜ）耳下腺炎、顎下腺炎に前後して睾丸炎、卵巣炎、膵

をともなうことがあります。

X線検査が診断の決め手です。

治療 囊胞を放置しておくと、周囲の歯が動揺したり、上顎にできた囊胞が上顎洞に広がり、蓄膿症（上顎洞炎 1162頁）をおこしたりすることがあるので、手術をして囊胞を摘出します。

歯根囊胞はむし歯が原因となるので、予防には、むし歯を早く治療しておくことが重要です。

◎歯に関係のない囊胞

上顎に発生する囊胞には、**鼻口蓋管囊胞**と**球状上顎囊胞**などがあります。

下顎に発生する囊胞には、**外傷性骨囊胞**などがあります。

症状 まったく無症状ですが、まれに口蓋の正中（中央）で前歯の部分が腫れることがあります。

治療 上顎にできた囊胞が大きくなると、鼻腔底の骨を吸収して、鼻づまりをおこすことがあるので、摘出することがあります。

外傷性骨囊胞は、治療の必要はありません。

顎骨腫瘍
Tumor of the Jaw

どんな病気か 顎の骨の中に、かたい腫瘍（腫れもの）ができる病気です。

顎骨腫瘍には、歯をつくる組織から発生するものと、歯に原因がなくておこるものとがありますが、ほとんどが良性の腫瘍です。

◎歯に原因のある腫瘍

▼**エナメル上皮腫** 歯が発生するときの組織が変化して、腫瘍となったものです。この腫瘍は、しばしば再発するだけでなく、まれに悪性化することがあるので、準悪性腫瘍として取扱われています。

▼**歯牙腫** 歯が形成されるときに、正常な歯にならず、かたまり状になったり、小さな歯がたくさん集合したものです。

症状 痛まずに、ゆるやかに発育します。

腫瘍の増大にともなって、顎が大きく腫れたり、歯が動揺してきたり、歯ならびが悪くなったりすることがあります。

X線検査が診断の決め手となります。

治療 手術で腫瘍を摘出します。

エナメル上皮腫の場合には、ときに、顎の骨を切除することがあります。

また、エナメル上皮腫は、悪性化や再発することがあるので、手術後の定期的な検診が必要です。

◎歯に関係のない腫瘍および類似疾患

線維腫、**線維性骨異形成症**、**骨腫**、**血管腫**、**軟骨腫**などがあります。

症状 緩やかに発育し、顎の骨が腫れてきます。

腫瘍の増大にともなって、歯の動揺やかみ合わせの異常（咬合異常）がおこることがあります。

血管腫では、ときに歯肉からの出血がおこり、悪性腫瘍とまぎらわしい症状になることがあります。

X線検査が診断の決め手となります。

治療は、手術をして、腫瘍を摘出します。

炎、髄膜炎、脳炎がみられることがあります。

▼**反復性耳下腺炎**　シェーグレン症候群（「免疫異常の病気」2040頁）が反復性耳下腺炎のかたちで15～30歳で始まり、50歳前後になって唾液分泌減少がおこることもまれではありません。

▼**ミクリッツ症候群**　白血病、悪性リンパ腫、サルコイドーシス、木村病（軟部好酸球肉芽腫症）、シェーグレン症候群が基礎疾患となっていることが少なくありません。

▼**耳下腺症**　両側の耳下腺が腫れますが、痛みません。慢性に経過する病気で、肝硬変、慢性膵炎のほか、過度の体重減少による栄養失調が原因となることがあります。

▼**ヘルホルト症候群**　サルコイドーシス（2049頁）が耳下腺の腫れ、発熱、顔面神経まひ、ぶどう膜炎で始まることがあります。耳下腺の腫れ、顔面神経まひ、ぶどう膜炎の三主徴がみられるものをヘルホルト症候群といいます。

顎関節症
Temporomandibular Joint Arthrosis

どんな病気か

口を開けたり、閉じたりするときに、コキン、ガリガリという雑音がしたり、口を大きく開けることができなくなる病気です。顎関節の中に原因があったり、関節を動かす筋肉（咀嚼筋）に原因があったりするので、病変の部位によっていろいろなタイプに分けられています。

顎関節の中には、線維性結合組織からできている関節円板があって、関節面の緩衝材としての役割をはたしていますが、この関節円板の異常が原因となる場合があり、これを**顎関節内障**といいます。

症状

顎の関節痛、関節雑音、開口障害がおもな症状ですが、もっとも多いのは、痛みです。

顎関節内障は、痛みのほかに関節雑音と開口障害が著しいのが特徴です。

咀嚼筋の緊張による痛みの場合は、雑音をともなうことはありません。

また、顎関節症で腫れたり、熱がでたりすることはありません。

検査と診断

X線検査で病変がみられることが少ないため、症状の有無が重要です。

顎関節内障は、症状のほかに、MRIによって関節円板の異常をみることが診断の決め手となります。

治療

咀嚼筋の負担や痛みを軽くするために、鎮痛薬や筋弛緩薬を使用します。

顎関節症、顎関節内障では、薬物療法と並行して、咬合床（バイトプレート）という義歯に似た装具を歯列の上にかぶせる治療を行います。

予防

歯ぎしり、食いしばり、片側だけでかむ、かたい物をかむなどは、咬合（かみ合わせ）異常をおこして顎関節症をおこす原因となるので、もしこれらの習慣があるなら、やめるように心がけることがたいせつです。

抜けた歯のあとを放置したり、合わない義歯や充塡物があったりすると、咬合異常の原因となるので、早く処置しておくことが必要です。

顎関節脱臼
Dislocation of the Temporomandibular Joint

どんな病気か

片側あるいは両側の顎の関節が外れる病気で、口を大きく開けすぎることが原因となります。

口を閉じられなくなって、会話もできなくなります。耳の前がくぼんで、頬骨の下に脱臼した下顎頭が膨らんで突出した状態になります。

治療は、下顎の奥の部分を押し下げるようにして整復します。

口腔外科、耳鼻咽喉科、整形外科で治療が受けられます。

コステン症候群
Costen Syndrome

どんな病気か

顎関節の痛みに、難聴、耳閉塞感、めまい、耳痛、口腔咽頭痛、乾燥感などの症状をともないます。

咬合異常が原因とされていますが、不明な点が多い症候群です。

唾液腺の病気

◎唾液腺とは

唾液腺は、独立した排出管（導管）をもつ組織で、左右対称の部位に位置する**耳下腺**、**顎下腺**、**舌下腺**の**大唾液腺**と、口腔粘膜の下に無数に分布する**小唾液腺**に分けられます（1199頁図）。

耳下腺管は、左右の顎の奥歯に面する頬粘膜に開口します。耳下腺の中には、顔の筋肉を動かす顔面神経が、木の枝のように枝分かれして分布するので、手術のときに問題となります。

耳下腺炎
Parotitis

どんな病気か

唾液腺のうち、耳下腺はもっとも炎症をおこしやすく、なかでも頻度が高いのが**流行性耳下腺炎**（**おたふくかぜ** 808頁）です。子どもに多いのですが、成人にもみられます。いちどかかると生涯免疫を獲得します。

何度も耳下腺炎をくり返す病気に**反復性耳下腺炎**があります。無症状で慢性炎症のある耳下腺に、かぜや疲労などで体力が低下したときに口内の細菌が耳下腺の導管から入り、慢性炎症の急性増悪がおこる病気です。多くは10歳未満の男女にみられます。成人では女性に多くみられます。

子どもの反復性耳下腺炎は、ふつう成長とともに症状が軽くなりますが、まれに悪化することもあります。成人女性では、シェーグレン症候群（2040頁）でないことを検査で確認します。

症状

片側または左右の耳下腺が腫れて痛みます。耳下腺を押すと耳下腺導管開口部からの排膿がしばしばみられます。抗菌薬の内服によって1～7日で症状は消失しますが、数か月から数年の周期で反復します。

治療

X線検査で慢性炎症の程度を調べます。耳下腺炎がおこるたびに耳下腺は壊れ、慢性炎症が悪化するので、耳下腺が腫れたら、できるだけ早期に抗菌薬を内服します。

また、むし歯や慢性扁桃炎は治療し、うがいをして口腔内を清潔に保つことがたいせつです。

唾石症
Sialolithiasis

どんな病気か

唾液管または唾液腺の中に結石（唾石）ができる病気です。通常は顎下腺にみられますが、まれに耳下腺にもできます。

症状

唾液管が唾石で閉塞されているために、食事の際に唾液分泌が増すと、導管内圧が急激に増し、激しい痛みとともに顎下腺が腫れます（**顎下腺炎**）。痛みは30分から1時間で消失します。

慢性化して唾液腺の機能が低下し、唾液腺が萎縮すると、食事による痛み、腫れはなくなります。

細菌感染が加わると口（腔）底が赤く腫れ、導管開口部から排膿がみられ、顎下部の皮膚も赤く腫れます。

治療

小さい唾石は手術で摘出します。唾石が顎下腺の中にあったり、唾液腺の機能がなくなっているときは、顎下腺ごと摘出します。

ミクリッツ症候群
Mikulicz Syndrome

どんな病気か

両側の耳下腺、顎下腺、涙腺に慢性の痛みのない腫れができる病気です。

白血病（548頁）、悪性リンパ腫（553頁）、サルコイドーシス（2049頁）、木村病（軟部好酸球肉芽腫症 1892頁）、シェーグレン症候群（2040頁）などが基礎にあっておこるものと、病気の本体を明らかにできないものとがあります。

病気の本体を証明できないものは**ミ**

顎下腺管は、舌と歯肉の間の粘膜（口腔底）の正中（中央）、前方の対照的な位置に開口（舌下小丘）します。

舌下腺導管は、口腔底前方で口腔底に直接、開口するものと、顎下腺管内に開口するものがあります。

最近、口内乾燥症（口腔乾燥症 1204頁）が問題になっています。これは、唾液分泌量が減って口腔粘膜が乾燥し、口腔内の乾燥感を訴える一群の疾患によるものです。

1つの唾液腺が病気になっても、唾液分泌量は大きな影響を受けませんが、多数の唾液腺の腺細胞の数・機能が病気、加齢などで抑えられると、唾液分泌量は大きく減少し、口内乾燥感が自覚されるようになります。

口内乾燥症の原因となる代表的な病気にシェーグレン症候群（2040頁）がありますが、加齢による唾液腺細胞の減少（唾液腺萎縮症）や胃腸薬、抗不安薬などの薬物の副作用も重要です。

クリッツ病ともいい、シェーグレン症候群とちがって男性にも多くみられ、経過をみている間に症状が消えることもまれではありません。

白血病、悪性リンパ腫が原因のときは発熱、全身倦怠感、強い口内乾燥がみられることがあります。両側対称的に耳下腺、顎下腺、眼瞼部が腫れる、特徴的な顔貌から診断できます。

治療

さまざまな検査で病気の全身的な広がりを確かめる必要があり、耳下腺、頸部リンパ節の試験切除による組織診断も行われます。

基礎疾患が明らかになれば、その治療を行います。基礎疾患が不明の場合は、非ステロイド性抗炎症薬を用い、経過を観察します。

悪性リンパ腫に変化する可能性があるので、定期的な検査が必要です。

唾液腺良性腫瘍
Benign Tumor of Salivary Gland

どんな病気か

唾液腺腫瘍の70%は良性腫瘍ですが、舌下腺腫瘍、小唾液腺腫瘍、顎下腺腫瘍、耳下腺腫瘍の順に悪性腫瘍（がん）の頻度が多くなります。良性腫瘍はとくに耳下腺に多くみられます。

さまざまな良性腫瘍があります。もっとも頻度が高いのは**多形性腺腫**（1206頁）で、これは徐々に大きくなり、腫脹以外に症状はありませんが、10年前後でがんに変化することがあります。

中年以降の男性にみられる耳下腺腫瘍に**ワルチン腫瘍**があります。これはしばしば左右の耳下腺に多発し、痛みや急激な腫れなど、がんとまぎらわしい症状を示すことがあります。幼小児には、血管腫、リンパ管腫、神経線維腫などがしばしばみられます。

症状

多形性腺腫は数年から十数年かけて徐々に大きくなりますが、痛みなどの症状はありません。

長い間、症状がなかった耳下腺腫瘍が急激に大きくなり、痛みをともなうとき、顔面神経まひがみられるときは、多形性腺腫の悪性化が考えられます。

幼小児期にみられる血管腫は、成長とともに縮小することがしばしばです。

リンパ管腫は、炎症が加わって急激に大きくなることがあります。

検査

まず、超音波、MRI、CT、さらに必要に応じて穿刺細胞診を行って、腫瘍が良性か悪性かを確実に鑑別する必要があります。

治療

手術で腫瘍を摘出します。

耳下腺腫瘍は、ふつう耳下腺の中を走る顔面神経（顔面の筋肉を動かす神経）に接しているため、術後に顔面神経まひをおこす可能性があるとして恐れられていますが、良性腫瘍の場合、顔面神経を確実に保存できます。大きな腫瘍では術後に一過性のまひがおこることはありますが、数週～数か月後にはほとんどが回復します。

悪性腫瘍は通常、顔面神経をも含め切除し、切除後に顔面神経を移植します。耳下腺の良性腫瘍と悪性腫瘍では、治療方針がまったくちがいます。

多形性腺腫は、悪性化する危険があるので、早期の手術が必要です。

幼小児の血管腫は、5～10年間、経過を観察し、縮小しない場合や大きくなる場合には手術が行われます。

歯と歯肉の病気

歯と歯肉は、食物の咀嚼やことばの発音にとってたいせつな組織。それだけでなく全身の健康とも深いかかわりがあります。

歯と歯肉のしくみとはたらき

からだの一部としてたいせつな役割をはたしている口は、歯、舌、唇、頬、のど、顎など、いろいろな組織から成り立っています。

そしてこれらは、それぞれの共同作業によって、食物を取入れたり、それを識別したり、味わったり、かみ砕いたり、飲み込んだり、という一連のはたらきをしています。

また、音やことばをだしたり、表情をつくる重要な部分でもあります。そして、口は呼吸とも関係があり、物をくわえたり、愛情の表現に使われることもあります。

◇歯のしくみとはたらき

人の歯は、上顎と下顎をあわせて、**乳歯**では20本、**永久歯**では親しらずを含めて32本あります。

それぞれの歯には名前がついており、前歯（**切歯**や**犬歯**）は、物をかみ切るのに都合のよい形をしており、奥歯（**臼歯**）は、物をすりつぶすのに適した構造となっています（図1）。

歯の上部約半分は歯肉（歯ぐき）から出ており、この部分を**歯冠**といいます。残りの歯肉の中に埋め込まれている部分は**歯根**といいます。

歯の構造は、外から見える歯冠部では、外側から**エナメル質**、**象牙質**、**歯髄**と呼ばれる組織があります。また、外から見えない歯根部では、エナメル質ではなく、かわりに**セメント質**という組織が表面にあり、その内側に象牙質、歯髄があります（図2）。

▼エナメル質　歯冠の表面にあるエナメル質は、大部分が無機質（95～97％）でできており、からだのなかでもっともかたい組織です。無機質はリン酸カルシウムが主体となっています。

リン酸カルシウムの基本的構造は、結晶学的には**ハイドロキシアパタイト**です。アパタイトを構成するカルシウムとリンは、地球上に存在する元素のうち、12番目と15番目に多い元素といわれています。

図1　歯列（歯ならび）と歯の名称

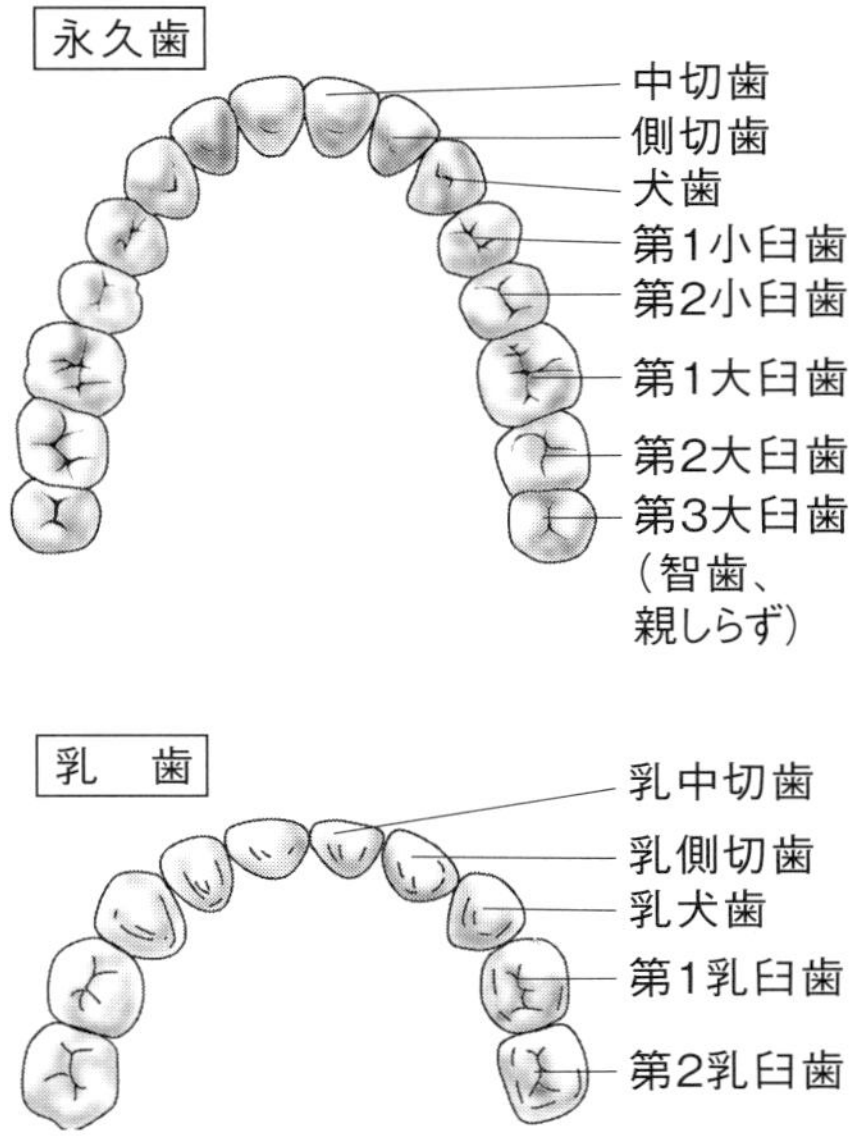

図2　歯と歯周組織

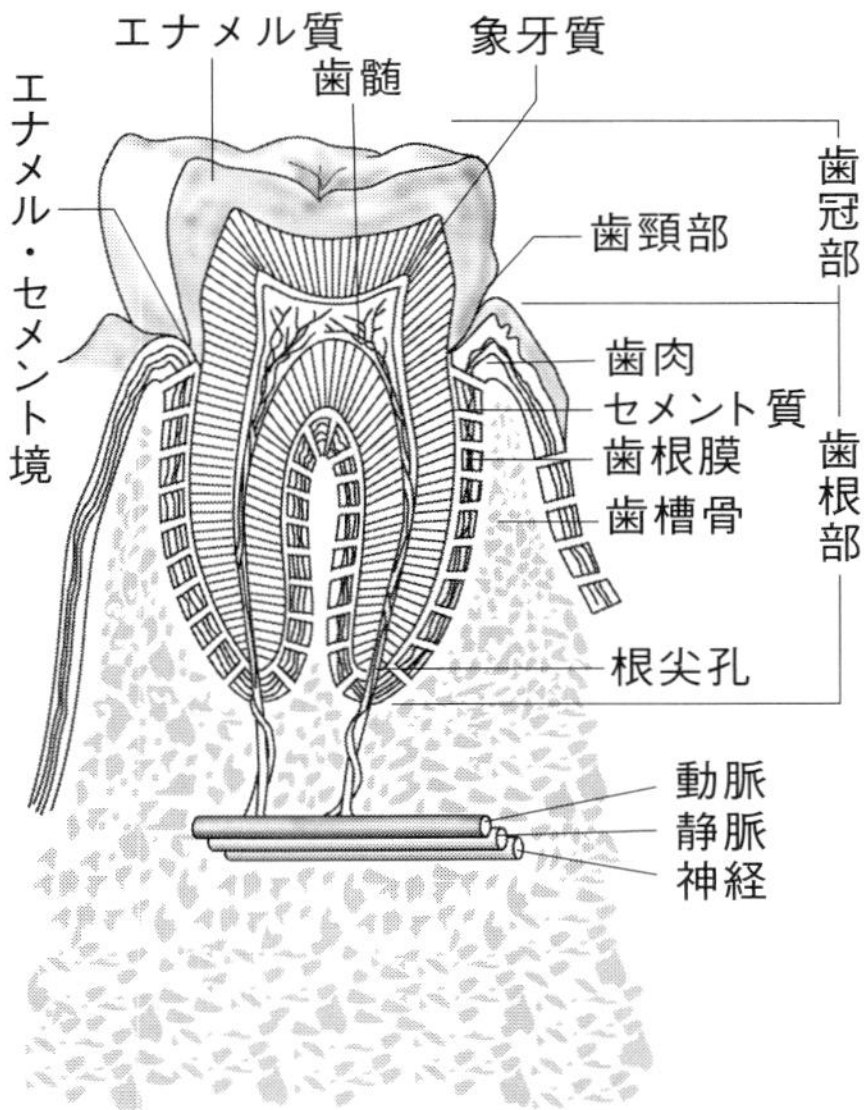

エナメル質のエナメルとは、陶磁器のうわぐすりの意味で、歯の表面の感じは、陶磁器に似ています。エナメル質に栄養を与えたり養ったりする細胞や血管はありません。しかしエナメル質は、歯が生えてから、唾液に含まれるさまざまな成分によって、しだいにかたさを増し強くなっていきます。

水晶よりもかたいエナメル質は、食物をかみ切ったり、かみ砕いたりするのに適していると同時に、その下にある象牙質や歯髄を保護しています。

▼象牙質　象牙質は歯の大部分を構成している組織で、骨の組織とよく似ており、かたさも似ています。

象牙質は、歯の硬組織のうちではもっとも厚く、歯冠部の象牙質はエナメル質におおわれ、歯根部はセメント質でおおわれています。

象牙質の色はやや黄色みがかった白色で、陶磁器に用いる正長石と同じくらいのかたさです。象牙質の組織は、無機質が70％、有機質が18％、水分が12％となっています。無機質はエナメル質と同様にハイドロキシアパタイトの結晶からなっています。

象牙質の中には**象牙細管**と呼ばれる細い管が通っており、この管の中には象牙芽細胞（象牙質をつくる細胞）の突起と液体が入っています。歯がしみたり痛んだりする現象は、この象牙細管の中の液体の移動が引き起こすと考えられています。

▼歯髄　歯髄は、一般には**神経**と呼ばれており、歯の治療で「神経を抜く」というときは、この歯髄をとることを意味します。歯髄は象牙質の内側にあるやわらかい組織で、非常に多くの血管や神経が含まれています。そのほか歯髄には象牙芽細胞、歯髄細胞、未分化間葉細胞なども存在します。

歯髄は、歯に加わるさまざまな刺激に反応します。むし歯や、誤った歯みがきが原因でおこる摩耗症（1226頁）などで歯が欠けたりすると、歯髄の中の細胞のはたらきによって象牙質がつくられ、歯髄を保護します。

▼セメント質　セメント質は、歯根の象牙質の外側をおおっている薄い組織です。かたさは象牙質や骨とほぼ同じ

◎高齢者の歯の病気

食後に歯をみがく習慣が普及し、若いときにむし歯や歯周病で失う歯の数は減ってきました。そのぶん、高齢者の口の中には、治療された歯が増えたことになり、複雑で手入れがしにくくなっています。手入れ不足で汚れがたまると、むし歯（1222頁）や歯周病（1232頁）になります。

▼歯周病

多くの高齢者の歯は、冠がかぶっていたり、つめ物がしてあります。そんなところの歯ぐき（歯肉）が少し赤くなったり、歯と歯の間に物が挟まりやすくなっていませんか？　膿が出なくても立派な歯周病です。

また入れ歯のバネのかかっている歯も揺れていないでしょうか？　歯周病は、痛みがないので気づきにくく、歯の数が少なくなって負担が重くなると、いっそう進みます。

▼むし歯と知覚過敏症

高齢者のむし歯は、すでに

で、その組織は無機質65％、有機質23％、水分12％となっています。

セメント質は、骨のように吸収や添加がくり返しおこることはなく、一生を通じて少しずつ新たに形成されます。

◇歯周組織のしくみとはたらき

歯の周りで歯を支えている組織を歯周組織といい、歯肉（歯ぐき）、歯槽骨、歯根膜、セメント質からできています（前頁図2）。

▼歯肉　歯肉は、歯の周りを取り囲む粘膜のことで、歯を包んでいる骨（歯槽突起）をおおっています。

健康な歯肉は、つやのあるきれいなピンク色で引き締まっています。黒ずんだり赤くなったりなど歯肉の色が変わる、あるいは腫れてきたりすると、歯肉に病気のあることが疑われます。

歯肉のはたらきは、①細菌やその毒素が体内に侵入するのを防ぐ、②歯と歯肉がぴったりと接合する、③物をかんだときに加わる力から組織を守る、などがあります。

歯と歯肉の間はぴったりとふさがれているのが正常な状態で、歯と接している歯肉を付着上皮といいます。

歯と歯肉のすき間（歯肉溝）からは、実はわずかな量の歯肉溝滲出液が出ています。歯肉溝滲出液は血清成分が薄められたもので、好中球や免疫グロブリン（とくにIgG）などが含まれています。これらの成分は、生体防御に重要な役目をしています。歯肉溝滲出液の量は、歯肉や歯周組織の炎症の程度を臨床的に判定するのにも役立ちます。

いっぽう、歯と歯肉のすき間に侵入した細菌や、細菌によってつくられた毒素もまた、付着上皮の細胞間隙を通って簡単に生体内（結合組織）に侵入できます。しかし、歯肉の中に侵入した細菌や毒素は、白血球（好中球）によって処理されるので、健康な歯肉が保たれているのです。歯をみがかないで歯の表面にプラーク（バイオフィルム　1231頁）をたくさんつけていると、その中の細菌は膨大な数になり、白血球だけでは処理しきれなくなり、炎症がおこってきます。

歯肉上皮のもうひとつの重要なはたらきは、歯との接着です。歯肉上皮がしっかり歯にくっついていなければ、歯と歯肉のすき間にはプラークの中の細菌が入り込み、歯肉にはいつも炎症がおこることになります。健康な歯肉を維持するために、歯肉の付着上皮はしっかりと歯に接着しているのです。

歯肉上皮のすぐ下には結合組織があり、この組織はおもにコラーゲン線維、線維芽細胞や血管からできています。歯肉結合組織の中のコラーゲン束は**歯肉線維**と呼ばれ、歯肉を歯に固定したり、歯肉の形を保つ役目をしています。

▼歯槽骨　顎の骨は、上下それぞれ上顎骨、下顎骨と呼ばれます。上顎骨も下顎骨も、その主体となる骨体部と、歯が植わっている歯槽骨（歯槽突起、歯槽部とも呼ばれる）とに分けられます。歯槽骨は、歯根が顎の骨の中に入っている部分のことです。この骨は、歯を支えるという重要なはたらきをもっており、物をかんだときの力を受け止める役目もしています。

歯槽骨はからだの他の骨と同様、つねに骨吸収と骨添加がくり返されてい

歯と歯肉のしくみとはたらき

治療されている歯におこることも多く、つめ物と自分の歯の境目や、かぶせた歯の中から進行し、つめ物や冠が外れたり、歯が折れたりすることがあります。神経（歯髄）をとりさった歯は痛みがないため、重篤になっても気がつきません。入れ歯のバネがかかっている歯もむし歯になりやすいのです。むし歯は神経のあるなしにかかわらずおこります。前述した歯周病によって歯周ポケットができると、その中で歯根のむし歯の進行が始まります。

　また、歯のみがきかたが悪く、歯肉の近くがすり減ると、冷たいものがしみたり、ぴりぴりする知覚過敏症（1227頁）になります。

ます。これによって骨は、いつも新しいものに置き変わっています（**骨のリモデリング**）。歯槽骨では、リモデリング率が10～30％と、とくに高いのが特徴です。

▼歯根膜　歯根膜は、歯の表面にあるセメント質と歯槽骨を結ぶ組織で、幅は０・１５～０・３８㎜とひじょうに薄いのですが、支持、栄養、感覚、恒常性、再生というたいへん重要なはたらきをもっています。

　歯根膜は骨膜と同様、骨やセメント質などのかたい組織をつくります。また、歯根膜組織の中には、たくさんのコラーゲン線維があり、これによって、歯に加わった力を受け止め、周りの歯槽骨に伝えて力を分散させるわけです。歯根膜のコラーゲン線維は、つくられてから消えてなくなるまでの時間がひじょうに短いのが特徴です。

　矯正治療によって歯が動くのは、歯根膜のコラーゲン線維の代謝が活発であることと関係があります。歯が生えてくるときにも、歯根膜は重要なはたらきをしています。歯周病（1232頁）の治療によって歯周組織がもとに戻るかどうかも、歯根膜の組織にかかっています。最近は、歯の移植・再植なども行われるようになってきましたが、この場合も重要なのは歯根膜です。

　歯根膜は、セメント質と同様、進化した哺乳類にしかみられない組織です。例外的に爬虫類のワニにみられますが、ワニ以外の爬虫類や、さらに原始的な動物では歯の象牙質が直接、骨についています。

　歯と歯根膜の関係は、歯根膜のコラーゲン線維が歯槽（歯がおさまっている骨の穴）の中で、歯をつっているような状態にあります。食物をかむことによって歯に力が加わると、歯根膜線維は引っ張られ、また多量の水分を含んだ歯根膜中の基質や血管内の血液がクッションの役目をして、歯を歯槽の中に支持することができるのです。

　歯根膜には、直径1～14μmの神経線維が分布しています。神経のはしには歯根膜受容器があり、歯根膜線維と結合したり直接接触したりしています。歯を動揺させると、歯根膜が圧迫されたり引っ張られたりして、歯根膜受容器を刺激します。歯根膜には、このような固有の感覚機能が備わっているため、比較的大きな力が歯に加わっても対応でき、逆にひじょうに微細な力が加わっても、これを探知できるのです。これが歯根膜の知覚のはたらきをつかさどっているのです。

　歯根膜中の細胞や骨の表層にある骨芽細胞にとって必要な栄養分は、歯根膜に分布する血管によって供給されています。歯根膜をとってしまうと、その下にある骨芽細胞やセメント芽細胞は死んでしまいます。また、強い矯正力を歯に加えると、歯根膜の血管が圧迫されてふさがり、その血管から栄養分を補給されていた部分の組織が死ぬことになります。

　歯根膜はつねに一定の幅を維持するはたらきがあり、これを**歯根膜の恒常性**といいます。このようなはたらきをするためには、歯根膜に幅センサーが存在し、歯根膜の細胞に、骨やセメント質や歯根膜をつくる能力が備わっていなければなりません。

歯の正しいみがきかた

❖なぜ歯をみがくのか

むし歯（う蝕症）も歯周病も、プラーク（1231頁）中の細菌による感染症です。これらの菌はいつも口腔内にいるので、原因菌を増殖させないようにすること、また口腔の健康維持をはかること（**プラークコントロール**）が、予防法としてたいせつです。

❖いつ、どのようにみがくか

「食べたらみがく」が原則で、1日3回が理想です。夕食後に時間をかけて丁寧にみがきましょう。歯間ブラシやデンタルフロスを用いるのもこの時間がよいでしょう。睡眠中は唾液の分泌も少なく、自浄作用が低下しますので、細菌増殖の危険性が高いのです。

歯ブラシ　基本は**手用歯ブラシ**です。口の中の状態により、使いやすい歯ブラシが異なります。一般的には比較的ヘッドの小さい（奥歯2本分くらい）、柄がまっすぐなナイロン性のものがよいでしょう。かたさは、歯ぐきが正常な場合はふつうのかたさ、炎症があるときは少しやわらかめのものを使います。

電動歯ブラシも有効ですが、適切な位置にブラシを固定するのは案外むずかしいので、歯科医師、歯科衛生士の指導を受けましょう。

歯みがき剤　粒子が細かく、フッ素やデキストラナーゼ、クロルヘキシジン入りがよいでしょう。歯みがき剤はあくまで補助的なものので、主役は歯ブラシによる機械的清掃です。

その他の用具　歯と歯の間やブリッジの下は歯ブラシだけではきれいになりません。**歯間ブラシやデンタルフロス**（下図）を用いて1日に1回は徹底的に清掃しましょう。

❖歯のみがきかた

いろいろな方法があり、これといった決まりはありません。それぞれ長所・短所があり、歯や歯ぐきの状態に合わせて選択します。

歯ブラシの毛先を使う方法　一般的なのは**スクラッビング法**です。ふつうのかたさの歯ブラシを歯面に直角にあて、歯や歯肉の表面を、2～3㎜左右に、小刻みにこすります。

歯周病の人には**バス法**をすすめます。比較的やわらかくて密に植毛された歯ブラシを、鉛筆を持つようにして歯列と平行に歯頸部にあてて、微動させてみがきます。

子どもむきには**フォーンズ法**があります。外側の歯面は上下顎ともに連続して弧を描くようにみがきます。舌側面や口蓋側面では円が描けないので、水平に往復運動をします。

歯ブラシの脇腹を使う方法　比較的かたい歯ブラシの毛束の脇腹を利用するのが**ローリング法**です。歯肉が白くなるくらい圧迫してからかき出すようにみがきます。

歯間ブラシの使いかた　歯間ブラシは、歯間部にすき間のある人の隣接面のプラーク除去や歯間乳頭部のマッサージに好適です。

デンタルフロスの使いかた　若い人は歯間ブラシの入るスペースがないので、デンタルフロスを用います。40㎝くらいに切ったフロスを両手の薬指に巻きつけ、隣接面の歯面に沿わせて歯肉溝に挿入し、上下にこすります。

歯間ブラシの使いかた

歯のすき間に合ったものを、歯肉の乳頭部に沿って数回往復させる。臼歯部は、針金の付け根を曲げるとよい。

デンタルフロスの使いかた

フロスを薬指に巻き、人差し指と親指でコントロールする。左右の指の間は1～2㎝ほどとし、歯面に沿って歯間部に入れる。

いずれも、歯科衛生士に習っておくと安心。

唾液とアンチエイジング

❖唾液のはたらきと加齢による影響

唾液はつねに口の中にあり、身近な存在ですが、そのイメージはあまりよくありません。分泌されたばかりの唾液はとてもきれいで、唾液を汚くするのは口腔内の汚れです。

適度に粘度がある唾液は、①粘膜をコーティングして潤いを保つ、②熱すぎる食品を摂取したとき、瞬時にその温度を下げ、粘膜へ付着させず熱傷を防止する、③唾液の緩衝作用によって、歯の脱灰を抑え、再石灰化を促進する、などのはたらきがあります。

唾液中の消化酵素は、全身の健康を保つうえで不可欠ですし、唾液が十分に機能し、食べ物をおいしく味わえることが**アンチエイジング**（抗加齢）の意味からも重要になります。「食事がおいしく感じられない」「何を食べても味がない」「会食の場に出たくない」などの変化が現れた場合は、唾液に問題が生じていることが少なくありません。

❖高齢者の唾液分泌量

高齢になるとなぜ味覚や食欲が低下して生活に意欲がなくなる人が増えるのでしょうか。原因のひとつは唾液分泌量の低下です。

食品の味を感じるには、唾液が食品の味物質を溶解し、舌にある味細胞が集まった味蕾（味覚センサー）にキャッチされる必要があります。安静時の唾液分泌量は80歳以上になると減少するといわれますが、それ以前でも、歯を失うと口周囲の筋肉が緩み開口状態になる、慢性の鼻の病気で口呼吸になる、睡眠時にいびきをかくなどが原因で、口腔内が乾燥しやすくなります。咀嚼や味覚のために必要な刺激時唾液分泌量は個人差が大きいですが、概して高齢者では減少する人が多くなります。

このように味覚と唾液分泌量は密接な関係にあり、おいしいと感じる場合はたくさん唾液が分泌されますが、見た目にも、匂いもおいしく感じられない場合は刺激時唾液も十分分泌されないため、口中に食品が入っても、味センサーがそれをキャッチできないのです。

❖唾液を構成する成分

唾液には、主として耳下腺から分泌されるサラサラ成分（**漿液性唾液**）と、顎下腺と舌下腺から分泌されるネバネバ成分（**粘液性唾液**）が混じっています。緊張すると口の中が粘っこくなるのは粘液性唾液が多くなり、酸っぱいものを食べると唾液が増えるのは、漿液性唾液の比率が増すからです。おいしく感じるためにはサラサラ成分の唾液が多くなる必要がありますが、口腔内が極端に汚れていたり歯周病があると、汚れを洗い流すために唾液が余分に必要になり、清掃が間に合わず、口中がネバネバ状態になります。そうなると味覚も低下し、相乗効果で咀嚼時の唾液分泌量がさらに減少してきます。

また、咀嚼時に水分を十分に含んだ食塊を形成できなくなり、嚥下時にむせるなどの症状がおこって、誤嚥性肺炎の原因にもなります。舌の後方には有郭乳頭が、後方の側縁には葉状乳頭があり、それらの溝の底部には純漿液性唾液を分泌するエブネル腺（味腺）があって、味覚に関連するとされています。舌の後方部（舌背部）は自浄作用がはたらきにくい部位なのでとくに問題になります。ですから、じゅうぶんな唾液が分泌されるためにも、口腔内の清掃がたいせつなのです。

最近、血液や尿の検査のように唾液を調べることで全身の情報を得るための研究が進んできました。唾液の検査が可能になれば、検体採取は苦痛なく（無侵襲で）行えます。すでにう蝕発病の予測や歯周病の治療経過の診断に実際に使用されつつあります。

◎歯痛の応急手当

▼むし歯の痛み（歯髄炎） むし歯の穴につまった食片をそっと取除き、その歯に触らないようにします。歯科医でむし歯の穴を少し広げて神経（歯髄腔）を開放し、減圧してもらえばすぐに、疼痛は軽減します。

▼歯根周囲の炎症　歯科医で神経の入っている根管を開放する処置を受けることと、抗菌薬および鎮痛薬の投与を受ける以外、応急手当の方法はありません。

▼歯肉の炎症（歯周炎）　痛いときは、よくブラッシングをして悪い血を出せばよい、

むし歯（う蝕症）

Dental Caries

自然に治ることはなく、治療が必要

◇プラークにすむ細菌が原因

どんな病気か

歯の表面に沈着した食物の残りかすによってできるプラークにすむ微生物（ミュータンス菌など）が、食物中の糖分を栄養にして酸（有機酸）をつくり、その酸により、かたい歯が溶かされる病気です。

酸がつくられる結果、プラークの酸性度は増し（pHが低下）、歯の表面のエナメル質のハイドロキシアパタイト（1216頁）からカルシウムやリン酸イオンが溶け出してしまうことになります。

しかし、唾液には、酸を薄めたり中和したりする緩衝作用があるので、プラークの酸性度は時間とともに徐々にもとの状態に回復し、いったん溶け出したカルシウムやリン酸イオンは再びエナメル質に戻ってきます。この溶出と回復の変化は、毎日の食事のたびにくり返しおこっている現象です（図1）。

エナメル質からカルシウムやリン酸イオンがとけ出すことを**脱灰**、再びもどることを**再石灰化**と呼び、このバランスが崩れて脱灰が再石灰化よりも亢進して歯が溶けるのが、むし歯です。

●むし歯になりやすい状態とは

脱灰・再石灰化の戦いは、歯質が舞台です。攻撃側が細菌、味方としてはたらくのは唾液です。援軍は、細菌が酸をつくれないような食事指導、歯質を変えることのできるフッ素イオン、キシリトールの使用などがあります。

むし歯になりやすい状態とは、むし歯の原因となる性質をもった細菌が、高い感受性をもつ宿主と重なり、酸のもとになる食物をよく食べるという三拍子そろったとき、ということになります。むし歯になりやすいかどうかを自分で判断することはむずかしいのですが、う蝕感受性試験や唾液緩衝能を計る検査も一般的になってきましたので、歯科医に相談するとよいでしょう。

症状

歯が水にしみたり、痛んだりします。歯が痛いといっ

図1　エナメル質の脱灰と再石灰化

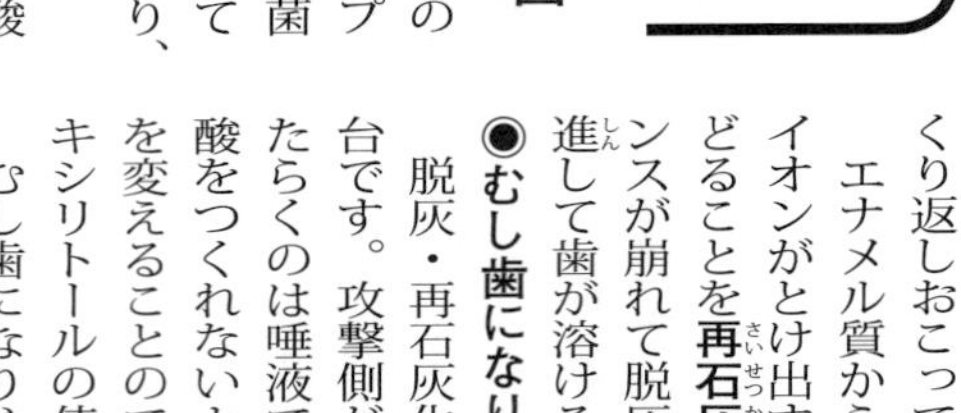

このくり返しのなかで、再石灰化を上回る脱灰が長時間つづくとむし歯が発生する

図2　さまざまな刺激によっておこる象牙細管の内液の動き

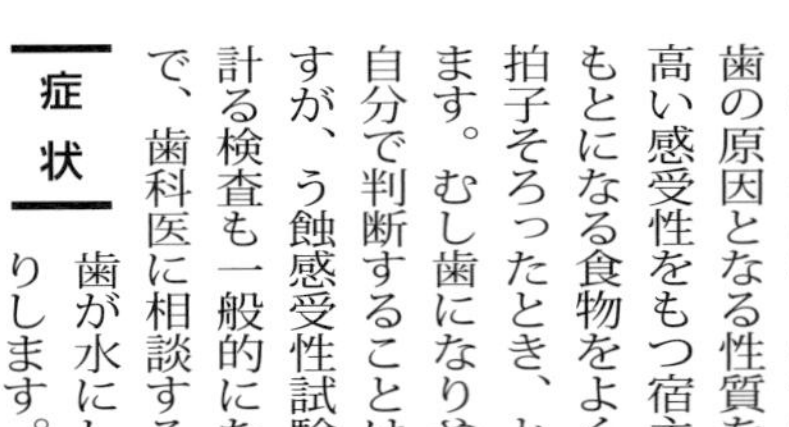

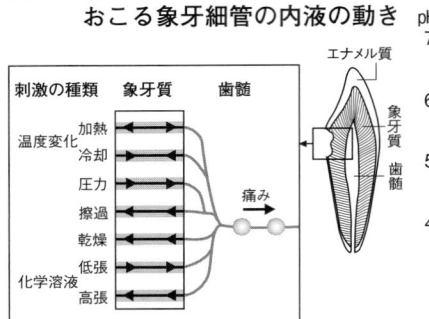

と思い込んでいる人がいますが、それはまちがいです。刺激すると疼痛はひどくなり、炎症部分が拡大します。薬用うがい薬を綿棒につけて急性炎症のある部位の汚れを除去します。同時に濃いめのうがい薬を歯肉につけるとなお効果的です。痛い部分を除き歯みがきはつづけます。通常よりも丁寧に清掃し、口の中をできるだけきれいにしておくことがたいせつです。

▼歯根膜炎の痛み　かたい物をかんだり、外傷を受けた場合の歯根膜炎では、その歯を使わないことしか、疼痛を緩和する方法はありません。

ても、かたいエナメル質が痛むわけではなく、歯の中央部にある歯髄と呼ばれる血管や神経を含む組織が、いろいろな刺激に反応するために痛むのです。

歯髄は生涯、象牙質をつくりつづけ、つくられた象牙質の中には多くの細胞の突起が入っている管が残ります。冷たい物がしみるのは、この管の中の内液が収縮するためで、熱いものが痛みをおこすのは、内液が膨脹して、歯髄の神経を刺激するからです。同じように、チョコレートなど甘いものをかんだときにしみるのは、浸透圧の関係で管の内液の移動がおこり、神経を刺激するからなのです（前頁図２）。

基本的には、エナメル質があれば刺激が象牙質に伝わらないので痛むことはありませんが、エナメル質がなくなると、痛みなどの症状がで始めます。

◉むし歯の進行度

むし歯は、臨床的進行の度合いによってつぎのような段階に分けられます。

▼要観察歯（Co）　自覚症状はありませんが、歯にわずかな変化がある状態です。歯の表面にチョークのような白色斑がみられたり、歯の溝がやや褐色から黒ずんでいるようなものは、むし歯とはいえません。脱灰と再石灰化の状況でやや脱灰が上回った状態といえましょう。しかし、放っておいてよいという意味ではありません。フッ素を使ったり、唾液の分泌を促すことなどで再石灰化を期待できるような状態で、要観察（Observation）の意味です。

▼う蝕第１度（C_1）　Coとの鑑別はむずかしいところですが、脱灰がさらに進んで肉眼的にはエナメル質が黒褐色や白濁するようになった状態といえます。冷水や温水がしみたりすることもなく、自覚症状はほとんどありません。

▼う蝕第２度（C_2）　むし歯は、歯の内部で進行するので、むし歯の穴の周囲のエナメル質は、象牙質という支えを失って、どんどん穴を広げていきます。このようにむし歯の穴が大きくなり、脱灰に対する抵抗力の弱い象牙質にまでむし歯がおよぶと、う蝕症の第２度と呼ばれ、食物がむし歯の穴の中につまるようになったり、水、お湯や甘いものなど、さまざまな刺激によって痛みを感じるようになります（前頁図２）。

この時期には、実際に見える穴より、内部で数倍も穴が広がっていることが多く、歯の中心部の歯髄に少なからず炎症がおよび、症状がでます。症状が強いほど、むし歯が歯髄に近いか、歯髄にまで達しているといえます。

図３　むし歯の進行度

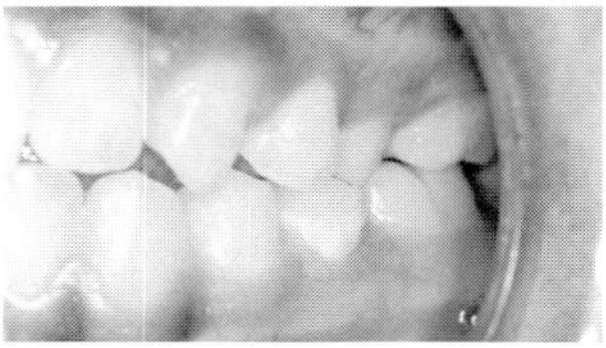

Co　エナメル質の表面にチョークのような白色斑がみられます。

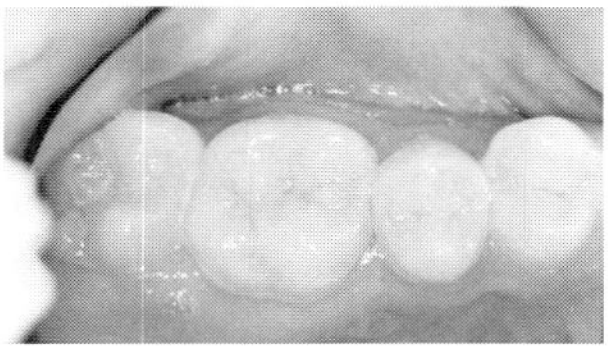

C_1　かむ面のエナメル質に黒褐色や白濁がみられます。

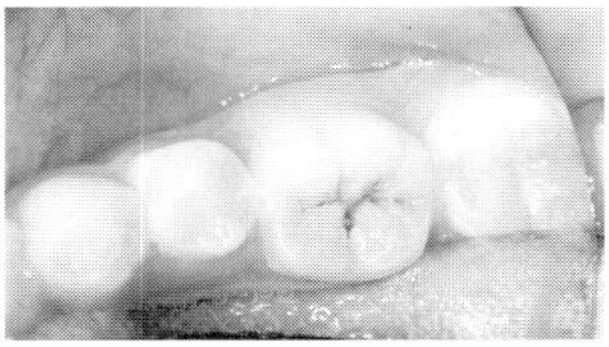

C_2　C_1よりさらに穴が大きくなりますが、歯髄は健常です。

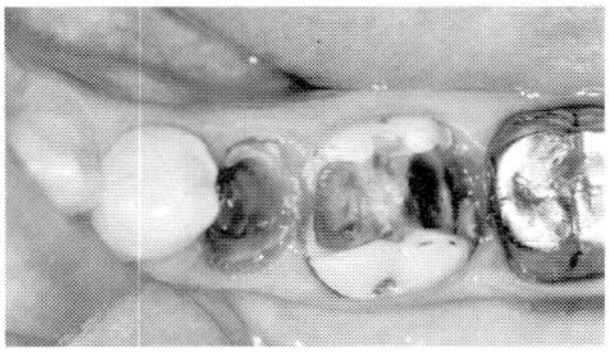

C_3　歯質の崩壊が著しく、むし歯は歯髄にまで至っています（右から２番目の歯）。

C_4　歯冠はなくなり、歯の根だけになります（右から３番目の歯）。

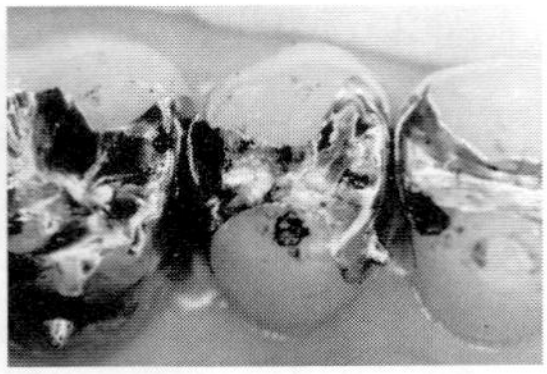

C₂の治療　う蝕部分を削り、金属をかぶせる

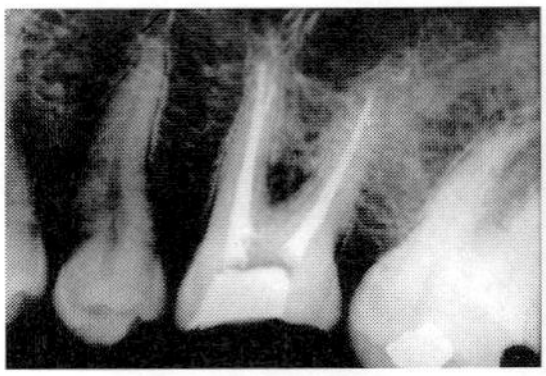

C₃の治療　歯髄を取除き人工物で埋める（根充）

◎ホワイトニング

　歯を白くするために、薬を使って漂白することを**ホワイトニング**、あるいは**ブリーチング**といいます。

　ホワイトニングは、神経のある健康な歯を漂白する場合と、外傷などなんらかの原因で、神経が死んでしまった変色歯を漂白する場合に行われ

▼う蝕第３度（C_3）　象牙質が完全におかされ、むし歯が歯髄にまで波及すると、う蝕症の第３度となります。ちょっとした刺激で激痛がおこったり、夜、寝ているときなどにずきずき痛む自発痛などをおこしてきます。

▼う蝕第４度（C_4）　むし歯が進行し、歯ぐきの上に見えるすべての歯（歯冠）がとけて、歯の根だけになった状態です。歯髄は死んでいて、自発痛はそれほどないのがふつうですが、根の先に病巣ができていることが多いものです（根尖性歯周炎1226頁）。

　ただし、学校検診では要治療歯はすべてCと表します。

◇適切な処置と予防がたいせつ

治療

　う蝕は脱灰と再石灰化のバランスの崩れからおこるので、その人の感受性を改善し、細菌の活性を低下させて、バランスを回復することが治療の基本的な考えかたです。

　しかし、むし歯になってしまったら、エナメル質や象牙質の欠損は自然には治らないので、金属やレジン材（高分子材料）で欠損部分を修復する必要があります。むし歯の状態により、適切な処置がたいせつになってくるのです。

　歯の痛みがあるときは、クレオソートなどをむし歯の穴につめることで一時的に疼痛を抑えたり、飲み薬で痛みをやわらげることはできますが、このような家庭治療では、むし歯の進行はとめられません。むし歯の痛みに対しては、歯科医に診断してもらい、正しい処置を受ける必要があります。

　初期のむし歯に対する対応は、むし歯の進行を食い止め、唾液による再石灰化を促すこととされています。現在ではさらに積極的な方法として、カルシウムやフッ素の導入が行われています。とくに**キシリトール**という糖アルコールは酸をつくらない甘味料で、唾液の分泌量やプラーク中のカルシウム量を増やし、酸の産生を減少させます。

　ですから、蔗糖などの酸産生食品を摂取した後に、すぐキシリトールを摂取すると、酸の産生を抑制することが知られています。また、むし歯の初期（C_0、C_1程度のもの）の病巣の再石灰化を促すともいわれています。

▼C_0、C_1の治療　昔は白濁した部分を削って、金属やレジンをつめる治療法が主流でしたが、現在では、治療を必要としない場合も少なくありません。フッ素を含む歯みがき剤や含嗽剤（うがい薬）を使ったり、唾液の分泌を促したりすることで再石灰化を期待し、歯を削ることはしない方向にあります。

▼C_2の治療　症状が、水がしみるといった程度の場合は、むし歯の部分だけ削り取り、金属やレジンに置きかえる治療が必要になります（上段写真右）。

　症状がもう少しひどい場合には、鎮静効果のある薬を置いて歯の神経である歯髄の保護を行ったうえで、同様の充填処置が必要となります。それでも症状が改善しないときは、歯髄の処置（除去）を行わざるをえません。

▼C_3の治療　むし歯は歯髄にまで波及しており、お湯にしみるとか、夜間に激しい痛みがあるなどの症状があるので、歯髄の一部または全部を除去（抜髄）する必要があります。抜髄した後は、歯髄のあった場所を人工物で緊密

ます。また、歯科医院に通院して行うオフィス・ホワイトニングと、歯科医師の指示のもとに自宅で自分自身で行うホーム・ホワイトニングとがあります。

一般的には、歯の表面に薬剤をつけて漂白する処置が行われますが、変色度が強い場合には、通院治療で歯の中に漂白薬剤を塡入し、歯の内面から象牙質を直接漂白する方法がとられます。

▼オフィス・ホワイトニング
1週間に1度歯科医院などに通院し、1回につき約60～90分程度の漂白処置を約4～5週間行います。

▼ホーム・ホワイトニング
まず、歯科医院などで歯列全体の歯型をとり、その歯型に合わせたマウスガード（マウスピース）のようなトレーを用意してもらいます。

それを自宅に持ち帰り、自分でトレー内に漂白薬剤を入れて約2時間口腔内に装着する方法です。2～4週間、毎日行います。

に埋めます（根充　前頁上段写真左）。

その後、歯牙の欠損状態によりますが、金属やレジンで土台をつくり、その上に金属による補綴（冠をかぶせる）を行います。

▼C4の治療　残った根の治療を行った後、金属の土台をつくり、人工的な歯冠をかぶせることもできますが、多くの場合、むし歯の進行が深く、抜歯が適応となります。

予防

プラークの歯への攻撃を小さくするためには、適切に口腔の清掃を改善する必要があります。

また、細菌の増殖を助ける食物（砂糖など）を少なくするためには、砂糖制限が必要となり、間食の砂糖を含むスナック菓子などを避けることも重要です。もちろん全身的な健康面から、適切な食事を心がけることも忘れてはなりません。

むし歯に対する感受性を小さくし、抵抗力を高めるためには、フッ素の使用が有効となります。また、適度にかむことで、唾液の分泌を促すような食事も推奨されています。

歯髄炎
Pulpitis

どんな病気か

C2のむし歯（1223頁）に引き続いておこる病気で、歯の神経に細菌が感染したり、物理的な刺激（打撲など）で炎症がおこっている状態です。

もっとも多いのは、むし歯を放置しておいたために、歯髄に炎症がおよんでしまうものです。

症状

炎症の軽いものでは、冷水に接したり空気を吸い込んだときなどにも痛みますが、これはふつう一時的で、すぐに治まります。しかし進行したものでは、お湯に触れてもずきずきした耐えがたい痛みがおこり、いつまでもつづくようになります。

歯髄はかたい象牙質に囲まれているので、少しの炎症でも歯髄が腫れて疼痛を感じるのです。歯の穴が大きかったり、充塡してあっても冷水に敏感に反応し、持続的に疼痛があるとき、就寝時に痛むときなどは、進行している可能性が高いので、早く歯科医の治療を受ける必要があります。

また慢性になると、歯の穴に食べ物が入ったときに痛み、自然に治まるといったようなくり返し症状があり、がまんをくり返しているうちにC4となって、取り返しのつかないことになりかねません。

治療

治療としては、歯髄の一部（切断）または全部（抜髄）を除去し、歯髄のあった場所を人工物で緊密に埋めます。その後、歯牙の欠損状態に応じて金属やレジンで土台をつくり、その上に金属による補綴（冠をかぶせる）を行います。

治したはずなのに歯が痛んだり、水にしみたりすることがあります。その原因はいくつか考えられますが、治療直後は、すぐには歯髄の炎症が治まらず、数日～数週間、症状が残ることがあります。また数年後では、つめた金属の下や金属の周りにむし歯ができている場合があります（二次う蝕）。つまり、歯質とつめられた金属の間はセメントで接着したりレジンで置きかえられているため、金属やレジンの膨張

歯の病気②

◎歯が浮く、触ると痛い

歯をかみ合わせたり、舌で触るだけで痛みを感じるような状態は、歯の中の病状ではありません。つまり、もはや歯の硬組織や歯髄の炎症ではなく、歯を支えている周りの組織に炎症が波及したために、歯が浮いたような感じがするのです。このような状態は、歯の根の先端（根尖）の周囲組織の炎症、つまり歯根膜炎と呼ばれます。

率と歯牙の膨張率のちがい、セメントの溶解などによってすき間（微小漏洩）ができて、そこからまた、むし歯が発生するのです。

最近では、接着性の材料が開発され、金属と歯牙との間にすき間ができないようになってきました。

歯根膜炎（根尖性歯周炎）
Periodontitis

どんな病気か

歯は歯根膜という約300μmほどの薄い座布団のような軟組織によって、顎の骨とつながっています。

歯の中にある歯髄（神経）が炎症をおこしているうちは、むし歯ないし歯髄炎と呼ばれ、歯自体の炎症ですが、その炎症が治まらず、歯根の先端（根尖）から炎症が歯の外に出ると、歯周組織、歯根膜に炎症がおこってきます。これが歯根膜炎です。また、かみ合わせが高かったりする場合にも、歯根膜炎をおこすことがあります。

症状

急性の場合は、歯の根もとに相当する歯肉（歯ぐき）を押すと痛んだり、歯が浮いた感じがしたり、かんだり歯をたたいたりすると痛むなどの症状があります。

歯髄炎の症状よりは軽いのがふつうですが、この症状は持続的で、1日の間の変化があまりみられません。

症状が進むと、顎の下のリンパ節が腫れたり、頭痛がしたりします。

しかし、慢性化してしまうと、歯が浮く、かむと痛む程度ですみますが、悪い方向に進行すると、骨が破壊されて膿の袋（膿瘍）ができたり、あるいは膿が歯肉から出てくることもあります（瘻孔）。

また、歯の根に膿の袋があると、そこから細菌が血液を通って遠方の臓器に運ばれ、リウマチ熱、心臓弁膜症、急性腎炎などをおこす可能性もあります（**歯性病巣感染**）。

痛くなくても、歯が浮いた感じがしたり、なにか違和感を感じたりしたときには、早めに歯科医を受診することをお勧めします。

治療

原因となっている歯の根をよく消毒し、細菌をなくして歯髄のあった部分の空間を充塡（根管充塡）すれば、その上に金属で土台をつくり、人工的な歯をかぶせることもできます。しかし、膿の袋が大きい場合は、原因となっている歯の根に相当する歯肉を切り、膿の袋を骨の中から取り出したり、最悪の場合は抜歯することもあります。

摩耗症
Abrasion

どんな病気か

かみ合わせの力以外のいろいろな機械的作用により、歯が摩滅した状態をいいます。代表的なものに、誤った歯ブラシの使いかたによる歯頸部（歯と歯ぐきのさかい目）の**くさび状欠損**があります。この場合、エナメル質が深く削られ、象牙質が露出してきます。

症状

くさび状欠損ができると、歯の神経である歯髄にも近

◎歯科用レーザー

レーザーは1つの波長・方向をもつようにつくられた人工的な光のことで、「電磁波の放出による光の増幅」という意味の英語の頭文字（LASER）からとった造語です。

最近、この人工的な光が歯科治療に応用されるようになっています。

歯科用レーザーにはソフトレーザーとハードレーザーとがあります。

ソフトレーザーは弱い（低出力の）光で、象牙質知覚過敏症、口内炎、顎関節症の治療や、抜歯のあとの痛みをやわらげるためなどに使われています。

ハードレーザーは強い（出力の高い）光で、外科用メスのように組織を切除するときに使用されます。歯科治療では、むし歯によってやわらかくなった象牙質の除去や歯肉などの粘膜に現れたメラニン色素を除去するために使用されています。

くなり、歯ブラシや冷水、温水などが触れたときに激しく反応して、一過性の知覚過敏症をおこすことがあります。

慢性化すると、痛みは少なくなり、象牙質は黄色みを帯びてきます（透明象牙質）。これは、象牙質の中の管が石灰化によって埋まってしまったために、光の乱反射がなくなるためです。

こうなると症状は軽減しますが、むし歯になる可能性もあるので、歯科医に相談することがたいせつです。

治療 レーザー照射や人工的に象牙質の管をつめることもできますが、一般的には歯がすり減った部分にレジンなどをつめると同時に、正しい歯ブラシの使いかたを指導します（1220頁）。

咬耗症 Attrition

どんな病気か 歯と歯がかみ合い、その摩擦により、歯質の一部が消耗することを咬耗といいます。

歯は食物のかたさ、咬合力、歯質の石灰化の程度などに影響を受け、抵抗性の弱い歯が咬耗をおこします。

症状 咬耗は長い期間を経ておこるので、一般に自覚症状は少ないのですが、象牙質が露出すると知覚過敏症をおこすこともあります。

エナメル質だけのもの、象牙質の露出をきたしているもの、歯冠のほとんどが失われているものなどに分けられ、ふつう象牙質が黄褐色に着色されることが多いのも特徴のひとつです。

治療 通常症状がなければそのままにして経過をみますが、症状の程度によっては摩耗症（前項）と同様の処置を、また咬耗が大きいときには抜髄に至る場合もあります。

知覚過敏症 Hyperesthesia

どんな病気か いろいろな刺激に対して、一過性に歯髄の知覚が高まった状態をいいます。細菌などの刺激がなくても、硬組織に閉じ込められた歯髄は痛みをおこします。これは、エナメル質におおわれていた象牙質が露出することで、神経が入っている歯髄までの距離が近くなり、刺激を受けやすくなったためにおこります。

このような現象は、歯肉の退縮による歯根面の露出、誤った歯ブラシの使用、歯の破折、入れ歯の不適合、咬耗・摩耗、歯石の除去などによっておこると考えられます。また、研磨剤入りの歯みがき剤を使用すると、歯の摩耗を早め、象牙細管が開口しやすくなるともいわれています。最近では肉体的・精神的ストレスによる就寝時の歯ぎしりや、かみしめがひとつの要因になるともいわれています。

治療 知覚過敏症の治療は、エナメル質のなくなった部位、つまり露出した象牙質の歯髄へつながる管を閉塞させることが基本で、露出部を人工材料でおおい、エナメル質のかわりをさせることが重要です。

まず歯髄の炎症を鎮静化させる処置がとられ、症状が消えたら、象牙質の穴をレジンなどで充填して歯髄に刺激が伝わらないようにします。

おとなの歯列矯正治療とは

❖何歳になっても矯正治療は可能？

矯正治療は、これまで、子どものための治療と思われていましたが、最近ではおとなになってから矯正治療を始める人が年々増えています。

歯ぐき（歯肉）が健康であれば何歳でも矯正治療は可能です。歯列をきれいに整えることで歯みがきがしやすくなり、むし歯や歯周病を予防し、歯を長持ちさせることができます。

また、歯ならびがきれいになるだけでなく、美しい側貌（横顔）や笑顔が得られるので、QOL（クオリティ・オブ・ライフ、生活の質）の向上にもつながります。

❖子どもの矯正治療とのちがい

顎がまだ成長段階にある子どもの場合、これを利用して歯と顎を理想的な位置に整えながら治療を進めていきますが、すでに顎の成長が終了しているおとなの場合には、顎の大きさをベースに治療を行います。

そのため、上顎、もしくは下顎の前歯が前方に突出している病態には、一般的に第1小臼歯（1217頁図1）を抜いて治療する方法が行われます。

治療は基本的に子どもと同じで、治療期間がやや長くかかりますが、治療に対する理解と協力が得られやすいので、良好な治療結果が期待できます。

❖顎変形症に対する矯正治療は外科手術で

矯正治療だけでは正しい咬合（かみ合わせ）が得られない、下顎が上顎と比べて大きい（下顎前突症）、前歯がかみ合っていない（開咬症）などの顎変形症には、顎矯正手術（顎の骨切り術）が施されます。

まず、手術の前に歯列を整える術前矯正を1年前後行ったあと、手術を行い、さらに仕上げの矯正（術後矯正）を約1年間行います。

手術時期は、顎の成長が終了した18歳以降に行います。

施設基準を満たした医療機関（顎口腔機能診断施設）では、矯正治療も手術も健康保険が適用されます。

最近は、子どものころなんらかの理由で治療を受けられなかった人が、社会人になって外科的矯正治療を受ける頻度が年々高まっています。

この矯正治療を受けることにより、咬合ばかりでなく、顔貌も劇的に改善されます（左写真）。

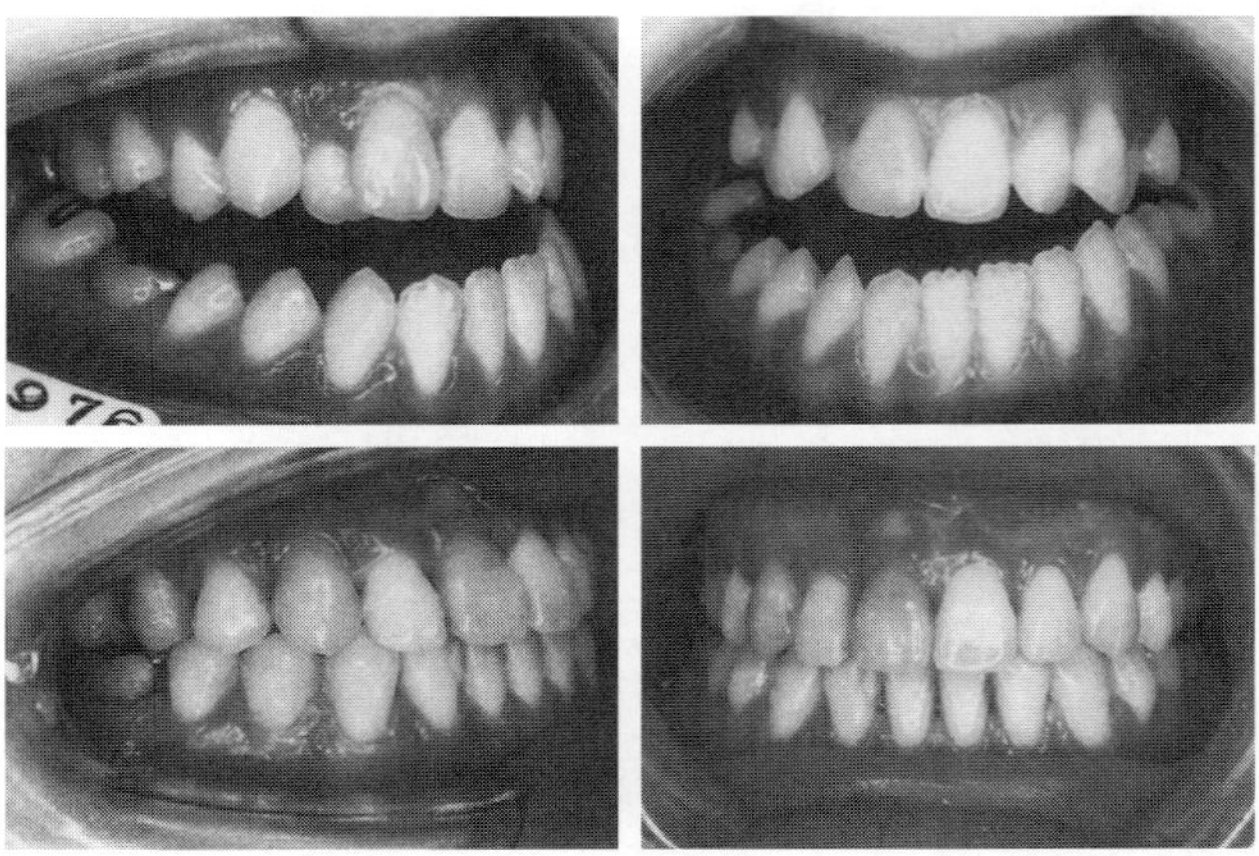

顎変形症の矯正治療

治療前：右は正面 左は側面

治療後：右は正面 左は側面

抜歯を受けるときの注意

❖抜歯を受ける前の注意

抜歯は、からだの一部を傷つけることですから、心身ともに良好な状態のときに受けてください。睡眠不足や疲れ、熱がある、のどが痛い、生理中といった場合は避けるべきです。1日の仕事が終わった夕方から夜にかけての抜歯は、ひじょうに危険です。

また、心臓病、高血圧、糖尿病、肝臓病、腎臓病などの基礎疾患があり、抗血栓薬や降圧薬、ステロイド、ビスホスホネートなどを使用していたり、人工透析を受けている人などは、事前に歯科医師に申し出てください。

患者が希望しても、初診時には抜歯しないのが原則です。初診時は、患者には不安感があり、歯科医師のほうは患者の背景を十分理解する時間がないことなどがその理由です。

抜歯には麻酔が必要です。現在、歯科で広く使われている麻酔薬の塩酸リドカインは、薬物アレルギーをおこしにくい、安全性の高い薬剤です。しかし、まれに薬物アレルギーがおこることもあるので、過去に過敏症状をおこした経験のある人は、事前に歯科医師にその旨を申し出てください。

❖抜歯中の注意

麻酔や抜歯に対する恐怖心と不安感から、気分が悪くなることがあります。血圧の変動、呼吸回数の変動、胸が重くなったり痛くなったりといった症状が現れます。最初は気持ちの問題からおこりますが、これが進むと、からだのほうに変化がおこってきます。したがって、自分で落ち着く努力をすると同時に、歯科医師の指示をよく聞いてください。

前記のような症状のほとんどは**脳貧血様症状**で精神的なものが原因の血圧低下による末梢循環不全です。こうした症状は、頭を低くして頭部への血液循環をよくすることや、酸素吸入で回復しますが、抗不安薬の服用も有効です。

これと逆の場合として、**過換気症候群**（1313頁）がおこることがあります。若い女性に多くみられるもので、このようなときは、酸素吸入はせず、落ち着かせて、ゆっくり息を吐き出すことを意識して呼吸させます。

❖抜歯後の注意

抜歯した当日は、過激な運動や入浴、飲酒は避けます。麻酔から完全にさめたあとは、抜歯部に注意して食事をしてかまいません。

ふつうなら、抜歯した後の穴（抜歯窩）にはかたまった血（血餅）がつまっており、その上に白っぽい膜状のものがついています。

強いうがいや、指や舌先などでこの部分を触ると、血餅や膜がとれてしまい、出血したり骨が露出してドライソケット（乾燥抜歯窩）になり、疼痛がおこったりします。またこうしたことは、抜歯後感染につながります。

❖埋伏歯抜歯の場合の特別な注意

智歯（親しらず）などの埋伏歯（歯槽骨の中に埋まっている歯）の抜歯は、かなりたいへんな手術で、ふつうの抜歯とは別の手術と考えたほうがよいでしょう。粘膜を切開し、骨を露出させて穴をあけ、中にある埋伏歯を、取出せるようにいくつかに分割します。

個人差はありますが、当然、手術時間も長くかかり、手術後の痛みや腫れも避けられません。

しかし麻酔は十分に効きますし、術式も確立されていますので、比較的安全に手術を受けられます（智歯周囲炎 1236頁）。

以上のように、一口に抜歯といっても、自然脱落寸前の乳歯の抜歯から、埋伏智歯の抜歯まで、いろいろなケースがあることを知っておいてください。

口臭と対策

❖口臭のいろいろ

口臭は、おおまかに、生理的口臭、病的口臭、心因性口臭に分類することができます。

生理的口臭　健康な人のはく息の多少のにおいをいいます。食べ物、飲酒、喫煙、ある種の薬剤の服用も口臭の原因となりますが、これらも広義の生理的口臭といえます。

病的口臭　においの原因となる病気があり、他人に不快感を与える異常な口臭をいいます。

心因性口臭　他人に指摘されるような口臭がないにもかかわらず、不快な口臭があると自分で確信している幻の口臭を指します。

❖病的口臭の原因

口の中に原因がある口臭　口臭のおもな原因物質は、揮発性硫黄化合物です。これらは、「腐った卵」とか「腐ったタマネギ」のにおいと表現されるものです。舌苔（1210頁上段）は細菌、食物の残りかすがその構成要素のひとつで、口臭の原因になります。

また、歯みがきが不十分でも歯石、プラークがたまり、口臭の原因になりますし、歯と歯ぐきの間の歯周ポケットに食べかすがたまり、歯周病菌が繁殖すると口臭がおこります。

もちろん、むし歯（う蝕症）も口臭の原因となります。

口内炎など口腔粘膜の病気があると、痛みのために口の中の手入れが不十分になり、口臭が発生しやすくなります。

鼻に原因がある口臭　副鼻腔炎や鼻炎の一症状として口臭がおこることがあり、鼻・副鼻腔の悪性腫瘍でも口臭が発生します。

幼児に多い鼻腔内異物は、鼻のにおいで発見されることが多いのですが、ときに母親が子どもの口のにおいで受診し、発見される場合もあります。

のどに原因がある口臭　扁桃炎や咽頭炎のほか、扁桃、咽頭の悪性腫瘍も口臭の原因になります。

消化器、気管支、肺に原因のある口臭　食道に通過障害（食道狭窄、食道がんなど）があると口臭の原因となります。慢性胃炎、胃がんなども口臭の原因になりえます。

気管支・肺の病気では、気管支拡張症、肺化膿症などが口臭の原因となりえます。

全身的なことに原因がある口臭　肝不全が高度に進行すると尿のような口臭がおこります。糖尿病では、すえたような特有の口臭になります。白血病、紫斑病などの出血性の病気や吐血後などにも口臭があります。

また、高熱があると口の中が粘り、口臭が生じます。

❖心因性口臭（自臭症）

実際には口臭がないのに、あると主張するもので、精神科では**自己臭恐怖**または**自己漏洩症候群**といいます。これはたんなる心因反応やこころの葛藤によるものではなく、異常思考によるものが多く、精神科と協力して治療をする必要があります。

❖口臭は何科を受診すべきか

口臭の原因は多彩で、1つの科ですべてを検査できません。まずは耳鼻咽喉科か歯科病院の口臭外来を受診するのがよいでしょう。

❖口臭の治療と予防

原因の治療が第一ですが、原因が確定できなかったり、原因が2つ以上あり、治療に根気が必要になることもあります。

一時的に口臭を軽減するには、歯をよくみがいてから過酸化水素水や芳香性のうがい薬でうがいをすると効果的です。においの強い食品をとったあとは、熱いお湯でうがいしたり、歯をみがいてからうがい薬を使うと効果があります。

プラークと歯石

❖プラークは細菌の温床

プラークは、細菌がぎっしりパックされたようなもので、細菌と、細菌がつくった物質からできています。プラーク1mg中に約10億個の細菌がいるといわれ、楊枝の先にプラークをとると、その中にはおそらく何百億もの細菌がついていることになります。

プラークにはいろいろの種類の細菌が含まれていますが、**ストレプトコッカス・ミュータンス**という菌がむし歯の原因となります。**ポルフィロモナス・ジンジバリス**という菌は、成人性歯周炎の原因といわれています。

プラークは、臨床的には**歯肉縁上プラーク**と**歯肉縁下プラーク**に分けられます。歯肉の先端よりも歯冠側にあり、外から見えるのが歯肉縁上プラークです。これは、染め出し液で赤く染め出されます。外からは見えない歯肉縁下プラークは、歯周ポケットの中でバイオフィルムを形成しています。歯肉縁上プラークと歯肉縁下プラークでは、そこにすむ細菌の種類がちがいます。歯肉縁上では細菌がかたまりとなって集まっており、連鎖球菌、放線菌、グラム陽性桿菌が多くみられます。

連鎖球菌には、むし歯の病原菌であるストレプトコッカス・ミュータンスやストレプトコッカス・サングイスがあります。唾液の中に多くみられるストレプトコッカス・サリバリウスなども連鎖球菌の仲間です。放線菌には、プラーク中に多くみられ、むし歯の原因ともなるアクチノマイセス・ビスコーサスなどがあります。

グラム陽性桿菌の代表には、乳酸をつくり、むし歯を大きくする乳酸桿菌や、歯石形成に重要なコリネバクテリウム・マツルショッテイイなどがあります。

これらに対して歯肉縁下では、酸素をきらう嫌気性桿菌やスピロヘータと呼ばれる菌が増えています。嫌気性桿菌の仲間には、成人性歯周炎の原因とされているポルフィロモナス・ジンジバリス、妊娠性歯肉炎や思春期性歯周炎の原因となるプレボテラ・インターメディア、若年性歯周炎の原因といわれるアクチノバシラス・アクチノマイセテムコミタンスなどがあります。スピロヘータは運動性をもち、免疫反応を抑えるはたらきがあるため、歯周炎が進行（悪化）するときの主役のひとつといわれています。

❖歯石はプラークが石灰化したもの

プラークが石灰化してかたくなったものが**歯石**です。歯石の約80％は無機質、20％が有機質と水です。無機質はリン酸カルシウム、リン酸マグネシウム、炭酸カルシウムからなり、有機質成分は菌体です。

歯石がつくられる直接の原因は、プラークの中の細菌です。細菌はわずか2週間で石灰化します。石灰化する菌としては、コリネバクテリウム・マツルショッテイイ、放線菌、連鎖球菌、グラム陰性球菌などです。細菌の石灰化が終わると、その周りにまた細菌が集まり、新たな石灰化をおこし、石灰化が層状に進行して、大きな歯石が形成されるのです。

歯石の形成は、唾液とも密接な関係があります。唾液のpHが上昇してアルカリ性に傾くと、石灰化が促進されます。

歯石もプラークと同じく、**歯肉縁上歯石**と**歯肉縁下歯石**とがあります。歯肉縁上歯石は一般に黄白色で、歯肉縁下歯石の多くは褐色や暗褐色をしています。歯肉縁上歯石は歯との付着が弱く、スケーリングによって簡単に除去できますが、セメント質にがっちりついて簡単には除去できない歯肉縁下歯石はレーザーが利用されます。

歯肉の病気

◎口腔粘膜から出血したときの対応

出血部位に親指程度の大きさのガーゼなどを置き、しっかりかむか指で押さえます。ただし、ティッシュペーパーはだめです。

口の中からの出血は唾液が加わり、実際よりも多く出血しているように見えます。頻繁にガーゼをかえると出血が

歯周病（歯槽膿漏）

Periodontal Disease

歯肉炎がきっかけでおこる

◇ほとんどの人にみられる病気

どんな病気か

歯周病は、かつて**歯槽膿漏**といわれたもので、歯の周りの、歯を支えている組織（歯周組織）がじわりじわりと壊されていく病気です。歯槽膿漏ということばは、歯ぐき（歯槽）から膿が出る（膿漏）ことに由来しています。

歯周病はむし歯とならぶ歯科の二大疾患で50歳以上の日本人で歯周病のない健康な歯ぐきをもつ人は、10人に1人もいないといわれています。

ほとんどの歯周病は激しい痛みがなく、はっきりした自覚症状がないまま静かに経過する慢性の病気です。

歯周病は、はっきりした症状がないまま進行するため、歯がぐらぐらして、おかしいと気づいたときには、すでに手遅れの状態ということも少なくありません。このような場合、歯を支える歯周組織の大半が失われているのです。

歯周病はゆっくり進行しますが、厳密にいうと、ほとんど症状を示さない時期（静止期）と、そのあとにつづく激しい急性炎症と組織の破壊のみられる時期（活動期）がくり返しおこっているのです。急性炎症と組織破壊によって歯と歯肉の間に亀裂ができますが、この亀裂を**歯周ポケット**といいます。

歯周ポケットができると同時に、歯のまわりの結合組織も歯槽骨も破壊されてしまいます。外から見ると、歯ぐきがやせて退縮し、歯の根が現れるようになり、やがて歯がぐらぐらして、最終的には歯が抜け落ちてしまいます。

このような症状を示す歯周病の原因は、歯肉付近の歯についたプラーク（バイオフィルム）の中の細菌です。

▼成人性歯周炎　歯周病の約9割は成人性歯周炎と呼ばれるもので、青年期以降の人にみられ、成人の75％以上の人が、多少とも歯周炎にかかっているといわれています。残りの約1割が若年性歯周炎と急速進行性歯周炎と呼ばれるものです。

成人性歯周炎は**慢性歯周炎**とも呼ばれ、30歳以降に発病するものです。歯にひじょうに多くのプラークがついていて、歯周組織は少しずつ破壊されていきます。プラークの量が多ければそれだけ強い炎症が現れ、骨は水平方向にも垂直方向にも吸収されます。その原因となる菌はポルフィロモナス・ジンジバリスやスピロヘータなどです。

▼若年性歯周炎　若年性歯周炎は10〜15歳の女性にみられ、第1大臼歯と前歯の歯周組織が破壊されます。歯肉は正常な形で、ピンク色をしていますが、歯槽骨が破壊され（骨吸収）、歯周ポケットが深くなっています。若年性歯周炎の場合、家族のなかに同じ症状を示す人がいることもあります。

原因となる菌はアクチノバシラス・アクチノマイセテムコミタンスという菌です。若年性歯周炎は白血球の機能異常とも関係があるといわれています。

▼急速進行性歯周炎　急速進行性歯周炎では、ひじょうに短い期間に歯周組織が破壊されるのが特徴です。思春期

歯肉の病気

長引きます。15分以上はじっと押さえないと止血しません。

口の奥で出血すると、のどに流れやすく、気管に入り窒息する危険があります。横になり、くびを横にむけてのどの奥に流れないようにします。

まず精神的に落ち着くようにつとめ、安静にして血圧を下げます。止血してもすぐには運動や、風呂に入ったり、飲酒をしてはいけません。

歯肉出血の多くは**歯周炎**が原因ですが、**白血病**の初期症状、**血小板減少症**や**血友病**などの血液疾患、**糖尿病**や**肝硬変**などでもみられるので、原因を調べることが重要です。

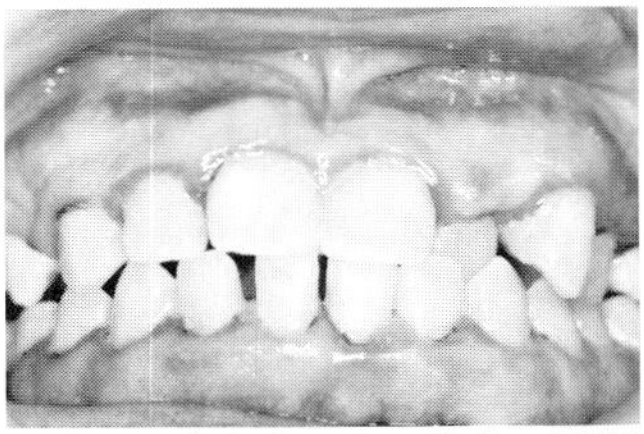

写真1　歯肉炎による歯肉の浮腫

から35歳までの間に発生するといわれています。若年性歯周炎と急速進行性歯周炎は、まとめて侵襲性（急速破壊性）歯周炎とも呼ばれています。

◉進行のしかた

歯周病は、正常な歯肉にまず**歯肉炎**がおこることで始まり、これがさらに進行すると**歯周炎**になります。

歯周病の発症と進行の過程は、開始期病変、早期病変、確立期病変、発展期病変に分類されます。

①開始期病変　歯みがきをやめ、プラークがつきはじめて2～4日後におこる歯肉の表面の急性の炎症をいいます。

②早期病変　プラークがついてから1週間後にみられ、明らかな歯肉炎を意味します。

③確立期病変　歯周ポケットが形成され、炎症がさらに広がって上皮の下の歯肉結合織におよびます。

④発展期病変　確立期病変の炎症がさらにひどくなった状態で、**歯周炎**といわれるものです。炎症は歯肉の部分を越えて、内部の歯根膜、歯槽骨にまでおよんでいます（図1）。

◉歯周組織の変化

歯肉炎や歯周炎になると、歯周組織にさまざまな変化がおこります（写真1）。

歯肉炎の基本的な変化は、歯についている歯肉（付着上皮）のすぐ下の歯肉結合織にみられます。この部分の血管が充血したり拡張したり、血管からの成分が外に出て液状成分が組織にたまります（浮腫）。また好中球やリンパ球など炎症と関係のある細胞が多数出現します（炎症性細胞浸潤）。

歯肉炎のなかには、浮腫が著しいもの、炎症が強いもの、または線維が増えているものがあります。細胞や線維が増えている歯肉炎は**増殖性歯肉炎**と呼ばれます。

歯肉の縁にだけ組織の破壊（壊死）や潰瘍が形成されるものは**急性壊死性潰瘍性歯肉炎**と呼ばれます。

この歯肉炎では、紡錘菌とスピロヘータが増えているのが特徴です。紡錘菌もスピロヘータも、正常な人の口の中にいる菌なので、これらが増えるということは、全身衰弱などによって抵抗力が弱くなったためと考えられます。

図1　歯周病の進行

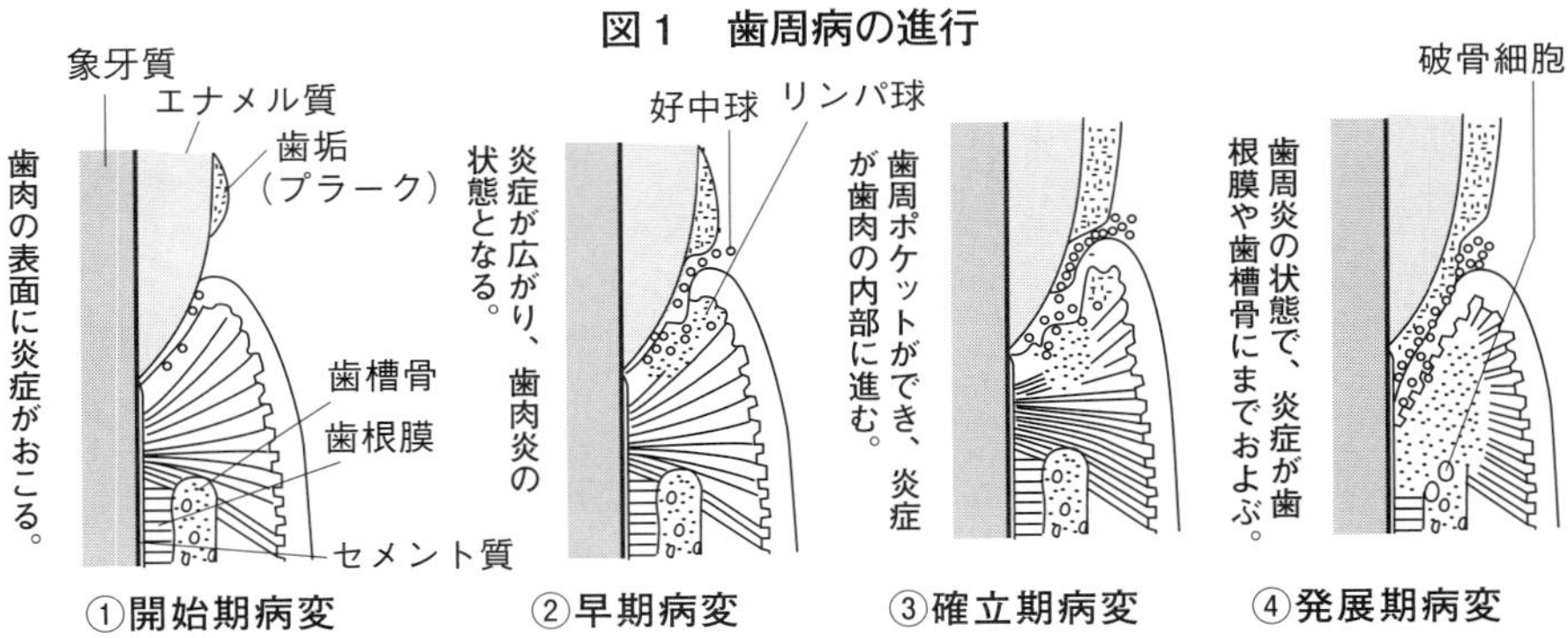

◎歯肉炎と歯周炎

歯周病は、歯肉炎と歯周炎に大きく分けられます。

炎症が歯肉部にかぎってみられるものを**歯肉炎**といいます。

いっぽう、炎症が歯肉よりもさらに深く波及して、歯根膜や歯槽骨（歯を支えている骨）が破壊されている場合を、**歯周炎**といいます。

つまり、歯肉炎、歯周炎という診断は、あくまで炎症の範囲を示すもので、炎症の激しさを意味するものではありません（左図参照）。

歯肉炎と歯周炎

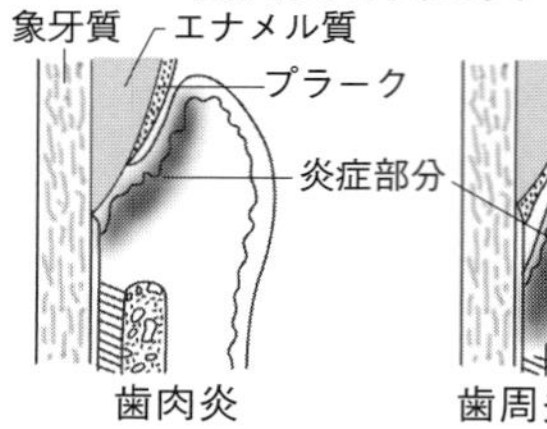

歯周炎は、炎症の変化が歯肉を越えて歯根膜および歯槽骨にみられるものをいいます。歯肉炎と同じように、血管が拡張したり浮腫などがおこり、炎症時に出現する細胞が多数現れます。

歯周ポケットができ、ポケットをおおう上皮が歯根の先に向かって侵入していきます。さらに、歯槽骨が吸収され、歯根膜線維も破壊されます。その結果、歯と骨とをつないでいた結合組織が失われてしまいます。また、セメント質も変性・破壊などの変化を受けます。

このため、歯周病にかかった歯はぐらぐら動くようになります（写真2）。

◇歯がぐらつき、最後に抜ける

症状

歯肉炎や歯周炎の症状の特徴は、①歯肉が赤くなり、腫れる、②痛みがある、③歯肉から血が出る、④スティップリング（歯肉の表面のオレンジの皮に似た小さなつぶつぶ）が見えなくなる、⑤歯肉が盛り上がったり（増殖）やせたり（退縮）する（写真3）、⑥歯周ポケットが形成される、⑦歯周ポケットから膿が出る、⑧歯がぐらぐらする、⑨口臭がひどい（口気悪臭）、⑩プラークや歯石が歯の表面についている、などです。

プラークによってつくられた起炎物質（炎症をおこす原因物質）や抗原物質が歯周組織にはたらくと、その部位では血液の流れが障害され（循環障害）、血液の成分が血管の外に出ます（滲出）。

つまり、歯肉の細い血管がまず広がり、そこに血液が流れ込んで充血がおこります。これによって炎症をおこしている部位は赤くなったり熱をもったりするのです。

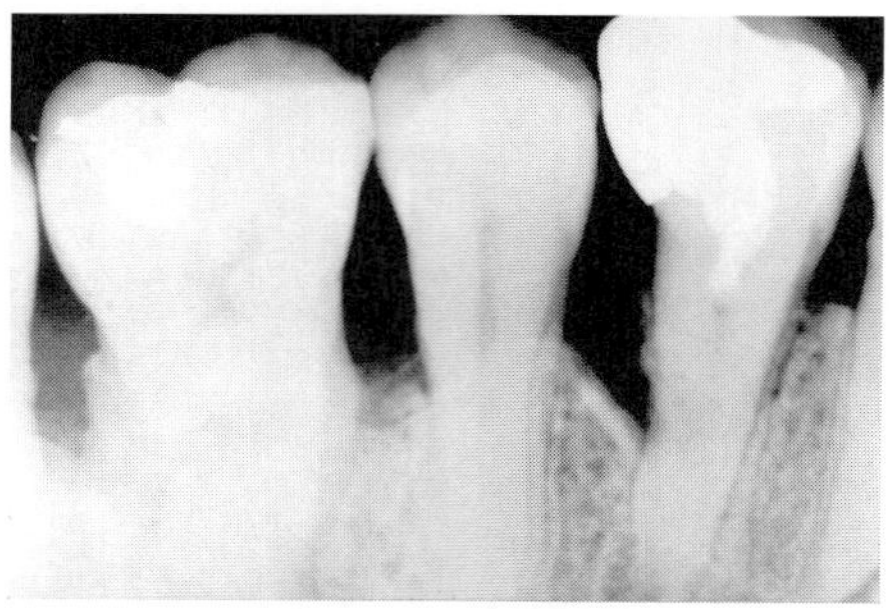

写真２　歯周炎による歯槽骨の吸収

炎症が深部におよび、歯槽骨を破壊します。

さらに、血管の壁をつくっている細胞（内皮細胞）が障害を受けたり、化学伝達物質と呼ばれる物質の作用によって、血管が物質を通過させやすい性質に変化します（血管透過性の亢進）。

そうすると、血管内の成分がどんどん血管外へ出て組織内にたまることになるので、歯肉が腫れることになります。

以上が、炎症をおこした部位が腫れる（腫脹する）理由です。好中球などの滲出細胞は血流が緩やかになると、

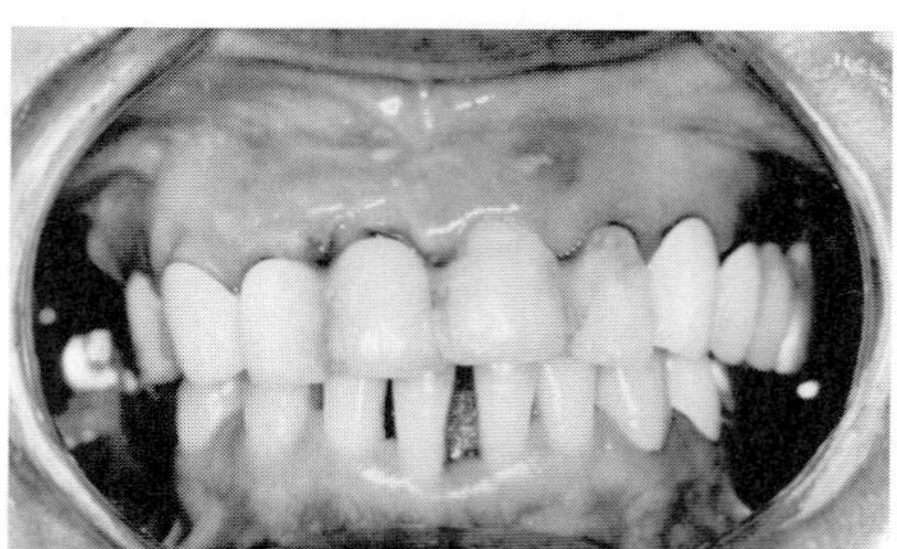

写真３　歯周病

歯肉が腫れたり、逆にやせたりします。

◎自家歯牙移植

失った歯牙を、自分の歯牙を用いて機能回復させる方法です。使える自分の歯牙は、智歯（親しらず）や転移歯（舌や頬の方へずれている歯）などの通常の咬合に関与していない歯で、むし歯などのないものにかぎられます。

利点は、自分の歯を使うので移植に際して免疫反応がおこらないことです。欠点は、前述のように移植する歯の供給量にかぎりがあることです。

自家移植の方法は、まず欠損部に麻酔をし、移植する歯の歯根と同じ大きさの骨窩洞をつくります。つぎに、移植する歯を抜歯し、つくられた移植窩洞に直ちに移植します。その後、一定期間固定し、歯髄の処置を施し、必要があれば上部構造を装着します。

血管壁にくっつき、アメーバ運動によって血管壁を通過することができるのです。好中球は細菌や特定の物質に近づき（遊走）、集まる性質をもっています。好中球が大量に集まると、膿がつくられ、排膿や潰瘍の形成といった症状が現れます。

検査と診断

歯周病の診断では、従来からX線写真によって骨の吸収の度合い、歯周ポケットの深さ、付着喪失の程度、歯周ポケットに器具を入れたときに出血があるか、歯の動揺度などについて調べてきました。

さらに正確でくわしい診断をするために、これらに加えて、最近では細菌学的検査法や免疫学的検査法も行われるようになっています。これには、局所の細菌を直接観察する方法、細菌に対する抗体を使って調べる蛍光抗体法、細菌を培養する方法、歯周病の原因菌の特異的なDNAをプローブ（検出の指標）として調べるDNAプローブ法、歯肉溝滲出液中の炎症物質を測定する方法などがあります。これらは、診断キットによって、診療室で簡単に検査できるようになっています。

治療

治療は、細菌が原因であるという考えに基づいて行われます。まず原因を取除き、口の中を清潔にするため、初期治療を行います。

具体的には、腫れや痛みをしずめる、炎症を軽くする、かみ合わせを調整してかめるようにするなどの治療が行われます。このなかで、歯に付着しているプラーク、歯石、食物残渣（食べ物の残りかす）などを取除き、歯や歯肉を清潔に保つための**プラークコントロール**がたいへん重要になります。

歯の表面の汚れ（プラークや歯石）を取除くために**スケーリング**、**ルートプレーニング**という処置を行います。スケーリングは**歯石除去**ともいい、歯に付着している歯石などの異物を取除く方法です。ルートプレーニングは、キュレットという器具を用いて歯根面のプラーク、歯石、壊死セメント質を除去して滑らかにする方法です（図2）。

歯周ポケットの内側で炎症をおこしている病的な組織をかき出す、歯周ポケット搔爬という治療も、しばしば行われます。また、歯周ポケット内の細菌を減らすために抗生物質や抗菌薬をポケット内に入れる薬物療法もよく用いられる方法です。

以上のような方法では病的な組織を十分に取除くことができないような場合には、歯ぐきを切って、ルートプレーニングによって歯根面をきれいにしたあと、歯ぐきを縫い合わせる歯周外科も行われます。

さらに、歯根面の異物を取除き滑らかにするだけでなく、積極的に失われた組織を再生させるGTR法や薬剤を使用したバイオ・リジェネレーション法も応用されています。

図2　ルートプレーニング

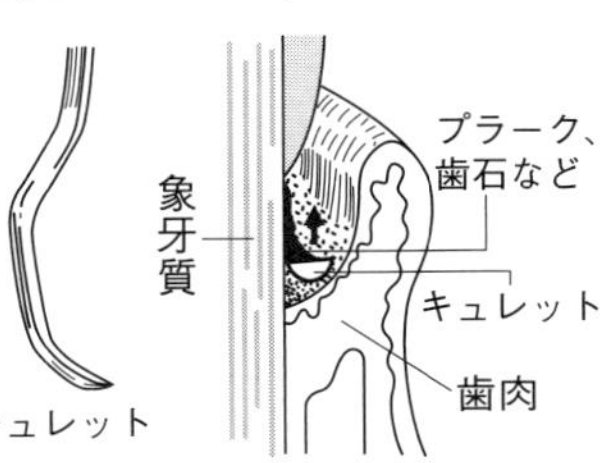

ルートプレーニングとはキュレットを用いて、歯根面のプラーク、歯石、壊死セメント質を除去して滑らかにする方法です。

下顎埋伏智歯の特徴

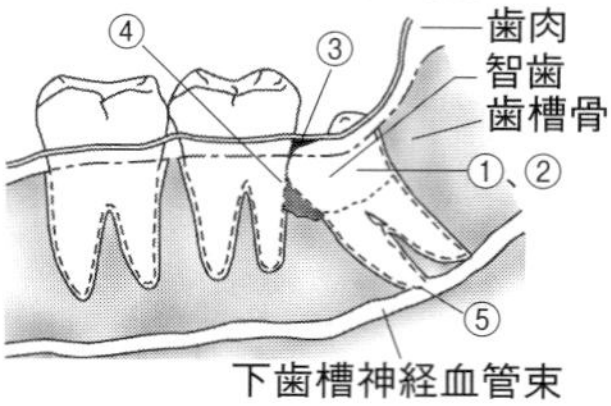

①歯の大部分が骨内および粘膜下にある。
②スペース不足でまっすぐに萌出せず、傾斜したり水平になっている。
③④一部萌出した歯冠の周囲にポケットができて、プラークがたまり、炎症をおこしたり、前の歯（第２大臼歯）にう蝕を生じる。また、前の歯を押して痛みを生じたり、歯列を乱すことがある。
⑤根端部分が下歯槽神経血管束に接触していると、抜歯後に、オトガイ神経知覚障害をおこすことがある。

智歯周囲炎
Pericoronitis of Wisdom Tooth

どんな病気か

智歯（親しらず）の歯周ポケットにおこる炎症です。

他の歯とちがい、隣の歯との間に深いポケットをつくりやすいため炎症をくり返し、いろいろな症状をおこします。

原因

智歯は上下左右で4本ありますが、全部出ている人から、まったく出ない人までいます。

智歯はいちばん奥にあるため、萌出スペースが不足し、傾斜したりして隣の歯にぶつかります。また、完全に萌出できずに、歯の一部分だけ顔を出し、隣の歯との間に三角形のポケットができます。このポケットに汚れがたまり、感染して腫れや痛みをおこします。とくに下顎智歯に多くおこります。

症状

智歯の歯冠周囲粘膜が赤く腫れ、痛みと膿が出てきます。激しい痛みや腫れで口が開かなくなり、のども痛く、物を飲み込めなくなります。さらに発熱や食欲不振、全身倦怠感などの症状がつづきます。炎症をくり返す間に、体調の悪いときに重なると重症になります。炎症の範囲はのどの奥から顎下部、さらに頸部から胸部にまで広がり、死につながることがあるので注意が必要です。

治療

軽い場合は、ポケットからの自然排膿とともに症状は消えますが、智歯が萌出しないかぎり必ず再発します。周囲に炎症が広がって蜂巣織炎（蜂窩織炎1823頁）となり、頸部が腫脹すると、呼吸困難で気管切開が必要になります。

このように、広く深い範囲に炎症が拡大すると、抗菌薬の使用だけでは治りません。また口の中からの切開排膿ではむりで、顔面頸部の皮膚を切開して膿を出す道をつくります。これらの処置が遅れると、さらに炎症は拡大し、全身症状が悪化して敗血症などをおこし、死亡するケースがあります。

智歯は、完全に埋伏していても、一部分露出していても、いずれにしろ将来問題をおこす可能性がひじょうに高いので、完全に萌出していて咬合している場合を除き、症状がなくても、予防的に抜歯をしたほうがよいでしょう。

歯槽膿瘍
Alveolar Abscess

どんな病気か

化膿性の炎症が歯槽部に広がり、骨膜下に膿がたまるものです。

根尖性または辺縁性の歯周炎、抜歯後の感染、歯や歯槽部の外傷、埋伏歯の感染や智歯周囲炎からおこります。

症状

原因となっている歯の付近の歯槽粘膜が赤く腫れ、押すと痛く、中に液体がたまっている感じ（波動）がします。さらに顔面にも腫れがでます。原因歯はぐらぐらして、浮いた感じや打診痛があります。

膿瘍が破れて膿が出れば痛みもなくなり、症状も消えますが、けっして治ったわけではありません。破れた穴（瘻孔）から絶えず口腔内に膿が出ている状態がつづきます。

治療

急性期には抗菌薬使用と切開による膿の排出、減圧が必要です。痛みや腫れなどの症状が治

◎歯肉増殖症

歯肉が線維性の増殖をきたす疾患で、ある種の薬剤が誘因となります。抗けいれん薬のフェニトイン、カルシウム拮抗薬のニフェジピンが知られています。フェニトインは、てんかんの薬のため若年者に、ニフェジピンは高血圧の治療薬のため中年以降に発生し、発現率は前者で40～60%、後者で4～44%です。どちらも長期に服用するため、服用開始2～3か月後から腫れ始めます。普通の歯肉炎と異なり、歯肉がかたくなり出血はしません。増殖の結果歯周ポケットが深くなると、二次的に炎症が加わることがあります。

プラークの沈着が少なければ発生しないので、口腔清掃を徹底し、必要があれば専門医によるケアを行い、薬剤の減量や他剤への変更も検討します。外科的切除が必要なこともありますが、プラークコントロールができていなければ再発します。

まってから原因歯の根の先の病気の治療や抜歯を行い、ようやく治癒します。

エプーリス（歯肉腫）
Epulis

どんな病気か

エプーリスとは病名ではなく、外形から見た診断名です。歯肉（歯ぐき）や歯根周囲の歯根膜、そして歯槽骨膜などから発生する腫瘤（腫れもの）です。

病理組織学的に検査すると、炎症性のものから腫瘍性のものまでいろいろあり、炎症性、腫瘍性、その他の３つに分けられます。

炎症性エプーリスには、肉芽腫性、線維性、末梢血管拡張性、骨形成性、セメント質形成性のエプーリスがあります。また**腫瘍性エプーリス**には、線維腫性、血管腫性、骨腫性、セメント質腫性のエプーリスがあります。

その他のエプーリスには、巨細胞性、妊娠性、および新生児の口腔内に現れるひじょうに珍しい先天性エプーリスがあります。

エプーリスは、臨床診断名ですから、口腔がんとの鑑別が重要になります。

一見大きくて、急速な増大を示すものもありますが、ほとんどは境界がはっきりしてポリープ状であること、歯などがあたらないかぎり、腫瘤の表面に潰瘍をつくらないことなどの臨床的所見から、おおよその診断は可能です。

といっても、万一のことがありますから、最終的には、切除した標本を病理検査することが必要です。

原因

プラークや歯石その他の不適合歯科補綴物（ブリッジ、入れ歯など）による慢性刺激が原因として考えられます。

妊娠性エプーリスは、妊娠初期から中期にかけてみられ、出産後は消失します。

これについては、ホルモンをはじめいろいろな原因が考えられていますが、妊娠中よく歯をみがき、歯ぐきのマッサージをして口の中をきれいに保っていれば、ほとんど発生しません。

症状

歯頸部の歯肉に有茎状（ポリープ様）または分葉状の腫瘤としてみられます。

表面の粘膜はピンク色で平滑なものが多く、かたさもやわらかくて弾力性のあるものから、骨に近いかたさを示すものまでさまざまです。

大きくなると、やわらかい腫瘤では、対合歯または食べ物などと接触して出血をくり返し、表面にびらんや潰瘍を形成します。

妊娠性エプーリスは、妊娠初期には末梢血管拡張性エプーリスとしてみられ、中期には肉芽腫性エプーリスのかたちをとり、末期には線維性エプーリスのかたちに変化するのが特徴です。

治療

妊娠性エプーリスはようすをみることがありますが、その他のエプーリスは切除します。

再発させないためには、歯根膜を含めて原因となっている歯を抜歯する必要もあります。

歯がしっかりしており、抜歯したくないと思ったら、再発することを覚悟したうえで、また、十分なブラッシングなどを行うことを前提として、エプーリスだけの切除を行います。

歯の欠損と補綴の方法

むし歯や歯周病などで歯が抜けると、かみ合わせ（咬合）が悪くなり、十分に咀嚼ができなくなったり、発音も正しくできなくなります。1本でも歯が欠損すると、その両側の歯だけでなく歯列全体、さらに顎の関節までにもその影響がおよびます。

これらを防止するため、入れ歯やブリッジなどで歯を補うことを**補綴**といいます。

▼**入れ歯（義歯）**　1本も歯がない場合に装着する義歯を**総義歯（全部床義歯）**、1本でも歯がある場合に装着する義歯を**局部床義歯（部分床義歯）**といいます。義歯の保持は、総義歯では、唾液の粘着力と口腔粘膜との吸着力に頼る粘膜負担ですが、局部床義歯では、残りの歯に金属のバネ（クラスプ）などをかけて取り付け、粘膜負担を助けます。

これらの方法は、残りの歯をほとんど削らずに機能回復ができますが、毎食後に外して清掃する必要があります。局部床義歯では、クラスプをかける歯（支台歯）に負担がかかりすぎ、ぐらぐらしてきたり、支台歯がむし歯になることもあります。

義歯の材料は樹脂加工されたレジン（メタクリル酸メチル）が中心ですが、強度をもたせるために厚くせざるをえず、装着感、温度感覚などに問題のあることがあります。

金属を用いるとこの問題はある程度解決できますが、保険適用外となり費用の問題がでてきます。

▼**ブリッジ**　歯が数本欠けているときに適応となります。欠損部の両側の歯を橋桁（支台歯）にして、金属による橋（ブリッジ）を装着する方法で、歯のない部分は人工歯（架工歯）などによって補います。

ブリッジは固定されるので、装着感は自然ですが、局所麻酔下で健全な支台歯の歯質を、冠を被せられるように削らなくてはなりません。

状況によっては歯質をあまり削らず、接着性の材料で取り付ける方法もあります。

▼**入れ歯とブリッジの中間の例**　入れ歯は取りはずせ、ブリッジは取りはずさないことを原則とすると、この双方の欠点を補う中間の補綴法（**アタッチメント**）があります。

アタッチメントは、歯に加わる力をやわらげる緩圧装置の1種で、支台歯に設置される固定部と、欠損部（義歯となる部分）に設置される可動部からなり、たがいに関節のように連結しています。その結果、欠損部の歯の動きは緩圧された力となって伝わり、さらに義歯よりも外れにくい利点があります。

ただし、この方法は保険適用外で、費用の問題がでてきます。

▼**歯牙移植**　自分の不要な歯（親しらずや埋伏歯など）を抜き、歯がなくなった場所の骨に移すことを**自家歯牙移植**（1235頁上段）といいます。

これは、移植免疫などの問題はなく行えますが、自分の歯にかぎられ、不必要で、しかも移植可能な歯だけを移植できるという条件のあることが欠点です。

他人の歯を用いれば、使える歯はいくらでも供給されますが、移植免疫の問題が発生し、生着率も悪くなってきます（他家移植）。

▼**インプラント**　金属（チタンなど）が主体であるため、免疫反応の発生は無視でき、さらに材料の供給面では問題ないのですが、異物が口の中、とくに粘膜上皮を貫いているというリスクがあるため、誰でも行えるというわけにはいきません。

技術・知識両面に熟練が要求される治療法です（1240頁）。

入れ歯（義歯）の知識

歯を失う原因は、むし歯（う蝕症1222頁）と歯周病（1232頁）がほとんどを占め、残りは外傷によるものです。歯がなくなると食事がしにくくなるだけでなく、発音しにくかったり顔つきが変わってしまうこともあり、外での会食を避け、人に会うのがいやになり、消極的な生活になってしまうこともあります。

そこで、歯を失うことによっておこった形態と機能を補うために、**入れ歯（義歯）**を入れることになります。

歯が1～2本なくてもたいしたことはないと考えるかもしれませんが、第1大臼歯（1217頁図1）を1本失うと、かむ力が30％も減少します。また歯は、隣どうしもちつもたれつの関係にあり、1本なくなると、かみ合わせがくずれ、顎の関節にまで影響がでることもあります。

❖入れ歯（義歯）の種類

義歯には、取外しが可能なものとそうでないものとがあります。取外しできるものを狭い意味で義歯、そうでないものをブリッジといいます（前頁）。

❖義歯の手入れと保管

取外し可能な義歯は、毎食後外してブラシで清掃します。できれば義歯用ブラシを使ってください。入れ歯のにおいは汚れによるものですから義歯洗浄剤は有効ですが、必ずブラシでみがいて汚れを取除いてから洗浄剤に入れてください。バネの内側はとくに汚れがとれにくい場所ですが、気をつけて掃除をしないと、バネを変形させてしまいます。

また、自分の歯の清掃も忘れないでください。バネのかかっている歯はむし歯や歯周病になりやすいものです。

夜寝るときは、特別の指示のない場合、はずして水につけておきましょう。

❖義歯が合わない場合は

新しい義歯を入れると、大きくてじゃまだったり、うまくかめなかったり、痛かったりします。しかし、義歯は自分の歯ではなく、道具なのです。歯科医と相談しながら上手に使えるように自分でも努力してください。もちろん痛かったり、外れやすかったりするときは、歯科医を受診して調整してもらいます。

また、顎の状態は刻々変わります。体重の増えたとき、減ったときなど、義歯は合わなくなります。取外し可能な義歯は、緩くなったら裏打ちもできますし、緩くならなくても、半年に1度くらいは歯科医院を訪れて診てもらってください。

❖オーバーデンチャーについて

オーバーデンチャーは、残った歯根や周囲の軟組織を支えにしてその上を義歯でおおい、口腔機能の維持・回復をはかる方法です。

利点は、残存歯を保存できるという心理的な安心効果があることです。また、骨は常に新しいものに置きかわっている（リモデリング）ため、歯根がなくなれば顎堤（義歯をのせる顎の骨）の吸収がおこり、その部分が低くなってきますが、歯根を残すことで吸収を抑えることができます。さらに、歯は歯根周囲の歯根膜線維によって歯槽骨に支えられ（植立し）ていて、歯を失うと、この線維内にある感覚受容器も失い、食物などを判別する能力が低下しますが、これらの機能低下を防ぎ、義歯の安定を保つことができます。

ただし、オーバーデンチャーは残存歯の歯肉縁をすべておおうので、プラークコントロールや義歯の清掃をきちんと行う必要があります。また、残存歯根のある部分に大きな負荷がかかるため、時折、義歯全体の粘膜への適合性や咬合バランスのチェックが必要です。

インプラント治療

❖インプラントとは

インプラント治療は、失われた歯を補う方法のひとつで、金属などでできた**インプラント（人工歯根）**を、顎の骨に埋めて、それを歯根に見立て、天然歯のような機能を望む治療です（次頁図1）。

そのためには、骨とインプラントがきちんと結合すること（オッセオインテグレーションといいます）が、必要十分条件になります。

また、従来の義歯やブリッジが、残存する歯に負担を強いるのに対して、インプラントは、単独で埋め込まれて（植立して）使うことができるため、残存する歯に負担をかけないですむメリットもあります。

しかし、インプラントがオールマイティーということではなく、義歯やブリッジのほうが適している場合も少なくありません。また、義歯やブリッジでは機能回復がむずかしい場合に保険適用となります。

❖インプラント治療の注意点

インプラントを入れると、本来は生体に存在しない金属などが、口腔内に突出することになります。この突出部のインプラントと口腔粘膜の上皮の結合は、天然歯の場合に比べて弱いため、インプラントの周囲にプラークがたまると細菌感染の危険性が高まり、その結果、骨との結合が失われて、使えなくなることがあります。

そのため、インプラントを入れたあとは、本人による徹底した口腔内清掃と、専門家による定期的なチェックが必要です。また、歯を失った原因が、むし歯や歯周病の場合には、口腔内清掃が十分にできるようになってから、インプラント治療を行う必要があります。

❖インプラントに使う材料

インプラントに用いる材料は、からだの中に埋め込まれるため、生体適合性に優れていなければなりません。専門的には生物学的適合性といって、無毒であること（無毒性）、アレルギー反応をおこさないこと（無アレルギー性）、発がん物質でないこと（無発がん性）のほか、腐食しにくい性質（耐食性）をもつ必要があります。

さらに力学的適合性として、かみ合わせるときに加わる圧力（咬合圧）に耐えうる強度（機械的強度）と壊れにくい性質（靱性）、さらに骨と同じようにひずみが生じにくいこと（高い弾性率）が望まれます。

もちろん、生体組織が拒絶反応をおこさないこと（組織適合性）も要求されます。

その必要条件を満たすものとして、純チタンやチタン合金が主流ですが、ハイドロキシアパタイト（1216頁）などを表面に応用したものも使われています。

❖インプラントの手術

インプラントの手術は、1回法と2回法があります。どちらも、基本的には無菌状態で行います（無菌操作）。まず、通常の歯科の局所麻酔を施し、ついで植立部の粘膜を切開して、入れる予定のインプラントと同じ幅・長さの穴を開けて、インプラントを挿入します。

1回法は、1度の手術でインプラントを入れる方法です。歯根部と上部構造の支台部が一体になったインプラントを使い、インプラントの支台部が口腔内に露出した状態で手術を終えます。その後、インプラントと骨が結合したら、通常の歯科治療と同じように型（印象）をとり、支台部に人工の歯（上部構造物）を装着します（次頁図2）。

2回法は、歯根部と上部構造の支台部が分かれているインプラントを使うため、2度の手術が必要です。1度目の手術で歯根部を入れて粘膜を閉じ、骨との結合を3か月以上待ったあと、再び粘膜を切開し、上部構造の支台部を埋め込みます。その後、同じく印象をとり、人工の歯（上部構造物）を装着します。

1回法がよいか、2回法がよいかは、骨の状態などに左右されますので、歯科医師とよく相談してください。

❖インプラントの適応症

インプラントの治療は、十分な骨の量があれば誰でも受けることができますが、十分に検査を行ったうえで、納得してから受けるようにしましょう。男性と女性ではインプラントを埋め込む部分の骨の幅が異なる場合もありますが、インプラントの種類や、長さ・太さは豊富なので、検査結果に合わせて決めることができます。

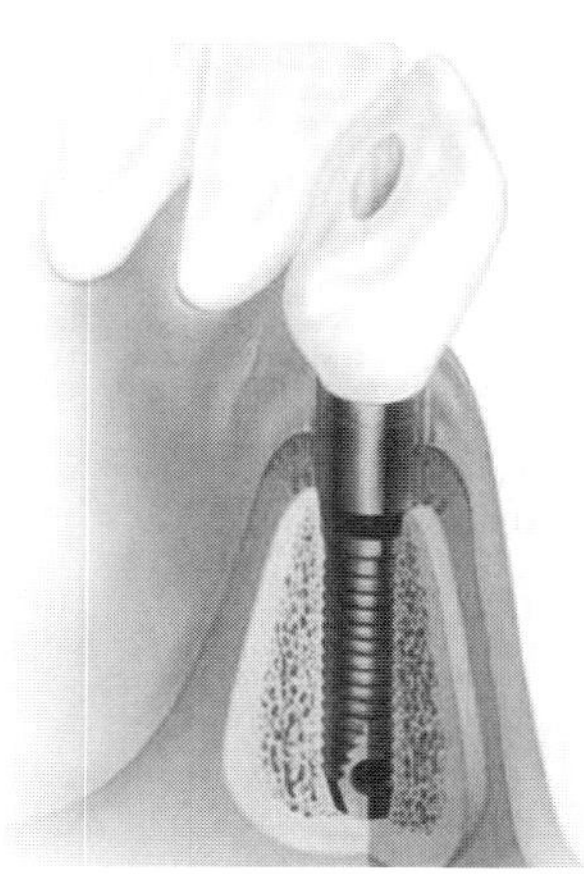

図1
局所麻酔のあと、人工歯根と同じ長さ・太さの穴を開けて、人工の歯根部を埋め込みます。図はインプラントが埋め込まれた状態です。

ただし、顎の骨が成長・発育段階では、インプラントの位置が動くなどの不都合が生じるため、通常は顎の発育が安定するまで待つことになります。よほどの理由がないかぎり、20歳以上が適応年齢といえましょう。

高齢者でも治療を受けることはできますが、通常の手術と同様に禁忌症（心疾患・免疫疾患など）がありますので、持病はあらかじめ報告しておきましょう。また、骨粗鬆症、糖尿病などの基礎疾患があると、骨とうまく結合しないことや、感染をおこしやすくなることがあります。歯科医師と相談してください。

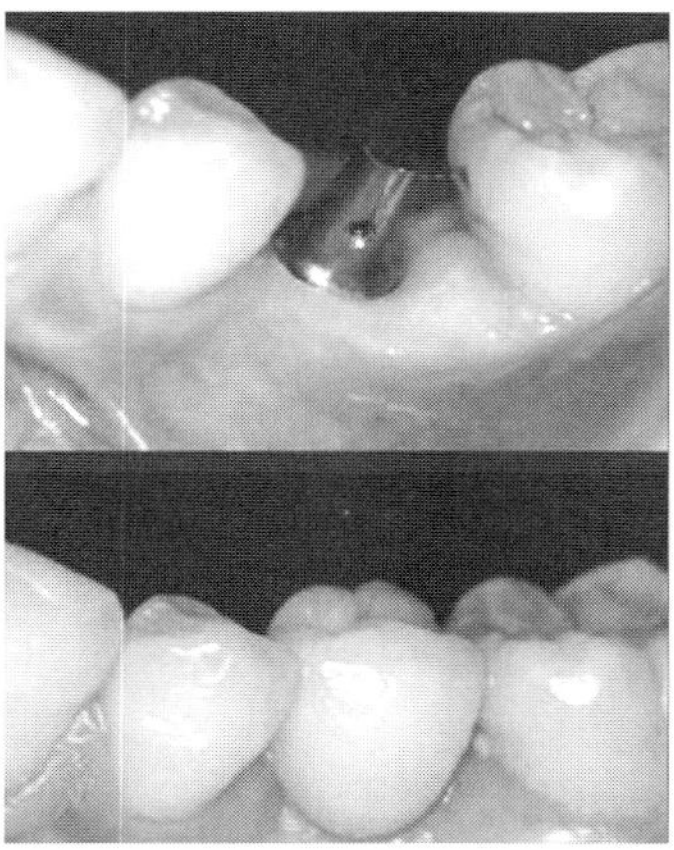

図2
上は、埋め込まれた歯根部の上の支台部が歯肉から出ている写真、下は、支台部に上部構造物（人工の歯）が装着された写真です。

❖インプラント治療後の感覚

天然歯には歯髄と歯根膜が存在するため、歯に加わる刺激を感じることができますが、インプラントにはそれらの組織がないため、基本的にはかんだときの感覚などが天然の歯とは異なるはずです。

しかし、インプラントを受けている顎の骨にある神経や顎関節でそれらが代償され、同じような感覚を得ることができると考えられています。インプラントの本数が多い人でも、半年から1年くらいの間に、かんだときの感覚が戻るといわれています。

ただし、インプラントには歯根膜がないため、天然歯よりも強い力でかむことができ、その結果、陶材などでできている上部構造物を壊してしまうことも少なくありません。

また、上顎にインプラントがある場合、そのインプラントに対応する下顎の歯や、インプラントの隣の歯に必要以上の力が加わって、さまざまな障害が現れることがありますので、定期的な受診がたいせつです。

歯周病と全身の病気

口の中には３００～５００種もの細菌がすみ着いており、歯周ポケットには約10種の歯周病病原菌が、他の常在菌とともにバイオフィルム（プラーク）を形成しています。歯周病はからだの防御機構のおよびにくい歯周組織におこる慢性の感染症です。歯周病の発症や進行には、口腔清掃、喫煙、食事、肥満、ストレスなどの生活習慣と環境因子が大きくかかわっています。また、全身の病気とのかかわりのうえで年齢、人種、遺伝のほか、免疫不全や糖尿病、骨粗鬆症が考えられています。

今までは、全身の状態が悪くなると歯周病も進行するということだけがクローズアップされてきましたが、現在は歯周病が全身の疾患に関係することが注目され、両方向から考えられるようになりました（左図）。

▼出産と歯周病　早産だったり低出生体重児を出産した母親は、正常分娩の母親より歯周病罹患率が高いことが統計上明らかになっています。これは、歯周病になると炎症性物質が多くつくられ、早期に子宮の収縮を誘発するからです。抜歯などの手術時だけでなく、日常の歯みがきによっても歯周ポケット内の細菌や細菌の出す毒素が血流に入り込みますし（一過性の菌血症　2124頁上段）、口腔連鎖球菌や歯周病病原菌が血流に乗って心臓に達し、感染性心内膜炎をおこすとされています。

図１ 歯周病と全身の病気

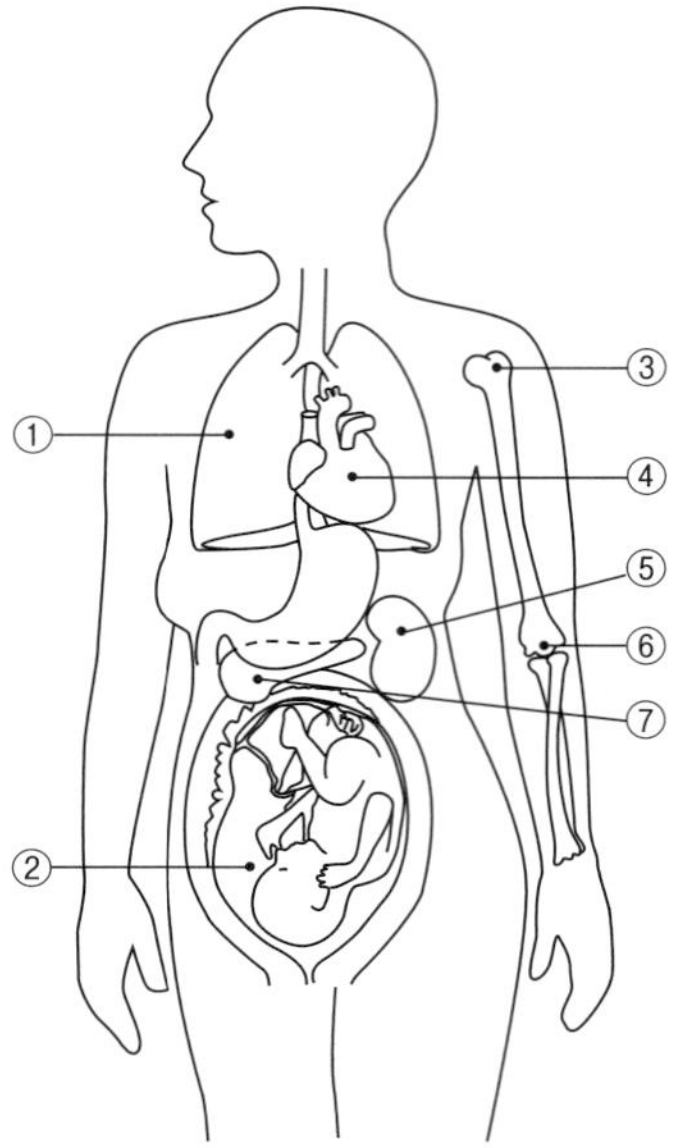

①誤嚥性肺炎
②早産・低出生体重児出産
③骨粗鬆症
④心臓疾患（心筋梗塞、感染性心内膜炎）
⑤腎炎
⑥関節炎
⑦糖尿病

因果関係が明らかなものもあるが、十分に解明されていないものもある。

▼循環器疾患と歯周病　歯周病は心臓の冠状動脈硬化と関係が深いとされ、歯周病にかかっている人が循環器疾患になる危険率は、かかっていない人の１・５～２倍にもなります。

▼糖尿病と歯周病　糖尿病があると、傷の治癒が遅れたり感染症にかかりやすくなりますが、歯周病もなかなか治りません。Ⅰ型糖尿病は歯周病の危険因子ですが、成人に多いⅡ型糖尿病の人もまた、歯周病の発症率が非糖尿病患者の２・６倍とされています。歯周病の進行も糖尿病でない人に比べて速く、血糖コントロールが不良な人ほど進行しやすく、また歯周病があるとインスリンの抵抗性が上がって糖尿病が悪化するといわれ、歯周病を治療することで血糖値がコントロールできる場合もあります。

▼誤嚥性肺炎と歯周病　嚥下機能や咳反射の衰えた高齢者の場合、プラーク中の細菌は唾液に混じって無意識のうちに肺に誤嚥され、誤嚥性肺炎をおこします。寝たきりの高齢者がよく熱をだすのは、誤嚥が原因の肺炎であることが多く、重度の歯周病があるような人はとくに注意が必要です。食後に口腔清掃を行い、食べたあと少なくとも30分は多少でも起きた姿勢でいることが予防になります。

第4部 病気の知識と治療

第10章 呼吸器の病気

呼吸器のしくみとはたらき

◇呼吸とは

呼吸とは、からだに必要な酸素を体内に取入れ、不要な二酸化炭素（炭酸ガス）を体外に放出するはたらきのことです。

私たちの体内では、たえず複雑な化学反応がおこっています。そのなかには、（食物中の）熱源になる物質と酸素を結びつけ、エネルギーを発生させて、生命活動のエネルギー源にするという代謝活動があります。この代謝活動には多くの酸素が必要で、外から取入れる必要があります。そして、この燃焼ともいえる代謝の結果、多量の二酸化炭素が発生するので、不要な二酸化炭素は体外に放出しなければなりません。

呼吸にかかわる臓器を呼吸器といいます。そのなかで、もっとも重要なはたらきをしているのは肺です。そのため呼吸器と肺とが同じような意味で用いられることが多く、呼吸器疾患ということばは肺疾患ということばと同様の意味で使われています。

◇呼吸器のしくみ

肺は左右に2つあって、右肺は、上葉、中葉、下葉に分かれ、左肺は、上葉と下葉に分かれています（次頁図1）。

右肺のほうが左肺より少し重いのですが、体重60kg程度のおとなでは、片方だけで350～400gほどの重さがあります。

肺は、空気の取入れと放出をおもな役目としている気道と、酸素を血液中に取入れて血液中の二酸化炭素を排出するガス交換をおもな役目とする肺胞とに分けることができます。

気道の大部分と肺胞の全部は、肋骨、胸骨、脊椎、肋間筋、横隔膜に囲まれてできた胸郭と呼ぶカゴのようなものの中に収められています。そして、胸郭が収縮・拡張運動をくり返すことによって、肺の中に空気が取入れられたり、押し出されたりするポンプのようなはたらきがなされています。

◉気道

気道とは、空気中の酸素を肺胞に導き入れ、肺胞内の二酸化炭素を外界へ排出する導管のことです。

気道は、口や鼻孔から順に、口腔・鼻腔・副鼻腔→咽頭→喉頭→気管→気管支→細気管支という経路になっていますが、鼻腔・副鼻腔から喉頭までを上気道、気管から細気管支までを下気道と呼びます。

気管支は、2本、4本としだいに分かれていき、平均すると16回の枝分かれをしたのち、細い終末気管支となります。終末細気管支には、ガス交換の機能がありませんので、非呼吸細気管支と呼ばれます（次頁図2）。

◉呼吸細気管支

終末細気管支と肺胞の間に呼吸細気管支があります。呼吸細気管支の周囲には、少数ですが、肺胞が付着しており、ガス交換が行われています。

◉肺胞

肺胞は、肺にきている動静脈の毛細血管に付着している小さな泡のような

◎気管支の部位と名称

気管は、左右の気管支（主気管支といいます）に分かれたあと、二またの枝分かれを十数回くり返しながら、しだいに細くなっていきます。

気管支の内面は粘膜におおわれており、1分間に1500回もビーティング（線毛運動）する線毛をもった上皮細胞や、粘液を出す細胞で構成されています。この粘膜によって、気管支に吸入された細菌や粉塵などの異物は、1分間に2～3㎝の速度でのどのほうへと運ばれます。

太い気管支では、粘膜の下に平滑筋と、気管支がつぶれないように支える軟骨がありますが、細い気管支になるほど、それらは減っていき、終末細気管支に至ります。

終末細気管支より末梢には、呼吸細気管支という気道と肺実質との接点の領域があって、その先に肺胞が多数付着した肺胞管、肺胞嚢という肺組織があります。

図1　呼吸器のしくみ

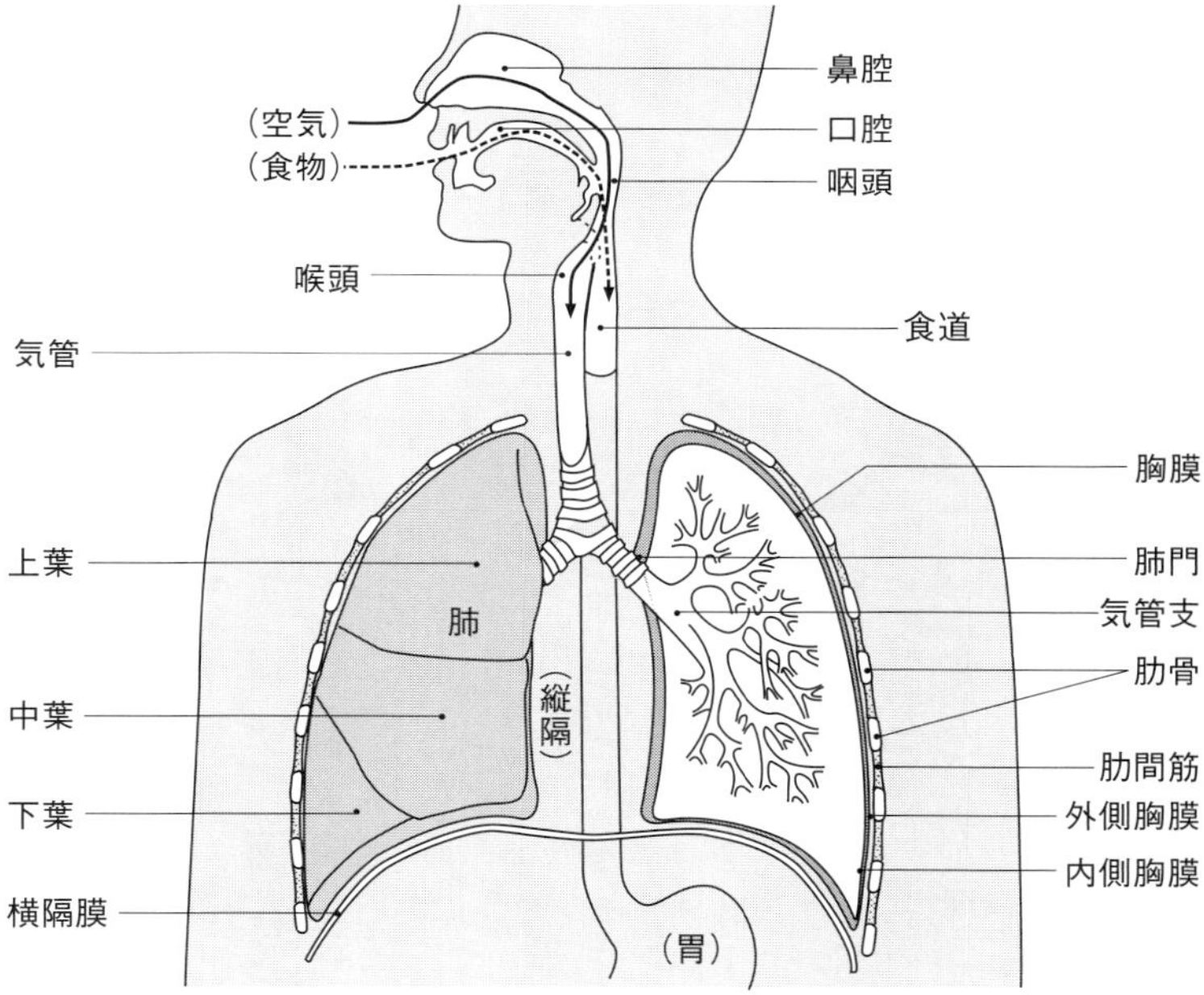

図2　気管支と肺胞

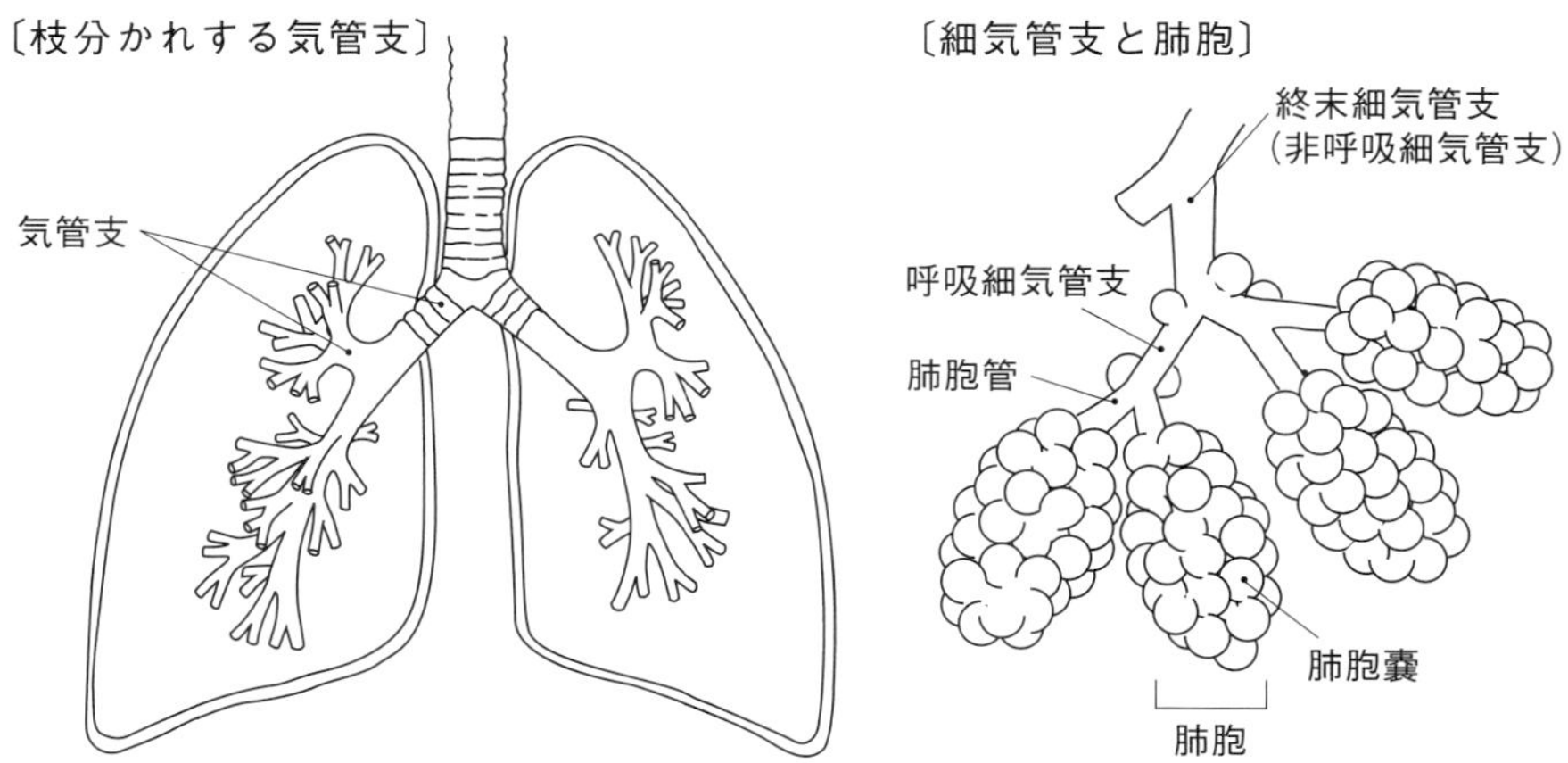

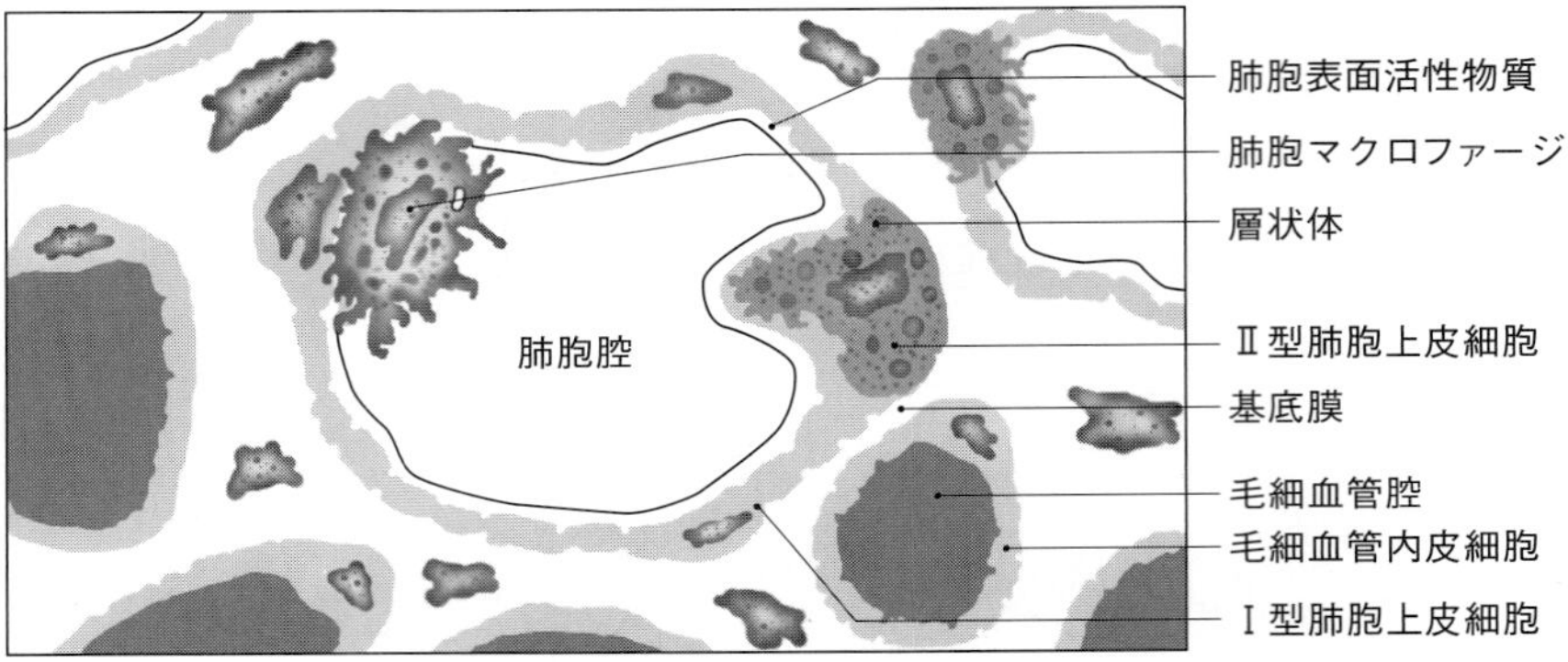

図3　肺胞の構造

組織です（図3）。成人では約3億個の肺胞があり、ガス交換を行っています。肺胞の薄い壁は、つぎのような、はたらきのちがういくつかの細胞からできています。

▼肺胞上皮細胞　Ⅰ型とⅡ型があります。Ⅰ型肺胞上皮細胞は肺胞壁の96％を占める細胞で、ガス交換を行っています。Ⅱ型肺胞上皮細胞は肺胞壁の5％を占める立方形の細胞で、肺胞の表面を滑らかにし、肺胞がつぶれずに空気の出入りができるようにする物質（肺胞表面活性物質、サーファクタント）の産生と分泌を行っています。また、この細胞はⅠ型肺胞上皮細胞に変化します。

▼肺胞マクロファージ　肺胞の壁に沿って移動しながら、肺胞内に侵入した異物を飲み込んで処理したり（貪食）、殺菌したりする大型の細胞です。

◉肺間質

呼吸という、肺のはたらきには直接には関与しない組織を肺の間質と呼びます。正確にいうと、肺胞上皮細胞下の基底膜と、毛細血管内皮細胞とを境とするまばらな結合組織からなる部分で、肺胞と毛細血管を結合させている組織です。

肺胞の中に炎症がおこった場合を肺炎といい、肺の間質に炎症がおこった場合は間質性肺炎（1292頁）と呼びます。

◉肺の血管

からだ全体の組織に栄養や酸素などを運び（動脈）、老廃物や二酸化炭素などを回収する（静脈）血液の循環・流れを**大循環系**といいます。いっぽう、これとは別に、ガス交換のために肺と心臓との間にある血液の循環・流れを**小循環系**と呼んでいます。そのため、肺の血管には、肺血管系（小循環系）と気管支血管系（大循環系）の2つがあります。

▼肺血管系　肺のもっとも重要なはたらきであるガス交換を担当している血管です。（心臓の右心室）→肺動脈→肺毛細血管→肺静脈→（心臓の左心房）の経路で流れています。

酸素が少なく二酸化炭素の多い静脈血の流れる肺動脈（ふつうの動脈とは機能が反対であることに注意）は、右

第1章－第10章
生活習慣病
がん（悪性腫瘍）
子ども
女性
脳・脊髄・神経
こころ
目
耳・鼻・のど
歯・口腔
呼吸器

図4　肺胞をとり巻く毛細血管

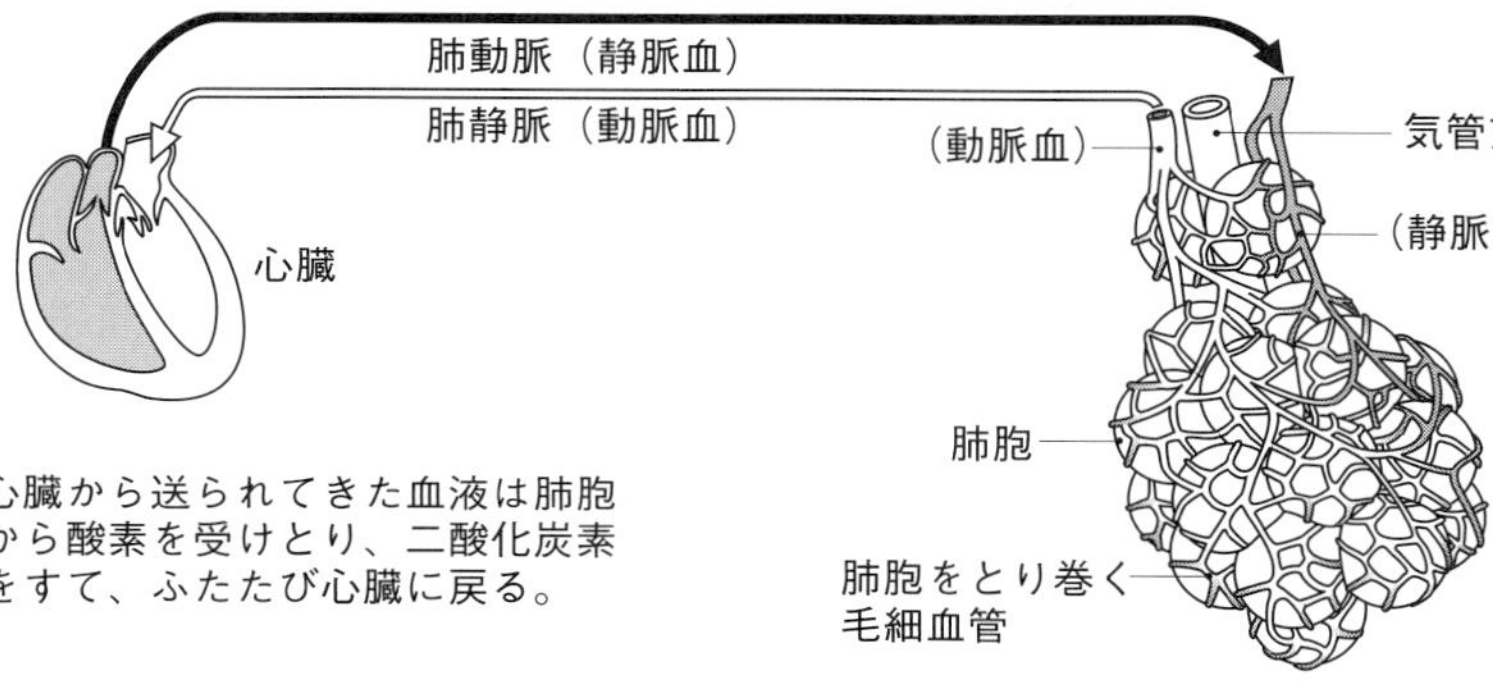

心室から出て、気道系と平行して走り、毛細血管となる部分でガス交換（二酸化炭素の放出と酸素の取入れ）を行い、酸素が多く二酸化炭素の少ない動脈血となって肺静脈に入ります（ふつうの静脈とは反対であることに注意）。

肺静脈は気道系とは関係なく走っており、左心房に戻ります（図4）。

▼気管支血管系　呼吸器の各臓器への酸素と栄養の供給、二酸化炭素と老廃物の回収を受けもっている血管です。

気管支動脈は、胸部大動脈から分かれ、食道、縦隔、肺門の部分にあるリンパ節などに小枝を出しながら、肺門部にいたり、主気管支に沿って肺内に入り、毛細血管になります。呼吸細気管支までの気管支壁と肺動静脈、リンパ節、神経などの機能維持に関与しています。

◉肺のリンパ系

リンパ液の流れるリンパ系は、体液量のバランスを保つはたらきを担っています。肺胞にはリンパ管はありませんが、肺の毛細血管から漏れ出てきた組織液（体液）は、間質の間を流れてリンパ管に流れ込みます。そして、リンパ節、またリンパ管を経て、最終的には静脈に入る経路をとっています。

◉胸膜

胸郭の大部分は、皮膚、肋骨、肋間筋、内側をおおう胸膜からなる胸壁です。胸膜は、外側の胸膜（壁側胸膜）と内側の胸膜（肺側胸膜）とで成りたっています。健康な人でも、壁側胸膜で胸水がつくられ、肺側胸膜から吸収されていて、胸腔内には、常に10～20mℓの胸水が存在し、壁側細胞と肺側細胞が直接に接触して損傷することを防いでいます。

◇呼吸器のはたらき

呼吸器には、①呼吸＝酸素と二酸化炭素の交換をする、②防御＝からだを外界から守る、③代謝＝必要な物質をつくる、の3つのはたらきがあります。

◉呼吸機能

呼吸をすると空気は気道（呼吸細気管支）から肺胞に入り、肺胞壁で空気中の酸素と二酸化炭素の交換が行われます。肺胞の周りには、毛細血管が張りめぐらされていて、二酸化炭素を多く含んだ静脈血を、酸素を取込んだ動脈血に変えるのです。酸素が気体から液体に移り（**拡散**）、取込まれた酸素は肺血管系によって心臓に到達して、全身に送り出されます。二酸化炭素の排出は、これと逆の過程で行われます。脳の呼吸中枢と呼ばれる部分が、神経・内分泌系を通じてこのような過程をコントロールしています。

◉防御作用

肺には、1日に1万ℓもの空気が出入りしています。したがって、肺は吸入される空気とともに運び込まれるさまざまの異物にさらされます。これらの異物は、有害なものから比較的無害なものまで、さまざまです。

また、吸入した空気に含まれる異物に加えて、口の中（口腔）や咽頭で分泌されたものが、気管・気管支にまで吸引されることもあります。

異物は、小粒子、有害ガス、微生物の3つに分類できます。とくに口腔や咽頭には細菌類が常在していますから、肺に分泌物が吸引されると思わぬ細菌の侵入源となることもあります。

また、肺の毛細血管には、肺血管系（小循環系）を通じて、微生物を含む各種の物質、抗原、抗体、免疫複合体などが侵入してくる可能性もあります。

このように、肺は、外因性、あるいは内因性の物質によって障害が頻繁におこっても不思議がないようにみえます。ところが実際には、種々のしくみによって、外来異物の排除が行われたり、異物への生体の反応がおこったりして、肺は守られているのです。

肺の防御作用には、免疫反応の関係しない防御作用（浄化作用）と、免疫反応の関係する防御作用があります。

▼浄化作用　あらましを次頁表1に示しましたが、鼻腔から肺胞にいたる肺のあらゆるところで行われています。

▼免疫反応　以前に体内に侵入したことがある異物（抗原）に抗体ができて、ふたたび同じ異物（抗原）が入ると抗原抗体反応がおこり、抗原である異物を処理してしまう作用です。肺のあらゆるところでみられます。

このように、肺の防御作用には大きく2種類ありますが、実際に大きなはたらきをしているのは浄化作用です。

◉代謝作用

肺では、肺のはたらきを維持するエネルギーをつくるのに必要な代謝だけでなく、肺胞表面活性物質の産生、さまざまな血管に作用する物質の産生や代謝、また、いろいろな臓器の機能調節にかかわるプロスタグランジンの産生や代謝なども行われています。

◇おもな呼吸器疾患の症状

呼吸器の病気では、せき、痰、血痰、喀血、呼吸困難、胸痛などの症状がみられます。

◉せき（咳）

気道の中に侵入してきた異物を排除するための反射的な反応で、呼吸器が外来性の異物に侵入されることを防いでいる重要なからだのしくみです。

せきには、痰をともなっている場合（**湿性咳**）と、痰をともなってはいない場合（**乾性咳**あるいは**からせき**）があります。病気の種類によって、乾性になったり、湿性になったりします。

呼吸器のしくみとはたらき

表1　肺の浄化機構

部位	はたらき
鼻腔	・鼻毛による粗大粒子の捕捉と排除 ・鼻粘膜による吸着と線毛上皮による排除（SO_2 のような有害ガスも分泌液中に溶解吸収される） ・気道系の温度、湿度の調整
↓	
咽頭	
↓	
喉頭蓋	・食物の通過時、胃内容の嘔吐時には、口蓋帆が鼻腔を後部から閉塞すると同時に喉頭蓋が閉じて、食物内容物の気道への吸引を阻止する
↓	
気管 気管支	・分泌物が粘膜表面を被覆し、機械的・化学的刺激から気道系を保護する。同時に異物を吸着する ・線毛上皮による排除 ・上皮細胞間に神経終末が分布し、咳嗽（がいそう）反射（せき）あるいは気管支収縮性反応をおこして異物の吸入防止の役割をはたしている ・気管支腺より分泌されるリゾチーム、ラクトフェリン、インターフェロン、α_1 アンチトリプシン、補体は、細菌、ウイルスなどに作用する
↓	
肺胞腔	・肺胞マクロファージは異物を貪食処理する ・肺胞上皮細胞は、防御壁としてはたらき、病原体の侵入を抑える

◉痰（たん）

気道の分泌物に、細かなちりや、ほこり、細菌、気道からはがれた細胞などが加わった混合物です。

健康な人では、痰に気づくことはあまりなく、痰に気づくのは気道の分泌物過多、気道の閉塞（へいそく）など、痰を出すしくみがうまくいかない場合です。

喫煙者では、軽い気道の炎症がたえずおこっているので、痰がみられることが少なくありません。細菌やウイルスなどによる気道の感染がおこると、痰が増加します。

◉血痰（けったん）・喀血（かっけつ）

喀血は、せきとともに血液が吐き出されるものです。血痰は、痰に血が混じっているものです。吐き出される血液量にちがいはあっても、血痰も喀血も、おこるしくみは同じです。

原因の多くは、炎症、腫瘍（しゅよう）（がん）などによって肺の血管が破れた場合です。また、血小板（けっしょうばん）の減少など、血液の凝固（ぎょうこ）のしくみに障害がおこった場合にみられることもあります。

しかし、血痰を訴える人は、たいていは原因不明の一過性か、鼻腔・咽頭からの小出血のことが多く、重大な病気の症状であることはあまり多くありません。

◉呼吸困難（息苦しさ）

呼吸困難とは、呼吸（換気運動）のたびに努力を必要とする感覚をさしています。したがって、意識障害があると肺の換気障害があっても呼吸困難を訴えません。意識障害のある高齢者でみられ、注意が必要です。

また、過激な運動の場合、息苦しさを感じるのは当然ですが、軽い運動でも息苦しさを感じるときに、病気か病気でないのかの区別はむずかしいもので、注意が必要です。

◉胸痛（きょうつう）

胸郭を形成している骨、筋肉、皮膚などには知覚神経があるので、病変部と痛いところが一致します。胸膜のうち、肺側胸膜には知覚神経がありませんので、病変があっても痛みを感じません。しかし、壁側胸膜には知覚神経があるので、病変がおこれば、胸痛を感じることになります。

せきの原因と正しいせきのしかた

❖せきの原因

せきはいろいろな病気によっておこりますが、どのくらいつづくせきかによって原因がちがいます。

咳嗽に関するガイドライン（1310頁）では持続期間でせきを分類し、3週以内のせきを**急性咳嗽**、8週以上持続するせきを**慢性咳嗽**、これらの中間の3～8週の咳嗽を**遷延性咳嗽**と名付けています。

急性咳嗽の多くは感染症にともなうせき、すなわち上気道炎（かぜ）によるせきや、かぜが治ったあとに残るせき（感染後咳嗽）ですが、持続期間が長くなるほどこれらの原因は少なくなり、慢性咳嗽では感染症以外によるせきが主体となります。

胸部X線検査や聴診の異常がない慢性咳嗽のおもな原因は、せきぜんそく（1266頁）、副鼻腔気管支症候群（蓄膿症に合併する気管支炎）、胃食道逆流症（1546頁）、アトピー咳嗽（アレルギーが関係するが、ぜんそくのように気道が狭くならない）、喫煙によるCOPD（1268頁）などがあります。これらのうち、副鼻腔気管支症候群とCOPDでは痰を訴えることが多く、せきはたまった痰を出すためにおこります（**湿性咳**＝湿ったせき）。その他の病気では痰のない**乾性咳**（からせき）である場合が多く、せきそのものが病的にでやすい状態になっています。

❖せきの治療

せきを和らげることは大事ですが、乾性咳ではせきをでにくくすることが治療の目標であるのに対して、湿性咳では痰の量を減らし、痰を外に出しやすくすることが目標です。

せきには、気管支や肺にたまった痰、外から入った菌や異物などを外に出す、生体防御反応としてのはたらきがありますが、脳梗塞やパーキンソン病ではせきがでにくくなり、そのために誤嚥をおこしやすく、誤嚥性肺炎（1255頁）の原因となります。

したがって、このような病気を合併しやすい高齢者には、せきを押さえ込む治療であるせき止め薬（コデインなどの中枢性鎮咳薬と、末梢性鎮咳薬）の使用は慎重に行う必要があります。

湿性咳の人ではせき止め薬によってかえって痰が出にくくなったり、痰の中にいる細菌が肺の中にとどまって肺炎をおこしやすくなったりするため、原則としてせき止め薬は使用しません。

❖湿性咳の場合の正しいせきのしかた

湿性咳では、いかにうまく痰を出すために有効なせきをするかが重要です。

効果的なせきをするためには、十分に吸い込んだ息を一気に強くはきだして空気の流れをうまく活かすことがたいせつです。また、肺がんの術後など傷の痛みで強いせきができない場合はあらかじめ創部を手や腕で押さえ、痛みが生じないようにしてから、せきをします。体位を変えたり器械による振動を胸部や背中に加えたり、他人に胸部を圧迫してもらうことにより有効なせきができることもあります。

また痰の原因になっている病気の治療のほか、痰をやわらかくし、痰の切れをよくする薬（去痰薬）、気管支を広げることで痰を出しやすくする薬（気管支拡張薬）、ネブライザー吸入による気道の加湿、水分補給により痰をやわらかくすることなども重要です。

痰が出ないのに無理にせきをしたり、せき払いをくり返すと、かえって気道を傷めたり気道が過敏になったりするため、注意しなければなりません。

せきの原因と正しいせきのしかた／呼吸器のしくみとはたらき

◇呼吸器の病気の検査法

▼喀痰検査　健康な人でも、起床時に、のどに少し痰があるのがふつうです。この痰で、細菌、結核菌などの抗酸菌、真菌の検査ができます。また、肺がん細胞の検出の材料にもなります。

胸部X線検査で肺がんが疑われる、血痰がつづく、喫煙者が肺がん検診を受けるなどのときに、3日間の痰を特別な容器にためて細胞診をする**サコマノ蓄痰法**という方法があります。

▼胸部X線写真　肺や気管支の病気を調べる場合に**単純写真**を撮ります。撮影の方向には、正面、側面のほか、胸水などをみる場合の側臥位があります。

▼胸部CT（コンピュータ断層撮影）　異常な陰影をさらにくわしく調べるため、コンピュータで画像処理した断層写真です。胸部を水平方向に一定の間隔で撮影し、垂直方向の輪切り像を得ます。単純撮影と、血管とそれ以外の組織とを区別する造影法があります。

▼気管支鏡検査　気管支鏡は、胃カメラと同じ構造をもつ内視鏡の一種です。直径は約5㎜で胃カメラより細いのですが、そのままではせきがでてつらいので、検査前にせき止めを飲んだり、筋肉を緩め唾液の分泌を抑える注射をし、直前には麻酔薬をのどに噴霧します。気管支鏡検査には、目的に応じて、いろいろな項目があります。

①気管支内腔の観察、直視下生検　気管支内を観察したり、観察しながら耳かきの先くらいの検査用の組織をとる。

②穿刺吸引細胞診　気管支の外側に接したリンパ節や腫瘤に針を刺して細胞を吸引する。

③ブラシ細胞診　内視鏡で観察しながら、またはX線テレビで画像を見ながら、ブラシで細胞をこすりとる。

④透視下腫瘤生検　末梢肺の腫瘤細胞をとって検査する。

⑤経気管支肺生検（TBLB）　各種のびまん性肺疾患で末梢肺組織をとって検査する。

⑥気管支肺胞洗浄（BAL）　気管支や肺胞の洗浄液から細胞などをとる。

各検査に必要な時間は、10分～1時間ぐらいです。外来でできますが、病状によっては、入院が必要となります。

▼経皮吸引針生検　気管支鏡検査で検査用の組織がとれない場合、胸壁から、超音波やCTによる映像を見ながら針を刺して組織などをとる方法です。

▼胸腔鏡下肺生検　肺とその外側の胸郭の間に胸腔鏡を入れ、肺組織をとる方法で、負担の少ない生検法です。

▼開胸肺生検　経皮吸引針生検や胸腔鏡下肺生検では診断のつかない場合、肋骨の間を小切開し、肺組織を径1～3㎝とって検査する方法です。

▼胸水検査、胸膜生検　肺とその外側の胸郭の間にあるすき間（胸膜腔）にある胸水を、針やチューブで吸引し、その性質や含まれる細胞を検査するのが胸水検査です。胸膜（壁側胸膜）をこすりとって検査するのが胸膜生検で、胸膜の病変を疑うときに行います。

▼超音波検査　エコー検査ともいいます。たまっている胸水の量や部位などを確認するために行います。

▼呼吸機能検査　一般に**肺機能検査**ともいい、いろいろな項目があります。一気に息をはきだす力をみる**一秒率**や

肺活量がよく知られており、これらは**フローボリューム曲線**で表わされ、曲線の形が病気の識別に役立ちます。その他、慢性閉塞性肺疾患の診断に役立つ**残気量**、慢性閉塞性肺疾患（肺気腫）や間質性肺炎の診断に役立つ**肺拡散能**（ＤＬＣＯ）などの検査があります。

動脈血ガス分析は、肘や手首から採取した動脈血中の酸素（PO_2）や炭酸ガス（PCO_2）の量、酸性かアルカリ性か（pH）などを測定し、病気の状態を知る検査です。

PO_2の正常値は年齢とともに低下しますが、少なくとも60㎜Hg以上、PCO_2は35～45㎜Hg、pHは７・３５～７・４５が正常です。

パルスオキシメーターは経皮的に動脈血酸素ガス飽和度を測定する装置で、動脈血ガス分析のような採血が不要なため、よく使用されます。

▼気道過敏性試験　気管支ぜんそくの素因の有無を調べる検査です。

▼シンチグラム　胸部Ｘ線写真ではわからない肺への空気の出入り（換気）や血流の分布、炎症や腫瘍の位置や状態を調べます。注射または吸入とカメラ撮影だけの検査です。

肺血流シンチ、**肺換気シンチ**は、肺の血栓塞栓症の有無、原因不明の低酸素血症、肺腫瘍などによる圧迫・閉塞でおこる血流や換気の障害を調べるものです。

ガリウムシンチは、肺腫瘍の発見や間質性肺炎の活動性を判定するときに使われます。

▼右心カテーテル法　静脈から細いカテーテルを入れ心臓での血流をみて、呼吸器の病気が心臓と関係しているか、**心不全**をともなっているか、肺高血圧症をともなっているかを調べます。

▼ＣＲＰ（Ｃ反応性たんぱく）　炎症（感染やアレルギーなど）や腫瘍などによる組織破壊が進むと血中に増えるので、その程度がわかります。

▼血清総ＩｇＥ　アトピー型気管支ぜんそく、アレルギー性鼻炎、アトピー性皮膚炎、寄生虫感染、高ＩｇＥ症候群、ＩｇＥ骨髄腫などで上昇します。

▼抗原特異的ＩｇＥ抗体（ＲＡＳＴ）　アトピー型気管支ぜんそく、アレルギー性鼻炎、アトピー性皮膚炎などの原因抗原を、静脈血を採血して調べます。

▼沈降抗体　過敏性肺炎やアレルギー性気管支肺アスペルギルス症（ＡＢＰＡ）の原因抗原の診断に用いられます。

▼寒冷凝集反応　マイコプラズマ肺炎、びまん性汎細気管支炎で上昇します。

▼マイコプラズマ抗体　マイコプラズマ肺炎や気管支炎発病後10日目ころから上昇し、１～２か月で最高に達し、１年くらいで消えます。

▼腫瘍マーカー　肺がんと関係する腫瘍マーカー（215頁）は10種類近くが知られています。

肺がんの早期発見や診断の確定には役立ちませんが、経過や治療効果をみるのに使われます。

▼ツベルクリン反応（ＰＰＤ）　結核菌に感染すると、陽性になります。結核を発病すると、より強く反応します。しかし、ＢＣＧ接種を受けたり、非結核性抗酸菌の感染でも陽性になります。そのため、最近では結核菌だけに反応する、血液を用いてのＱｕａｎｔｉＦＥＲＯＮ法が用いられます。

第1章―第10章
生活習慣病
がん（悪性腫瘍）
子ども
女性
脳・脊髄・神経
こころ
目
耳・鼻・のど
歯・口腔
呼吸器

健康診断で異常陰影が発見されたとき

❖要再検査・要精密検査となるのは10%以下

健康診断では、必ず胸部X線写真撮影が行われます。その結果、異常陰影が発見されることがあります。以前には、**間接撮影**といって小さなフィルムを用いての健康診断が行われていましたが、最近では**直接撮影**と大きなフィルムで健康診断が行われるようになりました。

しかし、異常陰影が発見されたからといって、すぐに病気だ、入院だ、治療だということになるわけではありません。

まず必要なことは、以前の胸部X線写真と比較してもらうことです。そして、新しい陰影なのか、以前からの陰影の残存なのか、あるいは以前からの陰影が拡大したものかを判断してもらいます。

新しい陰影である場合、あるいは以前からある陰影が拡大している場合は、さらにくわしい検査がCT（コンピュータ断層撮影）などを用いて行われます。また、場合によっては治療が必要になることもあります。

以前からの陰影の残存の場合には、問題はありません。念のために、次回は、いつ胸部X線写真撮影を受ければよいかを決めて終わりになります。

以前から残存している陰影なのに、CT検査するようなことは不要です。費用が無駄になるだけでなく、不必要な放射線を浴びてしまうことになるからです。

CT検査では、単純な胸部X線写真撮影の10倍から20倍の放射線を浴びます。

健康診断は本来、健康な人に何か異常がないかをチェックするものですから、どうしても疑い深くなり「読みすぎ」になりがちです。

胸部X線写真撮影で異常といわれても、本当に異常が確認されることは、新しい陰影の異常と以前からの陰影の異常を合計しても、60%くらいです。

さらに、くわしい検査が必要になったり、治療を要したりすることになる頻度は、全体からみると5～10%以下にすぎません。

しかし、だからといって、健康診断で異常を発見され、連絡を受けたのに放置してよいということにはなりません。

❖健診で発見されることのある病気

健康診断によって見つかる呼吸器の病気でもっとも重要な病気は肺がんです。そのほかにもさまざまな病気があります。以下にX線の単純撮影で見つかる病気とその特徴についてみてみましょう。

■肺野の限局性の浸潤性（周囲との区別がはっきりしない）陰影で見つかる病気

●**肺炎球菌肺炎やマイコプラズマ肺炎**　肺炎球菌やマイコプラズマがおこす肺炎は、軽いかぜのような症状のあることが多いものです。

●**肺結核**

■肺野の孤立性（周囲との境界がはっきりしている）陰影で見つかる病気

●**肺がん**　なかでも、肺野の末梢部にできやすい腺がんは、よく健康診断時に発見されるタイプの肺がんです。

●**結核腫**　肺がんとの区別は、手術をして初めてわかることも少なくありません。

●**転移性肺腫瘍**　他の臓器のがんが肺に転移したものです。

■肺野のびまん性（両方の肺に広がっている）の陰影で見つかる病気

●**肺結核**　症状があるのに放置しておいた場合で、症状のないことはありません。

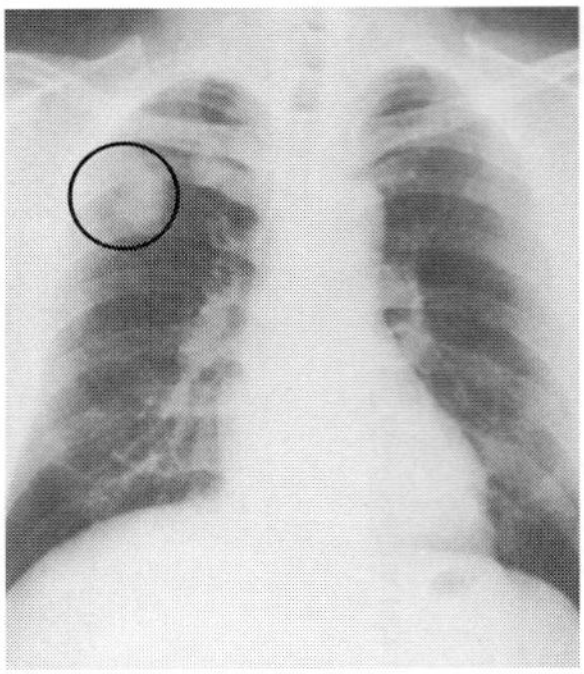

肺がん（46歳、男性）
右上肺野の結節影

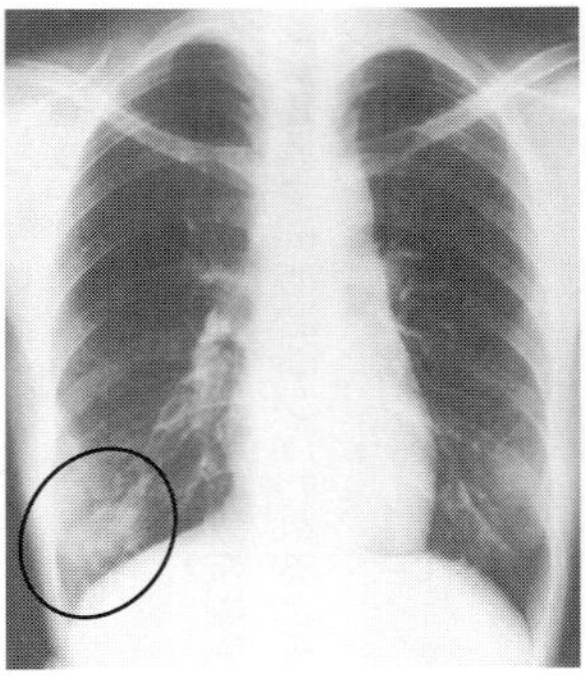

肺炎（34歳、女性）
右下肺野外側部の浸潤影

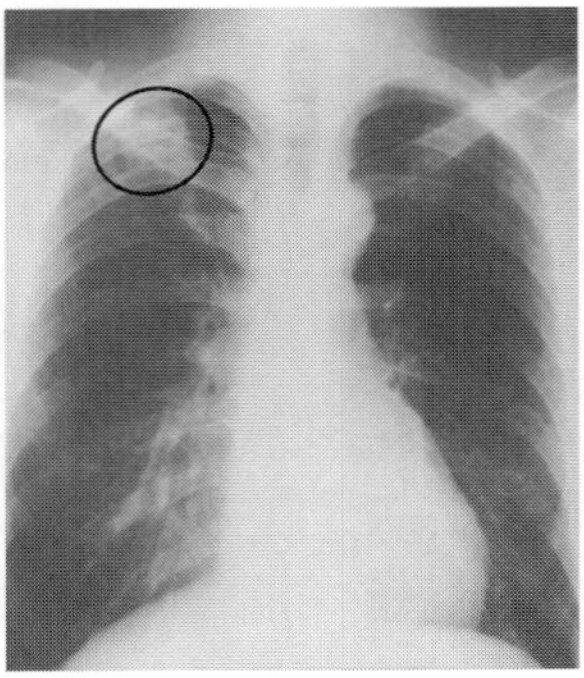

肺結核（40歳、男性）
右肺尖部に空洞のある浸潤影

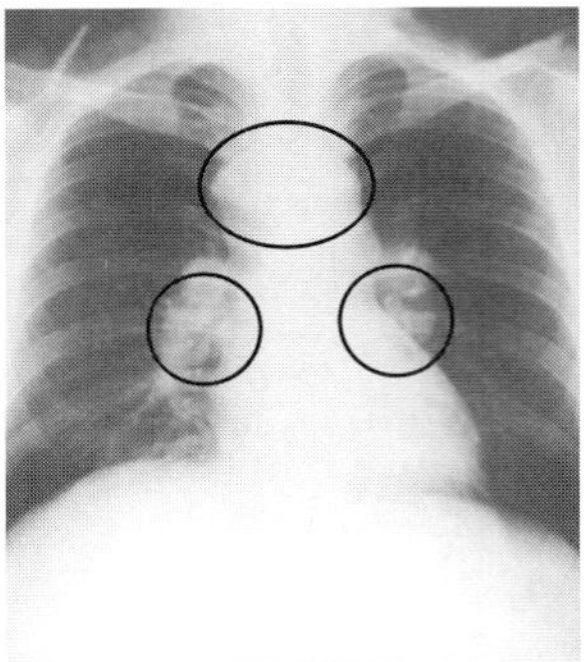

サルコイドーシス（33歳、男性）
はっきりわかる縦隔リンパ節腫脹と、両側肺門リンパ節腫脹像

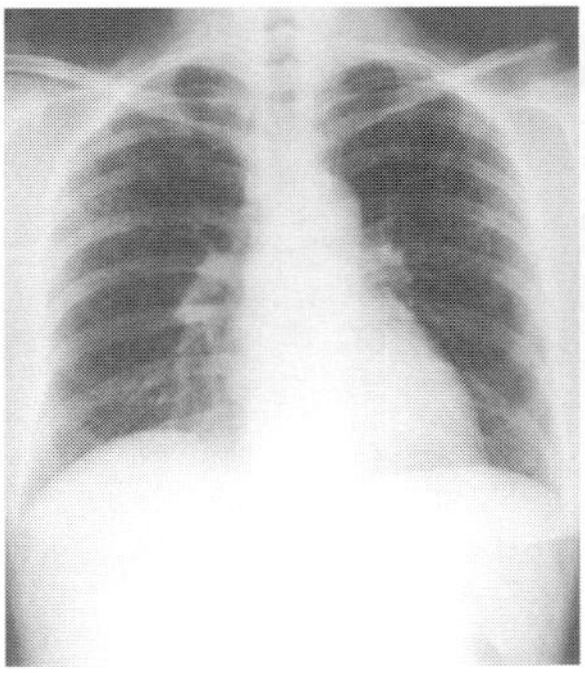

塵肺症（50歳、女性）
両側中肺野を中心とするびまん性粒状浸潤影（肺全体）。陶器製造工場就労歴あり

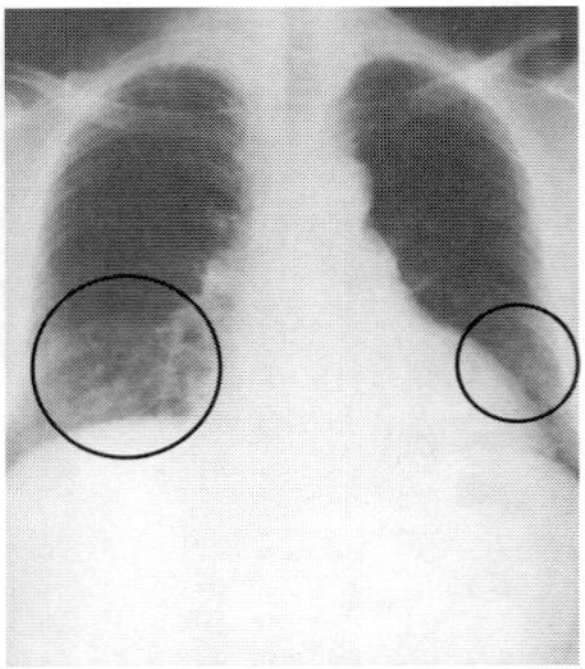

特発性肺線維症（58歳、男性）
両側下肺野を中心とする肺野の縮小をともなう線状粒状影

●**特発性肺線維症**　気づかない程度の呼吸困難のあることが多いものです。

●**塵肺（珪肺・石綿肺）**　粉塵を吸い込むことのある職業歴が、なによりも重要な診断のポイントとなる病気です。

●**肺胞たんぱく症**　まれな病気です。

●**肺好酸球性肉芽腫症**　喫煙者、とくに若年からの喫煙開始者に多い病気ですが、まれな病気です。

■肺野の拡大・透過性の亢進所見（肺野が黒く写る）**で見つかる病気**

●**COPD（慢性閉塞性肺疾患）**　喫煙者にみられる病気です。

●**リンパ脈管筋腫症**　妊娠可能な年齢の女性だけにみられる病気です。

■縦隔や肺門部の腫れを示す所見で発見される病気

●**サルコイドーシス**　両側の肺門部にあるリンパ節の腫れのほとんどはサルコイドーシスです。

●**結核性リンパ節炎**　片側の肺門部にあるリンパ節の腫れで発見されますが、現在ではきわめてまれな病気です。

●**縦隔腫瘍**　増殖しない良性のものが多くみられます。

老化にともなう呼吸器の病気と症状

高齢者の呼吸器は、呼吸機能の低下や、横隔膜などの呼吸筋のはたらきの低下など、加齢による影響を大きく受けます。とくに、つぎに述べるような呼吸器疾患にかかりやすくなります。

◉肺炎

肺炎（1275頁）は、高齢者の死因のなかでは、抗生物質が発達した現在でも、第3位にあげられています。

高齢者の肺炎は、かぜから肺炎になる場合（**市中肺炎**）と、がんなどの重い病気で治療中に肺炎を併発する場合（**院内肺炎**）に分けられます。

これ以外に、誤って気管に飲食物を入れてしまうこと（誤嚥）によっておこる場合（**嚥下性〈誤嚥性〉肺炎**）もあります。とくに脳梗塞をおこしたことのある高齢者では、嚥下反射や咳反射の低下で誤嚥することが多く（不顕性誤嚥）、肺炎になりやすくなります。

高齢であればあるほど、また、栄養状態などの全身状態が悪ければ悪いほど、さらに、ほかに重い病気をともなっているほど、肺炎による死亡率は高くなります。市中肺炎の死亡率は10〜20％以下ですが、院内肺炎では70％以上にもなります。

▼原因　原因については成人の肺炎（1275頁）を参照してください。

▼検査と診断　高齢者では、熱が微熱程度（37度台）にとどまったり、呼吸器の症状が乏しかったりすることがあります。そのかわり、全身のだるさ、食欲の急激な低下、元気がない、いきなり意識が混濁することなどが初期症状になることがあります。

認知症をともなう場合、訴えが正しく伝えられないことや、訴えそのものが乏しいことがよくあるため、早期発見がむずかしいことが多いようです。

高齢者では、呼吸数が多いこと（安静時で1分間に25回以上）、脈拍が速いこと（安静時で100以上）が、肺炎の初期のサインであることがよくあります。

胸部X線写真では、肺炎の病巣は浸潤影としてみられますが、脱水や、肺気腫など肺にほかの病変があると、浸潤影がみられないこともしばしばあります。

▼治療　痰を検査して起炎菌をはっきりさせてから、これによく効く抗生物質を選んで使用するのが理想的です。しかし、短時間に正確に検査ができない場合でも、医師の経験から抗生物質を選んで、治療を始めます（**エンピリック・セラピー**といいます）。

入院治療が必要となるのは、意識が混濁しているとき、食事や水分が十分にとれないときか、すでに脱水症状があるとき、チアノーゼ（指先や唇の色が悪くなる）などがあり酸素吸入が必要なとき、別に重い病気があるときなどです。

▼予防　寝たきりの高齢者では、自分で歯みがきができないので、口の中に細菌が増えます。介護などで歯みがきをし、口の中を清潔に保つことも、肺炎予防に役立ちます。また、インフルエンザワクチンや肺炎球菌ワクチンも肺炎予防の効果があります。

◎肺結核の検査と診断

肺結核では、ふつう、血痰、寝汗、食欲の低下、体重の減少など、特有の症状があります。

なかにはかぜが長引いていると思われ、適切な診断、治療が遅れる場合がしばしばありますので、注意が必要です。

肺結核の診断が遅れる理由には、医療者側で早期発見が遅れる場合と、病人側の認識不足で早期受診が遅れる場合とがあり、問題となっています。

肺結核の診断は、痰や胃液、場合によっては気管支洗浄液をとって結核菌を証明することです。

症状があり、チールネルセン染色という方法によって顕微鏡で抗酸菌（酸に強い菌で結核菌が代表的なもの）がみられればほぼ診断がつきます。ただし、確実に結核菌であることを証明するには、数週間、採取した菌を培養し、ナイアシン・テストを実施します。

◉慢性閉塞性肺疾患（COPD）

慢性閉塞性肺疾患（1268頁）は喫煙、排気ガスや大気汚染物質の吸入によって肺や気管支に炎症がおこり、肺の中の空気の流れが低下する疾患です。肺胞の破壊と空気の通り道の流れの低下のため、肺におけるガス交換（酸素の取入れと二酸化炭素の排泄）が著しく低下します。

特徴的な症状は、階段や坂道をのぼるときの息切れ、せき、痰などです。

▼原因　原因は成人の慢性閉塞性肺疾患（1268頁）を参照してください。

▼検査と診断　肺機能検査によって、気管支が狭くなり、空気が通りにくくなっていること（閉塞性換気障害）で診断されます。さらに胸部CT検査によって、肺胞の部分が広く壊れている像が見られたらCOPD（肺気腫）の診断が確定します。また、動脈血を採血して、含まれる酸素の量、二酸化炭素の量を測定し、重症度を判定します。

▼治療　第一は禁煙です。また、インフルエンザワクチン、肺炎球菌ワクチンの接種は感染による呼吸不全や肺炎を予防します。

薬物療法として、抗コリン薬やβ_2刺激薬、テオフィリン徐放薬などを使用します。呼吸リハビリテーションも症状を改善します。重症になって呼吸不全をくり返す場合は吸入ステロイド剤を使用します。さらに気管支ぜんそくを合併する場合には、内服ステロイド剤を使用することもありますが、骨粗鬆症や糖尿病を悪化させ、結核を合併することがあるので、短期間に中止ないしは減量が勧められています。

ガス交換が著しく低下し、低酸素状態にある場合、自宅での酸素吸入（在宅酸素療法）が行われます。もっとも重症で呼吸困難が内科的治療でも改善せず、肺胞の損傷が激しい場合、外科療法が行われる場合があります。

▼予防　禁煙です。本人が喫煙しなくても、他人の煙で障害される受動喫煙が問題となってきています。高齢者になってから禁煙しても、けっして遅くはありません。この病気は、禁煙で進行が遅くなり、低下した肺の機能も少しは回復することが知られています。

◉肺がん

肺がん（491頁）は、大きく分けて、太い気管支に発生する肺門型と、細い気管支や肺胞（肺の実質的な部分）に発生する末梢型に分類されます。

肺門型は、長年の喫煙をつづけた人に多いのが特徴で、がんの組織の分類からすると、扁平上皮がんと呼ばれるものが大部分です。

末梢型は、女性がかかることが多く、がんの組織からいうと、腺がんと呼ばれるものが多いのが特徴で、喫煙歴のない人にもおこります。

肺がんは、このような分類のほか、小細胞がんと呼ばれる成長の速い、悪性度の高いものと、非小細胞がん（扁平上皮がん、腺がん、大細胞がん）の2つに分類されることがあります。

高齢者の肺がんは、検診で見つかる場合が全体の3分の1、他の3分の1は、ほかの病気の診断や治療時にたまたま発見されるもので、残りの3分の1は、骨や脳に転移があって、初めて肺がんが見つかるものです。

▼原因　喫煙が主要な原因とされてい

呼吸器のしくみとはたらき

これが陽性であれば、確定できます。
　また、細胞の遺伝子を増幅して調べる**PCR法**という方法があり、これによって、採取した菌の遺伝子が結核菌の遺伝子と一致すると結核菌と結論でき、数日間で結果がでます。しかし、この方法では、ある程度の結核菌がいないと証明するのがむずかしく、これが難点となります。
　そのほか、ツベルクリン反応、胸部X線写真撮影、血液沈降速度などの検査をします。
　識別が必要な病気として、抗酸菌ではあるが結核菌でない細菌が、痰の中に見つかることがあり、これは、**非定型抗酸菌症**と呼ばれています。この病気は、とくに高齢者の女性に多いようです。この場合、肺結核のように他人に感染する心配はありません。しかし、治療が必要かどうか、また、その菌に効く薬があるかどうかは、ケースバイケースで判断します。

ますが、高齢者の場合には、石綿や粉塵を吸い込むような仕事についていたことが原因となることが多いことも特徴です。高齢女性の腺がんの原因は、はっきりしたことはわかっていません。一般に、女性は喫煙、受動喫煙などによる発がん物質に感受性が高く、肺がんになりやすいといわれています。

▼検査と診断　成人の肺がん（491頁）を参照してください。

▼治療　肺がんの診断がついたら、まず、小細胞がんか非小細胞がんかがみきわめられます。

　小細胞がんでは、抗がん剤による化学療法が有効な場合が多いのです。しかし、高齢者は、小細胞がんでも、抗がん剤による治療に耐える体力があるかどうかが問題になります。一般的には、80歳以上の場合は、抗がん剤の使用によって生存期間が延びるとは必ずしもいえないようです。

　非小細胞がんの場合は、転移がなく、原発巣（もとの病巣）が比較的小さい場合は、手術して切除します。この手術は、上葉、下葉という肺を構成している大きな部分（肺葉）ごと、がんをとってしまうのがふつうです。したがって、高齢者の場合では、原発巣が小さくとも、手術後の呼吸機能が、ふつうの生活をするのに十分なほど残るのかというみきわめが重要になります。一般的にいうと、70歳以上であっても、元気に通常の生活をする活動性がある場合、手術後の肺機能が残存する見込みがあれば、手術可能です。

　慢性閉塞性肺疾患（1268頁）や肺線維症（1293頁）をともなっている場合は、早期がんであっても手術できないこともあります。また、気管支が、がんでふさがっているような場合は、放射線の照射が行われます。

　手術、化学療法、放射線照射のいずれも無効であるような進行性のがんでは、症状（苦痛）を抑える緩和治療（パリアティブ・ケア）が行われます。これは、患者に負担だけを与えることになる積極的な治療は控え、がんの転移による痛みのコントロール、がんの広がりによる呼吸困難の治療、精神的な支えや励ましを主とするものです。

◉肺結核

　増加が問題となっている高齢者の肺結核（1285頁）は、若いころ肺結核にかかったが、化学療法を十分に受けなかった人が年をとって、昔の古い病巣が再燃してきたという例がほとんどです。

　昔は、肺結核は恐ろしい病気でしたが、今では的確に診断し、適切に治療すれば治る病気になりました。

▼治療　ＩＮＨ（イソニアジド）、ＲＦＰ（リファンピシン）、ＰＺＡ（ピラジナミド）、ＥＢ（エタンブトール）またはＳＭ（ストレプトマイシン）という4つの抗結核薬の飲み薬をいっしょに服用し、治療を始めます。

　ＰＺＡとＥＢ（ＳＭ）は最初の2か月で中止するのが原則です。ＩＮＨ、ＲＦＰは、その後も4～7か月ほど毎日服薬します。

　高齢者では、ＳＭ、ＫＭ(カナマイシン）の注射によって、難聴やめまいの副作用が若い人の場合よりもおこりやすいことがわかっています。そのため、これらの薬は、ほかの薬が副作用などで使えない場合にだけ使用します。

かぜとインフルエンザ

かぜ症候群
Cold Syndrome

◇「かぜは万病のもと」軽視しないこと

どんな病気か

かぜ症候群とは、おもに上気道（鼻、のど、喉頭）、さらには下気道（気管、気管支）の粘膜における急性の炎症性疾患の総称です（1259頁上段）。原因微生物としてはウイルスが全体の80～90％を占め、残りを連鎖球菌などの細菌やマイコプラズマ、クラミジアが占めています。かぜ症候群の原因ウイルスは8種類以上が知られていますが、種類によって感染部位、炎症部位が異なるので、かぜ症候群にはさまざまな症状がみられます。一般的に症状は2～3日でピークとなり、1～2週間で軽快します。

健康な人ではほとんどが自然に治りますが、ときに細菌による二次感染をおこし、また、呼吸器やその他の基礎疾患をもっている人では、それが悪化する場合があり、注意が必要です。

感染経路には、ウイルスの入った分泌物（鼻水、つば、痰）が、くしゃみやせきによって飛沫となって飛び散る飛沫感染と、鼻をかむなどして手で触れて、周囲のものにくっついて感染する接触感染があります。その予防としては、うがいや手洗いが重要です。

症状

かぜ症候群は、普通感冒（かぜ）とインフルエンザに大きく分けられます（次頁表1）。

◉普通感冒 Common Cold

かぜ症候群のなかで、鼻の症状を主体とし、もっとも軽症のものを普通感冒といいます。

くしゃみ、鼻水、鼻づまりを主症状とし、ときにのどの痛みをともないますが、高熱は通常なく、頭痛、倦怠感、寒け、食欲不振などの全身症状も弱いものです。

ライノウイルス、パラインフルエンザウイルス、エコーウイルス、コクサッキーウイルス、RSウイルスなどが原因となり、予後は良好ですが、ときに副鼻腔炎（1162頁）や中耳炎（1125頁）などを合併します。

◉インフルエンザ（1261頁）

流行性に発症し、全身症状が強く、重症化することも少なくないという点で、同じかぜ症候群のなかでも区別されるべきものです。

ここでは、普通感冒の症状について解説します。

▼急性鼻炎（鼻かぜ）（1151頁）　鼻の乾燥感、くしゃみや鼻水で、鼻水はさらさらした水ばなのようなものから、粘りけのあるものになり、さらに膿のようになることもあります。鼻水に加えて、鼻の奥の粘膜が腫れると鼻づまりがおこります。

▼急性咽頭炎（のどかぜ）（1172頁）　のどの粘膜が分泌物をともなって赤く腫れ、痛みをきたします。おもに4歳以下の子どもで夏に流行するエンテロウイルス属のコクサッキーウイルスやエコーウイルスなどに感染し、のどの粘膜にポツポツと水疱や潰瘍ができて高熱をだすことがあり、これを**ヘルパンギーナ**といいます。

▼咽頭結膜熱（807頁）　アデノウイルスの感染により、発熱、咽頭炎、結膜

◎かぜ症候群の炎症性疾患

●普通感冒
●インフルエンザ（1261頁）
●急性鼻炎（1151頁）
●急性咽頭炎（1172頁）
●急性扁桃炎（1176頁）
●急性喉頭炎（1181頁）
●クループ（1259頁）
●急性気管支炎（1267頁）
●急性副鼻腔炎（1162頁）
●急性中耳炎（1125頁）

◎どんなときに診察を受けたらよいか

症状が激しく重いとき、症状が1週間以上つづくとき、くり返すとき、あるいは、発疹や関節の腫れ、むくみ、息切れなど、かぜ症候群以外の症状があるときには医師の診察が必要です。また、持病のある人は、悪化することがあり、この場合もかかりつけ医を受診すべきです。

▼**子どもの場合**（670頁）

▼**高齢者の場合**　からだのいろいろな機能が低下しており、

炎をおこし、とくに、夏にプールの水を経由して感染するものは**プール熱**（**プール性結膜炎**）ともいわれます。

▼**急性扁桃炎**（1176頁）　リンパ組織であるのどの扁桃を主体とした炎症で、連鎖球菌や肺炎球菌などの細菌によることが多く、のどの痛みとしばしば高熱をともないます。

▼**急性喉頭炎**（1181頁）　のどのさらに奥、声帯の部分の粘膜に炎症がおこり、声がれが生じます。経過は良好ですが、乳幼児では呼吸困難におちいりやすく注意が必要です。

表1　普通感冒とインフルエンザの比較

	普通感冒	インフルエンザ
発生状況	1年を通じ散発的	冬季に流行
臨床症状		
発症	緩徐	急激
おもな症状	上気道症状	全身症状
発熱	通常は微熱	高熱
せき	軽度～高度	通常は軽度
痰	白色・粘液性	白色・粘液性
咽頭痛	多い	少ない
悪寒	少ない	高度
倦怠感	少ない	高度
筋肉痛	少ない	あり
合併症	まれ	肺炎や脳炎など

▼**クループ**　声帯の周囲が炎症をおこして喉頭が狭くなり、息を吸うときにゼーゼーという音（喘鳴）をきたし、声がれや犬がほえるようなせきがみられる病気で、呼吸困難をおこします。ジフテリア菌による急性喉頭炎を真性クループ、ジフテリア菌以外の原因によるものを仮性クループとして区別します。仮性クループではウイルス感染、とくにパラインフルエンザウイルスによる喉頭気管気管支炎がもっとも多く、3か月～3歳の子どもに多くみられます。

▼**急性気管支炎**（1267頁）　種々のウイルス、マイコプラズマや細菌などの感染による気管支の粘膜の急性の炎症です。

検査と診断

全身症状の軽い普通感冒の場合は、先に述べた症状や、口、のどの診察、頸部のリンパ節が腫れていないかの触診、胸部の聴診などで診断ができるので、一般には検査は必要ありません。原因ウイルスの検索は困難で、ふつう行われていません。

かぜ症状を呈する、あるいはかぜ症状で始まる他の病気との識別が重要です。

インフルエンザでは、迅速診断キットによってインフルエンザウイルス抗原を直接検出する検査を行います（1262頁）。

高齢者や持病のある人（とくに慢性の呼吸器疾患や心臓病、糖尿病、腎不全など）では、細菌による二次感染をおこして肺炎や呼吸不全へと進展したり、もともとの病気が悪化する場合があるので、それぞれ適切な臨床検査が必要になります。高熱、痰をともなうせき、胸の痛みなどがあり、症状がつづくときには肺炎を疑い、胸部X線検査を行います。

治療

普通感冒では原因ウイルスに有効な薬剤はなく、体力の消耗を防ぎ自然な治癒力に期待する安静などの一般療法と、それぞれの症状をおさえる対症療法によります。ほかの人への感染を防ぐためにマスクを着用し、帰宅時には手洗いとうがいを行うべきです。たばこは、せきや痰を悪化させるので、禁煙が必要です。

◉**普通感冒の一般療法**

安静・保温・保湿・水分の補給・消

かぜをこじらせやすく、肺炎をおこしたり、もともとの病気が悪くなったりしやすいので、注意が必要です。また、からだの反応も低下しているため、肺炎などの重い合併症をともなってきても、熱やせきなどの症状がはっきりしないこともあります。

▼妊娠中の女性の場合　妊娠中はおなかが張って横隔膜を押し上げるので、痰を吐き出す力が弱まります。一般的なかぜは、妊娠の経過や胎児に大きな影響はありませんが、妊娠中の女性のかぜは長引き、こじれやすいので、予防をしっかりする必要があります。また、胎児への影響も考慮して、かぜ薬はやむをえないときに必要なだけ使うようにすべきです。ただし、せきが激しいときは、おなかに強い圧力がかかって早期破水を引き起こすことがあるので、医師と相談して比較的安全なせき止めを処方してもらうとよいでしょう。

化のよい食事による栄養補給が、かぜをこじらせずに、速やかに自然に治すもっともよい方法です。

　とくに冬季に流行するかぜのウイルスは、高い温度と湿度に弱いので、部屋の温度を20℃以上に、湿度を50％以上に保つとよいでしょう。発熱で脱水症状をおこしやすい子どもや高齢者は、水分の補給がとくにたいせつです。

◉普通感冒の対症療法

▼発熱・筋肉痛・関節痛　解熱鎮痛薬で抑えることができますが、発熱はウイルスに対する自然な免疫反応なので、安易な使用は避け、氷枕などで冷やすことも重要です。子どもでは、**ライ症候群**（672頁上段）をおこすことがあるので、アスピリンは使いません。また、**アスピリンぜんそく**がある人は、解熱鎮痛薬でぜんそく発作をおこすことがあるので、医師に相談しましょう。

▼鼻水、鼻づまり　抗ヒスタミン薬が有効ですが、眠気をもよおしたり、口が乾いたり、痰が粘っこくなって切れが悪くなったりすることがあります。車の運転などは避けるべきです。緑内障、前立腺肥大があれば、病気を悪化させるので使えません。直接鼻の粘膜に吹きつける点鼻薬は、使いすぎるとかえって悪くなったり、薬も効きにくくなることがあります。

▼のどの痛み　細菌感染の治療と予防としてポピドンヨードにより1日数回うがいをします。殺菌作用のあるトローチも有効です。

▼痰　十分な水分をとり、加湿をすることが重要で、さらに去痰薬を処方します。膿性の痰では、細菌感染を考え、抗生物質の投与も必要となります。

▼せき　気道内の異物を外に出す生体の反応で、むやみにせき止め（鎮咳薬）を使用すべきではありません。ただし、痰のからまないせき（からせき）がひどく、睡眠や日常生活に支障をきたす場合には、鎮咳薬を使用します。痰がからむ場合には、せきを抑えることで痰がつまってしまい、病状が悪化する場合があります。

▼かぜ薬（総合感冒薬）　解熱鎮痛薬、抗ヒスタミン薬、鎮咳薬の3種類の成分を中心に、その他、去痰薬、抗炎症薬、カフェイン、ビタミンなどを配合したものです。ウイルス自体には効果はありませんが、症状を和らげることができます。

▼抗生物質　普通感冒の大部分はウイルスが原因なので、細菌に効く抗生物質は一般的には効果がありません。むしろ、からだの中でよいはたらきをしている細菌を殺し、悪い影響をおよぼす危険もあります。ただし、細菌感染によると思われる急性咽頭炎、扁桃炎、喉頭炎、気管支炎では投与が考慮されます。

予防

ウイルスが侵入しないように、また侵入しても発病しないように身を守ることです。流行期には、外出時にマスクを着用し、帰宅時には手洗いとうがいを行いましょう。とくに冬に流行するウイルスに対しては、部屋の温度を20℃以上に、湿度を50％以上に保つとよいでしょう。生活が不規則になったり、疲れているときには発病することが多いので、かぜの季節には、睡眠を十分とるなどして無理をしないようにしましょう。

インフルエンザ……1261頁

▼**症状**▲38度以上の高熱に、悪寒、頭痛、筋肉痛、関節痛などの全身症状が現れる。
▼**治療**▲抗ウイルス薬を服用し、安静にして十分な睡眠をとる。

◎普通感冒とインフルエンザ

かぜ症候群（1258頁）は、普通感冒（普通のかぜ）とインフルエンザに大きく分けられます。以前、インフルエンザの流行も「スペインかぜ」や「香港かぜ」というように「かぜ」と表現されていましたが、軽い鼻症状が主体の普通感冒に対し、インフルエンザは流行性に発症し、全身症状が強く、重症化することも少なくないという点で、同じかぜ症候群のなかでも区別されるべきものです。

インフルエンザ

Influenza

「かぜではないかぜ」

どんな病気か

インフルエンザウイルスの感染によっておこり、冬を中心に大流行をくり返し、全身症状が強く、重症化することも少なくないという点で、同じかぜ症候群のなかでも区別されるべきものです。最近、効果的な診断法、治療薬が登場しましたが、いっぽうで鳥のインフルエンザが人に感染・発病するということが問題になり、新型インフルエンザウイルスの世界的な大流行（**パンデミック**）への対策が進められています。

▼インフルエンザウイルス　A型、B型、C型があります。C型は「はなかぜ」程度の軽い症状で終わるもので、伝播力がひじょうに強いのはA型、B型です。感染した人の気道（鼻腔・咽頭）の分泌物の中に含まれるウイルスが、せきやくしゃみで飛沫として空気中に放出され感染をおこす飛沫感染がもっとも多い感染経路です。

ウイルスの表面には、HA（血球凝集素）とNA（ノイラミダーゼ）という2種類の糖たんぱくの突起があり、細胞への感染に大きな役割をはたしています。A型ウイルスだけがHAとNAの抗原の性質のちがいにより、さらに多くの亜型に分類されています。

HAやNAの性質は遺伝子の変異により少しずつ変異するため（連続抗原変異〈ドリフト〉）、前の年までに獲得した免疫では感染を防げなくなり、毎年流行することになります。とくに、HAやNAの性質が大きく変異を示すと（不連続抗原変異〈シフト〉）、ほとんどの人で免疫がはたらかなくなるため、大流行をきたします。

症状

合併症をともなわない典型的なインフルエンザでは、38度以上の高熱で突然発症し、悪寒、筋肉・関節痛、倦怠感、頭痛などの全身症状が出現し、やや遅れて鼻水、のどの痛み、せきなどの呼吸器症状が出現します。子どものインフルエンザでは、吐きけ、嘔吐、腹痛などの消化器症状がでることもあります（B型ウイルスに多い）。発熱は成人では3～5日つづき、急速に解熱するパターンがよくみられます。子どもでは、経過中いったん治ったかのように熱が下がり、半日から1日で再び高熱を認めること（二峰性発熱）があります。

一部では、さまざまな合併症を併発し、病状が長引いて、重症化する場合があります。インフルエンザの合併症は気管支炎、肺炎など呼吸器に多くみられますが、おもに子どもにみられる熱性けいれんや脳症などの中枢神経合併症や、心血管系合併症、中耳炎などさまざまなものがあります。

◉おもな合併症

▼インフルエンザ肺炎　①インフルエンザウイルス自体による純粋のウイルス性肺炎、②ウイルスと細菌が同時に感染し、増殖する混合感染型の肺炎、③インフルエンザウイルスの感染が軽快したあとに発症する二次性の細菌感染による肺炎、の3型に分類されます。多くは③のケースで、これはインフルエンザウイルスの感染により気道粘膜

◎オセルタミビルによるインフルエンザ予防の対象

原則として、インフルエンザ患者と同居している家族やいっしょに生活している人で、以下に該当する場合。

①65歳以上の高齢者
②慢性呼吸器疾患または慢性心疾患患者
③糖尿病などの代謝性疾患患者
④腎機能障害患者

の上皮が障害され、細菌が付着しやすくなるためとされています。

▼インフルエンザ脳症　新生児や幼児では、インフルエンザにかかると脳症をおこすことがあります。症状は発熱、頭痛で始まり、奇異な行動をとったり、意識障害、けいれん、まひなどがみられ、中等度以上の後遺症が残ることや死亡へいたる場合もあります。解熱薬のジクロフェナクナトリウムとの関連が指摘されており、これを含む薬の使用は避けるようにします。

検査と診断　ウイルス抗原を直接検出する「迅速診断法」によって、診断が短時間（30分以内）で可能です。症状がでてから12～48時間以内（乳幼児では4日以内）の鼻咽頭ぬぐい液（鼻あるいは口から採取）、鼻の吸引液や洗い液、あるいは、痰を採取して検査します。採取された検体のウイルス量が少ないと偽陰性（ウイルスがいるのに陰性反応を示す）となります。症状がでてから12時間以内では検出率が低く、またウイルス量の減る4日目以降も検出率が下がります。検査キットでの診断は１００％ではないので、総合的に判断することが重要です。流行のピークでは、症状だけでほぼ診断することができます。

治療　インフルエンザウイルスを標的とする抗ウイルス薬が登場しましたが、ウイルスが強く増殖している時期に服用しないと効果を発揮しないため、インフルエンザが疑われたら、できるだけ早く医療機関を受診すべきです。早く治療を開始するほど効果が高いとともに、周囲の人への感染を減らすためにも重要です。

①**抗ウイルス薬　アマンタジン、ザナミビル、オセルタミビル、ペラミビル、ラニナミビル**の5種類があります。

いずれも発症後48時間以内に投与することが必要です。発症後3日以上の症例については、抗ウイルス薬の適応にないので対症療法のみとなります。

アマンタジンは、A型インフルエンザウイルスに効果を発揮しますが、耐性をもつウイルスが増えたため使われなくなっています。

いっぽう、ノイラミダーゼ阻害薬で

表1　抗ウイスル薬の比較

抗インフルエンザ薬	有効ウイルス	使用方法	おもな副作用
アマンタジン	A型	内服	中枢神経、消化器症状
オセルタミビル	A型、B型	内服	消化器症状
ザナミビル	A型、B型	吸入	まれ、気道刺激
ペラミビル	A型、B型	点滴	消化器症状
ラニナミビル	A型、B型	吸入	消化器症状

あるザナミビル、オセルタミビル、ペラミビル、ラニナビルは、A型、B型いずれのウイルスにも有効で、ウイルスの増殖を抑えます。なお、オセルタミビルの服用と10歳代の異常行動との関連が指摘されたため、使用する際には十分な注意が必要です。

②細菌による二次感染の治療　黄色や膿性の痰が出る、高熱が持続するなど細菌による感染の合併が考えられる場合には、抗生物質の投与を行います。

③対症療法　安静にして十分な睡眠をとることが基本です。無理をすれば病気が長引くだけでなく、肺炎のような合併症を引き起こすことにもなります。高熱のため脱水がおこりやすく、水分の補給が必要です。

また、高熱に対する解熱鎮痛薬のうち、アスピリン、ジクロフェナクナトリウム、メフェナム酸は、子どもにおけるライ症候群やインフルエンザ脳症との関連が指摘されているため、投与は控えるべきです。解熱効果は弱いのですが、アセトアミノフェンが勧められます。

予防

①ワクチン接種　現行ワクチンによる100%のインフルエンザ発症予防は不可能ですが、インフルエンザによる肺炎や入院、さらに死亡をも減少させることが報告されており、たとえインフルエンザを発症しても、重症化を抑えることが期待できます。効果は1シーズンのみなので、接種は毎年行う必要があります。

65歳以上のワクチン接種は公的医療費の対象となっています。また、2歳未満ではインフルエンザワクチンの有効性は確立されていませんが、2歳以上では有効性が認められており、恐ろしいインフルエンザ脳症を予防するためにも、接種が勧められます。

②抗ウイルス薬　現在、日本で予防を目的として使用が認可されているものは、アマンタジンとオセルタミビル、ザナミビルの3つです。アマンタジンについては、A型ウイルスにしか効果がないことと、その副作用が比較的強いことも考慮する必要があります。

オセルタミビルによる予防内服の対象者を前頁上段に示しますが、保険適用はなく、また13歳以上を対象とする年齢制限があります。

③一般的な予防　流行時には人混みや混雑する場所への出入りを控え、また、感染した人と接触する可能性のある場合には、マスクを着用すべきでしょう。うがいは重要ですが、水道水や食塩水では、ウイルスを殺せません。ポピドンヨードはインフルエンザウイルスに有効のみならず、インフルエンザに合併する肺炎や気管支炎の原因菌となる肺炎球菌、インフルエンザ桿菌にも有効です。また、手洗いをよくして、不潔な手指で顔面に触れないなどの注意も必要です。

気道の粘膜に侵入したインフルエンザウイルスにより、インフルエンザが発病するかどうかは、その人の免疫抵抗力によります。よって、インフルエンザ流行時には、過労や不摂生を避け、栄養に十分注意して、からだの抵抗力を低下させないようにしましょう。

④学校保健安全法　第2種感染症に分類され、解熱したあと2日をすぎるまでが出席停止期間となっています。

◎SARS対策とインフルエンザワクチン

SARS対策として、インフルエンザワクチン接種の重要性が高まっています。

それぞれ原因となるウイルスが異なるために、ワクチンの接種でSARS（重症急性呼吸器症候群 1284頁）そのものを治すことはできません。しかし、SARSはインフルエンザと症状が似て、区別が困難なため、ワクチン接種によりインフルエンザの可能性が低くなれば、SARSの早期発見と感染防止対策が可能となるのです。

気管支の病気①

ぜんそく（気管支ぜんそく）……1264頁
▼症状▲喘鳴や呼吸困難、また、せきだけのことも。
▼治療▲ステロイド薬の吸入が治療の基本。

コラム せきぜんそく……1266頁

◎起坐呼吸……1265頁

小児ぜんそく……668頁

ぜんそく（気管支ぜんそく）

Asthma

基盤はアレルギーと気管支の過敏性

◇喘鳴と呼吸困難をくり返す

どんな病気か

ぜんそく（喘息）とは、気管支をとり囲む筋肉が収縮したり、分泌物が増加したために、肺への空気の出入りが悪くなる病気です。

そのため、苦しい息をするたびに、ゼーゼー、ヒューヒューといった音（喘鳴）がします（ぜんそく発作）。この症状は、治療によって、または自然によくなるのが特徴です。

また、ぜんそくの発作というより、せきだけが現れることもあります。これをせきぜんそく（1266頁）といいます。

かぜにかかってから、せきが治らない、そのうち喘鳴が聞こえるようになった、息苦しくなってきたというようなときは、ぜんそくが疑われます。

ぜんそくの症状は、夜、とくに明け方に悪くなります。大きな発作では、呼吸困難をおこし、死亡することがあります。

◇ぜんそく発作のおこるしくみ

原因

ぜんそくの発症には、さまざまな要因がかかわっています。ある種の物質に対してアレルギーをおこしやすい体質を**アトピー素因**といいます。家のほこりやイエダニなどのアレルゲンを吸入すると、アレルギー反応によって気道に炎症がおこることになるのです。ぜんそくになった人の50％以上がアトピー素因があるといわれています。

また気道の過敏性もぜんそくを発症する大きな要因です。気道の過敏性は遺伝子に影響され、ぜんそくの人では過敏性が高く、少ない刺激でも気道が狭くなり、せきこみやすくなります。また、ぜんそくでは気管支の粘膜が障害され、気道過敏性が高まります。

これらの体質に加え、室内のイエダニやペットの毛などのようなアレルゲンとの接触、ウイルスによる呼吸器感染症、喫煙などもぜんそくの原因となります。

アトピー素因をもつ人では、アレルゲンの吸入によって、肥満細胞（マスト細胞）からヒスタミンなどの化学物質が放出されます。この物質が、気管支の平滑筋を収縮させて気管支の内側をせまくさせ、血管からの分泌物を増加させて空気の通りを悪くします。

アトピー素因のない人でも、アトピー素因がある人と同じように気管支の粘膜にいる好酸球やリンパ球など、それ自体が炎症をおこす細胞（炎症性細胞）が活性化し、気管支に炎症をおこします。この結果、血管がむくみ、分泌物が増加して、空気の通りが悪くなるのです。

検査と診断

明確な診断基準はまだありません。ただし、発作性の呼吸困難と、朝・夜を中心としたせき、喘鳴などの症状が現れていれば、ぜんそくが疑われます。

また、ぜんそくでは気管支に炎症がおきていることから、血液検査や喀痰

気管支の病気

ぜんそく発作時の楽な姿勢

◎**起坐呼吸**（きざこきゅう）

ぜんそくの発作がおこったら、横になるより座ったほうが楽なことがあります。

からだを横（水平）にすると、肺が圧迫されると同時に横隔膜が上がり、重力のために下半身にたまっていた血液が急に心臓に戻り、肺うっ血が強くなるため、呼吸が困難になるのです。そのため、座っているほうが楽になります。この姿勢の呼吸を起坐呼吸といいます。

神戸市立中央市民病院での発作入院数とぜんそく薬処方数の推移

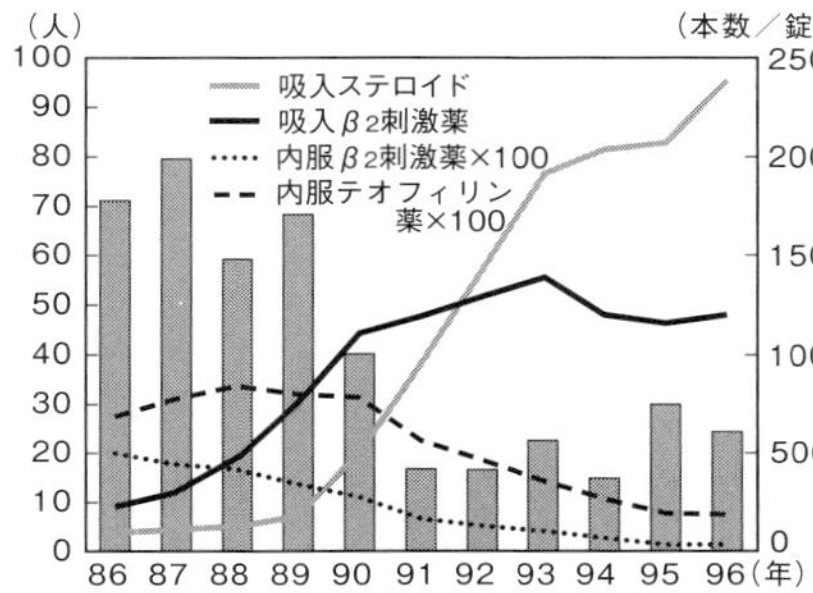

ぜんそく発作のおこるしくみ

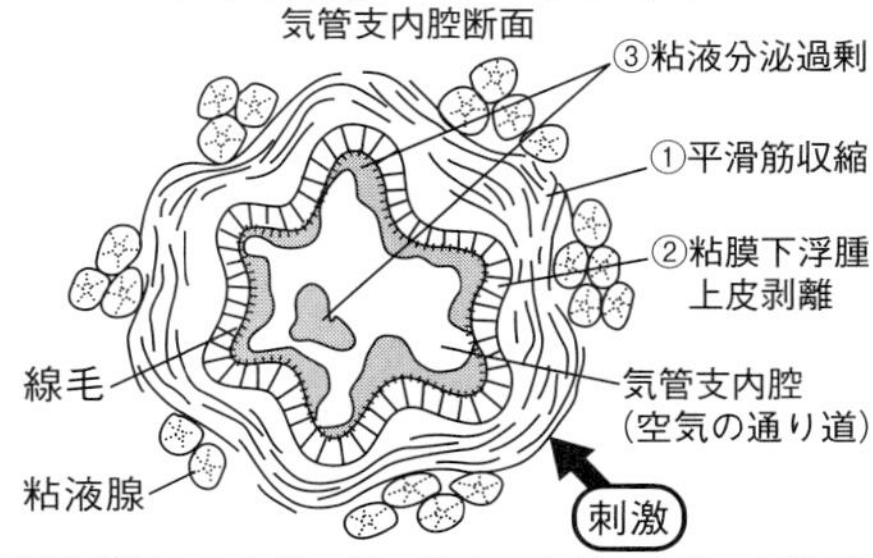

刺激が加わると①、②、③の変化がおこり、内腔が狭くなり、空気の通りが悪くなる。

検査により好酸球（こうさんきゅう）の増加、はく息に含まれる一酸化窒素の上昇がみられます。

アトピー素因からおこるぜんそくでは、血液検査により特異的ＩｇＥ抗体がみられます。

◇アレルゲンの減少が治療の基本

治療 原因物質が明らかな場合は、それを遠ざけることが必要です。しかし、多くの場合、原因物質から完全に逃れることは簡単ではありません。このような場合には、少なくとも自宅内におけるイエダニを少なくするなどの工夫が必要です。

症状を抑えるためには薬物療法が行われます。薬物療法は、気管支の炎症を抑えることと、狭くなった気管支を広げることを目的として行われます。使用される薬は、慢性の症状をコントロールする長期管理薬と、発作を抑える発作治療薬とに分けられます。

長期管理薬には、ステロイド剤や抗アレルギー薬などの抗炎症薬、β_2刺激薬、テオフィリン徐放薬などの長時間作用性気管支薬が使用されます。吸入ステロイド剤がもっとも重要な薬剤です。発作治療薬には、吸入β_2刺激薬（短時間作用性気管支拡張薬）と全身性ステロイド剤があります。

アスピリンなどの解熱鎮痛薬の一種や、食品に含まれる防腐剤、着色料などが、ぜんそくを急に悪化させることがあります。これを**アスピリンぜんそく**といいます。

過去に、かぜ薬や鎮痛薬を内服してひどい発作がおこったという人は、どんな病気で受診するときも、それを医者に告げることを忘れてはなりません。

日常生活の注意 この病気は症状が長期にわたり、また、完治もむずかしいため、ぜんそくになった人自身による日常的な管理が必要です。

日常的にぜんそくの状態を調べる器具として**ピークフローメーター**があります。これは息をはきだす力を測るもので、1日2～3回測定し、その記録をとります。この結果が大きく変動している場合には、気管支の状態が不安定であると考え、薬の使用や医師の受診が必要になります。

せきぜんそく

❖せきぜんそくとは

ぜんそく（1264頁）の典型的な場合には喘鳴（ヒューヒューゼーゼー）、呼吸困難などの症状を合わせて訴えますが、せきだけを症状として訴える人もいて、これを**せきぜんそく**と呼びます。

せきぜんそくは日本では**慢性咳嗽**（1250頁）の原因としてもっとも多い疾患であり、報告により少し異なりますが、慢性咳嗽の30～50%程度を占めています。女性に多く、せきぜんそくの人も増えているといわれ、典型的ぜんそくと比較して、その比率が高くなっているとの指摘もあります。

❖せきぜんそくの症状

症状はせきのみで、聴診で喘鳴は聞きとれません。せきは就寝時、深夜あるいは早朝に強いことが多く、せきこんで眠れない、せきで目が覚めて横になれないなどの訴えがしばしば聞かれます。

上気道炎（かぜ）がきっかけで悪くなることが多く、その他、気温の変化、受動喫煙、香水や線香の煙などの刺激やにおい、会話、運動、過労、睡眠不足などで悪くなる場合もあります。

❖せきぜんそくの診断と検査

血液検査や皮膚テストで約60%に何らかの吸入性抗原（ハウスダスト、ダニ、スギの花粉など）への感作が認められ、また、せきが毎年同じ季節にくり返して悪化することが多いことから、何らかのアレルギーによってせきが生じる場合が多いと考えられますが、何に対するアレルギーがせきの原因か証明することは通常、困難です。

典型的ぜんそくの発作ほどに気道が狭くなる（気道閉塞）ことは少なく、スパイロメトリー（肺機能検査）の1秒量やピークフローは正常かほぼ正常の場合が多いです。気道過敏性も典型的ぜんそくと比較すると軽い傾向があります。好酸球を中心とする気道の炎症や、気道リモデリング（気道の基底膜の肥厚、分泌細胞の増加など治療によっても戻りにくい気道の変化）は典型的ぜんそくと同様にみられます。

診断には気道過敏性の証明が重要とされていますが、この検査は専門性が高く、かぎられた施設でしか行えません。また健康な人や他の疾患で陽性になることもあります。

もっとも簡便で有用な診断方法は、気管支拡張薬（おもにβ刺激薬）によってせきが改善することです。慢性咳嗽で気管支拡張薬が効く病気はせきぜんそくだけなので、診断できるのです。喀痰の細胞を調べて好酸球が増えていれば、これも診断に役立ちます。しかし、せきぜんそくと症状の似た、アトピー素因、せき症状の季節性や喀痰中の好酸球増加を示すアトピー咳嗽との鑑別には、気管支拡張薬が効くかどうかが決め手となります（アトピー咳嗽では気管支拡張薬は無効です）。

❖治療はぜんそくと同じように行う

気管支拡張薬の効果で診断が確定したら、吸入ステロイド剤を中心とする抗炎症治療を行います（β刺激薬には抗炎症作用はありません）。

早期に炎症を抑えて気道リモデリングの発症を防止することが重要です。成人ではせきぜんそくの約30%で典型的ぜんそくに移行します。吸入ステロイド剤を診断後の早期から使用すると典型的ぜんそくへの移行が防止できる可能性があり、その意味でもせきぜんそくの重要な治療薬です。治療方針はすべて典型的ぜんそくと同様、せきが止まっても自分の判断で薬を中止してはいけません。

気管支の病気②

急性気管支炎
Acute Bronchitis

どんな病気か

◉かぜ症候群に含まれる

急性の炎症が気管支の粘膜におこる病気を、急性気管支炎といいます。ほとんどはウイルス感染が原因でおこり、かぜ症候群（1258頁）に含まれます。

かぜ症候群では、鼻汁や鼻づまり、くしゃみなどの上気道の症状、せきや痰などの下気道の症状などがみられますが、急性気管支炎は、これらの症状のあとに、弱った気管支に病原微生物が感染することで、せきや痰の症状が強くおこるものです。

つまり、かぜ症候群のなかで気管支に炎症があって、おもにせきや痰の症状が現れるものに、急性気管支炎という診断名がつけられるのです。

これらの症状のちがいにあまりこだわらなければ、かぜ（症候群）の診断名が使われることもあります。

また、インフルエンザでも同じような症状がみられますが、検査で区別できますので流行している時期には、検査を受け、正確な診断をつけたほうがよいでしょう。

原因

急性気管支炎のほとんどは、ウイルスの感染が原因です。ライノウイルスやパラインフルエンザウイルスなど、かぜ症候群の原因と同じウイルスによるものが多いと考えられていますが、個々の急性気管支炎の原因の大部分は、正確には不明です。

このほか、ウイルス以外の病原微生物であるマイコプラズマや細菌が原因であったり、まれには刺激性ガスや粉塵などの有害物質の吸入が原因でおこったりします。

これらの病原微生物が気管支の粘膜に感染すると、リンパ球などの免疫反応により、血管から血漿などがしみ出し、血管や粘膜が腫れ、分泌物が増加します。

このため、気管支の閉塞や痰の増加、せきなどがおこります。

検査と診断

おもに、肺炎との区別をするため、胸部X線検査を行うことがあります。胸部X線検査で異常が見つかった場合には肺炎と診断されます。

治療

ウイルスに直接に効く薬はありませんが、ほとんどの急性気管支炎は、自然に回復します。したがって治療は発熱に対する解熱薬の服用など、対症療法にかぎられます。

ただし、肺炎球菌による感染の場合は肺炎に進展する可能性があり、それを予防するために抗生物質が用いられることもあります。

日常生活の注意

安静と保温がたいせつです。水分が不足しないよう、水分の補給につとめてください。

また、COPD、気管支ぜんそくの人が急性気管支炎をおこすと、急に病状が悪化して、呼吸困難の発作などをおこすことがあります。

そのため、「かぜ」と自分で判断せず、なるべく早く医師の診察を受けてください。

かぜの予防と同様に、流行期には人ごみを避けるなどの注意が必要です。インフルエンザのワクチン接種を受けるのもひとつの方法です。

ＣＯＰＤ（慢性閉塞性肺疾患）

Chronic Obstructive Pulmonary Disease

◇喫煙が原因の肺の病気

どんな病気か

ＣＯＰＤは、喫煙や粉塵などの有毒な粒子、ガスの吸入によって肺に炎症がおこり、しだいに呼吸が困難になっていく病気です。

しつこくつづく慢性のせきや痰、階段の昇り降りなど、からだを動かしたときの息切れ（労作時呼吸困難）、ぜんそくでみられるゼーゼーという呼吸（喘鳴）を特徴とします。

かつては気管支におこる慢性の炎症を**慢性気管支炎**、肺胞でおこる炎症を**肺気腫**と呼んで区別をしていましたが、原因、治療法ともに同じものであることがわかり、**慢性閉塞性肺疾患**と呼ばれるようになりました。

原因

喫煙、大気汚染や粉塵などの吸入がＣＯＰＤの原因となりますが、そのうちもっとも影響の強いものが喫煙です。

40歳以上でたばこを吸っている人のおよそ15～20％にＣＯＰＤの疑いがあり、日本で５００万人以上がＣＯＰＤと推測されています。

たばこには４７００種類以上の化学物質が含まれ、このうち窒素酸化物、硫黄酸化物、一酸化炭素などが肺の酸化ストレス、プロテアーゼ（たんぱく質分解酵素）を増加させ、気管支の炎症、肺胞の破壊などをおこさせると考えられています。

ただし、長期の喫煙にもかかわらずＣＯＰＤにならない人もいるため、発症にかかわる遺伝子の存在も考えられています。

症状

もっとも多い症状は、からだを動かしたあとの息切れです。これは長期間にゆっくりと進行し、このため日常生活の活動が制限されていることがしばしばあります。

しつこくつづくせきや痰、また気管支ぜんそくによくみられる喘鳴（ゼーゼーする）や呼吸困難で息苦しくなる発作がみられることもあります。

また、重症になると胸部が前後に膨らむビール樽状胸郭、口をすぼめて呼吸をする口すぼめ呼吸などもＣＯＰＤに特徴的な状態です。

検査と診断

ＣＯＰＤの診断には、スパイロメトリーと呼ばれる簡単な検査が必要です。これは、思いきりはきだした空気の量（努力性肺活量）のうち、最初の1秒でどれくらいの量をはきだしているのかを測る検査です。

最初の1秒間にはきだす（呼出する）ことができる量（1秒量）を測り、1秒量の努力性肺活量に対する比率（1秒量／努力性肺活量）である1秒率を計算し、これが70％未満で、気管支拡張薬を服用したあとでも改善しないときＣＯＰＤと判断されます。

喫煙歴のある人に労作時呼吸困難がみられ、胸部X線写真でほかの病気の可能性が否定され、肺機能検査で1秒率が70％未満なら、ＣＯＰＤと診断できます。

また、強い労作時呼吸困難がみられる場合、1秒量は1ℓ以下となっていて、健康な人の30～40％に低下しています。

ＣＯＰＤの重症度は、１秒量を同じ年齢、体格の日本人の標準的な数値と比べ、その割合によって決定します（表１）。また、１秒量がよくなったか、悪くなったかを目安にして、ＣＯＰＤの病状の経過を判定します。

表１　COPDの病期分類

0期（COPDリスク群）	スパイロメトリーは正常 せき、痰の慢性症状がある
以下は１秒率が70％未満の場合	
Ⅰ期（軽症）	１秒量が80％以上（同年齢、同体格の日本人と比較／以下同） 慢性症状の有無にかかわらず
Ⅱ期（中等症）	１秒量が50％以上、80％未満 慢性症状の有無にかかわらず
Ⅲ期（重症）	１秒量が30％以上、50％未満 慢性症状の有無にかかわらず
Ⅳ期（最重症）	１秒量が30％未満、あるいは １秒量が50％未満で慢性呼吸不全あるいは右心不全を合併している

中等症以上のＣＯＰＤでは、動脈血ガス分析、またはパルスオキシメーターによって動脈の血液の酸素飽和度を測り、酸素が不足して呼吸不全になっていないか、チェックする必要があります。

動脈血ガス分析で、動脈血の酸素分圧が、60㎜Hg（または、パルスオキシメーターによる動脈血酸素飽和度90％）以下であれば、酸素が不足し呼吸不全と呼ばれる状態になっています。このようなときは、原因を問わず酸素吸入が必要です。

治療

ＣＯＰＤの重症度に合わせて治療が行われます。

ただし、どの重症度でも治療の基本となるのは禁煙です。禁煙することによって、肺機能の低下を止めることができます。

また、かぜやインフルエンザの感染が症状を急激に悪化させることがあるので、インフルエンザワクチンの接種が勧められます。

軽症の場合は、禁煙に加えて短時間作用型の抗コリン薬、β_2刺激薬などの気管支拡張薬を服用します。中等症の場合は長時間作用型の気管支拡張薬を服用し、運動療法などによる全身持久力・筋力の向上をめざす呼吸リハビリテーションを行います。

重症以上の場合には吸入ステロイド剤の使用により症状の悪化を防ぎ、さらに症状が重くなった場合には在宅酸素療法（1305頁）の適用も行われます。

以上のほか、症状が急激に悪化した場合にはステロイド剤の内服と短時間作用型β_2刺激薬の吸入が行われ、痰に混ざる膿（うみ）の量が増えるようになったら、抗菌薬が処方されます。

欧米では、若年者の重症のＣＯＰＤに対しては、肺の移植が行われています。また、肺容量減少手術があります。これは、肺気腫のひどい部分を手術で切取る治療ですが、この手術で大きな効果が得られるケースは、一部にかぎられています。

手術の実施については専門医と十分に相談してください。

ＣＯＰＤは慢性の病気で、病状も年単位でしか判断できないほどゆっくり変化します。気長に病気とつきあうようにしてください。

たばこと呼吸器の病気

❖たばこの煙の影響

たばこの煙の中には、4700種類ものさまざまな気体と粒子成分が含まれています。これら多様な物質がどのように肺、肺の細胞・組織に作用しているか、いくつかのことがわかってきました。

ニコチンなどの物質には、異物を認識するはたらきをもつ免疫関係の細胞（T細胞）の分裂を抑える作用があり、そのため病原微生物に対する免疫力が低下します。

また、ニコチン自体に好中球など炎症をおこす細胞を呼び寄せるはたらきがあり、肺胞に炎症をおこしたり、炎症を広げたりして、肺胞の破壊をまねく原因ともなります。

いっぽう、たばこの煙の成分中のあるものは、肺にいるマクロファージ（異物を取込み消化する細胞）を弱らせて免疫力を低下させ、また、免疫反応をコントロールする化学物質（サイトカイン）のバランスを崩して炎症をおこしやすくすることもあります。

また、たばこには200種類もの発がん物質が含まれており、なかでもベンツピレンは肺の中でチトクロムP450という酵素により代謝され、強力な発がん物質となります。

❖非喫煙者と喫煙者では、肺にある細胞の数と構成がちがう

内視鏡を使った気管支肺胞洗浄という方法で、肺を洗って中の細胞をとって調べてみると、非喫煙者では、細胞の80～95％がマクロファージという大型の細胞、5～20％が小型で円形のリンパ球です。ほかに、好中球や好酸球という細胞がみられることがありますが、ふつうはごく少数（1％以下）です。

ところが喫煙者では、細胞数が非喫煙者に比べて3～5倍に増加しています。増加した細胞のほとんどはマクロファージで、その比率は95％以上になります。

これらのマクロファージは、たばこ煙の成分をたくさん貪食していて、新しい異物がやってきても貪食する余裕がなくなっています。そして、リンパ球の割合は非喫煙者に比べると激減しています（10％以下）。

また喫煙者の肺では、とくに好中球の増加が目立つことがあります。これは、喫煙者の肺ではたえず炎症がおこっている証拠です。

しかし、ふつうは喫煙者がたばこをやめて6か月くらいたつと、細胞の数と構成は非喫煙者の肺と同じような状態に戻ります。

❖喫煙者にみられる呼吸器の病気

▼COPD（1268頁）　煙の慢性的な刺激のために、気道に慢性の炎症がおこり、せき・痰が持続してみられ、肺胞壁が破壊されて、息苦しさがおこる病気です。

いずれも中高年以後に発病する病気で、原因のほとんどは喫煙です。悪化させないため、必ず禁煙を実行してください。

▼肺ランゲルハンス細胞組織球症（1316頁）　ランゲルハンス細胞と呼ばれる大型の細胞と好酸球の浸潤がみられる病気で、まれなものです。この病気になる人のほとんどは喫煙者で、とくに10歳代で喫煙を始めた人が多く、喫煙の刺激が原因だと考えられていますが、くわしいことはわかっていません。ただし、禁煙するとたいてい病気の進行が遅くなるか、回復することはわかっています。

▼肺がん（491頁）　肺がんにはいくつかの種類があり、このうち喫煙との関係がはっきりしているのは扁平上皮がんおよび小細胞がんといわれるタイプの肺がんです。

このタイプの肺がんは、気管支の表面をおおう上皮細胞に、喫煙による慢性的な刺激が加えられた結果であるとみなされています。

禁煙外来

❖喫煙の害

たばこの煙には２００種類以上の有害成分が含まれています。これらの成分が気管、気管支に炎症をおこしたり、肺胞の構造を破壊したりして、呼吸機能を低下させます。また肺の細胞の遺伝子に影響をおよぼし、肺がんを発生させる因子ともなります。

ＣＯＰＤ（1268頁）は長年の喫煙がおもな原因とされる病気で、ぜんそく（1264頁）や花粉症（2009頁）などは喫煙により症状が悪化するため、これらの病気の予防のために、また症状の悪化を防ぐためにも禁煙が必要です。

従来、禁煙は喫煙者の自助努力とされ、禁煙治療は全額自己負担で行われてきました。

しかし、喫煙の害が明確になったことと、喫煙習慣はたばこに身体的にも心理的にも依存をしているニコチン依存症によるものであることがわかり、治療には医師の指導が必要とされるようになりました。

そのため、２００６（平成18）年より、ニコチン依存症管理料が設けられ、禁煙治療が保険の対象となりました。

過去に健康保険などで禁煙治療を受けたことがある場合は、前回の初回診察から一年を経過しないうちは自由診療となります。

なお、禁煙治療のために専門の禁煙外来を設けている病院もありますが、呼吸器科や内科、耳鼻咽喉科で行っている病院もあります。インターネットでも全国の禁煙外来を調べることができます。

❖禁煙治療を受けるにあたって

公的保険による禁煙治療が受けられるのは、下記の４つの条件を満たしている人です。

①ニコチン依存症にかかわるスクリーニングテスト（ＴＤＳ）で、ニコチン依存症と診断された人であること。

②ブリンクマン指数（１日の喫煙本数×喫煙年数）が２００以上の人であること。

③ただちに禁煙することを希望している人であること。

④「禁煙治療のための標準手順書」にのっとった禁煙治療について説明を受け、当該治療を受けることを文書により同意している人であること。

ブリンクマン指数は現在までの喫煙量をはかる指数で、４００以上で肺がんが発生しやすくなり、６００以上で肺がんの高リスク群、１２００以上で喉頭がんの危険が高まります。

このほか、呼吸機能の検査として呼気一酸化炭素濃度測定を行います。たばこには20～30㎎の一酸化炭素が含まれており、この量が喫煙の指標となります。一酸化炭素は血液の酸素運搬機能を阻害し、組織の酸素欠乏を引き起こします。

❖禁煙治療の流れ

治療では、呼吸機能の測定、カウンセリング、禁煙補助薬の処方が行われます。

期間は約３か月で、初診の日から２週間後、４週間後、８週間後、12週間後に診察・処方が行われます。

禁煙補助薬は、ニコチンによって得られる満足感を薬剤によって代替するものです。口の粘膜からニコチンを吸収する**ニコチンガム**（医師の処方せんなしに薬局で買える）、皮膚に貼ってニコチンを吸収する**ニコチンパッチ**（医師の処方せんは保険適用、その他、薬局でも買える）などがあります。禁煙にともなう離脱症状（イライラや頭痛など）を抑えるはたらきもあります。近年では、ニコチンを吸収したのと同じ効果が得られる$\alpha_4\beta_2$ニコチン受容体部分作動薬のバレニクリンの内服も広く用いられるようになっています。

びまん性汎細気管支炎：1272頁

▼症状▲せきと痰が持続し、鼻汁や鼻づまり、後鼻漏などをともなうことも。

▼治療▲エリスロマイシンの長期服用が基本。痰の改善には去痰薬や吸入療法を行う。

◎副鼻腔気管支症候群

慢性副鼻腔炎（蓄膿症1162頁）に、慢性気管支炎（1268頁）、気管支拡張症（1274頁）、びまん性汎細気管支炎などが合併したものをいいます。

原因として、副鼻腔から気管支まで同じ性質をもった粘膜におおわれた気道系全体に、慢性炎症をおこすなんらかの体質的な障害があるのではないかと考えられています。

エリスロマイシン療法（「びまん性汎細気管支炎」の治療〈次頁〉参照）によって、気管支の症状の改善だけでなく、副鼻腔の症状も改善することが知られています。

びまん性汎細気管支炎

Diffuse Panbronchiolitis (DPB)

細気管支におこる慢性の炎症

◇せきと痰がつづき、息切れも

どんな病気か

気管支は、十数回も枝分かれをくり返して最終的に肺胞に行きつきますが、肺胞と末梢の気管支をつなぐ領域を、**呼吸細気管支**と呼んでいます。

びまん性汎細気管支炎は、この呼吸細気管支に、慢性の炎症がおこる病気です（左の写真）。

炎症が左右の肺にびまん性（広い範囲）に生じるために、強い呼吸障害をきたします。発症には男女差はほとんどみられず、40～50歳代をピークに各年代層にわたりますが、最近ではこの病気の発生は減っています。

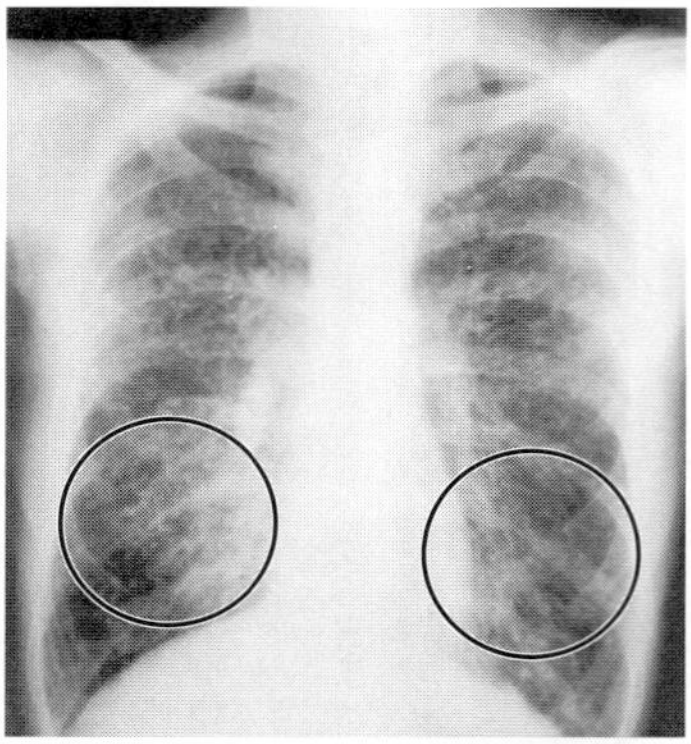

びまん性汎細気管支炎の胸部X線写真　肺は全体に大きく膨らみ、左右の肺に小さな粒状の陰影が散在。

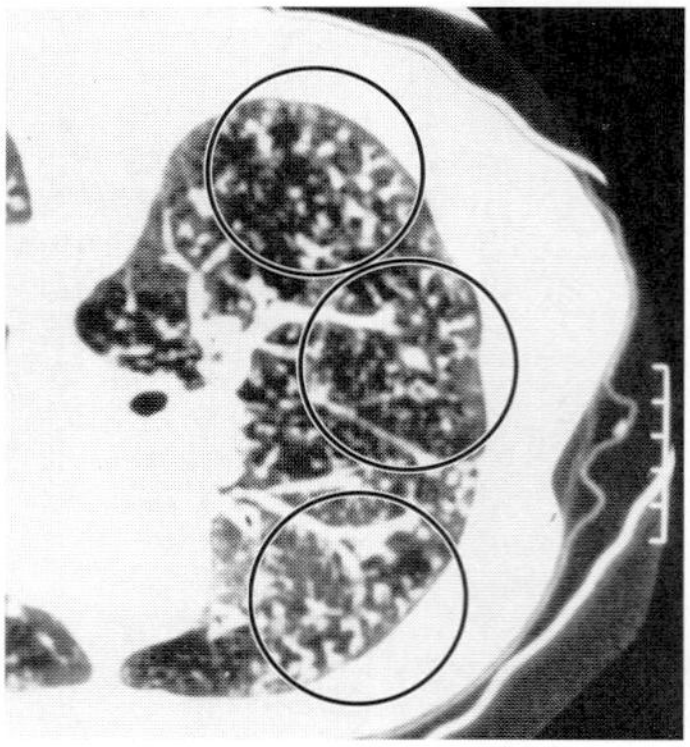

びまん性汎細気管支炎のCT写真（左肺）　肺末梢（胸壁の下の部分）に辺縁のぼけた粒状の陰影を認める。

びまん性汎細気管支炎をおこした人のほとんどが、慢性副鼻腔炎（蓄膿症1162頁）を患ったことがあるか、現在も慢性副鼻腔炎にかかっています。

長期にせきや痰が出ることから、COPD（1268頁）や気管支拡張症（1274頁）との区別が必要です。

気管支の慢性的な感染が進行して、かつては呼吸不全状態におちいることが通常でした。しかし、最近ではエリスロマイシン療法（後述）によって、早期に治療を始めれば治る病気になっています。

原因は不明ですが、家族に慢性副鼻腔炎や気管支の病気をもった人がいる場合が多く、日本人など東アジアに多くみられ、欧米人にはほとんどみられないことなどから、人種的な体質が関係していると考えられています。

症状

数か月から数年にわたって持続するせきと痰、進行する労作時の息切れがおもな症状です。

ひっきりなしに黄色い膿性の痰が出るようになります。

また、ほとんどが慢性副鼻腔炎の既往や合併があるために、鼻汁、鼻づまり、鼻汁がのどの後ろにたれる後鼻漏、嗅覚の障害などもしばしばみられます。

そして呼吸不全が進行すると、唇、爪にチアノーゼが見られるようになります。

【検査と診断】 胸部のX線検査とCT検査によって、この病気に特徴的な陰影（びまん性粒状陰影）がみられるかどうかを調べます。副鼻腔のX線検査も行います。

このほか、呼吸機能検査、動脈血ガス分析によって呼吸障害の性質と程度を調べることや、血液検査、喀痰の細菌検査を行います。ときに、気管支鏡や胸腔鏡を使って、肺の組織検査を行うこともあります。

◇治療薬の長期服用が基本

【治療】 エリスロマイシンの少量、長期の服用がもっとも重要な治療（**エリスロマイシン療法**）となります。エリスロマイシンのかわりに、同系統のクラリスロマイシンや、ロキシスロマイシンなどが使われることもあります。

これらの薬剤は、本来は細菌を殺すための抗生物質ですが、この治療法では、気管支の分泌液の過剰分泌を抑えて、気管支と呼吸細気管支の炎症を改善させる特殊な作用を目的として使われます。そのために、抗菌作用を目的とする場合よりも少ない量（エリスロマイシンでは1日400～600mg）を、6か月～2年以上の長期にわたって服用します。

エリスロマイシン療法と並行して、痰の切れの改善を目的とした去痰薬の使用や、ネブライザーによる吸入療法（1188頁上段）が行われます。

呼吸がゼーゼーいうようなぜんそくに似た症状がみられるときには、気管支拡張薬が使用されます。

また、呼吸不全の状態にある場合には、在宅酸素療法（1305頁）が行われますが、エリスロマイシン療法によって病気が改善すれば、離脱できる場合も少なくありません。

かぜをひいたときなど、発熱したり、急に痰が濃くなって量が増えたりした場合には、エリスロマイシンとは別の強力な抗生物質（ペニシリン系、セフエム系抗生物質）やニューキノロン系抗菌薬が2～3週間、エリスロマイシンとあわせて使用されます。

【日常生活の注意】 もっともたいせつなことは、かぜをひかないように気をつけることです。冬にインフルエンザにかからないよう、予防注射も行ったほうがよいのです。

喫煙など、気管支に刺激を与える習慣は、やめなければなりません。

痰は、ためておかずにできるだけどんどん出したほうがよく、痰をためる作用のあるせき止めは、あまり使ってはいけません。

治療が開始されて1か月もたつと、痰の量は減ってきます。

食事は何を食べても差し支えありません。治療がうまく進むと、息切れも軽くなって、体重も増えてきます。

発熱があるとき以外は安静は必要なく、積極的な日常生活をすごしてください。

【予防】 原因不明の病気で、発病を予防する方法はありませんが、かぜをひかないこと、禁煙を心がけることがたいせつです。

◎気管支狭窄

気管支の一部の内腔が、通常に比べて狭く細くなったものを気管支狭窄といいます。

気管支ぜんそくの発作の際にも、気管支の内腔は細くなりますが、これは気管支をとり巻く平滑筋が一時的に収縮するために生じるものです。

これに対して、気管支狭窄は恒久的な狭窄で、原因はさまざまです。もっとも多いのは、肺がんなどの腫瘍によって気管支が外から圧迫されたり、内腔に盛り上がっておこる狭窄です。また、気管支結核のように、気管支の特殊な炎症が治る過程でひきつれを生じておこる場合もあります。

まれな病気では、ウェゲナー肉芽腫症や軟骨の特殊な病気にともなうこともあります。

治療は、狭窄が一部分であれば手術やレーザー照射を行います。最近は、狭くなった部分にステントという金属を入れて、内腔を内側から広げる方法が行われています。

◎気管支嚢胞

胎児のときに気管や気管支の発達に異常が生じて発生する先天的なまれな病気です。

文字どおり気管支粘膜でおおわれた薄い壁をもつ嚢胞が、縦隔または肺内に発生します。

感染をおこさないかぎりは無症状のため、多くはX線検査などで偶然発見されます。

感染をおこしたときには、肺膿瘍と似た発熱、膿性痰、血痰、喀血などがみられ、縦隔に発生して気道を圧迫すると、喘鳴（呼吸の際にゼーゼー、ヒューヒューという音がします）や呼吸困難をおこします。

X線検査、CT検査などで疑われますが、確定はむずかしく、多くの場合、手術によって切除して初めて診断が確定されます。

治療は、感染が落ちついたときに、手術によって嚢胞を摘出します。

気管支拡張症
Bronchiectasis

◉乳・幼児期の病気が原因

どんな病気か 気管支は、二またに枝分かれをくり返しながらしだいに細くなりますが、気管支拡張症は、その気管支の一部が拡張したままの状態をいいます。

こうした気管支の拡張は、肺結核（1285頁）、肺化膿症などにつづいておこることもありますが、気管支拡張症といった場合、このような成人の呼吸器の病気による二次的な変化でないものをさしています。

気管支の拡張した部分には分泌液がたまりやすく、粘膜が慢性的な炎症をおこしており、しばしば感染をともないます。

慢性的なせきと痰がおもな症状です。ときには血痰や喀血がみられることもあります。

原因 気管支拡張症の原因は、大まかに次の3つに分けられます。

①気管支の発達期である乳・幼児期の百日ぜき（675頁）や肺炎（673頁）などに由来するもの。

②**びまん性気管支拡張症**といわれるもので、多くは慢性副鼻腔炎を合併し、進行したびまん性汎細気管支炎などの副鼻腔気管支症候群（1272頁上段）に由来するもの。

③原因不明、あるいは先天的な要因によるまれな疾患（気管支軟骨が部分的に欠損している**ウィリアム・キャンベル症候群**、先天性心疾患のひとつである**カルタゲナー症候群**、遺伝的素因に基づく線毛の形態異常が特徴の**原発性線毛機能不全症**など）に由来するもの。

検査と診断 胸部X線検査とCT検査を行います。気管支の拡張状態を知るために、以前は気管支に造影剤を入れてX線を撮る気管支造影検査が必要でした。しかし、現在ではCTで診断できるので、ほとんど行われません。

このほか、副鼻腔X線検査、呼吸機能検査、動脈血ガス分析、血液検査、喀痰の細菌検査などが必要です。

治療 痰を出しやすくするために去痰薬を服用したり、ネブライザー吸入（ネブライザー療法1188頁上段）をします。

若い人で肺の一部に限局したものでは、患部を上にした姿勢をとって痰を流れ出しやすくする体位ドレナージ（1308頁）や、その部位を外から叩いたり振動を与えるタッピングなどの理学療法を行います。

薬物治療としては、エリスロマイシンの長期使用が基本です（「びまん性汎細気管支炎」の治療〈前頁〉参照）。

発熱など、急性の感染がおこった場合には、他の抗生物質を併用します。

血痰や喀血がみられたときには、患部を下にした側臥位をとって安静にし、止血剤を使用します。

肺の一部に限局したもので、喀血や急性炎症をくり返すものは、手術によって患部を取除くことがあります。

日常生活の注意 かぜをひかないように気をつけ、喫煙など、気管支に刺激を与える習慣をやめることがたいせつです。

肺の病気①

肺炎とは (Pneumonia)

肺臓の炎症には、アレルギー反応や薬剤によっておこるものもありますが、ここでは微生物の感染が原因でおこる肺炎をとりあげます。

微生物の感染によっておこる肺炎は、さまざまな微生物によっておこされる肺実質（肺胞）の炎症すべてをさします。肺炎の原因となる微生物には、大きく分けて、細菌と、細菌でない微生物（ウイルス、マイコプラズマ、クラミジア、真菌など）とがあります。

肺炎の分類で、もっともよく用いられているのは、肺炎にかかった場所で分ける方法です。大きく、市中肺炎と院内肺炎の2つに分けられ、原因となる微生物も大きくちがいます。

市中肺炎（1276頁）とは、日常生活を送っていた人が、病院・医院などの外で感染し発症した肺炎のことです。これらの人のなかには、健康な若年者から、なにか病気（基礎疾患）をもっているが在宅で治療をしている人、高齢者まで、いろいろな人がいます。

病原微生物は、細菌では肺炎球菌がもっとも多く、インフルエンザ菌、黄色ブドウ球菌などがあり、ほかの微生物ではマイコプラズマ、クラミジア、インフルエンザウイルス、SARSウイルス（現在はまれ）などがあります。

これらの微生物は強い毒性をもっていて、健康な人にも肺炎をおこしますが、その場合、薬がよく効きます。しかし、高齢者、COPDや糖尿病などの病気をもつ人、アルコールを多く飲む人では、重症になることもあります。

いっぽうの**院内肺炎**（1280頁）とは、入院生活を送っている人が、病院内でかかる肺炎のことです。

院内肺炎にかかる理由の1つは、いろいろな抗生物質や抗菌薬を使用しているため、強い毒性のある菌は消えたものの、それらの薬剤に耐性をもったグラム陰性桿菌（緑膿菌が代表的）や多剤耐性黄色ブドウ球菌などの細菌が、交代するように増えて肺炎がおこるためです。これを**菌交代現象**といいます。

もとの病気の治療や臓器移植のため、副腎皮質ホルモン剤や抗がん剤など免疫力を抑える薬を使用している人、エイズのように免疫力が弱まる病気の人に、ニューモシスチス、サイトメガロウイルス、真菌などの微生物が増殖し、肺炎になることがあります。これを宿主（微生物が寄生している個体）が健康なときは病気をおこさず、免疫力が弱まったときだけ病気をおこすという意味で、**日和見感染症**といいます。

また、寝たきりの高齢者や意識障害のある人では、無意識に口の中の菌を気管内に飲み込み、肺炎（**嚥下性肺炎**）をおこすことがあります。

これらの院内肺炎の原因になる微生物は、多くの薬剤に耐性で、入院している人の健康の状態も悪いことが多いので、治療は容易ではなく、しばしば重症化することがあります。

このように、市中肺炎と院内肺炎では、肺炎にかかる人の特徴、病原の微生物、薬剤に対する反応性が大きくちがうので、それぞれに応じた治療や対策を考えていく必要があります。

市中肺炎（院外肺炎）……1276頁

▼**症状**▲黄色ブドウ球菌、肺炎球菌、レジオネラ菌などによる細菌性と、マイコプラズマ、クラミジアなどによる非細菌性がある。

▼**治療**▲抗生物質や抗菌薬の使用のほか、鎮咳薬、去痰薬などの対症療法を行う。

市中肺炎（院外肺炎）

Community-Acquired Pneumonia

病院の外で感染・発病する肺炎

病院の外で感染し、発症する肺炎が**市中肺炎**で、病院内で発症する**院内肺炎**（1280頁）と対比して用いられる言葉です。原因微生物（病原体）の種類により、**細菌性肺炎**と**非細菌性肺炎**（ウイルスによるものも含まれます。このなかでも**マイコプラズマ**と**クラミジア**によるものを**非定型肺炎**と呼びます）があります。

どんな病気か

市中肺炎とは、日常生活を送っていた人が、病院や医院などの外で感染し、発症した肺炎のことです。肺炎は一般的な病気であり、これまで病気をしたことのない健康な若年者でも発症することがあります。

ただし一般的には、なんらかの病気（基礎疾患）をもっており、さまざまな治療を受けている人のほうが、肺炎を発症するリスクは高くなります。また、重喫煙者（1日の喫煙本数×喫煙年数が600を超える人）で慢性肺疾患のある人、あるいは高齢者で食事をするとむせる人（誤嚥しやすい人）は、肺炎をくり返すこともあります。

日本国内の肺炎の死亡率は、2013（平成25）年現在、人口10万対97・8で、死因順序は第3位の位置を占めています。高齢になるにしたがい死亡率は急激に増加し、85歳以上の男性では死因第2位、90歳以上の男性では死因第1位となります。肺炎（市中肺炎に院内肺炎を合わせたもの）は、過去50年以上にわたって、日本人の死因の第4位を占めていますので、きわめてありふれた疾患といえます。

肺炎を正確に定義すると、肺のもっとも奥に存在する肺胞（右図）の感染症ということになりますから、肺炎を発症するためには、病原体が、肺のもっとも奥まで到達する必要があります。

肺と肺胞の構造

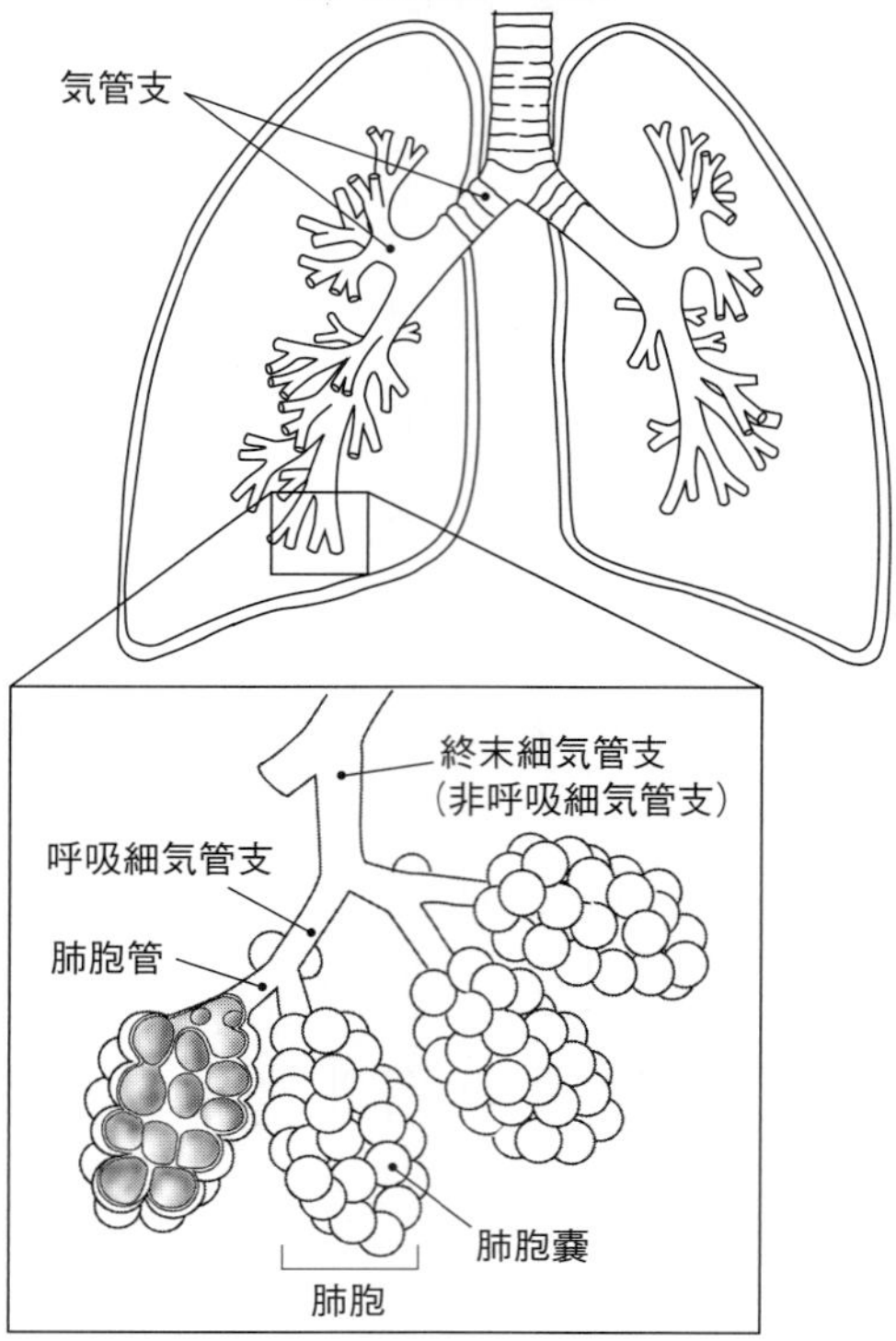

病原体が肺胞にいたる経路として、①病原体がせきやくしゃみで感染（飛沫感染）する、②口の中にもともといた菌が気道のほうに落ちて吸い込まれる、③肺以外のところに病巣をつくっていた細菌の一部が血液に入って肺に流れつく、などが考えられますが、一般的には①の経路が、高齢者では②が加わり、③の経路はまれです。

また、インフルエンザウイルスやその他のウイルスによって上気道に炎症がおこると、上気道に細菌が定着しやすくなり、2次的に細菌による肺炎（細菌性肺炎）がおこりやすくなります。細菌以外の微生物では、マイコプラズマやクラミジア、またはウイルスなども市中肺炎の原因となります。

症状

典型例では、せき、痰、発熱、寒け（悪寒）、息苦しさ（呼吸困難）、胸の痛みなどがおこってきます。また、膿のような色のついた粘りのある痰（膿性痰）が見られます。炎症が肺を包んでいる胸膜にまで及ぶと、胸に水がたまったり（**胸水**といい、病名は**胸膜炎**〈1324頁〉と呼びます）、膿がたまったり（**膿胸**〈1325頁〉）します。胸膜まで炎症が及んだ際には、激しい胸痛をともなうことがあります。

糖尿病をもっている人やアルコールをたくさん飲む人では、肺に空洞ができて、悪臭をともなう痰が出ることもあります（**肺膿瘍**、**肺化膿症**と呼びます）。肺炎は、ガス交換を行う肺胞の炎症ですから、もともと肺に病気があった人や、広い範囲に拡大した肺炎では、呼吸不全から死に至ることもありえます。

肺炎が重症化しやすい要素として、60歳以上の高齢者、男性、喫煙者、および低栄養状態（アルブミン低下）などがあげられます。

非定型肺炎においては、発熱とせきが、もっともよくみられます。せきは頑固であることが多く、細菌性肺炎とちがって膿のような痰がみられることはあまりありません。頭痛や筋肉痛、関節痛など、肺以外の症状を認めることがあります。

肺炎が広範に拡大した際には、呼吸困難が出現します。

2次的に心不全を合併すると、顔や手足にむくみをともない、脈拍が増加します。

原因

市中肺炎の病原微生物は、細菌では、**肺炎球菌**がもっとも多く、ついで**インフルエンザ桿菌**の頻度が高く、その他として、黄色ブドウ球菌、モラクセラ・カタラーリスなどがあります。温泉旅行後などでは、レジオネラを考慮します。

その他、非定型肺炎の病原体として、マイコプラズマ、およびクラミジアがあげられます。

インフルエンザの流行期においては、インフルエンザウイルスによる肺炎を発症することがあります。

また、寝たきりの高齢者や意識障害のある人では、無意識に口の中の菌（主として嫌気性菌）を気管内に飲み込み、肺炎をおこすことがあります。

原因となる微生物（病原体）の種類によって、有効な治療薬が異なるので、適切な治療を施すためには、原因微生物を特定することが重要になります。

また同様の症状を示す疾患として、**肺**

◎中葉症候群

肺は内部で気管支の分岐によって区切られており、それぞれの区分を葉と呼びます。右の肺は、上葉、中葉、下葉の3つの葉に、左の肺は、上葉、下葉の2つの葉に分かれています。左肺の上葉は、さらに上区と舌区（右肺の中葉に相当）に分けられます。

肺がんなどの手術では、この葉を単位として、片肺を切除する場合でも全部切除するのではなく、葉の切除が行われます。また、最近注目されている生体肺移植においても、2人の提供者の下葉（1人から右下葉、もう1人から左下葉）が移植されます。

中葉症候群とは、右肺の中葉、左肺の舌区におこった慢性の炎症によって、空気が流入しなくなった**無気肺**（1315頁上段）の状態をいいます。もともとは結核によって気管支周囲のリンパ節が腫れ、気管支が圧迫されておこる病変をさす語で、中葉におこりやす

結核（1285頁）や**肺真菌症**（1281頁）がありますので、これらの疾患との鑑別が必要になることもあります。また重喫煙者などにおいては、肺がんに合併して気管支が閉塞した結果、2次的に肺炎を発症することもあります（**閉塞性肺炎**）。

検査と診断

肺炎は、肺胞の感染症ですので、胸部X線写真で陰影を認めることが、診断のための最大の根拠となります。肺炎の程度、および原因となる微生物の種類により、さまざまな陰影が出現します。

血液検査をすると通常、白血球が増加して、炎症があることを示すいろいろな反応も強く現れます。原因である細菌を見つけることが細菌性肺炎と診断する有力な証拠になります。一般的には、痰を調べますが、口内にもともといる菌もいっしょに検出されてしまうため、原因となっている細菌を決めるには、喀痰のグラム染色にて、白血球に食べられた細菌の存在を確認することが必要です。

非細菌性肺炎においては、血液を調べると、細菌性肺炎とちがい白血球の増加ははっきりせず、正常範囲であることも多く、胸部X線写真には「すりガラス様」と形容される淡い陰影が見られます。マイコプラズマ、クラミジア、またはウイルスは、一般的には、痰や血液から培養するのがむずかしく、診断は血液中の抗体が増えていることを検査して行われます。

最近では、肺炎球菌とレジオネラについては、尿中抗原診断キットが発売され、尿を調べることにより、診断が確定することもあります。またインフルエンザウイルスについても、迅速診断キットが広く活用されており、上気道の分泌物を用いて、簡単に診断できるようになっています。

肺炎の診断に際しては、その重症度を正確に評価する必要があります。重症度を判定する指標としては、年齢、脱水症状の有無、呼吸不全の程度、意識障害の有無、および血圧低下の有無などがあります。これらの指標を参考に、入院して治療するか、通院して治療するかが判定されます。重症度が高いほど、肺炎の死亡率が高くなることはいうまでもありません。

治療

ウイルス以外の微生物による感染症の際には、抗生物質や抗菌薬を使用する治療が中心とな

市中肺炎の病原微生物

細菌性肺炎
インフルエンザ桿菌
黄色ブドウ球菌
肺炎球菌
肺炎桿菌
モラクセラ・カタラーリス
緑膿菌
レジオネラ菌
連鎖球菌

非細菌性肺炎
ウイルス（インフルエンザウイルス、水痘ウイルス、麻疹ウイルスなど）
クラミジア
ニューモシスチス
マイコプラズマ
真菌

いとされ、中葉症候群と名付けられました。しかし、結核の減少した現在では、中葉と舌区の気管支の慢性的な炎症がおもな原因とされています。さらに、肺がんなどでおこる中葉の無気肺、または閉塞性肺炎を含むこともあります。

近年、炎症をおこす原因の多くは、結核と同様に抗酸菌に分類される非結核性抗酸菌であることが明らかになってきました。**非結核性抗酸菌症**（1289頁）は、中年の女性に急増しています。右肺中葉や左肺舌区に気管支拡張症や慢性の炎症性変化を認めた際には、第一に非結核性抗酸菌症を原因として精査します。

非結核性抗酸菌症が確定した際には、状況により原因菌に有効な抗菌薬を多剤、長期間使用する必要があります。炎症をくり返す場合は、根治のために手術（中葉切除術）も考慮します。またまれではありますが、肺がんが原因の場合は、手術、または放射線治療などが行われます。

ります。

細菌性肺炎には、ペニシリン系やセフェム系といった抗生物質が使われます。マイコプラズマやクラミジアによる非定型肺炎やレジオネラ肺炎では、ペニシリン系やセフェム系の薬は効きませんので、マクロライド系やテトラサイクリン系の薬が使われます。

肺炎の治療に際しては、抗菌薬の選択もきわめて重要ですが、抗菌薬の投与回数、投与量、および併用薬に対する注意などを考慮する必要があります。また抗菌薬の効果が不十分な場合は、抗菌薬の選択、および投与方法を再検討することも必要ですし、肺炎以外の疾患の可能性も念頭におく必要があります。

インフルエンザウイルスによる肺炎では、抗ウイルス薬を投与しますが、前述したように2次的に細菌（肺炎球菌、インフルエンザ桿菌、またはブドウ球菌によることが多い）による感染症を合併することがあるので、これらの細菌に有効な抗菌薬を併用することが必要になることがあります。

とくにインフルエンザウイルス感染症に肺炎を合併しやすい背景として、高齢者、基礎疾患をもつ人、介護施設入所者などがあり、これらに該当する場合には、抗菌薬の併用が求められます。

重症の肺炎においては、酸素投与、あるいは場合によっては人工呼吸管理が必要になってきます。

日常生活の注意

市中肺炎は、ウイルスなどが原因のかぜ（上気道炎）に引き続いて発病することが多いので、かぜを引いたときにはあまりむりをしないことがたいせつです。むりな労働や外出は避け、からだの安静と保温につとめ、十分な休息をとることです。

高齢者やＣＯＰＤ、糖尿病などの基礎疾患がある人は、肺炎にかかりやすく、重症になりやすいので、さらに注意が必要です。

また、最近、肺炎をおこした家族がいる（マイコプラズマを考慮）、症状のでる直前に温泉などの旅行に行った（レジオネラの可能性を考慮）、飼っていた鳥が死んだ（クラミジアの一種による**オウム病**を考慮）、などのことがあれば、かならず医師にその情報を伝えてください。

それだけで肺炎の原因となる微生物を推測することが可能になります。

予防

肺炎の予防には、日常生活での感染予防と、ワクチン接種の2つの方法があります。

冬のインフルエンザ流行時は人ごみへの外出は避けるか、マスクをするなどの予防が必要です。

帰宅したら、うがいをし、手を洗うことが勧められます。

また、インフルエンザワクチンの接種がインフルエンザの予防に有効とされていますから、インフルエンザに引き続いて肺炎をおこしやすい高齢者や基礎疾患のある人は、必ずインフルエンザワクチンを接種する必要があります。高齢者の予防接種には、自治体によっては補助もありますので活用してください。肺炎球菌ワクチンの接種は自己負担ながら肺炎球菌肺炎を予防できますので、こちらの予防接種も推奨されます。

院内肺炎とは
(Hospital Acquired Pneumonia)

◇院内肺炎は日和見感染が多い

なんらかの病気で入院した人が、48時間以上たってから肺炎を発症した場合を**院内肺炎**といいます。病院内で周囲の人から原因菌が感染した場合や、病人の免疫力が低下したことによる日和見感染でおこる肺炎も院内肺炎に含まれます。

しかし、入院時にすでに原因菌に感染していた場合は院内肺炎と呼ばないことになっています。

病院には体力が低下している人や、病原微生物と接触する機会の多い人など、院内肺炎になりやすい因子をもっている人が入院しています。

たとえば、抗がん剤、副腎皮質ホルモン（ステロイド）剤、免疫抑制薬を使って治療を受けている、放射線治療を受けている、人工呼吸器を使用している、長く寝たきりである、食べ物をうまく飲み込めずに誤嚥することなどは院内肺炎をおこすおもな要因です。

院内肺炎をおこす細菌では、緑膿菌とメチシリン耐性黄色ブドウ球菌（MRSA）が多く、約50%を占めています。そのほかに肺炎桿菌などのグラム陰性桿菌、嫌気性菌、真菌（アスペルギルス、カンジダ、ニューモシスチス）、サイトメガロウイルスなどが院内肺炎の原因菌になります。

病院外でおこる市中肺炎では、死亡率は5～6%ですが、院内肺炎では20～60%とひじょうに高い死亡率になります。これは、もともと病院には抗菌薬の効きにくい病原菌がいて、もとの病気（基礎疾患）のために、あるいはその治療によって抵抗力が弱くなった場合に肺炎をおこすので、死亡率が高くなるのです。

院内肺炎を予防するには、上気道（歯周囲、咽頭、喉頭、鼻腔）をつねに清潔に保つことがたいせつです。

歯みがきやうがいは院内肺炎を予防するのに効果があります。いっぽう、長時間、同じ姿勢で寝ていると、気管、気管支、肺にたまった分泌物（痰）を喀出しにくくなりますし、褥瘡（床ずれ）もできやすくなります。しばしば体位変換や痰の吸引などを行うとともに、体圧の分散をはかって、褥瘡を予防します。

褥瘡には緑膿菌やMRSAなどの菌が感染しやすく、感染した細菌がさらに血液に入って肺に到達し肺炎をおこしますので、褥瘡対策は重要です。

また、医療従事者や介護者の手を通じて、保菌者からほかの病人に感染することもありますので、手洗いを励行して感染が広がらないように心がけましょう。

緑膿菌肺炎
Pseudomonas Aeruginosa Pneumonia

どんな病気か

緑膿菌というグラム陰性桿菌の感染でおこる肺炎です。

緑膿菌は本来毒性の弱い細菌で、口腔内に常在しています。口腔や咽頭にいる緑膿菌が、免疫力が低下したときに気管や気管支に入って繁殖し、気管支炎や肺炎をおこすことが多いのです。

最近、抗菌薬が効きにくい多剤耐性緑膿菌による院内感染が報告され、院内感染防止対策が重要な課題になっています。

症状　通常は、寒けとふるえ（悪寒・戦慄）、38度以上の発熱、呼吸困難、悪臭をともなう多量の痰がみられます。痰の色が特徴的で、この菌がつくる色素によって青緑色をしています。血液の混じった痰（血痰）が出ることもあります。重症の病人や高齢者では、高熱や呼吸困難など通常の肺炎にみられる症状は軽く、意識障害が前面に現れる場合も多いため、注意が必要です。

治療　痰から分離培養された緑膿菌に効く抗菌薬を調べて使用します。

しかし、多くの種類の抗菌薬に抵抗力をもっている緑膿菌が多く、治療がむずかしいこともあります。

とくに、多剤耐性緑膿菌による肺炎では、有効な抗菌薬がないために肺炎が悪化し、多臓器不全を合併して死亡することがあります。

MRSA（メチシリン耐性黄色ブドウ球菌）肺炎
Methicillin Resistant Staphylococcus Aureus Pneumonia

どんな病気か　**メチシリン耐性黄色ブドウ球菌**による肺炎です。メチシリンは、ペニシリン耐性ブドウ球菌用の抗生物質として開発されましたが、MRSAはこの抗生物質に抵抗性を示します。さらに、MRSA用の特別な抗菌薬を除けば各種の抗生物質も効かない黄色ブドウ球菌です。

ただし、ふつうの黄色ブドウ球菌に比べると毒性は弱いので、健康な人では発病せず、ほとんど問題となることはありません。

MRSAは抵抗力が弱った病人に感染すると、MRSA用の抗菌薬でも十分な治療効果をあげることができず、肺炎が重症化して死に至ることもあります。

治療　痰や咽頭ぬぐい液からMRSAが見つかっても、実際に肺炎などの感染症をおこしていなければ、治療を必要とすることはありません（保菌者）。

肺炎に対しては、腎障害などの副作用に注意しながら（できれば血中濃度をモニターしながら）、MRSA用の抗菌薬を十分量投与します。抗MRSA薬として、第1選択薬はバンコマイシンで、そのほかテイコプラニンやアルベカシンも有効です。第2選択の薬剤として合成抗菌薬のリネゾリドが使用できるようになりました。

抗菌薬治療と並行して全身状態・栄養状態の改善をはかることもたいせつです。

肺真菌症
Fungus Disease of the Lung, Plumonary Mycosis

どんな病気か　アスペルギルス、カンジダ、クリプトコッカス、ムコールなどの真菌（かび）によっておこる肺炎です。真菌は口腔内や咽頭に常在しています。

◎アスペルギルス症

肺真菌症の一種で、アスペルギルスという真菌（かび）によって引き起こされる肺の感染症です。

味噌やしょうゆ造りに利用される麹もアスペルギルスの仲間で、日本ではごくふつうにみられる真菌です。

健康なときには発症しませんが、免疫力が低下すると肺の中で増殖し、肺炎をおこし、発熱や呼吸困難などがみられることもあります。

ふつう病原性は弱いのですが、からだの免疫力が低下すると増殖し、病気をおこします（日和見感染）。肺に感染したあと、そこから血液中に入って、肝臓、腎臓、脳などに感染が広がることもあります。

症状

発熱、せき、痰、呼吸困難、全身倦怠感（だるさ）など、細菌性肺炎（1276頁）や肺結核（1285頁）とよく似た症状が現れてきます。細菌によく効く抗菌薬を使っても肺炎がよくならない場合は、真菌による肺炎を疑います。

検査と診断

痰、気管支内視鏡を使ってとった病巣部の分泌物、あるいは気管支肺胞洗浄法で肺を一部洗った洗浄液を培養して、真菌であることを証明します。しかし、真菌は口内や上気道にふつうにいるので、見つかったからといって、必ずしも、それが肺炎の原因とはいえません。くり返し培養検査をして、同じ真菌がたくさん見つかれば、その真菌による感染と推測します。

カンジダ、アスペルギルス、クリプトコッカスでは、血清中の抗原、抗体を調べることで診断できることもあります。また、真菌の細胞膜に含まれる成分であるβ‐Dグルカンの測定は診断に役立ちます。

治療

真菌に対しては、アムホテリシンB、フルシトシン、ミコナゾール、フルコナゾール、イトラコナゾール、ボリコナゾールという抗真菌薬が開発されています。

血液の悪性腫瘍やその治療のために、白血球が極端に少なくなっている人に対しては、白血球をふやす薬を使い、アスペルギルス症（上段）の予防のためにアムホテリシンBの吸入を行うことがあります。

ニューモシスチス肺炎
Pneumocystis Pneumonia

どんな病気か

真菌の一種であるニューモシスチスという特殊な微生物の感染によっておこる肺炎です。

以前は、ニューモシスチス・カリニが原因であると考えられていたため**カリニ肺炎**と呼ばれていましたが、その後、ニューモシスチスのなかの別のタイプが原因であることがわかったので、ニューモシスチス肺炎と名称が変わりました。

健康な人におこることはなく、白血病、悪性リンパ腫、がんなどの悪性腫瘍を治療するために抗がん剤が使用されていたり、臓器移植や膠原病などで免疫抑制薬や副腎皮質ホルモンが使用されていたりして、極端に免疫が低下している場合にニューモシスチス肺炎がおこります。また、エイズにともなう**日和見感染症**（2125頁）として重要な肺炎です。

最近では、メトトレキサートや生物製剤によるリウマチ治療中に合併することがあるので注意が必要です。

症状

発熱、せき、呼吸困難などの呼吸器症状がみられます。低酸素血症（動脈血の酸素分圧が低くなる）がおこるために呼吸困難が強くなります。胸部X線写真ではほとんど肺炎陰影がみられない初期においても、しばしば呼吸困難が現れます。

検査と診断　ニューモシスチス肺炎が疑われたら、痰の中に病原体（ニューモシスチス）がいないか検査をします。

痰が少なくて検査が十分にできないときは、気管支肺胞洗浄を行って洗浄液中のニューモシスチスを見つけたり、気管支鏡を使って肺組織の一部をとって顕微鏡で調べたりして診断します。

全身の状態が悪いために気管支鏡が使えない場合には、誘発喀痰法（３％生理食塩水をネブライザー吸入して痰を集める方法）によって痰を採取して検査することもあります。

最近では、痰や気管支肺胞洗浄液からニューモシスチスのＤＮＡを検出する方法（ＰＣＲ法）も取入れて診断するようになり、早期に診断することも可能になりました。

また、血中のβ‐Ｄグルカン（真菌の細胞膜に含まれる成分）の測定は診断に役立ちます。

治療　抗菌薬としてルファメトキサゾールとトリメトプリムの配合剤（ＳＴ合剤）を２週間内服あるいは点滴します。また、ペンタミジンの注射や吸入をする方法もあります。ペンタミジンの吸入は注射よりも副作用が少なく、比較的よい治療効果が得られます。

ニューモシスチス肺炎をおこしやすい人は、ＳＴ合剤（治療量の４分の１～６分の１）を毎日服用したり、ペンタミジンの吸入を月に１度実施したりして、ニューモシスチス肺炎の発症を予防します。

サイトメガロウイルス肺炎
Cytomegalovirus Pneumonia

どんな病気か　サイトメガロウイルス感染が原因でおこる肺炎です。

おとなの90％以上はすでにサイトメガロウイルスを体内にもっています。健康な人では病気をおこさないのですが、がん、白血病、エイズ、臓器移植などで免疫が低下すると、体内のサイトメガロウイルスが急速に増殖し、いろいろな臓器に病気をおこします。網膜炎、肝炎、肺炎、腸炎、脳炎など全身に感染が広がります。そのなかでも肺炎は重症で、治療しなければ90％以上が死亡します。また、ニューモシスチス肺炎（前項）との合併もよくみられます。

症状　ニューモシスチス肺炎と同様に、発熱、痰をともなわないせき、呼吸困難、チアノーゼ（低酸素血症のため爪や唇が紫色になる）がおこります。

検査と診断　気管支肺胞洗浄液、あるいは肺生検組織にサイトメガロウイルスを見つけて診断します。早期診断は白血球中のサイトメガロウイルス抗原を調べることでできます。

治療　基本的には、この肺炎がおこるもとになった、からだの抵抗力を弱めている、がんなどの病気を治療することが重要です。

肺炎をおこした場合には、抗ウイルス薬であるガンシクロビル製剤を使用します。

重症の場合には、単独で使用するよりもγ‐グロブリンと併用するのが望ましいとされています。

重症急性呼吸器症候群（ＳＡＲＳ）

Severe Acute Respiratory Syndrome

どんな病気か

ヒトからヒトに感染して流行をおこす重症肺炎です。抗生物質が効かず、急性呼吸不全をおこして人工呼吸器による治療が必要になるなど、通常みられる肺炎と少し異なるところがある新型肺炎です。

この病気は、２００２（平成14）年11月ごろ、中国広東省で初めて発生が報告されました。その後２００３年３月にかけて香港とベトナムに同じような肺炎が多発し、シンガポールやカナダでも、香港を経由して帰国した人のなかで同様の肺炎が発生したため、この原因不明の新型肺炎を重症急性呼吸器症候群（ＳＡＲＳ）と命名して、その流行を防止する対策がとられました。その後、台湾や北京でも感染が発生しましたが、大流行することもなく、ＳＡＲＳ流行の終息宣言が行われました。

２００３年４月、世界保健機構（ＷＨＯ）によって、ＳＡＲＳに感染した人から見つかった**コロナウイルス**がこの肺炎の原因であると確認されました。

症状

急激な38度以上の発熱、全身のだるさ、筋肉痛などインフルエンザに似た前駆症状で始まります。発病する10日以内にＳＡＲＳの発生が報告されている地域から帰国するか、または10日以内にＳＡＲＳ感染者の痰や体液に触れるなどの濃厚な接触がある場合にはＳＡＲＳが疑われます。ついで、２日から数日の間に、痰をともなわないせき、呼吸困難などの呼吸器症状が現れ、胸部Ｘ線検査やＣＴで両側の肺に広い範囲にわたって肺炎像が見られます。

その後の経過をみると、この肺炎をおこした人の80～90％は１週間程度で回復傾向になりますが、10～20％が急性呼吸促迫症候群（1321頁）をおこして呼吸不全になり、人工呼吸器による呼吸管理が必要になります。平均死亡率は10％前後ですが、若年者では１％以下と低く、65歳以上では50％以上となり、高齢者ではとくに注意が必要です。

原因

原因はＳＡＲＳコロナウイルスです。発症した人のせきやくしゃみを浴びたり（飛沫感染）、痰や体液に直接触れるなど濃厚な接触（接触感染）により感染します。潜伏期は多くは２日から７日間、最大10日間といわれています。無症状期あるいは潜伏期には他への感染はおこりませんが、肺炎の極期や重症者では感染力が強くなります。

検査と診断

症状や所見からＳＡＲＳが疑われたら、痰や体液（血清、便、尿など）からウイルスを検出するか、血清抗体を調べて診断します。

治療

現在のところ、有効な治療法はわかっていません。抗生物質は効果がありません。おもに全身状態の管理や呼吸管理など症状を和らげる対症療法が行われます。

予防

国外でＳＡＲＳの流行がおこった場合は、流行地域への旅行を延期しましょう。ＳＡＲＳは飛沫感染や接触感染によっておこりますので、外出後は手洗いやうがいをしましょう。

◎肺外結核のいろいろ

結核菌は空気感染で肺に入り込んだあと、リンパ液や血液で運ばれ、全身に広がります。肺以外の臓器や組織でおこる結核をまとめて**肺外結核**と呼びます。

2006（平成18）年に日本で発生した結核の73％が肺結核で、残りが肺外結核でした。一番多いのは胸膜（肋膜）の結核（結核性胸膜炎）で15％、ついでリンパ節（頸部が多い）が4％、骨関節が2％、血行性に全身に広がった結核（**粟粒結核**）が2％となっています。ほかに喉頭、咽頭、舌、脳、脊髄、胃腸、腹膜（結核性腹膜炎）、心膜（結核性心膜炎）、腎尿路、性器、皮膚、中耳、目などの結核があります。治療は肺結核と同じ抗菌化学療法が主体ですが、一般に肺よりも長期に行う必要があり、また再発率がやや高い傾向があります。これは肺外臓器や病変には薬剤の到達が悪い傾向があるた

肺結核
Pulmonary Tuberculosis

どんな病気か

結核菌という細長い棒状の細菌（長さ2～4㎛）が肺に感染して引き起こす慢性の炎症で、特殊な肺炎の一種と考えられます。かつては死に至る国民病として恐れられていましたが、有効な薬剤がつぎつぎと実用化され、また生活水準や保健衛生レベルの向上により、肺結核による死亡数は激減しています。現在では、早く正しく診断し適切に治療すれば、完全に治る病気となっています。

原因

結核菌は**抗酸菌**という細菌の一種です。抗酸菌は糖や脂肪でできた厚い膜におおわれているため、酸やアルカリ処理に強く、また白血球の攻撃にも抵抗します。ふつうの細菌を調べるグラム染色では検出されにくく、抗酸性染色をしなければ見つけられません。しかしいちど染まると酸で処理しても脱色されないのが抗酸菌という名前の由来です。抗酸菌には結核菌のほかに**非結核性抗酸菌**（1289頁）といわれる一群の仲間がおり、結核菌と同様に肺に慢性の病気を引き起こすことがあります。抗酸菌のなかで結核菌のみが、哺乳類（ほとんどが人間）の体内以外では生存できないという特殊な性質をもち、さらに自然環境では24時間以上、生存できず、結核は必ず人から感染することになります。

◉結核の感染

痰の中にたくさん結核菌を含む、ある程度進行した肺、気管支、気管、喉頭結核になった人だけが感染源となります。このような人が室内でせきやくしゃみをしたり、しゃべったりすると結核菌を2、3個含む水の粒（飛沫）が飛び散ります。一部の飛沫は水分が蒸発して結核菌2、3個のかたまりのみ（飛沫核）となり、空気中に長時間漂い、空気に運ばれることになります。またひじょうに小さいため、空気とともに肺の中まで吸い込まれ、そこでマクロファージという白血球の一種に食べられることになります。

このように飛沫核を直接肺の中まで吸い込むことで生じる感染様式を**飛沫核感染**、別名**空気感染**と呼んでいます。結核は特殊な場合を除き空気感染以外では感染しません。結核菌の分裂速度はたいへん遅いので、多量に何度も飛沫核を吸い込まないかぎり、増殖を開始する前に結核菌は死ぬか体外に排出されます。しかし、マクロファージの中でいったん増殖を開始すると、結核菌を簡単に殺すことはできません。

6～8週間で結核菌に対する免疫ができると、結核菌は肉芽腫という白血球のかたまりの中に封じ込められ、増殖を停止し、冬眠状態になります。結核の発病しない、この状態を**結核の感染**と呼んでいます。

◉結核の発病

結核に感染しても発病するのは1割程度です。結核に感染しても、発病しないかぎり、症状もなく他人に感染させる恐れもまったくありません。

感染2年以内はまだ免疫による封じ込めが不十分のため、過労や栄養不足などによる軽度の免疫低下で、再増殖を開始し発病することがあります。発病者の約3分の2は感染2年以内に生

めと考えられています。一部の肺外結核では外科的治療を加える必要もあります。また脳、脊髄、心膜の結核では治療後の瘢痕形成による後遺症を防ぐ目的で、治療初期に副腎皮質ホルモン剤を併用します。喉頭、咽頭、舌以外の肺外結核は医療処置を行う場合を除くと感染性がないため、隔離する必要はありません。

◎粟粒結核

結核菌が血液の流れにのって全身に広がり、複数の臓器や組織に結核を発症させた状態を粟粒結核と呼びます。肺外結核（1285頁上段）のひとつで、最重症の結核と考えられます。粟粒結核で死亡した人の肺、肝臓、脾臓、腎臓を中心とした臓器の表面に、粟粒のような直径数㎜の黄色い粒が無数に存在していたのが、名前の由来です。ほかに、骨髄・脊髄・脳などに病変をつ

じるといわれています。

感染2年以上経過すると、他の病気などで免疫機能が低下した場合のみに発病することになります。原因としてもっとも多いのは糖尿病で、ついでが、慢性肝障害、慢性腎障害などです。胃の切除後も結核の発病が多くなります。また、高齢も重要な発病の原因となります。

症状　結核菌が増殖を再開して、なんらかの症状か所見がでた状態が発病、つまり「結核」という病気です。健康診断などの胸部X線検査では無症状の肺結核も見つかりますが、ある程度病気が進行すると症状がでてきます。せきは6割以上にみられ、痰が約4割ほど、発熱も約3割でみられます。初期は38度以上になり、だんだんと37度台の微熱がつづくことが多いようです。ほかに血痰や胸痛もあります。高齢者では肺の症状が乏しく、体重減少やからだのだるさのみ訴えることも少なくありません。いずれの症状も2週間以上慢性につづくのが結核の大きな特徴です。このような症状があった場合、呼吸器科のある専門施設を受診し、早期に結核を診断、治療することが、本人のみならず周囲の人たちへの感染を防ぐ意味でも重要です。

検査と診断　胸部X線検査、CT、喀痰検査、血液検査が代表的な検査です。肺結核は喀痰などから結核菌が検出されることで診断が確定します。肺結核の約70％は結核菌が検出されていますが、残りの30％は病気が軽症のため、菌が検出されていません。X線検査、CT、血液検査などから肺結核を疑い、治療した後にX線検査の結果などが改善したことで診断する、いわゆる臨床診断例です。

①胸部X線検査・CT　肺結核の病巣は、肺の上のほうか、背中側にできやすい特徴があります。X線検査やCTで見られる異常陰影は、多発する結節（かたまり）影が基本で、さらに結節の中身が抜けた空洞影、ふつうの肺炎でも見られる周囲のぼけた浸潤影など、さまざまなものがあります。一見、かたまりが1つに見えても、よく見ると周囲に小さな陰影が多数見られることも特徴です（周辺病巣）。CTでは「木の芽様所見」といわれる、春芽吹いた柳の枝によく似た陰影が、活動性肺結核に特徴的といわれています。

②喀痰などの菌検査　診断を確定するためにもっとも重要な検査です。また他人に感染させるおそれのあるなしも、喀痰中の菌量で判定します。通常診断時3回喀痰検査をします。大事なことは、肺の奥から出るできるだけ「汚い」痰を提出することです。唾液のような検体を出した場合、ある程度進行した肺結核でも菌が検出されないことがあります。どうしても痰が出ない場合、早朝空腹時の胃液を採取して検査します。これは寝ている間に飲み込んで胃の中にたまった結核菌を検出できるからです。気管支肺胞洗浄を行い、洗浄液を検体とする方法もあります。

喀痰などには、まず抗酸菌染色を行い顕微鏡で菌の有無を調べる方法（塗抹検査）を実施します。結果は1時間ほどでですが、材料中に多量の菌が存在しないと陽性と判断できないのが難点です。逆に、喀痰塗抹陽性の結核

くることがあります。

　肺に病変がある場合、胸部X線やCTで血行性に広がった数㎜程度の粒状影が無数に認められます。一般にこの陰影により粟粒結核を疑いますが、肺の病変は必須ではありません。最近では**全身播種型結核**と呼ぶこともあります。以前は免疫が未完成の乳幼児が結核になった場合に多くみられました。しかし最近では副腎皮質ホルモン剤、免疫抑制薬、抗TNF－α製剤などを投与されている人や、高齢者で認められることが多い疾患です。症状は発熱の頻度が高く、全身倦怠感も強いのが特徴です。初期の粟粒結核では胸部X線で陰影が見逃されやすく、不明熱と診断されることもあります。肺結核に併発した場合を除くと喀痰から結核菌を検出しにくく、尿や血液の検査が必要になります。また肺、肝臓、骨髄の組織を顕微鏡で調べて診断することもあります。治療は罹患臓器に応じて行います。

は他人に感染させる恐れがあると判定されます。日本では喀痰塗抹陽性を**ガフキー陽性**と呼び、感染性の指標として長く使用してきました。しかしガフキー陽性なら、ただちに感染性結核であることにはなりません。なぜなら顕微鏡では非結核性抗酸菌と結核菌の区別がつかないからです。現在、日本のガフキー陽性者の30％以上は非結核性抗酸菌症と推定されています。

　検体はさらに必ず培養検査を行います。菌量が少ないために塗抹陰性でも、培養すれば抗酸菌が検出されることがあるからです。また培養された菌を調べれば短時間で結核菌か非結核性抗酸菌か区別可能です。ただし培養には最低2週間、場合によっては6週間と時間がかかります。そこで検査材料中の結核菌の遺伝子を増幅する手法を用いて高感度に検出する方法が実用化されています。この方法を用いると、施設によっては3日ぐらいで結核かどうかの確定診断が可能です。

　培養された結核菌には必ず薬剤感受性検査を実施し、耐性菌であるかどうか調べます。ただしその結果が判明するのは4～8週間後なので、その間は通常の結核菌と仮定して標準療法をしておきます。耐性菌の場合、薬剤感受性結果に従い別の治療薬を選択します。

③**血液検査**　結核による慢性炎症の目印として、白血球数、C反応性たんぱく（CRP　211頁）、血液沈降速度（血沈）などを用います。薬物治療中は肝機能や腎機能なども定期的に調べます。最近では血液中の抗酸菌に対する抗体の有無を調べる方法を診断の一助として用いることがあります。

④**ツベルクリン反応とQFT検査**　発病の前提となる結核の感染を診断する方法は、現在**ツベルクリン反応**（ツ反）と**QFT**（クォンティフェロン‐TB‐2G）の2つの方法が一般に利用可能です。両者とも結核菌に対する免疫反応を調べることで間接的に感染の有無を判定するため、重症の結核や免疫抑制薬を使用している人、エイズになった人などでは、感染していても陰性になることがあります。ツ反は結核菌の分泌たんぱく質を腕の内側に注射し、48時間後にアレルギー反応による赤い腫れの大きさを調べる検査です。赤い部分の直径が10㎜以上あれば陽性と判定します。しかしBCG接種を広範に行ってきた日本では80％以上の成人でツ反が陽性となり、結核感染を調べることは事実上不可能です。QFTは、採血したリンパ球を試験管内で刺激し分泌されるインターフェロンガンマの量から、結核菌に対する免疫の有無を調べる方法です。ツ反と異なり、刺激する抗原にBCGには含まれないものを用いるため、正確に感染者を診断できます。現在、ツ反にかわり日常臨床で多用されつつあります。

治療

　抗結核薬による薬物療法が主体ですが、肺以外の結核や耐性菌による結核では外科手術を併用することがあります。ガフキー陽性者は隔離のための入院が必要です。感染の恐れがない場合でも、症状の強い例や外科的な処置が必要な例、また外来治療が副作用などで失敗した例は、入院治療とします。

　現在の標準的な薬物治療法は2種類

◎渡航時のツベルクリン反応

日本ではほとんどの人がBCG接種を受けており、BCG免疫をもっています。成人の80％以上はツベルクリン反応陽性となりますが、50歳以下の場合、その大部分が結核感染を意味しないことは今や常識です。なぜなら、BCGは結核菌に近い細菌のためBCG免疫でツベルクリン反応が陽性になるためです。

アメリカやカナダなどBCG接種をしない国では、ツベルクリン反応陽性者を結核感染者とみなし、イソニアジドを9か月間内服させます。このような国に渡航した場合、日本人はツベルクリン反応では結核感染の有無を判定できない事情を説明し、かわりにQFT検査を受けるようにしてください。QFT検査はBCG免疫では陽性にならないため、日本人でも比較的正確に結核感染者を見極めることができます。

（次頁図）です。ピラジナミド（PZA）が投与できない人（80歳以上の高齢者、慢性肝炎、痛風、妊婦）以外は、できる限り4薬剤併用で開始する治療法1を選択します。耐性菌になる危険性が少なく、治療期間も6か月と短いからです。PZAが使えない場合、3薬剤で開始する9か月間の治療法2を用います。どちらの治療法でも薬の服用で97～98％の結核を治癒できます。1～2か月で症状はほとんどなくなりますが、治療はつづける必要があります。ガフキー陽性で入院となった人でも、1～2か月で喀痰中から結核菌は検出されなくなります。しかし決められた期間、外来で治療を継続し、体内の結核菌を激減させなければ、治療終了後再発することになります。

症状がない状態で薬剤を長期間服用することは想像以上にむずかしいことです。そのため、保健師などの医療従事者による確実な服薬を支援する体制（**直接服薬確認療法**＝**DOTS**）もあります。積極的に利用してください。

耐性菌に感染したことが判明した場合、薬剤を変更することになり、また治療期間も標準療法よりかなり長くなります。場合によっては外科療法の併用も必要です。しかしこのようなことは、初めて結核の治療を受ける人では1％未満しかありません。

長期間に複数の抗菌薬を服用するため、結核治療中、副作用の発現する頻度が通常の肺炎の治療などと比べて高くなります。副作用の軽いものでは、治療を継続できる場合もあります。ある程度重い副作用が生じたときは薬剤を中止、変更します。主治医や担当薬剤師の説明に従い適切に対応してください。イソニアジド（INH）とリファンピシン（RFP）は結核治療の要の薬剤ですので、両者の副作用で発熱や皮膚の発疹が出現した場合、極少量から再開し、徐々に増量する減感作療法を行うことがあります。

日常生活の注意

外来治療を受けている人は、薬剤を確実に服用することがもっともたいせつです。薬剤が肝臓に負担をかけるので、飲酒は禁物です。せきや痰などの症状が強まりますので、できるだけ禁煙も実行してください。十分な睡眠と栄養をとることはいうまでもありません。通常の仕事であれば、外来治療に移行した段階で復帰可能です。医療従事者、保育所、幼稚園、学校関係者は、職場復帰の条件が厳しくなっていますので、主治医か担当保健師に相談してください。

予防

結核に対する免疫力をつけるためのワクチンがBCGです。これはウシ型の結核菌を弱らせてつくったものです。以前はツ反陰性の子どもに接種していましたが、現在は乳児期にツ反を行わず1回だけ接種することになっています。乳幼児の重症結核を予防する効果は証明されていますが、成人の肺結核の予防効果に関しては明確ではありません。

家族、学校の友達、会社の同僚などにガフキー陽性の結核患者が発生し、結核に感染した恐れがある場合、発病を防止するためにINHを6か月間服用します（化学予防）。化学予防で結核の発病を5分の1（生涯発病率2％）程度に低下させることができます。

肺結核の薬物投与期間

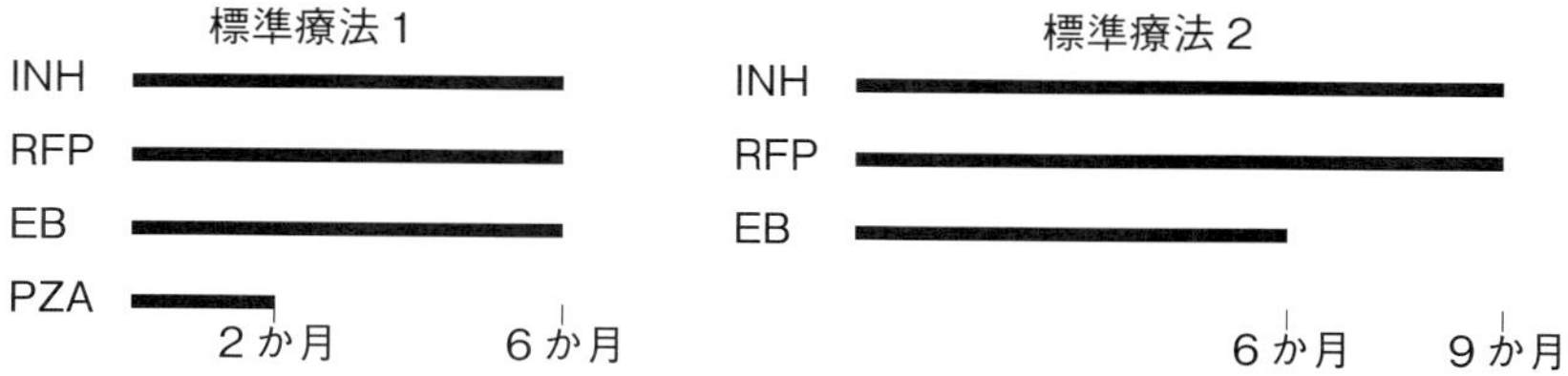

注　INH＝イソニアジド、RFP＝リファンピシン、EB＝エタンブトール、PZA＝ピラジナミド

非結核性（非定型）抗酸菌症

Nontuberculous Mycobacterial Disease

どんな病気か

結核菌以外の抗酸菌をまとめて**非結核性抗酸菌**（NTM）と呼びます。この菌による慢性の感染症が非結核性抗酸菌（NTM）症で、そのほとんどは肺に限局した肺NTM症です。2003（平成15）年までは**非定型抗酸菌症**と呼ばれており、現在もこの名称を使うのが一般的です。

NTM症の原因菌は20種余りありますが、全体の6割近くをアビウム菌が、2割強をイントラセルラーレ菌が、1割弱をカンサシ菌が占めています。アビウム菌とイントラセルラーレ菌は15年ほど前まで区別するのがむずかしく、病気の特徴や治療法も同じであるため、まとめて**MAC（マック）症**と呼んでいます。非結核性抗酸菌症の約8割が**肺マック症**となります。以下の文章では、肺マック症と肺カンサシ症に絞って説明します。

NTM症全体の大きな特徴は、結核と違い、人から人へと感染することはないことです。したがって喀痰中にたくさんNTMが含まれていても、隔離する必要はありません。NTMは土の中、ほこりの中、浴室などの水周りで生息しており、空気中をたまたま漂っていた菌を肺内に吸い込んで感染すると考えられています。ほとんどの人はNTMを吸引していますが、ごく一部の人のみが感染、発病すると推測されます。経過が結核以上に緩慢で、年単位でゆっくりと進行します。なかにはまったく進行しない例や、自然に改善する例も珍しくありません。しかし、結核と比べて薬剤効果が劣っており、とくに肺マック症は一部の症例を除き、治癒が困難なのが現状です。多くの例で慢性化し、年余にわたり病気と共存することになります。症状が乏しく経過が緩慢な場合、治療せず経過観察することもあります。

喀痰中からの菌の検出のみでは診断できないのも、結核と異なるNTM症共通の特徴です。NTMは日常的にある程度吸い込まれているため、たまたま気道内に混入していたNTMを検出することがあるためです。そのため「肺NTM症に典型的なX線、CT所見があり、NTMを喀痰中から2回検出するか気管支鏡で1回検出する」という診断基準が設けられています。ただし、結核菌（1285頁）と同様に、菌が培養されるまではNTMと診断できません。診断にはある程度の時間がかかりますが、感染性がなく経過が緩慢ですからとくに問題はありません。1990年代より肺NTM症、とくに肺マック症は急増しています。結核の減少もあり、現在、抗酸菌症の30％以上を占めるほどになっています。

●肺マック症

1980年代までは結核治療後、肺気腫（COPD）、塵肺など、肺の中に感染しやすい場所がある人に発症する例が多く、そのため男性に多い疾患でした。しかし90年代以降、とくに基礎疾患のない50代以降の女性での発症例が増加しており、約8割を占めています。病変は肺の左右心臓の横の部分（中葉・舌区）を中心とした気管支拡張と小結節影が主体です。慢性的なせきや痰が典型的な症状ですが、症状がほとんどなく、検診の胸部Ｘ線検査で異常を指摘される例もあります。比較的軽症でも、喀血や血痰を生じやすいのも特徴です。経過は緩慢で数年単位で、徐々に進行する例が大部分ですが、まれに進行が速い例もあります。

感染しやすい環境、症状、Ｘ線やＣＴ所見で肺マック症が疑われる場合、喀痰検査をくり返し、診断するのが一般的です。Ｘ線の経過がわかる例で進行が速い場合や、どうしても喀痰が出せない場合、気管支鏡検査で診断することもあります。

肺マック症は基本的に治療がむずかしく、慢性化する例が大部分なので、肺がんなどと異なり、早期に診断するメリットは高くなく、むしろ病気と共存する心構えがたいせつです。症状が比較的強いか、進行が速い場合は、抗菌薬を投与します。結核治療薬であるリファンピシン（ＲＦＰ）、エタンブトール（ＥＢ）に、一般抗菌薬であるクラリスロマイシン（ＣＡＭ）を併用する治療法が現在、世界標準となっています。重症例では初期に2か月ほどストレプトマイシン（ＳＭ）の筋肉注射を加えることもあります。治療は喀痰から菌が培養されなくなってからさらに1年間以上行います。しかしこの治療で結核のように治癒するわけではなく、治療終了後、再発・再悪化し、慢性化する例が多いのが現状です。

日常の活動は2、3割控えめにしてください。

また、風呂などの水周りから感染すると考えられていますので、水周りの清潔保持に留意するとともに、シャワーなど狭い空間に水しぶきが充満する環境はできるだけ避けてください。

喫煙者（とくに男性）に発症するマック症のなかには、Ｘ線やＣＴで肺の上のほうに空洞がみられるタイプがあります。このような例は一般に進行が速いため、診断された時点で抗菌薬を投与するとともに、外科手術を考慮します。空洞が肺の一部分に限局し、すべて切除できることが基本的な条件となります。手術の有無にかかわらず、禁煙を強く勧めます。

◉肺カンサシ症

以前は中年以降の喫煙男性が9割以上を占めるといわれていました。また土木建築、金属加工、製鉄などの粉塵曝露歴をもつ人が目だつ疾患でした。

しかし現在では、女性が3割以上を占めています。Ｘ線やＣＴで肺の上のほうに小さな空洞が見られるのが特徴です。慢性的なせきと痰が症状ですが、比較的乏しく、検診のＸ線で肺結核疑いとして紹介され、喀痰からカンサシ菌が検出されて診断される例を多く認めます。

もっとも抗菌薬が有効なＮＴＭ症で、結核の治療薬剤であるイソニアジド（ＩＮＨ）、リファンピシン、エタンブトールを、喀痰からカンサシが培養されなくなってからさらに1年間投与すると、大部分の例を治癒させることができます。

症状が乏しく治療期間が結核よりも長いため、治療の中断が目立ちます。そのため再発率が10％程度ある点が問題です。禁煙とともに服薬の重要性を充分に説明しなければなりません。

エイズによる肺の病気

❖エイズになると感染症にかかりやすい

エイズ（後天性免疫不全症候群 2133頁）は、ヒト免疫不全ウイルス（ＨＩＶ）に感染することでおこります。ＨＩＶはリンパ球のうちＣＤ４陽性Ｔ細胞という、免疫の中心的役割を担う細胞に感染して破壊します。そのため、からだを外敵から守る防御システムがはたらかなくなり、ふつうは病気をおこさないような感染力のごく弱い病原体の感染症もおこるようになります（**日和見感染症**）。また免疫は悪性腫瘍の発生や拡大も防いでいるため、エイズになるとがんにもかかりやすくなります。健常者のＣＤ４陽性Ｔ細胞数は、血液１㎣あたり１０００個ほどですが、この数が５００以下（とくに２００以下）で日和見感染症がおこるようになります。

❖ニューモシスチス肺炎（1282頁）

日和見感染症のなかでもニューモシスチスというかびの一種による肺炎は、エイズの代表的な肺の感染症です。ＣＤ４陽性Ｔ細胞数が２００以下になるとおこりやすくなります。症状はからせき、発熱、呼吸困難などです。

過去にはエイズの死亡原因の大部分を占めていましたが、ＣＤ４陽性Ｔ細胞数が２００以下で予防のための薬物治療が行われるようになり、最近では死亡者は減少しています。日本ではＨＩＶの感染が見つかっていない人が、いきなりニューモシスチス肺炎として入院する事例があとを絶たず、依然として死亡率が高い点が問題です。診断は、喀痰中から原因病原体を見つけることで確定します。喀痰から検出できない場合、気管支鏡を用いて肺の中を洗い（気管支肺胞洗浄）、洗浄液中に病原体を見つける努力をします。

❖結核（1285頁）、非結核性抗酸菌症（1289頁）

結核はエイズになった人がなりやすい病気のひとつです。ＣＤ４陽性Ｔ細胞数が２００以上であれば、ふつうの肺結核と同じようなＸ線やＣＴ所見となるため、比較的診断は容易です。しかしＣＤ４陽性Ｔ細胞数が２００以下となると、通常の肺炎に似たＸ線所見になったり、左右肺の間のリンパ節が腫れたりします。喀痰から結核菌が検出された症例で、Ｘ線所見がふつうでない場合、エイズを疑うきっかけとなります。

結核菌が耐性菌でなければ標準療法で治癒できます。しかし多剤耐性結核菌に感染した場合、数か月以内で70％以上の高い死亡率がアメリカで報告されています。

非結核性抗酸菌症もエイズ合併感染症として有名になりました。ＣＤ４陽性Ｔ細胞数が50以下になると高率に合併します。多くは腸管から全身に広がったマック症です。通常の肺マック症が肺に病変がかぎられるのと対照的に、下痢などの消化器症状や発熱、体重減少、リンパ節腫大などの全身症状が主体で、肺の症状はほとんどありません。クラリスロマイシンなどを予防投与するようになり発生数は激減しています。

❖その他の病気

健常者にもみられるふつうの肺炎（肺炎球菌など）の頻度も高いといわれています。真菌（かび）であるアスペルギルス、クリプトコッカス、カンジダによる肺の感染症も認められます。クリプトコッカスは肺炎よりも髄膜炎の頻度が高いことが知られています。カンジダはまず口の中の感染症（鵞口瘡）を高率におこし、その後、消化官や気管支に病変が広がることがあります。サイトメガロウイルスによる感染症は、ＣＤ４陽性Ｔ細胞数が50以下になると生じやすく、網膜炎や食道炎、腸炎、肺炎などをおこします。

肺の病気②

間質性肺炎とは
(Interstitial Pneumonia)

肺の内部では、枝分かれした細気管支の先に、3億～6億個程度の肺胞が鈴なりになっています。断面は空気を包む空間とその間の薄い壁からなり、レース模様のように見えます（図1）。空気を包む部分（肺胞腔）を**肺胞実質**といい、肺胞上皮細胞から分泌される界面活性剤によって、息を吸い込んだときに表面積を大きくして酸素をよく取込めるように、膨らみやすくなっています。肺胞と肺胞の間の薄い壁を**肺胞間質**と呼び、ここには毛細血管や結合組織、細胞外基質などの物質が豊富に存在しています（1246頁図3）。

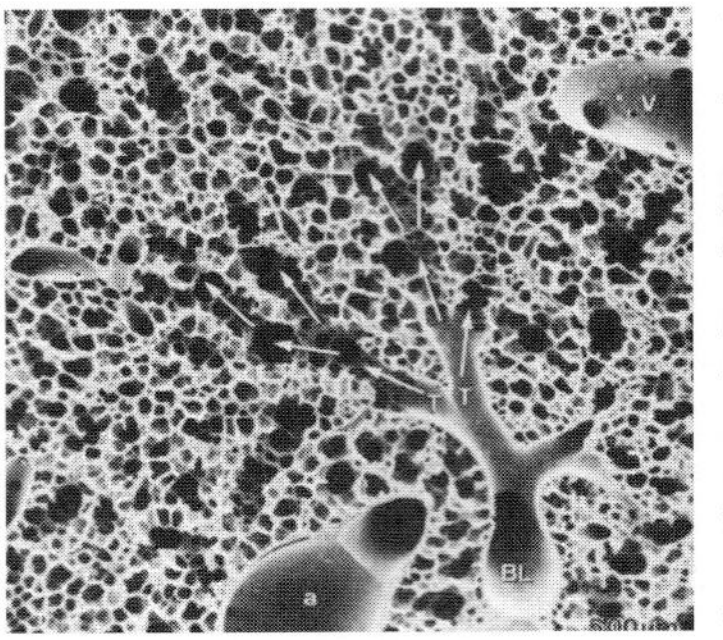

図1 細気管支と肺胞

ふつう「肺炎」として知られる細菌性肺炎（1276頁）は、肺胞実質におこる病気です。これに対して肺胞間質におこる肺炎が**間質性肺炎**であり、また、症状のよく似た肺炎として**器質化肺炎**（1294頁）があります。

間質性肺炎は肺胞間質が炎症によって障害され、やがて間質がかたくなる（線維化）病気です。急性や慢性など、いくつかの型がありますが、いずれも肺胞の正常な構造が失われるためにガス交換に障害がおこり、息苦しくなることが特徴です。

器質化肺炎は、細菌性肺炎と同じように肺胞腔に炎症がおこる病気ですが、肺胞腔の線維化や、一部で肺胞間質への炎症細胞の浸潤がみられ、治療にあたって間質性肺炎との識別が必要です。

間質性肺炎、器質化肺炎ともに原因はさまざまで、膠原病、薬剤、一部の特殊な感染因子、放射線、悪性疾患、職業との関連などがあげられます。原因が不明のものはまとめて**特発性間質性肺炎**と呼びます。

特発性間質性肺炎には、臨床像および病理組織像の異なる7つの型があり（表）、治療方針、さらには予後のちがいに直接かかわるだけに、これらの識別がとても重要です。

そのうち、**特発性肺線維症**は病理組織的にも特殊で、かつ予後のよくないこと、**特発性器質化肺炎**はステロイド剤が効果的で予後のよい疾患であることなどが明らかになってきました。器

特発性間質性肺炎の型と特徴

疾患名	発症様式	予後
特発性肺線維症（IPF）	慢性	不良
非特異性間質性肺炎（NSIP）	亜急性／慢性	良好～不良
特発性器質化肺炎（COP＝BOOP）	亜急性	良好
急性間質性肺炎（AIP）	急性	不良
剥離性間質性肺炎（DIP）	慢性	良好
呼吸細気管支炎関連性間質性肺疾患（RB-ILD）	慢性	良好
リンパ球性間質性肺炎（LIP）	慢性	良好

◎特発性間質性肺炎とは

労作時息切れ、乾いたせきを自覚症状とします。胸部X線写真上、原則として左右に同じような間質性陰影がみられます。抗生物質はすべて効果がなく、ステロイド剤が効くタイプと、効きにくいタイプがあります。基本的には、肺の組織を採取してその病理組織像から間質性肺炎の型を診断します。慢性型の間質性肺炎に、**非特異性間質性肺炎**というものがありますが、80%以上の場合で、なんらかの膠原病的なものが関連していると考えられています。

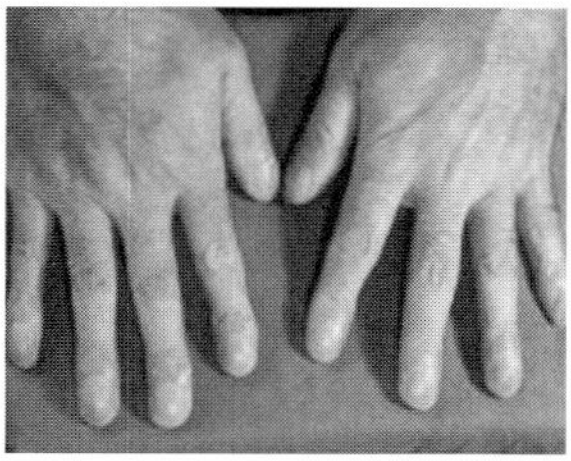

図2 ばち指

質化肺炎と特発性肺線維症の中間型とみられていた**非特異性間質性肺炎**は、膠原病と関連すると考えられるようになってきました。また、膠原病にともなう間質性肺炎は、特発性間質性肺炎の分類どおりに治療効果や経過などが現れないこともわかってきています。

このように間質性肺炎については、背景因子や発症の経過（急性、亜急性、慢性）、合併症などの複雑な状況を勘案したうえでの診断、治療方針決定が重要です。経験があり、かつ最新の知識に裏付けされている専門医を受診するようにしましょう。間質性肺炎だからといって、すぐに入院治療の必要性や予後不良などに結びつくものではありません。通院しての安定的な経過観察も十二分に可能な病気です。

急性間質性肺炎
Acute Interstitial Pneumonia

どんな病気か

日を追うごとに、息切れ、せき、発熱、倦怠感などが進行する、急性型の間質性肺炎です。

胸部X線写真では、びまん性に、すりガラス状陰影や濃厚な陰影が見られます。また、息切れと同時に低酸素血症が認められ、これらの症状が急激に悪化していきます。ただちに入院し、気管支肺胞洗浄（1251頁）で病原菌が検出されるかどうかを調べる必要があります。

原因

急性間質性肺炎という病名は原因不明の特発性間質性肺炎のひとつをさす場合（前頁表）もありますが、間質性肺炎の「急性型」をさす場合には、引き金となる原因として薬剤、感染性因子、膠原病、職業や環境などがあげられます。

治療

病勢が弱そうにみえても急激に悪化することがありますので、迅速な診断と治療が必要です。すぐに入院して検査・診断し、原因がわかればその治療と、加えて、息苦しさの進行を抑えるためにはステロイド剤を大量に注入するパルス治療を行います。効果が現れない場合、数日で悪化し、人工呼吸器による治療が必要となることも多くあります。しかも救命率は決して高くありません。

肺傷害を引き起こす好中球のはたらきを抑制するさまざまな治療薬剤も試みられていますが、必ず効果を示す確実なものはないのが現状です。

特発性肺線維症
Idiopathic Pulmonary Fibrosis

どんな病気か

特発性間質性肺炎のうち、病理組織検査で通常型と呼ばれる組織像をもつ間質性肺炎を特発性肺線維症と呼びます。特発性肺線維症は厚生労働省の特定疾患（難病）のひとつで、ある程度以上の進行例では医療費の公費負担が行われています。

症状

いつ発症したかはっきりせず、動いたあとの息切れや乾いたせきがでるようになります。初診時点で30%ぐらいに指先がばちのように丸く膨らむ**ばち指**が見られます（図2）。これは、肺の線維化が数年の経過でおきていることを示します。

検査と診断

聴診器で聞くと、息を吸ったときに髪の毛をよじるような音（ベルクロ・ラ音）が聞こえま

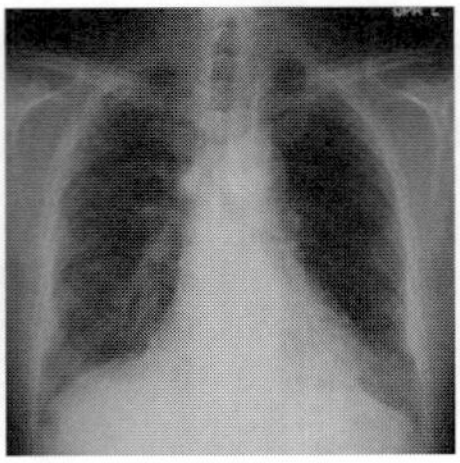

図3　特発性肺線維症

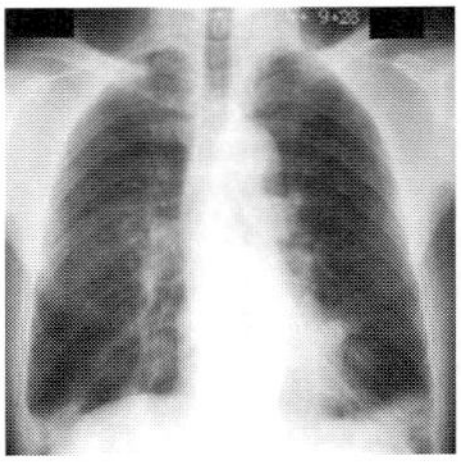

図4　器質化肺炎

※特発性肺線維症の治療薬として、最近、新しい薬剤（ピルフェニドン）が使用できるようになりました。

す。これは肺がかたく線維化しているところに空気が流入するためです。胸部X線検査では左右に網状、輪状などの陰影（図3）が見られ、CT検査では、目のふぞろいなハチの巣のような線維化陰影（蜂巣肺）が発見時点から認められ、これらの程度が広がっていくという経過をたどります。

肺の容積が小さくなるため肺活量が減少し、拡散能力（酸素を血液に取込む能力）も低下します。動脈血中の酸素分圧（血液中に溶け込んだ酸素の量）あるいは酸素飽和度（酸素と結合したヘモグロビンの割合）を測定すると、安静時には基準値を示し、動いたあとには低下するのが特徴です。喫煙をしない人のほうが、これらの異常が明らかになりやすく、喫煙者では線維化の程度が軽い傾向があります。

治療

回復不可能な線維化病変で、確実な治療薬はまだありません。また、進行性の病気で、自覚症状の発見から平均、数年の経過で悪化するとされています。60歳未満で悪化した場合には肺移植の対象となりますが、60歳以上の発症が多く、悪化すれば在宅酸素療法を行い、少量のステロイド剤を服用します。肺高血圧（肺動脈の末梢血管の圧力が上昇しておもに右心に負担をかける）がおこれば血管拡張薬などを投与し、症状を安定させます。強い薬剤の投与はあまり効果がないばかりか、副作用でさらなる悪化を引き起こします。

器質化肺炎
Organizing Pneumonia

どんな病気か

間質性肺炎によく似た特徴をもつ病気ですが、肺胞の線維化が回復可能であること、周辺の肺胞に炎症細胞（おもにリンパ球、単球）が集まってくることが異なります。

発熱やせきなどがおこり、胸部X線写真で、細菌性肺炎とまちがえられるような濃い陰影が左右に、あるいは限局的に見られます（図4）。そのため、医師に細菌性肺炎と診断され、抗生物質による治療が効かないことがわかってから、呼吸器の専門医に紹介される場合も多くあります。

検査と診断

原因となる背景を識別することが重要です。背景因子として、薬剤、膠原病、血管炎、放射線肺臓炎、悪性病変（リンパ腫など）、感染症（結核、非結核性抗酸菌症、マイコプラズマ感染など）などが報告されています。原因を調べるために、気管支肺胞洗浄（1251頁）を行うことが望ましいのですが、設備が整っていない場合、原因となりそうな薬剤の使用を中止して経過をみるなどして、治療に進むこともあります。気管支肺胞洗浄検査ではリンパ球の増加がみられ、Tリンパ球のうち、免疫を調整するCD8陽性細胞が増加して、免疫を促進する細胞の比率の低下が認められます。原因が把握できないものは特発性器質化肺炎と診断されます。

50〜60歳代に多く、性差や喫煙との関連はありません。せき、発熱、ときには全身症状として筋肉痛、関節痛、腹部症状などをともなうことがあります。肺機能検査所見では肺活量の低下、拡散能力の低下が特徴ですが、病気の

◎膠原病で入院が必要な場合

膠原病はいろいろなタイプの病気からなりますので、それぞれの病気で、急性に発病するものもあれば、慢性に発病するものもあります。病気の勢いも激しいものから、安定しているものまでいろいろです。したがって、すべての膠原病で入院が必要なわけではありません。

膠原病肺では、症状が重く、酸素投与やステロイド剤を使用した治療、免疫抑制薬の治療が必要と判断され、なおかつ外来通院では安静が守られにくいと判断した場合には入院したほうが治療効果があがるでしょう。とくに、特殊な薬剤の大量投与などは入院が望ましいものです。最近では、自宅安静加療でも可能な場合も多くなりました。

勢いによります。

治療

陰影の広がり、症状の強さ、肺機能の障害度合い、炎症反応の強さなどを調べ、ふつうは、ステロイド剤を用います。経口で投与する場合が多いのですが、病気が悪化した場合には、ステロイドパルス療法(短期間で大量のステロイドを注入する治療法)を行うこともあります。

特発性の場合でもプレドニンなどのステロイド剤は基本的に効果があり、陰影、症状ともに改善します。しかし、ステロイド剤の減量を急ぐと、一部で再発がみられることがあり、慎重に経過をみる必要があります。

膠原病肺
Pulmonary Manifestation of Collagen Vascular Diseases

どんな病気か

膠原病(2003頁)とは、本来は異物を排除する抗体が、自分の組織や臓器を攻撃する、自己免疫疾患と呼ばれる病気全体を指しています。基本的に全身性炎症性疾患です。

おもな病変部位は、全身の血管、結合組織(筋肉や骨)で、これらが豊富に分布する呼吸器(気管支、肺、胸膜)はしばしば病変を示すこととなります。

膠原病と関連する肺の病気には、間質性肺炎(1292頁)、細気管支炎(674頁)、気管支病変、胸膜炎(1324頁)、肺高血圧症(1320頁)、肺血栓塞栓症(1414頁)、血管炎(2042頁)、リウマトイド結節(2017頁)、肺門および縦隔リンパ節腫脹、横隔膜筋力低下や呼吸筋力低下による病変などがあり、これらが狭義の膠原病肺といわれるものです。さらに、膠原病および治療薬剤による抵抗力の低下は、日和見感染症による肺炎(ニューモシスチス肺炎、肺真菌症、サイトメガロウイルス肺炎など)や、薬剤性肺炎などをおこしやすくなります。広義にはこれらの病気も膠原病肺に含まれます。

原因

膠原病そのものの原因は、すべてわかっているわけではありません。また、自己抗体と呼ばれるたんぱく質ができるしくみもすべて明らかにはなっていません。現在、つぎのような原因が考えられています。

①自己のたんぱく質によく似た成分をもつ微生物に対する攻撃が、自己にもおよぶ。

②通常、免疫担当細胞から隔離された正常な細胞が、たまたま接触したことでリンパ球などに攻撃される。

③体内の正常なたんぱく質がウイルス、薬、日光、放射線などによって変質し、異物とみなされる。

④抗体をつくるBリンパ球のはたらきがおかしくなり、正常な体内細胞を攻撃する自己抗体をつくる。

自己抗体のできやすさが、病気のなりやすさと関連します。このような感受性をもった人では、閉経、感染、薬剤、日光など、からだの内外の環境の変化、環境による刺激が発病にかかわってくるのです。

検査と診断

膠原病でおこる、さまざまな肺の病変を迅速に識別・診断することが、適切な治療方針の決定と病気の安定的な経過にかかせません。肺の病変が固有のものか、あるいは感染症によるものか、薬剤性による

◎膠原病肺の予防

病気になりやすい体質というものや、年齢、性別、生活環境などが関係ありそうな病気ですので、まずは、生活環境を整えることが重要です。しかし、現実には、これができにくい場合に発症していることも確かですので、予防というのは、なかなかむずかしい問題をはらんでいます。過労を避ける、心身のストレスを避けることでしょう。薬剤、サプリメントなど、安易に服用することも注意すべきです。なかには、膠原病を引き起こしうる物質が報告されています。女性の場合は、閉経を迎えると、女性ホルモンのもつ免疫力増強作用が減じるため、50歳以降は、とりわけ、心身のストレスを避けて規則正しい生活を心がけることが必要です。

ものかの識別が重要です。肺の病変の種類を識別するためには、せき、痰、息切れ、喘鳴（ゼーゼーいう）、発熱、胸痛などの症状、身体所見（聴診所見、ばち指、レイノー現象、関節変形、皮膚所見など）、胸部のX線、CT検査、呼吸機能検査（拘束性、閉塞性、拡散能）、血液ガス測定（パルスオキシメーターも含む）、心電図、心臓超音波検査、喀痰検査、血液中のマーカー（血沈、CRP、自己抗体、総たんぱくとグロブリン分画、補体価、LDH、KL6、SPD、hBNP、β‐Dグルカン、免疫グロブリンなど）、ツベルクリン反応、QFT反応などを調べます。

◉膠原病性間質性肺炎の識別診断

識別・診断は、特発性間質性肺炎の分類（1292頁表）に準じて行われ、年齢、喫煙状況、病勢、治療の有無、合併症などによっては、入院による外科的肺生検が必要となります。出現頻度でいちばん多いものは慢性型間質性肺炎で、非特異性間質性肺炎（NSIP）と呼ばれるものです。つぎに、通常型間質性肺炎（UIP）が認められます。

迅速な治療が必要な場合には外科的肺生検を行わずに、気管支肺胞洗浄により感染性因子の確認、洗浄液の性状、赤血球を貪食、分解してできるヘモジデリンを含有したマクロファージの検出による出血の確認、細胞成分による間質性病変の識別などが行われます。

治療をせずに経過をみることは病状の進展悪化を招く危険があります。気管支肺胞洗浄を迅速に行えば治療方針の決定、変更が科学的に行え、死亡率が改善されることになります。

治療

膠原病肺にはさまざまな種類があります。感染症、日和見感染症（2135頁）、薬剤性肺炎（1301頁）などはそれぞれの治療を参照してください。ここでは狭義の膠原病肺の治療方針をまとめます。

大きく間質性肺炎と、それ以外の治療に分けられます。間質性肺炎の治療は、症状が軽い場合、禁煙、経過観察などで済む場合もあります。しかし、発熱やせき、息切れが明らかにある場合には、ステロイド剤、免疫抑制薬が投与されます。4～6週間の治療で、ゆっくり標準量から減らしていきますので、服用期間は長くなり、副作用と減量中の再発に十分な注意が必要です。

慢性型間質性肺炎で肺高血圧の合併がある場合には、ステロイド剤と免疫抑制薬の治療では効果がないことがあり、在宅酸素療法が導入されます。血管拡張薬や利尿薬の処方も行います。

胸膜炎、細気管支炎、肺胞出血などもステロイド剤で効果があります。気管支病変、とくに関節リウマチにともなう気管支拡張症では、エリスロマイシンの少量長期投与も効果があります。

日常生活の注意

膠原病は1度発病すると慢性の病気となることが多く、特殊な薬剤治療が必要となり、しかも長期にわたる治療で副作用などもおこりやすくなります。膠原病になりやすい体質や年齢に加え、女性や喫煙者ではリスクが高くなるので、過労を避け、規則正しい生活を送り、睡眠時間と休息を確保することが重要です。発病した人の状況を調べると多くの場合、過労、心身のストレス、睡眠不足などが、ある時期集中しています。

肺の病気③

サルコイドーシス ……1297頁
▼症状▲肺門部のリンパ節の腫れ、目のぶどう膜の炎症、不整脈、めまいなどがおこる。
▼治療▲肺門部のリンパ節の腫れのみなら、治療は不要。心臓や目の症状が強い場合は、ステロイド剤などが用いられる。
過敏性肺炎 ……1299頁
好酸球性肺炎 ……1300頁
薬剤性肺炎 ……1301頁
塵肺（症）とは ……1302頁
石綿肺 ……1303頁
コラム 在宅酸素療法 ……1305頁
コラム 非侵襲的人工呼吸 ……1307頁

サルコイドーシス
Sarcoidosis
肺、目、心臓に肉芽腫ができる

◇20歳代と50歳代に多い

どんな病気か

この病気は、約100年以上も前に、イギリスで皮膚の病気として発見されました。その後、研究が進み、おもに類上皮細胞（炎症に集まる異常な細胞）などが集合した「肉芽腫」という結節が、リンパ節、目、肺など全身のいろいろな臓器にできる病気であることがわかりました。

地域や人種のちがいによって、発生率や重症度にちがいがあり、たとえばヨーロッパでは南欧より北欧に多くみられ、アメリカでは黒人が白人の数倍もかかりやすいといわれています。

日本でも、この病気について今まで8回の全国調査が行われました。その結果によると、最近は増加傾向にあり、年齢別では、男女ともに20歳代と50歳代に多い二峰性を示しますが、とくに男性は20歳代、女性は50歳代に多くみられます。

サルコイドーシスは、厚生労働省の特定疾患（難病）に指定されており、公費の医療費補助を受けられます。

難病に指定されている理由は、いまだに原因が不明であることと、患者の約80％は、ほぼ2年以内によくなりますが、残りの5～10％は病気が長引き、悪化することによるものです。

症状

従来、日本の患者では自覚症状がなく、健康診断のときに胸部X線写真で偶然に発見されることが多かったのですが、最近は、いろいろな自覚症状で見つかることが多くなっています。

▼肺の症状　初期では多くの場合、胸部X線写真に肺門部（1245頁図1）のリンパ節の腫れがみられ、病気が発見されます。

この場合は、ほとんど自覚症状がありません。

肺の中まで病気が進むと、せき、息切れがでてくることがあります。症状が軽いうちに、肺線維症（1293頁）へ進行する前に治療を始めることを勧めます。

▼目の症状　日本では、欧米に比べて、目の症状をきっかけに発見されることが多いのが特徴です。

目のぶどう膜という部分に炎症がおこり、物がかすんで見えたり（霧視）、蚊が飛んでいるように見えたり（飛蚊症）、視力が低下したりします。

眼科で**ぶどう膜炎**（1089頁）といわれたら、サルコイドーシスである可能性も考え、全身の検査が必要となります。放置すると、失明する場合もあり、適切な治療をすることがたいせつです。

▼心臓の症状　心臓にサルコイドーシスの病変がおこると、脈が不規則になったり（不整脈）、めまい、動悸、失神などがおこったりします。

さらに心臓の機能が低下すると、動くと息切れがするなど、心不全の症状がでてくることがあります。

日本のサルコイドーシスによる死因でもっとも多いのは、この心臓におこるサルコイドーシスです。

ですから、サルコイドーシスとわか

ったら、症状がなくても、定期的に心臓の検査を行うことがたいせつです。

原因

今まで、結核菌説、溶連菌説、ウイルス説など、原因について、たくさんの説がありましたが、いまだにはっきりしていません。

なんらかの物質がリンパ球、とくにTリンパ球の活動を活発にさせ、この細胞がつくりだす物質によって、マクロファージという細胞が刺激されるために、肉芽腫という病変がおこると考えられています。

現在では、ニキビの原因となる**アクネ菌**が原因ではないかという説が有力です。しかし、まだ世界的に認められたわけではなく、今後の研究が期待されます。

検査と診断

この病気の人の血液の中には、アンジオテンシン変換酵素（ACE）という酵素が増えてきます。この酵素は、肉芽腫によってつくりだされると考えられていますが、すべての患者で必ずしも増加するとはかぎりません。

また、気管支肺胞洗浄をすると、洗浄液中のリンパ球、とくにCD4陽性リンパ球が増加していることが、診断の参考になります。

ツベルクリン反応が陰性であるのも、重要な手がかりになります。ガリウムシンチグラフィー（1252頁）やPET検査（230頁）で病気の広がりを調べることもたいせつです。

しかし、サルコイドーシスの診断を確定するには、病巣の組織の中に、肉芽腫を見つけることが必要です。

肺の場合は、ふつう、気管支ファイバースコープを使って、肺の組織を少しとって検査することが、よく行われます（経気管支的肺生検）。この生検でも診断が確定できないときには、胸腔鏡という内視鏡を使って、肺の大きな組織をとって、診断することもあります（胸腔鏡下肺生検）。

治療

胸部X線写真に、肺門のリンパ節が腫れているのがみられるだけなら、治療の必要はありません。定期的に検査を受けるだけで十分です。

しかし、強いせきや息切れなどの症状があれば、治療の対象となります。

さらに、心臓の病変や神経の病変がある場合には、突然死や重い回復不可能な症状がおこることがあるため、治療の対象となります。

目の症状は、ときに視力障害をもたらし、日常生活を困難にすることもあるので、これも治療の対象となります。

サルコイドーシスの治療には、ステロイド（副腎皮質ホルモン）剤が使われます。ステロイド剤には、さまざまな副作用があるので、使用については専門医に十分相談する必要があります。

関節リウマチで使われるメトトレキサートなどの免疫抑制薬も有効です。これらの薬は、副作用はありますが、重篤なものは少ないので、あまり怖がらずに治療を受けてください。

日常生活の注意

自覚症状がなければ半年に1度の経過観察でよいでしょう。女性の場合は、出産後にサルコイドーシスが悪化することがあり、注意が必要です。また、ステロイド剤を使っている場合は、妊娠してよいか医師に相談することをお勧めします。

発病して症状があれば、むりをせず、ストレスを避けて、ともかく心身を休めることがたいせつです。

過敏性肺炎
Hypersensitivity Pneumonitis

どんな病気か

過敏性肺臓炎ともいいます。

小さなチリやほこりのようなもの（有機塵埃）をくり返し吸入していくうち、これに過敏になっておこる**アレルギー性の肺炎**です。別名、**外因性アレルギー性肺胞炎**とも呼ばれています。この病気は、吸入するものの種類や発病する環境のちがいによりいくつかの病名に分けられますが、どれもほぼ同じ症状を示します。

原因

夏型過敏性肺炎は、日本の過敏性肺炎のうちでもっとも多くみられるもので、夏から秋に家屋内に増殖するトリコスポロン（かびの一種）が原因でおこります。

農夫肺は、牛の飼料に生えたかびが原因で、酪農家にみられます。

鳥飼病は、最近は**鳥関連間質性肺炎**といわれて、鳥（ハトなど）の糞や羽毛布団使用などが原因になります。

加湿器肺や**空調病**は、装置の水やフィルターに生えたかびが原因です。

これらを吸入しても、多くの人は無症状で、発病する人は一部です。

症状

発熱、せき、呼吸困難がおもな症状です。これらの症状は、塵埃を吸入後、4～6時間して現れます。

検査と診断

胸部X線写真を撮ると、両肺にすりガラス状や粒状の陰影が見られます。

血液検査では、白血球の増加、CRP（からだに炎症があると血液中に急激に増えるC反応性たんぱく）の陽性、赤血球沈降速度が上昇するほか、原因となっている塵埃を抗原として結合する抗体がみられます。

症状が特定の環境や作業に関連しておこったり、同じ症状がくり返しおこったりする場合には、過敏性肺炎ではないかと疑うことがたいせつです。

治療

炎症を抑える作用のあるステロイド（副腎皮質ホルモン）剤が、ひじょうによく効きます。

しかし、原因抗原を避けて入院していると、それだけでよくなるのです。

予防

原因となっている塵埃を吸入しないようにすることがたいせつです。夏型過敏性肺炎のトリコスポロンは、日あたりや風通しが悪く、湿気の多い場所（台所、洗面所、風呂場など）にある木、マット、畳、寝具などに増殖します。

よって、これらの場所を中心に畳がえを含む大掃除や消毒、除湿が必要ですが、改築や転居をせざるをえないこともあります。

農夫肺では、防塵マスクを使うようにします。

加湿器肺、空調病のような換気装置肺炎の場合には、フィルターを交換したり、機材を清潔にしたりします。鳥飼病では、鳥関連のものを近づけないようにします。

慢性化すると、肺に線維組織が増えてかたくなり（肺線維症 1293頁）、呼吸不全になりますから、予防がたいせつです。

◎放射線肺炎

肺がん、縦隔腫瘍、乳がん、食道がんなどの治療のために、胸部X線照射を行うと、照射後6週から3か月して間質性肺炎がおこることがあります。これを放射線肺炎といいます。

症状は、せき、発熱、呼吸困難、頻呼吸です。胸部X線写真では、照射した部位に一致した、浸潤の陰影が見られます。進行すると、組織に線維が増えてかたくなり、肺は縮小します。

診断は、X線照射治療の病歴、X線照射した部位の異常陰影から容易にできます。

治療は、初期であればステロイド剤が効きます。

がんなどを根治する目的で大量に放射線を照射すれば、間質性肺炎が生じるのは避けられません。照射する部位を小さくするなどの配慮が行われています。

◎慢性ベリリウム肺

半導体の製造工場などで、

好酸球性肺炎
Eosinophilic Pneumonia

どんな病気か

肺の組織に白血球の一種の好酸球が多数入り込んで障害をおこし、特有の症状と胸部X線写真に異常な陰影を示す病気です。**肺好酸球増多症（PIE症候群）**ともいわれています。原因や病状のちがいにより、慢性好酸球性肺炎、急性好酸球性肺炎、その他の好酸球性肺炎に分類されます。

原因

薬剤やたばこなど、なんらかの物質に対するからだのアレルギー反応により発病するわけですが、多くは原因不明です。

急性好酸球性肺炎は、たばこを吸い始めた、あるいは一度に大量に吸った若い人に多く発病します。たばこの中の特殊なたんぱく質がからだにアレルギー反応をおこすのです。

慢性好酸球性肺炎は、アレルギー素因のある人におこりやすく、大半は原因が不明です。

その他の好酸球性肺炎として、アスペルギルスなどの真菌（かび）によっておこるものなどがあります。これらは一般に、**アレルギー性気管支肺真菌症**という、別の名前で呼ばれます。

症状

せき、痰、息切れ、発熱、倦怠感などがおこります。

急性好酸球性肺炎は若い人に多く、数日の経過で発熱、せき、呼吸困難などが進んでくるものです。急性呼吸不全になって、酸素吸入や人工呼吸器が必要になることもあります。

慢性好酸球性肺炎は中年女性に多く、数か月の経過で、せき、喘鳴（呼吸のたびにゼーゼーヒューヒューいう）、呼吸困難などのぜんそくに似た症状がつづき、発熱をともなうこともあります。アレルギー性気管支肺真菌症も、おもにぜんそく様の症状を呈します。

検査と診断

慢性好酸球性肺炎では、胸部X線写真で、肺の末梢部に濃厚な浸潤（組織がおかされたようす）の陰影が見られます。血液や痰の中に、好酸球が中等度に増加します。確定診断のためには、気管支鏡検査が必要になります。

急性好酸球性肺炎は、胸部X線写真では、肺の全体に広がる帯状や、すりガラスのような陰影が見られることが多く、胸水がたまることもあります。血液中の好酸球は、必ずしも増加しないので、確定診断のためには気管支鏡で気管支肺胞洗浄や、肺の組織をとって顕微鏡で調べる肺生検を行う必要があります。

アレルギー性気管支肺真菌症では、喀痰や気管支鏡検査によって、原因となった真菌（かび）を検出します。

治療

どんな好酸球性肺炎でも、炎症を抑えるステロイド（副腎皮質ホルモン）剤が有効です。

急性好酸球性肺炎は、やはりステロイド剤が有効です。たばこが原因の場合には、禁煙することがもっともたいせつなことです。

慢性好酸球性肺炎は、ステロイド剤がひじょうによく効きます。中等度のステロイド剤を数か月使用します。中止して再発しても、またステロイド剤を服薬すればしだいによくなります。

アレルギー性気管支肺真菌症では、

酸化ベリリウムと接触、吸入することによっておこる職業性の肺の病気です。

息苦しさで発病し、胸部X線写真では、両肺にびまん性の陰影がみられます。肺の中に、類上皮細胞肉芽腫（るいじょうひさいぼうにくげしゅ）と呼ばれる病変（サルコイドーシスでもみられる病変）が現れ、10年以上の長い年月を経て肺の線維化が進み、組織がかたくなって呼吸ができなくなり、不幸な結果に終わります。

日本では、1972（昭和47）年にベリリウムの使用に、きびしい法的規制が行われるようになって、新しい患者はほとんどでていません。

しかし、知らないところでベリリウムが使用されていることもありますので、息苦しさのある人は、慢性ベリリウム肺の可能性を含めて診察してもらう必要があります。

ステロイド剤と抗真菌薬を併用することが多いです。

薬剤性肺炎（やくざいせいはいえん）
Drug-Induced Pneumonia

どんな病気か

別の病気の治療に使用された薬剤によっておこる間質性肺炎（かんしつせいはいえん）（1292頁）を、薬剤性肺炎といいます。

原因

いろいろな薬剤によっておこりますが、なかでもとくに抗がん剤、免疫抑制薬、抗生物質、化学療法薬、抗炎症薬、降圧薬などが間質性肺炎をおこすことが知られています。

一般に、薬の使用総量が多い場合、多種類の薬を使っている場合、高齢者の場合、もともと肺の病変がある場合に発生しやすい病気です。

症状

薬剤を使用してから症状がでるまでの期間の長短により、急性、亜急性、まれに慢性のものに分けられます。

急性の発病は、薬の使用後すぐ、あるいは数週間後に、呼吸困難、からせき（乾性咳嗽（かんせいがいそう））が現れ、ふつうは発熱をともないます。

もっとも多くみられるのは慢性肺炎で、薬剤を使用して数週から数か月たって、しだいにからだを動かしたときの呼吸困難、からせき、ときに発熱が現れて発病します。

検査と診断

胸部X線写真では、さまざまな程度、種類の陰影が見られます。なかには、好酸球性肺炎（こうさんきゅうせいはいえん）（前項）になるものもあります。

肺活量が低下し、血中の酸素濃度も低下しますので、息が切れるわけです。

薬を使っていて、せき、発熱、息切れなどがつづいて治まらないときには、薬剤性肺炎を疑って、胸部X線写真を撮ってみることがたいせつです。

使っている薬を皮膚に貼り付けて炎症がおこるかをみるパッチテストや、リンパ球幼弱化反応試験（きゅうようじゃくかはんのうしけん）（ある抗原（こうげん）に触れて免疫の記憶をもつリンパ球が同じ抗原とともに培養されると形を変えることを利用して、抗原を見つける試験）が診断に役立つことがあります。

慢性型は極めてまれですが、ほかの間質性肺炎、肺線維症（はいせんいしょう）との区別をするのがむずかしい場合があります。

治療

薬の使用を中断しなければ、さらに症状は悪くなりますので、疑わしい薬はすべて使用を中止します。それだけでよくなることもありますが、必要に応じて、ステロイド剤を使用します。

予防

症例によっては死亡することもありますので、間質性肺炎をおこしやすい薬を使う場合、医師は、あらかじめその可能性を患者によく説明し、定期的に胸部X線撮影、肺機能の検査などを行い、早期発見、早期治療につとめます。

抗がん剤や抗生物質などに限らず、どのような薬でも、サプリメントでさえ薬剤性肺炎をおこす可能性があることを認識しておきましょう。

また、アレルギー体質のある人は、医師に伝えましょう。医師は、薬剤性肺炎になりやすい状況にある人に対して薬を使うときには、とくに注意深く行います。

◎珪肺（症）

遊離ケイ酸の吸入によって引き起こされる塵肺で、鉱山（とくに金属鉱山）、石工、サンドブラスター、トンネル工事従業者にみられます。

顕微鏡で見ると1～5μmほどの小さなケイ酸粉塵の周りに線維が増殖しているのがみえ、直径数mmまでの丸い珪肺結節（粉塵と線維の集中したところ）が、両肺に無数にでき、とくに肺の上部に多くみられる傾向があります。X線写真では、小さな粒状の陰影がちらばり、これらがまとまった直径数cmの塊状陰影がみられることもあります。

こうした病変により肺の弾力性が失われ、肺の容量が減少します。早期では、運動時の息切れがおもな症状ですが、しばしば慢性閉塞性肺疾患（COPD 1268頁）のような変化をともない、症状は複雑となります。がんこなせき、痰、喘息のような症状がよくみられます。

塵肺（症）とは
(Pneumoconiosis)

◇鉱物性粉塵の吸入が原因

有毒なガスや蒸気、粉塵を吸入すると、気管・気管支や肺にさまざまな病的な変化がおこります。なかでも鉱物性（無機物）粉塵を吸入したために肺におこった病気を**塵肺**と総称します。

この病変は、線維が増えること（線維性の変化）が主で、慢性気管支炎や肺気腫をともなうことも多く、肺の柔軟性が失われ、呼吸困難になります。

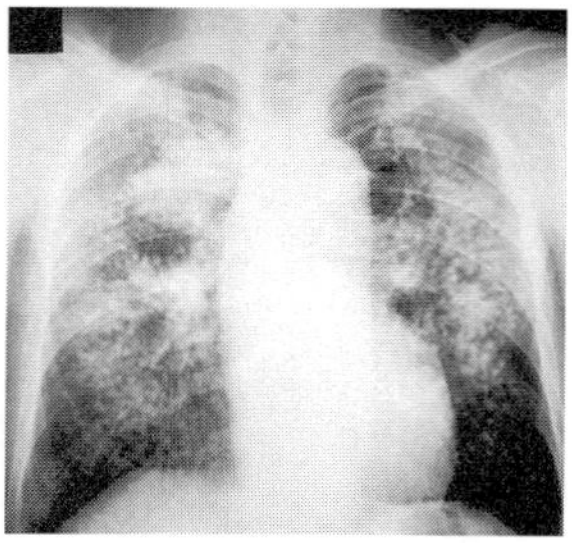
珪肺のX線写真

植物や動物などから発生する有機粉塵を吸っておこる肺の異常も、末期には線維性変化を生じます。どちらも、からだが吸入した粉塵に反応するのですが、有機粉塵による異常は免疫反応性の呼吸器疾患で、過敏性肺臓炎と呼ばれ、塵肺とはちがいます。

呼吸器系の気道には異物を排泄する作用があり、吸入された粉塵は分泌液とともに、気道の線毛運動によって喉頭のほうへ、痰として排出されます。

この防御機能をくぐり抜けて肺の深部に入り込んだ粉塵は、大食細胞（マクロファージ）に飲み込まれます。有機粉塵なら大食細胞が消化できますが、鉱物性粉塵は消化できず、最終的に気管・気管支周囲のリンパ節まで運ばれて貯蔵されます。

吸入した粉塵が大量（長期）であればこの処理能力を超えてしまい、肺組織内部に残った粉塵により、組織の線維が増えてしまうのです。

広範囲に線維化した肺は、肝臓で肝硬変がおこったようなもの、と考えればよいと思います。

塵肺をおこすほど粉塵を吸入するのは、ほとんどが職業で粉塵にさらされている人たちです。過去に粉塵をまき散らす工場や鉱山の周辺にすむ住民が発病することもあったように、まれに近隣曝露が原因になることもあります。

代表的な塵肺は、ケイ素による**珪肺**（上段）と、石綿（アスベスト）による**石綿肺**（次頁）です。

◇塵肺の治療と予防

肺内に沈着した粉塵を排出させる手段はなく、いちど発病した塵肺は進行しても治りませんので、予防がたいせつです。**塵肺法**という法律で指定された職場では、防塵対策や定期的な塵肺健康診断が定められていますが、労働者も防塵マスク着用を守り、健診を受けなければなりません。

発病後は、可能なら粉塵職場から離れ、医師の指示に従い、鎮咳薬、去痰薬、気管支拡張薬などの内服、吸入をしますが、すべて対症療法です。

呼吸器の合併症があれば積極的に治療し、多くは治癒可能です。しかし、肺がんや悪性中皮腫は発見が遅れたり、手術不能であることも多いものです。

また、肺結核や肋膜炎、気胸、気管支拡張症をともないやすく、それぞれに特徴的な症状も現れます。

進行すると、呼吸能力が低下します（呼吸不全）。肺の毛細血管が減ることもあって肺高血圧症がおこり、心臓の負担が増加して肺性心（右心不全）がおこります。動悸、息切れ、むくみ、唇や爪のチアノーゼなども現れます。

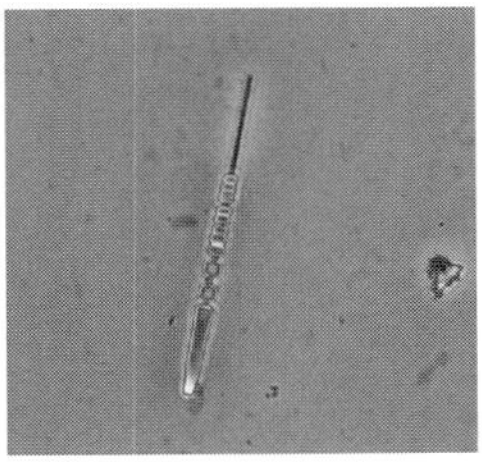
図1　石綿小体の顕微鏡写真

石綿肺 Asbestosis

●石綿（アスベスト）とは

2005（平成17）年6月、兵庫県尼崎市の石綿セメント会社の従業員と周辺住民に、石綿肺、胸膜中皮腫、石綿肺がんなど、石綿の吸入が原因と考えられる病気による多数の死者発生が公表されました。その後多くの企業から同様の報告がつづき、さらには、駅舎、学校の校舎、倉庫などで、石綿が飛散するおそれのある状態が放置されていることが報道され、大きな社会問題となりました。

石綿とは細長い繊維状の鉱石で、**アスベスト**とも呼ばれます。日本では熊本県や北海道でわずかに採掘されていましたが、使用されるほとんどは輸入品でした。おもにアフリカ、カナダ、ロシアなどで採掘される白石綿と呼ばれるもので、船で日本に運ばれ、石綿製品をつくる工場へ送られました。

石綿は摩擦や熱、酸やアルカリに強く、熱、音、電気を通さないという優れた物性をもち、極めて安価でしかも、繊維状をしているため、糸やひも、布状に加工しやすいという特質をもちます。昭和20～60年代にかけて大量に輸入され、セメントやレンガ、ビニール、ゴムなどに混ぜられ、ボイラーや炉、船舶、車両、配管などに使う保温断熱材、屋根や壁、床などの建材、ブレーキなどさまざまなものに利用されました。また、建築物の防火のため石綿をセメントと混ぜ、鉄骨や壁に吹き付けること（石綿吹き付け）が広く行われ、吹き付け作業の周辺で働くさまざまな職種の人が石綿を吸入することになりました。

石綿繊維を吸入すると、肺の中に取込まれ、数十年たっても分解されずに体内に残ります。一部はたんぱく質でおおわれ、鉄アレイの形をした石綿小体（図1）となり顕微鏡で見つけることができます。肺の表面に運ばれた石綿繊維は、肺の表面をおおう胸膜という膜を刺激し、やがてその部分はまだら状に厚くなっていきます。これを胸膜プラーク（胸膜肥厚斑）と呼びます（図2）。プラークは病気ではありませんが、石綿曝露以外の原因ではまず形成されないことと、比較的低濃度でも長年石綿を吸入しているとできることにより、石綿を比較的長期間吸入したことを証明するよい指標とされます。

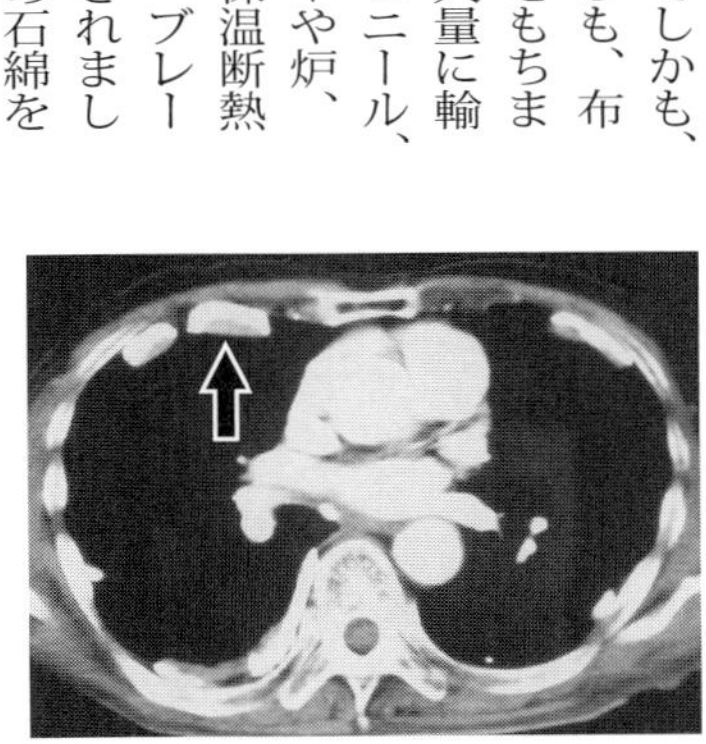
図2
胸膜プラークのCT画像
（矢印の白いかたまり）

石綿を吸入すると、吸入濃度と吸入期間に応じて、石綿肺、良性石綿胸水、びまん性胸膜肥厚、石綿肺がん（次頁上段）、胸膜中皮腫（498頁）などの病気が長い年月を経て発症します。

このため、石綿を取扱う仕事から離職したあとも、一定の要件を満たせば健康管理手帳が交付され、専門の医療機関で年2回無料で石綿健診を受けら

◎良性石綿胸水

石綿が原因となって胸膜に炎症がおこり、胸水がたまりますが、数か月で自然に治る病気です。

◎びまん性胸膜肥厚

プラークと同じように胸膜が厚くなり、胸壁と癒着するものをびまん性胸膜肥厚と呼びます。

◎石綿肺がん

気管支や肺胞にできた肺がんのうち、石綿が原因でおこったものを石綿肺がんと呼びます。

れる制度があります。また、労災保険や石綿救済新法により、石綿で健康被害を受けた人のために、さまざまな給付、補償の制度があります。

◉石綿肺とは

どんな病気か

石綿を吸入することでおこる肺線維症（間質性肺炎）のことです。石綿が原因でおきる塵肺症（1302頁）ともいえます。肺がかたくなり、呼吸をする際に肺の伸び縮みが妨げられます。また、石綿肺の人は肺がんを高率に発症することが知られています。

胸部X線検査では、肺の両側、とくに下のほうに強く、すりガラスあるいは網目様の影が認められます（図３）。聴診器を背中にあてると、パリパリという高く断続的な音（捻髪音）が聞こえます。

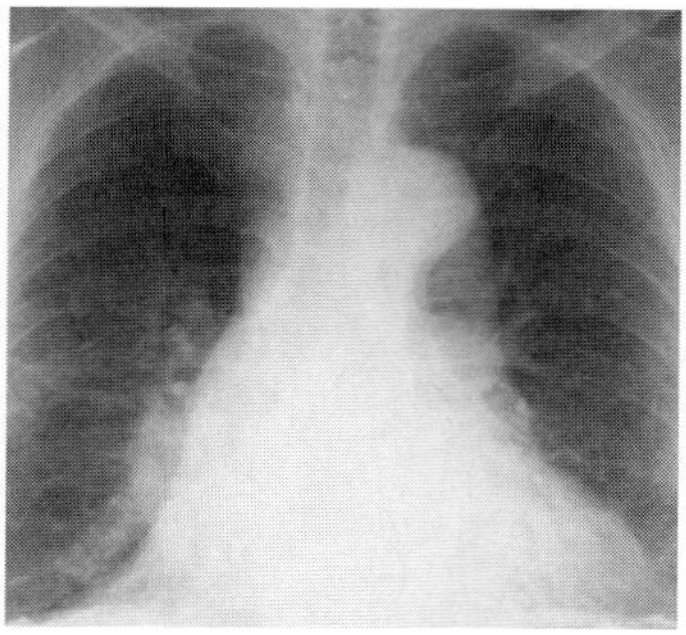

図３　石綿肺のＸ腺画像

間質性肺炎はさまざまな原因でおこるため、石綿の吸入が原因であると診断するには、膠原病や薬剤など、他の原因による間質性肺炎ではないことを確かめ、職歴などから過去に石綿を高濃度に吸入したことがないか確認することがたいせつです。

症状

階段、坂道、急ぎ足のときに現れる息切れ（労作時息切れ）が早期に現れ、徐々に悪化していきます。せきや痰をともなうこともあります。

原因

石綿を高濃度に吸入することで発生します。石綿製品をつくる作業、とりわけ発塵のひどい石綿セメント製品やブレーキライニングの製造、保温・断熱工事作業などの従事者に多く発生します。

大気汚染、環境汚染など、低濃度の石綿曝露では発生しにくいといわれています。

検査と診断

胸部X線検査で網目状の影、すりガラス影を確認します。胸部CT検査は参考として利用します。肺機能検査、動脈血ガス分析装置による動脈血の酸素分圧の測定を実施します。肺がんが高率で合併するため、定期的に喀痰細胞診、ヘリカルCT検査を適宜実施し、肺がんの早期発見に努めます。

治療

いちど肺に入った石綿を除去することはできません。肺の線維化を改善する治療薬もありません。安定期のせき、痰には消炎薬や去痰薬などの対症薬が用いられます。呼吸不全が進行し、労作時の息切れが悪化すれば在宅酸素療法を導入します。かぜをこじらせると急激に呼吸状態が悪化（急性増悪）するので、副腎皮質ホルモン剤を使用します。

日常生活の注意

肺がんを高率に合併するため禁煙することが極めてたいせつです。急性増悪の引き金となるかぜやインフルエンザを防ぐため、うがい、手洗い、マスク、予防接種がたいせつです。

在宅酸素療法

❖在宅酸素療法とは

在宅酸素療法とは、在宅や外出時に酸素吸入をする治療法です。病状が安定していても、からだに酸素が不足しているため継続した酸素吸入が必要な人に有効で、慢性呼吸不全の生命の維持などに役立っています。在宅で酸素吸入が可能なため、長期入院の必要性が減り、在宅療養や社会復帰が可能になり、医学的、社会的にも高く評価されています。

❖在宅酸素療法の対象となる病気は

在宅酸素療法の対象となる病気は、慢性閉塞性肺疾患（COPD 1268頁）、間質性肺炎（1292頁）、肺線維症（1293頁）、肺結核後遺症（1285頁）など、呼吸器疾患が大半を占めますが、その他にも、心疾患、神経疾患、がんなど、さまざまな疾患が対象となります。

在宅酸素療法は生命の維持を目標として長期にわたりますので、患者や家族が病気について基本的なことを知り、経過中におこりうる問題に対応する必要があります（後述）。

❖慢性呼吸不全とは

呼吸器の役目は、空気中から、からだが必要とする酸素を取入れ、不要になった二酸化炭素を排出することです。呼吸不全とは、呼吸器系のどこかに異常が生じ、「ガス交換」の役目をはたせなくなった状態をいいます。

血液中の酸素の割合を示す、動脈血の酸素濃度（分圧）60㎜Hg以下を**呼吸不全**としています。1か月以上つづくものは慢性と規定されています。さらに、呼吸不全は動脈血の二酸化炭素濃度（分圧）45㎜Hg以下のⅠ型と45㎜Hgを超えるⅡ型に分けられます。Ⅰ型の代表的疾患に間質性肺炎、肺線維症が、Ⅱ型ではCOPD、肺結核後遺症があげられます。

❖酸素吸入量はどれくらいが必要か

在宅酸素療法の恩恵を十分受けるには、主治医の適正な酸素処方とともに、治療を受ける人が酸素吸入量を勝手に増減せず、医師の処方を守ることがたいせつです。酸素は、不必要に多くの流量を吸入すると悪影響をおこしますが、必要な吸入をつづけることでは悪影響はほとんどありません。

❖歩行時の酸素吸入流量の決めかた

慢性呼吸不全の人は、歩行時にPaO_2（酸素濃度）が大幅に低下することがよくあります。これを防ぐには歩行時の吸入流量を増やすこと（大まかな目安は安静時の2倍程度）が必要です。厳密には、日常生活と同程度の速度で数分間歩行しながら、パルスオキシメーター（次頁図1）での酸素飽和度が90％以上に維持できるような流量が適切とされています。

❖酸素供給装置

▼液化酸素を使用する方法　液体酸素を気化させて供給する装置で、大きな親容器から直接液体を吸入することができます（次頁図2）。また、親容器から子容器に液体酸素を充填し、携帯用として使用することもできます（次頁図3）。活動性のある人に向いています。

▼酸素濃縮器を使用する方法　空気中の酸素を濃縮し90％以上の濃度で供給する装置（次頁図4）で、家庭のコンセントを電源に使います。携帯型の酸素濃縮器もあります（図5）。

在宅酸素療法の適応基準

（1）高度慢性呼吸不全例

病態が安定しており、大気呼吸下で安静時の$PaO_2$55Torr以下の者および$PaO_2$60Torr以下で睡眠時または運動負荷時に著しい低酸素血症をきたす者であって、医師が在宅酸素療法を必要であると認めた者。

（2）肺高血圧症

（3）チアノーゼ型先天性心疾患

（4）慢性心不全

心機能分類Ⅲ度以上の慢性心不全で、睡眠時チェーン・ストークス呼吸がみられ、無呼吸低呼吸指数が20以上である。

▼酸素ボンベ（圧縮ボンベ）を使用する方法

軽金属製の軽量ボンベでキャスターにのせて携帯用として使用します（図6）。

それぞれ長所・短所があり、目的や生活環境、生活パターンなどに合わせて選択します。

❖家族が注意するポイント

肩で息をしていないか、夜間によく眠れているか、唇（くちびる）が紫色（チアノーゼ）でないか、食欲が落ちていないか、頭痛がないか、体重の増加やむくみがないか、などに注意します。

酸素量が多すぎると、からだがそれに頼って呼吸が浅くなり、二酸化炭素が十分にはきだせずに意識障害を招く**CO_2ナルコーシス**の恐れがあります。ボーッとするなど普段とちがう状態のときは医療機関の受診が必要です。

❖トラブル事例（酸素療法ガイドラインより）

・ベッドで喫煙し、たばこの火がカニューレ（管）から酸素濃縮器に伝わり火事になった。
・カニューレに結び目ができ、延長チューブも家具の下敷きになって流量が減った。
・加湿器の水の交換時、間違ってアルコールを入れていた。
・停電がおき、業者が予備の酸素ボンベに切りかえるなどして対応した。

図1　パルスオキシメーター

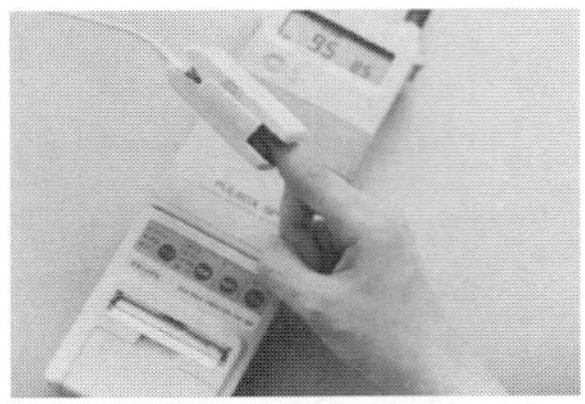

指先に装着するだけで酸素飽和度の測定ができる

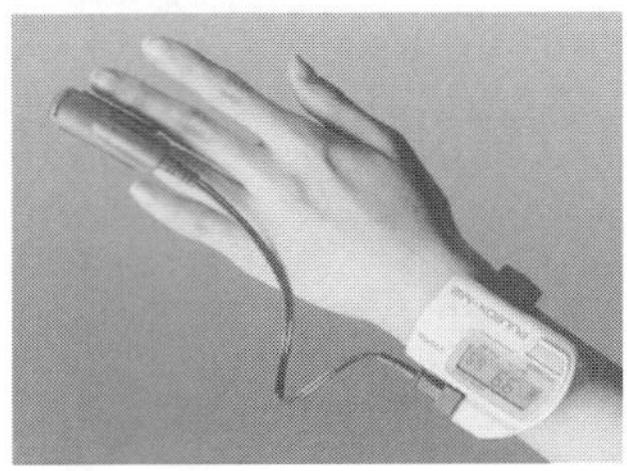

図5　携帯型酸素濃縮器

図2　液化酸素

図3　携帯用液化酸素

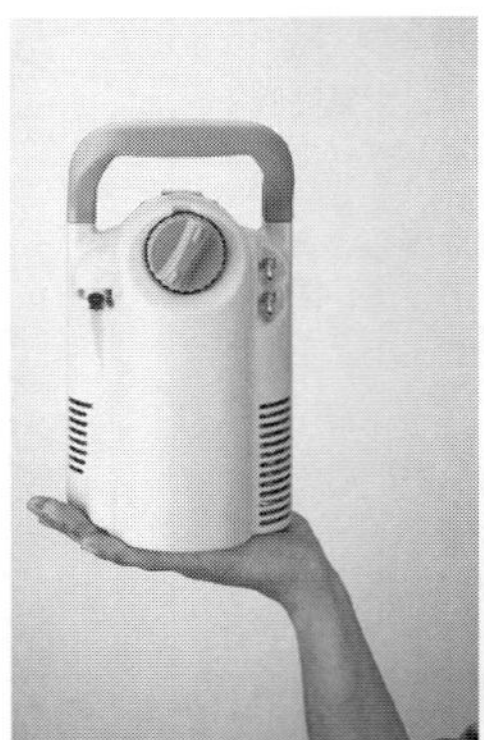

図4　酸素濃縮器

図6　酸素ボンベ

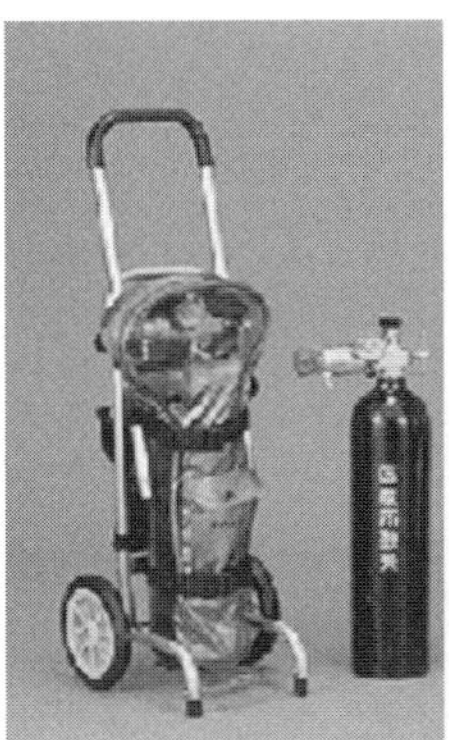

非侵襲的人工呼吸

❖非侵襲的人工呼吸とは

従来の人工呼吸は気管内にチューブを挿入し、これに人工呼吸器をつないで空気を出し入れするものでした。気道が確保され効果も確実ですが、患者の負担が大きいため侵襲的な人工換気と呼ばれます。

1980年代後半より、鼻ないしは顔マスクを使用した人工呼吸法が開発され、より患者に負担がかからないという意味で、非侵襲的人工呼吸法（NPPV）と呼ばれます。すべての場合で侵襲的人工呼吸法に変わるものではありませんが、適応すれば、より受け入れやすく、効果のある人工呼吸法といえます。

非侵襲的人工呼吸は、急性呼吸不全、慢性呼吸不全のいずれにも適応可能ですが、適応が困難な場合もあります。

急性呼吸不全で適応が可能とされる疾患や病態は、COPD、脊柱側弯症や胸郭形成術後、あるいは神経筋疾患などによる慢性呼吸不全が悪化した場合や心原性の肺浮腫などです。慢性呼吸不全の場合は、高二酸化炭素血症をともなう人が対象になります。

いっぽう、患者に意識障害がありNPPVへの協力が得られない、血中の酸素濃度が極端に低い、気道分泌物が多いなどの場合では、NPPVの適用は勧められません。

❖非侵襲的人工呼吸の長所と短所は

長所には、気管内挿管をしなくてよい、会話や食事ができる、自分でマスクの着脱が可能、鎮静薬の使用を減らせる、感染症の合併が少ないなどがあります。

短所には、効果が不確実な場合がある、気道分泌が多い人には向かず、誤嚥の可能性がある、本人の協力が必要などがあります。

図1　人工呼吸器

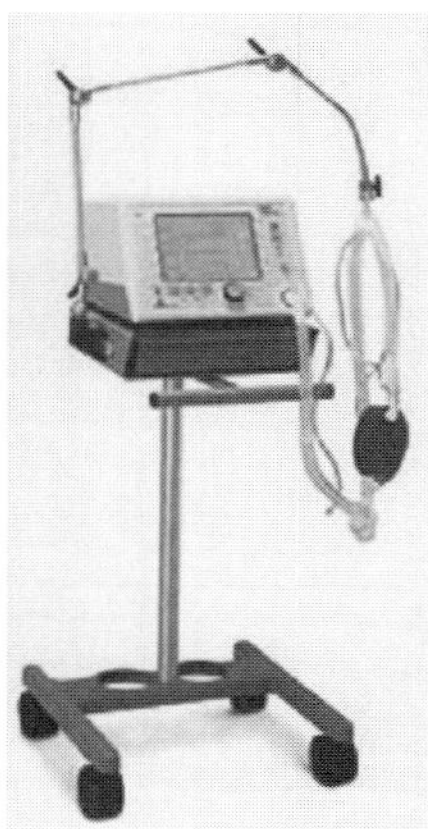

図2　在宅用人工呼吸器

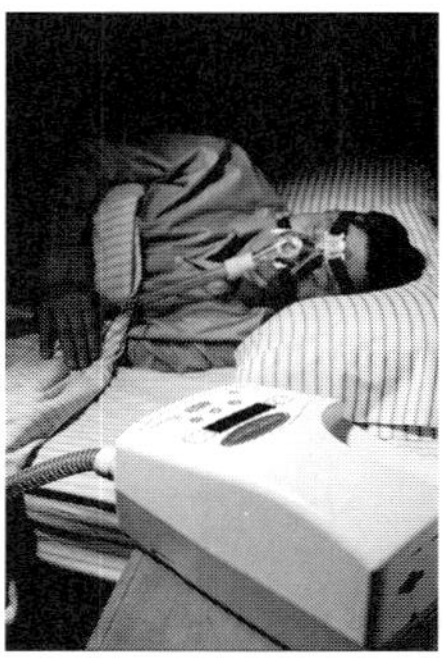

症例ごとに、長所・短所を見極めたうえで、適応を決める必要があります。

❖非侵襲的人工呼吸の効果

多くの場合、動脈血二酸化炭素濃度が低下し、自覚症状（頭痛、精神活動の低下など）の改善も得られます。なかでも、挿管による人工呼吸を回避し、肺炎などの合併症を減らし、死亡率を減らすことがもっとも重要です。

❖人工呼吸器

▼急性期用　酸素濃度を設定可能で、細かなモニター機能を有した専用の人工呼吸器が用いられます（図1）。

▼在宅（慢性期）用　在宅で使用可能です。電源を入れると、呼吸に合わせて、機械が吸気を送気し呼吸を補助してくれます（図2）。

▼マスク　鼻マスク（図3）、鼻・口マスク（図4）、顔マスクなどがあり、サイズもさまざまです。装着が快適でフィット感がよいマスクを選択することが重要です。

図3　鼻マスク

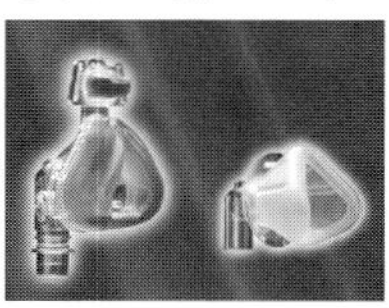

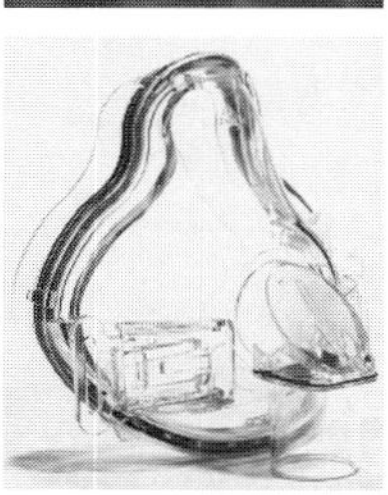

図4　鼻・口マスク

体位ドレナージ

❖体位ドレナージとは

痰の貯留は肺の空気の通り道である気道の閉塞を引き起こし、感染症の悪化などの障害をもたらします。体位ドレナージは、からだを一定の角度に傾けたり支えたりすることによって、重力を利用して水が低い所に流れるように、効率よく肺からの分泌物である痰をはきだしやすくする方法です。

1日の分泌量が25mℓ以上の場合や、分泌物の喀出が困難な場合が適応になります。

❖体位ドレナージの方法

あらかじめネブライザーで、痰溶解薬のエアゾル吸入を行い、痰を喀出しやすくしておき、手もとに痰コップをおいて、喀出した痰を入れるようにします。

実際の練習方法は下図のとおりです。

練習① 楽に座った姿勢で上体を前後左右に傾けます。肺の上葉の排痰を促します。

練習② ベッドの上に枕なしで仰臥位になります。上葉、中葉の排痰を促します。

練習③ 枕なしで腹臥位になります。上葉背部、下葉の排痰を促します。

練習④ 頭を枕にのせて左側臥位をとります。左肩を軸にして上体を前後にゆすり、ついで右側臥位で同様の練習をします。上葉、下葉の側部の排痰を促します。

練習⑤ 頭を低くして仰臥位になります。中葉、下葉の排痰を促します。

練習⑥ うつ伏せになり、膝を立てて、殿部を持ち上げます。下葉の排痰を促します。

❖体位ドレナージを効率よくする補助手段

通常は以下に述べる補助手段も組合わせて行われます。

体位ドレナージを行いながら、「安静呼吸→深呼吸で呼吸を整える→吸気はゆっくり呼気は強く速く行う→せきをする」、これらを1サイクルとしてくり返す呼吸法を行うと効果的です。また、フラッター、アカペラといった器具を口にくわえて、息をはくことによって、機械的な振動と陽圧を気道に加え、分泌物の移動を促す方法もあります。

❖注意点

体位ドレナージは、痰をはきだすのに必要な姿勢を維持できない人、抗凝固薬を服用中の人、最近、喀血をした人、最近肋骨や脊椎を骨折した人、重度の骨粗鬆症の人などに行うことはできません。

体位ドレナージの練習法

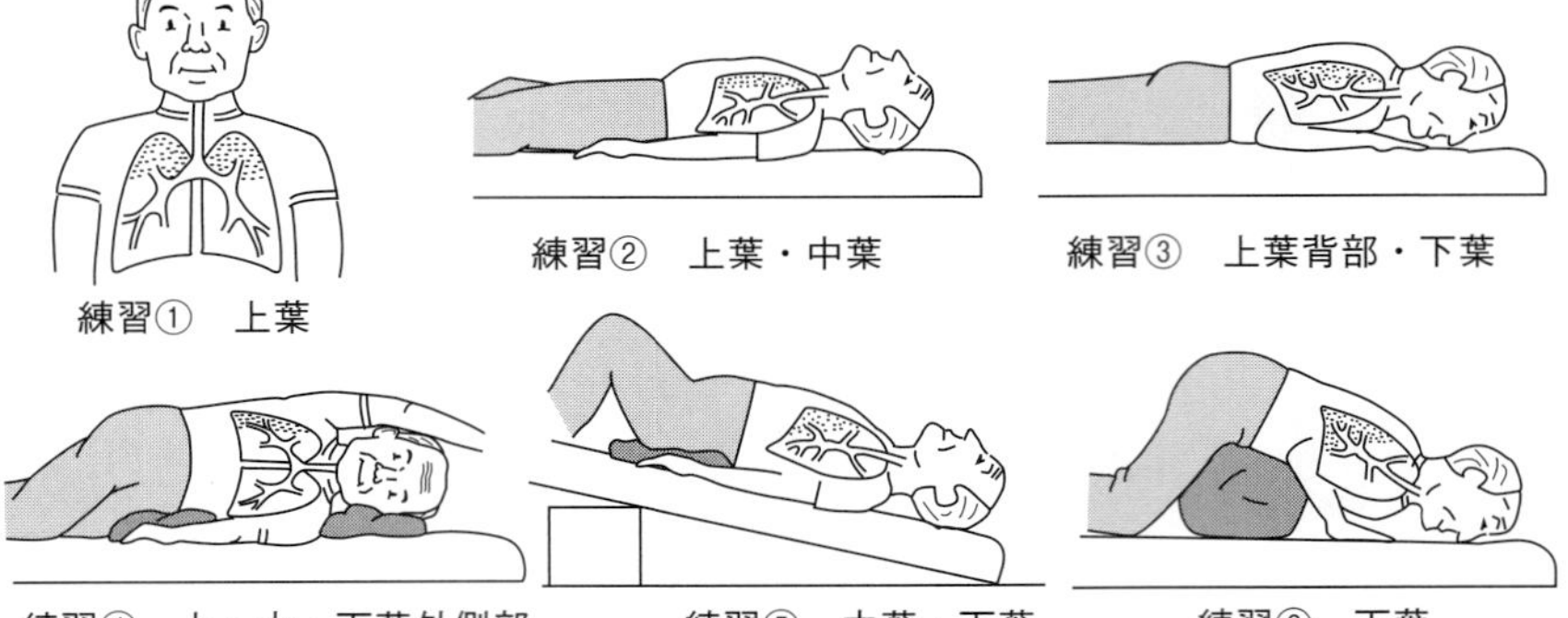

練習①　上葉

練習②　上葉・中葉

練習③　上葉背部・下葉

練習④　上・中・下葉外側部

練習⑤　中葉・下葉

練習⑥　下葉

呼吸リハビリテーション

❖呼吸リハビリテーションとは

呼吸リハビリテーションとは、慢性閉塞性肺疾患（COPD 1268頁、以前は肺気腫とも呼ばれていました）、間質性肺炎、肺線維症、肺結核後遺症といった慢性的な肺の病気をもつ人のためにつくられたプログラムです。

このプログラムの目標は、できるかぎり自立して活動でき、さらにその状態を維持することです。通常、このリハビリテーションは外来診療の場や自宅で行いますが、病状が回復傾向にある重度の肺疾患患者に対しては入院で行うことも可能です。

❖呼吸リハビリテーションの効果

呼吸リハビリテーションプログラムは、息切れなどの自覚症状により生活の質（QOL）が悪化している場合や、肺の病気で何回も入院や救急外来への受診をくり返す場合などに効果があります。

リハビリテーションプログラムが順調に進むと、息切れの軽減や行える運動量の増加、気分の改善、入院期間の短縮や回数の減少などがみられ、患者の生活の質は著しく向上します。

❖運動訓練

運動訓練は呼吸リハビリテーションのなかで、もっとも重要なプログラムです。運動訓練は、運動不足や体力の衰えがおよぼす影響を軽減するので、息切れが改善し、より多くの運動ができるようになります。

下半身の運動は、訓練の基本です。歩くことは日常生活に不可欠な活動なので、リハビリテーションプログラムの多くは、ウォーキングを望ましい訓練方法としています。自転車エルゴメーターを用いてもかまいません。長い間継続できる訓練法が望まれます。

日常生活でごくふつうに行われる洗髪やひげ剃りなどの動作でも、息切れなどの症状がでる慢性的な肺疾患の人には、腕の運動訓練も効果的です。

❖呼吸訓練

▼呼吸練習　呼吸練習とは、腹を膨らませながら横隔膜を使って息を十分に吸い、腹をへこませながらゆっくり息をはきだす腹式呼吸練習です（図1）。腹式呼吸により横隔膜が上下に動く範囲を増し、肺の伸縮度を高め、呼気をゆっくりとして十分に呼出することにより、呼吸に要するエネルギーを最低限にとどめる効率の良い呼吸法です。

▼呼吸筋訓練　呼吸筋、とくに横隔膜は、ほかの骨格筋と同様に、その強さと耐久力はトレーニングによって強化することができます。いろいろな訓練器が発売されていますが、いずれも吸気に抵抗をつけることが原理になっています。スレショールド訓練器（図2）は、1回15分間で、1日2回行います。負荷量は、個々の人に合うように医師が決定します。

図1　腹式呼吸の練習

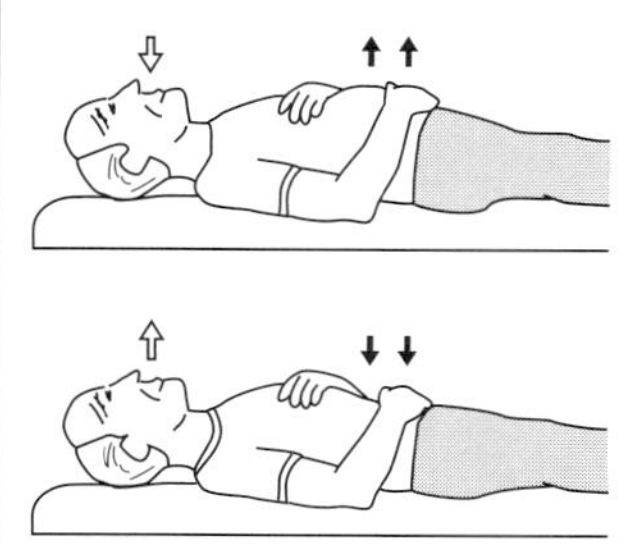

おなかを膨らませながら鼻からゆっくり息を吸い、おなかをへこませながらゆっくり息をはく

図2　スレショールド訓練器

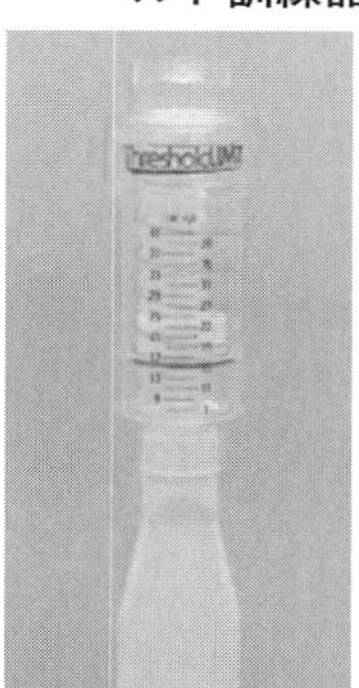

咳嗽に関するガイドライン

❖ せきの原因を診断する

海外では、せき（咳嗽）は医療機関を受診する動機となる最多の症状として知られ、日本でも複数施設での調査から、もっとも頻度が高い症状であると報告されています。とくに近年は長引くせきに悩まされて受診する人が増えています。

せきは、肺や気管支の病気のほぼすべてが原因でおこります。肺がん、肺結核、肺線維症など、進行すると重症になったり、命にかかわったりする病気が、せき症状がきっかけで発見される場合もあります。

これらの病気を見落とさないことはきわめて重要で、せきが長くつづいて受診した場合には、通常、まず胸部X線検査が行われます。しかし大多数では、これら重大な病気が疑われるような検査の異常はみられません。

X線検査の異常な影や、胸部の聴診で喘鳴（ヒューヒューゼーゼー）のような異常が見つかったら、せきの原因を診断することはそれほどむずかしくはありません。

しかし、これらの異常が認められない場合には診断は容易ではありません。実際にはそういう人が多く、診断不明のままにかぜ薬、抗菌薬、せき止め薬などが処方されることがあります。効果は乏しいことが多く、しつこくつづくせきに悩まされることになります。

長くつづくせきは大きなエネルギーの消費となり、生活の質が低下します。

強いせきによって肋骨骨折、嘔吐、尿失禁や、**せき失神**といわれる一時的な意識消失などが生じることもあります。

せきの原因をはっきりさせて、適切な治療を行うことが求められます。

❖ 咳嗽に関するガイドラインとは

近年の臨床研究の進歩により、胸部X線検査や聴診で異常を示さないせきの原因にはどういう病気が多く、どのように診断、治療すればよいのか、ある程度明らかになってきました。

そのような知識を専門医だけでなく、医療の最前線で実際に診療にあたる一般臨床医にも利用できるようにまとめられたのが、日本呼吸器学会から発表された「咳嗽に関するガイドライン」です。

長くつづくせきの原因となるおもな病気については、くわしい検査を盛り込んだ専門医向けのより厳密な「診断基準」と、専門的な検査をあまり含まず一般臨床医でも利用可能な「簡易診断基準」の2つを設け、多くの医師が利用できるようになっています。

せきの原因は、症状（せきがどれだけつづいているか、痰が多いかどうかなど）と検査結果から推測しますが、その原因に対して効果がある薬を使用し、せきがよくなることを確認しないと確定しません。

簡易診断基準は、おもにこのような方法で診断を行いますので、医師から「せきぜんそくかもしれないがまだはっきりとはいえません。ぜんそくの治療薬を使って効果をみてみます」と説明されても不安に思うことはありません。

処方された薬（吸入薬、内服薬、貼付薬など）が効くのかどうか、指示された量や回数を守って使用することがたいせつです。

ガイドラインのその他の特徴として、長くつづくせきだけではなく、3週間以内によくなるような急性のせきについてもくわしく述べたこと、内科以外に小児科、耳鼻科の専門医にも協力を得て、子どもや高齢者のせき、他に何か病気をもっているような人のせきなどもとりあげたことがあげられます。

肺の病気④

肺うっ血／肺水腫
Pulmonary Congestion

どんな病気か

肺うっ血とは、肺を循環している血管の中の血漿（血液中の液体成分）量が、多くなっている状態をいいます。

また、**肺水腫**というのは、肺うっ血が進み、血漿が、血管の外にしみ出し、肺にたまった状態をいいます。

この2つの状態は、はっきり区別するのがむずかしく、程度の問題です。以下、肺水腫を中心に解説します。

原因

肺水腫は、いろいろな原因でおこります。

いちばん多くみられるのは、心臓弁膜症（1380頁）や高血圧症（1396頁）などの心臓病によって、血管内の血漿量が増し（肺うっ血）、肺の毛細血管の圧力が上昇して、血漿が肺組織にしみ出したものです。これを**心原性肺水腫**といいます。

その他の原因としては、肺の毛細血管の壁に障害が生じ、壁の通りがよくなってしまい、血液の液体成分がしみ出しておこることがあります。これを透過性亢進型肺水腫といいます。こうした障害をおこす代表的な病気として、**急性呼吸促迫症候群**（ＡＲＤＳ 1321頁）があります。

症状

よくみられる症状は、呼吸困難とせき、痰です。

肺うっ血の段階では、階段の上り下りや、急いで歩いたときに、軽い息切れがでる程度です。

しかし、肺水腫になると、安静にしていても息苦しく、座った姿勢をとることが多くなり（起坐呼吸）、さらに尿量が減って顔や手足がむくむようになります。

心臓病が原因でおこる肺水腫は、夜間にとくに強い呼吸困難がおこり、胸の不快感や不安感のために眠れなくなります。夜、横になると全身から心臓に戻ってくる血液の量が増え、肺水腫が悪化するためです。気管支ぜんそくと似ているため、**心臓ぜんそく**と呼ばれることもあります。

このほか、薄い血の混じった泡状の痰が、せきといっしょに出ます。

検査と診断

胸に聴診器をあてると、胸全体にわたり「ゴロゴロ」という音が聞こえます。

胸部Ｘ線写真を撮ると、肺門部を中心に、チョウが羽を広げたような陰影が広がっているのが見られ、この陰影を**バタフライ・シャドウ**と呼びます。

治療

治療の原則は通常、可能なかぎり安静をとり、心臓や肺への負担を軽くするために入院が必要となります。そのうえで酸素吸入、心臓のはたらきを強める強心薬の使用、尿量を多くする利尿薬の使用などが行われます。これらの治療をしても肺水腫が改善しない場合は、人工呼吸器の使用が必要となる場合もあります。

予防

慢性の心臓の病気があり、肺水腫をおこす可能性があるといわれているときは、定期的に医師の診察を受けることがたいせつです。

また、こうした場合、体調がよいからといって、自分の判断で心臓の薬を中止したり、ついうっかり運動量を多くしてしまうことは絶対に避けなければなりません。

高山病

❖ 高山病とは

高山病（Mountain Sickness）は、人間が海抜２５００ｍ以上の高地に到達したときにおこる症候群で、急性型と慢性型とがあります。ふつう高山病といえば、急性の高山病をさします。

日本では登山者にみられるものが大部分ですが、近年、ペルー、ボリビア、チリなどの南米諸国、ネパール、チベット、中国西域などの高地への旅行者が増えているため、これらの人たちにもみられます。

急性高山病は、安静と適切な治療をすれば、大部分の人が軽快・治癒しますが、一部の人は重症となり、肺に水がたまる**高地肺水腫**という病気になって死亡することがあります。

高地肺水腫は、くり返し発病することがあり、体質的な素因が発病に関係していると考えられています。

❖ 高山病の症状

急性高山病は、高地に到達して8～48時間後に発病します。必ず頭痛をともない、消化器症状（食欲不振、吐きけ、嘔吐）、倦怠感（だるさ）や疲労感、睡眠障害、めまい・ふらつき感などの症状がみられます。

高地肺水腫は、海抜２７００ｍ以上の高地に到達した後、1～3日以内に発病することが多く、倦怠感が強く、歩行速度が遅くなり、せき、痰、息切れが顕著になります。重症になると、食欲不振、喘鳴（呼吸のたびにゼーゼーいう）、血痰、意識障害がみられ、夜にはこれらの症状が悪化します。

❖ 検査と治療

登山中なら、山岳診療所で血液中の酸素濃度をはかります。入院した際は、胸部X線、脳のCT、眼底などを検査します。

治療は、軽症の高山病ならば、安静、塩酸モルヒネの服用、および酸素吸入によって症状が軽くなります。薬物治療として、アセタゾラミドやステロイド（副腎皮質ホルモン）剤も効きます。

高地肺水腫は、その初期の症状をとらえることが重要です。倦怠感、呼吸困難が目立ち、歩行速度の極端な低下、安静にしても脈が速い（1分間に１１０以上）、呼吸が速いことなどが注意すべき早期の徴候です。

高地肺水腫と診断したら、患者をできるだけ早く低地へ移送する必要があります。高地に滞在をつづけると、症状が悪化します。

薬物療法としては、高度の肺水腫、意識の障害があれば、ステロイド剤を使用します。

症状の改善のため、手軽な携帯型高圧チェンバー（中に人が入れて、高圧を維持できるゴムの袋。ガモウバッグ）も有用で、海外登山遠征などで使われています。

❖ 高山病の予防

２５００ｍ以上の高地に登る場合には、登山前から体調を整え、高地の環境に順応できるように、ゆっくり登山することです。

かつて高山病にかかった人が登山する場合は、海抜２５００ｍ以下のところに宿泊します。それ以上の高地に行くときには、日帰りにし、２５００ｍ以下のところに戻るようにすると悪化が予防できます。

海外旅行などで、標高２５００ｍ以上の高地に飛行機で行く場合は、到着後1～2日間は、その環境になれるまで、過激な運動を避け、安静にすることがたいせつです。

急性高山病の予防薬としては、アセタゾラミド（２５０mg）2～3錠か、あるいはデキサメタゾン4mgを6時間ごとに服用することが有効です。両者を同時に使用すると、さらに効果があります。

◎睡眠時無呼吸症候群の人の日常生活上の注意

睡眠時無呼吸が軽度の場合は、側臥位（横向き）での睡眠で軽快することがあります。

睡眠薬は、薬によっては症状を悪化させることがあるといわれています。また、アルコールは上気道周囲の筋肉の活動をとくに抑制するので、症状を悪化させます。

喫煙も上気道の浮腫（むくみ）の原因となり、悪化させる可能性があります。肥満も悪化の原因となります。

結局、生活習慣によって引き起こされる病気、いわゆる**生活習慣病**の治療と同様で、禁酒、禁煙、体重低下などの節制が必要であるということです。

過換気症候群
Hyperventilation Syndrome

どんな病気か

精神的ストレスなどがきっかけで始まった大きな呼吸によって、血液中の炭酸ガス（二酸化炭素）が肺から排出されすぎて少なくなった状態を**過換気**といい、それによっておこる全身の病的な変化を、**過換気症候群**といいます。大きな呼吸をするために**呼吸困難**を感じます。

血液中の炭酸ガスは血液の酸・アルカリ度と密接な関係があり、炭酸ガスが減ると血液はアルカリ性となります。

炭酸ガスが減ると脳の血管が収縮し、脳への血流も減り、頭がボーっとしたり、めまいがおこります。

また、手指の血流が減ると手がしびれ、血液のアルカリ度が増すと、ひどいときには全身にけいれんがおこることもあります。

検査と診断

呼吸困難の原因が、ぜんそく発作、自然気胸、肺塞栓症、狭心症、心筋梗塞などである可能性もあるため、胸部X線写真、心電図などの検査が行われます。また、動脈より採血し、動脈血中の炭酸ガスや酸素の濃度、酸性度・アルカリ性度が調べられます。

肺や心臓に異常がなく、動脈血中の炭酸ガスが減少していて、酸素が基準値以上あり、アルカリ性であれば、過換気症候群と診断されます。

また、過換気になっていると、**ぜんそく発作**や**狭心症発作**をおこしやすいため、これらの病気にかかっていないかどうかも調べられます。

症状

大きな呼吸をすることで呼吸困難などがおこり、不安になって、さらに大きな呼吸をすることで症状が悪化し、ますます不安となってさらに大きな呼吸をするという悪循環におちいり、発作をおこします。

治療

この発作をおこして緊急入院した人には、鎮静剤の投与、気分を落ち着かせ、呼吸を正常に戻す指導（意識してゆっくり息を吐く。吸気1に対して呼気2の割合）などが行われます。

大きな呼吸をすることが悪循環の原因ですから、大きな呼吸をしてしまって手のしびれなどを感じたら、それ以上大きな呼吸をしないように、自分で呼吸をコントロールすることが発作の予防となります。

発作がしばしばおこる場合や、慢性の場合は、精神的な問題のために過換気となっていることが多く、精神療法などが必要な場合もあります。

日常生活のストレスなどによって、いちど、過換気になってしまうと、悪循環におちいって発作をおこすことになりますが、発作の原因を理解することによって予防できます。

睡眠時無呼吸症候群
Sleep Apnea Syndrome

どんな病気か

睡眠時に、のどの周囲の筋肉が活動低下することにより、のどがふさがり、無呼吸・低呼吸などの呼吸異常がおこり、昼間の眠け、高血圧、動脈硬化などがおこりやすい病気です。

睡眠中の呼吸異常には、10秒以上つ

閉塞性無呼吸のしくみと防止（Sullivan CE ほか、Lancet 1:862,1981より引用）

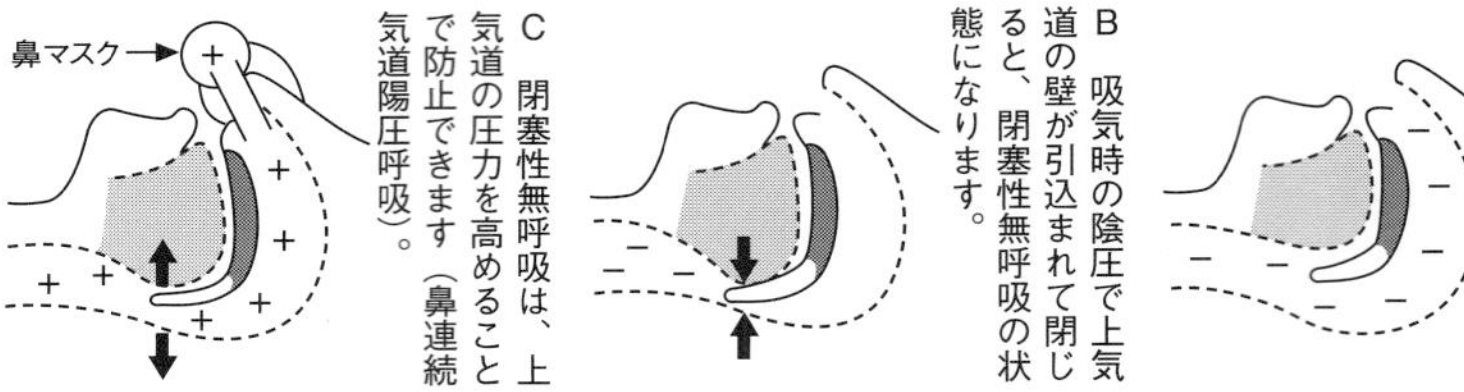

A　吸気時には、上気道の圧が下がり、上気道の壁が振動していびきがでます。

B　吸気時の陰圧で上気道の壁が引込まれて閉じると、閉塞性無呼吸の状態になります。

C　閉塞性無呼吸は、上気道の圧力を高めることで防止できます（鼻連続気道陽圧呼吸）。

づく**無呼吸**と、3〜4％以上も酸素飽和度が低くなる**低呼吸**（呼吸が小さくなる）とがあります。異常の程度は、1時間あたりの無呼吸と低呼吸の数で表し、それを**無呼吸・低呼吸指数**といいます。この指数が1時間に5回以上で昼間の眠けなどの自覚症状をともなう場合か、症状がなくても15回以上で、睡眠時無呼吸症候群と診断されます。

　睡眠中の無呼吸・低呼吸のため、血液中の酸素が不足します（**低酸素血症**）。さらに、この呼吸異常にともなう低酸素血症によるストレスのために、血圧の上昇、心拍数の上昇もみられ、血管に障害をおよぼし、動脈硬化が進みやすいと考えられています。

　無呼吸・低呼吸の状態から呼吸が回復するときは、本人の自覚の有無にかかわらず、脳波などでみると、短時間目が覚めた状態になっています。正常者の睡眠、呼吸は比較的一定していますが、睡眠時無呼吸・低呼吸があると一定した睡眠がとれず、昼間に眠けをもよおし、ひどい場合には、重要な会議や、車を運転していて赤信号などで停止したときに眠り込んでしまったりします。

　また、正常な人の血圧は夜間にやや低くなりますが、呼吸異常がある場合には、血圧が下がりにくく、高血圧になりやすく、動脈硬化も進みやすいと考えられています。

【原因】

肥満、顎が小さい、扁桃腺肥大などが原因でのどが狭い場合、上気道（のど）の周囲の筋肉は、目覚めているときに最大の活動をして、息を通りやすくしています。ところが、睡眠時にのどの周囲の筋肉の活動が低下してだらんとすると、のどが狭くなります。のどの壁が振動して、音がする場合がいびきで、さらに、のどの壁がやわらかくなると、息を吸うときの陰圧でのどの壁が引き込まれ、のどが閉じてしまうようになります。これが**閉塞性無呼吸**です（上段図B）。

　無呼吸が現れるといびきは消え、呼吸が再開するといびきも復活します。

【検査と診断】

ポリソムノグラフィーという、夜間睡眠中の脳波、呼吸、心電図などを調べる検査を行って、無呼吸・低呼吸の数を調べます。この検査は人手を要するため、呼吸、酸素飽和度を測るオキシメーターなどを使う簡易測定を行う場合もあります。

【治療】

昼間の眠けが強い場合で、無呼吸・低呼吸指数が1時間あたり20以上の場合、とくに動脈硬化による脳卒中、心筋梗塞などの病気を合併しやすいと考えられているため、睡眠時に、空気を送り出す機械とチューブでつながれた鼻マスクを使って空気を送り込み、上気道を開通させるようにします。これを**鼻連続気道陽圧呼吸**といいます（上段図C）。少なくとも、毎日4時間以上の使用が必要です。

　軽症の場合、顎が小さい場合は口に装具を入れ、睡眠中ものどが開くようにすることもあります。肥満をともなう場合には、同時に減量を行います。

　また、扁桃肥大（646頁）、アデノイド（とくに子どもに多い〈642頁〉）、甲状腺機能低下症（1478頁）、先端巨大症（1488頁）などでも睡眠時無呼吸がおこりますが、それぞれの病気の治療が重要です。

肺の病気⑤

◎無気肺

　肺の部分的、あるいは肺全体の空気が著しく減少、消失した結果、肺の容量が失われ、肺がつぶれた状態をさします。無気肺は**閉塞性無気肺**と**非閉塞性無気肺**に分類されます。

▼閉塞性無気肺　気管支が閉塞したために生じる無気肺で

肺胞たんぱく症
Pulmonary Alveolar Proteinosis

どんな病気か

　肺胞に、たんぱく質や脂肪（サーファクタント様物質）がたまり、呼吸ができなくなる、まれな病気です。

　おもに小児に発症する**先天性肺胞たんぱく症**、血液疾患や異物の吸入などで発症する**二次性肺胞たんぱく症**、原因不明とされてきた**特発性肺胞たんぱく症**に分けられます。成人の肺胞たんぱく症の90％は特発性肺胞たんぱく症で、最近その原因が解明され、**自己免疫性肺胞たんぱく症**とも呼ばれます。

原因

　肺胞の肺胞マクロファージという細胞は、侵入してきた細菌や異物を処理します。

　また、肺胞は薄い袋で、呼吸の際に収縮がスムーズにできるよう、内面はサーファクタント様物質を含む液体に薄くおおわれていますが、その液体を処理するのも肺胞マクロファージです。

　このはたらきのためにはマクロファージコロニー刺激因子（GM‐CSF）という物質が必要ですが、最近、特発性肺胞たんぱく症では、GM‐CSFの作用を阻害する、抗GM‐CSF自己抗体が産生されていることが明らかになりました。

　特発性肺胞たんぱく症では肺胞マクロファージが機能を発揮せず、肺胞の中にサーファクタント様物質がたまると考えられます。

　先天性肺胞たんぱく症や二次性肺胞たんぱく症の原因は不明です。

検査と診断

　胸部X線検査で両側の肺にすりガラスのような陰がみられ、胸部高分解能CT検査で「メロンの皮」のような網目の陰影があれば、肺胞たんぱく症を疑います。

　血液検査ではKL‐6、CES、SP‐D、SP‐Aなどのたんぱく質が異常に高値を示します。

　気管支肺胞洗浄検査（BAL）で、米のとぎ汁のような白く濁った液体が回収されます。BALの肉眼および顕微鏡所見、経気管支肺生検による病理組織診断で肺胞たんぱく症と診断されます。それでも診断がつかない場合や他の疾患の合併が疑われる場合、手術による外科的肺生検が行われることがあります。

　原因となったたんぱく質を分類するための診断も行いますが、抗GM‐CSF自己抗体の測定は、まだ研究レベルで一般的ではありません。

治療

　特発性肺胞たんぱく症の10～20％は自然に軽快します。約30％は無症状です。無症状や、症状が軽く安定している場合は経過観察でよいと考えられます。

　呼吸困難が強く、病状が不安定な場合、全肺洗浄法という方法で肺の中にたまった物質を取除きます。なかには悪化をくり返し、何度も全肺洗浄をくり返す場合もあります。

　気管支ファイバースコープにより洗浄をする方法（区域洗浄法）も行われます。去痰薬も、効果は一定ではありません。

　近年、特発性肺胞たんぱく症に対し、GM‐CSFの吸入、皮下注射が試験的に行われ、効果が認められていますが、長期効果や副作用などまだ不明なす。外から入ってきた異物が気管支に詰まった場合、気管支内の分泌物や出血が固まって気管支を閉塞した場合、気管支壁にできた肺がんにより閉塞した場合、腫れたリンパ節により気管支が圧迫される場合などで生じます。

▼非閉塞性無気肺　気管支の閉塞によらない無気肺です。なんらかの原因で、肺を囲んでいる胸郭と肺の間に、空気（気胸）や水（胸水）がたまり、圧迫により肺が膨らまない場合、肺を膨れた状態で維持するために必要なサーファクタント（1246頁）が足りなくなった場合、肺胞が炎症細胞、腫瘍細胞などで置きかわり肺が膨らまなくなった場合、アスベストなどによる胸膜疾患にともなう状態（円型無気肺）などで認められます。

無気肺は急性に発症した場合は、せき、痰、胸痛を認めますが、慢性状態では症状がない場合もあります。感染をともなうと発熱、膿性痰がおこります。診断は胸部X線、

点が残っています。二次性肺胞たんぱく症では原疾患の治療が必要です。

日常生活の注意　喫煙や刺激物の吸入はサーファクタントを増加させる可能性があるので避けます。マクロファージの機能低下のため肺真菌症（1281頁）や肺抗酸菌症（1289頁）などの感染症にかかりやすく、規則正しい生活と栄養をとり、口腔内ケアなど、感染症にかからない注意が必要です。

肺ランゲルハンス細胞組織球症（肺好酸球性肉芽腫症、ヒスチオサイトーシスX）

Pulmonary Langerhans Cell Histiocytosis (PLCH) (Pulmonary Eosinophilic Granuloma, Pulmonary Histiocytosis X)

どんな病気か　従来、**ヒスチオサイト**（**組織球**）という白血球の一種が組織で異常に増殖しておこる、**好酸球性肉芽腫症**、**ハンド・シュラー・クリスチャン病**、**レッテラー・ジーベ病**の三疾患を**ヒスチオサイトーシスX**と総称してきました。

その後、増加している細胞は抗原提示細胞である**ランゲルハンス細胞**と起源が同じと考えられ、最近は**ランゲルハンス細胞性肉芽腫症**あるいは**ランゲルハンス細胞組織球症**（**LCH**）と呼ぶことが多くなりました。

成人に発症するLCHは、好酸球性肉芽腫症とほぼ同じもので、**成人型LCH**とも呼ばれます。

原因　肺LCHは喫煙と関連すると考えられています。

しかし、肺以外の病変は喫煙と関連しないことも多く原因はまだ不明です。

検査と診断　10〜20%は無症状であり、健康診断で発見されることが少なくありません。

せき、痰、胸痛（気胸）や呼吸困難を認めます。20〜30代の喫煙者（90%以上）、男性に多い病気ですが、まれな疾患です。

胸部X線検査、高分解能CT検査では、小さな粒状、ひも状の影、数mmから数cmの穴（嚢胞）が見られ、破れると気胸になります。

診断は、気管支ファイバースコープによる経気管支肺生検や気管支肺胞洗浄で増殖している細胞を病理的に証明しますが、診断がつかない場合は全身麻酔下で外科的肺生検が行われます。

治療　肺LCHは禁煙をまず行います。一般的には対症療法を行いますが、副腎皮質ホルモン剤の服用も試みられます。

それでも悪化する場合、化学療法薬が使用されることもあります。必要に応じ、気胸の治療、呼吸リハビリテーション、酸素療法を行います。肺移植の報告もありますが、肺移植後再発の可能性があります。

日常生活の注意　受動喫煙を含む禁煙指導がもっとも重要です。

リンパ脈管筋腫症（肺リンパ脈管筋腫症）

Lymphangioleiomyomatosis (LAM), (Pulmonary Lymphangioleiomyomatosis)

どんな病気か　肺、リンパ節、腎臓、骨盤腔などで平滑筋のような細

胸部ＣＴでなされ、気管支ファイバースコープによる観察で原因の診断をします。治療は原疾患の治療であり、感染症が合併した場合は抗生物質の使用が必要です。

◎肺胞性嚢胞

肺胞の一部が異常に拡大し、大きな袋状の穴があいてしまった状態です。気管支、細気管支狭窄の結果、空気が一方的に入った結果生じることもありますが、多くは原因不明です。肺胞性嚢胞は**ブラ**、**ブレブ**、**進行性気腫性嚢胞**に分類されます。ブラは肺胞が破壊され融合し肺組織内に嚢胞を形成したもので、胸膜の下や、肺尖部に生じることが多いといわれています。ブレブは肺胞が破れて胸膜の下に空気が貯溜してできた嚢胞です。進行性気腫性嚢胞はおもに肺尖部から嚢胞がしだいに大きくなり、正常な肺を圧迫して縮小させていくもので「巨大肺嚢胞」「消えてゆく肺」とも呼ばれます。呼吸機能障害

胞（ＬＡＭ細胞）が増殖するきわめてまれな病気です。おもに妊娠可能年齢の女性に発症します。

非遺伝性に発生する場合（**孤発性ＬＡＭ**）と、遺伝性で、**結節性硬化症**（591頁）にともなって発生する場合（ＴＳＣ-ＬＡＭ）があります。

症状

肺に嚢胞と呼ばれる無数の小さな穴があき、せきや呼吸困難がおこります。

嚢胞が破れると気胸になります。肺の細い血管が破れて血痰がおこることがあります。

胸や腹部に白い水がたまること（乳糜胸水、乳糜腹水）や、脚が腫れる（リンパ浮腫）こともあります。腎臓では血管筋脂肪腫と呼ばれる腫瘍を認めることがあります。

この病気は全身疾患ですが、肺の病気がもっとも重要で寿命を決定します。

原因

結節性硬化症ではＴＳＣ１、ＴＳＣ２という遺伝子に異常が認められます。これらの異常のためＬＡＭ細胞は異常増殖すると考えられます。

ＬＡＭ細胞の増殖には増殖因子と呼ばれるさまざまなたんぱく質の関与が明らかにされていますが、女性ホルモン（エストロゲン）の関与も報告されています。

検査と診断

妊娠可能年齢の非喫煙女性で、肺気腫に似た所見や気胸がある場合、この病気が疑われます。

労作時の呼吸困難、胸痛、咳嗽、血痰、胸水、腹水、腹部腫瘍、リンパ節の腫れなどが認められ、ＴＳＣ-ＬＡＭでは皮膚病変（顔面血管線維腫、爪囲線維腫、白斑など）、神経精神症状などを認めることもあります。

胸部高分解能ＣＴで、両側肺野に広範囲に無数の嚢胞を認め、呼吸機能検査で閉塞性換気障害（空気をはきだしにくい状態）などの異常を認めます。

気管支ファイバースコープを用いた経気管支肺生検や外科的肺生検、腹部腫瘍の生検などでＬＡＭ細胞を証明し診断します。

治療

女性ホルモンを抑制する抗エストロゲン療法も行われますが、効果はさまざまです。無症状の場合や病状が安定している場合は、経過をみる、あるいは対症療法でもよいと考えられています。

気胸、乳糜胸水、腹水のある場合はそのコントロール、必要に応じ呼吸リハビリテーション、酸素療法などの対症療法が行われます。

乳糜胸水、腹水では低脂肪食による食事療法も必要です。

肺移植の適応疾患ですが、移植後の肺に再発すると報告されています。

２０１４年に保険収載された、ＬＡＭ細胞の分子標的療法として、ラパマイシンの服用による治療が注目されています。

日常生活の注意

受動喫煙も含めた禁煙、感染対策などの一般的な注意が必要です。

ホルモン療法を受けている人では更年期障害などの対策も必要です。気胸をくり返す人では気胸に関する一般的な注意が必要です（1323頁）。

また、妊娠、出産、エストロゲン製剤の投与でＬＡＭが悪化する可能性があります。

をきたしたり、自然気胸や感染をくり返す場合は、外科的切除などの治療が必要です。

２００６（平成18）年から、日本気胸・嚢胞性肺疾患学会では肺嚢胞を**気腫性肺嚢胞**、**気管支性肺嚢胞**、**リンパ管性肺嚢胞**、**寄生虫性肺嚢胞**、その他の嚢胞性疾患に分類しています。この分類では、気腫性嚢胞としてブラ、ブレブ、巨大気腫性ブラ、ニューマトセル、間質性気腫、外傷性肺嚢胞、肺葉性気腫を含んでいます。

◎特発性肺血鉄症

原因不明の肺胞出血をくり返し、徐々に肺の組織が線維化をきたしてかたくなるまれな病気です。急激に発症する場合から、ほとんど症状がなく、偶然見つかる場合までさまざまな形で発症します。肺出血の結果、貧血も認められます。80％は子ども（とくに10歳以下）に発症しますが、成人でも発症します（おもに30歳未満）。

グッドパスチャー症候群
Goodpasture Syndrome

どんな病気か

1919（大正8）年、アメリカの医師グッドパスチャーが最初に報告したため、こう呼ばれています。肺の出血と腎臓の病気（**糸球体腎炎**）によって、血痰、喀血、腎不全から死に至ることのある、まれな病気です。

原因

肺胞の壁や腎臓の糸球体には基底膜という構造があります。

ウイルス感染などで肺胞がおかされた場合、免疫反応によって基底膜に対する抗体（抗基底膜抗体）が産生されることがあります。

その結果アレルギー反応により、肺胞が傷害され肺出血をおこし、腎臓も傷害され糸球体腎炎を生じると考えられています。

抗基底膜抗体という自己抗体がなぜ出現するのか不明ですが、約30％で上気道感染症が先行するといわれており、ウイルス感染、喫煙、揮発成分の吸収などの関連が推定されています。

検査と診断

肺胞出血にともなう、血痰、喀血、せき、呼吸困難が認められます。

また、疲れやすい、悪寒、発熱などのかぜ症状を認めることもあります。

胸部X線写真、胸部高分解能CTでは両側に肺胞出血にともなう広範囲の陰影が見られます。

気管支肺胞洗浄、経気管支肺生検で肺胞出血が確認されます。血液検査では鉄欠乏性貧血（1441頁）が認められます。腎障害を反映し血尿、たんぱく尿、進行すると悪心、吐きけなどの尿毒症症状、高血圧、むくみなども認められることがあります。血液検査で抗基底膜抗体を確認します。

治療

抗基底膜抗体の産生を抑えるため、副腎皮質ホルモンや免疫抑制薬を用います。抗体を除去するため血漿交換療法を行うこともあります。腎不全をきたす場合は人工透析も行われます。

日常生活の注意

禁煙、感染予防などの一般的な注意が必要です。かぜにかかったときには悪化しないように十分に休養をとることが必要です。

肺アミロイドーシス
Pulmonary Amyloidosis

どんな病気か

アミロイドーシス（1529頁）とは、**アミロイド**と呼ばれる線維状の異常たんぱくがからだのさまざまな臓器に沈着して臓器の機能障害をおこす病気の総称です。

呼吸器の組織にアミロイドが沈着して臓器障害を生じたものを肺アミロイドーシスと呼びますが、全身性アミロイドーシスの一部として呼吸器に沈着する場合と、呼吸器のみに沈着する場合（上部呼吸器型アミロイドーシス、気管気管支型アミロイドーシス、肺野結節型アミロイドーシス、肺野びまん性肺胞中隔型アミロイドーシス）があります。

原因

アミロイドたんぱくには多くの種類があります。原因たんぱく質の種類や沈着する臓器は病気によって異なります。

環境因子や遺伝因子が疑われるものの原因は不明です。

胸部X線検査、胸部高分解能CTで両側に広範囲の出血にともなう陰影が認められます。血液検査では鉄欠乏性貧血（1441頁）を認めます。気管支肺胞洗浄、経気管支肺生検により出血、鉄を含んだマクロファージ（ヘモジデリン含有マクロファージ）を認めます。

肺胞出血を生じる可能性のある他の疾患や状態が除外されて、特発性肺血鉄症と診断されます。

確実な治療法はありません。ステロイド、シクロフォスファミド、アザチオプリン、クロロキンなどの免疫抑制薬を使用して効果を認めたとの報告があります。肺移植では、再発が問題となっています。

禁煙や感染予防など一般的な注意が必要です。

呼吸器系のアミロイドは免疫グロブリンに由来し、免疫グロブリンの過剰生産や排泄障害が関連すると考えられています。

検査と診断　病変が中枢気道にあると、せき、喘鳴、呼吸困難が認められます。末梢の肺に単発で発症したものでは、症状はほとんどおこりません。

胸部X線検査や胸部CT検査でおもに結節性の陰影などを認めます。経気管支肺生検や外科的肺生検によって肺組織にアミロイドたんぱくが沈着していることを証明します。

生検にあたってはアミロイドたんぱくの沈着している組織は壊れやすいので出血しやすく細心の注意が必要といわれています。

治療　病状は数年にわたり徐々に進行しますが、単発性の場合、予後は、決して悪くありません。腎不全や心不全が予後を決める重大な因子となります。治療は対症療法が中心です。肺限局で、肺の炎症がある場合はその治療も考慮されます。

日常生活の注意　禁煙や感染予防など一般的な注意が必要ですが、病型によって注意点は異なります。心臓や腎臓の機能の異常がみられる場合、食事や運動の制限なども必要となります。

肺胞微石症
Pulmonary Alveolar Microlithiasis

どんな病気か　広範囲に肺胞内にカルシウム塩（リン酸カルシウム塩、炭酸カルシウム塩）が沈着する、遺伝性（劣性遺伝）のまれな病気です。徐々に進行し呼吸不全になります。

原因　カルシウム塩は肺胞でつくられて、蓄積されていきますが、子どものころから徐々に始まり、おとなになって発症すると考えられています。

約半数の症例が家族内発症であり、常染色体劣性遺伝です。

最近、肺の中でリン酸化にかかわるＳＬＣ３４Ａ２という遺伝子の異常が肺胞微石症の原因であることが発見されました。

検査と診断　初期では胸部X線検査所見に比べて自覚症状に乏しいことが特徴であり、健康診断で偶然発見されることも多くあります。進行すると呼吸困難、せきなどの症状が現れます。

胸部X線、胸部高分解能CT検査では微細な陰影を全肺野にわたって、広範囲に認めます。

診断の確定は経気管支肺生検、あるいは外科的肺生検で肺胞にカルシウム塩が層状に沈着していることを証明します。

治療　カルシウム塩の形成を阻害するための薬剤使用は効果に限界があるようです。

特異的な有効な治療法はまだなく、対症療法が主体です。肺移植も実施されます。

原因遺伝子の発見により、病気の原因に基づく新しい治療法の開発が期待されています。

日常生活の注意　禁煙を行い、感染を予防するなど一般的な注意が必要です。

◎肺水腫とARDS

急性呼吸促迫症候群（ARDS 1321頁）は、急に呼吸が困難になるもので、敗血症（2124頁）、誤飲、ショック、外傷、汎発性（播種性）血管内凝固症候群（DIC 1462頁）、大量輸血、急性膵炎（1678頁）、重症の肺感染症など、重い病気の際におこります。

原因の70％は、敗血症だといわれています。

この病気は、好中球を初めとする**炎症細胞**（炎症があると増え、炎症部に集まり、炎症を悪化もさせる一連の免疫系の細胞）が活動的になり、そのため肺血管内皮が広く損傷され、その結果、血管壁から血液の液体成分がどんどんしみ出し、肺水腫をおこします。

症状としては、動脈血中の酸素が著しく少なくなるため、強い呼吸困難がおこってきます。

多くの場合、人工呼吸器の使用が必要になります。

肺動脈性肺高血圧症
Pulmonary Arterial Hypertension

どんな病気か

心臓から肺へ向かう血管を肺動脈といいますが、この血圧（肺動脈圧）が高くなる病気です。安静時の肺動脈の平均血圧はふつうは15㎜Hgほどで、かなり低いのですが、これが25㎜Hg以上になると肺高血圧と診断されます。

肺高血圧はさまざまな原因、たとえば生まれつきの心臓の病気、肺動脈に血栓がつまる病気、肺に異常に空気がたまる肺気腫などでおこりますが、そういった病気以外の原因不明のものが特発性肺動脈性肺高血圧症です。

比較的まれなめずらしい病気で、男女比1対2で女性に多く、70歳代でもっとも多く発症します。初発時（息切れ発症時）から診断確定までの期間は平均で3年くらい、従来は診断確定から死亡までの中間生存期間（すべての患者のなかで、真ん中の生存期間）は3年未満でしたが、近年、治療の進歩により5年以上に改善しています。治療がむずかしいため、厚生労働省の特定疾患（難病）に指定されており、医療費補助が受けられます。

原因

①肺動脈の平滑筋細胞の異常な増殖、②肺動脈の収縮、③肺動脈に細かい血栓ができることで肺高血圧症になります。原因の1つに、肺動脈の細胞増殖に関係するたんぱく質BMPR-Ⅱの遺伝子変異が関係する場合もあることが判明しています。

からだを動かすと息切れがひどい、疲れやすい、動悸、胸の痛みなどの自覚症状があります。

検査と診断

胸部X線写真をみると、肺動脈本幹部が拡大し、末梢血管が細くなっているのが特徴です。

慢性の肺高血圧の結果、右心室の肥大がおこりますが、これは心電図や心エコー（超音波検査）像でわかります。

診断の決め手は、右心カテーテル検査で、肺動脈の平均血圧が40㎜Hg以上と、そのほかの病気が原因の肺高血圧ではみられない、ひじょうに高い値を示すことが多くみられます。

死亡した人の肺の血管を調べてみると、肺動脈の壁の、中膜をつくっている平滑筋層が肥大し、厚くなっています。また内膜には、同心円状に肺血管の細胞が増殖した叢状病変と呼ばれる特徴的な変化がみられます。

治療

薬物治療として、肺の血管を拡張するいろいろな薬剤が試みられています。プロスタサイクリン（PGI_2）を血管内に持続的に点滴静注する治療は、すべてに対してではありませんが、明らかに効果を認めています。さらに、血管の収縮と増殖に関与しているエンドセリンのはたらきを抑えるエンドセリン受容体拮抗薬、肺血管の収縮を抑制しうるホスホジエステラーゼ5型（PDE-5）阻害薬などが有効である可能性があり、今後さらに治療には変化があると考えられます。現時点での最終的な治療は肺移植ですが、ドナーの問題が解決していないのが現状です。

日常生活の注意

過度の運動、酸素の薄い高所への旅行、妊娠は避けるべきです。右心不全があるときは安静と塩分制限が必要です。

急性呼吸促迫症候群

❖急性呼吸促迫症候群とは

急性呼吸窮迫症候群、ＡＲＤＳ（Acute Respiratory Distress Syndrome）ともいいます。

心臓や肺に病気をもたない人が、ショックや外傷のあとに、急に呼吸ができなくなる病気です。

ＡＲＤＳを引き起こす原因はいろいろですが、うっ血性心不全（心臓の機能が悪いために肺に水がたまる病気）とは関係ありません。

外傷や敗血症、急性膵炎などの病気にともない、肺に異常がない人に治りにくい呼吸不全がおこることは以前から知られていました。とくに、ベトナム戦争の時期に、このような病気の存在が注目されました。

ＡＲＤＳは症候群ですから、症状、検査結果、病気の経過に共通点があります。

それは、外傷や感染症などの病気になったのをきっかけに発病する、もともと肺に異常がない、重い呼吸不全がみられる、心臓に原因がないのに胸部Ｘ線写真で肺水腫（肺に余分な水がたまる）がみられる、などに要約することができます。

心臓が悪くてうっ血性心不全になり、肺水腫になったわけではないのです。

左の肺水腫のＸ線写真では、両肺がまっ白に見えます。毛細血管から血漿成分を含んだ浸出液が周囲の組織にしみ出すため、肺の水分が増え、肺の全体が白っぽく写るようになるのです。

❖ひじょうに高い死亡率

ＡＲＤＳの死亡率は50％程度とかなり高いことは確かです。なかでも、他臓器不全（肺以外の臓器に障害がおよぶ場合）をおこしている場合、死亡率は高いことが知られています。最初の３日間での死亡は、呼吸不全ではなく、ＡＲＤＳの基礎疾患によるものであり、それ以降も、敗血症による死亡が多く、院内肺炎が原因として多いことが指摘されています。

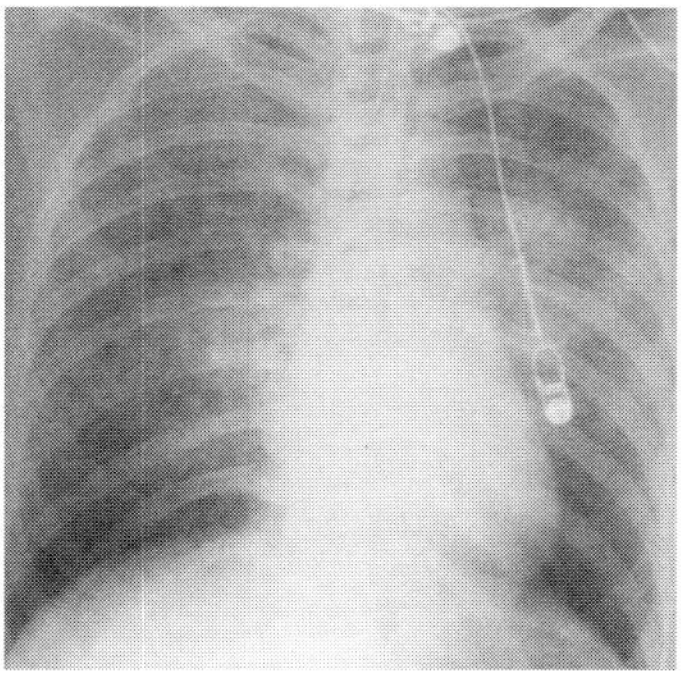

肺気腫のＸ線写真
（写真右側の器具は心電図モニターのケーブル）

❖ＡＲＤＳをおこす原因

ＡＲＤＳは、からだになんらかの侵襲（悪影響を与えるもの）があったのをきっかけに発病します。侵襲から発病までの期間はふつう３日以内です。ＡＲＤＳを引き起こす原因を左の表にまとめました。

❖ＡＲＤＳの発症機序

敗血症（2124頁）がＡＲＤＳを引き起こす代表的な原因ですので、その場合を想定してみます。細菌などの感染による刺激が引き金になり、サイトカイン（からだの中に外敵が侵入したときに炎症反応をおこす物質）が炎症

ARDSを引き起こす代表的な原因

①肺が直接に障害を受ける場合
・肺炎
・胃内容物の誤嚥
②肺に間接的に障害がおよぶ場合
・敗血症（他の臓器の細菌感染症が全身をまわり、肺にも細菌感染症がおきる場合）
・外傷、熱傷（とくにショックと大量輸血をともなう場合）

性細胞（たとえば白血球）から過剰につくりだされます。全身から心臓へ戻った血液はすべて肺に流れ込みます。すなわち、サイトカインは肺に集まる結果となります。

サイトカインには、白血球のひとつである好中球を活性化する作用があります。好中球は肺の毛細血管を刺激することにより、毛細血管壁にくっつき、さらに血管の外に出て活性化します。この活性化した好中球からは、さらにエラスターゼというたんぱく分解酵素や活性酸素などが放出されて、組織が傷害されることになります。

組織傷害のひとつとして毛細血管の傷害がおこり、細胞と細胞の間が離れてしまい、そこから血管内の血漿成分を含んだ浸出液が肺胞に出てきてしまい、肺胞は水浸しの状態になります。

このような状態におちいってしまうと、薬物治療の効果はあまり期待できなくなります。この急性期の状態を過ぎると、肺胞や間質(肺胞の周囲の組織）の線維化がおきてしまい、もとの肺構造には回復しなくなってしまいます。

❖ARDSの治療

ＡＲＤＳは、いまだに有効な治療法が確立されていませんが、必ず基礎疾患がありますから、それに対する治療が不可欠です。

現在、行われている治療は、呼吸管理、循環管理、薬物療法の３つに大きく分けられます。いずれも、早期診断と治療が重要です。

呼吸の管理　ＡＲＤＳでは、肺の酸素を取り込む力がひじょうに低下しており、酸素吸入をしても簡単には血液中の酸素が増えません。そのため、気管内挿管（口あるいは鼻腔からチューブを気管に挿入すること）や、気管切開（くびの皮膚を切って気管に穴をあける）によって、気管にチューブを挿入し、人工呼吸器に接続しなければなりません。

人工呼吸をするメリットは、高濃度の酸素を吸入することができること以外に、ピープ（ＰＥＥＰ）といって息をはくとき（呼気時）にも一定の圧力を肺にかけて肺胞がつぶれるのを防ぐことができ、呼吸を器械にまかせ、自力で呼吸をしなくてもよいため、エネルギーの消耗を防げること、などがあげられます。

人工呼吸を行うときは、低容量換気といって、１回の換気量を最低限度にして、圧力による肺胞の損傷を防ぐ工夫がされます。

しかし、人工呼吸は、ＡＲＤＳの根本的な治療ではなく、あくまでも肺の機能が回復してくるまでの時間かせぎであることを知るべきです。

薬物療法　現在、日本で使用可能な薬剤は、ステロイド（副腎皮質ホルモン）剤のグルココルチコイドと好中球エラスターゼ（組織を破壊する分解酵素）阻害薬です。また、今後、有効性が期待される薬剤としては活性化プロテインＣ（血管内の凝固を防ぐ治療）があります。

グルココルチコイドが、ＡＲＤＳの病態改善に有益な作用をもつ可能性は十分に考えられるため、日本ではパルス療法（ステロイド剤の一種、メチルプレドニゾロンの大量投与）を、感染のコントロール（抗菌薬の投与）とともに施行しているのが現状です。ＡＲＤＳの一部の病態には効果がある可能性がありますが、定まった治療方法ではありません。好中球エラスターゼ阻害薬は、ＡＲＤＳの比較的軽症例で、早期に使用すると効果がありそうですが、さらに検討中です。

循環管理　循環管理は、ＡＲＤＳによる肺傷害に対する人工呼吸管理を、より安全に行えることを目標とするもので、各重要臓器への血流を維持するように循環血液量を保つ治療です。

胸膜の病気

◎胸膜のしくみと気胸のいろいろ

胸膜は、肺の表面をおおう薄い膜で、二重になっています。その二重の胸膜の間にある腔（空間）が**胸膜腔**です。

正常な胸膜腔にも少量の胸水があり、このため、内外の胸膜は円滑に接しています。

胸膜腔内の圧力は大気圧より低く（陰圧）、呼吸運動に

自然気胸

Spontaneous Pneumothorax

胸痛と息切れが主症状

◇胸膜のすき間に肺の空気が入る

どんな病気か

肺をおおう肺胸膜（内側の胸膜）と肋骨の内部に張られた壁側胸膜（外側の胸膜）の間を**胸膜腔**といいます。肺の内部が大気圧と等しいのに対し、このすき間は圧力が低いため、多数の小さな風船のような肺胞を含む肺を膨らませるようにはたらいています。

なんらかの原因で胸膜が破れ、外界や肺との間に孔があくと、空気が胸膜腔に入り込み、圧力のちがいで張っていた肺が縮んでしまいます。このような状態を、**気胸**といいます。

気胸のなかでも多いのは、肺と肺胸膜の間にできた嚢胞（空気の袋）が破裂して胸膜に孔があく原因不明の**特発性（自然）気胸**と呼ばれるものです。

嚢胞が肺の上部にできやすいのですが、その理由はまだわかっていません。また、COPD（1268頁）の人に合併しやすい**続発性（自然）気胸**があります。

特殊な気胸に**緊張性気胸**があります。これは、胸膜の破れた組織が弁のようになって、空気を吸ったときに一方的に胸膜腔に空気が流れ込むものです。胸膜腔の圧力がしだいに高くなり、肺が著しく圧迫されるため、気胸中でももっとも重症になります。

症状

胸痛と息切れが主要な症状です。胸痛は、気胸のおこった側に突然生じるのが特徴です。気胸の程度が軽ければ、からだを動かしたときに息切れを感じる程度ですが、肺の縮み方がひどくなると、安静にしていても、息切れを感じるようになります。

検査と診断

胸痛と息切れを訴える長身でやせ型の青年男子は特発性自然気胸が疑われます。また、外傷のあとに同様の症状があるときも気胸の可能性があります（上段）。

中等度以上の気胸になると、胸を手指で叩く打診をすると、鼓音（太鼓のようなポンポンという音）がし、聴診器をあてても呼吸音が弱く、聞きとりにくくなります。

緊張性気胸では、脈が速くなり、血圧が低下し、チアノーゼ（皮膚が青紫になる）がみられるようになります。迅速に処置することが必要で、診断が遅れると、しばしば命とりになります。とくに人工呼吸器による調節呼吸時によくみられます。

気胸の診断にもっとも役立つのは、胸部X線検査です。

◇胸腔鏡手術が外科治療の主流に

治療

自然気胸の治療は、胸膜腔からの空気の排除と気胸の再発防止です。特発性自然気胸の人では、半数近くに再発がみられます。

自覚症状が少なく気胸の程度が軽ければ、とくに処置は不要です。自然に胸膜腔の空気は吸収されます。

中等度以上では、胸膜腔からの空気の排除が必要です。ときには種々の薬剤を胸膜腔に注入し、人工的に炎症をおこして胸膜を癒着させ、空気の漏れ

重要な役割をはたしています。

胸膜の病気のうち、診療時によくみられるのは、胸膜腔に水がたまる**胸水**（次頁上段）と、胸膜に孔があいて胸膜腔に空気が入り密閉性がなくなる**気胸**です。

気胸は、明らかな外傷がない**自然気胸**と、胸部の外傷によっておこる**外傷性気胸**とが代表的なものです。そのほか、診断や治療にともなう**医原性気胸**もあります。

特殊な気胸として、月経時に反復しておこるものがあります。横隔膜の異所性子宮内膜症（子宮の内膜組織が子宮とは関係のない横隔膜にまぎれこみ、月経時のホルモン変化などに反応してはがれ、横隔膜に孔があく）によっておこると考えられています。

気胸の分類

- 自然気胸
  - 特発性気胸
  - 続発性気胸
  - 緊張性気胸
- 外傷性気胸
- 医原性気胸

と同時に再発を防ぐこともあります。

続発性自然気胸がおこった場合には、軽度の気胸であっても積極的に空気を抜くなどの対応が必要です。

従来、自然気胸を何度もくり返したり、チューブによる空気の排除で肺の膨らみが悪いときは、開胸し、破れた肺の部位をふさぐ処置が行われてきました。しかし最近では、胸腔鏡という内視鏡を使い、肺の破れたところを処理する方法が開発され、外科的治療の主流となってきています。開胸手術に比べて疼痛が少なく、入院期間も短縮できる利点があります。

胸膜炎
Pleurisy

どんな病気か

胸膜に炎症がおこり、内・外側の二重になった胸膜のすき間（胸膜腔）に水（胸水　次頁上段）がたまってきた状態が胸膜炎です。

中等量以上に胸水がたまると、胸部の圧迫感や息切れが現れます。胸痛は胸膜炎の初期にみられることが多いのですが、胸水がたまるとともに胸痛はむしろ軽くなります。胸痛は深呼吸やせきによって悪化します。

検査と診断

聴診器で呼吸音が聞き取りにくく、胸を打診しても健康な人のような澄んだ音がしませんが、体位を変えると、これらの音が変わってくることが大きな特徴です。

少量の胸水の検出には、胸部X線検査が役立ちます。また、胸部CT検査は、X線検査ではとらえにくい肺内の病像や少量の胸水を検出するのに有用です。超音波検査は少量の胸水を確認したり、排出するためのカテーテルチューブなどを入れる場所を決めるときに役立ちます。

胸水がみられたときに、もっとも重要な検査は胸水の採取です。胸水の性状、含まれる糖の値、細菌の有無、細胞の種類や数などを調べるためです。

治療

日本では肺炎とわかると早くから抗生物質が使われるためか、肺炎にともなう胸水をみる機会は、それほど多くありません。しかし、肺炎に対する適切な治療が遅れると、膿胸（次項）になることもあるので、注意が必要です。

結核性胸膜炎は、まだかなりみられる病気で、胸水をみたときには、かならず考える必要があります。胸膜のすぐ内側の結核病巣が胸膜腔へと広がると、胸膜炎をおこして胸水がたまります。この場合には、抗結核薬による治療が行われます。

また、がんにともなう胸水としては、肺がん、乳がんなどが胸膜に転移した**がん性胸膜炎**によるものが多くみられます。抗がん剤による化学療法は無効であることが多いため、症状をとる対症療法が主体になります。胸水を排除すると、息切れは軽くなりますが、胸水は再びたまります。それを防ぐには胸膜を癒着させます。胸水を抜いた後に、種々の薬剤を胸膜腔中に入れ、人工的に胸膜炎をおこし、胸膜腔の閉鎖を行います。

全身性エリテマトーデス（2030頁）は、胸膜炎を合併しやすいことが知られています。これには、副腎皮質ホルモン（ステロイド）剤が効きます。

◎胸水

正常の状態でも、胸膜腔にはごく少量の胸水が存在します。胸水は、毛細血管から水分が染み出しやすくなったり（血管透過性の増大）、毛細血管内の圧が高くなったり、血液中のたんぱく質などの量が減るとその量が増えます。

胸水は、毛細血管内圧の上昇や血液中のたんぱく質が減る低たんぱく血症などでおこる（非炎症性の）**濾出性胸水**と、血管から水分が染み出しやすくなる、炎症が原因の**滲出性胸水**に分けられます。

濾出性胸水は、胸水の産生や吸収に関する全身的な要因からおこることが多く、もっともよくみられるのは、心不全による胸水です。ついで肝硬変、ネフローゼ症候群などが原因としてあげられます。

滲出性胸水をおこす代表的な病気には、がん、細菌性肺炎、結核性胸膜炎、膠原病などがあります。

膿胸
Pyothorax

どんな病気か

内外二重の胸膜に囲まれ、正常でも少量の胸水がある胸膜腔に感染がおこり、胸水が肉眼でみても混濁して、膿のようになった状態が、典型的な膿胸です。

かつては結核によっておこることが多かったのですが、最近では肺炎や肺化膿症にともなう膿胸が注目されています。

縦隔の炎症や胸壁の外傷、あるいは腹腔内での感染症に引きつづいておこることもあります。

抗生物質が十分に使用できなかった時代には、黄色ブドウ球菌による肺炎に合併することが多かったのですが、今日では嫌気性菌（酸素がないところで増える細菌）による肺炎に合併する膿胸が重要視されています。

日本では、治療の早期から抗生物質が使われるためか、肺炎にともなう膿胸をみる機会は、それほど多くありません。

しかし、肺炎に対する適切な治療が遅れると、膿胸となることもあるので、注意が必要です。

治療

胸水が膿性を示すときは、抗生物質による治療とともに、胸膜腔に管を入れて積極的に胸水を排除する必要があります。

結核性膿胸は、以前と比べると少なくなりました。結核性膿胸が肺に穿孔をおこした場合には手術が必要です。

胸膜腫瘍
Tumor of Pleura

どんな病気か

肺をとり囲んでいる胸膜にできた腫瘍で、医療の現場では、肺がんや乳がんなどから転移したがんによるものが、圧倒的に多くみられます。

胸膜そのものの腫瘍としては**中皮腫**（498頁）があります。中皮腫は、胸膜の内面をおおっている中皮からできる腫瘍で、悪性中皮腫と良性中皮腫に分類されています。

悪性中皮腫は、石綿（アスベスト）を扱う人たちに多発することが知られています。石綿に関係する仕事を始めてから20年以上もたってから発病することが多く、持続する胸部の鈍い痛みと息切れがおもな症状です。

検査と診断

胸部X線検査で、胸水と、不整に厚みの増した胸膜がみられた場合は、悪性中皮腫を疑います。

胸水の細胞や胸膜の細胞をとって顕微鏡で調べても、診断するのはむずかしいものです。

治療

手術によって悪性の中皮腫を問題なくとりさることはむずかしいのが現状です。

また、薬物による化学療法や、放射線を腫瘍にあてる放射線療法も、一般的に無効なことが多く、治療してもそれほどよくなることはありません。

良性中皮腫は、胸部X線写真で、輪郭がなめらかで、はっきりした陰影を示し、多くの場合、胸水をともないません。

手術で切除すれば、その後の経過は良好です。

縦隔の病気

◎胸腺

胸骨の裏側に位置するリンパ器管のひとつです。

骨髄でつくられた未熟なリンパ細胞は、ここで成熟して正常な免疫反応をおこすようになり、全身に運ばれます。

思春期をすぎたころに胸腺の役割は終わり、萎縮して中に脂肪がつまるようになります。

縦隔とは

胸郭（胸部）内の真ん中にある、左右の肺にはさまれた部分を縦隔といいます（1327頁図）。

この部分には血管系として心臓、大血管（大動脈、大静脈、肺動脈、肺静脈）があり、気道系として気管、気管支が、そのほかに、食道、リンパ管、脊椎、脊髄、胸腺などの臓器が含まれています。

縦隔とは臓器を意味するものではなく胸部の肺、肋骨以外の部分の場所を示すことばで、縦隔の病気として扱われるおもな病気は**縦隔腫瘍**、**縦隔炎**（**膿瘍**）、**縦隔気腫**、**縦隔血腫**、**縦隔ヘルニア**などがあげられます。

これらの病気の特徴として、縦隔自体が外界とのつながりがない密閉された場所であること、痛みなどの神経が乏しいところなので症状がでにくいこと、また、そのため、病気がかなり進行しないと症状がわからないことなどがあげられます。

縦隔腫瘍
Mediastinal Tumor

［どんな病気か］ 縦隔という場所にできる腫瘍をさす疾患の名前であり、さまざまな病気が含まれます。腫瘍の発生する場所によって種類や頻度が決まっており、診断の参考になります（1327頁図）。腫瘍の性質から良性腫瘍と悪性腫瘍に分けられます。

縦隔腫瘍のなかでもっとも多いのが胸腺（上段）の腫瘍（**胸腺腫**）です。他の臓器の腫瘍では悪性かどうかの判断は組織検査によりますが、胸腺腫では胸腺をおおう袋を破り、周囲の組織へ広がっているかどうか確認することが必要です。胸腺腫と診断されたら基本的に手術が必要となります。胸腺腫のある人の約3割は**重症筋無力症**（990頁）をともない、ひどくなると呼吸が苦しくなることもあります。

胸腺腫よりも悪性度の高いものとして**胸腺がん**がありますが、頻度の低いものです。胸腺の**奇形腫**は若い人に多く、良性腫瘍のことが多いとされますが、悪性腫瘍のこともあります。

［症状］ 一般に症状がないことがふつうです。良性腫瘍ではふつうは症状はでませんが、腫瘍が大きくなると周囲の組織を圧迫して、息苦しさ、胸痛、胸部の圧迫感、動悸などの症状がでます。肺や気管支が圧迫され肺に空気が入らない状態（無気肺）や、空気の出入りが悪くなって肺炎をおこすこともあります。

いっぽう悪性腫瘍の場合には腫瘍が小さいうちから周囲へ広がる（浸潤）ために、胸痛などをはじめとしたさまざまな症状がでてきます。

［検査と診断］ 症状がない場合が多く、ほとんどの場合、健康診断などの胸部X線検査によって偶然に発見されます。最近ではCT検査を受ける機会が増え、無症状の縦隔腫瘍が発見されることも多くあります。また、縦隔腫瘍が発見されたとしても、すべての場合で手術が必要となるわけではありません。腫瘍の性格をより詳細に知るために造影CT、MRI、PET検査などを行うことが必要となりますの

縦隔の区分と縦隔腫瘍（側面像）

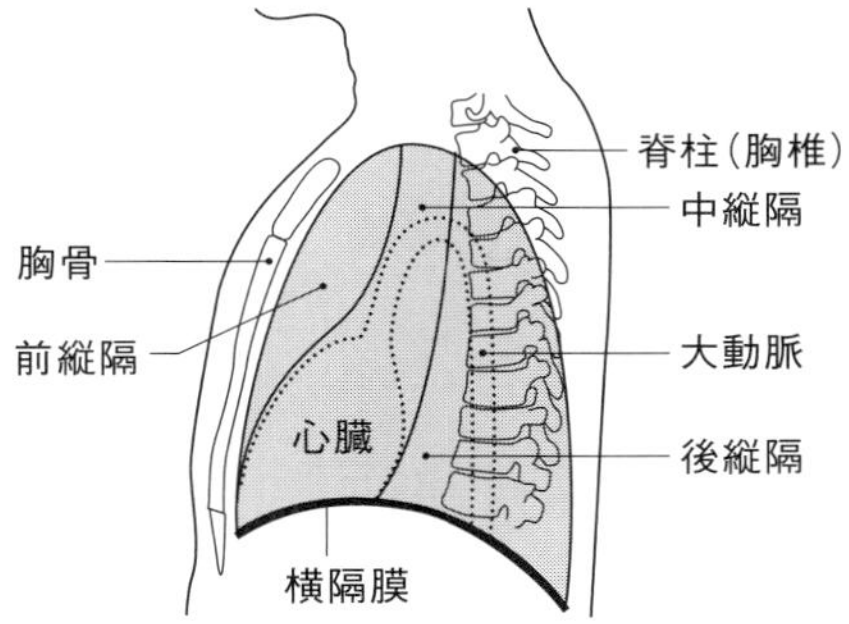

縦隔の区分のしかたにはいろいろありますが、ここでは前、中、後の３つに分けた区分を示します。下にあげたのは、各区分にできる腫瘍の種類です。

〈前縦隔〉▲●胸腺腫、●胸腺がん、▲胸腺嚢腫、▲●奇形腫、▲異所性甲状腺腫、●異所性甲状腺がん
〈中縦隔〉●悪性リンパ腫、▲リンパ性腫瘍、▲気管支嚢腫、▲心膜嚢腫
〈後縦隔〉▲神経原性腫瘍、●神経肉腫
（▲＝良性腫瘍　●＝悪性腫瘍）

で、いたずらに心配せずに呼吸器の専門医を受診することが大事です。

治療

良性腫瘍は手術による切除で治ります。ただし、腫瘍が大きくなると完全に切除することが困難な場合もあるので、症状がないからと放置することは避けましょう。

悪性腫瘍は、早期であれば腫瘍切除のみで治癒することもありますが、腫瘍が完全に切除できなかった場合には、抗がん剤や放射線療法を併用します。

また発見時に腫瘍の切除が明らかにむりと判断された場合には、腫瘍の一部を採取して確定診断をしたあとで、抗がん剤や化学療法を行い、残った腫瘍を切除することもあります。

縦隔炎
Mediastinitis

どんな病気か

縦隔にある臓器を除いた軟部組織に生じる炎症です。

この場所は出口のない閉鎖された場所で、しかも重要な臓器が近くにあり、治療が困難なことも少なくありません。

症状

発熱、寒け、胸痛などが現れます。縦隔炎の診断は簡単ではないので、治療が遅れると原因の細菌が血液に入って全身に広がり**敗血症**（2124頁）という命にかかわる重い病状になります。縦隔炎の治療では外科的処置が必要となることもありますので、専門医の受診が必要です。

原因

食道に穴があいて（食道穿孔）、細菌を含む異物が縦隔に漏れることがもっとも多い原因です。食道穿孔は異物（魚の骨や入れ歯など）や食道がんによっておこります。

口の中の炎症や首の炎症などが皮下に広がり、その結果、縦隔の中に膿が流れ込んで発症してくる場合や、胸部の手術後に発症する場合もあります。

縦隔線維症といって、縦隔の軟部組織がかたくなるために、上大静脈を圧迫して顔や腕が腫れたり、全身がむくむ病気がありますが、この原因として縦隔の慢性炎症が考えられています。難病であり、まれな病気です。

検査と診断

食道異物については金属製のものであればＣＴ検査で簡単にわかります。また縦隔内に膿がたまっているかどうかもＣＴ検査でわかります。

食道が破れているかどうかについては、内視鏡による直接的に観察する方法と造影剤を食道に入れて確認する間接法がありますが、最近では原因疾患の確認を含めて内視鏡検査を行うことがふつうです。

治療

細菌による急性の炎症では抗生物質の点滴治療をする

とともに、手術によってたまった膿を洗い出したあとに縦隔内に排液を出す管（ドレーン）を置きます。食道が破れている場合には絶食が必要であり、その間は点滴で栄養補給を行います。

日常生活の注意 食物はよくかみ、とくに魚の骨を飲み込まないように注意します。認知症の人や知能の発育遅延のある人では、とくに注意が必要です。

口の中を清潔にすることは、感染症予防の基本であり、むし歯の処置を適切に行い、入れ歯の場合には就寝時の口の中のケアはとくに重要です。

縦隔気腫／縦隔血腫
Mediastinal Emphysema / Mediastinal Hematoma

どんな病気か 縦隔の内部に空気がたまった状態を**縦隔気腫**、血液がたまった状態を**縦隔血腫**といいます。どちらの場合も胸部外傷が原因となり、気管、食道、血管などが破れて空気や血液が縦隔に漏れることによっておこります。

刃物や銃弾などによって直接的に縦隔内の気管などの臓器を傷つける場合と、皮膚に外傷がなくても縦隔内の臓器損傷がおこる場合とがあります。

縦隔気腫は外傷以外でも、気管支ぜんそくや肺線維症などの呼吸器の病気でせきがひどい場合には、肺胞が破れて漏れた空気が気管支の周りを伝って縦隔に漏れ出ることでおこります。この場合には破れた場所ははっきりしません。また皮下気腫から縦隔内へ空気が入り込んで発生する縦隔気腫もよくみられます。

縦隔気腫では空気が縦隔から首にあるすき間を通って全身の皮下に広がり、皮膚を押すとプチプチという音がすることがあります。これを**皮下気腫**といいます。皮下気腫は見た目にはたいへんな状況になりますが、気道などが圧迫される状態にならない限り、命には別状はありません。また縦隔血腫の場合には出血が止まらなくなって、**出血性ショック**という命にかかわる状態になります。

症状 縦隔気腫や血腫の症状としては胸部の違和感、圧迫感などがあります。気管などの圧迫によって息苦しさを生じることもあります。この場合には、緊急処置が必要となります。

診断と治療 CT検査で縦隔内の空気や血液の確認を行うことが診断になります。せきなどによって発生した縦隔気腫の場合には、とくに治療の必要はありません。

縦隔ヘルニア／縦隔偏移
Mediastinal Hernia / Mediastinal Shift

どんな病気か 縦隔の周りの肺などが変形したりして、縦隔の位置が正常の場所から偏移した状態をいいます。

縦隔ヘルニア自体は治療が必要となることはありませんが、偏移の原因となった病気にたいして治療の必要性を考えることになります。たとえば肺の手術によって発生した縦隔ヘルニアは放置してよいことになります。

横隔膜の病気

横隔膜のはたらき

横隔膜は、おもに筋肉でできた膜で、胸腔（胸の内部）と腹腔（おなかの内部）の間にあります（左図）。

胸郭と横隔膜に囲まれた左右の胸腔が横隔膜の運動によって膨らむと、肺の中に空気が流れ込み、縮むと空気がはきだされます。この運動の約60％程度に横隔膜が関係しています。

慢性閉塞性肺疾患（ＣＯＰＤ）（1268頁）では、気管支が細くなって空気がはきだされにくくなり、空気が肺から出にくくなります。このため肺が膨張して大きくなります。胸腔は肋骨でおおわれているため、肺の伸びは制限され、やわらかい横隔膜部分が膨張した肺によって押し下げられることになります。横隔膜の動きが制限されるので、そのため、息がしにくい状態になってしまいます。

横隔膜のはたらき

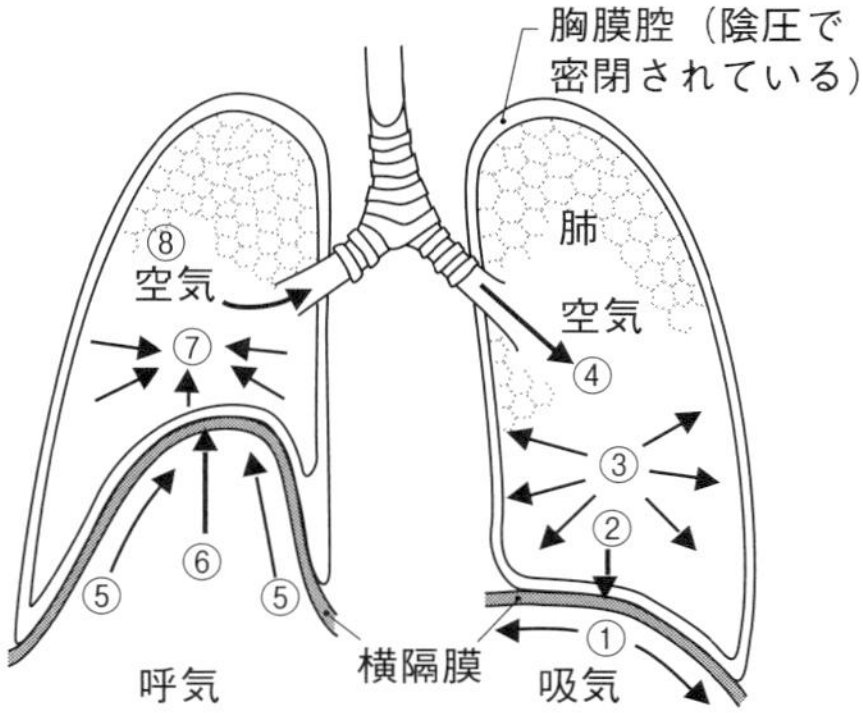

横隔膜はフイゴの作用をしています。横隔膜の筋肉が収縮すると、①横隔膜の長さが短くなり、②横隔膜が下降し、③胸腔が広がって肺が膨張させられ、④気管支から空気が肺に流入して吸気がおこります。
横隔膜の筋肉が緩むと、⑤横隔膜が長くなり、⑥横隔膜が上昇し、⑦肺が収縮して、⑧呼気がおこります。

横隔膜下膿瘍
Subphrenic Abscess

どんな病気か

腹膜炎（1620頁）の一種で、横隔膜の下（腹腔の上部）に膿がたまった状態を横隔膜下膿瘍といいます。腹膜炎の特殊なもので、横隔膜の病気ではありません。

胃潰瘍、十二指腸潰瘍、胆嚢炎などが悪化すると穴があいて（穿孔）、食物や膿などの内容物が腹腔内に流れ出し、その結果、腹膜炎がおこります。この膿が横隔膜の下にたまってしまうと、横隔膜下膿瘍という状態になります。急性のものが多いのですが、慢性のものもあります。

症状

激しい腹痛をともなうものが多いのですが、痛みがほとんどない場合もあります。高熱、悪寒戦慄（寒けがして震えがとまらない）などの症状もみられます。

検査と診断

上腹部を押したり、叩いたりすると強い痛みがでます。

立って撮影した胸部Ｘ線写真では横隔膜の下にガスの像が見られることがあります。このガスは、穴のあいた腸などから漏れ出たガスや、細菌などが産生したガスなどです。

血液検査では、白血球が増加し、血沈の亢進、ＣＲＰ（炎症などがあると血液中に出てくるたんぱく成分）の増加などがみられます。

診断は、腹部超音波検査やＣＴ検査を行うことで、横隔膜下に貯留した液体成分を確認し、臨床所見や血液検査所見とあわせて行います。

治療

急性の腹膜炎によるものが多いため、緊急に処置しなければなりません。手遅れになると死亡することもあります。

原因についてくわしく調べて、穿孔が原因の場合には緊急で開腹手術が必要となります。手術によって穴のあいた腸や胆嚢などを縫い合わせたり、切除したりして原因の除去を行います。また腹腔にたまった膿を排除して、生理食塩水で洗浄し、排液が体外に出てくるように管を留置します。

手術後には抗生物質を点滴して治療します。

予防 胃潰瘍、十二指腸潰瘍、胆石など、原因となる病気がある場合には早めに治療をすることが重要です。

横隔膜まひ／横隔膜弛緩症
Diaphragmatic Paralysis / Diaphragmatic Relaxation

どんな病気か 片方、あるいは両方の横隔膜が動かなくなった状態をいいます。

新生児や小児では生まれつき（先天的に）横隔膜の筋肉が発達していないことがあり、横隔膜弛緩症になります。

おとなでは、横隔膜を動かす神経（横隔膜神経）が傷害されてまひがおこります。横隔膜神経は頸椎から食道に沿って横隔膜まで達していて、縦隔内を通らなければなりません。したがって縦隔や肺の腫瘍、大動脈瘤、外傷、手術操作などが横隔膜神経まひの原因となります。原因不明のことも少なくありません。

症状 片方だけのまひの場合には症状が現れないことがほとんどです。しかし両方のまひがおこった場合には、呼吸困難がでてきます。とくに横になると横隔膜が腹部から圧迫されて、息苦しさが増します。

胸部X線検査をすると横隔膜が上にあがったままになっていますが、息を吸った場合と吐いた場合で胸部X線検査をすれば、横隔膜が動いているかどうかを確認できます。

治療 先天性の場合には、長期（数か月）にわたる人工呼吸や外科手術が行われることがあります。

おとなの場合には原因となった病気の治療が優先されます。両方のまひで呼吸困難が強い場合には、鼻マスクによる人工呼吸や手術、横隔膜神経ペーシング（横隔膜神経を外から刺激すること）などが行われることがあります。

横隔膜けいれん（しゃっくり）
Hiccup

どんな病気か 横隔膜が定期的にけいれんするのが、しゃっくり（横隔膜けいれん）です。

横隔膜がけいれんすると、肺への空気の出し入れの流れが急であるために「ひくっ」という特有な音がでます。

治療 ふつうは深呼吸をくり返したり、息ごらえをしたり、冷たい水を飲む、などをすればなくなることが多いとされています。てんかん、腹膜炎、尿毒症、がんなどがあると治りにくいことがあります。また原因不明でも長期間つづくこともあります。治りにくい場合には、病院を受診するようにしましょう。

第11章 循環器の病気

心臓の病気

全身へ血液を送り出すポンプの役割を果たす心臓は、加齢や生活習慣病などの影響を受け、機能の低下や変化が現れてきます。

心臓のしくみとはたらき

◇血液循環のしくみ

人間が生きていくためには、肺から取込んだ酸素や、食物から吸収した糖質、たんぱく質、脂質など、さまざまな物質が必要です。これらの物質は血液によって全身に送られます。また血液は、からだの各部で生じた二酸化炭素（炭酸ガス）などの老廃物を回収する役割や、異物を排除する免疫物質やからだの活動を調整するホルモンなどを運搬する役割も担っています。この血液をからだのすみずみまで送っているのが**循環器系**です。循環器系は、血液を送るポンプの役目の**心臓**と、血液の通路である**血管**から成り立っています。からだの各部からのリンパ液を集めて、静脈に流入している**リンパ管**も循環器系に含まれます。

血管は、心臓からからだの各部に向かう**動脈**、動脈が枝分かれしてからだの各部で物質の交換をする**毛細血管**、そして毛細血管が集まって心臓に向かう**静脈**に分けられます。

また循環器系は、心臓から血液を全身に送る**体循環**（**大循環**）と、血液を肺に送る**肺循環**（**小循環**）に大別できます（図1）。

体循環は、血液が心臓、動脈、毛細血管、静脈の順で循環し、再び心臓に戻る経路で、からだの各部との物質交換を行います。

肺循環は、心臓、肺動脈、肺の毛細血管、肺静脈、心臓の順に循環する経路です。肺では、拡散という物理現象を利用して酸素を取込み、二酸化炭素を排出しています。

物質交換の場である毛細血管は、直径が5～10μm（1μmは1000分の1mm）で、赤血球（直径8μm）がようやく通ることができる太さです。毛細血管に分かれる手前の動脈は**細動脈**といい、血圧に大きく関係している血管です。胃や腸からの静脈は、肝臓に流入しますが、この静脈を**門脈**といいます。門脈は、消化管で吸収した栄養を肝臓に運ぶ血管です。

心臓のしくみとはたらき

図1　血液循環のしくみ

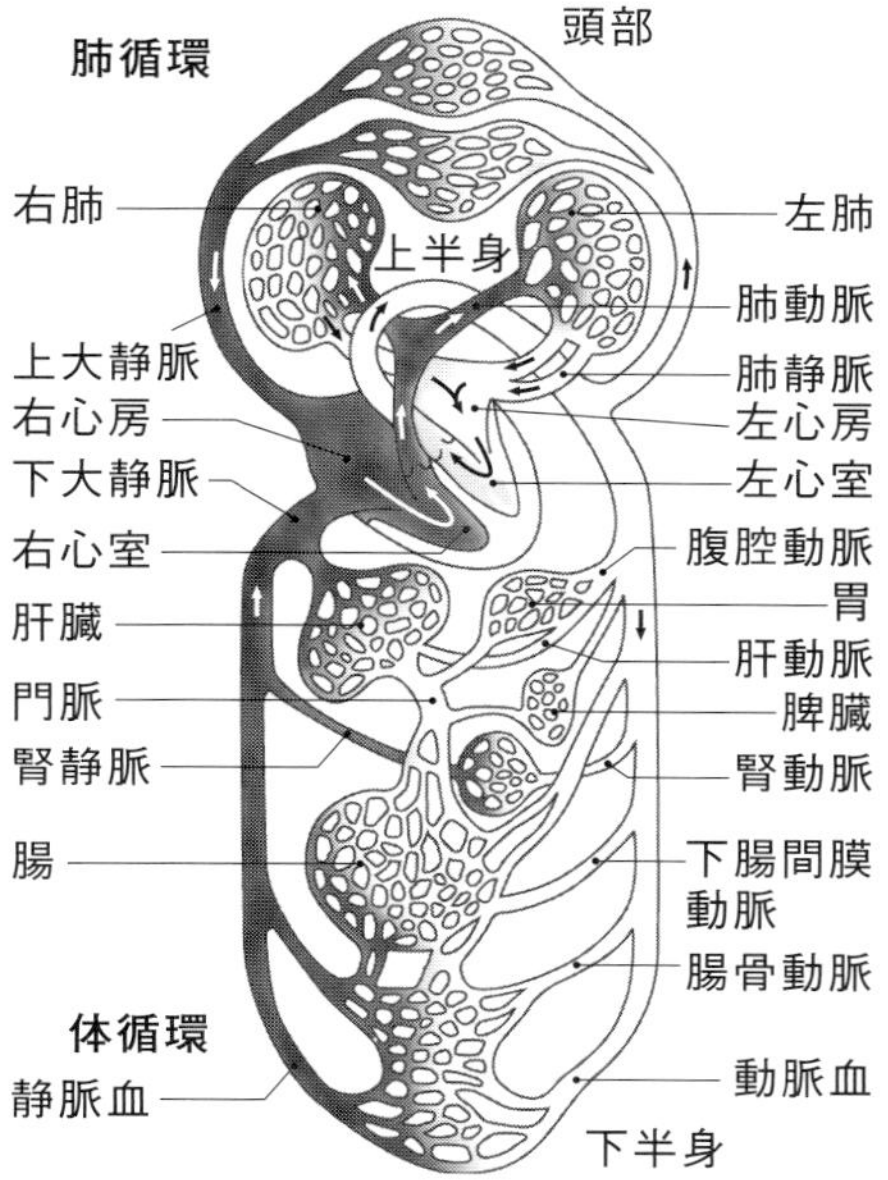

血液は動脈血と静脈血に分けられます。肺で酸素を取込み、毛細血管でからだの各部に酸素を送り込むまでの酸素の豊富な血液を**動脈血**といい、からだの各部で酸素を放出し肺で酸素を取込むまでの酸素の乏しい血液を**静脈血**といいます。動脈血は鮮紅色を、静脈血は暗赤色をしています。

血液の重量は、体重の13分の1といわれます。全血液量を5ℓとすると、体循環に4・5ℓ、肺循環に0・5ℓ存在します。体循環のうち0・9ℓが動脈血、3・6ℓが静脈血で、血液は約1分間でからだを一巡します。

酸素は、血液中では大部分が赤血球の中にあるヘモグロビンと結合して運搬されます。二酸化炭素の運搬にも赤血球が必要です。赤血球にあるヘモグロビンの何%が酸素と結びついているかを示した数値を、**酸素飽和度**といい、年齢にもよりますが97~100%が基準値です。指先を筒状のセンサーに入れるだけで簡単に酸素飽和度を測定できる機器が開発され、医療現場で繁用されています。

◇心臓のしくみ

心臓は正面からみて、肋骨と横隔膜に囲まれた胸廓の中央から少し左寄りにあり、袋状で丈夫な心嚢の中に入っています。左右は左肺と右肺に、下部は横隔膜に接しており、前面は胸骨に、後面は食道や大動脈に接しています。食道と大動脈の後ろは脊椎です。心臓はほとんどが筋肉からできており、大きさは握りこぶしより少し大きいくらいで、重さは300gほどです。心臓の内部は**心室**が2つ、**心房**が2つの合計4つの部屋に分かれています。**左心室**は大動脈に、**右心室**は肺動脈に血液を送り出しています。右心室の上には全身の静脈から戻ってきた血液を受ける右心房が、左心室の上には肺から戻ってきた血液を受ける左心房があります(1334頁図2)。

右心房には、心臓より上部の静脈血を集めた上大静脈、心臓より下部の静脈血を集めた下大静脈、そして冠静脈の3本の静脈が流入しています。**左心房**には、右肺からの右肺静脈が2本、左肺からの左肺静脈が2本の合計4本の静脈が流入しています。右心房と左心房には、**右心耳**、**左心耳**という突起した部分があります(1334頁図3)。

左心室と右心室の間のしきりを**心室中隔**、左心房と右心房の間のしきりを**心房中隔**といいます(1334頁図2)。心室中隔や心房中隔に生まれつき孔があいている心室中隔欠損症(682頁)や心房中隔欠損症(682頁)は、先天性心疾患のうちでもとくに多くみられます。

心臓には、血液の逆流を防ぐための

図3　心臓の前面

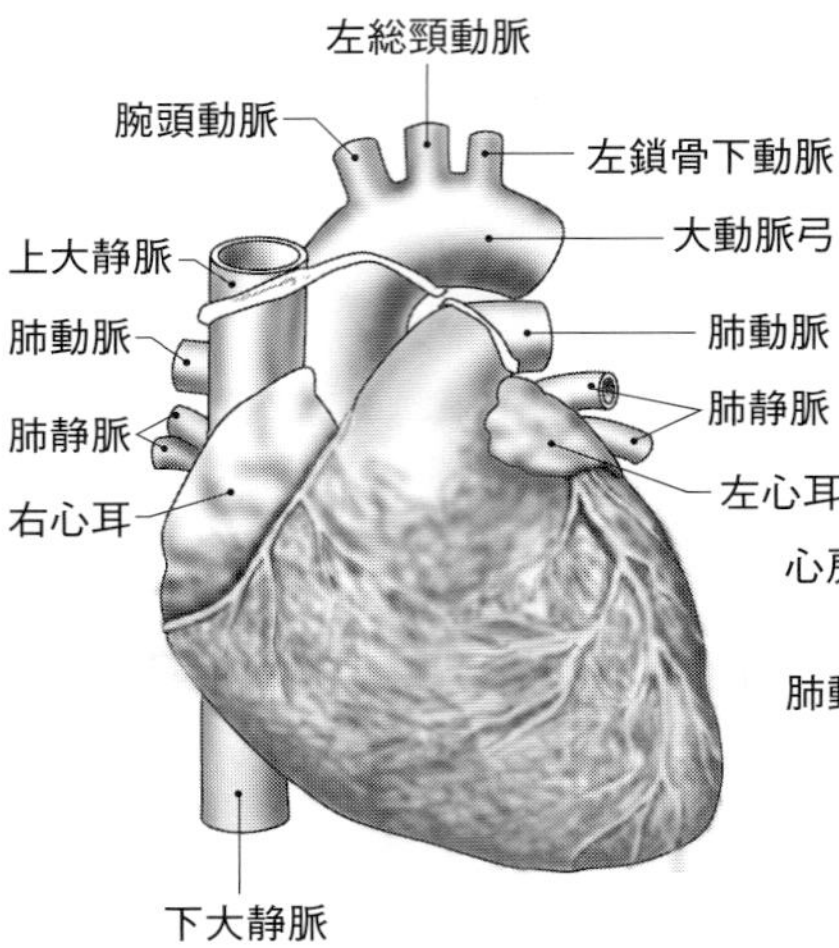

図2　心臓の血液の流れ

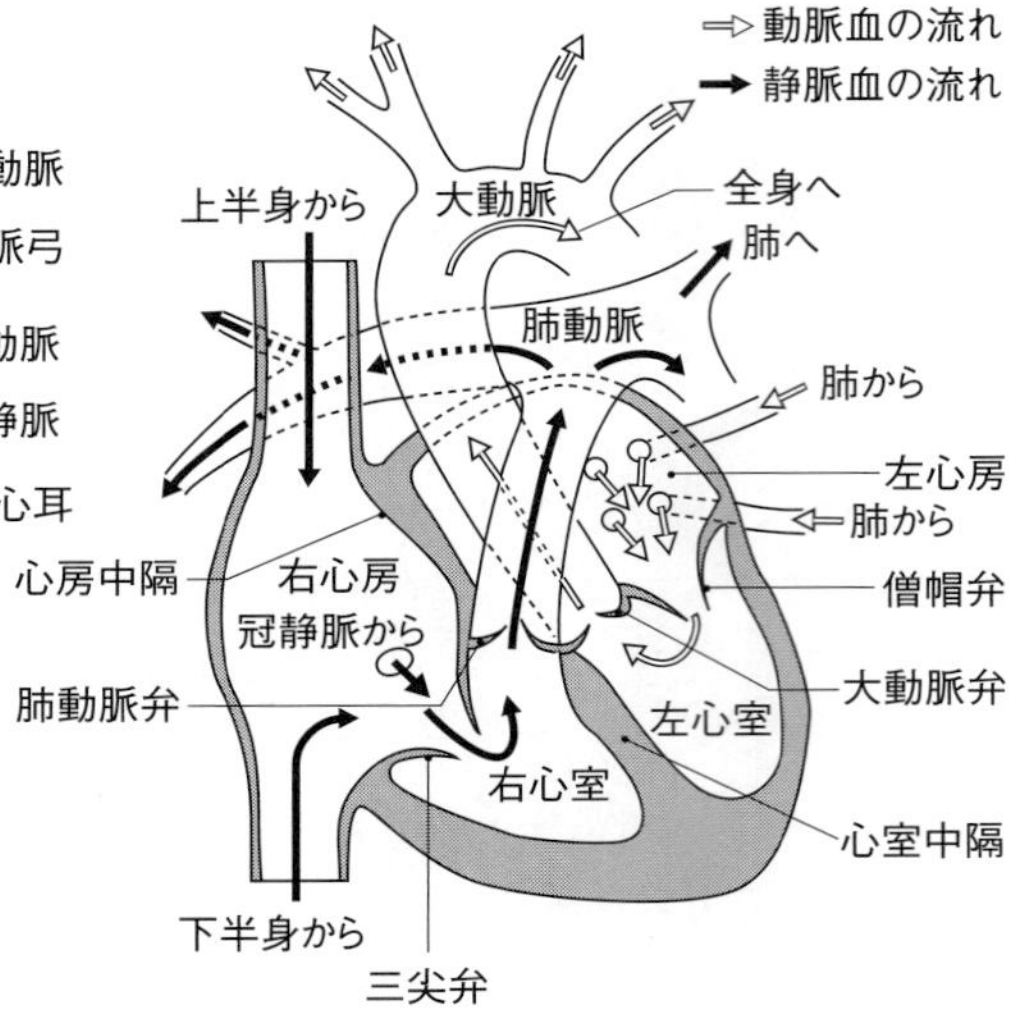

図4　弁の位置

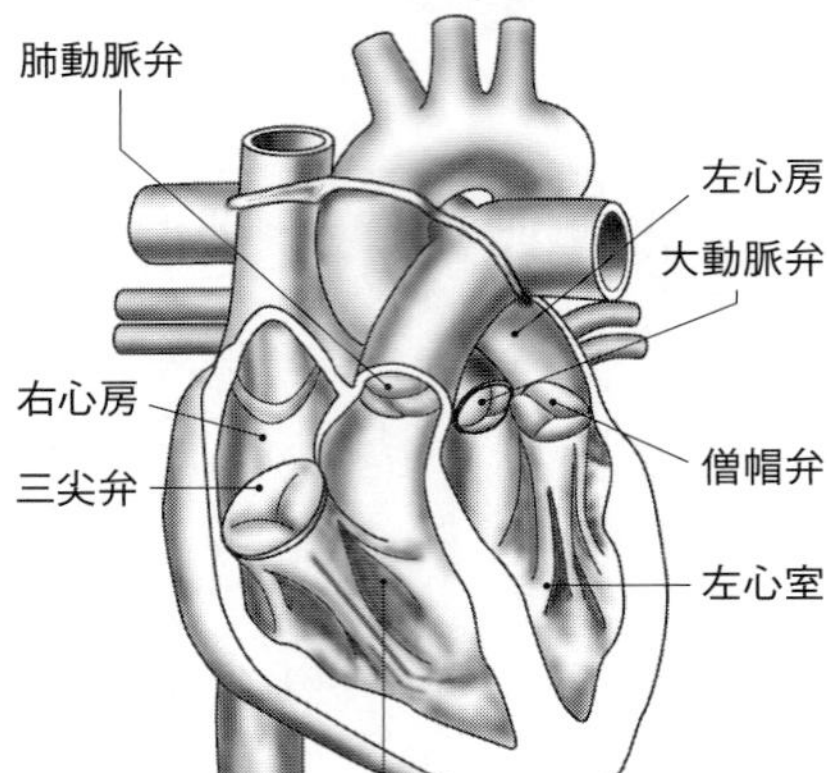

弁が4か所にあります（図4）。左心房と左心室の間にある弁を**僧帽弁**、右心房と右心室の間にある弁を**三尖弁**といい、僧帽弁は2つの弁尖で、三尖弁は3つの弁尖でできており、両者を合わせて**房室弁**といいます。

左心室と大動脈の間には**大動脈弁**があり、右心室と肺動脈の間には**肺動脈弁**があります。大動脈弁と肺動脈弁は、両方とも3つの半月状の弁尖があるため**半月弁**といいます。弁の開閉は、弁の前後の圧の差によって受動的に行われます。

◇心臓のはたらき

心臓が1回収縮し、そのあとに拡張し、再び収縮するまでを**心周期**といいます。

心室が拡張して血液が心室に充満し、そのあとに心室が収縮し始めると、心室内の圧の上昇により、心房と心室の間にある房室弁が閉じます。さらに心室の圧が上昇し、動脈の圧を超えると半月弁が開きます。この房室弁が閉じてから半月弁が開くまでのわずかの間は、房室弁と半月弁の両方が閉じている状態で、この時間帯を等容性心室収縮期といいます。半月弁が開くと、心室の血液は動脈に押し出されます。心室の収縮が終了して、心筋が弛緩し、心室が拡張してくると心室の圧が下がり始め、動脈の圧を下回ると半月弁が閉鎖します。半月弁が開いており、血液が心室から動脈に送り出されている時間帯を心室駆出期といい、等容性心室収縮期と心室駆出期を合わせて**収縮期**といいます。

半月弁が閉じてからもさらに心室の

心臓のしくみとはたらき

図5　刺激伝導系

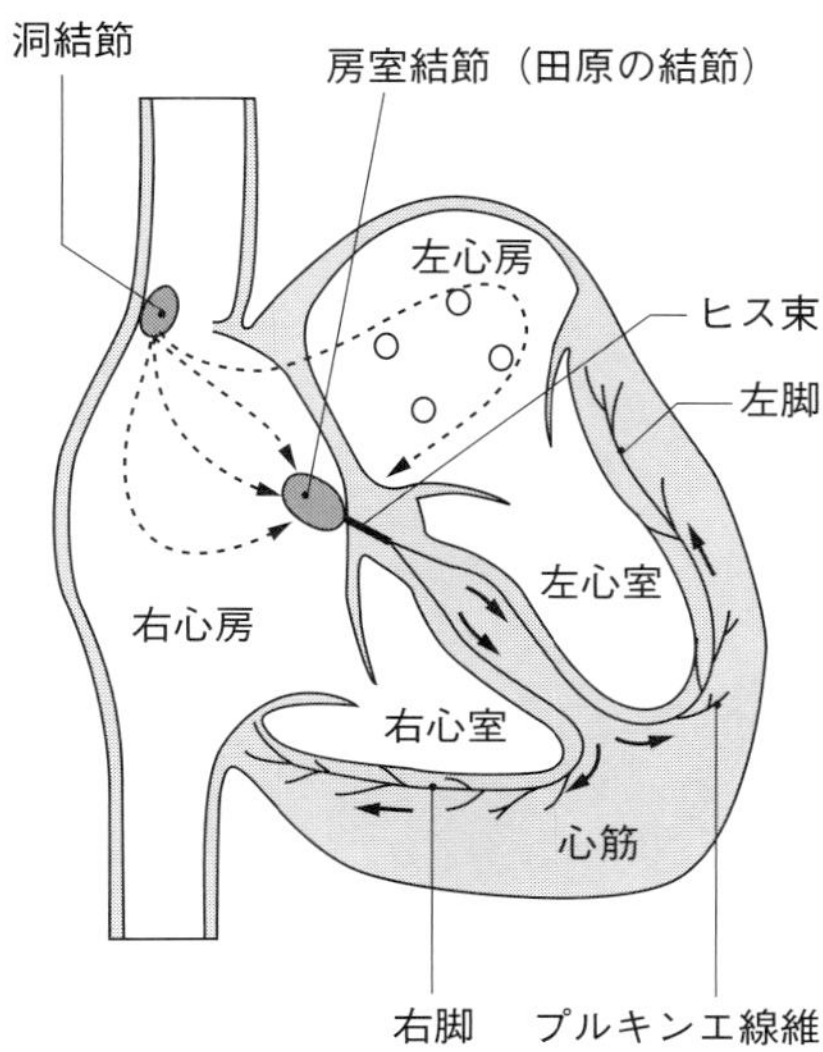

圧が下がり、心房の圧より低くなると房室弁が開くまでの、半月弁、房室弁ともに閉じている時間帯を等容性心室拡張期といいます。房室弁が開くと、圧の差のため、心房から心室に血液が流入してきます。この時間帯を受動的心室充満期といいます。そのあとに心房が収縮して、さらに心房から心室に血液が送り込まれます。この時間帯を心房収縮期といいます。等容性心室拡張期、受動的心室充満期、心房収縮期を合わせて**拡張期**といいます。心房収縮期のあと、心室が収縮し始めて房室弁が閉じ、収縮期が始まります。

心臓の音を**心音**といいますが、「ドッキン」の最初の「ドッ」を1音といい、房室弁が閉じる音です。「キン」を2音といい、半月弁が閉じる音です。左心室と右心室はほぼ同時に心周期をくり返していますが、僧帽弁のほうが三尖弁よりほんのわずか早く閉じ、大動脈弁のほうが肺動脈弁よりほんのわずか早く閉じます。

左心室の血液は、1回の収縮により左心室の中の血液の約60～70%が大動脈に送り出されます。この割合を駆出率といい、60%以上あるのが正常です。1回の収縮で約70mℓの血液が送り出され、1分間では約5ℓになります。24時間の心拍数は約10万回ですので、心臓が1日に送り出す血液の量は約7000ℓになります。

◇血圧のしくみ

心室が収縮して動脈の内部の圧が最大になったときの圧を最高血圧（収縮期血圧）、心臓が拡張して動脈の内部の圧が最小になったときの圧を最低血圧（拡張期血圧）といいます（1392頁）。拡張期には、心室内部の圧力は0に近くなりますが、半月弁によって心室と動脈の間が遮断されているため、拡張期でも血圧は保たれています。最高血圧と最低血圧の差は、**脈圧**といいます。

左心室から出ている大動脈の最高血圧／最低血圧は100～140／80㎜Hgほどです。いっぽう、右心室から出ている肺動脈の圧は、最高血圧／最低血圧が15～30／10㎜Hg前後で、大動脈の約4分の1にあたります。

◇刺激伝導系

心臓は人間が生きている間は、一刻の休みもなく、規則正しく、収縮と拡張をくり返しています。この心臓の動きは、微小な電気刺激によって制御されています。この電気刺激を発生させ、心臓全体に伝える役割をしているのが**刺激伝導系**です。刺激伝導系は、**洞結節**、**房室結節**（**田原の結節**）、**ヒス束**、**右脚**と**左脚**、**プルキンエ線維**から構成されています（図5）。

図6　冠動脈のしくみ

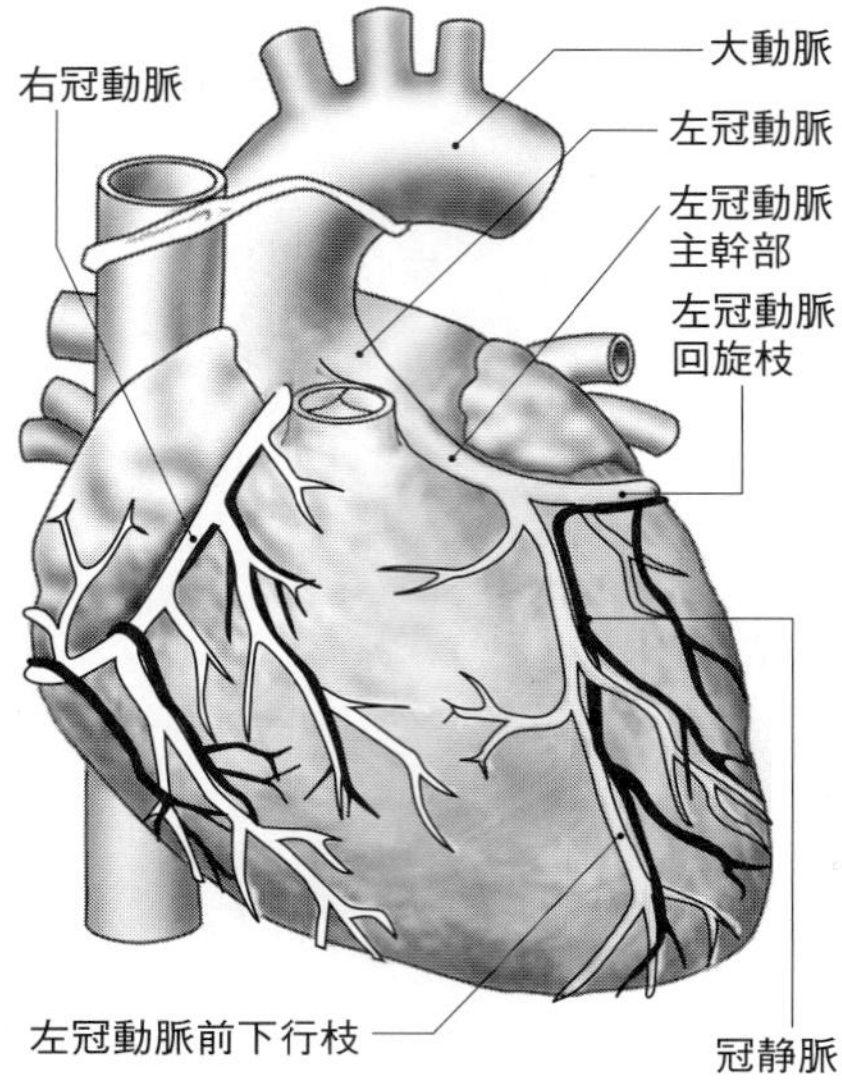

心臓前面図

刺激伝導系は、電気刺激を自動的に発生させ、電気刺激をより早く伝導させる構造をもった特殊な心筋細胞でできています。

刺激伝導系は、洞結節から始まります。洞結節は右心房の内面にあり、上大静脈と右心耳の間に位置しており、心臓を収縮させる最初の刺激を発生させています。洞結節から出た電気刺激は、心房を収縮させながら右心房の下部の心室中隔寄りにある房室結節に到達します。

房室結節は心房と心室の間の唯一の電気刺激を通過させる通路であり、ここを通過するのには少し時間がかかります。

このあとヒス束を通り、右脚と左脚に分かれ、さらに細かく枝分かれしてプルキンエ線維となり、電気刺激を心室の心筋に伝えます。

刺激伝導系は自律神経に支配されており、通常、洞結節は1分間に60～80回ほどの電気刺激を発生させています。運動などで自律神経のうちの交感神経が活発になると、洞結節から発生する刺激の回数は増加し、心拍数は増加します。反対に、副交感神経（迷走神経）が活発になると、心拍数は減少します。

また、刺激伝導系は**自動能**という電気刺激を発生させる機能をもっています。たとえば、洞結節がなんらかの原因で電気刺激の発生ができなくなると、房室結節は洞結節にかわって電気刺激をだします。

この自動能は、心臓が簡単に止まらないようにする安全装置なのですが、自動能が不整脈（1346頁）の原因になることもあります。

◇冠動脈のしくみ

心臓の筋肉に栄養を送る動脈を**冠動脈**（**冠状動脈**）といいます。冠動脈は、左心室から出た大動脈から最初に分岐する血管で、**右冠動脈**と**左冠動脈**の2本があり、いずれも大動脈弁の付着部位より少し上のところで大動脈から枝分かれし、心臓を外側からおおっています（図6）。右冠動脈は、左心室の下面や右心室におもに栄養を送っています。左冠動脈は**主幹部**を経て**前下行枝**と**回旋枝**に分かれます。前下行枝は、左心室の前面や心室中隔に栄養を送っているもっとも重要な冠動脈です。回旋枝は左心室の側面から後面に栄養を送っています。

心臓に栄養を与えた血液は、冠動脈とほぼ平行している冠静脈に集まり、直接右心房に流入しています。

冠動脈が動脈硬化などで細くなり、心筋に血液を十分に供給することができない状態を狭心症（1356頁）、冠動脈が閉塞し、その流域の心筋が壊死することを心筋梗塞（1362頁）といいます。

心臓のしくみとはたらき

加齢による心臓の変化

①心肥大（加齢による血圧の上昇にともなうもの）
②弁機能の低下（弁の石灰化、弁輪の拡大、弁尖の肥厚）
③刺激伝導系の変性
④冠動脈の動脈硬化

◇心臓の病気による おもな症状

心臓の病気によるおもな症状は3つあります。

1つは、心不全（1342頁）による**息切れ**（**呼吸困難**）です。心不全はあらゆる心臓の病気でみられます。左心室の血液を送り出す力が弱ってくると、その上流の肺に血液がたまり、肺うっ血となり、肺による酸素の取込みができなくなって息苦しくなります。これを**左心不全**といいます。軽症では運動時にのみ息切れが現れますが、重症になると安静時にも息切れを感じるようになります。また右心室の力が低下すると、その上流の全身の静脈に血液がたまり、全身にむくみが現れます。これを**右心不全**といいます。

心臓以外の病気では、呼吸不全、貧血などでも息切れが現れます。

2つめは**胸痛**です。心筋梗塞（1362頁）、狭心症、大動脈瘤（1416頁）、肺塞栓症（1414頁）などの循環器系の病気で胸痛が出現します。これらはすべて命にかかわる病気であり、緊急の治療が必要です。循環器系以外の病気では、気胸（1323頁）、胸膜炎（1324頁）、食道炎（1546頁）などでも胸痛が現れます。

最後は不整脈（1346頁）による症状です。不整脈の種類により、**動悸**、**脈の乱れ**、**ふらつき**、**失神**などが出現します。失神をきたす病気はいろいろありますが、不整脈による失神は命にかかわるいちばん危険な失神です。

そのほかの症状には、酸素不足で爪などが紫色になる**チアノーゼ**（1344頁上段）、右心不全などでみられる**むくみ**（**浮腫**）、先天性心疾患や弁膜症（1380頁）で聴取される**心雑音**（聴診器で聞こえる心臓の音の異常）などがあります。

◇加齢にともなう 循環器の病気と症状

◉循環器の加齢変化

人間は、年をとるとあらゆる臓器が衰えてきます。循環器系も例外ではありません。

健康な心臓でも、心房の拡大、心室筋の肥大、弁の石灰化、弁輪（弁の周囲）の拡大、弁尖（弁のひだ）の肥厚などが生じます。冠動脈も動脈硬化（1407頁）が進行して狭くなってきます。

刺激伝導系には線維化などの変化がみられます。心筋には、アミロイドという特殊な物質が沈着することもあります。これらの変化によって、1回心拍出量はあまり変化しませんが、心臓の予備能力は低下し、むりが利かなくなり、いわゆる体力が落ちてきます。さらに進行してくると虚血性心疾患（1356頁上段）、不整脈（1346頁）、心不全（1342頁）などが出現してきます。

全身の血管には、動脈硬化や石灰化がみられるようになり、弾力が失われ、血圧は徐々に上昇していきます。血管系は、全身に酸素や栄養を送る役割をしているため、動脈硬化は循環器系だけでなく全身の臓器に影響します。動脈硬化が進行してくると、全身の臓器が酸素や栄養不足におちいり、さまざまな病気を引き起こします。

◉高血圧症（1396頁）

血圧は、年をとるにつれてしだいに上昇していきます。それは高血圧症のもっとも大きな原因である動脈硬化が、年をとるにつれて徐々に進行するからです。日本高血圧学会の高血圧の診断基準は、年齢に関係なく最高血圧（収縮期血圧）１４０㎜Hg以上または最低血圧（拡張期血圧）90㎜Hg以上となっています。65歳以上の60％が高血圧になっており、日本の患者数は３４００万人、通院患者数は４７５万人と推定されています。

高血圧症は、まず最高血圧が上昇し、さらに進行すると最低血圧が上昇してきます。しかし60歳を越えると、最高血圧は高いのに最低血圧が低下して、脈圧が増大していくことがあります。これは動脈硬化が進み、動脈の弾力が失われていくことが原因です。決して高血圧が改善してきたわけではありません。また大動脈弁の石灰化などによる大動脈弁閉鎖不全（1384頁）が高齢者にはしばしばみられますが、これを合併しても最低血圧は下がります。

高齢者の高血圧の特徴としては、血圧の動きが激しいこと、病院で測定すると血圧が上昇する**白衣高血圧**（1397頁）が多いこと、急な起立で血圧が下がる**起立性低血圧**（1406頁）がみられること、食後の血圧低下がみられることなどがあります。これらの背景には、自律神経系や内分泌系による血圧の調節機構が加齢によって衰えることがあります。

また、起床時に血圧が高くなる**早朝高血圧**（1398頁上段）や、ふつうでは低下する夜間睡眠時の血圧が低下しなかったり（**ノン・ディッパー**）、逆に夜間に血圧が上昇したりする（**ライザー**）現象は、高齢者の高血圧にしばしばみられます。こうした場合は、高血圧症による臓器障害を合併している率が高いとされています。

高齢者の血圧の測定に際しては、これらの特徴を踏まえて日や時刻を変えて何度か測定したり、起立時の血圧を測定します。また少し面倒ですが、携帯型の24時間自由行動下血圧測定装置を用いるのも一法です。

さらに高齢者では、**聴診間隙**という実際の血圧より低く測定されやすい現象がみられます。これを防ぐためには、測定時にカフ（圧迫帯）の圧を十分高くまで上げることが必要です。

高血圧は放置しておくと、動脈硬化を促進させ、さらなる血圧の上昇をもたらし、ついには心肥大（1386頁）、脳血管障害、虚血性心疾患、腎疾患、眼障害、動脈硬化性血管疾患などの合併症が出現してきます。

心臓では、長い年月にわたって高い血圧で血液を送り出す負担によって、左心室の心筋が厚くなる**心肥大**が生じます。最初は、左心室の縮む能力（収縮能）は保たれていますが、徐々に低下し、さらに左心室の広がる能力（拡張能）も低下していきます。最後には、高血圧性心不全という状態になります。

脳では、脳動脈硬化による一過性脳虚血発作（942頁）、脳出血（930頁）、脳梗塞（934頁）などがおこります。

腎臓では、輸入細動脈硬化や糸球体毛細血管の肥厚が生じ、糸球体は徐々に萎縮していき、腎機能の低下やたんぱく尿がみられるようになります。この病態を**慢性腎臓病**（ＣＫＤ）といい、最終的には腎不全（1720頁）にまで進行します。

目では、加齢による白内障や老眼（老視）とは別に、高血圧による変化が眼底に生じます。眼底に細動脈の狭小化や眼底出血（1101頁）などが現れ、視力障害をきたすことがあります。

血管系では、大動脈瘤（1416頁）や閉塞性動脈硬化症（1424頁）がみられます。頸動脈の動脈硬化は、そこにできた血栓が脳に流れていき脳梗塞を引き起こすことがあります。心臓を養う冠動脈の動脈硬化は、狭心症や心筋梗塞を発症させます。

これまでは、高齢者の降圧目標値は通常より高めでよいとされてきましたが、最近では合併症の出現や死亡率を低下させるためには、高齢者でも最高血圧１４０㎜Hg未満、最低血圧90㎜Hg未満を治療の目標とするのがよいとされます。ただし、降圧はゆっくり行います。なお85歳以上の超高齢者の場合、降圧が死亡率の低下につながるかどうかはまだわかっていません。

治療には、高齢者でも減塩、減量、運動などの生活習慣の改善が有効です。高齢者には減塩が有効なことが多いのですが、過度の減塩は食欲不振につながります。骨、関節などの障害のため、運動が制限されることも少なくありません。また脱水になりやすいことにも注意を払い、ひとりひとりの状態に応じた、むりのない対策をとります。

高齢者の薬物療法では、利尿薬、カルシウム拮抗薬、アンジオテンシンⅡ受容体拮抗薬、アンジオテンシン変換酵素阻害薬が第一選択とされています。

◉虚血性心疾患

冠動脈の動脈硬化が原因でおこる狭心症（1356頁）や心筋梗塞（1362頁）などの虚血性心疾患（冠動脈疾患）は、高齢者、とくに男性に多い疾患です。虚血性心疾患にかかりやすい条件として、脂質異常症（1509頁）、高血圧（1396頁）、肥満（1496頁）、糖尿病（1501頁）、喫煙などがあり、これらを主要危険因子といいます。とくにこれらが複数あてはまる場合は要注意です。

狭心症は、動脈硬化によって冠動脈に狭いところ（狭窄）が生じ、とくに運動時などで心筋が酸素不足におちいり、一時的な胸痛が出現する疾患です。心筋梗塞は、突然、動脈硬化に起因する血栓が生じ、冠動脈をふさぐ（閉塞）ため、心臓の一部が壊死におちいる疾患で、激しい胸痛をともないます。

高齢者の虚血性心疾患の特徴は症状が乏しいことです。胸痛のない狭心症（**無痛性心筋虚血**）や無痛性の心筋梗塞がしばしばみられます。また心臓の予備力が少ないため、突然のショック状態や心不全をおこすこともあります。

狭心症の診断に欠かせない検査に運動負荷試験がありますが、高齢者は骨や関節にある疾患のため、運動が十分に行えないことがしばしばあり、診断がむずかしいことがあります。また心臓カテーテル法は、診断や治療に必要なのですが、高齢者では合併症の出現率が若年者より高いという難点があります。

◉心臓弁膜疾患

動脈硬化や弁の石灰化による高齢者特有の弁膜症があります。弁の石灰化が大動脈弁に著しいために生じる大動脈弁狭窄症（1385頁）や大動脈弁閉鎖不全症（1384頁）です。これらの弁膜症は、

◎スポーツ中の突然死と心臓病

スポーツ中の突然死（1390頁）は、年間約5万人に発生しています。原因疾患には、心臓血管系の疾患、脳血管疾患、呼吸器系疾患、熱中症（2054頁）など、前胸部を軽打してもおこることがあります。もっとも多いのは心臓血管系の疾患です。

若年者では心筋疾患（肥大型心筋症など）由来の、または基礎疾患のはっきりしない心室頻拍（1351頁）や心室細動（1351頁）などの致死性の不整脈が多く、中年以降は心筋梗塞（1362頁）や大動脈瘤破裂、脳血管疾患が多くなります。

運動の種類はさまざまですが、競技人口の多いゴルフ、ランニング、登山などで突然死が多く発生しています。

ゴルフの運動強度は強くありませんが、中年以降の愛好者が多いことが突然死の多い理由と思われます。

突然死の予防には、スポー

重症になるまでは症状が現れない特徴があります。心不全などの症状が出現したときは、多くは手術が必要な状態となっています。ただし、軽症の時期でも、特徴的な心雑音は聴診器で聴取できますので、心雑音を指摘されたら、心エコー図で弁膜症の有無を確認しておくことが肝要です。

僧帽弁にも心筋梗塞による乳頭筋（弁を支えている筋）不全や心肥大などによって僧帽弁閉鎖不全症（1383頁）がみられることがあります。

30年ほど前はほとんどの弁膜症が若いときにかかったリウマチ熱（2028頁）が原因のリウマチ性弁膜症でしたが、生活環境の改善、医療の進歩などにより、ここ数十年は新規の発症はほとんどありません。しかし高齢者には、リウマチ性弁膜症にかかっている人がまだ若干いますので注意が必要です。

◉不整脈（1346頁）

高齢者によくみられる不整脈には、心房細動（1348頁）、洞不全症候群（1347頁）、房室ブロック（1348頁）などがあります。

心房性期外収縮（1349頁上段）や心室性期外収縮（1349頁上段）なども高齢者では増えますが、治療の対象となることはあまりありません。しかし心房性期外収縮は、発作性心房細動の誘因となることがあるので、治療が必要な場合もあります。心房細動は高齢者に多い不整脈で、80歳以上の5％は心房細動ともいわれます。心房細動は脈が完全にばらばらで、通常より脈は速くなりがちですが、それ自体生命にかかわる不整脈ではありません。しかし脈がとくに速い状態が長時間つづくと、心不全をおこすことがあります。

心房細動は発作性と慢性に分けられ、発作性は動悸や不快感が強いことが特徴です。いっぽう、慢性では症状は軽くなりますが、心房の収縮がなくなるため、血液がよどみ、左心房内に血のかたまり（血栓）ができることが問題になります。この血栓がはがれて血流に乗って流れていき、脳梗塞（934頁）や腎梗塞（1718頁）を引き起こすことがあります。予防には抗凝固薬のワルファリンカリウム薬が必要ですが、使用できない場合は抗血小板薬を使用します。また、年数を経るにしたがって脈が遅くなり、ペースメーカー（1353頁）の植え込みが必要となることもあります。頻回におこる発作性心房細動も脳血栓の危険があるとされています。

洞不全症候群は、刺激伝導系の老化現象が原因です。洞結節は、心臓を動かす電気刺激を規則正しく発生させていますが、加齢による洞結節の細胞の減少や線維化により、規則正しい電気刺激の発生ができなくなります。このため、急に何秒も心臓が停止して、失神をおこすのが洞不全症候群です。ペースメーカーを植え込んで治療します。

房室ブロックも刺激伝導系の老化現象が原因で、虚血や変性によって刺激伝導系が断線することによって、心拍が遅くなります。やはり重症ではペースメーカーの植え込みが必要です。

また、高齢者は薬剤の代謝や排泄の力が低下して、薬剤の効果が過剰になりやすいため、副作用として不整脈が出現しやすい薬剤（β遮断薬、ジギタリス製剤、抗不整脈薬など）を内服しているときには注意が必要です。

ツを始める前にメディカルチェックを受けることがたいせつです。若年者では、学校健診などで心電図異常や不整脈を指摘されたら、専門医を受診してください。中高年では、心電図が正常でも安心はできません。高血圧（1396頁）、脂質異常症（1509頁）、肥満（1496頁）、糖尿病（1501頁）などの虚血性心疾患の主要危険因子をもっている場合は、運動負荷試験をお勧めします。また、高血圧は必ず治療してください。

スポーツ中の突然死を避けるためには、体調がよくなかったら運動はむりにしないこと、ウォーミングアップとクーリングダウンをよく行うこと、水分の補給を十分行う、虚血性心疾患の主要危険因子がある場合は、早朝（起床直後）の運動は避ける、真夏では熱中症に注意するなどが重要です。また、近くにＡＥＤ（自動体外式除細動器）があれば安心です。

◉心不全（1342頁）

高齢者は心臓の予備能力が低下していることに加えて、高血圧性の心肥大（1386頁）、虚血性心疾患、心房細動などの不整脈（1346頁）、心臓弁膜症（1380頁）などをもっていることが多く、発熱、軽労働などのちょっとしたことがきっかけで、突然、心不全におちいることがあります。

肺がうっ血して呼吸困難となる左心不全は急激に発症することが多いのですが、むくみ（浮腫）がおもな症状の右心不全は徐々に出現します。高齢者では、さまざまな原因でむくみが生じるので、脚のむくみが心不全によるものかどうかの判断がむずかしいことがあります。

高齢者の心不全の治療は、通常の心不全の治療と同じですが、難治性になることが少なくありません。

◉動脈疾患

大動脈瘤（1416頁）、大動脈解離（1420頁）、閉塞性動脈硬化症（1424頁）などの動脈疾患も高齢者に多い疾患です。高血圧や脂質異常症をもっている高齢者に多くみられます。

◉心アミロイドーシス

アミロイド線維が心筋に沈着し、心臓がかたくなり、心不全（1342頁）や房室ブロックなどの不整脈（1346頁）が出現します。高齢者にときおりみられ、しばしば難治性となります。

◉高齢者の動脈硬化の予防

動脈硬化（1407頁）は、動脈壁の中にコレステロールが沈着し、粥腫（アテローム）という瘤を形成して、動脈を狭めたり、線維化や石灰化によって血管の弾力を低下させる疾患です。粥腫が破裂すると、そこに血栓ができ、動脈をつまらせます。

動脈硬化の予防には、危険因子を是正することです（1409頁）。加齢も主要危険因子のひとつですが、そのほかに、糖尿病、高血圧、脂質異常症、喫煙などの是正可能な危険因子があります。

虚血性心疾患や脳血管障害に関連のある脂質異常症について、日本動脈硬化学会の動脈硬化性疾患診療ガイドラインでは、ＬＤＬコレステロールは１４０mg／dℓ以上、中性脂肪（トリグリセリド）は１５０mg／dℓ以上、ＨＤＬコレステロールは40mg／dℓ未満を脂質異常症として、治療を勧めています。

治療目標値は、中性脂肪は１５０mg／dℓ未満、ＨＤＬコレステロールは40mg／dℓ以上ですが、ＬＤＬコレステロールは虚血性心疾患になったことがあるかどうかや主要危険因子の数で決められています。虚血性心疾患になったことがある人の目標がもっとも厳しく１００mg／dℓ未満となっています。

前期高齢者（65歳以上75歳未満）については、この診断基準に基づいた治療が推奨されています。しかし後期高齢者（75歳以上）は、治療の有効性の証拠がないため、ひとりひとりの状態に応じて対応していきます。

第一に生活習慣の是正、食事療法や運動療法がすすめられますが、高齢者では食事の嗜好が固定化し、骨や関節の病気などにより運動が容易ではないので、きめ細かい指導が行われます。

薬物療法も行われますが、高齢者は薬物の副作用が現れやすい特性がありますので、慎重に使用します。

心不全

心不全とは
(Heart Failure)

◇心臓のポンプ機能の低下

心臓は、全身の組織に必要な酸素や栄養を含んだ血液を送り出すポンプの役割をしています（1334頁図2）。このポンプのはたらきが低下し、全身の組織に必要な血液が送り出せない状態を心不全といいます。心不全は1つの疾患・病名ではなく、症候名を表します。

ポンプのはたらきは、心室が収縮する能力と拡張する能力に分けられます。ポンプのはたらきが低下する状態は、たんに心室の収縮する力が低下する場合だけでなく、収縮する力は保たれていても拡張する力だけが低下し、心室に十分な血液が入らずに血液が送り出せない場合もあります。心室の収縮する機能が低下しているのか、拡張する機能が低下しているのかによって**収縮不全**と**拡張不全**に分けられます。

◉心不全の種類

時間経過によって急性心不全と慢性心不全に分けられます。

急性心不全は、急性心筋梗塞（1362頁）などの急性の病気が原因となって、時間単位で急激に呼吸困難などの心不全症状が出現します。

慢性心不全は、心筋梗塞後や特発性心筋症（1377頁）、心臓弁膜症（1380頁）などが原因となり、心臓の機能が低下している状態で、月単位・年単位でつづく運動時（労作時）の息切れや呼吸困難などが現れます。また、慢性の状態から、かぜや肺炎などを契機に急に症状が悪化する場合は、**慢性心不全の急性増悪**といいます。

心不全の重症度は、NYHA心機能分類により、日常の生活動作から現れる症状によってクラス分けがなされています（表1）。

表1　NYHA心機能分類

NYHA Ⅰ度	心疾患があるが、通常の身体活動では疲労、動悸、呼吸困難、狭心痛をおこさない。
NYHA Ⅱ度	身体活動に軽い制限をともなう。安静時には症状がないが、通常の身体活動で疲労、動悸、呼吸困難、狭心痛をおこす。
NYHA Ⅲ度	身体活動に高度の制限をともなう。安静時には症状がないが、通常の身体活動で疲労、動悸、呼吸困難、狭心痛をおこす。
NYHA Ⅳ度	ごく軽い身体活動も制限される。安静時にも疲労、動悸、呼吸困難、狭心痛をおこす。

ニューヨーク心臓協会（NewYork Heart Association）による

症状をきたす原因が、左心室と右心室のどちらの機能がおもに低下しているかによって、**左心不全**と**右心不全**に分けられます。

また、心不全の約30～50％は収縮する機能は正常でも、拡張する機能が低下しています。拡張不全は高齢者、女性に多くみられます。

◇心不全の症状

◉左心不全の症状

左心室の機能が低下しているため、全身へ血液を送る力が低下しています。そして、左心房や肺静脈・肺に血液が滞ります（うっ滞）。これを**肺うっ血**といいます。そして、肺の血管外に水分がしみ出すようになり、肺が水浸し

表2　心不全の分類と症状、原因、治療

<table>
<tr><th></th><th>症状</th><th>原因</th><th>治療</th></tr>
<tr><td rowspan="2">左心不全</td><td rowspan="2">肺うっ血、肺水腫
息切れ、呼吸困難
せき・痰
動悸
全身倦怠感、疲労感
食欲低下
尿量減少
意識低下など精神神経症状
冷や汗、皮膚蒼白、チアノーゼ
ショック（血圧低下）</td><td rowspan="2">急性心筋梗塞、
発症してから30日以上たった心筋梗塞
心臓弁膜症
急性心筋炎
（1376頁）
特発性心筋症
高血圧性心疾患
先天性心疾患
（677頁）</td><td>・虚血性心疾患には、経皮的冠動脈形成術、冠動脈バイパス術
・心臓弁膜症には、人工弁置換術
・重症心不全には、心臓再同期療法、植込み型除細動器、両室ペーシング機能付き植込み型除細動器、心臓移植</td></tr>
<tr><td rowspan="2">・薬物治療は同じ
利尿薬、血管拡張薬、強心薬（カテコラミン製剤、ジギタリス製剤、ホスホジエステラーゼⅢ阻害薬）、心房性ナトリウム利尿ペプチド薬、レニン・アンジオテンシン・アルドステロン系薬（ACE阻害薬、アンジオテンシンⅡ受容体拮抗薬）、β遮断薬</td></tr>
<tr><td rowspan="2">右心不全</td><td rowspan="2">むくみ（浮腫）
体重増加
腹部膨満感
消化器症状
尿量減少
全身倦怠感、疲労感
肝腫大、右季肋部痛
頸静脈怒張
腹水
呼吸困難
ショック（血圧低下）
頻脈</td><td rowspan="2">肺血栓塞栓症
心タンポナーデ
（1372頁）
先天性心疾患
収縮性心膜炎
（1372頁）
肺高血圧症
（1320頁）
慢性呼吸器疾患
心臓弁膜症
陳旧性心筋梗塞</td></tr>
<tr><td>・肺血栓塞栓症には、血栓溶解療法、下大静脈フィルター留置術、手術（血栓除去術）
・心タンポナーデには、手術（心嚢液の排除）
・心臓弁膜症、先天性心疾患、収縮性心膜炎には、手術（人工弁置換術、左室形成手術など）</td></tr>
</table>

になります。これを**肺水腫**といいます。一般的にせきや痰などのかぜに似たような症状や、悪化すると呼吸困難がおこります。

軽度の場合は、日常の生活ではほとんど症状はないのですが、階段や坂道を上るなどの比較的強い労作で、倦怠感や息切れ、息苦しさ、動悸、胸痛、せき、痰などが出現します。

中等度の場合は、安静時には症状はないのですが、日常の活動以下の労作で症状が現れるようになります。

重度の場合は、安静時にも呼吸困難や胸痛、せきや泡の多い痰などが出現します。とくに、就寝中や横になっているときに息苦しくなります。これは、横になると下半身から心臓に戻る血液の量が増え、心臓への負担が大きくなって、肺うっ血が強くなるためです。横になっているよりも座っているほうが楽な状態を**起坐呼吸**といいます。

呼吸状態が悪化すると、血液中の酸素濃度が下がり、爪や唇が紫色（**チアノーゼ**）になります。また、「ゼーゼー」「ヒューヒュー」といった気管支ぜんそくに似た音がすることがあり、**心臓ぜんそく**とも呼ばれます。

◉右心不全の症状

右心室の機能が低下しているため、右心房や大静脈（全身から心臓に血液が戻ってくる血管）に、血液がうっ滞します。

軽度の場合は、まず脚にむくみ（浮腫）がみられる程度ですが、中等度になると、頸静脈が大きく膨らんだり（**頸静脈怒張**）、消化管や肝臓のうっ血により、おなかが張った感じ（**腹部膨満感**）、肝臓が腫れる（**肝腫大**）、腸管の動き（蠕動運動）の低下により、食欲不振、吐きけなどの症状が出現します。重度になると、顔面や腕など全身のむくみが出現し、おなかに水がたまる（**腹水**）ようになります。

また、重度の左心不全の場合、肺うっ血のみならず、右心室、右心房にも負担がかかり、右心不全症状も出現する場合（**両心不全**）があります。

左心不全と右心不全に共通する症状として、心拍出量（次頁上段）の低下による症状があげられます。心臓の機

◎心拍出量とは

　心拍出量とは、心臓から全身に血液を送り出す血液量で、1回の拍出量×心拍数で表されます。毎分4～8ℓが基準値です。

◎チアノーゼと対策

　チアノーゼとは、動脈血中の酸素の濃度が低下して、唇や顔、爪や手足の先が暗赤色から紫色になる状態をいいます。赤血球の中には、酸素を運ぶヘモグロビンという血色素があります。これは、鉄を含んだヘムとグロビンと呼ばれるたんぱく質からなり、正常の動脈血では、その98～100％が酸素と結合しています（酸化ヘモグロビン）。この酸化ヘモグロビンの割合が低下し、酸素と結合していないヘモグロビン（還元ヘモグロビン）の濃度が増加（3～5g／dℓ以上）すると、爪や唇が暗赤色から紫色に見えるようになります。

　3つに分けられます。

能が低下すると、1回の拍出量が低下するので、それを補おうとして、心拍数が上昇します。安静時でも心拍数が1分間に100以上にまで上昇し、動悸や倦怠感が現れます。また、全身に必要な血液を供給できないため、手足が冷える感じや**皮膚の蒼白**、尿量の減少が現れ、重症になると、冷や汗や**無尿**（尿が出ない）、脳血流の低下により錯乱や意識障害などの精神症状が現れたり、血圧低下（最高血圧が90㎜Hg以下、または普段より30㎜Hg以上の幅で低い）などの症状が出現します。これは**心原性ショック**の状態であり、救急処置が必要になります。

　なお、これらの症状は心不全以外でもみられることがあります。息切れや息苦しさ、せきなどは気管支ぜんそく（1264頁）、肺線維症（1293頁）、肺気腫（1268頁）などでもおこります。むくみは腎臓病や甲状腺機能低下症（1478頁）などでもおこりますので識別が必要です。

◇心不全の原因

　左心不全の原因として多いのは、虚血性心疾患（狭心症や心筋梗塞）で、また、心筋症などによる左心室の機能障害や心臓弁膜症などがあげられます（前頁表2）。

　右心不全の原因として多いのは、肺塞栓症（1414頁）、肺動脈性肺高血圧症（1320頁）、肺性心（1387頁）などの左心不全をおこす疾患です。これは左心不全につづき、右心房・右心室に負担が増大し、右心不全をおこす場合で両心不全の状態となります。

　心不全には、原因とは別に誘因があります。それは、心臓の機能が低下していても、安定していた症状が、急に悪化するきっかけになるものです。かぜ、気管支炎、肺炎などの感染症をきっかけに、心不全が悪化することが多いのです。また、塩分、水分の過剰摂取や過度の運動、服薬の中止、心房細動などの不整脈（1346頁）や貧血が誘因となり、心不全が悪化することがあります。

◇心不全の検査と診断

　心不全の診断は、症状、診察所見（視診、聴診などの結果）、胸部X線撮影（心臓の大きさや肺のうっ血の程度をみる）、心電図（狭心症、心筋梗塞、心肥大、不整脈などの有無を確認する）、血液検査（BNP）などの基本的な検査で判断が可能です。

　心不全の原因となる疾患を調べるには、つぎの検査などが必要です。

▼**BNP（脳性ナトリウム利尿ペプチド）**　血中のBNP（心臓に負担がかかると心室から分泌されるホルモン）を測定して、心不全の程度をみます。

▼**心臓超音波検査（心エコー）**　心臓の収縮機能や拡張機能、弁膜症の有無など、心臓の状態を調べます（235頁）。また、虚血性心疾患を調べるために、ドブタミン負荷エコー検査（心臓を運動時と同じ状態にするドブタミンを静脈注射して行うエコー検査）や、弁膜症をくわしくみるために口から超音波プローブを入れて行う経食道心エコーなども行います。

▼**心臓核医学検査**　放射性物質を点滴し、運動を行ったり、薬物で心臓に負荷をかけます。負荷前後に撮影して、

心不全

①中枢性チアノーゼ

チアノーゼの原因が心臓、肺、大血管にある場合で、先天性心疾患（心房や心室に孔があいており、右心側の静脈血が左心側の動脈血に流れ込む）や、肺気腫や慢性気管支炎などの慢性閉塞性肺疾患（1268頁）があります。

②末梢性チアノーゼ

心拍出量の低下、寒冷や冷水にさらされたときに、皮膚の細小動脈がけいれんし縮小（攣縮）する場合でみられます。

③分離性チアノーゼ

手と脚、または左右によってチアノーゼの現れかたがちがう場合で、動脈管開存症（684頁）による肺高血圧の合併などの先天性心疾患にみられます。そのほか、異常ヘモグロビン症（1446頁上段）があります。

チアノーゼが現れた場合は、命にかかわる重い病気の可能性があるので、すぐに救命救急病院（循環器専門医）を受診することが重要です。

心臓の収縮機能をみたり、心筋虚血の有無を調べます（230頁）。

▼心臓MRI検査　心筋梗塞部位の評価や冠動脈の形態などを磁気共鳴撮影で調べます（228頁）。

▼冠動脈CT検査　マルチスライスCT（コンピュータ断層撮影）を用いて、からだに負担をかけずに（非侵襲的）冠動脈の形態を調べます（227頁）。

▼心臓カテーテル検査（冠動脈造影検査、スワン・ガンツ・カテーテル）　1368頁を参照してください。

◇心不全の治療

第1に、心不全をおこす原因疾患の治療が必要です。第2に、心不全を増悪させる要因をなくすことです。第3は、心不全が増悪した場合、心不全自体の治療が必要です。

①原因疾患の治療

虚血性心疾患であれば、つまっている冠動脈に**経皮的冠動脈形成術**を行います（バルーンで膨らませ、狭窄部位にステントという管を入れる。17頁カラー口絵）。最近では薬剤溶出性ステントの登場により、ステントの再狭窄率が低くなっています。心臓弁膜症では、**人工弁置換術**（生体弁・機械弁）が必要になる場合もあります。

また、バチスタ手術やドール手術と呼ばれる**左室形成手術**があります。これは、著しく大きくなった左心室の一部を切除して縫い縮め、心機能の改善をめざすものです。さらに、一時的に補助人工心臓を使用し、**心臓移植手術**も行われています（1379頁）。

②心不全を増悪させる要因をなくす

水分制限（1日1000mℓ以内）、塩分制限（1日7g以内）、過度な運動は控える、血圧を下げるなどで、心臓への負担を減らします。

③心不全自体の治療

一般的には、安静臥床のほか、薬物治療として、利尿薬、血管拡張薬、強心薬、α型ヒト心房性ナトリウム利尿ペプチド、レニン・アンジオテンシン・アルドステロン系の抑制薬、交感神経の活性を抑制するβ遮断薬などがあります。拡張型心筋症のような心機能が低下している場合は、少量からβ遮断薬を使用します。

重症心不全に対して、**心臓再同期療法**（CRT）や、突然死予防に対して**植込み型除細動器**（ICD）が使用されています。最近ではCRTとICDを合体させた**両室ペーシング機能付き植込み型除細動器**（CRT-D）が使用されています。

◇日常生活の注意と予防

日本における心不全の最大の病因は虚血性心疾患で、狭心症や心筋梗塞にならないように、生活習慣や食生活を見直すことがたいせつです。喫煙、脂質異常症（高脂血症）、糖尿病、高血圧が危険因子となります。禁煙、低脂肪食、節酒、肥満防止、適度な運動を心がけましょう。

心不全の原因となる病気が悪化しなくても、かぜをひいたり、過労、水分・塩分の過量摂取などを契機に心不全症状が出現し、悪化しますので注意が必要です。また、薬の飲み忘れが悪化の原因となることがありますので、きちんと薬を服用することが重要です。

不整脈

◎不整脈と心臓の病気

不整脈は、心臓に病気があると発生しやすくなります。

不整脈とは
(Arrhythmia)

不整脈とは「心臓の電気の流れの病気」です。医学的には「正常洞調律以外のリズム」と定義されています。

正常洞調律では、右心房の高位に存在する洞結節でおこった電気的興奮（刺激）が、心房内を伝わって房室結節へ入り、ヒス束から右脚・左脚へと伝導して、左右の心室に規則正しく伝えられます（次頁図）。

不整脈がみられるということは、一連の心臓内の電気的流れになんらかの異常が生じていることを意味します。

具体的には、脈がゆっくり打ったり（**徐脈**）、速く打ったり（**頻脈**）、不規則に打ったりするのが、不整脈と考えてよいでしょう。正常の心拍（脈拍）は50～100回／分ですので、頻脈の場合は100（120）回／分以上、徐脈は50（40）回／分以下となります。

◉不整脈の症状

不整脈の種類によって異なります。軽い不整脈ではまったく症状がないこともよくあり、逆に、重症の不整脈では意識消失（失神）をおこし、場合によっては突然死の原因にもなります。

一般に、徐脈による場合はめまいや息切れ、頻脈による場合は動悸を自覚することが多いといえます。

◉不整脈の原因

不整脈は、心臓弁膜症（1380頁）、心筋梗塞（1362頁）、特発性心筋症（1377頁）などの心臓病や、高血圧症（1396頁）、甲状腺機能亢進症（1474頁）、慢性の肺疾患などにともなっておこります。このような病気がなくても、自律神経活動の異常で生じることもあります。

一般に、心臓病にともなって生じるときは、重症化しやすい傾向にあります。また頻度は少ないですが、遺伝子異常によってもおこることが知られています。その代表がQT延長症候群（1352頁）とブルガダ症候群（1352頁）です。

◉不整脈の分類

不整脈は、**徐脈性不整脈**と**頻脈性不整脈**に分けられます。徐脈性不整脈には、洞不全症候群（1347頁）と房室ブロック（1348頁）があります。頻脈性はさらに**上室性不整脈**と**心室性不整脈**に分けられます。

上室性とは、心房性と房室結節性を合わせた呼びかたです。（頻脈性）上室性不整脈には、心房性期外収縮（1349頁上段）、心房細動（1348頁）、心房粗動（1349頁）、発作性上室性頻拍（1350頁）が、（頻脈性）心室性不整脈には心室性期外収縮（1349頁上段）、心室頻拍（1351頁）、心室細動（1351頁）があります。

不整脈を病気として取扱うときは、心拍が正常でも、脚ブロックのような電気の流れの障害がみられる場合（伝導障害）や、WPW症候群（1350頁）のような不整脈をおこすおそれのある病態（心電図症候群）までが含まれます。

◉不整脈の検査

不整脈の診断は、心電図検査によって行われます。通常の12誘導心電図以外にも、ホルター心電図（236頁）、運動負荷心電図（236頁）などがあります。入院中は、単一誘導のモニター心電図が使用されます。また、簡易な家庭用心電計も市販されています。

ただし徐脈性不整脈は、一般に心臓の病気との関連性は薄いとされていますが、房室ブロック（1348頁）については急性心筋梗塞（1363頁）の経過中に突然、発症することがあります。これは、房室結節領域に栄養を送る右冠動脈が閉塞したときです。

上室性不整脈は、とくに左心房内の血液循環がうまくいかず、圧・容量の増大をおこすことで発生しやすくなります。さまざまな心臓の病気が原因となりますが、多くは心臓弁膜症（1380頁）、高血圧性心疾患、心不全（1342頁）、心筋梗塞です。心臓弁膜症のなかでは、僧帽弁の狭窄症や閉鎖不全症による頻度が高いです。

心室性不整脈は、心臓の動きの低下した病的な心室におこりやすくなります。心筋梗塞と特発性心筋症がその代表です。特発性心筋症では、さまざまな病態のすべてが原因になります。重症な不整脈ほど、これらの病気にともなっておこりやすい傾向にあります。心筋梗塞では、慢性期でも不整脈をおこす可能性を秘めています。

心臓内の正常な電気の伝わりかたとリズム異常

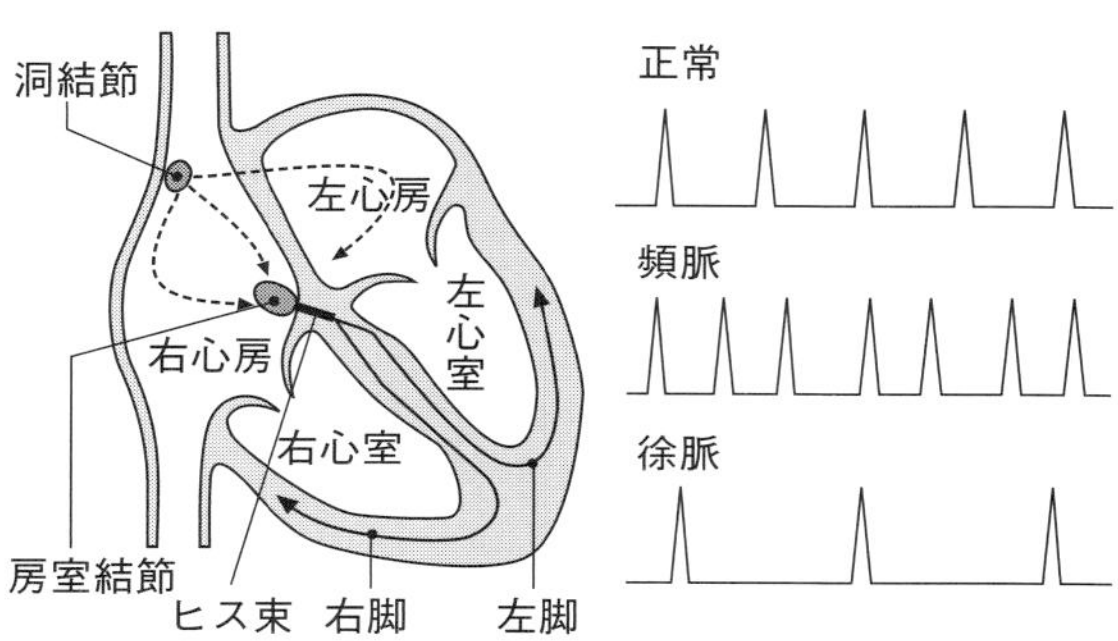

心電図検査で不整脈が診断できないときは、専門病院では心臓電気生理検査（心臓内に数本の電極カテーテルという細い管を挿入して、局所の心電図記録と電気刺激を行う検査）を行うことがあります。心室細動や心室頻拍がおこる可能性を探るときにも行われます。この検査は、不整脈のカテーテル治療を行うときには必須となります。

不整脈に対する検査以外にも、原因を探すために、血液検査、胸部X線検査、心エコー検査などが行われます。

◉不整脈の治療

一般的に、症状のない不整脈は治療の対象になりません。逆に、動悸やめまい、失神をおこすような不整脈は、治療の対象になります。

重症と判断された場合、徐脈性不整脈では心臓ペースメーカー（1353頁）、上室性不整脈では薬物治療もしくはカテーテルアブレーション（1354頁）、心室性不整脈では植込み型除細動器（ICD 1353頁）が選択されます。

洞不全症候群

Sick Sinus Syndrome (SSS)

どんな病気か

洞結節に異常が生じて、高度の徐脈（脈がゆっくり打つ）あるいは洞停止（心停止）をおこし、めまいや失神をおこす病気です。心房細動（1348頁）などの上室性頻脈にともなって生じると、通常の洞不全よりも重篤になりやすく、頻脈が停止した直後に10秒以上の洞停止をおこすこともまれではありません。

原因

原因として多いのは、加齢にともなう発電機としての洞結節機能の低下です。したがって、患者の多くは80歳以上の高齢者です。比較的若い年齢でも生じることがありますが、なんらかの疾患にともなって生じると考えられます。

◉洞不全症候群の分類

重症度によって、Ⅰ群～Ⅲ群に分けられます。Ⅰ群は**洞性徐脈**（脈拍が遅いだけのもの）、Ⅱ群は**洞停止**または**洞房ブロック**（心停止が一時的に生じるもの）、Ⅲ群は**徐脈頻脈症候群**（心房細動などの上室性頻脈にともなって高度な心停止が生じるもの）です。Ⅲ群がもっとも重篤です。

治療

徐脈が著しく、めまい、失神などがある場合は、ペースメーカー植込み術（1353頁）が必要になります。徐脈がみられても症状がまったくない場合は、ペースメーカーの適応にはなりません。軽い症状では、薬物治療が行われることもあります。

◎失神と不整脈

失神とは、一時的に意識がなくなることで、不整脈ではもっとも危険な症状とされています。失神の一歩手前の症状が、めまいです。不整脈性の失神は、脳梗塞（934頁）などの脳の病気にともなっておこる場合と異なり、発作後にまひやしびれなどの神経症状が現れないのが特徴です。

失神をおこしやすいのは、重症の徐脈性不整脈もしくは心室性不整脈です。心臓の動きが一時的に停止するか、心臓の動きがきわめて速くなることで、心臓から脳へ血液が十分に送られないために生じます。不整脈性の失神をおこした人は心臓突然死の可能性がありますので、精密検査が必要になります。

不整脈によって生じるめまい、失神のことを**アダムス・ストークス発作**といいますが、現在ではおもに徐脈性不整脈の場合で用いられます。

房室ブロック
Atrioventricular (AV) Block

どんな病気か

心臓の電気の流れは、心房から心室へと伝えられますが、必ず中間に位置する房室接合部領域（房室結節とヒス束）を経由して伝えられます。房室ブロックは、この領域がなんらかの原因で障害され、心室に電気がうまく伝わらないことで高度の徐脈（脈がゆっくり打つ）をおこし、めまい、失神を呈してくる病気です。

房室結節は自律神経、とくに副交感神経の関与を受けやすいものです。若い年齢で房室ブロックがみられることがありますが、この場合は生理的なもので、一過性のため心配ありません。高齢者では、洞不全症候群（前頁）にともなうことが多くあります。

原　因

急性心筋梗塞（1362頁）や特発性心筋症（1377頁）にともなって発作的に生じることがあります。しかし特別な原因がなく、右脚または左脚（1335頁図5）、あるいは左脚の分枝である前枝と後枝を徐々にブロック（遮断）しながら、最終的に完全なブロックになることが多い傾向です。

◉房室ブロックの分類

重症度で1度〜3度に分けられます。**1度房室ブロック**は、たんに房室伝導時間が延長したもので、心房からの電気は心室に伝えられます。**2度房室ブロック**は、心房からの電気が心室に伝えられないことがある場合です。**3度房室ブロック（完全房室ブロック）**では、心房からの電気が心室へまったく伝わりません。そのため、心拍を補う電気が心室のどこからか発せられないと突然死をおこしてしまいます。

治　療

めまいや失神などの症状がある場合や3度房室ブロックの場合は、ペースメーカー植込み術（1353頁）を行います。

心房細動
Atrial Fibrillation (AF)

どんな病気か

洞結節由来の心房波が消え、複数の興奮波が迅速に心房内を旋回することでおこる不整脈です。

心房細動がおこると、心房が300〜500回／分ほど電気的に興奮するため、心電図上に細かな心房波が観察されます。心房波は房室結節を通して適当に間引きされ、不規則に心室に伝えられます。

頻脈性不整脈に分類されますが、房室結節の機能が低下した場合は徐脈をおこすこともあります。

もっとも一般的な症状は、脈のバラバラ感をともなう動悸です。

人口の0・6％にみられるありふれた不整脈ですが、加齢にともなってさらに増加し、80歳以上では5％の人が心房細動を患っています。

原　因

高血圧、心不全（1342頁）、冠動脈疾患、心臓弁膜症（1380頁）、呼吸器疾患、糖尿病、貧血が強く関与しているといえます。原因疾患がなくてもおこることもよくあります。また心房細動は、副交感神経、交感神経のいずれの緊張でも生じます。

心房細動の多くは、左心房に開口する肺静脈内から生じる心房期外収縮が引き金となって発生します。

不整脈

◎期外収縮

洞結節以外の場所で電気がつくられ、通常よりも早めに現れるものです。心房から生じるものを**心房性期外収縮**、心室から生じるものを**心室性期外収縮**と呼びます（下図）。

脈がとぶ感じを覚えますが、症状のないこともあります。

若い人では、ほとんどが特別な原因がありません。運動や飲酒、交感神経系ホルモンのカテコールアミンの亢進でおこることもあります。

心室性期外収縮は、心電図の波形によって単源性と多源性、頻度によって散発性と多発性に分けられます。現れかたによって、2連発、2段脈（正常波と期外収縮が交互に出現）、3段脈（正常波と期外収縮が2対1で出現）と呼ばれます。心室期外収縮が先行する正常波形のT波上に現れる**RオンT型**は危険性が高いため、区別して取扱われます。

期外収縮は、一般には治療の対象にはなりません。

●心房細動の分類

心房細動は、発作の持続時間と自然停止の有無によって分類されます。発作的に現れ、7日以内に自然停止するときは**発作性心房細動**、7日以上つづき自然停止しなければ**持続性心房細動**、除細動が不成功または実施されなかったことで、永久的につづけば**永続性（慢性）心房細動**とされます。

原因の有無や種類によっても分類されます。

治療

抗不整脈薬が多く用いられますが、脈をコントロールする薬物を用いて、心拍数のみを調節することもあります。発作回数が多ければ抗不整脈薬を毎日服用するように処方されますが、発作回数が少なければ、発作がおこったらすぐに抗不整脈薬を服用して、不整脈を停止させる場合もあります。

心房細動は血栓・塞栓症をおこしやすい不整脈として知られ、左心房内に形成された血栓がはがれて脳の血管につまると、脳塞栓（脳梗塞 934頁）をおこします。そのため、抗凝固薬または抗血小板薬の使用も考慮されます。

脳梗塞をおこしたことがある（既往歴）、高齢（75歳を越える年齢）、高血圧（1396頁）、糖尿病（1501頁）、心臓の病気、甲状腺疾患のいずれかがあれば、抗凝固療法を行ったほうがよいとされています。

最近、心房細動に対してもカテーテルアブレーション（1354頁）が行われることがあります。心房粗動（次項）や発作性上室性頻拍（1350頁）ほど成功率は高くありませんが、若年者の発作性心房細動で、ほかに心臓の病気がなく、心房の拡大がなければ、成功する可能性は高くなります。

期外収縮

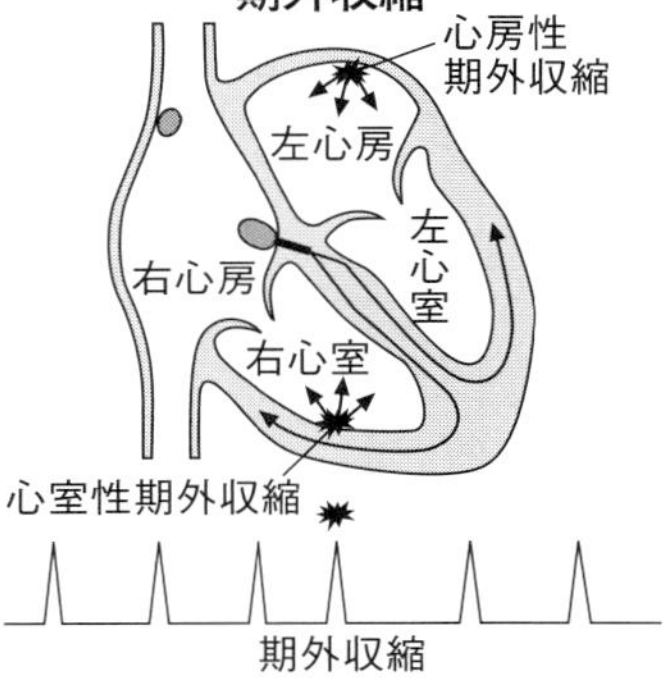

心房粗動
Atrial Flutter (AFL)

どんな病気か

心電図でノコギリ（鋸歯状）のような粗動波がみられます。粗動波は、1分間に300回ほどの速さで規則正しく電気的に興奮しています。これが房室結節で間引きされて心室に伝わります。2対1伝導（粗動波2つに対して心室波が1つ）では、心拍数が約150回／分、4対1伝導では約75回／分になります。3対1から2対1伝導では、動悸を覚えるようになります。1対1伝導をおこす場合には、めまい、失神をおこします。

通常型では、興奮波が三尖弁（1334頁図4）周囲を反時計方向に旋回しています。通常型で旋回方向が逆の場合は、逆通常型と呼ばれます。非通常型は心電図で鋸歯状波を認めず、通常型の周期（300回／分前後）よりも速く、旋回する場所もさまざまです。

治療

心房細動（前頁）よりも薬物治療が効きにくい傾向があります。心房細動と同じように、完

◎動悸と不整脈

動悸は、上室性不整脈でみられやすい症状で、頻脈（脈が速く打つ）にともなって生じます。心拍数が正常で心臓の鼓動のみを強く自覚することを動悸と訴える人がいますが、医学的には動悸として取扱われません。

もっとも多いのは、正常のリズムがただ速くなった洞性頻脈（生理的な頻脈）です。徐々に始まって徐々に治まる動悸であれば、この洞性頻脈の可能性が高いといえます。

一般的に治療の対象にはなりません。ただし、洞性頻脈がつづくときは、甲状腺機能亢進症（1474頁）、貧血、感染症などの場合があるので要注意です。

問題となるのは、突然始まって突然に治まる動悸です。心拍がまったくバラバラな動悸であれば、まず心房細動（1348頁）と考えてまちがいありません。きわめて規則正しい動悸が突然におこるのであれば、

全に抑制できない場合は、血栓・塞栓症の予防薬の使用が考慮されます。

カテーテルアブレーション（1354頁）の成功率が高く、積極的に行われます。

発作性上室性頻拍
Paroxysmal Supraventricular Tachycardia (PSVT)

どんな病気か

リエントリー（興奮の旋回がくり返し行われること）によって生じる不整脈です。頻拍（頻脈）がおこると、心房波と心室波が1対1に対応し、規則的な頻拍をおこします。頻拍中の心拍数は1分間に約150〜200回になることが多いです。

症状としては、突然おこり突然停止する動悸がみられるのが特徴です。

原因

心臓内に異常伝導路が存在することでおこります。

房室回帰性頻拍は、WPW症候群（次項）に基づく頻拍です。**房室結節リエントリー性頻拍**は、房室結節部の二重伝導路〔本来の正常伝導路である房室結節（速伝導路）と異常な遅伝導路〕の間でリエントリーが形成される頻拍です。この2つが原因のほとんどを占めます。通常型（遅伝導路を順行し速伝導路を逆行して旋回）と非通常型（その逆）にも分けられます。

治療

抗不整脈薬が比較的有効ですが、効きにくい場合もあります。頻拍が自然停止しなければ、受診して注射薬などで停止してもらわなければなりません。

カテーテルアブレーション（1354頁）による成功率が高く、しかも安全に行えるため、とくに若い人ではこの治療が多く選択されます。治療時間は、その直前に行う心臓電気生理検査の時間を含めても2〜3時間くらいです。

WPW症候群
Wolff-Parkinson-White Syndrome

どんな病気か

生まれつき心房と心室の間に余分な副伝導路があります。副伝導路（ケント束）は、正常伝導路よりも心房波を速く心室に伝えるため、バイパス的な性質をもっています。副伝導路が心臓の左側に存在する

A型WPW症候群による発作性上室性頻拍

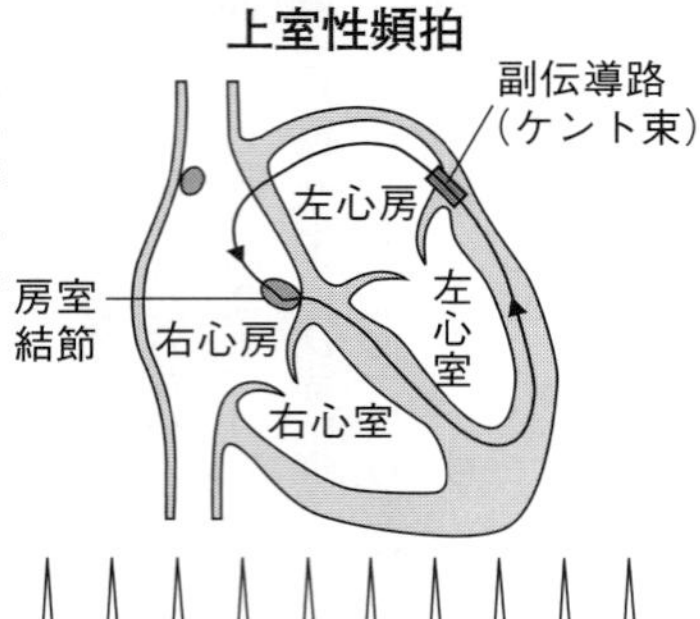

場合を**A型WPW症候群**（右図）、右側に存在する場合を**B型WPW症候群**と呼びます。心電図では、デルタ波と呼ばれる心電図異常がみられます。

発作性上室性頻拍（前項）の原因となる**心電図症候群**として有名です。頻拍中の房室結節での伝導様式により順行性と逆行性に分けられます。

WPW症候群で心房細動が生じると、本来、房室結節で間引きされていた心房から心室への興奮波が、副伝導路を通って速く心室に伝わり、心室頻拍（次項）のような波形（偽性心室頻拍）を表します。

突然死の原因になります。

発作性上室性頻拍（下段）の可能性が高くなります。

心室頻拍（下段）でも動悸を自覚することがありますが、この場合は冷や汗やめまいなどの血圧低下の症状をともないます。

治療　カテーテルアブレーション（1354頁）で高い確率で根本的に治療することが可能です。

心室頻拍
Ventricular Tachycardia (VT)

どんな病気か　心房波と心室波が解離し、心室波が1分間に100回以上の速さで3連発以上連続して出現する不整脈です（下図）。頻脈性不整脈のなかでは心室細動（次項）についで危険性の高い不整脈です。

心拍数が1分間に200回を超えるような速い場合は、冷や汗をともなう動悸、めまい、失神をおこします。重い心臓の病気があれば、血液が臓器に十分に送られないために、200回／分以下の心拍数でも症状をおこします。

原因　心筋梗塞（1362頁）や拡張型心筋症（1377頁）など、心機能が低下すると現れやすくなります。しかし、心臓に病気がなくて現れる場合、**特発性心室頻拍**と呼ばれます。

心室波の形態によって単形性と多形性に、持続様式によって持続性（30秒以上）と非持続性に分けられます。心拍数が1分間に100回未満では、**促進型心室固有調律**または**スロー心室頻拍**と呼ばれます。心室頻拍は心拍数が速く、持続性で多形性のほうが危険で、心機能の程度とも関係します。

心電図上の心室波の先端がねじれを描くように上方から下方へ、そして上方へと表れる多形性心室頻拍の特殊型を**トルサードドポアンツ**と呼び、通常の心室頻拍と区別されます。QT延長症候群（1352頁）にともなって現れます。

心室頻拍

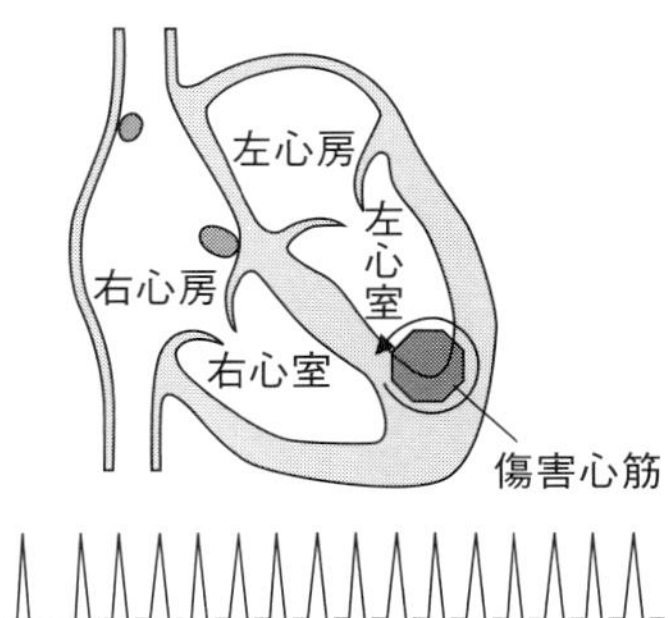

治療　抗不整脈薬を用いる場合は、もっとも強力なアミオダロンが多く選択されます。この薬は、副作用が比較的現れやすく、使用中には間質性肺炎（1292頁）や甲状腺機能異常の合併を調べなくてはなりません。

最近では、心臓突然死の予防を考えて植込み型除細動器（1353頁）が用いられます。特発性心室頻拍に対しては、カテーテルアブレーション（1354頁）が行われることもあります。

心室細動
Ventricular Fibrillation (VF)

どんな病気か　心室波が無秩序にきわめて速い速度で現れ、心筋が収縮力を失った状態で、もっとも危険性の高い不整脈とされています。心室が小刻みに震えているだけで、心臓から血液が送り出されないため、心停止に等しいといえます。

心室細動が発生すると、約10秒で意識がなくなり、全身けいれんがおこります。30秒後には脳死が徐々に始まり、救命率は1分経過するごとに10％ずつ低下していきます。10分間何もしなけ

◎遺伝性の不整脈疾患

不整脈は、これまで遺伝しない病気と考えられていました。しかし、近年の遺伝子解析の進歩にともなって、いくつかの不整脈疾患は遺伝子異常が原因で生じることがわかってきました。

頻度としては少ないのですが、QT延長症候群（下段）、ブルガダ症候群（下段）、カテコールアミン誘発性多形性心室頻拍（1351頁）、**QT短縮症候群**（心電図上のQ波からT波までの時間が短く、心室細動や心房細動をおこす病気）がこれに含まれます。これらはいずれも健康な子どもあるいは若い成人が、ある日突然に危険な心室性不整脈をおこして、心臓突然死にいたることで知られています。

これらの病気は、通常の心電図検査である程度診断できますので、家族内で若いうちに急死（突然死）した人がいれば、受けておきましょう。

れば、拍動が正常に戻っても、脳死状態となってしまいます。そのため、救命蘇生をもっとも必要とします。

原因

心筋梗塞（1362頁）や拡張型心筋症（1377頁）などの心臓の機能が低下した病気でおこりやすい不整脈ですが、肥大型心筋症のような肥大心でもおこります。若年者に多いブルガダ症候群も原因として重要です。WPW症候群（1350頁）で心房細動を合併したり、1対1伝導の心房粗動のような上室性不整脈でもおこることがあります。まったく原因がなくて、突然に心室細動をおこす場合は、**特発性心室細動**と呼ばれます。

治療

心室細動を発見したら、直ちに心臓マッサージを行い、自動体外式除細動器（AED 111、1355頁）があれば利用します。早急に電気ショックを行って正常洞調律に戻す必要があります。蘇生に成功した場合、植込み型除細動器（ICD 1353頁）を植込みます。最近では、心室細動をおこす可能性が高いと判断されれば、予防的にICDを植込むこともあります。

QT延長症候群
Long QT Syndrome

どんな病気か

心電図上で計測されるQ波からT波までの時間が長くなり、**トルサードドポアンツ**と呼ばれる特殊な多形性心室頻拍をおこします。10〜20歳代の若い人で失神発作をくり返すときは、この病気を疑います。

原因

先天性QT延長症候群は、遺伝子異常によって発現するもので、さまざまな遺伝子異常のタイプによって、細かく分類されます。

より多く発現する**後天性QT延長症候群**は、薬物や電解質失調などが原因となります。抗不整脈薬と向精神薬が原因としてよく知られますが、抗生物質、高脂血症薬、抗アレルギー薬でもおこることがあります。電解質失調では低カリウム血症（1532頁）がもっとも注意が必要です。

治療

遺伝子異常の型によっても異なりますが、β遮断薬が用いられることが多く、場合によって外科的治療が行われることもあります。

ブルガダ症候群
Brugada Syndrome

どんな病気か

1992（平成4）年に初めて報告された新しい病気です。心室細動（前頁）をおこし、遺伝子異常が原因とされています。

心電図の右側胸部誘導において、特徴的な心電図変化がみられますが、この心電図変化は危険な人ほど日内・日差変動をおこしやすいのです。男性に多く、30歳代前半〜40歳代後半によくみられます。心電図変化がみられ、失神をおこしたことがあり、家族内に若くして突然死した人がいれば、この病気が強く疑われます

原因

特徴的な心電図変化が現れても、心臓になんらかの病気があれば、この病気とはいえません。

遺伝子異常は20％弱に検出されるだけなので、遺伝子異常以外の関与を指摘する研究者もいます。

治療

薬物治療は効果的でないため、危険と判断されれば植込み型除細動器（次頁）を用います。

心臓ペースメーカーと植込み型除細動器

❖ペースメーカー

洞結節または房室結節領域の障害があると、正常なリズムで心臓に電気が流れなくなってしまいます。これを補い規則正しいリズムを保つ装置が**ペースメーカー**です。適応となる不整脈は、洞不全症候群（1347頁）と房室ブロック（1348頁）です。ペーシング機能（電気刺激を出す機能）とセンシング機能（不整脈を感知する機能）がうまく連動することによって、生理的なリズムと同じように心拍をコントロールすることができます。

ペースメーカーは、胸部に植込む本体（大部分は電池）と心臓内に留置するリード（電線）によって構成されます。本体の大きさは、直径4～5㎝、厚さ6～7㎜、重さにして25～30ｇくらいです。リードは、心房（右心房）と心室（右心室）の両方に留置することが多いですが、病態や年齢などによって心室のみに留置することもよくあります。電池寿命はその出力によっても異なりますが、約10年です。手術は1～2時間くらいで、局部麻酔によって行われます。

❖植込み型除細動器（ＩＣＤ）

心室頻拍（1351頁）や心室細動（1351頁）などの致死的な心室性不整脈がおこったとき、それをすばやく感知して、自動的に電気ショックをかけたり、ペーシングを行ったりして、その不整脈を止める高度先端医療装置です。ペースメーカーの機能も備えています。最近では、重症心不全（1342頁）に対して用いられる心臓再同期療法（ＣＲＴ）装置に、このＩＣＤ機能を組込んだＣＲＴ‐Ｄと呼ばれる装置も使われています。大きさは、ペースメーカーをひと回り大きくしたくらいにまでなっています（重さは70ｇくらい）。そのため、手術方法は、通常のペースメーカーと同じ手法で局部麻酔で行われ、前胸部に植込まれます。電池寿命は、不整脈発作がなければ8年くらいです。

カテーテルアブレーション（次頁）のように不整脈を根本的に治療するものではありませんが、薬が効かず、不整脈による心臓突然死の可能性があると判断された人においてはきわめて有効な治療法です。

❖日常生活の注意点

これらの装置は、外部からの電磁波によって影響を受けることがあります。植込まれた人は、強い電流が流れている場所や、強い電波・磁場を発生する装置には近づかないほうがよいでしょう。医療機器でＭＲＩ（磁気共鳴診断装置）がありますが、ペースメーカーの人には行うことができません。低周波治療や高周波電気メスについては、腹部や腰部、脚に用いる分には問題ありません。

携帯電話については、22㎝以上離して使用すれば問題ありません。一般の電化製品は、ペースメーカー植込み部位に直接触れるものでなければ、まず問題ありません。

そのほか、電気自動車の充電器には近づかないよう注意しましょう。

ペースメーカー／ICDの植込み

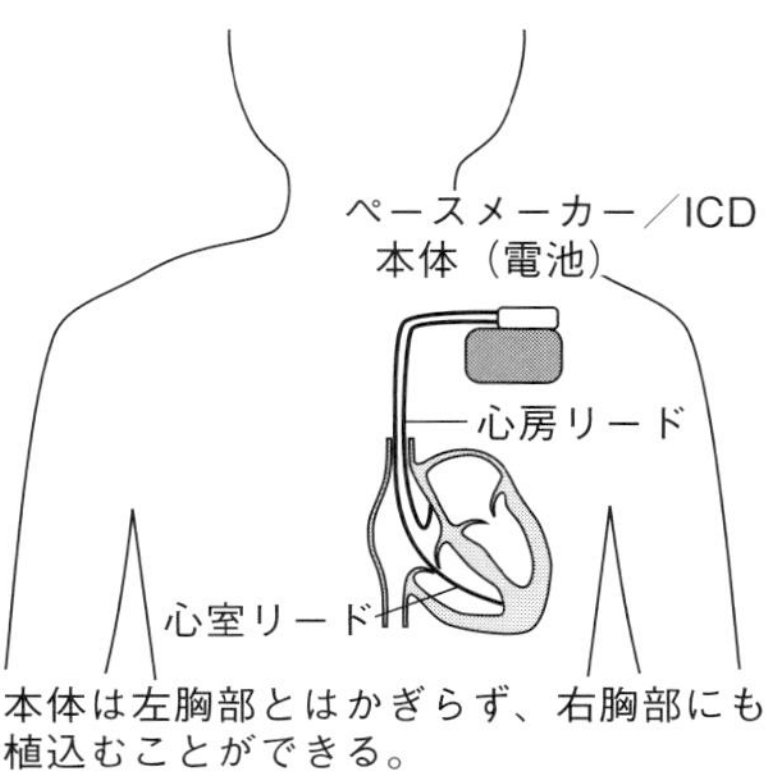

本体は左胸部とはかぎらず、右胸部にも植込むことができる。

カテーテルアブレーションの適応と実際

❖カテーテルアブレーションとは

一言でいうと、不整脈のカテーテル治療のことです。先端に電極のついた細い管（カテーテル）を大腿部の血管から心臓内に入れて、その先端から高周波電流を流すことによって心筋の一部に軽いやけどをおわせ、不整脈の源を取除く治療法です。**カテーテル心筋焼灼術**とも呼ばれます。おもに頻脈性不整脈に対して適応されます。カテーテルアブレーションは根本的な治療法ですので、成功すれば不整脈の発生がなくなり、ひじょうに大きなメリットのある治療法といえます。

❖実際の方法

方法としては、心臓電気生理検査（「不整脈」1346頁）のガイド下で行います。不整脈の源が心臓の右側にあれば、大腿静脈からアプローチし、心臓の左側にあれば大腿動脈からアプローチします。局部麻酔のみで行いますので、通電中には胸が熱くなるような軽い痛みを覚えることがあります。1回の通電時間は1分前後で、局所の温度は50〜60℃くらいです。

一部の不整脈に対しては、何度も通電しなければならず、この場合は静脈麻酔で患者を少し眠らせながら行うこともあります。治療後の安静時間は、3〜6時間くらいです。

❖適応となる不整脈と成功率

この治療法は、おもにWPW症候群（1350頁）、発作性上室性頻拍（1350頁）、心房粗動（1349頁）に対して行われています。しかし、最近では心房細動（1348頁）、心臓手術後の心房頻拍、心室頻拍（1351頁）に対しても行われることがあります。成功率は不整脈の種類によって異なり、WPW症候群、発作性上室性頻拍、心房粗動などの不整脈では95％以上ですが、心房細動、心室頻拍などの不整脈については、1回の施行で40〜70％くらいと考えたほうがよいでしょう。一般に、若年者で、不整脈の罹病期間が短く、ほかに心臓病の合併がなければ、成功率、安全性とも高いので、積極的に考慮してよいでしょう。行う場合には通常、3日くらいの入院が必要です。

❖合併症について

一般にカテーテルアブレーションでは、合併症は0・3％くらい、死亡率は0・1％以下の頻度でおこるとされています。しかし、心房細動の場合は、**ブロッケンブロー法**と呼ばれる右心房から左心房に小さな穴をあける手技を必要とし、通電回数も数十回になりますので、合併症の頻度も3〜5倍ほど高くなります。おこりうる合併症としては、心タンポナーデ（カテーテルで心臓の筋肉や血管を損傷することで血液が心臓の周りにたまり、心臓の動きを悪くする病態）、血栓・塞栓症などです。発作性上室性頻拍の場合は完全房室ブロック（1348頁）をおこすことがあります。

カテーテルアブレーションの方法

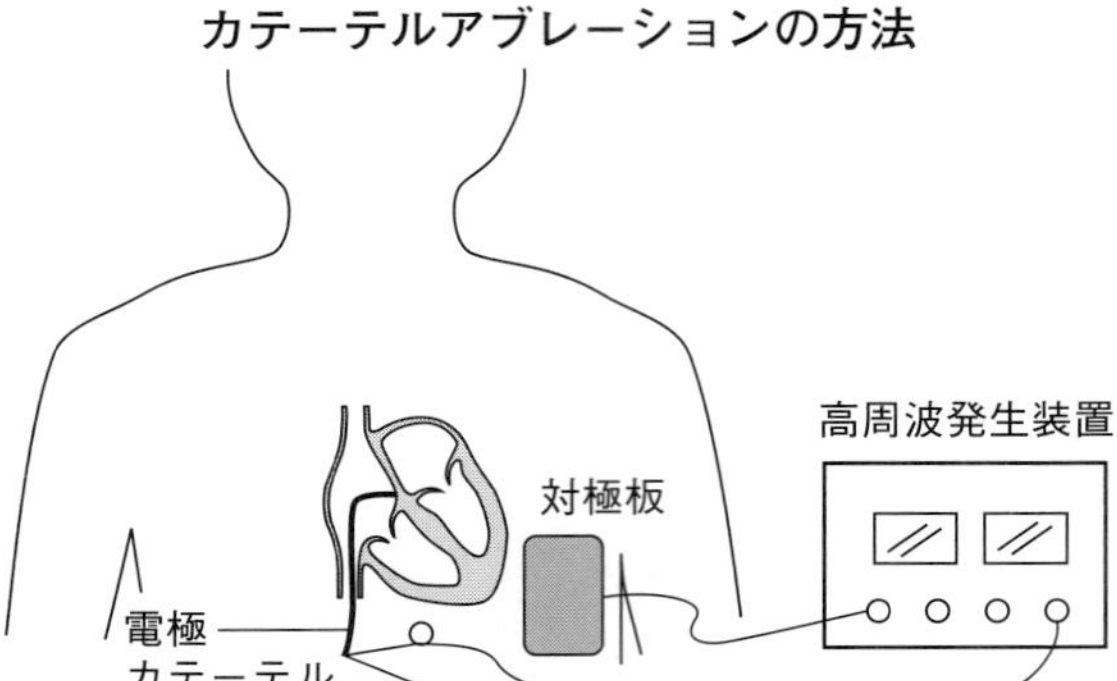

電極カテーテルの先端から高周波を発して、局所の心筋を焼灼する。

こんなときに自動体外式除細動器（ＡＥＤ）を

❖ＡＥＤはどこに設置されているか

アメリカでは以前から人の集まるところには、ＡＥＤが設置されていました。日本のＡＥＤの導入はアメリカに比べて随分遅れていましたが、２００４（平成16）年7月に厚生労働省の通達により、ＡＥＤの使用が広く解禁されると、空港、駅、競技場、ホテル、劇場、スポーツ施設、学校などにＡＥＤが設置され、予想を上回る勢いで全国に展開されています。２００５（平成17）年には日本心臓財団から「ＡＥＤの賢い選び方」が発行され（随時改訂）、ＡＥＤの購入を考えている人への配慮もなされています。現在では、電化製品の量販店でもＡＥＤが購入できるようになっています。ＡＥＤの普及にともない、一般市民がＡＥＤを使って救命に成功した例が、徐々にではありますが増えてきています。

❖どういうときにＡＥＤを使うか

それまでまったく問題なかった人が突然に意識消失をきたしたら、原因として不整脈を疑います。そのなかでも心室細動（1351頁）による可能性が高いと思われます。ただちに心肺蘇生法を開始し、速やかに電気ショックを行う必要があります。２０００（平成12）年に心肺蘇生法に関する国際ガイドラインがだされており、これに準じて救命処置を行うことが日本においても推奨されています。

心肺蘇生法（115頁）は基本的にはＡＢＣＤのステップに従って行いますが、心室細動の人ではＣの心臓マッサージとＤの除細動に重点がおかれます。これは医療関係者のみならず、一般市民の場合にもあてはまることで、心臓マッサージをしながら、早々にＡＥＤを使用する必要があります。ＡＥＤのない場所では、救急隊が到着するまで心臓マッサージをつづける必要があります。心臓マッサージを適切に行っていれば、たとえそれが数十分におよんだとしても、除細動後には意識障害は軽くてすむのです。

❖ＡＥＤの使いかた

ＡＥＤは胸部に電極を貼るだけで、装置が自動的に心室細動を認識して除細動を行うため、一般市民でも十分に使いこなすことができます（111頁）。

しかし、ＡＥＤに対してまったく知識のない人では使用することがむずかしいため、いちどは講習会などに参加して説明を受けておきましょう。一般市民や家族向けには、地方自治体や消防署などで、ＡＥＤの使用を含めた基本的な一次救命処置（ＢＬＳ）の講習会が定期的に設けられています。医師に対しては、日本循環器学会などで専門的な二次救命処置（ＡＣＬＳ）の講習会が行われており、講習を受けた医師にはインストラクターの資格が認定されます。

❖ＡＥＤによる早期除細動の有用性

アメリカ・ラスベガスの10か所のカジノにおいて、警備員１３５０名にＡＥＤ使用訓練が行われ、ＡＥＤによる救命体制が検証されています。ここでは各所に設けられたテレビモニターで倒れた人を見つけたら、ＡＥＤを持ってかけつけるように指導されました。32か月間に突然の意識消失は１４８例あり、このうちの71％が心室細動でした。発生から除細動までの時間は平均４・４分で、救命救急士が到着するまでの時間は平均９・８分でした。結果としては、53％のケースが搬送された病院から無事退院することができ、発生３分以内に除細動が行われた例では74％とさらに高率でした。ＡＥＤによる早期除細動の高い有用性が示された報告といえます。

虚血性心疾患

▼**症状**▲寒いときに、階段を上がったときなどに圧迫される胸の痛みを感じる。

▼**治療**▲発作を鎮め、予防するために薬物療法のほかに、冠動脈を拡張させるPTCAや、バイパス術を行う。

◎虚血性心疾患

心臓に酸素や栄養を運んでいる冠動脈の異常によっておこる狭心症、心筋梗塞（1362頁）、無痛性心筋虚血（1375頁）を総

狭心症

Angina Pectoris

心筋の一時的な酸素不足によっておこり、障害は一過性

◇心筋虚血と狭心症

どんな病気か

休まずはたらく心臓の筋肉（心筋）へ血液を送る冠動脈（冠状動脈）の内腔が動脈硬化によって狭くなったり（**狭窄**）、血管攣縮によって狭くなったりすると、心筋へ血液が十分に流れず、心筋細胞が酸素不足におちいり（**心筋虚血**）、胸の痛みや圧迫感が生じます。

一過性の心筋虚血をおこす疾患を狭心症といいます。心筋虚血によっておこる症状や検査異常、心臓の機能障害は一時的で、あとに障害を残しません。冠動脈の狭窄がより重くなったり、閉塞したりして、心筋の酸素不足が強まり、心筋細胞が壊死して回復できなくなると**心筋梗塞**（1362頁）と呼びます。心筋梗塞にならないうちに、狭心症を治療することがたいせつです。

●心筋虚血とは

心筋に流れる血液が減って、酸素が不足し、エネルギーの産生ができなくなります。また、血液不足によって心筋組織に老廃物がとどこおり、蓄積し、心筋細胞を傷害します。虚血におちいった心筋は、収縮・拡張機能が低下し、筋肉が過敏状態となるために不整脈（1346頁）が発生しやすくなります。

狭心症自体は一時的なもので、予後（病気の経過）は良好ですが、急性心筋梗塞に進む場合があり、その際には死亡率が高くなります。狭心症の原因をきちんと調べ、状況をしっかり把握し、治療を受けることがたいせつです。

●狭心症の種類

狭心症は、症状の発生する誘因やタイミング、病状の経過、病状発生のしくみなどから分類されます。重症の程度や病気の進行具合が異なる場合があり、治療方法も異なる場合があります。

症状の発生する時期・タイミングで分けると、からだを動かしているとき（労作時）におこるものを**労作性（時）狭心症**といい、安静にしている時におこるものを**安静時狭心症**といいます。

狭心症の症状のおこるきっかけや頻度、持続時間、症状の強さが一定しているものを**安定狭心症**、頻度が増し、持続時間が長くなり、症状も強くなり、より軽い運動で症状が現れるようになったものを**不安定狭心症**と呼びます。

これまでなかった狭心症状が発生した場合も不安定狭心症と判断します。

不安定狭心症は、心筋梗塞の前触れ、ないしは心筋梗塞になってしまう危険の高い狭心症で、通常の狭心症とは区別し、異なる対応を必要とします。

原因

発生メカニズムとして大きく2つが考えられます。

①冠動脈に動脈硬化が進み、冠動脈の内腔が局所的に狭くなり、血液の流れが悪くなります（**動脈硬化性狭心症**）。

②冠動脈が部分的に「けいれん」し、冠動脈の内腔（冠動脈の内径）が急に狭くなり、血流が障害されます（**冠攣縮性狭心症**）。

2種類の原因によっておこる狭心症は、症状の性質は同じですが、発生す

称して虚血性心疾患といいます。

　虚血性心疾患は、日本では死因別の死亡率が年々低下しています。しかし、人口の高齢化にともなって、患者の絶対数は増加の傾向にあり、おもな死因の1つになっています。

◎急性冠症候群（きゅうせいかんしょうこうぐん）
　急性心筋梗塞（きゅうせいしんきんこうそく）と不安定狭心症は、発生機序が同じであることから、まとめて急性冠症候群と呼ばれます。

る状況が異なります。
　①の原因による狭心症は、通常、運動労作にともなって狭心症状が出現する労作性狭心症です。同じ運動を同じ程度行うと、狭心症が出現する再現性があります。ただし、労作性狭心症は、朝方の運動労作でおこりやすく、その運動と同程度の運動を午後に行っても狭心症は現れないなどの現象が観察されています。
　②の原因による狭心症が、安静時狭心症です。運動労作がなくてもおこります。進んだ冠動脈狭窄がすでに存在し、冠動脈血流が短時間途絶えた際に発生する狭心症が、安静時に現れます。
　労作性狭心症と安静時狭心症は、多くの場合、混在して存在します。冠攣縮性狭心症患者の約半数は、運動労作によっても症状が出現することが報告されています。

◇狭心症状とは

症　状

　胸部に症状のでることが多いのですが、胸部以外の部位に現れることもあります。

　典型的な症状として、「胸が痛い」「胸が圧迫される」「胸が締めつけられる」などの**胸痛**（きょうつう）（**狭心痛**（きょうしんつう））があげられます。胸痛の範囲は、手のひらで押さえられるくらいの大きさです。

　そのほか「胃が痛い」「吐きけがする」「気分が悪い」など、消化器病を疑うような症状もあれば、「歯が痛い」と訴えて歯科の受診をくり返す場合もあります。「のどの圧迫感」や「左肩の重圧感」も典型的な症状です。

　これらの症状が、運動・労作時にかぎって出現し（労作性狭心症）、その持続時間は数分程度です。安静時におこる冠攣縮性狭心症の狭心痛は、10～15分と少し長いようです。

　典型的な労作性狭心症では、①寒いときに、②階段や坂道、上り坂を、③荷物を持って、④歩いて上るときに、⑤胸が圧迫されるような感じがして、⑥立ち止まると、⑦数分間で症状が消えてゆくというものです。

　労作性狭心症は、朝方通勤途中や午前中の運動労作中に症状がでやすいものです。冠攣縮性狭心症は、早朝や朝方、寝ているときに症状が現れやすく、また、過労や心労のあるときに出現しやすいとされており、日本人に多いといわれています。

　症状がでたときの状況（安静時か運動時か、昼間か夜中または早朝か）、持続時間、回数などが診断のために重要な情報となります。

　病気の重症度からみると、不安定狭心症は、心筋梗塞に移行しやすい、いわゆる「切迫心筋梗塞（せっぱくしんきんこうそく）」の状態と考えたほうがよく、不安定狭心症と診断された場合には、急性心筋梗塞と同等の重症度と考えるとされます。

　瞬間的な痛み、数日間つづくような持続性の痛み、チクチクした痛み、痛い場所を指で押すとさらに痛みが増す、指でさし示すことができるような狭い範囲の痛みなどの場合は、多くの場合、狭心症ではありません。

　症状が一瞬で終わるような場合は狭心症ではなく、期外収縮（きがいしゅうしゅく）（1349頁上段）の場合が多いようです。狭心症は数分間つづくことが多く、数十分間から数時間持続するならばむしろ、心筋梗塞

◎心臓が必要とする血液量

心臓は、冠動脈の血液から供給される酸素を必要としています。ふつう、心筋1gあたり、1分間に約100mℓの血液が必要とされています。心筋が血液不足になると心筋に乳酸が蓄積されて心筋細胞が傷害され、酸素不足によって、ごく少ないエネルギーしかつくられなくなり（嫌気性代謝）、最終的には心筋細胞が生きてゆけなくなり死に至ります（壊死）。

になってしまっているか、まったく異なる病気であるということになります。心筋虚血が30分間程度つづくと生物学的には細胞の一部が壊死し始め、症状が消えたあとも心電図の異常が残ったり、心臓超音波検査で心臓の収縮運動に異常が残ったりします。1日以上つづく胸痛症状は、急性心筋梗塞や大動脈解離（1420頁）などで現れることがあります。その際は、血液生化学的マーカーに異常が見られます。

無症候性心筋虚血（1375頁）という病名もありますが、狭心症では症状の軽い人はいても、まったく無症状の患者はまずいません。

【検査と診断】 **▼問診**　狭心症の診断は、問診がもっともたいせつで、問診で7割が診断できるといっても過言ではありません。症状の性状、おこる状況などが質問されます。

▼心電図　狭心症発作のないときには、心電図は正常所見を示します。安静時心電図が正常であるからといって狭心症でないとはいえません。したがって、狭心症と診断するには、発作時の心電図、心筋虚血発生時の心電図所見を観察することが重要です。**運動負荷心電図**は、運動によって心筋虚血が誘発されるか否かを心電図を用いて観察します。**ホルター心電図**は、通常の日常生活を送りながら24時間にわたって心電図を記録し、解析して日常の生活労作時に心電図変化がおこるか否かを観察します。

▼心エコー検査　心エコー検査では、心筋虚血のないときには正常の心臓の収縮・拡張現象が観察されます。**運動負荷心エコー検査**は、運動負荷時の心臓の収縮機能を観察し、心機能異常が発生するか否かの点から、心筋虚血を診断します。ドブタミン負荷心エコー検査は、ドブタミンという血圧や脈拍を増加させる薬剤を用い運動中と同様の反応を観察する検査です。ドブタミン以外に、冠動脈を拡張させる薬剤を静脈注射するものもあります。

▼心臓核医学検査（心筋シンチグラフィー）　心エコー検査と同様に運動負荷、薬剤負荷によって心筋虚血を誘発して観察します。タリウムやテクネシウムなどの放射性同位元素は、正常心筋組織に取込まれるため、そのようすを画像化して、心筋組織の生存状態を観察することができます。

▼冠動脈マルチスライス（ディテクター）CT検査　64個の検出器をもつCTを用いると、カテーテルを用いた冠動脈造影検査で得られる画像とほぼ同等の精度の画像が得られます。さらに256個の検出器をもつCTが開発されています。

心房細動などの不整脈があると撮影が困難になるという欠点をもっています。造影剤を使用する点がリスクであること以外は、カテーテル造影検査に比べて低侵襲（からだへの負担が少なく）で、冠動脈の内腔狭窄を把握することが可能です。

▼心臓MRI検査　冠動脈の血流を撮像する冠動脈MRアンジオグラム、心臓の収縮拡張運動を観察できる心臓シネ撮像、心筋壊死の状態を撮像する遅延ガドリニウム造影検査、心筋へ血液が流れる状態を観察する心筋灌流像などがあります。後二者は造影剤を使用

◎プリンツメタル型狭心症

軽度ないしは中等度の動脈硬化病変に冠攣縮（冠動脈のけいれん）が発生しておこる狭心症は、初めて報告した人の名をとってプリンツメタル型狭心症と呼ばれます。

◎冠攣縮

冠動脈の血管壁の筋肉がけいれんする現象で、**冠スパスム**ともいいます。

しますが、前二者は造影剤を必要としません。コンピュータを駆使し、日々良質な画像が得られるようになって、診断率が向上しています。非侵襲的検査としてますます期待されています。

▼冠動脈造影検査　狭心症を診断するためには、冠動脈の器質的ないしは機能的狭窄の程度を正確に調べることがもっとも重要です。心臓CTや心臓MRIは、外来で行える検査ですが、カテーテルを用いた冠動脈造影検査を受けるには、入院が必要です。

　カテーテルという細い管を足の付け根にある大腿動脈に挿入し、冠動脈の入り口まで進め、冠動脈に直接造影剤を注入し、冠動脈の内腔の状態をX線で撮影します。大腿動脈ではなく、上腕動脈や橈骨動脈など腕の動脈からカテーテルを挿入する場合もあります。

◇狭心症の治療

治療

　治療の目的は、生命予後の改善と生活の質の改善です。

　冠動脈の心臓に近い近位部や左冠動脈主幹部に進行した狭窄病変があり、その部位が原因で心筋虚血が発生すると、重症心不全を発症したり致死的不整脈を発生したりして死に至る危険があります。そのような病変をもつ場合は、内科治療だけでなく**冠動脈バイパス術**や**カテーテルによる冠動脈形成術**など冠動脈血行再建術を必要とする可能性があり、至急そのような治療が必要か否かを検討します。

　また、冠動脈に狭窄があると少しの日常生活でも狭心症発作がおこり、日常生活が制限される可能性があります。この状態を改善させ、運動労作で胸痛症状がなく、制限なく日常生活が送れるようにすることをめざします。このような場合には、酸素消費量を減少させるか、冠動脈を拡張させ、血流を増加させる作用のある内服薬を用いて、酸素の需要供給関係を改善させます。病変の位置・形態などによって、血行再建術が可能であれば、冠動脈バイパス術やカテーテルによる冠動脈形成術も検討します。

◉冠危険因子の是正

　将来の冠動脈病変の進行や発生を抑制するために、冠危険因子の是正が必要です。狭心症や心筋梗塞など虚血性心疾患の患者には、高血圧、糖尿病、脂質異常症、喫煙の四大因子に加え、家族歴などの遺伝的素因が関係していることが知られています。

　四大因子については、まだ病気になっていない人の予防のための（一次予防）目標値に比べて、いちど病気にかかった人の発作を予防するため（二次予防）の目標値は、さらに厳しい値が設定されています。とくに脂質異常症の治療では、LDLコレステロールを100mg/dℓ以下に減少させることが重要とされています。また、禁煙は当然のことです。

◉薬物治療

　薬物療法の目的は、冠動脈を拡張させることと心筋の酸素消費を減らすことです。冠動脈を拡張させる薬にはカルシウム拮抗薬、硝酸薬などがあり、心筋の酸素消費を減らすはたらきのある薬にはβ遮断薬、硝酸薬、カルシウム拮抗薬があります。

　また、虚血性心疾患では、血小板の

はたらきを抑制する薬を内服することも必須とされています。

カルシウム拮抗薬は、冠攣縮性狭心症に対してはとくに有効で、必須の薬です。就寝中から朝方にかけて効果を現すように使用します。症状がおきなくなったからといって、決して自己判断で中止してはなりません。冠攣縮性狭心症の発作がおこると、致命的な重症例に移行することがしばしばあるので、薬の飲み忘れには注意が必要です。薬の減量・中止についても、医師の指示に従います。

β遮断薬、硝酸薬は、冠動脈硬化による狭窄のある場合に併用します。

硝酸薬は、歴史のある薬です。ニトログリセリンは狭心症発作時には特効薬として、舌下錠ないしは口腔内噴霧の形で使用します。また、貼り薬としても使用され、発作予防として1日1回張りかえて使用します。1日の内で数時間だけ使用しないようにして、薬物の耐性（効きが悪くなる現象）を防ぎます。内服薬は、長時間作用型の硝酸薬を1日2回服用します。

ニトログリセリンを舌下するといつもはすぐ発作が消えているのに、消えないでつづく場合、消えてもまたすぐおこり、発作の回数が増えた場合、いつもより軽めに動いただけで症状がでてしまうなどの場合には、心筋梗塞に移行しつつある可能性があるので、すぐに医療機関に受診すべきです。

β遮断薬は、労作性狭心症発作の抑制にとくに有効ですが、急に中止するとかえって狭心症が悪化する場合があります（反跳現象）。β遮断薬にかぎらず、狭心症に使用する薬は、必ず医師の指導のもとに確実に服用することがたいせつです。

アスピリンは、抗血小板薬の代表的薬物です。まれにアレルギーをおこすことがあり、その場合は他の薬に変更する必要があります。虚血性心疾患の二次予防には必須の薬物です。

閉経後の女性に対するホルモン補充療法は、がんの発生増加が広告されており、現在は勧められません。

●経皮的冠動脈形成術（PCI）

器質的狭心症に対して行われる治療で、冠動脈造影検査の技術を応用した治療法です。

ガイドワイヤーというきわめて細い先端のやわらかい針金を冠動脈の狭窄部を通して、狭窄部の先まで進めます。つぎに、ガイドワイヤーに沿って風船が先についた細いカテーテルを狭窄部まで進め、風船を膨らませて冠動脈の狭窄した部位を広げます。

通常は、ステントという金属メッシュで包まれた風船を、広げたばかりの場所にもう1度挿入し広げます。広がったステントは、冠動脈内腔の表面を内側から支え、冠動脈の壁がくずれることによる合併症（急性閉塞）や、冠動脈壁に弾力性があるせいで広げたはずの冠動脈がまた狭まるという現象（リコイル）を予防します。

PCIの最大の欠点は、せっかく広げた狭窄部位に数か月から半年後に再び狭窄が生じてしまうことです（再狭窄）。再狭窄の原因は、平滑筋の増殖という組織の修復現象の一種です。ステントを使用することによって、再狭窄の発生は半分に減っています。

しかし、ステントは金属製のため、冠動脈内に血栓ができやすく、ステント表面が内皮細胞でおおわれると、少なくとも1か月間は、ステント内の血栓形成を予防する抗血小板薬（アスピリンとチクロピジン、クロピドグレル）の内服が必須です。

再狭窄を減らすために、ステントに平滑筋の増殖を抑制する抗がん剤を塗った新たなステント（**薬剤溶出性ステント**）が開発され、これによって再狭窄率も減少しています。

通常のステントの場合には、半年をすぎるとステントの表面を内皮細胞がおおって、平滑筋増殖は止まります。しかし、薬剤溶出性ステントでは、少しずつしか再狭窄がおこりません。また、ステント表面の薬剤が内皮細胞がおおわれるのを抑制するため、血栓ができる危険がいつまでもあります。したがって、薬剤溶出性ステントでは半永久的に抗血小板薬を内服する必要が生じます。冠動脈の病変の特徴に応じて、ステントを使い分けることがたいせつです。

◉冠動脈バイパス術（CABG）

薬物治療が不十分で、PCIが不向きな場合に行われます。この手術では、冠動脈狭窄部位よりも末梢の冠動脈に、内胸動脈や腕の橈骨動脈などを移植して血液のバイパス（迂回路）をつくります。以前は足の静脈を使用していましたが、数年後に狭窄や閉塞を生じやすいため、動脈を移植するようになっています。

CABGでは、何本もの冠動脈狭窄に対するバイパスを1度の手術でつくることができます。また、再狭窄もありません。PCIでのリスクが高く、再狭窄率や新たな心筋梗塞や狭心症の発生頻度が高いケースでは、CABGを選択します。

胸を開ける開胸手術をしなければならないため、侵襲度が高く、高齢者や合併症のある患者では実施できない場合があります。そこでPCIとCABGを組合わせた治療も行われています。

◉血管新生療法

冠動脈狭窄が何本もの血管にあり、また病変をもつ冠動脈が細すぎたり、PCIやCABGが不可能な場合などには、新たな自然のバイパス路ができるように骨髄細胞を利用した血管新生療法が現在、試みられています。

◇生命予後と二次予防

【予後】 虚血性心疾患をもつ人の生命予後は、さまざまな因子によって影響されます。左心室の収縮機能が悪い場合、狭窄や閉塞している冠動脈が複数ないしは病変が多数ある場合には、予後はよくありません。そのような場合には、PCIやCABGによって、血流の減少している心筋組織の部位を減らすことがたいせつです。低下している心機能が改善できるか否かが、生命予後に影響します。

心筋梗塞の発生や狭心症の悪化、心不全、突然死などを予防すること（二次予防）が重要で、これにはLDLコレステロールを低下させ、耐糖能異常を改善し、禁煙を徹底し、血圧や体重をコントロールするなど、冠危険因子を徹底して減らすことがどんな治療にもまして重要です。

心筋梗塞（症）……1362頁
▼症状▲30分以上つづく前胸部の胸痛、絞扼感があり、不安感をともなう。
▼治療▲胸痛発作時には、救急外来へ。救命のため再灌流療法が行われる。

心筋梗塞（症）

Myocardial Infarction

冠動脈が閉塞したり、心筋が壊死したりして、発作をおこすと直後の死亡率がもっとも高い、おそろしい病気。

◇心筋梗塞とは

どんな病気か 心臓の基本的機能は、全身から血液を受取り、肺へ送り、肺で酸素をたくさん取込んだ血液を全身に送り出すポンプのはたらきです。絶え間なく拍動しており、心臓の細胞（心筋細胞）の収縮・拡張がそのポンプ機能の基本です。心筋細胞の収縮拡張のためのエネルギーは、心筋細胞のミトコンドリアでつくりだされています。ミトコンドリアでエネルギーをつくるには、酸素を多く含んだ血液が必要です。その血液の通り道が冠動脈（冠状動脈）なのです。

●心筋虚血と狭心症

加齢や生活習慣病によって、冠動脈が動脈硬化をおこし、冠動脈の内腔が狭くなり（**狭窄**）、血液の流れが悪くなります。その結果、心臓の筋肉が必要としている分量の血液（その血液にのっている酸素）が心筋細胞に到達しなくなり、酸素不足になる現象を**心筋虚血**といいます。

運動などで、血圧や心拍数が増加すると、心筋細胞の酸素必要量が増加し、それに見合う酸素を細胞に送り込むことのできない状態になり、心筋細胞は酸素不足（一時的な心筋虚血）になります。これが**狭心症**（1356頁）です。

心筋細胞が虚血におちいると、胸痛、胸部圧迫感、胸部絞扼感（胸が締めつけられる感じ）などの典型的な狭心症の症状が発生します。運動や労作の際に発生し、労作を止めると心筋細胞の酸素の必要量（需要）は低下し、心筋では酸素不足（心筋虚血）は解消され、症状はなくなります。心筋虚血が発生している最中には、心電図では、典型的な心筋虚血の所見が観察されます。

●心筋梗塞

相対的で一時的な酸素不足ではなく、冠動脈の血流が完全に途絶える（**閉塞**）と心筋細胞は壊死（細胞が死んでしまう状態）します。これが**急性心筋梗塞**です。そのような病気の状態を急性心筋梗塞症と呼びます。

心筋虚血によっておこる狭心症や心筋梗塞症は、**虚血性心疾患**と総称されています。

冠動脈の血流が完全に途絶えても、心筋細胞はすぐには壊死しません。完全に血液が途絶え、心筋細胞に酸素が届かない状態が20分以上つづくと、心筋細胞はもとに戻らなくなり、その後、血流が回復しても、細胞は生き返らないか、一部生き返っても障害を残してしまいます。

したがって、心筋細胞の多くが壊死する前に、できるだけ早期に閉塞した冠動脈を再開通（再疎通）させる治療（**再灌流療法**）を行うことがたいせつなのです。

冠動脈の根元が閉塞し、血流が遮断されると、広い範囲の心筋組織が虚血におちいり、ついで壊死してしまうため、心臓のポンプ作用がはたらかなくなり、重大な障害が発生することにな

虚血性心疾患

◎胸痛の発生機序

胸痛の発生は、冠動脈の閉塞とほぼ同時です。心筋梗塞発症時の胸痛の発生機序はいまだ十分解明されていません。内臓痛と関連痛により生ずるとされています。心筋の壁が伸びた機械的刺激や、虚血により生ずる低酸素血症、ヒスタミンやキニンなどの代謝産物が交感神経性心臓求心線維を刺激し、その刺激が、脊髄、視床から大脳皮質に至って痛覚として認識するとされています。これが内臓痛として胸痛を生じる機序とされています。

脊髄にはすべての知覚刺激に対応するだけの神経線維がないため同じ脊髄の高さで入る知覚線維にも伝達され、肩や腕などにも関連痛を生じるとされています。

ります。ポンプ作用が障害されるのみでなく、ポンプのはたらきが心臓全体で連携して行われるように命令している刺激伝導系と呼ばれる命令伝達経路が傷害され、さらに、心筋組織が局所的に電気的に不安定となるためにおこる心室細動（1351頁）などの致死性不整脈によってポンプ作用がまったく作動しなくなる事態も発生します。

これが、心筋梗塞早期に発生する死亡の1番の原因とされており、心室細動を治療する方法は電気ショックを加える以外しかありません。救急車が到着する前に、私たち市民が行う心肺蘇生術と**AED（自動体外式除細動器）**を用いる治療がもっともたいせつとされる理由です。

●再灌流療法の必要性

冠動脈が閉塞すると、その下流の領域にある心筋細胞、その集まりである心筋組織は虚血状態におちいります。心筋細胞は、酸素供給が途絶えたため、エネルギーをつくることができません。ほとんど数秒以内に、心筋細胞はその収縮を止め、細胞が生きてゆくためにのみエネルギーが消費されるように適応します。それでも酸素がこないと、徐々に不可逆的変化（もとに戻れない変化）が発生し、心筋細胞は死に至ります。

また、心筋組織へ到達する血流がないために細胞周囲に老廃物が蓄積され、これがさらに心筋障害を助長する結果になります。心臓の筋肉は、厚みがあり、筋肉の内側ほど虚血に弱く、外側より早く壊死してしまいます。心筋細胞がまだ生き返る可能性のあるうちに、冠動脈を開通させ、心筋細胞に酸素を再び供給することができれば、心筋細胞を壊死におちいらせずにすみます。

心筋梗塞の最新の治療は、閉塞した冠動脈を再び開通させ、心筋細胞、心筋組織に酸素を含む血流を再び到達させる治療を、できるだけ速やかに行うことです。

◇どうして血管がつまるのか？

原因

冠動脈がどのようなメカニズムでつまるのか。いくつかの原因が考えられています。軽度から中等度の狭窄をきたす動脈硬化病変が冠動脈の内膜にあり、冠動脈攣縮などが発生し、冠動脈の動脈硬化部位の弱い場所に亀裂が入ったり（粥腫の破綻）、血管の内膜をおおっていた被覆の役割をする内皮細胞がはがれたり（びらん）すると、その組織を修復しようと、血液の凝固を進行させる血小板が集まってきます（血小板凝集）。同時に血液凝固系の成分が集まってきて凝固活性が急速に進行します。これらの作用が急速に進行し、冠動脈内で急速に血栓が形成され、冠動脈の内腔を急速に狭窄したり、閉塞したりします。

急速に狭窄が進行する状態が**不安定狭心症**であり、完全に閉塞してしまう状態が急性心筋梗塞の状態です。不安定狭心症も急性心筋梗塞もその発生のメカニズムが同じですから、合わせて**急性冠症候群**と呼んでいます。

また、冠動脈血管壁の動脈硬化巣内部の毛細血管や血管壁を栄養する血管が切れたりして血管壁内で出血したりして、急に冠動脈内腔が狭くなり、不安定狭心症になる場合もあります。冠

◎胸痛の性状

急性心筋梗塞を発症した際の胸痛の部位は、狭心症と同様に前胸部から心窩部が中心

動脈内腔での血栓形成の程度が軽ければ、組織の修復と自然な血栓溶解（**線溶現象**）が作動し、軽い冠動脈狭窄のみで終わります。中等度から高度の狭窄を残す状態で終われば、運動労作時に心筋虚血の症状を発現するようになる狭心症となってしまいます。血栓で冠動脈内腔が完全に閉塞してしまうと急性心筋梗塞を発症してしまいます。

◉冠危険因子

冠危険因子と呼ばれる冠動脈に硬化をおこす危険因子には、年齢、性差（男性）、家族歴など修正不可能な因子もあり、糖尿病、高血圧、脂質異常症（高脂血症）、喫煙という4大因子や、メタボリックシンドロームという4大因子の合併が注目されています。

また、精神的ストレス、運動不足も重要な危険因子とされています。これらは修正可能な因子であり、自己の努力と専門家の協力によって自分自身の冠危険因子を修正することが可能です。

中年男性や閉経後の女性で複数の因子をもっている場合は、定期的な健診を受けることが重要です。男性は同年齢の女性に比べ2倍以上の発症率ですが、これは閉経前の女性ではエストロゲンという女性ホルモンによって動脈硬化が抑制されているためです。

心筋梗塞の冠危険因子

1	高血圧（1396頁）
2	高コレステロール血症（1509頁）
3	喫煙
4	糖尿病（1501頁）
5	高尿酸血症（痛風　1514頁）
6	年齢（加齢）
7	家族歴
8	肥満（1496頁）
9	ストレス
10	運動不足
11	性差（男性）

◉発症の誘因とは何か

動脈硬化になった血管の亀裂が急性心筋梗塞症の原因となりますが、この亀裂がどうしてできるのかははっきりわかっていません。発症前の状態をみると疲労、睡眠不足、激務、過度な精神的ストレスがあったことがわかります。心身の不摂生が高じると、交感神経系の活動が優勢になり、カテコールアミン（1397頁上段）と呼ばれるホルモンは必要以上に分泌されます。これらが、冠動脈の壁を構成する筋肉組織のけいれん（攣縮）を誘発させ、冠動脈の内腔を狭くし、冠動脈の亀裂を誘発したり、血液凝固能の亢進を招くと考えられています。

心筋梗塞の発症しやすい時間帯は、1週間のうちでは月曜日に、1日のうちでは早朝から午前中に多いことが分かっています。65歳以下の男性では金曜日にも発症のピークがあるという報告もあります。発症時刻が医療機関の休診している早朝や夜間のことが多いので、そのような時間でも、我慢せずに医療機関を受診することがたいせつです。すぐに連絡や相談のできるかかりつけ医や医療機関を日ごろから確保しておくこともたいせつです。

◉急性心筋梗塞の診断

急性心筋梗塞は症状、心電図、血液検査データの3つの項目により診断されます。血液検査データとは、心筋細

虚血性心疾患

です。「胸が締めつけられる」「胸が圧迫される」「胸が焼き火箸でえぐられる」「ゾウの足が乗っている（欧米人）」などと表現する「胸痛」を訴えることが多いようです。症状が激烈であると、苦悶顔貌で顔色不良、手足などの末梢は冷たく、冷や汗をともないます。左肩、左上腕尺側、下顎部、前頸部などに関連痛・放散痛を同時に訴えます。心臓の裏側である下壁梗塞では、副交感神経優位の状態であることが多く、心窩部痛に加えて、徐脈とともに悪心・嘔吐を多くともないます。胸痛の程度は、狭心症に比べて激烈で、死の恐怖や不安を感じることが多いようです。持続時間は長く、30分以上がふつうです。胸痛の程度は、「最も強く自覚したときを10段階の10とすると、現在いくつぐらいか？」と質問して、本人に答えてもらうのが客観的です。狭心症と異なり、ニトログリセリンなどの硝酸薬の舌下剤が無効です。

胞が壊死した際に、細胞の成分が血液に漏れ出てくるものをとらえた検査値（**血液生化学的心筋傷害マーカー**）のことです。

血液生化学的心筋傷害マーカーの変化はどんなに早くても症状が出現してから1時間以上経過しないと異常値がでないため、来院が早いときには血液検査では異常とはならず、症状と心電図から心筋梗塞と診断せねばなりません。したがって、症状を含めた経過の理解がたいせつです。

最初にとった心電図によって、ST上昇型と非ST上昇型の2つに分けられます。非ST上昇群では、生化学的マーカーの上昇がなければ不安定狭心症に分類され、生化学的マーカーの上昇が認められれば非ST上昇型心筋梗塞と診断されます。心電図でSTが上昇し、生化学的マーカーの上昇が認められれば、**ST上昇型心筋梗塞**と診断されます。最終的に心電図で異常Q波が認められるようになれば**Q波梗塞**、異常Q波が形成されなければ**非Q波梗塞**と命名されます。

急性心筋梗塞の診断で重要なことは、①心筋梗塞そのものの診断を早期、かつ正確に判定すること。②心筋梗塞の重症度の判定です。

心筋梗塞の診断が早く正確に行われることが重要なのは、急性心筋梗塞の死亡事故が発症早期にもっとも高頻度で、早期に行う治療（再灌流療法）によって死亡率を低下させることができるからです。

重症度は、心筋壊死の進行度、すなわち、発症から病院に到達するまでの時間、側副血行の発達度合いなどに影響されます。また、冠動脈の閉塞した場所によって、その後に進行する心筋梗塞の大きさが決定されるので、閉塞した冠動脈の部位を病院到着時に推定することはきわめて重要です。

◇胸の強い痛みと絞扼感

症状

30分以上つづく前胸部の強い痛みと絞扼感（締めつけられるような感覚）があり、恐怖や不安感をともないます。部位は、前胸部中央の胸骨の裏側が多く、胸全体、頸部、背部、左上腕、心窩部（上腹部）に広がることもあります。

冷や汗、吐きけ・嘔吐、呼吸困難、動悸、失神などをともなったり、これらの症状がおもな症状であったりする場合もあります。いきなり、ショック状態におちいる場合もあります。上腹部痛や吐きけなどの症状から消化器疾患とまちがうことがあります。

胸痛は、狭心症の場合よりも強く長くつづきます。発作がおこる前の前兆として、同じ場所に短い時間の胸痛や胸部不快感が現れることもあります。心筋梗塞を発症する以前の狭心症には、たんに歯の痛みであったり、胸焼け様の軽い症状であったりする場合があり注意を要します。

高齢者や糖尿病のある人の場合には、痛みがほとんどなく発症することもあります。しかし、それでも、ほとんどの場合、まったく無症状ということはなく、吐きけ・嘔吐や気分不快になることが多く、いつもとようすがちがう場合には、急性心筋梗塞症も念頭に置く必要があります。

◎鑑別診断

急性心筋梗塞と区別しなければならない重大な疾患としては、まず、急性肺塞栓症（1414頁）、急性大動脈解離（1420頁）などがあげられます。

大動脈解離が原因と気づかず、血栓溶解療法やＩＡＢＰを施行すると致命的な状態におちいるので要注意です。

冠危険因子をもつ人は、おかしいと思ったら医療機関を受診し、いつ、どのようなときに、どのような症状が出現するのかを医師に伝え、相談するようにしてください。

◇心筋梗塞の検査と診断

検査と診断　早期の診断には、症状と心電図検査がもっとも重要です。また、最近では、心エコー検査も心筋梗塞急性期の診断に役立つ検査として使用されています。

●心電図検査

心筋梗塞の急性期には特徴的な心電図変化があり、典型的な心筋梗塞の発作の診断は、比較的容易です。

心電図のＴ波およびＳＴ部分では、冠動脈閉塞の直後、15秒ないし30秒以内に変化がおこることが判明しています。発症から数時間以内ではＳＴ上昇、数時間後ではＱ波の出現、数日後には冠性Ｔ波と呼ばれる陰性Ｔ波が出現します。

治療によって、閉塞した冠動脈が早期に再開通した場合には、時間を追った心電図の変化はもっと早く進みます。

心電図は、他のどんな検査と比較しても梗塞発症のもっとも早期から変化をとらえることができます。しかし、心筋梗塞以外の病気で心筋梗塞に類似した心電図変化を示すことがあり、急性心筋梗塞を見逃す危険もあります。そのような場合には、1枚の心電図で判断せずに、時間を追って心電図変化、とくにＳＴ‐Ｔ変化を追います。

また、以前に記録した心電図と比較してみると、変化が観察でき、正しい診断に近づくことができますので、健診やドックで健康なときの心電図を記録しておくことも役に立ちます。

確実な診断が困難な場合には、心電図にこだわらず、血液生化学的心筋障害マーカーや心エコー図検査などから総合的に情報収集し、発症早期の心筋梗塞を診断します。

心電図検査でＳＴ上昇がみられるかどうかで、**ＳＴ上昇型急性冠症候群**と**非ＳＴ上昇型急性冠症候群**（ＳＴ上昇のみられない急性冠症候群）に分けられます。

血液生化学的心筋傷害マーカーが異常値を示せば、心筋梗塞と呼び、結局、心筋壊死を示す血液生化学的心筋傷害マーカーが異常値を示さなかった場合には、「不安定狭心症」と診断されます。

血液生化学的検査の心筋傷害マーカー値がでるまで（発症から1時間以上）は、心筋梗塞とは正式には呼ばれず、急性冠症候群と呼ばれます。

急性心筋梗塞の死亡率のもっとも高い時期は、心筋梗塞の診断が確定する以前の1～2時間の間ですから、治療はこの時期から開始しなければなりません。

ＳＴ上昇型であれば、冠動脈が完全に閉塞していることが確実ですから、直ちに冠動脈の閉塞を解除する（再開通させる）再灌流療法を行います。いっぽう、非ＳＴ上昇型では、冠動脈は完全には閉塞していませんが、閉塞しつつあるか、著しい冠動脈狭窄のために心筋細胞が広範囲に虚血におちいっていることは確かですので、患者の状態を観察しながら、緊急の治療を準備します。

◉血液検査

▼血液生化学的心筋傷害マーカー　血液検査では、心筋細胞が破壊された際に細胞から血液中に漏れ出てくるもの（血液生化学心筋傷害マーカー）を検出します。

代表的なものでは、心筋細胞に特異的なマーカーである、**心筋トロポニン**（TnT、TnI）、**ヒト心筋由来結合たんぱく質**（H－FABP）、**クレアチンホスホキナーゼMB分画**（CPK－MB）があります。

CPK－MB、心筋トロポニンは、心筋梗塞発症後4～6時間で基準値を超え、早期に再灌流された症例では、早く血液検査で検出される傾向があります。

2007（平成19）年、これらのマーカーが検出されることが心筋梗塞と診断を確定するための世界基準となりました。H－FABPは日本で開発された検査法で、心筋梗塞発症後1～2時間で検出されます。可逆的心筋虚血である狭心症では、心筋障害マーカーは検出されません。

▼心エコー図（心臓超音波検査）　急性心筋梗塞では、その発症直後より梗塞をおこした部位で心筋の収縮異常が生じます。断層心エコー図法は、この心臓の壁の運動異常を明瞭に検出でき、心筋梗塞の早期診断、場所および広がりを診断するためにもっとも有用な検査といえます。

冠動脈閉塞直後の数秒以内に明らかな壁運動異常が出現することがわかっています。心電図では超急性期の変化が明瞭でなく、診断が不確定な場合や、心臓の後ろ側の心筋梗塞などの心電図では死角になる部位に対しては、心筋壁の収縮異常を検出することができる心エコー図検査で、確実な診断が可能です。また、心電図と同様に非侵襲的（からだへの負担が少ない）で、時間経過を追って状態を観察できるという利点があります。

◉核医学検査

心臓に取込まれる放射性物質（アイソトープ）を利用して、画像を得る方法です。心筋梗塞部に集まったアイソトープを、黒く見せる陽性像による方法と、心筋梗塞部の心筋に取込まれない陰性像による方法があります。核医学検査は管理区域内でしか使用できないという制限や入院当日にアイソトープの入手が困難であるなど、欠点もあります。

◉心臓MRI検査

心臓MRI検査は、患者に肉体的負担のかからない非侵襲的検査の1つとして注目されてきています。ガドリニウムという造影剤を使用し、撮影すると心筋壊死をおこした心筋組織の広がりを2次元画像で明瞭にみることができる検査です。心筋梗塞発症直後であれば、造影剤を用いないで心筋細胞のむくみ（浮腫）を検出することによって、心筋梗塞の場所と広がりを判定できると報告されています。心エコー検査のように心機能も同時に評価できます。MRI検査の欠点は、検査室内に金属物を持ち込めないことと、装置が高価で大掛かりなため、移動できず、かつどこにでも設置するわけにはいかない点です。

心筋梗塞などの状態が不安定で緊急

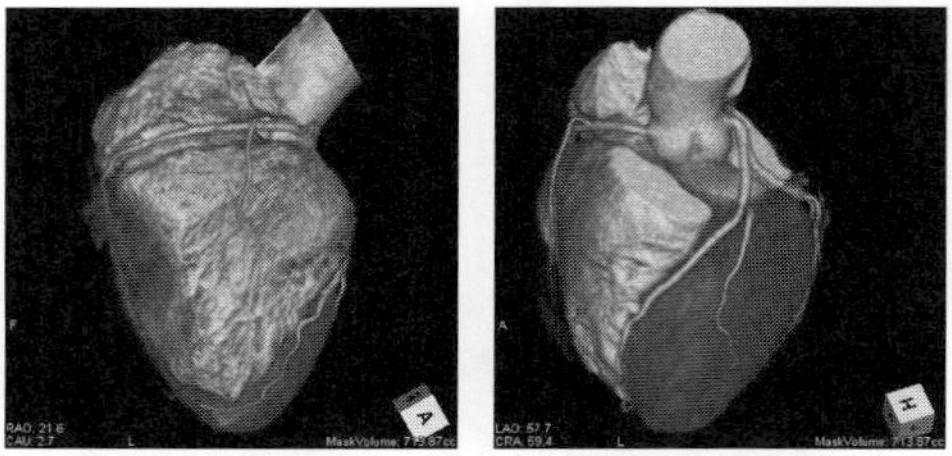

マルチスライスCTで撮影された冠動脈

を要する疾患の患者に対する検査としては、これらの点が不向きです。

◉冠動脈CT検査

冠動脈CT検査は、あとに述べる冠動脈の動脈硬化や狭窄の状態を観察する新しい検査法です。CT検査は、本来、静止した臓器の画像を明瞭につくることは容易ですが、つねに動いている心臓の状態を検査するには不向きな検査でした。しかし、最近開発されたマルチスライスCTでは、つねに動いている心臓という臓器の状態を静止画像として描くことができるようになり、それにともなって、冠動脈硬化の状態、閉塞や狭窄の状態をかなり正確に把握することができるようになりました。

また、1秒間程度の時間で心臓全体の情報を得ることのできる装置も開発され、冠動脈の状態とともに心機能も把握できるようになってきています。

欠点は、放射線被曝があることと、カルシウム沈着のある冠動脈、金属ステントの留置されている部位の冠動脈の観察が不正確になることです。造影剤を使用しますので、腎機能障害のある人には不向きですが、カテーテルによる冠動脈造影検査に比べ、低侵襲な検査です。

◉冠動脈造影検査

冠動脈造影検査は、急性心筋梗塞の診断治療には欠くことのできない検査です。つまった冠動脈の部位を確認し、つまった場所をできるだけ早く開通させるためにカテーテル手技（ＰＣＩまたはＰＴＣＡ）を用いたり、また、症例によっては、緊急バイパス手術（ＣＡＢＧ）を行ったりするためには必ず必要になります。

カテーテルと呼ばれる細い管（直径1～3㎜の細くやわらかい合成樹脂チューブ）を手や腕、または足の付け根の動脈から入れ、冠動脈の入り口まで送り込み、Ｘ線に写る造影剤を流し、冠動脈の状態を映し出し、正確に把握する検査です。

◇心筋梗塞の治療

治療

心筋虚血が示唆される症状がでた場合、できるだけ早く治療を開始したほうがその後の経過がよく、心機能や生命予後がよいとされています。心筋梗塞後の死亡原因は、発作直後の致死的不整脈によるものが多いので、発作がおきた際にはできるだけ早く医療機関を受診したほうがよいでしょう。

心筋梗塞が疑われる場合は、自家用車ではなく、一見軽症に思えても救急車で病院を受診すべきです。致死的不整脈に対応するには救急車でなくては救命できません。ニトログリセリンは1錠舌下しつつ、救急隊を呼ぶことがたいせつです。痛みがつづく場合、2錠以上を試す必要はありません。

◉急性期の確実な再開通治療

急性心筋梗塞の治療目標は、閉塞した血管病変の速やかな再開通です。治療の基本は、できるだけ速やかに再灌流療法を施行することですが、治療を開始する時点では、心筋梗塞であると確実な診断がついていない場合がしばしばあります。

急性心筋梗塞に対する**急性期再灌流療法**には、経皮的冠動脈カテーテルインターベンション（ＰＣＩ）と血栓溶

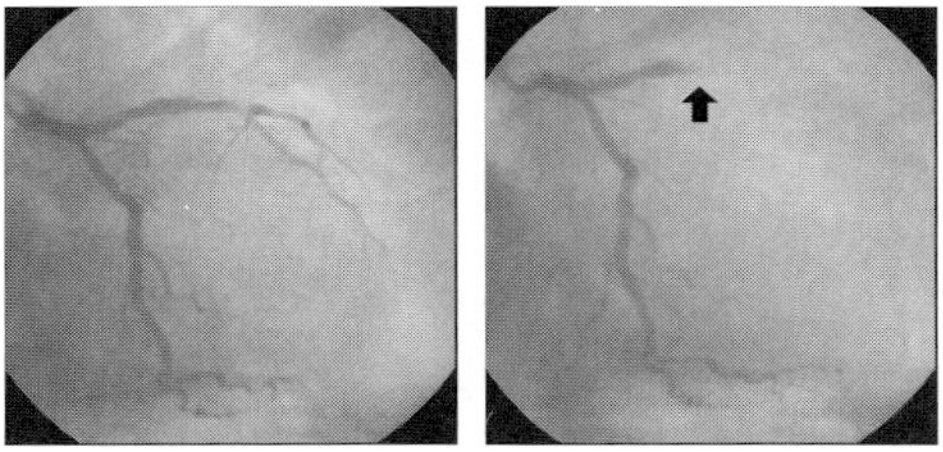

PCI

経皮的冠動脈カテーテルインターベンション（PCI）による、左冠動脈前下行枝完全閉塞の治療。写真右では動脈が完全に閉塞（矢印）しているが、PCI後（写真左）は閉塞が解消されている。

解療法があります。PCIは、カテーテルの中を通した専用のバルーンカテーテルを用いて、つまった血管病変を開通させ、そこにステントと呼ばれるリング状のトンネルの支えを置いてくる治療です。

血栓溶解療法（けっせんようかいりょうほう）は、血栓を溶かす薬を点滴から流したり、ときには診断に用いた造影カテーテルの先端から冠動脈に流したりして、閉塞した冠動脈にできた血栓を溶かすという治療です。

PCIの成功率は、日本では95%以上で、いっぽう血栓溶解療法は多くても70%程度とされています。

また治療後には、PCIはつまっていた血管病変はほぼ正常の太さにまで拡張し、再び閉塞する危険は少ないのですが、血栓溶解療法では、血栓も残り、再びつまってしまう危険も高いといわれています。

PCIは、カテーテル治療の専門医師と専用の施設を必要としますが、血栓溶解療法は診断さえ正確にできれば静脈に点滴するだけで治療することができ、特別の施設や専門医師は必要ありません。しかし、血栓溶解療法は、脳梗塞の最近の既往や出血傾向のある患者には禁忌なので注意が必要です。

現在は、ステントを用いたカテーテル治療がもっとも推奨される治療法とされます。ただし、施設と専門医師がすぐに確保できない場合やカテーテル検査や治療に禁忌事項のある患者に対しては、血栓溶解療法が推奨されます。

いずれにしても可及的速やかにつまった（閉塞した）冠動脈を再開通させることがもっとも重要な治療です。

◉薬物治療

①抗血栓薬　急性期には抗血小板療法と抗凝固療法を行います。すでに述べたように救急外来で非腸溶剤（ひちょうようざい）のアスピリンを内服したあとや、ステント留置のあとにステントが血栓で閉塞することを予防するためにアスピリンとチクロピジンないしはクロピドグレルを毎日内服します。少なくとも1か月はやめられません。中断すると、ステント内に血栓が形成され、急速に血栓で閉塞してしまいます。すると急性心筋梗塞を再発し、しばしば致命的になります。急性心筋梗塞に対しても、薬剤溶出性ステントの使用が認められています。もし、薬剤溶出性ステントを使用した場合には、アスピリンは無期限に、チクロピジンやクロピドグレルは継続的に内服することが推奨されます（少なくとも最初の6か月間は内服を中断してはいけません）。

ヘパリンなどの抗凝固薬は、再灌流療法の急性期は使用しますが、基本的には早期に中止します。心筋梗塞が大きく、心室内に血栓がつくられる危険のある場合や心拍がバラバラになる心房細動（1348頁）という不整脈が発生した場合には、脳梗塞（934頁）を予防するためにヘパリンに引き続きワルファリンカリウムを開始します。再灌流療法として血栓溶解療法を使用し、心筋梗塞の原因となった閉塞部位が開通後に血栓が残り、これが再び閉塞する原因となりますので、通常、ヘパリンを引き続き使用します。ステントを用いて十分な開通に成功した場合には、ヘパリンやワルファリンカリウムによる抗凝固療法は不要です。

◎心筋梗塞の再発予防

心筋梗塞を再発しないためには、自ら生活習慣を改善し、危険因子を修正する努力が必要です。高血圧、脂質異常症、糖尿病など危険因子に対する薬物による治療が入院中から開始されるだけでなく、禁煙、食生活の改善、有酸素運動など適度な運動など、生活習慣の修正が家族の協力のもとに必要です。

患者本人だけでなく、家族全員が勉強することが重要です。再発時にどのように対応するかや、心肺蘇生に関する知識や技術も家族ぐるみで習得しましょう。

心筋梗塞の再発予防のために、とくに必要なことは以下の6点です。動脈硬化の危険因子に関する詳細は1409頁を参照してください。

①禁煙は例外なく実行すべきです。

②血圧管理を、塩分制限（可能なら6g未満）、アルコール減量、体重コントロール（B

---

②β遮断薬　欧米では禁忌がないことを確認し、早期からβ遮断薬を使用することが推奨されています。心破裂の予防、梗塞サイズの縮小、長期予後の改善などが期待されています。日本では、副作用や冠動脈攣縮を懸念して使用頻度が低い状況です。

心筋梗塞後の症例を対象にイタリアと日本とで冠攣縮の誘発試験を行ったところ、日本人ではイタリア人の3倍の頻度で冠攣縮が誘発されたといいます。また、最近の報告では、日本人を対象に心筋梗塞後にβ遮断薬とカルシウム拮抗薬を無作為に振り分けて使用したところ、両群間に予後に差がなかったということです。これらのことから、日本独自の医学的根拠が必要と考えられます。

③ACE（アンジオテンシン変換酵素）阻害薬、ARB（アンジオテンシンⅡ受容体拮抗薬）　心筋梗塞が大きい場合、徐々に心臓は拡大し、慢性期にはさらに心機能は低下し、予後を悪化させます。この病態を**左室再構築**（**左室リモデリング**）と呼びます。ACE阻害薬やARBには、左室拡大の予防、心機能低下の抑制、突然死や再梗塞の予防、生命予後を改善することが期待されています。

④硝酸薬　心筋虚血を軽減するために、硝酸薬を緊急に使用します。冠動脈の拡張と心臓への負荷の軽減を目的に、確実かつ急速に作用させるためにニトログリセリン舌下ないし噴霧を行います。長時間では、経口より静脈からの点滴が有効です。心筋梗塞の急性期には収縮期血圧を120㎜Hg以下に維持するために静脈注射用の硝酸薬を使用します。梗塞サイズの縮小、左室リモデリングの予防、心破裂の予防などの効果が期待されています。

⑤カルシウム拮抗薬　高血圧を合併しているときや発症機序に冠動脈攣縮が関係している際には、カルシウム拮抗薬が用いられます。

再発予防には必須で、長時間作用型のジルチアゼムやニフェジピン、ベニジピンなどが用いられます。短時間作用型の薬剤は、心拍数を増加させるので使用しません。

⑥カリウムチャネル開口薬　ニコランジルは、心筋保護効果や冠動脈拡張による抗狭心症効果が期待されています。急性心筋梗塞の再灌流療法を行う直前に使用することで、心筋障害が軽減されるとの報告があります。

⑦急性期血栓溶解療法　日本の治療ガイドラインでは、血栓溶解療法は発症から12時間以内、75歳未満、出血などの禁忌のない急性心筋梗塞であることが条件です（保険適用は発症後6時間以内）。1回静注法の可能な製剤がよく用いられています。血栓溶解療法の迅速性とPCIの確実性を組合わせた併用療法も行われていますが、最近のデータでは、血栓溶解療法を事前に行わないプライマリーPCIが優れているという結果が相次いでいます。

●亜急性期・慢性期には2次予防を

急性期のPCIやCABGなどの血行再建後はその維持が重要です。ステントPCIに対しては、アスピリンとチクロピジンないしはクロピドグレルの2種の抗血小板薬が、血栓性閉塞の予防に対して必須です。

MIを18・5以上25未満）のもとに行います。高齢者140／90㎜Hg未満、中年130／85㎜Hg未満、糖尿病や腎障害のある人は130／80㎜Hg未満にコントロールします。

③脂質管理では、LDLコレステロール（悪玉コレステロール）を100㎎／mℓ未満にすべきです。70～80㎎／mℓにコントロールするのが望ましいという報告もあります。薬物療法で積極的に低下させたほうがよいでしょう。

④糖尿病管理では、食事療法と運動療法によって理想体重の達成につとめ、入院中からの厳密な血糖コントロールがたいせつです。HbA1cは6・5％未満が望ましいです。

⑤体重管理は、すべての危険因子のコントロールに関係します。

⑥身体活動が少ないと虚血性心疾患の発生頻度が増加するとされています。心筋梗塞後に身体活動を増加させることで再発や死亡を減らすことができるといわれています。

冠動脈攣縮予防に、カルシウム拮抗薬、硝酸薬が必要であり、また、残存する心筋虚血に対してβ遮断薬、カルシウム拮抗薬、硝酸薬が必要です。

血行再建術施行後、退院に向けて、または退院後には動脈硬化の進行を抑え、ACSの再発予防がもっとも重要です。ACS症例では、複数の病変を同時にもつことが多く、他の病変から再発する危険があります。冠危険因子の改善は、急性期から直ちに開始することが必要です。禁煙はもちろんのこと、冠危険因子である脂質異常症、高血圧、糖尿病、さらに高尿酸血症などに対する治療に注意を向けなければなりません。脂質異常症については、心筋梗塞の再発予防には悪玉コレステロールといわれるLDLコレステロールを100㎎／dℓ以下、できれば70～80㎎／dℓにまで低下させることが重要とされています。

◇合併症に対する治療法

急性心筋梗塞の合併症には、大きく分けて2つあり、1つは不整脈（詳細は1346頁を参照）、もう1つはポンプ失調（心不全、心原性ショック）です。

▼ポンプ失調　急性心筋梗塞の急性期において入院後の死因のうち、半数以上はポンプ失調によるものです。心原性ショックが発生すると死亡率は50％以上です。ポンプ失調は、心筋梗塞によって急激な左室の収縮機能障害が生じ、全身の需要に見合うだけの血液を心臓が送り出せなくなった状態で、**左心不全**ともいいます。この状態を代償するために、末梢血管を収縮したり、左心室の充満圧が上昇したりし、それによって肺うっ血（肺胞に血がたまり、肺胞での酸素と二酸化炭素のガス交換が障害される状態）が生じます。

重症例では、収縮機能の著しい低下によって尿量の低下、血圧低下、全身臓器の循環不全が生じる心原性ショックにおちいってしまいます。広範囲な心筋梗塞に発生します。また、閉塞した冠動脈が1本のみであっても、他の冠動脈にも著しい狭窄があると、その血管領域にも同時に心筋の酸素不足が生じ、広い範囲で狭心症を発症したような状況が発生します。

すると広範囲にわたって心臓の収縮不良が発生し、ポンプ機能が低下し、心不全が発生します。

治療には、肺うっ血の改善などのために利尿薬、血管拡張薬を、心臓の収縮力を増強させるためにドブタミンやドパミンなどを用います。

●急性心筋梗塞回復期の退院後の予後

退院後1年以内の死亡率は約10％です。退院後1年以後の予後は1年以内の予後よりも良好で、年死亡率は3～5％とされています。男性よりも女性の予後のほうが不良で、心内膜下梗塞の人が予後不良とされています。

また、冠危険因子の改善が不十分であったり、心機能低下や残存する明らかな冠動脈狭窄に対する治療が不十分であったりすると、心筋梗塞や左心不全を再発する場合がしばしばみられます。生活習慣の改善による冠危険因子の十分な軽減や、薬剤の使用による冠危険因子の改善などが心筋梗塞後の退院後の目標としてひじょうに重要です。

心膜・心筋の病気

急性心膜炎
Pericarditis

どんな病気か

心膜とは、心臓の外側をおおっている膜のことで、臓側心膜と壁側心膜の間に心膜腔(心嚢)があり、この間に通常10～20cc程度の心膜液(心嚢液)があります。心膜液は心臓の動きを円滑にする潤滑油の役割があります。

急性心膜炎は、心膜に炎症性変化が生じ、心膜液が増加し、たまる(貯留)ことが多い病気です。心膜液が明らかな**滲出性心膜炎**のほかに、心膜液のたまらない**乾性心膜炎**もあります。

心筋にまで炎症が波及する場合があり、**心膜心筋炎**と呼ばれます。

原因

感染によるものがもっとも多く、ウイルスでは、エコーウイルスやコクサッキーウイルス、インフルエンザウイルスなど、細菌では、肺炎球菌、ブドウ球菌、結核菌などによります。感染以外では、尿毒症性(腎不全・慢性透析)、外傷性、自己免疫疾患性、心筋梗塞後などの免疫学的はたらきによるもの、がんの浸潤(広がり)・転移、放射線照射後、原因不明のものなどがあります。心臓手術後や薬剤が原因となることもあります。

症状

かぜのような症状に加えて胸痛(一般にからだの動きとは無関係、せき・吸気や寝た姿勢で強まり、前屈姿勢で軽減する)をともないます。発熱、せき、痰、筋肉痛、体重減少、全身倦怠感などがみられる場合もあります。心膜液が急速にまたは大量にたまると心タンポナーデ(次項)をきたし、血圧低下などのショック状態になります。

検査と診断

聴診で、心膜摩擦音を確認します。ただし、心膜摩擦音は一時的に現れることも多く、心膜液量の増加にともなって、逆に消失する場合もあります。血液検査で炎症反応をみたり、心電図検査、心エコーや胸部CTが行われます。

治療

入院して、安静を保ち、原因を探る検査を行います。原因によって、治療法は異なります。

ウイルス性では、非ステロイド系消炎鎮痛薬が基本となり、細菌性では強力な抗生物質の使用が必要です。結核性心膜炎では、通常の肺結核(1285頁)に準じた抗結核薬の使用が行われます。自己免疫疾患に由来するものでは、副腎皮質ホルモン(ステロイド)剤を使用する場合もあります。

心タンポナーデをともなう場合は、心膜穿刺やドレナージ(排液)、心膜切開術を行う必要があります。再貯留を防ぐために抗がん剤や抗生物質を注入して、心膜を癒着させる場合もあります。ほとんどは、完全治癒しますが、再発、長引き、収縮性心膜炎(次頁)になることもあり、注意が必要です。

心タンポナーデ
Cardiac Tamponade

どんな病気か

心臓とその外側を囲んでいる心膜という薄い膜の間にある心膜液によって心臓は滑らかに動くことができます。心タンポナーデとは、この心膜液が大量にたまる(貯留)ことで、心臓が十分拡張できなくなり、

◎心筋虚血の自覚症状

日本では、狭心症の自覚症状がなく、健康と思っている人のなかにも無症候性心筋虚血は2～3％にみられると考えられています。すでに狭心症がある場合、心筋梗塞に移行しやすい不安定狭心症で50～80％、安定狭心症でも20～40％の頻度で、一過性の症状のない心筋虚血がおこっているといわれます。

とくに糖尿病がある人では動脈硬化が進行しやすく、合併症の1つに神経障害もあることから、痛みを感じにくくなります。無症候性心筋虚血の頻度も、糖尿病があると3～4倍と高くなります。また、若い人に比べ高齢者に無症候性心筋虚血の症例が多くなることも明らかになっています。

心臓内に血液を充満できなくなり、心臓が送り出す血液量（心拍出量）が減少し、血圧が低下する状態です。

【原因】 急性心膜炎（前項）、外傷、大動脈解離（1420頁）や大動脈瘤破裂（1416頁）、心筋梗塞以後の心破裂、がん、尿毒症（1722頁）や膠原病（2003頁）などによる心膜液貯留によるものなどがあります。

【症状】 血圧低下（60％）、頻脈（80％）、呼吸促迫（80％）が特徴で、重症の場合はショック状態となり、致死的な場合もあります。頸部の静脈の怒張（100％）、収縮期血圧が吸気時に10㎜Hg以上低下し、脈圧が減少する奇脈（95％）を認めます。

【検査と診断】 症状・理学的所見とともに、胸部CT検査や心エコー検査による心膜液貯留や、心エコー検査による右心室・右心房の拡張期虚脱の有無をみて診断します。また、心膜穿刺（心エコー画像を見ながら針を心嚢内に刺して心膜液を抜く方法）や心膜切開で採取した心膜液の検査により、原因疾患を診断します。

【治療】 速やかに心膜穿刺を行い、心膜液のドレナージ（排液）を行います。また、心膜切開術を行い、心膜液の排液と心膜生検（心膜の一部を採取して、組織を調べる）を行い、原因疾患の治療を行うことがあります。

収縮性心膜炎
Constrictive Pericarditis

【どんな病気か】 心膜炎の治癒過程で、心臓を包む心膜に瘢痕化・肥厚・癒着・線維化・石灰化が生じ、心膜腔が狭まり、心臓の拡張が障害される疾患です。心臓の拡張が妨げられることによって、全身の静脈内の血液が心臓に流入できずにうっ滞し、また、心臓から全身に流れる血液量（心拍出量）も低下します。

【原因】 急性心膜炎（前頁）の原因となるものはすべて収縮性心膜炎の原因となりえます。頻度の高いものは、原因不明の特発性心膜炎で、急性炎症を経て、慢性期に移行したケースです。感染では、以前は結核によるものの頻度が高かったのですが、現在では15％以下といわれています。膠原病（2003頁）、腫瘍、外傷、放射線照射後や開心術後など、各種の治療に関連したものも増加してきています。

【症状】 全身の血液が心臓に戻れないために、全身倦怠感、息切れ、腹部膨満感、足のむくみ（浮腫）、腹水、うっ血肝による肝機能障害や、吸収障害による低栄養がおこります。

【検査と診断】 聴診では、心臓がかたい心膜にあたるときの心膜ノック音が聞こえます。胸部X線やCT検査では、石灰化した心膜がみられます。心エコーでは、心臓の拡張障害の所見を認めます。心臓カテーテル検査で右心室の圧を記録すると、特徴的な圧波形（ディップ・アンド・プラトー。心室拡張期の早期に深い谷のように落ち込むが、拡張中期以降は平坦になる）が記録されます。

【治療】 対症療法として、薬物を用いて経過をみる場合は、安静にし、塩分を制限し、状態に応じて利尿薬などを使用します。原因を調べて根本的に治療するために、手術を行います。手術の時期は早いほうがよいといわれています。

手術では、肥厚あるいは石灰化した心膜を切除します。手術前の状態が悪い場合は、心膜切除後も心不全症状が長引く場合があります。また、完全に心膜を切除できない場合もあります。

結核が原因の場合には、抗結核薬も使用します。

（感染性）心内膜炎
Endocarditis

どんな病気か

血液中に細菌が侵入して、心臓内部の心臓弁や心筋に付着・増殖して感染巣（疣腫という菌塊）を形成、増大します。感染による心臓組織の破壊をきたし、心不全などの循環障害、塞栓症、敗血症による重症感染症を合併することがあります。

感染性心内膜炎には、感染後数日から数週で発症し、容態が急激に変わる**急性感染性心内膜炎**と、数週間から数か月かけてゆっくりと発症する**亜急性感染性心内膜炎**があります。

もともと心臓弁膜症や先天性心疾患のある人は、亜急性細菌性心内膜炎をおこしやすく、健康な人でも病原性の強い細菌が大量に存在していると、感染症をおこす可能性があります。

原因

抜歯や歯石取りなどの歯科処置、内視鏡などによる細胞診、外科的処置、婦人科処置など、出血をともなう処置によります。また、開胸術や人工弁置換術の際に、細菌が心臓に侵入することがあります。静脈点滴の長期使用では、静脈から右心房・右心室に感染をおこします。

症状

発熱、関節痛、全身倦怠感が現れます。感染が進むと心臓構造を破壊して、心雑音や心不全症状（息切れ、呼吸困難、むくみなど）、疣腫の一部が血流にのって全身の血管につまる塞栓症がみられます。

急性感染性心内膜炎は、38・9～40度の高熱、頻脈、疲労感、急速かつ広範囲の心臓弁の障害をともなって突然に発症します。亜急性感染性心内膜炎は、疲労感、37・2～38・3度の発熱、中等度の頻脈、体重減少、発汗、貧血などがみられます。

最初はかぜかと思って近くの医療機関を受診し、抗生物質を処方されますが、抗生物質の使用を中止すると再び発熱するといった状態をくり返し、長期間診断がつかない場合があります。

検査と診断

細菌の存在を確認し、診断をつけるとともに、病原菌を同定して、もっとも適切な抗生物質を選ぶために血液培養が行われます。

心エコー検査で、疣腫、膿瘍、心臓弁の破壊などが認められます。感染性心内膜炎が疑われる場合は、**経食道心エコー**（食道側から心臓を観察する超音波検査法）を行う必要があります。

治療

原因となる細菌を同定し、その細菌に適切な抗生物質を4～6週間、大量に用い、早急に起因菌を殺菌します。心不全には、利尿薬や強心薬などの薬物療法を行います。

手術による破壊された心臓組織の修復は、感染が落ち着いた時期に判断します。ただし、薬物療法でコントロール不良の心不全、抗生物質で改善しな

◎感染性心内膜炎の原因菌

細菌（起因菌）としては、溶連菌、ブドウ球菌が多いとされますが、原因菌が判明できない場合もあります。黄色ブドウ球菌は組織破壊が激しい、真菌、腸球菌は大きな疣腫（感染巣）をつくり、塞栓症をおこしやすい特徴があります。

い難治性の感染、塞栓症が現れる場合は、感染の活動期であっても、早期に外科的手術をする場合もあります。

弁形成術や人工弁置換術が行われます。弁輪部に炎症がおよんだ場合や人工弁置換術の後では、感染巣の除去が不十分になる可能性があり、術式の工夫が試みられています。

【予防】 心臓弁に異常がある人、人工弁を移植した人、先天性心疾患のある人は、特定の外科的、歯科的、内科的処置を受ける場合には、事前に抗生物質を服用して、感染性心内膜炎を予防する必要があります。止血処置をする場合には、持病のことを医師に報告してください。

無症候性心筋虚血
silent myocardial ischemia

【どんな病気か】 胸痛のような自覚症状がなくても、検査すると心筋虚血（心臓の筋肉組織に血液が不足している状態）を認めるもので、３つにわけられます。①狭心症（1356頁）や心筋梗塞（1362頁）などの持病のない人で、症状がまったくないが、検査で心筋虚血の所見を認める群。②心筋梗塞の既往のある人で、心筋梗塞後に無症状でおこる心筋虚血。③不安定狭心症や冠攣縮性狭心症（冠動脈のけいれんによっておこる狭心症）にともなう無症候性心筋虚血を認める群。

①では症状がないために早期発見が困難で、健康診断などで偶然に見つかることが多いです。②、③は、すでに心筋梗塞や狭心症をおこしているので、その経過中のさまざまな検査によって、無症候性心筋虚血の評価が行われます。

【原因】 冠動脈が動脈硬化などで狭くなるか、あるいは完全につまることが、心筋虚血の原因となります。動脈硬化以外の原因としては、冠動脈の攣縮、または心臓の酸素消費量が増大する心筋肥大や頻脈、重度の貧血などがあります。

【検査と診断】 症状がなくても運動負荷心電図、ホルター心電図（24時間心電図）、心筋シンチグラフィー、負荷心エコー検査で、心筋虚血の所見がでるかをみて診断します。また、冠動脈の血管造影を行い、動脈硬化を確認します。冠動脈の攣縮によるものは、安静時の冠動脈造影では診断ができないため、血管攣縮誘発薬を用いて冠動脈造影を行い、診断します。

【治療】 診断が遅れると予後を悪化させる場合もあるので、早期に適切な診断と治療を行う必要があります。一般的な狭心症の治療と同様に、生活習慣病の改善、薬物療法、カテーテル治療、外科的治療を行います。

薬物療法としては、カルシウム拮抗薬、β遮断薬、抗血小板薬などが用いられます。また、左心室の心筋肥大がある無症候性心筋虚血にはアンジオテンシンⅡ受容体拮抗薬、アンジオテンシン変換酵素阻害薬も用いられます。

明らかな冠動脈狭窄・閉塞がある場合には、カテーテルによる冠動脈形成術や冠動脈バイパス術を行います。

カテーテルによる経皮的冠動脈形成術（PCI）は、バルーン（風船）が先端についたカテーテルを冠動脈内に挿入し、狭窄部位でバルーンを膨らま

◎リウマチ性心臓病

リウマチ熱は、A群β溶血性連鎖球菌感染による咽頭炎の1～3週後に発病する全身の結合組織の炎症性疾患です。発熱、リンパ節腫脹などのほかに、心炎、関節炎、皮膚炎症状、舞踏病などをおこします。関節・皮膚症状は治癒しますが、リウマチ性心臓病を引き起こすことが問題となります。心内膜、心筋、心外膜のすべての組織が障害を受けます。

◎特定心筋症

特定心筋症（Specific Cardiomyopathy）は、特定の心疾患あるいは全身疾患にともなう心筋の疾患と定義されます。**二次性心筋症**と呼ばれることもあります。

拡張型心筋症類似の所見、肥大型心筋症類似の所見、拘束型心筋症類似の所見をとるものなど、さまざまです。

①**虚血性心筋症**
②**弁膜性心筋症**
③**高血圧性心筋症**
④**炎症性心筋症**　心筋炎、シャーガース病、ＡＩＤＳウイルス、エンテロウイルス
⑤**代謝性心筋症**　甲状腺機能亢進症（1474頁）、甲状腺機能低下症（1478頁）、心ファブリー病、ミトコンドリア症、アミロイドーシス（1529頁）
⑥**全身性疾患**　結合織疾患、サルコイドーシス、白血病
⑦**筋ジストロフィー**　デュシェンヌ／ベッカー型進行性筋ジストロフィー（985頁）、筋緊張性ジストロフィー（986頁）

せ、冠動脈の狭くなった部位を広げます。そして、広げた部分にステント（金属でできた網目模様の筒）を留置します。レーザーやドリルつきの特殊なカテーテルで治療する場合もあります。

病変が多数の冠動脈に認められた場合やカテーテル治療が困難な場合には、開胸して冠動脈狭窄病変の先に血管をつなげるバイパス手術を行います。

予防　動脈硬化の危険因子を減らし、メタボリックシンドロームを改善する（高血圧・糖尿病・脂質代謝異常・肥満・喫煙・ストレスをなくす）ことが予防となります。

心筋炎
Myocarditis

どんな病気か　心臓の筋肉に炎症が生じる病気です。多くは急性で発症しますが（**急性心筋炎**）、まれに慢性のこともあります（**慢性心筋炎**）。

原因　ウイルスや細菌などの病原微生物の感染が原因になる**感染性心筋炎**と、膠原病（2003頁）などの全身性疾患にともなっておこる**非感染性心筋炎**があります。また、原因のわからない特発性の場合も多くみられます。ときに薬物や放射線などによって引き起こされる場合もあります。

症状　急性心筋炎の場合、発熱、鼻水、せきなどのかぜ様症状、下痢、腹痛などの消化器症状に引きつづき、さまざまな心症状を示します。軽いものでは動悸や胸部不快感、心膜炎を合併すると胸痛などが現れます。重症化すると、呼吸困難などの急速に進行する心不全、血圧低下や意識障害などのショック状態を示す場合もあります。重篤な不整脈や、心停止をおこすこともあり、突然死（1390頁）の原因になる場合があります。

検査と診断　血液検査で炎症所見や心筋逸脱酵素、採血してウイルス抗体などを調べます。心電図検査や心エコー検査も行われます。

心筋虚血性疾患との区別が必要な場合もあり、確定診断のために冠動脈造影と心筋生検（組織の一部を採取して調べる検査）が行われます。

治療　急性期は症状が軽くても、原則として入院し、重篤な不整脈や循環動態の悪化がみられないかどうか、経過を観察する必要があります。頻脈性不整脈に対しては、抗不整脈薬の使用や直流除細動を行い、完全房室ブロックなどの徐脈性不整脈に対しては、体外式ペースメーカーを挿入する場合があります。

重症の場合では、病態に応じて利尿薬、血管拡張薬、強心薬などが用いられます。ショックにおちいった場合は、循環を補助する目的で、大動脈内バルーンパンピングや経皮的心肺補助法などを行うことがあります。

好酸球性心筋炎や巨細胞性心筋炎では、副腎皮質ホルモン（ステロイド）剤を使用したり、免疫グロブリン大量療法が行われる場合もあります。

約50％の例で後遺症を残さず完全に治り、約40％になんらかの心異常を残します。心異常は心電図異常などの軽いものが大部分ですが、なかには重い心機能障害を残すものもあり、経過を慎重に観察していく必要があります。

第11章—第19章
循環器
血液・内分泌・代謝
消化器
泌尿器
皮膚
運動器
形成外科
免疫・環境因子・中毒
感染症

⑧**神経筋疾患**　フリードライヒ失調症、ヌーナン症候群

⑨**過敏性および毒性反応**　アルコール、アントラサイクリン

⑩**産褥性心筋症**

特発性心筋症
Idiopathic Cardiomyopathy

特発性心筋症とは、原因不明で、心臓の筋肉が徐々に変性して線維におきかわり、心臓の形態異常や機能障害がおこる病気です。細菌やウイルスによる心筋炎や、遺伝的素因が原因の心筋症もあります。

拡張型心筋症、肥大型心筋症、不整脈原性右室心筋症、拘束型心筋症の4つの型に分類されます。

◉拡張型心筋症
Dilated Cardiomyopathy

どんな病気か

左心室あるいは両心室の心筋の収縮が低下し、心臓内腔が拡大します。特発性、家族性（遺伝性）、ウイルス性、免疫性、アルコール性、中毒性あるいは心血管疾患では説明できない心筋不全を有するものが含まれます。心臓の血液を送り出すポンプ機能が障害され、心不全（1342頁）や不整脈（1346頁）、血栓塞栓症（1425頁）、突然死（1390頁）の合併が高頻度にみられ、重症の状態に進む場合もあります。

治療

①**心不全治療**　日常生活上では、塩分制限や運動制限が必要です。利尿薬、強心薬に加え、β遮断薬やアンジオテンシン変換酵素阻害薬、アンジオテンシンⅡ受容体拮抗薬が使われます。薬物療法でも効果がない重症心不全では、両心室ペースメーカーを植込む心臓再同期療法、補助人工心臓装着などを行います。左室縮小形成術や心臓移植（1379頁）が必要になる場合もあります。

②**不整脈治療**　致死的不整脈を合併した場合は、塩酸アミオダロン、ソタロールなどの抗不整脈薬を用います。薬物療法で効果不十分の場合や不整脈による意識消失などを経験した人は、植込み型除細動器を使用します。

③**抗凝固療法**　重度の心拡大や収縮力低下がみられる場合に、血液をかたまりにくくするワルファリンカリウムが必要になる場合もあります。

◉肥大型心筋症
Hypertrophic Cardiomyopathy

どんな病気か

左心室の心筋が異常に厚くなり（肥厚）、左心室の拡張機能が障害される疾患です。しばしば遺伝性に現れ、家族内に認められる場合があります。心筋が肥厚する領域によって**心尖部肥大型**、**心室中隔肥大型**などと呼ぶこともあります。また、左心室内に心筋肥厚による血流障害が存在するか否かで、**閉塞性肥大型心筋症**と**非閉塞性心筋症**に分類されます。

症状

非閉塞性肥大型心筋症では、ほとんどが無症状で経過し、予後も良好です。しかし、閉塞性肥大型心筋症では、不整脈による動悸、血圧低下による失神、心不全による呼吸困難、心筋酸素消費量増大による胸痛などの狭心症症状など、さまざまな症状が現れます。閉塞性肥大型心筋症の左心室内腔の狭窄・閉塞は、運動や脱水などで強まり、症状も悪化します。

治療

非閉塞性肥大型心筋症で自覚症状のない場合は、経過観察のみ行います。自覚症状のある場合や高血圧・心不全の合併があれば薬物療法を行います。不整脈を合併する場合は、抗不整脈薬を用いたり、カテーテルアブレーション（高周波電流を

流して電気焼灼する）を行ったり、植込み型除細動器を使用します。

閉塞性肥大型心筋症では、左心室内の閉塞を軽減するために薬物療法を行います。薬物療法が無効な場合は、ペースメーカー療法や、カテーテルによる経皮的中隔焼灼術（ＰＴＳＭＡ）、心室中隔切除術という手術療法を行います。

◉拘束型心筋症
Restrictive Cardiomyopathy

どんな病気か 心筋がかたくなり心臓の拡張障害が現れ、拡張期の心臓内容量が減少して、血液を心臓内に充満できなくなる疾患です。特発性（原因不明）の場合もありますが、頻度が少なく、特定心筋症（1376頁上段）のアミロイドーシス（1529頁）、好酸球増多症、心内膜心筋疾患の場合もあります。

症状 心不全による呼吸困難、浮腫（むくみ）、肝腫大、腹水のほか、動悸や胸痛を認めたり、血栓塞栓症を合併する場合もあります。

治療 利尿薬を中心とした対症療法を行います。全身性塞栓症の合併に対しては、血小板療法や抗凝固療法が必要となります。

◉不整脈原性右室心筋症
arrhythmogenic right ventricular cardiomyopathy

どんな病気か 右心室の心筋が線維や脂肪におきかわっていき、薄くなって線維化をおこし、心室性不整脈を頻発します。とくに若年者で、不整脈による突然死が多い疾患です。30％は常染色体優性遺伝によるもので家族性で発症します。不整脈による動悸、失神などが現れます。

治療 心室性不整脈の治療が主になります。内科的には抗不整脈薬を用います。難治性では、植込み型除細動器の使用、不整脈源の切除、カテーテルアブレーションによる遅延回路の焼灼が行われます。

たこつぼ型心筋症
Ampulla Cardiomyopathy

どんな病気か たこつぼ型心筋障害は、急性心筋梗塞（1362頁）に似た胸部症状と心電図変化を現し、急性期には左心室心尖部を中心に風船状の拡張（無収縮）と左心室基部の過収縮をおこし、左心室が「たこつぼ」様の形態を示すことから名付けられました。高齢者・女性に好発します。

未だ不明ですが、精神的ストレス、冠動脈のけいれんなどの関与が考えられています。大地震後など、なんらかの精神的ストレス、身体的ストレスが契機となり、発症する場合が多いです。

症状 胸痛、呼吸困難が現れる場合が多いのですが、症状がなく、発症することもあります。予後は良好ですが、なかにはショック状態が長引く重症例も存在します。肺水腫（1311頁）や重症不整脈が現れる例、死亡する例などもあります。

治療 急性期には、精神的ストレス、身体的負担の原因疾患を治療し、全身管理を行います。心不全やショックを合併する場合は、薬物療法で治療し、慎重に集中管理します。

慢性期には、再発に注意して、経過をみていく必要があります。

心臓移植とは

❖臓器移植法の成立

心臓は、人間の生命活動の基盤となる臓器であるため、心臓移植には倫理面や技術的な問題がつきまとってきました。現在、移植を受ける側、臓器を提供する側、移植を行う医療機関などには、さまざまな条件が課せられています。

日本では、1968（昭和43）年に脳死心臓移植が行われていますが、当時は人間の死の基準が曖昧であったことなどから、この手術は社会に大きな波紋を投げかけました。

その後、人間の死をどうとらえるのか、また移植医療の必要性などが議論され、1997（平成9）年に成立した臓器移植法によって、脳死を人間の死と認めたことで、1999年に脳死心臓移植が再開されました。

❖心臓移植の条件

心臓移植の適応となる病気は、そのままでは救命・延命の期待がもてない重い心臓病とされ、拡張型心筋症（1377頁）および拡張相の肥大型心筋症（1377頁）、虚血性心疾患（1356頁上段）が代表的です。

移植が承認される条件として、①長期間くり返し入院治療が必要な心不全、②β遮断薬、アンジオテンシン変換酵素阻害薬を含む従来の薬でも改善されない心不全、③致死的な重症不整脈をもつ例とされています。さらに、60歳未満の人が望ましく、本人と家族が心臓移植に対して十分な理解と協力が得られることが必要とされています。

このほか、心臓以外の重い疾患、免疫抑制薬を使用したときに悪化が予想される消化性潰瘍（1558頁）や感染症、糖尿病などをもっていないか、また、薬物依存の有無なども評価されて、認定されると日本移植ネットワークの移植待機リストに移植希望者（レシピエント）として登録されます。

いっぽう、臓器提供者（ドナー）には、全身性または活動性の感染症にかかっていないこと、心臓病にかかったことがないこと、悪性腫瘍になっていないことなどの条件を満たすこととされています。

また、50歳以下の人が望ましいとされ、15歳未満の臓器提供も2010年より可能となりました。

心臓移植施設に認定されている医療機関は、大阪大学、国立循環器病研究センターなどのかぎられた施設だけです。

❖移植手術と術後の生活

ドナーから取出した心臓の保存時間は4時間が限界なため、この時間内で移植手術を終えなければなりません。

移植手術としては、レシピエントの心臓を摘出して、そこにドナーの心臓を移植する同所性移植と、レシピエントの心臓は残したまま、ドナーの心臓を右胸に移植する異所性移植があります。多くは同所性移植が行われています。移植によって血管はつなげられますが、神経はつながっていないため、心臓のコントロールは内分泌によって行われます。

レシピエントは移植手術を無事終えても、厳重な管理が必要となります。

まず、臓器移植で必ず現れる拒絶反応の問題があります。移植後は、定期的に検査を行いながら、強力な免疫抑制療法が行われます。治療には、3種類の免疫抑制薬を併用するのが一般的です。また、移植直後には感染症予防のために無菌室を使用することもあります。

移植後、3か月以上たつとほぼ普段の生活に戻れますが、免疫抑制薬は一生飲みつづけなくてはいけません。さらに、感染症にはつねに注意しながら日々を送る必要があります。

心臓弁膜症

心臓弁膜症とは
(Valvular Heart Disease)

◇心臓の弁の障害

心臓には、血液が一方向に流れるように弁がついています。弁には、右心房と右心室の間に三尖弁、右心室と肺動脈の間に肺動脈弁、左心房と左心室の間に僧帽弁、左心室と大動脈の間に大動脈弁の４つがあります。これらの弁膜に障害があり、心臓病をおこした状態を、心臓弁膜症と呼びます。

心臓弁膜症の原因によって、先天的異常（「先天性心疾患」677頁）と後天的な障害によるものとがあります。

そのうち後天的な障害によるものには、結合組織障害によるもの、リウマチ熱（2028頁）に続発するもの、感染性心内膜炎（1374頁）によるもの、心筋症（1377頁）にともなうもの、心筋梗塞（1362頁）など心筋虚血によるもの、動脈硬化（1407頁）によるものなど、数多くの種類があげられます。最近では、リウマチ熱によるものは減少し、動脈硬化によるものが増えています。

また、機能障害による分類としては、弁が十分に開かずに狭くなり、血流を阻害している**狭窄症**と、弁が完全には閉じず、血流の逆流が生じる**閉鎖不全症**に大別されます。さらに、２つ以上の弁に障害がおこることも多く、これを**連合弁膜症**といいます。

症状は、機能障害をおこしている弁の部位と性質によってちがいます。

僧帽弁の障害では、肺にうっ血がおこりやすく、重い物を持ったり、階段を上るときなどに呼吸困難をおこしやすくなります。心臓が十分な血液を送り出せないので、動悸をおこしやすくなります。また、静脈系のうっ血もおこりますので、肝臓が腫れたり、右上腹部やみぞおちが痛んだり足がむくんだりします。

大動脈弁の障害では、呼吸困難がおこるときは、すでにかなりの重症であったりします。心不全（1342頁）になると大動脈弁疾患でも肝臓の腫れや手足のむくみが現れ、場合によっては、肺うっ血のために、安静にしていても息苦しかったり、横になるとかえって息苦しく、上半身をおこしているほうが楽であったり（起坐呼吸）、喘鳴（ゼーゼーという）をともなう呼吸困難がおこったりします。

◇心臓弁膜症のおもな検査

心臓弁膜症では、特有の症状が現れます。心雑音や脈の異常、うっ血など、特有の症状が現れます。循環器科で診察を受ければ診断はつきます。また、胸部X線検査や心電図検査もたいへん参考になります。

▼**胸部X線検査**　胸部X線写真で、心臓が肥大し、拡大しているようすが見られます。障害された弁によって拡大する部分が異なるために、特有の変形をおこしています。また、肺血管のうっ血像や、心不全にともなう胸水がみられたりします。

▼**心電図検査**　心電図検査では、心肥大の程度や不整脈（とくに心房細動）の有無がよくわかります。

▼**心臓超音波検査**　超音波によって、体内のようすを探る方法です。心臓弁膜症では重要な検査です。この検査で、

心臓の弁と血液の流れ

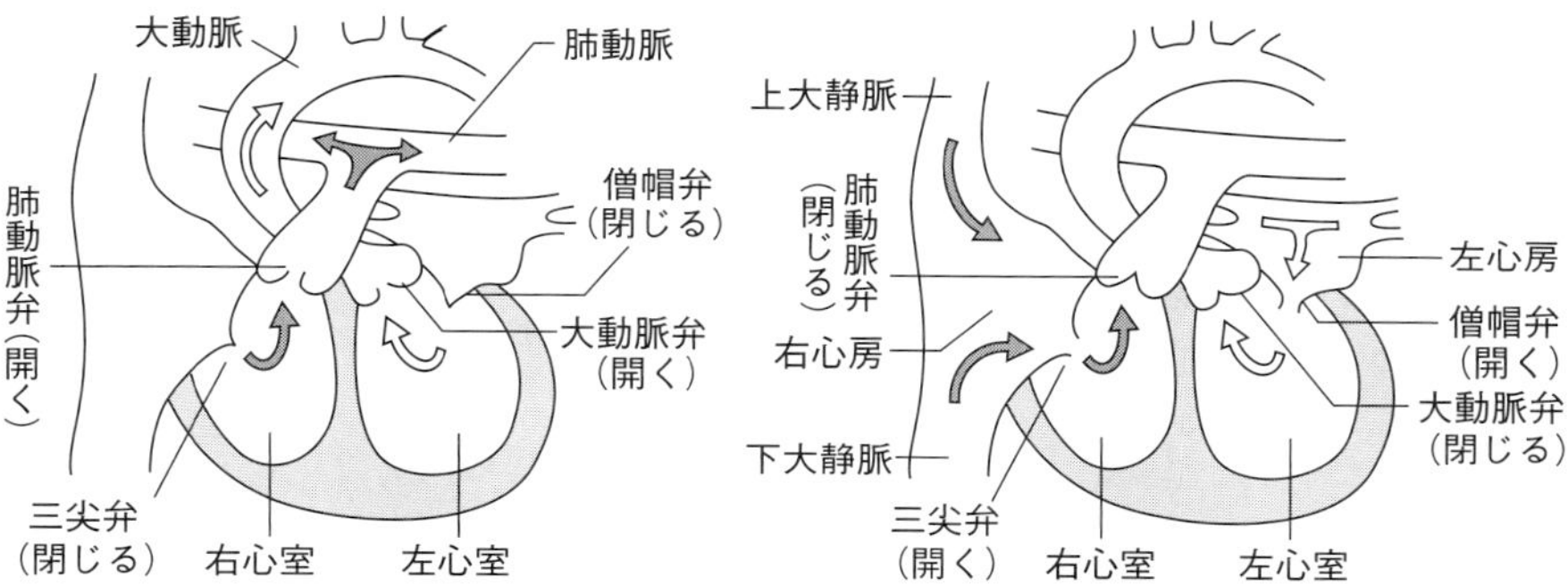

上から見た心臓弁膜

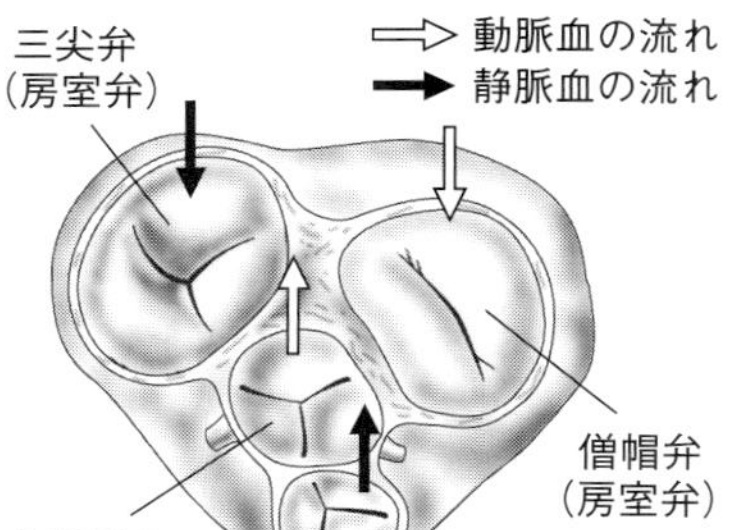

機能障害のようすや重症度、手術適応の有無、術式の検討がかなり可能になります。内視鏡の先に探子をつけた経食道超音波装置による検査が必要な場合もあります。

さらに確実に診断する必要があれば、心臓カテーテル検査が行われます。

▼心臓カテーテル検査　カテーテルという細い管を血管に通して、先端を心臓に到達させます。カテーテルによって心臓の中の圧力を計測したり、心臓の中から採血したり、カテーテルを通して、からだの外から心臓内に造影剤を注入しながらX線写真を撮ったりします。この造影検査によって、心臓の各部屋の収縮のようすや弁の逆流の程度を観察することができます。

▼その他の検査　病状をよりくわしく知るために、運動負荷検査や24時間心電図検査（ホルター心電図検査）が行われる場合もあります。

病状が複雑なケースでは、核医学検査やCT検査、MRI検査を併用する場合もあります。

◇心臓弁膜症の治療

心臓弁膜症では、呼吸困難や易疲労感（疲れやすい）などの症状があり、日常生活に支障をきたすので、症状緩和のために行う治療と、心臓死を防ぐために行う治療とに分けて考えておく必要があります。

心臓弁膜症によっては、症状は軽くても、心臓の機能障害は重く、早期に弁置換術を受けないと死亡してしまうという場合もあります。そのため、症状の緩和と心臓死を防ぐという2つの観点から治療する必要があります。

▼軽症の場合　心不全におちいらない

ように過労を避け、十分休養をとり、塩分摂取を控えるだけで、経過を観察していくことが可能です。

▼**中等症以上で心不全徴候を示す場合**　強心薬や利尿薬を服用します。慢性心不全に有効とされる薬剤での治療を行うケースもあります。不整脈の予防のため、抗不整脈薬を用いたりします。

▼**重症の場合**　通常、手術が必要となります。障害のある弁を人工弁に置き換える**弁置換術**が一般的です。しかし、人工弁が故障する可能性がまったくないとはいえません。また、人工弁の部分で血液がかたまらないように、抗凝固療法を併用する必要があります。そのため、弁の障害の程度や状態によっては、弁を温存し、障害の修復のみを行う手術法がとられることもあります。

僧帽弁狭窄症の場合、カテーテルによって弁を広げる方法が、よい治療効果をあげています。

しかし、大動脈弁狭窄症では、カテーテルによる方法では技術的に大きな危険がともなうため、弁置換術が行われます（２０１２年現在）。

僧帽弁狭窄症

Mitral Stenosis

どんな病気か

僧帽弁が狭まって、十分開かなくなる心臓弁膜症です。

子どものころに、リウマチ熱（2028頁）にかかり、その後長年かけて、僧帽弁の炎症によって、弁と弁の間の交連部が癒着して狭窄となります。

場合によっては、弁が閉じきらずに血液が逆流する僧帽弁閉鎖不全（次項）も併発します。左心房から左心室に血液が流入しにくくなるので、左心房に血液が滞り、左心房が拡大してしまいます。さらに、肺静脈から、肺、肺動脈へとうっ血が進み、肺高血圧（1320頁）となってしまいます。

現在では、抗生物質が普及したために、リウマチ熱にかかることが少なくなり、また早期に見つかることが多くなりました。

女性に多いという特徴があり、かつては妊娠などの心臓に負担のかかる状態のときに心不全（1342頁）になり、初めて気づくことも多かった病気です。

症状

心房細動（1348頁）を合併することが多く、動悸や心不全の発症と関係します。からだを動かしたとき（労作時）の呼吸困難や動悸、疲れやすい、かぜをひきやすかったりします。

放置すると、左心房内に停滞した血液が血栓を形成し、それがはがれて血流にのると、運ばれた先で動脈をふさいでしまいます（血栓塞栓症）。ふさがれた場所が脳であれば脳梗塞（934頁）になってしまいます。

治療

中等症以下の場合では、薬の内服治療が行われます。強心薬、利尿薬、心房細動を調節するための抗不整脈薬、および抗凝固薬が用いられます。

抗凝固薬は、ワルファリンカリウムが通常用いられ、血液が心臓内でかたまるのを防いでいます。

ただし、薬が効きすぎると、逆にけがをしたときに血が止まらなくなりますので、服用中は定期的に血液検査を受ける必要があります。治療中に歯科治療（抜歯）を受ける場合には注意が

◎心臓弁膜症と歯科治療

心臓弁膜症の原因となる病気の1つに感染性心内膜炎（1374頁）があります。細菌などが心内膜に感染しておこるもので、とくに口腔内に常在する緑連菌が抜歯などの歯科治療で血液中に入り込み心臓に達するとおこりやすいとされています。

心臓弁膜症のある人や人工弁置換術を受けた人、先天性心疾患のある人などは、心内膜炎をおこすと重症化しやすく、生命にかかわることもあるため、歯科治療の際には、事前に歯科医に報告しておくことがたいせつです。

また心臓弁膜症の人は、抗凝固療法を受けていることがあるので、治療後に止血しにくいことがあります。

このような人は、歯科治療の際には、担当医の紹介状を用意するとよいでしょう。

◎メイズ手術

心房細動（1348頁）の治療法で、僧帽弁狭窄症や閉鎖不全の手術に併用され、術後の心房細動を防ぐ目的で行われることが多い手術法です。**コックス法**、**迷路手術**とも呼ばれます。

心房をいちど迷路状に切開し、縫合することで、心房細動によっておこった心臓を収縮させる電気信号の乱れを遮断することができます。また、切開するかわりに凍結凝固する方法も行われています。

この手術は、大掛かりな手術で、完全房室ブロック（1348頁）を合併することもあるため、手術法の選択には十分な検討が必要です。

必要になるなど、気をつけなければならないことが多いのですが、この治療を受けないと脳梗塞や腎梗塞（1718頁）、足の動脈が急に閉塞して切断を余儀なくされるなどの危険が高く、治療が、そうした重い合併症を予防することにもつながります。

薬剤による治療によって心不全が改善できない場合、あるいは日常労作でも動悸や呼吸困難が著しい場合は、外科的治療が考慮されます。

通常、人工弁への弁置換術が行われますが、病状によっては本来の僧帽弁を温存し、狭窄を開げるカテーテルによる交連切開術（ＰＴＭＣ）が行われることもあります。

心房細動を治療するメイズ手術（上段）を、弁膜症手術の際に併用すれば、同時に心房細動の治療も受けることができます。また、交連切開術も行われるようになってきました。この方法によって、優れた結果が得られる症例はかぎられますが、侵襲（からだへの負担）が少ないという利点があります。

しかし、再発したり、逆流が増えて、緊急に手術しなければならないようなこともあります。

僧帽弁狭窄症の人では、たとえ弁置換術を行っても、人工弁が血栓によって機能障害をおこしたり、重い血栓塞栓症の合併症をおこしたりするのを防ぐために、必ず抗凝固療法はつづけていきます。

僧帽弁閉鎖不全症
Mitral Regurgitation

どんな病気か

僧帽弁が閉じきらずに左心室から左心房へ血液が逆流する心臓弁膜症です。

僧帽弁閉鎖不全症は、リウマチ熱（2028頁）でも生じますが、**僧帽弁逸脱症**（僧帽弁が左心房側に突出する状態）によって、僧帽弁が緩んでしまうために逆流が生じる場合も多くみられます。

また、心筋症（1377頁）や心筋梗塞（1362頁）に合併することもあります。

症状

からだを動かしたとき（労作時）の呼吸困難や動悸が現れますが、安静時の呼吸困難感や胸痛など、この病気との関連がはっきりしない症状も多くみられます。

治療が不十分であったり、心臓に負担がかかりすぎると心不全（1342頁）になります。

僧帽弁狭窄症（前項）に比べて、血栓塞栓症の危険は低いと考えられていますが、心房細動（1348頁）を合併している場合は、血栓塞栓症の予防が必要になります。

治療

血液の逆流を減少させるために、利尿薬や血管拡張薬を用います。

症状の悪化はなくても、からだの状態や検査結果から、心筋障害の進行が疑われる場合は、積極的に手術治療を考えます。

弁の形を矯正したり、弁輪を縫い縮めたりする弁形成術が行われています。弁置換術と比べると、弁形成術のほうが、術後に血栓による人工弁の機能障害や血栓塞栓症の心配がないため、抗凝固療法が必要なく、合併症も少ないことから、多く行われるようになってきました。しかし、僧帽弁の変性や石灰化、リウマチ熱による場合などには、弁形成術が行えないこともあります。

治療をしないで、心臓に負担をかけるような生活をつづけていると、心筋が障害されて、収縮力が低下してしまいます。このような状態になると手術を行っても心機能の回復は望めず、心臓移植（1379頁）を考えねばなりません。

大動脈弁閉鎖不全症

Aortic Regurgitation

どんな病気か

大動脈弁が閉じきらない心臓弁膜症で、かなりの重症になるまでは症状が現れないことが多い病気です。

心臓が拡張したときに、血液が左心室に逆流するため、余計に血液を送り出す必要があり、左心室が肥大したり、収縮期血圧が高くなります。そのため、胸部X線検査や心電図検査で心肥大（1386頁）や心拡大として発見されたり、高血圧症（1396頁）として発見されます。

放置しておくと心筋障害をおこし、弁を手術しても心機能障害は治らなくなり、心臓移植（1379頁）を考えねばならなくなります。

原因

先天的な形態異常や動脈硬化、感染性心内膜炎（1374頁）があげられます。

さらに、弁そのものの障害より、弁が付着している大動脈の拡大が原因の場合もあります。大動脈の拡大のために、動脈が破裂したりして突然死（1390頁）に至ることもあるため注意が必要です。原因となる代表的な疾患として、**マルファン症候群**（大動脈の付け根が膨らみ、水晶体や骨格の異常もともなう先天性の疾患）があげられます。

治療

中等症までであれば、運動制限のうえ、過労を避け、塩分摂取を控えることなどで、経過をみていきます。

左心室の負担を軽減するために、カルシウム拮抗薬やアンジオテンシン変換酵素阻害薬を使用して、血圧をコントロールすることもあります。

逆流が著しい場合や心筋障害がおこりかけている場合は、早期に弁置換術が行われます。人工弁つきの人工血管に置換することもあります。

弁の障害が変性によっておこっており、その程度が軽い場合は、弁の修復

大動脈弁逆流の重傷度評価
（大動脈造影によるセラーズ分類）

1度	造影剤のジェット状の逆流がみられるが、左心室腔を造影するほどではない。
2度	造影剤のジェット状の逆流によって、左心室が淡く造影される。
3度	逆流量が多いためジェット流を形成せず、左心室腔が全体に濃く造影される。
4度	左心室腔が大動脈より濃く造影される。

術ですむこともあります。

　自分の肺動脈弁を大動脈弁の部分に自己移植し、耐久性を要求されない肺動脈弁には人工弁を用いて置換する方法もあります（**ロスの手術**）。この手術では、抗凝固療法が必ずしも必要とはならないので、妊娠・出産を考えている女性の場合には考慮するとよいでしょう。

　手術を受けなければならない人は、著しい心肥大と少なからぬ心筋障害をおこしているため、手術後、心機能が回復しても激しいスポーツはお勧めできません。

大動脈弁狭窄症
Aortic Stenosis

どんな病気か

　大動脈弁が十分に開かない心臓弁膜症です。

　大動脈弁狭窄症は、先天的障害、あるいはリウマチ熱（2028頁）、動脈硬化によるものが原因になりますが、中高齢者では動脈硬化によるものがほとんどで、増加傾向にあります。

症状

　重症になるまで症状が現れにくい病気です。呼吸困難や狭心症（1356頁）、心不全（1342頁）をおこしますが、そうした症状や病状になると、数年以内に突然死（1390頁）するおそれがありますので、早期に手術を受ける必要があります。

治療

　手術法は、人工弁による弁置換術を行います。カテーテルによる切開術は効果が期待しにくく通常は行われません。従来リスクが高く、手術適応外の高齢の患者さんなどに対して、人工弁つきステントを心尖部もしくは脚の大動脈から近づけて留置する経カテーテル的大動脈弁置換術が行えるようになりました。

　ただし手術を受けても、著しい心肥大が残ります。そのため、激しい運動は避けてください。

　手術が不可能な場合に内科的治療が行われます。心不全に対して利尿薬や強心薬を使ったり、感染性心内膜炎の予防に抗菌薬を使用したり、冠動脈疾患や脂質異常症を合併している場合にはスタチン製剤を使用したりします。

三尖弁閉鎖不全症
Tricuspid Regurgitation

どんな病気か

　三尖弁が閉じきらない心臓弁膜症です。この病気は、僧帽弁狭窄症（1382頁）に合併するなど、肺高血圧症（1320頁）をきたすような疾患の際に合併症としてみられることがほとんどです。心外膜炎や心筋症（1377頁）に合併することもあります。

　欧米では、麻薬中毒患者が非滅菌の注射で感染性心内膜炎をおこし、その結果として生じることがあるとされています。

症状

　手や足がむくむほかに、肝臓の腫れ、黄疸（1668頁）が現れたり、肝硬変（1647頁）になってしまったりします。

治療

　三尖弁閉鎖不全症のみが治療対象になることはほとんどなく、原因となっている疾患の治療が行われます。軽症であれば、利尿薬を内服します。重症であれば、原因疾患の治療とともに、同時に弁輪を縫い縮める弁輪縫縮術が併用されます。

◎抗凝固療法と納豆

　血液の凝固を抑える抗凝固療法では、ワルファリンカリウムという薬がよく用いられます。この薬は、血液凝固因子が肝臓でつくられる際にビタミンKのはたらきを弱めることで効果を現します。

　ところが、この薬を服用している人が、ビタミンKを豊富に含む食品を食べると薬効が減弱してしまいます。

　ビタミンKを多く含む食品には、納豆、アシタバ、海藻類などがあります。

　抗凝固療法中は、これらの食品の摂取を制限されることもあるので、医師の指示を守ってください。

その他の心臓病

▼**症状**▲心臓の筋肉が厚くなる。心臓の縮む力が弱くなることもある。息切れや胸の痛み、全身倦怠感、疲れやすさ、顔や脚のむくみをおこすことも。突然死の原因にもなる。

▼**治療**▲肥大そのものの治療法はなく、原因となる病気の治療が基本となる。

心肥大

Cardiac Hypertrophy

病気ではないが心臓の負担を増す

◇進むと、不整脈や突然死も

どんな病気か

医学的な意味での心肥大とは、心臓の筋肉（心筋）が厚くなることをいいます。心臓の内腔の容積が増えて心臓が大きくなることは**心拡大**（次頁上段）と呼ばれ区別されます。心肥大はいろいろの病気で生じた心臓の状態をさし、病名ではありません。

心臓の筋肉が厚くなるとき、心臓の筋肉の細胞の数が増えるのではなく、一個一個の細胞の大きさが大きくなります。心筋が肥大してくると心臓の縮む力が弱まり、心臓の馬力が低下してくることがあります。また、不整脈（1346頁）をおこしやすくなり、突然死の原因となる場合もあります。

原因

あらゆる心臓病で心肥大がおこりますが、とくに著しい肥大をおこす病気は、心臓に高い圧力の負荷（圧負荷）がかかる高血圧症（1396頁）、肥大型心筋症（1377頁）、大動脈弁狭窄症（1385頁）などで、左心室に負荷がかかります。右心室に高い負荷がかかる特発性肺動脈性肺高血圧症（1320頁）などでは右心室の肥大がおこります。そのほか、逆流などによる過剰量の血液が心臓に負荷となる弁膜症や先天性心疾患の一部でも、心筋の肥大を生じます。

症状

心筋の肥大が長期にわたってつづくと、心臓の収縮力が低下し、からだを動かしたときの息切れ、全身倦怠感、疲れやすさ、顔や脚のむくみなどの心不全症状（1342頁）が現れます。

肥大型心筋症や大動脈弁狭窄症では、動いたときに狭心症（1356頁）と似た胸の痛みを感じます。これは心臓の筋肉に酸素を送る動脈である冠動脈が、心筋が肥大しているにもかかわらず十分に大きくならないため、心臓の筋肉が酸素不足となり胸の痛みとして感じるからです。また、心肥大の原因となる病気とは独立して、心肥大があるだけで突然死の可能性が上ります。

検査と診断

心臓専門医による診察によって心筋の肥大があるかどうかわかる場合があり、原因疾患である肥大型心筋症や大動脈弁狭窄症の診断を下すこともできます。また、胸部X線写真、心電図を参考にして診断されます。

さらに心エコー検査（心臓超音波検査 235頁）まで行えば心肥大の程度、心肥大の原因までわかります。最近ではMRI（磁気共鳴画像診断 228頁）によって詳細な心筋の肥大のようすがわかるようになってきています。治療方針の決定や診断の最終決定のために、入院して心臓カテーテル検査を行う場合もあります。

◇原因疾患の治療が中心

治療

心肥大をおこす原因疾患の治療が中心となり、肥大そのものに対する直接の治療はあまりよいものがありません。

また、いちど肥大した筋肉をもとに

◎心拡大とは

心拍出量を増やすために心臓内部の容積が増えて、心臓が大きくなった状態です。心臓の収縮力が低下したり、弁の逆流がひどくなるとおこります。

スポーツ選手にみられる心拡大、心肥大、除脈などは、**スポーツ心臓**と呼ばれ、トレーニングによるものなので、治療の必要はありません。

戻すこともなかなかむずかしいと考えられており、それ以上肥大しないように治療することが原則です。ただし、大動脈弁狭窄症などでは弁の手術をしたあと、肥大が少しずつとれてきます。

心肥大の原因としてもっとも多い高血圧症では、当然ながら血圧を下げることが中心となります。肥大型心筋症に対しては、内服薬が数種開発されており、いくぶん症状の軽減が得られますが、不整脈による突然死に対しては治療がむずかしいのが現状です。

大動脈弁狭窄症では早期に診断を受けて、その後は運動を避け、進行してきたら手術を受けることが必要です。その他の心肥大をおこす疾患でも、原因となる病気の治療を行います。心不全をおこした場合には心不全の治療を行います（心不全の治療1345頁）。

日常生活の注意　心肥大がみられる人の突然死は、急にからだを動かしたときなどに不整脈を生じておこることが多いとされています。したがって、急激に動くことは避け、運動も一般的には避けるべきです。高血圧症では肥大が軽い間は運動療法は有効ですが、肥大が進むと突然死の可能性があるので、運動を制限することが必要です。

原因疾患の治療が重要ですが、心肥大そのものの原因や進行の要因も解明されていないので、予防がむずかしいのが現状です。

肺性心
Cor Pulmonale

どんな病気か　肺、肺の血管、肺の機能を助けている神経・筋肉・胸郭が障害されて、肺に血液を送っている右心室の負担が増して機能が低下することによっておこります。肺動脈がかたくなって血圧が高くなる肺高血圧症が直接の原因となります。

心臓の血液の流れは、心臓に戻ってきた血液が右心室にいったん入ったあと、肺の血管を経て左心室へたまり、そこから全身へ送られます。肺性心では肺の血管がかたく狭くなるために、その手前にある右心室の負担が増え、やがて機能も低下してきます。よい治療法がなく、治りにくい病気です。

原　因　急性と慢性に分けると、急性のほとんどは急性肺塞栓症（1414頁）で、早期診断・治療が行われれば治りますが、遅れると命にかかわります。それ以外は慢性で、多くの肺疾患が進行した場合や、肺の血管が障害される**特発性肺動脈性肺高血圧症**（1320頁）・慢性肺血栓塞栓症、胸郭の変形をきたしている場合や、呼吸筋を動かしている神経が障害されるとおこります。

症　状　急性の肺性心である急性肺塞栓症は突然の呼吸困難で発症し、なかには血圧が低下して一時的に意識を失ったり、突然死する場合もあります。また、胸の痛みをともなうこともあります。

慢性の肺性心では、からだを動かしたときの息切れ、疲れやすさ、食欲低下、顔面や脚などのむくみなどが現れ、徐々に進行します。

検査と診断　急性肺塞栓症の場合には、なるべく早く専門の医療機関を受診する必要があります。

◎心臓のおもな良性腫瘍

原発性の心臓腫瘍の約80％は良性腫瘍で、そのうち半数近くは粘液腫です。そのほかに脂肪腫、乳頭状線維弾性腫、横紋筋腫、線維腫、血管腫、奇形種、房室結節中皮腫があります。

▼粘液腫　中高年の女性に多く、4分の3は左心房内にみられ、心房中隔に発生します。発熱、体重減少、疲労感、貧血などの全身症状、腫瘍の一部がちぎれて全身の末梢動脈につまる塞栓症症状（脳梗塞など）、腫瘍が僧帽弁口などをふさぐことによる呼吸困難、失神などがおこります。手術によって摘出します。

▼乳頭状線維弾性腫　弁の腫瘍としてはもっとも多く、おもに弁（大動脈弁に発生する場合が多い）の心内腔側に発生します。心エコーで可動性のあるエコー所見を認めます。塞栓症をおこす可能性があるため手術が適応となります。

▼横紋筋腫　子どもの心臓腫

慢性の場合には、医師の診察によって右心室の不全が発見される場合もあります。胸部X線写真で肺動脈の拡大や心陰影の拡大などにより、診断されます。ある程度進行すると心電図にも異常が現れ、心エコー検査（心臓超音波検査　235頁）によって診断されます。最終的には心臓の中へ細い管を入れて肺動脈の血圧を測る心臓カテーテル検査により診断されます。

治療　さまざまな原因疾患があり、その原因疾患を治療することが先決です。

動脈の中の酸素の量が減少している場合には、酸素吸入を継続して行う必要があります。これは在宅酸素療法（1305頁）と呼ばれ、健康保険で受けることができます。

気管支炎や肺炎などの肺の感染症がある場合には、肺性心を悪化させる原因となるので、十分治療しなければなりません。右心室の負担がさらに大きくなった場合には、利尿薬を内服や注射で使用したり、重症の場合には入院して強心薬を点滴したりします。

日常生活の注意　急激に呼吸困難がおこった場合には心疾患、肺疾患とともに急性肺塞栓症の可能性を考える必要があります。慢性の肺性心では過度の労作（日常生活上のさまざまな動作）を控え、塩分の制限をしなければなりません。また、かぜにかからないように細心の注意も必要です。

予防　急性肺塞栓症は、長時間、脚を動かさずにいたあとに急に動くと、脚にできた血栓が肺に流れてつまることなどでおこります。したがって、車や飛行機に長時間乗るときなどは、途中でときどき歩くことによって予防されます。またいっぽうの脚がむくんだことがある人は、脚に血栓ができやすい可能性があるので、専門医を受診する必要があります。

慢性の肺性心のうち、肺の血管の障害でおこる特発性肺動脈性肺高血圧症などは原因不明のため、予防方法がありません。

しかし、もっとも頻度の高い肺疾患は、喫煙が原因および増悪因子となっていることが多く、禁煙が不可欠です。

機能性心雑音（無害性心雑音）

Functional (Innocent) Murmur

どんな病気か　心臓を聴診すると雑音が聞こえますが、異常とはいえない場合で、病気ではありません。多くは子どもで聞かれますが成長すると消失します。高齢者でも、病気とはいえませんが動脈硬化や弁の軽度の硬化により雑音が聞かれることがあり、広い意味で機能性心雑音といえます。

原因　一般に心臓の雑音は、血液が急に狭い部分を通過するときに血流速度が増加したり、弁を通して血液が逆流するときなどに血液が渦を巻くように乱流になると生じます。

子どもの心臓はおとなより血液を押し出す力が強く、血流速度が速いことなどから、左心室から大動脈弁を通して大動脈へと血液を押し出すときに乱流が生じて雑音がでると考えられます。

静かな部屋で注意深く聞くと、14歳以下の子どものほとんどで、これが聞瘍では最多の良性腫瘍です。好発部位は心室で、不整脈や心室流入路・流出路狭窄による血流障害をおこすことがあります。半数に結節性硬化症（591頁）が現れます。自然退縮することがあるため、おもに抗不整脈薬が使われます。高度の心機能障害をみとめた場合に、手術適応となります。

◎ダ・コスタ症候群の名前の由来

アメリカの医師J・M・ダ・コスタ（1833〜1900年）が、南北戦争（1861〜1865年）に参加した兵士に、心臓自体には異常がないにもかかわらず頻発した特異な機能性心症状を、心臓過敏症として初めて記載したことから、のちにダ・コスタ症候群と呼ばれるようになりました。

現在は、心臓神経症と呼ばれるのがふつうです。

こえるとの報告もあります。寝た状態で聴診したほうがよく聞こえ、興奮状態、発熱、運動後では聞こえやすくなります。また、貧血があったり、脈がゆっくりのときも大きく聞こえます。

高齢者で聞こえる病的でない雑音は、大動脈弁や大動脈の一部が動脈硬化によりかたくなることによって、血液の流れが乱流となることで生じます。

病気ではないため症状はありません。

【検査と診断】 心臓の診療に慣れた専門医が診察すれば無害性かどうかは判断できます。胸部X線写真や心電図を参考にする場合もあります。それでも診断に迷った場合には、心エコー検査（心臓超音波検査 235頁）を行い、診断は確定します。

心臓神経症
Cardiac Neurosis

【どんな病気か】 本当に心臓に異常があるわけではないのに、胸痛や動悸などの心臓病で認められる症状を訴える場合に心臓神経症と診断されます。**ダ・コスタ症候群**（上段）とか**神経循環無力症**と呼ばれたりもします。まったく心臓病は存在せず、いろいろな精神的原因で胸部の症状を感じる場合と、心筋梗塞（1362頁）などの心臓病を経験したことによる再発の不安から、真の狭心症（1356頁）ではない胸痛などを感じる場合があります。

【原因】 なんらかの不安がある場合におこることが多く、**不安障害**（1017頁）の一種と考えられています。胸痛を訴えて病院を受診し、諸検査によって心臓病が否定された人の3分の1から半分では、精神科専門医が診ると不安障害と診断されるという報告もあります。

疲労などでおこる場合もあります。

【症状】 狭心症が前胸部の中央の痛みで、からだを動かしたときに短時間感じる場合が多いのに対し、心臓神経症では左胸の痛みであったり鈍痛を長時間感じたりします。逆に胸の一部を刺すようなごく短時間の痛みである場合もあります。

手足のしびれ、耳鳴り、頭痛、顔面紅潮、息切れなどや、不安から呼吸が速くなって息苦しさが増す**過換気症候群**（1313頁）の症状をともなうこともあります。

【検査と診断】 専門医の問診、診察、胸部X線検査、心電図、心エコー検査（235頁）などで心臓病がないことを確認する必要があります。心臓カテーテル検査と呼ばれる精密な造影検査が必要な場合もあります。

肺、胃や食道、神経や筋肉の異常であったり、頸椎症であることもあり、内科一般の診察も必要です。通常の病気が否定されれば診断がなされます。強い症状でなく、全身のさまざまな症状をともなう場合には、この状態であることが多いようです。

【治療】 本当の心臓病ではないので気にしないようにすればよいのですが、症状が強い場合には気分安定薬、抗不安薬が有効です。重篤な場合には精神科医の診療が必要です。

睡眠・休養をよくとって心身を休め、気分転換や仕事以外の趣味をもつこともよいでしょう。

心臓突然死の原因と予防

❖心臓突然死の頻度

心臓突然死とは「心臓病の有無にかぎらず、心血管に起因して突然に生じた予期せぬ死亡」と定義されています。一般には、突然の意識消失から1時間以内の死亡をさします。

アメリカでは年間に20～25万人が心臓突然死をおこしており、人口比で換算すると年間に平均1000人あたり約0・8人となります。ヨーロッパにおいても、ほぼ同様の比率と考えられています。いっぽう、日本では年間に5～6万人が心臓突然死をおこし、人口比では1000人あたり約0・4人となります。したがって、日本では欧米に比べて心臓突然死が約2分の1の低さになります。

❖原因となる不整脈と心臓の病気

心臓突然死の原因の多くは不整脈です。そのうちもっとも多いのは、心室細動（1351頁）、心室頻拍（1351頁）などの心室性不整脈で、70～80％を占めます。残りの20～30％は洞不全症候群（1347頁）、房室ブロック（1348頁）などの徐脈性不整脈が占めます。頻度はまれですが、上室性不整脈である心房細動をともなうWPW症候群（1350頁）と1対1伝導の心房粗動（1349頁）も、心臓突然死の原因として知られています。

心臓突然死をおこす心臓の病気の種類は、欧米では心筋梗塞（1362頁）が75～80％、心筋症（1377頁）が15～20％となっています。日本では、心筋梗塞は50～60％、心筋症は30～35％で、アメリカに比べて日本の心筋梗塞の割合が低いのがわかります。欧米に比べて日本の心臓突然死が少ない理由は、心筋梗塞による割合が低いためと考えられています。

心臓突然死の予防装置である植込み型除細動器（ＩＣＤ　1353頁）の適応となった病気でみると、心筋梗塞の頻度はさらに低下して30～35％。これに対して心筋症は約35％と変わりありません。そして、ブルガダ症候群（1352頁）のような心臓に障害のない病気が約20％を占めてきます。日本の心臓突然死をおこす病気の種類は、欧米とは異なるといえます。

❖若年性の心臓突然死をきたす病気

若年者の心臓突然死の原因として、遺伝性の不整脈疾患が注目されています。ＱＴ延長症候群（1352頁）、ブルガダ症候群、カテコールアミン誘発性多形性心室頻拍、ＱＴ短縮症候群（1352頁上段）が含まれます。これらは、健康な子どもあるいは若い成人がある日突然、危険な心室性不整脈をおこし、急死することで知られています。とくにブルガダ症候群は、日本に多いことで知られています。20歳～50歳くらいの人で、原因不明の失神をおこしたら、いちどは循環器の専門病院を受診したほうがよいでしょう。外来での心電図検査でも、ある程度は診断することができます。

❖心臓突然死の予防

危険な心室性不整脈をおこした人には、アミオダロンという強力な抗不整脈薬が使用されます。しかし、ときとして間質性肺炎（1292頁）や甲状腺機能異常などの強い副作用が現れる欠点があります。

最近では、心臓突然死の可能性が高いと判断されれば、ＩＣＤの手術が行われることが多くなっています。いちどでも危険な不整脈をおこしていれば、ＩＣＤが積極的に用いられます。循環器の専門病院では、いくつかの検査を行って、危険な不整脈が将来発生する可能性が高いと判断されれば、心室性不整脈をおこしたことがなくてもＩＣＤを植込むことがあります。また、一部の病院では、心臓の機能が著しく低下した人には、不整脈の予知検査を行わなくてもＩＣＤを植込むこともあります。

心臓病の人と運動

❖運動と自律神経活動について

運動は、一般的に心臓にとって良好な効果をもたらすとされています。適度な運動を行うことでストレスから解放され、心身ともにリラックスすることができます。

癒しの効果は、からだのバランスを整える自律神経によってもたらされます。自律神経には交感神経と副交感神経があります。運動を始めると、心臓の交感神経が緊張して心拍数を徐々に上げていきます。運動を中止すると、交感神経の緊張は緩和され、徐々に心拍数は戻ります。逆に、安静にしていると副交感神経が緊張して、心拍数は活動時よりも低くなります。

多くの臨床研究によって、自律神経活動の低下は、心臓死あるいは重症な不整脈の発生を増やすことが示されています。とくに副交感神経活動の低下が関与するとされています。運動を行うことは、交感神経活動だけでなく副交感神経活動にも影響してきます。積極的に運動を行ったほうが、心臓死の予防につながるといえるでしょう。実際の運動の方法としては、サイクリング、ランニング、水泳などが適しているとされています。

❖運動によって改善できる心臓の病気

運動には、肥満を改善し、血糖や血圧を下げ、また善玉コレステロール（HDLコレステロール）を増やす効果もあり、生活習慣病（肥満、高血圧、糖尿病、脂質異常症）に対する効果が期待できます。これらは心臓病の主要危険因子ですので、運動でこれらを改善することは、心臓病の予防につながります。

心臓病のなかで、運動による効果をもっとも期待できるのは、心筋梗塞後の患者です。心筋梗塞（1362頁）をおこすと、その心筋の中心部は壊死しています。しかし、梗塞周囲の心筋は完全には壊死しておらず、正常心筋と壊死心筋が混在した、まだら状態となっています。運動によって、心筋の血行が改善され、心筋の動きが戻ってきます。そのため、心筋梗塞をおこした人は、からだを動かせるようになった時点で、なるべく早く運動療法を開始したほうがよいことになります。

最初は病棟内の歩行から始め、最終的にはトレッドミルあるいは自転車エルゴメーターで、年齢と性別から換算した目標心拍数の85%くらいまでの運動を行い、胸痛などの症状が現れず、心電図に変化がなければ退院となります。これを**心臓リハビリテーション**と呼んでいます。

❖運動するときの注意点

狭心症（1356頁）または心不全（1342頁）と診断された場合、危険な不整脈がみられる場合は、運動を避けたほうが無難です。とくに、不安定狭心症で安静時にも胸痛が現れるような場合は、運動で心筋梗塞を誘発することがあり、運動は禁忌となります。

また、心筋梗塞後のきわめて早い時期に運動療法を行うと、危険な不整脈を引き起こすことがあるので、その時期を見分けることも重要です。このように、虚血性心疾患をもつ人の運動は「両刃の剣」の性格をもっています。実行にあたっては、必ず主治医に相談してください。

軽い運動であれば、自分でプログラムを立ててもよいのですが、体調に不安がある場合は、医師や専門のトレーナーの指導を受けることが望ましいといえます。運動を開始するときは、最初は欲張らず、年齢・性別から換算した目標心拍数の80%くらいを目安にするとよいでしょう。慣れてきたら徐々に目標心拍数に近づけていくとよいでしょう。過剰な運動は逆効果となるので注意が必要です。

血圧の異常と血管の病気

血液は、心臓から送り出されて動脈、毛細血管、静脈とめぐり、心臓に戻ってきます。この心臓から血液を送り出す力が血圧です。

血圧とは

◇収縮期血圧と拡張期血圧

血圧とは、心臓から送り出された血液が、その通り道である血管の壁にかける圧力のことです。

心臓にある4つの部屋（右心房、右心室、左心房、左心室）のなかで、全身に血液を送り出しているのが左心室です。左心室は心臓が収縮する（縮む）力で血液を大動脈へ押し出します。逆に拡張する（もとの状態に戻る）ときは、左心房から血液が流れ込んできます。このように、心臓が、血液を全身へ送り出すために「キュッ」と収縮するときの動きを**拍動**と呼びます。拍動回数には個人差がありますが、安静にしている状態で1分間に70回前後です。1回の拍動で送り出される血液の量にも個人差がありますが、安静時のおとなでおよそ70mℓですから、心臓は1分間に5ℓにもおよぶ血液を送り出していることになります。つまり、心臓が拍動したときには、動脈の血管壁へかかる圧力がもっとも強くなることがわかります。このときの血圧が「**収縮期血圧**（**最高血圧・最大血圧**）」です。

いっぽう、心臓の拡張時には、全身を隅々までめぐり終えた血液が静脈を通って再び心臓に戻ります。このとき、動脈の血管壁にかかる圧力はもっとも弱くなります。このときの血圧が**拡張期血圧**（**最低血圧・最小血圧**）です。

収縮期血圧と拡張期血圧の差を**脈圧**と呼びます。血圧について、よく「上がいくつ、下がいくつ」といういいかたをしますが、「上」は収縮期血圧を、「下」は拡張期血圧をさしています。

◇心臓と動脈

心臓が、左心室から全身へ向けて血液を送り出すときに、その血液が流れる血管系を動脈といいます。大動脈から、からだの末梢（末端）に向かって枝分かれしてしだいに細くなり、細動脈（直径が0・5㎜以下の血管）、そしてもっとも細い毛細血管（直径0・01㎜程度）になります。全身には、この毛細血管が網の目のように張りめ

血圧とは

血圧の種類

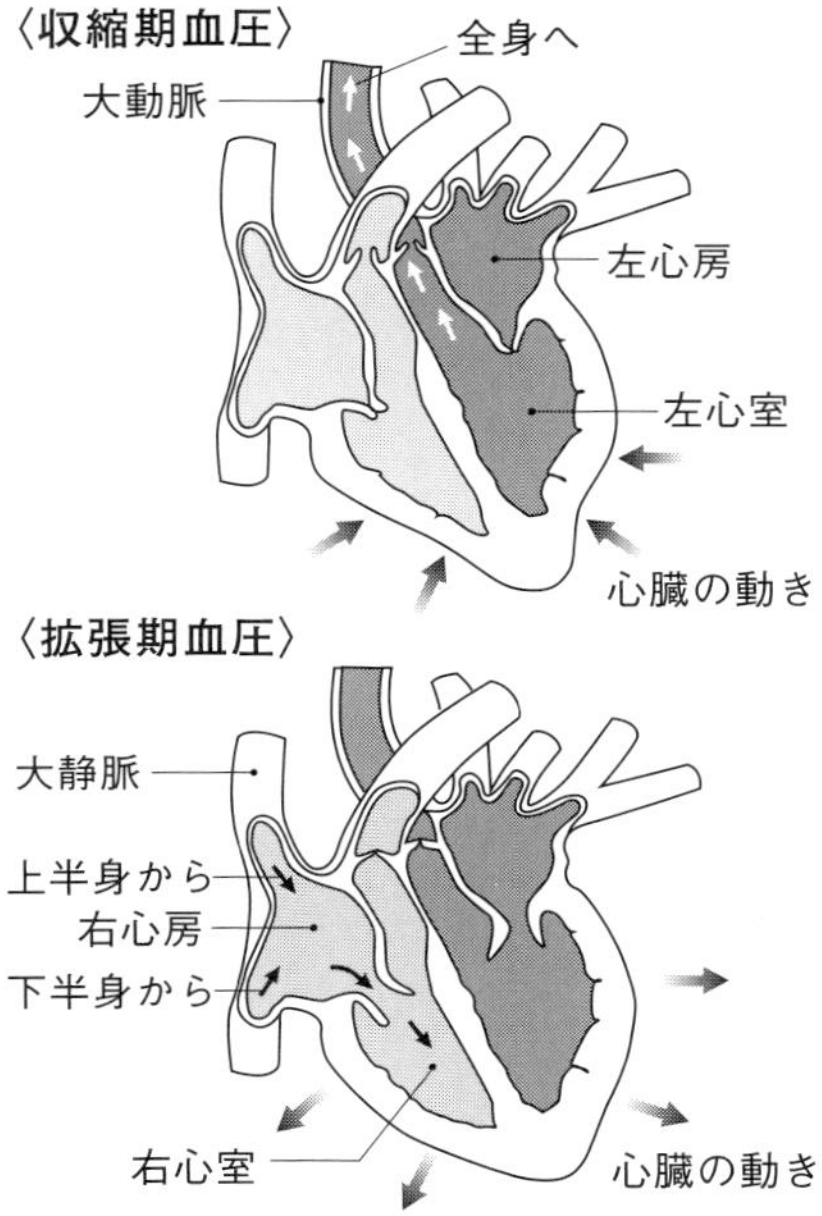

ぐらされています。

私たちのからだは、何十兆個もの細胞から形づくられています。個々の細胞はそれぞれに、毛細血管を流れる血液から酸素と栄養素の供給を受け、同時に二酸化炭素と老廃物を渡すという物質交換（**微小循環**）を絶え間なく行うことにより、生き、活動しています。

なんらかの原因により、流れてくる血液の量が不足し、細胞がエネルギー不足におちいることのないように、人体には「細胞へ流れてくる血液の量を確保するシステム」が備わっています。

◇自律神経の血圧調節作用

血圧の調節作用のなかでも、とくに大きな役割を担っているのが自律神経です。

自律神経は交感神経と副交感神経という、2つの相反するシステムから成り立っていて、心臓やからだのさまざまな臓器や器官のはたらきを、私たちの意志とは全く関係なく、調節しています。

たとえば運動をしていると、心臓の拍動が速くなるのを感じることがあります。これは筋肉を使うことによって、筋肉細胞の酸素と栄養素の消費量が増えるので、多量の血液が必要になるためです。興奮したり、運動をすると、交感神経が優位になり、心臓は血液を送り出す回数を増やします。すると、血液は勢いよく流れ、血圧は上ります。

いっぽう、安静時には副交感神経が優位になり、心臓の拍動はゆっくりになるので血流も緩やかになり、血圧は低くなります。このように、自律神経は、その人のからだの活動量に応じて、血圧をコントロールしているのです。

●自律神経と内分泌（ホルモン）

交感神経が活発にはたらくと、その情報が脳へ伝わり、その指令で自律神経のうちの交感神経の反応が高まります。交感神経の反応が高まると、カテコールアミン（別称カテコラミン＝副腎から分泌されるアドレナリンと神経末端から分泌されるノルアドレナリンなど）というホルモンの分泌が増えます。その結果、心臓が刺激されて拍動回数が増し、送り出される血液の量が増えます（**心拍出量の増大**、**β作用**）。

いっぽう、筋肉細胞以外の細胞に血液を供給している**細動脈**（毛細血管になる直前のごく細い動脈）は、縮んで細くなります（**末梢血管抵抗の増大**）。これは、もっとも血液を必要としている部位に（この場合は、筋肉細胞に血液を供給している細動脈に）、優先的により多くの血液が流れるようにするためです（**α作用**）。

血管をホースに、その中を流れる血液を水にたとえて、考えてみましょう。水道の蛇口にホースをつないで栓を全

◎その他の血圧の調節作用

血圧を上昇させる作用があるものに、下垂体から分泌されるバソプレシン(抗利尿ホルモン、ADH)、副腎から分泌される糖質コルチコイドのほか、甲状腺ホルモン、性ホルモンなどがあります。

いっぽう、血圧を下げる作用があるものには、いろいろな組織でつくられるプロスタグランジン、心房から分泌される心房性ナトリウム利尿ペプタイドなどがあります。

また脳内ペプタイドには、血圧を上げる作用も、下げる作用もあります。

開にすると、蛇口から勢いよく水が流れ始めます（心拍出量の増大）。このとき、ホースの出口付近（細動脈）を指でつまんで狭めると、水の流れが滞り（末梢血管抵抗の増大）、ホース（血管）には大きな圧力がかかることになります。このようなしくみで、大動脈から細動脈までの血管内の圧力が高まり、血圧が上るのです。

血圧を表す㎜Hgという単位は、血圧計内の水銀をどれくらい押し上げられるかを示しています。１㎜Hgとは、水銀１㎠あたりの水銀を１㎜押し上げる力を表します。たとえば、血圧１６０㎜Hgというときには、水銀血圧計の中の水銀を１６０㎜押し上げることになります。かりに水銀の13分の1の重さの水で換算すると、２・０８ｍにもなります。水道の水を流しているホースの途中に穴があいていると仮定すれば、２ｍを超える高さまで、まるで噴水のように吹き上がることになります。これだけの大きな圧力を血管壁にかけつづければ、長い年月のうちにはホース、つまり動脈が傷んでくるのは自明です。

このことからも、血圧を下げることのたいせつさが理解できると思います。

◇血圧と腎臓

腎臓は、血液から不要物を除いて尿をつくって体外へ捨て、血液を浄化しています。人体には、腎臓に流れてくる血液の量が減少して、浄化されていない血液が体内をめぐることのないよう、十分な量の血液がたえず流れ来るようにするシステムが備わっています。

◉腎臓が血圧を上げるしくみ

流れてくる血液の量が減少すると、血圧が下がるので、腎臓内を血液がめぐるために必要な圧力も下がります。すると腎臓は、レニンという物質の分泌量を増やします。レニンは、肝臓が分泌しているアンジオテンシノーゲンという物質にはたらきかけて、アンジオテンシンという物質に変化させます。

アンジオテンシンは細動脈を収縮させ、腎臓へ流れてくる血液量を増やします。その結果、血圧も上昇します。

また、アンジオテンシンは、副腎を刺激し、アルドステロンというホルモンの分泌を増加させます。アルドステロンの量が増えると、血液中にナトリウムがたまるようになります。

ナトリウムが血圧を上昇させる要因は2つあります。①ナトリウムは筋肉を収縮させるはたらきをもっているため、血管壁の筋肉がわずかな交感神経の刺激でも収縮しやすくなり、血管が狭くなります。②ナトリウムは水を呼ぶ作用があるので、血液の全体量も増加します。血液中の水分が増え、血液の量が増えた分だけ、高い圧が動脈にかかり血圧が上昇します。

◉腎臓の血圧を下げるしくみ

腎臓に多量の血液を送る必要がなくなると、腎臓は、カリクレインという物質を分泌します。

カリクレインは、肝臓から分泌されるキニノーゲンという物質に作用し、キニンという物質をつくります。

キニンは、細動脈を広げて、血液を流れやすくして血圧を下げるとともに、アンジオテンシンの作用を抑え、必要以上に血圧が上昇しないように調節しているのです。

家庭(かてい)での血圧(けつあつ)の測(はか)りかた

❖本当の血圧を知っていますか

これまで高血圧の判定は、医療機関で測った外来血圧によって行われてきました。しかし、家庭用血圧計の普及によって、医療機関ではわからなかった、高血圧のタイプ（1397頁図1）があることがわかってきました。

健康診断などで、基準範囲内の血圧だった人も、ふだんの血圧（**家庭血圧**(かていけつあつ)）を測るようにして、自分の「本当の血圧」を把握しておくことがたいせつなのです。

❖家庭血圧の測りかた

血圧は、測定する時間、周りの環境などによっても影響を受けます。家庭で測定する場合には、何度か測って平均値をだすようにしましょう。また、機器の説明書をよく読んでから使用してください。

①血圧測定の時間　家庭では、朝と夜の2回測りましょう。

朝の血圧測定では、起床後1時間以内に測りましょう。測定前には、排尿をすませておきます。また、食事によって血圧が上がることがありますので朝食前に測定し、治療薬を飲んでいる人は、服薬前に血圧測定を行いましょう。

夜の血圧測定は、就寝直前に測ります。入浴や飲食からは、1時間以上間をおいて測りましょう。とくに飲酒後は時間をおいてから測るようにしましょう。

②血圧測定の姿勢　血圧を測定するときは、いすに座って1～2分たってから測りましょう。腕の力を抜いて、リラックスした状態で測定することがたいせつです。

家庭用血圧計には、手首、二の腕（上腕）などで測るさまざまなタイプがありますが、測定位置は心臓と同じ高さになるようにすると、より正確に測定できます。その意味では二の腕で測定するタイプが適しています。また測定する腕は、毎回同じ側の腕で測るようにしましょう。

③数値は記録しておこう　血圧を測定すると、一般的に1回目の測定値が高めにでることが多いものです。測定するときは、2、3回つづけて測りましょう。その結果をメモして、平均値をだしてから、記録をつけるようにします。

日によって、測定値が上下することはよくあることです。しかし、血圧が基準範囲内だった人でも、収縮期血圧（最大血圧）が135mmHg、または拡張期血圧（最小血圧）が85mmHgを超える日が5日以上つづくようなときには、医療機関を受診して、医師に相談してください。

高血圧の治療を受けている人は、受診する際に血圧の記録を持って行きましょう。医師は、この記録から血圧コントロールの状況を判断し、治療方針を決めることができます。

家庭での血圧の測りかた

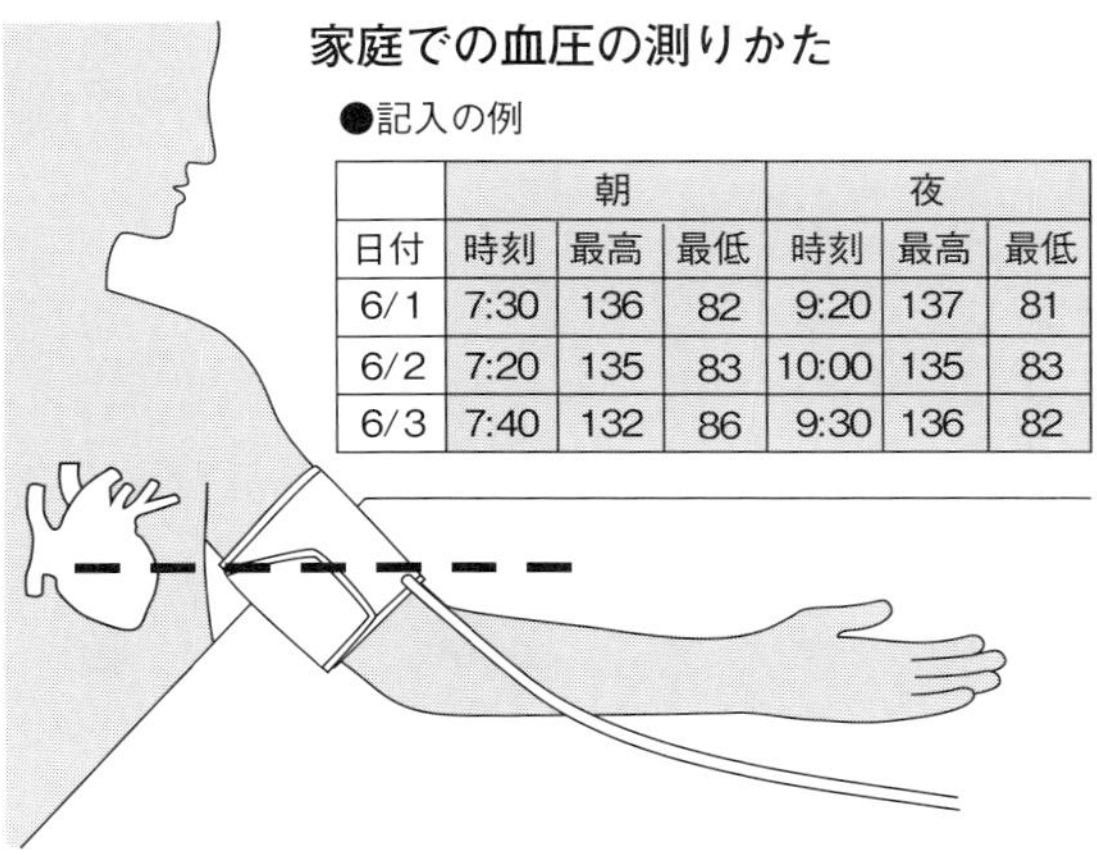

●記入の例

	朝			夜		
日付	時刻	最高	最低	時刻	最高	最低
6/1	7:30	136	82	9:20	137	81
6/2	7:20	135	83	10:00	135	83
6/3	7:40	132	86	9:30	136	82

高血圧(症)（こうけつあつ（しょう））

Hypertension

動脈硬化を引き起こしやすいため、生活習慣の改善や治療が必要

◇高血圧とは

心臓から送り出された血液が、血管壁にかける圧力を血圧（1392頁）といいます。高血圧とは、とくに血圧が高い状態をいい、この状態がつづくと動脈硬化（1407頁）をおこしやすくなり、やがては、命にかかわる脳卒中（921頁）や心筋梗塞（1362頁）をおこすことにもつながりかねません。

日本では、約4300万人の高血圧の人がいると推定され、これは日本人の3人に1人の割合になります。

◉血圧の診断基準（次頁表）

一般的には、医療機関で測定した血圧（**外来血圧**）が、収縮期血圧（最高血圧、最大血圧）140㎜Hg以上、または拡張期血圧（最低血圧、最小血圧）90㎜Hg以上を高血圧といいます。

さらに家庭用血圧計の普及によって、高血圧にはさまざまなタイプがあることがわかってきました。家庭で測定した血圧（**家庭血圧**）の基準値は、外来血圧より低く設定されており、収縮期血圧135㎜Hg以上、または拡張期血圧85㎜Hg以上が高血圧として分類されます。

▼医療機関の血圧測定　医療機関では、5分くらい安静にして、座った状態で測定します。測定の際には、1、2分の間に複数回測り、その平均値を血圧値としています。

医療機関では、カフという帯状のゴム袋を、心臓と同じ高さで上腕（二の腕）に巻いて測定します。カフに空気を入れていきながら、血液の流れる音や拍動を腕で聴診します。やがて動脈がカフに圧迫されて血液の流れが一時的に止まると、血液の流れる音や拍動も聴診できなくなります。つぎに、カフから少しずつ空気を抜いていきますが、再び血液の流れる音や拍動が聴診できるようになった（心臓が血液を送り出した）ときの血圧が、収縮期血圧として記録されます。

さらにカフの空気を抜いていくと、血液の流れる音や拍動は聴診できなくなります。このときの血圧が、心臓が広がって血液をためている状態の拡張期血圧にあたります。

左右の腕で血圧に差がある人もいますので、はじめてかかる医療機関では、左右の腕で測定し、高いほうの値を血圧値とすることもあります。

血圧は、少しの動作や心理状態でも影響を受けやすいため、安静を保っている状態で測定することがとくにたいせつです。

▼家庭の血圧測定　家庭で測定する場合は、朝と夜の2回測定します。家庭用血圧計は、指先で測るものや、手首で測るもの、二の腕で測るものなどがありますが、医療機関と同じく二の腕で測る血圧計が日本高血圧学会から推奨されています。家庭で測定する際にも、安静な状態で座り、心臓と同じ高さに血圧計をおいて測りましょう。また、2、3回測定した値の平均値を記録するようにしましょう（前頁）。

◎カテコールアミン

血圧を上昇させるホルモンには、副腎髄質から分泌されるホルモンのアドレナリンと交感神経末端から分泌されるノルアドレナリン、視床下部から分泌されるドパミンがあります。この3つのホルモンを総称して、カテコールアミン（カテコラミン）と呼んでいます。

図1　高血圧のタイプ（収縮期血圧）

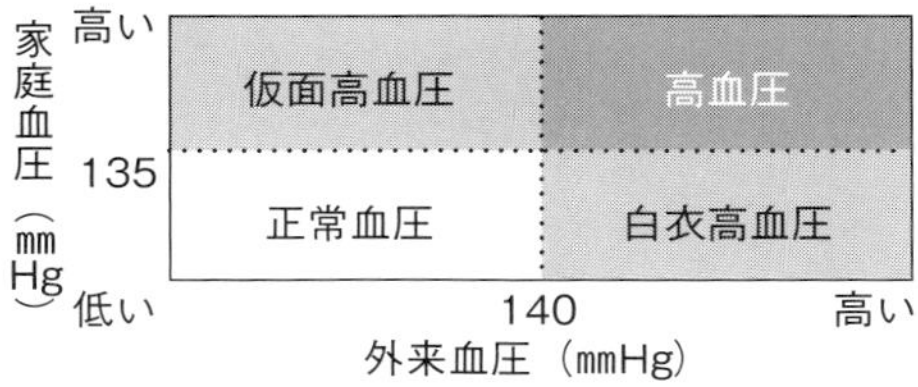

◉血圧のおもなタイプ

家庭で血圧を測っていると、外来血圧ではわからなかった血圧のタイプが表れてくることがあります（図1）。

▼高血圧　外来血圧、家庭血圧ともに基準値を超えるケースで、**持続性高血圧**とも呼ばれます。

▼白衣高血圧「血圧を測定される」ということが精神的ストレスとなって、医療機関で測定すると普段より高くなって、基準値を超えてしまうことがあります。このようなケースを白衣高血圧といいます。

白衣高血圧では、何度か測定していると、慣れて普段の血圧に戻ってきます。白衣高血圧の可能性のある人は、家庭で測定した血圧の記録を受診の際に提出するようにしましょう。

白衣高血圧は、ただちに治療が必要になることはありませんが、およそ3分の1は本当の高血圧になってしまうといわれます。日常生活を見直し、高血圧の誘因（1400頁）を取除くように心がけましょう。

▼仮面高血圧　昼間に測る外来血圧では基準範囲内の血圧ですが、夜間や早朝など特定の時間に高血圧が現れ、その後は基準範囲に戻ります。そのため、医師の目には見えない高血圧という意味で、仮面高血圧（**逆白衣高血圧**）と呼ばれます。

仮面高血圧には、**早朝高血圧**（次頁上段）や、疲労やストレスがたまってくると高血圧になる**職場高血圧**などがあります。

高血圧のタイプごとに、脳卒中や心筋梗塞の発症の危険度を調べた調査では、正常血圧の人を1とすると、白衣高血圧の人は1・2倍、高血圧の人は2倍、仮面高血圧の人では2・1倍になる結果がでています。このことからも仮面高血圧は見つけにくく、危険度の高い高血圧といえます。

▼正常血圧　外来血圧、家庭血圧ともに基準値内のケースです。とくに収縮期血圧120㎜Hg未満、拡張期血圧80㎜Hg未満は**至適血圧**といわれ、理想的な状態とされます。

高血圧の診断基準

分類	収縮期血圧		拡張期血圧
至適血圧	120未満	かつ	80未満
正常血圧	130未満	かつ	85未満
正常高値血圧	130〜139	または	85〜89
Ⅰ度高血圧	140〜159	または	90〜99
Ⅱ度高血圧	160〜179	または	100〜109
Ⅲ度高血圧	180以上	または	110以上
収縮期高血圧	140以上	かつ	90未満
家庭血圧での高血圧	135以上	または	85以上

単位は㎜Hg。（日本高血圧学会「高血圧治療ガイドライン2014」）

◉原因による高血圧の種類

高血圧は、その原因によって大きく2つに分けられます。

▼本態性高血圧　高血圧をおこす原因がはっきりわかっていないケースで、高血圧の9割以上が本態性高血圧といわれています。

▼二次性高血圧　血圧を上げる原因となる病気にかかっており、その症状のひとつとしておこります（1404頁）。35歳以下の人におこる**若年性高血圧**では、なんらかの病気が原因となって高血圧となることが多いため、くわしく検査して原因を探る必要があります。

◎早朝高血圧

人間の血圧は、活動する昼間に高く、就寝中の夜間は10～20％低くなる日内変動をしています。とくに、早朝から午前中にかけて上がる傾向があります。ところが、この早朝から午前中（とくに起床後1～2時間）は、脳卒中（921頁）や心筋梗塞（1362頁）をおこしやすい時間帯でもあることから、早朝に高血圧になる人の危険性が注目されるようになっています。

早朝高血圧の人には、2つのタイプがあります。

1つは、夜間の血圧が昼間より高くなったり（ライザー型）、夜間の血圧の下がりかたが少ない（ノン・ディッパー型）、**夜間高血圧型**の人です。夜間高血圧型の人では、命にかかわる脳卒中、突然死の危険性が高くなります。このタイプは、降圧治療中の高血圧の人、糖尿病（1501頁）、心不全（1342頁）、睡眠時無呼吸症候群（1313頁）、起立性低血圧

◇高血圧の症状

◉サイレントキラーと呼ばれる高血圧

高血圧には、特有の症状はありません。そのため、症状から高血圧かどうかを判断することはできません。

しかし、血圧が急に上がったり、下がったりしたときには、頭痛・頭重、肩こり、耳鳴り、めまい、動悸、顔のほてり、吐きけ、手足のしびれ・脱力などを感じることがあります。

ただしこれらの症状は、日常的にもよくおこる症状です。また、血圧が高いまま安定してしまうと、症状は現れにくくなります。健康診断などで定期的に血圧を測定しないでいると、高血圧であることに気づかず、動脈硬化を進行させてしまい、やがては日本人の死亡原因の上位を占める脳血管障害（脳梗塞、脳出血など）や心筋梗塞を発症させてしまいます。

高血圧は、これといった症状をもっていませんが、生命にかかわる病気を引き起こす可能性の大きい病気なのです。このことから高血圧は「**サイレントキラー**（静かな殺し屋）」と呼ばれています。

◉子どもの高血圧

子どもでも、高血圧になることがあります。小学校の高学年から中学生の0・1～1％に、高校生では3％に本態性高血圧が見つかります。その多くに肥満をともなうので、肥満による高血圧は、今後さらに増えてくると考えられます。

動脈硬化は子どもの時期から始まりますので、減塩や肥満対策、生活習慣の改善が必要です。

◉女性の高血圧

高血圧に関して、女性と男性では性差が大きく現れます。閉経までは女性ホルモンのはたらきによって、女性は高血圧や虚血性心疾患にかかりにくいものです。しかし、閉経後は急に高血圧や虚血性心疾患の発病率が上がり、男女差がなくなってきます。

妊娠中の女性では、妊娠高血圧症候群（876頁）に注意しなければなりません。妊娠高血圧症候群は、妊娠20週以降から分娩後12週後までに高血圧を発症するものです。妊娠高血圧症候群は、胎児の発育に影響し、早産、低出生体重児、死産などを引き起こします。

妊娠中は、ストレスを避け、十分な休養をとることがたいせつです。

◉高齢者の高血圧

高齢者では、加齢によって神経機能や腎臓の血圧調整機能などが低下してきます。そのため、収縮期血圧が高くなり拡張期血圧は低くなる**収縮期高血圧**、早朝に血圧が上昇する早朝高血圧、白衣高血圧などが多くみられるようになります。また、血圧値の揺れが大きくなるため、家庭での血圧測定で自分の血圧を把握しておくことがたいせつになります。

◉動脈硬化をおこすしくみ

動脈の内側にある内膜をおおう内皮細胞は、血液が順調に流れるように血液の凝固を抑える物質を分泌したり、一酸化窒素（NO）を分泌して血管の収縮をコントロールしたりしています。

ところが血圧が高いと、血管内を流れる血液は通常よりもより速く流れる

（1406頁）などの人にみられます。

もう1つは、起床2時間前から血圧が上がり、起床とともにさらに上昇する**サージ型**です。とくに、早朝に血圧が急上昇するケースは、**モーニングサージ型**と呼ばれます。

モーニングサージ型では、脳や心臓、大血管の硬化が進み、頸動脈の肥厚や左心室の肥大に関係し、突然死の危険性が高いと考えられます。

早朝高血圧を見つけるためにも、家庭血圧の測定がたいせつなのです。

ようになり、血管の内皮細胞を傷つけてしまいます。内皮細胞には修復機能がありますが、血圧の高い状態がつづいていると、内皮細胞に傷あとが残ったままになってしまいます。

内皮細胞の傷あとには、血球やコレステロールなどがしみ込んで、粥状動脈硬化（1408頁）をおこして動脈内腔が狭くなったり、内膜に線維質のたんぱくを合成させて血管の弾力性を奪っていきます。

血圧の日内変動と早朝高血圧

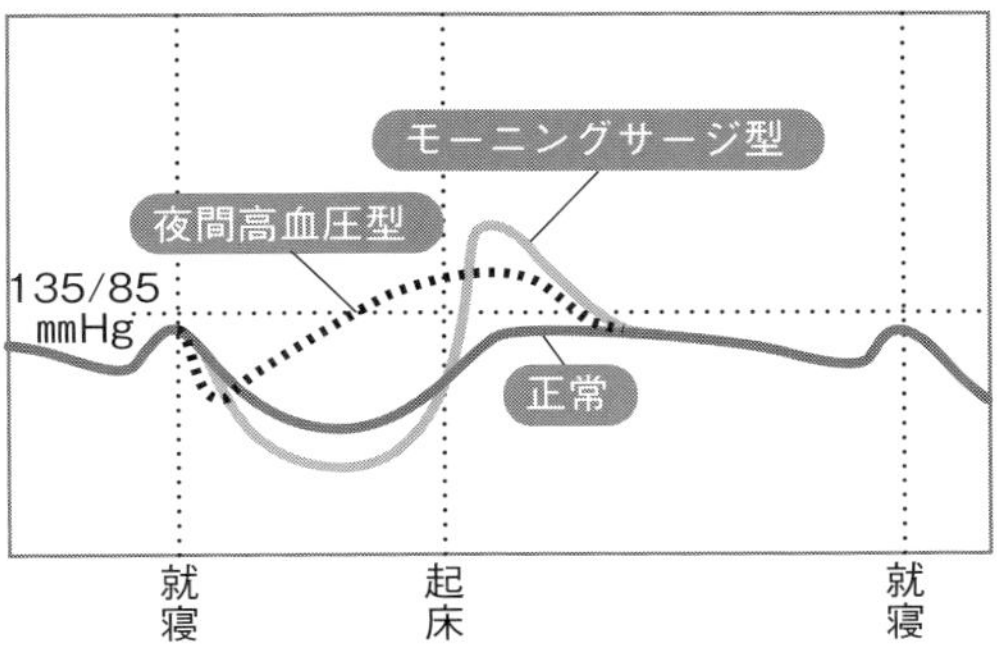

こうして動脈硬化がおこるとカテコールアミン（1397頁上段）が分泌され、心臓の拍動回数を増やしてより多くの血液を流そうとします。その結果、血圧がさらに上がり、動脈硬化がさらに進んでしまうという悪循環をおこしてしまいます。動脈硬化が脳の動脈でおこると脳梗塞（934頁）に、心臓の冠動脈でおこると心筋梗塞（1362頁）になり、生命にかかわる重大な事態におちいることになります。

◉高血圧に合併しやすい病気

高血圧になると、脳梗塞や心筋梗塞だけでなく、ほかの病気もおこしやすくなります。

▼メタボリックシンドローム　高血圧、肥満、脂質異常、高血糖をあわせもつと、動脈硬化による病気を相乗的に増加させます。とくに内臓脂肪の蓄積（腹囲が男性で85cm以上、女性で90cm以上）がある場合は、メタボリックシンドローム（1494頁）の可能性が高まります。

▼肥満　肥満は、高血圧の誘因のひとつにあげられます。肥満があると、糖を代謝するためのインスリンが効きにくくなり（インスリン抵抗性の増大）、多くのインスリンが分泌されている状態になります（高インスリン血症）。すると血管の平滑筋細胞が増えたり、腎臓でナトリウムを取込む量が増えたりして、血管を収縮させて血圧が上がります。

かつては、食塩のとりすぎによる高血圧が多かったため、高血圧になる日本人はやせた人が多かったのですが、最近、とくに男性では肥満をともなった高血圧の人が増えています。

▼糖尿病　インスリン抵抗性が増大すると、血糖値も高くなり糖尿病（1501頁）をおこします。高血圧の人は糖尿病（2型糖尿病）を合併する頻度が、高血圧でない人より2～3倍高くなります。また糖尿病の人も、糖尿病でない人に比べて、高血圧を合併する頻度が約2倍高くなります。

高血圧と糖尿病はともに動脈硬化の危険因子で、2つの病気をもっていると脳血管障害や心筋梗塞などをおこしやすくなります。

▼脂質異常症（高脂血症）　高血圧に

◎人類にとっての塩分

動物にとって、塩分（ナトリウム）は生理機能を維持するために必要なものです。しかし陸上に住む動物は、自由に塩分を摂取しにくいため、本能的に塩分を求める傾向があります。

人類もこれまで十分な塩分を摂取してきたわけではなく、塩分が摂取しにくい状況にからだを慣らしていると考えられ、1日0・5gほどの塩分が摂取できればよいとされています。

ともなって、悪玉コレステロールといわれるLDLコレステロールや中性脂肪が多い脂質異常症（1509頁）があると、動脈硬化を急速に進めてしまいます。

▼腎硬化症　高血圧によって腎臓の動脈が動脈硬化をおこすと、腎臓がかたく小さくなります。尿検査で、たんぱく尿や血尿が見つかります。さらに進むと、腎不全（1720頁）になります。

◇高血圧の誘因

高血圧を引き起こす誘因には、さまざまなものがあります。これらの誘因を多くもっているほど高血圧になる可能性も高くなります。

①高血圧になりやすい体質

高血圧になりやすい体質は、親から子へと遺伝する可能性が高いものです。

②加齢

年齢とともに高血圧の人が増えてきます。65歳以上の人では、約60％の人が高血圧という統計もあります。

人は年とともに器官や組織に分布している細い動脈の柔軟性が失われてきて、血液の流れがスムーズでなくなってきます（末梢血管の抵抗増大）。末梢血管の血液が流れにくいと、心臓はより強い勢いをつけて、からだのすみずみまで十分な血液を送り出そうとします。その結果、動脈に高い圧力がかかり、高血圧になってしまいます。

高齢者の高血圧は、心臓が血液を送り出した収縮期の血圧が高くなるのに、拡張期血圧のほうはむしろ低くなるのが特徴です（収縮期高血圧）。脈圧（収縮期血圧と拡張期血圧の差）が広がってくると、心臓・血管の病気になる危険性が高まってきます。

③塩分のとりすぎ

食塩が血圧を上げるしくみはまだ完全には解明されていませんが、食塩の摂取と高血圧発症の頻度とは正比例することがわかっています。また、血圧に影響を与えているのは食塩成分のうちのナトリウムです。

体内にナトリウムが増えると、血管壁の筋肉が収縮しやすくなり血管が狭くなります。また、ナトリウムによって血液中の水分が増し、血液量が増えるので、心臓が血液を送り出すためには大きな力をかけなければならなくなります。こうした結果、血圧が上昇すると考えられます。

現在、日本人の塩分摂取量の平均は、1日10gとなっています。厚生労働省は1日8g未満を、日本高血圧学会は1日6g未満を目標としていますが、加工食品や調味料に多くの食塩が含まれているため、減塩の実行はむずかしいのが現状です。

ただし、食塩によって血圧が上昇する性質（食塩感受性）は個人差が大きく、塩分をとりすぎても高血圧にならない人もいます。しかし塩分のとりすぎは、高血圧のほかにも食道がん、胃がんなどの誘因にもなります。塩分の摂取には普段から注意しておきたいものです。

④アルコールの多飲

アルコールの飲みすぎは、心拍数を増加させ、血圧を上昇させます。とくに男性では、飲みすぎる人ほど血圧が高くなります。さらに、飲みすぎた翌朝には血管が収縮して、急に血圧を上昇させます。つまり、飲みすぎは心筋

降圧目標

目標値	収縮期血圧	拡張期血圧
高齢者	140	90
若年・中年者	140	90
糖尿病の人 腎障害の人	130	80

単位は㎜Hg。（日本高血圧学会「高血圧治療ガイドライン2014」）

◎アルコールの適量

男性の場合、アルコールの適量は一般的に、日本酒なら1合、焼酎ではコップ7分目、ビールでは大びん1本、ワインではグラス1杯半、ウイスキーではダブル1杯が1日の目安とされています。

女性の場合は、その半分を目安にしましょう。

梗塞や脳卒中をおこす早朝高血圧の誘因でもあるのです。

⑤肥満

肥満は高血圧だけでなく、糖尿病などの生活習慣病の危険因子でもあります。肥満があると、より広い面積に血液を流すために、心臓は拍動を強め、高い圧力をかけて血液を送り出そうとします。とくに内臓に脂肪がたまる内臓脂肪型肥満の人は、動脈硬化をおこしやすく、逆に動脈硬化から高血圧を誘発することもあります。

⑥寒さ（寒冷）

気温の低い冬季には、血圧が高くなったり、心筋梗塞などの心血管疾患の死亡率が上がります。

これは寒さによって、皮膚表面近くの血管が収縮したり、血圧を上昇させるカテコールアミンの分泌が増え、血圧が上がるためと考えられています。

血圧の高い人ほど、寒冷の影響を受けやすいので、冬季の外出、冬の浴室や脱衣所、トイレでは気をつけましょう。家庭内では極端な温度差がつかないよう、各部屋の温度調節に気をつけましょう。

⑦精神的ストレス

寒冷などの肉体的ストレスだけでなく、精神的ストレスでも血圧は影響を受けます。精神的ストレスを受けると、交感神経のはたらきが高まり、血圧を上昇させるカテコールアミンなどのホルモンの分泌が増えます。

ストレス性の高血圧には、仮面高血圧のひとつで、職場で仕事をしているときに高血圧になる**職場高血圧**があります。仕事のノルマや人間関係、転職などによる精神的ストレスや疲労がたまることで血圧が上昇します。また家庭にいても、家事、育児や介護、家族間のトラブル、子どもの受験・就職・結婚などが精神的ストレスとなり、同じように高血圧になるケースもあります。

◇高血圧の治療

高血圧治療の目的は、血圧を下げることで脳梗塞や心筋梗塞などを発症させないことです。そのためには生活習慣を改善し、それでも血圧が下がらない場合には薬物療法が必要となります。

最終的には、降圧の目標値（上段表）をめざしますが、少しずつ確実に血圧を下げていきましょう。まずは、収縮期血圧の平均を2㎜Hg下げることから取組みましょう。こうすることで、脳血管障害の死亡リスクは約10％、心筋梗塞の死亡リスクは約7％下げることができます。

血圧を確実に下げるためには、長年の生活習慣を改善することがたいせつです。ただし、生活習慣をいきなり変えても、身につかなければ効果は現れませんし、一時的に下がっても、またもとの高い血圧に戻ってしまいます。

●生活習慣の改善

①減塩（食塩摂取量の制限）

塩分摂取は、できれば1日6g未満にとどめましょう。これは、調理に使う食塩だけでなく、さまざまな食品に含まれる食塩も含めた量です。

ただし、1日の食塩摂取量を正確に知ることは、なかなかむずかしいものです。どの食品にどのくらいの食塩が含まれているのかを知っておくと、塩分のとりすぎに気をつけることができ

◎甘草の注意

生薬の甘草は、マメ科の植物の根からつくられ、せき止め、鎮静、抗潰瘍、抗アレルギー効果などがあるため多くの漢方薬に含まれています。また、血圧を上げる作用もあるので高血圧の人は注意が必要です。甘草を含む保険適応の漢方薬はつぎのとおりです。

安中散、胃苓湯、温経湯、越婢加朮湯、黄耆建中湯、黄芩湯、黄連湯、乙字湯、葛根湯、葛根加朮附湯、葛根湯加川芎辛夷、加味帰脾湯、加味逍遙散、甘草湯、甘麦大棗湯、桔梗湯、帰脾湯、芎帰膠艾湯、芎帰調血飲、九味檳榔湯、荊芥連翹湯、桂枝湯、桂枝加黄耆湯、桂枝加葛根湯、桂枝加厚朴杏仁湯、桂枝加芍薬湯、桂枝加芍薬大黄湯、桂枝加朮附湯、桂枝加竜骨牡蛎湯、桂枝加苓朮附湯、桂枝人参湯、桂芍知母湯、啓脾湯、桂麻各半湯、香蘇散、五虎湯、五積散、五淋散、柴陥湯、柴胡桂枝湯、柴胡桂枝乾姜湯、柴胡

るでしょう。食塩は、しょうゆやみそだけでなく、食パン、練り製品、インスタントラーメンなどの加工食品にも含まれていますので注意しましょう。

②食事内容の見直し

栄養バランスを考えた食事が基本です。外食の多い人は、丼物や単品の料理よりも、たくさんの食材を使っている料理を選ぶようにしましょう。おかずにしょうゆやソースなどはかけないようにしましょう。とくに麺類では、汁を残すようにしましょう。

食塩を多く含む料理や食品を控えるだけでなく、動脈硬化につながる飽和脂肪酸（肉の脂身、ラードなど）やコレステロールを多く含む食品も控えましょう。ただし、カリウムが多く含まれている緑黄色野菜や果物、海藻、イモ類などは積極的に食べるようにしましょう。カリウムはナトリウムを体外へ排出するはたらきがあり、血圧を下げます。ただし重い腎臓障害のある人は、高カリウム血症（1533頁）になることがあるので注意が必要です。

また、食べすぎ、早食い、不規則な食事時間なども見直しましょう。

③肥満の解消

肥満の人は、減量が必要です。体重を4～5kg減らすと、血圧を十分下げる効果があります。ただし、むりなダイエットは慎みましょう。1か月に2～3kgの減量を目安にしてください。

肥満の解消は、メタボリックシンドロームの解消にもつながります。

肥満のない高血圧の人は、適正体重を維持するようにしましょう。

④節酒

お酒を飲むと、血圧は上昇します。とくにたくさん飲む人ほど、早朝高血圧をもたらします。しかし適量のお酒（前頁上段）ならば、心身の緊張を和らげ、善玉のHDLコレステロールを増やす効果があることが知られています。

⑤運動

毎日運動をつづけていると、血圧が下がっていきます。運動によって、末梢血管が広がり、血液の循環がよくなります。すると、心臓は高い圧力をかけなくても血液を全身に送り出せます。

運動の種類は、ウォーキングや軽いランニング、水中歩行などの有酸素運動（酸素を体内に取入れながら行う運動）が適しています。できれば1日30分以上、毎日行うと効果的です。

ただし運動して、胸の圧迫感や動悸、呼吸困難、ふらつき、脚の痛みなどを感じたら、医療機関を受診してください。高齢者では、事前に心臓血管系の検査を受けておくと安心です。

⑥禁煙

たばこを吸うと、一時的に血圧が上ります。それは、ニコチンが血管を収縮させたり、一酸化炭素によって体内が酸素不足になり、それを改善するために心臓が血液をどんどん送り出し、血圧が高くなるためです。

たばこは、肺がん、胃潰瘍、食道がん、脳梗塞、心筋梗塞なども引き起こしますので、禁煙しましょう。

◉薬物療法

生活習慣の改善を一定期間行っても、十分な降圧効果が得られない場合（140／90㎜Hg以上の場合）、薬による治療が検討されます。

ただし、糖尿病や腎障害を合併して

高血圧

清肝湯、柴朴湯、柴苓湯、酸棗仁湯、滋陰降火湯、滋陰至宝湯、四逆散、四君子湯、梔子柏皮湯、炙甘草湯、芍薬甘草湯、芍薬甘草附子湯、十全大補湯、十味敗毒湯、潤腸湯、小建中湯、小柴胡湯、小柴胡湯加桔梗石膏、小青竜湯、消風散、升麻葛根湯、参蘇飲、神秘湯、清上防風湯、清暑益気湯、清心蓮子飲、清肺湯、川芎茶調散、疎経活血湯、大黄甘草湯、大防風湯、竹茹温胆湯、治打撲一方、治頭瘡一方、調胃承気湯、釣藤散、通導散、桃核承気湯、当帰湯、当帰飲子、当帰建中湯、当帰四逆加呉茱萸生姜湯、二朮湯、二陳湯、女神散、人参湯、人参養栄湯、排膿散及湯、麦門冬湯、半夏瀉心湯、白虎加人参湯、附子人参湯、平胃散、防已黄耆湯、防風通聖散、補中益気湯、麻黄湯、麻杏甘石湯、麻杏薏甘湯、薏苡仁湯、抑肝散、抑肝散加陳皮半夏、六君子湯、立効散、竜胆瀉肝湯、苓甘姜味辛夏仁湯、苓姜朮甘湯、苓桂朮甘湯

いる人は、130／80㎜Hg以上の場合から、薬物治療が検討されます。

　高血圧の治療には、6種類の降圧薬がおもに使われます。これらの薬は1日1種類1回の服用で、最初は少しの量から服用していきます。年齢や性別、合併症などを判断し、それぞれの人に合った薬が選ばれます。また、複数の種類を併用する場合もあります。

　現在、使用中の薬がある場合は、事前に医師に申し出てください。漢方薬を服用している場合でも医師に相談してください。とくに生薬の甘草は、少量でも注意が必要です（前頁上段）。

　高血圧の治療では、毎日、同じように薬を服用していくことがたいせつです。服用中になにか異常を感じた場合は、ただちに医師に相談してください。勝手な判断で服用を中止したり、薬の量を増やしたり、減らしたりしないようにしてください。

▼カルシウム拮抗薬　血管を収縮させるカルシウムのはたらきを抑えて、血圧を下げます。降圧薬として、もっともよく使われている薬です。

　副作用として、顔のほてり、頭痛、動悸、手足のむくみ、便秘、歯肉の腫れなどがおこることがあります。

　この薬は、グレープフルーツジュースと同時に服用すると、薬の成分が血液中に溶けやすくなり、降圧効果を強めるおそれがあります。服用の際には、水または白湯で服用しましょう。

▼アンジオテンシンⅡ受容体拮抗薬　昇圧作用のあるアンジオテンシンⅡを打ち消すようにはたらきかけます。糖尿病や腎障害のある人に適しています。

　副作用は比較的少ないですが、めまい、動悸などをおこすことがあります。

▼アンジオテンシン変換酵素（ＡＣＥ）阻害薬　昇圧作用のあるアンジオテンシンが体内でつくられるのを防ぎ、強力に血圧を下げます。他の降圧薬と併用すると、さらに効果的です。糖尿病や腎障害のある人に適しています。

　消炎鎮痛薬を使用している人では、降圧効果が弱まることがあるので、医師に相談してください。

　副作用は、からせき、まれに呼吸困難などが現れることがあります。

▼α遮断薬　血管を収縮させる交感神経のα受容体のはたらきを遮断し、血圧を下げる薬です。前立腺肥大症などのある人に適しています。

　副作用は、立ちくらみ、めまいなどをおこすことがあります

▼利尿薬　体内の余分な水分を排出させて、血圧を調整します。塩分摂取の多い人やほかの薬で効果の現れなかった人に適しています。

　副作用として、低カリウム血症（1532頁）、高血糖（糖尿病）、高尿酸血症（痛風1514頁）などの代謝障害、腎結石（1743頁）、勃起不全（ＥＤ 1790頁）、脱水などをおこすことがあります。

▼交感神経β遮断薬　βブロッカーとも呼ばれ、交感神経のβ受容体に作用して、血圧を上げるカテコールアミンの生成やはたらきを抑えます。心臓に障害のある人、若くて心拍数の多い人に適しています。

　副作用として、除脈（脈が遅くなる1346頁）、ぜんそく（1264頁）、活力の低下、悪夢、立ちくらみなどをおこすことがあります。

◎悪性高血圧

拡張期血圧が130㎜Hg以上あって、急速に腎障害が進んで腎不全（1720頁）におちいり、生命にもかかわってくる高血圧を悪性高血圧（加速型高血圧－悪性高血圧）といいます。

頭痛、嘔吐、昏睡などの脳圧亢進状態や心不全（1342頁）をともないやすく、眼底検査をすると著しい出血や動脈硬化（1407頁）がみられます。

治療は、高血圧の薬物療法と同じく、降圧薬の服用を少量から始めます。急に血圧を下げると、臓器が虚血（血液不足）をおこす危険性があるため、注意して降圧治療が行われます。

二次性高血圧
Secondary Hypertension

病気などの特定の原因によって血圧が高い場合を、二次性高血圧といいます。二次性高血圧の頻度は、高血圧全体の5～10％ほどと考えられます。

原因疾患を治療すると、高血圧も改善することがほとんどですが、高血圧が残ってしまうこともあります。この場合は、高血圧を治療します（1401頁）。

◉睡眠時無呼吸症候群

肥満、メタボリックシンドローム（1494頁）の人などにみられ、増加が懸念されています。気道がふさがるために左心室が肥大し、夜間高血圧型の早朝高血圧（1398頁上段）を現します。まずは、睡眠中の呼吸を確保します。

◉腎性高血圧

血圧を調整している腎臓の病気によって高血圧になるもので、**腎実質性高血圧**と**腎血管性高血圧**に分けられます。

腎実質性高血圧の原因には、糖尿病性腎症（1710頁）、慢性糸球体腎炎（1696頁）、腎硬化症（1713頁）、嚢胞腎（1735頁）などがあります。これらの病気によって高血圧が引き起こされますが、高血圧によって腎臓が障害されるケースもあり、どちらが原因なのか判断がむずかしいこともあります。

高血圧の治療とともに、それぞれの病気の治療が行われます。

いっぽう、腎臓の動脈が狭窄をおこして、急に血圧が高くなるケースを腎血管性高血圧といいます。原因には、腎動脈におこった動脈硬化（1407頁）、大動脈炎症候群（1422頁）、腎臓の先天性形態異常などがあります。

降圧薬による治療のほか、腎動脈の血行を再建するための手術が行われることもあります。

◉内分泌性高血圧

ホルモン分泌が障害されておこる高血圧です。CTなどの検査器機の普及によって、副腎に偶然、腫瘍が発見されて診断されることが増えています。

内分泌性高血圧の原因には、原発性アルドステロン症（1491頁）、クッシング症候群（1491頁）、褐色細胞腫（1492頁）、甲状腺機能亢進症（1474頁）や甲状腺機能低下症（1478頁）などがあります。

原因となるそれぞれの病気の治療が行われます。

◉血管性高血圧

とくに女性にみられる大動脈炎症候群（1422頁）、血管の炎症、大動脈縮窄症（1422頁上段）などで高血圧となります。

原因疾患の治療によって、高血圧が改善します。

◉脳・神経の病気による高血圧

脳腫瘍（966頁）や脳炎（961頁）などによって、頭蓋内圧亢進（965頁）をおこすと交感神経が刺激され、高血圧になります。頭蓋内圧を下げる手術などで、高血圧を改善します。

◉薬剤誘発性高血圧

他の病気の治療薬によって、高血圧をおこすことがあります。非ステロイド性抗炎症薬、甘草を含む漢方薬、ぜんそくや関節リウマチ治療で用いる糖質コルチコイドの大量使用、貧血を改善するエリスロポエチン製剤、交感神経刺激作用のある薬剤などがあります。

高血圧の人で他の薬を併用する場合、医師・薬剤師に相談してください。

低血圧

低血圧(症)とは
(Hypotension)

◇症状があれば治療する

一般的には、収縮期血圧(最大血圧)が100㎜Hg以下の状態を低血圧といいます。

低血圧の状態がつづき、なおかつ、なんらかの症状がともなう場合を低血圧症といいます。

低血圧症を原因疾患の有無からみると、大きく2つに分けられます。

①**本態性低血圧**　低血圧の原因となる疾患が明らかでない場合。

②**症候性(二次性)低血圧**　明らかな原因となる疾患に基づく場合。

低血圧としてよくみられるのは、やせた体型の人や20歳代の女性で、とくにこれといった症状もともなわずに長年すごしている**体質性低血圧**があります。そのほかには、立ち上がったときなどに血圧の変動によって、めまいなどをおこす**起立性低血圧**もよくみられます。

本態性低血圧
Essential Hypotension

どんな病気か　原因となる疾患が存在しないのにおこる低血圧で、低血圧のほとんどを占めます。

原因　全身の血液量(循環血液量)の減少や、心臓が送り出す血液量(心拍出量)の低下、末梢血管の抵抗や、血液の粘稠度(粘りけ)の減少などが考えられます。

症状　症状の種類や程度は人によってさまざまです。一般的なものとして、「脳神経症状」では頭痛や頭重、立ちくらみ、肩こり、不眠、倦怠感、集中力の低下など、「心臓の症状」では、動悸、息切れ、脈が速い、不整脈などが、また「胃腸症状」では、食欲不振、胃のもたれ、下痢、便秘、胸焼けなどがあげられます。

症状がなければ、治療の必要はありません。低血圧の人は、動脈硬化(1407頁)の進行が遅く、血管などの合併症が少ないため、長生きの人が多いといわれます。

日常生活の注意　なんらかの症状があって、それにより、苦痛を感じている場合には、つぎのようなポイントを守るように心がけてみましょう。

①**規則正しい生活を**　人間のからだは、一定のリズムで活動しています。このリズムを無視した生活をすると、症状を感じやすくなります。

食事、起床、就寝などは、毎日、決まった時間にするようにしましょう。また、過労、寝不足も避けましょう。

②**食事は栄養豊富なものを**　たんぱく質を多く含む食品、ビタミン、ミネラルを豊富に含む野菜、海藻、果物など。また豆や豆製品を積極的にとるようにします。

食事の回数は、1日3回が基本ですが、1度にたくさん食べられない人は、量を減らして、食事の回数を増やすとよいでしょう。1日2回の食事や、とくに朝食を抜くのは、よくありません。

胃腸症状に悩まされる人は、食後30分くらい、右を下にした姿勢で横になると、症状がおこりにくくなります。

③**適度な運動を**　運動をすると、血行

◎食後低血圧

食後30分から1時間くらいの間にめまい、ふらつき、立ちくらみなどをおこす場合を食後低血圧といいます。また、食後に眠けにおそわれることもあります。

消化のために血液が腸管に集まることに適応できずにおこります。高齢者で多くみられます。

食事量を減らして、食事の回数を増やしたり、炭水化物やアルコールを控えます。食後にコーヒーやお茶を飲むと血管収縮作用のあるカフェインによって、症状が軽減できます。

がよくなり、気分転換にもなって症状を感じにくくなります。日ごろからこまめにからだを動かすことを習慣づけ、毎日の生活に運動を取入れましょう。運動は、自分に合っていると感じるものであれば種類は問いません。

治療

日常生活の改善を行っても、症状に改善がみられない場合には、内科の医師に相談しましょう。抗不安薬や血圧上昇薬の服用で、症状が和らぐこともあります。また、漢方薬が効果のある人もいます。

症候性(二次性)低血圧
Symptomatic Hypotension

どんな病気か

何かの病気の症状として、おこっている低血圧です。

▼心血管の病気 心筋梗塞(1362頁)、心タンポナーデ(1372頁)、肥大型閉塞性心筋症(1377頁)、不整脈(1346頁)、大動脈弁狭窄症(1385頁)、肺塞栓症(1414頁)など。

▼肺の病気 肺性心(1387頁)など。

▼ホルモンの病気 甲状腺機能低下症(1478頁)、アジソン病(1490頁)など。

▼薬剤の使用 降圧薬、抗不整脈薬、抗アレルギー薬など。

▼その他 がんなどの病気にともなう低栄養状態、寝たきり状態など。

治療

原因となっている病気を治療します。

起立性低血圧
Orthostatic Hypotension

どんな病気か

長時間立ちつづけていたり、体位を変えたとき、とくに寝た状態や座った状態から急に立ち上がったときに、最高血圧が20㎜Hg以上、最低血圧が10㎜Hg以上の幅で低下する状態を、起立性低血圧といいます。また、食後に血圧が低下した場合は、食後低血圧(上段)と呼びます。

おもに**立ちくらみ**を覚えますが、進行した動脈硬化(1407頁)をもつ高齢者に起立性低血圧がおこると、それをきっかけとして、脳梗塞(934頁)、一過性脳虚血発作(942頁)、狭心症(1356頁)、心筋梗塞(1362頁)、不整脈(1340頁)などを誘発することもあります。

原因

糖尿病(1501頁)による自律神経障害、シャイ・ドレーガー症候群(多系統萎縮症 956頁上段)が起立性低血圧をおこす代表ですが、そのほか、パーキンソン症候群(950頁)、大動脈弁狭窄症(1385頁)、アジソン病(1490頁)、副腎機能不全なども原因になります。また、降圧薬や抗精神病薬の服用でおこることがあります。

原因のはっきりしているものを**症候性起立性低血圧**、原因のみつからないものを**特発性起立性低血圧**といいます。

治療

症候性起立性低血圧は、原因となる病気を治療するとおこらなくなります。

特発性起立性低血圧は、急に立ち上がったり、長時間立ちつづけたりしないようにします。症状がおこったら、からだを横にしていれば、数分で血圧が戻り、症状も治まります。弾性ストッキングの着用も効果的です。

重症の場合では、自律神経機能改善薬や副腎皮質ホルモンを使用することもあります。

動脈硬化症

動脈硬化（症）

Arteriosclerosis

合併症をおこさないことが大事

◇動脈硬化とは

どんな病気か

動脈とは、酸素や栄養分を豊富に含む血液を心臓から全身に送る管のことで、ゴムホースのように弾力に富んでいます。全身にくまなく血液を運ぶため、心臓は血液を高い圧力で動脈へ送り出します。その圧力に耐えるため、動脈の血管壁は静脈に比べて厚くできています。この動脈の壁（動脈壁）がさらに厚くなって、血液が通る部分（内腔）が狭くなったり（狭窄）、弾力性を失って血管がかたくなってしまう状態が動脈硬化です。

◉動脈壁の構造

動脈の壁の性質や状態（性状）は、心臓から遠ざかるにつれ、少しずつ変化してきます。しかし基本的な構造は、内側から順に、内膜、中膜、外膜の3層で構成されています（下図）。

内膜は、一番表面の内皮細胞とその下の内皮下組織からなります。内皮細胞は直接血液に接していて、血管と血液の間で必要な物質の受け渡しや不要な物質が入り込まないように制御（血管透過性制御）したり、出血したときに血液をかためる物質を放出したり、逆に血栓という血液のかたまりによって血管内がふさがれるのを防ぐ物質を放出しています（凝固線溶系調節）。

このほか、動脈の拡張・収縮を調節する物質を産生したり、組織に感染や炎症がおこった際に、それを処理するために血液中の白血球を誘導する機能があります（白血球との相互作用）。

中膜は、平滑筋細胞と弾力に富む弾性線維がバームクーヘンのように何層にも配列しています。このため中膜は動脈血の高い圧力に耐え、動脈壁の構造を保つ機能をもっています。

外膜は、動脈を包み込み、周囲の組織と緩やかに結合しています。また外膜には、動脈の拡張・収縮を調節する神経や動脈に栄養を与える血管が存在しています。

◉動脈硬化の種類

動脈硬化は、それができる場所やおこりかたによって、粥状動脈硬化、中膜硬化、細動脈硬化という3つに分類されています（1410頁上段）。

▼粥状動脈硬化　粥腫（アテローム）という「おかゆ」のようなかたまりが、動脈の内側の壁にでき、盛り上がってくるタイプの動脈硬化です。

血管の内腔が粥腫によって狭くなると、もろい粥腫が破裂したり、血液が乱流をおこし、血のかたまり（血栓）ができたりして血管がつまり、梗塞を

動脈壁の構造

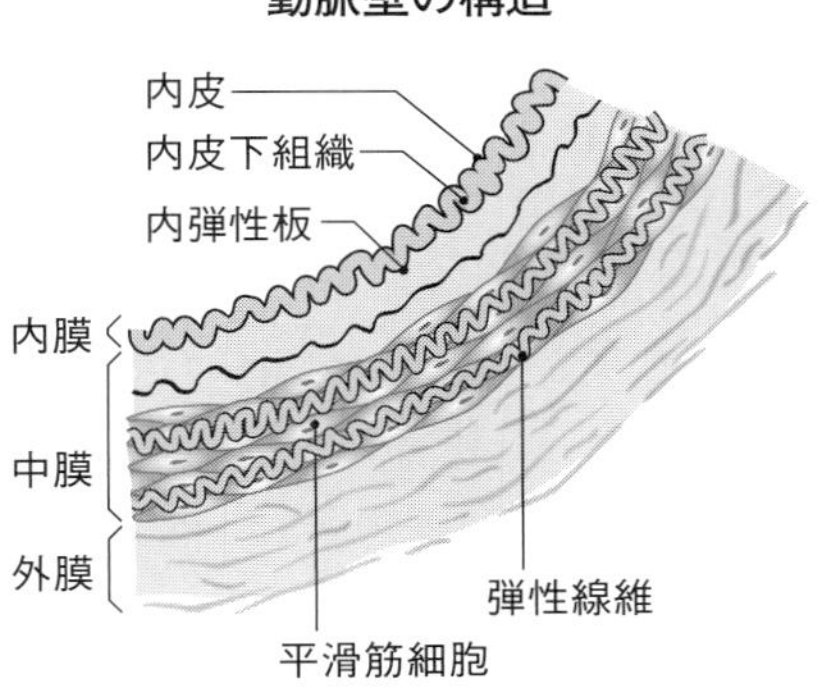

動脈硬化性疾患

動脈硬化ができる部位	病名
頸部や脳の動脈	頸動脈硬化症、脳梗塞（934頁）、脳出血（930頁）
冠動脈	狭心症（1356頁）、心筋梗塞（1362頁）
手足や腎臓の動脈	閉塞性動脈硬化症（1424頁）、腎梗塞（1718頁）
大動脈	大動脈瘤（1416～1419頁）

◎コレステロールとは

コレステロールは三大栄養素である脂質の一種です。胆石から発見された胆汁（コレ）の固形化したもの（ステレオス）という意味です。コレステロールというと一般には悪者と考えられますが細胞膜、性ホルモンや副腎皮質ホルモ

おこします。また、動脈硬化によって血管の壁がもろくなると、そこに血液の高い圧がかかり、動脈が膨らみ瘤（動脈瘤）ができることもあります。

動脈硬化の合併症の多くは、粥状動脈硬化によっておこります。このため、たんに動脈硬化というと粥状動脈硬化のことをさすのが一般的です。

▼粥状動脈硬化のおこりかた　内皮細胞が傷つくと、そこからコレステロールを含むさまざまな物質が動脈の壁に侵入してきます。白血球が体内に侵入した細菌を食べて殺すように、白血球の一種である単球がコレステロールを取除くために内膜に入り込みます。単球は、内膜下でマクロファージという細胞に変化して、内膜下のコレステロールを食べて球状に膨らみます（泡沫細胞）。また、傷ついた内膜を修理するために中膜から平滑筋細胞が移動し、線維を産生します。

本来この過程は、内膜が傷ついた際にそれを修復するためのものですが、動脈硬化になりやすい誘因をもつ人は、つねに内膜が傷つけられ、損傷と修復がくり返されます。すると泡沫細胞が蓄積して泡沫細胞巣となり、最後には壊死してコレステロールやさまざまな物質を内膜に放出します。また、平滑筋細胞が線維をつぎつぎと産生する結果、内膜が厚くなります。こうして血管の内膜にコレステロールと線維などによる粥腫ができあがり、血管は狭くなってきます。

従来、心筋梗塞（1362頁）や脳梗塞（934頁）といった血管がつまって（閉塞）おこる病気は、このような過程を経て血管の内腔が狭くなり、最終的に閉塞しておこると考えられていました。

しかし、コレステロール成分が多くそれを包む線維層の薄い粥腫の場合、それほど大きくない状態で破裂して、血栓によっていっきに閉塞することが最近の研究でわかっています。このような粥腫はもろく破裂しやすいので、**不安定プラーク**といいます。したがって、動脈硬化は内腔の狭まり具合よりも、その性状のほうが重要なのです。

動脈硬化というと、一般的に中高年になってできると思われがちですが、幼児の動脈にはすでに動脈硬化の最初の変化である脂肪のかたまりがみられます。すなわち、われわれ人間の動脈硬化は、早期から進行しているということです。動脈硬化のこわい点は、重大な合併症（動脈硬化性疾患）をおこすまではまったく自覚症状がないということです。

●動脈硬化性疾患

動脈硬化によって血管の内腔が狭くなる（狭窄）、つまる（閉塞）、逆に風船のように膨らむ（動脈瘤）などによっておこる病気を動脈硬化性疾患といいます（上段表）。

動脈に狭窄があると血液が流れにくくなり、その先の組織・臓器に十分な血液を送れなくなります。たとえば心臓の血管（冠動脈）に狭窄があると、胸痛（狭心症）の原因となりますし、脚の動脈に狭窄があると、歩行時の痛み（閉塞性動脈硬化症）の原因となります。

動脈硬化の進行や細くなった動脈内腔に血栓がつまり動脈が閉塞すると、その動脈から血液をもらっている組織

ン、神経線維を包む鞘、胆汁酸、ビタミンDの原料で、からだになくてはならないたいせつなものです。生体の必要量のうち80％を肝臓、小腸で合成し、残りを食事から摂取しています。高コレステロール血症では1日300㎎以下（それでも脂質値が改善しない人は200㎎以下）の摂取量が勧められています。コレステロールを多く含む食材は卵黄、レバー、ウナギ、イカなどで、必要以上に摂取しないようにしましょう。

◎LDLコレステロール値の計算式

健康診断などでLDLコレステロール値の項目がない場合は、つぎの計算式で求めることができます。

LDLコレステロール値＝総コレステロール値－（HDLコレステロール値）－（中性脂肪値÷5）

や臓器に血液が流れなくなります。すぐに血流が再開すれば組織・臓器への影響は少ないのですが、数分から数時間、血液が流れないままでいると組織や臓器は壊死におちいります。この状態を**梗塞**といい、たとえば冠動脈が閉塞すると心筋梗塞に、脳の動脈が閉塞すると脳梗塞となります。梗塞におちいった組織の細胞は生き返ることはなく、その機能を失います。このため広範囲の梗塞は、心不全（1342頁）や腎不全（1720頁）といった臓器不全の原因となり、生命にかかわることがあります。

動脈瘤は大きくなると破れ、出血をおこすことがあります（**動脈瘤破裂**）。この動脈瘤破裂が脳の動脈におこると脳出血やくも膜下出血（937頁）となり、胸部や腹部の大動脈におこると胸部大動脈瘤破裂（1416頁）や腹部大動脈瘤破裂（1419頁）となります。

このように動脈硬化はさまざまな病気の原因となります。とくに問題となるのは心筋梗塞や脳梗塞・脳出血で、日本人の死亡原因として上位を占める心疾患、脳血管疾患の中核となります。

◇動脈硬化の原因

原因

動脈硬化は加齢にともない生じてきますが、さまざまな誘因によってその進行は加速されます。この誘因を**危険因子**（**リスクファクター**）といいます。危険因子を多くもつほど、また長期間有するほど、動脈硬化の進行は早まり、発症の危険性が高まります。動脈硬化の危険因子として、つぎのものがあげられます。

①**脂質異常症**（1509頁）　血液中の脂肪（脂質）量の異常を脂質異常症と呼びます。脂質異常症は、LDL（低比重リポたんぱく）コレステロールや中性脂肪（トリグリセリド）が多かったり、逆にHDL（高比重リポたんぱく）コレステロールが少ない状態のことで、いずれも動脈硬化を進行させます。脂質異常症は、以前には高脂血症と呼ばれていました。

コレステロールや中性脂肪などの脂肪（脂質）は水に溶けにくいので、水に溶けやすいたんぱくに囲まれて血液中を移動します。このたんぱくをリポたんぱくと呼び、比重によってカイロミクロン、VLDL（超低比重リポたんぱく）、IDL（中間型リポたんぱく）、LDL（低比重リポたんぱく）、HDL（高比重リポたんぱく）に分けることができます。カイロミクロンとVLDLは中性脂肪に富み、LDLとHDLはコレステロールに富んだ粒子です。IDLは中性脂肪、コレステロールともに含みます。これまで、脂質と動脈硬化性疾患の関係を調べた疫学調査では、LDLコレステロールと中性脂肪が高いほど、またHDLコレステロールが低いほど、動脈硬化性疾患が多いことがわかっています。

LDLコレステロールは、細胞が必要とするコレステロールやリン脂質を細胞に運ぶたいせつな役割をもっています。しかしLDLコレステロールが必要以上に多いと、LDLコレステロールが動脈の内膜に蓄積し、さらに酸化されると、マクロファージがそれを貪食して泡沫細胞となります。これは、動脈硬化の初期の変化です。このためLDLコレステロールは、**悪玉コレス**

◎粥状動脈硬化以外の動脈硬化

▼細動脈硬化　心臓を出た動脈は、枝分れをくり返すうちに細くなり、最後に顕微鏡でなければ見えない毛細血管になります。毛細血管内の血液と細胞の間で酸素、栄養、二酸化炭素、老廃物などの交換が行われます。その毛細血管へ血液を送る一歩手前の血管を**細動脈**と呼び、この血管に生じる動脈硬化のことを細動脈硬化といいます。

細動脈硬化は、血液中の成分が血管壁に漏れ出て、それに対して血管壁が反応することによっておこります。この結果、血管の狭窄や閉塞がおこったり、動脈瘤の破裂がおこったりします。

細動脈硬化ができると、その臓器に特有な症状をおこします。たとえば腎臓の細動脈硬化は腎硬化症（1713頁）という腎臓が縮んで機能が低下した状態をもたらし、ひどい場合には人工透析（1724頁）が必

テロールと呼ばれています。ＬＤＬコレステロールが１４０mg／dℓ以上を**高ＬＤＬコレステロール血症**と呼びます。

いっぽう、ＨＤＬは細胞内の余分なコレステロールを引き抜いて肝臓に戻すリポたんぱくで、動脈硬化の進行を抑える方向にはたらきます。このためＨＤＬコレステロールは、**善玉コレステロール**と呼ばれます。ＨＤＬコレステロールが40mg／dℓ以下を**低ＨＤＬコレステロール血症**と呼び、低ＨＤＬコレステロール血症は動脈硬化の危険因子となります。

女性は、女性ホルモンのはたらきで男性よりもＨＤＬコレステロールは高値です。これが、閉経前の女性に動脈硬化性疾患が少ない大きな原因のひとつと考えられています。

以前はＨＤＬ、ＬＤＬコレステロールを含む総コレステロールの値によって脂質の異常を診断していました。しかし、ＨＤＬ、ＬＤＬコレステロールを別々に評価したほうが動脈硬化性疾患の危険因子としてより有用なことから、診断の基準が変更となりました。

中性脂肪は脂肪酸を含む分子で、エネルギーとして組織で貯蔵・利用されます。しかし中性脂肪が多くなると通常のＬＤＬコレステロールより小さなＬＤＬコレステロールが蓄積します。この小型ＬＤＬは**スモールデンスＬＤＬ**と呼ばれ、通常のＬＤＬコレステロールよりも動脈硬化を進めるといわれています。中性脂肪が１５０mg／dℓ以上を**高中性脂肪血症**と呼びます。高中性脂肪血症や低ＨＤＬコレステロール血症は、メタボリックシンドロームの診断基準のひとつです。

このほかに、食後の脂質異常症、ＶＬＤＬやカイロミクロンが代謝されてできるレムナント、ＬＤＬに特殊なたんぱくがついたLp(a)が、動脈硬化に関係があると近年いわれています。

②高血圧（1396頁）　血圧が高いと動脈の壁に負担がかかることになり、内皮細胞や平滑筋細胞に傷がつきやすくなります。また高血圧の状態では、血管を傷害する化学物質が増え、逆に血管を保護する化学物質が減少します。

③糖尿病（1501頁）、**耐糖能異常**　糖尿病になると中性脂肪値が高くなり、ＨＤＬコレステロール値は低下します。また糖尿病では、高血糖やインスリン分泌異常が血管の内皮細胞の機能を低下させる、活性酸素の産生を増やし脂質を酸化させる、代謝や酵素に変化がおこるなどのさまざまな理由によって動脈硬化を進行させます。なお、糖尿病の前段階といえる耐糖能異常と呼ばれる状態も、動脈硬化を促進すると考えられています。

④メタボリックシンドローム（1494頁）　内臓脂肪の蓄積に加え、脂質の異常（高中性脂肪血症、低ＨＤＬコレステロール血症）、血圧が高め、空腹時の血糖が高めという３つの項目のうち２つをもつ場合をメタボリックシンドロームと呼びます。高血圧、脂質異常症、糖尿病は単独で動脈硬化の危険因子となりますが、それぞれが軽症でも、重複すると動脈硬化を進行させると考えられています。肥満、とくに内臓脂肪型肥満は世界的に増加傾向にあり、それにともなってメタボリックシンドロームも増加傾向にあります。

要となることがあります。また、脳におこると脳血管性認知症（944頁）、ラクナ梗塞（934頁上段）、動脈瘤破裂による脳出血（930頁）の原因となります。このほか、目の奥にある動脈にできると、視力を低下させる原因となります。

細動脈硬化は、高血圧（1396頁）や糖尿病（1501頁）の人におこりやすく、低栄養状態や高食塩食が助長します。予防のためには、塩分に注意し、栄養バランスのよい食事をとり、血圧や血糖の管理を行うことがたいせつです。

▼中膜硬化　動脈壁を構成する「内膜」「中膜」「外膜」の3層のうち、中膜に長い時間をかけてカルシウムがたまり、石灰化するものです。50歳以上の中高年におこりやすく、脚や腕の中程度の太さの血管にできます。加齢現象と考えられ、粥状動脈硬化や細動脈硬化とちがい、問題となることはまれです。

⑤喫煙　たばこの煙には、一酸化炭素、ニコチンをはじめとしてさまざまな有害物質が含まれます。一酸化炭素は、HDLコレステロールを減少させ、血管の内皮を傷つけます。ニコチンは、血圧の上昇や心拍数の上昇をもたらします。たばこに含まれるそのほかのさまざまな物質は、血管の機能を低下、血液の粘稠性を上昇、白血球や血小板の活性をあげるなどの作用があり、これらによって動脈硬化が進行します。

⑥高尿酸血症（1514頁）　尿酸は、たんぱく質が代謝されるときに生じます。血液中の尿酸の量が多いことを高尿酸血症と呼び、動脈硬化を進行させる原因と考えられています。尿酸が動脈硬化を進めるというよりも、高尿酸血症では、肥満、脂質異常症、耐糖能異常などのほかの危険因子を合併することが多い点が問題と考えます。

⑦加齢、性差　加齢にともない動脈硬化は進行します。ただし、女性のほうが男性より動脈硬化性疾患の発症年齢が遅くなります。これは、卵巣から分泌される女性ホルモンが動脈硬化の進行を抑えるためと考えられています。

たとえば、冠動脈疾患の発症率は男性では45歳、女性では閉経後である55歳ころから上昇してきます。

⑧その他　先天性の異常や薬の副作用でホモシステインが増加したり、炎症反応でできるC反応性たんぱく（CRP 211頁）などが動脈硬化を進行させます。また運動不足やストレスなども関係があると考えられています。

◇動脈硬化の検査と診断

検査と診断　動脈硬化の存在そのものを証明することはひじょうにむずかしく、動脈硬化の状態を調べる検査および合併症を調べる検査を行って診断していきます。

▼問診　現在の症状、高血圧、脂質異常症、糖尿病などの病歴、喫煙期間と1日の本数、食習慣、運動量、ストレス、家族の病歴などを聞き、動脈硬化の危険因子がどのくらいかを調べます。

▼血圧測定　血圧が高いほど、動脈硬化の存在する可能性が高くなります。

▼血液検査　血液中のコレステロール、中性脂肪、ぶどう糖、ヘモグロビンA1c、尿酸などを測定し、脂質異常症、糖尿病、高尿酸血症の有無を調べます。また、糖尿病の診断のためにぶどう糖負荷試験を行うこともあります。

▼尿検査　尿中に糖が存在すれば、糖尿病が疑われます。尿中にたんぱくが存在すれば、糖尿病や高血圧にともなう腎障害などの可能性が疑われます。

▼心電図検査　波形の異常により、心筋梗塞や狭心症を疑うことができます。しかし、狭心症では症状が安定しているときは心電図に異常がないことも多いため、運動負荷心電図検査や他の検査が必要となります。

▼眼底検査　眼底では、動脈を直接観察できます。高血圧や糖尿病があると出血や血管新生などの変化が現れることがあります。

▼X線検査　胸部や腹部のX線で、大動脈の石灰化や大動脈の瘤化による拡大などがわかることがあります。

▼超音波検査　頸動脈のプラーク（動脈硬化巣）の厚みや範囲などを測定したり、心臓の動きや大動脈の血流の速

度を測定したり、大動脈瘤の有無などを調べることができます。また、心臓カテーテル検査の際に行う血管内超音波検査は冠動脈のプラーク、石灰化、血栓などを調べることができます。

▼**大動脈脈波（ＰＷＶ）**　動脈壁のかたさを評価する指標で、ＰＷＶが速いほど動脈壁が硬化しています。

▼**ＡＢＩ検査**　足首と上腕の血圧比を測定することで血管の狭窄の程度がわかります。足首の血圧は上腕のそれより高いのがふつうですが、下肢閉塞性動脈硬化症があると、上腕の血圧より低くなり、ＡＢＩが低くなります。

▼**血管造影検査**　血管内にカテーテルと呼ばれる管を入れ、そこから血管内に造影剤を流すことによって、血管の狭窄などを調べることができます。

▼**ＣＴ**　脳梗塞や脳出血の有無、動脈の石灰化病変などがわかります。ただし、数時間以内に生じた脳梗塞では異常がみられないこともあります。また、造影剤を使用することで、血管内の状態を評価することができます。

▼**ＭＲＩ**　脳梗塞や脳出血の有無などに有用です。ＣＴでは異常を認めないような数時間以内に生じた脳梗塞についても診断できます。また、血管内の状態を評価することもできます。

▼**シンチグラフィー（核医学検査）**
心臓や脳の血流の状態などがわかり、狭心症などの診断に役立ちます。

◇生活改善が基本

治療　バランスのとれた食事をとる、運動する、禁煙するといった生活習慣の改善は動脈硬化の治療として、また、動脈硬化を進行させないためにもひじょうにたいせつです。生活習慣を改善しなければ、いくら動脈硬化の治療をしても効果が不十分になってしまいます。

▼**危険因子の除去および治療**　高血圧、脂質異常症、糖尿病、高尿酸血症などの動脈硬化の原因となる病気がある場合、その治療を行います。治療により動脈硬化の進展や新たな動脈硬化の発症を抑えることができます。

▼**禁煙**　禁煙の効果は、その開始とともに速やかに現れ、禁煙期間が長くなるほど危険性が低下します。容易に禁煙できない場合、ニコチンパッチやニコチンガムを使う治療も考えましょう。

◉食事療法

食事療法は、生活習慣の改善の主体となります。過剰なエネルギー摂取は肥満の原因となり、脂質異常症や糖尿病の発症に大きく関係してきます。エネルギーの摂取量は標準体重１kgあたり25～30kcalで、栄養素の配分は糖質60％、たんぱく質15～20％、脂質20～25％が適切です。しかし、糖尿病や腎不全といった病気をもつ場合、それに合わせたエネルギー、栄養素の配分があるため、医師や栄養士の指導が必要となります。

①**脂肪**　動物性脂肪（飽和脂肪酸）を多く摂取すると、悪玉コレステロールであるＬＤＬコレステロールが増加します。植物性脂肪に多く含まれる一価不飽和脂肪酸には動脈硬化症の進展を予防する効果があります。ニシン、イワシ、サバ、サンマなどの青魚に含まれている多価不飽和脂肪酸には、血液中の中性脂肪やコレステロールを低下

◎動脈硬化と漢方

科学的に漢方薬がどのように動脈硬化を改善するかについての研究が、日本と中国で進められています。

動物実験で**柴胡加竜骨牡蛎湯**が動脈硬化の進行を抑制することがわかりました。また、脳血管障害の後遺症がある人に**釣藤散**を使用すると、後遺症を軽減させることがわかりました。このほか**黄連解毒湯**、**三黄瀉心湯**が動脈硬化の治療薬として期待されています。

漢方薬を動脈硬化の治療薬として用いるにはまだ検証が必要と考えられ、さらなる研究が期待されます。動脈硬化の治療薬は長期間服用しなければならないので、副作用の少ない漢方薬は今後新たな治療の選択肢となる可能性があります。

また、動脈硬化に有効な**薬膳**（滋養のある食品と漢方の考えかたを合わせた中国料理）の研究も行われています。

させ、血液をかたまりにくくするはたらきがあります。飽和脂肪酸、一価不飽和脂肪酸、多価不飽和脂肪酸を3対4対3の割合で摂取することが理想です。最近では、リノール酸、αリノレン酸という不飽和脂肪酸でつくられたマヨネーズ、サラダ油などが市販されていますので、これらの食材も利用してバランスよく脂肪酸を摂取するようにします。

②たんぱく質　大豆などにも含まれるアルギニン、魚介類にはタウリンなどの動脈硬化の発症・進展を予防する成分が含まれています。このため、たんぱく質の摂取は牛肉や鶏肉より大豆や魚から多くするようにします。

③食物繊維　食物繊維には、腸からのコレステロール吸収を抑える効果があります。コンニャク、海藻、サツマイモ、ゴボウ、キノコ類などの食物繊維の摂取は1日25g以上を目標とします。

④アルコール　飲酒により、一時的に血圧は低下しますが、アルコールを摂取しすぎると血圧が上昇します。1日に摂取するアルコール量は25g以下（日本酒1合程度）とします。

◉運動療法

日常生活のなかで、からだを動かす工夫を行うとともに、個々に適した運動を生活に取入れるように心がけましょう。

運動は血清脂質の改善、血圧の低下、インスリン抵抗性の改善などに効果的です。息が上がらない程度の運動を1日30分以上、週に3回以上（できれば毎日）行うことを目標とします。しかし、なんらかの病気、とくに心臓や血管の病気をもつ人の場合、運動により不都合を生ずる可能性があります。このような病気をもつ人は、運動療法前に医師の診察が必要となります。

◉薬物療法

動脈硬化症の合併症がない人で、3～6か月間、生活習慣の改善を行ったにもかかわらず、採血検査の結果が目標値に達しない場合には、薬物療法を検討します。おもに脂質代謝異常、高血圧症、糖尿病に対する薬物治療が中心となります。

脂質代謝異常の治療薬には、ＬＤＬコレステロールをおもに低下させる薬、中性脂肪をおもに低下させる薬、ＨＤＬコレステロールを増加させる薬があります。このうちＬＤＬコレステロールを低下させる作用の強いＨＭＧ－ＣｏＡ還元酵素阻害薬は、日本を含めた各国の臨床試験で動脈硬化性疾患の発症や進展の予防にひじょうに有効であることが証明されました。

高血圧症には、血圧低下作用に加え心臓や腎臓の保護作用のあるアンジオテンシン変換酵素阻害薬、アンジオテンシンⅡ受容体拮抗薬が有用です。

糖尿病には、血糖値を低下させる作用に加え、インスリン抵抗性を改善させる作用をもつグリタゾン系などの薬剤が有用です。

◉血漿交換療法（ＬＤＬアフェレーシス）

血液の液体成分である血漿中に存在するＬＤＬコレステロールを吸着させて取除く方法です。コレステロールのコントロールが困難な家族性高コレステロール血症（724頁）の人にこの治療を行うことがあります。

血管（動脈・静脈）の病気①

◎エコノミークラス症候群とは？

急性肺塞栓症は、深部静脈血栓症に由来しているため、一連の病態と考えて、これらを**静脈血栓症**と総称します。

エコノミークラス症候群とは、長時間の飛行機旅行に関連しておこる静脈血栓症を示します。したがって、深部静脈血栓症のみで肺塞栓症をおこしていない病態も存在します。エコノミークラス以外の旅行者にも発症しており、また、飛行機以外の交通機関を利用した長時間旅行でも発症するため、**ロングフライト症候群**とか、**旅行者血栓症**と呼ばれるようになりました。

予防するには、機内の歩行、

肺塞栓症
Pulmonary Embolism

どんな病気か

肺塞栓症として一般的に理解されているのは、旅行や災害時、病院内で発症する**急性肺塞栓症**です。これは脚の静脈にできた血栓（表面から見えないため深部静脈血栓といいます）が、静脈壁からはがれて血流で運ばれ、肺動脈を突然つまらせる病気です（次頁図）。その結果、血液はつまった肺動脈手前で停滞するため、右心室が急速に拡張するとともに、十分な血液が左心室に入らず、血液が全身に流れにくくなります。肺では二酸化炭素と酸素のガス交換ができなくなり、血中の酸素濃度が低下し、さまざまな症状が現れます。

診断できなければ急性期の死亡率は約30％、診断できれば約８％といわれますが、重症度によって大きく異なります。早期治療ができれば、多くの人は後遺症を残さず回復する病気です。

急性肺塞栓症には、特徴的な症状がないため、急性心筋梗塞（1362頁）、心不全（1342頁）や呼吸不全、心臓神経症（1389頁）などとまちがえやすく、診断がむずかしい病気として知られています。

慢性肺血栓塞栓症は、長期間、肺動脈内に血栓があり、慢性的に肺の血圧が高くなります。徐々に病態は悪化し、重症になると、軽度の身体活動でも症状が現れてきます。

症状

急性肺塞栓症は、無症状から突然死まで幅広い症状を示しますが、通常は心不全、狭心症（1356頁）や心筋梗塞（1362頁）、不整脈（1346頁）、呼吸不全と類似した症状がみられます。長い時間安静にしていた人が、歩行を開始したり、トイレに立ったあとに、急に息苦しくなったり、めまいや失神を訴えたときにはこの病気を疑います。少しずつ息苦しさや呼吸困難が増してくる場合もあります。閉塞された肺動脈の範囲によって重症度は異なり、最重症のときには、突然に心拍も呼吸も停止することがあります。

また、症状がいったん軽快しても、再発して重症になりやすいので、通常と異なる症状を感じたときは、ためらわず医療機関を受診してください。

慢性肺血栓塞栓症では、からだを動かしたときの、息苦しさや呼吸困難が主体となります。

原因

肺塞栓症は深部静脈血栓が原因ですが、その血栓は、その人のもつ血液の性質や脱水状態などのため、血液がかたまりやすくなっていたり、長時間旅行や災害時の避難所生活などの活動制限や、手術など静脈血流が遅くなる場合に発症しやすくなります。長い間、脚を動かさないことも、血栓をできやすくします。

はがれやすい深部静脈血栓では、血栓ができていても、むくみなどのうっ血症状がないことが多く、診断をむずかしくしています。不安定な血栓が存在する状態で脚を動かすと、静脈が筋肉によりしごかれて、血栓が静脈壁からはがれて肺塞栓症を発症します。

検査と診断

通常、胸部Ｘ線撮影では明らかな変化はありません。脈拍は毎分１００以上になることが多く、右心室に急速な負荷がかかるために、心電図では**急性右心負荷**と呼ばれ

血管（動脈・静脈）の病気

水分補給、足関節や脚の運動をする、ゆったりした服装を心がけることがたいせつです。過度の飲酒は、脱水を引き起こすことがあり、静脈血栓症の誘因となります。発症時期は、旅行の後半から帰国時にかけておこることが多いようですが、帰国数日後に発症する場合もあります。突然の息切れ、呼吸困難、めまい、意識消失など（これらの症状は一過性のことも少なくありません）があれば、必ず医療機関を受診し、症状に加えて旅行に出かけた時期を、必ず医師に伝えてください。

静脈血栓ができやすい静脈と肺動脈の関係

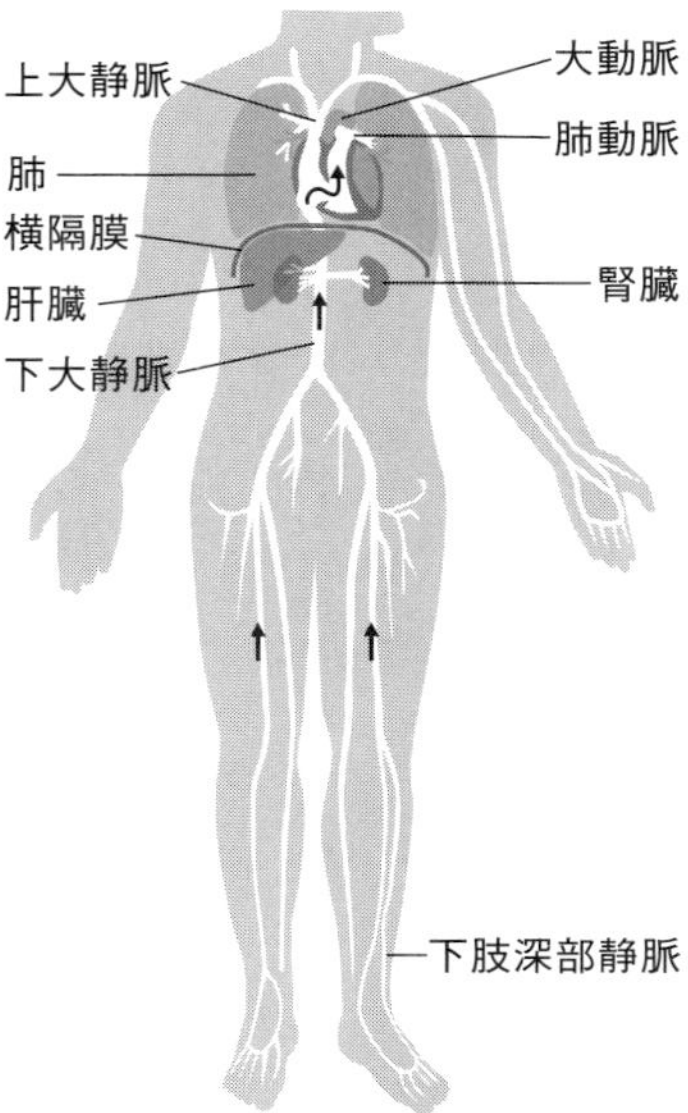

る変化がみられます。発症早期に心電図が記録できれば、異常が見つかる確率も高くなります。指先で測る動脈内の酸素濃度も低下しやすくなります。ある程度の大きさの肺塞栓症では、心エコー図で高率に右心室の拡大が認められます。いっぽう、血液検査で**Dダイマー**（血栓を調べるマーカー）が正常であれば、この病気は否定できると考えられています。

　このような検査で肺塞栓症が疑われれば、造影剤を使ったCT（コンピュータ断層撮影）や肺動脈造影で診断を確定します。CT装置の性能がよくなり、1回の検査で肺動脈と深部静脈の血栓を診断できるようになっています。

治療

　この病気は治療開始が遅れると、再発による重症化の危険が高まるため、早期治療が重要です。重篤な場合には、診断が確定しなくても、疑われた段階で治療を始めることがあります。全体の死亡率は6・7%ですが、心拍が停止した場合の死亡率は52%、ショック状態になった場合は16%との報告があります。軽症の段階で治療できると死亡率は低い（ショックなし2・7%、右心室拡大なし0・8%）ことが知られています。

　治療法には、薬物、カテーテル治療、手術があります。基本は血液をかたまりにくくするヘパリン剤を使用する抗凝固療法で、重症になると血栓を溶かす薬物（tPA）が追加されます。これらの薬剤では、出血しやすくなるため、頻繁に血液検査を行います。

　最近では、カテーテルを用いて肺動脈内の血栓を吸引したり、溶かす治療を行う施設もでてきました。緊急手術ができる施設はかぎられていますが、その成績は向上しつつあります。また、下大静脈に一時的にフィルターを入れて血栓の再発を予防し、発症早期から体動を勧める施設も増えてきました。

　慢性肺血栓塞栓症では、血栓がかたくて薬剤で溶かすことができません。新しい血栓を予防するため、抗凝固薬のワルファリンカリウムを使用することが多いのですが、日常生活に支障がでるまでに症状が強くなると、手術で血栓を取除く必要があります。

予防

　深部静脈血栓の予防が、肺塞栓症の予防になります。

第2の心臓といわれる脚の筋肉は、収縮・拡張することにより、深部静脈の血液を心臓に戻しています。血栓を防ぐには、さまざまな機会を捉えて脚を動かすことです。動けない状態が長くつづく場合には、機器による足の他動運動やマッサージが必要です。入院中は病状にもよりますが、できるだけ早く脚を動かすことが勧められています。

　肺塞栓症が発症した場合、急性期の治療終了後も再発を予防するため、ワルファリンカリウムを長期間使用することになります。

大動脈瘤とは
(Aneurysm of the Aorta)

　おもに動脈硬化（1407頁）によって大動脈が瘤のように膨らんだ状態を大動脈瘤と呼びます。一般的には無症候性のことが多く、健診などをきっかけに指摘されることが多くあります。治療しないでいると、膨らみは徐々に大きくなり、瘤の壁は薄くなり、ついには破裂します。血圧をコントロールした場合でも、瘤は徐々に拡大し、破裂するため、最終的な治療は外科的手術となります。

　いったん破裂してしまうと命を救うことは困難で、救命できても重い後遺症を残すことが多いため、いつ外科的な治療をするのかを正確に判断することが重要です。

　大動脈の壁は、内膜、中膜、外膜の3層構造からなっており、この壁構造の変化のようすから、**真性動脈瘤**、**仮性動脈瘤**、**解離性動脈瘤**の3種に分けて呼びます（図1）。また、瘤の発生場所から、**胸部大動脈瘤**（次項）、**腹部大動脈瘤**（1419頁）、両方に発生する**胸腹部大動脈瘤**に区別されます（図3）。

　さらに、瘤の形状により紡錘状、嚢状の2種に分けて呼びます（図2）。**紡錘状瘤**は動脈全周が拡張した状態で、通常の直径の1・5倍以上になったものを瘤と呼びます。**嚢状瘤**は動脈壁の一部が袋状に拡張した状態をいい、大きさにかかわらずその形態によって診断されます。一般に嚢状瘤のほうが破裂しやすく、より危険であるといわれています。

図1　瘤の形からみた分類

真性動脈瘤　動脈壁の3層構造が保たれる。

仮性動脈瘤　壁が破綻したところから血液が出て周囲の組織でおおわれる。

解離性動脈瘤　内膜と中膜の一部が断裂したところから血液が流入。

図2　大動脈瘤の形状（真性瘤の分類）

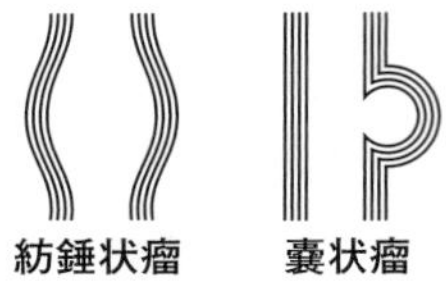

図3　大動脈の構造

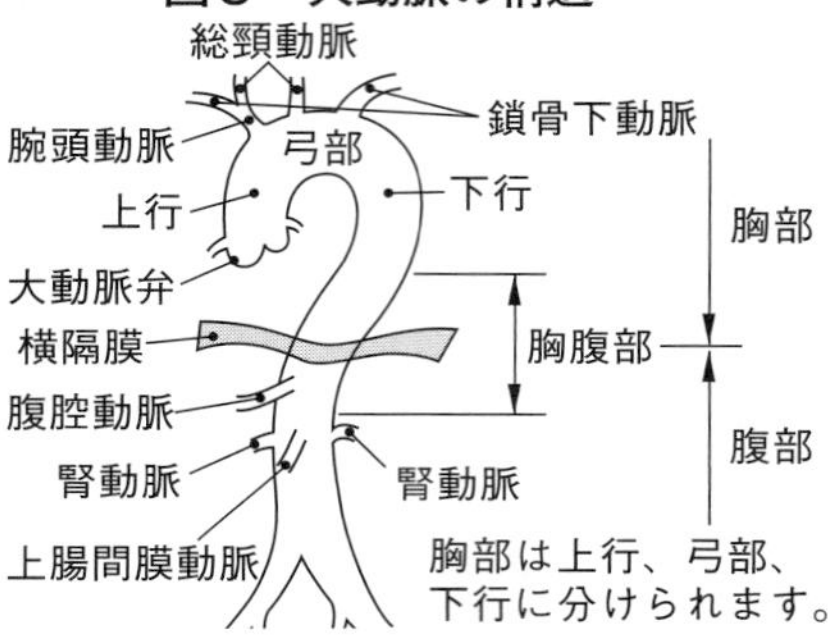

胸部は上行、弓部、下行に分けられます。

胸部大動脈瘤
Aneurysm of the Thoracic Aorta

健診で発見されることが多い

◇破裂するまでは無症状

どんな病気か　横隔膜より上にある大動脈にできる動脈瘤です。上行、弓部、下行および胸腹部大動脈瘤にそれぞれ区分されます（写真1、2）。

大動脈瘤はいちどできると縮小することはなく、多くは徐々に拡大していきます。その際、動脈壁には**ラプラスの法則**〔T（瘤壁への張力）＝P（瘤内血圧）×R（瘤半径）〕が作用しており、瘤径が増加するにつれて壁張力は増大し、さらなる瘤径の増加を招く結果となり、ついには破裂します。

　瘤破裂の予知には、瘤径だけでなくその拡大速度も重要です。

原因　加齢にともなう動脈硬化症によるものが大部分です。

そのほかに先天性のマルファン症候群（1384頁）やエーラス・ダンロス症候群、

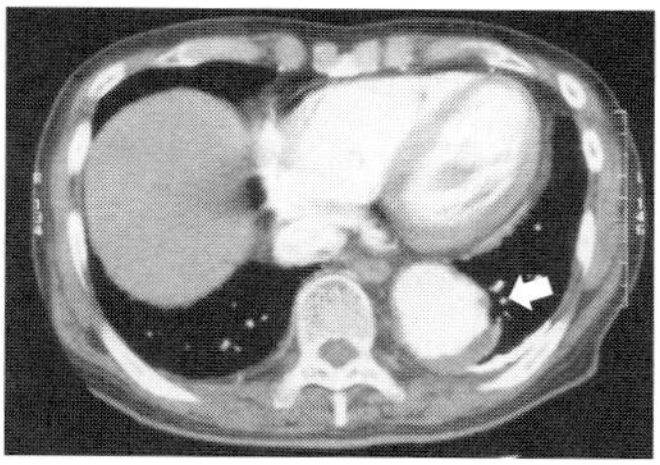

写真1　胸部下行大動脈瘤（CT像）

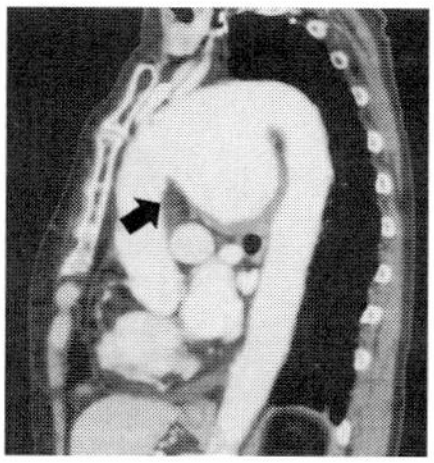

写真2　弓部大動脈瘤（CT像）

大動脈炎症候群（1422頁）、肺結核（1285頁）、巨細胞性動脈炎（側頭動脈炎2041頁上段）、ベーチェット病（2047頁）、突発性中膜壊死（動脈壁の中膜の壊死）、梅毒（2132頁）、転落や交通事故による外傷性などがあります。

症状

瘤径が小さい場合には通常、無症状です。健診などの胸部X線写真で偶然発見されることもあります。瘤径が大きくなっても「破裂するまで無症状」であることが多いが、注意を要する点です。症状が現れた場合には、多彩な症状があります。

①**胸背部圧迫感、疼痛**　破裂しかけているときには、持続する痛みを訴えます。胸痛をともなう他疾患、心筋梗塞（1362頁）、大動脈解離（1420頁）、肺梗塞などとの識別が必要です。

②**周囲臓器への圧迫症状**　声帯の動きをつかさどる反回神経の圧迫による声がれ、食道圧迫による飲み込み困難、交感神経星状神経節の圧迫による**ホルネル症候群**（軽い眼瞼下垂、縮瞳、顔面の発汗低下と紅潮）、**上大静脈症候群**（頸部静脈が浮き上がったり、顔がむくむ）などが現れることがあります。

③**壁在血栓による症状**　瘤の中の血栓がはがれて流れた結果、脳梗塞（934頁）、腸間膜動脈閉塞症（1589頁）による腸管壊死、手足の動脈塞栓症（1425頁）などの塞栓症をおこすことがあります。

検査と診断

胸部X線写真を撮影すると、大動脈瘤の陰影、縦隔陰影の拡大、気管の偏位、圧排像（押されてずれている状態）がみられます。

超音波検査も、からだに負担がなく、有用な検査法です。体表面からの超音波検査では、上行大動脈から弓部大動脈の一部および頸部分枝を、経食道超音波検査（消化管内視鏡のように飲み込んで行います）では、ほぼ胸部大動脈の全体および腹部の主要な動脈の分枝レベルまで観察できます。

CTやMRIでは、瘤径、瘤の範囲、壁在血栓の有無や性状、瘤壁の石灰化の有無などがわかります。とくに三次元構築CTでは、瘤の形態や頸部分枝との関係などをさらに立体的にとらえることができ、手術の際にも有用です。

大動脈造影検査は、瘤の形態や分枝との関係の評価に有用です。手術を前提とした場合は、冠動脈造影も必ず行い、冠動脈病変の有無を確認します。

◇外科的治療が第一

治療

瘤そのものは内科的に治療できませんが、瘤の拡大、破裂の直接の原因となるために、高血圧（1396頁）の厳密な治療が必要です。降圧薬として、交感神経遮断薬、利尿薬、交感神経α_1遮断薬、カルシウム拮抗薬、アンジオテンシン変換酵素阻害薬、β遮断薬などが用いられます。

◉外科的治療

原則として**人工血管置換術**を行います。瘤径5・5〜6・0cmあるいは1年に5mm以上の拡大で、手術を考えます。嚢状瘤は、瘤径にかかわらず拡大傾向のあるものは手術を適応します。

手術はからだへの負担（侵襲）が大きいため、70〜80歳では中〜低リスク症例が、80歳以上ではリスクのほとんどない症例が手術の対象となります。

瘤破裂、切迫破裂および瘤による合併症（症状①〜③）をきたした場合は、

図４　弓部大動脈瘤の手術例

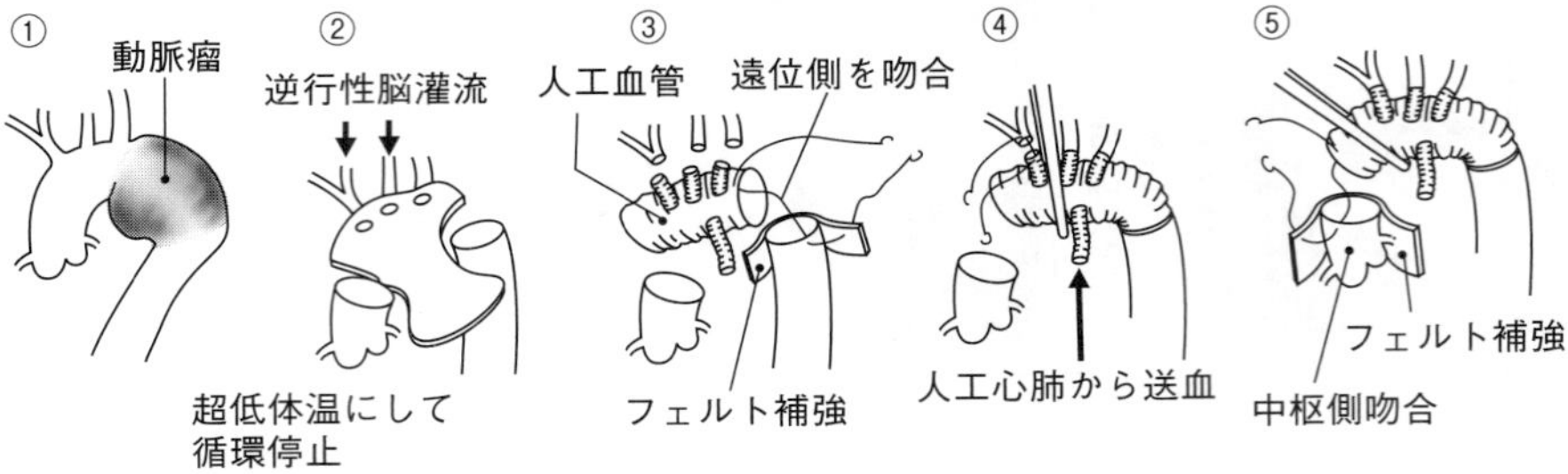

図５　下行大動脈瘤の手術例

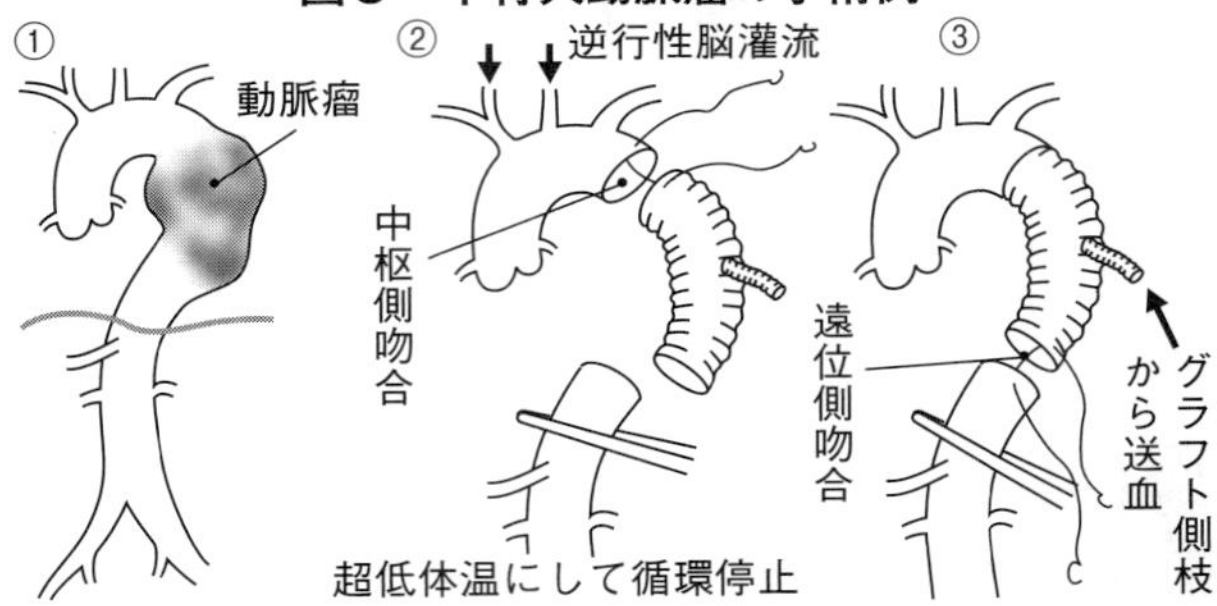

写真３（上）
ステントグラフト
写真４（下）
下行大動脈瘤に対するステントグラフト留置後の三次元ＣＴ

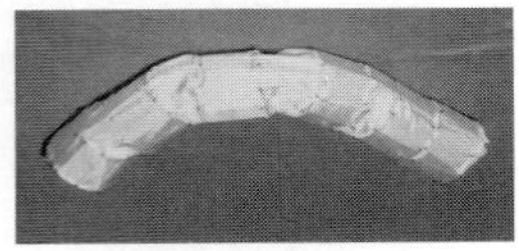

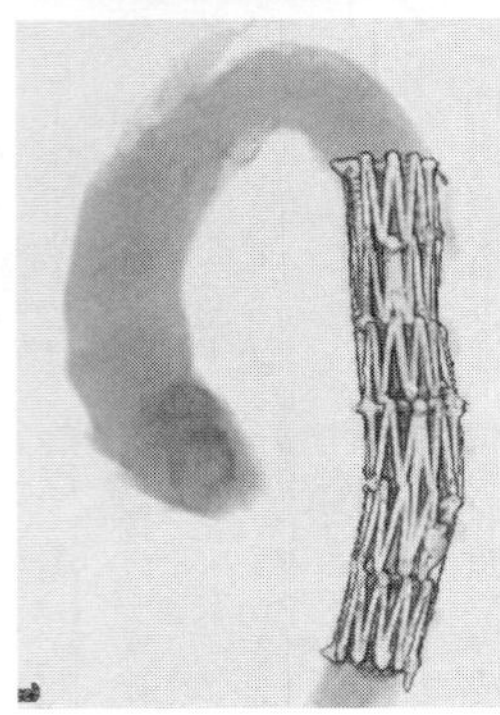

早急に手術します。胸骨の真ん中の位置で切開して、上行から弓部大動脈瘤で行う人工血管置換術においては、補助手段として人工心肺を用いた体外循環を行います。術中は臓器保護（とくに脊髄保護）のために**低体温**にし、脳保護のために上大静脈からの**逆行性脳灌流**あるいは弓部分枝からの**選択的脳灌流**を必要に応じて併用します（図４）。

冠動脈疾患を合併した場合は、大動脈手術前に経皮的冠動脈形成術、冠動脈バイパス術、あるいは胸部大動脈瘤との同時手術を考慮します。

左胸を切開する人工血管置換術では、部分体外循環や一次的体外バイパス法を補助手段として用います。脊髄や脳の保護のために超低体温、逆行性脳灌流を併用することもあります（図５）。

手術の合併症として、脳梗塞、出血、脊髄まひ（下半身まひ）、心筋梗塞、感染などがおこることがあります。手術に際しては、主治医からリスクを含めた病態の説明を十分に受け、理解したうえで手術を受けることが重要です。

瘤の位置、形状によっては、末梢動脈（外腸骨動脈、大腿動脈）から動脈瘤内に人工血管（ステントグラフト）を入れて血流を確保し、瘤にたまった血液をかためてしまう**経カテーテル式ステントグラフト内挿術**により低侵襲な治療が、下行大動脈瘤に対して可能となりました。しかし留置場所によっては、脳梗塞や肋間動脈（前脊髄動脈）閉塞による対まひなどの合併症をおこす可能性があるので、専門医とよく相談して治療法を選択することが重要です（写真３、４）。

大動脈瘤の人は、高血圧、糖尿病、高尿酸血症や脂質異常症の合併が多く、ほかの部位の動脈硬化性疾患をともなうこともあるため、合併症も考えた治療と管理を受けることが重要です。

血管（動脈・静脈）の病気②

腹部大動脈瘤（ふくぶだいどうみゃくりゅう）

Abdominal Aortic Aneurysm

高齢男性に多い動脈瘤

◇もっとも頻度の高い大動脈瘤

どんな病気か　横隔膜より下の腹部大動脈（1416頁図3）に発生した動脈瘤で、大動脈瘤のなかで、もっとも頻度の高いものです。とくに、両側の腎動脈の分岐部より下にできる瘤が多く、両側の脚へ分岐する血管（総腸骨動脈）が瘤化したり、逆に、閉塞や狭窄を合併することがよくあります。

男性に多く、年齢が高くなるにつれて増えてきています。もっとも多い原因は動脈硬化（1407頁）です。

症状　とくに症状のないことがほとんどで、健診で発見されることも多くあります。臍部に拍動する腫瘤（腫れもの）に気づくことがあります。瘤が大きくなると、神経や骨が圧迫されて腹痛や腰痛、背部痛がおこったりします。

腹痛や腰痛がつづき、強くなるときは切迫破裂（破裂の直前）と考えるべきで、破裂すると、激しい腹痛とともに、腹腔内出血や後腹膜血腫が生じ、血圧が急激に低下してショック状態となり、放置すると生命にかかわります。

検査と診断　正確な診断のためには、腹部超音波検査やCT、MRI検査、大動脈造影を行います。とくに治療のためには、画像診断によって瘤の位置や腹部動脈分枝との関係が正確に診断されなければなりません。

腹部に拍動性腫瘤を触れる場合、がんとの区別もたいせつです。やせた人では、大動脈の屈曲や蛇行を瘤とまちがえることもあります。

◇治療は人工血管置換が中心

治療　外科治療では、動脈瘤を切除して、人工血管に置きかえます。5cm以上の大きさの動脈瘤では、年齢を問わず、外科治療を実施します。さらに最近では、合併症がなければ、4cmでも積極的に手術をする傾向があります。

腹部大動脈瘤の大部分を占める腎動脈分岐部よりも下方の動脈瘤の場合は、大動脈を遮断し、補助手段を使わずにY型人工血管に置き換える手術を行います。

腹部大動脈瘤がある人は、破裂してからの緊急手術の成績がきわめてよくないことを考えると、破裂前に予定手術を受けることをお勧めします。

動脈瘤が小さい場合や、合併症があって手術ができない場合などでは、β遮断薬などの降圧薬を使用し、血圧を下げてようすをみます。最近では、カテーテルによって、小さく折りたたんだステントグラフト（前頁写真3）を血管内に置く治療も行われています。

●手術後の養生

早めに床を離れ、早い体力回復と社会復帰をめざします。また、高血圧や糖尿病などの合併症を治療します。1～2か月で術前の状態に戻れます。

日常生活の注意　禁煙を守り、高血圧や動脈硬化の予防につとめます。減塩食や低脂肪食の摂取を心がけることもたいせつです。

大動脈解離……1420頁

▼**症状**▲激しい胸痛や背部痛のほか、意識消失、下半身まひ、突然死することも。

▼**治療**▲まず、痛みを和らげ、降圧し、タイプによって緊急手術を行う。

◎**人工血管（合成代用血管）**

ポリエステル（ダクロン）やポリテトラフルオロエチレン（テフロン、ゴアテックス）という高分子材料を素材としてつくられる代用血管です。

血管病変部の再建に用いられ、半恒久的に生体内に使用できます。さまざまな口径のものがあります。

大動脈解離

Aortic Dissection

大動脈に亀裂ができる致死率の高い病気

◇急で激しい胸痛や背部痛

どんな病気か

大動脈壁の3層（外膜、中膜、内膜）のうち、内膜から中膜に至る亀裂（裂け目）が生じ、血液が流入することで大動脈が真腔と偽腔（解離腔）の2つに分かれてしまう状態を大動脈解離と呼びます。発症後2週間以内のものを**急性大動脈解離**と呼び、それ以降のものは**慢性大動脈解離**と呼ばれます。

突然の激烈な胸痛、背部痛、腰背部痛を感じ、解離が進むにつれて、痛みの場所が移動することがあります。急激に病態が悪化し、ショック状態となる場合もあります。突然の胸痛をおこす急性心筋梗塞（1362頁）、急性肺塞栓症（1414頁）などとの迅速な識別が重要です。

解離のタイプを分けるドベイキー分類とスタンフォード分類があり、手術適応を決定するのに有用です（次頁図）。

大動脈解離として発症しますが、大動脈が拡大して瘤を形成したら**解離性大動脈瘤**と呼びます。

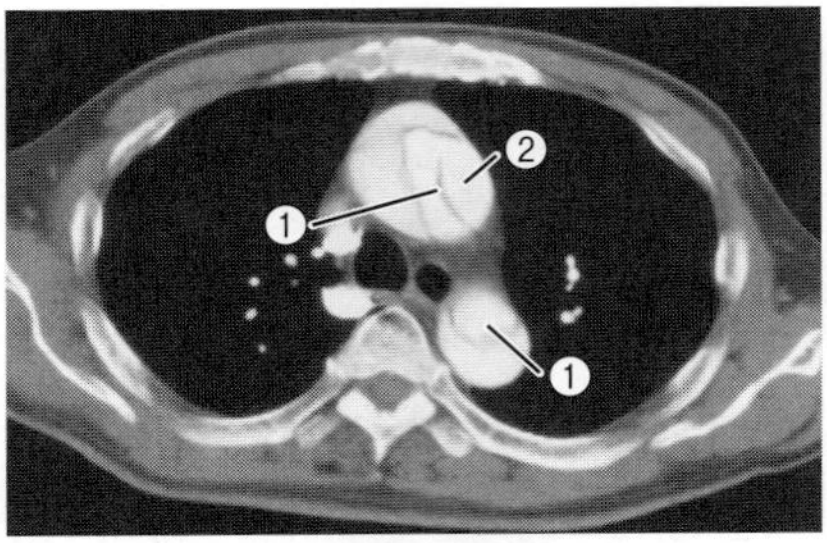

CTで見た胸部大動脈解離　上行～下行大動脈壁が解離①。解離のエントリー（血液の流れ込む亀裂部②）も描出。

原因

もともと高血圧、動脈硬化がある人に多く、睡眠時無呼吸症候群（1313頁）との関連も注目されています。

また、マルファン症候群などの嚢胞性中膜壊死（脆弱な中膜）のある結合組織疾患や、先天性の心臓・大血管の形態異常、妊娠なども原因としてあげられます。

症状

突発する激しい裂かれるような胸痛あるいは背部痛で発症します。発症時の痛みが最強で、徐々に軽減します。

解離した部位と解離の進展によって、さまざまな症状をともない、大動脈弁閉鎖不全（1384頁）、心筋虚血、左右の手足の血圧差、脳虚血症状（脳梗塞（934頁）、意識消失、まひなど）、脊髄虚血症状（一時的または永久的下半身まひ）、腎虚血症状（乏尿や無尿）、腸管虚血症状（腹痛や下血）などを併発することがあります。

破裂した場合には、心タンポナーデ（1372頁）や血胸（1956頁）でショックとなり、短時間で死亡してしまいます。

検査と診断

胸部X線写真では、心陰影の拡大所見や、胸腔内に滲出液がたまっているのがみられることがあります。CT検査では、大動脈が分割されたような画像がみられ、解離腔の大きさや範囲の判定に役立ちます。偽腔（解離腔）が造影されないタイプの大動脈解離もあり、この場合は造影剤を用いないCT検査が役立ちます。

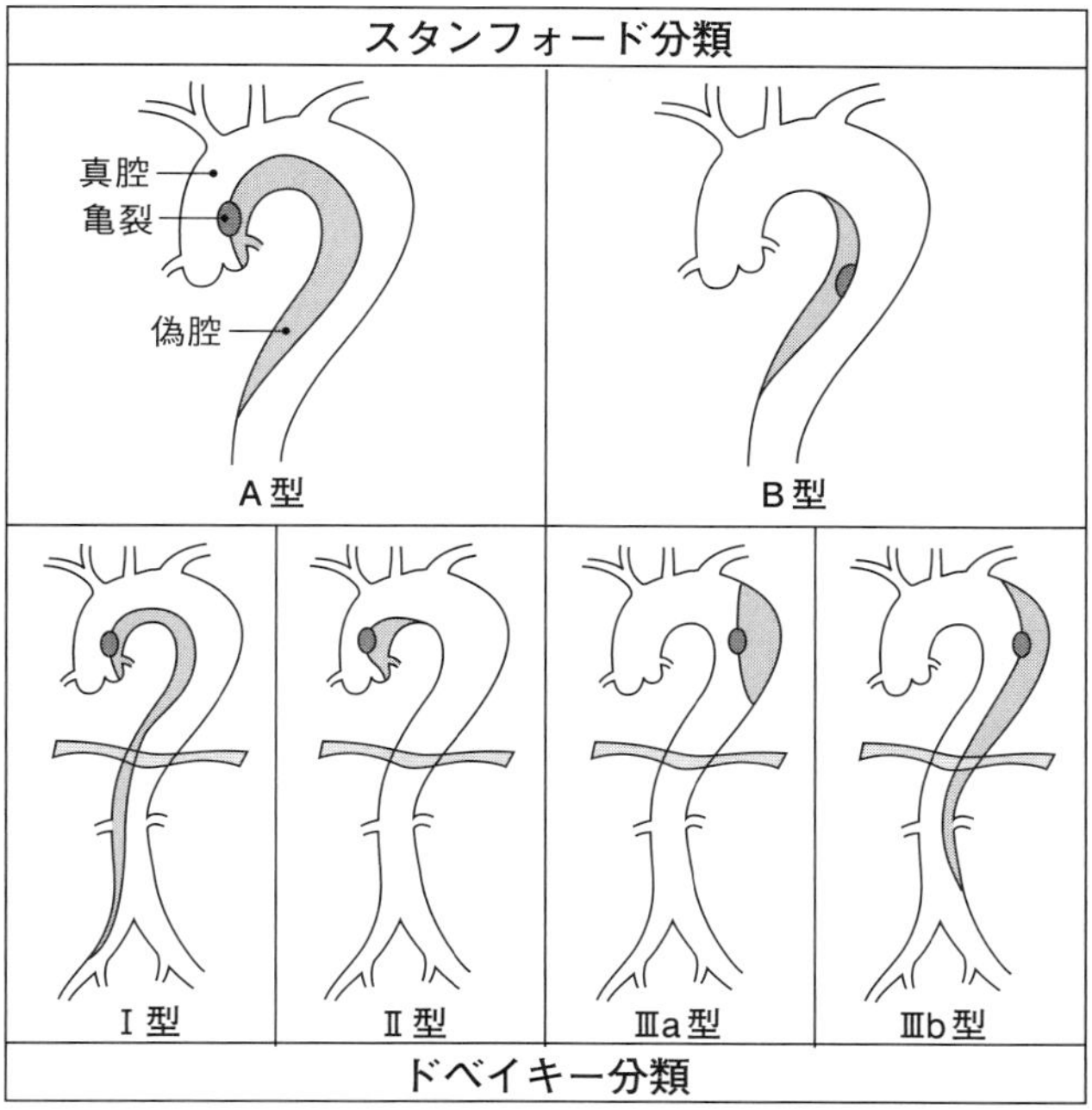

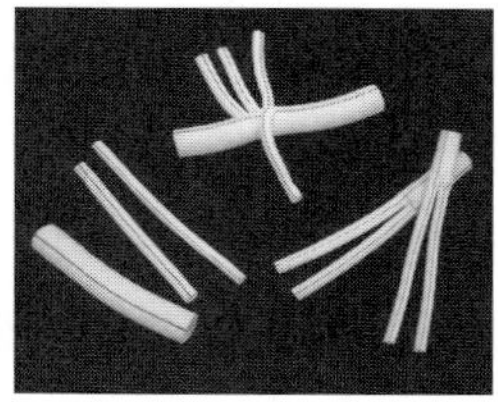

体表面から行う超音波断層検査では、大動脈弁の逆流や心嚢内の血液貯留の有無などが判断できます。また、食道内から観察する経食道超音波断層法を用いて、上行、弓部から下行大動脈全体を観察することで、解離の進展や内膜亀裂の位置などの診断が可能となり、手術術式の決定にたいへん有用です。

そのほかに、MRIや大動脈造影なども有用です。

◇A型は手術治療が原則、B型は内科的降圧療法が原則

治療　急性大動脈解離はきわめて重篤な経過をたどる疾患で、発症48時間以内に50%が死亡、14日以内の死亡率は80%にもおよびます。

臨床で用いられるスタンフォード分類で解説すると、上行から弓部大動脈に亀裂がおこる**A型解離**では、大動脈破裂や心タンポナーデ、急性大動脈弁閉鎖不全症、急性心筋梗塞（1963頁）といった致命的合併症がおこりやすく、死亡例の約9割は破裂や心タンポナーデによる突然死です。

急性解離の治療は、まず痛みを和らげ、収縮期血圧を100～120mmHg以下に維持するように降圧療法を行います。A型解離と診断された症例は、基本的に緊急手術の適応です。

B型解離は、基本的に厳密な降圧治療で経過を観察します。しかし、臓器に虚血症状があるとき、瘤径が大きいときや、破裂して胸腔内出血がある場合は、緊急手術の対象となります。

術式は、A型解離に対しては、上行大動脈置換術や上行弓部大動脈置換術が行われます。病態によっては、大動脈弁置換術や冠動脈バイパス術が追加されることもあります。B型解離に対しては、下行大動脈置換術などが行われます。手術は、人工心肺を用いて、臓器保護のために超低体温循環停止法や、逆行性脳灌流法、選択的脳灌流法などを併用します。また、動脈瘤と同様に経カテーテル的ステントグラフト留置術（1418頁）も適応を選んで行われることがあります。

手術の目的は、破裂や心タンポナーデによる突然死の予防が主であるため、術後も解離腔が残ることがあります。

日常生活の注意　血圧のコントロールは重要で、禁煙、減塩食、降圧療法を積極的に実施し、継続しなければなりません。激しい運動は避けて、定期的にCTやMRIで瘤径の変化をチェックすることも重要です。

◎大動脈縮窄症

動脈の本幹である大動脈の一部が細くなる病気です。

先天性の狭窄は、おこる部分がいつも決まっており、左鎖骨下動脈が分枝する短い範囲におこります。ここでは、大動脈の壁の一部が折れ曲がって内腔に突出し、内腔が狭くなっています。

後天性の大部分は大動脈炎症候群によるものです。大動脈炎症候群は、大動脈のどの場所にもおこり、細くなる場所や範囲もまちまちです。このため、先天性の狭窄に対して、**異型大動脈縮窄症**ともいわれます。

いずれにしても、大動脈が途中で細くなって血流が障害されるため、その手前（心臓側）の上半身は高血圧となり、その後ろの下半身では血圧が正常か低下し、手と足の間に血圧差がみられます。また、細くなった血管の前後をバイパスして（迂回路をつくり）、血流を補っています。

大動脈炎症候群
Aortitis Syndrome

どんな病気か

動脈の壁が慢性的な炎症によって厚くなり、動脈内径が細くなって、血液の流れが悪くなる病気です。**高安動脈炎**ともいいます。動脈壁が膨らんで、動脈瘤ができる場合も一部でみられます。炎症がおこるのは、大動脈にかぎられ、大動脈とそこから出て脳や腎臓などの臓器に至るまでの主分枝にみられます。手足や臓器内部の中小動脈にはおこりません。ただし、肺動脈にかぎっては、中小動脈枝にもおこります。

顕微鏡で見ると、動脈壁にリンパ球を主体とした細胞の浸潤（侵入）がみられ、中膜の弾性線維の破壊、線維化、外膜の肥厚などがおこります。

欧米人に比べて東洋人に多く、15～25歳に好発し、圧倒的に女性に多く発症します。最近は早期発見・早期治療によって、年々、患者の年齢分布のピークが高齢化してきています。

なんらかの感染が引き金になり、自己免疫反応（2002頁）で病変が完成すると考えられます。遺伝的因子も重要と考えられています。

病型は4型に分類されます（次頁図）。

Ⅰ　**弓部分枝閉塞型**　腕頭動脈、総頸動脈、鎖骨下動脈（1416頁図3）に閉塞ないし狭窄をきたすもの。

Ⅱ　**胸腹部閉塞型**　胸部下行大動脈から腹部大動脈にいたるびまん性狭窄（異型大動脈縮窄）。

Ⅲ　**広範囲閉塞型**　Ⅰ型とⅡ型が混在。

Ⅳ　**動脈瘤形成型**　上行大動脈および弁輪拡張にともなう大動脈弁逆流や心不全症状を示すものも含まれます。

症状

発病初期には、動脈炎による発熱、貧血などがみられます。6か月以上経過すると、動脈血行障害による症状がでてきます。疲れやすい、動悸、めまいのほか、頸部動脈の血行障害では、まぶしい、目がかすむ、耳鳴りがするなどがみられます。

検査すると、頸部の血管に雑音が聞こえ、脈拍の微弱化もみられます。重くなると、視力が低下し、ひどい場合、失明することもあります（**高安網膜症**）。

手に行く動脈（鎖骨下動脈）が障害されると、手が冷たく、だるくなり、仕事をすると手が疲れやすくなります。手の脈も触れにくくなり、左右で血圧の差が現れます。手と足で血圧差がでることもあります。腎臓へ行く動脈（腎動脈）が障害されると、重度の高血圧となり、若い人でもしばしば脳出血（930頁）をおこします。

心臓の出口と大動脈の接合部には大動脈弁がありますが、この部位が障害されると、大動脈弁の逆流が生じます。軽症では日常生活に支障はありませんが、重症になると呼吸困難、浮腫（むくみ）、胸痛、倦怠感などの心不全（1342頁）の症状がみられるようになり、外科的治療も考慮されます。

また、心臓自身に血液を送る冠動脈の出口が細くなると、狭心症（1356頁）や心筋梗塞（1362頁）を発病します。肺動脈が障害されると、一時的にせきや痰が出ます。さらに、障害が片方の肺全体を越えて広範囲におよぶと、呼吸困難のために労作困難となり、慢性の呼吸不全になります。これらの経過は上半身だけの高血圧でも、ふつうの高血圧と同様に、心臓に負担をかけ、脳出血（930頁）や大動脈解離（1420頁）をおこすこともあります。そのため、強い縮窄がある場合は、血行再建術を行います。

下半身の低血圧は、あまり症状がありませんが、ひどくなると脚の倦怠感が歩行時にみられ、程度によって血行再建術が行われます。

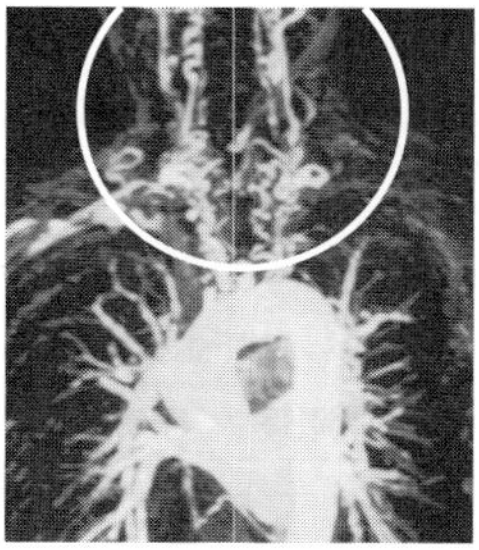

大動脈炎症候群の弓部分枝型（MRI像）
頸部の主要分枝はすべて閉塞しており、頭部の血流は側副血行路（回り道をして血液を供給する血管）により補われています（円内）。

図　大動脈炎症候群の病型分類と病像

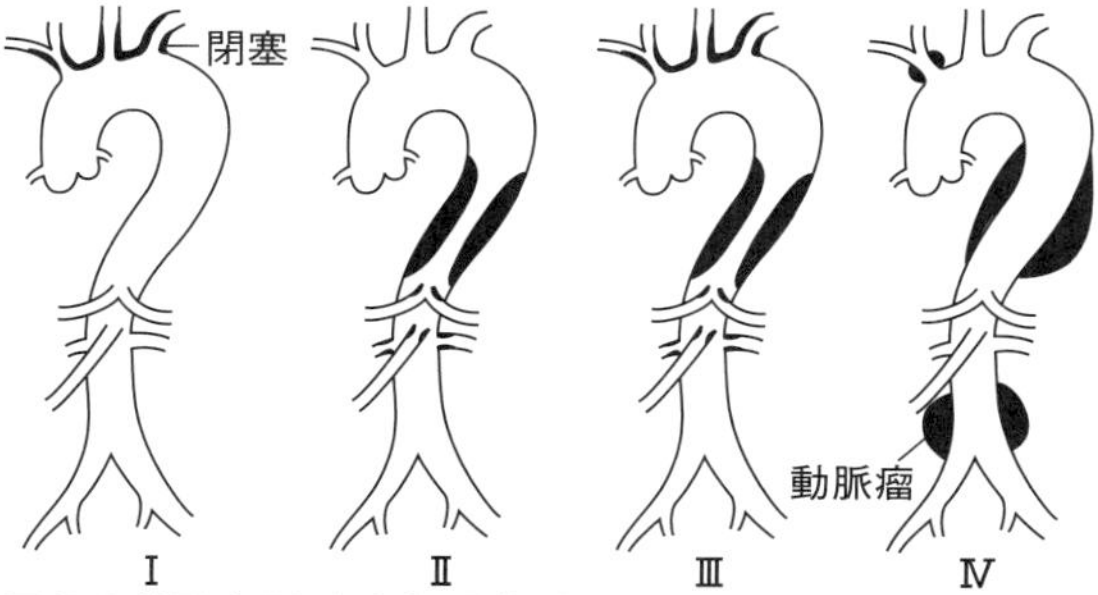

きわめて慢性的で、治療によって改善されてきますが、合併症（高安網膜症、高血圧、大動脈弁閉鎖不全〈1384頁〉、動脈瘤）と進行性の症状（易疲労性、めまい、霧視、関節痛、頸部痛、倦怠、呼吸困難、失神発作、頭痛、発熱など）の両方が存在した場合には予後に影響するといわれ、長期にわたる慎重な観察が必要です。

検査と診断　動脈炎の炎症の状態は、赤沈（210頁）やCRP（C反応性たんぱく 211頁）などの炎症反応と症状を合わせて判定します。しばらくは強い反応がみられ、治療により少しずつ軽くなっていきますが、数年から数十年かかるのがふつうです。このため、発病したらときどき血液検査を受ける必要があります。動脈障害部位は、血管雑音や脈拍、血圧の部位差によって、おおよそ推定できるのですが、正確には造影CT、MRIや血管造影によって、動脈の狭窄や拡張の型、その程度と範囲が確認されます。

合併症の診断は、各臓器で異なります。頭部については、眼科検査が行われ、その結果が目安にされます。心臓については、弁膜症は心エコー検査で、狭心症は運動負荷心電図検査、三次元CTや冠動脈造影検査で判定されます。腎臓については、血液と尿の検査に加え、ホルモン検査やレノグラム（放射性同位元素による腎機能検査）などを行ったうえで判定されます。肺については、血流シンチグラフィー（230頁）や呼吸機能検査を用いて判定します。

血液一般検査では、炎症活動期に血沈亢進、CRP反応陽性を示し、Ⅱ型やⅢ型で腎機能が悪化すれば、BUN（203頁）、血清クレアチニン値（204頁）が上昇します。

治療　炎症の活動期や急性の炎症に対しては、副腎皮質ホルモン（ステロイド）剤が使われます。

血行障害による疾患で、もっとも多いのは高血圧（1396頁）です。本態性高血圧よりも血圧が動揺する傾向があり、降圧薬が継続して使用されます。障害された腎動脈に血行再建手術や経皮経管的腎動脈形成術が行われることもあります。弁膜症、狭心症、心不全を呈する症例に対しては、それぞれの疾患について定められた治療が行われます。

外科手術としては、大動脈弁置換術、大動脈瘤人工血管置換術（1417頁）、大動脈バイパス術などが行われますが、遠隔期に人工弁周囲からの逆流や、動脈と人工血管をつないだ場所に仮性動脈瘤（1416頁）が発生しやすいために、長期にわたる慎重な観察が必要です。

フォンテイン分類

程度	症状
Ⅰ度	無症状
Ⅱ度	間欠性跛行
Ⅲ度	安静時における下肢の痛み
Ⅳ度	下肢の皮膚潰瘍、下肢壊疽

閉塞性動脈硬化症
Arteriosclerosis Obliterans

どんな病気か

動脈硬化（1407頁）によって動脈の内腔が細くなり、血流が悪化します。障害される場所は、頸動脈、鎖骨下動脈、腹部大動脈より下方の下肢動脈などです。

高齢者、とくに男性に好発し、喫煙者やメタボリックシンドロームの危険因子（高血糖、脂質異常、肥満、高血圧など）のある人に好発します。

他の動脈硬化性の病気をしばしば併発します。心臓の動脈硬化では狭心症・心筋梗塞を、脳の動脈硬化では脳梗塞を、腹部大動脈の動脈硬化では腹部大動脈瘤をおこします。それぞれ重度かつ致命的な病気です。

症状

手足の冷たい感じやしびれが最初におこることがあります。

症状の進行はゆっくりで、やがて筋肉が血行障害で痛むようになります。血流が悪化すると、筋肉を使った際に必要な血液が十分に供給されなくなり、歩行中に脚が痛み、歩けなくなることもあります。立ち止まって休むと血行障害が改善されるので、痛みが治まり、歩けるようになりますが、しばらく歩くと、再び痛みだします（**間欠性跛行**）。

血液循環が悪くなり、足先の皮膚を傷つけると、皮膚が破れ、潰瘍になることがあります。激しい痛みをともない、傷が治りにくくなります。細菌感染もしばしばともない足の指先から足部、下肢（脚）へと広がることもあります。皮下組織や筋肉まで脱落し、骨が露出することもあります（**下肢壊疽**）。

感染がコントロールされないと、強い痛みがつづき、発熱します。放置しておくと全身が衰弱して生命にかかわります。

検査と診断

ドップラー血流計で動脈血流を確認したり、皮膚サーモグラフィーで皮膚温を調べます。動脈硬化の部位と動脈狭細化の程度については、CTやMRA（磁気共鳴血管撮影）、さらにDSA（デジタル・サブトラクション血管造影）などの血管造影によって動脈をくわしく調べて判定されます。

治療

フォンテインの分類（上段）によって治療していきます。

Ⅰ度では、動脈硬化を防ぐために、高血圧、高血糖、脂質異常、高尿酸血症の改善につとめます。また、抗血小板薬、抗凝固薬、血管拡張薬、降圧薬などを使用することもあります。さらに、禁煙が必要です。

Ⅱ度では、動脈硬化の予防、内服薬による治療に加えて、歩行・運動訓練を行います。症状が改善しない場合は、カテーテルを血管内に入れて、バルーンを膨らませて血管を広げるPTA（経皮的血管拡張術）、人工血管を使用したバイパス手術や血栓内膜剥離術などを行います。

Ⅲ度では、PTAやバイパス手術、血栓内膜剥離術を行い、血行を再建します。プロスタグランジンE_1を使用することもあります。

Ⅳ度では、Ⅲ度と同様の治療を行いますが、全身状態を悪化させないために、やむなく壊疽をおこした手足を切断します。

第11章－第19章
循環器
血液・内分泌・代謝
消化器
泌尿器
皮膚
運動器
形成外科
免疫・環境因子・中毒
感染症

急性動脈閉塞症
Acute Arterial Occlusion

どんな病気か

動脈が閉ざされて、急速に血行障害がおこる病気です。全身の動脈のどこでもおこりますが、腹部大動脈から下肢動脈の分岐部にかけた部位でよくおこります。

症状

急に手足が痛んだり、しびれたり、皮膚が蒼白になったり、脈拍が触れなくなったりします。

原因

心臓や血管の上流にある動脈瘤の中から、凝固した小さな血栓が流れ出て、それが手足などの動脈につまって動脈を閉塞する場合を**動脈塞栓症**といいます。動脈塞栓症は、不整脈の心房細動（1348頁）や心臓弁膜症（1380頁）がもととなっていることが多いです。

手足などの動脈が、動脈硬化（1407頁）や動脈炎、外からの圧迫などで流れが悪くなり、そこで血液が凝固して血栓をつくり、動脈を急に閉ざしてしまう場合を**動脈血栓症**といいます。動脈血栓症は、動脈硬化がもととなっている場合がしばしばあります。

そのほか、大動脈解離（1420頁）の症状として現れたり、けがによっておこることもあります。

検査と診断

動脈の血流を確認するため、ドップラー血流計、CTやMRA（磁気共鳴血管撮影）、さらにDSA（デジタル・サブトラクション血管造影）などの血管造影によって動脈をくわしく調べます。

治療

血行が止まるので、6時間以内に血行を再開しないと手足に大きな障害を残す可能性があります。

血流を再開するためには、血液の凝固を抑えるヘパリンという薬を注射するとともに、ウロキナーゼ剤やアルテプラーゼ剤という薬で血栓を溶かします。また先端に風船がついたカテーテル（バルーン・カテーテル）を血管内に入れて、閉塞部位でバルーンを膨らませて動脈の血栓・塞栓を除去します。

血栓が残ったり、動脈に狭窄部が残る場合には、バイパス手術や経皮的血管拡張術を行い、血行を再建させます。

バージャー病（閉塞性血栓血管炎）
Buerger Disease
(Thromboangiitis Obliterans,TAO)

どんな病気か

手足の動脈および静脈に炎症がおこり、そこに血栓ができて、血管の内腔をふさいでしまう病気です。

おもに20～40歳代の男性で、喫煙者に多くみられます。

手足の動脈を閉塞する似た病気に閉塞性動脈硬化症（1424頁）があります。この病気が比較的太い動脈におこるのに対して、バージャー病は末梢（心臓から遠いところ）の細い血管に閉塞がおこります。とくに微小循環障害（毛細血管レベルの細い血管の異常）で強く現れるのが特徴で、からだの末端にあたる手指の動脈や足趾の動脈におこりやすいものです。

バージャー病では、動脈硬化のような粥状硬化（アテローム硬化）は原則的にみられません（1407頁）。

◎バージャー病の病名の由来

バージャーは、アメリカの医師です（1879～1943年）。1906（明治39）年にこの病気のくわしい報告を初めて行ったことから、この医師の名前が病名として用いられています。

ビュルガーと発音されることもあるため、**ビュルガー病**とも呼ばれます。

バージャー病は、厚生労働省の特定疾患（難病）に指定されていて、医療費の自己負担分は公費の補助があります。

◎壊疽をおこす病気のいろいろ

疾患あるいは血行障害によって、末梢組織が壊死をおこし、褐色ないしは黒色に変色した状態を、**脱疽**または**壊疽**といいます。

壊疽をおこす病気には、つぎのようなものがあります。

▼**褥瘡**（床ずれ　1802頁）
▼**動脈硬化症**（1407頁）
▼**急性動脈閉塞症**（1425頁）
▼**バージャー病**（閉塞性血栓血管炎　1425頁）
▼**糖尿病**（糖尿病壊疽）
▼**細菌などの感染**（丹毒、皮膚結核、ガス壊疽など）
▼**脊髄損傷**（神経性脱疽）
▼**やけど**（1813頁）
▼**凍傷**（126頁）
▼**嵌頓ヘルニア**（746頁上段）
▼**外傷**（けが）

原因　原因は不明ですが、喫煙によって血管内皮（血管の最内層）が傷害されたり、血液がかたまりやすくなることが加わって、血栓が形成されるのではないかと考えられています。

東洋人に多い傾向があります。

症状　虚血（血液不足状態）のために、手足の皮膚は蒼白となり、冷感をともないます。時間とともに静脈がうっ血（血液がたまった状態）し、静脈にそって発赤や痛み、チアノーゼ（皮膚が紫色になる現象）が現れます。

慢性化すると、皮膚は赤紫色（バージャー色）になることが多くなります。手足の脈が弱くなったり、消失していたりします。

また、手足の皮膚が冷たくなっています。

筋肉の虚血症状としては、歩くと脚が痛み、立ち止まったり座ったりして休むと数分で症状が治まります。しかし、しばらく歩くと、また痛くなります（**間欠性跛行**）。

虚血が進むと、じっとしていても痛むようになり（安静時痛）、さらに進むと、栄養障害のために、手足に治りにくい潰瘍や壊死がおこります（**特発性壊疽**）。バージャー病の場合は、閉塞性動脈硬化症よりも早く潰瘍と壊死が現れるといわれています。

受診する科　循環器科を受診します。血管を専門に扱う血管内科や血管外科がある病院では、そちらを受診します。

検査と診断　検査しても、高血圧、高コレステロール血症（1509頁）、たんぱく尿、糖尿、心電図の異常、動脈の石灰化などはみられません。動脈の閉塞部位を確定するためには血管造影（造影剤をカテーテルで血管内に入れてX線撮影する検査方法）が行われます。

治療　まずは、禁煙することが必要です。禁煙を守れないと、いかなる治療を行っても効果がなく、再発をくり返します。

しびれや冷感に対しては、手足を保護・保温し、血管拡張作用と血小板凝集を抑える作用のあるプロスタグランジンE_1製剤などを使用します。抗血小板薬、抗凝固薬、血管拡張薬なども使用します。

間欠性跛行に対しては、これらの内服薬に加え、歩行を主体とする運動療法が行われます。

安静時痛や潰瘍がある場合は、プロスタグランジンを点滴で使用し、つまった部分をバイパスする手術が行われることもあります。ただし、閉塞性動脈硬化症に比べて、その成績はよくありません。

手足の潰瘍が難治性の場合や、安静時の痛みが強い場合には、手の指や足の指を切断しなければならないこともあります。

日常生活の注意　とにかく禁煙することです。そして、手足を保護して、直接寒さにさらしたり、傷をつくったりしないようにし、清潔に保つことが重要です。

強い痛みや潰瘍がない場合は、血液の循環をよくするため、適度な運動をするのもよいことです。

血管（動脈・静脈）の病気

◎レイノー病の病名の由来

レイノーは、フランスの医師（1834〜81年）です。この病気について最初にくわしく報告を行ったことから、彼の名前が病名として用いられるようになりました。

レイノー病／レイノー症候群

Raynaud Disease / Raynaud Syndrome

どんな病気か

寒冷刺激を受けたとき、あるいは精神的緊張などで、手足の指の血管が急にけいれんして、血液が流れにくくなり、指の色が蒼白、ついで紫青色に変わります（チアノーゼ）。刺激がなくなってしばらくするともとに戻ります。

このような現象を**レイノー現象**といいます。

レイノー現象の原因となる病気がなく、原因不明なものを**レイノー病**（**一次性レイノー現象**）、原因となる病気があって、その一症状としてレイノー現象がおこるものを**レイノー症候群**（**二次性レイノー現象**）といいます。

レイノー現象の4分の3がレイノー病で、残りの4分の1がレイノー症候群といわれます。

レイノー現象は、手指におこることが多く、蒼白になると冷感やしびれも現れ、感覚がなくなったり、痛むこともあります。初めは冬季だけですが、進行すると季節に関係なくおこるようになります。

循環障害が長くつづくと、皮膚が栄養障害をおこし、潰瘍や壊死をおこすこともあります。

▼レイノー病　原因となる病気はなく、レイノー現象だけが現れます。比較的若い女性に多くみられます。

症状は、冬季のみに現れ、軽度のことが多いものです。何年たってもある程度以上症状は進みません。年齢とともに改善することもあります。

▼レイノー症候群　いくつかの病気の症状のひとつとして現れるため、原因となる病気の診断の重要な手がかりになります。

膠原病が原因疾患であることが多く、強皮症（2036頁）、全身性エリテマトーデス（2030頁）、多発性筋炎（2034頁）、関節リウマチ（2014頁）などでおこります。

症状は、レイノー病よりも激しく、指の浮腫（むくみ）、皮膚の硬化、指先の潰瘍をともなうこともあります。

治療

レイノー病には、根本的な治療法はありません。

症状が現れやすい冬季には、カルシウム拮抗薬を服用します。また、抗血小板薬や血管拡張薬を使用することもあります。

寒冷にさらされないように手指を保護し、保温に努めることがたいせつです。また、寒い時期には外出を控えましょう。精神的ストレスをためないように注意して、禁煙を守り、コーヒーなどのカフェインを含む飲み物を控えましょう。

レイノー症候群の治療は、手指の保護や保温など、基本的な点はレイノー病と同じですが、原則的には、原因となる病気をつきとめ、それに対する治療を行います。そのためには、内科、膠原病の専門医のいる医療機関を受診して、相談するのがよいでしょう。

薬物治療としては、血管拡張薬やプロスタグランジン製剤など、血小板機能を抑制する薬が用いられます。外科治療としては、胸部や腰部の交感神経を切除する手術があります。

血管（動脈・静脈）の病気③

◎静脈の血圧

静脈の病気が脚（下肢）に多くみられるのは、下肢静脈に障害がおこると、とくに下肢静脈圧が問題になってくるからです。

下肢静脈瘤

Varicose Vein of Lower Extremity

下肢静脈が拡張・蛇行した状態

◇静脈弁の故障によっておこる

どんな病気か

血液は、心臓から動脈を通って全身へ送られ、静脈を通って再び心臓へ戻ります。動脈血は心臓から高い圧力（血圧）で押し出されますが、静脈血は心臓の吸引力、筋肉のポンプ作用、静脈弁のはたらきによって重力に逆らって心臓へ戻っていきます。静脈弁のはたらきに異常があって、戻っていく流れ（還流）に障害がおこり、静脈が拡張して、蛇行した状態を**静脈瘤**といいます。脚（下肢）の表在静脈（皮膚近くにある静脈）に血液がたまり、血管が蛇行したり、瘤のように膨れ上がったものを下肢静脈瘤といいます。

手足の静脈には、深部を走る静脈（深部静脈）、表面を走る静脈、そしてこれらを結ぶ交通枝の3系統があります。運動すると、脚の筋肉が収縮したときに筋肉群がポンプの役割をはたして、深部静脈の血液を心臓のほうへ押し上げ、筋肉が緩んだときに表在静脈から交通枝を通って深部静脈に流れ込みます。静脈内には、血液の逆流を防ぐ弁がところどころにあって、還流をつくっています。

表在静脈内の弁が故障すると、深部静脈を上がってきた血液が、表在と深部の接合部から表在静脈のほうへ逆流してしまいます。交通枝の弁が故障しても、表在静脈への逆流がおこります。その結果、表在静脈に血液がたまった状態（うっ血）をおこします。

表在静脈への逆流が長い年月つづくと、表在静脈が拡張して、蛇行するようになり、皮膚表面に瘤のような形がみえるようになります。

症　状

長時間立ちつづけると脚がむくみ、だるくなったり、突っ張ったりします。静脈瘤ができている部位が痛むこともあります。また、睡眠中に**こむら返り**（ふくらはぎの筋肉のけいれん）がしばしばみられます。夏場は、血液量が一般的に増加するので、血液のうっ滞症状が強くなります。

やがて病態が進行すると、うっ滞した血液成分が皮膚にしみ出し、皮膚に褐色の色素沈着がみられるようになります。放置しておくと、色素沈着をおこした部分に湿疹（**静脈性湿疹**）ができてかゆくなり、さらに進行すると潰瘍になります。これを**静脈うっ滞性潰瘍**といいます。ふくらはぎの下3分の1のあたりの内側部分によくできます。

原　因

表在静脈と交通枝の弁の異常がおもな原因ですが、加齢によって静脈の壁がもろくなることも原因のひとつと考えられています。

また、静脈瘤は男性よりも女性に多くみられ、性差が関係すると考えられます。女性では妊娠、分娩（とくに2回目以降）がきっかけになることが多く、妊娠で大きくなった子宮によって骨盤内の静脈が圧迫され、そこから下の静脈にうっ血がおこると考えられています。また肥満によって、腹圧が高くなった人にもおこります。

姿勢も大きく関係し、長時間立ち仕

下肢静脈での血液還流のしくみ

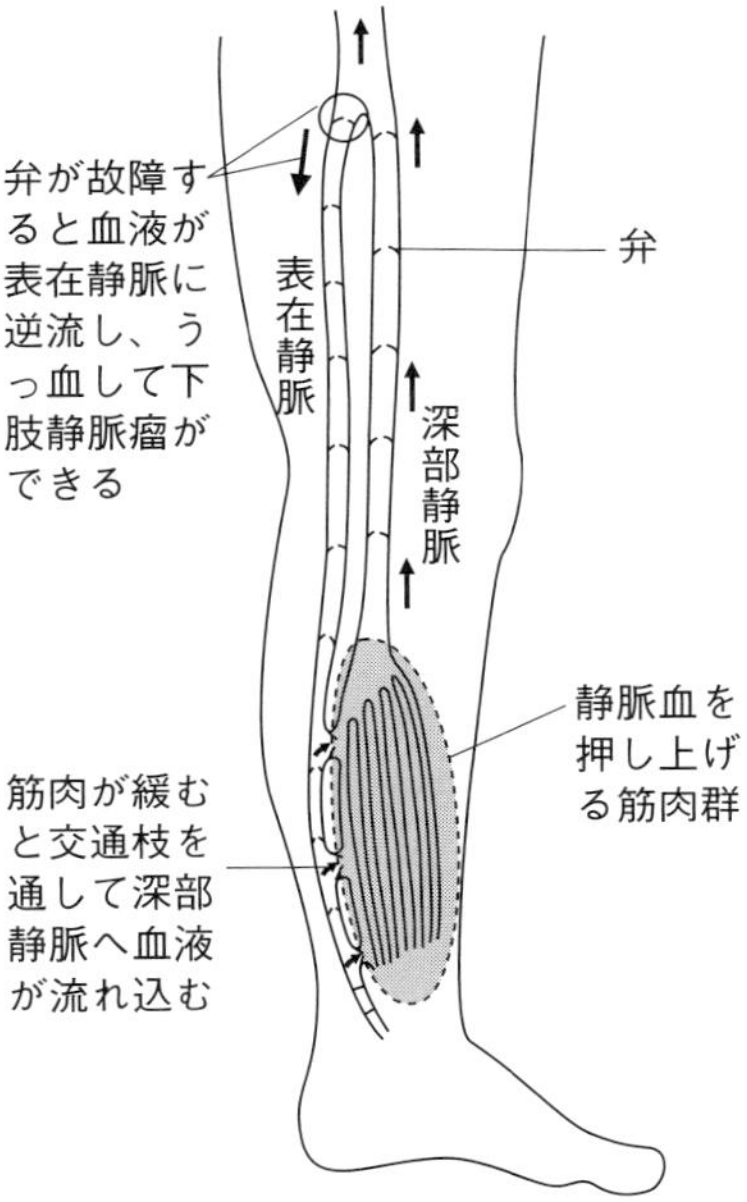
弁が故障すると血液が表在静脈に逆流し、うっ血して下肢静脈瘤ができる
表在静脈
弁
深部静脈
静脈血を押し上げる筋肉群
筋肉が緩むと交通枝を通して深部静脈へ血液が流れ込む

下肢静脈圧は、立った状態で足背静脈（足の甲にある静脈）に測定針を刺して測ります。基準値は70～90㎜Hgです。下肢静脈圧は、運動を行うとかなり低下します。

静脈系に血流のうっ滞（滞り）をおこす病気があると、安静時は基準値と変わりませんが、運動後の低下幅が少なくなります。

脚の静脈圧が慢性的に高い状態がつづくと、脚のむくみや色素沈着、潰瘍といった症状が現れてきます。

事をする職業の人によくみられます。

深部静脈に血栓ができる深部静脈血栓症（次項）に合併して、静脈瘤ができることがあります。これを**二次性静脈瘤**といいます。

親子で静脈瘤がみられることもときにあります。これは遺伝的な素因（静脈の弁や壁のもろさ）が原因と考えられています。

検査と診断　超音波検査や、静脈に造影剤を注射してX線写真をとる静脈造影を行って、血液が逆流している部位や範囲を確認します。静脈圧を測定して、脚の血液うっ滞の程度を調べることもあります（上段）。

◇硬化療法とストリッピング術がおもに行われる

治療　症状が軽い場合は、保存的治療を行います。就寝時に足を少し高くしたり、弾性包帯や弾性ストッキングを装着します。弾性包帯による圧迫は、個人差が大きく、緩みやすいので、弾性ストッキングのほうが便利です。静脈瘤の治療用には、中圧（足関節部での圧迫力が30～40㎜Hg程度）のストッキングが用いられています。弾性ストッキングの使いかたは、医師・看護師の指導を受けてください。

軽度から中等度の症状のケースに対しては、拡張した血管の中に硬化剤を注入して、かためてしまう硬化療法が行われています。

症状が強い場合は、積極的な治療を行います。これまでは、拡張蛇行した静脈を縛るか抜去する手術（ストリッピング術）、異常な弁を修繕する手術などが行われてきました。しかし、入院が必要となったり、手術の傷あとが残るなどの理由から、硬化療法を選ぶ人も増えています。

瘤化した静脈は取除くか、かためてしまうほうがよいのですが、ストリッピング術では神経損傷をおこす可能性がありますし、硬化療法では再発の可能性があります。医師と十分相談して治療法を選択してください。ただし、深部静脈血栓症にともなう二次性静脈瘤の場合には、拡張した表在血管が側副血行路（バイパス血管）になっているため、硬化療法やストリッピング術は行えません。

手術治療は外科（とくに血管外科）で、硬化療法は血管外科のほか、皮膚科や形成外科で行うところもあります。

予防　静脈瘤の危険因子をもつ人は、①長時間立っていることを避ける、②立っているときには、弾性ストッキングを着用する（予防のためならば弱圧でもよい）、③就寝時には脚を枕２つ分ほど高くして寝る、などに注意しましょう。また、肥満を防ぐためにも、ウォーキングなどで脚の筋肉を動かすように心がけましょう。

◎静脈の病気で受診する診療科

外から見て明らかにわかる下肢静脈瘤などの静脈の病気にかかった場合、循環器科（循環器内科または循環器外科）、または外科を受診しましょう。静脈の病気かどうか迷う場合は、一般内科で相談して専門医を紹介してもらいましょう。

静脈は動脈に比べて、直接生命にかかわるケースが少ないため、専門医が少なかったのですが、最近では、循環器のなかでも、血管を専門に扱う血管内科または血管外科を設けている医療機関もありますので、最初に受診したところで治療できないときは、適切な専門医を紹介してもらうようにしましょう。

深部静脈血栓症
Deep Vein Thrombosis

どんな病気か

脚に送られてきた血液が心臓へ戻る際には、脚の筋肉のポンプ作用によって、大部分の血液が深部静脈を通って心臓のほうへ押し上げています。この深部静脈の中の血液が凝固して、血栓（血液のかたまり）となり、深部静脈の内腔をふさいでしまう病気を深部静脈血栓症といいます。

症状

突然、脚が腫れ、痛みや軽い熱感をともないます。また、立っていると脚が赤紫色になることがあります。これらは骨盤内や大腿部（太もも）に血栓ができて、深部静脈の内腔をふさいでしまい、それより末端側で静脈血のうっ滞（血液が滞る状態）がおこったためです。

静脈内の血栓が壁からはがれて血流にのり、心臓を経て肺動脈に流れ込み、血管をふさいでしまうと、呼吸困難や胸痛が突然おこり、死亡することもあります。これを急性肺塞栓症（1414頁）といい、深部静脈血栓症のもっとも危険な合併症です。

原因

血流のうっ滞は、病気で長期間寝ている人（とくに手術後で脚を動かせない人）、飛行機で長時間じっとしている場合などにおこります。また、腸骨静脈圧迫症候群（次頁上段）の人にもみられます。

そのほか、けが、カテーテル検査、外科手術などで静脈内腔が傷つけられた場合や、脱水、薬剤の使用、先天的な体質などによって血液がかたまりやすい状態（血液凝固能亢進）でも、血栓ができやすくなります。

検査と診断

下肢静脈超音波検査が行われます。ただし下腹部から鼠径部周辺は、超音波では検査しにくいため、CT、MRI検査が行われることもあります。

治療

症状の軽い場合には、血栓溶解薬を注射したり、抗凝固薬のワルファリンカリウムを服用したりします。

症状が強い場合には、血栓溶解療法に加えて、脚を少し上げた状態で安静を守ります。さらに、風船つきのカテーテルを血管内に挿入して、血栓を取り除く治療が行われることもあります。

発病から時間がたち、脚の腫れやむくみが残るときには、弾性ストッキングを着用します。

予防

入院となった場合は、なるべく早く離床することが望まれます。長期間ベッド上安静を余儀なくされる場合には、脱水症状に注意しながら、ベッド上で足首の曲げ伸ばしを行います。再発予防のためには、一定期間、抗凝固薬を内服します。

血栓性静脈炎（静脈血栓症）
Thrombophlebitis

どんな病気か

静脈の壁に損傷や炎症がおこり、その部位に血栓（血液のかたまり）ができます。

静脈内に血栓ができた状態を静脈血栓症と呼び、血栓ができるときに炎症が関係している場合に血栓性静脈炎と呼びますが、血栓ができると炎症をともなうため、この２つを厳密に区別するのはむずかしいものです。

◎腸骨静脈圧迫症候群

左腸骨静脈は、右腸骨動脈の後方と腰椎の間を両者に挟まれた形で走っています。人によってはこの挟まれかたが強いために、静脈が著しく狭窄したり閉塞したりします。それによって左脚の血液が滞り、腫れや痛みをおこし、深部静脈血栓症の原因になることがあります。こうした状態を腸骨静脈圧迫症候群といいます。

そのため、一般的には、表在静脈でおこると血栓性静脈炎、深部静脈でおこると静脈血栓症（深部静脈血栓症前項）と呼ばれます。

症状　静脈に沿って発赤と圧痛（押すと痛む）、しこりが現れます。ときには、発熱や寒けなどの全身症状もみられます。

原因　もっとも多い原因は、静脈注射、留置カテーテル（カテーテルという細長い管を静脈内に長期間入れたままでいる）などの医療行為のためにおこります。そのほか、ベーチェット病（2047頁）、バージャー病（1425頁）、がんや膠原病（2014～2046頁）でも静脈炎をともなうことがあります。

　とくに手足のさまざまなところに、細長いしこりのようなものが現れては、2週間ほどで消えていくことをつぎつぎにくり返す場合は、**遊走性静脈炎**といい、バージャー病の可能性が高くなります。また、静脈瘤に静脈炎を合併する場合もあります。

治療　ほとんどの場合、患部に湿布をして冷やし、安静にするだけで短期間で治ります。抗炎症薬や抗生物質を使用することもあります。

慢性静脈不全症
Chronic Venous Insufficiency

どんな病気か　静脈から心臓に向かって戻る血液の流れ（還流）におこった障害が慢性化して、脚に血液がうっ滞（血液が滞る）することでおこる病気です。

　脚のむくみ、腫れ、痛み、しこり、湿疹、色素沈着や潰瘍など、多彩な症状をともないます。

原因　深部静脈血栓症（1430頁）が原因となる場合と、下肢静脈瘤（1428頁）が原因となる場合とがあります。

　深部静脈血栓症の経過が順調な場合は血流が再開通しますが、狭窄が残ったり、側副血行路（バイパスの血管）の発達が悪かったり、あるいは血栓のために弁が故障して、逆流をおこしたりするようになると、脚に血液がうっ滞し、**慢性静脈還流障害**となります。これを**静脈血栓後遺症**ともいい、慢性静脈不全症の原因でもっとも多いものです。

　静脈瘤も原因となります。表在静脈の逆流の程度と慢性静脈不全症の重症度とは関係があり、逆流がひどくなる場合は潰瘍ができることもあります。

治療　原因となる病気に合わせて治療を行います。

　下腿潰瘍ができた場合は、状況により入院のうえ安静が必要となります。深部静脈に対しては、弁形成術、静脈移植術や植皮術が行われることもあります。

上大静脈症候群
Superior Vena Cava Syndrome

どんな病気か　頭部、頸部、手・腕などの上半身から、血液を運んでくる静脈は、胸骨の後ろにある縦隔という場所で1本の太い静脈（上大静脈）となって心臓に流れ込みます。

　この上大静脈が、なんらかの原因で外部から圧迫されたり、静脈内に血栓

（血液のかたまり）が形成されて内腔がふさがれると、上半身からの静脈血の還流（心臓へ戻っていく静脈血の流れ）が障害され、上半身、とくに頸部から顔面にかけて、うっ血や腫れをおこします。これを上大静脈症候群といいます。

原因　もっとも多いのが肺がん（491頁）など、胸部の悪性腫瘍（がん）によるものです。ほかに、胸部大動脈瘤（1416頁）の圧迫によるものがあります。また、カテーテルを長期間静脈内に留置する留置カテーテルのために、静脈内に血栓ができてしまうケースも増えています。

治療　原因となっている病気の治療を行います。

悪性腫瘍が原因の場合は対症療法が中心となり、できるだけベッド上にからだを起こして座るようにして（坐位）、上半身の静脈血が心臓に戻りやすくします。

外科的治療では、血栓を取除く手術やバイパス形成術が行われることもあります。

動静脈瘻
Arteriovenous Fistula

どんな病気か　動脈を流れてきた血液は、毛細血管を経由してから静脈へと流れていきます。ところが、動脈と静脈の間に異常な短絡路ができ、毛細血管を経由しないで、血液が動脈から静脈へと流れてしまうことがあります。これを動静脈瘻といいます。

症状　小さな短絡では、無症状か部分的な症状のみです。短絡量が多くなると、静脈径が大きくなり、静脈瘤（1428頁）や腫れをおこします。血流量も増えるので心臓に負担がかかり、左心室が肥大して心不全（1342頁）をおこすこともあります。

いっぽう、短絡部より末端側では、血液量が減るため、循環障害による冷感、痛み、チアノーゼ（1344頁上段）などが現れます。

原因　先天性のものと、後天性のものとがあります。

▼先天性動静脈瘻　胎児期の血管の形成に異常があり、成長とともに瘻孔（管状につながった孔）ができるものです。血管腫にともなうことも多く、動静脈瘻は、いろいろな部位、とくに手足、脊髄、脳、肺などにできやすいといわれています。

▼後天性（外傷性）動静脈瘻　刃物などによる刺し傷など、外傷によるものがもっとも多く、カテーテル検査後におこることもあります。短絡は、1か所のことが多いものです。

検査と診断　確定診断、あるいは治療法を決めるために、血管造影や超音波検査などが行われます。

治療　瘻孔が大きい場合や、血液の短絡量が多い場合は、短絡している動静脈を縛り、病変部を切除する手術が行われます。

瘻孔が小さい場合は、カテーテルを血管内に挿入し、コイルを留置して短絡血管をふさぐ治療が行われます。

先天性のもので、広範囲におよぶ場合は、外科治療やカテーテル治療がむずかしくなります。その際には、弾性ストッキングを使って腫れを抑え、けがをしないように心がけます。

第4部 病気の知識と治療

第12章 血液・内分泌・代謝の病気

血液・造血器の病気

全身の細胞に酸素と栄養を運び、老廃物を運び出すのが血液です。血液に含まれる血球は造血器である骨髄でつくられます。

血液・造血器のしくみとはたらき

◇血液のはたらき

からだをつくっている細胞は、酸素と栄養分を取込んで、一種の燃焼をおこしてエネルギーを発生させ、みずからを更新したり、増殖したりして生命を維持しています（細胞の代謝）。

この代謝活動のもとである酸素と栄養分を、全身の細胞に送りとどける役目をしているのが血液です。

酸素は、血液が肺の中を通るときに、二酸化炭素と交換されて取入れられ、栄養分は、肝臓の中を通るときに血液に取入れられます。

この酸素と栄養分の豊富な血液が、動脈血として心臓から全身に送り出されます。これによってうるおった細胞が代謝活動をすると、二酸化炭素や尿素、窒素といった老廃物ができます。

この老廃物を集めて静脈血として運び、二酸化炭素は肺から、尿素、窒素などは腎臓でこして尿中に排泄されるようにするのも、血液の役目です。

この血液が、たえず全身をめぐっているために全身の細胞は生きることができ、あらゆる臓器や組織、全体としての生命が維持されているのです。

全身をめぐる血液の量（ℓ）は、体重（kg）の約12分の1から13分の1です。

◇血液・造血器のしくみ

血液は、**血球**と呼ばれる形のある成分と、**血漿**と呼ばれる形のない成分に分けることができます。

血液の容積の約60％は血漿で、約40％が血球です。

●血球の種類とはたらき

血球には、いくつかの種類があり、それぞれ特有のはたらきをもっています（次頁上図）。

これらの血球には、それぞれの寿命があって、老化したものは、マクロファージ（大食細胞）などによって食べられ、処理されます。

処理のおもな場は**脾臓**です。脾臓のはたらきが異常になって血球の破壊が

血液・造血器のしくみとはたらき

血球のいろいろ

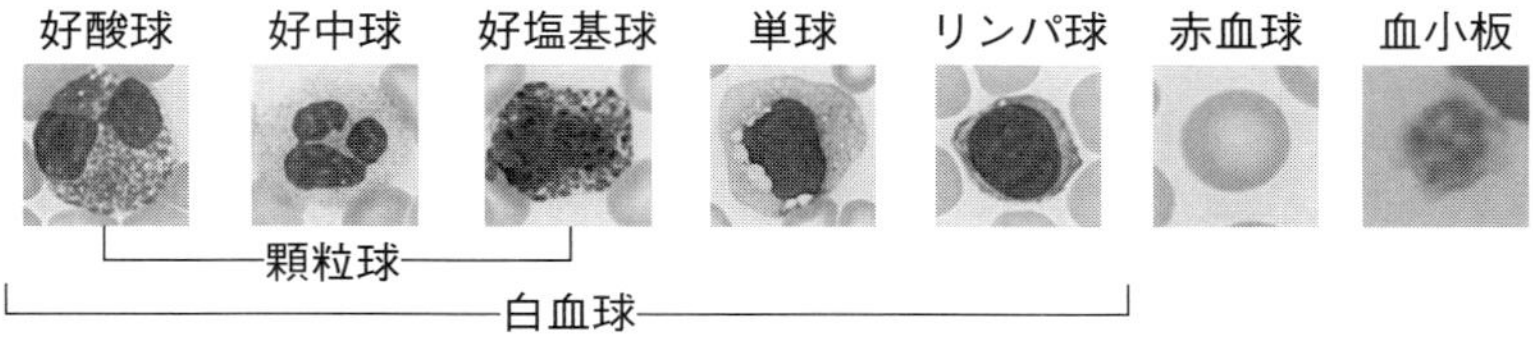

進みすぎる病気では、脾臓を摘出することがありますが、その場合、**肝臓**がかわりにはたらくので、血液中に古い血球がたまることはありません。

骨の中心部にある**骨髄**という部分には**造血細胞**という細胞があり、つねに新しい血球をつくって、破壊される血球を補っています。このため、骨髄を**造血器**ということもあります。

赤血球　正常な赤血球は円盤のような形をしており、直径が約7～8㎛（1㎛は1000分の1㎜）で、厚さは2㎛くらいです。

赤血球は、血液1㎣中に、男性で約500万個、女性で約450万個もあり、血球のほとんどは赤血球であるといってもいいほどです。赤血球の寿命は、約120日です。

赤血球の表面は薄い膜で包まれており、その中に**ヘモグロビン**（**血色素**）という物質があります。

ヘモグロビンは、たんぱく質と鉄が結合したもので、この鉄が酸素をとらえる中心的な役割をはたしています。

つまり、新鮮な動脈血の赤い色は、鉄が酸化すると赤くなるのと基本的には同じもので、酸素が少なくなると、静脈血の黒っぽい色になります。

代謝によって生じる二酸化炭素は、静脈血の血漿に溶けたりヘモグロビンにとらえられたりして肺に運ばれます。

しかし、血液中の二酸化炭素は、からだの酸性とアルカリ性のバランスをとったりするうえで大事なはたらきをしていて、動脈血にも一定の量が溶け込んでいます。

したがって、肺内の毛細血管から呼気のなかに排出される二酸化炭素は、血中の二酸化炭素の一部にすぎません。

白血球　比較的大きな血球のうちで色がないもの、つまり赤血球以外のものを白血球といいます。

健康な人の白血球は、血液1㎣中に、4000～9000個くらいあり、形や性質がちがう**顆粒球**、**単球**、**リンパ球**に分けられます。

顆粒球は、内部にある顆粒という部分の性質によって、さらに**好酸球**、**好塩基球**、**好中球**に分類されます。

体内に細菌などの異物や炎症があると、好中球と単球が集まってきて、細菌などの異物を食べて（貪食作用）処理をします。とくに単球は、血管より外に出るとマクロファージになって異物や老化した血球を処理すると考えられています。

また、好酸球はアレルギー（2000頁）に関係があり、好塩基球はさまざまな化学物質をたくわえています。

リンパ球は、白血球の30％ほどを占めますが、リンパ液に含まれるのはほとんどリンパ球です。

異物の認識と攻撃という免疫（1998頁）のはたらきの中心をになっており、自己であるしるし（主要組織適合抗原またはヒト白血球抗原、HLA）をもった組織は攻撃せず、非自己のしるしをもった組織は攻撃するので、自己と非自己の区別に重要な役割をはたしています。

リンパ球は、Tリンパ球（T細胞）、Bリンパ球（B細胞）、ナチュラルキラー（NK）細胞に分類されます。

NK細胞は、直接にウイルスや腫瘍細胞などを殺しますが、T細胞とB細

血球の成長

血球は幹細胞から分化し成長します。

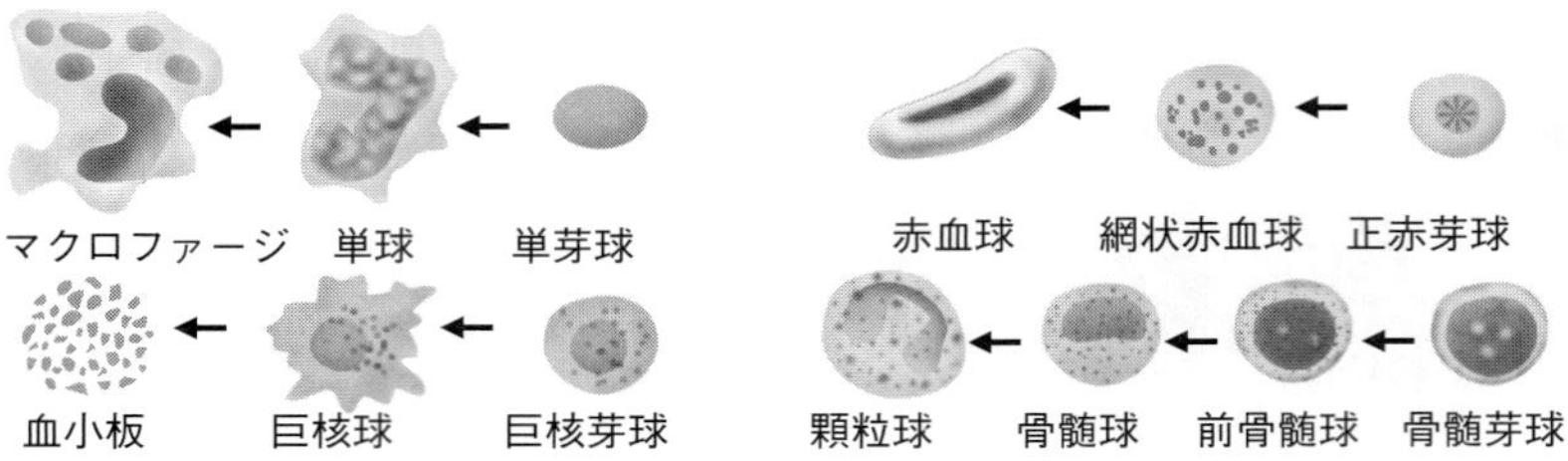

胞は非自己（抗原）の情報を、ほかの免疫担当細胞に流したり、記憶したりして、おもに、抗体をつくる細胞（形質細胞）をつくる、あるいは特殊なT細胞を活性化するようにしむけます。

　こうしてふたたび、抗原が入ってくると、大量の抗体（たんぱく質）が待ち受けていて結合し、抗原は無力化されます。

　このように、リンパ球を含めて白血球がからだを守るしくみは複雑で、何段階にも分かれており、免疫担当細胞の協力によって、全体として効果的にはたらくようになっています。

血小板　顕微鏡で見ると、細胞の小片のように見える小さな血球で、血液1㎣中、13～35万個含まれています。

　血小板には、血管が破れて出血がおこると、相互に結合してかたまりとなり（血栓）、自然に出血を止めるはたらきのほか、血管などを修復するはたらきがあります。

　血栓の形成、血小板自体にある因子と血漿中の血液凝固因子などの協力で行われます。

◉血漿のしくみ

　血液中の液体の成分を血漿といい、その約90％は水分です。

　残りの大部分は、さまざまなたんぱく質や栄養分です。

　このたんぱく質の約60％は、**アルブミン**というもので、血液の浸透圧を保ったり、水に溶けない物質を輸送するはたらきをしています。

　残りのたんぱく質の多くは、免疫に関与している抗体などの免疫グロブリンと呼ばれるものです。

　また、血漿中には、血液凝固因子というものも含まれています。

免疫グロブリン（Ig）　免疫のはたらきにおいて、抗原抗体反応をおこす抗体たんぱく質と、その類似たんぱく質をいいます。

血液凝固因子　出血がおこって、血液が自然にかたまるとき、血小板と協力してはたらく因子が血漿中にあることがわかっています。現在、12種類の因子が確認されており、Ⅰ～ⅩⅢ（ただしⅥは欠番）までの番号がついているものがあります。

◇血液疾患による主要な症状

　赤血球の数や質に異常がおこると、貧血（1439頁）になります。顔面蒼白、動悸、息切れ、手足のむくみ、耳鳴り、だるく疲れやすい、めまいなどの症状が現れます。

　造血組織である骨髄に異常があると、肝臓や脾臓がかわりに血球をつくるようになるので、脾臓が腫れる（脾腫）ことがあります。膨満感、左上腹部の腫れや痛みを感じたり、大きく腫れると左上腹部に激痛がおこります。

　血小板の減少や機能の異常、血液凝固因子の異常、血管の異常があると、出血傾向（1454頁）がみられます。歯ぐき・鼻・皮膚などで出血しやすくなり、血が止まりにくくなります。

　また、皮膚に紫斑ができやすくなるのも特徴です。

　とくに、血小板に異常があると、衣類がこすれる場所に点状出血斑がみられることがあります。点状出血斑は、白血病などの重い血液疾患におこりやすいものなので、注意が必要です。

第11章—第19章
循環器
血液・内分泌・代謝
消化器
泌尿器
皮膚
運動器
形成外科
免疫・環境因子・中毒
感染症

老化にともなう血液の病気と症状

◇高齢者に多い血液の病気

血液の病気のなかには、老人になってからおこりやすい病気があります。

たとえば、多発性骨髄腫（552頁）は高齢者になってからおこる病気で、65歳前後で発症する割合が多くなっています。また、慢性骨髄性白血病（550頁）も高齢者の病気で、若い人におこることはきわめてまれです。悪性リンパ腫（553頁）も、その50％は高齢者におこります。そのほか、急性白血病（548頁）、前白血病状態といわれる骨髄異形成症候群（1446頁）も年齢が高くなるほどおこりやすくなります。

ただし、高齢になれば、誰でもこれらの病気になる危険があるというわけではありません。

これらの病気は頻度が低く、高齢者の病気全体のなかに占める割合は、4～5％程度といわれています。

◇血液の病気と症状

●多発性骨髄腫の症状

骨の痛みと全身倦怠を訴えることが多いものです。とくに腰痛、胸痛、背部痛が多くなっています。

●慢性骨髄性白血病の症状

発病初期は無症状で、健康診断の血液検査などをきっかけとして発見されることが多いものです。

病気はゆっくりと進行し、発症から6～7年経過すると、疲れやすい、体重減少、腹部の張った感じ、上腹部の不快感、寝汗、脾臓の腫れなどがおこってきます。

●悪性リンパ腫の症状

頸部などの痛みのないリンパ節の腫れで気づかれることが多いものです。

●急性白血病の症状

発熱などのかぜのような症状で診察を受け、血液検査で貧血が見つかり、その後の精密検査で急性白血病が発見されることがあります。

健康診断などの血液検査がきっかけとなることもあります。

●骨髄異形成症候群の症状

骨髄異形成症候群では、症状はないか、あっても軽い貧血の症状（1439頁）のことが多いものです。

●貧血の症状

鉄欠乏性貧血（1441頁）がもっとも多いのですが、関節リウマチなどの原因となる病気があっておこる二次性貧血（1446頁）、腎臓の機能低下でおこる腎性貧血（1720頁上段）、葉酸欠乏性の貧血、ビタミンB_{12}欠乏性の貧血などがおこることもあります。

だるさ、寒さを人一倍感じやすい、階段や坂をのぼるときの動悸や息切れなどが**貧血の代表的な症状**ですが、高齢者の場合、自分で感じることは少ないようです。ぼーっとしていて、元気がないという状態が、高齢者の貧血の症状のことがあります。

●播種性血管内凝固症候群の症状

播種性血管内凝固症候群では、出血傾向（出血しやすい）のほか、血栓の発生した部位によって、さまざまな臓器不全の症状がでます（1462頁）。

リンパ系のしくみとはたらき

◇リンパ系のしくみ

血管が全身に張りめぐらされているのと同じように、**リンパ管**が全身に張りめぐらされており、この中を**リンパ液**が流れています。これをリンパ系といいます。このリンパ液は、からだの組織と組織の間にある液体（組織間液）が集められたものです。

リンパ管のうち、もっとも細くて組織の内部に入りこんでいるものを**毛細リンパ管**といいます。毛細リンパ管は、網の目のように全身の組織に張りめぐらされています。

毛細リンパ管は集合して、より太いリンパ管になって、組織から出てきます。このリンパ管は、さらに合流し、最後は1本の太い管になって、くびの下にある鎖骨下静脈につながっています。リンパ液は、ここから静脈に流れ込みます。

リンパ管が合流して太くなる部分は節のようになっているので、**リンパ節**（**リンパ腺**）といいます。リンパ節は、全身に約800個ありますが、もっとも多くあるのはくびとその周辺部で、ここには約300個が集中しています。つぎに多いのは脚の付け根（鼠径部）とその周辺です（38頁カラー口絵）。

◇リンパ系のはたらき

体内に侵入してきた細菌は、リンパ系を流れる間にリンパ節でとらえられます。したがって、ここに細菌が感染して、炎症をおこし、リンパ節が腫れることが多くなるのです。リンパ節には免疫担当細胞が多く集まり、全身に感染が広がらないように、細菌をくい止めているのです。

子どものリンパ節のはたらきは、とくに活発で、細菌などがとらえられてそこで炎症がおこると、リンパ節が腫れることが多いのです。

また、腸管から吸収された栄養分は、門脈という静脈を経由して肝臓に入るものもありますが、脂肪などは大部分が腸管の近くのリンパ系に入り、それから門脈に入ります。

いったんリンパ系に入ることで、腸に吸収された栄養分に混じっている毒素などが取除かれるのです。

リンパは、一般に無色・透明のさらさらした液体ですが、腸管から吸収された脂肪を含むために、腸管近くのリンパは白く濁り、**乳糜**と呼ばれます。

◇リンパ系の主要な症状

細菌などの感染によって、リンパ節に炎症がおこると、くび、わきの下、脚の付け根などのリンパ節が腫れ、押すと痛みます。これを**リンパ節腫脹**といいます。一部分のリンパ節が腫れる場合と、全身のリンパ節が腫れる場合があります。細菌などの感染では、とくにくびのリンパ節が腫れることが多いものです。いっぽう、血液の病気では、からだのさまざまな部分のリンパ節が腫れることが多くなります。

リンパ節の腫れがなかなか治らず、周囲の組織に炎症がおよぶと**節周囲炎**（**リンパ節周囲炎**）になります。

第11章―第19章
循環器
血液・内分泌・代謝
消化器
泌尿器
皮膚
運動器
形成外科
免疫・環境因子・中毒
感染症

赤血球の病気

貧血とは
(Anemia)

◇赤血球やヘモグロビンが減少

血液が肺の中を通過する間に、血液中の二酸化炭素は捨てられ、酸素が取入れられます（**ガス交換**）。全身の組織、細胞は、動脈を通って送られてくるこの酸素の豊富な血液から、酸素と栄養分を受取り、エネルギー源としてみずからを維持しています。

肺で血液中に酸素を取入れることができるのは、血液の中にある細胞成分（**血球**）のうち、**赤血球**のはたらきによります。

血液が肺の中を通過するとき、肺に吸い込まれた空気中の酸素が、赤血球に含まれる**ヘモグロビン**（**血色素**）というたんぱく質と結合します。

全身の組織や細胞が、酸素と栄養分を利用すると、排気ガスともいうべき二酸化炭素が生じます。この二酸化炭素は水に溶けると炭酸となります。この炭酸の形として、二酸化炭素を静脈から肺へと運んでくるのも赤血球であり、ヘモグロビンなのです。

貧血とは、この赤血球内のヘモグロビンの量が、正常よりも減った状態をいいます。

貧血というと、**脳貧血**と同じと思っている人もいますが、脳貧血というのは脳を流れる血液の量が減り、顔が青白くなって冷や汗が出て、意識が薄れたりする状態をいい、まったく別の状態です。ただし、貧血の人が脳貧血をおこすことはあります。

貧血になると、運ばれてくる酸素の量が減るために、全身の組織や臓器が酸素不足になります。酸素が不足すると、いくら栄養分が足りていても、それらが結合して生じるエネルギーは少なくなり、はたらきが低下してしまいます。こうして、さまざまな症状が現れてくることが多いのです。

また、血液が酸素不足になって、酸素の薄い状態になると、それを全身に送る血液の量で補おうとするために、心臓に負担がかかったり、肺でのガス交換をむりに増やそうとして肺の負担が多くなったりします。

貧血の症状には、こうしたメカニズムがはたらいて現れるものもあります。

◇貧血の症状

からだがだるく、寒さを人一倍感じるようになってきます。心臓や肺に負担がかかるので、正常であればなんでもない運動、たとえば上り慣れている階段や坂でも、どきどきしたり（動悸）、息切れを感じるようになります。

貧血が進行すると、皮膚や粘膜の赤みがなくなり、少し黄色みをおびてきます。そのほか下肢（脚）が少しむくんだり、微熱がでることもあります。

周りの人から「顔色が悪い」とか「だるそうだ」などといわれることもよくあります。

ときには食欲がなくなり、吐きけなどを感じることもあります。

このような症状は、貧血の原因に関係なく、どのような貧血にもみられるので、**貧血の一般症状**と呼ばれます。

貧血と思われる症状があるときは、一刻も早く医師にかかり、検査を受け

◎赤血球の寿命と骨髄のはたらき

　赤血球は、骨髄にある造血細胞によってつくられます。約120日すると、赤血球の表面に老化の目印が現れ、これを感知したマクロファージ（大食細胞）が処理します。

　そのおもな場が脾臓や肝臓で、鉄分はふたたび赤血球の産生にまわされるなど、リサイクルされます。

　骨髄では、こうして死んだ赤血球に見合うだけの新たな赤血球がつくられるので、赤血球の数は一定しています。

　しかし、造血細胞の赤血球をつくる能力には余裕があって、栄養状態がよければ、出血など、いざというときには通常の6～8倍の赤血球をつくりだすことができます。

　出血や寿命などで失われる赤血球数が造血細胞の能力を超えていたり、造血細胞に問題がおこって必要なだけの赤血球がつくられないと、貧血がおこってきます。

るべきです。おとなは内科、子どもは小児科、妊娠中の女性は産婦人科を受診するのがよいでしょう。

　しかし、貧血をおこしている人のなかには、まったく症状がなかったり、症状があっても気づかずにいて、健康診断や献血の際の血液検査で、偶然に見つかるという人もかなりいます。

◇貧血の検査

　貧血かどうかは、腕などの静脈から2～3mℓの血液をとり（末梢血検査）、その中の赤血球の数とヘモグロビンの量を調べれば、簡単にわかります。血液の比重を調べ、いわば血液の濃さから判断する場合もありますが、この検査だけでは不十分です。

　赤血球の数とヘモグロビンの量、とくにヘモグロビン量の測定が、貧血を診断するためには欠かせません。

　貧血の検査は、どこの医院や病院でもできますし、採血の前にとくに注意しなければならないということもありません。採血してから、ふつう2～3日で結果がわかります。

◇貧血の診断

　正常なヘモグロビンの量は、血液1dℓ中、成人男性で13～17g、成人女性で12～16gです。

　これが、男性は13g以下、女性は12g以下になった場合、貧血と診断します。ただし高齢者は、11g以下で貧血とします。

　とくに10g以下の貧血は、医師の治療が必要な貧血です。

　正常な赤血球の数は、血液1㎣中、おとなの男性で450万～550万、おとなの女性で400～450万です。貧血のときは、男性では400万以下、女性では350万以下である場合が多いのです。

◇貧血の原因

　赤血球は、骨の内部にある骨髄という部分でつくられ、約120日たつと、おもに脾臓でマクロファージという細胞に食べられて破壊されます。

　骨髄で赤血球がつくられるには、ビタミンB_{12}と、葉酸の助けが必要です。また、ヘモグロビンがつくられるためには鉄分が必要です。

　したがって、骨髄にある造血細胞の異常、ビタミンB_{12}・葉酸・鉄分の不足、マクロファージによる赤血球の破壊が活発になりすぎるといった原因によって、貧血がおこります。

　貧血は原因によって、つぎのような種類に分けられています。

▼**鉄欠乏性貧血**　体内の鉄分が不足したためにおこる貧血です（次頁）。

▼**巨赤芽球性貧血**　ビタミンB_{12}や葉酸などの不足によっておこる貧血をいいます（1443頁）。

▼**溶血性貧血**　なんらかの理由で、マクロファージによる赤血球の破壊が進んでおこる貧血をいいます（1444頁）。

▼**再生不良性貧血**　骨髄のはたらきが異常で、赤血球などが十分につくれなくなっておこる貧血です（1445頁）。

▼**異常ヘモグロビン症**　遺伝子の異常でヘモグロビン（血色素）に異常があるためにおこる貧血です（1446頁上段）。

▼**二次性貧血（続発性貧血）**　他の病気にともなっておこる貧血です（1446頁）。

鉄欠乏性貧血……1441頁

▼症状▲だるさ、息切れ、動悸といった貧血の一般症状のほか、さじ状爪や嚥下困難がおこることも。

▼治療▲原因疾患があれば、その治療を行い、鉄欠乏性貧血そのものには、鉄剤を内服する。

鉄欠乏性貧血（てつけつぼうせいひんけつ）

Iron Deficiency Anemia

圧倒的に女性に多くみられる

◇鉄分の不足によっておこる貧血

どんな病気か　体内の鉄分が不足するためにおこる貧血で、もっともよくみられるものです。

鉄分は、ヘモグロビン（血色素）の主要成分ですが、鉄分が不足してくると、ヘモグロビンがうまくつくれなくなり、赤血球中のヘモグロビン量が減少してきます（**低色素性**）。また、赤血球の大きさも、小さくなってきます（**小球性**）。

ヘモグロビンは肺で酸素と結合し、全身に酸素を供給するはたらきをしているので、ヘモグロビンが減少すると全身の組織や臓器が酸素不足になり、はたらきが低下してきます。

圧倒的に女性に多くおこる貧血ですが、治療すれば確実に治り、心配はありません。

症状　急におこることはなく、徐々に進行する貧血なので、だるさ、息切れ、動悸を強く感じるといった貧血の一般症状（1439頁）がだんだん現れてきます。

貧血がきわめてゆっくり進行した場合には、ヘモグロビン量が正常の半分くらいになっても、安静にしていれば症状を感じないこともあります。

ひどい貧血が長くつづいた場合に、爪がスプーンのようにそり返ってくることがあります（**さじ状爪**）。

またごくまれに、ものが飲み込みにくくなる（嚥下困難）こともあります。

原因　鉄欠乏性貧血の原因には、つぎのようなものがあります。

▼**出血**　なんらかの原因で出血すると、血液中の鉄分が失われ、鉄欠乏性貧血の原因となります。

痔、胃や腸の潰瘍やがん、寄生虫による腸管の傷、女性の子宮筋腫などによって、少量の出血が長期にわたってつづいている場合に、鉄欠乏性貧血をおこしやすいものです。

体内の鉄分は、赤血球が壊れても再利用されますが、胃腸が吸収できる鉄分は1日わずか1mgにすぎません。ところが10gの出血があると、5mgの鉄分が失われてしまいます。すなわち失った分の鉄分を吸収して補うのには5日もかかるわけです。

したがって、少量でも慢性的な出血があると、鉄欠乏性貧血がおこってくるのです。

▼**月経、妊娠、分娩、授乳**　月経や分娩では体外への出血によって、妊娠中は胎児に鉄分をとられるため、鉄分の不足がおこりやすいのです。また、母乳にも鉄分が含まれているため、授乳でも鉄分の不足がおこりがちです。

このように、女性には鉄分が不足しやすい条件があるために、女性に鉄欠乏性貧血が多いのです。

▼**食品中の鉄分の不足**　鉄分は、肉類、レバーなどの食品に多く含まれていて、これらを適量、食べていないと、鉄分の不足がおこります。

若い女性が美容食として生野菜を中心にした食事をつづけたために、鉄欠

◎妊娠と貧血

妊娠すると、胎児に鉄分をとられたりして、貧血がおこりやすいものです。鉄分の不足により、鉄欠乏性貧血（前頁）がおこることが多いのですが、巨赤芽球性貧血（次頁）がおこることもあります。

貧血がおこると、全身のだるさ、息切れなど貧血の一般症状（1439頁）が現れてきますが、妊娠につきものと勘違いしている人もいます。妊娠中の定期健診は、貧血の早期発見にも重要なものですから、きちんと受けましょう。

貧血が見つかったら、鉄剤とともにビタミンB_{12}や葉酸など、赤血球の産生を助ける薬も必要になります。食事で鉄分を補うだけでは改善しないことが多いのです。

ふだんから鉄分の不足で貧血ぎみの人は、妊娠を知った日から血液検査を定期的に行い、薬剤の服用について、主治医の指示にしたがってください。

乏性貧血をおこすこともあります。

▼胃腸での鉄分の吸収不足　胃や腸の粘膜に異常があると、鉄分の吸収がうまくいかず、鉄不足になります。

胃炎、胃下垂などの病気がある人や、胃腸を切る手術を受けた人は、鉄分の吸収がさまたげられて、鉄欠乏性貧血をおこすことがあります。

▼鉄欠乏性貧血をおこす病気　まれですが赤血球が血管内で破壊される病気があると、鉄分が尿に出てしまい、直接的に鉄欠乏性貧血がおこります。

【検査と診断】　鉄欠乏性貧血かどうかは、静脈から10㎖ほど血液をとり、血液検査をすればわかります。この検査はどこの病院、医院でも受けられ、1週間以内に結果がでます。

赤血球数、ヘモグロビンの量（血色素量）のほか、ヘマトクリット値（血液に含まれる血球の割合）、平均赤血球容積（赤血球の大きさ）、平均赤血球血色素（赤血球に含まれるヘモグロビン量）などを調べます。

鉄欠乏性貧血では、これらの値が低くなっています。

また、肝臓や脾臓に貯蔵された鉄量の指標となる血清フェリチンの値が低くなり、血清中の鉄分の量と総鉄結合能（鉄と結合する性質がある血液中のたんぱく質の量で、鉄分が得られないヘモグロビン量を推定する）を調べると、鉄分が不足し、総鉄結合能が増加しています。

鉄欠乏性貧血と診断されたら、原因をさぐるために胃腸の出血、痔、便潜血などの有無をみる検査が行われます。女性の場合は、産婦人科の診察も必要です。これらは、あまり負担にならない検査なので、受けておくべきです。

◇鉄剤の長期服用で治る

【治療】　痔、胃腸の潰瘍やがん、月経過多などの原因があれば、まずその治療が必要になります。

鉄欠乏性貧血そのものは、鉄剤の内服で治りますが、長期間の服用が必要なので、勝手な判断で内服をやめてしまわないことがたいせつです。

鉄剤の内服を始めると間もなく血清中の鉄不足は解消されますが、からだ全体の鉄不足はつづいていることがあるので、たいてい2～3か月は毎日鉄剤を内服しなければなりません。

内服では効果があがらず、貧血がひどいときは、入院して静脈注射や点滴で鉄剤を使用することもあります。

▼鉄剤内服中の注意　人によっては、鉄剤の内服中に食欲の減退、胃のむかつきや不快感などがおこることがあります。このような場合は、鉄剤を食後すぐに飲むか、胃腸薬といっしょに飲むかすると、治まります。

それでも調子がよくないときは、医師と相談して、鉄剤の種類を変えてもらうのもひとつの方法です。

なお、鉄剤を内服していると便が黒くなることがありますが、鉄分で色がついただけですから、心配ありません。

【予防】　鉄分は、肉類、レバー、魚の血合の部分などに多く含まれていますので、偏食を避け、バランスよく食べるようにします。また、胃下垂などで胃腸の弱い人は、胃腸を丈夫にするように努力すると予防になります。

◎巨赤芽球性貧血と悪性貧血

ビタミンB12や葉酸が体内で不足すると、造血細胞での赤血球の産生がうまくいかず、通常の赤血球よりもずっと大きい、**巨赤芽球**といわれるものなどが現れてきます。

こうした異常な赤血球は、成熟しないうちに死んでしまうことが多く、このために貧血がおこってきます。

昔は治療法が見つからず、そのために悪性貧血と呼ばれていたのですが、その後、レバー（肝臓）を食べるとよく治ることがわかり、これに**巨赤芽球性貧血**という名称がつけられました。

しかし、それでも治らない貧血があります。これは、胃液に含まれる因子（胃内因子）が不足しているために、ビタミンB12の吸収障害でおこることがわかり、今日では、これによる貧血を、**悪性貧血**といいます。

巨赤芽球性貧血
Megaloblastic Anemia

どんな病気か

骨髄にある造血細胞は、ビタミンB12や葉酸というビタミンの助けがないと、正常な赤血球をつくることができません。

これらのビタミンが不足すると、巨赤芽球（上段）という巨大な赤血球の母細胞が現れて、赤血球が不足して貧血になります。これが巨赤芽球性貧血です。

とくに、胃粘膜の萎縮、胃液の分泌が悪い（胃内因子分泌不全）ためのビタミンB12吸収不良が原因である貧血を、**悪性貧血**といいます（上段）。

日本では比較的少ない貧血で、ときに高齢者や胃を切除した人にみられる程度です。治療すれば、完全に治すことができます。

症状

だるさ、息切れ、動悸を強く感じるなど、貧血の一般症状（1439頁）のほか、舌が赤くピリピリする、舌の表面がツルツルするといった症状が現れることがあります。

食欲不振、吐きけ、下痢など、胃腸症状も現れ、胃液の分泌が低下して減酸症や無酸症（1567頁）もおこります。

また、しびれ感や知覚が鈍くなるなどの神経症状が下肢（脚）におこり、ひどくなると歩行困難になって、むりに歩くとからだが揺れます。

これらの症状は、だんだんに現れてくるのがふつうで、ある日、突然おこるようなことはありません。

原因

体内のビタミンB12か葉酸が不足しておこります。

ビタミンB12の不足は、これを含む食品の摂取不足でおこることはまれで、ほとんどはこのビタミンを十分に吸収できないためにおこります。

ビタミンB12が吸収されるためには、胃液に含まれる胃内因子という物質の助けが必要ですが、萎縮性胃炎、胃切除などによって胃内因子が不足すると、このビタミンの吸収障害がおこります。

また、免疫の異常による胃内因子の分泌障害、腸でのこれらのビタミンの吸収障害、妊娠やアルコール中毒、がんなどによるこれらビタミンの消費の増大などでも、この貧血がおこります。

内科を受診すれば、貧血であることはわかりますが、この貧血を確実に診断するには、くわしい検査が必要ですので、血液専門の医師のいる医療機関での受診がすすめられます。

検査と診断

静脈から10mℓほど採血し、鉄欠乏性貧血と同様の検査（前頁）を行うほか、血液中のビタミンB12と葉酸の量も調べます。

この貧血をともなう病気を調べるため、骨髄検査、肝機能検査、便の検査、胃の検査なども行われます。

骨髄液の検査で巨赤芽球を検出することが診断に重要です。

原因がはっきりすれば、完全に治せますから、検査はきちんと受けるべきです。

治療

ビタミンB12が不足している場合は、ビタミンB12剤を注射で使用します。ときには、生涯にわたって、ときどき注射が必要な人もいます。葉酸が不足している場合は、内服か注射で葉酸が使用されます。

昔からレバーを食べると効果がある

といわれていますが、医師の指示にしたがって薬剤をきちんと使用したほうが確実で、食事療法の必要性はあまりないようです。

溶血性貧血
Hemolytic Anemia

どんな病気か 骨髄でつくられた赤血球は約１２０日たつと、肝臓や脾臓で破壊され、死滅します。この期間が短くなり、赤血球がつぎつぎに破壊されてどんどん溶けてゆき（溶血）、しかも新しい赤血球の生産が追いつかないためにおこる貧血が、溶血性貧血です。

他の貧血に比べると、そう多くみられるものではありません。

原因 溶血性貧血は、いろいろな原因でおこりますが、先天性のものと、後天性のものに大きく分けられます。

▼**先天性の原因** 生まれつき赤血球に異常があって、そのために赤血球が破壊されやすいものです。代表的な病気に、**遺伝性球状赤血球症**があります。

▼**後天性の原因** この代表は、**自己免疫性溶血性貧血**です。これは、なんらかの原因で、自分の赤血球を抗原（異物）とみなす抗体ができてしまい、この抗体と赤血球との結合が免疫細胞の攻撃を促して溶血がおこるもので、自己免疫疾患（2002頁）のひとつです。

後天性の原因としては、**発作性夜間ヘモグロビン尿症**（**発作性夜間血色素尿症**）もあります。これは、ときに起床時の尿にヘモグロビンが混じって尿の色が変わることがある病気です。後天的に赤血球が補体（抗原と抗体の複合物に結合して異物の処理を助けるもの）と反応しやすくなり、そのために溶血がおこると考えられています。

症状 貧血の一般症状（1439頁）のほか、壊れた赤血球の成分が皮膚に沈着して、黄疸が現れます。

溶血の程度はいろいろで、徐々に貧血と黄疸がおこってくることもありますが、急激におこることもあります。

また、後天性の溶血性貧血は、寒冷、激しい運動やかぜ、薬剤の服用がきっかけとなっておこることもあります。

溶血のために、ときに尿の色が濃くなり、ひどくなると、いつも茶褐色の尿が出ます。

溶血が急におこった場合は、腹痛、発熱もみられます。そのほか、脾臓が腫れることもあり、胆石ができることもあります。

検査と診断 鉄欠乏性貧血の検査（1442頁）と同様の検査のほかに、特殊な検査も必要なので、血液の専門医の診察も受けるようにします。

検査そのものは、静脈から採血するだけですから簡単ですが、入院して精密検査を受けたほうが早く診断がつきます。

治療 原因が先天性である場合は、脾臓を切除して赤血球の破壊を抑えます。後天性で、免疫が関係する貧血はステロイド（副腎皮質ホルモン）剤や免疫抑制薬を使用します。

溶血性貧血をおこす病気はほかにもいろいろあり、それぞれ治療法が異なります。

赤血球の病気

◎汎血球減少症

造血機能が低下した結果、赤血球、白血球、血小板のいずれもが減少した状態になります。

再生不良性貧血の診断の契機（きっかけ）となる症状のひとつです。汎血球減少症を引き起こす基礎疾患には、再生不良性貧血のほかに、骨髄浸潤性疾患、脾腫をともなう疾患、ビタミンB_{12}や葉酸の欠乏、全身性エリテマトーデスなどがあります。ときには妊娠や薬剤などが起因となることもあります。

再生不良性貧血
Aplastic Anemia

どんな病気か

血液は骨髄でつくられますが、骨髄のはたらきが衰え、赤血球が十分つくれなくなるためにおこる貧血を再生不良性貧血といいます。

骨髄では、赤血球のほかに、白血球や血小板などもつくられており、これらも減少してしまいます。

このため、白血球の減少によって感染がおこりやすく、血小板の減少によって、出血しやすくなります。

徐々に発症することが多いのですが、急激に発症することもあります。

徐々におこる慢性の再生不良性貧血は、よくなる時期と悪くなる時期を交互にくり返すことが多いものです。

原因不明のことも多く、確実な治療法もないため、厚生労働省は特定疾患（難病）のひとつに指定し、治療費を補助しています。

症状

だるさなど、貧血の一般症状（1439頁）のほかに、皮膚、歯ぐき、鼻などから出血しやすくなります。

皮膚を打撲すると、内出血による紫色のあざ（紫斑）ができやすかったり、注射したあとの出血がなかなかとまらなかったりすることがあります。

また、発熱、のどの痛みなど、かぜのような症状も現れてきます。

軽症の場合は、出血傾向（1454頁）もなく、発熱もないことがあります。

原因

先天的に骨髄の造血機能が悪い場合もありますが、よくみられるのは、さまざまな血球のもとになる細胞が著しく減ってしまい、その部分が脂肪組織におきかわってしまうものです。

こうしたことがおこる原因は不明ですが、自己免疫疾患（2002頁）と考えられる場合もあります。

また、薬剤、化学物質、大量の放射線などが原因でおこることもあり、肝炎ウイルスの感染が原因でおこると思われる激症のものもあります。

再生不良性貧血は、診断・治療ともむずかしいので、この病気が疑われたら、血液の専門医を受診します。

検査と診断

鉄欠乏性貧血と同じ血液検査（1442頁）のほか、いろいろな検査が行われます。

赤血球、白血球、血小板など、骨髄でつくられる血球がすべて減少していることを確認し、骨髄の組織を針で少量とって、組織が変性していることを確認すれば、ほぼ診断がつきます。

治療

軽症であれば輸血の必要はありませんが、輸血が必要になることが多いものです。重症の若い人の場合には、輸血で症状を抑えてから、造血幹細胞移植（1450頁）を考えます。また、ステロイド（副腎皮質ホルモン）剤や抗リンパ球グロブリンの使用など、さまざまな免疫抑制療法が効果をあげることもあります。

日常生活の注意

出血しやすいので、打撲やけがに注意します。また、かぜをひかないように注意することもたいせつです。

この病気は、治療すれば社会復帰ができることが多くなっていますから、医師の指示にしたがって、根気よく治療していくことが重要です。

◎**異常ヘモグロビン症**

遺伝的な問題があって、ヘモグロビン（血色素）が異常な形になり、そのためにおこるさまざまな血液の病気をまとめて異常ヘモグロビン症と呼びます。おもなものに**鎌状赤血球貧血**、**サラセミア**、**不安定ヘモグロビン症**などがあります。この病気は両親のどちらかに異常があれば、子どもに遺伝（常染色体優生遺伝）しますが、突然変異によって発症することもあります。

大部分では症状はありませんが、赤血球が変形して溶血性貧血をおこしたり、酸素との結合能力が正常より高くなったり、低くなったりする場合や、ヘモグロビンの合成がうまくできなくなる場合に治療対象となります。

サラセミア、不安定ヘモグロビンでは輸血、脾臓の切除、葉酸剤の使用が行われ、鎌状赤血球貧血では環境や栄養をよくし、感染の予防につとめます。

骨髄異形成症候群

Myelodysplastic Syndrome

どんな病気か

以前から治療のむずかしい貧血で、白血病（548頁）に移行するものがあり、**不応性貧血**、**前白血病**とか、**くすぶり白血病**などといわれていました。

現在では、これらの病気は血球の量や質が異常になる病気として、まとめて骨髄異形成症候群と呼ばれます。

原因はよくわかっていませんが、造血細胞が血球をつくるときに、成熟がうまくいかず、能力の低下した血球になるためと考えられています。

そのため、赤血球、白血球、血小板などが減少し、貧血の一般症状（1439頁）が現れるほか、感染症になりやすく、出血しやすい傾向がみられます。

50歳以上の男性に多く、慢性化してすごしているうちに白血病化、感染症、出血などで亡くなることもあります。

治らない貧血において、血球の異常、骨髄組織の異常などを検査しますが、専門医でも診断のむずかしい病気です。

治療

今のところ、造血幹細胞移植（1450頁）しか治す方法はありません。しかし、発症時に高齢であることが多く、移植手術ができない、あるいはうまくいかないこともあります。ビタミンなどの薬剤の使用、ステロイド（副腎皮質ホルモン）剤の使用など、症状を抑える治療が行われますが、あまり効果があるとはいえません。白血病化したら急性骨髄性白血病（548頁）と同様の化学療法が行われます。

輸血は効果的ですが、何回もくり返している間に効果がなくなることがあります（輸血不応症）。

二次性貧血（続発性貧血、症候性貧血）

Secondary Anemia

どんな病気か

他の病気の症状としておこる貧血を、二次性貧血、続発性貧血、あるいは症候性貧血といいます。よくみられる貧血で、治療は原因疾患の治療と同時に行いますが、原因がはっきりせず、診断に時間がかかることもあります。

▼**出血性貧血**　鉄欠乏性貧血（1441頁）のようになんらかの原因で大量に、あるいは少量でも慢性的な出血がある場合におこります。原因となる病気の治療に、鉄分を補う治療も行います。

▼**感染症、炎症、がんによる貧血**　免疫にかかわる組織が活発になり、鉄が組織球に取込まれて利用できない状態になります。鉄分を摂取しても治りません。

▼**腎臓病による貧血**　腎臓の機能が失われると（腎不全）、造血を促すホルモンであるエリスロポエチン（赤血球生成促進因子）が産生されにくくなり、貧血がおこります。エリスロポエチンの静脈注射が効果的です。

▼**肝臓病による貧血**　さまざまな物質の代謝機能が低下し、貧血がおこります。治療には肝臓病の治療が第一。

▼**内分泌の病気による貧血**　ホルモンが造血機能に影響するため、貧血がおこります。治療には、不足したホルモンの補充などが行われます。

白血球の病気

白血球増加症

Leukocytosis

どんな病気か

健康な人の血液には1㎣中に4000～9000個の白血球が含まれていますが、これが1㎣中1万個以上に増えた状態を白血球増加症といいます。造血器のがんである白血病（548頁）の症状として多くみられるものですが、白血病の症状に似た**類白血病反応**として、感染症や炎症などが原因となり、造血器である骨髄は正常である場合や、原因がみあたらない場合もあります。

増えた白血球の種類によって、好中球増加症、好酸球増加症、リンパ球増加症などに分けることができます。

▼**好中球増加症**　好中球は白血球中もっとも多いものですが、これが血液1㎣あたり8000個以上に増えた状態です。白血球増加症ではよくみられるものです。

原因でもっとも多いのは、細菌などの感染です。炎症、膠原病（2003頁）、がん、ホルモンや代謝の異常、薬剤の使用などで増えるのは、好中球が免疫にかかわっているからです。そのほか、出血や造血器の病気のために病的に増えたり、物理的な刺激（温度、運動、けいれん）や精神的なストレスでも増えたりします。

▼**好酸球増加症**　好酸球も異物の排除をになうもので、これが血液1㎣あたり450個以上になった状態をいいます。

好酸球はアレルギーに関係しているといわれ、ぜんそくや鼻炎、皮膚炎などのアレルギー性の病気、寄生虫感染、膠原病、肉芽腫症などが、増加の原因になります。

また、各種の悪性腫瘍や慢性骨髄性白血病でも増加します。その他、原因がわからずに異常に増加するものは**好酸球増加症候群**として区別されます。

▼**リンパ球増加症**　ある種の感染症で増えるほか、ある種の白血病によっても増えることがあります。

治療

原因となっている病気を治療することが第一です。もとの病気が改善されれば、白血球数も正常にもどります。

白血球減少症／無顆粒球症（好中球減少症）

Leukopenia

どんな病気か

健康な人の血液中に含まれる白血球は、血液1㎣あたり4000～9000個で、これが1㎣あたり3000個以下になった状態を、白血球減少症といいます。

白血球には好中球、好酸球、好塩基球、単球、リンパ球などの種類があり、好中球、好酸球、好塩基球の3つを合わせて**顆粒球**とも呼ばれます。

減少した白血球の種類によって好中球減少症、顆粒球減少症、無顆粒球症などとも呼ばれます。

顆粒球減少症には、好中球、好酸球、好塩基球などの減少症がありますが、白血球の45～65％は好中球なので、好中球減少は顆粒球減少とほとんど同じ意味で使われています。

とくに、血球のなかで顆粒球（好中

◎白血球という ことばの意味

　血液のなかの赤血球は、ヘモグロビン（血色素）を含むために赤く見えます。

　これに対して、顆粒球（好中球、好酸球、好塩基球に分類される）、単球、リンパ球などの血球は、ヘモグロビンを含まないので白く見えます。この白く見える血球をまとめて**白血球**と呼んでいます。

　英語では、白血球のことをleukocyteといいますが、これはギリシア語からの借用で、leukoは「白」、cyteは「細胞」を意味します。

　これを日本語に訳すときに、白血球ということばを用いたものです。

球）がほとんどなくなってしまい、重い感染症にかかることの多い病気を、**無顆粒球症**と呼んでいます。

　ここでは、白血球減少症の大部分を占める好中球減少症と、無顆粒球症について、解説します。

▼好中球減少症　血液中の好中球の数が1㎜³あたり1500個以下になった状態をいいます。好中球は感染を防ぐ機能に重要な役割をになっているので、好中球が減ってくると、とくに細菌や真菌に感染しやすくなります。

　したがって、感染症にかかり、ふつうの治療を受けたにもかかわらず発熱などの症状がとれないときは、好中球減少症を疑ってみる必要があります。

　原因としてもっとも多いのは、薬剤の使用が引き金になるものです。

　抗菌薬や抗生物質、消炎鎮痛薬、抗けいれん薬、抗甲状腺薬、経口糖尿病薬、精神安定薬、各種の抗がん剤、抗ヒスタミン薬、抗不整脈薬など、さまざまな薬剤が原因となります。

　そのほかにも、骨髄の造血障害（再生不良性貧血や白血病、放射線照射など）、脾臓の機能亢進による破壊（肝硬変など）、好中球の発育不良・不全（骨髄異形成症候群など）、感染症（ウイルスや細菌）、免疫の病気（膠原病、自己免疫性好中球減少症など）、遺伝（周期性好中球減少症、家族性慢性好中球減少症など）など、さまざまな原因があります。

　これらの原因をまとめると、好中球の産生がうまくいかない、好中球の破壊が異常に進行する、好中球の利用が激しく、産生が追いつかない、ということがいえます。

　好中球の減少のほかに、赤血球の減少（貧血）、血小板の減少（出血）などをともなうことも少なくありません。

　好中球の減少が進んで無顆粒球症になると、敗血症など、生命にかかわる重い感染症をおこすことがありますので、その予防がたいせつです。

　原因となる可能性のある薬剤の使用は、すぐに中止します。

▼無顆粒球症　顆粒球がほとんどなくなってしまっている状態を、無顆粒球症といいます。顆粒球の減少がおこるメカニズムには、2種類があります。

　ひとつは、薬剤の中毒作用によって、骨髄にある顆粒球のもとになる細胞が傷害されてしまう場合です。

　もうひとつは、おもに薬剤が好中球と結合し、さらに、その結合したものに対する抗体がつくられ、それがリンパ球を呼び集めて破壊することによるものです。

　無顆粒球症では、薬剤の使用といった、きっかけになることがあってから急に（1～2日間）、全身のだるさなど、まえぶれとなる症状が現れ、その後にふるえをともなう高熱、ひどいのどの痛みがおこってきます。

　重症になると、肺炎、敗血症などをおこし、危険な状態になります。

　静脈から採血して検査すると、顆粒球・好中球が著しく減少しており、ときにはまったく検出できないこともあります。

　針を刺して骨髄の組織を少量とり、顕微鏡で調べてみると、顆粒球になる前の細胞（骨髄芽球、前骨髄球）が増えているのがみられます。

治療

治療は、原因となった薬剤、放射線照射などをすぐに中止します。

感染が原因となっている場合には、その感染症の治療を行いますが、薬剤の使用は、慎重に行う必要があります。

細菌などの感染を防ぎ、体力をつけるために、入院して治療するのが原則となります。

肺炎や敗血症など、重症の感染症をおこしてしまった場合は、慎重に、強力な抗生物質療法を行います。

好中球、顆粒球の骨髄での産生を刺激するため、顆粒球コロニー刺激因子（G‐CSF）を投与することが早期の回復に効果的です。

移植片対宿主病（GVHD）

Graft-Versus-Host Disease

どんな病気か

血液の病気では、治療として、輸血（血液製剤を含む）や骨髄移植（造血幹細胞移植　次頁）が、よく行われるようになりました。

しかし、他人の血液や骨髄（移植片）には、自己と非自己を見分け、非自己を排除しようとする免疫機能のはたらきに主要な役割をはたすリンパ球が含まれています。

輸血や骨髄移植は、白血球などがうまく機能しない病気をもつ人に対して行われることが多く、その人（宿主）は免疫力が低下しているので、適合性のある移植片は生きつづけます。

もし、宿主の免疫力が強く、移植片の適合性がなければ、移植片は異物として攻撃され、死んでしまうので、ある意味では問題ありません。

しかし、移植片のリンパ球が生きつづけると、このリンパ球は移植を受けた人を非自己とみて、排除しようとします。こうして、宿主の血液に入った移植片のリンパ球が増殖し、全身にまわると、宿主の組織は主要組織適合抗原という目印がついているので、これを攻撃するようになり、いろいろな症状がおこってきます。

これが移植片対宿主病（GVHD）と呼ばれるものです。

症状

輸血や骨髄移植後しばらくすると、皮膚の表面全体に赤い斑点が現れ、高熱がでてきます。その後、下痢や肝臓障害がおこり、あらゆる血球が減少するため、貧血によって衰弱するだけでなく、感染症や出血がおこりやすくなります。

こうして約1か月後には、多くの臓器が傷害され、死にいたります。

治療

発病した人の多くが死亡しますが、いまのところ有効な治療法はありません。したがって、なによりも予防が重要です。

輸血する血液のリンパ球を死滅させるか、取除くのがいちばんです。そのために、血液に放射線を照射することが行われています。また、フィルターでリンパ球を取除く方法もあります。

骨髄移植では、自分の骨髄を取出し病気の造血細胞だけ除いて体内にもどす、他人の骨髄からGVHDをおこすリンパ球を除いて注入する、成熟したリンパ球を含まない臍の緒の血液を注入するなどの方法が行われます。

骨髄移植の知識

❖骨髄移植（造血幹細胞移植）とは

白血病（548頁）や再生不良性貧血（1445頁）といった血液の病気は、骨髄の組織中にある造血幹細胞のはたらきが異常であるためにおこる病気です。

造血幹細胞のなかでも、もっとも未分化な全能性幹細胞は、赤血球と白血球（顆粒球、リンパ球など）やすべてのもとになっている細胞で、これからリンパ球のもとになる幹細胞と、その他の血球のもとになる多能性幹細胞ができます。

これらの幹細胞に異常があると、さまざまな血液の異常（血球の異常）が生じてきます。これらの異常な幹細胞を殺してしまい、かわりに健康な幹細胞を注入して、骨髄で増殖させようというのが、骨髄移植です。

ですから、骨髄そのものを移植するのではなく、幹細胞の含まれている骨髄液を、移植を受ける人（レシピエント）の静脈から注入するだけです。

健康な骨髄液の採取は、提供者（ドナー）の腸骨に針を刺して行うのがふつうです。

また、赤ちゃんと胎盤をつなぐ臍の緒からは、幹細胞の豊富な血液（臍帯血）がとれ、移植片対宿主病（1449頁）を引き起こす成熟したリンパ球もありませんので、骨髄液のかわりに使われています。

ただし、少量しかとれないので、おもに子どもに使われます。

❖移植できる骨髄液

どのような骨髄液でも移植できるかというと、そうではありません。

さまざまな血球は、遺伝的にいくつかのタイプに分けることができ、それは幹細胞によって決定されています。

また、ヒトの組織には、自分の組織であることを自分のリンパ球に示すための目印（**主要組織適合抗原**、**ヒト白血球抗原**、**ＨＬＡ**ともいう）がつけられており、これにも特有のタイプがあります。

移植を受ける人の体内に、ちがったタイプの血球や組織が入ってくると、移植を受ける人のリンパ球など免疫機能を担当する細胞が、それを異物（抗原）ととらえて攻撃し、殺してしまいます。これを**拒絶反応**といい、移植は失敗してしまいます。

拒絶反応を防ぐには、主要組織適合抗原のタイプが同じ（**ＨＬＡの型の一致**）である必要があります。

この点では、自分の骨髄液がいちばんよいわけで、あらかじめ採取した骨髄液から異常な幹細胞を取除いたうえで、体内にもどすという方法もあります。

末梢血中にも幹細胞が流れています。ただし、少量しかないので、顆粒球コロニー刺激因子（Ｇ‐ＣＳＦ）の投与によって骨髄から末梢血へと幹細胞を誘導します。これを回収して、体内に戻すという方法が骨髄液のかわりに使われています。これを**末梢血幹細胞移植**といいます。

しかし、一部の幹細胞に異常が生じたような場合はともかく、幹細胞がすべて異常になってしまうような場合には、この方法は使えません。

この点、家族は遺伝的によく似ていますから、家族のなかから、よいドナーが見つかることが多くあります。

もし見つからなければ、骨髄バンクに登録して提供を申し出ている人のなかから探すことになります。

造血幹細胞の入手は、骨髄以外に、臍の緒（臍帯血）、末梢血と多彩になってきたことから、これらを用いた治療法は**造血幹細胞移植**と総称されています。

❖移植の準備と移植後の処置

移植にあたっては、薬剤を使用したり、全身に放射線を照射したりして、異常な幹細胞を、完全に死滅させるようにします。

このため移植後は、免疫を担当する白血球が、移植されたもの以外ほとんどなくなってしまうので、細菌やウイルスなどの感染症にかかりやすくなります（日和見感染2125頁）。また、移植後に間質性肺炎（1292頁）がおこることもあり、これらの病気を防ぐためには、あらかじめ抗生物質などの薬剤を使用するなどして、強力な予防的治療がなされます。

また、移植したドナーの骨髄液に成熟したリンパ球があると、レシピエントの組織を非自己であるとみなし、免疫的な攻撃を加える移植片対宿主病がおこり、致命的なことになりかねません。

これを防ぐには、移植する骨髄液から、そうしたリンパ球を完全に取除いておかねばなりません。

❖骨髄移植の適応

以上のような事情から、骨髄移植を受けるには、レシピエントが、ほかに重い病気をもっていないこと、できれば50歳くらいまでであること、ドナーとＨＬＡ型が完全に一致することが必要です。それには、まず家族からドナーを探すのが早く、また、移植片対宿主病もおこりにくいです。

ただし、ＨＬＡ型が完全に一致していれば、かりにＡＢＯ血液型がちがっていても、移植は可能です。

骨髄移植の適応となる病気には重症の再生不良性貧血（1445頁）、急性白血病（548頁）、骨髄異形成症候群（1446頁）、悪性リンパ腫（553頁）、多発性骨髄腫（552頁）、原発性免疫不全症（801頁）、ゴーシェ病（732頁）などがあります。

しかし、これらの病気だからといって、すぐに骨髄移植を行うわけではありません。さまざまな条件を考えて、慎重に判断する必要があります。

移植の前に異常な幹細胞を完全に死滅させない弱い準備だけで移植の治療成績の向上を目指す方法が登場しました。これを**骨髄非破壊性幹細胞移植**といいます。

移植を受ける人の異常な幹細胞と、移植された幹細胞からつくられたリンパ球が共存することにより、そのリンパ球がもともと体内にあった異常な幹細胞を非自己とみなして排除しようとします。

移植片対宿主病と同様の移植片対白血病反応の原理を利用しています。この治療法によって高齢者や比較的体力の低下した人にも移植が可能となりました。

しかし骨髄移植は、体に重い負担をかけ、おそろしい病気を引き起こすこともあり、また、むずかしい条件もあるので、よほど重くないかぎり、慎重に行うべきです。

❖骨髄バンク

骨髄移植を受けようと考えたら、まず現在かかっている担当の医師に相談すべきですが、骨髄バンクでも相談にのってくれます。

骨髄バンクは、従来、ドナーもレシピエントもほとんど兄弟姉妹にかぎられていたため、骨髄移植ができずに亡くなる骨髄移植の希望者が多い状態を改善しようと、１９９１（平成3）年に設立された組織です。正式には**日本骨髄バンク**（電話０１２０－４４５－４４５）といいます。

２０１５（平成27）年4月現在、自分の骨髄液を提供してもよい、あるいは、他人の骨髄液の提供を受けたいと骨髄バンクに登録した人は、45万１０８５人で、１万８１６０例の非血縁者間の移植が実際に行われています。

リンパ節炎
Lymphadenitis

急性と慢性のリンパ節炎があります。

どんな病気か

急性リンパ節炎は、細菌の感染などによってリンパ管に炎症がおこり、リンパ管とつながっているリンパ節に急性の炎症がおこってくるものです。

たとえば、足に傷ができ、そこから細菌が侵入して脚の付け根（鼠径部）のリンパ節が腫れて痛くなるなどがその例です。

リンパ節は、からだのいろいろな部位に存在していますが、急性リンパ節炎がおこりやすいのは、頸部、腋窩（わきの下）、鼠径部などにあるリンパ節で（次頁図）、炎症がおこるとリンパ節が腫れて（リンパ節腫脹）、押すと痛みます。

リンパ節炎が悪化すると、化膿することもあります。また、炎症が周囲の組織におよぶことがあり、節周囲炎になることもあります。

慢性リンパ節炎は、リンパ節炎が長くつづいている状態です。弱い刺激がくり返しリンパ節に加わっているためにおこることもありますし、急性リンパ節炎が治りきらずに慢性化しておこることもあります。

慢性リンパ節炎のなかでも多くおこるのは、肺結核（1285頁）にともなっておこる結核性リンパ節炎と、トキソプラズマ症にともなっておこる慢性リンパ節炎です。

▼結核性リンパ節炎　結核にかかるとリンパ節にも病変がおよぶことがしばしばです。

1個または数個のリンパ節が腫れてきますが、痛みはありません。腫れたリンパ節どうしがたがいに癒合し、かたまりになってきます。

リンパ系のがんである悪性リンパ腫とは腫れかたがちがうのですが、ときに識別がむずかしいことがあります。

治療

原因となっている部位の治療が優先しますが、炎症が治まるまで全身の安静を保つようにし、腫れたリンパ節は冷やします。

抗生物質の使用が必要なことが多いので、医師の診察を受けましょう。ときには、リンパ節を切開して膿を出さなければならないこともあり、そのときは外科への受診が必要になります。

伝染性単核球症
Infectious Mononucleosis

どんな病気か

EBウイルス（エプスタイン‐バーウイルス）と呼ばれるウイルスが感染しておこる病気で、発熱、のどの痛み、リンパ節の腫れなどの症状が現れます。

10歳以下でこのウイルスの感染を受けても、症状が現れることはありません（不顕性感染）。成人の80％近くの人は、子どものころに不顕性感染を受けて、このウイルスに対する免疫を獲得しているので、おとなになって、このウイルスが感染しても発病することはありません。

したがって、免疫を獲得していない人が、おとなになってから感染を受けて発病することが多く、若い人に多いものです。

感染を受けてから発病するまでの潜伏期間は、35日前後です。

症状

発熱、だるさ、のどの痛みなどで始まります。熱は、ときに39～40度と高いこともありますが、1～2週間もすると下がってきます。

発症後、1週間前後でくびのリンパ節が腫れ、肝臓や脾臓も腫れ、全身に細かい発疹が現れてきます。

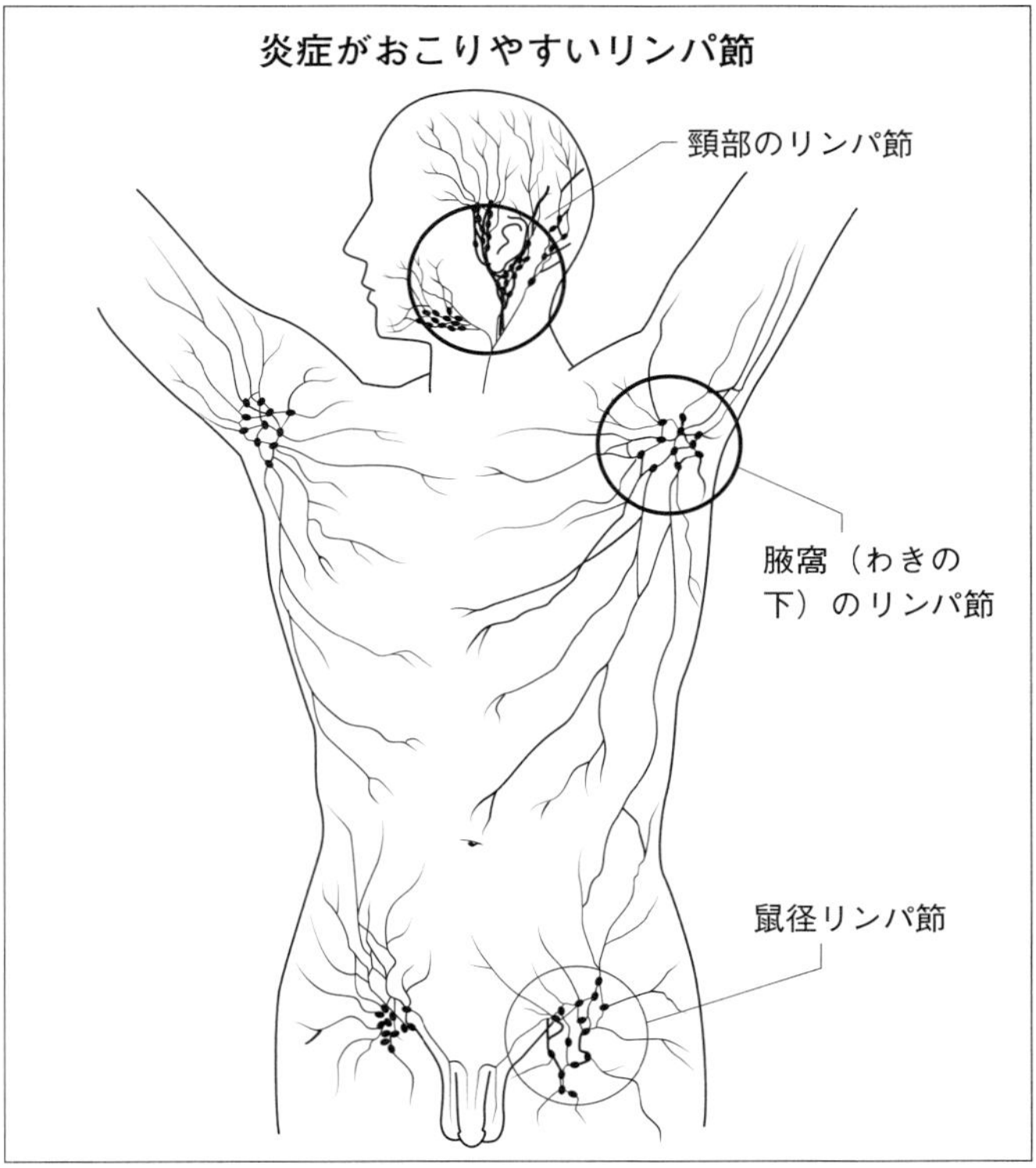

検査と診断

静脈から採血して調べると、発病初期は白血球数の減少がみられますが、一時的で、その後増加してきます。

また、異型リンパ球と呼ばれる特徴的な形態をしたリンパ球が出現・増加し、ときに貧血や血小板減少がみられることがあります。

血液中の抗体を調べると、EBウイルスに対するさまざまな抗体値が上昇しています。

治療

とくに治療は必要ありません。安静と、熱には解熱鎮痛薬といった対症療法で、4～5週間もすると治ります。

咽頭炎や扁桃炎によるのどの痛みを抑える目的でペニシリン系のアンピシリンを使用すると、高率に薬疹（1816頁）がおこります。

そのため治療にはアンピシリン以外の抗生物質が使用されます。

この病気の合併症として、肝障害のほかに、まれに溶血性貧血、脳炎、脾臓の破裂などがおこり、治療が必要になることもあります。

紫斑病と血小板の病気

出血傾向とは
(Hemorrhagic Diathesis)

◇原因は、おもに3つある

どこかにからだを強くぶつけたなど、思いあたる原因もないのに出血がおこる、軽く打っただけなのに皮下出血がおきる、あるいはいったん出血すると止まりにくい、などの状態を**出血傾向**（**出血性素因**）があるといいます。

その原因は、血管の壁に異常があるか、血小板に異常があるか、血液凝固のしくみに異常があるか、の3つに分けることができます。

血管壁の異常としては、**血管性紫斑病**に代表されるように、さまざまな原因で、血管壁から血液が漏れ出す（透過性亢進）ことによります。単純性紫斑病や老人性紫斑病、アレルギー性紫斑病のほかに、クッシング症候群、ビタミンC欠乏症などでおこります。

血小板の異常としては、正常な血小板の数が減少するためにおこるわけです。原因となるおもなものに、**血小板減少症**と、数は正常でもひとつひとつの血小板のはたらきが悪い**血小板機能異常症**があります。血小板は血液がかたまるときの材料ですから、いわば材料不足または材料不良によって、出血傾向がおこるわけです。血小板減少症の原因のおもなものに、**特発性血小板減少性紫斑病**（1458頁）、**薬剤性血小板減少症**、**急性白血病**（548頁）、**再生不良性貧血**（1445頁）などがあります。

そのほかに、血小板のはたらきに異常をおこし、出血傾向になるものもあります。尿毒症（1722頁）、播種性血管内凝固症候群（1462頁）、また抗生物質や非ステロイド系抗炎症薬などによってもおこることがあります。とくに、アスピリンは血小板がくっつき合ってかたまろうとする能力を低下させてしまいますが、逆に、血液がかたまりにくくなる作用を利用して、血栓の予防に使われることもあります。

血液凝固のしくみの異常によっておこる出血傾向の代表的なものに、血漿中に含まれているべき血液凝固因子が先天的に欠けている血友病やフォン・ヴィレブランド病があります。また、血液凝固のしくみが後天的に異常になることもあります。それは、血液凝固因子をつくっている肝臓の疾患や、血液凝固因子の産生に必要なビタミンK欠乏症によっておこります。

◇いちどは専門医の検査を

あざ（紫斑）ができやすい、鼻血が出やすい、歯肉から出血しやすい、なかなか血が止まらない、などと訴える人を検査してみると、実は何の異常も認めないことも多いものです。

したがって出血しやすいから、すぐに何かの病気というわけではありません。いちどは血液専門医を受診して検査を受けておくこともたいせつです。

いっぽうたとえ軽症でも、出血傾向がある人は、大きな手術をしたり、交通事故などにあうと止血がむずかしく、出血量が多くなって危険です。しかし、あらかじめ出血傾向があるとわかっていれば、いざというとき、医師が十分な対策を立てることができ、大出血の危険を避けることができるのです。

◎無フィブリノーゲン血症、フィブリノーゲン低下症 ……… 1464頁

血管性紫斑病 …… 1455頁

▼**種類**▲アレルギー性紫斑病、単純性紫斑病、老人性紫斑病、症候性血管性紫斑病など。

▼**治療**▲単純性紫斑病と老人性紫斑病は、治療しなくてもよいが、アレルギー性紫斑病は腎炎などの悪化を防ぐこと、症候性血管性紫斑病は原因疾患の治療が必要になる。

紫斑病とは (Purpura)

◇紫色の出血斑ができる

血管から皮膚や粘膜の下に赤血球がでてくる（内出血）と、そこが紫色にみえることが多く、これを**紫斑**といいます。紫斑は、浅いところの出血では鮮やかな赤、深いところの出血では暗い紫色で、時間とともに褐色から黄色に変化します。この紫斑がおもな症状である病気を**紫斑病**といいます。

したがって紫斑病の原因は、出血傾向（1454頁）を引き起こす原因でもあって、大きく分けると、血管の病的な変化、血小板の異常、血液凝固のしくみの異常となります。

さらに、これらの異常が先天的な遺伝に関係しておこるものと、後天的におこるものに分けられます。また、その異常が1つの病気として独立しておこるもの（特発性）と、何か別の病気にともなっておこるもの（続発性、症候性）に分けることもできます。

血液凝固のしくみの異常の場合は、紫斑病というより、からだの奥深くで出血し、ときに重症となるものです。ここでは紫斑病の原因として血管の病的な変化、血小板の異常について分けて解説してゆきます。

◇紫斑病のいろいろ

紫斑病の原因のうち、血管に異常があっておこるものを、**血管性紫斑病**といいます。血管性紫斑病の代表的なものは、アレルギーが原因でおこるアレルギー性紫斑病です。このほか、血管壁が破れやすい単純性紫斑病、老化にともなう老人性紫斑病、他の病気などが原因で血管に異常のおきる症候性血管性紫斑病などがあります。

血小板の異常でおこる紫斑病は、血小板の数の異常が原因のものと、性質の異常が原因のものに分けられます。血小板の数の異常によっておこる代表的な病気は、**血小板減少性紫斑病**で、ほかに自己免疫疾患の一種と考えられる特発性血小板減少性紫斑病、血小板が血管内で固まっておこる血栓性血小板減少性紫斑病などがあります。性質の異常によっておこるものの代表には、**血小板機能異常症**があります。

血管性紫斑病 Vascular Purpura

血管の異常で出血しやすくなる病気

◇血管の異常で紫斑ができる

どんな病気か

血管がもろくなったり、血管に炎症がおこったりして、出血しやすくなって紫斑ができる病気を、血管性紫斑病といいます。また、血管内部の圧力が高まって紫斑ができることもあります。

血管性紫斑病には、アレルギー性紫斑病（次頁）、単純性紫斑病（1457頁）、老人性紫斑病（1457頁）、症候性血管性紫斑病（1457頁上段）などがあります。単純性紫斑病や老人性紫斑病は、出血が止まらなくなることはなく、治療しなくてもよいもので、心配はありません。治療が必要なのは、アレルギー性紫

斑病と症候性紫斑病です。アレルギー性紫斑病は、紫斑病のなかでの割合も高く、いろいろな症状をともないます。

◉アレルギー性紫斑病（アナフィラキシー様紫斑病／ヘノッホ・シェーンライン紫斑病）

どんな病気か　アレルギー反応によって血管に炎症がおこり、血管から血液が漏れ出やすくなって（血管透過性亢進）おこると考えられる紫斑病です。血管を調べてみると、免疫グロブリンA（IgA）という抗体と抗原が結合したものが沈着しています。

アレルギー反応の原因には食物、虫刺され、細菌やウィルスなどの感染などがありますが、アレルギー性紫斑病では、同時に扁桃炎などの上気道の感染が多くみられます。

薬剤の使用によっても紫斑が現れることがありますが、これも薬剤によるアレルギー反応でおこったアレルギー性紫斑病であると考えられています。

この病気にかかるのは、2～10歳くらいまでの子どもが多く、男の子に多くみられるといわれています。

症状　典型的な発病のしかたでは、上気道の感染症にかかった1～3週間後に、じんま疹のような盛上がった発疹（丘疹）や赤い発疹（紅斑）が、からだの左右同じ部位にでき、その数時間後、発疹のできたところに紫斑が現れてきます。紫斑が現れやすいのは、下腿（膝から足首まで）の前部や殿部（おしり）などです。

ほぼ半数の人は関節の腫れや痛み、腹部のさしこむような痛み、吐きけ、下血などの症状をともないます。

発熱、だるさ、頭痛など、全身の症状をともなうこともあります。

血管炎が腎臓におよび、腎炎をおこし、たんぱく尿や血尿が現れることも、まれではありません。高血圧やむくみがみられることもあります。

まれに腸重積症（743頁）をおこすこともあります。

検査と診断　問診で、過去3週間以内に扁桃炎などの感染症にかかったか、虫に刺されなかったかを聞かれます。

症状が現れている急性期に血液の検査を行うと、血液沈降速度の増加（血沈・赤沈の亢進）、顆粒球（好中球、好酸球）の増加など、炎症にともなう変化がみられます。

しかし、血小板の数、出血時間（止血までの時間）、血液凝固能の検査などはすべて正常で、出血の原因は血液そのものではないことがわかります。

ただ、血液中に含まれるアレルギー反応に関係する抗体IgAという物質の増加がみられることがあります。

尿の検査では、腎炎をおこしているため、尿中のたんぱくや血液が陽性となることが、しばしばあります。

診断は、紫斑などの皮膚症状、特徴的な病気の経過、血液中のIgA値、血液凝固の異常がないといった検査結果を総合して行います。

治療　ほとんどの場合、約4週間で自然に軽快するので、とくに治療の必要はありません。しかしまれに重大な出血（腎臓、肺、消化管、脳）をおこすことがあり、また腎炎などが悪化しないように、できるだけ安静を保つようにします。症状がひどい

◎アレルギー性紫斑病の別名

ドイツの医師シェーンラインが、関節の症状をともなう紫斑病ということでリウマチ性紫斑病と命名し、ドイツの小児科医ヘノッホが、腹部の症状をともなうということで腹部紫斑病と名づけたため、シェーンライン・ヘノッホ紫斑病ともいわれます。しかし、リウマチとの関係はわかっていません。

◎心因性紫斑

女性の手足やからだに痛みをともなう紫斑が現れることがあります。とくに、ひどいけがや手術を経験している人におこりやすいようです。

原因は、まだわかっていませんが、赤血球膜に対する自己抗体反応による説や、精神的なストレスなどが誘因となっている説があり、**自己赤血球感作症候群**または心因性紫斑と呼ぶことがあります。

紫斑病と血小板の病気

◎後天性の血管性紫斑病

後天性の血管性紫斑病をおこすものとしては、ビタミンC欠乏症やクッシング症候群などがありますが、ステロイド（副腎皮質ホルモン）剤の使用などにともなって、出血傾向になり、紫斑が現れることもあります。

こうしたことで紫斑病がおこるのは、コラーゲンやエラスチンといった結合組織をつくるたんぱく質の線維の形成が障害され、そのため、血管そのものも、血管を支えている組織も弱くなるからです。

ほかに、膠原病やシェーグレン症候群、ウェゲナー肉芽腫、皮膚アレルギー性血管炎、薬疹などの病気によって、血管壁に炎症がおこり、点状に出血することで紫斑が皮膚に現れることがあります。これを**症候性血管性紫斑病**と呼びます。

原因となる病気を治療すれば、紫斑も現れなくなります。

場合は入院が勧められます。

免疫が関係する病気なので、悪化を防ぐため免疫抑制薬が、関節炎を抑えるためにステロイド（副腎皮質ホルモン）剤が使われることもあります。ときに血液凝固XIII因子製剤が用いられることもありますが、治療の基本はなるべく自然に治るのを待つことです。

まれに、腎炎が急に悪化して腎臓の機能が失われる（腎不全）ことがあり、この場合は透析が必要になります。

【日常生活の注意】 腎炎がおこっても、1年以内に治ることが多いのですが、その間は、尿や血液の検査を定期的に受けることが必要になります。

◉単純性紫斑病

しばしば皮下出血をおこし、紫斑ができますが、出血傾向（1454頁）がほかにはなく、血液の凝固能（かたまる力）にも異常がないものです。若い女性に多くみられ、脚や殿部によくおこるのですが、本人にはぶつけた記憶がないのが普通です。

単純性紫斑病そのものは、まったく心配する必要のない状態で、治療も必要ありません。しかし紫斑は、血管や血小板の異常など、重い病気の前ぶれのこともあり、検査してみないと、心配のいらないものか、治療の必要があるものかわかりません。

また軽症の血小板機能異常症（1462頁）を単純性紫斑病と見誤っている可能性もあります。したがって、紫斑が頻繁にできるようなら、いちどは血液専門の医師の検査を受け、とくに異常がないことを確かめておくべきでしょう。

◉老人性紫斑病

老人の腕の前部、手の甲、脚の前部、足の甲、顔面、くびなど、日光のあたる部分に、点状やまだら模様の紫斑ができ、数日後紫斑のあとに色素の沈着（しみ）が残るものです。

年をとると、血管周囲にある結合組織（コラーゲン）、脂肪組織が萎縮して薄くなるために、血管の保護がされにくくなります。

そのうえ、血管自体も老化によってもろくなるために、ちょっとした力が加わって皮下出血をおこし、紫斑ができるのです。老化にともなう避けがたい変化が原因であり、心配する必要も、治療の必要もありません。

ただ、しみが残りますから、老化によって皮下出血がおこりやすくなっていることを自覚し、机やいすなどに手足をぶつけたり、強いゴムひもの入った衣服でからだを締めつけたりしないように気をつけます。

◇その他の血管性紫斑病

そのほか、先天性疾患や後天性疾患（上段）にともなって、紫斑病がおこります。

先天性疾患によるものには、遺伝性出血性末梢血管拡張症やエーラース・ダンロス症候群などがあります。

遺伝性出血性末梢血管拡張症は、**オスラー病**ともいい、常染色体優性遺伝（574頁）する病気です。本来は3層になっているはずの小静脈や毛細血管の壁が生まれつき1層しかなく、そのため血圧によって末端の血管が常に拡張しており、わずかな力が加わるだけで出血します。まれな病気ですが、男女ともに遺伝し、発病します。出血は全

血小板減少性紫斑病……1458頁

▼種類▲特発性血小板減少性紫斑病、血栓性血小板減少性紫斑病など。

▼治療▲特発性血小板減少性紫斑病はステロイドの使用や血小板の輸血などが行われる。血栓性血小板減少性紫斑病には、おもに血漿交換療法が行われる。

身の皮膚、粘膜、内臓でおこり、根本的な治療法はありません。合併する貧血の治療などを行います。

エーラース・ダンロス症候群も遺伝によっておこる病気ですが、さまざまなタイプがあり、遺伝のしかたもちがいます。

この症状の1つとして、先天的にコラーゲンの代謝がうまくいかないことで、皮膚や血管のもろさ、出血傾向があり、紫斑ができやすくなります。

血小板減少性紫斑病

Thrombocytopenic Purpura

専門医による診断が必要

◇血小板が減少して出血しやすくなる病気の総称

どんな病気か　血小板は、血管が破損すると血栓を形成して出血を止めるだけではなく、それ自体さまざまな物質を分泌しています。これら血小板の分泌物によって血管の強さが保たれるようになっています。血小板の数が血液1㎣あたり10万個以下になってくると、その程度に応じて出血傾向が現われ、さらに5万個以下になると紫斑が現れてきます。

このように血小板の減少でおこる紫斑病を血小板減少性紫斑病といい、特発性血小板減少性紫斑病、血栓性血小板減少性紫斑病、溶血性尿毒症症候群、薬剤性血小板減少症などがあります。

◉特発性（免疫性）血小板減少性紫斑病（ITP）

どんな病気か　原因となるほかの病気があるわけではないのに、血小板の数が減って紫斑ができる状態です。英語の病名（Idiopathic Thrombocytopenic Purpura）を略して**ITP**ともいいます。

血小板の減少をともなう病気はいろいろあるので、それらの病気が原因でないことを確かめ（除外診断）、この病気であると決めるために、さまざまな診察や検査が必要になります。

特発性血小板減少性紫斑病には、血小板の減少が急におこる急性特発性血小板減少性紫斑病（急性ＩＴＰ）と、徐々におこってくる慢性特発性血小板減少性紫斑病（慢性ＩＴＰ）の2つのタイプがあります。

◉急性特発性血小板減少性紫斑病

子どもに多くみられ、発生数に男女差はありません。何のきっかけもなく発病することもありますが、風疹や麻疹（はしか）などのウイルス感染症にひきつづいておこることがあります。

◉慢性特発性血小板減少性紫斑病

成人、とくに女性に多くみられます。徐々に発病するために、発病の時期がはっきりせず、血液検査で初めて診断されます。なお、特発性血小板減少性紫斑病は、厚生労働省の特定疾患（難病）に指定されており、医療費の自己負担分は、公費の補助が受けられます。

原因　急性特発性血小板減少性紫斑病は、ウイルスなどの感染を防ぐために免疫がはたらいて抗体がつくられ、これが抗原（ウイルスなど）と結合した免疫複合体が、血小板と結合する性質を偶然にもってしまうためにおこると考えられています。

紫斑病と血小板の病気

◎症候性（続発性）血小板減少性紫斑病

なんらかの病気が原因となって、血小板の減少がおこった血小板減少性紫斑病です。比較的よくみられる原因疾患として、白血病、再生不良性貧血、全身性エリテマトーデスなどがあります。

原因となる病気の治療が第一ですが、血小板数の減少が著しいときは、ステロイド（副腎皮質ホルモン）の使用や、血小板の輸血を行います。

また、慢性特発性血小板減少性紫斑病は、血小板を抗原とする抗体ができてしまい、抗原抗体反応で血小板が減少する自己免疫疾患の一種と考えられています。

どちらにしても免疫の異常が関係していると思われるので、**免疫性血小板減少性紫斑病**とも呼ばれていますが、検査しても原因と思われる抗体が見つからない場合もあります。いっぽう、胃粘膜に感染するヘリコバクター・ピロリという細菌（ピロリ菌）に対する抗体が悪さをしていることも知られており、最近ではこの菌を駆除する治療も行われるようになりました。

症状

皮膚に点状出血が見られ、鼻、歯ぐき、尿路などから出血しやすくなります。女性では、月経過多もおこります。

これらの症状が、急性では急激におこり、慢性では徐々におこってきます。

重症になると、胃腸などの消化管や頭蓋内での出血をおこして、生命が危険になることもあります。

ひどい貧血、発熱、リンパ節の腫れなどはみられません。

◉受診する科

この病気の可能性がある場合、かかりつけの医師と相談し、血液専門医を紹介してもらいましょう。

検査と診断

どんな部位に出血しやすいか、いつ症状が始まったかなどについて聞かれます。この病気の診断には、他の出血をおこす疾患を除外することが重要なので、発熱、リンパ節の腫れ、関節の痛みや腫れ、発疹などの症状があるかないか、使っている薬剤によるものかどうかが、たいせつな手がかりになりますので、正確に答えてください。ついで、つぎのような検査が行われます。

◉末梢血検査

手などの静脈から採血して検査します。血小板の数が血液1㎣あたり10万個以下に減っています。

特発性血小板減少性紫斑病なら、赤血球や白血球の数に異常がないのが原則ですが、大量の出血があると、赤血球の減少と白血球の軽度の増加がみられることがあります。

◉止血能検査

血液のかたまり具合を調べる検査です。この病気であれば、なかなかかたまらないので出血時間の延長と、血小板の不足による毛細血管の弱まり（抵抗性の減弱）がみられますが、血液凝固検査に異常はみられません。ただし、末梢血検査で血小板の減少がはっきりしていれば、出血時間の検査は必要ありません。血小板がある程度減少すれば出血時間は必ず延長するからです。

◉骨髄検査

針を骨に刺して骨髄液をほんの少しとり、調べる検査です。骨髄の造血細胞に異常があって血小板が減少することがあるので、そうした病気ではないことを確かめるために行います。特発性血小板減少性紫斑病であれば、骨髄には通常、大きな異常はみられません。

治療

まず、ピロリ菌の除菌を行います。急性の場合、約90%は、数週間から数か月間で、自然に治ってしまいます。

しかし、血小板の減少がひどく、重要な臓器から出血する危険があると判断された場合は、ステロイド（副腎皮質ホルモン）剤の使用、血小板の輸血（成分輸血）などが行われます。また、免疫グロブリン製剤を静脈内投与することもあります。

慢性のタイプのうち、血液1㎣中の血小板数が5万個以上あれば軽症なので、治療せずに経過をみます。

血小板数が5万個以下で、かつ出血症状がある場合は、つぎのような治療が行われます。ただしこれはあくまで目安で、個々の病気の状況（出血症状の程度、合併する病気の有無など）により治療の必要性や治療法はちがってきます。

①ステロイド剤の使用

1日に体重1kgあたり1mgのプレドニゾロンを、4週間つづけて使用し、その後、1～2週間ごとに5～10mgずつ減らしていきます。

こうして8～12週間かけて1日10mgまで減らし、その後はこの量をつづけます。薬を減らすのは、この薬の副作用を予防するためです。この治療で、約80％の人は血小板が増加しますが、薬の量を減らすと血小板数も減少することが多く、この治療だけで治る人、軽快する人は、全体の3分の1くらいです。

プレドニゾロンはなるべく少量で維持したいところですが、これ以下に減らせない場合は以下の治療を行います。

②脾臓摘出（脾摘）

血小板は、おもに脾臓で分解されます。この病気の場合も脾臓での分解が亢進していると考えられているので、脾臓を摘出します。ステロイドを使えない人や、ステロイド療法をつづけても血小板数が5万個以上にならない場合は、脾臓摘出を考えます。

ふつう、ステロイドを使い始めて6か月たったところで、手術するかしないかの判断をします。急性ITPなら、数か月で自然に治ることもあり、脾臓摘出の必要がないからです。

脾臓の摘出をすると、約半数の人はステロイドが必要なくなります。残りの半数の人も薬の量を減らすことができます。脾臓摘出をすると、子どもは感染症にかかりやすくなりますが、おとなでは、ほとんど影響はありません。

③免疫抑制薬の使用

ステロイド療法や脾臓摘出が無効である場合や、できない人には、免疫抑制薬を使用します。

いろいろな使用方法がありますが、一例をあげると、プレドニゾロンを1日体重1kgあたり0・4mg、シクロホスファミドないしアザチオプリンを1日体重1kgあたり1～2mg併用します。

④その他の治療（上段）

【日常生活の注意】 血小板数が正常になり、治療をやめても減らなくなれば、ふつうの生活ができます。

ただし、年に1回は、治療を受けた医療機関に行き、血液検査を受けることが必要です。血小板数の回復が十分でない場合は、1～4週間に1度、通院して外来で診察、治療を受けます。

出血しやすいので、激しい運動はさけるようしましょう。

◉血栓性血小板減少性紫斑病（TTP）

【どんな病気か】 全身の細小血管、毛細血管の内側でなんらかの異常が

◎ITPの治療

白血病治療薬の硫酸ビンクリスチン、男性ホルモン誘導体のダナゾール、抗ハンセン病薬、αインターフェロンなどは、治療がうまくいかないときに使われることがあります。

特発性血小板減少性紫斑病では血小板を輸血しても、体内ですぐに壊されてしまいますので、重要な臓器の出血を防ぐ緊急の必要があるときにだけ行われます。

また、血液に含まれるたんぱく質である免疫グロブリンを自然に近い形で大量に点滴する療法もあります。使用をつづけて5日目ころから、血小板数が増え、7日後にピークに達します。これによって短期間（数週間）、血小板数を上昇させることができますので、抜歯や外科手術、お産などの場合に多く用いられます。しかしそれ以後は血小板数は減少し、使用前の血小板数に戻ってしまいます。

◎血栓傾向

からだには出血を自然に止めるため、血液のかたまり（血栓）をつくるはたらきが備わっています。

血管が破れると、その部分の血管が収縮して出血量が少なくなります。

次いで破れた血管の内側の組織、とくにコラーゲンに血小板が粘着します。粘着すると、血小板からトロンボキサンA2やADP（アデノシン二リン酸）などの物質が放出され、これらが血中のフィブリノーゲンやフィブロネクチンなどの接着たんぱく質によって血小板同士をくっつけるように促します（凝集）。フォン・ヴィレブランド因子も重要なはたらきをします。

こうして血小板の血栓ができ、出血が一応止まります。

血液中には血液凝固因子が含まれ、血管が破れると、フィブリノーゲンをフィブリンに変え、フィブリン網をつくります。これと血小板による

おこると、ここに血栓（血のかたまり）ができます。この血栓の形成に血小板が多量に消費されて、血小板が減少しておこるまれな病気です。英語の病名（Thrombotic Thrombocytopenic Purpura）の頭文字をとって、**TTP**ともいいます。

原因

血小板が血管の中でかたまる（凝集する）際には、血液の中にある、フォン・ヴィレブランド因子というたんぱく質が必要です。このたんぱく質の作用が強すぎると血栓ができやすく、弱いと血栓ができにくくなります。この作用の強さを調節する因子（ADAMTS13と呼ばれます）に異常をきたすことが、この病気の原因です。すなわち、原因はよくわかっていませんがなんらかの理由でADAMTS13に対して自己抗体ができ、これが悪さをして、フォン・ヴィレブランド因子の作用が強くなりすぎ、血小板が血管の中で勝手に凝集するためと考えられています。

症状

紫斑病に共通の、皮下や粘膜からの出血、内臓からの出血といった症状だけではなく、細小血管や毛細血管に血栓ができる際に、赤血球が血栓に衝突して、変形したり壊れたりして、溶血性貧血（1444頁）がおこります。

また、からだ中に血栓ができるため、血行が途絶える部分が生じ、その部位によって、けいれんや知覚障害などの精神・神経障害、腎臓の障害、発熱などがおこります。

急速に悪化し、死亡することの多いおそろしい病気です。

全身性エリテマトーデス（2030頁）にともなっておこる場合や、薬剤の使用がきっかけでおこる場合もあります。

また幼児に多くみられる溶血性尿毒症症候群〔HUS（759頁）〕は、大部分は腸管出血性大腸菌O-157H7の感染が原因でおこりますが、症状が共通しているために**TTP／HUS症候群**とも呼ばれることもあります。

治療

まず考えられるのは、血漿交換療法です。血漿交換療法は、体外に血液を導き、特殊な膜を通すことで、正常な血液成分はそのままとして、障害がある血液成分を除き健康な人の血液成分を補充する治療法です。

ADAMTS13に対する自己抗体を除去することと、新鮮なADAMTS13を補充する効果があります。

これは、血栓性血小板減少性紫斑病には有効な治療法です。

しかし、血漿交換をせず、たんに健康な血漿を注射するだけでも軽快することがあります。また、血栓の形成を防ぐ抗血小板薬（ジピリダモールなど）やアスピリンを使用する治療も効果的です。これとあわせて、ステロイド（副腎皮質ホルモン）剤を使用することもあります。

抗体の1種である免疫グロブリンG（IgG）の大量点滴、アルカロイドの1種であるビンクリスチンの使用なども試みられています。

腎不全が進行したHUSの人では、血液透析も行われます。

こうした治療法の進歩によって、現在では、この病気の約80%は救命されるようになっています。

血栓が結合すると、強固な血栓ができます（凝固）。

しかし、血管の破れたところで凝固が進みすぎると、血管がふさがれて血流が途絶え、先の組織が死んでしまいます。これを防ぐために、血液に凝固阻止因子やフィブリン網を溶かすプラスミン系物質や酵素もあって、過剰な血栓の形成を防いでいます。

このように自然な血栓の形成は、非常に多くの因子がかかわる複雑な過程であって、生まれつきや、なんらかの病気によって、血管が破れてもいないのに血栓ができやすくなることがあります。これを血栓傾向といいます。血栓傾向の原因は、３つに分けられます。それは、①血管壁に一連の凝固反応を引き起こすような変化がおこる、②血液の濃縮や停滞がおこる（物理的な変化）、③血液の凝固や血栓の溶解にはたらくさまざまな物質の過剰や不足、欠如がおこる（化学的な変化）、の３つです。

血小板機能異常症
Platelet Dysfunction

どんな病気か

血小板の数は正常なのに、出血傾向や紫斑が現れる病気の総称です。

これは血小板が血栓を形成するはたらきに異常がおこったため、出血すると止まりにくくなるもので、いろいろな病気があります（次頁表）。

これらの病気をまとめて、広義の血小板機能異常症と呼んでいますが、どれもまれな病気です。

血栓は、血漿に含まれるフィブリノーゲン、フィブロネクチンなどの接着剤のはたらきをもつたんぱく質が、刺激によって変化した血小板の表面に結合して、数珠をつなぐようにして形成されます。

広義の血小板機能異常症には、この血漿のたんぱく質などの異常も含まれますが、狭義の血小板機能異常症は、血小板そのものの異常によっておこる病気を意味します。

血漿成分に問題がある病気には、フィブリノーゲン（血液凝固因子の第Ⅰ因子）が先天的または後天的に欠けている**無フィブリノーゲン血症**と、遺伝的に血液凝固因子のフォン・ヴィレブランド因子が低下する**フォン・ヴィレブランド病**（702頁）があります。

出血がおこると、血中の血小板は破れた血管壁のコラーゲン線維に粘着します。

すると、血小板はいくつかの物質を放出し、これらの物質の作用によって、血小板はフィブリノーゲンなどを橋渡しにして結合し、凝集します。

この血小板の粘着能に異常がおこるのが、**ベルナール・スリエ症候群**です。放出のはたらきに異常がおこると、表にあるようなさまざまな病気がおこります。血小板の凝集の能力に異常があるものが**血小板無力症**です。

これらは、すべて遺伝病であり、きわめてまれな病気です。

いずれも診断、治療とも高い専門知識が必要で、検査設備の整った血液専門医のいる医療機関を受診しなければなりません。

播種性血管内凝固症候群（ＤＩＣ）
Disseminated Intravascular Coagulation

どんな病気か

なんらかの原因によって血液がかたまる力（凝固能）が高まり、おもに、からだ中の細小血管、毛細血管のさまざまなところで血のかたまり（血栓）ができることがあります。これは**汎発性血管内凝固**とも呼ばれます。

こうして血栓がつくられるとき、血栓による臓器不全とともに、血小板や血漿に含まれる血液の凝固に必要な成分が大量に使われるため、出血があっても、なかなか止まらないという状態になってしまいます（**消費性凝固障害**）。

また、血栓ができると、血漿に含まれている血液をかたまりにくくしている物質（凝固阻止因子）や、血栓を溶かすようにはたらく物質（線維素溶解系物質）、酵素のはたらきが活発になり、止血しにくくなります。

このような状態を、播種性血管内凝

血小板機能異常を示す病気

	狭義の血小板異常症	広義の血小板異常症
血小板粘着障害	ベルナール・スリエ症候群	フォン・ヴィレブランド病
血小板放出障害	ハーマンスキー・プドラック症候群 チェジアック・東病 ウィスコット・アルドリッチ症候群 シクロオキシゲナーゼ欠乏症 トロンボキサン合成酵素欠乏症	
血小板凝集障害	血小板無力症	無フィブリノーゲン血症

固症候群（ＤＩＣ）といいます。

原因　他の病気が原因となっておこります。その原因となる病気としては、妊娠早期におこる胎盤剥離などの産科の病気、転移をおこしたがん（悪性腫瘍）や急性の白血病、敗血症などの重い感染症、重い肝臓病、膵臓炎、毒ヘビにかまれたりしておこる急性の溶血反応、全身性の血管炎、広範囲のやけどや外傷、外科手術、大動脈瘤、ショックなどがあります。

症状　原因となる病気によっておこるさまざまな症状と、出血傾向にともなう症状がみられます。

さらに、全身のいろいろな部位にできた血栓によって血行障害がおこり、腎臓、呼吸器などのいろいろな臓器の障害や、組織の死滅（壊死）などがおこってきます。

いったん播種性血管内凝固症候群になると、もとの病気の治療が困難になるばかりでなく、そのうえ、出血傾向と血栓による障害が加わって、約65％の人が治療のかいなく死亡してしまいます。

診断　早く診断をつけないと致命的なことになってしまうので、厚生労働省は診断基準を定めています。これは、原因となるもとの病気の有無、出血の有無、臓器障害の有無、血清中のＦＤＰ（フィブリノーゲンやフィブリンなど接着たんぱく質が分解したもの）の増加、血小板の減少、出血時間の延長、フィブリノーゲンの減少などを点数化して、その点数によって診断するものです。最近では原疾患によってＤＩＣの診断法は異なるほうがよい、との考えから、急性疾患にともなうＤＩＣの診断基準が別につくられています。

治療　悪性腫瘍が原因である場合には、化学療法や放射線療法によって播種性血管内凝固症候群が悪化することがあります。

また、出産にともなう播種性血管内凝固症候群では、急速に悪化することが多く、手術と薬物による全身の管理が同時に必要になることもあります。

新生児に播種性血管内凝固症候群がおこると、回復しないことが多いので、軽い異常がみられたら、直ちに対応することが必要です。

播種性血管内凝固症候群の治療は、ふつうは、原因となっている病気の治療が第一なのですが、播種性血管内凝固症候群をともなうような病気は重症であることがほとんどなので、簡単に治療できないことも多いものです。

こうした場合には、血栓ができるのを防ぐために、ヘパリンやメシル酸ガベキサートなどの抗凝固薬が使用されます。

ただし、これらの薬が出血傾向を促す恐れもあるので、検査で患者の状態をみながら、慎重に使用されます。最近では新しい薬が多く開発されていますが原病がもともと重症であることが多いので、特効薬はありません。

また、血小板や血液凝固因子の減少がはっきりしている場合には、血小板だけを取出した血液製剤や、新鮮凍結血漿（健康な人の血漿を急速に冷凍したもの）、特定の凝固因子だけを取出した血液製剤などを補充する療法も行われています。

◎無フィブリノーゲン血症、フィブリノーゲン低下症

フィブリノーゲンは、血漿（血液中の液体成分）中に含まれるグロブリン（たんぱく質）の1種で、線維素原ともいいます。血漿1dℓ中に0・3g含まれ、出血の際の止血機構の一翼をになっています。

このフィブリノーゲンが欠如している病気を無フィブリノーゲン血症といい、出血傾向をおこすまれな病気です。

▼原因　先天性と後天性のものがあります。先天性のものは、劣性遺伝します。

後天性のもの（フィブリノーゲン低下症）は、重症の肝疾患、骨髄へのがん転移、白血病、敗血症などにともなう播種性血管内凝固症候群（DIC）でみられます。また、妊娠が誘因になることもあります。

▼治療　フィブリノーゲンの静脈注射を行います。

先天性のものは、予後が良好なことが多いといわれます。

血小板増多症

Thrombocytosis

どんな病気か

血液中の血小板数が普通よりも多くなってしまう病気で、慢性骨髄増殖性疾患の1つです。

慢性骨髄増殖性疾患には、血小板増多症のほかに、慢性骨髄性白血病、真性多血症、特発性骨髄線維症が含まれます。

血小板が多すぎることによってとくに末梢での血液の循環に障害がおこり、血栓症をおこすことがあります。また逆にひとつひとつの血小板のはたらきが悪くなるために（血小板機能異常）、出血しやすくなる場合もあります。

原因

血液は骨髄でつくられますが、ここにある造血幹細胞という、血液の親となる細胞の異常と考えられています。

症状

倦怠感、めまい、頭痛、視力障害なども認めることがありますが、無症状であることも少なくありません。

血小板の数が血液1㎣あたり100万個以上になってくると、人によっては手の指先のしびれ（ピリピリ、またはじんじんする感じ）が現れることもありますが、この症状は他の病気でも現れますし、この病気でも現れないこともあります。

赤血球が同時に増加することもあり、ほてりなどもあり得ますが、特徴的とはいえません。

また脾臓が大きくなることがありますが、この場合は左の脇腹が張るようになります。

診断

血液検査や骨髄の検査などをします。血小板の数が血液1㎣あたり60万個以上で、赤血球が増えていないこと、赤血球の形に著しい異常がないこと、染色体の異常がないこと、骨髄に著しい線維化がないこと、などを確かめます。これらは似た病気（上述の慢性骨髄増殖性疾患）との区別に重要です。

治療

多くの場合、慢性に経過しますが予後は比較的良好なので無治療で経過をみることも少なくありません。

治療は検査値よりむしろ臨床症状を目安に決めます。例えば血栓ができやすい人かどうか（喫煙、糖尿病などのリスクがあるか）、指先のしびれがあるか、逆に紫斑、止血困難などの出血症状が現れているか、などが目安になります。

治療は①血小板数を減らす、②血小板のはたらきを抑制する、の2つがあります。

①ではヒドロキシウレアという、骨髄のはたらきを抑える薬がよく使われてきました。そのほかインターフェロンが用いられることもあります。

②は、若年者や血小板数があまり多くない症例によく用いられます。少量アスピリン服用が一般的です。

血小板増多症が白血病に移行する率は低いので、出血や血栓症などの合併症に注意しながら、慎重に治療を進めます。

病気の進行にともない骨髄の線維化がおこることがありますので、薬を飲んでいなくても血液専門医に定期的に診てもらうことが肝要です。

骨髄・脾臓の病気

多血症（赤血球増多症）

Polycythemia

【どんな病気か】 血液中の赤血球数やヘモグロビンの量が基準値（207頁）よりも多くなる病気を、多血症または赤血球増多症といいます。

正確には、体内をめぐっている赤血球の量が体重1kgあたり男性は36mℓ、女性は32mℓ以上になった場合を多血症と呼んでいます。

多血症には、骨髄の造血細胞が腫瘍性に増殖しておこる**真性多血症**と、造血の量を調整するホルモン（エリスロポエチン）の分泌が増えておこる**二次性多血症**があります。

血液が濃縮されて見かけ上、多血症のようになることもあります（**ストレス多血症**）が、これはとくに治療の必要はありません。

【症状】 頭痛、皮膚のかゆみ、視力障害、顔面や結膜（白目）の充血、脾臓の腫れなどがおこります。

血栓ができやすくなって脳梗塞などがおこったり、高血圧をともなうことがあります。また、痛風、消化性潰瘍などもおこりやすくなります。

【検査と診断】 採血して調べると、ヘモグロビン、赤血球、ヘマトクリット（血液に含まれる赤血球の割合）が増加しています。循環赤血球量を調べる検査をすると、増加しています。

血液の粘りけが増し、血中の尿酸値も、しばしば上昇します。

二次性多血症では、エリスロポエチンの増加がみられますが、その原因を調べるには、血漿中のエリスロポエチンの活性の測定をします。

【治療】 真性多血症か二次性多血症かで、治療法はちがいます。

▼真性多血症の治療　循環赤血球量を基準値まで減らすことを目標にしますが、実際はヘマトクリット値を45～50%にするよう治療するのがふつうです。その方法として、瀉血、化学療法、放射線療法の3つがあります。

瀉血とは血液を抜くことで、週1～2回、300～400mℓの血液を抜きとります。この効果は一時的で、緊急時に行われます。

化学療法は、抗白血病薬であるヒドロキシカルバミドなどを使用し、骨髄で赤血球がつくられるのを抑えますが、抑えすぎないように気をつけます。また、この化学療法の副作用で、出血傾向や骨髄線維症（次頁）がおこることがあるので、その検査のためにも、定期的な血液検査が必要です。

放射線療法は、^{32}Pというリンの放射性同位元素を服用し、その放射線で骨髄の造血を抑える方法ですが、日本ではあまり行われていません。

▼二次性多血症の治療　エリスロポエチンの分泌を促進している原因を取除きます。

たとえば、エリスロポエチンを分泌する腫瘍があれば摘出し、先天性の心臓病があれば、できれば手術します。

また、高所での生活や喫煙も原因となりますので、注意します。

脳梗塞などの脳血管障害をおこす危険があるときは、まず瀉血を行い、つぎに化学療法を行います。

◎骨髄線維症に対する分子標的薬

骨髄線維症に対して、造血をコントロールしているＪＡＫ酵素の異常なはたらきを阻害する分子標的薬の使用が、２０１４（平成26）年より承認されました。この分子標的薬によって、脾腫の縮小や全身症状の改善に効果が認められています。

骨髄線維症
Myelofibrosis

どんな病気か

骨髄は、赤血球、顆粒球、単球、血小板などの血液細胞をつくる造血組織で、おとなでは、からだの中心に近い骨、すなわち胸骨、椎骨、肋骨、腸骨などで活発にはたらいています。

骨髄に障害がおこり、血液がつくられなくなると、脾臓、肝臓、リンパ節などで、新たに血液がつくられるようになります（**髄外造血**）。

骨髄線維症は、この骨髄組織にコラーゲンでできた線維が増殖してきて、血液をつくるはたらきが低下してくる病気です。

原因は、血液幹細胞の増殖によると考えられています。最近では、この骨髄線維症のほかに、血液幹細胞の増殖による疾患の慢性骨髄性白血病（550頁）、真性多血症（前頁）、本態性血小板増多症（1464頁）をまとめて、**骨髄増殖症候群**と呼びます。

がんの骨髄への転移や悪性リンパ腫などの病気にともなっておこってくるものは**続発性骨髄線維症**と呼びます。

症状

この病気になるのは中高年の人が多く、貧血と、脾臓が腫れるための左上腹部の痛みなどの圧迫症状がおこります。

脾臓の血管の一部が閉塞して血液が止まり、脾梗塞におちいると、左上腹部に激痛がおこることがあります。

検査と診断

静脈から血液を採取して調べると、貧血がみられます。白血球は増えていることが多く、血小板は、病気の経過によって増加したり、減少したりすることもあります。

骨髄以外の部位で血液がつくられていることを反映して、血球を顕微鏡で見ると、血小板の巨大化、赤血球の変形が目だち、涙型をした赤血球がみられます。

また、赤血球の母細胞である赤芽球や幼若顆粒球も現れており、これを**白赤芽球症**と呼びます。

骨髄に針を刺し（骨髄穿刺）、血液を吸引しようとしても、骨髄には線維が多く、血液がつくられていないので吸引ができません。

このため、骨髄の組織を微量採取し（骨髄生検）、組織を顕微鏡で見て、線維が増殖していることを確かめなければ診断できません。

治療

原因となる病気の治療を行います。貧血に対しては、必要に応じて、ときどき輸血を行いますが、ときに、たんぱく同化ホルモン剤の使用が有効なことがあります。

また、手術をして脾臓を摘出することもあります。

経過はさまざまですが、約20％の患者さんは、急激に悪化して急性白血病などをおこし、命にかかわることがあります。

脾腫
Splenomegaly

どんな病気か

脾臓が腫れて大きくなった状態を、脾腫といいます。

左上腹部の触診で診断できるのがふつうですが、ときには、超音波検査やCTスキャンを行って確認しなければ

◎脾臓とは

脾臓とは、左上腹部の横隔膜の下に位置する重さ100〜150gの臓器で、多量の血液が存在します。

血液は、腹腔動脈から分岐した脾動脈から脾臓に入り、脾静脈に出たあと、肝臓へ血液を送るルートである門脈に注いでいます。

脾臓のはたらきは、リンパ組織のひとつとして、からだの防御機構をになうことと、古くなった血球の処理を行うことです。

わからないこともあります。

原因 ①肝硬変、門脈の閉塞、心不全などのための脾臓のうっ血、②細菌、ウイルス、寄生虫の感染による炎症、関節リウマチなどの膠原病に反応した脾臓の細胞の増殖、③脾臓で血球が大量に破壊される溶血性貧血や特発性血小板減少性紫斑病によるもの、④慢性・急性白血病、悪性リンパ腫、といった血液の病気などが原因でおこります。

とくに、慢性白血病、骨髄線維症、マラリア、特発性門脈圧亢進症といった病気にともなっておこったときには、腫れかたが大きくなります。

症状 脾腫があると左上腹部の腫れや痛み、膨満感のほか、呼吸困難、吐きけ、嘔吐、便秘などが現れてきますが、腫れの程度や原因によって症状はさまざまです。

脾臓が腫れて巨大になったときには、脾臓への血流が障害されます。そのため、**脾梗塞**という脾臓の組織が壊死におちいった状態になりますが、このときには、左上腹部に激しい痛みがおこります。

治療 原因になっている病気を治療します。

脾腫をおこした原因にもよりますが、脾腫が周囲の臓器に悪影響をおよぼしているときや、脾臓そのものに病気の原因があるときには、脾臓を摘出することがあります。

日常生活の注意 脾臓が腫れて大きくなっている場合は、破裂する危険性があるために、激しい運動は避けるようにします。

脾（臓）機能亢進症
Hypersplenism

どんな病気か 血液をつくる骨髄のはたらきが亢進しているのに、貧血、白血球減少、血小板減少といったさまざまな程度の血球の減少が存在し、脾臓を摘出すると血球減少が改善される状態を、脾機能亢進症といいます。

これはひとつの病気をさすのではなく、いろいろな病気が原因でおこってくる症候群といえます。

原因となる病気は、敗血症、マラリアなどの感染症、サルコイドーシス、慢性骨髄性白血病、骨髄線維症などの血液の病気、肝硬変、門脈血栓症、特発性門脈圧亢進症など、いろいろなものがあります。

また、透析中の腎不全の人にもみられます。

症状 原因となっている病気の症状のほかに、白血球の減少や血小板の減少などの程度に応じて、疲れやすいといった貧血の一般症状（1439頁）や、出血しやすくなるなどの症状が現れます。

検査と診断 診断には、血液検査と、骨髄に針を刺し血液を採取して調べること（骨髄穿刺）が必要です。そして、触診などで、脾臓が腫れていることを確認します。

治療 脾臓を摘出するのが唯一の治療法ですが、この治療が必ず必要とはかぎりません。

脾臓を摘出すべきかどうかは、血球減少の程度や、原因となっている病気の種類を検討して慎重に決定されます。

内分泌・代謝の病気

体内に取入れた栄養素からエネルギーを得るときに、ホルモンがかかわるように、代謝と内分泌には密接な関係があります。

内分泌・代謝のしくみとはたらき

◇内分泌（ホルモン）とは

私たちの血液の中には、全身のさまざまな臓器や組織にはたらいて、いろいろな生理作用をおよぼす物質が存在しています。こうした物質の一部は**ホルモン**と呼ばれ、それぞれのホルモンをつくる細胞のかたまり（これを内分泌腺と呼びます）から血液の中に分泌されています。ホルモンは、人間のからだの中を一定の状態に保ったり（これを**ホメオスターシスの維持**あるいは**からだの恒常性の維持**といいます）、正常な生命の営みを可能にしたりするという重要な役割をはたしています。ホルモンの量やはたらきが不足したり、あるいは多すぎたりすることで、いろいろな病気がおこってきます。

たとえば、血液中に含まれるぶどう糖の濃度（血糖値）は、ある一定の範囲に保たれていますが、食事をして腸管から糖質が吸収されると、血糖値は上昇します。血糖値が上昇すると、速やかに膵臓のβ細胞という内分泌細胞からインスリンというホルモンが血液の中に分泌されます。

インスリンは、肝臓や筋肉、脂肪組織に運ばれ、それらの細胞にはたらいて、血液からぶどう糖を細胞内に取込ませ、血糖値を下げるようにします。そして血糖値が一定の範囲に戻ると、インスリンの分泌ももとに戻ります。

このように、血糖値を一定に保つために、インスリンというホルモンが血中に分泌され、はたらいているのです。インスリンの量やはたらきが不足することで、血糖値が一定の範囲に保てなくなり、血糖値が高くなってしまう病気が糖尿病（1501頁）です。

さて、内分泌ということばですが、ホルモンの分泌のされかたは、ホルモンを産生する細胞から体内の血液に直接分泌されるため、**内分泌**と呼ばれます。これに対して、汗や唾液などは、これらを産生する細胞から導管という管に分泌され、その後、血管内に運ばれることなく体外に出て行きます。そ

内分泌・代謝のしくみとはたらき

図１　おもな内分泌細胞とホルモン

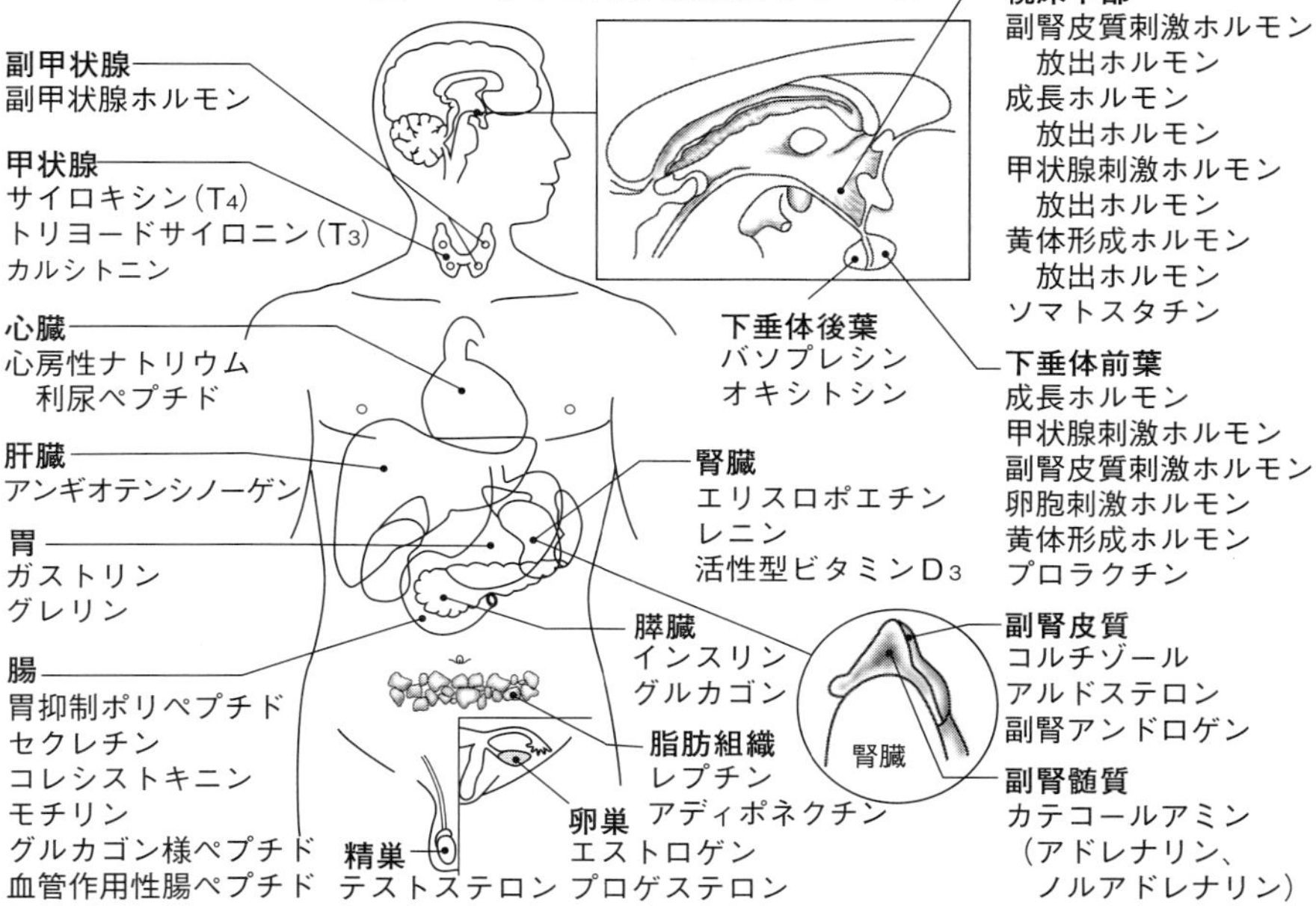

のため、このような分泌のされかたは外分泌と呼ばれます。内分泌のされかたは体内の「内」、あるいは血管内の「内」という意味なのです。

◇代謝とは

私たちの体内では、生きていくうえで必要なさまざまな化学反応がおこっていますが、体外から取入れた物質を他の物質に変換したり、必要なときにそれらを分解してエネルギーを得たりする過程は、**代謝**と呼ばれています。

たとえば、人間は食物から取入れた栄養素を、からだが利用しやすい形に変えて蓄えたり、エネルギーを得るために分解したりしています。ご飯などに含まれる糖質は、腸管内でぶどう糖にまで分解されたあと、小腸から血管内に吸収され、肝臓に運ばれてグリコーゲンという物質に変えられて蓄えられたり、筋肉で分解されてエネルギーを産生したりしています。栄養素のなかでも、糖質にかかわるこのような過程は、**糖代謝**と呼ばれますが、他の栄養素である脂質やたんぱく質についても同様に、**脂質代謝**や**たんぱく質代謝**があります。こうした代謝機能に異常をきたしても、やはり病気がおこってきます。糖代謝異常の代表は、先にあげた糖尿病であり、脂質代謝異常の代表は脂質異常症（高脂血症　1509頁）です。代謝はいろいろなホルモンで調節されることが多く、糖尿病におけるインスリンの役割でわかるように、ホルモンの異常と代謝異常は密接なかかわりをもっています。そのため、正常なからだの機能を保つのに必要なひとつの大きな機構として、内分泌と代謝をひっくるめて、広く内分泌代謝と呼ぶことがあります。

◇内分泌腺と内分泌細胞、内分泌臓器

ホルモンをつくって分泌する細胞のかたまりを**内分泌腺**と呼びます。内分泌腺には、下垂体、甲状腺、副甲状腺、副腎、膵臓のランゲルハンス島、卵巣、精巣（睾丸）などがあります。このほか、胃や小腸、肝臓、さらに心臓や腎臓からもホルモンが分泌されています

◎異化作用と同化作用

動物の細胞内では、同化作用と異化作用によって、物質を代謝しています。

摂取などによって得た糖、たんぱく質、脂質は、酵素によって二酸化炭素や水分子などに分解されます。この過程を**異化作用**（**カタボリズム**）といいます。この過程では、エネルギーも発生しています。

いっぽう、エネルギーを消費して、複雑な化合物を合成する過程を**同化作用**（**アナボリズム**）といいます。

が、これらの臓器は腺組織をもっておらず、個々の固有の細胞からホルモンを分泌するため、一般に内分泌腺と呼ばれません。また、脳の視床下部というところからも、いくつかのホルモンが分泌されていますが、これも本来は神経細胞の集まりであるため内分泌腺とはいわず、**神経内分泌器官**と呼ばれています。

しかし腺も細胞の集まりですし、腺以外の臓器や器官からのホルモンも細胞から分泌されるので、現在では、全体をまとめて**内分泌細胞**とか、それらを有する**内分泌臓器**という概念でとらえられるようになってきました。

さらに最近では、これまで脂肪滴（あぶら）を貯蔵するだけの役割しかないと思われていた脂肪細胞が、さまざまなホルモンを分泌していることがわかり、脂肪組織も内分泌臓器の仲間であることがわかってきました。とくに最近では、レプチンという食欲を抑えるホルモンや、アディポネクチンという動脈硬化（1407頁）や糖尿病を抑えるホルモンが、脂肪組織でつくられていることが発見され、これらのホルモン量の異常が、肥満（1496頁）や内臓脂肪蓄積時におこってくる病気と関連していることがわかってきています。このように、古くは内分泌腺をもつ臓器だけからホルモンは分泌されると考えられていましたが、内分泌細胞をもつ内分泌臓器は、全身のさまざまな部位に存在することがわかってきました。

◇ホルモン分泌のしくみ

ホルモンには、それぞれのホルモンの分泌を調節する因子が存在していて、それはほかのホルモンであったり、ホルモン以外の物質であったり、あるいは神経系であったりします。また、ひとつのホルモンの分泌に、複数の調節因子がはたらいている場合もあります。

ホルモンによる分泌調節の例として、甲状腺刺激ホルモン（ＴＳＨ）による甲状腺ホルモンの分泌や、副腎皮質刺激ホルモン（ＡＣＴＨ）によるコルチゾールの分泌などがあります。ＴＳＨやＡＣＴＨは、さらに上位のホルモンであるＴＳＨ放出ホルモン（ＴＲＨ）やコルチコトロピン放出ホルモン（ＣＲＨ）によって、分泌刺激を受けます。

ホルモン以外の物質による調節としては、カルシウムによる副甲状腺ホルモンの分泌調節や、血糖によるインスリン分泌があります。また、ストレスや睡眠などによっても、視床下部や下垂体から分泌されるホルモンの量が変動しますが、この変化の多くは中枢神経によって調節されています。

さて、こうしたホルモン分泌の調節においては、多くの場合、**ネガティブフィードバック機構**というたいせつなしくみがはたらいています。たとえば、甲状腺ホルモンは、甲状腺刺激ホルモンによって分泌が促進されますが、甲状腺ホルモンが必要以上に分泌されて血液中の濃度が高くなると、下垂体にある分泌細胞がそれを感知して、甲状腺刺激ホルモンの分泌が低下します。その結果、甲状腺ホルモンの分泌も低下し、ちょうどよい分泌量に戻ります（1472頁図2）。つまり、あるホルモンの分泌が多くなると、「もう十分ですよ。もう刺激しなくていいですよ」という

内分泌・代謝のしくみとはたらき

表1　おもなホルモンとはたらき

内分泌腺と分泌されるホルモン			ホルモンのはたらき
視床下部		副腎皮質刺激ホルモン放出ホルモン（CRH）	脳下垂体前葉から副腎皮質刺激ホルモンを分泌させる。
		成長ホルモン放出ホルモン（GHRH）	脳下垂体前葉から成長ホルモンを分泌させる。
		甲状腺刺激ホルモン放出ホルモン（TRH）	脳下垂体前葉から甲状腺刺激ホルモンを分泌させる。
		黄体形成ホルモン放出ホルモン（LHRH）	脳下垂体前葉から性腺刺激ホルモン（卵胞刺激ホルモン、黄体形成ホルモン）を分泌させる。
		ソマトスタチン	脳下垂体からの成長ホルモンの分泌を抑制する。
脳下垂体	前葉	成長ホルモン（GH）	からだの成長を促す。
		甲状腺刺激ホルモン（TSH）	甲状腺から甲状腺ホルモン（サイロキシン、トリヨードサイロニン）を分泌させる。
		副腎皮質刺激ホルモン（ACTH）	副腎の皮質から副腎皮質ホルモン（コルチゾール、アルドステロンなど）を分泌させる。
		卵胞刺激ホルモン（FSH）	女性の卵巣から女性ホルモン（プロゲステロン、エストロゲン）を、男性の睾丸から男性ホルモン（アンドロゲン）を分泌させる。
		黄体形成ホルモン（LH）	
		プロラクチン（PRL）	乳汁を分泌させ、卵巣の黄体を刺激する。
	後葉	バソプレシン（ADH）	水を再吸収して尿を濃縮させる。
		オキシトシン	出産を促進し、乳汁の排出をうながす。
甲状腺		サイロキシン（T_4）	代謝機能を正常に保つ。
		トリヨードサイロニン（T_3）	
		カルシトニン	カルシウム代謝を調節する。
副甲状腺		副甲状腺ホルモン（PTH）	カルシウム代謝を調節する
副腎	皮質	コルチゾール	糖質代謝を調節する。炎症を鎮める。
		アルドステロン	塩類（ナトリウム、カリウムなど）の代謝を調節し、血圧を上昇させる。
		副腎アンドロゲン	性器を発育させる。
	髄質	カテコールアミン（アドレナリン、ノルアドレナリン）	血圧を上昇させる。
膵臓		インスリン	血糖値（血液中のぶどう糖の量）を下降させる。
		グルカゴン	血糖値（血液中のぶどう糖の量）を上昇させる。
胃腸		セクレチン	消化液の膵液の分泌を調節する。
		コレシストキニン	胆嚢から胆汁を排泄させ、膵液の分泌を促進する。
		ガストリン	胃の収縮と胃酸の分泌を助長する。
		胃抑制性ポリペプチド（GIP）	膵臓からのインスリンの分泌を促進する。
		モチリン	胃などの上部消化管の蠕動運動を調節する。
		グルカゴン様ペプチド（GLP-1）	膵臓からのインスリンの分泌を促進する。
		血管作用性腸ペプチド（VIP）	胃酸の分泌を抑え、膵臓を刺激してインスリンを分泌。
		グレリン	食欲を亢進させる。成長ホルモンの分泌を促進する。
腎臓		エリスロポエチン（EP）	赤血球を成熟させる。
		レニン	アンギオテンシンと協力し、血圧を上昇させる。
		活性型ビタミンD_3	小腸からのカルシウムとリン吸収を促進し、骨を発育させる。血液中のカルシウム量を一定に保つ。
心臓		心房性ナトリウム利尿ペプチド（ANP）	ナトリウムを尿に含めて排出し、血圧を調節する。
肝臓		アンギオテンシノーゲン	腎臓から分泌されるレニンによってアンギオテンシンに変化し、血圧を上昇させる。
精巣		テストステロン	男性性器の発育、二次性徴の発来、精子の形成、造血など。
卵巣		エストロゲン	子宮内膜の増殖、子宮筋の発育、乳腺の増殖、二次性徴の発来、骨や脂質の代謝、性周期の調節。
		プロゲステロン	妊娠維持、体温上昇、排卵抑制、乳腺発育など。
胎盤		絨毛性ゴナドトロピン（HCG）	排卵をおこさせる。プロゲステロンを産生させる。
脂肪		レプチン	食欲を抑制する。エネルギー消費を増やす。
		アディポネクチン	動脈硬化を抑制する。インスリンの効きをよくする。

信号が、刺激するほうのホルモン分泌細胞に伝わって、刺激されるホルモンの分泌が低下するのです。ほとんどのホルモンとその調節因子との間には、このネガティブフィードバック機構がはたらいているのです。

また、数多くはありませんが、**ポジティブフィードバック機構**がはたらく場合もあります。これは、あるホルモンの分泌が多くなると、それを刺激するホルモンもさらに多くなるというもので、女性の排卵の場合にみられます。下垂体から血中に分泌された黄体形成ホルモン（ＬＨ）は、卵巣にはたらいてエストロゲン分泌を促進しますが、卵胞期に徐々に増加してエストロゲンがあるレベルに達すると、ＬＨ分泌がさらに急激に増加して（ＬＨサージ）、エストロゲンも増加し、排卵がおこります。排卵後は、もうこの機構ははたらかなくなりますが、ある時期にかぎってこのようなポジティブフィードバック機構がはたらくことがあるのです。

図２　甲状腺ホルモン分泌におけるネガティブフィードバック機構

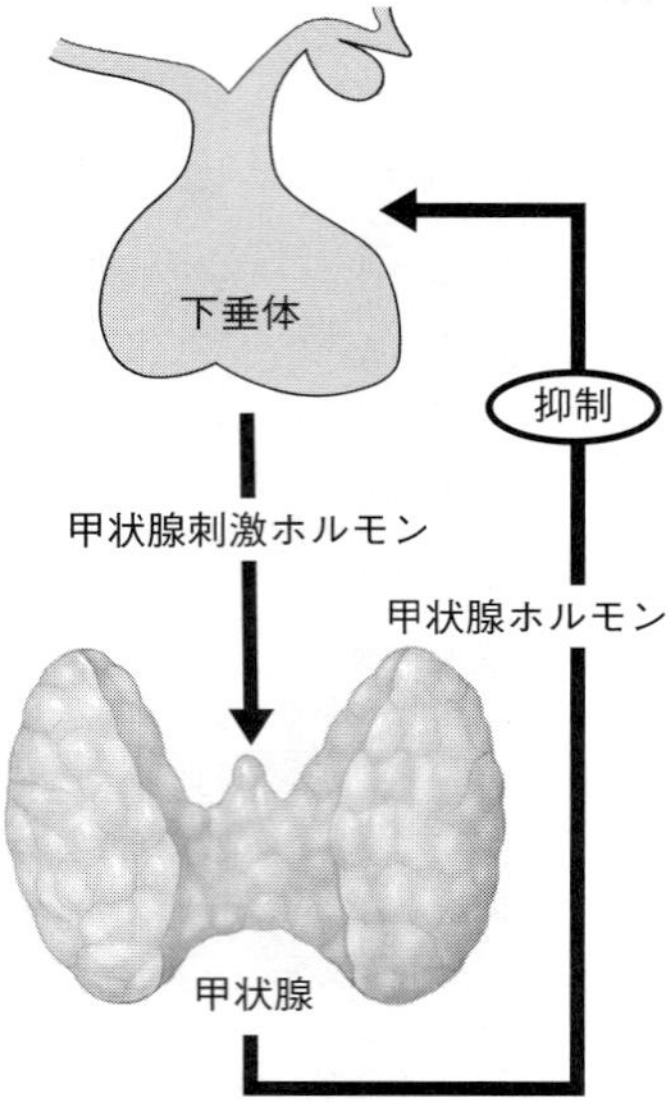

◇内分泌・代謝の病気の主要な症状

内分泌・代謝の病気では、表2のように、全身にわたるさまざまな症状がおこります。しかし、これらの症状は他の病気でもおこるため、医師にかかっても、内分泌・代謝の病気であると気づかれないこともあります。とくに、精神障害や筋力低下、そして顔つきの変化などにおける内分泌・代謝疾患は見落とされがちです。

治療をつづけても症状があまりよくならなかったり、医師が原因をはっきりと説明できなかったりする場合には、いちど内分泌・代謝の専門家の診察を受けてみる用心深さも必要でしょう。

◇加齢にともなう内分泌・代謝の変化

年をとってくると、血液中の値が若いころとは変わってくるホルモンがあります。その代表は、性ホルモンです。女性は閉経とともにエストロゲンやプロゲステロンなどの女性ホルモンの分泌が低下します。女性ホルモンは、血管の動脈硬化に対して防御的にはたらいていますが、その低下は動脈硬化の促進につながり、閉経後の女性では、動脈硬化性疾患の発症がおこりやすくなります。また女性ホルモンは骨代謝にもかかわっており、閉経後は骨粗鬆症（1884頁）を発症しやすくなります。

男性においても、加齢とともにテストステロンが低下してくる場合があり、**男性更年期障害**（1771頁）として、性機能の低下やうつ病（1011頁）、種々の代謝異常と関連があるとされています。

加齢にともない男女とも糖質や脂質、たんぱく質を代謝する力も衰えてきます。糖代謝の主役はインスリンですが、年をとるとインスリンの感受性が低下

表2　内分泌・代謝の病気のおもな症状と考えられる病気

	症状	考えられる病気
顔	顎が大きくなる	先端巨大症（1488頁）
	満月のような円い顔	クッシング症候群（1491頁）
	眼球の突出	甲状腺機能亢進症（1474頁）
皮膚	色素の沈着	アジソン病（1490頁）、クッシング症候群（1491頁）、甲状腺機能亢進症（1474頁）
	色素の脱失	下垂体前葉機能低下症（1488頁）、甲状腺機能低下症（1478頁）
	皮膚の肥厚	先端巨大症（1488頁）
	皮膚の萎縮	クッシング症候群（1491頁）
	むくみ（浮腫）	甲状腺機能低下症（1478頁）、クッシング症候群（1491頁）、ビタミンB_1欠乏
	口角炎	ビタミンB_2、B_6欠乏
毛髪体毛	多毛	クッシング症候群（1491頁）、副腎性器症候群、多嚢性卵巣症候群
	脱毛	下垂体前葉機能低下症（1488頁）、アジソン病（1490頁）、甲状腺機能低下症（1478頁）
循環器	脈が速い	甲状腺機能亢進症（1474頁）
	脈が遅い	甲状腺機能低下症（1478頁）
	高血圧	原発性アルドステロン症（1491頁）、クッシング症候群（1491頁）、先端巨大症（1488頁）、甲状腺機能亢進症、褐色細胞腫（1492頁）
	低血圧	甲状腺機能低下症（1478頁）、下垂体前葉機能低下症（1488頁）
精神神経	だるい（全身倦怠感）	下垂体前葉機能低下症（1488頁）、甲状腺機能低下症（1478頁）、糖尿病（1501頁）
	精神障害	アジソン病（1490頁）、クッシング症候群（1491頁）、甲状腺機能亢進症（1474頁）、甲状腺機能低下症（1478頁）、副甲状腺機能低下症（1487頁）
	昏睡	アジソン病（1490頁）、糖尿病（1501頁）、低血糖症（1507頁）、インスリノーマ（1680頁）
	けいれん	副甲状腺機能低下症（1487頁）、ビタミンD欠乏
筋肉	筋力の低下	甲状腺機能亢進症（1474頁）、アジソン病（1490頁）、クッシング症候群（1491頁）、原発性アルドステロン症（1491頁）
体重	やせ・体重減少	甲状腺機能亢進症（1474頁）、下垂体前葉機能低下症（1488頁）、アジソン病（1490頁）、糖尿病（1501頁）
	肥満	クッシング症候群（1491頁）、甲状腺機能低下症（1478頁）、性腺機能低下症（709頁）、インスリノーマ（1680頁）
身長	身長が伸びない	下垂体前葉機能低下症（1488頁）、クレチン症（1479頁）、副甲状腺機能低下症（1487頁）、クッシング症候群（1491頁）、性早熟症
	身長が伸びすぎる	下垂体性巨人症（707頁）
体型	背が高く、手足が長い、肩幅が狭い	クラインフェルター症候群（579頁）
	翼状のくびのたるみ	ターナー症候群（578頁）
性機能	月経がなくなる	高プロラクチン血症、先端巨大症（1488頁）、糖尿病（1501頁）
	勃起障害になる	

し、同じインスリン量が分泌されていても血糖値が高くなり、糖尿病がおこりやすくなります。脂質代謝にも変化がおこり、血中のコレステロールや中性脂肪が増え、脂質異常症といわれる状態の人が増えてきます。また、安静にしている状態で、人が必要とするエネルギーを**基礎代謝**といいますが、加齢によって基礎代謝が低下してきます。つまり、同じエネルギーを摂取していても、太りやすくなるのです。こうした代謝の衰えは、糖尿病、脂質異常症、肥満などを介して、血管の動脈硬化を進行させ、心筋梗塞（1362頁）や脳卒中（921頁）が発症しやすくなるのです。

甲状腺機能亢進症とは
(Hyperthyroidism)

甲状腺は、ホルモンを分泌する内分泌腺のひとつで、前頸部、のどぼとけ（甲状軟骨）の下に位置しています（左図）。バセドウ病（次頁）や慢性甲状腺炎（1479頁）などで甲状腺が大きくなると、指で触れることもできますが、普段の大きさでは、甲状腺を触れることは、ほとんどありません。

甲状腺の位置

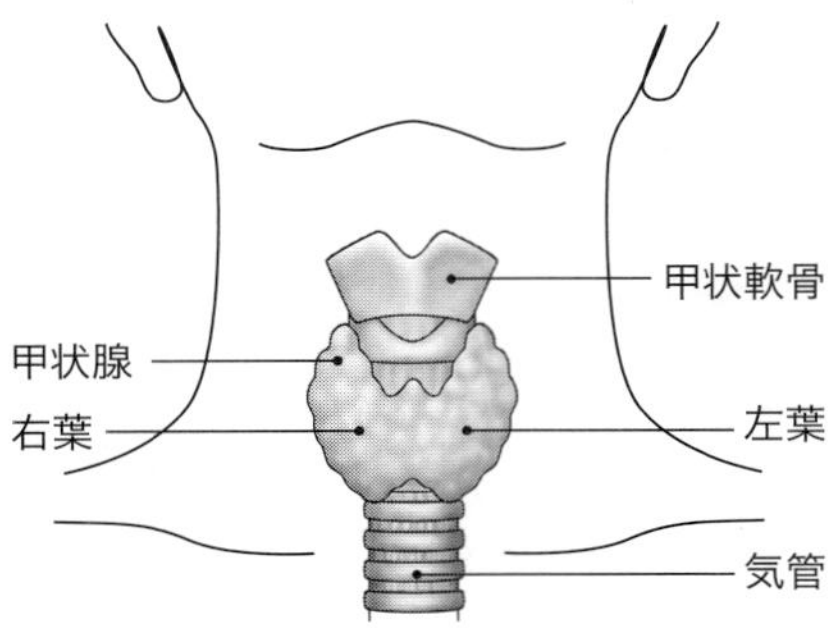

甲状腺から分泌されるホルモンは、**甲状腺ホルモン**と呼ばれ、**サイロキシン（T_4）とトリヨードサイロニン（T_3）**の2つが代表的です。甲状腺ホルモンは、人のからだの発育や成長に不可欠で、全身の臓器や器官のはたらきの調節や、たんぱく質・脂質などのエネルギー代謝の調節を行っています。甲状腺ホルモンは、これら臓器や器官のはたらき、エネルギー代謝が安定して行われるよう、つねに一定の値（濃度）になるように調節されています。甲状腺の病気によってホルモンの値が変動すると、からだの機能のバランスがくずれ、全身にいろいろな症状が現れてきます。

甲状腺機能亢進症とは、甲状腺ホルモンが過剰につくられ、血液中に甲状腺ホルモンが増加した状態をいいます。甲状腺ホルモンが増加すると、臓器や器官のはたらきが活発になり、交感神経系も刺激され、動悸や手の震え、汗が多くなったり、体重が減少するなどといった症状がでてきます。

甲状腺機能亢進症をきたす病気には、バセドウ病やプランマー病、甲状腺刺激ホルモン（ＴＳＨ）産生腫瘍などがあり、このなかでもバセドウ病がもっとも多いことから、たんに甲状腺機能亢進症といえば、バセドウ病のことをさすことがあります。

▼プランマー病　甲状腺ホルモンを分泌するできもの（腫瘍・結節）が、甲状腺の中にできる病気です。**過機能結節**とも呼ばれ、甲状腺ホルモンが増加し、甲状腺機能亢進症の症状がでてきます。

手術による腫瘍の摘出が根本的な治療ですが、放射性ヨード療法（アイソトープ治療）により、ホルモンの分泌を低下させる方法もあります。

▼甲状腺刺激ホルモン（ＴＳＨ）産生腫瘍　甲状腺ホルモンは、脳の下垂体から分泌される甲状腺刺激ホルモン（ＴＳＨ）によって調節されています。下垂体の中に、甲状腺刺激ホルモンを産生する腫瘍ができると（ＴＳＨ産生腫瘍）、甲状腺が過剰に刺激され、甲状腺ホルモンが増加します。

脳のＭＲＩ検査などで下垂体の腫瘍を調べ、摘出する手術が行われます。

バセドウ病 ……… 1475頁

▼**症状**▲甲状腺の腫れ、頻脈、動悸、眼球突出など。

▼**治療**▲抗甲状腺薬の服用のほか、放射性ヨード療法や摘出手術を行うこともある。

バセドウ病

Basedow Disease, Graves Disease

甲状腺ホルモンが過剰に分泌

◇20～30歳代の女性に多い

どんな病気か 甲状腺ホルモンが増加する甲状腺機能亢進症の代表的な病気です。20～30歳代の女性に多いといわれていますが、子どもや高齢者、男性に発症することもあります。自己免疫性疾患のひとつともいわれ、なんらかの原因により、甲状腺に対する自己抗体（TSH受容体抗体）がつくられ、甲状腺が過剰に刺激されることによってホルモンが増加します。

症　状 甲状腺の腫大、頻脈や動悸、目がとび出てくる（**眼球突出**）といった症状が特徴的ですが、これらの症状のほか、手の震え、発汗異常、体重の減少、下痢や倦怠感がつづくといった症状がみられることもあります。また、落ち着きがなくなったり、イライラしやすくなったり、不眠になるなどといった精神症状がみられることもあります。

◉バセドウ病の合併症

バセドウ病には、つぎのような病気をともなうことがあります。

▼**心房細動**（1348頁）心臓の不整脈のひとつで、甲状腺機能の亢進によって、脈が速くなる頻脈から心拍動の異常をきたし、不整脈となるものです。心房細動から心不全（1342頁）や、血栓による脳梗塞（脳塞栓934頁）を引き起こすなど、重篤な病気に至ることがあります。

▼**バセドウ病眼症**　バセドウ病では、目がとび出てくることがよく知られていますが、すべてのバセドウ病に眼球突出がみられるわけではありません。また、眼球突出以外にも、物が二重に見えたり（複視）、まぶたが腫れたり、目が乾燥しやすくなったりといった症状がみられることもあります。

MRI検査などで、目の周りの筋肉や炎症の状態などを調べて、副腎皮質ホルモン（ステロイド）剤の点滴治療や放射線治療、手術治療などが行われます。

▼**周期性四肢まひ**　突然、手足の力が入りにくくなったり、動かなくなったりするようなまひ症状が現れます。食事や飲酒のあとにまひがおこることが多く、血液中の電解質（カリウム）の低下が原因といわれています。

症状は、数分から数時間つづきますが、しばらくしてまたもとに戻ります。

▼**甲状腺クリーゼ**　感染やストレスなどをきっかけに、バセドウ病が急激に悪化し、重篤となります。動悸や手の震えといった甲状腺機能亢進症の症状に加え、発熱、不穏などの意識障害が出現します。

入院しての集中治療が必要となりますが、救命できず、死亡する場合もあります。

原　因 甲状腺の表面には、脳の下垂体から分泌される甲状腺刺激ホルモン（TSH）が結合するTSH受容体と呼ばれる部分があります。TSH受容体に甲状腺刺激ホルモンが結合すると甲状腺が刺激され、ホルモンの産生が行われます。

バセドウ病では、この受容体に強く結合する自己抗体（TSH受容体抗体）がつくられるため、甲状腺が過剰に刺激され、ホルモンが増加します。

この自己抗体が、どうしてつくられるのかは不明ですが、遺伝的・体質的なもの、ストレスなどの環境的なものが関与しているといわれています。

検査と診断 血液検査により、遊離型の甲状腺ホルモン（**フリーT4**、**フリーT3**）が高値で、自己抗体（TSH受容体抗体）が陽性であれば、バセドウ病と診断されます。

甲状腺刺激ホルモンは、甲状腺ホルモンの増加によって抑制され、低値となります。また、放射性ヨード甲状腺摂取率検査で高値となると甲状腺機能の亢進が疑われますが、検査が行えるのは専門の施設にかぎられ、約1週間のヨード類（海藻類）の摂取制限が必要となります。

そのほか、頸部超音波検査（頸部エコー）、心電図検査、胸部X線撮影などが行われます。

血液検査では、甲状腺ホルモンの増加によって、コレステロールの低下、アルカリホスファターゼの上昇、肝機能異常などがみられることもあります。

これらの異常は、健康診断や人間ドックなどで、バセドウ病が発見されるきっかけとなることもあります。

◇多くが抗甲状腺薬で治療

治療 バセドウ病の治療には、抗甲状腺薬による薬物治療、放射性ヨード療法（アイソトープ治療）、甲状腺を摘出する手術療法があります。

●薬物治療

甲状腺ホルモンを低下させる薬には、抗甲状腺薬があります。抗甲状腺薬には、チアマゾール製剤（MMI）とプロピルチオウラシル製剤（PTU）があり、日本では、これらの抗甲状腺薬による治療が多く行われています。

抗甲状腺薬のなかでは、チアマゾール製剤がもっとも多く使用されていますが、妊娠や授乳時には、プロピルチオウラシル製剤が多く用いられます。

服薬は、通常1日3～6錠で開始されますが、血液検査で甲状腺ホルモンの値をみながら少しずつ減量していきます。しばらく服用をつづけ、1日1錠もしくは隔日1錠で甲状腺機能が安定していれば、いったん薬の中止を検討します。この際、バセドウ病の活動度の指標として、TSH受容体抗体の値も参考にします。

治療開始後、甲状腺ホルモンの数値が改善したことを理由に服薬を中止してしまうと、再び悪化してくることがあります。服薬は、少なくとも1年半から2年間はつづける必要があります。医師に中止してもよいといわれるまでは、きちんと服用をつづけることが重要です。

抗甲状腺薬の副作用には、発疹や肝機能障害、白血球減少症（無顆粒球症 1448頁）などがあります。とくに白血球減少症は、対応が遅れると感染症や敗血症（2124頁）など重い病気になることもあり注意が必要です。高熱やのどの痛みがつづく場合には、服薬を中止し、早めに診察を受けてください。

抗甲状腺薬以外に、甲状腺ホルモンを低下させる薬として、無機ヨード薬があります。無機ヨード薬は、抗甲状腺薬と比べて効果が現れるのが早く、副作用も少ないのですが、しばらく服用をつづけていると効果がなくなってくることがあるため、一時的に甲状腺機能をよくしたい場合などに用いられます。

そのほか、頻脈や動悸などの症状に対してβブロッカーが用いられることがあります。

◉放射性ヨード療法（アイソトープ治療）

放射性ヨードを含んだカプセルを服用し、甲状腺ホルモンを低下させる治療法です。抗甲状腺薬を長期間服用してもなかなか治らない場合や、副作用によって抗甲状腺薬をつづけることがむずかしい場合などにこの治療が行われます。

放射性物質を使用しますが、発がん性や放射線障害などの副作用はありません。ただし、妊娠や授乳時には行えず、また、18歳以下の場合も原則として行えません。

医療機関で放射性ヨードのカプセルを服用しますが、すぐに効果が現れるわけではなく、服用後1～2か月して徐々に甲状腺機能が改善してきます。

放射性ヨードによって甲状腺が破壊され、ホルモンが低下し、甲状腺も縮小してきます。治療回数は甲状腺の大きさや効果によって異なり、1回の服用ですむこともあれば、間隔をあけて2～3回服用することもあります。

甲状腺の破壊が強く、甲状腺ホルモンが低下しすぎた場合には、甲状腺機能低下症（1478頁）となり、甲状腺ホルモン剤の服用が必要となります。

放射性ヨード療法を受ける施設は、放射線（アイソトープ）を取り扱う専門施設にかぎられます。治療に必要な放射性ヨード量が多ければ、特殊に遮蔽した病室に1～2週間程度の入院が必要ですが、甲状腺がそれほど大きくなく、服用する放射性ヨード量が少ない場合には、外来での治療も可能です。

◉手術療法

外科的に甲状腺を切除し、甲状腺ホルモンを低下させます。甲状腺がひじょうに大きい場合、抗甲状腺薬の効果がなく、早期の治療を希望する場合などに行われます。手術は全身麻酔で行われ、2週間前後の入院が必要です。

甲状腺と下垂体の関係

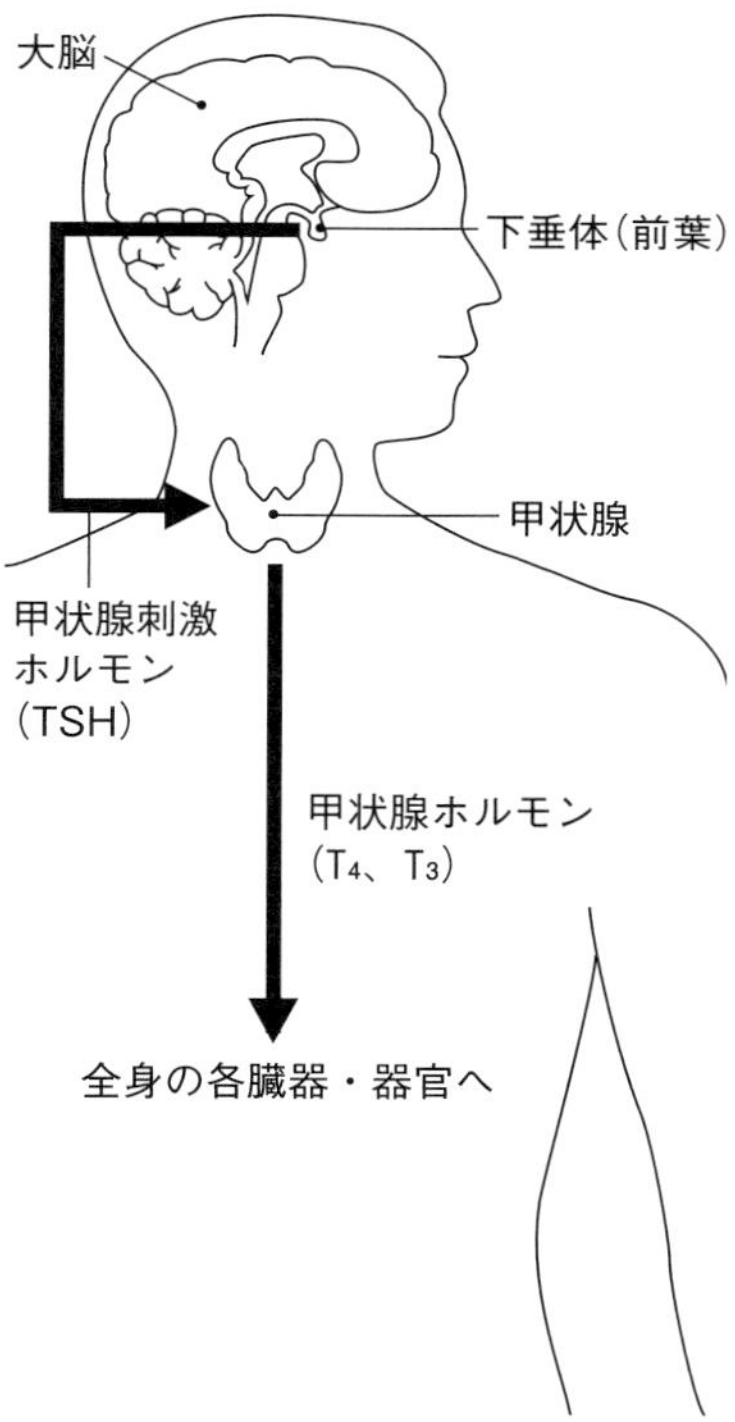

　手術の方法としては、甲状腺をすべて摘出する全摘術と、一部を残す亜全摘術があります。

　全摘術では、甲状腺をすべて摘出するため、術後は甲状腺機能低下症となります。甲状腺ホルモン剤の服用が必要となりますが、甲状腺機能亢進症の治療としては、もっとも確実な方法といえます。

　亜全摘術では、残った甲状腺のはたらきによって、甲状腺機能が正常化する場合や、機能低下となる場合があります。

【日常生活の注意】 抗甲状腺薬の開始後、甲状腺機能は平均1〜2か月で正常となり、症状も改善します。甲状腺機能が正常になるまでは、激しい運動は避け、規則正しい生活を行うなど、できるだけからだに負担をかけないようにすることが必要です。

　症状が改善しても、バセドウ病が完全に治るまでには時間がかかります。薬をきちんと服用し、なるべくストレスのかからない生活を心がけるのがよいといわれています。

　また、治療がいったん終了しても、しばらくして再発してくることもあるため、服薬終了後も注意が必要です。

　ヨード類（海藻類）の摂取については、ヨード摂取量がもともと多い日本では、ほとんど影響はないといわれています。毎日、コンブをたくさん食べるなど、極端な摂取でなければ、海藻類を制限する必要はないといわれています。

　喫煙は、バセドウ病に影響するといわれています。バセドウ病の眼症には、とくにたばこが悪影響をおよぼすといわれており、眼症状がある場合には禁煙が必要です。さらに、喫煙によってバセドウ病の治りが悪くなるともいわれています。

　バセドウ病の妊娠に関しては、適切な治療と管理が行われれば、母児ともに問題なく出産が可能といわれています。ただし、甲状腺ホルモンの増加や低下が、流産や胎児の発育に影響することがあるため、妊娠を予定している場合には、事前にかかりつけの医師や専門医に相談するようにしてください。

甲状腺機能低下症とは
(Hypothyroidism)

　甲状腺ホルモンの産生が低下し、甲状腺ホルモンが不足した状態を甲状腺機能低下症といいます。甲状腺機能低下症では、全身の臓器や器官のはたらきが低下し、エネルギー代謝も低下するため、倦怠感や気力の低下、動作が鈍くなったりするといった症状が現れます。また、むくみ（浮腫）や便秘、寒がりになるなどの症状がみられることがあります。

　甲状腺機能低下症には、**原発性甲状腺機能低下症**と**二次性（中枢性）甲状腺機能低下症**があります。

　原発性甲状腺機能低下症では、慢性甲状腺炎（次項）が代表的ですが、バセドウ病（1475頁）や甲状腺がん（488頁）の術後、バセドウ病の放射性ヨード療法後、新生児のクレチン症、粘液水腫、一過性甲状腺機能低下症などでも原発性甲状腺機能低下症となります。

　二次性（中枢性）甲状腺機能低下症

慢性甲状腺炎（橋本病）……1479頁

▼症状▲甲状腺の腫れ、倦怠感、気力の低下、手足のむくみ、冷えなど。

▼治療▲甲状腺ホルモン剤を服用し、ヨードを多く含む海藻類などの食品のとりすぎに注意する。

は、脳の下垂体や視床下部などの中枢系に原因のあるものです。甲状腺刺激ホルモン（TSH）の低下による下垂体性甲状腺機能低下症があります。

▼クレチン症　生まれつき甲状腺の形成に障害があることによって、甲状腺機能が低下する病気です。出生後、早期に甲状腺ホルモンによる補充治療が行われなければ、成長や発育障害、知能障害などがおこります。

▼粘液水腫　感染やストレスなどをきっかけに甲状腺機能低下症が悪化し、全身のむくみや意識障害（昏睡）などをおこすものです。

入院による集中治療が、必要となります。

▼一過性甲状腺機能低下症　亜急性甲状腺炎や無痛性甲状腺炎など、炎症によって甲状腺ホルモンが増加したあと、一時的に甲状腺機能が低下することがあります。

また、出産後やヨードを多く含む食品（海藻類など）の過剰摂取によっても、一時的に甲状腺機能の低下がみられる場合があります。

慢性甲状腺炎（橋本病）
Chronic Thyroiditis (Hashimoto Disease)

甲状腺機能は正常な場合が多い

◇成人女性の3～5%にみられる甲状腺の慢性の炎症

どんな病気か

甲状腺に、免疫反応による炎症が慢性的につづく病気です。日本の橋本策博士によって最初に報告されたことから**橋本病**とも呼ばれています。

甲状腺の慢性の炎症によって、甲状腺が腫大したり、ホルモンが低下しやすくなります。

甲状腺機能低下症をきたす代表的な病気といわれていますが、実際に、甲状腺機能が低下している場合は少なく、慢性甲状腺炎の約80％は、甲状腺機能は正常です。

中年の女性に多く、成人女性の3～5％に慢性甲状腺炎がみられるといわれています。

症状

甲状腺の表面がかたく、ごつごつとした感じで腫れてきますが、標準的な大きさのこともあります。甲状腺ホルモンが低下してくると、倦怠感や気力の低下、手足のむくみ（浮腫）、冷え、便秘、皮膚のかさつき、会話が遅くなるなどといった症状が現れてきます。また、甲状腺ホルモンがさらに低下すると、息切れや呼吸困難感など、心不全（1342頁）の症状がでてくることもあります。

◉慢性甲状腺炎の合併症

慢性甲状腺炎には、つぎのような病気をともなうことがあります。

▼無痛性甲状腺炎　ストレスなどをきっかけに、一過性の甲状腺の炎症をおこし、甲状腺ホルモンが増加する病気です。炎症による甲状腺の破壊によって甲状腺ホルモンが血液中に漏れ出し、甲状腺ホルモンが増加します。動悸や手の震えなどの甲状腺機能亢進症（1474頁）の症状がでてきます。無痛性甲状腺炎は、慢性甲状腺炎におこりやすいといわれています。

甲状腺ホルモンの増加が軽い場合に

は、自覚症状もなく、気づかずに治ってしまうこともあります。通常1～2か月で自然に回復し、甲状腺機能も正常に戻ります。

▼**悪性リンパ腫**（553頁） 甲状腺に腫瘍性のリンパ球が増殖し、甲状腺が急に腫れてくる病気です。慢性甲状腺炎におこりやすいといわれていますが、実際の合併頻度はひじょうに少ないといわれています。

治療は、手術による生検診断を行ったあと、抗がん剤による点滴治療、放射線治療などが行われます。

原因

甲状腺の自己抗体による免疫系の異常が原因といわれています。自己抗体は、甲状腺を特異的に攻撃する**甲状腺自己抗体**と呼ばれ、**抗サイログロブリン抗体**や**抗マイクロゾーム抗体**（**抗TPO抗体**）があります。自己抗体によって慢性的に甲状腺が破壊され、甲状腺ホルモンをつくるはたらきが弱くなります。

甲状腺自己抗体がなぜつくられるのかは不明ですが、体質や遺伝的な要素が関係しているともいわれています。

検査と診断

血液検査によって遊離型の甲状腺ホルモン（**フリーT_4**、**フリーT_3**）と甲状腺刺激ホルモン（TSH）を測定し、甲状腺機能の状態を調べます。また、抗サイログロブリン抗体、抗マイクロゾーム抗体（抗TPO抗体）の測定により、甲状腺自己抗体の有無を確認し、どちらかの抗体が陽性であれば慢性甲状腺炎と診断されます。

甲状腺機能の状態は、甲状腺ホルモンが低下し、甲状腺刺激ホルモンが上昇していれば、甲状腺機能低下症（前項）と診断されます。

また甲状腺ホルモンは正常で、甲状腺刺激ホルモンのみが上昇している場合には、**潜在性甲状腺機能低下症**と診断されます。潜在性甲状腺機能低下症は、甲状腺機能低下症と正常との間の状態と考えられ、甲状腺機能低下症の前段階状態ともいわれています。軽度の甲状腺ホルモンの不足によっても、甲状腺刺激ホルモンが鋭敏に反応するため、このようなホルモンの状態になります。

とくに症状はありませんが、将来的に甲状腺ホルモンが低下してくることもあり、甲状腺ホルモン剤による治療が行われる場合もあります。

甲状腺が明らかに大きい場合には、触診ですぐにわかりますが、はっきりしない場合には、頸部超音波検査（頸部エコー）によって、甲状腺の腫大を確認します。超音波検査では、甲状腺の大きさの測定のほか、甲状腺内部の変化や腫瘍の合併などについても調べます。

そのほか、心電図検査や胸部X線撮影などによって、心臓の状態をさらに調べます。

血液検査をすると、甲状腺機能低下症によりコレステロールの上昇やクレアチンキナーゼ（CK）が上昇することもありますが、治療によって、これらの異常も改善してきます。

◇機能の低下があれば、甲状腺ホルモン剤を服用

治療

甲状腺機能が低下している場合には、甲状腺ホルモン

剤による治療が開始されます。慢性甲状腺炎による甲状腺機能低下では、自然に回復することは少なく、ほとんどの場合、甲状腺ホルモン剤の服用が生涯必要となります。ただし、薬を服用していれば、健康な人とまったく変わりなく、ふつうに生活をすることができます。

慢性甲状腺炎と診断されても、甲状腺機能が正常の場合には、とくに治療の必要はありません。血液検査によって定期的に甲状腺機能の確認を行いますが、将来、甲状腺機能が低下してくる場合もあり、その際には、甲状腺ホルモン剤による治療が必要となります。

◉薬物治療

甲状腺機能低下症の薬物治療は、**ホルモン補充療法**とも呼ばれ、甲状腺ホルモン剤が用いられます。

甲状腺ホルモン剤の成分は、人のからだで分泌される甲状腺ホルモンと同じものです。甲状腺ホルモン剤には、合成T_4製剤（レボチロキシンナトリウム）と合成T_3製剤（リチオロニンナトリウム）、乾燥甲状腺末の３種類がありますが、現在、甲状腺機能低下症の治療には、合成T_4製剤が多く使用されています。

服用は1日1回で、血液検査で甲状腺ホルモンと甲状腺刺激ホルモンの値が基準範囲となるように、少量から徐々に増量していきます。

合成T_3製剤は、一過性の甲状腺機能低下症などに一時的に使用されることがあります。

乾燥甲状腺末は、現在ではほとんど使用されていません。

日常生活の注意 慢性甲状腺炎では、健康な人と比べて、甲状腺ホルモンをつくるはたらきが弱いため、ヨードによる影響を受けやすいといわれています。

海藻類などのヨードを多く含む食品をとりすぎると、甲状腺機能が低下してしまうおそれがあるので注意が必要です。

また、甲状腺ホルモン剤を服用中の場合にも、薬の効きが悪くなることもあり、海藻類をとりすぎないようにする必要があります。

単純性甲状腺腫
Simple Goiter

どんな病気か 甲状腺が大きく腫れる病気ですが、甲状腺ホルモン（フリーT_4、フリーT_3）は正常で、そのほかに甲状腺に異常が認められないものをいいます。

10～30歳代の若年女性にみられることが多く、将来、バセドウ病（1475頁）や慢性甲状腺炎（前項）になる場合があるともいわれています。

症状 甲状腺は全体に（びまん性に）やわらかく、腫大しています。

甲状腺が大きくなって、気道を圧迫している場合には、呼吸困難や息切れなどの症状を自覚することがあります。

原因 ヨードの不足や過剰が原因ともいわれていますが、はっきりとした原因は不明です。

検査と診断 頸部の触診や超音波検査（頸部エコー検査）などで、びまん性の甲状腺腫大を認めます。

血液検査による甲状腺ホルモン、甲

◎結節性甲状腺腫とは

頸部の診察の際に、触診で甲状腺の一部にしこりやできもの（腫瘍・結節）が触れるものを、結節性甲状腺腫といいます。

結節性甲状腺腫には、良性腫瘍や悪性腫瘍（甲状腺がん488頁）があり、超音波検査や細胞診検査などによって、良性か悪性かを診断します。

甲状腺が全体に均一に腫れているものは、**びまん性甲状腺腫**といい、結節性甲状腺腫と区別されます。バセドウ病（1475頁）や慢性甲状腺炎（1479頁）などで甲状腺が腫大する場合に、びまん性甲状腺腫がみられます。甲状腺ホルモンや自己抗体などの測定によって診断されます。

状腺自己抗体の抗サイログロブリン抗体や抗マイクロゾーム抗体（抗ＴＰＯ抗体）の測定では、とくに異常がみられません。

【治療】 甲状腺が大きいこと以外に異常もなく、とくに治療の必要もありません。

甲状腺が大きくなって、気管を圧迫するような場合には、甲状腺摘出術の手術が行われることがあります。

甲状腺の良性腫瘍（濾胞腺腫／腺腫様甲状腺腫／嚢胞）

Benign Thyroid Tumor (Follicular Adenoma / Adenomatous Goiter / Cyst)

【どんな病気か】 甲状腺にしこりやできもの（腫瘍・結節）が触れるものを、**結節性甲状腺腫**（上段）といいます。結節性甲状腺腫には、良性腫瘍と悪性腫瘍（がん）があり、良性腫瘍には濾胞腺腫、腺腫様甲状腺腫、嚢胞の３つがあります。

濾胞腫瘍は、甲状腺の濾胞上皮細胞と呼ばれる細胞によってできる腫瘍で、甲状腺の良性腫瘍のなかでもっとも代表的な腫瘍といわれています。

腺腫様甲状腺腫は、濾胞腺腫に似ているという意味から腺腫様といわれています。腺腫様甲状腺腫の腫瘍は、複数個認められることが多く、甲状腺全体が大きく腫大しているようにみえることから、腺腫様甲状腺腫と呼ばれています。

嚢胞は、血液や滲出液などの液体成分がたまった袋状のものをいいます。

【症状】 腫瘍が小さいものでは、触診でもわからないことが多く、自覚症状もありません。

比較的大きいものでは、腫瘍を指で触れたり、甲状腺全体が大きく見えるものもあり、食物を飲み込む際に、ひっかかった感じや異物感を自覚することがあります。

これらの腫瘍は、甲状腺ホルモンを分泌するプランマー病（1474頁）以外は、甲状腺機能に影響することはなく、甲状腺機能亢進症や甲状腺機能低下症の症状が現れることはありません。

【原因】 海外のヨード（海藻類など）不足地域に比較的多くみられることから、ヨード不足が腫瘍の原因ともいわれていますが、ヨードが過剰な日本でもみられるため、実際の原因は不明といわれています。

【検査と診断】 頸部の超音波検査（頸部エコー）により、腫瘍の大きさや個数、形などがくわしくわかります。良性か悪性かを調べる方法としては、腫瘍の細胞診検査が有用といわれています。超音波検査下に腫瘍を注射針で穿刺し、細胞を採取します。細胞診検査は、外来や検査室で行えるため、基本的には入院の必要はありません。

【治療】 甲状腺の良性腫瘍は、大きい場合を除き、すぐに手術を行うことはありません。定期的に、超音波検査などで経過観察を行い、腫瘍がだんだん大きくなる場合には、手術を勧められることがあります。

◉手術療法

良性腫瘍の手術には、腫瘍のみを摘出する核出術、腫瘍があるほうの甲状腺を半分切除する葉切除術などがあります。手術によって甲状腺の半分を切除しても、甲状腺機能に影響はなく、手術後に甲状腺ホルモン剤が必要となることはありません。

◉ホルモン抑制療法

脳の下垂体から分泌される甲状腺刺激ホルモン（TSH）により、甲状腺腫瘍も刺激され、大きくなるといわれています。甲状腺ホルモン剤の服用により甲状腺刺激ホルモンの分泌を抑え（ネガティブフィードバック1470頁）、腫瘍を小さくしたり、大きくなるのを防ぐことが期待されますが、実際に有効な場合は少ないといわれています。

亜急性甲状腺炎
Subacute Thyroiditis

どんな病気か

ウイルス感染などをきっかけに、甲状腺に炎症がおこり、一時的に甲状腺ホルモンが増加する病気です。かぜのあとに発熱がつづき、頸部（甲状腺部分）に痛みがでてきます。甲状腺ホルモンの増加によって、甲状腺機能亢進症（1474頁）の症状が一時的にみられますが、ほとんどの場合1〜2か月で自然に治ります。

症状

のどの痛みなどのかぜ症状のあと、38〜39度前後の発熱がつづき、頸部の痛みや腫れが現れてきます。甲状腺の炎症は、左右どちらかに生じる場合が多く、頸部の痛みも片側にみられることが多いのですが、両側に炎症が生じる場合もあります。

発熱、頸部痛のほか、動悸や手の震え、倦怠感などの甲状腺機能亢進症の症状が現れます。通常2〜3週間で自然に治まりますが、甲状腺の左右で炎症をくり返す場合には、症状が長引くこともあります。

甲状腺ホルモンの増加は、炎症が治まれば自然に改善してきますが、いったん、基準値以下まで低下し、その後基準範囲に戻ります。甲状腺ホルモンの低下が強い場合には、一時的に、気力の低下や手足のむくみ、冷えなどの甲状腺機能低下症（1478頁）の症状が現れることがあります。

原因

かぜなどの上気道感染後におこることが多いため、なんらかのウイルス感染の関与が疑われていますが、原因は不明です。また、ウイルスが原因であっても、他人に感染することはないといわれています。

検査と診断

血液検査により、甲状腺ホルモン（フリーT4、フリーT3）が高値、炎症反応（CRP 211頁）陽性が認められれば、亜急性甲状腺炎と診断されます。

頸部の超音波検査（頸部エコー）では、痛みの部位に一致して甲状腺の腫大と炎症性の変化がみられます。

治療

自然に治ることが多く、症状が強くなければ、とくに治療の必要はありません。

発熱や頸部痛が強い場合には、消炎鎮痛薬やステロイド剤が用いられます。ステロイド剤は、発熱や頸部痛を改善するのにたいへん有効ですが、服用を急に止めると悪化する場合があるため注意が必要です。動悸や手の震えなど、甲状腺機能亢進症状に対してはβブロッカーなどが用いられます。

まれに炎症が長引いたり、再発したりすることがあります。

甲状腺の検査

❖甲状腺のはたらきを調べる

甲状腺は、たんぱく質合成やエネルギーの生成、神経伝達などに重要なはたらきをもつ甲状腺ホルモンを分泌する器官です。

甲状腺の状態を調べるためには、さまざまな検査が行われています。

血液を採取して検査するものに、甲状腺ホルモン（フリーT_4、フリーT_3）や、甲状腺刺激ホルモン（ＴＳＨ）の測定、甲状腺刺激ホルモン受容体抗体の測定、甲状腺自己抗体の抗サイログロブリン抗体や抗マイクロゾーム抗体（抗ＴＰＯ抗体）の測定があり、甲状腺機能亢進症（1474頁）や甲状腺機能低下症（1478頁）などを判定しています。

また、ヨードの放射性同位元素を用いる特殊な放射性ヨード甲状腺摂取率検査、ＣＴやＭＲＩなどの画像検査、甲状腺の腫瘍を穿刺して、細胞を調べる甲状腺細胞診検査なども行われています。

ここでは、甲状腺のはたらきの状態をみる際に、採血した血液から調べる検査について解説します。

❖甲状腺ホルモンの検査

甲状腺が分泌するホルモンには、サイロキシン（T_4）とトリヨードサイロニン（T_3）があります。これらのホルモンは、血液中でたんぱく質と結合していない状態（遊離型）で効果を発揮します。この遊離型の状態のホルモンをそれぞれ、**フリーT_4、フリーT_3**と呼びます。フリーT_4、フリーT_3の血中濃度を測定することで、甲状腺の機能を検査することができます。

甲状腺機能亢進症では値が上昇し、甲状腺機能低下症では値が低下します。基準値は医療機関によって多少異なります。

❖甲状腺刺激ホルモンの検査

甲状腺ホルモンは、脳の下垂体から分泌される**甲状腺刺激ホルモン（ＴＳＨ）**によって、コントロールされています。甲状腺ホルモンの分泌異常の原因がどこにあるのかは、甲状腺刺激ホルモンの血中濃度と、フリーT_4、フリーT_3の血中濃度の２つの測定値を合わせて判断します。

基準値として、０・34～５・０μU／mℓが目安です。

バセドウ病（1475頁）やプランマー病（1474頁）の場合には甲状腺刺激ホルモンが低下しており、原発性甲状腺機能低下症の場合には上昇します。

❖甲状腺自己抗体の検査

慢性甲状腺炎（1479頁）など免疫の異常による甲状腺の自己抗体を調べるために、**抗サイログロブリン抗体**や**抗マイクロゾーム抗体（抗ＴＰＯ抗体）**を測定します。慢性甲状腺炎では、両方またはどちらか１つが陽性になります。

❖甲状腺刺激ホルモン受容体抗体の検査

甲状腺の表面には、甲状腺刺激ホルモンが結合するＴＳＨ受容体があります。バセドウ病では、このＴＳＨ受容体に強く結合する**ＴＳＨ受容体抗体**がつくられ、甲状腺ホルモンが過剰に分泌されます。

ＴＳＨ受容体抗体を測定することで、バセドウ病の診断や病気の強さの判断に役立てています。基準値は10～15％以下です。

❖そのほかの検査

採血した血液から調べる検査には、このほかに腫瘍マーカーの検査があります。腫瘍マーカーとして、血液中のサイログロブリン（甲状腺内にある糖たんぱく質分子）やカルシトニン（カルシウム代謝を調節するホルモンのひとつ）などを調べたりします。

副甲状腺の病気

副甲状腺機能亢進症（上皮小体機能亢進症）

Hyperparathyroidism

副甲状腺ホルモン（ＰＴＨ）が持続的に過剰分泌されている状態をいい、原発性と続発性の２つに分類されます。

◎原発性副甲状腺機能亢進症

Primary Hyperparathyroidism

どんな病気か

副甲状腺（489頁図）に腫瘍や過形成がおこり、副甲状腺ホルモンが過剰に分泌されつづける状態です。

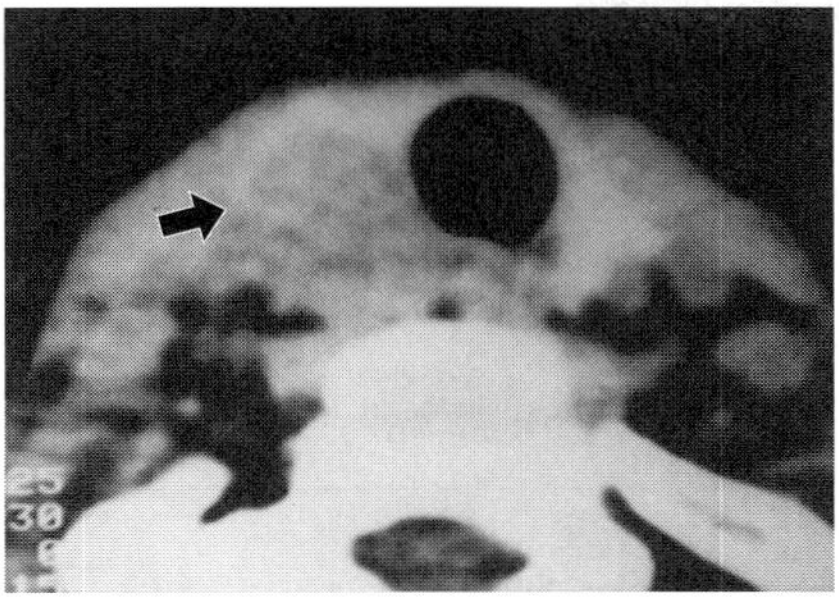

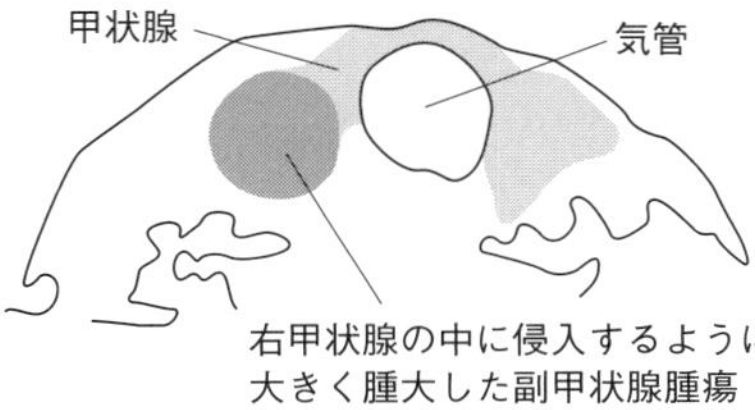

副甲状腺の腫瘍
頸部のCTで右甲状腺の背面に映し出された副甲状腺腫瘍（写真矢印部分）。この腫瘍が副甲状腺ホルモンの分泌過剰の原因になる。

骨からのカルシウム吸収、腎尿細管でのカルシウム再吸収、および小腸からのカルシウム吸収などの亢進により、血液中のカルシウムが増え、高カルシウム血症（1534頁）となります。

それとともに、尿細管でのリン再吸収が抑制されておこる低リン血症（全身倦怠感、知覚異常、震えなどが現れる）と、骨吸収増加を反映しての高アルカリホスファターゼ血症（骨などでつくられる酵素の血中濃度が上昇）が合併してきます。

血中のカルシウム濃度が高くなりすぎると、腎尿細管での再吸収能力が追いつかず、多量のカルシウムが尿中に排泄され、腎結石（1743頁）ができたり、腎糸球体や尿細管の細胞内にカルシウムが沈着して**腎石灰化症**がみられたりします。また、骨や歯からカルシウムが過剰に抜け（**脱灰**）、骨粗鬆症（1884頁）がおこってきたりします。

そのほか、高濃度のカルシウムによる刺激のため、胃・十二指腸潰瘍（1558頁）や膵炎（1678、1679頁）がおこることもあります。

症状

血中のカルシウム濃度が高くなると、尿中のカルシウム排泄量が増え、同時に水もいっしょに出ていくために多尿となり、脱水ぎみとなってのどの渇きを覚え、水を多く飲むようになります。糖尿病と同様の口渇・多飲・多尿といった自覚症状がおこってきます。

また筋力低下、食欲不振、吐きけ、便秘などに悩まされることもあり、ひどくなると集中力低下、抑うつ状態、意識障害なども現れてきます。

骨粗鬆症が進行すると、骨がもろくなって、ちょっとしたことで骨折したり、骨や関節が変形したりします。

腎結石ができると、腰痛や血尿などがみられ、胃・十二指腸潰瘍や膵炎が発生すると、上腹部痛、吐きけなどのいろいろな症状がおこってきます。

しかし、最近ではこうした症状を示す前に、健康診断などで高カルシウム血症を指摘され、発見されることも増えてきました。

◎副甲状腺とは

副甲状腺は、**上皮小体**ともいい、前頸部、甲状腺の裏側に上下左右に1つずつ計4個あり、米粒ほどの小さなホルモン分泌腺です。しかし、5個あることもしばしばで、その位置も個人差が大きく、気管・食道の近くや胸腔内にあることもあります。

副甲状腺から分泌される**副甲状腺ホルモン**（パラトルモン）は、骨からカルシウムを吸収して、血液中に移動させ、腎尿細管でのカルシウム再吸収を促進します。また、小腸ではビタミンDを活性化して、食物からのカルシウム吸収を増やし、血液中のカルシウム濃度を上昇させます。血液中のリンについては、低下させます。

原因 腺腫という良性腫瘍が1つの副甲状腺に発生する（単発性）ことがもっとも多いのですが、4つの副甲状腺全部が増殖・腫大する過形成の場合（多発性）もあります。

まれに、副甲状腺がん（490頁）のこともあります。また、下垂体、甲状腺、膵臓、副腎など、他の内分泌腺に複数の腫瘍が発生する**多発性内分泌腺腫症**の症状のひとつとして、副甲状腺に過形成あるいは腫瘍が発生してくることがあります。これは、遺伝性の可能性が濃厚で、たいていは同一家系内にみられます。

検査と診断 尿路結石や骨折、胃・十二指腸潰瘍、膵炎の治療中や、健康診断での血液検査で発見されることもしばしばあります。血液検査でカルシウム値が高く、リンが低値、血中副甲状腺ホルモンが高値と確認できれば、ほぼ診断は確定します。

つぎに、頸部超音波検査を行い、必要に応じて、シンチグラフィー（230頁）、CT、MRIなどの画像診断を行い、病変部位を確定します。

治療 腫瘍が見つかった場合は、その副甲状腺のみを摘出し、過形成の場合は4つとも腫れていることが多いため、もっとも腫れの小さい副甲状腺だけを半分残し、ほかの3つの副甲状腺は全部摘出するのが一般的で、いずれにしても手術が必要です。

手術は全身麻酔で行われ、たいていは1～2週間で退院できます。手術後、一時的に血中カルシウム濃度が基準値以下に低下しますが、数週間以内に戻ります。

骨粗鬆症、胃・十二指腸潰瘍、膵炎などの合併症は、手術後に改善します。ただし、腎結石は自然に溶けることはないので、別にその治療が必要です。

手術後はふつうの日常生活を送れますが、治療が遅れると、腎機能が低下したり、病的骨折をくり返したりして、日常生活に支障がおこってきます。

◉続発性副甲状腺機能亢進症

Secondary Hyperparathyroidism

どんな病気か 副甲状腺以外の病変によっておこった低カルシウム血症（1534頁）のため、カルシウム濃度を上げようとして、二次的に副甲状腺ホルモンが過剰に分泌される状態です。

持続的に副甲状腺が刺激されるため、副甲状腺は過形成となり、増加した副甲状腺ホルモンによって、血中カルシウム濃度の低下は改善されますが、その代償として、骨密度の減少や、異所性石灰化（他の部位にカルシウムが沈着する）などがおこってきます。

慢性腎不全（1721頁）で透析中の人にみられる腎性骨異栄養症（1739頁）が典型例で、そのほか、吸収不良症候群（1578頁）などの消化管疾患、抗けいれん薬や骨吸収抑制薬などを使用中で、低カルシウム血症がおこってくる場合にもみられます。

検査と診断 もとの病気の診断がついている場合がほとんどで、血中カルシウム値の低下、副甲状腺ホルモンの高値が確認されれば、診断は容易です。

治療 もとの病気の治療と並行して、カルシウム剤や活性型ビタミンD製剤などの内服で、低カルシウム血症の改善をはかります。

副甲状腺機能低下症（上皮小体機能低下症）

Hypoparathyroidism

どんな病気か

副甲状腺ホルモンの作用が低下している状態で、血中のカルシウム濃度が低下し、リンの濃度が上昇しています。

原因

原因としては、副甲状腺ホルモンの分泌そのものが少ない場合と、副甲状腺ホルモンの分泌は正常でも、ホルモンが作用する骨や腎臓などの部位（受容体）に異常があるため、ホルモンの作用が発揮されない場合とがあります。

副甲状腺ホルモンの分泌低下は、甲状腺の手術などで副甲状腺組織がなくなってしまった**術後副甲状腺機能低下症**のこともありますが、はっきりした原因もないのにホルモンの分泌が低下する**特発性副甲状腺機能低下症**のこともあります。

また、受容体の異常でおこるものを**偽性副甲状腺機能低下症**と呼びますが、これは遺伝的素因によると考えられています。

症状

症状の多くは、血液中のカルシウム濃度低下による神経・筋肉の興奮によっておこります。

典型的な症状は、痛みをともなった強直性の筋肉のけいれんで、両手指がこわばり、指がくっつき親指が内側に寄った、いわゆる「産科医の手」になるほか、両足のこわばり、顔のひきつれ、手指や唇の周囲のしびれが現れる**テタニー発作**です。全身のけいれんをおこし、てんかんとまちがわれることもあります。また、情緒不安定、不機嫌、不安感、イライラ感などの精神症状もともないます。

そのほか、白内障（1103頁）を合併して視力が低下したり、真菌（かび）が感染する皮膚カンジダ症（1829頁）をおこしたり、爪、毛髪、歯に異常がおこることもあります。

偽性副甲状腺機能低下症の場合には、低身長と肥満の傾向があり、顔が丸く、手足の指が短く、皮下や軟部組織に石灰化や骨化がおこる特徴的な症状を示すこともあります。

検査と診断

上腕を圧迫して血流を低下させたときに、3分以内に手指のしびれやこわばり（**トルーソー現象**）が出現してくれば、副甲状腺機能低下症が疑われます。

血液検査でカルシウム濃度の低下とリン濃度の上昇がみられれば、診断が確定します。

血中副甲状腺ホルモン値は、特発性副甲状腺機能低下症の場合は低下、偽性副甲状腺機能低下症の場合は上昇します。そのほか、脳波に異常がでたり、頭部X線撮影、CT、MRI検査を行うと大脳基底核というところに石灰像が写ることもあります。

治療

活性型ビタミンD剤を内服します。カルシウム薬もいっしょに内服することもあります。これを毎日つづけることで、血中カルシウム濃度が正常になり、通常の日常生活が送れます。

薬は、出なくなったホルモンのかわりとなるものですから、一生、服用する必要があります。

下垂体、副腎などの病気

下垂体前葉機能低下症
Hypopituitarism

【どんな病気か】 脳にある下垂体の前葉からは、甲状腺、副腎皮質、性腺といった、いくつかの内分泌腺を刺激するホルモン（**下垂体前葉ホルモン**）が分泌されています。

下垂体前葉ホルモンには、甲状腺刺激ホルモン、副腎皮質刺激ホルモン、性腺刺激ホルモン、および成長ホルモンなどが含まれ、甲状腺ホルモン、副腎皮質ホルモン、性腺刺激ホルモンなどの分泌を調整しています。これら下垂体前葉ホルモンの分泌が低下した状態を下垂体前葉機能低下症と呼びます。

【症状】 低下しているホルモンの種類や数、分泌低下の程度もさまざまです。

分泌が低下している下垂体前葉ホルモンの種類によって、いろいろなホルモン欠乏の症状が現れます。

性腺ホルモンの欠乏症状では、男性では性欲低下、勃起不全、恥毛の女性化、女性では月経不順や続発性無月経（862頁）などがおこります。

副腎皮質ホルモンの欠乏症は、易疲労感、脱力感、体重減少、食欲不振、嘔吐、低血圧、低血糖などがあります。

甲状腺ホルモンの欠乏症状は、寒がり、眠け、緩慢な動作、皮膚の乾燥、便秘、眉毛の減少などがあります。

【原因】 下垂体やその周辺に腫瘍や炎症があっておこる場合や、頭の手術や放射線治療後におこることもあります。また、免疫の異常でおこると考えられているもの（**リンパ球性下垂体炎**）もあります。

これらの原因により、すべての下垂体前葉ホルモンが低下した状態をとくに、**汎下垂体機能低下症**（**シモンズ症候群**）と呼びます。

このほか、分娩のときに大出血をおこしてショック状態になった女性が、10年以上もたって下垂体前葉機能低下症をおこすことがあります（**シーハン症候群**）が、最近はお産の管理が改善したため減少しています。

【検査と診断】 血液検査で下垂体前葉ホルモンを測定します。つぎに視床下部ホルモン剤を注射して、下垂体前葉を刺激し、血液中の下垂体前葉ホルモンが増えるかどうかを調べます。

下垂体前葉ホルモンの値が異常に低下しているか、視床下部ホルモンの刺激を受けても下垂体前葉ホルモンの分泌が増加しなければ診断できます。

【治療】 不足しているホルモンの補充をします。下垂体前葉ホルモンそのものは注射が必要になるので、通常は下垂体前葉ホルモンを受け取る内分泌腺のホルモン剤を内服しつづけます。腫瘍が原因の場合は、手術で下垂体の腫瘍を摘出します。下垂体への放射線治療が有効な場合もあります。

【日常生活の注意】 生涯、毎日欠かさずホルモン剤を内服しなければなりません。そうすれば、ふつうの生活が送れます。

先端巨大症
Acromegaly

【どんな病気か】 下垂体前葉から成長ホルモンが過剰に分泌されるため

◎ステロイドミオパシーとは……1491頁

に、からだの先端が肥大してくる病気で、**アクロメガリー**ともいいます。厚生労働省の特定疾患（難病）に指定されています。成長ホルモンは肝臓を刺激してソマトメジンC（インスリン様成長因子Ⅰ）の分泌を促します。ソマトメジンCは骨端に作用するので、子どもにおこると、骨を縦方向に成長させます（下垂体性巨人症　707頁）。おとなでは骨端のみが肥大化します。

おもに下垂体にできた良性腫瘍によって、ホルモンが過剰に分泌されます。

症状　指輪がはまらなくなる、靴のサイズが大きくなる、などの手足の肥大のほかに、眉が盛り上がる、鼻が大きくなる、唇や舌が厚くなる、下顎が突出してくるなど、独特の顔貌に変化してゆきます。ゆっくり変化するので本人や家族が気がつかない場合があります。

そのほか、頭痛、視野狭窄、いびきや睡眠時無呼吸、高血圧、高血糖、咬合異常（1970頁）などが現れます。

肥大は骨や筋肉だけでなく、心臓や血管におこると心不全（1342頁）をおこすこともあります。

検査と診断　脳の画像検査をします。血液検査では、成長ホルモンやソマトメジンCの量、また糖尿病がないかなどを調べます。

治療　入院して手術を行います。鼻腔や蝶形骨を経由して、下垂体の腺腫を摘出します。

手術がむずかしい場合や腺腫をとりきれなかった場合には、オクトレオチドの注射やドパミン作動薬の内服、また放射線療法などで成長ホルモンの分泌を抑えます。

尿崩症
Diabetes Insipidus

どんな病気か　体内の水分が、尿としてどんどん排泄され、失われます。からだは脱水状態となり、頻繁に水分をとるようになって、日中や夜間就寝中の区別なく多尿がつづきます。

健康な人の1日の尿量は、1・5ℓ前後ですが、尿崩症では10ℓ以上になることもあります。

原因　下垂体後葉からは、からだの浸透圧を一定に保つように調整している抗利尿ホルモン（ADH＝**バソプレシン**）が分泌されています。脱水になると、ADHが増えて腎臓に作用し、からだの水分を保ちます。

脳の腫瘍や頭部外傷などによって、下垂体後葉に伝わる神経系が障害されると、ADHの分泌が低下して尿崩症がおこります。ADHの分泌低下による尿崩症を**中枢性尿崩症**と呼びます。

いっぽう、ADHの分泌は正常なのに、それを受取る腎臓に異常があって、ADHがはたらかないためにおこる尿崩症を**腎性尿崩症**と呼びます。

検査と診断　1日の尿量の測定、および尿や血液の濃度を表す尿浸透圧、血漿浸透圧、ADHの濃度を同時に調べます。つづいて、飲水を長時間制限して尿量や浸透圧を調べます（水制限試験）。また、バソプレシンを注射して、尿量や浸透圧の反応を調べます。画像検査で原因を探ります。

1日の尿量が3ℓ以上あり、尿浸透圧が低く、血漿浸透圧が高いと尿崩症

◎副腎とは

腎臓の上についている副腎は、**腎上体**とも呼ばれますが、腎臓とは別の独立した器官です。皮質と髄質からなり、ともにホルモンを分泌しますが、皮質は腺細胞、髄質は神経細胞からなります。

副腎皮質では、血中のコレステロールを原料に3種類の**ステロイドホルモン**がつくられます。**糖質コルチコイド**、**ミネラルコルチコイド**、**副腎アンドロゲン**の3つで、とくに前の2つは生命の維持に欠かせない大事なホルモンです。

ちなみに、髄質では**カテコールアミン**（ドパミン、アドレナリン、ノルアドレナリンの総称）がつくられます。

また、ステロイドホルモンは副腎以外に性腺（性腺ホルモン）でもつくられます。

と診断されます。水分をまったくとらない状態で尿量が減少すれば、精神的な問題で多飲多尿になったもので（**心因性多飲症**）、尿崩症とは区別します。

治療　中枢性尿崩症には、抗利尿ホルモン作用のある酢酸デスモプレシンを点鼻します。効果は30分以内に現れ、6時間以上つづくので、朝起きたときと夜寝る前に用います。

腎性尿崩症には有効な治療法がありません。トリクロルメチアジドやインドメタシンを服用することもあります。

日常生活の注意　中枢性尿崩症では、点鼻薬を使用している間は、水分のとりすぎに注意します。

腎性尿崩症では、脱水に注意して、十分な水分補給をします。

ＡＤＨ不適切分泌症候群
Syndrome of Inappropriate Secretion of ADH (SIADH)

どんな病気か　脳の下垂体後葉から分泌される抗利尿ホルモン（ＡＤＨ）が不適切に分泌されるため、からだに水分が過剰にたまる病気です。

血漿浸透圧が低下しているのに、ＡＤＨが過剰に分泌されるため、体内に水分がたまり、血液中の電解質（ナトリウムなどの塩類）の濃度が低下します（低ナトリウム血症）が、腎臓病のようなむくみ（浮腫）はおこりません。

症状　全身倦怠感、食欲不振、頭痛、吐きけ、嘔吐、めまいなど、**水中毒**（水が体内に入りすぎた状態）と同じ症状が現れます。低ナトリウム血症が急激に強くおこった場合、脳浮腫（964頁）により、意識障害やけいれんが現れることもあります。

原因　脳や肺の病気で下垂体後葉のはたらきが高まったり、下垂体以外にＡＤＨを分泌する腫瘍ができたりしておこります。

検査と診断　血漿浸透圧の低下、低ナトリウム血症はあるが尿から持続的にナトリウムが排泄されることなどから診断します。

治療　脳腫瘍など、原因が明らかな場合は、その治療を行います。低ナトリウム血症に対しては飲み物や食事などから1日に摂取する水分を１０００㎖以下に抑えます。ナトリウム低下が強い場合は、食塩水を注射しますが、ナトリウム濃度がゆっくり上昇するようにします。

アジソン病
Addison Disease

どんな病気か　両側の副腎皮質が、広範囲にわたって破壊され、そのため慢性的に副腎皮質ホルモンの分泌が低下してくる病気です。糖質コルチコイド（血糖上昇作用、抗炎症作用、免疫抑制作用、ナトリウム保持作用などをもつ）やミネラルコルチコイド（ナトリウム保持作用をもつ）の分泌が低下して症状を引き起こします。

症状　全身倦怠感、脱力、体重減少、低血圧、吐きけ・嘔吐、食欲不振などがおこるほか、全身の皮膚の色が黒くなってきます。

原因　結核菌の感染やがんの転移、また副腎組織を異物として攻撃してしまう自己免疫疾患（2002頁）

◎ステロイドミオパシーとは

副腎皮質ホルモンの分泌過剰が原因でおこる筋肉の異常を、ステロイドミオパシーといいます。クッシング症候群、原発性アルドステロン症などで、分泌過剰になると、筋力が低下したり、筋肉が萎縮してきたりします。

このような症状は、副腎皮質ホルモン（ステロイド）剤を長期間にわたって服用していたときにもおこります。

なお、**ミオパシー**（**ミオパチー** 984頁）とは、筋肉の異常を表すことばです。

などが原因となります。

検査と診断

血液中の副腎皮質ホルモン（血中コルチゾール）の値は低いのですが、反対に下垂体から分泌される副腎皮質刺激ホルモンの値は上昇しています。また、尿に排泄されるコルチゾールやその代謝産物（使用されたあとの廃棄物）の量も減ります。副腎皮質刺激ホルモンを注射してもコルチゾールは増えません。

以上のことが確認できれば、アジソン病と診断がつきます。

治療

副腎皮質ホルモンを毎日欠かさず内服します。体調によって、必要量が増えることもあるので、薬の服用量については、医師の指示を守りましょう。

急性副腎不全（副腎クリーゼ）

Adrenal Crisis

どんな病気か

感染、心労、手術などをきっかけに、急速に副腎皮質のはたらきが低下し、ショック状態におちいったものをいいます。

治療

生命にかかわることがありますから、ただちに大量の生理食塩水やぶどう糖の輸液を行います。

同時に、副腎皮質ホルモン（ステロイド）剤による治療が行われます。

原発性アルドステロン症

Primary Aldosteronism

どんな病気か

副腎皮質ホルモンの一種であるアルドステロン（ミネラルコルチコイド）が過剰に分泌されて高血圧をおこします。

アルドステロンが過剰に分泌されると、血液中のナトリウムの量が増え、必ず高血圧がおこります。ホルモンの異常によっておこる高血圧の原因としてもっとも多い病気です。

また、血液中のカリウムが減少する（低カリウム血症 1532頁）のため、全身倦怠感や手足の筋肉に力が入らなくなり、まひしたりします。

原因

副腎皮質の腺腫や過形成（組織の異常増殖）によって、アルドステロンが過剰に分泌されるためにおこります。

検査と診断

高血圧、低カリウム血症がみられ、血液中のレニン活性が低く、アルドステロンの値が高ければ、この病気が疑われます。

さらにシンチグラフィー、CT、MRIなどの画像診断を行い、場合によってカテーテル検査を行い副腎静脈中のアルドステロンの値を測定します。

治療

腺腫があれば摘出します。

過形成が原因であるときは、アルドステロンのはたらきを抑える薬を内服します。

クッシング症候群

Cushing Syndrome

どんな病気か

副腎皮質から分泌されるコルチゾール（血糖上昇作用、抗炎症作用、免疫抑制作用、ナトリウム保持作用などをもつ）が、慢性的に過剰に分泌されておこる病気です。

症状

顔が満月のように丸くなってきます（**満月様顔貌**）。また、顔面が赤みをおび、いわゆる赤ら顔になることもあります。

腹や肩から、くびの後ろに脂肪がたまって太ってきますが、手足はかえって細くなります（**中心性肥満**）。皮膚が薄くなって、からだに妊娠線（2227頁）に似たあとができ、皮下出血をおこしやすくなります。

糖尿病、高血圧がおこってくるほか、性欲の低下、筋力の低下、多毛、にきび、骨折などがおこることがあります。

女性では無月経になったり、多毛のため、ひげが濃くなったりします。

原因

副腎にできた腺腫や、下垂体にできた副腎皮質刺激ホルモンを過剰に出す腺腫によって、副腎からコルチゾールが過剰に分泌されておこります。副腎腺腫があっても、コルチゾールの分泌はあまり過剰でなく、症状が現れない場合は、**プレクリニカルクッシング症候群**と呼びます。

そのほか、肺がんやカルチノイドなど、副腎以外で副腎皮質刺激ホルモンと似た作用をもつ物質をつくりだすことがあり、それが副腎を刺激しておこることもあります。また、治療のために大量の副腎皮質ホルモン剤を使用すると、同じような作用が現れることがあります。

検査と診断

尿検査でコルチゾールやその代謝産物（廃棄物）、血液検査でコルチゾールの増加を調べます。

副腎皮質ホルモンの一種である、デキサメサゾンを内服し、その後の血液中や尿中のコルチゾールの量を調べます。ふつう、副腎のはたらきが正常であれば、デキサメサゾンを内服すれば、副腎からコルチゾールの分泌が抑えられますが、低下しなければ、クッシング症候群と診断されます。

また、副腎に原因がある場合は、血液中の副腎皮質刺激ホルモンの値は低く、下垂体に原因がある場合は高値を示します。このほか、ＣＴ、ＭＲＩ、シンチグラフィーなどの画像診断によって腺腫を探します。

治療

副腎の腺腫や過形成の場合には、副腎を摘出します。最近では、腹腔鏡手術が行われます。術後は、場合により副腎皮質ホルモンの補充療法を行います。

下垂体の腺腫は、鼻腔から腺腫を摘出します。

手術ができない場合や腺腫をとりきれなかった場合には、放射線療法や、副腎皮質刺激ホルモンの分泌を抑えるドパミン作動薬、コルチゾールの合成を抑えるミトタンなどを使用します。

褐色細胞腫
Pheochromocytoma

どんな病気か

おもに副腎髄質にできた腫瘍によって、自律神経にはたらくカテコールアミン（アドレナリンやノルアドレナリン）が過剰に分泌されて、高血圧をおこす病気です。

約1割は副腎髄質以外にも発生します。また、約1割が悪性であり、約1割が家族性に、約1割が左右両側におこるといわれています。

症状

高血圧、頭痛、ひどい発汗、動悸、高血糖などがおこります。これらの症状は、長くつづく場合もありますが、ときどき発作的におこる場合もあります。

検査と診断 血液と尿をとって、その中に含まれるカテコールアミンや、その代謝された物質を調べます。また、CT、MRI、シンチグラフィー（230頁）などの画像診断で腫瘍を探します。

治療 しっかりと降圧薬（交感神経遮断薬）を内服して、血圧をコントロールしたあとに、手術で腫瘍を摘出します。

副腎インシデンタローマ
Adrenal Incidentaloma

どんな病気か 健康診断やほかの病気で、腹部CT検査や超音波検査を行った際に、偶然に見つかる副腎の腫瘍です。**副腎偶発腫**ともいいます。

とくに自覚症状はありませんが、くわしく調べると4人に1人くらいの割合でホルモンが過剰につくられています。また、転移性のがんも含め、悪性腫瘍は数％と報告されています。

治療 ホルモンの過剰分泌があれば、手術で副腎の摘出をします。過剰分泌がなくても、腫瘍が3cm以上の大きさであれば、手術が検討されます。

特発性浮腫
Idiopathic Edema

どんな病気か 特別な原因がないのにむくみ（浮腫）がおこります。若年から中年の女性に多く、立ったままでいると、夕方にむくみが現れ、朝夕の体重差が1kg以上にもなります。このむくみは、月経周期とは無関係に周期的、断続的に現れるので、**周期性浮腫**とも呼ばれています。

治療 とくに治療法はありませんが、食事量や塩分摂取の極端な変動に気をつけると効果があるとされています。

立っていると、水分の排泄を低下させるので、立っている時間を短くするように注意します。

カルチノイド
Carcinoid

どんな病気か 胃、小腸、大腸などの消化管や膵臓、肺、子宮などに発生する神経内分泌腫瘍で、さまざまなホルモン様物質を分泌することがあります。

この腫瘍の組織を顕微鏡で調べると、がんによく似た組織がみられますが、転移する場合もあるため、悪性腫瘍に分類されています。

分泌されるホルモン様物質には、血管に作用するセロトニンやブラジキニン、ヒスタミンなどがあります。それらが原因で、顔面の紅潮、下痢などの比較的軽いものから、心臓弁膜症（1380頁）などの重い症状までおこります。この一連の症状を**カルチノイド症候群**といいます。

治療 基本的に手術で腫瘍を摘出します。他の臓器に転移している場合は、オクトレオチドなどの薬物療法で腫瘍を小さくして、症状を抑えます。

代謝異常による病気

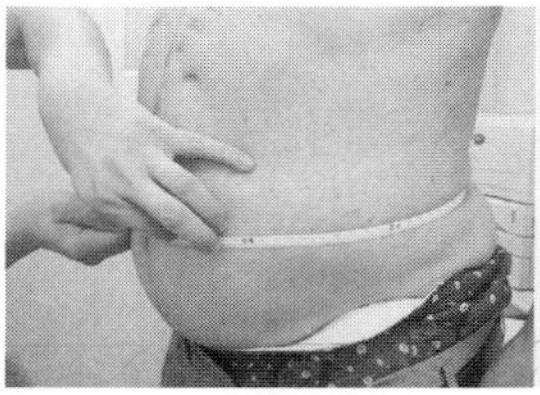

ウエスト周囲径測定

（大阪大学・船橋徹提供）

メタボリックシンドロームとは
(Metabolic Syndrome)

◇動脈硬化性疾患の予防のために

「メタボリックシンドローム」「メタボ」ということばの意味を、正確に理解している人は意外と少ないのではないでしょうか。メタボリックシンドロームは、たんにおなかがでているというのではなく、動脈硬化（1407頁）、ひいては心臓病のリスクが高い人を見分けるために考えだされた概念です。日本では内臓脂肪型肥満がメタボリックシンドロームの基盤であるという考えに沿って、診断基準がつくられました。

糖尿病（1501頁）や脂質異常症（高脂血症1509頁）、高血圧（1396頁）、肥満症（1496頁）といった病気が動脈硬化を引き起こしやすいことは、以前から知られていました。ところが、実際に動脈硬化の進行した人、つまり心筋梗塞（1362頁）になった人を調べてみると、糖尿病、脂質異常症、高血圧、そして肥満もあることはあるのですが、多くの場合、その程度はあまりたいしたことがない、つまり軽症であることがわかりました。

「軽症」というのは、たとえば、糖尿病だとインスリン注射をするほどではないとか、高血圧であれば薬を飲むか飲まないかの境界線上にあるというような意味です。そのかわり、1人の人がこれらの要素を複数もっている、つまり、軽症糖尿病と軽症高血圧の両方をもっていたり、中性脂肪が少し高く、血圧も少し高い、といった状況であることがわかってきました。動脈硬化の研究者の間では、危険因子が集積するという意味で、これを**マルチプルリスクファクター症候群**といっていました。

そこで、これらのリスク因子が集積する理由が研究されたわけですが、その結果、内臓脂肪がたまっていることがよくない、これが糖尿病や高血圧の根本にあるのではないかということがいわれるようになりました。

このような経緯で、日本では内臓脂肪がたまった人でかつ従来からいわれている動脈硬化の危険因子がいくつかある人をメタボリックシンドロームと診断して、動脈硬化性の病気を予防しようとしています。

◇メタボリックシンドロームの診断

メタボリックシンドロームの症状は、とくにありません。診断基準（次頁表）に従って診断します。

まず内臓脂肪がたまっているかどうかを調べます。正確にはＣＴ（コンピュータ断層撮影）をとるのがよいのですが、簡易法ではウエスト周囲径を測ります。このとき、「立った状態で」「軽く息をはいて」「臍回りを」測ることがたいせつです。臍回りを測りますので、日ごろズボンやスカートを買うときのウエストの数字よりは大きい数字になることが多いようです。

現在、ＣＴをとらずに、かつウエストを測るよりも正確に内臓脂肪を測定する方法も開発が進んでいます。

つぎに、中性脂肪・ＨＤＬ（善玉）コレステロールの血清脂質、血圧、空腹時血糖を測定し、２項目以上で基準

代謝異常による病気

メタボリックシンドローム診断基準

脂肪（腹腔内脂肪）蓄積	
ウエスト周囲径	男性85cm以上、女性90cm以上
（内臓脂肪面積	男女とも100cm²に相当）
上記に加え、以下のうち2項目以上	
高トリグリセリド血症	150mg／dℓ以上
かつ、または	
低HDLコレステロール血症	40mg／dℓ未満（男女とも）
収縮期血圧／拡張期血圧	130mmHg以上／85mmHg以上
空腹時血糖	110mg／dℓ以上

・CTスキャンなどで内臓脂肪量測定を行うことが望ましい。
・ウエスト周囲径は、立位、軽呼吸時、臍レベルで測定する。脂肪蓄積が顕著で臍が下方に偏位している場合は肋骨下縁と前上腸骨棘の中点の高さで測定する。
・メタボリックシンドロームと診断された場合、経口ぶどう糖負荷試験が勧められるが必須ではない。
・高トリグリセリド血症、低HDLコレステロール血症、高血圧、糖尿病に対する薬剤治療を受けている場合は、それぞれの項目に含める。
・糖尿病、高コレステロール血症の存在は、メタボリックシンドロームの診断から除外されない。

値を超えていれば、メタボリックシンドロームと診断します。LDL（悪玉）コレステロールは診断基準に含まれていませんが、これはLDLコレステロールが動脈硬化に関係ないという意味ではなく、LDLコレステロールが高い人以外にも、動脈硬化が進みやすい人を事前に見つけようというのが目的だからです。

◇まずは生活習慣を変える

メタボリックシンドロームは、個々の病気としてはあまりたいしたことがない、あるいは病気と呼べるほど悪くない程度の高血圧・糖尿病・脂質異常症でも、集まると動脈硬化を引き起こしやすいことから、考えだされた概念です。ですから、メタボリックシンドロームの治療とは、薬を飲むことではなく、まず生活習慣を変えることです。

具体的には、摂取エネルギー（カロリー）を制限して、運動をすることがたいせつです（398〜419頁）。

目標としては、体重を5％減らすようにするといいでしょう。90kgの人なら85・5kgに、60kgの人なら57kgにといった具合です。もちろん理想的には「標準体重」といわれる数字まで減量するといいのですが、メタボリックシンドロームと診断された人にとって、標準体重はかなり遠い数字ではないでしょうか。体重を10kgも15kgも減らせといわれても途方に暮れてしまうでしょう。そこで、減量をあきらめてしまうのではなく、まず達成できそうな目標に向かって少しずつ体重を減らすことがたいせつです。

実際に、標準体重まで減らせなくても、わずか2〜3kg体重が減るだけで、血糖や中性脂肪などの数字が急によくなるというケースをしばしば経験します。まずは、最初に体重を1kg、あるいはウエストを1cm減らすことから始めましょう。

薬を飲むことがメタボリックシンドロームの治療ではないといいましたが、メタボリックシンドロームと診断された人でも、血糖がひじょうに高い、血圧がひじょうに高いという場合には、個別に薬を飲む必要がでてくる場合もあります。その場合でも、生活習慣が改善され、内臓脂肪が減れば、必要な薬の量が減ることがありますので、医療機関を受診しながら、それを目標に減量するのがよいでしょう。

肥満症
Obesity

内臓脂肪型肥満は要注意

◇ＢＭＩによって判定

どんな病気か

肥満は身長と体重から求める一種の指数である**ＢＭＩ**(Body Mass Index) によって判定されます。

BMI＝体重(kg)÷身長(m)÷身長(m) という計算式で求めることができ、25以上で肥満と判定されます。

しかし、この判定に従うと、からだに脂肪がたまっておなかがでている場合でも、スポーツマンで筋肉が増えて体重が増加した場合でも、同じように肥満と判定されてしまいます。

そこで、肥満と判定されたもののうち、①肥満に起因ないし関連し、減量を要する（減量により改善する、または進展が防止される）健康障害を有するもの、あるいは、②健康障害をともないやすいハイリスク肥満を「肥満症」と呼んで区別することになっています。

ここでいう、**ハイリスク肥満**とは、身体計測のスクリーニング検査（つまりウエスト周囲径のこと）によって上半身肥満を疑われ、腹部CT検査によってはっきりと診断された内臓脂肪型肥満のことをいいます。

また「肥満に起因ないし関連し、減量を要する健康障害」とは、具体的には、①2型糖尿病・耐糖能障害（1503頁上段）、②脂質代謝異常（1509頁）、③高血圧（1396頁）、④高尿酸血症・痛風（1514頁）、⑤冠動脈疾患〔心筋梗塞（1362頁）、狭心症（1356頁）〕、⑥脳梗塞〔脳血栓（934頁）、一過性脳虚血発作（942頁）〕、⑦睡眠時無呼吸症候群（1313頁）、**ピックウィック症候群**（高度の肥満、昼間の居眠り、睡眠中の呼吸の中断、強いいびきなどを現す睡眠時無呼吸症候群のひとつ）、⑧脂肪肝（1659頁）、⑨整形外科的疾患〔変形性関節症（1872頁）、変形性腰椎症（1895頁）〕、⑩月経異常（858～869頁）のことをいいます。逆にいえば、このように多くの病気に肥満が関係しているということになります。

◉標準体重

ＢＭＩの考えかたを応用して、標準体重を計算するのがふつうです。ＢＭＩが25以上の場合、肥満と判定されることは述べたとおりですが、日本人の健康調査から、日本人の30～60歳の成人で、もっとも病気にかかる率の少ないＢＭＩは、男女とも約22であることがわかっているので、ＢＭＩ＝22となる体重が標準体重とされています。たとえば身長が１６０cmの人であれば、1.6(m)×1.6(m)×22＝56.32(kg)となり、標準体重は約56kgとなります。

◉どんな肥満が悪いのか

最近の体重計は、体脂肪率も同時に測定できるものが増えています。しかし、どれだけ脂肪がついているかということよりも、むしろどこに脂肪がついているかということが、医学的に問題となることがわかってきました。

どこに脂肪がついているか、ということからみると、肥満は2つのタイプに分類されます。ひとつは、皮下に脂肪のついている**皮下脂肪型肥満**（**下半身肥満**、**洋ナシ型肥満**）です。もうひ

日本人成人男女の標準体重

（日本肥満学会）

身長（cm）	体重（kg）	身長（cm）	体重（kg）
146	46.9	166	60.6
147	47.5	167	61.4
148	48.2	168	62.1
149	48.8	169	62.8
150	49.5	170	63.6
151	50.2	171	64.3
152	50.8	172	65.1
153	51.5	173	65.8
154	52.2	174	66.6
155	52.9	175	67.4
156	53.5	176	68.1
157	54.2	177	68.9
158	54.9	178	69.7
159	55.6	179	70.5
160	56.3	180	71.3
161	57.0	181	72.1
162	57.7	182	72.9
163	58.5	183	73.7
164	59.2	184	74.5
165	59.9	185	75.3

◎ピックウィック症候群の名前の由来

高度の肥満によって、睡眠時無呼吸をおこして、昼間の居眠りが目立つものです。

この病名は、ディケンズの「ピックウィッククラブ」という小説に出てくる少年に、症状があてはまることからつけられました。

とつの腸の膜についた脂肪が多い**内臓脂肪型肥満**（**上半身肥満、リンゴ型肥満**）は要注意です。

おなかの中に脂肪が蓄積した内臓脂肪型肥満では、皮下脂肪型肥満に比べて、糖尿病や脂質異常症（高脂血症）、高血圧、さらには心筋梗塞や脳梗塞（934頁）などの動脈硬化性の病気をおこしやすいことが明らかになっています。

内臓脂肪、つまり腸の膜についた脂肪は、分解されると直接肝臓に流れ込みます。脂肪の量が多いと肝臓で処理しきれない状態になって、はたらきの異常がおこり、糖尿病や脂質異常症、高血圧などがおこりやすくなると考えられています。

また内臓脂肪は、昔は脂肪をエネルギーとしてためているだけのはたらきしかないと考えられていたのですが、最新の研究の結果、いろいろなホルモンのような物質（これを**アディポサイトカイン**といいます）を分泌していることが明らかになってきました。アディポサイトカインのなかには、善玉・悪玉いろいろありますが、悪玉アディポサイトカインが増えたり、善玉アディポサイトカインが減ったりすると、動脈硬化が進むことが明らかになってきました。たとえば、代表的な善玉アディポサイトカインであるアディポネクチンは、内臓脂肪がたまるとかえってつくられなくなることがわかっています。

内臓脂肪型肥満を診断するもっともよい方法は、ＣＴで腹部の断層像をとり（1499頁上段）、その内臓脂肪の面積を測定することです。写真さえあれば、内臓脂肪面積を読み取ってくれるコンピューターソフトも開発されていますので、どこで撮ったＣＴでも内臓脂肪面積を算出することができます。内臓脂肪面積が１００㎠以上ある場合、内臓脂肪型肥満と判定されます。

また、簡易法としてはウエストを測る方法があります。臍の高さの胴回りを測り、男性では85㎝、女性では90㎝以上あると、内臓脂肪面積１００㎠に相当することがわかっています（メタボリックシンドロームとは1494頁）。

原因

遺伝や病気など、肥満の原因がはっきりしている場合もありますが、大部分は、食べすぎや運動不足による原因のはっきりしない肥満です。

はっきりと肥満の原因となることがわかっている病気には、ホルモンの異常による内分泌性肥満、視床下部の異常による視床下部性肥満、遺伝性肥満、薬剤性肥満があります。

内分泌性肥満の原因には、①クッシング症候群（1491頁）、②甲状腺機能低

◎スリーブ状胃切除術

ＢＭＩが35を超え、生活改善や薬物療法で改善がみられない肥満者には、手術療法が行われるようになりました。これはスリーブ状胃切除術といい、腹腔鏡下で胃の大弯側のほとんどを切り、胃の容量を小さくすることで食事量を制限して肥満の改善をはかろうとするものです。

下症（1478頁）、③偽性副甲状腺機能低下症（1487頁）、④インスリノーマ（1680頁）などがあります。

視床下部性肥満の原因には、①間脳の腫瘍、②頭蓋咽頭腫（476頁）などがあります。

遺伝性肥満の原因には、①プラダーウィリー症候群（15番染色体の異常による病気）、②レプチン欠損症（食事の抑制や運動量の増加を促すホルモンの欠損）、③レプチン受容体異常症（レプチンに反応しなくなる病気）、④メラノコルチン受容体４異常症（食事の抑制にはたらく視床下部の異常）などがあります。

薬剤性肥満の原因には、副腎皮質ホルモン（ステロイド）剤や精神科の薬によるものがあります。

【検査と診断】 肥満検査の目的は、肥満の原因となる他の病気を見つけるための検査と、肥満にともなっておこる他の病気を見つけるための検査に大別できます。

▼肥満の原因となる他の病気の検査 肥満のうち数％にすぎませんが、もととなる病気を治療すれば治る肥満があります。

肥満のなかから内分泌性肥満を見つけるために血中のホルモン濃度を測定したり、視床下部性肥満を見つけるために、脳のＣＴ撮影などをします。

▼肥満にともなう病気の検査 肥満にともなう病気では、糖尿病と脂質異常症がもっとも重要で、これらを探す検査をします。

肥満者には、体内に入った糖をうまく処理できない（糖代謝異常）ケースが多く、ぶどう糖などを使った糖負荷検査もされます。肥満度が上がるとコレステロール・中性脂肪の増加、ＨＤＬコレステロールの減少がおこります。

また、高尿酸血症、脂肪肝、高血圧、睡眠時無呼吸症候群などの病気がないかを調べます。

◇まちがった食事療法に注意

【治療】 食事療法と運動療法を組合わせた治療が、肥満治療の基本となります。ただし、原因がはっきりしている肥満では、原因となる病気の治療が肥満の治療につながります。

肥満の食事療法の原則は、①食事全体が低エネルギーであること、②炭水化物、たんぱく質、脂質の三大栄養素をバランスよく摂取すること、③ビタミン、ミネラルなどが不足しないこと、の３つが基本です。同時に、不適当な食習慣を改め、正しい食生活を確立していくこともたいせつです。

◉食事療法

何といっても肥満の食事療法でもっともたいせつなのは摂取エネルギー（カロリー）を制限することです。適切なカロリーは、各個人の活動量に応じて決まりますが、標準体重に30を掛けたカロリー数が目安となります。たとえば、身長１６０cmの人の標準体重は56kgですから、カロリー数の目安は56×30＝1680kcalとなります。

ただし、これは１日の量で、１回の食事あたりの量ではありません。また、標準体重に30を掛けるのであって、現在の体重に30を掛けるのではありませんから、この点もまちがわないでください。

肥満とやせ

臍レベルでのCTスキャン像

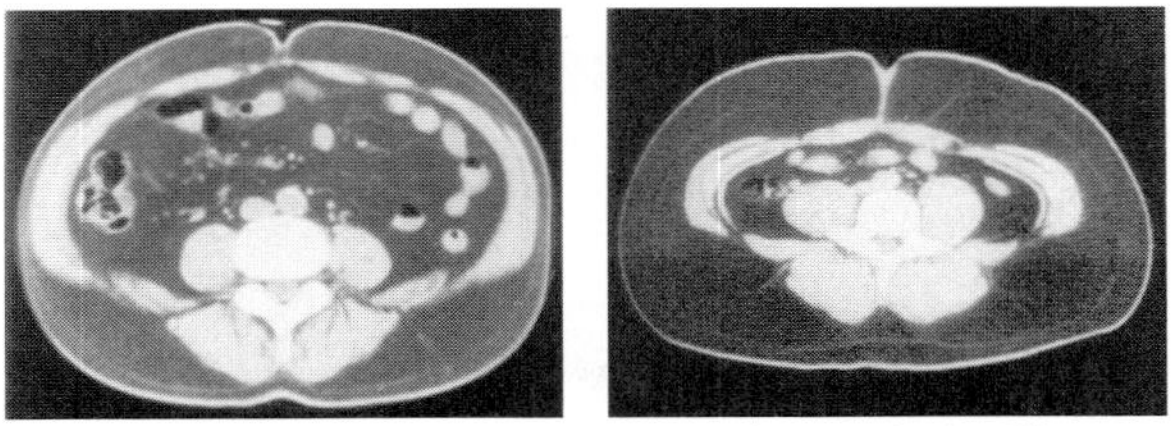

内臓脂肪型肥満　　皮下脂肪型肥満

以前は、絶食療法、超低エネルギー食なども行われていましたが、いったん体重が減っても、また体重がもとに跳ね返ること（**リバウンド**）が多く、現在ではほとんど行われていません。

つぎに三大栄養素のバランスですが、炭水化物が55〜60％、たんぱく質が25〜30％、脂質が15〜20％がよいバランスとされています。何か1つの食品に頼る食事療法はまちがっています。

最後にビタミンやミネラルは野菜や果物に多く含まれていますので、これらの食品を取入れればよいでしょう。ただし、果物は炭水化物も多く含まれているので、食べすぎないよう注意しましょう。

満腹感がえられる食品（野菜、こんにゃく、海藻類、キノコ類）を用い、低エネルギーの甘味量、スパイスなどをうまく利用すると、量や味にある程度満足でき、長く食事療法をつづけられます。

◉運動療法

運動療法は、食事療法とならぶ肥満治療の両輪です。ただし、心臓病や関節の病気がある人は、運動療法を行ってよいかどうか、事前に医師に相談する必要があります。

運動の継続によって、血清トリグリセリド（中性脂肪）の低下や、HDLコレステロール（いわゆる善玉コレステロール）の増加がみられ、糖や脂質の代謝によい影響を与えます。

しかし、運動さえすればたくさん食事していいというわけにはいきません。運動によるエネルギー消費は、あまり多くありません。

具体的には、中程度の強さの運動（脈拍数で130〜150／分）が適切といわれています。また、呼吸をしながら行う有酸素運動（歩行、ジョギング、自転車、エアロビクスなど）がよいとされていますが、筋肉トレーニングなどを好む人はそれでも構いません。

運動によって内臓脂肪が消費されるのは運動開始15分後からといわれています。また、運動効果が持続するのは48時間といわれています。したがって、1回15分以上の運動を少なくとも1日ごとに行うとよいでしょう。一般的には、毎日、どこでも、いつでも、1人でもできる運動（たとえば歩行1日1万歩）が推奨されます。生活のなかに運動の習慣をうまく取入れることができれば、長続きして効果的です。自動車通勤をやめて、自転車通勤にするとか、ひと駅前で降りて歩くといったことがこれにあたります。

◉薬物療法

肥満治療において、薬物療法は補助的手段です。現在、日本で発売されているのは食欲抑制薬であるマジンドール剤1種類だけですが、エネルギー消費を促進する薬が開発中です。

「これを飲めばやせる」という薬はありませんが、あたかもそのような誤解を与える宣伝・広告をみかけることがあります。これらのなかには甲状腺ホルモンなどが含まれているものがあり、確かに一時的に体重は減るのですが、他の病気になる危険が大きいので注意が必要です。肥満治療薬は医療機関で処方してもらうもので、安易にインターネットなどで薬を購入するのはひじょうに危険です。

●まちがった食事療法

炭水化物をまったく食べないとか、脂肪はとらないとかといった、極端な食事は避けるべきです。そういう食事が一生つづけられるわけではありませんし、やめればリバウンドすることは容易に想像できます。

リンゴだけとか、キャベツだけといった極端な食事を2～3か月間も行うと、たんぱく質やビタミン、微量金属などが不足して、脱毛、爪の変形、貧血、末梢神経障害（977頁）などをおこすことがあります。

からだには、ビタミン、ミネラルが2～3か月分は蓄えられているので、どんなに極端なダイエットでも、2週間程度でやめておくと、こうした欠乏症はおこりません。

意志が強く、極端な食事を長期間つづける人ほど、これらの障害をおこします。食事療法は、正しい栄養学の知識をもって行うべきです。

摂取エネルギーは少なめにし、必要な栄養素は十分とり、運動も加えて、健康的に減量してください。

やせ（るいそう）

Emaciation

どんな病気か

やせとは、体重が異常に減っている場合をいいます。はっきりとした定義はありませんが、ふつう、標準体重のマイナス20％未満をやせとしています。

原因

やせの原因は、世界的にみると食料不足（摂取エネルギーの少なさ）によるものが多いのですが、日本では「飽食の時代」といわれているように、摂取エネルギー不足でやせをきたすことはまれです。しかし、肥満の項（前項）で述べたような極端な食事をつづけることによって、病的なやせをきたすことがあります。

また、かつては結核（1285頁）などの感染症にともなっておこるやせが問題でしたが、それらの病気も比較的少なくなっています。現在では、がんや内分泌（ホルモン）の病気、精神や神経に原因があるものが重要です。

摂取エネルギーを減らしていないのに、体重が減少するときは、その原因となる病気がかくれている場合があります。

消化器の病気では、食道、胃、腸、膵臓、肝臓、胆嚢などの病気によって、やせがおこることがあります。たとえば、胃がん（501頁）や大腸がん（505頁）といった悪性腫瘍や、肝臓の機能が著しく低下する肝硬変（1647頁）、小腸からの吸収不良などは、やせの原因となります。

からだの中で栄養の利用がうまくいかないとか、代謝が異常に盛んで、摂取したエネルギーの消耗が激しいといった内分泌・代謝に問題がある病気としては、糖尿病（1501頁）と甲状腺機能亢進症〔バセドウ病（1475頁）など〕が、やせの原因としてよくみられます。

また、神経性食欲不振症（摂食障害1026頁）のような精神科・神経科の対象となるような疾患も、やせの原因になります。

治療

まず、やせの原因をきちんと診断することが必要です。原因となっている病気を治療することが、やせの治療につながります。

糖代謝の異常

▼症状▲進行すると、尿が多く出る、のどが渇く、水分を多く飲みたくなる、だるい、やせてくるなどが現れることも。

▼治療▲血糖のコントロールと合併症の予防のために、食事療法と運動療法を行い、効果の現れない場合は、薬物療法を。

糖尿病（とうにょうびょう）
Diabetes Mellitus

放置していると重い合併症がおこり、生命にかかわることもある。

◇糖尿病とは

どんな病気か　糖尿病とは、一口でいうと「血糖が上がる病気」です。それなら「高血糖症」と呼んでもよさそうなものですが、「糖尿病」といわれています。これは、血糖が測れるようになるずっと前から、糖尿病が知られていたことに関係するもので、世界的にはエジプトにピラミッドができたころ、日本では平安時代に、すでに糖尿病のことが書かれた文書があります。もちろん、当時は血糖など測れませんから、尿が砂糖のように甘い香りがするということで知られていました。

平安時代はともかく、第二次世界大戦前の日本では、糖尿病はそれほど多くの人がなる病気ではなかったのですが、２００６（平成18）年の糖尿病実態調査によると、糖尿病の治療中、または検査で糖尿病が疑われる人は、８２０万人になります。これに糖尿病予備群と呼ばれる「境界型」異常を含めると、人口の約7分の1にあたる１８７０万人にのぼります。今や国民病ともいえる状況ですが、残念ながらこの数字が減少する目途（めど）は立っていません。

糖尿病には、子どもを含め比較的若い人の発症が多い**1型糖尿病**（いちがたとうにょうびょう）と、中年期以降の発症が多い**2型糖尿病**（にがたとうにょうびょう）の２つのタイプがあります。1型は以前、インスリン依存型糖尿病と呼ばれていたものとほぼ同じです。また2型は、インスリン非依存型糖尿病と呼ばれていたものとほぼ同じですが、食べすぎ、運動不足などの生活習慣との関係が深く、高血圧や脂質異常症（ししついじょうしょう）（高脂血症（こうしけっしょう））とならんで、「生活習慣病（せいかつしゅうかんびょう）（386頁）」のひとつといえます。日本で爆発的に増加しているのが、2型糖尿病です。これに対し1型糖尿病は、「糖が高くなる」共通点はありますが、病気のおこりかたは2型糖尿病とはまったく別のものと考えたほうがよいでしょう。

では、どうして血糖が上昇するのでしょうか。それには、まず食べた糖がどこに行くのかを知らなければなりません。食物として摂取された炭水化物（糖質）は、体内で分解され、小腸から吸収され、最終的にぶどう糖になります。私たちのからだはぶどう糖をおもなエネルギー源として利用し、生命を維持しています。ところで、ぶどう糖をエネルギー源として利用するには、血液にのって流れているぶどう糖を細胞の中に取込まなければなりません。このときにはたらくのがインスリンというホルモンです。

インスリンは、膵臓（すいぞう）のホルモンをつくる細胞の集まりである膵島（すいとう）（ランゲルハンス島）にあるβ（ベータ）細胞から分泌されています。このインスリンというホルモンが、必要なだけ分泌されなかったり、あるいはなんらかの理由でインスリンが十分に作用できなかったときに、血液中のぶどう糖（**血糖**（けっとう））が利用・処理されず、その濃度が高まり（**高血糖**（こうけっとう））、尿の中にもぶどう糖（**尿糖**（にょうとう））が漏れて、排泄（はいせつ）されるようになります。

75ｇぶどう糖負荷試験の結果判定

	血糖測定時間			判定区分
	空腹時		負荷後２時間	
グルコース濃度（静脈血漿）	110mg／dℓ未満	および	140mg／dℓ未満	正常型
	糖尿病型にも正常型にも属さないもの			境界型
	126mg／dℓ以上	または	200mg／dℓ以上	糖尿病型

（日本糖尿病学会「糖尿病治療ガイド2014-2015」より一部改変）

◇病気の経過と症状

症状　糖尿病は、初めのうちはほとんど自覚症状がありません。少し悪化すると、尿が多く出る、のどが渇く、水・お茶・ジュースなどの水分を多く飲みたくなる、だるい、やせてくるなどの症状がでてきます。

　インスリン不足で糖質の利用ができなくなると、エネルギー源として脂肪が使われるようになります。脂肪が代謝されると、副産物として血中にケトン体というものがたまってきます。これが血液を酸性に傾け（この状態を**ケトアシドーシス**という）、強い全身のだるさ、脱力感、吐きけなどの症状がでてきます。病気がさらに進むと、意識がなくなる**糖尿病性昏睡**におちいり、死亡する場合もあります。

　通常の2型糖尿病でケトアシドーシスになることはあまり多くありませんが、血糖のコントロールが悪いまま10年ほどたつと、症状はなくても、細い血管に糖尿病特有の変化が現れてきます。これが**糖尿病合併症**といわれるものです。症状がないのに進行することから「サイレントキラー」と呼ばれたりします。目に現れるのが糖尿病網膜症（1095頁）、腎臓には糖尿病性腎症（1710頁）、神経がおかされると糖尿病神経障害（1507頁）がおこってきます。

　また、加齢にともなってもおこってくる動脈硬化（1407頁）は、糖尿病のコントロールが悪いと、年齢より早く出現・進行してきて、狭心症（1356頁）、心筋梗塞（1362頁）、脳梗塞（934頁）、足の壊疽（1426頁上段）などの原因となります。白内障（1103頁）も、糖尿病では早期に現れてきます。

　感染症に対する抵抗力も低下し、腎盂炎（1730頁）や膀胱炎（1747頁）などの尿路感染症、気管支炎（1267頁）や肺炎（1275頁）、肺結核（1285頁）などの呼吸器感染症、みずむし（1826頁）のような真菌感染症などもおこりやすくなります。

　今日では、医学の進歩により、糖尿病そのもので死亡することはほとんどなくなった、といってもよいほどですが、視力障害、尿毒症（1722頁）、心筋梗塞、脳卒中（921頁）、神経障害などの合併症による死亡や障害を考えると、糖尿病による健康障害は決して少ないものではありません。

　しかし、早期発見で、適切な治療（食事、運動、薬物）による良好な血糖コントロール状態を維持すれば、これらの合併症が予防され、健康な人と同じような生活を送ることができます。

◇糖尿病の原因と分類

原因　糖尿病といっても、その成因、遺伝的背景、発症要因、インスリン分泌や作用の不足の程度、治療に対する反応などはさまざまです。

　日本糖尿病学会によると、糖尿病は成因と病態の両面からつぎのように分類されます。

▼**1型糖尿病**　自己免疫といって、本来外敵（細菌やウイルス）からの防御機構である免疫機構が、まちがって自分の細胞を攻撃してしまうことがありますが、1型糖尿病の多くはこの自己免疫により、膵島β細胞が破壊され発症すると考えられています。β細胞が破壊されると、インスリン分泌能が失

◎耐糖能障害

境界型のうち空腹時血糖値が126mg／dℓ未満かつ75gぶどう糖負荷後2時間値が140mg／dℓ以上の場合をいいます（WHOの診断基準）。

肥満、運動不足などからインスリンが効きにくい状態（インスリン抵抗性）となり、インスリンを過剰に分泌しますが、血糖を下げて一定の状態にコントロールすることができなくなっています。

そのままでは糖尿病に移行する危険があるため、生活習慣の改善が必要です。

われ、絶対的なインスリン欠乏におちいります。つまり、インスリン注射療法をつづけないと、ケトアシドーシスにおちいり、生命に危険がおよびます。いいかえれば、生命の維持にインスリン注射が不可欠な糖尿病といえます。

10～20歳代に発症することが多いのですが、中年以降でも発症します。

1型糖尿病のなかに、数日でインスリン分泌がほぼゼロになってしまう**劇症1型糖尿病**というタイプがあることも最近わかってきました。

▼2型糖尿病　インスリン分泌低下と**インスリン抵抗性**（インスリンが効きにくい状態）が組合わさって発症します。その程度はさまざまで、患者ひとりひとり異なります。30～40歳代以降の発症が多く、日本人の糖尿病の95％がこのタイプです。

▼その他の特定のしくみ、疾患による糖尿病　遺伝子異常によるものと、膵外分泌疾患・内分泌疾患・肝疾患・感染症などにともなうものがあります。つまり、ほかの原因で糖尿病がおこるタイプで、もとの病気の治療がうまくいくと糖尿病も治癒することがあります。たとえば、クッシング症候群（1491頁）というホルモンの異常（内分泌疾患）によりおこる糖尿病は、副腎の腫瘍を取除くことによって治癒します。

▼妊娠糖尿病　妊娠しているときに初めて糖尿病と診断された場合、このカテゴリーに分類されます。

◇糖尿病の診断と検査

【検査と診断】　口渇（口の渇き）、多飲、多尿などの症状があっても、糖尿病だとは断定できません。他のホルモンの病気でも、たんに精神的な理由でも、同じ症状がみられることがあります。診断には血液検査が必要です。

▼血糖検査　糖尿病の診断をつけるのには、血糖検査が不可欠です。糖尿病の症状があって、朝食前の空腹時血糖が126mg／dℓ以上あったり、食後あるいは任意の時間で200mg以上あれば、糖尿病と診断します。

▼ぶどう糖負荷試験　もっとも確実な検査法といえます。朝食抜きで、午前中に、75gのぶどう糖を溶かした炭酸水を飲み、その直前、および2時間後に採血し、ぶどう糖濃度を調べます。

判定は、日本糖尿病学会の基準に従います（前頁上段表）。

血中インスリン濃度も測定すると、インスリン分泌の程度もわかります。

▼グリコヘモグロビンA1C（HbA1C）　血糖は絶えず上下していますが、HbA1Cを調べれば、1回の採血で過去1～2か月間の血糖の平均のような値がわかるため、便利で有用な検査です。

▼尿糖検査　試験紙を尿につけるだけで、尿糖の有無や多少がわかり、採血のような痛みやわずらわしさがなく自分でもできるため便利な検査法です。しかし、血糖測定が普及した今日ではその役割は小さくなっています。

◇糖尿病の治療

【治療】　糖尿病の治療は、血糖をコントロールするための治療と、個々の合併症の治療に分かれます。ここでは血糖をできるだけ基準値に近づける治療についてお話します。

血糖を基準値に近づけることが、口

渇、多飲、多尿、からだのだるさなどの自覚症状から解放させるだけでなく、合併症を防止し、健康な人と同じように日常生活、社会生活を営むことができるようになるという糖尿病の治療の目的にかなうものといえます。

現在のところ、かぜのように糖尿病を治癒することはできません。ですから、自覚症状の有無にかかわらず、患者自身が糖尿病の正しい知識をもち、治療目的をよく認識し、根気よく毎日の治療をつづけ、コントロールしていくことがもっともたいせつです。

●食事療法

糖尿病治療の基本です。運動療法をしている人も、薬物療法をしている人も、食事療法がうまくいかないと、それらの効果はとてもかぎられたものになってしまいます。

食事療法のポイントは、①食事全体が低エネルギーであること、②炭水化物・たんぱく質・脂質の三大栄養素をバランスよく摂取すること、③ビタミンやミネラルなどが不足しないこと、の3つです。

同時に、不適当な食習慣を改め、正しい食生活を確立していくこともたいせつです。糖尿病食は、何か特別な食事ではなく、一般的な健康食なのです。

まず、各人の身長と活動量から、その人の日常社会活動を維持するのに必要な総エネルギー量を決定します。決定には、「標準体重」を用います。標準体重は、身長(m)×身長(m)×22で計算します。

たとえば身長162cmの場合は、1.62×1.62×22＝57.7となります。

ふつうのデスクワーク程度の仕事の人や主婦では、この標準体重に30を掛けると必要カロリー数が算出されます。標準体重をオーバーしていて、減量する場合は、25を掛けます。身長162cmの男性では、57・7×30で1730kcalないし57・7×25で1440kcalとなります。標準体重に25や30を掛けるのであって、現在の体重に30を掛けるわけではありません。

絶食療法などの極端な治療は、長続きせずリバウンドをきたして、さらに糖尿病を悪化させることが多く、お勧めできません。糖尿病の食事療法は、日常の活動を支えるための必要カロリーをバランスよくとるのが原則です。

三大栄養素のバランスですが、炭水化物が50～60％、たんぱく質を標準体重1kgあたり1・0～1・2g、残りを脂質でとるのがよいバランスとされています。何か1つの食品だけに頼る食事療法はまちがっています。

ビタミンやミネラルは野菜や果物に多く含まれていますので、これらの食品を取入れましょう。ただし、果物は炭水化物も多く含まれているので、食べすぎないよう注意しましょう。

満腹感がえられる食品（野菜、こんにゃく、海藻類、キノコ類）を用い、低エネルギーの甘味量などをうまく利用すると、量や味にある程度満足して長く食事療法をつづけられます。

このような食事療法を行う教材として、日本糖尿病学会では『糖尿病食事療法のための食品交換表』を発行しています。どのような食材が何カロリーかが一目でわかりますので、いちどご覧になることをお勧めします。

糖尿病のおもな内服薬

スルホニル尿素（SU）薬	
グリベンクラミド	1日1～2回（朝・夕）、食前または食後
グリクラジド	1日1～2回（朝・夕）、食前または食後
グリメピリド	1日1～2回（朝・夕）、食前または食後
速効型インスリン分泌促進薬	
ナテグリド	1日3回食直前
ミチグリニドカルシウム水和物	1日3回食直前
α-グルコシダーゼ阻害薬	
アカルボース	1日3回食直前
ボグリボース	1日3回食直前
ミグリトール	1日3回食直前
ビグアナイド薬	
メトホルミン塩酸塩	1日2～3回食後
ブホルミン塩酸塩	1日2～3回食後
チアゾリジン薬	
ピオグリタゾン塩酸塩	1日1回朝食前または後

◉運動療法

運動療法は、食事療法と並ぶ糖尿病治療の両輪です。糖代謝や脂質代謝を改善し、肥満の是正や防止に役立つことが知られています。ただし、心臓病や関節の病気がある人は、運動療法を行ってよいかどうか、事前に医師に相談する必要があります。

具体的には、中程度の強さの運動（脈拍数で130～150／分）が適切といわれています。また、呼吸をしながら行う有酸素運動（歩行、ジョギング、自転車、エアロビクスなど）がよいとされていますが、筋肉トレーニングなどを好む人はそれでも構いません。

運動によって内臓脂肪が消費されるのは運動開始15分後からといわれています。また、運動効果が持続するのは48時間といわれています。したがって、1回15分以上の運動を少なくとも1日ごとに行うとよいでしょう。一般的には、毎日、どこでも、いつでも、1人でもできる運動（歩行1日1万歩など）が推奨されます。生活に運動の習慣をうまく取入れることができれば、長続きして効果的です。自動車通勤をやめて自転車通勤にするとか、ひと駅前で降りて歩くといったことがこれにあたります。月に1～2回のゴルフとか、週末の激しいテニスなどよりも、「1人でも、いつでも、どこでも」できる運動が理想的です。

◉薬物療法

食事療法と運動療法を十分に実行し、なおかつ、血糖が基準値にならない場合、グリコヘモグロビンA1cで5・8%を超えている場合には、糖尿病合併症を予防するため、薬物療法を考慮する必要があります。糖尿病の薬物療法は、飲み薬（経口血糖降下薬）とインスリン注射に大きく分かれます。

2型糖尿病の人で、血糖を下げる効果のある薬は、この10年間でずいぶん種類が増えました（上表）。肥満のあるなしなどによって薬の選択の基準が少しちがいます。どの薬がよいかは主治医とよく相談して決めるようにしましょう。

ここでは薬についての一般的な注意を述べます。飲み薬は、毎日決まった時間に決まった量を服用することがたいせつです。飲んだり飲まなかったりでは効果が一定せず、血糖が上がったり、あるいは下がりすぎたりして、むしろ危険です。決められた量を毎日決められた時間に服用するようにしましょう。もし忘れた場合はどうすればよいのか、それぞれの人の状態と薬の種類によって対応がちがいますので、主

◎SGLT2阻害薬

2型糖尿病の治療に用いられ、腎臓の近位尿細管にあるナトリウム・グルコース共役輸送体（SGLT2）にはたらきかけて、糖分の再吸収を阻害して糖分を尿中に排泄することで血糖値を下げます。

副作用として、過敏症状、低血糖や腎盂腎炎、頻尿、膀胱炎、便秘、口渇などがおこることがあります。

治医に相談しましょう。

インスリン注射もこの10年間に機器が進歩し、ずいぶん簡単に行うことができるようになりました。2型糖尿病では、以前はかなり進行した糖尿病の人にだけ使われていたのですが、最近は血糖の高いときに躊躇することなくインスリン注射を行い、よくなればまた飲み薬に変更する、といった治療もふつうに行われています。

また、医療機関以外の「薬」には手を出さないようにしましょう。新聞のチラシにあたかも糖尿病がよくなるように書かれたものがありますが、科学的に効果が立証されたものはほとんどありません。友人から勧められるものにも注意しましょう。

●1型糖尿病の治療

1型糖尿病はインスリンがなくなることによって病気になるわけですから、インスリンをいかにうまく補充するかということが治療の基本になります。

糖尿病でない人では、食べたあとにインスリンが速やかに分泌されます。また、夜間など、食事と関係ない時間でも少量のインスリンが出つづけています。これと似たパターンをインスリン注射で補うために、各食前ともう1回の合計4回のインスリン注射が最低必要になります。

◇糖尿病の合併症

糖尿病の合併症は、すぐには現れませんが、いったん現れると治療がむずかしいという共通点があります。ですから、現れてから治療するよりも、現れる前に予防することがたいせつです。また、症状が現れたとしても、進行してからよりも初期のほうが治療は容易です。糖尿病と診断されたときにおこりうるすべての合併症の検査を受け、現状を把握しておくことが重要です。

▼糖尿病網膜症　目のいちばん奥、カメラでいえばフィルムにあたる網膜に、酸素や栄養を送っている毛細血管がつまったり破れて出血したりして生じます。ひどくなると、視力障害がおこり、失明に至る合併症です。

網膜症は進行の程度により、3段階に分類されます。いちばん初期の段階は**単純網膜症**で、視力についての自覚症はほとんどなく、小さな点状出血などの病変がある程度です。

血糖のコントロール不良状態がつづくと、症状は進み、**増殖前網膜症**（網膜に白斑や静脈の異常、線状出血などが現れる）から**増殖網膜症**に至ります。

増殖網膜症では、本来はなかったところに新たな毛細血管（新生血管）ができますが、この新生血管はたいへんもろく、すぐに破れて出血をおこし、視力障害、ひいては失明にまで至ることがあります。また、この出血のあとには、**網膜剥離**（1097頁）がおこりやすく、これも失明の原因となります。

たいせつなことは、定期的に眼底の検査を受け、初期の段階で合併症を発見することです。そうすれば、ほとんどの場合、失明に至ることは避けられます。自覚症状は失明寸前にならないと現れないことも多いので、視力低下がないからといって検査を受けないのは危険です。

▼糖尿病腎症　腎臓は、からだに不必要なものを排泄する尿をつくるための

臓器です。糖尿病では、腎臓の中の糸球体という尿をこしとっている細い血管（毛細血管）に病変が生じ、この機能が低下します。進行すると排泄されるべき老廃物が血液中に増え（尿毒症）、生命が危険にさらされます。尿毒症の治療には、人工透析（1724頁）が必要になります。２０１３（平成25）年に日本で新たに透析を行った人のうち、１万５８３７人（43・8％）が糖尿病性腎症でした。残念ながら透析開始の１番の理由になっています。

腎臓の機能低下を早期に発見するのは、たんぱく尿の検査がいちばんです。そのなかでも、尿中微量アルブミン検査がもっともよいとされています。腎症も網膜症と同じく症状に頼っていては、初期に異常を見つけることができません。定期的に尿検査をして、たんぱく尿がないか調べることが必要です。

糖尿病性腎症の治療は、まず血糖をきちんとコントロールすること、つぎに血圧を十分下げること、そしてある程度進行してしまった場合は、腎臓を保護する特別の食事療法（たんぱく制限食）がたいせつです。

▼**糖尿病神経障害**　糖尿病でおこるのは、末梢神経と自律神経の異常です。中枢神経（脳や脊髄）の異常が、直接生じることはありません。

末梢神経の異常でもっとも多いのは、**多発性神経障害**で、しびれや痛み、感覚の低下が足の先から始まり、左右同じように広がっていくのが特徴です。神経障害でとくに注意が必要なのは、足のちょっとしたけがです。痛みを感じにくくなっているので、けがでできる足のちょっとした傷に気づかず、そこから細菌感染を生じ、足が腐る**壊疽**が生じることがあります。

これとは別に、動眼神経や外転神経といった神経をおかされ、物が二重に見える**複視**という症状や、まぶたが垂れる眼瞼下垂（1971頁）などの症状をきたす、**単神経障害**があります。

自律神経障害は見すごされやすいのですが、糖尿病にかかっている期間が長くなると、多彩な症状をともない、苦痛を与え、生活に支障をきたすほどのこともあります。たとえば、異常な汗かき、便秘や下痢、ＥＤ（勃起障害1790頁）などは自律神経の異常によりおこります。

▼**動脈硬化**　動脈硬化は進行すると心筋梗塞、狭心症や脳梗塞、閉塞性動脈硬化症（1424頁）などの血管がつまる病気がおこります。この動脈硬化は、糖尿病の人にだけおこるわけではありませんが、糖尿病の人にはよくおこることが知られています。ですから、糖尿病合併症のひとつといえます。これらの病気についてはそれぞれの項目を参照してください。

動脈硬化の予防のためにも、糖尿病のコントロールがたいせつであることを忘れないでください。

低血糖症
Hypoglycemia

どんな病気か　血糖値（血液中のぶどう糖の濃度）が下がりすぎてしまう、つまり血糖が低くなるのが低血糖症です。

低血糖になると、さまざまな神経症

◎糖尿病の人の低血糖対策

糖尿病で、治療薬を服用したり、インスリン注射を行っている人は、低血糖をおこしたときのために、普段から対策を講じておくと安心です。

常時、飴玉や小分けした砂糖を持ち歩いたり、糖尿病手帳や緊急用の糖尿病カード（後見返し参照）を携帯するように心がけましょう。

状が現れますが、低血糖状態を長く放置しておくと、昏睡になり、さらには死に至ることもあります。また、長時間たってから回復しても、脳の機能はもとには戻らず、植物状態となることもあります。しかし、すぐに気がついて血糖を上げるようにすれば、後遺症を残すことなく回復します。

原因

ふつう低血糖は、糖尿病の治療をしている人におこります。

そのなかでも、食事療法や運動療法だけを行っている人ではなく、薬を飲んだり、インスリン注射をしている人にだけおこります。糖尿病の薬は血糖を下げるために飲んだり、注射したりするわけですが、それが効きすぎると血糖が基準以下になってしまい、低血糖症をおこします。

たとえば、いつもどおりの量の注射ないし内服をしていて、いつもより食べる量が少なすぎたり、運動量が多すぎたりした場合におこりがちです。また、糖尿病の薬を飲んだり注射したりしている人が、アルコールを飲みすぎたりした場合にもおこります。アルコールは長い目でみると体重を増やし、血糖を上げますが、短期的には血糖を下げるので注意が必要です。このほかにも、飲む薬の量をまちがえて多く飲んでしまったときや、インスリンの量をまちがえて多く注射してしまったときにも低血糖症がおこります。薬の量はよく確認するようにしましょう。

糖尿病の薬以外にも、低血糖症をおこす薬がいくつかあり、代表的なものは一部の不整脈薬や抗生物質などです。

薬以外にも低血糖症の原因があります。たとえば、手術で胃をとってしまっている人では、食物が一気に腸に入って糖分が吸収され、その糖を下げようとしてインスリンが膵臓から急に多く出るために、インスリンが過剰になって低血糖をおこすことがあります。

このほかにも、膵臓のインスリンをつくっているβ細胞に、腫瘍ができた場合（インスリノーマ 1680頁、ふつう良性だが悪性の場合もある）や副腎皮質ホルモン（ステロイド）が不足する副腎不全（1491頁）なども低血糖症の原因となります。

症状

交感神経系のはたらきによる症状と、中枢神経のはたらきによる症状があります。ふつうは、まず交感神経症状が生じ、さらに血糖が低下すると中枢神経症状が現れます。

交感神経症状としては、空腹感、顔面蒼白、発汗、動悸（頻脈）、震え、脱力感などがあります。

中枢神経症状としては、頭痛、複視（物が二重に見える）、視力低下、傾眠、精神錯乱、奇妙な行動、昏睡、けいれんなどがあり、極端な場合には死に至ります。

治療

原因が何であれ、すぐに血糖を上げる処置が必要です。意識があれば、ジュースや砂糖水を飲ませます。意識がなければ、歯肉に砂糖を塗り、救急車を呼んで、医療機関でぶどう糖の注射をしてもらうようにします。

低血糖がもとに戻れば、原因をつきとめる検査を進めます。インスリノーマの場合は、低血糖をくり返しますが、腫瘍摘出で完全に治ります。

表1　脂質異常症の診断基準（空腹時採血）

高LDLコレステロール血症	LDL-C　140mg／dℓ以上
境界域高LDLコレステロール血症	120～137mg／dℓ
低HDLコレステロール血症	HDL-C　40mg／dℓ未満
高トリグリセリド血症	トリグリセリド　150mg／dℓ以上

（日本動脈硬化学会「動脈硬化性疾患予防ガイドライン2012年版」）

脂質異常症（高脂血症）

Dyslipidemia
(Hyperlipidemia, Hyperlipoproteinemia)

脂質代謝の異常による生活習慣病のひとつ

◇動脈硬化性疾患になりやすい

どんな病気か　脂質異常症とは、おもに**コレステロール**や**トリグリセリド**（**中性脂肪**、**TG**）が基準値以上に増加した状態、あるいはHDLコレステロールが基準値以下に低下した状態です。「動脈硬化性疾患予防ガイドライン」では、動脈硬化（1407頁）の予防・治療の必要性のある対象をスクリーニング（ふるい分け）するために、**高LDLコレステロール血症**、**高トリグリセリド血症**、**低HDLコレステロール血症**の基準をそれぞれ設定し（表1）、いずれかに異常があれば脂質異常症と呼びます。これは、従来の**高脂血症**という名称で低HDLコレステロール血症を含むことがなじまないためです。日本ではHDLコレステロールが増加すると、総コレステロールの合計も上昇する場合があるので、従来用いられてきた総コレステロール値ではなく、LDLコレステロールの値で判断することになりました。

血液（血清）中にはコレステロール、トリグリセリド、リン脂質、脂肪酸などの脂質が含まれています。これらの脂質は水に溶けにくいので、アポたんぱくと結合して、水に溶けやすい**リポたんぱく**という球状の粒子になって血液中を流れています。

血清リポたんぱくはその比重によって軽い順から、**カイロミクロン**、**超低比重リポたんぱく**（**VLDL**）、**中間比重リポたんぱく**（**IDL**）、**低比重リポたんぱく**（**LDL**）、**高比重リポたんぱく**（**HDL**）などに分類されます。カイロミクロンやVLDLはおもにトリグリセリドを運ぶリポたんぱくで、IDL、LDL、HDLではコレステロールの含量が多くなります。

リポたんぱくの量を測定した場合、LDLではそれに含まれるコレステロールの値を測るため、**LDLコレステロール**と表現します。**HDLコレステロール**も同様です。

コレステロールは一見、悪者のように思われがちですが、からだを構成する細胞の細胞膜をつくる原料であるとともに、女性ホルモンや男性ホルモン、副腎皮質ホルモンなどの原料、消化液の胆汁酸の原料でもあり、からだになくてはならない重要な物質です。トリグリセリドはエネルギー源になるとともに、過剰なエネルギーを脂肪としてためておくために使われています。

LDLコレステロールが高いと、狭心症（1356頁）や心筋梗塞（1362頁）などの冠動脈疾患、脳梗塞などの動脈硬化性の病気になりやすくなるので、LDLコレステロールは**悪玉コレステロール**とも呼ばれています。トリグリセリドも高いと動脈硬化性疾患にかかりやすくなります。

これに対して、HDLコレステロールは**善玉コレステロール**ともいわれるように、低下すると動脈硬化性の病気にかかりやすくなります。HDLコレステロールは、女性のほうが男性に比べて10mg／dℓ程度高めですが、閉経後にはLDLコレステロールが上昇してきて、動脈硬化性疾患の増加の原因になるので、**閉経後高脂血症**と呼んで注意しています。

　増加するリポたんぱくの種類によって、Ⅰ型（カイロミクロンの増加）、Ⅱa型（LDLの増加）、Ⅱb型（LDLとVLDLの増加）、Ⅲ型（カイロミクロン・レムナント、IDLなどのレムナントリポたんぱくの増加）、Ⅳ型（VLDLの増加）、Ⅴ型（カイロミクロンとVLDLの増加）に分類されます。このうち高コレステロール血症をきたすのはⅡa型、Ⅱb型、Ⅲ型、Ⅴ型で、高トリグリセリド血症をきたすのはⅠ型、Ⅱb型、Ⅲ型、Ⅳ型、Ⅴ型です。

症状

　自覚症状をともなわないので、健康診断などの際に偶然に見つかる場合がほとんどです。

　しかし、家族性高コレステロール血症（724頁）、家族性Ⅲ型高脂血症、高カイロミクロン血症などでは特有の症状がみられることがあります（上段）。

　一般的な高LDLコレステロール血症、高トリグリセリド血症で、眼瞼黄色腫（まぶたにできる黄色のできもの）をともなうことがあります。脂質異常が長くつづくと、全身の動脈にコレステロールがたまって粥状動脈硬化となり、動脈内腔が狭くなったり、血栓で閉塞したりします。どの血管におこるかによって、症状は異なります。

　心臓を養っている冠動脈に動脈硬化がおこると、冠動脈の狭窄の程度が軽くても、コレステロールが血管にたまりすぎて壊れやすくなって、そこにできた血栓が血管を閉塞して心筋梗塞になる**急性冠症候群**が知られています。

原因

　脂質異常症は、体質・遺伝子異常に基づいて発症する原発性と、他の基礎疾患や薬の使用、不適切な食事摂取、運動不足などに基づいて発症する続発性に分けられます。

◉原発性脂質異常症

①家族性高コレステロール血症　LDLを細胞内に取込むLDL受容体の遺伝子の異常に起因する常染色体優性遺伝疾患です（574頁）。同一家系内に多発しますが、日本では約500人に1人の割合でおこります。

②家族性Ⅲ型高脂血症　レムナントリポたんぱくの代謝に重要なアポたんぱくEの異常に、遺伝素因や肥満、糖尿病、過食などが加わっておこります。

③家族性複合型高脂血症　Ⅱb型を基本にⅡaあるいはⅣ型の表現型をとり、近親者にⅡb、Ⅱa、Ⅳ型のいずれかの脂質異常症の人が存在する遺伝性の疾患です。肝臓でのVLDLの過剰な産生が基礎にあり、小さなLDL粒子が出現するのが特徴です。

④家族性リポたんぱくリパーゼ欠損症　カイロミクロンやVLDLの中のトリグリセリドを分解するリポたんぱくリパーゼ（LPL）の遺伝子異常によっておこるまれな病気で、カイロミクロンが著しく増加するため、トリグリセリドは1000mg／dℓを超えて、ときには1万mg／dℓ以上になります。

⑤家族性HDL欠損症　HDLコレステロールが明らかに低下する遺伝性の病気です。早発性の動脈硬化症が発症

◎LDLコレステロールの計算式

　LDLコレステロールは、直接測定する方法が最近では用いられていますが、計算式によって求める方法もよく用いられています。

LDLコレステロール＝（総コレステロール）－（HDLコレステロール）－（TG÷5）

　ただしトリグリセリドが400mg／dℓ未満の場合にのみ、この式を使い、400mg／dℓを超える場合は直接測定する方法を使います。

◎原発性の脂質異常症の症状

▼家族性高コレステロール血症（724頁）　アキレス腱が太くなり（アキレス腱黄色腫）、アキレス腱が痛んだり、手指、肘、膝、殿部や眼瞼などに黄色腫が生じたりします。眼球の白目と黒目の境界の内側に**角膜輪**と呼ばれる白い輪が見られることが多くなります。

　若くから動脈硬化が進行す

るので、早期発見・早期治療がたいせつです。

▼家族性Ⅲ型高脂血症　コレステロールとトリグリセリドがともに増加している場合に、家族性Ⅲ型高脂血症である可能性があります。手のひらのしわに沿って、コレステロールをたくさん取込んだ泡沫細胞が集まって、手掌黄色腫ができることもあり、動脈硬化性の病気がひじょうにおこりやすいといわれています。

▼高カイロミクロン血症　1000mg／dℓを超える高トリグリセリド血症の場合は、カイロミクロンが増えている場合がほとんどです。高カイロミクロン血症の頻度は高くはありませんが、脂肪の多い食事の摂取によって急性膵炎（1678頁）をおこしやすく、激しい腹痛、脂肪性下痢の症状がでます。ほとんどは乳幼児期に急性膵炎か皮膚の扁平黄色腫で見つかります。眼底検査で血管が白っぽく見えて（**網膜脂血症**）発見される場合もあります。

するとともに角膜にコレステロールがたまって、角膜混濁や視力障害をおこすことがあります。

◉続発性脂質異常症

①不適切な食事摂取　エネルギーの過剰摂取が原因です。とくに脂肪、卵類のとりすぎや、牛乳、チーズなどの乳製品の摂取過剰も影響します。摂取エネルギーが同じであれば、肉類やバターなどの飽和脂肪酸を多く含む食物よりも、魚や植物性の不飽和脂肪酸を多く含む脂肪のほうが好ましいとされます。しかし、魚や植物性の脂肪であっても過剰にとると悪影響を与えます。

　繊維質はコレステロールの吸収を抑えるので、LDLコレステロールが高い場合にはエネルギーが少なく繊維質の多いゴボウ、セロリ、ダイコンなどを多めに摂取するとよいでしょう。

　甘い果物類、アイスクリームなどの砂糖を多く含んだ食品はトリグリセリドが増える原因になります。

②過剰な飲酒　適度の飲酒はHDLコレステロールを上昇させ、動脈硬化になりにくくさせるといわれますが、長期間の過剰な飲酒は、肝機能に悪影響を与えるだけでなく、高トリグリセリド血症などの原因となります。

③運動不足　エネルギーのとりすぎと並んで多い原因です。普段からあまり運動しないでいると、コレステロールやトリグリセリド値が上昇します。運動不足によって、内臓脂肪がたまることも一因と考えられます。

④病気　糖尿病（1501頁）、甲状腺機能低下症（1478頁）、肥満症（1496頁）、メタボリックシンドローム（1494頁）、ネフローゼ症候群（1699頁）、脂肪肝（1659頁）、痛風・高尿酸血症（1514頁）などが原因となることがあります。

　糖尿病ではLDLコレステロールやトリグリセリドの増加、HDLコレステロールの低下が認められることが多く、甲状腺機能低下症、ネフローゼ症候群では高LDLコレステロール血症がみられます。また肥満症（とくに内臓脂肪型肥満症）や、内臓脂肪の蓄積によるメタボリックシンドロームでは、トリグリセリドの上昇、HDLコレステロールの低下がみられます。原疾患の治療によって、多くは改善します。

⑤薬剤使用　病気の治療薬が、脂質異常症の原因になることがあります。副腎皮質ホルモン（ステロイド）剤による高LDLコレステロール血症、高トリグリセリド血症は比較的高頻度でみられます。また、高血圧治療に用いるチアジド系降圧利尿薬やβ遮断薬も、高トリグリセリド血症などを引き起こします。薬剤の使用を中止すると改善することが多いといわれます。

⑥低HDLコレステロール血症の原因　遺伝体質が原因ですが、高LDLコレステロール血症や高トリグリセリド血症があると、HDLコレステロールが低下します。喫煙、運動不足、内臓脂肪の蓄積でも低下します。

【検査と診断】　特定健診、会社の健康診断、市民健診、人間ドックなどを受けてください。遺伝性の脂質異常症では動脈硬化、急性膵炎（1678頁）などを合併しやすく、原因を早期に診断し、治療を始める必要があります。

　食事療法や運動療法を行っても脂質異常症が改善しない場合、心電図異常

表２　リスク別脂質管理目標値

治療方針の原則		一次予防（まず生活習慣の改善を行ったあと、薬物治療の適応を考慮）			二次予防（生活習慣改善と薬物治療考慮）
カテゴリー		カテゴリーⅠ	カテゴリーⅡ	カテゴリーⅢ	冠動脈疾患の既往
目標値（mg／dl）	LDL-C	＜160	＜140	＜120	＜100
	HDL-C	≧40			
	TG	＜150			
	non HDL-C	＜190	＜170	＜150	＜130

や狭心症、心筋梗塞などの可能性がある場合は、内分泌・代謝内科や循環器内科など、精密検査のできる専門医のいる病院を受診してください。

問診では、脂質異常症の経過や家族歴、既往歴、食事内容・飲酒・喫煙の有無、運動内容などについて聞かれます。身体診察では、身長、体重、BMI（1496頁）、心雑音、血管雑音、黄色腫、アキレス腱肥厚、角膜輪の有無、現在飲んでいる薬などを調べます。血液・尿検査では、血清脂質の値以外に、甲状腺機能、血糖・尿糖、肝機能、腎機能なども調べ、原因となる他の病気の有無を診断します。動脈硬化症や膵炎の合併の有無なども調べたりします。

食後に著しい高トリグリセリド血症を示す人がおり（**食後高脂血症**）、このような人は動脈硬化が進みやすいといわれます。ときには食後に採血してみることもたいせつになります。

治療

◇治療の基本は、食事と運動

脂質異常症が原因となる冠動脈疾患（狭心症、心筋梗塞）、閉塞性動脈硬化症などの動脈硬化性疾患と黄色腫、急性膵炎などの合併症の予防と治療が目的となります。

リスク別脂質管理目標値（表2）では、それぞれ冠動脈疾患の有無によって一次予防と二次予防に分類され、LDLコレステロール、トリグリセリド、HDLコレステロールの管理目標値が決まります。ただし、この脂質管理目標値はあくまでも薬物療法開始の基準値ではないことに留意してください。

動脈硬化のリスクがきわめて高い家族性高コレステロール血症、家族性Ⅲ型高脂血症、家族性複合型高脂血症では、冠動脈疾患の発症予防のために、冠動脈硬化の有無を定期的に調べることと強力な薬物治療が重要です。カイロミクロン、トリグリセリドが著しく増加するⅠ型やⅤ型の人は、厳重な脂肪制限による膵炎の防止を目ざします。

◉食事療法

食事療法の第1段階では、総摂取エネルギー、栄養素配分、コレステロール摂取量を適正化します。肥満がなくても内臓脂肪組織が増加している場合は、減量が必要です。毎日の体重測定を心がけ、総摂取エネルギー量＝標準体重×25～30kcalとしますが、肥満者、高齢者、女性、運動量の少ない人などは、これよりも低めに設定します。

さらに栄養素配分を適正化させるため、①炭水化物60％、②たんぱく質15～20％（獣鳥肉より魚肉、大豆たんぱくを多くする）、③脂肪20～25％（獣鳥性脂肪を少なくし、植物性・魚肉性脂肪を多くする）、④コレステロール摂取量は1日300mg以下、⑤食物繊維25g以上、⑥アルコール25g以下が推奨されています。卵黄、ウニ、イクラなどはコレステロールが多く含まれるので、避けましょう。抗酸化物質を多く含む野菜や果物は、適度に摂取しましょう。魚や植物性の脂肪は不飽和脂肪酸を多く含みますが、高温に加熱すると過酸化脂質になり、動脈硬化を進めるので、加熱しないようにします。

第1段階の食事療法を3か月実行しても脂質値が目標に達しない場合は、第2段階へ進みます。

第2段階では脂質異常症の病型を考

カテゴリーは、性別、年齢、喫煙、血清コレステロール、収縮期血圧から絶対リスクを評価し求める。糖尿病、脳梗塞、末梢動脈疾患、慢性腎臓病の合併はカテゴリーⅢとする。

nonＨＤＬ－Ｃは、ＬＤＬ－Ｃに30㎎／dℓを加えた値。

「動脈硬化性疾患予防ガイドライン２０１２年版」

◎脂質異常症治療薬の副作用

薬物治療の開始後は、効果の確認とともに、副作用の有無のチェックのため、最初の3か月は毎月、以降は少なくとも3か月に1回は、診察と採血検査が必要です。

きわめてまれではありますが、筋痛や脱力などの横紋筋融解症の初期症状に注意し、副作用だと思われるときは医師・薬剤師に相談しましょう。

え、高ＬＤＬコレステロール血症がつづく場合は脂質制限を強化し、脂肪由来エネルギーを20％以下、コレステロール摂取量を1日２００㎎以下、飽和脂肪酸／一価不飽和脂肪酸／多価不飽和脂肪酸の摂取比率を３対4対３程度とします。また、高トリグリセリド血症がつづく場合は禁酒し、炭水化物由来エネルギーを総摂取エネルギーの50％以下とし、砂糖や甘い果物を可能なかぎり制限します。高ＬＤＬコレステロール血症と高トリグリセリド血症がともにつづく場合は、前述の食事療法を併用します。高カイロミクロン血症の場合（Ⅰ型、Ⅴ型）は、厳重な脂肪制限（15％以下）を行います。低ＨＤＬコレステロール血症に高ＬＤＬコレステロール血症や高トリグリセリド血症をともなう場合は、これらの治療によって、低ＨＤＬコレステロール血症が改善してきます。

◉運動療法と生活指導

身体活動を増加させるための運動療法としては、最大酸素摂取量の約50％程度の運動強度とし、1日30分以上（できれば毎日）、週１８０分以上とします。速歩、社交ダンス、水泳、サイクリングなどの有酸素運動が推奨されます。ただし、筋肉量が減少している高齢者の場合は、軽度のレジスタンス（筋力）トレーニングも有用です。

喫煙は動脈硬化をさらに進展させますので、禁煙することが重要です。

内臓脂肪の増加は、心血管疾患の危険因子です。まずは適正体重の維持を目ざしますが、ＢＭＩが基準範囲であっても内臓脂肪が増加している場合があり、臍の高さの腹囲ないし体重の５％減を当面の目標としましょう。

◉薬物療法

脂質異常症が発見された時点から食事療法、運動療法を３～６か月行い、十分に改善しない場合には、食事療法、運動療法をさらに厳重に行いつつ、薬物療法が考慮されます。

治療薬には、コレステロールやトリグリセリドの合成を抑えたり、胆汁酸やコレステロールの吸収を抑えたり、トリグリセリドの分解を促進したり、ＬＤＬの酸化変性を抑えるものなどがあり、どのタイプの脂質異常症に効くのかが異なります。

高ＬＤＬコレステロール血症の場合には、ＨＭＧ－ＣｏＡ還元酵素阻害薬（スタチン）、陰イオン交換樹脂（コレスチラミン、コレスチミド）、プロブコール、小腸コレステロールトランスポーター阻害薬（エゼチミブ）、ニコチン酸誘導体のいずれかを用います。これらを使っても十分に改善しない場合は、適宜併用します。併用時には横紋筋融解症（988頁上段）などの副作用の発現にとくに注意します。

高トリグリセリド血症には、基本的にはフィブラート製剤、ニコチン酸製剤、イコサペント酸エチル（ＥＰＡ）製剤による単独治療を行い、ＬＤＬコレステロールも高値の場合は、スタチンかエゼチミブが第一選択となります。

遺伝的な低ＨＤＬコレステロール血症の治療はむずかしいのですが、通常の低ＨＤＬコレステロール血症では、食事療法、運動療法、禁煙を行い、改善しなければ各脂質異常症の治療に準じて薬物治療を併用します。

尿酸代謝の異常

高尿酸血症／痛風……1514頁

▼**症状**▲尿酸値が高く、足の親指や足首の関節の激しい痛みをおこすことも。

▼**治療**▲生活習慣の改善を行い、症状によって薬を服用する。

◎尿酸って何？

尿酸は、細胞の中にある「核酸」の成分が分解され、新陳代謝によって体内でつくられます。尿酸の原料は、食物（とくに肉類）に含まれているため、食べすぎ、飲みすぎで尿酸値が高くなりやすいのは当然の結果なのです。

しかし、ふつうは食物からできる尿酸より、体内でつくられる尿酸の量のほうが倍くらいもあります。

高尿酸血症／痛風

Hyperuricemia / Gout

生活習慣の改善と薬で治療

◇生活習慣病型が増えている

どんな病気か

尿酸が過剰につくられたり、腎臓での排泄が不良になって、尿酸濃度が高くなり、７・０mg／dℓ以上になると**高尿酸血症**と呼ばれます。尿酸の結晶が関節（主として足の親指の付け根や足首）に沈着すると、一晩のうちに関節が痛くて歩けないほど真っ赤に腫れる急性関節炎（**痛風**）をおこします。

高尿酸血症はこの痛風発作の前段階にすぎない、と長くいわれてきました。しかし、１９９６（平成８）年、日本の痛風に関する学会から「尿酸値が高いことは痛風発作の前触れとだけ考えず、広く生活習慣病としてとらえよう」という勧告がでました。その理由は、日本で内臓脂肪型肥満が増加したためです。運動不足から内臓に脂肪がたまると、脂質異常症（高脂血症1509頁）、糖尿病（1501頁）、高血圧症（1396頁）を併発していき、動脈硬化（1407頁）から虚血性心疾患〔狭心症（1356頁）、心筋梗塞（1362頁）〕や脳血管疾患〔脳梗塞（934頁）〕の原因となります。このとき、同時に尿酸値も上がりやすくなります。

◉メタボリックシンドロームと同じ注意を

とくに肥満はなく、あまりお酒も飲まないのに痛風になる人は、残念ながら「痛風の体質」をもつ人で、家系に痛風の人、尿酸の高い人がたいてい見つかります。このような高尿酸血症の人は、尿酸値が高くなったら薬で治療するのがいちばんよいでしょう。

これと異なり、内臓脂肪がたまり、メタボリックシンドローム（1494頁）になりやすい人、なった人たちは、もともと「痛風の体質」がなくても尿酸値が上昇しやすくなっているのです。このような生活習慣病型の高尿酸血症は、メタボリックシンドロームが迫っている、あるいはそうなってしまった、という危険を知らせる目印（マーカー）といえます。尿酸値が高いといわれたら、メタボリックシンドロームのほかの糖代謝、脂質代謝、血圧の異常がおこっていないか確認し、早めに運動不足を解消し、カロリーオーバーにも気をつけましょう。

◉痛風になりやすいタイプ

これまで痛風になる人のほとんどは男性でした。女性では、女性ホルモンが尿酸を体外へ排泄しやすくはたらいているために、尿酸値が上昇しにくく、痛風になるのは、更年期以降だけと考えられてきました。しかし、生活習慣病型の高尿酸血症は女性でもおこりますので、更年期以前の女性の痛風もこれから増えてくると考えられます。「帝王病」や「贅沢病」などといわれた時期もありましたが、痛風はあくまでも「ありふれた病気の症状」なのです。

◉尿酸値を上昇させる要因

▼**尿酸が排泄されにくい体質で、値が上昇する場合（排泄低下型）**　古典的な高尿酸血症のタイプと重度肥満の人。

▼**尿酸がつくりだされやすい体質で、値が上昇する場合（産生過剰型）**　古

尿酸について調べてみよう

①に従って自己診断し、②に従って尿酸値の管理をしましょう。

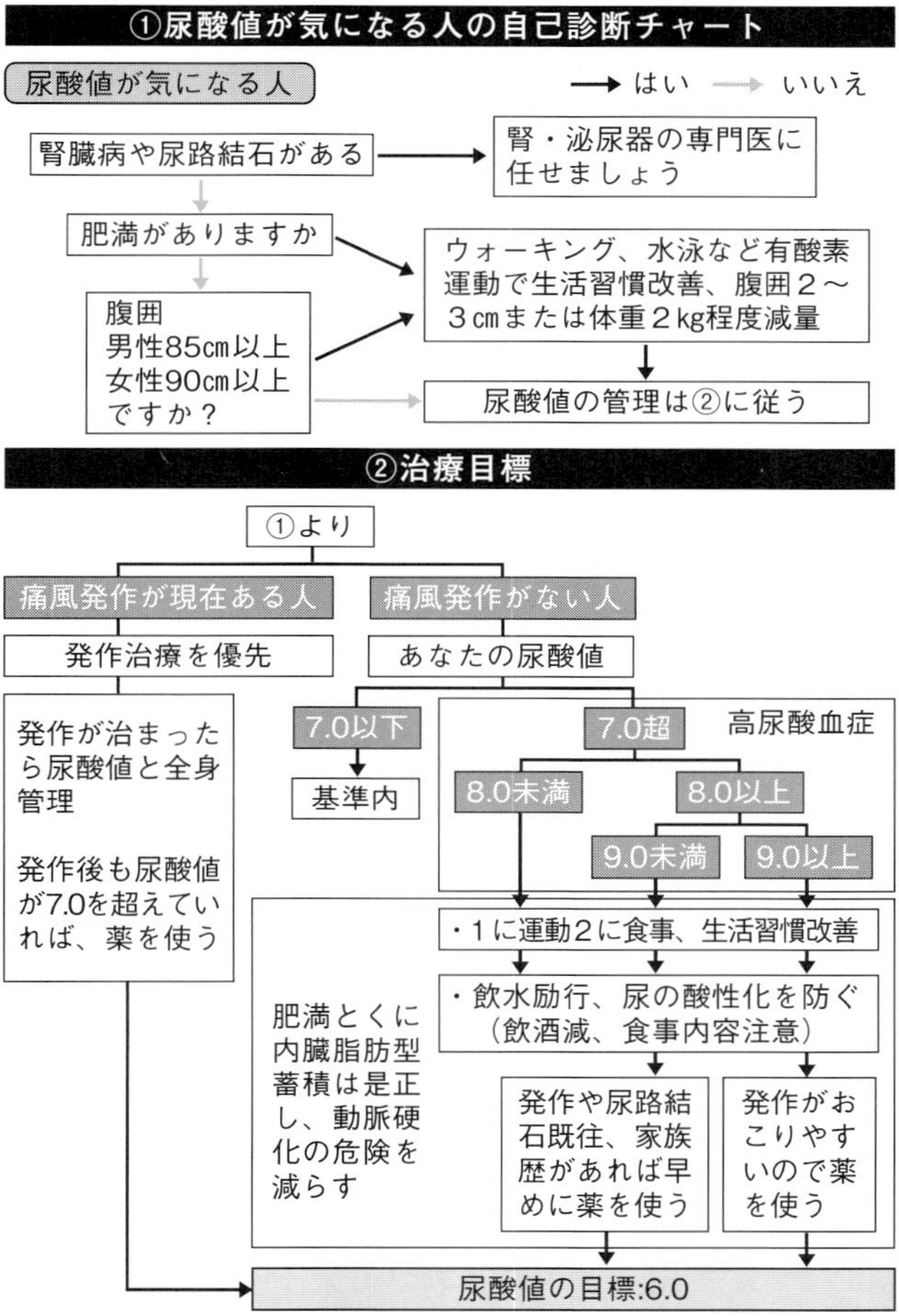
①尿酸値が気になる人の自己診断チャート
尿酸値が気になる人
→ はい → いいえ
腎臓病や尿路結石がある
腎・泌尿器の専門医に任せましょう
肥満がありますか
腹囲 男性85cm以上 女性90cm以上 ですか？
ウォーキング、水泳など有酸素運動で生活習慣改善、腹囲2～3cmまたは体重2kg程度減量
尿酸値の管理は②に従う
②治療目標
①より
痛風発作が現在ある人
痛風発作がない人
発作治療を優先
あなたの尿酸値
発作が治まったら尿酸値と全身管理
発作後も尿酸値が7.0を超えていれば、薬を使う
7.0以下
基準内
7.0超
高尿酸血症
8.0未満
8.0以上
9.0未満
9.0以上
・1に運動2に食事、生活習慣改善
・飲水励行、尿の酸性化を防ぐ（飲酒減、食事内容注意）
肥満とくに内臓脂肪型蓄積は是正し、動脈硬化の危険を減らす
発作や尿路結石既往、家族歴があれば早めに薬を使う
発作がおこりやすいので薬を使う
尿酸値の目標:6.0

（日本肥満学会「肥満症治療ガイドライン2006」より改変、単位はmg/dℓ）

典的なタイプと内臓脂肪型の人、過食、飲酒傾向が高い人にも多い。

▼両方をあわせもつ場合（混合型）

生活習慣病型はこの形をとりやすい。

これらの3タイプは、外見から診断できないので、尿酸の排泄のしやすさ（クリアランス検査）を調べてから薬を決めることが専門医の間で行われています。

◇痛風発作の特徴

症状

発作は、我慢のできない激しい痛みから始まります。

痛風発作（痛み）は、足の親指の付け根の関節におこりやすく、ほかには足首の関節、アキレス腱、膝や肘の関節におこりやすいのです。人によっては、発作直前にムズムズ、ピリピリ、などの前兆を自覚する場合があります。

通常、痛みは最初から激痛で始まり、1日以内に最大の痛みとなる特徴があります。この激痛は、そのまま我慢して放置しても、軽いもので3日、ひどいものでも10日もすると自然に軽快します。多くの人は、ここで放置してしまっています。

また、思いあたる理由がないのに痛くなり、夜中に突然痛みだすことも多いものです。就寝中は血圧が下がり、血液の循環が悪くなることと、1日のなかでも体温が下がりやすい時間帯のため、尿酸の結晶ができやすいことが理由だと考えられています。

痛みは、ほとんど足の関節におこります。つぎにおこりやすい場所としては、アキレス腱の周り、足の甲やくるぶしの関節、膝の関節などです。

1度に痛むのは1か所で、2か所以上が同時に痛むことはほとんどありま

せん。関節リウマチ（2014頁）、回帰性リウマチ（2046頁）、変形性関節症（1872頁）などでは、左右対称であったり、複数の関節がほぼ同時期に痛んだりしますので、区別できます。

高尿酸血症を治療せずに放置すると、必ず発作が再発します。つまり、忘れたころに再発するといえます。

◉合併症について

高尿酸血症／痛風は、発作だけでなく、合併症にも要注意なのです。

▼腎障害、尿路結石　以前は、痛風の死因のトップは腎不全（痛風腎による尿毒症　1722頁）でした。近年、高尿酸血症／痛風の早期診断・早期治療が行われるようになり、重症な腎障害は以前に比べて減少してきました。しかし、痛風腎によって透析（1724頁）が必要になる人は、決して減少していません。

尿路で尿酸が結晶化すると尿酸結石や、カルシウム結石（1740頁）の原因となります。高尿酸血症の人は、生涯に尿路結石症にかかる頻度が、通常の人の10倍以上といわれます。尿が酸性に傾かないように、食事の肉類を減らし、飲酒量も減らす必要があります。尿をアルカリ化する治療薬もあります。

▼生活習慣病の問題　痛風や高尿酸血症に生活習慣病が合併しやすい、といういいかたをよく耳にしますが、生活習慣病をもつ人が痛風や高尿酸血症を合併しやすい、あるいは生活習慣病が原因で高尿酸血症にもなりやすい、という考えかたが正しいのです。だから同時に、虚血性心疾患（狭心症、心筋梗塞）や脳血管障害（脳卒中）の危険も増加するわけです。

◇尿酸値コントロールと発作対策

治療

尿酸を下げる治療では、薬物を使う前に必ず内臓脂肪を減らす生活習慣の改善を行う必要があります。しっかりと医師・保健師（看護師）・栄養士の指導を受けてください。

薬を使って尿酸値を下げる場合は、初期目標を血清尿酸値6・0mg／dℓ未満にします。薬を使わない場合は、少なくとも基準範囲内（7・0mg／dℓ未満）である必要があります。

痛風発作や尿路結石がすでにある人では8・0mg／dℓを超えたら、または発作や結石がまったくなくても9・0mg／dℓを超えていたら、生活習慣の改善だけでは尿酸値が完全に基準範囲にならないことが多いので、尿酸値を下げる薬での治療が必要です。

◉生活習慣の改善

①内臓脂肪を減らしましょう

内臓脂肪がたまると、それだけでも尿酸が上昇しやすくなります。食事療法で、摂取総エネルギー量を適正にし、体重を標準体重にコントロールするだけでなく、腹囲（お臍の位置で水平に測定）が男性85cm、女性90cm以上なら、内臓脂肪がたまっていますので、以下の注意を追加してください。

②食事は大丈夫ですか

心臓や腎臓に問題のない人は、尿路結石予防のために尿量を確保しましょう。食事では、総エネルギー量に注意し、つぎに尿酸のもととなるプリン体の多い食物をかたよってとりすぎないようにします。古典的な高尿酸血症タイプの人を除くと、以前からいわれているような「プリン体の制限」ばかり

◎高尿酸血症のタイプ

近年、メタボリックシンドローム（1494頁）が注目を集めています。

内臓脂肪がたまると、糖尿病（1501頁）、高血圧（1396頁）、脂質異常症（1509頁）がおこりやすく、虚血性心疾患や脳卒中（921頁）の危険が高まりますが、また、尿酸値が上昇する原因にもなるのです。

いっぽう、メタボリックシンドロームとは無関係に生じる痛風や高尿酸血症もあり、これまでいわれてきた「痛風の体質」がこれに相当します。

メタボリックシンドロームでおこってくるものを**生活習慣病型**とすれば、後者はいわば**古典的なタイプ**といえるでしょう。

◎食品のプリン体含有量

▼300mg以上（以下、食品100gあたり）鶏レバー、マイワシ干物、イサキ白子、あん肝酒蒸し、かつおぶし、煮干し、干ししいたけ

▼200～300mg　豚レバー、牛レバー、カツオ、マイワシ、マアジ干物

▼100～200mg　ササミ、手羽、生ハム、マグロ、ヒラメ、ニシン、マアジ、ブリ、サケ、サンマ、タラコ、明太子（めんたいこ）、スルメイカ、タコ、クルマエビ、アサリ、カキ、ウニ、納豆

▼50～100mg　豚ロース、豚バラ、牛肩ロース、牛タン、マトン、ボンレスハム、ベーコン、ウナギ、ワカサギ、ホタテ、つみれ、さきいか、ホウレンソウ、カリフラワー、ブロッコリー

▼50mg未満　牛乳、チーズ、鶏卵、ウインナーソーセージ、カズノコ、スジコ、イクラ、かまぼこ、さつま揚げ、冷奴（ひややっこ）、モヤシ、オクラ、ソラマメ、エノキダケ、ピーナッツ、アーモンドなど。

食品100gあたり200mg以上のプリン体を含むものは高プリン食品といえるので、かたよらないように注意しましょう。

に気をとられないようにしてください。食べる量全体を減らせば、当然プリン体の量も減りますので、総エネルギー量を適正にしたうえで、とくにプリン体の多いものを食べすぎていないかをよく検討してください。

③飲酒について

アルコールは尿酸の生成を高め、尿からの尿酸排泄を抑制します。まめに禁酒日（休肝日）を設けましょう。尿酸値を測定しながら、結果が悪化しないように注意しましょう。

④運動療法についての考えかた

自分にあった軽い有酸素運動を定期的に行い、体重をコントロールしましょう。水分を十分とることも忘れないようにしましょう。短時間の激しい運動（無酸素運動）は、逆に血清（けっせい）尿酸値を上昇させるので避けましょう

食事療法などの生活習慣の改善をしても、血清尿酸値が8・0mg／dℓ以上の場合は、血清尿酸値を下げる薬での治療が考慮されます。血清尿酸値を下げる薬には2種類あり、尿酸が上昇する原因によって使い分けられます。

薬の効果で血清尿酸値は基準範囲に戻りますが、症状がないからといって勝手に薬の量を減らしたりすると、血清尿酸値はすぐに高くなります。

治療は、主治医の指示に従って、根気よく服薬をつづけることがたいせつです。また、肝障害、血球減少、皮膚炎などの副作用もありますので、定期的な診療と血液検査は必ず受けてください。

◉発作がおこった！　とりあえずどうしたらよいか

まず、患部を冷やして安静にし、以下のことを考えます。

▼初めて痛風発作をおこした人　最初に、痛風と適切に診断してもらうことがたいせつです。これまでに尿酸値が高いといわれた経験がある、血縁者（主として男性）に痛風の人や尿酸値の高い人、尿路結石や腎臓の病気のあった人がいるならば、より可能性は高くなります。できるだけ早く内科もしくは整形外科を受診してください。

▼過去に痛風発作を経験している人　今の痛みは、そのときのものに似ていますか？　痛みの前に前兆はありましたか？　そのようであれば、まず痛風発作にまちがいありません。発作は以前と同じところに生じる場合と、まったく別の関節に生じる場合があります。

鎮痛薬の使用には注意が必要ですので、必ず医師の診察を受けてください。

①尿酸降下薬を飲みつづけていて、発作がおこった人　尿酸降下薬は、急に増やしたり、逆にあわてて減らさないでください。

②しばらく尿酸降下薬を服用していないで、発作がおこった人　急に尿酸降下薬を再開すると、発作が悪化することがあります。痛みと炎症が治まるまで、尿酸降下薬の服用はしないでください。

③尿酸降下薬を服用し忘れて、発作をおこした人　②のケースと同じ理由で、発作の途中で、忘れていた尿酸降下薬を再開するのはよくありません。必ず発作が治まるまで、尿酸降下薬の内服はしないでください。また今後は、服用を中断することのないように注意も必要です。

ビタミンと代謝異常

ビタミンの関係する代謝異常

◇ビタミンとは

人間の正常な発育や健康のためには、糖質、たんぱく質、脂質の三大栄養素と、水、無機質（ミネラル）のほかに、微量の栄養素（有機物質）が必要です。これらの有機物質は、体内で合成できないか、合成されてもごくわずかで、十分な量ではないので、食物成分として体外から摂取しなければなりません。このような微量の必須栄養素がビタミンです。ビタミンの摂取が不足すると、さまざまな代謝異常がおこります。

ビタミンは化合物としての溶解性から、油に溶ける性質がある**脂溶性ビタミン**と、水に溶ける性質をもつ**水溶性ビタミン**に大別されます。脂溶性ビタミンには、ビタミンA、ビタミンD、ビタミンE、ビタミンKがあり、水溶性ビタミンにはビタミンB群とビタミンCがあります。

B群にはB_1、B_2、B_6、B_{12}とナイアシン、パントテン酸、ビオチン、葉酸の8種類のビタミンがあります。

このほか、生体内にはコエンザイムQ、カルニチン、コリンなどの**ビタミン様作用物質**と呼ばれる化合物もありますが、これらは体内で必要量が合成されています。最近、このビタミン様作用物質の機能が注目されています。

ビタミンB群とビタミンKは、体内でさまざまな物質の代謝に関与する酵素のはたらきを助ける補酵素として作用します。ビタミンCと、ビタミンK以外の脂溶性ビタミンは、特有の作用をもっていますが、とくにビタミンAの活性代謝物であるレチノイン酸やビタミンDは、受容体を介して作用するなどのホルモン様作用をもっています。

◇欠乏症、過剰症、依存症

一般に水溶性ビタミンは水によく溶けるため、過剰に摂取しても尿に排泄され、体内に蓄積されないために過剰症をおこしにくく、それに反して脂溶性ビタミンは肝臓などに蓄積されるために過剰症になりやすいといえます。

人間にとって、多くのビタミンは**腸内細菌**によって産生されており、それを吸収しているので欠乏症をおこすことはありません。

しかし、アルコール中毒の人、極端なダイエットやアレルギー性疾患でアレルゲン除去食のためにかたよった食事をしている人、長期間、抗生物質を使用していることによって腸内細菌が死滅・減少した人などの特殊な場合には、ビタミン欠乏症が生じることがあります。また、胆石（1669頁）などによって胆管が閉塞し、胆汁酸が腸管内に分泌されない場合に、脂質全般の消化吸収が障害され、脂溶性ビタミンが吸収されないことがあります。

ビタミンの生理的必要量では欠乏症状を示しているが、大量にビタミンを使用すれば代謝異常が改善される病気があり、このような状態を依存症といいます。依存症には、先天的な異常による吸収障害や酵素異常、ビタミン自体の活性化障害、ビタミンの受容体に異常が生じている場合などがあります。

◎**補酵素とは**

補酵素は、栄養成分の分解などを行う酵素のはたらきを助けるもので、コエンザイムとも呼びます。CoA、CoQ、CoRなどがあります。

ビタミンB_1と代謝異常

ビタミンB_1は**チアミン**とも呼ばれます。エネルギー代謝や糖代謝に関係する酵素の補酵素として作用するので、激しい肉体労働やスポーツをする人は、より多く摂取する必要があります。糖質の代謝に異常がおこると、血液や筋肉中に乳酸やピルビン酸が蓄積したり、エネルギーが供給されずに神経機能などが障害されます。

▼ビタミンB_1欠乏症 欠乏症は、古くから中枢神経症状を示す**ウェルニッケ脳症**と末梢神経障害である**脚気**が知られています。

高カロリーの輸液だけで栄養を摂取している入院患者のなかには、ビタミンB_1欠乏による乳酸アシドーシス（酸性血症）、けいれん、意識障害がみられることがあります。とくにウェルニッケ脳症と呼ばれるものでは、重篤な場合には死亡することもあるため注意を要します。このような人は全身状態や栄養状態が不良の場合が多いため、輸液中にビタミンB_1が補給されていなかったり、糖質を過剰に補給されたため相対的にビタミンB_1が欠乏状態になったりします。また、低たんぱく血症（1700頁）や、肝臓が障害されていてビタミンB_1製剤の分解が促進されて欠乏状態となったりします。

脚気では、全身倦怠感、動悸、息切れ、食欲不振、手足のしびれ、アキレス腱や膝蓋腱などの深部腱反射の低下、知覚鈍麻（手指や足先のしびれ）、浮腫（むくみ）、心不全などが現れます。

インスタント食品によるかたよった食事をする人、過剰な糖質摂取のために相対的にビタミンB_1欠乏になる糖尿病の人、高齢者、むりにダイエットして栄養のバランスをくずした人のなかには、脚気症状を現す場合があります。

診断は、血液検査でビタミンB_1濃度が基準値以下に低下していることを確認しますが、ビタミンB_1剤の使用によって、症状が改善することでも診断できます。

ビタミンB_1は加熱に弱いといわれるので、調理には工夫が必要です。

ビタミンB_2と代謝異常

ビタミンB_2は、**リボフラビン**とも呼ばれ、多くはフラビンモノヌクレオチド（FMN）、フラビンアデニンジヌクレオチド（FAD）に変換され、酸化還元反応や酸素添加反応を仲立ちし、エネルギーの獲得、脂肪酸の代謝、薬物や外来物質の代謝に関与しています。

▼ビタミンB_2欠乏症 成長の遅れや消化不良、粘膜の炎症などがおこります。また、口角炎（口角のただれ）、舌炎（舌が赤く腫れ、うずくような痛み）、口唇炎（唇が赤くなり、表面がはがれる）、角膜における血管新生、白内障（1103頁）、脂漏性皮膚炎（1809頁）などがおこります。

欠乏する原因として、摂取不足だけでなく、吸収・補酵素への変換・酵素たんぱく質との結合・酵素反応の過程のどこかで障害がおこっていることもあります。

肝臓疾患、脳の下垂体疾患、糖尿病などにともなうビタミンB_2欠乏症は、

◎必須アミノ酸

たんぱく質は、20種類のアミノ酸の組合わせからできています。そのなかで、人体では合成することのできないアミノ酸を必須アミノ酸といい、食物から取入れるしかありません。イソロイシン、スレオニン、トリプトファン、バリン、ヒスチジン、フェニールアラニン、メチオニン、リジン、ロイシンの9種類があります。

ビタミンB_2の補酵素型への変換が阻害されるためと考えられています。また、ある種の抗生物質や向精神薬、経口避妊薬などの連用によっても欠乏症状がみられます。これは酵素たんぱく質との結合や酵素反応が阻害されるためにおこると考えられています。

診断には、欠乏症状と、血中濃度が基準値以下に低下していることを確認します。

治療としては、食事にビタミンB_2を多く含む卵や緑黄色野菜などを増やすか、ビタミンB_2製剤を服用しますが、原因となる疾患の有無を調べる必要もあります。

ビタミンB_6と代謝異常

ビタミンB_6は、**ピリドキシン**、**ピリドキサール**、**ピリドキサミン**の3つの化合物の総称です。3つともビタミンB_6の作用をもっていますが、体内ではピリドキサールリン酸に変換されて作用を発揮します。ビタミンB_6はアミノ基転移酵素の補酵素としてアミノ酸代謝に関与しています。アミノ酸からさまざまな生理活性物質（ドパミン、ノルエピネフリン、エピネフリン、セロトニン、ヒスタミン、GABAなど）がつくられるため、とくに神経活動には欠かせない作用をもっています。また、副腎皮質ホルモン（ステロイド）の作用を調節することも知られています。

▼**ビタミンB_6欠乏症**　不足すると、湿疹、脂漏性皮膚炎（1809頁）、口角炎（口角のただれ）、舌炎（舌が赤く腫れ、うずくような痛み）、小球性貧血（平均赤血球容積が低下する貧血）、易刺激性、聴覚過敏、免疫力低下、脂肪肝（1659頁）、筋肉の弛緩などが現れます。

抗生物質を長期間使用すると、ビタミンB_6を産生している腸内細菌が死滅し、欠乏症が生じることがあります。

また、ビタミンB_6が補酵素として作用する酵素の異常によるシスタチオニン尿症（知能障害などが現れる）、キサンツレン酸尿症では、大量のビタミンB_6を摂取して初めて症状が改善します。これを**ビタミンB_6依存症**と呼びます。

診断は、血中あるいは尿中のビタミンB_6濃度が基準値以下に低下していること、ビタミンB_6の服用によって症状が改善することで確認できます。

高齢者、アルコールを大量に摂取する人、とくに肝臓障害をともなったアルコール中毒の人では、高率でビタミンB_6欠乏になるといわれています。

ビタミンB_6は、バナナやサケに多く含まれています。

ビタミンB_{12}と代謝異常

ビタミンB_{12}は、（シアノ）**コバラミン**とも呼ばれます。体内でメチルコバラミン、アデノシルコバラミンに変換されてはたらきます。メチルコバラミンは必須アミノ酸のメチオニンを合成する酵素の補酵素として、アデノシルコバラミンはメチルマロニルCoAムターゼの補酵素として作用します。

メチルマロニルCoAムターゼは、バリン、イソロイシン、スレオニンなどの必須アミノ酸、奇数鎖脂肪酸、コレ

ビタミンと代謝異常

◎ビタミンB_1の発見

ビタミンB_1は1910（明治43）年、農学者の鈴木梅太郎によって、脚気を防ぐ因子として発見されました。

それ以前の日本では、精米された白米を食べたため、脚気になる人が多くいました。また、日露戦争では、白米を主食とした陸軍で、戦死者より戦病死者が多かったといわれています。

ステロール側鎖などの代謝最終産物のメチルマロニルCoAから、クエン酸回路の中間代謝産物のサクシニルCoAを生成する反応を仲介しています。

▼ビタミンB_{12}欠乏症　食物中のビタミンB_{12}は、胃粘膜の壁細胞から分泌されるたんぱく質の内因子（抗悪性貧血の体内での因子という意味。外因子はビタミンB_{12}）と結合して、小腸から吸収されます。そのため、胃粘膜の萎縮や胃を全摘出している場合には、内因子が分泌されないために、ビタミンB_{12}が吸収されません。

ビタミンB_{12}が欠乏すると、体内にメチルマロニルCoAが蓄積し、尿中にメチルマロン酸が排泄されるため、尿中メチルマロン酸の増加が欠乏症の診断に利用されます。

また、メチオニン合成酵素は、メチオニン代謝と葉酸代謝の接点に位置していて、メチオニン合成酵素の障害はメチオニン生成だけでなく、葉酸代謝の変動も引き起こします。メチオニン合成酵素によって合成されるメチオニンは、たんぱく質の合成材料となるだけでなく、アデノシルメチオニン（SAM）、ポリアミンなどの前駆体となり成長を促進します。長期間ビタミンB_{12}が欠乏すると成長の遅れがみられるようになります。

さらにSAMは生体内の重要なメチル基供与体で、リン脂質、DNA、たんぱく質、神経伝達物質などのメチル化（DNA合成のためにメチル基が加わる）に関与しているため、ビタミンB_{12}が欠乏すると神経障害が出現します。

水溶性ビタミンのなかでは、ビタミンB_{12}だけが植物では合成されず、レバーやカキなどの動物性食品から摂取しなくてはなりません。

ビタミンB_{12}を注射すると、欠乏症を治療できます。

ナイアシンと代謝異常

ナイアシンは、**ニコチン酸**と**ニコチンアミド**の総称で、必要量の一部が必須アミノ酸のトリプトファンから、体内で合成されます。ニコチンアミドアデニンジヌクレオチド（NAD）、ニコチンアミドアデニンジヌクレオチドリン酸（NADP）に変換され、さまざまな酸化還元反応の補酵素として作用しています。とくにNADはエネルギー代謝、NADPは脂肪酸やコレステロールの生合成反応などで重要なはたらきをしています。

ニコチンアミドは動物性食品中に、ニコチン酸は植物性食品中に含まれていて、保存や調理中にビタミンとしての効力を失うことがありません。ニコチン酸やニコチンアミドは、水、とくに熱水に溶けやすく、煮物料理では煮汁中に70％も移行します。また肉類を唐揚げにすると、20～40％程度のニコチンアミドが油中に移行します。

ニコチン酸またはその誘導体は、血流促進、脂質代謝改善、動脈硬化症の改善の目的で広く使用されています。

▼ナイアシン欠乏症　ナイアシンが欠乏すると、皮膚炎、下痢、精神神経症状を主徴とする**ペラグラ**と呼ばれる病気になります。初期の症状は、食欲不振、体重減少、めまい、抑うつ状態な

◎壊血病と大航海時代

ヨーロッパの人々が、帆船でアフリカやアメリカ大陸に進出した大航海時代には、長い航海中に果物や野菜が不足することが多く、ビタミンCの欠乏によって壊血病で命を落すことがありました。壊血病対策のため、大量のジャガイモを積んで航海したといいます。

どで、特徴的なものはありません。皮膚症状は、日光に露出する部分に発赤、色素沈着、潰瘍などが現れることがあります。精神神経症状が重度となると、知覚障害、運動障害、認知症、幻覚など、多彩な症状が現れます。

▼ナイアシン過剰症　ニコチン酸を大量に摂取すると、血管平滑筋が直接弛緩して、血管が拡張します。一時的に顔面紅潮、上半身のほてり・かゆみなどのフラッシング症状が現れます。

葉酸と代謝異常

葉酸は、体内で**テトラヒドロ葉酸**に変換され、メチル基やホルミル基などの核酸（DNAやRNA）の成分を合成する酵素の補酵素として作用します。DNAを構成する塩基性化合物のチミン基やプリン基の生合成に関与するもので、核酸の生合成にきわめて重要なものです。

そのため、DNA複製の盛んな（細胞の分裂・増殖の活発な）組織ほど、葉酸の影響を受けやすいといえます。とくに胎児は細胞の増殖速度がひじょうに速いため、妊婦は十分な葉酸を摂取する必要があります。

テトラヒドロ葉酸が関与する反応のひとつに、ビタミンB_{12}の活性型であるメチルコバラミンも関与しています。したがって、ビタミンB_{12}が欠乏すると葉酸の代謝に異常をきたし、貧血などの葉酸欠乏症と似た状態になります。

▼葉酸欠乏症　巨赤芽球性貧血（1443頁）、神経障害、腸機能不全などがみられます。妊娠時の女性では葉酸必要量が増えるので、葉酸摂取量が慢性的に不足していると、神経管（脳や神経の発生過程に形成されるもの）に異常のある新生児が生まれる可能性があります。受胎前から葉酸を含む総合ビタミン剤を服用することで、神経管異常の発症リスクを減少させられます。

また、抗がん剤・免疫抑制薬・抗けいれん薬の使用時、血液透析時などにも欠乏症がみられることがあります。

葉酸は、ホウレンソウや緑黄色野菜に豊富に含まれています。

ビオチンと代謝異常

ビオチンは体内では、炭酸固定反応（有機化合物にCO_2分子をつなぎとめる反応）や炭酸転移反応（CO_2分子を運ぶ反応）に関係するカルボキシラーゼという酵素の補酵素として作用し、糖新生、アミノ酸代謝や脂肪酸生合成などに関与します。

▼ビオチン欠乏症　皮膚炎、疲労感、筋肉痛、知覚異常、および嘔吐などの症状が現れます。腸切除後や慢性下痢症で、欠乏症がみられることがあります。乳児では、脂漏性皮膚炎（1809頁）の状態となることもあります。

卵白中にはアビジンというたんぱく質が存在して、ビオチンと強く結合する性質があります。生卵を大量に摂取すると、腸管でのビオチンの吸収が妨げられて、ビオチン欠乏をきたすことがあります。卵を加熱調理すれば、アビジンが変性するので心配ありません。ビオチンは腸内細菌がつくっているので、食品からとる必要はありません。

◎クエン酸回路

体内で糖を分解してエネルギーをつくりだすために行われる反応のひとつをいい、**TCAサイクル**ともいいます。ぶどう糖が消化されてできるグルコースがピルビン酸に変化し、酵素のはたらきによってアセチルCoA、オキサロ酢酸、クエン酸へと変化していきます。この一連の反応でできた物質がさらに酸素などと反応するとエネルギーのもとになるATP（アデノシン3リン酸）が発生します。

パントテン酸と代謝異常

パントテン酸は、体内で補酵素A（**コエンザイムA**、CoA）に変換され、脂肪酸などのアシル基を活性化し、脂肪酸代謝やエネルギー代謝などの反応に関与します。

酢酸と結合したアセチルCoAは脂肪、アミノ酸および炭水化物の代謝から生成されます。また、クエン酸回路（上段）に入ることができるので、脂質の分解・生合成や、三大栄養素からのエネルギーの生成にとって重要なはたらきをしています。

▼パントテン酸欠乏症　食物に豊富に含まれているので、一般には欠乏症はおこりにくいのですが、低栄養状態などの特殊な場合にみられる可能性があります。

皮膚炎（必須脂肪酸の代謝異常として）、倦怠感、腹痛、けいれん、不眠症、手足の感覚異常（足の裏などに熱い痛みを感じる**灼熱脚症候群**）などがみられます。

ビタミンCと代謝異常

ビタミンCは、**アスコルビン酸**とも呼ばれる抗壊血病因子で、霊長類とモルモットでは生合成できませんが、そのほかの動物では生合成できます。したがって、それらの動物にとっては、アスコルビン酸はビタミン（食事などで外界から摂取しなければいけないもの）とはいえません。

ビタミンCは還元力の強いビタミンであり、生体内のさまざまな酸化還元反応に関与します。

副腎や神経において、ホルモンのノルエピネフリンが生成される反応にはビタミンCが必要とされます。また、脂肪酸が細胞内のミトコンドリアでエネルギー源として利用される際には、**カルニチン**が必要ですが、このカルニチンの合成にビタミンCが必要となります。そのほか、コレステロール代謝にもビタミンCは必要とされています。

ビタミンCは、体内に発生した活性酸素と反応して、無毒化にはたらいているほか、医薬品、食品添加物、環境化学物質などが体内に入ってくると、それらを排除しようとする機構がはたらきますが、この機構にもビタミンCが必要なのです。

また、野菜、穀物、鶏卵、乳製品中の鉄（非ヘム鉄）の腸管からの吸収では、ビタミンCが食物の中に共存していることによって、吸収が促進されることも古くから知られています。

▼ビタミンC欠乏症　結合組織の主成分であるコラーゲンの生合成において、ビタミンCが関与しているので、不足すると正常なコラーゲンが合成できなくなります。すると、結合組織が弱くなって、皮膚がもろくなったり、血管壁が脆弱化して出血しやすくなり、歯ぐきなどの粘膜や皮下の出血がみられたり、心臓・骨にも異常がみられることがあります（**壊血病**）。

ビタミンCは、果物や野菜に多く含まれています。また、魚にも含まれていますが、熱に弱いため、生魚などの加熱調理しない食事でないと十分に摂取できません。

ビタミンA、カロテンと代謝異常

ビタミンAは、**レチノール**と呼ばれる抗夜盲症因子です。バターやウナギなどの動物性食品はビタミンAを含み、植物性食品では**β・カロテン**や**クリプトキサンチン**などの**プロビタミンA**（緑黄色野菜に多く含まれています）を合成・含有します。プロビタミンAは、動物の体内でビタミンAに変換され、利用されます。動物性食品中のビタミンAも、もともとは植物由来だったものが取込まれたものです。

ビタミンAは、上皮・器官・臓器の成長・分化や機能維持、生殖に関与しているため、妊婦や乳児にとってはとくに必要なビタミンで、その欠乏によって胎児に発生異常が生じることがあります。

また、視機能にも関与する物質であるため、欠乏すると夜盲症になります。

ビタミンAにはレチノールのほか、視機能と関係する**レチナール**、活性体であり、DNAの転写調節にはたらく**レチノイン酸**があります。レチノールは体内でレチナールやレチノイン酸に代謝されますが、これらの代謝産物が特異的な受容体を介して、種々の機能を発揮していると考えられています。

オプシンというたんぱく質とレチナールが結合してロドプシンという物質となり、これが網膜の視細胞で可視光を検出しています。

▼ビタミンA欠乏症　胆道閉鎖症（736頁）や腸管手術後などの脂肪吸収障害、感染症や低出生体重児（2274頁）などで多く消費されて、欠乏症が生じることがあります。

①**眼症状**　暗いところで物が見えにくくなる**夜盲症**（Night Blindness）や、結膜と涙腺の角化から眼球が乾燥して**ビトー斑**（耳側の結膜が皮膚化した状態）を生じます。最後は、角膜が壊死したり潰瘍をおこす**角膜軟化症**に至り、失明することがあります。

②**皮膚症状**　乾燥し、梨の皮のような点々となる**毛孔角化症**を生じます。

③**粘膜症状**　呼吸器粘膜や尿路粘膜の角化をきたします。

④**成長障害**　骨端の成長線の骨化の障害、歯のエナメル質形成不全などがみられます。

▼ビタミンA過剰症　ビタミンAは、脂溶性のため、とりすぎると体内に蓄積します。10万～30万単位の極端に大量なビタミンAを含む食品をいちどに摂取した場合（クジラ、オヒョウ、イシナギの肝など）におこる**急性ビタミンA中毒**と、毎日2万単位ほどを数週間から数か月間摂取した場合（ヤツメウナギなど）におこる**慢性ビタミンA中毒**とがあります。

急性ビタミンA中毒は、頭痛、吐け・嘔吐、髄液圧上昇、大泉門（新生児の頭蓋骨にあるすき間）の膨隆などの頭蓋内圧亢進症状がみられます。

慢性ビタミンA中毒は、食欲不振、吐きけ・嘔吐、興奮性（脳腫瘍に似た症状）、皮膚のかゆみ、頭髪が粗くなる粗造雑化などがみられます。

妊娠初期に大量にビタミンAを摂取すると、口唇裂（660頁）などの形態異常のある子どもを出産することがあります。

●カロテンの摂取

カロテノイドのうち、β-カロテンはほかのカロテノイドより転換率が高く、1分子から2分子のビタミンAに転化できます。また、ビタミンAが体内に多量に取込まれると強い毒性を示すのに対し、その前駆体のβ-カロテンでは、まったくといえるほど毒性が少なく、ビタミンAの供給源としてひじょうに有用です。食物中のβ-カロテンの場合、約30%が吸収され、そのうちのおよそ50%がビタミンAに転化するといわれています。

ビタミンAは、緑黄色野菜などから、摂取するようにしましょう。

カロテノイドのプロビタミンA以外の作用としては、抗酸化作用と免疫賦活作用が考えられています。野菜や果物の摂取によって、心疾患やある種のがんの発症リスクが低減することが示唆されていますが、野菜や果物の示す作用がカロテノイドの関与をどれだけ受けているかは、必ずしも特定されていません。β-カロテンをサプリメントとして大量に摂取した試験の結果を総合すると、β-カロテンの大量摂取は発がんや循環器疾患のいずれに対しても無効であるか、あるいは有害となる結果でした。したがって、カロテノイドの欠乏症がなければ、むりに摂取する必要はないと考えられています。

ビタミンDと代謝異常

ビタミンDは、**カルシフェロール**ともいわれる抗くる病因子で、人間ではビタミンD_3とビタミンD_2が重要です。ビタミンD_3は肝、魚肉、卵黄、バターなどの動物性食品中に存在し、ビタミンD_2は植物性食品中に存在します。

ビタミンD_3とビタミンD_2に活性の差はなく、また、ビタミンD_3はコレステロールから体内でも合成されます。この合成は、前駆体であるプロビタミンDが、皮膚で紫外線を受けると引き起こされます。したがって、長期間日光照射を受けていないと、ビタミンD欠乏におちいりやすくなります。

摂取あるいは体内で合成されたビタミンDは、ともに肝臓、ついで腎臓で活性化され、小腸、腎臓、骨などの臓器にある受容体に結合して作用を発揮します。小腸ではカルシウムの吸収を促進し、腎臓ではカルシウムの排泄を抑制するなどの作用を示して、カルシウムとリン酸の代謝バランスを調節しています。その作用メカニズムは、一種のホルモン作用と考えたほうが理解しやすいでしょう。

▼ビタミンD欠乏症　欠乏すると、子どもではくる病（782頁）、成人では骨軟化症（1886頁）、高齢者では骨粗鬆症（1884頁）をおこします。

原因として、ビタミンD摂取不足、不十分な日光浴、必要量の亢進、脂肪吸収障害、ビタミンD活性化障害があげられます。

子どもに見られる症状として、頭蓋癆（頭蓋骨が軟化する）、念珠（肋骨の一部が隆起して数珠状に連なった状態）、手首・足首のくる病的腫脹、O脚（789頁）・X脚（790頁）、大泉門（新生児にある頭蓋骨のすき間）の閉鎖遅延などがあり、成人の骨軟化症、高齢者の骨粗鬆症とは様相が異なります。

血清アルカリホスファターゼ値（194頁）は上昇し、リン値（205頁）は低下、カルシウム値（205頁）は基準範囲内あるいは低下します。骨Ｘ線撮影では、橈骨骨端の拡大、骨端骨膜突起像などがみられます。

治療として、活性型ビタミンＤ剤を使用します。ビタミンＤが大量に必要な依存症の場合もあります。

▼ビタミンＤ過剰症　くる病や骨粗鬆症の治療中に生じることがあります。食欲不振、吐きけ・嘔吐、多尿のための口渇、傾眠（刺激していないと眠ってしまう）、昏睡、けいれんなどがみられます。

血清カルシウム値上昇、リン値低下、アルカリホスファターゼ値低下または基準範囲内、尿中のカルシウム排泄増加、腎結石（1743頁）、代謝性アシドーシス（1687頁）などがみられます。

治療は、活性型ビタミンＤ剤の使用を中止することです。

ビタミンＥと代謝異常

ビタミンＥは、**トコフェロール**とも呼ばれます。ビタミンＥは、細胞膜の脂質に広く存在し、リポたんぱく（1509頁）によって各組織に運搬され、ビタミンＥの抗酸化能力によって不飽和脂肪酸の過酸化をおもに抑制しています。

動脈硬化（1407頁）や糖尿病（1501頁）などの生活習慣病には、脂質の過酸化や酸化した変性ＬＤＬ（低比重リポたんぱく）が関係していると考えられているため、ビタミンＥによる治療効果が期待されています。このしくみが明らかになってきたのは、肝細胞内に存在するビタミンＥ輸送たんぱく質（αＴＴＰ）が発見されてからです。

▼ビタミンＥ欠乏症　欠乏症として、早産低出生体重児の溶血性貧血（697頁）、胆道閉鎖症（736頁）や無β-リポたんぱく血症（臓器や組織に脂溶性の栄養を運ぶβ-リポたんぱくがないもの）のような脂肪吸収障害にともなう神経症状がみられます。この神経症状には、筋肉や骨などの深部感覚障害や小脳失調などがあり、歩行障害がみられるようになります。

明らかな脂肪吸収障害がなくても、血中ビタミンＥが低下し、神経症状がみられるようなことがあります。これは肝臓細胞内のα-トコフェロール輸送たんぱく質（αＴＴＰ）の異常のために、ビタミンＥを吸収しても血中に保持できずに欠乏症が現れるものです。

吸収障害がある場合には、筋肉注射製剤を使用します。

▼ビタミンＥ過剰症　過剰症で重い障害はないと考えられます。長期間、ワルファリンカリウムを服用している人に、８００mg／日のビタミンＥを使用した際、出血時間の延長がみられたとする報告もありますが、追試験を行っても血小板凝集能や粘着能には影響を与えなかったとされています。

健康な成人に対しては８００mg／日のビタミンＥでは、血小板凝集や粘着能に異常はみられず、６００mg／日では凝固能にも影響しないとされ、過剰症で重い障害はみられません。

◎必須脂肪酸

不飽和脂肪酸のうち、植物油や魚油に多く含まれる高度不飽和脂肪酸は、重要なはたらきをしていますが、人間の体内ではつくることができません。そのため、必須脂肪酸と呼ばれますが、食事からこれらを摂取すると、酸化を防ぐためにビタミンＥを消費してしまいます。

ビタミンKと代謝異常

天然にあるビタミンKは、ビタミンK_1（**フィロキノン**）とビタミンK_2（**メナキノン**）の2つに大きく分けられます。血液の凝固作用のほか、骨の代謝にも関係しているので、骨粗鬆症（1884頁）の治療薬としても使われています。

血液凝固因子のうちプロトロンビンを含む4つの因子（第Ⅱ、Ⅶ、Ⅸ、Ⅹ因子）が正常に機能するには、肝臓で合成されるときに複数のグルタミン酸残基カルボキシル化という段階を経なければなりません。このカルボキシル化反応には、ビタミンKが補酵素としての役割を果たしています。そのため、ビタミンKが欠乏すると、これらの血液凝固因子の合成が障害されて、出血しやすくなります。しかし通常、腸内細菌がビタミンKを産生しているため、成人が欠乏症になることはありません。過剰症は知られていません。

緑黄色野菜にはビタミンK_1が含まれており、ミルク、乳製品、肉、卵、果物および一般野菜ではビタミンK_2が比較的多く存在します。

▼ビタミンK欠乏症　新生児では、母乳中のビタミンK含量が少ないこと、腸内細菌叢によるビタミンK_2産生量が低いことから、ビタミンKの補給が必要となります。生後数日でおこる新生児メレナ（701頁）は、脂溶性ビタミンが胎盤を通過しにくいことと肝機能が未熟で凝固因子が少ないために生じます。また、約1～3か月の母乳栄養児に、突然、頭蓋内出血が生じることがあります。この**特発性乳児ビタミンK欠乏症**は、ビタミンK不足によっておこるため、新生児ではビタミンKシロップの予防服用が行われています。

脂溶性ビタミンを多く含む食品

ビタミンA
鶏レバー、豚レバー、あんきも、ウナギなど
カロテン
モロヘイヤ、ニンジン、アシタバ、ホウレンソウ、西洋カボチャなど
ビタミンD
あんきも、身欠きニシン、イワシ、イクラ、シラス干し、キクラゲ、干ししいたけなど
ビタミンE
あんきも、ウナギ、西洋カボチャ、アーモンド、ヒマワリ油、マヨネーズなど
ビタミンK
納豆、アシタバ、乾燥ワカメ、岩ノリ、ツルムラサキ、おかひじきなど

◎サプリメントの注意

ビタミンを主成分としたサプリメントが栄養補助食品として利用されていますが、脂溶性ビタミンのビタミンAやビタミンDでは、とりすぎると体内に蓄積して、思わぬ弊害をおこすことがあります。

安易にサプリメントに頼るのではなく、食事の内容を見直して、バランスのとれた食事を心がけましょう。

食物繊維とは

❖不溶性と水溶性に分けられる

人間の消化液に含まれる消化酵素によって、食物の多くの成分は分解し、吸収されますが、消化されない成分もあります。これを食物繊維（**ダイエタリー・ファイバー**）と呼んでいます。食物繊維は大別すると、不溶性食物繊維と水溶性食物繊維に分けられます。

◉不溶性食物繊維

不溶性食物繊維の代表として、植物の細胞壁を構成している**セルロース**、**ヘミセルロース**、**リグニン**などがあります。これらは保水性がよく、腸内細菌によって分解されにくいため、糞便を形成するのに都合がよく、積極的に摂取すると、便秘の予防になります。

◉水溶性食物繊維

消化されにくい食物繊維のなかには、水溶性のものがあって**難消化性多糖類**と呼ばれます。難消化性多糖類は、人体にとって重要な役割を果たしていることが、近年わかってきました。難消化性多糖類には、**オリゴ糖**、果物中に存在する**ペクチン**、こんにゃく粉の主成分である**グルコマンナン**、種々の植物性の**ガム質**や**粘質物**、**難消化性デキストリン**、**ポリデキストロース**などがあります。

❖プレバイオティクス効果

プレバイオティクスとは「その物質を摂取することによって、腸内細菌叢が改善されて腸内環境が良好な状態になり、ヒトの健康の保持増進に寄与できるもの」とされています。

たとえば、経口摂取した難消化性オリゴ糖は、小腸における消化を免れて、下部消化管に到達すると、ビフィズス菌や乳酸菌などの有用菌（**プロバイオティクス**）を増殖させます。また、これらの菌による発酵を受けて、種々のよい影響を人体にもたらしています。

❖食物繊維の機能

食物繊維には、血糖の上昇を抑制させる効果、血清コレステロール濃度を低下させる作用、排便改善効果、大腸がんのリスクを低減させる効果、消化吸収機能を維持させる効果などが報告されています。

腸内細菌による分解性や利便性は、水溶性のほうが不溶性よりも一般に高く、低分子のほうが高分子のものより、発酵しやすい性質があります。

糖質のなかには、しょ糖やマルトース（麦芽糖）、単糖などのように、小腸において消化・吸収を受けて人体に利用されるものと、難消化性オリゴ糖などのように小腸での消化を受けないで、大腸に到達して、発酵を受け、酢酸、プロピオン酸、酪酸などの**短鎖脂肪酸**、炭酸ガス、水素ガス、メタンガスの産生などに利用されるものがあります。

短鎖脂肪酸が大量に産生されると、大腸内の環境は酸性に傾き、酸性環境に弱い腐敗菌などが減少し、ビフィズス菌や乳酸菌などの有用菌が優勢になってきます。これら有用菌の増殖は、発がん物質や老化促進物質などの有害物質の生成を減少させ、肝臓の解毒機能を改善させます。また、短鎖脂肪酸の増加は大腸の蠕動運動を刺激し、大腸内浸透圧を上昇させて、排便を促進します。

健康な乳児の糞便はビフィズス菌の比率が高く、酸味のあるにおいを発し、黄色味がかった色をしていますが、高齢者では有用菌の比率が低くなり、ウェルシュ菌などの増殖によって腐敗物がつくられ、糞便の悪臭が強くなってきます。プレバイオティクスによって有用菌が増加すると、便の悪臭源であるインドール、スカトール、フェノール、硫化物などの酸性が減少して、便臭の改善効果をもたらします。

その他の代謝異常

アミロイドーシス
Amyloidosis

どんな病気か

アミロイドーシスとは、アミロイドと呼ばれる特殊な線維状のたんぱく質が、細胞や組織の間に沈着するために、さまざまな障害を引き起こす病気の総称です。厚生労働省指定の特定疾患（難病）のひとつです。現在、国内の患者数は数千から数万人と推定されています。

大きく2つのタイプに分けられます。

◉アミロイドが全身に沈着するタイプ

①免疫細胞性アミロイドーシス　免疫細胞の一種である形質細胞は、免疫グロブリンというたんぱく質をつくっています。この形質細胞が過剰に増殖したり、がん化した場合（多発性骨髄腫）、大量の免疫グロブリンがつくられ、免疫グロブリンの一部分がアミロイドとなって沈着していきます。

②反応性アミロイドーシス　関節リウマチ（2014頁）、全身性エリテマトーデス（2030頁）などの膠原病、悪性腫瘍（がん）、結核（1285頁）などの炎症や感染症が治療困難な場合、血清アミロイドAたんぱくというたんぱく質が著しく増加しますが、その状態が長期間つづくと、血清アミロイドAたんぱくの一部分がアミロイドとなって沈着していきます。基礎にある疾患に、腎不全（1720頁）や心不全（1342頁）が加わります。

③家族性アミロイドーシス　遺伝子の異常によって、正常とは異なったたんぱく質が合成され、アミロイドの原因物質になることがあります。もっとも多いのは、トランスサイレチンというたんぱく質の合成異常による**異型トランスサイレチン**です。日本では比較的頻度が高く、とくに熊本県と長野県には大きな集積地があります。遺伝形式は常染色体優性（574頁）であり、親から子どもに50%の確率で病気が伝わります。このタイプのアミロイドは、30歳前後で発病し、初期には手足の末梢神経に沈着しやすく、しだいに全身に広がっていきます。

④透析アミロイドーシス　5年以上、血液透析（1725頁）を受けている慢性腎不全の人にみられます。ミクログロブリンというたんぱく質が、血液中に著しく増加し、透析ではあまり除去できないためにおこります。

◉アミロイドがかぎられた臓器、組織に沈着するタイプ

①脳アミロイドーシス　老人性認知症を引き起こすアルツハイマー病（945頁）では、脳へのアミロイド沈着が原因とされています。

②内分泌腺アミロイドーシス　内分泌系の病気〔甲状腺髄様がん（488頁）、2型糖尿病（1501頁）、インスリノーマ（1680頁）など〕では、その病変のある臓器に高頻度にアミロイドが沈着するものがあります。

症状

アミロイドの構造、その原因物質がつぎつぎと明らかにされていますが、原因物質が何であれ、症状はアミロイドが沈着する臓器、組織によって決まります。

腎臓への沈着がもっとも多く、最初は、たんぱく尿のみですが、進行するとネフローゼ症候群（1699頁）、腎不全となります。また、心臓にも高頻度に

◎ポルフィリン症とは

ポルフィリンは、12種類の酵素（ヘム合成酵素）によってつぎつぎに反応がおこり、少しずつ形が変化してヘムという物質に合成されていきます。このヘムから、赤血球が酸素を運搬するのに必要なヘモグロビンや肝臓で異物を解毒するのに必要なシトクロームなど、からだに重要な物質が形成されます。

12のヘム合成酵素のうち、2番目から8番目の酵素のどれか1つに異常があると、ポルフィリンが体内に過剰に蓄積してしまいます。こうなると、尿や糞便中に大量に排泄されることもあり、さまざまな症状が現れてきます。これらのヘム合成酵素の異常による病気を、まとめてポルフィリン症といいます。

ヘムは、とくに肝臓の細胞と幼若な赤血球（赤芽球）によって合成されるので、ポルフィリン症は、ヘムの合成の異常がおこるところによって、

沈着し、心肥大（1386頁）、不整脈（1346頁）をおこし、心不全へと進行します。消化管への沈着も高頻度にみられ、がんこな下痢がつづきます。

手足の神経に沈着すると、知覚障害や筋力低下などをおこし、自律神経障害〔起立性低血圧（1406頁）、勃起障害（1790頁）、発汗低下など〕も現れます。

そのほか、気管支、肺、肝臓、脾臓、皮膚、血管壁、関節などにも沈着し、さまざまな症状を現します。

【検査と診断】 診断には、アミロイドの沈着した組織を採取して調べる生検が必要です。家族性アミロイドーシスの原因物質のひとつである異型トランスサイレチンの血中濃度を測ることができます。

【治療】 タイプによって治療法は異なりますが、現在、決定的な治療法はありません。

免疫細胞性アミロイドーシスには、１９９０年代後半以降行われるようになった、自己末梢血幹細胞移植（自分の造血幹細胞を移植する方法）を併用した大量の化学療法が標準的な治療法となりつつあります。臓器障害が進行している場合には、免疫抑制薬とステロイド（副腎皮質ホルモン）剤の併用治療を行います。

反応性アミロイドーシスには、原因となっている病気の治療を行います。

家族性アミロイドーシスには、異型トランスサイレチンが肝臓で合成されるため、最近、肝移植（1658頁）が有効であるとの報告があります。

透析アミロイドーシスには、ミクログロブリンだけを吸着する透析膜が研究され、一部実用化されています。

急性間欠性ポルフィリン症
Acute Intermittent Porphyria

【どんな病気か】 赤芽球性プロトポルフィリン症（上段）と並んで、もっとも頻度の高いポルフィリン症です。ただし、日本では２００２（平成14）年までに１８８例の報告があっただけで、まれな病気です。

肝臓でポルフィリンからヘムが合成されるときにはたらく12種類の酵素のうち、３番目の酵素の異常による病気で、体内に過剰のポルフィリンが蓄積します。その原因として３００種近い遺伝子の異常が発見されています。

発病は20～30歳代の人に多く、女性は男性の4～5倍多く、性ホルモンが関係しているのではないかと推定されています。一生、発病せずに終わる場合も多いのですが、さまざまな誘因が加わると発病します。

誘因には、薬物（バルビタール、サルファ剤、避妊薬など）、飲酒、感染、手術、低カロリーや低たんぱく質の食事などがありますが、特定できない場合もあります。

女性では、月経周期や妊娠と関係して発病します。

【症状】 腹痛がもっとも多くみられる症状です。腹痛以外の胃腸症状として、嘔吐、便秘、下痢があります。胃腸症状とあわせて、神経症状（運動まひ、知覚障害、けいれん）と精神症状（不安、興奮、錯乱、性格変化、昏睡）の３つがおもな症状です。これに、自律神経症状（発汗、頻脈、

肝型と赤芽球型の2つに分けられます。

　肝型は、さらに**晩発性皮膚ポルフィリン症**、**急性間欠性ポルフィリン症**、**多様性ポルフィリン症**などの6タイプに分けられます。

　赤芽球型は、**赤芽球性プロトポルフィリン症**、**先天性赤芽球性ポルフィリン症**の2タイプに分かれます。

　ほとんどは遺伝によっておこりますが、一部は薬剤やさまざまな病気によっておこるものもあります。

　ひじょうにまれな病気で、今までに、日本で報告された患者数は、８００人ほどしかありません。

高血圧）なども加わり、多彩な症状が現れます。

　誘因が加わると、これらの症状が急激におこり、数日から数か月にわたってつづきます。

治療　大量にぶどう糖を使用すると、過剰に蓄積したポルフィリンを減少できます。発作時には大量のぶどう糖の点滴が有効です。重度の発作がおきたときには、ヘムを点滴することも有効です。

　また、胃潰瘍治療薬のシメチジンにも同じはたらきがあるので、治療薬として使われています。

　腹痛、けいれんを抑えるには、抗精神病薬のクロルプロマジンが有効です。便秘には、腸管の動きを活発にする薬を使用したり、腹部を温める熱気療法を行います。高血圧や頻脈は交感神経の緊張によっておこるので、交感神経を抑制する薬を使います。

日常生活の注意　誘因を避け、良好な栄養状態を維持することです。感染や手術の際には、ぶどう糖の大量使用で発作を予防します。

低ナトリウム血症
Hyponatremia

どんな病気か　ナトリウム濃度が、１３５mEq／ℓ以下に低下しています。

原因　**①脱水時に、水分よりもナトリウムのほうが多く失われた場合**　ナトリウムが、嘔吐や下痢などによって失われたり、広範囲のやけどなどで皮膚から失われたり、アジソン病（1490頁）などの副腎皮質機能低下症や利尿薬などで腎臓から失われたりしたときにおこります。また、急性膵炎（1678頁）では腹腔内から、腸閉塞（1591頁）では腸管内からナトリウムが失われてもおこります。

②体内の総ナトリウム量は増加しているのに、それを上まわる水分がたまり、血液中のナトリウムが薄められた場合　慢性心不全（1342頁）や慢性腎不全（1721頁）、肝硬変（1647頁）、ネフローゼ症候群（1699頁）などの病気によって現れるむくみにともなっておこります。

③むくみをともなわずに、体内に過剰な水分がたまり、血液中のナトリウムが薄められた場合　心因性多飲症（1490頁）とADH不適切分泌症候群（SIADH 1490頁）が原因です。心因性多飲症では、不安や葛藤などの精神的な原因で大量の水分をとるために、血液が薄められ、低ナトリウム血症となります。また、SIADHでは、不適切に抗利尿ホルモンが分泌されるため、尿として排泄されるはずの水分が体内にたまり、低ナトリウム血症となります。

治療　①の場合、生理食塩水かそれより高濃度の食塩水を点滴して、ナトリウムを補給します。

　②の場合、1日１０００mℓ以下の水分と、1日5～7g以下の塩分の制限をし、原因疾患を治療します。

　③のうち心因性多飲症では、精神的な原因に対する心理療法が主体となります。薬物療法としては、抗精神病薬を補助的に使用することもあります。

　SIADHでは、重症の場合に1日４００～５００mℓ、軽症の場合に1日８００～１０００mℓの水分制限を行い、

◎微量元素欠乏症

体内では、さまざまな物質が合成されたり分解されたりしていますが、こうした過程は、いろいろな酵素というものがなくてはできません。この酵素のはたらきは、そのなかにある金属元素（ミネラル成分）なしではおこりません。

このような元素は、食物からとるほかなく、欠かせないものなので、**必須微量元素**と呼んでいます。

必須微量元素には、亜鉛、銅、クロム、ヨード、コバルト、セレン、マンガン、モリブデンなどがありますが、これらが欠乏した状態が微量元素欠乏症です。これらの元素のうち、亜鉛と銅の欠乏症がよく知られています。

ふつうの食生活をしているかぎり、微量元素欠乏症になることはありません。点滴だけの栄養補給（高カロリー輸液）を長期間つづけた場合におこります。脳卒中（921頁）の後遺症などで、食べること

同時に、ナトリウムの補給が必要なこともあります。効果が不十分なときは、抗利尿ホルモンの作用を抑えて、尿量を多くする薬剤を服用します。

血清ナトリウム濃度が、１２０ｍEq／ℓ以下の高度の低ナトリウム血症で、意識障害などの神経症状をともなうときは、ひじょうに危険な状態です。ナトリウムの補給と水分の排泄を促進するために、高濃度の食塩水の点滴とループ利尿薬の静脈注射が必要です。この場合、急激にナトリウム濃度を正常化させると、脳幹の橋に障害をおこし、呼吸まひなど、さらに危険な状態を引き起こしてしまいますので、徐々に正常化させる必要があります。

高ナトリウム血症
Hypernatremia

どんな病気か　ナトリウム濃度が、１４５ｍEq／ℓ以上に上昇しています。

原因　**①体内の総ナトリウム量が増加した場合**　腎機能障害のある人にナトリウムを過剰に使用したときにおこります。また、クッシング症候群（1491頁）や原発性アルドステロン症（1491頁）、副腎皮質ホルモン（ステロイド）剤治療などで、副腎皮質ホルモンが過剰な状態で、その作用によって尿中へのナトリウムの排泄量が減り、高ナトリウム血症となります。

②水分が多く失われた場合　糖尿病（1501頁）で著しい高血糖状態にあるときや尿崩症（1489頁）では、多量の尿が排泄されるため、体内の水分が欠乏し、血液は濃縮されて高ナトリウム血症となります。昏睡状態で水分補給できないときにもおこります。

③寡飲性高ナトリウム血症　のどの渇きを感じる神経のはたらきが低下しているため、水分をとる量が減り、血液は濃縮されてきます。血液の濃縮によって、促されるはずの抗利尿ホルモンの分泌も不十分なため、尿の排泄量は減らず、血液は濃縮されたままとなり、高ナトリウム血症となります。

治療　①では、原因の除去や原因疾患の治療を行います。

②のうち、中枢性尿崩症で水分が多く失われた場合は、抗利尿ホルモンを鼻腔内に噴霧します。中枢性尿崩症以外で水分が多く失われた場合には、水分を口から摂取させるか、点滴にて補給します。これらの場合で、急激にナトリウム濃度を正常化させると、脳浮腫（943頁）をおこす危険性があるので、徐々に正常化させる必要があります。

③の場合、1日１０００㎖以上の水分をとるようにします。さらに、高脂血症治療薬のクロフィブラートや抗てんかん薬のカルバマゼピンを使用して、尿中へナトリウムを排泄させるか、抗利尿ホルモンを鼻腔内に噴霧します。

低カリウム血症
Hypokalemia

どんな病気か　血清中のカリウム濃度が、３・５ｍEq／ℓ以下に低下しています。

原因　**①からだからカリウムが失われる場合**　嘔吐や下痢がつづいた場合や多量の下剤の服用時に

ができず、栄養食だけで栄養をとっている場合にもおこることがあります。

亜鉛欠乏症の症状は、高カロリー輸液時にしばしばみられ、顔や股部に水疱や化膿をともなう発疹ができ、しだいに全身に広がります。また、脱毛や爪の変化、さらに口内炎や腹痛、吐きけ、下痢などの腹部症状も現れます。

銅欠乏症の症状は、高カロリー輸液を始めてから数か月後にみられ、白血球の減少、貧血、骨の変形（子どもの場合）などが現れます。

セレン欠乏症の症状は、1年以上にわたり高カロリー輸液を行うとみられます。不整脈（1346頁）や心不全（1342頁）がおこる場合と、脚に筋肉痛がおこる場合とがあります。

▼検査　血液中の微量元素の測定を行います。

▼治療　高カロリー輸液用の微量元素剤が使用されます。これを輸液に入れ、点滴で補給します。

おこります。また、副腎皮質ホルモンの過剰状態〔クッシング症候群（1491頁）、原発性および続発性アルドステロン症（1491頁）、副腎皮質ホルモン（ステロイド）剤治療〕、利尿薬（チアジド系やループ利尿薬）の服用時、尿細管性アシドーシス（1712頁）などがあるときに、多量のカリウムが排泄されます。

②血液中のカリウムが細胞内へ入る場合　血液がアルカリ性になったときや、インスリンの使用時、低カリウム血性周期性四肢まひ（987頁）があるときにおこります。

症状　カリウム濃度が2・5mEq／ℓ以下になると、倦怠感や手足の脱力がおこり、ひどくなると全身の筋肉がまひしてきます。また、カリウムが欠乏すると、腎臓での尿を濃くするはたらきが低下するため、尿量が増加し、口が渇いてきます。

治療　血清中のカリウム濃度が、2・5〜3・5mEq／ℓのときは、カリウムが多く含まれている野菜、果実、肉類を食べるか、カリウムを服用して、徐々にカリウム濃度を正常化させます。カリウム濃度が2・5mEq／ℓ以下のとき、または、口から服用できないときは、カリウムを点滴で徐々に補給します。

高カリウム血症
Hyperkalemia

どんな病気か　血清中のカリウム濃度が、5・0mEq／ℓ以上に上昇しています。

原因　**①腎臓からカリウムの排泄が低下する場合**　腎不全（1720頁）や副腎皮質ホルモンの分泌低下状態〔低アルドステロン症、アジソン病（1490頁）〕、カリウムの排泄を抑える利尿薬の服用でおこります。

②細胞内から血液中にカリウムが出てくる場合　カリウムは細胞内に高濃度に存在するため、筋肉がおしつぶされたり（挫滅）、血管内での溶血（赤血球の破壊）などにより大量の細胞が破壊されたときにおこります。また、血液が酸性になったとき、スキサメトニウムやジギタリスなどの薬を使ったとき、高カリウム血性周期性四肢まひ（987頁）があるときにもおこります。

③血液中のカリウム濃度が基準範囲でも、検査結果が高くなる場合　長時間腕をしばったあとの採血や、採血した血液が溶血したときにおこります。

症状　手足の脱力やまひをきたします。心臓への影響がもっとも重大で、著しい高カリウム血症のときは、心室細動（1351頁）や心停止をおこし、ひじょうに危険です。

治療　原因となっている病気を治療し、カリウムが多く含まれている食品は控え、カリウムの排泄を抑える利尿薬を飲んでいれば中止します。これらの処置を行っても、血清カリウム濃度が5・5〜6・0mEq／ℓのときは、陽イオン交換樹脂を内服するか、大腸内に注入します。

6・2mEq／ℓ以上のときは緊急処置が必要で、カルシウムやアルカリ性の注射液、またはぶどう糖とインスリンの静脈注射を行います。

これらの方法でも改善しない場合は、血液透析（1725頁）を行います。

◎総カルシウム濃度とイオン化カルシウム

血液中のカルシウムは、たんぱく質に結合しているものと結合していないもの（イオン化カルシウム）とがあります。このイオン化カルシウムが、神経や筋肉の興奮などに深くかかわっています。

したがって、低カルシウム血症、高カルシウム血症に基づく症状は、イオン化カルシウムの増減により現れ、総カルシウム濃度とは無関係です。

低カルシウム血症
Hypocalcemia

どんな病気か

血清中のカルシウム濃度が、8・5mg／dℓ以下に低下している状態をいいます。

原因

ネフローゼ症候群（1699頁）や肝硬変（1648頁）、高齢者など、血液中のたんぱく質濃度が低い人では、たんぱく質に結合するカルシウム量が減少し、血液中の総カルシウム量も減る低カルシウム血症になっています。しかしこの場合は、イオン化カルシウムの濃度は変わらないので、症状はなく、治療の必要もありません。

慢性腎不全（1721頁）、副甲状腺機能低下症（1487頁）、ビタミンD不足・作用不全などで、イオン化カルシウムの減少がおこります。また、過換気症候群（1313頁）で血液がアルカリ性になった場合は、イオン化カルシウムがたんぱく質に結合するため、低カルシウム血症となります。

症状

血液中のカルシウム濃度の変化が急激なほど、症状が強く現れます。カルシウム濃度が6・0～6・5mg／dℓに低下すると、手指や足にしびれ感やテタニー（痛みをともない筋肉がかたくけいれんする）が現れます。ひどい場合には、全身にけいれんがおこってきます。生命の危機をきたすことはあまりありません。

治療

しびれ感やテタニーが現れれば、緊急の治療が必要です。カルシウムの静脈注射を行います。

軽症であれば、カルシウムやビタミンD剤を内服します。

高カルシウム血症
Hypercalcemia

どんな病気か

血清中のカルシウム濃度が、10・2mg／dℓ以上に上昇している状態をいいます。

原因

悪性腫瘍（がん）が原因となることがもっとも多く、40～50%を占めます。つぎに多いのが副甲状腺機能亢進症（1485頁）で10～20%です。そのほかに急性腎不全（1720頁）や甲状腺機能亢進症（1474頁）、サルコイドーシス（2049頁）にともなうことがあり、薬剤（ビタミンD剤、チアジド系利尿薬）によってもおこります。

症状

初期では、多尿による口の渇きがおこり、程度が強くなると吐きけ、腹痛、食欲低下などの消化器症状、筋力低下、倦怠感さらに意識障害が現れます。また、意識障害がなくても、不整脈（1346頁）や心停止で突然死することがあります。

急速に進行した場合には脱水による腎機能障害、徐々に経過した場合には尿中のカルシウム増加にともなう尿路結石（1740頁）や骨粗鬆症（1884頁）をきたします。

治療

原因となっている病気を治療します。血清カルシウム濃度が12～13mg／dℓ以上に急に上昇した場合、緊急の処置を要します。脱水の改善と尿中へのカルシウムの排泄を促進するために、生理食塩水とともに強力な利尿薬を使用します。これらの処置を行っても、血清カルシウム濃度が低下しない場合は、骨吸収抑制薬や副腎皮質ホルモン剤を使います。

第4部 病気の知識と治療

第13章 消化器の病気

食道・胃・腸の病気

食道は食物を胃へ送り、胃は、胃液によって消化します。胃で消化されたものから水分や栄養を吸収するのが腸のはたらきです。

食道・胃・腸のしくみとはたらき

◇食道のしくみ

食道は、食物を胃に送るための約25cmの長さの管（図1）で、消化吸収のはたらきはありません。食道の本体は筋肉からできていますが、内側は扁平上皮という平らな細胞でできた粘膜でおおわれ、外側は外膜という膜でおおわれています。

食道は**消化管**のなかでも、外からのさまざまな刺激、細菌などにさらされやすく、とくに酸やアルカリに弱いという特徴があります。

食道の上下両端には、安静なときは閉鎖し、嚥下（飲み込む）のときに緩む**括約部**があります。咽頭に近い**上部食道括約部**は、食物が食道から逆流するのを防いだり、息を吸ったときに、空気が胃へ流れ込まないように閉じるために収縮します。胃に近い**下部食道括約部**は、嚥下時には緩んで食物を胃に送り込みますが、普段は胃の中のものが食道へ逆流しないように締めつけています。

図1　消化器系器官の位置

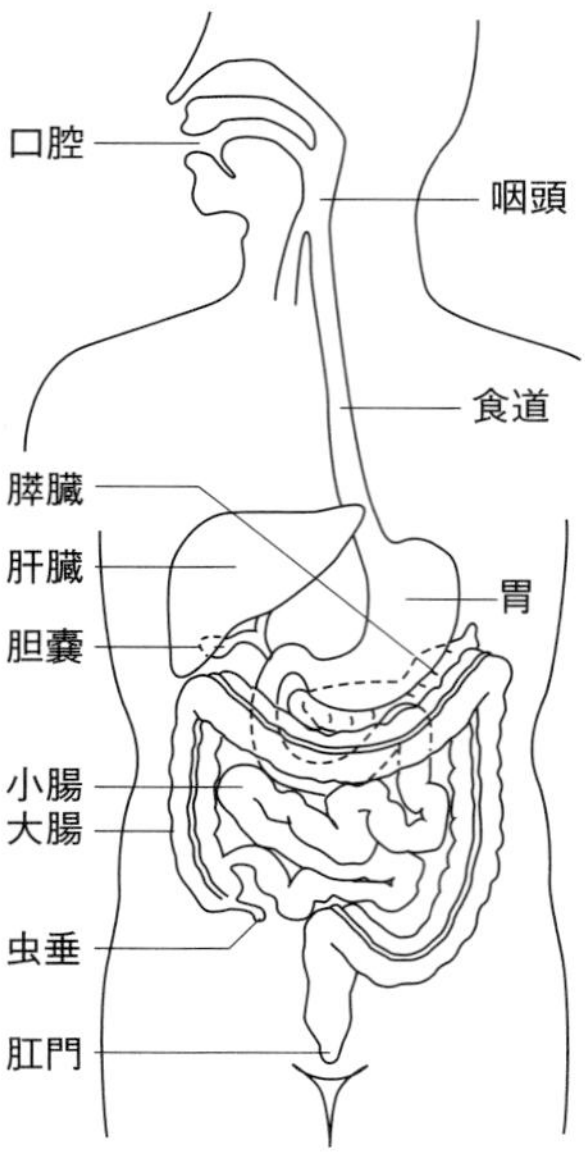

◇胃のしくみ

胃は、食道から送られてきた食物を一時ためておく袋のような臓器です。食物が入っていないときはぺちゃんこですが、食物が入ってくると上のほうが食物に適応して緩んで広がります。

胃の役目は、**蠕動運動**（うねるような運動）と**攪拌運動**（かき混ぜる運動）によって食物をよくこね、混ぜることと、胃酸と消化酵素のペプシンを分泌して食物を消化することです。このはたらきで、食物は細切れにされて胃液と混ぜ合わされ、かゆ状（胃液と混ぜ

◎腹膜のしくみ

腹膜は腹腔の内側および腹部臓器の表面をおおう、ひとつのつながった薄い膜のことです。

　このうち、腹壁の内側をおおう膜を**壁側腹膜**、また、胃、腸、肝臓、胆嚢、膵臓などの腹腔内に存在する臓器をおおっている膜を**臓側腹膜**といいます。さらに、腸を包む腹膜は、2層の膜が向き合ったかっこうをしており、この部分を**腸間膜**といいます。腹膜の総面積は2㎡になると推測されており、からだの表面積に匹敵します。

　壁側腹膜と臓側腹膜との間にはすき間があって、**腹膜腔**といい、少量のさらさらとした液体（漿液）が存在します。この漿液が潤滑油の役目をするので、臓器どうしの摩擦が少なくてすむのです。

図2　胃のしくみ

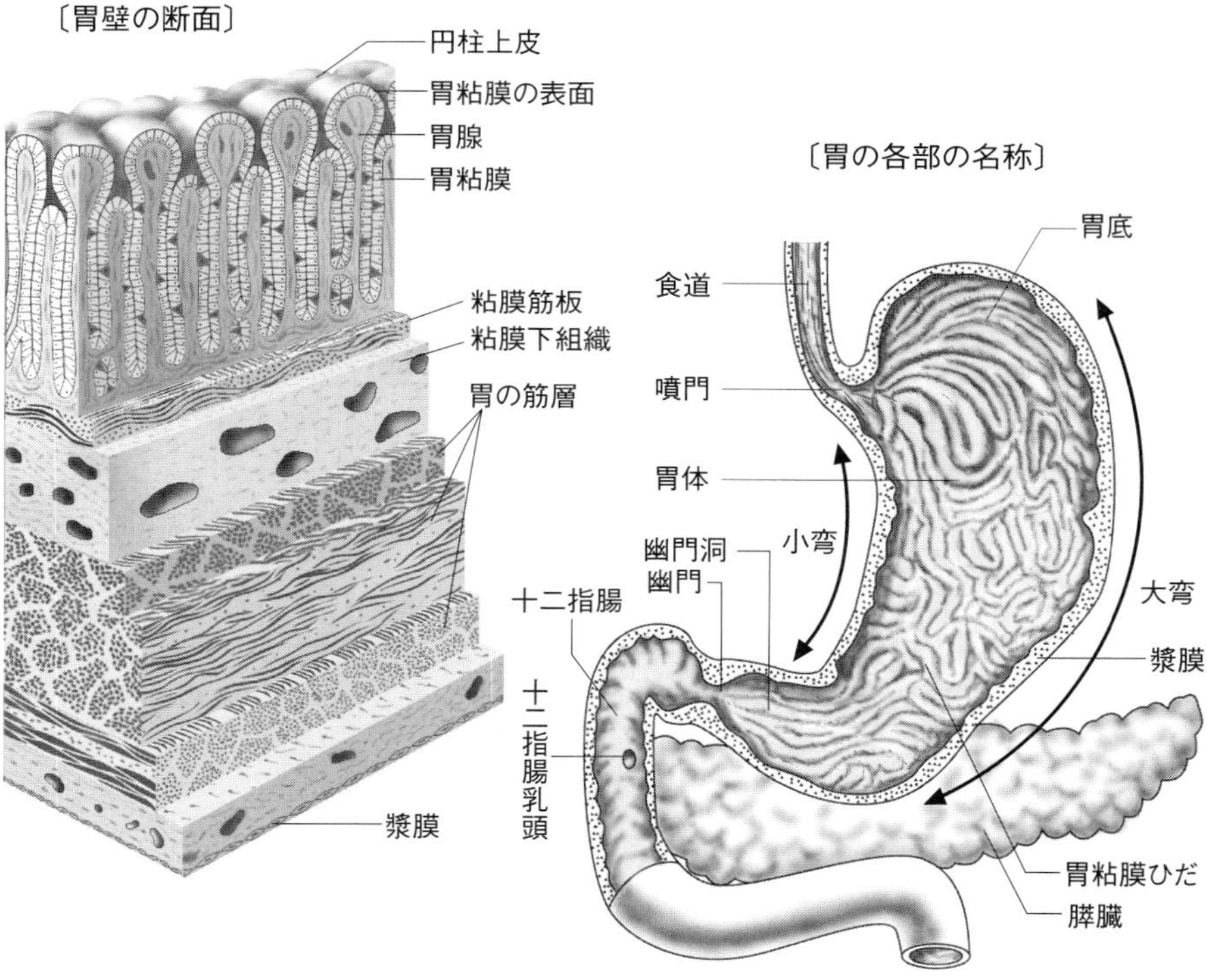

った水っぽい液）になって十二指腸に送られます。なお、水分、塩分、アルコールのほとんどは小腸で吸収され、胃では一部しか吸収されません。

　胃の壁の外側は筋肉でつくられており、内側は**円柱上皮**という円い柱のような形の細胞でできた粘膜でおおわれています。この粘膜の中に胃液を分泌する**胃腺**があります。胃の外側は、**漿膜**という結合組織でできた丈夫な膜でおおわれています。

　食道とつながっている胃の入り口の部分は**噴門**、十二指腸とつながっている出口の部分は**幽門**と呼びます（図2）。

●胃液の分泌

　胃粘膜の中には**胃液**を分泌する噴門腺、胃底腺、幽門腺という3種の分泌腺があり、あわせて**胃腺**と呼ばれます。胃腺からは毎日合計2～3ℓの胃液が分泌されています。

　また、胃底腺の壁細胞からは胃酸が、主細胞からはペプシンの前駆物質であるペプシノーゲンが、噴門腺と幽門腺からは粘液が分泌されています。つまり、胃液とは、これらの胃腺から分泌される分泌液の総称です。

胃液の役割は、**ペプシン**と**胃酸**によって、食物に含まれているたんぱく質をある程度分解（消化）することです。また、胃酸によって胃内はつねに酸性に保たれ、細菌の増殖を防いでいます。

いっぽう、粘液はアルカリ性で、食物と胃壁との間の潤滑油としてのはたらきをもち、また塩酸やペプシンによって胃自身が消化されないように保護する役目をはたしています。

◉胃の蠕動運動

胃の蠕動運動は、うねるような収縮運動で、1分間に3回程度と、かなり規則正しいものです。胃は弱い運動を絶えず行っていますが、食物が入ると、その運動は活発になります。

この蠕動運動によって食物が胃の出口付近の幽門洞へ達すると、その部分の筋肉が収縮して食物は胃の中央に戻されます。これは、かゆ状になった食物をさらに消化するためです。その後、さらにやわらかいかゆ状になった食物は幽門輪を通って十二指腸へ送られます。ふつうの食事をとった場合、このようにして食物は2～3時間胃の中にとどまり、しだいにかゆ状になって十二指腸へ送られます。

◇腸のしくみ

腸の長さは6・5～7・5mで、5～6mの小腸と約1・5mの大腸とに分けられています。大腸のうち、直腸と肛門を除いた部分を結腸といいます（次頁図3）。腸の壁は内側から外側に向かって粘膜、筋層、漿膜の3層構造となっています。粘膜は吸収を行う細胞や粘液を分泌する細胞からできています。筋層はさらに2層の平滑筋に分かれており、この間には神経叢があって平滑筋の収縮、拡張を促して、腸の蠕動運動を調節しています。漿膜は、腹膜や腸間膜につながっています。

◉小腸のしくみ

小腸は十二指腸、空腸、回腸に分けて呼ばれます（次頁図3）。小腸の粘膜には絨毛というおよそ0・5～1㎜の高さの小さな突起が1㎟あたり40個ほど分布し、粘膜の表面積を広くしています。その表面積はテニスコート1面に匹敵するほどで、このしくみによって栄養素の吸収効率を高めています。さらに絨毛からは消化酵素を含む**腸液**が分泌されています。

十二指腸は、胃の出口（幽門）から手の指を12本並べた幅ほどの長さにあたる部分（約25㎝）です。途中に**十二指腸乳頭（ファーター乳頭）**という突起が粘膜側にあり、ここから胆嚢に蓄えられた胆汁と、膵臓から分泌された膵液が排出されます（1633頁図3）。

空腸は、十二指腸からつづく最初の5分の2の部分で、残りの5分の3の部分が**回腸**と呼ばれますが、はっきりした境界はありません。

胃で消化され、かゆ状となって腸に送られてきた食物は、腸液、胆汁、膵液にそれぞれ含まれる消化酵素によって、たんぱく質はアミノ酸に、炭水化物はぶどう糖などの単糖類に、脂質は脂肪酸などに分解され、吸収されやすい状態になります。

腸の蠕動運動によって、食物は十二指腸から空腸、回腸へと送り込まれ、およそ3～4時間で小腸を通過します。

図3　腸のしくみ

〔小腸の内部〕

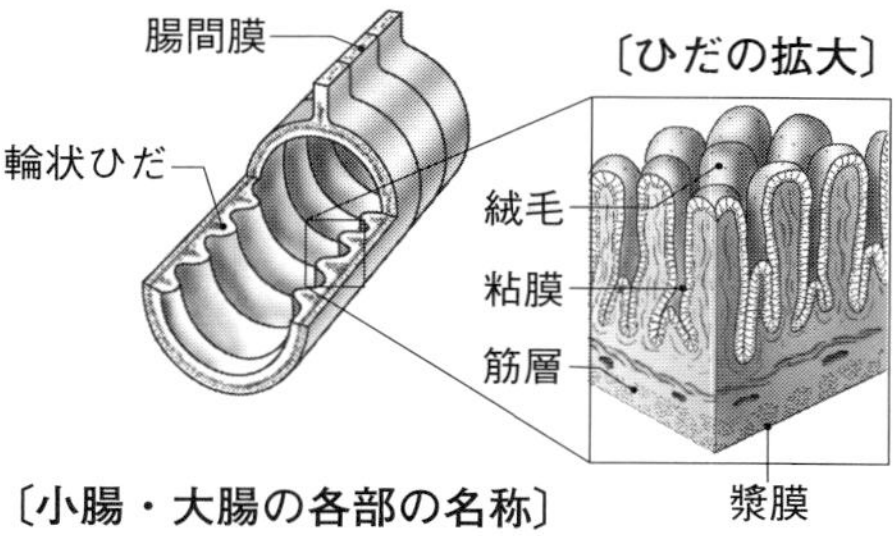

〔小腸・大腸の各部の名称〕

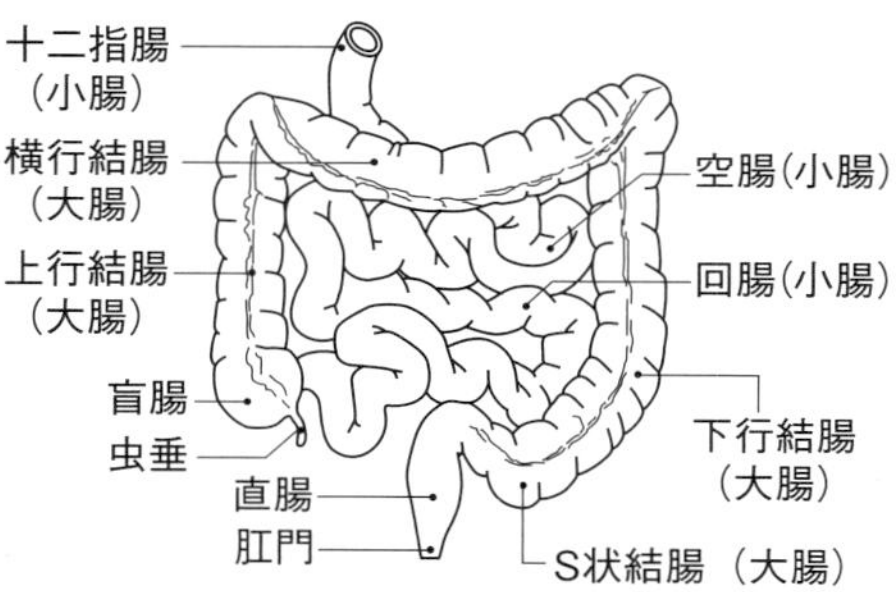

ただし、食物の種類によってその運搬時間は異なり、10時間ほどかかることもあります。この間、盛んに消化吸収が行われ、栄養素（炭水化物、たんぱく質、脂質、ビタミンなど）が吸収されます。

1日の食事に含まれる水分量は約2ℓで、これに胃液などの消化液を加えると約9ℓもの水分が毎日消化管に入ります。このうち約90％の水分が小腸で吸収されて、その末端では約1ℓの容量となって大腸に入ります。

●大腸のしくみ

大腸は、上行結腸、横行結腸、下行結腸、S状結腸、直腸の5つに分けて呼ばれています。回腸（小腸）から上行結腸（大腸）に移行する部分が盲腸で、その先端に虫垂がついています（図3）。その移行部に回盲弁があり、大腸からの細菌の逆流を防いでいます。

大腸も蠕動運動によって、1分間に1～3cmの速度で内容物を運びます。

大腸の役割は、大きく分けて、水分の吸収と排泄物の貯蔵との2つです。小腸で栄養素を吸収された食物の残りかす（腸内容物）は、どろどろの状態になっています。それが、上行結腸、横行結腸、下行結腸と通過する間に水分が吸収され、しだいにかたくなってゆきます。その後、下行結腸からS状結腸と通過する間に、腸内容物はふつうの糞便（大便）のかたさになって貯蔵されます。

小腸から毎日入ってくる1ℓの水分のうち、0・9ℓが大腸で吸収されます。糞便の重量は、平均約150gで、その約70～80％が水分です。

●胃・大腸反射（胃・結腸反射）

多くの人は、1日1回、朝食後に便意を催すという規則正しい生活習慣をつけています。排便は自律神経反射によるもので胃・大腸反射と呼ばれます。

小腸から大腸へ移った消化物は、上行結腸から横行結腸を8～15時間かけてゆっくり移動する間に水分が吸収され、半液体状から半固形状の糞便になります。胃に食物が入ると、横行結腸から下行結腸、S状結腸にかけて大きく強い収縮運動（**大蠕動運動**）が促され、糞便が直腸に向かって押し出されます。糞便によって直腸の壁が伸ばされて内圧が高まり、便意を催して排便が行われます。

この大蠕動運動は、1日に1～3回しかおこらず、多くの人は朝食後1時間以内におこり、約15分間続きます。この反射が鈍感な人は、糞便が長く大腸にたまって水分が過剰に吸収されるので便秘症になりやすく、過敏な人は大腸で糞便がたまる時間が短いので、下痢症になりやすいと考えられます。

強い腹痛をきたす疾患

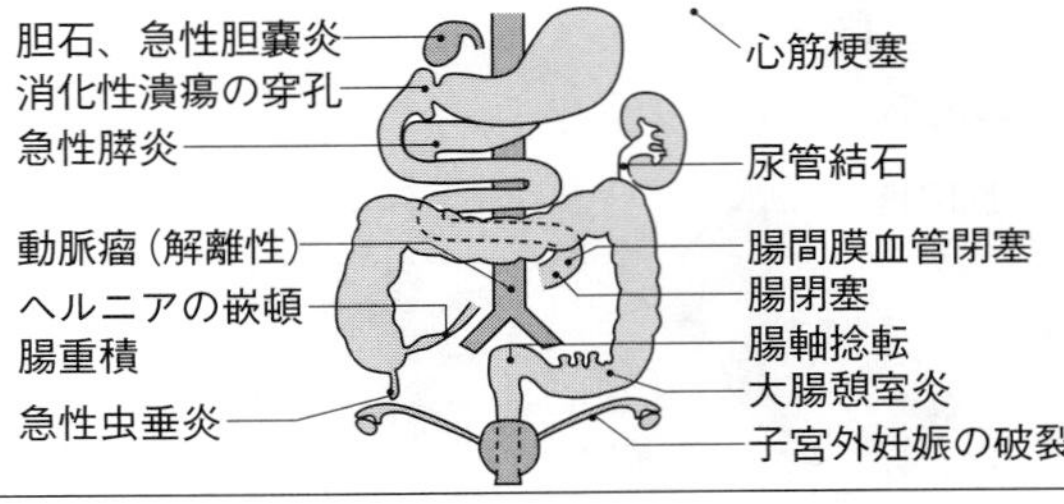

◎腹痛の見分けかた

腹痛が始まったり、ひどくなったりするきっかけを知ることにより、診断の手がかりがつかめます。

胃・大腸反射は神経反射のひとつですが、この反射がおこっても排便を我慢しつづけると習慣性の便秘をおこしやすくなります。起床してからきちんと朝食をとり、排便のための十分な時間をとってから出勤するという習慣がたいせつといわれるのはこのためです。

神経質な人はもちろんですが、ふつうの人でも環境が変わったりストレスが加わったりすると、この胃・大腸反射が変調をおこして便秘気味になったり、逆に毎食後に便意を感じて、排便回数が増加したりします。

糖尿病により自律神経が損なわれると、腸管の蠕動運動と胃・大腸反射が障害されて便通異常がおこりやすくなります。過敏性腸症候群は、自律神経のバランスがくずれたため、腸のはたらきが異常になり、苦痛と感じるようになった状態と考えてよいでしょう。また、腸に炎症や腫瘍があると、その刺激で胃・大腸反射とよく似た運動が頻繁におこることがあります。排便の感覚や回数が著しく乱れたときは大腸の検査を受けることをお勧めします。

食道・胃・腸のおもな症状

◉腹痛

腹痛をおこす原因となる疾患にはいろいろあります（上図）。注意しなくてはならないことは、心筋梗塞のように腹部から離れた臓器の異常でも腹痛をおこすことがあることです。

一般に、発生メカニズムから内臓痛・体性痛・関連痛に分類されます。

▼内臓痛　内臓痛は胃、腸、尿管、胆嚢のように内側が腔になっている管状の臓器が伸びすぎたり、引っ張られたり、けいれんすることによっておこる痛みです。虫垂炎の初期は内臓痛で、最初はどこが痛いのかはっきりせず、腹部の真ん中あたりに、鈍い痛みを感じます。内臓痛では、歩いたり、会話で痛みを忘れることもあります。

腸がふさがったり、炎症をおこしたりすると、数分から十数分ごとに痛みを感じ、便意を催します。尿管結石も数十分おきに強い痛みがおそってきて、冷や汗が出て、七転八倒します。

内臓痛では、腸の筋肉を緩める薬を使用すると痛みが和らぎます。

▼体性痛　虫垂炎が始まって12～24時間たつと、腹膜に炎症がおよんで、痛む部位が右下腹部の虫垂がある部分に集中してきます。これを体性痛と呼び、炎症がおこっている部分を押すと痛みを感じます。体性痛は突き刺すような鋭い痛みで、内臓痛より強く、長くつづきます（30分以上）。夜間に眠れなくなるほどの痛みは体性痛を疑います。

深い胃潰瘍ができて胃の壁に孔があくと、直後に腹膜全体に炎症がおよび、からだを動かせないほど痛みます。体性痛は自然に治まることはなく、手術が必要になることが多いものです。

▼関連痛　関連痛は、炎症のある臓器から離れた皮膚や筋肉で感じる痛みで、臓器によって痛む場所が決まっています。その領域の皮膚を爪でなでると過敏に感じます。関連痛は、内臓の痛みを感じる信号が、脊髄の知覚神経を刺激することによって生じます。

食道・胃・腸のしくみとはたらき

潰瘍とくに十二指腸潰瘍では、夕方や夜間に腹痛を感じ、食事をすると痛みが和らぎます。空腹時に痛みを感じますが、食事をすると痛みが軽くなります。

食事中あるいは食直後に感じる腹痛は胃の痛みと思われがちですが、実際は過敏性腸症候群の可能性が高いです。中高年者では、大腸がんによって大腸が狭くなっていて、食後の蠕動で刺激されて腹痛をおこすことがあるので注意を要します。大腸の狭窄や閉塞による痛みは、便やおならが出ると楽になります。小腸の狭窄・閉塞では吐くと痛みが軽くなります。

食後数時間して腹痛が始まる場合は、胆嚢の収縮や膵液の分泌が食事摂取により促されることに関係し、胆嚢炎や膵炎が疑われます。さらに、腹膜炎になると吐きけを感じ、嘔吐しますが、これらの疾患では吐いても腹痛や吐きけは緩和されず、反対に悪化します。

◉食欲不振

食欲にかかわる中枢は視床下部という脳のもっとも深い部分にあります。

空腹感は、胃の飢餓収縮（胃の内容が空になるとおこる収縮）と血糖の低下を視床下部の摂食中枢が感じとることで生じ、つづいて食欲がおこります。食事をとって満腹になると、胃の膨張と血糖の上昇を、同じく視床下部の満腹中枢が感じとります。

摂食中枢は視床下部の外側にあり、ここが破壊されると拒食となり、また、ここを刺激されると満腹状態でも食べつづけます。逆に、視床下部の内側にある満腹中枢は、破壊されると過食をおこし、刺激されると空腹状態でも食事をとらなくなります。食欲抑制ホルモンとしてレプチンが、促進ホルモンとしてはグレリンが知られています。

なお、食欲は大脳辺縁系（視床下部より外側にある人間の行動全般を調節している部分）にも影響されています。ここを通過する神経刺激が、感情的・精神的な要因によって視床下部や下垂体前葉にうまく伝達されないと、神経の調節が障害され、まったく食欲が湧かなくなります（**神経性食欲不振症**）。

食欲不振をおこす原因はたくさんありますが、胃潰瘍、十二指腸潰瘍、胃炎などの消化器病によるものがもっとも多くみられるものです。また薬剤、とくに鎮痛薬や抗生物質もしばしば食欲不振の原因となります。急性肝炎、インフルエンザなどの感染症、胃がんなどの悪性腫瘍、そして神経性食欲不振症も食欲不振の原因疾患です。

◉便秘

正常な便通は毎日1回、通常は朝にみられます。ところが、人によっては1日2～3回のことも、1日おきのこともあります。取立てて苦痛がなく、それなりに規則正しい便通があって、健康障害がなければ問題はありません。

便秘というのは、排便回数が減って便のかたさが増し、ふつう3日以上排便がなく苦痛を感じるものをいいます。

①一過性便秘

食物や生活環境の変化、精神的緊張などによって一時的におこる便秘で、旅行、試験などのストレスを受けたときにしばしば経験されるものです。

②慢性便秘

▼**器質性便秘**　瘢痕（組織のひきつれ）や腫瘍による狭窄によるものです。

▼**弛緩性便秘**　高齢者に多く、腹部膨満感、もたれ感、胸焼けなどの症状がみられます。

▼**けいれん性便秘**　結腸に生じる持続的けいれんによるものです。便秘と下痢をくり返す過敏性腸症候群にみられ、左側や下腹部の腹痛をともなうのがふつうで、神経質な性格、ストレスの多い職業に多い型です。

▼**習慣性便秘**　直腸に糞便が長時間とどまったためにおこるもので、便がかたくなります。高齢者や便意を抑制する習慣をもつとおこりやすく、会社員にもよくみられます。

そのほか**症候性便秘**（神経疾患や内分泌疾患による）や、**薬剤性便秘**（抗うつ薬や止痢薬など）に注意します。

◉下痢

下痢は糞便中の水分量が多くなった状態です。下痢をおこすしくみには、水分の吸収障害、腸液分泌の亢進、腸

◎下痢の分類と原因疾患

急性下痢
①消化不良性、②アレルギー、③感染症、④食中毒、⑤急性膵炎、⑥抗生物質使用に起因する下痢

慢性下痢
①感染性腸炎（結核など）、②非特異性炎症（クローン病・潰瘍性大腸炎）、③消化吸収不良（胃性・腸性・膵性）、④肝・胆道疾患、⑤過敏性腸症候群

消化管出血をきたす疾患

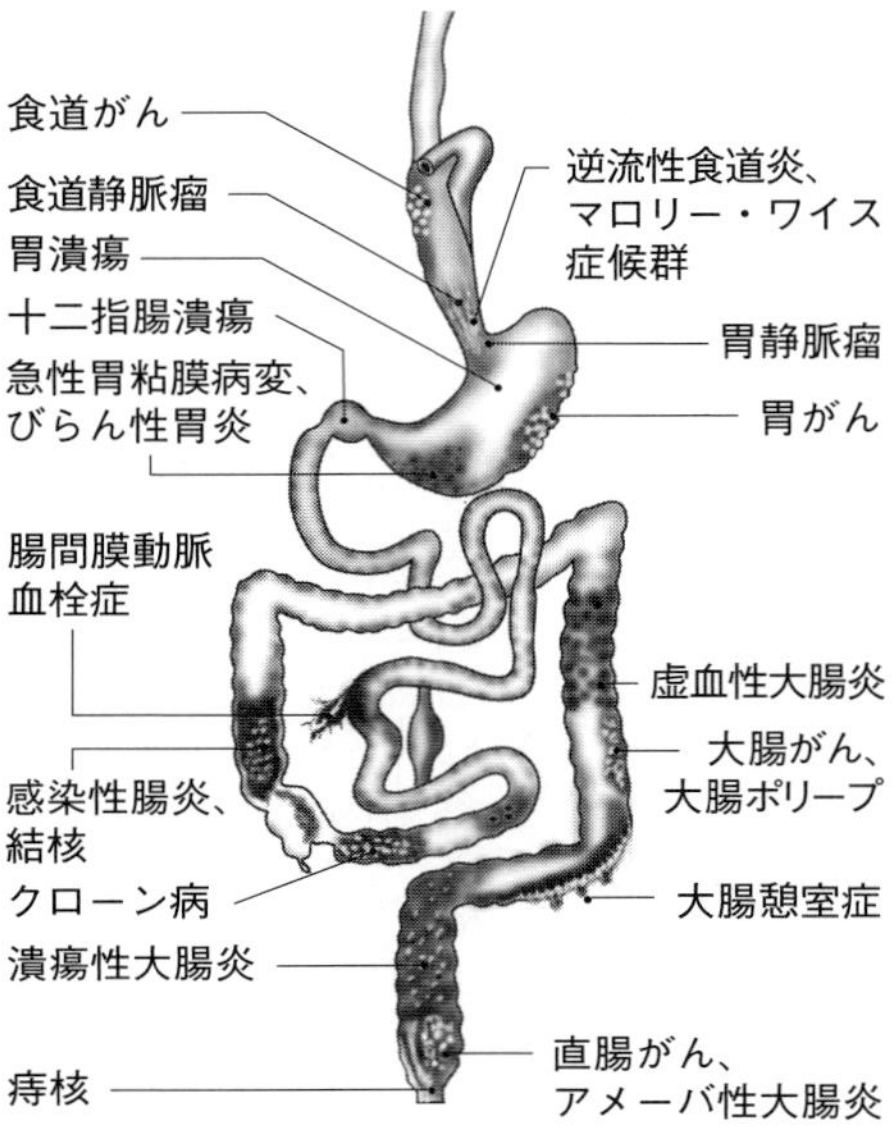

管運動の亢進の３つがあります。ふつうは、この３つが同時にかかわっておこることが多いものです。

水は小腸で1日5～10ℓ、大腸では1日1～2ℓが吸収されます。ところが、腸管内に吸収の悪い塩類や食物が入ってくると、腸管は多量の腸液を分泌するため便がやわらかくなったり、下痢便になります。とくに大腸は水の吸収量が少なく、1日2ℓを超える水が入ってくると下痢をおこします。

下痢には急性のものと慢性のものがあります（上段）。**急性下痢**の大多数は感染症（食中毒）、食物アレルギー、食べすぎによっておこるもので、数日で自然に治るものがほとんどです。

これに対し、1か月以上、ときには1年以上も続いたり、反復して現れる下痢が**慢性下痢**です。原因のほとんどは、上段に示すような疾患です。

◉吐血と下血

吐血は、口腔内から十二指腸までの上部消化管出血でみられ、おもに食道、胃、十二指腸からの出血です。大量に出血する場合には、新鮮血（真っ赤な血）を吐きますが、少量の場合には血液が胃の中で胃酸により黒く変色するため、赤黒かったり、コーヒー残渣（残りかす）のように黒っぽい血液を吐く場合があります。

原因として多いのは、胃潰瘍や十二指腸潰瘍（1558頁）、食道静脈瘤（1551頁）、急性胃粘膜病変（1552頁）、マロリー・ワイス症候群（1548頁）、逆流性食道炎（1546頁）、胃がん（501頁）、食道がん（499頁）などです。新鮮血の大量吐血の場合は、食道静脈瘤破裂や胃潰瘍からの動脈性出血によることが多くみられます。とくに口腔内や鼻腔内からの出血や気管支・肺からの出血（喀血）は、吐血との識別が必要なことがあります。

いっぽう**下血**は、肛門から血液を排出することです。赤い**血便**とイカ墨のように黒い**黒色便（タール便）**とに分けられます。

血便はおもに小腸、大腸からの出血によるもので、肛門に近いほど赤くなります。ときに食道静脈瘤破裂などの上部消化管からの大量出血の場合にも、血便となることがあります。タール便の多くは上部消化管からの出血です。小腸とくに上部小腸（空腸）からの出血や、盲腸や上行結腸といった口側に近い大腸からの少量の出血では、黒色となることがあります。

下部消化管出血の原因としては、大腸がん（505頁）や大腸ポリープ（1593頁）、痔核（1610頁）、潰瘍性大腸炎（1584頁）・クローン病（1586頁）、大腸憩室症（1594頁）、虚血性大腸炎（1589頁）、感染性腸炎（1580頁）、抗生物質などによる薬剤性腸炎（1581頁）、血管拡張症などがあります。

食道・胃・腸のしくみとはたらき

◎高齢者の消化器救急の注意

腹痛などで救急車を呼ぶときは、本人も家族もあわてています。とくに本人の訴えがはっきりせず、受診時にも典型的な所見がみられないときには、診断、治療が遅れてしまうこともあります。こうしたときは、家族など周囲の人が本人にかわって、普段とのようすのちがいや状況をちゃんと説明することが重要となります。

高齢者ではいろいろな病気をすでに抱えていることも多く、受診しても治療法の決定に難渋することもあります。しかし、がんの内視鏡治療をはじめとして、比較的からだへの負担の少ない治療法も進歩してきています。つねに早めの受診を本人・家族ともども心がけてください。

老化にともなう消化器の病気と症状

◇消化器と老化

老化（加齢）にともなういろいろな内臓の病気は、おもに後期高齢者（75～89歳）以降でおこります。しかし、高齢者だけに特有な病気というものはありません。

高齢者には、神経系の調節障害による腸管の運動異常や肛門括約筋の機能低下がおこり、腹部膨満感や腹痛だけでなく、便秘、下痢、失禁などの排便異常もよくみられます。

血管系では、動脈硬化が進んで腸粘膜の血のめぐりが悪くなり、突然の腹痛と出血をおこす**虚血性腸病変**（1589頁）などの緊急度の高い病気、そして、**胃がん**（501頁）や**大腸がん**（505頁）はつねに考えていなくてはなりません。

◉症状がはっきり現れないことも

消化性潰瘍はどの年齢層にもおこりますが、高齢者では痛みの程度が軽いなど、典型的な症状が現れないことも少なくありません。さらに寝たきりになったり、認知症が進行してしまうと、本人が症状を訴えないことも多く、家族など周囲の人による注意が必要となります。

また、高齢者は他の病気のためにいくつもの薬を服用していることが多くあります。薬剤による胃腸障害などの副作用がみられることも多いので、日ごろから服薬している薬の名前を、家族の人も控えておきましょう。

◉日ごろの健康管理を

高齢者では、定期的な健康診断を受け、かかりつけ医をもって健康管理してもらうことが大事です。

いつもとちがう体調のときには、早めの受診を心がけてください。ただし、症状があるからといって、やみくもに「検査を」というのではなく、検査による肉体的、精神的両面からの負担も考えて、医師とよく相談しながら行うべきでしょう。

◉胃に現れる病気と症状

動脈硬化による血流の悪化が**胃潰瘍**（1558頁）の原因ともなります。とくに高齢者では、潰瘍は大きく、出血しやすいといわれています。胃粘膜の傷害がおこるとみぞおち付近の痛みや、ときに出血して、コールタールのような便がみられることもあります。

日本人ではヘリコバクター・ピロリ（1560頁上段）という細菌の胃内での感染率が高いといわれています。この細菌は**胃炎**（1552、1555頁）や潰瘍ばかりでなく、胃がんとの関連性も明らかとなってきました。

また、関節痛、脳梗塞の予防や不整脈のために長期にわたり消炎鎮痛薬を服用している人でも胃潰瘍、胃炎をおこしやすいことが知られています。

ただし、胃がんでも胃潰瘍や胃炎と同じような症状がみられるので、胃内視鏡によるくわしい検査が必要となります。

また、消化管の運動機能低下により食事内容がいつまでも胃の中に残ってしまい、**胃もたれ**が生じることがあります。もたれ感といっても、必ずしも胃の症状とはかぎりません。**胆石**（1669

◎急性腸間膜動脈閉塞症

腸間膜動脈は腸の血流を保つ血管です。これが急につまると腸への血流が停止し、たちまち腸管が壊死におちいり、生命にかかわる重い病態となります。一般的に0・1〜1%の頻度といわれています。

原因は、動脈内に血栓ができたり、心臓から流れた血栓がつまる（塞栓）ためで、脳梗塞・心筋梗塞などの血管病変や心房細動などの不整脈のある高齢者に多くみられます。

突然に激しい腹痛がおこり（見た目のわりに強い腹痛がつづく）ますが、特徴的な症状はなく、初期の段階では腹部X線や超音波検査、単純CT検査でも異常を発見できません。腸間膜動脈の血流を見る超音波検査や造影剤を使用したCT検査により診断します。

発症して10時間以内であれば血栓溶解療法が効果を発揮するため、できるだけ早く受診してください。

頁）など胆嚢や膵臓、なかには心筋梗塞など重い病気が隠れていることもあります。

老化により、胃から食道への酸の逆流もおこりやすくなり、胸やけや吐きけ、つかえ感などを生じる**胃食道逆流症**（1546頁）も、高齢者に最近増加しているといわれています。

◉腸に現れる病気と症状

腸の運動機能が低下すると、**常習性便秘**（1541頁）がしばしばみられます。放置すると、腸管内圧上昇と血流不全によって粘膜傷害（**虚血性腸炎** 1581頁）をおこし、腹痛、下血をきたすこともあります。

また反対に下痢や、肛門括約筋の機能低下による**便失禁**をおこしてしまうこともあります。

腸管の緊張低下、常習性便秘、長期臥床などのほか、がんが原因となって**腸閉塞**（1591頁）になると、腸管の内容物の通過障害や血行障害をおこします。出血や穿孔（孔があく）のために手術が必要になることもあり、治療が遅れると生命が危険となるので注意が必要です。

また、便秘や脱肛は**痔**を悪化させ、出血をくり返したり、細菌が感染して腫れて痛みが生じるようになります。

下血をおこす病気としては、虚血性腸炎のほか、脳血管障害、心不全、腎不全などの重大な病気をもっている人におこりやすい**急性出血性直腸潰瘍**、寝たきりのため常習便秘になって、直腸内の多量の便が腸内圧を異常に高めておこる**宿便潰瘍**など、緊急治療が必要な病気があります。もちろん**大腸がん**が隠れていることもありますので、早めの受診が肝心です。

◉肝臓に現れる病気と症状

高齢者では、心臓のはたらきの低下と血管の動脈硬化によって、肝臓の血液循環状態が悪くなることがあります。しかし、肝臓は予備力が大きいため、たんに年をとっただけでは、肝障害はおこりません。

しかし、いったん高齢者が**肝不全**（1648頁上段）をおこすと、その原因によらず、若い人に比べて術後や治療後の経過（予後）はよくありません。年齢が高いほど病気の進行が早く、致命率は高くなります。

肝炎（1634頁）や**肝硬変**（1647頁）のある高齢者が、大量の飲酒、薬剤、ウイルス肝炎（重感染）のいずれかを契機に、急性肝不全をおこすことがあります。そのため、慢性肝障害のある人は、

高齢者に多いおもな消化器の病気

胃炎	1552、1555頁
胃潰瘍	1558頁
胃がん	501頁
大腸憩室症	1594頁
大腸がん	505頁
慢性肝炎	1642頁
肝硬変	1647頁
肝臓がん（肝細胞がん）	511頁
胆石症	1669頁
胆道がん	515、517頁
膵臓がん	518頁

治療は、腹部血管造影により腸間膜動脈の閉塞を確認し、カテーテルから血栓溶解薬を使用したり、血栓・塞栓を吸引したり、バルーン拡張や金属ステントを血管に留置して狭窄部を解除します。

しかし、発症より10時間以上経過している場合には、腸管の虚血性変化はあと戻りしません。時間の経過とともに予後が悪くなるので、緊急手術で壊死をおこした腸管を切除します。また、血栓・塞栓除去術、血管形成術やバイパス術などの血行再建術を行うこともあります。

経カテーテル下血行再建術や開腹手術が終了した治療直後でも、血管閉塞が再発することがあり、重篤となれば手術できず、救命できないことがあります。

持病の心臓病や血管病変などの治療を受け、血栓を予防するために抗血小板薬や抗凝固薬を服用することが予防につながります。

大量の飲酒を控えなければいけません。

高齢者の肝硬変では、黄疸などの典型的な症状（1668頁）がみられる場合もありますが、自覚症状や他覚症状がほとんどなく、健康診断でたまたま見つかることがあります。肝炎ウイルスや飲酒による肝硬変が多く、もっとも頻度の高いC型肝炎ウイルスによる肝硬変では、**肝がん**（511頁）の発生が問題になります。飲酒は肝炎ウイルスによる発がんを促進するため、断酒をしなければなりません。そのほか、**原発性胆汁性肝硬変**、心不全からくる**うっ血性肝硬変**もまれにあります。この診断のために侵襲（からだへの負担）の少ない血液検査やCT、超音波による腹部画像検査が行われます。

◉胆道に現れる病気と症状

高齢者には約20%という高率で**胆石**（1669頁）がみられますが、若い人の胆石とは異なり、ビリルビンカルシウムでできた石が多いものです。ところが最近は、若い人に多いコレステロール系の胆石も増えています。

胆石の部位は、若い人に比べて胆管にできる**胆管結石**の割合が多く、胆石発作で重症化しやすい特徴があります。胆嚢にできる**胆嚢結石**の場合は、胆嚢がんを併発することがあります。

高齢者の胆石発作は、腹部の激痛などの典型症状が軽く、また、自覚症状や他覚症状が少ないにもかかわらず重症化することがあります。そのため、胆石発作が疑われたら早めに受診してください。

超音波検査によって胆嚢結石はほぼ100%見つかりますので、腹部の超音波検査を含めた定期的な健康診断を受けるようにしましょう。胆管結石の診断のためには、さらにCT検査、胆管造影検査が行われます。

無症状の胆嚢結石の場合は、年1〜2回の超音波検査で経過をみてよいでしょう。

高齢者では胆石保有率が高いことに合わせ、**胆嚢炎**、**胆管炎**（1673頁）などの胆道感染症も多くみられます。典型的症状がでそろうことが少ないのに加え、症状が軽微でも急激に重篤化し、胆嚢の穿孔（孔があく）による腹膜炎をおこし、緊急手術が必要になることが少なくないという厄介なものです。さらに、**急性閉塞性化膿性胆管炎**と呼ばれる死亡率の高い重症型もあります。そのため、初期症状が軽くても、早いうちに受診することがたいせつです。

また、**胆嚢がん**や**胆管がん**が炎症に関係していることもあるため、そのくわしい検査も必要になります。

高齢者は、若い人に比べ、胆道疾患による**閉塞性黄疸**（1668頁）が多く、肝疾患と胆道疾患による**黄疸**がほぼ同率にみられます。さらに、肝臓がんや胆道がんによる黄疸も高頻度でみられることや、うっ血性心不全、敗血症など、別の臓器の疾患が原因の黄疸が多いのも特徴です。いずれも、黄疸のわりには自覚症状が軽いことがよくみられるため、注意が必要です。

高齢になると開腹手術が困難になるため、拡張した胆管にからだの外から細い管を挿入し、黄疸の原因となるたまった胆汁を体外へ排出する治療や、侵襲の少ない腹腔鏡や内視鏡を使った治療が行われます。

食道の病気

◎バレット食道

食道の粘膜の表面は、扁平上皮という組織でおおわれています。

ところが、食道粘膜の一部

食道炎
Esophagitis

どんな病気か

なんらかの刺激によって、食道に炎症をおこしたものです。食道の粘膜は皮膚の表皮と同じ扁平上皮でおおわれているため、酸やアルカリに弱く、全身性の病気から感染症にいたるまで、皮膚炎をおこす原因となる病気のほとんどは、同じように食道粘膜もおかすと考えられます。

原因

食道炎の原因はいろいろあります。

◉胃食道逆流症・逆流性食道炎

胃食道逆流症（GERD）は、胃内容物の逆流によって不快な症状あるいは合併症をおこした状態をいいます。

このうち、内視鏡検査で下部食道粘膜に明らかな粘膜傷害が確認できるものを**逆流性食道炎**といい、不快と感じる逆流関連症状があっても、内視鏡検査で粘膜傷害がなければ、**非びらん性胃食道逆流症**（NERD）といいます。

逆流の原因のひとつとして、食道裂孔ヘルニア（1602頁）があります。

胃食道逆流は、肥満や妊娠などで腹圧が上昇したり、年をとって背骨が曲がったり、食道の周囲の組織が緩んだり、閉経後の女性におこりやすくなります。また、胃食道逆流は胃を手術した人にもよくみられ、これは**胃切除後逆流性食道炎**といわれます。とくに胃を全部摘出した人、噴門（胃の入り口）付近を摘出した人に多くみられます。

胃食道逆流症の食道合併症には、逆流性食道炎、出血、食道の狭窄、バレット食道および食道腺がんがあります。

◉感染性食道炎

細菌類によっておこる食道炎です。まれに咽頭炎などの上気道感染の原因となる細菌や、結核、梅毒にともなっておこることがありますが、多くは魚の骨などの異物が食道粘膜にささり、そこから細菌が入っておこるものです。

最近はエイズやがん（悪性腫瘍）の患者や、抵抗力がない高齢者などに、カンジダという真菌（かびの一種）が感染しておこる食道炎も増えています。

◉腐食性食道炎

酸やアルカリなど、粘膜を腐食する液体（塩酸や農薬など）を飲んだときにおこるものです。

◉薬剤性食道炎

薬剤によっておこる食道炎で、その原因のほとんどはテトラサイクリン系の抗生物質、カリウム製剤、消炎鎮痛薬あるいはビスホスホネート製剤などの錠剤やカプセルが、食道にひっかかってとどまることでおこります。

したがって、薬を寝たまま、あるいは水なしで飲むことはやめましょう。

◉放射線性食道炎

放射線治療を受けた後におこります。放射線治療の2～3週間後の急性型と、2か月以上たってからおこる慢性型とに分かれます。胸焼け、胸骨（胸の中央にある縦に長い骨）の裏側の痛み、心窩部（みぞおち）の痛み、しみる感じなどの症状がおこります。

検査と診断

造影剤を飲んで食道のX線撮影を行う食道造影と、内視鏡（胃カメラ）を使って食道内を調べる検査が行われます。

内視鏡検査を行うと、食道粘膜に発赤（赤らみ）、浮腫（むくみ）、びらんが、円柱上皮という他の組織でおおわれていることがあります。これをバレット食道といい、胃に近い食道下部でみつかりやすいものです。

このバレット食道には、炎症や潰瘍がおこりやすく、長期間の炎症などによって、ここに発生したがんをバレット腺がんと呼びます。欧米では、多くの食道がんがすでにこのタイプですが、日本では扁平上皮がんが主流です。しかし、日本でも今後は増加する可能性もあるので、バレット食道では定期的な内視鏡検査が必要です。

◎食道損傷

誤って飲み込んだ物や入れ歯などの食道異物、交通事故や胸部外傷などによって食道が傷つけられることがあります。また、特発性食道破裂、マロリー・ワイス症候群でも食道損傷がみられます。損傷の度合いによって、手術が必要になることもあります。

(ただれ)がみられ、さらに進行すると潰瘍、狭窄がみられます。

なお、食道がんとの識別には、色素(ヨード)を炎症部位に散布して観察したり、粘膜の組織の一部をとって調べる必要があります。さらに、食道内の圧力を調べる食道内圧検査や食道内の酸度を調べるpH測定も行われます。

治療　炎症の原因物質を取除くこと、原因疾患の治療が先決です。逆流性食道炎は、胃酸の逆流を抑えるため、胃酸分泌抑制薬が使われます。十二指腸液の逆流に対しては、たんぱく分解酵素阻害薬などの内服薬による治療が行われます。

薬剤が効かなかったり、何度も再発する場合、強い狭窄がみられる場合には、内視鏡下や腹腔鏡下あるいは開腹による手術が必要なこともあります。

日常生活の注意　逆流性食道炎の場合は、枕やベッドを工夫し、頭を10～15度高くして寝るのが有効です。1回の食事量を減らし、睡眠前3時間以内の食事は控えましょう。高脂肪食、酒類、コーヒーなども控えてください。

食道潰瘍
Esophageal Ulcer

どんな病気か　食道粘膜の一部が強い炎症によってなくなり、えぐれたような病変を食道潰瘍と呼びます。

多くは、胃液や十二指腸液が胃から食道に逆流して食道粘膜に炎症をおこす逆流性食道炎(前頁)にともなってみられます。また、薬剤性食道炎(前頁)、腐食性食道炎(前頁)、かびやウイルスの感染症、食道異物による粘膜の圧迫、膠原病なども原因となります。

症状　食道のつかえ感、胸部痛、胸やけがおもな症状ですが、ときに潰瘍から出血をおこしたり、食道が狭くなって、食事が通りにくくなることがあります。

治療　逆流性食道炎にともなうものでは、胃酸分泌を抑制する薬や粘膜保護薬、たんぱく分解酵素阻害薬を使用します。

そのほか、潰瘍ができた原因に対する治療を行います。

予後　治療後の経過は、潰瘍ができた原因によって異なりますが、通常は3か月ほどで軽快します。潰瘍が治っても再発をくり返すことがあります。

日常生活の注意　逆流性食道炎にともなうものでは、①脂肪の多い食事や極度に辛いもの、酸味、甘味の強いものは控える、②食べすぎや寝る前の飲食を避ける、③たばこやアルコール、コーヒーの過剰な摂取は控える、④上体を少し高くして寝る、などの点に注意しましょう。

特発性食道破裂(ブールハーフェ症候群)
Spontaneous Rupture of the Esophagus

どんな病気か　食道内の圧が急上昇することにより、食道が破裂してしまいます。下部食道の左側が裂けることが多く、食道や胃の内容物が縦隔や胸腔に漏れてしまうため、縦隔炎(1327頁)や膿胸(1325頁)をおこします。

原因　おもに飲酒後の嘔吐がおこったときに、食道内圧が上昇して食道壁が破裂します。そのほか、排便、分娩がきっかけとなることもあります。

症状　嘔吐などをきっかけに突然激しい胸痛がおこります。さらに呼吸困難やショック状態になります。食道が裂けると空気が漏れて皮下にたまり、くびの周りが腫れて、押すとザクザクとした感じがすることもあります。

多くは症状から判断できますが、胸部X線検査やCT検査を行えば診断できます。

治療　ただちに開胸手術を行い、破裂した食道壁を縫い合わせて、胸腔内や縦隔をよく洗浄し、ドレーンという管を留置します。漏れた内容物が縦隔内にとどまる場合には、手術をしないで胸腔内にドレーンを留置するだけで治療することもあります。

日常生活の注意　まれな病気ですが、治療がむずかしく、現在でも死亡する可能性がある病気です。

飲酒後の嘔吐に引き続いて激しい胸痛を自覚したら、食道破裂を疑い、ただちに大きな病院を受診してください。

マロリー・ワイス症候群
Mallory-Weiss Syndrome

どんな病気か　食道内や胃内の圧が上昇し、下部食道や胃の噴門部の粘膜が裂けて、出血をおこす病気です。裂けるのは粘膜だけで、食道や胃の内容物が胸腔や腹腔に漏れることはありません。

症状　飲酒、暴飲暴食後に嘔吐をくり返すうちに、大量の吐血や下血がおこります。出血が多いとショック状態となり、生命の危険にかかわることもあります。

治療　内視鏡検査で診断しますが、ただちに内視鏡を使って止血処置も行います。

内視鏡治療で治る病気ですので、この病気が疑われた場合は、すぐに内視鏡検査ができる病院や診療所を受診してください。

食道狭窄
Esophagostenosis

どんな病気か　食道の内腔が狭まった状態で、飲食物が通過しにくくなっています。先天性のものと後天性のものがあります。

後天性の場合、逆流性食道炎などの食道炎（1546頁）、食道潰瘍（前頁）、食道の損傷などで食道に組織のひきつれ（瘢痕）ができ、狭窄をおこします。

また、原因はわかっていませんが、食道にリング状の組織（粘膜輪や筋層輪）が形成されて、狭窄をおこすこともあります。

治療　飲食物が飲み込みにくいなどの嚥下障害がつづいている場合に治療を行います。ブジーという金属製の器具を入れて、食道を拡張します。

これで効果がない場合、食道と胃をつなぐバイパスをつくる手術や、狭窄部分の食道を切除したり、ステント（金属製の管）を狭窄部に挿入することもあります。

食道アカラシア
Esophageal Achalasia

どんな病気か

食道は、収縮と弛緩をおこしながら胃へ飲食物を運んでいます（蠕動運動）。この食道のはたらきに異常がおこり、飲食物の飲み込みに支障がおこった状態を**食道運動異常症**といいます。

食道アカラシアは食道運動異常症のひとつで、食道の蠕動運動の第一波がおこらないことと、胃に近い下部食道括約筋が緩まないために、飲食物が食道から胃に送られなくなっています。

1万人に1人の割合でみられ、比較的若い女性に多い傾向があります。

症状

飲食物のつかえがおもな症状です。とくに流動物が飲み込みにくく、胸焼け、吐きけ・嘔吐をおこします。また、食道が収縮するときに胸痛を感じることもあります。

夜寝ている間に、食道にたまった飲食物が逆流して、気管に入ると激しいせきをおこしたり、肺炎をおこすこともあります。

検査と診断

食道X線造影検査が有用です。また、食道のはたらきを調べるために食道内圧検査も行われます。

治療

軽症の場合は、下部食道括約筋圧を下げるためにカルシウム拮抗薬を内服します。

しかし多くのケースでは、食道内にカテーテルを入れて、狭窄部でバルーン（風船）を膨らませるバルーン拡張術や、食道の筋層を切開し、噴門（食道から胃への出口）を形成する手術が行われます。

食道憩室
Esophageal Diverticulum

どんな病気か

食道壁が袋状になって、外側へ張り出したものです。下咽頭部や食道の中部、横隔膜のすぐ上などにおこりやすく、それぞれ**下咽頭憩室**（**ツェンカー憩室**）、**中部食道憩室**、**横隔膜上憩室**と呼ばれます。

食道の筋層も張り出したものを真性憩室、筋層を除いた部分が張り出したものは仮性憩室といいます。

また、食道内圧が高いために食道の弱い部分が外へ張り出すものを圧出性憩室、食道の一部が周囲の組織と癒着して引っ張られるものを牽引性憩室といいます。

症状

中部食道憩室、横隔膜上憩室では、憩室内部に食物がたまることが少なく、症状のないことがほとんどです。

下咽頭憩室では、のどの違和感、食物が逆流する感じ、胸焼け、せき、飲み込みにくさなどを覚えることがあります。

また、誤嚥性肺炎（嚥下性肺炎 1255頁）を合併すると、重い状態になることがあるので、注意が必要です。

治療

食道X線造影検査で憩室を確認できます。とくに症状がなければ、治療は行いません。症状がある場合、手術をして、憩室を切除します。

憩室の中にがんが発生することもあるので、定期的に検査を受けるようにしましょう。

食道穿孔
Esophageal Perforation

どんな病気か 食道になんらかの原因によって孔があいた状態です。隣り合っている気管または気管支と瘻管という孔でつながった場合は、食道気管・気管支瘻といいます。

原因は、食道がん（499頁）、食道異物（652頁上段）、外傷、食道憩室（1549頁）の破裂などのほか、内視鏡手術の際の傷によるものもあります。嘔吐などによる特発性食道破裂とは区別されます。

症状 食道上部の穿孔では、のどの痛みや嚥下困難（飲み込みにくい）が現れます。感染がおこると発熱します。飲食物が気管に入ると、むせたり肺炎をおこすこともあります。

治療 食道造影で穿孔を確認します。穿孔が小さい場合は、栄養分を点滴し、感染防止のための抗生物質を使用して経過をみますが、手術が必要な場合もあります。食道がんが原因であれば、内視鏡を用いてカバータイプの金属ステントを挿入します。

食道神経症
Esophageal Psychoneurosis

どんな病気か とくに異常がないのに、食道の違和感などの症状を覚える場合に用いられる病名です。

症状 胸のつかえ感や異物感などの症状を示す食道知覚過敏症や、嚥下困難（飲み込みにくい）、胸の圧迫感、焼灼感などを示すこともあります。食道がけいれんしているように感じること（食道けいれん症）もあります。

髄膜炎（963頁）、てんかん（958頁）、破傷風（2113頁）などの中枢神経系の病気、薬剤の使用でも食道神経症と似た症状がおこることがありますが、これらは食道神経症には含めません。

治療 扁桃肥大（1178頁）、甲状腺腫（1481頁）、慢性喉頭炎（1182頁）などの症状のことがあり、この場合は、これらの病気の治療で解消します。もっとも多いのは、不安障害（1017頁）によるもので、抗不安薬や精神療法が効果があります。

食道良性腫瘍
Benign Tumor of the Esophagus

どんな病気か 食道に発生する良性腫瘍で、食道の粘膜にできるもの（上皮性）と、それ以外の筋肉などの組織にできるもの（非上皮性）に分けられます。扁平上皮乳頭腫、平滑筋腫、嚢腫、ポリープ、線維腫、血管腫、脂肪腫などがありますが、平滑筋腫がもっとも多く、全体の半数以上を占めます。食道がん（499頁）に比べると、まれなものです。

症状 腫瘍が小さいうちは無症状ですが、大きくなるにつれて嚥下障害（飲み込みにくい）などの症状がおこってきます。

検査と診断 食道造影、食道内視鏡などで腫瘍が確認できますが、生検で組織採取がむずかしい場合もあります。

治療 小さなものは、内視鏡で切除します。悪性との区別がむずかしい場合や、良性でも症状があれば、手術が行われます。

食道静脈瘤
Esophageal Varices

どんな病気か

食道の粘膜下にある細い静脈が瘤のように膨れて拡張し、ときに破裂してしまう病気です。

静脈瘤が破れると、大出血して、吐血、下血をおこし、手当が遅れると出血性ショックをおこして死亡することもあります。

原　因

肝硬変（1647頁）、特発性門脈圧亢進症（1666頁上段）、肝外門脈閉塞症（1666頁）などによって、胃・腸・脾臓などから肝臓へ向かう血管（門脈）の血流が滞って門脈圧が高くなることが原因となります。

この状態を門脈圧亢進といいますが、うっ滞した門脈血が大静脈に向かう際に、食道の静脈をバイパスのひとつとして使おうと大量に流れ始め、また食道・胃へ流入する動脈血もそのまま食道方向へ流れ始めます。その結果、食道の粘膜下の細い静脈に大量の血液が流れ込み、瘤のように膨らんで、静脈瘤が発生します。

症　状

食道静脈瘤があるだけでは、とくに症状はありません。あったとしても、嚥下障害（飲み込みにくい）などの軽い症状です。

また、原因疾患である肝硬変の症状が現れることがあります。食欲不振や倦怠感、むくみ、手のひらが赤らむ、前胸部などの皮膚にクモ形の赤い斑ができる、脾臓が大きく腫れる、腹部に水がたまる（腹水）、月経異常などの症状がみられます。

さらに、肝臓のはたらきが衰えると、黄疸（1668頁）や意識障害、肝臓がん（511頁）の合併などの症状もみられます。

しかし、いちど静脈瘤が破裂すると、大出血をおこし、危険な状態になります。一刻も早く救急病院に運び、緊急処置を受けなくてはなりません。

検査と診断

血液検査では、脾臓機能の亢進によって、赤血球・白血球・血小板の減少がみられます。

食道X線造影検査で静脈瘤を確認できますが、とくに内視鏡検査によって、静脈瘤の発達程度や、破裂・出血の危険性の度合いが正確に判定できます。

治　療

瘤が突然破れて大出血した場合は、止血のための緊急処置が最優先されます。内視鏡で食道を観察しながら、出血した血管に硬化剤を注射して、静脈瘤をかためてしまう硬化療法、輪ゴムのようなリングで静脈瘤血管を縛る結紮療法、先端に風船のついたカテーテルを用いて食道の内側から圧迫して止血するバルーン圧迫法などがよく行われます。

このような緊急処置で止血した後、本格的な治療が引き続いて行われます。その場合には、全身状態、肝機能、静脈瘤の状態などを総合的に判断して、硬化療法や結紮療法を追加するか、あるいは外科手術を行うかが検討されます。硬化療法や結紮療法は簡便ですが、長期間、くり返しながら徹底的に行わないと再発の心配があります。手術をすれば再発の心配は少なくなりますが、肝機能が悪い場合などでは実施できません。

肝硬変や門脈圧亢進症のある人は、定期的に検査を受け、予防的にこれらの治療を受けることが勧められます。

胃の病気①

急性胃粘膜病変（急性胃炎／急性胃潰瘍）

Acute Gastric Mucosal Lesions

胃痛、吐きけなどの症状が急激におこる

◇急激に現れる腹部症状

どんな病気か

胃炎とは、胃の粘膜に発赤（赤くなること）、浮腫（むくむこと）、びらん（ただれること）などの変化が生じることで、**胃潰瘍**とは、胃の粘膜に深い組織欠損が生じる（孔があく）ことをいいます。

これらの病変が比較的短期間（急性）に生じ、それにともなって急激に腹痛などの強い症状が現れ、さらに短期間で治癒する傾向のものを、**急性胃炎**、**急性胃潰瘍**といっていました。

これまで急性の胃炎と胃潰瘍の両者は区別して考えられてきましたが、現在は、これらを一括して**急性胃粘膜病変**（**AGML**）と呼んでいます。

また、病変が粘膜にとどまらないこともあるため、**急性胃病変**と呼ばれることもあります。

粘膜の病変の状態は、軽い発赤程度のものから、浮腫、びらん、出血、さらに潰瘍形成をともなうものまでさまざまで、これらが混在することもしばしばあります。

少し専門的になりますが、**びらん**とは粘膜表面の細胞（上皮細胞）が剥がれ落ちた状態、**潰瘍**とはそれがさらに深くなって粘膜下組織以下にまで組織欠損がおよんだ状態と考えればよいでしょう。

ですから、潰瘍が深くなれば胃の反対側に突き抜ける（穿孔）こともあります。

たいていは、誘因に引き続いて、激しい胃痛（心窩部痛）、あるいは腹痛、吐きけ、嘔吐などが現れます。

ときには、粘膜からの出血によって、吐血（嘔吐とともに血液を吐く）や下血（便といっしょに黒色の血液を排出する）がおこることもあります。

これに対して慢性胃炎（1555頁）や慢性に経過する胃潰瘍（1558頁）は、症状は比較的軽いことが多いのですが、月単位で症状が持続します。

◇原因はさまざま

原因

急性胃粘膜病変の原因はいろいろです。

精神的および身体的ストレス（手術、外傷、熱傷など）、薬剤をはじめとする化学物質（解熱鎮痛薬、副腎皮質ホルモン剤、抗菌薬、抗がん剤、農薬、洗剤、酸、アルカリなど）の使用、刺激のある飲食物（アルコール、コーヒー、お茶、香辛料など）の摂取などが原因としてあげられます。

また、食中毒、特定の食物に対するアレルギー反応、アニサキスなどの寄生虫の感染なども原因となり得ます。

また肝臓や腎臓をはじめとする重症の内臓疾患をもった人に発症しやすいこともわかっています。

そして、胃の内視鏡検査を受けたあとに発症する場合があることも知られており、ヘリコバクター・ピロリ（1560頁上段）の急性感染との関連が推定されましたが、現在は消毒処置によってなくなりました。

古くから、胃粘膜の傷害には粘膜に対する攻撃因子と防御因子のバランスが大きくかかわっているという考えかたがあります。つまり、攻撃因子としては、おもに胃液中の酸が、防御因子としては胃の粘液や胃粘膜の血流があげられています。攻撃因子が、相対的に防御因子を凌駕すれば、胃粘膜の傷害が生じるという考えかたです。

前述したさまざまな原因によって、胃液（胃酸）分泌の亢進や粘液分泌の低下、胃粘膜の血液循環の悪化が生じ、酸による粘膜への直接傷害が引き起こされ、胃粘膜の傷害がおこると考えられています。

なお、熱傷によっておこった潰瘍は**カーリング潰瘍**、脳腫瘍（476頁）などの手術後におこった潰瘍を**クッシング潰瘍**と呼びます。

◇胃痛、吐きけ、嘔吐などの症状が急激に現れる

症状

比較的急激に、しかも強い症状が現れるのが特徴です。

慢性胃炎などの場合には、胃に炎症があっても症状がない場合がしばしばありますが、急性胃粘膜病変の場合は症状がないことはまれです。

言いかたをかえれば、特徴的な症状があって初めて診断される病気だということです。

一般的には、胃のあたりを中心とした強い痛みを訴えることが多く、さらに吐きけ、嘔吐もしばしば現れます。

病変が出血性胃炎（後述）であったり、出血をともなう胃潰瘍の場合は、吐血や下血がおこることもあります。

さらに、出血がひどければ、いわゆるショック状態におちいることもあります。

検査と診断

急性胃粘膜病変の診断の第一歩は、現れた症状からこの病気を疑うことです。

この病気では、急激に出現する胃痛や腹痛、吐きけ、嘔吐、吐血・下血などの症状があります。また、診察すると胃のあたりの圧痛（圧迫したときの痛み）があり、出血がある場合には、貧血などもみられます。

これらの症状より急性胃粘膜病変が疑われますが、胆嚢や膵臓の病気、さらには心臓の病気などとの識別が困難なこともあり、血液検査などが行われます。

確定診断は、胃（上部消化管）内視鏡検査によって行われます。内視鏡所見としては、軽度の場合は粘膜の発赤のみですが、ひどい場合には、粘膜が一部欠損したびらん（**びらん性胃炎**）や出血（**出血性胃炎**）、さらに粘膜が深く掘れた潰瘍（**急性胃潰瘍**）などが生じているのがみられます。

急性胃粘膜病変は、一般にはこれら3つの病変に分類されますが、これらの病変が混在する場合が多いのも実情です。

内視鏡検査が普及する以前の胃の検査は、おもに造影剤のバリウムを飲んでX線透視する胃（上部消化管）X線検査が行われていましたが、この検査では胃粘膜の色調がわからないので、軽度の病変の診断は困難です。

また、症状の強い時期にバリウムを飲むのはなかなかたいへんでもあり、

急性胃粘膜病変の診断に使われることはほとんどありません。

また一般的には、血液検査などでは特徴的な結果が得られません。

◇薬物治療のほか、病気の原因の除去がたいせつ

治療 急性胃粘膜病変の治療を一般療法、薬物療法、その他の治療法の順に解説します。

◉一般療法

第一に、原因の除去が重要です。軽症であれば、これに加えて内服薬を服用し、経過を観察していけば、短期間で症状は消えるでしょう。

しかし比較的重症の場合は、入院したうえで食事制限を行い、点滴、さらに出血がひどい場合には輸血が必要なこともあります。

◉薬物療法

薬物による治療としては、消化性潰瘍の治療（1562頁）に準じて、胃液中への酸の分泌を抑えるH_2受容体拮抗薬やプロトンポンプ阻害薬、また胃粘膜を酸から守る胃粘膜防御因子増強薬などが使われます。

胃粘膜防御因子増強薬には、胃の粘液を増やしたり、胃粘膜の微小循環血流を増やすなど、さまざまな作用をもったものがあります。

その人の状態に合わせて、これらの薬が単独で、あるいは組合わせて使われます。

◉その他の治療

出血をともなっている場合には、前記の治療で止血できることもありますが、潰瘍の中に血管が露出しているような場合には内視鏡を用いてクリップで止血する方法が行われます。

また、純エタノールや高張食塩水（体液より浸透圧の高い食塩水）などを局所注射するなどのさまざまな止血法があります。

これらの方法でも止血できない場合は、外科的手術が行われることもまれにはあります。

日常生活の注意 まず、予防的観点に立って、各種の原因をできるだけ排除することがたいせつです。

つまり精神的および肉体的ストレスのコントロール、薬をはじめとする化学物質の使用、刺激の強い飲食物の摂取などを避けることです。

また、喫煙は胃粘膜の血流を低下させ、粘膜防御因子を減弱させるとの考えもあり、できれば避けたほうがよいでしょう。

実際に急性胃粘膜病変にかかった場合にも、こうした予防的な注意事項を守ることが病気の治癒を早めることになります。

また、急激な上腹部痛などの症状が現れて、この病気にかかったことが疑われたら、速やかに医療機関を受診し、適切な診断と治療を受けることが重要です。

胃粘膜から出血している場合はただちに対処が必要ですし、急性胃粘膜病変以外の病気でも同様の症状をおこすことがあるからです。また、急性胃潰瘍で発症した人が、いったん治癒したあとも原因を排除できないでいると、再発と治療をくり返すため、治療および経過に関しては、医師との緊密な連携が必要です。

慢性胃炎…………1555頁

▼症状▲胃粘膜に発赤、腫れ、熱感、痛みのある炎症が生じ、これが長期にわたってつづく、あるいはくり返す。症状の現れない場合や、みぞおち付近の痛み、胃もたれ、吐きけ・嘔吐などが現れる場合。

▼治療▲食生活の見直し、心身のリラックス、症状の強いときには薬物療法が行われる。

慢性胃炎

Chronic Gastritis

胃粘膜の炎症が長期間続く病気

◇ピロリ菌がおもな原因

どんな病気か

胃炎は経過のようすから、急性胃炎と慢性胃炎に分類されますが、一般に「胃炎」という病名を用いる場合は慢性胃炎を意味します。慢性胃炎の多くは、ピロリ菌（1560頁上段）の感染によることが明らかになってきました。そして、組織検査あるいは内視鏡検査で確認される慢性胃炎と、上腹部の症状との関連が薄いことも明らかとなって、現在では症状だけ(症候性)の胃炎を慢性胃炎とは別の病態として、機能性ディスペプシアという病名でとらえるようになりました。

原因

慢性胃炎は、胃粘膜が傷つき、それが日常的にくり返される状態です。そのことから原因への食物の関与（食事性因子の関与）が着目されてきましたが、その原因のおもなものは、**ピロリ菌**の感染によることがわかってきました。

食事性因子では、酒、コーヒーなどの嗜好品、唐辛子、ニンニクなどの香辛料は、胃粘膜を傷つけ、塩分もその一因子と考えられています。具体的にどのような食生活が関係しているのかはまだ不明ですが、暴飲暴食、時差のある不規則な食生活に問題があるのは確かなようです。

精神的・身体的ストレス、解熱薬などの薬剤も胃粘膜を傷つける原因となりますが、慢性胃炎の原因ともなり得るかについては結論がでていません。

いっぽう、自己免疫性胃炎では、リンパ球などが胃粘膜を敵とみなして攻撃することで胃炎がおこるとされます。

また肝硬変、腎不全などの重い病気に慢性胃炎がともないやすく、栄養・代謝障害、微小循環障害も慢性胃炎の原因と考えられています。

◇半数近くの人は無症状

症状

慢性胃炎の症状はさまざまで、くり返す、あるいは持続する心窩部痛（みぞおち付近の痛み）、胃もたれ、早期の満腹感、吐きけ・嘔吐、腹部膨満感、食欲不振が現れます。

多くの場合、心窩部痛、腹部膨満感、早期飽満感（満腹感）、胸焼けなどの症状が重複して現れます。

慢性胃炎は症状と内視鏡検査によって診断されるのが一般的ですが、内視鏡検査によって慢性胃炎と診断されたにもかかわらず、全く症状のない人が40～50%にも上ることが知られています。症状がないのに、慢性胃炎と診断された場合は、無症候性のピロリ菌感染であることが多いようです。いっぽうで、症状がある人で、内視鏡検査をすると病変のない人が50%以上おり、こういう人を**機能性ディスペプシア**（次頁上段）と診断します。

慢性胃炎には胃の運動機能の異常もともないます。代表的症状には、胃から小腸への食物の輸送機能（胃排出能）が遅くなるための腹部膨満感、胃もたれ感、胃機能の異常な高まりによる吐きけ・嘔吐があります。また、食物が入った直後の胃のふくらみ（適応性弛

◎機能性ディスペプシア（FD）

近年、からだに病変がみられない上腹部の不定愁訴（はっきりしない不調）は、機能性ディスペプシア（Functional Dyspepsia）という疾患名で診断されるようになってきました。最新の診断基準（ローマⅢ分類）では、上部消化管内視鏡検査によって症状を説明できるような病変（器質的疾患）がなく、①つらいと感じる食後膨満感、②早期満腹感、③心窩部痛（みぞおち付近の痛み）、④心窩部灼熱感、これらのうちの1つ以上を認め、少なくとも6か月以前に診断され、最近3か月間症状が続いているときに、機能性ディスペプシアと診断されることになりました。

機能性ディスペプシアは、さらに、症状の現れかたによって、食後愁訴症候群（PDS）と心窩部痛症候群（EPS）の2つの症候群に分類されて診断されます。

緩）も胃の重要な機能のひとつです。

慢性胃炎では、吐血、下血はまれな症状で、吐血、下血がある場合は、急性胃粘膜病変（1552頁）や消化性潰瘍（1558頁）などが強く疑われます。

◉受診する科

一般に、胃あるいは腹部に症状がある場合は内科でよいのですが、胃X線検査、胃内視鏡検査を望むときは、消化器科または胃腸科を受診しましょう。

検査と診断　症状によって慢性胃炎と診断されることもありますが、症状からだけでは、胃潰瘍や胃がんと区別することはむずかしく、正確な診断には、バリウムを飲んで胃X線検査や胃内視鏡検査が必要です。

内視鏡の進歩にともない、最初から胃内視鏡検査が行われることが増えてきています。胃内視鏡検査では、直接胃粘膜の色調、形状が観察され、がんなどが疑われた際にも胃粘膜組織を採取し、病理組織学的な診断（生検）が可能となります。最近では、細い内視鏡を鼻から挿入する経鼻内視鏡検査も開発されています。慢性胃炎は、内視鏡でみた胃粘膜の色調、形状により、つぎのように分類されています。

▼表層性胃炎　胃粘膜に線状の発赤、斑状の発赤が観察される状態の胃炎です。ときにびらんと呼ばれる小さな浅い傷があったり、わずかな出血をともなっていることがあります。

▼萎縮性胃炎　健康な胃粘膜は、内視鏡では血管像が見えませんが、炎症が長期につづくと粘膜が薄くなり、厚い粘膜におおわれている血管が表面に出て見えるようになります（胃粘膜の萎縮）。

▼びらん性胃炎　胃粘膜がわずかに傷ついてはがれた状態がびらんで、内視鏡でびらんは小さな白斑として観察され、重い場合は出血をともなうことがあります。

◇日常生活を見直す努力を

治療　慢性胃炎は、その原因によって対処法が異なります。

◉症状のない慢性胃炎の治療

症状がないのに慢性胃炎と診断された場合は、無症候性のピロリ菌感染であることが多く、内視鏡検査で萎縮性胃炎の広がりが軽い場合は、治療することなく経過をみるだけでよいのですが、萎縮が胃体部まで進んでいる場合は、胃がんの早期発見のために定期的な胃の検査が望まれます。

◉症状のある慢性胃炎の治療

①食事療法

胃に炎症があると飲食物の種類によって炎症が悪化することがあります。

その代表は酒、コーヒーなどの嗜好品、唐辛子などの香辛料で、刺激の強い食品、温度差の大きい食品も含まれます。慢性胃炎で症状をともなう際はこれらの食品を避けましょう。

一般的に獣肉より魚肉、野菜は繊維の多くないもの、煮物などの刺激の少ない食事が勧められますが、あまり神経質になると食事がかたよりがちになるため、基本的にはバランスのよい規則正しい食生活を心がけましょう。

②薬物療法

慢性胃炎を完全に治して、もとの健康な胃に戻す治療法は現在のところピロリ菌の除菌療法を除いてほかにはありませんが、症状の強い場合は薬物療

機能性ディスペプシアの診断基準（ローマIII分類による）

B1.	機能性ディスペプシア
必須条件	
	1 以下のものが1つ以上あること。
	a. つらいと感じる食後膨満感
	b. 早期満腹感
	c. 心窩部痛（みぞおちの痛み）
	d. 心窩部灼熱感（焼けるような痛み）
および	2 胃内視鏡検査で、症状を説明できる病変（器質的疾患）がない。

*少なくとも半年以上前からあり、少なくとも最近3か月間に上の診断基準を満たす。

B1a.	食後愁訴症候群
以下のうちの一方あるいは両方を満たさねばならない。	
	1 少なくとも週に数回、通常量の食後に、わずらわしい食後膨満感がおこる。
	2 少なくとも週に数回、通常量の食事を終えることを妨げる早期満腹感がおこる。

*少なくとも半年以上前からあり、少なくとも最近3か月間に上の診断基準を満たす。

補足基準	
	1 上腹部膨満感や食後の嘔吐、あるいは過剰な吃逆（げっぷ）がおこる。
	2 心窩部痛症候群が合併してもよい。

B1b.	心窩部痛症候群（ESP）
以下のすべての項目を満たさねばならない。	
	1 少なくとも週に1回、心窩部に限局した中等症以上の痛みあるいは灼熱感。
	2 間欠的な（間をおいてくり返す）痛みであること。
	3 胸部あるいは心窩部以外の腹部領域に局在しない。
	4 排便や放屁により軽快しない。
	5 胆嚢やオッディ括約筋障害の診断基準を満たさない。

*少なくとも半年以上前からあり、少なくとも最近3か月間に上の診断基準を満たす。

補足基準	
	1 焼けるような痛みでも胸骨後部に発生するものではない。
	2 痛みは通常、摂食により誘発あるいは軽快するが、空腹時におこってもよい。
	3 食後愁訴症候群が合併してもよい。

法で症状の改善をはかります。

胃の炎症を増強する内因性要因としては、胃酸および胃酸から胃壁を保護している胃粘膜上の粘液層の減弱にあると考えられています。そのため症状の強いときには胃酸分泌を抑えるH_2受容体拮抗薬（H_2ブロッカー）、胃粘液層の強化をはかる胃粘膜防御因子増強薬、胃粘膜保護薬が有効です。

慢性胃炎が悪化する際は、精神的・身体的ストレスが引き金になることがあります。その場合は、ストレスの除去とともに気分安定薬も使われます。

腹部膨満感、もたれ感などは、慢性胃炎による胃運動の障害が原因となっておこる症状で、胃のはたらきを改善する運動機能調節薬も効果があります。

症状の性質、強弱によってこれらの薬を組合わせて、治療は行われます。

日常生活の注意 不規則な生活など心身のストレスとなる原因の除去は慢性胃炎のたいせつな治療法のひとつです。日常生活を見直し、心身のリラックスをはかることは治療効果の向上につながります。

消化性潰瘍（胃潰瘍／十二指腸潰瘍）：1558頁

▼症状▲心窩部痛（みぞおち付近の痛み）から、上腹部不快感、胸焼け、げっぷ、呑酸（胃液がこみ上げてくる）など。

▼治療▲ピロリ菌の除菌、抗潰瘍薬などの薬物療法、食生活の見直し、手術が必要になることも。

子どもの胃・十二指腸潰瘍……739頁

消化性潰瘍（胃潰瘍／十二指腸潰瘍）

Peptic Ulcer
(Gastric and Duodenal Ulcer)

再発を防ぐためにも治療が必要

◇胃液が粘膜を消化する

どんな病気か 胃潰瘍と十二指腸潰瘍（**胃・十二指腸潰瘍**）は、日常よくみられる病気です。胃から分泌される胃液中の胃酸や消化酵素のペプシンなどが、食物を消化するだけでなく、胃や十二指腸の内側をおおっている粘膜をも消化してしまい、その粘膜に孔があいた結果生じる病気です。

胃・十二指腸潰瘍は、胃液が胃や十二指腸の粘膜を消化しておこるため、消化性潰瘍ともいわれます。

◉胃・十二指腸潰瘍のできやすい部位

胃潰瘍は、胃の小弯と呼ばれる部位に発生しやすく、とくに胃角部近くに発生することが多いです。

また十二指腸潰瘍は、十二指腸の胃に近い袋状になった十二指腸球部に多く発生します（次頁図1）。

◉胃・十二指腸潰瘍の分類

胃・十二指腸潰瘍は、潰瘍の深さ、部位、個数、経過などから、つぎのように分類されます。

▼深さによる分類（次頁図2） **Ul‐Ⅰ**（粘膜のみが欠損したもの、びらんと呼ばれる）、**Ul‐Ⅱ**（粘膜下層まで欠損した浅い潰瘍）、**Ul‐Ⅲ**（筋層までの欠損で、潰瘍が治癒した後に瘢痕を残すもの）、**Ul‐Ⅳ**（筋層を貫く潰瘍で、漿膜に達しているもの）に分類されます。

▼部位による分類 潰瘍が生じた部位によって、**幽門部潰瘍**、**前庭部潰瘍**、**胃角部潰瘍**、**胃体部潰瘍**、**噴門部潰瘍**に分けられます。

▼個数による分類 **単発性潰瘍**（1個の潰瘍）、**多発性潰瘍**（2個以上の潰瘍）、**接吻潰瘍**（2個の潰瘍が、胃あるいは十二指腸の前壁と後壁とに向かい合わせにできたもので、明らかな変形を残しやすいもの）に分類されます。

▼経過による分類 **活動期潰瘍**（潰瘍ができたばかりのもので、出血の可能性があるもの）、**治癒期潰瘍**（潰瘍が治りつつあるもの）、**瘢痕期潰瘍**（潰瘍が治って、傷跡が残っているもの）に分けられます。

◉胃・十二指腸潰瘍の経過

胃・十二指腸潰瘍は急速に生じます。地震のような大きな災害にあったり、全身やけど、大きなストレスを受けたとき、抗生物質、鎮痛薬などの薬の内服によっても潰瘍が容易にできてしまいます。しかし、食事療法や薬物療法によって速やかに治る病気でもあります。

胃酸は、胃・十二指腸潰瘍の発症に必須であり、かつ中心的役割をはたしていると考えられてきました。事実、十二指腸潰瘍は酸が多く、また酸分泌を刺激するガストリンというホルモンをつくる腫瘍では、高い頻度で十二指腸潰瘍が発症します。薬物療法においても、H_2ブロッカーやプロトンポンプ阻害薬（ＰＰＩ）といった強力な酸分

図1　胃・十二指腸のしくみと潰瘍のできやすい部位

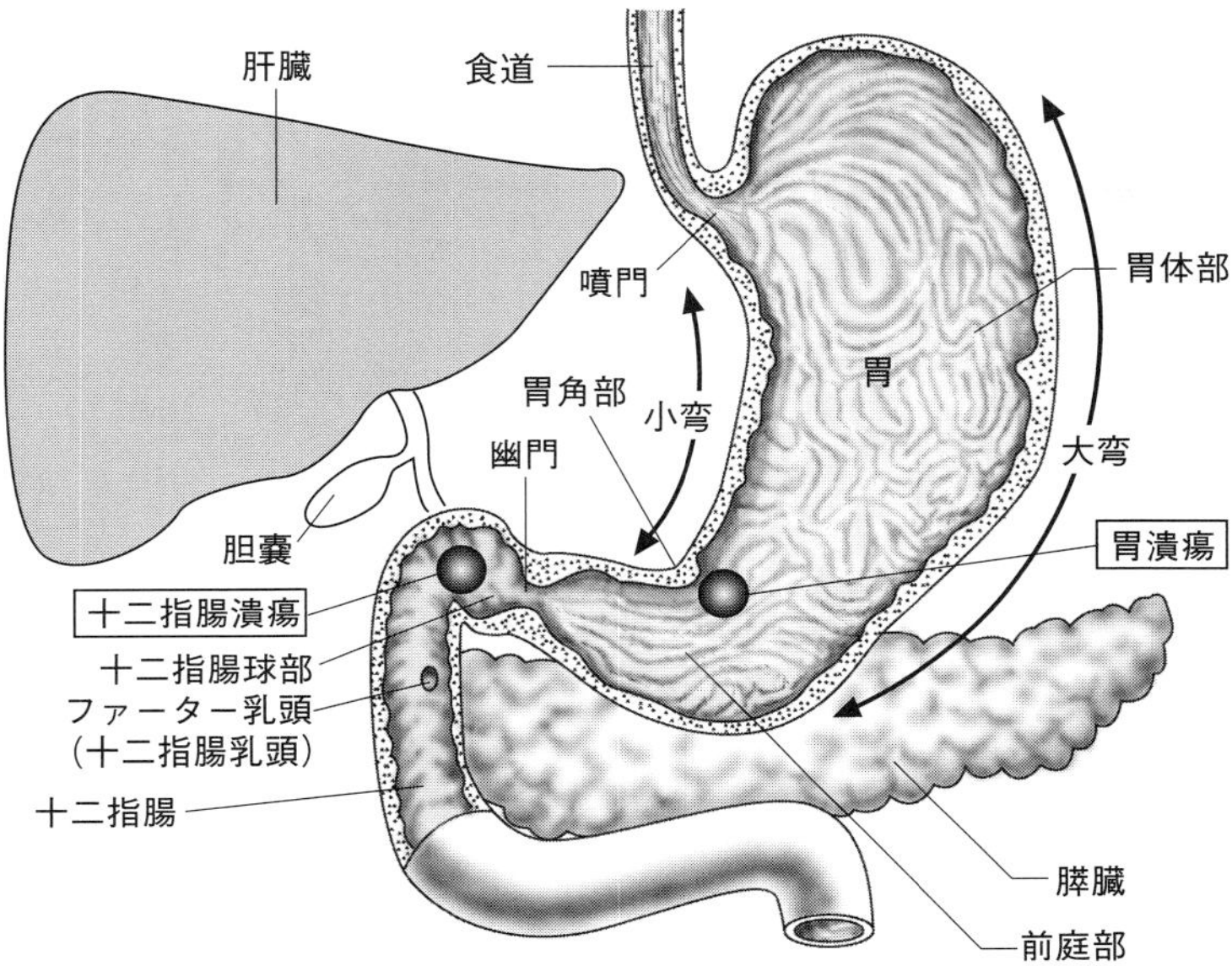

泌抑制薬がもっとも効果的です。
しかし、とくに胃潰瘍では、多くの例で高度な萎縮性胃炎をともない、酸分泌はむしろ低下しています。

図2　消化性潰瘍の深さによる分類

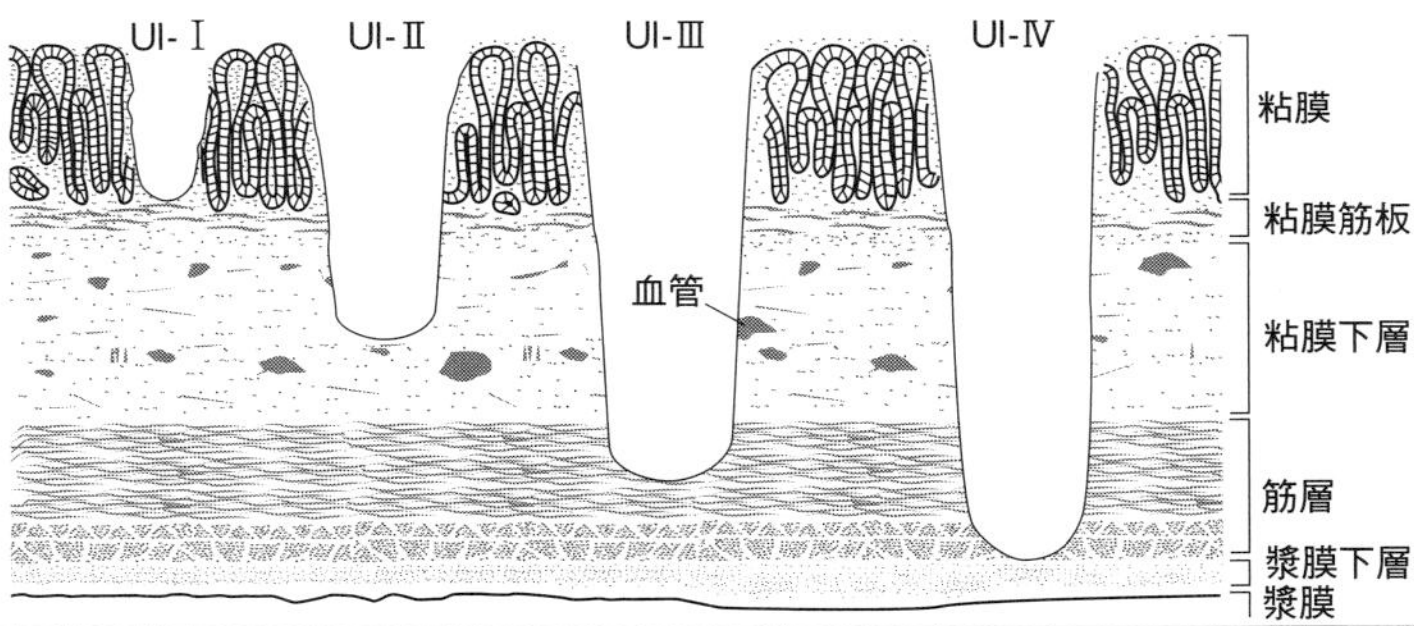

最近、胃・十二指腸潰瘍の発症に中心的役割を担っているのはピロリ菌で、必ずしも胃酸ではないことがわかってきました。古くから潰瘍は代表的な難治・再発性疾患として、治療でいったん治っても容易に再発するものと考えられてきましたが、現在では、ピロリ菌の除菌療法が胃潰瘍、十二指腸潰瘍の基本的な治療法と位置付けられ、健康保険適用のもとでの診断と治療が可能になり、その再発は見事に抑えられるようになりました。

しかし、潰瘍をほうっておいたり、治療を途中で中断してしまったり、あるいは再発と治癒をくり返しているうちに、出血、穿孔、狭窄などの合併症を引き起こし、内科的治療のみでは治らないで、外科的治療が必要になることがあります。

◉消化性潰瘍のできやすい人

胃潰瘍は中高年者、十二指腸潰瘍は青壮年者に多くみられる傾向にあります。ともに男性のほうが女性に比べて2〜3倍多い傾向にあります。

原因のおもなものは、ピロリ菌感染や非ステロイド性消炎鎮痛薬（NSAID）であり、そこに酸やペプシンによる消化作用が加わって潰瘍ができます。また、粘膜防御機能を支える微小

◎ピロリ菌（ヘリコバクター・ピロリ）

ノーベル医学・生理学賞を受賞したウォーレン博士とマーシャル博士の報告により、ピロリ菌（Helicobacter Pylori）という細菌が、胃の中に生息していることがわかってきました。

胃内には胃酸という強力な酸（pH１・５前後）が存在するため、ふつう細菌は死滅してしまいます。そのため、この胃酸は、口から飲食物と同時に侵入してくる細菌に対する生体防御として重要な役割を担っています。

ピロリ菌はウレアーゼという酵素をもち、アンモニアをつくって酸を中和したり、べん毛を用いて泳ぎ、自ら住みやすい環境に移動できるなどの特性をもっています。それによって、胃酸があるにもかかわらず、胃粘膜上の粘液層中に、他の細菌と異なって生存することが可能とされます。

ピロリ菌の発見以後、世界

循環血流や酸に対する防御機構の破綻も大きく関与しています。酒、たばこを過度に摂取する人やストレスの多い人、生真面目な人、不規則な食生活の人に多く、近年、香辛料を多く用いた激辛な食物を好む若者が増えていて、このような人にも急性潰瘍がみられます。

◇自覚症状はさまざま

症状

胃・十二指腸潰瘍の症状は、心窩部痛から、上腹部不快感、胸焼け、げっぷ、呑酸（胃液がこみ上げてくること）と多様で、特異的な症状には乏しいといえます。多くの患者は上腹部不快感を訴えますが、そのような症状は潰瘍以外でもよくみられます。いっぽうで、消化管出血や穿孔などの合併症をおこすまでまったく症状が現れないこともあります。とくに高齢者ではこの傾向があります。さらに胃がん、胆石、膵炎、心筋梗塞、狭心症など、他の病気でも胃・十二指腸潰瘍と同じような自覚症状が現れることがあります。

▼腹痛・心窩部痛（潰瘍痛）　腹痛はもっとも多い症状で、約70％の患者にみられ、とくにみぞおち（心窩部）に心窩部痛として現れます。この痛みは、鈍い、疼くような、焼けるような痛みで、一般的に持続的です。

食事と痛みとの関係は強く、十二指腸潰瘍では空腹時に痛みを感じることが多く、食事をとると軽くなるという特徴があります。つまり夜間や早朝に痛みで目が覚め、牛乳や食事の摂取により軽快するという場合は、十二指腸潰瘍がもっとも疑われます。

胃潰瘍では、胃から食物などが出ていく食後60～90分に痛むことが多いようで、十二指腸潰瘍のように空腹時痛をおこすことも少なくありません。

食後、胃酸の分泌は増えますが、食物と混ざり合って胃内のpH（水素イオン濃度指数。pHが低いほど酸性度が高い）はそれほど下がりません。いっぽう、空腹時では食物が胃内にないため、胃酸によりpHは下がり、pH１・０～２・０ほどにもなるため、心窩部痛が誘発されると考えられています。したがって、空腹時痛がある場合、牛乳や食物を胃内に入れると、胃酸が薄まり痛みが軽減することになります。

潰瘍痛が強くなると神経を介して痛みが広がり、背部痛や胸部痛として現れることもあり、これは狭心症や心筋梗塞の症状とまぎらわしいものです。

▼胸やけ、げっぷ、呑酸　胸焼け、げっぷ、呑酸は、酸による症状ですが、胃食道逆流症状とも考えられます。約20％の人に胸焼け、約９％にげっぷ（おくび）がみられ、食道・胃の運動機能異常が生じ、胃液が食道内に逆流した場合に現れます。

これらの症状は、胃炎、胃食道逆流症（逆流性食道炎を含む）、食道裂孔ヘルニア、食道がんなどでも現れます。

▼吐きけ・嘔吐　約25％に吐きけ（悪心）、８％に嘔吐がみられ、幽門前庭部や十二指腸球部の内腔が狭くなると、食物や胃液が胃内にたまって、吐きけや不快感、さらには嘔吐がおこります。

◉胃・十二指腸潰瘍の合併症

胃・十二指腸潰瘍の代表的な合併症として、出血、穿孔、狭窄があります。

▼出血　吐血・下血は約10～15％の人

的に多くの研究がなされ、胃炎、胃・十二指腸潰瘍、さらには胃がんとのかかわりが論じられてきました。さらにピロリ菌は抗生物質による除菌が可能な菌であり、この菌を除菌することで、胃・十二指腸潰瘍の再発率が低下することがわかってきました。

検査によりピロリ菌をもっていることがわかった胃・十二指腸潰瘍や慢性胃炎の患者に対して、プロトンポンプ阻害薬と抗生剤を使った1週間の除菌治療を行うことが、健康保険の適用になっています。

に現れる重い症状で、早急な治療が必要です。潰瘍が胃や十二指腸の粘膜内のある程度の大きさの微小血管におよぶと、多量に出血することがあります。しかし、吐血・下血があっても心窩部痛などがともなわないこともあり、胃・十二指腸潰瘍と判断できない場合があります。

吐血は、嘔吐とともに血を吐くことで、血液は胃液の作用を受けコーヒーの残りかすのような黒褐色となります（**コーヒー残渣様**）。また下血は、便といっしょに血液を排泄することで、血液が腸を通過する途中で変性し、便と混じって、コールタールのような黒色となるので**タール便**と表現されます。したがって、胃・十二指腸潰瘍が疑わしい場合には、便の色にも注目する必要があります。

大量出血の場合は、貧血になり、顔色が悪くなり、冷や汗がみられ、さらに進行すると血圧が低下し、脈が速く弱くなり、意識がもうろうとして、ショック状態となり、生命にかかわることもあります。とくに、粘膜下の動脈が破綻し、大量出血を引き起こした場合には、血圧が低下し、重篤な状態となることがあります。

▼**穿孔**　潰瘍が深く、胃粘膜の筋層、さらには漿膜を貫いて孔があいた場合で、胃内容物や胃液がこの孔から腹腔内に漏れ出て腹膜炎をおこします。

突然の上腹部痛と腹膜刺激症状を現す場合には穿孔を疑い、腹腔内への遊離ガスを確認します。

胃潰瘍よりは、十二指腸潰瘍で多くみられます。

▼**狭窄**　再発と治療のくり返しにより、潰瘍の瘢痕部が変形し、とくに十二指腸球部の潰瘍では狭窄をおこすことがあります。

そのため食物や胃液などの胃内容物が腸へ送れずに胃内にたまり、嘔吐をくり返すことになります。

◇胃の中の環境のバランスが問題

原因　現在では、胃・十二指腸潰瘍のおもな原因は、ピロリ菌感染（前頁上段）であるといわれています。従来は、潰瘍の原因論として、1961（昭和36）年のShay and Sunによるバランス説（天秤理論）が有名でした。それは「胃酸やペプシンなど胃の粘膜を傷害しうる攻撃因子と、胃の粘液など胃酸やペプシンから粘膜を保護する防御因子のバランスの乱れにより、潰瘍がつくられる」という理論です。この考えかたは、ピロリ菌感染による潰瘍の生成の場合にも十分に通じる考えかたです。

食物が胃の中に入ると、それを溶かして消化するため、きわめて強い酸性の胃酸および消化酵素のペプシンを含んだ胃液が分泌されます。胃酸、ペプシンは食物を溶解すると同時に胃粘膜を溶かす力をもっていますが、通常は胃粘膜表面にある粘液層が胃粘膜を守り、また胃粘膜そのものの防御機構により胃粘膜は消化されません。

しかし攻撃因子が必要以上に強くなった場合や防御因子が弱くなった場合に、このバランスがくずれて、胃粘膜は胃酸などにより消化されて潰瘍が生じると考えられています。

多くの実験結果より、ストレス下では自律神経を介して胃の血流が障害され、胃酸分泌が増えて、防御因子の低下、攻撃因子の増加が生じ、潰瘍ができやすい状態になると考えられます。

また、攻撃因子と防御因子のバランスを乱すものとして、非ステロイド性消炎鎮痛薬（NSAID）、アルコール、香辛料などの嗜好品が知られています。ストレスを受けたときや、かぜなどで薬を服用した後に胃が痛くなることがあるのはこのためです。

◇X線と内視鏡検査が主体

検査と診断　胃・十二指腸潰瘍の診断は、まず前述した症状（おもに腹痛）の特徴、腹部の診断によって行われます。しかし、胃炎、胃がんなど他の疾患との正確な判別はむずかしく、診断を確定するには、胃（上部消化管）X線検査や胃（上部消化管）内視鏡検査が必要となります。X線検査と内視鏡検査はそれぞれ利点があり、その組合わせで診断がなされます。

胃X線検査は、造影剤であるバリウムおよび胃を膨らます発泡剤を飲んで、からだを動かすことによって胃壁の凹凸を詳細に描出し、X線撮影を行う検査法です。

胃X線検査は大きく分けて、スクリーニング検査と精密検査の2つに分けられます。内視鏡が普及してきた現在、X線検査の件数は減少傾向にありますが、内視鏡と比較すると、食道・胃・十二指腸を広い範囲で観察でき、病変の大きさや広がりを客観的に評価できる点で優れています。

胃内視鏡検査は、内視鏡（胃カメラ）を口から挿入し、食道、胃、十二指腸を直接観察する検査法です。

先端に撮像装置（CCD）を装着した電子スコープが用いられ、消化管内腔の色調や凹凸が周囲と異なる病変部位を診断します。必要があれば生検鉗子というもので組織標本を採取して、病理組織学的検索を行うことができます。潰瘍の存在、部位、形、大きさ、深さ、個数などを直接観察することができ、また、組織の一部を採取（生検）し、顕微鏡による病理組織学的検索をすることによって、炎症の状態さらには良性潰瘍と悪性潰瘍（がん）などの識別ができる利点があります。

吐血・下血の場合は内視鏡検査が優先され、出血している場合は内視鏡を用いて止血術が行われます。

検査前日は午後9時以降の食事や飲酒を禁止し、検査当日は少量の飲水および必要最小限の内服以外はできません。検査の数分前に、局所麻酔で咽頭を麻酔します。消化管運動および唾液や胃液分泌の抑制のために副交感神経遮断剤の筋肉注射を行うこともあり、この場合、緑内障、前立腺肥大、心疾患がある人には使用できません。

最近では鼻から細いスコープを挿入して観察する経鼻内視鏡が開発されました。この方法では、スコープが舌根に触れないために、咽頭反射や嘔吐感がおきにくく、苦痛が少ないといわれています。

◇ピロリ菌の除菌が第一選択

治療　治療では、まず出血のある場合は、内視鏡を使って止

図3　胃潰瘍の治療の流れ

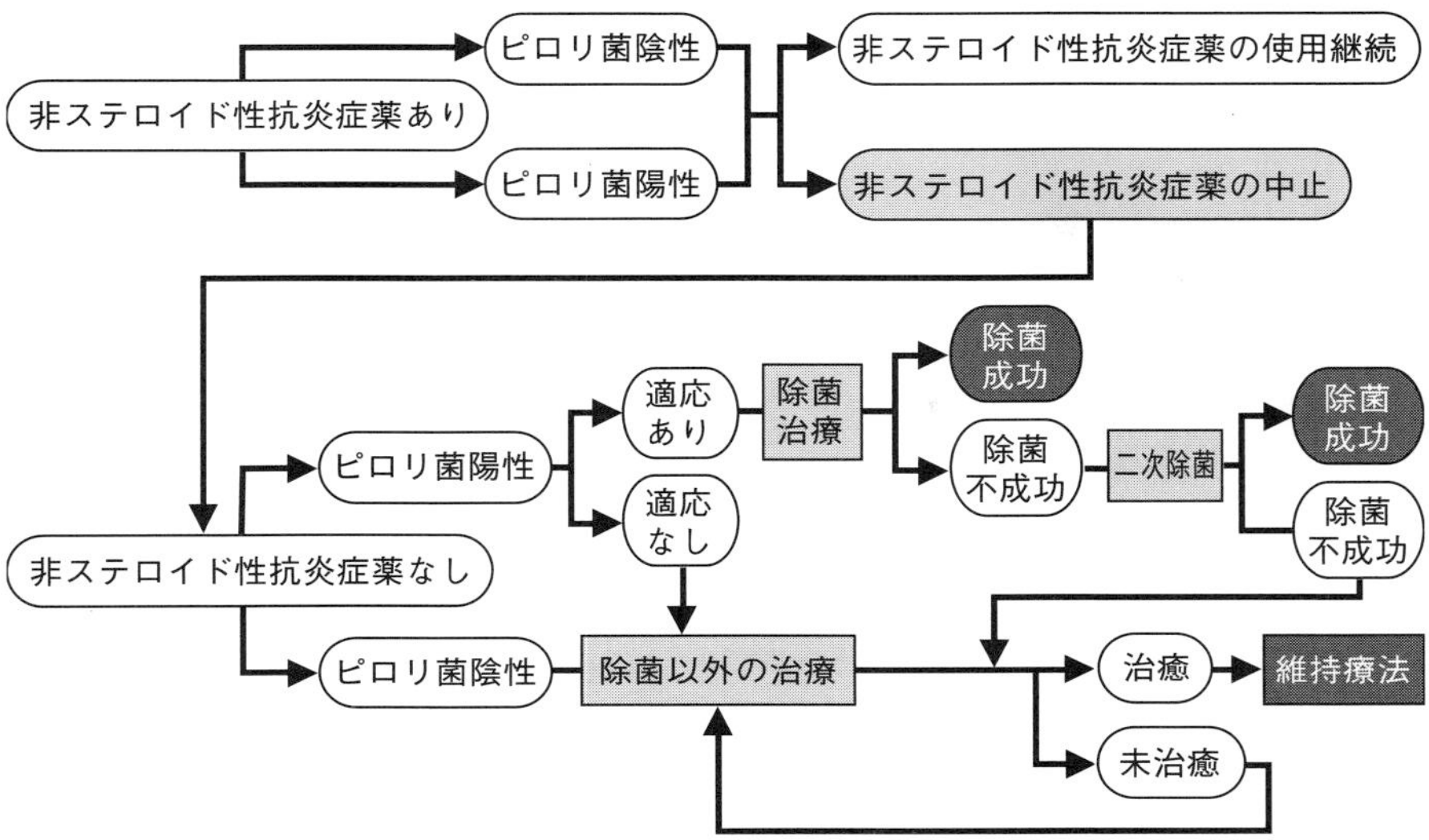

「EBMに基づく胃潰瘍診療ガイドライン2003」より

血治療を行います。そのつぎに非ステロイド性消炎鎮痛薬を服用している人で、服用を中止できる場合には中止します。そのうえで、ピロリ菌を検査し、陽性の場合には、プロトンポンプ阻害薬という強力な酸分泌抑制薬と抗生物質のアモキシシリンとクラリスロマイシンの3剤による除菌療法を1週間行います。

いっぽう、ピロリ菌が陰性の場合、あるいは、非ステロイド性消炎鎮痛薬を中止できない場合は、酸分泌抑制薬を中心とした治療を継続します（図3）。

現在は早期に診察を受ける人が多く、診断システムがゆきわたり、薬剤が進歩したことで、ほとんどの人は内科的治療で治すことができます。しかし再発も多く、治癒と再発をくり返すうちに合併症をおこし、手術が必要となる場合もあります。

◉安静

胃・十二指腸潰瘍は精神的・肉体的ストレスが誘因となって生じ、悪化することが多いと考えられています。

したがって、まず安静を保ち、疲れたからだや精神を休めることがたいせつです。できれば、しばらく仕事から離れ、どうしても休めない人は、できるだけ仕事量を少なくして、精神的・肉体的負担を軽くすることが必要です。

仕事や食事の時間を規則正しくして、しかものんびりした生活様式に変えることも大事です。

これらを心がけるだけで、ときには薬物を使わなくても、症状が軽減し、潰瘍が治ってしまうことがあります。

◉薬物療法

胃・十二指腸潰瘍の治療薬（抗潰瘍薬）にはいくつもの種類があり、作用も薬によってちがいますが、大きく分けるとつぎのような薬があります。

①ピロリ菌を除菌する抗生物質と酸分泌抑制薬の組合わせ療法。

②胃酸やペプシンの消化力を抑える薬として、制酸薬、抗ペプシン薬。

③胃酸やペプシンの分泌を抑える薬として、ヒスタミン2型受容体拮抗薬（H_2ブロッカー）、プロトンポンプ阻害薬。

④胃酸やペプシンから粘膜を防御し、潰瘍の治癒（組織の修復）をはかる粘

膜防御因子増強薬。

⑤ストレスを軽減させる薬として、抗不安薬。

症状や胃の状態などに応じて、薬の種類や量が決められます。

◉潰瘍から出血しているときの治療

潰瘍から多量に出血しても、すぐに手術が必要なわけではありません。通常は、内視鏡で出血している部位を見ながら止血します。これには、内視鏡の先から電流を送り、破れた血管を焼いて止血する電気焼灼法、レーザー光線をあてて止血する方法、局所に高張食塩水、アルコールを注入して止血する方法、露出血管をクリップで留める方法などがあります。

現在、良性潰瘍からの出血は、全身状態が悪い場合、出血傾向がある場合などを除き、ほぼ内視鏡を用いて止血が可能であるといえます。

◉再発の防止

入院や通院で内科的治療を行えば多くは治癒します。しかし、いったん潰瘍が治癒しても、ピロリ菌が除菌されなかったり、潰瘍薬なしに非ステロイド性消炎鎮痛薬の治療を継続すると、過半数の人が再発するといわれています。

◉食事療法の基本

①ふつう時の食事

胃・十二指腸から多量に出血していたり、急激な腹痛をおこしている場合以外は、原則としてやわらかい食品といった食事制限は行わず、香辛料の強い刺激のあるものを除けば、ふつうに食事をとってもかまいません。食欲に応じて積極的に栄養を補給したほうが潰瘍の治りは早いものです。

②食事時間

長時間胃を空にしておくと、粘膜が胃液の作用を受けやすく、潰瘍を悪化させたり、再発させる原因になったりします。食事は3食できるだけ決まった時間にとるようにしましょう。

勤務時間などの都合で、食事と食事の間隔がどうしてもあいてしまう人は、食間に軽いおやつ程度のものをつまんだり、牛乳を飲むのもよいでしょう。

③食事内容の注意

食事に神経質になりすぎて、偏食にならないように注意しなければなりません。ある特定のものを食べると症状が現れるような場合、その食品は避けるべきですが、その分、栄養がかたよらないように工夫します。

食欲がないときは、少量でも栄養価の高いものにするなど、良質の栄養素をバランスよくとってください。

④酒、たばこなど

たばこはやめ、お酒も慎みましょう。酒やたばこは胃を刺激して胃酸の分泌を促すので、とくに、空腹時の喫煙、飲酒はよくありません。

また、香辛料や塩辛いものなど、刺激の多い飲食物や濃いお茶なども控えたほうがよいでしょう。熱すぎるもの、冷たすぎるものも避けて、消化のよいものをとるようにしましょう。

⑤吐血・下血時の食事

吐血や下血など、明らかに出血しているときは入院加療が必要です。絶食し、治療により止血が確認された後、牛乳などを中心とした軟食から始め、徐々にふつう食に戻します。

◉外科的治療

内科的治療を積極的に行っても治ら

ない場合は、**難治性潰瘍**ということになり、手術が必要なことがあります。

また、内科的治療でいったん治っても、再発をくり返し、潰瘍瘢痕による狭窄症状が出現し、そのため日常生活や仕事に支障があるような場合は手術が勧められます。

しかし最近では薬剤の進歩によって、手術をしなければならないほどの難治性潰瘍は、ほとんどなくなりました。

穿孔をおこしたり、大量出血で止血が困難な場合は緊急手術が必要となることもあります。

最近、手術の進歩によって、十二指腸潰瘍穿孔例では、腹腔鏡下手術も試みられ始めています。しかし、緊急に手術が必要で、しかも全身状態がきわめて悪いときには、現在でも救命を目的とした開腹手術を行います。

①胃・十二指腸潰瘍の手術

以前は胃潰瘍・十二指腸潰瘍に対しても、胃の下部約70%を切除する広範囲胃切除術が行われていました。しかし胃を70%とってしまうと手術後に障害が生じやすいため、最近は、手術を行うことはほとんどありません。

また以前は胃切除とともに迷走神経切離術を同時に行うこともありました。これは、胃酸の分泌を支配している迷走神経（胃の壁細胞に分布）を切離することで胃酸の分泌量を少なくする手術ですが、現在ではあまり行いません。また、十二指腸潰瘍の手術では、胃切除は避けられ、迷走神経切離術だけが行われることもありましたが、最近は穿孔例では穿孔部をふさぐだけの手術が行われています。どのような手術を行うかは、潰瘍の発生部位や合併症、胃液の状態などによって決定されます。

手術は、通常全身麻酔で行われます。手術時間はどのような手術かによって多少の差はあります。大量出血による緊急手術では、輸血が必要です。

近年、内視鏡を用いた止血術の発達と、抗生物質を用いた除菌療法の確立により、胃・十二指腸潰瘍の手術は、あまり行われなくなっています。

②手術後の生活

胃の手術後の食事は、バランスのとれた高栄養価で消化のよいものをとることを心がけることはもちろんですが、いちどにたくさんは食べられなくなっているので、食事の回数を多くし、手術前と比べて1日の食事量が少なくならないようにすることがたいせつです。

退院後はふつうの生活に戻してかまいませんが、生活活動は徐々に増やしてゆくことがたいせつです。少なくとも1か月ぐらいは仕事量を減らし、勤めている人は半日勤務程度にします。

1か月もすれば通常どおりに仕事ができ、軽いスポーツや肉体労働も可能となります。しかし、回復の程度は手術時の状態によって異なり、とくに高齢者の場合は一般に遅れます。

ただし、手術後の食事、生活様式にあまりに神経質になりすぎると、つぎに述べる諸症状の原因ともなります。

▼胃切除後症候群　胃の手術後に新しくさまざまな症状が出現することがあり、このような障害をまとめて胃切除後症候群（1572頁）と呼びます。ダンピング症候群、消化吸収障害、吻合部潰瘍、下痢、貧血などが知られています。

ダンピング症候群は、胃切除後10～

30%に生じるとされ、食後30分以内に症状が出現する早期ダンピング症候群と食後数時間後に生じる後期ダンピング症候群に分けられます。

▼**術後栄養障害**　胃は炭水化物、たんぱくの最初の消化の場であり、また胃のはたらきとの連動で胆汁、膵液が分泌され、この一連の流れのなかで三大栄養素である炭水化物、たんぱく、脂肪が効果的に消化され、小腸より吸収されます。

胃切除術後ではこの一連のはたらきが、程度に差はありますが障害され、消化吸収不良となって栄養状態が悪くなることがあります。同時にビタミン、鉄、カルシウムなどの吸収も低下し、貧血、骨代謝異常もおこしやすくなります。

術後栄養障害の予防には、食事療法がたいせつです。バランスのよい高栄養価の食事をゆっくり時間をかけ、少量ずつ頻繁にとることが勧められます。症状が強いときには薬が使われることもあります。

このように、手術後にはいろいろな症状が生じることがあり、定期的な診察が必要です。薬物療法が必要となることもあります。診察の際に、症状のある人は正確に医師に話しておきましょう。

◇子どもの消化性潰瘍

◉生活環境の変化によって増加

子どもにも胃・十二指腸潰瘍はおこります（739頁）。最高酸分泌量は、生後24週までにおとなと同じレベルになるといわれています。

いっぽう新生児の消化性潰瘍の原因は、出生時の低酸素血症などがあげられます。乳幼児期はやけど、感染などの身体的ストレスを受けた際に消化性潰瘍となることがあります。しかし、これらは、新生児期、乳幼児期ではまれな病気です。ほとんどが急性にでき、治癒しやすく、再発もほとんどありませんが、症状としてとらえにくいことが多くあります。

学童期になると消化性潰瘍は増加し、おとなと同様に再発性の慢性の経過をとるものが多くなります。現代の複雑な生活環境の変化が子どもにも精神的ストレスを与えるきっかけを増やしていることなどから増加傾向にあるといわれます。症状はおとなと同様になり、診断、治療も同じです。

◇高齢者の消化性潰瘍

◉症状が軽く発見が遅れることも

高齢になると十二指腸潰瘍は減少し、胃潰瘍が多くなります。ふつう、胃潰瘍は胃の下部である前庭部、胃角部にできやすいのですが、高齢者では胃の上部にあたる胃体部におこりやすくなります。高齢者の症状は一般に軽い傾向にあり、多くは腹痛よりも食欲不振、吐きけ、嘔吐が目立つようになります。

最近では、抗凝固薬や抗血小板薬を服用している高齢者が増えており、このような薬剤の服用による潰瘍発生にも注意する必要があります。

高齢者では、症状が軽いため診断が遅れがちとなりますが、便検査で血液の混入のあった場合、内視鏡検査を行えば早期の診断も容易となります。治療は、一般の人の治療と同様です。

胃の病気②

胃酸過多症
Gastric Hyperacidity

どんな病気か

胃酸は、胃の粘膜に存在する壁細胞から胃内腔へ分泌される塩酸です。塩酸が過剰に分泌されて、胃内酸度が高い状態が胃酸過多です。

胃酸過多によって、**胸焼け**や**呑酸**（胃液が胃から口へこみあげること）などの酸症状が現れるとされています。

また、下部食道括約筋の弛緩や、食道の蠕動運動の低下が原因となり、胃液が食道内に逆流し、下部食道粘膜を中心に炎症や潰瘍を引き起こすケースを**胃食道逆流症**（**ＧＥＲＤ**）といい、胃酸過多はこれを助長すると考えられます。

原因

胃酸分泌を促すホルモンのガストリンの増加、胃液分泌抑制ホルモンの減少などが、胃酸過多を引き起こします。

また、胃潰瘍の一部、十二指腸潰瘍、**ゾリンジャー・エリソン症候群**（膵臓のランゲルハンス島にできたガストリン産生腫瘍によって、難治性で再発性の消化性潰瘍をおこすもの）、小腸広範切除後、副甲状腺機能亢進症（1485頁）などでみられる現象です。

治療

プロトンポンプ阻害薬やH_2受容体拮抗薬などの胃酸分泌抑制薬が有効です。

日常生活の注意

香辛料、コーヒー、アルコールなどは、胃酸の分泌を促すので、避けるようにします。

低酸症／無酸症
Hypoacidity / Achlorhydria

どんな病気か

胃粘膜での塩酸分泌が低下し、胃液中の胃酸（塩酸）が少ない状態を**低酸症**といいます。また、胃酸がまったくないことによっておこる状態を**無酸症**といいます。

たんぱく分解酵素であるペプシンは、胃酸によってペプシノーゲンからできます。また、胃酸は、口から侵入してくる細菌に対し、抗菌作用をもっています。したがって、低酸症や無酸症では、消化吸収障害や腸炎をおこしやすくなります。

原因

胃酸分泌の低下は、胃手術後、胃がん（501頁）、悪性貧血（巨赤芽球性貧血 1443頁）、慢性胃炎（萎縮性胃炎 1556頁）などでみられます。

ＷＤＨＡ症候群（水様性下痢・低カリウム血症・無酸症が主症状）では無酸症が生じることがあります。

検査と診断

胃液検査で、胃酸分泌能を測ります。また、血中ペプシノーゲン値を測ることでも胃酸分泌能を推測できます。

慢性胃炎や胃がんの診断には、Ｘ線検査や内視鏡検査が必要となります。

ＷＤＨＡ症候群では、血管作用性腸ペプチドの測定やホルモン産生腫瘍を検索します。

治療

原因となる疾患の治療が主体となります。

日常生活の注意

香辛料、コーヒーなどは、胃酸の分泌を促しますので、アルコールとともに、適量を摂取するのはかまいません。消化吸収障害には注意が必要です。

◎**酸症状と対策**

酸症状とは、胃の壁細胞と呼ばれる細胞から分泌される強酸と胃内容物の食道への逆流によって生じる症状です。具体的には、**胸焼け**や**呑酸**といわれることがあります。

胸焼けとは狭い意味では、前胸部の焼けるような痛みをさしますが、胃もたれ、吐き気、心窩部痛（みぞおちの痛み）も含めて、胸焼けという人も多いようです。

呑酸とは、耳慣れないことばですが、酸っぱいもの（胃酸）の逆流を自覚することです。これらの症状は、本来、横隔膜よりおなか側に収まっているべき胃が、胸側に突出した状態である食道裂孔ヘルニア（1602頁）などにより、食道下部の圧力が胃内の圧力よりも低下することによっておこります。

▼**対策**　プロトンポンプ阻害薬、H_2受容体拮抗薬の服用で、胃酸分泌を抑えることが有効です。食道裂孔ヘルニアの程

胃アトニー／胃下垂

Gastric Atony / Gastroptosis

どんな病気か

胃の筋肉が緩んで、緊張が低下し、無力化した状態を**胃アトニー**といいます。ほとんどの場合、胃の位置が下がる**胃下垂**をともなっていて、ひどいときには骨盤のあたりまで下がってきてしまいます。一般に、虚弱体質でやせた人に多いとされています。

症状

胃の動き（蠕動運動）が低下しているために、内容物を十二指腸へ送り込む力が弱くなっています。そのため、食後の胃のもたれや膨満感、げっぷなどをおこしますが、嘔吐をすることはありません。

原因

やせているために、腹壁の筋肉や脂肪が乏しく、腹部圧力が低下することなどがあげられます。過度のストレスからくる自律神経失調症（914頁上段）との関連性も指摘されています。

検査と診断

診断には、上部消化管X線検査（胃のバリウム検査）が有用です。蠕動運動が低下すると、バリウムが胃内に停留し、十二指腸への排出が遅れることから判断されます。

治療

本人が苦痛と感じる症状がなければ、基本的に治療の必要性はありません。

胃の運動機能をよくする内服薬や消化薬が有効なことがあります。しかし、もっともたいせつなことは、日々の食事や生活の改善です。1日に食べる量を4～5回に分けて、1回の食事量を減らし、胃の負担を軽くすることがたいせつです。食後にしばらくの間、右を下にして横になると、胃の内容物を早く十二指腸に送ることができます。また、胃の蠕動運動を促すためにも、腹筋や背筋を鍛えたり、持続的な運動をしたりすることが必要となります。また、疲労をためないことも肝要です。

胃ポリープ／胃腺腫

Gastric Polyp / Gastric Adenoma

どんな病気か

ポリープという用語は、一般の人々にもよく知られていますが、本来の意味は「粘膜が限局性に隆起した病変」ということです。医療の現場では、基本的に良性の隆起性病変をさす、肉眼的な名称として使われています。

胃のポリープのなかで、もっとも多いのが**過形成性ポリープ**で、そのほかに**再生性ポリープ**、**胃腺腫**があります。

症状

ポリープ特有の自覚症状はなく、大部分は無症状で、検診などで偶然に発見されます。食欲不振、腹部膨満感、上腹部不快感などを自覚することがありますが、これらはポリープにともなう慢性胃炎（1555頁）の症状と考えられます。まれにポリープ表面から慢性的に軽度の出血をともなうことがあり、この場合には鉄欠乏性貧血（1441頁）がみられることがあります。

検査と診断

胃のX線検査および内視鏡検査により診断されます。

X線検査では、円形で、辺縁が平滑な陰影欠損としてみられます。内視鏡検査では、隆起性病変の色調もあわせて診断できます。つまり、過形成性ポ

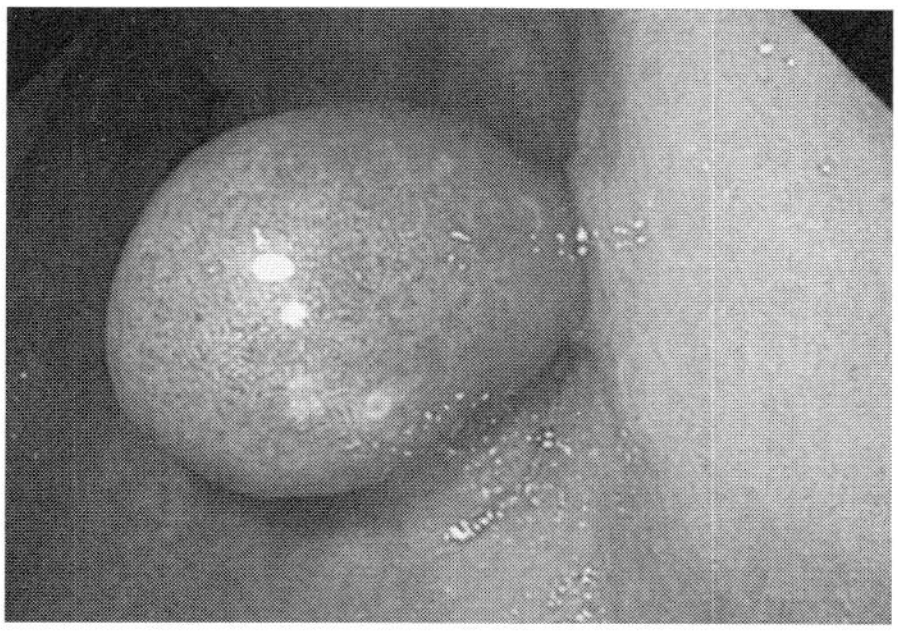

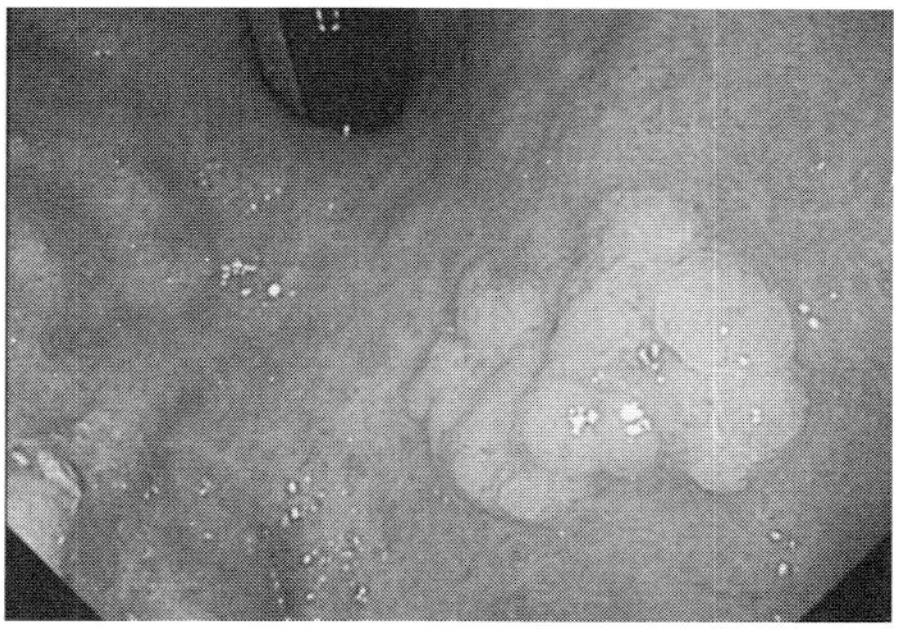

過形成性ポリープ（上）と胃腺腫（下）

度が高い場合は、外科的治療も検討します。

肥満は危険因子のひとつです。食生活では、食べすぎ、大量の脂肪摂取、コーヒー、チョコレート、香辛料といった刺激物の摂取を控えます。就寝時に枕を高くするなど、上半身を高くすることも有効といわれています。

リープでは発赤して充実性（中身のつまった）のようすがみられ、腺腫ではやや蒼白色調を呈しています。また、内視鏡検査では組織の一部をとって、病理学的に診断する生検を行うことができます。

治療

過形成性ポリープは、がん化が少ないので、経過観察を基本とします。増大傾向のあるものや出血がみられるものは、治療の対象となり、**内視鏡的ポリープ切除術**（ポリペクトミー）が行われます。再生性ポリープは、まったくがん化しないので、治療の必要性はありません。腺腫は、前がん病変と考えられているため、内視鏡的ポリープ切除術や粘膜切除術（EMR）を行い、ポリープ全体の病理診断を行うことが多くなっています。

胃粘膜下腫瘍
Gastric Submucosal Tumor

どんな病気か

腫瘍の主たる病変が胃壁の深層（粘膜下層以下）にあり、胃内腔に半球状に突出し、表面は正常な胃粘膜でおおわれています。良性のなかでもっとも多いのは平滑筋腫、悪性でもっとも多いのは悪性リンパ腫（553頁）となっています。

症状

ほとんどの場合は無症状で、検診などで偶然に発見されます。腫瘍が大きくなり、表面に潰瘍をともなうと、腹痛や吐下血などをおこすことがあります。

検査と診断

胃X線検査、内視鏡検査、超音波内視鏡検査などが行われ、生検で腫瘍の種類やがんの有無を調べます。表面が正常の胃粘膜におおわれているため、高周波などで胃粘膜に欠損をつくり、組織を生検する方法がとられます。最近では、超音波内視鏡下で穿刺吸引細胞診が行われています。

治療

悪性腫瘍と診断された場合や、大きさが5cm以上のものは手術が行われます。病変が固有筋層より浅い場所だと診断されれば、内視鏡的粘膜切除術（EMR）を行うこともあります。5cm未満で、良性と診断できるものは経過観察を行います。

胃MALTリンパ腫
Gastric MALT Lymphoma

どんな病気か

リンパ腫の一種で、胃の粘膜に発生するものです。比較的ゆっくり進行し、悪性リンパ腫（553頁）のように他の臓器に転移することはきわめてまれです。しかし、経過中に悪性化することもあるので注意が必要です。原因のひとつとしてピロリ菌（1560頁上段）の感染が注目されています。

◎腹鳴とは、鼓腸とは

腹鳴とは、胃や小腸、大腸といった消化管の中で、ガスと摂取した食物や飲水、消化液などの液体が、消化管の自発的運動である蠕動運動によって混じり合う際に生じる音のことです。

腹鳴は、日常生活で自覚していると思いますが、空腹時によく生じます。これはつぎの食事を受け入れる準備をするためと考えられています。病的症状ではありませんが、腸炎（1580頁）で下痢をおこしているときは強くなり、腹膜炎（1620頁）や長期臥床などによるまひ性の腸閉塞（1591頁）で弱くなり、腫瘍などによって物理的な原因による腸閉塞では金属性の音になります。

鼓腸とは、消化管内に大量のガスがたまり、おなかが張った状態です。消化管には飲み込んだ空気および腸内細菌の発酵により生じたガス（水素、炭酸ガス、メタンなど）、胃で重炭酸イオンや亜硝酸イ

症状 自覚症状がないことが多いのですが、潰瘍やびらんができると、胃痛、胃もたれ、貧血などがみられます。

検査と診断 胃内視鏡検査では、胃潰瘍、胃炎、ポリープ、びらんなど多彩な病変がみられます。生検による組織学的検査によって確定診断されます。

治療 ピロリ菌に感染しているときは、除菌治療がまず行われます。しかし、除菌をしても軽快しない場合やピロリ菌に感染していない場合は、薬物療法や放射線療法を行います。組織の遺伝子検査で悪性化傾向が低いと判断された場合は、経過観察をすることもあります。

メネトリエ病（胃巨大皺壁症）
Menetrier Disease

どんな病気か 胃の粘膜が腫れて、肥厚し、巨大なひだを形成する病気です。胃粘膜より血液のたんぱく質が漏れるために、低たんぱく血症となることがあります。

症状 胃もたれ、腹部膨満感、吐きけ、食欲低下、全身のむくみなどがみられますが、無症状のこともあります。

検査と診断 胃X線検査あるいは胃内視鏡検査で診断されます。

巨大なひだがみられる病気として、胃がん（501頁）、胃悪性リンパ腫があるので、識別のために生検による組織学的検査が必要です。たんぱくの漏出を診断するたんぱく漏出検査、血液検査なども行われます。

治療 ピロリ菌に感染している場合は除菌療法を行います。しかし、除菌しても改善しない場合や、感染していないときは、経過を観察していきます。自覚症状がみられる場合は胃薬を使用します。

胃神経症（神経性胃炎）
Gastric Neurosis

どんな病気か 吐きけ、嘔吐、上腹部のもたれや不快感、膨満感、げっぷなどの上腹部症状を訴えますが、その原因となる身体的（器質的）病変や異常がみられない状態をいいます。精神的、心理的問題が原因と考えられますが、少なくとも一部は機能性ディスペプシア（1556頁上段）といえます。

症状 吐きけ、嘔吐、上腹部のもたれや不快感、腹部膨満感、げっぷなどの症状が現れます。

検査と診断 血液検査、便検査、X線検査、内視鏡検査、腹部超音波検査などによって、胃潰瘍、胃がんなどの病気や身体的異常がないことを確認します。場合によっては、食道内圧検査、胃排出能検査、性格検査などを行うことがあります。

治療 まず、病気や身体的異常がなく、基本的に寿命に影響がないことを患者に説明して安心してもらうようにします。過労、心理的ストレス、生活習慣の乱れがあれば是正、改善します。薬では、消化管機能改善薬が有効なこともあります。さらに、心療内科や精神科で治療を受けることも必要です。

オンが胃酸と反応して生じた炭酸ガス、一酸化窒素（NO）などが健康な状態でも存在します。

これらのガスは、げっぷ（噯気）や放屁、血管内への吸収によって排出されます。腫瘍などによる機械的腸閉塞や、精神的ストレスや糖尿病（1501頁）、長期臥床などによって消化管の蠕動が低下して、ガスの排出が低下すると鼓腸が生じます。機械的閉塞を治療するためには手術が必要になりますが、消化管の蠕動運動低下に対しては消化管運動賦活薬が有効です。

空気嚥下症（くうきえんげしょう）
Aerophagia

どんな病気か

食物を咀嚼せずに飲み込んだ（嚥下）ときに、過剰な空気を飲み込むことで、消化管内にガスがたまり、げっぷや放屁、腹部膨満、腹鳴や鼓腸（前頁上段）などの症状を呈する症候群です。

消化管の閉塞が原因である場合もありますが、多くは精神的ストレスによって、患者本人が空気を飲み込むことを抑制できなくなることが原因です。この場合は、精神療法が有効です。

胃けいれん
Gastrospasm

どんな病気か

胃けいれんとは、あたかも胃がけいれんしているかのような強い痛みを心窩部（みぞおち）に認めることで、病気というよりは症状です。広い意味では、消化性潰瘍（1558頁）や胆石発作（1670頁）、急性や慢性膵炎（1678頁）、急性虫垂炎（1575頁）などによる心窩部痛をさし、狭い意味では、胃輪状筋の突発的な収縮による胃の部分的なけいれんのことをさします。

機能性ディスペプシア（1556頁上段）の心窩部痛症候群にみられる心窩部痛や灼熱感、食後上腹部愁訴症候群にみられる食後膨満感も、広い意味での胃けいれんの一部の原因と考えられます。

治療

器質的な疾患が原因である場合は抗アセチルコリン作用をもつ鎮痙薬を第1選択とし、無効だった場合はペンタゾシン製剤などの非麻薬性鎮痛薬で痛みを抑えたうえで、原因疾患を治療します。機能性ディスペプシアに対しては、酸分泌抑制薬や消化管運動賦活薬を服用します。

胃石（いせき）
Bezoar

どんな病気か

食物成分や異物が胃内で物理的・化学的変化により、結石化したものを胃石といいます。胃切除や糖尿病性神経症などにより、胃排出遅延がある場合にできやすいとされています。柿を大量に食べてできるタンニンを主成分とする**柿胃石**に代表される**植物胃石**、毛髪を飲み込む人にみられる**毛髪胃石**、**樹脂胃石**や**薬物胃石**、**混合胃石**などに分類されます。日本では柿胃石が、欧米では毛髪胃石がもっとも多いとされています。

症状

柿胃石は、柿の生産期の11～12月に集中して発生します。上腹部痛、吐きけ・嘔吐、腹部膨満などをおこしますが、無症状のこともあります。胃石の約20～50％に胃粘膜を傷つけることによる胃潰瘍（1558頁）、約10～30％に腸内に落下することによる腸閉塞（1591頁）を合併します。

検査と診断

柿摂食の有無が問診で重要です。腹部単純X線、腹部超音波、腹部CT、上部消化管造影、上部消化管内視鏡などで診断します。

治療

上部消化管内視鏡による粉砕や回収を行います。それが困難な場合や腸閉塞を合併した場合は、外科治療を行います。従来は手術が必要とされた例も小腸内視鏡による治療が可能となることが期待されます。

胃切除後症候群
(Postgastrectomy Syndrome)

❖胃切除後症候群とは

進行した胃がん（501頁）などの手術で胃を切除した人では、胃の食物をためておく機能や分解・消化機能などが損なわれるため、後遺症が現れることがあります。

これを胃切除後症候群（胃手術後障害）といい、胃の機能障害やカルシウムなどの代謝障害などがあります。

現在、胃の切除手術では、切除範囲をできるだけ小さくする縮小手術が選ばれるようになっており、代用胃によって胃を再建されることもあります。

切除された胃の範囲、神経の切断の状態、胃の再建方法などによって、現れる症状はさまざまです。

❖胃切除後逆流性食道炎

胃をすべて切除した人や噴門（食道から胃への入り口）周辺を摘出した人にみられ、胃液や十二指腸液（膵液、胆汁）が食道へ逆流して、食道に炎症がおこります。

胃液が逆流する酸型、十二指腸液が逆流するアルカリ型、両方の逆流がみられる混合型に分けられます。

▼症状　胸焼け、胸痛（胸の中央にある胸骨の裏側がしみるように痛む）などを感じます。逆流をくり返すと、食道潰瘍（1547頁）や食道狭窄（1548頁）による嚥下障害（飲み込みにくいなど）をおこすこともあります。

▼治療　胃粘膜保護薬、消化管運動機能改善薬、たんぱく質を分解する酵素のはたらきを抑えるたんぱく分解酵素阻害薬、胃液の分泌を抑えるH_2ブロッカー（H_2受容体拮抗薬）、胸焼けなどを和らげるシサプリド薬などを服用します。

食後すぐに横になると、逆流をおこしやすくなるので、注意しましょう。

❖ダンピング症候群

胃の切除によって、食物が短時間で小腸（空腸）に送られるために、食後に不快な症状がおこります。

食物が空腸に送られると、セロトニン、ヒスタミン、ブラディキニンなどの生理活性物質が自律神経から放出されますが、それが急速におこるため、自律神経のはたらきが乱れておこると考えられます。

また、炭水化物が急速に消化されて高血糖状態になると、その状態に対応するために膵臓からのインスリン分泌が盛んとなり、すると逆に血糖が下がりすぎて低血糖状態におちいります。

食後30分以内に症状が現れる場合を**早期ダンピング症候群**、食後2～3時間後に現れる場合を**後期ダンピング症候群**といいます。

▼症状　早期ダンピング症候群では、冷や汗、動悸、めまい、顔面紅潮、全身倦怠感などのほかに、腹痛、下痢、吐きけ・嘔吐などが現れます。

後期ダンピング症候群では、ちょうど空腹を感じるころに、冷や汗、めまい、脱力感などの低血糖症状が現れます。

腹痛などの消化器症状だけしかみられない場合は、ダンピング症候群には含みません。

▼治療　薬物療法としては、抗ヒスタミン薬、抗コリン薬（消化性潰瘍治療薬）、抗セロトニン薬（抗不安薬）などを服用します。

食事療法としては、1日の食事の回数を5～6回にして、1回の食事の量は減らします。食事は、よくかんでゆっくりと食べます。食事内容は、高たんぱく、高脂肪、低炭水化物の食事にして、水分は少なめにします。とくに冷たい飲食物は、腸を刺激するので控えましょう。

食事療法や薬物療法で症状が改善しない場合には、胃の再建手術が行われることもあります。

❖輸入脚症候群

ビルロートⅡ法という手術によって、胃と空腸をつなぐと、つないだ部分（吻合部）より口側に空腸や十二指腸が余ります。これを輸入脚といいます。

この輸入脚に食物や十二指腸液がたまり、膨らんでくると、腹部のしこりとして触れることがあります。

▼症状 食後15～60分たつと、上腹部の痛みや腹部膨満感などを感じます。また、貧血や体重の減少がみられることもあります。

輸入脚にたまった食物、胆汁や膵液などが、胃へ逆流すると、嘔吐をおこします。胆汁や膵液を嘔吐してしまうために、たんぱく質、脂肪、ビタミンB_{12}の消化吸収障害をおこしてしまいます。

輸入脚内に細菌が増殖し、吸収障害をおこした場合は、**盲係蹄症候群**（**盲管症候群**）と呼びます。盲係蹄症候群では、貧血、下痢、体重の減少などがみられます。

▼治療 輸入脚症候群では、低脂肪、高たんぱくの高エネルギー食を心がけます。また、栄養分を点滴で補給することもあります。

場合によっては、再手術を行うこともあります。

❖骨障害

胃切除によって、食事量が減り、ビタミンDやカルシウムの吸収障害がおこることがあります。

とくに脂肪の吸収が悪くなると、ビタミンDも吸収されにくくなり、ビタミンD不足から骨の代謝異常がおこります。そのため、骨粗鬆症（1884頁）や骨軟化症（1886頁）がおこりやすくなります。

▼治療 カルシウムを豊富に含む牛乳、チーズ、ヨーグルトなどを積極的に摂取します。

骨量検査を受け、必要であればカルシウム剤やビタミンB_{12}剤を使用します。

❖胃切除後貧血

胃切除によって、胃酸の分泌量が減少すると、鉄分の吸収が悪くなって、**鉄欠乏性貧血**（1441頁）がおこることがあります。鉄欠乏性貧血は、術後まもなくたってからおこります。

また、ビタミンB_{12}の吸収障害によって**巨赤芽球性貧血**がおこることがあります。巨赤芽球性貧血の多くは、術後3～5年たってからおこります。

▼治療 鉄欠乏性貧血では、鉄剤を服用したり、静脈注射したりします。

巨赤芽球性貧血では、はじめの2か月は週2～3回ビタミンB_{12}剤を筋肉注射し、その後、1～3か月に1回筋肉注射していきます。

❖胃切除後症候群の予防

胃の切除後は、食事量は少なめにして、時間をかけて食べるように注意します。また、食べてすぐ横にならない、寝る前には食べないように心がけます。

食事量が減少するために、便秘ぎみになったり、下痢をおこしやすくなったりしますが、規則正しい生活を心がけましょう。

胃切除後症候群と思われる症状が現れた場合、手術を受けた医療機関に相談してください。手術の術式や切除範囲などから、適切な対策を講じてもらえます。

骨障害や巨赤芽球性貧血は、手術後数年たってからおこるので、手術を受けた医療機関を定期的に受診して、経過をみてもらいましょう。

手術を受けた医療機関を受診するのがむずかしいときには、消化器外科の専門医のいる医療機関を受診するとよいでしょう。

胃の形態異常

❖健診で発見されることが多い

通常、胃はからだの中央で「J」の字形をしていますが、人によっては異なった形状をしていることもあります。胃下垂（1568頁）も胃の形態異常のひとつといえます。

胃の形態異常で比較的多いのは瀑状胃で、そのほかにもさまざまなものがありますが、まれなものがほとんどです。

健康診断の際に、上部消化管X線検査などで発見されることがありますが、とくに症状がなければ、治療は行われません。

❖瀑状胃

胃底（胃の上部）が大きく拡張したものです。胃の造影検査で、立った姿勢でX線検査すると、胃上部にバリウムがたまり、やがて滝のようにバリウムが流れ落ち始めます。瀑布のようなようすから、こう呼ばれています。先天性のもので、特別な症状がなければ、心配いりません。

❖肥厚性幽門狭窄症

胃の出口にある幽門の筋肉が厚くなり（肥厚）、内腔が狭まり、食物の通過障害をおこします。

生まれつきの先天性肥厚性幽門狭窄症（734頁）もありますが、成長してから肥厚してくることもあります。ともに原因不明ですが、幽門部の肥厚と、胃の輪状筋が弛緩しにくくなって、通過障害をおこします。

▼症状　子どもでは、噴水状の嘔吐が特徴的です。成人では、上腹部の不快感や、周期的な嘔吐がみられます。

▼治療　輪状筋の緊張を緩めるための鎮痙薬を用います。薬物療法で症状が治まらない場合には、手術を行います。

❖胃軸捻症

胃がねじれて、内腔がふさがってしまいます。噴門（食道からの入り口）と幽門（十二指腸への出口）を結ぶ軸を中心にしてねじれる場合（長軸性）と、その軸と直角に交わる水平軸でねじれる場合（短軸性）があります。長軸性は、子どもや高齢者にみられ、短軸性は若い世代にみられます。

▼症状　嘔吐をともなわない吐きけ、強い上腹部の痛みなどの症状が特徴的です。

▼治療　赤ちゃんでは、一時的な現象のことが多いので、腹ばいにしてようすをみます。胃管（胃の内容物を採取したりするために口や鼻から胃に入れる細い管）が挿入しにくい、あるいは胃管を挿入しても改善しない場合は、手術を考えます。

❖胃憩室

胃壁の一部が外側へ張り出しています。その中は空洞になっていて、袋状になっています。胃憩室のほとんどは、単発で、比較的まれな疾患です。

発生部位は、噴門部の小弯（1537頁図）に多く、ついで幽門前庭部にみられます。

先天性と後天性がありますが、その多くは、成長してから造影検査や内視鏡検査で発見されます。

▼症状　上腹部の不快感や周期的な嘔吐が現れます。

▼治療　症状がなければ治療の必要はありません。憩室炎や穿孔（穴があく）を合併すると、吐血や下血、強い吐きけなどを覚えることがあります。症状が強く現れる場合には、手術も考えます。

❖砂時計胃

胃の中央がくびれています。食物などが、砂時計の砂のように、じわじわと下へ落ちていきます。ほとんどの場合は、治療の必要はありません。

腸の病気①

虫垂炎／盲腸炎

Appendicitis

10～30歳に多い虫垂・盲腸の炎症

◇右下腹部痛が典型的症状

どんな病気か

小腸が大腸に移行する部分を回盲弁といい、この部分より下のほうが盲端（先端が閉じた状態）になっているので、**盲腸**と呼ばれます。この先端から細い突起が出ているのが**虫垂**（**虫垂突起**）です（下図）。

虫垂突起は、人間では何のはたらきもしていませんが、草食動物では繊維質の発酵・分解のはたらきがあります。

虫垂に炎症がおこったものを**虫垂炎**（**虫垂突起炎**）といい、虫垂炎が盲腸におよんだものを**盲腸炎**といいます。

虫垂炎は、子どもから高齢者まで広くみられる病気です。10～30歳の間にもっとも多くみられ、10歳以下の幼児や高齢者には少ないとされています。

男女差はあまりありませんが、比較的男性に多くみられます。

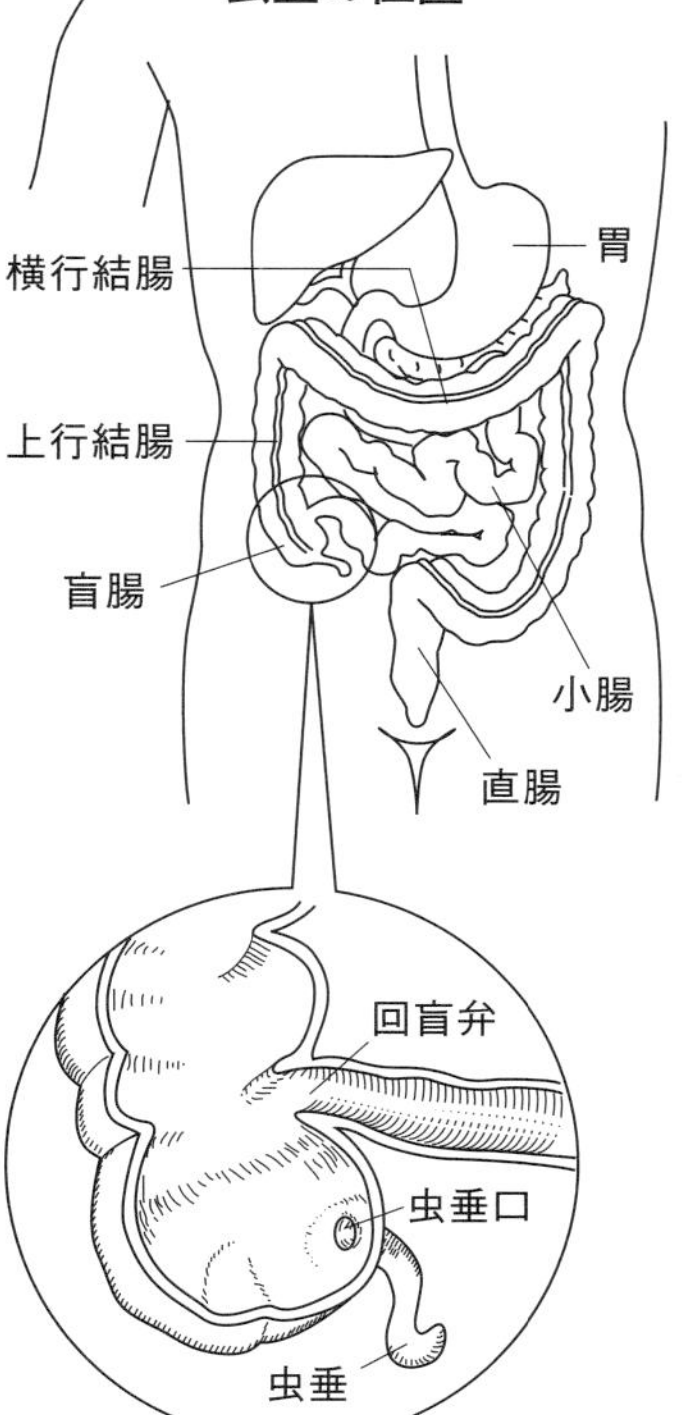

虫垂の位置

虫垂炎の症状は、軽いものから重いものまでさまざまですが、多くは急性腹症（1598頁）として現れるので、医師の診断能力が問われる病気です。軽いものは経過をみることもありますが、それで治ったものがはたして虫垂炎であったかどうかは、医師にもわかりかねることがあります。

典型的な症状を示す場合は、早急に手術を実施します。重症では穿孔性腹膜炎（1620頁）となるため、切開する範囲を大きくする必要がでてきます。また、ほかの疾患の疑いを否定できないときは、正中（腹部の真ん中の縦方向）で開腹することもあります。

外来で、抗生物質の使用で経過をみた例では、周囲の組織に癒着や膿瘍ができてしまい、手術が複雑になるものもあります。また、手術後に癒着性の腸閉塞（1591頁）がおこることもあります。膿などを排除するためのチューブを腹部にしばらく入れておくこともあります。

●子どもの虫垂炎

一般に乳幼児は虫垂の開口部がラッパ状に広いので、物がつまりにくく、内容の排泄がよく、虫垂炎は少ないとされています。しかし、かぜなどの症状と思って小児科にかかっているうちに腹膜炎となっていたりする診断のむ

◎移動性盲腸

　生まれつき、盲腸や上行結腸が固定されていないもので、妊娠や分娩をくり返すと影響があるといわれていますが、盲腸が固定されている人にもおこります。20～30歳にもっとも多く、ついで10歳代にみられます。

　特定の症状がないことも多く、疾患として扱うべきかど

ずかしい症例もよくあります。子どもの場合にも、入院して経過観察するのが安全といえます。

◉高齢者の虫垂炎

　腹痛などの症状がはっきりせず、白血球増多や発熱もあまりみられません。ただし、腫瘤（しこり）ができるため、がんとの区別が必要です。

◉妊娠時の虫垂炎

　妊娠の時期により、虫垂の位置が高くなることを考慮して診断されます。また、大網（腹部の脂肪膜）では炎症を抑えにくいため、腹膜炎になることも多いといわれます。妊娠初期は流産に注意しなければなりません。婦人科とよく連絡をとって対応します。妊娠中も手術はできます。

◉慢性虫垂炎

　右下腹部の軽い痛みが慢性につづく場合、俗に慢性虫垂炎といいますが、外科的にこの病気を確認することはほとんどありません。ほかの疾患を考えるべきです。

症状

　定まった症状はありませんが、みぞおちの痛みから始まることがよくみられます。徐々に右下腹部に痛みが限定されるようになり、吐きけや嘔吐がおこります。

　ほかの初期の症状は微熱程度で、はっきりした診断がつけられないことがあります。痛みが持続して、我慢できない状態になって受診する人がほとんどです。このころには、炎症のために腸がまひして、排ガス、排便がみられなくなります。この時期に受診すると、白血球の数が基準値（1㎣あたり約5000個）よりも多くなり、1万～1万5000個になっています。そして、右下腹部に強い圧痛（押すと痛む）、**筋性防御**（手で圧迫しようとすると、腹壁をかたくしてしまう反射）がみられるため、容易に診断がつきます。

　もっとも多い圧痛点は臍と右腸骨の前上棘（腰骨が前に飛び出した部分）を結ぶ線を3等分して、右側3分の1にあたる部分（**マクバーネイ点**）です。

　腹膜炎などを併発しているときは、38～39度の高熱がでて、臍周囲から下腹部全体に腹痛が強くみられ、触診でも腹壁は板状にかたくなります。ここで、同じ症状をおこす大腸憩室炎（1594頁）、移動性盲腸（上段）、子宮付属器炎（852頁）、腸間膜リンパ節炎、子宮外妊娠（881頁）など、ほかの疾患との鑑別診断が必要です。

　また、症状が緩慢で診断がつかない初期の段階で抗生物質などが使われると、症状が隠れてしまい、触診で腫瘤が触れるために、緊急に開腹手術される場合があります。これは、虫垂の周囲に膿瘍ができ、小腸や大網などでおおわれているものです。高齢者では、炎症がよく慢性化するため、大腸がん（505頁）との区別が問題となります。

◉受診する科

　医学情報に触れる機会が増えたため、右下腹部が痛ければ、本人も家族も虫垂炎を心配して、外科医を受診することが多くなりました。ただし症状が軽いうちは、みぞおちの痛みで内科を受診することもよくあり、胃のX線検査でバリウムを飲まされて、症状が悪化することもあるので注意が必要です。

　また、訴えたい内容を正しく医師に伝えることがたいせつです。女性は、

うかは定まっていません。

　腸内容が停滞し、回盲部の捻転（ねじれ）、自律神経機能の異常などが複雑にかかわり、ガスの停滞、便秘や下痢などがみられます。ときに発作性疝痛（さしこむような痛み）を訴えることもあります。虫垂炎と似た症状から、手術されることも多いのですが、腹膜刺激症状はありません。

　腹部はやわらかく、右下腹部に膨れた盲腸が、動いて弾力のある腫瘤（しこり）として触れます。触れると、軽い圧痛（押すと痛む）があります。右下腹部の圧痛点が仰臥位（あお向け）と左側臥位（左側を下にして横になる体位）で異なるのが特徴です。大腸X線検査で確認できます。

　保存的治療が原則です。食事に注意し、規則正しい排便の習慣をつけ、適度の運動を行います。鎮痙薬を服用することもあります。

　手術は、保存的治療が無効な場合に行われますが、実施例はほとんどありません。


子宮付属器炎など、婦人科の病気を念頭におく必要もあります。

原因

細菌（多くは大腸菌などの腸内細菌）あるいはウイルスの感染でおこるとされていますが、虫垂がなんらかの原因で閉塞していることがかなりの頻度でみられます。

　閉塞の原因は、糞石（粘液に含まれるリン酸石灰がかたまって虫垂の末端にたまったもの）、検査で使うバリウム、植物の種子などといわれています。

　暴飲暴食などの不摂生、かぜ、便秘、胃腸炎などが誘因となります。

検査と診断

尿路結石（1740頁）などの他の病気と区別するためにも、つぎのような検査を受けます。

▼問診　いつから、どのような痛みが始まったか、痛みは徐々に強くなってきているか、などが確認されます。

▼腹部触診　右下腹部に強い圧痛があるかがチェックされます。腹部に触れると腹壁をかたくしてしまう反射（**腹膜刺激症状**）があると、ほぼ虫垂炎と考えられます。ときにはダグラス窩（1622頁上段図）という腹腔の底に膿がたまることがあります。肛門指診（肛門に指を入れて調べる）でダグラス窩に痛みがあるかどうかも調べられます。

▼血液検査　白血球数が調べられます。炎症の指標として、CRP（C反応性たんぱく　211頁）も検査されます。

▼尿検査　ほかの疾患と区別するために行われます。

▼腹部X線検査　腸のまひの状態と、虫垂内の糞石の有無を調べます。

▼腹部超音波検査　肥厚した虫垂を確認するとともに、周囲の膿瘍の状態を把握するために行われます。

◇経過をみて手術が判断される

治療

すぐに手術をすべきか、経過をみながら判断する必要のある例もあります。そのため、症状がある程度そろっているときはまず入院し、検査の結果と医師の診断によって手術の適否が決定されます。

　経過をみる場合は飲食が禁止され、抗生物質などを使用します。腹痛が強くなり、血液検査の異常や腹部触診の結果で悪化の徴候が確認されたら、開腹手術が行われます。

◉手術治療

通常は腰椎麻酔して行われます。炎症が軽く、周囲組織との癒着がなければ短時間ですみます。

　腹膜炎の程度がひどいときや、癒着が進んで、開腹する範囲が広くなる場合は、全身麻酔が必要となります。そのため、なるべく全身麻酔が可能な施設で手術を受けたほうが安全です。

　子どもの場合は腹膜炎をおこしている例が多いため、全身麻酔できる設備や体制が整った施設を選びましょう。

◉術後の養生

腰椎麻酔の後遺症である頭痛などがなければ、早期に離床し、腸の動きを促進します。通常は1週間程度で抜糸し、退院できます。退院後は食事などはふつうにとってかまいませんが、運動はしばらく控えるほうが安全です。

　小腸が手術創に癒着しておこる腸閉塞などがおこる可能性があります。また、腹壁が化膿することもあります。

　このような場合は、なるべく手術した担当医にみてもらうとよいでしょう。

たんぱく漏出性胃腸症
Protein-losing Gastroenteropathy

どんな病気か　血液中のたんぱく質、とくにアルブミンが胃腸管壁を通過して管腔内へ異常に漏れ出ることでおこる病気の総称で、**低たんぱく血症**がみられるのが特徴です。

漏出の原因は、腸リンパ系異常、毛細血管透過性の亢進、胃腸管粘膜上皮の異常や潰瘍によるものがあります。

原因疾患は、炎症性腸疾患、アレルギー性胃腸症、腫瘍、腸管感染症、リウマチ疾患、心疾患などですが、原因不明のものもあります。

たんぱく漏出性胃腸症のおもな原因

1　腸リンパ系異常に基づくたんぱく漏出
（腸リンパ管拡張症、収縮性心内膜炎など）

2　毛細血管透過性亢進に基づくたんぱく漏出
（アレルギー性胃腸症、リウマチ疾患など）

3　胃腸管粘膜上皮の異常や潰瘍によるたんぱく漏出
（潰瘍性大腸炎、クローン病など）

症状　むくみ（とくに顔面や下腿に多い）がみられます。重症になると腹水や胸水をともないます。

検査と診断　血液中のたんぱく質の低下と、たんぱくの胃腸管内への漏出を確認します。

たんぱくの漏出はα1-アンチトリプシンがどの程度腸管に漏出されるかを調べたり、アイソトープ（放射性同位元素）を使ってアルブミンの代謝の度合いを測定して調べます。

また、原因疾患を見つけるため、X線検査、内視鏡検査、生検やリンパ管造影も行われます。

治療　原因疾患の治療が優先されます。対症療法として、利尿薬、アルブミン製剤の服用や、低脂肪高たんぱく食品や中鎖脂肪酸食品（腸での吸収が速い脂肪を使った食品）による食事療法を行います。

また、副腎皮質ホルモン剤がアレルギーや炎症性腸疾患によく効くことがあります。

多くは広範囲な病変をともなうので、漏出部位が確認できなければ、手術は行われません。

吸収不良症候群
Malabsorption Syndrome

どんな病気か　栄養素がうまく吸収されず、栄養障害をおこす症候群の総称です。

原因はさまざまですが、腸上皮での膜消化がうまくいかない原発性腸疾患（スプルー症候群が代表的）によるもの、手術、炎症、腫瘍により腸粘膜が障害された続発性腸疾患によるもの、肝臓、胆道、膵臓の病気によって膵液や胆汁の分泌が障害されたもの、栄養素の吸収経路である門脈やリンパ管が障害されたもの、という4つに大きく分かれます。

このため、治療法も原因によって異

なります。

日本では、胃切除後、乳糖不耐症、短腸症候群（小腸を広範囲に切除したために、消化吸収障害をおこすもの）、クローン病、腸結核、アミロイドーシス、強皮症、腸内細菌の異常繁殖、抗がん剤や放射線障害、膵胆道疾患にともなうものがよくみられます。

症状　下痢、脂肪便、腹部膨満感など消化吸収障害によるものや、体重減少、やせ、成長障害、むくみ（浮腫）、腹水、貧血、皮下出血、骨軟化症、口内炎、末梢神経炎、無月経、テタニー（強いひきつれ）、眼症状など、各種の栄養素やビタミンの欠乏によるものなどがみられます。

とくに子どもの場合では、成長障害や二次性徴低下に注意しなければなりません。

検査と診断　低栄養状態の基準と消化吸収機能の結果とを評価して診断します。

低栄養状態とは、血清たんぱくが１dℓあたり６g以下、血清コレステロールが１dℓあたり１２０mg以下であることが定められています。

消化吸収機能検査は、糖分の多い飲料水を飲んで行う経口ぶどう糖負荷試験やキシロース負荷試験が広く用いられ、乳糖不耐症には乳糖負荷試験が行われます。

脂肪の検査では糞便の脂肪染色や糞便中の脂肪定量が行われます。また、ビタミンB_{12}の吸収試験やＰＦＤ試験（膵機能検査）、骨塩定量検査も参考として行われます。

原因疾患や患部を調べるにはＣＴ、ＭＲＩ、Ｘ線透視、内視鏡による生検も必要です。

免疫不全症候群（エイズなど）にともなう症例や、２次的に免疫不全をおこす場合があるので、免疫学的検査も必要となります。

治療　原因疾患の治療が原則ですが、治療法がない疾患も多くあります。食事療法、栄養素補充療法もありますが、なるべく口から食べて治療するのが原則です。食事療法は、乳糖不耐症やセリアック病（麦類に含まれるグルテンが原因）などでは、制限食が有効です。

また、高エネルギーで低脂肪の食事療法、成分栄養法、完全静脈栄養法などの栄養素補充療法があります。

一般にこの症候群の下痢には、ふつうの止痢薬や抗コリン薬があまり効かないので、かわりに、ロペラミドや麻薬の使用、消化酵素の大量療法が行われます。

吸収不良症候群のおもな原因

1　原発性腸疾患
（腸上皮での膜消化がうまくいかない）
2　続発性腸疾患
（胃手術後障害、抗がん剤や放射線障害、炎症、腫瘍などによって腸粘膜が障害される）
3　膵液・胆汁酸の分泌障害
（肝臓疾患、胆道疾患、膵臓疾患による）
4　栄養素の吸収経路である門脈やリンパ管の障害

腸の病気②

腸炎とは

　腸炎には急性と慢性のものがあり、急性腸炎の多くは病原菌の感染によるものです。慢性腸炎は、感染によるものと別の疾患の影響によるものがあります。また、これら以外に、原因不明の対応がむずかしい腸炎があります。

感染性腸炎
Infectious Enterocolitis

どんな病気か

　小腸や大腸が細菌、ウイルスなどに感染し、下痢、腹痛、嘔吐、発熱、ときには血便などをおこすものです。夏には細菌性、冬にはウイルス性の感染が目立ちます。

原因

　もっとも多いのは細菌による**細菌性腸炎**です。食品による急性腸炎の集団発生（食中毒 2092頁）は、サルモネラ、腸炎ビブリオ、黄色ブドウ球菌、腸管出血性大腸菌などが原因となります。そのうちもっとも頻度の高いのは、ニワトリ、ウシ、ブタなどの食肉につくサルモネラ菌による腸炎で、8～48時間の潜伏期のあと、悪心（むかむかと気持ちが悪いこと）、腹痛、下痢が出現します。腸炎ビブリオは魚介類が原因となることが多く、10～18時間の潜伏期のあと、発症します。

　カンピロバクター腸炎はおもに鶏肉が感染源で、かぜのような症状が先行します。ブドウ球菌の感染経路となる食物はさまざまで、1～5時間の潜伏期のあと、発症します。

　病原性大腸菌のうち、**O‐157**はベロ毒素を産生する腸管出血性大腸菌の一種です。潜伏期間は平均3～7日で、初発症状は水様性の下痢と腹痛です。かぜのような症状をともなうこともあります。下痢の回数が徐々に増加して便に鮮血が混じるようになり、やがて血便となります。重症化すると、急性腎障害、血小板減少、溶血性貧血をおもな症状とする**溶血性尿毒症症候群**（759頁）をおこします。

　ウイルス性腸炎の原因ウイルスは数多く、種々のエンテロウイルス、ノロウイルス、ロタウイルス、腸管アデノウイルスなどが知られています。また、カキによる食中毒の多くがノロウイルスによるものです。

検査と診断

　細菌性の場合、汚染食品の摂取から発症までの潜伏期間が、毒素型（ブドウ球菌、ボツリヌス菌など）は4～12時間、感染型（サルモネラなど）は半日から数日となります。ただし、症状と経過だけから原因を鑑別するのは簡単ではありません。確定診断は便の細菌培養により行います。白血球が多く、単一の細菌がたくさん認められるときは細菌性腸炎が考えられます。

　カンピロバクターは、新鮮便を顕微鏡検査すれば存在が確認できることがあります。下痢が数日間つづいたり出血をともなう場合は下部消化管内視鏡で検査します。

　ウイルス性の場合は、流行やその疫学的な情報、症状、便の性状が重要となります。ロタウイルスは乳幼児の重症化する下痢の最大の原因で、6か月～2歳までの乳幼児によくみられます。

◎伝染性下痢症

　下痢と嘔吐を主症状とする病気で、細菌やウイルスの感染が原因と考えられていますが、原因ウイルスはまだ特定されていません。

　冬から夏にかけて流行することが多く、かかるのはおもに成人です。

▼症状　2〜8日の潜伏期を経て、食欲不振、腹部の異常感、腹鳴、吐きけ・嘔吐とともに1日数回から十数回の下痢が始まります。

　下痢は、黄褐色の泥状便か水様便で、量が多く、腐った肉のようなにおいがします。

▼治療　安静を保ち、嘔吐が治まるまで、絶食します。

▼予防　病気が流行しているときは、生水や生ものの摂取をしないようにします。

　病人の便や吐物から感染するので、これらの処理と消毒を完全に行うことがたいせつです。

治療

　下痢が何度もおこると脱水症をおこすため、輸液を行います。軽症ならば、スポーツ飲料を飲むだけでよいのですが、重症ならば点滴が必要です。

　腹痛が激しいときは鎮痙薬が、嘔吐に対しては制吐薬が用いられます。止痢薬は、体内の毒素を排出する機構にも影響するおそれがあるため、使用は最小限度にとどめられます。

　細菌性の食中毒は自然に治ることも多く、必ずしも抗生物質を服用しなければならないわけではありません。ただし、重症例や抵抗力の弱い子ども、高齢者の場合は、細菌を早く駆逐するために使われます。

　また抗生物質は、その菌に有効なものを選ばなければなりませんが、カンピロバクター腸炎ではマクロライド系の抗生物質が、それ以外ではニューキノロン系の抗生物質がまず選ばれます。ボツリヌス中毒では早急な抗毒素療法が必要になります。

　日常での注意として、腹痛が強かったり、血便をともなう場合は、腸の安静のために絶食が必要です。軽症の場合、食事は消化のよいものとし、刺激性のある食物、香辛料、高脂肪食、塩辛い物、アルコールは控えましょう。

　予防として食品の管理に気をつけます。消費期限を守り、古くなったものは始末しましょう。また、食中毒が発生しやすい季節には生ものはなるべく控え、調理用具を清潔に保ちましょう。

非感染性腸炎
Non-Infectious Enterocolitis

どんな病気か

　薬物による腸炎、寝冷えなど寒冷刺激による腸炎と、神経性、アレルギー性、暴飲暴食による腸炎、さらに虚血性腸病変（1589頁）などがあります。

　ここでは、以上のなかから、代表的なアレルギー性腸炎、薬剤性腸炎、虚血性腸炎について解説します。

▼アレルギー性腸炎　特定の食物がアレルギーの原因となり、腸内で過敏症状を示すものです。下痢、嘔吐、腹痛が一般的な症状です。乳幼児の場合、肛門周囲の発赤がみられることもあります。また、じんま疹やぜんそく、血圧低下をおこすこともあります。食物の摂取後2、3分から1時間で発症するタイプと、数時間から2、3日で発症するタイプに大きく分けられます。

▼薬剤性腸炎　薬物によって腸の粘膜にびらんや潰瘍ができたり、栄養の吸収が障害されたり、虚血（血行不足）をおこして下痢や下血を生じるものです。また、抗生物質による腸内細菌叢の変化やアレルギー反応によって下痢や下血を招く場合もあります。

▼虚血性腸炎　突然の腹痛と数時間以内におこる鮮血が混じった下痢が特徴です。S状結腸に好発し、左の下腹部痛で発症するのが典型的です。高齢者に多くみられますが、強い便秘のある若い女性にもときにみられます。

原因

　アレルギー性腸炎の場合、三大アレルゲン（アレルギーをおこす原因物質）として、卵、牛乳、穀物が知られています。肉や魚などもアレルゲンとなることがあります。

　薬剤性腸炎の原因となる薬物は非ス

テロイド性抗炎症薬や、抗生物質などです。

虚血性腸炎は、動脈硬化症、高血圧、脳血管障害、糖尿病、心疾患などの疾患をもつ人に多く、さまざまの因子が影響して腸管の虚血をおこし、便秘などによる腸管内圧の上昇も発症の引き金になると考えられています。

【検査と診断】 アレルギー性腸炎の診断にもっとも重要なのは病歴です。血液中の抗原に特異的なIgE（免疫グロブリンE）を調べる血液検査がありますが、症状と必ずしも一致しない場合があります。そのほか、病歴で予想された抗原に対する皮膚反応をみる検査が行われます。

薬剤性腸炎も薬の服用歴が診断の手がかりです。抗生物質が原因の出血性大腸炎は急に発症する血性の下痢と腹痛が特徴で、ペニシリン系の抗生物質の使用後にみられることがあります。

高齢者や重い別の病気をもつ人に、多種類の細菌に有効な抗生物質を使用すると、**偽膜性腸炎**（大腸に膜状の隆起ができておこる腸炎）がみられることがあります。内視鏡検査で大腸に偽膜が見つかれば診断がつきます。

虚血性腸炎は、血液検査をすると白血球数の増加と炎症反応の上昇がみられますが、これはこの腸炎にかぎりません。注腸X線造影検査で腸管壁がのこぎりの刃状にみえたり、内視鏡検査で縦方向に伸びた発赤や潰瘍が腸管壁に見つかれば診断の助けになります。

【治療】 アレルギー性腸炎では、原因となる特定の食物を食べないようにします。ぜんそく、血圧低下など急激で重度の症状が現れた場合は救急処置が必要で、ステロイドや抗ヒスタミン薬が使われます。なお、幼児は成長とともに、また成人でも年月が経過するとアレルギーが自然に消失することがあります。

薬剤性腸炎は、原因とみなされた薬剤の使用を中止するか、別のものに変更します。一過性の下痢は、腹痛に対する鎮痙薬や輸液で治ります。偽膜性腸炎は、バンコマイシンの内服と全身管理が必要です。

虚血性腸炎では、保存的治療が原則で、安静、絶食、輸液を行います。

虚血性腸炎の予防のためには、適度な運動を行い、食物繊維を十分にとり、便秘にならないようにしましょう。

慢性腸炎
Chronic Enterocolitis

【どんな病気か】 慢性の下痢、腹痛、血便などを主症状とするものです。

一部の感染性腸炎、炎症性腸疾患、膠原病による腸炎などがあります。

【原因】 代表的な感染性腸炎は結核菌による**腸結核**（上段）です。原虫によるものには、赤痢アメーバによる**腸アメーバ症**があります。

炎症性には潰瘍性大腸炎（1584頁）、クローン病（1586頁）などがあります。

腸炎をともなう膠原病には、全身性エリテマトーデス（2030頁）、結節性多発動脈炎（2042頁）、全身性強皮症（2036頁）、関節リウマチ（2014頁）などがあります。

ほかにアミロイドーシス（1529頁）、ベーチェット病（2047頁）、放射線腸炎などがあります。

◎腸結核

肺結核が多かった時代には、肺結核に合併する腸結核が多くみられました。これは肺結核病巣の結核菌が痰とともに嚥下され（飲み込まれ）、腸に達し、病変を形成すると考えられ、肺病変に続発することにより、**二次性腸結核**といわれます。

いっぽう、最近は肺病変がはっきりしない腸結核の発生が増えていて、これは腸管に初感染巣が生じることから**一次性腸結核（孤在性腸結核）**といわれます。

活動性の腸結核では、下痢、腹痛、発熱、食欲不振、体重減少などがおもな症状で、肺結核に消化管症状をともなう場合には診断は容易です。一次性腸結核では結核病変は自然治癒をくり返すことが多く、症状も乏しく、偶然発見されることもあります。

診断には糞便中の結核菌を同定することがもっとも重要ですが、腸結核では糞便中に結核菌が見つからないことも多く、この場合は、小腸、大腸のバリウムによる造影X線検査、内視鏡検査が有用です。内視鏡により病変部組織を採取して、病理組織学的に調べ（生検）、結核に特徴的な所見を得ることは診断の大きな助けとなります。

　治療は、肺結核と同様（肺結核1285頁）に行われます。

　腸結核が疑われ、確定診断がむずかしいときは、抗結核療法が行われて、その結果をみるということもあります。

　腸結核は栄養状態が悪いと発病しやすいので、日常の規則正しい生活が、予防上たいせつです。

検査と診断

　感染性腸炎では便中細菌の培養や、虫卵、便の顕微鏡検査が行われます。

　血液検査は、炎症や栄養障害の程度、原因の検索に必要で、白血球の増加、炎症反応の高値、貧血などの異常はなんらかの炎症性疾患の存在を示します。また、自己抗体の検査は膠原病の存在の手がかりとなります。

　注腸、大腸内視鏡検査は病気の鑑別、病変の範囲などを知るのに重要なもので、病変部から組織をとって、病理診断（生検）ができるので有用です。

　腸結核の好発部位は回腸、盲腸、上行結腸で、輪状または帯状の潰瘍ができるのが特徴です。内視鏡での生検で結核菌が証明されれば診断がつきます。

治療

　腸結核では、イソニアジド、リファンピシン、エタンブトール（またはストレプトマイシン）、ピラジナミドによる4剤併用療法が行われます。腸アメーバ症にはメトロニダゾールの内服が有効です。膠原病による腸炎は、原疾患の治療が主体になります。

過敏性腸症候群

Irritable Bowel Syndrome

原因不明の消化管全体の機能障害

◇慢性の腹痛や便通異常（便秘・下痢など）

どんな病気か

　精神的ストレスなどによって、腸管の運動亢進や分泌亢進がおこり、下痢や便秘、腹部膨満などの便通異常と腹痛が、慢性的に生じる症候群です。

　以前は、**過敏性大腸**あるいは**過敏性大腸症候群**と呼ばれていましたが、大腸だけに障害がおこる病気ではなく、消化管全体に機能障害をともなう病気であるため、現在は過敏性腸症候群と呼ばれています。

　腸の症状を訴えて受診する人の20～70％を占めるほど、頻度の高い腸疾患です。

　便通の状態により、大きく便秘型、下痢型、下痢と便秘をくり返す混合型の3つに分類されます。

　男女比は1対1・6で、やや女性に多く、男性では下痢型、女性では便秘型が目立ちます。

◇心理的ストレスも誘因に

原因

　明らかではありませんが、消化管運動や内臓知覚の異常、心理的ストレスに対する腸管の過敏反応、消化管ホルモンなどによる消化管の刺激、および食物アレルギーなどの免疫異常などが、原因として推定されています。

検査と診断

　診断は、症状やその持続時間などからの診断基準により行われますが、器質的疾患「大腸がん（505頁）、大腸憩室症（1594頁）、虚血性大腸炎（1589頁）、潰瘍性大腸炎（次項）、クローン病（1586頁）など」を除外してゆくことが重要です。

　排便によって腹痛が改善することや、食後に症状が悪化することがみられます。また、心理的ストレスや環境の変化の有無など、症状の誘因となる心因的背景があったりすることが診断の助けになります。

◎巨大結腸症とは

直腸や結腸（大腸）が異常に拡張し、その動きが悪くなって便秘になるものをいいます。直腸や結腸の悪性腫瘍や、手術後の癒着による便やガスの通過障害が原因である場合が多くみられます。

生まれつき直腸がうまく運動せずに細くなり、直腸の手前の結腸が拡張してしまうヒルシュスプルング病（735頁）という病気もあります。この病気になると、新生児期から頑固な便秘が始まり、腸閉塞に進展したりします。

いっぽう、通過障害や直腸に細い部分がないにもかかわらず巨大結腸になることもあります。これは慢性の頑固な便秘が長年つづいている人や、抗不安薬を多量に長期間服用している人などにみられます。

さらに、潰瘍性大腸炎に中毒性巨大結腸症（次頁上段）という重症の合併症をおこすことがあります。腹痛、腹部膨満、高熱がつづき、緊急手

◇心身ともにリラックスする

［治療］ 特別な治療法はなく、対症療法が中心となります。治療の目標としては症状の消失も大事ですが、日常生活のなかで症状をコントロールすることが必要となります。それには消化管運動機能調整薬や抗コリン薬、抗不安薬などの薬物治療のほか、日常生活についての指導、心身医学的治療も重要です。

［日常生活の注意］ ライフスタイルの歪みや生活環境の変化が原因になることもあります。暴飲暴食を避け、規則正しい生活と排便習慣をつけることが大事です。また、症状を悪化させる食品（アルコール、香辛料など）の摂取は控えましょう。

下痢型の人は冷たい飲み物、油っこい物を控え、便秘型の人は食物繊維の摂取を心がけることも重要です。ただし、あまり神経質になることはよくありません。過労を避け、適度な運動、睡眠、休養をとり、心身ともにリラックスすることです。

潰瘍性大腸炎

Ulcerative Colitis

増加傾向の原因不明の腸炎

◇粘血便、下痢、腹痛が主症状

［どんな病気か］ おもに大腸の表層粘膜をおかし、しばしばびらん（ただれ）や潰瘍を形成する原因不明の炎症です。乳児から高齢者まで全年齢層にみられますが、とくに20歳前後にピークがあります。

反復性または持続性の粘血便、下痢、腹痛などの症状がありますが、症状が激しいときには発熱をともなうこともあります。

発症はふつうゆっくりで、目立たずに慢性に発病します。ときに急激な発熱と粘血便で発症することがあります。

▼病態と分類　病変は直腸から連続して腸管全体にわたり、その病変の部位と広がりによって、全大腸炎型、左側大腸炎型、直腸炎型に分けられます。

また、発作と軽快をくり返す再発緩解型、長期間持続する慢性持続型、激しい症状で発症し全身に合併症がでて重症になる急性電撃型に分けられます。

重症度は、下痢の回数、肉眼でわかる血便、発熱、頻脈（脈が速い）、貧血の程度、赤沈の値（210頁）などから判断されます。とくに症状が激しく重篤なものは激症型と呼ばれ、専門病院での入院治療が必要です。高齢者での発症は重症化することも多く、注意が必要です。

▼合併症　さまざまの合併症がありますが、局所性と全身性に分けられます。

局所合併症には大腸の狭窄、大出血、穿孔（穴があく）、中毒性巨大結腸症（次頁上段）、がん化などがあります。

全身的合併症には関節炎（痛）、口内炎（1202頁、1203頁上段）、結節性紅斑（1819頁）、虹彩毛様体炎（1089頁）、膵炎、硬化性胆管炎（1654頁）などがあります。

［原因］ 感染、アレルギー、自律神経障害、血管炎、食生活などの説がありますが、くわしいことは不明です。遺伝的要素に免疫異常が加わるためと考えられています。

術が必要な場合もあります。

巨大結腸症の治療は、その原因によって、下剤だけですむ場合から手術が必要になる場合まで、さまざまです。

◎中毒性巨大結腸症

激しい炎症のために腸管の動きがまひして拡張してしまう病気です。

全身性の中毒症状をともなうので、多くの場合、緊急手術が必要になります。また、炎症が長期化すると、がんの合併率が高くなります。

【検査と診断】 診断は、臨床症状、注腸X線検査、大腸内視鏡検査をふまえて行われます。内視鏡検査では組織を採取して病理検査も行われます。

また、症状が似た細菌性赤痢（2100頁）、アメーバ赤痢（2104頁）、大腸結核などの感染性腸炎（1580頁）、虚血性腸病変（1589頁）、薬剤性腸炎（1581頁）、クローン病（1586頁）との鑑別も大事です。

潰瘍性大腸炎の人を大腸内視鏡で検査すると、腸粘膜に発赤、浮腫（むくみ）、出血しやすさがみられます。炎症の強さによりますが、顆粒状変化、びらん、潰瘍などがみられることもあります。

潰瘍が広範囲にできると、残存した粘膜がポリープ状になることがあり、**偽ポリポーシス**と呼ばれます。

血液検査を行うと、炎症を反映して、白血球数や血沈、CRP（C反応性たんぱく）値が上昇しています。また、下血によって貧血が進むと、赤血球数と血色素のヘモグロビンの数が減ります。強い炎症がつづくと、栄養状態を示す総たんぱく、アルブミン、コリンエステラーゼ、コレステロールの値が低下してきます。

◇心身の安定がたいせつ

【治療】 まず、心身の安静を保つことが重要です。過労を避け、十分な睡眠をとって、からだの安静をはかるだけでなく、精神的ストレスを避けることもたいせつです。

▼食事療法 高たんぱく、高カロリー、高ビタミンで、消化のよいものをとり、アルコール、香辛料などの刺激物や脂肪は制限します。炎症がない寛解期では、ふつうの食事が可能です。

▼薬物療法 サラゾスルファピリジン、副腎皮質ホルモン（ステロイド）の併用あるいは単独使用が基本です。ステロイドは、口から服用、注腸、坐薬などで使用しますが、重症例では、ステロイドの静脈注射が必要です。

サラゾスルファピリジンの有効成分は5アミノサリチル酸（5‐ASA）と考えられているため、5‐ASA製剤が使用されることもあります。

ステロイドの効果が不十分であったり、減量すると病状が悪化して使用をやめられない場合は、アザチオプリン、メルカプトプリン（6MP）などの免疫抑制薬が使用されることもありますが、週に1～2回、白血球のみをからだから除く白血球除去療法がよく効くこともあります。また、状況に応じて整腸薬、止痢薬、抗不安薬、抗アレルギー薬なども併用されます。

▼手術療法 手術法がたいへん進歩したため、人工肛門をつくらずに大腸を切除することが可能となりました。穿孔がおこった場合や大出血を合併した場合は緊急手術が必要です。薬物療法が無効なとき、何度も悪化をくり返すときも手術が検討されます。がんを合併した場合も手術が必要です。

【日常生活の注意】 精神的ストレスが病状を悪化させることがあります。十分な休養をとり、心身の安静を保つことが大事です。

日常生活上、治療上の注意をきちんと守れば心配することはありません。全身症状がでたり、重症化した場合は入院治療が必要です。

◎クローン病の由来

クローン病の名前は、1932（昭和7）年に米国のクローン博士が報告したことに由来します。このようにクローン病は比較的新しく認識されるようになった病気です。

クローン病
Crohn Disease

どんな病気か　消化管に慢性的に炎症が生じる、原因不明の病気です。

炎症により、腸に潰瘍が形成されたり、出血、栄養の吸収障害、狭窄（狭くなる）などがおこります。

消化管は口から食道、胃、十二指腸、小腸、大腸、肛門とつづきますが、このどの部分にも炎症が生じえます。小腸の末端（大腸の付近）から大腸にかけては、炎症がおこる頻度が高い傾向にあります。

炎症が腸の壁全層（内側から外側までの全部）にわたり生ずるのが特徴で、これによって腹腔内や肛門周囲などに膿瘍（膿）や、瘻孔（腸管から皮膚などをつなぐ経路で、腸の内容物が流出します）ができることがあります。

日本ではまれな病気だったのですが、最近は年々患者数が増加し、現在3万8000人以上の患者がいます。

10～20歳代で発症することが多く、慢性に経過するため、人生の多くの時間を病気とともに生活しなければなりません。

症　状　症状はひじょうに多彩です。頻度の多い症状は、腹痛、下痢、発熱、体重減少などです。

血便や下血がみられることがありますが、腸に慢性の炎症をきたす潰瘍性大腸炎（1584頁）よりは頻度が低いです。

子どもでは、成長障害が唯一の症状のこともあります。腸の狭窄が進むと、腸閉塞（1591頁）になり、腹痛、嘔吐などがおこることがあります。炎症によって腸管の内容物が少しずつ腹腔内に漏れると、膿瘍をつくり、強い痛みや発熱などが現れることがあります。

▼腸管外合併症　クローン病はもともと腸に炎症をおこす病気ですが、さまざまな原因によって、腸以外にも病変や症状が現れることがあります。関節痛、皮膚症状、ぶどう膜炎（1089頁）、胆石（1669頁）、尿路結石（1740頁）などが生じます。

原　因　原因については、根本的なところはほとんどわかっていません。しかし発症には、免疫の異常、腸内細菌の影響、遺伝などさまざまな因子がかかわっていると考えられています。現在では、遺伝的に素因のある人に、腸内細菌に対する異常な免疫応答がおこるようになって発症するとする説が有力になっています。最近では、腸管で炎症のおこるメカニズムの解明が進み、インフリキシマブ製剤（内科的治療参照）などの新薬の開発につながっています。

検査と診断　根本的な原因がわかっていない病気なので、診断が確定できる検査はなく、症状や経過、そのほかさまざまな検査をあわせて診断されます。なかでも大腸内視鏡検査や注腸造影、小腸造影など、腸の検査がもっとも重要で、病理検査、CT撮影、採血検査なども参考にします。

治　療　慢性疾患であるために、症状をとり、日々の生活をなるべく支障なく過ごすことができることを目標に治療を行います。また、症状が軽快したあとでも、再度悪化するのを防ぐ治療も重要です。

治療は、薬を飲んだり、注射したり

◎クローン病の栄養療法

食事による腸への刺激を減らし、クローン病の症状を抑え、再悪化を防ごうという治療です。成分栄養剤であるエレンタールがおもに用いられます。状態が悪いときは、食事を中止し、すべての栄養を栄養剤からとる場合もあります。症状がよくなると、栄養の半分くらいを栄養剤で、半分を食事で摂取し、再悪化を防ぎます。

これらの栄養剤は液体であり、食事の合間に飲む場合がありますが、あまり味がよくなく、飲めない場合は、鼻から胃に通した細い管から入れる場合もあります。症状が落ち着いているときに再悪化を防ぐ治療としては、この栄養療法か免疫調節薬のどちらかが行われることが多く、重要な治療です。症状がとくに激しいときは、口から栄養補給するのをやめ、太い静脈へ点滴で栄養を補給する場合があります（中心静脈栄養）。

する内科的治療と、手術を行う外科的治療に分けられます。基本的に内科的治療が優先されますが、効果がなかった場合や、狭窄などの合併症のために、手術になることも多くあります。

●内科的治療

①栄養療法　食事の刺激によって腸の炎症がおこるのを減らすため、栄養剤で栄養摂取します。成分栄養剤といい、炭水化物、たんぱく質が分解された状態で入っている栄養剤を用いることが多いのですが、その他の栄養剤も使われます。腸に炎症をおこしやすいと考えられている脂肪は、ほとんど入っていません（上段）。

②メサラジン製剤、サラゾスルファピリジン製剤　内服薬で、副作用が比較的少ないため、治療に用いられる場合があります。

③ステロイド　免疫を抑えるはたらきのあるホルモン剤で、さまざまな病気で用いられる薬ですが、クローン病の症状を抑えるのにも効果があります。この薬も、内服薬と注射薬があります。とくに長期使用で骨粗鬆症、白内障、糖尿病などの副作用が出現することがあり、使用にあたっては主治医からよく説明を聞いてください。

④免疫調節薬　クローン病では免疫異常が症状の発現に関係していると考えられており、免疫を調節する薬剤に効果が認められます。アザチオプリン製剤の飲み薬が用いられることが多く、保険適応となっています。効果が出現するのに時間がかかり（通常1～3か月ほど）また、血球減少や吐きけなどの副作用がみられる場合があり、服用を始めた初期には注意が必要です。

⑤インフリキシマブ製剤　注射薬で、免疫に関係するたんぱくの腫瘍壊死因子‐αを遮断する抗体製剤です。ほかの薬剤で効果のないクローン病に対しても6割以上と、ひじょうに高い効果がみられます。8週間ごとの使用でよい状態を保てる患者が増えています。

⑥抗生物質　腸内細菌がクローン病の炎症発生に関係していると考えられ、抗生物質も効果がみられます。通常は、外来で処方される内服薬です。シプロフロキサシン製剤、メトロニダゾール製剤などがよく用いられます。

●外科的治療

狭窄で腸閉塞になった場合、内科的治療で効果が認められない場合などは、手術を行います。クローン病は手術で炎症のある腸を全部切除しても根治するわけでなく、残った腸に再発するので、近年では、なるべく切除範囲を小さくするような工夫がされています。

【日常生活の注意】　たばこは、クローン病にとってひじょうに有害であり、症状が悪化したり、手術になったりする率が高くなることが証明されているので、禁煙する必要があります。

クローン病は、遺伝的素因に環境因子が加わって発症すると考えられていますが、明確なことはわかっておらず、発病を予防する方法も明らかではありません。クローン病患者では喫煙者が多く、喫煙がクローン病を悪化させることがわかっているので、たばこは発症に関連する因子である可能性はあります。しかし、証明はされていません。

食事も病気に影響を与えます。とくに脂分がよくないと考えられています。

◎単純性潰瘍と非特異性多発性小腸潰瘍の特徴的な症状

　単純性潰瘍は、ベーチェット病を合併しないものなので、一般には腸の症状のみが生じます。潰瘍が一番できやすいところ（大腸と小腸の境目）に一致して、腹痛がおこることが多いのです。腹痛は軽く、手で押してはじめて痛みを感じるものもあれば、ひじょうに強い腹痛がみられる場合もあります。また、右下腹部にしこりを触れる場合もあります。潰瘍から腸に穴があく場合もあり、この場合、腸の内容物が腹腔内に漏れて腹膜炎となり、ひじょうに強い痛みが現れます。

　非特異性多発性小腸潰瘍は、腸に潰瘍をつくる病気ですが、一般的に腹痛や下痢などの腸に由来する症状がおこらないのが特徴です。原因不明の貧血、低たんぱく血症による浮腫（むくみ）などがみられた場合は、この病気を疑い、検査することがあります。

単純性潰瘍
Simple Ulcer

どんな病気か

腸管に原因不明の潰瘍を生じる病気です。

　口腔粘膜、皮膚、目、外陰部などにくり返し炎症を生じる原因不明の病気にベーチェット病（2047頁）があります。このベーチェット病に腸管病変を合併することがあります。多くは、小腸と大腸のつなぎ目付近に潰瘍を生じます。ベーチェット病の症状がないのに、ベーチェット病と同じような腸管病変がみられる場合を単純性潰瘍と呼びます。

症状

右下腹部を中心とした腹痛がもっとも頻度の高い症状です。そのほか、下痢、体重減少、発熱、だるさなどがあります。潰瘍から出血し、下血することもあります。

検査と診断

大腸内視鏡での観察、生検での病理検査、ほかの病気を否定できる点から診断されます。

治療

症状がない場合は無治療で、経過観察する場合もあります。免疫調節薬、アミノサリチル酸製剤、ステロイドなどが使用される場合もあります。手術が必要な場合もあります。

非特異性多発性小腸潰瘍
Non-specific Multiple small intestinal Ulcer

どんな病気か

腸管に原因不明の潰瘍を生じる病気です。多くは幼児期から成人前に発症し、回腸末端を除く回腸の中・下部に生じる潰瘍から少量の出血がつづきます。

症状

持続する微量な出血により、鉄分が不足して貧血になります。貧血はゆっくりと進行することが多く、全身倦怠感、労作時の息切れなどの症状が現れます。腹痛や下痢をおこすことは少ないため、貧血に対して鉄剤の使用をくり返すと、なかなか診断できないこともあります。

検査と診断

採血して鉄の欠乏による貧血が確認されたとき、原因を探しますが、胃、大腸など、上部、下部の消化管に病変が見つからないのに、便に少量の血液が混じっている場合、この病気の可能性があります。

　診断には小腸の潰瘍の存在を調べることと、潰瘍の形態をみることが重要ですが、小腸造影、小腸内視鏡などで診断を行うことになります。手術で切除した腸を調べることによって、初めて診断される例もあります。

　小腸は、口と肛門の両方から遠い位置にあるため、長い間、内視鏡などでの観察がむずかしい臓器でした。したがって、小腸に病変をもつ病気の診断に苦労することも多々ありました。最近では、**カプセル内視鏡**と**ダブルバルーン小腸鏡**という2つの小腸を検査する手段が開発され、小腸の病気の診断に役立つようになってきています。

治療

貧血を改善させるために鉄剤使用や輸血などが行われます。栄養療法に効果がみられますが、やめた場合の再発も多いことが報告されています。手術した場合も再発が多いことが報告されています。

◎しぶり腹（テネスムス、裏急後重）とは

腹痛があり頻繁に便意を催すのに排便がない、また、あってもわずかの排便しかない状態をいいます。下部大腸・直腸に病変があると、少量の内容物によっても便意を催します。また、炎症の刺激で肛門筋がけいれんし、便が出にくくなるためにおこります。

同意語として、テネスムス（ラテン語）、裏急後重という語があります。裏急後重は漢方の証の名ですが、とくに赤痢の症状をさすのに用いられました。

しぶり腹がどのようにしておこるかを説明する前に、正常の排便のしくみを説明します。大腸は小腸につづく腸管で、盲腸→上行結腸→横行結腸→下行結腸→S状結腸→直腸と分けられます。大腸のおもな機能は、水分・電解質の吸収と排便です。上行結腸、横行結腸で水分の多くが吸収され、その結果、下行結腸、

虚血性腸病変
Ischemic Disorders of the Intestine

どんな病気か

なんらかの原因によって小腸や大腸に分布する動脈（腸間膜動脈）や静脈の血流量が低下すると、血液不足状態（虚血状態）となり、腸管壁への酸素供給が十分に行われなくなります。その結果、虚血によるさまざまな症状が腸におこる病気です。代表的なものに虚血性大腸炎、急性および慢性腸間膜動脈閉塞症があります。

▼虚血性大腸炎　大腸に血液を送る腸間膜動脈に明らかな閉塞がないにもかかわらず、大腸が虚血状態になる病気です。粘膜の発赤、浮腫（むくみ）、びらん、潰瘍、壊死などを生じます。

高齢者に多くみられますが、若い人にもみられることがあります。発症年齢は、50歳以上が80～90％を占めています。男女比は、ほとんど差はないという報告と、女性に多いとする報告とがあります。発生部位は、左側結腸である下行結腸とS状結腸に多く、80％以上を占めています。直腸は側副血行路（別の経路を通って血液を供給する血管）が多くあるので、虚血性腸炎はまれです。

虚血性大腸炎には一過性型、狭窄型、壊死型の3つのタイプがあります。壊死型の頻度は低いのですが、もっとも重症で、早期の手術が必要です。

▼急性腸間膜動脈閉塞症　腹部大動脈から分岐する上腸間膜動脈の根元に血栓や塞栓がつまり、小腸が虚血をおこす病気で、死亡率の高い病気です。高齢で動脈硬化の強い人におこります。

▼慢性腸間膜動脈閉塞症　時間をかけて徐々に動脈が閉塞していくと、側副血行路が発達するため、急激な腸の炎症や壊死はおこりにくくなります。

原因

血管の因子と腸管の因子があります。

血管の因子として、高血圧（1396頁）、糖尿病（1501頁）や虚血性心疾患などの動脈硬化性疾患が関与しており、塞栓、血栓、動脈硬化（1407頁）などによる微小動脈の閉塞や心不全（1342頁）、ショック、末梢血管攣縮による非閉塞性循環障害があげられています。

腸管の因子としては、便秘（1595頁）などによる腸管内圧の亢進や、腸管の蠕動運動の異常による粘膜血流量の減少があげられています。

▼虚血性大腸炎のおもな原因　これらの因子が複雑に絡み合っておこると考えられています。

▼急性・慢性腸間膜動脈閉塞症のおもな原因　血栓症と塞栓症です。血栓症は腸間膜動脈の動脈硬化の結果生ずるものが多く、塞栓症の大部分は心房細動（1348頁）や僧帽弁狭窄症（1382頁）などの心疾患に由来します。

症状

▼虚血性大腸炎の症状　強い腹痛があり、下痢を生じ、血性下痢となるのが典型です。左側腹部痛に引きつづき、下痢、血便がおこります。

血便は大腸粘膜のびらんや潰瘍が原因でおこります。鮮血がみられますが、ショックをおこすほど多量に出ることはまれです。腹痛と同時に、半数には吐きけ・嘔吐をともないます。

一過性型は通常、数日から2週間以

S状結腸ではかたまりとしての便が形成されていきます。ほどよくかたくなった便塊がS状結腸下部から直腸に進むと腸の内圧が高くなり、便意を催し、つづいて排便反射がおこり、排便が行われます。

このように、排便反射は直腸の刺激によって制御されています。

しぶり腹は、便塊の刺激によらない直腸刺激により排便反射が引き起こされて生じます。そのため、便意を催すのに便は出ないわけです。

しぶり腹のおこる原因には、直腸の炎症があります。直腸に炎症のおこる病気はいろいろありますが、赤痢をはじめとする感染性腸炎（1580頁）、潰瘍性大腸炎などがあります。

一般の大腸炎でも、しぶり腹を生じることがありますが、長引くときは精密検査が必要です。

内に症状が消えて治ります。狭窄型は1か月くらい症状が持続し、狭窄による腹痛、腹部膨満感が残り、腸閉塞症状をきたすこともあります。壊死型は激しい腹痛があり、進行性であり、腸穿孔やショックにおちいるなど、急激な経過をとります。

▼急性腸間膜動脈閉塞症の症状　突然の締めつけられるような激しい持続痛で始まるのが特徴です。初期には、症状のわりに腹部所見が乏しく、悪心、嘔吐、下血をともないます。経過につれて腹膜炎を生じ腹膜刺激症状が現れ、さらにショック状態になります。

▼慢性腸間膜動脈閉塞症の症状　側副血行路が発達した場合、腸管の血液必要量の増える食後に、臍の周囲やみぞおちのあたりに痛みを感じます（**腹部アンギーナ**）。腹部膨満感、便秘、下痢がよくおこります。また腹部に血管雑音が聞かれることもあります。

検査と診断　高齢者に突然の腹痛と下血があり、薬剤性腸炎（1581頁）や感染性腸炎（1580頁）でないことが明らかな場合は、虚血性大腸炎が疑われます。診断には、内視鏡検査が有用です。典型的な縦走性の潰瘍やびらんをみれば診断は容易です。粘膜の壊死の程度が強く、暗赤色で浮腫性の膨隆が著しいときは壊死型が疑われます。

注腸造影検査（大腸にバリウムを注入してX線撮影する検査法）を行うと、大腸壁の硬化像や、粘膜の浮腫や粘膜内出血のため、親指で押したあとのような**母指圧痕像（サムプリンティング）**がみられます。一過性型では数日でこれらの所見は消えてしまいます。狭窄型の場合は、潰瘍の治癒過程でみられる嚢状膨隆（袋状の膨らみ）や環状狭窄（リング状に大腸が狭まった部位）がみられるようになります。

強い腹痛があり、急性腸間膜動脈閉塞症が疑われるときは血管造影が有用です。またCT検査や超音波検査で診断できることもあります。血液検査は決め手にはなりません。

治療　**▼虚血性大腸炎の治療**　入院治療が原則です。

一過性型の場合は、腸管の安静のために絶食し、輸液をします。症状がなくなるのを待って食事を始めます。狭窄型の場合も同様で、腸閉塞症状がなければ手術の必要はありません。狭窄が強くなるのは1～数か月後なので、この時期に手術が必要になることがあります。

壊死型が疑われるときは、腹膜刺激症状が現れてくると手術が必要です。

▼急性腸間膜動脈閉塞症の治療　手術を行います。

腸管が壊死に至っていない場合は、血行再建術を行います。塞栓症の場合は、塞栓除去術を行います。血栓症の場合は、バイパス術を行います。

壊死している場合は、壊死した部位の切除と血行再建を行います。

手術した場合の救命率は、原因・年齢にもよりますが50%程度です。腹膜炎をおこす前に診断がついた場合の生存率は90%ともいわれますが、診断はたいへん困難です。

▼慢性腸間膜動脈閉塞症の治療　腹部アンギーナをおこしている場合は、急性腸間膜動脈閉塞症と同じように血行再建術を行います。

腸の病気③

腸閉塞（イレウス）

Bowel Obstruction (Ileus)

腸管がふさがり腹痛がおこる

◇閉塞性腸閉塞がほとんど

どんな病気か　いろいろな原因で腸管がふさがり、腸の内容物（食物、消化液、ガス）が通過しなくなる状態をいいます。腸の内容物がたまるために腹部が張って吐きけや嘔吐がおこり、腸管が拡張したりねじれたりするため、腹痛も生じます。腸閉塞になると、食事ができないだけでなく、栄養や水分を腸から吸収できなくなり、嘔吐によって消化液が失われ、さまざまな障害が生じます。ときには腸が壊死をおこし、腹膜炎（1620頁）を併発して死亡することもあります。

原因　腸閉塞は、その原因から、機械的腸閉塞と機能的腸閉塞に分類されます。**機械的腸閉塞**には、閉塞性腸閉塞と絞扼性腸閉塞が、**機能的腸閉塞**には、まひ性腸閉塞、けいれん性腸閉塞があります。

機械的腸閉塞は、がんや異物などで腸管内腔が閉塞されたり、腸管が癒着、ヘルニア、捻転、重積（743頁）のどれかをおこすことが原因でおこります。そして、腸管内容の通過障害だけがおこり、血行障害をともなわないのが**閉塞性（単純性）腸閉塞**で、ともなうのが**絞扼性（複雑性）腸閉塞**です。

腸閉塞は、急性腹症（急激に発症する腹痛を主症状とする疾患）のなかで、急性虫垂炎についで頻度の多いものです。そのうち、機械的腸閉塞が90％を占め、閉塞性腸閉塞がその半数以上を占めています。閉塞性腸閉塞の原因は、開腹手術による癒着性腸閉塞がもっとも多く、つぎが大腸がん（505頁）です。

症状　おもな症状は腹痛、嘔吐と、排便・排ガスの停止です。

腹痛はさしこむような痛み（疝痛）が特徴です。また腹部が膨満して腸がゴロゴロ鳴ります。

絞扼性腸閉塞では全身状態が急速に悪化し、頻脈、発熱、脱水、尿量の減少がみられます。このような症状がみられたら、すぐに受診する必要があります。受診先は、緊急手術が必要になる場合もあるため、消化器外科をお勧めします。

検査と診断　造影剤を使用しない腹部単純X線検査で拡張した腸管を調べ、腸内ガス像と鏡面像（反射像）が見られれば診断がつきます。大腸の閉塞は、大腸がんが原因のことも多いため、CTや腹部超音波検査で鑑別診断する必要があります。

また、腹部超音波検査で、腸の内容物のようすを観察して、閉塞性腸閉塞か絞扼性腸閉塞かを診断すること（絞扼性腸閉塞では緊急手術が必要）が、治療法の決定には重要です。

◇手術後は再癒着の予防を

治療　まず絶飲食とし、イレウス管（吸引チューブ）を挿入して胃と腸管の内容を吸引排除します。また、脱水と電解質のアンバランスを補正するため、輸液が必要になります。

閉塞性腸閉塞はこれらの治療で軽快することが多いのですが、症状が改善

◎カルチノイド症候群

カルチノイド（がんのような腫れもの）がつくりだすセロトニン、ヒスタミン、ブラディキニンなどの化学物質によって引き起こされる症候群のことです。動悸、気管支ぜんそく様呼吸困難、顔面紅潮、下痢、腹痛、嘔吐などの多彩な症状がみられます。この症候群はカルチノイドのときはみられず、肝臓などへの転移をおこしたときにみられることがほとんどです。

病名は、1907（明治40）年にオーベルンドルファーががんに似た小腸腫瘍を報告し、これをカルチノイドと名づけたことに由来しています。

発生部位としては虫垂がもっとも多く、ついで回腸、大腸、胃の順です。

以前はカルチノイドはすべて良性と考えられていましたが、その後、転移例が報告され、ある種のカルチノイドは悪性の腫瘍であることがわかってきました。

しないときや、さらに悪化するときは手術を行います。絞扼性腸閉塞のときは緊急手術が行われます。

◉手術後の養生

早期離床がよいとされます。早くからからだを動かすことで腸の蠕動運動が促進され、それによって腸管の再癒着がある程度予防できるからです。

予防

手術後におこる癒着は、手術の種類にもよりますが、避けがたいものともいえます。しかし癒着がすべて腸閉塞を引き起こすわけではなく、疲労、暴飲暴食、下痢などが誘因となる場合もあります。そのため、生活の不摂生に注意します。

腸管癒着症
Adhesion of the Intestine

どんな病気か

腸管と腸管、あるいは腸管と腹膜や大網が癒着したために通過障害がおこり、それによって腹痛などがみられるものです。

腸管の癒着は、腸管のいちばん外側をおおっている漿膜が外傷や炎症などで傷つけられ、その傷が治癒する過程でおこります。開腹手術後は、多少とも癒着がみられるのがふつうです。

◉どんな手術後におこりやすいか

あらゆる腹部手術のあとにおこるといえますが、なかでも多いのは虫垂炎（1575頁）や胃・十二指腸潰瘍（1558頁）の手術、婦人科手術などで、悪性腫瘍の手術よりも良性炎症性疾患の手術のあとに多くみられます。

心配のないものが多いのですが、癒着で腸管が引っ張られたり、屈曲したりすると種々の障害がおこります。また、腸管癒着症には精神的な要素も関与していて、癒着の程度と症状とは必ずしも一致せず、ほとんど癒着がないのに強い症状を訴える人もいます。

症状

おもな症状は腹痛で、ほかに悪心、食欲不振、腹部膨満感、腹部不快感などの不定愁訴がみられます。さらに、不眠、不安感、全身の倦怠感などの神経的症状がみられることもあります。

受診先は消化器外科ですが、診察は心療内科といっしょに行うこともあります。

検査と診断

多くの場合、腹痛を主とする腹部の不定愁訴があるにもかかわらず、消化管、肝臓、胆嚢、膵臓、尿路の疾患や婦人科疾患がなく、腹部手術や腹膜炎の既往があるときに癒着が疑われます。

造影剤を飲んだり肛門から注入してX線検査を行い、腸管の屈曲や異常走行が見られれば診断できる場合もあります。腹腔鏡を使って腹腔内を観察して腸管癒着を直接診断することもあります。

治療

腸管癒着があってもすぐに再手術を行うわけではありません。消化のよいものを摂取するか、通過障害が重い場合には、絶食して十分な点滴を行い、まず腸の通過障害の改善をはかります。安易に癒着の剥離手術を行うと、再び癒着を引き起こし、何度も手術しなくてはならなくなる危険があります。しかし、腸閉塞（前項）を合併したときは開腹手術を行います。

手術後は、早くからからだを動かし、腸管の再癒着を防ぎます。

カルチノイドが良性か悪性かは、顕微鏡検査だけでは判断がつかず、経過を観察しなくてはならないところがむずかしい点です。

治療は、悪性である可能性も考え、カルチノイドの広範な切除とリンパ節の郭清（よい部分も含めて摘出すること）手術が行われます。

◎メッケル憩室とは

小腸の下部（回腸）にみられる先天的な憩室（次頁）です。妊娠中に、母親の栄養を胎児に送る管（臍腸管）が、出生後に回腸の壁に残ったもので、男性に多くみられます。

ふつうは症状はありませんが、急に合併症（腸閉塞、憩室炎、出血）をおこすことがあります。小児期に多く、成人以降はあまりみられません。

メッケル憩室による腸閉塞（1591頁）は憩室のところで回腸がつまってしまうもので、腹痛や嘔吐で始まります。憩室炎は憩室の壁に炎症がおこ

大腸ポリープ
Colon Polyp

どんな病気か

ポリープとは、消化管の粘膜の表面から突出した隆起（盛り上がり）のことで、その内容は腫瘍から炎症による盛り上がりまでさまざまです。

大腸にできるポリープでもっとも多いのは腺腫と呼ばれる良性腫瘍で、これが全体の約80％を占めています。腺腫は将来がんになる（がん化）可能性をもっており、直径が1cm以上のものでは、すでに一部にがんがある可能性があります。

ついで多いのは過形成性ポリープや炎症性ポリープです。これらは、がん化することもありません。

大腸ポリープの数は、ほとんどが1～5個程度ですが、炎症性ポリープでは100個以上みられることがあります。また、腺腫が1000個以上もできる**家族性大腸腺腫症**という遺伝性疾患があります。この疾患は20～30歳代で大腸がんになるので、予防のための手術が必要になります。

症状

大腸ポリープはふつう無症状です。大腸がん検診や人間ドックなどで、便潜血（大便に混じった微量の出血）を指摘されて発見されることがよくあります。また、腹痛や下痢、便秘に対する精密検査として行われる大腸検査で偶然見つかることもありますが、ポリープがこうした症状の原因となっていることはまれです。

いっぽう、まるで痔からの出血のように、鮮血が便に付着したり、下血がみられることがあります。その際注意しなければならないのは、以前から痔があってよく下血を経験する人の場合、いつもの痔からの出血と思い、ポリープや大腸がんからの出血を放置してしまうことです。痔と思っても、一度は精密検査を受けるようにしましょう。

検査と診断

バリウムを肛門から注入して大腸内を検査する注腸X線造影や、大腸内視鏡検査が行われます。いずれも、検査の前日または当日は食事制限や下剤を服用します。

内視鏡検査では、ポリープの組織を直接採取したり、切除することがあります。これによって確実な診断がつき、治療や経過観察の方針が決まります。

治療

大腸ポリープの治療方針は、ポリープ表面の細かい構造（ピットパターン）を見たり、ポリープの組織をとって顕微鏡で検査した結果で決まります。ポリープが腺腫であると診断されたときは、一部にがんをともなっていたり、がん化の可能性があるのですから、内視鏡検査のときに切取る（切除）こともよくあります。

過形成性ポリープは放置してもよいのですが、大きくなって出血するものはやはり内視鏡で切除します。

内視鏡による大腸ポリープの切除は、内視鏡手術の技術が進歩し、理論的にはほとんどのポリープを切除することができます。しかし、ポリープの形や大きさ、一部にがんがあり、大腸の壁の深いところまでおよんでいる場合などでは外科手術（開腹手術）が必要になります。また、腹腔鏡という内視鏡を使って、おなかを大きく切らずに手術する方法もあります。

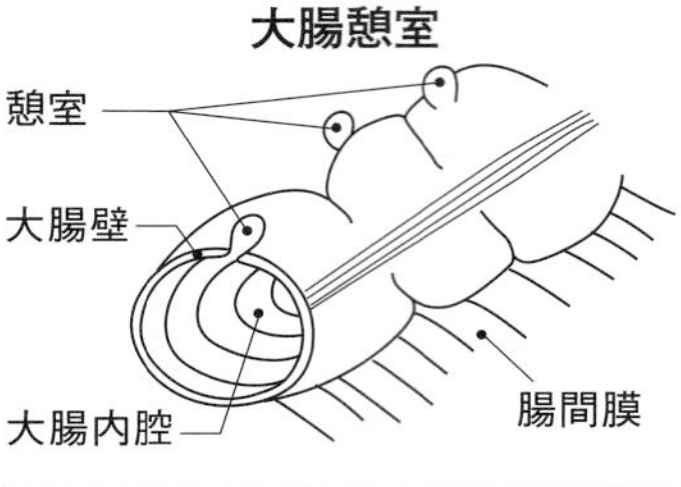

るため、まるで虫垂炎のような腹痛がみられます。

また、憩室の中に胃の組織が混じっていることがあり、胃酸のために憩室中に潰瘍をつくって出血をおこすことがあります。潰瘍が深くなると憩室の壁に孔があき、腹膜炎をおこすこともあります。

こうした合併症がある場合は、手術して憩室や周りの小腸を取除きます。ただ、手術前にメッケル憩室と診断できることはまれです。

家族性大腸腺腫症では大腸がんが発生する可能性が高くなりますから、予防のために、大腸を手術して腺腫を全部とってしまうことがあります。

なお、これらの治療方針は原則で、個々のケースでどうするかは、年齢や全身状態を考えて専門医が判断します。

大腸憩室症
Diverticular Disease of the Colon

どんな病気か

大腸の内壁の一部が外側に向かってとび出し、袋状になったものです（上段図）。ふつうは無症状ですが、憩室部に炎症や出血をおこすことがあります。

大腸憩室症は欧米人に多く、日本人にはあまりみられませんでしたが、最近は増加して、10人に1人以上の頻度で見つかります。都市部の人に多く、食事の欧米化、とくに食物繊維の摂取量の減少と密接な関係にあると考えられています。

食物繊維の少ない食事は大腸の運動を活性化し、内圧を高くします。腸内圧が高くなると、大腸壁の筋肉層の弱い部分から粘膜が脱出して大腸憩室が生じると考えられています。実際に、憩室のできやすい場所は、血管などが腸壁を貫いて筋層が弱くなっている部分なのです。

また、憩室は、日本人では盲腸や上行結腸など、大腸の右側に多くでき、欧米人では大腸の左側に多いという傾向があります。しかし、食事の欧米化や高齢化にともない、日本でも大腸左側の憩室が増えています。

症状

通常は無症状ですが、**憩室炎**をおこすと腹痛の原因となったり、出血することがあります。

憩室の位置によって、腹痛は腹部のどの場所にもおこります。虫垂炎（1575頁）のように、初めは鈍痛ですが、しだいに局所の鋭い痛みとして感じられ、歩いたりからだを動かすとひびきます。

下血は鮮紅色から暗赤色で、腹痛はともなわないこともあります。

検査と診断

多くの場合、検査で偶然発見されます。たとえば、バリウムを飲んで食道・胃・十二指腸の造影検査を受け、その数日～数週間後に腹部のX線検査を受けたときに大腸の憩室に残ったバリウムがみられ、憩室の存在がわかったりします。また、大腸の注腸X線検査や内視鏡検査を受けたときに偶然発見されることもよくあります。

憩室炎をおこしているときは、まず治療を優先させ、症状がなくなってからX線や内視鏡で診断を確定します。

治療

たとえ憩室がたくさんできていても、症状がなければ治療は必要ありません。

憩室炎をおこしたり、出血があるときは、鎮痛薬、抗生物質、止血薬が使用されます。また、穿孔といって、憩室に孔があくことがあります。こうなると腹膜炎（1620頁）をおこして、緊急に手術しなければなりません。

何度も憩室炎をくり返すと、大腸が細くなり、便やガスの通過が悪くなることがあります。このような場合は、便秘や腹部の膨満感がつづくため、手術で細くなった大腸を切除することがあります。

便秘

❖便秘の原因

便秘（Constipation）ということばは、排便が毎日ないこと、便がかたいこと、便の量が少ないことなど、いろいろな意味に使われています。便が毎日、ほどよいかたさで出るのは、腸の蠕動運動と水分の吸収のバランスがとれていること、排便時に直腸と肛門の反射がうまく協調していることを意味します。

このメカニズムがくずれる原因には、①大腸の腫瘍、癒着、外からの圧迫などによって便やガスの通過が障害される場合、②大腸の蠕動運動が弱まったり、よけいな収縮がおこって便の流れが滞る場合、③直腸まで便がたまっているのに排便反射がおこらない場合、の3つがあります。

①は大腸がん（505頁）や子宮・卵巣腫瘍などによることが多く、慢性で徐々に悪化する便秘がみられます。大腸がんでは便に血が付着することもあります。

②は**過敏性腸症候群**（1583頁）によるものがもっとも多くみられ、糖尿病（1501頁）や甲状腺機能低下症（1478頁）などで大腸の運動や緊張が低下する場合もあります。過敏性腸症候群は自律神経の緊張異常をおこし、S状結腸に強い収縮を生じて便秘になります。逆に下痢となることもあります。

③は習慣的に浣腸をしたり、直腸や肛門に病気がある人、高齢者などにみられます。

❖便秘の検査と治療

慢性の便秘で、あまり程度がひどくない場合は長い間放置されていることが多いものです。しかし、最近始まった便秘、徐々に悪化する便秘、血便や腹痛をともなう便秘などは受診が必要です。また、長い間、何事もなく過ぎている便秘も、大腸がん検診などの機会に見直してもらうことをお勧めします。

大腸の腫瘍や癒着、外からの圧迫などが疑われると注腸X線造影、大腸内視鏡、超音波検査、CT検査、MRI検査などが行われ、診断がつけば、手術、放射線、抗がん剤などによる治療が行われます。

大腸の運動や緊張の低下が別の全身性の病気による場合は、まずその治療が行われ、便秘症状に対しては下剤が使われます。過敏性腸症候群では、症状緩和のため、下剤のほかに大腸の過度の緊張をとる鎮痙薬や抗不安薬などが使用されます。さらに原因となる精神的な要因の除去のために心身医学的な治療も行われます。

排便反射に障害がある人も、原因除去が先決です。ただし、高齢者では根本的な改善がむずかしいため、直腸の便を指でかきだす方法（摘便）を行う場合もあります。

❖日常生活の注意

便が毎日出なくても、ほかの症状も苦痛もなければ、治療は不要です。毎日の排便にこだわりすぎないことが対策の第一歩です。

便秘としては軽症なのに、必要以上に強い下剤や浣腸に依存している人が意外にたくさんいます。きちんと検査をして診断がつけば、2～3日程度の便秘は怖くないと認識することです。

そして一定の時刻に排便する習慣をつけることです。排便は、朝食後がいちばんよいのですが、自分のライフスタイルに合わせて習慣をつけてかまいません。決めた時間になれば、便意がなくともトイレにいってみるところから始めてみましょう。

食事では繊維と水分を十分とるように心がけます。冷えた牛乳や果汁を飲むと、**胃・結腸反射**という自律神経反射を誘発して排便を促します。

下痢

下痢（Diarrhea）は、医学的には、１日の便に含まれる水分量が２００㎖以上であることと定義されていますが、一般的には、量に関係なく、水または泥状の便をさしています。

人間の胃腸には、１日平均９ℓの水分、食事、消化液が流れ込みます。このうち、胃液、腸液、胆汁、膵液など、自分のからだから出る消化液だけで約７ℓになりますが、そのほとんどは小腸から大腸で再び吸収され、便に残る水分量は２００㎖以下に調節されているのです。

❖下痢の原因

下痢の原因はつぎの５つに分類されます。

①腸管内に吸収されにくい物質が多量に流入するため　牛乳を飲むと下痢をするのがその例で、**乳糖不耐症**（742頁）と呼ばれます。牛乳に含まれる乳糖を消化する酵素は小腸から分泌されますが、乳糖不耐症の人ではこれが欠乏しているため、消化されない乳糖が多量に小腸に流れ込むことになります。そうすると、腸管内の浸透圧が高くなり、腸壁の水分が腸管内にどんどん出てきて下痢便になるのです。

肝臓病や膵臓病などで脂肪の吸収が障害されている場合も、同様の作用で脂肪を多く含む下痢便となります。

なお、下剤の多くは、この作用を利用して便をやわらかくしています。

②炎症などで腸壁から浸出液が出るため　たとえば、感染性腸炎（1580頁）などのウイルスや細菌による下痢、抗生物質などの薬剤による下痢、および潰瘍性大腸炎（1584頁）などの腸に慢性の炎症がつづく疾患もこの原因に含まれます。

なお、炎症による浸出液だけでなく、栄養の吸収不良が加わると、慢性疾患では栄養不良状態になることもあります。

③腸粘膜をおおう上皮細胞に毒素やホルモンが作用し、細胞から水や塩分が腸管内に分泌されるため　細菌が出す毒素や、ある種の腫瘍が分泌するホルモンのなかに、腸の上皮細胞から水や塩分の分泌をおこさせるものがあります。大腸菌やコレラ菌の毒素などがよく知られていますが、同じ大腸菌でもＯ-１５７などが出すベロ毒素は②で述べた炎症によって下痢をおこすため、すべての細菌毒素がこの範疇に入るわけではありません。

④腸管運動が亢進するため　ストレスや緊張などですぐに下痢をする人（過敏性腸症候群1583頁）などがこの例です。腸の運動は自律神経によって調節されていますから、これは一種の自律神経失調状態であるといえます。患者本人にとっては厄介な症状ですが、生命の危険はありません。

⑤先天的に小腸の塩分の吸収機構が障害されているため　これはひじょうにまれな病気によるもので、乳児期からひどい下痢が始まり、持続します。

医学的には以上の原因がよく知られていますが、これだけですべての下痢症の病態が説明できるわけではありません。また①〜④は互いに関連があり、病気による下痢はこれらが複合しておこることが多いのです。

❖自己診断のポイント

自分の便を、まずよく観察しましょう。泥状か、完全に水のようか、薄い黄色か、黒っぽい色か、血がついていないか、脂ぎっていないか、悪臭がひどいかなどをよくみます。

腹痛や発熱の有無も重要です。腹痛は排便前には少しはあるもので、腹痛が軽く、発熱もない下痢は2〜3日以内に治ることが多いため、ようすをみてもよいでしょう。

激しいさしこむような腹痛や38度以上の発熱をともなうときは、すぐに受診しましょう。

また、便が黒っぽかったり、血が混っている場合は、腸から出血している可能性があるため、すぐに検査を受けましょう。かつて、腸管出血性大腸菌（O-157など）による食中毒で、血性下痢につづいて脳炎や腎不全（1720頁）をおこして死亡する子どもがたくさんでたため、社会問題にもなりました。

脂が混る下痢や悪臭がひどい場合は、吸収不良の可能性があります。これもすぐに病院で原因を調べてもらいましょう。

❖下痢症の検査

急に始まる下痢の原因でいちばん多いのは**急性腸炎**（感染性腸炎1580頁）で、原因はウイルスや細菌です。そのため、まず便の細菌培養が行われます。

ウイルスは培養できませんが、ウイルスによる下痢症であれば、ふつう数日で回復します。ただし、乳幼児やエイズなどの免疫不全状態の人は、ウイルスによる重症腸炎をおこすことがありますが、これは例外です。

血液検査では、炎症の程度や栄養状態の評価が行われます。また、貧血、肝臓や腎臓の障害が合併していないかも調べられます。

腎臓の障害は腸管出血性大腸菌の重大な合併症で、尿を検査して尿たんぱくや血尿の有無をみることも行われます。

便の潜血反応は、肉眼では見えないようなわずかな血液が便に混じっていることを見つける検査で、大腸の潰瘍、ポリープ、がんなどを疑うきっかけになります。

注腸X線検査や大腸内視鏡検査は、診断を確実にするうえで不可欠です。

慢性的に下痢をくり返すのは、**過敏性腸症候群**であることが多いのですが、これは大腸がんや炎症性腸疾患でもみられる症状ですから、これらの検査で鑑別することが重要です。

大腸内視鏡検査では、病変部から直接組織をとれますから、顕微鏡で観察して診断したり、遺伝子の異常を調べることができます。

❖治療の原則

▼薬物療法　下痢は軽くても不快な症状です。排便回数が増加すると日常生活にも支障をきたすため、まず対症療法によって下痢を改善させることが重要になります。

この目的で用いられるのは、乳酸菌製剤や便をかためる収斂薬などの薬です。急性腸炎などで細菌感染が疑われるときは抗生物質も使われます。

腹痛が強くて持続するときは、腸の動きを緩和する鎮痙薬が処方されます。細菌感染による腸炎では、鎮痙薬が病状をかえって悪化させるのでは、といわれていますが、腹痛がひどいときに使うのはやむをえません。

▼食事療法　薬物治療とともに、下痢の治療で重要なのは食事療法です。

重症の下痢では一時食事をまったく禁止して、点滴で栄養や水分を補給します。軽症の場合は、低脂肪でやわらかく調理されたものなら食べてもよいでしょう。

下痢がつづくと、水分や塩分を失い脱水状態になりやすいので、お粥に梅干しや、冷やしすぎていないスポーツドリンクなども推奨できます。繊維の多いもの、香辛料、濃い味つけをした食品は避けましょう。また、カフェイン、アルコール、たばこの禁止はいうまでもありません。

慢性の炎症性腸疾患では、腸の炎症が長くつづくため、栄養素の消化吸収障害がおこります。そのため、成分栄養剤といわれる特別に吸収されやすい食事をとることもあります。しかし、過剰な食事制限はかえって栄養状態の悪化を招くことにもなりますから、医師によく相談しましょう。

急性腹症とは

❖急激な腹痛のときに

成人の約75％に「腹痛」の経験があるといわれています。その原因は、心因的、機能的なものから、寄生虫の感染、命にかかわる重篤な器質的な病気まできわめて多彩です。急性腹症ということばは、とくに救急医療の現場でよく使われるもので、ある特定の病名ではありません。緊急の場合、正確な診断をする余裕のないときに用いられる仮の病名で、処置が遅れると生命の危険に直結する重大な病気がこのなかには数多く含まれています。

また、急性「腹症」といっても、必ずしも腹部臓器の症状とはかぎりません。最近は超音波検査、CTやMRIなどの画像診断、内視鏡やカテーテルを用いた診断・治療技術の進歩によって、発病の初期段階から特定の病気として取扱われる場合も増えてきました。

しかし、発病初期の段階では確定診断にいたらないケースも多く、医師はかぎられた時間やデータで迅速な対応が求められる局面も少なくありません。急性腹症の初期対応では、確定診断をつけることより、手術を含めたなんらかの処置をどの程度急いで行う必要があるのか、緊急度の判断に主眼がおかれます。

❖急性腹症の診断

まず医師は、呼吸、血圧、脈拍、体温、意識レベルなど、バイタルサイン（生命の兆候）をみて全身状態を把握し、緊急性を判断します。緊急処置が必要な場合は、治療を優先させます。たとえば、ショック状態であれば、ショックからの離脱をはかる治療が優先され、問診・病歴などは後回しです。ときには、最初に蘇生処置が行われる場合もあります。一見した印象、患者の態度や顔に重症感が漂う場合には、短時間でショックにおちいる場合が多いため注意します。

適切な診断や病態の把握に必要なのは、何よりも正しい情報です。問診・病歴の聴取だけで腹痛の原因疾患を推定できる場合もあり、患者本人から直接聴取することができない場合には、家族や身近な人に確認します。既往歴（潰瘍などの消化器疾患、腹部手術歴など）、併存疾患（心房細動〈1348頁〉などの心血管疾患、糖尿病、高血圧、脂質異常症など）、服用している薬剤、アレルギー、月経歴、腹痛の発生状況・持続時間、腹痛の部位・性質・強さ、随伴症状（吐きけ、嘔吐、発熱、便通、黄疸、血尿など）などがポイントです。

診察は、視診、聴診、触診、打診の順に行われますが、とくにたいせつなのは正確な触診です。触診の結果で、重症度判定や手術適応の決定が行われる場合も多くあります。

触診による痛みの評価には、圧痛、反跳痛、筋性防御があります。腹部を圧迫して痛みがでるのが**圧痛**です。腹部を圧迫し、それを解除した瞬間に強い痛みがでるのが**反跳痛**です。さらに炎症が進んで腹部の筋肉におよんで、腹腔内の炎症が腹膜を刺激している症状から、緊張した腹壁筋がかたく触れる**筋性防御**となると明らかな腹膜炎（1620頁）の所見で、緊急手術をすることがあります。

本人の訴えと身体所見が解離している場合があります。とくに高齢者では実際の状態より所見が弱いことがよくあります。

❖急性腹症の検査

従来、急性腹症においての検査は、問診・病歴や身体所見で得られた情報の補助的なものと考えられていました。しかし、最近の検査法の進歩と普及は目覚ましく、超音波検査、内視鏡、CTやMRIなどの画像検査が腹痛の原因を特定し、さらに治療方針を決定するために必須になりつつあります。しかし、発病初期の段階では検査に異常が現れないことも多く、また診断の確定にこだわりすぎて治療のタイミングが遅れることもあるという問題点も指摘されています。

急性腹症で手術が必要と判断された場合のほとんどが、緊急手術となります。全身状態によっては十分な検査ができなかったり、画像診断でも診断がつかず、診断的意味を含めて、開腹手術となる例も少なくありません。

いろいろな検査法が発達した現在においても、問診・病歴の聴取と身体所見の重要性は変わるものではありません。元来、狭義の急性腹症は「確定診断よりも、病態の改善、全身状態悪化の阻止が優先される病態」なのです。

❖腹痛の注意点

腹痛は、日常もっともよくみられる症状のひとつで、重症度も病気の種類もさまざまです。突然、激烈におこるものやしだいに増強するものなど、初期の症状では緊急の対応を要するのかどうかの判断ができないことが多いのも事実です。また、痛みの強さは、緊急度、重症度の判断にはあまり関与しません。たとえば、尿管結石（1743頁）のように痛みは激烈ですが、通常、生命には問題ないものもあります。ショック状態であったり、明らかに緊急手術が必要な状態では、医師も判断に迷うことはありません。また、画像検査などで腹痛の原因が診断され、病気が特定されれば、治療方針が明らかとなります。

来院時に緊急性がないと判断されることもありますが、病態はつねに変化します。以下にとくに慎重な経過観察（ときに入院）が必要な状態を示します。

①心臓・肺・腎臓などの病気が、もともとある場合。
②本人の訴えと身体所見が解離していても、動脈硬化（1407頁）や心房細動（1348頁）などの危険因子がある場合。
③子ども、独り暮らし、高齢者。
④腹痛の性質や部位が変化した場合。
⑤鎮痛薬の反復使用が必要な場合や、鎮痛薬を使用しても治まらない場合。
⑥腹膜刺激症状がある場合（歩くだけで腹に響く、反跳痛）。
⑦おならがまったく出ない場合。
⑧かもしだす重症感がある場合。

かりに帰宅が許されたとしても、医療機関とはいつでも連絡がとれるようにしてください。これまで健康だった人が激しい腹痛をおこし、しかもそれが6時間以上もつづいている場合、多くは外科的処置が必要になるともいわれています。もちろん例外も多くありますが、厳重に経過を観察する必要があります。

急性腹症をおこすおもな病気

緊急手術・処置の適応となりうる病気
①腹腔内臓器の穿孔または破裂
②急性炎症（壊疽性虫垂炎など）
③腸管通過障害（絞扼性腸閉塞など）
④軸捻転（S状結腸捻転など）
⑤血管の閉塞、破綻（大動脈瘤破裂など）
経過をみたうえで手術・処置の適応となりうる病気
①限局した胃・十二指腸潰瘍穿孔、出血性胃・十二指腸潰瘍
②急性膵炎、胆石発作
④慢性腸間膜動脈閉塞症
⑥尿管結石
手術適応がない病気か、手術禁忌の疾患
①急性胃腸炎
②腸間膜リンパ節炎
③過敏性腸症候群
④便秘
⑤月経痛、子宮内膜症、子宮付属器炎
⑥肺梗塞、肺炎、胸膜炎など
⑦狭心症、心筋梗塞、心内膜炎、心筋炎
⑧急性ポルフィリン症
⑨ヘノッホ・シェーンライン紫斑病
⑩腎盂炎、膀胱炎
⑪帯状疱疹
⑫急性副腎不全
⑬心身症

市販胃腸薬とその使いかた

❖市販の胃腸薬とは

薬には医師の処方か指示がなければ使用できない医療用医薬品と、薬局・薬店でだれもが購入できる、**市販薬**、**大衆薬**あるいは**OTC**（Over The Counter）と呼ばれる**一般用医薬品**があります。軽い病気や軽度の不快な症状を改善するために、自分の判断と責任で対処し、健康を管理するという概念（**セルフメディケーション**）のなかで、一般用医薬品はその手段として重要な位置づけにあります。

市販薬は、一般の人が医師の診断なしに、自覚症状に基づいて自らの判断で使用するため、含まれている成分や量は有効性より安全性が優先されています。しかし、最近では**スイッチOTC**といって、従来は医療用医薬品だった薬で、セルフメディケーションの促進のために市販薬として使われる薬がでてきました。効き目は従来の市販薬より強くなりますが、その分、副作用には注意しなければなりません。市販薬は対症療法であるため、連用を避け、使用上の注意を守り、一定期間服用しても症状が改善しない場合は服用を中止し、医師・薬剤師に相談することが必要です。

医療用医薬品の場合、効能・効果は疾患名（胃炎、十二指腸潰瘍など）で示されるのに対し、市販薬では消費者が判断できる症状名（胸焼け、胃もたれ、など）で示されています。

❖市販胃腸薬の使いかた

暴飲暴食、ストレス、胸焼け、げっぷ、むかつき、空腹時の胃の痛みや不快感の多くは、胃酸過多や胃食道逆流によっておこる症状です。このようなときは制酸薬、胃粘膜保護・修復薬やH_2ブロッカーを服用するとよいでしょう。過剰な胃酸の中和や胃酸の分泌を抑え、消化管への刺激を弱めたり、消化酵素がはたらきやすい環境をつくります。

胃腸鎮痛鎮痙薬は胃腸の異常な緊張や運動を抑え、痛みを和らげる作用があります。また、このなかには胃酸の分泌を抑える作用をもつ薬もあります。突然の差し込むような痛みには有効ですが、頓服で1回使用するものであり、つづけて服用しなければ痛みが治まらない、あるいはまったく効果がない場合には、すぐに医師の診察を受けることが必要です。

いっぽう、暴飲暴食、食後のむかつき、胃の不快感、胃もたれ、おなかの張った感じ、食欲不振などでは、消化不良や胃腸の動きの低下、胃腸の粘膜が荒れている可能性があります。このような場合、健胃薬、消化薬や胃粘膜保護・修復薬を服用してみます。

胃腸症状が多彩なとき、それぞれの症状が強くないとき、何となく予防的にという場合は複合（総合）胃腸薬が用いられます。切れ味はよくありませんがいろいろな症状に対応できるように複数の成分が配合されています。

腹部膨満感や下痢、便秘などの腸症状がある場合には、まず整腸薬を服用してみましょう。下痢は有害物質を体内から排泄するための防御反応である場合も多く、安易に止瀉薬（下痢止め）を用いるべきではありません。とくに急性の感染性下痢が疑われる場合は、止瀉薬の服用は禁忌です。腸管の安静、十分な水分・電解質をとって脱水を予防し、整腸薬で腸内細菌叢の正常化をはかりましょう。

便秘のとらえかたは人それぞれです。少ない排便頻度を便秘という人もいれば、少ない便の量、便の通過困難感、かたい便、排便時に強い力みを要する場合、排便終了感の欠如、排便時痛を感じるとき、などを便秘と表現する人もいます。腹部膨満感や排便にともなう苦痛がなければ、治療する必要はありません。ただし便通、排便時や排便前後の症状がこれ

胃腸薬の使いかた

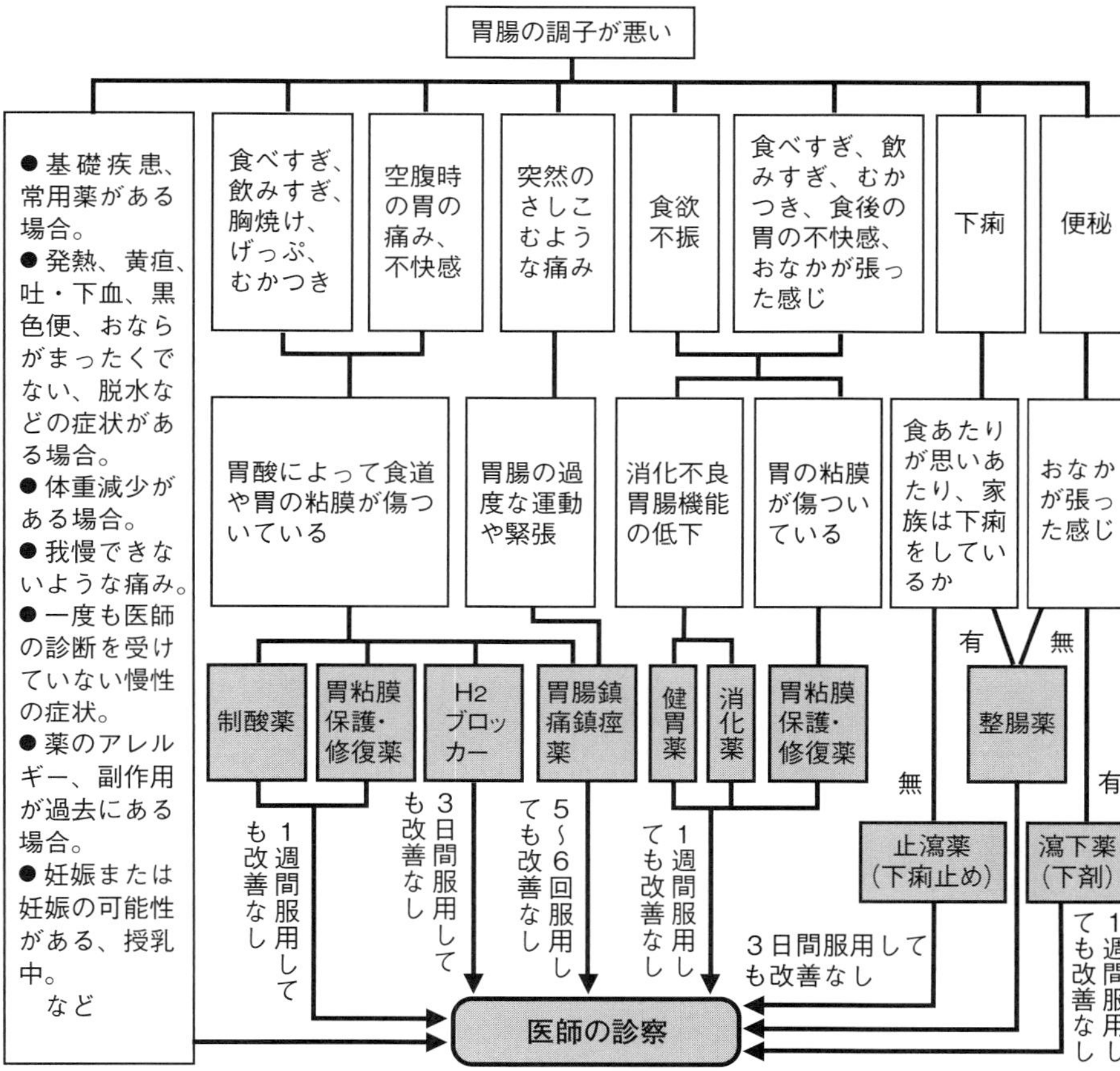

までと大きく変化した場合、体重減少、血便を見たときなどには必ず検査を受けましょう。また習慣性便秘であっても、安易な瀉下薬(下剤)の乱用は厳に慎みましょう。とくに「切れのよい」大腸刺激性下剤は習慣性があり、長期乱用によって、腸緊張・運動の低下、電解質異常、さらなる便秘の悪化につながることがあります。

❖市販胃腸薬を使用するときの注意

まず注意しなければいけないのは、胃腸の調子が悪いといっても必ずしも胃腸が原因ではない、ということです。胸や心臓、血管系の病気であったり、泌尿器や婦人科的な病気である可能性もあります。たとえ本当に胃腸が悪かったとしても、市販胃腸薬で対応すべき状態ではない場合も少なくありません。

市販胃腸薬は短期の服用が原則で、長期連用や漫然とした頻用は避けなければなりません。とくにスイッチOTCは、その高い効き目によって症状が改善してしまい、もとにある重い病気の発見を遅らせてしまうという懸念もあります。薬を買うときには、薬剤師とよく相談して、症状に合う薬を選んでもらうこと、また注意すべき点、医師の診察を受けるタイミングを教えてもらうことが重要です。

消化器のヘルニア

食道裂孔ヘルニア
Esophageal Hiatus Hernia

どんな病気か　食道は横隔膜にある食道裂孔という孔を通り、胸腔から腹腔に入り、胃とつながっています。その食道裂孔から、おもに胃の一部が胸腔内にとび出した状態を食道裂孔ヘルニアといいます（次頁図）。成人の横隔膜ヘルニア（次項）のなかで、もっとも頻度の高い疾患です。

先天性と後天性があり、病型では滑脱型（胃の噴門部が脱出）、傍食道型（胃底部が脱出）、両者が混合する混合型の3つに分けられますが、ほとんどが滑脱型です。

症状　ほとんどが無症状で、健診で発見されることがあります。胃の脱出が進むと、逆流性食道炎（1546頁）を合併します。これは酸性の胃液が食道内に逆流するために、胸焼け、胸骨の裏側が圧迫されるような痛み、つかえ感が現れます。胸焼けは食後、夜間、早朝によく生じます。

嚥下障害（飲み込みにくい）、吐きけ、嘔吐、腹部膨満感、背部痛、動悸などもみられます。

原因　生まれつき食道裂孔が広かったり、横隔膜の形成が不良の場合は幼小児や青少年に発生しますが（746頁）、老壮年期に発生するもののほうが多くみられます。加齢によって横隔膜裂孔の靭帯が弱くなったり伸びきったりして噴門部の固定状態が悪くなるためではないかと考えられています。

そのほか、肥満も原因のひとつと考えられています。また、外傷によるものもあります。

検査と診断　食道胃透視検査、内視鏡検査でヘルニアの程度と逆流性食道炎の有無が調べられます。また食道内圧や、食道内の酸性度も調べられます（pHモニタリング検査）。食道狭窄（1548頁）の程度が大きい場合は食道がん（499頁）との区別が重要です。

治療　症状がなければ、治療の必要はありません。

胸焼けなどの症状がある場合は、逆流性食道炎を防ぐために制酸薬や、胃酸の分泌を抑えるプロトンポンプ阻害薬、H_2受容体拮抗薬、消化管運動賦活促進薬などを服用します。

さらに普段から、食後すぐに横にならない、就寝時には胃液の逆流を防ぐために頭部を高くすることなどを心がけます。また、肥満予防をはかることもたいせつです。

保存的（内科的）治療で改善がみられなかったり、胃の大部分が胸腔側に脱出して、圧迫症状が強いものや、もとの位置に戻らなくなる嵌頓（1604頁）のおそれのある傍食道型は、手術をしなければなりません。また、食道狭窄や潰瘍、がんなどを合併している場合も手術が行われます。

手術では、脱出した胃を腹腔内に戻し、裂孔を縫い縮めて、胃液が食道に逆流しないようにします。

最近では、腹腔鏡を利用した侵襲（身体的負担）の少ない手術も行われています。

日常生活の注意　食生活では、食べすぎや高脂肪食、高エネルギー食は控え、肥満に注意します。

横隔膜ヘルニア
Diaphragmatic Hernia

どんな病気か

胸部と腹部を隔てる横隔膜にすき間ができ、そこから腹部の内臓が胸の中にとび出す病気です（図参照）。新生児にみられる先天性のヘルニアと、それ以降に発症する後天性のヘルニアがあります。

◉ボホダレク孔ヘルニア
Bochdalek Hernia

新生児の横隔膜ヘルニアではもっとも頻度が多く、出生児２０００～３０００人に１人とされます。横隔膜の左右どちらにも発生しますが左側に多くみられます。おもな症状は、呼吸困難とチアノーゼ（1344頁上段）です。

最近では多くの場合、出生前に診断され、出生直後から治療が開始されます。呼吸管理によって状態が落ち着いてから手術を行います。

◉胸骨後ヘルニア
Retrosternal Hernia

胸骨のすぐ背側にできるヘルニアで、右側にできるものを**モルガーニ孔ヘルニア**（Morgagni Hernia）、左側にできるものを**ラリー孔ヘルニア**（Larry Hernia）といいます。無症状のまま、胸部Ｘ線検査で偶然発見されることが多いです。

自然に治癒することはなく、手術で治療します。最近では、腹腔鏡を用いた傷の小さい手術（腹腔鏡下手術）が行われるようになってきました。

◉食道裂孔ヘルニア
Esophageal Hiatal Hernia

食道が横隔膜を貫通する部位に発症します。全年齢を通して発症し、成人の横隔膜ヘルニアではもっとも多いものです。症状がなければ、治療の必要はありません。別項（前頁）でくわしく解説しています。

◉外傷性（横隔膜）ヘルニア
Traumatic Hernia

外傷でおなかをぶつけたことなどをきっかけに発生します。事故直後に発生することが一般的ですが、数年後に発症する場合もあります。症状は、呼吸困難や嘔吐です。

手術によって、臓器をもとの位置に戻します。

横隔膜ヘルニアの発生部位
（胸腔側より見た断面）

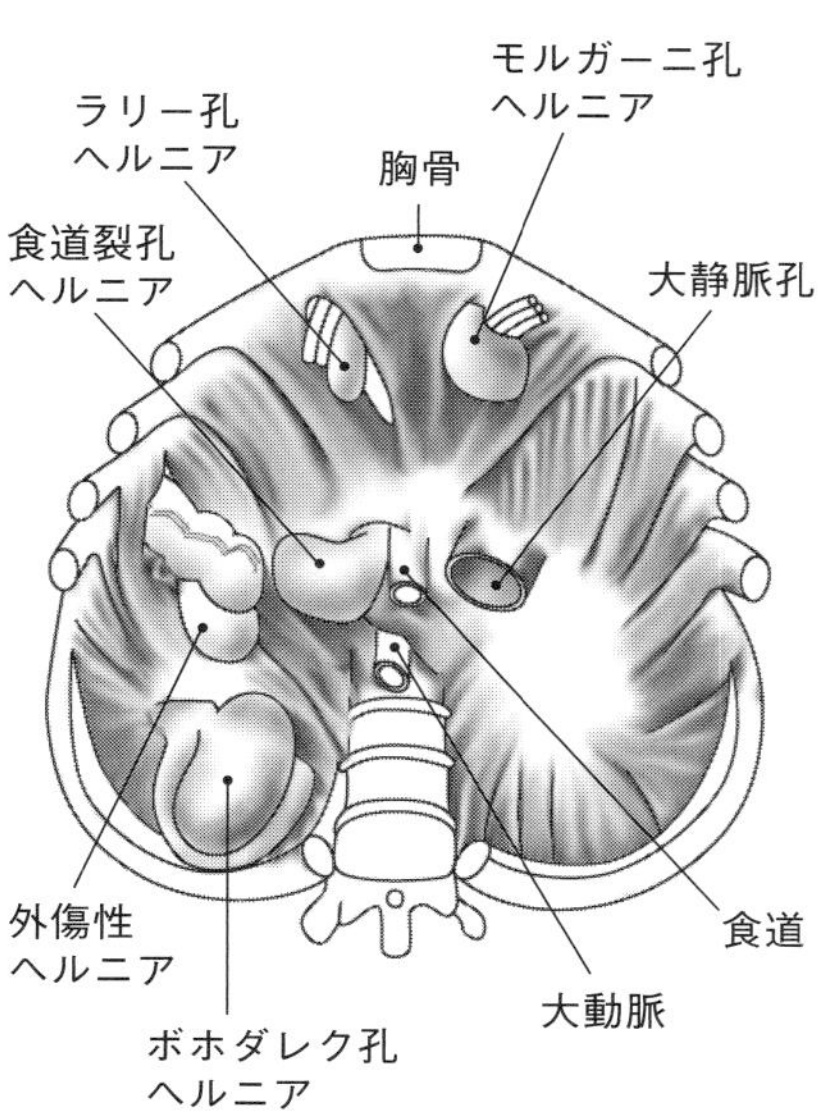

鼠径部ヘルニア
Groin Hernia

どんな病気か

　腹部のヘルニアでもっとも多くみられるものです。腸などの内臓が、鼠径部（太ももの付け根）から外にとび出して膨らんでくる病気です。腸が出てくることが多いため、俗に**脱腸**と呼ばれますが、腸以外に大網（胃から腸にかけての腹膜）や卵巣などが脱出することもあります。脱出する経路により、**間接（外）鼠径ヘルニア**、**直接（内）鼠径ヘルニア**、**大腿ヘルニア**の３つに大別されます。このうち間接鼠径ヘルニアと直接鼠径ヘルニアを合わせて**鼠径ヘルニア**といいます（次頁図１）。また、術後の再発ヘルニアや、いずれにも属さない特殊型のヘルニアもあります。

　鼠径部ヘルニアは子ども（747頁）と高齢者に比較的多くみられますが、すべての年齢でおこりえます。

症状

　鼠径部に膨らみが見られます。多くは腹圧をかけると飛び出し、あお向けになるともとに戻ります。痛みや違和感をともなうこともあります。放置するとしだいに大きくなり、男性では陰嚢に達することもあります。

　腸がはまり込んだ状態を**嵌頓**といいます（次頁図２）。腸がもとに戻らない場合は、腸閉塞（1591頁）となり、腹痛、嘔吐、発熱がみられ、緊急手術を要します。

原因

　成人の場合、加齢により鼠径部の構造が弱くなったり、とび出しやすい形をしている状態を背景として、重いものを持ったり、便秘やせきなどにより腹圧が高くなったことをきっかけに脱出するようになります。前立腺の手術後にヘルニアが発生しやすい傾向も認められています。遺伝に関しては明らかではありませんが、親子で顔が似るのと同じように、鼠径部の形が似ているために、ヘルニアになりやすい傾向があるかも知れません。

検査と診断

　典型的な鼠径部ヘルニアは、からだのようすと触診で診断されます。くわしく調べるときには、超音波検査、CT検査、造影検査（ヘルニオグラフィー）を行うことがあります。

治療

　成人の鼠径部ヘルニアは、自然に治癒することはありません。放置すれば大きくなり、手術が困難になったり、嵌頓による腸閉塞のリスクもあるため手術が行われます。

　手術以外に根治的な治療法はありませんが、一時的にバンドで脱出しないように押さえることはできます。

　手術では、脱出した内臓をおなかの中に戻し、腹壁の孔をふさぎます。これまでの方法では、腰椎麻酔下で鼠径部を切開し、孔を縫合して閉じたり、筋膜で補強したりします。最近では、腹腔鏡を用いて、おなかの内部から**メッシュ**（人工の網）で孔をふさぐ方法や、局所麻酔下に鼠径部を切開して、メッシュで孔をふさぐ手術法が普及してきました。日帰り手術で治療する医療機関もあります。

　術後、数％の頻度で再発がみられます。また、メッシュが感染した場合には、一般的にメッシュの除去が必要になります。

図1　鼠径部ヘルニアの発生部位

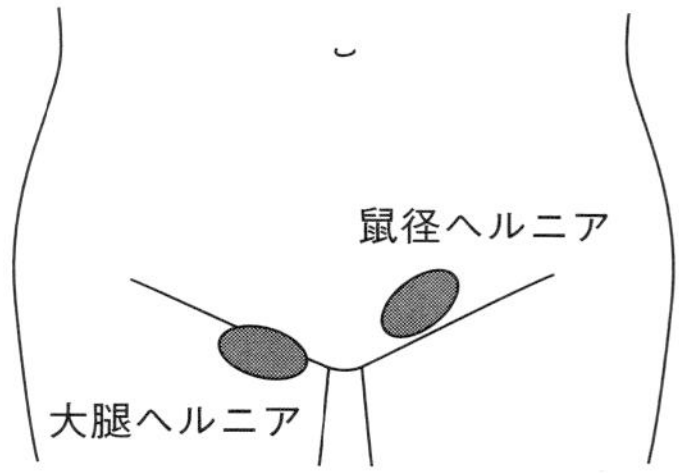

鼠径ヘルニアが鼠径靭帯の頭側から発生するのに対して、大腿ヘルニアは下側が膨らみます。

図2　嵌頓ヘルニア

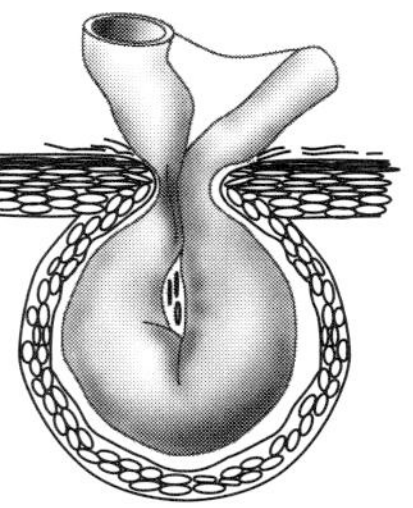

腸などの内臓がはまり込み血行が悪くなると、内臓が壊死します。その場合、緊急手術で切除する必要があります。

腹壁瘢痕ヘルニア

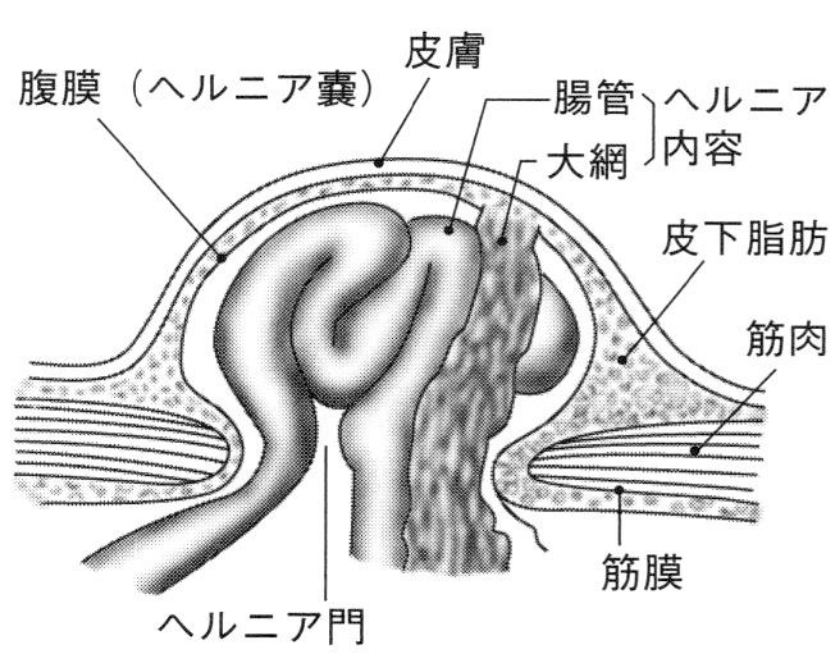

腹壁瘢痕（ふくへきはんこん）ヘルニア
Incisional Hernia

どんな病気か

腹部の手術や外傷の傷あと（瘢痕（はんこん））から、腹圧がかかったときに内臓の一部が脱出して膨らむ病気です。おなかの傷は、筋肉の周囲にある筋膜（きんまく）というじょうぶな膜を縫合することで閉じられています。この筋膜が開いてしまうことで、ヘルニアとなります。

症状

腹圧をかけると、内臓が脱出して手術の傷やその周囲が膨らみます。痛みや不快感、便秘をともなうこともあります。嵌頓（かんとん）して（前項）、戻らなくなった場合には、緊急手術が必要となる場合もあります。

原因

縫合した筋膜の創傷（そうしょう）治癒（傷の癒合）が不良の場合に発生します。手術創部分の感染や不十分な縫合などの部分的な創傷の要因が引き金になることもあります。

また肥満、低栄養状態、高齢、ステロイド治療、腎不全（じんふぜん）（1720頁）、悪性疾患合併などの全身的な要因により発生しやすくなります。

検査と診断

病歴聴取と触診で診断可能です。CT検査で内臓との関係やヘルニアの範囲が明らかとなります。

治療

生命にかかわる病気ではありませんが、症状が現れた場合や嵌頓のリスクがある場合は、手術を行います。

病態に応じて、筋膜を縫合したり、メッシュで腹壁を補強したりします。

手術後、再発の可能性も少なからずあります。

直腸・肛門の病気

大腸では、食物から水分を吸収し、細菌のはたらきで便に変えていきます。直腸にためられた便はやがて肛門から排泄されます。

直腸・肛門のしくみとはたらき

◇便はどのようにつくられるか

大腸は小腸からつづく臓器で、消化管の最後に位置しており、小腸の外側をとり巻くように走っています。成人で約1・5mの長さがあります。大腸は細かくみると、**盲腸**、**結腸**、**直腸**の3部分に分けることができ、結腸はさらに**上行結腸**、**横行結腸**、**下行結腸**、**S状結腸**に分けられます（次頁図1）。

盲腸は右の下腹部にあります。よく「盲腸になった」といいますが、これは盲腸の下にある**虫垂**が炎症をおこしたものです（虫垂炎 1575頁）。

食物は、小腸で栄養分が吸収されるときには液状または流動物状ですが、盲腸と上行結腸でおもに水分が吸収され、少しずつかたくなっていきます。

また、大腸の中にいる細菌（腸内細菌）のはたらきでだんだん便らしくなり、かたさも増していき、横行結腸、下行結腸、S状結腸に達するころには、ふつうの便のかたさになります。S状結腸と直腸は、便の貯蔵庫になります。

大腸の運動は、自律神経によって制御されています。自律神経のうち、副交感神経が活発にはたらくと大腸の運動が盛んになり、交感神経が活発にはたらく日中は、横行結腸、下行結腸には、便はほとんどたまっていません。

大腸に便がたまっているかどうかは腹部のX線写真を撮ればわかります。普段から便秘がちの人や、S状結腸や直腸に病気があって腸が細くなってしまった人の場合は、横行結腸や下行結腸に便が見えることがあります。

直腸は結腸に比べるとやや太く、多くの便をためられます。直腸のなかでもさらに太くなった部分（**直腸膨大部**）が、便の貯蔵庫のはたらきをしています。直腸がん（507頁）などで直腸を切除してしまうと、便をためておくことができなくなるので、術後は便の回数が増えたり、トイレへ行っても、すぐにまた行きたくなるようになりますが、ときとともに慣れてきます。直腸の末端部は肛門管につづいています。

図1　大腸の構造

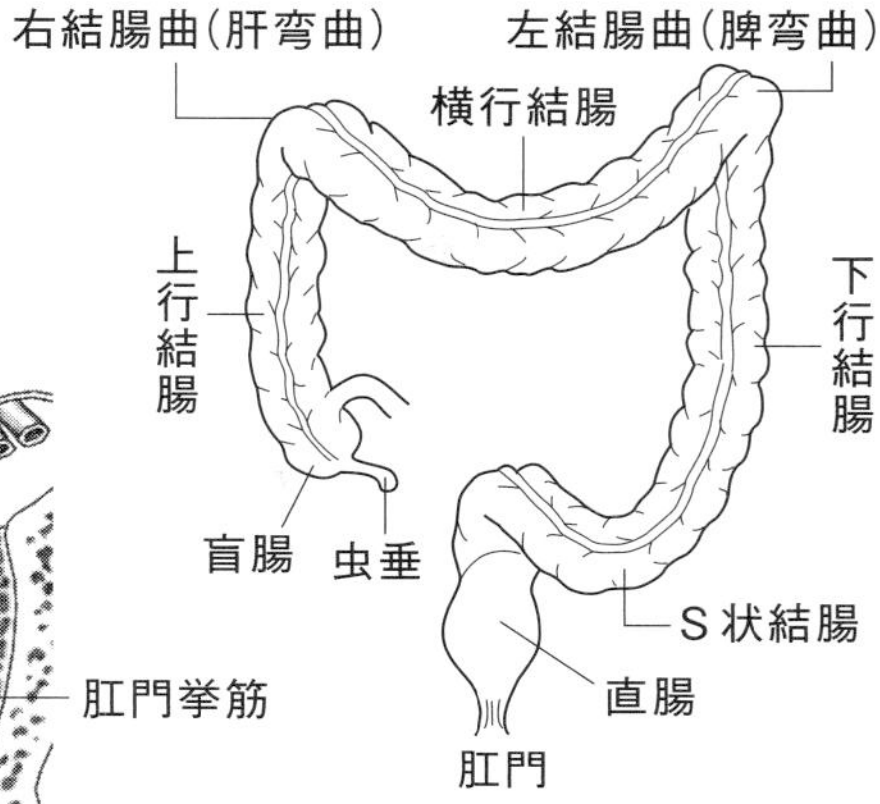

図2　肛門部の構造

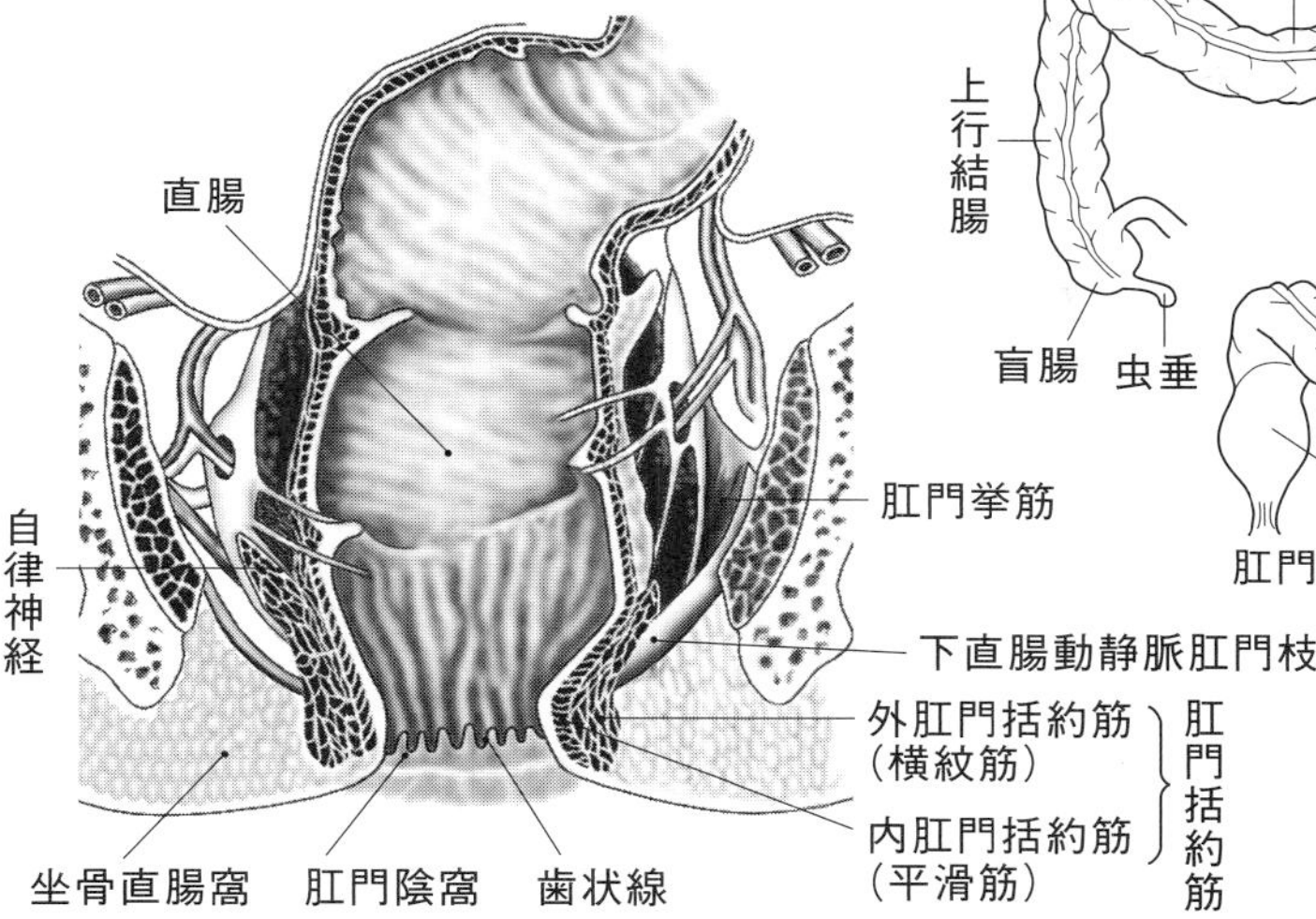

◇大腸のはたらき

大腸のおもなはたらきは、飲食物から水分を吸収して便を形成し、その便を貯留、排泄することです。人間が1日に摂取する水分の量は約2ℓで、さらに消化管からもさまざまな消化液が分泌されます。しかし、この大部分は大腸で吸収されるため、便に含まれて排泄される水分は100㎖程度です。

また、大腸には食物の繊維成分を分解したり、ミネラル類を吸収するはたらきもあります。このために重要な役割を果たしているのが**腸内細菌**です。

◇肛門の構造とはたらき

直腸から下方につづく部分は、ふつう**肛門**と呼ばれていますが、正確には**肛門管**といいます。たまった便を規則正しく体外へ送り出すという、ひじょうにたいせつなはたらきをしています。

直腸と肛門の境目は、粘膜が歯のように入り組んだ格好をしているため、**歯状線**と呼ばれています（図2）。

直腸は自律神経によって支配されているため、痛みを感じる神経はありません。そのため、直腸になにか異常があっても、出血するくらいで、まったく痛みはありません。しかし、肛門管は皮膚と同じ成分でできているため、痛みにはかなり敏感です。そのため、直腸側にできた内痔核（1611頁）や腫瘍ならば痛みがありませんが、肛門管にできた外痔核（1612頁）や裂肛（切れ痔1613頁）、腫瘍には強い痛みがともなうことが多いのです。

肛門管は、2種類の括約筋でその周囲をとり囲まれています。直腸の壁にある内輪筋が厚くなって肛門を取り囲んでいるものを、**内肛門括約筋**といいます。この筋肉は意のままに動かせない不随意筋（平滑筋）で、自律神経によってその動きが調節されています。

いっぽう、内肛門括約筋の外側をとり囲むようにある**外肛門括約筋**は、脊髄神経によって支配された随意筋（横紋筋）で、自分の意志で締めたり緩めたりすることができます。

内肛門括約筋は、つねに一定の緊張を保って肛門管を閉鎖しています。この筋肉のはたらきによって、普段全く意識していなくても、便やガスがかってに外に漏れてしまうことがないのです。しかし、ひどい下痢で便が水のようになったときは、肛門管をすり抜けて、漏れてしまうことがあります。

外肛門括約筋は、内肛門括約筋の緊張に打ち勝って降りてきた便を我慢してためているときに収縮します。肛門括約筋の上には、肛門挙筋という随意筋群があります。骨盤のいちばん底の部分にあるため、**骨盤底筋群**と呼ばれています。肛門挙筋は肛門を固定したり、直腸を圧迫したりと、直腸肛門部を支持するはたらきをしています。高齢になり、骨盤底筋群のはたらきが緩んでくると、直腸を支えきれなくなり、直腸や子宮が脱出する病態が直腸脱（1618頁）や子宮脱（850頁）です。直腸と肛門の接合部にあたる歯状線には、10～12個の肛門腺があります。この腺は粘液を分泌するためのもので、粘液の出口を**肛門陰窩**といいます。

直腸や肛門管は、血管がひじょうに豊富な場所で、とくに歯状線のすぐ上には細い静脈が網の目のように走っており、静脈叢をつくっています。

◇排便のしくみ

食事をとって4～6時間たつと、小腸で吸収された食物は流動状になって大腸に到達します。そして、大腸の中をゆっくりと移動する間に、さらに水分が吸収されて適度なかたさになり、便の状態に近づいていきます。

この段階で胃に再び食物が入ってくると、横行結腸からS状結腸に強い蠕動運動がおこり、便が直腸へ送られます。すると、直腸の内圧が高まり、直腸の壁にある知覚神経が刺激されて、大脳に伝わります。これが**便意**です。

ただし、この状態ではまだ肛門括約筋は収縮をつづけており、すぐに便が出ないように調節されています。

便意をおぼえてトイレに入り、力むと腹圧が上がります。すると、まず内肛門括約筋が広がり、ついで自分の意思で動かすことができる外肛門括約筋が緩み、便が体外へと排出されます。これが排便のしくみです。

以上のことから、規則正しい排便のためにはきちんと食事をとることが重要であることがわかります。朝に排便がない場合、たまった便はずっと大腸に残ったままになり、直腸肛門の静脈がうっ血（血液がたまること）をおこします。これが痔核の原因になります。

このような状態が長くつづくと、便からさらに水分が吸収されて、便がかたくなってしまい、つぎに排便するときに肛門の粘膜を傷つけ、裂肛（切れ痔）を生じてしまいます。

いつも排便を我慢していると、それが習慣になって、直腸に便がたまっても刺激が大脳に到達せず、便意を感じなくなり、さらに便秘が進みます。したがって、規則正しい排便習慣をつけるには、まずしっかり食べることです。そして便意を感じたら、あまり長時間我慢せず、トイレに行くことです。

◇直腸・肛門のおもな症状

大腸、直腸、肛門に異常がある場合、さまざまな症状が生じます。出血、痛み、便秘や下痢などの排便習慣の変化、

◎気をつけたい排便コントロールと肛門の清潔

肛門の病気を予防するためにもっともたいせつなのは、排便コントロールです。便秘によってかたくなった便をむりやり押し出そうとすると、肛門の静脈がうっ血して痔核（1610頁）ができやすくなるだけでなく、肛門の粘膜を傷つけて、裂肛（1613頁）の原因になったりします。逆に、下痢がつづくと肛門のわずかな傷からも便が入り込んで炎症をひどくしたり、膿をためたりします。

このように、排便の乱れは肛門には大敵となるため、日

直腸・肛門のしくみとはたらき

ごろから便秘や下痢をおこさないように注意が必要です。

　排便のコントロールとともに重要なのが、肛門の清潔です。排便後に紙で拭く程度では、肛門の周囲は十分清潔にはなりません。肛門を汚れたままにしていると、うっ血がおこったり、かゆみや痛みの原因になったりします。

　肛門部の清潔のためにいちばん一般的でよい方法は坐浴（温浴）です。排便後、大きめの洗面器に適温の湯をため、殿部をしばらく浸してから洗浄する方法です。この際、石鹸を使うのは、粘膜に刺激となるため、あまりお勧めできません。シャワーや温水洗浄器つき便座トイレを使うのもひとつの方法ですが、水圧が高いとこれも刺激となるため、水圧があまり高くならないように注意する必要があります。

　坐浴を行うと、肛門とその周囲が清潔になるだけでなく、湯で温まることで肛門括約筋の緊張がとれ、痛みが和らぐ効果があります。

痔核、直腸の肛門からの脱出がおもな症状です。からだにおきた異常の原因が何であるか、症状からみた病気の種類を簡単に解説しておきますが、これらはあくまでも目安です。症状に気づいたら、自己判断にとどめず、大腸・肛門科を受診しましょう。

◉出血

　肛門部に全く何の痛みもないのに出血することがあります。

　排便時に真っ赤な血が便器に落ちたりするのは、たいていは痔核からの出血です。出血が何度もつづくと貧血をおこします。ただし、潰瘍性大腸炎（1584頁）のように、肛門に近い直腸の粘膜に炎症がある場合も出血があります。

　便に赤い血が混じっている場合は、大腸の病気と考えてよいといえます。大腸ポリープ、大腸憩室（消化管などの壁が袋状に外側に膨らむもの）、炎症、がんなどが考えられます。

　このように出血があった場合、痔であることが多いのですが、なかには重大な病気の症状である場合もあります。痔だろうと自己判断せず、必ず大腸・肛門科医の診察を受けましょう。

◉痛み

　肛門管は皮膚の成分でできているので、この部分に異常があると痛みが生じてきます。痔核が大きくなって肛門管まで押し寄せてきたり、外痔核ができたり、裂肛で肛門管が傷ついたりすると、排便のたびに肛門部が痛みます。

排便と関係なく肛門のわきが腫れて痛む場合は、肛門周囲膿瘍（1614頁）が考えられます。ただし、肛門管にがんができたときにも痛むことがありますから、専門医による鑑別診断が必要です。

◉排便習慣の変化（便秘と下痢）

　痔核が大きくなって肛門をふさいだり、裂肛で肛門が狭くなると、便秘になります。排便時の痛みが強くて、トイレに行くのを恐れると、さらにひどい便秘になるという悪循環が生じます。

また、大腸をふさぐような病気（ポリープ、がんなど）がある場合も、便が通りにくくなって、便秘になることがあります。ひどくなると腸閉塞（1591頁）をおこしてしまうため注意が必要です。

　下痢は、腸に炎症があるため、さらにポリープやがんのために腸が細くなり、狭い部分を便が通過することでおこることがあります。

◉肛門からの脱出

　肛門から病変が飛び出す病気で、もっとも多いのは痔核（次頁）です。トイレで力むと痔核がうっ血し、排便とともに肛門の外に脱出します。排便後にもとに戻るうちはよいのですが、ひどくなると嵌頓痔核（1611頁）といって脱出したままになり、激しく痛みます。

　また、直腸そのものが肛門から脱出する直腸脱もあります。これは、直腸を支持する組織が弱いためにおこるといわれています。さらに、直腸や肛門のポリープや腫瘍が、排便のたびに肛門の外へ飛び出すこともあります。

　直腸、肛門の病気の種類は多く、同じような症状でも全くちがう病気であることも少なくありません。何か肛門に異常を感じたら、恥ずかしがらずに病院に行きましょう。

　肛門の病気は、一般外科でもよいのですが、なるべく大腸・肛門の専門医を受診することをお勧めします。

肛門の病気

痔核（いぼ痔）

Hemorrhoid (Piles)

痔静脈叢のうっ血による肛門からの脱出

◇男性に多くみられる疾患

どんな病気か

肛門にはクッションがあり、排便時に肛門が傷つかないように、あるいは安静時に便が漏れないようにはたらいています。このクッションは、静脈が網目状になった痔静脈叢やその周りの支持組織によって構成されていますが、これが病的に大きくなり、脱出する状態を痔核といいます。いぼのように腫れるため、俗にいぼ痔とも呼ばれます。

女性よりも男性に多くみられ（男女比は3対2）、加齢とともに増加します。

原因

さまざまな説がありますが、おもに痔静脈叢の拡張（うっ血）と支持組織が弱くなることによって生じると考えられています。

便秘による長時間の力みによって静脈叢がうっ血し、さらにかたい便がクッションを傷つけると炎症をおこし、腫れあがって痔核となります。これがくり返されると支持組織が弱くなり、脱出するようになります。加齢も支持組織が弱くなる原因となります。

妊娠した女性では、大きくなった子宮が骨盤内を占め、大腸を圧迫します。このため便秘になりやすくなります。また、骨盤内の静脈も圧迫されるため、痔静脈叢がうっ血しやすくなり、妊婦は痔核になりやすくなります。さらに、出産時には長時間の息みを要するので病状が悪化します。

重い物を持ち運んだり、長時間しゃがんだり立ったままでいたり、お尻を冷やしたり、お酒をたくさん飲んだりすることも肛門の静脈還流障害を招き、痔静脈叢のうっ血の誘因となります。

下痢は痔核の原因になるだけでなく、炎症を引き起こして病状を悪化させる原因となります。肛門を不潔にしておくことも痔核の炎症を引き起こし、病状を悪化させます。

また、おなかに大きな腫瘤（はれもの）があったり、ぜんそくがあったり、膠原病などの遺伝的な結合組織疾患があったりすることも原因となります。

検査と診断

痔核の診断には、問診、視診、触診（肛門指診）、肛門・直腸鏡などで診断します。出血を認める場合には、まず痔核以外の大腸の病気を考え、全大腸内視鏡検査や大腸注腸造影検査を行うようにします。また、痔核に影響を与える基礎疾患がないかも問診やその他の検査で確認します。

病状によって治療法は異なりますが、痔核は良性疾患であるため、病状にあったもっとも侵襲（からだへの負担）の少ない治療が選択されます。治療は、直腸・肛門の病気を専門とする医師のいる病院・医院で受けましょう。

◇痔核の種類

肛門の病気について理解する場合、外科的肛門管という概念が必要です。肛門管は下3分の2の肛門皮膚と、上3分の1の直腸粘膜から構成され、境目は肛門乳頭と肛門陰窩からなり、歯状線と呼ばれています（次頁図）。

この歯状線よりも内側にできる痔核

肛門の病気

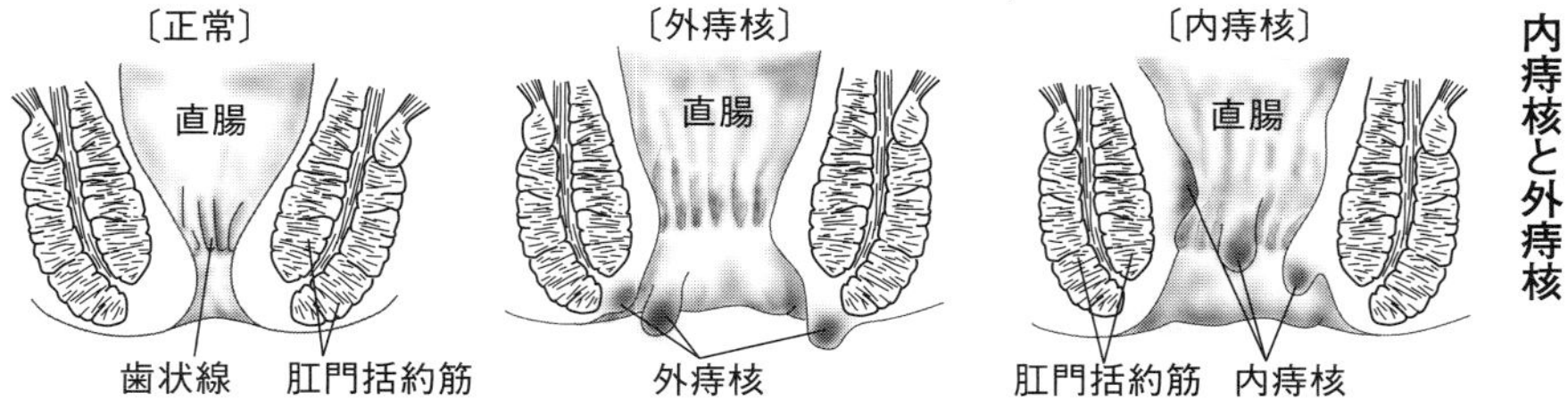

内痔核と外痔核

を**内痔核**、外側にできる痔核を**外痔核**といいます。しかし実際には、内痔核と外痔核が連続した痔核（**混合痔核**）としてみられることがほとんどです。

◉内痔核、嵌頓痔核

内痔核の好発部位は、右前方、左後方、左側方です。これらは**主痔核**と呼ばれ、その間にできるものを**副痔核**といいます。内痔核の分類は、その脱出の程度によって4段階に分類されています（**ゴリガーの分類**）。

Ⅰ度：肛門より脱出はなく、出血のみ。
Ⅱ度：排便時に脱出するが、自然に肛門内に戻る。
Ⅲ度：排便時に脱出し、指で肛門内に戻せる。
Ⅳ度：肛門外に脱出したままとなり、肛門内に戻してもすぐに脱出。

症状

出血と脱出がおもな症状です。排便時に出血し、紙に付着する程度から、肛門からぽたぽたとたれたり、血液が噴出する激しいものまでさまざまです。出血に悩む期間が長いと貧血をおこすこともあります。

Ⅰ度のような痔核でも放置しておくと、大きく腫れて排便時に肛門外に脱出するようになります。ひどくなると痔核が脱出したまま戻らなくなります。そのほか、残便感があったり、肛門の違和感があったりすることもあります。

歯状線の内側には知覚神経がないので、痛みを感じることはあまりありませんが、痔核が腫れ、混合痔核となると痛みを感じるようになります。

内痔核が肛門より脱出し、肛門括約筋により締めつけられ、うっ血腫大して血栓ができ、肛門内に戻らなくなることがあります。これを**嵌頓痔核**（**急性血栓性内痔核脱出**）といい、内痔核をもった妊婦の排便時や出産時におこることが多いようです。放置するとむくみがひどくなり、血行障害をきたすので、ただれや潰瘍を認めることもあります。そのため、嵌頓痔核では、一般に強い痛みが出現します。

治療

▼保存的治療　薬物治療や生活習慣の改善指導が、保存的治療です。症状が軽いⅠ、Ⅱ度の痔核に行われます。治療薬には、外用の坐薬や軟膏があり、病状により副腎皮質ホルモン（ステロイド）剤や局所麻酔薬、抗菌薬を含むものが使用されます。内服薬は、痛みや炎症を鎮めたり、止血作用のある薬や便通を改善する薬が使われます。

症状が強い場合は運動を避け、できるだけ横になって安静にすることも必要です。嵌頓痔核でも、まずは薬剤と安静が治療の原則ですが、必要に応じて手術が行われます。

▼硬化療法　痔核やその周囲に薬液を注入して、痔核の血流を遮断するとともにかためてしまう治療法です。おもにⅠ、Ⅱ度の痔核に対して行われていましたが、薬液によってはⅢ、Ⅳ度の痔核に対しても行われるようになり、効果も持続するようになりました。

▼ゴム輪結紮療法　専用の器具を用いて痔核の根元にゴム輪をかけます。痔核はゴム輪で縛られるため、血液が通わなくなり、腐って落ちてしまいます。おもにⅡ、Ⅲ度の痔核に対して行われますが、歯状線より内側で縛るので痛みはありません。

▼手術療法　おもにⅢ、Ⅳ度の痔核に

◎肛門洗浄機の効用

清潔にすると一口にいってもその方法はいろいろあります。石けんで洗うことや、消毒薬を塗ったりすることも清潔にする方法にちがいありません。しかし、肛門はいわばお尻にある「くちびる」で、ひじょうに敏感で弱く、石けんや消毒薬でごしごし洗ったり、トイレットペーパーでごしごしこすったりすると、切れて出血したり、ただれて腫れたりして、かえって病状を悪くしてしまいます。

ですから強い刺激を与えずに肛門を清潔にする方法としては、ぬるま湯で軽く洗うことが最適なのです。入浴時に肛門を洗うことはもちろんですが、排便後には肛門は必ず汚れますから、排便の都度に肛門を洗うことが重要です。その点で肛門洗浄機は簡便に肛門を洗うことができる有用な機器なのです。乾燥機能が備わっているものでは、トイレットペーパーで拭きとる必

手術が行われます。標準的な手術は結紮切除術で、痔核に血液を送っている動脈を縛り、痔核を舟形に切除します。また、自動環状縫合器を用い、直腸粘膜を環状に切除して、痔核を直腸内に吊り上げる方法もあります。ただし、偏在性（かたよった部位）の内痔核や外痔核にはあまり効果がありません。そのほか、レーザーや超音波凝固切開装置などを用いた治療もあります。

◉外痔核、血栓性外痔核

外痔核の多くは内痔核と連続した混合痔核としてみられます。

血栓性外痔核は、飲酒や寒冷、睡眠不足や疲労、下痢や便秘などが誘因と考えられています。外痔核があり、静脈叢のうっ血が急に引き起こされて血栓ができ、血豆のようになります。通常、短期間（数時間から1日程度）のうちに形成されます。肛門縁の左右にできやすく、強い痛みをともないます。

肛門皮垂は、外痔核が萎縮したあとに、引き延ばされた肛門周囲の皮膚がかたくなり、突起物となったものです。また、裂肛（次項）や手術後にできるものもあります。

症状

歯状線よりも外側に腫れやむくみ、血栓ができるために強い痛みがでるのが特徴です。慢性的な外痔核と比べて血栓性外痔核では、突然の肛門痛がおこり、ときには歩行ができなくなるほどの激痛を生じます。

肛門皮垂では通常痛みはありませんが、肛門の突起物として違和感を覚えたり、とくに症状はないものの、気になって悩んでいる人もいます。

治療

血栓性外痔核では、痔核が小さいうちは軟膏や坐薬の外用薬の使用や消炎鎮痛薬の内服により、痛みや腫れは治まります。しかし、痛みの激しいものや大きなものでは、痔核を切開して血栓を取除くほうが痛みや腫れが早く治まります。

混合痔核のかたちをとる外痔核では、内痔核と同じ治療が行われます。肛門皮垂では、治療の希望があれば切除することになります。

◇痔核の予防

痔核は2足歩行をする人間特有の病気で、多かれ少なかれ60～90％の人がもつともいわれます。したがって、病状を悪化させないことがたいせつです。

もっとも重要なことは、規則正しい排便習慣をつけることです。便秘の場合には、便意がなくても朝食後20～30分してトイレに行ってみましょう。胃に食物が入ると、腸が動き出して便が出やすい状況になり、習慣づけやすくなります。頻繁な下痢は、病状を悪化させるので注意しましょう。必要があれば下剤や整腸薬を服用します。

野菜などの食物繊維や水分を適度にとり、香辛料などの刺激物やアルコールのとりすぎに注意するなど、食事にも気をつけましょう。

肛門を清潔に保つことは、あらゆる肛門の病気の予防にたいせつです。毎日の入浴はもちろんのこと、肛門洗浄機（上段）を有効に活用して肛門の病気を予防しましょう。また、肛門の血液循環を悪くさせないように長時間の立仕事や車の運転は避け、入浴や坐浴によって、肛門の血液循環を促し静脈叢のうっ血を改善させましょう。

要もありません。洋式、和式どちらのトイレにも設置可能ですし、携帯用の安価で簡単な肛門洗浄機もありますから、肛門に病気のある人のいる家庭では、備えたほうがよいでしょう。

裂肛（切れ痔／裂け痔）
Anal Fissure

どんな病気か

裂肛とは、直腸と肛門出口の間（肛門管）にある歯状線より肛門の出口側にできた肛門上皮の亀裂・びらん・潰瘍の総称です。

子どもから高齢者まであらゆる年齢で発症しますが、20～40歳代に多く、性別では女性に多い傾向にあります。

裂肛の時期により、急性裂肛と慢性裂肛に分類できます。

急性裂肛は、便秘によるかたい便の排泄や下痢のためにできた肛門管の比較的浅い裂傷で、症状は排便時や排便直後の痛みと出血です。

痛みは数分で治まることが多いが、ときには数時間つづくこともあります。

裂肛の発生部位は肛門管の後方に多く、これは肛門後方が解剖学的に血流が悪く、肛門上皮が脆弱なためといわれています。また、女性では前方にできることもあります。

慢性裂肛は、急性裂肛が治らず、同じ場所にくり返し裂肛を生じたり、細菌感染したりすることで潰瘍が深くなった難治性裂肛と呼ぶべき状態です。

この時期になると、痛みはかえって軽くなり、出血も少なくなりますが、保存的治療を継続していると**潰瘍**の肛門の外側には**見張り疣**を、内側には**肥大乳頭**という突出した部分ができ、さらに治りにくくなっていきます。この潰瘍、見張り疣、肥大乳頭を裂肛の三徴といいます。

潰瘍底部の筋層には、炎症による線維化がおこり、瘢痕化すると肛門が狭くなります。これを**狭窄性裂肛**といいます。

原因

裂肛の原因としては、便秘や下痢以外に、クローン病（1586頁）、潰瘍性大腸炎（1584頁）、白血病（548頁）、STD（性感染症 2128頁）などの別の疾患の場合もあります。

治療

急性裂肛の基本的な治療は保存的治療です。

保存的治療は、緩下剤や整腸薬で便秘や下痢を改善し、傷ついた肛門管には局所麻酔薬や抗炎症薬の入った坐剤を使用し、痛みや炎症を軽減します。

また、肛門を清潔に保ち、入浴で全身や局所を温め、血流の改善を促します。さらにアルコールや香辛料などの刺激物は避けて、肛門管の安静を保つことがたいせつです。

慢性裂肛でも、早期のものは保存的治療で治るものもありますが、保存的治療で治らない場合には、手術治療を行う必要があります。

軽いケースでは、腰椎麻酔や仙骨硬膜外麻酔などで麻酔し、指で肛門管を広げたり（用手肛門拡張術）、内肛門括約筋の一部を切開（側方皮下内括約筋切開術）することで、肛門の狭窄を改善させます。

狭窄が著しい場合には、瘢痕化した裂肛を切除し、皮膚移植（たとえば、スライディングスキングラフト法）する手術が行われます。

日常生活の注意

便秘の予防が重要です。そのためには野菜などの食物繊維の多い食事を摂取しましょう。

また、毎朝トイレに行くなどして排便習慣を身につけることを心がけましょう。

肛門周囲膿瘍／痔瘻（穴痔）……1614頁
▼症状▲肛門や肛門周囲の痛み、腫れ、発赤など。
▼治療▲排膿や痔瘻の切開を行う。手術を行わないシートン法もある。

肛門周囲膿瘍／痔瘻（穴痔）

Perianal Abscess / Anal Fistula

細菌感染による膿瘍と瘻管

◇肛門周囲膿瘍は痔瘻の前段階

どんな病気か

肛門周囲膿瘍とは、直腸と肛門出口（肛門管）にある歯状線上の肛門陰窩から細菌が進入し、奥にある肛門腺に感染してできた膿瘍（膿のたまり）のことをいいます。

肛門周囲の皮膚や直腸にある肛門周囲膿瘍が自然に破れたり、膿による症状を軽減するために皮膚を切開することでできた膿の通路を瘻管と呼びます。瘻管のできた状態を**痔瘻**といいます。

つまり、痔瘻の前段階の状態が肛門周囲膿瘍であり、両者は一連の疾患であるといえます。

肛門周囲膿瘍も痔瘻も、膿瘍や瘻管のできる場所や走行が内括約筋の内側なのか、内外括約筋間なのか、坐骨直腸窩なのか、骨盤直腸窩なのかによって型が分類されており、症状や治療方法が異なります。

肛門周囲や殿部から膿が出るためにまちがえやすい疾患としては、殿部膿皮症、毛巣洞、バルトリン腺膿瘍（834頁）などがあり、注意が必要です。

乳幼児の痔瘻は、生後数か月から1歳ぐらいの男の子に多くみられます。原因ははっきりしないことが多いのですが、おむつなどで肛門が蒸れることが一因といわれています。肛門の側方の浅いところに瘻管ができるため、肛門の側方の皮膚が発赤したり、膿が出たりします。

症状

肛門周囲膿瘍が皮膚の近くの浅いところにできたときには、痛みや発赤・腫れといった症状が現れて、座ることも困難になる場合があります。発熱をともなうこともあり、39、40度といった高熱になることもあります。膿瘍が深いところにできるときには、外見上腫れはありませんが痛みや発熱がみられます。

たまった膿が皮膚や直腸内に破れ出ると、下着に膿がつくようになり、痛みや腫れが消え、熱が下がります。肛門周囲膿瘍の状態が落ち着くと、痔瘻となり、膿が出たり、止まったりをくり返すようになります。これは痔瘻の出口がふさがると肛門陰窩から進入してきた細菌により、膿が再びたまり、腫れや痛みの症状が現れ、出口が破れると膿が出て、症状が消えるためです。

検査と診断

肛門周囲の腫れや発赤、痔瘻の出口（二次口）の有無を観察したり、肛門に挿入した人さし指と親指で挟むようにして膿瘍や瘻管・瘻管の入り口（原発口）を触れ、膿瘍の範囲や瘻管の走行を把握することである程度診断できます。

膿瘍や瘻管が深いところにある場合や複雑な場合には、視診や触診だけでは診断がむずかしいことがあり、経肛門超音波検査やＣＴ、ＭＲＩ検査が有用なこともあります。

◇排膿や痔瘻の切除を行う

治療

肛門周囲膿瘍は抗生物質だけで治ることはほとんどな

肛門周囲膿瘍と痔瘻の模式図

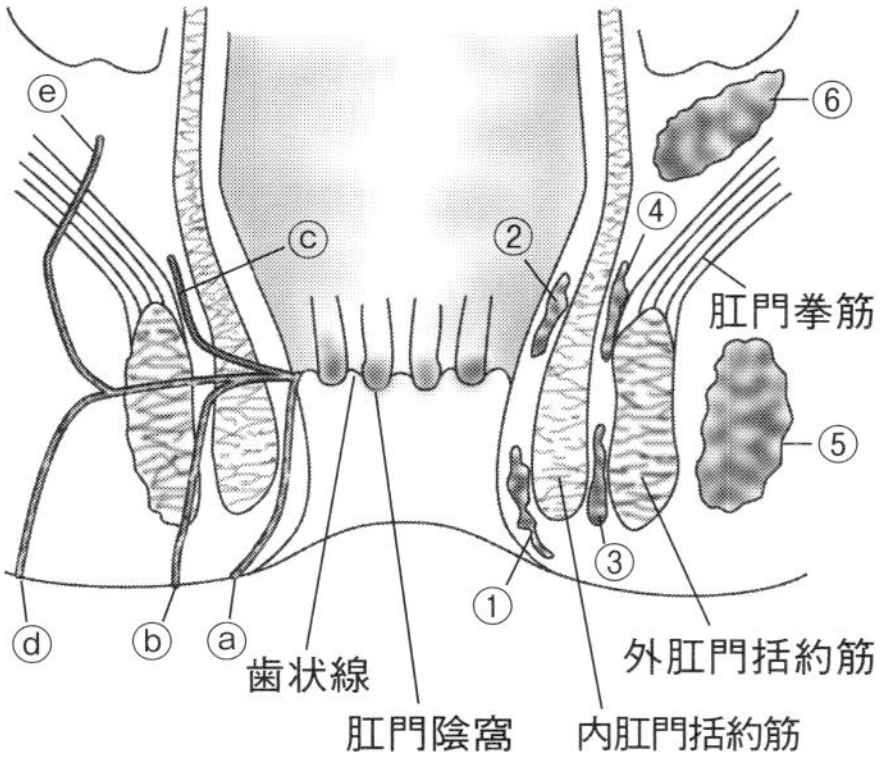

ⓐ皮下痔瘻
ⓑ低位筋間痔瘻
ⓒ高位筋間痔瘻
ⓓ坐骨直腸窩痔瘻
ⓔ骨盤直腸窩痔瘻

①皮下膿瘍
②粘膜下膿瘍
③低位筋間膿瘍
④高位筋間膿瘍
⑤坐骨直腸窩膿瘍
⑥骨盤直腸窩膿瘍

いので、診断されればただちに切開し、膿を外に出す（排膿）必要があります。

排膿後は抗生物質と鎮痛薬を使用します。この治療は外来通院でできますが、炎症が落ち着く前に切開した傷が閉じてしまうと、再び膿がたまってしまうため、治るまで通院をつづける必要があります。

切開排膿で治ることもありますが、再び膿が出てくるようなら、痔瘻に移行したと考えられます。

痔瘻の治療は、一般的に入院手術が必要です。瘻管の走行する位置によって、瘻管に沿って皮膚や肛門管粘膜を切開し、瘻管を開放して切除したり、掻爬したりする方法（レイオープン法）や、瘻管だけをくり抜くように切除する方法（コアリングアウト法）を行い、できるだけ括約筋を温存する手術が行われています。このため、手術によって術後便失禁などの排便障害がおこることはほとんどありません。入院期間は痔瘻のタイプ、つまり瘻管の走行する場所や複雑さによって数日から2、3週間とさまざまです。

痔瘻は手術をしても数％程度再発することがあります。とくに瘻管が複雑に走行していたり、深い場所にある場合は再発する可能性が高くなります。

痔瘻を入院せずに外来で治療する方法として、**シートン法**があります。これは、痔瘻の出口（二次口）から瘻管を通って入り口（原発口）へゴム輪を通し、瘻管を長時間かけて少しずつ締めつけ、周囲の肉芽を盛り上げながら切る方法です。この方法は外来でできるという利点はありますが、治るまで時間がかかり、お尻にゴム輪がついた状態のため、違和感があることや適応症例がある程度かぎられるという欠点があります。

乳幼児痔瘻の治療は、外来で痔瘻を切開し、抗生物質と鎮痛薬を内服することでよくなります。再発しても根気よく切開をくり返すことで多くの場合完治します。ただし、難治性の場合には手術が必要なこともあります。

◉特殊な痔瘻

▼クローン病による痔瘻　クローン病は全消化管に炎症をおこす可能性のある原因不明の疾患です。炎症が肛門におきた場合には、痔瘻をつくることがあります。クローン病による痔瘻は複雑な走行をしたものが多いことやクローン病には根治療法はなく、瘻管を切除しても再発するため、もっとも侵襲（からだへの負担）の少ないシートン法が行われます。

▼結核による痔瘻　結核菌の感染が原因となる痔瘻で、最近はみられなくなっています。治療は、抗結核薬の使用と痔瘻の切除です。

肛門瘙痒症
Pruritus Ani

どんな病気か

肛門や肛門周囲に慢性的なかゆみがある状態を肛門瘙痒症といいます。

入浴後や就寝時など、からだが温まったときにかゆみが強くなることが多く、かきむしると皮膚が傷つき、ジクジクした状態となって、かゆみがさらに悪化してしまいます。

原因

痔核（1610頁）、裂肛（1613頁）、痔瘻（1614頁）、直腸脱（1618頁）、肛門ポリープ（次項）などの直腸・肛門疾患、肛門に発生した湿疹、乾癬（1833頁）、脂漏性皮膚炎（1809頁）などの皮膚疾患、カンジダや白癬菌（みずむしの菌）による真菌性皮膚炎、寄生虫、疥癬（1831頁）、ヘルペス、尖形コンジローマ（834頁）などのＳＴＤ（性感染症）による感染症、膣炎などの婦人科疾患、石けん、トイレットペーパーの色素などの刺激など、原因のはっきりしない場合があります。

肛門瘙痒症はさまざま疾患や状態で発症するため、皮膚科や肛門科などを受診し、きちんと診断することがたいせつです。

治療

原因疾患がはっきりしている場合には、原因となる疾患と局所の治療をいっしょに行いますが、肛門を清潔にし、乾燥させた状態に保つことは、肛門瘙痒症の治療の原則です。

原因がはっきりしない場合には、刺激となるような石けんや染色したトイレットペーパーの使用は避けて、肛門の刺激となる飲食も控えるようにしましょう。

日常生活の注意

排便習慣を整え、排便後には坐浴をしたり、洗浄器付きトイレを使用し、紙で拭くときにはこするのではなく紙を軽く押しあてて拭くようにします。

また、毎日入浴し、吸湿性のある木綿の下着などを着用することで肛門を清潔にします。

肛門が湿った状態になるのは避けるようにしましょう。

肛門ポリープ
Anal polyp

どんな病気か

直腸と肛門出口の間（肛門管）にある歯状線にある肛門陰窩が排便時にいろいろな刺激を受けて炎症性・線維性に腫れたものを肛門ポリープといいます。

裂肛をともなっていることが多いが、内痔核と併存することもあります。肛門ポリープは直腸にできるポリープと異なり、がん化することはありません。

症状

小さいうちは肛門の中におさまっているので、症状がないことが多いのですが、大きくなると排便時に外に出てくることもあります。脱出をくり返すうちにポリープの根元の粘膜が裂けると、痛みや出血をともないます。

治療

手術でポリープを切除する必要があります。ポリープだけの切除の場合には、外来で局所麻酔下で切除可能ですが、裂肛や痔核をともなう場合には、入院して、これらの治療も合わせて行う必要があります。

直腸の病気

消化管ポリポーシス
Gastrointestinal Polyposis

どんな病気か 消化管（大腸、小腸、胃など）に多数のポリープ（およそ100個以上）がみられる病気の総称です。

ポリープの組織像や随伴症状によっていくつかの疾患に分けられ、治療法が異なります。腺腫性（1568頁）、過誤腫性（腫瘍ではないものが腫瘤となったもの）のものは遺伝性のものも多く、がん化しやすいので手術が必要になるものもあります。

検査と診断 消化器内視鏡検査、バリウムを用いた消化管X線検査でポリープの性状や個数、存在部位を確認します。

●消化管ポリポーシスの分類

①家族性大腸腺腫症（家族性大腸ポリポーシス） 腺腫性です。家族性大腸ポリポーシスは、ポリポーシスのなかでももっとも多くみられます。大腸に腺腫性のポリープが多発しますが、胃、小腸にもポリープが発生することがあります。遺伝性の疾患で、40歳代でほとんどががん化するので、20歳前後で大腸をすべてとる大腸全摘手術が勧められます。

家族性大腸ポリポーシスの随伴症状として、骨腫、甲状腺腫、デスモイド（線維性の良性腫瘍）、軟部組織腫瘍などがともなうものを**ガードナー症候群**といいます。

②ターコット症候群 腺腫性です。家族性大腸腺腫症と同様に、大腸を中心として腺腫性のポリープが多発しますが、胃、小腸にもポリープは発生します。遺伝性で、がん化すると考えられています。特徴として、中枢神経系腫瘍をともないます。

③ポイツ・ジェガース症候群 過誤腫性です。胃、小腸、大腸にまんべんなく大小不同のポリープが発生する遺伝性の疾患です。比較的大きなポリープが発生することもあり、腸重積、腸閉塞などの重い症状をおこすこともあります。しばしばがん化します。特徴的症状は、口唇、口腔内、手足の指先に黒褐色の色素斑がみられます。消化器症状が発生する前に、皮膚症状が現れ、皮膚科で診断される場合もあります。女性の場合には、10％前後に卵巣腫瘍も合併します。ポリープを切除します。

④若年性ポリポーシス 過誤腫性です。10歳代までに大腸を中心に大小不同のポリープが発生します。数は少なく数個から数十個の場合もあります。遺伝性のものと、遺伝しないものがあり、遺伝性のものはがん化する頻度が高くなります。ポリープを切除します。

⑤コーデン病 過誤腫性です。食道を含めた全消化管にポリープが多発します。過誤腫性と過形成性のポリープが混在します。遺伝性で、顔面、手足の湿疹、口腔内の乳頭腫症などをともないます。また、乳がん（555頁）、甲状腺がん（488頁）、卵巣がん（565頁）、消化器がんが好発するので、定期的な精密検査が行われます。

⑥クローンカイト・カナダ症候群 非腫瘍性です。消化管（とくに胃、大腸）に非腫瘍性のポリープが多発し、脱毛、爪の萎縮、全身の色素沈着などの皮膚の病変をともなう疾患です。遺伝性は

◎直腸の炎症

▼放射線性直腸炎　骨盤の病気に対して行われた放射線治療後に発症する直腸の炎症です。治療直後から発症する場合や、数年経過してから発症することもあります。

症状は、出血便、粘血便、下痢、排便困難などがあります。重症なものは、直腸潰瘍、直腸狭窄、直腸穿孔などをおこします。

整腸薬、止血薬、抗炎症薬、ステロイド剤などで治療します。出血がつづくときには、アルゴンレーザーなどによる内視鏡的止血術が有効なこともあります。これらの治療が効かず、難治性で重症な場合には、人工肛門増設術（509頁）を行うこともあります。

▼薬剤性直腸炎　抗生物質など薬剤によって引き起こされるものです。原因となった薬剤を中止することにより症状が改善されます。腸内細菌のバランスがくずれ、有害な細菌が増殖している場合には、

なく、病因は不明です。中年以降に好発します。

下痢、味覚異常、唾液の分泌低下をともない、ときに腸管からのたんぱく漏出をきたし、低栄養が進行し、死亡するケースもあります。

経過とともにポリープが消失することもあり、内科的治療が優先されますが、内科的治療が効かないことがあったり、消化管のがんを合併した場合には、手術が選択されます。

直腸脱
Rectal Prolapse

どんな病気か　直腸壁が反転し、肛門から外に脱出反転したものを直腸脱といいます。高齢者に多くみられることから近年増加傾向にあります。女性に多く、ときに子宮脱（850頁）、膀胱脱（850頁）などをともないます。

原因　病気の発生のしくみとして、いろいろな説が考えられています。一般的に骨盤の支持組織が弱くなり、これに肛門括約筋の機能不全（緩み）が加わり発生すると考えられています。幼児期にみられるものは、先天的なものを除いて、軽度のものが多く、排便時の長時間の力みが誘因ではないかと考えられています。

症状　初期のものは排便時だけに脱出して、自然に戻ります。脱出する腸管も数cmほどです。

進行してくると軽い運動だけでも脱出し、脱出腸管も10cm以上になり、赤いソフトボールのようにみえることがあります。こうなると、用手還納（手で押し込める）でないと戻りません。ときに、用手還納が困難な場合もあります。

直腸粘膜が外部に露出してしまうので、分泌物の増加、出血などがおこります。また直腸壁がつねに脱出していると、骨盤内の神経もいっしょに伸ばされるため、失禁をおこしやすくなります。

検査と診断　直腸壁が脱出反転して、同心円状のしわが確認できれば、診断がつきます。初期のものは通常時には脱出しないので、診断のためには排便姿勢で力んでもらい、脱出を確認します。

治療　幼児期のものは、正しい排便習慣の習得とともに、学童期までにほとんどが自然治癒します。排便時の過度の力みや長時間の排便が習慣になると、直腸脱をくり返すことから自然治癒が見込めなくなり、手術が必要となります。成人から高齢者の場合には、手術が基本的な治療となります。

手術方法としては、開腹せずに肛門から行う経肛門手術と、開腹して行う手術があります。

経肛門手術では、肛門から脱出した腸管を短縮したり、肛門を狭くして脱出しにくくします。開腹手術では、直腸壁を骨盤壁に引き上げるように固定し、直腸が下がらないようにします。経肛門手術は、手術による侵襲（からだへの負担）が小さい利点がありますが、再発率が高いという欠点もあります。開腹手術は、その逆に侵襲が大きく再発率は低いとされています。どちらの治療法にするかは、病気の状態によって選択されます。

その細菌に有効な抗生物質を使用します。

▼**感染性直腸炎**　一般的な細菌による感染や性交渉によって引き起こされる性感染症があります。採血検査や培養検査により原因となる病原体を同定し、有効な薬剤を使用します。

◎排便造影検査

便の性状に似せた粘度の高いバリウムを直腸に注入し、その状態で力んで排泄してもらい、X線で撮影します。この検査を行っている施設は、日本でも限られています。

直腸腟壁弛緩症
Rectocele

どんな病気か

排便時に、女性の直腸腟壁が緩み、直腸前壁とともに腟後壁が腟内に膨らむものです。

原因

便秘などの排便障害に加え、出産などによって直腸腟隔壁が弱くなり、肛門外へ便が排出されず、便がとどまって腟内へ袋状に膨らむ（膨隆）ためと考えられています。

骨盤の支持組織そのものが全体的に弱まってしまう場合（高齢者に多い）にも発生しますが、肛門括約筋の収縮が強く、排便時に緩みにくい場合に、相対的に腟側に圧がかかって発生することもあります。

症状

肛門のところで便がとどまったような貯留感、残便感、排便障害などがおもな症状です。腟内に指を入れて膨隆した部分を圧迫しないと排便できないと訴える人もいます。

検査と診断

直腸に指を挿入し、直腸の前壁が弱く、腟側に袋状のへこみがあるか確認します。また、X線による排便造影撮影を行い、力んだときの直腸の腟側への突出と、その後の貯留状態を撮影します。

治療

初めは、生活習慣の改善、食事療法、薬物療法などで、便が適度のかたさを保つようにコントロールする保存的治療が行われます。改善がみられない場合には手術が必要となります。手術には直腸側から行う経直腸法と、腟側から行う経腟法があります。腟壁が比較的じょうぶなことから、経腟法のほうが合併症や再発が少ないと考えられています。

また、裂肛（切れ痔 1613頁）により、肛門括約筋の収縮力が極端に強い場合には、裂肛に対する治療で症状が改善することもあります。

直腸粘膜脱症候群
Mucosal Prolapse Syndrome of Rectum

どんな病気か

孤立性直腸潰瘍症候群、**深在嚢胞性大腸炎**ともいいます。直腸粘膜が排便時の力みによって、くり返し肛門外に脱出することが原因でおこる病気です。

20～30歳の若い人で、排便の時間が長く、過度に力む人に多くみられます。

長期にわたる腸管の内圧上昇と直腸粘膜の脱出によって直腸に血流障害がおき、物理的な刺激も加わって、粘膜のひずみ、隆起、びらん（ただれ）、潰瘍などをきたすと考えられています。

症状

一般的に長時間の排便習慣に加え、排便痛、肛門痛をともない、ときとして粘液便もしくは粘血便を排出します。

肉眼的には潰瘍を形成したり、ポリープが多発したようにみえ、一見すると直腸がんとまちがえやすい形態をとります。

診断は、直腸がんとの鑑別を行ううえでも病変部の一部を顕微鏡で調べる病理検査が必要となります。

治療

保存的治療が基本で、原因のひとつと推測される過度の力みを控えさせるだけで軽症化します。また、排便習慣改善のための下剤の服用や、食物繊維の多い食事療法も有効です。

腹膜の病気

腹膜炎とは
(Peritonitis)

腹壁の内側と腹腔内の臓器の表面をおおっている腹膜に炎症がおこるのが腹膜炎です。

炎症が、腹膜の一部にとどまっているものを**限局性腹膜炎**、腹膜全体にわたっておこっているものを**汎発性腹膜炎**（**びまん性腹膜炎**）といいます。

腹膜の一部に炎症がおこると、周囲にある大網や腸がとり巻き、炎症が現状以上に広がらないようにします。この防御機構が機能しているうちは限局性腹膜炎の段階でとどまっていますが、炎症が広範囲に広がると、汎発性腹膜炎になります。しかし、限局性腹膜炎の段階を踏まずに、最初から汎発性腹膜炎として発症することもあります。

また、短時日のうちに急速におこってきたものを急性腹膜炎（次項）、いつ発症したのかわからないことが多く、長期間にわたってつづくものを慢性腹膜炎（1622頁）といいます。

急性腹膜炎
Acute Peritonitis

どんな病気か

短時日のうちに発症してきた腹膜炎で、原因によって、つぎのように区別して呼ばれることがあります。

▼**続発性腹膜炎**　胃、腸、胆嚢、膵臓などの腹腔内臓器に病巣が存在するために誘発されてきたものをいいます。

たとえば、膵炎（1678頁）、胆嚢炎（1673頁）、虫垂炎（1575頁）などがあると、その炎症が腹膜にも波及し、腹膜炎を誘発することがあります。腸閉塞（1591頁）や腸間膜動脈閉塞症（1589頁）がきっかけになることもあります。

女性は、卵巣炎（852頁）や子宮内膜炎（848頁）、流産（878頁）などが原因になることがあります。

また、腹腔内臓器に孔があき、内容物が漏れ出し、腹膜を刺激して炎症をおこすことがあります。たとえば、潰瘍やがんのために腹腔内臓器に孔があき（穿孔）、内容物が腹腔内に漏れ出てくることがあります。このようにしておこった腹膜炎を**穿孔性腹膜炎**といい、胃潰瘍や十二指腸潰瘍（1558頁）、大腸がん〔結腸がん（505頁）、直腸がん（507頁）〕でおこりやすいものです。

けがで腹腔内臓器が破れたり、手術をした部分がよくくっつかなかったりして、内容物が腹腔内に漏れることもあります。

女性は、人工妊娠中絶（886頁上段）がきっかけで、穿孔性腹膜炎がおこることがあります。

胆嚢が破れ、胆汁が漏れ出て腹膜炎がおこることもあります。これをとくに**胆汁性腹膜炎**といい、胆石（1669頁）のある人におこることが多いものです。

胃、腸が破れた場合、そこにすみついている細菌などが腹膜に感染し、炎症をおこすことがあって、**化膿性腹膜炎**といいます。

▼**原発性腹膜炎**　病巣が、腹腔内臓器以外の部位にあっておこった腹膜炎をいいます。

代表的なのは、腹腔以外の部位の病巣にいる細菌が、血流にのって腹膜へ流れてきて、感染しておこる**特発性細**

第11章―第19章
循環器
血液・内分泌・代謝
消化器
泌尿器
皮膚
運動器
形成外科
免疫・環境因子・中毒
感染症

◎後腹膜腫瘍とは

後腹膜腔というのは、壁側腹膜と後腹壁の間にある腰仙部領域で、第12胸椎から骨盤上線までをいいます（521頁図）。ここには腎臓、脾臓、副腎などの臓器がありますが、それら以外の、臓器の形をしていない脂肪組織や結合組織などから発生した腫瘍が後腹膜腫瘍です。良性と悪性があり、悪性が多くみられます。

おもな症状は、腫瘍による圧排（圧迫感）と、浸潤（がん細胞が組織を侵す）による腹痛、腫瘤の触知（外からしこりを触れる）、消化管の不定愁訴（違和感）などです。

超音波検査、CT検査、シンチグラムなどで調べます。

治療は腫瘤を摘出することですが、大きく広がって摘出できないときは、抗がん剤、放射線治療が行われます。

悪性の場合、進行してから見つかることが多いので、予後（治療後の経過）はあまりよくありません。

菌性腹膜炎です。

ネフローゼ症候群（753頁）を患っている子どもや、腹水のたまっている肝硬変（1647頁）を患っている人におこることがあるのですが、頻度はまれです。

腹膜のしくみ（腹部の横断面）

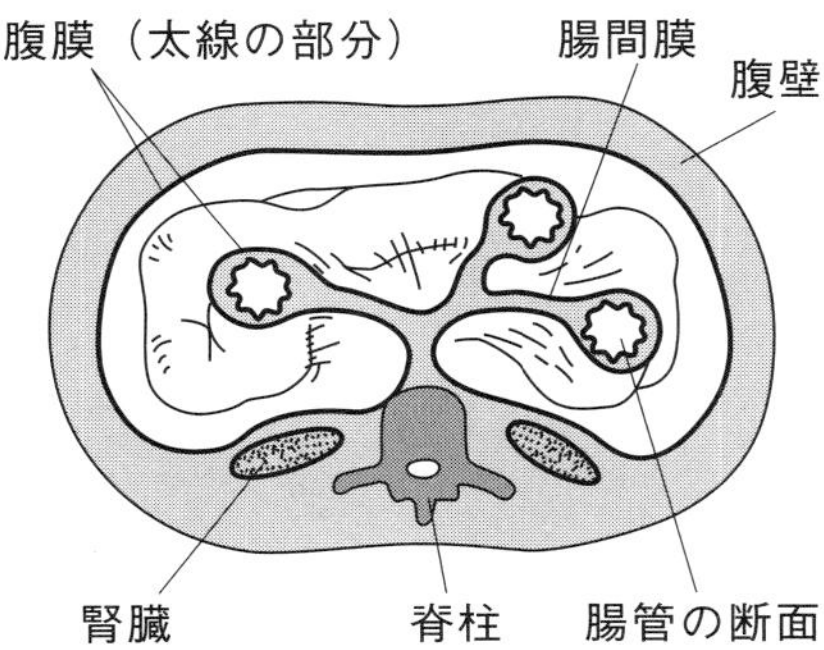

腹膜は、胃、腸、肝臓などの臓器の表面や腹壁の内側をおおっています。胃や腸が炎症によって穿孔（孔があく）したりすると、その部分を腹膜がとり巻いて、胃や腸の内容物が外に漏れ出たりしないようにします。しかし、腹膜に細菌が感染したりすると、腹膜炎をおこすことがあります。

症状

限局性腹膜炎であれば、部分的な腹痛と、圧痛（手で押すと強くなる痛み）がおもです。

汎発性腹膜炎の場合は、腹部全体が痛み、発熱、頻脈がおこり、苦しそうに顔を歪ませます。

頬骨が突き出し、目が落ちくぼんでくまができ、鼻がとがった特有の顔つきになることがあります。これを**腹膜炎顔貌**といいます。

さらに進行すると、嘔吐、排便・排ガスの停止、腹部全体の膨れなどの腸閉塞の症状がおこり、意識がもうろうとなり、騒いだり、暴れたりする不穏状態やショック状態におちいります。

虫垂炎、胆嚢炎、腸閉塞からおこった場合は、それぞれの病気の症状が先にあって、しだいに汎発性腹膜炎の症状が現れてきます。

胃潰瘍や十二指腸潰瘍などの穿孔でおこった場合は、突然の腹痛とともにすぐに汎発性腹膜炎の症状が現れてきます。

検査と診断

腹部を触診すると、筋性防御やブルンベルグ徴候などの腹膜刺激症状（1623頁上段）がみられるので、腹膜炎という診断は容易につきます。

しかし、原因となった病気の診断や全身状態の把握のため、腹部X線検査、胃腸の造影検査、胃腸の内視鏡検査、CT、MRI、超音波検査、血液検査などが必要になります。

治療

入院のうえ、全身状態を改善する治療と、原因を除去する治療が必要になります。

入院期間は、原因や年齢によって異なりますが、3～4週間以上になることが少なくありません。

◉全身状態を改善する治療

絶対安静を保つとともに、点滴で栄養などを補います。また、炎症の原因となっている細菌を撲滅するため、強力な抗菌薬を使用します。

胃などの上部消化管の病気が原因の場合は、ブドウ球菌、連鎖球菌、腸球菌、真菌などが、大腸などの下部消化管の病気が原因の場合は、グラム陰性桿菌（大腸菌など）、嫌気性菌、βラクタマーゼ産生菌などが多いので、そ

ダグラス窩の位置

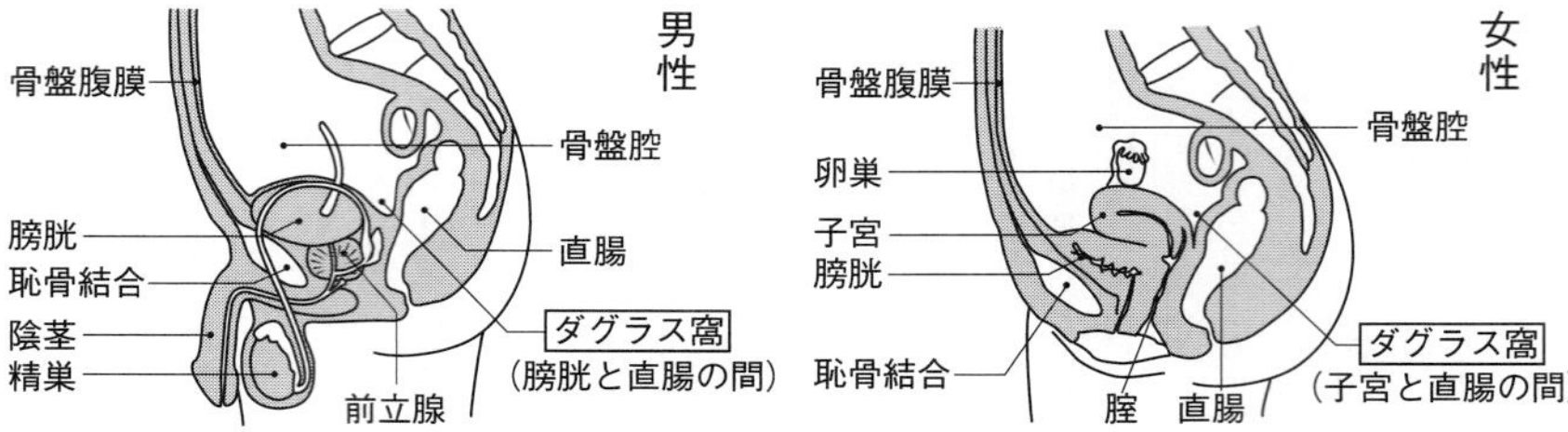

れに有効な抗菌薬を使用します。

特発性細菌性腹膜炎の場合は、おとなは大腸菌やグラム陽性球菌、子どもは溶血性連鎖球菌や肺炎球菌が原因菌のことが多いので、これに有効な抗菌薬を使用します。

いっぽうで、原因菌の種類を調べる検査を実施し、わかったらその菌に有効な抗菌薬に切りかえます。

軽症の限局性腹膜炎の場合は、この全身を改善する治療で治癒することもありますが、多くは、原因を除去する治療が必要になります。

◉原因を除去する治療

胃腸が破れたり、穿孔をおこしている場合は、縫合する手術が必要になります。胃や腸の一部を切除しなければならないこともあります。腹腔鏡下で手術を行うこともあります。

そのうえで、腹腔内にたまっている液や膿を排除・洗浄し、そのあと膿を体外へ排出するための管であるドレーンを腹腔内に留置しておきます。

▼合併症　横隔膜の下に膿がたまる横隔膜下膿瘍（1329頁）、ダグラス窩に膿のたまるダグラス窩膿瘍がおこり、治療が必要になることもあります。

慢性腹膜炎
Chronic Peritonitis

どんな病気か　炎症が長期間にわたってつづく腹膜炎です。急性腹膜炎（前項）が治りきらずに慢性化することもありますが、このケースはまれで、慢性腹膜炎のほとんどは、最初から慢性のかたちで発症します。

もっとも多いのは結核性腹膜炎で、肺結核（1285頁）の原因となっている結核菌が、血液やリンパ液の流れにのって腹膜まで到達し、徐々に発病することが多いものです。

そのほかに、腹部に針を刺して腹水を抜く治療（穿刺）をたびたび行うと、腹膜どうしがくっつき（癒着性腹膜炎）、さらにこぶのような腫れ物ができることもあります（術後性肉芽腫様腹膜炎）。

また、心膜炎（1372頁）、リウマチ熱（2028頁）などの際に、滲出液が腹腔にたまって滲出性腹膜炎がおこることもあります。

治療　いずれも、原因となっている治療と並行して、腹膜炎の治療（1621頁）を行います。

ダグラス窩膿瘍
Douglas Abscess

どんな病気か　男性は直腸と膀胱の間、女性は直腸と子宮の間にあるくぼみを**ダグラス窩**といい、腹腔の最下部に位置します（上段図）。

ここに膿がたまるのがダグラス窩膿瘍で、まれに急性腹膜炎（1620頁）の合併症としておこることがあります。

症状　便意があるのに排便をみないしぶり腹、尿意があるのに尿の出ないしぶり膀胱、排尿痛などが現れます。

女性は、おりもの（帯下）の増加、不正性器出血をみることもあります。

治療　おもに抗生物質を使用します。抗生物質が効果がない場合、膿を排出するのに開腹手術をすることもあります。

◎腹膜刺激症状

腹膜に炎症がおこると、特有の症状・診察結果が現れてきます。

たとえば虫垂炎（1575頁）では、当初は虫垂のみの炎症のため、右下腹部の痛みや圧痛だけですが、炎症が広がってくると周りの腹膜にも炎症が波及して、筋性防御やブルンベルグ徴候を呈してきます。これは手術のタイミングを決める重要なサインとなります。

▼筋性防御　手のひらで腹部を軽く圧迫したときに、腹壁が緊張してかたくなっています。ひどくなると、腹部が張って、板のようになることがあります（**板状硬**）。

▼ブルンベルグ徴候　腹部を手のひらで徐々に圧迫していって、急に手を離すと、はっきりとした痛みを感じます。**反跳痛**、**反動痛**ともいいます。

▼その他の症状　広範囲に感じる腹痛、吐きけ・嘔吐、排便や排ガスの停止、かぼそい脈拍などもおこります。

腹膜中皮腫
Celiothelioma

どんな病気か

壁側腹膜から腫瘍が発生することはまれですが、ときに腹膜中皮腫が発生することがあります。腹膜中皮腫の多くは、胸膜中皮腫（498頁）と同様にアスベストに関連した悪性中皮腫です。アスベストにさらされた機会が多い職業歴が危険因子となります。

症状

腫瘍が発生した当初は無症状のことが多く、あっても腹部が張る感じや重苦しさ程度です。ある程度腫瘍が大きくなると、腹部膨満感、腹痛、食欲不振、下痢、発熱、腸閉塞（1591頁）などを呈します。

また腹水貯留も高率でみられます。この時期になってやっと医療機関を受診されるケースが少なくありません。

検査と診断

腹水穿刺（腹部に針を刺し、腹水を採取して調べる検査）による細胞の検査や、腹腔鏡や開腹による腹膜の組織検査が必要ですが、診断がむずかしく、当初は結核による腹膜炎やがん性腹膜炎（521頁）と診断されてしまうケースもみられます。

治療

手術して腫瘍を取除くことができるケースはまれです。

切除不能例には、放射線治療や化学療法も行われますが、効果は低く、腹水を排除して腹圧を下げ、腹部の張った感じや重苦しさなどの苦痛を和らげるなどの対症療法が、治療の中心になります。予後は悪く、1年以上生存できるケースはまれです。

腹膜偽性粘液腫
Pseudomyxoma Peritonei

どんな病気か

ゼラチン様の物質（ムチン）が腹腔内に充満した状態です。**腹膜仮性粘液腫**ともいいます。

原因

男性の場合はムチンを産生する虫垂嚢腫（袋状の腫瘍）の破裂、女性の場合は卵巣嚢腫（851頁）の破裂が多いとされます。これらの腫瘍が破裂すると、ムチンをつくる腫瘍細胞が腹膜に植付けられ、ムチンが産生され、腹腔内がムチンで充満します。

虫垂や卵巣の嚢腫は、良性と悪性の中間の性質をもった境界病変がもっとも多くみられます。また、原発巣が不明のものもみられます。

症状

卵巣や虫垂に嚢腫があっても、初期には無症状です。破裂して、ムチンが腹腔内に大量にたまってはじめて症状が現れてきます。

初発症状は、腹部膨満感が多く、腹痛や発熱、体重減少などもみられます。

治療

根本的な治療は、開腹して、嚢腫を摘出することですが、切除がむずかしい場合が少なくありません。嚢腫を切除後、腹膜についているムチンを洗浄・排出することが必要ですが、完全にとることができないのがふつうです。これは、発見が遅れることが大きな原因と考えられます。

たとえ、嚢腫の切除ができても、再発することがあります。その場合は、開腹して再手術をするか、くり返しムチンを排出することになります。また、薬による全身化学療法が行われることもありますが、効果は不十分です。

肝臓・胆道・膵臓の病気

肝臓には代謝、解毒などのはたらきがあり、肝臓でつくられた胆汁は胆道を通り、膵液とともに消化吸収にはたらいています。

肝臓のしくみとはたらき

◇肝臓のしくみ

肝臓は、人体の右上腹部に位置し、肋骨弓の後ろ側で、横隔膜の下にある人体のなかでもっとも重い臓器です（次頁図1）。成人の肝臓の重さは、1・2〜1・5kgで、体重の約50分の1にあたり、生まれたばかりの新生児の肝臓は、体重の約18分の1にもなります。

肝臓は、厚みがあって大きい**右葉**と、小さい**左葉**に分かれ（次頁図2）、肝臓の下面の中央に血管、胆管、神経が走っています。

◉肝臓の血管系

肝臓は、ほかの臓器と異なる独特の血液循環系をもっています。

肝臓に入る血管には、酸素を運ぶ**肝動脈**と栄養素を運ぶ**門脈**の2つの血管系があります。肝臓は、この血管系から入ってくる酸素や栄養素を使って、代謝、解毒、排泄などの活発なはたらきを行っています。

肝臓に送り込まれる血液の量は、約70〜80%が門脈から供給され、残りは肝動脈から供給され、心臓から拍出される血液量の約4分の1に相当する多くの血液の循環調節を行っています。

門脈は、胃、小腸、大腸、膵臓および脾臓からの静脈が集まった血管です（次頁図2）。小腸で吸収されたぶどう糖やアミノ酸は、この門脈を通って肝臓に運び込まれます。ですから、肝硬変などで肝臓に障害がおこると、この血流が滞って門脈の圧が上昇し（門脈圧亢進症）、側副血行路と呼ばれる異常な血管が門脈と大静脈との間に現れてきます。そのひとつが吐血の原因となる食道静脈瘤です。

門脈は12回枝分かれした後、毛細血管に相当するもっとも細い血管（**類洞**と呼ばれる）になります。この血管内皮細胞には特徴的な小孔があり、それが血液から肝細胞への物質の取込みを容易にしています。

類洞を流れた血液は、肝静脈から下大静脈に入り、心臓に送られます。

肝臓・胆道・膵臓のしくみとはたらき

図１　肝臓の位置

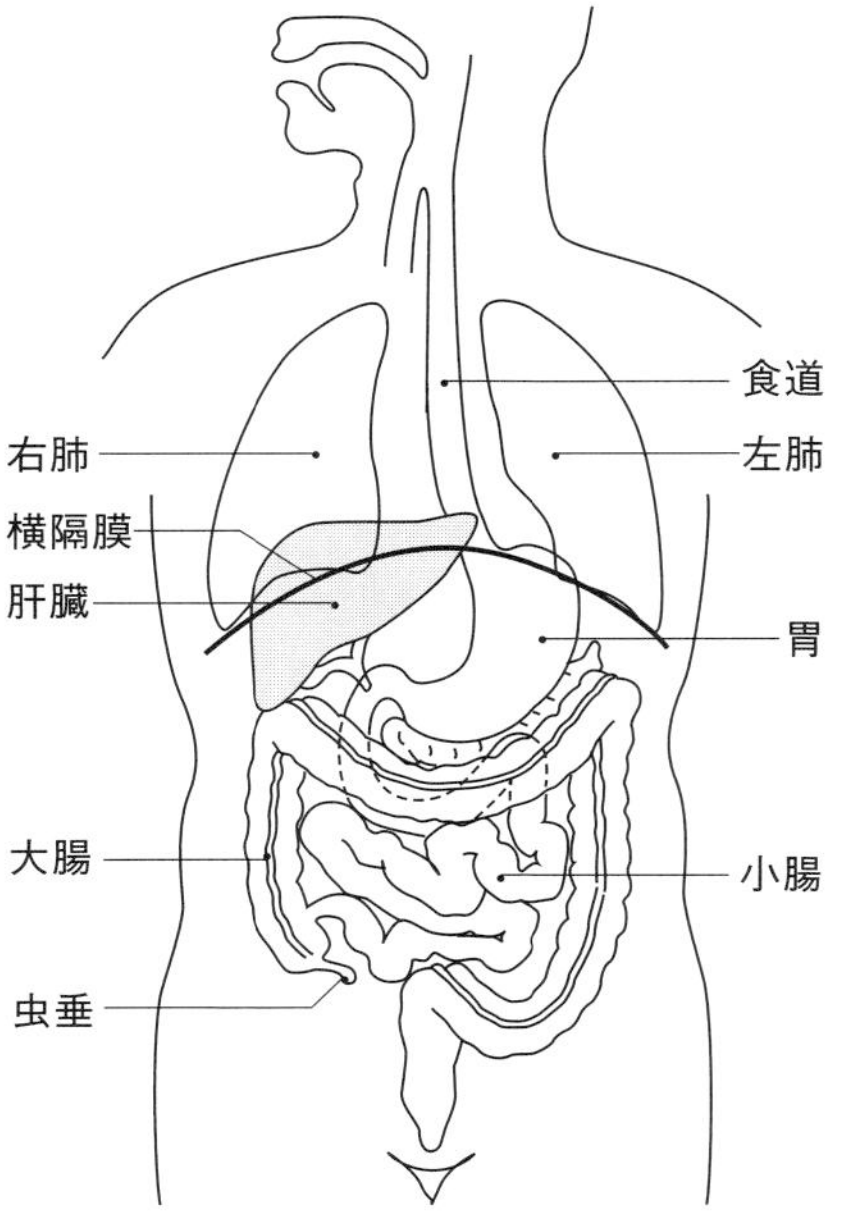

肝動脈は、大動脈から出る腹腔動脈から枝分かれした動脈で、肝臓の中でさらに左右に分かれます。また門脈、肝動脈と並んで**胆管**が走っています。

この中を肝臓でつくられた**胆汁**が血液と逆方向に流れ、胆汁は総胆管を経て十二指腸に排泄されます。

◉肝細胞のしくみ

肝臓の組織を顕微鏡で見ると、**中心静脈**という血管を中心にして、肝細胞が索状（縄状）、放射状に配列されています。索状に並んだ肝細胞の周囲には、門脈、肝動脈、細胆管が存在する**グリソン鞘**と呼ばれる部位があります。

この門脈から類洞、終末肝静脈までを、**肝臓の機能的小葉単位**といいます（次頁図３）。

中心静脈は、代謝や血流調整という肝臓の機能の流れからみると、末梢に相当するため、最近では中心静脈を**終末肝静脈**と呼んでいます。

図２　肝臓・周辺臓器と門脈のしくみ

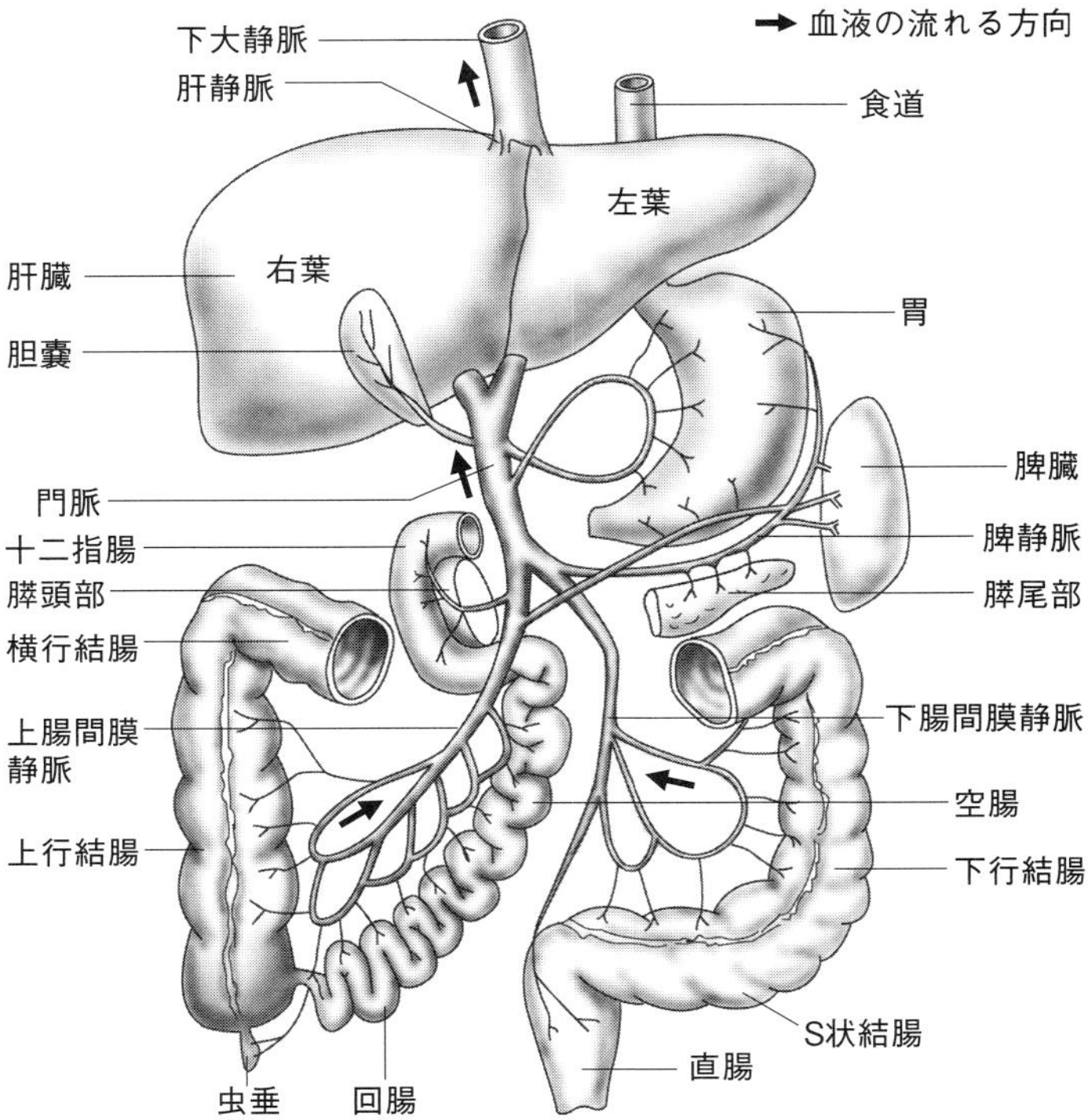

◎肝機能検査

肝機能検査とは、血液を採取して、血液中に含まれる成分を調べ、肝臓のはたらきや肝臓病を診断する検査のことです。

肝機能検査の代表的な検査項目にGOT（AST）、GPT（ALT）があります。

GOTはグルタミン酸オキサロ酢酸トランスアミナーゼ、**GPT**はグルタミン酸ピルビン酸トランスアミナーゼの略称で、それぞれ肝細胞中に含まれる酵素の名前です。酵素の略称がそのまま検査項目名としても使われています。

これらの酵素は、肝細胞の破壊がおこると、細胞の中から血液中に出てきて、血液中の値が高くなります。

同様に、**ALP**（アルカリホスファターゼ）、**γ-GTP**（γ-グルタミールトランスペプチダーゼ）という酵素は、胆道（胆汁の流れ道）に障害がおこると血液中の値が増えてきます。これらも酵素

機能的小葉単位は、アルコールや薬剤によっておこる肝臓障害をはじめ、多くの肝臓におこる病気のしくみを考えるうえで基本となるものです。

◉肝細胞の微細なしくみ

肝細胞は、直径が約20～30μm（1μmは1000分の1㎜）の多面体をしています。肝細胞の中には、核のほかに、いくつもの細胞内小器官があり、肝臓のさまざまなはたらきを担っています（次頁図4）。

ミトコンドリアは、楕円形をして二重の膜をもち、細胞の呼吸および細胞のエネルギーの産生を行っています。

小胞体には**リボソーム**をもつ**粗面小胞体**とリボソームのない**滑面小胞体**とがあります。粗面小胞体はアルブミンなどのたんぱく質の合成を行い、滑面小胞体はぶどう糖やグリコーゲンの合成や分解、多くの物質の代謝を行っています。

リソソームは細胞内の異物を分解、処理し、**ゴルジ装置**は毛細胆管の近くにあって、小胞体でつくられた物質や胆汁の分泌に関係しています。

また、**毛細胆管**は肝臓の形質膜からなる管腔で、胆汁をはじめ、肝臓に取込まれて代謝された多くの物質がここに排泄されます。

肝臓でつくられた胆汁は、毛細胆管に分泌された後、**胆管**という管を流れ、最終的には**総胆管**という太い管を通って、ファーター乳頭より十二指腸内に排泄されます（1631頁）。

図３　肝臓の小葉単位

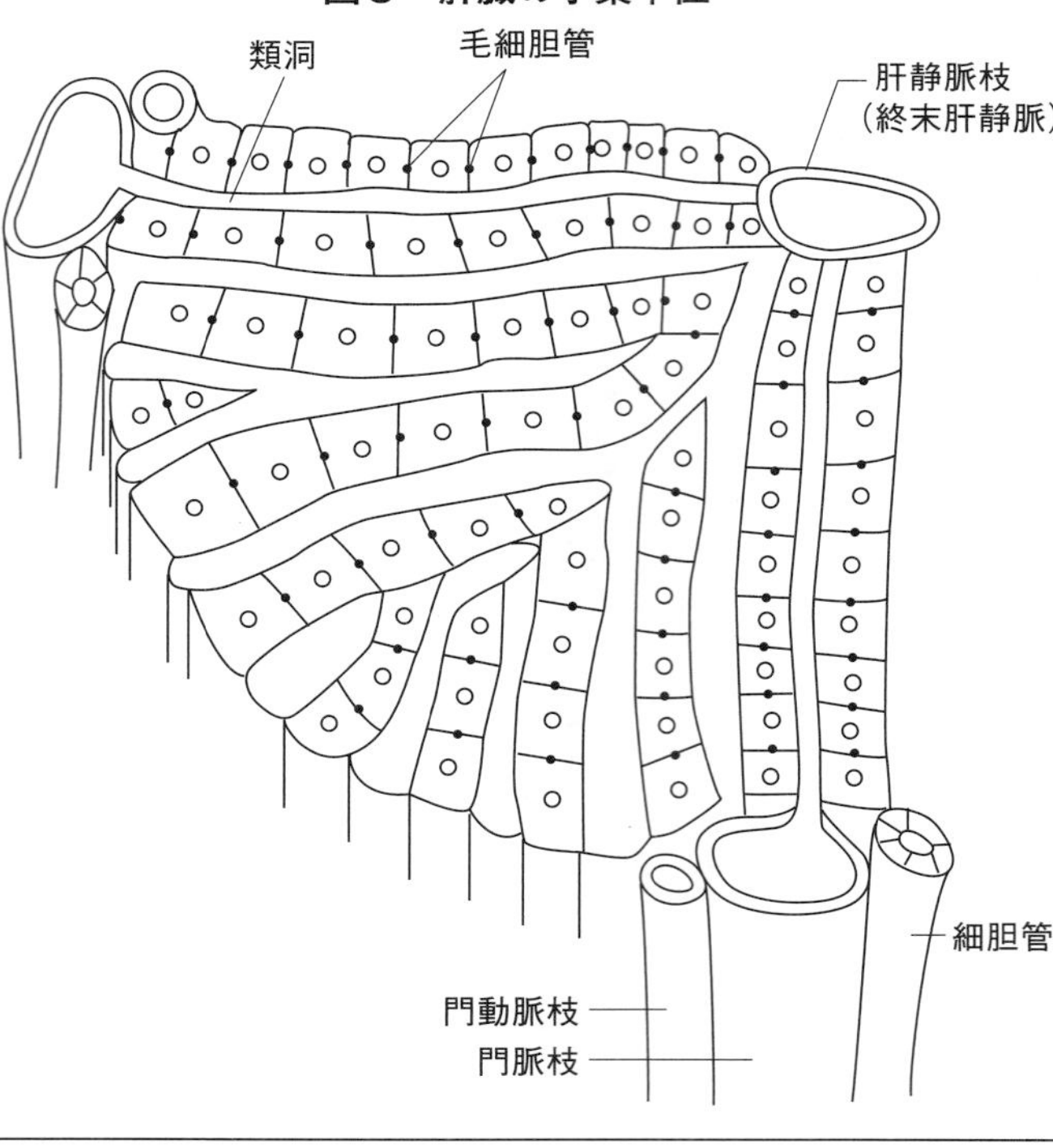

の略称が検査項目名として使われています。

肝炎によって肝細胞が破壊されると、血液中の色素であるビリルビンが胆汁中へうまく排泄できなくなり、血液中の**ビリルビン**値が高くなります。このとき、眼球や皮膚の色が黄色くなります。この症状が黄疸です。

ビリルビン値は、胆石などで胆道が閉鎖されたときにも高くなります。

肝臓は体内の化学工場で、腸などから吸収された栄養分をもとにからだに必要なさまざまの物質をつくるはたらきをしています。その肝臓が長い間かかって少しずつ壊れていく慢性肝炎や、それにひき続いておこる肝硬変になると、工場のはたらきが鈍くなり、**アルブミン**というたんぱく質やコレステロールがうまく合成されなくなって、血液中の量が減ってきます。

また、慢性の肝臓病になると、異物を処理するための肝臓の能力も落ちてきます。こ

図4　肝細胞の微細なしくみ

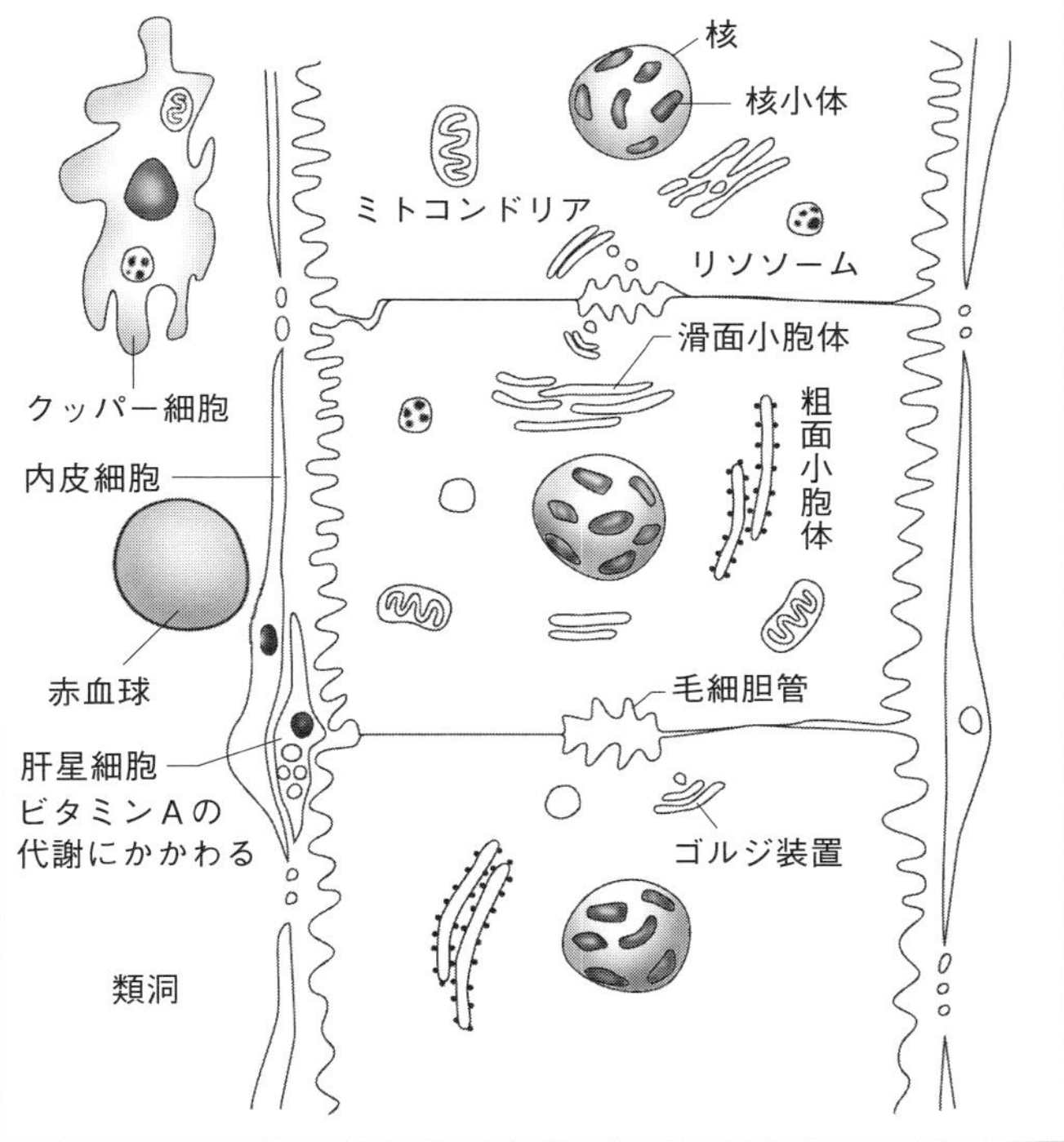

◇肝臓のはたらき

肝臓はよくからだのなかの化学工場、貯蔵庫にたとえられます。それは肝臓が、腸で吸収されたさまざまな栄養素を代謝、貯蔵するほか、胆汁の生成や分泌、および解毒や排泄などの、生命の維持に必要な多くのはたらきを行っているからです。

肝臓には約２０００種以上の酵素があるといわれ、これらの酵素のはたらきによって、肝臓は以下のようなさまざまな機能を営んでいます。

◉代謝機能

人間は食物から吸収された栄養素をそのままの形で利用することはできません。したがって、肝臓は、吸収された動物性・植物性の栄養素を別の成分に変えて貯蔵し、必要に応じて、これらを分解してエネルギーを産生しています。

また、肝臓でつくられた物質は血液中に送り出され、全身の器官や臓器に供給されます。

栄養素をからだが利用しやすい形に分解・合成するはたらきを代謝といい、肝臓にはつぎのような代謝機能があります。

▼糖質代謝　ごはん、パンなどに含まれる糖質は、からだのエネルギー源としてたいせつな栄養素です。糖質はぶどう糖に分解された後、小腸から吸収され、門脈を通って肝臓に運ばれます。ぶどう糖は肝臓内でグリコーゲンに変えられて貯蔵され、必要に応じてグリコーゲンから再びぶどう糖がつくりだされて血液中に放出され、いろいろな

れを調べる検査が**ＩＣＧ検査**で、緑色の色素であるＩＣＧを静脈内に注射し、一定時間後にどのぐらい血液中に残っているかをみることで、肝臓の異物処理能力を調べます。

その他、肝炎をおこすウイルスを調べる検査（**ウイルスマーカー**）も肝機能検査のひとつです。

また、肝がんが発生すると血液中に**ＡＦＰ、ＰＩＶＫＡ－Ⅱ**というたんぱくが増えてきます。この性質も検査に利用されますが、がんがなくても値が上がることもあるため、注意しなければなりません。

こうしたたくさんの検査結果を総合的に判断することによって、肝臓の組織を直接採取して調べる肝生検という方法を用いなくても、肝臓の状態を推測することができるのです。

組織にエネルギーが供給されています。また、そのぶどう糖の放出量によって、血液中の血糖値がうまく調節されています。

ですから、肝硬変のような肝機能が低下する病気になると、グリコーゲンの産生が障害され、肝性糖尿といわれる糖尿病状態になります。

ほかの糖類である果糖やガラクトースも、肝臓に入るとすぐにぶどう糖に変えられ、同様に代謝されます。

▼たんぱく質代謝　生体の重要な成分であるたんぱく質は、アミノ酸からできています。アミノ酸は、１つの炭素原子に水素、アミノ基、カルボキシル基、および、それぞれのアミノ酸に特有の側鎖が結びついた構造になっています。肉や魚などに含まれているたんぱく質は、小腸でアミノ酸に分解されてから吸収され、肝臓に運ばれます。

食品から得られるアミノ酸は約20種類ありますが、フェニルアラニンなどのように、人間の体内では合成されず、食物から摂取しなければならないものを必須アミノ酸といいます。成人では８種（バリン、ロイシン、イソロイシン、メチオニン、スレオニン、リジン、フェニルアラニン、トリプトファン）、幼児では９種類（前述のほかにヒスチジン）の必須アミノ酸が、生体活動に必要となります。

肝臓では、このアミノ酸からさまざまなたんぱく質が毎日約50ｇ合成されています。そして、使われないアミノ酸は分解され、窒素酸化物、アンモニアを経て尿素となり、尿中に排泄されます。

肝臓は、このたんぱく質合成によって、人体にたいせつなはたらきをする血漿たんぱく質をつくりだし、血液中に放出しています。

血漿たんぱく質には、アルブミン、α－グロブリン、β－グロブリン、リポたんぱく、血液の凝固に必要なフィブリノーゲン、プロトロンビンなどの凝固因子があります。

肝硬変になると、肝臓のたんぱく合成能が低下する結果、低アルブミン血症や凝固因子の低下による出血傾向などの障害が現れるようになります。

▼脂質代謝　脂肪は、三大栄養素（たんぱく質、脂肪、糖質）のうちで、もっとも大きなエネルギー源であるだけでなく、脂溶性ビタミンを摂取するうえでも、たいせつなはたらきをしています。

脂肪は、胆汁と膵臓から分泌される酵素（膵酵素）によって遊離脂肪酸とグリセロールに分解され、小腸で吸収されます。

そして小腸粘膜で再び中性脂肪に合成され、リンパ管を経て大循環系（心臓→動脈→全身の臓器・組織→静脈→心臓という血液の流れ）に入り、肝臓に取込まれます。

肝臓では、脂肪酸の合成、分解のほか、コレステロールやリン脂質の合成が行われています。

また、血液中の脂質はリポたんぱくと結合していますが、このリポたんぱくも肝臓でつくられます。

アルコールの飲み過ぎや、糖尿病、肥満などが原因でおこる脂肪肝は、肝臓に中性脂肪が多く蓄積した状態をいいます。

◎肝臓病の腹部の症状

肝硬変や門脈圧亢進症で、腹部の静脈が浮かんでみえることがあります（腹壁静脈怒張）。とくに臍を中心に放射状にみられるものを「メデュサの頭」といいます。

また、臍がとび出る臍ヘルニアをおこすこともあります。

◎肝臓病の出血傾向

肝臓病が進行して肝不全になると、黄疸、肝性脳症のほかに、皮下出血、鼻出血、歯肉出血などがおこりやすくなります。

◉解毒機能

肝臓は、いろいろな物質を毒性の少ない水溶性物質に変え、尿中や胆汁中に排泄します。そのため、肝臓では酸化、還元、加水分解、抱合などのさまざまな化学反応が行われています。

また、類洞にあるクッパー細胞は、肝細胞同様、門脈から肝臓内に入った毒素や異物を取込むことで解毒作用を行っています。

肝臓のもうひとつの解毒作用はアンモニアの代謝です。アンモニアは、腸管内の細菌によって、食物中のたんぱく質からつくられ、門脈を通って肝臓に運ばれます。このアンモニアは、肝臓のたんぱく質代謝機能によって尿素に変えられ、尿中に排泄されます。

アンモニアは人体にとって有害な物質で、肝硬変などで肝機能が低下すると、血液中のアンモニア含有量が増えて脳が障害をおこし、肝性脳症といわれる意識障害をおこします。

図5　進行した肝臓病の全身症状

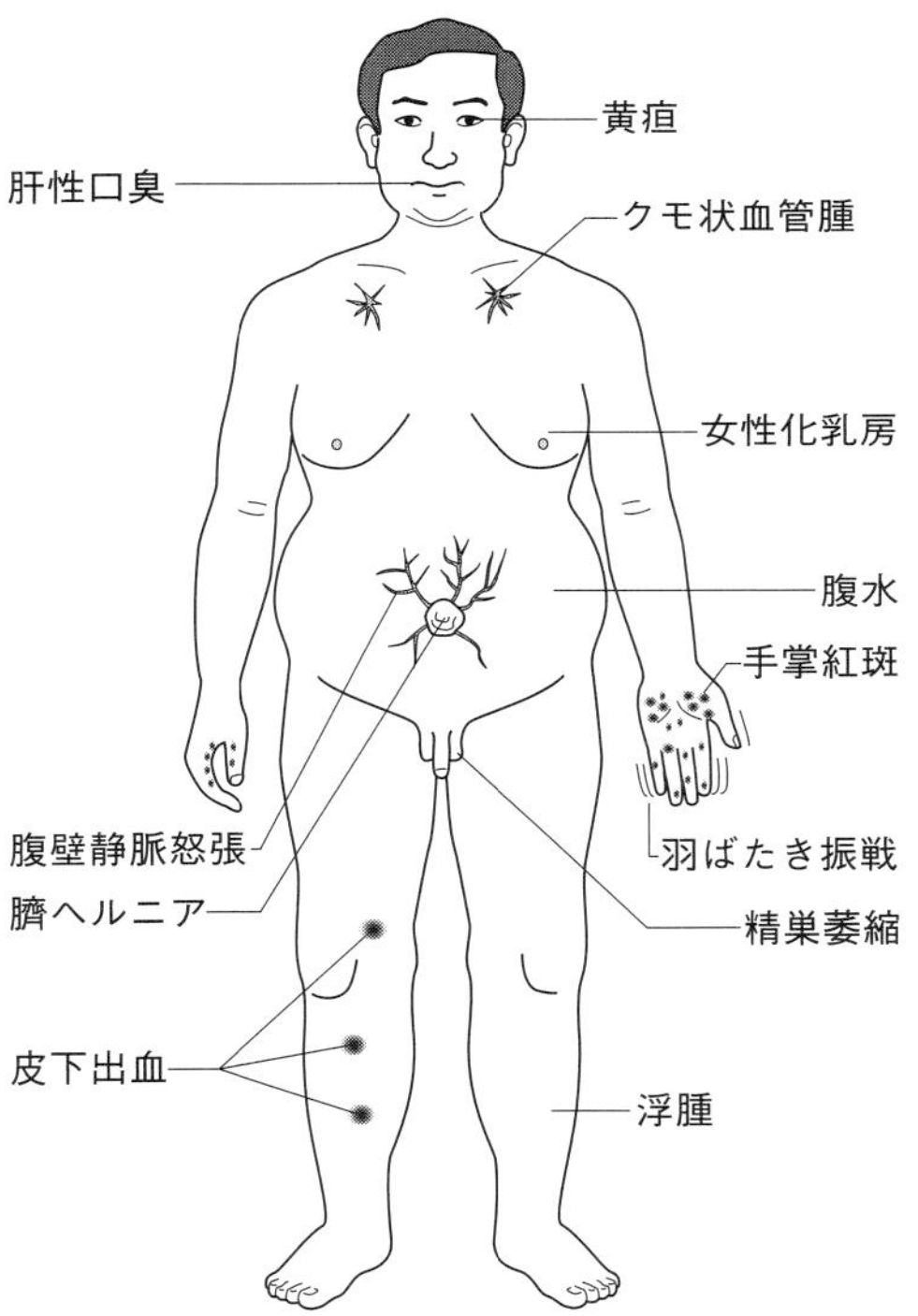

◇肝臓の病気がもたらすおもな症状

肝臓は、病気にかかってもすぐには症状がでにくいことから、よく「沈黙の臓器」といわれています。

症状のないことは、患者にとってよい反面、逆に知らないうちに肝臓の病気が進み、わかった時点ではかなり進行しているという場合もあります。

手遅れにならないよう、肝臓の病気のおもな症状を覚えておきましょう（図5）。

◉全身の倦怠感

疲れ、だるさは人によって感じかたが異なりますが、急性肝炎になると、食欲不振、吐き気とともに強い倦怠感が現れます。脂肪肝、慢性肝炎、肝硬変などの慢性肝疾患のある人は、この倦怠感を訴えることが多く、この場合、肝機能の悪化をともなっている場合とそうでない場合があります。

◉黄疸

血液中にビリルビンという色素が増えている状態で、眼球結膜（白目の部分）、皮膚や粘膜が黄色くなってくる症状です。人によっては、尿の色が濃くなったり、便の色が灰白色になって黄疸に気づく場合もあります。

黄疸がおこるのは、急性肝炎、肝硬変などの肝臓の病気だけではありません。胆石やがんによって胆汁の流れる道がふさがれてしまう閉塞性黄疸、溶血性貧血という血液の病気、生まれつき黄疸を示す体質性黄疸など、さまざまな病気でおこってきます。

いずれにせよ、からだにとって危険な信号ですから、黄疸が現れたら速やかに医療機関を受診すべきです。

◉手掌紅斑

手のひらの親指や小指の付け根のふくらんだ部分が異常に赤くなり、点状の赤い斑点が散在しているもので、慢性肝障害の人によくみられます。

◉クモ状血管腫

肝硬変の人は、前胸部、くび、肩、腕に赤く隆起した斑点がみられます。これは小動脈の血管が拡張しているためで、よくみると赤い隆起を中心に毛細血管が放射状に浮きでています。中心の赤い隆起部分を押すと周囲の毛細血管は消えますが、離すとまた現れる特徴があります。

◉女性化乳房

肝硬変の男性では、乳房が女性のように大きくなることがあります。押すと痛み（圧痛）があり、中にしこりを触れることがあります。これは肝硬変によって肝臓での女性ホルモンの分解力が低下し、女性ホルモンが血液中に増加するためと考えられています。

ひげや陰毛が薄くなり、精巣（睾丸）が萎縮する場合もあります。

◉腹水、浮腫

肝硬変になると、尿の出が悪くなり、下肢がむくんだり（浮腫）、腹部に水がたまってカエルの腹のようにふくれること（腹水）があります。

これらの症状は、進行した肝硬変で、肝機能がかなり障害されている場合にみられます。しかも腹水のたまり始めは気づかないことが多いため、体重の増加には注意が必要です。

◉吐血

肝硬変の人が、突然血を吐くことがあります。この吐血の原因としては、食道の粘膜にできる食道静脈瘤（1551頁）、胃・十二指腸潰瘍（1558頁）、出血性胃炎などがあげられますが、肝硬変による吐血は血が止まりにくく、とくに食道静脈瘤の破裂は大量に出血して死に至ることがあります。吐血した場合はすぐに医療機関を受診しなければなりません。幸いなことに、最近は内視鏡的治療によって、出血による死亡はかなり減ってきました。

◉肝性脳症

進行した肝硬変や劇症肝炎などの重症の肝障害では、血液中のアンモニアが上昇し、肝性脳症といわれる意識障害をひきおこすようになります。

症状は、進行の程度によりさまざまですが、精神活動が鈍くなり、徘徊、尿や便の失禁、異常な言動などがみられます。このような症状をおこした後は、よく眠るようになり、最後に昏睡におちいります。

このような人には、手首が羽ばたくように震える羽ばたき振戦、芳香性の独特の口臭（肝性口臭）があります。

胆道のしくみ

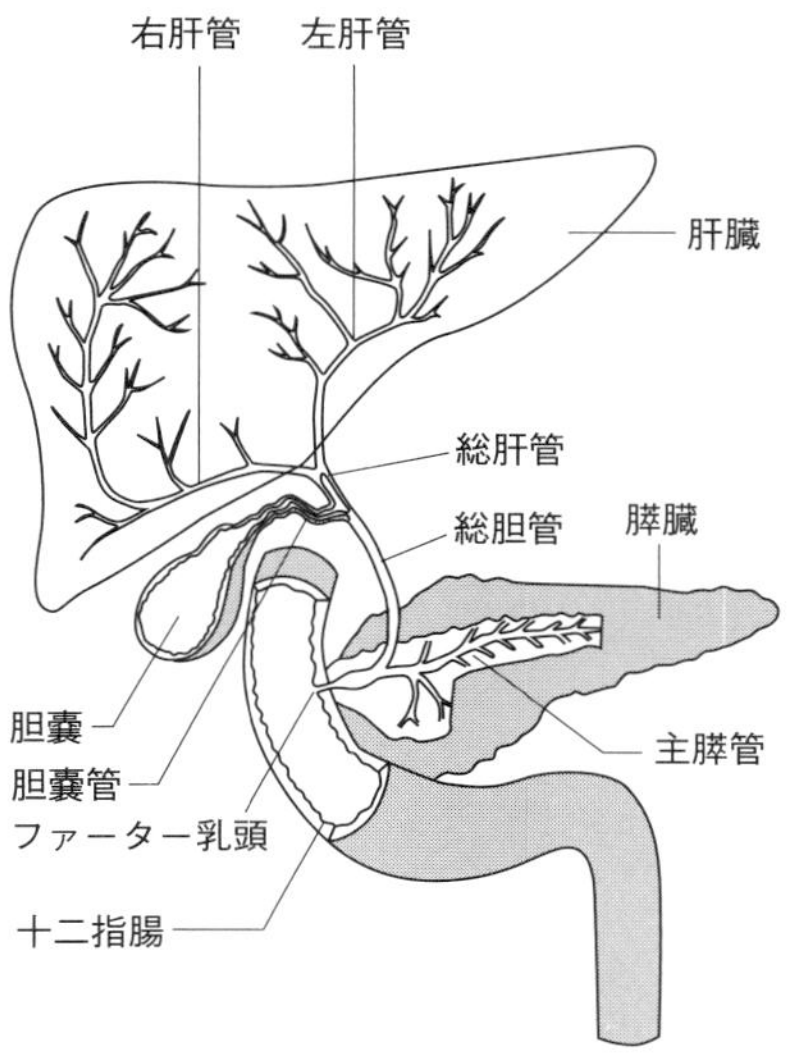

胆道（胆管、胆嚢）のしくみとはたらき

◇胆道のしくみ

胆汁は、肝臓で合成されて一時的に胆嚢にためられたのち、十二指腸まで流れます。その胆汁の流れる経路のことを**胆道**といいます。

肝細胞で合成された胆汁は、肝細胞と肝細胞の間にある**毛細胆管**に分泌されます。ひとつひとつの毛細胆管は合流して**細胆管**、**小葉間胆管**と、しだいに太くなり、最後には**右肝管**、**左肝管**になります（上図）。２つの肝管は肝臓の外に出た後（出てからは**肝外胆管**と呼ぶ）、合流して**総肝管**となります。総肝管はさらに、**胆嚢**から出た**胆嚢管**と合流して**総胆管**となり、膵臓頭部を貫通して**主膵管**と合流し、**ファーター乳頭**を経て十二指腸に開口しています。

ファーター乳頭には**オッディの括約筋**と呼ばれる筋肉があり、十二指腸液が総胆管や主膵管内に逆流するのを防ぐ弁のはたらきをしています。

胆道の名前には、肝臓の外へ出たところから膵臓の上縁に至るまでを２等分して、**上部胆管**と**中部胆管**とし、膵臓の上縁から十二指腸までを**下部胆管**とする命名法もあります。

◇胆汁の役割

胆汁は黄金色をした粘稠な（粘りけのある）液体で、１日の分泌量は約８００～１０００㎖です。便の色が黄色いのは胆汁のためです。

胆汁に含まれる**胆汁酸**は、食物中の脂肪分を乳化して吸収しやすくします。また、ビタミンの吸収などにも重要な役割をはたしています。

◇胆嚢のはたらき

胆嚢は西洋ナシのような形をした袋状の臓器で、胆汁を貯蔵、濃縮するはたらきがあります。

食事をとったあと、食物が十二指腸まで送られてくると、その刺激で胆嚢が収縮し、濃縮された胆汁が胆嚢管から総胆管に流入します。これによって総胆管内の圧が高まり、ファーター乳頭にあるオッディの括約筋が押し開かれ、胆汁が十二指腸内に放出されます。

◇胆道の主要な症状

胆道が結石やがんでふさがれると、行き場を失った胆汁が血液中に逆流して**黄疸**が出現します。このような状態を**閉塞性黄疸**といいます。

また、結石などによって胆嚢や胆道内に炎症が生じると、発熱、右季肋部（右のわき腹）の痛み、黄疸などの症状が生じることがあります。

膵臓のしくみとはたらき

◇膵臓のしくみ

膵臓はからだのほぼ中央にあり、胃の裏側、脊椎の前方に位置しています。重量は60~90gで、かまぼこのような形をしています（図1、2）。

十二指腸に近い部位、つまりからだの右側から**頭部**（**膵頭部**）、**体部**（**膵体部**）、**尾部**（**膵尾部**）と3つに分けて呼ばれ、尾部は脾臓に接しています。頭部から尾部に至るにしたがって、しだいに細くなっていきます。

膵臓の中央には**主膵管**という管が貫通しており、管の中には**膵液**が流れています。主膵管は、膵頭部で総胆管と合流し、ファーター乳頭を経て十二指腸に開口しています（次頁図3）。

膵臓には**外分泌機能**と**内分泌機能**の2つのはたらきがあります。

膵管に分泌された膵液が十二指腸内で作用する場合を外分泌、膵臓から血液中に分泌された物質が全身に作用する場合を内分泌といいます。

●膵臓の外分泌機能

膵液は**腺房細胞**という細胞で合成され、**腺房腔**というすき間に分泌されます。1日に分泌される膵液の量は、約1500㎖です。腺房腔は**導管**につながり、しだいに合流して主膵管と呼ばれる太い管となり、十二指腸に開口します。

食物が胃を通って十二指腸に到達す

図1　前から見た膵臓の位置

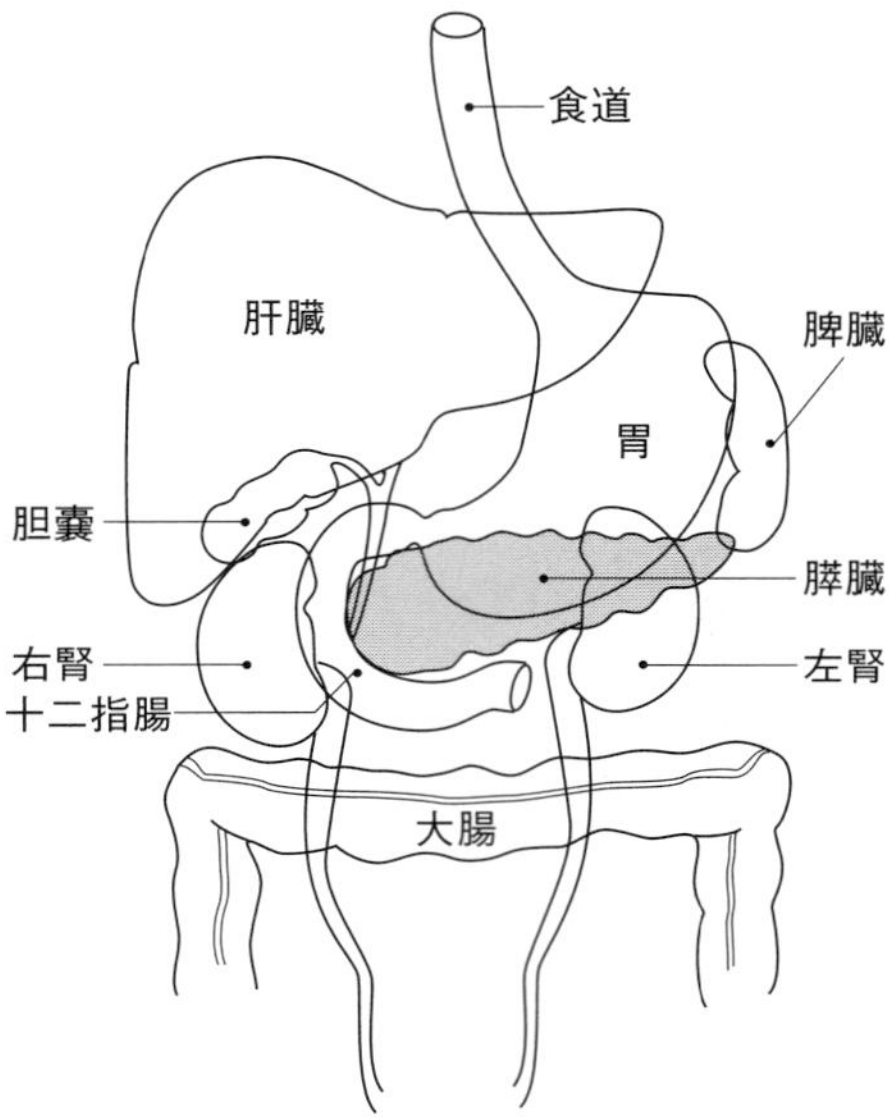

図2　膵臓の位置（横断面）

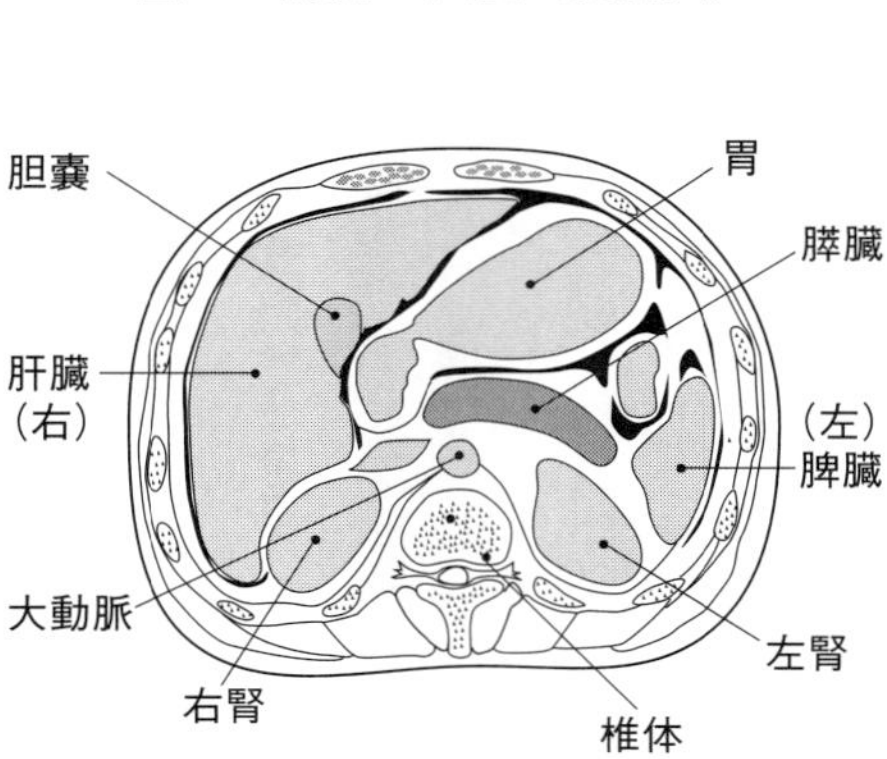

下から見た腹部の断面

ると、その粘膜からセクレチンやコレシストキニンというホルモンが放出され、膵臓に作用して膵液の分泌を促進します。

膵液にはトリプシン、キモトリプシン、アミラーゼ、リパーゼなどの**消化酵素**が含まれています。トリプシンとキモトリプシンはたんぱく質を、アミラーゼは糖質を、リパーゼは脂肪をそれぞれ分解し、食物を小腸で吸収しやすい形に変えます。

これらの消化酵素によって膵臓自身が分解されないのは、つぎのような巧みなしくみのためです。

たとえばトリプシンは、トリプシノーゲンという、たんぱく質を分解する活性のない状態で合成され、十二指腸内に放出されます。そして、十二指腸内の酵素によってトリプシノーゲンがトリプシンに変換され、初めてたんぱく質を分解する活性をもつようになります。

また、膵液はアルカリ性の重炭酸イオンを多量に含んでいます。これによって、強い酸性を示す胃液を中和し、十二指腸を胃液から保護するとともに、膵液に含まれる消化酵素がはたらきやすくなる環境を提供します。

図３　膵臓のしくみ

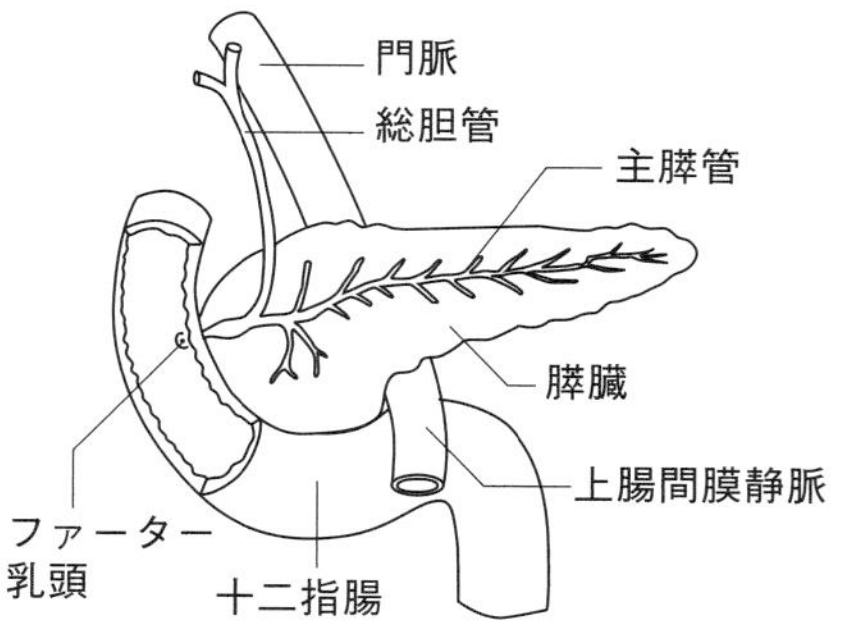

◉膵臓の内分泌機能

膵臓には**ランゲルハンス島**と呼ばれる場所があります。この場所は内分泌にかかわる細胞群が集まっているところです。

そのうちのベータ細胞は、**インスリン**を合成し、血液中に分泌します。インスリンは、ぶどう糖（血糖）を細胞内に取込ませてエネルギー源として活用させるうえで不可欠のホルモンです。このインスリンが不足してぶどう糖が活用されず、血糖値が上がってしまう病気が糖尿病です。

いっぽう、アルファ細胞で合成されるグルカゴンは、インスリンと拮抗（対抗）して、血糖値を上昇させるはたらきがあります。

◇膵臓の主要な症状

膵臓がなんらかの原因で炎症をおこした状態が**膵炎**です。

膵炎になると、暴飲暴食後に、強い腹痛や背部痛がおこります。また、慢性化すると膵液の分泌低下のために消化・吸収不良をおこし、下痢や脂肪便になることもあります。

膵炎は、アルコールの飲みすぎが原因であることが多いのですが、胆石によることもあります。

なお、膵臓にがんができて総胆管がふさがれると、胆汁が血液中に逆流して黄疸が生じることがあります。

また、持続する頑固な背部の痛みで発症することもあります。

肝臓の病気①

肝炎とは

肝炎とは、なんらかの原因で、肝臓に炎症がおこった状態をいいます。

肝臓を顕微鏡で見ると、正常な場合は血液の通り道である類洞（1627頁図4）に接して肝細胞が規則正しく並んでいます。ところが炎症がおこると、肝細胞の周囲に白血球系の細胞が入り込み、肝細胞が壊れます。この状態が1～2か月以内で治るものを**急性肝炎**（1639頁）、6か月以上つづくものを**慢性肝炎**（1642頁）と分類しています。

急性肝炎の場合、原因となる肝炎ウイルスに感染し、潜伏期のあと、かぜに似た症状につづき、黄疸などの症状が急に出現して肝炎と気づきます。

慢性肝炎は、はっきりした症状がでないことが多く、定期的に健康診断（肝機能検査など）を受ける必要があります。肝臓は、吸収した栄養素を貯蔵する倉庫の役割、その栄養素からからだに必要な成分をつくる工場の役割、不必要なものを胆汁に流してしまう排泄の役割、体内に入ってきた毒物や薬物を解毒する役割などを担っています。ところが肝炎がおこると、これらのはたらきが低下してきます。

とくに慢性肝炎が長びくと、これらのはたらきは徐々に低下し、肝臓の中に線維が伸びて肝細胞のかたまりをとり囲み、肝臓の構造を全く変えてしまいます。これが**肝硬変**（1647頁）です。

肝硬変が進んだり、急激に大量の肝細胞が壊れる**劇症肝炎**（1646頁）では、肝臓のはたらきが保てず、**肝不全**（1648頁上段）という重篤な状態になります。

◇肝炎の原因

肝炎はいろいろな原因でおこります。日本でもっとも多いのは肝炎ウイルスに感染しておこる**ウイルス肝炎**です。A型、B型、C型、D型、E型があり、それぞれの型の肝炎ウイルスによって引き起こされます。

A型とE型はおもに食物を介して経口感染します。B型、C型、D型は血液を介して感染し、慢性化することがあります（次頁表1）。

どの型の肝炎も、場合によっては劇症肝炎（急激に肝細胞が大量に破壊される重症の肝炎）をおこし、肝不全で亡くなることもまれにあります。ただし、D型は日本では特定の地域のみで見つかっています。E型は生肉などを食べて感染することがわかっています。

そのほかには、アルコールの飲みすぎで肝臓機能が低下する**アルコール性肝障害**（1655頁）、毒物で肝臓が障害される**中毒性肝障害**、薬物が合わなくて肝臓が障害される**薬剤性肝障害**（1654頁）などがあります。

◇ウイルス肝炎

◉A型肝炎

A型肝炎ウイルスは、下痢などをおこすウイルスに似ていて、RNA遺伝子をもった、直径27～28nm（1nmは100万分の1㎜）の大きさのウイルスです。ピコルナウイルス属の1つです。

A型肝炎は、感染者の糞便から出たA型肝炎ウイルスが、まわりまわって口から入って感染（経口感染）することで発症します。慢性化せず、急性肝炎をおこして1～2か月で治ります。

◉B型肝炎

B型肝炎ウイルスは、不完全な二重鎖のDNA遺伝子をもつ直径42nmのウイルスです（次頁図1）。

表1　各型の肝炎（ウイルス）の比較

特徴＼原因ウイルス	A　型	B　型	C　型	E　型
感染経路	経　口	血　液	血　液	経　口
潜伏期	2～6週	4～24週	1～16週	1～8週
好発年齢	20～30歳（しだいに高齢化）	20～30歳が多い	すべての年齢	すべての年齢
母子感染	な　い	多　い	10％弱	な　い
慢性化	な　い	おもにキャリアから	あ　る	な　い
予防	免疫グロブリン HAワクチン	免疫グロブリン HBワクチン	な　い	な　い

〔注〕 D型肝炎ウイルスは、日本では特定の地域でしか見つかっていません。

ウイルスのいちばん外側はHBs抗原（表面抗原）というたんぱく質でおおわれており、その中にHBc抗原（コア＝芯抗原）という別のたんぱく質と、ウイルス遺伝子を完成させるDNAポリメラーゼという酵素などがあります。また、ウイルスの増殖が強いときにHBe抗原（外殻抗原）を分泌します。

このウイルスに感染した人の血液中には、完全型のデーン粒子と呼ばれるウイルス粒子と、HBs抗原たんぱくだけの粒子（小型球形粒子や管状粒子）が見つかります。HBs抗原だけの粒子にはウイルス遺伝子が入っていないため、感染性はありません。

◉C型肝炎

C型肝炎ウイルスは、一本鎖RNA遺伝子をもった直径約55nmの粒子です。このウイルスの特徴は、ウイルス遺伝子がたびたび変異して、いちばん外側の表面抗原たんぱくがつぎつぎと変わってしまい、捉えどころがなくなってしまうことです（次頁図2）。そのため、からだの中で免疫反応がおこっても中和抗体ができず、持続感染（ウイルスが消滅せず持続する）しやすいのです。そのほか、このウイルスには持続感染をおこしやすい性質があることがわかっています。

中和抗体というのは、ウイルスの外側のたんぱく質に対してできる抗体のことで、この抗体がしっかりはたらけば、ウイルスは破壊されてしまいます。

A型肝炎ウイルスではHA抗体が、B型肝炎ウイルスではHBs抗体が中和抗体で、これらの抗体がからだの中にできれば、原則としてウイルスは消滅しますが、C型肝炎ウイルスでは中和抗体がきわめてできにくいのです。

◉その他のウイルス肝炎

D型肝炎ウイルス（別名デルタウイルス）は、DNA遺伝子をもった単純なウイルスで、このウイルスは、いちばん外側の殻をB型肝炎ウイルスのたんぱくを借りてつくるため、B型肝炎ウイルスに感染している人でしか増殖できません。イタリアを中心に報告されていますが、日本では宮古島など特定の地域の感染が報告されています。

図1　B型ウイルスの構造と血中粒子

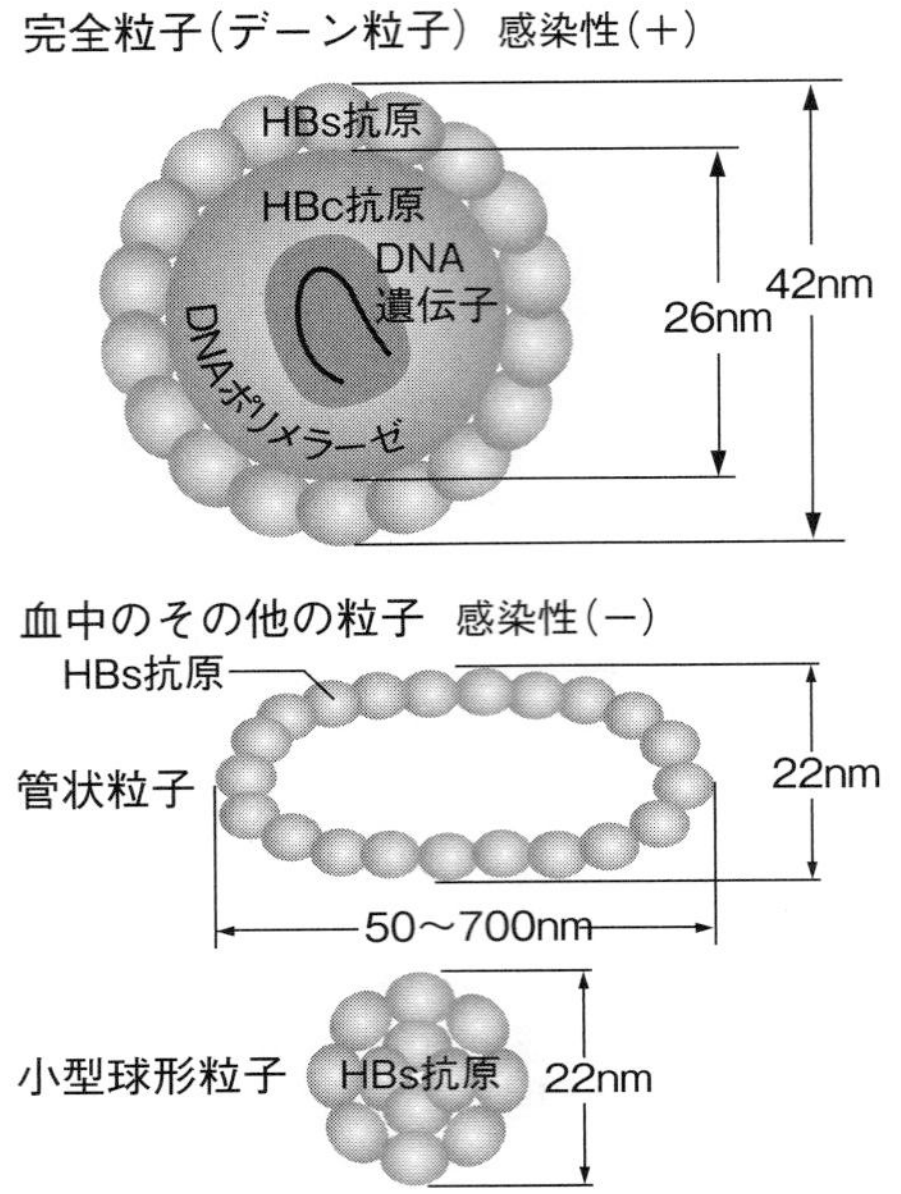

図2　C型ウイルスの表面抗原たんぱくの変化

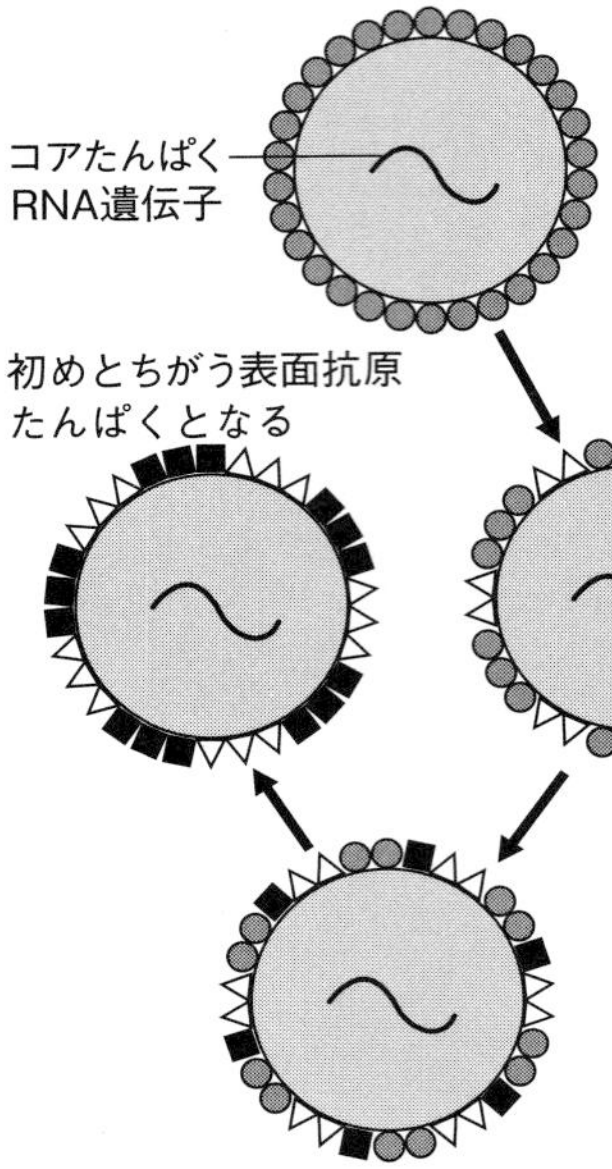

E型肝炎ウイルスは、A型肝炎ウイルス同様、経口感染します。このタイプはイノシシやシカの生肉やブタの生肝などを食べて感染することが報告されています。

◉ウイルスマーカー

通常は、肝炎ウイルスに感染すると、最初に血液中にウイルス表面たんぱく（抗原たんぱく）が見つかるようになります。そうすると、からだは異物が体内に入ってきたと感じ、排除しようとします。そのときできるのが、ウイルスの抗原たんぱくに対する抗体（免疫グロブリン）です。したがって、感染後しばらくすると、血液中にウイルス抗体が見つかるようになります。

抗体のなかで、ウイルスを壊す力をもった抗体が**中和抗体**で、中和抗体ができるにしたがって、ウイルスがからだの中から消えていきます。

抗体ができる過程をみていくと、免疫グロブリンにはいろいろのタイプがあります。急性の場合、最初にできるタイプがＩｇＭ型（免疫グロブリンＭ型）抗体で、その後、ＩｇＧ型抗体がつくられます。つまり、ウイルスが初めてからだに侵入したときはＩｇＭ型の抗体がつくられますが、しばらくたつとＩｇＧ型の抗体しかつくられなくなります（次頁図3）。

C型肝炎ウイルスのように捉えどころのない表面抗原たんぱくをもったウイルスの存在は、血液中にあるそのウイルス遺伝子を見つけて確認します。採取した血液中のごく微量のウイルス遺伝子は、ＰＣＲ法という方法で、遺伝子工学的に１００万倍以上に増幅して目に見えるようにされます。

以上のように、からだの免疫のしくみを利用したり、遺伝子工学の助けを借りて、どのような型のウイルスに感染しているか、肝炎のどんな時期なのかをつきとめるための検査がウイルスマーカー検査です（次頁表2）。

◉ウイルスキャリアについて

B型やC型の肝炎ウイルスは、数十年にわたってからだの中に存在しつづけ、持続感染することがあります。

成人期にB型肝炎ウイルスに感染しても、中和抗体ができるため持続感染

◎HAワクチン

HAワクチンとは、A型肝炎を予防するためのワクチンのことです。

A型肝炎は、慢性化せず、A型肝炎ウイルス抗体（HA抗体）が体内でつくられて治る病気です。そのため、重症化を注意すれば、それほどこわい病気ではありません。

ところが、抗体をもっていない人では、A型肝炎ウイルスに汚染された飲食物を摂取することで感染するため、衛生状態が悪い地域ではときに大流行し、問題となります。

日本でも戦中戦後周期的に流行したことがあり、高齢者の多くは知らないうちに抗体がつくられています（**不顕性感染**）。抗体をもっていれば、終生免疫として、新たな感染をおこすことはありません。

ところが、抗体をもたない若い人には感染の危険があるため、流行地へ出かけるときは注意する必要があります。

感染予防には2つの方法が

表2　血中ウイルスマーカー検査

測定対象＼ターゲットの型	A　型	B　型	C　型	D　型	E　型
ウイルス自身がもっているたんぱく（抗原）	HA抗原	HBs抗原 （HBc抗原*） HBe抗原		デルタ抗体	HE抗原
ウイルス遺伝子のマーカー		HBV DNA （PCR法）	HCV RNA （RT-PCR法**）		HEV RNA （RT-PCR法）
ウイルス量の測定		HBV DNA （PCR定量法）	HCV RNA （PCR定量法） HCVコア抗原量		
からだに感染してつくられる抗体	HA抗体	HBs抗体 HBc抗体 HBe抗体	HCV抗体	デルタ抗体	HE抗体
中和抗体	HA抗体	HBs抗体	ない	デルタ抗体	HE抗体

〔注〕＊血液中ではHBc抗原は検出されない。
〔注〕＊＊ウイルス遺伝子を増幅する遺伝子工学的方法の１つで、逆転写PCR法ともいう。

図3　ウイルス抗原と抗体の動き

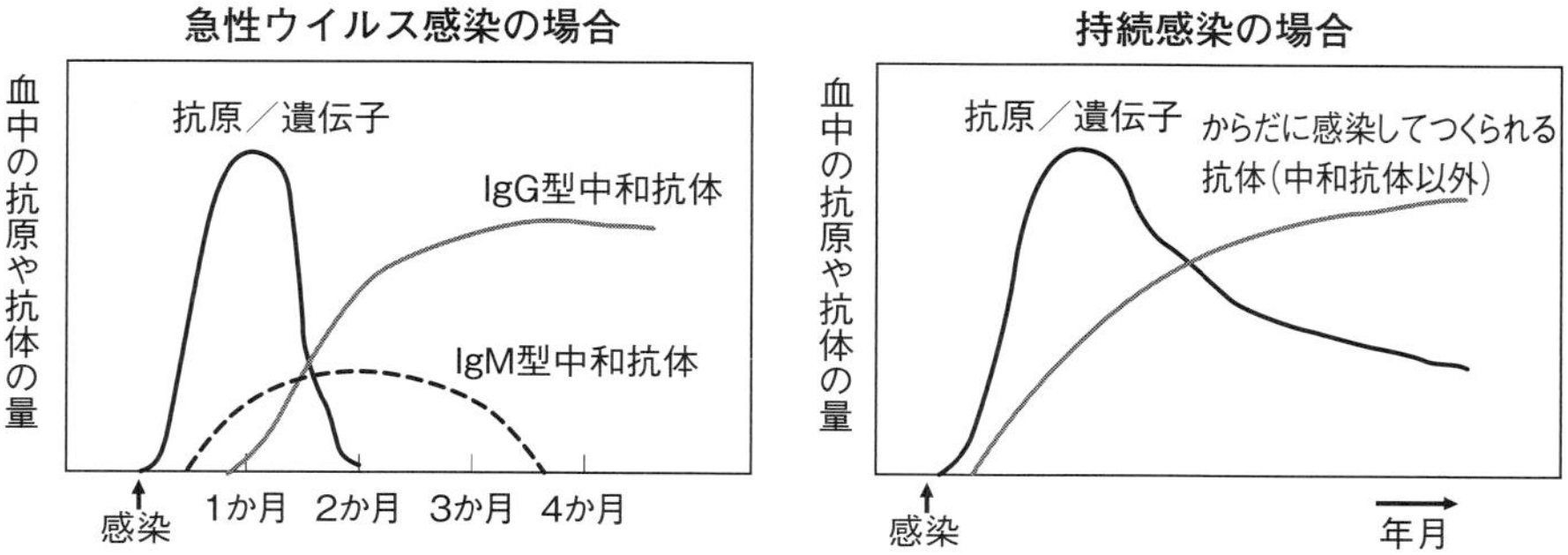

とはなりませんが、乳幼児期など、からだの免疫のしくみが発達していない時期に感染した場合は中和抗体ができず、持続感染します。成人でも、免疫力の低下した時期にはこのような感染をおこす可能性があります。日本人のB型ウイルスキャリアでは、遺伝子型BとCがほとんどです。しかし、特定の型のB型肝炎ウイルス（遺伝子型A）は、近年、外国人との性交渉による感染例が報告されています。この型は成人で感染しても慢性化することがあり、注意が必要です。

C型肝炎ウイルスの場合は、成人期に感染しても中和抗体がうまくできないため、持続感染をおこします。

このように、体内にウイルスを持続的にもつ人（またはその状態）のことを**ウイルスキャリア**と呼びます。そのなかで、AST（GOT）、ALT（GPT）値（191、1626頁上段）が上昇せず、肝炎症状がないキャリアのことを**無症候性キャリア**といいます。

日本人の2～3％はB型肝炎ウイルスキャリアだといわれ、その原因のほあります。1つはA型肝炎ウイルスの抗体（**免疫グロブリン**）を直接大量に注射する方法です。もう1つはA型肝炎ウイルスの不活化ウイルスを注射し、からだの免疫力で抗体をつくらせる方法です。

免疫グロブリンを注射する方法は、抗体が直接からだに入るため、注射直後から予防が可能ですが、通常3か月ほどで抗体がなくなるため、効果が長続きしません。

不活化ウイルスを注射するワクチンによる方法は、抗体ができるまでに時間はかかりますが、長期間にわたる予防が可能です。長期間汚染地域に滞在しなければならない海外ボランティアや海外駐在員、感染する機会が多い医療従事者に適した予防法といえます。

ワクチンは通常3回注射します。1回目とその1か月後、さらに6か月後に追加します。ほぼ完全な予防ができます。

とんどは母子感染です。

B型肝炎ウイルスキャリアは、数十年間は無症候性で経過し、20～30歳代で多く慢性肝炎として発症することが知られています。

C型肝炎ウイルスは、おもに輸血によって感染するウイルスですが、鍼治療や入れ墨などでも感染します。しかし、約3割強は心あたりもなく、知らないうちに感染した人たちです。症状がないため、多くの人は血液検査でウイルスマーカーを調べて、初めてキャリアであることがわかります。

◉母子感染（垂直感染）

ウイルスをもつ母親から生まれた子どもにウイルス感染が生ずることを母子感染といいます。B型肝炎ウイルスがその代表で、これは、胎児が産道を通って生まれるときに大量の母親の血液を浴びるためといわれています。

2～3歳ぐらいまでの子どもも、免疫力がしっかりしていないために、感染するとキャリアになります。

母子感染は母親の血液中のウイルス量が多い場合におこります。B型肝炎ウイルスの場合、ウイルスの増殖が盛んになるとＨＢｅ抗原が出てきます。検査をしてＨＢｅ抗原が陽性である母親から生まれた子どもはB型肝炎ウイルスキャリアになりやすいのです。

同様のことは、C型肝炎ウイルスでもいえます。母親の血中ウイルス量が多い場合、10％弱の割合で母子感染が成立することがわかってきました。

なお通常、父親から子どもへの感染はほとんどありません。

◉感染予防

母子感染を予防するためには、子どもを産む前に母親の血液中のウイルスをなくすか、量を減らすことです。そのためには、キャリアの母親は妊娠前に抗ウイルス療法を行い、ウイルスをなくすのが最善です。

B型肝炎ウイルスキャリアの女性が妊娠したときは、出産直後、子どもに免疫グロブリンとB型肝炎ウイルスワクチンを接種する方法があります。これによってキャリアからの出生児のＨＢｓ抗原陽性率は、現在では0・1％以下に激減しています（以前は1％）。

C型肝炎ウイルスの場合は、ワクチンがないため、妊娠前にインターフェロン治療などの抗ウイルス療法を行う以外、今のところ方法がありません。

◇日常生活の注意

B型とC型の肝炎ウイルスは血液から感染します。日常生活で簡単に他人に感染することはほとんどありませんが、ある程度の注意は必要です。

たとえば、ピアスの穴あけ、入れ墨、鍼治療などの際には、使い捨てか個人専用の器具を使いましょう。カミソリや歯ブラシの共用もお勧めできません。

B型肝炎ウイルスは性行為でも感染することがあります。ウイルス感染症が蔓延している国や地域で、現地の人や不特定多数の相手と性交渉をもつことは慎むべきです。

C型肝炎ウイルスの性行為による感染はほとんどないといわれています。

なお、ウイルスキャリアになると献血はできません。また、けがで出血した場合、その始末は自分で行うなど、他人への感染に注意すべきです。

急性肝炎 ………… 1639頁

▼**症状**▲全身倦怠感、黄疸で気づくことが多い。

▼**治療**▲1～2か月で自然治癒するが、急性期には安静と栄養補給を行う。

急性肝炎（きゅうせいかんえん）

Acute Hepatitis

1～2か月で治るウイルス感染症が多い

◇全身倦怠感や黄疸で気づく

どんな病気か

肝臓の細胞が広範囲にわたって破壊される病気を肝炎といい、それまで肝臓の異常を指摘されていない人に急に肝細胞の破壊が生じて、ふつうは1～2か月で治ってしまうものを急性肝炎といいます。

症状

肝臓が悪いときに現れる症状には、特異的なものと非特異的なものがあり、自覚される症状と医師などの他人に指摘されて初めて気がつく他覚的徴候があります。

急性肝炎に特異的なものではありませんが、経験したことがないだるさ、寝ていてもだるい、身の置き所がないほどの全身倦怠感、易疲労感によって、病院を受診する人が多くなっています。実際、このような症状で病院を受診し、念のために肝機能検査を行って、初めて急性肝炎に気づくこともあります。

また特異的な症状として、黄疸（1668頁）があげられます。黄疸は、肝臓病にもっとも特徴的な症状ですが、ビリルビンの生成や排出過程のいずれかの異常、たとえば胆道疾患、血液疾患でも現れることがあるので注意が必要です。日本人では、皮膚が黄色調に見えることが多いため、まず最初に眼球結膜を観察することが必要です。

血液中のビリルビン値が上昇すると、尿中にビリルビンが排泄されるために尿が褐色になります。また、便中に排泄される胆汁中のビリルビンが減少するため、糞便は正常の色調を失い、灰白色で粘土様になります。

黄疸にともなって、かゆみ（皮膚瘙痒感）を自覚することがあります。かゆみは、ビリルビン以外に胆汁酸の排泄が障害された結果と考えられます。

発熱や悪寒、頭痛、筋肉痛などをともなうことがあり、初診時にはかぜとの識別がむずかしいことがあります。

さらにその際、治療のためにかぜ薬や抗生物質などを使用していると、そのあとに発見された肝障害が、薬剤性なのかそのほかの原因なのか判別が困難になってしまいます。

食欲不振は、全身倦怠感とともに肝疾患の際にもっともよくみられる自覚症状のひとつです。とくに急性肝炎の場合は、黄疸の出現する前の病初期に現れます。また、嗜好の変化や味覚の変化などがおこることもあります。

肝臓の急激な腫大により、肝臓をおおう膜が伸ばされるために、右季肋部（右わき腹）の鈍痛や上腹部の不快感を認めることがあります。黄疸や発熱をともなっていると、急性胆嚢炎（1673頁）との鑑別が困難なこともあることを留意すべきです。

急速に広範な肝細胞壊死がおこる劇症肝炎（1646頁）では、肝臓で代謝されるはずのアンモニアなどの中枢神経系中毒物質が血液中に増加して、肝性脳症（1645頁）と呼ばれる精神・神経症状を引き起こします。もっとも重症の場合は、昏睡に至ることもあります。

原因

急性肝炎の原因のほとんどはウイルス、とくに肝炎ウイルスの感染によるものです。ストレスが原因で発症することはなく、体質的に肝炎になりやすいといったことはありません。従来、**ウイルス性肝炎**は、飲み水や魚介類などから経口的（口を経由して）に感染する流行性肝炎と、血液を介して感染する血清肝炎の2種類があると考えられてきました。しかし、肝炎に関する研究が進歩した結果、ウイルス性肝炎には、A型、B型、C型、D型、E型、G型、TT型があることがわかってきました。

肝炎ウイルス以外にも、EBウイルスやサイトメガロウイルス、ヘルペスウイルスなどでも急性肝炎を生じますが、これらの多くはからだの免疫力が低下したときに感染するものです。

A型肝炎ウイルスは、このウイルスによって感染された井戸水などの飲み水や魚介類、とくにカキの生食などが原因で経口感染します。したがって、A型肝炎の発生には、その地域あるいは国の衛生状態が大きく関係します。

B型肝炎ウイルスは、１９６５（昭和40）年に発見された最初の肝炎ウイルスで、感染はおもに血液を介するものです。感染ルートとしては、B型肝炎に感染した母親から胎児への出産時における感染、性行為、医療事故などの際におこる感染がおもなものです。4～6歳以下の乳幼児期にB型肝炎ウイルスに感染すると持続感染が成立します。成人で感染した場合、B型肝炎は慢性化することはまずありません。

C型肝炎ウイルスは、非A非B型肝炎と呼ばれた肝炎の大部分の原因であることが明らかとなりました。感染ルートはおもに血液を介するものです。成人で感染した場合、C型肝炎の多くは慢性化します。

D型肝炎ウイルスの感染経路は、輸血などの血液を介するものが主体と考えられていますが、このウイルスの最大の特徴は、つねにB型肝炎ウイルスに寄生して増殖することです。したがって、B型肝炎と同時感染あるいはB型肝炎のキャリアにD型肝炎ウイルスが感染してはじめてD型肝炎がおこるのです。B型肝炎にD型肝炎を合併すると、重症化しやすいといわれています。D型肝炎ウイルスの分布には地域差があり、北欧や地中海、アメリカ、オーストラリアに多いとされています。

E型肝炎ウイルスは、経口感染しますので、A型肝炎と同様に食物や飲料水が感染源となります。インドやネパールでの流行が報告されています。

日本では、D型やE型肝炎はほとんど報告がないか、みかけることはありません。G型やTT型肝炎ウイルスに関しては、まだ十分わかっていません。さらに、これらのいずれにも属さない肝炎も存在すると考えられています。

【検査と診断】「肝臓は沈黙の臓器」とよくいわれますが、黄疸や腹水などの形で沈黙を破る前に、患者の血液を使って、沈黙臓器のささやきを感知するのが**肝機能検査**の重要な役割といえるでしょう。

AST（GOT）・ALT（GPT）は、肝細胞内に存在する酵素と呼ばれるたんぱく質で、急性肝炎では肝細胞の破壊の程度に応じて数百から数千単位に上昇しています。γ-GTP（192頁）やALP（194頁）も上昇し、黄疸

◎非A非B型肝炎

これまで、A型肝炎、B型肝炎を独立させてもなお残る肝炎を非A非B型肝炎として分類していましたが、１９８９（平成1）年にC型肝炎ウイルス抗体測定法が発表され、非A非B型肝炎の大部分はC型肝炎であることが明らかにされました。そのほか、D型、E型、G型、TT型などの原因肝炎ウイルスもつぎつぎに

解明されてきました。

B型肝炎が輸血後におこる肝炎の代表であった時代から、B型肝炎ウイルス陽性の血液を輸血から除いても輸血後肝炎が残り、その大部分がC型肝炎ウイルスによることがわかってきました。献血血液に対しては、B型およびC型肝炎ウイルスの検査が行われているため、現在ではほとんど輸血後の肝炎はみられなくなっています。

C型肝炎は感染するとほとんどが慢性化しますが、インターフェロン療法が進歩した結果、かなり治癒できるようになりました。

D型肝炎はおもに血液を介して感染しますが、日本ではほとんどみられません。

E型肝炎は海外で感染した「輸入肝炎」と考えられてきましたが、日本でも野生のシカやイノシシの生肉を食べてE型肝炎に感染したケースが報告されています。

G型、TT型肝炎の詳細は不明です。

の程度を示すビリルビン値も上昇していることがあります。どのタイプの肝炎かを確認するために、各ウイルスがもっている抗原、免疫でできた抗体、ウイルスの遺伝子を調べます。

A型急性肝炎では、血液中のIgM型HA抗体を検出することによって、診断することができます。

B型急性肝炎では、HBs抗原が証明され、IgM型HBc抗体高力値、IgG型HBc抗体低力値で診断できます。

C型急性肝炎の場合は、HCV抗体やHCV-RNAが陽性となります。

D型肝炎は、血液中のデルタ抗体の出現、E型肝炎はIgM型のE型抗体あるいは血中のHEV-RNAの検出、G型肝炎は血液中のHGV-DNAの検出とその後のHGV抗体の検出で診断をつけることができます。

肝炎ウイルス以外のEBウイルスやサイトメガロウイルス、ヘルペスウイルスなどの感染による急性肝炎では、これらのウイルスに特徴的な抗体を検出することで診断できます。

◇肝炎ウイルスに注意

治療　A型やB型、肝炎ウイルス以外の急性肝炎では、1～2か月で自然に治癒するので、原則として特別の治療法は必要ありません。

急性期には、入院して安静を保ち、栄養に富むバランスのよい食事をとります。食欲がないときは、5%のぶどう糖や肝庇護薬、ビタミン剤の点滴をします。食欲がでてきたら、たんぱく質を多く含む食事を心がけます。

C型急性肝炎では、70～80%が慢性化すると考えられています。一般的な急性期の治療で治癒せずに慢性化したときには、早目にインターフェロン療法を開始するとよいでしょう。

日常生活の注意　経口感染する肝炎ウイルスに対しては、手洗いがたいせつです。汚染地域では、生水や生ものの摂取は避け、流行期には魚貝類は火をよく通して食べ、刺身は避けたほうがよいでしょう。汚染地域に旅行または長期滞在する場合は、あらかじめワクチンを接種してから出かけましょう。現在、A型肝炎ウイルスには**HAワクチン**が使われ、約3か月間の予防効果が得られます。

B型肝炎ウイルスは血液感染するので、歯ブラシ、ひげ剃りなど、血液の付着するものの貸し借りをしないことです。また、素人の鍼治療や麻薬注射など、不潔な医療的行為をしないこと、不特定多数との性交渉をしないことも必要ですが、ふつうの生活を送っていれば、特別な注意は不必要といえます。

B型肝炎ウイルスキャリアの家族でも、基本的には特別な予防手段は必要ありません。性行為での感染の危険性があるとはいえ、きわめて少なく、その感染も夫婦間では不顕性感染（1637頁上段）が圧倒的に多いと推定されます。性行為での感染が強調されることによって、B型肝炎ウイルスキャリアの結婚生活への不安感、差別につながることが懸念されます。必要であればB型ワクチンを適正に使用すれば十分と考えられます。

C型肝炎ウイルスの予防に関しては、B型肝炎の予防に準じて行います。

慢性肝炎……1642頁
▼症状▲無症状のこともあるが、疲れやすさや黄疸が現れることもある。
▼治療▲原因に応じて、治療を行う。また、節酒もたいせつ。

◎肝炎後再生不良性貧血
　急性肝炎の直後、またはしばらくして、血液検査をすると、ごくまれに貧血、血小板減少、白血球減少がおこっていることがあります。このよ

慢性肝炎
Chronic Hepatitis
肝細胞の破壊が進むと肝硬変に

◇肝炎が6か月以上つづく

どんな病気か
　慢性肝炎は、肝臓内で炎症が6か月以上つづいた状態です。組織学的には肝組織内にリンパ球や好中球などのいわゆる炎症細胞の浸潤（細胞の侵入）がみられ、肝細胞も炎症細胞により、直接または間接的に傷害を受け、破壊されます。
　肝細胞が破壊されると肝細胞内の酵素（ＡＳＴ、ＡＬＴ）などが血中に流れ出すので、血液検査ではＡＳＴやＡＬＴ（191頁）の上昇がみられます。ＡＳＴやＡＬＴ値の上昇は、中毒性肝障害などでもおこりますが、その場合は肝細胞が直接破壊されて、初期には肝組織内に炎症細胞の浸潤はほとんどなく、肝炎とは区別されます。
　あくまでも炎症細胞による慢性的な炎症が6か月以上つづく状態が慢性肝炎です。

症状
　慢性肝炎の症状に特異的なものはないようです。一般的な症状は易疲労感ですが、無症状の人もいます。重症になると、血中のビリルビン（196頁）が上昇してきますので、黄疸（1668頁）が出現することがあります。
　慢性肝炎の状態が長くつづくと、肝細胞はつぎつぎと壊され、だんだん肝細胞の数は減少して、そのかわりに線維化が進み、最終的には肝硬変（1647頁）に移行することがあります。

◇肝炎ウイルスによることが多い

原因
　慢性肝炎の原因でいちばん多いのは、ウイルス性肝炎です。

　肝臓に親和性のあるウイルスに感染すると、宿主である人体は免疫反応によって肝臓からそのウイルスを排除しようとします。しかしその際、リンパ球などの炎症細胞が肝臓に動員され、肝炎がおこります。

　慢性化しやすい肝炎ウイルスの代表は、Ｃ型肝炎ウイルス（ＨＣＶ 1635頁）です。Ｂ型肝炎ウイルス（ＨＢＶ 1635頁）も慢性肝炎の原因ですが、Ｂ型肝炎の場合は生後まもなく、またはその後数か月までの感染によってキャリア（ウイルス保有者）になると、成人になってから慢性肝炎をおこすことがあります。一般的な慢性肝炎の原因ウイルスは、ほとんどがＢ型、Ｃ型です。

　そのほか、多い病態はアルコール性の慢性肝炎です。**アルコール性慢性肝炎**では、肝組織内に好中球と呼ばれる炎症細胞が散見されます。アルコールやその代謝物の直接または間接的な作用で、肝臓内に好中球が遊走してきて炎症をおこすものと思われます。

　また最近、慢性肝炎の原因で注目される病態に、ＮＡＳＨ（非アルコール性脂肪肝炎 1659頁）という病気があります。この病気はアルコールを摂取していないにもかかわらず、病理組織学的にはアルコール性慢性肝炎の像を示します。原因はまだ確定できていませんが、多分、脂肪肝（1659頁）がある人で、なんらかの原因で体内にある炎症

うな場合、肝炎後再生不良性貧血の可能性があります。

症状は、貧血による息切れ、動悸があります。血小板減少による出血傾向、白血球減少による発熱などの易感染性もみられます。

確定診断には、骨髄穿刺という検査を行います。骨髄穿刺によって骨髄の造血細胞が減少していることを確認すると診断できます。

原因ははっきりしていませんが、肝炎をおこすウイルスが免疫異常を誘発し、骨髄の造血細胞が免疫学的に破壊されるものと思われます。実際、このような人に免疫抑制薬を使用すると、この病気が改善してくることが報告されています。

軽症例では、たんぱく同化ホルモンの経口療法を行います。くり返し輸血が必要な中等症では、抗胸腺細胞グロブリンを使用することもあります。重症例では、年齢にもよりますが、骨髄移植が必要になります。

性サイトカイン（炎症に関係する細胞間伝達物質）が活性化して、肝炎をおこすものと考えられています。

そのほか、薬剤性肝障害（1654頁）のなかでも、抗菌薬のニトロフラントインや降圧薬のメチルドパ水和物による肝障害などは、慢性肝炎をおこすことが知られていますし、中年女性にまれにおこる自己免疫性肝炎（1651頁）という病気も慢性肝炎をおこします。

◉Ｂ型慢性肝炎

Ｂ型肝炎ウイルスは、ヘパドナウイルス類似のＤＮＡウイルスです。感染は、血液、体液を介しておこります。

成人の初感染では急性肝炎をおこしますが、生後まもなくまでの感染、おもに出生時の**母子感染**（現在では感染予防対策がとられていますので、ほとんどその可能性はありません）では、自己、非自己の認識が甘い免疫寛容とよばれる状態ですので、感染したウイルスは宿主を攻撃しないため、肝炎がおこりません。この状態を**キャリア**と呼びます。成人で急にキャリアになることは一般的にはありえませんが、たとえば免疫不全状態などの特別な場合の初感染では、成人でもキャリアになる可能性はあります。母子感染の場合、キャリアの免疫系は年齢を重ねるにつれ、Ｂ型肝炎ウイルスを非自己と認識するようになるため肝炎になります。ここで宿主のＢ型肝炎ウイルスに対する免疫が強い場合には、ウイルスはほとんど排除され、肝炎は沈静化します。免疫能がそれほど強くない場合には、ウイルスの排除が不十分で慢性肝炎になります。

一般的には肝炎がおこっているとき、血液検査でウイルスの外殻（エンベロープ）に対する抗原（ＨＢｅＡｇ）が陽性の場合は、血中のウイルス量が多く、しかも体内からのウイルス排除も悪い場合が多く、肝炎が持続しやすい傾向にあります。ウイルスの外殻に対する抗体（ＨＢｅＡｂ）が陽性の場合は、ウイルスの排除がよく、肝炎が沈静化することが多いようです。

慢性肝炎で血中のＨＢｅ抗原陽性がＨＢｅ抗体陽性に変化することを**セロコンバージョン**（**抗体陽性化**）と呼び、以前はこれが治療後の経過良好のサインといわれていました。しかし、なかには抗原が陽性のまま免疫寛容状態で軽い肝炎にしかならず、そのまま経過する場合や、ＨＢｅ抗体陽性でも肝炎が持続する場合もあります。慢性肝炎が長期につづく場合、適切な治療をしないと肝硬変に移行します。またＤＮＡウイルスは、一般的に発がん性がありますので、慢性肝炎であっても肝臓がんが現れる可能性があり、定期的な超音波検査が必要です。

◉Ｃ型慢性肝炎

Ｃ型肝炎ウイルスはフラビウイルス類似のＲＮＡウイルスです。現在、日本におけるウイルス性の慢性肝炎では、いちばん多いＣ型慢性肝炎の原因ウイルスです。感染はおもに血液を介しておこり、体液を介しても感染することがあります。感染すると高率に慢性化しますが、まれに急性肝炎をおこし、治癒することがあります。慢性化した場合、肝機能が基準範囲内でも組織学的には軽い炎症がおこっていることが多く、最近の考えかたではＡＬＴが30

◎肝炎ウイルスのタイプによる予後

B型肝炎ウイルスもC型肝炎ウイルスもタイプ分けがされています。

たとえばB型肝炎ウイルスでは、遺伝子型Cより遺伝子型Bのほうが予後がよいことが知られています。また、C型肝炎ウイルスでは、遺伝子型1より遺伝子型2のほうが治りやすいことが知られています。

IU／ℓを超える場合、あるいは血小板15万／μℓ未満には、インターフェロンなどによる抗ウイルス療法が適応になります。

【検査と診断】　一般的に血液検査でAST、ALTが基準値より高いときは、肝細胞障害がおこっていることが多く、それが6か月以上つづく場合、慢性肝炎である可能性があります。

このような場合、血液中の肝炎に対するウイルス抗原や抗体が陽性かどうかを調べますが、B型肝炎では一般的にウイルス表面抗原（HBsAg）が検出され、C型肝炎ではウイルスに対する抗体（HCVAb）が陽性になります。ウイルス性慢性肝炎である可能性がひじょうに高いと、ウイルスが存在するのかを血液検査で調べます。

肝臓の組織の一部を採取し検査する肝生検という検査では、実際に肝臓内に炎症がおこっているかを知ることができ、その炎症の程度や線維化の程度を知ることができます。

いっぽう、アルコール性慢性肝炎は、他の肝炎とちがい、ALTよりASTが上昇しやすく、飲酒量からある程度予測ができますが、NASHについては採血だけでは確定診断できません。

自己免疫性肝炎では、血液検査で抗核抗体が陽性になり血中のIgGが上昇します。いずれにしても確定診断には肝生検が必要です。

◇原因に応じて治療する

【治療】　**▼B型慢性肝炎の治療**　B型慢性肝炎では一般的に、35歳までに自然にセロコンバージョンすることもありますので、それまでは経過を観察していきます。なかには肝炎をくり返して、早期に肝硬変になる人もいますので、その場合はインターフェロンで治療します。しかし、あまりうまくいかない場合も多いのが実情で、その場合、抗ウイルス薬のエンテカビル水和物の服用を始めます。35歳以上で慢性肝炎がつづく場合には、若年者（35歳以下）に効果の高いインターフェロンではなく、エンテカビル水和物を使用して肝炎を沈静化させます。

▼C型慢性肝炎の治療　インターフェロンの注射とリバビリンという飲み薬の併用が一般的です。この治療で治りにくいゲノタイプ1型高ウイルス量の人でも、直接ウイルスに作用するプロテアーゼ阻害薬で血中からウイルスをほとんど消失させることができます。

▼脂肪肝、NASHの治療　治療方法は、おもに減量です。NASHでは肝臓内で中性脂肪を代謝させる作用のある薬を併用することがあります。アルコールも脂肪肝の原因です。

▼自己免疫性肝炎、アルコール性慢性肝炎の治療　自己免疫性肝炎の治療には、副腎皮質ホルモン（ステロイド）を用います。アルコール性慢性肝炎の治療は節酒に尽きます。

【日常生活の注意】　アルコール性肝炎はもちろん、そのほかの原因の慢性肝炎でも、アルコール摂取が肝障害をますます悪くさせますので、節酒は重要です。またNASHや脂肪肝では、減量が必要です。ウイルス性肝炎の予防としては、感染の機会をもたないことです。また最近、B型肝炎は、性行為も原因になっています。

肝性脳症（肝性昏睡）

❖肝臓病からくる精神神経症状

肝性脳症（Hepatic Encephalopathy）とは、肝硬変（1647頁）の末期や劇症肝炎（次頁）などの原因によって、肝不全（1648頁上段）におちいったときにみられる意識障害を中心とした精神神経症状です。イライラ感、ぼんやり状態あるいは睡眠パターンの変化など、あとで振り返ってやっと判定が可能な程度のわずかな変化から、痛み刺激にも反応しない深い昏睡状態まで5段階に分類されます。

鳥が羽ばたくように手が震えることから**羽ばたき振戦**と呼ばれる症状が特徴とされ、手を開いた状態で手背側に反らせると判定しやすくなります。しかし重い昏睡状態では、逆にこの症状が消えてしまいます。

❖アンモニア代謝などの異常

発症のしくみは、アンモニア、低級脂肪酸、メルカプタン（必須アミノ酸のメチオニンの代謝が阻害されると発生）やγ-アミノ酪酸（GABA）などが肝臓で代謝・解毒されずに血液中に増加し、さらに脳内に移行するためと考えられます。なかでもアンモニアはもっとも重要な因子と考えられています。

たんぱく質やアミノ酸は窒素を含んでおり、代謝の過程で有害なアンモニアを生じますが、哺乳類は肝臓で無毒化し、尿素にして処理しています。また腸内細菌のもつ酵素のウレアーゼによってもアンモニアが産生され、体内に吸収されています。肝機能が低下するとアンモニア処理能が落ちるだけでなく、本来腸管からの血液を肝臓に運び込む門脈の流れが悪化し、ときには逆流してしまうため、アンモニアが直接全身に回ることになります。

たんぱく質の過剰摂取や消化管出血、便秘などはアンモニアを増加させるため、たんぱく質の摂取制限、二糖類の緩下薬であるラクツロースによる腸内細菌の調整、抗生物質による腸内殺菌などが有効とされます。

また、慢性肝不全では血液中のアミノ酸組成が変化し、芳香族アミノ酸（フェニルアラニンやチロシンなど）が増加、分枝鎖アミノ酸（ロイシン、バリン、イソロイシンなど）が減少することが知られています。このとき分枝鎖アミノ酸を用いると症状が改善することから、点滴あるいは内服薬として広く使用されています。そのほかの誘因として、脱水、感染症、水・電解質異常、向精神薬などがあり、とくに腹水や浮腫（むくみ）に対して利尿薬を使用している場合などでは、十分な注意が必要となります。

肝性昏睡度分類

Ⅰ	睡眠・覚醒リズムの逆転。多幸気分。ときに抑うつ状態。だらしなく、気にとめない態度。 参考　あとからしか判定できない場合が多い。
Ⅱ	指南力（時、場所）障害。物をとりちがえる。異常行動（お金をまく、化粧品をごみ箱に捨てるなど）。ときに傾眠状態（ふつうの呼びかけで開眼し、会話ができる）。無礼な言動があったりするが、医師の指示に従う態度をみせる。 参考　興奮状態や尿・便失禁はない。羽ばたき振戦あり。
Ⅲ	しばしば興奮またはせん妄をともない反抗的態度をみせる。嗜眠状態（ほとんど眠っている）。外的刺激で開眼しうるが、医師の指示に従わない。または従えない（簡単な命令には応じうる）。 参考　羽ばたき振戦あり（患者の協力が得られる場合）。指南力は高度に障害。
Ⅳ	昏睡（完全な意識の消失）。痛み刺激に反応する。 参考　刺激に対して、払いのける動作、顔をしかめるなど。
Ⅴ	深昏睡。痛み刺激にも全く反応しない。

劇症肝炎……1646頁

▼症状▲とくに自覚症状はなく、黄疸で気づくことがある。吐きけ・嘔吐、全身倦怠感、進行すると、うわ言、興奮、錯乱など。
▼治療▲人工肝補助療法が行われるほか、原因や症状に応じた治療が行われる。

劇症肝炎

Fulminant Hepatitis

肝細胞の破壊が進み、肝不全が現れた状態

◇急性と亜急性型に分けられる

［どんな病気か］ 急性の肝炎のなかでも、肝細胞の破壊がとくに急激に進行して、肝性脳症（前頁）などの肝不全状態が出現した状態です。進行の速度によって急性と亜急性型に分けられます。

肝性脳症の出現が、発症10日以内か、11日以降かによって、比較的予後の良い急性型劇症肝炎と予後の悪い亜急性型劇症肝炎に分けられます。

きわめて予後の悪い重篤な病気ですが、治療方法の進歩によって急性型の救命率は60％まで改善しています。

日本では１９８０年代には年間３０００例以上みられましたが、現在は年間４００例前後とされています。

劇症肝炎は、厚生労働省の特定疾患（難病）に指定され、療養生活の支援などが行われています。

［症状］ 自覚症状はなく、黄疸（1668頁）で気がつく、急性肝炎（1639頁）と同じような症状が基本ですが、吐きけ・嘔吐、全身のだるさがしだいに悪化してくるときには注意が必要です。

進行すると、うわ言や興奮・錯乱などの症状がみられ、さらに進行すると、昏睡状態に至ります。

［原因］ ウイルス、自己免疫、（中毒性を除く）薬剤性肝障害（1654頁）が原因となります。ウイルス性のなかでは、B型肝炎（1635頁）がもっとも多く、A型肝炎（1634頁）やE型肝炎（1636頁）もみられますが、C型肝炎（1635頁）ではまれです。近年は、原因不明の例が増加しています。

最近、痩身茶などによる劇症肝炎が報告され、健康食品やサプリメントなどの安易な摂取には注意が必要です。

［検査と診断］ 血液中のAST（GOT）・ALT（GPT）などの肝酵素（1626頁上段）が数千あるいはそれ以上に上昇しますが、重症度と直接の関連はありません。

ビリルビン（196頁）、アルブミン（197頁）、コレステロール（201頁）、コリンエステラーゼ（193頁）、血小板数（209頁）、アンモニアなどの数値が注目され、とくに凝固機能の指標であるプロトロンビン時間（209頁）は40％以下に延長することが診断基準として用いられる最重要項目です。

ＣＴや超音波検査で、肝臓の萎縮の有無を検査することも有用です。

肝炎発症後8週間以内に肝性脳症のⅡ度以上（傾眠・錯乱・せん妄など）の意識障害をきたした場合に診断されますが、診断が確定するまでに進行を予知し、治療を開始することがきわめて重要です。

さらに肝性脳症の出現が、発症10日以内ならば比較的予後の良い急性型、11日以降ならば予後の悪い亜急性型に分けられます。

◇人工肝補助療法を実施

［治療］ 人工肝補助療法が、ほぼ全例で実施されます。

肝硬変 ……1647頁
▼症状▲症状の現れない時期が長く、かなり進行してから、黄疸、腹水、肝性脳症、出血傾向などが現れる。
▼治療▲合併症に対する治療、薬で効果がない場合、肝移植も考えられる。

◉人工肝補助療法

日本の劇症肝炎の集学的治療の中心となっている治療法です。

腎不全治療のために多くの医療施設で整備されている血液浄化装置（1724頁）が、劇症肝炎の治療にも活用されることになります。

▼血漿交換法　患者の血液を体外に取出し、血漿成分を血球成分から分離除去し、新たに健康な血漿（新鮮凍結血漿）を加えて、体内に戻す治療です。血液凝固因子、アルブミン（体液に溶けているたんぱく質）などを補充し、凝固異常などを補正することが可能ですが、これのみでは肝性脳症に対する覚醒作用は不十分とされます。

▼血液透析濾過療法　短時間、高流量で実施する**血液透析濾過**（HDF）と循環動態の安定化を狙って24時間かけて実施する**持続血液透析濾過**（CHDF）が行われます。意識障害の原因と想定される中分子や低分子の毒性物質も除去することが可能なため、血漿交換と併用して用いられています。

これらの血液浄化療法は、きわめて効果的ですが、高額医療でもあり、保険上の厳格な回数制限があります。

また、血漿交換法は大量の血液製剤を使用するため、感染の危険があることも理解しておかなければなりません。

◉その他の療法

原因や症状に応じて、人工肝補助療法のほかにステロイド療法、インターフェロンなどの抗ウイルス療法、血液凝固を阻止するアンチトロンビンⅢ製剤と合成たんぱく分解酵素阻害薬を用いた抗凝固療法、脳圧を下げる薬剤のマンニトールによる脳浮腫対策、肝臓の再生促進対策などの内科的治療を厳重な全身管理下で行いつつ、肝臓の再生を待ちます。

近年、B型肝炎による劇症肝炎に対しては、有効な薬剤のエンテカビルやテノホビルが使用できるようになり、注目されています。

肝臓の再生が期待できない場合には、肝移植（1658頁）の選択が考えられます。とくに亜急性型の劇症肝炎は、多くの場合、再生が期待できず、肝移植でしか救命しえないのが実情です。

肝硬変（かんこうへん）
Liver Cirrhosis
生命にかかわる合併症に注意する

◇肝臓がかたくなる

どんな病気か　なんらかの原因で肝細胞（肝臓を構成し、肝臓の機能を実質的に担っている細胞）が壊れると、そこに線維（抜けた空間を埋める支持組織）が増えて、肝臓が文字通りかたくなります。これが肝硬変といわれる状態です。

このとき、肝細胞の並びかたや構成が変化し、再生結節と呼ばれるごつごつとした5～20㎜のしこりができてきます。

肝硬変になると、肝細胞が減少し、残っている肝細胞も線維に囲まれるために、血液から十分な酸素と栄養素の供給を受けられなくなり、機能が低下します。

また、線維が増えてかたくなるために、肝臓全体の血液が流れにくくなり、

◎肝不全

肝臓は、消化管から吸収された栄養物の代謝、血液中のアルブミンや凝固因子などのたんぱく質の合成、アンモニア代謝、薬物・異物の代謝・解毒・排泄などさまざまな代謝機能をつかさどる臓器です。

肝不全とは、なんらかの原因で肝細胞の機能が低下し、肝臓の機能が維持できなくなったために、意識障害（肝性脳症 1645頁）、黄疸、腹水、消化管出血、出血傾向、腎不全など、さまざまな症状をきたした状態をいいます。

肝不全は、劇症肝炎、薬剤性肝炎など、肝疾患の既往がなくて急激な肝細胞の壊死がおこり、発症後8週以内に脳症や黄疸、腹水、出血傾向、腎不全などを呈する**急性肝不全**と、肝硬変および肝がんの末期症状として除々に進行してくる**慢性肝不全**とに分けて考えます。

日本でも、急性肝不全に対する治療法として、肝移植

血液の循環障害をおこします。

◇命にかかわる合併症

慢性肝炎は生命が危険となるケースはまれですが、肝硬変になると生命にかかわる合併症が現れてきます。

肝がん、肝不全、消化管出血の3つが肝硬変の三大死因です。

◉肝がん（511頁）

肝硬変になると、かなりの頻度で肝がんが発生してきます。

日本でもっとも多いC型肝炎ウイルスによる肝硬変の場合、1年間に5～7％の人に肝がんが発生しています。

肝がんが発生しても、治療法などの進歩によって、ＱＯＬ（生活の質）を低下させることなく長期間生存することが可能ですが、最終的には死因となることが多いです。

◉肝不全（上段）

著しく肝臓の機能が低下し、黄疸（1668頁）や肝性脳症（1645頁）などの症状が強くなって死に至る状態が肝不全です。

肝不全は、肝硬変の1つの終着点と考えられていましたが、肝移植（1658頁）による治療が可能になりました。肝移植には生体肝移植と脳死肝移植があります。ただし、生体肝移植を行う施設や手術数は増加していますが、脳死肝移植では肝臓の提供数に限りがあり、肝移植のほかに、根本的治療法の開発が期待されています。

◉消化管出血

肝硬変による消化管出血は、食道胃静脈瘤（1551頁）、胃潰瘍（1558頁）、門脈圧亢進にともなう胃炎などによりますが、薬物療法や、食道静脈瘤に対する硬化療法（1551頁）でかなりよくコントロールされるようになり、死因となる頻度は減少してきています。

症状

◇無症状期が長くつづく

肝臓は、予備能力の高い臓器で、肝硬変になって、かなり肝細胞が壊れても、残った肝細胞がカバーし、症状のない時期が長くつづきます。この時期を代償期といいます。この代償期には、自覚症状がほとんどなく、あっても気づいていないことがあります。

だるさ（全身倦怠感）や食欲不振などの一見、肝臓病とは関係ないと思われる症状で診察を受け、進行した肝硬変が発見されることもあります。

しかし、肝臓の予備能力にも限度があって、肝硬変がさらに進行すると、肝障害特有の黄疸、腹水（1650頁上段）、肝性脳症、出血傾向などが現れてきます。この時期を非代償期といいます。

肝硬変の特徴的な症状には、肝細胞の機能低下による症状と、肝臓の血流障害にともなう症状とがあります。

◉肝細胞機能低下の症状

黄疸、**肝性脳症**（うわごと、興奮、錯乱、傾眠、異常行動、羽ばたき振戦など）、**出血傾向**（皮下出血、鼻出血、歯肉出血などがおこりやすい）などの肝不全の症状がおこります。

◉血流障害の症状

肝臓への血液の流れが悪くなると、門脈（胃腸などの消化管から肝臓に向かう静脈）の血圧が高くなり、それにともなって、**浮腫**（むくみ）、**腹水**（おなかに水がたまる）、**脾腫**（脾臓が腫れる）、**食道胃静脈瘤**（食道や胃の静

（1658頁）が普及してきています。

脈が太くなって蛇行する）などが出現してきます。また、黄疸、**クモ状血管腫**（クモが手足を広げたような赤い斑ができる）、**手掌紅斑**（手のひらが赤くなる）、**女性化乳房**（男性でも乳房が大きくなる）、月経異常などの目で見てわかる所見も現れます。

◇約75％はC型肝炎が原因

原因　日本では、ウイルス性肝炎からおこる肝硬変が多くなっています。

　とくにC型肝炎からおこる肝硬変がもっとも多く、肝硬変全体の約75％を占め、B型肝炎からおこるものは約10％です。残りは、アルコール性肝障害からおこるもので、肝硬変全体の約10～15％を占めます。

　そのほか、まれですが、自己免疫の異常でおこる原発性胆汁性肝硬変（1652頁）、自己免疫性肝炎（1651頁）、原発性硬化性胆管炎（1653頁）、銅の代謝異常でおこるウィルソン病（1661頁）、鉄の代謝異常でおこるヘモクロマトーシス（1662頁）、寄生虫病、薬剤性肝障害（1654頁）、うっ血肝などが原因の肝硬変もあります。

　最近では、アルコール以外の脂肪肝の一部からも肝硬変に進展するケース（脂肪肝炎）が増加してきています。

検査と診断　肝硬変の診断は、診察と検査結果の組合わせで決められます。

▼**診察**　肝臓のかたさや脾臓の腫れを調べる触診、クモ状血管腫などの皮膚症状の有無を調べる視診のほか、鳥の羽ばたくような手の震え（羽ばたき振戦）や腹水の有無も、診断のうえで重要な情報となります。

▼**血液検査**　肝機能検査（1626頁上段）の項目のうち、黄疸の指標であるビリルビンの上昇に加えて、アルブミンやコリンエステラーゼの低下、プロトロンビン時間の延長が、肝硬変の重症度を判断するうえで有用です。

　これらは、いずれも肝臓でつくられるたんぱく質で、異常の度合いが大きいほど、肝細胞の減少や肝機能低下の程度が大きいことを表します。

　肝機能が低下すると、肝臓でつくられるコレステロールの血液中の値も低下します。

　トランスアミナーゼ（AST、ALT）は、肝細胞が壊されているときに血液中に放出される酵素たんぱくで、値が高いほど肝細胞破壊の度合いが大きいといえますが、肝硬変では、むしろ低下していることも多く、肝硬変自体の重症度をみる目安にはなりません。

　肝性脳症のときには、血液中のアンモニアの増加や分岐鎖アミノ酸／芳香族アミノ酸比の低下などを参考に治療を行います。

　肝がんの早期発見のためには、腫瘍マーカー（215頁）を定期的にチェックします。もし、値が上昇傾向をみせたり、とくに値が高いときは、精密な画像診断を行います。

▼**画像検査**　超音波検査、CT、MRIなどが行われます。

　これらの検査の画像で、肝臓が結節（ごつごつした状態）になっており、肝臓の辺縁（ふち）が鈍角になっている、脾臓が腫れていることなどが肝硬変診断の参考になります。

◎腹水

腹部には腸の前と腹壁との間に腹腔と呼ばれる腹膜で囲まれた空間があります。通常、腹腔には水分はほとんどたまっていませんが、ここに血管やリンパ管から漏れ出した液がたまると腹水と呼ばれます。腹水の原因はさまざまで、肝疾患のほかに、腎疾患、腹部悪性腫瘍、心疾患、腹膜疾患、膵疾患、栄養障害、婦人科的疾患などが原因になります。

▼症状　腹水が1ℓ以上たまると外見的にもおなかが膨らんで見えます。

急にベルトがきつくなる、体重が増加するなどの症状で気づくこともあります。おなかの張る感じ（膨満感）、食欲の低下、吐きけ、息切れなどの症状として現れることもあります。

▼検査と診断　腹腔内に注射針を刺して少量の腹水をとり、生化学的に分析したり、菌の培養などを行います（腹水穿刺）。

また、肝硬変の診療上、肝がん（511頁）の早期発見も重要で、3～6か月ごとに肝臓の超音波検査を行い、肝臓の形態や腹水の出現、腫瘍の有無などを調べます。

腫瘍の超音波検査は、診断能力を必要とする検査で、熟練した人による検査が望まれますが、超音波検査では描出しにくい場合もあり、他の検査を併用することが望まれます。

そのためCTやMRIも6～12か月ごとに行います。

CTやMRIでは、造影剤を使用し、血流の変化を調べることで、腫瘍の存在やその性状もわかるので、できるだけ造影剤を使用します。

▼腹腔鏡と肝生検　CT、MRIなどの画像診断が普及した現在では、行われることは少なくなっていますが、原因不明のケースや自己免疫性疾患が疑われるケースでは、今でも有用な検査です。

▼上部消化管内視鏡検査　肝硬変の三大死因の1つである消化管出血を予防するために、上部消化管内視鏡検査を行い、食道胃静脈瘤、胃潰瘍、門脈圧亢進にともなう胃炎などの有無を調べます。

食道胃静脈瘤があれば、形・色調・部位・レッドカラーサイン（静脈瘤の薄くなっている部位の赤色調の変化）などを観察し、治療の必要性を検討します。

◇合併症の治療が主体

治療　従来、肝硬変は不可逆性の変化といわれ、いちど肝硬変がおこれば、もとには戻らないと考えられてきました。

しかし、C型肝炎による肝硬変が、インターフェロン治療などでAST、ALTが低く抑えられたり、ウイルスが排除される自己免疫性肝炎による肝硬変が、ステロイド（副腎皮質ホルモン）剤で炎症がコントロールされると、線維化した組織が改善され回復することがわかってきました。

したがって、肝硬変といえども、原因が排除されるか、コントロールされれば、肝臓に備わっている線維を溶かす力がはたらき始めることが期待され、今後、原因療法の進歩が望まれます。

現時点では、肝硬変の根本的な治療はむずかしく、肝硬変の進展をできるかぎりゆっくりさせることと肝性脳症（1645頁）、食道胃静脈瘤（1551頁）、腹水（上段）、肝がん（511頁）などの合併症に対する治療が主体になります。薬物治療で効果が現れない場合、肝移植（1658頁）が検討されます。

日常生活の注意　つぎのような点を注意してください。

▼食事　あまり自覚症状のない代償期では、バランスのとれた食事を心がけます。かつては、高たんぱく質・高エネルギー食の必要性が強調されましたが、それは、低栄養により肝臓の機能の低下をきたしたアルコール性肝硬変の人の食事を基本としたためです。ウイルス性肝炎による肝硬変では、低栄養のことは少なく、高たんぱく・高エネルギー食にすると、肥満、糖尿病、高脂血症（脂質異常症）、高アンモニア血症などを悪化させる恐れがあります。肝がんの発生も肥満者で多くなる

肝硬変では、血液中の水分を保つアルブミンというたんぱくが少なくなり、水分を血管内に保持する圧が弱くなるため、血管外に漏れて腹腔にたまります。また、肝細胞を囲む線維のために肝臓内の血液の流れが悪くなり門脈圧が高くなり、血液中の水分が漏れやすくなります。

まれに細菌感染による腹膜炎により、腹水が貯留することもあります。

▼治療　まず塩分の摂取を控え（1日あたり6g）、原因となる病気があれば、その治療を行います。そして、利尿薬によって腹水を排泄することが原則となります。

低たんぱく血症のときにはアルブミンの点滴なども行われます。

大量の腹水の排出は体液の喪失を招くため、あまり行われませんでしたが、輸液で十分に補いながら腹水を抜きます。

のです。肝硬変では、塩分を1日に5～6gに制限します。

肝性脳症がおこっているときには、アンモニアなどの窒素の過剰が悪化因子となるので、たんぱく質を1日40～50gに制限します。

基本的に断酒が望ましいです。アルコール性肝障害による肝硬変では、命を長らえるには「断酒」あるのみです。

▼運動　肝臓病には、かつては、安静が強調されてきました。

現在では、糖代謝やアミノ酸代謝を円滑に保つためには、運動で筋肉を維持することがたいせつと考えられるようになっています。

代償期であれば、歩行などのむりのない運動が勧められます。心地よい疲労感が得られる程度の運動をひとつの目安としてください。

黄疸、腹水、肝性脳症などがある時期にはむりをせず、ストレッチ体操程度にとどめましょう。

予防

予防法もそれぞれの原因によって、異なります。

肝硬変は、ウイルス性肝炎から進展することが多いので、ウイルス性肝炎にかからないことが予防の第一歩です。

ウイルス性の場合、肝硬変に進展するのは、B型肝炎とC型肝炎です。両方とも、血液、体液を介して感染するので、ウイルスに感染している人の血液や体液に直接触れないことが必要です。それ以外の一般的な日常生活の接触で感染することは、まずありません。

慢性肝炎からの進展を防ぐこともたいせつです。そのためには、なるべく肝細胞が壊されない状態に保つことが望まれます。すなわち、AST、ALTなどの肝機能検査の値（191頁）が低く保たれると、肝硬変への進展も、肝がんの発生も少ないといわれています。

日本酒にして3合以上を毎日摂取していると、アルコール性肝障害による肝硬変が発症してきます。したがって、飲酒は、日本酒にして1日1合程度にとどめ、アルコールを飲まない「休肝日」を設けることを心がけてください。

すでにアルコール性肝硬変になっている人は、「節酒」ではなく、「断酒」が必要です。

自己免疫性肝炎
Autoimmune Hepatitis (AIH)

どんな病気か

たんぱく質や脂肪、糖の代謝や解毒作用などを担う肝細胞に対する自己免疫反応によって引き起こされる病気です。好発年齢は40～50歳で、男女比は1対7です。原因は不明で、遺伝性疾患でもありません。

急性肝炎（1639頁）で発症する人から、健康診断などで検査値異常を指摘されて初めて見つかる慢性肝炎（1642頁）の人もいます。ときに劇症肝炎（広範な肝臓の障害　1646頁）として発症し、危険な状態になる場合もあるので注意が必要です。急性肝炎で発症しても多くは、その後、慢性肝炎の経過をたどります。無治療でいると10年程度で肝硬変（1647頁）に至ります。また、慢性に経過していて、急に肝臓の障害が広範におこり、危険な状態（急性増悪）になる人もいます。

免疫反応を抑える副腎皮質ホルモン（ステロイド）剤などがよく効きますが、薬を減らしたり、中止したりすると再

◎自己免疫性肝疾患とは

免疫反応は、細菌やウイルスに対して人体に備わっている防御機構で、本来自分ではないものを認識して攻撃するはたらきをもっています。しかし、なんらかの原因でその免疫反応が肝臓の一部を攻撃してしまい、それによって引き起こされると考えられている疾患が自己免疫性肝疾患です。これらの疾患のなかには、自己免疫性肝炎、原発性胆汁性肝硬変、原発性硬化性胆管炎が含まれます。

燃（再び悪化する）する場合もあります。

この病気と診断された人は、継続して専門医を受診し、治療と検査をつづけていくことがたいせつです。

症状

急性肝炎で発症したり急性増悪をきたすと、だるさや食欲不振、黄疸（1668頁）、むくみなどがみられます。慢性肝炎の経過をたどる場合、肝硬変に至るまで特徴的な症状はありません。

慢性肝炎から肝硬変に進行すると、食道静脈瘤（1551頁）や腹水（1650頁上段）、黄疸などが現れてきます。ほかの自己免疫性疾患である膠原病（2003頁）や慢性甲状腺炎（1479頁）、関節リウマチ（2014頁）などを合併することも少なくありません。

検査と診断

肝臓の細胞が壊れると血液中に放出されるAST（GOT）やALT（GPT）が高値になります。この病気に特徴的なのは、血清中のγグロブリンあるいはIgGが2000mg／dℓ以上になることと、抗核抗体や抗平滑筋抗体、肝腎マイクロゾーム抗体などの自己抗体と呼ばれるものが陽性となることです。また、ウイルス性肝炎（1634頁）や薬剤性肝障害（1655頁）、アルコール性肝障害（1654頁）などが否定された場合に、この疾患が強く疑われます。

診断には、肝生検による病理組織学的検査がひじょうに有用ですが、決め手になる検査はなく、これらの検査結果を総合して診断します。自己免疫性肝炎の国際診断基準が参考になります。

治療

免疫抑制作用をもつ副腎皮質ホルモン剤が用いられます。通常はプレドニゾロン30～60mgを内服し、肝機能が正常化したところで徐々に減量し、5～10mgを維持量とします。再燃が多い疾患なので、薬剤の中止は勧められません。ただし、副腎皮質ホルモン剤は、骨粗鬆症や糖尿病などの副作用に注意しながら内服します。服用がむずかしい場合や効果が乏しい場合には、免疫抑制薬による治療を考えます。

日常生活の注意

薬物治療によって安定している場合には、日常生活を制限する必要はありません。バランスのよい食生活と適度な運動が勧められます。過激な運動は、避けたほうがよいと考えられます。過度の肥満は、肝臓に脂肪がたまるので注意しましょう。

原発性胆汁性肝硬変
Primary Biliary Cirrhosis (PBC)

どんな病気か

肝臓内にある直径40～80μm程度の中等大胆管が自己免疫によって徐々に破壊され、胆汁の流れが悪くなり、最終的に肝硬変（1647頁）に至る原因不明の病気です。肝硬変に至る前に診断される例がほとんどで、中年以降の女性に多く、90％が女性です。母娘間や姉妹間での発症例もあり、なんらかの遺伝的要素が関係していると考えられています。

健康診断などで肝機能異常を指摘された人に、**無症候性原発性胆汁性肝硬変**と診断される人が増えています（原発性胆汁性肝硬変のうちの70～80％）。その一部が、かゆみや黄疸などをともなう症候性に進行します。

症候性原発性胆汁性肝硬変は、無治療で放置されると、肝硬変に進み、肝不全（1648頁上段）に至ります。

根治療法は、確立されていません。病気の進行を抑制する薬を飲みながら、経過をみていきます。この病気と診断された人は、専門医を受診し、治療と検査をつづけていくことが大事です。

症状

肝内の胆管が障害され、胆汁が滞るため、胆汁うっ滞にともなう皮膚のかゆみが現れてきます。血液中のコレステロール値が高くなり、黄色腫（1857頁）が見られる人もいます。うっ滞が進むと、肝硬変に至る前に黄疸（1668頁）が現れてきます。

また、胆汁は脂溶性ビタミンの吸収に重要な役割をはたすため、うっ滞によってビタミンDなどが欠乏し、骨粗鬆症（1884頁）が進むことがあります。

肝硬変に進行すると腹水（1650頁上段）や肝性脳症（1645頁）などがみられるようになります。胆管の炎症が近接する門脈周囲に波及し、肝硬変になる前から門脈圧が高まり、門脈圧亢進症としての食道静脈瘤（1551頁）が発達してしまう例が少なくありません。

無症候性では皮膚瘙痒感や黄疸などをともなわず、多くは症候性に進まず、経過も良好ですが、どのような例が症候性になっていくのか、無症候性のまま経過するのかわかっていません。

自己免疫性肝炎（前項）と同様、関節リウマチ（2014頁）やシェーグレン症候群（2040頁）などの他の自己免疫疾患を合併することも少なくありません。

検査と診断

胆管が障害されるため、胆道系酵素と呼ばれるアルカリホスファターゼ（194頁）、γ‐ＧＴＰ（192頁）などが上昇し、胆石などが画像検査で否定された場合に本疾患を疑い、抗ミトコンドリア抗体を測定し、陽性であれば本疾患である可能性がきわめて高くなります。その場合、確定診断のために肝生検を考慮することになります。

治療

現在、唯一有効と考えられている薬物療法は、ウルソデオキシコール酸の内服です。通常１日６００～９００㎎を内服します。この薬により、胆道系酵素の値が改善し、肝不全への進行を遅らせることができると報告されていますが、この薬に反応しない例もあり、さまざまな治療法が試されています。近年、脂質異常症の治療薬のベサフィブラートの有効性も報告されています。肝不全に進んだ例では肝移植（1658頁）が適応されます。

日常生活の注意

胆汁分泌が不良で、脂質異常症をともなうことも多いので、脂質異常症に準じた脂肪分を控えた食生活が勧められます。骨粗鬆症を予防するためには、カルシウムなどのミネラルの摂取が勧められます。肝機能が保たれていれば、日常生活を制限する必要はありません。骨塩量を保つためにも適度な運動が勧められます。

原発性硬化性胆管炎
Primary Sclerosing Cholangitis (PSC)

どんな病気か

肝内あるいは肝外の太い胆管（造影検査などで確認できる胆管）までもが炎症によって障害される原因不明の病気です。胆管が数珠状に狭窄し、胆汁の流れが悪くなり、

◎原発性硬化性胆管炎の薬物療法

　近年、高用量のウルソデオキシコール酸が原発性硬化性胆管炎の胆管の状態を改善し、予後を延長するとの報告がなされましたが、その後、否定的な報告もでています。現在、原発性硬化性胆管炎に有効性の確立した薬物療法はありません。

腸内細菌が胆汁に感染する逆行性感染をくり返すようになります。

　欧米での有病率は10万人あたり20～30人で、日本ではさらに少ないと予想されます。男女比は7対3で、好発年齢は20歳代と60歳代です。

　欧米では、若年発症がほとんどです。若年発症は進行性で、平均10年で胆汁性肝硬変から肝不全（1648頁上段）に進行します。また、炎症性腸疾患を高率に合併します。高齢発症の場合は、進行の遅い例がしばしばみられます。

　この病気の進行を抑える治療薬はなく、対症療法を行いながら経過をみることになります。まれな疾患ですので、専門医による経過観察が勧められます。

［症状］　初期は無症状ですが、徐々に胆汁うっ滞にともなう皮膚瘙痒感が現れ、進行すると黄疸（1668頁）や胆管炎にともなう発熱、腹痛が現れます。また、慢性胆汁うっ滞にともなう脂肪便、脂溶性ビタミン不足、胆道胆石などが現れることもあります。

［検査と診断］　診断の決め手となるのは、胆道造影検査です。内視鏡的逆行性胆管造影やＭＲＩによる胆管撮影を行い、多発性の狭窄、硬化像と拡張像が得られれば、この病気の可能性が高くなります。そのうえで、二次性の胆管炎をきたすＨＩＶ感染（2133頁）や総胆管結石（1669頁）、薬剤の副作用などが否定されれば確定診断となります。ときに胆管がん（517頁）が合併するため、定期的に腫瘍マーカー検査（215頁）や画像検査が行われます。

［治療］　有効性の確立した薬物療法はありません。胆管狭窄をきたした例では、内視鏡的ステント挿入術やバルーン拡張術、外科治療などを行い、狭窄した胆管を拡張することもあります。肝不全に至ると、肝移植（1658頁）が唯一の有効な治療法です。

　胆汁うっ滞が進んできた場合には、脂肪分を控え、骨粗鬆症を予防するためにカルシウムなどのミネラルの摂取が勧められます。肝機能が保たれていれば、日常生活を制限する必要はありません。ただ炎症性の腸疾患を合併している場合には、食生活を注意していく必要があります。

薬剤性肝障害
Drug-induced Hepatopathy

［どんな病気か］　薬剤が原因となる肝障害で、肝臓における薬物代謝の過程でおこります。直接あるいは間接的に薬物の代謝産物が肝臓に対して毒性をもつ**中毒性肝障害**と、薬物に対する過敏反応や代謝性特異体質によっておこる**過敏性肝障害**に分類されます。

　肝臓は、各種の物質の代謝・解毒を行うたいへん重要な臓器です。肝臓で代謝される薬物が、いちどにたくさんからだに取込まれたりすると、薬物による障害がおこりやすくなります。薬剤そのものは抗原性をもたないものがほとんどですが、特定の人においては、血中のたんぱく質と結合して抗原性を獲得し、アレルギー反応を介して肝細胞に障害を引き起こします。

　中毒性肝障害は、全身の薬物中毒の一部分症状としておこり、障害は薬物の量に比例して現れ、ある一定量以上の服薬により、予想された症状が現れます。そして、どんな人にも同じよう

肝臓の病気②

アルコール性肝障害 ……………… 1655頁

▼種類▲アルコール性脂肪肝、アルコール性肝炎、アルコール性肝線維症、アルコール性肝硬変の4つに分けられる。

▼治療▲禁酒し、障害の程度に応じた治療を行う。

脂肪肝 ………… 1659頁

コラム 肝移植 …… 1658頁

な肝臓の病理組織学的変化がみられることが特徴です。原因薬剤の例として、解熱鎮痛薬のアセトアミノフェンや抗生物質のテトラサイクリンがあります。

いっぽう、過敏性肝障害は使用量に関連性がなく、ごく少数、特定の人にしか発生せず、特定の病理組織像はみられない特徴があります。例として、抗結核薬のイソニアジドがあります。

薬剤性肝障害は、肝機能や病理組織学的所見から**肝細胞障害型**、**胆汁うっ滞型**、**混合型**に分類されます。薬効別頻度では、抗生物質が第1位で全体の約4分の1を占めています。

症状

全身倦怠感、食欲不振、吐きけなどのはっきりしない消化器症状とともに、発熱などのかぜ様症状が前面に現れることが多く、かぜ薬の服用で紛らわしくなることがあります。発疹や皮膚瘙痒感なども現れることがありますが、症状がなく、血液検査で偶然判明することもあります。

検査と診断

肝機能障害が出現する1～4週前に、肝障害をおこしうる薬剤を服用していることを確認することが重要です。

血液検査では、白血球の軽度増加、末梢血液像における好酸球増加（6％以上）、IgE（223頁）の上昇を多く認めます。肝機能検査においてAST（GOT）・ALT（GPT）の著明な上昇を認める場合は（191頁）、肝細胞障害型が疑われ、ALP（194頁）、γ-GTP（192頁）などの胆道系酵素や血清総ビリルビン（196頁）の上昇が強く、AST、ALTの上昇が軽度の場合は、胆汁うっ滞型が考えられます。

治療

起因薬剤の使用を中止することにより、通常速やかに改善しますが、黄疸（1668頁）が長引く例では、胆汁酸製剤のウルソデオキシコール酸の内服や副腎皮質ホルモン（ステロイド）剤が使用されます。

予防

以前に肝障害をおこした薬を、再び服用すると、必ずまた肝障害をおこします。2度目はより重くなることもあるので、原因となった薬を覚えておいて、医療機関を受診した際には、必ず医師に相談する必要があります。

アルコール性肝障害

Alcoholic Liver Disease

アルコールの過飲でおこる肝障害

◇障害をおこす酒量は人それぞれ

口から入ったアルコールは消化されることなく、そのままの形ですぐに胃や腸から吸収され、門脈という血管にのって、まず肝臓に到達します。ほとんどのアルコールは肝臓で代謝・処理され、水と二酸化炭素になって排出されます。この過程で肝臓の細胞（肝細胞や類洞壁細胞 1626頁図3）に変化が生じます。

この変化は一過性のもので、アルコールを代謝しない状態がつづけば、すぐにもとに戻るのですが、大量に飲酒した場合その変化が残ります。長期大量飲酒をつづけると、アルコールを分解する酵素（アルコール脱水素酵素とミクロソーム酸化酵素の2つあるが、そのうちの後者）のはたらきが活発になり、より多量のアルコールが飲める

図1　アルコール性肝疾患の経過

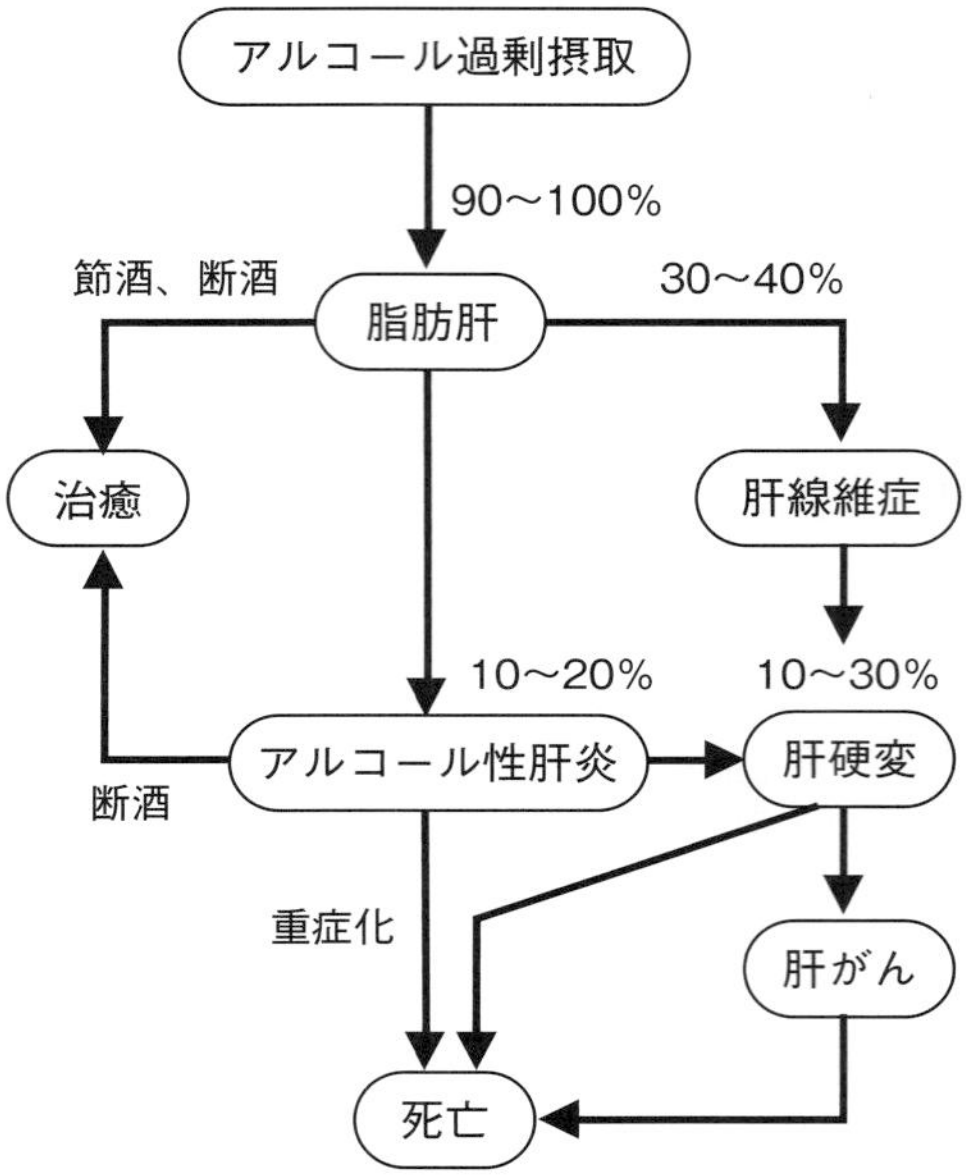

ようになります。そして、このような細胞内の酵素の変化が恒常的につづくと、ついには肝細胞の形が変化し、壊死や細胞間の線維化がおこります。

どの程度の飲酒量でアルコール性肝障害がおこるかは、個人差があります。たとえば、アセトアルデヒドを処理できない人（アルデヒド脱水素酵素2型欠損者）は、お酒をまったく、または少量しか飲めないので、アルコール性肝障害になることはありません。

しかし、少しずつ飲酒することでミクロソーム酸化酵素が活性化され、お酒が飲めるようになると、アルデヒド脱水素酵素2型を完全にもつ人よりも少ない量でアルコール性肝障害が発生します。

アルコール性肝障害は、大きく分けてアルコール性脂肪肝、アルコール性肝炎、アルコール性肝線維症、アルコール性肝硬変の4つの状態があります。

◇アルコール性脂肪肝

どんな病気か　アルコールの飲み過ぎによって最初におこる状態であり、大量飲酒者のほとんどにみられます（図1）。肝臓に、中性脂肪（トリグリセリド）が蓄積した状態です。

アルコールにより肝臓での脂肪の代謝（分解）が障害され、脂肪が肝臓にたまることがおもな原因です。

症状　無症状に経過することが多く、健康診断でGPT（191頁）やγ-GTP（192頁）の異常で発見されることが多いものです。

まれに、右上腹部鈍痛や吐きけなどがみられます。

検査と診断　生検で脂肪の沈着を確認するのが確かですが、最近では超音波検査やCTで診断することが多くなっています。

治療　2〜4週間の禁酒で、脂肪の代謝が改善し、肝臓の脂肪は消失します。

◇アルコール性肝炎

どんな病気か　アルコール性脂肪肝の状態にある人が、連続して大量飲酒をくり返すと、その約20％にアルコール性肝炎が発症します。肝細胞の風船化、壊死と炎症性変化（白血球の浸潤）をともなっている状態です。

症状　全身倦怠感、食欲不振、黄疸、嘔吐、下痢などの症状をともないます。症状の軽い人から重症型と呼ばれる重い症状の人までいますが、多くの場合、入院が必要です。

重症化すると意識障害や出血傾向、腹水なども現れ、禁酒をしても死亡することがあります。

図2　アルコール性肝硬変患者の生存率

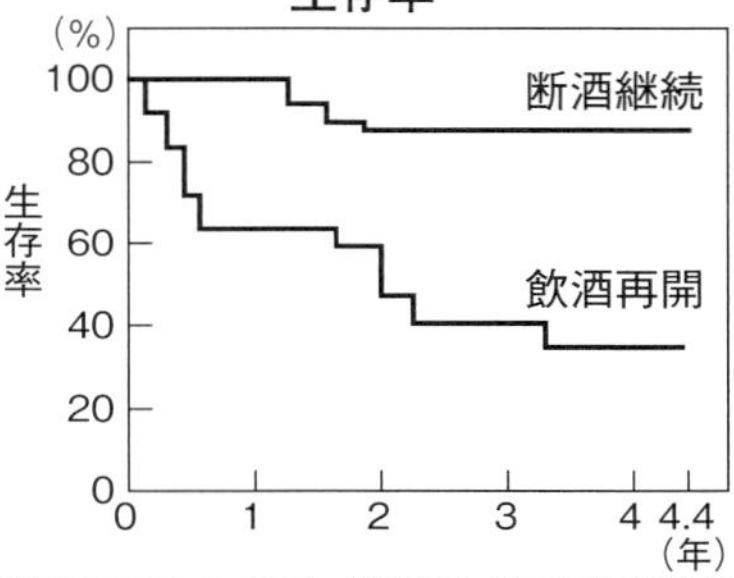

(Yokoyama A, et al., Alcohol Alcohol, 1994)

検査と診断　血液検査では、白血球の増加やビリルビンの上昇がみられます。肝機能検査では、AST（GOT）のほうがALT（GPT）より高いのが特徴です（191頁）。重症の場合、血小板が減少し、プロトロンビン時間（209頁）が延長します。重症型では、肝性脳症（1645頁）、肺炎（1275頁）、急性腎不全（1720頁）、消化管出血などをしばしば合併します。

治療　禁酒を行ったうえで安静にし、点滴で補液をして脱水や電解質異常の改善をします。ビタミンも補給します。

重症型では、副腎皮質ホルモン（ステロイド）剤の使用や血漿交換、血液持続濾過透析、白血球除去療法などを組合わせた治療が必要となることがあります。多くの場合、治癒後もアルコール依存症（1043頁）の治療が必要になります。

◇アルコール性肝線維症

どんな病気か　重症化せずに長期に大量飲酒をすることにより、類洞壁細胞が活性化され、肝臓の線維化が進んだ状態です。日本では、この状態を示すアルコール性肝障害が多くなっています。

治療　禁酒により、完全に治癒はしないものの病気の進行は防げます。肝炎を合併している場合は、アルコール性肝炎（前項）の治療に準じます。

◇アルコール性肝硬変

どんな病気か　過度の飲酒が原因でおこった肝臓病の終末像です。日本酒換算で5合程度以上を約20年以上つづけている人に多発します。ただし、女性の場合は、その3分の2の酒量で約12年程度で肝硬変になる可能性があります。

日本でも非アルコール性脂肪肝炎（1659頁）の患者が増加しています。肥満や糖尿病などの生活習慣がその原因とされていますが、肥満や糖尿病のある人は、アルコール性肝硬変にもなりやすく、男性であっても3合程度の飲酒で肝硬変に至ります。糖尿病がある人がアルコール性肝硬変になると死亡率が高く、注意が必要です。

アルコール性肝硬変の患者の約20％に、肝炎ウイルス、とくにC型肝炎ウイルス（HCV　1635頁）感染との合併がみられます。

この場合、肝臓がん（511頁）の発症率が高くなります。

治療　治療法は、肝硬変（1647頁）と同様です。

肝炎ウイルスの合併がなければ、断酒すると予後は良好です。しかし、飲酒を継続すると、4年後の生存率は半分以下になります（図2）。

肝移植

❖移植成績は急速に向上

肝移植とは、肝臓が十分にはたらかなくなり、機能不全状態となって余命がほとんど期待できなくなったときに、他人の肝臓を移植し根づかせるために行う手術です。

欧米では、脳死状態の人から臓器提供が行われるようになり、１９８０年代より急速に進歩し普及してきた技術です。

日本でも１９９７（平成９）年、法律により脳死が死とされるようになりました。それでも死の考えかたに西欧社会とは文化的な相違もあるためか、脳死での移植はほとんど行われていません。１９９９（平成11）年に初めて、**脳死肝移植**が実施され、２０１３年12月末で２１６例です。

この手術では、他者からの臓器を移植するため、移植後の臓器に対する免疫反応による拒絶反応が問題となります。そのために免疫抑制薬が使われますが、肝臓は比較的拒絶反応のおこりにくい臓器であり、ＡＢＯの血液型が一致していなくても移植が行われることもあります。日本で開発された免疫抑制薬の臨床応用により、移植の成績が急速に改善しました。

欧米での肝移植後の成績は、原因疾患にもよりますが、全体的には5年生存率が約75％です。1年の生存さえむずかしいと予測される症例を対象にしていることを考えると、きわめてよい成績といえます。移植は肝硬変（1647頁）の進んだ高リスク群となってから行うよりも、比較的軽症の低リスク群で行ったほうが成績がよく、たとえば原発性胆汁性肝硬変（1652頁）の人で、高リスク群では1年生存率が60％であり、軽症の低リスク群の80％に比べてかなり低いため、移植の適応は徐々に軽症の肝硬変へと広がってきています。

❖生体肝移植は日本で普及

日本における肝移植は、脳死を死と認めるか否かの問題が解決しなかったために、欧米に比べて普及が遅れていました。

生体肝移植とは、生きている他人の肝臓の一部をとり、移植するもので、他人の死を前提とはしていません。脳死肝移植が不可能だった日本で普及し、脳死肝移植と同等、もしくはそれ以上の治療成績をあげています。提供できる臓器が一部であるため、その大きさに限界があり、子どもを対象に、母親などから臓器の提供が主として行われてきましたが、現在では成人にも多く行われています。提供者の生命の危険がまったくないわけではなく、提供者の選択や安全性などの問題が残されています。

肝移植の対象疾患は、小児では胆道閉鎖症、劇症肝炎（1646頁）、代謝性肝疾患など、おとなでは原発性硬化性胆管炎、原発性胆汁性肝硬変、劇症肝炎、代謝疾患、ウイルス疾患（Ｂ型、Ｃ型肝硬変）、アルコール性肝硬変（前頁）、肝細胞がん（511頁）などです。

臓器の提供数（供給）に限界があるために、欧米では移植を受けるための優先順位がつけられます。ウイルス性肝疾患も移植後のウイルスのコントロールが可能となり積極的に移植が行われています。肝移植後に抗ウイルス薬を併用することなどにより、長期の生存と高いＱＯＬが得られています。

アルコール性肝硬変では、移植後に飲酒を再開し、再び肝硬変に進展する例も多くみられるため、移植肝の供給数の少ない現在では、欧米においても断酒がある一定の期間守られていることが確認されたうえでないと、移植の対象にはなりません。日本でも断酒が原則です。

脂肪肝
Fatty Liver

どんな病気か

肝臓に、中性脂肪（トリグリセリド）が蓄積した状態です。肝小葉の約3分の1を脂肪が占めるようになると、脂肪肝と診断されます。これといった自覚症状はなく、健康診断などで偶然、発見されることがほとんどです。腹部超音波検査や腹部CTなどで、肝臓への脂肪の蓄積が観察されます。

最近では、過度の肥満を背景とした**非アルコール性脂肪肝炎**（**NASH**）患者の増加が指摘され注目を集めています。また、非アルコール性脂肪肝炎は、メタボリックシンドローム（1494頁）の症状の1つとしてとらえることもできると考えられています。

これまで、脂肪肝は重大な病気と考えられていませんでしたが、その一部のアルコール性脂肪肝や非アルコール性脂肪肝炎は、肝臓の線維化を進め、肝硬変（1647頁）に進展することがわかり、油断できない病気でもあります。

健康診断で指摘された場合は、生活改善の指導を守ったり、定期的な検査を受けて自分で管理していくとともに、いちどは専門医に相談してみてください。

原因

アルコールの過飲、肥満（栄養過多）、糖尿病（1501頁）が、脂肪肝の三大原因です。まれに、副腎皮質ホルモン（ステロイド）剤などによる**薬剤性脂肪肝**や、女性の場合は**急性妊娠性脂肪肝**（妊娠後期におこり重症化することがある）のことがあります。子どもの場合は、ライ症候群（672頁上段）が原因のことがあります。

検査と診断

肝機能検査で、アルコール性脂肪肝ではAST（GOT）が、それ以外の脂肪肝はALT（GPT）が上昇することがあります。しかし、血液検査だけでは、脂肪肝と診断することはできず、腹部の超音波検査やCT検査と合わせて診断します。

肝生検は、皮膚の上から針を刺し、肝臓の組織を微量採取して調べる検査ですが、脂肪肝のなかでも、進行性の非アルコール性脂肪肝炎などが疑われる場合、必要となることがあります。

治療

原因に対する対策を講じることがたいせつです。これで、たいていの脂肪肝は解消し、健全な肝臓に戻ります。肥満、糖尿病、栄養過多が原因であれば、食習慣の見直しと適度な運動を行って減量します。

アルコールが原因であれば禁酒を厳守し、薬剤が原因の場合は薬剤の使用を中止します。うまくいかない場合は、専門医による治療が必要になります。

日常生活の注意

脂肪肝は、その原因を取除けば、回復できる病気でもあります。普段の食事を見直すとともに、運動不足の解消をはかることがたいせつです。

肥満の解消が勧められますが、極端なダイエットは非アルコール性脂肪肝炎を悪化させることが報告されています。まずは、1か月に1～2kgの割合で、現在の体重の5％分を減らすことを目標にしましょう。さらに目標体重となっても、リバウンドをおこさないように、獲得した正しい生活習慣を維持するように注意しましょう。

肝臓の病気③

◎レプトスピラ症

ワイル病（次頁）以外にもレプトスピラによる感染症があり、総称してレプトスピラ症と呼ばれます。

レプトスピラという細菌はスピロヘータ（梅毒をおこす

肝膿瘍
Liver Abscess

どんな病気か 肝臓の局所に膿がたまる病気で、膿がたまった膿瘍は1つだけ（単発性）のことも、多数できる（多発性）こともあります。

原因には、細菌の感染による**化膿性肝膿瘍**と、赤痢アメーバ原虫の感染による**アメーバ性肝膿瘍**とがあります。

◉化膿性肝膿瘍

症状 発熱、右上腹部痛、黄疸、肝腫大（肝臓の腫れ）がみられます。倦怠感、食欲不振、体重減少、貧血がおこることもあります。発熱以外の症状が乏しいこともあり、不明熱の原因の1つとなります。

横隔膜近くの肝膿瘍では、胸痛や呼吸困難をおこすため、肺疾患とまちがいやすいものです。

原因 細菌感染が原因で、大腸菌によるものがもっとも多く、しばしば複数菌の感染がみられます。

頻度的には、総胆管結石や膵胆道のがんに起因する胆道感染によるものがもっとも多いです。また、虫垂炎や大腸憩室症にともない、細菌が門脈を通って肝臓内に膿瘍をつくるもの、敗血症につづいておこるもの、感染経路が不明の特発性のものもあります。

検査と診断 細菌感染にともなう白血球の増加、血沈の亢進、CRP陽性（C反応性たんぱく試験の結果が陽性）などの炎症所見、また、胆汁のうっ滞を示すアルカリホスファターゼ（ALP 194頁）、γ-GTP（192頁）などの血中濃度が上昇するなどの肝機能障害を示します。

超音波検査は簡便なうえ、診断と経過をみるのにとても役立ちます。CT検査、MRI検査も行われます。

原因菌の検索には膿瘍内の膿汁や血液の培養が必要になります。

治療 早期に治療を始めなければ、敗血症やショックなどの致命的経過をとるため、肝膿瘍が疑われた時点で、抗生物質が使用されます。

また、超音波で腹部の画像を見ながら細い管を膿瘍部に挿入し、膿汁を体外へ排出する排膿法が行われます。これらで不十分の場合には、開腹手術が行われます。

◉アメーバ性肝膿瘍

症状 化膿性肝膿瘍と似ていますが、下痢や血便があったり、症状が軽い場合や、感染後数年以上たってから見つかることもあります。

原因 大腸内の赤痢アメーバ原虫が血流にのって肝臓に運ばれることでおこり（血行性）、おもに肝臓の右葉に単発性の膿瘍ができます。

アメーバ赤痢（2104頁）は、以前は熱帯地方への旅行中に感染することが多かったのですが、現在は男性の同性愛者間の感染や免疫の低下している人への感染が増加しています。

検査と診断 血中の抗アメーバ抗体が陽性で、便・膿汁を顕微鏡で調べて原虫の存在が確認できれば診断がつきます。アメーバ性膿汁の特徴は、無臭で、赤褐色をしたアンチョビソース状のため、一見して診断がつきます。

治療 抗原虫薬を内服します。東南アジアなどの感染汚染地への旅行中や滞在中には、生水の摂取細菌）の仲間で、たくさんの種類があります。ネズミ、犬、猫、牛、豚、ヒツジ、ヤギ、馬などの動物がこの細菌を保有し、尿中に菌を排出しています。

人への感染は感染動物の尿に直接触れるか、汚染された水や土に接触しておこります。人から人への感染はありません。したがって、動物の尿に直接手で触れたり、水泳の際に、汚染された河川の河口などの水域には近づかないよう注意する必要があります。

レプトスピラ症のなかでも、ワイル病はもっとも重症の病状をもたらすものですが、ほかのレプトスピラ症は軽症から中等症です。

レプトスピラ症は世界中に分布し、とくに、中南米、東南アジアでは発生数が多く、海外で感染し、帰国後に発病する輸入感染症としても知られています。日本国内では風土病としてその地方独自の呼び名で呼ばれています。

治療はいずれも抗生物質の使用が有効です。

はもちろん、生水で洗った果物・野菜類の摂取も避けたほうがよいでしょう。

ワイル病
Weil Disease

どんな病気か

らせん菌のレプトスピラによる感染症です。レプトスピラは動物・人の両方に感染し、人での発症は動物からの感染によります。

ワイル病はレプトスピラ感染症のなかでももっとも重症型で、発熱、黄疸、皮下出血を生じ、重症例では死亡する場合もあります。発病は夏～秋に多くみられます。

症状

約10日間の潜伏期を経て、悪寒、戦慄とともに、突然、高熱、全身の筋肉痛、眼球結膜（白目の部分）の充血がおこります。発症2週目には皮下出血、黄疸も現れます。重症例では腎不全、心不全、意識障害を生じることがあります。黄疸を発症した場合の致命率は約10％です。

原因

ネズミの尿に排出されたレプトスピラが人の皮膚や粘膜の傷口から（経皮感染）、あるいは飲食物などを通じて口から（経口感染）体内に侵入し、発病します。沖縄県をはじめ、全国的に散発的な発症がみられます。

検査と診断

白血球増加、血沈の亢進、CRP陽性（C反応性たんぱく試験の結果が陽性）という炎症を示す結果と、黄疸を示す血清ビリルビンの高値、腎機能障害がみられます。

確定診断には、血液や尿の培養、血中抗レプトスピラ抗体の検出、菌の遺伝子増幅検査（PCR法）があります。

治療

補液、抗生物質の注射剤や肝庇護薬が使用されます。高度の腎不全をおこしている場合は血液透析が行われます。早期に治療を開始するほど効果的です。

日常生活の注意

農業、土木（下水工事など）、食肉解体などの従業者にはワイル病感染の危険があります。作業中は手袋やゴム長をつけて手足を保護し、汚水や動物の血液が直接皮膚に触れないようにします。汚染地域では、感染源のネズミの駆除が行われます。

ウィルソン病
Wilson Disease

どんな病気か

肝細胞から胆汁中への銅の排泄障害と血液中の銅を運搬するたんぱく質（セルロプラスミン）の低下により、体内の微量金属である銅が肝細胞に過剰に沈着する代謝性疾患です。さらに、血液中の過剰な銅は脳、腎、角膜などにも沈着し、それらの臓器や器官に障害をおこします。

13番染色体の遺伝子異常が原因です。

症状

肝型、神経型、混合型があります。

肝型は肝臓への銅沈着によって、脂肪肝、急性および慢性の肝障害、やがて肝硬変（1647頁）をおこします。

神経型は動作緩慢、運動失調などの中枢神経症状をおこします。

混合型は肝障害と神経症状をおこします。

ウィルソン病の三大症状は、肝硬変症、目の角膜周辺にできる茶色の輪状着色（カイゼル・フライシェル角膜輪）、中枢神経症状です。

◎犬型レプトスピラ症

犬から人へ感染するもので、ワイル病（1661頁）に似た症状があります。熱は数日で下がり、黄疸はあまりおこりません。

無菌性髄膜炎の症状が比較的多く、予後は良好です。

抗生物質の治療が有効です。

◎秋季レプトスピラ症

この病気をおこすレプトスピラは、日本各地の田園、山間部に分布し、ノネズミが感染媒体となり、秋に流行します。静岡県の秋疫、福岡県の七日熱はこの病気の地方名です。

症状はワイル病に似ていますが、一般に軽く、黄疸はありません。

抗生物質の治療が有効です。

肝型は子どもに多く、小児や青少年に肝障害がある場合は、この疾患を疑う必要があります。

最悪の場合、肝硬変末期の肝不全（1648頁上段）、食道静脈瘤破裂（1551頁）、急性肝不全のいずれかによって、命を落とすこともあります。

検査と診断 若い人に三大症状があれば、この疾患が強く疑われます。検査をして、血清セルロプラスミンの低値や尿中銅排泄の増加がみられ、肝臓組織を微量採取して調べる肝生検で肝細胞の銅イオン濃度が増加していれば診断がつきます。

最近では、遺伝子診断も行われています。

家族内発症を調べるためには、家族の血清セルロプラスミン値の測定が行われます。

治療 尿中への銅の排泄を促す銅キレート薬を内服し、銅含有量の多いチョコレート、貝類、レバー、ピーナッツ、海藻類の摂取を控えます。急性肝不全では肝移植が行われることがあります。

ヘモクロマトーシス

Hemochromatosis

どんな病気か 肝臓、心臓、膵臓などの臓器に鉄が過剰に沈着し、その臓器の機能障害を生じる病気です。沈着した臓器によって、それぞれ肝硬変（1647頁）、心筋症（1377頁）、糖尿病（1501頁）がおこります。

男性が女性に比べ圧倒的に多く、50歳前後で発病します。

症状 三大症状は、肝硬変、糖尿病、皮膚の青銅色の着色です。これらは、それぞれ鉄が沈着した臓器の症状です。うっ血性心不全、不整脈、手指・膝・腰の関節炎、性欲減退などの症状もみられます。

肝臓では組織の線維化を経て、やがて肝硬変となります。肝硬変の20％には肝がんの合併がみられます。最悪の場合、肝不全、糖尿病性昏睡、心不全などで死に至ることがあります。

原因 遺伝性（原発性）のものと、後天性（続発性）のものがあります。

遺伝性ヘモクロマトーシスの原因として、6番染色体にある遺伝子の異常による常染色体劣性遺伝が知られていますが、近年、それ以外の遺伝子異常も見つかっています。

後天性ヘモクロマトーシスは、鉄分の過剰摂取や、頻回かつ大量の輸血、透析時の溶血によっておこります。

検査と診断 血清鉄とフェリチンが高い値を示すのが特徴です。肝生検で採取した肝組織の鉄染色により、肝細胞の鉄沈着を証明することが診断に役立ちます。また、腹部のＣＴやＭＲＩによる画像診断は、肝臓の鉄沈着の判定に役立ちます。遺伝性の場合は、遺伝子診断が可能です。

治療 基本は体内から鉄分を除去することです。そのため、瀉血（1回に２００～５００㎖の血液を抜く）と、鉄を排泄させる鉄キレート薬の筋肉注射が行われます。同時に糖尿病、肝硬変の治療も行われます。

日常生活の注意 飲酒、とくに赤ワインは鉄分が多く、肝硬変の進行を促進するので避けるようにします。

アミロイド肝
Amyloid Liver

どんな病気か アミロイドと呼ばれる線維たんぱくが過剰に体内でつくられ、肝臓に沈着する病気です。アミロイドは心臓、腎臓、肝臓、脳、消化管のどこかに限定して（限局性）沈着するほか、全身に沈着して臓器障害をおこすことがあります（**全身性アミロイドーシス**）。肝臓はとくにアミロイドが沈着しやすい場所で、沈着した肝臓をアミロイド肝といいます。

症状 肝腫大（肝臓の腫れ）がもっとも多い症状です。

全身性アミロイドーシスでは倦怠感、浮腫（むくみ）、たんぱく尿、貧血、低たんぱく血症、巨舌がみられます。腎不全、心不全または感染症を併発すると命にかかわることがあります。

原因 遺伝性のもの、原因不明のもの、多発性骨髄腫・膠原病・がんに合併するもの、腎不全による長期透析中におこるものがありますが、そのしくみはわかっていません。

検査と診断 直腸生検によって、直腸の組織にアミロイド沈着が証明されれば診断がつきます。肝生検は出血の危険性があるため、積極的には行われません。アミロイド線維は肝細胞の外側に沈着するので、肝細胞自体は良好に保たれ、肝機能は正常または軽い異常がみられる程度です。

治療 対症療法が主体です。原因となる病気がある場合は、その治療を行います。

うっ血肝
Congestive Liver

どんな病気か うっ血性心不全のために心臓への血液の戻りが悪くなり、肝臓内に血液がうっ滞する（滞る）ため、肝障害をおこす病気です。肝臓は心臓に近いため、心臓に戻る血流が障害されると肝臓内にうっ血が生じやすくなります。

症状 急性心不全では、急激に肝臓が著しく腫れて痛みがおこります。慢性心不全でうっ血が長期間つづくと、結合組織が増えて、最終的には肝硬変（うっ血性肝硬変）となりますが、現在では治療法が進歩したため、肝硬変になることはきわめてまれです。重篤な肝障害もまれです。

心筋梗塞や肺梗塞によるショック時の急性うっ血肝では、肝細胞が急激な酸素不足となり、急性肝障害をおこします。

原因 うっ血性心不全あるいは胸膜炎によって心臓の収縮機能が低下するため、肝臓に血液がたまり、うっ血による圧迫と酸素不足のために肝臓の正常な組織構造がくずれて、肝障害がおこります。

バッド・キアリ症候群（1667頁）でも、うっ血肝をおこします。

検査と診断 腹部を超音波検査すると、下大静脈、肝静脈の拡張がみられるのが特徴です。

心臓に対しては、心電図検査と心臓超音波検査が行われます。

治療 原因となる心臓疾患の治療とともに、肝細胞を保護するための肝臓の庇護療法が行われます。

◎肝焼灼術とエタノール注入療法

超音波でモニターしながら、長い注射針を、皮膚を通して肝腫瘍内に刺し、マイクロ波、ラジオ波などで患部の組織を焼く治療法を**肝焼灼術**、皮膚から患部まで管を通して、エタノールを注入し、患部の組織を破壊する治療法を**エタノール注入療法**といい、肝臓がんの治療法の1つです。

こうした治療をまとめて、**アブレーション治療**ともいいます。

肝良性腫瘍
Benign Liver Tumors

どんな病気か

画像診断の発達により、発見が容易となった一連の疾患で、場合によって肝生検によって、診断します。

多くは無症状です。大きいと腫瘤を触れたり、腹部の痛みや張り、発熱、隣り合った胃や十二指腸などを圧迫するために食が細くなったりします。

原因

母胎内で遭遇したなんらかの異常に関連するものが多いのですが、性ホルモン、経口避妊薬、寄生虫が関与するものもあります。

治療

がんに発展しそうなものや症状のあるものが治療の対象です。それ以外は、数か月ごとに病気の変化をみていきます（経過観察）。

▼肝血管腫　健康診断で1～2・3％に見つかります。その大部分は海綿状血管腫（スポンジ状の組織に血液がたまったようなもの）です。大きいものは女性に多く、画像診断が容易ですが、1cm以下のものは診断がむずかしいこともあります。肝生検は、出血の危険があるためほとんど行われません。通常は経過観察でよいのですが、大きくて腫瘍内に血栓ができ出血傾向（1454頁）になったり、破裂してショック状態の危険がある場合は、肝切除術、肝動脈塞栓療法、放射線照射、エタノール注入療法（上段）などが行われます。

▼肝細胞腺腫　20～40歳代の肝硬変をともなわない女性に多く、日本ではまれです。経口避妊薬が原因とされ、糖尿病の人に多いとの報告もあります。

画像診断でわかりにくいと、肝生検が行われます。将来がん化や破裂する可能性があり、肝切除が行われますが、肝硬変（1647頁）をともなわないときは経過観察ですます場合もあります。

▼限局性結節性過形成　女性に多く、性ホルモンとの関係が考えられます。肝生検では診断が困難なことも多く、画像診断が参考となります。がんには進まないと考えられるので、診断が確定したら、経過を観察していきます。

▼腺腫様過形成　肝硬変が合併しており、がんに発展する可能性がある前がん病変と考えられています。画像診断の発達により、がんとの区別がかなりできるようになってきました。

治療は、定期的に精密検査を受けながら観察する場合や、肝切除、肝焼灼やエタノール注入療法（上段）などの各種治療を行う場合がありますが、専門機関への受診が必要です。

▼肝嚢胞　肝臓内に液体のたまった袋ができます。寄生虫性肝嚢胞は汚染された生水を飲むことでおこります。寄生虫の種類により単包虫症と多包虫症に分類されます。単包虫症は、破裂しないかぎり予後は良好です。多包虫症は、感染後十数年で肝障害をおこし、肝不全（1648頁上段）や門脈圧亢進症（次頁）から死に至ります。ともに肝切除術が行われます。

非寄生虫性肝嚢胞の大部分は、先天性です。50歳前後の女性に多く、まれに感染、出血、破裂をおこしたり、がんに発展することがあります。多くは経過観察で十分ですが、症状や破裂の危険があれば、エタノール注入療法や、嚢胞の壁を切開します。

◎門脈とは

門脈とは、小腸や大腸、脾臓などの腹腔内臓器の静脈血（上腸間膜静脈・下腸間膜静脈・脾静脈の3系統）が合流して形成された静脈幹で、肝臓に流入したあと門脈枝に分かれ、毛細管を経て肝静脈に再び集まり、下大静脈（大循環系）へと流入します（1625頁図）。消化管で吸収された栄養素などを肝臓に運び込むはたらきがあり、肝臓はその材料をもとに生体に重要な物質（アルブミンやコレステロールなど）を合成します。また運び込まれた毒素（アンモニアなど）の解毒にもかかわっています。したがって、門脈血流に異常が生じると肝臓の機能に障害が生じることになります。門脈圧が高くなると大循環系との間に側副血行路（シャント）が形成されます。

肝臓には肝動脈の血液も流入しており、他の臓器と異なり栄養血管が動脈と門脈の2種類あることになります。

門脈圧亢進症
Portal Hypertension

どんな病気か　腹腔内臓器から肝臓に流入する血管である門脈（上段参照）内の圧（門脈圧）が、血管抵抗の上昇あるいは血流量の増加によって高まった（亢進）状態をいいます。健康な人の門脈圧はあお向けに寝た状態（背臥位）で100～200㎜H_2Oです。この圧が200以上のときを、門脈圧亢進症といいます。

原因　門脈圧は腹圧、体位、歩行、食事、せきなどの影響でも変動しますが、肝臓を中心とした血流の循環障害によって病的なレベルに達すると、圧力の低い脾臓に向かって血液が逆流して脾臓が腫れたり（**脾腫**）、門脈と大静脈系との間に側副血行路（シャント）が形成されます。こうした変化が、さまざまな症状の原因にもなります。

門脈圧亢進症は循環障害の原因部位が肝臓の手前か中か後ろかによって、肝前性（門脈血栓症（次頁）など）、肝内性（肝硬変（1647頁）、特発性門脈圧亢進症（次頁上段）など）、肝後性（バッド・キアリ症候群（1667頁）など）に分類されます。

一般的には、肝硬変が門脈圧亢進症のもっとも多い原因疾患といえます。

症状　門脈血が肝臓内を通過しないためにおこる症状（肝機能不全）と、側副血行路にともなう症状に分けられます。

肝機能不全の症状としては、肝臓で解毒できないために血中にアンモニアなどがたまっておこる意識障害（肝性脳症）や、血流障害にアルブミンなどの肝臓で合成されるたんぱくの減少がともなっておこる腹水や脚のむくみなどがあげられます。

側副血行路が形成されると、ふだんそれほどたくさんの血液が流れていない中小の静脈に大量の門脈血が流入します。そのために、静脈が膨らんで静脈瘤を形成します。食道や胃にできた静脈瘤は消化管出血の原因となりますし、直腸や肛門にできた静脈瘤は下血の原因になります。**門脈圧亢進症性胃症**と呼ばれる胃粘膜のびらんや出血がみられることもあります。

門脈の血流が減ると相対的に脾臓へ流れる血流が増え、膨れた脾臓（脾腫）で血液中の白血球や赤血球や血小板が壊されて減少します（**汎血球減少症**）。

検査と診断　直接、門脈圧を測定することはあまり行わず、随伴症状から診断します。側副血行路の確認は、造影剤を使ったCTスキャンなどで行います。合併症の有無をみるために、上部消化管X線検査や内視鏡検査を行います。血液検査では、汎血球減少症や肝機能低下（アルブミン値の低下やアンモニア値の上昇など）が参考になります。

治療　門脈圧を下げる治療と合併症に対する治療があります。

▼門脈圧に対する治療　バソプレシン、ニトログリセリン、プロプラノロール塩酸塩製剤などの降圧作用のある薬剤を用いることがあります。

また、肝臓の中で門脈と肝静脈の間に人為的に側副血行路をつくって、門脈圧を低下させる**経頸静脈的肝静脈―**

◎特発性門脈圧亢進症

特発性門脈圧亢進症とは、脾腫、貧血、門脈圧亢進を示すが原因となる疾患を証明できない原因不明の病気です。

比較的まれな病気で、推定有病率は人口100万に対して9・2人です。男女比は約1対3で、発症のピークは40歳代です。

◎肝結核

肝結核は、結核菌の感染によっておこる感染性の肝疾患です。通常、肺結核（1285頁）や粟粒結核（1286頁上段）、腸結核（1582頁上段）にともなうことが多く、肝外病変から血液やリンパ液によって結核菌が肝内に侵入して発生すると考えられています。肺結核の人の肝結核の合併頻度は約80%ときわめて高いといわれます。肝外病変がみられない肝原発の症例もまれにあります。

基本的な肝臓病変は、乾酪壊死（チーズ状に細胞が死滅した状態）をともなった肉芽

門脈シャント術（**TIPS**）などの方法もあります。

▼食道静脈瘤と胃静脈瘤の治療　内視鏡検査で静脈瘤が連珠状に腫れている場合や、赤らみがあるときには、破裂の危険があるために内視鏡による予防的処置がとられます（1551頁）。

内視鏡治療がうまくいかない胃静脈瘤に対しては、血管内にカテーテルを挿入し、腎静脈系側副血行路内でバルーンを膨らませて、一時血流を遮断した状態で塞栓物質を胃静脈瘤とその供血血管に入れてふさぐ（塞栓）、**バルーン下逆行性経静脈的塞栓術**（**B-RTO**）と呼ばれる治療も最近行われるようになりました。

▼腹水・浮腫（むくみ）の治療　腹水の原因として、門脈圧の亢進以外に、血中のアルブミン濃度が低いために血管内の浸透圧が低くなり水分が血管外にしみ出すことが考えられます。そこで塩分を制限して、利尿薬を使用するとともに、必要に応じて点滴などでアルブミンを補います。

▼肝性脳症の治療　アンモニアなどの有毒物質が体内にたまらないように、その発生源である腸管に便がたまらないように便通をよくしたり、意識レベルを改善する作用のあるアミノ酸（分枝アミノ酸）製剤を経口または点滴で補ったりします。

▼脾腫の治療　腫れた脾臓による圧迫症状が強いときや、脾腫が原因と考えられる高度の血球減少がみられた場合には、脾臓を摘出したり、脾臓に行く動脈を部分的に塞栓したりすることがあります。

［日常生活の注意］　定期的な検査を受けて合併症の進行に気を配ることがたいせつです。原因になっている疾患がはっきりしている場合には、原因疾患の治療がいちばんたいせつです。

門脈血栓症
Portal Vein Thrombosis

［どんな病気か］　門脈系の血管が、血液のかたまりによってふさがれた（閉塞）状態で、閉塞した部位によって肝内性と肝外性とに分けられます。

最近、肝外性のものは**肝外門脈閉塞症**としてまとめることが一般的です。

一次性のものは多くが小児期に発症し、血液凝固異常と先天的な形態異常がおもな原因と考えられています。二次性の病因としては、胆石（1669頁）、胆嚢炎（1673頁）、慢性膵炎（1679頁）、白血病（548頁）などの血液疾患、膵臓・胆道系の腫瘍、開腹手術などにつづいておこることが知られています。

［症　状］　門脈が閉塞することで、食道胃静脈瘤、脾腫、門脈大循環側副血行路（シャント）などの門脈圧亢進症（前項）の症状を示します。

［検査と診断］　肝硬変でみられる門脈圧亢進症とは異なり、肝臓自体の障害は比較的軽いため、血液検査ではほとんど異常はみられません。したがって門脈内血栓の存在を確かめるために、腹部超音波検査や、造影剤を用いた腹部ダイナミックCTスキャン、あるいはカテーテルによる門脈造影などが行われます。肝外門脈閉塞症では、門脈本幹の閉塞と肝門部の海綿状血管増生をともなう求肝性側副血行路の形

腫です。特有の症状はありませんが、粟粒性の肝結核では圧痛をともなった肝腫大をみることがあります。そのほか、発熱、上腹部痛、体重減少、寝汗などがあげられます。黄疸が出現することはまれです。

生化学検査での血清アルカリフォスファターゼ（ALP）などの胆管系酵素の上昇が特徴的です。そのほか、血清AST、ALTの上昇やCRP陽性などがみられますがその程度は軽いことが多く、非特異的です。ツベルクリン反応は強陽性となることが多いのですが、進行すると陰性化することもあります。超音波検査やCTスキャンなどの画像検査では特徴的な所見はなく、腹腔鏡検査で直接肝表面をみると結核性肉芽腫が多数の微小白斑として認められ、その組織の生検によって、確定診断が可能です。

治療としては、抗結核薬による化学療法を強力に行います。早期に適切な診断、治療が行われれば予後は良好です。

成がみられるのが特徴的です。

門脈閉塞後に急速に発達する求肝性側副血行路により、肝臓の血流が維持されるため、肝硬変や膵胆道系疾患につづいておこった二次性の症例を除いては、肝機能はほぼ正常か障害があっても軽度なことが多いようです。

治療

治療の対象となるのは、食道静脈瘤出血と脾腫、脾機能亢進症などで、門脈圧亢進症（前項）のような方法がとられます。

二次性の肝外門脈閉塞症の場合は、原因疾患の治療が重要です。

バッド・キアリ症候群
Budd-Chiari Syndrome

どんな病気か

肝動脈や門脈（1665頁上段）を介して肝臓に流入した血液は、肝静脈→下大静脈を通って心臓に戻ります。バッド・キアリ症候群とは、肝静脈あるいは肝部下大静脈の閉塞や狭窄によって、門脈圧亢進症状を示す症候群をいいます。

原因のはっきりしない場合を**一次性バッド・キアリ症候群**、原因の明らかな場合を**二次性バッド・キアリ症候群**といいます。

一次性バッド・キアリ症候群の想定される病因として、従来は先天性血管形成異常が主流でしたが、最近、血液凝固因子活性異常が関与している可能性も報告されています。女性に多く、推定発症年齢は平均43歳です。

二次性バッド・キアリ症候群の原因としては、肝がん（511頁）、転移性肝腫瘍、腹部外傷、うっ血性心不全（1342頁）、経口避妊薬の使用などがあります。

多くは慢性の経過をとりますが、急性閉塞もおこりえます。

症状

急性型では、腹痛、吐血、肝臓腫大や腹水がみられ、ときに重篤な経過をたどります。この急性の経過をとる場合は、肝不全により死に至ることがあります。

慢性型では、食道胃静脈瘤、腹水、脾腫、貧血、出血傾向、肝機能障害などの門脈圧亢進による症状が徐々に現れます。慢性の経過をとると平均生存期間10年以上の場合もありますが、予後を左右するのは肝障害や食道静脈瘤の程度と肝がんの合併の有無などです。

検査と診断

門脈圧亢進症状がみられますが、門脈本幹や肝内門脈枝は開いており、脾臓の腫大や肝臓のうっ血性の腫大がある場合、この病気が疑われます。内視鏡検査では、上部消化管の静脈瘤以外に十二指腸、胆管周囲、下部消化管などに異所性静脈瘤を認めることがあります。超音波ドップラー検査では、肝静脈主幹や肝部下大静脈の逆流や乱流が観察されます。

診断は、肝静脈・下大静脈造影検査でこれらの血管の閉塞や狭窄を確認できれば確定します。

治療

門脈圧亢進症の治療（1665頁）と、閉塞した血管に対する治療が行われます。続発性の場合は、原因疾患の治療もたいせつです。血管の閉塞や狭窄に対しては、カテーテルによる開通術や拡張術、あるいは閉塞・狭窄を直接解除する手術が行われます。場合によって、閉塞・狭窄部上下の大静脈のシャント術（短絡路をつくる手術）を行う場合もあります。

黄疸のいろいろ

❖黄疸とは

血液中にビリルビンという物質が異常に増えて、組織に蓄積した結果、皮膚や眼球結膜などが黄色みをおびた状態になることを黄疸といいます。

血液中のビリルビン値は、基準では血液1dℓ中に0・1〜1・0㎎です。これが2〜3㎎以上になってくると、黄疸が観察されるようになります。ビリルビンの80%は、赤血球中のヘモグロビンが代謝されて生じてきます。老廃した赤血球が脾臓で処理されてヘモグロビンが血中に遊離され、ビリルビンに変換されます。血中に放出されたビリルビンは、アルブミンというたんぱく質と結合し、肝臓に運ばれ、肝細胞に摂取されます。肝細胞内でグルクロン酸抱合を受けて、水溶性の**抱合型（直接型）ビリルビン**となり、胆汁として胆管内に排泄されます。また腎糸球体を通過し、尿中にも排泄されます。したがって、黄疸のときには尿も茶褐色のビール色をおびます。ただしグルクロン酸と抱合する前のビリルビンは非抱合型（間接型）ビリルビンと呼ばれ、水に溶けにくいため尿中に排泄されません。

胆汁中に排泄された抱合型ビリルビンは、小腸と大腸で腸内細菌によってウロビリノーゲンに加水分解され、大部分は便中に排泄されます（大便の茶色い色はビリルビンの代謝産物の色）。一部は、回腸などから再吸収され、血液を介して肝臓に戻ります（腸肝循環）。

血液検査では、抱合型ビリルビンと非抱合型ビリルビンの両者を測定でき、黄疸の原因を考えるときの有力な判断材料になります。

障害のおこった部位によってビリルビンが肝臓に運ばれる前（肝前性）か、肝臓自体の障害（肝性）か、ビリルビンが胆管内に排泄されたあと（肝後性）の障害なのかに分けて考えるのが一般的です。肝前性では非抱合型ビリルビンが増加しますし、肝後性では抱合型ビリルビンが増加します。肝性では両方のビリルビンが増加する可能性があります。

❖黄疸の原因

①非抱合型（間接型）高ビリルビン血症をきたすもの　溶血（赤血球の崩壊）が過剰におこる場合がこれにあてはまります。さまざまな血液疾患、不適合輸血などでみられます。また**体質性黄疸**といって、グルクロン酸抱合酵素の障害などで黄疸が現れる場合（遺伝性疾患のジルベール病やクリグラー・ナジャー症候群など）もあります。

②抱合型（直接型）高ビリルビン血症をきたすもの　肝細胞の障害が原因でおこる黄疸のことを**肝細胞性黄疸**といい、急性肝炎による一過性の黄疸や、肝硬変（1647頁）の進行にともなって生じる黄疸などが主たるものです。薬剤性肝障害（1654頁）で黄疸が現れる場合もあります。**肝内胆汁うっ滞性黄疸**とは、肝内の胆管における胆汁排泄障害でおこる黄疸で、薬剤によるもの、原発性胆汁性肝硬変症、原発性硬化性胆管炎などの疾患、体質性黄疸の1つであるドビンジョンソン症候群などがあります。**閉塞性黄疸**とは、肝外胆管の閉塞によっておこる黄疸で、総胆管がん（517頁）、胆嚢がん（515頁）、膵頭部がん（518頁）などの悪性腫瘍、胆石（次頁）や胆管炎（1673頁）などが原因となります。

❖黄疸の対処

黄疸を認めたときには、まず医療機関を受診し、直接型と間接型どちらのビリルビンの上昇なのかチェックして、直接型であれば、超音波検査やCTスキャン、MRI検査などで閉塞性黄疸の可能性を調べます。原因が究明できたら、原因に応じた治療を行います。

胆石症（たんせきしょう）
Gallstone Disease
胆嚢にできる結石

◇脂肪摂取量に比例して急増

どんな病気か

胆石は健康診断で発見されることが多く、日本人では成人10人中1人の割合で胆石をもっていると推定されます。男性より女性にやや多く、70歳以上になるとさらに胆石発生率が増えます。

肝臓では胆汁という脂肪の消化を助ける消化液がつくられています。肝臓でつくられた胆汁は、細い管（胆管）を通って十二指腸の**ファーター乳頭**という小さい孔から十二指腸の中に排出され、胃から送られてきた食物と混ざります。同時に、乳頭からは膵臓でつくられた膵液も排出されます。つまり、胆汁・膵液・食物が十二指腸で混ざることになります。そして小腸に運ばれて、炭水化物、たんぱく質、脂肪が、それぞれ吸収されやすい形となって、血液やリンパ液に吸収されていきます。

ファーター乳頭の周りには筋肉の輪**（オッディの括約筋）**があり、胃から送られてきた食物が胆管のほうへ逆流しないようにはたらいています。これはちょうど、肛門に筋肉の輪があり、入浴や水泳をしても肛門から水が入り込まないのと似ています。このはたらきで、胆管の中は清潔に保たれているのです。

つぎに、胆汁が通る胆管の構造をみてみましょう（図1）。

胆汁は肝臓の中の毛細胆管から分泌され、肝内胆管から総肝管へと流れていきます。胆汁は黄金色をしており、その成分は、97％が水で、ほかにビリルビン、胆汁酸、コレステロール、リン脂質などが含まれています。

食事をとっていないときはファーター乳頭が閉じていますから、胆汁は胆嚢管から胆嚢へ流れ、そこで一時貯蔵されます。貯蔵されているうちに濃縮されて、黒っぽく粘りけの強い胆汁になります。

胆嚢管までの胆汁の通り道を肝管、胆嚢管より下流を総胆管といいます。

胆汁が通る管である肝管と総胆管には筋肉らしいものがなく、胆汁を乳頭に押し出す力はありません。

しかし、胆嚢には筋肉があり、胆汁を押し出す力があります。つまり、食事が十二指腸に入ってくると、胆嚢が収縮して十二指腸に胆汁を押し流すわけです。

胆嚢に石ができるのが**胆石症**で、総胆管に石ができるのを**総胆管結石症**といいます。肝内の胆管に結石ができる

図1　胆汁の通り道

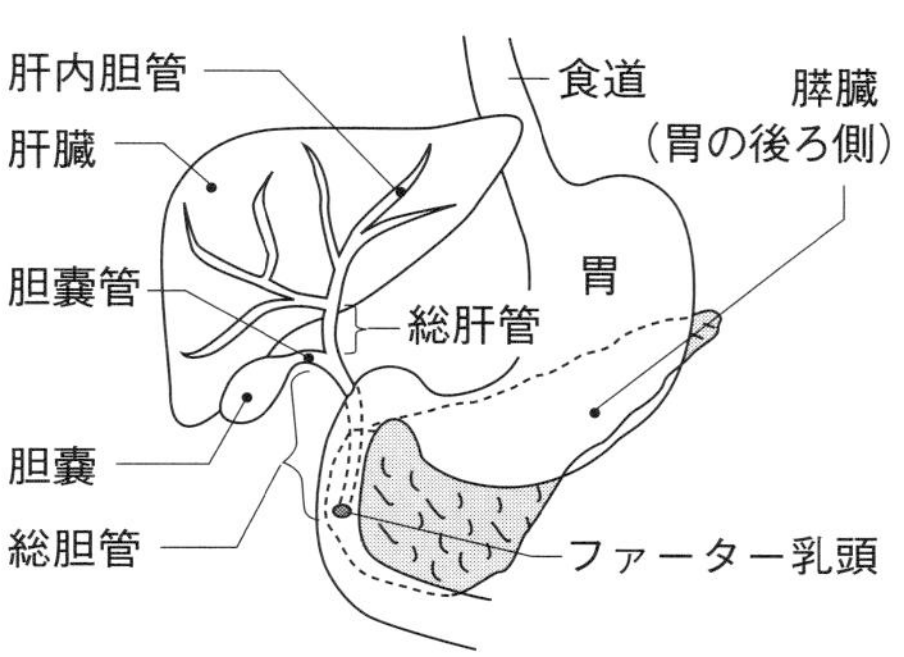

◎サイレントストーン

健康診断や人間ドックが普及し、検査精度が向上したために、何も症状がないのに胆石が発見されることがあります。これがサイレントストーンです。

サイレントストーンの治療適応は、はっきりと決まっていませんが、海外出張が多い人、公共の乗り物を運転・操縦する人（パイロットなど）、航海が長い船員は、手術しておいたほうが安心できるでしょう。

肝内結石は比較的まれな病気です。

【原因】 日本では、１９７４（昭和49）年ごろから急激に胆石症が増えてきました。これは、１９６０年代の後半から日本人の栄養摂取状態がよくなり、とくに脂肪摂取量が増えてきたことと関係していると思われます。

胆石を分析し、胆石の種類をその主成分で分けてみると、もっともよくみられるのは**コレステロール結石**、そのつぎが昔よくみられた**ビリルビン結石**、まれな**黒色結石**の3種となります。

胆汁中にはコレステロールが溶けていて、その濃度が高すぎるとコレステロールが析出（結晶が生じること）して、コレステロール結石ができます。

また、なんらかの原因で胆道に感染がおこると、胆汁の主成分のビリルビンがビリルビンカルシウムに変化してかたまり、ビリルビン結石となります。

黒色結石については不明な点が多いのですが、大きな手術を受けて数年後にできる胆石にこれが多いのです。体内で自分の血液が溶けた結果、生じるのではないかとも考えられています。

コレステロール結石、ビリルビン結石は、脂肪のとりすぎと胆道感染が原因でできます。

したがって、胆石を予防するには、まず脂肪分の多い食物をとりすぎないように心がけることです。胆道感染の予防できることは、寄生虫に感染しないこと、野菜類はよく洗って食べることぐらいでしょう。

ほかの原因としては、胆汁の通り道のどこかが生まれつき狭かったり、なにかの原因で狭い箇所ができたりして、その上流で胆汁が滞り、濃度が増して胆石ができることがあります。とくに肝内結石の原因がこれにあたります。

◇激しい腹痛が特徴

【症状】 **▼胆石の症状**　代表的な症状は**胆石発作**と呼ばれる激しい腹痛です。油っこい食事をとると胆嚢が収縮し、胆嚢中の胆汁を十二指腸に流します。結石がある人では、胆嚢中の結石も移動し、それが胆嚢管に引っかかると、胆嚢はなお激しく収縮して押し出そうとします。この状態が胆石発作です。たいがい1時間ほどで**疝痛**は治まりますが、長い人では3時間程度つづくこともあります。結石がもとどおり胆嚢の中に戻ると、痛みは消えます。

胆石発作をおこしているときに、胆嚢中で細菌が増えて炎症をおこすと胆嚢炎（次項）になります。こうなると胆嚢は赤くただれ、膿をもつようになります。また、発熱がみられ、痛みが右わき腹に固定し、そこを押すと痛みます。胆石発作の痛みと異なって、さしこまず、5～6時間たっても治まらないことが多いものです。

▼総胆管結石の症状　総胆管結石が総胆管の中で胆汁の流れをじゃますると、胆汁が肝臓内に閉ざされて（閉塞）血液中の胆汁成分が増え、黄疸（1668頁）の症状が現れてきたり（閉塞性黄疸）、胆汁の中に細菌が増えて胆管炎になったりします。

胆管炎は重症になると、敗血症（2124頁）、ショック状態にもなるので注意が必要です。

◎胆石と胆嚢がん

胆石の人のなかには、まれに胆嚢がん（515頁）が併存している人がいます。胆嚢がんが併存しているかは、超音波、CT、MRI検査など各種画像診断である程度診断がつきますが、早期がんなどの画像診断でわかりにくいがんは、厳密には手術をして胆嚢をとって、顕微鏡検査をしてみないとわかりません。がんの併存は決して多いことではありませんが、くわしく知るには専門の医療機関で相談する必要があります。

また、結石が総胆管から十二指腸への出口であるファーター乳頭にはまり込んでしまうと、膵管からの膵液の排出もじゃまし、膵炎になることもあります。

総胆管結石では、ひじょうに重篤な状況におちいることがあるので注意が必要です。

【検査と診断】 画像診断にもさまざまな方法があります。

▼超音波検査（US） 肝臓や胆嚢の検査としてはひじょうに有用で、胆嚢内の結石、ポリープ、がんがよくわかります。

消化管内のガスがエコー反射をじゃまするので、総胆管についてはわかりにくい面があります。

▼CT検査 胴体を輪切りにした画像を映しだす検査で、胴体をお尻の方向（下）から見るX線写真です。

▼点滴静注胆嚢造影（DIC） 胆汁中に排泄される造影剤を点滴して、胆管と胆嚢の両方をX線写真で見る検査です。

▼MRI検査 胆管と胆嚢の構造をコンピュータで立体的に構築した画像を得られる検査です。造影剤を使わず内視鏡を飲むこともないので、比較的よく行われる検査です。

▼逆行性胆管造影（ERCP） 内視鏡を飲んで、十二指腸の乳頭から胆汁の通り道に、胆汁の流れとは逆向きに造影剤を流し込んでX線撮影する方法です。

内視鏡を飲むのでたいへんですが、DICやMRIに比べてひじょうに鮮明な画像が得られます。

◇胆石発作などがあれば治療を

【治療】 胆石の治療の適応は、症状があるかどうかで決めることが多くあります。健康診断などで胆石が発見されただけで、症状が何もない人は、治療をせずに、経過観察をする選択肢もあります。また、将来症状がでてくる前にあらかじめ治療をしてしまうことも可能です。

胆石発作などの症状がある人は、なんらかの治療が勧められます。専門機関を受診し、治療の内容をよく理解したうえで選択しましょう。

総胆管結石は、ひじょうに重篤な状況に発展しうるので、たとえ無症状でも発見された時点で治療を行います。

治療には、内科的治療と外科的治療があります。

●内科的治療

胆石発作の治療に対しては、鎮痛鎮痙薬が用いられます。

また、発作がおきないよう、胆汁の分泌を促進しない脂肪分を控えた食事療法が必要です。

胆石のうち、直径1cm以下のコレステロール結石に対しては、胆石溶解薬を6か月以上内服することもありますが、有効率は40%とあまりよくありません。胆嚢炎になってしまったときは、入院して抗生物質を中心とした治療を受けます。

体外衝撃波結石破砕療法（ESWL） という、からだの外から衝撃波（ショックウェーブ）を結石にあてて砕く方法もありますが、結石が砕かれ、ファーター乳頭から十二指腸に排泄される確率は20〜30%です。

図２　開腹手術の切開部位

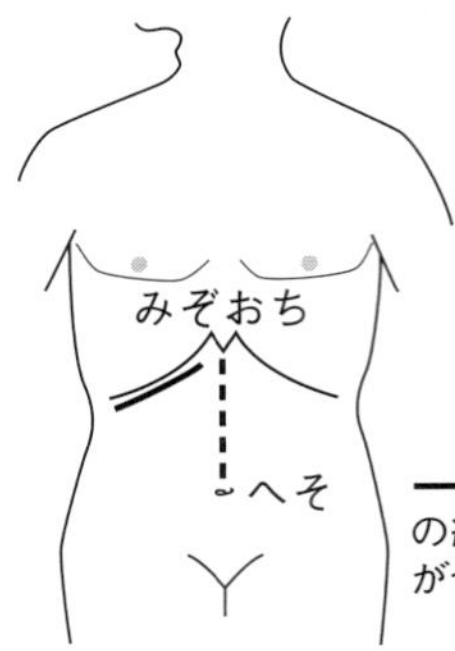

――もしくは‐‐‐の線に沿って皮膚が切開されます。

総胆管結石に対しては、内視鏡でファーター乳頭を切開し、バスケット・カテーテルという細い管をファーター乳頭より挿入し、総胆管結石を捕捉して取出す**内視鏡的乳頭切開術**がよく行われます。

◉外科的治療（手術）

胆石に対しては、結石が入っている胆嚢ごと切除する**胆嚢摘出術**を行います。

胆嚢を摘出するには、おなかを開けて手術する方法（開腹手術）と、4～5か所おなかに小さな孔をあけ、そこから内視鏡や鉗子を挿入して手術する方法（腹腔鏡下手術）とがあります。

図３　腹腔鏡下手術の切開部位

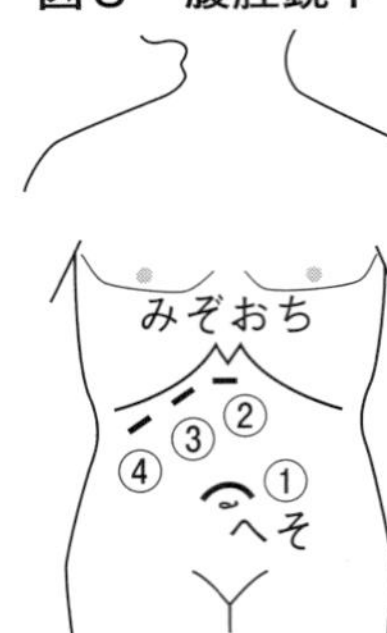

①から腹腔鏡を挿入し、モニターに映します。
②③④から鉗子、電気メス、吸引器を挿入し、操作します。

胆嚢を開いて、中の結石だけを摘出する手術では、再び結石ができることが多いため現在では行われていません。

腹腔鏡下胆嚢摘出術は、おなかに炭酸ガスを送り込んで膨らませるか、おなかの皮を垂直に引っ張り上げておなかの中に空間をつくり、おなかの中のようすをビデオスコープを通して観察し、モニターに映った画像を見ながら胆嚢を切除する方法です。

腹腔鏡下胆嚢摘出術は、開腹胆嚢摘出術に比べ術後の回復が早い、痛みが少ない、入院期間が短いなどの多くの利点があるため、１９９０年ころに始まり現在では標準手術としている病院がほとんどです。

ただし、上腹部の手術を経験したことがある人、重症な胆嚢炎を経験した人は、胆嚢の周囲の炎症がひどくて腹腔鏡下手術ができないこともありますので、専門の医療機関での相談が必要です。

胆嚢だけではなく総胆管にも結石がある人は、総胆管を切開して、中の結石を摘出する**胆管切開術**（**切石術**）が行われますが、この方法を腹腔鏡下に行っている施設はひじょうに少なく、一般には、開腹して胆管切開術を行うか、手術前に内視鏡的乳頭切開術を行い、総胆管結石を先に処理しておいてから腹腔鏡下胆嚢摘出術を行うことが多いようです。

なお、まれな肝内結石に対しては、結石がある部分の肝臓を切除することもあります。

胆嚢切除後は、さまざまな症状が現れるので、定期的に検診を受けましょう（1677頁）。

胆嚢炎
Cholecystitis

胆嚢炎は、胆嚢に炎症がおこったものです。

どんな病気か

その経過から、急性と慢性のものに分けられます。

急性胆嚢炎は、通常、食後3～4時間して、急に吐きけ、上腹部痛、悪寒、高熱を生じ、深夜の腹痛発作で救急病院を受診することがよくあります。尿の色が濃く染まったり、黄疸を生じることもあり、右上腹部をたたいたり押したりすると、炎症のために強い痛みをともなうことがあります。

慢性胆嚢炎は、無症状のものから、食後に上腹部痛をおこすものまで、その程度はさまざまですが、急性胆嚢炎に比べると症状は軽く、断続的です。

原因

ほとんどが細菌感染が原因です。大腸菌がもっとも多く、そのほか、嫌気性菌によることもあります。

急性胆嚢炎の90％に胆石（前項）がみられ、胆石が胆嚢管へ嵌頓し（はまり込み）、そこに腸内細菌が感染して発生します。残りの10％は**無石胆嚢炎**と呼ばれ、日本では手術後におこることが多いものです。

慢性胆嚢炎は、胆嚢結石にともなう慢性炎症が多く、突然、急性炎症をおこすことがあります。

検査と診断

細菌によっておこるため、血液検査で炎症反応の上昇がみられます。胆嚢炎では肝機能障害は軽度です。

腹部超音波検査は、強い腹痛があっても行えるため、とても有用です。CT検査も行われます。

治療

軽い胆嚢炎であれば、安静にして、禁食を守り、点滴で補液します。薬は、鎮痛薬、抗生物質を用います。

胆石による胆嚢炎では、後日、胆嚢摘出術を行います。

黄疸や強い炎症をともなう急性胆嚢炎では、緊急胆嚢摘出術を行ったり、右側腹部から胆嚢に細い管を刺して、膿を出します。

また、胆嚢の外に炎症が広がった場合には、緊急手術を行います。

日常生活の注意

胆石症と同様な、脂質の多い食事や暴飲暴食を慎み、規則正しい食生活を送ることがたいせつです。

胆管炎
Cholangitis

胆管炎は、肝内胆管を含めた胆管に炎症がおこったものです。急性で経過します。

どんな病気か

急性胆管炎は、悪寒・発熱、右上腹部痛、黄疸が三大症状です。重症型に急性閉塞性化膿性胆管炎があり、胆道の感染にともなって敗血症（2124頁）を生じ、意識障害やショック症状などの生命にかかわる重い症状が現れます。

原因

ほとんどが細菌感染が原因です。大腸菌がもっとも多く、そのほか、嫌気性菌によることもあります。

急性胆管炎は、総胆管が胆石やがんなどで、閉塞（つまって）したためにおこる胆汁うっ滞に、細菌感染がともなっておこります。

検査と診断　細菌によっておこるため、血液検査で炎症反応の上昇がみられます。

また、胆道系酵素（ＡＬＰやγ-ＧＴＰなど）の血中濃度が上昇します。胆汁を採取し、原因菌を特定します。

強い腹痛があっても行えるため、腹部超音波検査がとても有用です。ＣＴ検査も行われます。

治　療　軽い胆管炎であれば、安静にして、禁食を守り、点滴で補液します。薬は、鎮痛薬、抗生物質を用います。

高熱や黄疸をともなう急性胆管炎や急性閉塞性化膿性胆管炎では、補液や、抗生物質の使用のほかに、たまった膿を排出（ドレナージ）する必要があります。体外から、または内視鏡を使って十二指腸から総胆管内に管を挿入して、排膿します。

日常生活の注意　胆石症と同様な、脂質の多い食事や暴飲暴食を慎み、規則正しい食生活を送ることがたいせつです。

胆道ジスキネジー（胆道運動異常症）

Biliary Dyskinesia

どんな病気か　胆道系の機能異常によっておこる病態です。食後の右上腹部の痛みなど、胆石症（1669頁）に類似した症状がありますが、胆道系に胆石、炎症、がんなどの異常はまったくみられません。

症　状　食後の右上腹部痛がもっとも多く、右背部痛、吐きけ、腹部膨満感、下痢をともなうことがあります。

原　因　食事によって、胆汁が十二指腸へ排出されるには、胆嚢が収縮し、ファーター乳頭が開くことが必要です。

この病気では、胆嚢が収縮しても、ファーター乳頭が十分に開かず、胆道内圧が上昇して、さまざまな症状が生じると考えられています。

糖尿病、妊娠、潰瘍、肝炎に合併した二次的なケースもあります。

検査と診断　胆道造影検査、超音波検査、ＣＴ検査でも胆道系には異常がありません。通常、肝機能は正常ですが、一過性の軽い肝機能障害がみられることもあります。

胆道系の腫瘍、胆石、ファーター乳頭部の病気と、胆道ジスキネジーとを識別するために、内視鏡的逆行性胆膵管造影検査（ＥＲＣＰ）が行われることがあります。

その際、胆道内圧の測定や乳頭部運動のコンピュータ解析が行われ、原因の解明に役立てられることもあります。

肝臓から胆嚢・胆管への流れ（分泌状態）を観察する胆道シンチグラフィー（230頁）も診断に役立ちます。

超音波を使って、胆嚢収縮ホルモン注射による胆嚢の収縮のようすを観察すると、３つのタイプに分けられます。

タイプによって症状の現れかた、治療法がちがいます。

①緊張亢進型　胆嚢が張りつめたように膨れ、胆嚢収縮ホルモンの刺激によっても胆嚢の収縮が遅れ、胆汁の排出が遅くなります。食後数時間すると腹

痛が生じます。

②運動亢進型　胆嚢収縮ホルモンの刺激によって、胆嚢が直ちに収縮し、胆汁が急速に排出されるものです。食直後に腹痛をおこします。

③緊張低下型　胆嚢は弛緩（緩み）ぎみで、胆嚢収縮ホルモンの刺激でも、胆嚢の収縮が不十分で、胆汁の排出が遅れるものです。持続性の腹部鈍痛があります。

治療　暴飲暴食や刺激物の摂取を避け、食事療法や精神療法、薬物療法が行われます。

◉食事療法

緊張亢進型と運動亢進型では、脂肪の多い食事を控えて、胆嚢の強い収縮を抑えます。

緊張低下型では、逆に脂肪の多い食事をとり、胆嚢収縮を促します。

◉薬物療法

薬物療法は、緊張亢進型と運動亢進型では、胆嚢収縮を抑える抗コリン薬や気分安定薬を、緊張低下型では、利胆薬や平滑筋収縮薬を内服します。

薬物療法で症状が改善しない場合、胆嚢摘出術や内視鏡を用いたファーター乳頭の切開が行われます。

◉精神療法

精神療法は心因の強い場合に行われます。

予防　女性に多い病気で、心因的要素が発症に関係します。日ごろからストレス回避と規則正しい生活を心がけましょう。

原発性硬化性胆管炎
Primary Sclerosing Cholangitis

どんな病気か　肝内胆管および肝外胆管が徐々に炎症により線維化をおこし、胆管内腔が狭くなる、原因不明のまれな慢性疾患です。

慢性的な胆汁うっ滞を生じ、やがて胆汁うっ滞型肝硬変になり、肝不全（1648頁上段）や、上部消化管出血をおこします。

日本では、20歳代、50歳代の男性に多い病気です。

症状　最初は、疲労感や皮膚のかゆみがつづき、やがて黄疸（1668頁）、腹痛、発熱が現れます。

肝臓と脾臓が腫れることが多く、潰瘍性大腸炎や胆管がんを合併することがあります。症状がまったくない場合は、**無症候性原発性硬化性胆管炎**と呼ばれます。

検査と診断　血液検査では、ALP（194頁）、γ-GTP（192頁）、LAPなどの胆道系酵素の値が上昇し、ビリルビン（196頁）も高値を示します。

胆道造影検査としては、内視鏡を用いた逆行性胆管膵管造影（ERCP）、経皮経肝胆管造影が行われ、この病気に特有な肝内外の狭窄を観察します。

治療　これといった治療法がなく、肝移植（1658頁）だけが根治できる可能性がある方法です。

手術ができない場合、狭くなった胆管に対して、体外または内視鏡を用いて拡張したり、必要に応じて胆管の中にチューブを留置したりします。

内服薬では、ウルソデオキシコール酸が用いられ、皮膚のかゆみの減少や血液検査の結果の改善をもたらすことがあります。

胆嚢良性腫瘍
Benign Tumor of the Gallbladder

どんな病気か

胆嚢の中にできた1㎜以上の隆起した病変のなかで、良性のものを胆嚢良性腫瘍といいます。このなかにはポリープや腺筋症に代表される偽腫瘍と、腺腫や脂肪腫などに代表されるいわゆる腫瘍があります。

ポリープは、コレステロールを食べた組織球という白血球の一種が集まってできたコレステロールポリープが95％以上を占め、30～40歳代に多くみられ、成人の5～10％は保有しているとされます。また炎症性ポリープは胆石（1669頁）や胆嚢炎（1673頁）にともなっておこります。

胆嚢腺筋腫症は、胆嚢壁の肥厚と内部の嚢胞が特徴で、形態によってびまん型（広範囲に広がったもの）、限局型、分節型などに分けられます。

腺腫は、胆嚢腺の上皮にできる良性腫瘍です。

この2つの病気は、がんとの識別が重要です。胆嚢腺筋腫症は、胆嚢がん（515頁）を2～6％ほど合併すると報告があり、腺腫は径の増大にともなって悪性化(胆嚢がん)がみられます。基本的に予防法は見つかっておらず、良性であるかぎり予後も問題ありません。

症状

無症状のことが多いのですが、胆石が合併する場合を含め、まれに上腹部痛や食欲不振、嘔吐などの症状がみられることもあります。だいたいは、健康診断で行う腹部超音波検査や他の病気での精査中に偶然見つかることが多いようです。

検査と診断

腹部超音波検査がもっとも簡単で有効な検査です。これによって隆起の大きさと特徴から、ある程度の診断が可能です。

1cm以上の隆起があり、低エコーや表面の凹凸の不整があれば、腺腫や腺がんなどの識別が必要で、造影ＣＴや造影エコー検査を行い、隆起部分の血流の状態を調べます。

血流が多い場合は、がんの可能性があります。胆嚢の隆起の大きさが1cmを超えると胆嚢がんである確率は20％以上、1・5cmを超えると60％以上とされています。

また、超音波内視鏡検査や磁気共鳴胆管膵管造影（ＭＲＣＰ）、内視鏡的逆行性胆管膵管造影（ＥＲＣＰ）を行う場合もあります。

陽電子放射断層撮影（ＰＥＴ）は、腫瘤（腫れもの）を形成した胆嚢がんでは陽性になる確率が80％前後と高いのですが、炎症によっても陽性にでることもあり、注意が必要です。

治療

コレステロールポリープや胆嚢腺筋症と診断されれば、経過を観察していきます。

ふだんどおりの生活をつづけながら、径1cmまでは半年ごと（数㎜のコレステロールポリープでは1年ごと）の超音波検査で経過を観察します。

胆石などがあったりして、症状が現れる場合や、大きさが1cmを超える場合、急速に増大してくる場合は、胆嚢がんが疑われるため腹腔鏡的胆嚢摘出術の適応となります。

胆嚢がんが強く疑われる場合は、開腹下胆嚢摘出術などを行うこともあります。

◎胆嚢腺筋腫症とは

胆嚢腺筋腫症は、古くから知られている胆嚢良性腫瘍のひとつですが、その病態については解明されていない点が多くあります。組織学的にみると、胆嚢の粘膜上皮が胆嚢壁の内側にへこみ、増殖したような変化がみられますが、真の腫瘍ではありません。

若年者から高齢者にわたってみられ、胆石（1669頁）や壁の内部にできる結石を合併していることが少なくありません。鈍痛が主症状のことが多く、腹部超音波検査で発見されることがほとんどです。

種類は「底部・限局型」「分節型」「びまん型」、底部型と分節型が合併した「混成型」に分けられています。底部・限局型にはポリープ状にみえるものがまれにあるため、ほかの胆嚢ポリープとの区別が問題になることがあります。

腹痛などの症状が現れることも多く、胆嚢がん（515頁）との関連についても注目されているため、手術する例も少なくありませんが、無症状の人に対する治療方針については見解が定まっていません。

◎膵胆管合流異常とは

正常な人の膵管と胆管は、合流して1本の共通管になって十二指腸につながっています。合流異常とは、その共通管が長すぎたり、複雑な形態になっているものをいいます。

そのため、膵液が胆道内に逆流してしまい、その結果、胆管がん（517頁）や胆嚢がん（515頁）の発生率がひじょうに高くなるといわれています。

したがって、合流異常がある場合は、がんが発生しやすくなった拡張胆管（胆嚢）を切除することが原則になっています。

総胆管拡張症
Choledochus Dilatation

どんな病気か

胆汁の十二指腸への通り道となる総胆管が、全体的あるいは部分的に袋状または瓶状に拡張する病気です。肝臓内の胆管に拡張がみられることもあります。

高率で膵胆管の合流異常を合併していて、多くの場合、先天的なものと考えられています。東洋人および女性に多く、小児期に発症することが多いのですが、成人になって見つかることも珍しくありません。

症状

腹痛、黄疸（1668頁）と、触れると腫瘤（腫れもの）が感じられることが代表的な症状ですが、これらすべての症状がそろっていることは少ないようです。乳児期では、灰白色の便が重要な徴候となります。幼児期以降では、嘔吐をくり返すこともあります。合併症としては、肝機能障害、膵炎（1678～1679頁）、胆石症（1669頁）、胆管炎（1673頁）、胆道がん（516頁上段）などがあります。

検査と診断

腹部の超音波検査でほとんど診断がつきますが、総胆管拡張症に合併する割合が高い合流異常の有無や形態をよりよく把握するには、胆道の直接造影が必要です。

治療

膵胆管合流異常をともなう場合は、拡張胆管の切除と、胆管と腸をつなぐ手術が原則です。肝内胆管の拡張をともなう場合は、肝切除が考慮されることがあります。

胆嚢摘出後症候群
Postcholecystectomy Syndrome

どんな病気か

胆石症（1669頁）や胆嚢ポリープ（前頁）などで胆嚢を切除したあと、腹痛、黄疸（1668頁）、発熱など、胆道疾患と関係がある症状や、吐きけ、腹部膨満感、便通異常などの不定愁訴がおこる状態をいいます。

原因

多くの場合は、とり残した胆管結石があったり、あるいは手術後に胆管が細くなったり、十二指腸の乳頭炎や慢性膵炎などを併発したことが原因ですが、明らかな病変が指摘できない例もあります。このような場合は、胆汁がうまく流れず、胆道の内圧が高まるために腹痛などが現れるのではないかと考えられています。

検査と診断

胆石が胆管内に残っていないかなど、症状をおこす原因をまず調べる必要があります。検査しても原因となる器質的な疾患（臓器の病変）が見つからない場合、ファーター乳頭（総胆管の十二指腸への出口）の機能検査などが役立つことがありますが、診断は簡単ではありません。

治療

原因となる病気が明らかになった場合は、その原因を取除く治療が必要です。たとえば、胆管に胆石が残されている場合は、十二指腸の乳頭部から総胆管内にカテーテルを入れて、内視鏡でとることができます。胆管狭窄がある場合などは、再手術が必要になることもあります。

明らかな原因が見つからない場合は、対症的療法として、胆道ジスキネジー（1674頁）に準じて治療されます。また、難治性の例では、心身医学的アプローチが有効なことがあります。

膵臓の病気

急性膵炎
Acute Pancreatitis

どんな病気か　つぎに示す原因により、膵臓が自らの消化酵素で自分自身の臓器（組織）を消化し、破壊する急性の病気（炎症）です。その程度は、一時的な腹痛、吐きけ、嘔吐のみの症状で終わる軽症から、死亡する確率の高い重症なものまで含まれます。

症状　病気の重症度によって異なりますが、典型例では上腹部（臍の上のあたり）の激しい痛みで始まり、しだいに痛みが強くなり、数時間後にピークとなります。この腹痛は前屈によって軽くなるので、前屈みの姿勢をとることが多くみられます。また上腹部の背中側の痛み（背部痛）も、比較的特徴的な症状です。痛みと同時に吐きけや嘔吐をともなうことが多くみられます。このほか、食欲不振、発熱、腹部の張った感じ、軟便や下痢もみられることがありますが、まったく症状のない場合もあります。

重症の膵炎では、そのほか、ショック症状として意識の低下、血圧の低下、頻脈（脈が速くなる）、チアノーゼ（1344頁上段）などがみられます。

原因　男性は飲酒が約5割を、女性は胆石（1669頁）が4割弱を占めています。発病のきっかけとしては、ストレスや疲労など、体調がすぐれない状態でのアルコールの飲みすぎや脂肪の多い食品の食べすぎが関係しているとされていますが、はっきりしない場合（**特発性膵炎**）も少なくありません。このほか、腹部外傷や手術後、ＥＲＣＰ（内視鏡的逆行性胆管膵管造影）検査後におこることもあります。

検査と診断　膵臓から分泌される消化酵素としてのアミラーゼ（炭水化物を消化）、リパーゼ（脂肪を消化）、トリプシン（たんぱく質を消化）などが血液や尿中に漏れ出てきているかをみます。このほか、原因となる胆石や、膵炎の重症度を検査するために、腹部Ｘ線検査、腹部超音波検査、腹部ＣＴ検査、腹部ＭＲＩ（磁気共鳴画像）検査などを行います。診断として、①上腹部に急性の腹痛発作と圧痛があること、②血液・尿あるいは腹水中に膵臓の酵素の値の上昇があること、③画像検査で膵臓に急性膵炎をともなう異常があること、の３つのうち２つ以上があてはまり、他の病気を否定できる場合となっています。

治療　飲食を禁止し、薬物療法としての鎮痛薬、たんぱく分解酵素阻害薬、輸液などの使用、重症では抗生物質の使用、外科治療なども行われます。胆石が総胆管にある場合には、それを取除くために、内視鏡で総胆管の出口を切開したりします。

日常生活の注意　いちど治癒すれば通常の生活に戻ってかまいませんが、急性膵炎の原因となったアルコールの飲みすぎや脂肪分の多い食品の食べすぎを避けること、ストレスや疲労をためない生活を送ることが重要です。とくに普段から飲酒量が多い人は、すぐにもとの飲酒量に戻りがちなので、そうならないように注意が必要です。

予防　適正な飲酒（1日に日本酒1合以下、ビールなら大ビン1本以下、焼酎は２００㎖のコップ半分以下）やバランスのよい食事を腹八分目にとどめることがたいせつです。

慢性膵炎
Chronic Pancreatitis

どんな病気か

膵臓の炎症がくり返され、その結果、膵臓が破壊され、もとに戻らない変化としての線維化や外分泌（膵臓から腸に消化酵素を分泌）や内分泌（膵臓から血管にホルモンを分泌）の機能低下がおこった状態です。

症状

初発症状として、腹痛、背部痛が多くみられ、腹痛はみぞおちから左のわき腹を中心とした痛みが多く、持続的で背部や右・左の肩に広がることもあります。外分泌機能の低下による体重減少、脂肪便、食欲低下、全身倦怠感などや、内分泌としてのインスリンの分泌機能低下による糖尿病の症状としての口渇、多尿などもみられることがあります。また黄疸（1668頁）が現れる場合もあります。

原因

もっとも多いのがアルコール性で、約70％を占め、つぎに原因不明の特発性が20％、そして胆石性が3％となっています。男性ではアルコール性が77％、女性では特発性が50％と多くなっています。

検査と診断

①膵臓内に石がみられる、②膵臓から消化液を運ぶ管（膵管）の不規則な拡張がみられる、③膵臓の外分泌機能が低下することなどで診断されます。①の検査として、腹部超音波検査や腹部CT検査が行われます。これらの検査は、原因となる胆石の診断にも有用です。②の検査として、**ERCP（内視鏡的逆行性胆管膵管造影）**検査が行われます。③の検査として、**PFD試験**があります。これはBT‐PABAという物質を飲み、膵臓から分泌されたキモトリプシンという酵素によって分解される程度を尿中の量で測定する方法です。最近ではERCP検査のかわりに苦痛の少ない**MRCP（磁気共鳴胆膵管画像）**検査も用いられるようになっています。

治療

症状に対する治療、原因の除去、再発や進行の阻止、膵臓の内分泌・外分泌の機能を補充する療法に分けられます。

腹痛の治療には痛み止めを、再発・進行予防にはたんぱく分解酵素阻害薬を、膵臓の外分泌機能の補充には消化酵素薬を使用します。内分泌機能低下の状態である糖尿病では、インスリンの治療が必要となります。

原因除去としては、膵管内の石を除去する目的で、内視鏡的あるいは体外衝撃波結石破砕療法（1742頁）が用いられます。胆石がある場合には、手術で胆石の除去や胆嚢の摘出が行われることもあります。

日常生活の注意

原因がアルコールであれば、禁酒が重要です。これは、慢性膵炎ではアルコール依存症（1043頁）になっている場合が多く、飲酒量を控えるのは不可能だからです。また外分泌機能が落ちているので、食べすぎ、とくに脂肪の多いものは食べないようにします。

予防

原因不明の特発性の場合を除き、原因となるアルコール摂取を適正にすることです。胆石の治療を行うのも予防となります。

◎**膵移植とその可能性**

膵臓は、消化酵素を含む膵液を十二指腸に分泌（外分泌）するはたらきと、インスリンやグルカゴンなどのホルモンを血液中に分泌（内分泌）するはたらきをもつ臓器です。

これらの機能が極度に低下した状態を、膵機能不全といいます。とくにインスリンが膵臓から分泌できなくなるタイプの糖尿病患者は、1日に何回もインスリンの注射が必要なため、生活の質（ＱＯＬ）が低下します。このような患者に対して、他人の臓器を移植することが、治療のひとつの選択肢となってきています。

膵臓移植は、肝臓、腎臓などに比べると例数は少ないのですが、欧米ではすでに2万例を超えています。また、移植後1年後の生着率も90％を上回る成績をあげていますが、長い年月が経過すると再び膵臓の機能が低下し、再度インスリン注射や再移植が必要となることもあります。

膵嚢胞
Pancreatic Cyst

どんな病気か

超音波エコーやＣＴスキャンなどの画像診断の普及によって、膵臓に液体が袋状にたまっている嚢胞や腫瘤（こぶ）が見つかることが増えてきています。これが膵嚢胞と呼ばれるものです。

検査と診断

大部分は良性で症状もありませんが、一部に悪性化するものがあり、ＣＴやＭＲＩ検査による定期的な画像検査が必要となることがあります。また、嚢胞や腫瘤に悪性の可能性が疑われるときは、内視鏡的逆行性胆管膵管造影（ＥＲＣＰ）や血管造影など、からだに侵襲（ある程度の負担）がともなう検査も必要になることがある、入院が必要となります。

膵良性腫瘍
Pancreatic Cyst

どんな病気か

膵臓に発生する良性腫瘍には、腺腫、嚢胞状腺腫、線維腫などがあります。

治療

腫瘍が大きく、腹痛などの症状があれば、手術が行われますが、小さくて症状がなければ、治療の必要はありません。

膵内分泌腫瘍
Endocrine Tumor of Pancreas

どんな病気か

ホルモンを分泌する膵臓の内分泌細胞に発生する腫瘍を膵内分泌腫瘍といいます。

▼インスリノーマ　膵臓のランゲルハンス島のβ細胞から出るインスリンを分泌し、低血糖をきたす腫瘍です。低血糖の症状として、意識の消失、けいれん発作などの症状が現れることがあります。わずか数㎜の大きさで症状が現れることもあり、症状があるのに検査をしてもなかなか腫瘍が見つからないこともあります。

▼グルカゴノーマ　ランゲルハンス島のα細胞から出るグルカゴンを分泌する腫瘍で、頻度はまれですが、その大部分が悪性です。特有の皮膚炎（壊死性遊走性紅斑）を認め、糖尿病の合併症や貧血、体重減少をきたすことがあります。

▼ゾリンジャー・エリソン症候群（ガストリノーマ）　ガストリンを過剰に分泌する膵臓の腫瘍です。胃液の分泌が過剰になり、多発性や難治性の胃・十二指腸潰瘍をおこします。下痢や脂肪便をきたすこともあります。血液検査でガストリンの高値がみられ、セクレチンを静脈内注射することにより、さらに高値となることが特徴です。

▼ＷＤＨＡ症候群　血管作動性消化管ペプチド（ＶＩＰ）と呼ばれるホルモンを分泌する腫瘍で、激しい水様性下痢とそれによる脱水や電解質異常、体重減少をきたすのが特徴です。**膵性コレラ**とも呼ばれます。

治療

これらの膵内分泌腫瘍の治療は、第一に外科手術です。かりに転移がある場合でも、症状緩和をめざして、切除できるものは切除することもあります。また、切除できない腫瘍に対しては、抗がん剤治療を行うこともあります。

第14章

泌尿器の病気と男性性器の病気

腎臓と尿路の病気

腎臓と尿路の病気は、腎臓の片方もしくは両方、そして尿管、膀胱、あるいは尿道に影響をおよぼすものをいいます。

腎臓のしくみとはたらき

◇腎臓のしくみ

◉腎臓の形態（次頁図1および2）

腎臓はそら豆に似た形をしていて、おとなの握りこぶしくらいの大きさです。重さは約１２０ｇあります。腎臓は脊柱の両側に1個ずつあり、左の腎臓の中心はほぼ第1腰椎と並ぶ高さにありますが、右の腎臓は肝臓に押し下げられ、左の腎臓よりやや低いところにあります。

腎臓は、腎臓をつくっている組織である**腎実質**（1684頁上段）と、腎実質に囲まれたすき間である**腎杯**・**腎盂**に分かれています。腎実質は2つの層に分けることができ、腎臓の表面のほうを皮質、内側のほうを髄質と呼んでいます。腎実質は、毛細血管のかたまりである**糸球体**と、尿細管およびその周囲の間質（はっきりした形をとらない部分）からできていて、血液から不要なものをこして、尿をつくっています。間質にも血管があって、尿細管から尿の水分やそのほかのものを再吸収したり、つけ加えたりしています。

いっぽう、腎盂・腎杯は、腎実質でできた尿の集合場所といえます。

◉ネフロンのしくみ（次頁図3）

1個の糸球体からは1本の尿細管が出ていて、これらをまとめて**ネフロン**といいます。ヒトの片方の腎臓だけで、約１００万個のネフロンがあるといわれています。

腎臓に入った動脈（腎動脈）は、枝分かれして輸入細動脈となり、つぎに糸くずのかたまりのような形をした糸球体という血液の濾過装置をつくります。その後輸出細動脈となって糸球体を出ていき、さらに尿細管を取巻くようにして尿細管周囲毛細血管網を形成した後は静脈になります。

糸球体には、基底膜という濾過するための膜があり、血液に含まれるたんぱく質の老廃物（尿素窒素、尿酸、クレアチニン）などを濾過しています。水分、ぶどう糖、アミノ酸、電解質（ナトリウム、カリウム、リン、カルシウ

図3　ネフロンのしくみ

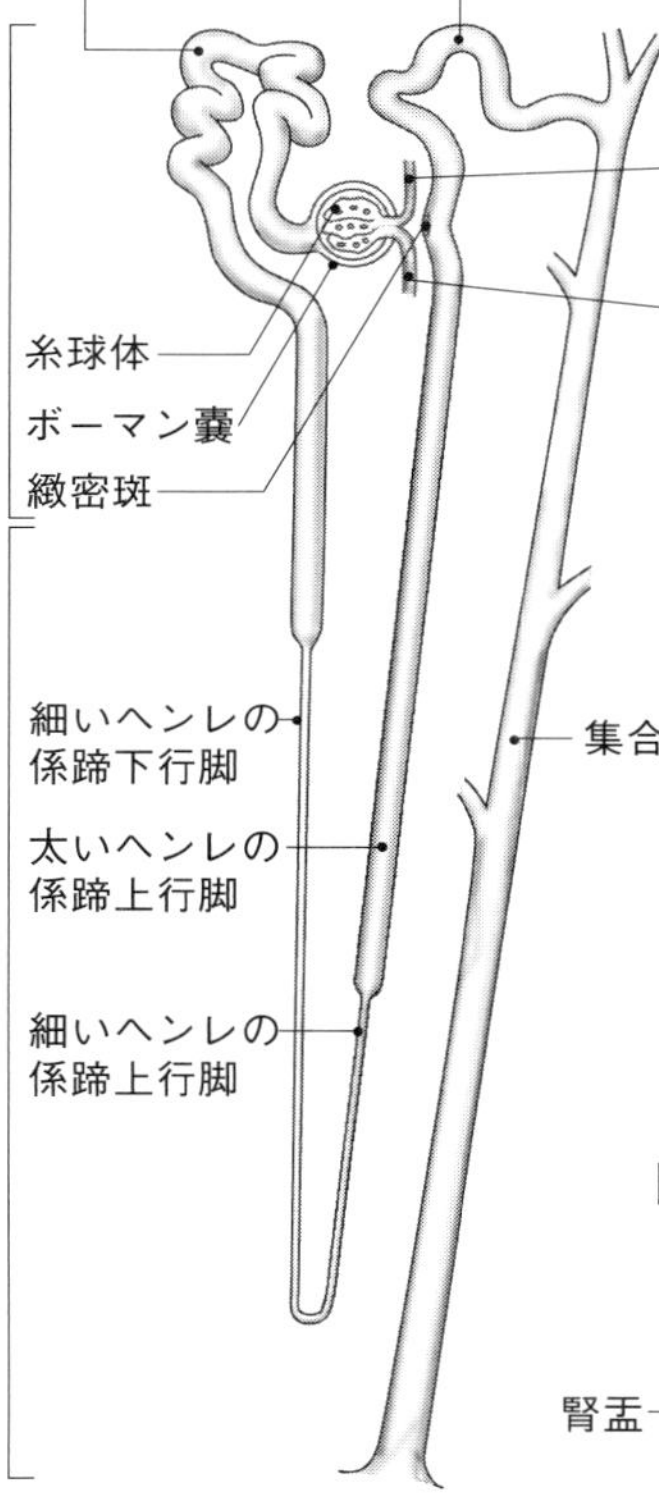

図1　腎臓のしくみ

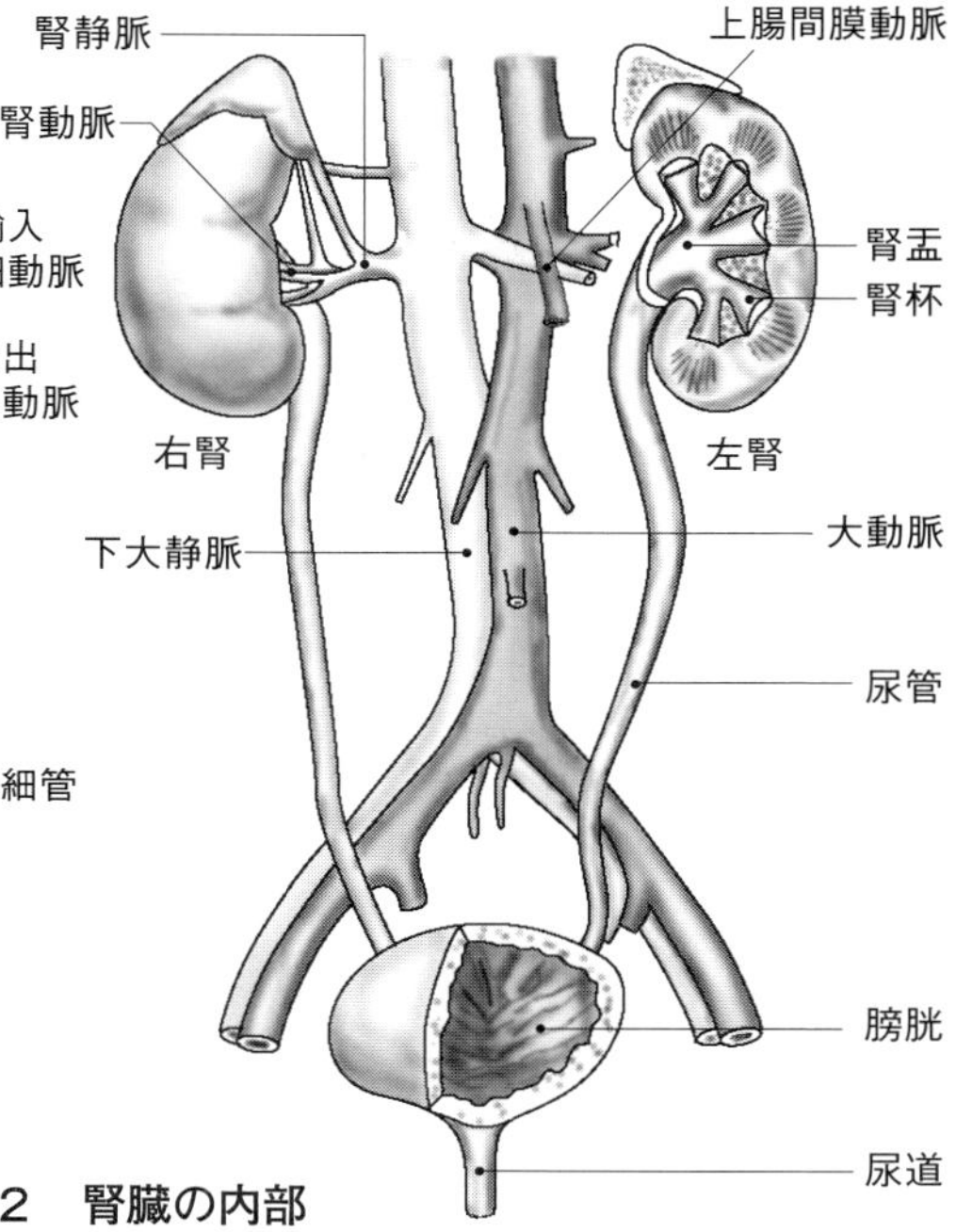

図2　腎臓の内部

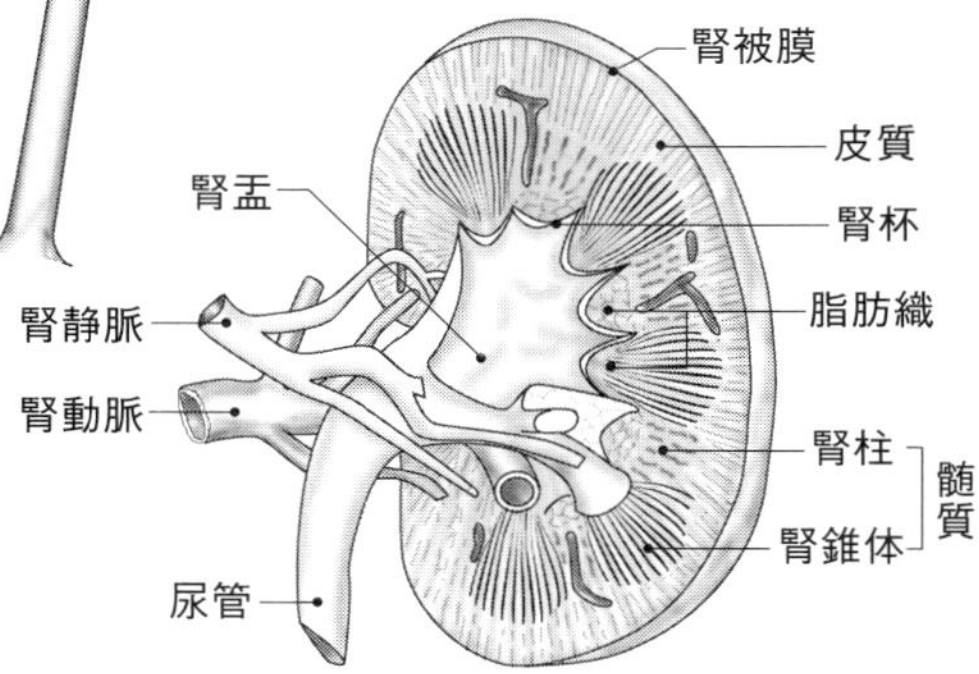

ムなどの水に溶ける物質）も糸球体で濾過されます。

濾過された物質は、糸球体をおおっている二重の袋のような**ボーマン嚢**内にしみ出してきて、尿のもと（**原尿**）として、尿細管に流れ出していきます。

ボーマン嚢につづく尿細管は、**近位尿細管**と呼ばれ、**ヘンレの係蹄**につづきます。腎臓の髄質に入ったヘンレの係蹄は細くなって（ヘンレの係蹄下行脚）髄質内でUターンして、太いヘンレの係蹄上行脚となって、皮質内に戻り、出発点の糸球体に接します。

この部分を**緻密斑**といい、**傍糸球体装置**というものが含まれます。緻密斑を境に、尿細管は**遠位尿細管**と呼ばれます。遠位尿細管は、接合部尿細管を経て**集合尿細管**に入ります。集合尿細管は、最終的に、腎盂に突き出た乳頭のような部分に開口します。尿細管で運ばれた尿は、乳頭部の間の腎杯にしみ出すわけです。

糸球体で濾過されて、尿細管に流入する原尿には、排泄されてはいけない必要な成分も含まれており、排泄され

◎腎実質とは

腎臓の構造は、さまざまな腎臓のはたらきをする実質的な組織である**腎実質**と、腎実質に囲まれたすき間で、尿路（尿の流れる道）の一部でもある**腎盂・腎杯系**とに大きく分けることができます。

腎実質は血液を濾過し、きれいにするところで、からだに不要な水分と成分を含む尿をつくります。腎実質には、血液の濾過装置である**糸球体**と、尿成分の調節を行って、からだのバランスを保つ**尿細管**があります。

腎動脈は、腎実質の中で何回も枝分かれして、最終的に丸い糸くずのかたまりのような毛細血管になります。これが糸球体で、ここで血液が濾過され、尿のもとになる**原尿**がつくられて、尿細管に流れ込みます。

原尿には、からだが必要とするぶどう糖やアミノ酸などの栄養素も含まれており、必要に応じて尿細管で再吸収さるべき、からだに不要な物質の量も十分に含まれているわけではありません。尿細管はその部分によって「尿づくり」の後半を分担していて、必要な成分を尿細管から再吸収したり、不要な物質を尿細管に分泌したりして、集合尿細管までくると最終的な尿ができます。

原尿の成分中、リン酸イオン、重炭酸イオンなどの電解質、アミノ酸、ぶどう糖など、生体に必要な成分のほとんどが近位尿細管で再吸収され、尿中には排泄されません。

ヘンレの係蹄、とくに太いヘンレの上行脚はほとんど水を通さないので、水は再吸収されず、ナトリウムや塩素イオンだけが再吸収されます。代表的な利尿薬であるループ利尿薬は、この部分のナトリウムの再吸収を抑えて、利尿効果をもたらします。

遠位尿細管では、必要な量のカルシウムの再吸収も行われ、また不必要なカリウムをナトリウムと交換するかたちで尿に排泄します。

集合尿細管には重要な機能が2つあります。1つは、尿の排泄を抑える抗利尿ホルモンによる水分の再吸収で、もう1つは酸の排泄です。からだが脱水状態になると抗利尿ホルモンの分泌が促され、その結果、集合尿細管での水の再吸収が増し、からだの水分バランスが保たれます。

以上のように、糸球体で濾過されてできた原尿は、尿細管を通過する過程で、からだに必要な成分は再吸収されて血管に戻り、不要な成分は逆に血管より尿細管に分泌され、集合尿細管で最終的に成分が調節されて、「尿」となって体外へ排泄されるのです。

◇腎臓のはたらき

腎臓には、心臓から送り出される血液の約20％が流れ込んでおり、臓器の重量あたりの血液流出入（還流）量としては、心臓（冠動脈）の約5倍、脳の約8倍もあり、臓器のなかでもっとも血液の流れる量が多い臓器です。腎臓に流れる血液量（腎血流量）は毎分1～1・2ℓにもなります。

腎臓にはいろいろなはたらきがありますが、もっとも重要なものは、血液の成分を調節して、細胞を含め体内にゆきわたっている液体（体液）の質と量を保ち、からだのバランスを保つことです。このはたらきを**生体の恒常性（ホメオスターシス）維持**といいます。

●排泄処理のはたらき

たんぱく質が体内に取込まれ、からだに必要ないろいろなものがつくられると、尿素、尿酸、クレアチニンなどのゴミ（老廃物）もできてきます。これらの物質は、きわめて小さいため糸球体の膜を通って尿細管に流入し、ある程度は近位尿細管で再吸収されますが、残りは尿中に排泄されます。また、薬物やある種のホルモンの吸収や排泄も行われます。

●恒常性を維持するはたらき

①体液量（体内総ナトリウム量）の調節

体液の量は、体内のナトリウムの量に比例して変化するようになっています。体内のナトリウム量が増えると、体液の量も過剰になり、浮腫（むくみ）となって現れます。逆に、ナトリウム量の減少は、体液量の不足をもたらし、れて、血液の中に戻されます。さらに、尿細管の細胞の中では不要な酸がつくられ、尿の中に排泄されます。こうして、からだの外に排泄される最終的な尿ができます。

1個の糸球体と、それに続く1本の尿細管を1つのユニットとして、これを**ネフロン**といいます。人間の腎臓には、片方だけで約100万個のネフロンがあるといわれています。腎実質は「ネフロンと、糸球体に入っては出ていく血液を運ぶための無数に枝分かれした血管のかたまり」といってよいでしょう。

脱水症状になります。

ナトリウムは糸球体で濾過されますが、そのあとで体内の総ナトリウム量に応じて、必要な量が尿細管で再吸収されます。その結果、ナトリウム量の変化、すなわち体液量の変動も最小限に抑えられることになります。体内のナトリウム量が極端に不足した場合、尿細管は糸球体で濾過されたナトリウムのほとんどを再吸収し、尿中へのナトリウムの排泄量を極端に少なくすることができるのです。

②血液浸透圧（体内水分量）の調節

血液は体内の細胞に栄養を運んだり、細胞でいらなくなった物質を運び去ったりしていますが、それは細胞膜などの膜を通してなされます。水分は、膜を隔てて薄い液（たとえば細胞内液）から濃い液（たとえば血液）へと移動します。この、水分が移動しようとする力（圧力）を浸透圧といいます。

血液の浸透圧（濃さ）は、おもに血液のナトリウムの濃度で決まりますが、それは血液の水分量によって調節されるわけです。血液の水分量が減れば、血液の浸透圧も、ナトリウム濃度も上がるわけです。すると、口が渇いて水を飲み、腎臓では水分の排泄が抑えられて、血液の浸透圧も濃度の上昇も最小限にとどめられます。

血液の浸透圧が上昇すると、脳下垂体の一部（後葉）から分泌される抗利尿ホルモンの量が増えます。このホルモンは腎臓の集合尿細管に作用して、水分の再吸収を増加させ、その結果、尿の（水分）量は減り、尿が濃縮されるのです。

③酸塩基平衡の調節

からだは一種の化学工場のようなもので、その過程（これを**代謝**といいます）で、たえず酸ができてきます。血液の酸度はpH7・4くらいの弱アルカリ性に保たれていますが、これが崩れるとさまざまな病気の原因になります。

腎臓は、この血液の酸度を調節するという大事な役割もはたしています。

血液中の酸（水素イオン）は、アルカリである重炭酸イオンによって中和され、酸度を下げます。そのため、重炭酸イオンが消費されるのですが、糸球体で濾過された重炭酸イオンは、尿細管でほとんど再吸収されています。また、腎臓は新たに重炭酸イオンをつくりだし、重炭酸イオンの量を保つはたらきもしています。さらに、腎臓には、余分な酸である水素イオンを尿中に排泄するはたらきもあります。

したがって、腎臓のはたらきが低下すると重炭酸イオンが不足し、水素イオンの排泄がうまくいかなくなって、血液が酸性になってしまい、病気がおこってきます（**代謝性アシドーシス** 1687頁）。

●内分泌（ホルモン産生）のはたらき

腎臓は重要なホルモンをつくっています。その1つは、エリスロポエチン（エリスロポイエチンともいう）といわれる造血ホルモンです。エリスロポエチンは、骨髄に作用して、赤血球の産生を促します。2つめは、活性型のビタミンDです。食物中のカルシウムは小腸で吸収されますが、これは、腎臓でつくられる活性型のビタミンDがないと、うまくいきません。

◎腎炎症候群と糸球体腎炎

腎臓の病気の分類については、以前から議論されていて、今でも多少混乱しているところがあります。最近まで、糸球体腎炎はつぎの３つに分類されていました。

急性糸球体腎炎は、急性に血尿、たんぱく尿、乏尿、高血圧、むくみなどを示します。

急速進行性糸球体腎炎は、急激に発病して短期間で末期の腎不全になってしまう治療のむずかしい糸球体腎炎です。

慢性糸球体腎炎は、たんぱく尿および（あるいは）顕微鏡で見られる程度の血尿が長期（1年以上）にわたってつづき、多くの場合、腎臓の機能は正常に保たれ、なかなか病気が進行しない、潜在型です。しかし、徐々に腎機能障害がすすんでしまう進行型もあります。

これらの病名は、糸球体腎炎をおこす原因として、何か基礎になっている病気がない

腎臓でつくられる重要なホルモンの３つめはレニンというものです。水分が失われ体液が減少した場合に、腎臓（傍糸球体装置）でのレニンの産生が増大します。このホルモン自体に直接的なはたらきはありませんが、アンジオテンシンⅡという血圧を上昇させるホルモンと、アルドステロンというナトリウムの再吸収を増大させるホルモンの産生になくてはならないものです。レニンの分泌で引き起こされる一連のホルモン分泌と、からだへの影響をレニン‐アンジオテンシン‐アルドステロン系といいます。

◇腎臓病のおもな症状

▼たんぱく尿　糸球体は血液の濾過装置ですが、健康な状態では血液中のたんぱく質（アルブミン）はほとんど濾過されることなく、からだの中に保持されています。これは糸球体に、たんぱく質を通さないバリアがあるからです。このバリアには2種類あって、１つは**チャージバリア**と呼ばれる電気的なバリアです。糸球体の基底膜は、電気的にマイナスの状態になっていますが、血液中のたんぱく質のおもな成分であるアルブミンもマイナスの状態にあるので、電気的に反発し合うため、アルブミンは糸球体の血管壁を通過することができないのです。

もう1つのバリアは糸球体の毛細血管の壁にある「穴の大きさ」です。たんぱく質のような大きな物質は通過できないので、**サイズバリア**といいます。

腎炎にかかって糸球体に障害がおこると、このチャージバリアとサイズバリアが壊れてしまって、尿の中にたんぱく質が漏れ出てきます（**糸球体性たんぱく尿**）。たんぱく尿がみられたときは、それが糸球体性たんぱく尿なのか、起立性たんぱく尿なのかをみきわめる必要があります。

起立性たんぱく尿は、夜間、横になっているときはたんぱく尿が出ず、昼間の立っているときだけ、たんぱく尿が出るものです。糸球体性たんぱく尿とはちがって病的なものではありません。起立性たんぱく尿は、朝起きてすぐとった早朝の尿には、たんぱくが出ないのでわかります。

▼血尿　血尿はたんぱく尿と並んで、きわめて重要な腎臓病の症状です。ただし、尿路結石（1740頁）や膀胱がん（528頁）など、泌尿器のほうに原因がある血尿とのみきわめがたいせつです。

血尿の原因を、泌尿器の病気によるものと腎臓の病気によるものとに分け、その割合をみると、およそ7対3になるといわれています。

腎臓の障害によって糸球体から漏れ出る赤血球には種々に変形したものがみられ、泌尿器からの血尿と区別するうえで参考になります。

▼浮腫　浮腫（むくみ）は腎臓の病気のおもな症状ですが、とくに、血液中のたんぱく質がどんどん尿に出てしまうネフローゼ症候群（1699頁）では、全身に浮腫がみられることがあります。

全身に浮腫がある場合は、まず、ネフローゼ症候群、肝硬変（1647頁）、心不全（1342頁）の３つの病気を考えなければなりません。

ネフローゼ症候群によって浮腫がおこる原因のひとつとして、たんぱく尿

ことを前提にしています（それで、一次性の糸球体病変という）。ところが種々の全身性の病気、代謝性の病気、遺伝性の病気が、これらの糸球体腎炎と同じような症状や経過を現す腎臓の病変をおこすことがわかってきました。

　そこで最近では、一次性糸球体病変だけではなく、基礎になっている病気がある場合も含めて、**急性腎炎症候群**、**急速進行性腎炎症候群**、**慢性腎炎症候群**、と呼ぶようになりました。

　ただし、慢性糸球体腎炎のかなりの部分が腎機能障害の進行しない潜在型ですが、慢性腎炎症候群というものは、経過とともに徐々に腎機能が低下すると定義されています。

　その意味で、慢性腎炎症候群は、これまでの慢性糸球体腎炎の進行型にあたります。

　これまでの慢性糸球体腎炎のほとんどを占めた潜在型の慢性糸球体腎炎は、最近は**無症候性たんぱく尿・血尿症候群**と呼ばれています。

によって血液中のたんぱく質が減少することがあります（低たんぱく血症という）。たんぱく質には水分を引きつける力があるので、低たんぱく血症では、血液中の水分が血管から周りの組織のたんぱく質に引きつけられて、漏れ出し、浮腫になるのです。

　ネフローゼ症候群では、からだ全体の体液の量は増えていますが、からだを循環する血液量（有効循環血液量）は減っており、その結果、レニン‐アンジオテンシン‐アルドステロン系がはたらきだし、アルドステロンの作用によって腎臓からのナトリウムの排泄が減り、さらに浮腫が進みます。

▼**高血圧**　腎臓病は高血圧の原因のひとつであり、腎臓のはたらきが悪くなると血圧が上昇します。また、高血圧自体が腎臓のはたらきを悪化させる原因のひとつでもあり、腎臓病と高血圧は、お互いに悪影響を及し合っています。

▼**腎性貧血**　腎臓のはたらきが悪くなると、造血ホルモンであるエリスロポエチンの産生が減って、貧血がおこってきます。腎不全の人の貧血の原因として大きな問題になっていましたが、バイオテクノロジーによってエリスロポエチンを人工的につくることができるようになり、腎不全の人の貧血は飛躍的に改善できるようになりました。

　エリスロポエチンの産生が減ることが、腎臓病を原因とする（腎性）貧血の主因であることはまちがいありませんが、腎不全（1720頁）でからだの中に尿毒症（1722頁）を引き起こす物質が蓄積し、そのこと自体が造血にブレーキをかけることも関係していると考えられています。

▼**腎性骨異栄養症**　腎臓のはたらきが悪くなると、活性型ビタミンDをつくることができなくなり、小腸でのカルシウムの吸収が減ってしまいます。その結果、血液中のカルシウムの濃度が低くなります。すると、血液中のカルシウム濃度を上昇させるホルモンである副甲状腺ホルモンの分泌が増えます。このため腎不全が長くつづくと、もともと副甲状腺自体は病気ではないのに、異常に興奮したような状態（続発性副甲状腺機能亢進症　1486頁）になり、血液中のカルシウム濃度が逆に上昇して、骨の変化や異所性石灰化（骨のようにカルシウムがたまる組織ではないのに、カルシウムがたまってかたくなる病気）がおこります。

▼**水・電解質、酸塩基平衡異常**　カリウムの尿中への排泄は、腎臓のはたらきと比例していて、腎機能が低下するとカリウムの尿への排泄が減り、血液中のカリウムの濃度が増します（高カリウム血症）。カリウムには心臓に対する強い毒性があり、ひどい高カリウム血症では心臓が止まることもあるので注意が必要です。腎臓のはたらきが低下すると、重炭酸イオンを保つはたらきも減り、酸を中和・排泄できなくなって、血液の酸度が増します（**代謝性アシドーシス**）。

▼**尿毒症**　腎不全のため、おもにたんぱく質の老廃物がからだにたまると、種々の症状が現れます。

　この状態を尿毒症といいますが、これには、精神・神経の症状、消化器の症状、尿毒症性の肺水腫などの症状が含まれます。

尿路のしくみとはたらき

◇尿路のしくみ

腎臓で産生された尿が体外へ排泄されるルートを、尿路といいます。

尿は腎杯に集まり、さらに腎臓の中央にある腔所（腎盂）に運ばれます（次頁図）。腎盂は腎臓の各所から運ばれた尿の集合所で、腎盂から尿管を通って膀胱に入り、尿はここにたまります。

腎杯や腎盂の大部分は腎臓の中にあり、尿の産生や成分調整などはせず、もっぱら尿の運搬にかかわります。その表面（内腔）は移行上皮と呼ばれる組織でおおわれています。尿管や膀胱の内腔も同じです。

▼尿管　尿管の長さは25～30cmくらいです。ヒトの発生の過程で、腎臓が頭のほうに移動し、それにつれて尿管が長くなり、腎盂と膀胱をつなぎます。

腎盂と尿管は蠕動運動をして、尿を腎盂から膀胱のほうへ運びます。この運動の方向は、からだが横になっていても、逆立ちしていても変わりません。逆流がおこるのは病的な場合で、**膀胱尿管逆流現象**といって、腎盂腎炎（1730頁）の原因となります。

▼膀胱　膀胱に入った尿は、ここでいったん蓄えられます。たえず体外に尿を出しているより、一定量ためるほうが衛生的ですし、社会生活上もそうでなければ困ります。この貯尿機能が損なわれたものを**尿失禁**といい、さまざまな原因でおこります。

膀胱は1度に約３００mℓの尿をためます。1日に腎臓でつくられる尿は約２０００mℓですから、1日7回くらい排尿をするのがふつうです。ですから、1日8回以上排尿する場合は、**頻尿**といいます。

しかし、体質や生活習慣などによって、摂取する水分や1回の排尿量には個人差がありますから、排尿回数について、正常と異常のあいだにはっきりした線を引くことはできません。

▼尿道　膀胱から尿が出るときは、尿道という管を通ります。尿道から先は、男女によって構造が異なります。男性の場合、尿道は前立腺と陰茎の中をトンネルのように通るので、長さは20cmほどあり、女性では4cmくらいです。

しかし男女とも、尿道の途中には尿が漏れないように尿道を閉める筋肉（括約筋）があります。括約筋は、骨盤腔を膜のようにふさいでいる筋肉の層を尿道が貫いているところに、尿道を取り囲むようにして存在しています。それより先の尿道は、尿を通す以外に、男性では、精液の通路、つまり精路となります。そのため、尿道を支えるように球海綿体筋という筋肉がついていて、精液をいきおいよく飛ばすはたらきをしています。

◉排尿のしくみ

尿を膀胱にためたり、必要なとき排出したりするには、自律神経が重要なはたらきをしています。

まず第一に、尿道括約筋と膀胱の出口（膀胱頸部）がしっかり閉まっていなければなりません。この括約部という部分が閉まるのは、交感神経が副交感神経より優位にはたらくときです。

腎臓・尿路のしくみとはたらき

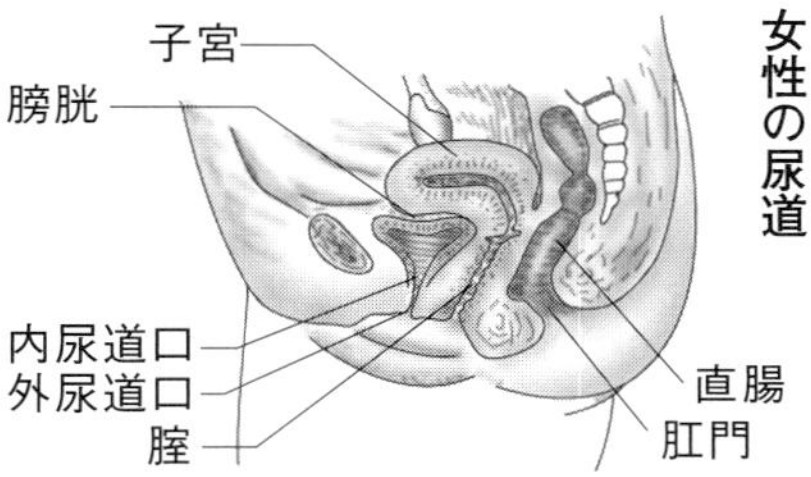

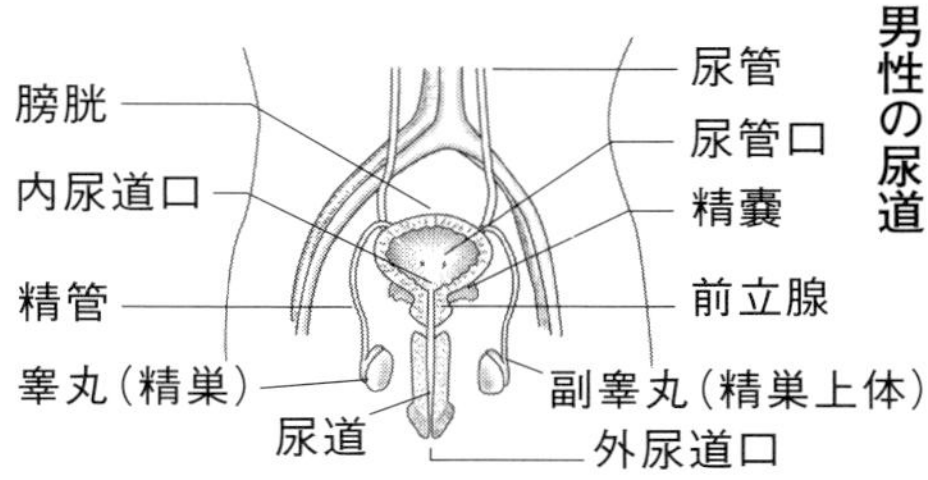

尿路のしくみ

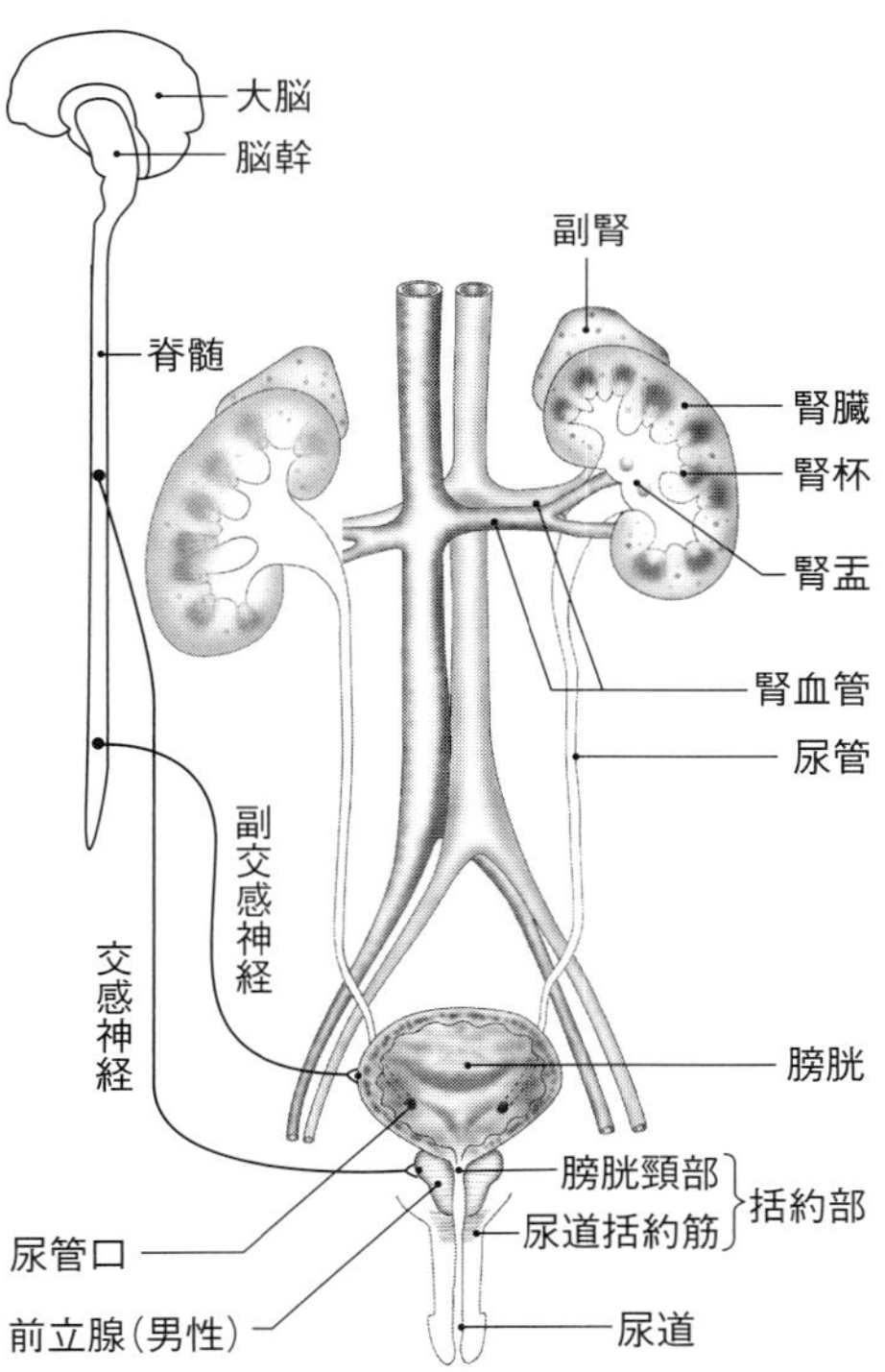

尿がたまると尿意がおこります。これは副交感神経を介して、脊髄、脳幹、大脳へと膀胱の感覚が伝わるからです。しかし、尿意を感じてもすぐに排尿がおこらないのは、大脳をはじめとする上位中枢が排尿を抑制しているからです。人間は、この能力を2歳くらいから習得することができます。ふつう、人の膀胱はがまんすれば500～600mℓくらいはためられますが、300mℓくらいで排尿する人が多いのです。

排尿するときは、随意神経の支配下にある尿道括約筋を緩め、軽くいきむと、脊髄の神経の反射がおこり、副交感神経がはたらいて膀胱が収縮をはじめます。それとほとんど同時に、括約部を緊張させていた交感神経がはたらきを休め、排尿しやすくするのです。

このように、相反するはたらきをする交感神経と副交感神経のバランスをうまくとらせるのが脊髄と脳幹で、この全体が自律神経系といわれます。

したがって、膀胱や括約部のまわりにある末梢神経系や脊髄などの中枢神経系が障害されると、貯尿や排尿がうまく行われなくなって、失禁、頻尿、排尿困難など、いろいろな排尿障害がおこってきます。これを**神経因性膀胱**（1754頁）と呼んでいます。

神経因性膀胱は、脳の病気（たとえば脳梗塞、脳出血、パーキンソン症候群など）のほか、脊髄の損傷、直腸がんの手術による末梢神経の損傷などでもおこる可能性があります。

前立腺は、精液をつくるところです。尿道は前立腺の中を貫通しているため、前立腺肥大症（1782頁）がおこると、尿道を圧迫して排尿を困難にすることがあります。しかし、前立腺自体が積極的に排尿や貯尿にかかわっているわけではありません。

◇尿の異常

▼**血尿**　尿路に異常があると、尿の性状や排尿に異常がおこってきます。このうちもっとも重要な異常は、**血尿**です。

血尿は、肉眼でわかる血尿と、顕微鏡でしかわからない血尿に大きく分け

◎膿尿と乳糜尿

　膿尿は尿路感染症でよくみられ、白血球が膿となって尿に混じるものです。
　乳び尿は、脂肪や少量のたんぱく質などを含む体液と白血球が混じった尿で、寄生虫の糸状虫（フィラリア）の感染で現れる症状です。

られますが、これは程度のちがいにすぎません。しかし、見てわかる血尿は尿路の病気の場合に多く、とくに老人にみられたら、尿路の悪性腫瘍（がん）が強く疑われます。

　尿を遠心沈殿器にかけて顕微鏡で観察したら赤血球がみられたという程度の**顕微鏡的血尿**は、内科的な病気に多くみられます。いずれにしても血尿は、腎臓と尿路の病気を示すたいせつな症状です。

　血尿と紛らわしいものに、濃縮尿（褐色）、尿酸塩尿（レンガ色～ピンク）、下剤の服用（フェノールフタレンの赤）、赤色野菜を大量に食べたあとなどの尿があります。慣れた医師なら、見るだけでわかります。検査で潜血反応を調べれば正確です。

▼**たんぱく尿**　たんぱく尿は、尿路の病気の場合は、あまり多量にみられることはありません。

▼**混濁尿**　濁りのある混濁尿は、塩類尿、膿尿、乳び尿（上段）などにみられます。塩類尿は、尿を放置しておくと自然に沈殿してくるものです。また、ニンニク、アスパラガス、ニラなど香りの強いものを食べたあとのにおいは、心配いりません。

　尿にアンモニア臭が強いときは、尿路感染症にかかっていることが考えられます。

◇排尿の異常

▼**頻尿**　排尿の異常には、第一に頻尿があります。昼8回以上、夜2回以上（夜尿ともいいます）の頻尿は一種の老化現象です。前立腺肥大、腎機能障害、中枢神経の異常と関係していることが少なくありません。

▼**尿意切迫**　排尿をがまんしようとしてもがまんできない状態をいいます。膀胱炎（1747頁）、前立腺炎（1786頁）のほか、過活動膀胱（1751頁）のときにもみられます。

▼**排尿困難**　尿が出にくいという症状で、尿がすぐに出ない、尿線が細くて弱い、終わるまで時間がかかるなどから始まり、ついには尿がまったく出ない（**尿閉**）ことさえおこります。排尿困難のもっとも多い原因は、男性の前立腺肥大症（1782頁）です。

▼**尿失禁**（1759頁）　自分の意志に反して尿が漏れてしまう尿失禁には、さまざまなタイプがあります。神経因性膀胱といって、中枢神経のコントロールがきかなくなっておこるものに**反射性尿失禁**、尿意切迫をともなっておこる**切迫性尿失禁**などがあります。

　中年以降の女性に多い**腹圧性尿失禁**は、括約部の機構がうまくはたらかなくなるなどの原因によるもので、せき、くしゃみ、とびはねるなどしたときに少しずつ漏れるタイプです。

溢流性尿失禁は、膀胱に尿がたまりすぎ、少しずつあふれ出るタイプで、かならず排尿困難をともなっています。

▼**排尿痛**　排尿痛は、尿路に炎症があるときにおこります。女性では膀胱炎、男性では尿道炎（1761頁）、前立腺炎（1786頁）が原因となることが多いものです。膿尿、細菌の混じった細菌尿をともなっていて、ときに血尿がみられることもあります。感染によらない間質性膀胱炎（1750頁）では、強い膀胱痛が特徴です。

加齢にともなう泌尿器の病気

◇加齢にともなう排尿障害

老化は泌尿器臓器にも生じてきますが、加齢による心身の訴えが生理的範囲なのか、病気によるものなのかの区別は容易ではありません。高齢者は症状があっても「年だから」と医療機関を受診しなかったり、悪性腫瘍などがあっても「症状がないから」と放置して手遅れになることが問題となります。

◉排尿障害

排尿日誌をつけることで、排尿パターンや1日の尿量、尿漏れの状況などの重要な情報が得られ、生活指導や薬物療法が的確に行えます。

①尿失禁（1759頁）

▼腹圧性尿失禁　女性に多く、膀胱や子宮を支えている骨盤底筋が弱くなり、せきなどでおなかに力が加わると尿が漏れてしまう状態です。骨盤底筋体操（2264頁）で改善しますが、手術で骨盤底筋を補強する方法もあります。

▼切迫性尿失禁　激しい尿意でトイレが間に合わず、漏らしてしまう状態です。膀胱訓練や薬物療法が行われます。

▼溢流性尿失禁　尿がたまりすぎて（尿閉）漏れ出る状態です。管（カテーテル）で排尿しますが、尿閉の原因治療がたいせつです。

▼機能性尿失禁　認知症（997頁）や動作の鈍麻（脳梗塞の後遺症など）で正常な排尿ができない状態です。排尿介助や介護が重要となります。

▼混合型尿失禁　高齢の女性は腹圧性尿失禁と切迫性尿失禁の混合した尿失禁が多く、膀胱訓練と骨盤底筋体操を同時に指導するようにします。

②過活動膀胱（1751頁）

原因にかかわらず尿の回数が増えたり（頻尿）、尿意が強くてトイレが我慢できない状態を過活動膀胱といいます。ただし、膀胱がん（528頁）などによるものは除外されます。膀胱訓練・骨盤底筋体操や薬物療法を行います。

③神経因性膀胱（1754頁）

脳血管障害、パーキンソン病（948頁）などの神経変性疾患や糖尿病（1501頁）あるいは骨盤内手術による末梢神経障害（977頁）が原因でおこる排尿障害で、症状もいろいろです。尿閉には導尿（1754頁上段）や膀胱収縮薬、頻尿には膀胱活動抑制薬などで対応します。

④医原性排尿障害

高齢者は種々の病気で多くの薬を服用しますが、薬によっては排尿に影響する場合があるので注意が必要です。

◉尿路感染症

高齢者は前立腺肥大症（1782頁）、神経因性膀胱などが原因で尿路感染症をおこします。尿失禁、尿道留置カテーテル、おむつなども尿路感染の危険因子となります。症状はほとんどでません。重要なのは感染原因や排尿障害など、危険因子の除去、またカテーテルなどの適切な管理です。

◉尿路悪性腫瘍

加齢とともに腎、尿管、膀胱、前立腺のがんは増加します。最近はCTや超音波検査、あるいは血液検査で早期発見される機会が多くなり、根治的治療の可能性が高くなりました。

糸球体の病気①

急性腎炎症候群

Acute Nephritic Syndrome

かぜなどの感染のあとにおこる

◇自然に治ることが多い

どんな病気か

急性腎炎症候群は、腎臓の糸球体が障害されることによって、たんぱく尿、血尿、浮腫（むくみ）、高血圧などの症状が急激に発症する症候群です。ふつうは、かぜなど上気道の感染が先におこって、自然によくなる場合が多いものです。

原因

いろいろな糸球体腎炎や全身性の病気が原因になります（次頁上段）。

以前は、**急性糸球体腎炎**といわれていた病気ですが、急性糸球体腎炎という病名は、溶連菌感染後急性糸球体腎炎、あるいは非溶連菌感染後急性糸球体腎炎だけに使っていました。

これらの病気が、急性腎炎症候群の代表的な病気であることはまちがいありませんが、現在では、もっと広い意味で、急性糸球体腎炎と同様の経過をとる病気を急性腎炎症候群と呼んでいます。

溶連菌感染後急性糸球体腎炎がどのようにしておこるかを説明します。

溶連菌という細菌が、上気道（のどまでの気道）や皮膚に感染して症状を引き起こすと、同時に血液中に溶連菌に対する抗体ができてきます。抗体は、菌を攻撃するために菌と結合します。この結合したもの（免疫複合体）が、動脈を通って腎臓に入り、糸球体で濾過されるとともに沈着して糸球体を障害し、急性糸球体腎炎を引き起こすと考えられています。

症状

浮腫、高血圧、血尿が、急性腎炎症候群の三大症状です。血尿は、糸球体から漏れ出る赤血球の数が多ければ、肉眼で確認できます。数が少なければ、顕微鏡で見ないとわかりません（顕微鏡的血尿）。いずれにしても血尿は、急性糸球体腎炎にほぼ必ず現れる症状です。

腎臓のはたらきが悪くなると、尿量が減り、たんぱく質の老廃物が蓄積します。ひどい場合には、肺に水がたまって呼吸困難になったり、尿毒症（1722頁）の症状がみられることもあります。

検査と診断

検査では、まず尿の検査で、たんぱく尿や血尿がみられます。血液検査では、たんぱく質の老廃物であるクレアチニン、尿素窒素などが増えているのがわかります。

溶連菌の感染が原因の場合は、溶連菌に結合しようとする抗体、抗ストレプトリジンO（ASO）あるいは抗ストレプトキナーゼ（ASK）が血液中で増加しているのが検査でわかります。

急性腎炎症候群は、おもに免疫反応でおこる病気ですから、免疫反応で消費される血液中の補体（免疫にかかわるたんぱく質）が減っていることも検査でわかります。

◇安静と食事療法がたいせつ

治療

急性腎炎症候群の治療は、安静と食事療法がたいせつです。とくに初期は、入院による絶対安静が望ましいと考えられます。

食事療法としては、腎臓の弱りかた

◎急性腎炎症候群の原因となる病気

〈原発性〉 ＊頻度の高いもの

(1)溶連菌感染後急性糸球体腎炎（前頁）＊
(2)非溶連菌感染後糸球体腎炎＊
(3)メサンギウム増殖性糸球体腎炎（1705頁上段）＊
　①IgA腎症（1704頁）
　②非IgA腎症
(4)膜性増殖性糸球体腎炎＊

〈続発性、その他〉

(1)ループス腎炎＊
(2)紫斑病性腎炎＊
(3)溶血性尿毒症症候群（759頁）
(4)ウェゲナー肉芽腫症（2051頁）
(5)結節性多発動脈炎（2042頁）
(6)血栓性血小板減少性紫斑病（1460頁）
(7)グッドパスチャー症候群（1318頁）
(8)遺伝性腎炎
(9)急性間質性腎炎（1695頁上段）
(10)腎盂腎炎（1730頁）＊

（参考／第38回日本腎臓学会学術総会記念：腎臓病学のアプローチ）

の程度にもよりますが、まず、たんぱく質の老廃物がたまるのを抑えるため、食事のたんぱく質の量を制限します。

また、急性腎炎症候群では、むくみで体液量が増加していますので、ナトリウムの摂取も制限します（腎臓のしくみとはたらき 1682頁）。

ただし、エネルギーが不足すると代謝がうまくいかず、たんぱく質が有毒なものになるので、カロリーの制限はしません。

薬物療法としては、もし細菌による扁桃炎（1176頁）があれば、抗生物質を使います。高血圧とむくみに対しては、それぞれ降圧薬と利尿薬を用います。

【予防】 扁桃炎をくり返し、そのたびに血尿やたんぱく尿がみられる場合は、予防のため扁桃の摘出を考えます。

【予後】 とくに溶連菌感染後急性糸球体腎炎は治りやすい病気で、70%くらいの患者が完全に治りますが、残りは慢性化します。子どもが治る率はもっと高くて、90%ほどにもなります。

急速進行性腎炎症候群

Rapidly Progressive Glomerulonephritis Syndrome

腎炎としてはもっとも重い病気

◇急速に進行し腎不全をおこす

【どんな病気か】 急速進行性腎炎症候群は、糸球体の病気でおこる臨床症候群のなかのひとつです。潜在性または急性に発病し、血尿、たんぱく尿、貧血、および急速に進行する腎不全を引き起こす症候群です。

この症候群は、治療しなければほとんどの場合、急速に末期の腎不全（1720頁）におちいります。腎炎としては、もっとも重い病気です。以前は「症候群」をつけない急速進行性腎炎という病名が用いられていました。

急速進行性腎炎というのは、狭い意味でいえば糸球体に半月体（血液がかたまったもの）ができる**特発性半月体形成性腎炎**のことだけをさしたことばです。

しかし、特発性半月体形成性腎炎以外のいろいろな腎炎でも半月体ができて、同じような経過をとる例もあることがわかり、現在では次頁の表に示したような特徴がみられる場合に、原因を問わず、広い意味で「急速進行性腎炎症候群」と呼んでいます。

【原因】 急速進行性腎炎症候群の原因は、次頁上段に示したように、腎臓そのものに原因がある場合（原発性とか、一次性という）と、この症候群をおこすもとになっている病気（基礎疾患）がある場合（続発性、その他）とに分類されます。

原発性急速進行性腎炎症候群には、特発性半月体形成性腎炎のほかに、**膜性増殖性糸球体腎炎**、**膜性腎症**、**IgA腎症**など、糸球体の病気で半月体ができるものがあります。

いっぽう、**続発性急速進行性腎炎症候群**には、全身性エリテマトーデス（2030頁）による**ループス腎炎**、血管性紫斑病（1455頁）によっておこる**紫斑病**

性腎炎、顕微鏡的多発血管炎、肺出血をともなうグッドパスチャー症候群（1318頁）、肺や副鼻腔に肉芽腫をつくるウェゲナー肉芽腫症（2051頁）などによる腎炎があります。

◎急速進行性腎炎症候群の原因となる病気

〈原発性〉

(1)びまん性（特発性）半月体形成性糸球体腎炎
　Ⅰ型　肺出血をともなわない抗ＧＢＭ抗体腎炎
　Ⅱ型　免疫複合体腎炎
　Ⅲ型　非免疫複合体腎炎
(2)びまん性管内性増殖性糸球体腎炎
(3)半月体形成をともなうびまん性増殖性糸球体腎炎
(4)半月体形成をともなう膜性増殖性糸球体腎炎
(5)半月体をともなう膜性腎症

〈続発性、その他〉

(1)グッドパスチャー症候群
(2)紫斑病性腎炎
(3)ループス腎炎
(4)ウェゲナー肉芽腫症
(5)結節性多発動脈炎
(6)細菌性心内膜炎
(7)本態性混合性クリオグロブリン血症
(8)溶血性尿毒症性症候群
（参考／最新内科学体系：原発性糸球体疾患）

急速進行性腎炎症候群の特徴

症　状　発熱、咽頭痛など先行感染を示す症状が半数以上を認める。初期には、疲労感、脱力、食欲不振を訴え、進行すると乏尿、浮腫、尿毒症状をともなう。血管炎症候群では、関節痛、皮疹、腰痛、腹痛など多彩な症状を認める。

検査所見　短期間（数週から数か月）で急速な腎機能の低下を認める。顕微鏡的血尿、たんぱく尿、尿円柱（赤血球数、白血球数、顆粒）を認める。感染を裏付ける血沈亢進（210頁）、CRP陽性（211頁）、白血球増多を認める。

急速進行性腎炎症候群の診断は、腎生検による組織病型をもとに進められます。すなわち、まずつぎの３つの型のどれにあてはまるかを調べます。

▼抗糸球体基底膜抗体関連型　血液中に抗糸球体基底膜抗体が認められます。

▼免疫複合体関連型　たいていは、溶連菌感染後糸球体腎炎から移った病態です。

▼非免疫型　血液中に好中球のミエロペルオキシダーゼ（ＭＰＯ）などに反応するＰ‐ＡＮＣＡ、あるいはプロテイナーゼ３（ＰＲ３）に反応するＣ‐ＡＮＣＡが認められます。日本で、もっとも頻度の高いタイプです。

【症　状】　数週から数か月の経過で急速に腎不全が進行することと、血尿、たんぱく尿、赤血球円柱、顆粒円柱（ともに血液成分の変形）など、腎炎に共通する尿の特徴がみられることが、診断の際に重要です。

急速進行性腎炎症候群の原因としてもっとも多い特発性半月体形成性腎炎は、年齢でみると10歳代から80歳以上の高齢の人まで、すべての年代にみられますが、とくに30〜60歳代で発病する率が高いのです。

近年日本では、特発性半月体形成性腎炎が増える傾向にあり、とくに60歳以上の高齢者の発病がめだっています。

発病のパターンとしては、上気道の感染など、先行する感染症につづいて急速に発症する場合が多いのですが、最近では、急激に症状が現れず、徐々に潜行して発病したという報告も増えつつあります。

特殊検査では、血液中の抗好中球細胞質抗体、抗糸球体基底膜抗体、免疫複合体の測定が、病気のタイプを診断するのに役立ちます。

また、急速進行性腎炎症候群では、腎臓以外の臓器症状をともなうことがあります。

顕微鏡的多発血管炎では、肺出血、紫斑、末梢神経障害によるしびれ感などが現れます。

グッドパスチャー症候群では、抗糸球体基底膜抗体が血液中に現れ、抗糸球体基底膜抗体関連型の特発性半月体形成性腎炎と区別する必要があります

◎急性間質性腎炎

急性間質性腎炎は、腎臓の間質に急激に炎症がおこり、発熱、血尿や尿細管の機能異常を示す病気で、ときに急性腎不全の症状を示すこともあります。本症は基本的には可逆性（もとに戻る）の病気であり、薬剤性であればその薬剤を中止することにより多くはよくなります、重症例では、副腎皮質ホルモン（ステロイド）剤が使われます。

が、グッドパスチャー症候群では肺出血をともないます。

チャーグ・ストラウス症候群（アレルギー性肉芽腫性血管炎）では、気管支ぜんそくがみられます。

全身性エリテマトーデスでは、顔面の紅斑、関節痛、レイノー現象（冷たい水の中に手を入れると、指先が紫色になる症状）、血小板の減少などが現れます。

【検査と診断】 本症候群が疑われたら、病型と腎炎の原疾患を明らかにすることが必要です。そのためには、血液中のいろいろな抗体の測定と腎臓の組織の検査（腎生検）を行う必要があります。

とくに腎生検は、本症候群の診断に必須の検査であって、治療方針の決定のためにも重要です。

◇もとの病気の治療がたいせつ

【治療】 発病したら、できるだけ早く的確に診断し、適切な治療を積極的に行うことが大事です。

続発性急速進行性腎炎症候群の治療では、もとの病気の治療が重要です。

日本で最近増加している特発性半月体形成性腎炎による急速進行性腎炎症候群では、薬物療法として、副腎皮質ホルモン剤、免疫抑制薬、抗凝固薬をあわせて用いる療法が行われます。これを別名、**カクテル療法**といいます。

副腎皮質ホルモン剤として、プレドニゾロンを1日に60～80mgも大量に使用する療法を用います。病状によっては、超大量療法として**パルス療法**（間をおいて大量使用する方法）を行うときもあります。

ただし、高齢者の場合は、副作用によって感染症がおこることがあるので、プレドニゾロンで1日30～40mg程度の量にとどめることもあります。

腎不全が進行して血液中のたんぱく質の老廃物によって中毒となる尿毒症（1722頁）の症状がでてきた場合は、血液を人工腎臓で濾過する**透析療法**を行います。

また、血液中に抗糸球体基底膜抗体あるいは免疫複合体が検出された場合は、免疫のはたらきがからだを攻撃するので、これら抗体などを除くために**血漿交換療法**（血漿を入れかえる治療法）が必要になります。

【予後】 経過としては、一般的に、急速進行性腎炎症候群では、急速に腎不全になるため、血液透析療法を始めることになり、その後も腎臓のはたらきが失われて透析療法をつづけなければならなくなる場合が多いといわれています。

しかし最近、積極的な治療が行われるようになって、腎臓の障害をそれほど残さず、血液透析療法をつづけないですむ例も増えてきています。

急速進行性腎炎症候群は、ひどいときは、感染症や播種性血管内凝固症候群（全身の血管で血液の凝固がおこり血管がつまってしまう病状 1462頁）など、重い病気を引き起こし、生命にかかわることもあるので、注意が必要です。

また、副腎皮質ホルモン剤や免疫抑制薬の使用が、これらの併発した病気を悪化させることもあり、それらの薬の使用には細心の注意が必要です。

◎慢性腎炎症候群、無症候性たんぱく尿・血尿症候群の原因となる病気

〈原発性〉
(1)微小変化型糸球体疾患
(2)菲薄基底膜病
(3)巣状糸球体硬化症
(4)膜性腎症
(5)メサンギウム増殖性糸球体腎炎（1705頁上段）
　①IgA腎症
　②非IgA型糸球体腎炎
(6)膜性増殖性糸球体腎炎Ⅰ、Ⅲ型
(7)デンスデポジット病（膜性増殖性糸球体腎炎Ⅱ型）
(8)びまん性硬化性糸球体腎炎

〈続発性、その他〉
(1)ループス腎炎
(2)糖尿病性腎症
(3)遺伝性腎炎（アルポート症候群）

（参考／第38回日本腎臓学会学術総会記念：腎臓病学の診断アプローチ）

慢性腎炎症候群
Chronic Nephritic Syndrome

徐々に腎機能が低下する病気

◇たんぱく尿や血尿がつづく

どんな病気か　慢性腎炎症候群は、たんぱく尿や血尿が持続的にあり、病気の進行とともにむくみや高血圧（腎性高血圧）など、腎臓のはたらきの低下がみられる病気です。

以前は、**慢性腎炎**というと、はっきりした原因になる病気がなく、たんぱく尿、血尿、あるいはその両方が長期に（少なくとも1年以上）つづく病気をさしていました。その多くは、腎臓のはたらきは正常で、病気が進行するふうでもなく、潜在型と呼ばれてきましたが、病気の定義の変更によって、これは**無症候性たんぱく尿・血尿症候群**（1698頁）として扱われることになりました。

慢性腎炎症候群は、あくまでも経過とともに腎臓のはたらきが悪くなる病気をいいます。その意味で、これまでの慢性腎炎の潜在型、つまり、無症候性たんぱく尿・血尿症候群は、慢性腎炎症候群から除かれることになりますが、この病気でも、15～20年後になって徐々に血圧の上昇や腎機能の低下が現れ、慢性腎炎症候群になっていくケースもあるのです。

原因　慢性腎炎症候群といっても、その原因である糸球体の病気は、もとになる特別の病気がなくて腎臓が障害される原発性の糸球体疾患と、ある病気が原因で慢性的に腎臓が障害を受ける続発性の糸球体疾患に大きく分けることができます（上段）。

原発性糸球体疾患による慢性腎炎症候群は、本症候群の圧倒的多数を占めます。このなかで、よくみられる病気は、**巣状糸球体硬化症**（1703頁）、**IgA腎症**（1704頁）、**膜性腎症**（1705頁）、**膜性増殖性糸球体腎炎**（1706頁）などです。

ここで気をつけなくてはならないことは、これらの原発性糸球体疾患は、慢性腎炎症候群だけでなく、急性腎炎症候群（1692頁）、急速進行性腎炎症候群（1693頁）、無症候性たんぱく尿・血尿症候群（1698頁）、ネフローゼ症候群など、すべての腎炎症候群の原因になりうるということです。

全身の病気にともなう続発性の慢性腎炎症候群でよくみられるのは、糖尿病性腎症（1710頁）、全身性エリテマトーデス（2030頁）にともなうループス腎炎です。

遺伝する特殊な腎炎であるアルポート症候群（755頁）は、生まれつき聴力障害と慢性腎炎症候群がみられる病気ですが、からだを支える組織の主成分であるⅣ型コラーゲン（たんぱく質の一種）をつくる遺伝子に異常があるためにおこることがわかっています。

検査と診断　慢性腎炎症候群の病気の経過には2種類あり、1つは、急性腎炎症候群または急速進行性腎炎症候群が完全に治らずに慢性になってこの症候群になったものです。

もう1つは、健康診断などで偶然に尿の異常が発見されたものです。たいていは、そのとき腎臓の機能の低下も見つかります。

成人の生活指導区分表

指導区分	通勤・通学	勤務内容	家　事	学生生活	家庭・余暇活動
A 安　静 （入院・自宅）	不可	勤務不可 （要休養）	家事不可	不可	不可
B 高度制限	30分程度 （短時間、できれば車）	軽作業 勤務時間制限 残業、出張、夜勤不可（勤務内容による）	軽い家事 （３時間程度） 買い物 （30分程度）	教室の学習授業のみ。体育、部活動は制限。ごく軽い運動は可	散歩 ラジオ体操程度
C 中等度制限	１時間程度	一般事務 一般手作業や機械操作では深夜、時間外勤務、出張は避ける	専業主婦 育児も可	通常の学生生活 軽い体育は可 文化的な部活動は可	早足散歩 自転車程度
D 軽度制限	２時間程度	肉体労働は制限 それ以外は普通勤務 残業、出張可	通常の家事 軽いパート勤務	通常の学生生活 一般の体育は可 体育会系部活動は制限	軽いジョギング 卓球、テニスなど可
E 普通生活	制限なし	普通勤務 制限なし	通常の家事	通常の学生生活 制限なし	水泳、登山、スキー、エアロビクスなど可

（資料／日本腎臓学会誌：腎疾患患者の生活指導・食事療法に関するガイドライン）

しかし、尿の異常が発見されても、腎臓の機能は正常で、高血圧もなく、臨床的に無症候性たんぱく尿・血尿症候群と診断されたものが、15～20年後に腎機能が低下してきて、慢性腎炎症候群と診断される場合があります。

たんぱく尿や血尿が持続してあり、腎臓の機能の低下を示す検査結果（糸球体濾過率の減少、血液中のクレアチニンと尿素窒素の濃度の上昇）があれば、慢性腎炎症候群と診断できます。

◇生活指導を守ることがたいせつ

治療　現在、慢性腎炎症候群を完全に治す方法はありません。

できることは、日常生活において、必要に応じて安静にし、食事療法や薬物療法を加えて、腎臓の機能が低下しないようできるだけの手をうつことです。

日常生活の指導は、Aからの5段階に区分されます（上表）。次頁の上段表は慢性腎炎症候群の具体的な生活指導についての表ですが、たんぱく尿の程度、高血圧の有無、腎機能障害の程度によって生活指導はちがってきます。

腎臓の機能が正常なら、日常生活について支障はありませんが、腎機能の障害の程度が強くなるにしたがって、生活上の制限が必要になります。

食事療法の基本は、たんぱく質と塩分の制限です。カロリーは十分にとる必要があります。腎機能が正常な場合は、原則としてたんぱく質をとるのを制限する必要はありません。塩分は1日7g程度に制限します。

病状の経過を観察するため、最低でも月に1回の通院が必要です。血圧測定、尿・血液検査が基本ですが、必要に応じて腎臓の機能を評価するため、24時間の尿をためることがあります。

とにかく慢性腎炎症候群は、自覚症状がなくても、定期的に外来で腎臓の専門医の診察を受け、そこで適切な指示を受けて実行することが大事です。

予後　この症候群は、徐々に腎臓の機能が低下する病気ですが、進行の速さは腎生検によってわかる糸球体の組織の病型で異なります。

本症候群の多数を占める一次性糸球体疾患でみると、微小変化群および膜

慢性腎炎症候群の生活指導

病期	たんぱく尿 1g／日未満		たんぱく尿 1g／日以上	
	高血圧なし	高血圧あり	高血圧なし	高血圧あり
腎機能正常	E	E	E	D
腎機能軽度低下	E	D	D	C
腎機能中等度低下	D	D	D	C
腎機能高度低下	D	C	C	C
腎不全期	C	C	C	B
尿毒症期	B	B	B	B

（注）表中のアルファベットは前頁表の指導区分を表す
（資料／日本腎臓学会誌：腎疾患患者の生活指導・食事療法に関するガイドライン）

性腎症では進行はゆっくりですが、巣状糸球体硬化症では進行が速く、だいたい10年後には血液透析が必要な状態になるといわれています。

無症候性たんぱく尿・血尿症候群
Asymptomatic Proteinuria and Hematuria Syndrome

どんな病気か

以前は**慢性腎炎**といわれた病気のうち、持続的に（1年以上）、たんぱく尿または血尿、あるいはその両方がみられるにもかかわらず、はっきりした症状がなく、腎臓のはたらきも変わらない潜在型の慢性腎炎を、無症候性たんぱく尿・血尿症候群と呼ぶようになりました。

慢性腎炎の一部の患者は、徐々にむくみや高血圧が現れ、腎臓のはたらきが悪くなっていきます（進行型の慢性腎炎）。

このような、以前は進行型の慢性糸球体腎炎といっていた病気は、現在は**慢性腎炎症候群**（前項）と呼びます。

そして、慢性腎炎の大部分を占める**潜在型慢性腎炎**といわれた病気にあたるものが、無症候性たんぱく尿・血尿症候群ということになります。

慢性腎炎症候群と無症候性たんぱく尿・血尿症候群は、発病してしばらくは区別がむずかしいことが多く、最終的には、慢性腎炎症候群になる場合でも、しばらくは軽度のたんぱく尿と血尿がみられるだけです。

この2種類の病気にちがいがでてくるのは、発病から5～10年ほどしてからだといわれています。

無症候性たんぱく尿・血尿症候群では、たんぱく尿や血尿が発見されてから10年以上たっても、病状は安定していて、むくみや高血圧などはみられず、腎臓のはたらきも変わりありません。

原因

基本的には慢性腎炎症候群の原因とちがいはありません（1696頁上段）。

同じ種類の糸球体の病気なのに、無症候性たんぱく尿・血尿症候群として腎臓のはたらきが安定しているものもあれば、経過とともに高血圧や腎臓の機能の低下が現れるものもある、というわけです。

糸球体そのものの病変が原因である（原発性の）無症候性たんぱく尿・血尿症候群と慢性腎炎症候群、この両者の原因を、発病の多さの順にならべると、①IgA腎症（1704頁）、②IgA腎症以外のメサンギウム増殖性糸球体腎炎（1705頁上段）、③膜性腎症（1705頁）、④巣状糸球体硬化症（1703頁）、⑤膜性増殖性糸球体腎炎（1706頁）、となります。

糸球体の病変をおこすもとになる基礎疾患がある（続発性の）糸球体の病気のなかで、その原因として比較的に多いものは、糖尿病性腎症（1710頁）と全身性エリテマトーデス（2030頁）にともなうループス腎炎です。

症状

基礎疾患がある場合は、たとえば糖尿病や全身性エリテマトーデスの症候がみられます。

基礎疾患のない原発性の糸球体病変によっておこる無症候性たんぱく尿・血尿症候群では、ほとんど自覚症状がなく、持続的で軽度な、たんぱく尿と

糸球体の病気②

血尿がみられるくらいです。

ただし、かぜなどをきっかけに肉眼的血尿（真っ赤な尿）がみられることもあります。また、IgA腎症であれば、なかには血液に含まれるIgAの値が高くなる場合もあります。

治療

基礎疾患がある場合は、それに対する治療を行います。原発性の糸球体の病変が原因の場合は、根本的な治療法はありません。

また、原則として、食事制限、運動制限の必要はありません。ただし、肉眼的血尿がみられた場合は、安静を保つことが必要で、安静にしていれば数日でみられなくなります。

この疾患群では、ほとんど自覚症状がないため、通院を怠りがちですが、定期的に専門医を受診し、尿、血圧、腎臓の機能の検査を受ける必要があります。というのは、慢性腎炎症候群に移行する時期、つまり高血圧や腎臓の機能低下を、できるだけ早く発見するためです。そして、そうなったら食事療法など適切な治療を受け、腎臓のはたらきを保つことがたいせつです。

ネフローゼ症候群
Nephrotic Syndrome

子どもとおとなでタイプが異なる

◇尿に多量のたんぱくが出る

どんな病気か

ネフローゼ症候群は、高度のたんぱく尿と血液中のたんぱく質濃度の低下（低たんぱく血症）がおこる糸球体の病気で、さまざまな程度のむくみや血液中の脂質の増加（脂質異常症 1509頁）がみられます。

原因

ネフローゼ症候群は、原発性の糸球体そのものの病変が原因である一次性ネフローゼ症候群と、何か別の病気があって糸球体の病変が引き起こされる続発性の二次性ネフローゼ症候群に分けられます（次頁上段）。

微小変化型ネフローゼ症候群（1703頁）、巣状糸球体硬化症（次項）、膜性腎症（1705頁）、膜性増殖性糸球体腎炎（1706頁）などが、一次性（原発性）の糸球体の病変の代表的な原因です。糖尿病性腎症（1710頁）や全身性エリテマトーデス（2030頁）にともなうループス腎炎などが、二次性（続発性）の糸球体の病変の原因になります。

子どもでも、おとなでも、一次性ネフローゼ症候群が多く、一次性の割合は、子どもで90％以上、おとなでは70〜80％といわれています。

発病した年齢によって、一次性ネフローゼ症候群のタイプが異なり、子どもでは微小変化型ネフローゼ（1703頁）が圧倒的多数を占めますが、年齢が上がるとともに膜性腎症の割合が増加し、中高年層では半数以上を占めます。

二次性ネフローゼ症候群のタイプも年齢によって異なり、子どもでは紫斑病性腎炎、おとなでは糖尿病性腎症やループス腎炎が多くなります。

検査と診断

たんぱく尿（1日3・5g以上）と血液中のたんぱく質（おもにアルブミン）濃度の減少（血清中の総たんぱくの量が1dℓあたり6・0g以下、あるいは血清中のアルブミンの量が1dℓあたり3・0g以下という低たんぱく血症）が、ネフロ

◎特発性巣状糸球体硬化症の診断基準……1702頁
◎メサンギウム増殖性糸球体腎炎……1705頁
◎膜性腎症の診断基準……1705頁

◎ネフローゼ症候群の原因となる病気

●一次性ネフローゼ症候群
（原発性糸球体疾患に起因）
微小変化型（リポイドネフローゼ）、膜性腎症、メサンギウム増殖性糸球体腎炎、膜性増殖性糸球体腎炎、半月体形成性糸球体腎炎

●二次性ネフローゼ症候群

ーゼ症候群と診断するのに必須の条件です。

むくみや脂質異常症は、それを補強する副所見です。

また、尿の顕微鏡検査で、多数の卵円形脂肪体、縦屈折脂肪体が検出された場合は、ネフローゼ症候群診断の参考になります（1702頁上段）。

●たんぱく尿

糸球体は、毛細血管が糸くずのように絡まり合った、血液を濾過する装置です。糸球体の毛細血管の壁は、内側から、内皮細胞、基底膜、上皮細胞という3つの層でできています。

水、ぶどう糖、アミノ酸などは小さな分子で、毛細血管の壁を通って原尿（1683頁）の成分になりますが、アルブミンやもっと大きいたんぱく質は、通常は、この毛細血管の壁を通ることができません。

なぜかというと、理由の1つめは、基底膜がマイナスの電気を帯びた状態にあり、同じくマイナスの電気を帯びたアルブミンを電気的に反発しているからです（これを**チャージバリア**といいます）。2つめの理由は、基底膜は網目状の構造になっていて、ある大きさ以上の物質は通れないようになっているからです（これを**サイズバリア**といいます）。

糸球体に障害がおこると、これらのバリアが破壊され、尿中に種々のたんぱく質が漏れ出てしまいます。

チャージバリアだけの障害なら、アルブミンなどの比較的小さなたんぱく質分子が漏れ出ます（これでおこるたんぱく尿を、選択的たんぱく尿といいます）。サイズバリアまで破壊されると、小さなたんぱく質だけでなく、アルブミンよりも大きな巨大たんぱく分子も尿中に排泄されてしまいます（これを非選択的たんぱく尿といいます）。

●低たんぱく血症（低アルブミン血症）

ネフローゼ症候群における低たんぱく血症のおもな原因は、アルブミンを主体とする血液中のたんぱく質が尿に漏れ出てしまうことですが、そのほかに、全身の毛細血管のバリアが緩くなっていること、また、腎臓でのたんぱく質の分解が増えていることなども関係していると考えられています。

●脂質異常症

大部分の患者に、血液中のコレステロールが増える高コレステロール血症がみられます。血液中の中性脂肪も増える傾向があります。

ネフローゼ症候群に脂質異常症がおこる理由は、血液中のアルブミンの濃度が下がると、肝臓がそれを補うためにアルブミンの合成を活発に行い、それにともなって肝臓が、低比重リポたんぱく（ＬＤＬ）と超低比重リポたんぱく（ＶＬＤＬ）の合成も活発化するからです（リポたんぱくは、血液で脂質を運ぶときの姿で、たんぱく質で「包んで」ある脂肪と考えてよい）。

また、動脈硬化を抑えるはたらきがある高比重リポたんぱく（ＨＤＬ）が尿に漏れ出るため、血液中のＨＤＬの濃度が減少します。

●むくみ（浮腫）

ネフローゼ症候群の診断基準（1702頁上段）では、むくみがなくてもネフローゼと診断できるわけですが、約80％

（続発性腎疾患に起因）

▼代謝性疾患　糖尿病、アミロイドーシス、多発性骨髄腫

▼全身性疾患　全身性エリテマトーデス、結節性多発動脈炎、ヘノッホ・シェーンライン紫斑病、グッドパスチャー症候群

▼腫瘍　ホジキン病、リンパ性白血病、がん

▼循環障害　腎静脈血栓症、下大静脈血栓症、収縮性心膜炎、うっ血性心不全

▼過敏反応　花粉、うるし、毒ヘビ、虫さされ、抗てんかん薬のトリメタジオン、痛風治療薬のプロベネシド、リウマチやウイルソン病治療薬のペニシラミン、ヘロイン、水銀、止痢薬のビスマス塩類、金製剤

▼感染症　マラリア、梅毒、B型肝炎、感染性心内膜炎

▼先天性腎疾患　先天性ネフローゼ症候群、遺伝性腎炎

▼その他　妊娠高血圧症候群、移植腎、肝硬変

（資料／最新内科学体系　原発性糸球体疾患）

のネフローゼの患者に、種々の程度のむくみがみられます。

血液中のたんぱく質の濃度が低下すると、たんぱく質に捕えられていた血液中の水分がとどめられなくなり（少量のゼラチンでつくったやわらかなゼリーから水分が染み出してくるのと同じ）、血管の壁を通って間質（臓器の間を埋めているもの）に漏れ出て、これがむくみになります。

この結果、血液の量も減るので、レニン‐アンジオテンシン‐アルドステロン系（1687頁）がはたらきます。アルドステロンは、尿細管でのナトリウム（塩化ナトリウム、塩は体内ではナトリウムのイオンとしてある）の再吸収を増大させますから、からだにナトリウムと水がさらにたまり、むくみがひどくなると考えられています。

◉血液凝固能の亢進

ネフローゼ症候群では、血液の凝固を促す血液中のフィブリノーゲンという物質が増えます。また、血液の凝固を阻止するはたらきのある抗トロンビンⅢが、血液中から尿へ漏れ出てしまうため、血液は凝固しやすい状態にあり、からだの中に血栓（血管の中で血液がかたまると血管をふさぐことがあり、これを血栓といいます）ができやすい傾向にあります。

◉合併症

▼急性腎不全　ネフローゼ症候群では、間質に血液中の水分が漏れるため、からだ全体の体液量が増えているのに、からだを循環する血液量（有効循環血液量）は減少します。その結果、腎臓に流入流出する血液量も減って、**腎前性腎不全**の状態になることがあります。

これは、大量の発汗の後、水分の補給が不十分なときに腎不全をおこすのと基本的には同じことで、糸球体に流れ込む血液が不足して、濾過ができなくなる状態です。

このタイプの腎不全は、適切な処置を行えば正常に戻りますが、なかには尿細管の一部が死んでしまい、腎不全が慢性化することもあります。

▼血栓形成　ネフローゼ症候群では、「血液凝固能の亢進」のところでも述べたように、血栓ができやすくなります。脂質異常症や血液の濃縮による粘りけの増加も血栓をできやすくします。

血栓ができやすいのは、肺動脈、下肢（脚）の深部静脈、腎静脈などです。肺動脈に血栓ができたり、下肢の静脈の血栓が血流にのって最終的に肺動脈につまると、肺梗塞をおこし呼吸困難になることもあります。

また、まれには心筋梗塞（冠動脈血栓）や脳梗塞（脳動脈血栓）がおこることもあります。

▼易感染性　ネフローゼ症候群では、細菌などを殺すはたらきがある、血液中の免疫グロブリンという物質も尿中に出てしまい、とくに子どもでは細菌の感染をおこしやすくなるといわれています。

◇安静、食事、薬物療法が原則

治療

入院して、つぎの3つの治療を行います。

◉安静、臥床

ネフローゼ症候群は、入院による安静、臥床が治療の基本です。安静にするだけで、たんぱく尿とむくみが軽く

ネフローゼ症候群の診断基準

①たんぱく尿　1日の尿たんぱくは 3.5g 以上がつづく。
②低たんぱく血症　血清総たんぱく量は 6.0g／dℓ以下、低アルブミン血症とした場合は、血清アルブミン量 3.0g／dℓ以下。
③浮　腫
④脂質異常症　脂質異常症（高LDLコレステロール血症）

（注）上記の①と②は、ネフローゼ症候群診断のための必須条件だが、③と④は必須条件ではない。

◎特発性巣状糸球体硬化症の診断基準

①組織的所見
▼光学顕微鏡所見　いくつかの糸球体でそれぞれの一部分にだけ硬化がみられる。硬化

なることもあり、また安静は腎臓のはたらきを安定させます。

◉食事療法

第一に塩分の制限が必要です。必要であれば1日3gまでに制限します。その後、状態をみながら、5g、7gと増やしていきます。

また、体重1kgあたり35kcalほどの高カロリー食をとるようにします。以前は、高たんぱく食をとるように勧められましたが、現在は否定的な意見が多く、たんぱく質については、体重1kgあたり0・8～1・0gくらいが一般的です。

脂肪については、脂質異常症がおこることもしばしばあるので、低脂肪の食事にします。

◉薬物療法

▼利尿薬　むくみに対して使われますが、一般的にはループ利尿薬を服用します。腹水がたまって腸のはたらきが弱っている場合は、静脈注射も行われます。

▼抗凝固薬、抗血小板薬　抗血小板薬は、糸球体を保護するはたらきがあり、ネフローゼ症候群には幅広く使われています。

また、ネフローゼ症候群では血液が凝固しやすい状態にあり、血栓症をおこしやすいので、その意味からも凝固を抑えるはたらきのある抗血小板薬を使うことは、有効な手段であると考えられます。

たんぱく尿が軽い場合は使われませんが、抗血小板薬とともに、凝固を抑える薬であるヘパリンやワルファリンカリウムが使用されます。腎生検で糸球体のかたくなる硬化性の病変がみられるようなら、うってつけの薬です。

また、副腎皮質ホルモン（ステロイド）剤の使用が必要ですが、これは凝固をさらに促進するので、肺に血栓がつまる肺梗塞などがおこりやすくなります。抗血小板薬だけでは、凝固しやすい事態を防ぐことがむずかしいと判断された場合は、抗凝固薬が使用されます。

▼副腎皮質ホルモン（ステロイド）剤

ネフローゼ症候群に対する根本的な治療薬で、第一に選択すべき薬です。

おとなでは、ふつう、プレドニゾロンを1日30～40mg服用して、たんぱく尿の消失や血液検査の結果がよくなるのを待って、だんだんに量を減らしていきます。

プレドニゾロンが効かない場合は、ステロイド剤の超大量療法として、メチルプレドニゾロンのパルス療法（間をおいて大量使用をくり返す）が行われることもあります。

ステロイド剤の副作用として、糖尿病（1501頁）、消化性潰瘍（1558頁）、ステロイド精神病、易感染性、緑内障（1106頁）、特発性大腿骨頭壊死（1888頁）などがあり、注意する必要があります。

▼免疫抑制薬　初めから用いることはまずありませんが、しばしば再発するネフローゼ症候群、ステロイド抵抗性（効かない）ネフローゼ症候群、ループス腎炎に対して使われます。

種類としては、シクロホスファミド、アザチオプリン、ミゾリビン、シクロスポリンなどがありますが、現在日本では、シクロスポリンとミゾリビンがおもに用いられます。

糸球体の病気

部分はしばしばボーマン嚢と癒着し、硝子様沈着物、空胞変性、泡沫細胞などをともなう。糸球体の非硬化部分には特別に異なる所見はないが、糸球体が腫れて大きくなっていたり、メサンギウム細胞や上皮細胞がやや増加していることがよくある。糸球体硬化は、髄質のそばから広がる傾向がある。尿細管の萎縮や間質の増加が部分的に目立つ。

▼免疫組織学的所見　糸球体の硬化部分に、免疫グロブリンIgMや、C3などの補体成分の沈着がみられる。

▼電子顕微鏡所見　光学顕微鏡所見と同じだが、基底膜からはがれるなど上皮細胞の著しい異常がみられることもある。

②尿所見　通常、多量のたんぱく尿（たんぱくの種類はいろいろ）があり、血尿がみられることも少なくない。

③臨床所見　発症の状況はさまざまだが、通常、副腎皮質ホルモン剤になかなか反応しないネフローゼ症候群を示す。

これらの薬剤は大なり小なり骨髄（造血作用）抑制、肝障害、性腺抑制などの副作用があり、慎重に用いなければなりません。

予後

ネフローゼ症候群の予後は、原因となっている糸球体の組織の病変がどのようなものかによって異なります。

微小変化型のネフローゼは、ステロイド剤がよく効き、約4分の1の患者さんは完全に治りますが、いっぽう、しばしば再発する例も少なくありません。約10％の患者にはステロイド剤が効かないといわれています。このタイプでは、腎臓のはたらきが低下することはあまりありません。

巣状糸球体硬化症はステロイド剤が効かないことが多く、ステロイド剤が効くのは3分の1以下だといわれています。ネフローゼの状態がつづくようだと、治療しても状態は悪く、5年以内に腎不全におちいることもまれではありません。

高齢者の一次性ネフローゼ症候群の多くを膜性腎症が占めていますが、基礎疾患として悪性腫瘍（がん）が隠れていることもあり注意が必要です。以前は、ステロイド剤が効きにくいといわれていましたが、最近は有効な例が多いという報告もあります。

膜性増殖性糸球体腎炎は、ステロイド剤は効きにくく、ネフローゼ状態がつづく例では、腎臓のはたらきが悪化していきます。

巣状糸球体硬化症
Focal and Segmental Glomerulosclerosis

どんな病気か

巣状糸球体硬化症（ＦＳＧＳ）は、いくつかの糸球体の一部（巣状）、また、個々の糸球体の一部（分節状）が、硬化する病気です。

以前は、特別な原因がなく、このような病変がおこる場合にかぎってこの病名を使っていました。しかし最近では、いろいろな原因によって巣状糸球体の硬化がおこることがわかってきたため、原因があるものについては、続発性とか二次性の巣状糸球体硬化症として分けるようになりました。

とくに原因がみられない場合は、現在では、特発性あるいは一次性の巣状糸球体硬化症といいます。

続発性のものは、原因によってさまざまな経過をとりますが、特発性のほうは、たいていの場合、大量のたんぱく尿がみられ、ネフローゼ症候群（前項）を示すことが多い病気です。

症状

ふつうは全身のむくみ（浮腫）などで急激に症状が現れ、しばしば大量のたんぱく尿やかなりの程度の脂質異常症をともないます。

この点で、**微小変化型ネフローゼ症候群**（腎臓の組織検査をしても、ふつうの光学顕微鏡で観察したくらいでは異常がわからないタイプ）と区別するのがむずかしいこともあります。

ただし、特発性巣状糸球体硬化症では、微小変化型ネフローゼ症候群とちがって、血尿や高血圧が現れることが多く、アルブミンよりも大きなたんぱく質分子も尿中に漏れ出てしまうことが特徴です。

治療

巣状糸球体硬化症は、ネフローゼ症候群を現すことが

④その他　高血圧や著しい脂質異常症（高脂血症）がしばしばみられる。

（資料／第38回日本腎臓学会学術総会記念　腎臓病学の診断アプローチを一部改変）

多い病気ですが、その場合は、ネフローゼ症候群と同様の治療をします。

　ただし、病状が、無症候性たんぱく尿・血尿症候群（1698頁）の状態でとどまっていることもあれば、慢性腎炎症候群（1696頁）の状態になることもあります。これらの場合にも、それぞれの病態にふさわしい治療をすることになります。

　巣状糸球体硬化症では、腎臓のはたらきがしだいに失われていくことが多く、一般的に、10年後には腎臓の透析療法（1724頁）が必要な状態になることが多いといわれています。

IgA 腎症の診断基準

①臨床症状　大部分の症例は無症候性だが、ときに急性腎炎のような症状を示すこともある。ネフローゼ症候群が現れることは比較的まれ。一般的に、IgA腎症のままの状態がつづくことが多いが、一部の症例では末期の腎不全に移行する場合もある。

②尿検査成績　尿の異常の診断には３回以上の検尿が必要で、そのうち２回以上は一般の尿定性試験に加えて尿沈渣の顕微鏡検査も行う。

ａ．必発所見：持続的な顕微鏡的血尿（赤血球５～６/毎視野以上）

ｂ．頻発所見：持続的または間欠的たんぱく尿

ｃ．偶発所見：肉眼的血尿（急性上気道炎あるいは急性消化管感染症状に併発することが多い）

③血液検査成績

ａ．必発所見：なし

ｂ．頻発所見：成人の場合、血清IgA値 315㎎/dℓ以上（全症例の半数以上にみられる）

④確定診断　腎生検による糸球体の観察が唯一の方法。

ａ．光学顕微鏡所見：部分的な巣状分節性から球状に広がるびまん性全節性までのメサンギウム増殖性変化が主体であるが、半月体、分節硬化、全節硬化など多彩な病変がみられる。

ｂ．蛍光抗体法または酵素抗体法所見：メサンギウムを中心に広がるIgAの沈着（他の免疫グロブリンと比較して、IgAが優位）

ｃ．電子顕微鏡所見：メサンギウム基質内のとくにパラメサンギウムで高密度の物質が沈着

（注）＊②のａとｂ、および③のｂがみられれば、IgA腎症の可能性が80％以上。ただし、泌尿器科の病気との鑑別診断を行うことが必要。

＊IgA腎症と似た腎生検所見を示す紫斑病性腎炎、肝硬変症、ループス腎炎などとは、それぞれの病気に特有の全身症状の有無や検査所見によって鑑別を行う。

（資料／第38回日本腎臓学会学術総会記念：腎臓病学の診断アプローチ）

IgA腎症

IgA Nephropathy

どんな病気か

　ＩｇＡ腎症は、日本では、糸球体そのものの病変が原因（原発性）である糸球体の病気のなかで、もっとも多いものです。

　以前は、この病気の経過はよく、腎臓のはたらきが低下することは少ないと考えられていました。

　しかし現在では、必ずしもそうではなく、末期的な腎不全におちいる場合もかなりあることがわかっています。

原因

　ＩｇＡ腎症がどのようにしておこるのか、わかってはいません。しかし、糸球体に免疫グロブリン（抗体や抗体に類似したたんぱく質）の一種であるＩｇＡが沈着していること、また血液中のＩｇＡの値が約半数の患者で高くなっていることから、なんらかの原因で、からだの中で産生されたＩｇＡが糸球体に沈着して、糸球体腎炎をおこすと考えられます。

　また、メサンギウム細胞（糸球体の結合組織）の増殖がみられることもあ

◎メサンギウム増殖性糸球体腎炎
メサンギウム細胞や基質が増殖し、血尿やたんぱく尿を示す症候群。

◎膜性腎症の診断基準
①**臨床的特徴** 中・高年の男性に多い。
▼**尿所見** たんぱく尿は軽度から高度で、分子量を選ばず各種のたんぱくがみられる。血尿はみられても軽度。

ります。

症状 大部分の場合、無症候性（自覚症状がない）で、偶然、たんぱく尿または血尿、あるいはその両方が見つかって発見されます。

また、かぜのあと、突然に肉眼的血尿（真っ赤な尿）がみられることもありますが、それもたいていは数日でみられなくなります。

まれに、たんぱく尿や血尿とともに高血圧やむくみ、腎臓の機能低下をともない、急性に発病することもあります（急性腎炎症候群として現れる）。

治療 たんぱく尿の量、血圧の測定、腎臓の機能の検査を行い、病状が安定している場合は、一般的には特別な治療は必要ありません。

臨床症状は、無症候性たんぱく尿・血尿症候群（1698頁）、急速進行性腎炎症候群（1693頁）、急性腎炎症候群（1692頁）、慢性腎炎症候群（1696頁）、ネフローゼ症候群（1699頁）のどれかとして現れます。ですから、その状態に応じて治療、対処することが必要です。最近では、扁桃摘出および副腎皮質ホルモン（ステロイド）剤のパルス療法が行われることもあります。

IgA腎症の長期的な経過をみると、約50％の人が、無症候性たんぱく尿・血尿症候群のままですが、残りの50％は病状が進行します。

そのうちの25％は、たんぱく尿の悪化をともないながら、徐々に腎臓の機能が低下し、10～20年後には末期腎不全（1720頁）におちいります。残りの25％は、徐々に腎臓のはたらきが悪くなりますが、10～20年たっても慢性腎炎症候群の病像のままで、ある程度腎臓の機能に障害がでたとしても、末期的な腎不全にはなりません。

膜性腎症
Membranous Nephropathy

どんな病気か 膜性腎症は、免疫複合体（体内に入ったウイルス、細菌、異物などの抗原と、それを無害化する抗体が結合したもの）が、糸球体の基底膜に沈着して腎臓の濾過機能を障害する病気で、子どもにはめったにみられず、おとなのネフローゼ症候群（1699頁）の原因として重要です。

原因 大部分は、直接的な原因がはっきりしない（特発性の）ものですが、B型肝炎ウイルス（1635頁）などによる感染症、悪性腫瘍、全身性エリテマトーデス（2030頁）などの膠原病、関節リウマチの治療薬であるD‐ペニシラミンなどの薬剤によるものなど、直接の原因がわかる（続発性の）膜性腎症もあります。

症状 徐々に発病し、たいてい軽いたんぱく尿で発見され、その後しだいにたんぱく尿が進んで、ネフローゼ症候群が現れるようになります。

まれに、急激なネフローゼ症候群で発病することもあります。ネフローゼ症候群では、原因に関係なく血液がかたまりやすくなります。

膜性腎症でみられるネフローゼ症候群では、とくに血液がかたまりやすく、腎静脈、脳血管、冠状動脈（心臓の栄養血管）に血栓（血管に血のかたまりがつまったもの）ができて、脳や心臓

▼**発症形式**　無症候性たんぱく尿である場合が多いが、ネフローゼ症候群で発症することも多い。
▼**高血圧**　進行した膜性腎症に多い。
▼**基礎疾患**　がん、B型肝炎を含む感染症などの基礎疾患の有無を確認し、続発性の膜性腎症かどうかの注意が必要。
②**病理形態学的特徴**　確定診断は、腎生検所見により行う。光学顕微鏡所見では、糸球体のヘンレ係蹄壁のびまん性（広範囲の）肥厚と、PAM染色検査でヘンレ係蹄壁の細胞が糸球体上皮側へ向かっているのがみられる。蛍光抗体法所見では、IgGとC3からなる免疫複合体のヘンレ係蹄壁にそった顆粒状沈着がみられる。電子顕微鏡所見では、糸球体上皮の下に電子密度の高い沈着物があり、そのすき間を埋めるように基底膜の肥厚がみられる。
（資料／第38回日本腎臓学会学術総会記念　腎臓病学の診断アプローチ）


が危険にさらされる場合があります。

　また、とくに高齢者の膜性腎症では悪性腫瘍が隠れた原因となっていることもあり、悪性腫瘍がないかどうか調べることもたいせつです。

治療
　膜性腎症にかかったあとの経過をみると、約半数の人が、特別な治療もされずに治ってしまい、これが膜性腎症の大きな特徴になっています。残りの10～20％は、徐々に腎臓のはたらきが悪くなって、末期的な腎不全（1720頁）におちいります。
　とくにネフローゼ症候群が長引いた場合、経過はよくありません。膜性腎症でおこるネフローゼ症候群の多くは、ネフローゼ症候群に第一に使うべき副腎皮質ホルモン剤の効きめが悪く、治療に苦労します。

膜性増殖性糸球体腎炎
Membranoproliferative Glomerulonephritis

どんな病気か
　膜性増殖性糸球体腎炎（MPGN）は、子どもがかかることが多い病気です。

　かかった人の多くに、低補体血症（細菌などの抗原に対して闘う免疫主役を抗体とすると、脇役にあたるのが補体で、この補体が少なくなること）が持続的にみられるのが特徴です。

　症状としては、血尿をともなうネフローゼ症候群（1699頁）、あるいは慢性腎炎症候群（1696頁）の状態になることが多い病気です。

　以前は、治療のむずかしい病気と考えられていましたが、最近では早期診断・早期治療によって、症状も腎臓の組織もよくなる例が増えています。

　原因はわかっていませんが、免疫複合体（抗原と抗体が結合したもの）が関係しているといわれています。

検査と診断
　診断を確定するには、腎臓の組織をとって顕微鏡で調べる必要があります。

　その電子顕微鏡の組織像によって、膜性増殖性糸球体腎炎はⅠ型（内皮下沈着物）、Ⅱ型（基底膜内の帯状の沈着物）、Ⅲ型（上皮下沈着物）の３つのタイプに分類されます。

　日本では、ほとんどがⅠ型かⅢ型であり、欧米諸国に比べⅡ型がひじょうに少ないことも特徴のひとつです。

　症状としては、慢性腎炎症候群あるいはネフローゼ症候群の状態になることが多いのですが、15歳未満の場合は、急性腎炎症候群（1692頁）あるいは無症候性たんぱく尿・血尿症候群（1698頁）となることが多く、年齢によって病態がちがいます。

治療
　糸球体の組織に、半月体と呼ばれるかたいものができていると、病気の進行をくい止めるのはむずかしいのですが、早期発見と副腎皮質ホルモン（ステロイド）剤を用いた早期治療で、症状や組織の変化が改善するともいわれています。
　ウイルスの感染によるC型肝炎（1635頁）をともなった膜性増殖性糸球体腎炎の場合に、インターフェロン（ウイルスに感染した細胞がつくりだす抗ウイルス作用のあるたんぱく質）を使用したところ、腎臓の症状も改善したという報告がされており、この腎炎の原因の解明と治療の面から注目されています。

尿の異常のいろいろ

❖健康な尿とは

健康な尿は、からだにいらなくなったもの、余分なものを水に溶かし出して排泄するための重要な溶液です。したがって、尿の異常は、腎臓や尿路の異常を示すことになります。尿を検査すれば、腎臓や尿路の異常がわかるわけです。

❖尿量の異常

まず、尿の量が問題になります。量によって**多尿**、**乏尿**、**無尿**に分けられます。

水分を多くとったときに多尿になるのは病的ではありません。

多尿（1日3ℓ以上）は、糖尿病（1501頁）など代謝性の疾患のほかに、尿崩症（1489頁）、慢性腎不全（1721頁）、精神的な問題で多飲になった心因性多飲などが原因としてあげられます。多飲が一次的な原因でない多尿は、からだの脱水を引き起こしたりし、異常です。

水分を多くとっていても、また発汗量を考えてみても、1日の尿量の合計が400mℓに満たないものを乏尿といいます。原因としては、まず急性の、または慢性の腎機能不全が考えられます。

無尿とは尿がまったく出ないか、ごく少量の尿しか出てこないものをいい、尿閉（1690頁）とは区別されます。

❖検査でわかる異常

尿の検査では、専用の試験紙に少量の尿をつけると、pH、たんぱく、糖、ウロビリノーゲン（胆汁の主成分ビリルビンが分解されてできる物質）、赤血球、白血球などが含まれているかが、同時にわかってしまいます。

このうち、腎臓、尿路の病気に深い関係があるのは、たんぱくや、赤血球、白血球などです。

◉たんぱく尿

たんぱくが含まれているたんぱく尿は、腎臓病の確かな証拠になります。腎臓の糸球体や尿細管の膜構造が乱れて、本来は通してはいけない血液中のたんぱくが、漏れ出るのが原因です。

しかし、無害なたんぱく尿もありますので、たんぱく尿だからといって、腎臓病と断定的に考えるのは早計です。

たんぱく尿が出たら腎臓病を疑いながら、くわしい検査をするというように考えておけばよいでしょう。

◉血尿

血尿は、尿に赤血球が混じるものです。血尿になる病気には、腎臓病のほかに、尿路の病気があります。

腎臓病の血尿と、尿路の病気によって出る血尿のおもなちがいは、腎臓病であればかなりの程度のたんぱく尿も出るのに対して、尿路の病気ならば、血尿がひどくても、たんぱく尿が少ないことです。

血尿には、肉眼でも血が混じっているとわかる**肉眼的血尿**と、肉眼ではわからない**顕微鏡的血尿**（**潜血**）があります。

これは、含まれる赤血球の量によるもので、本質的なちがいはありません。しかし、尿路の病気による血尿には、肉眼的血尿がきわめて多いことに注意する必要があります。

また、尿路の病気による血尿では、尿路に腫瘍ができているためであることが多く、60歳以上の人に多発します。

血尿が認められた場合には、尿を遠心沈殿して、沈殿した赤血球を顕微鏡で観察してみます。こうしてみると、尿路からの赤血球は粒（直径7μm）がそろっているのに対し、腎臓由来の赤血球は大きさも小さいものが多く、形も整っていないという特徴があります。

しかし、尿を調べるだけでなく、泌尿器科の専門医と相談して、早くいろいろな検査をして原因をはっきりさせたほうがよいと思います。なぜなら、血尿は重大な病気の警鐘だからです。

尿路由来の血尿の原因の多くは、**悪性腫瘍（がん）**です。腎盂、尿管、膀胱、尿道などのいずれのがんからも出血して、それが尿に出てきます（泌尿器のがん 523～534頁）。

このうちでは、膀胱がんであることの頻度がもっとも多く、膀胱がんの初発症状の90％が血尿で、しかも肉眼的血尿であるといわれています。

なお、悪性腫瘍による血尿には、がん細胞が混じっていることがあり、細胞診という特殊な方法で調べることができます。この方法は、尿を調べるだけで、からだへの負担が少ないがんの検査法なのですが、残念ながら検出率は100％ではありません。

血尿の原因

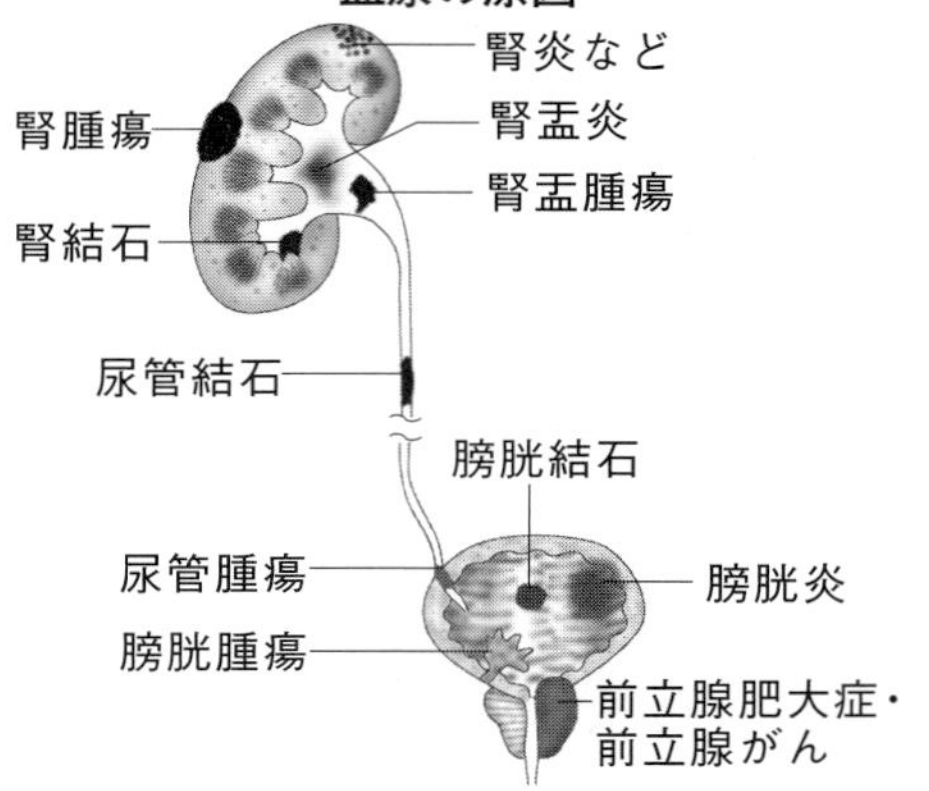

尿路の病気による腎臓の異常と必要な検査

部位（臓器）	病　気	水腎	腎杯変形	腎機能異常	検　査
腎臓	急性糸球体腎炎 IgA腎症など	－	－	＋	生検
腎杯	腎結核 腎盂腎炎	－ －	－ ＋	＋ ＋	結核菌検査 細菌培養
腎盂	腎盂腫瘍	＋	＋	－	細胞診＋内視鏡
尿管	尿管結石 尿管腫瘍	＋ ＋	＋ ＋	＋ －	Ｘ線検査、内視鏡 細胞診＋内視鏡
膀胱	膀胱腫瘍 膀胱炎	－ －	－ －	－ －	内視鏡（細胞診） 膿尿・細菌尿検査
尿道	尿道炎、前立腺炎 膀胱炎	－ －	－ －	－ －	検尿
前立腺	前立腺肥大症（がん）	－	－	－	超音波検査、触診

－：通常はない、あるいはまれ　＋：おこりうる、あるいはよくおこる

内視鏡による検査は腎盂まで観察できるようになっていて、もっとも確実ながんの発見法です。

結石も血尿の原因になります。結石の場合の血尿には、しばしば痛みがともないます。

また、**炎症**でも血尿が出ることがあります。膀胱炎（1747頁）の急性期には、排尿の最後に、しぼられるような痛みとともに、出血（血尿）があるということもまれではありません。また、膿（白血球）や細菌が尿に出ます。

◉膿尿

膿とは、白血球が細菌と戦って、それらの死んだものによってできるので、膿の混じった尿は、細菌の含まれる**細菌尿**でもあることが多いのです。膿が多くなると、白濁した尿としてみられます。

このような尿は、膀胱炎、尿道炎（1761頁）、前立腺炎（1786頁）などによくみられ、これらの病気を**尿路感染症**といいます。こうした尿を遠心沈殿器にかけると、沈渣（底にたまった物質）から白血球や細菌が検出されます。

細菌が見つからず、膿尿だけのものを**無菌性膿尿**といいますが、これは、抗菌薬を服用していたり、尿路結核のときにみられる現象です。

慢性腎臓病（CKD）とは

❖アメリカで提唱された慢性腎臓病

腎機能が慢性の経過をとり、徐々に低下した状況を表す病名として**慢性腎不全**（1721頁）が用いられています。血清クレアチニン濃度（腎機能をみるための検査数値）がだいたい2・0㎎／dℓ以上になると、この病名を用います。この病気は、すでに腎機能は約3分の1以下に低下しているのに、自覚症状がほとんどないということが問題でした。自覚症状がないと医師も患者も油断しがちで、そのうちに腎機能がより悪化することがあります。

２００２（平成14）年アメリカ腎臓財団より、慢性腎不全に対して**慢性腎臓病**という疾患概念が提唱されました。この疾患概念のもととなっているのは、発見時の腎機能が悪ければ悪いほど、また、たんぱく尿の量が多ければ多いほど、腎機能の悪化速度が速いことがあげられます。さらに腎機能障害そのものが、心血管系疾患のひじょうに強い危険因子であることも重要なポイントです（下図）。

慢性腎臓病という概念の意義は、腎臓病を早い時期に見つけ、適切な治療を行うことで、透析が必要な末期腎不全にならないようにし、腎機能悪化でリスクが増加する心血管系疾患の発症を少なくすることに集約されます。

慢性腎臓病の定義では、血清クレアチニン濃度（糸球体濾過量に反比例）が基準値を少しでも超えた場合、あるいは血清クレアチニン濃度が基準範囲内でも、たんぱく尿があるだけで慢性腎臓病であると判断されます。

なお、日本では血清クレアチニンと年齢を推算式にあてはめて求められる糸球体濾過量（GFR）を基準とすることとしています。

早い時期に、いかに適切な治療を行うかがその後の予後を左右します。

残念ながら現時点では、腎機能の増悪を抑制する特効薬はありません。

ただし、①血圧をコントロールすること、さらにアンジオテンシンⅡの作用を抑えるアンジオテンシン変換酵素阻害薬あるいはアンジオテンシンⅡ受容体拮抗薬を中心とした降圧薬を使用すること、②たんぱく質制限、③腎臓に負担をかける薬剤（鎮痛薬、解熱薬、血管造影剤など）を極力避けること、④食塩を制限し、水分を多めにとること（1日約1・5ℓ）などにより、ある程度腎臓を保護することができます。

慢性腎臓病と心血管系合併症発症率との関係

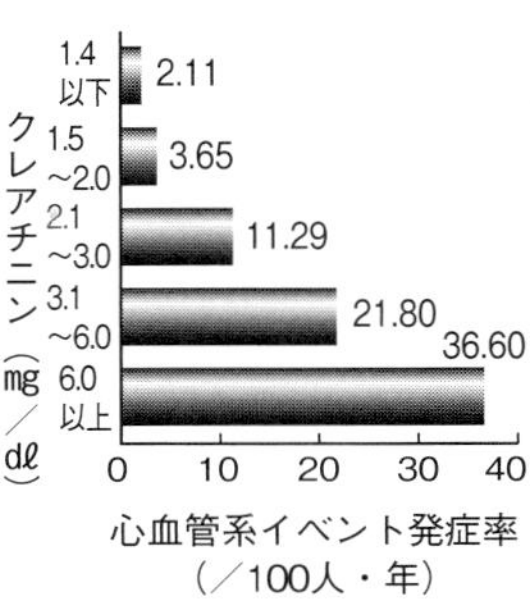

腎機能の悪化にともない心臓や脳血管疾患が発症しやすくなる

慢性腎臓病の定義

①	尿異常、画像診断、血液、病理で腎障害の存在が明らか。とくに0.15g/gCr以上のたんぱく尿（30㎎／gCr以上のアルブミン尿）の存在が重要
②	GFR＜60mℓ／分／1.73㎡
③	①、②のいずれか、または両方が3か月以上持続する。

重症度は、原因（C）、腎機能（G）、たんぱく尿（A）によるCGA分類で評価する。

その他の腎臓の病気①

糖尿病性腎症
Diabetic Nephropathy

どんな病気か

糖尿病（1501頁）は、日本では高血圧、脂質異常症と並んで代表的な生活習慣病です。１型糖尿病（インスリン依存性糖尿病）と、２型糖尿病（インスリン非依存性糖尿病）に分けられますが、患者数が多く、生活習慣病として問題となるのは、２型糖尿病です。

糖尿病には、網膜症、神経障害、腎症という三大合併症がともない、とくに最近は、糖尿病性腎症から回復不可能な末期の腎不全（1720頁）におちいる患者が増えています。

原因

糖尿病性腎症は、糖尿病によって毛細血管・細小血管に病変がおこり（**糖尿病性細小血管症**）、網膜と同じように多数の毛細・細小血管が集まった糸球体も障害されると考えられますが、根本的な原因ははっきりしません。

しかし、インスリンの不足、あるいは作用がうまく現れないことによる高血糖が、腎症のおもな原因と考えられています。その結果、糸球体は血液中の過剰な糖を濾過せねばならず、糸球体にかかる血液の圧力が高まります。この状態が長くつづくと、糸球体がしだいにかたくなると考えられます。糸球体の過剰な濾過がおこる時期には、わずかですが、アルブミンの混じった尿（たんぱく尿の一種）がみられます。

検査と診断

次頁の表は、日本に多い２型糖尿病を主にして、糖尿病性腎症の病期を示したものです。わずかなアルブミン尿がみられる第２期（早期腎症の時期）までに適切な治療を行わないと、たんぱく尿が悪化して、第３期（顕性腎症の時期）へと進んでしまいます。

第３期ではネフローゼ症候群（1699頁）を示すこともあり、この時期になると腎症は回復できないものになってしまい、さらに、第４期（腎不全期）、第５期（透析療法期）の末期へと進行します。

糖尿病性腎症は、発病の早くから高い割合で高血圧をともないます。腎症が進んだ患者では、高血圧となることがさらに増え、血圧のコントロールも困難になります。

治療

糖尿病性腎症の治療でもっとも大事なことは、早期腎症の時期までに発見し、適切な治療を行って、顕性腎症以降の病期に進ませないようにすることです。

そのためには、とにかく厳格な血糖値のコントロールをすることが重要です。血糖のコントロールは、低カロリー食、運動療法が基本ですが、糖尿病薬の服用、およびインスリンの注射も行われます。

顕性腎症の前期も、やはり厳格な血糖のコントロールが必要です。また、前期から、ある程度たんぱく質を制限することがよいと考えられています。後期になると、厳密な低たんぱく食にする必要があります。

腎不全期には、やはり食事療法として、たんぱく質の摂取の制限を行いますが、血液中のクレアチニン（糸球体の濾過能力の目安になる物質）の量の増えかたによっては、透析療法（1724頁）

表１　糖尿病腎症の病期分類

病期	尿アルブミン値mg/gCr あるいは尿たんぱく値g/gCr	GFR（eGFR）mℓ/分/1.73㎡
第１期（腎症前期）	正常アルブミン尿（30未満）	30以上
第２期（早期腎症期）	微量アルブミン尿（30〜299）	30以上
第３期（顕性腎症期）	顕性アルブミン尿（300以上） あるいは持続性たんぱく尿 （0.5以上）	30以上
第４期（腎不全期）	問わない	30未満
第５期（透析療法期）	透析療法中	

日本腎臓学会（2013年）

表２　代表的な近位尿細管疾患

■ファンコニ症候群
　特発性ファンコニ症候群、遺伝性ファンコニ症候群、二次性ファンコニ症候群
■アミノ酸尿症
　シスチンおよび二塩基性アミノ酸尿症、中性アミノ酸尿症、イミノグリシン尿症
■腎性糖尿
■リン酸尿症
　ビタミンＤ抵抗性くる病、ビタミンＤ依存性くる病、腫瘍性低リン血症骨軟化症
■偽性副甲状腺機能低下症（Ⅰ型、Ⅱ型）
■近位尿細管性アシドーシス　■尿酸輸送の障害

の準備をします。

　糖尿病性腎症には高血圧をともなうことが多く、血圧のコントロールが悪いと腎症が進行します。食塩制限と降圧薬の使用により、血圧を収縮期130mmHg、拡張期80mmHg未満にコントロールすることがたいへん重要です。降圧薬のうち、アンジオテンシン変換酵素阻害薬およびアンジオテンシンⅡ受容体拮抗薬は、糸球体内の圧力を減らす作用もある有効な薬です。

尿細管疾患
Tubular Disease

どんな病気か　血液は糸球体で濾過されて**原尿**となり、尿細管の中に流れ込みます。原尿には、からだが必要とする成分もたくさん含まれており、尿細管は必要に応じて、これらの物質を原尿の中からからだに引き戻します（再吸収）。また、尿細管には、からだにたまった余分な酸を尿中に排泄するはたらきもあります。

　アルドステロン、副甲状腺ホルモン、抗利尿ホルモンが尿細管にはたらくことによって、原尿からの再吸収が調節され、体液の性質が保たれます。

　なんらかの原因で尿細管のはたらきに異常がおこると、からだに必要な物質が尿に漏れ出たり、余分な酸が排泄できなくなって血液が酸性になったりします。また、尿細管にはたらくホルモンも血液が運ぶので、うまくはたらかなくなり、体液の電解質（カルシウムやナトリウムなどの水に溶ける物質）の濃度や、生体の膜を通した水などの移動がうまくいかなくなります。

●尿細管疾患の分類

　尿細管は、再吸収する物質が異なるいくつかの部位に分けることができます。また各ホルモンによって、その作用を受ける部位もちがいます。そのため尿細管の病気は、どこが障害されたかによって分類するのが一般的です。

▼近位尿細管疾患　近位尿細管の病気を表2に示しました。

　近位尿細管では糸球体で濾過されたアミノ酸、ぶどう糖、リン、尿酸、体内のアルカリの主成分である重炭酸イ

◎腎性尿崩症

腎性尿崩症ではうすい尿が大量に出ますが、**中枢性尿崩症**（抗利尿ホルモンの合成・分泌障害によっておこる尿崩症）および**心因性多飲症**（こころに問題があって大量の水を飲む結果、多尿になる病気）と見分けることが必要です。

これには、水制限試験とピトレシン（バソプレシン製剤＝抗利尿ホルモン）負荷試験が有効です。水分の摂取を制限すると、腎性尿崩症や中枢性尿崩症では尿が濃縮されることはありませんが、心因性多飲症では尿が濃縮されます。ピトレシン試験を行うと、中枢性尿崩症では、抗利尿ホルモンに反応して尿が濃縮されますが、腎性尿崩症では尿の濃縮はおこりません。

腎性尿崩症の場合には、利尿薬を用いてナトリウムおよび塩素イオンの再吸収を阻害することで尿量を減少させ、飲水量を減らして症状を改善します。

オンのほとんどが再吸収されます。近位尿細管に異常がおこると、これらの物質が尿に大量に漏れ出ます。

また、近位尿細管には、副甲状腺ホルモンの作用を受けるもの（受容体）があり、その受容体に異常があると、副甲状腺機能低下症（1487頁）と似たような症状がみられることがあります。これを**偽性副甲状腺機能低下症**といいますが、低カルシウム血症（1534頁）、高リン血症となり、副甲状腺ホルモンを用いても改善はしません。

▼ファンコニ症候群は、近位尿細管のはたらきが全面的に障害されておこる病気で、原因としては、遺伝のほか、Mたんぱく血症（抗体以外の免疫グロブリンの一種、Mたんぱくが血液中に増えた状態で、悪性腫瘍でおこることもある）や悪性腫瘍などがあります。

症状は、アミノ酸尿、腎性糖尿（糖尿病ではないが、尿にぶどう糖が漏れ出る状態）、リン酸尿、近位尿細管性アシドーシス（重炭酸イオンが尿中に漏れて血液が酸性に傾く状態）がみられます。

▼ヘンレ係蹄上行脚疾患　尿細管の一部、ヘンレの係蹄の上行脚は、ナトリウムおよび塩素イオンの再吸収が活発に行われています。この部位の病気としては、**バーター症候群**があります。

バーター症候群の根本的な原因は明らかではありませんが、塩素イオンの再吸収過程がうまくいかず、塩素イオンとともにナトリウムイオンが尿中に大量に漏れ出るため、体液量が減って、レニン‐アンジオテンシン‐アルドステロン系が活発になり、アルドステロンが増えます。

強力に血圧を上げるはたらきのあるアンジオテンシンⅡも増えていますが、血圧は基準範囲ないし低下します。

▼遠位部ネフロン疾患　遠位尿細管は、余分な酸を尿中に排泄していますが、ここが障害されると酸が体内にたまり、**遠位尿細管性アシドーシス**になります。この病気が近位尿細管性アシドーシスと異なる点は、尿路結石（1740頁）をともなうことが多いのと、治療に大量のアルカリ製剤が必要なことです。

尿細管は腎盂に開口する前に集まって集合管になりますが、ここに抗利尿ホルモンが作用すると、水が再吸収され尿が濃縮されます。これは集合管にある抗利尿ホルモンの受容体を通じてなされるので、集合管に異常があると抗利尿ホルモンが作用せず尿量が増えます。これが**腎性尿崩症**（上段）です。

【治療】　近位尿細管性アシドーシスやファンコニ症候群には、不足している重炭酸ナトリウムを補充する治療を行います。このとき、ナトリウム増加によって生じる低カリウム血症を予防するため、カリウム製剤を併用します。

バーター症候群には、集合尿細管でのナトリウムの再吸収を抑制するか、低カリウム血症に対する補充療法を行います。

また、遠位尿細管性アシドーシスには、低カリウム血症型と高カリウム血症型があり、治療法が異なります。いずれにしても、尿細管疾患では、障害された部位を検査できちんと把握し、症状に応じた治療を行うことがたいせつです。

その他の腎臓の病気②

▼症状▲良性の場合は中等度の高血圧がつづき、頭痛、動悸、軽いたんぱく尿が現れ、悪性の場合は頭痛、耳鳴り、悪心、嘔吐、視力障害などがおこる。

▼治療▲減塩・低たんぱくの食事療法が中心で、降圧薬なども使用する。

腎硬化症

Nephrosclerosis

高血圧にともなう腎臓の動脈硬化

◇血圧のコントロールが重要

どんな病気か

腎硬化症とは、高血圧（とくに本態性高血圧 1397頁）が持続した結果、腎臓内の細動脈の硬化と狭小化が進んで腎臓の血流が損なわれ、腎臓のはたらきが低下してしまう病態です。かたくなるのは腎臓の動脈ですが、結果的に腎臓自体も萎縮し、かたくなることからこの病名がつきました。

腎臓の血流が低下すると、腎臓内の糸球体と呼ばれる、尿を産生する小さいフィルターの傍らにある「傍糸球体装置」からレニンと呼ばれるホルモンが分泌されます。血液中に放出されたレニンは、血液中のアンジオテンシンⅡというホルモンを増加させ、アンジオテンシンⅡは、さらに副腎からのアルドステロンというホルモンの分泌を促します（レニン-アンジオテンシン-アルドステロン系と呼ばれるホルモンの連携プレー）。アンジオテンシンⅡには全身の末梢血管を収縮させるはたらきがあり、アルドステロンには腎臓からナトリウムと水を再吸収する（体内に取込む）はたらきがあります。その結果、血管の収縮と水分貯留が相まって、さらに血圧が上昇するという悪循環におちいります。

腎硬化症は、進行が緩やかで、50～60歳代の男性に多く、壊死性血管炎をともなわない**良性腎硬化症**と、進行が速やかで、30～40歳代の男性に多く、壊死性血管炎をともなう**悪性腎硬化症**（**悪性高血圧症**とほぼ同義）の2種類に分類されています。

日本透析医学会の統計調査委員会が毎年発行している「わが国の慢性透析療法の現況」を見ると、２０１３（平成25）年12月31日現在、透析導入の原因となったさまざまな疾患のうち、腎硬化症が占めている割合は13・０％です。これは、原因不明の11・5％を除けば、糖尿病性腎症（1710頁）の43・8％、慢性糸球体腎炎（現在は慢性腎炎症候群と呼びます 1696頁）の18・8％についで3番目に多い数字であり、社会の高齢化と相まって、徐々に増えています。

症状

良性腎硬化症は、肩こり、頭痛、めまい、動悸などが診断のきっかけとなります。しかし、進行が緩やかなため、これといった症状が現れないことも少なくありません。もともと高血圧のある人に、血圧のさらなる上昇やたんぱく尿を認めた場合には注意が必要です。

悪性腎硬化症は、激しい頭痛、耳鳴り、けいれん、意識障害、視力障害（眼底出血、網膜浮腫）、動悸、息切れ、尿量減少（乏尿）、むくみ、吐きけ、嘔吐、呼吸困難といった多彩な症状が診断のきっかけとなります。進行が速やかなぶん、症状も顕著です。腎臓のはたらきがみるみる悪化し、適切な治療を行わずに放置すれば、尿毒症（1722頁）、心不全（1342頁）、脳出血（930頁）などをきたして死に至ることさえあります。

◎無症候性血尿……1716頁
◎腎性貧血……1720頁
◎溶血性尿毒症症候群と血栓性血小板減少性紫斑病……1722頁

原因

高血圧による動脈硬化が最大の原因です。ただし、動脈硬化自体は加齢性の変化なので、高血圧がそれを促進していると考える向きもあります。

検査と診断

比較的長期間の高血圧の病歴がある人に、検尿でたんぱく尿や血尿が、また、血液検査などで腎機能の低下が確認された場合は、本症を念頭において、年齢、家族歴、最近の血圧の変化なども考慮し、眼底検査、心エコー検査などを行います。眼底は、動脈の状態を体外から観察できる唯一の部位で、動脈硬化の程度、眼底出血や網膜浮腫の有無を知ることができます。心エコーは、高血圧が心臓におよぼす影響を評価することができる、非侵襲的な（出血をともなわない、痛くない、被曝の心配がない）検査です。さらに、腹部エコー検査やＣＴで腎臓を観察すると、多くの場合、左右両方の腎臓に軽度から中等度の萎縮が確認されます。

やや専門的になりますが、良性腎硬化症の初期は、腎血漿流量の低下、濾過率の上昇、近位尿細管輸送能（パラアミノ馬尿酸の分泌能）の低下にとどまりますが、進行すれば糸球体濾過値が低下し、尿素窒素が蓄積するようになります。悪性腎硬化症の場合は、腎の阻血性（血流が途絶える）変化を反映して血中の乳酸デヒドロゲナーゼ値が上昇し、かつ、レニン分泌亢進に起因する続発性アルドステロン症（塩類ホルモンのアルドステロンの過剰分泌による）の病態を呈します。

診断にあたっては、高血圧が先か、腎機能障害が先かのみきわめもたいせつです。確定診断のためには腎生検が不可欠で、血圧の適正化をはかったあとに行われます。採取した腎臓の組織を染色して顕微鏡で観察すると、動脈の硬化や狭小化、腎糸球体や尿細管の萎縮、間質の線維化などが確認され、腎硬化症と診断する根拠となります。動脈の断面が「輪切りにしたタマネギ」のように見える場合があります。これは、増殖性動脈内膜炎がもたらす**オニオンスキン病変**（次頁上段図）で、悪性腎硬化症の特徴のひとつといわれます。

治療

継続的な血圧のコントロールがたいせつです。世界保健機構（ＷＨＯ）は、収縮期血圧を１３０㎜Hg以下に、拡張期血圧を85㎜Hg以下に保つことを推奨しています。

血圧を適正な値に保つための工夫のひとつは、塩分摂取量を制限することです。遺伝的に塩分をいくら摂取しても大丈夫という人がいることもわかっていますが、目安として食塩を１日６g以下に抑えるのがよいといわれています。体重の適正化もたいせつで、肥満があれば、カロリー制限し、日々、適度な運動を実践します。また、すでに腎機能が低下してしまっている場合は、たんぱくの摂取量にも気を配ります。

食事や運動療法だけで血圧が十分にコントロールできない場合は降圧薬を内服します。ここ数年、アンジオテンシン受容体拮抗薬という降圧薬（内服薬）が、広く用いられるようになりました。この薬には、ただ血圧を下げるだけでなく、腎臓を保護するはたらきもあることがさまざまな研究で確かめられています。アンジオテンシン変換

第11章—第19章
循環器
血液・内分泌・代謝
消化器
泌尿器
皮膚
運動器
形成外科
免疫・環境因子・中毒
感染症

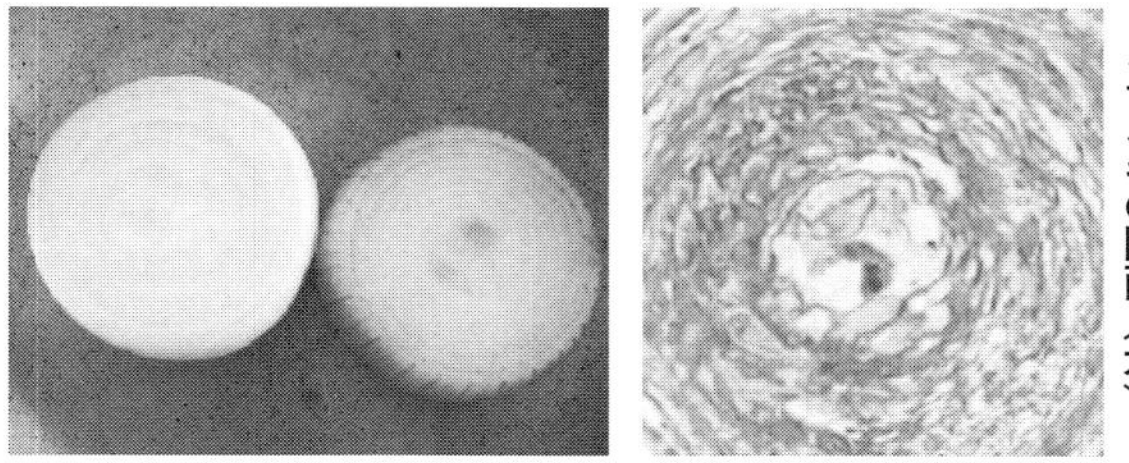

オニオンスキン病変（右）とタマネギの断面（左）

酵素阻害薬という降圧薬もよく用いられる薬剤のひとつです。多くの場合、多種類ある降圧薬の中から数種類を選んで組合わせ、血圧を正常な値にコントロールします。

悪性腎硬化症と診断された場合は、上昇した血圧を速やかに下げるべく、多くの場合、降圧薬が内服ではなく静脈内注射で使用されます。ただし、あまりにも急激な降下は、かえって腎機能の低下を助長するため、あくまでも慎重に行います。

残念ながら尿毒症に至ってしまった場合は、透析療法（1724頁）が必要となります。

日常生活の注意 ①塩分控えめのバランスのとれた食事をとること、②適度な運動を実践すること、③太りすぎに注意すること、④十分な睡眠をとること、⑤禁煙し、お酒は控えること。

予防 血圧の変化と腎機能の低下にできるだけ早く気づくことです。定期的に検診（血圧測定、検尿、血液検査など）を受けるようにしましょう。

腎血管性高血圧症
Renovascular Hypertension

どんな病気か 腎血管性高血圧症とは、動脈硬化症（1407頁）などによって腎動脈が狭くなってしまった結果、腎臓から昇圧ホルモンのひとつであるレニンが分泌され、血圧が上昇する病態です。全高血圧症の約1％を占めるといわれています。

腎臓は、尿量を加減することによって、体内の水分量を一定に保つ役割を担っています。水分摂取量が制限されたときや発汗量が増えたときには尿量が減り、水分を多量に摂取したときには尿量が増えるのは、腎臓がバランスをとってくれているからです。

腎臓は、腎臓の血流量をもって体内の水分量の多寡を認識（判断）します。糸球体（尿を産生する小さいフィルター）の傍らに「傍糸球体装置」といわれる圧受容体（圧を認識する部分）があって、腎臓の血流が減少、すなわち圧が下がれば、水分が足りないと認識し、逆に、血流が増加、すなわち圧が上がれば、水分が多すぎると認識してレニンの分泌を調節しているのです。

体内の水分は十分足りているのに、腎動脈が狭いせいで血流が減少し、水分が足りないと勘違いした圧受容体がレニンの分泌を促し、アンジオテンシン、アルドステロンといったホルモンとの連携プレーを介して水分をため込み、かつ血管を収縮させると、血圧が上昇します。これが腎血管性高血圧症の発症メカニズムです（1717頁図）。左右いずれかいっぽうの腎動脈に狭窄が生じれば、このような一連のメカニズムによって血圧が上昇します。

症状 血圧が高くなります。自覚症状として、高血圧に起因する肩こり、頭痛、めまい、動悸などをあげることができますが、これといった症状をともなわないことも少なくありません。

原因 腎動脈が狭くなる原因として、動脈硬化症（1407頁）、線維筋性異形成（中小の動脈が狭窄をおこす病気）、大動脈炎症候群（1422頁）などをあげることができます。動脈硬化症によるものは、50歳以上の男性に多く、線維筋性異形成や大動脈炎症候群によるものは、40歳以下の女性に多いといわれています。

【検査と診断】　高血圧があって、とくに血液検査で血清中のカリウム値の低下が確認された場合は、本症と原発性アルドステロン症（1491頁）を念頭において、精密検査を行います。血中のレニン値を測定し、それが高値を呈している場合は、本症の可能性が高くなります。臍近くの腹部に聴診器をあてると、血管狭窄音が聴こえることがあります。

　カプトプリルというアンジオテンシン変換酵素阻害薬を負荷（50㎎内服）し、その前後の血中レニン値の変化をみる検査（カプトプリル負荷試験）も診断の一助となります。

　腎動脈狭窄の有無、あればその部位や程度を確認するために画像診断検査が必要です。以前は、脚の付け根の太い動脈（大腿動脈）からカテーテルと呼ばれる細い管を挿入し、造影剤を注入しつつX線写真を何枚も撮る検査（血管造影検査）を行って、腎動脈の狭窄部位やその程度を確認していましたが、最近では、画像診断技術が進歩したおかげで、従来の血管造影検査に比べて侵襲（からだへの負担）が少ないドップラーエコー（234頁）、ヘリカルCT（2頁カラー口絵）、MR（磁気共鳴）血管造影検査（5頁カラー口絵）で、ほぼ同じ目的が達せられるようになりました。

　腎臓の状態、とくに左右差を評価するレノグラムという検査が有用です。

【治療】　高血圧に対しては、レニンというホルモンの増加を促すアンジオテンシンⅡというホルモンの増加（連携）が血圧上昇の原因となっているので、数ある降圧薬のうち、アンジオテンシン変換酵素阻害薬、あるいはアンジオテンシン受容体拮抗薬が用いられます。効果が不十分な場合は、カルシウムチャンネル遮断薬やループ利尿薬などを適宜追加します。

　もともとの原因（左右いずれか、あるいは両方の腎動脈の狭窄）に対しては、腎動脈の狭窄を解除するための治療を行います。以前は、腹部を切開しての血行再建術が主流で、血管の状態によっては自家腎移植術が行われることもありましたが、最近では、経皮経管腎動脈形成術（PTRA）が第1選択の治療法となっています。これは、動脈造影検査と同じように、脚の付け根の太い動脈（大腿動脈）から、先端に風船のついたカテーテル（バルーン・カテーテル）を挿入して狭窄部位に誘導し、高圧で風船を膨らませ、狭窄部位を内側から押し広げる治療法です。ただ押し広げるだけでなく、生体への影響が少ない材質でできたステントと呼ばれる小さい器具を留置する方法も一般化しつつあります。

【日常生活の注意】　①さまざまな機会を利用して、自分の血圧を知ること、②おかしいなと思ったら、血圧を測ってみること、③高血圧に気づいたら、放置せず専門医の診察を受けること。

【予防】　他の多くの疾患同様、早期発見と早期治療がたいせつです。日ごろから自分の血圧には注意しましょう。何より高血圧の状態を放

◎無症候性血尿

目で見える血尿以外には、とくに目立った症状がないものを**無症候性（肉眼的）血尿**といいます。腎臓の病気では、慢性糸球体腎炎、ことにIgA腎症（1704頁）によるものが多く、尿路の病気では悪性腫瘍（移行上皮がん 527頁）によるものがほとんどです。

　IgA腎症でおこる血尿は、かぜなどがあって、その後に血尿が出ることが多いのですが、そのときにはかぜの症状はほとんど治っていて、かぜと血尿を結びつけて医師に訴える人はめったにいません。

　尿路の腫瘍、たとえば膀胱腫瘍ではおよそ90％の人が無症候性の肉眼的血尿を訴えます。他の症状があるものは10％にすぎません。なお、膀胱がんのうち、上皮内がんといわれるものでは、頻尿と排尿痛をおもに訴えます。まれに、血尿が出なくても偶然見つかることもあります。

　尿路の病気でも、結石や炎

その他の腎臓の病気

症はたいてい症状があります。尿管結石では激烈な痛み（疝痛）とともに血尿が出ますし、尿路の結石による血尿は無症候性ではないことが多いのです。また、膀胱炎では排尿痛が、腎盂腎炎では発熱が主症状で、血尿があっても無症候性ではありません。

尿路の腫瘍による血尿は、無症候性と考えてほぼまちがいありません。もちろん、膀胱腫瘍でも進行すれば排尿痛や頻尿、排尿困難がおこることもあります。

血尿と誤りやすいものに、尿道からの出血があります。尿道そのものに原因がある場合、「血液が尿道から出る」ことがあるのです。尿とは関係なく下着に血がついたりします。この場合も痛くないことが多く、無症候性といえるのですが、血の出かたを注意深く観察すれば、血尿とのちがいは明らかです。このことを知っていれば、検査の手間をだいぶ省くことができます。

腎血管性高血圧症の発症メカニズム

動脈硬化、線維筋性異形成、大動脈炎症候群ほか
→ 腎動脈の狭窄
→ 腎血流の低下
→ レニン分泌の増加
→ アンジオテンシンⅡの増加＊1→全身の末梢血管が収縮→血圧上昇
→ 副腎からのアルドステロン分泌の増加
→ 腎におけるナトリウム再吸収とカリウム排泄の増加＊2
→ 水分貯留
→ 血圧上昇

＊1：レニンは、アンジオテンシノーゲンからアンジオテンシンⅠへの変換を促す。
アンジオテンシンⅠは、アンジオテンシン変換酵素のはたらきでアンジオテンシンⅡに変化する。
＊2：ナトリウム再吸収の増加とあいまって体内の水分量（細胞外液量）が増加する。
ナトリウムが再吸収されるかわりにカリウムが排泄される結果、血液中のカリウムの値が低下する。

置することは危険ですし、とくに本症の場合、適切な治療を行えば治癒する可能性があることを考え合わせれば、自己判断で経過をみたりせず、早い時期に専門医の診察を受けることをお勧めします。

萎縮腎
Atrophic Kidney

どんな病気か

腎臓は、後腹膜腔にある、左右一対の、ソラマメの形をした実質臓器です。健康な成人の腎臓は、その人の握りこぶし（高さ11～12㎝、幅5～6㎝、奥行3～4㎝）くらいの大きさといわれ、重さは120g程度です。萎縮腎とは、なんらかの原因で腎臓の大きさが健康なときと比較して小さくなってしまった状態で、それ自体が疾患というより、さまざまな疾患の結果として腎臓がたどり着いた状態をさすことばです。

症状

萎縮した腎臓から昇圧ホルモンのレニンが分泌され、さまざまな程度の高血圧（1396頁）をきたすことがあります。両方の腎臓が萎縮すれば、尿量減少、高血圧、尿毒素の蓄積に起因するさまざまな症状（疲れやすい、皮膚のかゆみ、吐きけ、嘔吐、食欲低下、イライラなど）、エリスロポエチンの産生低下に起因する貧血、ビタミンDの活性化が阻害されることに起因する血清カルシウム値の低下や骨の変化といった尿毒症症状（1722頁）を呈します。

腎臓は、もともと2つで3人分くらいの毒素は処理しうる力をもっています。また、なんらかの理由で片方のはたらきが失われても（たとえばがんや外傷で片方を摘出しても）、もういっぽうの腎臓が失われた腎臓の分までがんばろうと大きくなる（代償性に肥大する）ため、片方が萎縮しても、もういっぽうのはたらきが保たれていれば、これといった症状が現れず、萎縮に気づかず過ごしている場合もあります。

原因

萎縮腎の原因は、腎血流障害、各種腎疾患、尿路感染症、水腎症（1736頁）など、多様です。先天性のものもあります。

腎梗塞 ……………1718頁

▼**症状**▲梗塞のおこった側の腹部が急激に激しく痛み、発熱、吐き気・嘔吐などが現れる。血尿、尿量の減少などがみられることもある。

▼**治療**▲多くは薬物治療とともに経過観察が行われるが、腎臓の摘出手術が行われる場合も。

腎臓は、心臓から拍出される血液の約20%を絶えず受け入れている血流の豊富な臓器です。

動脈硬化などによる腎動脈の狭窄あるいは閉塞は、血流の低下に起因する腎臓の萎縮を招きます。

慢性腎炎症候群（1696頁）、糖尿病性腎症（1710頁）といった、血液透析を要する腎疾患の多くは、腎機能の低下と相まって、徐々に腎臓を萎縮させます。

細菌などによる感染症も、それが何度もくり返されれば、炎症巣の瘢痕化が進んで、腎萎縮をきたすことがあります。

尿管に発生した腫瘍や尿管に嵌頓した（突然にはまり込んだ）結石に起因する水腎症も、長期間放置すれば、腎実質の萎縮（菲薄化）を招きます。

【検査と診断】 腎臓が萎縮していること自体の確認は、さまざまな画像検査によって行われます。これといった症状がない場合、他の疾患の精密検査中に偶然見つかることが少なくありません。

腎萎縮の原因をみきわめるためには、病歴の聴取、ひと通りの血液・尿検査、CT検査、腎エコー、腎血管造影検査、レノグラム（腎機能の左右差などをみる検査）、腎生検などが必要となります。

【治療】 治療の主眼は、まず原因を取除くことにあります。血流障害、腎疾患、感染症、腫瘍、結石に対する適切な治療を優先します。

しかし、とくに成人の場合、萎縮あるいは菲薄化してしまった腎臓がもとに戻る可能性は少ないので、原因が腫瘍であれば、摘出を積極的に考えますが、血行再建や結石破砕については、残腎機能を考慮したうえで治療方針を決めます。

腎機能の改善が見込めなくても、萎縮した腎臓が高血圧、発熱、疼痛（激しい痛み）などの原因になっていると判断された場合は、腎臓の摘出を考慮します。

【日常生活の注意】 ①定期的に検診を受けること、②高血圧を指摘されたら放置しないこと、③検尿で異常（血尿、たんぱく尿、糖尿、膿尿など）を指摘されたら放置しないこと。

腎梗塞
Renal Infarction
血流障害による腎組織の壊死

◇腎動脈の血流途絶が原因

【どんな病気か】 腎梗塞とは、塞栓、血栓、強い外力（外傷）などによって腎動脈の血流が途絶し、腎臓の一部または全部が壊死におちいる病態です。冠動脈が閉塞して発症する心筋梗塞（1362頁）、脳動脈が閉塞して発症する脳梗塞（934頁）の腎臓版とみなすことができます。

【症状】 多くの場合、急激かつ持続的な腰背部痛を主訴に発症します。尿管に結石が嵌頓して（急にはまり込んで）、急激に水腎症（1736頁）をきたしたときの症状とよく似ています。背中側の背骨のわき、肋骨のすぐ下あたりを握りこぶしでトントンとたたくと痛みます（肋骨脊柱角部の叩打痛があると表現します）。目で見てわかる程度の血尿をともなう場合もあり

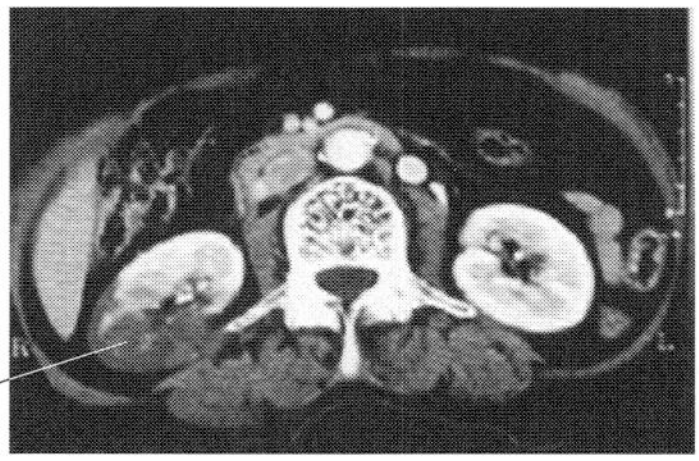

腎梗塞
血栓で閉塞した部分から先へは造影剤が到達しないため、楔形の造影欠損部位が生じる。

ます。腎に由来する痛み刺激の脊髄反射によって、吐きけ、嘔吐をともなうことも少なくありません。

原因 塞栓、血栓、強い外力（外傷）などによる腎動脈の血流途絶が発症の原因と書きましたが、塞栓物質としては、血管内に大量の空気が入って（多くは誤入されて）生じる**空気塞栓**、大腿骨のような比較的太い骨を骨折したときに、脂肪組織が血液中に混入して生じる**脂肪塞栓**、悪性腫瘍の血管内への浸潤に起因する**腫瘍塞栓**などをあげることができます。また、腹部を強打するなどして腎動脈が傷ついた（動脈の内膜がはがれるなどした）結果、血流が阻害され、腎梗塞に至ることもあります。

しかし、頻度的にもっとも多いのは、心臓の弁膜疾患（1380～1385頁）や不整脈（1346頁）が原因で心臓内にできた血栓が飛び、腎動脈につまることによって発生する腎梗塞です。よく知られているのが心房細動（1348頁）です。そのほかに、糖尿病（1501頁）や動脈硬化症（1407頁）なども基礎疾患となり得ます。

検査と診断 血液検査では、腎臓の阻血性（血流が途絶える）変化を反映して発症後、比較的早い時期から乳酸デヒドロゲナーゼと呼ばれる酵素の値が上昇します。検尿では、さまざまな程度の血尿をともなうといわれていますが、発症の早期には異常を認めないことが少なくありません。

腹部エコー装置で腎臓を観察しても、通常、水腎症（1736頁）は認められず、そのことが尿管結石（1743頁）の嵌頓とを区別するポイントのひとつになります。ドップラーエコー（234頁）で腎臓を観察すると、血流が途絶した部分を確認することができます。造影CTを撮影すると、楔形あるいは扇形の造影欠損部を確認でき、確定診断に有用です（上段図）。

腎梗塞と診断した場合は、基礎疾患として多い心疾患、とくに心房細動の有無をチェックするために心電図をとります。心臓弁膜疾患や心臓内の血栓の有無の確認には心エコーが有用です。

腎梗塞は、「疑うことが、診断のはじまり」といわれています。これは、どちらかといえば診療にあたる医療者側が肝に銘じておくべきことですが、症状から尿管結石の嵌頓と、短絡的に判断しないことがたいせつです。

治療 発症後早期であれば、血栓溶解療法を試みます。末梢の静脈から血栓溶解薬を使用するか、状況しだいでは緊急血管造影検査を行って、腎動脈から直接血栓溶解薬を注入します。発症後長時間が経過した場合、血栓溶解療法が無効なことが多いので、鎮痛処置を施して経過をみます。

腎梗塞が、どちらかいっぽうの腎臓に発生したものであって、もういっぽうの腎臓のはたらきが正常であれば、原則として透析は回避できます。

心臓の弁膜疾患や不整脈が見つかれば、それらに対する治療を並行して行います。

日常生活の注意 急激かつ持続的な腰痛に見舞われたら、決して我慢をせず、できるだけ早く医師の診断を仰ぎましょう。また、不整脈を自覚したら、それを放置しないこともたいせつです。

◎腎性貧血

腎臓は古くから五臓六腑のひとつに数えられているたいへん重要な臓器です。腎臓のおもなはたらきは、老廃物や不要となった水をからだの中から出し、血液をきれいにすることです。いわば、からだの洗濯機のようなはたらきです。

しかし、腎臓はこの仕事だけではなく、そのほかいろいろと大事な役割を担っています。血圧に関係するレニン、骨をつくるのに関係する活性型ビタミンD、そして赤血球をつくるのに関係するエリスロポエチンという諸物質が腎臓でつくられていることが明らかにされています。

慢性腎不全では、このエリスロポエチンをつくるはたらきが低下します。腎臓のはたらきが悪くなればなるほど、エリスロポエチンはつくられなくなります。その結果、赤血球ができにくくなり、貧血となります。また尿毒症（1722頁）では、赤血球の寿命が短

腎不全
Renal Failure
腎臓のはたらきが低下する

腎臓のはたらきが低下した状態を腎不全といいます。急激に腎機能が低下した状態を**急性腎不全**、長年にわたって徐々に腎機能が低下してくる状態を**慢性腎不全**といいます。

◉急性腎不全
Acute Renal Failure

どんな病気か　血中の老廃物が急に絶え間なく増えていく状態（高窒素血症）です。1日の尿量が300～400mℓ以下の**乏尿**や1日の尿量が50～100mℓ以下の**無尿**をともなうのがふつうです。尿量の減少をともなわない（非乏尿性）急性腎不全もあります。

急性腎不全は、腎前性、腎性、腎後性の3つに分類されます（表1）。

▼腎前性急性腎不全　腎臓への血流の低下によっておこります。原因として、出血性ショック、脱水、心不全（1342頁）、敗血症（2124頁）などがあります。子どもや高齢者の脱水（熱中症、下痢）では急性腎不全がおこりやすくなります。

また、大きな火傷（やけど）では、体液、電解質を大量に失い、腎臓への血流が減少して急性腎不全となります。

▼腎性急性腎不全　腎臓そのものの障害によりおこります。虚血、毒物、尿中物質（ヘモグロビン尿症、ミオグロビン尿症）、急性腎炎、播種性血管内凝固症候群（1462頁）、腎動脈・静脈の閉塞、尿細管の炎症、カルシウム・尿酸塩・異常たんぱくの沈殿などにより、腎臓が障害されておこります。

▼腎後性（閉塞性）急性腎不全　腎臓でつくられた尿は腎盂・尿管・膀胱・尿道と通過しますが、その通り道が閉塞されて、尿はつくられているのに体外へ出てこないことによる急性腎不全です。閉塞の原因は前立腺肥大症（1782頁）、前立腺がん（530頁）、膀胱がん（528頁）、骨盤内の悪性腫瘍、後腹膜腫瘍、両側尿管結石（1743頁）などがあります。

症状　症状は腎不全の程度、原因となった病気によって異なります。乏尿や無尿がみられたら、急性腎不全や末期腎不全が考えられます。

とくに無尿の場合は、両側性の腎動脈の閉塞、腎後性急性腎不全、急性皮質壊死をともなう播種性血管内凝固症候群、急速進行性糸球体腎炎（1686頁上段、1694頁表）などが考えられます。前立腺、尿道の閉塞による腎後性急性腎不全で

表1　急性腎不全の分類とその原因

分類	原　因
腎前性急性腎不全	出血、脱水、心不全、敗血症、心臓発作、火傷による体液・電解質の喪失（筋肉の崩壊からミオグロビン尿症も発生）
腎性急性腎不全	急性尿細管障害（虚血、毒物、ミオグロビン尿症、ヘモグロビン尿症）、急性糸球体腎炎、皮質壊死をともなう播種性血管内凝固症候群（DIC）、腎動脈・腎静脈閉塞、急性尿細管間質性腎炎、腎内沈殿（カルシウム、尿酸塩、骨髄腫たんぱく）
腎後性（閉塞性）急性腎不全	前立腺肥大症、前立腺がん、膀胱・骨盤・後腹膜の悪性腫瘍、尿路結石（単腎、両側性）

くなります。このように腎臓の病気にともなって現れる貧血を**腎性貧血**と呼びます。

透析をしている人では、この腎性貧血が大きな問題でした。貧血のため息切れ、立ちくらみがして、輸血をくり返すことがしばしばありました。しかし、注射薬としてのエリスロポエチンが使用できるようになり、透析をしている人に大きな福音をもたらしました。生活の質が高くなり、輸血の副作用を心配することがなくなったからです。

表２　慢性腎不全の原疾患の割合

糖尿病性腎症(1710頁)	42.9%
慢性糸球体腎炎(1686頁上段)	25.6%
腎硬化症(1713頁)	9.4%
多発性嚢胞腎(1735頁)	2.4%
その他	19.7%

(2006年、透析医学会)

は、下腹部で拡張した膀胱が触れます。

また、むくみは脱水により生じた腎前性急性腎不全では、みられないので注意が必要です。

検査と診断　診察、超音波検査により、腎後性急性腎不全(尿路閉塞)の有無をチェックします。血液検査では、尿素窒素、クレアチニン、カリウムの値が高くでて、血圧も高くなります。カリウムが高すぎると心臓が止まってしまいます。また、胸のX線写真では水がたまり、心臓の影が大きく映ります。胸に水がたまりすぎると呼吸ができなくなり、たいへん危険です。

治療　基本は原因となった病気の治療です。しかし、カリウムの高い状態や胸に水のたまった状態はすぐに改善しなければなりません。

腎後性急性腎不全では、閉塞部位によって、尿道からカテーテルを入れたり、超音波を見ながら背中から腎臓へカテーテルを通して閉塞を解除します。

それ以外の急性腎不全では血液透析や腹膜透析を行い、腎臓が回復するのを待ちます。急性腎不全では、一般に水と塩分の摂取は制限されます。

◉慢性腎不全
Chronic Renal Failure

どんな病気か　いろいろな原因で長期にわたって徐々に腎臓のはたらきが低下していく状態をいいます。はたらきの落ちている程度によって、軽いほうから腎機能障害、腎不全、尿毒症（次項）に分類されます。正常の2分の1以下に落ちている段階あたりから慢性腎不全といいます。

症状　腎臓のはたらきの落ちている程度が軽い間はほとんど症状がありません。腎臓のはたらきが正常の5分の1以下に落ちてから、いろいろと症状がでてきます。自覚症状として尿の量が増える（とくに夜）、目の周りや足のむくみ、疲れやすい、食欲がない、息切れがする、皮膚がかゆい、貧血、アンモニアの口臭がする、血圧が高いなどの症状がでてきます。子どもでは身長が伸びません。

原因　原因としては、糖尿病性腎症、慢性腎炎、腎硬化症、多発性嚢胞腎の順となっています（表2）。とくに糖尿病からくる糖尿病性腎症が急速に増えています。子どもでは、大部分が腎臓の先天的発育障害が原因となっています。

検査と診断　血液、尿の検査が行われます。血液検査の尿素窒素、クレアチニンの高い値、血液と尿のクレアチニンの値から計算するクレアチニンクリアランスの低下などがみられます。腎炎ではたんぱく尿がみられます。そのほか、超音波検査により腎臓の状態を調べます。

治療　食事療法と薬物療法が中心です。食事療法の基本は、たんぱく制限と高カロリー食です。状態に応じて、水分、塩分の制限が必要になります。

具体的には、専門の医師、食事療法士に相談してください。薬物療法は、腎不全によっておこる症状を改善させるためのものです。たとえば、血圧を下げる薬（降圧薬）、尿量を増やす薬（利尿薬）などが使用されます。末期の腎不全になったなら、（人工）透析療法（1724頁）に移行します。

循環器　血液・内分泌・代謝　消化器　泌尿器　皮膚　運動器　形成外科　免疫・環境因子・中毒　感染症

◎溶血性尿毒症症候群と血栓性血小板減少性紫斑病

溶血性尿毒症症候群は溶血性の貧血、血小板の減少、急性の腎不全（1720頁）の3つがおもな症状の病気で、日本では乳幼児に多くみられます。

原因は不明ですが全身の小さな血管に血のかたまり（血栓）が多数できて、そこを血液が通るときに赤血球が壊されて、血小板がどんどん消費されて減少してしまいます。

病原性大腸菌O－157による集団食中毒でおこったように、症例ではなんらかの感染症が先におこります。

しかし、おとなでは先だつ感染症が明らかでない場合も多く、抗がん剤や経口避妊薬の使用、妊娠・分娩が引き金になる場合もあります。

症状は、まず赤血球が壊れる溶血による貧血が現れ、そのために息切れや動悸などの貧血症状がおこり、溶血の結果、黄疸もみられます。

尿毒症

Uremia

腎機能の極度の低下で老廃物がたまる

どんな病気か

慢性腎不全（前頁）の末期や、急性腎不全（1720頁）で腎臓のはたらきが極端に落ちたために、尿中に排泄されなければならない老廃物が、からだの中にたまった状態を尿毒症といいます。

尿毒症では、腎臓のはたらきが規準の10分の1以下に低下しています。治療せず、そのままにしておけば、生命にかかわるような状態になります。

症状

症状は多くの臓器にわたり、さまざまです（次頁表1）。

まず最初に、疲れやすい、だるい、思考力が低下するなどの症状が現れます。からだの表面のむくみ（浮腫）や、胸に水がたまる（肺水腫 1311頁）などの症状も現れます。

神経や筋肉症状としては、知覚異常、末梢神経痛、筋肉のけいれん、全身のけいれんなどがおこることもあります。

消化器症状としては、食欲低下、吐き気、嘔吐、口内炎、口の中の味覚不良がみられます。尿毒症が進行すると、潰瘍や出血がみられます。また栄養不良となり、やせてきます。

循環器症状としては高血圧がしばしばみられます。また、ひどくなると、うっ血による心不全（1342頁）、急性心膜炎（1372頁）が現れます。

皮膚は黄褐色に変色し、ときには汗の尿素が皮膚に結晶を形成し斑点がみられます（**尿毒素斑点**）。皮膚のがんこなかゆみも特徴的です。

骨では発育障害、骨折、異所性石灰化（関節周囲、動脈壁、肺、心筋、眼球結膜に生じる石灰化）がみられることがあります。

尿毒症は全身の消耗性の疾患ですので、男性では勃起障害（ED 1790頁）や精子濃度の低下、女性では無月経になることがあります。

検査と診断

血液検査では、尿素窒素やクレアチニンの値が規準値の10倍近くに上昇しています（**高窒素血症**）。また動脈血中の炭酸ガスが増加した**アシドーシス**（**酸性血症**）の状態を示します。多くの場合、貧血がみられます（**腎性貧血** 1720頁上段）。血液のナトリウム濃度は規準範囲か低値を示し、カルシウム値は低く、リン値は高い傾向にあります。

尿検査では、たんぱく、クレアチニンをはじめとして、尿中に排泄される物質について測定が行われます。

尿毒症では、多くの臓器でさまざまな障害が生じますので、X線検査、心電図、眼底検査など幅広い検査が行われます。

治療

腎不全の原因となっている要素を取除くことが治療の最初です。脱水、腎毒性物質、感染症、尿路閉塞などが原因となっているなら、その治療を行います。尿毒症が、根本的治療がむずかしい進行性の病気からきているのなら、透析が必要です。しかし、透析となるまでの期間を、保存的な治療を行うことによって、ある程度延長できる可能性があります。

保存的治療としての食事療法では、カロリーが十分な食事と、たんぱく、

その他の腎臓の病気

その後、急速に腎臓の機能が低下し、急性腎不全の状態になります。また血小板の減少によって、手足の皮下出血や点状の出血がみられます。

治療は、まず腎不全のコントロールが重要で、必要に応じて透析療法を行います。血小板の減少に対しては、血小板数が2万以下なら、血小板の輸血を行います。

乳幼児の死亡率は約10％ですが、おとなの死亡率は、50％と高率です。しかし最近では、血球以外の血液成分（血漿）を健康な血漿と交換する、血漿交換療法が積極的に行われ、死亡するほどの重症は少なくなりつつあります。

また溶血性尿毒症症候群に類似した疾患として血栓性血小板減少性紫斑病（1460頁）があります。典型的な場合は、溶血性尿毒症症候群の症状に加え、発熱と精神症状が認められます。とくにおとなでは、この2つの疾患は区別がむずかしいことも多く、同じ疾患群として取扱われます。

塩分、水分などの制限が必要となります。

運動などについても、軽い運動にとどめたほうがよいでしょう。しかし、実際は疲れやすいため、具体的に制限しなくても、そんなに運動はできなくなります。参考のため、腎臓のはたらきが高度に低下した透析導入前の慢性腎炎の人の生活指導基準を、表2にまとめました。

降圧薬、利尿薬、強心薬などは必要に応じて使用されます。

保存的療法にも限界があります。限界となったなら、ただちに血液透析をしなければなりません。もとへ戻らない進行性の腎臓病によって尿毒症になることが多いのですが、腎臓のはたらきが大きく低下した時点で、あらかじめ血液透析用の**内シャント**をつくっておきます。利き腕でないほうの手首（多くは左手首）の動脈と静脈をつなぎ、腕の静脈を動脈化するわけです。そうすると静脈は太くなり、十分な血液が流れます。皮膚表面にある太くなった静脈に針を刺して、血液透析のための血流を確保します。この内シャントがあれば、いつでも血液透析ができるようになります。

尿毒症では、医師から透析を勧められた場合、すぐ透析を開始しなければなりません。開始時期が遅れるとたいへん危険です。

透析をつづけていくことを**維持透析**といいますが、維持透析を週2～3回行います。多くの人は、透析を始めると、それ以前よりからだが軽く感じられるようになります。

表１　尿毒症の臓器別症状

神経・筋肉	知覚異常、末梢の神経痛、筋肉・全身のけいれん、意識障害
消化器	食欲低下、吐きけ、嘔吐、口内炎、味覚不良、便秘、潰瘍、出血
循環器	高血圧、うっ血性心不全、心膜炎
呼吸器	肺水腫、起座呼吸、呼吸困難
目	眼底出血、視力低下、複視
皮膚	変色（黄褐色）、がんこなかゆみ、尿毒素斑点
骨	発育障害、骨折、異所性石灰化
生殖器	勃起障害、精子濃度の低下、無月経

表２　腎機能が高度に低下した透析導入前の慢性腎炎の人の生活指導基準

生活一般	制限、疲労を感じない範囲の生活
勤務	勤務時間制限、超過勤務・残業・夜勤は不可、経過により休養が必要
運動	運動制限、散歩やラジオ体操程度は可
学習	原則として普通学級に通学可、授業のみ受けさせる
家事	軽い家事、経過により程度調整
妊娠出産	勧められない
医療	定期的受診、経過により入院
食事療法	塩分８～３ｇ／日、たんぱく質0.5ｇ／体重１kg、カリウム制限、病態に応じて調整

人工透析

❖人工透析とは

腎臓のもっとも大事なはたらきは、からだの中の老廃物や不要な水分を除去して血液をきれいにし、からだの状態を一定に保つことです。

かつて腎臓の病気は、直接死に至る病でした。腎臓のはたらきが極端に落ちたとき、血液をきれいにして、なんとか命を救うことができないかということから、人工透析が考案されました。

実際この人工透析が初めて大きな威力を発揮したのは、朝鮮戦争のときで、戦傷による急性腎不全（1720頁）の治療に用いられました。

日本で一般に広く透析が普及し、必要な人が誰でもその恩恵に浴することができるようになったのは昭和50年代です。

現在は、30万人以上の人が維持透析を受けています。そして、その数は年々増加しています。

日本の透析は、その数、医療技術、福祉体制の面において世界の最先端にあります。

老廃物などを除去して血液をきれいにするには、おもに透析膜を利用します。透析膜としてもっとも普及しているのが、血液を体外に取出し、線維膜により透析する方法（**血液透析**）です。また、透析膜として本人自身の腹膜を利用する方法もあります（**腹膜透析**）。

この透析によって血液をきれいにするほかに、汚れた血漿を除去して取りかえる方法（**血漿交換**）、有害成分を吸取る方法（**吸着**）など、さまざまな方法があります。

以上述べてきたように、血液をきれいにするいろいろな方法が開発され、応用されています。これらの方法は**血液浄化療法**と総称されています。

原理は、体内の血液を体外に取出し、膜分離あるいは遠心分離により、血液中の有害物質を取除き、きれいにした血液を体内に戻すのです。血液を体外に取出し、またもとへ戻すことを**体外循環**といいます。日本では膜分離が中心ですが、欧米諸国では遠心分離がおもです。

血液中のどのような有害物質を除去するかによって（除去する物質の大きさによって）、どの血液浄化療法を選ぶかが決まります。表1に血液浄化療法の種類と、それぞれの対象とする病気をまとめました。このなかで、腎

表1　血液浄化療法

種　類	適応疾患	備　考
血液透析	腎不全、薬物中毒	もっとも普及している療法
腹膜透析	腎不全、薬物中毒	CAPD（持続性携帯腹膜透析）が普及
血漿交換	肝不全、免疫異常	血漿を置換液と交換
血液吸着	腎不全、薬物中毒、肝不全	吸着物質（活性炭）を使用
血液濾過	腎不全、薬物中毒、肝不全	血圧の変動が少ない
血液透析濾過	腎不全、薬物中毒	重症患者の透析法

不全（1720頁）の治療としてもっとも広く行われているのが血液透析です。

❖血液透析

▼透析のしかた　利き腕でないほうの手首（多くは左手首）の動脈と静脈をつなぎ、腕の静脈を動脈化します。そうすると静脈は太くなり、透析に十分な血液が流れます。

太くなって動脈化した静脈（**内シャント**）に針を刺し、体外循環した血液を線維膜（**ダイアライザー**）に通し、もう1本刺した針から血液を体内に戻します。ふつうは、脱血（体外へ血液を導き出す）と返血（体内へ血液を送り返す）の2本の針刺しが必要ですが、1本の針で脱血と返血を行うこともできます（シングルニードル）。下図に血液透析の模式図を示します。

ダイアライザーには体外循環した血液のほかに、灌流（透析）液が流れています。この灌流液と血液のそれぞれの性状のちがいを利用して、血液をきれいにします。すなわち、血液と灌流液の間（ダイアライザーの小さな孔を通して）で、拡散、浸透、限外濾過の原理により、老廃物である尿素窒素、クレアチニン、不必要な水などが除去され、血液の電解質は正常化されます。

拡散とは、物質が分子運動によって全体に広がっていく性質をいいます。血液の尿素窒素、クレアチニンは分子量が小さいので、拡散により線維膜の孔を通って、透析液のほうへ除去されていきます。分子量の大きい血中成分（赤血球、白血球、たんぱくなど）は、ダイアライザーの小さな孔を通過することができないため、除去されません。

また、透析液側の圧は血液側の圧より高いので（浸透圧差）、血液側の水分、電解質は圧の高い透析液側のほうへ流れ込んでいきます。これを**浸透**といいます。透析液側をモー

血液透析のしくみ

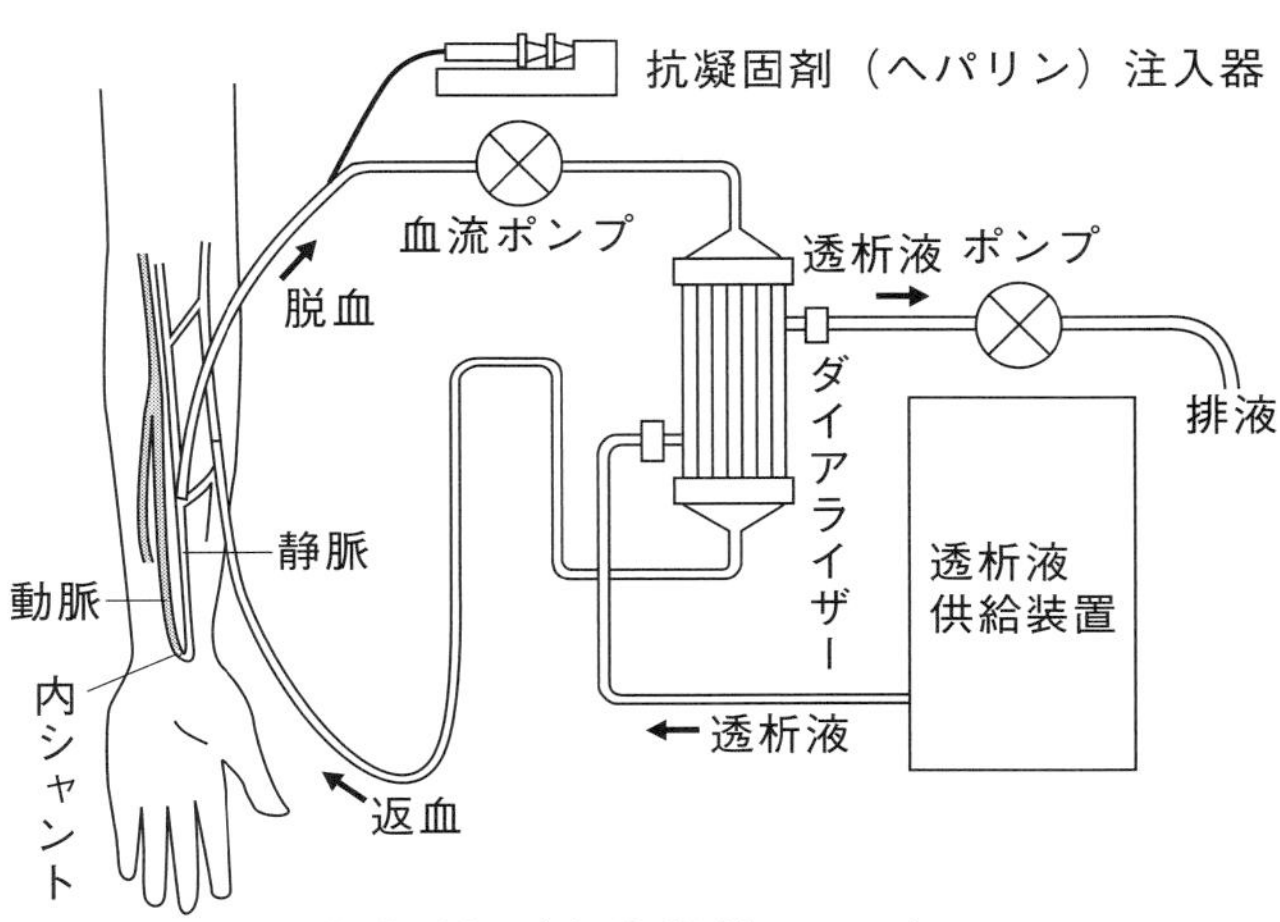

腹膜透析（腹膜灌流）のしくみ

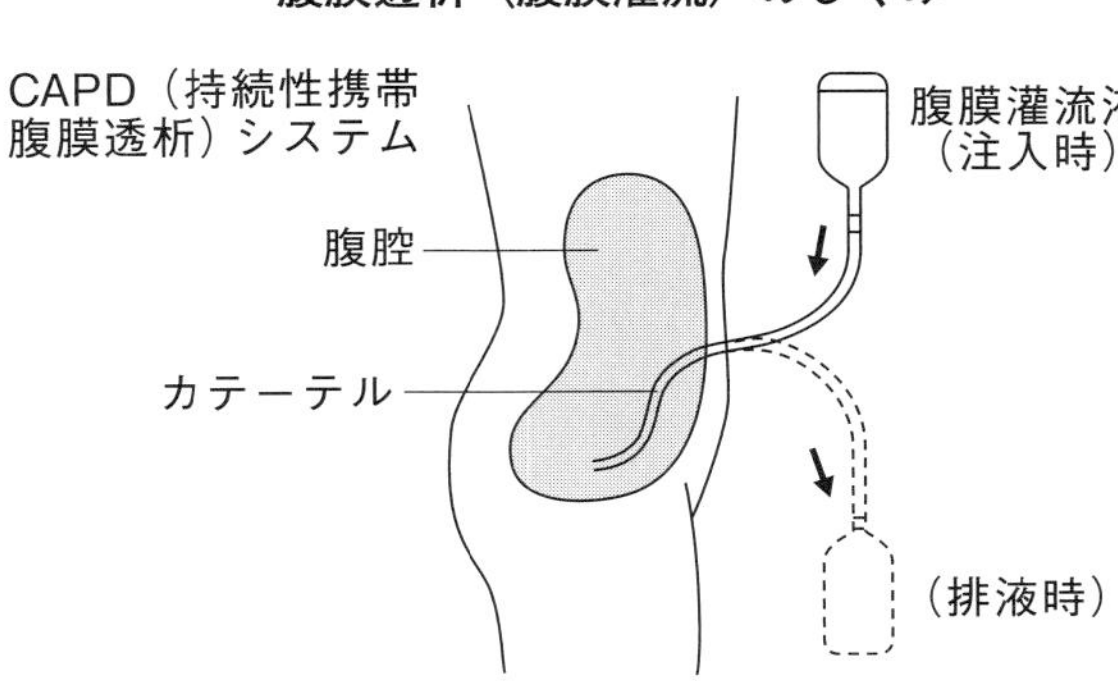

ターで吸引して陰圧をかけ、血液側から水分を除去することを**限外濾過**といいます。血液透析には大量の透析液が必要です。

▼透析の時間と回数　慢性腎不全（1721頁）の人は、この血液透析を専門施設で1回4～5時間、週2～3回つづけていきます。日中仕事をもっている人は、夜間透析することもできます。

　日本ではあまり普及していませんが、家庭での透析も可能です。透析中は本を読んだりテレビを見ることができます。

▼日常生活の注意　透析を行っていても、健康な人とほとんど同じような生活ができます。しかし、透析を長く維持していくためには、食事における水分、塩分、たんぱく質の制限が必要なことはいうまでもありません。食事の具体的制限については、透析施設の医師の指示に従ってください。

　旅行については、旅行先の透析施設とあらかじめ連絡をとることによって、長期旅行も可能となります。

　維持透析を受けている人は、理想体重というのが設定されます。人それぞれのからだにとって医学的にもっとも適切な体重値です。透析直後、その理想体重になるように除水します。水分を多くとりすぎると、理想体重をかなりオーバーすることになり、浮腫（むくみ）が現れ、肺水腫（1311頁）となりひじょうに危険です。ふつう透析前の体重は、理想体重より1～2kg増加している状態です。

　内シャントが作成されている腕では、皮膚表面の静脈が動脈化されているので、けがなどしないように十分注意しましょう。

　内シャントは、透析するためにはなくてはならないものですから、大事にしなければなりません。

❖腹膜透析（腹膜灌流）

▼透析のしかた　腹膜をダイアライザーにして透析を行う方法です（前頁下図）。おとなの腹膜を広げると2㎡ほどの広さになります。腹腔内へ透析液を入れると、血液から余分な水、尿素窒素、クレアチニンなどが透析液のほうへにじみ出てきます。そして汚れた透析液をサイホンの原理で体外へ出します。このことをくり返すことによって、血液をきれいにします。

　腹膜透析は血液透析と異なり、高価な透析装置は必要なく、透析を受けている人の循環器系への負担も少ない点がすぐれていますが、くり返し行わなければならず、時間がかかる（効率が悪い）、腹膜炎（1620頁）をおこしやすい、腸管の癒着が生じやすい、たんぱくも透析液へ出てくるなどの欠点があります。

▼ＣＡＰＤ（持続性携帯腹膜透析）　腹膜透析を改良したＣＡＰＤ（持続性携帯腹膜透析）という方法が普及してきました。

　この方法は、腹腔内へカテーテルを半永久的に留置して、おとなで透析液2ℓを約6時間おなかの中にためて、排液します。これを1日4回くり返すわけです。透析液の入った袋をカテーテルにつないでおなかの中へ注入して、空になった袋を6時間からだに巻きつけておいて、その袋の中に排液するわけです。排液された袋を捨てて、新しい透析液の入った袋とかえます。

　ＣＡＰＤは、はたらいているときや睡眠中でも透析できるわけですから、患者にとっては、これが使用できる状態であれば、たいへんよい方法です。

❖血漿交換法

　血液は、細胞成分としての赤血球、白血球、血小板と、それ以外の部分の血漿に分類できます。

　血漿交換は、体外循環した血液から病的な血漿を分離・除去して、除去した血漿のかわりに、たんぱくを加えた液（置換液）によって置換える方法です。

　肝不全（1648頁上段）、免疫異常などの病気で、悪影響をおよぼしている血漿を取除くために行われます。

❖血液吸着（吸着筒法）

　体外循環した血液を吸着物質（活性炭）で充填したカラム（筒状の容器）に通すことによって、クレアチニン、尿素窒素、有害物質を除去する方法です。

　腎不全、薬物中毒、肝不全などで、この血液吸着が行われます。

❖長期人工透析の合併症

　長期透析のおもな合併症として腎性貧血、高血圧、腎性骨異栄養症（透析性骨症）、透析アミロイドーシスをあげることができます（表2）。

　腎性貧血についての詳しい解説は、1720頁上段を参照してください。腎不全の人では貧血の原因として、消化管出血、出血傾向、悪性腫瘍などもありますから注意が必要です。

　高血圧（1396頁）は、理想体重をオーバーしているために生ずることが多いので、注意が必要で、生活の節制が重要です。降圧薬も必要に応じて使用します。

　腎性骨異栄養症は、長期透析における骨の合併症の総称で、ひじょうに大きな問題です。代表的なのは、腎臓でつくられる活性型ビタミンDの欠乏と続発性副甲状腺機能亢進症（1486頁）が背景となる**骨軟化症**（1886頁）と**線維性骨炎**（骨の吸収と産生が活発化した状態）です。幸い現在では活性型ビタミンDは、薬として使用することができます。

　副甲状腺は骨に関係する重要なホルモンをつくっていますが、長期透析では副甲状腺のはたらきが亢進してきます。関節痛、皮膚のかゆみ、骨変化、異所性石灰化などが現れてきます。

　進行した続発性副甲状腺機能亢進症では、大きくなった副甲状腺を切除します。

　長期透析では、透析液や内服薬に含まれているアルミニウムが蓄積し、全身骨痛、骨折、全身けいれんなどが生じます（**アルミニウム骨症**）。こうした場合には、アルミニウムを除去する薬剤のデスフェラールの使用、透析液の水処理、アルミニウム含有製剤の使用禁止などが行われます。

　透析アミロイドーシスは、おもに腎臓からもともと排泄される分子量の小さいたんぱくであるβ_2ミクログロブリンの蓄積によって生じます。

　とくに腱、神経周囲、関節、椎間板に蓄積されていろいろな症状をおこします。手の関節、腱などへの蓄積による病変を**手根管症候群**（1923頁）といい、手指のしびれ、筋力低下、筋萎縮、ばね指などがみられます。

　これを防ぐには、透析中できるだけβ_2ミクログロブリンを除去するようにすることがたいせつです。症状が強いときには、手術を行います。

表2　長期透析の合併症と対策

合併症	対策
高血圧	体重管理、薬物療法
腎性貧血	エリスロポエチン、鉄剤の使用
腎性骨異栄養症	活性型ビタミンD使用、副甲状腺切除、デスフェラール使用
透析アミロイドーシス	β_2ミクログロブリンの除去、手術

腎移植 (Renal Transplantation)

❖ 腎移植とは

腎臓のはたらきがなくなった人に、他の人の腎臓の1個を移し植える（移植する）ことを腎移植といいます。

腎臓をもらう人を**レシピエント**（**受腎者**）、腎臓を提供する人を**ドナー**（**腎提供者**）といい、生きているドナーからの腎移植を**生体腎移植**、亡くなった人からの腎移植を**死体腎移植**といいます。

移植する場所は、手術を行いやすい右下腹部が選ばれます。腹腔の後ろの後腹膜にある動脈と静脈に、それぞれ移植する腎臓の動脈と静脈をつなぎます。移植尿管は膀胱へつなぎます。はたらきのなくなったもとの腎臓は、悪影響を及ぼさないかぎり、そのまま残しておきます。

腎移植では、移植した腎臓が良好にはたらいているなら、健康時と変わらない体調となります。腎移植が、慢性腎不全（1721頁）に対する抜本的治療といわれる理由です。透析における時間と食事の制約から解放され、貧血も改善します。とりわけ子どもの慢性腎不全では、成長の問題がありますから、腎移植がもっとも望ましい治療法です。

腎移植における最大の問題は、数多くの人が腎移植を希望しているにもかかわらず、死体腎ドナーが少ないということです。慢性腎不全の治療において、透析と腎移植はいわば車の両輪であるべきですが、日本では、欧米諸国と比べて、透析に極端に依存しているのが現状です。この現状を改善するための多くの努力が払われています。

腎移植では、自分のものではない組織を移植するわけですから、一卵性双生児間移植を除いて、異物である腎臓を攻撃し排除しようとする力（拒絶反応）がはたらきます。これを防ぐために、相性のよい腎臓、反応を抑える薬（免疫抑制薬）が必要となります。

相性がよいかどうかを調べる検査を**組織適合検査**といいます。ドナーとレシピエントの間では、輸血の原則がまず必要です。血液型が合わなくても、いろいろと処理することにより移植は不可能ではありませんが、血液型の一致が望ましいわけです。それから、白血球抗原（ＨＬＡ）ができるだけ数多く一致するほうがよいとされています。

シクロスポリンという免疫抑制薬が開発されてから、腎移植成績は飛躍的に向上しました。現在おもな免疫抑制薬はシクロスポリン、タクロリムス、アザチオプリン、ミゾリビン、ステロイドで、これらの薬剤を組合わせて使用します。

ステロイドは移植後、徐々に維持量まで減量されていきます。シクロスポリン、タクロリムスは、臨床経過、薬剤の血中濃度をよくみながら、適切な使用量に調整します。このことはひじょうに重要です。

シクロスポリンもタクロリムスも画期的な免疫抑制薬ですが、使用量が多すぎると腎毒性があり、移植腎の機能が低下するからです。

免疫抑制薬を使用しても、移植された腎臓を排除しようとする拒絶反応がしばしばおこってきます。

とくに移植後数か月以内に発症する**急性拒絶反応**は、早期に適切に治療をしなければ、せっかく移植した腎臓がはたらかなくなってしまいます。急性拒絶反応の症状は、尿量の減少、尿たんぱくの出現、血中クレアチニンの上昇、発熱などがあります。

急性拒絶反応の診断がつきしだい、ステロイドの大量使用を中心とする治療が行われます。急性拒絶反応の大部分は治療により、よくなります。

移植後しばらくたってから、ゆっくりと移植腎機能が低下していくことがあります。多くは**慢性拒絶反応**によるものです。慢性拒絶反応に対しては有効な治療がなく、最終的には透析に戻り、つぎの腎移植のチャンスを待ちます。

現在の免疫抑制薬は、移植された腎臓にだけはたらくわけではなく、からだ全体の免疫機能もある程度抑えます。したがって、感染症、悪性腫瘍の発生の問題があります。感染症ではウイルス感染症、悪性腫瘍では肝臓がん、皮膚がんなどが多いようです。腎移植後、医師の指示を正しく守ることと、定期的なチェックが必要です。

❖生体腎移植

生体腎移植のドナーの大部分は親です。親から子どもへの移植ですから、子どもは遺伝子（HLA）の少なくとも半分はドナーと一致します。親子間のつぎに多いのは兄弟姉妹間の移植です。

生体腎移植では、ドナーができるだけ医学的に不利にならないように考慮されます。腎臓を1個提供することにより、医学的に大きな不利益になる危険性がある場合は、ドナーにはなれません。2個の腎臓のうち、よりよいほうの腎臓をドナーに残すのが原則です。

生体腎移植では、摘出したドナーの腎臓をすぐに移植しますから（血流の途絶える阻血時間が短い）、移植腎に血流を再開すると同時に、尿の流出がみられることがふつうです。

❖死体腎移植

死体腎移植を希望する人は、**日本臓器移植ネットワーク**の各地のブロックセンターに登録を行います。同時にHLAの検査などを行います。

死体腎ドナー候補者がでると、コンピュータを使って血液型、HLAの一致する順から、死体腎移植を受ける意志があるかどうか問い合わせがきます。2人の人が死体腎移植を受けることになるわけです。

現在、日本の死体腎摘出は、おもに脳死ではなく、心停止後の摘出が多く、移植直後から生体腎移植のような十分な尿の流出がみられることは少なく、移植腎機能が回復するまで透析が必要となってしまいます。

❖腎移植の受けられる条件

中等度の手術に耐えられることがまず第一です。

また、ステロイドをはじめ免疫抑制薬を使用するので、感染症、がん、消化管潰瘍などがないことが条件となります。

ドナーの白血球（リンパ球）とレシピエントの血清を反応させ、多くの白血球が壊れることを**ダイレクトクロスマッチ陽性**といいます。この場合は、移植後に強い拒絶反応がおこる可能性がありますので、腎移植は延期となります。輸血をくり返し受けている人は、ダイレクトクロスマッチ陽性となることがあるようです。

❖腎臓を提供したい人は

死体腎のドナーの条件は、まず第一は健康な（病気のない）腎臓であること、それから感染症、がんなど、レシピエントにうつす危険性のある重大な病気のないことです。

本人あるいは家族が入院先の医師経由で、各地のブロックセンターに申し出ることにより、死体腎の提供が行われます。提供者、家族、提供病院、移植病院、受腎者の間の調整をする人をコーディネーターといいます。

死体腎提供の推進のため、各地のブロックセンター、腎臓バンクでは、ドナーカードを発行しています。ブロックセンター、腎臓バンクの連絡先は、透析施設、移植病院、入院先の病院などへ問い合わせてください。

その他の腎臓の病気③

▼**症状**▲急性では寒けや高熱、悪心、全身の倦怠感、腹痛、腰痛、排尿痛など。慢性でははっきりした症状がでにくく、腎不全におちいることもある。

▼**治療**▲急性の場合は安静を保ち、抗生物質を使用する。慢性の場合は薬物療法が中心。

腎盂腎炎（腎盂炎）

Pyelonephritis

細菌感染による腎臓の炎症

細菌の感染によっておこる、腎盂や腎杯など、尿が染み出してくる腎臓内の空間（腔）や、腎臓の組織そのもの（腎実質）の炎症をいいます。

腎盂炎と呼ぶこともありますが、実際には腎臓の組織自体の炎症もともなうわけで、「腎盂腎炎」と呼ぶほうが正しいといえます。

◉急性腎盂腎炎

Acute Pyelonephritis

どんな病気か

尿道からさかのぼるようにして膀胱に入った細菌が、膀胱から尿管に逆流した尿によって腎臓にまで運ばれ、腎盂や腎杯、さらに腎実質に感染をおこす病気です。まれに、からだのほかの感染部位から血液やリンパ液に入った細菌が、直接腎臓に運ばれておこることもあります。

感染の多くは、片側の腎臓にだけおこりますが、両側のこともあります。

原因

感染する細菌は、大腸菌、プロテウス、緑膿菌、クレブシエラ、セラチア、シトロバクターなどの**グラム陰性桿菌**といわれる仲間が、ほぼ4分の3を占めます。

残りは、ブドウ球菌や腸球菌などの**グラム陽性球菌**の仲間が感染したものです（顕微鏡で観察するとき、グラム染色という方法で菌が青く染まるものを陽性といい、赤く染まるものを陰性という）。

若い女性に多くみられる、膀胱炎（1747頁）にともなっておこる急性腎盂腎炎は、ほとんどが大腸菌によるものです。

感染する経路として、もっとも多いのは、膀胱炎をおこした細菌が、なんらかの原因で尿管をさかのぼって腎臓に達する感染（**尿路上行性感染**）です。

尿の流れを悪くする尿路の病気［腎盂や尿管の形態異常、腎臓や尿管の結石（1740頁）やがん、尿管・尿道の狭窄、神経因性膀胱（1754頁）、膀胱尿管逆流（1745頁）、前立腺肥大症（1782頁）、前立腺がん（530頁）］、全身の病気［糖尿病（1501頁）や痛風（1514頁）などの代謝疾患、重症疾患など」があると、腎盂腎炎がおこりやすくなります。

また、尿路以外のからだのどこかに化膿した病巣があって、そこから菌が血液中に入り、腎臓に運ばれることもあります（**血行性感染**）。同様にして、リンパ管に入って、腎臓に運ばれることもあります（**リンパ行感染**）。血液やリンパからの感染は全身が弱ったときにおこりますが、こういう場合、原因となる細菌は、おもにブドウ球菌をはじめとするグラム陽性球菌です。

症状

ぞくぞくするような寒けや、ふるえをともなった高熱（38度を超える）で始まり、悪心（むかつき）、嘔吐、全身の倦怠感（だるさ）などの症状が強くでます。

局所の症状としては、腎臓のあたりの痛み、腰痛があり、また頻繁に尿意を感じたり、残尿感、排尿時の痛みなど（膀胱炎症状）をともなうことがよくあります。

子どもでは、こうした局所症状よりは、発熱、ひきつけ、食欲不振、嘔吐などの全身症状が主体となります。

その他の腎臓の病気

また高齢者では、反対に全身症状が現れにくく、高熱がでないこともありますので、注意が必要です。

検査と診断　まず、問診で熱の状態を聞かれます。グラフにすると、夕方から夜にかけて熱が上がり、朝いったん下がりますが、また夕方に上がるような曲線（熱型）になるのが特徴です。

触診では、膀胱部や腎臓部を押したときの痛みがないかを確かめます。

尿を検査して、細菌、たんぱく質などが含まれていないか確認します。

また、血液をとって、白血球の数や腎臓の状態を示すいろいろな物質を調べます。

そして、治療によって発熱などの症状がおさまったら、原因となるような尿路の通過障害がないか確かめるため、**静脈性腎盂造影**（造影剤を静脈に注射して、腎臓から尿路に尿に混じって出てきたところをX線撮影する検査）を行います。また、膀胱尿管逆流が疑われる場合は、膀胱造影を行って、膀胱内の尿が尿管に逆流していないかを確認します。

治療　安静を保つことと、抗生物質の使用などによる化学療法が基本です。

できるだけ安静を心がけ、ゆっくり休むことが必要です。そのため多くの場合、入院が必要になります。

水分をなるべく多くとって、尿の量を増やすようにします。吐きけなどがあって水分がとりにくい場合は、点滴をします。また、抗生物質の注射などによる化学療法も同時に行います。

尿路の通過障害、尿路の形態異常がなければ、こうした治療で、数日すれば、熱が下がってきます。

症状がおさまり、食事がとれるようになったら、内服薬に切りかえて、さらに1～2週間、治療をつづけます。

このようなことから、入院期間は2週間程度になるのがふつうです。

症状が治まった状態で、静脈性腎盂造影や膀胱造影を行い、尿路に異常が見つかったら、その治療が必要となります。

子どもや高齢者の急性腎盂腎炎では、炎症をおこしやすいなんらかの誘因が隠れていることがよくありますので、いちどはこのような検査を受けておくとよいでしょう。とくに、何回も再発する場合は、泌尿器科医に相談して、その原因を調べなければなりません。

また、この病気は、いったん治ったと思ったものが再発したり、治まった炎症が再燃したりすることがありますので、医師の指示に従って、少なくとも2～3か月は通院して、尿の検査をつづけるなどして、経過をみることが必要です。

尿路に異常がなければ、急性腎盂腎炎が治ったあとの経過はきわめてよく、腎臓の機能の低下といった後遺症を残すことはほとんどありません。

●慢性腎盂腎炎
Chronic Pyelonephritis

どんな病気か　慢性腎盂腎炎には、不十分な治療で急性腎盂腎炎（前項）が慢性化したもの、急性腎盂腎炎の再発をくり返したもの、ほとんど無症状で長期間経過した腎盂腎炎などがあります。

◎特発性腎出血

特発性腎出血という独立した病名があるかどうか学者の間でも論議が多いのですが、ほかに確かな病名がつけられない原因不明の腎出血を、この病名で扱います。

血尿は、2つの腎臓のどちらかからのことが多く、膀胱鏡(膀胱を見るための内視鏡)で見ると、片側の尿管口から出血しているのがはっきりわかります。これは尿路性の出血で、血がかたまって尿管につまったりしないかぎり、とくに症状はありません。

血液の凝固能には異常がなく、内視鏡で見ると、腎臓の乳頭のまわりの血管が膨れあがっていて、出血しやすい状態になっているといった報告もあります。

ナットクラッカー(クルミ割り)現象というのは、左腎静脈が圧迫されたために、腎臓内の静脈の流れが悪くなってうっ血がおこり、それが血尿の原因になるというもので

このようにして、腎臓の機能は徐々に失われていき、ついには腎不全(1720頁)におちいることがあります。

このような場合、腎不全になるまでの期間は、人によってさまざまです。急速に進行して、短期間で腎不全になるものもあり、いっぽうでは30年以上かかるものもあります。

原因

腎盂や腎実質でくり返される細菌感染が、慢性化の原因となります。

とくに、尿の流れが悪くなるようなさまざまな病気、膀胱尿管逆流(1745頁)現象などがつづくと、慢性化しやすくなります。

感染する細菌は、大腸菌などのグラム陰性桿菌が中心ですが、急性腎盂腎炎よりは多彩です。

症状

慢性腎盂腎炎は、はっきりした症状が現れないこともあります。

初期では、症状があったとしても、全身の倦怠感(だるさ)、頭痛など、はっきりしない不調を訴える(不定愁訴)だけです。しかし、急激に悪化すると、急性腎盂腎炎のような発熱、腰背部の痛みがおこります。

病気が進行して末期になると、血圧の上昇や腎臓の機能低下によって、尿毒症(1722頁)の症状が現れてきます。

検査と診断

これまで、どのような尿路感染をおこしたかが、診断の手がかりとなります。とくに、子どものときに尿路の感染をおこし、よく熱をだしたことがあるという人は、くわしく検査する必要があります。

まず、尿の検査をして、膿や細菌が尿にみられないかを調べます。

膿や細菌がみられたら、それが腎盂腎炎によるものか調べるため、血液検査などをして、腎臓の機能をみます。腎臓は血液を濾過して尿をつくるので、血液を調べると、腎臓のはたらき具合がわかり、診断がつきます。

さらに、超音波検査、静脈性腎盂造影(前頁)、CTスキャン、シンチグラフィー(230頁)など、各種の画像検査をして、尿の流れが悪くなっていないか、その原因がないかなど、慢性腎盂腎炎の引き金になっている誘因を調べます。

こうして、腎臓の大きさや形、腎盂や腎杯の変形の程度を観察し、腎盂腎炎の進行の程度を診断します。

治療

抗菌作用のある薬剤を使用し(化学療法)、尿に膿や細菌などが少なくなって、状態がよくなってきたら、少量の薬剤を長期にわたって服用するように治療方針を切りかえ、再発を防止するようにします。

また同時に、慢性化をもたらしている障害があれば、それらの治療および除去が必要となります。

このように、慢性腎盂腎炎の治療では、感染をできるだけ制御し、急激な悪化によって、腎臓の機能がおかされないようにすることが、まず第一の目的になります。

治療中は、定期的に血液検査などをし、血液中の尿素窒素やクレアチニン、電解質など、腎臓のはたらきが悪くなると増える物質の数値を調べ、監視します。また、静脈性腎盂造影も行って、腎臓の大きさや腎盂の形に変化がおこらないよう、チェックします。

す。特発性腎出血も、なんらかの原因でおこる軽い腎臓内のうっ血によると考えることもできます。

いずれにしても、貧血になったり、将来IgA腎症のように、腎臓のはたらきが悪くなるといったおそれはないのがふつうです。

それほど心配する必要のない病気ですから、止血薬で血尿を止めます。どうしても薬だけでは止まらないときは、腎盂の中に1～3%の硝酸銀を注入して、出血している静脈血を凝固させるという治療が行われることもあります。

昔は、この病名のもとに治療される人がたくさんいました。今では診断技術も進歩し、より医学的に正しい病名がつけられるようになったため、特発性腎出血という病名の人の絶対数は少なくなりました。しかし、どうしても血尿の原因のわからないものでは、やはり特発性腎出血として治療しなければならないものもあります。

日常生活の注意

慢性腎盂腎炎と診断されたら、つねに腎臓の状態をみておくために、泌尿器科か腎臓専門の内科を定期的に受診しましょう。

腎臓の機能に障害がみられ、高血圧などの病気がともなうようになってきたら、食事療法が必要となります。

なお、腎臓の機能が悪化して、人工透析（1724頁）を受けなければならなくなった人たちの1%ほどは、慢性腎盂腎炎が原因となっています。

腎周囲膿瘍
Perinephric Abscess

どんな病気か

腎臓の表面をおおっている膜（被膜）と腎臓の周囲にある筋肉の膜（ジェロタ筋膜）との間にある脂肪の中に、膿のかたまりができる病気です。

多くの場合、腎盂腎炎（前項）などによって腎臓の組織（腎実質）が細菌に感染して、それが周囲の脂肪にまでおよんでおこる病気です。

しかし、全身の抵抗力が弱っていたりすると、からだのほかの部位の感染巣から、細菌が血流で運ばれて感染がおこること（血行性感染）もあります。糖尿病（1501頁）の人は、この病気になりやすいといわれています。

症状

腎臓のあるあたりが痛み、浮腫（むくみ）や発熱などがみられます。

脂肪中にできた膿のかたまりが大きくなると、弾力のある腫瘤（できもの）を手で触れることができるようになります。ここまで進むと、体重が減少し、全身が衰弱してきます。

検査と診断

発熱などの全身症状があり、腎臓のあたりを押したときの痛みや腫れがあれば、腎周囲膿瘍が疑われます。

腹部のX線像を撮ってみると、腎臓の輪郭がぼやけています。血液検査では、白血球がきわめて増加しています。

超音波検査、CTスキャン、MRIなどの画像検査をすると、膿瘍のある部位や大きさがわかります。

超音波検査の画像を見ながら、その部分に細い針を刺して吸引し、膿があれば、診断が確定します。

なお、血行性感染の場合、尿は正常なこともあります。

治療

抗菌作用のある薬の使用（化学療法）と安静が治療の基本となります。

膿瘍の部位などがはっきりしている場合は、針を刺すか切開して、膿を取除けば、急速によくなります。

また、原因となった感染巣の治療も並行して行うことがたいせつです。

膿腎症
Pyonephrosis

どんな病気か

水腎症（1736頁）に細菌の感染が加わって、腎盂・腎杯や腎臓の組織（腎実質）にも感染が広がり、腎実質の表面をおおう袋の中に膿が充満した状態です。

もっとも多いのは、腎結石（1743頁）が原因になって感染がおこったケースです。以前は多かった結核が原因でおこるものは、ほとんどみられなくなりました。

◎腎結核／尿路結核

腎／尿路結核は、腎臓に始まり尿管や膀胱にも結核菌の感染がおよぶ尿路の病気です。

腎臓、尿管、膀胱の特異性感染症で、おもに肺の結核病巣から、菌が血液にのって腎臓に運ばれ病変をおこし、さらに尿の流れにのって、尿管、膀胱にも病変がおよびます。

20歳代の男性に多くみられましたが、近年はどちらかといえば高齢者に多く、男女差もなくなりつつあります。

腎臓だけがおかされているときは、ほとんど無症状ですが、膀胱に感染がおよぶと、初めて症状がでてきます。

膀胱の症状としては、頻尿、排尿痛、残尿感など（膀胱刺激症状）、膀胱炎（1747頁）と同じなので、検査・診断で区別する必要があります。

進行すると、尿管狭窄にともなう腎臓部分の強い痛みや、膨らんだ腎臓が腫瘤として触れるなどの症状が現れます。

全身の症状としては、発熱、

敗血症（2124頁）をおこすこともあり、治療が遅れると、生命が危険にさらされることがあります。ただちに専門医を受診してください。

症状 悪寒戦慄をともなうような高熱、全身の倦怠感（だるさ）など、全身症状が強く現れます。腎臓の部分が痛んだり、押すと痛んだりします。

検査と診断 高熱などの全身症状が強く、腎臓部に痛みのある腫瘤（できもの）を触れ、そこをたたくと激しい痛みがあれば、腎臓部に膿のかたまり（膿瘍）があることが疑われます。

尿を検査すると、膿、細菌が多数みられます。血液検査では、白血球の増加や血液沈降速度（血沈）の亢進など、炎症があることを示す結果がはっきり現れます。超音波検査、CTスキャンの画像には、拡張した腎盂腎杯が見られます。

治療 ただちに入院して、抗菌作用のある薬剤による化学療法を開始します。

そして、水腎症の原因を究明します。膿腎症の程度が軽く、また尿路の通過障害が治療できれば、化学療法だけで治療できます。

化学療法の効果があがらず、全身状態がよくならないときは、膀胱鏡という内視鏡を使って、尿管から腎臓にまで細い管（カテーテル）を入れ、腎臓内の膿を外に出します。

膿を出すため、超音波の画像を見ながら、皮膚から直接腎臓にまで針を刺して吸取ってしまう方法もあります。

ただ、こうした治療や化学療法だけで、膿腎症を完治させ、腎臓のはたらきを回復するのはむずかしく、多くの場合、腎臓の摘出が必要になります。

腎膿瘍
Renal Abscess

どんな病気か 腎臓の組織（腎実質）でも、とくに外側の皮質あたりに、膿のかたまりができた病気です。

感染をおこす細菌は、からだのほかの部分にある感染巣から血行にのって運ばれてきます。原因菌の多くは、グラム陽性球菌です。

小さな膿のかたまり（膿瘍）が多数できたり、それが融合する状態になると、腎実質のほとんどが膿で占められることもあります。

これが腎臓をおおっている膜を破って、外の組織にも感染すると、腎周囲膿瘍（前頁）になります。

症状 寒けやふるえをともなう高熱がでます。また、腎臓部（わき腹）に痛みがあり、とくにたたくと痛みが強くなります。

検査と診断 圧痛をともなう腫大した腎臓をわき腹に触れます。

感染のもとになった細菌は、扁桃腺や皮膚の化膿性疾患からくることが多いので、そのような感染巣がないかを調べます。

血液検査では、白血球増加や血液沈降速度（血沈）の亢進など、炎症があることを示す結果が得られます。

静脈性腎盂造影（造影剤を静脈に注射して、腎盂に出てくるようすをみる検査）、CTスキャン、超音波検査なだるさ（倦怠感）、寝汗、体重の減少などがみられます。

尿は、米のとぎ汁のような濁った血尿・膿尿ですが、結核菌以外の細菌は見つかりません（**無菌性膿尿**）。

診断には、結核の既往、無菌性膿尿が参考になります。また膀胱鏡での結核性病変の発見やX線像のチェックが重要ですが、最終的には、尿中の結核菌を発見して診断をつけます。

▼治療　他の結核と同様、安静と高栄養の食事をとり、抗結核薬を使用します。リファンピシンを中心とした抗結核薬の併用が主力となって、その結果、再発が少なくなってきました。

機能を失った腎臓を摘出したり、尿路の通過障害が残った場合は、尿管形成術や膀胱形成術などが必要となることもあります。

どの画像検査で、膿瘍のある部位、大きさを調べます。

治療　膿瘍が小さければ、強力な抗菌薬を使った化学療法で治癒させることができます。症状が強く、また膿瘍が大きくなっている場合は、切開して膿をとることが必要です。敗血症（2124頁）のおそれがあれば、腎臓を摘出することもあります。

多発性嚢胞腎
Polycystic Kidney

どんな病気か　大小さまざまな多数の嚢胞（液体のつまった袋）が腎臓の組織（腎実質）内に形成され、だんだん大きくなってくる病気です。ほとんどの場合、左右両側の腎臓におこります。

嚢胞が大きくなると、まわりの腎実質は圧迫されて萎縮し、腎臓のはたらきが徐々に低下して、最終的には慢性腎不全（1721頁）、尿毒症（1722頁）になります。

この病気は遺伝性であり、**常染色体優性遺伝型**と**常染色体劣性遺伝型**の2つのタイプがあります。

常染色体優性遺伝（性染色体ではない染色体に原因遺伝子があって、対になった染色体のいっぽうに原因遺伝子があればおこる）型では、嚢胞の形成はゆっくり進み、多くはおとなになって発病します。

常染色体劣性遺伝（性染色体以外の染色体に原因遺伝子があって、対になった染色体の両方に原因遺伝子があるとおこる）型では、発病が急激で、多くは、生後間もなく死亡します。

このことから、前者を成人型、後者を幼児型と呼ぶこともあります。

成人型では、遺伝子を調べた結果、16番目の染色体（一部、4番目の染色体）に異常が確認されています。

症状　成人型では、20歳ごろまで症状がみられないのがふつうで、多くの場合、30～40歳前後に症状が現れて初めて診断されます。

両方のわき腹に触れると、容易に嚢胞で膨れた腎臓がわかります。

また、腰痛、血尿などがみられます。

病気が進むと、高血圧、たんぱく尿、食欲不振、疲労感など、腎臓の機能低下にともなう症状が現れ、ついには尿毒症になります。

肝臓や膵臓などにも、同じような嚢胞ができることがあります。

検査と診断　症状があり、家族に同様な症状や腎不全になった人がいれば、この病気が強く疑われます。

超音波検査、ＣＴスキャン、ＭＲＩなどの画像で、特有の腎臓の変化が見られれば、診断が確定できます。

つぎに、超音波検査で、嚢胞がどの程度できているかみていきます。

そして、尿検査、血液検査で腎機能の状態を調べます。

治療　この病気では、腎機能の完全な回復は期待できないので、なるべく腎臓のはたらきを保たせるような保存的療法が基本となります。腎機能の障害されている程度に応じて、日常生活の制限、食事療法、合併症（高血圧、血尿、尿路感染など）に対する薬物療法を行います。

放置すると、診断が確定して約10年

水腎症 ……………… 1736頁

▼症状▲尿の出が悪くなり、背中からわき腹にかけて、持続する強い痛みがおこる。悪心・嘔吐など、消化器症状がみられることも。

▼治療▲原因となっている病気と腎臓の障害の程度によって治療法が異なり、腎臓を摘出する場合もある。

で腎不全になることが多いので、定期的に泌尿器科、または腎臓専門の内科で、腎機能や合併症の程度をチェックする必要があります。不幸にして腎不全におちいったら、人工透析（1724頁）や腎移植（1728頁）を行います。

単純性腎嚢胞
Simple Cyst of the Kidney

どんな病気か

腎臓の組織（腎実質）内に、液体のつまった小さな袋（嚢胞）ができている状態をいいます。ふつう、嚢胞は片方の腎臓に1個または2～3個ありますが、両側の腎臓に多数あることもあります。

嚢胞は少しずつ大きくなりますが、圧迫による腎実質への影響はほとんどなく、腎不全（1720頁）にはなりません。

生まれつきのものと考えられていますが、遺伝性はありません。

症状

大きな嚢胞は、周りを圧迫することによって、軽い胃腸症状をおこすこともあります。しかし、多くの場合、症状はありません。

検査と診断

症状がないことが多いので、ほかの病気で、腹部の超音波検査やCTスキャンをしていて発見されることが多くなっています。

静脈性尿路造影（1738頁）などの検査で腎臓の腫瘤が疑われたときは、嚢胞か悪性腫瘍か、みきわめることが必要です。腎臓のCTスキャン、MRI、血管造影などが行われます。

治療

嚢胞が大きくなって、まわりの臓器を圧迫している症状があったり、嚢胞か、がんか診断がはっきりしない場合には治療をします。

超音波検査の画像で、嚢胞を見ながら、背中から細い針を刺し、特殊な管（カテーテル）を入れ、嚢胞内の液体を抜き、かわりに無水エタノールを注入して、ふたたび回収する方法が行われています。一過性の顔面紅潮、針を刺したところの痛み、発熱などがみられることがありますが、いずれも軽度です。液が透明でなかったら、液のくわしい検査（細胞診など）が必要で、その結果によっては手術になることもあります。

水腎症
Hydronephrosis
子どもとおとなで原因がちがう

◇腎盂や腎杯に尿がたまる

どんな病気か

尿路のどこかに流れの悪い場所があると、腎臓でできた尿がたまり、内部の圧力が上昇して、腎盂、腎杯が尿でいっぱいになって拡張してきます。

腎臓の組織（腎実質）は、内側から被膜に押しつけられるように圧迫され、血流が障害されますが、これがつづくと、腎実質が萎縮してきます。

このように、尿の圧力で腎盂腎杯が拡張し、腎実質の萎縮がおこっている状態を水腎症といいます。

腎実質が薄くなるので、腎臓の機能は低下していきますが、早めに尿の流れがよくなれば、機能はほとんどもとどおりに回復します。

水腎症がさらに進行すると、腎臓全体が膨らんだ袋のよう（嚢状）になります。

そして、これが両方の腎臓におこれば、慢性腎不全（1721頁）となり、尿毒症（1722頁）に移行します。

尿の流れをふさいでいる部位が、膀胱より腎臓に近いほう（上部尿路）にあれば、片側の腎臓に水腎症がおこり、膀胱より尿道に近いほう（下部尿路）にあれば、両側の腎臓に水腎症がおこります。

【原因】 尿路の通過障害をおこす病気は、なんでも水腎症の原因となります。

水腎症は、大きく先天性（生まれつき）と後天性の2つに分けることができます。

子どもの水腎症は、先天性の病気でおこるものが大部分で、中年以降の成人では、後天性の病気でおこるものが多くなります。

生まれつき尿路の狭窄をおこす病気のおもなものは、腎盂と尿管の移行部および尿管と膀胱の移行部にみられる狭窄、尿管瘤（1746頁）、尿管異所開口（尿管開口異常 1746頁）、尿道弁（尿道に弁状のものができて狭窄をおこす）、尿道狭窄（1763頁）、強度の真性包茎（1772頁）などがあります。

また、膀胱尿管逆流（1745頁）や、二分脊椎（脊椎披裂 591頁）、髄膜瘤などによる神経因性膀胱（1754頁）も、尿の停滞をおこします。

これら原因となる病気については、それぞれの項目を参照してください。

後天的な原因としては、直接尿路内に閉塞をおこすもの（原発性）と、周囲の臓器の病気が尿路におよんだり、圧迫したりして、閉塞をおこすもの（二次性）があります。

原発性のものとしては、腎結石や尿管結石などの尿路結石（1740頁）、腎盂がん、尿管がん（以上526頁）、膀胱がん（528頁）などの尿路のがん、前立腺肥大症（1782頁）と前立腺がん（530頁）、感染や損傷によっておこる尿路の狭窄などがあります。

二次性のものとしては、大腸がん（結腸がん 505頁、直腸がん 507頁）、子宮がん（561頁）などの尿路への転移、排尿神経の障害による神経因性膀胱がおもなものです。

【症状】 尿が突然に流れなくなり、腎盂・腎杯内の圧力が急に上昇して、腎臓の表面をおおっている被膜が引き伸ばされると、腎臓のある背中からわき腹にかけて、持続する強い痛みを感じます。

尿路の閉塞が不完全で、徐々に腎臓の拡張がおこる場合は、腰部に軽い鈍痛がみられたり、無症状のこともあります。

腎臓が大きくなると、まわりの胃や腸を圧迫するため、気持ちが悪くなったり（悪心）、嘔吐など、消化器症状がみられることもあります。

子どもでは、腹部が膨らんで、偶然に腹部の腫れとして発見されることもあります。

【検査と診断】 水腎症の有無は、腹部の超音波検査で簡単に調べることができます。

水腎症であることが確認されたら、つぎに、その程度や尿路の閉塞部位を調べます。

水腎症の程度は、尿・血液検査によ

◎腎形態異常のいろいろ

腎臓の形の異常には、①数および大きさの異常、②形態そのものの異常、③位置の異常があります。

いずれも、母親のおなかの中で、胎児の腎臓ができてくる途中でおこります。

①数および大きさの異常

腎臓は左右1個ずつあり、後腹膜腔という空間の、第11胸椎から第3腰椎の間にあって、右のほうが約1・5cm低い位置にあります。

1個の腎臓がまったく形成されない**腎無形成**や、形成されたけれども、大きさや形が小さい**腎低形成**という異常があります。もし、両側の腎臓が異常であれば、生後まもなく尿毒症（1722頁）で死亡します。

②形態そのものの異常

胎児である初期に、左右の腎臓が融合してしまうことがあります。できあがった形によって、**馬蹄鉄腎**、**融合性骨盤腎（ケーキ腎、ランプ腎）**、

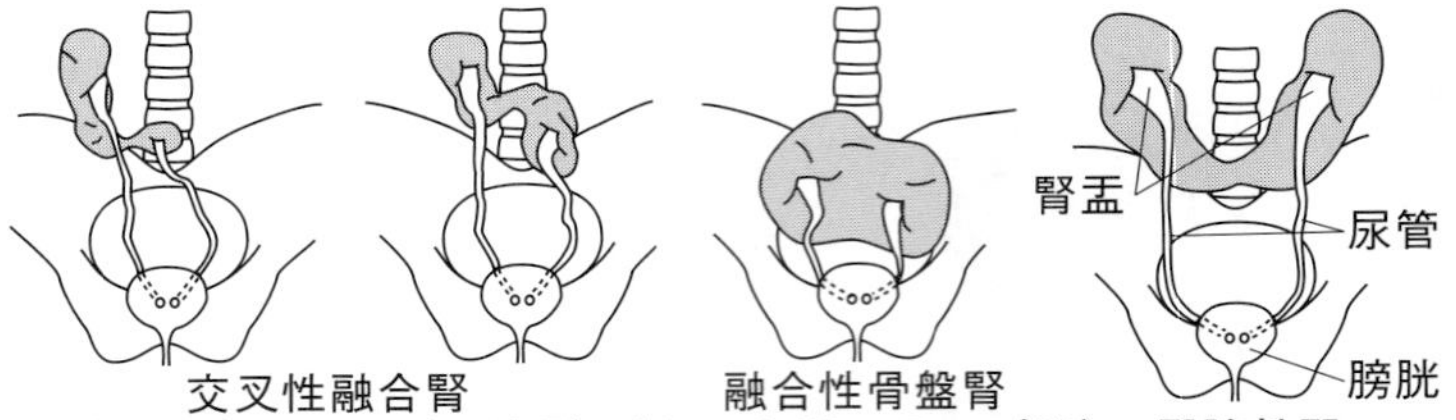

交叉性融合腎（L型腎）　（S型腎）　融合性骨盤腎（ケーキ腎、ランプ腎）　馬蹄鉄腎

交叉性融合腎（S型腎、L型腎）と呼ばれています。

このなかでは、馬蹄鉄腎がもっとも多くみられ、異常なものの90％が下の端で融合し

って腎臓の機能を調べたり、静脈性尿路造影（次項）、CTスキャン、腎シンチグラフィー（230頁）などの画像検査によって、腎盂の拡張の程度、腎実質の厚さを調べるなどして判断します。また、逆行性尿路造影により、閉塞部位を診断します。

◇治療法は原因と程度による

治療　水腎症の原因と程度によって治療法がちがってきます。

腎実質の厚さがある程度あって、閉塞をとりされば、腎臓の機能が回復されると期待できるときは、腎臓を摘出せず、できるかぎり残すようにします。

こういう場合、原因となった病気を治療し、腎盂・腎杯にたまっていた尿が抵抗なく流れるようになると、腎盂の内圧が下がって、機能は回復します。

ときには、一時的に拡張した腎盂に管（カテーテル）を直接入れて尿を排出し、腎臓の機能を回復させてから、原因となっている病気を治療・手術することもあります。

腎臓を残しても腎臓の機能の回復が望めないときは、反対側の腎臓の機能が十分にあるのを確認してから、水腎症になったほうの腎臓を摘出することもあります。

日常生活の注意　腎臓を摘出せずにすんだ場合でも、定期的な観察が必要なので、指示された通院をするようにしてください。

腎下垂／遊走腎
Nephroptosis　Movable Kidney

どんな病気か　腎臓は、呼吸の動きに合わせて上下に移動します。

立ったときに、こうした自然な生理的な呼吸性の動きを越えて腎臓が下がる状態を、腎下垂または遊走腎といいます。

健康な人でも、立つと、寝ているときよりも4～5㎝腎臓が下がりますが、腎下垂では10㎝くらい下がってしまいます。

腎臓の周りにあって、これを支えている脂肪組織の発育が悪かったり、腎臓への血管が異常に長かったりするとおこります。

やせた女性に多くみられ、右の腎臓だけにみられることが多く、ほかの内臓下垂（胃腸など）をともなうことも少なくありません。

症状　無症状のこともありますが、長い時間、立っていたりすると、腎臓から下に伸びている尿管が屈曲し、尿が流れなくなって、わき腹の鈍痛や腰痛がおこります。

また、腎血管がねじれるために、自律神経系の消化器症状（むかつき、嘔吐、食欲不振など）を訴えたり、血尿、たんぱく尿、高血圧をともなうこともあります。

しかし、腎臓の機能が悪くなることは、ほとんどありません。

検査と診断　寝た姿勢と、立った姿勢で、わき腹を触れ、腎臓の位置を確かめることによって、診断がつきます。

立った姿勢で、造影剤を静脈に注射して腎盂などをX線撮影（**静脈性尿路造影**）すると、腎臓の下垂がはっきり見られ、診断は確実になります。

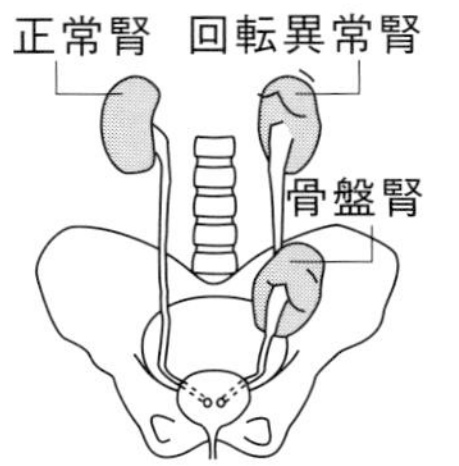

ています。

形態異常のある腎臓では、尿の停滞がおこりやすく、水腎症（1736頁）や腎臓結石（1743頁）、感染症を合併することがあります。

③位置の異常

胎児のときに、腎臓は腎盂面を脊柱のほうに向けるように回転しながら上昇し、妊娠の第8～9週に、正常な位置に達します。

このとき、正常に回転しない**回転異常腎**や、上昇がおこらない**腎変位**（**骨盤腎**）といった異常がおこります。

位置の異常や、回転の異常があっても、症状がなければ、ほとんど見つからずに、一生を終わってしまいます。

治療

長い間立っていて腰がだるくなってきたら、まず横になることです。やせている人は、体重が増えるような食事療法や、筋力をつける運動をするとよいでしょう。

また、症状が強い場合には、腎臓が下がらないように腹帯を巻きます。横になり、腎臓が正常の位置にあるときに、下腹部のほうから上腹部にかけて巻き上げます。

血尿、たんぱく尿などの症状が強い場合は、手術で腎臓を固定させることも行われます。

しかし、固定しても、ほかの臓器の下垂は残るので、完全に自覚症状が改善するとはかぎりません。また、再発することもあり、最近では、固定術は、あまり行われていません。

腎性骨異栄養症
Renal Osteodystrophy

どんな病気か

腎不全（1720頁）にともなっておこる、カルシウムやリンなどの電解質の代謝障害、ビタミンDの活性化（からだが利用できるかたちに変えること）の障害による骨の病気です。

腎不全が進むと、上皮小体（副甲状腺）の機能が亢進したり、骨にアルミニウムがたまって、骨にいろいろな変化をおこします。

腎不全そのものが、この病気の発症や進行に大きく影響し、長く人工透析（1724頁）をつづける場合の代表的な合併症となるので、**透析骨症**と呼ばれることもあります。

症状

腎不全によって、上皮小体ホルモンの分泌が盛んになり、骨の代謝が高まります。骨からカルシウムなどが溶け出す骨吸収が盛んになるため、骨形成が追いつかず、骨の融解が進行します。

骨や関節に痛みがおこり、骨折しやすくなります。体内のカルシウムなどの分布が異常になるため、皮膚のかゆみ、筋力の低下がおこり、さらに皮膚の潰瘍などができることもあります。

また、ビタミンDが欠乏したり、骨にアルミニウムがたまると、骨がやわらかくなり、骨の変化が進みます。

検査と診断

慢性腎不全の治療で、人工透析をしている間は、定期的に血液中の上皮小体ホルモン、カルシウム、リン、アルミニウムの測定をします。

また、手足のX線撮影をして、骨の変化を観察します。

副甲状腺の機能亢進が疑われるときは、頸部のCTやシンチグラフィー（230頁）などの画像診断が役立ちます。

治療

上皮小体機能亢進がある場合は、リンの体内への蓄積を防ぐ必要があり、食事療法（低たんぱく食）が重要になります。

同じ目的から、人工透析を行う場合に、透析液の組成や、透析膜を変えることもあります。

このような内科的な治療でもよくならず、腫れた上皮小体が確認され、上皮小体ホルモンの分泌が高いままであるときには、上皮小体を摘除します。

また、活性化ビタミンDを服用することは、骨の軟化による痛みや骨折を防ぐのに有効です。

結石

尿路結石
Urinary Stones
特徴的な激しい痛みがおこる

◇尿路内の石状のかたまり

尿の通り道である尿路は、腎臓の尿路部分（腎杯、腎盂）、尿管、膀胱、尿道の４つからなり、それらのどこかにできた結石を、尿路結石といいます。

そのできた場所によって、**腎結石**、**尿管結石**、**膀胱結石**、**尿道結石**などと呼びます。

尿路結石は、古代エジプトのミイラの膀胱からも発見されており、人類の歴史とともに古くからあった病気ということができます。19世紀以前は、膀胱や尿道など、下部尿路の結石が多く、20世紀になってしだいに腎臓や尿管など、上部尿路の結石が増えてきました。とくに第二次大戦後は上部尿路結石が急増し、現在、先進諸国の尿路結石の95％は上部尿路結石です。

日本の尿路結石をみると、男性の発病が女性の発病の２〜３倍も多く、年齢別では、30〜50歳代に多く発病しています。また、尿路結石の生涯罹患率（一生の間にかかる割合）は、約20人に1人という報告もあります。

尿路結石の種類

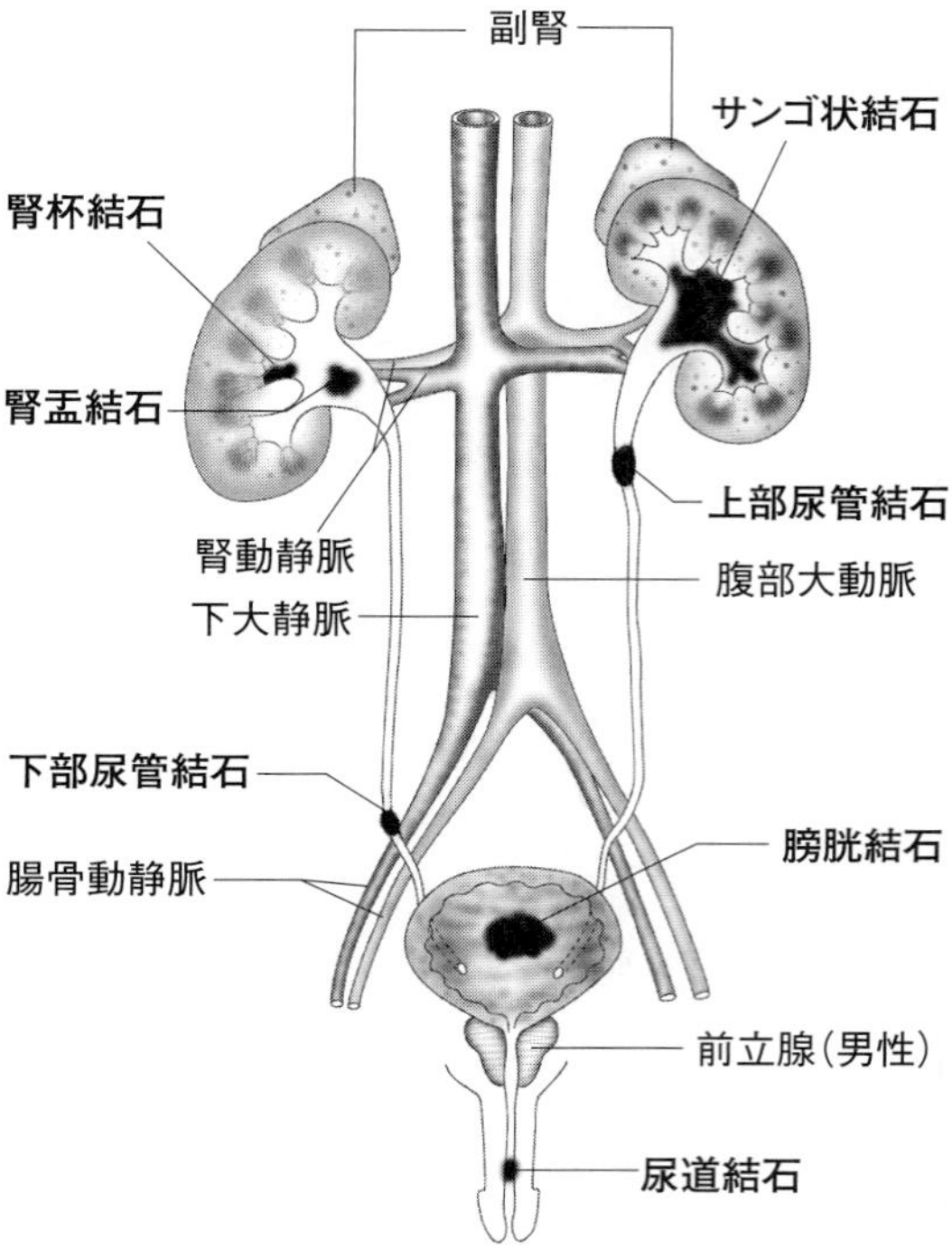

◇8割がカルシウム結石

結石は、尿の成分の一部が微小な結晶になり、これらの結晶が成長して凝集し、尿路内にたまったものです。

結石の成分がシュウ酸カルシウム、リン酸カルシウム、またはそれらの混合物であるものを**カルシウム結石**といい、全体の約80％はこのカルシウム結石です。残りの20％ほどが、尿酸、リン酸マグネシウムアンモニウム、シスチンなどの結石です。

結石になりやすい原因として、尿路の通過障害、尿路感染症、ホルモンの異常〔副甲状腺機能亢進症（1485頁）、クッシング症候群（1491頁）など）、代謝異常（高尿酸血症（1514頁）、シスチン尿症、過カルシウム尿症など）や、薬剤の影響（ステロイド、ビタミンD、緑内障治療薬）などがあります。

◇激しい痛みが特徴

典型的な上部尿路結石（腎臓、尿管などにできる結石）では突然に背中からわき腹にかけて激痛が走り（**腎疝痛**）、冷や汗が出たり吐いたりすることもあります。腎疝痛は間欠的（間をおいて）に襲ってくることが多く、いったん疝痛発作が始まると七転八倒、身の置きどころがないほどの激痛となりますが、痛みが引くとケロリとしています。

◇尿路結石を見つける検査

◉尿検査

結石が移動すると尿路が傷つき、肉眼でも見える血尿が出ることもありますが、上部尿路結石によっておこる血尿は、ほとんどが顕微鏡でわかる程度のものです。したがって、尿路結石の診断では、尿を検査して血尿を確認することが重要です。

◉X線検査

尿路結石の多くはX線を吸収するので、腹部単純X線撮影によって、結石の部分が陰影として見られます。しかし、尿酸やシスチンの結石ではX線が通り抜けてしまうので、結石は描出できません。これを**X線陰性結石**と呼んでいます。

造影剤を体内に注入して撮影するX線撮影を、単純X線撮影に対しX線造影といいます。この造影剤を静脈より注射して、腎盂から尿管に造影剤が流れてきたところで撮影すると（これを静脈性尿路造影検査といいます）、単純X線撮影で描出された陰影が尿路結石としてはっきり確認できます。

また、X線陰性結石でも、尿路のX線造影やCT検査をすれば、結石と確認することができます。

◉超音波検査

疝痛発作のある人に対して、腹部超音波検査を行うと、多くの場合、結石のある腎盂や尿管が拡張していることがわかります。

◉血液検査

尿路結石をくり返している人や、左右の尿路に多くの結石がみられる人は、副甲状腺機能亢進症（1485頁）や副腎の病気であるクッシング症候群（1491頁）などによってホルモンの分泌や代謝に異常がおこっている可能性があるので、血液検査をする必要があります。

副甲状腺機能亢進症では、甲状腺の裏側にある副甲状腺という小さな臓器（米粒大〜あずき大）から副甲状腺ホルモンが多量に分泌され、骨や腎臓、腸管に作用して、血液や尿に含まれるカルシウムが異常に多くなります。

さらにシスチン尿症は、先天性の代謝異常の病気で、アミノ酸の一種であるシスチンが尿に多量に排泄されるため、結石ができます。遺伝性で、同じ家族のなかに複数にみられるのが特徴です。子どもに尿路結石がある場合、シスチン尿症の可能性が疑われます。

◇尿路結石の治療法のいろいろ

◉自然排出

尿路結石の約80％は自然に排出され

結石

◎腎砂とは

砂状の結石を腎砂といいます。腹部単純X線撮影では発見しにくいのですが、水分を十分とっていると、自然に排出されます。

腎砂が自然に排出されないでいると、シュウ酸カルシウムやリン酸カルシウムなどが凝集して、大きな結石に成長していきます。

サンゴ状結石の治療例

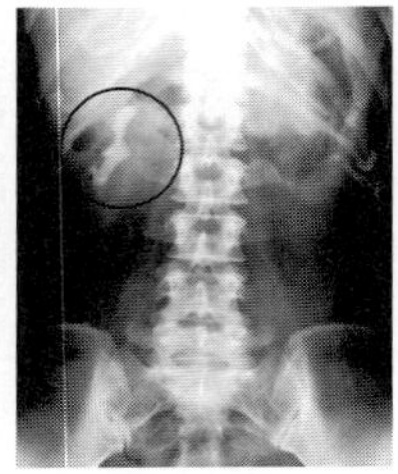

右腎に65×25㎜のサンゴ状結石を認める。

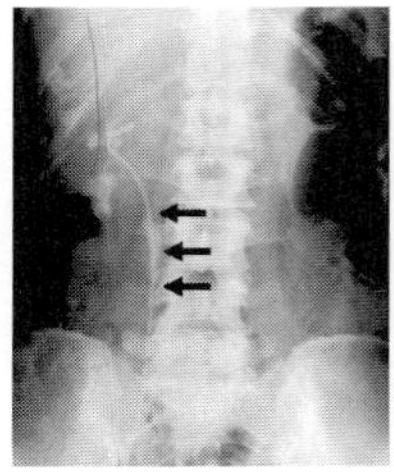

ESWL施行翌日に、砕石片の下降（矢印）が見られる。

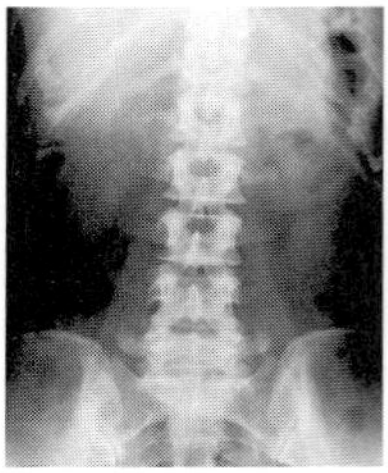

治療3週間後、結石は完全に排泄された。

てしまいます。X線写真で1㎝までの大きさの結石なら、自然に排出されることを期待して、尿管の緊張を緩め結石を通りやすくする薬を使います。

また、水分を多くとることで尿の量を増やし、なわとびや階段の上り下りなどの運動を指導し、結石の排出を促進するようにします。

◉体外衝撃波結石破砕術（ESWL）

数か月から半年くらい、こうした排出を促す療法を行っても効果がなければ、結石を取除く治療が必要になります。

以前は、開腹手術をして腎盂や尿管にとどまっている結石を取除いていましたが、1980年代にドイツで、体外衝撃波結石破砕術（ESWL）という画期的な治療法が開発されました。

ESWLは、体外で発生させた衝撃波を、体内の結石に集中するように導いて、小さく砕き、尿といっしょに自然に排出させてしまう治療法です。

当初は、全身水槽内に入って行うという大がかりな装置でしたが、現在では、乾式のコンパクトな機種が中心となり、ある程度大きな病院なら設置されています。

健康保険も適用されており、特殊な場合を除いて麻酔の必要もなく、1～2日の入院で治療できるので、自然排出が期待できない上部尿路結石のほとんどで、まず最初に選択される治療法となっています。ただし、大きなサンゴ状結石や、かたい結石の場合は、ESWLを何回かに分けて行い、少しずつ砕いていく必要があります。

◉経尿道的尿管砕石術（TUL）

ESWLが有効でなかったり、砕けた結石片が尿管につまってしまった場合には、経尿道的尿管砕石術（TUL）によって治療します。

これは、尿道から専用の内視鏡を挿入して、その先端を膀胱、尿管へと進め、結石をつかみ出したり、砕いたりする治療法です。

細かく砕くために電気水圧、レーザー、超音波などが利用されます。

この治療には麻酔が必要となりますが、開腹の必要がないために傷もつかず、3～4日ほどの入院ですみます。

◇尿路結石の再発予防

尿路結石の人の約半数は、再発します。結石ができやすい原因になっている病気があれば、その病気を治療しなければ、再発を防ぐことはできません。

副甲状腺機能亢進症やクッシング症候群などの病気では、それらの病気の治療（おもに外科手術）が必要です。

高尿酸血症（1514頁）では、尿酸合成酵素阻害薬の服用、シスチン尿症では、シスチンを溶かしてしまう薬剤の服用によって、結石の再発を防ぐことができます。

食生活で注意することは、水分を十分にとる、動物性たんぱく質を控える、野菜などの食物繊維をたくさんとることなどが、再発の予防に効果をあげます。ただし、日本人はカルシウムの摂取量が不十分であることも多く、一般的には、カルシウムの摂取制限をする必要はありません。また、日本人に多い夕食中心の食生活をあらためたり、夕食から就寝までの時間を十分にあけることもたいせつです。

尿管結石の治療例

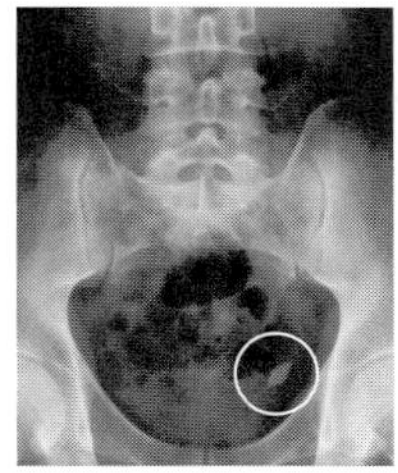

左骨盤部に20×10㎜の結石陰影を認める。

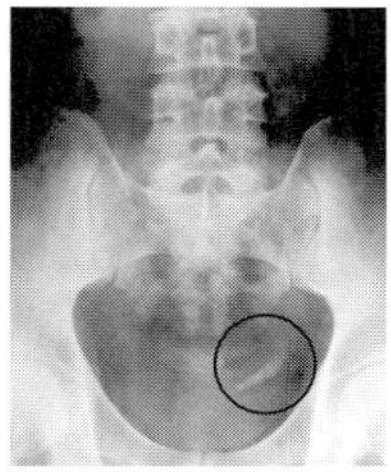

ESWL施行3日後、砕石片は尿管下端まで移動している。

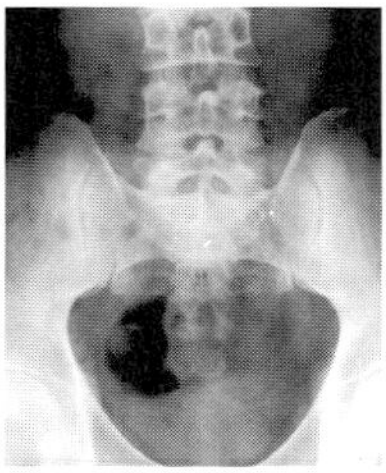

治療10日後、結石の完全排泄を認めた。

腎結石／尿管結石
Renal Calculus / Ureteral Calculus

どんな病気か

尿路結石のなかで、腎臓内にある結石を腎結石といい、腎結石はその存在する場所によって、さらに**腎杯結石**、**腎盂結石**などに分かれます。また、腎盂・腎杯いっぱいに成長した結石は、腎臓内部を鋳型にしたような形になるため、**サンゴ状結石**と呼ぶこともあります（1740頁図、前頁写真）。

腎臓内でできた結石が尿管まで流れ落ちたものが尿管結石です。尿管結石は、腎盂が尿管につながる部分や、尿管と腸骨動脈が交差している部分、尿管が膀胱につながる部分など、もともと生理的に尿路が狭くなっている部分に多くみられます。

腎結石と尿管結石を総称して**上部尿路結石**と呼びます。

症状

典型的な尿管結石では、**腎疝痛**という、突然の激痛発作に見舞われます。この激痛は、尿の流れが結石によってさまたげられ、腎盂内の圧力が急激に上昇するためにおこると考えられています。

痛みとともに冷や汗をかいたり、吐いたりすることもよくあります。尿管は蠕動運動をしているため、疝痛発作はこの動きに関係して間欠的（間をおいて）におこります。疝痛発作がなく、背中の鈍痛や不快感だけのこともあります。

また、結石が下降し、膀胱の入り口近くまでくると、頻尿や残尿感など、膀胱炎に似た症状がみられます。

肉眼でわかる血尿が出ることもありますが、顕微鏡でしかわからない微量な血尿であることが多いようです。

結石による尿路の傷に細菌が感染したりすると、発熱がおこる（腎盂腎炎1730頁）ようになります。

しかし、腎結石でもまったく症状がないこともあり、健康診断での胃のX線検査や腹部超音波検査などで偶然見つかることもあります。

検査と診断

疝痛発作などの自覚症状があれば、尿検査、腹部X線撮影、超音波検査によって診断がつきます。単純X線撮影で結石かどうかはっきりしなかったり、結石のほかに病気がないかみるためには、静脈から造影剤を注射してX線撮影をする静脈性尿路造影検査やCT検査を行います。

治療

形が比較的なめらかで、大きさが1㎝以下の結石は、自然に下降して尿道口から排出される可能性があります。

尿の流れがさほどさまたげられておらず、痛みもあまりなく、腎盂腎炎による発熱もない場合は、水分を多くとるとか尿管を広げる効果のある薬を服用するくらいで、数か月間ようすをみます。

しかし、結石が大きいとか、尿の通過がひどくさまたげられている場合は、まず体外衝撃波結石破砕術（ESWL前頁）を試みるのが一般的です。ESWLでの効果がなかったり、砕石片が残ったときは、内視鏡的な治療（TUL前頁）を併用します。

現在では、特別な場合を除いては、開腹手術を行うことはほとんどありません。

膀胱結石
Vesical Calculus

どんな病気か

腎臓や尿管の結石が膀胱に下降したものと、膀胱内でできたものに分けられます。

尿道は尿管よりも広いので、尿管を通って膀胱にきた結石は、ほとんど尿道から体外に排出されます。したがって膀胱に結石がとどまっているときは、前立腺肥大症（1782頁）、尿道狭窄（1763頁）など下部尿路の通過障害をおこす病気や、膀胱憩室（尿路憩室 1763頁）、神経因性膀胱（1754頁）、膀胱異物（1758頁）などがある可能性があります。

症状

結石があること、また合併する膀胱炎（1747頁）によって、頻尿や排尿痛、血尿などの症状がみられます。膀胱結石特有の症状としては、排尿しているときに突然尿線がとぎれる**二段排尿**という症状がおこる場合もあります。

これらの症状と、腹部X線撮影、膀胱内視鏡検査によって診断は容易です。内視鏡検査をすれば、下部尿路（膀胱や尿道）に病気があるのかどうかも、だいたいわかります。

治療

結石の大きさと数によって治療方法が異なります。

結石が比較的小さく、数個以内の場合は、内視鏡を尿道から膀胱に入れ、結石を細かく砕いて取出します。

結石を砕く方法には、電気水圧、レーザー、超音波などいろいろありますが、内視鏡につけた専用の鉗子で砕くのが簡単です。結石が大きかったり、内視鏡による破砕ができないとか、結石の数が多いという場合には、下腹部を切開して手術で取出します。

膀胱に結石がとどまっている場合、膀胱、前立腺や尿道に別の病気が合併することが多いので、それらの病気の治療もあわせて行われます。

尿道結石
Urethral Calculus

どんな病気か

尿道結石の多くは、膀胱結石（前項）が下降して尿道にとどまったものです。尿道狭窄（1763頁）や、尿路憩室（1763頁）などの病気にともなっておこることもあります。

尿道結石は、ほとんどが尿道の長い男性におこります。

症状

尿道内に結石がとどまり、はまり込んだようになるため、強い排尿障害や排尿痛を訴えます。また多くの場合、肉眼でわかる血尿が見られます。

結石が尿道の先端まできている場合は、かたい異物として触れたり、尿線が何本かに分かれて出たりします。

問診と触診を行うことによって、診断はほぼつきますが、腹部X線撮影を行って、結石の大きさ、数、形、位置を調べます。

治療

結石が尿道の先端部にある場合は、尿道に潤滑剤を注入してから、腹圧をかけ、排尿とともに排出させるか、鉗子を尿道口から入れて取出します。尿道の奥にとどまっている場合は、ブジーという器具でいったん膀胱まで押し戻し、内視鏡を使って砕きます。尿道狭窄や尿道憩室があれば、その治療も必要となります。

尿路の病気①

膀胱尿管逆流
Vesicoureteral Reflux

どんな病気か

腎臓でつくられた尿は、正常ならば尿管、膀胱への一方通行で流れていきます。これは、膀胱と尿管との間に逆流防止機構があるためです。しかし、この機構に障害がおこると、尿が膀胱から尿管、腎臓へと逆流することがあり、これを膀胱尿管逆流といいます。

膀胱の内圧がもっとも高くなる排尿時に逆流がおこりやすいのですが、障害がひどくなると、尿がたまった状態だけで逆流がおこることがあります。

逆流によって尿管内部の圧力が高まるため、尿管が広がった水尿管、腎盂が広がった水腎症（1736頁）になります。

また、膀胱炎（1747頁）があると、尿の逆流とともに細菌も腎盂に入り、腎盂腎炎（1730頁）の原因になります。

膀胱尿管逆流は女性に多くみられる病気です。また、子どもは逆流防止機構が未熟なため、逆流をおこしやすいのですが、成長とともにみられなくなるのがふつうです。

そのほか神経因性膀胱（1754頁）や尿道狭窄（1763頁）など、下部尿路の障害で膀胱内の圧力が異常に高くなると、逆流がおこることがあります。

症状

逆流だけでは症状がでないことが多く、膀胱炎から腎盂腎炎へと感染が広がると症状がでます。排尿痛、残尿感、尿混濁などの膀胱炎症状とともに、発熱、わき腹の痛みなど、腎盂腎炎の症状が現れてくるのです。しかし、膀胱炎症状がない場合もあり、炎症が慢性化していると症状が現れないことが多くなります。

検査と診断

膀胱に造影剤を入れて、その造影剤が尿管・腎盂へ逆流することをX線検査で確認します。逆流は排尿時におこりやすいので、排尿時にもX線撮影をします。

腎盂腎炎をくり返す女性は、とくに膀胱尿管逆流が疑われるので、静脈性尿路造影（1738頁）などで他の原因が見つからない場合は、この検査を受けましょう。

ただし、膀胱炎などの炎症があるときにかぎって逆流がおこる場合もありますので、膀胱造影をすれば必ず診断できるとはかぎりません。

治療

子どもでは、逆流が自然に消えることもあるので、症状が軽い場合は経過をみます。腎盂腎炎をくり返したり、炎症が慢性化して治りにくいとき、水腎症があるときなどは、逆流防止の手術を行います。

下大静脈後尿管
Retrocaval Ureter

どんな病気か

生まれつき尿管が下大静脈の後方から内側、前方へと回って膀胱に入る、まれな病気です。これは静脈系の発生異常で、ふつう右の尿管におこります。

尿管が強く曲がり、静脈で尿管が圧迫され、尿の流れが悪くなります。そのため尿管や腎臓内の圧が高まり、尿管が広がった水尿管や水腎症（1736頁）になります。

症状

症状がないことも多いのですが、水尿管や水腎症となり、腰背部痛が出現することがあります。尿のうっ滞により細菌感染や尿路結石（1740頁）が生じやすく、尿の混濁・発熱・血尿・疼痛などが現れます。

静脈性尿路造影（1738頁）、尿道から造影剤を入れる逆行性尿路造影、血管造影などの検査によって診断しますが、CT（コンピュータ断層撮影）やMRI（磁気画像診断）でも診断できます。

治療 症状がなければ経過をみますが、症状がある場合や水腎症がみられる場合は、手術をします。

尿管を切断し、正常な位置に戻してからつなぐ方法と、下大静脈を切断し、尿管を正常な位置に戻してからつなぐ方法とがあります。

腎機能の回復が望めない場合は、腎臓を摘出します。

尿管瘤
Ureterocele

どんな病気か 尿管下端の膀胱につながった部分が、膀胱内で瘤状（袋状）に膨らむ病気です。尿管の開口部が狭いためにおこると考えられています。瘤の中に尿がたまり、さらに上方の尿管も膨らんで、水尿管、水腎症（1736頁）になることもあります。

女の子に多く、重複腎盂尿管（腎臓内に腎盂が2つあり、それぞれから尿管が出ている形態異常）の上方からの尿管に、尿管瘤が現れることがあります。

症状 小さな尿管瘤では無症状のことが多いのですが、尿の流れが悪いため、尿路感染や結石（1740頁）が生じると、排尿痛、血尿などの膀胱炎症状、発熱、腰痛などの腎盂腎炎（1730頁）の症状が現れます。尿管瘤が大きくなると、排尿障害がおこることもあります。ある程度の大きさの尿管瘤は、静脈性尿路造影（1738頁）で膀胱内に異常陰影がみられます。尿の通過障害がともなえば水尿管、水腎症がみられます。静脈性尿路造影のほか、膀胱鏡で確認します。

治療 小さな尿管瘤は、麻酔下で尿道から内視鏡を入れ、切除します。この場合、手術後に膀胱尿管逆流（前頁）がおこりやすくなるので、腹部を切開して瘤を切除し、その後に形成術を行うこともあります。

尿管開口異常
Displaced Ureteric Orifice

どんな病気か 正常な尿管は、膀胱三角部の外側に開口していますが、それ以外の部位に開口するものをいいます。女性に多く、重複腎盂尿管（腎臓内に腎盂が2つあって、それぞれから尿管が出ている形態異常）にともなうことが多いものです。

女性では、尿道、腟前庭、腟に尿管が開口することが多く、子宮頸管や子宮に開口していることもあります。

男性では、後部尿道に開口することが多いのですが、精嚢腺や精管に開口していることもあります。

症状 女性では持続的な尿失禁が多いのですが、開口部位によっては尿失禁はおこりません。男性では、尿道括約筋よりも内部に開口するので尿失禁はおこりません。

膀胱炎 ……………1747頁

▼**症状**▲急性では排尿痛、残尿感、頻尿、血尿など、慢性では下腹部の不快感くらい。

▼**治療**▲抗菌薬の服用や原因疾患の治療を行う。

開口部位に異常のある尿管は下端部で尿の通過障害をともなうことが多いので、水尿管や水腎症（1736頁）になりやすく、発熱やわき腹の痛みなどの尿路感染症状が現れることもあります。

【検査と診断】 女性に持続的な尿失禁があれば、視診によって尿管の異常な開口部位を発見することができます。インジゴカルミンという色素を静脈注射し、青く染まった尿が流出するところを探すと発見が簡単です。

静脈性尿路造影（1738頁）、経皮的腎盂造影、尿道から造影剤を入れる逆行性尿路造影などによって尿の流れをみることも診断に役立ちます。

【治療】 尿管の下端を切り離し、膀胱につなぎ直す手術をします。腎機能障害の程度によっては、腎臓、尿管を摘出することもあります。

巨大尿管症
Megaureter

【どんな病気か】 尿管が著しく膨らんで太くなった状態をいいます。尿管や尿道の閉塞によるもの、膀胱尿管逆流（1745頁）によるもの、その両方またはどちらでもないものなど、原因によってタイプがあります。尿管の機能異常(尿を下方に送る蠕動運動の欠如)が原因であることもあります。

【症状】 尿の流れが悪いために尿路の感染がおこり、発熱、わき腹の痛み、排尿痛などの症状がみられます。無症状のこともあり、偶然見つかることがあります。また尿管の膨らみがひどくなると、腹部膨満、腹部腫瘤として発見されることがあります。

静脈性尿路造影（1738頁）、尿道から造影剤を入れる逆行性尿路造影、CT（コンピュータ断層撮影）、MRI（磁気画像診断）などで診断されます。

【治療】 可能ならば、尿管内の圧力を高めている原因部分を切除し、膨らんだ尿管を修復して膀胱につなぎ直します。

腎機能の回復が望めない場合は、腎臓と尿管を摘出します。膀胱や尿道など、下部尿路の閉塞が原因であれば、その原因を治療します。

膀胱炎
Cystitis

排尿痛、残尿感、尿混濁などがおこる

◇とくに女性に多い病気

膀胱の粘膜に炎症がおこるもので、多くは細菌の感染が原因です。

原因となる病気がとりたてて無い場合を**単純性膀胱炎**といい、急性膀胱炎として発症しますが、治りやすいものです。

尿路になんらかの原因となる病気がある場合は**複雑性膀胱炎**といい、治りにくく、慢性膀胱炎になりやすいものです。

急性膀胱炎は、とくに女性に多い病気で、幼児期にも比較的多いのですが、性活動のさかんな時期と閉経期に発症のピークがあります。

慢性膀胱炎は、さまざまな尿路の病気にともなうもので、高齢者に多く、また、尿の通過障害をおこしやすい男性に多くみられます。

◉急性膀胱炎
Acute Cystitis

どんな病気か 急性膀胱炎には、細菌によるものと、細菌が原因でないものがありますが、大部分は細菌の感染が原因です。

ふつうは少数の細菌が膀胱に入っても、膀胱粘膜に備わっている防御機能や、排尿にともなう自浄作用によって洗い流され、膀胱炎になることはありません。

しかし、むりに排尿を我慢したり、冷え、便秘、性交などが誘因となって、細菌が膀胱内に定着、増殖すると膀胱炎になります。

女性は尿道が短く、尿道括約筋のはたらきが弱いため、外陰部の細菌が尿道から膀胱に侵入しやすいので、急性膀胱炎になりやすいのです。

反対に尿道の長い男性では、急性膀胱炎はおこりにくいので、男性の膀胱炎は単純な細菌の侵入だけではなく、前立腺炎（1786頁）、前立腺肥大症（1782頁）、尿道狭窄（1763頁）、膀胱がん（528頁）、尿路結石（1740頁）など、ほかになんらかの原因があると考えて、精密検査を受けるべきです。

女性の単純性の急性膀胱炎の原因となる細菌は、大腸菌がもっとも多く、ほかに、ブドウ球菌、腸球菌、変形菌などがあります。

細菌以外の急性膀胱炎の原因として、ウイルスの感染（**急性出血性膀胱炎**）、アレルギー反応によるもの（**アレルギー性膀胱炎**）があります。

症状 突然、排尿時とくに排尿の終わりに痛みを感じ、排尿しきっていないという残尿感、排尿の回数が多くなる頻尿が現われ、尿の濁りに気がつくこともあります。

血尿は、尿が赤く見える（肉眼的血尿）ものから、紙にピンク色のにじみがつく程度の場合もあります。

急性膀胱炎だけでは発熱はみられないので、前記の症状に発熱がともなうような場合は、急性腎盂腎炎（1730頁）や、男性では前立腺炎が合併していることが考えられます。

検査と診断 前記の症状と尿検査で、容易に診断がつきます。

尿検査のために尿をとるときは、女性では、外陰部の細菌が尿の中に入らないように注意します。これを防ぐために、やわらかいゴム管を尿道から膀胱に挿入して尿をとること（導尿）もあります。

尿を顕微鏡で見て、多数の白血球と細菌が観察されれば、尿路に炎症があると診断できます。

治療 症状が軽ければ、水分を多量に飲んで尿量を増やすことで自然に治ることもあります。

症状が重い場合は、抗菌薬を服用します。ふつう2～3日間の服用で治ります。

2～3日で症状がなくなれば、単純性の膀胱炎であり、心配ありませんが、確実に治っているかどうか確認するため、もういちど尿検査を受けるとよいでしょう。

とくに男性は、ほかの病気がひそんでいる場合があるので、原因をはっきりさせておくことがたいせつです。

単純性の膀胱炎では再発することはまれですが、膀胱炎をくり返すような場合には、その原因が何かくわしく調べることが重要です。膀胱がん（528頁）など、重大な病気が隠れていることもあるからです。

予防　間隔をおいて急性膀胱炎をくり返す女性の場合は、原因となる異常が見つからないことがあります。このような人は、膀胱炎をおこすきっかけになるようなこと（たとえば、便秘、性交、疲労、ストレス、寒冷などの誘因）を探しだして、それを避けるように心がけることがたいせつです。

◉急性出血性膀胱炎

子どもにみられる膀胱炎で、細菌は関係なく、アデノウイルスが関与していると考えられています。

とくに治療しなくても、10日程度で自然に治ります。

◉アレルギー性膀胱炎

ぜんそく治療薬など、アレルギーを抑える薬剤（抗アレルギー薬）を使用すると、膀胱炎症状や尿の異常が現れることがあります。

薬剤の使用を中止すれば症状も消失します。

◉慢性膀胱炎
Chronic Cystitis

どんな病気か　尿路になんらかの別の病気があって膀胱炎がつづく状態で、あまり症状がありません。尿路の病気すべてが原因となります。

症状　慢性膀胱炎の症状は、ふだんは下腹部の不快感くらいですが、急に炎症が強くなると、急性膀胱炎と同じような症状がでることもあります。膀胱炎がひどいと尿が濁ります。

また、膀胱炎をおこしている病気の症状だけが現れることもあります。

検査と診断　検査で持続的に細菌尿と膿尿がみられたら、慢性膀胱炎と診断されます。しかし、膀胱炎の原因になっている病気の診断がたいせつです。

問診・診察、静脈性尿路造影・膀胱造影、尿道造影などのX線検査、あるいは膀胱鏡検査などによって、原因となっている病気を探します。

膀胱炎をおこしている細菌も多様なので、尿中の細菌を培養して原因菌を決定することも重要です。

治療　尿中の細菌の培養で原因菌がわかったら、その細菌に対して効果の強い抗菌薬を服用します。原因となっている病気を治療しないと再発するので、その病気の治療がたいせつです。

◉結核性膀胱炎

通常は、肺結核（1285頁）の病巣から結核菌が血管を通じて腎臓に感染し、尿の流れに沿って、尿管、膀胱へと感染してくる病気です。

慢性膀胱炎の症状がみられますが、尿中の菌を培養すると、ふつうの膀胱炎をおこす細菌ではなく、結核菌があることから診断がつきます。現在でも、まれにみられる病気です。

抗菌作用のある薬を使用し、安静にすごします。

◉放射線膀胱炎

下腹部に放射線治療を受けた場合におこることがある膀胱炎で、放射線を受けてから10年以上すぎて発症することもあります。

間質性膀胱炎
Intersitial Cystitis

どんな病気か

間質性膀胱炎とは、トイレが近い（頻尿）、尿が我慢できない（尿意切迫感）、少しでも尿がたまるとトイレに行きたくなる（尿意亢進）、膀胱が痛い（膀胱痛）などの症状をおこす膀胱の病気です。

　中高年の女性に多くみられますが、男性にも決してまれではありません。これまでは、かなりまれな疾患と思われていたので、医師が思いつかず、診断が遅れてしまうことがときにありました。しつこい膀胱の痛みやトイレが近い状態には、この病気を考える必要があります。

症状

とにかく尿が近く、トイレに行ってもスッキリしない、少しでも尿がたまると行きたくなる、我慢していると不快感から痛みを感じるというようなものです。ひどくなると、いつも膀胱あたりが痛むようになります。トイレに何度も行く、夜も眠れない、痛みがつづくというようなことから、生活に大きな支障が生じます。

　症状はふつうの膀胱炎（前項）と似ていますので、初めは抗生物質で治療を受ける人が多いです。しかし、通常の膀胱炎は抗生物質でよくなりますが、間質性膀胱炎は抗生物質では改善しません。

　尿の検査でも、異常がないことが多く、それ以外の検査でも異常がないのがふつうです。

　トイレが近くなる代表的な病気としては、過活動膀胱（次項）があります。過活動膀胱は抗コリン薬という薬で症状が改善しますが、間質性膀胱炎では改善しません。膀胱に異常が見つからないので、症状は精神的なものや、婦人科の病気のせいにされてしまうことがあります。このように、診断が遅れたり、治療の効果があがらなかったりすると、さらに精神的な不満が高まり、心理的につらい思いをしている人も多いようです。

原因

原因はよくわかっていません。有力な説には、膀胱の粘膜（膀胱の内側をおおっている細胞）に問題があって、尿が膀胱の中にしみ込んでくることが原因とされています。

しかし、なぜ膀胱の粘膜に問題がおこるのか、その理由はよくわかっていません。アレルギー体質、女性ホルモンの不調、精神的なストレス、不摂生なども関係していると思われます。

検査と診断

検査では、尿検査の所見をはじめとして、血液検査やX線検査などでは、ふつう異常はありません。

　膀胱鏡（内視鏡）検査では、**ハンナ潰瘍**と呼ばれる粘膜のただれが見られることがあります。ただし、ハンナ潰瘍は慣れた医師でないと見逃してしまいます。そのため、検査をしても異常なしとされることが多いのです。

　もっとも特徴的な検査は、**膀胱水圧拡張検査**です。この検査では、麻酔をかけたうえで、膀胱の中に水を入れて通常よりもずっと大きく膀胱を膨らませます。膨らませたあとに中の水を抜くと、間質性膀胱炎の人では膀胱の内側から出血がおこります。出血はかなり激しくおこることもあります。もちろん例外もありますが、出血がおこれば、間質性膀胱炎の診断はほぼ確実となります。

診断は、特徴的な症状と膀胱水圧拡張検査の結果で行います。ただし、膀胱炎、膀胱結石（1744頁）、膀胱がん（528頁）、前立腺炎（1786頁）、過活動膀胱、尿道狭窄（1763頁）、婦人科系の疾患などの病気ではないことを確認する必要があります。

とくに膀胱がんでは似た症状がおこりますので、十分慎重に判断する必要があります。

治療

治療は一般にむずかしいです。膀胱水圧拡張検査では、麻酔をかけて膀胱を引き伸ばすわけですが、この検査を受けたあとに症状がかなり改善することがあります。したがって、診断と治療をかねて、まず膀胱水圧拡張法を受けることが勧められます。そのうえで、抗アレルギー薬や抗うつ薬などを内服したり、膀胱の中に薬を注入したりします。

しかし、いずれの治療も保険診療の対象となっていません。診療している医師の数も少ないので、専門医を紹介してもらうのが確かな方法です。

日常生活の注意

生活上の注意では、過労を避けて、刺激物をとらないような配慮が必要です。

過活動膀胱
Overactive Bladder (OAB)

どんな病気か

過活動膀胱とは、トイレが近い（頻尿）、急に排尿したくなり、我慢がむずかしい（尿意切迫感）、我慢できずに漏れてしまう（切迫性尿失禁）などの症状がある状態をいいます。

この病気はひじょうに多く、全国の調査結果では日本の40歳以上の約12％にみられます。男女の差はあまりありませんが、年齢が進むとともに急に増えてきます。40歳代では5％にもなりませんが、75歳以上となると30％くらいとなり、その多くの人で尿漏れもあります。また、40歳以上の人の8人に1人が過活動膀胱の症状をもっているとの調査もあります。

症状

油断していると漏れそうになるので、早め早めにトイレに行ったり、漏れそうになって急いでトイレに駆け込んだり、ついには、漏れてしまったりします。

症状を点数で測るための質問票もあります（次頁表）。トイレの回数が多いことや、漏れてしまうのではないかという不安、それにともなう行動の制限（バス旅行や映画館などに行くのを避けるなど）のために、生活に支障が生じます。

原因

膀胱の筋肉（排尿筋）の抑えがきかなくなって、勝手に筋肉がはたらきだすこととされています。排尿筋は尿を膀胱から押し出すための筋肉で、脳からの信号で勝手にはたらかないようになっています。

しかし、脳梗塞（934頁）をはじめとするいろいろな疾患でその信号が不十分になると、排尿筋が勝手にはたらきはじめ、尿が出そうになったり、本当に出てしまったりします。脳からの信号が不十分となるだけでなく、前立腺肥大症（1782頁）や骨盤の筋肉の緩みな

過活動膀胱症状スコア（OABSS）

以下の症状がどれくらいの頻度でありましたか。もっとも近いものを、
ひとつだけ選んで、点数の数字を○で囲んでください。

症　状	点数	頻　度
朝起きたときから寝るときまでに、何回くらい尿をしましたか	0	7回以下
	1	8～14回
	2	15回以上
夜寝てから朝起きるまでに、何回くらい尿をするために起きましたか	0	0回
	1	1回
	2	2回
	3	3回以上
急に尿がしたくなり、我慢がむずかしいことがありましたか	0	なし
	1	週に1回より少ない
	2	週に1回以上
	3	1日1回くらい
	4	1日2～4回
	5	1日5回以上
急に尿がしたくなり、我慢できずに尿を漏らすことがありましたか	0	なし
	1	週に1回より少ない
	2	週に1回以上
	3	1日1回くらい
	4	1日2～4回
	5	1日5回以上
合計点数		点

3点以上で過活動膀胱を疑い、3～5点は軽症、6～11点は中等症、12点以上を重症とみる。

どがあると、同様に膀胱の抑えがきかなくなって過活動膀胱となります。

検査と診断

検査では、尿検査やX線検査などにはふつう異常はありません。より精密な検査としては、膀胱の中の圧力を測る膀胱内圧測定検査があります。しかし、通常はその検査をしないままに治療を始めて、治療でよくならないときに検査をするかどうかを考えます。

診断は、症状を確認したうえで、同じような症状をおこすほかの病気を否定して行います。同じような症状をおこす病気には、膀胱炎（1747頁）、膀胱結石（1744頁）、膀胱がん（528頁）、前立腺炎（1786頁）、間質性膀胱炎（前項）、尿道狭窄（1763頁）、婦人科系の疾患、水分のとりすぎなどがあります。

治療

治療の中心は、抗コリン薬といわれる薬です。一般に薬の効果は高く、80％くらいの人が効果を実感します。

抗コリン薬の副作用としては、唾液の出かたが悪くなって口の中が乾くことや便秘があります。緑内障（1106頁）

尿路の病気②

のある人では、緑内障の種類によってはこの薬で症状が悪化することがありますので、注意が必要です。抗コリン薬以外には、骨盤の底をつくっている筋肉を鍛える骨盤底筋体操（キーゲル体操 2264頁）や電気による治療（電気刺激）などの方法があります。

　とても多い病気ですので、恥ずかしがらずに病院を受診することをお勧めします。トイレが近いことから他の病気が見つかることもありますので、いちどは泌尿器科の診察を受けてください。症状が落ち着けば、かかりつけの医師（内科など）でも治療をつづけることができます。

神経性頻尿
Pollakisuria Nervosa

どんな病気か

　頻尿とは、日中の起床中の排尿回数が、おおよそ8回以上の場合をいいます。

　頻尿は、さまざまな器官の病気（もっとも多いのは膀胱炎（1747頁）や前立腺炎（1786頁）に代表される下部尿路の炎症）によっておこりますが、このような原因がはっきりとしない場合、神経性頻尿と診断されるのがふつうです。

　厳密には、神経性頻尿はさらに**心因性頻尿**と**本態性頻尿**に分けられます。

　心因性頻尿とは、心の不調がからだの不調として現れる心身症（1033頁）の一種です。膀胱は、精神的・感情的作用を受けやすい臓器のひとつで、心臓や脳などとともに心身症が現れやすく、膀胱に現れるときは、残尿感、まったく尿が出なくなる尿閉とともに頻尿がよく現れます。

　本態性頻尿とは、心因性でもなく、本当に原因不明の頻尿をいいます。

　この両者は区別すべきですが、ここでは一括して説明することにします。

症状

　症状は頻尿だけで、失禁はみられません。頻尿も睡眠中はないのが特徴です。

　誘因である情緒不安定が慢性化すると、勤務中や授業中、電車やバスの乗車中などに、強い尿意に悩まされます。

　これが日常生活に支障がでるほどになると、治療の対象となります。

原因

　からだにはっきりした異常はないので、原因ではなく誘因として説明します。

　誘因はさまざまで、家族の不和、会社での失敗、対人関係などによる情緒不安定、過去に下部尿路の病気にかかったことなどがあげられます。おもに青壮年期の女性に多くみられる病気です。

検査と診断

　診断には、まず頻尿の原因がほかの病気である可能性を取除きます。

　頻尿だけで、痛み、排尿困難、血尿、失禁などの症状をともなわず、尿検査でも異常がないことを確認します。

　1日の尿量は基準範囲内であり、膀胱は大きくなったり小さくなったりもせず、残尿もないことを調べます。

　脳血管障害やパーキンソン病（948頁）などでは、排尿筋が意志と無関係に収縮し、頻尿がおこりますが、この場合は、原因が容易に判断できます。

　ときに、潜在的にあった神経因性膀胱（次項）や、婦人科に特有の病気が原因である可能性もありますので、見

◎**自己導尿法**

脊髄損傷や脳血管障害、骨盤内手術などにより、膀胱平滑筋や尿道括約筋などの制御をつかさどる神経に障害を受け、排尿困難をきたす場合があります。

また、前立腺肥大症（1782頁）などが原因で尿道の抵抗が物理的に強くなり、やはり排尿困難をきたすこともあります。

このような状態になると排尿後も膀胱に尿が残る（残尿）ようになり、尿閉（まったく尿が出ない状態）になることもあります。その結果、膀胱にたまった尿が尿管に逆流して腎臓内の圧力が上昇したり、腎盂腎炎（1730頁）をくり返したりすることにより腎機能が低下します。

そこで、膀胱にたまった尿をなんらかの方法で体外に出さなければなりません。

まずは薬物療法ですが、これが無効で残尿量が増加したり尿閉になったりする場合には、尿道や膀胱瘻（下腹部の

落とさないよう注意が必要です。

これらの可能性を考えたうえで、まったくない場合であれば、神経性頻尿と診断されます。

治療　その原因（誘因）から考えて、精神的アプローチによる治療が中心となります。

まず初めに、からだには病気がまったくないという医師の説明を、理解し、納得する必要があります。そして、その原因を明らかにし、治療するには、本人自身がそのことを自覚して解決するほかにない病気であることを認識しましょう。

複雑な精神的背景があると思われる場合、心療内科や精神科の医師の指導や治療を受ける必要もあります。

薬物療法は、補助的なものにすぎませんが、ときに暗示的な効果もあってか、よく効く場合もあります。この場合、抗不安薬、精神神経調整薬などが主体となります。

通勤経路などで利用できるトイレの場所を把握しておくと、安心できることもあります。

神経因性膀胱
Neurogenic Bladder

どんな病気か　膀胱は、十分な尿を蓄えることができ、がまんができて、漏らすことがないという蓄尿と、意識すればいつでもスムーズに排尿できて、膀胱に残る尿（残尿）をなくすという、相反するはたらきをもっています。

この2つのはたらきは、膀胱を収縮させる筋肉（膀胱排尿筋）や、尿道を閉める筋肉（尿道括約筋）などの利尿筋群が協調してはたらくことでコントロールされています。

このような、膀胱の正常な排尿のしくみ（蓄尿と排尿）は、完全に神経の支配を受け、ふつうは円滑に行われています。神経系の中枢は、大脳皮質にあって、脳幹部を通り、脊髄の中にある腰・仙髄の中継基地を経て、末梢神経となって膀胱や尿道の利尿筋群につながっています。

膀胱に尿がたまると、そのことが大脳皮質に伝えられ、この神経系の作用によって利尿筋群がはたらき、排尿がおこります。

ですから、この神経系のどこかに形態的または機能的病変がおこると、利尿筋群の協調性が失われ、スムーズに排尿できなくなります。この状態を、神経因性膀胱といいます。

症状　自覚されるのは、今まで意識することなく行っていた排尿が、自分の思うようにできないという排尿異常です。大脳、脳幹、脊髄、末梢神経のどこに障害を受けたのか、また、その障害の程度や、発病からどのくらいたったのかによって、排尿障害の状態はさまざまです。

排尿が困難なために、残尿が多くなり、その結果、尿路感染や尿路結石（1740頁）がおこって、膀胱尿管逆流（1745頁）などが長期におよぶと、腎臓の機能低下を招くおそれがあります。

原因　原因でもっとも多いのは、外傷による脊髄損傷です。

そのほか、脳血管障害、脳腫瘍（476頁）、糖尿病神経障害（1507頁）、多発性硬化症（967頁）、パーキンソン病（948頁）

皮膚と膀胱を直接つなぐ通路）にバルーンカテーテルを留置し、定期的に交換する方法や、つぎの方法で自己導尿法を行います。

　手指を洗浄したあと、外尿道口を消毒し、清潔なカテーテルを尿道に挿入します。カテーテルが膀胱内に達すると尿が流出します。完全に膀胱内の尿が流出したあと、カテーテルを抜き取ります。自己導尿の間隔は4時間程度です。尿を産生する速度は個々で差があるので、1日の尿の出かたを把握し、1回の排尿量が400mℓを超えないように間隔を調整します。

　女性の場合は外尿道口がわかりにくく、自己導尿法に慣れるまでには多少手間取るかもしれませんが、カテーテルをずっと留置する方法よりも、尿道膀胱の慢性炎症や腎盂腎炎になる頻度が少ないとされています。

などによっておこることがあります。これらの病気については、それぞれの項目を参照してください。

　また、骨盤内手術（子宮・直腸広汎摘出術など）による末梢神経の損傷でもおこります。

検査と診断

　まず問診で、医師から排尿障害のようすや随伴症状の有無、病気の既往、薬を服用しているかどうかなどをたずねられます。

　ついで、各種の検査を行い、手足の運動障害、不随意運動、知能障害、言語障害などがあるかどうかを調べるとともに、各種の神経反射の異常がないか調べます。残尿の有無、残尿量のチェックは必須の検査です。

　排尿に関係する神経のはたらき具合をくわしく調べるには、尿流動態検査（尿流量測定、膀胱内圧測定、尿道内圧測定、外尿道括約筋筋電図など）が重要です。

治療

　障害された神経の場所、障害の程度、発病（損傷）後の経過によって、治療法がちがいます。原因となった病気によって、診察を受ける科もちがいますが、それぞれの専門医にまかせると同時に、泌尿器科医にも相談しましょう。

　一般的には、膀胱内圧が低く、尿が出ない場合は、下腹部を圧迫する排尿訓練（**クレーデ法**）があります。

　また、尿道内圧を下げるために経尿道的電気切除術や薬物治療が行われたりします。

　無活動性膀胱や、排尿筋・尿道括約筋協調不全などで残尿が多い場合は、1日3〜4回尿がたまったころに、自分で管を入れて尿を出す間欠的自己導尿法（上段）が勧められます。

　薬物療法では、排尿筋の活動が強すぎる場合に、その筋肉を緩めるフラボキサート、オキシブチニン、ソリフェナシン、トルテロジン、イミダフェナシンなどを使用したりします。

　また逆に、排尿筋の反射が失われている場合は、神経を鈍くするコリンエステラーゼを抑える臭化ジスチグミンが用いられます。

　尿道括約筋の緊張が強い場合はα遮断薬が有効です。

　神経障害で尿道外括約筋が緩んでしまうケースでは、尿道括約筋の張力を高める薬として、エフェドリンを配合したメチルエフェドリン、エフェドリンの前駆物質である麻黄を含んだ葛根湯などが有効です。

　そのほかに三環系抗うつ薬であるイミプラミン、アミトリプチリンが最近よく使われます。

　β刺激薬であるクレンブテロールなどが有効な場合もあります。薬物療法が無効であれば、外科的治療法に進むことがあります。

膀胱膣瘻／尿管膣瘻
Vesicovaginal Fistula / Ureterovaginal Fistula

どんな病気か

　女性の膀胱と膣の間、尿管と膣の間に孔（瘻孔）があき、交通路ができた状態をいいます。

　子宮がん（561頁）、膀胱がん（528頁）など、骨盤内の腫瘍が広がったり、骨盤内の手術時の損傷、放射線照射による副作用などが原因でおこります。

膣から尿が漏れるので、外陰部がよごれ、慢性湿疹となって特有の臭気をだすようになります。

検査と診断　尿路の治療にもかかわらず尿失禁がつづいて、この病気が疑われたときは、静脈性尿路造影（静脈に造影剤を注射して、それが腎臓から尿路に出てくるのを撮影する方法）、膀胱造影、逆行性腎盂造影（尿管口のほうから腎臓に向かって造影剤を入れる方法）、膀胱鏡検査などによって、尿の膣への漏れを確認して診断します。

尿管膣瘻の場合、瘻孔のある部位では尿管が狭くなり、上部尿路は拡張していることがしばしばです。

瘻孔部位の確認は、尿管膣瘻ではインジゴカルミンの静脈注射、膀胱膣瘻では膀胱内注入により、膣鏡で行います。

治療　瘻孔が、ピンホールほどで小さければ、尿を尿道に導く管（カテーテル）をしばらく置いておけば、自然に治癒することもあります。この場合には、細菌などが感染しないようにコントロールすることが重要で、十分な抗菌薬を使用します。

カテーテルを置いてもよくならない場合は、手術が行われます。

いずれにしても、この病気が疑われたら、ただちに泌尿器科医の診断・治療を受けるべきです。

膀胱周囲炎
Pericystitis

どんな病気か　虫垂（俗にいう盲腸）、腸、尿膜管、女性では子宮、卵管、卵巣など、膀胱の周りの臓器の炎症が、膀胱にまでおよんだ状態をいいます。

膀胱周囲の結合組織に炎症がおこり、膿瘍（膿のかたまり）をつくることがしばしばです。

手術に使った糸が炎症の原因となることもあります。

症状　膀胱周囲炎になると、頻尿、排尿時の痛み、尿の混濁などの膀胱炎症状のほかに、下腹部の圧痛、疼痛、熱感などがあり、膀胱に尿がたまって拡張すると、痛みがいっそう激しくなります。

全身状態としては発熱、食欲不振がみられます。

検査と診断　検査では双手診が行われます。これは、男性は直腸内、女性は膣内に手指を入れ、もう片方の手指で腹壁を恥骨の下に向かって押し込むようにして、両手指間の状態を触診するものです。

そのほかに、膀胱鏡、膀胱造影、超音波（エコー）、ＣＴ（コンピュータ断層撮影）、ＭＲＩ（磁気共鳴画像診断）による検査などが診断に役立ちます。

膀胱鏡で見ると、初期には膀胱壁の隆起くらいで、ときに赤くなったり（発赤）、むくみ（浮腫）がみられる程度です。

膿瘍が膀胱内でつぶれると排膿がみられ、また、膀胱壁に孔（瘻孔）があいているのがみられます。

治療　薬物を使用した化学療法が中心ですが、場合によっては、膿瘍を切って、膿を出す手術が必要となることもあります。

膀胱頸部硬化症
Bladder Neck Contracture

どんな病気か

前立腺肥大症（1782頁）、前立腺がん（530頁）、尿道狭窄（1763頁）、神経因性膀胱（1754頁）など、明らかな原因がないにもかかわらず、膀胱と尿道の境目の膀胱頸部が開きにくくなり、排尿障害が出現する病気です。膀胱頸部の組織を調べても、特徴的変化は認められません。

症状

排尿困難、残尿感、尿線が細い、尿意が頻繁など、前立腺肥大症に似ています。ほとんど男性ですが、女性でも、慢性膀胱頸部炎などのため、同様の症状がみられます。

治療

薬物治療としては、膀胱頸部の緊張をとるため、交感神経遮断薬（α遮断薬）を内服します。また、徐々に太い金属棒を尿道に挿入し、膀胱頸部を拡張する尿道ブジー療法もあります。手術療法としては、尿道から内視鏡を挿入して、膀胱頸部を切開または切除する方法（経尿道的膀胱頸部切開・切除術）があります。

膀胱瘤
Cystocele

どんな病気か

膀胱瘤とは、女性の膀胱を後ろから支えている膣の壁が緩んでしまい、膀胱が下がってきて、ついには瘤のように膣の入り口から出てきてしまう病気です。

下がった膀胱が外陰部に瘤のように触れて、わかるようになります。からだの組織の弱さから膀胱が下がってくる病気ですから、薬などではよくなりません。根本的な治療は、手術しかありません。

症状

おなかに力を入れたときや、排尿しているとき、または入浴しているときなどに、膣のあたりにポッコリと何かを触れるということで気づきます。横になっているとわからなくなりますが、ひどくなると、いつも感じるようになります。さらに進むと、膀胱の突き出しが大きくなって、尿が出しにくい、股の間に膀胱が出てきてしまい、歩きにくい、膣の壁が下着と擦れてただれて痛む、などの症状が現れてきます。

尿を出しにくいのは、膀胱が下がったときに尿道も同時に引きずられて下がり、尿道が曲がってしまうためです（次頁上段図）。排尿後でも尿が残ること（残尿）がよくあります。排尿時に力む習慣がつくと、さらに膀胱が下がるという悪循環につながります。

原因

原因は、膣の壁の緩みです。腹圧をかけすぎる（排便のときにいつも力んだり、重い物を持つ仕事をしているような場合）、多産（多産の人が必ずこうなるというわけではありません）、肥満（おなかの中に脂肪がたまって、膀胱を押し出す力が強くなるうえに、体重があると何をするにも力むことが多くなります）、遺伝（骨盤の組織が強いか弱いかはかなり遺伝で決まっています）などで、要するに骨盤の組織が弱くなったことが関係していると思われます。

膀胱瘤のあるときは、それ以外にも骨盤の筋肉や組織が緩んでいることが多くあります。そのために、腸や子宮も下がっていることが多いです。子宮

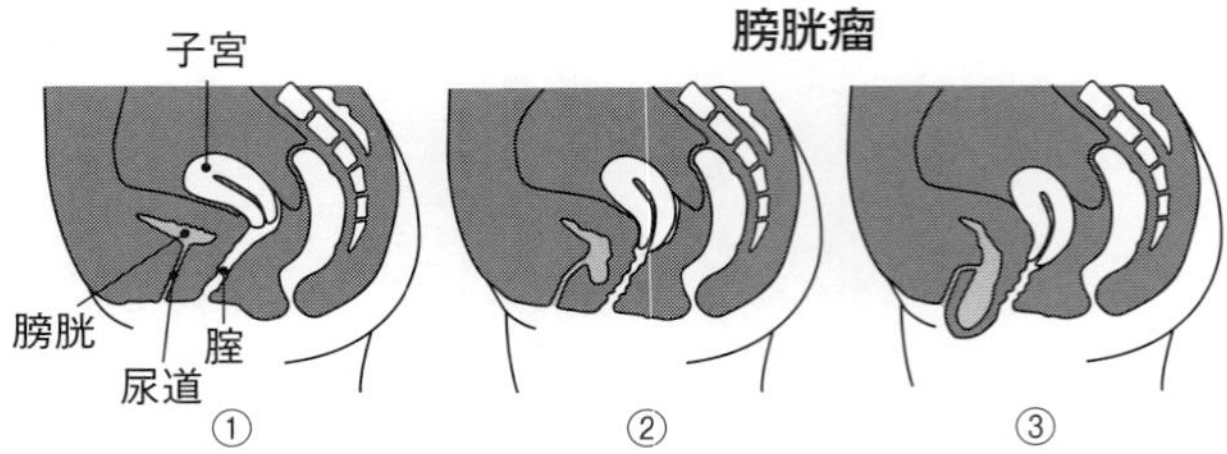

①正常な状態。
②膣の前の壁が弱くなって膀胱が下がってきます。
③ひどくなると膀胱がからだの外にまで出てきます。尿道も曲がって尿が出にくくなります。

下垂（850頁）を手術したあとに、膀胱も下がってきてしまう（逆のこともある）ということも、よくあります。

検査と診断　検査としては、X線撮影で出っ張っているものが膀胱であることを確認します。膀胱に造影剤を入れて、確かにこれが膀胱であることを確かめます。尿道との位置関係も調べて、尿道が曲がっていないかもみます。ほかに病気がないことを確認することも必要です。たまたま膀胱がん（528頁）が見つかるようなこともあるからです。

診断は、膀胱に尿がたまっているときに力んでみて、膣の入り口から膣の前の壁が突き出してくるのを確かめます。寝たままでは出てこないことがあるので、立ったままで力まなければいけないこともあります。膀胱だけでなく、腸や子宮がいっしょに出ていることもよくありますので、それもあわせて検査をします。

治療　軽度の場合はようすをみたり、骨盤の筋肉を鍛えたりすることでよいでしょう。気になるなら、膣の中にリングを入れて膀胱が下がってくるのを防ぐこともできます。

症状が強くて根本的に治したい場合は、手術以外に方法はありません。膀胱をもとの位置に戻し、さらに膣の壁を補強して治療します。補強にはメッシュ（網状に編んだ化学繊維の布）を使うこともあります。腹部を切開することはふつうしません。手術後に尿漏れがおこることが予想される場合は、尿漏れの手術も追加します。子宮や腸が下がっている場合は、その手術もあわせて行うこともあります。

手術のあとは、あまりおなかに力を入れるような生活をしないようにしましょう。普段の生活でも骨盤をいたわることがたいせつです。

膀胱異物／尿道異物
Foreign Body of the Bladder / Foreign Body of the Urethra

どんな病気か　膀胱や尿道に異物が入って炎症をおこす病気です。異物の挿入は、ほとんどが性的行為によっておこります。

男性の場合、大部分は自慰目的ですが、女性の場合は、パートナーから挿入されるケースも多くみられます。

異物には、鉛筆、ろうそく、ビニールチューブ、体温計などがあります。

ときには、破損した尿道留置カテーテルの一部が残存したり、骨盤内手術の際の縫合糸などが膀胱や尿道に混入するといった、医療行為によって用いられた器具などが異物となることもあります。

症状　治りにくい膀胱炎症状（頻尿、排尿痛、血尿など）や尿道炎の症状がみられます。

自慰行為をしたなど、原因を話した場合は、医師は簡単に診断できますが、隠している場合には、わからないことがあります。

腹部単純X線撮影や膀胱鏡検査をすれば、確実に診断がつきます。

治療　異物の形、大きさ、性質などによって、尿道のほうから器具を入れて取出すか、膀胱や尿道を切開して取出すかが決められます。

尿失禁とその対策

❖尿失禁の種類と原因

国際尿禁制学会では、尿失禁を「不随意に尿が漏れるという愁訴」と定義し、さまざまなタイプをあげて説明していますが、ここでは、慣用的に使われている尿失禁の分類を示します。

▼腹圧性（緊張性）尿失禁　せきやくしゃみ、笑ったり重い物を持ち上げたときなど、おなかに力がかかったときに尿が漏れるものです。中年女性の尿失禁でもっとも多く、出産や老化、骨盤内手術などで、骨盤底筋群（骨盤内の膀胱、子宮、膣、尿道、直腸などの臓器が下方に落ちないように支えるとともに、尿道をしめるという重要な役割をはたす筋肉群）が弱くなることが原因です。その結果、尿道が膣のほうへ下がり、腹圧がかかって膀胱が押されると、しまりの悪くなった尿道から尿が漏れるのです。

▼切迫性尿失禁　突然激しい尿意を感じ、トイレまで我慢できず漏らしてしまうという、高齢者にもっとも多い尿失禁です。

脳血管障害、脳動脈硬化症などで大脳の排尿中枢が障害されている、前立腺肥大症（1782頁）などで下部尿路に通過障害がある、膀胱炎（1747頁）や前立腺炎（1786頁）などで尿路が刺激されるなどの原因によっておこります。

▼溢流性尿失禁　尿意を感じて排尿するということができず、尿が膀胱に充満し、少しずつあふれてくるものです。前立腺肥大症や尿道狭窄（1763頁）などによる尿道の通過障害、神経因性膀胱（1754頁）などによる排尿筋の収縮不全などが原因となります。

▼反射性尿失禁　尿意がないのに、膀胱にある程度の尿がたまると反射的に膀胱が収縮して尿が漏れるものです。脊髄損傷や脳障害があるときにおこることがあります。

▼真性尿失禁　尿道を閉じる尿道括約筋がまったく機能しないため、尿が膀胱にたまらず、つねに尿道から漏れます。前立腺の手術や外傷で尿道括約筋を傷つけたり、尿道括約筋を支配している神経が障害される二分脊椎（591頁）や脊髄損傷などが原因でおこります。

▼尿道外尿失禁　尿道以外の場所から尿が漏れる状態です。先天的形態異常として、尿管開口異常（1746頁）や、尿道が陰茎の途中で開口する尿道上裂などがあります。後天的なものとしては、尿管膣瘻（1755頁）、膀胱膣瘻（1755頁）などがあります。

▼その他　睡眠鎮静薬、利尿薬、抗うつ薬、向精神薬、パーキンソン病治療薬など、薬剤を用いたために尿失禁をおこしたり、いっそう悪くなったりすることがあります。

❖診断には問診が重要

▼問診　尿失禁の診断には問診が重要で、問診だけで判断できることが多いものです。いつから始まったか、つねに漏れているか、腹圧に関係あるか、尿意はあるか、1日の排尿回数、1回の排尿量、排尿困難や排尿痛がないかなどを聞きます。また、既往歴として分娩回数、手術経験（とくに骨盤腔、脊髄、脳など）、脳血管障害、糖尿病、脊髄の病気にかかったことがあるか、さらに現在服用している薬の有無などを聞きます。

▼検査　尿検査、尿流動態検査、X線検査、超音波検査、内視鏡検査、排尿日記、パッドテスト（パッドをあて、尿漏れ量を計る）などを行います。

❖治療はタイプで異なる

▼腹圧性尿失禁の治療　骨盤底筋体操（弱くなった骨盤底筋を強くする運動）を1～3か月くらい行うことによって、かなりの効果が期待できます。骨盤底筋体操で治らなかった

場合に手術を行います。手術によりほとんどの場合は治癒します。

手術は**スリング手術**といわれるものが多く行われています。そのなかでもっとも多く行われている方法が、プロリンテープというテープを用いて尿道中部を支えるTVT手術です。最近はテープを通すところを変えたTOT手術も増えてきています。

薬物療法もときに効果が認められます。

▼切迫性尿失禁の治療　尿失禁のなかで、もっとも薬物療法の効果があるタイプです。膀胱の活動を抑える抗コリン薬、カルシウム拮抗薬、三環系抗うつ薬などが用いられます。

プログラムに従って**排尿訓練**をする行動療法もあります。この訓練は、尿意の切迫感や排尿反射を抑えることを体得させる方法です。そのほか、電気刺激療法、神経遮断法、手術も行われます。

▼溢流性尿失禁の治療　手術で尿の通過障害を取除くなど、原因疾患の治療が第一です。そのほか、薬物療法、導尿法（1754頁上段）があります。

▼反射性尿失禁の治療　何度も、早めに排尿する訓練を行います。薬物療法や間欠的導尿法も行われます。

▼真性尿失禁の治療　尿道をなんらかの形で圧迫するか、狭めるような機能を形成する手術をして、尿失禁がおこらないようにします。

▼尿道外尿失禁の治療　生まれつきか、病気にかかった結果か、など原因を調べ、手術をしたり、尿を適当なところに導くカテーテル（チューブ）を設置するなどします。

❖どこに相談するか

泌尿器科医（または泌尿器婦人科医）のいる病院、診療所を受診し、相談するとよいでしょう。

▼公的サービス　排泄に関する用具、用品には、公的給付や貸与が受けられるものがあります。便器、ポータブルトイレ、採尿器などは、重度身体障害者手帳をもっている人や、65歳以上の寝たきりの人に給付もしくは貸与されます。おむつの支給や貸与、あるいは紙おむつの購入費の助成は、寝たきりで失禁状態の高齢者に対して、一部の地方自治体で行われています。

ホームヘルパーの派遣、訪問看護、入浴サービスなどの援助制度もあります。サービスの内容は地域によって異なります。相談窓口は、各市町村役場の窓口や地域包括支援センター、保健師、病院のケースワーカー、介護保険のケアマネージャーなどです。

❖日常生活での失禁対策

▼出産　多産や難産の人は骨盤底筋群が緩みやすく、腹圧性尿失禁がおこりやすくなります。出産後から骨盤底筋体操を始めると予防になります。

▼肥満　下腹部についた脂肪は膀胱を圧迫し、尿をためにくくします。そのため頻尿や切迫性尿失禁の原因になり、また、膀胱や子宮を押し下げ、腹圧性尿失禁の原因にもなります。

食事に注意し、適度な運動などにより、肥満を防ぐようにしましょう。

▼便秘　便秘は膀胱を圧迫して、尿をためにくくします。毎日の定時の排便が習慣になるように、水分を十分とり、繊維質の食事を多くとるようにしましょう。

▼膀胱炎　膀胱炎（1747頁）は切迫性尿失禁の原因になることがあります。膀胱炎の予防として、水分を十分にとり、下半身が冷えないように注意します。

▼糖尿病　糖尿病（1501頁）は頻尿の原因になることがあります。糖尿病が進むと末梢神経が障害され、溢流性尿失禁の原因になることがあります。食べすぎに注意し、糖尿病の予防を心がけましょう。

尿路の病気③

◎クラミジア尿道炎の検査

クラミジア尿道炎では、尿中の白血球数が多くないので、検尿のために採尿する場合、前回の排尿から少なくとも1時間の間隔をおき、初尿を捨てないようにして採尿します。

尿道炎の診断には、顕微鏡検査で尿中の白血球をみることが重要です。医師が診察のたびに患者の前で尿沈渣（尿の沈殿物の検査 189頁）を顕微鏡検査している病院を選ぶ

尿道炎
Urethritis

どんな病気か

膀胱にためられた尿は、尿道を通ってからだの外に排泄されます。尿道に炎症がおこって赤くなったり、痛んだり、膿が出たりするのが尿道炎です。尿道炎は薬物などによる刺激やアレルギーによってもおこりますが、大部分は細菌の増殖によっておこります。その代表が**淋菌性尿道炎**と**クラミジア尿道炎**です。

尿道は細菌がいないからだの中と、細菌が数多くいるからだの表面との境にあり、尿は多くの細菌にとって栄養物になります。膀胱の中には細菌はいませんが、尿道の出口付近の内側には、ブドウ球菌、連鎖球菌など、ふつうにみられる菌（常在菌）がいつでも、誰にでも存在しています。

これらの細菌は、通常は人の細菌に対する抵抗力とバランスが保たれていて、炎症はおこしません。しかし、たとえば尿道にカテーテルを入れると、異物であるカテーテルの表面には人の抵抗力がおよびにくく、常在菌が増殖して尿道炎がおこります。

異物がない場合でも、外から尿道に入って増殖し、炎症をおこす特別な細菌がいます。**淋菌**と**クラミジア**です。

淋菌とクラミジアは、健康な人の尿道にはいません。尿道にいれば、症状が自覚されなくても、必ず炎症をおこします。淋菌、クラミジアは尿道以外に、女性の子宮頸管、目の結膜、咽頭、直腸などでも増殖しますが、人のからだ以外では生存できません。

尿道、頸管、咽頭、直腸に感染している淋菌やクラミジアは、これらの部位を直接接触させることで別の人に感染します。つまり性行為によって感染する**性感染症**（**ＳＴＤ** 2128頁）です。

女性では感染部位が尿路とは独立した子宮頸管なので、排尿痛などの自覚症状がないため、受診する機会を得られず、淋菌やクラミジアに感染したままの人がいます。また、女性では母子間で感染をおこすほか、卵管閉塞による不妊、異所性妊娠（881頁）など重い病気の原因になるので、速やかな診断、治療が必要です。淋菌やクラミジアなどのＳＴＤに感染している人では、エイズウイルスの感染率も増加することが知られています。

症状

男性の尿道炎の症状は、排尿痛と尿道からの分泌物です。細菌が尿道に入り込んでから、増殖によって炎症がおこるまでの期間を潜伏期といいます。

淋菌性尿道炎の潜伏期は短く、2～7日間です。分泌物は多量・膿様で、尿道口に付着しても白色か黄色に見えます。排尿して流れ去っても、1時間以内に外尿道口に再び現れます。尿道を尿が通る間とその直後だけ、尿道にひりひりした強い痛みを感じます。

クラミジア尿道炎は、排尿痛、分泌物の自覚症状が、淋菌性尿道炎に比べてはるかに軽く、潜伏期は2～3週間です。尿道分泌物は少量・透明で、それ自体は膿には見えず、排尿後に外尿道口に尿がついているのと区別できません。排尿痛も軽くて、痛みというよりくすぐったいような感じなど、いつもとちがう感じが自覚される程度で、

べきです。性感染症（STD2128頁）に感染する機会があって、実際には感染していないのに尿道の不快感など、尿道炎のような症状を自覚して受診する人では、尿の白血球の診断が正確にできないと、むだな治療を受けることになります。

尿道炎とわかれば、淋菌、クラミジアの検出は尿または尿道スワブ（尿道内の分泌物を含む）から短時間でできます。

たいせつなのは、検査を受ける前に抗菌薬を服用しないことです。薬は、それ自体があまり効かない場合を含めて、原因菌の検出をさまたげて診断を誤らせ、適切な対応ができなくなる場合があります。服用した薬があれば、実物を持参して医師に見せましょう。

尿道炎には前立腺炎（1786頁）をともなう場合もあり、前立腺炎のあるなしを知るため、肛門から指を入れて前立腺をマッサージしたあとの尿や精液を検査することが必要な場

気づかない場合もあります。自覚症状がなくても、白い下着であれば、外尿道口が接触する部分に分泌物による汚点が、必ず見られます。分泌物自体は透明でも、白い下着に付着して乾くと、黄色い汚点となります。濃い柄の下着では見逃されることが多くなります。

淋菌性尿道炎でははっきりした自覚症状がありますが、クラミジア尿道炎では自覚症状の有無で尿道炎のあるなしを知ることはできません。治療せずに放置すると、男性の場合、淋菌、クラミジアは精液の通路を前立腺、精嚢腺、精巣上体とさかのぼり、精巣上体炎（1780頁）をおこし、男性不妊（1788頁）の原因になります。

検査と診断

若い人の尿道炎は大部分がSTDで、淋菌かクラミジア、またはその両方が発見されますが、どちらも発見できない尿道炎があります。この原因不明の尿道炎にも抗菌薬が効きます。

感染者はパートナーに感染を広げてしまうので、初診時に原因菌を決めることが治療にもっとも重要です。診断は、客観症状で行います。尿道炎があれば、尿沈渣（189頁）には必ず白血球がみられ、客観的証拠になります。

尿道炎の場合、白血球がもっとも多く存在するのは、1回の排尿のうち最初に出てくる**初尿**といわれる部分です。検尿のため採尿する場合、初尿の部分を捨ててしまい、後の尿を採取すると、尿道炎なのに白血球がみられず、尿道炎が見逃されることがあります。

治療

原因菌が正確に確定されれば、治療は1～2週間の服薬で治ります。淋菌は薬剤耐性を獲得しやすい細菌です。ペニシリンなどの抗菌薬に対する淋菌の耐性は、50年間で約１００倍の薬剤量を治療に要するほどになっています。実際には１００倍の薬剤は服用できないので、新しい薬剤を用いることになります。抗菌薬が不十分に使用された場合、生き残った細菌が耐性をもった菌になります。

ですから、抗菌薬の服用で症状がなくなっても医師の指示どおり服薬をつづけ、そのあとで、原因菌がなくなっていることを医師に確認してもらう必要があります。

淋菌、クラミジアの感染は、必ず感染源があります。また感染源以外に自分が感染させたパートナーが別にいる場合もあります。淋菌、クラミジアはいったん治っても機会があれば感染をくり返します。パートナーを放置すれば再感染の危険があるので互いの診断内容がわかる同一医療機関でいっしょに診断・治療を受けることが必要です。

淋菌、クラミジアが原因でない尿道炎もありますが、その大部分にも抗菌薬が有効で、服薬が正確に行われれば、医師は多種類の抗菌薬のなかから選択して、原因が不明のままでも治すことができます。

◉一般的注意

STDは1回の感染機会で、多種類の原因菌に感染する場合があります。潜伏期間がちがうため、淋病の治癒後にクラミジアが発症するように、1つの病気のあとに他の病気がおこることがあります。症状がなくなれば病気が治ったというわけではないので、医師の指示に従ってください。

合もあります。

感染症では、感染した細菌などを攻撃する血液中の抗体の量が増えるので、それを測ると診断に役立つことがあります。淋菌では抗体による診断はできませんが、クラミジアでは、男性の尿道炎の人の60～70％に、女性の子宮頸管炎の人の80～90％で抗体が検出されます。

感染症の診断でもっとも確実なのは、病原体の検出ですが、検出が困難な場合があります。子宮頸管炎では感染しているクラミジアの量が少ないので、感染していてもクラミジアが発見できず、まちがって陰性となることがあります。

また病原体の検出は、抗菌薬を服用したあとでは困難となり、陰性であっても、あまり信頼できません。

感染の結果生じた血液中の抗体は、治療により病原体がなくなっても、すぐに陰性にはならないので、抗菌薬服用後で病原体の検出がむずかし

尿道狭窄
Urethral Stricture

どんな病気か

膀胱から体外への尿の通り道である尿道が細くなり、尿が出にくかったり、全部出るのに時間がかかったりする状態で、男性に多くおこります。生まれつきのものと、尿道の外傷や尿道炎（前項）の後遺症によるものとがあります。外傷や尿道炎が治癒したあと、長い期間ののちに尿道がいっそう細くなり、初めて症状に気づく場合があります。

淋菌性尿道炎（1761頁）は治療が進歩し、これが原因の尿道狭窄は少なくなっていますが、自動車事故などによる外傷は多くなりました。外傷直後に血尿があったら、その後の尿道狭窄に注意します。

症状

尿の出かたが細くなり、排尿にかかる時間が長くなり、力まないと尿が全部出ず、膀胱内に尿が残る結果、排尿間隔が短くなり、排尿回数が多くなります。

膀胱内に残尿があると、尿路感染症、尿路結石（1740頁）、尿路憩室（次項）、腫瘍がおこりやすくなります。

女性に比べて尿道が長い男性では、排尿困難がよくみられますが、そのおもな原因は前立腺肥大と尿道狭窄です。排尿困難を治療しないと、尿路全体に尿の停滞による障害がおこります。

検査と診断

検尿などの一般検査のほか、前立腺の病気と区別するため、肛門から指で前立腺を触れる触診、超音波で前立腺をみる検査なども必要です。

尿道が狭まっている位置や程度は、尿道造影（造影剤を使ったX線撮影）で知ることができます。しかし、尿道狭窄は尿道だけの病気ではなく、腎臓、尿管、膀胱などの全尿路に影響がおよんでいる可能性があるので、尿に造影剤が出るようにして撮影する静脈性尿路造影などで全尿路の状態をみる必要があります。カテーテルの挿入や内視鏡検査が必要な場合もあります。

治療

泌尿器科には、尿道狭窄の治療のために直径が3分の1㎜ずつ太くなる金属、ゴム、合成樹脂などさまざまな材質・形状の管（ブジー）が用意されており、細い管から順次太い管を尿道に挿入して、尿道を拡張することができます。

また、特殊な内視鏡による切開術、手術による形成術が必要となる場合もあります。

尿路憩室
Urinary Diverticulum

どんな病気か

腎臓でつくられた尿は腎盂、尿管、膀胱、尿道とつづく尿路を通ってからだの外に出ます。この尿路の壁に、外にまで通じる完全な穴ではなく、不完全なほころびができ、その弱くなった壁の一部が、中を通る尿の圧力により、風船を膨らませたように外に向かって袋状に突出したものを尿路憩室といいます。できた場所により、**腎杯憩室**、**尿管憩室**、**膀胱憩室**、**尿道憩室**と呼びます。

尿路内の圧力が高ければ憩室ができやすいので、尿路に通過障害があるとその上流部に憩室ができやすくなりま

い人でも、診断の参考となります。抗体が陽性であるということは、その時点で感染していることを意味しません。

性活動は個人のプライバシーに属し、どういう人にSTDの危険があるかわかりません。クラミジアは、現在もっともよくみられるSTDですから、クラミジア抗体の有無を調べれば、不完全ですが、その人がSTDにかかる可能性が多いかどうかの尺度になります。

尿道炎の大部分は、男女ペアでかかります。感染菌は1種類とはかぎらないので、ペアで受診することは、診断の正確さを高めるのに役立ちます。淋菌、クラミジアは、男性では自覚症状がありますが、感染が子宮頸管におこる女性では自覚症状を欠いて、パートナーに感染を告げられる以外、受診の機会がありません。男性が尿道炎の診断・治療を受けた場合、パートナーの女性も診断・治療を受ける必要があります。

す。前立腺の肥大にともなって尿道の狭窄がおこり、それによって膀胱憩室ができるというのがその例です。憩室内部は尿がたまりがちで、憩室内部は細菌感染、結石、腫瘍がおこりやすくなります。

【検査と診断】 憩室の存在は、尿に造影剤が入るようにして尿路を撮影するX線写真（尿路造影）や、内視鏡の挿入による観察で診断されます。結石や腫瘍の検査をしてみたら、憩室が見つかったということもあります。

【治療】 憩室そのものが問題となることは少ないのですが、細菌の感染、結石、腫瘍などができやすいのが問題です。専門医はその危険性の程度を判断し、開腹して切除したり、内視鏡手術を行ったりします。

尿道脱
Urethral Prolapse

【どんな病気か】 尿道の粘膜が、尿道の外にめくれるように脱出する病気です。大豆大の腫瘤のように見え、おもに高齢の女性におこります。

【症状】 尿道の出口のぶよぶよした赤い粘膜の突出に触れることができます。異物があるように感じることもあります。

女性の尿道の出口にできる腫瘤は、大部分がカルンクルス（次項「尿道の良性腫瘍」）です。カルンクルスでは、腫瘤は1か所で尿道の壁につながっているのに対し、尿道脱ではゴムホースの先端を外側にまくったように、尿道の全周が外側に突出します。

【治療】 脱出した尿道を、外側から尿道の中に押し戻せば治療できますが、切除手術が必要な場合もあります。

尿道の良性腫瘍
Benign Urethral Tumor

【どんな病気か】 尿道にできる腫瘍のうち、周囲の組織に広がったり（浸潤）、血液やリンパ液の流れにのって腫瘍が転移することのない（良性の）ものをいいます。

ポリープや線維腫などがありますが、圧倒的多数は、女性の外尿道口に生じる**カルンクルス**です。

カルンクルスは、主として中年以降の女性の尿道の出口にできる大豆ほどの大きさの赤い腫瘤です。尿道に付着している本体は、外尿道口からはみ出していて、直接見ることができます。

カルンクルスは本来の腫瘍（からだのコントロールを離れて、それ自体として増殖する組織）ではなく、慢性の炎症によってできるものです。がんのように無制限に大きくなったり転移をしたりすることはありません。

血管が多いため赤色に見え、そのため出血しやすい場合があり、排尿痛、接触痛のある場合もあります。

尿道には、例は多くありませんが、がんもできますので、外尿道口の腫瘤を自分で勝手にカルンクルスと決めつけないで、専門医の診察を受けてください。

【治療】 治療は外科的除去で、電気切除、レーザー切除などが行われます。

男性性器の病気

かつて男性性器の病気は無理解から発見が遅れることがありましたが、現在では重要な臓器（機能）として認識されるようになりました。

男性性器のしくみとはたらき

◇男性性器とは

男性性器は、陰嚢、陰茎など、からだの外から見える**外性器**と、骨盤の中にある精巣（睾丸）、精嚢、前立腺などの**内性器**から成立っています。

精巣は、精子をつくるとともに、男性ホルモンをつくりだす男性の生殖腺です。内性器は、精子の成熟、輸送、貯蔵にかかわる一連の器官であり、陰茎は、勃起して女性の腟内に挿入され、精子を射出（射精）するための交接器官です。

◉精巣のしくみとはたらき

精巣（睾丸）は左右1対、陰嚢の中にあり、成人では、容積は12～20mℓくらいです。弾力性があり、陰嚢内である程度自由に動いて、圧迫されると不快な痛みを感じます。

精巣は、白膜という厚い被膜におおわれていて、その内部にはやわらかな**精巣実質**が入っています。

精巣実質は、200～300個の小さな組織（小葉）に分かれていて、各小葉には、**精細管**という、精子がつくられ、集められる管が曲がりくねって充満しています。

精細管の断面には、**基底膜**という薄い壁に沿って数層、精子になる細胞が重なり合って並んでいます。壁に近いほうが未熟な細胞で、段階的に成熟し、精子として内腔に放出されます。

このような生殖細胞の間に、精細管の形を保ち、精子の成熟と放出を助ける**セルトリ細胞**があります。

精細管と精細管の間には、男性ホルモンをつくりだす間質細胞（**ライディッヒ細胞**）が散在しています。ここで合成された男性ホルモンは、精索静脈に集められ、全身に送出されます。

◉精巣上体のしくみとはたらき

精巣上体（副睾丸）は、精巣に連続して付着している器官で、精巣でつくられた精子を成熟させ、輸送するはたらきがあります。

精巣上体には、精細管につづく精巣上体管が通っています。精巣に付着し

◎精子形成

精巣の精細管内で精子になる細胞のもっとも未熟なものが**精祖細胞**で、これから**精母細胞**になり、**精子細胞**を経て、精子へと成熟する過程を、精子形成といいます。第一次から第二次精母細胞への減数分裂で、染色体は半数になります。精祖細胞から精子になるのに、ヒトでは74日かかるといわれています。

◎精子

ヒトの精子は、長さ約5㎛（1000分の5㎜）の西洋ナシ形の頭部と、約55㎛の長い尾部からできています。

頭部は、大部分が細胞の核にあたり、多数の遺伝子情報をもった染色体が入っています。

尾部は、エネルギーを取出すはたらきをするミトコンドリアを多く含み、これが精子の運動の原動力となっています。

た上方から頭部、体部、尾部と呼ばれ、その先が精管となっています。

精巣上体は、結核菌などの細菌により**精巣上体炎**（1780頁）をおこすことがあり、その後遺症によって精子が通りにくくなると、**男性不妊症**（1788頁）の原因になりますが、最近では結核性のものはほとんどみられません。

◉精管のしくみとはたらき

精管は、精巣上体の尾部につづいて陰嚢内を上がり、精巣の血管（精索動静脈）とひと束になって**精索**を形成し、鼠径管を上がって下腹部に入ります。

鼠径管を出た精管は、膀胱の側後面から精嚢のほうに向かい、太く膨らんで**精管膨大部**となります。

精管膨大部と精嚢の下端は合わさって1本の**射精管**となり、前立腺の中を通るところで尿道に合流します。

精管は、陰嚢の根もとを探ると、かたいひものようなものとして触れることができます。

男性避妊手術の精管結紮術は、ここで精管を切断し、精子の通過を阻止する手術です。

また、精索がよじれて精巣に流入・流出する血行が妨げられると、激痛とともに精巣が腫れてきます。これを**精巣捻転症**（**精索捻転**ともいう。1777頁）といい、思春期前期の少年に突然おこる病気です。

また、精索の静脈にうっ血が生じ、陰嚢の付け根にやわらかなかたまりを触れることがあります。これを**精索静脈瘤**（1779頁）といい、男性不妊症の原因のひとつとされています。

◉陰嚢のしくみとはたらき

陰嚢は、精巣、精巣上体など陰嚢内の臓器をおおう皮膚で、成人では恥毛が生え、メラニン色素が多いため黒ずんでいます。

陰嚢の皮膚には皮下脂肪がなく、薄くてよく伸び、その下に張った肉のような膜の収縮によって、しわができています。その表面は、寒さや緊張によって収縮し、暖かくなると緩み、ラジエーターのような役割をはたしています。精子をつくるはたらきは高温で障害を受けるので、精巣の温度を体温より低く保っているのです。

◉精嚢のしくみとはたらき

精嚢は、膀胱の裏側に付着した1対の5㎝ほどの細長い臓器で、精管膨大部と合流して射精管となります。

精嚢は、精子に活動エネルギーを与え、精液の成分となる**精嚢液**を分泌するとともに、精子を貯蔵する器官と考えられています。

◉前立腺のしくみとはたらき

前立腺は、クリの実をさかさにしたような形をした、弾力性のある臓器で、膀胱の出口（内尿道口）と尿道の開閉をコントロールする尿道括約筋の間にあり、尿道を囲んでいます。成人では、12～15㎖の大きさです。

前立腺の裏側は、直腸に指を入れると触れることができるので、泌尿器科では、前立腺の状態をみるとき、肛門から指を入れる直腸診を行います。

前立腺は、精子に栄養を与える**前立腺液**を分泌します。精液の約半分は、この前立腺液です。

前立腺は、良性の肥大（**前立腺肥大症** 1782頁）のほか、悪性腫瘍（**前立腺がん** 530頁）、炎症（**前立腺炎** 1786頁）

男性性器のしくみとはたらき

男性性器の構造

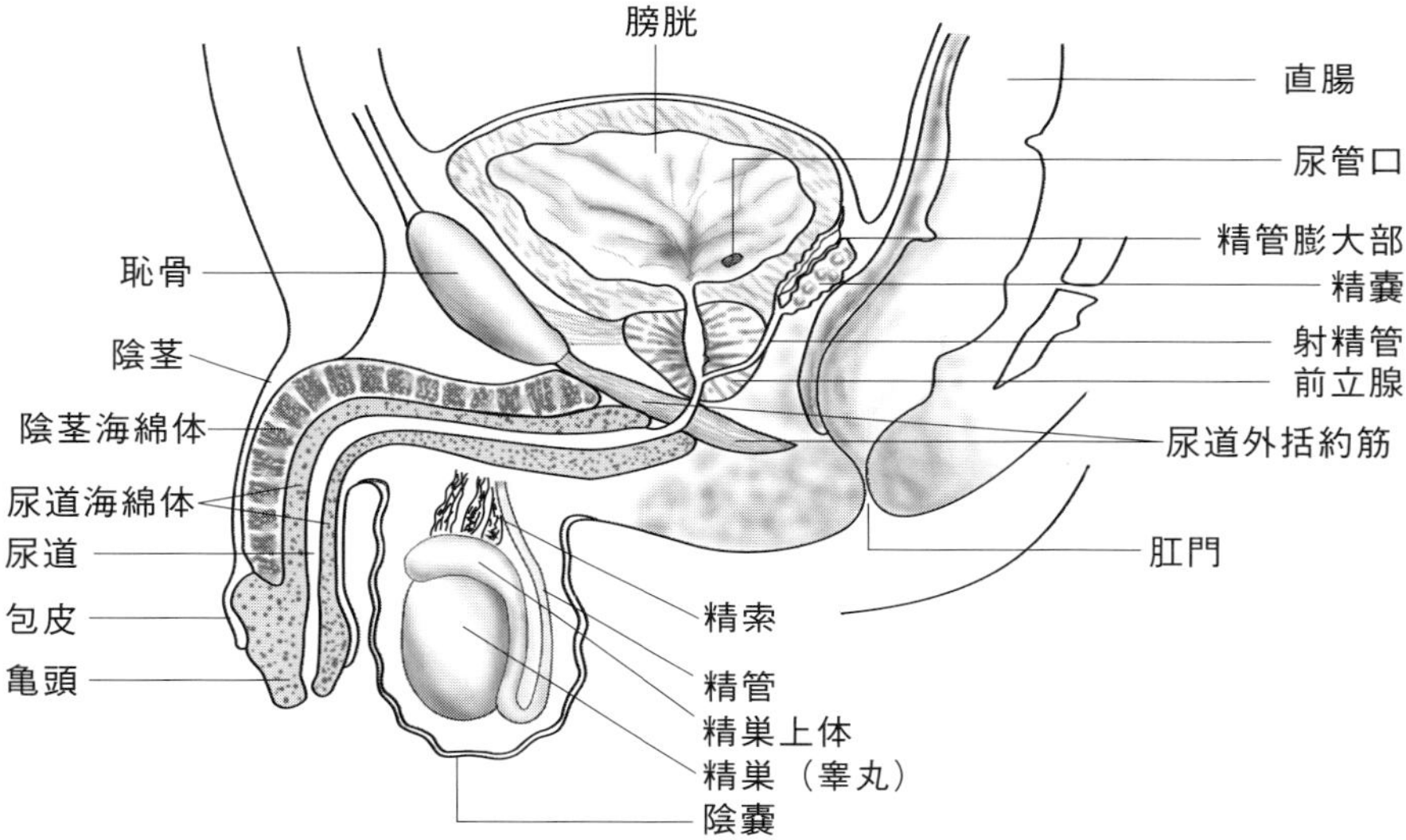

などの病気がおこることがあります。

この場合、いずれも大きくなった前立腺が、膀胱の出口を狭めるので、排尿困難が生じてきます。

◉陰茎のしくみとはたらき

陰茎は、左右1対の陰茎海綿体（図には1本しか描いてありません）と、その中を通る尿道からできています。

陰茎の大きさは、日本人では、勃起していないときで平均8cmくらいです。**陰茎海綿体**は、左右それぞれ強靭で弾力性のある白膜という膜に包まれています。膜の中は多数の血管が入組んでおり、海綿のような構造になっています。

尿道の周囲は**尿道海綿体**におおわれていて、尿道海綿体の先端はキノコのカサのような形になっています。この部分を**亀頭**といいます。

陰茎は、包皮という皮膚で緩やかにおおわれていますが、亀頭は成人では露出しているのがふつうです。

亀頭が包皮におおわれた状態を**包茎**（1772頁）といい、包皮をまったく翻転できない状態を**真性包茎**、翻転はできても平常は包皮におおわれている状態を**仮性包茎**といいます。

陰茎海綿体の血管に血液が充満し、陰茎が膨張してかたくなった状態が**勃起**です。勃起は、性的な刺激が大脳皮質に伝わり、それが自律神経の反射を引き起こして、陰茎動脈から多量の血液が陰茎海綿体の中に流れ込み、同時に陰茎静脈の中の弁が閉じて血液が充満することでおこります。

性的刺激が脊髄の副交感神経の反射を引き起こすことにより、性的絶頂感（オーガズム）をともなって射精管から精液が尿道の奥に射出されます。これが尿道を通って陰茎の先の外尿道口から放出される現象が、**射精**です。

性的興奮がおさまると、陰茎海綿体への流入血液が減少します。同時に静脈の弁が開いて、充満していた血液が海綿体から流出することにより、勃起がおさまります。

勃起がうまくできない状態を**勃起障害**（**ED** 1790頁）といい、また、性的興奮がないのに長時間勃起がつづく状態を**持続勃起症**といいます。

◎精液

精液は、精子と液体部分（精漿）からなる乳白色、ゼラチン状、不均質な液体です。アルカリ性で、特有のにおいをもっています。精漿の大部分は、精嚢と前立腺からの分泌液です。

1回の射精量は約2〜6mℓ、含まれる精子の数は1mℓに2000万以上で、射精直後の精子で運動しているものは60％以上あります。

精液中に精子がまったくない状態を**無精子症**、精子はあるがひじょうに少ない状態を**乏精子症**といいます（1788頁）。

男性ホルモンのしくみとはたらき

◇男性ホルモンのはたらき

男性ホルモン（**アンドロゲン**）は、男性を男性らしくする作用をもつ各種のステロイドホルモンの総称です。

男性ホルモンのなかでも、もっとも分泌量が多く、作用も強いのが**テストステロン**です。

テストステロンは、精巣の間質細胞の中で、原料であるコレステロールにいろいろの酵素がはたらいて、何段階ものステップを経てつくられます。

血液に入ったテストステロンは、からだをつくっている末端細胞に取込まれ、そこで5α‐リダクターゼという酵素のはたらきによって**ジヒドロテストステロン**になります。

ジヒドロテストステロンが、さらにアンドロゲン受容体（レセプター）という物質と結合すると、細胞の核内に入ることができるようになります。核内には遺伝子があり、いろいろなたんぱく質をつくる指令がでていますが、この遺伝子にはたらきかけて、男性らしいからだをつくるたんぱく合成が行われます。こうしてテストステロンは、男性ホルモンとしての作用を発揮するのです。

テストステロンのおもな作用は、男性性器の発育と機能の維持です。性器の成熟、体毛・恥毛・ひげの発生、変声、夢精、性欲の高まり、筋肉・骨格の成長など、思春期に現れる男性らしさ（二次性徴）は、この時期に血中のテストステロンが急激に増えることによっておこります。

◇精巣の機能と内分泌調整機構

精巣のはたらきは、精子をつくる**造精機能**と、男性ホルモンをつくる**内分泌機能**の2つに分けられます。

これらの機能は、間脳・下垂体系から分泌されるホルモン刺激によって調整されています。

次頁の図に示すように、精巣は下垂体前葉から分泌される**性腺刺激ホルモン（ゴナドトロピン）**の作用を受けて機能します。

ゴナドトロピンには、**黄体化ホルモン**（LH）と**卵胞刺激ホルモン**（FSH）の2種類があり、精巣の間質細胞は、主としてLHの作用によって男性ホルモンを合成します。いっぽう、精巣の精細管には、主としてFSHがはたらいて精子の形成を促します。

下垂体前葉はさらに、間脳・視床下部から分泌される**ゴナドトロピン放出ホルモン**（LH‐RH）の刺激によってLHおよびFSHを分泌します。

これらの間脳・視床下部になんらかの病変があれば、LH‐RHやゴナドトロピンの分泌は低下することになります。

精巣から分泌された男性ホルモンと、精子をつくる機能に関係するたんぱくホルモン（**インヒビン**と呼ばれています）は、間脳・下垂体系にフィードバックするようにはたらいて、LH、FSH、LH‐RHの分泌をコントロールしています。

精巣が正常にはたらかず、男性ホル

モンの分泌量が低いと、下垂体はゴナドトロピンの分泌量を増しますが、精巣のはたらきが十分ならば、下垂体からのゴナドトロピンの分泌は通常のままにとどまります。

小児では、下垂体～精巣系の活動が低く抑えられていますが、思春期が近づくと、まずＦＳＨの分泌量が増加して精巣が大きくなり、ついでＬＨ、テストステロンの分泌量が徐々に増え、二次性徴が現れてくるのです。

これらのホルモンの分泌量は、青壮年期ではほぼ一定に保たれます。テストステロンの分泌は相当の老年になるまで低下しませんが、ＬＨ、ＦＳＨの分泌量は初老期以降少しずつ増え、精巣は小さくやわらかくなってきます。

精巣機能とその内分泌調整機構

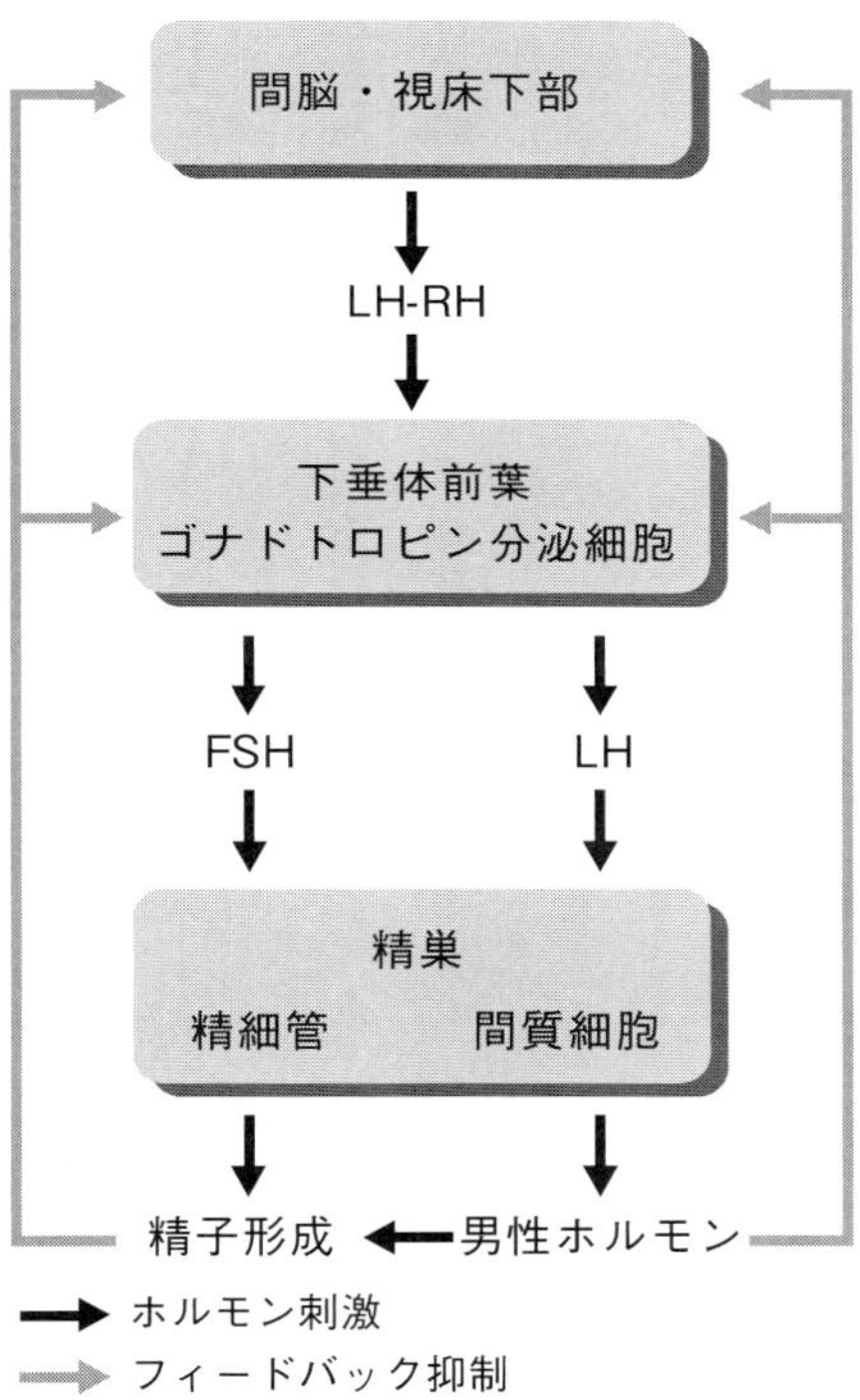

◇精巣の機能が障害された場合

思春期に精巣から十分に男性ホルモンが分泌されないと、二次性徴は現れません。このような**精巣機能不全症**（1791頁）には2つの型があります。1つは、精巣にもともとの欠陥がある原発性精巣機能不全症で、もう1つは、間脳・下垂体の機能異常により2次的に精巣が障害された状態です。

原発性精巣機能不全症の場合は、思春期になっても精巣からテストステロンが出てこないため、からだだけ大きくなって、性器は子どものままとなります。こうした状態では、血中のテストステロン値は低く、間脳・下垂体系へのフィードバック抑制がかからないので、ＬＨ、ＦＳＨの分泌量が著しく上昇します。

2次的に精巣が障害された状態の場合は、間脳・下垂体のはたらきに障害があるため、ＬＨ、ＦＳＨの分泌が不十分となり、精巣は正常な刺激を受けられないので、テストステロンの分泌が著しく低下します。

精巣機能不全症では、多くの場合、精子は形成されません。原発性精巣障害では、精細管の精子となるはずの生殖細胞がほとんど脱落・消失してしまいます。また間脳・下垂体の障害では、精細管は子どものように小さく、未熟な生殖細胞だけしかみられません。

加齢にともなう男性性器の病気

◇加齢による性ホルモンの変化

男性性器（生殖器）は陰茎、陰嚢の外性器と、精巣（睾丸）、精巣上体（副睾丸）、前立腺などの内性器に分けられます。加齢による性ホルモン環境の変化で前立腺肥大症、前立腺がん、男性更年期障害（次頁）などが発症します。

◉前立腺肥大症（1782頁）

50歳代になると前立腺がしだいに大きくなり（肥大）、膀胱の出口の尿道を圧迫して頻尿（とくに寝てからの夜間頻尿）、排尿の勢い低下、排尿時間の延長、残尿感などの症状がでてきます。肥大の進行とともにこれらの症状が強くなりますが、頻尿の原因として過活動膀胱（1751頁）も加わってきます。さらに進むと尿が出ない尿閉状態となり、溢流性尿失禁（1759頁）、尿路感染、腎不全（1720頁）などが発症します。排尿症状だけでなく、情緒不安定や排尿時血圧上昇による脳出血（930頁）、腸などが腹部から脱出する腹壁ヘルニアなどの危険因子にもなります。

治療は、症状と肥大の程度で決めます。超音波検査で前立腺肥大の程度を調べ、症状と排尿の勢い状態（尿流測定）や肥大の程度が軽い場合は、交感神経遮断薬などの薬物療法を行います。超音波検査で肥大の程度を調べ、内視鏡手術（ＴＵＲ－Ｐ）や開腹手術が選択されます。合併症などで手術が不可能な場合には、尿道にカテーテルを留置して尿を出すようにします。

◉前立腺がん（530頁）

前立腺肥大症と同様の症状を訴えますが、無症状でＰＳＡ（218頁）の上昇によって発見されることもあります。がんが進行すると骨（腰椎や骨盤骨など）に転移して強い痛みを訴えたり、下半身がまひしたりします。ときには骨折（病的骨折）をおこす場合もあります。

診断は、肛門から指を挿入して前立腺を触ります（直腸診）。良性の肥大は表面が平滑で弾力のあるやわらかさで触れますが、がんの場合は表面がでこぼこして石のようにかたく触れます。ＰＳＡを測定して、上昇していれば前立腺がんを疑います。前立腺がんが疑われると、超音波装置を用いて前立腺生検（病理検査）をします。がんが見つかると悪性度をグリソンスコアという数値で表します。ＣＴ、ＭＲＩなどの画像検査で前立腺周囲へのがんの浸潤状態を、骨シンチグラフィー（230頁）で骨転移の有無を調べ（病期分類）、悪性度を加味して治療を選択します。

がんが前立腺内にとどまっていれば、原則として75歳以下では根治的前立腺全摘除術をします。がんが周囲組織に浸潤していたり、骨転移があった場合、あるいは手術適応でない後期高齢者に対しては内分泌療法が行われます。抗男性ホルモン剤の内分泌療法がひじょうに有効です。抗男性ホルモン療法施行中にがん細胞のホルモン依存性がなくなったりして無効となった場合や、骨転移による激しい痛みには、放射線療法が選択されます。

◎男性性器結核

男性性器結核は、尿路結核（1734頁上段）にともない、結核菌の感染が、前立腺、精嚢、精管、精巣上体（副睾丸）、精巣（睾丸）に波及してゆくものです。男性性器結核では副睾丸結核がもっとも多く、はじめは陰嚢の中のかたいしこりとして気づかれます。また、片方だけのことが多く、やがて両側がおかされて男性不妊症（1788頁）のもとになります。

抗結核薬や手術療法（精巣上体の切除）により治療を行います。

最近では、ほとんどみかけることのない病気です。ただし結核の罹患者数が増加していることを考えると、今後気をつけなくてはならない病気かもしれません。

男性更年期障害
Male Climacteric Disturbance

どんな病気か

壮年期をすぎると、男性ホルモンの分泌が減少し、男性ホルモンのひとつであるテストステロンが低下して、さまざまな症状を訴えるようになります。これを男性更年期障害として治療します。

また、テストステロンの低下がなくても、同様な症状に対して男性更年期障害として取扱うこともあります。

症状

精神・心理症状では、無気力、疲労倦怠感、睡眠障害（1035～1039頁）、情緒不安定、集中力の低下、うつ状態、記憶力・知的能力の低下などが現れます。

身体的症状は、発汗、ほてり、冷え、耳鳴り、頭痛、めまい、関節痛、筋力低下による緩慢動作などがあります。

高血圧（1396頁）、肥満症（1496頁）などのメタボリックシンドローム（1494頁）とテストステロンとの関係も考えられています。

性機能症状には、性欲の減退・消失、勃起障害（ＥＤ 1790頁）、射精感の消失などが現れます。

検査と診断

自覚症状の内容と程度を質問票に記入して、調べてもらいます。

診断には、血中テストステロンの測定が不可欠です。テストステロンは日内変動があるので午前中に測定します。

治療

男性更年期障害では、我慢をせず、きちんと治療することがたいせつです。

◉テストステロン補充療法

男性ホルモンのテストステロンが明らかに低い場合には、テストステロン補充療法が適応されます。しかし、ホルモン補充療法にも問題点があります。

▼前立腺疾患との関係　テストステロン補充療法は、前立腺がん（530頁）を誘発したり、進行させたりする危険がありますので、定期的な直腸診とPSA測定（218頁）が必要不可欠です。前立腺肥大症（1782頁）による排尿障害を悪化させることもあります。

▼心血管系への影響　心筋梗塞症（1362頁）、狭心症（1356頁）、心不全（1342頁）などの心臓病に影響する危険があります。

▼多血症　テストステロンの使用による高テストステロン血症がつづくと、多血症（1465頁）となり、静脈炎や脳血管障害の危険が生じます。

▼睡眠時無呼吸症候群　テストステロンの使用と睡眠時無呼吸症候群（1313頁）との関連はまだ不明ですが、注意が必要です。

◉漢方療法および補助療法

ホルモン補充療法ができない場合には、八味地黄丸や牛車腎気丸などの漢方薬が処方されます。

そのほか、適度な運動、規則正しい食事、十分な睡眠などの生活改善によって、テストステロンが上昇するといわれています。また、ストレスと低テストステロン値との関係も考えられるので、ストレスの解消につとめます。

更年期のうつ状態の半数には、低テストステロン血症が認められません。その場合は、精神科や心療内科などでの治療となります。糖尿病や動脈硬化による勃起障害に対しては、勃起不全治療薬が有効となります。

陰茎の病気

包茎（ほうけい）
Phimosis

どんな病気か

陰茎（いんけい）先端の亀頭（きとう）は、生まれたときには、包皮（ほうひ）におおわれていて露出していません。また、包皮と亀頭の粘膜（ねんまく）が癒着（ゆちゃく）していることも珍しくありません。ふつう、亀頭がつねに露出するようになるのは、思春期をすぎてからです。亀頭が包皮におおわれている状態を包茎といいます。

包皮の表層は、自然なふつうの状態では、先端に包皮輪（ほうひりん）とか包皮口（ほうひこう）と呼ばれる折返しの部分があり、ここを境にして、外板（がいばん）と内板（ないばん）という部分に分けられます。内板は、亀頭に接している部分です。

包茎でも、包皮を陰茎の根元のほうに寄せていくと、包皮はしだいにめくれて亀頭が現れ、亀頭に接していた内板も翻転（ほんてん）され、外板につづく状態で外向きになります。このように翻転できる包茎を、**仮性包茎**（かせいほうけい）といいます。

仮性包茎である陰茎を、包皮が翻転した状態で勃起（ぼっき）させると、血管やリンパ管が狭い包皮輪の部分によって締めつけられ、血液などが流れにくくなり、亀頭は赤紫色に腫（は）れ、締めつけられているところから先の包皮もひどくむくんで、激しい痛みをともなうことがあります。これを**嵌頓包茎**（かんとんほうけい）といいます。

勃起していない仮性包茎でも、包皮輪が十分に広くなく、翻転後に亀頭先端から陰茎の根元のほうに移動した包皮輪の部分が陰茎を強く締めつける場合は、嵌頓包茎の状態になる危険があります。

包皮輪が狭くて包皮の翻転ができない状態は**真性包茎**（しんせいほうけい）といいます。真性包茎をむりに翻転して放置すれば、嵌頓包茎になります。

原因

乳幼児期の包茎は、病気ではありません。成長とともに自然に亀頭が露出するようにならない場合に、病気とみなされます。

包茎は、基本的には先天的な病気と考えられますが、真性包茎は包皮輪が線維化して狭くなっているもので、先天的か後天的か区別できないことがあります。

検査と診断

視診と触診で診断できます。

小児の真性包茎で、排尿時に包皮の部分が球状に膨らむ場合には、包皮輪がきわめて狭いので、早期に手術をしたほうがよいと考えられます。

また、亀頭包皮炎（次項）などによって包皮と亀頭部が癒着していることもあります。

治療

真性包茎は手術を行います。

幼小児期の場合は、成長にともなってしだいに包皮が退縮し、包皮を翻転できるようになって自然によくなることがありますので、3歳ころまで経過をみます。また、副腎皮質（ふくじんひしつ）ホルモン外用剤が有効なこともあります。

仮性包茎は、嵌頓包茎のおそれがあったり、亀頭包皮炎をくり返す場合には手術を行います。

嵌頓包茎は、手でもとの状態になるように試み（用手的整復）、それがむりなら、ためらわずに手術を行います。

なお、仮性包茎で、翻転できても余分な包皮が長くて性交に支障をきたす場合や、性的劣等感の原因となっている場合には、手術することもあります。

陰茎の病気

亀頭の包皮

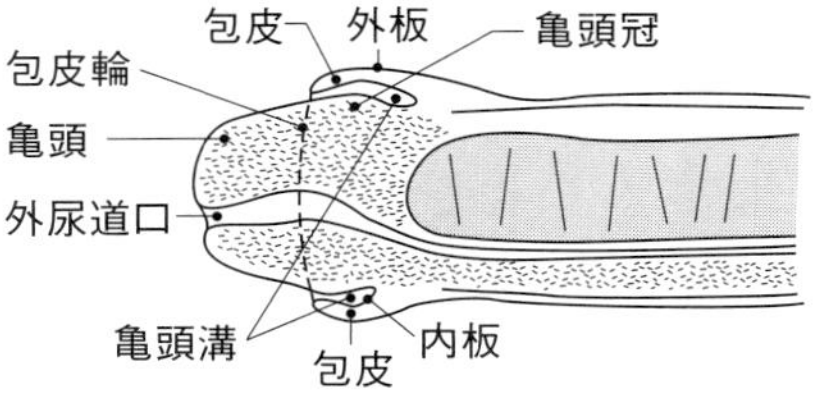

手術は、包皮の背面切開術と環状切除術が代表的なものです。背面切開術は、おもに幼小児に行われています。局所麻酔でよいのですが、小児の場合は全身麻酔が行われます。

日常生活の注意

嵌頓包茎になるおそれのある仮性包茎では、包皮を翻転した状態での勃起をひかえ、手術が必要かどうか専門医（泌尿器科医）の診察を受けるようにします。また、包茎を翻転しない状態で放置すると、将来、陰茎がん（533頁）にかかりやすくなることがわかっています。真性包茎は3歳ごろ以降、早めに手術を受けさせるようにするとよいでしょう。

力まないと尿が出ないほどの高度な真性包茎では、尿路閉塞性疾患としてのさまざまな症状が現れ、膀胱拡張・肉柱形成（膀胱の排尿筋が肥大）、水腎症（1736頁）へと進み、腎不全（1720頁）になることさえあります。

予防

確実な予防法はありませんが、仮性包茎では、入浴時などにときどき包皮を翻転して、ぬるま湯でよく洗い、亀頭包皮炎や陰茎がんにならないように心がけましょう。

亀頭包皮炎
Balanoposthitis

どんな病気か

ふつう、**包茎**（前項）にともなってみられる、粘膜や皮膚の表面が細菌に感染する病気です。

包茎では、包皮の表面は、通常の自然な状態で先端部となる包皮輪を境にして、外板と内板に分けられ、内板は亀頭に接しています。この包皮内板と亀頭の間に細菌が増殖して炎症がおこった状態を、亀頭包皮炎といいます。

症状としては、亀頭および包皮の発赤、腫れ、ただれ、疼痛、ときには潰瘍ができたり膿が出たりし、また排尿痛があることもあります。しかし、高熱や排尿そのものの異常はともなわないことが多いものです。

原因

亀頭が包皮におおわれている状態が長期間におよぶと、包皮の内板と亀頭の間に**恥垢**（スメグマともいい、この部分特有の垢）がたまってきます。恥垢は尿で汚染されやすく、細菌が感染しやすいうえ、体温や尿による湿り、外気に触れにくいといった条件から、細菌繁殖の温床となりやすいと考えられます。

したがって亀頭包皮炎は、包茎であることが多い子どもに多くみられますが、包皮の翻転（陰茎の根元へ表皮をよせて亀頭を露出させる）を行わない成人にも生じます。

検査と診断

症状と亀頭包皮をみれば、診断は比較的容易です。恥垢や浸出液の細菌培養検査をすれば、原因菌の種類がわかりますが、こうした検査は行われないことも多いようです。

治療

抗生物質や化学療法薬などの抗菌薬を服用します。症状によっては消炎鎮痛薬を併用します。

仮性包茎では、包皮を翻転して消毒したあと、抗生物質の外用薬を塗布します。軽症では外用薬のみで十分なことがあります。

日常生活の注意

包皮の翻転をしばしば行い、包皮内板と亀頭を外気に触れさせるようにしたり、汚れた手で陰

◎包茎の問題点

包茎の男はもてない、恥ずかしいなどといわれていますが、それは誤った俗説です。

真性包茎の場合は、陰茎の正常な発育を妨げないよう手術を行います。しかし、仮性包茎で、性交に支障がなければ、とくに劣等感を抱く必要はありません。

包茎が問題となるのは、見た目や俗説ではなく、恥垢がたまりやすいため、それが刺激となって炎症をおこしやすく、亀頭包皮炎や陰茎がん（533頁）などの病気になることがあるからなのです。また、本人ばかりでなく、配偶者の子宮頸がんは男性が包茎の場合が多いとされ、これにも恥垢が関係していると考えられます。したがって、包茎の人は、いつも清潔にして恥垢がたまらないよう心がけることがたいせつです。そして、なにか不安があれば、1人で悩まず、いちど泌尿器科医に相談してみるのもよいでしょう。

茎を触らないようにするなど、亀頭と包皮を清潔に保つように心がけます。

予防としては、入浴時に包皮を翻転し、ぬるま湯で軽く洗うなどして、恥垢がたまらないようにすることがたいせつです。

再発予防には、包茎を手術するのがよいでしょう。とくに真性包茎の場合や亀頭包皮炎の再発をくり返す場合には、積極的に手術するのがよいと考えられます。

尖圭コンジローマ（男性の）
Condyloma Acuminatum

どんな病気か 1つまたは多数の樹枝状の疣贅（いぼ）が、陰嚢や肛門周囲の粘膜や皮膚にできるもので、陰茎では、おもに亀頭冠状溝（亀頭の付け根の溝）の周辺や包皮の内板にみられることが多いものです。また、外尿道口や尿道内にできることもあります。**尖形コンジローマ**とも書きます。

皮膚と同じ色または灰白色の小丘疹（小さなぶつぶつ）から乳頭状に発育して、カリフラワーのようになることもあります。悪性の経過をたどるものは、**ブシュケ・レーヴェンシュタイン腫瘍**として知られています。

痛みはありませんが、炎症をおこすと痛みをともないます。

ヒトパピローマウイルス（ＨＰＶ）の6型や11型が、性交渉によって感染しておこる**性感染症**（**ＳＴＤ** 2128頁）です。

検査と診断 視診、触診で比較的簡単に診断できますが、ときに他の腫瘍や炎症性疾患と区別するのがむずかしいこともあります。

冠状溝に全周性にみられる丘疹は真珠様陰茎小丘疹と呼ばれ、性感染症や腫瘍ではないので治療の必要はありません。

病理組織学的検査（組織をとって顕微鏡で検査する）で、コイロサイトーシスと呼ばれる特徴的な変化がみられます。

ヒトパピローマウイルスは血液検査では検出できず、とった組織を調べて初めてわかるものです。

治療 液体窒素を使って感染部を凍結してとってしまう凍結療法や、局部麻酔をしてメスで切取る、または電気やレーザーで焼きかためてしまう方法がよく行われます。

薬物治療は、抗がん剤のフルオロウラシルやブレオマイシンの軟膏を塗ったり、難治性のものに対しては抗ウイルス作用のあるインターフェロンの注射などが試みられています。

受診する科は、泌尿器科あるいは皮膚科がよいでしょう。約30％の人では、自然にいぼがなくなってしまいます。

日常生活の注意 感染してから症状がでるまでの潜伏期間が平均3か月と比較的長いので、いつ感染したかといった因果関係がわかりにくいものです。とりわけ青年がかかりやすい性感染症であることを認識しておくことが必要です。

予防としては、この病気にかかっている可能性のある相手との性交渉を避けることがいちばんです。

◎陰茎腫瘍

陰茎の亀頭部や包皮に発生する腫瘍です。

包茎（1772頁）がその発生にかかわると考えられているのが**陰茎がん**で、高齢者におこりやすいのですが、発生頻度は高くありません。陰茎がんのくわしい解説については、「男性性器のがん」の陰茎がん（533頁）を参照してください。

ただし、陰茎にできる腫瘍には、良性もあります。良性腫瘍では、尖圭コンジローマがその代表です。

◎慢性陰茎海綿体炎

慢性に経過する陰茎海綿体の炎症で、細菌感染が原因と考えられますが、原因不明のことも多く、病像は明確ではありません。

外傷、尿道炎（1761頁）などに続発する急性陰茎海綿体炎が、治癒しないで慢性化する場合もあります。

陰茎形成性硬結症
Plastic Induration of the Penis

どんな病気か

パイロニー病とも呼ばれ、陰茎海綿体の白膜や中隔に線維性のしこり（硬結）ができる病気です。

勃起すると陰茎が曲がり、疼痛がおこります。十分な勃起ができず、性交障害の原因となることもあります。

慢性陰茎海綿体炎（上段）、糖尿病（1501頁）、痛風（1514頁）、外傷などとの関連が疑われていますが、原因はわかっていません。

検査と診断

以前に外傷や炎症などがあったかどうかが参考になります。硬結は陰茎の背にできることが多く、索状（ひも状）のものから板状で骨のようなものまで、さまざまな形で、視診、触診で診断できます。勃起すると硬結のある方向に曲がります。

治療

とくに有効な治療法はありませんが、硬結そのものは無害と考えられますし、自然によくなることもあります。

勃起障害（1790頁）の原因となったり、痛みがおこる場合には、副腎皮質ホルモンの外用、局所注射ないし内服、ビタミンEの内服、ヘパリン類似物質や非ステロイド系消炎鎮痛薬の軟膏の塗布などが試みられます。

手術で硬結をとることもありますが、手術あとの瘢痕組織が硬化して、手術前より悪化することがあります。

日常生活の注意

50歳前後に多い病気です。この病気らしいと思ったら、泌尿器科などの専門医の診断を受けることを勧めますが、十分な改善が得られない可能性のあることを知っておく必要があります。

陰茎折症
Fracture of the Penis

どんな病気か

勃起した陰茎に強い外力がかかり、陰茎海綿体の白膜が損傷した状態を、陰茎折症といいます。文字通り折れた感じのすることが多く、破裂音がすることもあります。陰茎は曲がり、ひどい内出血のために広範囲にわたって暗赤色に腫れますが、ふつう排尿は可能です。

一種の外傷で、偶然おこることも少なくありませんが、性交時におこることが多いものです。

検査と診断

病歴および陰茎の変形や著しい皮下出血などの症状から、診断は比較的かんたんです。触診で、白膜の断裂部が推定できることもあります。手術で断裂した白膜を確認すれば、診断は確定します。

治療

軽症のものでは保存的に経過をみることもありますが、一般的には緊急手術を行い、血腫（血のかたまり）を取除き、断裂した白膜を縫合します。

日常生活の注意

日曜の朝、学校のない子どもが父親の寝ているふとんの上を飛び跳ねることで発症するようすをとらえて、**サンデーモーニングディジィーズ**の別名があることを知っておくと参考になるでしょう。

陰茎折症は、青年に多くおこります。勃起したとき、陰茎に必要以上の力がかからないように注意しましょう。

精巣炎(睾丸炎)
Orchitis

どんな病気か　精巣炎には、急性と慢性があります。

急性精巣炎は、精巣(睾丸)が急に赤く腫れあがり、疼痛(激しい痛み)がおこる病気で、多くの場合、**流行性耳下腺炎**(**おたふくかぜ** 808頁)にともなっておこります。

慢性精巣炎は、精巣は徐々に腫れますが、発赤や疼痛がほとんどおこらず、**結核性精巣炎**によるものが代表です。

精巣炎は、精巣上体炎(副睾丸炎)(1780頁)に比べてまれな病気で、最近は予防的に抗生物質が使用されるため、流行性耳下腺炎にともなう精巣炎を除くと、精巣炎はほとんどみられません。

原　因　細菌(大腸菌、連鎖球菌、ブドウ球菌など)、ウイルス(流行性耳下腺炎ウイルス、インフルエンザウイルスなど)、真菌(アクチノミコーシスなど)、特殊な菌(結核菌、らい菌、梅毒菌、淋菌など)、寄生虫(フィラリア、住血吸虫、マラリア、アメーバなど)、外傷性など、いろいろな原因が知られています。

精巣炎は、外傷性精巣炎を除き、血行性におこります。すなわち、からだの他の部位に感染巣[耳下腺炎、扁桃炎(1176頁)、蓄膿症(1162頁)、蜂窩織炎(1823頁)、骨髄炎(1880頁)、心内膜炎(1374頁)など]がある場合、その感染巣の菌が血流とともに精巣に運ばれて精巣炎をおこします。

菌の種類によっては、化膿して排膿することもあります。

検査と診断　まず触診による検査が行われます。精巣全体が腫れて化膿していれば、波動を感じます(プヨプヨした感じ)。急性であれば、発赤、疼痛をともないます。

流行性耳下腺炎による精巣炎では、4~5日前に耳下腺の腫れがみられることが多いようです。

思春期前の男の子では精巣が腫れることはありませんが、思春期以後(11~12歳以後)の男性では、流行性耳下腺炎の約30%に精巣炎が合併します。多くは片側の精巣の炎症のみですが、精巣炎にかかった人の10%前後に、両側の精巣炎がおこります。この結果、両側の精巣の萎縮がおこり、**無精子症**(**男性不妊症** 1788頁)になります。しかしこの場合でも、男性ホルモンはある程度分泌されるので、勃起障害になることはありません。

結核性やフィラリアなどの寄生虫によるものは慢性の痛みのない腫れがみられます。結核性では腎臓、膀胱、前立腺、精巣上体(副睾丸)などの結核に随伴しておこることが多いようです。

▼鑑別診断　精巣炎はまれな病気で、頻度の高い精巣上体炎とよくまちがえられますが、丹念に触診すれば、精巣上体炎と精巣炎の見分けはつきます。

もうひとつ重要な鑑別診断は精巣腫瘍(次頁上段)です。精巣炎の場合には、多くは精巣全体が均等に腫れますが、精巣腫瘍では一部分のみがかたく、他の部分は正常で、圧痛もありません。

さらに精巣捻転症(次項)との鑑別も必要です。精巣捻転は精巣の発赤、腫れ、疼痛があり、精巣炎や精巣上体炎と区別できないことが多いので、こ

◎精巣腫瘍

精巣に発生する悪性腫瘍（がん）で、まれな腫瘍ですが、青壮年の男性に好発するという特徴があります。

精巣腫瘍は、精巣が徐々に大きくなりますが、痛みや熱をともないません。したがって、ある程度、精巣が大きくならないと気づかないことがあり、また精巣炎（睾丸炎）、精巣上体炎（副睾丸炎）、陰嚢水腫（次頁）といった病気との鑑別が重要です。

精巣腫瘍のくわしい解説については、「男性性器のがん」の**精巣がん**（533頁）を参照してください。

また、**精巣上体腫瘍**もまれな腫瘍で、精巣上体炎（1780頁）などとの鑑別がたいせつです。

のような症状が現れたときは、早急に専門医に診てもらう必要があります。

【治療】 流行性耳下腺炎にともなっておこる急性精巣炎は、1週間くらいで自然によくなります。

耳下腺炎の発生時点でγグロブリンを注射すれば、精巣炎の発生が減少するとの報告もありますが、確実ではありません。ふつう、鎮痛薬の使用と冷湿布で経過を観察します。

流行性耳下腺炎にともなう急性精巣炎は、精細管の炎症であり、化膿することはありません。しかし、数か月後に徐々に精巣が萎縮し、精子形成がみられなくなります。片側の精巣のみの萎縮では妊娠に支障はありません。

結核性では、初期精巣結核であればそのまま抗結核療法を行いますが、ある程度進行していれば、精巣を摘除したあと、抗結核療法を行います。

【日常生活の注意】 精巣炎は、全身性の病気の一症状としてとらえるべきであり、日常生活でも、原病の治療方針に従うことが基本です。原病は、一般的に結核などの消耗性疾患が多いので、栄養をつけ、過度な運動は避けます。飲酒も厳禁です。

流行性耳下腺炎にともなう急性精巣炎では、流行性耳下腺炎にかかった子どもからなるべく遠ざけるようにします。流行性耳下腺炎の予防には、おたふくかぜワクチンの使用が有効です。

結核などの消耗性疾患の予防には、過労を避け、栄養をつけ、体力の増進をはかることがたいせつです。

精巣捻転症（睾丸捻転症、睾丸回転症）

Testicular Torsion

【どんな病気か】 精巣（睾丸）が陰嚢内で栄養血管（精巣動脈、精索静脈など）を軸として回転する病気です。

その結果、栄養血管が締めつけられて血液が流れなくなり、長時間放置すると精巣が壊死してしまいます。

回転の方向は時計回りと反時計回りがあり、ひどい場合には、2回転も3回転もしていることがあります（次頁図）。12～18歳の思春期に多いのですが、新生児や成人にもみられます。

【原因】 原因は明らかではありませんが、精巣を支えている付着部が狭いため、ねじれやすいと考えられています。思春期では、精巣の容積が急激に5～6倍になるために、精巣捻転が生じやすくなります。

【症状】 思春期の男子に、何の前ぶれもなく、精巣が急に激しく痛み、腫れてきます。ふつう熱はでません。腫れあがってくると発赤し、急性精巣上体炎（急性副睾丸炎）（1780頁）と区別が困難になります。

新生児では、疼痛はなく、むずかったりするだけで明らかな症状がでないため、診断が遅れがちになります。

【検査と診断】 触診だけで診断することは困難です。超音波による画像診断のカラードップラー検査が簡便で比較的正確に診断できます。そのほか、シンチグラフィー（230頁）も有効ですが、高価で、時間もかかります。

懐中電灯で陰嚢を照らしても、光の透過性はありません。

正常な精巣

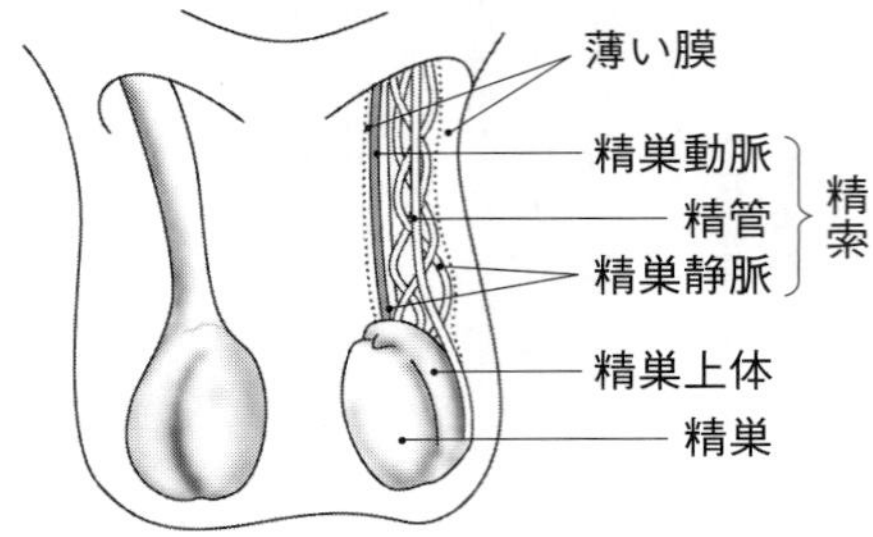

精巣捻転症
[捻転をおこした精巣]

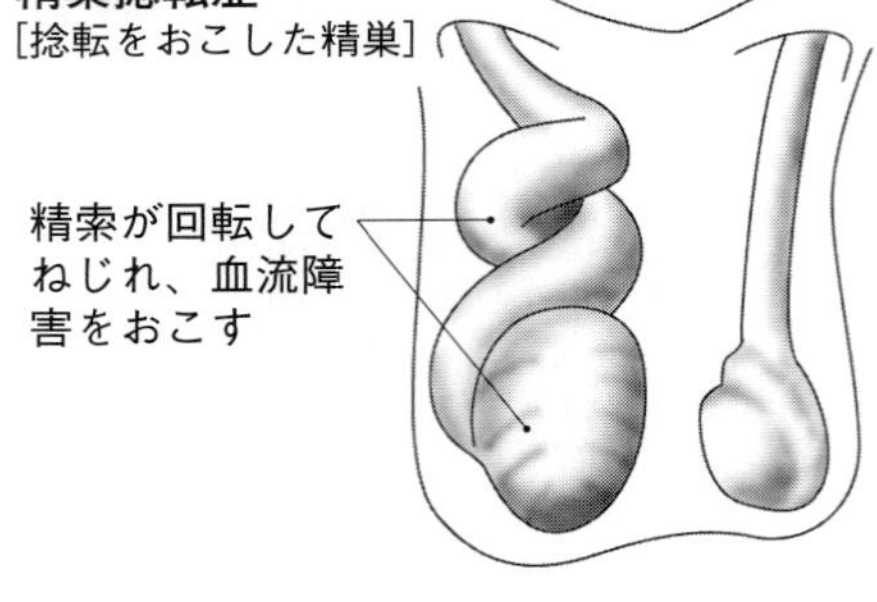

▼鑑別診断　もっともまちがえられやすい急性精巣上体炎は成人、とくに高齢者に多く、下腹部の不快感や発熱などの前駆症状をともないます。これに対して精巣捻転は思春期に多く、発熱はなく、急激に発症します。そのほか、鼠径ヘルニアの嵌頓（1604頁）や精巣腫瘍（533頁）との鑑別もたいせつです。

治療　症状が現れてから4～6時間以内に手術し、整復しなければ機能回復は望めません。24時間以上経過すると、確実に精巣は壊死し、摘除しなければなりません。壊死におちいった精巣をそのまま残すと、健康な精巣の機能も低下するという説がありますが、まだ確立されてはいません。

24時間以内の場合には、捻転を整復し、精巣を固定して血流の回復を待つこともまちがいとはいえませんが、6時間を経過している場合には手遅れのことが多く、数か月後には精巣は萎縮し、大豆大になります。

また、反対側の健康な精巣にも同様な解剖学的異常があることが多いので、手術時には、健康な精巣の固定が推奨されています。

陰嚢水腫（精巣水瘤）
Hydrocele Testis

どんな病気か　陰嚢内の、精巣（睾丸）を包んでいる膜（精巣鞘膜）からリンパ液が過剰に分泌されることにより、鞘膜内にリンパ液がたまり、精巣鞘膜が膨らみ、陰嚢が鶏卵大に腫れる良性の病気です。子どもではウズラの卵大のこともありますが、高齢者ではこぶし大のこともあります。

類似疾患に、精索周囲の鞘膜にリンパ液がたまる**精索水瘤**（次頁上段図）があります。

原因　おもに精巣鞘膜のリンパ液の分泌過剰が原因ですが、新生児では、腹膜から連続する鞘状突起があって、そのために腹腔内のリンパ液が鞘状突起内に流入し、陰嚢水腫を形成します（次頁上段図）。大部分の症例では、生後1年以内に腹膜との交通路は自然に閉鎖し、精巣鞘膜腔が形成されるので、1歳までは経過観察します。

フィラリア原虫によってリンパ管が閉塞されたために陰嚢が腫大し、巨大な陰嚢水腫になることもあります。

症状　ふつう無症状ですが、ときに不快感や膨らんだ感じを訴えます。本人または母親が陰嚢の腫れに気づいて受診することが多いようです。

検査と診断　触診では、陰嚢の表面が滑らかで、やや、やわらかい感じがします。大きさはウズラの卵大か

陰嚢水腫と精索水瘤

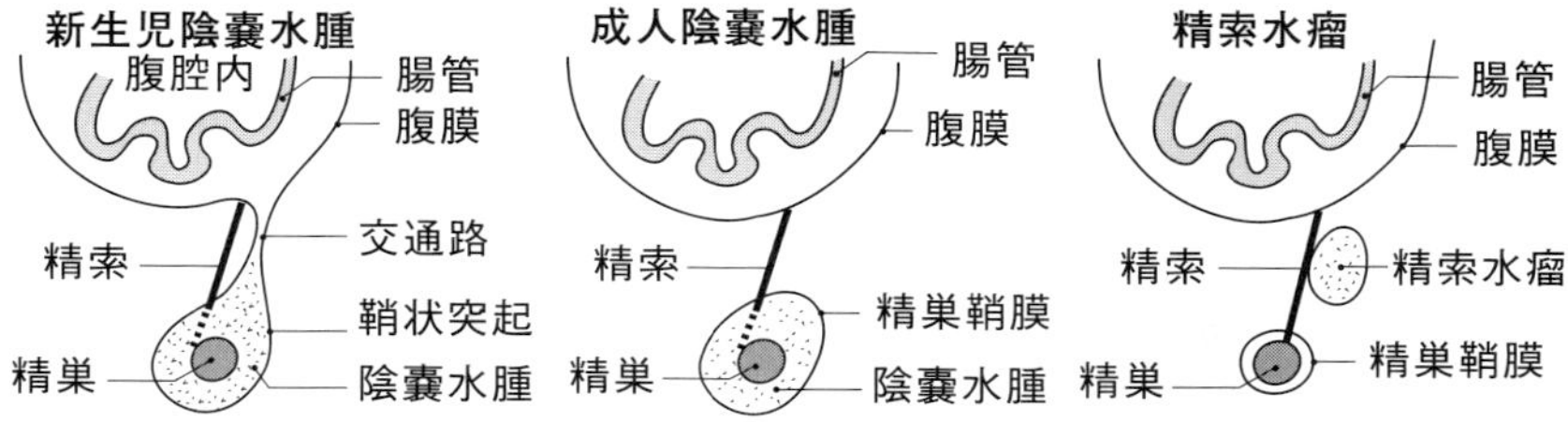

らこぶし大まで、さまざまです。

圧痛はなく、懐中電灯で透かしてみるときれいに精巣が透けて見えます。

超音波検査をすればはっきりわかります。注射針で内容液を穿刺し、内容液が黄色の透明であれば、陰嚢水腫と診断できます。

精巣腫瘍（533頁）も痛みがないので、これとの識別が必要です。精巣腫瘍では透光性はありません。精巣上体炎（副睾丸炎）、精巣捻転症（睾丸捻転症）では、著しい圧痛がありますが、透光性はありません。

治療　最初の治療では、注射針による穿刺で、すべての内容液を吸引します。子どもは、1～2回の穿刺吸引で多くは治癒します。

成人では、何度穿刺吸引をくり返しても治らないことが多いものです。この場合は手術し、精巣鞘膜を切除すれば再発しません。

子どもでは、精巣鞘膜が腹腔内と通じていることがあり（鞘状突起）、この場合は手術して交通路を遮断し、精巣鞘膜を切除しなければ治癒しません。

しかし、1歳未満では、自然治癒する可能性があるので、経過を観察し、1歳をすぎてから手術を考えます。

精索静脈瘤
Varicocele

どんな病気か　陰嚢内の精索中にあり、精巣（睾丸）を栄養する静脈（精巣静脈）が怒張し、青黒く蛇行して見える病気です。

精巣静脈の逆流防止弁の異常により、大静脈からの血液の逆流が生じ、精巣静脈が膨れあがって蛇行します。

不妊男性の約30％にみられますが、健康な男性にもよくみられます。

解剖学的理由（左精巣静脈は左腎静脈に直接流入すること）から、90％は左側に発生しますが、10％は両側に発生します。

右側のみの精索静脈瘤はひじょうにまれで、静脈閉塞など他の疾患を疑う必要があります。

そのほか、**ナッツクラッカー症候群**（左腎静脈が上腸間膜動脈と大動脈との間に挟まれて圧迫され、左精巣静脈の還流障害がおこり、精索静脈瘤が生じる）によることもあります。

症状　痛みのないことが多いのですが、精巣の不快感や圧迫感を感じることもあります。男性ホルモンの分泌は正常なので、勃起障害にはなりません。しかし、男性不妊症（1788頁）を訴えることがあります。

立った姿勢で陰嚢を観察すると、精巣静脈が青黒く蛇行して見えます。怒責する（息をつめてぐっと踏ん張る）と、さらにはっきり見えます。

治療　症状が軽い場合には経過を観察します。

症状が重い場合や、男性不妊症を主訴とする場合は、手術を行います。

手術では、下腹部（高位結紮術）または鼠径部（低位結紮術）を切開し、精巣静脈を縛って切断します。

小児期より精索静脈瘤がある場合、精巣の成長障害がみられるので、思春期までに手術をすべきです。男性不妊症の場合の術後の妊娠率は40～50％とされています。

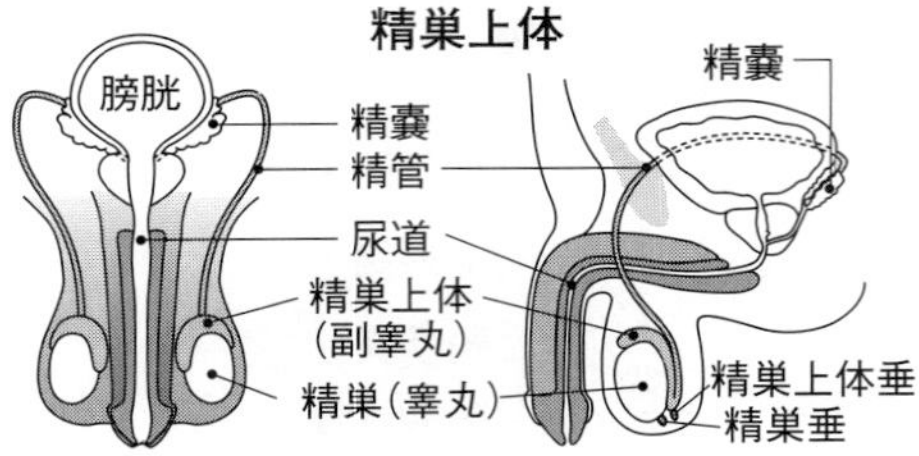

◎血精液症

精液の中に血液が混じる病気です。前立腺や精嚢などの炎症が原因とされるのは約40%で、精嚢の粘膜からの出血が多いと考えられています。前立腺結石（1787頁）、前立腺・精嚢・尿道などの射精に関係する部位のがんや全身的に出血しやすい病気でおこることもありますが、きわめてまれです。

急性精巣上体炎（急性副睾丸炎）

Acute Epididymitis

どんな病気か

精巣上体（副睾丸）は、精巣から精管まで精子を運ぶ細い1本の管が蛇行して束になったものです。この精巣上体に細菌が感染することでおこります。

たいてい片側の精巣上体におこりますが、両側におこると男性不妊症（1788頁）になることがあるので要注意です。

症状

陰嚢部を触っただけでも痛い、精巣周囲の腫れ、しこりが特徴です。悪寒、38～40度の発熱があり、ひどくなると陰嚢は腫れあがって、皮膚は発赤し、熱をもった感じもあります。精巣上体だけでなく精巣（睾丸）までひとかたまりとなり、こぶし大以上に腫れ、歩行が困難になることがあります。

原因

細菌が血流にのって精巣上体に付着して感染をおこすこともありますが、細菌が尿道から入って前立腺、精嚢、精管を通って、精巣上体に逆行して感染がおこるのが大半です。大腸菌、緑膿菌、変形菌、ブドウ球菌などの化膿菌が多いのですが、性感染症の淋菌（2129頁）、クラミジア（2131頁）が感染しておこることもあります。

また、尿道カテーテルの挿入・留置などでおこることもあります。

検査と診断

陰嚢の腫れ、痛みがあり、尿検査で尿混濁、白血球、細菌がみられ、悪寒、発熱などがあれば診断できます。しかし、発熱前は、急激に陰嚢の痛み、腫れを同じように現す精巣捻転症（1777頁）、精巣垂捻転症、精巣上体垂捻転症（局所の捻転ですが、強い疼痛があります）などとの鑑別がむずかしいことがまれにあります。この場合は、手術をして診断します。

治療

まず、原因となっている細菌に有効な抗生物質を使用し、症状に応じた治療を行います。

陰嚢部に冷湿布（冷やした冷却まくらなどをタオルでくるんであてる）によって、痛みはだいぶ楽になります。

朝は微熱でも夕方に高熱になるので、入院して治療をしたほうがよいこともあります。熱は5～7日でとれますが、精巣上体のしこりがとれるのは2～3か月かかることもあります。治療は2週間くらいですが、しこりがとれるまで、むりはしないほうがよいでしょう。

慢性精巣上体炎

Chronic Epididymitis

どんな病気か

急性精巣上体（副睾丸）炎（前項）が治らずに、慢性になったものが多いのですが、結核菌、梅毒（2132頁）の感染や、最近ではクラミジア（2131頁）の感染も増えています。

症状

陰嚢内の精巣上体にしこりを触れますが、痛みは軽度かほとんどなく、発熱もなく、症状は一般に軽い病気です。

結核性では難治性のことがあり、精巣上体の腫瘍、精巣腫瘍（533頁）との識別がむずかしいことがあります。

治療

軽い症状のものは経過をみるだけでよいのですが、しこりが大きくなってきたり、痛みなど原因を究明するのはむずかしいのですが、3～4回の血精液症では問題なく、心配しなくてもよい病気です。

血精液症がつづくようでも、超音波検査、MRI検査、内視鏡などの検査で異常がなければ、何も心配することはありません。

治療は止血薬、抗炎症薬、抗菌薬、抗アレルギー薬が用いられますが、出血で貧血になることもないので、性生活を含めて、ふつうの生活を送ってください。

精巣・精巣上体の病気

精液瘤

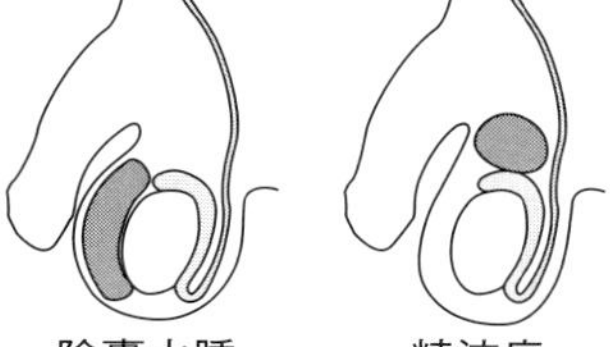

が改善しない場合は、抗生物質、消炎鎮痛薬を服用します。

性感染症の機会があった人は、クラミジアによる精巣上体炎も考える必要があります。治りがよくないものでは、結核や腫瘍も疑い、精巣上体を摘出して原因を調べて、それに応じた治療をします。

精管炎
Deferentitis

精管だけが、細菌感染におかされることは、ひじょうにまれで、たいていは精巣上体炎（前頁）、前立腺炎（1786頁）、精嚢炎（次項）とともにおこります。

精管炎をおこすと、鼠径部から精巣まで伸びる精索全体が太くかたく触れるようになります。

急性では、鼠径部から下腹部に痛みが広がり、右側では虫垂炎（1575頁）と区別しにくいこともあります。

結核菌の感染によるものでは、精管が数珠球状にかたくなるのが特徴です。

治療は、精巣上体炎と同じです。

精嚢炎
Seminal Vesiculitis

精嚢に細菌の感染などで炎症をおこします。**急性精嚢炎**は、前立腺炎にともなうために、排尿痛や頻尿、膿尿、発熱などの急性細菌性前立腺炎（1786頁）と同じ症状がみられます。**慢性精嚢炎**は、射精痛（射精時の痛み）を生じることがあり、慢性細菌性前立腺炎（1786頁）に併発するのが大半です。

前立腺炎と同じ治療で、慢性では、細菌に有効な抗菌薬、消炎鎮痛薬などの長期服用が必要です。

精子侵襲症
Spermatic Invasion

精巣上体（副睾丸）の精子を通している管から精子が周囲に漏れ出たために、周囲に炎症をおこし、肉芽ができたものです。20～30歳代に多いとされ、精巣上体にしこりを触れますが、治療の必要はありません。ただし、結核性の慢性精巣上体炎（前頁）、精巣上体の腫瘍などと識別しにくい場合は、手術して診断をつけることもあります。

精液瘤
Spermatocele

どんな病気か

精巣上体（副睾丸）の細い管腔壁の一部が虚弱になって、伸びて袋状に膨らみ、精子の混じった液が充満して、しだいに腫れて大きくなったものです。

20～50歳代にできますが、陰嚢の腫れだけで痛みなどはありません。

陰嚢にしこりが触れて、偶然に発見されることが多いのですが、大きくなると陰嚢が腫れて、陰嚢水腫（1778頁）との区別がむずかしくなります。

精液瘤は、陰嚢の後ろから光をあてると、中が液体なので光を通します。針を刺すと透明度の高い液体が採取され（精巣水瘤では黄色の液）、この液に精子が発見されれば診断できます。

治療

精液瘤は小さければ、穿刺だけでようすをみますが、大きい場合は手術して摘出します。

前立腺の病気①

前立腺肥大症 ……1782頁

▼**症状**▲排尿回数の増加、残尿などの排尿障害。

▼**治療**▲経過の観察、薬物治療、高温度治療や手術がある。

健康な前立腺と肥大した前立腺（正面）

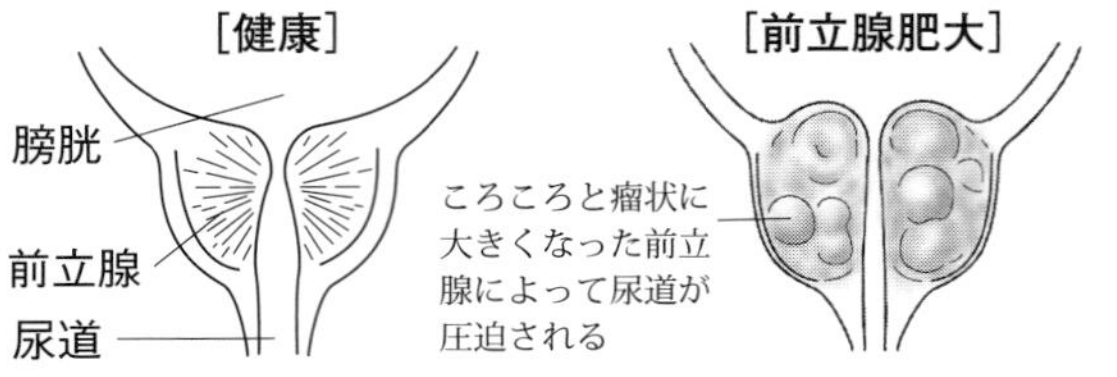

前立腺肥大症

Benign Prostatic Hyperplasia (BPH)

中高年のほとんどの男性におこる

◇肥大した前立腺が尿道を圧迫

どんな病気か　前立腺は膀胱のすぐ下にあり、精液をつくるはたらきをしている臓器で、その中を尿道が貫くように通っています。前立腺肥大症とは、この前立腺が尿道を圧迫するように大きくなり、尿の通りが悪くなって、いろいろな症状をおこす病気です。

前立腺肥大症は、前立腺の腫瘍の一種ともいえますが、前立腺がん（530頁）とはちがいます。肥大症では、より尿道に近いほうの組織が瘤のように大きくなります。この瘤は、専門的にいうと線維腺性（分泌腺と周りの線維組織）の良性の過形成（細胞が増えた状態）です。

この瘤は、ころころしたサトイモのような感じで、周囲の組織を少しずつ押しのけるように大きくなります。これに対して、がんでは攻撃的な異常な細胞が発生し、それがごつごつした集団となって周囲の組織を破壊したり、転移したりします。

前立腺肥大症の瘤は、中高年のほとんどすべての男性にみられます。しかし、瘤が大きくなる程度には個人差があり、症状がでるほど大きくならないですむ人も多いのです。また大きくなった瘤が尿道のどの部分を圧迫するかでも、症状がでたりでなかったりします。小さい瘤でも、膀胱の出口のところを圧迫すると症状が強くでますし、大きな瘤でも尿道と反対側のほうに押し出していれば、症状は軽くてすみます。つまり、大きくなったら必ず症状がでるというわけではありません。

要するに前立腺に瘤ができるのは、いわば男性の宿命ですので、それ自体は病気といえません。それが症状をおこしたときに病気となり、前立腺肥大症と呼ばれるのです。

▼**病気になりやすい人**　前立腺の瘤は50歳ごろからみられ、より高齢になるにつれて、ほぼ全員におこります。この原因は、50歳くらいから男性ホルモンの産生がだんだん少なくなるのに対して、女性ホルモン（男性にも、わずかですが女性ホルモンがあります）の量はあまり変わらず、そのアンバランスが関係しているといわれています。

しかし、前立腺の炎症や遺伝的な体質も肥大に関係していて、はっきりしたことはまだわかっていません。

前立腺は、名称から男性の性的な機能と関係がありそうにみえますので、性的に盛んな人におこりやすいと思われがちですが、実際は、必ずしもそうでもありません。

◇おもな症状は排尿障害

症状　尿道が圧迫されるわけですから、排尿のときに症状がおこります。つまり尿の流れが妨害されるので、尿線が細くなったり、勢いがなくなったり、出始めが遅くなったり、おなかに力を入れないと尿が出なくなったりします。しかし、これだけではありません。

尿の流れがじゃまされると、これに

前立腺の症状のスコア

どれくらいの割合でつぎのような症状がありましたか	まったくない	5回に1回の割合より少ない	2回に1回の割合より少ない	2回に1回の割合くらい	2回に1回の割合より多い	ほとんどいつも
1．尿をしたあとにまだ尿が残っている感じがありましたか	0	1	2	3	4	5
2．尿をしてから2時間以内にもう1度しなくてはならないことがありましたか	0	1	2	3	4	5
3．尿をしている間に尿が何度もとぎれることがありましたか	0	1	2	3	4	5
4．尿を我慢するのがむずかしいことがありましたか	0	1	2	3	4	5
5．尿の勢いが弱いことがありましたか	0	1	2	3	4	5
6．尿をし始めるためにおなかに力を入れることがありましたか	0	1	2	3	4	5
	0回	1回	2回	3回	4回	5回以上
7．夜寝てから朝起きるまでに、ふつう何回尿をするために起きましたか	0	1	2	3	4	5

注：上記の1～7の症状の点数を合計した数字が症状のスコア。8点以上で症状あり、20点以上で重い症状。

症状の不満度のスコア

	とても満足	満足	ほぼ満足	なんともいえない	やや不満	いやだ	とてもいやだ
現在の尿の状態がこのまま変わらずにつづくとしたら、どう思いますか	0	1	2	3	4	5	6

対抗して膀胱が尿を押し出そうとがんばるので、膀胱に負担がかかります。また、瘤が前立腺や尿道の神経を刺激して、それが膀胱に影響します。そのため、膀胱の筋肉が過敏なイライラした状態（過活動膀胱 1751頁）になります。

さらに尿が全部出ないで膀胱に残る（**残尿**）ようになると、1回ごとの尿の量が減ります。

このようなことからトイレの回数が増えたり、行ってもまたすぐ行きたくなったり（**頻尿**）、トイレまで間に合わないで尿が出そうになったり、尿が漏れてしまうようになったりします。

症状のなかでつらいのは、尿の出かたが悪いことより、トイレの回数、とくに夜中の回数が増えたり、我慢がきかなくなるといったことです。

▼症状だけではわからない　注意しなければならないのは、前記のような症状は、前立腺肥大症以外の原因でもおこるということです。

また、厄介なことに、程度の差はあれ、前立腺の瘤は中高年男性のほとんど誰にでもありますので、ほかの病気があっても前立腺肥大症だと思いこみがちです。

さらに、とくに病気がない場合でも、年をとるにつれて尿の勢いが落ちたり、排尿の回数が増えたりすることもわかっています。

つまり、前立腺肥大症では、前記のような症状がおこりますが、症状があっても、前立腺肥大症がその原因となっているとは必ずしもいえないのです。もちろん複数の原因のうちの1つとなっていることもあります。

これらの関係を明らかにするには、場合によっては、より専門的な検査を必要とすることがあります。前立腺肥大症の治療を受けるにあたっては、前立腺肥大症以外の原因でも、同じような症状がおこるということをよくふまえることがたいせつです。

▼合併症　尿が出にくいと、尿が全部出ないままで排尿を切り上げてしまい、あとに尿が残ります（残尿）。また膀胱の負担が長期間におよぶと、膀胱の筋肉は過敏な状態から疲労した状態に

なり、筋力が低下して、ますます尿が残るようになり、残尿の量が増加してきます。

この残った尿の中では、細菌が増殖したり、石ができたりしやすく、膀胱炎（1747頁）や膀胱結石（1744頁）の原因となります。また、残尿が増えて、ほとんど尿が出なくなることがあります**（尿閉）**。

尿閉には、急におこる場合と徐々におこってくる場合とがあります。急におこるのは、寒さや強い緊張、お酒、刺激物を食べた、かぜ薬やおなかの痛み止めを飲んだといったときです。ひじょうにつらいので、病院にころがりこむことになります。

しかし、尿閉がゆっくりおこった場合は、とくに症状が変わることもないまま、膀胱の中の尿の圧力がだんだんと上がってきます。すると、腎臓から流れてきた尿が膀胱の中へ入れなくなり、腎臓に尿がたまって水腎症（1736頁）になり、最悪の場合は腎不全（1720頁）や尿毒症（1722頁）となって生命の危険にまで至ります。ゆっくりおこる尿閉は、悪くなるまで自分ではわからないので、かえって厄介です。

前立腺から出血して血尿が出ることもあります。ただし、血尿は、ほかの病気が原因である場合が多いので、注意しなければなりません。

検査と診断　診断の第一歩は、症状の観察です。症状にはいろいろなものがあります。それらをまとめて、症状の程度と、その症状についての不満の程度を表現するため、前頁の表のような点数表（スコア）がつくられています。

この「症状のスコア」で、8点以上であれば症状がある、20点以上あれば重い症状がある、と考えます。また不満の程度も、「不満度のスコア」が2点以上は不満がある、5点以上は大きな不満がある、とします。

診察では、直腸診といって、肛門から指を入れ、前立腺の大きさや形やかたさをみることが基本です。しかし、より確実な検査としては、超音波検査により前立腺の肥大した像を確認することが勧められます。さらに尿の勢いを数字で表す尿流検査や、残尿の量をみる残尿測定もあります。

ほかに、尿検査は必ず行われますし、血液検査をして、腎臓の機能をみる血清クレアチニン（204頁）の値を調べたり、がんと見分けるのに重要な前立腺特異抗原（ＰＳＡ　218頁）の量を測定する場合も多くあります。

これらに加えて、似たような症状をおこすほかの病気の可能性を考え、必要に応じた検査が追加されます。

◇治療の基本は症状をとること

治療　治療法は、大別して3つあります。まず第1は、経過をみること（無治療）です。前立腺の肥大は必ずしもどんどん進むわけではなく、まして尿毒症にまでなる人は多くありません。もし今の症状が前立腺肥大症によるものであって、ほかに治療すべき病気もないことがいろいろな検査で確認された場合であれば、日常生活上困らないかぎり、治療する必要もなく、定期的に、ほかの病気が引き起こされていないかなどの検査を受けるだけにするわけです。

第2は、薬を用いた治療です。薬は作用からみて3つの種類に分けられます。前立腺を小さくする薬、前立腺を緩める薬、前立腺ではなく膀胱に作用して症状をとる薬の3つです。

前立腺を小さくする薬は、いわば根本的な治療薬です。しかし男性ホルモンの作用を抑えるため、性機能に副作用がでることがあります。前立腺を緩める薬は、尿道が圧迫される程度を軽くします。すると尿の通りもよくなり、膀胱の負担も軽くなるので、症状がとれてきます。また、膀胱に作用する薬（α-ブロッカー）は、過敏になった膀胱をなだめたり、疲労した膀胱を助けたりするはたらきがあります。

これらの3種類の薬は、だいたいこの順番で、根本的な治療になるものから、症状をとるだけの薬になっています。しかし、肥大が別の病気を引き起こさないか、あるいは、引き起こしそうもないならば、当面困っている症状を軽くすることが前立腺肥大症の治療の原則です。したがって、これらの薬に、必ずしも優劣はつけられません。

また、これらは作用もちがっているわけですから、組合わせて使うこともよくあります。

第3は、もう少し手のこんだ治療です。この治療を大きく分けると、前立腺を温めるもの（高温度治療）と手術の2つがあります。

温める治療は、外来通院か1～2泊の入院で受けられるという気楽さがあります。とはいえ効果のほうは、やはり手術にかないません。薬では不満だとか、薬をもらいに通院するのが面倒だが、手術を受けるのも大変だという場合には、試みてもいいでしょう。ただし、かえって症状が悪化する人もいます。

手術は、中くらいまでの大きさの前立腺なら、尿道から内視鏡を入れてレーザーで焼いたり、電気メスで削りとったりする方法（**経尿道的前立腺切除術**〈**TUR**〉）が主流です。1週間くらいの入院が必要です。

現在では器械の進歩や技術の向上がめざましく、手術の危険性は低くなりました。しかし、かなり大きな前立腺では、おなかを切って取出すほうが安全で確実な治療法であることもあります。この場合は1～2週間の入院が必要となるでしょう。

手術の場合は、そう多くはないものの、輸血が必要となることもあります。また、後遺症として精液が出なくなる（逆行性射精）ことがよくあります。これは、勃起しなくなることとはちがいます。しかし、手術後の性生活に希望があれば、治療法を選ぶうえで知っておくべきでしょう。

▼専門医を受診する　前立腺肥大症は、あまりにも平凡な病気なので、かえって目にとまらないものでした。しかし最近では、その重要性が再認識され、病気の取扱いの方法も学会で基準化され、より患者さんの希望にそった治療が心がけられるようになっています。

また、前立腺肥大症の診療にあたっては、前立腺がん（530頁）と見分けるための検査や診断も必ずしなければなりません。症状があれば専門医を受診することをお勧めします。

前立腺の病気②

◎前立腺炎症候群の分類

アメリカ国立衛生研究所（ＮＩＨ）では、以下のような分類が提唱されています。これらは急性か慢性かといった症状、炎症所見の有無、細菌の検出といった観点での分類です。

Ⅰ型　急性細菌性前立腺炎
Ⅱ型　慢性細菌性前立腺炎
Ⅲ型　慢性非細菌性前立腺炎
（慢性前立腺炎／慢性骨盤痛症候群）
Ⅳ型　無症候性炎症性前立腺炎

前立腺炎症候群
Prostatitis Syndrome

前立腺に発生する急性または慢性の炎症の総称です。

会陰部・骨盤部などの痛み、違和感、不快感といった症状や、排尿するときの痛み（排尿痛）、トイレが近い（頻尿）、すっきりと排尿できない（残尿感）、急にこらえきれないような尿意を催す（尿意切迫）、尿の勢いが悪い（排尿困難）といった排尿症状がみられます。

経過が急性のもの、慢性のもの、また、原因から細菌性のもの、非細菌性のものに分けて扱われます（上段）。

◉急性細菌性前立腺炎
Acute Bacterial Prostatitis

どんな病気か　Ⅰ型に相当するもので、急性で細菌による前立腺炎です。多くの場合、尿道から侵入した細菌が前立腺に感染し発生します。

症状　悪寒（寒け）・戦慄（ふるえ）をともなう発熱、全身倦怠感といった全身症状が急激に発生します。下腹部、尿道、会陰部などに痛みがあります。また、排尿症状が強く現れます。前立腺肥大症（1782頁）の場合、膀胱にたまっている尿がまったく出なくなる（尿閉）こともあります。

尿は混濁していることが多く、尿道から膿が出ることもあります。また血尿を認めることがありますが、急性の炎症による出血が原因ですので心配ありません。

検査と診断　急激な症状などから、比較的容易に診断されます。

重要なのは尿検査で、尿の中に白血球があるか（膿尿）、細菌があるか（細菌尿）を調べます。また、原因となっている細菌を調べたり、その細菌に対してどのような抗生物質が効くか（感受性試験）を調べたりします。

起炎菌としては、大腸菌などのグラム陰性桿菌が多いとされています。

治療　高熱、倦怠感、食欲不振などの全身の症状が強いときは入院治療が必要です。

最初の数日は、抗生物質を点滴で入れるのが効果的です。使用している抗生物質の効果が認められないときは、感受性試験などを参考に、抗生物質の変更が必要になります。残尿の多い人では、下腹部から直接膀胱にカテーテルを挿入する（膀胱瘻造設）などが必要になります。

また、飲水を促したり、点滴で水分を補給すること（補液）で、尿量を増やします。

点滴での抗生物質の治療後、たとえ尿検査が正常化しても、前立腺内で増殖した細菌を完全に除くことはむずかしいため、2〜4週間程度は抗生物質の内服が必要です。急性前立腺炎をしっかりと治さなかった場合、慢性前立腺炎に移行することがあります。

◉慢性細菌性前立腺炎／慢性非細菌性前立腺炎
Chronic Bacterial / Nonbacterial Prostatitis

どんな病気か　前立腺の慢性的な炎症によって、多彩な症状が引き起こされると考えられています。会陰部・下腹部などの痛み、違和感、不快感、ときに不定愁訴的なはっきりしない症状に対してつけられる疾患名です。

細菌が証明される細菌性（Ⅱ型）と

前立腺の病気

この分類では、従来の慢性非細菌性前立腺炎と前立腺痛が一括され、**慢性前立腺炎／慢性骨盤痛症候群**という新しい分類となっています。

会陰部・下腹部などの痛み、違和感、不快感などがある場合、肛門より指を入れて前立腺マッサージを行って、前立腺の分泌物を絞り出したもの（前立腺圧出液）やマッサージ後の初尿（前立腺圧出液を含む尿）、または精液のいずれかを検査します。これらの中に細菌と白血球の両方があればⅡ型、細菌がなければⅢ型と診断されます。さらにⅢ型は、その液の中に白血球が存在する場合（炎症性、ⅢA型）、存在しない場合（非炎症性、ⅢB型）に分類されます。

なお、Ⅳ型は無症状にもかかわらず、前立腺生検（前立腺の組織検査）や精液検査などの際に、偶然に前立腺の炎症が証明されるもので、多くの場合は心配なく、積極的な治療は必要とされません。

証明されない非細菌性（Ⅲ型）があります。Ⅱ型は、Ⅲ型に比べて圧倒的に少なく、全体の1割程度にすぎません。

細菌性では、大腸菌などのグラム陰性桿菌のほか、一部のグラム陽性球菌も起炎菌にあげられています。クラミジア、ウレアプラズマ、マイコプラズマなどの関与も考えられています。

非細菌性の原因はまだはっきりしていませんが、免疫反応、骨盤底筋の緊張、骨盤内静脈のうっ血、心因性などさまざまな要因が考えられます。

症状　会陰部、下腹部、陰嚢にさまざまな症状を呈します。

そのほか、排尿痛、頻尿などの排尿症状を認めることも多くあります。ただし、急性前立腺炎と異なり、全身症状を呈することは少なく、また、症状もそれほど激しくないことがほとんどです。

検査と診断　診断はもっぱら症状によってなされますが、膀胱結石（1744頁）、膀胱がん（528頁）、前立腺がん（530頁）などの疾患がないことも確認します。

治療　細菌性に対しては、4週間程度の抗生物質の内服が有効で、ニューキノロン系がよく使用されています。非細菌性でも、たまたま菌が検出されなかった可能性や、菌量が少なかったために陰性となった可能性があるので、抗生物質の治療が適切と考えられています。

ほかの薬物療法としては、前立腺肥大症に用いられるαブロッカー、一部の抗炎症薬（鎮痛薬）、植物製薬（ある植物の抽出液）などが使用されます。

職場でのトラブルやストレスなど精神的・心理的な問題が背景となることもあり、心療内科、神経科、精神科などの受診を考慮する場合もあります。

日常生活の注意　飲水を心がけます。また、原因のひとつとして、骨盤内の静脈のうっ血があげられるので、デスクワークの多い人は、からだを動かすことも重要です。便秘は症状を悪化させることがあるので、腸の調子を整えておきましょう。

前立腺分泌物を体外に出すことができるため、射精も一部には有効です。

前立腺結石
Prostatic Stone

どんな病気か　前立腺の中で分泌液や尿などが石灰化し、小さな結石を生じる病気です。前立腺結石は、よく調べれば、ほとんどすべての成人男性に認められるものですが、程度は人により差があります。尿路結石（1740頁）とは性質が異なり、たいていは悪影響はなく、治療の必要もありません。

症状　ほとんどの場合無症状ですが、結石により細菌感染が助長されるような場合、前立腺炎症候群（前項）と同様の症状を呈します。

検査と診断　最近では人間ドックや他疾患の精査などの際に、腹部超音波検査やX線検査などにより、偶然発見されるケースが多いようです。

治療　結石のために抗生物質治療が効かなくなったと考えられる場合には、外科的な治療の対象になります。この場合、前立腺肥大症（1782頁）と同様の内視鏡手術により、結石の除去が行われます。

男性不妊症

Male Infertility

不妊原因の3分の1は男性側にある

◇男性の場合は精子が問題

［どんな病気か］ 男性側になんらかの原因があるために子どもに恵まれない場合を、男性不妊症といいます。

正常な結婚生活を営みながら子どもに恵まれない夫婦のうち、おおよそ3分の1は男性に原因が、3分の1は女性に原因があると考えられています。残りのおおよそ3分の1は夫婦双方に原因がある、または原因がはっきりわからないといわれています。

男性不妊症では精液中にまったく精子がいないか（**無精子症**）、いても数が少ない（**乏精子症**）、十分な数がいても精子に正常な活動能力がない（**精子無力症**）などの状態にあります。

［原因］ 男性不妊症の原因は、つぎの3つに分けられます。

①精巣（睾丸）を刺激して活動させる機能の障害、つまり脳にある脳下垂体前葉、視床下部などの障害、②精巣そのものの障害、③精子がその通路を通れない障害、つまり精巣上体（副睾丸）、精管、精嚢、前立腺などでの精子の通過障害です。

［検査と診断］ まず精液の検査をし、精子に問題があるかどうかを調べます。3〜5日禁欲したあと精液を採取し、30分ないし1時間後に検査を行います。

精液の量が2mℓ以上、精子の数が1mℓ中に２０００万個以上、精子の運動率（全精子中の活動的な精子の割合）60%以上が、世界保健機関（WHO）が定めた精液の基準です。ただし、これは絶対的なものではなく、あくまで目安であり、基準以下でも妊娠が得られる場合もあります。

また、精液の検査値はばらつきが大きいため、1回だけの検査では不十分で、3〜4回検査を行って、その平均値を基準とします。

精液の検査で異常と判定された場合は、本格的な検査に入ります。

過去の精巣の外傷や腫れ、耳下腺炎（1214頁）や高熱のでる病気にかかった経験の有無のほか、停留精巣（停留睾丸765頁）、鼠径部ヘルニア（1604頁）などで手術をしたかどうかが聞かれます。

また、精巣およびその関連器官の診察も重要となります。精巣の大きさや張り、精巣上体（副睾丸）や精管の状態、精索静脈瘤（1779頁）の有無、前立腺、精嚢の炎症の有無などを調べます。

さらに、血液検査で精巣関係のホルモン値、とくに脳下垂体からでる性腺刺激ホルモン（LH、FSH）の量を調べることは重要です。

精索静脈瘤がある場合は、体表の温度を図で示すサーモグラフィーで陰嚢表面の温度を調べ、静脈瘤のあるほう（多くは左側だけにある）の温度上昇の程度を調べます。

ここまでの検査は痛みや苦痛をともなわない簡単なものです。熟練した専門医であれば、この時点で原因をはっきりつかむことは困難でも、どこがどの程度に障害を受けているかの推定はできます。

障害されている部位や程度を確認する検査として、精巣の生検や精管・精嚢造影があります。精巣の生検は、陰嚢を約1㎝切開して精巣の一部（マッチの頭くらいの量）をとり、精巣で精子がつくられる状態を調べるものです。精管・精嚢造影は1～2㎝切開して造影剤を注入し、精管や精嚢を精子が通過できるかX線撮影でみるものです。どれも外来で局所麻酔で行うこともできますが、痛みが強い場合もあり、入院して腰椎麻酔で行うこともあります。

治療

原因が明らかになれば、それに応じた治療が行われますが、治療法がない場合もあります。

また、残念ながら原因がわからない場合が多く、こうした人の治療も困難といわざるを得ません。

◉外科的治療法

外科的治療の対象となるのは、精路通過障害（ふつうは無精子症です）、精索静脈瘤、停留精巣などがあります。

精路通過障害の原因としては、生まれつきの障害、外傷、鼠径ヘルニアなどによる手術、細菌感染、パイプカット手術などがあります。顕微鏡を使って精路となる器官を細かくつなぎ直し、精子が通れるようにする手術を主体に行いますが、障害の部位と程度などによって治療成績は大きく異なります。たとえば、パイプカット手術後の離婚、再婚のケースが増えていますが、5年以内の再吻合（つなぎ直し）は比較的容易です。しかし、10年以上の閉塞、広範囲の障害や欠損があると、治療は困難です。

精索静脈瘤による精巣障害も、比較的治療の効果があがります。ふつう左側の陰嚢におこる病気で、静脈弁が欠けていたりして血の流れが悪くなり、精巣のまわりの静脈がみみず腫れのように膨らんで精巣の温度を上昇させ、精巣機能を障害します。下腹部や鼠径部に小切開を加えて、逆流する静脈を切断すれば治ります。手術用の内視鏡（腹腔鏡）での手術も可能です。

◉内科的治療法

薬物治療でわりあい効果があるものに、ホルモン療法と感染症治療があります。

ホルモン療法は性腺刺激ホルモンが多少不足している人が対象で、不足しているホルモンを注射で補うと目覚ましい効果が得られることがあります。

また、前立腺や精嚢に細菌による炎症をもっている人には、抗生物質を使用すると、やはり著しい効果があることがあります。しかし、こうした例は多くありません。

男性不妊症の大部分は原因不明で、**特発性乏精子症**といわれるものです。

こうした場合はビタミン剤、代謝賦活薬、漢方薬などが用いられますが、治療効果はあまりみられません。残念ではありますが、厚生労働省から正式に認可された薬剤は、いまだありません。

◉人工授精

自然に妊娠が得られない場合、人工授精が選択されることもあります。

一口に人工授精といっても、配偶者間人工授精（AIH）、非配偶者間人工授精（AID）、体外受精・胚移植（IVF‐ET）、配偶子卵管内移植（GIFT）、卵子内精子注入（ICSC）

◎夢精と遺精

性行為や自慰などによらず、ほとんど無意識のうちに射精がおこる現象を**遺精**といいます。若い青年が睡眠中に性的な夢をみているうちに、興奮が高まっておこる遺精もしばしばみられ、これは**夢精**と呼んでいます。

遺精は夜間の夢精以外にも、たまにみられます。昼間にひどく緊張したとき、目から性的な刺激を受けたとき、あるいはなんの引き金になることもなく突然おこることもあります。こうした遺精は、精液となる分泌物が体内にたまって、それが体内の器官に伸展刺激をあたえることがおもな誘因と考えられます。禁欲している期間の長い若い青年では、自然な生理現象です。

夢精は10～15歳ころから始まり、最初の夢精は**精通**とも呼ばれています。女性の初経に対応する性的な生理現象です。初めて夢精を経験したときは驚きやとまどいをおぼえ

など、さまざまな技術が開発されています。

ＡＩＨ以外は保険の適用がされないほか、倫理的、法律的な問題がおこる可能性があり、慎重に考えるべきです。

早漏
Early Ejaculation

どんな病気か

射精までに時間が短く、女性がオーガズムに達しないうちに射精をしてしまう状態をいいます。射精までの時間には個人差があり、何分以内の射精が早漏かという定義はありません。

原因

大部分はからだのどこにも異常のみられないものです。触覚、視覚、聴覚などの性的刺激に対して感受性の強い、未発達な状態によっておこります。

とくに、包茎（1772頁）によって亀頭が刺激から保護されていた男性にしばしばみられます。

治療

包茎の程度がはなはだしい場合には、まず包茎を解消する手術が勧められます。

感受性が強いだけの早漏は、性的刺激に対する慣れによって自然と治ってしまうことがほとんどです。

一般に新婚の男性は早漏の傾向にあり、最近では少し増えているようです。

妻と性的経験にギャップがあり、こじれるケースもときにみられます。こうした場合は、妻の理解と協力がもっともたいせつです。夫婦でカウンセリングを受けて解決できることがほとんどですが、場合によっては、心理療法や抗不安薬の使用などを必要とすることもあります。

勃起障害（ＥＤ）
Erectile Dysfunction

どんな病気か

勃起障害（ＥＤ）とは、性交できるだけの勃起がおこらず、満足な性交が行えない状態で、通常、性交のチャンスがあっても、その75％以上で性交が行えないものと定義されています（日本性機能学会）。旧来のインポテンスと同義語です。

原因

ＥＤの原因は、機能的障害と器質的障害とに大別されます。

機能的障害とは、からだのどこにも障害がないもので、**心因性ＥＤ**とも呼ばれており、ＥＤの大部分を占めています。新婚ＥＤに象徴されるように、最近、若い人に増加がみられます。

器質的障害とは、からだに障害があるもので、陰茎そのものの障害のほか、神経や血管の障害、内分泌の病気などがあげられます。

また、器質的障害と機能的障害をあわせもつ混合型障害もあり、代表的なものは加齢や糖尿病によるものです。

検査と診断

器質的障害なのか機能的障害なのかを見分けることが必要ですが、多くの場合、問診をすることで区別できます。

つまり機能的障害では、性交時には勃起しなくても、自慰などで射精ができたり、いわゆる「朝立ち」が十分に認められることがよくあります。

しかし、専門医でもわかりにくいケースが少数存在します。そのような場

るかもしれませんが、健康的な性的成熟の過程にあるあかしです。

女性の初経については事前教育が行われていますが、男性の精通については、なんら配慮されていないように思われます。

大学生の調査では、禁欲状態がつづけば、月に1～2回の夢精が平均的と考えられます。性交や加齢によって、夢精はしだいに減少、消失します。

合は、夜間の生理的な勃起を、特殊なマイクロコンピュータ内蔵装置を用いて調べることで診断ができます。健康な成年男性は、夜間の睡眠中に4～6回ぐらい勃起します。こうした生理現象が生じていれば、機能的障害と診断できます。

この検査で異常なパターンがみられれば、からだになんらかの異常があるものと判断して、その原因をくわしく調べることになります。

治療 機能的障害に対しては、まずカウンセリングによる助言や指導が行われます。たいせつなことは、夫婦双方に対して、個々に、あるいはいっしょに、時間をかけてカウンセリングを行うことです。

心理療法、精神療法のほか、薬物療法や勃起を補助する器具を用いて治療を行うこともあります。

薬物治療として**シルデナフィル**などの勃起増強薬がたいへん有効です。陰茎海綿体の平滑筋に選択的に作用して、血管を拡張させ勃起を強力に促進させます。医師の処方せんが必要ですが、保険診療では認められていません。副作用として、高齢者や心疾患のある人で急性心不全（1342頁）による死亡例も報告されていて注意が必要です。

器質的障害の場合は、原因別に治療が行われます。内分泌系の腫瘍の摘出などで回復することもありますが、一般的には治療は困難だといえます。

原因を取除く治療ができない場合、**陰圧式勃起補助具**や**陰茎プロステーシス**が用いられています。陰茎プロステーシスとは、おもにシリコンなどでつくられた芯棒を、陰茎海綿体内に手術で埋込むものです。アメリカなどではかなり使われていますが、日本ではあまり普及していません。もちろん保険適用外で、高額な治療法です。

精巣（男性性腺）機能不全症
Male Hypogonadism

どんな病気か 精巣（睾丸）は、脳下垂体など神経系の上位中枢から分泌される性腺刺激ホルモン（ゴナドトロピン）の刺激を受けて男性ホルモン（おもにテストステロン）を分泌します。また精細管で精子形成を行います。精巣間質細胞から分泌されたテストステロンは精子形成を促進させるほか、陰茎、精巣上体、精管、精嚢、前立腺などの性器系の発育を促します。

また、体毛、ひげ、筋肉、骨格、声帯など全身に作用して、男性としての二次性徴を完成させます。

精巣機能不全とは、こうした精巣の機能が障害されたため、十分な男性の二次性徴がおきない状態の総称で、類宦官症（764頁）と同義です。広い意味では、男性不妊症（1788頁）や勃起障害（ED）（前項）も含まれますが、ここでは身体的な男らしさが完成されない男性二次性徴の障害について解説します。

原因 病因を大別すると、精巣そのものの障害と、間脳、視床下部、下垂体系（まとめて上位中枢系という）の障害とに分けられます。

精巣の障害は、生まれつきの障害のほか、外傷、結核（1285頁）などの感染

◎クラインフェルター症候群

染色体構成で一般の男性よりX染色体を余分に有するために生ずるもので、血液（白血球）の染色体を調べれば簡単に診断できます。比較的に手足が長く、時に女性のような乳房がみられます。無精子ですが、勃起にはあまり障害がみられず、しばしば男性不妊症（1788頁）として受診して発見されます。

症、腫瘍など、さまざまな原因でおこります。実際には、性染色体の異常による**クラインフェルター症候群**（579頁、本頁上段）がもっとも多くみられます。上位中枢系の障害にも、生まれつきの障害のほかに、外傷、脳腫瘍（966頁）など、さまざまな原因があります。

検査と診断 問診で小児期からの発育の過程をくわしく聞くとともに、性器系の診察が重要です。

ホルモンの検査も必要ですが、これは早朝に採血するとよいでしょう。男性ホルモン（テストステロン）の分泌量は、1日のうちで変動がみられ、午後はかなり低くなるからです。血中のゴナドトロピン（LH、FSH）の値を調べると、障害の部位を診断できます。精巣自体の障害ならゴナドトロピンの値は高くなり、上位中枢系の障害なら、著しく低い値を示すからです。

精巣自体の障害（ゴナドトロピンが高い場合）で、特別な病気にかかったことがなければ、まずクラインフェルター症候群を疑います。

上位中枢系障害（ゴナドトロピンが低い場合）で、もっとも多くみられるのは、**ゴナドトロピン単独欠損症**です。この病気は、間脳、視床下部に生まれつきの障害があるためにおこると考えられています。しばしば嗅覚障害をともない、**カルマン症候群**と呼ばれています。男性二次性徴はほとんど現れず、身長は成人なみになっても、体毛、ひげはとても薄く、男性化のきざしはほとんどみられないのが特徴です。

この病気と区別のむずかしいものに、**思春期遅発症**という病態があります。これは二次性徴の発来が著しく遅れるもので、遅いものでは20歳をすぎてようやく二次性徴が始まることもあります。その経過はゴナドトロピン単独欠損症と似ていて、専門家でも区別がむずかしいことも少なくありません。ゴナドトロピンの分泌が低いことによる障害には、ほかに下垂体腺腫（966頁）などがあります。

治療 精巣が障害されて高ゴナドトロピンとなっている場合、精巣の機能を回復させることはほとんどできません。そこで、男性ホルモンの補充療法を行うことになります。

男性ホルモン剤は内服薬では十分に効果を発揮することができず、ふつう数週間に1度の筋肉注射による治療が行われています。治療の効果は顕著で、1～2年つづけると性器も十分な発達が得られ、骨格、筋肉も変化して、人がちがったと思われるほどになることがしばしばです。ただし、この療法を行うと、精巣そのものはさらに縮小してしまいます。

上位中枢系の障害のうち、下垂体に障害があるものは、ゴナドトロピン注射療法（週に2～3回）を行います。これによって精巣が発達します。さらに上位の間脳、視床下部に障害がある場合は、ゴナドトロピン放出ホルモンを半永続的に皮下注入する治療法もあります。しかし、つねに自動注入器を携帯しなければならず、効果が弱いなどの欠点があって、ゴナドトロピン注射療法が選択される場合もあります。

なお、これらのホルモン療法は、残念ながら、いずれも半永続的につづけなければなりません。

第4部 病気の知識と治療

第15章 皮膚の病気

皮膚のしくみとはたらき

◇皮膚は内臓の病気の鏡

人が死ぬと、皮膚も内臓と同じようにまもなく腐敗し、分解されてしまいます。しかし生きているかぎり、皮膚はいつもからだのもっとも外側の膜としてはたらきつづけています。それは、鎧のような死んだ膜ではなく生きた膜であり、ひとつの器官なのです。

皮膚の厚さは2㎜、とくに垢として毎日落ちる最上層の角質層はわずか0・2㎜しかありません。しかし、全身をカバーしているため、総重量は成人男性の場合で約10kg、表面積は1・6㎡にもなり、体内でもっとも大きな臓器である肝臓より大きな器官ということになります。

皮膚は人体のもっとも外側にあり、外界にある細菌、ウイルスなどの微生物や毒物の侵入を防ぎます。たとえば皮膚の表面は弱酸性のため、細菌は増殖しません。そのほか、機械的な力や紫外線の影響もうんと小さくしてくれます。さらに体内の水分の蒸発を防ぎ、体温を一定にするなど、じつにたいせつなはたらきをしています。

こうしたことから、皮膚の健康に注意するのは、生体を防御し、その恒常性を保つうえでとてもたいせつなことであるのがわかります。

また、人は皮膚によって病気と健康、年齢、人種を知ることができるほか、その人が幸福であるか、怒っているかなどの感情まで表現することができます。さらにもうひとつの特徴は、内臓の病気は外からわからないため、専門家の診断や最新の検査機器を必要とすることが多いのですが、健康な肌は誰でもわかるということです。一晩徹夜をすると、翌日は皮膚に輝きがありません。若い人でも、毎日夜更かしをすると、にきびが増えたおぼえがあるはずです。「目はこころの窓」ということばがありますが、「皮膚は内臓の病気の鏡」といいたいのです。自分の健康のサインのひとつとして皮膚にもぜひ注意してください。

その皮膚の病気には、アレルギーの病気から悪性の腫瘍まで、じつにたくさんの種類があります。この章では、代表的な皮膚の病気について、それぞれの成り立ち、症状、治療方法などを紹介します。皮膚を観察するときの指針とされ、適切な対応をしてください。

◇皮膚のしくみとはたらき

皮膚の表面を見ると小さな溝の部分と盛り上がった部分が見られます。それぞれ、**皮溝**と**皮丘**と呼ばれます。人によってみな異なる指紋は、その特殊な例です。皮溝と皮溝の交わるところに毛髪が出る**毛孔**（毛あな）があり、皮丘の中心には**汗孔**（汗の出口）があります。老齢化すると皮膚にしわができますが、その方向は真皮の線維の方向（割線方向）によって決まるのです。皮膚を手術する場合、メスの方向を割線方向に合わせるのは、傷あとをもっとも目立たなくするためなのです。

赤ちゃんの皮膚がみずみずしいのはその水分量が多いためです。人の皮膚

皮膚のしくみとはたらき

図1　表皮の構造

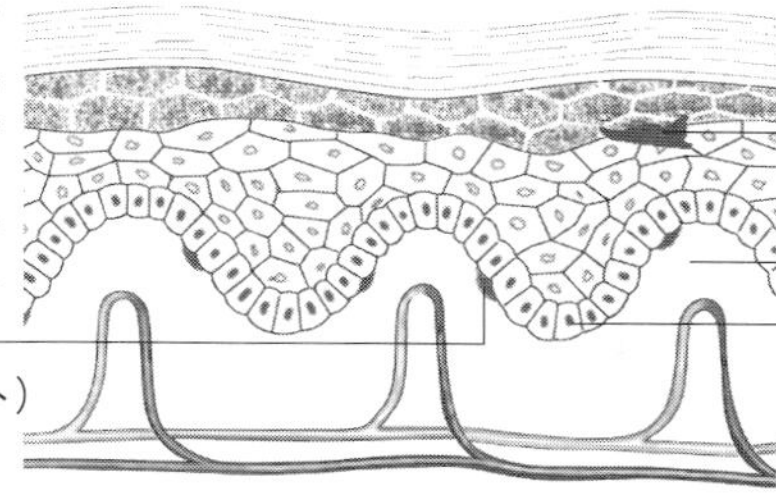

図2　皮膚の構造

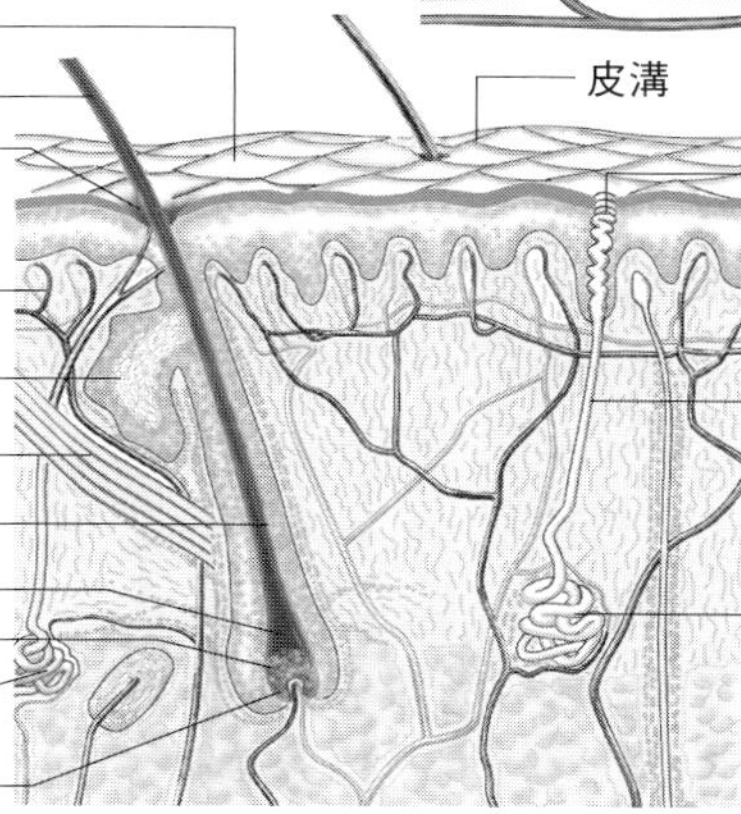

は絶えず新陳代謝を行い、新しい皮膚をつくっています。カニやエビ、昆虫類の殻とちがい、ダイナミックに変化し、どのような形にもなるのです。

　皮膚の断面を顕微鏡で見たもの（断面図）が図2です。もっとも外側の、直接外気と触れている部分には**表皮**があります。表皮は角化（かたくなる）する細胞からできており、5〜6層の厚みがあります。いちばん下の層が**基底層**で、この層の細胞が日夜分裂して新しい角化細胞をつくり、つぎつぎと上へ押し上げます（図1）。

　角化細胞の寿命は14日ほどで、死ぬと細胞の核も消え、やがては垢として表面から剥がれ落ちます。基底細胞が分裂して新しい細胞ができ、垢となって落ちるまでには約1か月かかります。その速度が遅くなると魚のうろこのような皮膚になり、速くなると乾癬という病気になります。無制限に細胞が増えてしまうのが皮膚がんです。

　表皮のたいせつな作用に、体内の水分の蒸発を防ぐことと、外界の異物が体内に入るのを防ぐことがあります。かぶれ、虫刺され、熱傷（やけど）などでできる水疱（水ぶくれ）は、表皮細胞の間や表皮の下に液状の成分がたまったものです。

　表皮の基底層のところは、波状にうねっています。それは外から強い力が加わったときに力を吸収するためです。

　また、表皮には、角化細胞のほかに、**ランゲルハンス細胞**、**色素細胞**（**メラノサイト**）があります。ランゲルハンス細胞というのはアレルギーをおこす物質を認識する細胞で、色素細胞はいわゆる**メラニン**をつくる細胞です。白人と黒人の肌の色のちがいは、メラノサイトの中にあるメラニンを貯蔵するメラノソームのはたらきのちがいによるものです。また、皮膚の色はメラニンのみでなく、血液中のヘモグロビン、カロテンの量や皮膚の厚みも関係しています。

　女性が妊娠して、子宮内に胎児ができたとします。最初のうち、胎児の表皮はのっぺらの1枚の膜ですが、やがてところどころに芽のようなものが伸び始め、毛嚢（毛孔）、脂腺、汗腺と

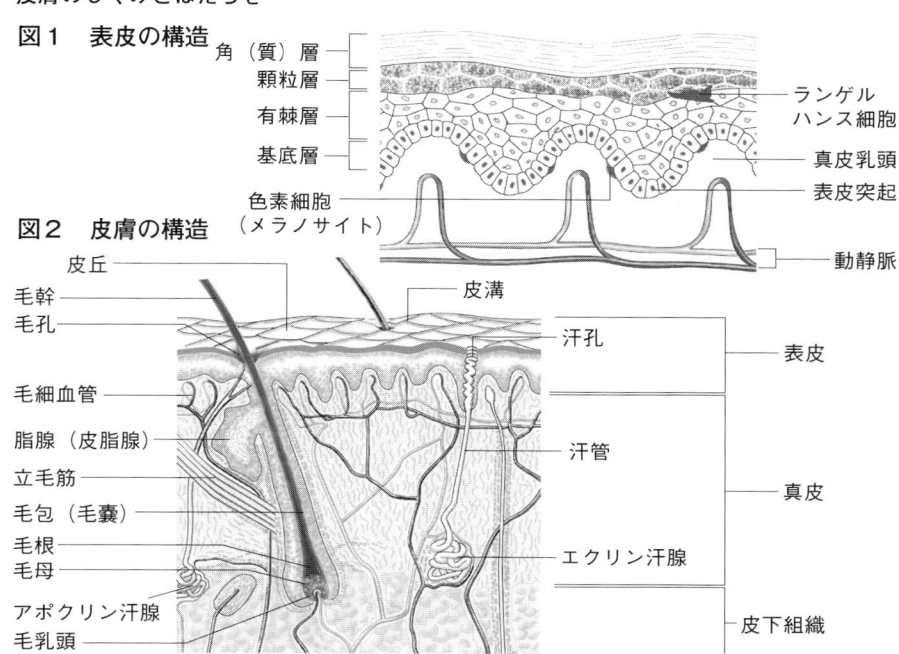

◎かゆみと瘙痒

かゆみを表す医学用語は瘙痒です。ところが、パソコンなどでは「やまいだれ」の瘙がなく、たいてい掻と変換されます。瘙痒とは、かきたくなる行動をおこさせる特殊な感覚です。とくに皮膚病では多くの例にみられるため、医師は患者に「かゆいの？　かゆくないの？」と聞くのです。かゆみのあるなしで大きく皮膚の病気を鑑別できるからです。

いっぽう、瘙痒は疼痛の弱いものだという古くからの説もあります。本当にそうかどうかは今でも生理学者の間で議論されています。

また、かゆみはきわめて主観的なもので、本人しかわからないという面もあります。そこで参考として、かゆみの程度を表現した表をあげておきます。皮膚病にかかったとき、患者が「夜も眠れぬほどかゆい」とか「一日中つづく」と表現してくれれば、ずいぶ

なります。爪も表皮細胞からできます。これらを**付属器**と呼びます。

表皮のすぐ下を**真皮**といいます。真皮には線維成分と細胞成分があり、血管、リンパ管、神経がたくさん含まれています。表皮には血管がないので、けがをして少しでも出血するのは真皮まで切れているということです。

真皮の線維成分には**膠原線維**と**弾力線維**とがあり、どちらも線維芽細胞からつくられています。膠原線維は皮膚の強度を保持するもので、真皮の70％を占めています。コラーゲンという分子量30万のたんぱくで、水中で加熱するとゼラチン状になります。弾力線維はエラスチンというたんぱくからできています。老化とともに性質が変わるため、皮膚の張りがなくなります。

こうした線維の間は糖とたんぱくが複合した無形の物質で埋まっています。そのひとつのヒアルロン酸は体内の水分の保持、調節のはたらきをしています。さらにこれらの線維の下にあるのが皮下組織で、網の目状の線維の間にはたくさんの脂肪細胞があります。

◇皮膚病のおもな症状

Ⅰ　病歴

どんな病気でも、その発端からの経過を正確に医師に伝えることが正しい診断の第一歩となります。そのほか、皮膚科の病気の診断に必要な情報には、つぎのようなものがあります。

①家族に同様な病気があるか（遺伝病、感染症［例―水痘、疥癬］）
②職業（接触皮膚炎［かぶれ］）
③合併症と治療経過（薬疹）
④趣味（光線過敏症、接触皮膚炎、虫刺され）
⑤季節（光線過敏［初夏］、アトピー性皮膚炎［冬］）
⑥食事（じんま疹）

Ⅱ　自覚症状

かゆみは皮膚病のもっとも典型的な症状で、内臓疾患ではみられないものです。皮膚病の3分の1にはかゆみがみられます。また、かゆい皮膚病の原因の半分以上は湿疹ですから、かゆいときには湿疹、接触皮膚炎がまず疑われます（湿疹と接触皮膚炎は、原因は別ですが同じグループの病気です）。

◉かゆみのある皮膚病の例

急性：じんま疹、湿疹、接触皮膚炎、虫刺され、疥癬（ダニ）、伝染性膿痂疹
慢性：乾癬、白癬（みずむし）

◉痛みのある皮膚病

急性：
小水ぶくれ（水疱）…単純ヘルペス、帯状疱疹
水ぶくれ・潰瘍…熱傷、虫刺され
腫れ・赤み…癤、癰（できもの）、軟性下疳、丹毒
慢性：アレルギー性血管炎、下腿潰瘍、結節性紅斑、ベーチェット病、うおの目（鶏眼）

◉知覚鈍麻のある皮膚病

ハンセン病：日本ではまれな疾患ですが、東南アジア、インド、南米にはまだ多くみられます。在日外国人にみられることもあります。

Ⅲ　部位別にみた皮膚病

▼頭　母斑（あざ）、白癬、湿疹、接触皮膚炎、乾癬、頭じらみ、汗腺腫瘍
▼顔　接触皮膚炎、アトピー性皮膚炎、

ん医師の診断の役に立つことでしょう。

かゆみの程度と表現法

程度と記号	症状の表現例（昼間）	症状の表現例（夜間）
高　度　卌	いてもたってもおられず、何も手につかない。	かゆくてほとんど眠れない。
中等度　卄	絶えずかゆく、人前でもかく。	かゆくて目が覚める。眠りながらかく。
軽　度　＋	ときどき軽くかけばおさまる。	かけばおさまり、目は覚めない。
軽　微　±	ときにムズムズするが、我慢できる。	寝る前わずかにかゆいが、よく眠れる。
な　し　－	ほとんど（まったく）かゆくない。	ほとんど（まったく）かゆくない。

白取昭博士（元市立札幌病院）作成の表を改変

日光疹、膠原病、ウイルス性発疹、帯状疱疹（ヘルペス）、尋常性痤瘡（にきび）、癰、疣贅（いぼ）、汗管腫、酒皶、肝斑（しみ）、老人性色素斑、基底細胞がん

▼口唇　薬疹、血管腫、膠原病、単純ヘルペス、ベーチェット病、口唇炎、天疱瘡、有棘細胞がん

▼体幹（胴体）　乾燥性湿疹、アトピー性皮膚炎、あせも、ウイルス発疹、水痘、帯状疱疹、白癬（たむし）、癜風、紅皮症、乾癬、膿痂疹、天疱瘡、レクリングハウゼン病、虫刺され、疥癬、伝染性軟属腫、乳房パジェット病、カンジダ症、悪性腫瘍

▼上肢　日光疹、湿疹、接触皮膚炎、帯状疱疹、虫刺され、痒疹

▼手　湿疹、接触皮膚炎、多型紅斑、ペラグラ、疣贅、疥癬、アジソン病、真菌症、膠原病、手足口病、ポルフィリン症、汗疱、掌蹠膿疱症、ヘルペス、瘭疽、梅毒

▼下肢　湿疹、皮膚炎、小児ストロフルス、虫刺され、紫斑、痒疹、血管炎、魚鱗癬、結節性紅斑、脛骨前粘液水腫、大理石様皮斑

▼足　白癬（みずむし）、うおの目、疣贅、たこ(胼胝)、手足口病、掌蹠膿疱症、糖尿病性壊疽、尋常性白斑（白なまず）、悪性黒色腫

▼外陰部　おむつ皮膚炎、慢性湿疹、カンジダ症、間擦疹、褥瘡、白癬、湿疹、接触皮膚炎、尖圭コンジローマ、梅毒、被角血管腫、フォックス・フォアダイス病、黒色表皮腫、尋常性白斑、パジェット病、ボーエン病

Ⅳ　皮疹の型からみた皮膚病の例

▼小水疱　ヘルペス類、手汗疱

▼水疱（水ぶくれ）　天疱瘡、薬疹、接触皮膚炎、膿痂疹

▼膿疱（化膿）　尋常性痤瘡（にきび）、毛嚢炎、白癬、カンジダ症、掌蹠膿疱症、癤、癰

▼皮膚色の結節　疣贅類、うおの目、たこ、皮膚腫瘍、粉瘤、伝染性軟属腫

▼白色の皮疹　尋常性白斑、癜風、白色粃糠疹

▼褐・黒色の皮疹　雀卵斑、肝斑、色素性母斑、老人性疣贅、カフェオレ斑、悪性黒色腫、基底細胞がん、有棘細胞がん

▼黄色の皮疹　黄色腫、柑皮症、脂漏性皮膚炎

▼赤色の皮疹　虫刺され、血管腫、老人性血管腫、癰、感染粉瘤、汗腺炎、じんま疹、多型紅斑、結節性紅斑、疥癬

▼鱗屑（カサカサ）をともなう皮疹　乾燥性湿疹、乾癬、白癬、慢性エリテマトーデス、ばら色粃糠疹、扁平苔癬

▼各種の皮疹の混在　接触皮膚炎、アトピー性皮膚炎（皮膚の肥厚）

Ｖ　内臓疾患と関連深い皮膚病の例

▼糖尿病に合併　黄色腫、浮腫性硬化症（くび）、カンジダ症、皮膚瘙痒症、糖尿病性壊疽、脂肪類壊死、脛骨前部色素斑

▼内臓悪性腫瘍に合併　黒色表皮腫、多発性老人疣贅、環状紅斑、紅皮症、類天疱瘡

▼小腸ポリープに合併　ポイツ・ジェガース症候群（雀卵斑［口唇、手掌］、家族内発症）

▼肝疾患に合併　黄疸、皮膚瘙痒症、黄色腫、クモ状血管腫、手掌紅斑

おもな皮膚病変の俗名と学名

俗名	学名
あおあざ	太田母斑、蒙古斑
あかあざ	血管腫
あかはな	酒皶
あからがお	酒皶
あざ	母斑、母斑症
あせも	汗疹
あせものより	汗腺膿瘍
いぼ	疣贅
いんきん	股部白癬
うおのめ	鶏眼
おでき	癤（毛包炎）
かさかさ	乾皮症
かぶれ	接触皮膚炎
かゆみ	瘙痒症
くろあざ	色素性母斑
さめはだ	魚鱗癬
しみ	黒皮症、肝斑
しもやけ	凍瘡
しらが	白毛症
しらくも	頭部白癬
しろなまず	尋常性白斑
そばかす	雀卵斑

▼クッシング症候群に合併　アジソン病（色素の多い部分の色素沈着）

◇皮膚付属器のしくみとはたらき

◉皮膚付属器の発生

妊娠後3か月たつと、胎児の表皮の基底細胞層に原基（ふくらみ）が生じ、そこから毛、爪、皮脂腺、汗腺という皮膚付属器が分化して発生し始め、出生時までに完成します。

図3　頭髪の成長と脱毛（毛成長周期）

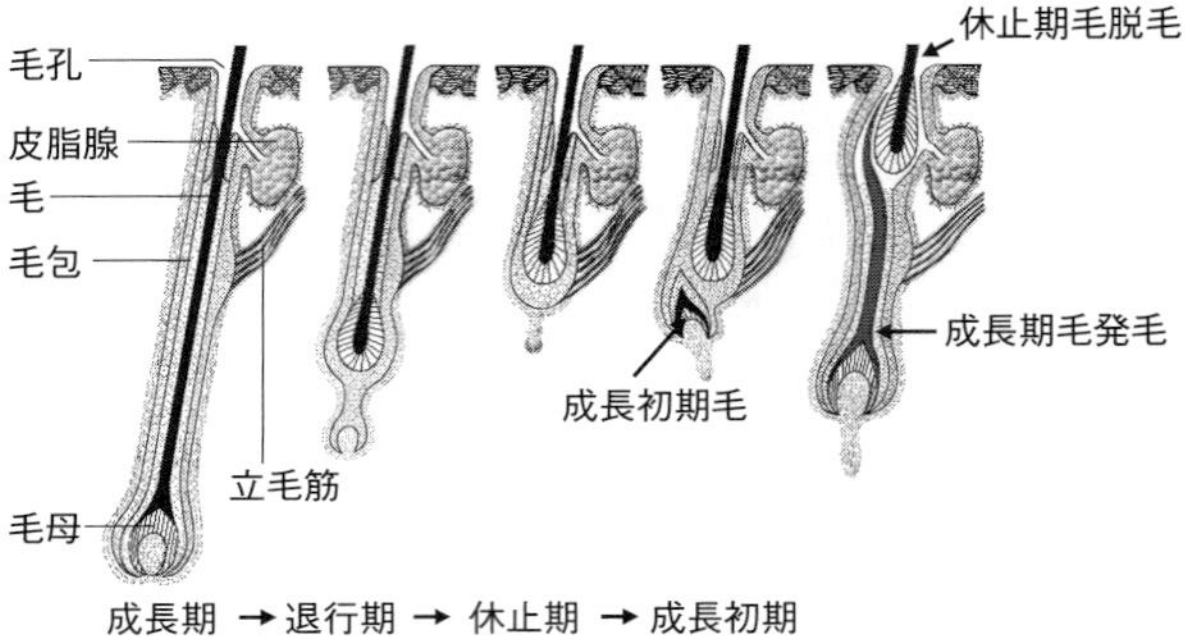

◉毛

毛には頭髪、腋毛（わきげ）、陰毛などの長毛と、うぶ毛などの短毛があります。それぞれの毛には独立した寿命があり、これを**毛（成長）周期**といいます（図3）。頭髪では平均5年、眉毛（まゆげ）では1年、うぶ毛では半年です。頭髪は約10万本あり、頭全体から1日に約100本ほど抜け落ちます。これを**生理的脱毛**といいます。

◉皮脂腺

脂肪（皮脂）を分泌する皮脂腺は毛を入れている毛包に開口しており、毛孔（毛あな）を通して汗と混ざり、角質の表面に薄い弱酸性の膜（皮脂膜）を形成します。皮脂膜の性状によって脂肌や荒肌となります。

◉立毛筋

立毛筋は、斜めに植わっている毛包の根元に付着している筋です。真皮から分化した筋肉ですから、厳密には皮膚付属器ではありませんが、この筋肉が寒さや恐怖などによって収縮すると毛が立って鳥肌になります。

◉汗腺

人間の汗腺には**エクリン汗腺**と**アポクリン汗腺**の2種類があります。エクリン汗腺は全身に約200万本も分布し、汗を排出することで体温を一定に保ちます。新生児でもおとなと同じ数のエクリン汗腺がはたらいているため、赤ちゃんは汗疹（あせも）がよくできるのです。アポクリン汗腺は臭腺で、思春期になると、わきの下、陰部、外耳道などにかぎってよく発達します。アポクリン汗腺の分泌が盛んな人が腋臭症（わきが）となりますが、これは病気ではありません。

◉爪

表皮の角質は軟ケラチンという成分でできていますが、爪は毛と同じ性質の硫黄分の多い硬ケラチンという成分からできています。爪は指骨に近い爪母という部分で増殖して先端に押し出されます。手爪は1日で0・1㎜、足爪は0・05㎜伸びます。外傷を受けても爪母が残っていれば爪は再生されます（次頁図4）。

ぜにたむし	体部白癬
たこ	胼胝腫
ただれ	びらん(糜爛)
たむし	体部白癬
ちゃあざ	扁平母斑
できもの	癤、癰
とこずれ	褥瘡
とびひ	膿痂疹
にきび	痤瘡
はげ	脱毛症
はたけ	顔面単純粃糠疹
ひげそりまけ	毛瘡
ひぜん	疥癬
ふけ	脂漏性皮膚炎
ほろせ	じんま疹
ほくろ(黒子)	色素性母斑
まだら	斑
みずいぼ	伝染性軟属腫
みずぼうそう	水痘
みずむし	足白癬
めんちょう	顔面癤
やけど	熱傷
わきが	腋臭症、臭汗症

◇発疹のいろいろ

◉発疹と皮膚病変の原因

皮膚には、いろいろな色や形をした発疹（個疹）ができます。個疹を全体的にみて特徴があるものを皮膚病変といいます。その原因は外的刺激（外因）によるものと内臓の病変（内因）によるものとに大別されます（図5）。

◉発疹の種類

ここでは、俗名（和名）のついた、よくみかける発疹をとりあげます。

▼紅斑と紫斑　ガラス板で圧迫すると紅色が消えるのは、毛細血管が拡張し充血した紅斑（発赤）で、消えないものは赤血球が血管外に漏れ出た紫斑（内出血、うちみ）です。

▼びらん、潰瘍、亀裂　びらん（ただれ）は表皮がはがれた状態で、治った後に瘢痕（きずあと）を残しません。潰瘍は真皮の深い部分から皮下脂肪まで欠損したもので、瘢痕やケロイドを残します。亀裂（ひび、あかぎれ）は表皮にできた線状の小さな裂け目です。

▼鱗屑と痂皮　角化の異常によって角質層が厚くなり、ぼろぼろはがれる状態を落屑（ふけ、垢）といいます。

これに対してびらん面や潰瘍面から滲み出て付着した体液や血液がかたまったものが痂皮（かさぶた）です。

▼水疱と膿疱　はれものの中の液が透明なのが水疱（水ぶくれ）で、膿汁（うみ）がたまったのが膿疱です。

▼丘疹、結節、腫瘤　皮膚の表面に隆起したできもののうち、炎症性で大きさがエンドウ豆までのものを丘疹（ぶつぶつ）といいます。非炎症性で、大きさがエンドウ豆より大きいものを結節（しこり）といい、結節より小さいものを小結節といいます。また、表面に凹凸があり、大きくなりがちなものを腫瘤と呼んでいます。

◉皮膚病変の種類

皮膚病変には、これらの発疹のほか、さまざまなものがあります。上段の表に代表的なものの俗名（和名）と学名（医学用語）をあげておきました。

図4　爪のしくみ

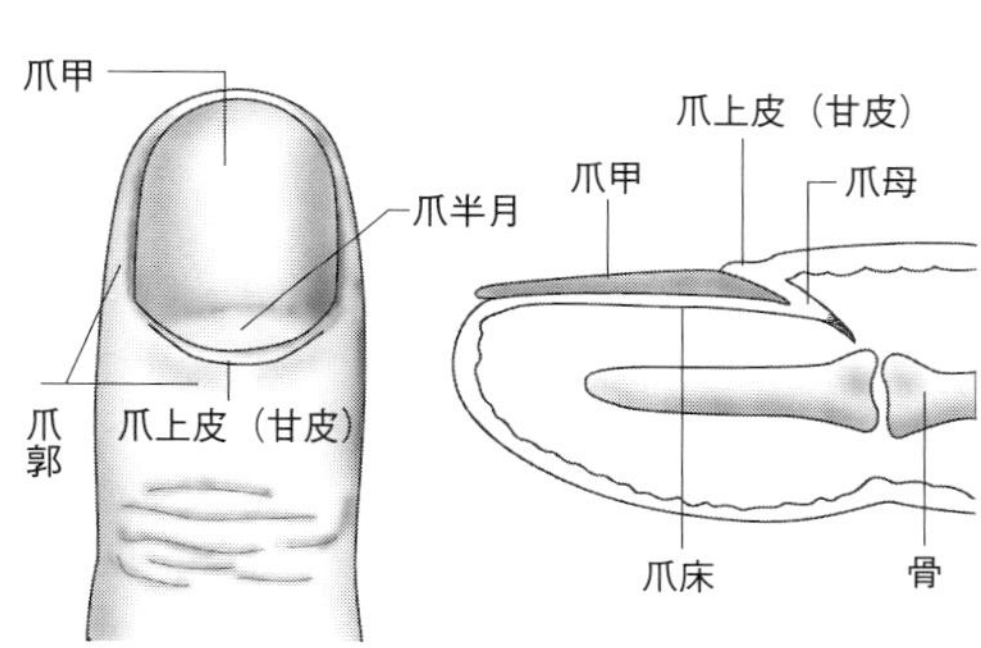

図5　皮膚病変とその原因

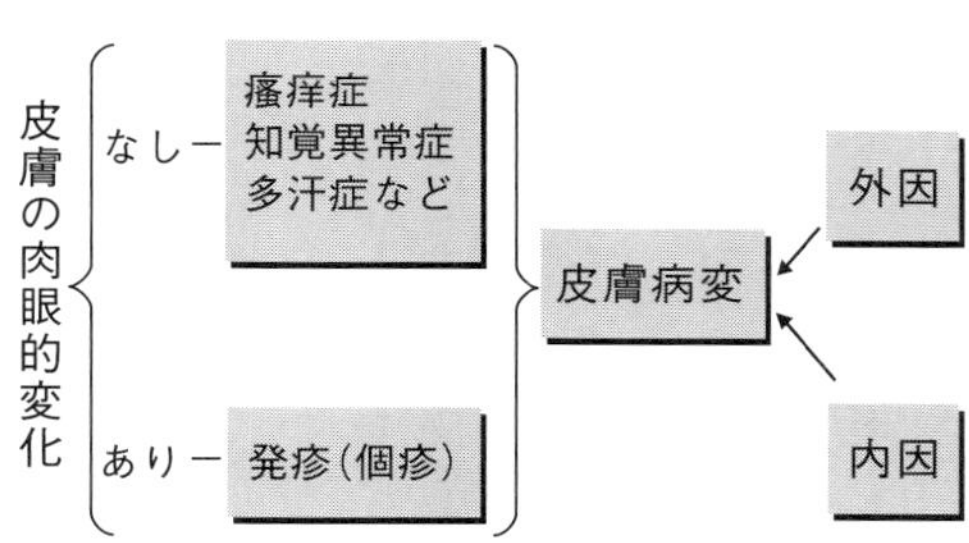

老化にともなう皮膚の病気と症状

◇湿疹

湿疹（1803頁）は、皮膚病のなかでもいちばん多い病気です。皮膚科を受診する人の少なくとも30～50％はなんらかの湿疹だといえるほどです。

湿疹といっても、接触皮膚炎（かぶれ）もあれば、アトピー性皮膚炎や脂漏性皮膚炎など、さまざまの種類があります。これらをまとめて湿疹として統計をとってみると、医療機関による頻度にあまり差がありません。ところが、湿疹のひとつひとつを詳細にみてみると、年齢に関連するちがいが明らかになります。たとえば、皮脂欠乏性皮膚炎は高齢者に圧倒的に多いことがわかります（次頁図）。

「年をとると皮膚がかゆくなる」とよくいわれます。たしかに高齢者になると皮膚がかさかさになりますが、そのほとんどは**老人性乾皮症**によるもので、皮膚が乾いてくると皮膚のバリア機能が低下し、ふだんはなんでもない刺激にも敏感に反応し、かゆくなります。この状態が**老人性皮膚瘙痒症**です。

さらに、かゆいので皮膚をかき、かくとますますかゆみが増し、さらに強くかくといった悪循環が生まれ、皮膚が湿疹化します。こうしてできた湿疹が**皮脂欠乏性皮膚炎**です。

このようにみると、老人性乾皮症→老人性皮膚瘙痒症→皮脂欠乏性皮膚炎という図式が成立していることがわかります。

いっぽう、「年をとると皮膚がかさかさしてくるのは皮膚の脂が足りなくなったからだ」ともよくいわれます。しかし、これは正しくありません。正確には、皮膚のもっとも外側にある角質層の水分が加齢とともに減少するためなのです。これもまた、皮膚の加齢現象のひとつです。50歳を境に、とくに男性に急激におこります。

角質の水分はまた、空気中の湿度にも影響されます。空気が乾燥する冬には、皮膚はいっそうかさかさになります。入浴や石けんの使用頻度といった生活習慣によっても、皮膚の乾燥度は左右されます。

少なくなった角質の水分を増やすには、角質に水分を補い、保たせればよいわけですが、それには保湿剤入りの入浴剤を使用したり、入浴後、あるいはふだんでも、保湿剤入りの外用薬を使用するとよいでしょう。

このように、老人性乾皮症は一種の加齢現象です。人はこの状態を避けて通ることはできませんが、その程度を軽くすることはできます。それには、保湿剤の使用以外に、日常生活をどう送るかがとても重要です。

老人性皮膚瘙痒症や皮脂欠乏性皮膚炎も、その原因は老人性乾皮症にあるのですから、同じ注意が必要です。

◇しみ、いぼ、白斑

年をとると、顔や手の甲といった日光がよくあたるところに、いろいろな「しみ」ができます。もっとも多いのが**老人性色素斑**で、雀卵斑（そばかす）に似た小型のしみ（小斑型）と、指の

湿疹病型別の割合

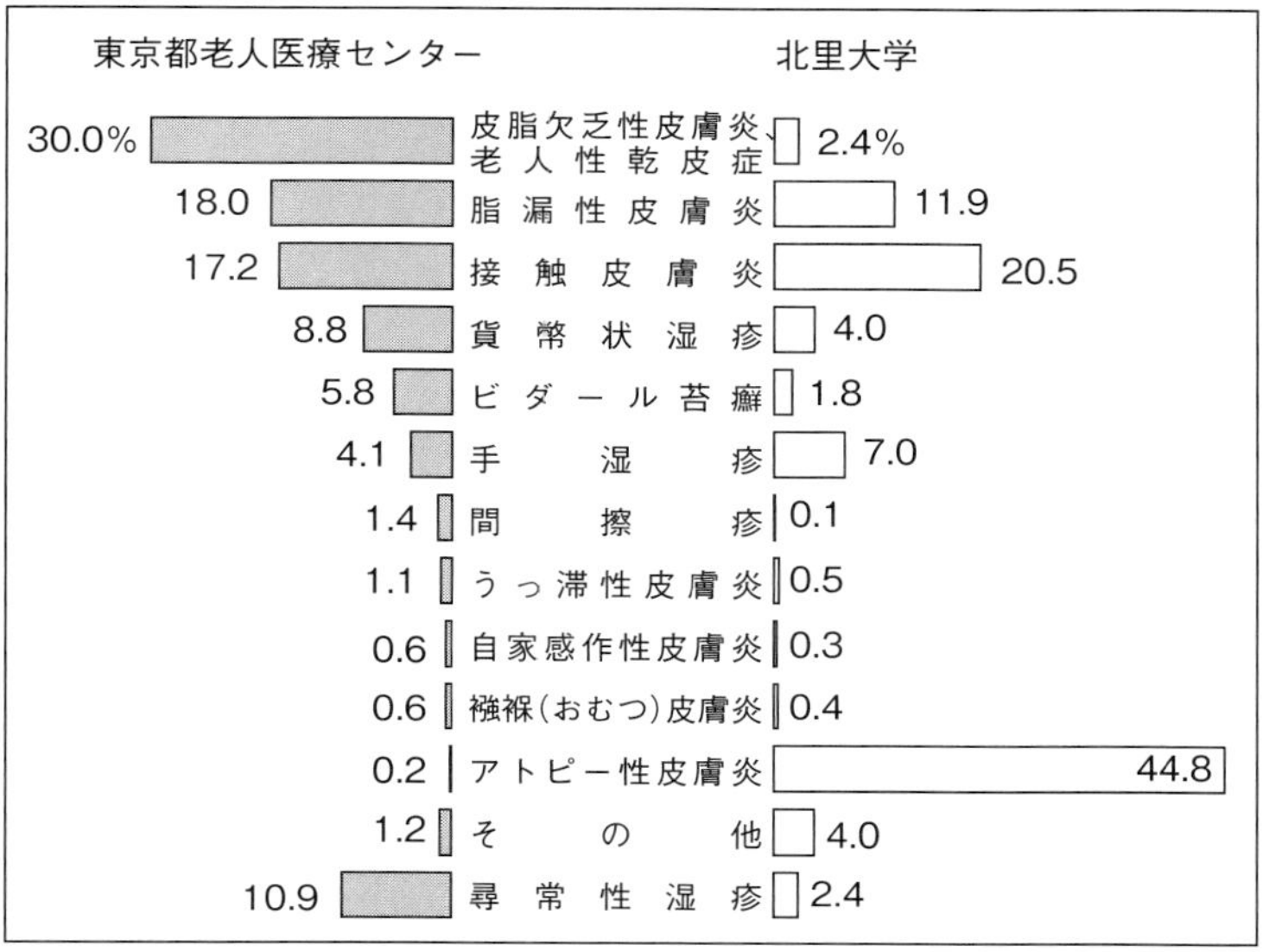

注＝東京都老人医療センターは65歳以上、北里大学は64歳以下の新患患者をもとに算出した。（山本達雄：皮膚病診療、13：214.1991より）

頭大のしみ（大斑型）がよくみられます。

顔に限っていうと、小斑型は耳の前やこめかみによくできます（雀卵斑は、目のまわりや鼻の付け根を中心に両方の頬にできる）。大斑型は頬や額、まゆ毛の外より3分の1あたりのところに単発したり、多発したりします。

いずれの老人性色素斑も、がんにはなりませんが、「しみ」にはがんの前段階である日光角化症や黒色がん前駆症もありますから、注意が必要です。

老人性色素斑は本来、皮膚面から盛り上がらない褐色ないし黒褐色の斑点のことですが、古くなると一部が盛り上がり、いぼ状になることがあります。これを**老人性疣贅**（1848頁）といい、**脂漏性角化症**とも呼ばれます。

いずれにしても、中年以降、顔や頭、胴体にできる米粒の半分の大きさからエンドウ豆大のいぼ状のできもので、老人性色素斑の中にできたり、無関係にできたりします。これまた皮膚の加齢現象のひとつです。

いぼといってもウイルスが原因ではありません。ごくまれにがんになるといわれていますが、心配はまずありません。ただし、短期間にたくさんでき、やたらにかゆいときには注意しましょう。内臓悪性腫瘍、とくに胃がんの存在を知らせる注意信号のことがあるからです。

老人性疣贅ががん化することはほとんどないものの、高齢者には、がんを含め、がんに似た腫瘍がよくできます。放置せず、医師の診察を受けましょう。

老人性色素斑が高齢者の皮膚にみられる色のついたしみであるならば、反対に皮膚の色が抜けた、直径がせいぜい1cmほどの小さく白い斑点が**老人性白斑**です。これも皮膚の加齢現象のひとつで、中高年以降によくみられます。皮膚に含まれる褐色の色素（メラニン）をつくる細胞（メラノサイト）が老化して、部分的に皮膚からなくなってしまった結果です。

メラニン色素がなくなって、皮膚が白くなる皮膚病の代表は、尋常性白斑（1840頁）です。この白斑は大型で、拡大する傾向があり、白くなった部分の周囲の皮膚は、そのさらに外側の正常の皮膚よりもやや濃い色がついています。しかし、老人性白斑ではこうした現象はみられず、拡大傾向もまったくありません。

褥瘡（床ずれ）
Decubitus, Pressure Sore, Pressure Ulcer

どんな病気か

外部から皮膚に長時間持続して圧迫が加わると、皮膚や、その下の筋肉、腱などの深部組織の血流がとだえ、組織が酸素不足、栄養不足になります。その結果生じた、皮膚や深部組織の障害や壊死（細胞の死滅）を褥瘡（床ずれ）と呼びます。

原因

寝たきりの人やまひのある人は、からだの向きや姿勢をかえることが簡単にできません。そのため寝具や車いすなどに接触している皮膚には、からだの重みによる圧迫が持続して加わります。とくに骨が突き出ている後頭部、肩甲骨部、仙骨部、座骨部、大転子部、踵などには、圧力が集中して加わります。そのため、褥瘡が発生しやすくなります。また、このような人がベッド上や車いす上で長時間座っているときに、徐々にからだがずり落ちて皮膚がよれることも褥瘡をつくる原因になります。さらに、全身状態や栄養状態が悪いこと、失禁や発汗で皮膚がぬれたり汚れたりすることが褥瘡をつくりやすくします。

診断

皮膚に加わる圧迫を取り除いても、その部分の発赤（赤み）がつづくのは褥瘡の初期段階です。この時点で対策をとらないと、水ぶくれやただれを生じるようになります。さらに皮膚や深部組織が壊死をおこすと、皮膚は黒く変色します。この壊死をおこした組織を除いたあとには深い潰瘍ができ、皮下組織や筋肉、骨まで露出するようになります。

治療

皮膚に発赤、水ぶくれ、ただれが生じたときには、その部分の圧迫をすぐに除き、患部が擦れたり、ぬれたりしないようにドレッシング材（創傷被覆材）などで患部を保護します。発赤部分のマッサージは患部を傷めるおそれもありますのでお勧めできません。体液（滲出液）が滲み出てくる場合は、吸水性のあるドレッシング材を用います。

皮膚や深部組織が壊死をおこした状態で放置していると、感染をおこしたり、大量の体液が滲み出て、生命の危険を招くこともあります。すぐに医療機関に相談し、処置を受けましょう。

壊死組織を取除くと、潰瘍の底から赤い肉芽組織が盛り上がり、最終的に線維成分の多い瘢痕組織となって、褥瘡は治ります。

高齢者の褥瘡は、一般に薬剤やドレッシング材を用いて保存的に治療することが多いのですが、場合によっては、皮弁形成術（1985頁）や筋皮弁形成術を行い、外科的に治すこともあります。

予防

いったん褥瘡ができると、治るまでに長い時間がかかります。褥瘡をつくらないことがもっとも大事です。そのためには、発生原因をできるだけ取除くこと、すなわち、からだの向きを2～3時間ごとに変え、からだの一部に圧迫が集中しないようにします。またエアマットなどを使い皮膚への圧迫を少なくします（これらは自治体より貸与や供与が受けられることがあります）。失禁があり、おむつを使用している場合は、吸水性のよいものをこまめに交換し、皮膚をぬれたままにしないこともたいせつです。

湿疹（皮膚炎）

湿疹（皮膚炎）とは

◇湿疹と皮膚炎

皮膚は人間のからだのもっとも外側にあり、直接外界と接触していますから、体外のさまざまな物質の作用や力をいつも受けています。そのなかで、刺激物やかぶれやすい物質に触れておこる反応が**湿疹**または**皮膚炎**です。

湿疹（Eczema）という病名は19世紀初頭から使われていましたが、当時はかぶれという皮膚病変のひとつの型のことでした。ところが、１９２０年代に、アレルギーという概念が提唱され、内因性（体質的）のかぶれが湿疹、外因性のかぶれが皮膚炎（Dermatitis）と区別されるようになりました。

しかし、最近のアレルギーの考えかたでは、湿疹と皮膚炎は、区別のむずかしい同じ病気で、どちらの病名を用いてもよいことになります。アメリカでは皮膚炎という病名がよく使われますが、日本では湿疹という病名のほうがよく使われています。

◇湿疹のおこりかた

では、かぶれはどうしておこるのでしょうか。

かぶれの原因となる物質を**接触性抗原**または**アレルゲン**といいます。抗原の多くは皮膚から吸収されると、組織内のたんぱくと結合し、表皮細胞のひとつのランゲルハンス細胞に取込まれます。このランゲルハンス細胞がリンパ節に達すると、Tリンパ球（免疫にかかわる細胞の一種）に抗原であるという情報が伝達され、Tリンパ球は、再び同じ抗原が体内に入ってきたとき、それが抗原だと識別できるようになります。これを**感作**といいます。

感作されたTリンパ球が皮膚に存在するときに、新たに同じ抗原が体内に入ってくると、抗原と抗体の間で反応がおこります（**抗原抗体反応**）。この反応によって皮膚にリンホカインという免疫を促す物質が発生します。このリンホカインが湿疹という病変をおこすのです。

抗原抗体反応には、つぎのような3つの性質があります。

第1は、抗原となる物質の性質を決める分子の組合わせがたった1つちがっても、抗原抗体反応はおこらないことです。この性質によって、金製品に触れると湿疹をおこす人がニッケルに触れてもなんともないのです。

第2は、湿疹をおこす抗体は、γグロブリンなど血清中の免疫抗体とは関係がないことです。この性質により、抗体をもつ人の血液を輸血されても、その抗体に対応する抗原に触れて湿疹がおこることはありません。

第3は、抗原抗体反応がおこるためにはその前に必ず感作されていなければなりませんが、その物質といちど接触したくらいでは感作は成立せず、何度も接触をくり返しているうちに成立するということです。この性質によって長年使ってなんともなかった香水に、ある日突然かぶれたりするわけです。

◇湿疹ができやすい皮膚とは

湿疹は、とても多い皮膚病変ですが、

◎アレルギー性接触皮膚炎の注意と予防

接触性皮膚炎は原因物質に触れないようにすれば治ります。ところが、ひとたびアレルギーになると、ごく微量の抗原に触れてもかぶれを再発するようになります。抗原はさまざまなものに含まれているため、抗原とよく似た構造の物質に触れたり、体内に入れたりすると、アレルギーをおこすこと（**交差反応**）があります。日本でよくみられる接触抗原について、その含まれているものと注意点をあげておきます。

▼重金属類　コバルトは装飾品を含むニッケルメッキ製品や歯科金属に含まれています。ニッケルも同じくニッケルメッキ製品、硬貨、歯科金属、ステンレスなどに含まれています。水銀は水銀体温計や赤チン、ワクチンの防腐剤などに含まれています。日本人の約10％はこれらの金属に接触アレルギーがあると考えられ

できやすい人とできにくい人がいます。これは、人によって皮膚の状態が異なるためです。つぎのような状態があると湿疹ができやすくなります。

▼アレルギー状態　同じ物質が何度も皮膚に接触して抗体ができ、抗原抗体反応がおこりやすくなっています。

▼アトピー状態　遺伝性の先天的過敏症をアトピーといいます。アレルギーのひとつの型です。塵埃（ほこり）、花粉、動物の毛、真菌（かび）の胞子、食物など、ありふれたものが抗原となり、気管支ぜんそく、花粉症、アレルギー性鼻炎、アトピー性皮膚炎などのアレルギー性疾患をおこします。

▼脂肪の異常　皮膚は皮脂という脂肪を分泌して皮脂膜をつくり、外界の有害物質の侵入と体内の水分の喪失を防いでいます。この皮脂の分泌が寒さや老化によって減少したり、脂漏性皮膚炎（1809頁）という病気によって量が変化すると湿疹ができやすくなります。

▼多汗　汗は皮脂と乳化作用をおこして皮脂膜を酸性にし、さまざまの化学物質や物理的刺激から皮膚を保護するほか、病原菌の増殖を防いでいます。ところが、汗の量が多すぎると、あせもができたり、細菌感染しやすくなり、湿疹ができやすくなります。

◇湿疹の見分けかた

皮膚に**皮疹**（さまざまの発疹の総称）ができたとき、それが湿疹かどうかの判断はたいへんむずかしいのですが、かゆみと病変のようすが手がかりになります。湿疹は、多かれ少なかれ、かゆみをともないます。まったくかゆみがないものは湿疹ではありません。

また、皮膚が赤く腫れたり、ぶつぶつ、水ぶくれ、かさぶたができたり、かさかさになったりと、さまざまの病変が集まっているのが湿疹です。どれかひとつだけというのは湿疹でないことが多いのです。

◇湿疹らしいときは

かゆい皮疹ができても、放置してようすをみるだけの人が多いのですが、1～2日たっても自然に消えないときは皮膚科の受診が必要です。病変が大きかったり、分泌物がみられるときはとくに受診してください。

自分の判断で市販のかゆみどめ軟膏を塗ったりしないようにしましょう。湿疹用と書いてあっても、湿疹には、接触皮膚炎、アトピー性皮膚炎、脂漏性皮膚炎、ビダール苔癬、貨幣状湿疹、自家感作性皮膚炎、手湿疹など実にたくさんの種類があり、それぞれ治療法や薬がちがいます。不適切な軟膏を使用して状態を悪化させることがありますし、湿疹に見えてもそうでないこともよくあるからです。

また、かゆみが強いときは入浴は避けます。刺激が強すぎて症状が悪化しますから、温泉も避けましょう。

石けんは、低刺激性石けんや薬用石けんなどを必要最小限使うようにしましょう。汗をかくこともよくありません。体育の授業なども、湿疹が軽症でないかぎり、控えるようにしましょう。

湿疹は、いったん慢性化してしまうと、なかなか治りません。慢性化させないためにも、早めに皮膚科を受診し、適切な治療を受けるようにしましょう。

ています。

▼金 イオンになりにくい物質として、かぶれをおこさないと考えられていましたが、金製のピアスで、ピアス孔がただれたり、硬結（かたまり）ができる女性が増えてきました。約7％の人が接触アレルギーをおこすことがわかっています。金ピアスをする20歳代の女性と、歯科金属として金冠を入れている50歳代の女性に多くみられます。

▼漆 ヤマウルシ、ハゼノキ、ツタウルシなどのウルシ科の植物は、いずれもアレルギー抗原となり、強い感作性があります。銀杏とよく似た抗原です。

アレルギー性接触皮膚炎の予防のためには原因物質を確認し、よく似た物質も注意する必要がありますから、専門医の指導を受けることをお勧めします。

接触皮膚炎
Contact Dermatitis

どんな病気か

からだの外からくる化学物質などが皮膚について、かゆみや痛みをともなって赤く腫れたり、ぶつぶつ（丘疹）や水ぶくれができたりする皮膚の病気をいいます。

刺激物質が皮膚について誰にでもおこる**刺激性接触皮膚炎**、皮膚につくとアレルギーをおこして湿疹になる**アレルギー性接触皮膚炎**、物質が皮膚について約30分でかゆみとみみず腫れ（膨疹）をおこす**接触じんま疹**、**光接触皮膚炎**として、皮膚についた物質に光があたってはじめて皮膚に反応がおこる**光毒性接触皮膚炎**、光があたるだけでアレルギーがおこる**光アレルギー性接触皮膚炎**などがあります。

原因

刺激性接触皮膚炎の原因物質としては、塩酸などの強酸と、水酸化ナトリウムなどの強アルカリがあります。また、脱毛クリームやパーマ液なども、使用方法を誤り、傷んだ皮膚に長い間つけたままでいると刺激性接触皮膚炎をおこします。石けんで脱脂をくり返すと、皮膚のバリア（防護）機能が低下して刺激性接触皮膚炎をおこすことがあります。

アレルギー性接触皮膚炎はどんなものによってもおこる可能性があります。よくおこす物質には、コバルト、ニッケル、水銀、金、クロムなどの金属、漆、ヘアダイ（髪染め）成分のパラフェニレンジアミン、抗生物質のフラジオマイシンや香料などがあります。

光毒性接触皮膚炎をおこす有名な物質に、オレンジに含まれるベルガモット油があります。光アレルギー性接触皮膚炎は、貼り薬や鎮痛効果のある外用薬に含まれる消炎鎮痛薬や、日焼けどめ製品に含まれる紫外線吸収剤などによってまれにおこります。

接触じんま疹のうち、アレルギーでおこるものには、じんま疹と、ぜんそくのような息苦しさ、血圧低下などのショック症状をおこす場合もあり、緊急処置が必要です。原因には、ゴム手袋などゴム製品に含まれるラテックスたんぱく、魚介類や野菜、医療で使用する消毒薬などが知られています。

治療

接触皮膚炎がおこった状況をくわしく調べ、皮膚のどの部位にどんな病変があるかをみて原因物質を考え、パッチテストやプリックテストで確認します。治療はそのうえで行われます。

まず、原因物質と接触しないようにします。たとえば化粧品でかぶれている場合は、症状が治まり、原因となった化粧品がわかり、かわりに使用できる化粧品がパッチテストで確認できるまでは使用をやめます。

症状を抑えるため、部位に応じて副腎皮質ホルモン（ステロイド）外用剤を使い分けます。かゆみや炎症が強い場合は、抗ヒスタミン薬や抗アレルギー薬を内服します。重症の場合は、副腎皮質ホルモン剤の数日間の内服が必要な場合もあります。接触じんま疹の重症例では、医師の緊急処置と全身管理が必要になることがあります。

刺激性接触皮膚炎は、化学物質や医薬部外品などの使用説明書や注意書きをよく読むことで予防できます。

◎医療環境とアトピー性皮膚炎

医療側の問題として、食物アレルギーの治療を目的とした厳格な食事制限が引き起こす発育障害、ステロイド軟膏の誤った使用による皮膚障害、根拠のない民間治療薬の氾濫などがあげられます。食事制限に関しては、その弊害が指摘され、最近では減少しています。ステロイド軟膏の使用に関しては、その悪い面のみが強調されていますが、皮膚科専門医のもとで十分な皮膚の観察と指導のもとに使用すれば、なんら問題なく使用できます。逆にステロイド剤をかってに中止したり、他の療法に変更することにより、ますます悪化していく例は多くみられます。

おとなのアトピー性皮膚炎

Adult Atopic Dermatitis

どんな病気か

アトピー性皮膚炎は本来、子どもの代表的な皮膚疾患です。30年ほど前までは通常、小学校の低学年でほとんどの患者が軽快していたと考えられています。ところが1980年代になり、重症化や慢性化が問題とされ、従来みられなかった皮膚症状がおこることも明らかになってきました。

このような難治性のおとなのアトピー性皮膚炎で問題となる皮膚の症状は、顔面の難治性紅斑、頸部の網状の色素沈着、顔面の急性の表在性細菌性感染症をともなう膿痂疹様病変（とびひに似た症状）、全身皮膚の浮腫性の発赤、腫脹（腫れ）です。また、かゆみが原因でおこる習慣的な掻破行動（かくこと）や睡眠障害、昼夜逆転の生活パターンによるかゆみの悪化など、かゆみの治療も大きな課題となっています。

原因

おとなのアトピー性皮膚炎でおこる重症の皮膚症状は、難治性の湿疹や痒疹病変（かゆみのある湿疹）が全身に現れて通常の外来治療が効かないものと、ステロイド剤の不適切な使用が原因と考えられるものに大きく分類されます。通常、両者が混在してみられます。このような難治化、慢性化にかかわる原因としてはステロイド剤以外にもストレスや感染症、紫外線などさまざまなものが考えられており、これらの総合的な作用として、アトピー性皮膚炎が増えていると考えられています。

（1）生活環境とアトピー性皮膚炎

アトピー性皮膚炎の発症、悪化の原因として、多様なアレルゲンに対するIgE抗体の過剰産生がみられます。アレルゲンのうち、室内のダニ、カビの増加は住宅環境の変化が原因と考えられます。カーテン、ソファー、ベッドなど、あまり掃除をしない家具や、ぬいぐるみなどからダニの検出率が高いことも知られています。また、イヌ、ネコの室内での飼育はそれ自体がアレルゲンとなっている可能性も考えられます。花粉に関しては、スギのみが問題視されますが、マツ、ブタクサなども皮膚炎の原因になっている可能性があります。食物アレルギーがアトピー性皮膚炎の問題となることはほとんどありません。むしろ偏食や不規則な治療のほうが問題になります。

（2）皮膚の生理機能の障害

アトピー性皮膚炎の人は、皮膚のバリアー機能に異常があることが知られています。アレルゲンの吸収しやすさ、細菌、ダニ抗原などの皮膚への付着性の高まり、乾燥性皮膚の生じやすさの原因のひとつです。毎朝シャンプーする習慣が皮膚のもつバリアー機能を障害し、手、顔などの皮膚炎が悪化する原因となる可能性も指摘されています。

検査と診断

一般的な検査、診断は768頁を参照してください。おとなでは、白内障や網膜剥離など、目の合併症の有無の確認、骨粗鬆症、ホルモンバランスや生理異常、皮膚悪性リンパ腫（535頁上段）、光線過敏性皮膚炎、重症接触皮膚炎（1805頁）など、他

◎日常生活の注意

専門医を受診し、悪化したときには短期間の入院治療が勧められます。多忙を理由に薬局でステロイド軟膏を買って使用することや、診察も受けずに家族に薬を取りに行かせるようなことは絶対やめましょう。

皮膚の症状にあわせて一般的なスキンケアを専門医の先生に指導してもらうことがたいせつです。

おとなのアトピー性皮膚炎の増悪因子は、ひじょうに多様です。これらをできるかぎり明らかにし、皮膚科専門医と密接に連絡を取りあって、治療を行うことが重要です。

疾患との鑑別などがたいせつです。とくに皮膚リンパ腫などの悪性疾患では病理組織の検討が必須となり、診断の遅れは、ときに取り返しのつかない事態となることもあります。また接触皮膚炎や光線過敏症ではパッチテストや光線検査が必要となり、専門医のいる病院での診察が必要です。

手・指の湿疹（手湿疹・主婦湿疹）

Hand Eczema, House Wives' Eczema

どんな病気か

洗剤などの慢性刺激が誘引となっておこる場合と、アレルギー性の接触皮膚炎（1805頁）に分けられます。以前は水仕事の多い女性にみられたので**主婦湿疹**と呼ばれましたが、毎朝シャンプーする習慣や過度の清潔志向などにより若年者にも増加しています。また、アトピー素因のある人はこのような変化を生じやすく、結婚後、育児仕事などの増加にともない、悪化することもあります。

症状

皮膚のバリア機能低下による場合、冬季に悪化することが多く、まず手、指全体が乾燥し、皮膚が粗くなり（粗造化）、落屑（皮膚がぽろぽろ落ちる状態）も増加し、指紋、掌紋などが不鮮明になります。ついで亀裂やただれを生じ、紅斑や小さな水ぶくれなど炎症性の変化が生じ、かゆみがおこる場合もあります。

原因

皮膚角層に存在し、外界からの刺激に対し、防御的にはたらくセラミドと呼ばれる脂質などの物質が、洗剤などの慢性刺激により減少して皮膚のバリアー機能が低下し、生じるとされます。冬季、湿度の低下した環境下では、水仕事により、さらに手の乾燥、粗造化が進みます。

検査と診断

紅斑性の変化や小さな水ぶくれなど急性の炎症性の変化がみられる場合、アレルギー性の接触皮膚炎などによる場合もあり、シャンプー、洗剤などを含め、パッチテストで原因を明らかにする必要があります。また、洗髪、手洗いなどの生活習慣、職業歴、アトピー性皮膚炎の既往歴など、詳細な病歴の聞き取りが正確な診断を行ううえで重要です。

治療

手荒れによる手湿疹の治療は皮膚のバリアー機能の改善が主体となります（1808頁上段）。

注意すべき点として、ステロイド軟膏はあくまで急性期にのみ使用し、ハンドクリームがわりに長期間、使用しないことです。手指のバリアー機能の低下にともない、細菌、真菌性の病変がみられることもあります。手のみずむしにみえても、手白癬はひじょうに少なく、むしろカンジダ性の爪囲炎（1829頁）や爪甲剝離（1856頁）、指間びらんなどが多く、抗真菌薬による治療が必要となることもあります。

日常生活の注意

炊事、洗濯時のみならず、洗髪時などにもゴム手袋を着用する習慣をつけましょう。この場合、木綿の薄い手袋をゴム手袋の下に着用すると、むれなどが防げます。また、水仕事後は十分に汗などを洗い流し、乾いたタオルで水気をふき取り、ハンドクリームなどを外用し、手が乾燥しないように心がけることが重要です。

◎手・指の湿疹の治療薬

外用剤は白色ワセリン、亜鉛華軟膏、ウレパール軟膏、ザーネ軟膏、ヒルドイド軟膏などの保湿剤を1日4～5回、薄く外用します。コレステロールを含有したロコベース軟膏は比較的好評です。

症状が治まらず、手のひらや指の腹の角化性の変化が強い場合には角質溶解作用を有する5%のサリチル酸ワセリンの塗布や、角質の水分保持作用のあるケラチナミン軟膏を外用します。亀裂部には夜間のみステロイド含有テープなどを使用すると痛みによいようです。

紅斑、小さな水ぶくれなど炎症性の強い場合には、ステロイド軟膏とヒルドイドソフト軟膏の等量混合軟膏を1日数回外用します。

貨幣状湿疹
Nummular Eczema

どんな病気か

貨幣（コイン）状の円形をした、とてもかゆい湿疹です。赤いぶつぶつがあったり、じゅくじゅくしていることもあります。とくに足の脛にできることが多いのですが、膝の周囲、手の甲、体幹（胴体）にできることもあります。

高齢者では、肌が乾燥してかゆくなる冬場に多く、小児では虫刺されをひっかいているうちにできることもよくあります。

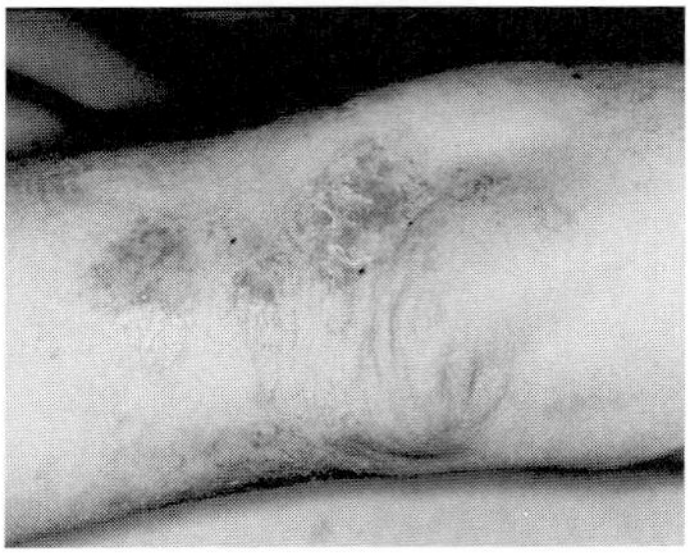

貨幣状湿疹

いったんよくなっても、すぐに強いかゆみがぶりかえし、治りにくくなることが多い皮膚病です。また、長い期間この病気でいると、全身の自家感作性皮膚炎（次項参照）に発展しやすいので、早めに皮膚科で治療を受けましょう。

治療

副腎皮質ホルモン（ステロイド）剤の外用、抗ヒスタミン薬や抗アレルギー薬を内服します。細菌感染がおこって患部が少しにおうときには、抗生物質の外用と内服を併用します。

患部は清潔に保ち、軟膏を塗ったあと、ガーゼで保護するようにしましょう。保護することによって、軟膏の効果が増すばかりでなく、ひっかいて局所を傷つけたり、細菌感染がおこるのを防止することができるからです。

自家感作性皮膚炎
Autosensitization Dermatitis

どんな病気か

貨幣状湿疹（前項）や接触皮膚炎（1805頁）などの湿疹・かぶれを治療しない場合、あるいはまちがった治療によってこじらせると、全身にとてもかゆい小さなぶつぶつが突然生じることがあります。「湿疹が湿疹を呼んだ」わけです。

これは、湿疹の患部で変性した皮膚たんぱくが抗原となり、全身がこのたんぱくに感作される（アレルギー反応をおこす）ためにおこると考えられています。このことから、自家感作性皮膚炎と呼ばれています。

発疹が全身にちりばめたように広がり、眠れないほどかゆくなることもしばしばあります。

治療

必ず皮膚科を受診し、はっきりとした診断を受けることがたいせつです。副腎皮質ホルモン剤の外用、かゆみを抑えるための抗ヒスタミン薬や抗アレルギー薬の内服によって治療します。

症状が激しいときは、短期間、副腎皮質ホルモン剤を内服することもあります。原因となる、もとの皮膚病の治療もたいせつです。もとの皮膚病が治ると、全身のぶつぶつもしだいに消えていきます。

◎ひびとあかぎれ

手指の腹、手のひら、足の裏などの角質の厚い皮膚に生じる亀裂（裂け目）を**ひび**といい、裂け目が深く、赤い内部が見えたり、出血したりするものを**あかぎれ**といいます。どちらも冬のしもやけの代表的な症状ですが、最近では、典型的なしもやけの人は少なくなりました。

ひびやあかぎれは、しもやけだけが原因ではなく、種々の洗剤や洗髪剤などで慢性的な刺激を受ける女性、美容師、調理人などで手湿疹（1807頁参照）のできた人にもよくみられます。

また、足の裏によくできるひびとあかぎれは、皮膚の老化やみずむしが原因です。

脂漏性皮膚炎
Seborrheic Dermatitis

どんな病気か 頭、顔面（鼻のわきや額など）、わきの下、股など、皮脂腺がよく発達し、皮脂の分泌の多い部位にできる湿疹です。赤みのある境界のはっきりした湿疹で、皮膚がふけのように細かくむけてきます。わきの下や股のところにできると、湿った感じになります。前胸部や背中の中央部にできることもあります。

乳児と20～40歳代の人によくできます。乳児の場合は、成人よりも脂っぽいかさぶたが頭や顔にできます。

かゆみはあまりありませんが、できやすい体質があるため、治ってもすぐ再発します。体調が悪かったり、入浴できなかったりすると悪化します。

頭部の皮膚が細かくかさかさとむける**ふけ症**は、炎症症状をともなわない軽症の脂漏性皮膚炎です。

治療 毎日入浴し、局所を清潔に保つだけで軽快することもあります。

頭部にできた場合は、硝酸ミコナゾールを含むシャンプーが効果的です。

厚いかさぶたが付着しているときは亜鉛華単軟膏や親水軟膏を厚めに塗った布を貼り、赤みが強ければ副腎皮質ホルモン（ステロイド）剤を塗ります。ビタミンB_2、B_6などを内服します。

ビダール苔癬
Lichen Vidal

どんな病気か 中年女性に多い皮膚病で、うなじに激しいかゆみが生じ、ひっかいているうちに皮膚が厚くなっていきます。境界がはっきりした乾燥性の皮疹です。陰部、腕、太ももにもよくおこります。以前は、**限局性神経皮膚炎**とも呼ばれていました。ビダールとは、この皮膚病を初めて報告したフランスの皮膚科医の名前です。

治療 副腎皮質ホルモン剤の外用で治りますが、薬の効果をあげるために、貼付したり、薬を含んだテープを貼ったり、患部に注射したりします。

はたけ（顔面単純性粃糠疹）
Pityriasis Alba

どんな病気か おもに口の周囲や頬に、10円硬貨くらいまでの大きさの、表面がかさかさと粉をふいたような白く色が抜けた病変ができます。かゆくも痛くもありません。

はたけのできはじめは、少し赤みを帯びていることもあります。冬季に、学童期の子どもに多くみられ、ときどきくびや背中などにできることもあります。

アトピー性皮膚炎の子どもに多いといわれますが、そうでない場合もよくあります。

治療 自然に治ってしまうことが多く、とくに苦痛となる症状もないため、無治療でようすをみていてかまいません。

気になるときには、白色ワセリンなどの保湿剤を外用するのが副作用もなく有効です。

◎固定じんま疹

固定じんま疹はじんま疹の名称がついていますが、ふつうのじんま疹とはまったく異なるものです。固定じんま疹は蚊やブヨに刺されたところが過敏に反応して生じるとする考えや、原因がよくわからず、同じような症状を示す結節性痒疹といわれるかゆみをともなう丘疹をおこす皮膚病と同一であるとする考えもあります。いずれにしても、通常のじんま疹とはまったく異なるしくみでおこります。

最初、じんま疹のようなかゆみをともなう膨らみができ、かいているうちに米粒大から大豆大のかたく盛り上がった状態になります。かかずにはいられないほどの強いかゆみがあります。成人女性の手足、とくに下腿によくできます。慢性に経過して数年以上つづくこともあります。

かくことによってどんどん悪化するので、治療に際しては、かかないようにすること

じんま疹

Urticaria

悪化因子を避け、専門医の治療を

◇いくつかの種類がある

どんな病気か

じんま疹は10～20％の人が一生にいちどは経験するといわれるほど多い皮膚の病気です。皮膚に小さな膨らみ（膨疹）が急にでき、それがいろいろな形、大きさに広がり、周囲には赤み（紅斑）がみられます。そして強いかゆみをともないます。ふつう、これらの症状は数時間以内に消えていきますが、なかには1日以上残るものもあります。症状が激しいときには、まれに、のどの粘膜が腫れて呼吸困難になることもあります。

◉じんま疹の種類

じんま疹にはいくつかの種類があります。ふつうにみられるじんま疹（1か月以内に治ってしまう**急性じんま疹**と、それ以上経っても治らない**慢性じんま疹**）のほかに、皮膚をかくとおこる**機械性じんま疹**（**人工じんま疹**）、冷たいものに触れるとおこる**寒冷じんま疹**、汗をかく状態になるとおこる**コリン性じんま疹**、日光にあたるとおこる**日光じんま疹**、なにかの物質が触れたところからでる**接触じんま疹**などがあります。そのほかにもありますが、きわめてまれです。まぶたや唇、外陰部などが腫れる**クインケ浮腫**（**血管性浮腫**）もじんま疹の一種です。

◉じんま疹がおこるしくみ

ほとんどのじんま疹は皮膚のマスト細胞（肥満細胞）からおもにヒスタミンという物質が出て、皮膚の毛細血管や神経に作用しておこります。ヒスタミンは毛細血管に作用すると、血漿が血管の外に出て、皮膚の膨らみが生じます。ヒスタミンが神経に作用するとかゆみがおこります。ヒスタミン以外の物質が関係する場合もあります。

じんま疹がおこるしくみ、すなわちマスト細胞からヒスタミンが出るしくみにはいくつかあります。大きくアレルギー性と、アレルギー性でないものとに分かれます。

アレルギー性のものはＩｇＥ（免疫グロブリンＥ）という血清中の抗体が関係しています。また、ＩｇＥやその受容体に対する自己抗体が関係するじんま疹もあります。そのほか、まれに補体と呼ばれる物質が関係するじんま疹もあります。この場合には、膨らみや赤みが長く残り、膠原病などの全身性疾患がかかわっている可能性もあります。

麻薬類、ある種の抗生物質、そのほかいくつかの物質はアレルギー反応によらずにマスト細胞からヒスタミンを出させ、じんま疹をおこすこともあります。また、アスピリンなど非ステロイド抗炎症薬、食物に含まれることがあるサリチル酸、アゾ色素、安息香酸塩などはじんま疹を悪化させることがあります。さらに、精神的ストレスによって知覚神経末端から出る神経ペプチドと呼ばれる物質も、じんま疹をおこす可能性があります。

原因

じんま疹はいろいろな原因でおこります。たとえば、薬物、食物、感染（細菌、ウイルス、

がたいせつです。強力なステロイド剤の外用や場合によっては局所にステロイド剤の皮内注射が有効なことがあります。かゆみに対しては、抗ヒスタミン薬や抗アレルギー薬の内服が行われますが、満足できる効果はあまり期待できません。紫外線を用いるPUVA療法も有効なことがあります。難治の疾患ですが、専門医の指示に従って根気よく治療することがたいせつです。

長いズボンをはいて蚊やブヨに刺されないようにする、あるいはペットを飼わないようにするなどの注意も必要です。そのほか、日常生活のなかでかゆみを増強させるようなものは避けるように心がけることもたいせつです。

真菌など）、虫刺され、物理的な刺激、心因、ほかの病気と合併するものなど多様です。急性じんま疹では比較的原因を見つけやすいのですが、慢性じんま疹ではなかなか見つかりません。

全身性疾患の初発症状として、あるいはその部分症状としてじんま疹がおこることもあります。それには膠原病、血管炎、免疫異常、感染症、血清病、薬疹・中毒疹、内臓悪性腫瘍、消化器病変などいろいろなものがあります。

検査と診断

じんま疹の診断は、その症状からさほどむずかしくはありません。しかし、じんま疹がおこるしくみや原因は、検査しても探し出せないことがしばしばあります。検査を効果的に行うためには、じんま疹がおこるときの状況、症状や経過、体調などをできるだけくわしく医師に伝えることがとてもたいせつです。医師はその情報をもとにして、どのような検査をすればよいかを決めるのです。

◉慢性の場合は根気よく治療

治療

じんま疹の治療でもっともたいせつなことは、原因を見つけ、それを取除くことです。

しかし、じんま疹、とくに慢性じんま疹では、原因を見つけだすことがむずかしいことが多いため、まず薬物によって症状を抑える対症療法が行われます。多くのじんま疹はヒスタミンによっておこります。そこで、ヒスタミンの作用を抑える抗ヒスタミン薬（H_1ブロッカー）がまず選ばれます。たくさんの製品がありますが、それぞれの薬の効果や副作用の現れかたには個人差があるため、漫然と同一の薬を使うのではなく、つねにその薬物の効きかたや副作用をチェックしておくことがたいせつです。

抗ヒスタミン薬は通常は内服しますが、症状によっては注射による投与も行われます。

慢性じんま疹の場合、かなり長期間抗ヒスタミン薬を服用することになります。じんま疹がおこったときだけ服用するのではなく、症状がないときでも一定期間つづけて服用し、医師の指示に従ってしだいに減量していきます。抗ヒスタミン作用のある抗アレルギー薬も同じように使用されます。

急性症状が激しいときや特殊な型のじんま疹では副腎皮質ホルモン（ステロイド）剤の内服や注射による全身投与が行われることがあります。しかし、通常のじんま疹には行いません。安易なステロイド剤の全身投与は副作用の危険性などがあるために、行ってはいけません。

その他にもいくつかの治療法がありますが、専門医の指示に従って行うことがたいせつです。

日常生活の注意

じんま疹を悪化させる原因となるもの、たとえば飲酒、非ステロイド抗炎症薬の使用、温熱、ストレスなどは避けるように心がけましょう。また、自分自身で悪化因子に気づいたときには、いうまでもなくそれを避けるようにしましょう。

じんま疹、とくに慢性じんま疹は難治性のやっかいな病気ですが、けっして治らないわけではありません。専門医を受診し、正しく判断してもらい、医師の指示に従って適切な治療を根気よくつづければ、たいてい軽快します。

虫刺症／痒疹
Insect Bite / Prurigo

どんな病気か

ふつう、昆虫の吸血による皮膚病をさして虫刺症といいます。

虫の刺し口に一致して、たいへんかゆい淡紅色から紅色の丘疹ができます。刺されてからまもなくは、じんま疹のような皮疹が広範囲にできる反応をおこします。

小さい子どもほど症状が現れるまでに時間がかかり（24時間以後）、反応も激しいことがあります。皮膚が過敏な場合、皮膚をかきつづけて小さなかたいしこりが残り、**ストロフルス**（**急性痒疹**ともいう）と呼ばれる状態になります。

いっぽう、若年者から高齢者では、かきつづけると、**結節性痒疹**という、数年以上つづくしこりに変化することがあります。

痒疹には、このほかにアトピー性皮膚炎（767、1806頁）によるものや、中高年男性に多くみられる、原因のはっきりしない**多形慢性痒疹**などがあります。

原因

今の日本では、一般的に虫刺されといえば、蚊やダニがいちばん多い原因です。また、最近のペットブームとともに、ノミに刺される人も多く、ネコノミやイヌノミといった、ペットや野良猫についている種類のノミが多くみられます。

吸血とは異なりますが、公園や庭のツバキの木などについている毛虫（ガの幼虫）の毒針毛が刺さると、いっぺんに多数の刺されかたをします。

また、海山に行くとブユに刺されることが多くなります。その他の原因として、比較的少なくなったものはシラミ、ナンキンムシなどです。

検査と診断

ふつうは検査を必要としません。しかし、**蚊アレルギー**という特殊な場合にはくわしい検査をして確認する必要があります。この蚊アレルギーの典型的な症状は、蚊に刺されると40度近い高熱がでて、刺された箇所は水ぶくれになり、やがては深い潰瘍と黒いかさぶたをつくります。この場合は、基礎に免疫異常や悪性腫瘍がないかどうかを検査する必要があります。

治療

塗り薬が治療の主役になります。抗ヒスタミン薬、副腎皮質ホルモン、抗生物質の外用薬などを、症状に合わせて使い分けます。

刺された箇所をかかないようにすることが重要なので、初期には回数も多めに塗り、がまんできないときには通気性のよいガーゼや包帯でおおいます。

刺し口やかいた傷から細菌が繁殖しやすいので、石けんでよく洗い、乾いたらすぐ薬を塗ることがたいせつです。

患部が腫れている場合には、冷湿布をし、炎症をなるべく抑えてかゆみを楽にします。

強いかゆみには、抗ヒスタミン薬を内服したほうがよいでしょう。

なかなか治らず、しこりになってしまった場合には、専門医（皮膚科）に相談します。この場合には、少しよくなったからといって、自己判断ですぐ治療を中止してはいけません。根気よくつづけることが、本当の治癒への近道となります。

物理的・化学的刺激による皮膚障害

やけどの程度と受診先

	Ⅱ度	Ⅲ度	医療機関
重症熱傷	30％以上	10％以上	総合病院
中等症熱傷	15～30％	2～10％	一般病院
軽症熱傷	15％以下	2％以下	外来治療

％は面積　顔面、手、足、陰部、気道熱傷、外傷、骨折がある場合は重症とする。（Artzの基準より）

やけど（熱傷、火傷）
Burn

どんな病気か　やけどは熱によりおこるいろいろな外傷の状態をいいます。直接傷害を受けるのは皮膚ですが、部位、範囲、程度によっては生命にかかわる全身的な影響を受けることがあり、注意が必要です。また、深いやけどのあとに残る瘢痕（傷あと）やケロイドは、精神的な苦痛や日常生活での不自由をもたらすことがあります。

原因　もっとも多いのは熱湯や熱いお茶などの過熱性液体によるもの、つぎに多いのがアイロン、鍋、ストーブなどの過熱性固体によるものと、火災によるものです。

子どもに特有で重症熱傷の原因である浴槽転落は、スイッチの取付け場所の改善や浴槽のふたの強化などによって最近は減少しています。

症状　やけどの重症度は、その深さ、面積、部位で決まります。重症度に応じて応急処置と受診すべき医療施設を選ぶことが重要です。

▼深さ　一般にⅠ、Ⅱ、Ⅲ度に分類されます。一般に受傷直後は深さの判定はむずかしいものです。

Ⅰ度は表皮のみのやけどです。症状は皮膚の紅斑とむくみだけで、水ぶくれ（水疱）はできません。痛みも軽く、瘢痕はふつう残りませんが、まれに色素沈着をおこします。

Ⅱ度は真皮にまでおよぶやけどで、水疱、発赤、びらんができます。さらに**浅層熱傷**と**深層熱傷**に分かれます。浅層熱傷は毛嚢、皮脂腺、汗腺が熱で壊されずに残るものです。強い痛みがありますが、1～2週間で瘢痕を残さず治ります。深層熱傷は表皮の新生に3～4週間かかり、瘢痕が残ります。痛みはむしろ軽いことが多いのですが、植皮が必要になることがあります。

Ⅲ度は皮膚の全層ならびに皮下組織にまでおよび、受傷部位は白っぽいか灰色で乾燥しています。痛みは軽いか、ないこともあります。瘢痕が必ず残り、表皮の新生には長期間かかります。やけどの範囲が一定以上の場合は植皮が必要です。

▼面積　広範囲のやけどの面積を算出するもっとも簡便な方法は「**9の法則**」（左図）です。ただし、子どもは、おとなより頭部、顔面が大きく、下肢が小さいため補正が必要です。狭い範囲の面積を算出するには、その人の手のひらを1％とする**手掌法**を用います。

▼重症度の判定と病院の選択　重症度はその深さ、面積、部位で決まります（上段表）。重い持病のある人、高齢者、乳幼児では、より重症となります。少なくとも水疱ができて、本人の手のひらの面積より大きいやけどを負った場合はすぐに受診しましょう。

中等症のやけどでは手当に緊急を要する可能性があり、時間外でも入院施設のある病院を受診してください。

9の法則

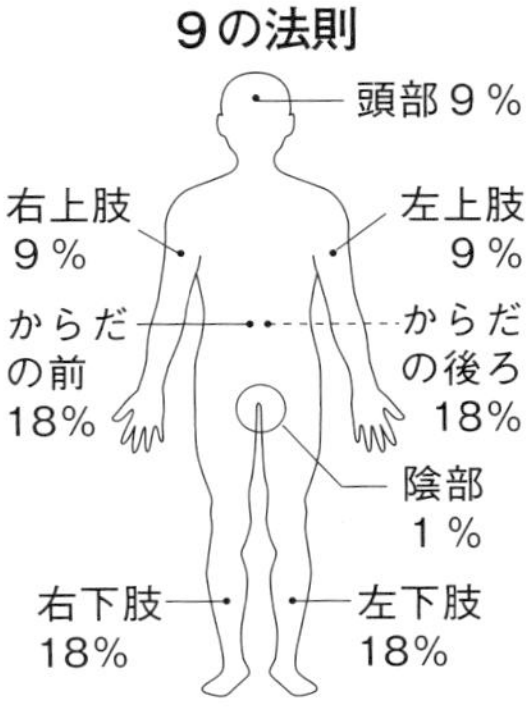

◎日焼けと皮膚がん

1年間にふりそそぐ紫外線量が多い地域や、屋外で多量の紫外線を浴びる仕事の人、色白で赤くなりやすい人などが皮膚がんになる可能性が高いことが立証されています。

それは、紫外線がDNAにつけた傷が修復されず、P53と呼ばれるがん抑制遺伝子や、その他のがん関連遺伝子に突然変異が生じるためということがわかったからです。

P53は細胞のがん化に深くかかわる遺伝子で、皮膚がん以外のがんでも、約半分にその変異が確認されます。

正常なP53は、細胞が増殖しすぎないようにブレーキをかけるとともに、DNAにたくさんの傷ができたときはその細胞を自殺させます。ところが、日焼けで変異したP53にはこれらの能力がなくなり、DNAに傷がついた細胞がたくさん生き残る結果、がん化にむかう確率が高くなります。日焼けには用心しましょう。

病院に連絡する場合、あるいは救急車を呼ぶ場合も「何歳の誰が、いつ、どんな場所で、どのような物によって、どの部位にやけどをしたか」という情報をあらかじめ伝えておきましょう。

重症のやけどは緊急に総合病院で適切な治療を開始する必要があります。すぐに救急車を呼びますが、その際、おちついて前述の情報をあらかじめ先方に伝えておきましょう。

治療

まず受傷部位を冷やすことがたいせつです。衣服の上から受傷した場合はむりに脱がさず、まず流水で冷やします。冷やすことで痛みがやわらぎ、やけどが深く進行するのが抑えられます。

Ⅰ度のやけどで小範囲の紅斑だけの場合は冷やすだけで治ります。水疱ができた場合は、できるだけ破ったり取除かないようにします。いったん水疱ができた皮膚はもとどおりにはなりませんが、きれいな水疱膜は数日間、皮膚のかわりに水分の保持、痛みの軽減、感染予防などに役立つのです。

Ⅱ度以上のやけどの治療の基本は抗生物質外用薬の塗布です。ただし、深さ、部位、汚染度などによって使う外用薬の種類、質がちがいますから、皮膚科などを受診するほうが安心です。

Ⅲ度のやけどの場合、とくに広範囲熱傷や重症熱傷の場合は、総合病院に緊急入院して、全身に悪影響を与えるショックに対する輸液療法を主とした救命治療がすぐに開始されます。

▼予後　重症熱傷の場合は、循環不全（脱水）、感染による敗血症、肺炎などで死亡することがあります。高齢者や大きな病気をもつ人ほど危険です。

深いⅡ度熱傷以上のやけどの場合、必ず瘢痕やケロイドが残ります。植皮などの適切な治療を行わないと拘縮（傷あとが縮みかたまる）による機能障害が生じることがあります。

重症熱傷を負った場合、死亡は免れても、長期間の治療・療養が必要となり、瘢痕や機能障害で生涯悩まされることがあります。日ごろから、取返しのつかないやけどを負うことのないよう事故防止を心がけ、高齢者や子どものいる家庭では十分注意しましょう。

日焼け／色素性乾皮症
Sunburn / Xeroderma Pigmentosum

どんな病気か

日本語の「日焼け」は英語では2通りに表現されます。

1つは太陽光線にあたるとすぐに皮膚が赤くなる**サンバーン**（sunburn）。もう1つはそのあと少し経ってから黒くなる**サンタン**（suntan）です。ふつう、皮膚が少々赤くなる程度のサンバーンは病気とは考えません。

いっぽう、紫外線の強いハワイなどに出かけ、快晴の日に浜辺で1日じゅう肌をさらしていると、日暮のころには皮膚に痛みを覚え、翌日には水ぶくれ（水疱）ができてしまいます。これは病的な日焼けです。

サンバーンをおこす最小紫外線量を最小紅斑量と呼びますが、水疱ができるのは最小紅斑量の10倍以上の紫外線を浴びたときです。3倍量でも皮膚がむくむことがあります。

強いサンバーンをおこしやすいのは**色素性乾皮症**という病気が基礎にあることが多く、これは光線過敏を特徴と

◎放射線皮膚炎

短い期間に大量の放射線を浴びておこる**急性放射線皮膚炎**と、少量の放射線を長い期間にわたって浴びておこる**慢性放射線皮膚炎**とがあります。

急性の場合、放射線量が8Gy以下ならば24時間以内に紅斑とむくみができて数週間つづき、色素が沈着して治ります。それ以上の線量の場合は紅斑やむくみにつづいて小水疱やびらんができ、刺激痛があります。さらに大量の日光を浴びると、やけどのような潰瘍ができ、瘢痕が残ります。

慢性放射線皮膚炎は放射線治療を受けた人や仕事で放射線を扱う人にときにみられます。徐々に落屑や脱毛が進み、色素が沈着し、小さな外傷も治りにくくなります。また、角化や潰瘍化が進み、皮膚がんに至る例もあります。

急性の場合は、おもに消炎剤軟膏で、慢性の場合は、程度に応じ、軟膏療法や手術療法などで治療されます。

する遺伝性疾患のひとつです。

原因

太陽光線を浴びたあとのサンバーンの引き金は、皮膚の細胞の核に生じるDNA損傷と考えられます。その理由として、サンバーンをおこす紫外線の波長と、DNAを損傷する作用をもつ波長はよく一致することがあげられます。

通常、DNAのきずは酵素で速やかに修理されてもとどおりになります。ところが、DNAのきずを修復できない色素性乾皮症の人は、健康な人の約5分の1という少量の紫外線でも皮膚が赤くなります。夏の太陽を10分浴びると顔が腫れあがり、3日ほどのうちにサンバーン症状が徐々に増して水疱ができ、やけど状態になります。

いっぽう、健康な人の場合は約20分夏の太陽光を浴びると軽いサンバーン状態になり、3日目ぐらいから褐色のサンタンが始まります。これは色素細胞でメラニンがつくられ、周辺の角化細胞に配分されるためです。そして角化細胞の核の上に集まったメラニンはDNAに紫外線があたるのを防ぎます。

検査と診断

日焼けしやすく、小児期では色素斑、高齢者ではいぼができ、皮膚が強く乾燥していれば色素性乾皮症を疑います。しかし、軽症の場合には正確な診断はできません。

検査は皮膚に紫外線を照射して最小紅斑量の低下や紅斑反応の遅延などの有無を調べる検査法と、皮膚から採取した線維芽細胞を培養して行う検査法があります。培養した線維芽細胞に紫外線を照射し、DNAの修復能力を調べると、色素性乾皮症A群という重症例では修復能力が健康な人の5%以下になります。**バリアント型**と呼ばれるタイプでは、この能力は健康な人と変わらず、さらに遺伝子検査を行います。根治療法はいまのところありません。遮光につとめます。

▼紫外線は免疫も抑制する　皮膚はつねに外界からの侵入者にさらされているため、免疫系が発達しています。ところが、日焼けはその免疫力も抑制します。最小紅斑量の紫外線を3～4日間、皮膚の同じ場所にあて、ハプテン（人工的な抗原）で感作（免疫が成立する）させようとしても成立せず、生涯そのハプテンに対する免疫反応を失う免疫寛容がおこることがあります。

これは、紫外線が皮膚の角化細胞にはたらき、ある種のサイトカイン（細胞の増殖や機能を調節する物質）が生成・分泌されて、抗原を認識するランゲルハンス細胞の機能と、免疫を抑制する調節性T細胞の機能を障害するためと考えられています。

予防

子どものころに強い日焼けをすると、がんに関連した遺伝子に変異が生じます（前頁上段）。たとえば、10歳未満でオーストラリアに移民した白人は、10歳以降に移民した白人に比べ、皮膚がんにかかる率が3～5倍も高いことが判明しています。このほかの調査からも、子どものころの日焼けが成人の皮膚の老化の誘引となったことが示されています。

親ゆずりで子どものころから日焼けしやすい人は、サンスクリーン剤（遮光剤）を使ったり、帽子を使用したり、日陰を利用するなど、過度の日焼けを避けることを心がけましょう。

薬疹

●薬疹のおもな症状については、48頁のカラー解説も参照してください。

薬疹
Drug Eruption

どんな病気か

内服・注射などで体内に入った薬剤によって生じた皮疹（皮膚にでるさまざまの症状の総称）を薬疹といいます。多くの場合、アレルギー性です。ほとんどの人は薬剤に対してアレルギー反応を示しませんが、一部のかぎられた人ではアレルギー反応がおこり、薬疹ができるのです。その場合でも、薬剤が使われ始めてからそれに対するアレルギー反応をおこすようになるまでには一定の期間（**感作期間**）がかかります。つまり、それまで何の問題もなく内服していた薬剤に対し、途中からアレルギー反応をおこすようになるわけです。

原則的に、それまでまったく内服したことのない薬剤で薬疹を生ずることはありません。もし生じたとすれば、その人はすでにその薬剤に類似した構造をもつ薬剤に「感作」されていたと考えられます。感作までに要する期間は一定していませんが、通常1～2週間のことが多く、2～3か月に数回程度しか内服しない薬剤では数年たってから薬疹ができることもあります。

症状

軽いものから死に至るものまで、さまざまな種類の皮疹ができます。ある薬剤がこういう種類の薬疹をおこしやすいということはいえますが、皮疹の性状から原因薬剤を特定することはほぼ不可能です。

もっとも頻度が高いのは麻疹（はしか）、風疹に類似した皮疹ができるものです。からだじゅう左右対称に細かい（米粒半分大の）赤い斑点ができ、多少かゆみをともないます。進行すると、個々の皮疹が大きさ、赤みを増して浮腫性となり、融合していきます。ここまで進行してしまうと、原因薬剤を中止しても、さらに重症化する可能性があり、全身の皮膚がびまん性に赤くなり（からだじゅうに赤みがみなぎり）、水疱ができます。赤くなった皮膚は軽くこするだけで容易にはがれ落ちるようになります。これは**中毒性表皮壊死融解症**と呼ばれ、全身熱傷に似た状態となります。またその亜型（類似型）として口唇や口の中、陰部などの粘膜がおかされる**スティーブンス・ジョンソン症候群**があります。

このような重症の薬疹は、発熱、全身倦怠、肝障害、腎障害などの全身症状をともなうことが多く、入院して治療しなければなりません。

もっとも軽い薬疹と考えられているのは、原因薬剤を内服するたびに皮膚の同じ部位（口の周囲、陰部など）に円形の赤い斑（色の変化）ができる**固定薬疹**です。原因となる薬を内服していないときは円形の色素沈着だけしかみられませんから、よく「しみ」とまちがわれますが、原因となる薬（短期間不定期に内服している場合が多い）を中止すると軽快します。ただし、多発するものでは重症化することがあります。

そのほか、慢性の経過をとって紫紅色をした多少隆起した皮疹がたくさんできる**苔癬型**と呼ばれる薬疹もあります。これは脳の代謝を改善したり血圧を下げたりする薬剤を比較的長期間内服している中高年の人にみられます。

◎薬剤による脱毛症

　薬剤による脱毛には大きく**成長期脱毛**と**休止期脱毛**のタイプがあります。成長期脱毛は伸びている毛髪が脱毛するもので、毛髪をつくりだす毛母細胞の分裂が抑制されるために生じます。抗がん剤やビタミンAとその誘導体などが原因となります。使用開始後数日から1か月程度で脱毛症状が現れます。いっぽう休止期脱毛は毛髪の伸長が止まり、抜けやすくなった毛包の割合が増えることにより生じるもので、抗血液凝固薬、インターフェロン、抗てんかん薬など、さまざまな薬剤で報告されています。薬剤開始後2～4か月と比較的ゆっくりと症状が現れるのが特徴です。後者のタイプは診断がむずかしいので、薬剤を開始したあとに脱毛を自覚した場合は、皮膚科専門医を受診しましょう。原因薬剤の中止で症状の回復が期待できます。

この場合は、原因薬剤を中止しても軽快するまでに多少時間がかかります。

　光があたるところに皮疹ができやすくなる**光線過敏型**もあります。これは手背（手の甲）、前腕伸側（腕の外側）、くびの付け根の前（Vネックの部分）、顔面などに皮疹ができるもので、春から初夏にかけてみられます。

検査と診断

　薬剤がいつから使われ始め、いつ、どのような皮疹が、どこにできたかが診断にはきわめて重要です。数種類の薬剤がさまざまな期間にわたって使われている場合にはとくにそうです。

　一般的に、疑わしい薬剤を中止して皮疹が軽快した場合、それを原因薬剤とみなす場合が多いのですが、もともと皮疹をおこしやすいウイルス性疾患にかかっていれば、薬剤によるかどうかを判断するのは困難です。風疹、麻疹のように必ず皮疹がみられるものから、EBウイルス（伝染性単核球症 1452頁）のようにあまり皮疹を生じないものもありますが、ウイルス性の皮疹と薬疹との区別はつきにくいのです。

　理想的には、健康になってからもう1回薬剤を使ってみて同様の皮疹ができれば原因薬剤が確認できるわけです。でも、この再投与試験を尻込みしてしまう人が多いため、原因薬剤を軟膏の形で皮膚に貼布するパッチテストを行ったり、血液中のリンパ球を試験管内で薬剤と反応させるテストを行ったりします。しかし、これらの方法はあまり感度が高くなく、信頼性に欠けます。少量から慎重に行えば、再投与試験は安全で、現在もっとも信頼性が高い検査方法といえます。

治療

　原因薬の使用中止がもちろん大事ですが、それでも皮疹が拡大し重症型へ移行する場合もあります。そのときは副腎皮質ホルモン（ステロイド）の内服や注射が必要になります。また、中毒性表皮壊死融解症では熱傷に準じた治療を行います。

予防

　薬疹ができた直後は原因薬剤をつきとめたいという思いが強い人も、皮疹が消退してしまうとその意欲が薄れるようです。しかし、薬疹でもっともたいせつなのは再発の防止です。そのためにも、診断と検査の項で述べた検査方法を組合わせて原因薬剤をつきとめておくことです。そして、できれば、中止した薬剤にかえて使用できる薬剤を知っておくことが重要です。

　さらに、このような薬剤についての個人情報を記した薬疹カードを絶えず携帯しておくことが再発予防に欠かせません。

　原因となる薬剤の成分は1つとはかぎらないうえ、薬剤は数種類の有効成分からなっていることが多いため、どの成分に対してアレルギーがあるかを明らかにしておくことも重要です。とくに市販薬の場合は、商品名が異なっていても同じ原因成分を含んでいることも多いので注意が必要です。

　重要なことは、薬疹をおこさない薬剤は存在しないという認識をもつことです。漢方薬といえども例外ではありません。ビタミン剤として市販されていた薬に含まれる微量の不純物が、きわめて特異な薬疹を引き起こした例も報告されています。

紅皮症（剥脱性皮膚炎）
Erythroderma

どんな病気か

全身の皮膚が、ほぼ全面にわたって赤くなる（潮紅）のが紅皮症で、たいていは、ふけのようなもの（鱗屑）が皮膚につき、むけてきます（落屑）。単独でおこることはなく、左の表にあげた病気に引き続いて発症します。おこりやすいのは40歳以上の人です。それも男性が女性の2～3倍、多くなっています。

表にあげた病気のうち、もっとも紅皮症をおこしやすいのは、湿疹・皮膚炎で、これからおこったものを**湿疹性紅皮症**といいます。おとなにおこりやすいのですが、アトピー性皮膚炎の場合は、子どもでも紅皮症になることがあります。ついで多いのは、乾癬からおこる**乾癬性紅皮症**、薬疹が進行悪化しておこる紅皮症です。

原因となる病気の病状が安定していても、ちょっとしたことで急に紅皮症がおこってくることがあります。

紅皮症のおもな原因

原因となるおもな症状	掲載頁
●湿疹・皮膚炎	
接触皮膚炎	（1805頁）
アトピー性皮膚炎	（767頁、1806頁）
脂漏性皮膚炎	（1809頁）
自家感作性皮膚炎	（1808頁）
●角化症（角皮症）	
乾　癬	（1833頁）
類乾癬	（1834頁）
毛孔性紅色粃糠疹	（1834頁）
扁平苔癬	（1835頁）
●薬　疹	（1816頁）
●水疱症	
落葉状天疱瘡	（1838頁）
●感染症（まれ）	
はしか（麻疹）	（804頁）
風　疹	（803頁）
疥　癬	（1831頁）
●腫　瘍	
ホジキン病	（553頁）
白血病	（548頁）

症　状

皮膚が鮮紅色になり、数日のうちに全身へと広がっていきます。そのうちに皮膚がガサガサとなり、ふけがついたようになります（鱗屑）。この鱗屑が、ぬかや木の葉のような形ではがれてきます（落屑）。

皮膚にむくみ、熱感（ほてり）、強いかゆみがみられます。また、発熱、寒け、全身の倦怠感をともないます。尿が出にくくなることもあります。

治療を受けないでいると、数週間のうちに頭髪・体毛が抜けたり、爪が変形して厚くなり、抜け落ちることもあります。皮膚表面近くの多数のリンパ節も腫れてくるのがふつうです。

治　療

治療だけでなく、原因の精査のためにも入院が必要です。紅皮症をおこしている皮膚に副腎皮質ホルモン（ステロイド）軟膏を塗り、かゆみ止めの抗ヒスタミン薬を内服するなど、皮膚症状に応じた治療を行います。血液検査で、電解質の異常や低たんぱく血症がみられた場合は、これらを正常にするために輸液（点滴）が必要になります。

再発をくり返す場合や、副腎皮質ホルモン軟膏を外用しても効果のない場合は、副腎皮質ホルモンを注射や内服で用いますが、紅皮症は治まっても医師の許可がでるまでは、使いつづけることが必要です。副腎皮質ホルモンは、使用量を徐々に減らしていって、ゼロにするのが原則なのです。

薬疹による場合は、原因となった薬の使用の中止が必要です。

通常の治療で効果が現れにくい場合は、背景に悪性腫瘍がかくされていることがあるので要注意です。

紅斑類

◎結節性紅斑の検査

結節性紅斑は、よく似た病気がほかにあるため、皮膚生検（病変部の一部を切除して検査する方法）が行われ、組織に隔壁脂肪組織炎が見つかれば診断がつきます。この組織変化は、原因が異なっても、ほぼ共通してみられます（ハンセン病が原因の場合はちがう組織像になります）。

血液を検査すると、赤沈の亢進、CRP（211頁）の値が上昇するなどの異常がみられます。

いずれにしても、原因菌や原因疾患を見つけるため、積極的に検査を行わなければなりません。発熱や関節痛があっても、必ず皮膚科を受診しましょう。

多形（滲出性）紅斑
Erythema Exudativum Multiforme

どんな病気か　四肢、とくに手足に、境界が明瞭で、ほぼ円形をした鮮紅色の紅斑が左右対称に多数できるものです。紅斑のふちはむくんでやや隆起しており、中央が紫紅色を帯びているため、二重の輪に見えます。多くの場合、かゆみをともないます。原因によっては全身に紅斑を生じたり、発熱をともなうこともあります。

女性に多くみられ、春秋、とくに春に多く、毎年くり返し生じる人もいます。重症化すると、紅斑の中央が水ぶくれになり、口の中、目、外陰、鼻などの粘膜にもびらんをともなうようになります。これは**スティーブンス・ジョンソン症候群**と呼ばれるもので、入院治療が必要になります。

原因　一種のアレルギー反応です。原因は、ウイルス、細菌、真菌（かび）などの感染症、薬物、悪性腫瘍など、多くのものが知られています。なかでも三大原因といわれるのが単純ヘルペスウイルス（1836頁）、薬、肺炎マイコプラズマ（674頁）です。

検査と診断　特徴ある二重輪の紅斑がからだのどこかにあれば診断がつきます。紅斑の分布も参考になります。原因検査のためにはさまざまの検査が必要になります。必ず皮膚科を受診しましょう。

治療　原因が見つかれば原因を排除する治療を行います。ところが、詳細な検査にもかかわらず、約半数が原因不明となります。これもこの病気の特徴です。軽症ならば1～2週間で自然治癒します。かゆみが強いときは副腎皮質ホルモン（ステロイド）軟膏を塗ります。重症の場合はステロイド剤を服用または点滴します。

結節性紅斑
Erythema Nodosum

どんな病気か　両下肢、とくに下腿にできやすい大小さまざまの紅斑で、女性に多くみられます。紅斑は皮膚表面から軽く隆起し、境界が不鮮明にみえます。触れると熱感があり、深いところまでしこりがあるのがわかります。圧迫すると痛みがあり、発熱、関節の腫れや痛みをともなうこともあります。重症の場合は入院も必要です。

原因　一種のアレルギー反応ですが、その原因としては、溶血性連鎖球菌、結核菌、らい菌、真菌などの感染症、経口避妊薬などの薬剤など、さまざまのものがあります。また、サルコイドーシス、ベーチェット病、スウィート病、潰瘍性大腸炎、クローン病などの慢性炎症性疾患の症状として生じることもあります。

治療　寝て安静を保つことがもっともたいせつです。検査の結果がでるまでは、非ステロイド性抗炎症薬を使用します。原因がわかれば、原因を排除する治療を行います。たとえば、原因が薬剤であればその使用を中止し、結核であれば抗結核薬を使用します。また、ベーチェット病などの病気が見つかれば、その治療をしますが、完治がむずかしい病気ですので、結節性紅斑も再発をくり返します。

紫斑
Purpura

どんな病気か

皮膚や粘膜内の出血によって肌の上にできる赤紫色の斑（まだら、むら）を紫斑といいます。出血は血液が血管の外に漏れ出る状態で、その程度によって、小さな点状紫斑から大きな斑状紫斑までできます。皮下出血をおこすと、血腫の状態になります。これは通常は赤紫色ですが、皮膚表面に近いところの出血では赤みが強く、深いところの出血では青みを帯びてみえます。そして、時間がたつにつれ、褐色から橙黄色、淡黄色へと変化し、やがて薄らいでゆきます。

このような紫斑が主症状となる病気を**紫斑病**といいます。紫斑のおこりかたにより症状にちがいがみられますが、紫斑症状のみで病気を診断することは困難です。紫斑病には多くの原因があるからです。原因となる病気については、右下の表を参照してください。

◉紫斑をみたときに注意すること

紫斑の原因である出血には、皮膚だけの出血と、全身に出血傾向をみる場合とがあります。

とくに、内臓からの出血には注意しなければなりません。口腔粘膜、歯肉、鼻粘膜などからの出血、関節内出血、血尿、下血、性器出血などがないかをよくみましょう。血小板の減少や凝固因子の障害がある場合などは、皮膚の紫斑に内臓の出血傾向をともなうため、生命にかかわることもあります。

これらに比べ、血液学的に異常のない血管性の紫斑は皮膚症状が主体になり、予後は一般に良好です。

紫斑がいつごろからおこってきたのかは病気の性質を知るうえでたいせつです。子どものころからの出血傾向は、血液をかためる機能（凝固能）の先天的な障害によることがあります。

先天的障害は家族性に発症することがありますから、家族のなかに紫斑をおこしやすい人がいるかどうかを確認します。

発症の誘因があるかどうかを観察することもたいせつです。薬剤の使用歴、感染症、打撲などの物理的刺激、内臓疾患の存在などを観察します。

検査と診断

右表のように、紫斑には血管の障害によるものと血液の病気によるものとがあります。まず、出血をもたらす原因がどこにあるかを調べる必要がありますので、血小板の数や血液凝固因子に関する検査を行います。それに異常がない場合は、血管の障害によることを考え、病理組織学的検査を行い、血管に異常がないかを細かく検査します。

血管性紫斑のなかには、老人性紫斑病など、症状に特徴があって、すぐに

紫斑が現れるおもな病気

●血液の異常によるもの
血小板減少性紫斑病（1458頁）
播種性血管内凝固症候群（1462頁）
●血管の障害によるもの
アレルギー性紫斑病（1456頁）
単純性紫斑病（1457頁）
老人性紫斑病（1457頁）
症候性血管性紫斑病（1457頁上段）
●原因不明のもの
慢性色素性紫斑（1821頁）

診断がつくものもありますから、症状をよく観察することもたいせつです。

治療と予防については、「血液の病気」の紫斑病（1455頁）を参照してください。

慢性色素性紫斑（まんせいしきそせいしはん）／シャンバーグ病（びょう）

Chronic Pigmentary Purpura / Schamberg's Disease

どんな病気か

点状の紫斑がおもに下肢（かし）にたくさんでき、慢性化するうちに、しだいに褐色の色素斑（しきそはん）をみるようになる皮膚の病気です。中年以降の人に好発します。皮膚に出血がみられますが、血液学的に異常はなく、内臓などの全身臓器からの出血はありません。予後も心配ありません。

いくつかの型があります。不規則な斑ができる**シャンバーグ病**（びょう）、環状（かんじょう）の斑ができる**血管拡張性環状紫斑**（けっかんかくちょうせいかんじょうしはん）、丘疹状（きゅうしんじょう）の皮疹（ひしん）をみる**紫斑性色素性苔癬状皮膚炎**（しはんせいしきそせいたいせんじょうひふえん）、かゆみの強い**瘙痒性紫斑**（そうようせいしはん）などです。

いずれも原因は明らかではなく、慢性色素性紫斑という病名で総括されているのですが、症状のちがいが何によるのかは今後の解明をまたねばなりません。ここでは、代表的なシャンバーグ病について述べます。

原因

確定的なものはありません。うっ血（けつ）による静脈内圧の亢進（こうしん）や、毛細血管を脆弱化（ぜいじゃくか）する要因の存在説などがあります。また、なんらかの遅延型（ちえんがた）過敏反応説もあり、衣類の接触、扁桃炎（へんとうえん）などからの病巣感染（びょうそうかんせん）、ある種の薬剤の関与などを指摘する報告などがあります。

症状

下肢、とくに下腿（かたい）の裏側が好発部位で、たいてい両足に発症します。点状紫斑で始まり、しだいに紅褐色斑となります。大きくなると、辺縁（へんえん）は不規則な形になりますが、境界は明瞭（めいりょう）です。色はやがて薄れてゆきますが、しばしば新生をくり返して慢性化し、数年にわたることもあります。表面は平滑ですが、ときにはカサカサしている場合もあり、かゆみをともなうこともあります。

検査と診断

症状から診断されます。出血傾向の一般検査を行い、血液学的に異常をみないことを確認します。

組織を病理検査すると、慢性的な出血性の炎症がみられます。

治療

積極的な治療の必要はありません。症状の程度によって血管強化薬、止血薬（しけつやく）、抗炎症薬などが使用されます。病因を絶つ根本治療ではなく、対症的治療にとどまります。副腎皮質（ふくじんひしつ）ホルモン（ステロイド）剤（ざい）の外用が有効なことがあります。

衣類の接触とともに、使用中の薬剤などが病気を悪くしているかどうかを観察し、日常生活のなかで、病気に関係していると思われるものがあればそれを避けるようにしましょう。なお、長時間の歩行、立ち仕事などは避けるようにしましょう。

予防

原因がまだ明らかではないため、確実な予防方法はありませんが、下肢の血液の循環に負担をかけないように心がけてください。日ごろの健康管理もたいせつです。

膿皮症とは
(Pyoderma)

膿皮症とは、皮膚が化膿する病気の総称です。細菌感染によるもの以外にも膿皮症の名称のついた病名がありますが、たんに「膿皮症」という場合は、黄色ブドウ球菌、化膿連鎖球菌などに代表される化膿菌による皮膚感染症をさします。細菌による皮膚感染症には、皮膚結核、ハンセン病などがありますが、膿皮症がもっとも多くみられます。膿皮症には、あせものより、癤、癰のように膿汁がたまる病気はもちろん、膿痂疹（とびひ）、蜂巣炎、丹毒などが含まれます。

　慢性膿皮症というのは、最初は毛孔が閉塞して皮膚内に袋ができただけのものですが、経過するうちに、赤く腫れ、膿汁がたまってきます。この時点で、皮膚の表面や毛孔に常在している表皮ブドウ球菌や痤瘡桿菌による感染をおこしていると考えられるため、これも膿皮症に含まれます。

癤／面疔
Furuncle

どんな病気か

毛孔から細菌が侵入し、その毛孔を中心に化膿性病変ができたものです。原因は黄色ブドウ球菌の感染です。癤が顔にできた場合を**面疔**といい、症状が強くなります。

症状

円錐形の赤い盛り上がりができ、痛みます。その頂点に膿をもった点ができますが、毛孔と一致した場所では毛が膿の中を貫いています。はじめはかたいのですが、しだいにやわらかくなり、膿汁がたまるとぶよぶよになります。そのうち、中央の膿点から膿が自然に流れ出し、最後には芯（組織の破壊されたもの）が出て治っていきます。膿が排出されると、痛みも腫れも急速に消えていきます。

治療

黄色ブドウ球菌に効く抗生物質を内服します。熟してやわらかくなったものは切開して膿を排出します。冷やすと炎症は早く引きますが、かたまりがしばらく残ります。膿にはたくさんの黄色ブドウ球菌が含まれていますから、自分の皮膚の他の場所はもちろん、周囲につかないよう気をつけます。くびや顔に大形の癤ができたときは安静にしていましょう。

　とくに癤がくり返しできる場合（**癤腫症**）は、皮膚を清潔にすることがとてもたいせつです。鼻の中に黄色ブドウ球菌がすみついている場合は、抗生物質軟膏を使って除菌します。

癰
Carbuncle

どんな病気か

癤は1つの毛孔の化膿ですが、癰は癤より深い部分が感染して始まるため、複数の毛孔部をまとめておかします。原因はやはり黄色ブドウ球菌の感染です。

症状

うなじ、肩、殿部、大腿（太もも）など、皮膚の緊張が強いところによくできます。最初は鈍い痛みがあり、やがて激しい痛みをともないます。癤と異なり、半球状に盛り上がります。最初は赤く張りきってかたく、進行とともにやわらかくなり、

◎毛瘡（かみそりまけ）

通常、成人男性でひげの生えた部分、とくに鼻の下や下顎の毛孔が化膿する病気です。

黄色ブドウ球菌、表皮ブドウ球菌の感染でおこり、毛孔の浅い部分と深い部分に化膿が混在します。また、副腎皮質ホルモン剤を使用中の人は、白癬菌も原因となります。

毛孔に発疹、膿疱がまばらにでき、しだいに数が増えて隣りあうものが融合し、深い部分まで病巣が拡大して大きくなります。かゆみと軽い痛みをともないます。白癬菌が原因の場合は、発疹が片側にかたよりやすくなります。

治療は抗生物質の内服から始め、症状が軽くなったら、抗生物質の塗り薬を使用します。また、白癬菌が原因の慢性化の場合には抗真菌薬を内服します。症状が激しいときにはひげ剃りは行わず、はさみで切るようにします。洗顔はぬるま湯で、石けんを使ってやさしく洗います。

表面の複数の毛孔が膿をもった点になります。やがて表面の一部に穴があいて膿が流れ出し、最後は破壊された組織が排出され、治っていきます。

治療　からだがだるい、熱がでるなどの重症例では強力な抗生物質を注射します。癰を切開して膿をだすのは患部がやわらかくなってからです。これは、かたいうちに切開すると病気が広がるためです。

日常生活では安静にし、とくに癰がくびにできた場合は、注意深い養生が必要です。膿汁については、癤の場合と同様の注意をしてください。

糖尿病などの基礎疾患の有無を検査してもらうこともたいせつです。

化膿性汗腺炎
Hidradenitis Suppurativa

どんな病気か　汗腺（アポクリン腺）が化膿する病気です。わきの下、外陰部、肛門の周囲など、女性では乳房に生じるおできで、1つあるいは多発することもあります。

痛みのあるしこりができて赤くなり、やがて皮膚内に膿瘍をつくります。皮膚の腫れは軽度です。急性の場合は、皮膚が破れて排膿し、急速に治ります。慢性になると、膿瘍と膿瘍の間がつながり、あちこちから膿が出ます。

治療は、抗生物質を内服します。慢性の病変では治りにくい例も多く、切除手術が行われます。

蜂巣炎（蜂窩織炎）
Cellulitis

どんな病気か　皮膚真皮の深い層から皮下脂肪組織にかけて、急速に、水平に広がる感染症です。黄色ブドウ球菌、化膿連鎖球菌のほか、いろいろな細菌の感染でおこります。小さな外傷が誘因となります。よくできるのは下肢ですが、ほかのところにもできます。広い範囲が赤く腫れ、熱感とさまざまの程度の痛みがあります。発熱やだるさもありますが、あまり激しいものではありません。

もし、著しい倦怠感、激烈な関節痛と筋肉痛、高熱があり、病変部が赤紫色に腫れ、水ぶくれなどができたときには、すぐに手術をして病変部を郭清（きれいになるまで掻き取る）しなくてはなりません。**壊死性筋膜炎**という重い病気の危険があるからです。

治療　安静にして、セフェム系の抗生物質を内服します。症状が強いときは注射にかえます。壊死性筋膜炎の疑いがあるときは、設備の整った病院に入院して治療します。

丹毒
Erysipelas

どんな病気か　蜂巣炎とよく似た病気ですが、病変の場所がもう少し浅く、皮膚と皮下脂肪組織の境界あたりに急速に広がります。

拡大するその最前線は線を引いたように明瞭で、痛み、発熱、頭痛、全身倦怠感もあります。化膿連鎖球菌の感染によるものが典型です。

治療は、安静にして抗生物質（ペニシリン系、セフェム系）を内服します。

◎皮膚結核

皮膚結核は結核菌による皮膚病変で、病変部に結核菌の存在が証明できる真性皮膚結核と、証明できない結核疹（結核アレルギーといわれます）とに分けられます。現在では、一般の肺結核の増加の割合と比較すると、その発病は少しずつ増えています（結核疹もみられます）。

真性皮膚結核の症状は、顔面に紅褐色で形の不ぞろいなぶつぶつ（尋常性狼瘡）ができたり、四肢（手足）にいぼ状の皮疹（皮膚疣状結核）ができたり、関節やリンパ節の周囲に潰瘍や瘻孔（皮膚腺病）ができたりします。

治療は抗結核療法を行います。

瘭疽／化膿性爪囲炎
Whitlow / Paronychia

どんな病気か

手指あるいは足趾（足の指）の小さな傷や、手あれのひどい人の手指に、黄色ブドウ球菌や化膿連鎖球菌が感染しておこる病気です。手指・足趾は感覚が鋭いため痛みが生じ、しだいに強まってズキンズキンとした激しい痛みになります。腕、下腿のリンパ腺に沿って炎症が広がり、触れると痛みのある、赤い線状のリンパ節（管）炎となります。わきの下のリンパ節、股のリンパ節が腫れて痛むこともあります。

炎症の場所が浅い場合は膿疱ができます。深い場合は関節が痛み、曲げることができなくなります。炎症が爪の内側にできて膿がたまると、排膿ができないため、痛みが強まります。

荒れたり、かぶれがおこったりした手指の爪の生え際に感染した場合は、爪の周囲が赤くなり、腫れて痛みます。爪の周囲から膿が出る場合もあります。これらの状態が**爪囲炎**です。進行すると膿がさらに深いところにたまり、瘭疽となることもあります。爪囲炎をくり返していると爪が変形し、ガタガタになってしまいます。

瘭疽、爪囲炎ともに、手指にできる場合が多いのですが、足指にできるのは爪を切る際に傷付けた場所や、爪が肉に食い込んでいる（**陥入爪**）ところに感染がおこるためです。

治療

爪の周囲を消毒し、抗生物質の軟膏を塗ります。痛みの強いときには冷湿布をして安静にします。

痛み、腫れがともに強く、リンパ節（管）炎、リンパ節の痛みと腫れがあるときには抗生物質を内服し、痛みがとくに強い場合は痛み止めを併用します。皮膚を切開して、たまっている膿を排出すると痛みはすぐに弱まり、早く治ります。

爪が浮かび上がるような場合は爪を取除き、内側にたまった膿や壊死組織を取除きます。

爪囲炎をくり返す人は、その原因となる手あれ、かぶれの治療も必要です。

毒素性ショック症候群
Toxic Shock Syndrome (TSS)

どんな病気か

若い女性に多く、急激な高熱、筋肉痛、低血圧、嘔吐、激しい水様下痢などをおこします。

皮膚には日焼けのような紅斑がみられ、皮膚がむけ落ちます。

生理中に高湿性のタンポンを使用していると、タンポン内で黄色ブドウ球菌が増え、外毒素（ＴＳＳＴ－１）をつくることがあり、それによりショック症状がおこります。

女性以外でも黄色ブドウ球菌による重い感染症があって、抵抗力が弱っている人などにもおこることがあります。個人の免疫力、特異な体質などが関係していると考えられていますが、それほど多い病気ではありません。

治療

ショック症状への早急な対応が必要です。原因であるブドウ球菌に対しては抗生物質を使用しますが、タンポンを取出し、膿が体内にたまっている場合は膿を排出するなどの処置も行います。

ハンセン病

◎「ハンセン病」と法律

かつてハンセン病患者は、強制隔離を骨子とした「らい予防法」により管理されていましたが、1996（平成8）年4月1日に同予防法は廃止され、「らい」という病名も「ハンセン病」と読みかえることになりました。

ハンセン病（レプラ）

Hansen's Disease, Leprosy

どんな病気か

ハンセン病は、らい菌の感染によっておこる慢性感染症です。らい菌は、皮膚、粘膜、末梢神経、目を好んでおかしますが、その毒力は弱く、感染しても発症することはまれです。また、後述する多剤併用療法によって現在、世界中で患者数は減少しつつあります。

日本のハンセン病患者数も年々減少し、2007（平成19）年1月現在、全国のハンセン病療養所の入所者数は約2900名になりました。

新患者の発生数は年1～2名ほどです。これに対し、在日外国人の新患者数が毎年6名前後発生しており、注目されています。

今後の課題は、ハンセン病への偏見や差別の撲滅、ハンセン病の教育、在日外国人のハンセン病患者への対応、らい予防法廃止後の対策です。

原因

らい菌は桿菌のひとつで、結核菌と同じ抗酸菌の仲間です。粘液や組織液により採取されたらい菌はチール・ニールセン染色法で赤く染まるので、診断ができます。なお、採取したらい菌は人工的に培養しても増殖しません。

感染経路はおもに皮膚や粘膜のきずで、菌自体の感染力は弱いものの、家族内に病人がいると菌との接触が濃厚になり、感染しやすくなります。

症状

らい菌は、おもに末梢神経と皮膚に病巣をつくります。そのため、知覚まひ（温・冷・痛・触覚まひ）、末梢神経が大きくなる（肥厚）、神経痛などの神経症状がおこります。また、指が曲がったり、顔面神経の運動まひがおこったりします。

菌におかされた組織のちがいから、つぎのように分類されます。

▼らい腫型（L型）　らい菌に対する抵抗力が弱く、病巣組織内でらい菌が多数増殖しているものです。黄褐色から赤褐色の多少湿った発疹や隆起した結節が全身に左右対称性に現れます。好発部位は顔で、頭髪、眉毛、まつげの脱毛もおこります。重症では、顔の変形がおこります。

▼類結核型（T型）　病巣内での菌の増殖が末梢神経組織内だけにかぎられるものです。赤褐色の乾いた紅斑が生じますが、紅斑の中心は、多くはふつうの皮膚の色をしています。

▼その他の病型　L型とT型の中間の境界群（B群）と、頻度は低いのですが、皮膚の症状や末梢神経の障害が軽い未分化群（I群）があります。

治療

一般の感染症として、外来治療が主体となり、入院・隔離されることはありません。薬物治療が中心で、抗生物質のジアフェニルスルホン、リファンピシン、クロファジミンの併用療法が行われます。3剤は、合成抗菌薬のオフロキサシンとともに保険適用薬剤です。

これまで療養所に入所していた人は、国の保護を受け、入所したままで治療がつづけられます。病状が進んだ人にみられるさまざまの変形などが神経内科的治療のほか、薬剤では治らない場合、整形外科、形成外科的治療が必要です。

皮膚真菌症①

白癬とは

皮膚糸状菌という真菌（かび）が、皮膚の表面をおおう角質や角質の変化した爪、毛に感染しておこる病気です。ごくまれに角質の下の真皮や皮下組織内で真菌が増殖する**白癬菌性肉芽腫**という深在性皮膚真菌症がおこります。

また、真菌自体は角質や毛にしかいませんが、毛の周囲まで化膿が進み、病巣が皮膚の深部にあるようにみえる「いわゆる深在性白癬」という白癬もあります。診断には病変部に真菌が存在することの確認が必要です。そのため、鱗屑（細かな皮膚片）や爪、毛などを苛性カリで溶かして顕微鏡で観察します。深在性の場合は、組織を一部切り取る検査をして真菌を確認します。

以下に述べるように、原因となる真菌の種類、症状のおこる部位によって特徴はさまざまですが、治療法は共通しています。「白癬の治療」（1827頁上段）としてまとめました。

足白癬（汗疱状白癬／みずむし）
Foot Ringworm

どんな病気か　足の裏や、足の裏の周辺部、足の指間など、角質が厚く、毛孔がない部分にできます。白癬菌の一種、トリコフィトン（以下T）・ルブルムとT・メンタグロファイテスがおもな原因菌です。男性にやや多く、10歳未満には少なく、20歳代から急激に増えます。一般に夏に悪化し、冬に軽快する傾向がありますが、暖房の普及した現在では、必ずしも冬に軽くなるとはかぎりません。長時間靴をはく人、発汗の多い人に多くみられます。乾燥と清潔を保つことがたいせつです。

症状　趾間型足白癬、小水疱型足白癬、角質増殖型足白癬の3つの病型があります。

▼**趾間型足白癬**　指の間の皮がむけ、角質が厚くなって白くふやけたり、びらん（浅い潰瘍）になることがあります。足の薬指と小指の間に、もっともよくみられます。

▼**小水疱型足白癬**　足の裏やその周辺部に小さな水ぶくれや鱗屑が生じ、強いかゆみがあります。季節的変動がはっきりしています。

▼**角質増殖型足白癬**　足の裏全体の角質が厚くなり、鱗屑や亀裂が生じますが、前の2つに比べずっと少ないものです。かゆみや季節的変動がないため（亀裂は冬のほうがひどい）、みずむしと思わない人が多いようです。

いずれも汗疱、湿疹（1803頁）、掌蹠膿疱症（1839頁上段）、掌蹠角化症（772頁）、紅色陰癬などと症状が似るため、真菌の確認による鑑別診断が必要です。

手白癬
Ringworm of the Hands

どんな病気か　手のひらに生じた白癬で（手の甲は体部白癬という）、多くは足白癬に合併するものです。足白癬の角質増殖型と同様の症状が多く、ときに小水疱型もみられます。足白癬に比べてはるかに少なく、しばしば手の湿疹とまちがわれて見過ごされることがあります。

◎皮膚糸状菌の種類

皮膚糸状菌は本来、土の中や動物の毛、糞の中、枯れた植物などに棲息していたものが、動物に寄生するようになった進化型の菌で、先祖のように有性生殖をしません。

大別すると、①通常は土の中にいて、土から動物や人間に感染する菌（好土壌性菌）、②動物の毛についていて、動物から人間に感染する菌（好獣性菌）、③人間の病変部から感染する菌（好人性菌）の3つに分かれ、人の白癬の原因となるのは好人性菌が主です。

◎白癬の治療

体部白癬、股部白癬、足白癬、手白癬では外用抗真菌薬、爪白癬、頭部浅在性白癬、ケルスス禿瘡、白癬菌性毛瘡、白癬菌性肉芽腫では原則的に経口抗真菌薬（1828頁上段）を用います。足白癬のうち角質増殖型は経口薬を使うこともあり、爪白癬でも軽症例や経口薬を使えない例では外用薬

爪白癬（爪みずむし）
Ringworm of the Nails

どんな病気か

爪にできる白癬で、多くは足白癬や手白癬に合併します。中高年に多く、T・ルブルムがおもな原因菌です。足の爪に多く、手の爪の数倍あります。

症状

病変は爪の先端から根元に進行します。白から灰白色に濁り、爪の下の角質が増えて厚くみえます。通常、自覚症状はありませんが、肥厚・変形が強いと爪の先端が皮膚に食い込み（陥入爪）、痛むことがあります。

体部白癬（斑状小水疱性白癬／たむし／ぜにたむし）
Ringworm of the Body

どんな病気か

手のひら、足の裏、頭髪部、陰部を除く太ももの内側、皮膚にできる白癬です。股部白癬とあわせて**生毛部白癬**ともいいます。手足の中には体部白癬ができますが、手のひら、足の裏は角質が数倍厚く、毛孔がないなど他の皮膚と性質が異なり、病気の性質や治療法も異なるため、足白癬、手白癬といって区別しています。

原因

原因菌はT・ルブルムが多く、ときにペットから感染するミクロスポルム（以下M）・カニス、T・メンタグロファイテスがみられます。T・ルブルムの感染はあらゆる年齢層におこりますが、M・カニスの感染は子どもと女性に多く、おとなの男性への感染はまれです。最近では格闘技の選手の間でT・トンズランスによる感染がみられるようになっています。

症状

最初小さな丘疹ができ、しだいに周囲に輪状に広がります（遠心性拡大という）。輪の部分は丘疹や小さな水ぶくれなど炎症症状が強く、赤みが明瞭ですが、中央部は軽い鱗屑が残る程度で、治ったようにみえます。これを**中心治癒傾向**といいます。M・カニスによるものは露出部に多く、小さな病変がたくさんできるのが特徴です。誤ってステロイド剤を塗ると、中心治癒傾向という体部白癬の特徴がなくなります。これを、**異型白癬**といいます。貨幣状湿疹（1808頁）、脂漏性皮膚炎（1809頁）、ジベルばら色粃糠疹（1834頁）、環状紅斑、尋常性乾癬（1833頁）などの類似した病気との鑑別が大事です。T・ルブルムの感染は、足白癬の合併があれば同時に治すことが大切です。M・カニスの感染ではペットの白癬を調べますが、成犬や成猫では、皮膚病はなくても糸状菌を保菌していることがあります。

股部白癬（頑癬／いんきんたむし）
Ringworm of the Groin

どんな病気か

太ももの内側にできる白癬です。下腹部や会陰部、殿部に広がることもあります。原因菌の多くはT・ルブルムです。男性に圧倒的に多く、かつては青年男子によくできましたが、最近は中・高年者に多くなっています。

症状

周囲に輪状に広がり、弧状（弓なり）になります。へ

を使うこともあります。爪白癬では尿素軟膏との併用や、爪を削ってから塗るなどの工夫が必要です。足白癬では皮疹部より広範囲に塗ること、症状消失後2～3か月継続することがたいせつです。

◎経口抗真菌薬

現在、白癬用の経口抗真菌薬（内服薬）にはイトラコナゾール、テルビナフィンがあります。どちらも皮膚糸状菌をはじめ、いろいろな真菌に有効です。角質に入りやすく、そこに長く留まるため、以前使われていたグリセオフルビンよりも短期間の内服ですみます。副作用には胃腸障害、肝障害などがあり、定期的な血液検査が必要です。さらに、イトラコナゾールはいっしょに内服すると副作用をおこしやすい薬がいくつかあるため、現在内服中の薬を医師に示すことがたいせつです。また別の病気で診察を受ける場合、この薬を内服中であることを伝える必要があります。

りが堤防状に盛り上がり、境界が明瞭で、かなりのかゆみがあります。内側が中心治癒傾向（前項参照）となります。治癒したあとに色素沈着を残すことが多くあります。間擦性湿疹、カンジダ性間擦疹（1829頁）、紅色陰癬などとまぎらわしいため、顕微鏡による検査が必要です。

頭部浅在性白癬（しらくも）
Ringworm of the Scalp

どんな病気か 頭部の皮膚や毛に皮膚糸状菌が感染したもので、かつては日本でも児童によくみられましたが、最近みかけることはまれです。

原因 原因菌には足白癬のおもな原因菌であるT・ルブルム、猫や犬から人にうつるM・カニス、格闘技の選手の間に多発しているT・トンズランスなどがあります。

症状 頭皮に円形状の紅斑、鱗屑、脱毛斑がみられます。脂漏性皮膚炎（1809頁）、頭部粃糠疹、乾癬（1833頁）などとまぎらわしいため、真菌検査が欠かせません。黒点状白癬と呼ばれる毛孔のところに黒点がみられる型もあります。誤ってステロイド剤を外用すると、ケルスス禿瘡（次項）という重症型になることが多いため、注意が必要です。

ケルスス禿瘡
Kerion Celsi

どんな病気か 頭部に生じた「いわゆる深在性白癬」です。子どもに多く、頭部浅在性白癬にステロイド剤を外用した結果おこる例が目立ちます。原因は、M・カニスの感染が約半数で、T・ルブルム、T・メンタグロファイテス、M・ギプセウムなどの感染によることもあります。

症状 毛孔に膿疱・かさぶたが生じ、皮膚が赤く腫れたり、膿がたまってぶよぶよになります。毛が簡単に抜け、脱毛斑ができます。くびのリンパ節が腫れたり、発熱・倦怠感などの全身症状をともなうこともあります。治癒後脱毛もほぼ回復します。

白癬菌性毛瘡
Ringworm of the Beard

どんな病気か 男性の口髭の部分に生じた「いわゆる深在性白癬」で、ほとんどの例がステロイド外用剤の誤用によるものです。T・ルブルムによるものが多く、ついでT・メンタグロファイテスによる感染です。症状はケルスス禿瘡（前項）とほぼ同じです。

白癬菌性肉芽腫
Trichophytia Granuloma

どんな病気か 皮膚糸状菌が真皮や皮下脂肪組織で増えておこる深在性真菌症です。T・ルブルムの感染が原因です。浅在性白癬にステロイド外用剤を誤用したためにできる**限局性白癬菌性肉芽腫**と、免疫力が低下した人におこりやすい**汎発性白癬菌性肉芽腫**があります。

限局性では抗白癬薬の内服で治癒しますが、汎発性では基礎疾患の状態によっては治りにくいことがあります。

皮膚真菌症②

皮膚カンジダ症
Cutaneous Candidiasis

どんな病気か

カンジダという真菌（かびの仲間）が、おもに皮膚の表面で増殖しておこる皮膚病です。このかびは、健康な人の口の中や呼吸器、陰部などにも常在菌としてすんでいますが、皮膚ではその部分の温度や湿度が高くなり、増殖に都合がよくなると、そこについたカンジダが増えて病気をおこします。重篤な疾患や免疫抑制薬を使用している場合など、抵抗力の弱った人では内臓の感染症をおこすこともあります。

症状

皮膚のカンジダ症のおもな病型として、つぎのようなものがあります。

▼間擦疹型皮膚カンジダ症　わきの下や股部など、皮膚の擦れ合う部分でカンジダが増殖しておこる皮膚病です。皮膚に挟まれたひだの部分が赤くなり、その上に白くふやけ、剥げかけた皮膚がついています。赤ちゃんのおむつの下、太った人や汗をかきやすい人、まひなどで関節の動きが悪くなったときなどにできやすい傾向があります。長く貼られているばんそう膏の下なども同じようにカンジダ症をおこしやすくなります。最近ではこのような症例が多くなっています。

▼指間カンジダ症　指と指の間にできるカンジダ症です。水を扱うことの多い人、たとえば、主婦や料理師に多くみられ、手の中指と薬指の間が赤くなり、白くふやけた皮膚をつけます。ときに軽いかゆみがあります。

▼カンジダ性爪炎・爪囲炎　指先が湿るような仕事の人や主婦に多くみられます。初めは爪の周囲の皮膚が赤く腫れ、さらに進むと爪と皮膚の間が化膿して、痛みをともなうようになります。爪をつくる根元に炎症がおよぶと、生えてきた爪が変形、褐色や灰色に変色することもあります。また細菌類との混合感染もしばしばおこります。

診断

病変部の皮膚の一部をピンセットなどで剥がしとり、カセイカリ液で溶かして真菌を検出するカセイカリ（ＫＯＨ）法という、かびによる病気の診断に広く用いられる顕微鏡検査で、菌がいることを証明します。まれに培養が必要なケースがありますが、通常はカセイカリ法で診断できます。

治療

ほとんどの外用抗真菌薬がカンジダ症に有効ですが、なかには白癬菌のみに有効な薬もありますので注意が必要です。多くのものが1日1回の使用となっています。

爪のカンジダ症に対しては、内服の抗真菌薬が用いられます。それと同時に、水から手を守ることが第一に必要なことです。指先の炎症が治まっても、爪が正常の状態に戻るにはさらに数カ月がかかります。

カンジダ症全般に共通して、薬物療法と同時に患部のケア、つまり清潔と乾燥を保つことが必要です。極端にいえば、多くの皮膚カンジダ症は患部を乾燥した状態に保つだけで自然に治ります。今後、高齢者や、さまざまな病気や障害でからだの動きが制限された人が増えるにともない、この病気に悩まされる人が増える可能性があります。

癜風（でんぷう）
Pityriasis Versicolor

どんな病気か　もともと人の皮膚に常在しているマラセチアと呼ばれる真菌（かびの仲間）が、異常に増殖することでおこります。かびの増殖に都合のよい梅雨から夏にかけての高温多湿の時季に、よく汗をかく若い人にみられます。

症状　おもに躯幹（胴体）に、硬貨大までの大きさの淡い褐色の斑点がたくさんでき、こそぐと細かい皮膚片が出ます。

時間がたつとその部分の皮膚の色がぬけ、白い斑点として長く残ることがあります。

治療　皮膚の表面をこそぎとり、カセイカリ法という顕微鏡を用いる検査で原因となる真菌の存在を証明します。

治療にはおもに外用抗真菌薬が使われます。約2～3週間の治療で一応軽快しますが、少数ながら、菌そのものが常在菌として残るため、その後のケアを怠ると再発することがよくあります。そのため、皮膚をいつも清潔に、乾燥した状態に保つようにします。

白い斑点も数か月後には軽快します。

スポロトリコーシス
Sporotrichosis

どんな病気か　土の中や、植物などについているスポロトリクス・シエンキイという真菌（かびの仲間）による皮膚感染症です。まれに内臓や関節にも病変をおこすことがあります。たくさんの人が農作業や土いじりでけがをしているはずですが、発生数は年間数十例以下と少数です。

症状　顔や手などの、菌が侵入した皮膚の部位に潰瘍ができ、ときにはそこからつぎつぎに飛び火して新しい潰瘍ができます。

治療　潰瘍からとった分泌液や皮膚片を培養して、原因菌が確認できれば診断がつきます。

治療にはヨードカリ（ヨウ化カリウム）や、内服抗真菌薬を使います。病変部を使い捨てカイロなどで温める温熱療法もあります。

黒色真菌感染症（こくしょくしんきんかんせんしょう）
Chromomycosis

どんな病気か　土中や植物についている、肉眼で黒く見える一群のかびが、人の皮膚、まれには内臓に侵入しておこる感染症です。中南米や中国の一地方でよくみられますが、日本では年間数例の発生です。小さな傷口などから皮膚に侵入すると考えられています。

症状　皮膚に潰瘍ができ、ゆっくり大きくなります。数十年かかる例もあります。菌の種類によっては、薬や全身の疾患のために抵抗力が低下した人の内臓に感染し、命をうばうこともあります。

治療　皮膚や内臓の病巣にこの真菌がいることを顕微鏡標本や培養で確認します。治療は、小さい病巣なら切取ります。抗真菌薬の内服も有効です。

動物性皮膚疾患

疥癬（ひぜん） Scabies

どんな病気か　**ヒゼンダニ**（**疥癬虫**）という体長0・4㎜ほどのダニが皮膚に寄生する病気で、人から人、または寝具などを介して感染します。

胸部、腹部、大腿部、わきの下などに散発する赤い小さな膨らみ、手や指の小水疱、小膿疱、数㎜の線状の皮疹（**疥癬トンネル**ともいい雌が卵を生んだ部位です）、陰部の小さなしこりなどが特徴です。いずれも激しいかゆみをともない、夜間にかゆみは増します。

治療　外用薬と内服薬があります。外用薬は硫黄剤、クロタミトン、安息香酸ベンジルなどを、くびから下（乳幼児では頭、くびも含め）の全身に塗ります。内服薬（イベルメクチン）は空腹時に1回服用し、症状が改善しなければ1週間後にもう1回服用します。乳幼児、妊婦、授乳婦や肝臓に障害のある人は使えません。疥癬は家族内感染をおこすので、同居者全員が治療を受けるようにします。

ケジラミ症 Pediculosis Pubis

どんな病気か　ケジラミは体長1～2㎜、円形に近いからだに大きな爪のある脚をもつ吸血性昆虫で、おもに陰毛に寄生しています。多くは性交で感染しますが、毛布やタオルを介しても感染します。外陰部がかゆくなることが多く、まれにわき毛や頭髪などに寄生して、かゆくなることもあります。幼小児ではまつげに寄生することもあります。陰毛を検査し虫体あるいは卵を見つければ診断はつきます。

治療　陰毛を剃るのが一番確実で安価です。薬は0・4%フエノトリンパウダーとシャンプーがあります。パウダーは陰毛に散布し1時間後に洗い落とします。シャンプーは陰毛に塗布し5分後に洗い落とします。これを3～4日間隔で3～4回くり返します。虫の死滅後やふ化後に残った抜け殻を見て治っていないと勘違いすることもあります。同居者も感染している場合は同時に治療します。

アタマジラミ症 Pediculosis Capitis

どんな病気か　アタマジラミは体長2～3㎜、卵円形の吸血性昆虫で頭髪に寄生し、おもに頭髪と頭髪の直接接触、コートや帽子、マフラーなどを介して感染します。小学校低学年、幼稚園、保育園児の間で集団発症し、兄弟姉妹間や親子間、とくに母親への感染も多くおこります。幼小児が頭や耳の後ろをかいていたらアタマジラミが疑われます。虫体や頭髪に生みつけられた卵を見つければ診断できます。

治療　頭髪を剃ることが安価で確実ですが実行は困難でしょう。シラミの駆除剤にはケジラミ症と同様の薬剤があり、パウダーは頭髪に散布し1～2時間後に洗い落とします。シャンプーは頭髪を濡らしてからつけ、5分後に洗い落とします。卵への効果が弱いので、3～4日間隔で3～4回くり返します。頭髪に生みつけられた卵は抜け殻になっても毛に残るので、金属性のくしやすきぐしで除きます。

◎重症熱性血小板減少症候群

マダニにかまれることで、SFTSウイルスに感染することが2011年に特定された感染症です。症状は、発熱、嘔吐、下痢などをおこし、重症化すると命にかかわることもあります。

現在、有効なワクチンはありません。マダニが活発に活動する春から秋にかけて、草むらなどに入るときは、長そで、長ズボンなどで肌の露出を少なくしてマダニにかまれることを防ぎます。また、屋外活動後は、わきの下、脚のつけ根、手首、ひざの裏などにかまれたあとがないか注意しましょう。

マダニ刺症
Ixodiasis

どんな病気か マダニの生息環境（山林など）に入り込み、かまれて発症します。行楽シーズンの4月～10月に、よくみられます。

症状 虫体寄生の場合、数日後にほくろ状、あるいはスイカの種のような形の虫体が寄生しているのに気づきます。よくかまれるのは頭やくび筋などの露出部ですが、ときには太ももやわきの下などもあります。刺咬部位を中心に発赤、軽いしこり、浮腫性紅斑(むくんだ赤み)ができます。

▼合併症 マダニの一部が皮膚内に残ると、結節（盛り上がった発疹）、腫瘍、肉芽腫（しこり）などができます。まれに野兎病（2121頁）がおこります。

また、マダニが媒介するボレリア菌によって、**ライム病**に感染することがあります。初め、マダニ刺咬部を中心に環状の紅斑ができ、急速に周囲に拡大するいっぽう、内側が薄らいでいく遊走性紅斑がおこります。その後、顔面神経まひ、髄膜炎、慢性関節炎などの症状がおこることがあります。検査では血液中の抗ボレリア抗体価を測定し、治療には抗生物質を使用します。

検査と診断 受診する1週間ほど前に山林などに行かなかったか確認します。皮膚面から異物が突き出し、接着部が黒褐色で、ピンセットで引っ張ってもとれないほど強くくい込み、裏返すと左右4対の黒褐色のとげ状のものが動いていれば、生きたマダニの咬着（皮膚にかみついた状態）です。

治療 咬着しているマダニを除去します。虫体の残存部を皮膚内に残さずに確実に除去するため、虫体を含めた皮膚片ごと切除します。

予防 マダニの生息場所に立ち入らず、山林で遊んだあとは、入浴時にからだをくまなく調べます。

線状皮膚炎
Dermatitis Linearis

どんな病気か 甲虫のアオバアリガタハネカクシの体液に含まれるペデリンという毒性物質による皮膚炎です。虫をつぶすなどして、体液が人の皮膚についておこります。被害は6～9月に多く、顔、手、上肢に痛みのある線状の紅斑のあと、たくさんの小水疱や膿疱、びらんができます。

治療は副腎皮質ホルモン配合の軟膏を塗布します。1～2週間で治ります。

毒蛾皮膚炎
Month Dermatitis

どんな病気か ドクガ科のドクガ、チャドクガ、モンシロドクガなどの成虫や幼虫による皮膚炎を毒蛾皮膚炎といいます。幼虫のからだにある無数の毒針毛が人の皮膚に突き刺さると、炎症をおこし、かゆみの強い小さな丘疹がたくさんできます。被害は5月～8月に集中します。

治療 毒蛾に触れてかゆみを感じたら、かきむしらず、ただちに水道水で毒針毛を洗い流し、その後、止痒薬（かゆみ止め）や副腎皮質ホルモン配合の軟膏を塗布します。

角化症（角皮症）

乾癬
Psoriasis

どんな病気か 赤く、うろこ状にかさかさした斑点、あるいは平らな盛り上がりができるのを特徴とする、慢性で非感染性の皮膚疾患です。

皮膚の表皮細胞がたいへん速く（通常の7～10倍程度）増殖・成長し、皮膚の表面に移動していくため、うろこ状のかさかさ（鱗屑）が形成されます。

乾癬を引き起こす遺伝子に、環境要因が加わって発症すると考えられています。内臓疾患との関連はありませんが、ときに薬の副作用で乾癬ができたり、悪化することがあります。

乾癬のおこる頻度は、日本人で0・1％以下と推定され、欧米人の10分の1以下ですが、増加傾向にあります。

症状 症状がもっともよくでるのは肘、膝、腰など摩擦の加わりやすい場所と頭です。赤く平らに盛り上がる鱗屑を特徴とします（**尋常性乾癬**）。また、半分にかゆみがみられます。10～20歳代のころに初めて気づくことが多く、まれに乳児や高齢者でも症状が現れることがあります。

爪の変化もみられ、30％程度で爪の点状のくぼみ、変形がみられます。

関節の痛み、腫れなどの関節リウマチに似た症状がおこりやすいのも特徴のひとつです（**乾癬性関節炎**）。

このほか、皮膚症状が重症になる紅皮症（1818頁）、悪寒・発熱、皮膚に膿疱をともなう**膿疱性乾癬**（厚労省特定疾患）があります。いずれも入院治療が必要となる重症の乾癬です。

検査と診断 皮膚科の専門医であれば皮膚症状だけで正確に診断します。類乾癬（次項）、毛孔性紅色粃糠疹（次頁上段）との区別のために、病理組織検査が行われることもあります。

治療 薬剤の外用、内服、両者を組合わせたもののほかに、光線療法や温熱療法などの理学療法も有効です。原因がまだはっきりしませんから、確実な治療法はありません。人によって、また、症状の程度によって、治療法は選択されます。必ず皮膚科専門医に相談しましょう。

外用治療でも、長期間つづけると副作用がでてきます。効果だけではなく、副作用のことも医師に確認し、正しい治療をつづけましょう。

日常生活の注意 他人の目にふれることが多く、慢性でもあることから、大きな精神的負担となることがあります。精神的ストレスは皮膚症状を悪化させるので、精神的な悩みと皮膚の症状が悪循環をくり返しがちです。日光浴、戸外の運動などの気分転換が大事です。日光は皮膚症状にも有効です。

かぜ、扁桃炎、けがも乾癬の悪化因子です。そのほかにも、喫煙、アルコール、肥満は避けましょう。

乾癬は放っておくと徐々に広がっていきますが、自然に小さくなることもあります。なかには完全に消えてしまう人もいます。希望を失わず、乾癬とうまく付き合っていく気持ちがたいせつです。乾癬にかかっている人々と気持ちや情報を交換することも、治療生活をよい方向に導きます。乾癬患者組織として全国で「乾癬の会」が活動しています。

◎毛孔性紅色粃糠疹

まれな皮膚疾患です。乳幼児に現れるタイプと、成人になって現れるタイプがあります。どちらも、指、肘、膝に白い細かいふけのような鱗屑がついた、ざらざらして赤い色の皮膚変化が現れるのが特徴です。手のひら、足の裏も赤くかたくなります。

診断と治療は、皮膚科医でも、ときに困難です。毛孔性紅色粃糠疹が疑われたときは、かかりつけの皮膚科医に専門医の紹介を依頼しましょう。

類乾癬 Parapsoriasis

どんな病気か

類乾癬は、乾癬と同様、非感染性の慢性炎症性皮膚疾患です。

いまだに原因も病気の種類もはっきりせず、皮膚科専門医の間でも理解・解釈が定まっていません。

一般には、乾癬に似た赤くてかさかさしたできものととらえられますが、その大きさ、色合いは千差万別です。

検査と診断

類乾癬と呼ばれる慢性の皮膚症状のなかに、皮膚T細胞性リンパ腫(菌状息肉症 536頁上段)が含まれていることがあります。

このリンパ腫の悪性度は低いのですが、なかには10~20年経過して腫瘍になったり、リンパ節や内臓に転移することもあるため、類乾癬症状をもつ人は皮膚の病理組織検査を必ず受けるようにします。

治療

治療には、光線療法、副腎皮質ホルモン(ステロイド)の外用療法が有効です。

魚鱗癬 Ichthyosis

どんな病気か

魚鱗癬とは、さめ肌のことで、皮膚の広い範囲がざらざらした状態となります。乳幼児期に始まり、冬の乾燥した時期に悪化し、夏には症状が目立たなくなる**尋常性魚鱗癬**がもっとも多く、100~200人に1人くらいの頻度です。

そのほか、ざらざらした皮膚の状態によって、より重症の**伴性劣性魚鱗癬**、**水疱性魚鱗癬性紅皮症**、**葉状魚鱗癬**がありますが、いずれもまれな先天性の皮膚疾患です。遺伝しますが、両親に症状がなくても子どもに現れることがあります。

検査と診断

遺伝子の研究によって、伴性劣性魚鱗癬はステロイドサルファターゼ、水疱性魚鱗癬性紅皮症はケラチン、葉状魚鱗癬ではケラトヒアリンというたんぱくに異常があることがわかってきました。診断の確定、遺伝相談のためには、遺伝子検査も役立ちます。

治療

軽症の尋常性魚鱗癬には、皮膚の表面をなめらかにする尿素含有軟膏、ビタミンA含有軟膏がもっとも効きます。重症の場合は、エトレチナート剤(ビタミンA誘導体)を内服します。

ジベルばら色粃糠疹 Pityriasis Rosea Gibert

どんな病気か

小児から青年期に多く、胴体を中心に直径0・5~3cm大で楕円形の淡い紅色の斑点が急速にたくさんできます。放っておいても1~2か月で自然に治ります。

原因として、春と秋に多くみられること、2度かかる人は少ないことから、ウイルス感染症ではないかと考えられています。

急速に広がることから、薬疹(アレルギー反応)、ウイルス感染症との区別が必要です。

治療

治療には、抗ヒスタミン薬や副腎皮質ホルモンの軟膏が使われます。

◎うおの目といぼ

うおの目に似ているものに、足の裏にできるいぼ（足底疣贅）があります。いぼはうおの目とちがい、力が加わらない場所にもできて、押すよりつまむほうが痛く、よく見ると、出血による黒褐色の点が見られるのが特徴です。

このいぼをうおの目とまちがえて削ると、いぼウイルスが他の場所に感染し、いぼが増えることがあります。

そうならないためにも、皮膚科できちんと診断してもらいましょう。

苔癬／扁平苔癬

Lichen / Lichen Planus

どんな病気か

苔のようにざらついたぶつぶつ（丘疹）が皮膚に長期間にわたってできるものです。

丘疹は離れていることも（**毛孔性苔癬**など）密集していることも（**光沢苔癬**など）あります。丘疹が融合して平らになったものを**扁平苔癬**といいます。

扁平苔癬は1円玉大のやや盛り上がった多角形の発疹で、紫紅色をしており、表面につやがあります。かゆみがある場合もあります。手足の外側にたくさんできることが多いのですが、陰部や口腔粘膜にもみられます。口の中のものは少し白っぽく見えます。

原因はまだわかりませんが、免疫反応がかかわっていると考えられ、カラーフィルム現像液や薬剤によるアレルギー（薬疹）、骨髄移植を受けた人でこの発疹がみられます。また、C型肝炎（1635頁）でも扁平苔癬がおこります。

治療

原因がわかる場合は、その治療を行います。苔癬にはステロイド（副腎皮質ホルモン）剤も使いますが、なかなか治りません。

たこ（胼胝腫）

Callus

どんな病気か

皮膚の表面にある角質が部分的に厚く、かたくなったものです。正座の習慣を長くつづけた人で足の甲にできる**すわりだこ**、力をこめて字を書く人の中指や人差し指にできる**ペンだこ**、赤ちゃんの指にはときに**しゃぶりだこ**ができます。スポーツ選手の手足の指なども、血マメをくり返すと、たこができます。物理的な刺激をくり返し受ける部位に、皮膚を守るためできると考えてよいでしょう。

ただし、高齢者や更年期の女性、糖尿病のように血行が悪くなる病気の人などは体質的にたこができやすく、遺伝病によってひどいたこが何か所もできる人もまれにいます。

治療

放置してもかまいませんが、わずらわしければ削ります。長めに入浴して角質をふやけさせ、軽石や安全カミソリなどで削ります。カミソリを使うときは、出血しないように気をつけましょう。また、皮膚科でも削ってくれます。角質軟化のため、サリチル酸硬膏を3～4日貼りつづけると、さらに削りやすくなります。

うおの目（鶏眼）

Corn

どんな病気か

たこ（前項）と似て角質がかたくなりますが、痛みがあります。中央に魚または鳥の目のような、角質でできた小さな芯があるため、この名で呼ばれています。足の裏や足趾（足の指）の間、とくに骨の突起が靴にあたる場所によくできます。

治療

うおの目の処置はたこと同じですが、角質の芯を深くまで取除かなければ痛みは消えません。皮膚科医にまかせましょう。

再発防止のためには窮屈な靴はやめて楽なものをはき、市販されているうおの目を圧迫から守る穴あきスポンジ（うおの目パッド）を貼るなどします。

ウイルス性皮膚疾患

◎単純ヘルペスの種類

感染する部位によって、口唇ヘルペス、性器ヘルペス（833頁）、単純ヘルペス脳炎（961頁）、単純ヘルペス結膜炎（1079頁）、単純ヘルペス角膜炎（1085頁）、カポジ水痘様発疹症などがあり、ほかに指先にウイルスが感染しておこる**ヘルペス性瘭疽**、抵抗力の低下している人で全身におこる**汎発性疱疹**、母体からの抗体の供給が少ない新生児におこる**新生児ヘルペスウイルス感染症**などがあります。

帯状疱疹
Herpes Zoster

【どんな病気か】 水ぼうそう（810頁）の原因となる**水痘・帯状疱疹ウイルス**がおこす皮膚の病気で、帯状疱疹は水痘になった人におこります。

初感染時にウイルスは知覚神経節に潜伏し、その後、過労や免疫の低下などで再活性化します。ウイルスが知覚神経を伝わり、神経の分布領域の皮膚に帯状の疼痛をともなう発疹（虫刺され様の発疹と水ぶくれ）が現れます。

【症状】 発疹が現れる1週間前より神経痛に似た痛みが生じます。その後、神経の流れに沿って帯状に虫刺され様の発疹ができ、やがて水ぶくれとなって中に膿を含むようになります。約2～3週間でかさぶたとなり治癒します。

頭痛をともなうことがあり、重症の場合は発熱後、水痘のような発疹が全身にできます。耳から顎、首にかけての帯状疱疹では顔面神経まひ、外陰部では尿が出なくなること（尿閉）もあります。高齢者や糖尿病の人では治癒後も疼痛が持続する**帯状疱疹後神経痛**を残しやすくなります。

【検査と診断】 血清中の水痘・帯状疱疹ウイルス抗体価（抗原を攻撃する抗体の量）が上昇し、発疹部からウイルス性巨細胞、水痘・帯状疱疹ウイルス抗原が証明できれば診断できます。

【治療】 抗ウイルス薬（アシクロビル錠、バラシクロビル錠、ファムビル錠）の内服が一般的です。初めは軽症でも徐々に悪化する病気なので抗ウイルス薬（ビダラビン）だけでは治療は望めません。白血病やエイズなど免疫不全の人では抗ウイルス薬を点滴静注します。疼痛治療では非ステロイド系消炎鎮痛薬、ビタミンB_{12}、副腎皮質ステロイド剤の内服を同時に行い、疼痛が強い場合、神経ブロック（神経に麻酔を注入）を行います。皮膚局所では非ステロイド系消炎薬の外用や、細菌感染を予防するための抗生物質を外用します。

できるだけ早い時期に抗ウイルス薬を内服することがたいせつです。

【日常生活の注意】 からだの抵抗力が低下して生じるため、軽い安静が必要です。また、予防のためには過労を避け、心配な場合、水痘ワクチンを接種することもあります。

単純ヘルペス
Herpes Simplex

【どんな病気か】 単純ヘルペスウイルス1型または2型の感染（初感染）、または初感染後、神経節に潜んでいたウイルスが再活性化しておこります。

病変部の水ぶくれ（水疱）が特徴ですが、あとでただれ、かさぶたとなって治癒します。いちど感染すると神経節の中に生涯潜み、発熱、紫外線、ストレス、疲労、性交などの刺激や免疫の低下によって症状を再発させます。

【症状】 初感染の場合、感染後4～7日すると性器や顔面などにかゆみや疼痛が現れ、その後、水疱がたくさんできます。口腔内では、ただれが多数でき、痛みます。高熱とリンパ節の腫れもみられます。その後1

◎皮膚に水ぶくれができるウイルス感染症

水痘（水ぼうそう　809頁）、帯状疱疹（1836頁）、単純ヘルペス（1836頁）のほかに、手足口病（809頁）があります。

◎皮膚に丘疹、腫瘤、嚢腫がでるウイルス感染症

ジアノッティ病と伝染性軟属腫（772頁）、ヒト乳頭腫ウイルスの感染症があります。

ジアノッティ病は小児の病気で、顔面、手足などに粟粒大の丘疹ができます。B型肝炎ウイルスやエプスタイン・バーウイルスなどが原因です。

ヒト乳頭腫ウイルス感染症では、青年性扁平疣贅（773頁）で顔面、手の甲などに淡褐色の平らに隆起した小腫瘤ができ、尖圭コンジローマ（1774頁）で外陰部、肛門周囲に腫瘤ができます。**ウイルス性足底嚢腫**は、足底の皮膚の下に嚢腫ができる病気で、手術で摘出します。

型は口唇を中心として顔面に、2型は性器を中心として再発をくり返します。2型のほうが再発が多く、QOLの低下をきたしやすくなります。

アトピー性皮膚炎の人では皮膚のバリア機能が失われていて、ウイルスが皮膚から感染（経皮接種）し、広範囲に病変がおよぶことがあります。これを**カポジ水痘様発疹症**といいます。

検査と診断

病変の組織を塗った標本に単純ヘルペスウイルスから作ったモノクローナル抗体（抗原に特異的に結びつく抗体、単一抗体）を反応させてウイルスの型を判定します。

治療

抗ウイルス薬（アシクロビル、バラシクロビル）の内服を行います。重症の人では抗ウイルス薬の点滴静注を行います。また、性器ヘルペスで何度も再発するものでは、バラシクロビル500mgを1日1回毎日内服する性器ヘルペス再発抑制療法を行います。

日常生活の注意

過労は避けて、できるだけ早く、抗ウイルス薬の内服を行うことが必要です。

尋常性疣贅（いぼ）
Common Wart

どんな病気か

子どもと成人の手の指（とくに爪の周り）、手のひら、膝がしら、膝の裏、足の裏などにできる、かたい小腫瘤（こぶ）です。表面は粗く、色は白色調です。大きさは粟粒大からエンドウマメ大までです。しばしば多発します。足の裏のいぼは、歩くときに痛みがあります。

皮膚表面の小さな傷口や汗の管の皮膚開口部あるいは毛穴などから感染すると考えられています。**ヒト乳頭腫ウイルス2型**がおもな病原体です。

顔面、頸部にできるいぼには、直径が2～3㎜で細長く、先端に数本の突起をもつものがあり、これを**糸状疣贅**といいます。

手足にできるいぼのなかに**ミルメシア**と呼ばれるものがあります。皮膚面からドーム状に隆起した赤色調のかたいこぶで、中央がややへこんでおり、全体の形が蟻塚に似ています。**ヒト乳頭腫ウイルス1型**が病原体です。

治療

先端を細くした綿棒にマイナス200度の液体窒素を含ませて、5～10秒間、いぼに軽くあてて治療します。皮膚を凍らせるので、痛みをともないます。液体窒素をあてた部位は、そのあと、水ぶくれ（水疱）になりますが、しばらくすると痂皮（かさぶた）ができ、やがて痂皮が剥がれて、いぼは治ります。1回の治療で治ることもありますが、通常は1～2週間の間隔で数回、くり返します。

最近、皮膚病の乾癬を治療するために使うビタミンD_3軟膏を塗る治療法が開発されました。治るまでに数か月間かかりますが、治療にともなう痛みはありません。

抗がん剤の5‐FU軟膏やブレオマイシン軟膏をいぼに塗り、その上をプラスチックフィルム（料理用ラップ）でおおう治療法もあります。

かぶれをおこす化学物質をわざわざいぼに塗る治療法もあります。かぶれている期間は、かゆみをともないます。この方法はいぼが多発している場合や難治の場合に使用します。

水疱症と膿疱症

◎線状ＩｇＡ水疱性皮膚症

全身に環状の紅斑が出現し、その周囲に小型の水ぶくれができます。成人におきるもの、小児におきるものがあります。

皮膚の組織検査で表皮下に好中球（白血球の一種）のかたまり（微小膿瘍）を認め、蛍光抗体直接法でＩｇＡが皮膚の基底膜部に線状に沈着します。血液検査でＩｇＡ抗皮膚基底膜部抗体を検出します。

軽症の場合はＤＤＳ（レクチゾール）の内服を行い、重

天疱瘡
Pemphigus

どんな病気か

血液中に存在する**抗体**はウイルスや細菌などに反応して、その感染を防ぐたんぱく質で、通常は自分の組織成分には反応しません。しかし、ときに、自分の組織成分に反応する抗体が出現して自己の組織を傷害する疾患があり、これを**自己免疫性疾患**といいます。天疱瘡は、皮膚に反応する自己抗体によって皮膚が傷害され、皮膚に水ぶくれ（水疱）をつくる病気です。

天疱瘡は**尋常性天疱瘡**と**落葉状天疱瘡**に分けられます。尋常性天疱瘡はさらに口腔粘膜のみが傷害される**粘膜優位型**と、口腔粘膜と皮膚の両方が傷害される**粘膜皮膚型**に分けられます。粘膜優位型では表皮細胞間に存在するデスモグレイン３（Ｄｓｇ３）というたんぱく質のみに抗体が反応し、粘膜皮膚型はＤｓｇ３とＤｓｇ１の両方に反応、落葉状天疱瘡はＤｓｇ１のみに反応しておこります。

症状

尋常性天疱瘡では口唇・口腔内に水ぶくれ・びらん性病変が多発します。とくに、頬の内側の粘膜や舌に病変がみられます。粘膜皮膚型は口腔内病変に加えて、ぶよぶよした（弛緩性）水ぶくれと、治りにくいただれが全身に現れます。とくにわきの下や鼠径部のような皮膚の擦れやすい間擦部位に好発します。これに対して落葉状天疱瘡はおもに胴体の皮膚表面に小型の水ぶくれができて、口腔内の病変はありません。

検査と診断

まず局所麻酔をして、病気の皮膚の一部を切取る皮膚生検を行います。顕微鏡による組織検査で、尋常性天疱瘡では表皮の下のほうに水ぶくれ（天疱瘡の水ぶくれは**棘融解性水疱**と呼ばれます）がみられ、落葉状天疱瘡では表皮の上のほうに水ぶくれがみられます。いずれの病気でも、抗体を蛍光色素で染色する蛍光抗体直接法という検査で、病気の皮膚の表皮細胞間に抗体（免疫グロブリンＧ、ＩｇＧ）が認められます。さらに血液検査を行い、蛍光抗体間接法という方法で血液中に表皮細胞に対する抗体（ＩｇＧ抗表皮細胞間抗体）が検出されます。また、免疫ブロット法という方法でＤｓｇ１ないしＤｓｇ３への反応を調べます。最近、Ｄｓｇ１／Ｄｓｇ３の遺伝子組み換えによりつくられたたんぱく質（**リコンビナントたんぱく**）を用いたＥＬＩＳＡ法という検査法が開発され、これらの自己抗体がより正確に検出できるようになりました。

治療

副腎皮質ホルモン（ステロイド）剤の内服が治療の中心になります。通常、入院してプレドニゾロン換算で40～80㎎／日のステロイド剤を内服します。軽症例では20～40㎎／日の内服で効果を示します。水ぶくれが新たにできなくなれば、初めはやや早く、後にはゆっくりとステロイド内服の量を減量します。有効でない場合、あるいは再発した場合には1.5～2倍にステロイド剤の内服を増量します。有効な場合でも、プレドニゾロン換算で5～10㎎／日の内服をつづける必要があります。

治りにくい尋常性天疱瘡には、血漿

症の場合は少量のステロイドの内服を行います。

◎掌蹠膿疱症

手のひら（掌）と足の裏（蹠）に膿疱（膿をもった発疹）ができ、長期にわたって再発をくり返します。

扁桃炎やむし歯などの感染、歯科金属の影響が考えられますが多くは原因不明です。

ステロイド剤やビタミンDの外用が用いられます。光線療法やDDS（レクチゾール）、コルヒチン、ビタミンA誘導体の内服も行われます。

◎好酸球性膿疱性毛包炎

おもに顔面や胴体の皮膚に、紅斑の周囲に毛包に一致した小型の膿疱を認めます。中心から周囲に向かって円状に広がります。

皮膚の組織検査で、好酸球（白血球の一種）が毛包に入り込んでいるのがみられます。

インドメタシンの内服がよく効きます。

交換療法やステロイドを多量に注射するステロイドパルス療法も行われます。その他、各種の免疫抑制薬が併用されます。最近、大量ガンマグロブリン静注療法併用が有効と報告されています。

落葉状天疱瘡は尋常性天疱瘡に比べて軽症なことが多く、ステロイド剤の外用、DDS（ジアフェニルスルホン）内服でコントロール可能なこともあります。中等症から重症では比較的少量のステロイド内服が必要となります。

日常生活の注意 ステロイド剤の内服を自己判断で変更、中止することは危険なことですので絶対にしないようにします。また、使用する治療法ならびに薬剤について、その薬理的作用、効果、副作用については十分に理解し、その徴候があるときはすぐに主治医に知らせましょう。

水疱性類天疱瘡
Bullous Pemphigoid

どんな病気か ほぼ全身に、かゆみをともなう紅い斑点（紅斑）と、大型のぱんぱんに張った水ぶくれ（緊満性水疱）が多数みられます。高齢者に多くみられます。

表皮と真皮の間にある基底膜部に存在するたんぱく質（BP230とBP180）に抗体が反応することでおこります。

検査と診断 皮膚の組織検査で表皮下の水ぶくれが認められ、蛍光抗体直接法で抗体IgGの基底膜部への沈着がみられます。また、蛍光抗体間接法によって基底膜部に反応する抗体（IgG抗皮膚基底膜部抗体）が検出されます。

さらに免疫ブロット法でBP230とBP180などのたんぱく質への反応を調べます。BP230とBP180のリコンビナントたんぱくを用いたELISA法により、正確に診断できるようになりました。

治療 軽症例では、ステロイド外用ないしDDS（ジアフェニルスルホン）内服のみでコントロール可能なこともあります。最近、テトラサイクリンとニコチン酸アミド併用内服療法の有効性が明らかとなり、第一選択薬となりつつあります。テトラサイクリンのかわりにミノサイクリンを用いることもあります。効果が不十分な場合は、ステロイド剤の内服を併用しますが、この場合もプレドニゾロン換算20～40mg／日程度の比較的少量で有効なことが多いようです。

妊娠性疱疹
Herpes Gestationis

どんな病気か 妊婦の全身の皮膚に浮腫性の紅斑と水ぶくれができます。妊婦に生じる水疱性類天疱瘡（前項）と考えられます。

検査と診断 皮膚の組織検査で表皮下の水ぶくれが認められ、蛍光抗体法で補体（C3）の基底膜部への沈着がみられます。血液検査で補体結合性IgG抗皮膚基底膜部抗体（妊娠性疱疹因子）が検出されます。

治療 軽症の場合はステロイド剤の外用、重症の場合はステロイド剤の内服を行います。

色素異常症

◎柑皮症

ミカン、ニンジン、トマト、ほうれん草など、カロチン(黄色色素)を多量に含む食品を食べたあと、手のひらや足の裏など、角質が厚い部分が黄色くなるものです。

カロチンが脂肪組織と角質に沈着するためにおこりますが害はありません。球結膜(白目)が黄色にならないことで、黄疸と区別できます。カロチン含有食品の摂取を控えれば自然に治ります。脂質異常症があるとおこりやすくなるので、注意しましょう。

尋常性白斑
Vitiligo Vulgaris

どんな病気か

皮膚の色が抜け、白い斑点ができるものです。後天的なもので、白斑に先立つ症状はとくにありません。斑点の数が少しずつ増え、ついには全身が白くなってしまう**非分節型白斑**(**A型白斑**)と、ある特定の皮膚分節(ある神経の支配範囲)で斑点が急速に広がるものの、1年前後で進行が止まり、以後はそのままの状態を保つ**分節型白斑**(**B型白斑**)の2種類があります。非分節型白斑はすべての年齢層で、分節型白斑は小児から30歳ごろまでの若い時期でおこります。

症状

非分節型白斑では親指の先ほどの大きさの白斑が2~3個でき、しだいに数が増えて広い範囲に広がります。顔や胴体、手足など、どこにでもできますが、数が多くなると左右対称に分布することが多くなります。ベルトや下着でしめつけられる場所、履物で擦れる場所に好発します。

分節型白斑は、ふつう片側性(からだの左右どちらか半分)で、帯状疱疹(1836頁)で神経痛と水ぶくれが生じる範囲とまったく同じ部位に白斑が分布します。顔の場合は目の高さ、口の高さで分布が分かれ、胴体の場合は脊椎ごとにからだを輪切りにした形(分節)で分布する特徴があります。初めは小さな白斑が数個できるだけですが、数か月から1、2年でその分節内いっぱいに広がり、その後はほぼ同じ状態が一生つづきます。

原因

非分節型白斑は皮膚のメラニン色素をつくる色素細胞(メラノサイト)に対して免疫反応がはたらき、色素細胞を壊してしまうために色が抜けると考えられています。

分節型白斑は、神経末梢から分泌される神経伝達物質が色素細胞を破壊するためにおこると考えられていますが、くわしいことはまだ不明です。

治療

非分節型白斑では、白斑ができて新しいうちは、弱いステロイド剤の軟膏を1日2回塗り、週に2回、長波長紫外線または限られた波長(ナローバンド)の中波長紫外線をあてます。長波長紫外線の場合には光に敏感になる薬を併用します。日光浴にも同じ効果がありますが、いずれの場合も、何年も経過した古い白斑ではあまり効果はありません。

分節型白斑では、これらの療法では効果はあまり期待できません。しかし幸いなことに、この白斑は数年で進行が止まるため、その後に表皮移植手術を行えば、跡形もなく治ります。この表皮移植は、健康な皮膚に吸引水疱をつくり、白斑の部分の表皮を剥がして、その水疱のふたを移植する方法です。

日常生活の注意

非分節型白斑は、治療により一時的に白斑が消えても、いずれどこかに再発します。新しいうちは薬がよく効きますから、早期発見、早期治療を心がけます。根治はできませんが、目立たない状態にコントロールすることはできます。

分節型白斑は進行期にいろいろな治療を試みても、皮膚をいためるだけのことが多いので、専門医の管理下で安定期に入るのを待ち、表皮移植術を受けるのが最善です。

◎原田病（フォークト・小柳・原田病）

神経系が系統的におかされる病気ですが、障害は色素細胞にもおよび、神経症状が出現して数か月以内に眉毛、まつげ、頭髪が白毛となり、その後、目の周囲に左右対称に白斑ができます。また、脱毛や、不規則な白斑が胴体に散らばるようにできます。

◎アジソン病

先天的または後天的な副腎皮質機能不全によっておこる病気です（1490頁）。

皮膚、粘膜の色素沈着に特徴があり、顔面では、口腔粘膜、歯肉、舌、口唇などに斑状で褐色調の色素沈着がみられ、手では手掌の線状溝（手相をみるときのしわ）が濃褐色に着色します。

治療は、原因疾患がわかればその治療を行います。特発性の場合は、副腎皮質ホルモンの補充療法を一生つづけなければなりません。

雀卵斑（そばかす）
Ephelides

どんな病気か

顔や腕など日光曝露部にできる、小豆大までの灰褐色の斑点です。思春期に濃くなり、色白の人では目立ちます。

治療

紫外線によって色が濃くなるため、日焼け止めクリームやファンデーションによって遮光することを心がけます。ハイドロキノンなどの美白剤の塗布やレーザー照射が有効です。

肝斑（しみ）
Chloasma

どんな病気か

成人女性の額、頬、口の周囲などにみられる左右対称で境界が鮮明な褐色斑です。まれに男性にもみられます。

妊娠や避妊薬服用時に色が濃くなるため、内分泌の変動が関係していると考えられており、また、紫外線もその色を濃くします。

治療

そばかすと同様、遮光が必要です。ハイドロキノンの塗布やトラネキサム酸、ビタミンCの内服も有効です。

摩擦黒皮症
Friction Melanosis

どんな病気か

かたい繊維で皮膚を擦り、軽い損傷を慢性的にくり返すと、その部分が黒褐色に色づく状態です。入浴時にナイロンのタオルやスポンジで擦る習慣がある人の頸部や鎖骨部、肩など骨の隆起部にみられます。本来、表皮に存在するメラニン色素が、表皮細胞の損傷のために真皮側にこぼれ落ち、蓄積しておこると考えられます。石けんの使いすぎによる皮膚の乾燥症状をともなうのがふつうです。

治療

タオルやスポンジの使用をやめ、そっと手のひらでなでるような洗いかたとし、石けんの使用も控えます。入浴後、尿素製剤などの保湿剤や、ごく弱いステロイド剤を塗布すると回復が早くなります。

サットン白斑
Leukoderma Sutton

どんな病気か

小型のほくろを中心にして、周囲の皮膚に円形に生じる白斑です。小児や青年の胴体や顔、頸部（くび筋）などにみられ、外にむけてだんだん大きくなる傾向があります。半数くらいに尋常性白斑（前頁）の合併がみられます。

ほくろが中心にないのに、同じように周囲に白斑ができることを**サットン現象** Sutton's Phenomenon といいます。もっとも危険なのは悪性黒色腫（メラノーマ538頁）で、しばしばみられます。血管腫、皮膚線維腫、表皮母斑、老人性疣贅（いぼ）などでもこの現象がおこることがあります。

治療

ほくろを形成する母斑細胞やメラニン色素に対する自己免疫のはたらきが、ほくろの周囲の正常な皮膚にある色素細胞を変性、消失させるためにできると考えられています。初期の段階に中央のほくろを切除すると、白斑は自然治癒します。

母斑と母斑症

母斑とは、母斑症とは

Nevus / Phacomatosis

◇母斑とは

母斑（あざ）は、限局性（場所がかぎられた）の皮膚の色や形の異常で、生まれつき、あるいは生後のいろいろな時期にでてきます。ある程度まで徐々に大きくなり、その後変化することなくつづくことが多いのですが、自然に消えるものもあります。母斑は胎生期の発生異常でできた細胞が、いろいろな時期に増殖するためおこると考えられています。

◇母斑症とは

母斑症は、皮膚に「あざ」が多発するだけでなく、脳や目、その他の内臓にさまざまな病変をともなうものです。「あざ」と同様、いろいろな時期に病変がでてきます。その多くは皮膚と中枢神経系に異常をおこすため、**神経皮膚症候群**とも呼ばれます。遺伝する母斑症もあります。

表皮母斑（硬母斑、疣状母斑）

Epidermal Nevus

どんな病気か　出生時、あるいは小児期に、いぼ様のザラザラした小さな盛り上がり（丘疹）が多数連なってできるものです。色は正常の皮膚色か褐色で、硬母斑、疣状母斑とも呼びます。表皮母斑はつぎの2つに大別されます。

▼列序性母斑（線状母斑）　線状、帯状に並んでできるものです。ふつう、かゆみなどの症状はありませんが、かゆみが強く、湿疹状になる特殊型（**列序性苔癬様母斑**）もあります。

▼片側性母斑　からだの片側だけに、広範囲にできる母斑です。ときには骨や脳の異常をともなうことがあります。

治療　炭酸ガスレーザーで焼灼（焼き切る）するか、グラインダーのような器械で皮膚を削り取る手術をします。小さければ外科的切除術をすることもあります。

母斑細胞母斑（色素性母斑／ほくろ／黒あざ）

Nevus Cell Nevus

どんな病気か　俗に、「ほくろ」、「黒あざ」と呼ばれるもので、メラニン色素をつくる細胞が皮膚で異常に増えてできます。色は褐色から黒色で、境界がはっきりし、大きさや形はさまざまです。平らで大きいもの（**黒あざ**）は、先天性のことが多く、後天性のものは、通常、小さくて隆起しています（**ほくろ**）。表面に毛が生えている**有毛性母斑**や、からだの広い範囲に有毛性色素斑のでる**獣皮様母斑**もあります。先天性の巨大なものは、そこに悪性黒色腫ができることが多いため、注意が必要です。それ以外の母斑細胞母斑から悪性黒色腫ができることはまれです。しかし、色素斑が急に大きくなったり、出血したり、潰瘍ができたりしたときは悪性黒色腫の可能性があります。早めに皮膚科の専門医を受診してください。

◎その他の母斑

▼脂腺母斑　頭部に多く、皮膚の脂肪をつくる皮脂腺が増えてできるものです。黄白色で平らに盛り上がりますが、これができると毛がなくなって、脱毛斑となります。あとで皮膚腫瘍（良性、悪性とも）がでてくることがあります。時期をみて切除します。

▼青色母斑　エンドウマメ大までの結節で、その青い色から「青いほくろ」と呼ばれます。手足の甲やお尻によくできます。手術で切除します。

▼白斑母斑　白く色の抜けた不規則な形の「あざ」で、手足やからだの片側の一部にできます。出生時、あるいは生後間もなく現れます。自然に白色調が薄らぐこともあります。紫外線照射治療で皮膚色がつきます。

▼貧血母斑　胸や腕に生ずる大豆や指の大きさぐらいの白い斑で、入浴時や叩いたときに目立ちます。毛細血管が温熱や機械的刺激に反応せず、

治療

大きさや部位によって治療法が異なります。悪性化する可能性や美容上の問題がなければ、放置します。治療の基本は切除です。大きい場合は植皮術をし、レーザー照射や電気凝固をすることもあります。

扁平母斑
Nevus Spilus

どんな病気か

皮膚からの隆起がない淡褐色の色素斑で、大きさや形はさまざまです。比較的均一で大きい色素斑のことが多いのですが、小さい色素斑が多数集合してできていることもあります。発症時期は出生時、乳幼児期と思春期前後です。一部の扁平母斑ではその中に毛が生えていることもあります。乳幼児に扁平母斑が数個以上あるときは**レクリングハウゼン病**（次頁）の可能性があるので専門医を受診してください。

治療

淡い褐色調のものは見た目に違和感が小さいので、気にならなければ無理に治療する必要はありません。近年、よくレーザー治療をしますが、色の薄れる場合と逆に濃くなる場合があります。そのほかドライアイス圧抵療法、皮膚削り術なども行われますが、満足できる効果を得ることは容易ではありません。

赤ぶどう酒様血管腫（ポートワインステイン）／いちご状血管腫
Portwine Stain Nevus / Strawberry Mark

どんな病気か

毛細血管が拡張することによって、皮膚の一部が赤く見える**血管腫**には次の2つがあります。

赤ぶどう酒様血管腫は、皮膚表面が盛り上がらない赤あざで、赤ぶどう酒を流したように見えるため**ポートワインステイン**ともいいます。出生時からずっとつづきますが、うなじや額の真ん中にあるものは自然に消えます。

いちご状血管腫は皮膚から盛り上がり、表面が「いちご」のようにごつごつしています。生後1週ごろにでき、大きくなります。幼児期から学童期にかけて自然に消えますが、ひじょうに大きなものは、出血しやすい状態（**カサバッハ・メリット症候群**）になるため、注意が必要です。

治療

赤ぶどう酒様血管腫は、レーザー照射により治療します。いちご状血管腫は自然に消えるのを待ってもよいのですが、ある程度大きくなると、治ってもあとが残るので、早めにレーザー照射やドライアイス治療をするのがよいでしょう。

太田母斑
Nevus of Ota

片側のまぶたから頬にかけて（三叉神経の第1、2枝領域）できる、境界のはっきりしない褐灰青色調の色素斑です。皮膚から隆起することはありません。眼球結膜や、口の粘膜におよぶこともあります。発症時期は早発型（生後間もなく）と遅発型（思春期）とがあります。レーザー（Qスイッチルビー）治療によく反応します。

皮膚が赤くならないためにおこります。有効な治療法はありません。

▼**軟骨母斑**　耳の周囲から頸部にかけてみられる結節で、色は肌色、ややかたく、小豆大です。結節内に軟骨組織が入っています。耳の周囲にできたものは**副耳**（1974頁）と呼ばれます。手術で切除します。

◎**蒙古斑**

お尻の仙骨部から尾骨部にかけて発生する手のひらまでの大きさの青色の色素斑です。出産時、あるいは生後1週から1か月ごろにでてきます。メラニン色素をつくる細胞が皮膚の真皮に残っているためにおこります。日本人では100%にみられますが、そのほとんどが5、6歳までに消えてしまいます。お尻以外の皮膚、手足や胴体にでる青色の色素斑は、**異所性蒙古斑**といい、こちらは色が褪せにくいといわれています。

ブーヌビュ・プリングル母斑症
Bourneville-Pringle Disease

どんな病気か　脳、網膜、腎臓、肺、心臓、肝臓、膵臓、骨および皮膚の血管結合組織系の全身の病気です。**結節性硬化症**とも呼ばれます。

症状　顔面では鼻の周りにぶつぶつとした丘疹が多発します。このぶつぶつは生まれたてのときに、あるいは生後すぐから生じます。からだや手足では、扁平に盛り上がったややかたい凹凸のある病変、色素の薄い白く見える斑、爪の周りの結節、歯肉部の結節などが生じます。

中枢神経系の症状で、けいれん発作と知能発育障害がおこります。

視野の狭窄、眼底の変化などから視力の低下があり、腎臓では腎腫瘤、腎嚢腫、水腎症などがみられ、血尿などの症状を示します。

治療　根治的な方法はありませんが、軽症の皮膚病変のみの場合は対症的、美容的な治療を加えて、予後が良好の場合もあります。けいれん発作のある場合は抗けいれん薬を継続して服用しなければなりません。中枢神経系、心臓、肺、腎臓などの重要臓器の機能障害があると、成人期に達する前に死亡することも多くあります。

レクリングハウゼン病
von Recklinghausen Disease

どんな病気か　この病気は人口1万人あたり3、4人に出現する、頻度の高い優性遺伝性（572頁）の疾患です。両親にまったく異常がなくても、突然この病気が現れることもあります（突然変異）。しかし、この病気をもつ人が、まったく健常な人と結婚すると、子どもの約半数に遺伝します。

症状　乳幼児期にはミルクコーヒー色の色素斑がみられるだけです。小さな点状の色素斑と直径1cm以上の大きさの色素斑が入り混じって現れます。乳児期から直径1cm以上の大きさの色素斑が6個以上みられるときには、この病気を疑います。

10代後半に米粒から指先くらいの大きさのやわらかい、押すと皮膚のなかに潜り込むような皮膚の結節（しこり）が多数出現してきます。これが**神経線維腫**で、この病気が**神経線維腫症**とも呼ばれる理由です。加齢とともにその数は増え、大きさも形もさまざまになり、大きな扁平のやわらかい腫瘍が台形状に隆起したり、あるいはリンゴ、メロン、ときにスイカの大きさにもなる腫瘍が垂れ下がることもあります。

出現部位は皮膚にかぎらず、そのため、骨格、とくに手足や脊柱の変形をともなうことがあります。体内の重要臓器のすぐそばに出現すると、圧迫による変形や機能障害が出現します。中枢神経のそばあるいは内部に出現することもあります。ときに悪性化して**神経線維肉腫**になることがあり、この場合は生命にかかわります。

治療　皮膚の色素斑に対してはとくに治療をしません。美容上の目的であれば、カバーマークで隠すか、またはレーザー治療を試みるとよいでしょう。

神経線維腫に対しては、その出現部

◎その他の母斑症

全身に系統的に、皮膚でいう「あざ」のような生まれつきの病変が生じるものを**母斑症**と呼びます。ヒトのからだの発生の初期に異常な細胞が現れて、成長とともにそれぞれの臓器で増殖したためにおきる病気と思われています。

本文であげた疾患のほかに、手足に血管腫が生じ、骨や筋肉が肥大する**クリッペル・ウエーバー病**、背中に大きな色素性母斑があり、手足にも点在し、脳膜や脳内でも色素をつくる細胞が増殖する**神経皮膚黒色症**、色素斑と骨の病気と性的早熟を三主徴とする**アルブライト症候群**などいろいろな病気が知られています。

皮膚と神経系に異常がある場合、**神経皮膚症候群**と呼ばれます。

位と大きさ、圧迫症状の有無などによって、切除が必要になります。あるいは希望により定期的に入院して、皮膚にできた多数の神経線維腫を一度に切除する場合もあります。同時に、体内臓器と中枢神経系をくまなく調べることができます。

ポイツ・ジェガース症候群
Peutz-Jeghers Syndrome

どんな病気か

唇に点々と、黒くて小さな色素斑のある場合、手のひら、足の裏に黒褐色の色素斑があるかどうかよく診察します。さらに小腸にポリープが多発していると、この疾患である可能性が高くなります。

症状

小腸のポリープのため、腹痛、出血（下血）、またそのための貧血症状が現れることがあります。ときには腸閉塞症状をおこすこともあります。同じように唇の色素斑があっても、多発性のポリープのない場合もあり、**ロージェ・フンチカー・バラン症候群**と呼ばれます。

治療

色素斑はレーザー治療、凍結療法を行います。

色素失調症
Incontinentia Pigmenti

どんな病気か

新生児のころ、からだに線状、あるいは渦巻状に小さな水ぶくれがならぶ疾患で、おもに女児に生じます。生後すぐ、あるいは2週間以内にこれが始まり、数か月間つづきます（第1期、水疱期）。そのあと自然にかさぶたや丘疹になって（第2期）、その後、特徴的な色素沈着を帯状、渦巻状、大理石模様状に示すようになります（第3期）。色は褐色あるいは灰褐色のことが多く、色素失調症というのはこの時期の特徴に対して与えられた病名です。1歳以後、4、5歳にいたるまでに自然に消退します（第4期）。合併症として毛髪頭部の異常（33％）、先天性白内障や斜視などの目の異常（31％）が現れやすく、骨や歯の異常、中枢神経系の異常などもときに報告されていますので、全身的な検査を受けたほうがいいのです。

治療

通常は4～5年で自然消退しますので、皮膚科的対症療法でいいのですが、遺伝性疾患と考えられています。

スタージ・ウェーバー病
Sturge-Weber Syndrome

どんな病気か

顔面に血管腫がある場合、専門医の診断を受ける必要があります。頭蓋内にも血管腫があると、いろいろな症状をおこしてくる可能性があるためです。なかでも①顔面の血管腫、②目の脈絡膜に血管腫ができるための緑内障、③脳内に血管腫ができるための神経症状の3症状があると、スタージ・ウェーバー病と呼ばれ、注意が必要になります。

治療

てんかん発作、まひ、精神発達遅滞などがおきますが、薬物治療によってけいれん発作を抑えておくことが必要です。また、眼圧のチェックのため、定期的な眼科検診が必要です。

デルマドローム

古くから「皮膚は内臓の鏡」といわれるように、皮膚は体内臓器、体内環境の変化を如実に反映する臓器です。

内臓病変と関係する皮膚変化を**デルマドローム**と呼びますが、ある1つの皮膚変化が1つの内臓病変の反映であるという1対1の対応（**直接デルマドローム**）は、実際には少数の特殊な病気でのみ認められます。ある皮膚変化をみたときに、それが間接的に体内変化を反映する状態（**間接デルマドローム**）を考慮に入れ、内臓病変の可能性を順番に確認していくのが、実際的な筋道です。

❖悪性腫瘍

内臓の悪性腫瘍が皮膚に転移した場合に、皮膚にできた腫瘍を調べることで体内のがんの存在がわかります（胃がんの皮膚転移、肺がんの皮膚転移など）。血液‐リンパ系の悪性腫瘍の場合には、皮膚の病変がおもな病変（例、皮膚原発のリンパ腫）ということもあります。

悪性腫瘍が長く体内に存在すると、からだがやせ、皮膚の色調が黒ずみ、張りが失われます。これは**悪液質**と呼ばれる一連の変化ですが、逆に考えると急にやせて、皮膚の色、はりが悪化するときには体内のがんを疑う理由になります。

このような一般的な皮膚変化のほか、つぎのような皮膚病がみられるときには体内悪性腫瘍を疑って、よく検査することがたいせつです。

▼黒色表皮肥厚症　わきの下、うなじ、鼠径、陰股部の皮膚が黒ずみ、ざらざらになり、しわが深くなります。胃がんなどの悪性腫瘍に関係して出現します（悪性型）。悪性腫瘍と関係なく、肥満や内分泌障害にともなっておこることもあります（良性型）。

▼レーザー・トレラー徴候　脂漏性角化症（1848頁）は健常な人でも皮膚の老化にともなって出現しますが、短期間（数か月以内）で急激に多発し、かゆいときにはレーザー・トレラー徴候と呼ばれ、胃がん、大腸がん、悪性リンパ腫を合併することがあります。

▼蛇行状、環状、年輪状の紅斑　不思議な模様、とくに何重にも輪ができるような紅斑が生じるときは悪性腫瘍の可能性が高いです。

▼皮膚瘙痒症・痒疹　ふつうのスキンケアや抗ヒスタミン薬によるかゆみ止めが効かないやっかいなかゆみのとき、悪性腫瘍を考慮に入れるべきといわれています。ひっかいているうちに丘疹となり、頑固な結節を形成するとこれを**痒疹**といいます。悪性腫瘍は痒疹の誘因または原因のひとつです。

▼皮膚筋炎　悪性腫瘍に随伴して現れることが知られています。この場合、悪性腫瘍を完全に治すと皮膚筋炎も軽快します。

▼水疱症　水疱症のなかでも水疱性類天疱瘡（1839頁）と呼ばれるものは、ときに悪性腫瘍に合併することがあります。

▼後天性魚鱗癬　魚鱗癬（1834頁）の多くは先天的のものですが、加齢により、魚鱗癬などの角化の異常を示す場合には、栄養不良や悪性腫瘍を考えます。

▼紅皮症　紅皮症（1818頁）は、乾癬、湿疹、感染症のほか、悪性腫瘍が原因のことがあります。体内のがんのほか、血液・リンパ系統の悪性腫瘍も考えて調べる必要があります。

❖糖尿病

糖尿病患者の約30％になんらかの皮膚病変がみられるといわれます。

▼脂肪類壊死症　おもにすねに生じますが、他の部位にできることもあります。黄赤色で光沢のある萎縮性かつ滑らかな毛細血管拡張をともなう円形の大小さまざまな斑ですが、

糖尿病の検査をすると大部分がなんらかの異常を示すといいます。

▼糖尿病性水疱　足、下腿、手などに突然水疱が生じることがあります。やはり、血管障害のためと思われます。

▼糖尿病性壊疽および潰瘍　最近増加する疾患のひとつで、糖尿病にともなう血管障害、神経障害を基盤に発症する、おもに足部の潰瘍と壊死のことです。きっかけは、きわめて小さな外傷、熱傷、みずむし、靴ずれなどですが、その部の皮膚が壊死をおこし、壊死組織が脱落すると潰瘍になります。細菌感染をおこしやすく、ときに生命をおびやかす原因になります。

▼皮膚瘙痒症　とくに陰部瘙痒症が頑固に生じます。

▼皮膚感染症　糖尿病になった人は一般に、足白癬が多く、また皮膚カンジダ症も多くみられます。細菌感染症も頻繁で、殿部に毛嚢炎、癤腫が多発したら、糖尿病の検査をします。蜂窩織炎も重症化しやすく、ときに生命をおびやかします。

❖肝臓疾患

肝臓と皮膚病はしばしば結びつけられやすいものです。

▼黄疸　眼瞼、眼球の結膜部が黄色く染まり、ついで皮膚が黄色くあるいは黄褐色に染まってきます。肝臓の病気を反映します（1668頁）。

▼肝性皮膚瘙痒症　黄疸のあるとき、あるいは黄疸が目立たなくても血中に胆汁酸が増加するとき、かゆくなります。かいているうちに2次的な皮膚病がおこります。

▼手掌紅斑、くも状血管腫　肝臓病では、血管の広がる症状がでやすいものです。血中にエストロゲンが増加するためといわれています。手のひらの赤い状態（手掌紅斑）、小さな傘を開いたような形の血管拡張（くも状血管腫）、そのほか、男性の患者の乳房が大きくなること（女性化乳房）もあります。また肝硬変の病気が進むと、胸腹壁の静脈が怒張します（**メドゥーサの頭**）。

❖腎臓疾患

▼腎性皮膚瘙痒症　腎機能の悪化、とくに透析を行うほどになると、皮膚の耐えがたいかゆみに悩まされる人が増加します。搔破するうちに2次的な皮膚病変が生じます。また、小結節が生じ、皮膚から変性した膠原線維が排出されるという現象がみられます。

このほか腎臓疾患によるむくみが下腿の伸側によく現れることは知られています。

❖妊娠

妊娠にともなって皮膚は変化します。色素が増強し、外陰、乳輪部、既存の色素斑などが黒ずんでいきます。血管の病気は悪化します。手掌紅斑がときにみられ、血管拡張性肉芽腫が新生または増大します。**グロムス腫瘍**と呼ばれる痛みの強い血管系の腫瘍が生じることもあります。

▼妊娠性皮膚瘙痒症　妊娠中期、後期にかゆみが増します。赤みをともなった丘疹、結節として現れることもあります（妊娠性痒疹、妊娠性丘疹性皮膚炎、妊娠性じんま疹様丘疹）。

▼妊娠性疱疹　妊娠3～6か月ごろに発症し、分娩とともに治まりますが、再度の妊娠で再発します（1839頁）。自己免疫性の水疱性疾患である水疱性類天疱瘡の特殊型と理解されています。

▼疱疹状膿痂疹　妊娠によって誘発される全身性膿疱性乾癬（1833頁）です。したがって、膿疱（膿のたまったできもの）、紅斑、鱗屑（ふけ状の皮膚のくず）が多発し、発熱、むくみ、関節痛などの全身症状が出現するので、厳重な管理が必要です。全身性膿疱性乾癬の治療に準じますが、妊娠を継続できるかどうか、ときに厳しい判断を迫られることもあります。

皮膚良性腫瘍

◎その他の皮膚良性腫瘍

▼パラフィノーマ　美容整形のために顔や乳房に注入したパラフィンに対して反応してできた皮膚のしこりです。

皮下の深い部分に注入していたパラフィンが長い時間の後に皮膚表面まで流れ出るために、赤くかたいしこりが皮膚にみられます。ひどい場合

皮膚良性腫瘍とは

◉皮膚腫瘍とは

皮膚を構成する表皮や結合組織など多数の成分のいずれかが異常に増殖すると**皮膚腫瘍**になります。皮膚腫瘍には表面で隆起して大きくなるものと、皮膚の中や下で大きくなるものがあります。後者は触れると「しこり」として感じられます。

皮膚腫瘍には良性と悪性があります。良性腫瘍は悪性腫瘍のように腫瘍細胞が無秩序に増殖せず、ある部位だけで増え、周囲の皮膚組織との境が比較的はっきりしているのが特徴です。悪性腫瘍は周囲の皮膚組織を破壊しながら広がっていくため、境目がはっきりせず、また転移することがあります。良性腫瘍では転移はありません。皮膚腫瘍が悪性か良性か判断がむずかしい場合、麻酔をして皮膚の一部を切取り、その細胞をみる組織検査を行います。

◉皮膚良性腫瘍の種類

皮膚は表皮や真皮、汗腺、毛包、脂腺、脂肪組織などからなっています。これらの組織を構成する細胞に生じる代表的な皮膚良性腫瘍には表皮に生じる**老人性疣贅**、汗腺に生じる**汗管腫**、毛包に生じる**毛母腫**、真皮の線維性組織に生じる**ケロイド**や**皮膚線維腫**、脂肪組織に生じる**脂肪腫**などがあります。これらの皮膚良性腫瘍はいずれも生命に危険なものではありません。

老人性疣贅（脂漏性角化症）

Verruca Senilis / Seborrheic Keratosis

どんな病気か　中年期以降に顔、胴体などにみられる直径1cmから数cmになる黒褐色の腫瘍です。形状は扁平またはドーム状に隆起し、周囲との境界ははっきりしています。表皮の老化による変化と考えられているため、老人性のいぼ（疣贅）ともいわれます。

検査と診断　一般に目でみることで診断はむずかしくありませんが、ときに他の皮膚悪性腫瘍と識別がむずかしい場合もあります。最近、**ダーモスコピー**（デルマトスコープ）と呼ばれる特殊な拡大鏡を使い、皮膚表面を検査することで悪性腫瘍と識別できる場合も多くなってきました。ただし、正確な診断は皮膚の一部を切り取って組織を顕微鏡で検査する病理検査で、疑わしい場合はこの検査を行います。

治療　小さいものは液体窒素を含ませた綿球を腫瘍にあてる凍結療法を行います。10日前後で腫瘍はかさぶた状になって剥がれるようにとれます。やや大きいものでは同じ治療を2～3回くり返します。さらに大きな場合は、局所麻酔をして外科的に切除し、病理検査で診断を確定します。

日常生活の注意　似たような皮膚腫瘍に基底細胞がん（539頁）や悪性黒色腫（538頁）などの悪性腫瘍もあります。皮膚のいぼ状の変化に気づいたら皮膚科専門医を受診しましょう。

汗管腫

Syringoma

どんな病気か　成人女性の下まぶたから頬にかけてできる直径2～3

は皮膚に強い引きつれをおこしてくぼんだように変形してしまいます。パラフィンが入っている部分すべてを切取る手術を行います。パラフィノーマが疑われる場合は皮膚科、形成外科を受診しましょう。

▼ガングリオン　手関節、足関節、手足の指の付け根によくできる腫瘍で関節や腱にくっついています。大きくなると皮膚を下から押し上げて皮膚表面がドーム状に隆起してみえますが、皮膚とはくっついていません。腫瘍はゼリー状の物質を内部に入れた袋のような形で、袋の細胞がゼリーをつくりだすため徐々にその大きさが増します。

　針で腫瘍を刺して、内部からゼリー状の物質が出てきたら診断がつきます。針で腫瘍を穿刺して穴をあけ、内容物を押し出したり、注射器で吸い出したりします。何度も再発する場合には腫瘍本体を摘出することもあります。

▼稗粒腫　成人女性の顔面、とくに眼瞼やその周囲にみら

mmの皮膚の隆起です。たくさんできることが多いようです。真皮の中で汗の管の部分の細胞が増殖したために隆起します。悪性化することはありませんから放置しても心配はありません。

治療　局所麻酔をして目立つものを切除する方法もありますが、数が多い場合には不向きです。数が多い場合は二酸化炭素レーザーで表面から削る方法がありますが、色素沈着や瘢痕ができることもありますので、専門医とよく相談しましょう。化粧で上手に隠すのもひとつの方法です。

毛母腫
Pilomatrixoma

どんな病気か　別名、**石灰化上皮腫**とも呼ばれます。子どもや若い人の顔面、頭部、上腕によくできる腫瘍です。皮膚の中に石のようにかたいしこりを感じて気づきます。多くの場合は皮膚とくっついている感じがします。徐々に大きくなり、ときに複数できることがあります。炎症をともなう場合は表面が赤くなり、水ぶくれができることもあります。毛包の細胞から生じると考えられています。

治療　治療は局所麻酔をして腫瘍を取出す手術になります。

粉瘤
Atheroma

どんな病気か　表皮、あるいは毛包の細胞が増殖してできる嚢腫(袋)です。大豆程度のしこりから、長年放置され拳くらいの大きさになるものまであります。皮膚内にしこりを感じて気がつくことが多いようです。袋の内部にはやわらかくなった角質がたまっています。皮膚の表面に広がった毛穴がみえることがあり、外側とつながっていることがあります。このような場合、悪臭のある白い粥のような内容物が出てくることがあります。袋が皮膚の中で破れると強い炎症をおこして周囲が紅色に腫れて痛みをともなうようになります。そのままにしておくと表面の穴があいて、どろどろの粥状の内容物が出てくることがあります。

治療　局所麻酔をして手術を行います。きれいなしこりの場合は、袋を周囲から剥離して皮膚の中から取出します。この場合は縫い合わせて傷を早く治すことができます。すでに皮膚の中で袋が破れて周囲に炎症をともなっているときは、腫れている表面をメスで切開して、内容物をかき出して中をよく洗います。このようなときは縫い合わせることができないので、炎症が治まって傷が閉じるのを待ちます。また、腫れている場合は細菌感染をともなっていることが多く、抗生物質を内服します。巨大になると入院や全身麻酔が必要な手術になる場合もあり、また炎症をともなうと治癒に時間がかかります。小さいうちに切除をするほうがよいでしょう。

ケロイド
Keloid

どんな病気か　炎症や外傷の後、皮膚の線維成分が増殖し、紅く盛り

れる直径1㎜程度の少し隆起した腫瘍です。角質がたまった小さな袋状の組織が皮膚の表面近くにできているため白くみえます。他の皮膚疾患によるびらんや水ぶくれのあとにできることもあります。腫瘍は皮膚の浅いところにあるため、針で表面を小さく切り開いて内部の角質物質をピンセットでつまんで取出します。

▼ケラトアカントーマ　中年以降、顔面にでき直径1㎝以上になることが多い腫瘍で、自然に消えることもあります。半球状に盛り上がる赤みを帯びた腫瘍で、中央にはかたい角質が栓をしたようにつまっています。見た目が皮膚がんに似て有棘細胞がん（539頁）との識別がむずかしく、診断には専門医の診察が必要です。局所麻酔をして、腫瘍の全部または一部を切除して、病理検査をしたうえで診断します。腫瘍が小さいときは局所麻酔後に全部を切除し、大きな腫瘍で縮小しないものは放射線照射を行うこともあります。

上がった状態をいいます。痛みやかゆみがあります。炎症の傷の範囲を超えて大きく広がることもあります。傷がない場合にも生じることがありますが、それは体質が関係していると考えられています。よくできる場所は前胸部、肩、上腕、下顎部です。

治療　ステロイドのついたテープ剤や軟膏を使用します。また、ケロイドに直接ステロイドの局所注入を行う方法もあります。

圧迫することで増大を抑えたり、縮小できる場合がありますので、テープやスポンジを長期間皮膚に貼ることもあります。大きなケロイドは手術で切除することがありますが、切除後すぐに放射線治療を行います。放っておくと再びケロイドになってしまうからです。

肥厚性瘢痕
Hypertrophic scar

どんな病気か　外傷が治るまでの間、皮膚の線維成分が一時的に増殖した状態です。傷に沿って皮膚が隆起したり、しこりができますが、数年経つと平らになります。

治療　傷のようすをしばらくみてから手術が必要かを皮膚科、または形成外科の専門医が判断します。外傷時に異物が入り傷が治りにくい場合は異物を含めてしこりを切除します。

また若い人では、瘢痕のため手足の運動などの機能に障害が生じる場合や、生じるおそれがある場合も皮膚のつっぱりを解除する手術をします。

脂肪腫
Lipoma

どんな病気か　脂肪組織の細胞が異常に増殖したもので、触れるとやわらかく、皮膚面が全体に盛り上がっているように見えます。脂肪がある部分にはどこにでも生じます。手足に小型のものがいくつもできる血管脂肪腫もあり、痛みをともなうことがあります。10㎝を超えるような場合は悪性腫瘍との識別が必要です。

治療　大きなものは超音波検査やMRI検査を行います。局所麻酔をして腫瘍を取出す手術を行います。手術で取出した腫瘍は病理検査で診断を確定します。

腫瘍が大きい場合や筋肉の中など深い場所にある場合は入院、全身麻酔が必要なこともあります。

皮膚線維腫
Dermatofibroma

どんな病気か　皮膚表面からなだらかに隆起した直径1㎝ほどの褐色の皮膚のしこりです。手足にできることが多く、たくさんできる人もいます。皮膚内の線維成分が局所で増殖するためで、それをしこりとして感じます。虫刺されや小さなけがのあとから出てくることが多いようです。

治療　局所麻酔をして腫瘍を切除します。その組織を病理検査をして確定します。悪性化することはないため、病気の性質がはっきりわかれば経過をみることもあります。

脂腺の病気

尋常性痤瘡（にきび）
Acne vulgaris

どんな病気か

思春期の人の顔面、前胸部、上背部にある脂腺性毛包（皮脂の分泌がさかんな毛穴）に皮脂が貯留してできます。女性では思春期後にもできることが多く、**思春期後痤瘡**（いわゆるおとなのにきび）と区別して呼ばれることもあります。

にきびのできはじめは皮脂が毛穴につまっているだけの状態で、**面皰**と呼ばれます。毛穴の表面がふさがっている閉鎖面皰は白く見えるので**白色面皰**（**白にきび**）、表面が開いている開放面皰は黒く見えるので**黒色面皰**（**黒にきび**）と呼ばれます。面皰に細菌感染が加わると**紅色丘疹**（赤いぶつぶつで、いわゆるにきび）や膿疱（膿のたまったぶつぶつ）になり、もっと炎症が広がると嚢腫や硬結（皮膚の下に袋状に膿がたまったり、かたくなったりした状態）になります。丘疹や膿疱は炎症がなくなっても、しばらく赤みが残り、その後、色素沈着（茶色いしみ）となり、最終的には色が消えて治癒します。いっぽう、嚢腫や硬結は治癒後に陥凹性瘢痕（へこんだ傷あと）や肥厚性瘢痕（盛り上がった傷あと）を残すことがあります。

原因

にきびの始まりは、角化異常によって毛穴の表面が詰まることと、皮脂の分泌が多いことによって皮脂が毛穴の中にたまることでおこります。毛穴がつまる詳細なメカニズムはよくわかっていません。皮脂の分泌には、男性ホルモンが関与しています。女性でも卵巣や副腎から男性ホルモンが分泌されているので、同じようににきびがおこります。思春期には性ホルモンの分泌が盛んになるため、にきびができやすくなります。

炎症には、痤瘡桿菌（にきび桿菌）が関係しています。この菌は通常は悪い作用はありませんが、毛穴で繁殖すると炎症をおこします。皮脂を好み、酸素の少ない閉鎖された場所を好むため、面皰の中で繁殖しやすいのです。

治療

にきびは早めの治療と予防が大切です。にきびが気になれば、まず皮膚科医を受診しましょう。とくに丘疹、膿疱などの炎症症状が始まったら、早めに治療し、なるべく、にきびあとを残さないようにしたいものです。

◉医師が行う治療

面皰が主体のにきびには、ケミカルピーリングが有効です。ただし健康保険の適用はありません。また、アダパレンという面皰に効果的な薬剤が承認されています。これらの治療は、皮疹のない状態を維持する効果も期待できます。

丘疹、膿疱、嚢腫、硬結のような炎症のある場合には、症状に応じて抗生物質の塗り薬や飲み薬を使います。塗り薬にはナジフロキサシンやクリンダマイシン、飲み薬にはミノサイクリン、ロキシスロマイシンなどがあります。

にきびあとに対しては、ケミカルピーリングや各種レーザー、外科的手術などさまざまな方法が試されていますが、まだ効果について一定の見解はでていません。瘢痕を残さないように早めに治療することがもっとも重要です。

◎酒皶様皮膚炎 Rosacea-like dermatitis

湿疹などの治療のために長期間、副腎皮質ホルモン含有軟膏を使っているとおこります。軟膏をつけていた部分の毛細血管が拡張し、皮膚が赤くなって腫れ、にきびのようなぼつぼつができます。かゆみやほてり、ひりひり感もあります。

治療は、副腎皮質ホルモン薬を含む軟膏の使用を中止します。中止すると一時的に悪化するので不安になることがありますが、その後、皮膚症状は改善します。副腎皮質ホルモン含有軟膏はもともと治療のために使用されている薬剤です。むやみに自己判断で中止しないでください。治療にあたっては、必ず皮膚科専門医の診断を受け、その指示に従ってください。

◉家庭でのケア

▼洗顔　1日2回、石けんで洗顔します。オイル洗顔をしても、にきびは悪化しません。化粧をきれいに落とし、十分な水ですすぐことがたいせつです。洗顔の際に、にきびをつぶしたり、強くこすったりしないようにします。

▼化粧品　ノンコメドジェニックと記載されたものを使用してください。とくに油分の多いクリームやリキッドファンデーションはお勧めしません。にきびを隠すのではなく、ポイントメイクを強調して目立たなくするようにするとよいでしょう。

▼髪型　毛が皮膚にあたっていると、その物理的刺激でにきび（面皰）ができやすくなります。髪の毛は短くするか、あるいは皮膚に触れないようカチューシャやヘアバンドを使用したり、後ろで束ねたりしてください。また整髪料でもにきびが悪化することがありますので注意が必要です。

▼食事　ピーナッツやチョコレートなどが悪化因子である証拠は今のところありません。ただし食べると悪化する場合は避けてください。反対ににきびがよくなる食品もありません。バランスのよい食生活を心がけましょう。

▼ストレス　ストレスはにきびを悪化させます。規則正しい生活と十分な睡眠、適度の運動は、ホルモンのバランスを整えるためにもたいせつです。

▼掻破　にきびをつぶしたり、ひっかいたりすると炎症が広がって悪化します。また、頬づえをついたり、衣類があたったりすると、毛穴がふさがり、面皰ができやすくなります。洗顔や化粧の際以外には、なるべく触らないようにしましょう。

酒皶（赤ら顔／赤鼻） Rosacea

どんな病気か　鼻の頭、頬、額の毛細血管が拡張して、皮膚が赤くなるものです。程度は4段階あります。

▼第1度（紅斑性酒皶）　毛細血管の拡張と、びまん性の潮紅がみられます。冷たい風にあたったり、寒い戸外から暖かい室内に入ったり、飲酒をしたときに、鼻の頭、頬、額が赤くなり、ほてりを感じます。

▼第2度（酒皶性痤瘡）　第1度に、にきびのような丘疹、面皰、膿疱が生じる状態です。

▼第3度（鼻瘤）　鼻がこぶ状に盛り上がって赤鼻となり、皮脂が出て毛孔が開き、表面がでこぼこになります。

▼第4度　結膜炎（1077頁）、角膜炎などの目の症状が加わった状態です。

原因　飲酒は悪化因子のひとつですが、必ずしも飲酒との関係はありません。まだ原因がはっきりしていない疾患です。

治療　症状に合わせて治療は異なります。毛細血管拡張が目立つ場合には、血管に作用するレーザーを用いた治療、酒皶性痤瘡ではにきびに準じた治療、鼻瘤では炭酸ガスレーザーなどで盛り上がった部分を切除する治療などを行います。治療方法によっては、保険適用外のものもありますので医療機関でご相談ください。日常生活では、日焼けや刺激物の摂取などを控えます。

汗腺の病気

◎爪かみ癖（咬爪症）

爪をかむ癖は、かなり多くの人にみられます。爪が伸びないのは、本人が何かの方法で爪を短くしているためです。爪の先端がギザギザになっていたり、表面がデコボコしていたり、爪郭部（爪の周囲）が赤くなっていたりします。社会環境の変化が発症の誘因になっているようです。

治療の必要があるときは、人工爪が役立ちます。

臭汗症（腋臭症、わきが）
Osmidrosis

どんな病気か

汗にいやなにおいがあるのを臭汗症といいます。わきの下、外陰部、臍の周囲、乳輪などにはアポクリン汗腺（1798頁）がたくさんありますが、思春期ごろから、発汗が盛んになります。たくさん汗をかいてそのままにしていると、皮膚表面の細菌が汗を分解して特有の臭気を発生することがあります。とくにわきの下が不快な臭気を放つ場合を**腋臭症**（**わきが**）といいます。

ただし、必要以上ににおいを気にする心因性のこともあります。

予防は、汗のたまりやすい局所をつねに清潔にすることです。風通しのよい衣服を選び、汗がたまりやすい部分はときどき拭き取るようにします。また、毎日の入浴時には石けんでよく洗うようにします。制汗剤の外用もある程度効果があります。なお、ニンニクなど、においの強い香辛料は避けましょう。

治療

以上のことを守っても、家族や親しい人からにおいを注意される場合は、皮膚科医に相談しましょう。腋毛の生えた部分を汗腺ごと切除する手術などの方法があります。

多汗症
Hyperhidrosis

どんな病気か

汗が多量に出る症状です。**全身性多汗症**は、気温が高いときや高熱のでる病気、バセドウ病、糖尿病にかかっているとき、さらに妊婦や肥満者によくみられます。**局所性多汗症**は、緊張時や熱い食べ物を食べたときなどに、手のひら、足の裏、額、わきの下など、からだの一部に汗をびっしょりかくものです。

治療

少し緊張しただけで手のひらにびっしょり汗をかき、日常生活に支障がでるような場合は皮膚科を受診しましょう。抗不安薬の内服、制汗剤の外用がある程度効きます。

症状がとくに強い場合、わきの下の交感神経を手術して切断する方法がありますが、実際に行うかどうかは慎重に検討しなければなりません。

汗貯留症候群（あせも）
Sweat Retention Syndrome

どんな病気か

からだの表面に広く分布しているエクリン汗腺（1798頁）の汗管がつまり、小さな水疱（水ぶくれ）ができたり、破れたりするものです。**汗疹**ともいわれます。汗をよくかく環境でみられます。対応は制汗薬の外用や汗の拭き取りです。

▼水晶様汗疹　乳幼児や発熱した人の顔やからだに小さな水疱がたくさんできるものです。よく拭き取るようにしていると自然に治ります。

▼紅色汗疹　赤いぶつぶつがたくさんでき、かゆくなります。ときに膿をもったり、じくじくしたりして汗疹性湿疹になることがあります。

▼深在性汗疹　熱帯地方や異常に高温な環境下で、白色のかたい丘疹がたくさんできるものです。熱射病をおこすこともあります。

毛髪と体毛の病気

◎かつらのいろいろ

かつらには、美容用のものと医療用のものがあります。

医療用のかつら（義髪）には、全頭かつらと部分かつらがあります。

全頭かつらは、おもに難治性の脱毛症（頭髪のすべてが抜ける全頭脱毛症と、さらに

円形脱毛症
Alopecia Areata

どんな病気か　頭髪が部分的に抜けおち、円形の斑（脱毛斑）ができるものです。脱毛が頭部全体におよぶことや、眉毛（まゆげ）、体毛などが抜ける場合もあります。

真の原因は、まだ解明されていませんが、遺伝的素因、免疫調節能力の低下などを背景に生じた自己免疫疾患であると考えられています。

脱毛部の皮膚が赤かったり、感嘆符毛（先端は正常だが、根元に近づくにつれて細く、色が薄くなる毛のことで、感嘆符「！」に似ている）、断裂毛などの病的毛がみられたり、周辺部の毛が抜けるときは、まだ進行しています。

治療　円形脱毛症は、とくに単発型では自然治癒する傾向があります。

全身療法としては、血行改善薬、抗アレルギー薬などを内服します。局所療法としては、副腎皮質ホルモン（ステロイド）外用剤などを脱毛したところに塗布します。専門施設ではステロイド剤の局所注射も行われており、有効です。

また、局所免疫療法として、**SADBE療法**などがあります。脱毛部に軽い皮膚炎をおこさせ、発毛を促す方法です。約2週間隔で行います。難治性の脱毛症に効果があります。その他、紫外線療法（PUVA療法）が単独、あるいはステロイド剤の内服と組合わせて用いられることもあります。

脱毛が広範囲にわたる場合や、治療が効かない場合、精神的不安や苦痛を軽減させるため、かつらを着用するのもよいでしょう。

男性型脱毛症
Male Pattern Baldness

どんな病気か　頭髪がある特定のパターン（前頭部、頭頂部）をもって薄くなる状態です。毛包での男性ホルモンの活性化により、通常の毛（硬毛）がうぶ毛（軟毛）に変化することにより生じます。

加齢にともない進行し、性別に関係なく、遺伝的素因のある人にみられることが多いとされます。

治療　新しく登場したホルモンの活性化を阻害する薬剤（フィナステリド）の内服が有効です。効果は人により異なりますが、多くの人で症状の進行が抑制され、はっきりと増毛効果がみられる人もいます。この薬剤は処方薬です。現在のところ、男性にかぎり内服できます。

このほかに、市販薬のミノキシジルなどの薬剤も、ある程度の効果が報告されています。その他、外科的治療として自家植毛もほぼ確立されており、有効です。

粃糠性脱毛症（ふけ症）
Alopecia Pityrodes

どんな病気か　皮脂の分泌異常や角質の代謝異常があると、ふけの量が多くなり、かゆみをともなう脱毛がおこります。これが粃糠性脱毛症です。最近、頭皮に常在するかびの一種がこ

眉毛、体毛などまでも抜ける汎発性脱毛症など）の人に使用されます。発毛までには長い時間がかかりますから、その間かつらを使用することで、脱毛症の人を精神的にサポートします。

部分かつらは、やけどやけがなどによる瘢痕性脱毛症、若はげ（男性型脱毛症）などの人に使用されます。

よいかつらの条件は、装用しても外観が自然で、かつらとはわからないこと、接着が簡単なこと、激しい運動や強風でもはずれないこと、軽くて使用感や圧迫感がないことです。もちろん、むれたり、かぶれ（接触皮膚炎）やあせも（汗疹）などの皮膚疾患が生じないこともたいせつです。

最近の医療用かつらの多くは人工皮膚に人毛が植毛されたもので、不自然さがほとんどなく、かなり精巧につくられています。脱毛状態の程度、種類、年齢などを考慮して、自分に合ったものを選んでください。

の状態と密接に関係していることが明らかになりました。

治療

局所療法として抗真菌薬の外用、抗真菌薬含有シャンプーの使用、その他、サリチル酸製剤やレゾルシン製剤を含むヘアローションなどが使用されます。全身療法としては、ビタミンB_2、B_6剤などを内服します。洗髪は、頭皮を清潔に保つために必要です。バランスのよい食事をとる、アルコールを控える、また、十分な睡眠をとることもたいせつです。

白毛症（しらが、白髪）
Poliosis

どんな病気か

白毛は、毛母にある色素産生細胞（メラノサイト）が、なんらかの原因で、メラニンの産生を停止、あるいは毛包のメラノサイトのもととなる細胞(幹細胞)がなくなるためにおこるものです。白毛になる箇所が部分的な**限局性白毛症**と、毛髪全体が白くなる**汎発性白毛症**とがあります。

生理的な白毛は老化現象のひとつです。若白髪は、遺伝傾向が強く、その進行を止めるのは困難です。

治療

限局性白毛症は、尋常性白斑（1840頁）などの原因となる病気の症状のひとつとしておこることが多いため、もとの病気が治ると色素が再生することがあります。

もとに戻らない白毛には、美容的にヘアダイ（白髪染め）を使用します。ただし、ヘアダイにかぶれる人が多いため、前もってパッチテストを行い、過敏症の有無を確認してから使用する必要があります。

多毛症
Hypertrichosis

どんな病気か

多毛症は、性ホルモンの影響などでうぶ毛（軟毛）が肥大するか、通常みられる毛（硬毛）に変化したもので、毛の数が増加したものではありません。

治療

永続的な効果を期待する場合はレーザーあるいは、電気凝固による治療が行われます。その他、毛を化学的に分解する除毛クリーム、フォーム、物理的に脱毛を行う脱毛テープ、多毛を目立たなくさせる脱色素剤などを使用します。

無毛症
Atrichia

どんな病気か

先天的な原因によって、本来生えるべきところの毛が欠如した状態をいいます。

歯の異常や発汗の異常をともなうこともあります。

毛がわずかしか生えない状態の**乏毛症**も、広い意味で無毛症のなかに含まれます。

陰部無毛症が比較的多くみられます。陰毛は男性ホルモンのアンドロゲンの影響を受けて、男性では菱形、女性では逆三角形に生えますが、ホルモンが欠乏すると、まったく生えないか、わずかしか生えてきません。このような性毛の発育不全に対しては、アンドロゲンを含む外用薬の塗布が試されることもあります。

爪の異常

◎人工爪（スカルプチュアネイル）

爪を長く見せるための人工爪や、その上に絵を描くネイルアート、美爪術（マニキュア）が流行しています。

医療上では、アクリル樹脂製の人工爪をつくり、ギプスがわりに使用して、陥入爪、巻き爪、軽い鈎彎爪を簡単に治療する方法が、日本で考案されています。

爪甲剥離症
Onycholysis

どんな病気か

爪甲（1799頁図4）が先端で爪床から剥離している状態です。剥離した部分は白く見え、根もとに向かって広がっています。洗剤などの化学物質の刺激や外傷、カンジダ感染（1829頁）によっておこります。また、尋常性乾癬（1833頁）の症状のひとつとしてもおこります。まれに全身的な病気や薬剤によることもあります。

治療

カンジダ感染による場合は、抗カンジダ薬を、その他の場合は、副腎皮質ホルモン剤を外用します。水仕事や洗髪の際は、手袋をするのがよいでしょう。全身性の病気や薬剤による場合には、それぞれに応じた治療を行います。

さじ状爪（匙形爪甲）
Spoon Nail, Koilonychia

どんな病気か

爪甲の先端や両側が反り返り、そのため中央がへこんだように見えるものです。手の爪に多く、爪甲が薄いとおこりやすくなります。鉄欠乏性貧血（1441頁）の人におこりやすいのですが、健康な人でも指先に力の加わる仕事をする人におこります。幼児では足の爪にもおこることがありますが、通常は成長するにつれて正常になります。

治療

鉄欠乏性貧血による場合は、貧血の治療が必要です。仕事による場合は、作業に道具を使うなど、工夫が必要です。

陥入爪（巻き爪）
Ingrown Nail, Onychocryptosis

どんな病気か

巻き爪ともいい、爪甲のふちの先端が皮膚にくい込むもので、くい込んだところが赤くなり、腫れてきます。第一趾（足の親指）によくおこり、痛みや出血もあり歩行が困難になります。深爪や、先端の窮屈な靴による圧迫が原因になります。爪甲のふちを棘状に切り残したためにおこることもあります。

治療

爪甲のくい込んだ部分を切り取るのは、一時的には症状を軽くしますが、深爪をしていることになりますから、結局は悪化します。あまり深爪でない場合は、爪甲のへりを丸くし、抗生物質の内服と副腎皮質ホルモン剤の外用を行い、ゆったりとした靴を履けば、ほとんど治ります。

深爪の場合には、人工爪による治療（上段）が有効です。爪母（1799頁図4）の両端を切り取る手術が広く行われていますが、爪の形が美容的に不満足になります。

第一趾の爪のふちを趾先より短く切らないことが予防になります。

鈎彎爪
Onychogryposis

どんな病気か

第1趾（足の親指）によく生じます。爪がぶ厚く、かたく、汚くなり、表面がデコボコし、ときにはヤギの角のようになり、靴が履けなくなります。爪の脱落や深爪、爪白癬が原因です。

皮膚の代謝異常

◎ポルフィリン症の検査

発症が比較的遅い**晩発性皮膚ポルフィリン症**では尿中のウロポルフィリンが増え、糞便や尿中のコプロポルフィリンも増加します。**骨髄性プロトポルフィリン症**では赤血球中、糞便中のプロトポルフィリンが増加します。晩発性皮膚ポルフィリン症の人の尿に紫外線をあてると、ピンク色の蛍光を発します。また、骨髄性プロトポルフィリン症ではワイン色の尿に気づくことがあります。

黄色腫症
Xanthomas

どんな病気か

脂質異常症（1509頁）の皮膚症状で、高コレステロール血症の人では、黄色味を帯びたこぶ（**結節性黄色腫**）が手足の関節にできたり、アキレス腱などが太くなったり（**腱黄色腫**）します。高トリグリセリド血症の人には、小さな黄色いブツブツ（**発疹性黄色腫**）がたくさんできてきます。コレステロールが高くない人でも両上まぶたの目がしらに、黄色い豆のような平らなおでき（**眼瞼黄色腫**）ができることがあります。

原因

大部分はコレステロールやトリグリセリドなどの血液中の脂質が増えることが原因です。皮膚の細胞は、血中の脂質を食べ込むことで泡沫細胞と呼ばれる細胞に変化して、皮膚や腱に集積します。

検査と診断

空腹時に採った血中の脂質を測り、脂質異常症であるか調べます。コレステロールもいっしょに測ります。

治療

もととなる脂質異常の治療に従って食餌療法や運動療法を行います。増えている脂質のちがいで用いる内服薬も異なります。

高コレステロール血症があってもなくても、眼瞼黄色腫にはプロブコールが有効な薬です。簡単な手術や液体窒素凍結療法が選ばれることもあります。

皮膚アミロイドーシス
Cutaneous Amyloidosis

どんな病気か

アミロイドという線維性のたんぱく質が皮膚にたまる病気です。全身性アミロイドーシス（1529頁）の皮膚症状の場合と、皮膚だけにアミロイドがたまる場合とがあります。かゆみの強いブツブツがおろし金のようにかたまってできたり（**アミロイド苔癬**）、さざなみのような茶色い点状の色素沈着（**斑状アミロイドーシス**）が広がったりします。

原因

表皮細胞が変性してアミロイドに変化し、皮膚の中にたまって発症します。

検査と診断

皮膚の組織を一部採取して行う検査（生検）でアミロイドの蓄積を確認します。

治療

病変部分にステロイド剤の軟膏を塗ったり、ステロイドテープを貼ったりします。

皮膚ポルフィリン症
Porphyria Cutanea

どんな病気か

赤血球のヘムをつくる過程の異常が原因で、本来、排出されるポルフィリン体が皮膚にたまる病気（1530頁上段）です。ポルフィリン体には光を吸収する性質がありますので、光線過敏を示します。飲酒歴やC型肝炎のある中年男性で、光のあたる場所に水ぶくれやびらんができる**晩発性皮膚ポルフィリン症**と、遺伝が原因で小児の光があたった場所に赤い腫れや水ぶくれができる**骨髄性プロトポルフィリン症**とが有名です。

治療

前者では飲酒を止めること、後者では厳密に光を避けることがなによりたいせつです。

真皮の病気

線状皮膚萎縮症
Striae Atrophicae

どんな病気か

皮膚が引っ張られて線状に伸びたようにみえる状態になります。思春期や妊娠期に腰殿部によくみられ、女性に多くおこります。

副腎皮質ホルモンのはたらきで、真皮を結合している組織（弾性線維など）が断裂しておこります。肥満（体重増加）もひとつの原因です。健康な人や妊婦が大部分ですが、副腎皮質ホルモンを内服したり、多量に外用した人にもおこります。副腎皮質ホルモンの病気であるクッシング病（1491頁）のときにもみられます。

検査と診断

クッシング病が疑われるときはその検査を行いますが、見ただけで診断がつきます。

治療

いったんできてしまったら治療法はありません。できやすい体質の人とそうでない人がいます。最初は赤（紫）色ですが、年月とともに白色（正常色）化してあまり目立たなくなります。生活上、とくに注意することもありません。心配な場合は皮膚科専門医に相談しましょう。

弾性線維性仮性黄色腫
Pseudoxanthoma Elasticum

どんな病気か

皮膚の中でゴムのように伸び縮みする弾力線維が、ボロボロになりかたくなる病気です。生まれつき（遺伝性）の病気で、思春期ころから、頸部、腋窩、鼠径部などのやわらかい皮膚に黄味がかった線状のぶつぶつが現れます。触ると少しごわごわしてかたく感じます。弾力線維にカルシウムが付着したためです。

原因

細胞のエネルギー代謝にかかわるＡＢＣＣ６と呼ばれる遺伝子（そのうちＭＲＰ６というたんぱく質）の異常によりおこる、全身性の代謝性疾患です。

診断は、患部の皮膚の一部を切り取り、病理組織検査をしてつけます。

治療

皮膚の弾性線維だけでなく、動脈や目の弾性線維も同様に障害を受けます。血圧・腎臓・心臓・脳に影響がでることもあるため、皮膚科医と内科医を定期的に受診します。

エーラス・ダンロス症候群
Ehlers-Danlos Syndrome

どんな病気か

皮膚の真皮の大部分を占める膠原線維、またはそれに関係する物質が体内でうまく産生されないためにおこる病気です。遺伝性の病気で、11の型があり、それぞれの型によって障害の種類が異なります。また、同じ型の病気でも、重症度はまったく異なります。

典型的な例では、皮膚を引っ張るとよく伸びるというものがあります。手を離すともとの位置に戻り、みかけ上はまったく正常です。また、関節の靭帯（すじ）が障害を受けると、関節が逆に反り返るようになり、手足がグニャグニャしてみえます。

原因

原因はたくさんありますが、不明の点もあります。たいへん特徴があるので、診断はつきますが、どの型なのか、将来どんな合併症がおこりうるかの判定には特殊な検査が必要です。

治療　この病気自体に対する治療法はまだありません。型によって、皮膚が破れやすい人、出血が止まりにくい人、大動脈に瘤ができ破裂しやすい人、腸に孔のあきやすい人などがありますから、本人または家族の障害の型を専門医に確かめてもらい、よく理解し、直ちにそれぞれの症状に対する対症療法を行います。

皮膚サルコイドーシス
Sarcoidosis

どんな病気か　皮膚のほか、肺、目、骨など全身に特有の肉芽腫ができる病気（サルコイドーシス 2049頁）です。皮膚にできるものは、小さなぶつぶつもあれば大きなかたまりもあります。肺では、両側の肺門リンパ節が腫れ、からせきがでます（肺サルコイドーシス 1297頁）。目では、ぶどう膜炎や虹彩炎をおこし、視力障害をおこします（眼サルコイドーシス 1090頁）。

原因は不明で、診断には皮膚の一部を切り取り、病理組織検査をします。肺は胸部X線、目は検眼でわかります。

治療　特効的治療法はなく、自然に治ることも多いです。肺線維症や視力障害がでる場合は、副腎皮質ホルモン剤を内服します。

メルカーソン・ローゼンタール症候群
Melkersson-Rosenthal Syndrome

どんな病気か　口唇の腫脹、皺襞舌、顔面神経まひの3つを特徴とする病気です。口唇は蜂に刺されたように大きく腫れますが、痛みはありません。数日でもとどおりになりますが、何回も再発をくり返すうちに、腫れが引かなくなってしまいます。舌には大きく深いしわができ（皺襞舌）、顔面神経がまひして表情が変わります。

原因　むし歯や口腔内の病気、鼻や副鼻腔の病気が原因となることがあり、検査が必要です。

治療　むし歯や歯科金属（歯冠や矯正具）、鼻炎などが原因である場合は、その治療を行います。原因不明の顔の腫脹が再三おこる場合は、副腎皮質ホルモン剤を内服します。

環状肉芽腫
Granuloma Annulare

どんな病気か　直径1～2㎝大の環状（ドーナツ型）のぶつぶつした皮疹が現れます。色は正常な皮膚色で、かゆみなどの自覚症状はありません。指や手背・足背（足の甲）の関節部によくできます。

原因　不明のことが多いのですが、糖尿病の皮膚症状としておこることもあり、おとなの場合は糖尿病の検査をしたほうがよいでしょう。

皮膚の生検と病理検査が必要です。ほかの似た肉芽腫と鑑別するためです。

治療　肉芽腫は治療する必要はなく、放置しても数年で消えてしまいます。ただし、糖尿病の検査を欠かさないことがたいせつです。

ステロイド外用剤の使いかたと副作用

❖薬効によるランキング

　ステロイド外用剤（副腎皮質ホルモン剤）は、１９５０年代に登場して以来、その優れた抗炎症作用で皮膚科の外用療法の中心となり、より薬効の強いものの開発が進められてきました。しかしながら、長期間の外用や誤った使用法によって、局所的、全身的な副作用が出現すること、とくに薬効の高いステロイド外用剤ほど副作用の発生頻度が高いこともわかってきました。そこで、ステロイド外用剤による治療を有効かつ安全に行うために、同薬を薬効の強さによって分類する必要性がでてきました。今では、病気の種類や症状に応じてじょうずに使い分けることが求められています（下表）。

❖ステロイド外用剤の副作用

　ステロイド外用剤の副作用には、成分が血液中に吸収されることによって、からだ全体に生じる全身的副作用と、外用した部位だけにかぎられる局所的副作用とがあります。

　全身的副作用は、外用薬の成分が皮膚から吸収されて血液中に移り、内服や注射などによる全身への使用と同様の影響がでるものです。それによって高血圧や糖尿病が誘発されたり、骨粗鬆症（骨がもろくなる症状）になったり、幼小児では発育抑制がおこることがあります。しかし、このような全身性の副作用がおこるのはまれです。かなり強いランクの外用薬を１日10g以上、数か月間使いつづければ別ですが、そのような使いかたをすることは実際にはめったにないからです。

　また、外用した部位では効果を発揮しますが、血液に取込まれたら分解されて効力が低下してしまう**アンテドラッグ**という薬がおも

ステロイド外用剤の薬効による分類

薬　効	一般名	おもな商品
strongest （もっとも強力）	プロピオン酸クロベタゾール 酢酸ジフロラゾン	デルモベート ジフラール、ダイアコート
very strong （かなり強力）	ジフルプレドナート 酪酸プロピオン酸ベタメタゾン フランカルボン酸モメタゾン フルオシノニド ジプロピオン酸ベタメタゾン アムシノニド 吉草酸ジフルコルトロン 酪酸プロピオン酸ヒドロコルチゾン	マイザー アンテベート フルメタ トプシム リンデロン－DP ビスダーム テクスメテン、ネリゾナ パンデル
strong （強力）	プロピオン酸デキサメタゾン ハルシノニド 吉草酸ベタメタゾン プロピオン酸デプロドン プロピオン酸ベクロメタゾン 吉草酸デキサメタゾン フルオシノロンアセトニド	メサデルム アドコルチン リンデロン－V エクラー プロパデルム ザルックス、ボアラ フルコート
medium （ふつう）	吉草酸酢酸プレドニゾロン トリアムシノロンアセトニド ピバル酸フルメタゾン 酪酸ヒドロコルチゾン 酪酸クロベタゾン プロピオン酸アルクロメタゾン	リドメックス ケナコルト－A、レダコート テストーゲン ロコイド キンダベート アルメタ
weak （控えめ）	デキサメタゾン 酢酸ヒドロコルチゾン プレドニゾロン	オイラゾン 強力レスタミンコーチゾンコーワ プレドニゾロン

に使用されており、現在ではステロイド外用剤による全身的副作用は、ほとんどおこらないと考えてよいのです。

ステロイド外用剤の局所的副作用には、皮膚萎縮、毛細血管拡張、ステロイド潮紅、酒皶様皮膚炎・口囲皮膚炎、ステロイド紫斑、痤瘡（にきび）、多毛、感染症の悪化などがあります。顔面はステロイド剤の吸収が他の部位より多く、局所的副作用が現れやすく、とくに注意が必要です。また、頸部や肘窩（肘のくぼみ）など、皮膚が薄いところも注意しなければなりません。

ただし、副作用をおこすのは、誤った使いかたが原因であることが大半です。自分勝手な判断で使ったり、ステロイド外用剤の使用法を正しくマスターしていない非専門医に処方された場合がそうです。また、もともとの病気が悪化したり、別の病気にかかったのを副作用と思い込んでいる場合もあります。副作用のみきわめには、必ず皮膚科専門医の診断を受けましょう。

❖ステロイド外用剤の剤型

ステロイド外用剤の剤型（薬の形状）は、軟膏、クリーム、ローション、ゲル（ゼリー状）、スプレー、テープ剤などさまざまです。それぞれ有効成分が、もっとも効率よく皮膚に吸収されるよう工夫されています。

軟膏とクリームには、厳密な使い分けはありません。湿った患部や乾いた病変部には軟膏のほうがよいと思われますが、べたつくという欠点があります。クリームは、使用感がよく、汗をかきやすい夏場や顔面にも使いやすいのですが、病変によっては刺激感をともなうことがあります。

ローションやゲルは、頭部など、毛の生えたところ（有毛部）に用い、スプレーは有毛部のほか、日焼けなどに使います。テープ剤は、苔癬化型湿疹（1809頁）、痒疹（1812頁）など、難治性の乾燥性病変に用います。

❖ステロイド外用剤の使いかた

副作用をおこさぬよう、じょうずに使い分けなければなりませんが、皮膚から外用薬が吸収される程度は年齢、部位、病変の状態によって異なるため、標準的な使いかたというものは確立されていません。

たいせつなのは、ステロイド外用剤の有用性と副作用をよく熟知している皮膚科専門医の指示に従って使うことと、定期的に通院することです。また、病気の性質に応じて外用薬を選択してもらうこともたいせつです。

たとえば、接触皮膚炎（かぶれ）などの急性病変（進行の早い病気）では、短期間で治すために顔面でもかなり強いものを1週間ほど使用しますが、なんら問題はありません。

しかし、乾癬やアトピー性皮膚炎など、長期間使用しなければならない病気では、状態をコントロールできるうちでもっとも薬効ランクの低い外用薬を処方してもらい、症状に応じて保湿薬や非ステロイド薬をうまく併用するようにします。

ただし、ステロイド外用剤を安易にワセリンや保湿薬、非ステロイド系外用薬など他の外用薬とまぜて使うのは考えものです。ステロイド外用剤は、それぞれもっとも吸収効率のよい基剤が選ばれ、主成分がちょうどよい濃度に調整されたものであること、また他の外用薬と混合することによる配合変化など、薬剤の安定性の問題があるからです。

❖タクロリムス（プロトピック軟膏）

最近、ステロイドとはたらきの全く異なる外用薬がアトピー性皮膚炎に対して用いられ、効果をあげています。

とくに顔面の症状によく効きますが、初めて使用したときに熱感やほてり感があるので注意が必要です。

市販の外(皮)用薬の選びかたと使いかた

切り傷、やけど、虫刺され、かぶれ、あせも、とびひ、みずむし、肌あれなど、さまざまな皮膚のトラブルをおこし、薬局で外用薬を買い求める機会は少なくないはずです。最近はさまざまの剤型で使いごこちのよいものが市販され、選択の幅も広がっています。市販薬は、仮に誤った使いかたをしても重大な事故や副作用がおこりにくいよう、安全性を重視してつくられています。ステロイド外用剤でも、有効成分の濃度は医師が処方する薬の半分程度と、効果を弱めに設定したものもあります。薬局で買い求める際は症状をよく説明し、適切なものを選んでもらいましょう。

❖症状別にみた外用薬の選びかた

やけどと外傷　やけどをした場合、まず流水で30分ほど患部を冷やすことがたいせつです。その後、抗生物質入りの軟膏をガーゼにのばして貼付します。小さな外傷もまず水道水でよく洗い、泥や砂をよく取除いたあと抗生物質入りの軟膏を塗ります。最近はむやみに消毒しないほうがよいという考えが強くなっています。

細菌性疾患　おできやとびひなど細菌感染が原因のものには抗生物質入りの軟膏を使います。患部をガーゼなどでおおい、菌が他の部位につかないよう気をつけます。

虫刺され、かぶれ　かゆみを止める作用のある抗ヒスタミン薬を含んだものやステロイド外用剤を用います。

みずむし　クリーム、液体、スプレーなどさまざまな種類のものが売られています。ただれてジクジクしているときは、刺激感のある液体よりクリームのほうがよいでしょう。接触皮膚炎（かぶれ）をおこすこともありますから、周囲の皮膚が赤くなったりかゆくなったら使用をやめ、皮膚科を受診しましょう。

手あれ、乾燥肌　アトピー性皮膚炎の人や高齢者は、皮膚が乾きやすいため、まめなスキンケアが必要です。保湿作用のある外用薬を使いましょう。クリームやローションなどもあります。実際に使って、使用感のよいものを選びましょう。

入浴直後など、皮膚に水分が浸透しているときに使うと効果的です。手には、こまめに塗るように心がけます。

❖市販外用薬の使いかたと注意

基本的には、1日1～2回患部に直接塗布します。患部がジクジクして滲出液がある場合は、ガーゼなどにのばして貼りつけます。入浴やシャワーで患部の汚れや古い薬剤を洗い落としてから使うほうが効果的ですが、朝や日中はそのまま塗ってもかまいません。

まず薬剤に添付してある効能書をよく読んで正しい使用法を確認しましょう。また、ごく一部の人に接触皮膚炎をおこすことがあり、外用したところの皮膚が赤くなったりかゆくなったりします。そのようなときはすぐに使用をやめましょう。

正しく使用しているのに症状が改善しないことがあります。これは、症状に合った外用薬を使っていないか、かぶれなどの副作用がでているかのどちらかです。1～2週間使用しても改善しなかったり、かえって悪化したようなときは医師の診察を受けましょう。その際、使用していた外用薬を持参してください。

みずむしだと思っていたらその外用薬によるかぶれだったり、湿疹だと思っていたら白癬（1826頁）やカンジダ症（真菌の感染症　1829頁）だったという例がよくあります。思い込みで薬を使いつづけないよう注意しましょう。

病気の知識と治療

第4部

第16章 運動器の病気

運動器の病気

骨や関節、筋・腱・靭帯などを運動器といい、からだを支えたり、動かしたりする重要なはたらきをもっています。

運動器のしくみとはたらき

◇骨のしくみとはたらき

●骨の種類と構造

骨は、見たところの形から長管骨、短骨、方形骨、扁平骨に分けられます。

長管骨は手足の骨に代表される長い円筒状の骨です（次頁図）。長管骨は、その端から、骨端、骨幹端、骨幹という部分に分けられます。

骨幹は、骨の中央部にあたり、周囲はかたくて厚い皮質骨でとり囲まれ、筒のような形をしています。皮質骨は、緻密な細い骨の組織が整然と並んでいるので、とても丈夫です。

長管骨の両端は**骨端**といい、その先端の表面は、なめらかな関節軟骨でおおわれています。

骨幹端は、骨幹と骨端の移行部にあたります。骨幹端の皮質骨は薄く、内部は網目状の海綿骨でできています。海綿骨は、骨端や骨幹の内部にもあります。皮質骨に比べるとさほど丈夫ではありませんが、加わった力をうまく分散する構造になっており、大きな力が加わっても耐えられます。

長管骨には、突起のような部分もあって、筋肉の付着部となっています。

短骨は、指の骨のような短い円筒状の骨です。長管骨と同じように、両端には関節軟骨があります。

方形骨は、背骨などにみられる箱形の骨です。薄い皮質骨で囲まれていて、内部は海綿骨でできています。

扁平骨は、頭蓋骨や肩甲骨のような平べったい骨です。緻密な皮質骨でできた2枚の板の間に、海綿骨がつまっています。

骨の内部をつくる**海綿骨**は、その名のとおり、スポンジに似た構造をしています。スポンジのすき間には、骨髄細胞がつまっています。

骨髄は、血球や血小板など、血液の成分をつくる造血器で、免疫（1998頁）のはたらきに不可欠な抗体をつくるBリンパ球の産生にも関係しているたいせつな器官です。

骨の表面の関節面以外の部分は、**骨**

図1　長管骨（大腿骨）

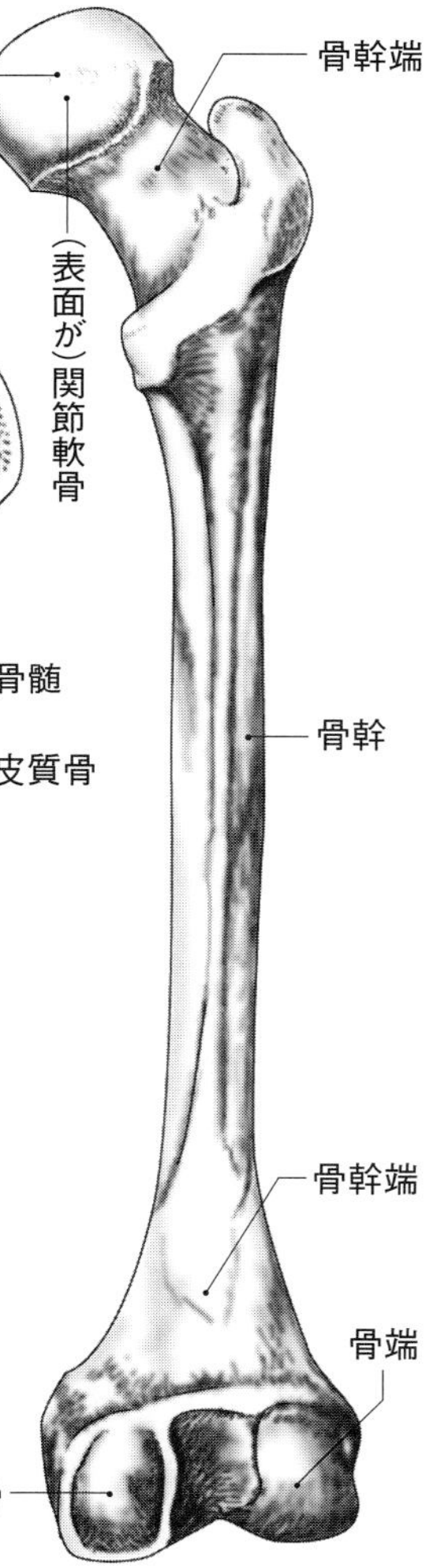

図2　骨の断面（大腿骨）

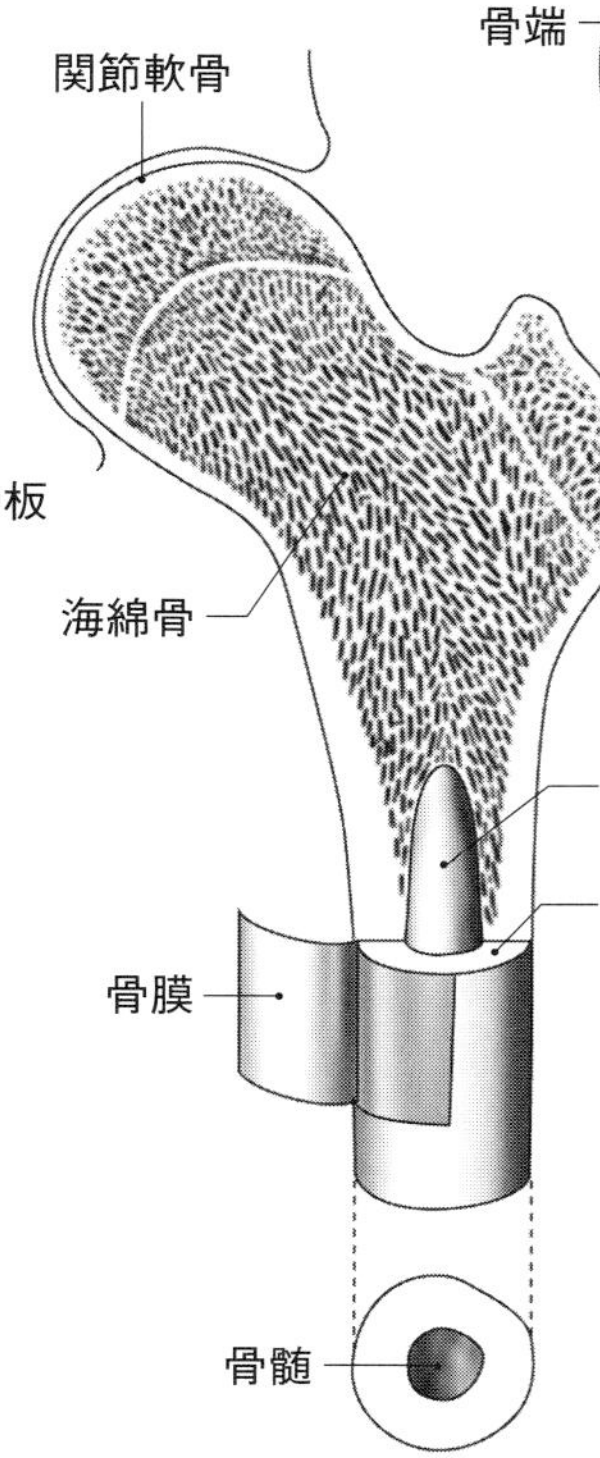

図3　成長期の骨

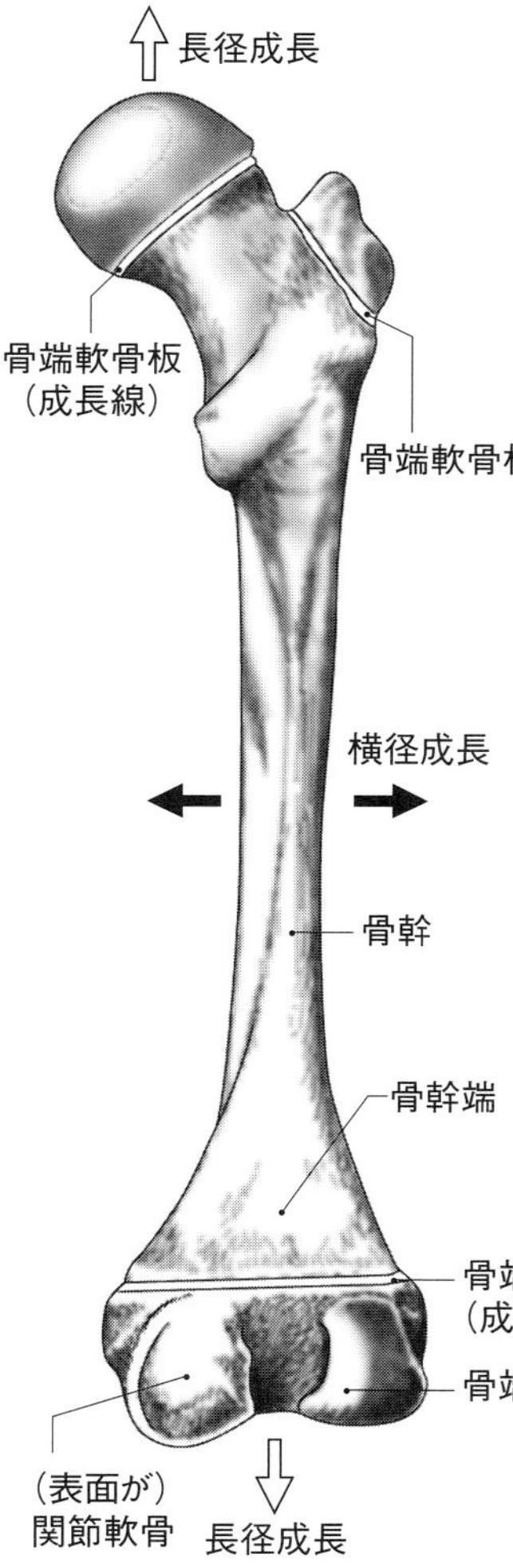

膜でおおわれています。骨膜には、骨のもとになる骨芽細胞が豊富にあり、成長期や骨折したときに活発に骨をつくるはたらきをします。

　このため、多少曲がった状態で骨折が治っても、凹側には圧迫する力がかかるため、骨膜から骨ができてきて皮質骨が厚くなり、凸側は圧力が少なくなるため皮質骨が薄くなり、最終的にはもとの形に近くなります。

　こうしたはたらきは、成長過程にある子どもでは、よりはっきりと認められます。もちろん、骨折などによる変形が強い場合には、多少矯正されたとしても、もとどおりにはなりません。

◉骨の成長

　成長期の子どもの長管骨は、縦の方向でみると、両端から関節軟骨、骨端、骨端軟骨板、骨幹端、骨幹に分けることができます。

　骨幹端と骨端の間にある**骨端軟骨板**（**成長線**）は、軟骨細胞の集まりです。この部分は増殖力が盛んで、この軟骨が骨に変化していく（**内軟骨性骨化**）ことによって、骨が縦の方向に成長し

図4　肩関節

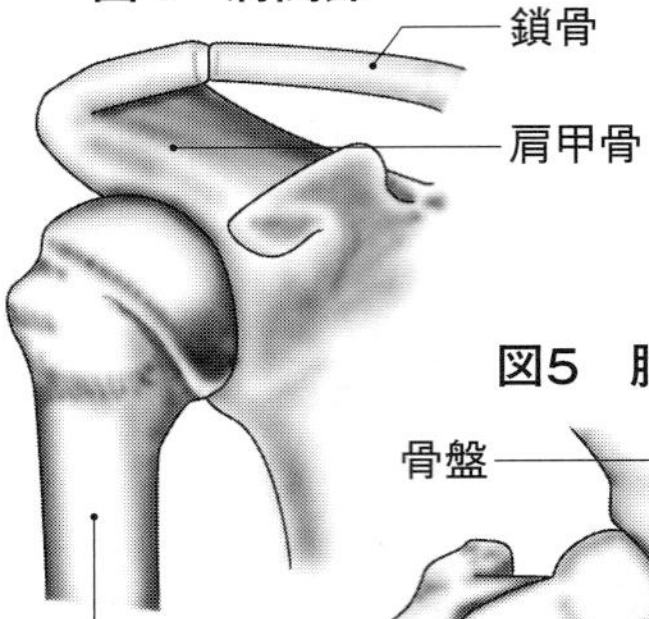

図5　股関節

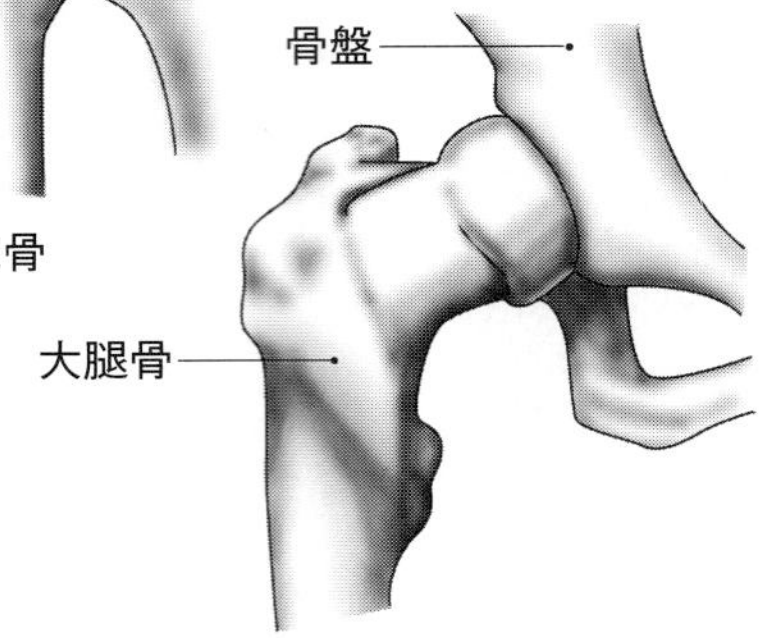

図6　可動性の関節の構造

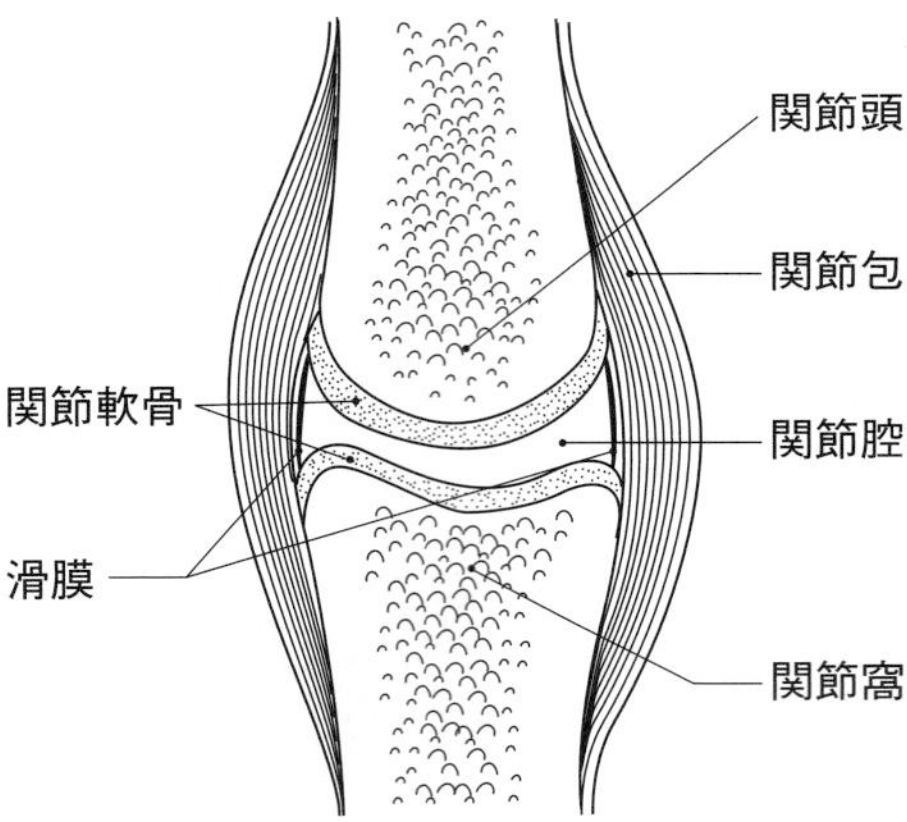

ていきます。

また、成長期には、骨の表面の骨膜から骨芽細胞がつくりだされ、この細胞が骨に変化する（**膜性骨化**）ことで、骨は太くなっていきます。

骨端軟骨板が消える（成長線が閉じる）と、骨の縦への成長は止まります。すると、骨端、骨幹端、骨幹は明確には区別できなくなります。しかし、骨端軟骨板が消えたあとでも、X線写真には横に走る線が写り、名残をとどめています。

◉骨のはたらき

骨は、物理的・化学的に重要なはたらきをもっています。

第1は、からだの支えであり、内臓の保護です。もし骨がなければ、私たちのからだは、タコやイカのようにぐにゃぐにゃになってしまいます。

例をあげれば、脳はかたくて丈夫な頭蓋骨の中に入っていますし、心臓や肺は肋骨と胸骨でつくられた胸郭という箱に守られています。

また、筋肉も骨に付着してこそ、そのはたらきを発揮します。筋肉が収縮して2つの骨を引っ張ることで、関節が曲がったり伸びたりします。

第2に、カルシウムの貯蔵庫として重要な役目をはたしています。

カルシウムは骨をつくるのに必要なだけではなく、神経や筋肉への刺激や、血液をかたまらせて出血を止める作用になくてはならないものです。血液中のカルシウム濃度が低くなると、のどの甲状腺の後ろにある副甲状腺から、副甲状腺ホルモンが分泌されます。このホルモンのはたらきによって、骨の中のカルシウムが血液中に出てきて、血中濃度を一定に保とうとします。

◇関節のしくみとはたらき

◉関節の種類と構造

骨は、必ず隣接する骨と連結しており、この骨どうしの連結を**関節**といいます。関節には、動かない不動性の関節と、可動性の関節があります。

可動性の関節が回転したり、曲げ伸ばしすることで、からだの各部分がいろいろな方向に動きます。

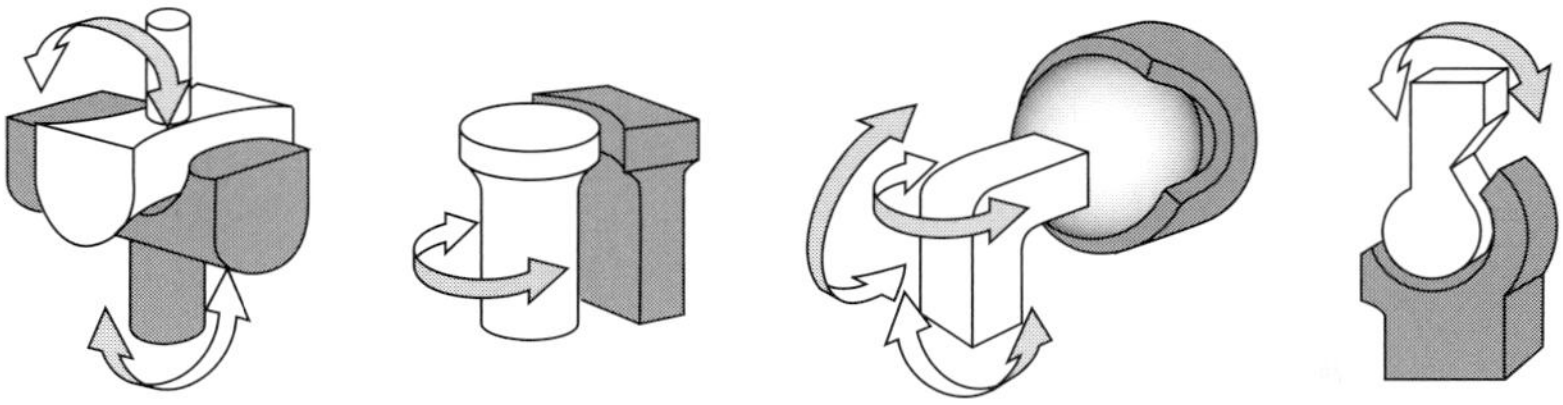

図7　おもな関節の種類（模式図）

▼不動性の関節　不動性の関節には、つぎのような種類があります。

①線維性結合　2つの骨が線維組織だけでつながっているものです。頭蓋骨などがこれにあたります。

②軟骨性結合　2つの骨が軟骨組織でつながっているものです。椎間板によってつながっている背骨の連結がこれにあたります。

③骨性結合　線維性結合のすべてと軟骨性結合の一部は、年齢とともに骨化が進んで、最終的には癒合します。骨盤などがこれにあたります。

▼可動性の関節　可動性の関節はつぎのような構造になっています（図6）。

骨端は関節軟骨におおわれ、関節を包む袋である**関節包**で連結されています。双方の骨端が凹凸の形で向かい合う場合、凸のほうを**関節頭**、凹のほうを**関節窩**といいます。この間にはすき間があり、これを**関節腔**といいます。

関節腔には、関節の内張りとなっている滑膜から分泌される滑液という少量の液体があって、関節の滑りをよくし、また、関節軟骨に栄養を与えています。関節面の摩擦はひじょうに小さく、アイススケートの滑りの10分の1といわれています。

関節包の特定の部分には、丈夫な線維が密集した**靭帯**があります。

関節の補助機構として、ほかに、関節唇、関節円板、関節半月、関節内靭帯などがあります。

関節唇は軟骨でできていて、関節窩の周囲をふちどって関節面を広げ、脱臼を防いでいます。

関節円板、**関節半月**も軟骨でできていて、関節面の接触や適合をよくしています。その結果、関節に加わる体重の分散に役立ち、関節そのものの安定性もよくしています。膝関節の半月板、手関節の三角線維軟骨複合体がこれにあたります。これらが損傷すると、関節の正常な運動が制限されて、ひっかかりや痛みの原因となるので、手術が行われる場合も少なくありません。

可動性関節には、その形によってつぎのような種類があります（図7）。

①平面関節　両方の関節面が平面で、あまり大きく動かない関節です。

②蝶番関節　関節頭と関節窩によって、蝶番のような動きをする関節です。肘や指の関節が、これにあたります。

③球関節　関節頭が半球状で、関節窩はソケットのようなくぼみになっています。ぐるぐると、三次元の方向に自由に動く関節です。肩関節、股関節がこれにあたります。

④楕円関節　関節頭が楕円形で、関節窩もそれに応じたくぼみになったものです。関節頭の長軸と短軸の方向に動きます。手関節がこれにあたります。

⑤車軸関節　円筒状の関節頭が、これに合うように切り込まれた、車の軸受のような関節窩に支えられ、骨の長軸を中心に回転する関節です。ドアのノブを回すときには、肘の関節がこの動きをしています。

⑥鞍関節　関節面が鞍のようになっていて、双方の骨が互いに直角な方向に回転する関節です。親指の付け根の関節がこれにあたります。

◇筋肉のしくみとはたらき

人のからだは、体重の約40～50％を

図８　関節を動かす筋肉のしくみ

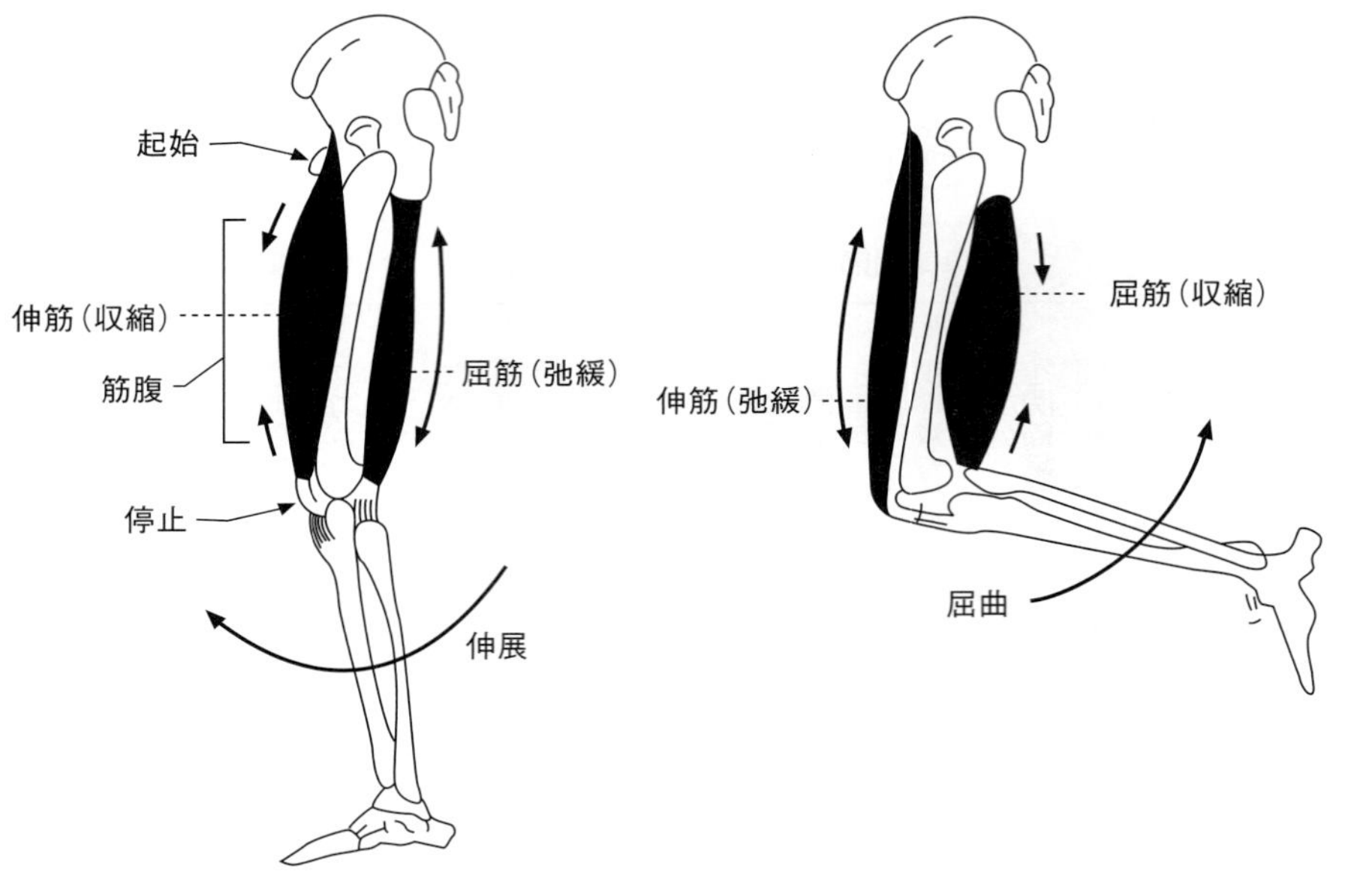

筋肉、20％を骨が占めています。

筋肉は、多数の伸縮する線維（筋線維）でできており、その多くは骨格とともに、からだの運動と姿勢の保持に役立っています。これを**骨格筋**といいます。

筋肉は、関節を挟んで骨と骨を連結しています。そして関節を動かす動力源になると同時に、関節をしっかりと安定させるはたらきをしています。

筋肉の両端は、強い結合組織である腱になって、骨膜に付着しています。両端のうち、からだの中心部に近いほうを起始、遠いほうを停止、その間の筋肉自体を筋腹と呼びます（図８）。

筋肉のいっぽうが縮み（収縮）、反対側が緩む（弛緩）ことによって、関節が動きます。この筋肉の収縮や弛緩は、脳にある運動中枢からでた指令が、運動神経を介して筋肉に伝えられて行われます。

いくつかの筋肉が、同じ方向に協力してはたらくとき、その筋どうしを**協力筋**、互いに反対の方向に作用する筋どうしを**拮抗筋**と呼びます。関節を曲げようとする屈筋、伸ばそうとする伸筋は、互いに拮抗筋となります。

一般的には、協力筋は関節の同じ側に、拮抗筋は反対側にあります。

筋肉の表面は、**筋膜**でおおわれていて、筋肉の形を保ち、周囲の組織に対して筋肉がなめらかに動けるようになっています。筋肉群の境界となる筋膜は筋間中郭と呼ばれていますが、筋間中郭も筋肉の付着部となっています。

筋肉が動くときに摩擦がおこりやすいところには、滑液の入った袋（**滑液包**）があり、筋肉や腱を滑りやすくしています。この滑液包は、骨の突出部と皮膚の間にもあり、皮膚が骨の上を滑って動くのを助けています。この部分は動きが大きいため、使いすぎによって炎症がおこり、水がたまったり、痛みの原因になることがあります。これを**滑液包炎**といいます。

◇腱・靭帯のしくみとはたらき

▼**腱**　筋腹の筋線維は集まって、緻密な線維の集合（束）である腱になり、骨膜についています。

◎アキレス腱周囲炎

走ったり運動したときにアキレス腱の周りに痛みがでたり、運動後に腫れたりする**腱鞘炎**（1924頁上段）の一種がおこることがあります。

多くはスポーツによる使いすぎによって発生します。

アキレス腱に沿って痛みや腫れがでます。ときには熱をもったりします。痛みが強かったり、歩行しにくい場合はアキレス腱断裂と区別するため、補助診断として超音波検査やMRIが行われます。

治療は、スポーツ活動を休止（2～6週）することが必要です。この間、温熱療法、消炎鎮痛薬の内服、外用薬による治療を行います。症状が強い場合、副腎皮質ホルモン（ステロイド）剤の注射が行われることもあります。また、腱の負担を減らすため、踵を少し浮かせる足底装具が必要なこともあります。

図9　筋肉と腱

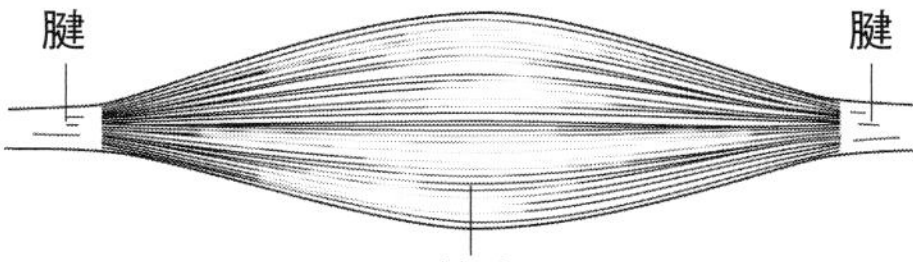

図10　膝の靭帯
（右脚を前から見た図）

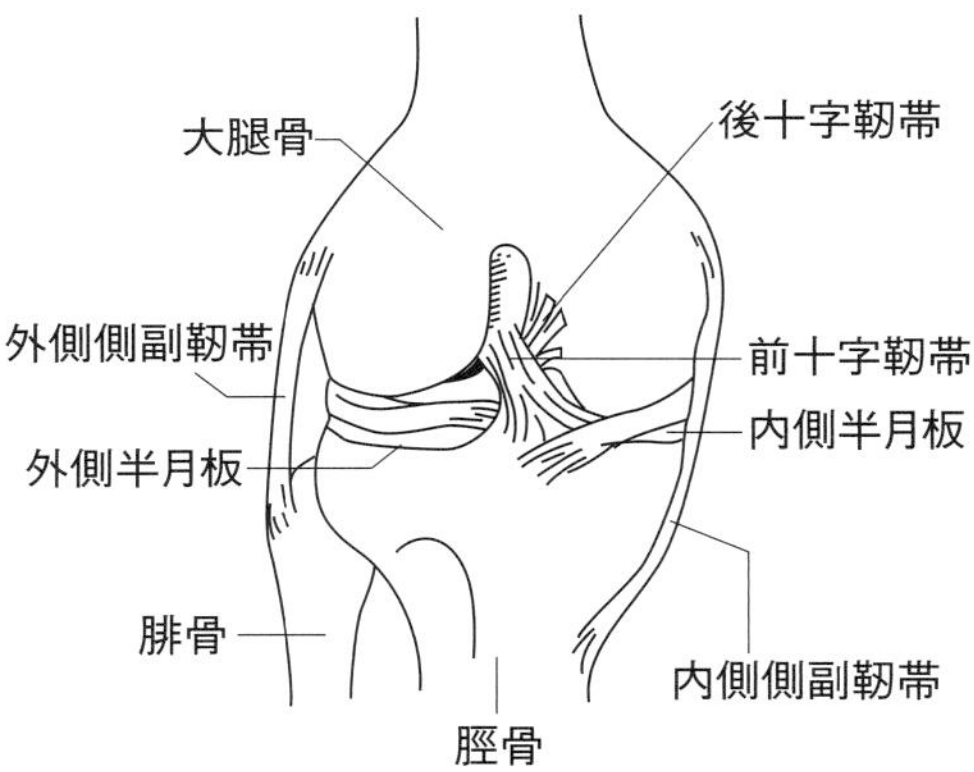

図11　足関節の靭帯

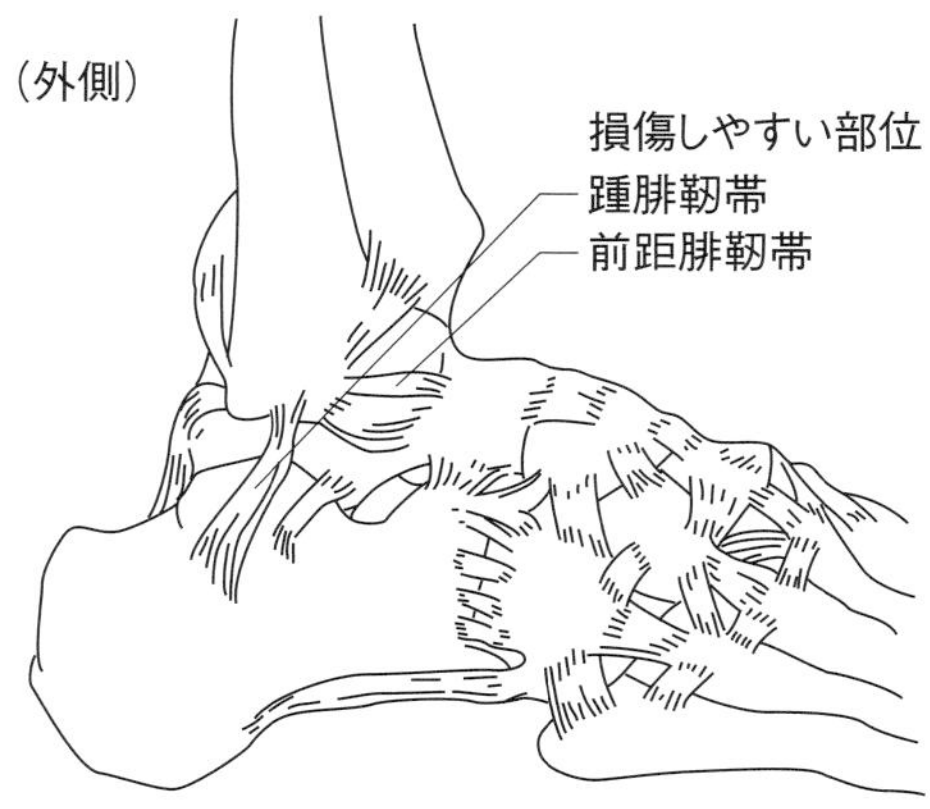

手足にいく筋肉の腱が手首や足首を通過するところでは、鞘状の滑液包がとり囲んで、腱の動きがなめらかになるように助けています。この滑液包を**腱鞘**といいます。腱鞘では、腱の動きが大きいため、使いすぎによって炎症をおこし、痛みの原因になります。これが**腱鞘炎**です。

▼靭帯　関節包の特定の部分には、丈夫な線維が密集してこれを補強し、また関節運動の方向や範囲を制限しています。これを靭帯といいます。

とくに手や足の小さい骨は、靭帯によって緊密に連結されていて、複雑な動きを可能にしています。

靭帯のなかには、関節内にあって関節を安定させるはたらきをしているものもあります。膝関節内の十字靭帯は、その代表的なものです。

この靭帯が切れると、膝は不安定になり、ときには膝折れをくり返す原因になります。重傷の捻挫では、靭帯が切れていることもあります。

日常の診療では、足首を内側にひねっておこす前距腓靭帯損傷、突き指でおこす指の側副靭帯損傷などが多くみられます。これらの靭帯損傷は、ただの捻挫として放置されていることもあり、初期治療をいい加減にすると、あとあと治りが悪いことがあります。

したがって関節の腫れや内出血がひどい場合は、早めに整形外科を受診しましょう。

◎ロコモティブシンドローム

加齢などによる運動器の障害のために移動能力の低下をきたし、要介護または要介護のリスクの高い状態をいいます。骨、関節、筋肉、神経からくる障害で、痛みや筋力低下、関節可動域の低下、バランス能力の低下などが現れます。健康寿命の短縮や寝たきりの大きな原因となるため、ロコモとして啓発活動に取り組んでいます。

老化にともなう運動器の主要な症状

高齢者の運動器の症状は、しびれ、まひなど神経障害によるものが多いのですが、ここでは、運動器そのものの障害がかかわっておこる運動器のおもな症状について解説します。「しびれ」については912頁、「運動まひ」については914頁を参照してください。

◉腰痛

腰痛は、内臓（腎臓、胃腸、胆嚢、子宮など）の病気や腹部大動脈の動脈硬化、および帯状疱疹（1836頁）、破傷風（2113頁）など感染症の一症状であることもありますが、高齢者の腰痛の原因でもっとも多いのは、腰自身の故障でおこる腰痛（1909頁）です。

立って歩くときは、体重の60%を腰が支え、しゃがむと、その数倍の負担が腰にかかるといわれています。それだけ腰には、日常重い負担がかかっており、老化も早く始まりやすいのです。

腰椎（腰骨）と腰椎の間に挟まっていて、クッションの役目をしている椎間板という軟骨は、20歳をすぎると老化が始まるといわれています。

それだけに、腰には障害がおこりやすく、ほとんどの人は生涯に1度は腰痛を経験するといわれています。

腰痛の原因は複雑で、筋肉によるもの（筋肉性）、椎間板によるもの（椎間板性）、椎間関節によるもの（椎間関節性）、脊髄によるもの（脊髄性）があります。

なかでも高齢者に多いのは、変形性脊椎症（1893頁）、腰部脊柱管狭窄症（1896頁）、脊椎の骨粗鬆症（1884頁）、変性脊椎すべり症（1901頁）などです。

椎間板ヘルニアや脊椎分離症は、比較的若い人に多い病気です。しかし、MRIの発達により、高齢者の急な腰や脚の痛みでは、椎間板ヘルニア（1898頁）も多いことがわかってきました。

そのほかに、脊椎や脊髄の腫瘍、化膿性脊椎炎（1904頁）、脊椎カリエス（1906頁）、骨軟化症（1886頁）が原因のこともあります。

◉片側の膝の痛み

膝は腰と同じく、日常の動作で負担が大きくかかるところで、軟骨の変性がおこりやすく、老化の影響による障害の多い場所です。

変形性膝関節症（1874頁）は加齢とともに軟骨の弾力性がなくなり、変性し、傷ついておこります。

過去に靭帯損傷（1937頁）や半月板損傷（1937頁）があると、関節の安定性が悪くなり、軟骨が傷みやすくなります。また、肥満も大きな原因となります。

変形性膝関節症の初期症状は、立ち上がりや、歩き始めに膝が痛みます。そして、階段の上り下りで痛みは強くなります。さらに、水がたまって腫れてきて、膝を完全に伸ばせなくなり、正座もできなくなります。変形の進行とともにO脚（789頁）になってきます。

特発性骨壊死（1888頁）は、安静時、とくに就寝中に膝が痛み、そのうち歩行で痛みが激しくなります。原因はまだ不明ですが、骨の血流障害といわれています。

骨粗鬆症による**脆弱性骨折**も最近増

指の関節の変形

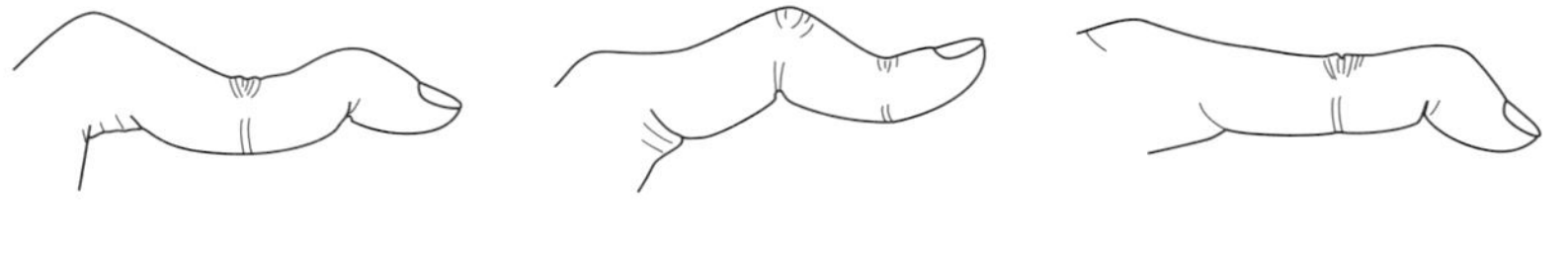

スワンネック変形　ボタン穴変形　ハンマー指

手の変形

猿手

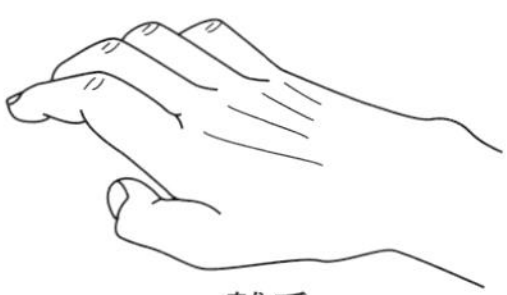

鷲手

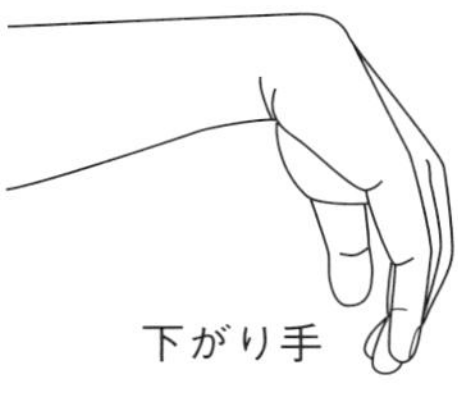

下がり手

えてきています。とくに転んだり、激しい運動をしていなくても、骨がもろいために、日常の行動で膝の骨に骨折がおこります。X線検査ではわかりにくく、早期診断にはMRIが有用です。

◉肩こり、肩の痛み

姿勢の悪さや筋肉疲労が原因として多いのですが、高齢者では、**変形性頸椎症**（1894頁）、**肩関節周囲炎**（1913頁）も多い原因となっています。さらに、難病の**頸椎後縦靭帯骨化症**（1907頁）が原因のこともあります。心臓や内臓の病気が原因で肩こりや肩の痛みがおこることもあり、注意が必要です。

◉片側の腕の痛み

腕の痛みの多くは、頸椎に原因が隠れています。頸椎から腕へ伸びる神経の根元（神経根）が圧迫されておこることがもっとも多く、変形性頸椎症、頸椎の**椎間板ヘルニア**、**胸郭出口症候群**（1916頁）などが原因になります。これらの場合、しびれ、脱力感、感覚の異常などをともないます。

また、帯状疱疹が原因になることもあります。

◉手や手指の変形

手や手指の変形は、神経や筋肉・関節の病気によっておこります。

神経の病気で多いのは、**絞扼性神経障害**（1922頁上段）です。

親指を手のひらのほうに曲げられなくなり、物をつかみにくくなり、サルのような手の形（**猿手**）になる手根管症候群（1923頁）、手首で手が垂れ下がり、伸ばせなくなる（**下がり手**）のは橈骨神経まひ（978頁）によります。薬指と小指がワシの爪のように曲がってくる（**鷲手**）は、尺骨神経まひ（978頁）によります。筋肉の病気のフォルクマン拘縮（1925頁）や糖尿病に多いデュピュイトラン拘縮（1925頁）も指がワシの爪のように曲がり、伸ばせなくなります（左図）。

また、関節リウマチ（2014頁）や突き指（1926頁）では、**スワンネック変形**、**ボタン穴変形**、**ハンマー指**など（上図）、いろいろな形の変形がおこります。

指先の関節が、老化とともに変形して痛むヘバーデン結節（1926頁）も高齢者に増えています。

◉背中の変形

背骨が曲がり、座ったときの猫の背中のように丸くなるのが**老人性円背**（脊柱後弯症 1902頁）で、加齢による椎間板の変性、背筋力の低下、骨粗鬆症にともなう圧迫骨折などによっておこります。

背中や腰の痛みのほか、胸や腹部が締めつけられる症状もおこります。

変形性関節症

◎なぜ関節に水がたまるのか？

健康な関節には潤滑などのために少量の水（関節液）が存在します。関節液は関節内の滑膜から分泌されたり、吸収されたりして、つねに入れかわっています。関節に何か異常がおこり、この分泌と吸

変形性関節症とは
(Osteoarthritis)

◇関節の軟骨がすり減る

変形性関節症は、関節の老化によって生じる病気です。関節の軟骨が徐々にすり減っていき、関節の骨が変形していきます。

滑らかな軟骨が失われていくにつれ、痛みや、動きの制限がおこってきます。変形が進行すると、関節が腫れたり、見た目でも関節の形が変わってくるのがわかります。すり減った軟骨をつるつるとした軟骨に戻すことはむずかしく、症状に波はありますが、徐々に症状は強くなっていくことが多いです。

股関節や膝関節に多くみられますが、肩関節や肘関節、足関節や指の関節（ヘバーデン結節　1926頁）などにもみられます。

関節に負担をかけることで生じるため、膝関節などでは、体重、筋力やO脚（789頁）の程度などが影響します。また股関節では、先天性股関節脱臼（783頁）の治療を受けた人や骨盤の小さな女性で負担が増加しやすいといわれています。指や肘などの体重がかからない部位でも、スポーツや職種などによって関節を酷使することで、軟骨に負担をかけることがあります。

また骨折や靭帯損傷などの影響で、後に変形性関節症をきたすこともあります。股関節に症状がおこった場合を変形性股関節症、膝の関節におこった場合を変形性膝関節症、肘におこった場合を変形性肘関節症などといいます。

◇手術が必要になることも

変形性関節症の症状はゆっくりと進行していくことが多いので、整形外科医に十分相談しましょう。

治療は、消炎鎮痛薬や外用剤、注射などを、必要に応じて行っていきます。症状が軽快しても、軟骨がもとに戻っているわけではないので、日常生活での注意はつづけるようにしましょう。

痛みなどの症状が強くなると、手術が必要になることも少なくありません。関節の部位や年齢などによって、さまざまな手術方法があります。手術の大きさや利点、欠点とともに、その人に応じた手術方法を医師とよく相談することがたいせつです。

◇日常生活での注意点

関節にむりな負担をかけないことがたいせつです。また、関節を冷やすと症状が強くなりやすいので、とくに冬場では、サポーターや衣服で調節しましょう。ただし、近年の湿布（外用剤）は、薬剤が皮膚から吸収されるもので、冷やすためのものではないため、関節に使用してもかまいません。

徐々に関節がかたくなっていくことが多いので、ゆっくりとやわらかく動かしていくことが重要です。また、筋力をつけることもたいせつです。ただし、ジョギングや山登りなどむりな運動はかえって逆効果になることが多く、痛めた関節の状態や年齢に応じた運動をつづけていくようにしましょう。

高齢者では、杖などを突くことが、転倒の予防や関節への負担を減らす工夫のひとつになります。

収のバランスがくずれると必要以上に水がたまってくるのです（**関節水症**）。変形性関節症（前頁）、外傷、化膿性関節炎（1879頁）、痛風（1514頁）、関節リウマチ（2014頁）などでよくみられます。水がたまる原因はさまざまですので、その原因を十分調べて治療を行うことがたいせつです。

水を抜く目的は、水がたまって高くなった関節内の圧を下げて、膝などの動きをよくする、炎症をおこす化学物質を取除く、関節液を調べて水がたまる原因を見つけることなどがあげられます。

「水を抜くとくせになる」という人もいますが、抜くことでくせにはなりません。漫然と水を抜いてもらうのではなく、しっかりと原因を調べて治療を行うことが重要なのです。また、水がたまれば必ずしも抜かないといけないのではなく、自然に吸収されて治まることもあり、必要があれば抜くことが、検査や治療としてたいせつなことです。

変形性股関節症
Osteoarthritis of the Hip Joint

どんな病気か

股関節の軟骨がすり減り、関節の形が変わっていく病気です。日本では、先天性股関節脱臼（783頁）や臼蓋形成不全（股関節の屋根となる臼蓋のかぶりかたが浅い状態）があって、治療してもそれが治っていない人に多く、男性より女性に多くみられます。そのほか、外傷や炎症、股関節の血行が悪くなったあとでもおこることがあります。

症状

おもに運動時の痛みがあります。痛みの程度は、股関節の変形の程度や、軟骨のすり減り具合によってちがいます。股関節の前や殿部、大腿部に痛みを感じてきます。

徐々に関節がかたくなり、あぐらなどもしにくくなってきます。変形が進むと、脚が短くなることもあります。

変形の進行度によって、前股関節症、初期股関節症、進行期股関節症、末期股関節症に分けられます。

前股関節症は、臼蓋の形成不全はありますが、軟骨は十分残っている状態です。長く立っていたり、歩行時に、股関節部に重だるい感じや軽い痛みがありますが、休むと消えてしまう程度です。

初期股関節症は、関節の軟骨が少しすり減ってきた状態です。股関節の動きが少し悪くなり、痛みも強くなってきますが、まだ、休めば痛みはなくなります。

進行期股関節症、**末期股関節症**になると、痛みや股関節の動きの制限が強くなります。長く立っていたり、歩いたあとの痛みが、休んでもつづくようになります。変形が強い場合は、脚が短くなることもあります。このため、長時間つづけて歩くことができなくなり、杖なども必要になってきます。

進行期のX線写真を見ると、軟骨の幅が正常に比べると半分くらいに狭くなっています。末期では、軟骨はまったくなくなり、骨の変形もひどくなってきます。

病気の進行状況によって、治療法もちがってきます。したがって、前股関節症の時期から、年に1～2回は、整形外科の診察を受け、病気の進行状況を知っておくことがたいせつです。

治療

まず、股関節にかかる負担を少なくするように心がけます。したがって体重を減らし、スポーツなどには制限が必要になります。また、股関節周囲の筋力をつけることもたいせつです。このため、プールでの運動は推奨されています。

痛みに応じて、消炎鎮痛薬や外用剤も使用していきます。歩くときにからだが大きく左右に揺れる人や痛みの強い人は、杖の使用も有用です。しかし、徐々に痛みが強くなってくる場合は、手術が必要になってきます。

手術は、その人の年齢、性別、職業、社会的環境などを考えて行われます。代表的な手術方法では、骨切り術、人工股関節置換術、関節固定術などがあげられます。

骨切り術は、比較的若年者で多く適応されています。このうち臼蓋形成術は、骨を移植したり、臼蓋自体を移動させて、股関節のかぶりを大きくする

変型性膝関節症のための運動

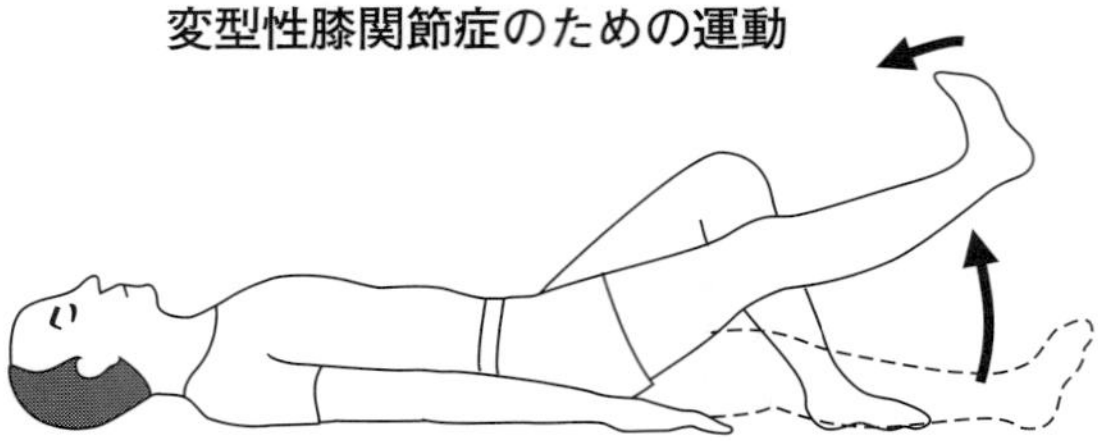

方法です。また大腿骨の骨を切って、からだを傾ける方法もあります。

痛みの改善と動きを保つこともできる**人工股関節置換術**は、比較的高齢の人で行われることが多かったのですが、近年では改良が進み、比較的若い人でも行われるようになってきました。

関節固定術は、痛んだ関節を手術で固定する方法です。中年期までの人で、重労働をする人は、人工股関節置換術では早期に緩みなどの問題を生じてしまうため、関節固定術を行うことがあります。

どの手術を受けた場合でも、手術後は、股関節に負担のかからないように、日常生活でも注意する必要があります。

変形性膝関節症
Osteoarthritis of the Knee Joint

どんな病気か

中高年での膝の痛みの原因として、もっとも多いものです。膝関節の軟骨がすり減っていく病気で、半月板や靭帯を痛めたあとに二次的におこることもありますが、誰にでもおこり得る変形性関節症です。

男性より女性に多くみられます。元来、膝はO脚（789頁）の人が多く、膝の内側に体重がかかりやすいため、内側の軟骨からすり減っていくことが多くみられます。軟骨がすり減ると、さらにO脚が進行するという悪循環が生じます。

症状

最初は動作の始め、とくに正座やいすから立ち上がるとき、歩きだすとき、階段の上り下りなどに痛みがでます。しだいに平地歩行でも痛みがでるようになり、ときに膝に水がたまって、腫れてきます。

進行すると、膝を伸ばしたり、曲げたりすることが完全にできなくなり、ギシギシ音がしたりしてきます。見た目でもO脚が強く進行し、長時間歩くのがむずかしくなってきます。

治療

膝関節に負担をかけることを少なくするように心がけます。正座やむりな階段の上り下り、長時間のウォーキングは、あまり好ましくありません。肥満の人は体重を減らし、膝周囲の筋肉を鍛えていきます。このときに膝に負担をかけないように運動しましょう（上段図）。

サポーターや、湿布などの外用剤も有用です。サポーターは、長期に使用すると筋力が落ちることがあり、注意が必要ですが、外出時や冬場の保温などには勧められます。

O脚で膝の内側に痛みのある人は、体重が膝の外側にかかるようにする靴の中敷を用いることもあります。

痛みの強いときは、消炎鎮痛薬や膝関節に注射を行うこともあります。注射には副腎皮質ホルモン（ステロイド）とヒアルロン酸が多く用いられます。ヒアルロン酸は、軟骨の表面を保護したり、滑りをよくしたりします。ステロイドはヒアルロン酸よりも効果は得やすいのですが、頻繁に注射すると、副作用のために膝を悪くすることがあります。

ヒアルロン酸の内服などは、長期的効果はまだわかっていませんが、即効性はあまり期待できません。

このような治療をつづけても痛みがとれないときは、手術が必要になります。手術方法は、膝の状態とともに年齢、社会的環境などを考慮する必要があります。比較的軟骨のすり減りが軽い場合には、関節鏡という内視鏡で関節内のごみ（はげ落ちた軟骨片など）を洗い流したり、傷んだ半月板を削って症状を和らげる手術があります。

症状が進行すると、手術でO脚を矯正し、X脚とすることで、軟骨の薄くなった内側にあまり体重がかからないようにする方法があります。近年では、骨を徐々に伸ばす機械を用いたり、X脚に矯正してプレートで固定したりと、術式の改良もなされています。

高度に痛んだ膝では、**人工膝関節置換術**が必要になります。痛んだ関節を金属とプラスチックで置きかえる手術で、比較的高齢者が適応となることが多いのですが、近年では関節の曲がりもよくなり、耐久性も向上しています。また関節内側だけに用いる小さな人工関節も徐々に広まってきています。

どの手術を受けた場合でも、手術後は、膝関節に負担のかからないように、日常生活でも注意する必要があります。

変形性肘関節症
Osteoarthritis of the Elbow Joint

どんな病気か
肘の関節の軟骨がすり減っていく病気です。骨折や加齢、力仕事などによっておこることがあります。

症状
肘の関節は体重がかかるところではないため、激しい痛みはおこりにくいのですが、肘の曲げ伸ばしが十分にできず、動かすと痛みを生じます。変形がひどくなると、肘の内側の神経（尺骨神経）が、変形による骨の出っ張り（骨棘）によって刺激され、小指や薬指がしびれたり、触った感じが鈍くなり、握力が低下することがあります。

治療
肘に負担をかけないように心がけます。消炎鎮痛薬を内服したり、外用剤を用います。痛みが強いときには、関節内注射も有用です。しびれがひどくなると、手術によって神経の圧迫を除去する必要があります。骨の変形によって動きがひどく制限されると、手術で骨棘の切除などが必要になります。また変形や症状が強い場合は、人工関節に置きかえる手術を行うこともあります。

変形性足関節症
Osteoarthritis of the Ankle Joint

どんな病気か
足の関節の軟骨がすり減っていく病気です。明らかな原因がないこともありますが、激しいスポーツによるものや靭帯損傷、足関節の骨折後におこることもあります。

運動時の足関節の痛みや動きの制限がおこります。ひどくなると、軟骨は完全になくなってしまいます。

治療
初期ではサポーターを使用したり、関節を温めることが有効です。消炎鎮痛薬や外用剤も有用です。靭帯損傷によって、関節がひどく緩んでいるときには靭帯をつくり直す手術を行います。関節内に骨片などがある場合、関節鏡によって摘出することもあります。完全に軟骨がなくなっている場合は、関節を固定する手術が必要になります。

関節手術のいろいろ

関節手術の目的は、関節の痛みを改善することと、関節の動きと支持性（からだを支えるはたらき）といった関節機能の改善の2つです。現代は車社会のために、交通事故による関節内骨折の増加や、高齢社会を迎えて、とくに下肢関節の老化現象による変形性関節症（1872頁）が増加しています。このことから、これから関節手術の必要性はますます高まっていくと考えられます。

最近、関節手術においては2つの大きな方向性がみられます。1つには侵襲（からだへの負担）が少なく、術後の回復も早い、関節鏡を用いた手術がいろいろな分野に試みられ、満足な結果をあげています。つぎに人工関節置換術が増加傾向にあり、材料工学の基礎的な研究や臨床への応用が進み、デザインの改良さらに手術技術の向上から、確立された術式として発展しつつあります。さらに遺伝子工学を取入れた再生医学による関節手術も試みられています。

❖関節温存手術

①滑膜切除術　関節の袋（関節包）の内層を構成する滑膜は、関節内のいろいろな反応がおこる場所です。炎症が生じると水がたまったり、滑膜内に腫瘍ができることもあります。こうした反応がおこっている滑膜を取除き、関節の障害を改善するのが滑膜切除術です。最近では関節鏡が用いられています。

早期の関節リウマチ（2014頁）で、薬では炎症がコントロールできないような例が適応となります。滑膜の切除により、滑膜内のリウマチの炎症の進行を停止させ、関節を破壊から守ります。ただし関節の骨や軟骨がひどく壊れていれば、滑膜切除では手遅れです。

②骨切り術　骨折して骨が曲がってつながったため関節が変形したり、老化現象などで関節の一部の軟骨がすり減って関節が変形し、痛みを生じたときなどに、骨を切ることによって関節の変形を矯正し、痛みもとります。

前者の例として、子どもの肘の骨折のあとに肘が内側に曲がる内反肘（787頁）変形を、骨切り術でまっすぐにする手術法があります。

後者の例としては、先天性股関節脱臼（783頁）のあとに股関節の適合性が悪くて痛みがみられる例（図1）や、加齢現象によって膝関節の内側の軟骨が減り、O脚（789頁）になって、痛みや水がたまったりした場合に行われます。骨を切り、変形を治すことによって、すり減った軟骨に体重がかからないようにして、痛みをとることができるわけです（図2）。

また、膝関節の骨切り術では4本のねじを皮膚の上から骨に挿入して、ねじの先端に延長器をつけて、変形を徐々に治していく方法も行われています（図3）。

③関節制動術　関節の動きをある程度制限して、関節の位置を矯正したり、関節が脱臼するのを防ぐ手術法です。前者では足関節がぶらっと下にさがっている変形（尖足変形）を治す方法が、後者はくせになっている肩関節の脱臼を防ぐ手術がよく行われています。

④観血的脱臼整復術　脱臼は、麻酔をかけて引っ張ったりしてもとに戻しますが、脱臼してから時間が経過していたり、脱臼している関節の間に何かが挟まり込んだりしていると、脱臼の整復ができないことがあります。この場合、関節を切開して、介在物を取除いたりして、関節をもとの状態にする手術です。

⑤関節形成術　変形がひどくて、機能をなくした関節を新たにつくり直す手術で、すり減った関節軟骨を除き、両方の骨を適合するように形を整えて、間に癒着防止のための特殊な膜（筋膜や人工の膜）を入れる方法です。

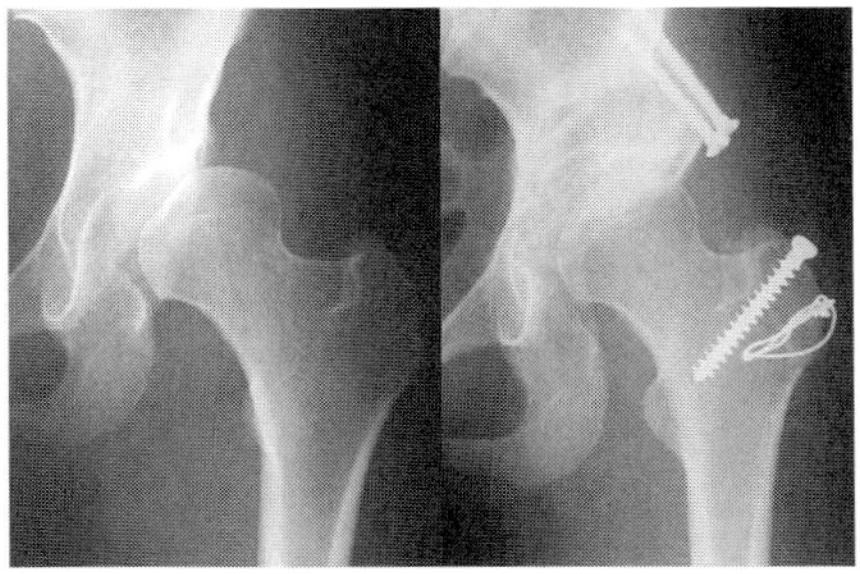

術前（左）　大腿骨骨頭に比べて寛骨臼（骨盤側の受け皿の部分）が浅く、関節の適合性が悪い。

術後（右）　寛骨臼を骨切りして、外方に移動させ、大腿骨骨頭を十分におおい、関節の適合性を得る。

図１　股関節の骨切り術

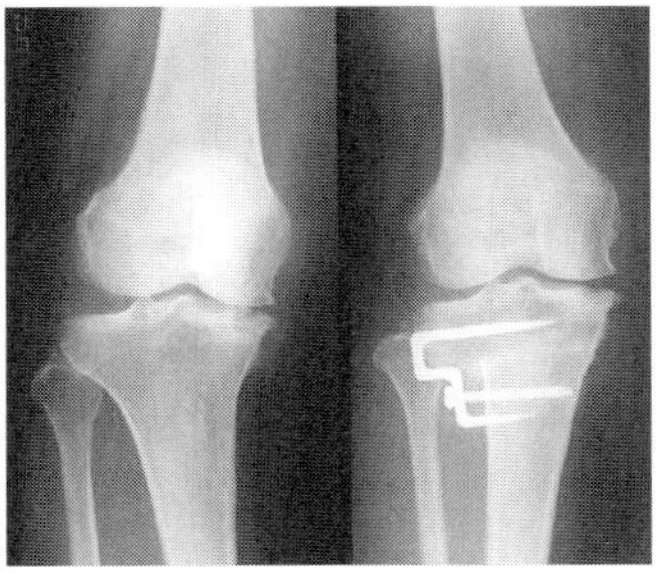

術前（左）　加齢現象により内側の軟骨が減り、膝がO脚になり、痛みや水がたまる。

術後（右）　骨切りによってO脚変形を治すことで、すり減った内側の軟骨に体重がかからないようにして痛みをとる。

図２　膝関節の骨切り術

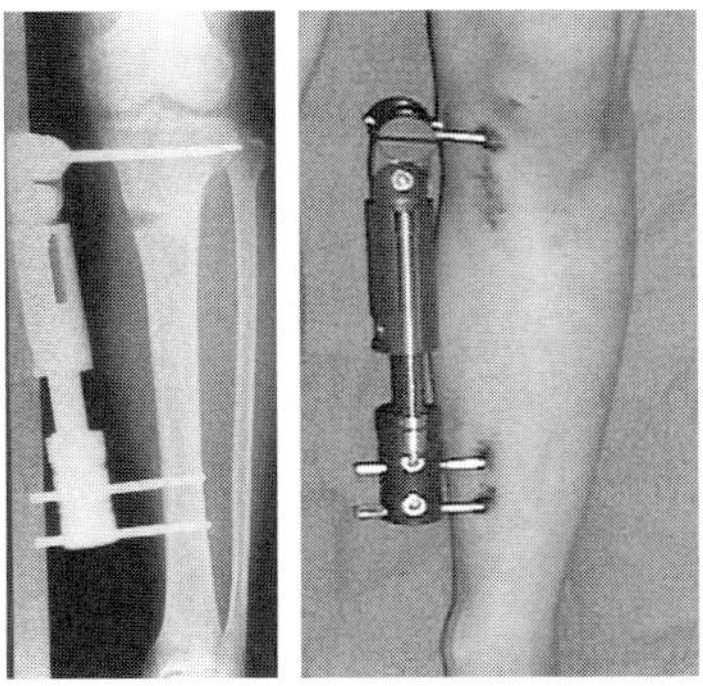

図３　骨延長器を使用した膝関節の骨切り術

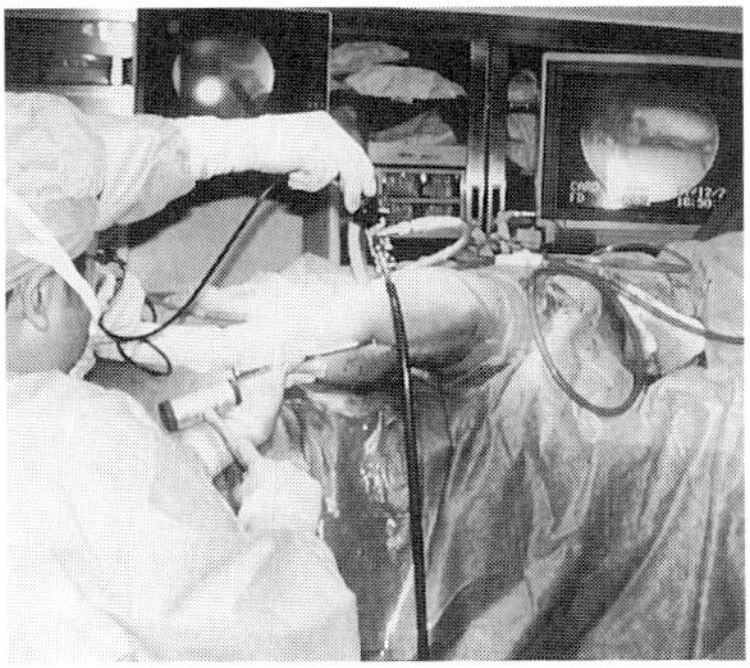

図４　膝関節内の骨折に対する関節鏡を利用した手術

生物学的関節形成術とも呼ばれます。最近ではあまり行われなくなりました。

⑥関節鏡視下手術　現在の整形外科手術において、関節鏡を使用する手術は一般的となりました。直径４㎜の内視鏡を関節内に入れ、モニターで見ながら、別のところからメスやハサミを入れて手術します。すべての手術が関節鏡視下でできるわけではありませんが、関節を開けないため術後の痛みが少なく、機能回復もより早く、手術の傷が小さいために美容的にも優れています。さらに簡単な手術であれば、入院せずに外来手術も可能です。

もっともよく行われているのは膝関節で、半月板の切除や縫合術、靭帯の手術（前十字靭帯や後十字靭帯）も関節鏡視下で手術されています。このほか、遊離体の摘出や滑膜切除、膝関節内の骨折（図４）、さらに、肩関節、肘関節、手関節、股関節、足関節など、手足の大きな関節で、関節鏡による手術が積極的に行われています。最近では、関節鏡を用いた脊髄の手術も試みられています。

❖関節を温存しない手術

⑦人工関節置換術　関節をすべて取除き、そつくり人工の部品に入れかえてしまう手術で、関節リウマチや変形性関節症による股関節や膝関節によく使用されています。

部分的に人工関節に入れかえる手術として、股関節の大腿骨頸部骨折で大腿骨骨頭のみを

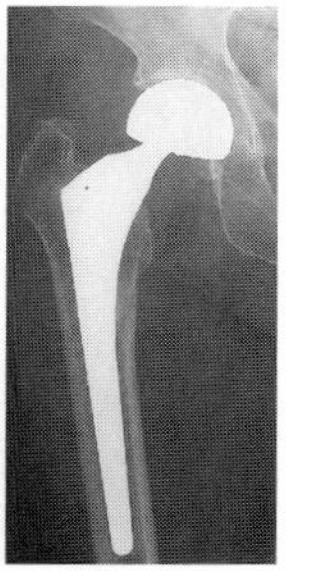

（白い部分が人工関節）

図５　人工骨頭置換術

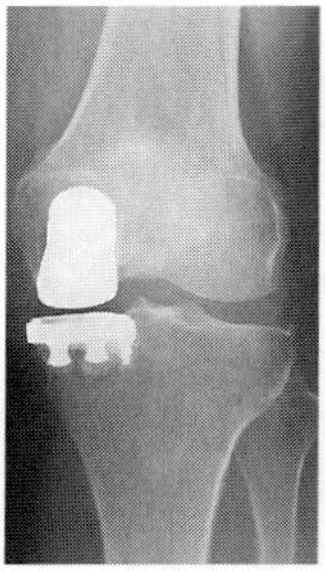

（白い部分が人工関節）

図６　人工膝単顆置換術

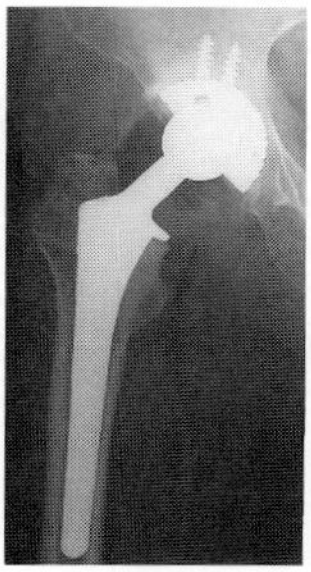

骨セメントを使用せずにねじなどで固定します。

図７　人工股関節置換術

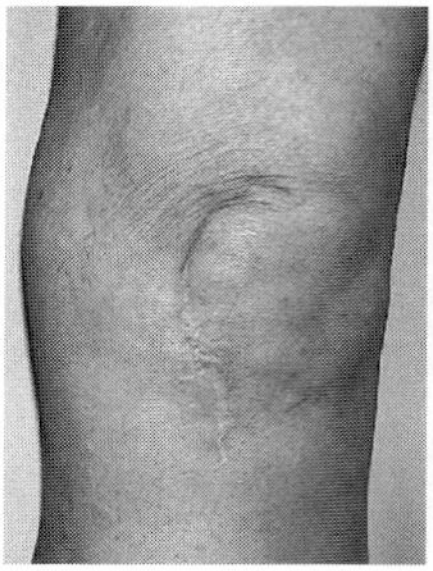

10㎝ぐらいの小さな皮膚切開で手術を行い、美容的にも優れています。

図８　低侵襲性の人工膝関節置換術

かえる人工骨頭置換術（図５）や膝関節の悪い部分だけを手術するものもあります(図６)。

　人工関節は、基本的には対向する関節の骨の部分に特殊な金属合金やセラミックを入れ、その間に超高密度ポリエチレンを挿入し、関節の動きをなめらかにします。また、金属合金と骨との接合は骨セメントを用いることもありますが、ねじなどで固定する方法も増えてきています（図７）。最近では、小さな切開で行う手術が普及しつつあります（図８）。

　人工関節の利点は、早くから痛みがとれ、関節の動きが改善し、歩きやすくなり、日常生活での機能回復が著しく向上します。しかし、人体にとっては異物であり、そのため人工関節が破損したり、また骨との間で緩んだりして、再手術をしなくてはならないことがあります。このため、対象となるのは65歳以上の人か、活動性があまりない（労働していない）人です。ただし、関節リウマチでは若い人でも手術することがあります。

　膝関節の場合、手術後に関節の曲がりが悪くなることがあります。人工関節の耐用年数は、通常であれば15～20年です。術後、むりするときには杖を使用し、人工関節にかかる負担を減らすようにします。さらに、定期的にX線チェックを必要とします。

⑧関節固定術　関節がひどく壊れていたり、神経のまひで関節が使いものにならない場合、関節軟骨を取除き、骨表面を露出して、両端を接触させ、ねじやプレートなどで固定して関節をかためます。つまり痛みをとって、支持性を獲得するかわりに、動きを犠牲にするわけです。人工関節置換術の行えない若年者や労働者に関節固定術が適応となります。足関節や股関節、指の関節に行われますが（図９）、まれに肩関節や膝関節に用いることがあります。各々の関節によって固定する形が異なり、股関節では少し曲げて固定し、膝関節では伸ばした位置でかためます。

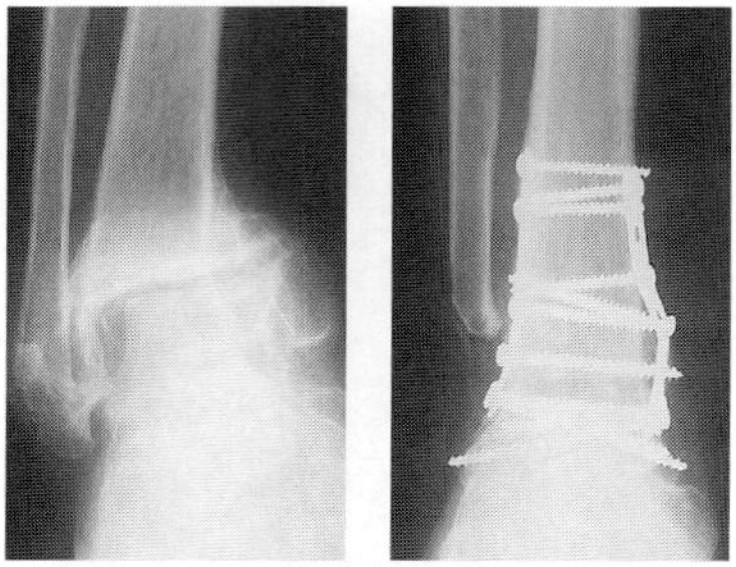

術前（左）　神経病性の足関節症で高度の変形がみられています。

術後（右）　プレートやねじを使用し、関節を適切な位置で固定しています。

図９　足関節の関節固定術

骨・関節の炎症

化膿性関節炎
Pyogenic Arthritis

どんな病気か 一般的に細菌の感染によって、関節の中が化膿する病気です。

関節の中まで達するような深い傷を負ったために細菌が関節の中に入り込んだり、敗血症（2124頁）、扁桃炎（1176頁）、膀胱炎（1747頁）など、ほかのところの感染巣から細菌が血流に入り、離れた関節に流れ込んで感染をおこしたりします。また、化膿性骨髄炎（次頁）が関節に広がっておこることもあります。まれですが、注射や鍼などの医療行為が原因で感染することもあります。

症状 関節の急激な痛みと同時に、関節は赤く腫れあがり、熱をもちます。発熱で寒けや震えをともなうこともあり、化膿した関節は痛みで動かすことができなくなります。

検査と診断 関節にたまった液を注射で抜き、原因となる菌を検出します。また、関節液に含まれる細胞やたんぱく質、糖分なども調べます。化膿の原因となる菌が見つかれば診断がつきますが、菌が検出されないことも多く、血液検査、X線検査、MRI検査などが診断の手助けとなります。

治療 以前は関節をギプスで固定し、冷やしながら、抗生物質の点滴を行っていましたが、現在では早急に関節鏡を用いて関節内を大量の洗浄液で洗浄して膿を洗い流し、炎症性肉芽（炎症による新生組織）も切除し、徹底して細菌を関節から取除きます。関節を大きく切開する手術を行うことは少なくなりました。

化膿による炎症が強い場合には、関節鏡での処置のあとに、関節内にチューブを入れて、抗生物質を含む洗浄液で1～2週間ほど、毎日洗浄をつづけます。

その後は、炎症が治まるのを血液検査で確認しながら、抗生物質の点滴や内服をつづけます。炎症とギプス固定による安静のために、関節の動きが悪くなるので、炎症が治まってきたら、できるだけ早く関節を動かすリハビリテーションを開始します。

もし、感染が進み、関節の軟骨が破壊されてしまうと、感染を治すために関節をかためる手術（関節固定術）が必要となります。

結核性関節炎（関節結核）
Join Tuberculosis

どんな病気か 肺結核（1285頁）など、ほかの結核病巣から結核菌が血流に入り、関節に流れてきておこる化膿性関節炎のひとつです。

肺結核が多かった時代にはよくみられた病気で、脊椎カリエス（1906頁）とともに治りにくい病気でした。

現在、結核は予防接種の普及、抗生物質の発達、結核予防法（現、感染症法）に基づく患者の管理徹底などにより少なくはなりましたが、決して過去の病気となったわけではなく、今も発症はつづいており、おそろしい感染症のひとつです。

症状 関節の腫れと痛みがおもな症状ですが、結核以外の化膿性関節炎と異なり、関節の熱や赤み

◎リウマチとは

リウマチ（関節リウマチ　2014頁）とは、関節の炎症がもたらす痛みや腫れ、変形を特徴とする病気です。また初期

は少なく、痛みも激しいものではありません。

動くと痛みはでますが、安静にしていると軽くなることが多いので、診断が遅れがちになり、関節が破壊されてしまうことがあります。

検査と診断　症状から、３つのタイプがあります。関節に多量の水がたまる**水腫型**、関節がかたく腫れて筋肉がやせる**肉芽型**、関節に膿がたまる**化膿型**があります。

症状とX線検査で見当はつきますが、確実に診断するには、関節から採取した水や肉芽から結核菌を見つけだす必要があります。ツベルクリン反応（1252頁）も補助検査として必要です。

治療　化膿性関節炎と同じで、できるだけ早く、関節鏡を用いた関節内の洗浄と肉芽の切除を行い、関節にチューブを入れて、持続洗浄を行います。

また同時に、抗結核薬を服用します。

しかし、発見が遅れて病状が進行してしまうと、関節が破壊されます。そのときには、関節をかためる手術（関節固定術）が必要となります。

抗結核薬は、血液検査で炎症反応が消えてからも数か月は服用をつづけなければなりません。それだけ結核は治りにくく、再発しやすいのです。

また、関節結核でも感染症法に定められた、担当医の保健所への届け出が義務づけられています。

化膿性骨髄炎
Pyogenic Osteomyelitis

どんな病気か　骨の中（骨髄）になんらかの原因で細菌が侵入して、化膿性の炎症をおこすものをいいます。急性化膿性骨髄炎と慢性化膿性骨髄炎とがありますが、最近では急性症状（急激な炎症症状）をともなわない亜急性型というものも増えてきています。

急性化膿性骨髄炎は、10歳前後の学童期や新生児などの子どもに多くみられ、大腿骨や脛骨（すねの骨）などの下肢骨（脚の骨）におこりやすいものです。

慢性化膿性骨髄炎は、急性のものが慢性化するものと、最初から慢性型で発症し、骨腫瘍（541頁）と紛らわしいものがあります。急性からおこるものは子どもに多いのですが、骨折などの外傷からおこるものはおとなにみられることが多いです。

かつては、死亡することもある病気でしたが、抗生物質の発達によって死亡することはほとんどなくなりました。しかし近年、抗生物質が効きにくいMRSA（メチシリン耐性ブドウ球菌）などの感染も増えてきており、急性型の場合、早期に治療しないと慢性化し、再発をくり返したり、成長にともなって脚の変形や短縮などの問題もおこってきます。慢性型も完治せずに再発をくり返せば、生涯にわたって悩まされることもあります。

症状　急性化膿性骨髄炎の症状は、寒け、発熱、局所の痛みですが、子どもでは全身症状によって局所の症状が見逃され、小児科で抗生物質を使用したために、急性症状に乏しいものが多くあります。患部の痛みや腫れのため、手足を動かせない（仮性

のころには、微熱やだるさ、食欲不振などもみられます。

炎症をそのままにしておくと、関節の骨や軟骨が破壊されて変形をおこし、日常生活に支障をきたすこととなります。

関節リウマチの原因は、体内に異物が侵入したときに、異物を駆除する免疫という機能に異常がおこり、自分自身の健康な部分を攻撃すること（自己免疫疾患）と考えられていますが、はっきりした原因はわかっていません。

男女比は、1対4と圧倒的に女性が多く、発症年齢は30～50歳代、とくに40歳代がもっとも多いとされます。

関節リウマチに対する治療では、いち早く病気を見つけて治療を開始することが、病気の進行を食い止める（寛解という状態）ために重要と考えられています。

治療法は、免疫の異常を治す免疫治療薬（抗リウマチ薬）を中心として、他の薬物療法、手術療法、リハビリテーションなどを行います。

まひ）などの症状があれば、局所の圧痛（押すと痛い）、発赤、熱感などの炎症症状に注意を払うことが大事です。

慢性化膿性骨髄炎は、発熱などの全身症状は緩やかで、患部の腫れや痛みだけの場合も多いです。

原因

骨髄に細菌が侵入する経路としては、上気道炎（かぜなど）や急性中耳炎（1125頁）、おできなどの細菌が血液の流れに乗って（血行性に）骨髄に達する場合、近くの化膿している部分から直接炎症が波及する場合、骨折や手術などで外にさらされた骨髄に感染する場合があります。子どもの場合、たんなる打撲による腫れから波及することもあります。

原因となる細菌は、黄色ブドウ球菌がもっとも多く、連鎖球菌、表皮ブドウ球菌がそれについで多いとされていますが、最近では安易な抗生物質の濫用によりMRSAなどの耐性菌の感染も増えてきています。

検査と診断

急性化膿性骨髄炎の初期段階では、X線検査でも変化は現れず、MRIや骨シンチグラフィー（230頁）による画像診断が有効です。

血液検査では、白血球の増加、赤血球沈降速度（赤沈 210頁）の亢進、C反応性タンパク（CRP 211頁）の陽性などの炎症性の変化がみられます。

また動脈血の細菌培養を行って、細菌の特定を行うこともあります。

慢性化膿性骨髄炎では、X線、MRI、骨シンチグラフィーや、瘻孔（管状の孔）が存在する場合は、そこから造影剤を注入する検査（瘻孔造影）といった画像診断が、病巣の範囲をとらえるためには重要です。

治療

急性化膿性骨髄炎では、一刻も早く治療を開始することが重要です。患部を安静にするため、ギプス固定や冷却などを行い、抗生物質を点滴で行います。

骨髄内や骨膜下などに膿がたまっているときには、切開して膿を排出するといった部分的な処置が重要です。

慢性化膿性骨髄炎では、まず抗生物質を使用しますが、患部の血行がよくないことも多く、この場合には抗生物質が病巣へ到達しにくく、治りにくい（難治性）こともあります。

患部の切開などで、炎症が治まらない場合は、持続洗浄療法を行います。

持続洗浄療法とは、まず手術で病巣の膿や汚染された周辺部を取除いて（郭清）きれいにしてから、患部と体外とをつなぐチューブを置き、抗生物質入りの洗浄液を持続的に注入しては、吸い出すことで洗浄する方法です。

そのほか、高気圧治療装置の中で、大気圧の2～3倍の圧力をかけて純酸素を呼吸させる**高圧酸素療法**が行われることもあります。これによって、酸素による殺菌効果だけでなく、白血球が細菌を取込んで処理する能力が高まります。

患部の沈静化と、血液検査での炎症反応が陰性になることを治療の目標とします。しかし、いったん沈静化しても、再発することもあるため、抗生物質は少し長めに使用します。

これらの治療によって、骨髄炎の治療は近年著しく効果をあげるようになっていますが、再発をくり返したり、変形が残ることもあります。

その他の関節の病気

神経病性関節症
Neuropathic Joint Disease

どんな病気か

いろいろな外力が関節に加わった場合、関節には破壊を逃れる自己防衛機能があります。それは、中枢および末梢神経によってコントロールされています。もしこの神経になんらかの障害がみられると、関節の防御機構がなくなり、外力によって容易に関節が壊れる病態が発生します。最初の報告者の名前から**シャルコー関節**とも呼ばれます。

原因疾患としては、脊髄癆（梅毒によって脊髄が障害される）、糖尿病（ひどくなると末梢神経炎をおこす）、脊髄空洞症（脊髄に空洞が生じ神経障害をおこす）の3つが代表的です。最近では原因として糖尿病が増えています。

膝関節にもっともおこりやすく、脊髄癆が原因とされています。そのほか、股関節、足関節、脊椎とつづきます。糖尿病が原因となるものの多くは足部の病変で、脊髄空洞症では上肢（手・腕）の関節に好発します。

症状

関節の神経に痛みが伝わらないため、関節が壊れても無痛であることが特徴とされてきましたが、実際は軽い痛みを訴えることがあります。関節は、無秩序な破壊と増殖性の変化をくり返すため、ひどく変形し、ぐらぐらしてきます。膝では多量の水が何回もたまることがあります。

治療

変形が進むと治療がたいへんむずかしいものです。このため早期に発見して、関節が壊れる前に、杖をついて荷重を軽減したり、装具をつけて外力から関節を保護する初期治療がたいせつです。

もし脚の関節で変形が進行した場合、歩行できないなどの機能障害が強いため、手術を行うことがあります。膝関節では固定術（関節をかため動かなくする）や人工関節置換術が、足関節では固定術が行われます。しかし関節の防御機能が壊れているため、固定した骨がつながらなかったり、人工関節が緩むことがあります。最近では技術の向上と、術後のリハビリテーションにより、よい成績をあげつつあります。

関節遊離体（関節鼠）
Intra-articular Loose Body (Joint Mouse)

どんな病気か

主として軟骨または骨からなり、関節内に遊離して動き回るものをいいます。離断性骨軟骨炎、骨軟骨腫症、骨軟骨骨折などで生じますが、そのほか、変形性関節症（1872頁）の骨棘（変形した骨のとげ）が折れたり、特殊な関節の疾患で骨が壊れたりして、発生することがあります。

X線撮影で1個ないし数個の遊離体が見えるので診断は容易ですが、骨軟骨腫症では見えないため、診断が遅れることがあります。

▼**離断性骨軟骨炎**　関節軟骨の下にある骨組織が、栄養障害におちいって壊死し、これをおおう表面の軟骨とともに母床からはがれ落ちる状態です。成長期の子どもに好発し、男性に多く発症します。原因として、関節へのくり返す小さな外力がおもな発生機序とされています。

たとえば少年野球のピッチャーの肘関節のように、まだ発育途中の関節を

その他の関節の病気

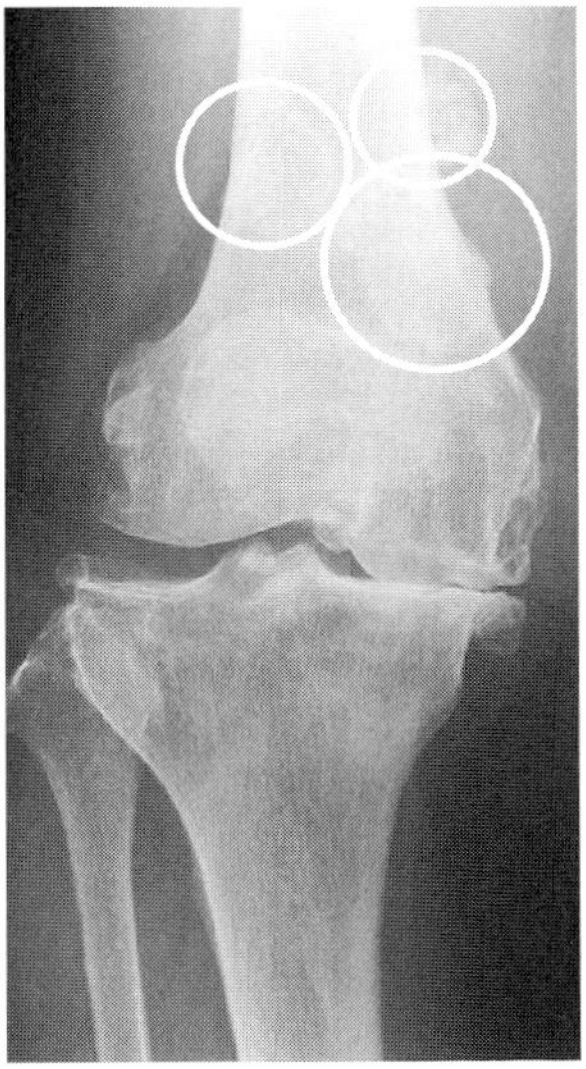

膝関節内に多くの骨軟骨腫による遊離体が見られます。

膝関節の骨軟骨腫症

酷使するスポーツ障害でみられます。好発部位は肘関節や膝関節ですが、まれに足関節にもみられます。通常は1つの関節だけですが、数か所の関節に多発する例もあり、体質的な素因が関係していると考えられています。

▼骨軟骨腫症　関節包（関節をおおっている袋）の内側にある滑膜組織が軟骨や骨組織に変化した状態です。関節包以外にも腱鞘（腱をおおう膜様の組織）や滑液包（腱と腱の間にあるクッションの役目をする袋）にもみられることがあります。膝関節に多く、肘関節、足関節、股関節にもみられます。

通常は、軟骨の中に骨成分を含んだ遊離体がたくさん見られますが、軟骨のみのこともあり、この場合は**軟骨腫症**と呼ばれます。

▼骨軟骨骨折　スポーツや転倒などの外傷により関節面に剪断力（水平方向からの力）がはたらき、骨と軟骨成分がいっしょに骨折し、はがれ落ちて遊離体となる状態です。膝蓋骨が好発部位で、膝蓋骨が外方に脱臼して、もとに戻る際に剪断力が加わって生じます。受傷直後から関節内に出血をおこし、スポーツ活動の継続が困難になります。足関節にみられることもあります。

症状

痛みと動きの制限が、おもな症状です。病巣がまだ完全にはがれないときには、痛みや関節が動かしにくいのみですが、完全に剥離すると、遊離体が関節内で挟まって、関節を動かすときに痛みやひっかかりを感じ、伸ばせない・曲げられないなどの症状がみられます。遊離体が関節内をネズミのように動き回るのを感じることがあり、ときに関節表面に移動してきた遊離体を外から触ることがあります。また膝関節では、水がたまってくることもあります。

治療

肘関節の離断性骨軟骨炎では、完全な遊離体になる前に発見できれば、6か月から1年、スポーツ活動を中止させ、自然修復を待つことがたいせつです。

遊離体となったときには、小さくて、関節にとって必要ないものであれば取除きます。関節鏡を用いて低侵襲（からだへの負担が少ない）で行う手術が一般的で、早い回復が期待できます。

もし遊離体が大きければ、関節を切開して金属製のねじや骨組織によるねじなどで、もとの位置に固定する手術を行います。しかし遊離体が傷んでいて、もとの位置に戻せないときには遊離体を取出して、軟骨移植や軟骨細胞培養移植などが行われています。

骨軟骨腫症では、関節鏡を用いた手術、もしくは関節を切開して多数の遊離体を取除いたりします。

骨軟骨骨折では、摘出か整復固定術を行いますが、膝蓋骨に発生した場合は、骨折の素因（関節が緩くて外方に脱臼しやすいとか、X脚など）を矯正する手術を同時に行うことがあります。

骨粗鬆症

Osteoporosis

骨がもろくなり、折れやすくなる

◇高齢の女性に多い病気

どんな病気か

人間の骨は、年齢とともに**骨量**（骨の質量）が減少して、最終的には、スカスカになってもろくなり、骨折しやすくなります。

骨量が減少する現象は、従来、たんなる老化によるものなのか、病気なのかという論議がなされてきましたが、最近では「骨粗鬆症とは、骨量が減少し、そのため骨がもろくなり骨折しやすくなった病態」と定義され、病気としてとらえられるようになりました。

骨粗鬆症は、原因のはっきりしない**原発性骨粗鬆症**と、原因のはっきりしている**続発性骨粗鬆症**とに分類されています。

原発性骨粗鬆症になる人が多いのですが、これはさらに、**閉経後骨粗鬆症**と**老人性骨粗鬆症**に分けられます。ただ、高齢の女性の場合、閉経と老化の両方の要素が絡み合っており、必ずしも区別できません。

いずれにしても、高齢の女性に多くみられる病気で、50歳代から増え始め、70歳以上では、約半数がこの病気になるといわれています。しかし、大半の人は症状が現れません。

続発性骨粗鬆症は、副腎皮質ホルモン（ステロイド）の服用や、関節リウマチ（2014頁）などが原因となることが多く、男性や比較的若い人にもおこります。

◇骨折して初めて症状がでる

症状

骨量が減っただけでは、症状はありません。もろくなった骨が骨折することで、初めて症状が現れてきます。

骨折する場所は、背骨（椎体＝胸椎と腰椎）がもっとも多く、そのために、腰や背中の痛み、**円背**（俗にいう猫背。腰ではなく、背中が曲がる）という状態が現れてきます。

しかし、まったく痛みがなく、いつのまにか円背になったり、身長が縮むといった人も少なくありません。

いっぽう、腰や背中の痛みの原因は、骨粗鬆症以外にも多いものです。とくに50歳代前の人であれば、骨粗鬆症以外の病気が原因と考えるべきです。

背骨のつぎに多くみられるのは、手首の骨折です。この骨折は、60歳代にもっとも多くみられ、これ以上高齢になると、むしろ減少します。

骨粗鬆症でもっとも気をつけなければならない骨折は、股の付け根の骨折（**大腿骨頸部骨折**）です。

この部分の骨折は、70歳以降に急激に増加しますが、大多数は、転倒によっておこります。

高齢者の寝たきりの原因になることがあるため、転ばないための予防策がたいへん重要になります。

日本人の場合、椎体の骨折は確実に減ってきており、背骨の曲がった高齢者は少なくなってきています。

これに対して、大腿骨頸部骨折は、欧米の白人に比べれば、まだ半分以下とはいうものの、年々増加しており、

原発性骨粗鬆症の診断基準〈2012年度改訂版〉

Ⅰ．脆弱性骨折*あり	1．椎体骨折**または大腿骨近位部骨折あり
	2．その他の脆弱性骨折があり、骨密度がYAM***の80％未満
Ⅱ．脆弱性骨折なし	骨密度がYAMの70％以下または－2.5SD以下

*軽微な外力によって発生した非外傷性骨折
**鑑別診断の観点からも脊椎X線像を確認することが望ましい
***YAM：若年成人平均値（腰椎では20〜44歳、大腿骨近位部では20〜29歳）

大きな社会問題となっています。

大腿骨頸部骨折が増えた原因として、生活環境の変化、すなわち、畳の上の生活から、洋風の生活へと変化し、足腰が弱くなって転倒しやすくなったためともいわれています。

◇多くは一種の自然現象

原因　骨は、からだの他の組織と同じように、たえず形成と吸収をくり返していますが、このバランスがくずれることによって、骨量が減少してきます。

原発性骨粗鬆症のもっとも大きな原因は、加齢と閉経による女性ホルモンの欠乏ですが、これは誰にでもおこる、一種の自然現象です。

その他の原因としては、カルシウムやビタミンDなどの摂取不足、栄養不良、運動不足などがあげられます。

また、続発性骨粗鬆症では、副腎皮質ホルモン（ステロイド）剤の服用、関節リウマチなど、原因のはっきりしている場合もあります。

骨粗鬆症は男女差があり、女性のほうがなりやすいものです。また、人種別にみると、白人、黄色人種、黒人の順に多いとされています。

◇骨塩量測定だけでは不十分

検査と診断　診断のためには、椎体のX線検査で骨折の有無と骨の萎縮の程度をみます。また、骨塩（骨に含まれるカルシウムやリンなどのミネラル）の量を調べ、その減少を確かめることが必要です。

最近では、骨粗鬆症の診断基準（上段表）がつくられています。

①X線写真で椎体骨折または大腿骨近位部骨折が認められる場合で、脆弱性骨折があり、骨密度が若い人の80％未満であれば、骨粗鬆症とする。

②X線写真で椎体骨折が認められない場合、骨密度が若い人の70％以下または国際基準のマイナス2・5以下であれば、骨粗鬆症とする。

しかし、骨量が減少する病気は、骨粗鬆症以外にも、甲状腺の病気や薬によるものなどたくさんあるので、十分な鑑別診断が必要です。

最近盛んになってきた骨粗鬆症検診では、たんに骨量だけの測定が大部分ですが、それだけでは骨粗鬆症と診断はできません。検診で、年齢に不相応な骨量の減少がみられたら、専門家による診断と治療が必要です。

◇骨折の予防がたいせつ

治療　薬による骨折の予防効果については、一種のホルモン剤であるエストロゲン製剤を除けば、いまだ検討段階にあるとされています。

椎体に骨折があれば、痛みを取除いて、骨量を維持する治療が行われます。

大腿骨頸部骨折に対しては、寝たきりにならないために、手術による治療が必要になります。

その他の骨折でも、整形外科医による診断と適切な治療が必要です。

▼椎体骨折による痛みの対症療法　横になって安静にし、消炎鎮痛薬などの使用により、できるだけ早く痛みを取除き、日常生活に復帰できるようにします。必要に応じてコルセットなどを用いることもあります。

骨軟化症…………1886頁
▼症状▲やわらかい骨である類骨が増え、骨折や関節痛がおこる。
▼治療▲ビタミンD製剤の内服が原則。

◎ホルモンの病気と全身の骨の変化

骨の形成や維持、あるいは骨の成長に必要なホルモンがいくつかありますが、その代表的なものを表に示してみました。

骨にかかわるホルモンには、成長ホルモンのように、おもに骨のたんぱく質の形成に重要な役割をはたすものと、ビタミンD（最近ではホルモンとして扱われることが多い）のように、カルシウムやリン（これらを骨塩という）の沈

▼骨量維持・増加療法　ビタミンD製剤、カルシトニン製剤、イプリフラボン製剤、エストロゲン製剤、ビタミンK製剤、アレンドロン酸ナトリウムなどのビスホスフォネート製剤、カルシウム製剤などの薬剤が用いられます。

ふつう、これらの薬のうち1種類を連続、あるいは断続的に使用しますが、場合によっては、多剤併用療法が行われることもあります。

薬の副作用などで気をつけなければならない点は、ビタミンD製剤では高カルシウム血症（1534頁）がおこることがあり、エストロゲン製剤では子宮がん（561頁）や乳がん（555頁）の発生の恐れがあることです。

最近では、乳がん抑制効果のある選択的エストロゲン受容体モジュレーター（SERM）が服用されています。

これらの薬剤の使用中は、指示された検査をきちんと受けることがたいせつです。またビタミンK製剤は、心筋梗塞などに用いられる抗凝血薬のワルファリンカリウム製剤を使用中の人は、併用できません。

いずれにしても薬は、専門医で正しい診断を受け、副作用に注意しながら使用することがたいせつです。

高齢者の骨量は、若者なみに回復することはありません。同世代の平均値を目安とすべきでしょう。

▼転倒の注意　目安に従った骨量が正常でも、転倒すれば骨折します。これを防ぐには、日ごろから適度な運動をしたり、住環境の改善などの対策がもっとも重要です。

転倒による大腿骨頸部骨折がおこる場所は、自宅とその周辺、あるいは室内がもっとも多くなっています。

高齢者は、さまざまな理由で転倒しやすくなっていますので、本人だけでなく、周りの人の心くばりもたいせつです。

予防　骨粗鬆症を予防するためには、適度な運動と日光浴を行い、カルシウムを多く含んだ食事をとることがたいせつになります。しかし、健康な人でも骨量は年齢とともに減少するものですから、年齢に応じた骨量があれば問題ありません。

骨軟化症
Osteomalacia
石灰化しない骨が増加

◇治療はビタミンDの内服

どんな病気か　骨は、コラーゲンと呼ばれるたんぱく質の網目（類骨）に、カルシウムやリンなどのミネラルが沈着（石灰化）して、かたい組織となっています。

なんらかの原因によって骨の石灰化が障害され、やわらかい骨である類骨が増加した状態を、子どもではくる病（782頁）、おとなでは骨軟化症といいます。つまり、くる病と骨軟化症は、まったく同じ病気なのです。

骨がもろくなる骨粗鬆症（前項）では骨量が減少するのに対して、骨軟化症は石灰化していない部分、つまり類骨が増えてしまいます。

類骨は石灰化が不十分なので、X線には映らず、まるで骨量が減ったようにみえます。

着に重要な役割をはたすものがあります。
しかしビタミンDも、とりすぎれば、骨から血液中にカルシウムが溶け出し、その結果、骨はもろくなります。

ホルモン名	〈過剰〉	〈不足〉
成長ホルモン	巨人症、骨粗鬆症	低身長症
甲状腺ホルモン	骨粗鬆症	低身長症
女性ホルモン	？（子宮がん、乳がん）	骨粗鬆症
ビタミンD	骨粗鬆症	骨軟化症、骨粗鬆症
副甲状腺ホルモン	線維性骨炎、骨粗鬆症	骨軟化症
カルシトニン	骨硬化症？	骨粗鬆症？

原因

類骨が石灰化して正常なかたい骨になるためには、カルシウムやリンのほかに、ビタミンDが必要です。

骨軟化症の原因として、栄養分の欠乏性のもの（胃切除後が多い）、腫瘍にともなうもの、先天性のもの、腎臓や肝臓の障害にともなうもの、抗けいれん薬や鉄剤の使用によるものなどがあります。

欠乏性のものでは、カルシウムやリンの欠乏よりも、ビタミンDの欠乏によることが多くなっています。

とくに胃を切除したあと、ビタミンDの吸収が障害されておこる骨軟化症が増加しており、以前に比べて、純粋に栄養不足が原因となる骨軟化症は減っています。

ビタミンDのはたらきが体内で活性化されるためには、腎臓や肝臓が十分機能することと、日光にあたることが重要です。ですから、腎臓や肝臓の病気があったり、長期間、日光にあたらない生活をつづけていると、骨軟化症がおこることがあります。

症状

子どもの場合は、低身長やO脚（789頁）などが現れることが多く、成人してもそのままの症状が残ります。

おとなが発病した場合は、初めは無症状のことが多いのですが、病気が進行すると、簡単に骨折したり、関節リウマチのような関節痛、腰背痛（腰や背中の痛み）などがおこってくることが多いようです。

特徴的な症状としては、**骨痛**と呼ばれる大腿部（太もも）などの痛みのほか、筋力低下や脱力感があります。

検査と診断

骨軟化症のX線検査では、骨改変層と呼ばれる、骨折と似た状態がみられるのが特徴です。

ふつうの骨軟化症では骨の萎縮がみられますが、生まれつき血中のリンが少ない**低リン血症性骨くる病**で発症したおとなの症例（**低リン血症性骨軟化症**）では、むしろ骨の硬化がみられます。

確実な診断をつけるには、骨の組織を顕微鏡で調べ、類骨が増えていることを証明する必要がありますが、通常は血液を調べて、カルシウムやリンの値の低下、アルカリホスファターゼ値（194頁）の上昇およびX線検査の結果から診断します。

骨軟化症の原因にはさまざまなものがあるので、腎臓や肝臓の検査のほか、生活習慣、服用している薬などを調べることがたいせつになります。

治療

治療の原則は、ビタミンD製剤の内服ですが、最近では、効き目の強い活性型のビタミンD製剤が使われています。

どのような原因で骨軟化がおこっているかによって、ビタミンD製剤の使用量が異なります。

欠乏性の場合は、アルファカルシドールを1日1・0μg（100万分の1g）使用します。低リン血症性骨軟化症では、もっとも大量に必要とし、アルファカルシドールを1日に3・0μg前後使用します。

どのような場合であっても、血液中のカルシウム値やアルカリホスファターゼ値をみながら、高カルシウム血症（1534頁）などにならないように注意して、使用量が決定されます。

特発性骨壊死
Idiopathic Osteonecrosis

骨も他の組織と同じように生きています。なんらかの原因で、骨の組織の一部が死んでしまうことがあります。

原因がはっきりせず、骨が壊死をおこす場合を特発性骨壊死といいます。また、壊死の部位によって、特発性大腿骨頭壊死や、特発性膝骨壊死と呼ばれます。

骨折などの外傷のあとにおこる場合のように、原因のわかっているものは、特発性ということばをつけません。ただし、アルコールの多飲が原因と考えられるアルコール性大腿骨頭壊死、副腎皮質ホルモン（ステロイド）剤の使用が原因と考えられるステロイド性大腿骨頭壊死など、発生のしくみがわからないものは、このなかに含まれます。

◉特発性大腿骨頭壊死
(Idiopathic Osteonecrosis of the Femoral Head)

どんな病気か　大腿骨の骨頭部分が壊死におちいる病気（大腿骨頭壊死）で、原因がはっきりわからないものです。大量の飲酒が原因と考えられる**アルコール性大腿骨頭壊死**、ステロイド剤の使用が原因と考えられる**ステロイド性大腿骨頭壊死**があります。

高齢女性がおこしやすい大腿骨頸部骨折（1942頁）のあとに、大腿骨頭壊死にいたった場合（**症候性大腿骨頭壊死**）にも、特発性大腿骨頭壊死と同じ治療が行われます。

症状　比較的、急に股関節の痛みが始まります。なかには坐骨神経痛（975頁）のように、お尻から大腿部にかけて痛みを感じることもあります。

初期には、安静にしていれば痛みはひくのですが、しだいに痛みがつづくようになります。病気が進むにつれて、関節の動きが制限されるようになり、歩行が困難になることがあります。

治療　骨の壊死した範囲、部位や程度によりますが、安静にしたり消炎鎮痛薬で軽快しない場合、手術を必要とすることが多い病気です。

比較的若い人では、関節の機能を失わないように大腿骨頭回転骨切り術や骨移植術など、さまざまな骨頭温存手術が行われます。骨の破壊が進んでいる場合は、人工関節置換術が必要になります。

◉特発性膝骨壊死
(Idiopathic Osteonecrosis of the Knee)

どんな病気か　膝の関節の骨が壊死におちいる病気です。大腿骨の遠位（つめ先に近いほう）の内側に多いのですが、まれに外側にもみられます。高齢女性にみられることが多いのが特徴です。

症状　急激な膝の痛みで始まることが多く、安静時や夜間にも痛みを感じることがあります。

治療　壊死の範囲が狭い場合は、自然に治癒することもあります。壊死をおこす部位は膝の内側であることが多く、変形性膝関節症（1874頁）と同じように治療を行っていきますが、ステロイド剤の関節内への注入は好ましくありません。

症状が強くなれば、骨切り術や人工膝関節置換術などの手術が必要になります。

第11章—第19章
循環器
血液・内分泌・代謝
消化器
泌尿器
皮膚
運動器
形成外科
免疫・環境因子・中毒
感染症

骨の良性腫瘍

骨軟骨腫
Osteochondroma

どんな病気か

骨に発生する良性、悪性の腫瘍を通じて、もっとも発生数の多い良性の骨腫瘍です。１つだけ生じる**単発性骨軟骨腫**と２つ以上の骨に発生する**多発性骨軟骨腫**とがあります。

10歳代の子どもにもっとも多く発生します。発生しやすい部位は、おもに腕や脚の長管骨（大きく長い管状の骨）の端の関節に近いところです。

単発性骨軟骨腫は、脛骨（すねの大きく太いほうの骨）の上端の内側に多く発生します。そのほか、大腿骨や上腕骨などの長管骨、骨盤や肩甲骨などの扁平骨（平らな骨）にも発生します。

多発性骨軟骨腫には、家族性、遺伝性に発生する例もあります。

症状

骨の一部が膨らんで盛り上がり、骨のようなかたい腫瘤を形成します。大きくなると、外からもはっきり触れるようになります。

ほとんど痛みをともなうことはありませんが、腫瘤が大きくなり、周囲の軟部組織や骨を圧迫して、痛みがおこることもあります。まれに、骨折をおこして、激痛を生じることもあります。

多発性骨軟骨腫では、骨が変形してしまうことがあります。

腫瘤が大きくなると、関節の動きが制限され、動作がうまくできなくなることもあります。しかし、腫瘤の発育はゆっくりで、骨の成長が止まる時期になると、腫瘍の発育も止まります。

以前からあった腫瘤が、40～50歳代になって、急に大きくなったり、痛みをともなうようになった場合は、悪性変化（軟骨肉腫（544頁）への変化）が考えられます。ただちに整形外科などの専門医を受診する必要があります。

検査と診断

１枚のX線写真から診断が確定できます。悪性変化が疑われる場合は、いろいろな検査や腫瘤の組織の一部をとって顕微鏡で調べる生検が必要となります。

治療

腫瘤があっても痛みをともなわない場合は、治療の必要はありません。腫瘤が大きくて、美容上の問題がある場合、関節の動きが制限されるような場合には、腫瘤を切除する手術の対象になります。

ほとんどの場合、１回の手術で治りますが、ごくまれに、切除部分が小さすぎると、再発することがあります。

内軟骨腫
Enchondroma

どんな病気か

内軟骨腫は、骨軟骨腫（前項）のつぎに多くみられる良性の骨腫瘍です。おもに手足の小管骨（細い管状の骨）に発生します。

10～40歳代に発生しやすく、１つの骨にできる単発性のものと、２つ以上の骨にできる多発性のものがあります。

良性の腫瘍ですが、まれに40～50歳代になって悪性変化がおこり、軟骨肉腫（544頁）に変わることもあります。

症状

腫瘍が骨内にとどまっている場合は、症状はほとんどありません。

腫瘍が大きくなると、指などの短骨の一部が膨らんできます。触れると、かたい小さな腫瘤（こぶ）を感じますが、痛みはほとんどありません。

多発性の場合、子どものころから、手指の変形や腫瘤などが見られます。

野球やバレーボールなどでつき指をして、病的骨折（骨の強度が弱まり、小さな力でも骨折すること）がおこり、X線撮影をして、初めて発見されることもあります。X線写真で、容易に診断がつきます。

治療

症状がなければ、経過を観察するだけで十分です。

皮質骨（骨の外側にあるかたい部分）が薄くなり、骨折をおこす危険がある場合や腫瘤が大きくなった場合には、腫瘍をかきとって（掻爬）から、その欠けた部分に骨を移植する手術が行われます。移植する骨は、自分の骨をほかの部位からとるのがもっともよいのですが、骨バンクに保存してある他人の骨や人工骨を用いてもよく治ります。入院は手術後、1週間から10日くらいですみますが、骨が完全に修復されるまでには、およそ2～3か月はかかります。

骨巨細胞腫
Giant Cell Tumor of Bone

どんな病気か

良性の腫瘍で、骨軟骨腫、内軟骨腫についで、よくみられます。腫瘍の顕微鏡検査で、多数の核をもつ大型の細胞（多核巨細胞）がたくさん出現するのが見られることから、名づけられています。

良性と悪性の中間の性質をもった腫瘍と考えられていますが、ふつうは良性腫瘍として治療されています。

この腫瘍が発生するのは20歳以上の人で、10歳代でおこることはきわめてまれです。

発生しやすい部位は、大腿骨の下端、脛骨の上端、上腕骨の上端、橈骨（前腕で親指方向に伸びる骨）の末端などの長管骨です。しかし、脊椎や骨盤、脊椎のもっとも下にある仙骨など、長管骨以外にも発生します。

まれに、肺などの遠い臓器に転移することがあります。

症状

長管骨に発生した場合、それに隣接している関節の痛みが初発症状となります。大腿骨の下端、脛骨上端、腓骨の上端に腫瘍が生じると膝の関節痛がおこり、上腕骨の上端に生じると肩関節痛がおこります。橈骨や尺骨の遠位端に生じると手関節痛がおこります。

腫瘍が大きくなると、腫れや圧痛（押したときの痛み）、熱感、関節の動きが悪くなる（可動性制限）などの症状をともないます。

検査と診断

単純X線検査で診断可能な場合もありますが、腫瘍の小片をとって顕微鏡で調べる生検が必要なこともあります。

治療

腫瘍が小さい場合は、手術で切除し、そのあとに骨移植を行います。移植する骨は、自分のほかの部位の骨、骨バンクに保存してある他人の骨や人工骨などがあります。また、骨セメントという素材を充填することもあります。

腫瘍が大きい場合には、その部分を切除したあとに、大骨片を移植したり、人工関節置換術を行うこともあります。

手足の切断が必要な場合は、きわめ

◎骨腫瘍類似疾患

骨腫瘍類似疾患とは、初めに骨に発生するものの、その性質が本当の腫瘍かどうか、はっきりわからない病気のことをいいます。腫瘍に似た性質をもつことから、骨腫瘍に含めて扱われます。

骨腫瘍類似疾患には、骨嚢腫、線維性骨異形成、好酸球性肉芽腫などがあります。

てまれです。

手術が不可能な部位にできた場合は、放射線治療が行われます。

大部分は、手術すればよく治ります。まれに、腫瘍細胞が残っていて、局所に再発することがありますが、再手術が可能です。

また、まれに肺に転移することがありますが、これは自然に治癒することもあります。しかし肺転移が進行した場合には、命をなくすこともあります。

非骨化性線維腫
Nonossifying Fibroma

どんな病気か 良性の骨腫瘍のなかでは、4番目に多くみられる腫瘍です。大腿骨や脛骨などの長管骨（大きくて長い骨）によく発生します。

10歳代によくみられるもので、ついで10歳未満に多くみられます。

ほとんどの場合、無症状ですが、まれに痛みが生じることもあります。また、病的骨折（骨の強度が弱まり、小さな力でも骨折すること）がおこって、初めて発見されることがあります。

X線像には、この腫瘍に特徴的な石けん泡状陰影と呼ばれる陰影が見られるため、診断は容易です。

治療 骨折のおこる危険性がなければ、経過を観察するだけで十分です。腫瘍が大きくなり、皮質骨（骨の外側にあるかたい部分）が薄くなり、骨折をおこす危険がある場合には、手術を行います。手術は、腫瘍をかきとって（掻爬）、そのあとに骨移植を行う方法が用いられます。

まれに再発がみられますが、ほとんど1回の手術で治ります。

骨嚢腫
Bone Cyst

どんな病気か 骨腫瘍類似疾患（上段）の1つです。骨腫瘍類似疾患のなかではもっとも発生数が多く、内軟骨腫（1889頁）とほぼ同数の発生がみられます。良性の病気なので、心配はありません。

よくおこる部位は、上腕骨の上端、大腿骨の上端です。また、踵骨（かかとの骨）にも発生します。

発生しやすいのは、10歳代で、ついで10歳未満となっています。

症状 骨の内部の骨髄に、広範囲にわたって骨組織の破壊がおこり、それによってできた空洞の内部に黄色の液体がたまります。ふつうは、症状が現れないことが多いのですが、まれに痛むことがあります。

皮質骨（骨の外側にあるかたい部分）が薄くなり、簡単に骨折をおこすようになります。これは、小さな外力で生じた病的骨折なので、急に激痛を感じて、病院を受診し、骨嚢腫と診断される場合がしばしばあります。

治療 病的骨折をおこす危険性があまりなければ、そのまま経過を観察するのもひとつの方法です。

治療としては、骨の空洞内に炎症を抑える副腎皮質ホルモン（ステロイド）剤を注入する方法、空洞内の液体を排出して、内圧を下げるためにドレーン（管）を設置する方法などが行われています。

◎**レッテレル・ジーベ病**

組織球性細胞の増殖によって、肝臓や脾臓の腫れ、リンパ節の腫大、発熱、貧血、紫斑病（1455頁）のような発疹などが乳幼児に現れる病気です。数か月で死亡してしまいます。

◎**ハンド・シュラー・クリスチャン病**

組織球性細胞の増殖によって、10歳未満におこる地図状に見える頭蓋、眼球突出、尿崩症（1489頁）のほか、肝臓や脾臓の腫れ、貧血などがみられます。治療がむずかしい病気です。

手術では、空洞の内壁をおおう膜組織をかきとった（掻爬）あとに、骨移植を行いますが、再発することもあります。

線維性骨異形成
Fibrous Dysplasia

どんな病気か

骨腫瘍類似疾患（前頁上段）のひとつで、骨腫瘍類似疾患のなかでは、骨嚢腫（前項）についで多くみられる病気です。

骨の組織の一部に線維組織と幼弱な骨組織ができます。1つの骨におこる**単発性線維性骨異形成**と2つ以上の骨におこる**多発性線維性骨異形成**とがあります。単発性は大腿骨と脛骨におこりやすく、多発性はすべての骨に発生する可能性があります。

よくおこる年齢は、10歳代、10歳未満、20歳代となっています。

多発性線維性骨異形成にミルクコーヒーのような色の色素斑およびホルモンの異常をともなう場合は、**オールブライト症候群**といいます。

線維性骨異形成は良性の病気なので、生命の危険はありませんが、多発性の場合には、まれに悪性に変化して肉腫（435頁）などになることがあります。

また、多発性では、骨が変形してしまいます。

治療

単発性の場合、痛みがなく、病的骨折の危険性がなければ、治療の必要はありません。痛みや病的骨折の危険がある場合、変化をおこしている部分をかきとり（掻爬）、そのあとに骨移植を行います。肋骨や腓骨（すねの骨）などの切除しても運動機能にほとんど障害がおこらない部位であれば、切除することもあります。

多発性の場合、痛みのある部位、変形のひどい部位が、手術の対象になります。しかし、手術後、再発することもあります。

好酸球性肉芽腫
Eosinophilic Granuloma

どんな病気か

骨腫瘍によく似た骨腫瘍類似疾患（前頁上段）のひとつです。骨に単発性、ときには多発性の骨破壊がおこり、痛みをもって発症します。大腿骨や上腕骨などの長管骨によくおこり、鎖骨、骨盤、脊椎などにもおこります。

10歳未満の子どもに多くみられる病気です。

原因は不明ですが、組織をとって検査すると、組織球と呼ばれる細胞や白血球（とくに好酸球）が出現しているのがわかります。

治療

骨破壊がおこっている部位をかきとる（掻爬）、副腎皮質ホルモン（ステロイド）剤の使用、あるいは少量の放射線を患部に照射するなどの方法が行われます。

好酸球性肉芽腫は、良性の病気なので、生命に対する危険はありません。

しかし、この病気と類似の病気に、死亡率の高い**レッテレル・ジーベ病**（上段）があります。また、同じような病気である**ハンド・シュラー・クリスチャン病**（上段）も治療が困難な病気です。これらの病気とまちがえないように、診断には十分な注意が必要です。

脊椎（背骨）の病気①

変形性脊椎症とは
(Spondylosis Deformans)

◇脊椎におこる加齢変化

背骨（脊椎）の椎体（背骨の1個ずつ）と椎体との間に挟まっていて、クッションの役目をしている椎間板が薄くなったり、かたくなったり、椎体の端に新たな骨ができてくる変化を、変形性脊椎症といいます。

骨と椎間板の加齢変化によっておこるもので、変形性関節症（1872頁）と同類の病気です。脊椎のうち、腰の部分におこった場合を、**腰部変形性脊椎症**（1895頁）といい、変形性脊椎症の多くはここにおこります。ついで頻度の高いのは、くびの脊椎におこる**頸部脊椎症**（頸椎症ともいう。次項）で、これ以外の部分におこる変形性脊椎症は比較的まれです。

椎体は、椎間板（前方部分）と椎間関節（後方部分）で互いに連結されています。椎間板の弾力性は年齢とともに失われ、20歳をすぎると減少してきます。しだいに脊椎の連結部がぐらついてきて、安定しようとして椎間板の周囲に骨棘（棘状に増殖した骨）ができ、ときには骨棘が脊椎をつないで動かなくすることもあります。

いっぽう、後方部分の椎間関節にも変形がおこってきます。骨棘の形成、関節の変形やぐらつきは、脊髄や神経根の通り道（脊髄が入っている脊柱管や神経根が出入りする椎間孔）を狭め、**脊髄症**や**神経根症**（圧迫や外傷などでおこる神経根の障害）といわれる症状をおこすことがあります。

このような脊椎の変形は、年齢とともに強くなっていき、高齢になるとほとんどすべての人にみられますが、大部分の人は症状を訴えません。X線写真によって、椎間板が薄い、骨棘ができているなどの変形は簡単に見つかりますが、それをすぐに病気と考えてはいけません。

圧迫があっても無症状のことも少なくないので、圧迫部位と症状が一致した場合にだけ、それが原因と診断されます。

◉変形性脊椎症の診断

からだの表面に感覚が鈍いところはないか（**感覚検査**）、力が弱くなっている筋肉はないか（**筋力検査**）、膝のお皿の下をハンマーでたたいたとき、膝から下が跳ねるようにもち上がらないか（**膝蓋腱反射**。脊髄症の場合、異常に強く跳ね上がる）、指の曲げ伸ばしを速くできるか、頭を押し下げてくびを圧迫したとき、腕に痛みが走らないか（**神経根圧迫テスト**）などの検査が行われます。

この結果と症状によって、脊髄や神経根の障害が診断できます。

脊髄や神経根の症状に対しては、CT、MRI、脊髄腔造影（脊髄をおおう袋の中に造影剤を注入し、脊髄と神経根の形状をみる検査。入院して行う）などの検査で、どの部位でどのような圧迫があるか診断ができます。

神経根症が疑われる場合は、X線像を見ながら、圧迫を受けている神経に直接、局所麻酔剤を注入し（**神経根ブロック**）、痛みがとれるかどうかによって、確認することもあります。

頸部脊椎症（変形性頸椎症）

Cervical Spondylosis

どんな病気か

頸椎では、第5〜6、第6〜7、ついで第4〜5頸椎間の動きが大きいため、これらの部位に脊椎の骨や椎間板の変形がおこりやすくなっています。

症状

項部（くびの後ろ）の痛みや重だるさ、くびの疲れ、肩こりなどが、とくにきっかけもなく現れてきます。この症状がつづくことが多いものです。神経に圧迫が加わると、腕や足にも症状が現れてきます。

▼頸椎症性神経根症　頸椎の椎間孔を通る神経根が、そこにできた骨棘で圧迫されておこります。

腕から指先までの響くような激痛やしびれが初期症状です。40歳代以降の人にみられます。

両方の腕に症状がでることは比較的まれです。くびを後ろに曲げると症状がでることが多いものです。時間とともに、指先の感覚が鈍くなったり（感覚障害）、腕の力が弱くなったりします（運動障害）。

脚（下肢）の症状があれば、脊髄症状を合併しているとも考えられます。

▼頸椎症性脊髄症　からだの左右両側に症状がでることが多く、箸を使って食事ができるか、ボタンかけができるか、動作がぎこちなくないか、走れるか、歩くときに横ぶれしないか、手すりなしで階段を下りられるか、などが判断の目安になります。

進行すると、排尿までに時間がかかったり、尿を漏らしたりすることがあります（神経因性膀胱1754頁）。

50歳代以降の人によくみられます。

▼頸椎症性筋萎縮症　腕の痛みやしびれはさほどないのに、腕や指の筋肉が細く（筋萎縮）なってくることがあります。脊髄症と神経根症の中間にあるような病気で、ひじょうにまれです。

治療

消炎鎮痛薬、筋弛緩薬などの使用、くびや肩への理学療法や物理療法が行われます。

頸椎の牽引療法も効果的なことがありますが、外来での牽引は、回数や時間の制限もあり、頸椎の安静を保つためにも、頑固な神経根症の場合は入院してベッド上での牽引を持続して行う場合があります。牽引で逆に腕の痛みが強まることがあり、こういう場合は中止します。

発症初期には、頸椎カラーという装具をつけ、くびの運動を制限する治療法もあります。

このような保存的治療をしても、症状が軽くならないか、または強まるときは、その原因がはっきりしている場合にかぎり手術が検討されます。

神経根症では、神経根を神経ブロックする際、副腎皮質ホルモン（ステロイド）剤を混ぜ、治療効果をみることがあります。

脊髄症では、症状の進行がみられれば、手術を行います。

手術法には、前方法（くびの前から手術し、椎間板と骨棘を切除し、そのすき間に骨盤から採取した移植骨を挿入する前方除圧固定術）と、後方法（くびの後ろから手術し、頸椎の後ろの骨を上下に広く切除し、脊髄を後ろに移動させて脊椎の前の圧迫を逃れる椎弓切除術や椎弓形成術など）があります。

圧迫の状態、年齢などを検討して、どちらの手術法にするか決めます。

手術により、症状の進行が防げるだけでなく、正常なまでに改善することもあります。

脊髄症に対する手術の効果は、手術までの期間（罹病期間）が長いほど、手術時の症状が重いほど、また、手術時に高齢であるほど、回復は悪くなります。

腰部変形性脊椎症（変形性腰椎症）

Lumbar Spondylosis

どんな病気か

腰椎の椎体と椎体の間に挟まっている椎間板が薄くなったり、かたくなったり椎体が変形してきます。

症状

だるい、重い、鈍く痛むなどの腰の症状が中心ですが、脚（下肢）にしびれや冷感、あるいは熱感をおぼえることもあります。

痛みは、腰から殿部にかけての広い範囲に感じ、手のひらをあてて痛む範囲を示せても、指で限定できないのが特徴です。

この病気が進んで、腰部脊柱管狭窄症（次項）がおこると、休み休みでなければ歩けなくなってしまいます（間欠性跛行）。

腰を曲げた前屈みの姿勢になり、歩いているとさらに前屈みになって、腰痛がおこってくる**腰椎変性後弯症**という病気もあります。

腰部変形性脊椎症がおこっても、まったく症状がなく、腰のX線写真で偶然見つかることもあります。

治療

症状がなければ、治療の必要はなく、これまでどおりの生活を送ってかまいません。

症状があっても、できるだけからだを動かし、ふつうに生活することがたいせつです。

安静にしすぎると、筋肉が衰えて、かえって症状がでやすくなります。高齢者では、寝たままでいたりすると、立つことも歩くこともできなくなる危険があります。

腰が冷えると、症状を強く感じがちになります。腰を冷やさないようにしましょう。

▼温熱療法　腰を温めると症状が和らぎます。そのため、家庭でお風呂に入るのも、立派な温熱療法のひとつといえます。ぬるめのお湯にゆっくり入るようにしましょう。

風呂あがりなどに、腰痛体操（1910頁上段図）を行い、腰の周囲の筋肉を鍛えると、さらに効果的です。

ホットパックや超短波を用いて、腰を温める物理療法もあります。

▼薬物療法　炎症と痛みを和らげる消炎鎮痛薬、筋肉のこわばりをとる筋弛緩薬、血液の流れをよくする末梢循環改善薬、神経のはたらきを改善する向神経ビタミン剤（ビタミンB_{12}など）が用いられることもあります。

▼コルセット　痛みが強いときには、コルセットの使用を勧められることがあります。

腰部脊柱管狭窄症

Lumbar Spinal Canal Stenosis

どんな病気か

X線検査で、腰部変形性脊椎症（前項）と診断されたもののうち、神経が通る脊柱管、脊椎管が狭くなり、神経性間欠性跛行という特徴的な症状を示すものを、腰部脊柱管狭窄症といいます。

中年以降の人に多く発病します。

症状

腰痛のほかに、背すじを伸ばして立っていたり、歩いていると、腰が重くなる、脚（下肢）がしだいにしびれてくる、脚に力が入らずもつれる、脚全体が痛む、といった症状がおこり、歩けなくなります。しかし、しゃがんだり、いすに腰かけるなどして腰を丸くして休憩すると、症状が消え、歩けるようになります（**神経性間欠性跛行**）。

両脚や殿部、会陰部にしびれ、灼熱感、ほてりなどを感じ、排尿や排便の障害、ときには尿や便を失禁すること（**膀胱直腸障害**）がある場合を**馬尾性間欠性跛行**といいます。

脚や殿部の痛みを感じ、とくに脚の痛みは片側だけのことが多いのが特徴で、**神経根性間欠性跛行**といいます。両側の脚が痛むこともあります。

そのほか、馬尾性と神経根性の混じった混合型もみられます。

原因

脊柱管は、脊椎の後部（背中側）を上下に貫いている管で、この中を脊髄や馬尾神経などの神経が通っており、脊髄の後ろを黄色靭帯が縦に走っています。腰椎の脊柱管の中には、馬尾神経が入っていて、ここから脚に行く神経が分かれています。

老化による腰椎の変形で椎体に骨棘ができたり、椎間板が突出し、椎間関節や黄色靭帯が肥厚すると、脊柱管が狭くなり、中の馬尾神経が締めつけられます。

背すじを伸ばして立ったり歩いたりすると、馬尾神経はさらに締めつけられ、神経自体に循環障害がおこり、脚のしびれや脱力感がおこるといわれています。

脊柱管狭窄をおこす原因

先天性脊柱管狭窄	
	軟骨無形成症（780頁）など
後天性脊柱管狭窄	
	①**変形性脊柱管狭窄**　変形性腰椎症（前頁）など
	②**合併狭窄**　先天性脊柱管狭窄と変形性脊柱管狭窄の合併や変形性脊柱管狭窄と椎間板ヘルニアの合併など
	③**医原性脊柱管狭窄**　椎弓切除術後や脊椎後方固定術後
	④**外傷後**
	⑤**その他**

検査と診断

痛みなどで歩けなくなり、休むとまた歩けるようになる間欠性跛行は、血栓性静脈炎（1430頁）、動脈硬化症など脚の血管の病気でもおこりますが、この場合は、足の先の動脈の拍動が触れなくなります。

これに対して、腰部脊柱管狭窄症による間欠性跛行では、動脈の拍動を触れることができ、背骨を反らすと脚のしびれや腰痛がおこるので、鑑別できることが多いです。

また、椎間板ヘルニア（次項）でも、よく似た腰痛がおこりますが、ヘルニアの場合は、前屈みになると症状が強まるのに、この病気では症状が和らぐのが特徴です。

X線写真では、変形性脊椎症に特有の、さまざまな変化がみられます。

脊柱管の狭窄の程度や範囲、脊髄腫瘍や脊髄動静脈奇形との鑑別など、X線ではわからないことをくわしく調べるため、脊髄造影が行われることもあります。

これは、脊髄腔にX線に映る造影剤を注入して撮影するものです。

CTやMRIも診断に威力を発揮します。最近は脊髄に針を刺さなくてもよいMRIを多用します。

治療

背骨を後ろに反らすと症状が悪化するので、腰椎が過度に後ろに反らないようにする特殊なコルセットをつけることがあります。

このコルセットは、ふつうのコルセットと異なり、後方と側方に入っている支柱で腰を固定し、下腹部は大きなストラップ（帯）で圧迫するようにして支えます。これで背骨を後ろに反らせなくなりますが、上腹部にあたるところは、やわらかい素材でできたメッシュ（網目）になっているので、症状が和らぐ前屈みの姿勢は自由にとることができます。

また、前方に傾きすぎた骨盤や腰椎の弯曲を矯正するために、腹筋を強化する運動療法を行います。

歩行時には、脊柱の負担を軽くするために、杖や歩行補助車の使用が勧められることがあります。

骨盤牽引や、薬剤の内服といった治療を行うこともあります。持続的な効果は期待できません。

神経症状が強いときは、末梢神経に麻酔薬などを注入する神経ブロックが有効なこともあります。また**神経ブロック**で、他の病気や副作用がおこったりすることがないわけではないので、主治医とよく相談してください。

◉手術

コルセットの装着や運動療法を行っても症状が改善しない場合は、脊髄造影で脊柱管の狭窄部や範囲を確認し、手術をするかどうか決められます。

手術は、全身麻酔のうえ、背中を縦に切開し、椎体の出っ張りや黄色靭帯で狭くなった脊柱管を十分に広げるため、脊柱管の後方をおおっている椎弓という骨を広範囲に切除します。

椎弓の切除は、脊柱管の狭窄の範囲によって、1〜3個の腰椎から腰椎全体（5個）におよぶものまであります。手術で脊柱管を十分に広げ、神経の圧迫を取除けば、手術直後から足のしびれや痛みがなくなり、からだをまっすぐに伸ばして眠ることができることが期待できます。

▼手術後の養生　椎弓切除の際に関節突起を摘出した場合を除けば、術後2〜3週間で、日常的な生活に戻ることができるようになります。

手術前の病気の状態によって、回復に要する期間は個人差があるので、退院後は担当医と相談しながら、リハビリテーションを進めるようにしましょう。

日常生活の注意　痛みの強いときは、腰に負担をかけないようにします。重い物を持ち上げたり、中腰での作業は控え、腰を伸ばすことをつづけないようにしましょう。

椎間板ヘルニア
Intervertebral Disc Herniation
20～40歳代の男性に多い

◇腰痛や脚の痛みがおこる

どんな病気か

椎間板は、椎体と椎体の間にあって、背骨に加わる衝撃を和らげるクッションの役目をしています。椎間板は、中央にゼラチンのような、やわらかい弾力性のある**髄核**という部分があり、その周囲には**線維輪**という、比較的かたい軟骨が幾重にも囲んでいて、上下から背骨に加わる力を均一に全体へ分散させ、衝撃を和らげています。

成人以降になると、椎間板の変性が始まり、線維輪の弾力性がなくなり、ところどころに亀裂が生じ始めます。

いっぽう、髄核はまだ水分を十分含んでいて、弾力性も保たれているので、椎間板に強い力が加わると、椎間板内部の圧が一時的に上昇し、線維輪の亀裂から髄核が押し出されてきます（髄核の脱出）。この状態を、椎間板ヘルニアといいます。

線維輪の亀裂は、後側方や後方（背中側）に生じることが多く、そこには脊髄や脊髄から分かれた神経根があるため（次頁図左）、脱出した髄核によって神経根が圧迫され、痛みなどの症状がおこります。

椎間板ヘルニアは、髄核にまだ弾力があって、線維輪に亀裂ができた20～40歳代の男性に多い病気で、腰椎の下部におこりやすく、この年代にみられる腰痛の多くは、この病気が原因になっています。

急に腰をひねったり、中腰で重い物を持ち上げたときに、椎間板に強い力が加わっておこることが多いものです。

また、遺伝的素因や生活環境因子が発症に関係するとも考えられています。

▼おこりやすい部位　腰椎におこることが多く、頸椎（くびの脊椎）におこることもありますが、腰椎に比べると頻度は低いものです。頸椎におこった椎間板ヘルニアは、手の痛みやしびれの原因にもなります。また、脊髄症の原因にもなります。

症状

ヘルニアのおこった部位によって症状はちがいます。

また、髄核の脱出（ヘルニア）の程度は軽いのに、症状が強いこともあれば、その逆のこともあります。

▼腰椎の椎間板ヘルニア　重い物を持ったり、腰をひねったりしたときに突然激しい痛みがおこる、いわゆる**ぎっくり腰**で発症することがあります。発症直後は、激しい痛みで動けませんが、たいてい2～3週間で軽くなり、その後、慢性化することもあります。

また、いつとはなしに、鈍い腰痛や手足（四肢）のしびれ感で始まり、しばらくすると症状は消えるのですが、また、再発するといったことをくり返すタイプの人もいます。

急性であれ慢性であれ、腰椎におこった椎間板ヘルニアでは、多くは腰痛のほかに、左右どちらかの殿部から、太ももの後ろ側、膝から足首までの外側、さらにつま先にまで激しい痛みが走る坐骨神経痛の症状をともないます。

ヘルニアによる坐骨神経痛の特徴は、

せき、くしゃみ、あるいは排便時に力んだりするだけでも痛みが強くなることがあります（**デジェリーヌ徴候**）。

顔を洗うときに前屈みになったり、中腰、腰を丸める姿勢でも痛みが増し、背中をまっすぐに伸ばしたり、寝た姿勢で安静にしていると、痛みは軽くなります。

痛みのほかに、しびれや脱力感、感覚障害がみられ、物につまずきやすくなったりします。

腱反射（膝頭を軽くたたくと、反射的に足が跳ね上がる膝蓋腱反射など）が鈍くなったり、筋肉の萎縮、筋力の低下が現れることもあります。

▼頸椎の椎間板ヘルニア　頸椎に椎間板ヘルニアがおこると、片側の腕に広がる痛み、しびれ、脱力感などがおこり、くびの後ろ側が痛むため、くびが動かせなくなります。

髄核が後方中央に大きく脱出したときは、脊髄を直接圧迫するために、腕のしびれだけでなくしびれ感が足の先から胸のあたりへ広がります。

そのため、歩行障害がおこりやすく、とくに階段を上り下りするときによろけたりすることがあります。

◉受診する科

腰痛や脚のしびれ感があるときは、整形外科を受診しましょう。場合によっては、循環器科の受診も必要です。

【検査と診断】　まず、問診で症状や経過をくわしく聞き、どのような姿勢で、どのように痛むかなどを調べます。

また、あお向けに寝て、足をまっすぐ伸ばしたまま上に上げると、腰からつま先まで強い痛みが走るかどうか（**ラセーグ徴候**）を調べます（坐骨神経痛の鑑別）。

そのほか、感覚障害の範囲、筋力低下の部位、腱反射の状態などをくわしく調べることで、どの部位に椎間板ヘルニアがおこっているか判断します。

しかし、他の脊椎や脊髄の病気と区別するために、X線検査、筋電図検査、血液検査、尿検査が行われることもあります。また、MRIによる画像検査を行うと、椎間板や神経のようすがよくわかります。

腰椎におこった椎間板ヘルニア

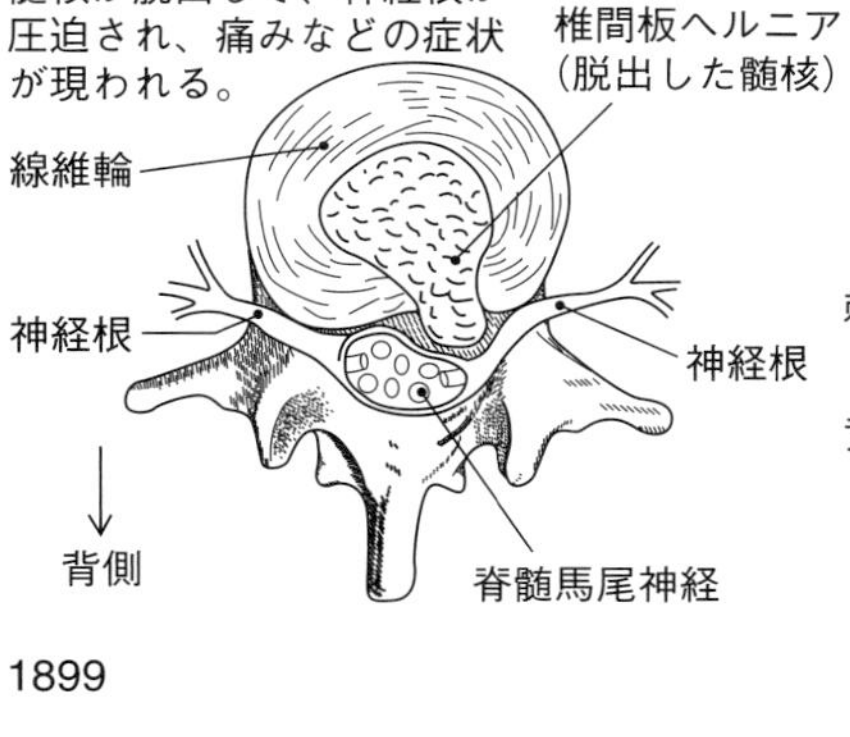

腰椎の椎間板の位置

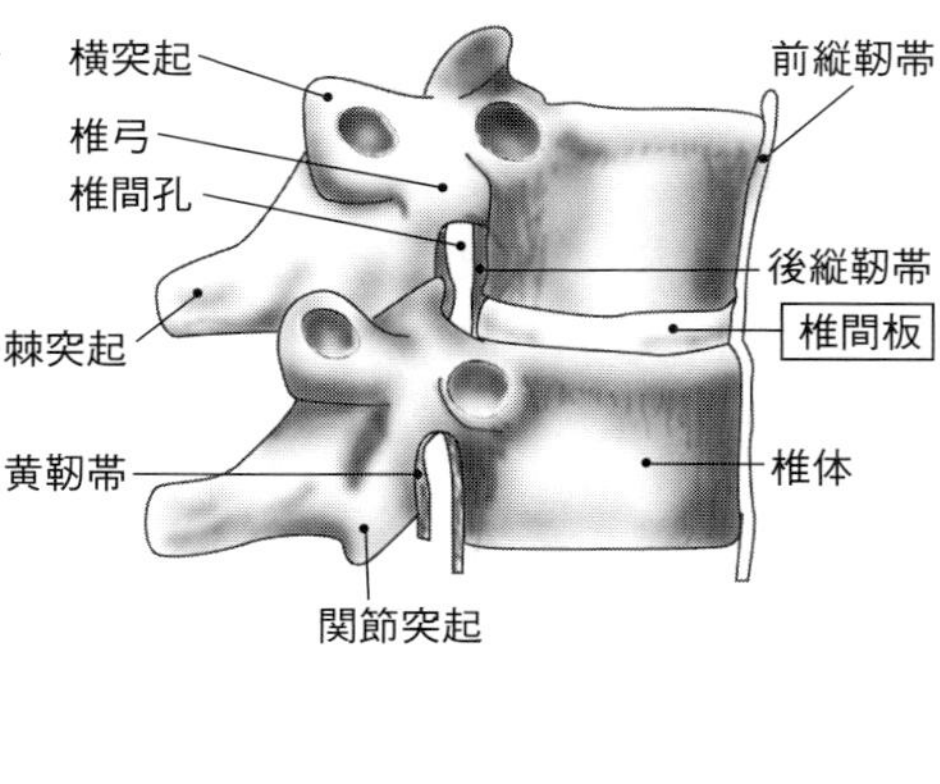

第11章～第19章
循環器
血液・内分泌・代謝
消化器
泌尿器
皮膚
運動器
形成外科
免疫・環境因子・中毒
感染症

手術などのために、ヘルニアの位置と状態を正確に知る必要があるときは、脊髄腔にヨード製剤を注入して撮影する脊髄腔造影などの、特殊なX線検査が行われます。

治療

◇急性期には、保存的療法を

痛みの激しい急性期には、非ステロイド性消炎鎮痛薬、筋弛緩薬などを使い、安静にします（保存的療法）。

また、麻酔薬やステロイド（副腎皮質ホルモン）を痛む神経に注入する**硬膜外ブロック**や、痛みの原因となっている神経根に同様の薬を注入する**神経根ブロック**などが行われます。

痛みが軽くなったら、牽引療法や温熱療法、運動療法が行われます。

牽引療法は、腰部の安静、筋肉の弛緩、椎間板や椎間関節の圧を一時的に軽減させる方法です。

温熱療法の目的は、腰や脚の痛む部分を温めて、かたくなった筋肉をやわらかくし、ヘルニアがおこっている部分の血行をよくして、炎症を治すことです。日常生活でも、風呂でぬるめの湯にゆっくりと入ると効果的です。

腰の負担を軽減するためにコルセットを装着することもあります。

また筋肉、とくに腹筋を強化するために、腰痛体操（1910頁上段図）を行うこともたいせつです。

馬尾神経を圧迫して排尿や排便の障害が現れたり、激しい痛みがつづく、運動まひが現れたりした場合、手術を行うことがあります。

◉手術

手術の方法には、背中を切開して脱出した髄核を切除する後方手術と、腹側からヘルニアを椎間板ごと摘出する前方手術とがあります。

最近は、大きく切開せずに、皮膚の小さな孔から内視鏡を入れて髄核を摘出する方法も行われるようになり、手術によるからだの負担も軽くなりました。

どの方法を選ぶかは、ヘルニアの大きさ、椎間板の変性の程度、ヘルニアをおこした部分の近くの脊椎の状態などによって決められます。

手術後の経過は、手術法によってもちがいますが、一定期間はコルセットを使ったり、背筋や腹筋を強化する運動療法が必要になることもあります。

◉すぐに手術できないとき

いろいろな事情で、すぐに手術が受けられないときは、定期的に診察を受け、医師から日常生活や仕事面で注意すべきことを指示してもらいましょう。

椎間板ヘルニアと鑑別が必要なおもな疾患

頸椎椎間板ヘルニア
頸肋
手根管症候群（1923頁）
肘部管症候群（1921頁）
肩関節周囲炎（五十肩）（1913頁）
脊髄腫瘍（479頁）
頸肩腕症候群（1914頁上段）
脊椎腫瘍
神経腫瘍など
腰椎椎間板ヘルニア
馬尾腫瘍
腰部脊柱管狭窄（1876頁）
脊椎分離症／脊椎すべり症（1901頁）
脊椎炎（1904頁）
脊椎腫瘍
変形性股関節症
骨盤輪不安定症
骨盤腫瘍など

脊椎（背骨）の病気

◎脊椎癒合症／癒合椎

2個あるいはそれ以上の椎体が、生まれつき部分的に、または完全に癒合している状態です。

癒合椎は、頸椎と腰椎にみられることが多いのですが、腰痛などの原因にはならず、多くは偶然に発見されます。

脊椎分離症／脊椎すべり症

Spondylolysis / Spondylolisthesis

どんな病気か

椎間関節を構成している上下の関節突起の間の骨が欠けてしまって、脊椎の前方部分と後方部分が分かれている状態を、**脊椎分離症**といいます。

脊椎分離症の多くは、第5腰椎にみられ、成長期におけるスポーツで腰の曲げ伸ばしによる疲労骨折が原因とみられています。

第5腰椎における脊椎分離症とすべり症

また、上下の脊椎がずれている状態を、**脊椎すべり症**といい、そのずれかたは、下の脊椎に対して、上の脊椎が前方にずれていることが多いです。脊椎分離症の約10～20%には、脊椎すべり症をともない、**脊椎分離すべり症**と呼ばれます。

椎間板や椎間関節の変性による脊椎すべり症は、**変性脊椎すべり症**と呼ばれ、中年以降の女性に多くみられます。

症状

成人の脊椎分離症は、何の症状もないことが多いのですが、分離した脊椎間が不安定になり、椎間板や椎間関節に過大な負担がかかるために、しだいに慢性的な腰痛がおこってきます。初めは、朝起きたときや動き始めに腰全体に重苦しい感じや鈍痛を覚えますが、動いているうちに楽になることがあります。しかし、激しい運動や仕事でからだを酷使すると悪化します。脚（下肢）に広がる痛み（放散痛）やしびれが現れてきたら、椎間板ヘルニア（1898頁）を合併している恐れもあります。

脊椎すべり症では、腰痛のほかに太ももの裏側の痛みや違和感を感じます。変性脊椎すべり症でも、両脚の脱力感や会陰部のしびれなどや違和感をともなうことがあります。

検査と診断

脊椎分離症はからだの斜位からの、脊椎すべり症は側面からのX線検査で診断できます。椎間板ヘルニアなどを合併している恐れがあるので他の要因が存在しないかどうかの検査も必要です。

治療

腰痛が強いときには、安静を保つ保存療法を行います。

とくに10歳未満では、安静にすることとコルセットにより、分離した骨が癒合することが期待できます。

コルセットをつけたり、消炎鎮痛薬を使用したり、神経ブロックを行いますが、痛みが軽くなったら、腰痛体操（1910頁上段図）を勧められることがあります。

どうしても強い痛みがとれず、日常生活や仕事に支障をきたす場合は、手術を行います。手術には多くの方法があり、手術後の療養期間もさまざまですので、医師とよく相談してください。

脊柱側弯症……1902頁
▼**症状**▲背骨が、左右どちらかに曲がる。
▼**治療**▲矯正装具を装着し、積極的に運動を実行。牽引療法、ギプスの装着、手術が必要なことも。

脊柱後弯症（円背）
Kyphosis

どんな病気か

脊柱（背骨）が、後方に凸形に変形してしまう（背中が円くなる）病気の総称です。

姿勢の異常などによる**機能的円背**は、日常的に注意すれば治せるもので問題はありませんが、病的な後弯では治療が必要になります。

姿勢が悪くて機能的後弯がおこっている子どもは、注意すれば治すことができます。しかし、自力で治せない変形が見つかった場合は、整形外科の専門医に相談しましょう。

▼**先天性脊柱後弯症**　生まれつきの椎体の変形によるもので、椎体の癒合やくさび状の椎体がみられます。成長にともなって進行するものがあります。

▼**青年性後弯症（ショイエルマン病）**　成長にともなって、複数の椎体がくさび状に変形し、脊柱、とくに胸椎部が円く変形するものです。成長が終了すると進行が止まることがあります。

▼**老年性後弯症（老人性円背、亀背）**　加齢が原因で多くの椎体間の椎間板が変性したり、骨粗鬆症（1884頁）で多くの椎体が押しつぶされることによっておこります（脊椎圧迫骨折　1905頁）。

▼**脊椎損傷後の後弯**　事故などで胸椎と腰椎の移行部の脊椎が高度に骨折し、さらに後方の靭帯の損傷をともなった場合におこるものです。進行する場合は、手術を行う必要があります。

▼**その他**　椎弓切除後や放射線治療のあとに、後弯がおこることがあります。また、強直性脊椎炎（1904頁）では、胸椎部に後弯がおこったまま椎体が癒着し、強直におちいるのが特徴です。

治療

原因によって治療法が異なります。軽い場合は体操療法や装具療法が行われますが、後弯がひどい場合や強い腰痛がある場合には手術が必要になることもあります。

後弯症と診断されたら、医師の指示に従って、体操療法や装具療法を正しく行うことがたいせつです。とくに、先天性脊柱後弯症、青年性後弯症は進行することもあるので、経過を注意していきます。

脊柱側弯症
Scoliosis
思春期に多くおこる病気

◇背骨が側方に曲がる

どんな病気か

脊柱（背骨）が、ねじれをともなって側方に曲がってくる病気です。いろいろな原因でおこりますが、もっとも多いのは小学生高学年から中学生にかけての子どもにみられる原因不明の特発性側弯症です（70～80％）。姿勢が悪いためにおこるものや、ぎっくり腰などにともなう一時的な側弯は**機能性側弯症**といい、脊柱のねじれや椎体の変形はみられません。これに対し病的な側弯は、**構築性側弯症**と総称します。

▼**特発性側弯症**　成長とともに、徐々に進行するものです。とくに思春期の女の子に多くみられ、学校健診で発見される側弯症のほとんどがこれです。

発症時期によって、乳児期、学童期、思春期の３つに分けられます。

脊椎（背骨）の病気

脊柱側弯症のチェックポイント

①肩の高さが左右同じかどうか、②背中側から見て、肩甲骨の高さに左右差はないか、③骨盤の傾きはないか（ウエストラインが水平かどうか）、④深くおじぎをしたかっこうで、肩や肩甲骨の高さに左右差はでないか、に注意してください。

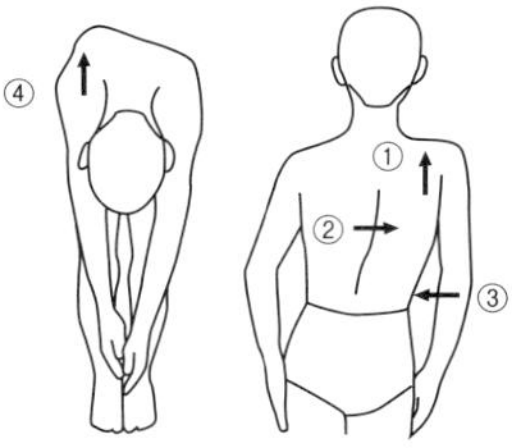

▼神経筋原性側弯症　脳・脊髄神経や背筋の異常が原因でおこるものです。成長後にも側弯が進行します。

▼先天性側弯症　脊椎癒合症（1901頁上段）や、椎体の形がくさび状に歪んでいる楔状椎など、先天性の形態異常がもとで脊柱に側弯がおこるものです。脊柱側弯症の約10%を占めています。

▼その他　レクリングハウゼン病（脳神経や脊髄神経および皮膚の末梢神経に腫瘍が発生する遺伝性の病気で、皮膚に色素が沈着するのが特徴）、マルファン症候群（大動脈や骨格に異常のある先天性の疾患）、骨系統疾患や加齢による椎間板の変性によっておこる変性側弯症などがあります。

【症状】

側弯症は、一般に痛みなどの自覚症状がないため、本人は気づかず、家族や友人に両肩の高さのちがいを指摘されたり、あるいは学校健診の際に発見されることが多いようです。

特発性側弯症は、重症になると心臓や肺が圧迫され、さまざまな障害がおこります。治療もむずかしいものになるので、家族が子どもの体型に普段から気をつけましょう。

【検査と診断】

整形外科を受診します。身長、体重の測定に始まり、4つのチェックポイント（上段）を中心に、外観上の骨格の変形を調べます。

特発性側弯症では、病気の進行や治療効果を知るために、X線像から骨年齢を調べます。さらに原因を探るために、全身の検査を行います。

皮膚にコーヒー色の色素斑や結節（かたい盛り上がり）があれば、レクリングハウゼン病が疑われます。

また、殿部の中央に、毛の生えた皮膚のくぼみがあれば、脊髄膜瘤（脊椎披裂／二分脊椎　591頁）の合併が疑われます。

側弯の状態をくわしくみるために、X線検査が行われ、いろいろな姿勢でさまざまな角度から撮影します。また、**コブ法**という方法で、側弯の度合いが測られ、脊柱のねじれの状態、矯正の可能性なども調べられます。X線検査と計測は定期的に行われ、側弯の進行、矯正治療の効果などが観察されます。

◇側弯の進行を防ぎ、矯正する

【治療】

治療の目的は、側弯の進行を防ぎ、できるだけ矯正することです。

▼矯正　コブ法で20～45度の側弯症は、矯正装具をつけ、水泳などの全身運動を積極的に行います。装具による治療は、脊柱の成長が完成する16歳ころまでつづけられ、3～4か月ごとに側弯の状態と装具の適合性をチェックします。

▼手術療法　一般に、50度以上に進んでしまった強い側弯は、手術による治療が必要になります。

手術の目的は、

①側弯の進行防止、
②肺の機能障害がでている場合、その悪化防止、
③著しい変形に対する美容上の矯正、

などです。また、腰背痛をおこしている場合も手術が行われることがあります。

手術は、インストゥルメントという

金属を用い、変形した脊柱を矯正し、骨を移植します。

脊柱側弯症の治療は、たいへん根気のいるものです。とくに脊柱の成長が完成する17～18歳ごろまで、定期的に経過をチェックしながら進める治療であることを、本人と家族は十分に理解することがたいせつです。途中で病院を転々とかえてしまっては、正しい治療は受けられません。

外見的に側弯が心理的ストレスとなることが多いので、周囲の人は精神的なケアにも注意しましょう。感受性の強い時期に矯正装具をつけたまま日常生活をするわけですから、周囲の理解と心配りは、とりわけたいせつです。

軽度の側弯ならば、体型の個人差と考え、安易に民間療法を取入れたりしないようにしましょう。最近では、十分な効果をえられる固定材料が増えています。

脊柱側弯症の治療の成否は、信頼できる整形外科医、装具メーカー、理学療法士、家族の協力と本人の努力にかかっているといえるでしょう。

化膿性脊椎炎（かのうせいせきついえん）
Pyogenic Spondylitis

どんな病気か

背骨におこる化膿性骨髄炎（1880頁）です。急激に始まる激しい腰や背中の痛みと、発熱が特徴です。患部をたたくと、ひじょうに痛みます。しかし、通常の腰痛とかわりない経過をたどるものもあります。

とくに体内の化膿した病巣から、細菌が血流に乗って（血行性）、脊椎に侵入する場合、膀胱炎（1747頁）など、泌尿生殖器系の炎症が脊椎に広がって発病する場合があります。原因となる菌には、黄色ブドウ球菌のほか、連鎖球菌、大腸菌などがあります。

中高年に多く、透析中やステロイド剤使用、糖尿病や肝硬変、がんなどで感染しやすい状態の人にみられます。

検査と診断

X線写真では、骨の破壊が認められることがあります。骨シンチグラフィー（230頁）、CT、MRIなどの画像検査を行うと、病巣の範囲がよりはっきりとわかります。

最終的な確定診断は、血液を培養して、炎症をおこしている細菌を検出する、あるいは病巣の組織をとって、顕微鏡で調べたり細菌を検出するといった検査によって決まります。紛らわしい病気としては、結核性脊椎炎（1906頁）や骨に転移したがんなどがあります。

治療

保存治療が原則です。患部の安静のため、ギプス固定やコルセットを装着したり、抗生物質を点滴で使用したりします。

進行性のまひ、椎体の破壊や変形が強い、保存療法で効果が現れないなどの場合は、手術して、病巣の掻爬、骨移植などが行われます。

強直性脊椎炎（きょうちょくせいせきついえん）
Ankylosing Spondylitis

どんな病気か

脊椎や骨盤の関節部が、しだいに骨化あるいは線維化して、骨と骨が癒着してしまう（強直）病気です。骨盤の仙腸関節（仙骨と腸骨が接しているところ）におこるのが特徴的ですが、脊椎にも癒合がおこり、進行すれば、からだをほとんど動かせなくなってしまいます。若い男性に始まることが多い病気です。

原因は不明ですが、関節リウマチの6％に強直性脊椎炎がみられ、そのうちの90％にＨＬＡ-Ｂ27というリンパ球組織適合抗原がみられることから、発病しやすい素因があるものと考えられています。

症状

初めは、背中や腰が重苦しく感じる程度で、朝の起床時や同じ姿勢を長くつづけたときに、筋肉痛のような痛みが腰背部におこりますが、動いているうちに、感じなくなります。

そのうち、痛みや筋肉の硬直が腰の中央部に集中し、片方や両方の脚（下肢）に坐骨神経痛（975頁）のような放散痛（広がる痛み）がおこることもありますが、椎間板ヘルニア（1898頁）のように、前に屈んだり、脚を伸ばして上に上げたときに強く痛むということはあまりありません。

重症になると、頸椎から腰椎までほとんどすべての脊椎が癒合し、股関節や肩関節、さらには顎の関節まで強直してしまいます。

検査と診断

強直性脊椎炎の初期には、的確な診断はむずかしく、腰痛症、坐骨神経痛などと診断されていることが多いようです。

強直性脊椎炎のひとつの特徴は、本来前弯しているはずの腰椎が伸びていることと、骨盤の仙腸関節部を前や横から押すニュートン検査で痛みがおこることです。

Ｘ線検査では、初期には仙腸関節の変化や、その周囲の骨が萎縮しているのがみられます。進行したものでは、仙骨と腸骨が完全に癒合し、脊椎の周りの靭帯も骨化して、脊柱はちょうど竹の節のように見えます。

血液検査では赤沈（210頁）が亢進します。炎症を調べるＣＲＰ（211頁）は陽性で、血清中にリウマチ因子はみられないのがふつうです。

治療

原因不明の病気であるため、進行を止めることはむずかしく、治療は対症療法になります。

消炎鎮痛薬のほか抗リウマチ薬を使用することもあります。手足の関節が動かなくなるのを防ぐために、積極的に水泳などの運動を行うこともたいせつです。また、脊柱の変形を防ぐために、普段から姿勢に注意します。

脊椎圧迫骨折

Osteoporotic Vertebral Compression Fracture

どんな病気か

脊椎の椎体が、骨折をおこしてつぶれる病気です。骨粗鬆症（1884頁）がある高齢者によくみられ、多くは胸椎から、胸椎と腰椎の移行部にかけておこります。

骨粗鬆症がある高齢者では、比較的軽い力が加わっただけで、あるいは、ほとんど外傷が加わらなくても、自然に椎体の骨折がおこることがあります。

そのほか、くる病（782頁）や骨軟化症（1886頁）、腎性骨異栄養症（1739頁）などのような代謝性の骨の病気によって、骨の強度が低下している場合に骨折がおこることもあります。

原因

もっとも多くみられるのは、骨粗鬆症が原因でおこるものです。

高齢女性の背中が円くなっていく（**老人性円背**）のは、胸椎に自然におこった多発性圧迫骨折が原因です。

高齢者が、屋内で尻もちをついたくらいの軽い外傷で背中の痛みを訴えたら、脊椎圧迫骨折を疑ってみる必要があります。著しい骨粗鬆症がある場合は、せきをした程度でも骨折することがあります。

症状 骨折がおこった部分に、痛みを訴えます。急性期には、寝返りや前屈みさえもできないほどの強い痛みを訴えます。

圧迫骨折をおこした脊椎のあるところの背中に、棘突起が飛び出したようになり、そこを軽くたたくと痛みが増強します（叩打痛）。また、前屈みによって痛みが増強します。

検査と診断 単純X線撮影の側面像を見ると、脊椎の椎体前方（腹側）が、つぶれたくさび型に映しだされます。

ただし、がんなどの悪性腫瘍が転移したためにおこる圧迫骨折もありますので、正確な診断が必要です。

診断を確定するために、必要に応じて血液検査、CTやMRIなどの画像検査を行います。

治療 脚の痛みやしびれなどの神経症状をともなわない、骨粗鬆症による脊椎圧迫骨折は、2～3週間、安静にすると、痛みはしだいに軽くなっていくことが多いです。

簡単な腰椎固定バンドなどで固定し、痛みが軽くなるまでベッド上で安静にします。

高齢者の場合、長期間ベッドで安静にしていると、呼吸器や尿路系の感染をおこしたり、認知症が発生することがあります。そのほか、急速に脚の筋力が低下し、起立・歩行できるようになるまで、さらに長期間を要するようになることもあります。痛みが軽くなったら、コルセットを巻いたまま、画像検査や痛みの状態に応じて、起きて、歩く練習を始めます。しかし、場合により、骨が癒合しないこともあり、骨が後々、脊髄や馬尾神経を圧迫し、まひをおこしたり、排尿や排便の障害をおこすこともあるので、注意して経過をみていきます。

日常生活の注意 もっともたいせつなことは、転ばないことです。そのためには、日ごろからできるだけ運動（散歩など）をして筋力をつけ、外に出てさまざまな刺激を受け、はつらつとした気分を保つことです。

室内に閉じこもってばかりいると、年をとるにつれて、運動能力や反射神経が減退するばかりでなく、骨粗鬆症も進行します。

圧迫骨折がおこったら、まず整形外科専門医の診察を受け、治療だけでなく、適切なアドバイスを受けて、生活に生かしてください。

結核性脊椎炎（脊椎カリエス）

Tuberculous Spondylitis

どんな病気か 脊椎に結核菌が感染しておこる脊椎炎です。骨と関節の結核では、もっとも多くみられるものです。多くの場合、肺など、他の臓器にある結核病巣から、結核菌が血液に流れ込んで、脊椎に感染がおよんだものです。しかし、感染源がはっきりわからない場合もあります。

症状　この病気は、胸椎や腰椎に多くみられます。

結核そのものによる貧血、疲れやすい、だるい、微熱、寝汗といった全身症状がおこりえます。そのほかに、感染した部分を押したり、たたいたりすると痛みます（圧痛、叩打痛）。病気が進むと、感染部分だけが突出して、角状後弯（亀背）になることがあります。

膿が、脊椎の周囲だけでなく、筋肉に沿って流れ、背中や鼠径部（太ももの付け根）などに膿瘍や瘻孔（炎症によって孔があく）を形成することもあります（**流注膿瘍**）。また、脊髄や馬尾神経が入っている脊柱管に膿がたまり、その膿によって脚にまひがおこることもあります。

検査と診断　ツベルクリン反応は、陽性になることが多く、X線検査では、椎体が破壊されているのが見られます。また、椎間板が狭くなっていることもあります。

治療　保存治療が基本となります。ギプス固定やコルセットなどを用いて局所の安静を保ち、脊椎の変形を防ぎます。それと同時に、抗結核薬による薬物療法を行います。

脚にまひがおこった場合、脊椎の変形が進行する場合、大きな膿瘍が確認できた場合、保存治療で効果が現れない場合には、病巣の掻爬や骨移植などの手術を行います。最近では、金属を用いて病気の部分を固定することもあります。これによって治癒までの期間が短くなります。

頸椎後縦靭帯骨化症
Ossification of Posterior Longitudinal Ligament (OPLL)

どんな病気か　椎体の後面を縦に走る靭帯は**後縦靭帯**と呼ばれ、頸椎、胸椎、腰椎のすべての脊椎を縦に連結しています。原因は不明ですが、この靭帯が骨に変化（**靭帯骨化**）する病気が、後縦靭帯骨化症です。

年齢とともに、いろいろな靭帯が骨化することはよくあり、何の症状もないことがほとんどですが、後縦靭帯は、その位置が問題を大きくしています。

後縦靭帯は、脊髄の通り道である脊柱管の前壁にあるため、この靭帯が骨化して年齢とともに厚みを増してくると、脊柱管が狭くなって、脊髄の圧迫症状をおこすことになります。

この病気の歴史は浅く、１９６０（昭和35）年から注目されるようになりました。東洋人、なかでも日本人に多くみられ、日本人を対象とした発生頻度は約３％で、糖尿病や肥満体型の人におこりやすい傾向があります。また、遺伝的な素因の研究も進められていますが、いまだに原因はわかっていません。年齢とともに発生頻度が増し、60歳以上では、約1割の人にみられるという報告もあります。発症（症状が発生する）年齢は、50歳前後がもっとも多いとされています。

頸椎、ついで胸椎に多く（頸椎は男性に、胸椎は女性に多い）、ほかの脊椎靭帯骨化症を合併していることも少なくありません。とくに**黄色靭帯骨化症**（脊柱管の後ろの壁にある黄色靭帯が骨化する病気で、胸椎に多く発生し、脊柱管を狭めて脊髄症状をおこすことがある）の合併には注意が必要です。

原因究明と治療法の開発に向けて精力的な研究が行われており、厚生労働省の特定疾患（難病）に指定されています。症状の重い人（外来通院に介助が必要な程度か、それ以上の障害のある人）や手術を受ける人には、治療費の公的補助が受けられます。病院を受診すると、症状に応じて、特定疾患認定のための手続き方法を教えてくれます（所轄の保健所で申請用紙を受け取り、受診している病院の医師に記載してもらってから提出する）。

症状

後縦靭帯骨化があるからといって、すべてに症状がでるわけではありません。もともとの脊柱管の広さや骨化のタイプ、大きさなどによりますが、大きな靭帯骨化があっても、80％の人に脊髄症状がみられなかったという報告もあります。

おもな症状として、手指の運動障害（箸を使うなどの細かい動作がしにくい）、歩行障害（足がガクガクして歩きにくい）、膀胱障害（尿が出にくい）、知覚障害（手足のしびれ）などの脊髄症状が中心です。また、くびの動き、とくに前後に動かす動作の範囲が狭くなります（頸椎可動域制限）。

検査と診断

X線検査で骨化の有無を診断するのは、比較的容易です。CTでは骨化の大きさや形状がさらにわかりやすく、MRIでは脊髄の圧迫されている状況が観察できます。

骨化があっても無症状の人、大きくない骨化でも急速にまひの現れる人、ゆっくりとまひが進行する人など、症状のおこりかたや進行具合は、人によってさまざまです。

後縦靭帯の骨化・脊髄圧迫は、頸椎だけでなく、胸椎のほうがまひに大きく関係していることもあります。また、黄色靭帯の骨化を合併している可能性もあるため、脊椎全体を調べたうえで、症状にもっとも関与している部位を診断する必要があります。手術を検討する場合は、脊髄造影やCTで脊柱管全体を詳細に調べる必要があります。

治療

変形性頸椎症（1894頁）と同様に、頸椎カラーという装具を装着する保存療法などが試みられますが、変形性頸椎症に比べて効果が少ないことが多い病気です。

明らかな脊髄症状があり、保存的治療を行っているにもかかわらず病気が進行し、仕事や日常生活に支障をきたす場合には、時期を逃すことなく手術が必要です。

手術法には、頸椎の前方からと後方からの方法があります。前方からは、骨化した靭帯を切除する方法（前方除圧固定術）、後方からは、骨化した靭帯はそのままにして、脊柱管を大きくする方法（椎弓形成術）などがあります。一般に、高齢者や外傷で発症した人、手術前に重症であった人などでは、手術成績が悪いとされています。

変形性頸椎症と異なり、手術後に骨化が進んで、まひが再び悪化することがあるので、手術後も長期にわたって経過を観察する必要があります。

腰痛（症）……1909頁

▼**症状**▲突然、腰に激痛がおこるぎっくり腰や、長引いたりくり返す慢性腰痛もある。

▼**治療**▲3か月以内に自然に治るものが多い。

腰痛（症）

Low Back Pain

保存的療法と予防が重要

◇ほとんどの人が経験する

どんな病気か

背骨は、くびの骨（頸椎）から尾骨まで約32～35個の積み重なった脊椎から成り立っています。このうち腰椎は5個です。人間は四足動物より進化し、二足歩行で生活するようになりました。そのため、背骨を横から見ると、まったくの直線ではなく、くびと腰の部分では前方に凸のカーブを、胸の部分は後方に凸のカーブをつくっています。

腰は、体重を支えるのにもっとも大きな役割（負担）を受け持ち、からだを曲げ伸ばしするときや、物を持つときにも、いちばん負担の加わるところです。このために、人間は腰部に弱点をもつようになったと考えられます。

背骨の大きさは、スポーツで鍛えて大きくなった人は例外ですが、肥満体の人でも、大きいということは、まったくありません。身長や性別が同じ人では、その大きさは、ほとんど差がありません。

腰椎（腰骨）のいちばん下の部分には、全体重の60％がかかります。腰を前に曲げたときには、その4倍の荷重がかかります。ですから、肥満体の人は、ひじょうに大きな負担増となるわけです。

一般に、腰の骨や周囲の筋肉などのあたりに痛みがあることを、広い意味で、腰痛（症）といいます。

狭い意味の腰痛症とは、他の病気によっておこっている一部分症としての腰痛や背骨や神経にはっきりした原因のある腰痛を除いた、あまり原因のはっきりしないものをいいます。

頻度のひじょうに高い病気で、整形外科の外来を受診する人の20～30％が腰痛を訴えて来院します。

腰痛をおこす人は、高校生くらいまではたいへん少ないのですが、30～40歳代にもっとも多くなります。おとなでは、ほとんどの人が、一生のうちに1度は経験するといわれるほど、よくみられるものです。しかし、その大部分は容易に治るものです。

腰痛や坐骨神経痛（脚にまで痛みが走るもの、975頁）がある50歳以上の整形外科医を追跡調査したところ、3か月以上痛みがつづく人は、約1割しかいなかったという興味深い報告もあります。つまり、多くの腰痛症は、それほど心配するものではない、ということです。しかし、なかには、たいへんな病気のひとつの症状のこともあり、

腰椎の構造

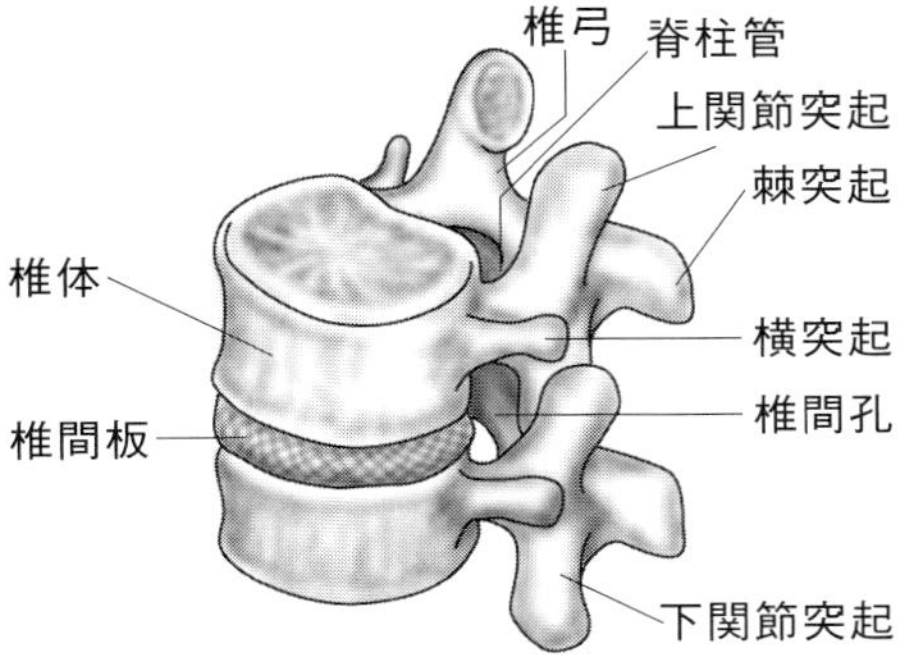

腰痛体操

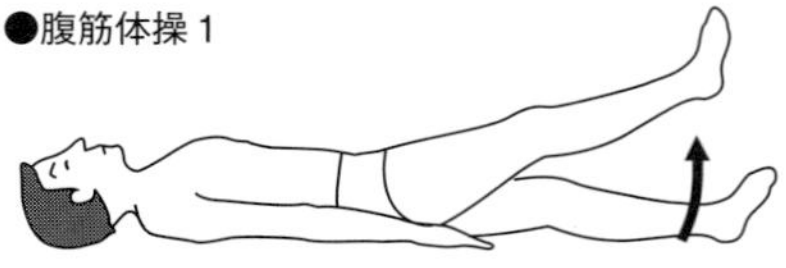

●腹筋体操１

楽な姿勢であお向けに寝て、両足を伸ばし、左右交互に20回ずつ上げ下げする。慣れたら両足を伸ばしたまま同時に上げて少し止め、ゆっくり下ろす。簡単にできるようになったら２へ進む。

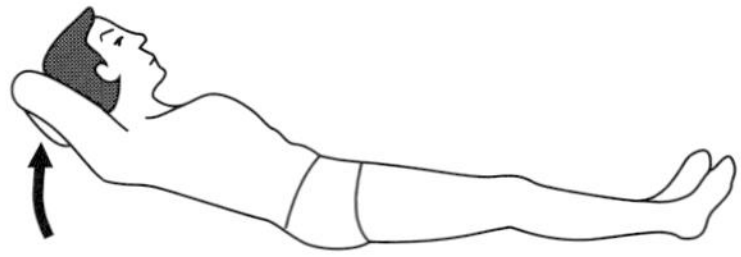

●腹筋体操２

両手を頭の後ろで組み、胸から上を持ち上げる。初め10回程度を目標にし、腹筋がついたら20回、30回と回数を少しずつ増やす。

なんらかの治療をしなければ治らない腰痛もあります。ですから、まず専門医である整形外科を受診して、原因を調べてもらってください。

　内臓の病気などが原因となっているものでは、さらに他科の受診も必要となります。

◇整形外科的病気によることが多い

原因

　腰痛の原因は、つぎの５つに分類されます。

①背骨やその周囲の筋肉などの病気に由来するもの。
②内臓の病気に由来するもの（婦人科の病気も含む）。
③神経の病気に由来するもの。
④血管の病気に由来するもの。
⑤心因性由来のもの。

　もっともよくみられる腰痛は、やはり整形外科的な原因によるもので、①に分類されるものです。

　ほんのわずかの体位の変化、たとえば、朝起きて顔を洗おうとしてちょっと前屈みになったとか、重い物を持ち上げようとしたなどで、突然、腰に激痛がおこるものを**急性腰痛症**（**ぎっくり腰**）といいます。

　こういう急性期をすぎても、長く持続する腰痛を、**慢性腰痛症**といいます。

　腰の痛みだけでなく、全身状態が悪く、突然に発症した場合には、おなかの中の大きな血管の破裂なども考えなければなりません。

　また、内臓の病気（胆石（1669頁）など）が原因となっている可能性も考えてみる必要があります。

　安静にしていても痛みがある腰痛や、どんな姿勢をとっても四六時中痛みがある場合には、重い病気のことがあるので、必ず病院を受診してください。

　ふつうの腰痛では、そんなに長くつづくことはありません。

　子宮筋腫（840頁）や月経異常（862～867頁）など、婦人科の病気によっても腰痛はおこります。女性で、下腹部にも痛みがあるときは、婦人科を受診することも必要です。

　こころの病が原因となって、腰痛を訴えることもあります。このような**心因性腰痛**では、いろいろな整形外科的な検査を行っても、異常を見つけだせないものです。そのようなときには、精神科・心療内科でのこころのケアもたいせつになります。

　もっとも頻度の高い腰痛は、つぎのような整形外科的な原因によっておこるものです。全身状態に問題がない場合は、まず整形外科を受診してください。そこで他科の病気と考えられるときは、専門とする他の科（医師）を紹介してくれます。

▼脊椎自身の病気によるもの　椎間板ヘルニア（1898頁）、変形性脊椎症（多くは老化による、1893頁）、脊椎分離症・脊椎すべり症（1901頁）、脊椎炎（1904頁）、骨粗鬆症（1884頁）、脊椎の腫瘍など。

▼脊髄の病気によるもの　背骨の中を通っている脊髄に腫瘍や癒着がおこったもの。

▼脊髄から出て、脚に向かう神経によるもの　腫瘍やなんらかの原因によって神経が圧迫されたもの。

▼筋肉や筋膜、腰の周辺の小さな皮膚、神経に障害がおこったもの

▼いわゆる腰痛症　X線検査で、腰椎

●背筋体操

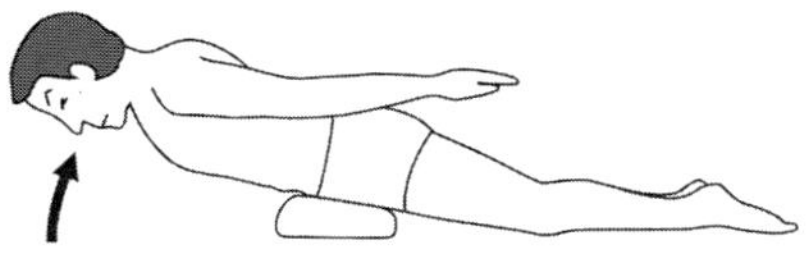

おなかの下に枕などを置き、顎を引いて上半身を持ち上げ約10秒間止める。10回程度行う。

●からだをひねる体操

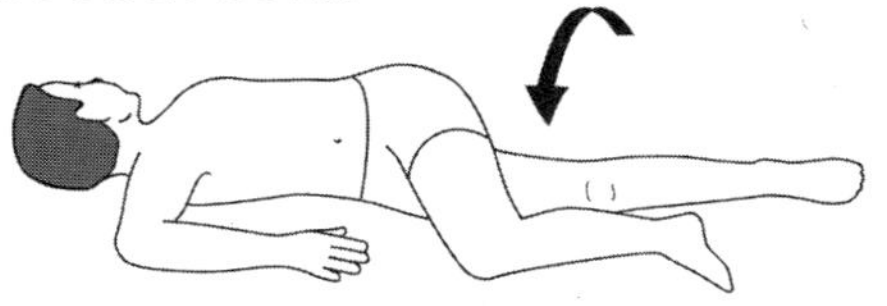

上体はそのままで腰をひねり、片方の足を交差するようにして床につける。左右交互に行う。

に何の変化もみられず、また、心因性のものでもない、腰部の痛みを訴えるもの。

【検査と診断】 腰痛が発生した時期や、どのような出来事（姿勢、事故の状態など）が腰痛の引き金となったかを聞き、X線検査、腰の動きの程度、それによる痛み、押さえて痛い場所、脚へと走る痛みなどを調べて原因を追究します。

椎間板ヘルニアや脊椎腫瘍などが疑われるときには、MRIやCTを使って検査を行います。全身的な病気や細菌感染（化膿性の病気）が疑われるときには、血液や尿の検査も行います。

以上の検査結果などを総合して、判断します。

ふつうの腰痛は、まず3か月以上もつづくことはありません。したがって、長く腰痛がつづく場合は、他科の病気によることもありますので、内科などを受診するとともに、いろいろな精密検査が必要になります。

さらに、医師といっても万能であるはずはありません。症状が長引く場合は、他の医師の意見も聞くべきです。

◇一般的に保存的療法を行う

【治療】 腰痛は、なかには特別な治療を行わなくても自然に治るものもありますが、その腰痛の原因に応じて、それぞれの治療を行う必要があります。

整形外科的な原因による一般的な腰痛の治療としては、つぎのような保存的療法が適当です。

手術を要するのは、椎間板ヘルニアや腫瘍など、特別な場合だけです。

◉急性期

背骨やその周辺の筋肉などの負担を軽くするために横になって休むなど、安静をとることがもっともたいせつです。寝るときも、本人がもっとも楽な姿勢、痛みのない姿勢をとるのがよいのですが、多くはあお向けで、膝下に枕を置いた姿勢や、エビのように腰を曲げた姿勢がよいと思われます。

腰を温めることも効果があります。

しかしいっぽうで、長期の安静は、筋・骨格系や心・血管系の衰えにつながるため、安静期間は、短期間であるほど望ましく、2日以上の安静臥床は、むしろ有害とも報告されています。

症状が強い場合は、消炎鎮痛薬や筋肉の緊張を取除く薬を服用しますが、これは医師の指示に従うべきものです。

ぜんそく（1264頁）の持病のある人は、ふつうの鎮痛薬では、ぜんそくを誘発することがあるので、自分で市販薬を買って服用することは危険です。

受診するときも、必ずぜんそくがあることを、医師に告げてください。

また、他の病気で薬を服用している人も、必ず医師にそのことを告げてください。併用によって、副作用が現れることもあるからです。

いわゆる、ぎっくり腰など、強い痛みがあるときは、硬膜外ブロックなどの注射が、ひじょうに有効です。

◉慢性期

急性期を過ぎて激痛はなくなったが、痛みが強くつづく人や、初めから強い痛みはないが、くり返し痛みがある人は、つぎのような治療がよいでしょう。

いずれにしても、専門医である整形

◎寝ちがい

朝、起きたときにくびを少しでも動かすと痛くて動かせないことがあります。不自然な体勢で寝たときによくおこります。

睡眠中は筋肉が緩んでいるので、頭を不自然な方向に曲げていたりすると、くびの筋肉の一部が過度に引き伸ばされておこると考えられます。

くびや肩の筋肉を押すと痛みがあり、痛みのおこりかたなどから寝ちがいであることはわかりますが、その他の病気の有無を確認するために、X線検査や神経学的検査を行うこともあります。

寝ちがいはとくに治療することなく、数日で痛みは軽くなってきます。

痛みが強い場合には、鎮痛薬や外用薬などの対症療法で治療します。

外科医に診察してもらって、適切な治療を受けてください。

▼牽引療法　腰痛の治療にもっとも多く行われている療法で、**骨盤牽引**といわれています。

これによって、腰部を安静にできることや、筋肉の緊張を緩めることなどで、痛みが和らぐと考えられます。

▼物理療法　腰部を温めたり冷やしたりする方法で、腰部の血行をよくし、痛みや筋肉の緊張の緩和をもたらします。ホットパック、温めたパラフィン、赤外線、超短波や超音波、氷水などを使用して行う療法です。

▼装具療法　コルセットや腰椎装具を使って、腰椎の運動を制限したり、安定性を獲得したり、姿勢の矯正や維持および腰部の負荷を軽減することを目的とする治療です。

しかし、コルセットなどの装具を長期に使用すると、腰の筋力低下にもつながるため、長期の装着は避けるべきです。いろいろなタイプの装具がありますが、もっとも重要なことは、自分にきっちりと合ったものを装着することです。したがって、既製品ではなく、整形外科病院で医師の指示のもとに、その人に適したものをつくるべきです。

▼ブロック療法　麻酔薬や炎症を鎮める薬を注射して、腰の神経の痛みの経路を遮断（ブロック）します。比較的早期に痛みを取除くことができます。

▼薬物療法　症状に応じて、消炎鎮痛薬や筋弛緩薬を使いますが、薬物アレルギーのある人、ぜんそく（1264頁）、胃潰瘍（1558頁）のある人は、必ずそのことを医師に伝えてください。

▼運動療法　よい姿勢を保つには、脊椎を伸ばす筋肉と曲げる筋肉とが、バランスよくはたらくことが必要です。また、立ったり、座ったりするときには脚（下肢）の筋力も必要です。

したがって、腰や全身の筋肉をバランスよく強化し、また、拘縮（ちぢこまり）をとることが重要になります。そのために、**腰痛体操**（1910頁上段）やストレッチ訓練を行います。

◉生活指導

日ごろから運動をして、全身を鍛えることがたいせつです。そのためには、すぐに自動車やエレベーターなどを使うことなく、歩いたり、階段を上るように心がけましょう。心臓などに問題のない人がエレベーターを使用するのは、自分のからだを弱めていることになります。

日ごろから、よい姿勢を保つように心がけましょう。また、一定の姿勢を長時間つづけることはよくありません。ときどき、姿勢を変えましょう。

立って仕事をつづける人は、片側の足を10cmくらいの高さの台に乗せ、股や膝の関節を軽く曲げ、ときどき足を交代するようにします。

座ってする仕事などでは、背もたれに背を平らにつけるように腰かけ、足が床について、膝が少しいすから浮くくらいがよいと思われます。こうした姿勢になるように、いすや机の高さを調整しましょう。

肥満は腰痛の敵ですので、注意しましょう。

水泳はよい運動ですが、腰痛のある人は、クロールか背泳ぎ、横泳ぎにかぎりましょう。

くび・肩の病気

四十肩、五十肩の運動療法

前屈みの姿勢で、腕を前後左右に振る。

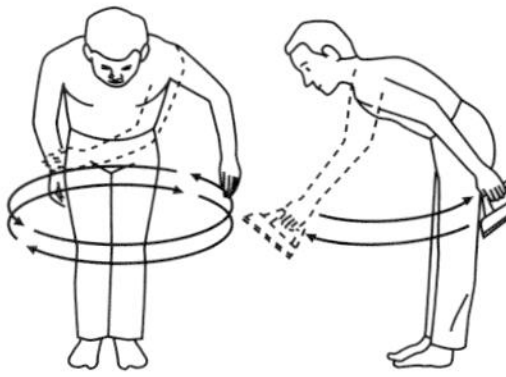

肩関節周囲炎（四十肩・五十肩）

Scapulohumeral Periarthritis

どんな病気か

一般には、**四十肩**、**五十肩**と呼ばれています。正式な病名は、**肩関節周囲炎**といいます。関節の周りにある組織の変化や炎症などによって、はっきりした誘因がなく、肩に痛みと運動制限がでる病気です。単一の病気をさすものではなく、さまざまな病気の総称として用いられ、そのため病態も多彩です。

肩関節の動きをつかさどる筋肉のうち、たいせつな4つの筋肉（棘上筋、棘下筋、肩甲下筋、小円筋）が骨に付着する部分（腱）を腱板といい、この腱板は、上腕骨の上の部分（大結節部）についています。

年齢とともに、この腱板の炎症や部分的な断裂、また、腱板の上にある袋（肩峰下滑液包）の炎症や癒着がおこりやすくなり、こうしたことが肩の痛みや動きの制限をもたらします。

また、腕の力こぶをつくる上腕二頭筋の腱に炎症（**上腕二頭筋長頭筋腱鞘炎**）がおこって、肩の痛みや動きの制限が現れることもあります。

症状

肩を動かすと痛みがあり、動きが制限されます。腕を上げたり、背中に回したりするときにも痛みます。

初めは痛みが強く、夜間、とくに朝方に強くなります。そして、しだいに肩の動きが不自由になってきます。ただし、腱板に石灰が沈着する**石灰沈着性腱板炎**の場合には、ある日、急に何の前触れもなく肩に激痛がおこり、まったく腕を動かせなくなることもあります。

この場合は、X線写真で石灰の沈着がはっきりわかり、診断できます。

また、転んで肩を打ったあとや重い物を持ち上げたときに、急に肩が痛み、腕を上げることができなくなった場合には、**腱板断裂**の可能性があります。

したがって、たんに五十肩と思い込まずに整形外科医を受診し、正しい診断をしてもらったほうがよいでしょう。

治療

保存的治療が原則です。初期の痛みが強い時期は、まず安静が必要です。安静の程度としては、重い物を持つことや痛みのでる動作をしないことがたいせつですが、痛みがひじょうに強いときには、一時的に三角巾などを用いて肩の安静を保つこともあります。

入浴による保温も効果的です。入浴中は、痛みのでない範囲で、腕をゆっくり動かすことも必要です。

症状のでやすい夜間の痛みには、肘の下とおなかの上にクッションを置いて、安静を保つようにしましょう。

薬物療法では、消炎鎮痛薬の内服と、関節内に副腎皮質ホルモン（ステロイド）剤やヒアルロン酸ナトリウムの注射を行います。これで動かしたときの痛みはしだいに軽くなりますが、肩の動きが悪くなっていることがあります。

この時期には、ホットパックや超音波などを使った温熱療法と、肩の動く範囲を広くする運動療法が治療の中心となります。

家庭でできる運動としては、入浴後

◎**頸肩腕症候群**

くび、肩、腕、手指にかけて、痛みやしびれ、だるさ（倦怠感）、力が抜ける感じ（脱力感）、冷たさ（冷感）などの訴えがある場合、原因疾患が何であるかはさておき、便宜上、頸肩腕症候群という病名をつけることがあります。

この病名は、症状に対してつけられたものにすぎず、厳密にいえば、頸・肩・腕の痛みをおこす病気のうち、原因のはっきりしている病気を除いたものと定義され、頸肩腕症候群と診断されるものはきわめて少ないものです。

かつてはこの病名がよく使われていましたが、最近ではあまり使われなくなっています。事実、診療をつづける間に、診察やX線検査などで、原因となっている病気が明らかになることが多く、その場合、頸肩腕症候群の病名ではなく、正しい診断名に変わります。

原因疾患としては、変形性

に、前屈みの姿勢をとり、アイロンなどを持って、腕を前後左右に振るという運動があります（前頁上段図）。

肩の動きがひじょうに悪く、なかなか改善しないときには、小さくなった関節を包んでいる袋（関節包）に麻酔薬を注入して、少しずつ広げる、**パンピング療法**と呼ばれる方法が用いられることもあります。

また、関節鏡を用いて、つっぱっている靭帯を切除する手術を行うこともあります。しかし、たいていは根気よく治療と運動を行うことによって、手術せずによくなります。

おとなの野球肩
Baseball Shoulder

どんな病気か

野球などで、投球動作をくり返して肩を使いすぎると、肩関節の内部や周囲の組織にさまざまな損傷をおこします。

このような、投球動作をするスポーツ選手の肩の不調を総称して**野球肩**といいます。ただし、投球動作を主とするスポーツをしている人だけが、野球肩というわけではありません。

損傷部位はいろいろで、腱板の上にある袋（滑液包）に炎症がおこったり（**肩峰下滑液包炎**）、腱板に損傷がおこったり、関節内の軟骨（関節唇）が損傷したり、骨からはがれたりします。

症状

日常生活ではあまり問題はないのですが、ボールを投げる動作をすると、肩に瞬間的な痛みがおこります。

この痛みは、ある1球の投球動作で感じ、その後の投球動作で痛みがともなう場合と、何球か投げているうちに少しずつ痛みがでてくる場合とがあります。

検査と診断

スポーツ選手に痛みのでる同じ動作をさせても、必ずしも同じ痛みがでないこともあるため、どの部分が障害されているか、診断がむずかしいこともあります。

原因として、さまざまな部位の損傷が考えられるので、経験のある整形外科医の診察や検査を受けて、どの部位が損傷しているか、診断をしぼり込んでもらう必要があります。

まずX線検査を行い、ＭＲＩ検査では腱板や軟骨の損傷についての判断を行います。また、ＣＴや超音波検査をすることもあります。

治療

まず4～5日は投球を禁止し、安静にします。痛みがつづくようなら、さらに安静期間を増やします。そのあと、十分な理学療法とストレッチを行って、肩関節周囲の筋力を回復させます。

このような保存治療を3～6か月行っても症状がつづくときは、関節鏡検査が必要になることがあります。関節鏡を使って、損傷した関節唇を削ったり、修復したりすることがあります。

しかし、野球肩は予防がもっともたいせつなのです。

日ごろの腱板の機能を高める（肩をつくる）ため、筋力訓練とストレッチにつとめましょう。

また、投球前のウオームアップや投球直後のアイシングやストレッチは、炎症や損傷を慢性化させないためにもとても重要です。

頸椎症（1894頁）、頸椎の椎間板ヘルニア（1899頁）、頸椎後縦靭帯骨化症（1907頁）、胸郭出口症候群（次頁）などが多いものです。原因がはっきりしない場合は、頸肩腕症候群の病名（頸肩腕障害と呼ぶこともある）が残ることになります。原因である病気が的確に診断されることがもっとも重要で、治療はそれに基づいて行われます。

原因不明の場合は、症状に応じて鎮痛薬や温熱療法が行われ、そのなかで、原因となっている病気がはっきりしてくることもあります。

いつまでも原因がはっきりせず、症状も改善しない場合は、人によっては精神的に落ち込んだり、また、原因究明を求めて、あちこちの病院を受診し、症状がさらに複雑になることがあります。原因がはっきりしないということは、大きな病気がない証拠だと思って、安易に転院したりせずに、根気よく対症療法を受けることも必要です。

反復性肩関節脱臼
Recurrent Dislocation of the Glenohumeral Joint

どんな病気か

1回のけがで**脱臼**したあと、急にいろいろな原因で脱臼をくり返すことを**反復性脱臼**といい、これが肩の関節におこった場合に、反復性肩関節脱臼と呼ばれます。

外傷がなくても脱臼をくり返すのは**習慣性脱臼**といって、関節が緩い人に多くみられ、区分されます。

20歳以下で、最初の脱臼を整復したあとの固定が十分でなかった場合に、脱臼をくり返すようになることが多いようです。

症状

日常生活では、あまり痛みはありません。しかし、ちょっと転んだり、朝起きようとして腕を動かしただけで、脱臼する場合もあります。ボールを投げようとすると、脱臼しそうな不安感があり、スポーツ動作が思いきりできなくなります。

治療

まず、初回の脱臼を整復したあと、最低3週間は固定をして、脱臼によって損傷した組織が完全に修復され、反復性脱臼をおこさないようにする必要があります。

反復性脱臼になる人は、1年以内に再脱臼をおこします。これを防止するためには、肩の周囲の筋力を鍛える必要があります。

それでも脱臼をくり返すようであれば、手術が必要になります。手術は、その人の生活様式や、よく行うスポーツの種類によって異なります。

手術には、関節鏡ではがれている軟骨を縫い縮めたり、肩関節の前面に骨を移植する、あるいは関節を包んでいる袋（関節包）を縫い縮めたりする方法などがあります。近年では、関節鏡による手術も普及し、より小さい傷で手術も可能となってきています。

動揺肩（動揺性肩関節）
Loose Shoulder

どんな病気か

肩の関節が、あらゆる方向に正常以上に動いて、不安感をともなうものを動揺肩といいます。外傷と関係なく、自分の意志で肩を脱臼させたり、腕の特定の位置で肩が習慣的に脱臼する状態も含まれます。

発生頻度は4％で、症状のあるものは1％とされます。

症状

肩関節の痛み、脱臼しそうな不安な感じ、腕のしびれ感、肩こりなどがあります。肩関節以外にも、指、足、肘や膝の関節がやわらかい人に多くみられます。

治療

男女とも、13～14歳で発症することが多いようで、発症から数年の間に、とくに治療を必要としなくなる例も多くみられます。

症状がつづく場合は、まず肩の周囲の筋力を鍛える必要があります。それでも肩の痛み、しびれ、不安感を訴える人には、肩甲骨の安定をはかり、姿勢をよくするバンドを装着してもらうこともあります。

しかし、脱臼をくり返す人には、関節を包んでいる袋（関節包）を縫い縮める手術や、肩甲骨の傾きを正しくするために大胸筋を移動する手術などが行われることもあります。

モーレイテスト

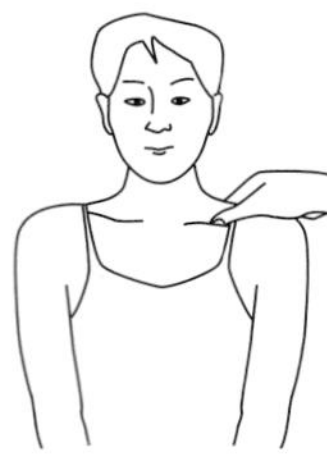

鎖骨上窩（肩甲鎖骨三角）のところで腕神経叢を指で圧迫し、圧痛・腕にひびく痛み（放散痛）がおこれば陽性。

ライトテスト

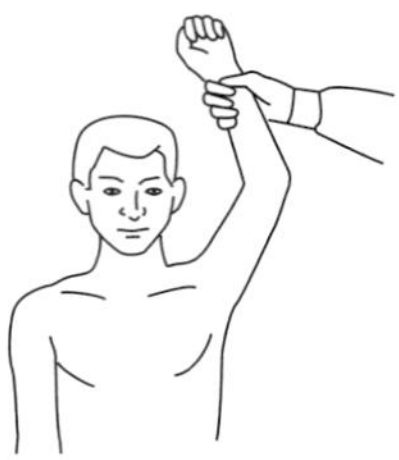

腕を外側から頭の上にあげた姿勢で、橈骨動脈の脈が弱ければ陽性。

胸郭出口症候群
Thoracic Outlet Syndrome(TOS)

どんな病気か

頸肩腕症候群（1914頁上段）をおこす病気のひとつですが、これも、いろいろな症状が複合した症候群です。胸郭出口部のさまざまな異常が原因となって、くび、肩、腕、指につながりのある症状が現れます。

頸肩腕症候群と胸郭出口症候群という病名が、何の根拠もなく、同じように使われることがありますが、胸郭出口症候群とちがって、頸肩腕症候群は正しい病名ではありません。

いずれも、症状のなかに精神的な側面がみられる症候群であるだけに、混乱を招いています。

胸骨（胸の中央にある平たい長方形の骨）、胸椎（背骨の腰より上の部分）、および左右の12本の肋骨で囲まれた部分を胸郭といい、その中に心臓と肺が納まっています。

心臓から出た血管のあるものは、胸郭のすき間（胸郭出口）を通って腕につながっています。

鎖骨の奥から少し上の、第1肋骨と鎖骨の間にある筋肉（斜角筋）のすき間の部分が胸郭出口です。この出口のいろいろな障害で、同じような症状が現れることがあるために、この病名がついたのですが、診察や治療のうえでは、ひじょうに便利な病名です。

この出口を通る血管が、鎖骨下動脈、鎖骨下静脈で、くびの脊髄から枝分かれした神経（腕神経叢）も、この出口を通って腕に分布しています。

したがって胸郭出口の異常は、血管症状（腕の冷感や脱力感など）と神経症状（肩や腕の痛みやしびれなど）の両方が混在した症状をおこします。これが胸郭出口症候群です。

胸郭出口の異常は、**頸肋症候群**、**斜角筋症候群**、**肋鎖症候群**、**過外転症候群**によって引き起こされます（1918頁）。ですから、胸郭出口症候群の治療は、原因であるそれぞれの病気に応じた治療が必要になります。しかし、どの病気が原因でも、胸郭出口症候群としての症状がみられ、その診断法と治療法（手術によらないもの）も共通するところが多いので、まとめて解説します。

薬や温熱療法が無効で、我慢できない症状が長くつづく場合は、手術となりますが、手術の方法は、原因である4つの症候群で異なってきます。

症状

自覚症状は、腕のしびれがもっとも多く、ついで肩こり、そのほか、くびが重くてだるい、肩から肩甲部にかけてのこわばりと痛み、腕や手の指にだるさや腫れぼったさ、指先が冷たい、肩から指に走るような痛み、などがおもな症状です。

顔面のしびれ感、頭痛、吐きけ、目のかすみなどの自律神経症状と思われる症状が混ざっていることもあります。

肩の位置や姿勢によって、症状が悪くなったり改善したりするのも、この症候群の特徴です。

発症から時間がたつほど、姿勢による症状の変化がなくなってきます。

この病気は、20～30歳代のなで肩の女性に多くみられます。

とくにきっかけもなく発症し、よくなったり悪くなったりをくり返す波があります。自然に症状が消えることも

エデンテスト

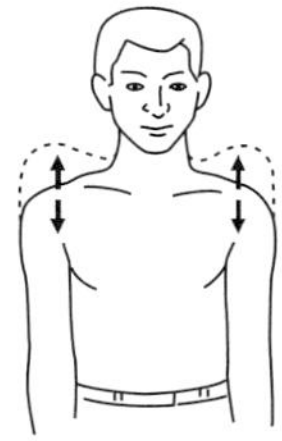

肩を張り、つぎに肩を下げて、橈骨動脈の脈が弱ければ陽性。

アドソンテスト

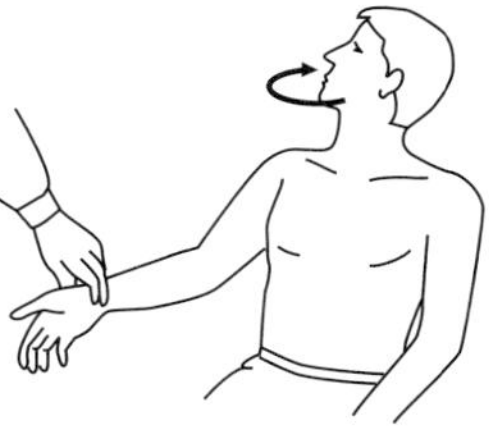

くびを症状のある腕側に回して顎を上げ、深呼吸したときに、橈骨動脈の脈が弱ければ陽性。

少なくありませんが、なかには徐々に進行するケースもあります。

検査と診断　胸郭出口が狭くなっているかの検査として、そこを通過する腕神経叢または鎖骨下動脈の圧迫を再現するテストがあります。これには、胸郭出口部の圧痛と腕にひびく痛みを調べる検査（**モーレイテスト** 前頁上段）がよく用いられ、腕神経叢の圧迫の程度がわかります。

　鎖骨下動脈を圧迫する試験としては、以下の３種類のテストが重要です。

　いすに腰かけた人の腕を、外側から上方に持ち上げる**ライトテスト**（前頁上段）、肩を後ろ下方に押し沈める**エデンテスト**（上段）、くびを症状のある腕の方向に反らしながら回し、深呼吸させる**アドソンテスト**（上段）で、これらによって、手首の親指側の動脈（ふつう脈をみるときに使う橈骨動脈）の拍動が止まれば、鎖骨下動脈の圧迫がある（陽性）と判断します。健康な人でも陽性のことがあり、症状のある側とない側とで同じテストをして、差があればはっきりします。また、これらのテストのときに、いつもの症状が再現すれば、診断はさらに確かなものになります。

　診断の根拠として、もうひとつ重要な検査法に、**運動負荷テスト**（**ルーステスト**）があります。これは、両腕をバンザイする位置よりやや肩を落とした状態にして、指を曲げたり伸ばしたりするものです。健康な人でも両腕がだるくなってきますが、この病気がある場合は耐えきれなくなって中断してしまいます。３分以上、この運動をつづけられない場合を陽性とします。

　この病気に特徴的なくび、肩、腕にかけての症状があり、動脈圧迫試験のいずれかが陽性で、運動負荷試験が陽性、さらに頸椎の病気やその他の神経の病気ではないことが明らかになれば、胸郭出口症候群と診断できます。

　頸椎の病気との区別がむずかしいことも少なくないので、診断に時間がかかることがあります。

治療　胸郭出口症候群は、急速に進行する病気ではなく自然に治ることもあるので、あせらず、ゆっくり治療を受けることが大事です。まずは、日常生活で症状が悪化する動作を禁止し、とくに荷物を下げる、重量物を抱えるような動作を避け、また水平面より上での動作も控えることが重要です。猫背などの悪い姿勢をとる人が多く、その改善のために装具をつけることもあります。

　くび、肩を動かす運動療法（ラジオ体操程度）は、根気よくつづけてみるべきです。

　くび、肩、腕への温熱療法や、消炎鎮痛薬および筋弛緩薬などの薬物療法も効果のあることが少なくありません。

　鎖骨上部で、押さえて痛い部位（前斜角筋内）に局所麻酔薬を注入することもあります。

　こうした治療をつづけても症状が改善せず、日常生活にも支障をきたすようであれば、手術を考えます。胸郭出口症候群は、その発症の原因が解明されていない面もあり、手術の効果は必ずしも高いとはいえないのが現状です。また、自律神経症状や心因的要因によることもあるので、精神的なアプロー

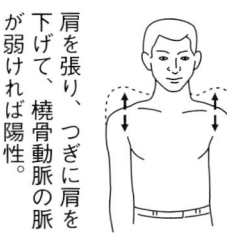

血管・神経が圧迫されやすい胸郭出口

①斜角筋症候群で圧迫される部位
②肋鎖症候群で圧迫される部位
③過外転症候群で圧迫される部位

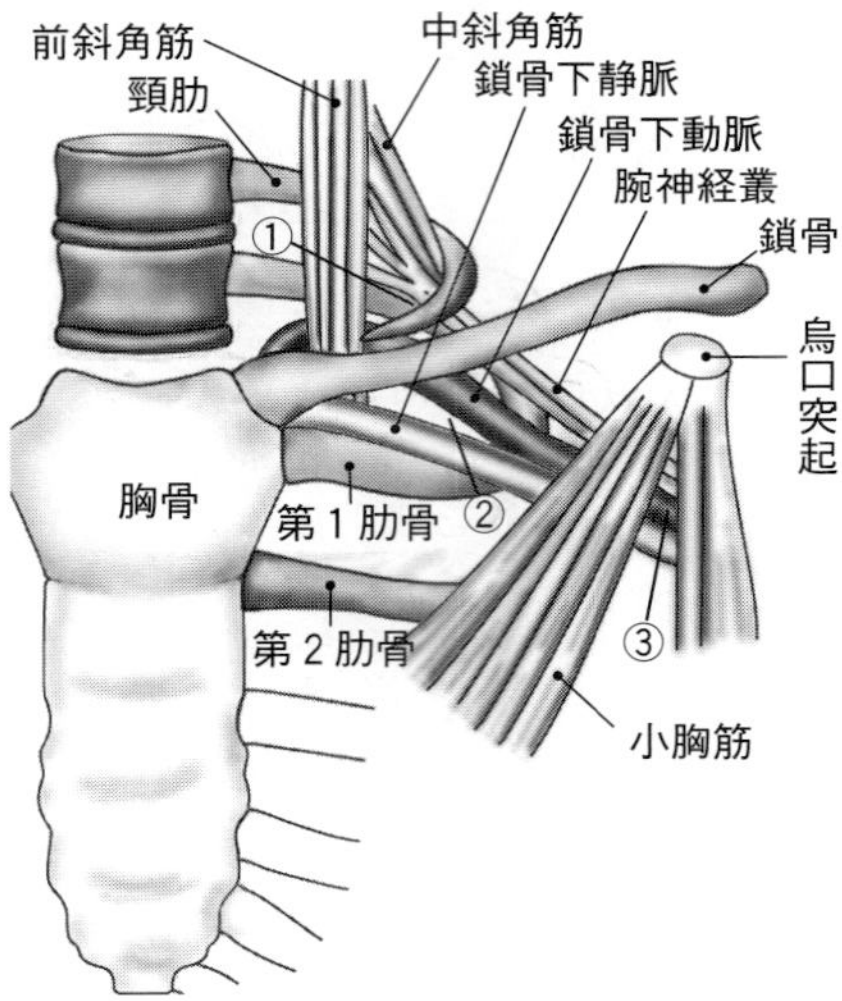

チを必要とすることもあります。

手術療法は、つぎのように、原因である病気によって方法が異なります。

▼頸肋症候群　頸椎には胸椎のような肋骨はついていないのがふつうですが、第7番目の頸椎（頸椎のいちばん下で、胸椎のすぐ上）に生まれつき肋骨（頸肋という）がある場合があります。頸肋は、第1肋骨より上にあるため、胸郭出口を狭める原因になりやすいものです。頸椎のX線写真の正面像を撮ると、頸肋は容易に見つかります。

何も症状がない人に偶然に見つかることも多く、頸肋があるからといって病気ではありません。しかし、これが原因で胸郭出口症候群があり、保存的療法で改善しない場合、頸肋の切除手術があり、治療効果も高いものです。

▼斜角筋症候群　斜角筋が緊張して胸郭出口を狭めるとおこるものですが、この緊張がどうしておこるのかは、よくわかっていません。

鎖骨下動脈に造影剤を注入し、X線で血管を撮影（血管造影）すると、この部位で圧迫されていることがわかり、診断がつきます。

保存的療法で効果がなく、診断がきわめて明確な場合にかぎって、斜角筋（前斜角筋と中斜角筋）を切り離す手術法があります。

▼肋鎖症候群　第1肋骨と鎖骨の間が狭くなったときにおこるものです。

鎖骨の骨折で、骨折した部分が変形したまま癒合した場合に、多くみられます。また、妊娠末期の女性は、肩を後ろに引いた姿勢をとることが多いため、この病気の症状がみられることがあります。めったに行われませんが、第1肋骨を切除する手術法があります。

▼過外転症候群　肋骨と鎖骨の間から出てきた神経と血管は、わきの下を通って腕に伸びています。わきの下のすぐ直前では、小胸筋という筋肉が、これらの神経と血管を前のほうからおおっています。

腕を横に伸ばし、そのまま上のほうに持ち上げる動作（肩の外転）をすると、この小胸筋が異常に緊張して、胸郭出口症候群がおこるものを、過外転症候群といいます。

塗装業などで、頭より高い場所に腕を伸ばして作業する機会の多い人や、黒板に書くことの多い教師にみられることがあります。健康な人でも、電車のつり革を長く握っていたりすると、同じような症状（しびれ、だるさ）がおこることがあります。

診断を確かなものとするには、血管造影で、この筋肉のところで動脈が圧迫されているようすを見つける必要があります。まれですが、小胸筋を切り離す手術が行われることがあります。

手・腕の病気

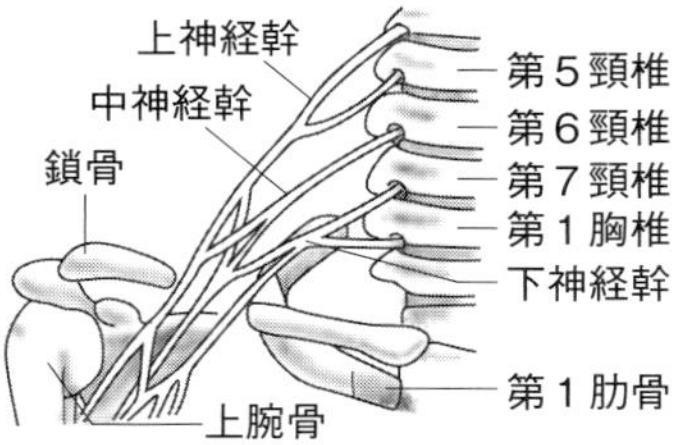

腕神経叢の合流するようす

腕神経叢まひ
Brachial Plexus Palsy

どんな病気か

頸椎の下部と胸椎の上部の脊髄から出る神経根（第5、第6、第7、第8頸神経と第1胸神経）は、脊椎の前側方（くびの前の鎖骨の上のほう）で集まって束のようになっており、これを腕神経叢といいます。この束は、しだいに枝分かれしながら、肩、腕、指に向かう神経となっています。

交通事故、とくにオートバイの転倒事故などで、くびが横のほうに強く曲げられたり、肩が引っ張られたりすると、この腕神経叢がちぎれたり、脊髄の出口で引き抜かれたり（**神経根引き抜き損傷**、または**節前損傷**）します。

そのほか、機械に腕を巻き込まれたり、スポーツ事故でも、同じようなことがおこります。鎖骨や第1肋骨の骨折をともなうこともあります。

症状

損傷を受ける腕神経叢の広がりによって分類されます。

①全型　肩から指まで全部がまひしている場合。

②上位型　肩と肘が動かない場合。

③下位型　手の指が動かない場合。

検査と診断

腕全体の運動まひと知覚まひの分布を調べることで、腕神経叢まひの診断と同時に、全型、上位型、下位型の診断ができます。

まひの回復が望めない**引き抜き損傷**（神経根が脊髄から出るところで引きちぎられている場合）とそうでない損傷とを区別することが重要です。

MRI検査や電気生理学的検査によって神経の損傷部位やまひの程度がわかります。さらにくわしく引き抜き損傷を調べるために、脊髄腔造影とCT検査が必要になることもあります。

治療

引き抜き損傷の場合、自然にまひが回復することは、まずありません。また、切断したり、損傷したりした神経をつなぎ合わせるのは、損傷している場所によってはむずかしい場合があります。

引き抜き損傷でない場合、損傷の場所や程度によっては、自然回復の可能性がありますので、3か月程度の間は、筋肉を刺激しつつ、関節がかたまってしまわないように、リハビリテーションを行いながら、ようすをみます。

手術はまひの程度や範囲、回復具合により、大きく4種類に分類されます。

①神経剥離術　損傷した神経が周囲の組織と癒着したりして、回復が妨げられることがあるので、神経の周りを整える手術です。

②神経移植術　損傷の程度がひどい部分に、他の場所から神経を採取して置きかえる手術です。採取するのは、日常生活に影響が少ない、足の皮膚の神経が使用されることが多いです。

③神経移行術　損傷してない神経の一部を切り離して、損傷している神経につなぐ手術です。

④機能再建術　傷んだ神経を直接治すのではなく、腕や腱を移動することによって、できるだけ腕や指を使いやすくする手術です。

上位型では、手指のまひはないので肩や肘の再建術を行えば、腕の機能が改善することが期待できます。また、従来回復が困難とされてきた下位型や全型の引き抜き損傷でも、マイクロサージャリー（1983頁）の発展で、新しい手術法が開発され、機能回復が望めるようになってきています。

テニス肘（上腕骨外側上顆炎）
Tennis Elbow

どんな病気か

テニスプレーヤーに多いことから、テニス肘と俗称で呼ばれていますが、上腕骨外側上顆炎が正式な病名です。テニスプレーヤーだけでなく、腕を多く使う職業の人、くり返し同じ動作を行ったあとでも、この病気をおこすことがあります。

肩と肘の間にある大きな骨（上腕骨）の外側上顆という部分（下図）には、手首を反らす（手の甲のほうへ引っ張る）筋肉がついています。手首や指を使いすぎると、この部分に炎症がおこり、テニス肘になります。

症状

肘の外側を押さえると痛み、手首を手の甲のほうに動かすときも同じところに痛みを感じます。痛みでドアのノブを回せない、ぞうきんをしぼれないなどの症状がでます。

治療

まず安静にすることが第一です。この場合、手関節（手首）を固定するのが重要で、肘関節を固定しても意味がありません。肘にかかる牽引力を弱める目的で、特殊なバンド（テニスエルボーバンド）を使用することで、効果があることもあります。

炎症を抑える副腎皮質ホルモン（ステロイド）剤や局所麻酔薬を注射することもよく行われます。

右上腕骨

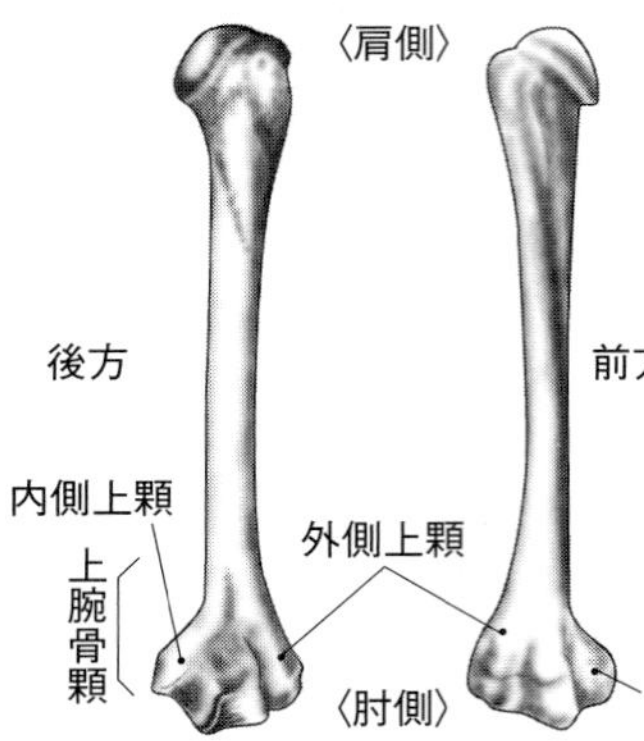

それでも効果がない場合には、炎症をおこしている筋肉の一部を切除する手術を行うこともありますが、そうした例はひじょうにまれで、多くの場合、安静や服薬、注射を組合わせて治療を行うことで治ります。

ゴルフ肘（上腕骨内側上顆炎）
Golf Elbow

どんな病気か

テニス肘（前項）と同じように、手首や腕の使いすぎでおこる病気です。

ゴルフプレーヤーに多いことから、この名がありますが、正式には、上腕骨内側上顆炎といいます。ゴルフだけでなく、いろいろな原因でおこります。

肩と肘の間にある大きな骨（上腕骨）の内側上顆という部分（上図）には、外側上顆についている筋肉に対抗して手首を曲げる（手首を手のひらのほうへ曲げる）筋肉がついています。手首や腕を使いすぎると、この部分に炎症がおこります。

症状　ゴルフ肘では、肘の内側を押さえると痛み、手首を手のひら側へ動かしたときに痛みがおこります。

治療　テニス肘の治療と同様、安静にすることが第一です。肘が痛いからといって、肘関節を固定しても意味がありません。手関節（手首）を固定するのが、重要です。

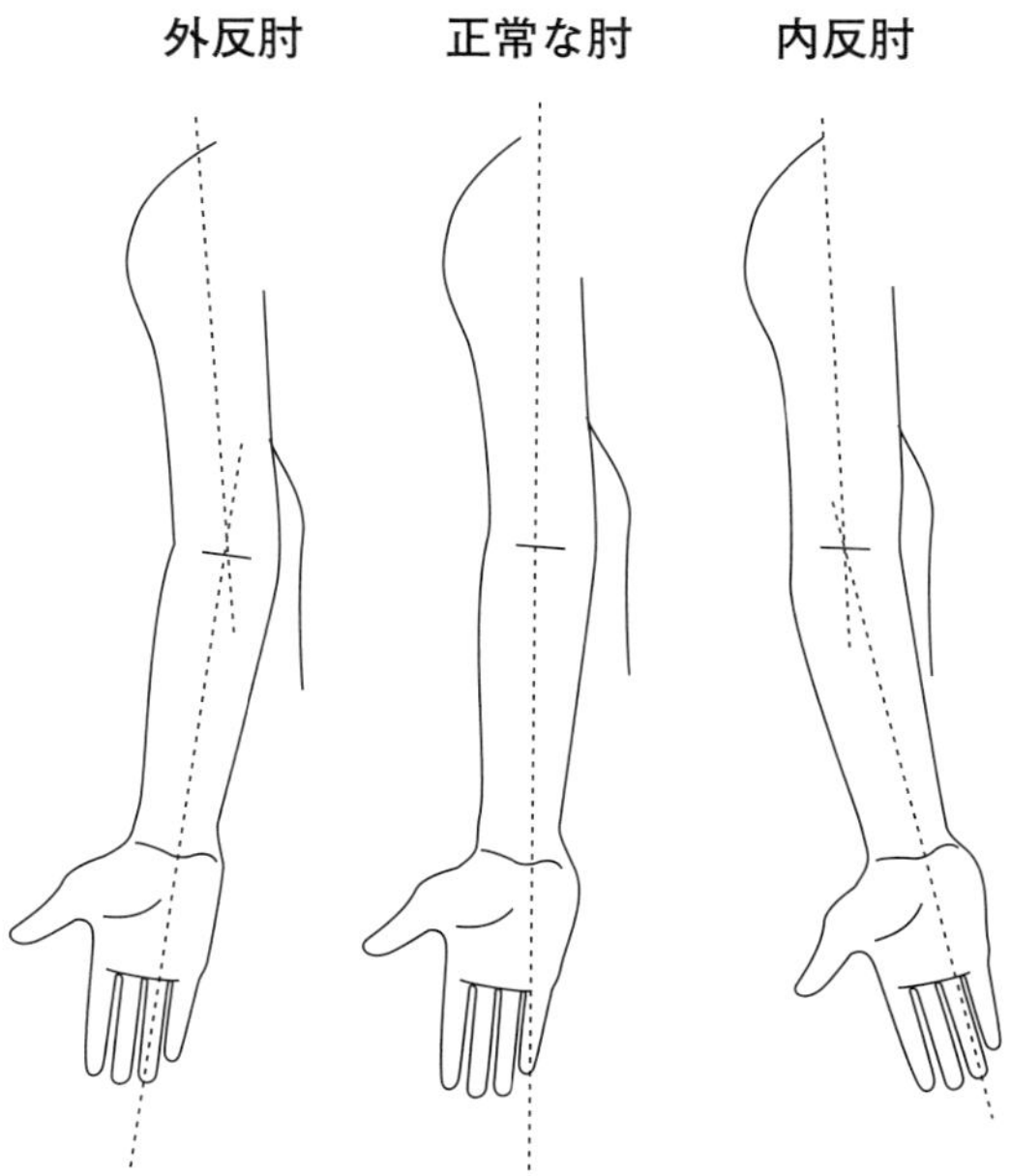

肘にかかる牽引力を弱める目的で、テニスエルボーバンドを使用することで、効果があることもあります。

炎症を抑える副腎皮質ホルモン（ステロイド）剤や局所麻酔薬を注射することもよく行われます。多くの場合、安静や服薬、注射を組合わせて治療することで治ります。

内反肘／外反肘 Cubitus Varus / Cubitus Valgus

どんな病気か　手のひらを上に向けて肘を伸ばしたとき、肘より手のひらがやや外にあるのが正常です。これを**生理的外反肘**といいます。

この正常な位置を越えて、さらに外側に手のひらがくる場合を**外反肘**と呼んでいます。逆に、肘よりも手のひらが内側にくるものは、**内反肘**といいます（上図）。

どちらも、多くの場合、子どものころの骨折が原因となって、うまく整復されなかったことによるものと考えられます。

治療　ほとんどの場合、外見が問題となるだけで、日常生活のうえでの機能が問題となることは、あまりありません。

しかし、まれに、肘の変形が原因となって、手のしびれがおこることがあります（外反肘の場合が多い）。このような症状が現れた場合には、手術が必要になることもあります。

このしびれは、肘の変形によって、肘を通る神経（おもに尺骨神経）が圧迫されておこるもので、**遅発性尺骨神経まひ**と呼ばれます。

この場合には、神経の圧迫を取除くため神経を剥離したり、骨の一部を削ったりする手術が必要になることがあります。

肘部管症候群 Cubital Tunnel Syndrome

どんな病気か　腕から指（小指と薬指）にかけて通る尺骨神経は、肘関節の内側で、骨のくぼみ（尺骨神経溝）と線維組織からできているトンネ

◎神経絞扼症候群

脊髄から枝分かれした末梢神経が、手足にいたるある部位で絞扼（圧迫）されると、そこから先の神経が障害され、痛み、筋力低下、知覚障害などをおこします。これを**絞扼性神経障害**といい、これらの神経障害をおこす病気の総称が神経絞扼症候群です。

末梢神経は、神経の走行が急に曲がったりする関節の近くや、筋肉、腱、靭帯などの間を通ったりするときに絞扼されやすく、それにからだの一部の使いすぎや圧迫が加わって、この病気がおこります。

絞扼性神経障害は腕におこることが多く、全体の約8割を占めています。腕の末梢神経には、正中神経、尺骨神経、橈骨神経の3つがあります。もっとも多くみられるのは、手首にある手関節の手のひら側で正中神経が絞扼されるためにおこる**手根管症候群**です。

尺骨神経が、肘関節のところで絞扼されると、小指と薬

ル（肘部管）の中を通っています。この肘部管のところで神経が絞扼(圧迫)されるためにおこる神経障害です。

症状 小指と、薬指の半分（小指側）にしびれがでて発症することが多く、ときに指から肘にかけての小指側全体にしびれや痛みが現れます。さらに進行すると、小指の付け根の筋肉や、親指と人差し指の間の筋肉が萎縮し、**鷲手変形**（ワシの爪のような形）という状態になります。握力も低下し、ペンが持ちにくくなったり、おつりをもらう際に指の間から硬貨が滑り落ちたりします。

原因 多くは肘周辺の使いすぎや、加齢にともなう肘関節の変形、野球選手などのスポーツ選手や重労働者にみられる肘の変形が原因です。最近、少なくなってきていますが、小児期の骨折後の外反変形（「外反肘」前項）によるものもあります。また、内反肘も原因となることがわかってきました。そのほか、ガングリオン（手や足の腱や関節にできる嚢胞 1849頁上段）による圧迫や、関節リウマチ（2014頁）、糖尿病（1501頁）が原因となることもあります。女性の場合、妊娠、出産、更年期に発症することもあり、ホルモンによる影響も考えられます。

検査と診断 肘の内側で、骨がとび出ている部分のすぐ後ろのやわらかいくぼみ（肘部管）を軽く指先でたたいてゆき、小指や薬指に痛みやしびれがあれば肘部管症候群を疑います。**ギオン管症候群**（次頁上段）でも小指と薬指にしびれが現れますが、その範囲は手首を越えて肘のほうまで広がることはありません。

補助診断としてMRI、超音波検査、電気生理学的検査があります。MRI、超音波検査では、神経の圧迫の状態や腫瘍の有無が疑われます。電気生理学的検査では、神経の圧迫の部位や神経の損傷の程度がわかります。

治療 年齢によって、症状の現れかたや、治り具合が異なるといわれています。一般に若い人では進行が遅く、軽～中等症であれば安静を保つための副子（ギプスや副木。30度くらいに曲げた状態がいちばん神経をリラックスさせるといわれている）の利用、消炎鎮痛薬やビタミン剤の内服による治療を行い、急いで手術をしなくても回復は良好といわれています。

中・高年層では進行が早く、重症化（筋力低下や筋肉の萎縮）しやすいこと、いちど重症化すると回復が困難なので、専門医の診察を受け、場合によっては早めに手術を受ける必要があります。

手術は肘部管での神経の圧迫を取除くもので、肘の骨を少し削って、線維組織を切って、圧迫を取除く方法（**上腕骨内側上顆切除術**）のほか、線維組織を切って、圧迫を受けない場所に神経をずらす方法（**神経前方移行術**）などがあります。

最近では、内視鏡を使用しながら小さな傷で圧迫を取除く手術も行われています。

肘部管症候群は、重症化すると手術をしても回復に長期間（6か月以上）かかることがあり、なかには回復しない場合もあるので、早期発見、早期治療が重要です。

手・腕の病気

指がしびれ、ワシの爪のように変形し、これを**肘部管症候群**（前頁）といいます。

ギオン管症候群は、尺骨神経が手のひらの小指側のギオン管というトンネルで圧迫されておこる神経障害です。

橈骨神経が、上腕のところで絞扼を受けると、手の甲がしびれ、手や指が垂れ下がって伸びなくなります。これを**橈骨神経まひ**といいます。

脚では、太ももの外側にしびれと痛みがおこる**大腿外側皮神経炎**、足の裏にしびれと痛みがおこる**足根管症候群**が代表的なものです。

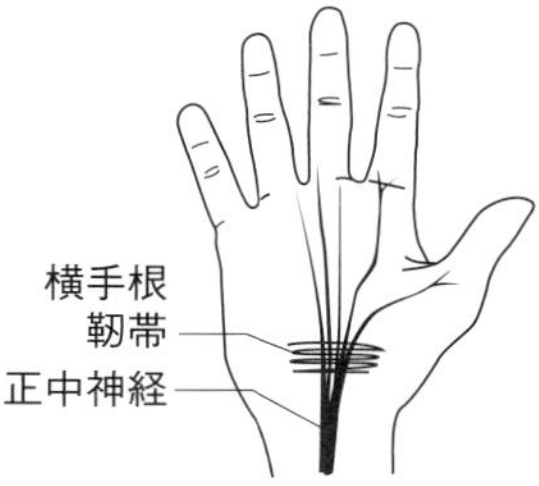

横手根靭帯による正中神経の圧迫

手根管症候群
Carpal Tunnel Syndrome

どんな病気か

腕から手先に伸びる正中神経が、手首の手のひら側で手の骨（手根骨）と横手根靭帯からなるトンネル（手根管）の中で絞扼（圧迫）されるためにおこる正中神経障害です（上段図）。絞扼性神経障害の代表的な病気で、全体の40％は両手におこります。10対1の割合で女性に多く、とくに閉経期前後の中年女性によくおこります。妊娠中や出産後に発病することもあります。

症状

手のひらの親指側、親指から薬指にかけてのしびれ感、ピリピリ、ヒリヒリした痛みが現れます。しびれと痛みは、夜間に強くて眠れなかったり、早朝の起床時に強いことがあります。さらに進行すると、手のひらの親指側の筋肉が萎縮して、膨らみがなくなり、親指と小指を使って物をつかむことができなくなります。

原因

約半数の手根管症候群は、はっきりした原因が不明です。手をよく使う仕事の人（同じ動作をくり返す作業、低温での作業、振動をともなう作業）で発症しやすいといわれています。また、中年女性に多いことから、ホルモンの影響も考えられています。そのほか、関節リウマチ（2014頁）による屈筋腱滑膜炎や橈骨遠位端骨折後の変形による絞扼があります。

最近増加しているのは、長期に人工透析を受けている人の手根管症候群です。これは、アミロイドというたんぱく質が沈着することによっておこる屈筋腱滑膜炎が原因です。

検査と診断

手首を手のひら側に強く曲げる手関節掌屈試験でしびれが強くなったり、手首の手のひら側をたたいたとき、親指、人差し指、中指に痛みやしびれが走れば、手根管症候群を疑います。補助的な診断として、MRI、超音波検査で、正中神経の圧迫の状態や腫瘍の有無を調べます。電気生理学的検査では、神経が圧迫されている部位がわかります。

治療

手をできるだけ使わないようにし、安静を保つために装具で手首を固定したりします。また、消炎鎮痛薬やビタミン剤の内服、正中神経の周囲へ副腎皮質ホルモン（ステロイド）剤を注射したりします。

ときには手術（外来あるいは約1週間の入院）が必要となることがあります。手首の手のひら側を約5cm切り開き、正中神経を絞扼している横手根靭帯を切り離す手術が行われます。最近では関節鏡を用いて、約1cm切開するだけの手術も可能になっています。重症化して筋肉が萎縮し、親指が使いにくくなっている場合には、腱移行術が必要となることもあります。

手術後、指の痛みは比較的早期に軽くなりますが、筋力の回復には長期間かかることがあります。

手根不安定症
Carpal Instability

どんな病気か

手首の関節（手関節）はいくつかの骨（手根骨）が集まってつくられています。そのつながりが、けがや関節の病気によって壊れ

◎**腱鞘炎**

筋肉と骨をつなぐ腱の外側を包んでいる腱鞘におこる炎症です。手指の腱、アキレス腱などでおこります（1869頁上段）。もっとも頻度が高いのは、腱鞘の中が狭くなるために腱のすべりが悪くなって摩擦がおこる**狭窄性腱鞘炎**です。おもに手指でおこります（「ばね指」参照）。

◎**手の外科の知識**

手の指には多くの小さな関節があり、それを多くの腱で

ると、骨と骨が不安定な動きをするために、手関節の痛みや変形が現れてくる関節障害です。

症状

捻挫や骨折のあと、しばらくしても痛みがとれず手首の動きが制限されたり、動かすときに音がしたり、引っかかりがでることがあります。また、握力が低下します。

手首を強くひねったり、転んで手をついたりしたとき、また手首周辺の骨折（舟状骨骨折、橈骨遠位端骨折など）のあとにおこることもあります。

検査と診断

手首の付け根を指で押さえていって、かぎられた範囲に痛みがあったり、特定の方向に動かしたときに痛みがでたり、「コクッ」というような違和感があるときに、手根不安定症を疑います。

補助診断として、さまざまな方向からのX線撮影が必要です。手関節造影で、靭帯が切れている部位から造影剤が漏出して確認できることがあります。

治療

手根不安定症は「なかなか治らない手首の捻挫」として治療されていることがあり、診断がついた時点では、発症から時間が経過していることがしばしばあります。

受傷から1か月以内が急性期（早期）とされ、不安定性の程度にもよりますが、この時期にギプス固定をしたり、鋼線によって骨どうしを正しい位置に一時的に固定する手術が行われます。

最近では、診断と治療をかねて手関節鏡が行われます。手関節鏡では内視鏡によって靭帯や関節の軟骨の状態を直接観察できます。さらに内視鏡で確認しながら、骨の関係をもとに戻したり、損傷した靭帯の処置が可能です。

発見が遅れたり、長期間放置された場合、骨どうしのつながりに大きなずれができている場合には、治療がむずかしくなります。骨をもとの位置に戻して、靭帯を縫い直したり（靭帯縫合術）、新しく靭帯をつくり直したり（靭帯再建術）する方法があります。

骨折後の変形に合併した場合は、骨折部の変形を矯正する必要があります。

専門的な治療が必要になりますので、整形外科専門医、手の外科学会専門医（上段）に相談してください。

ばね指
Snapping Finger

どんな病気か

指には腱という筋肉と骨をつなぐ筋が通っていて、その腱のはたらきによって指が曲がります。腱は腱鞘の中を通っています。**腱鞘炎**（上段）がくり返しおこると、腱鞘が狭くなって、腱がしばしば引っかかり、指が伸びなくなり、「パキッ」という感じ（ときには音がすることも）とともに指が伸びるようになることがあります。これをばね指といいます。

原因

手をよく使う職業の人や妊娠・出産や更年期の女性におこることが多く、親指や中指に多く発生します。また糖尿病の人にもおこりやすいといわれています。

検査と診断

前述の典型的な症状と指の付け根の腫れや痛みで診断できます。まれに引っかかりの原因が腫瘍のこともあるので、補助診断として、超音波検査やMRIが行われます。

治療

手をできるだけ使わないようにし、安静を保つために

動かすことによって、「つかむ」「にぎる」「つまむ」などの動作が可能になります。

脳の運動をつかさどる部分（運動野）のかなりの部分が手の運動で占められており、それだけ手は、大事な発達した器官なのです。

その手の機能に障害がおこると、日常生活に大きな不自由が生じます。また、手や指には狭い範囲に腱や神経、血管が集中しており、他の部位に比べると、けがのあとに強い痛みやしびれが残ったりすることがしばしばみられ、回復まで時間がかかることがあります。手の機能障害は初期治療がたいせつです。

手の機能障害がおこった場合には、できるだけ早く整形外科を受診し、必要であれば、手の外科を専門とする医師のいる病院を紹介してもらうのがよいでしょう。

日本手外科学会のホームページでも手の外科専門医を確認できます。

http://www.jssh.or.jp/

装具や副木をあてて、指を固定したりします。また消炎鎮痛薬やビタミン剤の内服、副腎皮質ホルモン剤（トリアムシノロン製剤）の注射なども行われます。ただ、この注射は頻繁に行うと腱自体が弱くなって、まれに腱が切れることもあるので、注射の際には医師の説明をよく受けてください。

こうした治療で症状が軽くなる人が大半ですが、なかなかよくならない人や、指が曲がったまま動かない人は、手術したほうが早くよくなります。手術は狭くなった腱鞘を一部切って、腱がスムーズに動くようにするもので、おもに外来日帰り手術で可能です。

フォルクマン拘縮
Volkmann Contracture

どんな病気か　肘から手首にかけて（前腕部）は、筋肉や神経・血管が、筋肉を包む薄い膜（筋膜）によっていくつかの閉ざされた区画（コンパートメント）に分けられています。肘の周辺の脱臼や骨折などのあとに、内出血や筋肉の腫れなどによって、区画の内圧が上昇し、循環不全（**コンパートメント症候群**）がおこり、筋肉の組織が死んだり（壊死）、末梢神経まひによって、肘から手にかけてのまひや拘縮（手指が曲がる）が生じます。

原因　子どもでは、上腕骨顆上骨折が多く、おとなでは前腕部圧挫傷（前腕部が強い力で挟まれたりしておこる）や前腕部骨折が多くなっています。

症状　初めは、肘や前腕が著しく腫れて強く痛みます（急性期）。進行すると、橈骨動脈の脈拍（手首の脈）が触れなくなり、手指が白くなり、しびれて動かなくなります。

慢性期になると、軽傷では、2～3本の指が曲がって伸びない状態となり、重症では、すべてがワシの爪のように変形して（鷲手変形）、しびれなどの知覚障害が残ります。

検査と診断　急性期の症状がみられたら、コンパートメント内圧を測ります。内圧が高ければ、コンパートメント症候群と診断し、フォルクマン拘縮になると判定します。

治療　急性期では、まず骨折や脱臼の牽引整復を行います。それでも痛みと腫れがひどく、脈が触れないなど、症状が改善しなければ、できるだけ早く（発症12時間以内）に、筋肉・神経が循環障害をおこすのを防ぐため、前腕部の皮膚、筋膜まで切開し、筋肉内の圧力を下げます。

慢性期になり、すでに筋肉が壊死して、手指の変形が完成している場合は、筋肉や神経の癒着をとったうえで、変形に応じて矯正手術を行います。

フォルクマン拘縮は、いったんおこってしまうと治療はむずかしく、もとどおりには治りません。早期に適切な治療を受ける必要があります。

デュピュイトラン拘縮
Dupuytren Contracture

どんな病気か　手のひらや指の腱膜（腱をおおう膜）の肥厚と収縮によって、おもに薬指や小指がしだいに曲がってくる病気です。

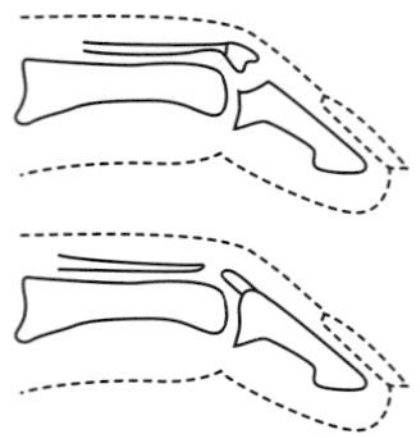

剥離骨折

腱損傷

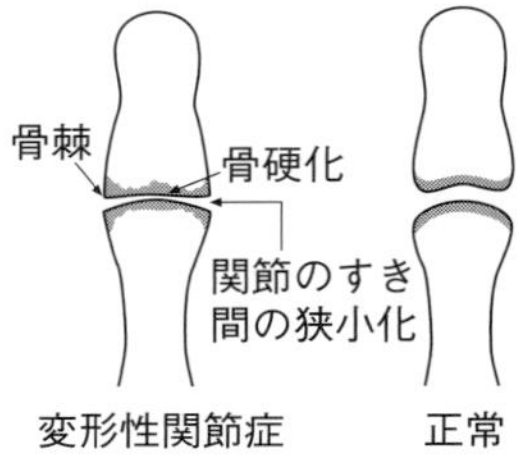

指の変形性関節症

50～60歳で発症することが多く、5対1の割合で男性に多くみられ、半数以上は両手におこります。

原因不明ですが、手をよく使う職業の人や糖尿病、変形性頸椎症（1894頁）に合併することが多いといわれます。

症状　薬指や小指の手のひら側に結節（かたいしこり）ができます。結節は、ときに軽く痛むこともありますが、ほとんどは痛みをともないません。放置しておくと、結節の数と大きさが増し、連なって少しずつ手指の関節が曲がっていきます。

足の裏や陰茎の皮下に同じような結節ができることもあります。

薬指や小指の手のひら側に結節があり、皮膚の引きつれがみられれば診断できます。ただし、古い傷あとと区別する必要があります。ばね指（1924頁）との区別がむずかしいこともあります。

治療　多くの場合、進行性です。指の曲がりがひどくなるにつれて、手術は困難になります。曲がりが軽いうちに専門医を受診し、早期に治療を始めてください。

マレット指（槌指）

Mallet Finger

どんな病気か　**つき指**が原因で、指の先端の関節が曲がって、自分で伸ばすことができなくなる外傷です。指を伸ばす腱は、指の先端の骨についていますが、その骨の一部とともにはがれる（剥離骨折）場合と、腱自体が断裂する場合とがあります（上段図右）。

症状　指の先端の関節が曲がって、自分で伸ばせなくなります。先端の関節の背側（爪の付け根）が腫れて、押さえると痛みます。

検査と診断　腱が骨とともに剥離している場合は、X線検査でわかります。腱自体が断裂している場合は、超音波検査やMRIが役立ちます。

治療　剥離した骨片が大きくずれている場合は、手術してワイヤーなどで固定する必要があります。

骨片が小さかったり、腱自体が断裂している場合は、装具などを用いて指の先端の関節を十分に伸ばした位置で6～8週間固定します。

ヘバーデン結節

Heberden Node

どんな病気か　**変形性関節症**（1872頁）が指の先端の関節におこると、関節が太くなり、結節（しこり）状になります。中年以降の女性、指をよく使う職業の人に多いことから、関節の使いすぎによる変形や遺伝による変形などが原因に考えられます。ただし、関節リウマチとは関係がありません。

ときに指の先端の関節に嚢腫ができ、腫れてきます。変形が進行する時期には痛むことがありますが、変形が完成し、関節の動きが悪くなるころには、痛まなくなることが多いです。

検査と診断　X線写真で関節のすき間が狭くなる、骨棘の形成、骨の硬化などがみられます（上段図左）。

治療　痛みが強い場合は、簡単な固定と鎮痛薬が用いられます。関節が不安定で、物をつかんだりするときにぐらつく場合や、変形がひどい場合などは、関節固定術などが必要になります。

膝・足の病気

◎膝内障とは

膝に腫れや痛み、違和感など、なんらかの症状があるけれども、原因がはっきりしない場合に膝内障という病名が使われることがあります。ただし、MRI検査などによって原因がはっきりした時点で、たとえば半月板損傷（1937頁）や靭帯損傷（1937頁）といった病名をつけることになります。

膝前部痛
Anterior Knee Pain (AKP)

どんな病気か

若い人にみられる膝前面の痛みに対して、包括的に用いられる病名です。そのうち、病態のはっきりしている疾患は数多くありますが、原因のはっきりしないものは膝前部痛症候群と呼んだりします。

▼滑膜ひだ障害（棚障害 1938頁**）** 階段の上り下りや立ち座り動作のときに、膝蓋骨の内側に痛みを生じ、ときに引っかかり感や音を自覚します。膝蓋骨の内側にある滑膜ひだに物理的な刺激がくり返されることでおこります。保存的治療で痛みがとれず、生活に支障がある場合、関節鏡手術を行います。

▼ジャンパー膝（1948頁） 膝を伸ばす腱が膝蓋骨についている部分に負荷がかかりすぎて痛みます。バスケットボールやバレーボールといったジャンプ系のスポーツや、サッカーなどで多くみられます。症状が軽度であれば、ウォーミングアップやクールダウンを徹底して経過をみていきます。症状が強ければ、スポーツを中止します。

▼有痛性分裂膝蓋骨 膝蓋骨の一部が、生まれつきや外傷などで分離したものを分裂膝蓋骨といいます。ほとんどが無症状ですが、運動中や運動後に分離部分に痛みが生じることがあります。通常はスポーツを中止したり、湿布を貼ったりすることでよくなりますが、まれに、分裂膝蓋骨を摘出する手術が必要になることがあります。

▼膝蓋大腿関節不安定症 膝蓋骨の内側と外側にかかる力が不均衡に作用するために膝蓋骨が不安定な状態となり、痛みや違和感・不安定感など、さまざまな症状を呈します。膝蓋骨を内側から押さえると痛みがあったりします。

▼離断性骨軟骨炎（1882頁） スポーツをしている若い男性に多くみられます。関節軟骨に負荷がくり返されて、関節に面した骨が軟骨とともに母床からはがれてしまうことでおこります。スポーツを中止し、安静にして経過をみます。痛みが改善しないものや、完全にはがれた場合は、摘出手術を行います。

▼膝前部痛症候群（AKPS） 前述の各疾患を除外したうえで、原因がはっきりしない場合につけられる病名です。思春期のスポーツ愛好家を中心に多くみられ、スポーツ活動や同じ体勢を長時間とることが誘引となっておこります。膝蓋大腿関節の不均衡が原因ではないかと考えられていますが、はっきりした病態はわかっていません。

治療

いずれも、スポーツを中止したり、湿布を貼ったりしてようすをみます（保存的治療）。自然によくなることがほとんどですが、手術するケースもあります。

膝蓋軟骨軟化症
Chondromalacia Patellae (CMP)

膝蓋骨周辺に痛みがあり、上から圧迫すると痛みがでます。関節鏡で膝蓋軟骨の軟化が認められる場合に用いられる病名で、以前は、軟骨の状態にかかわらず、診断されたりもしましたが、最近では用いられなくなっています。

スポーツを中止したり、湿布したりしてようすをみます（保存的治療）。

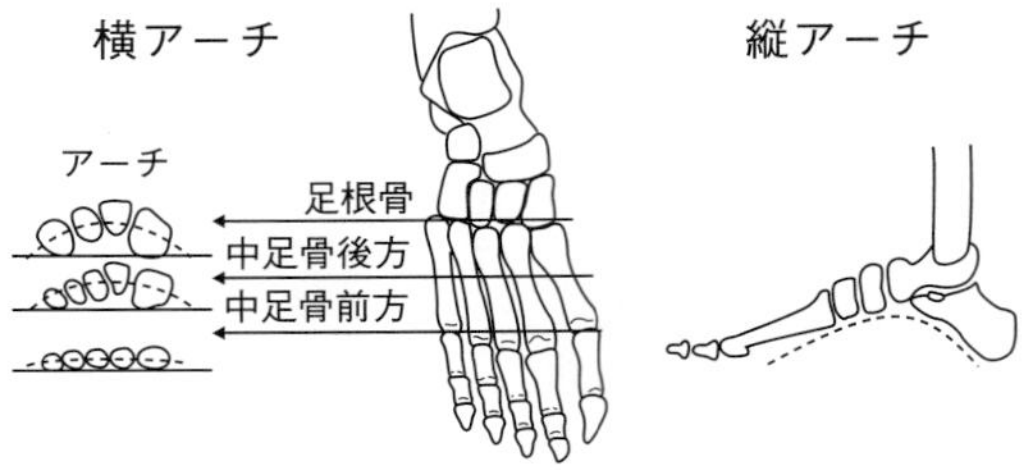

図1　足のアーチ構造

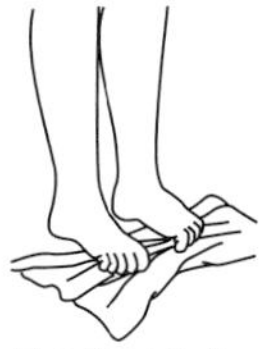

図2　扁平足の理学療法の例

扁平足（へんぺいそく）
Flat Foot

どんな病気か

人の足の裏は、歩行時・走行時の衝撃をやわらげるスプリングの役割をはたすアーチ構造があります。骨・靭帯・筋肉で構成され、**縦アーチ**と**横アーチ**があります（上段図1）。アーチを形成するメカニズムに異常がおこると、縦アーチ構造がくずれてしまい、土踏まずの部分がなくなってしまいます。そのために症状がでてくるのが扁平足です。また、外反母趾（次項）に合併することがよくあります。ちなみに横アーチが減少し、幅広になった足を**開張足**と呼びます。

原因

先天性、外傷性、炎症性、まひ性、静力学性などがあります。

90％以上は**静力学的扁平足**といわれ、体重負荷によって、それを支えるための靭帯や筋肉が弱くなるためにおこるものです。さらに静力学的扁平足を年齢によって、小児期、思春期、成人期の3期に分類します。成人期扁平足では、後脛骨筋腱という内果（うちくるぶし）の後ろを通る腱のはたらきが悪くなっておこることもあります（**後脛骨筋機能不全症**）。

症状

歩行時・走行時の衝撃を十分に吸収できないために、長く立っていたり、歩きすぎると、土踏まずや、ふくらはぎ、太もも辺りに、痛み・疲労感がでてきます。小児期では、変形だけで症状がないこともありますし、成人期でも症状がでない人もいます。

治療

小児期扁平足は、成長にともなって、筋肉・靭帯が強化されると自然に治っていくことがほとんどで、手術になることはまれです。

思春期扁平足は、足根骨癒合症（先天的な疾患）が見つかることもあります。縦アーチをつけた足底板の使用や、アーチを支えるための筋肉の強化を中心に行います（上段図2）。

成人期扁平足も同様ですが、変形性足関節症（1875頁）や、後脛骨筋機能不全症がある程度以上進むと、手術を必要とする場合もあります。

外反母趾（がいはんぼし）
Hallux Valgus

どんな病気か

外反母趾とは、足の親指（母趾）が小指側に曲がり（外側へ曲がることで、外反と呼ぶ）、「く」の字のように変形し、母趾の付け根の腫れや痛みのために、靴を履いての歩行に支障をきたす状態をいいます。さらに悪くなると、足の裏に胼胝腫（たこ　1835頁）ができたり、母趾が第2趾の下にもぐり込むこともあります。関節リウマチ（2014頁）の合併症として生じることもあります。第5趾（小趾）が、内側に曲がって変形し、痛みを生じた状態は**内反小趾**と呼びます。

原因

ハイヒールなどの先の細い靴、性（9対1で女性に多い）、遺伝的要素（母、祖母も外反母趾だった人に多い）が関係してきます。最近ハイヒールを履く女性が多くなり、それにつれて外反母趾が増加してきたことから、靴の影響がもっとも考えられます（次頁図）。10歳代の発症は、遺伝的要素が強く、中年期にかけての

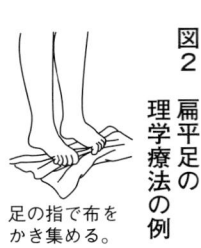

外反母趾のX線学的計測角

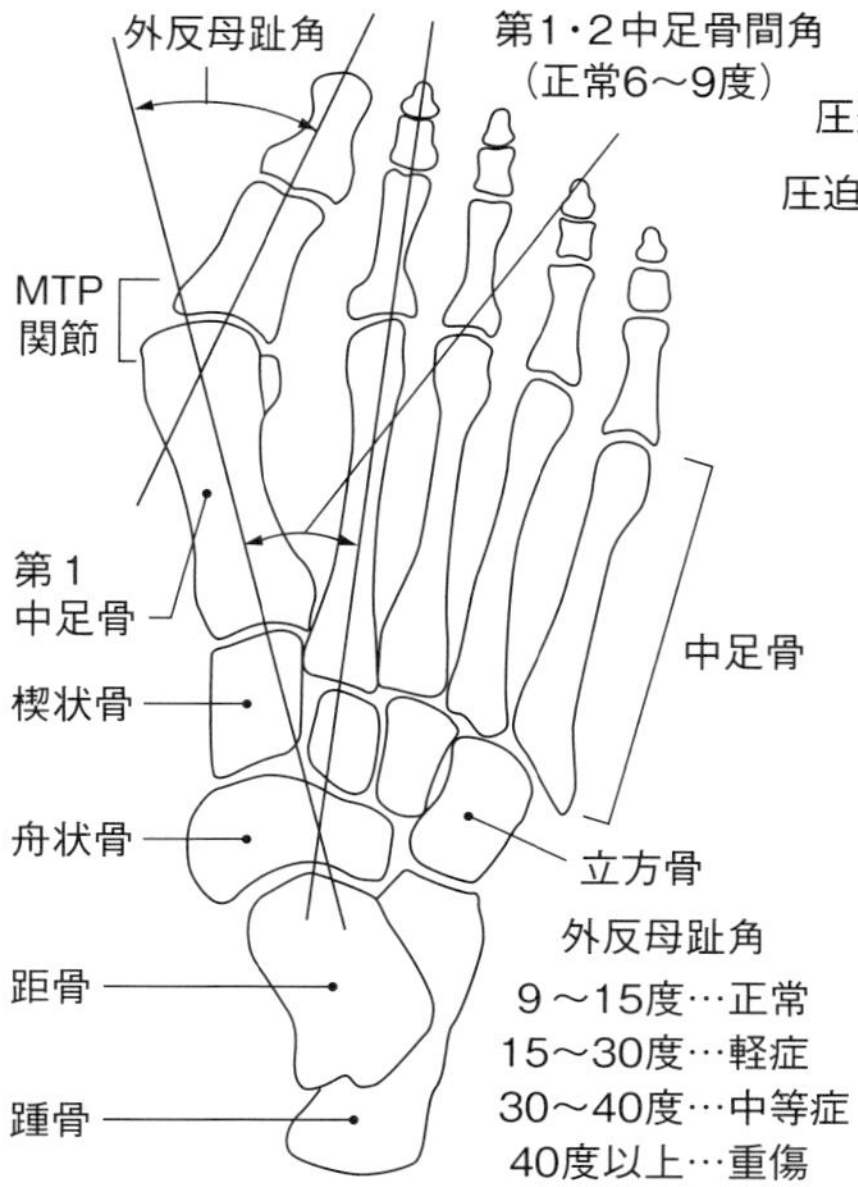

外反母趾の原因

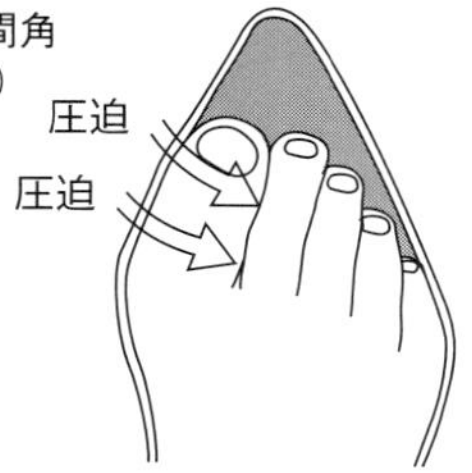

先の尖った靴やハイヒールを履くことにより、母趾（親指）にストレスが集中しておこる

ベルクマン装具

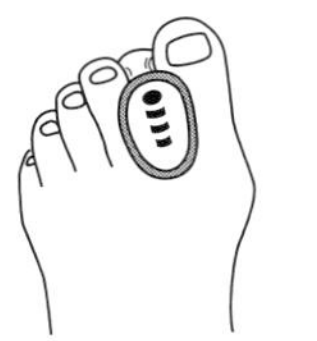

発症は、体重の増加、筋力の低下などが関与しています。遺伝的影響としては、足の形や足趾間の靭帯・筋肉の緩みや弱さなどによる軟部組織のアンバランスなどが考えられます。

症状

母趾の付け根の痛み、内側に赤く腫れる**バニオン**と呼ばれる滑液包炎（動きをなめらかにする関節をおおう袋の炎症）をおこしたり、足底部に胼胝腫（たこ）を生じ、歩くときの痛みなどがおもな症状です。さらに、扁平足・開張足（前項）などもあり、合わない靴だと、それを履くだけでも痛みを感じ、十分に歩くことができなくなります。

検査と診断

診断は実際に目で見ればある程度わかりますが、やはり体重をかけたときのX線写真で、外反母趾角や第1・第2中足骨間角を測定して、重症度を判定します。ただし、X線検査の程度がひどいからといって、強い痛みをともなうというわけではありません。変形がひどくても、痛みがなければ、治療の対象にならないこともあります。

治療

痛みがある場合には、まず、靴の変更、痛み止めの内服などを行います。程度の軽い人や、痛みの少ない人、痛みが強くても手術を敬遠したい人には、装具療法や、運動療法などの保存的治療を行います。装具には、母趾と第2趾の間に入れるベルクマン装具、母趾を内側に引っ張る矯正装具や、土踏まずをきちんと再現するような足底挿板（アーチサポート）などがあります。また、足の筋肉や靭帯の力が低下しているので、足の指でタオルを引き寄せるなどで筋力強化し（前頁上段図2）、進行を防ぎます。

痛みが強い場合や、変形のためにほかの足趾に影響がある場合には、手術を行います。数多くの手術があり、また外反母趾の変形の程度でいろいろ使い分けられることが多いのですが、中足骨での矯正骨切りが多いようです。

予防

手術の目的は、痛みを緩和させることで、必ずしも変形をもとに戻すことではありません。そのため、変形を進行させないことがたいせつで、もっとも重要なことは、靴の選択です。ハイヒールや先細の靴はよくありません。土踏まずがしっかりし、足趾が窮屈でない靴を選びましょう。おしゃれな靴は、かなり窮屈なことが多いので、履くのはごく短時間にとどめましょう。また足の筋力強化や体重の調整も必要になってきます。

けが（外傷、損傷）

けがには、打撲や捻挫、骨折、出血するものから、命にかかわるものまで、さまざまですが、受傷直後の対応がたいせつです。

けが（外傷、損傷）とは

けがとは、強い外力（体外から加わった力）によって、からだのどこかに切り傷や腫れ、皮下出血などの損傷があることを総称していう日常的なことばです。外傷とも呼びます。いろいろな外力によって、皮膚だけでなく、からだのさまざまな組織や部位におこりえます。そのため、医学的にはけがの形態や部位、**損傷**の範囲、受傷原因などから呼び分けています。

◇創と傷

けがのなかで、表面の皮膚が切れて、傷口がある損傷を**創**、皮膚が切れていないのを**傷**と呼びます。刃物などの鋭い物で切れた損傷は**切創**と呼び、細く尖った物で突き刺してできた損傷は**刺創**と呼びます。また、からだにかたい物がぶつかったときに、皮膚が切れずに損傷を受けるのが、**打撲**または**挫傷**です。皮膚が切れている場合には**挫創**と呼びます。重量物で押しつぶされておこった場合には、**挫滅創**と呼ぶこともあります。

◇外傷と障害

強い外力が、からだのどこかに加わって損傷を受けた場合、そのけがの原因がはっきりしているため、**外傷**と呼びます。いっぽう、普段は気にならない程度の軽い外力が積み重なり、その外力の加わった部位に痛みなどの症状がでた場合には、**障害**と呼びます。針金を何回も曲げ伸ばしすると、ついには切れてしまう金属疲労のようなものです。たとえば、スポーツ外傷、スポーツ障害などと使い分けます。

◇外傷による全身症状

損傷の範囲が広く、程度が重度の場合や、創からの出血が多い、内出血が大量になると、からだを循環する血液が減るため、ショックをおこすことがあり、これを**外傷性ショック**と呼び、全身状態が悪くなることがあります。

●一次性ショック

痛みが強い場合などには、自律神経にも影響を与え、受傷直後からショック状態になることがあります。心拍数が増え、血圧低下をきたし、顔面蒼白、冷や汗、意識障害などの症状を示します。このような場合には、外傷部位の手当と同時に、頭を低く、足を高くして寝かせ、ようすをみて、医療機関を受診させましょう。

◉二次性（出血性）ショック

外傷による出血や内出血が大量のため、からだを循環する血液量が足りなくなったためにショックとなります。出血の場所を圧迫したり、止血の処置をしながら、医療機関に運びます（119頁「応急手当」）。輸液や輸血が必要になることもあります。

▼クラッシュシンドローム（挫滅症候群、圧挫症候群 1936頁**）** 地震などで家屋が倒壊し、重量物の下敷きになった場合などにおこることがあります。筋肉が広い範囲で壊されたり、強い圧迫のために筋肉への血流が悪くなり、組織が壊れた場合（壊死）などでは、壊れた筋肉からいろいろな物質が出てきます。それらは全身の代謝に悪い影響を与え、ショック症状を招き、血尿や暗褐色の尿、不整脈（1346頁）などがみられるようになります。そういう状態をクラッシュシンドロームと呼びます。

この暗褐色の尿は、**ミオグロビン尿**といい、壊れた筋肉から出てきて、腎不全（1720頁）の原因ともなります。そのほかにも、カリウムなどが血液内に増えると不整脈を引き起こし、全身状態を悪化させ、最悪の場合、命にかかわってきます。そのため、災害現場での医療（2306頁）が求められています。

打撲（打ち身）
Contusion

どんなけがか

かたい物にからだをぶつけたり、打たれたりして、骨以外のやわらかい部分（軟部組織）のうち、皮膚に傷口がなくて、おもに皮下組織が損傷したものを打撲（打ち身）といいます。組織が多かれ少なかれ壊れて（挫滅して）いるため、**挫傷**とも呼ばれています。

症状

損傷を受けた部分が痛み、赤くなって腫れます。動かしたときの痛みや、皮下出血をおこすことが多いのですが、外傷直後にははっきりせず、1日から数日して暗紫色となってわかることがあります。

治療

打撲部位をすぐ冷やして（氷が最適）、包帯などで圧迫します。そして、患部を心臓より高い位置に上げ（挙上）、うっ血（血流が滞った状態）を防ぎ、安静にするのが治療の第一歩です。安静（レスト）、冷却（アイシング）、圧迫（コンプレッション）、挙上（エレベーション）の英語の頭文字をとって、これらの処置全体を**RICE療法**と呼んでいます。この処置によって、組織の腫れとむくみ（腫脹と浮腫）、内出血を抑えるわけです。

打撲の程度によっては、消炎鎮痛薬や、組織の腫れをとる消炎酵素薬が使用されます。

血腫が大きく、神経障害・循環障害をおこしている場合や、骨化性筋炎（筋肉内などの軟部組織におこる骨化をともなう炎症）を併発しそうな場合には、血腫をかき出す手術が行われることがあります。

◎打撲の合併症

打撲では、組織が挫滅して内出血がおこりますが、内出血が多いと血がたまって**血腫**ができます。最初はかたく張った感じがしますが、時間が経つと徐々にやわらかくなり、自然に吸収されることがほとんどです。血腫ができた場所が皮下の場合は**皮下血腫**と呼ばれ（頭のたんこぶなど）、筋肉の内部にできた場合には**筋肉内血腫**と呼ばれます。

また、打撲そのものによって、あるいは組織の腫れや血腫によって、神経や血管が圧迫されることがあります。そのときには、打撲部位より末梢側（心臓から遠い側）に、しびれや力が入らない、皮膚が紫色になる、といった知覚障害、運動障害、循環障害が生じることがあります。このような場合は、すぐに医師の診察を受けましょう。

筋肉・腱・靭帯の損傷

筋肉・腱・靭帯の損傷とは

◇骨格筋のしくみ

筋肉には、骨格筋・平滑筋（血管や消化管などの筋肉）・横紋筋（心臓の筋肉）がありますが、ここでは、骨格筋の説明をします。

筋肉は、顔面の表情をつくる筋肉などの一部の例外を除いて、関節をまたいで走り、その両端は腱となって、骨に付着します（左図）。筋肉が収縮することで、関節は曲がったり（屈曲）、反対側の筋肉は伸びたり（伸展）し、動作を行うことができます。

筋肉、腱、靭帯

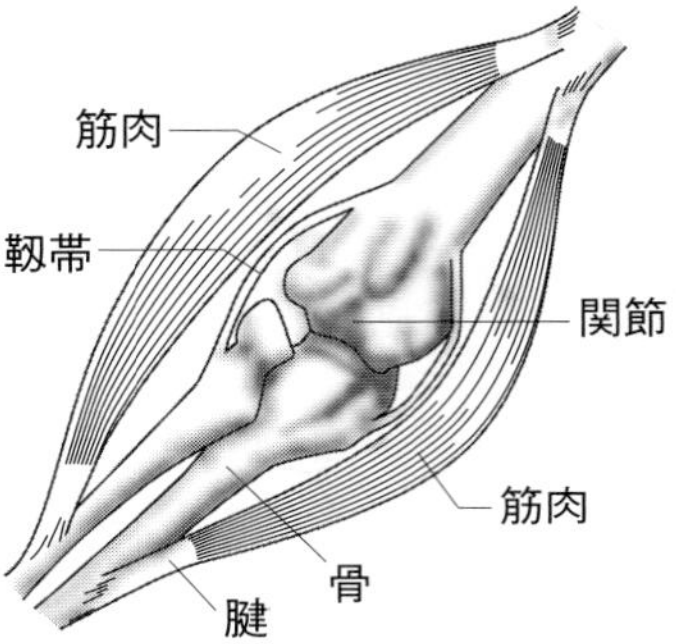

また、筋肉は曲げたり伸ばしたりなどの、同じような作用をもつ筋肉どうしが1つのかたまりをつくり、筋膜に包まれています。筋膜はちがう筋肉群の間を仕切り、筋肉どうしが直接こすれ合わないようにしています。

靭帯は、関節を支えるはたらきをもつ組織です。関節が外れたり、ぐらぐらしないように支持し、関節の動く範囲や方向を制御しています。腱と靭帯のちがいは、腱は筋肉と連続していますが、靭帯は筋肉との関係はありません。

◇挫創と挫傷

創と傷のちがいは、皮膚にきずがあるのが創で、きずがないのが傷です（1930頁）。**挫創**は、強い外力が直接その部位に作用することで、皮膚のきずだけでなく、筋肉・腱・靭帯の損傷をきたした状態をさします。**挫傷**のほうは、打撲とほぼ同じ意味で、皮膚にはきずがありませんが、強い外力のため、筋肉や腱などの皮下組織に損傷をきたした状態をさします。

●挫創と挫傷の症状

挫創は皮膚が切れているため、傷口から損傷箇所、深さがある程度わかります。挫傷は、表面からは損傷の深さなどはわかりませんが、両者とも動かした際の痛み、腫れなどがあります。

●挫創と挫傷の治療

挫創であれば、まず傷口をきれいに洗浄し、可能なら縫合をします。そして筋肉や腱の安静が必要な場合には、固定をすることもあります。挫傷ではRICE療法（前頁）を行うとともに、必要があれば固定をします。

その後、腫れ、痛みが和らげば、少しずつ動かしていき、筋力低下や、関節の動きが悪いなどの症状があれば、リハビリテーションを行います。

◇筋肉・腱の断裂（肉離れ）

筋肉・腱は、疾走中や跳躍時に、外力が加わらなくても断裂することがあります。とくに多いのが、運動時に筋肉の収縮がその筋肉の強さを超えては

筋肉・腱・靭帯の損傷

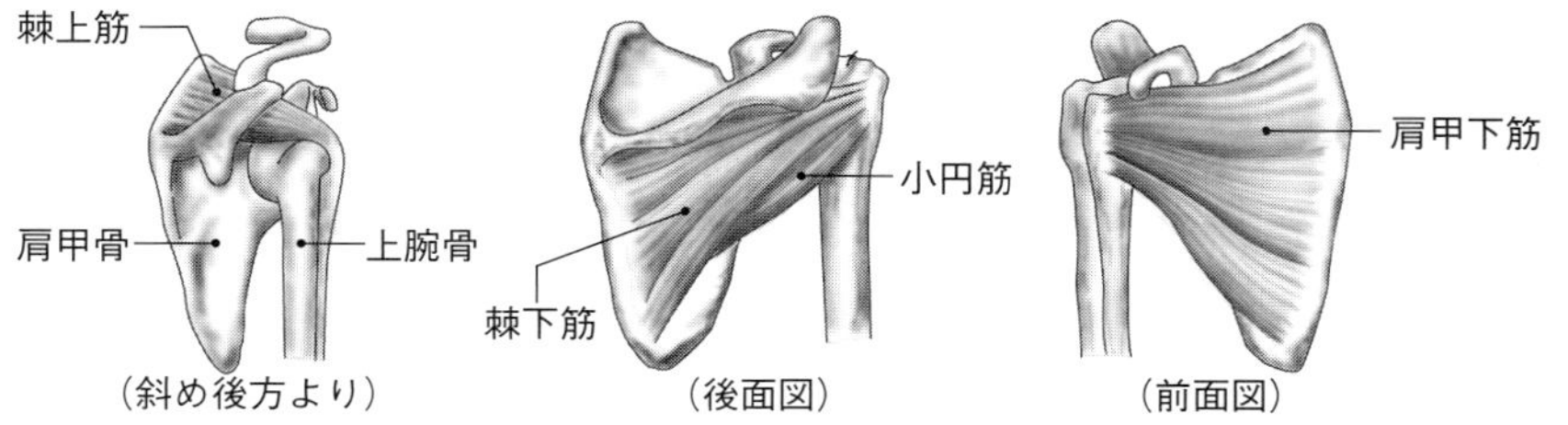

腱板の構造

たらいたときに、強く引っ張られすぎて断裂をおこす場合です。このような筋肉の一部の断裂、あるいは筋膜の断裂を**肉離れ**と呼びます（完全な断裂は**筋断裂**と呼ばれ、肉離れには一応含まれません）。同様に、急な力を入れたときに腱が切れるのが、**腱断裂**です。

筋肉や腱が切れて、完全に連続性がなくなる**完全断裂**と、一部だけ切れる**不完全（部分）断裂**があります。筋肉に直接外力が加わって断裂する場合には、**筋挫傷**と呼びます。

◉筋肉・腱の断裂の症状

肉離れでもっとも多くおこすのが、大腿ハムストリング（太ももの裏側の筋肉群）で、つぎに大腿四頭筋（太もも前面）、大腿内転筋群（太もも内側）、腓腹筋（ふくらはぎ）となります。症状としては、筋肉を収縮したり、引き伸ばしたりするときの痛み、程度によっては、皮下出血、切れた部分にくぼみを触れることがあります。また、その部分を押すと痛み（圧痛）があります。腱断裂でも同様に、くぼみを触れたり、圧痛があったりします。

◉筋肉・腱の断裂の治療

筋肉の断裂が疑われたら、すぐにＲＩＣＥ療法（1931頁）を行い、むりに動くことなく、なるべく早く整形外科医を受診してください。エコー検査やＭＲＩの検査が可能であれば、断裂の程度が判断できます。基本は安静と固定です。

狭い範囲の断裂なら、３週間程度の固定で治療できます。大きな断裂では手術によって縫合し、その後、固定を行うこともあります。そのあとはリハビリテーションを行います。慢性になった場合には、手術で瘢痕（傷あと）組織を切除することがあります。

◉肩の腱（板）損傷

Rotator Cuff Injury

［どんなけがか］ 肩関節は動きのもっとも大きい関節で、そのために微妙な関節の動きを制御する４つの腱があり、それを総称して**腱板**と呼びます（上段図）。加齢による腱板の変性（老化）、磨耗などにより、日常生活のちょっとした動作で、断裂することもあります。若い人では、転んで手をついたはずみや、肩をねじったり、スポーツで肩を酷使した場合などにおこります。

［症状］ 腕が上に上げられなくなるため、高いところの物がとれない、衣服の着脱が痛くてつらいなどがおもな症状です。また、日中より夜間のほうが痛みが強いことがあります。その後、肩を十分に動かさないでいると、拘縮（肩関節の動きが少ししかできない状態）をきたして、ますます日常生活に支障をきたします。

［治療］ ＭＲＩ、エコー検査などで断裂部位や範囲を確認します。リハビリテーションなどで十分に肩関節の動きを改善させることがたいせつです。痛みが改善しない場合には、腱板縫合などの手術を考慮します。

◉上腕二頭筋皮下断裂

Injury of Biceps Muscle of Arm

［どんなけがか］ 上腕二頭筋は、腕の力こぶをつくる筋肉で、肘を曲げるはたらきがあります。重量物を持ち上げようとしたときや、スポーツなどで急に力を入れたときなどに、筋肉が断裂するものです。

図1 槌指

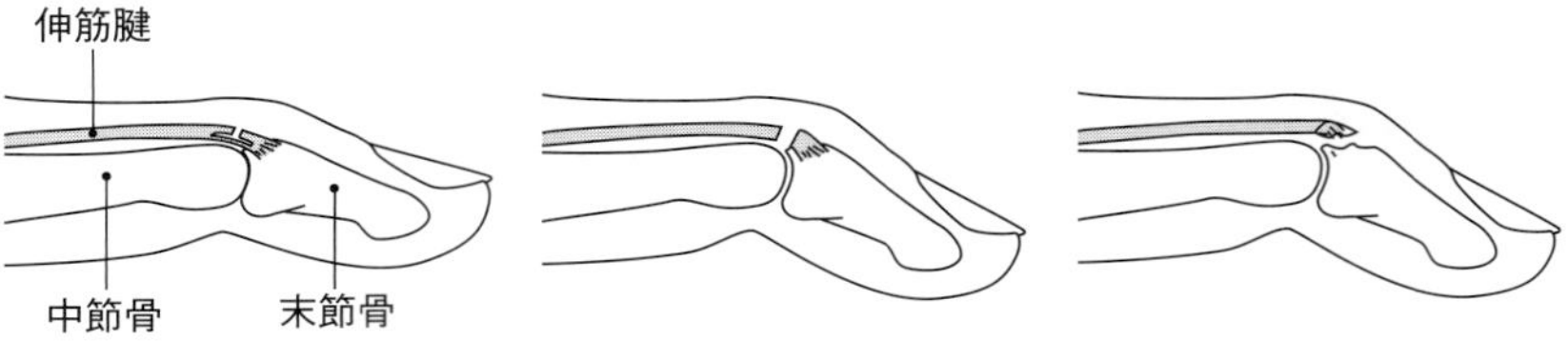

伸筋腱不完全断裂　　伸筋腱完全断裂　　小さい剝離骨片をともなうもの

症状　断裂したときに、突然の痛みをともない、筋肉が異常に盛り上がって見えることがあります。その後、皮下出血、力を入れたときの痛み、筋力低下などが現れます。

治療　痛み・腫れのある急性期が過ぎれば、痛みはなくなり、日常生活には支障がなくなります。そのため、急性期には三角巾などで安静にし、ようすをみます。どうしても筋力低下・痛みなどで日常生活に支障のある場合のみ手術することがあります。

図2 手根骨と靭帯

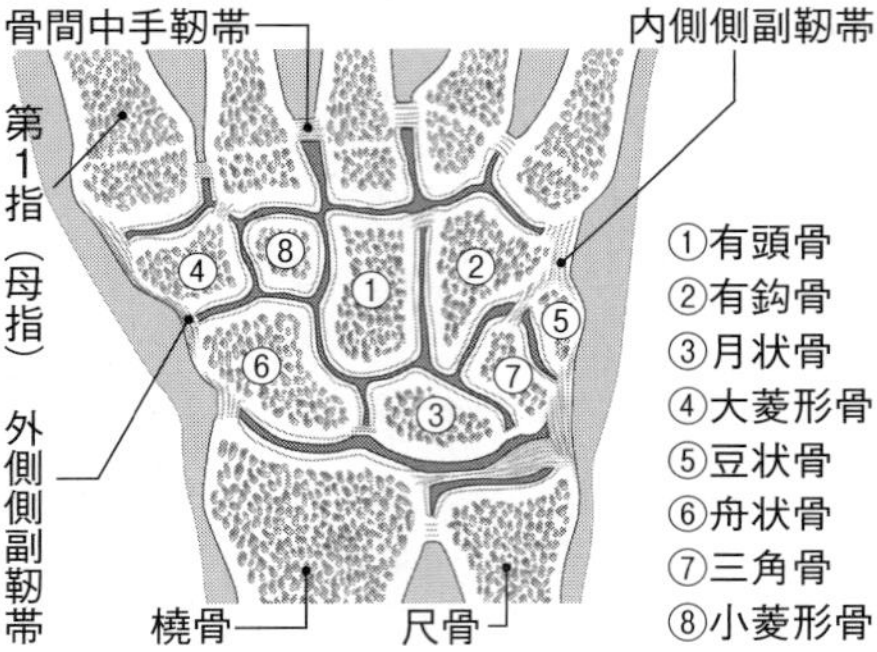

◉手根部靭帯損傷
Injury of Ligament of Hand

どんなけがか　手根部には8個の手根骨と橈骨と尺骨があるため、複雑に張りめぐらされた靭帯で固定されています（図2）。手関節が急に強い力で伸ばされたり、曲げられたり、転んで強く手をついたときに、これらの靭帯が切れたりすることがあります。

損傷がおこると、手根部の腫れ、圧痛（押すと痛む）があり、手を動かしたり、物を持ったりすると痛いなどの症状があります。場合によっては、脱臼や骨折があることもあるので、整形外科を受診するようにしましょう。

治療　まずは、ＲＩＣＥ療法（1931頁）を行い、固定をして、安静を保ちます。Ｘ線写真で、骨折が合併している場合や、靭帯損傷の程度が強く、不安定性が強いときには、手術が必要になることもあります。

◉つき指
Sprained Finger

どんなけがか　ボールをぶつけたり、壁にぶつけたりなどした外力によって、指先を突かれたためにおこる症状をいう一般的な用語で、医学用語ではありません。

症状　指先と付近の関節の腫れ、痛み、運動障害をともないます。たんなるつき指から、伸筋腱の断裂、脱臼、骨折をともなうこともあります。脱臼・変形がある場合には、やみくもに引っ張らずに、整形外科を受診し、損傷の程度を判断してもらい、治療を受けるようにしましょう。

治療　最初の応急処置は、安静、氷冷、圧迫、挙上のＲＩＣＥ療法（1931頁）を行います。

◉槌指（ついし）
Mallet Finger

どんなけがか　つき指などの外傷でおこることが多く、変形がハンマーに似ているところからきています。

指の末節の関節（第1関節）を伸ばすことができず、曲がったままの状態で、**マレット指**ともいいます。末節の関節を伸ばす伸筋腱が切れたり、腱がついている骨の一部が剝がれておこるけがです（上段図1）。

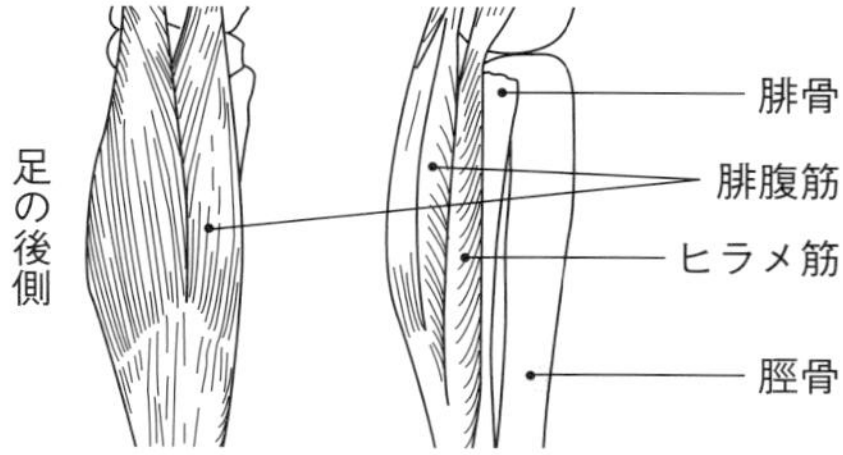

ふくらはぎの筋肉

治療　末節の関節を伸ばして、固定する装具を5～6週間使用します。装具では治療がむずかしい場合には、細い針金で固定する手術を行うことがあります。

◉ハムストリング筋群（大腿屈筋群）断裂
Rupture of Flexor Muscles of Thigh

どんなけがか　大腿（太もも）の裏側にある筋肉で、内側ハムストリング、外側ハムストリングがあり、膝関節を屈曲（曲げる）し、一部股関節を伸展（伸ばす）する作用のある筋群をさします（大腿二頭筋や半腱様筋など）。大腿四頭筋断裂（太ももの表側の筋の断裂）に比べると、肉離れは多いのですが、筋断裂の頻度は少なく、膝が伸びて、股関節が曲がっているときに筋肉が強く収縮する状態でおこすことがあります。疲労状態や準備運動不足の場合のスポーツ選手などにもおこることがあります。

症状　断裂した場所に、圧痛（押すと痛む）、脱力感、痛みによる跛行（脚を引きずる）や、程度によっては、筋肉の膨隆、皮下出血があります。MRIやエコー検査は補助的な診断法として役にたちます。

治療　スポーツ選手では断裂した筋肉を縫合したり、自分の腱や人工靭帯を用いて修復することがあります。安静・固定のあと、慎重なリハビリテーションが必要です。

◉下腿三頭筋断裂
Rupture of Flexor Muscle of Lower Leg

どんなけがか　ふくらはぎにある筋肉で、腓腹筋とヒラメ筋からなり、足関節を底屈する（つま先立ちするような格好）はたらきがあります（上段図）。中年以降の人で、急にスポーツを行ったときにみられます。

症状　歩行は可能ですが、足関節を背屈したり（つま先を上げる）、踏み返すと痛みがあります。腫れ、圧痛（押すと痛む）があり、皮下出血が見られることがあります。MRI、エコー検査は補助診断に役立ちます。

治療　基本的にはRICE療法（1931頁）を行い、3～4週間の安静・固定を行い、その後、リハビリテーションを行います。

◉アキレス腱断裂
Rupture of Achilles Tendon

どんなけがか　アキレス腱は、下腿三頭筋の腱が合わさって、踵の後ろ側につき、立ったり歩いたりするときにはたらいており、全速力で走るときには、体重の10倍以上の力が加わるといわれます。準備運動の不十分な中年のスポーツマンが、急に走る・ジャンプするなどの際に、よくおこします。

症状　受傷時にバシッと音がして、たたかれた感じがし、その後、痛くて足がつけない、足がつけても踏み返しができなくなります。断裂部位にくぼみを触れたり、皮下出血、ふくらはぎを握っても足関節が底屈しなくなります（**トンプソンテスト**）。

治療　いろいろな治療法があります。ギプスや装具で固定する保存療法と、切れたアキレス腱を縫合する手術があります。切れた腱が癒合するには2か月以上必要です。手術のほうが治療期間が短い傾向がありますが、いずれも治療成績は良好です。

挫滅症候群（圧挫症候群、クラッシュシンドローム）

(Crush Syndrome)

❖事故救出後に重篤な症状が

1995（平成7）年の阪神・淡路大震災のときに、瓦礫などの下に閉じ込められながらも、救出され、そのときは一見元気そうであった人が、急変し死亡することで、この病気が知られるようになりました。

ビルや家屋の倒壊現場で、重量物により、筋肉（骨格筋）の多い手足などの部分が、下敷きになったり、挟まれたりする状況で、その圧迫が解除されたときにおこるといわれています。2時間以上も圧迫が持続したときにおこりやすいといわれています。

筋肉は曲げたり伸ばしたりなどの、同じような作用をもつ筋肉どうしが1つのかたまりをつくり、筋膜に包まれています。筋膜がちがう筋肉群の間を仕切り、筋肉どうしが直接こすれ合わないように区画（コンパートメント）をつくっています。この筋肉の区画が、圧迫のために血流障害をおこし、さらにむくみをおこすために血管が圧迫されて（**コンパートメント症候群**）、悪循環におちいります。そのため、筋肉は破壊されたり、壊死をおこしてきます。

そうすると、壊死した細胞内にあったカリウム、ミオグロビン、乳酸などが流出してきます。圧迫が解除されると、血流が再開するので、壊死した細胞内から流出した物質が一気に全身の血管に入っていきます。そのため、いろいろな全身症状を引き起こしてきます。

高カリウム血症（1533頁）になると、筋肉の脱力などの悪い反応を心筋に引き起こし、不整脈（1346頁）や、最悪の場合には急速な心停止をおこし（**再灌流症候群**）、命にかかわります。

ミオグロビンは、腎臓の血管・尿細管をふさぎ、腎不全（1720頁）を引き起こすこともあります。

そのほかにも、播種性血管内凝固症候群（1462頁）などをおこすことがあり、いずれも重篤な合併症です。

救出後の症状としては、圧迫されていた部位のまひ、感覚障害、むくみなどがあり、腎臓の障害では、尿量の減少、尿が茶褐色に変わったりします。

❖挫滅症候群の治療

圧迫されていた時間と、救出から治療開始までの時間が関係します。

重要なことは、手足のまひがある場合もあるので、脊髄損傷も考えながらも、受傷状況からその可能性を疑うことです。膀胱に管を入れ、尿の色を確認します。可能であれば、救出前から輸液を開始します。

最近では、**現場での治療**（**瓦礫の下の医療**：Confined Space Medicine，**CSM**）が提唱されています。圧迫されていた部分の心臓に近い部分を縛り、ダメージを受けた筋肉に血液が再流入しないようにし、医療機関に搬送します。

ミオグロビン尿症、高カリウム血症では、薬剤の点滴や、状態が悪い場合には、血液透析（1725頁）が必要になります。

コンパートメント症候群に対しては、減張切開（筋膜を切開し、筋肉内の圧を下げるための処置）や、外傷によって汚れている筋肉や、壊死をおこした筋肉は、感染予防などのために、徹底した切除を行います。それらの治療を行っても状態が改善しない場合には、命を救うために、圧迫されていた手足の切断が必要になることもあります。

関節の損傷

◎関節損傷とは

関節がなんらかの原因（多くはスポーツなど）で損傷を受けたり、外れたりすると、関節を動かすこと（曲げ伸ばしなど）に支障が生じ、また痛みをともなうため、動作が困難になります。

関節損傷は、スポーツなどの日常動作から、事故や災害などのさまざまな原因でおこり、軽い打撲から関節が粉砕する損傷まで重症度もさまざまです。

捻挫（靭帯損傷）
Distortion, Sprain

どんなけがか

関節が本来動ける範囲を越えて曲げられたり、伸ばされたりしたとき、関節を支えている組織の靭帯や関節包などに損傷がおこった状態が捻挫です。脱臼（1939頁）とちがい、関節はもとの正しい位置にとどまっているものをいいます。

症状

損傷がおこった部位が腫れ、圧痛（押すと痛い）があります。ときに内出血がおこり、しばらくしてから、関節周囲の腫れた部分が紫色になることがあります。捻挫したときの方向に手足を動かすと、痛みが強まります。

治療

患部を安静にし、冷却、圧迫、挙上（ＲＩＣＥ療法1931頁）する初期治療が関節痛を長引かせないためには重要です。まず、関節を固定して、安静をはかります。

症状が強いときは、骨折や脱臼の可能性もあるので、早めに整形外科を受診して、判別してもらいましょう。

膝の半月板・靭帯などの損傷（膝内障）
Injury of Knee Joint

膝関節は広い可動域（おもに曲げ伸ばし）としっかりした安定性が必要な関節ですが、骨どうしは不安定な構造をしています。そのため、膝を支えているのは、靭帯、半月板、筋肉などの骨以外のもの（軟部組織）で、関節の不安定さを補い、動きや安定性を維持しています。

関節の外の両側には側副靭帯、関節の真ん中には十字靭帯が支えており、骨どうしの接触する面（軟骨面）には、内外側に半月板と呼ばれる軟骨組織があります（1869頁図10）。

スポーツや事故などで、膝にむりな力が加わると、靭帯、半月板などに損傷がおこります。

◉半月板損傷
Meniscal Injury

どんなけがか

スポーツや階段からの転落などで膝をひねったりすることで、大腿骨と脛骨（すねの骨）の間で、半月板が挟まれて損傷します。

高齢者で軟骨が傷んでいる場合（変形性膝関節症1874頁）は、外傷がなくても損傷することがあります。

症状

痛みや引っかかり、十分に曲げ伸ばしができないといった運動制限がみられます。また膝の屈伸で、損傷された半月板によるカクンカクンといった雑音が聞かれることもあります。症状が進むと、関節に水がたまったり、太ももの筋肉が衰えたりすることもあります。

診察で診断の検討はつきますが、ＭＲＩ撮影で90％以上の診断が可能になります。

治療

症状があまりたいしたことなければ、鎮痛薬を飲んだり、安静にすると症状が軽くなる場合もあります。しかし、症状がつづき、また、いったんよくなっても再発するときは、関節鏡を使った内視鏡手術が適応となります。

手術は、損傷している部分のみを切除する**半月板部分切除**が行われますが、

◎反復性脱臼と習慣性脱臼

いちど脱臼をおこしたあと、関節包や靭帯などが緩んだ状態で治るか、一部に破綻をきたしたままで治ったりすると、つぎに軽い外力が加わっただけで脱臼するようになることがあります。このように軽微な外力が加わることで脱臼がおこる状態を**反復性脱臼**といいます。

習慣性脱臼とは、外力のあるなしにかかわらず、ある決まった位置に関節を動かしたときに必ず脱臼するものをいいます。習慣性のほうが反復性よりも関節包や靭帯などが緩い状態で、生まれつき関節の緩さがあるような先天的な素因があることが多いとされています。

◎捻挫と脱臼の見分けかた

外傷を受けたとき、関節を

若い人で損傷している部分が端（半月板は、端の部分だけに血が通っている）であれば、半月板を縫う修復術が可能です。

半月板には膝のクッションの役割もあるので、切除すると軟骨の負担が徐々に現れてきます。術後も医師による経過観察が重要です。

◉十字靭帯・側副靭帯損傷
Cruciate, Collateral Ligament Injury

【どんなけがか】 膝関節の両側を支えるのが側副靭帯で、前後方向を支えるのが関節内の真ん中にある十字靭帯です（1869頁図10）。靭帯損傷の原因は、おもにスポーツなどで、膝関節が逆に曲がったり、ぶつかって折れ曲がったり、ジャンプの着地や切り返したときにおこったりします。

受傷直後は腫れて、痛みのために動かせなかったりしますが、安静にすることで徐々に痛みはとれていきます。

しかし、とくに**前十字靭帯損傷**では、痛みはとれても、膝のぐらつきや膝くずれを自覚するようになり、膝の不安定な感じが残ることがあります。

診断は、膝関節を前後に動かして検査したり、X線撮影で膝を引っ張ったり、引き出したりして、亜脱臼を確認すること（X線ストレス撮影）などで確認します。実際に靭帯を確認するには、MRI検査がたいへん有用です。

【治療】 それぞれの靭帯の役割が異なることや、治りやすさにちがいがあり、どの靭帯が損傷したかによって治療法が異なります。2つ以上の靭帯が同時に損傷した場合は（**複合靭帯損傷**）、治りにくく、合併症がでたり、後遺症が残ることもあります。

側副靭帯損傷の場合は、安静にしてサポーターなどで固定する保存治療を行います。十字靭帯損傷の場合、損傷の程度によって、装具やサポーターによる保存治療を行いますが、不安定感が残って日常生活やスポーツ活動に支障があれば、手術することもあります。手術は自分の腱を材料にして靭帯をつくり直す再建術がおもに行われます。

膝が不安定な状態のまま放置して、スポーツ活動などをつづけると、亜脱臼をくり返し、半月板や軟骨などが徐々に傷んでいくので、正確な診断が大事です。

◉滑膜ひだ障害（棚障害）
Plica Syndrome

【どんなけがか】 膝関節の中にあるひだや索状（縄状）になった部分を滑膜ひだといい、これが幅広かったり、大きかったりする人で、スポーツなどのくり返し動作によって、痛みや引っかかりをおこすことがあります。

【症状】 膝を軽く曲げ伸ばししたときに、膝蓋骨付近での引っかかりや弾発音を感じたりします。

関節造影やMRIなどで、診断可能な場合もありますが、関節鏡検査がもっとも有用な診断法です。

【治療】 滑膜ひだ障害は、放置しても大きな障害は生じないといわれています。ほとんどが10～20歳代で高齢者ではまれなため、自然治癒もあると考えられています。

若い人でスポーツ活動や階段昇降などに支障があり、早期回復を望む人には、関節鏡を用いた滑膜ひだ切除が行われます。

構成している骨どうしが完全に外れてしまったものが脱臼、正しい位置にとどまっているものが捻挫です。

関節の形に明らかな変形があれば（左右を見比べて）、脱臼といえますが、位置がずれただけの状態である亜脱臼の場合や、捻挫でも内出血や腫れのために形が変わって見える場合もあるため、外から見ただけでは区別できないことも多いです。

脱臼の場合、通常は関節が動かせなくなり、動かそうとすると、どの方向に動かそうとしても強い痛みをともなうのがふつうです。

捻挫の場合は、動きの制限は脱臼よりも少なく、捻挫した方向に動かすと痛みをともないますが、ほかの方向にはあまり痛みがないことが多いです。

捻挫と脱臼をきちんと見分け、正確な治療をするためには、なるべく早くX線撮影してもらうことが重要です。

足関節捻挫
Sprain of Ankle Joint

どんなけがか

スポーツで足をひねったり、階段で踏み外したりして、足関節がむりやり内返しになることで、外くるぶしについている靭帯、関節包（関節をおおっている袋）を傷めた状態をいいます。

症状

傷めた部分の圧痛（押すと痛い）や受傷した方向へ足を動かしたときの痛み、腫れがあり、皮下出血をともなうこともあります。

足関節を内返しさせた状態でのX線撮影で、足関節の不安定性（ぐらつき）を評価します。また、損傷した部位をみるために、造影剤を注射してX線で確認することもあります。

治療

損傷の程度で1度（不安定性のないもの）、2度（靭帯の不完全断裂）、3度（靭帯が完全に断裂し、不安定なもの）に分類され、治療法も変わってきます。けがした直後はまず安静、冷却、圧迫、挙上（RICE療法 1931頁）を行います。1～2度の場合は、ギプスやシーネ固定を約3週間行い、その後の症状をみながらサポーターなどを用いて治療します。3度で不安定性が強い場合は、手術を行うこともあります。手術は、切れた靭帯を縫合する修復術が行われますが、何度も再発をくり返している場合（陳旧性）は、靭帯を補強したり、腱を用いて再建したりすることもあります。

脱臼
Dislocation

どんなけがか

捻挫（1937頁）と同様、関節が過伸展、過屈曲された結果、関節を構成する骨が外れ、もとの位置に戻らない状態を脱臼といいます。

完全に外れたものを**完全脱臼**、位置がずれた程度のものを**亜脱臼**といいます。いずれも関節を支える靭帯などの組織に損傷がおこっています。

症状

関節が異常な形となって変形し（左右を見比べるとわかります）、動かせなくなり、痛みをともないます。また関節周囲で出血し、腫れてきます。

いちばん多い部位は、スポーツによる肩関節脱臼、つづいて交通事故による股関節脱臼といわれています。肩鎖関節や膝蓋骨（膝蓋大腿関節）などはもともと不安定な関節で、亜脱臼をおこすことがあります。

治療

関節を構成する骨をもとの位置へ戻し（**整復**）、損傷した関節包（関節をおおっている袋）や靭帯が修復するまで（約3週間）固定します。整復には痛みをともないますし、むりやり整復しようとすると骨折をおこしたりするので、整形外科を受診してください。

脱臼を放置すると、関節を構成する骨に栄養が行き届かなくなり、壊死（骨が陥没したり壊れたりする）がおこるので、なるべく早めに整復することが重要です。

脱臼が整復されても、関節包や靭帯などが関節内に入り込んで、不安定だったり、関節自体が緩んで簡単に脱臼をくり返したりする場合は、手術を行うこともあります。

骨折とは
(Fracture)

◇折れかた、原因などで分類

直接あるいは間接的に加わった力で、骨のつながりが断たれた状態を骨折といいます。骨折の形状や状態、原因によって、さまざまな呼称があります。

●骨折の形状による分類

完全に骨のつながりが断たれたものを**完全骨折**、骨が部分的につながっていて、完全に離れていないものを**不全骨折**といいます。

完全骨折のうち、横に折れたのを**横骨折**、斜めに折れたのを**斜骨折**、ねじれて折れたのを**螺旋骨折**、バラバラになったのを**粉砕骨折**、押しつぶされたのを**圧迫骨折**、部分的にくぼんだのを**陥没骨折**といいます。

また、不全骨折のうち、枝がしなったように折れたのを**若木骨折**、少し圧縮されて竹の節のようになったのを**竹節骨折**、ひびが入ったのを**亀裂骨折**といいます。

●状態・原因による分類

▼**開放骨折**　骨以外の皮膚や筋肉などの組織も損傷を受けて、骨折部が外にさらされたような骨折をいいます。ちなみに、**複雑骨折**というのは粉砕骨折と混同されがちですが、正確には開放骨折のことをいいます。

▼**疲労骨折**　小さな外力が同じ部位にくり返し加わることで、骨折することがあります。脛骨、足の中足骨や舟状骨に多く発生します。

▼**病的骨折**　骨腫瘍（541頁）や骨髄炎（1880頁）などが原因で、通常であれば骨折しないような弱い外力によって、骨折したものをいいます。

▼**脱臼骨折**　関節が脱臼していると同時に、骨折もしているものをいいます。できるだけ早く、脱臼を整復する必要があります。

◇骨折の症状

骨折部を動かすときに強い痛みがあるだけでなく、腫れることによって、動かさなくても疼いたりします。また、骨折部を軽く押さえただけでも強い痛みがあります。骨折のずれが大きければ変形もみられます。

周辺組織に損傷がある場合は、それにともなう症状、すなわち、神経損傷があればしびれや運動まひ、血管損傷があれば皮下出血や血行障害などがおこります。

◇骨折の応急手当

骨折が疑われた場合は、まずその部分が動かないように身近な棒状のもの（ダンボールや雑誌を丸めたものでも可）で固定します（142頁「応急手当」）。

そしてできるだけ心臓より高い位置にあげた状態で冷やします。

◇骨折治療の原則

骨折の治療は、骨折した部位をもとどおりの形に戻す「整復」と、骨が修復されるまでの「固定」が原則です。

手術を行わないで治療する非観血的治療と、手術を行う観血的治療とに分けられます。

●非観血的治療（保存的治療）

骨折のずれがほとんどなく、安定し

図　折れかたによる骨折の分類

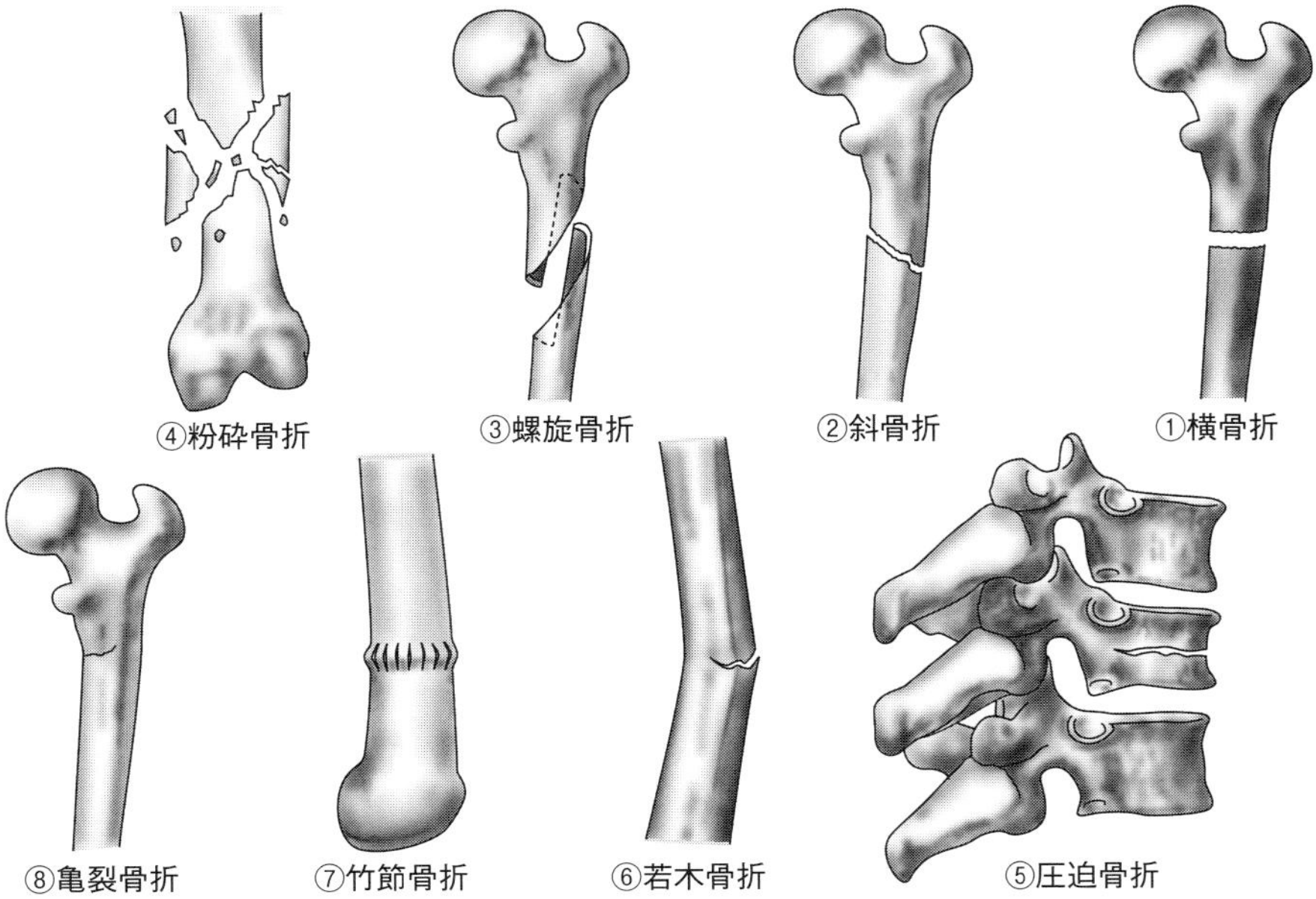

ている場合に非観血的治療を行います。

▼整復　手で引っ張ったりして、もとに戻すことを**徒手整復**といいます。徒手整復だけで整復できない場合には、一時的に器具を用いて引っ張る持続牽引を行うことがあります。

▼固定　骨折部が整復されたら、**ギプスやシーネ**といった固定材料をあてて、骨がつながるまで骨折部を固定します。

◉観血的治療

非観血的治療では治療が困難な場合は、観血的治療すなわち手術を行います。最近では、機能障害をできるだけ残さないよう、そして、治療期間を短縮するために積極的に手術を行うことが多くなっています。

骨をつなげる手術を**骨接合術**といいます。固定材料として金属のプレートやスクリュー、髄内釘やワイヤなどを用います。

体外で骨折を固定する**創外固定**（次頁写真）という方法もあります。

高齢者の大腿骨頸部骨折では、人工骨頭置換術が行われたりします（1878頁図5）。

◇骨折部位による分類

◉鎖骨骨折
Clavicle Fracture

どんなけがか　子どもや高齢者では転倒・転落によるものが多く、若い人では二輪車による転倒事故やスポーツ外傷によるものが多くみられます。大部分が肩から落ちる、または手をつくといった間接的な力で折れます。

症状　腕を動かすと激しい痛みがあります。幼児では訴えがはっきりしないことがありますが、わきを閉じて、痛くないほうの手で腕を抱え込むように動かそうとしないときは、鎖骨骨折を疑ってもよいでしょう。

治療　多くはバンドによる固定をして治療しますが、骨折のずれが大きい場合や、骨折部位によっては手術を行います。

◉肋骨骨折
Rib Fracture

どんなけがか　肋骨は細く平らな骨で、胸部を直接打ったりして、比較的容易に折れるほか、上半身をねじ

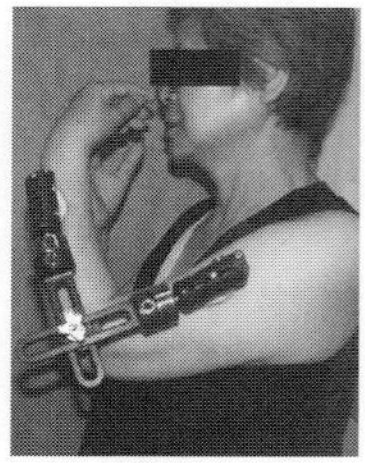

創外固定の外観

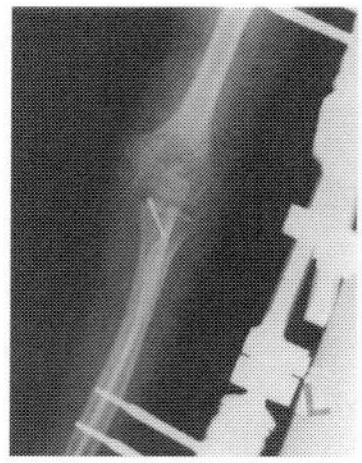

創外固定のX線写真像（正面像）

るような動作や間接的な力でも骨折します。ゴルフや野球などのスポーツによる疲労骨折もあります。

症状

からだを動かしたり、深呼吸やくしゃみ・せきをしたりすると痛みます。骨折した肋骨の先端が胸膜や肺に刺さり、血胸・気胸（1956頁）、肺挫傷（1956頁）をおこすことがあります。

亀裂のみでずれていない場合は、X線検査でもわからないことがあります。

治療

バストバンドによる固定を3～4週間行います。

◉上腕骨骨折

Humerus Fracture

近位（からだの中心に近いほう）、骨幹、遠位（末端のほう）で、骨折することがあります。

▼上腕骨近位端骨折　上腕骨の肩関節の部分の骨折で、高齢者に多くみられ、腕を伸ばした状態で転倒したり、上腕を直接強打したりした場合におこります。骨折のずれが大きい場合は手術をします。

▼上腕骨骨幹部骨折　上腕骨の中ほどの骨折で、上腕を直接強打した場合や、転倒して肘や手をついたときにおこります。投球動作や体操で、急激に筋収縮がおこった際に折れることもあります。

合併症として、橈骨神経を損傷することがあります。治療は1940頁を参照してください。

▼上腕骨遠位端骨折　上腕骨の肘関節の部分の骨折で、子どもに多くみられ、転倒した際に手や肘をついたときにおこります。受傷後の血行障害や神経障害に注意する必要があります。早期に適切な治療を行わなければ、変形や運動障害を残しやすいため、子どもでも積極的に手術を行います。

◉前腕骨骨折

Fracture of the Forearm

近位（からだの中心に近いほう）、骨幹、遠位（末端のほう）で、骨折することがあります。また、前腕には橈骨および尺骨という2本の骨があり、それぞれが骨折することがあります。

▼前腕骨近位端骨折　転倒・転落した際に、肘を伸ばして手をついて受傷します。肘をついて転倒した場合には、尺骨の肘頭という部分が骨折します。治療は1940頁を参照してください。

▼前腕骨骨幹部骨折　橈骨または尺骨が単独で折れる場合と、橈骨・尺骨の両方とも折れる場合があります。子どもの特殊な骨折では、尺骨骨折に橈骨の肘関節での脱臼をともなう**モンテジア骨折**などがあります。治療は1940頁を参照してください。

▼前腕骨遠位端骨折　全骨折のなかでもっとも頻度が高く、転んで手をついた際に、手首の部分で骨折したものです。若い人では、転落などで大きな力が加わった場合に折れますが、高齢者の場合はちょっと転んだだけでも骨折します。

ずれがほとんどなく、安定している場合は保存的治療を行いますが、最近では、積極的に手術することが多くなっています。

◉大腿骨頸部・転子部骨折

Fracture of the Proximal Femur

どんなけがか

太もも付け根の部分の骨折です。

骨の損傷

開放骨折

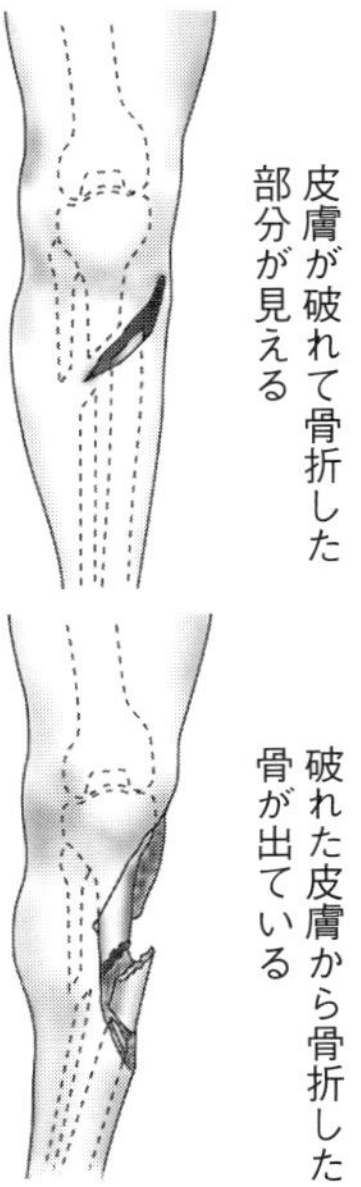

皮膚が破れて骨折した部分が見える
破れた皮膚から骨折した骨が出ている

◎脂肪塞栓症候群

大腿骨などの大きな骨の骨折や多発外傷などで、損傷した骨髄や皮下の脂肪組織から脂肪が遊離して、肺や脳の血管をつまらせてしまうこと（脂肪塞栓）があります。

受傷後1～2日後に発熱、頻脈、せき、呼吸困難、脳症状などが現れます。

命にかかわるので、厳重な全身管理の下で治療します。

骨粗鬆症（1884頁）のある高齢者にたいへん頻度の高い骨折で、転倒でおこります。高齢者は、転倒に注意するようにしましょう。若い人では、交通事故や転落といった大きな力が加わった場合におこります。

治療 手術を行います。ほとんどで骨接合術を行いますが、ずれの大きな頸部骨折の場合は人工骨頭置換術を行います。

◉大腿骨骨幹部骨折
Fracture of the Femoral Shaft

どんなけがか 大腿骨の中央部分の骨折です。

交通事故や転落といった大きな力が加わっておこります。

治療 子どもには、牽引療法とギプス固定による保存的治療を行うことが多いのですが、おとなでは、髄内釘やプレート、あるいは創外固定を用いた手術を行います。

◉下腿骨骨折
Leg Fracture

下腿には脛骨および腓骨という2本の骨があります。

どんなけがか この骨に直接的な力が加わる打撲だけでなく、スポーツなどで強くひねったりした場合にもおこります。開放骨折も少なくなく、そのため化膿性骨髄炎（1880頁）をおこすこともあります。

また、脛骨の場合、骨が癒合するのに時間がかかったり、癒合せずに**偽関節**（関節のように可動する部位ができる。治療には本人の骨を移植して癒合させる）になることもあります。

治療 子どもにはギプス固定や装具を用いた保存的治療が行われますが、おとなには積極的に手術を行います。

◉足関節果部骨折
Fracture of the Malleolus

どんなけがか 足首のくるぶし部分の骨折で、つまずいて足首を強くひねったりしたときにおこります。

治療 骨にずれがなく、安定している場合、ギプス固定による保存的治療を行います。

骨のずれがあったり、安定していない場合は、積極的に手術します。手術することによって、早くから荷重歩行（体重をかけた歩行）ができるようになります。

◉距骨骨折
Talus Fracture

距骨は足首の中央にある骨で、高いところから飛び降りたり、足首を過度に屈伸されたりするとおこります。治療は1940頁を参照してください。

◉踵骨骨折
Calcaneus Fracture

どんなけがか 高いところから飛び降りた際に、踵から着地することでおこります。踵をつくと、強い痛みがあります。

治療 骨のずれが少ない場合、ギプス固定による保存的治療を行いますが、そうでない場合は手術を行います。

スポーツのけが

◎スポーツ医学

スポーツの普及とともに、楽しむレベルから高度の競技レベルまで、ほとんどの段階で技能の向上が求められています。そこでスポーツを行うにあたり、骨・関節・筋肉・靭帯の強化、けがの予防、けがの治療が重要となってきます。それだけでなく、心臓の機能、呼吸器の機能、栄養補給さらには精神的な面での問題解決までも含めた医科学的なサポートが行われるようになっています。

これらのすべてがスポーツ医学です。スポーツ医学は、高度の競技のためだけのものではなく、一般的な市民スポ

スポーツのけがとは

◇スポーツ外傷とスポーツ障害

スポーツが普及し、自分でスポーツを楽しむ人口が増えています。プロスポーツ種目の増加とともに究極の目標に向かって各レベルでのスポーツは厳しさを増し、それとともにけがの発生も増えています。

スポーツのけがには、直接の原因が明らかな**スポーツ外傷**（たとえば骨折、脱臼、捻挫、打撲など）と直接の原因が明らかでなく、くり返し加わる小さな外力の積み重ねによっておこる**スポーツ障害**（たとえば膝の軟骨障害、野球肘、疲労骨折など）があります。

スポーツによる事故には、循環器疾患によるもの、脱水症や熱中症（2054頁）などの内科的なものもあり、頭部外傷（脳神経外科）、胸腹部内臓のけが（一般外科）もあります。そのほか、眼部のけが（眼科）、耳鼻部のけが（耳鼻咽喉科）があります。

外傷の部位で多いのは膝で、足関節、肩鎖部、指、足、前腕から手関節部の順となっています。膝関節では安定化させる骨の構造が少なく、外力にさらされやすい場所でもあって、靭帯損傷、半月板損傷がおもにおこります。足関節には捻挫が多いのですが、自然治癒することが多く、統計に表れてこないものも多いようです。

外傷の内容で多いのは捻挫・靭帯損傷（1937頁）で、骨折（1940頁）、脱臼（1939頁）、打撲（1931頁）、挫傷（1932頁）、筋・筋膜の損傷（1932頁）などがつづきます。

障害の部位で多いのは腰で、膝、足指、肩とつづきます。腰は、スポーツのあらゆる動作で基本となり、いろいろな力を集中して受ける部位です。

種目としては、競技内容が高度であるほど、からだの接触が多い競技ほど、外傷や障害の発生率が高く、アメリカンフットボール、ラグビー、陸上競技、サッカー、バスケットボール、柔道、バレーボール、ハンドボール、テニス、体操競技、野球、剣道などが上位にあります。

◇スポーツ外傷・障害の対策

スポーツは競技力向上のために、ときには自己の限界に挑むハードな反復練習が必要となります。スポーツ障害の多くは、この厳しい練習のくり返しのなかから生じてきます。単独の力でも、反復する力でも、からだにかかる力が自己の限界を超えたとき、また痛みや疲労を無視して練習、競技を続行したときに、スポーツ障害が発生しやすくなります。スポーツを行うには、よいコンディションで臨むべきで、スポーツ指導者、トレーナー、スポーツドクターの助言とともに、各選手の自己管理能力を育てることも大事です。

また、競技規則の遵守（危険なプレーの禁止）、体力にそった禁止規則の設定などは、外傷・障害の予防につながる重要なことです。

まだ十分には普及していないまでも、選手個人のメディカルチェックを行い、指導者、トレーナーにフィードバックしているところもあります。種目特性に応じたテーピング（1948頁上段）、サ

手足のおもなスポーツ外傷・障害

手・腕

投球骨折（カーブの投球で上腕骨に）、**肘関節脱臼**（柔道の転倒時に）、**野球肘**（786頁）、**テニス肘**（1920頁）、**投擲肘**（肘頭部の障害）、**槍投げ肘**（内側側副靭帯の損傷）、**尺骨疲労骨折**（バレーボールのレシーブ、ソフトボールの下手投げなどで）、**有鉤骨鉤骨折**（野球のバット、ゴルフクラブのグリップエンドによる外力で）、**ボクサー骨折**（手拳による打撃で環小指の中手骨頸部骨折）、**ベネット骨折**（ボクシング、球技で親指に）、**野球指**（槌指 1934頁）、**手根不安定症**（手根部の靭帯損傷に合併）

足・脚

上前腸骨棘剥離骨折（短距離のスタート、ゴール前の加速時に）、**下前腸骨棘剥離骨折**（ダッシュやキック、ハードルの着地時に）、**大腿部筋肉肉離れ**（ダッシュやジャンプで）、**大腿四頭筋打撲挫傷**（チャーリーホース。コンタクトスポーツで）、**ハムストリング症候群**（1935頁）、**前十字靭帯損傷**（1938頁）、**後十字靭帯損傷**（膝の打撲で）、**内側側副靭帯損傷**（激しい衝突、転倒で）、**外側側副靭帯損傷**（内側側副靭帯損傷に合併）、**半月板損傷**（1937頁）、**膝蓋骨脱臼・亜脱臼**（1939頁）、**離断性骨軟骨炎**（膝伸展時の脛骨外旋で）、**ジャンパー膝**（1948頁）、**ランナー膝**（1949頁）、**オスグッド・シュラッター病**（792頁）、**膝蓋大腿滑膜ひだ障害**（1938頁）、**平泳ぎ膝**（平泳ぎの蹴り足で内側側副靭帯に炎症）、**膝窩筋腱炎**（下り坂のランニングで膝外側に痛み）、**脛骨疲労骨折**（ランニング過多、ジャンプ過多で）、**アキレス腱断裂**（1935頁）、**腓骨筋腱脱臼**（スキーで）、**アキレス腱周囲炎**（ランニング、ジャンプ動作で）、**足関節捻挫**（1939頁）、**足関節果部骨折**（コンタクトスポーツで）、**内果の疲労骨折**（サッカー、ラグビー、アイススケートで）、**外果の疲労骨折**（ランニングで）、**衝突性外骨腫**（1949頁）、**有痛性三角骨**（1949頁）、**有痛性外脛骨**（外反扁平足の人に）、**足底腱膜炎**（ジョガー足　1949頁）

ーツ、生涯スポーツ、あるいは健康スポーツと呼ばれるもの、さらには学校スポーツにも必要なものです。病気のリハビリテーションに利用されるものでもあります。

すべての人が、スポーツを通じて健康な生活を推進するためのものなのです。

ポーター、靴のインソールなども外傷や障害の予防手段として重要です。

また、スポーツ前後のストレッチング、ウォーミングアップ、クールダウンなどの考えかたや実行は、障害の予防に有効です。また、全体的なスポーツトレーニングの組立てと、外傷・障害後にスポーツ復帰を行うアスレチックリハビリテーションなどの分野での進歩も目覚ましく、スポーツを科学的に行うことで障害悪化の予防につながりますので、各分野の専門書も参考になります。

スポーツ外傷における応急処置法は、スポーツだけでなく、すべての救急時につながります。一時救命処置が基本で、意識状態の把握、ショック症状の判断がとても重要です。救急救護の要請とともに、A（気道確保 airway）、B（人工呼吸 breathing）、C（心臓マッサージ circulation）を、さらにはAED（自動除細動器）の使用を含め、日ごろから訓練をしておきましょう。

また、スポーツ外傷時の応急処置としては、皮膚損傷時の流水洗浄、異物除去、圧迫による止血が大事です。また手足の外傷では、出血、腫脹、痛みを最小限に抑えるためのRICE療法〔R（副子・ギプスなどによる固定、三角巾・包帯による固定などの安静 rest）、I（冷却 icing）、C（圧迫 compression）、E（挙上 elevation）〕を行い、神経障害に注意し、血流障害に気配りすることが、医療機関を受診する前では、重要なこととなります。

◇くび・腰のスポーツ外傷・障害

●頸椎捻挫

どんなけがか　頸椎は椎体、椎間板、椎弓、棘突起などの骨および軟骨による部分と、骨間をつなぐ靭帯、動

◎スポーツ障害による腰痛

中学・高校生、大学生および社会人スポーツ選手を調べると約60％が腰痛を経験しています。その重症度は、スポーツ活動の中断には至らないものが大半ですが、スポーツ能力の低下、他の部位のスポーツ外傷・障害の誘引となり、場合によっては選手生命が断たれることがあります。

椎間板ヘルニア（1898頁）や腰椎分離症（次頁）以外にも、明らかな原因を見出しにくい支持靭帯の損傷、筋・筋膜の損傷、筋肉疲労もあり、椎間関節からくる痛みや、加齢にともなう変性に基づく痛みもみられます。これらの症状に対しては、過去の腰痛歴、治療歴、スポーツの程度、治療に費やせる時間などが、治療方針を決めていくうえで重要となります。

スポーツへの復帰を前提として、準備運動、柔軟性の獲得、筋力強化、持久力養成および整理運動（クールダウン）

かす筋肉、その他の軟部組織で構成されています。頸椎捻挫は靭帯の損傷を中心として、筋・筋膜の損傷したものも含まれています。とくに体操の宙返りの失敗や水泳の飛び込みなどで、頭頸部をやや前傾して激突し、棘間靭帯・黄靭帯が伸ばされて損傷します。柔道、ラグビー、サッカー、学校体育のマット運動などでも発生します。

症状 損傷の程度にもよりますが、頸椎を動かしたときの不快感から痛み、動きが制限され、とくに痛みが強い場合には、筋肉が緊張して剛直となることもあります。

検査と診断 X線検査で、骨損傷、脱臼がないことを確認し、神経症状がないことを明確にしておきます。

治療 損傷部位の安静を主として、それに対症療法（薬の内服、外用剤の使用）を行います。

症状が強い場合は、安静のために床につく（臥床）、あるいは頸椎カラー固定を行います。2～3週間、靭帯の修復を待ち、少しずつ可動訓練、筋力強化訓練を行います。

予防 激しい接触のあるスポーツでは頭頸部からの強い衝突を避けることが第一であり、危険な衝突を禁止するように十分な指導がなされなければなりません。損傷の程度が強くなると、頸椎内の神経が損傷され、まひをきたします（頸椎損傷　次項）。

◉頸椎損傷

どんなけがか 頸椎にかかる力が強くなると、頸椎に骨損傷をきたす骨折、あるいは脱臼をおこし、多くの場合、神経のまひが現れます。

接触の多いコンタクトスポーツ（ラグビー、アメリカンフットボール）、体操競技での転落、水泳の飛び込みなどでみられます。

治療 両手足を動かせない、また知覚の障害がある場合には、できるだけ脊椎の安静を保ち、救急救護を要請し、速やかに医療施設を受診してください。詳細な検査や、ときには手術的治療が必要となります。

◉腰部捻挫

どんなけがか 腰椎はスポーツにおいて、安定した動作を行う源であり、強い力を生み出すための大きな屈伸、回旋（回転）が要求される部位です。いっぽう脊椎は構造上、個々の椎体間での回旋が制限されるため、椎間関節の捻挫など、関節包、靭帯、筋肉を傷めることも多くみられます。

からだを強くひねったり、ジャンプなどの垂直の力が強くかかるスポーツで多くみられますが、腰椎部の損傷は、あらゆるスポーツでおこります。

治療 一般には、安静および薬を使用して、経過をみます。症状によっては、装具を使って日常生活をすごしやすくすることもあります。こうしたことで時間が経つと、多くは治癒していきます。

スポーツへの復帰前には、今後の予防を含めて、腰背筋を中心とした筋力強化が重要となります。また、スポーツでの損傷の予防には、腰部のストレッチがたいへん有用です。

◉腰椎椎間板ヘルニア

どんなけがか この疾患は、スポーツ選手の腰部のけがではもっとも障害度が高い疾患のひとつです。

までちんと行う運動処方が重要です。筋力強化は、腹筋群、背筋群の強化を中心に殿筋、大腿の筋肉の強化も行います。回数の設定は最大可能回数の50～60％を目安とします。持久力の向上には自転車、水泳、歩行、ジョギングなどを1分間の最高心拍数の70％で30分の継続を目標として行います。

慢性腰痛のスポーツ選手は、再発しやすく、競技能力の低下のために心因性要因が加わっていることがあります。腰痛に対する不安の除去、病態の説明、運動療法の目的、効果の説明を十分に行って、腰痛克服のための体力の増強、自信の回復が必要となります。

その原因は、純粋にスポーツ障害と考えられる例もありますが、加齢現象としての椎間板の変性を基盤に発生し、スポーツによる急性・慢性の外力が作用して、症状が現れる例もあります。

多くは第4・第5腰椎間あるいは第5腰椎・仙椎間の椎間板に破綻をきたし、髄核が後方に突出し、その部位を走る神経根を圧迫して、腰痛・脚の痛みをおこします。腰痛のみをおこす場合もありますが、多くの例で脚の痛みをおこし、その痛みは強く、日常生活にもかなりの支障をきたします。

検査と診断　診断は、神経学的検査、坐骨神経刺激試験、X線検査、MRI検査、脊髄造影、CTなどで行います。

治療　突出した椎間板の刺激が強くならないように、おもに安静にします。痛みが強いので、薬を内服あるいは外用します。経過をみて、痛みが増強する場合には、入院治療、神経ブロック（976頁）を行うこともあります。

社会的状況の変化もあり、以前より早めに手術的治療を行うこともありますが、基本的には神経症状（知覚障害、運動障害、排尿排便障害）がなければ手術的治療は行いません。内視鏡下手術、顕微鏡下手術、あるいはレーザー蒸散法（保険適応外）など、治療法は専門医に相談してください。

大半の人は、保存的治療で時間をかければ、痛みは軽減し、社会的に復帰することができますが、スポーツへの復帰には、個人差があるので専門医の指導を受けてください。

◉腰椎分離症

どんなけがか　腰椎の神経が通る部分を挟んで前方と後方をつなぐ部位の骨の連続が途切れたものです。

原因　小児期の外傷や障害、とくにスポーツを激しく行ったためにくり返して加わった力によっておこった骨折が原因との考えが支持されています。骨折なので、早く治療すれば、骨が癒合するものもあります。小児期の骨折を放置すると癒合不全となり、その部位が原因になると考えられる痛みをおこすことがあります。形態によっては、脊椎すべり症（1901頁）になることがあり、椎体各所への力の加わりかたによって、二次性の変化、変性を加速させることにもなります。プロスポーツ選手のなかにもみられることがあります。

治療　小児期に見つかったものは、スポーツによる激しい体動を避けて経過をみていく保存的治療をきちんと行うことが、将来を考えると有益だと考えられます。しかし、運動能力の優れた子どもにみられることが多いため、なかなか安静が守れません。

骨癒合が期待できると考えられる症例によっては、コルセットの装着を行うこともあります。骨癒合の時期をすぎたと判断されれば、局所神経ブロック（976頁）などによって、痛みの原因部位が特定されれば、固定手術を行うこともあります。

◇肩・腕のスポーツ外傷・障害

◉肩関節脱臼

どんなけがか　接触の多いコンタクトスポーツ（ラグビー、アメリカ

◎テーピング

テーピングは、手足やからだの動きを制限したり、靭帯にかかる力を分散し、関節・靭帯を保護したり、けがの予防として使用されています。

けがの初期治療として行うこともありますが、医療施設受診までの応急処置と考えるべきです。

使用するテープには、伸縮性の有無、皮膚保護剤、使用部位に応じた各種のテープなどがあります。

テーピング法はかなり特殊なものであり、正しい教育を受けたトレーナーなどに行ってもらいます。自分で行う場合には、十分な指導を受け、指導書などの知識をもって行ってください。テーピングは、緩んだら貼り直すことが必要です。また、長時間のテーピングは循環障害をおこすこともあり、皮膚に対しても十分な配慮が必要です。競技が終わったら、すぐに除去してください。

ンフットボール、相撲、柔道など）でおこります。

痛みが強く、腕全体を動かせないこともあります。骨折の合併もありますので、応急的に固定したあと、早く専門医を受診する必要があります。

治療　X線撮影などで診断のあと、速やかに整復を行います。麻酔が必要となることもあります。

◉野球肩

投球動作によって発生した関節障害の総称です（1914頁）。

いずれの病変も、安静もしくは手術後、投球再開に関しては投げすぎないように十分に注意しましょう。また、フォームの欠点をチェックし、ストレッチング、筋力強化訓練を併行します。中途半端な中断で、すぐに全力投球を再開すると、再発することがほとんどです。

▼インピンジメント症候群　肩関節の屋根の部位で、肩峰と骨頭の間で腱板、滑液胞、二頭筋腱が挟まれて炎症をおこしたものです。

使いすぎ症候群のひとつで、野球以外のスポーツでも、肩を強く挙上する動作を行う水泳、ボート、バスケットボールなどでおきます。

肩の安静がたいせつで、薬を使用することもありますが、安静にして痛みがとれてきたら、ストレッチングを中心とした運動療法を行います。ときに手術が必要となることもあります。

▼回旋筋腱板損傷　肩の強い痛みや腫れがあります。腱板が完全断裂した場合は、手術を行います。

治療後のリハビリテーションとして、筋力強化、可動訓練をうまく行うことが重要です。

▼動揺性肩関節症（ルーズショルダー）　肩関節が緩く、痛みや不安定感、脱力感があります。脱臼させないように注意するいっぽうで、筋力トレーニングが重要となります。手術は、医師と十分に相談する必要があります。

▼上腕骨骨端線離開　上腕骨の骨頭にある成長軟骨が骨頭から離開した状態です。少年野球の選手、とくに投手にみられ、**リトルリーグショルダー**ともいいます。数か月の安静、投球動作の禁止で、ほとんどが治癒します。

▼肩甲上神経損傷　棘下筋（1933頁図）を支配する肩甲上神経が、投球動作によって引っ張られたり、圧迫されたりして損傷をおこします。オーバースローをくり返す動作でおこるとされ、肩の後方外側に痛みが広がります。

肩の安静を保ち、神経ブロック（976頁）を行うこともあります。ときに圧迫を取除く手術を行うこともあります。

◇脚・足のスポーツ障害

◉ジャンパー膝

どんなけがか　ジャンプ動作をくり返したり、ランニング動作を過度に強く行うことで、膝伸展機構（大腿四頭筋、膝蓋骨、膝蓋靭帯）に痛みをきたすものです。

バスケットボール、バレーボールのジャンプ、重量挙げでもおこります。

治療　まずは安静、運動量の軽減に努めます。フォームの改善や、練習前のウォーミングアップ、ストレッチング、練習後のアイシングを十分に行います。痛みの改善がなけ

スポーツのけが

◎アスリーツ・フット

運動家の足という意味ですが、みずむし（白癬菌症）のことです（1826頁）。

ロッカールームなどで感染の機会も多く、スポーツでかいた汗が足指の間にたまり、靴の中が蒸れやすいために白癬菌が繁殖しやすくなります。かゆみで困ることだけでなく、爪へ侵入すると、足指を傷めたり、運動に支障をきたすこともあります。

靴は通気性のよいものを選び、内部の清潔と乾燥に気をつけましょう。靴下も清潔で汗をよく吸い、発散させるものを選んでください。

スリッパ、サンダルなどは他人と共用せず、シャワールームのマットレスも乾いた状態にしておいてください。

れば、ジャンパー膝用のサポーター、テーピング（前頁上段）を用います。

◉ランナー膝

どんなけがか　ランニングを主とするスポーツでの膝周辺部痛です。腸脛靭帯炎、鵞足炎、膝蓋靭帯炎、関節炎などがあります。

治療　局所の安静をはかり、X脚（790頁）では足底装具も有効です。スポーツ前のストレッチングを十分に行います。

▼腸脛靭帯炎　腸脛靭帯（37頁カラー口絵）が大腿骨の外側部との摩擦によっておこる障害で、長距離ランナーにみられます。走行距離を減らし、疾走速度を落とします。十分な準備運動、ストレッチングを行い、走路を同じ方向にばかり走っていないか、シューズに問題がないかも検討します。

▼鵞足炎　膝の屈曲に関与している縫工筋、薄筋、半腱様筋（37頁カラー口絵）が、膝の内側で脛骨についている部分での運動痛、圧痛をおこします。肥満や、スポーツによる過度の負荷、女性ではX脚でもおこります。

◉足関節捻挫

どんなけがか　多くのスポーツ競技やレクリエーションなどでおこります。多くは外側の靭帯の損傷ですが、内側まで損傷することもあります。頻度が多いけがなので、骨折を見すごさないようX線撮影で確認しておきます。

治療　ほとんどが保存的に治癒していきますが、損傷の強いものは、きちんとした固定が必要となり、手術を行うこともあります。

予防　装具の使用も有効ですが、テーピング（前頁上段）や、運動前の十分なストレッチング、足関節周囲の筋靭帯の強化訓練も行います。また、石やボールなどを踏んで受傷することも多く、環境の整備も必要です。

◉衝突性外骨腫

どんなけがか　足関節の過度の曲げ伸ばしやスポーツ外傷によって、骨が増殖して、足関節に痛みをおこします。骨変化は、損傷の修復機能によるものと考えられています。

治療　手術を行うこともありますが、骨変化が痛みの原因であるかどうかを十分に見極める必要があります。関節遊離体（1882頁）となったものは、摘出します。

◉有痛性三角骨

どんなけがか　足関節の後方内側で、見えている副骨（余分にある骨）に痛みをともなうことがあり、過度のつま先立ち（尖足位）、クラシックバレエ、ジャンプなどでみられます。

治療　保存的治療を行いますが、スポーツ復帰が困難なものは、骨片を摘出します。

◉足底腱膜炎（ジョガー足）

どんなけがか　歩行、ランニング、ジャンプで、足の使いすぎにより発生します。土踏まずが過度にカーブしているハイアーチ足、内返しの強い過回内足、扁平足（1928頁）にみられ、踵や足中央部内側に痛みがあります。

治療　ランニング中心の運動から水泳やサイクリングに切りかえます。足底装具も効果的な場合もありますが、長期化するものもあります。慢性化した場合、骨棘の切除、腱切離などの手術も行われています。

頭・くびのけが

◎低脊髄圧症候群

脳脊髄は、無色透明な脊髄液で満たされています。低脊髄圧症候群は、**脳脊髄液減少症**ともいわれ、脳脊髄液が外傷などの原因で、漏れ出すことによって、脊髄液量が減少し、頭蓋内の圧が低下するために、頭痛、吐きけ、めまい、だるさ、背中やくびの痛み、頸部痛、耳鳴り、聴力低下、視力障害などのさまざまな症状を呈するとされています。

これまでは、脳脊髄の手術後や腰椎麻酔のあとに出現する症状が知られていましたが、最近では、軽微な外傷後に低髄液圧症候群が、出現するこ

頭部外傷

Head Injury

受傷直後のケアが重要

◇原因と意識障害をチェック

頭部外傷は事故、スポーツ、けんかなどの原因によって衝撃の強さや加速度、方向がちがい、それによって病状も異なるため、原因を確かめることが第一です。ついで意識障害の程度を調べます。意識の程度は、Ⅰ群（覚醒している）、Ⅱ群（刺激すると覚醒する）、Ⅲ群（刺激しても覚醒しない）の3群に分かれます。Ⅱ群、Ⅲ群の場合は、舌根沈下がおこり（重力によって舌が後方に沈むことをいいます）、気道をふさぐことがあるので気道確保（105頁）が必要です。

◉頭部外傷の検査

意識障害が強く、バイタルサイン（1957頁上段）に異常がみられるときは重症です。気道確保、人工呼吸（107頁）などの救命処置を行い、病院に搬送します。意識が正常で軽症とされれば、頭部単純X線検査で十分ですが、吐きけなどの症状をともなう場合は、頭部CTを撮ることもあります。

◇おもな外傷の種類と治療

▼急性硬膜外血腫　脳を包むもっとも外側の硬膜の血管が切れて出血し、頭蓋骨と硬膜の間に血腫（血のかたまり）ができる状態です。受傷直後に意識を取戻しても、血腫が大きくなると脳が圧迫され、再び意識障害が生じます。

血腫に押されて脳の一部がはみ出すと脳ヘルニア（964頁）となります。手術により、血腫を除きます。

▼急性硬膜下血腫　硬膜とその内側のくも膜の間の血管が切れて血腫ができた状態です。

血腫が大きければ手術を、小さければようすをみます。

▼外傷性くも膜下血腫　脳を包むくも膜ともっとも内側の軟膜の間で出血して血腫ができた状態です。脳脊髄液が流れているので血腫は吸収され、特別な治療は必要ありません。頭痛があれば鎮痛薬を服用します。

▼脳内血腫　脳の中にできる血腫で、脳組織・血管の損傷による出血です。

血腫が大きければ手術をします。

▼脳挫傷　外からの圧力で脳に断裂（切れ目）、むくみ（浮腫）、小出血などがおこる病状です。

脳圧下降薬による頭蓋内圧降下療法、輸液などによる全身管理、気管挿管を用いた呼吸管理や低体温療法などで治療します。手術によって脳の減圧を行うこともあります。

▼頭蓋骨骨折　頭蓋骨にひびが入ることです。線状骨折の場合ならば、ときに治療の必要はありません。

脳のほうにへこむ陥没骨折では、脳を傷つけている骨は、折れた部分を手術で整復します。

頭蓋骨の底辺にあたる目や耳の周囲の骨折は、手術せずに症状に応じた治療を行います。

▼頭皮の創傷　頭皮は血管が多いので、出血はしばしば多量となります。

頭部CTで異常がなければ、傷の消毒と縫合で十分です。

とが注目されています。また、これまでむちうち損傷と診断されていた人のなかに、じつは脳脊髄液の漏出によって、低脊髄圧症候群となっている人が、含まれていたことも明らかになってきました。

診断は、症状とMRI、RI脊髄脳槽シンチグラフィーなどを用います。座っていたり、立っていたりする姿勢で症状が悪くなり、横になると症状が軽くなる特徴があります。画像上特徴的なようすを認めないこともあり、診断に苦慮するケースもあります。

はっきり確立された治療法はないのですが、とくに急性期では、まずは臥床安静と十分な水分の補給は効果的です。

硬膜外自家血注入法（硬膜の外のスペースに、自分の採血された血液を注入する）では、髄液圧を上げ、血液が孔をふさぐ糊の役目を果たし、効果があるといわれています。

頸椎捻挫（むちうち損傷、外傷性頸部症候群）

Sprain of Cervical Spine

頸椎の関節が損傷する

◇自動車事故でおこりやすい

どんなけがか　くびがむち（鞭）のようにしなり、それにつれて重い頭部が振られるためにおこるくびの骨（頸椎）の関節の損傷です。

自動車の衝突事故でおこることが多いものです。

追突の場合は、追突された自動車に乗っていた人のからだは進行方向に移動しますが、頭はもとの位置にとどまろうとします。そのため、くびが「く」の字型にしなり、頭は後ろに反る格好になります。つぎに反動で、頭は前方に振られ、くびは「く」の字とは反対方向にしなります。（過屈曲）

正面衝突の場合は、からだ、くび、頭の動きが追突とはまったく逆になります（次頁図）。

いずれの場合も、重い頭を支えるくびがむりな形にしなり、頸椎の関節が損傷を受けるのです。

正面衝突の場合は、顎が胸にぶつかります。また、側面からの衝突の場合は、耳の部分が肩にぶつかります。したがって、側面衝突ではくびのしなりが小さく、追突に比べると頸椎の損傷はおこりにくいものです。

症状　症状を感じるか感じないかは人それぞれです。頸椎捻挫をおこすような事故にあっても、なんら苦痛となる症状を感じない人もいます。

症状を感じる場合は、早ければ受傷直後から、遅くても数時間後から翌日ごろに症状が現れてきます。

もっとも多いのは、項部（うなじ）の痛みや熱感、頭重、肩こりですが、このほかに、くびの痛みやこわばり、くびや肩をよく動かせない、背中の痛み、腕の痛みやしびれ、頭痛、めまい、かすみ目、耳鳴り、難聴、腰痛などの症状を感じる人もいます。

頸椎捻挫には、さまざまな分類がありますが、ここではおもに症状のちがいから、捻挫型、神経根型、脊髄型、バレ・リーウー型の4つのタイプに分けて説明します。

▼捻挫型　くびや肩の痛み、動かしにくいなどの寝ちがいや肩こりに似た症状を示すタイプで、頸椎捻挫の70～80％はこのタイプといわれています。

X線やMRIで撮影しても頸椎に異常は発見できませんが、椎間板（頸椎と頸椎の間に挟まっていて、クッションの役割を果たしている軟骨）に小さいひびが入ったり、靭帯に小さな断裂（切れ目）ができたりしていると考えられています。

まず、くびの安静を保つことがたいせつです。ただし、起きて、頭を支えているかぎり、くびに負担がかかり、安静を保つことはできません。

安静のために、くびにカラーを巻くこともありますが、あまり長期に使用すると、頸部の筋力が低下し、回復が

むちうち損傷をおこすときのくびの動き

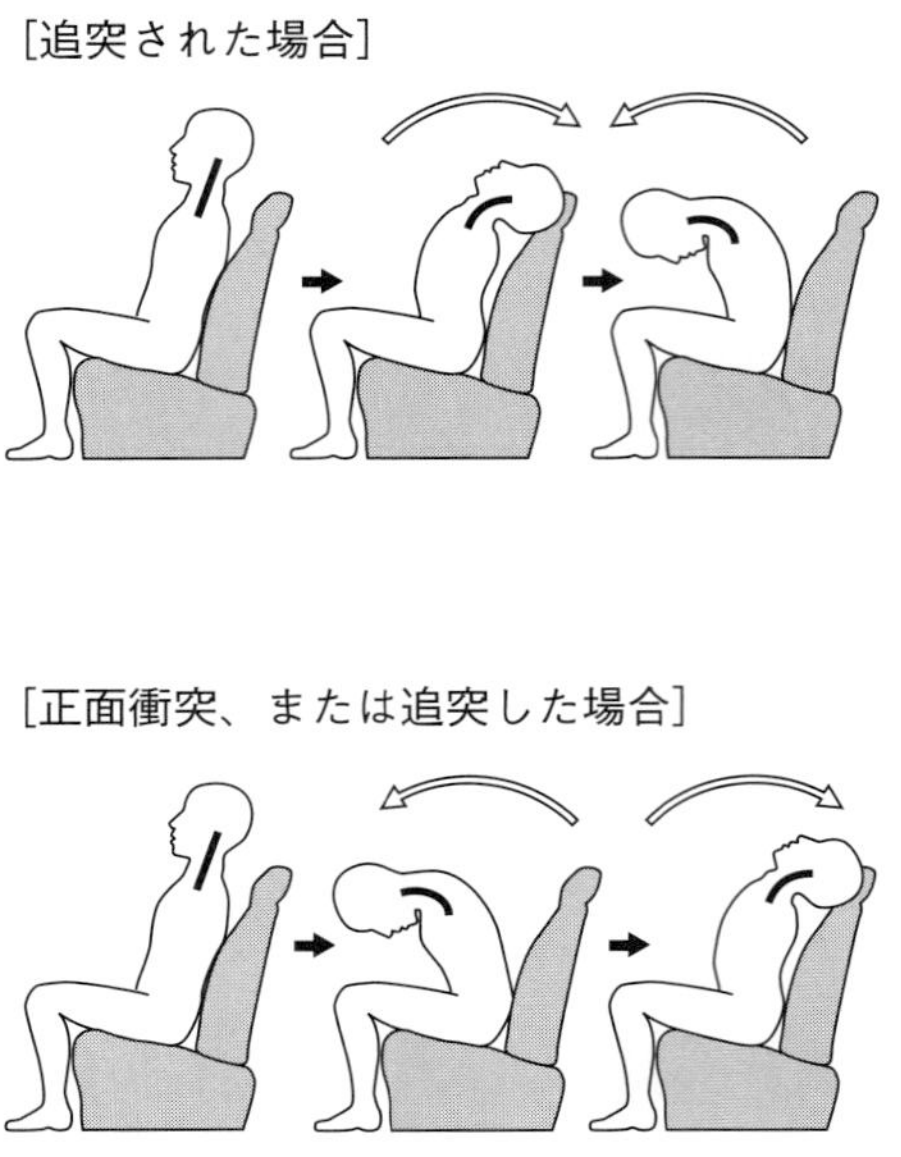

遅くなり、逆効果となります。

くびの負担を除くには、横向きに寝て、くびにかかる負担を枕に逃すのがいちばんです。

数日間の安静は、効果があるとされていますが、長期間の安静は逆に有害です。症状がとれてきたら、徐々に仕事などに復帰するようにします。

ふつう、2週間ほどで治りますが、重症の場合は、3週間かそれ以上かかることもあります。

しかし、これといった明らかに有効であるという治療法が確立していないのが実情ですが、このような症状は一時的なものであり、一定のかぎられた期間内で回復し、障害を残すことはまずありません。

▼神経根型　くびの痛みや上肢（腕）の知覚異常をおもな症状とするタイプです。

この症状は、椎間孔から出て腕のほうに伸びている神経が、上下の頸椎に挟まれるためにおこるもので、くびを曲げたり、回したり、せきやくしゃみをしたときに強く感じるのが特徴です。

後頭部や顔面の痛み、ベールをかぶったような顔の違和感などを感じる人もいます。

2～3週間は、くびの安静を保つことが必要です。ただし、洗面、食事、入浴などは自由に行ってかまいません。

6週間以上も神経の圧迫症状がとれないときは、MRIで頸椎を撮影し、頸椎にどんな変化がおこっているか検査します。もし、椎間板の脱出や不安定頸椎が見つかれば、手術をすることがあります。

症状に見合う変化が頸椎に見つからないときは、消炎鎮痛薬の内服、頸椎の牽引やマッサージなどの理学療法、くびの神経節に麻酔薬を注入するペインクリニック（痛み止めの治療）などが行われます。

▼脊髄型　下肢（脚）のしびれ感や知覚異常など、くびよりも脚の症状が目立つタイプで、歩きにくかったり、便や尿が出にくくなったりすることもあります。これは、脊髄が損傷されたための症状です。

治療は、神経根型に準じます。

▼バレ・リーウー型（後部頸交感神経症候群）　後頭部やうなじの痛みとともに、めまい、耳鳴り、疲れ目、顔・腕・のどの知覚異常、声がれ、飲み込みにくい、胸が締めつけられるような感じなどの症状をともなうタイプです。

これらの症状は、交感神経のはたらきが異常になったためのものです。

頸椎捻挫を負う事故にあったあと、適切な安静が保たれないとおこることが多いといわれています。

治療は、神経根型に準じて行います。

顔のけが

目の外傷

Injury of Eye

軽症でも放置せず、必ず眼科医を受診

◇異物や打撲がよくみられる

目の外傷には、ごみなどの異物による非機械的外傷、ボールがあたるなど打撲による鈍的外傷、ナイフなど鋭利なもので刺す鋭的外傷があります。眼球や、まぶたなどの眼球附属器だけでなく視神経を傷つけることもあります。鋭的外傷の場合は、すぐに手術が可能な眼科を受診する必要があります。

◇おもな外傷の種類と治療法

▼異物による外傷　風の強い日などに目にごみが入って、一瞬痛みが走り、目を開けていられなかったり、目がごろごろして涙が流れたりすることがあります。これは風に飛ばされた異物による外傷です。まぶたや黒目に異物が刺さっていることが少なくありません。

小さなごみは涙を流せば、いっしょに流れ出ることが多いのですが、大きなごみはなかなか流れずに、いつまでもごろごろ感がしたり、痛んだりすることがあります。

目をこすると、眼球に傷がつくので、洗面器に水を張る、または流水（水道水）を流しながら（この場合にはごみの入った目を下にする）まばたきしたり、目薬を使用したりして、異物を洗い流します（「応急手当」132頁）。それでも痛みがあったり、違和感が残ったり、目が真っ赤に充血して、その充血が翌日になってもとれないときは、眼科を受診します。

また、アルカリや酸などの化学薬品が目に入ったときはすぐに流水で目を洗い、その足で眼科を受診します。放置すると失明する危険もあります。

▼打撲による外傷　目を打撲したときには、視力や視野の変化に注意しましょう。すぐに痛みもとれてよく物が見えるようなら、視力低下の危険もないので冷湿布して安静を保ちます。

しかし、目がかすんだり、ぼやけたり、視野に見えない部分が生じたりするようなときは重症です。眼球内の網膜の変化や出血が生じていたり、眼球の後ろの視神経が損傷されていたりすることがあるので、すぐに入院手術が可能な眼科を受診します。とくに、目の周りの骨が折れて眼球の動きが悪くなっているようなときは、ものが二重に見えることもあります。しばらくようすをみて回復しないようなら、手術によって目の周りの骨の整復を行うこともあります。

▼切り傷　ナイフなど鋭利なもので目を突いたり、切ったりしたときは、すぐに手術ができる眼科医を受診します。眼球表面の角膜だけの切り傷なら、角膜を縫うだけですみますが、水晶体や網膜にまで傷が達しているときは手術が必要です。放置すると、白内障（1103頁）や緑内障（1106頁）、網膜剥離（1097頁）などをおこすことがあります。

なお、けがをした目だけでなく、正常なほうの目に炎症が生じる（**交感性眼炎**）こともあります。副腎皮質ホルモン（ステロイド）剤を使うなどして治療します。

耳の外傷
Injury of Ear

耳のけがは、耳介（耳たぶ）、外耳道、鼓膜などの外耳や、耳小骨などの中耳だけでなく、蝸牛などのある内耳にまでおよぶものもあります。

内耳の損傷は、きちんと治療しないと、難聴（1138頁）やめまい（1137頁）、顔面神経まひ（1144頁）などの後遺症が生じることもあります。

◇おもな外傷の種類と治療

▼耳介血腫、力士耳　柔道やレスリングの選手によくみられます。耳介の皮膚と軟骨の間に血液がたまり、やがて軟骨が盛り上がり変形します。手術で軟骨を取除きます。

▼耳垂裂　ピアスなどによっておこる外傷で、耳介がちぎれた状態になります。損傷が小さいか、大きくても血管が縫合できれば接着できます。おもに形成外科で手術します（1974頁）。

▼外耳道損傷、外耳道異物　出血や痛みがあるときは、消毒して抗菌薬入りの軟膏を塗ります。異物の場合は、耳鼻咽喉科を受診したほうが安心です。虫が入った場合は、油を外耳から数滴垂らすなどし、念のため受診しましょう（「応急手当」133頁）。

▼鼓膜損傷、耳小骨損傷　鼓膜は破れても数日で再生しますが、その後、中耳炎や耳漏、難聴になりやすいので、患部を清潔に保って炎症の拡大を防ぎ、耳鼻咽喉科を受診します。

▼側頭骨骨折　耳の周りにある側頭骨の骨折は、強い外力による場合が多いので脳への衝撃によって意識障害をともなうこともあります。救急医療のあとに、難聴や顔面神経まひの治療を行います。

鼻の外傷
Injury of Nose

顔面のけがには、よく鼻のけがをともないます。鼻のけがには、鼻の皮膚の傷、鼻粘膜の傷、鼻骨や鼻軟骨の骨折があります。とくに、鼻の孔に近い部分の鼻粘膜（キーゼルバッハ部位）は出血しやすく、少しぶつけただけでも簡単に鼻出血（1159頁）、鼻づまりがおこります。鼻骨や鼻軟骨も運動中、骨折しやすいところです。

▼鼻骨骨折、鼻軟骨損傷　鼻骨骨折や鼻軟骨損傷で、鼻筋が曲がったり（**斜鼻**）、鼻がへこんだり（**鞍鼻**）することがあります。

皮膚や粘膜に傷がなく、出血もみられない、鼻骨の曲がりやへこみも軽いというようなときは、鉗子（ペンチのような器具）などで鼻筋をもとのように戻し（整復）、鼻腔に脱脂綿などのつめ物をして固定します。時間がたつと顔が腫れて、整復しにくくなりますので、早めに受診しましょう。受傷直後に整復できなかった場合は、約1週間後に腫れがひいたところで整復します。

傷がひどいときや鼻が大きく変形したときは、周囲の骨にも損傷がおきていることがあるので、すぐに外科や形成外科を受診します。画像検査で状況を確かめたら、すぐに整復します。整復のタイミングがずれると、手術が必要になることがあります（1975頁）。

歯・顎の損傷 ……… 1955頁
▼症状▲歯の損傷には、打撲、脱臼、破折などがあり、顎の障害もともなうことが多い。
▼治療▲歯科や口腔外科の受診が必要。

歯・顎の損傷

Injury of Teeth & Jaw

抜歯はなるべく避ける。

◇強い力が加わり損傷を受ける

事故、衝突、転倒などで顔面に強い力が加わると歯や顎を損傷することがあります。歯の損傷には、打撲、脱臼、破折があり、歯と同じように顎にも破折や脱臼がおこりますが、もっとも多いのは顎の骨折です。

歯や顎に損傷を受けた場合は、歯科や口腔外科を受診しましょう。

◇おもな損傷の種類と治療

▼歯の打撲　歯根と歯槽骨の間にある歯根膜の一部が伸びたり、ちぎれたりし、物をかむと激しい痛みが走ります。また、歯が浮いた感じがすることもあります。こうした場合はなるべく歯を使わないようにして安静にしていれば、1週間程度で治ります。

強い打撲を受け、歯の歯髄への血行が途絶えて歯髄壊死をおこすと、歯の表面が黒ずみ、歯の根端部の骨が吸収されて、歯根に肉芽腫（やわらかい新生組織）や嚢胞（袋状の組織）などをつくります。これらの病巣が小さいうちは衛生を保てば治りますが、大きくなると、嚢胞摘出、歯根端切除術などの手術が必要になります。

▼歯の脱臼　歯がぐらぐらしたり、半分とび出たり（不完全脱臼）、歯槽から完全に抜けた（完全脱臼）場合、なるべく早く歯をもとの位置に押し込んで固定すると、生着することがあります。出血している場合は、歯の上からガーゼで押さえて止血します。完全に脱臼した場合も、速やかに再植手術を行えば、生着する可能性が高いです。

もし、歯が抜け落ちたときは、水道水か牛乳の中につけて保存し、口腔粘膜の裂傷部分は清潔なガーゼなどで止血して、歯科や口腔外科を受診します。歯は消毒用アルコールや酒、酢などに保存すると、生着させるときに、その成分が歯髄（神経）や歯根膜組織を傷つけることがあるので注意が必要です。

歯髄保存処理した歯は、生きつづけていることが多く、6か月ほどで生着することがあります。回復しないときは、歯髄を除去します。

▼歯の破折　歯は脱落しないものの一部が折れたり、欠けたりしています。破折部分が大きかったり、歯髄が露出して、痛みが強かったりするときはすぐに受診しましょう。

破折部分は修復しますが、歯根が破折した場合は、抜歯することもあります。しかし、歯の損傷の多くは前歯なので、できるだけ抜歯を避けます。

▼顎の骨折　顎は直接力が加わったところ（直達骨折）だけでなく、離れた部位で骨折する（介達骨折）こともあります。骨折すると、歯と歯のかみ合わせが悪い場合から骨片の移動で顔面が変形する場合などさまざまです。知覚まひや運動まひがみられることもあります。受傷したら、止血や救命処置をまず行い、その後、手術による骨折部分の整復を行います。骨片をもとの位置に戻し、金属プレートなどで密着させ、ねじで骨を固定します。

胸・腹のけが

▼症状▲呼吸困難、窒息、出血など、命にかかわることが多い。
▼治療▲直ちに医療機関に運ぶこと。

胸部外傷の危険域

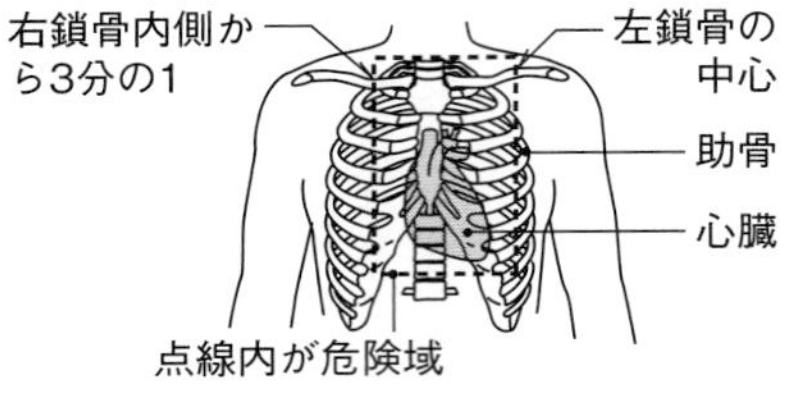

胸部外傷

Chest Injury

呼吸が異常なら一刻も早く救急病院へ

◇生命の危機に直結することも

胸には、呼吸や循環といった生命を維持する重要な臓器が納まっています。そのため、胸への外傷は、生命にかかわることがあり、注意が必要です。

胸には、心臓を中心に大静脈・大動脈が集まっている危険域といわれる部位があります（上図）。胸部外傷を受けたあとに、強い痛みがつづく、血の混じった痰が出る、呼吸が苦しい、呼吸が速い（1分間に30回以上）、ふらついて立っていられないなどの症状があるときは、至急、病院で診察を受ける必要があります。

◇おもな外傷の種類と治療

▼胸部圧迫症（胸部圧挫症） 下敷きなどで胸を強く圧迫されると、心臓に血液が戻りにくくなり、全身へ流れる血液量も減って、酸素不足から**外傷性窒息**をおこします。チアノーゼ（1344頁上段）が現れ、意識障害もおこるので、声をかけて意識の回復を促し、酸素吸入をしながら救急病院へ運びます。

▼血胸・気胸・血気胸 胸腔内に出血した血液がたまった状態を**血胸**、肺から漏れた空気がたまった状態を**気胸**、血液と空気がたまった状態を**血気胸**といいます。血液や空気に肺が圧迫されて、呼吸が苦しくなり、さらに心臓や健康なもういっぽうの肺も圧迫されて、心肺停止に至ることもあります。

救急病院では、チェストチューブを胸腔内に挿管（**胸腔ドレナージ**）して、漏れた血液や空気を抜き、胸腔内を減圧します。

▼皮下気腫・縦隔気腫 肺や気管から漏れた空気が皮下組織にたまった状態を**皮下気腫**、左右の肺に挟まれた縦隔に漏れた状態を**縦隔気腫**といいます。皮下気腫、縦隔気腫はともに、胸の中になんらかの異常が生じて、二次的におこることがほとんどです。

▼肺挫傷 胸に強い打撲を受けたときに、その力が肺に伝わり、肺が損傷を受けたものです。肋骨の骨折をともなっていることもあり、胸痛が生じます。重度の場合、血痰が出たり、肺での酸素の取込が不十分となり、生命を脅かすこともあります。

▼フレイルチェスト（動揺胸郭） 連続した2本以上の肋骨が2か所以上折れ、呼吸すると胸がへこんだり膨らんだりする状態です。

合併症がなければ、胸痛を抑えるために鎮痛薬を使い、肋骨の自然回復を待ちます。症状が激しいときは、開胸手術により折れた肋骨をつなぎます。

▼心臓外傷 刃物などで刺されて、心臓が破れ、大量出血した状態を**穿通性心臓外傷**、その血液が心臓の外側を包む心膜の下にたまり、心臓が広がらずに血液をためることも、送り出すこともできない状態を**心タンポナーデ**、圧迫などによって心臓がつぶれた状態を**非穿通性心臓外傷**といいます。穿通性心臓外傷では、心臓の破れた部分を縫合します。心タンポナーデでは、心膜を切開して血液を排出させます。

腹部外傷…………1957頁

▼**症状**▲激しい腹痛、出血によるショックなどをおこすことも。

▼**治療**▲消化管の損傷では、絶食して輸液を行う。症状に応じて手術することも。

◎バイタルサイン

生命の危険さを判断するために、意識、血圧、脈拍、呼吸、体温の状態を指標とします。意識状態が悪い、血圧が低下する、脈が乱れる、呼吸が速い、体温が下がる状態では、生命の危機が迫っていることを示します。

腹部外傷

Abdominal Injury

出血性ショックと急性腹膜炎を警戒

◇緊急度が高い腹部の外傷

腹部には、肝臓、胆嚢、膵臓、胃、十二指腸、小腸、大腸などたいせつな臓器が集まっています。とくに、肝臓や脾臓は血液が豊富で、損傷すると大出血がおこりやすく、**出血性ショック**により生命が危険にさらされることがあります。また、内臓が破れて内容物が漏れ出し、その刺激で**急性腹膜炎**（1620頁）を発症することがあります。出血性ショックと急性腹膜炎には注意が必要です。

また、出血や腹膜炎の症状は、受傷直後ではなく、遅れて現れてくることもあります。経過に注意する必要があります。

◇おもな外傷の種類と治療法

▼**胃損傷**　胃損傷は、腹部X線撮影やCTなどの検査で、胃から漏れる空気の像によって診断されます。

損傷の程度により、開腹手術で胃を縫合したり、胃管で胃の内容物を排出させたりする治療を行います。

また、食道を損傷している場合は、開胸して損傷部分を縫合し、胸腔ドレナージを行って、胸水などを排出させます。

▼**十二指腸損傷**　十二指腸を画像検査して、孔はあいていないものの損傷が疑われるときを非全層性損傷といいます。絶食して、点滴による輸液療法を行います。

十二指腸が破裂した場合は、開腹して破裂部分を縫合します。

▼**小腸・大腸損傷**　腸を損傷すると、腹部を押すと腹壁がかたく、痛みがあり、腹部X線撮影で小腸や大腸からの空気の漏れがみられます。開腹して、損傷部分を縫合します。

なお、大腸損傷の場合、大腸から漏れた腸内細菌で腹腔内が汚され、急性腹膜炎をおこすことがあります。この場合、大量の抗生物質療法が必要になります。

▼**肝損傷**　肝臓が損傷を受けると、出血性ショックのほか、胆汁が漏れて急性腹膜炎をおこしやすくなります。

全身状態がよければ、輸液や輸血をして経過を観察し、全身状態が悪いときは開腹手術により、損傷部分の除去、止血、胆汁の漏出防止を行います。

損傷が小さくても、出血がいつまでもつづくと、ショックをおこすことがあります。

▼**膵臓損傷**　膵臓の損傷により、膵液が漏れ出て、激しい炎症がおこります。周囲臓器の損傷を合併していることも多く、注意が必要です。

膵損傷の診断は、ときにひじょうにむずかしいこともあります。

▼**脾臓損傷**　脾臓は血液の集まる臓器なので、出血性ショックをおこしやすく、全身状態が悪いときは開腹手術をして止血します。

脾臓を摘出すると、敗血症などの感染症（脾摘後重症感染症）をおこしやすいので、可能ならば摘出せずに残すのが原則です。

泌尿器・性器のけが

下腹部の外傷（尿路・性器の損傷）……1958頁
▼症状▲出血によるショックをおこすこともある。
▼治療▲損傷部位に応じた治療が行われる。

下腹部の外傷（尿路・性器の損傷）

Lower Abdominal Injury

出血性ショックに注意が必要

◇治療後の経過観察を厳重に

骨盤や恥骨に守られて、膀胱や尿道は損傷しにくいところですが、骨盤骨折などにともなって、損傷することがあります。また、腎臓や性器は受傷すると、血管が多い部位でもあり、多量の出血をみることもあり、しばしば出血性ショックをおこします。

◇おもな損傷の種類と治療

▼腎臓損傷　一時的に出血性ショックをおこすことがあります。ショック状態が長くつづくと出血性ショックから死亡する危険もあるので、緊急手術を行います。しかし、腎臓外傷の90%以上は手術せずに、絶対安静にして電解質などを補液したり、止血薬を使用したりしていれば治ります。症状が改善しない場合は、開腹して、腎臓の損傷部分の縫合や摘出を行います。腎臓が損傷すると、高血圧や尿路結石（1740頁）などを合併しやすいので、治療後でも経過観察を厳重に行います。

▼膀胱損傷　膀胱は恥骨の裏側にあるので外傷には強い器官ですが、尿が充満しているときに強い力が加わると膀胱が破裂し、尿が膀胱外に流れ出すことがあります。放っておくと腹膜炎（1620頁）をおこすことがあります。

この場合は、開腹して膀胱の損傷部分を縫合し、傷が治るまで、カテーテルで尿を排出（導尿）します。

症状が軽い場合は、カテーテルを尿道に留置し、しばらく尿が膀胱にたまらないようにしておくだけで治ります。

▼尿道損傷　骨盤骨折をした場合や股間を強打した場合に、尿道損傷がおこります。尿からの出血や排尿困難が主症状ですが、尿道が断裂して、尿が出なくなったり、打撲によって会陰部の広い範囲に皮下出血がおきたりすることがあります。損傷が軽い場合は、抗生物質の服用とカテーテルの留置で治ります。症状が重い場合は、膀胱から排尿するカテーテルを留置し、時期をみて尿道を再建します。

▼男性性器損傷　勃起時や性交時におこる**陰茎折症**は、陰茎の海綿体を包む白膜が損傷したものです。ボキッと音がして、激痛が走り、暗赤色に腫れ上がるため、骨折と勘ちがいする人もいます。

精巣（睾丸）損傷では、蹴られたりして破裂し、激しい痛みからショック状態におちいることがあります。

いずれも手術で血腫を除き、断裂部分を縫合します。

▼女性性器損傷　外性器周辺は血管が多く、受傷すると多量に出血します。損傷が腟におよぶ場合は、出血量が少なくても、内出血していることがあり、腟鏡で検査します。また、膀胱や直腸も傷ついていることがあります。

傷が浅く、出血が少ない場合は、腟は縫合せずに、感染予防の抗生物質や軟膏を使用します。傷が大きく、出血多量の場合は、縫合します。

第17章 形成外科的な病気

◎再生医療と再建医療

再生医療は、細胞培養で器管をつくり、失われたからだの形や機能を復元することを目的としています（1963頁）。

それに対して再建医療は、自分または他人のからだの一部から採取した血行をもった組織を、失われた部分に移植することによって、もとの状態に復元することを目的としています。

形成外科の役割

◇クオリティ・オブ・ライフ（QOL）の向上と再建外科

顔や手足など、からだの一部が変形してしまったり、失われたりすると、日常生活が不便になります。たとえそれが衣服で隠れた部分でも、精神的な苦痛を感じ、ふつうの人と同じような生活ができなくなる場合があります（QOLの障害）。

形成外科では、失われたからだの形や運動能力、そして感覚などの機能の復元を行います。機能の障害を改善し、同時に肉体的な障害が原因となる精神的な障害をも改善して、より活力ある社会生活に復帰してもらうことをめざしています。

形成外科は、従来の形成外科と**美容外科**、さらに**再建外科**が合体したもので、正式には形成・再建・美容外科ともいわれます。

従来の形成外科は、顔・耳・口・手足などの生まれつきの変形や、事故による変形・欠損、傷あと、やけどなどを皮膚移植などの手段を用いて修正・治療します。

美容外科は、隆鼻・豊胸・二重まぶたなどの手術を行います。

再建外科は、失われたからだの復元・修復を、新しい技術を用いて行います。おもには、事故や顔面・乳房・陰部のがんを大きく切取ったあとをもとどおりに復元したり、切断された指・腕や足をつないだり、さらには、がんで従来なら切断しなければならない腕や足のがんのみを切除し、その欠損部をつくって移植して、もとのように動くようにします（再建医療　上段）。

こうした新しい手術の基本となる特殊な技術としては、微小外科（マイクロサージャリー　1983頁）の技術があります。これは顕微鏡を見ながら直径が0・5～3㎜前後の血管、リンパ管、神経などをつなぐ技術です。この技術を使えば、大きな骨・筋肉・脂肪のかたまりを、その部分の組織が生きた状態のままで、からだのある場所から別の場所に自由自在に移植できます（血管柄付き組織移植術　次頁上段）。

微小外科の技術は、1960年代に、切断された指をつなぐことを最初の出発点としてスタートしました。

その後、たとえば本人の足の指を、手の指にしたり（左手指末節の再建1962頁上段）、足の爪を、細胞組織を生かしたままで手指の爪に移植することも可能になりました。腰の骨を使って大きな顎の骨をつくったり、おなかの筋肉を犠牲にせずに脂肪を大きくとって、その脂肪から、がんのために失ってしまった乳房をつくったり、腕の肉を使って舌がん（486頁）をとったあとの舌をつくったり、あるいはおなかの腹筋を神経と血管をつけたままで顔に移植して動かない顔を動かし、笑い顔を復元することもできるようになりました。また失われた陰茎に対しては、腕の肉で感覚のある陰茎をつくります。盲腸を組込んでつくった尿道からは尿が出て、生殖機能も再建できます。

このような手術は、脳外科・眼科・耳鼻科・口腔外科・泌尿器科・産婦人

形成外科の役割

◎血管柄付き組織移植術

1973（昭和48）年から可能となった手術法のことです。からだの別の部の組織を神経や血管をつけて採取し（皮弁、骨弁、筋弁、脂肪弁、神経弁など血のめぐりをもつ厚い組織で採取）、別の部分に移植する手術です。からだ全域の微小血管の分布に関する解剖知識と微小外科（マイクロサージャリー 1983頁）の技術を要するため、通常の植皮、骨移植（1996頁）などとは異なります。

大きな移植組織でも手術直後から移植された組織の血のめぐりが回復するため、失われたからだの復元ができます。皮膚や脂肪組織であれば、おなか、太もも、背中などから採取し、骨であれば腰の骨、下腿から腓骨などを栄養する血管をつけたままで採取します。移植組織が100％生存するため、大きな骨の欠損でも確実に再建が可能です。

科などからも求められるため、そうした科と形成外科との合同で行う、新しい治療形態（チームアプローチ 1963頁上段）がすでに始まっています。

整形外科とのチームアプローチでは、たとえば、がんで手足を切断せざるを得ない患者さんの場合、まず、がんを十分に切除したあと、そこに本人または人工の骨を移植します。つづいて、背中の筋肉と皮膚に神経・血管をつけたまま手足へもっていき、その筋肉の神経を手足の神経につなぎます。そうすることによって、手足を切断せずに残すことができ、しかも残った手足に、動きと感覚がでるというところまできています。

また、脊髄損傷などでの神経まひの治療も可能となりつつあります。

最近の治療としては、性同一性障害（1980頁）の治療があります。精神的な性（ジェンダー）に合わせてからだの修正（性別適合）手術を行います。

さらに免疫抑制薬の発達により、欧米、中国では現在、手、喉頭、顔面の欠損などでは、死体や親族のからだの一部から移植されつつあります。

これからの形成・再建外科は、これまでは不可能だったからだの大きな欠損や機能障害を治すために発展することになると思います。

◇組織の移植方法

本人の組織を別の部位に移植する**自家移植法**と、他人から移植を受ける**同種移植法**の2つに大別することができます。同種移植法は、現在ではおもに臓器移植（2004頁）で行われています。

◉遊離移植法

▼皮膚移植　薄い皮膚移植（分層移植）と、厚い皮膚移植（全層移植）とがあります。1870（明治3）年ごろからヨーロッパで始まったもので、本人の別の場所（目立たないお尻や太ももなど）から機械で薄い皮膚を採取し、移植します。移植した皮膚を約1週間圧迫固定することで、完全につけてしまう方法です。

皮膚以外でも、小さな欠損であれば骨移植（1996頁）をはじめ、粘膜、腱、神経、血管などの移植も行われます。

◉有茎移植法（有茎皮弁）

大きな組織が必要なときに用いられる方法です。組織が失われた部位の隣の場所から、血管をつけたままで組織をとってきて移植します。大きな床ずれ（褥瘡 1802頁）や、乳がん（555頁）で乳房を切除したあとに、背中やおなかの肉を移動させることで組織欠損が再建されます。

◉遊離血管柄付き移植法

大きな厚い肉や大きな骨・筋肉のかたまりなどを移植する方法です。これは血管をつけたままの組織を移植したあと、血管（動静脈）をつなぐことで移植した組織に血のめぐりを回復させます。その場合、1㎜前後の血管を、顕微鏡を見ながらつなぐ微小外科（マイクロサージャリー）技術が必要になります。生きた組織の移植として、血管柄付きの皮弁移植、脂肪弁移植、筋肉弁移植、骨弁移植、神経弁移植など（上段）があります。そのほかの移植として、指手足欠損に対する**足趾移植術**（左手指末節の再建 次頁上段）などがあります。

◎左手指末節の再建

左手中指末節の欠損例です（写真右）。本人の第2足趾末節を移植して、術後は感覚をもつ中指が復元されました（写真左）。

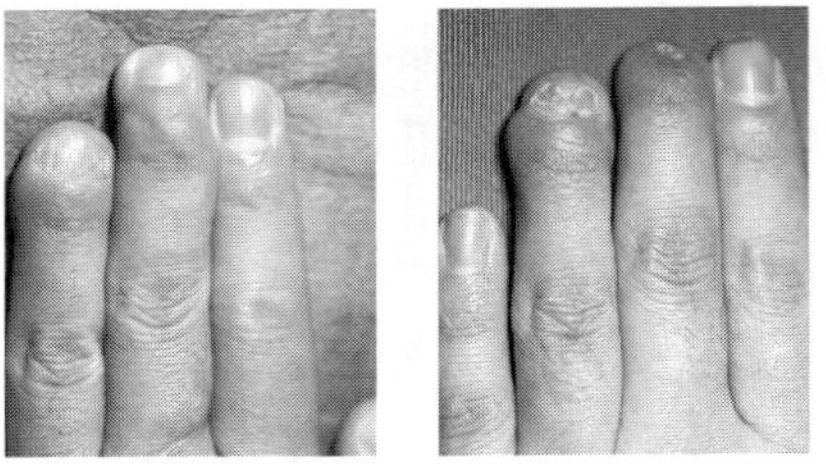

◇医用材料

◉人工骨、人工関節、インプラント

生体に使用しても拒絶反応が少ないものが用いられます。無機材料としては、水酸アパタイトが骨の代用剤として使用されています。水酸アパタイトは、頭蓋骨や顎顔面骨、手足の骨など骨の代用として小範囲の骨の欠損に用いられています。

金属材料としてはチタン合金が用いられていますが、これはおもに人工関節や骨折固定用のネジ、ワイヤーなどの材料として、小さな体内埋入材として用いられます。

またチタンを用いた骨接合用インプラントが開発され、人工歯根・義歯、義肢・義耳、義眼眼瞼、義顔面などの強固な接着のために使用します。義肢、義眼などの人工物を体外用プロテーゼと呼び、外傷・先天形態異常・悪性腫瘍切除で生じた大きな組織欠損（顔面など）を充填するために使われます。

小型の歯科材料は問題ありませんが、体内に埋入された大型の人工材料は感染がおこり、除去することもあります。

◉人工膜、血管、縫合材、皮膚

合成材料

合成樹脂・合成繊維として、テトロン、テフロン、ポリプロピレンなどが布状や網目状に加工されて、筋膜や腹膜などの組織補強材として使用されます。テフロンの加工材料であるゴアテックスは、人工血管としても使われています。縫合材料は、ナイロン、テトロンなどで、非吸収性縫合糸（PVA）、吸収性縫合糸（ポリグルコネート）として用いられています。

人工皮膚は、皮膚の欠損部を一時的におおっておくための材料（**創傷被覆材**）で、合成材料のPUF（ポリウレタンフィルム）や生物材料のLPS（ブタの皮膚）、ウシの真皮のコラーゲンを用いたコラーゲン膜、カニの甲羅から抽出したキチン膜、複合材料のバイオブレーン（ナイロン繊維とコラーゲンを結合させたもの）などがあります。本人の表皮細胞を培養して皮膚欠損部をおおう培養皮膚は、永久接着を目的として移植に用いられますが、感染創や全層欠損創には生着しません。

◉シリコンブロック、生理食塩水バッグ、乳房シリコンバッグ

シリコンブロックは、おもに鼻を高くする隆鼻術（生まれつき・けがによる鼻の変形・美容目的）で使用されています。乳房形成用には生理食塩水バッグやシリコンバッグも使用されていますが、長期経過で感染をおこしたり破れることが多いとされているので、定期的な検査が必要でしょう。

◉生物由来材料

生物材料としてウシやブタの真皮層にあるコラーゲンを液状として軟部組織の増量剤として用いたり、スポンジ状にして人工真皮として用いたりします。最終的には吸収されるので、一過性の増量剤としての目的で用いられています。また、生物材料を製品化する過程で使用される化学物質に対するアレルギーがでることがあります。

◉信頼のおける施設で行う

体内埋込み型の医用材料は、体内で異物が拡散することにより、その成分である物質のアレルギーによる重篤な

形成外科の役割

◎チームアプローチ

各科の専門医が集まって1人の患者のために最新技術を用いて治療することをいいます。とくに、広範囲のがん切除などの際に必要となります。1つの科の外科手術の技術では手術不可能な場合に、複数科でチームをつくり複数の外科技術を集めて治療をします。

たとえば頭蓋底がん切除の際には、脳外科、耳鼻咽喉科、眼科、形成外科の総合的な技術が必要になります。下顎がん、舌がんなどの頭頸部がん、手足の広い範囲の切除と機能温存手術、乳がん切除と同時乳房再建、頸部食道がん切除と再建、外陰部がん切除と再建、性同一性障害の手術の際などにも、チームアプローチが必要になります。

合併症の報告例もあるので、安易に注入するのは禁物です。

とくに、海外などで素人の行う異物の注入では、さまざまな合併症がでています。安全性が確立されているもののみが使用されるべきですが、現時点では国内でも国が認可していないものも多く使用されているので注意が必要です。信頼のおける施設で、十分に安全性を確認されたものの埋込みを受けてください。いずれにせよ自家組織がもっとも安全で信頼性が高いものです。

◇実用に向かう再生医療

現在、臨床応用されている再生医療（1960頁上段）には、角膜、皮膚、骨、臓器などの再生があります。形成外科に関係するものでは、１９８５（昭和60）年以降、培養表皮の臨床応用がつづけられています。

皮膚欠損部の治療として自己の細胞を用いる自家移植と、他人の細胞を用いる同種移植があります。

自家培養表皮移植は、永久的な傷閉鎖を目的とするものであり、移植片にはメラノサイト（表皮、真皮、皮下結合組織などに存在し、茶褐色のメラニン色素を産生する細胞）が含まれているため、全層皮膚欠損や皮膚の色調異常、皮膚の凹凸変形などの治療に用いられています。しかし培養表皮には、浅い皮膚欠損創ではよく生着しますが、深い皮膚欠損創では生着しづらいという難点があります。

そこで、培養表皮の移植を行う場合には、あらかじめ凍結しておいた他人の同種皮膚を移植しておき、その後、抗原性の高い同種皮膚の表皮を削ったあとに自家培養表皮を移植します。これは深い熱傷（やけど　1813頁）や刺青（入れ墨）の切除後などによいとされています。

関節軟骨再生もすでに臨床応用されています。移植細胞としては自家培養軟骨細胞で、組織工学的手法を用いて生体外で軟骨様組織を培養し、これを外傷や膝の離断性骨軟骨炎による軟骨損傷の治療に使い、良好な結果を得ています。この方法は、１９９７（平成9）年にアメリカ食品医薬品局で承認された組織再生工学を利用したもので、これまでに世界中で1万５０００例以上も行われています。しかし、その有効性はまだ証明されていません。その原因のひとつは、軟骨再生の評価方法がむずかしく、軟骨欠損の臨床症状が一定せず、自然経過が明らかでないことなどがあります。

さらに、血管再生治療も進行中です。骨髄から出て血液中を流れている血管内皮前駆細胞は、血のめぐりの悪い部分の血管を再生させることが最近明らかになりました。

京都大学の山中伸弥教授が作製した**ｉＰＳ細胞（人工多能性幹細胞）**の研究が、２０１３年より臨床研究の段階に入っています。ｉＰＳ細胞から網膜色素上皮細胞を作製し、加齢黄斑変性（1099頁）の人の網膜に移植する目的で行われています。ただし、視機能回復の評価や安全性についての確認など、実用化にはまだまだ時間がかかるとみられています。このほかにも、眼科分野での再生医療への応用が検討されています。

美容外科とは

❖ 美容外科から「美容医療」へ

美容外科は手術などの治療により、より美しく、より若く、よりバランスのよい容姿をつくることを目的とした医療の1分野で、コンプレックスに悩む患者のこころの傷も癒す可能性も秘めたQOL（生活の質）のための医療です。近年、美容外科はひじょうな進歩を遂げ、最近では外科手術以外にも、各種レーザー治療の発展などにより、からだへの負担と**ダウンタイム**（手術してから通常の生活に戻るまでの期間）の少ない治療法も多く開発され、むしろ「美容医療」と総称する呼びかたもされています（次頁表）。

❖ 美容外科を受診する前に

まず十分に念頭においていただきたいことは、美容外科はあくまでも医療であって、魔法や粘土細工ではないということです。また当然のことですが、美容外科ではとくに安全性が第一で、美容外科医がメスを執って安全にできることは、極めて限られています。切らない手術を宣伝しているクリニックもありますが、美容外科はお化粧やエステではありません。基本的にはメスで切らない手術はなく、その場合は傷あとも残ります。なかには、美容外科で手術をすると傷あとが消えると勘違いをしている人がいます。もちろん、美容外科では皮膚を丁寧に縫い合わせますが、傷あとが消えることはありません。したがって、手術後の傷あとがどこに残るかを十分に確認したうえで、手術を受けるかどうかを決めてください。

切らない手術がないように、まったく腫れない、また痛くない手術もありません。ただその程度に差があるだけです。また同じ手術をしても手術後の経過や結果は、傷あとと同じようにひじょうに個人差があります。同じ手術をしても、すべての人が同じ経過をたどり同じ結果が得られるとは限りません。

患者が美容外科の外来を受診するとき、多くの場合は自分のイメージと期待に胸が膨らんでいることと思います。しかし治療結果に過度な期待を抱いたまま手術を受けると、不満足な結果に終わりかねません。また人の顔やからだにはそもそも、必ずといってよいほど左右非対称や歪みがあります。とくに目や顔の輪郭の手術、乳房の手術では、左右が完全に対称になることは期待できません。美容外科に完全を期待することは禁物です。

❖ インフォームド・コンセント（説明と同意）

治療内容について、手術を受ける前に担当医が説明用紙をもとに具体的に説明し、その内容を十分に理解し納得したうえで、所定の用紙に署名する手続きを、インフォームド・コンセントといいます。この手続きは他の医療分野においても現在では常識となっていますが、美容外科ではとくにこの手続きがたいせつです。なぜなら、美容外科ではいくら医師が手術は成功したと判断しても、肝心の本人がその結果に満足しなければ手術がうまくいったとはいえないからです。とくに美醜はあくまでも主観的なものです。したがって美容外科では、患者と医師との**相互理解**と**信頼関係**がもっともたいせつであることをよく認識してください。

美容外科におけるインフォームド・コンセントでは、医師はいろいろな手術方法と、それらのなかでもっとも適していると考えられる手術法、それによって得られる改善度と限界、麻酔法、手術後の経過と一般的な指示、手術の前に必要な検査、そして手術にかかる費用などについて説明をします。また、手術に際して避けられない傷や腫れや痛み、傷あとが残る場所、手術後におこり得る不具合、たとえば手術部位に血がたまってしまう血腫や化膿といった合併症、神経まひなどの後遺症の内容についても説明があります。

重ねて申し上げますが、インフォームド・コンセントは手術の前に治療に関する説明を受け、これを理解したうえで治療を受けるための同意手続きです。したがって、少しでも疑問に思ったことは遠慮なく質問をしてください。そして十分に納得したうえで、署名をしてください。

❖美容外科医の選びかた

実際に信頼できる腕のよい美容外科医を選ぶのは、ひじょうにむずかしい問題です。雑誌や情報誌などには、多くの美容外科広告が氾濫しています。しかしこれらの広告から美容外科医の腕前や質を見分けることはまったくできません。テレビや雑誌などマスコミで名前が売れているからといって技術が高いとはいえません。また最近では、ホームページを見てクリニックを選択する人が激増しています。しかし、これらのホームページの多くは広告の専門家が作成していますので、問題はその内容がいかに正直に書いてあるかを十分に吟味することです。なかにはサロンと見間違うようなクリニックもみられますが、クリニックの見栄えや規模からだけでは美容外科の質を判断することもできません。また当然のことですが、手術料金だけでクリニックを選択することはもっとも危険です。

最終的には、やはりいくつかのクリニックを実際に受診してみることをお勧めします。自分の手術を委ねることができるときちんと納得できるような、**「信頼関係が築ける医師」**を探してください。美容外科に携わる医師には、豊富な経験、高度な技術、そして高い倫理観が求められます。これから自分が受ける治療について十分な説明を親身になってしてくれる医師、よいことだけでなく、治療にともなうリスクについても十分に説明してくれる信頼できる医師を探すことです。よいことばかりをいって安請け合いをするような医師は、避けるべきです。十分に納得のゆく説明をしてくれない医師、インフォームド・コンセントをとらない医師は論外です。また万一、説明を受けた医師と手術する医師が異なる場合には、あらためて執刀する医師から十分な説明を受けたうえで、再度手術を受けるかどうかの判断をするべきです。そうしないと、予想外の結果に終わることがあり得ます。

ちなみに**日本美容医療協会（連絡先：03-3239-9710）**では、**適正認定施設**と**適正認定医**の2重認定を行っています。

美容医療における外科手術を除く治療法とおもな適応症

治療法	適応症
各種レーザー（照射）	血管腫・母斑、老人性色素班などのしみ治療、脱毛、小じわの改善など
光治療（照射）	各種レーザーに同じ(血管腫・母斑治療を除く)
ケミカルピーリング（塗布）	しみの治療、にきび・肌質の改善など
ボツリヌストキシンA（注入）	しわの改善、(咬筋による)えら張りの治療、多汗症の治療
コラーゲン（注入）	しわの改善
ヒアルロン酸（注入）	しわの改善、プチ整形
メソテラピー（注入）	皮下脂肪の改善
培養自己繊維芽細胞／自己多血小板血漿（PRP）（ともに注入）	小じわの改善、肌質の改善（PRPのみ）

頭部の再建

頭部の再建とは

◇形成外科が他科と協力して治療

形成外科では、頭部の皮膚・軟部組織（脂肪、血管、末梢神経など）の表層の損傷（擦過傷、切創など）から、涙道（涙が目から鼻へ抜ける通り道）、顔面神経、唾液腺などの深部組織や筋肉、骨におよぶ損傷まで広範囲に扱います。かつては脳外科、眼科、耳鼻科、口腔外科などがそれぞれの領域を別々に担当していましたが、現在は形成外科が専門的かつ総合的に治療し、必要に応じて関連する科と協力する体制（チームアプローチ 1963頁上段）をとるようになってきています。

頭部顔面外傷
Head Injury / Facial Trauma (Injury)

症状

頭部・顔面は腫れやすく、出血も多い部位です。さまざまな重要器官で構成されており、けがをした部位によって多様な症状が現れるため、整容的（姿を整える）な問題も多くなります。

原因

交通事故、スポーツ外傷、暴力など、原因はさまざまです。

検査と診断

けがの深さや、出血している部位を見極めることがまず必要です。ついで、脳をはじめとした重要臓器の合併損傷がないかどうかを調べます。一般的なX線撮影のほかに骨イメージも含めたCT撮影を行い、出血量が多い場合には血液検査も必要となります。

治療

屋外での挫創（擦り傷や切り傷）では傷の中に砂や石などの異物が混入していることも多いので、局部麻酔後に傷の中を洗浄したり、ブラッシングをして除去します。そのうえで正確に傷を合わせて縫合したり、適切な外用薬や創傷被覆材（1962頁）で傷のカバーを行います。深部組織の損傷がある場合には手術を行います。専門の形成外科医による治療をお勧めします。

顔面骨骨折
Facial Fracture

どんな病気か

顔面骨は1つの骨ではなく、複数の骨が仮性縫合で結合して頭蓋骨を形成しています。そのうち顔面の部分を顔面骨と呼びます。おもに前頭骨骨折、鼻（篩）骨骨折、頬骨骨折、眼窩骨折、上顎骨骨折、下顎骨骨折などに分類されます。これらが複数重なった多発骨折もあります。

症状

骨折部位によって異なりますが、顔面は血行がよいため腫れやすく、鼻腔、口腔から、しばしば大量の出血をともないます。また、額や頬が陥没したり、鼻が曲がったり潰れたり、目が落ちくぼんだりと目立つ変形をきたすことも多いです。おこりうる機能障害として、前頭骨骨折では前額前頭部のしびれ、眼瞼下垂（1971頁）、物が二重に見える複視（1065頁）、嗅覚障害（1161頁）など、鼻（篩）骨骨折では鼻閉塞（1149頁）、涙が鼻へ抜けなくなる流涙（1067頁）など、頬骨骨折、眼窩骨折では複視、頬や歯肉のしびれ

頭部の再建

など、上顎骨骨折、下顎骨骨折では歯のかみ合わせの異常、開口障害などがあげられます。

原因

交通外傷、転倒、スポーツ外傷、第三者行為（殴打など）、仕事中の事故など、さまざまです。

検査と診断

X線撮影やCT検査を行いますが、その読影には専門的知識が必要となります。最近では三次元CT画像も普及してきました。複雑な骨折の全体像を把握しやすく、また患者へ説明をするうえでも有用となっています。眼症状がある場合には眼科的な検査も必要です。

治療

鼻骨骨折や一部の下顎骨骨折では**非観血的**（手術をしない）に**徒手整復術**や、かみ合わせを整えた位置で上下顎の歯を固定すること（顎間固定）で治療しますが、多くは**観血的整復固定術**と呼ばれる手術を行い、ずれた骨を整復し、ワイヤーや金属プレートで固定します。また眼窩骨折など、骨がとても薄い部分では人工骨も含めた骨移植術（1996頁）も必要になります。いっぽう、変形治癒してしまった場合では骨切り術（1969頁上段）や骨移植術を行うことになります。

狭頭症（頭蓋骨縫合早期癒合症）

Craniosynostosis

どんな病気か

頭蓋骨はいくつかのパネルのような骨が組合わさってできており、それぞれの骨のつなぎめにあたるのが頭蓋骨縫合です。脳の成長とともに頭蓋骨は大きくなるため、これらの骨は赤ちゃんのときには癒合しておらず、すき間が開いています。

頭蓋骨縫合早期癒合症では、1つもしくは複数の縫合線が早期に癒合（先天的な場合が多い）してしまうために脳の成長に見合った頭蓋骨の成長が妨げられ、頭蓋が狭くなってしまいます。

症状

早期癒合がおこった縫合線の部位により、特徴的な**頭蓋変形**（三角頭蓋 593頁、短頭 593頁、斜頭、舟状頭 593頁、塔状頭など）をきたします。また変形だけでなく、脳圧が高くなるため、頭痛（赤ちゃんの場合、いつも機嫌が悪いなど）、嘔吐、視力障害などをきたします。脳の発育障害により、精神・運動発達に障害がでてくることもあります。

複数の縫合線に早期癒合がみられる場合にはその症状は顕著となり、とくに症候群性のもの（クルーゾン病 593頁、アペール症候群 593頁、ファイファー症候群など）ではその傾向が強く、顔面や手足の先天異常も合併し、重症となります。

検査と診断

X線やCTで確定診断します。症状に応じて小児科、眼科、脳外科などでの精査が必要です。

治療

頭蓋内容積を拡大し、頭蓋内圧を正常化するとともに、形態の改善をはかるために手術を行います。変形した頭蓋骨を骨切りしていったんはずし、細かく分割したうえで再び組立てる手術を行いますが、近年では骨切り（1969頁上段）した頭蓋骨片をはずさずに、骨延長術（1969頁上段）を用いて拡大する方法も普及してきています。治療は専門施設で行われます。

口唇裂／顎裂／口蓋裂

Cleft Lip / Maxillary Alveolar Cleft / Cleft Palate

どんな病気か

顔面の先天異常でもっとも多く、上唇のみが割れているものを口唇裂、歯ぐきまで割れているものを唇顎裂、さらに口蓋（上顎からのどちんこ）まで連続して割れているものを唇顎口蓋裂（660頁）といいます。また口蓋裂単独や、口唇裂と口蓋裂が連続しない形で合併している場合もあります。多くは片側性で左側にみられますが、両側性のこともあり、約５００人に１人の発生です。親きょうだいにこの異常がある場合には発生率はさらに高まりますが、必ずしも遺伝するというわけではありません。

症状

新生児では哺乳障害が問題となりますが、その後の適切な治療が行われないと咀嚼、嚥下、構音（ことばとしての発音）に障害を残します。また口蓋裂の子どもは鼓膜の奥に水がたまる滲出性中耳炎（634頁）をおこしやすく、難聴（635頁）となる場合もあります。さらには成長にともない、歯並びが悪くなったり、受け口（反対咬合　665頁）になることもあります。またその変形は口唇のみならず鼻にまでおよぶため、整容（姿を整える）的に問題となることも多く、患者さんや家族の精神的負担になることも少なくありません。

原因

口唇や口蓋は胎生4～12週ごろに形成され、この時期になんらかの異常が生じて本来癒合すべきところが癒合せず、裂として残って出現します。はっきりした原因はわかっていませんが、さまざまな環境要因と遺伝的要素が複雑に絡み合って発現する多因子遺伝といわれています。

診断

妊婦検診で超音波検査などにより、胎児期に診断される場合もあります。

治療

口唇裂の手術は赤ちゃんのからだがしっかりしてくる生後3か月前後で行われることが多いのですが、手術後の傷あとが目立ちにくく哺乳がしやすくなるといった理由で、より早期の生後1か月ぐらいで行う施設もあります。この手術では唇の形を整えるだけでなく、口輪筋（口を閉じたりすぼめたりする筋肉）を再建します。いっぽう口蓋裂に対しては出生直後よりホッツ床と呼ばれるプレートを口蓋に装着し、哺乳の補助としたり、顎の成長発育を誘導します。手術は正しい構音を獲得できるように、ことばが出始める前の生後1～1歳半ごろに行います。この手術ではのど（軟口蓋）の筋肉を修復し、口蓋を閉鎖しますが、少なからず上顎の成長を障害することから、2回に分けて（2回目は5歳ごろ）手術する施設もあります。また手術後、十分な機能を獲得できず、開鼻声が生じて正しい発音ができない場合には言語訓練や追加手術が必要になります。顎裂・口蓋裂では歯並びにも異常をきたすことが多く、歯科矯正治療も必須です。また、顎裂部には骨がないため7～10歳ごろに骨移植術（1996頁）を行い、ここに糸切り歯を誘導します。歯科矯正治療だけでなおせないような反対咬合が生じた場合、成長終了後に上顎や下顎を骨切りし、か

◎クラニオ・フェイシャル・サージャリーとは

日本語に訳すと「頭蓋顔面外科」ということになります。近年では顎顔面外科とあわせて**頭蓋顎顔面外科**と称され、くびより上の領域における骨や軟部組織の外科的治療を意味します。その対象は頭蓋顔面骨骨折（1966頁）などの外傷から、頭蓋顔面の各種先天異常（頭蓋骨縫合早期癒合症前頁、顔面裂、唇顎口蓋裂660頁、第一・第二鰓弓症候群次頁など）、顎関節症（1213頁）、さらには悪性腫瘍切除後の骨軟部組織欠損など多岐にわた

ります。

治療に際しては、機能的な改善はもとより整容的な改善をめざして、形成外科の技術の粋を結集し、さまざまな骨切り術や骨延長術(次項上段)、骨移植術(1996頁)、皮弁形成術(1985頁)を駆使して行います。またこれらの再建外科以外にも、顔面深部や頭蓋底など、これまで到達が困難であった部位へのアプローチも、クラニオ・フェイシャル・サージャリーの手技が大いに役立ち、腫瘍手術の根治性を高める一翼をになっています。

◎骨切り術と骨延長術

文字どおり、骨を切り、それぞれの骨片を移動する治療や技術を骨切り術と呼びます。

広げたい部分の骨を切り離し、徐々に離して広げたり、切った骨の部分に骨新生(骨ができる)を促し、骨移植(1996頁)なしに骨の延長や増量をはかる方法を骨延長術と呼びます。

み合わせを整えることになります。口唇や鼻の形も、成長に応じて修正術を加えていきます。このようなチームアプローチ(1963頁上段)により、きちんと治療を受ければ、正常な機能と形態を獲得することができます。

第一・第二鰓弓症候群
First and Second Branchial Arch Syndrome

どんな病気か

鰓弓とは胎児期に存在する、顔面やくびのさまざまな外表器官を形成するもととなる構造体です。第一から第六まで存在し、本症候群では第一鰓弓と第二鰓弓からの発生になんらかの障害がおこり、顔面の骨・軟部組織の先天異常を発現します。おもに下顎や耳、口などに変形を生じ、多くは片側性(片側だけにおこる)で顔面は非対称となります。約3500人に1人の発生といわれています。

症状

耳に関しては形がやや小さいものから全くないものまで多様なパターンを示し、小耳症(1974頁)といわれます。また外耳道も閉鎖していることが多く、鼓膜や耳小骨など中耳にまで異常をきたすため難聴となりますが、内耳は存在するため骨導聴力は保たれています。副耳(1974頁)を合併することも多いです。いっぽう下顎の変形は顎関節にもおよび、種々の程度で低形成(発達が不十分)を示し、最重症型では顎関節から下顎の一部が完全欠損になる場合もあります。大部分は上顎にも変形があり、ときに眼窩(眼球を収める骨格)にもおよびます。さらに咀嚼筋(物をかむ筋肉)や頬の脂肪組織など軟部組織の低形成も種々の程度で認め、顔面神経の不全まひを合併することもあります。また口角が横に裂けている巨口症を呈することもあります。

原因

鰓弓は妊娠4週初めごろにできてきますが、この時期になんらかの異常がおこって発現します。遺伝性も明らかではなく、原因も特定されていません。

治療

巨口症がある場合には乳幼児期に手術を行います。また下顎、上顎に関しては変形がごく軽度で咬合に異常がない場合は治療の対象となりませんが、咬合に問題があったり、非対称が目立つ場合には骨切り術の適応となります。成長が終了してから、上顎と下顎を同時に骨切り(上段)して対称性をとる場合と成長期の混合歯列期(子どもの歯とおとなの歯が混在している時期)に行う場合があります。後者の場合、変形の程度にあわせて短縮している側の下顎だけを骨切りして延長したり、上顎と下顎を同時に骨切りして短縮した側の骨延長(上段)を行ったりします。また、顎関節がまったくないタイプでは肋骨や肋軟骨などの移植術が行われることになります。いずれにせよ、矯正歯科医と連携して治療をすすめることが重要で、成長期間中の管理が必要不可欠です。これらの治療は施設によりさまざまな工夫がなされています。耳に関しては、変形がごく軽度の場合には副耳の切除や小修正だけですむこともありますが、小耳症に対しては通常、肋軟骨移植による耳介形成術(1974頁上段)を行います。手術時期は早くても8歳

◎ピエール・ロバン症候群

新生児にまれにおこる疾患で、小下顎症、下顎後退症、舌根（1201頁図5）の沈下、気道閉塞（狭窄）がそろってみられ、呼吸困難が最大の問題となります。発生原因はわかっていませんが、羊水過少症、結合織異常など、さまざまな原因で生じると考えられています。

◎トリーチャー・コリンズ症候群

新生児にまれにおこる疾患です。頬骨や下顎骨など顔の骨の発達不良、耳の欠損または変形などがみられる先天的な形態異常のひとつです。

以降で、胸囲が60cmに達する（移植材料として十分な大きさの肋軟骨が採取できる）ころが目安となります。立体的な耳をつくる関係上、手術は複数回必要です。外耳道に関しては、反対側の耳が正常であれば聴力には問題がないため、合併症などもあってあえて作成しないほうがよいとされています。しかしステレオで聞こえるというメリットを考えて、外耳道作成を試みている施設もあります。また、最終的に頬のくぼみなどが目立つ場合には脂肪組織の移植術などを行うこともあります。

咬合異常
Malocclusion

どんな病気か

上顎、下顎の歯のかみ合わせが正しくない状態をいいます。これには、たんに歯並びが悪いだけの状態と、上顎・下顎の骨格的バランスが悪いために生じるものとがあります。かみ合わせの治療は基本的には専門の矯正歯科で行われますが、形成外科では、咬合異常の原因が骨格にあり、かつ歯科矯正治療だけでは改善できない場合に矯正歯科医と協力して骨切り術（前頁上段）を行います。

症状

いわゆる「出っ歯」は上顎が出ている場合と、下顎が引っ込んでいる場合とがあり、同様に「受け口」も下顎が出ている場合と、上顎が引っ込んでいる場合があります。また左右に歪んで非対称となる場合もあります。

原因

先天異常では唇顎口蓋裂（660頁）、第一・第二鰓弓症候群（前頁）、ピエール・ロバン症候群（上段）、トリーチャー・コリンズ症候群（上段）およびクルーゾン病（593頁）やアペール症候群（593頁）、頭蓋顔面異骨症など、さまざまな疾患があります。親きょうだいも同様の変形で遺伝的な要素が考えられるものもあります。後天的には成長期に顎の骨折や顎関節の炎症などで顎の発育が悪くなっているもの、また舌の癖や指しゃぶり、口呼吸などが長期的に影響しているものなどがあります。明らかな原因がないものも少なくありません。

検査と診断

外貌や口腔内診査に加えて、頭部X線規格写真による顔面骨格の解析やパントモグラフィー（歯のパノラマX線写真）、CT検査などを行います。

治療

矯正歯科医と連携し、治療計画を立てます。そのうえで術前歯科矯正治療を1～2年かけて行い、顔面骨格の成長終了後に手術となります。手術の前に頭部X線規格写真や歯の石膏模型を用いて、骨切り術によって移動する上顎や下顎の位置、歯のかみ合わせを決定します。また三次元的な歪みがある場合には、三次元CT画像から作成した実体モデル上でシミュレーションを行うこともあります。いずれの場合も、顔のプロポーションがよくなるように計画します。術前計画通りに手術し、決めておいたかみ合わせの位置で顎間固定（上下の歯をワイヤーで固定）します。骨の移動量が大きい場合は、最近では骨延長術（前頁上段）を併用することもあります。術後も矯正治療を行い、最終的に安定した咬合が得られるようにします。

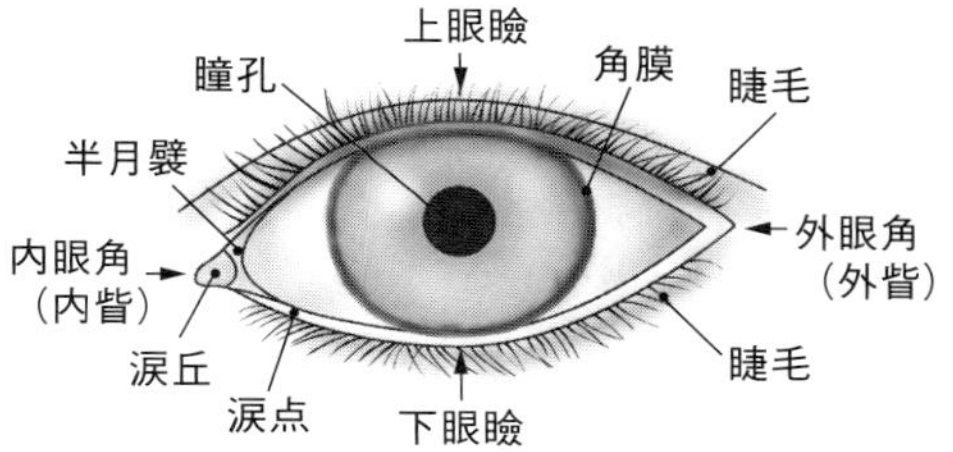

図1　左外眼部の構造

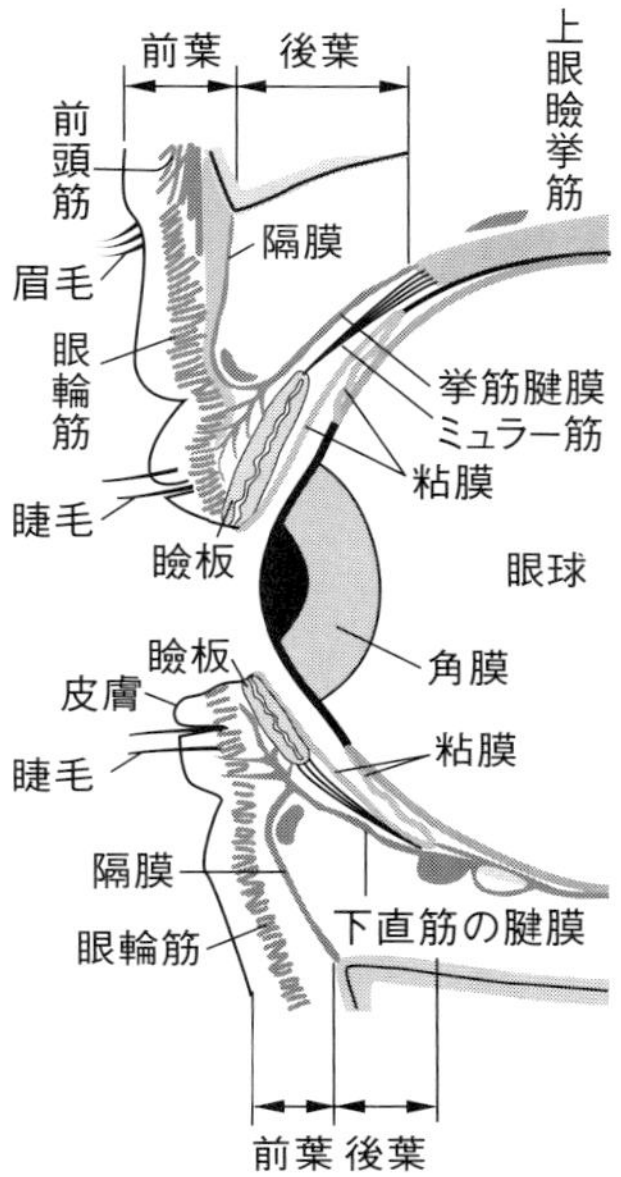

図2　まぶたの前葉と後葉

眼瞼下垂
Blepharoptosis

どんな病気か

上眼瞼（図1）を黒目（瞳孔　図1）の上まで上げられなくなった状態、上まぶたが半分しか上がらない状態を眼瞼下垂と呼びます。まぶたが開いているのは、上眼瞼挙筋（図2）という筋肉が腱膜でまぶたの縁（瞼板　図2）を持ち上げているからです。生まれつきの眼瞼下垂（**先天性眼瞼下垂**）は、上眼瞼挙筋が先天的に欠損しています。片側性の場合も、両側性の場合もあります。おとなにおこる眼瞼下垂（**後天性眼瞼下垂**）は、上眼瞼挙筋を動かす神経の病気（動脈瘤（938頁）での圧迫など）、神経が筋肉を刺激できなくなる病気（重症筋無力症　990頁）、上眼瞼挙筋の病気（筋緊張性ジストロフィー　986頁など）、そして腱膜が瞼板からはずれてしまう腱膜性眼瞼下垂に分けられます。後天性眼瞼下垂の多くが腱膜性眼瞼下垂です。腱膜性眼瞼下垂は、まぶたをこする習慣（睫毛内反　次頁、アトピー性皮膚炎　1806頁、花粉症　2009頁、コンタクトレンズをはずすとき、化粧を落とすとき、目覚めるときなど）があると、若年者でもおこり、それが高齢者におこれば老人性眼瞼下垂と呼ばれます。

　腱膜性眼瞼下垂は、努力すれば瞳孔の上まで上眼瞼が上げられる代償期と、上げられない非代償期に分けられます。腱膜は簡単に瞼板より切れますが、それでもまぶたを開いていられます。それは腱膜の裏（眼球側）にミュラー筋（図2）という交感神経で緊張する筋肉があり、それが上眼瞼挙筋と瞼板をつないでいるからです。しかし、腱膜が切れているのにまぶたを開けるためには、交感神経を緊張させています。腱膜が切れている人は、朝や食後、疲れているときなど交感神経の緊張が入っていないとき、まぶたが上がりません。まぶたを開けているときは、いつも交感神経が緊張していることになるのです。この病気が進むと、ミュラー筋が伸びてきて、まぶたが黒目（瞳孔）の上まで上がらなくなるので、誰もがわかる腱膜性眼瞼下垂になります。

症状

　腱膜性眼瞼下垂の代償期では、上眼瞼挙筋を強く縮めるために目の奥に力を入れたり、歯を食いしばってミュラー筋を収縮させようとしたり、額から耳の後ろにある後頭前頭筋という筋肉を収縮させて、いつも眉毛を上げて目を開けようとしたり、顎を上げて視界を維持するようになるので、眼精疲労、頭痛、肩こりなどの症状がでます。

治療

　先天性眼瞼下垂で上眼瞼挙筋がない場合、眉毛を持ち上げて目が開くようにします。眉毛を持ち上げる前頭筋という筋肉と瞼板の間に太ももの腱を移植する前頭筋つり

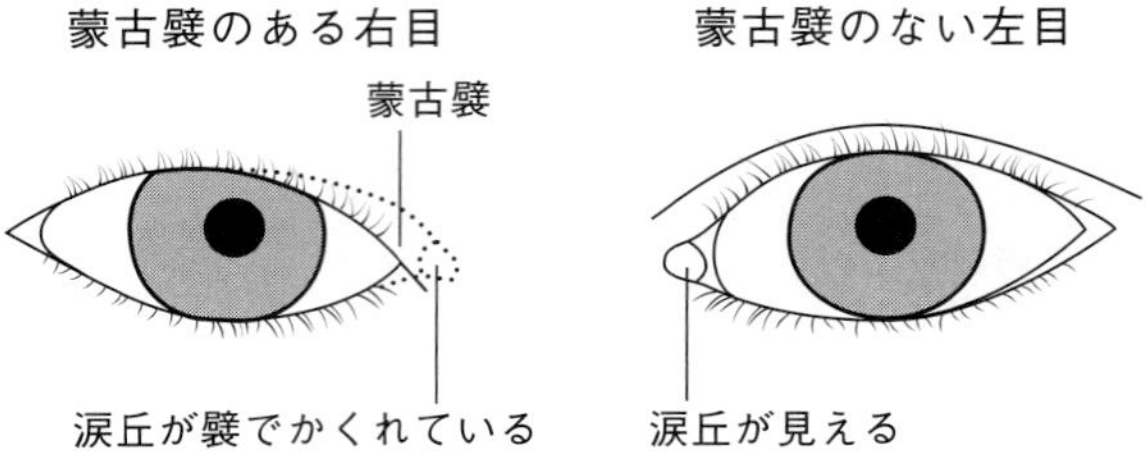

図3　蒙古襞

上げ術（**腱移植術**）を行います。後天性眼瞼下垂のうち、手術の対象になるのは腱膜性眼瞼下垂です。

アキレス腱が切れると、つま先立ちはできませんが、アキレス腱を縫合することで踵の骨が持ち上げられるように、腱膜性眼瞼下垂も、切れた腱膜を瞼板へ縫合固定します。

睫毛内反
Entropion

どんな病気か

目を開けたとき、上眼瞼（前頁図1）あるいは下眼瞼（前頁図1）の瞼縁の睫毛（まつげ）が眼球に向かって内反（内向き）し、眼球にあたる状態を睫毛内反（さかさまつげ）と呼びます。子どもとおとなの睫毛内反は、成因が異なります。子どもでは、生まれながらのまぶたの構造で鼻側に、おとなではまぶたの開けかたの変化で正中（真ん中）におこります。

原因

眼瞼は**前葉**（前頁図2）と**後葉**（前頁図2）に分けられます。上眼瞼も下眼瞼も前葉は、まぶたを閉じる機能で、皮膚とまぶたを閉じる眼輪筋（前頁図2）からなります。

目を開けると、下の眼瞼も開きます。上眼瞼の後葉が上眼瞼挙筋の収縮で開けられているだけでなく、下眼瞼の後葉も下直筋より出た瞼板を引く腱膜により開けられます。このとき、上眼瞼と下眼瞼の前葉の眼輪筋が収縮し、まぶたが眼球からはがれて外反しないようにしています。この前葉と後葉の間のずれにより睫毛内反がおこります。

◉一重まぶたの人がなりやすい

上眼瞼の後葉の挙筋腱膜が伸びずに、瞼板の前の前葉の皮膚にまで付着していないと、目を開けたとき、眼瞼後葉だけが上げられ、前葉が残されるので、一重まぶたになり、上眼瞼の内反になりやすくなります。

◉蒙古襞でなりやすい

上眼瞼の内側の前葉の皮膚と眼輪筋が、目頭をまたいで、下眼瞼の内側の前葉の上におおいかぶさっているのを**蒙古襞**（図3）といいます。蒙古襞が発達している子どもでは、目を開けるために、上眼瞼の後葉が上げられ下眼瞼の後葉が下げられるので、上眼瞼と下眼瞼の内側の前葉がとり残され、瞼縁の皮膚が内反してしまいます。

◉おとなの睫毛内反は下眼瞼の正中でおきる

蒙古襞が原因ではありません。目を開けたとき、下直筋より出た瞼板を引く腱膜が下眼瞼後葉を強く引くようになることと、下眼瞼前葉の眼輪筋がけいれんすることで、前葉と後葉の間にずれがおこり、下眼瞼の正中で睫毛が内反します。

治療

子どもの睫毛内反は、眼窩の成長とともに、自然に改善する傾向があります。しかし、内反が強く、角膜糜爛や潰瘍が治らない場合、**内眥**（**目頭**）**形成手術**、**重瞼**（**二重まぶた**）**術**、そして内反に対する形成手術が行われます。おとなの内反では、経過により悪化するので、睫毛の定期的抜去・永久脱毛、下眼瞼後葉の退縮（縮んだ状態）の解除、下眼瞼前葉の眼輪筋の切除、前葉と後葉の間がずれないように、前葉を外反気味にして固定する形成手術などが行われます。

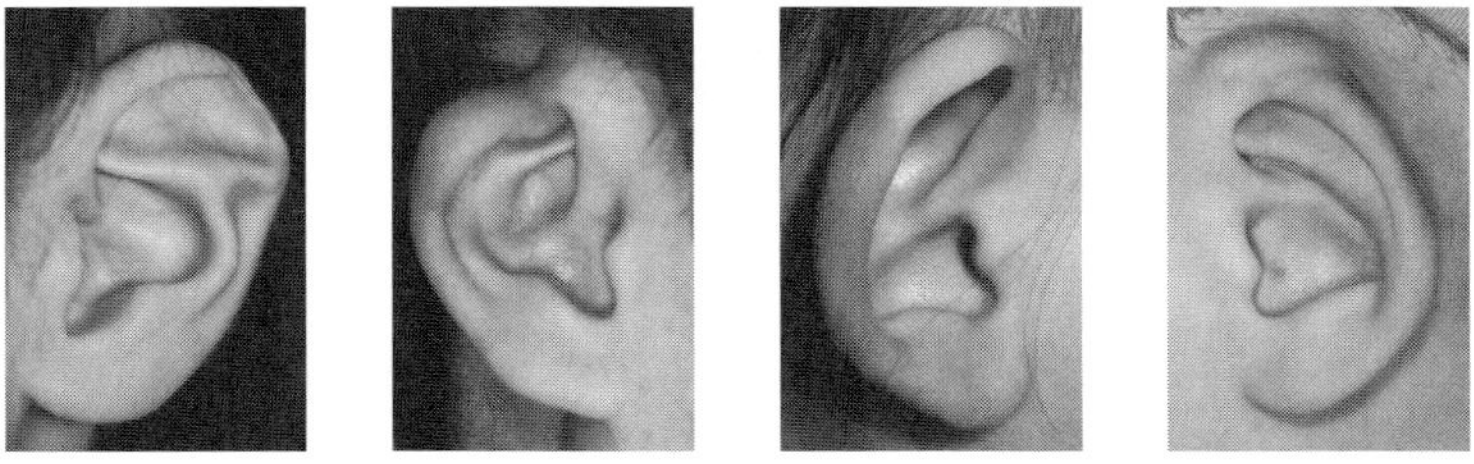

耳介の形態異常
写真右より、埋没耳、立ち耳、折れ耳、スタール耳。

耳介の形態異常

埋没耳、立ち耳、副耳などの耳介の形態異常や、耳介の大きさの異常（小耳症や耳垂欠損症）は、子どものうちに形成外科で治療を行っています。

埋没耳 Cryptotia

どんな病気か

先天的に耳の上の一部が頭の皮膚の下に潜り込んでしまっている状態です。指で引っ張ると、正常の大きさと形の耳が現れます。年長になるまで放置すると、潜り込んだ部分の軟骨に発育障害が生じ、大きさにも影響がでます。マスクや眼鏡の装着がむずかしいことが問題になります。

原因

耳介筋（耳の形を維持するための耳の軟骨につく小さな筋肉）の付着位置異常、欠損などが原因と考えられています。通常、内耳や中耳に異常はなく、聴力の低下も認めません。

治療

軟骨が柔らかい生後早期であれば、数週間の矯正器具（プラスチック製の小さな器具です）の装着のみで自然な形に治る可能性があるので、できるだけ早く形成外科を受診しましょう。矯正器具で改善しない場合には、手術によって治すことができます。変形の程度によって手術の方法は異なりますが、通常1～2時間以内でできる比較的簡単な手術（**耳介形成術**　次頁上段）ですみます。

立ち耳 Prominent Ear

耳が立って前方に張出した状態です。指で曲げてみると正常の大きさと形が出現します。機能的には異常はありません。原因、治療は埋没耳と同様です。

折れ耳 Folded Ear

耳の一部が歪んで、途中から前方に倒れてしまった状態です。指で曲げてみると正常の大きさと形が出現します。マスク、眼鏡の装着がむずかしい場合があります。原因、治療は埋没耳と同様です。

スタール耳 Stahl's Ear

耳の上のほうの一部が折れ曲がり、とんがって張出した状態です。機能的には異常はありません。原因、治療は埋没耳と同様で、新生児であれば数週間、矯正器具を装着します。それで治らなくても、手術で治せます。

先天性耳瘻孔 Congenital Auricular Fistula

どんな病気か

外観上は耳の前のほうにある、直径1㎜程度の皮膚の穴です。両側にある場合や耳の中に穴があいている場合もあります。表に見える穴自体は小さいものの、皮下深くに細い筒状に伸びて、長いものでは2cm以上の筒になったり、直径数㎜以上

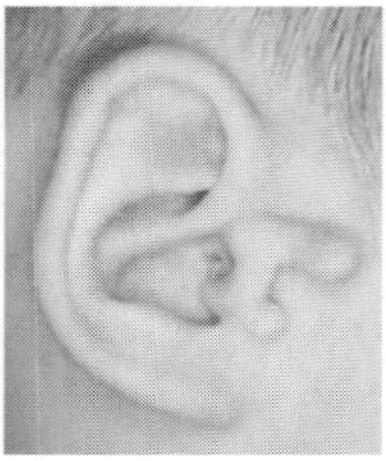

副耳

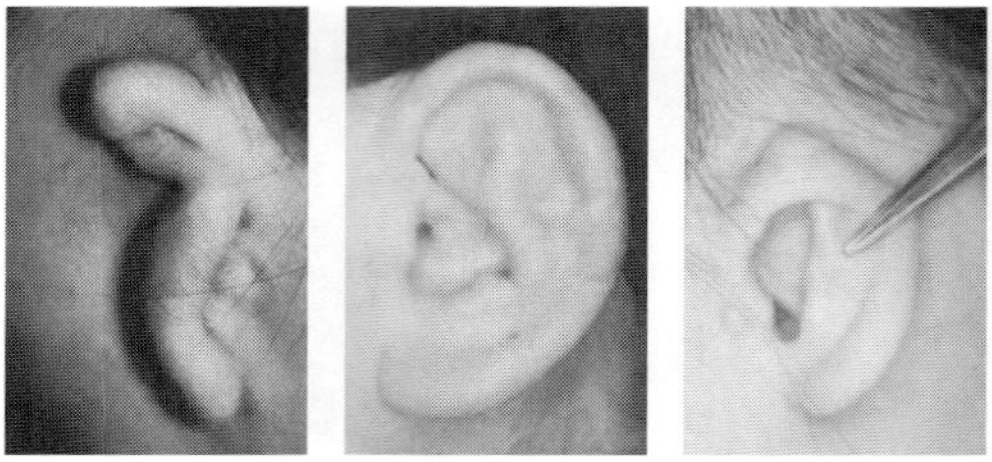

耳介形成術
写真右より、耳甲介型の小耳症術前、術後。耳垂型の小耳症術前、術後。

の大きな袋になっている場合もあります。押すと、白く、くさい垢のような排出物が出てきます。穴があいているだけで、症状がない人もいますが、ある日突然感染すると、炎症をおこして強い痛みとともに、耳の周囲が腫れあがり、その穴から、または別の場所から膿を排出することがあります。一度腫れると、ひじょうに激しい痛みをともない、また何度も腫れをくり返します。

可能であれば、症状のないうちに手術をして切取ってしまうことをお勧めします。一部の人には遺伝性があるとされています。

治療　ときどき絞って中身を排出したり、周囲を清潔にしたりして炎症がおこるのを予防します。炎症が初期の段階では、抗生物質などでようすをみます。腫れあがってしまった場合には、切開して膿を絞る必要があります。しかし、これだけでは根治的な治療にはなりません。

根治的な治療としては、皮膚の筒や袋を丸ごと取除く手術を行います。不完全な手術で取残しがあると再発します。炎症をくり返した人では、周囲の皮膚も含めて大きく切取ります。

副耳
Accessory Ear

どんな病気か　生まれつき耳の周りに、1つ、または複数の皮膚の盛上がりやポリープ状の突出がある状態です。突出したものの内部に軟骨を含む場合もあります。

治療　生後すぐに糸で縛ったり切除したりする場合もありますが、軟骨を含むものや、付着部分の幅が広いものは、全身麻酔できちんと軟骨の処置をして切取ったほうが、きれいに治ります。

耳垂裂
Earlobe Cleft

どんな病気か　生まれつき耳たぶが裂けて2つに割れた形態の**耳介変形**です。無理なピアスやイヤリングの装着により耳たぶが裂けてしまうといった、後天的な耳垂裂もあります。

治療　裂けた部分を縫合わせる手術できれいな形に治せます。単純に縫合わせただけでは大きさが不足するような場合には、耳の後ろから皮膚を移動して、反対側の耳たぶと大きさをそろえる手術を行います。

小耳症
Microtia

どんな病気か　生まれつき耳が小さな状態です。程度はさまざまで、ほとんど何もないもの（**無耳症**）から、ピーナッツ状に小さな突起があるもの（**耳垂型小耳症**）、またイヤホンを入れられるような軟骨のくぼみはあるものの、外周は縮まって小さくなったようなもの（**耳甲介型小耳症**、または**カップ耳**などとも呼ばれます）まであります。片側のみの人も両側の人もいます。また、**外耳道がないこと**（**外耳道欠損**）が多いのですが、**狭い外耳道**（**外耳道狭窄**）のある場合があります。日本で

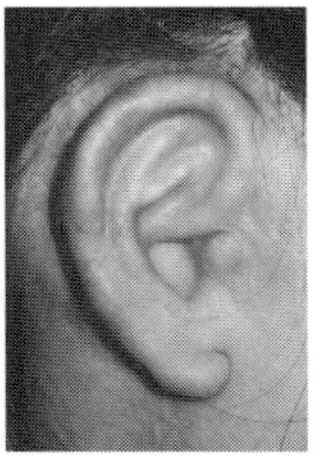

◎軟骨の再生

軟骨は、いろいろな形態に細工でき、また移植後もその形がよく維持されることから、形成外科領域では、鼻や耳などの形態再建の優れた材料として利用されています。胸にある肋軟骨や、耳介の一部の軟骨などがおもに利用されます。しかし軟骨自体には再生能力が乏しいため、採取された部位の軟骨はほとんど再生されず、採取部位の変形など、からだに負担を生じてしまいます。

そこで、軟骨の一部をわずかだけ体外に取出し、培養液の中で増殖させ、大きな軟骨に育てたあとに、体内に移植しようとする試み（**再生医療**　1960頁上段）が研究されてきました。人の耳の形に育てられ

は6000人～1万人に1人の出症率とされています。

小耳症は、本来は**第一・第二鰓弓症候群**（1969頁）という疾患の症状の一部として生じるものです。この疾患は、耳介の変形に加え、同側の顔面の低形成（発達が不十分）により、かみ合わせの異常や顎の歪み、顔面神経まひなど一連の症状を有するものであり、程度の差はあれ、これらの合併を念頭においた治療計画が必要になります。

原因

原因は不明であり、特定の薬剤、環境、感染症などで因果関係が明確なものはありません。単一の要因というよりは、複数の要因が偶発的に作用して生じるものではないかと考えられます。ごく一部の人に家族発症例はあるものの、ほとんどの人では遺伝性を認めません。

治療

10歳以降に2、3回の手術で耳介を形成します（**耳介形成術**　前頁上段）。初回の手術では、肋軟骨（肋骨と胸骨の間にある柔らかい骨）を一部採取して、耳介の形に細工し、耳介があるべき位置の皮膚の下に移植します。これにより耳介の前面の形態は形成できますが、まだ頭に張付いた状態です。2回目の手術は半年以上の間をあけて行います。これは初回の手術で頭に張付いた耳の裏側をはがし、持ち上げて、耳介の裏側を形成するものです。耳介の裏側には皮膚移植をします。これによりマスクや眼鏡の装着も可能になります。細部修正の希望があれば、3回目の手術を行います。現在、本物に近い精巧な耳介の形成技術が行えるようになってきていますが、手術の技術はひじょうにむずかしく、施設によりその結果は大きく異なるのが現状です。あらかじめ十分に調べて施設を選んでください。

耳垂欠損症
Earlobe Defect

どんな病気か

生まれつき**耳垂**（**耳たぶ**）部分だけが欠けた状態です。

耳介の後ろの面の皮膚を用いて、耳垂の形成を行う手術により、治すことができます。

鼻の形態異常

外傷などによる鼻の変形や、なんらかの症状がでる場合には、形成外科で治療します。

斜鼻
Twisted Nose

どんな病気か

鼻筋が曲がって見える状態です。曲がりかたはさまざまで、鼻筋全体が斜めになったものや、くの字型のものなどがあります。

原因

素因性のものと外傷性のものとに分けられます。素因性では、思春期の鼻中隔の成長の圧力にともなって徐々に歪んできます。外傷性では、鼻骨の骨折によっておこることが多く、鞍鼻（次項）や低鼻など他の症状もともなうことがあります。

治療

外傷性のものは、受傷後早期（1週間～10日くらいまで）であれば、鼻の中から骨を持ち上げる簡単な手術で改善します。それ以

た再生軟骨がマウスの背中に移植された姿の報道は記憶に新しいところです。

しかし現時点での問題点として、安定した大きさや強度を有する軟骨を再生する技術がまだ十分完成していないこと、再生軟骨を移植しても、早期に吸収されてしまい、その形態のほとんどを失ってしまうことが、依然として大きな壁として残っているため、臨床応用にはまだむずかしいというのが現状です。

これらの問題点が解決されていけば、からだの負担が少ない治療法として、今後大いに発展が期待される分野です。

上経過した場合、または素因性の場合は、一度、骨や軟骨を切り離してから整復する手術を行います。鼻中隔の歪みをともなう場合には、あわせて整えることが必要な場合もあります。また状態によっては、鼻筋に骨などを移植して形を整えることもあります。

日常生活の注意　外傷性のものは、受傷直後は腫れのため、鼻骨の骨折はわかりにくい場合があります。時間がたって治療した場合、歪みが十分矯正できないことがあるので、強く鼻を打ったときは念のため早めにX線写真を撮ることをお勧めします。

鞍鼻
Saddle Nose

どんな病気か　鼻筋が陥凹して低くなった状態です。鼻筋の一部のみが陥凹したものや、鼻全体が低くなったものがあります。鼻先が上を向いてしまう状態をともなうこともあります。

原因　生まれつきのものは少なく、多くは鼻骨の骨折によっておこります。鼻骨のみではなく、その奥の骨（篩骨 1147頁図3）まで骨折している場合もあります。鼻中隔や副鼻腔の手術後、または梅毒や一部の膠原病などの病気に合併しておこる場合もあります。

治療　斜鼻（前項）と同様の手術によって治します。

鼻中隔弯曲症
Septal Deviation

どんな病気か　鼻中隔とは、鼻腔の中を左右に分けるしきりのような構造をした部分で、板状の骨と軟骨が、粘膜でサンドイッチされたような薄い壁のような構造をしています（1147頁図3）。この鼻中隔が弯曲した状態を鼻中隔弯曲症といいます（1158頁）。多少の歪みは誰にでもありますが、強く歪み、さまざまな症状がでるようであれば、治療の対象になります。

症状　鼻閉（鼻づまり）、頭重感、頭痛などがおこります。また、副鼻腔炎やアレルギー性鼻炎の悪化の原因にもなり、鼻汁過多、後鼻漏（のどに鼻汁が落ちてくる）など、不快な症状が増す場合もあります。

原因　成長にともなって徐々に弯曲してくる素因性のもの〔斜鼻（前頁）をともなってくることもある〕が多いのですが、鼻の骨折などの外傷にともなっておこるもの、口唇裂（1968頁）や口蓋裂（1968頁）にともなう先天性のものもあります。

検査と診断　鼻の中をのぞく前鼻鏡検査、鼻腔通気度検査、内視鏡、X線など、さまざまな検査により評価します。全体の構造を立体的に把握するにはCTがもっとも有用です。

治療　症状がなければ治療は不要です。鼻閉感などの症状があり苦痛があれば手術を行います。手術は、両側の鼻孔からちゃんと空気が通るよう、鼻中隔軟骨を一度取出し、よい形に整えてから、再び戻す方法（**鼻中隔矯正術**）が一般的です。しかし、鼻腔の外側の壁（側壁）の変形もある場合には、側壁も含めて総合的な手術を行う必要があります。

からだの再建

漏斗胸
Funnel Chest

どんな病気か

生まれつき、あるいは成長にともなって、胸の「みぞおち」あたりを中心に陥凹が生ずる先天性の形態異常のひとつです（785頁）。ほとんど気づかれないほどの軽いものから、名前の由来である漏斗を思わせるような変形の強いものまで程度はまちまちです。原因ははっきりとはしていませんが、肋骨と胸骨をつなぐ肋軟骨が長くなることが関係しているとされています。

症状

軽度の場合は無症状ですが、重度になると、肺活量の減少・胸部の圧迫感・心電図での軸変位などが生じます。衣服で隠れる場所ではありますが、精神的に気にする人も多く、手術を行ったほうがよい場合もあります。

治療

陥凹の程度が強い場合あるいは整容（姿を整える）的に気になる場合は手術の適応となります。手術は胸の中央から胸骨や肋骨を切離あるいは切除し、形態を治す手術を行います。最近では、胸の骨下に金属製のバーを挿入して、約3年後に抜く**ナス法**という手術手技が日本でも普及し、手術の第1選択になってきています。この方法は10歳代前半までの人に対する適応とされています。

鳩胸
Pigeon Chest

どんな病気か

生まれつき、あるいは成長にともなって、胸の「みぞおち」あたりを中心に突出が生ずる先天性の形態異常のひとつです（785頁）。「みぞおち」からやや上方の部分が突出するタイプが多いのですが、左右非対称のタイプなどもあります。原因ははっきりとはしていませんが、**漏斗胸**（前項）と同様に、肋骨と胸骨をつなぐ肋軟骨が長くなることが関係しているとされています。突出すると鳩胸、陥凹すると漏斗胸となります。

症状

多くの場合が無症状です。衣服で隠れる場所ではありますが、精神的に気にされる人に対しては手術を行ったほうがよい場合もあります。くる病や先天性心疾患にともなう場合もあり、もとの病気に対する治療が必要となることもあります。

治療

治療をしなくても日常生活に支障をきたすことはあまりありません。圧迫装具を使用する治療もありますが、効果が不十分で期間もかかることから、治療の原則は手術によります。

手術は、胸の中央から胸骨や肋骨を切離あるいは切除し、形態を治す手術を行います。漏斗胸と同様に、バーを用いる方法も試みられています。

陥没乳頭
Inverted Nipple

どんな病気か

乳頭が乳輪より潜り込んでいて、陥没している状態をいいます。軽度で乳頭が出たり入ったりしている場合は、妊娠やスポイト吸引により出てくることもあります。

重症の陥没乳頭の場合、そのまま妊

娠すると乳頭が突出せず、授乳時に乳児が吸えません。また、母親も乳房が腫れて、痛くて授乳できないので、手術で治しておく必要があります。

治療

手術は、陥没している乳頭を突出させ、よい形にして、授乳機能を回復させることが基本となります。軽いものは乳頭を引き上げ、その基部を締めつける方法もありますが、重症のものはこの方法ではすぐに再陥没したり、また無理に乳頭のくびを絞めると壊死におちいります。重症のものでも乳管を切断すれば修正はできますが、授乳ができなくなります。乳管を切らずに乳管周囲の引きつれている部分をはがして分離し、乳頭を引き上げて修正して、授乳機能を温存する「**酒井法**」は大変有用です。

腋臭症／多汗症
Axillary Osmidrosis / Hyperhidrosis

どんな病気か

汗の出る汗腺には、**アポクリン汗腺**と**エクリン汗腺**があり、アポクリン汗腺は腋窩、肛門、乳輪などの毛包（毛穴）内に開口しています。エクリン汗腺は体表面の大部分に存在しています。腋臭症はこの腋窩部分のアポクリン汗腺が肥大・増加し、その分泌液に菌が感染したり、アンモニアなどの物質が加わるなどして悪臭を放ちます。**腋窩多汗症**は、エクリン汗腺の分泌が盛んになり、多汗症と腋臭症が合併したものです。

腋臭症のなかには、においがそれほど強くないのに、周囲に迷惑をかけていると思い込んでいる**自臭恐怖症**もよくみられます。腋臭症は性腺分泌機能の影響を強く受けるため、思春期から中年期に多く現れます。

治療

腋窩部を清潔に保ち、抗菌制汗剤を外用しますが、効果は一時的です。

手術的には腋窩部の汗腺を除去しますが、においが完全に消えるのではなく、60～70％程度抑えられるものと考えてください。多汗症は腋窩部を支配する交感神経の切断術が有効で、最近では胸腔内視鏡による交感神経切断術が行われています。

陥入爪
Ingrown Nail

どんな病気か

巻き爪ともいい、爪先端の両端の彎曲が強まって皮膚に食い込み、その部分が炎症をおこし痛みます。さらに肉芽が盛上がったり化膿すると痛みも一層強まります。

原因

足の親指におこりやすく、ハイヒールや先端の幅の狭い靴で圧迫されたり、それを深爪することにより悪化することがあります。

治療

足浴で足指を清潔に保ち、皮膚に食い込んだ爪の先端を皮膚より持ち上げるようにし、その下に小さく切った脱脂綿を入れ、爪が皮膚より上に伸びるようにすると治る場合もあります。手術的には、爪を産み出す皮下の部分も含めて爪の両端を細く切除し、皮膚の上にのせて固定しますが、手術後はかなりの痛みをともないます。保存的には彎曲した爪を平らに矯正するように弾力のある小さなワイヤーを爪に刺しておく方法がかなりの効果をあげています。

からだの再建

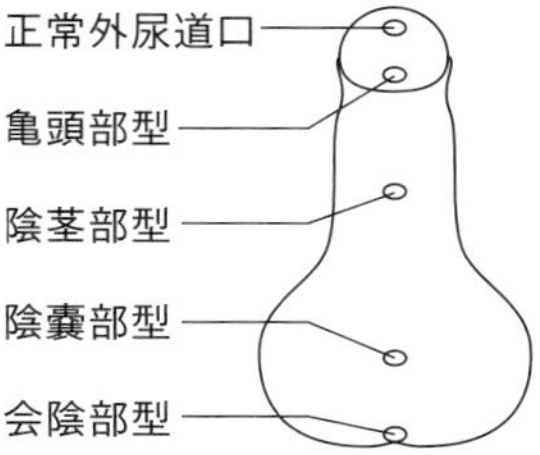

尿道下裂の分類

膀胱外反症
Bladder Exstrophy

どんな病気か

とてもまれな生まれつきの尿路異常で、3対7の割合で男の子にみられます。恥骨上の正中線上で腹壁前壁と膀胱前壁が欠けて開き、膀胱の粘膜が外反して、からだの表面に出て、絶えず尿が漏れています。尿失禁や尿路感染をおこし、感染は尿路の上流である腎臓におよぶので慢性腎盂腎炎（1730頁）、腎不全（1720頁）をおこします。

治療

段階的に排尿の機能修復手術を行います。出生後直ちに膀胱の欠けている部分を縫合します。1～2歳で尿道の修復を、3～4歳で**膀胱頸部**（膀胱の最下部）**形成術**などが行われます。尿路感染症（1708頁）の治療のために長く抗菌薬を服用したり、腎臓機能を守るために**尿路変更術**が検討されることもあります。男児で外尿道口が背側に開く尿道上裂などがある場合は、思春期以降に陰茎再建手術を行うかどうか検討します。

膣欠損症
Vaginal Aplasia

どんな病気か

ミュラー管（818頁）の発生異常により、先天的に膣のない病気です。

治療

性行為ができるように人工的に膣をつくります（造膣術1981頁図1）。手術をしても月経や妊娠は期待できません。治療の目的を理解することができる思春期以降に行われます。

膣のくぼみが少しある場合には、膣前庭粘膜の**段階的圧押法**が可能です。小さいプロテーゼ（人工挿入物）から少しずつ大きいものに変えて伸ばしていく方法で、根治までに時間と本人や家族の労力を必要としますが、自然に近い状態の膣が形成されます。手術で治療する場合は、膣前庭粘膜から適切な位置に膣となる孔をつくり、その内張りに皮膚や結腸の移植を行います。治療後には膣が萎縮してしまわないよう、プロテーゼを入れておく必要があります。

尿道下裂
Hypospadias

どんな病気か

外尿道口が正常な位置よりも後退して開いているもので、亀頭部、陰茎部、陰嚢部、会陰部など部位によって分類（上図）されます。後ろに開口するほど程度が重く、さまざまな方法の手術が行われます。

治療

手術は、陰茎を屈曲させている原因の陰茎索（尿道海綿体が線維状に発達したもの）を切除して伸展させることと、尿道を形成する（足りない尿道をつくる）ことです。尿道は陰茎や陰嚢の皮膚、皮膚移植（1961頁）を用いて作成します。陰嚢に変形や位置の異常がある場合には、**陰嚢形成**も行います。手術の時期は生後6か月以降に行われます。手術後は皮下出血や尿道口の狭窄、作成した尿道の途中から尿が漏れる尿道皮膚瘻孔などの合併症が多く、6か月ほど自然治癒を待って再手術を行います。重症の場合には、会陰部外からの皮弁法（1985頁）などの高度な方法も検討されます。

◎**性分化異常とは**

性の基準は、①ヒトには男性と女性がある、②**性染色体**（572頁）、**性腺**〔卵巣（832頁図）、精巣（1767頁図）〕、**外性器の形**〔女性（830頁）、男性（1765頁）〕がすべて本来は同一の性である、という考えかたに基づいています。しかし、これらが必ずしも一致しない場合があり、戸籍上の問題や、大変な精神的苦痛になったりします。

ヒトは通常23対の染色体を有しますが、その内1対の性染色体の遺伝子により性の分化が左右されます。女性の性染色体はXX、男性はXYです。ヒトは全て女性へと分化、発育しようとします。男性はY染色体の遺伝子により精巣（睾丸）ができ、精巣からミュラー管（818頁）を消す物質（ミュラー管抑制物質）が分泌され、女性の**内生殖器**（831頁）を退縮させ、さらに男性ホルモンが分泌され、ウォルフ管（819頁図1）が分化・発育し、外生殖器を男性化しま

性同一性障害

Gender Identity Disorder

こころとからだの性の不一致でおこる病気

◇こころとからだの両面から治療する

どんな病気か

性同一性障害とは、**性自認**（こころの性別）と身体的な性別が一致していないために苦悩を感じる病的状態です。性自認が形成される胎児期に身体的性別とは反対方向へ脳が分化をおこしているのではないかと考えられています。

治療

外科的治療は、**母体保護法**（旧・優生保護法）に抵触すると考えられ、「性同一性障害は性的趣味の問題」と混同されたことなどにより、行われてきませんでした。しかし、1997（平成9）年以降は**ホルモン療法**や、手術などの根本的な治療が必要な病的な状態であると認識されるようになり、**日本精神神経学会**のガイドラインに沿って、治療が行われるようになりました（1040頁）。

外科的治療（**性別適合手術**）は、とくに慎重に検討されます。そこへ至るまでの流れは、まず、からだの性別を確認する検査と、複数の精神科医の診察により診断が確定します。その後、精神的サポートを受けながら実生活体験、周囲へのカミングアウトを行います。それでもなお、自分の肉体に対する違和感による苦しみがつづく場合に、医師や法曹関係者などからなる専門家チームによる**適応判定**を受けて初めて、手術が行われます。乳房切除は18歳以上で、性器手術は20歳以上です。

手術によって、からだの形は望む性別に近づけることはできますが、生殖能力は失われます。月経、妊娠、射精といった別の性の機能まで得ることはできません。性行為が可能になることもありますが、性感が損われることもあります。性腺（卵巣、精巣）を摘出したあとは、性ホルモン補充（望む性別のホルモン）を継続する必要がありますが、重篤な副作用（血栓症、狭心症などの心臓・血管の病気や肝機能障害、胆石、下垂体腫瘍など）が発生する可能性もありますので、定期的に検診を受ける必要があります。

◉**造腟術**

男性から女性への移行を望む場合には、陰茎切断術、精巣摘出術、造腟術、陰核形成術、陰唇形成術などが行われます。造腟術の方法（次頁図1）は、肛門の前方に腟となる孔をつくり、その内張りとして陰茎・陰嚢の皮膚を裏返したり、皮膚移植をすることが一般的です。結腸の一部でつくる方法はリスクが高く、入院期間も長い欠点があります。形成した腟は長期間のアフターケアを行います。女性としての社会生活を円滑にするために、喉頭軟骨切除、豊胸手術、声を高くする手術、顔面女性化手術なども、本人の希望により行われることがあります。この場合も、専門家のアドバイスを求めつつ慎重に行われます。

◉**陰茎形成術**

女性から男性への移行を望む場合には、乳房切除術、子宮卵巣摘出術、陰核陰茎（ミニペニス）形成術、尿道延長術、陰茎形成術、陰嚢形成術などが

す。この性の分化過程で障害がおきると、異常をもたらし、通常は外陰部の異常を示します。外陰部の形は女性から男性までのさまざまな表現型になり、区別がつかない例もあります。

◉生殖腺分化の異常

卵巣と精巣を同時にもつ真性半陰陽（764頁）、XX型生殖腺形成異常症、XYY個体（579頁）、XY型生殖腺形成異常症、トリプルX（579頁）、混合型生殖腺形成異常症（XO／XY）、ターナー症候群（XO）（578頁）、クラインフェルター症候群（46XY／47XXY）（579頁）。

◉内性器、外性器の分化異常

▼男性仮性半陰陽　アンドロゲン合成障害、アンドロゲン不応症、先天性リポイド過形成症（704頁）、先天性ライディッヒ細胞低（無）形成。

▼女性仮性半陰陽　先天性副腎皮質過形成症（708頁）、アロマターゼ欠損症、内性器・外性器の先天的形態異常、外因性ホルモン異常。

図１　代表的な２種類の造腟術

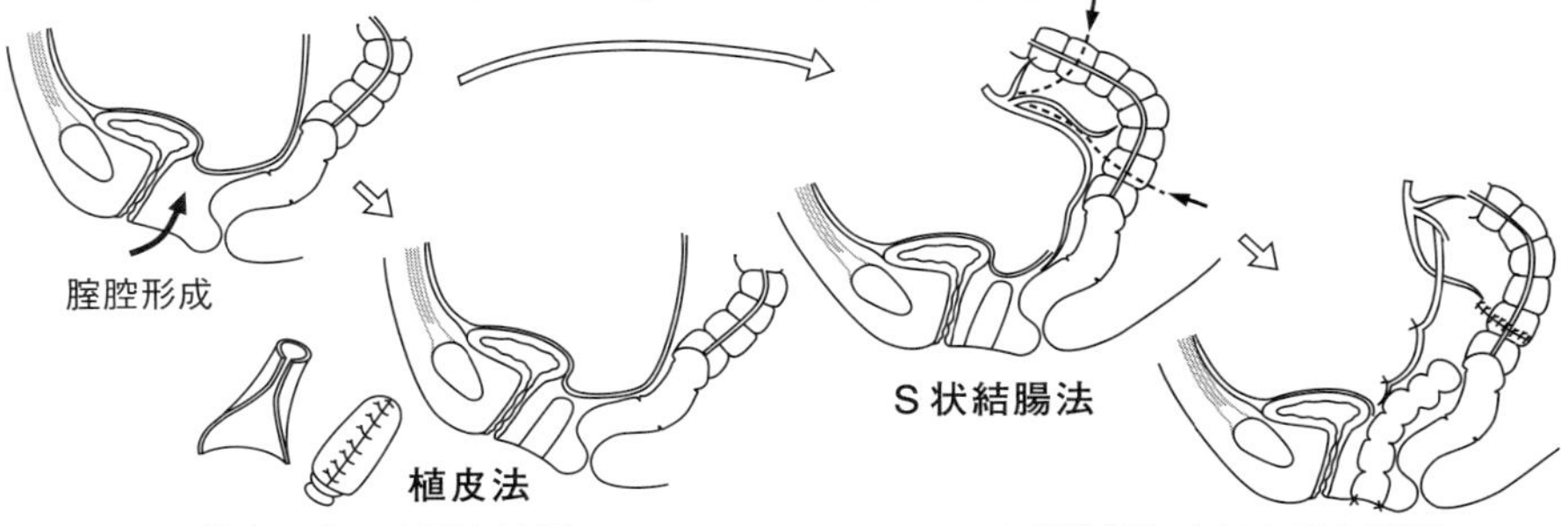

図２　陰茎形成術（遊離皮弁による）

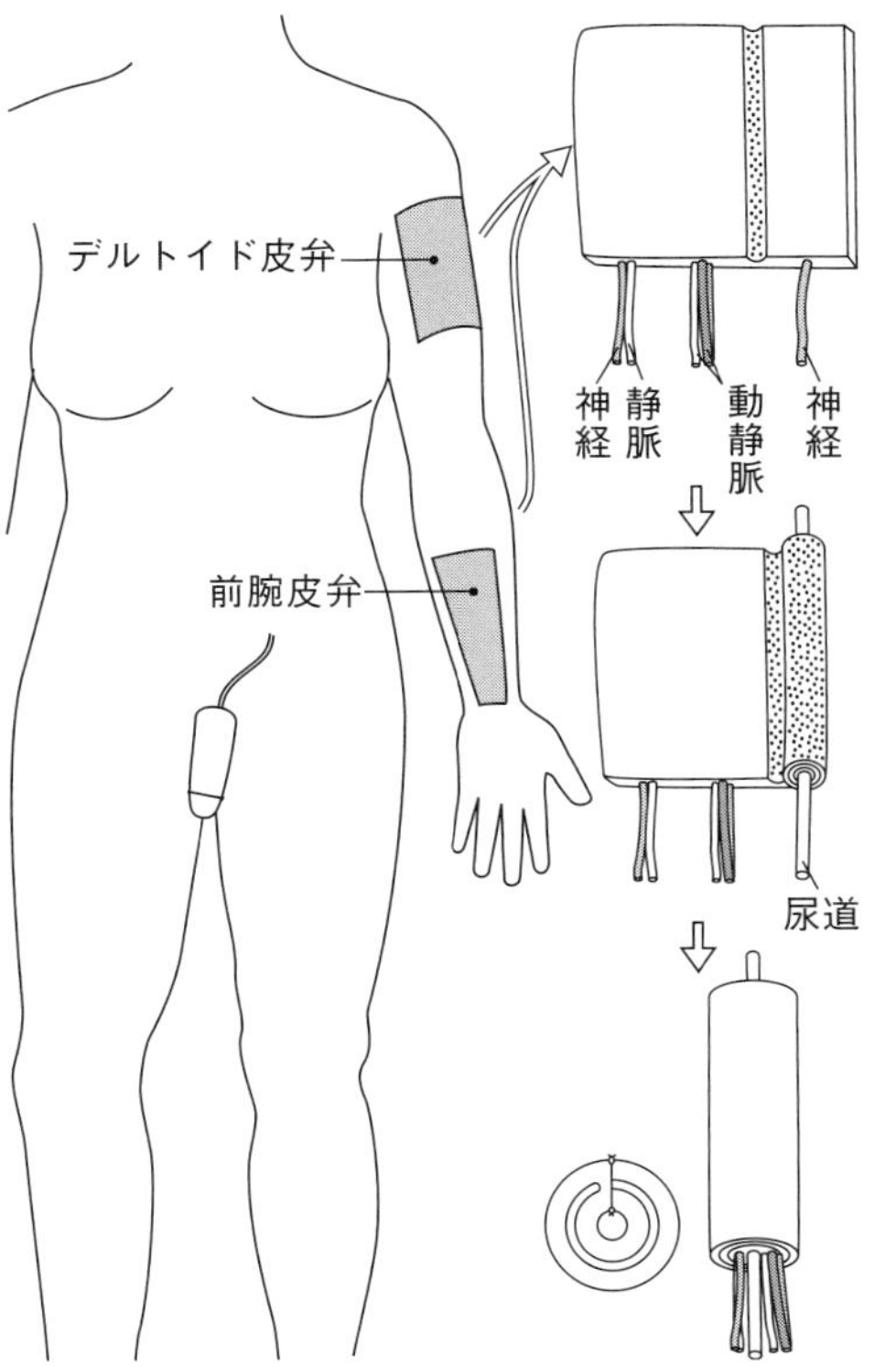

行われます。手術は数回に分けて行われます。本格的な陰茎形成術まで望む場合には、遊離皮弁（左図2）、またはおなかや太ももからの有茎皮弁（1961頁）によって行われるため、からだに大きな傷あとが残り、長期間の治療が必要です。人工的な尿路を形成する手術を受けた場合は、アフターケアを継続する必要があります。

２００３（平成15）年以降は、性別適合手術後に一定の条件を満たした場合には、家庭裁判所の審判を経ることによって法令上の性別の取扱を性自認（こころの性別）に合致するように、戸籍上の性別記載を変更できるようになりました。これにより当事者の就職、病院受診、旅行、結婚などの社会生活上の不都合が軽減されました。

しかし性別適合手術は、医療保険（健康保険）が適用されず、すべてが自己負担となるため、かなりの出費を覚悟しなければなりません。

手足の再建

切断指の再建

◇切断指の再接着に欠かせない マイクロサージャリー技術

手の指が切断された場合、マイクロサージャリー技術（次頁）を用いて、足の2番目の指（趾）や、第1番目の指の一部を手に移植して、もっとも自然に近い指を再建する（創る）ことができます。

状況にもよりますが、専門家のいる施設であれば、切断された部分の骨をとめ、腱を縫合し、マイクロサージャリーの技術を用いて動脈と静脈および、神経を適切に縫合、切断された指を再びつけ直す、再接着手術が可能です。

最近では、爪の部分にかかるようなレベルの再接着も可能になっています。

仮に再接着できなかった場合でも、残った指の長さを伸ばしたり（骨延長術1969頁上段）、先端部に骨を継ぎ足して、皮膚でおおうことにより再建することができます。

合指症／合短指症
Syndactyly / Symbrachydactyly

どんな病気か

先天性の手の異常です。指の3つの骨のうち、中央部の骨（中節骨）の低形成、短縮などの合短指症に、指が癒合する合指症を合併することがあります。

通常は片側性（からだの片側のみにおこる）で、手指が少し小さい状態のものや、中節骨が短い例から、指の欠損まで、さまざまな外観を示します。

原因

手の発生途中での、骨の**原基**（発生過程で器官・組織への形成のもっとも初期の段階で現れる胚の部分）の不完全な分化が原因で、これにともなう軟部組織障害として指の間の皮膚の癒合をともないます。

検査と診断

手指の外観および手・指のX線撮影で確定診断します。

治療

合指症の分離、指節骨の延長術が行われます。

生後2歳以下で、足指の趾節骨を採取して移植すると、移植骨のある程度の成長も期待できます。

多指（趾）症
Polydactyly, Polydactyly of Foot

どんな病気か

日本人では、手・足の先天性形態異常のなかでもっとも頻度が高く、手では**母指多指症**が、足では第5趾（足の小指）の多趾症が圧倒的に多く現れます。

症状

余計にできたと考えられる親指（**余剰母指**）の外観は、いろいろですが、いずれの余剰母指も、残すべき母指よりは小さめで、関節の部分で曲がっています。

検査と診断

外見でおおよその診断はつきますが、X線撮影により、よりくわしい状態の判断が可能です。それぞれのタイプごとに手術方法が決定されます。

治療

指先に近い関節部分から分岐している場合は、通常、小指側の大きめの指を残して、親指側の小さめの指を切除します。手の外科専門医のいるところで手術する必要があります。足の多趾症の場合も治療は手と同じです。

マイクロサージャリー

❖マイクロサージャリーとは

　手術用顕微鏡や拡大鏡ルーペを用いて、手術視野を拡大しながら行う手術の総称です。具体的には、３つの用途に大別されます。

①顕微鏡下操作手術　損傷されやすい脳実質や、出血しやすい脳血管をできるだけ傷つけずに手術操作するために、脳外科ではマイクロサージャリーが欠かせません。眼科では手術対象の眼球は比較的小さな組織であり、さらにその中の角膜、レンズなどの手術では拡大視野下の手術が欠かせません。耳鼻科でも、耳の手術では耳小骨、鼓膜などの手術では顕微鏡下の操作が必要となります。

②顕微鏡下血管縫合術　手指の再接着のように、切断された組織の動脈と静脈を顕微鏡下に拡大し、再縫合することにより、もとの場所につけ直す（**再接着**）ことが可能となりました。

　さらに、皮膚、筋肉、骨、関節などの組織や器官も、血管縫合により、からだの他の部分に移すこと（**移植**）が可能となり、がんで切除したり、外傷で失ったからだの部分をつくり直すこと（**再建**）が可能となっています。

③顕微鏡下神経縫合術　以前は、切断された神経を肉眼で縫合しても、感覚、筋肉の収縮力を取戻すことは困難でしたが、顕微鏡を用いて、丁寧に縫合することにより、この技術の導入前に比べ、優れた機能が回復するようになりました。

❖指の再接着

　指の再接着では、直径０・５～１・０㎜の細い血管を、手術用顕微鏡で拡大し、髪の毛より細い縫合糸を用いて縫合します。血管は丁寧に扱い、術後に血管が詰まらないように細心の注意を払って縫合します。

　切断された手指を再接着するには、切断端にガーゼをあてて、その上から包帯で軽く圧迫することにより、ほとんどの場合、断端からの出血を止めることができます。決して、ひもなどで縛り上げて止血しようとしてはいけません。切断された指は湿ったガーゼにくるみ、ビニール袋に入れてから、氷水の入った容器に入れて搬送します。筋肉を含む切断組織はふつうの温かい状態では、６時間以上血行が途絶えた状態だと、たとえ血管をつないで血行が再開できても、組織の自己融解がおきてしまいます。こうなると、よい機能は得られませんので、早く手術する必要があります。筋肉を含まない指では、切断後24時間経過したあとでも再接着が成功した例が報告されています。手指の再接着はどの指でも、たとえ先端部に近い部分であっても、再接着したほうが、あとで再建術を行うよりも外見、機能ともによい結果を得ることができます。

　手指のほかに、頭皮、耳たぶなども切断組織の再接着手術の対象となることがあります。

　マイクロサージャリーの発達によって皮膚、筋肉、骨、神経、血管など、あらゆる組織の移植が可能ですが、自分のからだの組織の一部を使って、より必要な機能や外見を再建することになるので、組織をとったためにおきる、新たな問題と、再建によって得られる、機能改善の大きさ、重要さのバランスを考えて行う必要があります。小児の再建ではからだの成長にともなって移植、再建した組織も成長する必要がありますが、血行を再建した組織移植（1961頁上段）では術後の成長を期待できる重要な利点があります。

　頭頸部の悪性腫瘍切除では組織移植は欠かせない手術となっていますし、がんで失った乳房も組織移植を用いた再建（1994頁）がよく行われます。

皮膚の再建①

やけど（熱傷）の治療

やけど（熱傷）とは、熱により皮膚が障害される外傷をいいます（121、1813頁）。

やけどの重症度は、深度（深さ）、面積で判定されます。また、受傷部位によっては、深度、面積にかかわらず重度と判定されます。

▼深さ　**日本熱傷学会**では、1、2、3度の3つに分類しています（1813頁）。1度は鼻の頭や指先、耳介、頰などのからだの表面に出ている部位で皮膚が紅くなった状態、2度は水疱を形成したもの、3度は壊死をおこした状態をいいます。一般に受傷直後の判定は困難です。

▼面積　簡単な方法として、自分の手のひらを体表面積の1％として計算します。すなわち、手のひらが5つ程度の面積であれば5％となります。

さらにからだの広い面積を算出する簡単な方法として、「**9の法則**」（1813頁）があります。

治療

▼深さ　1度熱傷は、冷却だけで治ります。とくに治療は必要ありません。2度熱傷の場合は、原則として軟膏治療を行います。水疱膜はできるだけ破ったり、取除かないようにします。水疱膜は外界からの刺激や感染の予防などのはたらきがあるためです。浅達性2度熱傷であっても、感染をおこすと深達性2度熱傷になってしまうため（1813頁）、形成外科医や皮膚科医の診察を受けたほうがよいでしょう。

3度熱傷は、小範囲の場合には、通常1か月以上かかって軟膏治療で治癒します。手のひらの大きさ以上の範囲では**皮膚移植**（1961頁）が必要となりますので、専門医の受診をお勧めします。

深達性2度熱傷以上では、瘢痕・瘢痕ケロイド、瘢痕拘縮（ひきつれ）などの後遺症が生じるため、熱傷が治癒した後に手術が必要となることも少なくありません。

▼面積　手のひら1つ以下の小範囲の熱傷の場合は、まず第一に受傷部位を冷やすことが重要です。無理に衣服や靴下などを脱がそうとせず、とにかく水道水などの流水で10分間程度冷却します。それにより、痛みが緩和し、熱傷が深くなることを抑える効果があります。しかし、氷などで直接患部を冷やすなどの過度の冷却は、凍傷を招くこともありますので注意が必要です。

広範囲熱傷の場合、全身を冷やすことにより低体温（36度以下）になると、かえって全身状態の悪化を招くことから、そのままの状態で病院へ行くことが重要です。深さ2度熱傷で面積10％以上、3度熱傷で2％以上が中等度熱傷の範疇になりますので、一般病院での治療が必要となります。

▼重度の熱傷　深達性熱傷で、同時に3度熱傷の場合、または顔、手足、陰部に熱傷がある場合、**気道熱傷**（煙を吸い込んでいる場合）、骨折や軟部組織損傷を合併している場合は、重症熱傷となります。広範囲重症熱傷の場合は、**熱傷ショック**（**急性循環不全**）となり死亡することもまれではありません。重症熱傷の場合は、熱傷専門医がいる総合病院での緊急治療が必要です。

◎化学熱傷の治療

酸やアルカリなどの化学薬品が皮膚に触れておこる熱傷です（124頁）。

すみやかに大量の水で洗浄することが大変重要です。洗浄後は直ちに病院で診察を受けてください。熱傷度に準じて治療を行いますが、深いものであれば、壊死した組織を切除した後、植皮を行います。

◎電撃傷の治療

電気がからだに流れることにより、体内に生じた障害と、電気スパークによる、皮膚への直接の損傷を総称したものをいいます（125頁）。

熱傷と同様、重症な場合は入院治療が必要となります。

臓器や組織の圧力が浮腫や緊張のために高まり、循環器が障害をおこしている場合には、圧力を減じるために**減張切開手術**を行います。手指も損傷している場合には、機能障害を最小限にするために、

重症熱傷の治療は、皮膚が傷の上を自然におおう（**上皮化**）のを待って治癒させていく保存的療法の効果が期待できないため、壊死してしまった組織を除去して、植皮を行い、早急に傷を閉じる必要があります。傷が空気に触れている時間が長い分だけ、体液の滲出や感染のリスクが高くなるからです。

傷の面積が小さければ、シート状の**自家移植**（1961頁）手術を行います。傷の面積が大きく、移動させられる皮膚に制限がある場合には、**植皮片**に網目状の切れ目を入れ、拡大して植皮する**網状植皮**や、植皮片を、軟膏ガーゼに真皮側を上にして貼付け、それを切手大に切り、傷の表面にまばらに貼付けていく**パッチ植皮**の方法をとるなどして、皮膚片を有効に活用します。

傷の面積がもっと大きい場合には、パッチ植皮片を細かくして、移植の間隔を開けたり、網状植皮の拡大倍率を大きくしたりして対応しますが、植皮の間隔や拡大倍率をあまり大きくしてしまうと、上皮化に時間がかかるため危険です。そこで、自家植皮片にかわって、一時的に傷をおおうものが必要になります。いちばんよいとされているのが同種皮膚（**同種移植**1961頁）で、つぎがブタなどの皮を使用する**異種植皮**です。最近では、死体から採取した同種皮膚を保存・供給する**皮膚銀行（スキンバンク）**が組織化され、**日本スキンバンク・ネットワーク**が設立されました。また、やけどをした本人から小さな皮膚片を切取り、それを組織培養して、拡大させ、傷に移植するという方法も試みられています。

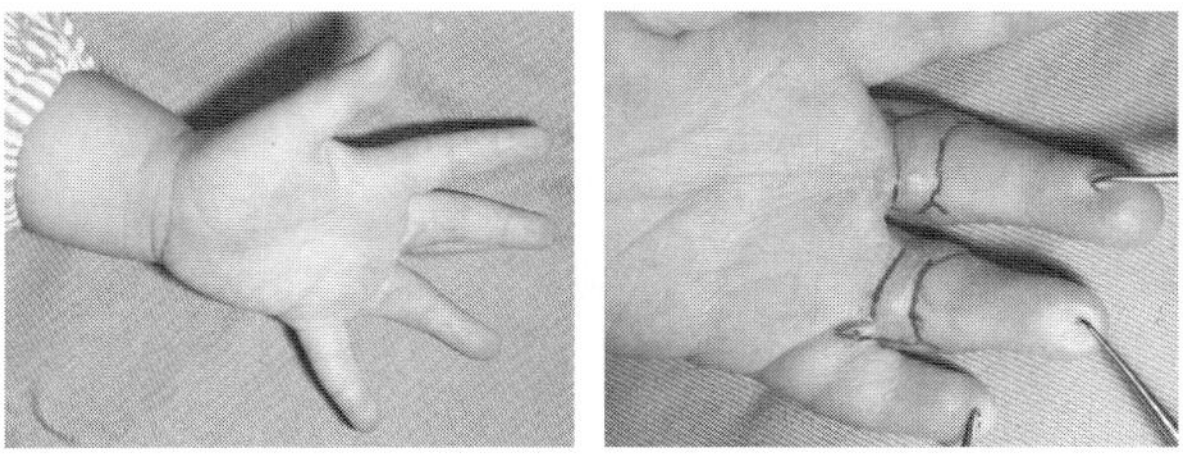

症例　電気炊飯器により中指と薬指に深達性２度熱傷し、瘢痕拘縮となった幼児例。写真右が植皮術時の状態。写真左は植皮術後１年の状態。

皮弁形成術

修復する部位が皮膚だけでなく、脂肪組織や筋肉などが欠損している場合に使用する方法です。

皮弁形成術は、**局所皮弁**と**遊離皮弁**の2つに大別することができます。これらの方法は、**植皮術**（**皮膚移植術**1961頁）とは異なり、移植する組織に血液が流れていないと生着しません。そのためには、血液の流れを維持できる血管を含んだ組織を切り離さずに、欠損部位へ移動しなければなりませんが、これが局所皮弁術です。

さらに遠くの部位に対しては、遊離皮弁術を行います。これは、**マイクロサージャリー技術**（手術用顕微鏡を使用して、極細の血管や神経を縫い合わせる技術1983頁）により、切り離した

壊死部分を取除き、**遊離皮弁術**（前頁）を行います。

局所療法は3度熱傷に準じた処置（1813、1984頁）を行います。

◎低温損傷の治療

寒冷により血液の流れが停滞し、組織の障害をおこすものをいいます（126頁）。

40℃程度の湯に患部を浸し、徐々に温めます。損傷が2度（1813、1984頁）以上の場合には病院へ行きます。治療は熱傷の場合と同様です。

◎エキスパンダー法

修復する皮膚が欠損したり不足し、直接縫合できない場合に使用される方法です。

①1回目の手術にて、修復する組織に隣接した健常な皮膚の下にティシュ・エキスパンダー（シリコン製の風船）を埋込みます。

②退院後、週1回、外来にて生理的食塩水を風船に注入します。およそ2か月間かけて

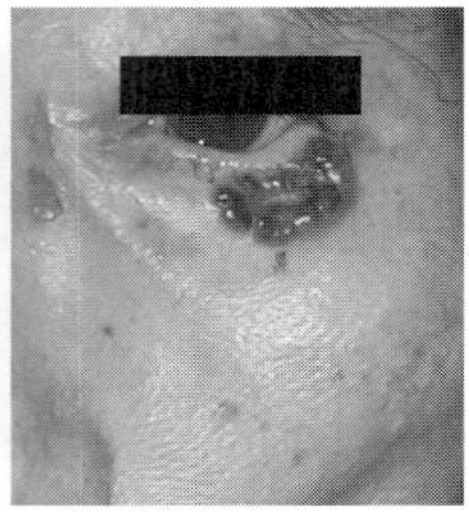

症例「局所皮弁」写真① 左下眼瞼にできた基底細胞がん。

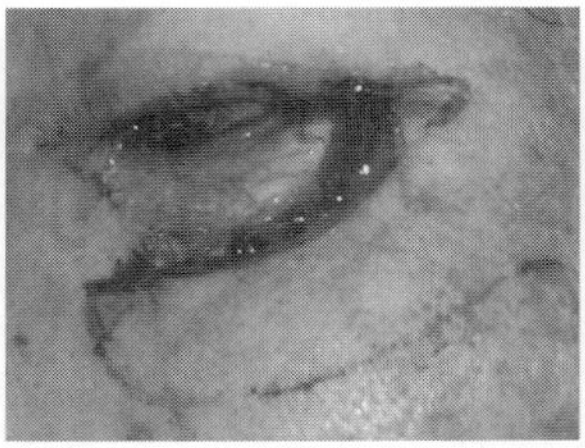

「局所皮弁」写真② 病巣を切除した後、頬部からの局所皮弁（**二葉皮弁**）にて再建した。

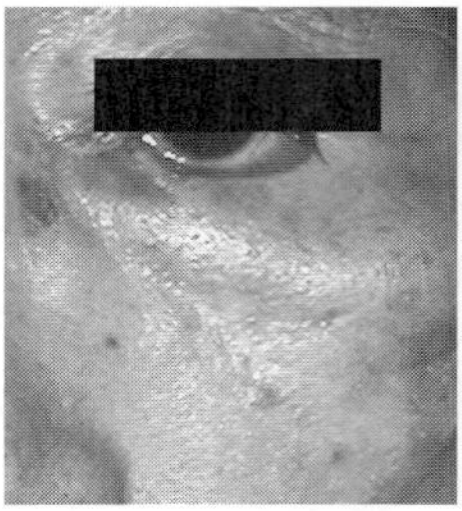

「局所皮弁」写真③ 術後約2か月の状態。

組織の血管を、修復する部位の血管と縫合し、再び組織へ血液が流れるようにして生着させる方法です。

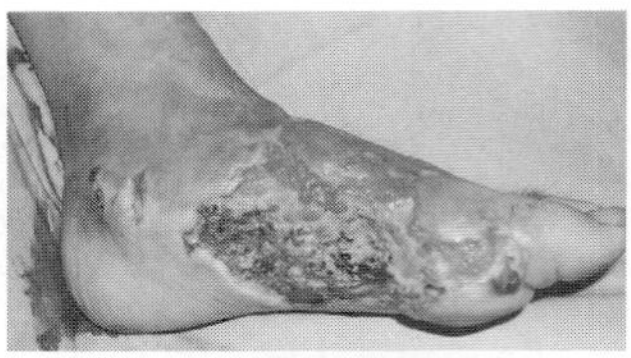

症例「遊離皮弁」写真① 基礎疾患に糖尿病を有する左足の難治性潰瘍症例。

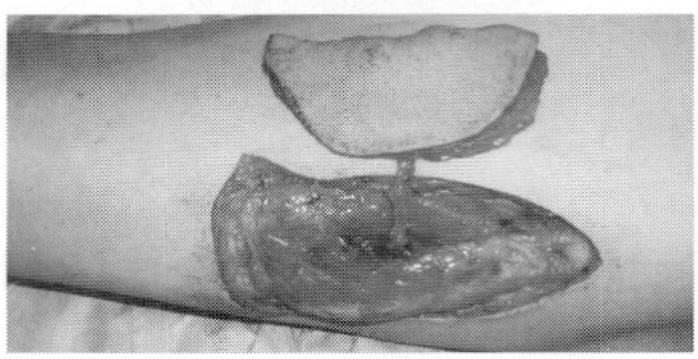

写真② 壊死組織を切除した後、左大腿より遊離皮弁を採取。

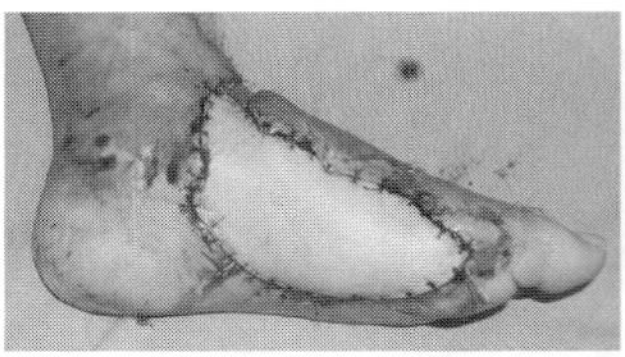

写真③ 患部に移植した状態。

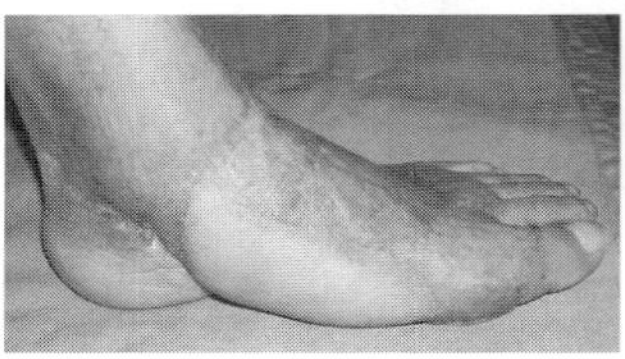

写真④ 術後2年の状態。

ケロイドの治療

ケロイドとは、皮膚の損傷（外傷・手術・炎症など）後の修復のために、皮膚の線維成分が過剰に増殖しつづけ、傷あとが赤く隆起してかたくなった状態をいいます（1849頁）。

治療

▼**保存的療法**　抗アレルギー薬の内服や、ケロイド部位にステロイド剤を直接注入する**局所注入療法**、スポンジによる**圧迫療法**などが一般的です。また、最近ではシリコンシートの貼付けが有効であるといわれています。

▼**外科的治療**　ケロイドは体質的な要因のため、手術後に縫合部分から再発し、増殖して術前より大きくなることがあります。そのため、あらかじめ形成外科や皮膚科の医師によく相談してください。また、電子線照射治療による発がんリスク上昇に関しては、長期予後からの安全性が確立されていません。耳飾りのピアスによるケロイドは手術で改善されることがあります。

風船を一杯に膨らませます。

③2回目の手術にて、風船を取除き、伸びた皮膚を利用して修復する部位をおおいます。

症例　熱傷の瘢痕による禿髪

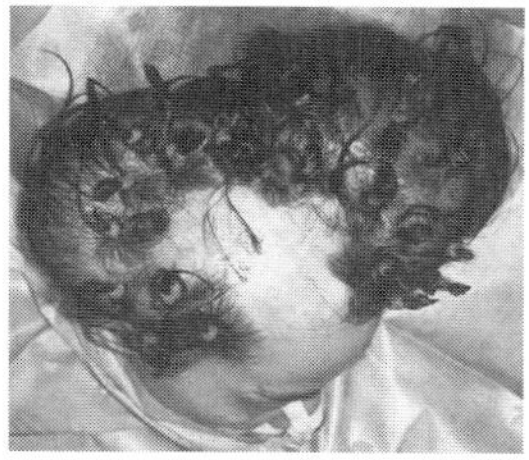

写真①　瘢痕組織周囲の健常部位に3個のエキスパンダーを挿入、十分に膨らんだ状態。

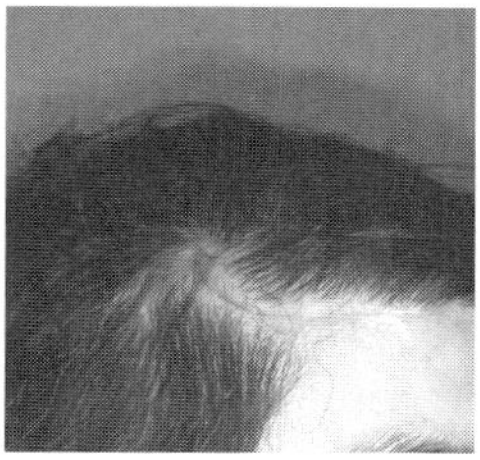

写真②　3個のエキスパンダーを除去し瘢痕組織を切除した後、伸展した頭皮を縫い縮めた状態。術後の状態。

肥厚性瘢痕の治療

ケロイドと同様に皮膚の損傷の治癒過程において、皮膚の線維成分が一時的に増殖した状態です（1850頁）。

ケロイドと異なる点は、傷がもとの大きさよりも広がることはなく、かゆみや痛みなどの症状をともなうこともまれです。

治療

ケロイドと同様の治療を行いますが、拘縮（ひきつれ）をともなうような場合には手術療法が有効になります。

褥瘡（床ずれ）の治療

褥瘡とは長時間同じ姿勢をとりつづけることにより発生する、皮膚および皮下組織の障害です（1802、2188頁）。

治療

褥瘡の治療は傷だけの治療は誤りで、医師、看護師、栄養士など、多方面からのアプローチが必要です。また、患部への除圧（1802頁）を心がけることも重要です。

傷の処置は、細菌感染がある場合にはシャワー浴や水道水での洗浄が有効です。その後、傷の状態に適した軟膏を塗布します。壊死組織が付着している場合には、その部分を切除します。治療法の詳細については、**日本褥瘡学会**のホームページも参考にしてください（http://www.jspu.org/）。

骨や関節が露出した場合には手術の対象となりますが、中等度の場合でも状態がよく、早期に治癒を求める場合には手術を行います。壊死組織を切除した後、**局所皮弁術**（1985頁）や**筋皮弁術**により傷を閉鎖します。

難治性潰瘍の治療

いろいろな基礎疾患により発症した、皮膚および皮下組織の損傷をいいます。糖尿病や閉塞性動脈硬化症など血行障害にともなう足の潰瘍や放射線照射による潰瘍、知覚障害による潰瘍が比較的多くみられます。数か月以上も治癒傾向がなく、ときには傷の範囲が広くなる場合もあり、形成外科医や皮膚科医の診察をお勧めします。

治療

原因の基礎疾患の治療を優先します。局所の治療は、褥瘡と同様の治療（1802頁）を行います。

症例　下肢静脈瘤による「静脈血うっ滞性皮膚潰瘍」

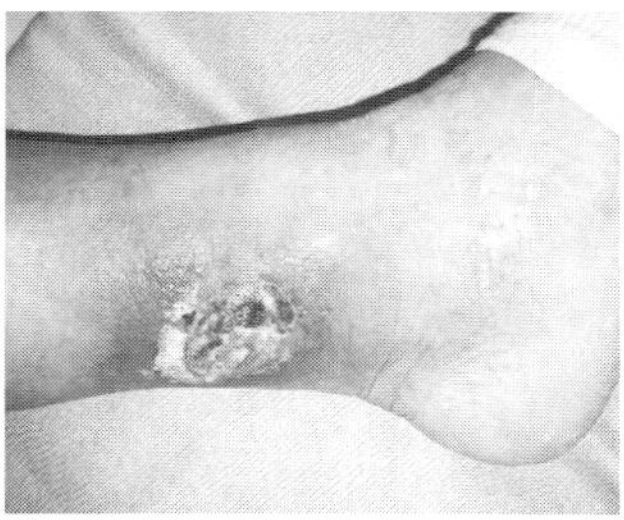

写真①　手術前の状態。

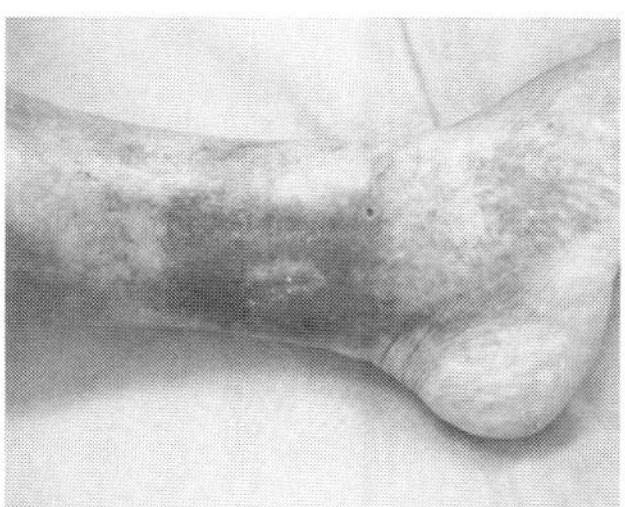

写真②　静脈抜去術後、2か月の状態。難治性潰瘍は完全に治癒した状態。

皮膚の再建②

赤あざ（血管腫）の治療

▼**単純性血管腫**（778頁）　現在は**ダイ（色素）レーザー**による治療が第1選択です。ほとんど傷あとを残すことなく赤みを目立たなくしたり、淡くすることが可能な唯一の方法です。また、皮膚の薄い時期（0歳児）から治療を開始することで、より効果が期待できます。レーザー治療はほとんどの場合少なくとも数回以上を必要としますが、消えかたには、全体がほぼ均一に淡くなる場合、不均一に淡くなる場合、面積が周囲からしだいに減っていくような場合などがあります。ただ、血管腫の深さや太さなどにより限界があることも事実で、いつまで治療をつづけるべきか判断がむずかしい場合があります。少なくとも3か月以上間隔をあけての治療となります。根気よくつづけることが大切です。保険診療の適用がありますが、レーザー治療で効果が得られない場合には、お化粧で隠すか、さらに部位、面積などに応じて手術の適応もあります。しかし傷あとを残すので、適応は慎重に考慮しましょう。

▼**いちご状血管腫**（1843頁）　最近では、発症早期よりダイレーザー治療を開始することで血管腫の成長を抑え、より早く消退できると考えられています。放置してもほとんどは小学校に入るころ（5～6歳）までに消退するので、自然経過にまかせる方針の医師もまだ多いようですが、見つけしだい、できるかぎり早期に専門医に相談してください。実際の治療は部位と大きさによって考慮されますが、まぶたにできて目をふさいでしまうような場合は視力の低下を生じることがあり、副腎皮質ホルモン（ステロイド）剤の局所・全身投与、凍結療法、切除など積極的に治療する必要があります。また、早期治療の有無にかかわらず、ある程度大きくなった場合、消退した後に瘢痕や皮膚のたるみを残すことがあります。このような場合には手術治療が必要なことがあります。

▼**海綿状血管腫**（778頁上段）　部位、大きさに応じて、血管硬化薬、電気凝固、切除して縫い縮めたり、皮膚移植（1961頁）などの手術を使い分けます。

母斑（あざ）の治療

▼**表皮母斑**（1842頁）　**炭酸ガスレーザー**、**ルビーレーザー**、あるいは**電気メス**などで皮膚表面を焼き切ったり、削るなどが行われますが、再発が多くみられます。線状に並んでできたもの（**列序性母斑**）は切取ることもあります。

▼**母斑細胞母斑（色素性母斑・ほくろ）**（1842頁）　部位、大きさ、悪性化の可能性の有無、整容的（姿を整える）観点などにより治療法は異なります。

　手のひらを超えるような大きさの巨大なものは、まれに一部から悪性化をおこすことがありますので注意が必要です。ある程度以上大きいものは、物心がつくころには精神的な負担になることが考えられるので、専門医と相談して手術の適応を検討するのが望ましいと思います。手術方法はあざの大きさや形、場所などによって適切な方法が選択されます。①1回、もしくは1回で無理な場合には2~3回に分けて縫い縮める、②皮膚移植（1961頁）、③あざに隣接した皮膚の下に特殊な風船を入れて十分膨らました後、伸びた皮膚でおおう（エキスパンダー法 1986頁上段）、④あざ周囲の余裕のある部分から皮膚を動かしておおう方法（皮弁形成術 1985頁）などがあります。

小さいものについては整容上の問題で、とるかとらないかを決定します。基本は切除で、小さいものは開放して自然に皮膚がはるのを待つか、縫合します。メスのかわりに電気メス、炭酸ガスレーザーなどを使用して焼き切る（削る）こともありますが、この場合は縫合しません。どの治療法でも、小さなもの（およそ長径5㎜より小さいもの）は基本的に保険診療の適用はありません。5㎜を超えて膨らんでいるものは切除して縫合します。場所や大きさによっては単純に縫合できないことがあり、皮弁移植などを必要とすることがあります。

▼**扁平母斑**（1843頁）　色が薄い場合が多いので簡単に消えると考えられがちですが、再発率がひじょうに高く、残念ながら期待されるような効果を得ることは困難です。最近ではレーザー（**ルビー**、**アレキサンドライト**など）を用いることが多いですが、以前はドライアイス治療や皮膚を削る治療も行われていました。いずれの治療も色が薄くなればよいのですが、一般的には傷あとを残すくらいの強さで行わないと色は消えず、いったん消えてもほとんどの場合再発します。少しでもよい効果を期待するのであれば、1歳より前に治療を行うべきであるとの見かたがあります。保険診療の適用があります。

▼**太田母斑**（1843頁）　レーザー治療の効果がもっとも期待できるあざと思われます。**Qスイッチ付きレーザー**（**アレキサンドライト・ルビー**など）が用いられます。数回~十数回の治療を要しますが、最初の1~2回は効果がないように思えることがあります。それでも4~5回ほど治療すると効果が現れてくることがありますので、すぐにあきらめず継続することが大事です。ほとんど目立たなくなることが多く、再発もありません。単純性血管腫（前頁）と同様に、保険診療でのレーザー治療が認められています。

▼**異所性蒙古斑**（1844頁上段）　生後しばらくの間、日本人のほとんどのお尻に見られる蒙古斑以外の場所（異所）に生じたものです。自然消退することが多いのですが、残ることもあります。相談して、目立たない場所のものは経過観察することを勧めていますが、目立つところに広い範囲で存在するものは積極的な治療を考慮します。太田母斑と同様に保険診療の適用があり、Qスイッチ付きレーザーを使用します。

母斑症の治療

▼**ブーヌビュ・プリングル病**（**結節性硬化症** 1844頁）　鼻の周りに多発する小さな丘疹が特徴ですが、若くして死亡することも多いため、全身状態のよ

い軽症例に対して丘疹を焼き切る、削るなどの治療を行います。

▼**レクリングハウゼン病**（1844頁）　ミルクコーヒー色の色素斑（カフェオレ斑）に対しては整容上の問題があればレーザー治療を試みますが、扁平母斑同様、あまり効果的ではありません。神経線維腫については、部位や大きさにより切除しますが、再発することもあります。

▼**スタージ・ウェーバー病**（1845頁）　単純性血管腫（1988頁）と同様です。

▼**ポイツ・ジェガース症候群**（1845頁）　口唇や手のひら・足の裏にできる色素斑に対しては、Qスイッチ付きレーザー治療が有効です。

皮膚のレーザー治療の現状

　皮膚のレーザー治療はもはや珍しいものではありません。ここでは整容目的ではなく、保険診療でできる、治療を目的としたレーザーの現実についてお話します。

　現在、医療現場で使われるレーザー装置は数多くありますが、血管腫やあざなど皮膚の治療に対して保険診療が認められているものはほんの一部で、単純性血管腫（1988頁）・いちご状血管腫（1988頁）・毛細血管拡張性失調症（802頁）に対するダイ（色素）レーザー、太田母斑（前頁）・異所性蒙古斑（前頁）・外傷性色素沈着症（次頁上段）・扁平母斑（前頁）に対するQスイッチ付きレーザー（アレキサンドライト、ルビー）、ルビーレーザーだけです。

　細かい適応や治療回数に制限があるなど、装置によって差がありますし、前記疾患のなかでも機種によっては保険適用になりません。

　また一般的にレーザー治療は痛くないと思われていますが、基本的には痛みをともない、場所によってはおとなでも我慢できないのが現実です。この場合は局所麻酔（軟膏・注射など）を行います。2歳を超えた小児では、局所麻酔を行っても恐怖に耐えられずおとなしくできません。その場合は、安全に治療するため静脈麻酔などで眠らせて治療する必要があります。

　レーザー治療は、一般に色が淡く、症状が軽いと思われているものほど簡単に消えると考えがちですが、淡いものは消えにくいことが多いのです（色が濃ければよく治るともいえません）。

　また、治療直後から何のトラブルもなく、後療法も不要と思われていますが、レーザーの影響で一時的に色が濃くなる、腫れるなど皮膚の状態が落ち着くまでは、しばらくの間保護や軟膏治療を行う必要があります。そのほか、水ぶくれ（水疱）ができたり、浅いやけどの状態になることもあります。

　レーザー治療を受ける場合は、前にも後にも日焼けをしないでください。前に日焼けをすると効果がでないばかりか、やけどをおこす危険性が増します。またレーザー治療後に日焼けをすると色素沈着を生じやすくなります。

　レーザー治療は魔法の治療ではありません。安易な情報に流されず、専門医の正しい治療を受けてください。

◎レーザーの種類と治療

●ダイ（色素）レーザー

　単純性血管腫などのあざに含まれる赤血球のヘモグロビンを破壊します。その結果、あざの血管が破壊され、色調が薄くなります。

●Qスイッチ付きレーザー

　欧米で刺青の治療のために開発されました。日本ではメラニン沈着性疾患のほか、脱毛用レーザーにも使われています。

●ルビーレーザー

　脱毛を目的に開発され、メラニン沈着性疾患に用いられます。

●炭酸ガスレーザー

　開発当時はレーザーメスとして期待されていましたが、現在は、ほくろや小さな血管腫などの良性小腫瘍の治療に使われています。

◎**外傷性色素沈着症**
鉛筆の芯などの異物が皮膚に入り込んで青や黒色に見えるもの。

皮膚腫瘍の治療

◇皮膚腫瘍とは

皮膚腫瘍は、皮膚の色の変化やしこりとして気づくことが多く、**良性腫瘍**と**悪性腫瘍**とがあります。診ただけで診断がつくものもありますが、病理組織検査ではじめて診断がつくものも少なくありません。皮膚がんの初期は痛くもかゆくもありませんが、治らないというのが特徴です。「急に大きくなる、ガサガサする、出血する、湿疹が治らない、異常に黒い」といった状態は悪性のことがありますので、皮膚科か形成外科を受診しましょう。

◇皮膚良性腫瘍

▼**脂漏性角化症**（**老人性疣贅**）　加齢にともなう表皮のできもので、**老人性のいぼ**（**疣贅**）ともいわれます（1848頁）。高齢者の顔面、躯幹（胴体）に多くみられます。メスなどで削いだり、切除術を行います。

▼**粉瘤**（**アテローム、表皮嚢腫**）　表皮あるいは毛包の細胞が増殖してできる嚢腫（袋）で、角質を内腔に満たす球形な腫瘤です（1849頁）。

紡錘形の切開で袋ごと摘出します。大きいものは、小切開で内容物を押し出したあとに、袋を摘出することもあります。感染をともなうものは、内容物をかき出していったん治癒させてから、数か月後に二次的に袋を摘出します。

▼**稗粒腫**（**粟粒腫**）　まぶたの周囲その他にみられる直径1～2㎜の小さい嚢腫で、内部に角質がたまっています（1849頁上段）。注射針で小切開を行い、内容物を押し出します。

▼**デルモイド嚢腫**（**皮様嚢腫**）　先天的な上皮組織の迷入で生じる嚢腫で、眉毛の外側、鼻の付け根などにみられます。腫瘍上の切開や頭皮内の切開から摘出します。

▼**汗管腫**　エクリン汗腺の腫瘍で、左右対称性に多発します（1848頁）。

一般的には放置しますが、目立つ部位を中心に切除したり、炭酸ガスレーザーで平坦化する場合もあります。

▼**石灰化上皮腫**（1849頁）　毛母細胞からできる腫瘍で、毛母腫とも呼ばれるかたい腫瘤です。しばしば感染をともないます。比較的もろい腫瘍ですが、ひとかたまりとして摘出します。

▼**ケラトアカントーマ**（1850頁上段）　老人の顔面などに発生した後、急速に増大し、中央部に角質を有する隆起性の腫瘍です。一定の大きさになると徐々に縮小し、自然に消滅することもあります。

有棘細胞がん（539頁）との識別を兼ねて全切除し、病理組織診断を行います。

▼**皮膚線維腫**（1850頁）　皮膚の若い線維細胞が限局性に増殖したもので、表面が褐色の直径1㎝ほどの皮膚のしこりとしてみられます。大きいものは、隆起性皮膚線維肉腫との区別がつきにくいので、切除を行い病理組織検査で診断を確定します。切除が基本ですが、しばらく経過をみる場合もあります。

▼**肥厚性瘢痕**（1850頁）　肥厚性瘢痕とケロイドは、若い線維細胞である線維芽細胞からできる膠原線維の増殖が主体である点は共通しています。肥厚性

瘢痕は、①隆起の範囲はもとの皮膚損傷部を超えない、②健常な皮膚になだらかに移行する部位がある、③経過とともに落ち着いていく、④治療によく反応する、などの点で、多くの場合ケロイドとは区別できます。

手術（切除、皮膚移植 1961頁、皮弁形成術 1985頁）、ステロイド薬療法（軟膏、テープ）、圧迫療法（テープ、スポンジやサポーター）、内服療法（抗ヒスタミン薬、トラニラスト）を組合わせた治療が一般的です。

▼ケロイド（1849頁） 注射、炎症、外傷（けが）や手術のあとがいつまでも赤く盛上がり、あたかも腫瘍のように、もとの範囲を超えて広がる状態をケロイドといいます。

切除（全切除やくりぬき切除）、ステロイド薬療法（軟膏、局所注射、テープ）、圧迫療法（テープ、スポンジ、サポーター）、内服療法（抗ヒスタミン薬やトラニラスト）、放射線照射を組合わせた治療が一般的です。再発も少なくありません。

▼脂肪腫（1850頁） 脂肪組織が局所的に増殖したものです。

大きいものは、超音波検査およびCT、MRI検査の1つないし2つを行い、解剖学的な部位を確認したうえで、直上の切開で摘出するのが一般的です。脂肪吸引装置で吸引治療を行うこともあります。

◇皮膚悪性腫瘍

●表皮内がんおよびがん前駆症

表皮内がんとは、皮膚のがん細胞が表皮内にとどまり、真皮内には浸潤していないものをいいます。代表的なものとしては、日光角化症（535頁）とボーエン病（540頁）があります。

がん前駆症とは、放置すれば将来、がんを発生する可能性のある疾患をいいますが、日光角化症やボーエン病を含めてがん前駆症という場合もあります。治癒まで長くかかった熱傷や外傷後の瘢痕、慢性の潰瘍（1799頁）、慢性放射線皮膚炎（1815頁上段）、砒素角化症、タール角化症、エリテマトーデス（2030頁）などが、がん前駆症としてあげられます。

●皮膚がんの種類

代表的なものとして、表皮細胞から生じる基底細胞がん（539頁）、有棘細胞がん（539頁）、乳房外パジェット病（540頁）、汗腺がん、脂腺がんと、色素細胞から生じる悪性黒色腫（538頁）があります。また、軟部組織から生じるいろいろな悪性軟部（組織）腫瘍（547頁）、血管・リンパ腺から生じる肉腫（435頁）、および他の臓器がんの皮膚転移などもあります。

●皮膚悪性腫瘍切除後の再建

早期の皮膚がんでは、それほど大きく切除する必要がないものがほとんどですが、乳房外パジェット病や再発例、進行例では、周囲の健常組織を広く含めて切除します。術後のQOL（生活の質）の低下を防止するために、皮膚欠損部を皮膚移植（1961頁）や皮弁形成術（1985頁）で再建（1960頁上段）をする場合もあります。欠損が大きく深い場合で局所の皮弁形成術が利用できないときは、マイクロサージャリー（1983頁）の技術を用いて、遠くの部位からより厚い組織を採取して移植します。

がん切除後の再建

口腔・舌の再建／咽喉頭の再建

◇治療は他科とのチームアプローチで

口腔内の粘膜（歯肉、口腔底など）や舌、咽頭、喉頭、副鼻腔などから生じたがん（481～487頁）の切除は、耳鼻咽喉科が中心になって行いますが、再建には形成外科の手技が多く用いられています。

切除する範囲が小さく、直接縫い合わせるだけで大きな障害を残さない場合もありますが、広い範囲を切除する必要がある場合には、日常生活に大きな支障をきたす後遺症（食物をかんだり、飲み込んだり、話したりすることが障害されます）を残す恐れがあります。

後遺症を最小限にとどめるために、**組織移植術**（1961頁）を行って、切除された部位を新たにつくり直します。組織移植術の方法はたくさんあり、そのなかから切除された大きさや部位、病状、これまでに受けた治療内容などを参考にして、もっともよいと考えられる方法が選択されます。

◇舌の再建

舌の中には筋肉があり、食べたり話したりするためによく動きます。したがって残った部分の動きを妨げずに、食物を飲み込みやすい形になるように工夫して組織を移植します。

よく使われる部位は**大胸筋**（37頁カラー口絵）**皮弁**や**広背筋**（37頁カラー口絵）**皮弁**、**遊離腹直筋**（37頁カラー口絵）**皮弁**、**遊離前腕皮弁**などです。

◇咽頭の再建

話したり食物を飲み込んだりする機能に大きくかかわる部分です。また鼻腔や口腔、喉頭の境に位置するため、手術で切除される部分は複雑な形になります。

広背筋皮弁や腹直筋皮弁、前腕皮弁などを使い、三次元的につくり直す必要があります。

◇歯肉や顎骨

顎の骨を大きく切除された場合は、顔の輪郭を保つために骨格をつくり直す必要があります。よく利用されるのは、欠損している顎の形にあわせて加工したチタン製のプレートや、自分のからだから採取した骨（**骨移植** 1996頁）です。顎の皮膚や歯肉もいっしょに切除されるため、新しくつくった骨格の上は、皮膚でおおわなければいけないので、さらに組織移植も行います。

◇喉頭や上部食道

粘膜でおおわれた筒状の構造をした組織なので、似た構造の小腸（空腸）が、再建ではよく用いられます。小腸は血管をつけて採取し（外科医が担当します）、頸部の血管と吻合して移植します。移植されたあとも小腸は蠕動運動（うねるような運動）をして、スムーズに食物を胃に流し込むのを助けます。ほかには、皮膚が薄く筒状に細工しやすいという特徴を生かして、遊離前腕皮弁を使う場合もあります。

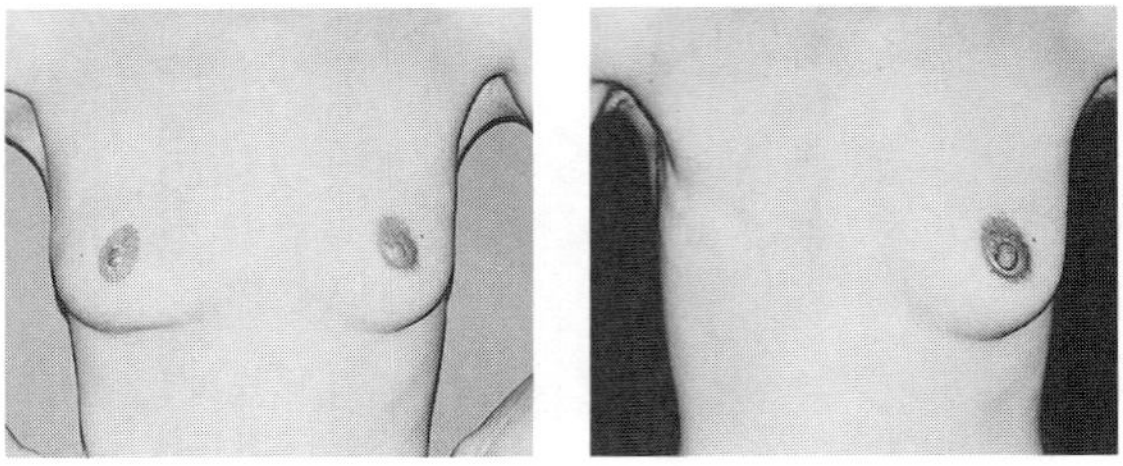

◎乳がん切除後の乳房再建

拡大広背筋皮弁により、乳房を再建しました。

写真・右　右乳がん切除後。再建手術前。

写真・左　拡大広背筋皮弁による右乳房再建、乳頭・乳輪再建後。

乳房の再建とは

乳がんで乳房を失っても、それを再建してQOL（生活の質）を向上させることができます。

乳房再建にはいろいろな方法がありますが、乳がん切除部位の状態により、また本人が人工乳房の挿入を希望するか、自家組織による再建を希望するかによって方法は異なってきます。

①人工乳房による再建

もっとも簡単な手術では、シリコン・インプラントという人工乳房を乳がん切除部の皮下に埋込む方法があります。この場合、日帰り手術でできますが、胸部乳がん切除部の瘢痕（傷あとの引きつれ）が強く、周囲の皮下が薄い場合には、入れても皮膚が破れて出てきてしまうことがあります。パンクしたり、長い年月で破損したりしますので、人工乳房は10～20年で入れかえることを考えておいたほうがよいでしょう。

また人工乳房の周囲にカプセル（被膜）ができて拘縮（周囲の組織がひきつった状態）をおこすことや、感染したら入れかえが必要となるなどの合併症もあります。現在は中のゲルが漏れにくいコヒーシブ・シリコン・バッグ・インプラントがよく用いられています。

皮膚の伸びが足りない場合にはティシュ・エキスパンダー（1986頁上段）という、皮膚を伸ばす風船状の物を埋入し、伸展してから人工乳房に入れかえるようにします。

②自家組織による再建

前述のように、胸部の瘢痕（傷あとのひきつれ）が強く周囲が薄い場合には人工乳房は飛び出してしまい適応とはならず、自分の組織で再建することになります。それには、背中から筋肉や血管とともに皮膚脂肪を移動する広背筋皮弁や、おなかから移動する腹直筋皮弁で乳房をつくることができます。これには入院が必要です。さらに乳頭・乳輪も再建できます（上段）。

③乳房温存療法後の再建

乳房を部分的切除する温存療法がもてはやされてはいますが、乳房の一部が温存されていてもその変形には満足できない人が多く、乳頭が残されていてもその位置が変化していて、左右が対称の位置になく、これまた満足するものでないことも多いのです。

また、温存のために放射線治療された皮膚や皮下組織は瘢痕化し、かたく、伸展性がなく、ティシュ・エキスパンダー（1986頁上段）などでは伸展しなかったり、筋皮弁を移動しても、放射線をかけられた組織はかたく利用できない状態です。また残された乳房からがんが再発してしまっては再建どころではありません。

再建を希望する場合には放射線治療をしないでがんの取残しがないように、安全なところまで切除してもらうことがいちばんでしょう。

補足ですが、乳房組織や乳頭が残っていて、それらの残された組織を使って乳房再建を行うことは、乳房が切断された更地に新たに乳房再建するときよりもむずかしいのです。またこの乳房再建はきれいなよい結果をだすのもむずかしい面もあり、どこの形成外科でもできるというわけではありません。

その他の再建

腹壁の再建

◇再建手術で腹壁の組織も修復可能

皮膚、皮下組織、筋、筋膜、腹膜から成る腹壁のがん（浸潤した皮膚がんや内臓のがん、筋肉や脂肪由来の腫瘍）を切除したあとには、多くの場合、単純に周囲の組織を寄せて閉鎖することができますが、組織の不足が広範囲な場合には、切除手術と同時に再建が行われます。

傷口を閉じるだけではなく、内臓をガードしたり、歩行や前屈み姿勢の保持に影響する腹壁の構造を修復することも目的としています。

皮膚と皮下組織の不足がおもな場合には、皮膚移植（1961頁）を行います。より深い組織の不足を修復する場合には、腹部の腹直筋（37頁カラー口絵）や筋膜、大腿部前面・側面の筋膜を利用して移動する皮弁法（1985頁）などの方法があります。

腹壁が内臓を保持する力の補強には、大腿筋膜といった自己組織（**自家移植**1961頁）や人工素材（1962頁）などが使用されています。

会陰・殿部の再建

◇再建手術は他科とのチーム医療で

会陰部は排泄、性的機能、下肢運動などに影響をおよぼすため、泌尿器科、婦人科、皮膚科のがん切除後に再建手術が行われます。

皮膚移植や、組織の不足が深いところまでおよぶ場合には、皮弁法で行います。

大腿内側、腹壁などの部位から組織を移動させるいくつかの方法があり、不足の程度や部位により適切な方法が選択されます。

排便によって手術後の傷の汚染が予想される場合、病気の種類によっては一時的に人工肛門（509頁）をつくり予防することもあります。

女性の腟を再建する場合は、大腿内側部からの皮弁のほか、結腸や小腸の一部が使用されます（1981頁図1）。

男性の陰茎を再建するには、小範囲の場合は皮膚移植や局所皮弁といった方法で、陰茎全体を再建するには数回の手術で尿道と皮膚・皮下組織を作成します。前腕部や上腕部などといったからだの遠いところから、マイクロサージャリー（1983頁）という技術を用いて血管や神経をつないで組織を移植します（1981頁図2）。

性行為を行えるようにするには、軟骨を入れるなどの特別な手術がさらに必要です。

殿部の再建は、がん切除後に行われることはまれで、おもに床ずれ（褥瘡1802頁）が進行して、姿勢の工夫や適切な傷の処置・外用療法などで治癒させることができない場合に検討されます。壊死や感染した組織を完全に取除き、筋膜皮弁や筋皮弁といった方法で周囲の組織を移動させて閉じる手術です。手術後の生活や運動状況によっては、再発、再手術をくり返すことも珍しくありません。

骨移植とは

❖どのようなときに骨移植を行うのか

皮膚が足りない部位に皮膚を移植（植皮術1961頁）するように、骨の足りない部分に骨を移植することがあります。「骨が足りなくなる」状況とは、細かく砕けていて、もとの形に戻すことができないような骨折（粉砕骨折）や、骨腫瘍で骨を切除する場合、骨の内部が化膿して溶けてしまった場合（化膿性骨髄炎1880頁）などです。生まれつきの外見の異常（変形）を治す際も、骨の移植が必要になることがあります。

❖からだのどこの骨を使うのか

からだにはさまざまな形をした多くの骨があり、そのなかには、一部を採取しても後遺症を残すことのない骨が存在します。移植に使うのはそのような骨で、よく利用されるのは頭蓋骨の外板(表面にあるかたい層)や肋骨、肩甲骨、腸骨、腓骨です（37頁カラー口絵）。

❖骨移植の種類

移植の方法で一般的に行われているのは、骨の一部を切り離したり、骨内部の柔らかい部分（海綿骨1864頁）のみをかき出して使う方法(遊離移植法1961頁)ですが、ほかにも骨に栄養と酸素を送る血管を骨につけた状態で移動させる方法や、マイクロサージャリー（1983頁）の技術を使っていったん切り離した血管つきの骨を移植する方法があります。

❖人工骨

近年では、自分の骨の代用になる人工骨が開発され、使用される機会が増えました。なかでもバイオセラミックス（生体適合性セラミックス）は、生体組織とよくなじんで一体化し、腐食や拒絶反応をおこさないため、形成外科や整形外科、歯科、脳神経外科などで広く使われています（1962頁）。代表的なものは、骨や歯の成分であるハイドロキシアパタイトやリン酸化三カルシウムという物質でつくられた製品で、ブロック状のものやペースト状、粉状などさまざまな形態のものがあります。

人工骨を使えば、からだの健康な部分を傷つけずにすみます。しかし、汚染がひどく化膿しやすいときや、強い力がかかる部位などには使用できないなどの欠点もあり、いまだ用途は限られています。

手術前のレントゲン写真

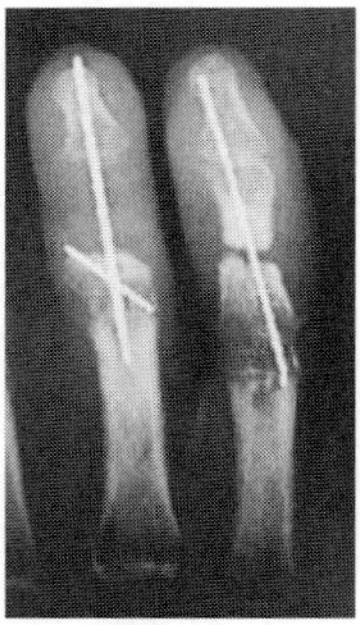

手術後のレントゲン写真

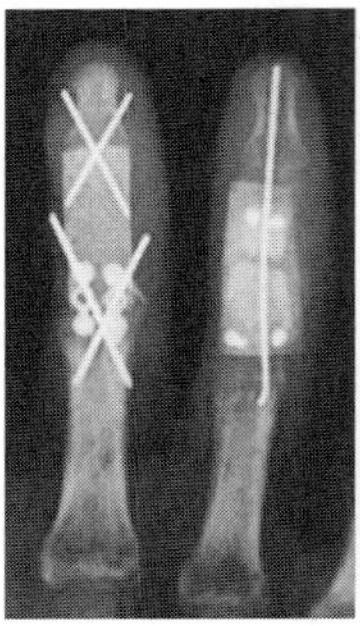

指の外傷で骨が欠損している部分に、腸骨の骨を移植。移植した骨は金属製のプレートとスクリュー、鋼線で固定されている。

手術後の三次元 CT（正面）　（側面）

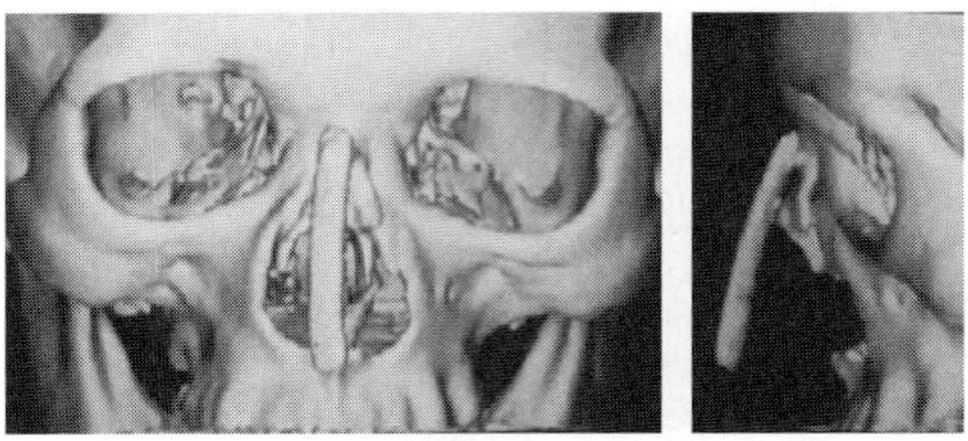

骨折して低くなった鼻を治すために、頭蓋骨外板（表面にある硬い層）を短冊状に採取して移植。

第18章 免疫・環境因子・中毒による病気

免疫異常による病気

自分のからだと同じものを「自己」、外部から侵入する異物を「非自己」と区別し、「非自己」を排除するしくみが免疫です。

免疫のしくみとはたらき

◇免疫とは

免疫とは「病気（疫）から免れるためのしくみ」です。からだは免疫というしくみをもっているために、かんたんに病気にはなりません。

生体は、自分のからだと同じものを「**自己**」、異なるものを「**非自己**」として認め、区別します。そして、生体は「非自己」が体内に侵入してきた場合にのみ、これに反応して、排除しようとします。この場合に「非自己」となる分子を**抗原**といいます。そして、抗原の侵入に対するこのようなからだの反応を、**免疫応答**といいます。

万が一、「自己」であるものを「非自己」と誤って認め、それを排除しようとする免疫応答がおこると、**自己免疫疾患**がおこります（2002頁）。

◇免疫応答のしくみ

◉非特異免疫

からだに細菌などの異物が侵入すると、これを取込み、消化（**貪食**）する細胞があります。このような細胞を**食細胞**といい、**顆粒球**と**マクロファージ**（**大食細胞**）の2種があります。どちらも異物を消化・排除しようとします。

ウイルスが感染したり、あるいは腫瘍化したりした細胞などに対しては、**ナチュラルキラー（NK）細胞**と呼ばれるリンパ球がはたらき、これを傷害あるいは殺して排除しようとします。

異物の侵入に対して、これらの反応は速やかにおこりますが、抗原の種類に関係なくおこる原始的な反応で効率はよくありません。相手を選ばないこの免疫を**非特異免疫**とも呼びます。

◉特異免疫

マクロファージは異物である抗原を細胞内に取込んだのち、これをばらばらな断片にしたうえで、その情報をリンパ球のうち**T細胞**と呼ばれる細胞に伝えます。T細胞は、その表面に抗原の断片とぴったりかみ合う鍵と鍵穴のような構造（**T細胞レセプター**）をもち、断片から伝わった情報をもとに、抗原を識別、結合します。

リンパ球にはNK細胞、T細胞に加え**B細胞**という種類があります。B細胞はそれぞれの抗原にあった抗体をつくります。抗体はT細胞と異なり断片化されていない抗原に結合できます。

T細胞はいくつかの種類があり、遅延型のアレルギーにかかわったり（TDTH細胞）、ウイルスに感染した細胞を殺したり（キラーT細胞）、抗体をつくるB細胞のはたらきを調節したりします。なお抗体をつくるのを助けるのは**ヘルパーT細胞**で、T細胞の反応を調節するT細胞を**制御性T細胞**と呼びます。

T細胞がかかわる免疫反応は**細胞性免疫**、B細胞がかかわる免疫反応は**液性免疫**といいますが、これらの反応は、いずれも特定の抗原に対してだけおこる特異なもの（特異免疫）であり、きわめて効率的です。

からだは、このような非特異免疫と特異免疫の2つの機構によって、外界からの異物の侵入に対抗しています。

図1　免疫のしくみとはたらき

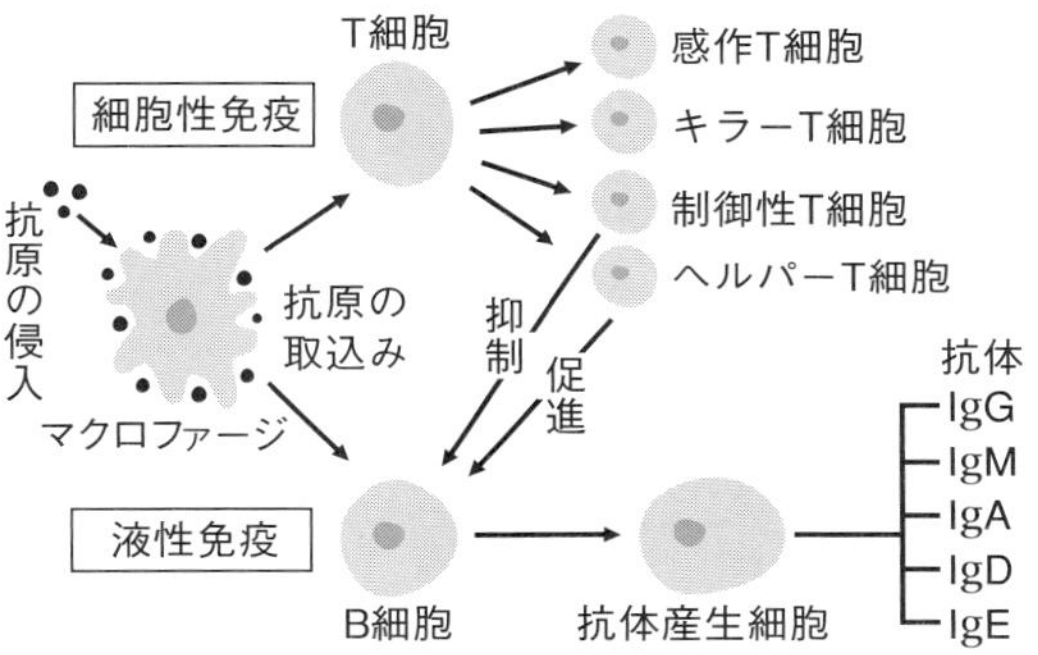

◇抗体とは

抗体というのは、免疫グロブリン（Ig）と呼ばれるたんぱく質のことです。そのたんぱく質の基本形は同じですが、少しずつちがった抗体があり、IgG、IgM、IgA、IgD、IgEの5種類に分けることができます。

ある特定の抗原に対してつくられた抗体は、その抗原とだけ結合し、ほかの抗原とは反応しません。その関係は、鍵と鍵穴のように厳密です。

ですから、たとえばインフルエンザウイルスに対してできた抗体は、別のウイルスに対しては作用しません。

また、抗体のはたらきを助ける物質があって、これを**補体**といいます。

抗原が体内に侵入すると、まっ先にIgMタイプの抗体がつくられます。しかしIgM抗体は、すぐに体内から消えてしまいます。再び同じ抗原が侵入すると、今度はIgGタイプの抗体が、大量につくりだされます。このIgG抗体は、体内に長く残って、異物の除去をするためにはたらきます。

このような現象を利用すると、感染症の診断ができます。ウイルスによる病気が疑われる場合に、ウイルスに対する抗体ができているかどうかを調べ、IgMタイプの抗体が見つかれば、ごく最近感染したとわかります。

これに対して、IgGタイプの抗体が見つかれば、ある程度前に感染したものとみなします。また、いちど特定の抗原が侵入すると、からだはこの情報を記憶しており（**免疫学的記憶**）、ふたたび同じ抗原が侵入すると、前よりもさらに多くの抗体をつくりだします。

この現象は**ブースター効果**と呼ばれていて、これを利用したのが、BCGなど、ワクチンによる予防接種です。

IgAタイプの抗体は、涙、唾液、気道・消化管の粘膜の表面の粘液、尿などに多く含まれていて、外界からの微生物や異物の侵入に備えています。

図2　アレルギーの種類とおこりかた

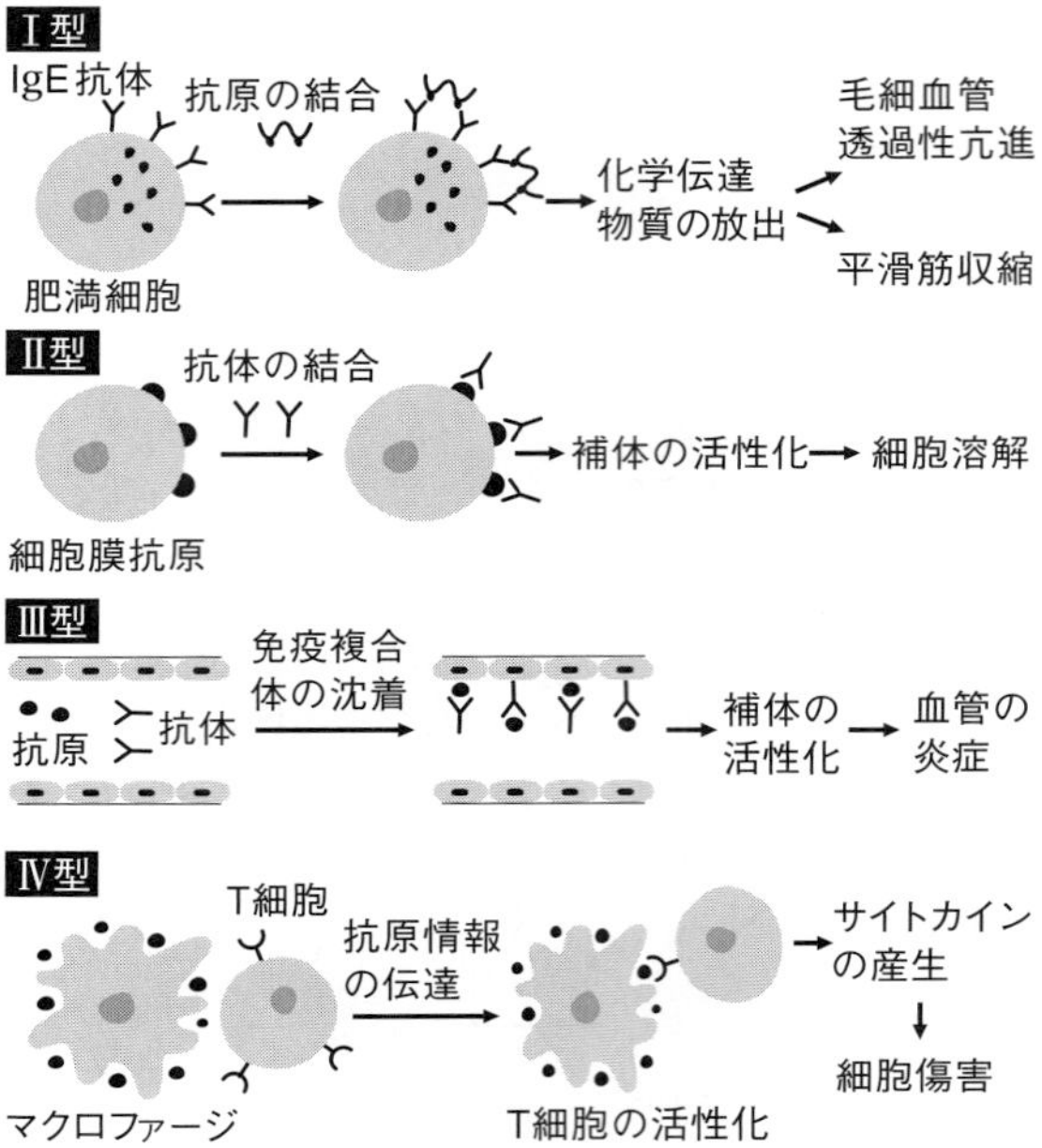

また、母乳の中にも多く含まれ、乳児への感染などを防いでいます。
これらの抗体が、抗原と結合すると（**抗原抗体反応**）、免疫複合体と呼ばれる物質になります。できた免疫複合体は、マクロファージなどの食細胞によって処理されます。
しかし、抗原が体内の細胞の表面に結合しているような場合には、抗体が結合しただけでは、通常の免疫複合体とちがい、食細胞は貪食できません。
このような場合には、血液中にある補体というたんぱく質が動員され、抗原が結合している細胞の細胞膜に穴をあけ、細胞が殺されます。また、ある場合には、細胞表面の抗原に結合した抗体をマクロファージや顆粒球が、Fcレセプターと呼ばれる分子を使って認識し、殺すこともあります。

◇アレルギー反応

からだにとって不利になるような免疫応答を、**アレルギー**と呼んでいます。

すなわち、抗原の侵入に対しておこったからだの反応が、病気を引き起こしてしまう、困った状態がアレルギー反応です。この反応は、そのおこりかたのちがいから、大きくⅠ～Ⅳ型までの4つに分けられます（図2）。

●Ⅰ型アレルギー

この反応は、IgE抗体によって速やかにおこるため、**即時型反応**ともいわれています。

この反応の代表としては、アレルギー性鼻炎、じんま疹、気管支ぜんそく、薬剤ショックなどがあります。この場合、抗原を**アレルゲン**（アレルギーをおこす原因物質）とも呼びます。

遺伝的な体質が関係しておこるアレルギー性の病気が**アトピー性疾患**です。

アレルゲンが体内に侵入すると、B細胞によってIgE抗体がつくられます。大量につくられたIgE抗体は**肥満細胞**（マスト細胞）という細胞の細胞膜の上に結合します。このような状態を（アレルゲンに）**感作**した状態といいます。

感作した状態でアレルゲンが再び体内に侵入し、肥満細胞上のIgE抗体と結合すると、肥満細胞の細胞内に含まれる化学伝達物質と呼ばれるさまざまな物質（たとえばヒスタミンなど）が、細胞の外に放出されることになります。

その結果、ヒスタミンなどの化学物質が周囲の組織にばらまかれ、その作用によって、毛細血管の壁がすかすかになって血液中の水分などが外にしみ出したり（透過性亢進）、平滑筋の収縮がおこったりします。

スギ花粉によるアレルギー性鼻炎で、鼻水（粘液の分泌）、くしゃみ（気管支の収縮）などの反応がおこるのはそのためです。小麦や卵、牛乳などアレルギーをおこす食物でおこるショックも、この反応によります。

この場合には、大量の化学伝達物質が放出されるため、全身の血管が広がり、血圧が低下するため、いわゆるショックとなります。このような急激な反応は、とくに**アナフィラキシーショック**（2007頁）といいます。

ただし、これらの反応のおこりやすさには遺伝が関係しており、誰にでもおこるわけではありません。

●Ⅱ型アレルギー

からだをつくる細胞や組織に対して抗体がつくられ、それによって組織が傷害される反応です。細胞の表面上にある抗原に対して抗体ができると、抗体は細胞の表面に結合し、さらに補体が動員されることによって細胞膜に穴があき、細胞は傷害されます。

この反応によっておこる病気に、不適合輸血、自己免疫性溶血性貧血、薬剤の服用によっておこる無顆粒球症、血小板減少性紫斑病などがあります。

●Ⅲ型アレルギー

この反応では、抗原と抗体の結合物である免疫複合体が、大量に血液中を流れ、血管の壁や組織に沈着します。その結果、補体や好中球というリンパ球がはたらき始め、それによって細胞や組織が傷害されます。このしくみでおこる病気の代表が、全身性エリテマトーデス（2030頁）です。

●Ⅳ型アレルギー

この反応には抗体は無関係で、マクロファージによって取込まれて断片化された抗原が、T細胞を刺激する結果つくられる**サイトカイン**という物質によっておこります。

金属や化学物質、ゴムなどの成分は分子が小さいので、それ自体では抗原としてはたらくことはありません。しかし、それらの成分が皮膚などに接触して、皮膚表面をつくる細胞のたんぱく質と結合すると、抗原とみなされて免疫反応の対象となるのです。

このように分子のサイズが小さく、他のたんぱく質と結合してはじめて抗原となる物質を**ハプテン**と呼びます。

抗原とみなされたたんぱく質は、マクロファージなどに取込まれ、からだは感作された状態となります。再び、同じハプテンと接触などをすると、T細胞が集まり、サイトカインが放出され、その結果、皮膚が赤くなったり、かたくなったりするのです。

この反応がおこるためには一定の時間がかかるため、**遅延型アレルギー反応**ともいわれます。

このような反応によっておこる病気としては、アレルギー性接触性皮膚炎などが知られています。

◎膠原病の由来

膠原病は、1つの病気の名ではありません。クレンペラーが膠原病としてあげた6つの病気は、古典的膠原病とも呼ばれます。膠原病に似た症状や免疫の異常をともなう原因不明の病気も、膠原病の近縁の病気、類似疾患として扱われています（2047～2051頁）。

膠原病の多くは、厚労省が難病（特定疾患）に指定し、医療費を補助しています。

特定疾患には、全身性エリテマトーデス、汎発性強皮症（全身性硬化症）、多発性筋炎および皮膚筋炎、結節性多発動脈炎（結節性動脈周囲炎）、混合性結合組織病、ウェゲナー肉芽腫症、大動脈炎症候群、悪性関節リウマチ、ベーチェット病、サルコイドーシスがあります。

昔は不治の病と考えられていましたが、近年の治療法の進歩によって、どの病気も命を落とすようなものではなくなりつつあります。

◇自己免疫疾患とは

免疫とは、外からの異物（自分のからだ以外のものという意味で、免疫学では、非自己ともいう）の侵入を排除し、からだ（自己ともいう）を守るために、からだに備わっているしくみ（生体防御反応）です。

正常ならば、自己（自分のからだ）を形づくっているものに対して、免疫反応がおこることはありません。

しかし、自己と非自己の区別がつかなくなり、自分自身の細胞やたんぱく質などを異物（**抗原**）とみなして反応する**抗体**（自己抗体）やリンパ球（自己反応性リンパ球）ができて、自分のからだの一部を攻撃したり、排除しようとし、その結果、さまざまな病気がおこってくることがあります。

このように、自分自身に対する免疫反応のことを**自己免疫**といい、自己免疫がもとになっておこる病気を**自己免疫疾患**と呼びます。

●自己免疫疾患の種類

自己免疫疾患は、大きく2種類に分けることができます。ただし、この2つのタイプが互いに重複する場合も少なくありません。

1つは、病気のおこる場所が、特定の臓器に限られるもので、**臓器特異的自己免疫疾患**といいます。

自己免疫性溶血性貧血、特発性血小板減少性紫斑病、慢性甲状腺炎、バセドウ病、悪性貧血、重症筋無力症、自己免疫性肝炎、1型糖尿病などがこれにあたります。

これらの病気では、それぞれの臓器にある特有のたんぱく質に対して、自己抗体ができ、直接その臓器を障害すると考えられています。

いっぽう障害される臓器が1つだけではなく、全身の多くの臓器におよぶ病気を、**全身性自己免疫疾患**といいます。膠原病はその代表です（後述）。

膠原病とまとめて呼ばれている多くの病気には、50種類以上の自己抗体が発見されています。リウマチ因子、抗核抗体などが代表的な自己抗体です。

しかし、膠原病にみられる自己抗体が障害に直接かかわるわけではなく、むしろ、自己抗体が抗原と結合した免疫複合体が全身の組織に沈着するために障害がおこる場合があると考えられています。

●自己免疫はなぜおこるか

自己免疫がおこる原因とそのしくみは、まだよくわかっていません。しかし、いくつかの考えかたがあります。

1つは、自己のたんぱく質などで、細胞の内部などにあって免疫系に触れなかったものが、外傷などで外に出て、免疫系によって認識されて抗原になるという考えかたです。

また、なんらかの原因（感染、薬物など）で自己のたんぱく質の構造が変化して、新しい抗原がつくられるという考えかたや、外から入ってくる抗原（微生物のたんぱく質など）に対する抗体が、たまたま構造のよく似た自己のたんぱく質を抗原と誤認する（交差反応）という考えかたもあります。

さらに、抗原の問題ではなく、抗体をつくるリンパ球や免疫反応の調節機構が異常をおこすためという考えかたもあります。

◎膠原病の日常生活の注意について

一般的な注意は、過労を避ける、寒冷を避けて保温につとめる、かぜを予防する（うがいと手洗いの励行）、売薬はむやみに飲まない、素肌を長時間日光にさらさない、禁煙を守る、などです。

食事は、バランスよく食べることがたいせつです。

薬は決められたとおりに服用することが、とてもたいせつです。とくにステロイド剤を急激に減量・中止すると、病気を悪化させ、命にかかわる場合もあります。けっして自分の判断で量を変えたり、中止したりしてはいけません。

妊娠・出産は、膠原病に悪い影響を与えることがあります。また、薬によっては、胎児への影響が心配される場合もあります。

しかし、一概に妊娠できないということではありませんから、主治医とよく相談されることをお勧めします。

◇膠原病について

膠原病とは、多くの臓器が障害され、全身に炎症がおこる原因不明の病気をすべてまとめていうことばです。

1942（昭和17）年に、病理学者のポール・クレンペラーは、全身の結合組織（臓器などの形をつくっている線維性の組織）に共通してフィブリノイド変性と呼ばれる変化がおこり、多くの臓器を障害する病気を、膠原病と名づけました。病変が結合組織におこることから、**結合織疾患**とも呼ばれます。

この病気がおこるもとには、自己免疫の異常があると考えられています。

自己のたんぱく質などを抗原とみなして反応する、さまざまな抗体（自己抗体）が検出されるからです。

◉膠原病の原因

膠原病は、溶連菌という細菌の感染によっておこるリウマチ熱（2028頁）を除くと、いまだに原因がはっきりしません。しかし、遺伝的な素質に環境的な要因が加わって、発病するのだろうと考えられています。

遺伝的な素質のひとつに、主要組織適合抗原（ヒトではHLAがこれにあたります）があります。とくに強直性脊椎炎（1904頁）という病気と、HLA—B27の関係が有名です。

しかし、遺伝的な素質が関係するといっても、そのかかわりはたいへん弱く、メンデルの法則のように、親から子に病気が伝わることはありません。

環境要因としては、ウイルスや細菌の感染が考えられていますが、リウマチ熱以外に特定の病原体が確認された膠原病はありません。

紫外線、薬物、性ホルモン、妊娠・分娩などが、膠原病を誘発したり、症状を悪化させることがあります。

◉膠原病の診断

膠原病の人からは、病気ごとに、さまざまな自己抗体が見つかります。多くの自己抗体が、特定の病気と密接に関係することがわかっており、自己抗体の検査は、病気の診断、病型の分類、治療効果の判定、治療後の経過の見通しなどに役立ちます。

しかし、どの病気も1つの症状・検査だけでは診断は不可能で、さまざまな症状と検査を組合わせることで、初めて診断を下すことができます。このため、それぞれの病気について診断基準がつくられ広く利用されています。

◉膠原病の症状

膠原病は、全身のさまざまな臓器に炎症がおこって障害される病気ですから、病気によって、また障害された臓器によって、いろいろな症状がおこります。発熱、倦怠感（だるさ）、体重の減少、関節痛、レイノー現象（寒いときに指先が白くなる症状）、貧血、腎障害などは多くの膠原病に共通してよくみられます。

また、症状は、よくなったり、悪くなったりをくり返しながら、慢性の経過をたどります。

◉膠原病の治療

治療法は、膠原病それぞれの病気によってちがいます。診断された病名、臓器の症状、症状の程度などに応じて、非ステロイド系の抗炎症薬、ステロイド剤（副腎皮質ホルモン）、免疫抑制薬などが使い分けられます。

臓器移植と免疫

❖臓器移植とは

臓器がなんらかの病気により著しく機能を損なった状態を**臓器不全**と呼びます。心臓であれば心不全、肝臓であれば肝不全と呼ばれます。現在のところ、これらの状態を根治できる唯一の治療法が、不全状態におちいった臓器を正常な機能をもったものと取りかえる（もしくはそれで補う）臓器移植です。

臓器移植は臓器の提供者の状態により**生体移植**と**死体移植**に分類されますが、日本で行われるのはほとんどが前者です。生体移植の場合、移植に用いる臓器を摘出しても提供者の生命には影響がないことが大前提となります。腎臓、肝臓、肺などは生体移植が可能ですが、心臓は移植できません。

臓器不全を根本的に治療できる臓器移植の威力は絶大です。しかし、提供された臓器は他人のものですから、移植される人にとっては異物とみなされます。ここで大きな問題となるのが臓器移植にともなう**拒絶反応**です。

❖臓器移植と免疫のかかわり

人のからだには免疫という生体防御機構が備わっています。もともと免疫のシステムは病原体等から身を守るために発達してきたと考えられます。しかし、臓器移植の場合にもこの免疫系がはたらいてしまうのです。

からだを形づくる細胞の表面にはさまざまなたんぱく質が発現しているのですが、これらのなかには「自己」と「非自己」を分けるようなものも含まれています。代表的なものが**ＨＬＡ（主要組織適合抗原**1450頁）です。移植を受けた人と提供された臓器では、これらのたんぱく質が異なるために、免疫系が提供された臓器を攻撃してしまうのです。これを（急性）拒絶反応と呼びます。拒絶反応を放置すると、移植された臓器はあっという間に機能しなくなり、場合によっては摘出しなくてはならなくなります。

臓器移植が始まった20世紀半ばごろにはこのような症例はめずらしくありませんでした。しかし、現在では免疫系のはたらきを抑え込む**免疫抑制薬**が進歩し、移植後に服用することでほとんどの拒絶反応を回避することができるようになりました。代表的な免疫抑制薬としては、Ｔ細胞からのＩＬ—２産生（免疫を活性化する）を抑制するサイクロスポリンやタクロリムス、白血球の増殖やはたらきを抑制するアザチオプリンやミコフェノール酸モフェチル、ステロイド、Ｔ細胞に対するモノクローナル抗体などがあります。実際の免疫抑制療法は、これらの薬剤をいくつか組合わせて行われます。

しかし、これらの免疫抑制薬にも高血圧、糖尿病、腎障害、日和見感染などの副作用があり、移植を受けた人を苦しめる原因ともなっています。また、がんの発生率が高まる危険性も指摘されています。

これらの問題を解決するために、免疫抑制薬を使用せずに他者からの臓器が機能しつづけるような状態（**免疫寛容**）を誘導できるような方法の研究開発が進んでいます。また、本人の細胞や組織を用いて不全臓器の治療を行う再生医療の発展も期待されています。

また、上記の急性拒絶反応とは別に、ゆっくりと年単位で進行する**慢性拒絶反応**という病態も知られています。発生原因は分かっていませんが、移植された臓器に血管の異常や間質の線維化がおこることが知られています。これは免疫抑制薬でも完全に抑え込むことができず、臓器移植後の長期的な問題のひとつとなっています。根本的な治療法は再移植ということになります。

アレルギー

薬物アレルギー
Drug Allergy

どんな病気か

薬物アレルギーは、薬の副作用として、アレルギー症状がでることです。

薬の副作用には、薬剤の添付文書に注意書きがあるような、ある程度当然におこってくるものもありますが、ふつう薬物アレルギーといわれるのは、使用した人の素質や素因によって、薬物の通常の作用とは異なる反応が現れたものをさします。

薬物アレルギーは、薬を使用した人の3～7%にみられますが、アトピー素因のある人や膠原病（2003頁）の人にはおこりやすく、子どもはおとなに比べておこりにくいといわれています。

症状

薬物アレルギーは、内服、注射、吸入、あるいは塗布によっても、症状がでます。症状はさまざまで、重いものでは、発熱やショックなどの全身症状、肝臓や腎臓の障害、貧血や血小板の減少などもありますが、8割以上は薬疹（1816頁）と呼ばれる皮膚の症状です。

また、さまざまな薬物アレルギーのなかでも、もっとも激烈なのは、アナフィラキシーショック（2007頁）です。アナフィラキシーショックは、短時間で全身に症状がおこり、死亡することもあります。

検査と診断

診断にあたっては、まず過去に薬物アレルギーになったことがあるかどうかを調べます。その結果と症状から、疑わしい薬物を推定して、その薬の使用を中止します。

薬を中止して、その症状が軽くなれば、その薬の中にアレルギーの原因となった薬物が含まれている可能性が高いわけです。

ただし、原因薬物を確認するもっとも確実な方法は、誘発試験です。

誘発試験とは、疑わしい薬物をいったん中止したあと、再び使用して、「中止すると症状は改善するが、再び使用すると症状がぶり返して、もっと悪くなる」ことを確かめる検査方法です。

しかし、この方法は、薬によっては危険をともない慎重に行う必要があります。

そのほかに、リンパ球刺激試験が行われます。これは、採血して血液中からリンパ球（T細胞というリンパ球）を取出して、疑わしい薬物と反応させる試験です。リンパ球刺激試験で反応がおこれば、T細胞は大型化して、DNA合成を活発に行うので、その薬が犯人とわかるわけです。

ただ、この方法は反応がおこらないこともあり、100%信頼できるわけではありません。

アレルギー専門医では、さらに、RAST（ラスト）法などによってIgE抗体を確認したり、スクラッチ法、皮内法、貼付試験（223頁）などで、疑わしい薬物と皮膚の反応を調べる場合があります。

治療

薬物アレルギーの治療の原則は、疑わしい薬物をただちに中止することにつきます。中止すれば、だいたいの症状は、数日のうちに自然に治ってしまいます。

ただ、薬によっては急にやめることで、本来の病気の治療に影響がでることもあります。自己判断でやめたりせず、必ず医師に相談したうえで中止するようにしてください。

症状が強い場合は、抗ヒスタミン薬やステロイド（副腎皮質ホルモン）剤などを使う必要がありますが、ほかのアレルギーのように長引くことはないはずです。

予防

薬物アレルギーを防ぐには、一度アレルギー症状をおこした薬は二度と使わないようにします。アレルギーをおこした薬だけにとどまらず、疑わしいと思われる薬についても、メモしておきましょう。

名前がちがっていても、同じような作用をもつ薬はたくさんありますので、医師の処方を受けるときには、そのメモを見せて相談するとよいでしょう。

なお、薬物アレルギーをおこしやすい薬物として、ペニシリンやセフェム系などの抗生物質、アスピリンやインドメタシンなどの解熱鎮痛薬、サルファ剤や抗結核薬などの化学療法薬、X線造影に使う造影剤、局所麻酔薬などがあります。

物理アレルギー
Physical Allergy

どんな病気か

運動、温度の変化、光線、機械的刺激などの物理的刺激によって、じんま疹や気管支ぜんそくなどのアレルギー症状が現れます。

これらの症状は、肥満細胞という細胞がヒスタミンなどの化学伝達物質を放出し、それが血管や気管支に作用しておこるものです。

症状

日光によっておこる皮膚炎、また、寒冷などの温度変化や機械的刺激によっておこるじんま疹、運動したあとにおこる気管支ぜんそくが代表的なものです。

また、パン、うどんなどの小麦粉製品やエビ、カニなどを食べて運動したのちに、じんま疹、血圧の低下、意識の消失などが現れる場合があります。これを**食物依存性運動誘発性アナフィラキシー**といいます。比較的まれで、原因もはっきりわかりませんが、おとなよりも子どもにおこりやすいといわれています。

治療

まずは予防がたいせつです。温度の変化に対しては、着るものやマスクの着用などで対応し、日光に対しては、長袖シャツや日焼け止めクリームなどを使うなど、原因となる物理的な刺激を避けましょう。

治療としては、抗ヒスタミン薬や抗アレルギー薬が使用されます。

なお、気管支ぜんそく（1264頁）やアナフィラキシーショック（次頁）に対する処置は、それぞれの項目を参照してください。

昆虫アレルギー
Insect Allergy

どんな病気か

ハチや蚊などに刺されておこる皮膚の症状やアナフィラキシーショック、ゴキブリやユスリカなど、虫のからだの破片や排泄物を吸い込んでおこる気管支ぜんそく（1264頁）やアレルギー性鼻炎が代表的です。

症状

昆虫に刺されると、そこが赤く腫れ、水ぶくれや潰瘍ができることがあります（虫刺症 1812

頁）。また、過敏な人が何度もハチに刺されると、アナフィラキシーショック（次項）がおこることがあり、日本でも年間、30人前後が死亡するとされています。

昆虫類の組織や排泄物などを吸い込んでおこるぜんそく症状も、せき、喘鳴（ゼイゼイいうこと）、呼吸困難を主体とするものです。

治療 皮膚症状に対しては、副腎皮質ホルモン（ステロイド）剤の入った軟膏の塗布や、抗ヒスタミン薬などの服用によって対処します。

アナフィラキシーショックや気管支ぜんそくに対する処置は、それぞれの項目を参照してください。

なお、養蜂業者、農山林業従事者など、再三ハチなどに刺される可能性の高い人は、ハチ毒などにだんだんとなれさせていく治療法（減感作療法）を行うほうがよいのです。

しかし、この治療には時間と手間がかかりますから、一般的な注意としては、屋外の作業では、長ズボン、長袖シャツ、手袋を着用しましょう。

アナフィラキシーショックとは
(Anaphylactic Shock)

アナフィラキシーショックは、Ⅰ型アレルギー反応（2000頁）によっておこる、もっとも激烈な症状を示す状態です。全身的な症状が短時間のうちにおこるのが特徴です。

原因となるのは、おもに注射による薬物で、ペニシリンやセフェム系などの抗生物質、解熱鎮痛薬、破傷風やジフテリアなどの抗血清（解毒薬）などがあげられます。まれに、内服薬や点眼薬でおこることもあります。

そのほか、アレルギー皮膚反応や減感作療法（だんだんと原因物質に慣らしてアレルギーを改善する治療法）に使うアレルゲンエキス、ハチの毒、ソバ、エビ、魚貝類などの食物によってもおこります。

もっとも注意を要するのは薬物ですので、アトピー体質の人は、抗生物質などの使用を受ける場合、必ず医師に報告しましょう。

症状 口や手足のしびれ、じんま疹、冷や汗などで始まり、しだいに脈がひじょうに弱くなり、血圧が急激に低下するのが特徴です。

そのまま放置すると、呼吸困難、チアノーゼ（動脈血の酸素不足のため皮膚や粘膜が青白くなる反応）、意識を失うといった激烈な反応が現れます。

こうした病変の進行はひじょうに速く、治療が遅れると死亡することもあります。以上のような症状があれば、迅速な診断と治療が必要です。

治療 意識障害や血圧低下などをともなうアナフィラキシーショックをおこした場合は、救急処置が必要です。注射によっておこったショックは病院内にいれば、ただちに処置できますが、内服薬などが原因で家庭でおこった場合は、すぐに救急車を呼ぶなどして病院に向かってください。

家族がつきそえる場合は、頭に向かう血液の量を増やすように、頭を低くして、両足を上げた姿勢をとらせてください。

病院では、エピネフリン（アドレナ

リン）の皮下注射、点滴、血圧を上げる薬や副腎皮質ホルモン（ステロイド）剤の注射などを行います。

　こうした処置が速やかにできた場合は、比較的短時間で自然に治ります。

血清病
Serum Sickness

どんな病気か　ジフテリア、破傷風、狂犬病、ボツリヌス菌による中毒、ハブやマムシなどの毒ヘビにかまれる蛇咬症など、血液に毒が入った場合、この毒に対する抗体を投与して、抗原抗体反応によって毒性をなくして治療します。

　かつて、この抗体はウマなどの動物が産生したもので、抗体を含む血清を注射していました。注射された人の血液に、この血清を抗原とする抗体ができ、アレルギー反応（2000頁）をおこすことがあったので血清病といいます。

原　因　以前は、細菌や動物の毒によっておこる中毒症に対して、ウマなどからつくる血清剤（抗血清）を使用したため、アレルギー反応が生じ、血清病がおこることが多かったのです。しかし、これらの動物の抗血清を使うことは激減しています。

　近年では、再生不良性貧血に使用する免疫グロブリンや、ホジキンリンパ腫に使用するリツキシマブなどに動物のたんぱく質が含まれる例があり、副作用として血清病がみられます。

　血清病では、異種動物の抗原に対してつくられた抗体が反応して、免疫複合体というものが血中にできます。

　これが、血管、腎臓、関節などに沈着して、アレルギー反応を引き起こし、組織の障害がおこるのです。

症　状　発熱、発疹、リンパ節の腫れ、関節の痛みなどが、よくみられる症状です。

　抗血清の注射では、注射後1～2週間で、発熱、全身のだるさ、じんま疹、リンパ節の腫れ、関節の痛み、むくみ、白血球の減少、尿へのたんぱくの漏れ（たんぱく尿）がみられます。

　2回目の注射では、より少ない量で、より早く（8日以内）、より激しく症状が現れます。

　薬物が原因である場合は、発熱、全身のだるさ、じんま疹、関節の痛み、腎炎、神経炎といった症状が、薬物を使用してから、1～3週間で現れます。ふつう、これらの症状は、薬物の使用を中止すれば数日で消えます。

検査と診断　血清病だけにみられる検査結果はありません。血液中の免疫複合体の増加、炎症反応（血液沈降速度、血中のC反応性たんぱく質の増加）、軽いたんぱく尿、血尿などがみられます。

治　療　ふつう、症状は軽く、数日で自然によくなるので、それぞれの症状を抑えるようにします。

　じんま疹には抗ヒスタミン薬が、発熱や関節痛には消炎鎮痛薬が効きます。

　重症の場合は、副腎皮質ホルモン（ステロイド）が使用されます。

予　防　やむをえず異種動物の血清を使う場合は、まず皮膚をひっかいて血清を滴下させるなどのテストをして、反応をみきわめてから、慎重に使います。

花粉症 ……………2009頁

▼症状▲鼻の症状としてくしゃみ、鼻水、鼻づまりが、目の症状として目のかゆみ、結膜の充血などがおこる。**▼治療▲**花粉との接触を避け、症状がひどい場合には抗アレルギー薬を服用。

花粉症（かふんしょう）
Pollinosis
子どもの花粉症が増加

◇花粉に対するアレルギー

どんな異常か 花粉症とは、一般に風によって花粉を運ぶ風媒花の花のおしべにできる花粉が飛散し、鼻や目に付着し、アレルギー症状をきたす疾患です。鼻の症状は、くしゃみ、鼻水、鼻づまりなどがあり、目の症状としては目のかゆみ、結膜の充血、涙が出る（流涙）などがあります。

花粉症のなかでもっとも多いスギ花粉症は、近年著しく増加しています。スギ花粉症の人の割合（有病率）は1999～2008年までの10年間で、16・2％から26・5％と急増しており、小児期の発症の増加も問題となっています。

◉子どもに増えている花粉症

従来、花粉症は成人の病気であるといわれ、子どもの発症はあまりみられませんでした。

しかし、近年、アトピー性皮膚炎や食物アレルギー、小児ぜんそくなどとともに、子どもの花粉症が増加しています。これらはいずれも免疫反応の異常によっておこる病気で、関与する抗体も共通しています。また高い割合で合併しておこります。

子どもの花粉症の増加の一因として、食生活や住宅環境、大気汚染やストレスなどの生活環境の変化が考えられています。

症状 花粉症によっておこる症状は、花粉の付着する鼻や目に現れます。

鼻の症状はくしゃみ、鼻水、鼻づまりが三大症状で、原因となる花粉の飛散時期に一致しておこります。

ただし、1年中このような症状がある場合には、ハウスダストによるアレルギー性鼻炎が考えられます。

花粉の飛散量は、年次差、日時差があり、一般に暖かく風の強い日は飛散量が多くなります。近年では、インターネットにより花粉の飛散情報をリアルタイムで見ることができます（環境省花粉観測システム、愛称 はなこさん、http://kafun.taiki.go.jp/）。

目の症状としては、目のかゆみ、結膜の充血、涙が出る、異物感などがおこります。

このほか、とくに外気に接している部位で、のどの痛み、かゆみ、外耳道のかゆみなどがおこることもあります。

また、花粉量が特別に多いときには、全身のだるさ（倦怠感）、熱感、頭痛、めまいなどの全身症状が現れることもあります。

原因 アレルギーの病因特質であるアレルゲンとなる花粉は50種類以上もありますが、1年のなかである季節に限って症状のある場合は、その季節に飛散する花粉が原因だと考えられます。代表的な花粉飛散の時期を表に示しました。

もっとも多いスギ花粉は2～4月、ヒノキは3～5月、イネ科の植物であるカモガヤは5～7月、ブタクサは8～10月、ヨモギは8月末～11月のようにおよそなっています。

日本におけるおもな花粉飛散のアレルゲンと季節

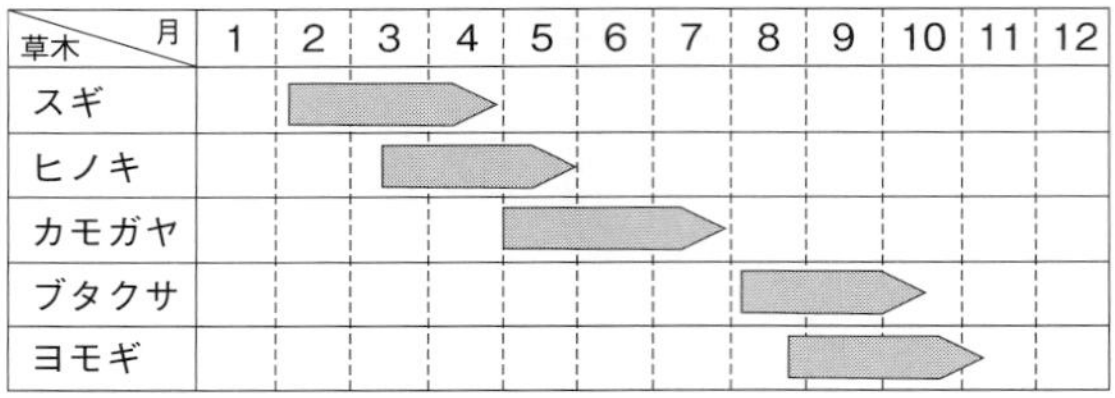

草木
月
1
2
3
4
5
6
7
8
9
10
11
12
スギ
ヒノキ
カモガヤ
ブタクサ
ヨモギ

◉花粉症のしくみ

花粉の大きさは大部分が約20～40㎛（1㎛は100分の1㎜）であり、この大きさの異物が外部から、からだの内部へ侵入すると、90％程度は鼻やのどの粘膜でとらえられます。少ない量の花粉が付着した程度なら、せきや痰などによって、外部に排出されます。

大量の花粉が鼻粘膜や眼粘膜に付着すると、花粉より抗原性物質が溶出し、粘膜にある免疫細胞がこれを排除するためにＩｇＥ抗体をつくるようになります（感作）。

粘膜にある肥満細胞とよばれる細胞の表面に、このＩｇＥ抗体が結合し、そこに花粉より溶出した抗原性物質が結合すると、肥満細胞より、多数のヒスタミンなどのケミカルメディエーター（血管や神経などにはたらきかける化学伝達物質）が放出され、その作用によって鼻や目に特有なアレルギー症状をおこします。

ケミカルメディエーターのうち、ヒスタミンは鼻の神経を刺激してくしゃみや鼻水をおこし、ロイコトリエンなどは血管を拡張して鼻づまりをおこします。

花粉症になる人では、以上のような花粉をアレルゲンとする免疫反応が成立しますが、花粉症にならない人では、このような感作はおこりません。

この差は、遺伝的な要因や環境的な要因（大気汚染や花粉の飛散量）などがかかわっていると考えられています。

検査と診断　一般に行われる検査では、血液検査によって末梢血での好酸球という細胞が増加していることが多く、さらに鼻汁や涙液を採取して好酸球が増えていれば、症状がアレルギーであることが確実になります。

つぎに花粉症の特異的な検査では、血清中の花粉アレルゲン特異的ＩｇＥ抗体の有無をみるＲＡＳＴ法が一般的です。

採血した血液にさまざまなアレルゲンを入れて検査します。この検査でスギ花粉が陽性（通常３＋以上）で、症状が２月～４月に限定されていれば、スギ花粉症と診断できます。

また、実際に花粉による鼻粘膜の反応をみる検査として鼻粘膜誘発試験というものがあり、これは直接的な証拠となります。

治療　治療でもっとも大事なことは花粉との接触（曝露）を避けることです。

花粉が飛散する季節はできるだけ窓を閉め、花粉飛散の多い時刻や多い日には外出を控えるようにしましょう。外出の際は、マスクやメガネを使用し、帰宅後は鼻をかみ、目を流水で洗い、うがいをすることが効果的です。

◉花粉症の薬物療法

しかし、症状がひどい場合には、薬物療法を行い、症状を抑えます。

抗ヒスタミン薬（内服）は、鼻や目のかゆみ、くしゃみ、鼻水を抑えるはたらきがあり、比較的、効果も早く現れます。ヒスタミンと結合するH_1受容体の作用を阻害するため、**ヒスタミンH_1拮抗薬**ともいわれています。最近は抗ヒスタミン薬の点眼薬も使用されています。

第二世代の抗ヒスタミン薬は中枢神経抑制作用による眠けがおこりにくく、

内服薬の主流となってきています。

抗アレルギー薬は、肥満細胞からケミカルメディエーターが放出されることを抑制するはたらきがあります。

抗アレルギー薬は内服薬と、鼻粘膜の症状に対する粉末散布、液噴霧、目の症状に対する点眼などの局所療法があります。

また、局所に抗炎症作用の速い副腎皮質ホルモン（ステロイド）剤を使用することもあります。ベクロメタゾンの鼻粘膜のスプレーが有効です。

内服薬はいずれも開花シーズンの1～2週間前より使用すると、より有効です。開花期間中には継続的に使用します。

このほか、鼻漏に抗コリン薬、鼻閉にα交感神経刺激薬を使用することがあります。症状が重症のときは、抗ヒスタミン薬や抗アレルギー薬の併用、点眼薬、点鼻薬を組合わせた治療が行われます。

最近では外科的治療として、鼻閉の重症例で飛散期前に鼻粘膜のレーザー手術を行うこともあります。これは、鼻粘膜にレーザーをあてて、粘膜を凝固させて変性させるものですが、根治はできません。

◉花粉症の特異的減感作療法

花粉症の根本的な治療法として**特異的減感作療法**（免疫療法）があります。

これは原因となる花粉の抽出液を、初めは低濃度で少量、皮下注射し、その後、少しずつ濃度と量を増やしていくものです。

免疫療法の標的はリンパ球のなかのT細胞であり、T細胞の抗原反応性を変調することで臨床効果を発揮すると考えられています。

しかし、同じように減感作療法の対象となるハウスダストによる通年性のアレルギー性鼻炎と比較すると、花粉症の免疫療法の効果は明白でなく、症状が飛散時期のみであるために、ここまでの治療性を必要と感じないという傾向があります。

花粉症の症状は経年とともに軽くなる傾向があるといわれ、根本的な治療を必要としない人もいます。

しかし、小児におこる花粉症では、薬物療法の用量に注意が必要です。また、減感作療法も通院回数が多く、小児への負担も少なくありません。

日常生活の注意 少しでも症状を軽くするため、つぎのような点に注意しましょう。

①花粉飛散情報を把握すること（テレビ、新聞、インターネット）。

②花粉の曝露を避けること（外出時、帰宅時、在宅時）。

③健康管理（ストレス回避、十分な睡眠、かぜ予防、過度の飲酒・喫煙の禁止）。

④初期治療法の認識（服薬を守る、日記の記載など）。

⑤食事は、高たんぱく食や高脂肪食を避け、栄養バランスを整える。

予防 花粉症の予防には、花粉の曝露を避けることと、よい生活習慣が必要です。

また、花粉症は自律神経のバランスがくずれたり、過敏になったりすると発症しやすいといわれています。十分な睡眠をとり、疲れやストレスをためないようにしましょう。

表1　食物アレルギーの症状

消化器	唇や口腔の違和感・腫れ、腹部の痛み、吐きけ、嘔吐、下痢	皮膚	じんま疹、かゆみ、湿疹、水ぶくれ
呼吸器	くしゃみ、鼻水、鼻閉、せき、呼吸困難、胸部圧迫感、のどの腫れ	神経	頭痛
		泌尿器	血尿、たんぱく尿、おねしょ
目	結膜の充血、眼瞼浮腫、流涙	全身	アナフィラキシー

食物アレルギー
Food Allergy

どんな病気か

特定の食物によってアレルギー症状をおこす疾患です。皮膚や粘膜、消化器、呼吸器などにさまざまな症状がおこります。ときに命にかかわるアナフィラキシーショック（2007頁）をおこすこともあります。

卵、牛乳、小麦がアレルギーの三大原因です。

乳幼児期でもっとも多くおこり、有病率は5～10％といわれています。その後、成長とともにアレルギーをもつ人は減り、学童期で1・5～3％、成人してから新たに食物アレルギーを発症することはないと考えられています。

症状

さまざまな臓器に症状が現れます（表1）。

原因となる食物を食べてすぐに現れる症状（即時型）には、皮膚の症状が多く、じんま疹や発疹、かゆみなどがおこります。また、呼吸器の症状として喘鳴（ゼーゼーヒューヒューいう息の音）やせきなどもみられます。

全身症状としてアナフィラキシーショックが現れることもあります。軽度の場合には、唇や舌、のどの腫れやかゆみ、吐きけ、嘔吐などですみますが、重症の場合には意識を失ったり、チアノーゼ（1344頁上段）をおこしたりし、ときに命にかかわることもあります。

食べてから48時間経過して発症する遅延型の症状もあり、アトピー性皮膚炎、好酸球性胃腸炎、食物過敏性大腸炎などがあります。

原因

通常、摂取した食物のたんぱく質は胃のたんぱく質分解酵素によって、ペプチドやアミノ酸に分解され、腸で吸収されます。

しかし、乳幼児期では消化機能が発達していないために、たんぱく質がそのまま腸などに届くことがあります。このたんぱく質は排除すべき異物として免疫細胞に認識され、免疫反応を引き起こします。

即時型では、このたんぱく質に対する抗体が大量につくられ、その後同じたんぱく質が体内に入ると、肥満細胞から化学伝達物質が放出されます。

遅延型では一度、たんぱく質を抗原として記憶した免疫細胞が、再度同じたんぱく質が体内に入ったときに免疫反応を活発にし、炎症をおこします。

検査と診断

問診により、食物と症状の関係を調べます。

特定の食物とアレルギー反応の関係を調べるには、血液中の抗体の有無をみるRAST法や、皮膚の反応を調べる皮膚テストなどが行われます。

これらの検査により原因となる食物が判明したら、その食物を摂取しないようにします。

治療

基本は、原因となる食物を摂取しないことです。

じんま疹などの症状には、抗ヒスタミン薬を服用します。また、アナフィラキシーショックに対しては、早急なアドレナリン筋肉注射が必要です。

日常生活の注意

現在、販売されている食品には、アレルギー物質を含む食品表示が義務づけられています。

食品を選ぶ際には、この表示を調べて、アレルゲンを含まないものを選ぶようにしましょう。

◎化学物質過敏症の診断基準

［主症状］
①持続あるいは反復する頭痛
②筋肉痛または筋肉の不快感
③持続する倦怠感、疲労感
④関節痛
⑤アレルギー性皮膚疾患

［副症状］
①咽頭痛（のどの痛み）
②微熱
③腹痛、下痢または便秘
④羞明、目のかすみ、一過性の暗点
⑤集中力・思考力・記憶力の低下、健忘
⑥感覚異常、臭覚・味覚異常
⑦興奮、うつ状態、精神不安定、不眠
⑧皮膚の炎症・かゆみ
⑨月経過多・月経異常など

［検査所見］
①副交感神経、交感神経の機能亢進・低下を示す瞳孔異常
②視覚空間周波数特性の明らかな閾値低下
③眼球運動の異常
④SPECTによる大脳皮質の血流機能異常
⑤誘発試験の陽性反応

化学物質過敏症
Chemical Sensitivity

どんな病気か

ある化学物質に対して過敏になり、つぎにごく微量の同じ物質と接触しても過敏症状が現れる状態を、化学物質過敏症といいます。

特定の化学物質に過敏となり、その物質に接触すると症状が現れるのが原則ですが、いろいろな化学物質に過敏になり、どの物質との接触でも、過敏症状がおこる人もいます。

症状

この病気に特有な症状はありません。

現れるのは、頭痛、筋肉痛、のどの痛み、関節痛、微熱、だるさ、疲労感、下痢、便秘、腹痛、集中力の低下、かゆみ、月経過多など、さまざまな症状です。

このため、診察を受けても疲労、軽いかぜ、更年期障害などと診断されることが多いと思われます。

原因

建材、塗料、洗浄剤、食品添加物、排気ガス、殺虫剤など、身のまわりにあるすべての化学物質が原因となる可能性があります。

花粉、動物の毛、カビ、ダニなどの自然界の物質が原因のこともあります。

原因物質との接触のほかに、過敏症をおこしやすい生まれつきの素因、健康状態の悪化、外的環境の悪化などの総量が、その人の抵抗力を超えたときに発症すると考えられています。

検査と診断

診断には、詳細な問診が必要です。自宅家屋の状況（新築か、リフォームか、建材の種類など）、自宅の周囲の環境、化学薬品の使用状況（殺虫剤、有機溶剤など）、職場環境、職歴、趣味、嗜好品など、かなり突っ込んだ問診が行われますから、包み隠さずに答えてください。

化学物質過敏症では、自律神経のバランスがくずれていることが多いので、瞳孔対光反応、眼調節系の検査を行い、自律神経のはたらきを調べます。

また、中枢神経系の異常を調べるため、視覚空間周波数特性、眼球運動検査のほか、SPECTで、脳血流、脳機能を調べることもあります。

問診などから、疑わしい化学物質が推定できたら、誘発試験を行って、症状がおこるかどうか調べます。疑わしい物質が液体なら、皮膚と接触させ、反応をみます（皮内反応）。気体の場合は、観察室の中に入ってもらい、ここに物質の気体を注入して、反応や症状を観察します。

そして、化学物質過敏症の診断基準（上段）と照らし合わせ、つぎの条件に適合した場合に、化学物質過敏症と診断します。

Ⅰ　主症状2項目に副症状4項目がみられる

Ⅱ　主症状1項目、副症状6項目、検査所見2項目がみられる

治療

原因と考えられる物質との接触をできるだけ避けます。

適切な食事、適度な休息・睡眠・運動、精神的ストレスの除去も必要です。

運動療法、温泉療法、サウナ療法、解毒剤やビタミン剤の大量療法などが必要になることもあります。

原因物質を注射などで体内に入れ、物質にからだを慣れさせる減感作療法が効果を発揮することもあります。

膠原病

関節リウマチ
(Rheumatoid Arthritis)

◇関節リウマチとは

どんな病気か

関節リウマチは膠原病（2003頁）のひとつで、おもに関節に症状が現れます。関節を構成する関節包は内側を薄い膜である**滑膜**におおわれています。滑膜は洋服の裏地のような線維性の組織で、関節リウマチでは炎症をおこし、腫れて肥厚します（図1）。この炎症性滑膜が関節リウマチのおもな症状となる関節の腫脹（腫れ）のもとといえます。炎症性滑膜やそこから産生される関節液（いわゆる関節の水）は持続的な関節の腫れを引き起こし、これらにより関節内圧が高められ、関節痛の一因となります。

炎症性滑膜の中には炎症や関節破壊を促進する多数の**炎症性細胞**（活性型リンパ球・マクロファージなど）が存在し、**炎症性サイトカイン**（TNF、IL-1、IL-6など）と呼ばれる糖たんぱくを産生します。炎症性サイトカインは、滑膜の炎症を活性化し持続させ、関節液を産生させます。また軟骨を溶かす酵素を増やし、骨を吸収する**破骨細胞**の機能や分化を促進します。このため炎症性滑膜の状態が長期化すると関節は破壊され変形します。

また、炎症性細胞や炎症性サイトカインはさまざまな発痛物質を活性化し増加させるため、関節痛の原因ともなります。加えて、溶解し破壊された軟骨の下層にある骨がむき出しとなり、直接骨と骨がぶつかり合うため関節痛や炎症継続の誘因となります（写真1）。

増量した関節液中にも多数の炎症性細胞（おもに好中球）や軟骨破壊性の酵素が存在しています。この炎症性関節液は破壊された軟骨の破片や酵素の影響で黄色に変色し、粘性（関節液の粘りけ）が低下し、関節の滑りや摩擦が失われ、動作時のコツコツ音や痛みが生じるようになります。

●どのような人に多いか

どの年齢層でも発病しますが、とくに30～40歳代で多く発病します。出産や閉経をきっかけに発病、悪化することも多いため、女性ホルモンとの関連も指摘されています。15歳以下で発病した場合は**若年性特発性関節炎**、60歳以上で発病した場合は**高齢発症関節リウマチ**と区別することもあります。

日本人の関節リウマチの割合は0・4～0・5％、全国に70～80万人いると考えられています。男性よりも女性に多く、50～70歳代の女性で約1％が関節リウマチをもつと考えられます。

●関節リウマチの病因

原因はまだ明らかにされていません。しかし、関節リウマチのいない家系で発症する確率が0・5％であるのに対し、関節リウマチをもつ人の兄弟姉妹がそろって発症する確率は約5％、一卵性双生児では15～34％にまで増加します。近年では関節リウマチに関連しそうな遺伝子も見つかっています。これらの事実は、関節リウマチの一部が遺伝により制御されていることを示しています。しかし、同じ遺伝子でも100％発症するわけではなく、先天的素因になんらかの後天的要因が加わってはじめて発症すると考えるべきでし

図１　関節リウマチの構造

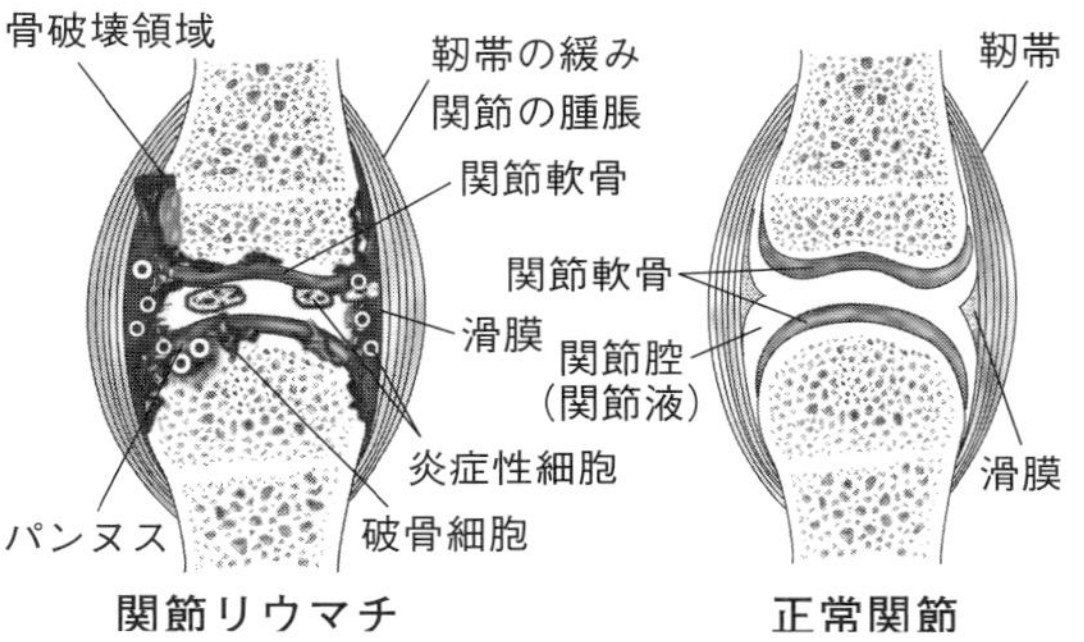

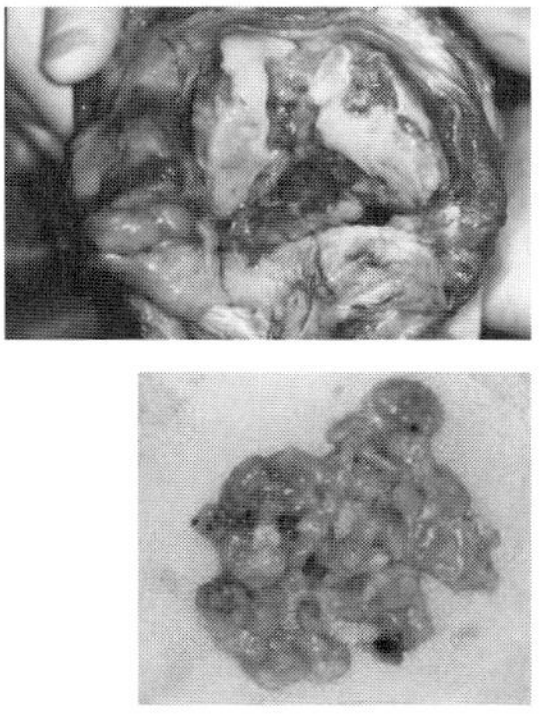
写真１　破壊された関節（上）と取出した滑膜

よう。

　後天的要因のひとつに病原性微生物（細菌やウイルス）による感染説が有力視されています。感染症にかかると一過性で軽度とはいえ、多くの例で関節痛が出現すること、実験動物を病原性微生物で感染させると関節リウマチモデルをつくれること、関節リウマチの人の多くが過去に病原性微生物に感染している比率が高いこと、微生物の細胞表面のたんぱくが関節リウマチと関連しそうな遺伝子のたんぱくの構造と似ていることなどがあげられています。ただし、関節リウマチはかぜのように人から人へ感染はしません。

　そのほか、ストレス、食事、喫煙、天候（低温、低気圧、高湿度）などさまざまな要因が関節リウマチの成因や悪化因子として検討されていますが、結論はでていません。

◇関節リウマチの症状

◉関節リウマチの診断基準

　アメリカリウマチ学会の改定分類基準（２０１０年）により、点数が６点以上の場合に関節リウマチと診断されます。ときに血液検査の異常（リウマトイド因子陽性）だけで関節リウマチと診断されている人もいますが血液検査だけで診断される疾患ではありません（次頁表１）。

◉関節症状

▼初発症状　初発症状の80～90％が関節痛と関節の腫れ（うち3分の1はひとつの関節だけがおかされる単関節炎）で、15％は朝のこわばり、5％が全身症状（発熱、疲労感など）です。関節痛や関節の腫れは数週間から数か月かけて徐々に強くなることが多く、ときに熱感をともないます。関節はやわらかく腫れあがり、押すと痛みが生じます（圧痛）。最初におかされる関節（初発関節）は手首、手指が全体の約半数を占め、ついで膝や足の指です。

　朝のこわばりとは、起床時になんとなく手指の関節が動かしにくく、使っているうちに動かせるようになる状態をいいます。最初は数分間持続するだけですが、しだいに時間が延び、数時間以上も持続するようになります。

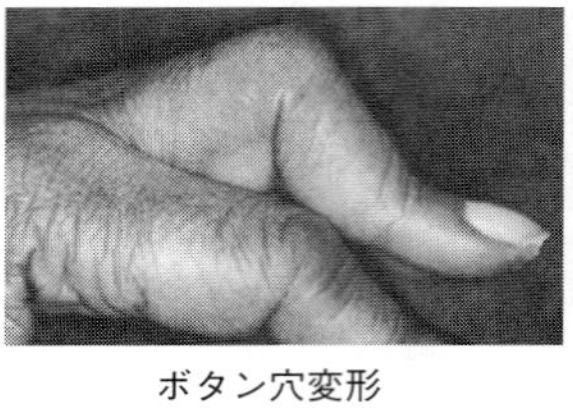

ボタン穴変形

図3　手の変形

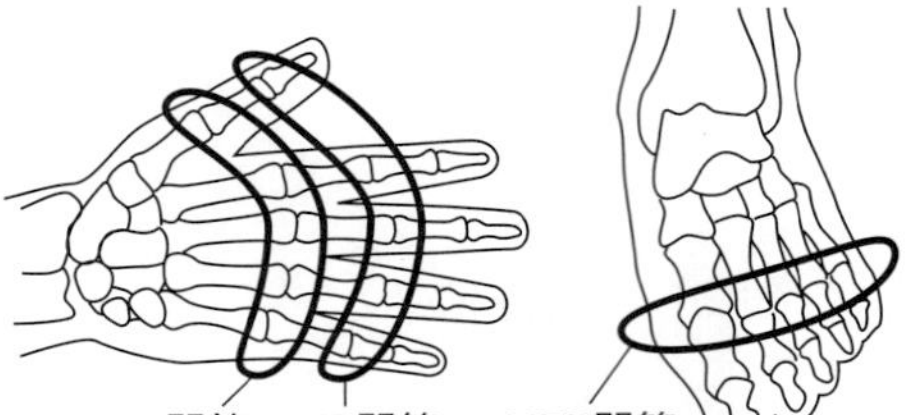

図2　関節炎の頻度が高い関節

表1　アメリカリウマチ学会の関節リウマチ診断基準

1. 少なくとも1つ以上の明らかな腫脹関節（滑膜炎）がある。
2. 他の疾患では説明できない患者（下記項目の点数6点以上の患者を関節リウマチと分類する）。

腫脹または圧痛がある関節数	
大関節（肩、肘、股、膝、足関節）が1か所	0点
大関節が2～10か所	1点
小関節（手指、趾、手関節）が1～3か所	2点
小関節が4～10か所	3点
1つの小関節を含む11か所以上	5点
自己抗体	
RF、CCP抗体の両方が陰性	0点
RF、CCP抗体のいずれか弱陽性	2点
RF、CCP抗体のいずれか強陽性	3点

炎症反応	
CRP、ESRの両方が正常	0点
CRPもしくはESRのいずれか異常高値	1点
症状の持続期間	
6週間未満	0点
6週間以上	1点

▼**関節症状**　病状が進行すると関節リウマチに典型的な関節症状がみられるようになります。初期には数か所であった関節炎（関節腫脹をともなう関節痛）も、やがて全身いたるところの関節におよぶようになります。

関節炎は手足や脊椎の関節ばかりでなく、ときに顎関節にもおこるため大きな口を開けたときに痛みを感じることもあります。脊椎では頸椎におこりやすく、首の痛みや肩こり、頭痛の原因になります。

関節痛は初期には運動したときやその直後の痛み（運動時痛）、圧痛のみですが、病状が進行すると安静時でも痛むようになります。また関節炎が悪化すると、破壊された関節から、剥がれ落ちた滑膜や軟骨の残がいが関節液の中に浮遊するようになります。関節炎の頻度が高いのは手指の関節、とくに指先から2番目の関節（PIP）と3番目の関節（MCP）、手首の関節、足趾（足の指／MTP）の関節です（図2）。さらに関節炎が進行すると関節は高度に破壊され、動きが制限されるようになります。最終的には関節が脱臼したり、強直（関節軟骨が消失し関節面がなくなるため全く動かなくなる）したりして変形が生じます。

関節リウマチが進行した手指の典型的な変形として、**スワンネック変形**、**ボタン穴変形**、**尺側偏位**（指全体の外側へのかたより）がみられます（図3）。また**ムチランス型**と呼ばれる関節リウマチでは手指の関節が溶解し、指が蛇腹のようになる、**テレスコーピングサイン**と呼ばれる変形がみられます。膝関節では初期には腫脹のみですが、進行すると関節拘縮（膝が伸びない）や外反変形となります。足の指では足裏のたこ、うおのめをともなう扁平三角足（外反母趾、内反小趾、開帳足）となります（図4）。

◉関節以外の症状

つぎにあげる関節以外の症状は、リウマチの治療が不良な場合に出現しやすいといわれています。

▼**倦怠感・疲労感**　関節リウマチの治療が不良で全身の炎症が強いときに高頻度にみられます。慢性炎症にともな

図4　足の変形

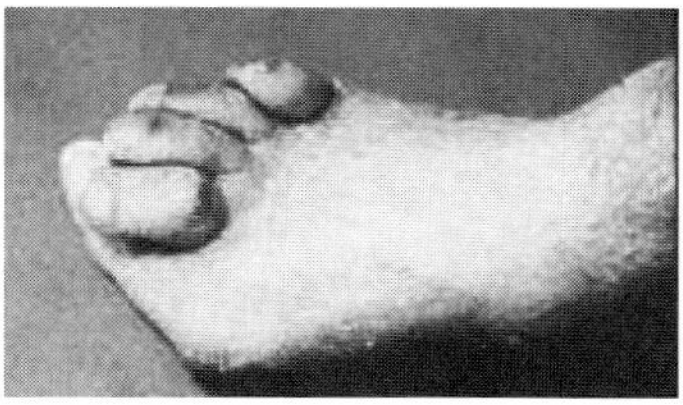
扁平三角足

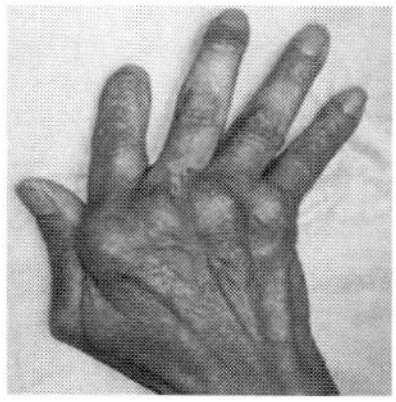
尺側偏位

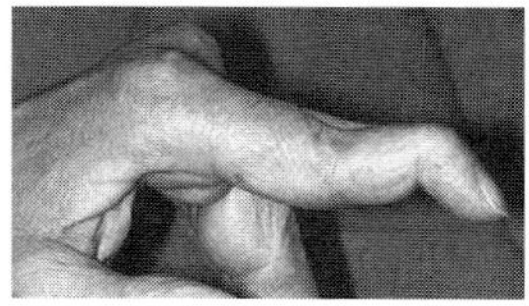
スワンネック変形

う貧血、治療薬剤の長期使用による消化性潰瘍の併発によりおこる貧血が疲労感として出現する場合もあります。

▼**発熱**　関節リウマチそのものの炎症により37度台の微熱がつづくことがあります。しかし、長期間、微熱がつづく場合や38度以上の高熱がみられる場合は、感染症の合併が疑われます。治療で使う薬剤には自己のもつ免疫力を低下させ、感染症にかかりやすくするものもあります。いつもと違う発熱がある場合には専門医の診断が必要です。

関節リウマチ自身も悪性リンパ腫の合併が多い疾患とされ、さらに治療で使うメトトレキサート（ＭＴＸ）や生物学的製剤はその頻度を増やす可能性があります。発熱にリンパ節腫大をともなうような場合は、専門医による診察が必要です。

▼**貧血**　関節リウマチでは血液中の鉄分がリンパ球系の細胞に取込まれたり、骨髄で血球を産生する能力が低下したりします。また関節でも血管から滑膜へ鉄分が漏れ出し、貧血をおこします。貧血では動悸やめまい、頭痛がおこりやすいものですが、慢性的に少しずつ貧血が進行する関節リウマチでは貧血慣れして無症状で経過する場合も多くみられます。

▼**体重減少**　関節リウマチでは体重が減少することもあります。長期の活動性の低下は筋肉を萎縮させ、体重を落とします。

強い炎症が持続し、ＣＲＰ値の異常高値が持続しているような場合には、消化器や腎臓の**反応性アミロイドーシス**（1529頁）を併発していることがあり、この場合、吸収不良となって体重は減少します。

ステロイド剤やアラバ錠の使用でも体重減少が報告されています。

▼**リウマトイド結節**　20～30％の割合でリウマトイド結節と呼ばれる皮下のしこりがおこります。肘の裏側やアキレス腱周囲に多くみられますが、整容の問題を除けば外科的に摘出する必要は、ほとんどありません。

▼**腱鞘炎**　腱を包みこんでいる腱鞘が腫れあがり、手首や手指の腱のある部位で腱鞘炎がおこることがあります。手指では指の屈曲のたびにひっかかりが生じ、これは**ばね指**と呼ばれます。

▼**浮腫（むくみ）**　慢性炎症による低たんぱく血症や薬剤性の腎障害に加え、二次性アミロイドーシス、ネフローゼ症候群（1699頁）などの合併症のためむくみが生じることがあります。また関節炎で関節周囲のリンパ管がふさがると、末梢で手足のむくみがおこります。

▼**目の疾患**　関節リウマチの約2割には、目や口が乾燥感を生じる**シェーグレン症候群**（2040頁）が合併します。

目の疾患では**強膜炎**（1087頁）も合併します。症状は軽い眼痛ぐらいのことが多く、自然に治る例もあります。しかし、再発をくり返す場合にはまれに角膜潰瘍（関節リウマチに合併する角膜潰瘍は進行が早く、角膜に孔があく場合もあります）や視力障害を引き起こすこともあるので専門医による診察が必要です。

薬剤性の目の障害にステロイド剤による白内障があります。とくに長期間ステロイド剤を服用した高齢者に発症しやすいとされています。ステロイド

◎DMARDsの種類と特徴

一般に効果が強いと考えられている順に紹介します（かっこ内は商品名）。なお副作用のため使用が極端に減ったアラバと新規症例の少ないカルフェニールは省略しました。

メトトレキサート（リウマトレックス、メトレートなど）
有効性や効果持続性に優れ、作用発現が早い（1～2か月）。

ブシラミン（リマチルなど）
リウマトイド因子低下作用をもち、約3か月で作用。

タクロリムス（プログラフ）
メトトレキサートが無効なものでも有効なことがある。1～2か月で効果が現れる。グレープフルーツを同時にとると効果が消える。

注射金剤（ジオゾール）
関節破壊を抑制する。5年以上服用で効果が弱くなる。

サラゾスルファピリジン（アザルフィンENなど）
関節破壊を抑制する。他の薬剤より腎臓への負担が軽い。

内服中に視力低下、霞視（かすみ）、羞明（まぶしさ）が生じたら主治医に相談するようにしてください。

▼呼吸器病変　胸膜、気管支、肺のいずれにも呼吸器障害が生じます。感染によるもの、感染とは関係ないもの、両者が合併したものなどさまざまです。治療で使う薬剤には免疫力を低下させるものもあり、結核や弱毒菌などの感染を受けやすくなります（日和見感染）。そのため、しばしば肺炎や気管支炎をおこすことになります。

また関節リウマチでは非感染性の**間質性肺炎**（1292頁）もおこります。症状は鼻水や痰をともなわない空せきです。

とくに、シオゾール、リマチル、MTX、アラバ錠などは薬剤性の間質性肺炎をおこし、発症が急激でときに重篤な状態となります。これらの薬剤を服用中に空せきがつづく場合は、服用を中止し、主治医に相談しましょう。

▼皮膚と爪の症状　罹病期間の長い場合やステロイド剤の長期服用により、皮膚が萎縮して薄くなります。程度がひどい場合は皮下出血をともなうようになります。また血管の炎症を併発すると点状紫斑や丘疹性の紅斑が出現する場合もあります。

爪は爪甲が厚くなり混濁、変形するようになります。薬剤性の爪の変化として**リマチルの黄色爪**（黄色の変色）があります。

▼口腔内の症状　治療に使うMTXやリマチルの副作用による口内炎や舌炎があります。治療にはステロイドの軟膏が効果的ですが、食後の歯みがきやうがい、ビタミンB_2やB_6の摂取に予防効果があります。

▼胃腸障害　鎮痛消炎のために用いられるNSAIDs（非ステロイド性抗炎症薬）は消化管の血流を低下させ、胃炎や潰瘍をおこすことがあります。胃潰瘍の多くは無症状ですが、貧血の進行があるときは精査が必要となります。また予防のためプロスタグランジン製剤のサイトテックを併用することがあります。

▼腎機能障害　メタルカプターゼ、リマチル、シオゾール、プログラフなどの薬剤ではときに薬剤性腎障害が出現することが報告されています。初期症状は膜性腎症（1705頁）によるたんぱく尿で、多くは治療開始半年から1年以内におこります。たんぱく尿のほとんどは薬剤の中止により消失します。CRPの高値が持続し、血清クレアチニンが高値となる場合には**二次性アミロイドーシス**の合併が疑われ、腎不全となることもあるので注意を要します。

▼骨粗鬆症　運動量の減少やステロイド剤の副作用によりしばしば骨粗鬆症がおこります。背骨（腰椎・胸椎など）や股関節（大腿骨頸部）、手首などが骨折しやすくなります。また、骨が弱くなり、転倒や外傷などの誘因がなくても恥骨や坐骨などの骨盤の骨が骨折することもあります。いつもと違う痛みを感じたときには自己判断せず、主治医の診断を受けましょう。

▼白血球異常　炎症が強いときやステロイド薬の内服などで白血球が増加します。しかし急な増加は感染症を併発している場合もあり、専門医による判断が必要となります。また、減少する場合には、薬剤性の骨髄抑制（MTX、

イグラチモド（コルベット、ケアラム）
リウマトイド因子低下作用をもち1～2か月で効果発現。
D‐ペニシラミン
食間に服用。効果がでるまでに3～6か月かかる。
オーラノフィン
経口の金剤。作用が弱く、4～6か月で効果が発現する。
ミゾリピン
腎臓への負担が軽く、他剤が副作用で使えなくても使用可能。
アクタリット（オークル、モーバー）
副作用も少なく効果も弱い。

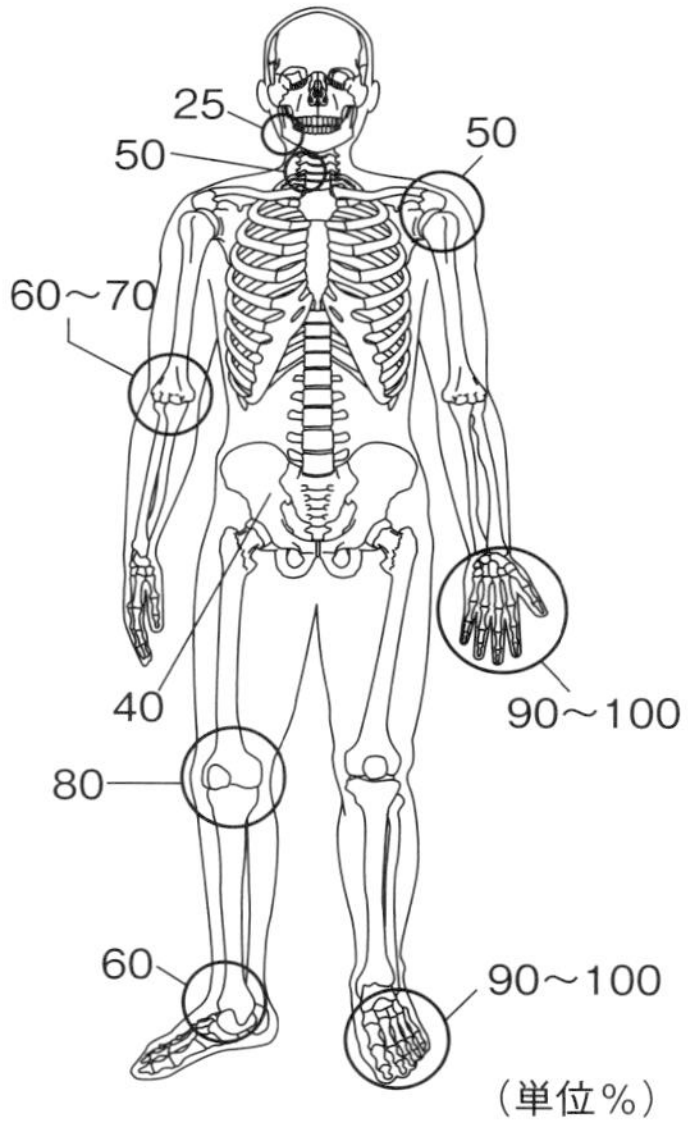

図5　X線による関節リウマチで障害される各関節の出現頻度

アザルフィジンENなど）による造血機能障害やシェーグレン症候群、**フェルティー症候群**（2044頁上段）などの合併が考えられます。とくに薬剤性の場合は重篤な病態となることもあります。定期的に血液検査を受けましょう。

▼血糖異常　治療に使用するステロイド剤やプログラフの副作用としてときに高血糖になることがあります。

◉関節リウマチでおかされやすい関節とリウマチの経過

関節の症状として、初発症状では手指・手首の関節の症状が多く、全体の約半数近くで手の症状を訴えて医療機関を受診しています。晩期になると全身の骨・関節になんらかの症状がみられることが多くなりますが、頻度は各関節によって異なります（図5）。

▼関節リウマチの経過　関節リウマチの経過は大きく4つに分けることができます。**単周期型**（全体の30％）は特別な治療をせずに1～2年で軽快する経過のよいタイプです。**進行増悪型**（10％）は、ほとんどの治療に抵抗し急速に悪化する予後の悪いタイプです。**多周期型**は軽快と悪化をくり返しながら関節破壊が進行するタイプで、かなりの関節が障害された後にどうにか関節炎が治まるタイプ（30％）と、増悪が治まらないタイプ（30％）に分けることができます（次頁図6A）。

関節リウマチは、初発から4年で全経過20年の関節破壊の40％が進行することが明らかとなりました（次頁図6B）。この4年間はwindow of opportunity（治療の機会）と呼ばれ、この時期の関節破壊をいかに抑え、その後の関節機能を温存できるかが今後の関節リウマチ治療の課題となっています。早期発見、早期治療の重要性も唱えられ始めています。

◇検査と診断

◉血液検査とレントゲン検査

診断はアメリカリウマチ学会の診断基準に従い臨床症状と血液検査、X線検査によってなされます。

◉血液検査

▼リウマトイド因子　**リウマチ反応**とも呼ばれ、関節リウマチ診断の助けとなりますが（陽性率80～85％）、かならず陽性となるわけではありません。また、健康な人でも5％以下で陽性となり、ほかの膠原病や肝障害、肺障害で20～30％、70歳以上の高齢者でも陽性率が10％近くになります。いっぽう発症早期（1～2年）の陽性率は低く、早期診断には適しません。

その他の検査として**抗ガラクトース欠損IgG抗体**（**CARF**）は早期診断に適していますが、その他の膠原病でも陽性となることがあります。**MMP‐3**（**マトリックスメタロプロテアーゼ‐3**）はおもに関節リウマチの炎症性滑膜から産生されるたんぱく分解

図６A　関節リウマチの経過パターン

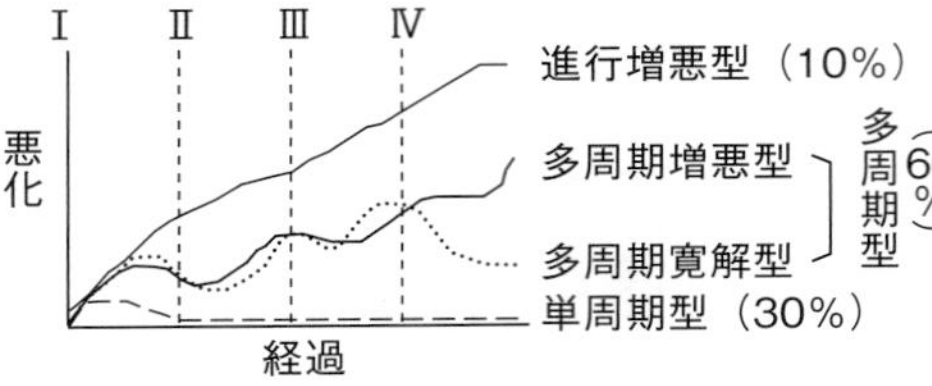

図６B　関節リウマチの関節破壊

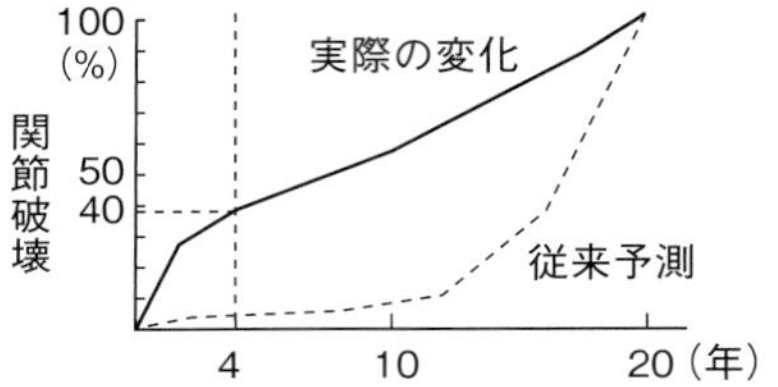

酵素で、早期診断の指標として適しているばかりでなく、関節リウマチの活動性や予後を判定するのにも適しています。ただし、変形性関節症や痛風は陰性ですが、関節リウマチ以外の膠原病で陽性となることがあります。

抗CCP抗体は関節リウマチ以外の疾患で陽性となる割合が低く（8％以下）、その他の膠原病でも陽性となることがほとんどないため関節リウマチの診断が疑わしい場合に検査します。

▼赤血球沈降速度（赤沈）とCRP　ともに炎症を反映する血液検査で、関節リウマチではいずれも高値を示します。CRPは炎症後1～2日の比較的早期の状態を反映するのに対し、赤沈は1～4週前の状態を反映します。また血小板も関節リウマチの活動性が高いと炎症を反映して高値となります。

▼その他の血液検査値異常　関節リウマチは慢性炎症のため貧血状態となることがあります（慢性炎症性貧血）。炎症が長期化している場合にはたんぱく異化が進み、低たんぱく低アルブミン血症となることがあります。

●X線検査

X線検査ではいろいろな程度の関節の変化がみられます。これらは初期には手指や足の指でみられますが、進行するとほとんどすべての関節で観察されるようになります。

◇関節リウマチの治療

●従来の治療法と新しい治療指針

これまでの関節リウマチ治療は、基礎療法を基盤として効果がなければ消炎鎮痛薬を、それでだめなら抗リウマチ薬を追加するといった、積み上げ型の治療方針が基本でした。しかし、近年の大規模な疫学調査や薬剤の開発により、早期から関節リウマチの自然経過を変え、進行を抑えられるDMARDs（抗リウマチ薬）を用いたほうがいいことが証明されました。そこで2002（平成14）年に発表されたアメリカリウマチ学会の治療指針では、早期からDMARDsを投与することを推奨しています。またかかりつけ医と専門医の役割分担を明確にすることで効率よくかつ関節破壊を防止できる治療指針を示しています（図7）。

●非ステロイド性抗炎症薬とステロイド剤

▼非ステロイド性抗炎症薬　非ステロイド性抗炎症薬（**NSAIDs**）は関節の痛みをとり、腫れや炎症を抑える薬です。鎮痛効果に対して速効性はありますが、病気自体の進行を抑える効果はありません。

副作用として胃腸障害、腎障害があります。とりわけ胃腸障害（胃炎、胃潰瘍）はNSAIDsを3か月以上服用すると多発します。ただし、胃潰瘍の約3割は無症状に経過します。プロスタグランジン（サイトテック）の服用で予防できますが、サイトテックは下痢や腹痛などの副作用もおこします。抗潰瘍薬のプロトンポンプインヒビターには潰瘍の治療に効果があります。

胃腸障害の副作用は高齢者、ステロイド剤服用者、心血管疾患合併者、たばこやアルコールの愛好者、ヘリコバクターピロリの保菌者に多く、食事直後の薬の服用や嗜好品の中止は副作用軽減に役立ちます。

胃腸障害が軽減できるとされ、近年

図7　2002アメリカリウマチ学会治療ガイド

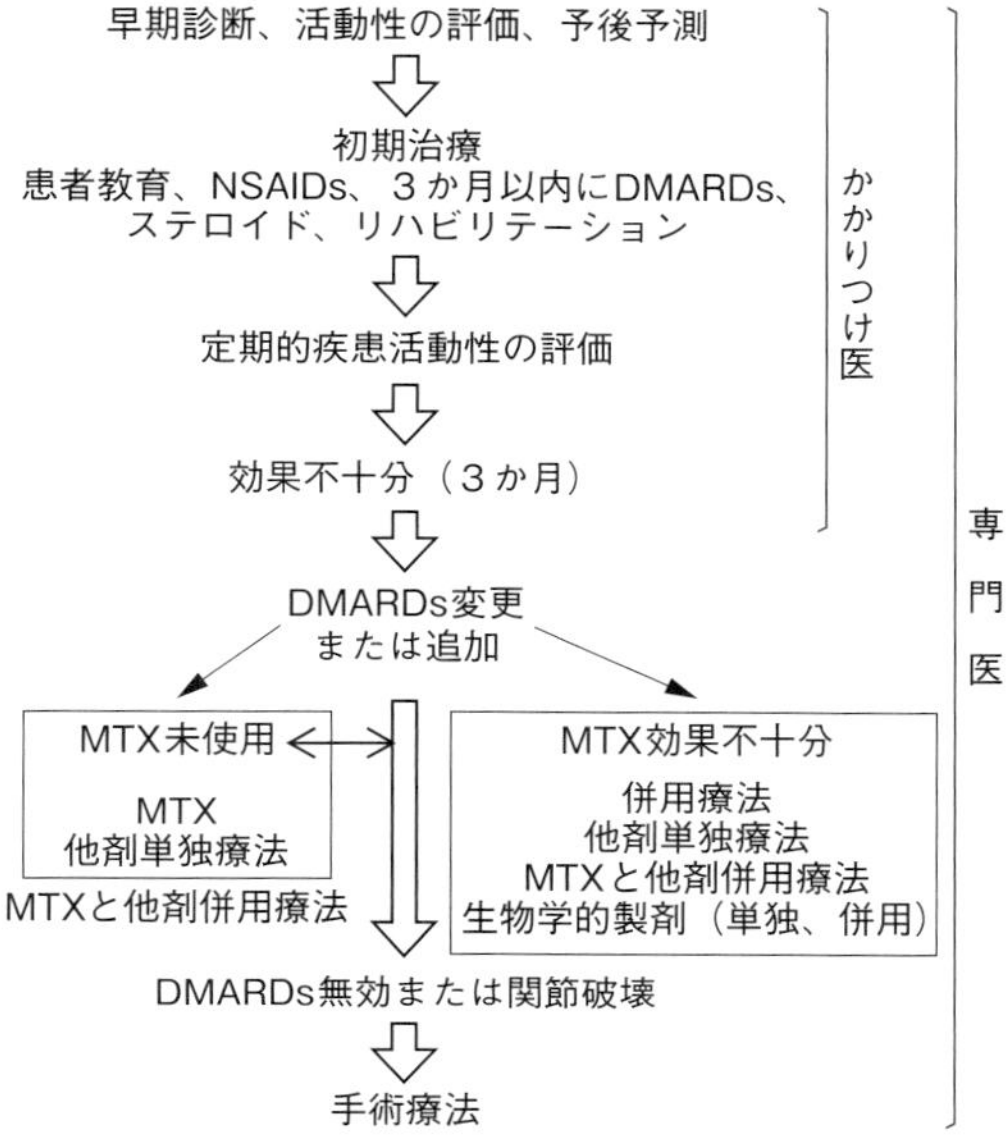

（アメリカリウマチ学会治療ガイドライン2002年）

注目されはじめたのがＣＯＸ-２選択的阻害薬です。

腎障害はとくに高齢者に多いとされています。腎臓が障害されると下肢のむくみや高血圧がみられるようになります。

▼ステロイド剤　強力な抗炎症効果をもち、関節リウマチの症状を強力に抑制するものの、①リウマチの原因治療ではない、②長期連用によりさまざまな副作用がでる、③一度使い始めると減量が困難で、むしろ使用年月とともに投与量が増加することが多い、などの理由から近年では他の薬剤が効果を示さずにやむなく使用する場合や、重要な仕事の前や妊娠など、ここ一番で症状を抑えたい場合に、短期に限り使われることが多くなっています。

しかし、発症早期のリウマチで早い時期から少量のステロイド剤を積極的に用い、リウマチの活動性を完全に抑えることで長期的関節破壊を抑制できたという報告もあり、使用は主治医と十分相談して決めるべきです。

また、ステロイド剤の長期連用者が自己判断で使用をやめたり、減量したりするとショックをおこすことがあるので医師の指示に従うべきです。

ステロイド剤の投与は少量経口投与または関節注射が主流となっていますが、リメタゾンのような関節局所で効果を発揮する静脈注射製剤もあります（リポ化製剤で病巣部に選択的に移行するとされます）。またステロイドの塗り薬は、指、手、肘関節の腫脹や疼痛の局所療法として用いられます。

●DMARDsの種類と副作用

ＤＭＡＲＤｓ（**疾患修飾性抗リウマチ薬**）は、関節リウマチの免疫異常を調整する抗リウマチ薬の総称で、広義には免疫抑制薬も含まれます。リウマチの診断がつけば早期より使用されます。効果発現までには時間がかかることも多くありますが、リウマチの自然経過を変え、関節破壊を抑制する可能性もあります。しかし、効果がしだいに、あるいは突然弱くなることもあり（エスケープ現象）、このような場合には薬剤の増量か薬剤の変更が必要となります。

また薬剤ごとに強さや副作用に違いがあり個人差もみられるので、状態にあったものを服用します（2018頁上段）。メトトレキサート（ＭＴＸ、リウマトレックス、メトレートなど）は有効性や効果持続性に優れ、廉価でもあるため現在、主流となっています。副作用に間質性肺炎や骨髄抑制がありますが、かかりつけ医による経過観察と正しい服薬によって、副作用の発現を抑える

◎生物学的製剤

細胞が産生するたんぱく質を、遺伝子工学的手法により作成した、たんぱく製剤です。

特定分子（サイトカインや免疫細胞）の生物学的作用を特異的に制御し、効果をおよぼします。形状としては動物とヒトのたんぱくを融合したキメラ抗体、よりヒトのたんぱくに近づけたヒト化抗体、完全ヒト型抗体、人為的につくられたヒト化融合たんぱく製剤などがあります。日本では抗TNF製剤のレミケード、エンブレル、ヒュミラと抗IL6受容体抗体のアクテムラが承認され、その後、アバタセプト、インフリキシマブなども承認されています。

▼レミケード　日本初の生物学的製剤で、ヒトとマウスのたんぱくを結合させてつくられた抗TNF阻害薬です。連用すると体内にマウスに対する中和抗体がつくられ、効果が減弱することがあります。そのためメトトレキサート

ことができます。

◎生物学的製剤

これまでリウマチの薬物療法は、NSAIDs、ステロイド剤、DMARDsの3種が主体とされてきましたが、近年ではこれに生物学的製剤という新しい治療法が加えられました。

現在のところすべての生物学的製剤（上段）は注射薬であり、高額な薬価や、感染症、悪性腫瘍、脱髄疾患などの重篤な副作用も問題視されていますが、その効果は劇的で強力な抗炎症効果ばかりか骨軟骨破壊抑制作用も証明され、関節リウマチの根治療法としての可能性も模索されています。生物学的製剤は従来の薬物治療で効果不十分であった場合でも有効で、ステロイド剤の減量や中止も可能にします。

◎その他の治療

▼関節注射　ステロイド剤の関節内注射は短期的には有効な治療法で、その効果は絶大です。全身的に症状を抑えても、なお数か所の関節に炎症が残るような場合に多く用います。ステロイド剤により注射部の関節炎は沈静化し、日常生活が容易に行えるようになります。しかし、効果は一過性でリウマチの根治療法ではなく、回数を重ねると関節破壊を促進する可能性もあります。

関節リウマチに対するヒアルロン酸注射剤には抗炎症効果や鎮痛効果があります。軽症から中等度までの膝関節痛に限られますが、重篤な副作用はなく安全性の高い治療法です。

▼白血球除去療法（LCAP leuko-cytapheresis）　LCAPは手足の静脈から血を取り出し、ポリエチレン性極細線維の束（セルソーバ）の中に血液を通過させ、体内に戻す治療です。セルソーバの中にはリウマチの活動性を高める炎症性細胞が吸着し、炎症性細胞のない状態の血液を体内に戻します。その結果、炎症性サイトカインが低下し、抗炎症性サイトカインが増加します。副作用は少なく肺や腎臓の合併症がある人にも利用できますが、医療費が高額であることとリウマチの活動性が高い症例にのみ保険適応が認められていること、効果の持続が永続的でないことが問題とされています。

▼漢方薬　漢方薬は軽症であれば副作用なく単剤治療も可能ですが、作用が弱く単剤での調整がむずかしいとされます。しかし、こむら返りに対する芍薬甘草湯やシェーグレン症候群に対する麦門冬湯は単独でも充分効果を発揮します。また西洋医学の薬との併用で薬剤の作用を増強するものや、体質を改善するものもあります。

▼代替医療　アメリカでは代替医療の額が医療機関へ支払われる額とほぼ同額にまでなっています。しかし、代替医療のみの治療ではなく、代替医療を従来治療の追加療法として用いています。なかには副作用のあるものもあり、使用は主治医との相談が必要です。

◎手術療法

近年、関節リウマチの診断から手術までの期間は延びています。薬物療法を中心とする治療の進歩がもたらした福音といえます。手術療法そのものも目覚ましく進歩しています。以前は10年ほどといわれた人工関節の寿命も20年以上の安定した成績が期待されています。また手術器具や手技の改良によ

（MTX）を併用し、中和抗体ができないようにします。投与は初回、2週間後、4週間後（開始から6週間後）、以後8週ごとに約2時間半かけた点滴静注で行われ、頻回な通院が困難な人にも適します。重い副作用に結核の誘発があり、結核の既往のある症例には適しませんが、抗結核薬イソニアジドを9か月間、予防投与することで結核発症のリスクが激減します。

▼エンブレル　抗TNF阻害薬ですが、人為的につくられた融合たんぱく製剤で中和抗体ができません。MTXの併用は必須ではありませんが、併用するとより強い治療効果が得られます。投与は週1～2回の皮下注射で、糖尿病のインシュリン注射のように自己注射も認められています。

▼ヒュミラ　抗TNF阻害薬のうち、完全ヒト型化された製剤です。理論的には中和抗体はできませんが、使用により抗体ができることもあります。MTXの併用は必須では

り入院期間も短縮され、これまで困難とされた関節の手術も可能となりました。いっぽうで手術のタイミングを逸したために効果がえられない場合や、手遅れになり手術ができなくなるケースもあります。

術後成績は満足すべきものであることはエビデンスのうえからも明らかです。関節障害のため日常生活に支障をきたした場合には、手遅れにならないうちに手術療法も考慮すべきです。

関節ごとにおもに施行される術式は異なります。高度に破壊された関節の手術では可能であれば人工関節置換術が行われています。正常な関節には無痛性、可動性、支持性の三要素が要求されますが、人工関節はわずかな動きの制限を残すことはあるものの、そのすべてを満たすものです。ただし、まれに術後の感染や肺塞栓症などの重篤な合併症をおこすこともあります。

▼人工関節置換術　これまで膝関節と股関節で多く行われてきました。最近ではその他の関節でも良好な術後成績が報告されるようになり、肩、肘、指、股、膝、足、足趾などでも人工関節手術が行われるようになりました。

▼関節固定術　関節を固定することで可動性は犠牲にしますが、確実に無痛性、支持性を得るために行われます。おもに頸椎、手関節、足関節、手指（とくに母指）や足の母趾で行われます。

▼滑膜切除術　炎症性の腫れている滑膜を関節から取除く手術です。初期から中程度の関節障害例に対して行われ、肘と手首では長期の良好な成績が得られます。無痛性、可動性、支持性の三要素すべてを獲得できる術式であり、人工関節置換術に比べ術後の感染症が重篤となることは少なく、経年的に悪化した場合でも多くは再手術が可能で、場合によっては人工関節など他の術式への変更も可能です。ただし、再発の可能性があり、破壊の進んだ関節では行えません。近年、生物学的製剤により増殖した滑膜を退縮させることができ、滑膜切除術の適応症例を減らすことが期待されています。

滑膜切除術は頸椎を除くすべての関節で可能ですが、おもに行われる関節は肘、手関節、指、足関節などです。

▼関節形成術　初期から中期のまだ関節の形状が残っている状態で、関節の一部を削り、形を整えて機能や整容を回復させる術式です。足趾、手首、肘、指などで行われます。無痛性、可動性、支持性の三要素すべてを満たすことができますが、すべての関節で行えるものではありません。

▼関節リウマチの予後　健康な人に比べ平均寿命が10歳ほど短いといわれてきましたが、近年の治療の進歩により年々延びてきています。

関節リウマチ発症10年後の状態は寝たきりが5％、なんらかの障害のある人が80％、健康な人と同様が15％とされてきました。しかし、治療の進歩によって、この患者比率も良好な方向へ変化してきていると考えられます。

◇日常生活について

◉安静

快適な日常生活のために、3つの安静（全身・局所・精神）と適度な運動が必要です。関節リウマチの症状が入

ありませんが、併用により効果が増加します。投与は2週に1回の皮下注射で行われ、ときに注射部位の痛みが問題とされます。

▼アクテムラ　ＩＬ６というサイトカインの受容体に対する抗体です。投与は4週に1回、約1時間かけた点滴静注で行われます。唯一のＴＮＦ以外のサイトカイン阻害薬として、ＴＮＦ製剤無効例に対する効果が期待されています。

◎関節リウマチの医療費助成制度

関節リウマチがある場合、生活環境を整えるための費用や、高額な抗リウマチ薬の自己負担など、経済的な負担が大きくなります。そのような場合、次のような制度、控除を利用することができます。

①高額療養費制度

1か月の自己医療費負担額が一定の金額をこえた場合に払い戻しがされる制度です。

院しただけで軽快することがありますが、これは入院により3つの安静が保たれた結果ともいえます。

全身安静のため必要なことは十分な睡眠（8～10時間）と規則正しい生活です。夜更かしは控え、日中に疲れや痛みを感じたときは昼寝も取入れます。朝つらいときは、家事などの仕事は午後にまわすような生活のリズムをつくることも有益です。

関節に痛みのあるときは、関節の安静を保つようにします。痛いからといってマッサージをするとむしろ悪化させてしまいます。日常的に関節にかかる負担を減らすように工夫することもたいせつです。

からだが冷えると痛みがひどくなることもあります。夏は冷房による冷えすぎに注意し、湿気の多い日は部屋の除湿に心がけます。寒い日には厚手の下着や手袋・靴下を利用します。関節負荷を減らすためゆったりとした着脱しやすい衣類を着用します。局部的関節炎にはサポーターや装具も有効です。

関節炎が軽くなったら痛みや疲れが残らない程度の運動をします。適度の運動は筋肉の短縮を取除き、むしろ疼痛を和らげ関節がかたくなるのを防ぎます。運動療法は入浴中や入浴直後に行うとより効果的です。また入浴そのものも関節の痛みやこわばりを和らげてくれます。ぬるま湯で10～20分程度の入浴（長湯はむしろ疲れます）で、湯冷めしないための入浴剤の使用も効果的です。関節リウマチは感染に弱い疾患です。感染予防のため日々のうがいと手洗いは習慣にします。

精神的安静のため、趣味や散歩など好きなことを楽しむ時間をもちましょう。ストレスは関節炎を悪化させ、反対に笑う時間をとることやバロック音楽などのリラクゼーション音楽は症状を軽快させます。

◉嗜好品

喫煙をつづけている人では、血液リウマトイド因子が高値となりリウマトイド結節の出現が多く、関節破壊が進行しやすい（とくに男性）とされています。また、疫学的には喫煙者のほうが関節リウマチになりやすいとされています。このほかにも、胃潰瘍のリスクを高め、肺障害を悪化させるなど、喫煙は控えたほうが無難といえます。

アルコールは関節リウマチの直接の悪化因子にはなりませんが、過度の飲酒は胃潰瘍のリスクを高め、治療薬であるＭＴＸの肝障害リスクも高めます。可能であれば禁酒が望まれます。

◉食事

脂質摂取を抑え、菜食中心の食事とすることでリウマチの症状や血液所見が改善することが示されています。適度のダイエットも、肥満による膝の負荷を減らし、関節リウマチの症状を改善させるのには有用とされています。

◉その他

関節痛は低温度、低気圧、高湿度などの天候に影響されます。室温調整や除湿を心がけるようにします。食後服用の薬（とくにＮＳＡＩＤｓ）は空腹時に飲むと胃腸障害がでやすくなります。食直後に服用するようにします。

◉リハビリテーション（理学療法・作業療法・自助具・装具療法ほか）

筋力増強、関節の動きの維持、破壊

くわしくは加入している保健組合に問合わせてください。

②身体障害者福祉制度

身体障害者手帳が交付され、1～6等の等級により、つぎのような控除が受けられます。

・医療費の免除
・更生医療の給付
・手当の給付
・税の免除
・住宅援助
・公共料金の減免
・在宅サービス

くわしくは市区町村の窓口に問合わせてください。

③介護保険（2218頁）

④障害年金

病気により、日常生活を送ることが困難になった人に給付される年金です。

くわしくは市区町村の窓口へ問合わせてください。

⑤その他

医療費を公費負担する特定疾患治療研究事業（問合わせは各市区町村の保健所へ）や健康保険の高額療養費貸付制度、確定申告による税の免除などがあります。

された関節の修復、関節の保護、失われた機能の代償などを目的としてリハビリテーションが行われます。このため理学療法（物理用法・運動療法）、作業療法、装具療法、その他（在宅ケアなど）が行われます。

▼理学療法　物理療法では、鎮痛消炎を目的に温熱療法、光線療法などが行われます。

運動療法では、関節可動域訓練、筋力増強訓練が行われます。疲労や痛みが翌日に残らない程度の運動が勧められます。関節は動かさずにいるとかたまってしまうので、関節を伸ばすストレッチ運動も習慣づけます。

筋力増強訓練は、関節に負荷をかけるような運動は避け、枕やひもを用いて関節の動きを最小限としたまま力いっぱい筋肉を収縮させ、これをくり返す運動がすすめられます。無理がない範囲であればプール歩行のように負荷をかける運動も可能です。電気刺激による筋肉の収縮訓練に関節リウマチの筋力増強効果があることも証明されています。

▼作業療法　作業訓練を通じて社会復帰をはかるためのものです。絵画やパソコン指導などが行われますが、手工芸（クラフト）は手指に負荷をかけるため、勧められません。

▼自助具・装具療法　自助具や家屋改造は動作を楽にします。低下した関節機能のかわり、疼痛関節軽減をはかる治療的目的や、壊れやすくなった関節を保護するため装具療法が利用されます。ただし、着脱が困難、外見が悪い、重すぎる、ずれ落ちやすいなどの理由から、日常ほとんど利用していないケースもみられます。自分にあった装具を用いることがたいせつです。

変形した頸椎が慢性的に脊髄を圧迫する場合、軽い外力や過度の頸椎運動で損傷されやすいことから頸椎の過度の前屈運動を制限し、急な外力からくびを守るため頸椎カラーが使われます。

肩には疼痛緩和のための保温用サポーターが、肘ではぐらつきや疼痛がひどい場合に支柱付きサポーターや保温用サポーターが利用されます。肘の外側上顆炎（1920頁）をおこした場合はエルボーバンドによる固定が有用です。

手関節装具には安静による疼痛腫脹の軽減を目的とした装具と、尺側偏位の矯正を目的とした装具があります。

母指の変形には、一部手首にかかる軟性の装具が使われます（CMバンド）。また母指のZ状変形にサポーター形状の軟性装具が使われることがあります。手指のスワンネック変形やボタン穴変形には指輪型装具が使われることが多く、変形の予防に効果があります。

足関節が壊され靭帯が緩むと痛みの原因となるので支柱の付いた足関節サポーターを用いることがあります。また、踵の骨が外に向くと、足の裏に力が加わるのでたこやうおのめができます。足裏にクッションの役目をする足底板をつけて対応したりします。

足趾変形の早期では足袋や5本指の靴下を利用しますが、進行期では専用足装具や足底にクッションパッドを入れた足底板が使われます。外出時にはやわらかい素材でできた靴にフェルト加工した中敷を入れたリウマチ靴を利用するのも有用です。

◎悪性関節リウマチの診断基準

臨床症状3項目または1項目以上と組織所見の項目のあるものを悪性関節リウマチと診断します。

臨床症状

①多発性神経炎
②皮膚潰瘍または指の壊疽
③皮下結節
④上強膜炎または虹彩炎
⑤滲出性胸膜炎または心嚢炎
⑥心筋炎
⑦間質性肺炎または肺線維症
⑧臓器梗塞
⑨リウマトイド因子高値（2回以上の検査で、RAHAテスト2560倍以上の高値を示すこと）
⑩血清低補体価または血中免疫複合体陽性

組織所見

皮膚、筋、神経、その他の臓器の生検により小、中動脈に壊死性血管炎、肉芽腫性血管炎、閉塞性血管炎を認めること。

悪性関節リウマチ
Malignant Rheumatoid Arthritis

どんな病気か

悪性関節リウマチとは、血管炎をはじめとする関節外症状（心臓、肺、消化管、神経など）をもち、予後の悪い難治性の関節リウマチのことで、1954（昭和29）年Bevansにより命名されました。臨床症状と組織の検査により（上段）、悪性関節リウマチと診断されます。日本では関節リウマチの0・5～1％ほど、約4000人いると考えられています。関節リウマチの期間が長く、骨の破壊が高度に進行した人に多発します。発症年齢のピークは60歳代で、男女比は1対2、一般の関節リウマチより高齢発症で男性に多い傾向にあります。遺伝病ではありませんが、家族内発症が12～14％にみられます。ただし真の病因は明らかではありません。

症状

内臓に症状が現れ、生命予後不良な**全身血管炎型**と、手足や皮膚に症状が現れ、生命予後が比較的良好な**末梢動脈炎型**に分けられます。全身血管炎型では関節リウマチによる多発性関節痛に、38度以上の発熱、体重減少、疲労感、食欲不振が合併し、さらにリウマトイド皮下結節（写真1）、紫斑、筋肉痛や筋力低下、間質性肺炎、肺線維症、心筋炎、心筋梗塞、胸膜炎、多発性神経炎（知覚異常や下垂手、尖足など）、消化管の梗塞（イレウスなど）、目の上強膜炎などの血管炎症状が急速に進行します。末梢型動脈炎型では皮膚の潰瘍または手足の先端の壊死を主症状とします（写真2）。

検査

赤沈とCRPが高くなり、白血球は増加します。また血清リウマトイド因子は異常高値（とくにIgG型）となります。補体価は低下し、多くはX線による高度な骨破壊が観察されます。全身血管炎型では検査値異常はより顕著となります。

治療

症状の悪化したときには全身の絶対安静が必要で、内臓の病変をともなう場合は症状が落ち着くまで入院が必要となります。関節リウマチに対する抗リウマチ薬の治療は継続して行われますが、多くはより強力な治療が必要となります。原則としてステロイド治療が行われ、心膜炎や胸膜炎がある場合はプレドニゾロン換算で1日50～60㎎、皮膚潰瘍や神経炎には30㎎、上強膜炎には15㎎使用します。その他、免疫抑制薬なども使われます。また血流改善を目的として抗凝固薬やプロスタグランジン製剤も併用されることがあります。

悪性関節リウマチの予後は悪く、最近の調査でも診断確定1年後の予後は、死亡14％、悪化31％、不変26％、寛解21％といわれています。死因は呼吸不全がもっとも多く、ついで感染症の合併、心不全、腎不全などがあります。

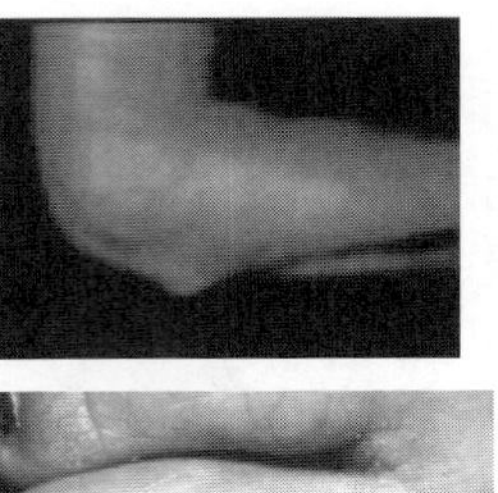

写真1　肘のリウマトイド皮下結節

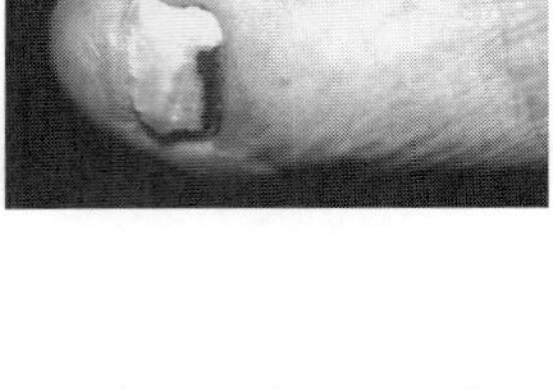

写真2　指先の壊死

◎若年性特発性関節炎の分類

若年性特発性関節炎は、かつて若年性関節リウマチ（ＪＲＡ）と呼ばれていましたが、ＷＨＯの国際リウマチ学会（ＩＬＡＲ）により「若年性特発性関節炎（ＪＩＡ）」の診断名が用いられるようになりました。

ＪＩＡの病型は細分化され、7つの型があります。①全身型関節炎、②少関節発症型（発症から6か月以内に罹患関節が1～4関節）、②-1、持続型（全期間を通じて罹患関節が1～4関節）②-2、進展型（6か月以降に罹患関節が5関節以上におよぶもの）、③リウマトイド因子陰性多関節型関節炎（発症から6か月以内に罹患関節が5関節以上）④リウマトイド因子陽性多関節型関節炎（発症から6か月以内に罹患関節が5関節以上）、⑤乾癬関節炎、⑥付着部炎関連関節炎、⑦その他。

若年性特発性関節炎（若年性関節リウマチ）

Juvenile Idiopathic Arthritis（Juvenile Rheumatoid Arthritis）

どんな病気か

16歳未満におこる、症状が6週間以上持続する関節炎で、発症時の特徴により病型を決定することが必要となります。

▼**全身型**　5歳以下の子どもに多く、男女ともに発症し、**スチル病**とも呼ばれます。関節痛に加え、全身症状として2週間以上つづく39度以上の発熱、リンパ節の腫れ、サーモンピンク色の発疹、肝臓や脾臓の腫大、倦怠感をともないます。通常は関節変形を残さず治癒しますが、他の病型に移行することもあり注意が必要です。

▼**関節炎型**　**少関節発症型**では関節外症状を認めることは少なく、関節予後も良好です。通常は膝や足などの大関節が侵されますが股関節が障害されることはまれです。膝関節では左右片側のみが障害される場合があり診断がつきにくいことがあります。また抗核抗体陽性例では、目の慢性ぶどう膜炎（1089頁）をともなうことがあります。リウマトイド因子は進展型で陽性となることがあります。

多関節発症型では全身症状をともなうことがあり、持続する微熱、肝臓や脾臓の腫大、リンパ節の腫れ、食欲低下、体重減少などが合併します。

関節炎は左右対称性に現れることが多く、膝、足、肘、手などの関節が好発部位です。頸椎や顎関節も障害されます。成長障害を認めることも多く、低身長、小顎症、短指症となることがあります。リウマトイド因子陽性例は10歳以降の女児に多く、リウマチ結節をともなう場合があり、成人の関節リウマチが早期に発症したと考えられています。リウマトイド因子陰性例では手足の炎症性変化は少なく、リウマチ結節の頻度も低いとされます。

▼**症候性関節炎型**　背景となる疾患が存在する関節炎です。

検査と診断

リウマトイド因子は、多関節発症型では陽性になることが多く、ほかの病型では陰性になるのがふつうです。

全身型では、赤沈やＣＲＰが高い値を示し、白血球の増加など、強い炎症症状がみられるため、感染症、悪性腫瘍、髄膜炎など、ほかの炎症性の病気と見分ける必要があります。

治療

病型によって治療が異なります。全身型では非ステロイド抗炎症薬（ＮＳＡＩＤｓ）が使用され、有効の場合は引き続いて治療が行われます。しかし、無効の場合には、これにメチルプレドニゾロンのパルス療法が追加されます。それでも無効な場合は、トシリズマブ（ＩＬ６受容体抗体）が点滴静注されます。

関節炎型でも非ステロイド抗炎症薬の投与、無効の場合にはメトトレキサートの少量パルス療法が行われます。それでも無効の場合にはプレドニゾロンの投与が行われ、さらに無効の場合には、トシリズマブが投与されることもあります。

日常生活の注意

成長期の子どもの関節の病気であり、日常生活には十

リウマチ熱 ………2028頁
▼症状▲咽頭炎、扁桃炎のあとに食欲不振とともに発熱と関節痛、輪状紅斑、心炎など。
▼治療▲安静、保温、ペニシリンの投与。

分な配慮が必要です。

　全身型では、関節炎よりも全身症状が主体ですので、発熱のあるときには、十分な安静をとるようにします。

　少関節発症型は、大きな関節に痛みがあるため、日常の動作が不自由な時期がありますが、比較的短期間でよくなるため、後に機能障害が残ることはあまりありません。

　問題は、多関節発症型です。関節炎が長期にわたりますので、関節の変形や筋肉の萎縮を予防することが重要です。症状は、一般に朝に強く現れ、午後から軽くなることが多いので、関節痛の軽い時間に、関節の伸展、屈曲運動を行います。負担の軽い、水泳やサイクリングなどを励行します。

　学校生活には積極的に参加させるべきですが、子どもができるだけストレスなく学校生活を送れるように配慮する必要があります。

　体育や校外行事などへの参加の制限が必要な場合もありますので、主治医や担当の教師と十分に話し合う姿勢がたいせつです。

リウマチ熱

Rheumatic Fever

心内膜炎から心臓弁膜症をおこす

◇アレルギー反応の一種

どんな病気か　リウマチ熱は、のどに溶連菌（A群）という細菌の感染をくり返しているうちに発病する病気で、一種のアレルギー反応によって生じる炎症です。

　関節リウマチとはまったく異なる病気で、リウマチ熱から関節リウマチへ移行することはありません。

　初めは、高熱と関節炎が現れ、特徴のある発疹がみられます。心臓がおかされると、後遺症として心臓弁膜症（1380頁）を引き起こすことがあります。

　学童期の子どもがかかることが多く、幼児以下の子どもやおとなは、あまりかかりません。また、発症に男女の差はありません。

　春と、秋から冬にかけて発病することが多く、A群溶連菌感染症が流行しているときは、感染している人の2～3％がこの病気になります。抗生物質が発達した現在、日本では発生が減っています。

原　因　溶連菌の細胞膜にある抗原たんぱくと、人の心筋、血管壁、関節滑膜、脳の一部の組織が似ているため、溶連菌（抗原）を排除するためにからだの免疫のしくみによってつくられた抗体が、自分の組織を抗原とみなして反応し、生じる病気だと考えられています。

　しかし、溶連菌の感染者が全員発病するわけではなく、遺伝的素因を含めて、いろいろな因子が関係して発病すると考えられています。

症　状　咽頭炎や扁桃炎の後、2～3週間後に、全身のだるさ（倦怠感）、食欲不振とともに、38～39度の発熱と関節痛が現れます。膝、足、股、手、肘、肩などにある大きな関節がおかされ、赤くなったり、腫れをともなうこともあります。1～5日で、痛むところが移動します。

　輪状紅斑という発疹ができるのが特

◎リウマチ熱の診断基準

つぎにあげる主症状が2つ以上あるか、主症状1つと副症状が2つ以上あり、かつ先行溶連菌感染の証拠がある場合にリウマチ熱の可能性が強いと判定します。

▼主症状
・心炎
・多関節炎
・舞踏病
・輪状紅斑
・皮下結節

▼副症状
[臨床症状]
・リウマチ熱またはリウマチ性心疾患の既往
・関節痛
・発熱
[検査所見]
・急性期反応（赤沈、CRP、白血球増多）
・心電図PR延長

▼溶連菌感染の証明
・咽頭培養陽性または連鎖球菌迅速反応
・陽性、血清連鎖球菌抗体の高値または上昇

徴です。これは、不規則な紅斑で始まり、しだいに輪のような形になる発疹で、躯幹（胴体）や手足にみられます。

発病して1〜2週間すると、半数近くが心炎をおこします。頻脈（いわゆる脈が速い状態）、心臓の拡大、聴診による心雑音がみられ、心電図の異常がみられます。

この炎症が、心臓の弁膜を傷害することがあり、心臓弁膜症を引き起こすことがあります。

また、皮下小結節が、手足の関節の伸ばす側にできます。大きさは、エンドウ豆くらいで、痛みはなく、移動することがある結節です。

感染後2〜3か月後、5〜10％程度に神経症状が現れます。小舞踏病といわれ、意志とは無関係に踊るような不随意運動が、上肢（腕）や顔面に突然おこり、動こうとすると、その症状がひどくなります。

【検査と診断】 白血球数の増加、CRP（からだに炎症が生じると血中に増えるC反応性たんぱく）の増加、血沈（血液沈降速度）の上昇などがみられます。

溶連菌が感染した証拠として、ASO（アンチストレプトリジン・O）、ASK（アンチストレプトキナーゼ）、ADN-B（アンチデオキシリボヌクレアーゼ-B）といった抗体が、血液中に増加します。

心炎の診断には、心電図、胸部X線写真、心エコー検査、心音図が用いられます。そのうえで、咽頭からとった液などを培養して、A群溶連菌が見つかれば、診断は確定します。

診断には、ジョーンズの診断基準が参考になります（上段）。

◇安静、保温、薬物療法が基本

【治療】 治療の原則は、安静と保温です。原因となる溶連菌に対し、1日80〜120万単位のペニシリン系抗生物質を筋肉注射もしくは内服します。

その後も、再発を防ぐためペニシリンを毎日内服または4週間ごとに筋肉注射します。内服をつづける期間は、心炎のない場合は5年間です。

心炎があっても、心雑音が残らなければ、21歳まで（15歳以上で発病したら20歳をすぎるとしても5年間）服用します。リウマチ性心疾患が残ってしまったら、40歳までの服用ですが、できれば生涯服用をつづけます。

リウマチ熱の症状を抑えるためには、アスピリンとステロイド（副腎皮質ホルモン）が使われます。

【日常生活の注意】 再発を予防するには、ペニシリンの内服をつづけることがたいせつです。内服をしないでいると、50％以上が1年以内に再発し、再発をくり返すごとに心臓が悪くなっていきます。

子どもの場合、ステロイドの使用を中止してから6か月がすぎたら、心臓の障害の程度によって、どの程度の運動ならしてもよいか決めることができます。

心臓の拡大がみられない弁膜症であれば、水泳、マラソン、競走などの激しい運動だけを禁じます。

心雑音がない子どもは、健康な児童と同様に運動してもかまいません。

◎ループス素因

全身性エリテマトーデスは同じ家族に患者が集中する傾向があり、かかりやすい下地になんらかの遺伝的な因子があることが推測できます。一卵性双生児での発症の一致率は69％と高率です。

◎ワイヤーループ

腎臓の糸球体基底膜が炎症をおこすと、その結果、組織が厚くなって、針金を曲げた（ワイヤーループ）ようにみえる組織になります。

腎臓の生検でみられる全身性エリテマトーデスに特有のものです。

◎オニオンスキン

脾臓のなかの血管に炎症がおこると、血管の壁が厚くなり、血液の通り道がおしつぶされて、断面がまるでタマネギを輪切りにしたようにみえます。これをオニオンスキン様所見といい、全身性エリテマトーデスに特有のものです。

全身性エリテマトーデス（SLE、紅斑性狼瘡）

Systemic Lupus Erythematosus

◉若い女性に多い自己免疫疾患

【どんな病気か】 免疫機能の異常によって、皮膚、関節をはじめ、全身の臓器に炎症をおこす病気で、よくなったり悪くなったりをくり返し、慢性に経過します。病気の重さ、生命にかかわるかどうかは、どの臓器がおかされるかによってちがってきます。とくに、腎臓や中枢神経がおかされると、命にかかわる危険性が高くなります。

1万人に1人くらいが発病し、20～40歳代の女性がかかりやすく、男性の10倍の発病率です。

【原因】 今のところ不明ですが、かかりやすい遺伝的素因をもつ人に、感染、ホルモン、紫外線、薬などの環境因子が引き金となって免疫の異常がおこり、自分のからだの成分に対する抗体（自己抗体）ができます。

免疫で重要なはたらきをする血液中の細胞（リンパ球）が直接に、あるいは自己抗体が自分の組織を攻撃し、炎症をおこすと考えられています。

◉皮膚の症状が特徴的

【症状】 全身の症状としては、発熱、倦怠感（だるさ）、体重の減少などがみられます。また、からだの各部位や内臓に、次頁の図1に示したような多様な病変が生じます。

この病気では皮膚や粘膜の症状に特徴があります。鼻から両頬にかけて、チョウが羽を広げたような発疹（**蝶形紅斑**）や、円形の紅斑ができたあと、中心の色素が抜け、周囲に色素が沈着してコインのようになる**ディスコイド疹**（2033頁）がみられます。

また、手のひら、手指、足の裏などにできるしもやけのような発疹も特有な症状です。約半数に脱毛や日光への光線過敏症がみられます。寒冷時に手の指が真っ白になってしまう**レイノー現象**もよくみられる症状です。

皮膚の血管に炎症がおこると、紫斑や出血が現れ、潰瘍や皮膚の壊死がおこることもあります。また、口や鼻の粘膜に痛みのない潰瘍がよくできます。

関節の痛みや腫れで発病することが多く、関節リウマチとまちがえられることもあります。筋肉の炎症をともなうこともあります。

約半数で、腎臓の障害がともないます。たんぱく尿や血尿がなくても、腎臓の組織に変化が生じていることがあります。たんぱく尿の程度の強い人では、治療する前に腎臓の組織をとって顕微鏡で調べ（腎生検）、組織の障害の程度を確かめて治療方針を決めます。

中枢神経障害は、腎臓の障害、感染症とともに、この病気の三大死因の1つです。中枢神経症状で多いのは、精神症状、けいれん発作です。また、抗リン脂質抗体をもっている人では、脳梗塞などの脳血管障害をおこすことがあります。脊髄や末梢の神経がおかされることもあり、髄膜炎や脳炎、不随意運動、末梢神経炎などもみられます。

そのほか、さまざまな症状がみられることがあります（2032頁上段）。

【検査と診断】 一般的な検査としては、血沈（血液沈降速度）、尿、

図1　全身性エリテマトーデスの症状

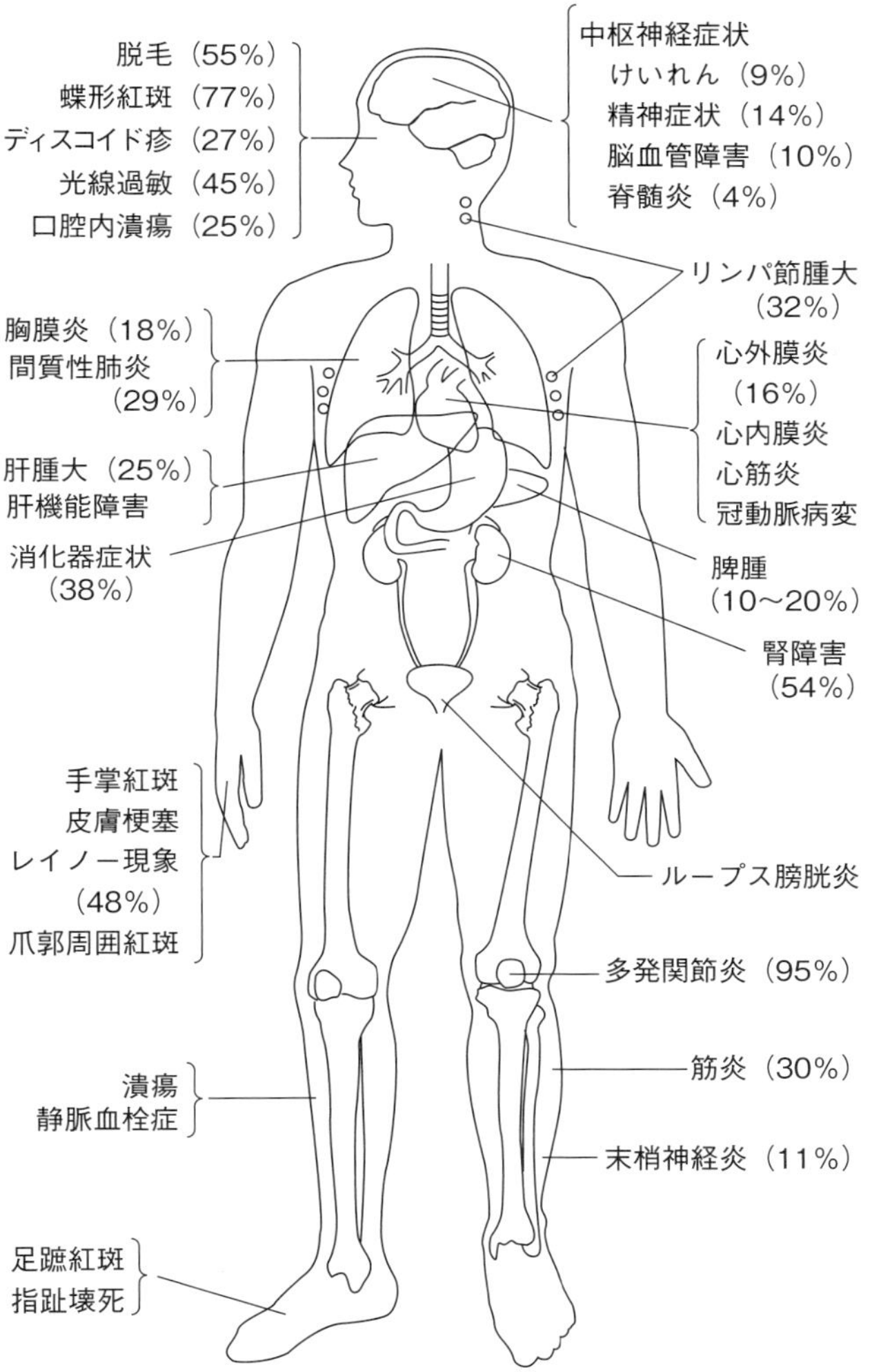

末梢血、抗体などの免疫グロブリンを測定する検査などが必要です。

血液の各成分の減少は全身性エリテマトーデスの特徴で、赤血球の減少（貧血）、白血球ではとくにリンパ球の減少、血小板の減少がよくみられます。ただし、C反応性たんぱくはあまり上昇しません。

診断するために重要なのは、この病気に特徴的な、いろいろな抗体を血中から見つける検査です。とくに、この病気では自分のからだをつくる細胞の核に対する抗体（抗核抗体）がほぼ100%検出されます。

抗核抗体のなかでも、遺伝情報を伝える物質であるDNAに対する抗体（抗DNA抗体）は、この病気に特異的にみられ、腎臓をはじめ、さまざまな組織に障害をおこします。また、細胞のある種の核たんぱくに対する抗体である抗Sm抗体や抗リン脂質抗体もこの病気に特異的にみられます。

そのほか、血球成分に対する抗体、すなわち抗リンパ球抗体、抗赤血球抗体（クームス抗体）、抗血小板抗体が検出されます。

これらの抗体のありかたが、病態と密接に関連しています。

病態をつかみ、臓器障害の有無や程度を知るためには、X線検査、呼吸機能検査、血液ガス分析（血中の酸素や二酸化炭素濃度を調べる）、心電図、心臓の超音波（心エコー）、脳波、CT、MRI、髄液、筋電図などの各検査、皮膚、腎臓、筋肉、肺などの組織をとって顕微鏡で見る生検、消化管造影検査などが行われます。

免疫の異常が、どの程度活発に生じているかを知るには、抗DNA抗体、

◎全身性エリテマトーデスでおこるさまざまな症状

心臓や血管の病変では、**心外膜炎**がもっとも多く、心臓のまわりに水がたまって、息切れや動悸をきたすことがあります。心筋に炎症がおよべば、頻脈や不整脈が現れ、心電図に異常がみられます。ひどい場合は、心筋梗塞、狭心症、弁膜症など、心臓のはたらき自体が失われることもあります。

また、下肢の静脈をはじめ、腎静脈、肺静脈、腹部の大静脈などに血栓ができて詰まってしまうことがあります。これらの血栓症も抗リン脂質抗体が原因となっておこります。

肺の病変では、胸膜炎が多くみられます。胸に痛みをともない、X線検査で胸水がたまっているのがわかります。

間質性肺炎（1292頁）は、まれですが、肺胞の中に出血すると治療が困難で、致死的な場合が少なくありません。

消化器の症状では腹痛、吐

補体（免疫において、抗体のはたらきを助ける物質）の量を調べることが、役立ちます。この病気の活動性が高い人では、補体は一般に低下します。

ひとりひとり症状がちがい、いちどに症状がでるわけでもありません。十分に病気の経過を聞き、くわしく診察することによって、特徴的な自覚症状、見た目の症状などを確認し、検査結果とあわせて、診断を確定します。

◉疲労防止と薬の正しい服用を

治療 おもな治療は、免疫のはたらきを抑えることと、炎症を止めることになります。

おかされている臓器、症状の程度、病気の活動性によって、薬の種類と量が決まります。臓器障害の広がりや炎症の程度を評価しながら、病気の経過をみきわめつつ、病態に応じた治療が求められます。

関節炎や発熱に対しては、非ステロイド系抗炎症薬が使われることもありますが、治療薬の主体は、ステロイド（副腎皮質ホルモン）剤です。

ステロイド剤には、強力な炎症を抑える効果があり、おもに用いられるプレドニゾロン（1日40㎎以上）は、免疫抑制効果も強力です。とくに、中枢神経障害、腎臓障害、血液異常には、大量のステロイド剤が必要です。

ステロイド剤の大量使用が効かない場合は、1日1gという膨大なステロイド剤を3日間点滴するパルス療法を試みたり、ステロイド剤と免疫抑制薬の併用が行われたりします。

一般的に1日30㎎以上のステロイド剤を使用しなければならない人は、その症状とステロイド剤の副作用の可能性を考え、入院が必要です。ステロイド剤の内服量が多い間は、ニューモシスチス肺炎（1282頁）などの感染症に気をつける必要があり、ST合剤の予防内服やペンタジミンの吸入を行います。

症状が治まればステロイド剤を少しずつ減らします。しかし、その後も炎症を抑え、再燃を防ぎ、からだに不可逆的な（もとに戻らない）変化が生じるのを最小限にするためには、1日5～10㎎のステロイド剤を長期間にわたって使用しつづける必要があります。

日常生活の注意 心身の過労、寒冷、紫外線、外傷、感染、手術、妊娠、出産は、発病のきっかけになったり、病気を悪くするので、注意が必要です。

病気で感染に対する抵抗力が落ちているうえ、さらに治療薬のステロイド剤によっても感染に弱くなるので、清潔にするよう気をつけて、うがいや手洗いを励行します。

手術、出産のときは、これらをきっかけに病気が悪化することがあるので主治医に相談して、ステロイド剤を増量してもらう必要があります。

大量のステロイド剤を使用すると、**満月様顔貌**（ムーンフェイス）というように顔が丸くなりますが、薬を減らせばもとに戻るので心配はいりません。

民間療法に頼る、自分の判断でステロイド剤を減らす、中止するといったことは病気が悪化して致命的となることがあるので、やめましょう。緊急災害時にはステロイド剤を必ずいっしょに持って避難するように、普段から少し余分にもっておいたほうが安心です。

きけ、嘔吐が多く、これらは腹膜炎によって生じると考えられています。この場合、膀胱炎や水腎症を合併することがあります（**ループス膀胱炎**）。膵炎もおこりますが、症状がないことが多いものです。

肝臓の障害は、軽いものから、慢性肝炎、肝硬変（1647頁）のように重症のものまでみられます。そのほか、リンパ節の腫れや脾臓の腫れがみられることもあります。

◎全身性エリテマトーデスの人の食事

食べていけない物はありませんが、たんぱく質が豊富で、ビタミンやミネラルのバランスのよいものをとるように心がけましょう。また、ステロイド剤の副作用として骨粗鬆症（1884頁）になりやすいので、カルシウムの多い牛乳や小魚をとるように気をつけます。

ステロイド剤は食欲を増すので、食べすぎて、肥満や糖尿病にならないように注意することも必要です。

円板状エリテマトーデス（DLE）

Discoid Lupus Erythematosus

どんな病気か　全身性エリテマトーデス（前項）にみられる特徴的な皮疹のひとつであるディスコイド疹（円板状皮疹）をおもな症状とする病気です。発熱、痛みのほかには、全身性の症状をともないません。

円板状エリテマトーデスと全身性エリテマトーデスの罹病率は1対7で、円板状エリテマトーデスをおこす比率は高くありません。全身性エリテマトーデスに比較すると、女性がこの病気にかかる率は少なく、かかる年齢は若くなっています。

この病気の5％ほどは全身性エリテマトーデスに移行します。

また、まれに円板状皮疹のあとに皮膚がんが発生することがあります。

原因　原因はよくわかっていません。しかし、皮膚の表皮と真皮の境に、免疫の主役とわき役ともいうべき抗体と補体が沈着することがわかっています。このことから、全身性エリテマトーデスと同じように、免疫の異常により、皮膚に炎症が生じると考えられています。

症状　円板状エリテマトーデスにみられる発疹は、平らか、やや隆起した円形の紅斑で、コインの種類であるディスコイドに似ているため、**ディスコイド疹**と呼ばれます。ディスコイド疹の中心部は萎縮して色素が抜け、あと（瘢痕）が残ります。

この発疹は、顔、頭、耳、前胸部、くび、四肢（手足）の伸ばす側によくでます。頭に持続してできると、毛が抜け、あと（瘢痕）が残ることがあります。

発熱や痛み以外には、生命をおびやかすような内臓病変はともないません。

検査と診断　血液沈降速度（血沈）の亢進、抗核抗体（自分の細胞の核を攻撃する抗体）陽性、白血球減少がみられます。

しかし、全身性エリテマトーデスに特徴的にみられる抗核抗体（DNA抗体）はみられないことが多く、DNA抗体をもつ人は、全身性エリテマトーデスに移行することがあります。また、リン脂質に対する抗体が陽性であることもあります。

治療　あと（瘢痕）が残った円板状皮疹を治すことはできませんが、新しい発疹は、少量のステロイド（副腎皮質ホルモン）剤の使用が有効です。また、保険適用外ですが、顔面に対する免疫抑制薬のタクロリムスの外用や、ハンセン病治療薬のジアフェニルスルホンの内服などが試みられています。

皮膚に塗る薬としては、ステロイド軟膏が有効です。

日常生活の注意　皮膚がんが発生するおそれがあるので、治療後も、皮膚を紫外線から守り、ストレスを避け、心身ともに外傷を受けないようにします。適度な運動と休養をとり、バランスのとれた食事をします。

発熱や感染を思わせる症状がでた場合には、ただちに主治医に連絡して、診察を受けてください。

多発性筋炎／皮膚筋炎 ……2034頁

▼症状▲筋炎、筋力低下、ヘリオトロープ疹、紅斑、間質性肺炎、心筋炎、悪性腫瘍など。

▼治療▲大量の副腎ホルモン剤を使用し、徐々に減量する。

◎ヘリオトロープ疹

ヘリオトロープとは、薄紫色の小さな花のことです。皮膚筋炎では、この花の色と似た紫紅色の発疹が、瞼、とくに上瞼にみられ、ヘリオトロープ疹と呼びます。

同時に瞼は、むくんだようになります。しかし、かゆみなどの自覚症状はありません。

白人では、薄紫色にみえますが、日本人では褐色がかった紫色にみえます。

この発疹は、皮膚筋炎以外の病気ではみられないので、この病気に特徴的な症状とさ

多発性筋炎／皮膚筋炎

Polymyositis / Dermatomyositis

筋肉がおかされる膠原病

◇全身に筋炎や皮膚炎がおこる

［どんな病気か］ 多発性筋炎は、おもに、くび、肩、上腕、腹、殿部、太ももなど、からだの中心部に近い骨格筋（近位筋といいます）が炎症（筋炎）をおこす病気です。

病気の原因は、はっきりしませんが、膠原病の一種です。

筋炎だけでなく、皮膚に特徴的な赤い斑点（紅斑）がみられる場合があり、これを**皮膚筋炎**と呼びます。

これらの病気では、筋肉と皮膚以外に、関節、心臓、肺にも炎症がおよびます。自己抗体（2002頁）など、免疫の異常もみられます。

さらに、がんを含む悪性腫瘍をともなうことが多いこと、ほかの膠原病をともなうことが多いのも特徴です。

厚生労働省の特定疾患（難病）に指定されており、治療費の自己負担分の大部分は公費で支払われます。

小児期に小さな発病のピークがあり、40～60歳に大きなピークがあります。

男女比は1対3で、やや女性に多い病気です。がんを合併する人は40歳以上で、男性に多い傾向がみられます。

［症状］ 筋肉症状、皮膚症状、内臓病変などがあります。

◉筋肉症状

筋炎がみられる場合は、筋力低下に注意します。筋力低下は、とくに下肢（脚）からおこります。

階段の昇降が困難になり、バスに乗ること、トイレから立ち上がることがむずかしくなります。この症状が進むと、ベッドから起き上がれない、荷物を持ち上げられないなどの症状が現れます。さらに進行すると、咽頭の周りの筋力が低下するため、鼻声になる、飲み込みにくいなどの症状もでます。

◉皮膚症状

典型的な皮膚症状としては、ヘリオトロープ疹（上段）と、関節外側の落屑（皮膚の表面が白っぽく剝がれてくる）をともなう紅斑があります。紅斑は、手指、肘、膝の関節の外側によくみられます。

関節炎の多発（とくに病初期）やレイノー現象（手指が蒼白になってから赤くなる）がおこることもあります。

◉内臓病変

▼間質性肺炎（1292頁） 内臓病変で高率（30～40％）にみられる症状です。

慢性に経過することが多いのですが、ときには急性に進行し、呼吸不全で死亡する例もあります。痰の少ないせきと息切れがおもな症状です。

▼心筋炎（1376頁） 骨格筋の病変と比べれば少ないのですが、心臓の筋肉にも病変が生じます。そのため、不整脈や心不全をおこすこともあります。

▼悪性腫瘍 この病気にともなう、もっとも重大な合併症は、がんです。40歳以上で発病した場合におこります。男性の皮膚筋炎では、とくに高い割合でがんを合併します。両者は、ほとんど同時に発病するとされており、皮膚筋炎と診断されたら、肺がん、胃など消化管のがん、乳がんや子宮がんの検

れ、診断に役立つ発疹です。
膠原病のひとつ、全身性エリテマトーデスでも、顔に紅斑ができますが、ふつう、瞼にはみられません。

査が必要です。

検査と診断　血液検査、筋電図検査、筋生検、免疫学的検査が行われます。

▼血液検査　筋炎がおこると、筋肉が破壊され、筋肉に含まれている酵素が血液中に流出します。そのため、各種の酵素（CK、アルドラーゼ、GOTなど）の値が上昇します。

これらの酵素の値は診断にも必要ですが、治療効果の判定やリハビリテーションの進めかたの目安にもなるので、重要な検査です。

▼筋電図検査　筋肉に電極の針を刺して、筋肉の活動性をみる検査です。筋肉に障害があれば、筋肉内に流れる微小な電流に変化が生じます。

▼筋生検　障害されている筋肉のごく一部を切取って、顕微鏡で筋肉の炎症の有無をみる検査です。組織の炎症がみられれば、この病気を診断する確実な証拠が得られたといえます。

▼免疫学的検査　免疫系に異常がみられ、自己抗体が陽性となる人がいます。とくに慢性の肺線維症（肺が硬化する慢性の間質性肺炎）をともなう場合は、抗Jo－1抗体と呼ばれる自己抗体が血液中に現れます。

診断は、筋力の低下と皮膚症状を示す皮膚筋炎では、比較的簡単です。

多発性筋炎では、筋力の低下と前述の検査を組合わせて診断します。

筋肉が障害される病気（筋ジストロフィーなど）や、神経障害によって筋力が低下する病気（筋萎縮性側索硬化症など）と区別するために、筋生検を行う必要があります。

治療　大量の副腎皮質ホルモン（ステロイド）剤が使用されます。ふつう内服で用いられますが、ときには静脈に大量のステロイド剤を3日間点滴し（パルス療法）、そのあとに内服となることもあります。

ステロイド剤は、症状や筋肉の酵素の値をみながら、徐々に減量します。

この治療でも十分な改善がみられないとか、副作用が強くて使用できないような場合には、免疫抑制薬の併用、さらにγ-グロブリンを大量に点滴する治療が行われることもあります。

症状がよくなっても、再発予防のために、少量のステロイド剤を何年も使用します（維持療法）。症状が重いときには、安静が第一で、入院します。

筋力が回復し、筋肉由来の酵素の値が落ち着いてきたら、ゆっくりと運動療法を始めます。

日常生活の注意　この病気は、長期間、大量のステロイド剤を服用します。ステロイド剤の副作用として、感染症がおこりやすい、精神的に不安定になる、糖尿病、骨粗鬆症、脂質異常症、緑内障、白内障を合併するなどがあります。

その対策としては、発熱など、調子が変だと感じたら、ただちに主治医に相談して検査をしてもらうことです。

食事療法としては、高たんぱく質でカルシウムが豊富な食事にし、脂肪分、糖分は、運動量に合わせて控えめに（体重増加は禁物です）、が原則です。

筋炎の回復期に、弱っている筋肉を過度に動かすことは禁物です。運動療法は、筋肉酵素の値をみながら、少しずつ行います。

強皮症（全身性硬化症）……2036頁
▼**症状**▲レイノー現象が共通してみられ、ほか皮膚硬化、消化管の線維症など。
▼**治療**▲特効薬がないため、各症状にあわせた対症療法が行われる。

強皮症（全身性硬化症）

Scleroderma (Systemic Sclerosis)

皮膚が厚く、かたくなる特定疾患の1つ

◇女性に多くみられる

どんな病気か　強皮症は、皮膚が厚く、かたくなる（皮膚硬化と呼ばれます）のをおもな症状とする病気です。皮膚の硬化は、両手指や顔から始まり、体幹（胴体）へと広がります。

この皮膚症状のみの病気を**限局性強皮症**（次項）と呼び、関節、腱、食道などの消化管、肺、心臓、腎臓と、ほとんどの内臓に、いろいろな程度で障害をおこす**全身性強皮症**と区別しています。ここでは全身性強皮症について説明します。

この病気の症状に共通するのは、免疫の異常をともなった線維症と血管病変です。線維症とは、傷が治ったあとにできる、ひきつれた盛り上がり（瘢痕）のようなもので、組織に線維が増加するものです。こうした組織の変化が、皮膚、肺、消化管にもおこり、臓器がかたくなっていきます。

これが血管に生じると、血管の内側が狭くなり、血液の流れが悪くなります。これに炎症が加わって、複雑な病態となります。これら内臓の症状が重症化するものが**びまん型全身性強皮症**、比較的軽症ですむものが**限局型全身性強皮症**と区別されます。

この病気は治療法が確立していないので、厚労省の特定疾患（難病）のひとつに指定されています。

原因　原因ははっきりとわかっていません。ただし、遺伝的な因子が発病に関係している可能性は少ないと考えられています。

ほとんどの場合で、自分の組織を異物とする自己抗体が検出され、原因のひとつと考えられます。また、自己抗体の種類のちがいが、びまん型と限局型を区別することもわかっています。

女性の発症が男性と比べて圧倒的に多く、30～50歳代に発病します。しかし発病率は、人口10万人に6人と、ごくまれなものです。

発病にかかわる環境因子としては、粉塵（珪肺1302頁上段）、豊胸術に使われる注入物、化学薬品（塩化ビニール、ブレオマイシン薬）があります。

◇レイノー現象ほか、多彩な症状

症状　レイノー現象が共通してみられるほか、皮膚や内臓にさまざまの症状が現れます。

▼レイノー現象　ほとんどの人にみられ、その80％以上はこの病気に気づくきっかけとなる症状です。冬、寒気にさらされたり、冷たい水に手をつけたりすると、手指の先が白く、あるいは紫色になる現象です。動脈が収縮するために、とくに手指の血液の循環が止まるためにおこります。しびれや痛みをともなうことがあります。

▼皮膚症状　皮膚の硬化が、もっとも重要な症状です。こわばり感として自覚され、手指が動かしにくく、むくんだ感じになります。皮膚が厚ぼったくなり、物をつまみにくくなります。

皮膚硬化は手足に強くでて、左右対称にみられます。顔は突っ張って、仮面のようになります。皮膚の硬化がくびから、前胸部、全身へと広がる人もいます。いっぽう、長い間、手指や手だけに硬化がとどまって広がらないタイプもあります。これは軽症型です。

皮膚の色は、全体に黒くなります（色素沈着）。

▼内臓症状　消化管、とくに食道、十二指腸、小腸に線維症がおこります。60〜70％に食道の機能障害が現れ、固形物を飲み込むときにつかえた感じや、胸やけがおこります（逆流性食道炎 1546頁）。腸の動きも悪くなり、腹部は全体に腫れ、便秘や下痢をくり返します。肺線維症もおこります。せきがつづき、息切れがあります。進行すると呼吸不全になることがあります。

心臓に線維症がおこると、不整脈や心不全になります。また、5％に腎不全がおこり、悪性高血圧症と尿毒症が急速に進み、生命にかかわります。

検査と診断　皮膚硬化が手足に対称にみられ、顔が仮面のようになれば、それだけで診断ができる病気です。しかし、皮膚硬化が手指に限られている場合や、内臓の病変（食道や肺線維症など）がおもな症状になっている場合には、見逃されることもあります。ただし、レイノー現象がみられれば、この病気が考えられます。

検査では、血液中の抗核抗体（細胞の核に対する自己抗体）の検査が重要です。この抗体は、この病気の90％以上でみられます。

皮膚の病変に対しては、皮膚を一部採取する生検も行われます。

内臓病変の有無をみるには、消化管造影や内視鏡検査が、肺については、胸部X線検査やCT検査、肺機能検査、心臓の病変には、心電図や心エコー検査が行われます。

◇治療は対症療法、養生が第一

治療　この病気に対する特効薬はありません。それぞれの症状に合わせた薬物療法が行われます。

皮膚硬化や肺線維症に対しては、リウマチの治療薬であるD‐ペニシラミンが使われます。

レイノー現象など、血管の病変に対しては、血管拡張薬が用いられます。

関節炎に対しては、非ステロイド系抗炎症薬が使われます。消化管の病変には、プロトンポンプ阻害薬や胃粘膜保護薬、胃腸の活動を促す蠕動促進薬などが用いられます。

日常生活の注意　レイノー現象を予防するには、寒冷を避け、保温につとめます。冬場に外出する際には、厚い手袋やソックスを着用するのはもちろん、水仕事をするときにもゴム手袋などを着用するように心がけます。

また、関節の動きをなめらかにするために、体操をしたり、入浴のときに手指をよく動かすといったこともたいせつです。

たばこを吸う人は、禁煙も必要です。

胸やけやげっぷがひどい場合は、就寝時に上半身を20cmほど上げて寝ます。

食事は、1回の量は少なめにし、ビタミン、ミネラルに富んだ消化のよいものを、4〜5回に分けてとるようにしてください。

◎抗リン脂質抗体症候群

からだをつくる細胞の細胞膜にはリン脂質が含まれています。抗リン脂質抗体はこのリン脂質を抗原とみなす自己抗体で、この抗体があるために、足の静脈血栓症や脳梗塞、習慣性の流産などがおこる病気です。

なぜこの病気がおこるのか原因は、まだはっきりわかっていません。ただし、遺伝する病気ではないと考えられています。

全身性エリテマトーデスとの合併が多く、その他、強皮症などの膠原病との合併がみられます。

この病気に対する特効薬はなく、血栓症に対する治療がおもな治療となります。また、血栓症が現れていない場合には、経過を観察するだけでもよい場合があります。

限局性強皮症
Localized Scleroderma

どんな病気か

強皮症のうち、皮膚と筋肉だけに線維組織が増え、皮膚がかたくなる病気です。

全身性の強皮症（前項）とはちがう病気と考えられています。全身性の強皮症にみられるレイノー現象や内臓の病変はみられず、膠原病には含まれません。皮膚硬化が斑状にできるもの（**モルフェア**と呼び、この病気全体の40％はこのタイプです）と、線状・帯状にできるものの2つのタイプに大きく分けられます。

硬化は、ふつうは単独で現れますが、多発することもあります。若年者に多くみられる病気で、とくに線状・帯状のタイプは、10歳代までに発病します。

男女比は、約1対2と、女性に多いのですが、全身性の強皮症が圧倒的に女性に多いのと比べると、差はわずかなものです。

症状

さまざまの皮膚症状が現われます。

▼斑状限局性強皮症（モルフェア）　指先から手のひらの大きさまでの円形ないし楕円形で、境界がはっきりした淡紅色のやや盛り上がった斑（発疹）ができます。

斑の中心部には、皮膚の硬化、萎縮（へこむことが多い）、色素脱失（皮膚の色が白くなる）がみられます。背中、胸、腹部によくできます。

▼線状限局性強皮症・帯状限局性強皮症　頭部では線状に、四肢（手足）では帯状に皮膚硬化がみられます。線状の硬化のなかには、創傷状強皮症という、前頭部から前額部にかけての正中線に沿って、縦に刀の傷のように皮膚のへこみがみられるものが有名です。顔の片側に、皮膚の萎縮をともなうことがあります。四肢では、縦に線状や帯状に皮膚硬化がみられます。表面は平滑で、光沢があり、時間がたつと萎縮してへこんできます。

また、汎発型限局性強皮症といって、斑状あるいは線状の硬化が、からだの左右両側にたくさんできることもあります。

限局性強皮症では、レイノー現象はみられず、内臓の病変もありません。まれに限局性強皮症が全身性の強皮症に合併することもあります。

検査と診断

皮膚の独特な症状によって診断されます。皮膚の一部を切りとって顕微鏡で見る（生検）と、診断はいっそう確実になります。

皮膚に限られる病気ですから、血液や尿の検査に異常はみられません。

この病気の発症に免疫異常の関与が示唆され、抗核抗体は約半数の例で陽性となります。

治療

治療しなくても、数年で自然に消えることが多いものですが、局所療法としてステロイド軟膏、1％塩酸ピロカルピン軟膏、0・2％塩酸ヒスタミン軟膏などが用いられます。しかし、創傷状強皮症は治りにくいので、形成外科による手術が行われます。

日常生活の注意

特別なものはありませんが、10歳代の場合は、外観からくる精神的な問題のケアがむしろたいせつです。

◎混合性結合組織病での日常生活の注意

慢性の病気ですから、日常生活に気を配ることがたいせつです。

一般的に、疲れやストレスをためず、十分な休養をとり、バランスのとれた食事をし、規則正しい生活を心がけましょう。

手足が冷たくなりやすいので、手袋や厚手の靴下で保温し、お風呂に入ったときはしっかり温め、マッサージをしましょう。海水浴やスキーをしない、防寒を心がける、過労を避ける、たんぱく質・カルシウムに富んだ食事をする（肥満を避ける）、消化のよいものを食べる、禁煙することなどを心がけましょう。

混合性結合組織病
Mixed Connective Tissue Disease

どんな病気か

膠原病に含まれる病気は合併することがありますが、そのなかで混合性結合組織病という独立した病気があることをシャープらは１９７２（昭和47）年に提唱しました。その特徴として、①**全身性エリテマトーデス**（2030頁）、**強皮症**（2036頁）、**多発性筋炎**（2034頁）の症状をあわせもつ、②血清中に抗U1‐ＲＮＰ抗体が認められる、③重篤な腎症状はおこらず、副腎皮質ホルモン剤がよく効き、予後が良好な疾患である、などがあげられます。

日本では、１９９３年から厚生労働省の特定疾患（難病）のひとつに指定され、診断基準がつくられています。

男女比は1対13～16と女性に多く30～40歳代の発症が多い病気ですが、小児から高齢者まであらゆる層で発症します。肺高血圧症をともなう場合には、治療が困難で死につながります。

原因は不明ですが、自己の成分に免疫反応をおこす自己免疫疾患と考えられています。遺伝的素因も考えられますが、病気そのものが遺伝することはなく、家族内発症はまれです。

症状

手指の皮膚が蒼白から青紫、さらに赤くなるレイノー現象（1427頁）が必発し、初発症状でもあります。手指や手の甲が腫れる、ソーセージ様の手指も特徴的で約70％にみられます。

全身性エリテマトーデス、強皮症、多発性筋炎については、比較的軽い症状がみられます。

このほかに、肺高血圧症が5～10％でおこり、自覚症状として動悸、労作時息切れ、胸痛などがみられます。無菌性髄膜炎や三叉神経障害（顔の一部のしびれ）がみられることもあります。

検査と診断

この病気を診断するには、血清の検査で抗U1‐ＲＮＰ抗体が陽性であることが条件です。陰性であれば、この病気は否定できます。リウマトイド因子も50％の人で陽性になります。血液検査では白血球や血小板の数が減少します。

筋肉の病変をみるために、血液中のクレアチンキナーゼ（ＣＫ）などの筋肉由来の酵素の測定や筋電図検査が行われます。筋電図では筋原性の異常所見がみられます。胸のX線検査で、胸膜炎、心膜炎、肺線維症、肺高血圧の有無を判断します。肺機能検査、心電図、心エコーなどの検査も行われます。

前に述べた3つの膠原病のうち、少なくとも2つの病気の病変がみられることが、診断の条件になります。

治療

症状や重症度に応じてステロイド剤を中心とする薬物治療が行われます。しかし、強皮症の病変に対しては、よい治療法がありません。肺高血圧症では、発症早期にステロイドパルス療法や免疫抑制薬の併用療法により改善することがあります。最近では肺血管を拡げる方法として、カルシウム拮抗薬、経口プロスタサイクリン誘導体、プロスタサイクリン（ＰＧＩ２）持続点滴静注、経口エンドセリン受容体阻害薬などの治療や在宅酸素療法などが試みられ、有効性が示されています。

シェーグレン症候群

Sjögren Syndrome

●涙や唾液が出にくくなる病気

どんな病気か

膠原病（2003頁）のひとつで、おもに涙腺や唾液腺などの外分泌腺に炎症が生じ、涙や唾液などが出にくくなる病気です。スウェーデンの眼科医シェーグレンが１９３３（昭和８）年に発表した論文にちなんで命名されました。

肺、腎臓、肝臓にも病変がみられ、関節リウマチ、全身性エリテマトーデス、強皮症など他の膠原病と合併することも多くみられます。他の膠原病をともなわない場合は、**乾燥症候群**と呼ぶこともあります。

中年女性によくみられ、発症は50歳代がピークです。少数ですが若年者や高齢者にも発症することがあります。

原因

原因は不明ですが、環境因子（ウイルス感染など）、遺伝因子、免疫異常、女性ホルモンの要因などが関与すると推定されています。

症状

涙が出にくい（ドライアイ）ため、目の異物感、痛み、充血、めやにの増加、熱感などがあります。明るいところでは、まぶしい感じがします。

唾液も出にくいため、いつも口の中が乾燥し、のどが渇きます。そのため、食物が食べにくくなり、飲み込むのも困難になります。

必然的に水分摂取が増え、排尿の回数も増えます。

また、口の中の浄化ができず、舌が荒れて、口角のただれ、むし歯も多くなります。

耳下腺や顎下腺が腫れることもしばしばあります。鼻や耳、気管支など、他の粘膜の分泌も減り、鼻の乾燥感や嗅覚の異常、外耳道炎、中耳炎、気管支炎などがおこりやすくなります。

胃酸の分泌が悪くなり、胃炎や消化不良がおこることもあります。また、腎臓の間質に炎症が生じ、血液が酸性にかたよったり、骨がもろくなったりすることもあります（腎尿細管性アシドーシス）。肺では軽症の間質性肺炎をおこすことがあります。まれに肋膜炎や心外膜炎がみられます。

皮膚が乾燥し、発汗の減少やかゆみがみられます。じんま疹、多形性紅斑、環状紅斑などがおこることもあります。女性では腟の乾燥症もみられます。

神経症状としては、末梢神経障害がおこります。灼熱感のある異常知覚をともなう多発性単神経炎が、おもに下肢にみられることがあります。

全身症状としては、発熱、関節の痛み、紫斑、血行障害によるレイノー現象（1427頁）などもみられます。

また、この病気は他の膠原病だけでなく、慢性甲状腺炎や原発性胆汁性肝硬変、自己免疫性膵炎、悪性リンパ腫など免疫異常をおこす病気を併発することがあります。

検査と診断

血液検査では、赤血球の沈降速度（赤沈）が速くなり、貧血、白血球や血小板数の減少、γグロブリン（抗体などの免疫グロブリンたんぱく）が増加するとともに、唾液腺由来のアミラーゼという酵素の増加などがみられます。また、リウマトイ

◎サクソン試験

ガムテストと同様に唾液の量をはかるテストで、ガーゼを2分間、口の中に含み、吸収された唾液の重量をはかります。2g以下で唾液量の低下と診断されます。

◎側頭動脈炎

巨細胞性動脈炎ともいい、側頭部にある側頭動脈に炎症がおこる病気です。高齢者に発症し、男女差はみられません。比較的まれな病気です。

炎症によって動脈が赤く腫れて蛇行し、押すと痛みます。それと同時に高い熱がでて、頭痛がおこります。体重減少、全身のだるさなども現れてきます。炎症が目の動脈におよぶと、目のかすみ、ものが二重に見える（複視）、重症の場合は失明することもあります。約50％にリウマチ性多発筋痛症を合併します。

治療には、大量のステロイド（副腎皮質ホルモン）剤の使用が必要となります。

ド因子が約80％にみられ、抗核抗体（自己の細胞の核を標的にする自己抗体の一種）、免疫複合体などが高頻度にみられます。

抗核抗体のなかでも、抗SS‐A抗体（50～70％）と抗SS‐B抗体（20～30％）がみられるのが特徴です。抗SS‐B抗体は、この病気にだけみられる抗体で、診断に役立ちます。

涙の分泌は、小さな濾紙を下のまぶたにあてて、どのくらいの長さに涙がしみるかを調べます（**シルマーテスト**）。5分間で濡れた濾紙片の長さが5㎜以下の場合を涙液産生異常と定義します。

眼科的検査では、角結膜に炎症が生じているかどうか、蛍光色素を用いて調べます（**ローズベンガル試験**）。

唾液の分泌は、10分間、ガムをかんで唾液量を測定する**ガムテスト**で調べます。10mℓ以下が低下とされます。正確な唾液測定法としてはサクソン試験（上段）があります。また、唾液腺（耳下腺）の導管から造影剤を注入してX線で撮影（唾液腺造影）すると、この病気ではりんごの木と呼ばれる唾液腺像がみられます。アイソトープ（放射性同位元素）を静脈に注射し、唾液腺に取込まれる量をみて、その機能を調べる方法もあります（**唾液腺シンチグラフィー**）。

また、口唇粘膜の組織の一部をとって、病理組織学的に小唾液腺に炎症があるかどうか検査します（**口唇生検**）。

診断は、前記の症状と検査結果から行い、厚生労働省の調査研究班から発表されている診断基準に照らし合わせて診断されます。

◉人工涙液や唾液も用いられる

治療　涙や唾液の分泌を高める薬が用いられますが、治療の多くは局所療法が中心です。

目の乾燥に対しては、人工涙液マイティア、ヒアルロン酸Na、コンドロイチン硫酸、ソフトサンティアなどの点眼薬を用います。ドライアイ眼鏡はフレームにビニール製のカバーがついた眼鏡（モイスチャーエイド）で涙の乾燥を防ぎます。

手術療法としては涙管に簡易プラグをつめて涙液減少を防ぐ涙点プラグや涙点閉鎖術などがありますが、まれにしか行われません。

口内の乾燥に対しては人工唾液スプレー、保湿成分が入った液、ジェル、軟膏などを使用します。薬剤ではムスカリン作動薬（塩酸セビメチン、塩酸ピロカルピン）が唾液分泌を促進させます。副作用には腸管や膀胱の運動亢進にともなう症状とともに、発汗の増加、熱感および紅潮などがあります。

重い内臓の病変（間質性肺炎、間質性腎炎、中枢神経症状）には、ステロイド剤や免疫抑制薬を使用します。

日常生活の注意　食事は、かたいものや刺激物を避け、水分が多く消化のよい、バランスのとれたものをとります。住居は、快適な温度と湿度を保ち、とくに空気の乾燥に注意します。

歯をやわらかいブラシでよく磨き、虫歯を予防するとともに、感染症に留意し、かぜをひかないように、またこじらせないように注意します。

さらに、過労を避けるほか、ストレスを蓄積しないように注意することもたいせつです。

◎血管炎症候群

血管壁の炎症のために血行が障害され、組織の壊死などをおこす病気として古くから知られていたのが多発性動脈炎です。そのため、原因不明の血管炎による病気を指す名称として広まっていました。

しかし、最近では血管炎がおこる病気として、大動脈炎症候群（1422頁）や側頭動脈炎（2041頁上段）、ウェゲナー症候群、アレルギー性肉芽腫性血管炎など多数の病気が見つかり、また、それぞれの病気が合併しておこることや、区別するのがむずかしいため、これらを血管炎症候群と総称しています。

◎多発性動脈炎の診断

症状のなかでは、発熱、体重減少、関節の痛み、皮膚の網目状の発疹、皮膚の潰瘍、高血圧、腎臓の障害、手足のしびれ、筋力の低下といったものが重要です。

検査では、血沈、CRPな

多発性動脈炎（顕微鏡的多発血管炎／結節性多発動脈炎）

Polyarteritis (Microscopic Polyangitis / Polyarteritis Nodosa)

◉中・小動脈に強い炎症がおこる

どんな病気か 動脈に炎症が生じて血液の流れが悪くなり、さまざまな症状がおこる病気です。障害を受けやすい動脈としては、腎臓、脳、心臓、肺、腸管、皮膚などの動脈があげられます。

結節性多発動脈炎（ＰＮ）は、そのうち中または小サイズの太さの動脈に炎症が生じる病気です。

最近では細小血管に炎症が生じるものを**顕微鏡的多発血管炎**（ＭＰＡ）と呼び、急速に進行する腎臓や肺の血管炎を合併しやすいものが多くみられ、中・小動脈がおかされるＰＮとは区別されるようになりました。

原　因 原因は不明ですが、ウイルスの感染（とくにB型肝炎ウイルス）や薬の過敏症（サルファ剤やペニシリンなど）、ワクチンの副作用などによっておこることがあります。

日本では男女差はなく、中年から高齢者（40～60歳代）にかけて発病することの多い病気です。病理学的には血管腔の狭窄と動脈瘤がみられます。

症　状 原因のわからない高熱、体重が減る、疲れやすくだるい、関節や筋肉が痛むなどの症状で発病することが多くみられます。

皮膚の症状としては、青紫色の網目状の発疹、しこりのある紅斑、じんま疹のような発疹、皮膚の潰瘍、指先の組織の壊死などがみられます。

小ないし中くらいの太さの血管がおかされている場合には、小さなしこり（皮下結節）が数珠状につながって触れることがあります。

腎臓がおかされることが多く、そのため、むくみや高血圧が現れます。

心臓では、血管の酸素供給がうまくいかずに心筋が障害され、狭心症の発作や心筋梗塞がおこることがあります。

また、心臓や肺をおおっている膜の炎症（心外膜炎、胸膜炎）や、肺に炎症がみられることもあります。

腸管に血液を送っている動脈に炎症がおこると、腸管が壊死におちいり、腸の動きが悪くなって激しい腹痛や吐きけ、嘔吐、下血などがみられます。多くの場合、壊死した部分を切除する手術が必要です。

脳の血管に病変がおこると、けいれんや意識消失、精神症状などがみられます。ときに、脳出血や脳梗塞のために、片まひ（いわゆる半身不随）や脳神経まひ（感覚機能など、からだのさまざまなはたらきが失われる）をみることもあります。頭痛や視力の低下、手足のしびれや運動障害（多発性単神経炎）、筋肉の萎縮などもみられます。ときにつま先が上がらない下垂足もみられます。

検査と診断 強い炎症が生じる病気ですので、赤血球沈降速度（赤沈）が速くなり、炎症があると血中に増えるＣＲＰ（Ｃ反応性たんぱく）値が上昇します。貧血、補体の低下、血中免疫複合体の増加もみられます。

炎症によって、白血球、好酸球、血

どの炎症所見とともに、好中球の細胞質に対する抗体（ANCA）、血管のX線造影、生検による病理学的検査が重要で、これらが診断の決め手となることがあります。

　また、厚生労働省の調査研究班の診断基準とも照らし合わせて診断します。

◎多発性動脈炎での日常生活の注意

　寒冷、過労、ストレスを避け、十分な睡眠時間をとります。また、かぜや感染症にかからないように注意し、食事はバランスよく摂取しましょう。

　血管に負担をかけないよう、動脈硬化などの危険因子に注意しましょう。喫煙、肥満、糖尿病、高血圧、高脂血症、高尿酸血症にも気をつけましょう。

　薬は、自分勝手な判断で加減してはいけません。歯の治療が必要な場合は、主治医に相談してください。

小板の数が増加し、血液中のγグロブリン（抗体などの免疫グロブリン）も増加します。

　腎臓が障害されたときは、尿にたんぱくがみられ、尿の沈降成分をみる尿沈査でも、赤血球や円柱（尿細管に腸詰のようになった血漿成分や血球成分、尿細管からの分泌物など）が現れるなどの異常がみられます。また、腎臓の働きが低下して、急速に全身の状態が悪化することもあります。

　B型肝炎ウイルスに感染している人では、肝臓の機能障害がみられます。

　MPAでは、好中球（白血球の一種）の細胞質に含まれる酵素に対する抗体（抗好中球細胞質抗体、P-ANCA）がみられることが多く、この抗体があると腎臓や肺の毛細血管に炎症が生じやすく、急速に進行する腎炎や間質性肺炎、肺出血をおこします。この抗体は診断に役立つだけではなく、その抗体の推移が治療のよい指標になります。

　中、小動脈の炎症の診断には、造影剤を注入して血管のX線写真を撮り（血管造影）、血管の走行の異常、動脈瘤があるかどうかを調べます。

　また、組織の一部を採取し、顕微鏡で調べ（生検）、血管炎があるかどうかをみるのも重要な検査です。生検では、血管組織の壊死がみられるのが特徴です。しかし、すべての動脈が連続して炎症をおこしているわけではないので、生検で必ず血管炎が証明されるわけではありません。

　生検で調べられることの多い組織は、皮膚、筋肉、神経、腎臓などで、確定診断は、前記の症状と検査の結果によってつけられます。

治療

◉薬物療法が基本

　診断がついたら、ステロイド剤と免疫抑制薬ではシクロホスファミド製剤またはアザチオプリンなどが初期治療に用いられます。とくに早期に治療を始めると、ひじょうに効果があり、その後の経過も良好です。

　効果がみられない場合には、ステロイド剤やシクロホスファミドを大量使用するパルス療法（短期間、間欠投与法）が行われ、必要な場合は自己抗体を除くために、血漿交換療法が行われることもあります。

　軽い場合は、ステロイド剤の少量だけで治療されることもあります。

　いずれにしてもステロイド剤は、症状と検査所見の改善をみながら、ゆっくりと使用量が減らされます。血管内腔狭窄および血栓形成に対し、血栓溶解薬、血管拡張薬、抗血小板薬などが使用されます。

　他の病気を合併しているときは、その治療が同時に行われます。高血圧がある場合は、血圧をよい状態にコントロールすることが重要で、降圧薬で治療しつつ、塩分制限などの食事療法が行われます。腎臓のはたらきがひどく障害された場合は、人工透析が行われます。手足のしびれや、筋力の低下、運動障害がみられる場合は、リハビリテーションが行われます。

　全く治療しないと、5年生存率は10%以下でしたが、最近の治療法の進歩で70%に改善されています。おもな死因は感染症、臓器障害、腎不全、消化管出血などです。

◎フェルティー症候群

関節リウマチ（2014頁）の1つのタイプで、関節リウマチに脾臓の腫れ（脾腫）と白血球減少をともなったものです。この病気がおこる確率は関節リウマチの1％以下です。

▼症状　原因は不明ですが、通常の関節リウマチより免疫異常が強いのでおこるとされ、関節の破壊や変形が強く現れます。白血球減少では細菌感染を防ぐのに必要な好中球が減少します。同時に血小板減少や貧血をともなうこともあります。難治性の皮膚潰瘍、皮膚の色素沈着、末梢神経障害（しびれ）など悪性関節リウマチと同様の症状をよくともないます。また胸膜炎（胸水貯留）、心膜炎（心嚢水貯留）、目の上強膜炎などもみられることがあります。

この病気でもっとも注意すべき点は、白血球の減少によって細菌感染症をくり返すことです。細菌性肺炎、敗血症などが発生して、難治性とな

慢性疲労症候群／線維筋痛症

Chronic Fatigue Syndrome; CFS / Fibromyalgia; FM

どんな病気か

慢性疲労症候群と**線維筋痛症**は類似した病気であり、同時に合併することも多いことから、まとめて**機能的身体症候群**と分類されることもあります。

慢性疲労症候群は激しい全身倦怠感、疲労感が比較的急激におこり、そのほかに微熱、咽頭痛、関節痛、抑うつ気分など多彩な症状をともなう病気です。人口の0・3％にみられ、女性に多く、20～50歳代に発病します。

いっぽう線維筋痛症は、全身の慢性疼痛とこわばりがおもな症状で、疲労感、倦怠感、抑うつ症状などの症状を示す原因不明の病気です。人口の1・7％にみられ、発症するほとんどが中年の女性です。

症状

慢性疲労症候群は発病前の活動が50％以上も低下する激しい倦怠感、疲労感が急激におこり、微熱、咽頭痛、関節痛、筋肉痛、こわばり、リンパ節の腫れ、抑うつ気分、不眠、頭痛などの症状もおこります。

線維筋痛症は3か月以上持続する全身の慢性疼痛とこわばりがあり、疲労、倦怠感、抑うつ気分、不安感、焦燥感、不眠、ドライアイ、ドライマウス、筋力の低下、不眠、頭痛・頭重感、下痢・便秘、羞明（ふつうの光でもまぶしさを感じること）など多彩な症状が出現します。

線維筋痛症は他の病気に合併して発症することもあります。

原因

いずれの病気も原因不明ですが、慢性疲労症候群では何らかの感染症が引き金となることが多く、線維筋痛症では過去の疼痛治療がうまくいかず全身疼痛へと拡大するとされています。

検査と診断

慢性疲労症候群、線維筋痛症とも一般的な検査で明らかな異常はみられず、X線検査などの画像検査でも異常がないことが特徴です。

診断にはそれぞれ臨床症状を組合わせた診断基準が用いられ、慢性疲労症候群は日本疲労学会の２００７（平成19）年の診断指針、線維筋痛症はアメリカリウマチ学会の１９９０（平成２）年の基準が用いられます。

治療

いずれも原因不明のため、経験的な対症療法が中心で、薬物療法と非薬物療法を行います。慢性疲労症候群の薬物療法では基礎療法として大量のビタミンC、B_{12}と漢方薬が使用され、ついで抗うつ薬などが追加されます。非薬物療法では認知行動療法（1051頁）が有効な場合があり、その他コエンザイムQ_{10}の服用、運動療法などがありますが、すべてに有効でないことが問題です。

線維筋痛症では鎮痛薬のノイロトロピン、抗うつ薬、抗けいれん薬、抗不安薬が処方され、非薬物療法では認知行動療法、段階的運動療法の有効性が確認されていますが、その他の治療法の有効性は必ずしも明確でありません。

日常生活の注意

いずれの病気も、病気の存在を受けとめることがたい

り、細菌感染症がしばしば死亡原因となります。

▼診断　定型的な関節リウマチの症状に、脾臓の腫大、白血球減少、悪性関節リウマチ類似の症状があれば容易に診断できます。検査ではリウマトイド因子が高く、抗核抗体陽性、血清補体価の低下などが特徴的です。

▼治療　関節リウマチに対する積極的な治療が必要ですが、白血球減少に対してステロイド薬、免疫抑制薬、あるいは白血球の造血ホルモン（因子）であるＧ‐ＣＳＦ（顆粒球コロニー刺激因子）などが使用されますが、一過性の効果しかなく、限界があります。

細菌感染症が発症した場合は、積極的、集中的な抗菌薬による治療が必要です。以前は腫れた脾臓を取り除く手術（摘出術）が行われましたが、効果は一時的とされ、最近ではあまり行われません。

日常生活では感染防止のため手洗い、うがい、人ごみを避けるなどの注意が必要です。

せつです。難治性で長期経過をたどりますが、生命予後は良好で、後遺症は残りません。

慢性疲労症候群ではオーバーワークが疲労の回復を遅らせ、線維筋痛症では長期の安静が、かえって症状を悪化させるとされています。いずれの病気も予防法はありません。

成人スチル病
Adult Onset Still's Disease

どんな病気か

若年性特発性関節炎のひとつ、**スチル病**（2027頁）が若年成人に発症したものです。女性に多く、35歳以下の成人に発症します。高熱を発し、若年成人の**不明熱**（38度以上の発熱で原因が容易に特定できない状態）の重要な原因となります。

原因

原因は不明ですが、なんらかの原因で炎症性サイトカイン（免疫反応の調整や炎症の発生に深くかかわり、おもに免疫細胞からつくられる化学物質）が過剰につくられ、分泌された状態とされています。

症状

39度を超える弛張熱（1日のうちに体温が3～4度変動し、解熱時は平熱かそれ以下になる発熱）が特徴で、寒け、震え（悪寒戦慄）などをともなわず、発熱のわりには元気です。

発熱にともなってかゆみのない発疹（サーモンピンクの大小さまざまな発疹）が出現し、翌日には消えます（**リウマトイド疹**）。

手首などの大きな関節に痛みをともないますが、関節が赤く腫れるようなことは少ないようです。しかし、長期に経過すると約3分の1で関節の変形（とくに手首の関節）がみられます。発熱時には筋肉痛がみられます。

さらに、首のリンパ節が腫れたり、肝臓や脾臓が腫れたりすることもあります。

そのほかに胸膜（肋膜）炎、心膜炎、腎障害、しびれなどの末梢神経障害がみられることもあります。

検査と診断

全身の炎症を反映して赤沈の亢進（210頁）、ＣＲＰの上昇（211頁）、白血球（とくに好中球）の増加などがみられます。白血球増多は著明で、2～3万個／μlに達することもあり、白血病が疑われることもよくあります。

その他、中等度の貧血、軽い肝機能異常、高ガンマグロブリン血症、血清補体価の増加などがみられます。特徴的な検査異常として血清フェリチンの著しい増加があります。関節のＸ線検査では異常がみられないか、関節周囲の腫脹のみです。

35歳以下の若年成人で弛張熱とともに上記の症状があり、検査に異常があれば、診断は比較的容易です。

治療

非ステロイド系抗炎症薬（ＮＳＡＩＤ）単独での有効率は10％未満のため、副腎皮質ホルモン（ステロイド）剤が使用されます。多くの症例では経過が良好ですが、ステロイド剤が使えない人にはメトトレキサート（ＭＴＸ）などの各種免疫抑制薬が使用されます。

さらに最近では、難治性ではインフリキシマブ、トシリズマブなどの生物学的製剤を使用します。

◎好酸球性筋膜炎

強皮症に似た皮膚症状を示す急性の病気です。筋膜炎がおこると、左右の、手、前腕、足で皮膚と皮下組織がいっしょにかたくなり、手足の運動が制限されて、屈曲したままになることもあります。このほかに微熱、全身のだるさ（倦怠感）、などがみられます。

好酸球の増加、高ガンマグロブリン血症、血沈の亢進がみられ、筋肉の障害を示すクレアチンキナーゼ値（ＣＫ）の上昇は通常みられません。

以上の検査結果と、圧痛をともなう強皮症のような手足の皮膚の硬化の有無、筋膜の組織を少しとり顕微鏡で観察する生検などから診断します。

ステロイド剤を１日20～60mg内服し、からだの運動機能を保つため理学療法を行いますが、激しい運動は控えます。

日常生活では安静と運動をバランスよく行い、ストレス、過労を避けるようにします。

回帰性リウマチ
Palindromic Rheumatism

どんな病気か 急性の関節炎の発作をくり返す病気で、おもに、どこか１つの関節が赤く腫れあがります。関節炎は３、４日以内に自然に消えてしまい、発作時以外はまったく症状がありません。

比較的まれで、20～50歳代の男女に同じ程度にみられるといわれています。関節炎は、膝、足、手、肘などに多く現れ、夕方から夜半にかけて疼痛が強くなることがよくあります。関節リウマチに移行することがあります。原因はまだはっきりしません。

検査と診断 リウマトイド因子は発見されません。また、長期間発作があっても、関節のＸ線像には異常がみられないのがふつうです。

発作時にだけ、白血球の増加、血沈の亢進、Ｃ反応性たんぱくの軽度の上昇がみられることがあります。発作時にだけ関節炎があり、発作以外に症状がなければ、この病気が疑われます。症状や経過などで診断されますが、痛風、偽痛風、間欠性関節水腫、関節リウマチなどとの識別が必要です。

治療 発作を抑えることはできませんが、非ステロイド抗炎症薬、抗リウマチ薬が使われます。

乾癬性関節炎
Psoriatic Arthritis

どんな病気か 皮膚病の乾癬（1833頁）に、関節炎を合併するもので、30～50歳代の乾癬の５～10％にみられます。関節炎は徐々に生じ、左右非対称に少数の関節にみられることが多いのですが、対称的に多くの関節に生じたり、仙腸関節に生じるものもあります（約５％、強直性関節炎型）。

指では、遠位指節間関節（爪のとなりの関節）に関節炎がおこり、Ｘ線像で見ると、骨のびらん（表面が破壊された状態）が見られます。

破壊性関節炎（関節の組織が壊れる）、骨の硬直、手指の変形、離断性関節炎（手指の関節の脱臼がおこる）などがおこることもあります。皮膚の症状の程度と、関節炎の症状の程度は相関しません。一般に、関節リウマチと比べると、予後は良好です。

原因 乾癬に関連して、免疫の異常、遺伝の影響、環境因子（皮膚からのブドウ球菌感染症）などが考えられています。

検査と診断 血液沈降速度（血沈）の亢進、Ｃ反応性たんぱくは陽性、軽い貧血、血中の尿酸の増加など、炎症の所見がありますが、リウマトイド因子は陰性のことが多いのです。

乾癬症が確認され、関節炎をおこす他の病気でないことがわかれば、診断がつきます。

治療 非ステロイド抗炎症薬、サラゾスルファピリジン、金製剤、メトトレキサートなどで関節炎を治療します。皮膚症状の改善で関節炎がよくなることもあるため、乾癬の治療も行われます。

日常生活の注意 皮膚の病変部を清潔にします。また、関節に力のかかるスポーツはひかえます。

第11章—第19章
循環器
血液・内分泌・代謝
消化器
泌尿器
皮膚
運動器
形成外科
免疫・環境因子・中毒
感染症

膠原病類似疾患

ベーチェット病

Behçets Disease

30歳代におこりやすい

◇目、口、外陰部、皮膚に炎症

どんな病気か

目、口、皮膚、外陰部に炎症をおこし、さまざまな症状を長期間、くり返すことを特徴とする病気です。また、このほかに関節痛、腹痛、発熱、血管症状、神経症状などが経過中に現れることがあります。厚生労働省の特定疾患（難病）に指定され、治療費の一部が公費から補助される制度もあります。発症に男女差はなく、20～30歳代が好発年齢で、日本では約1万9000人の患者数が推定され、世界でも患者の多い国とされています。世界的にみると、地中海沿岸諸国より中近東諸国、中国、韓国、日本にかけて、すなわちシルクロードに沿った地域に有病率が高いようです。

原因

この病気の原因は明らかにはされていませんが、遺伝的な素因に何らかの誘因が重なり、発症に至るものと考えられています。

遺伝的な素因については、白血球の血液型であるヒト白血球抗原（HLA）の解析から、HLA‐B51をもつ比率が健康な人より高いことがわかっていますが、決して遺伝する病気ではなく、同一家系内での発症はまれとされています。

誘因としては、これまでウイルスや細菌などの微生物、農薬、環境汚染物質などが候補としてあげられてきましたが、どれも確証を得るには至っていません。原因の解明については、厚労省研究班が中心となり、盛んに取り組まれています。

症状

目、口、皮膚、外陰部など局所に炎症をくり返すことを主体とし、経過中さまざまな臓器病変を併発することがあります。これらの症状を厚労省研究班では、出現頻度の高い症状である再発性口腔内アフタ性潰瘍、皮膚症状、目症状、外陰部潰瘍を主症状（4症状）とし、それ以外の症状を副症状として分けています。副症状の中には、出現頻度は低いものの、重要な症状が含まれています。

▼再発性口腔内アフタ性潰瘍　本症の初発症状であることが多く、他の症状に数年以上先行していることがあります。アフタ性潰瘍が唇、舌、歯肉、のどの粘膜にくり返し出現し、痛みが強く、食事摂取や会話に支障をきたすこともあります。

▼皮膚症状　前額部、くび、背中などに、にきびに似た毛嚢炎（様）皮疹が多発します。もうひとつの皮膚症状としては、結節性紅斑があります。これは四肢、とくに下肢にできやすい円形の紅斑で、赤みの強い色調で周囲よりやや盛り上がってかたく触れ、押すと痛みを感じます。さらに、この病気の特徴として、刺激に対して、過剰に反応することもあり、採血や静脈注射のあと、皮膚の針を刺したあとに小さな膿瘍や皮下の静脈に炎症（皮下の血栓性静脈炎）をおこすことがあります。

▼目症状　ぶどう膜炎がくり返し出現することがあります。ぶどう膜は虹彩、毛様体、脈絡膜より構成され、虹彩毛

◎ベーチェット病の診断基準

口腔粘膜のアフタ性潰瘍、外陰部の潰瘍、皮膚症状、眼症状の4つの主症状の出現状況をもとにつぎのように診断します。

▼完全型　経過中に4つの主症状が出現したもの。

▼不全型　①経過中に3つの主症状（あるいは2つの主症状と、その他の症状が2つ）が出現したもの。

②経過中に定期的に眼症状が現れ、その他に1つの主症状（あるいはその他の症状が2つ）が出現したもの

▼疑い　主症状の一部が現れるが、不全型の条件を満たさないもの、および定期的な副症状がくり返すか、反復あるいは悪化するもの。

様体炎、脈絡膜炎と診断されることもあります。症状としては、霧視（目のかすみ）、充血、眼痛、飛蚊症（目の前に蚊が飛んでいるような斑点が出現する）が出現します。脈絡膜炎をくり返した場合には、視力の低下が心配されます。

▼外陰部症状　男性では、陰嚢、陰茎、女性では大小陰唇にできる深い潰瘍で、痛みが激しく歩行が困難になる場合もあります。2～3週間で治癒しますが、瘢痕を残します。

▼関節症状　手、足関節、膝・肘関節など大・中関節に疼痛、腫脹、熱感を認めます。1～2週間で軽快し、くり返しても、関節リウマチとは異なり、通常は関節変形をおこさず、レントゲン写真でも骨の変化は認めません。

▼消化器症状　経過中、腸管に潰瘍をきたすことがあります。好発部位は回盲部（小腸が大腸に接合する部分、右下腹部にある）で、腹痛、下痢、下血がみられます。また、潰瘍が進行すると、激しい腹痛や腹膜炎を併発することがあります。このような場合を**腸管型ベーチェット病**と呼びます。

▼血管症状　大・中型の動脈や静脈の炎症により、血管の閉塞や腫瘤が現れます。頻度が高いのは静脈閉塞で、上大静脈・下大静脈、大腿静脈などが血栓により閉塞します。動脈病変では、炎症により血管壁が脆弱化し、腫瘤を形成して動脈破裂をきたすことがあります。このような病変をともなう場合を**血管型ベーチェット病**と呼びます。

▼中枢神経症状　脳の細小血管周囲の炎症や血栓に基づく中枢神経症状が現れます。病変の部位により手足の障害や言語障害など、さまざまな運動障害や精神症状がみられます。激しい頭痛などの髄膜刺激症状をともなう髄膜炎型の経過をとる例もあります。このような場合を**神経型ベーチェット病**と呼びます。

▼その他の症状　男性においては、精巣上体炎をおこすこともありますが、頻度は低いものです。日常生活においては、カミソリ負けをおこすことがあったり、小さな傷や打撲症でも大きく腫れたりすることもあります。

【検査と診断】　白血球数増加、炎症反応であるCRP（211頁）上昇を急性期に認めることがありますが、この病気の診断に直結する検査は今のところありません。HLA-B51は約半数の患者で陽性となりますが、健常者でも陽性者は15%前後いるため診断の決め手とはなりません。経過中に腹痛、神経・精神症状、血管症状などを認めた場合は、超音波検査、CT、MRI、血管造影検査などが必要となります。

診断は厚労省研究班の診断に従い、4つの主症状を中心に副症状を組み合わせて行われます。例えば4つの主症状すべてが出現していれば、完全型ベーチェット病の診断になります。

【治療】　炎症性疾患であるため、基本的には非ステロイド抗炎症薬が使われますが、この病気では、白血球のはたらきが高まっているため、その作用を抑えるためにコルヒチンがよく使われます。副腎皮質ホルモン（ステロイド）剤は、できるだけ局所の使用（点眼、軟膏など）としますが、神経症状をはじめとした内臓障害などに

◎ヒトアジュバント病

豊胸術、鼻形成術（隆鼻術）などの美容整形または形成術のときに注入されたシリコンなどの異物が原因でおこる病気と考えられています。

いろいろな膠原病に似た症状がみられ、これらを一括して**ヒトアジュバント病**と呼んでいます。

現れる症状から、膠原病に相当する病名をあてはめてみますと、もっとも多くみられるのは強皮症で、ついで全身性エリテマトーデス、関節リウマチなどです。

症状は、膠原病のそれぞれの症状とはっきりした区別がつきません。ただ、強皮症と診断されるような場合でも、ヒトアジュバント病の肺線維症や腎臓障害などの内臓病変は、本来の強皮症と比べ軽いといわれています。

血液検査をすると、膠原病の各病気と同様に、抗核抗体（自分の細胞の核を異物とみなして攻撃する抗体）などの

は全身投与も行われることもあります。

目症状により、視力予後が心配される場合は、免疫抑制薬であるシクロスポリンや生物学的製剤である抗TNFα製剤の使用が検討されます。

日常生活の注意　さまざまな刺激に対し、からだが過剰に反応することがありますので、手指に傷をつくらない、カミソリ負けに注意をする、目の疲労を避ける、刺激物を好んで摂取しないなどの注意が必要です。その他、日常生活においてはストレスを避け、睡眠を十分にとるようにします。

サルコイドーシス
Sarcoidosis

どんな病気か　からだのあちこちに肉芽腫（細胞のかたまり）ができる病気です。肺にできることが多いのですが、皮膚や目などにできたり、全身に症状がでることもあります。

ふつうは自然に治ることが多いのですが、ときに肺や目の症状が重くなることがあります。

病変部には、マクロファージなど、炎症や免疫にかかわる細胞が集まり、加えて類上皮細胞と呼ばれるマクロファージから派生したと考えられる細胞が集まって肉芽腫をつくります。

男女差はありませんが、発病する年代が、男性では20歳代と若い世代に多く、女性では20歳代に加え、50歳代ないし70歳代に多いといわれています。

厚生労働省の特定疾患（難病）の1つに指定され、治療費の自己負担分の一部は国や地方自治体から補助されます。

原因　この病気の原因は、まだわかっていません。病変部に炎症や免疫にかかわる細胞が集まることや、類上皮細胞がみられることから、遅延型アレルギー反応（2001頁）が関与していると考えられています。

症状　障害される臓器別の割合は、肺門や縦隔などのリンパ節の腫れを中心とするものが90％、肺そのものの障害が40％、目の症状が20～60％、皮膚の症状が10～20％、体表近くのリンパ節の腫れが10～20％となっています。

また、全体の40％で症状がみられず、健康診断などで初めて見つかることもあります。

▼縦隔・肺の症状　日本では、集団検診時にX線検査をするのがふつうですから、症状がみられないうちに診断がつくことも少なくありません。

もっとも多いのは、胸部X線検査で両側の肺門部にみられるリンパ節の腫れです。両側肺門リンパ節腫脹（BHL）といい、肺にできる肉芽腫（1297頁）の特徴です。しかし、これだけでは症状がでないことがほとんどです。肺全体に線維組織が増える病変が進むと、せきがでます。さらに進むと、息切れなどが現れます。

▼目の症状　虹彩毛様体炎（前部ぶどう膜炎　1089頁）がもっとも多くみられ、ほかには後部ぶどう膜、硝子体、網膜、視神経、角膜、涙腺など、多くの部位に変化がみられます。

おもな症状としては、物がかすんで見える（霧視）、視力の低下があります。これらは、肺の病変とは別の時期におこることもあるため、要注意です。

自己抗体が見つかります。

▼治療　原因と考えられる異物を除くことによって症状が改善しますので、手術して異物を取除くのが原則です。

ただ、それだけではよくならないこともあるため、そうした例には、それぞれの病気の治療に準じた治療が行われます。一般的には、関節炎などの炎症には、非ステロイド系抗炎症薬や、ときにはステロイド（副腎皮質ホルモン）剤が使われます。

重いレイノー現象（2036頁）は、血管拡張薬などで治療します。間質性肺炎や腎臓の障害によって高血圧などが引き起こされた場合は、免疫抑制薬や強力な降圧薬などで治療します。

経過は、本来の膠原病に比べればよいです。

◎再発性多発軟骨炎

免疫異常により軟骨をつくるたんぱく質を攻撃する抗体ができ、そのために軟骨が炎

▼皮膚の症状　サルコイドーシスによる皮膚病変はいろいろな型があり、皮膚サルコイドーシス（1859頁）と呼ばれます。

皮膚の表面には、丘疹、紅斑、しもやけのような変化がみられます。

▼その他の症状　くび、わきの下、太ももの付け根などにあるリンパ節の痛みのない腫れ、心臓の障害による脈の乱れ、不整脈がおきることがあります。また、肝臓や脾臓、唾液腺が腫れることもあります。

その他、中枢神経障害による神経症状、骨や筋肉の異常、腎臓障害によるたんぱく尿、胃壁が厚くなるなどの胃の障害がみられることもあります。

【検査と診断】　両側肺門リンパ節腫脹や肺のびまん性病変の診断には、X線検査がもっとも役に立ちます。さらにくわしい画像診断検査のCTスキャンもよく行われます。

放射性物質を注射して画像を得るガリウムシンチグラフィーでは、肉芽腫にガリウムが集まる像が見られます。

このほか、肺機能を調べる呼吸（肺）機能検査、動脈血の酸素濃度測定、気管支鏡検査などが行われます。また、肺などの組織の一部をとって検査する生検が行われることもあります。

目に症状がある場合は、眼科の医師に正しく診断してもらわなければなりません。

皮膚症状の場合は、皮膚科の医師の診察とともに、生検が必要なときもあります。そのほかの臓器障害には、それぞれの臓器の検査をします。

ツベルクリン反応を行うとサルコイドーシスでは陰性にでます。日本人の多くは、結核でなくても陽性ですから、この反応が陰性化することが診断に役立ちます。

また、血液検査をすると、血圧を上げる物質をつくるアンジオテンシン変換酵素（ACE）の濃度が増加します。また、γ-グロブリン（免疫グロブリン）やリゾチーム（細菌などを溶かす力のある物質）の濃度が高くなります。

サルコイドーシスの診断は、ほかの病気ではないことを十分に確認したうえで、症状や検査結果を総合的にみてつけられます。

生検で、病変に特徴的な組織の像があれば診断が確定しますが、一般的には経過のよい病気ですので、すべての人に組織検査が必要というわけではありません。

【治療】　原因不明ですから、特効的治療法はありません。

自然に治ることが多いため、強い症状がなければ、X線や血液の検査結果などをみながら、まず外来通院で経過をみます。

症状が重くなった場合や、生活に支障をきたすようになったら、治療が行われます。

治療は薬物療法により行われ、ステロイド（副腎皮質ホルモン）をおもに使用し、十分な結果が現れない場合には免疫抑制薬を使用することもあります。

【日常生活の注意】　このような慢性の病気では、過度の仕事などのストレスが病状を悪化させることがあるため、避けなければなりません。原因が不明なため、予防法もわかっていません。

症をおこし、腫れや痛みを生じる病気で、自己免疫疾患（2002頁）と考えられています。

もっとも多くみられるのは耳介軟骨の炎症で、突然の激しい痛みと腫れが生じ、くり返すと耳が変形します。

気管支の軟骨に炎症がおこると呼吸困難、しゃがれ声がおこります。心臓や血管の軟骨におこる炎症では心臓弁膜症（1380頁）や動脈瘤がみられることもあります。関節炎、結膜炎などもおこります。また、2割程度に、ほかの膠原病（2003頁）の合併があります。

血液検査で、血沈の増加など炎症でみられる反応とともに、一部の人にはリウマトイド因子や自分の細胞の核を標的とする抗体がみられます。

特徴的な軟骨の炎症症状がみられれば、診断がつきます。

治療には、軽症の場合は副作用のことを考え、非ステロイド系抗炎症薬を使用します。症状が強い場合は、ステロイド（副腎皮質ホルモン）剤で治療します。

ウェゲナー肉芽腫症
Wegener's Granulomatosis

どんな病気か

血管炎のひとつで、上気道、肺、腎臓などに炎症がおこる病気です。上気道や肺の血管炎では、血管が腫れて閉塞し、炎症をおこした細胞やその破片によって肉芽腫ができます。腎臓におこる血管炎では腎炎がおこり、末梢神経では血行が悪くなり末梢神経障害がおこります。**多発血管炎性肉芽腫症**ともいいます。

比較的まれな病気で、40～50歳代の人にみられ、男女差はありません。

厚生労働省の特定疾患（難病）に指定され、公費補助があります。

症状

発熱や関節痛のほか、初めは膿のような鼻汁、鼻づまり、目の充血、耳だれ、難聴、せき、血痰などがみられます。腎炎がおこると、尿にたんぱくが出て、さらに進行すると、腎臓の機能が低下して、尿毒症（1722頁）になることもあります。

原因

炎症にかかわる血中の好中球という細胞の細胞質を抗原とする抗体（抗好中球細胞質抗体）が、発病に関係あると考えられます。

さらに、なんらかの感染症が発病の発端となる可能性も推測されています。

検査と診断

上気道と下気道の炎症による症状と腎炎があり、血中に抗好中球細胞質抗体がみられると、この病気が強く疑われます。

診断を確定するには、肺、鼻、腎臓などの組織の一部をとって顕微鏡で調べ（生検）、この病気に特有の組織の変化を見つけなければなりません。

治療

副腎皮質ホルモン（ステロイド）剤と免疫抑制薬を用いて治療します。軽症の場合、抗菌薬のST合剤が有効な場合もあります。

日常生活の注意

急性期には安静が必要ですが、軽快すれば、ふつうに日常生活を送ることができます。

リウマチ性多発筋痛症
Polymyalgia Rheumatica

どんな病気か

高齢者によくみられる、肩、腰、手足の、体幹に近い筋肉の痛みとこわばりを特徴とする病気です。肩などの大きな関節が痛むこともあります。また、微熱や、体重減少をともなうこともあります。

数%に失明をきたす側頭動脈炎の合併がみられます。

検査と診断

血液検査では、炎症を示す赤血球沈降速度（赤沈）の亢進がみられますが、リウマトイド（リウマチ）因子は陰性で、筋肉の傷害を示す酵素の値の上昇はみられません。

この病気にしかみられない検査結果がないため、診断では、除外診断といって、悪性腫瘍にともなう炎症や筋肉の痛みなど、類似した病気をひとつひとつ除外していくことが重要です。

治療

副腎皮質ホルモン（ステロイド）剤がよく効きますが、まれに症状が再燃することもあります。多くの場合、少量のステロイドを半年以上かけて量をゆっくりと減らしていくような使用のしかたをします。

しかし、側頭動脈炎が生じた場合は、より大量のステロイドによる治療が必要となります。

免疫不全

◎免疫不全の原因

　病原微生物が体内に侵入すると、リンパ球など、免疫のはたらきをしている細胞が連携して抗体をつくり、異物を殺したり毒素を中和したりします。また、リンパ球のなかには、異物や感染した細胞などを直接殺す役割をもつものもあります。これらの免疫細胞のはたらきが、いろいろな原因で障害されると、感染しやすい状態になるのです。

　原発性免疫不全では、遺伝子の欠陥から免疫細胞の異常がおこり、それが遺伝することも少なくありません。

　後天的免疫不全は、白血病（548頁）や再生不良性貧血（1445頁）、ある種の悪性腫瘍（がん）や抗がん剤の副作用、エイズなどでおこります。

免疫不全症候群
Immunodeficiency Syndrome

どんな病気か

　人間の周囲の環境には多くの微生物が生存し、体内にも多くの常在菌がすみついています。しかし、それほどかんたんに感染症をおこさないのは、体内に異物から身を守る感染防御機構、すなわち免疫（1998頁）のしくみがあるためです。

　血液中の白血球は、好中球やリンパ球、単球などの細胞の総称ですが、これらの細胞が、おもに免疫のはたらきを担っています。この免疫のはたらきが、なんらかの原因で低下し、いろいろな感染症にかかりやすくなった状態を、免疫不全症候群といいます。

　免疫不全が遺伝的な原因でおこるものを**原発性免疫不全症候群**といい、種々の原因によって後天的におこったものを**後天性免疫不全症候群**といいます。後者の代表的な病気が**エイズ**です。

症状

　特徴的な症状は、感染症がおこりやすいことです。中耳炎、副鼻腔炎、気管支炎、肺炎などを何度もくり返し、長引いたり、重症化しやすい傾向があります。とくに原発性免疫不全症候群では、生後半年ころから、感染症にくり返しかかることが多くなります。また、免疫が低下すると、病原性の弱い菌や常在菌によっても重症の感染症がおこりやすくなります。これを**日和見感染症**といい、エイズなどではしばしばみられます。

検査と診断

　原発性免疫不全症には遺伝するものがあるため、家族に同じ病気の人がいるときは、それが診断に重要な情報となります。

　免疫にかかわる血液成分の測定がもっともたいせつな検査です。そのひとつが血清中のたんぱく質、とくにγ-グロブリンと呼ばれる成分の測定です。おもにこの成分に抗体が含まれているからです。また、好中球やリンパ球の数の減少も重要な所見です。

　ツベルクリン反応は、結核菌の成分を使った一種の免疫反応で、これが陰性か、陽性であるものが陰性になった場合は、免疫不全によることもあるため、参考になります。

治療

　免疫不全をおこす原因によって、治療法も異なります。

　γ-グロブリンの減少や欠損のために抗体が欠乏する場合は、γ-グロブリンを定期的に静脈注射する補充療法が行われます。

　T細胞、B細胞というリンパ球が障害された場合は、造血幹細胞移植により、これらの細胞をつくりだすはたらきのある骨髄を移植します。ADA（アデノシンデアミナーゼ）という酵素が生まれつき欠けている重症複合免疫不全症では、ADAをつくる遺伝子を細胞に組み込む遺伝子治療も試されています。

　感染症に対しては、抗生物質が使われます。あらかじめ感染を予防するために、ペニシリンを毎日内服することもあります。

　原発性免疫不全は、放置すると成人になる前に死亡することも多く、十分な診療と管理が必要で、感染予防を心がけます。後天性免疫不全では、原因となる病気の治療がたいせつです。

環境因子による病気

人間をとり巻く環境が、病気の原因や引き金となることがあります。それらの人体に影響をおよぼすものを環境因子といいます。

環境と健康のかかわり

◇環境起因性健康障害

人間は、生きるために自分をとり巻く家庭や社会、自然などの環境とかかわり、同時に環境に適応しながら生きています。

環境にはマイナスも飲み込むような自浄作用がありますが、人間がこの自浄作用を超えるような悪影響を与えると環境は悪化し、その環境の悪化が人間の適応能力や代償機構の限界を超えると、健康障害が生じます。

実際、豊かな生活を可能にするはずの文明の発達が、大気や水、土壌を汚染するなど環境を悪化させ、その結果、四日市ぜんそく、水俣病、イタイイタイ病、慢性ヒ素中毒などの公害病を引き起こしてきました。産業活動に従事する人が、環境悪化とともに、いろいろな職業病に悩まされてもいます。このような環境の悪化に起因して発症する健康障害を**環境起因性健康障害**といいます。

◇環境問題の現況

健康と深くかかわる環境因子は、大きく4つに分類できます。①細菌やウイルスなどの生物学的環境（感染症）、②温度、湿度、気圧、騒音、放射能などの物理的環境、③重金属、有機溶剤などの化学的環境、④貧困などの社会的経済的環境です。

これらの環境因子の悪化による健康障害を少しでも回避するために、私たちは環境を一定以上のレベルに保つ基準を設け、いろいろな対策をとってきました。しかし、それで十分とはいえず、環境ホルモンによる内分泌撹乱や環境汚染物質による健康障害など、これまでみられなかった環境問題が提起されています。

環境の悪化が人間にどのような健康被害を与えるのかを知り、私たちひとりひとりが予防策を講じる必要があります。

そのためにも定期的に健康診断を受け、健康障害が見つかったら早期に治療することがたいせつです。

温度による健康障害

　体温は環境によらず、つねに一定に保たれていますが、外気の温度（外気温）が異常に高い場合や低い場合には、この機能が失われて、生命にかかわることもあります。

熱中症
Heat Stroke

どんな病気か
　異常な高温のもとにおきる健康障害で、炎天下でおきる場合には、**日射病**ともいいます。熱中症には、熱けいれん、熱疲労（熱疲弊）、熱射病の3つの段階があります。

◉熱けいれん（Ⅰ度）

▼症状　高温下で運動や作業を行ったときに、下肢などもっともよく使用した骨格筋に痛みをともなう強直性のけいれんがおきます。たとえば、足がつるという状態が強直性のけいれんです。

▼原因　多量の汗をかいて、体内から水分やナトリウムや塩素も失われているのに、水分補給を怠り、あるいは水分だけを補ったため、ナトリウムや塩素が不足して低張性脱水をおこしたのが原因です。

▼治療　涼しい場所で休み、0・1％食塩水かスポーツドリンクを飲んで水分、ナトリウムや塩素を補います。けいれんは、たとえばふくらはぎなら足の指を手前に引っ張り、ストレッチ運動によって筋肉を伸ばせば止まります。

◉熱疲労（熱疲弊、Ⅱ度）

▼症状　高温下では体温も上昇し、熱を体外に放散するために皮膚血管が拡張して血圧が下がり、そのため、めまいや失神がおこります。吐きけ・嘔吐、疲労感がみられることもあります。
　ただし、熱射病とはちがい、体温が上昇しても、40度を超えることはなく、精神状態は正常で、中枢神経のはたらきの低下もみられません。

▼原因　汗を大量にかいたのに水分も塩分も補充されない場合、水分のほうが多く失われるので、相対的にナトリウムが多く、濃度の高い血液になります。この高張性脱水が原因です。

▼治療　涼しい場所で休ませ、救急車を手配し、早く受診します。

◉熱射病（Ⅲ度）

▼症状　体温を調節する温熱中枢のはたらきが失調して、体温が40度以上になります。前触れの症状はなく、いきなり、虚脱状態（心身の弱り）、けいれん、昏睡が生じます。高温の影響で意識がもうろうとするなど変調が現れ、熱射病が疑われることもあります。

▼原因　体温より外気温が高いと、熱の放散がさまたげられ、体内に熱がこもるのが原因です。これを**うつ熱**といいます。うつ熱により、最初のどっと流れた汗が止まり、さらさらした皮膚になるものを**古典的熱中症**、激しい運動や作業により体内で放散を上回る熱が発生して、どっと汗をかいているものを**労作性熱中症**といいます。

▼治療　死亡率が高いのですぐに救急車を手配し、一刻も早く治療を受けられる医療機関に運びます。救急車を待つ間、冷水、冷風、アルコール湿布などで体温を下げる体温降下療法などの救命救急治療（128頁）を行います。

偶発性低体温症
Accidental Hypothermia

どんな病気か 低い外気温に体温が奪われて、体温が異常に低下した状態を偶発性低体温症といい、これにより死亡するのが凍死です。冬山ばかりか、寒い季節には、ひとり暮らしの高齢者や酩酊者にもおこります。寒冷環境下での作業中にもおこります。

症状 最初は、寒け、震え、筋肉の硬直などがみられます。これは体温を下げないためのからだの防御反応です。

つくられる熱よりも奪われる熱のほうがさらに多くなると、震えは止まり、体温が下がり、やがて、無関心（ぼんやり）、不穏状態（騒ぐ）などの精神症状が現れます。体温が30度前後になると意識が薄れ呼吸数が減少し、生命の危機に直面します。

治療 救急車を手配し、できるだけ早く医療機関に運びます。救急車を待つ間、救命救急治療（127頁）を行い、全身を温めます。

騒音による健康障害

音は周波数によって、低周波空気振動（0・1～20Hz）、可聴域音（20～2万Hz）、超音波（2万Hz以上）に分類できます。可聴域音のなかで、不快感、生活妨害、健康障害などをもたらすものを騒音といいます。

症状 長時間、長期間つづけてイヤホンをつけて音楽やラジオを聴いたり、近くに工場、建設現場、道路などの騒音源があって、長時間騒音にさらされたりしていると**騒音性難聴**（1138頁）がおこります。心理的障害や睡眠障害、作業能率の低下などもみられます。妊娠にも悪影響を与え、妊娠期間の短縮、生下時体重の減少、早期破水などの原因になります。

▼対策 騒音による健康障害を防ぐために工場などには許容基準の遵守が義務づけられています。個人では耳栓の使用や、音楽は、音質のよい音源で音量を絞って聴き、イヤホンは30分ごとに外して耳を休めましょう。

電磁波による健康障害

電磁波とは電場と磁場の周期的変動が波動となって伝わるもので、電波や赤外線、紫外線、X線、γ線などが流れるところで発生します。電磁波が1秒間に振動する回数（波長）を周波数といい、ヘルツという単位で表します。電磁波は、波長によって分類されます（次頁表）。

◉紫外線による健康障害

▼目の障害 紫外線があたると紫外線は角膜や結膜に吸収され、細胞が壊死する急性の角結膜炎が生じます。スキーヤーにみられる雪眼炎、溶接業にみられる電気性眼炎が代表です。

また、結膜の白目組織が黒眼にもおよぶ翼状片、水晶体が濁る白内障なども長年浴びた紫外線が原因とされます。紫外線をカットするサングラスをかけて予防しましょう。

▼皮膚の障害 紫外線は日焼けの原因となり、水ぶくれや紅斑をつくり、色素沈着が残り、皮膚の老化を進めます。

電磁波の種類

電磁波の種類			波長	発生源
非電離放射線	電波	長　波		
		中　波		ラジオなど
		短　波		ラジオなど
		超短波		テレビなど
		マイクロ波	1 mm	電子レンジ、レーダー、通信など
	赤外線	遠赤外線	25μm	温度をもつすべての物体
		近赤外線	750nm	
	可視光線		400nm	日光など
	紫外線	長波長（UV-A）	320nm	日光、蛍光灯、水銀アーク灯、電気溶接炉、殺菌灯など
		中波長（UV-B）	290nm	
		短波長（UV-C）	200nm	
		真　空	10nm	
	レーザー光線		1 mm〜200nm	通信、医療施設など
放射線電離	エックス線（X線）		10nm	医療施設など
	ガンマ線（γ線）			医療施設など

μm（マイクロメートル＝1000分の1 mm）
nm（ナノメートル＝100万分の1 mm）

長年浴びると皮膚がん（535〜540頁）を発生させます。

近年、成層圏のオゾン層の破壊が進み、生物にとって有害な生物活性紫外線がオゾン層で吸収されずに地球上に届き、これがメラノーマ（538頁）増大の原因となっています。予防するには、外出時は帽子をかぶり、日射しの強い場所での皮膚の露出は避けます。露出するときは紫外線をカットするクリームを塗ります。

◉赤外線による健康障害

▼目の障害　長時間赤外線にさらされると白内障がおこります。これを赤外線白内障、熱性白内障といいます。ガラス工業や製鉄に携わっている人に多くみられ、**ガラス工白内障**という呼び名もあります。また、腰痛などの治療に用いる家庭用の遠赤外線照射器の光線を見つづけてもおこるので、使用するときは赤外線をカットする眼鏡を着用します。

▼皮膚の障害　赤外線は熱線ともいい、からだを温める作用があります。しかし、800nm（1nmは100万分の1mm）

くらいまでの短い赤外線は皮膚を通過して皮下組織に達し、やけどをおこすことがあります。予防するには炎天下での皮膚の露出を少なくし、赤外線を浴びる職場では保護衣を着用します。

◉マイクロ波による健康障害

目の水晶体は敏感な器官なので長時間マイクロ波を浴びると白内障がおこります。これを**マイクロ波白内障**といいます。また、精巣（睾丸）は熱に弱く、照射をつづけると一時的に無精子症になります。ただし、現在のところ重度の障害や死亡例はありません。

◉レーザー光線による健康障害

レーザー（LASER）は放射線の放出で刺激された拡大光（Light Amplification by Stimulated Emission of Radiation）の略です。人工的につくられた電磁波で、通信、測定、焼灼、外科手術、眼科手術などに利用されています。照射されると皮膚ではやけどがおこり、目では網膜のやけどから失明することがあります。しかし、十分な防御処置が施されていれば、事故や操作ミス以外ではまず障害がおこることはありません。

◉電離放射線による健康障害

物質をイオン化させる電離作用のある放射線を電離放射線といいます。これは電磁放射線（X線、γ線）と粒子放射線（α線、重粒子線、陽子線、β線、電子線、中性子線）に分類され、医療に利用されていますが、原子力発電所でも発生しています。ここでは脱毛、白内障、皮膚炎、悪性腫瘍、遺伝的影響などさまざまな障害が問題になっています。しかし、厳重に管理されていれば事故や操作ミス以外で障害がおこることはまずありません。

大気汚染による健康障害

1960～70年代、四日市ぜんそくや光化学スモッグなど大気汚染を原因とする健康障害が社会問題になりました。幸いなことに、大気物質の排出規制や全国的な大気汚染モニタリングにより硫黄酸化物や一酸化炭素による汚染は改善されました。

近年は大都市を中心に自動車や工場の排ガス（窒素酸化物や浮遊粒子状物質、オキシダント）による大気汚染が深刻な問題を投げかけています。

▼健康障害　これらの大気汚染は、気管支ぜんそく（1264頁）やCOPD（1268頁）などの発症にかかわりがあるとされています。

現在、自動車の排ガスが由来で白血病などの発がん物質とされるベンゼン、規制されていなかった時代に吸い込んだ結果、悪性中皮腫の原因となったアスベスト（石綿）、環境ホルモン問題で注目を浴び、さらに製糸工場や焼却炉でも発生することがわかった発がん物質のダイオキシン類などが大気汚染健康障害物質として問題視されています。

▼対策　現在、低公害車が開発されたり、規制強化が行われたりして、大気汚染の大幅な対策が進められています。

私たちも、ひとりひとりが環境に関心をもって、ごみの分別にはじまって、エネルギーの節約、低公害車の選択やエコドライブなど、排ガスを出さない工夫をする必要があります。

◎減圧症（潜水病／潜函病）

気圧の高い環境では、体内のガスは体液中に溶けていますが、短時間で、ふつうの場所に戻るとガスが気泡になり、血管につまったり、周囲の組織を圧迫したりして、障害がおこります。

これが減圧症で、海中の潜函内の作業から急に浮上したときにおこるので、潜函病、潜水病ともいいます。

近年、遊びとして普及しているスキューバダイビングでも同じ症状がおこることがあります。

▼症状　手足の筋肉が痛むⅠ型（骨筋肉型減圧症、ベンズ）、中枢神経障害、呼吸・循環器障害、内耳前庭障害の症状を示すⅡ型があります。

かゆみ、発疹などの皮膚症状を示すタイプもあります。

▼治療　高圧酸素装置に入り、高い気圧の環境にからだを戻し、気泡になっているガスを体液中に溶かします。それか

水質汚染による健康障害

◇水質汚染と公害病

水質汚染が問題になったのは１９５３（昭和28）年ごろから熊本県水俣湾でおきた水俣病がきっかけです。これは、手足の知覚障害、運動失調、視野狭窄、難聴といった症状をともなう中枢神経の病気で、水俣湾に隣接する工場廃水に含まれていたメチル水銀による有機水銀中毒が原因とわかりました。

１９６４年には新潟県阿賀野川流域でも有機水銀中毒がおき、１９６８年には富山県神通川流域の全身が痛み骨折がおきるイタイイタイ病が、鉱山から流出するカドミウムに汚染された米を食べたためとされ、水質汚染の問題が一気にクローズアップされました。

◇水道水の問題点

公害病は水質汚染防止法で厳しく規制され、現在このような水質汚染による公害病はおきていません。しかし、安全だと思われる日本の水道水に、水源である河川や湖沼での農薬汚染および水道水を塩素で浄化するプロセスで生じる発がん性が疑われるトリハロメタンの問題がもちあがっています。

水道水はつねに管理されていて、基準値を超えた場合には給水を中止するなどの処置がとられています。さらに、下水の物理的、化学的、生物学的高度処理がとられ、塩素消毒にかえてオゾン消毒や紫外線照射などを行っているところもあります。しかし、さらに安全で健康な水を求める声は少なくありません。私たちができることは生活排水を必要以上に汚さぬように、油汚れは紙でふきとってから洗うなどの洗いかたに注意し、できるだけ合成洗剤を使用しない、農薬の摂取を最小限にすべく高額でも無農薬の農作物を購入するなど、生活面での工夫が大事です。

土壌汚染による健康障害

土壌汚染がクローズアップされたのは１９７０年代に入ってからです。六価クロムはメッキや印刷に使用され、また地盤を強固にするものとして日本では各地に埋め立てられてきました。

それが後に土壌汚染物質と判明し、ちょうどそのころ、住宅地として使用することになっていた東京都江東区の化学工場跡地から六価クロムの残留成分が発見され、大騒ぎになりました。六価クロムは肌につくと皮膚炎や腫瘍の原因となり、さらに体内にたまって発がんを促すのです。

健康に悪影響を与える土壌の汚染物質としては、ほかに、カドミウム、シアン、鉛、ヒ素、総水銀、アルキル水銀、ＰＣＢなどがあります。これらの物質は、いったん土壌に埋められると分解しにくく、長期にわたって残留します。このため、法律が定めた基準値を超えると、汚染土壌を除去し、きれいな土壌と入れかえることになっています。とくに農地に関しては、別に法律が定められ、カドミウムとその化合物、銅、ヒ素とその化合物の含有量の基準値が厳しく規定されています。

ら、徐々に気圧を下げ、ふつうの気圧に戻します。

化学物質汚染と健康障害

産業のなかで使用され、生成される有機溶剤や酸・塩基性物質、有機化合物などの化学物質は、人間の生活に役立つ反面、高濃度の化学物質にさらされて健康障害を引き起こすことがあります。

この場合、健康障害がおきないように使用方法を管理して予防することが大事で、おきたときにはすぐに使用を中止することです。

◉有機溶剤

有機溶剤としてはベンゼン、トルエン、キシレンなどがあり、ベンゼンは塗装・ガソリン・合成ゴムに使われ、再生不良性貧血、白血病、染色体異常などの健康障害を引き起こします。

トルエンは、塗装・接着剤・溶剤に使われ、頭痛・めまい・倦怠感などの不定愁訴、依存症などを発症、キシレンは溶材に使われ、結膜炎、皮膚炎などを発症します。

そのほか、ビスコースレーヨン、セロファン製造などに使用される二硫化炭素は統合失調症様精神障害、多発性神経炎、視神経炎、視野狭窄、網膜症、動脈硬化などを発症、洗浄剤・接着剤・塗料に用いられるトリクロロエチレンは多発性神経炎、知覚鈍麻、筋萎縮、心筋障害、肝障害などを発症します。

◉酸・塩基性物質

酸性物質としては、塩酸、硝酸、フッ化水素酸、クロム酸、リン酸などがあげられます。塩基性物質としては、アンモニア、水酸化アンモニウム、水酸化カルシウム、水酸化ナトリウムなどがあげられます。

酸は皮膚やからだの組織を直接破壊する作用があり、フッ化水素酸では、皮膚を通り越し、骨を腐食させることがあります。酸性物質のミスト（空中を漂う液体の粒子）を吸い込んで肺水腫をおこし、呼吸不全から死に至ることもあります。

また、国際がん研究機関（ＩＡＲＣ）の報告によると、硫酸を含む強い酸物質のミストを頻繁に吸入すると発がん性があるとされています。

塩基性物質は皮膚や粘膜に付着することが多く、数分から数時間内に、患部に紅斑ができ、組織壊死をともなう損傷がおこります。目に付着すると、角膜上皮が脱落し、角膜が濁り、むくみ、潰瘍ができます。

高濃度の水酸化ナトリウムを吸えば閉塞性肺障害が、アンモニアでは急性気道気管支炎から呼吸不全で気道閉鎖がおこることがあります。

◉有機化合物

農業や園芸に用いられる殺虫剤や除草剤など有機化合物は散布時に気道や皮膚から吸収されます。

中毒すると、有機リン系殺虫剤とカーバメイト系殺虫剤では、頭痛・嘔吐、縮瞳、筋強直、脱力などの症状が、有機塩素系殺虫剤では震え、めまい、けいれん、知覚異常などの症状がおこります。

またホルムアルデヒドはアレルギー性接触皮膚炎（1805頁）、ぜんそく（1264頁）を発症させ、ダイオキシン類は肝胆道系がん、リンパ腫、メラミンは膀胱結石などの健康障害が指摘されています。

◎子どもがだす こころの危機のサイン

子どものつぎのような兆候は、こころの異常を告げるサインのことがあります（600頁）。

①日常生活の変化　朝、起きない、昼夜が逆転するなど。

②登校状態の変化　欠席、遅刻、早退が増えるなど。

③勉学状態の変化　集中力が落ちる、勉強が手につかない、宿題をしなくなる、成績が極端に下がるなど。

④対人関係の変化　いじめっ子やいじめられっ子になる、孤立する、内向的になる、親や先生に反発し、接触を忌避するなど。

⑤逸脱行為　問題行動が目立つなど。

⑥情緒が不安定になる　喜怒哀楽が激しくなり、よく気分が変化する。

⑦性格の変化　明るい子が陰気になる、活発な子が無気力になるなど、性格が好ましくないほうに変化する。

家庭環境と健康

人生の3分の2をすごす住環境は、以前よりも建物の機密性が高く、換気が十分でなく、新建材から放散される揮発性化学物質により室内の空気汚染が進んでいます。化学物質過敏症、アレルギー、中毒、発がんなどの健康被害が心配されます。

◉燃焼器具による空気汚染

石油やガス、電気を使用する家電製品からは一酸化炭素や二酸化窒素、地球温暖化の原因とされる二酸化炭素などの汚染物質が放出されます。

二酸化炭素の放出量は、ガス排出量をチェックする電気やガスの使用量などから換算できますが、一酸化炭素や二酸化窒素の量は屋外の大気を上回るといわれます。室内から少しでも汚染物質を排除し、クリーンな生活をするには、無駄なガスや電気の使用を控えるとともに、早朝はできるだけ窓を開け放って空気を入れかえ、各器具の使用中は30分ごとに換気するといった注意が必要です。なお、オゾン式の家庭用空気清浄機は発生するオゾンが気管支ぜんそくを悪化させる可能性があります。

◉建材や家具などからの有害物質

新築の家や新しい家具にとり囲まれた中での目の不快感や流涙、鼻づまり、頭が重い、胸苦しさなど多様な症状が問題になっています。これは建材や家具に使用されるホルムアルデヒド、トルエンなどの揮発性化学物質が気化してできたガスに刺激されておこり、シックハウス症候群といいます（次頁）。

◉アレルゲン

機密性の高い家屋ではアレルゲンとなるダニやカビが繁殖しがちです。すみずみまで丹念に掃除をして、ダニのすまいとなるハウスダストをためないようにし、また室内の通気性をよくしてカビが生えないようにします。

学校環境と健康

少子化により学校の統廃合が進み、同時に老朽化した校舎や校庭、プールなどの施設の増改築が行われています。それにともない石綿肺（1303頁）の原因ともなる、吹き付けアスベスト対策問題が浮上しています。子どもたちが、安心・安全に学校教育を楽しみ、健康な心身を育成するためにも、問題を早く解決して、健全な学校環境が守られなければなりません。

◉いじめなどこころの問題

挨拶のできない子、コミュニケーションが得意でない子が増え、いじめやそれを原因とする自殺をはじめ、こころの問題がクローズアップされています。子どもは、異常事態におちいる前に必ずサインをだします（上段）。このサインを見逃さず、早めに対応することが大事です。

◉かたよった食生活と肥満

脂質異常症、高血圧、糖尿病など生活習慣病の予備群が増えています。肥満の子も多く、過食・偏食などの食生活の乱れや運動不足が原因です。学校と家庭の連係プレーによって生活の見直しが必要です。

職場環境と健康

◇職業性疾患と作業関連疾患

心身ともに健康で生き生きと働ける職場環境をめざし、「労働基準法」「労働安全衛生法」「作業環境測定法」など、職業には一定の基準が設けられています。それでも、産業の発達とともに、いろいろな病気が生じます。職業環境に関する健康障害は、**職業性疾患**と**作業関連疾患**とに分類されます。

職業性疾患（職業病）は、その人が携わっている作業の環境要因が原因となる病気です。炭鉱などの粉じん作業によるじん肺、石綿肺（1303頁）、化学物質による皮膚疾患、ぜんそくなどがあります。これは、労働者災害補償保険（労災保険）の対象になります。

作業関連疾患は、職業病とは認定できませんが、作業が病気の発症を早めたり、病態を悪化させたりしたことが間違いないとされる疾患です。高血圧、虚血性心疾患（狭心症、心筋梗塞）、慢性閉塞性肺疾患（COPD）、気管支ぜんそく、胃・十二指腸潰瘍、腰痛症候群、絞扼性神経障害、ストレス関連疾患など、そして長時間労働や強いストレスが誘引となっておきる過労死があげられます。病気と作業との関連を証明することがむずかしく、必ずしも労災が適用されるわけではありません。認定をめぐって裁判にもち込まれるケースも少なくありません。

◇職場の新しい健康障害

経済・産業構造が変化するなかで、職場での新しい健康障害がでてきています。

気密性が高く換気の悪いオフィスで生じるシックビル症候群、職場になじめず、出社拒否におちいる職場不適応（1005頁）、極度の疲労感のために朝も起きられない状態がつづく慢性疲労症候群（2044頁）、夜勤と日勤をくり返すために不眠などの症状に悩まされる交替勤務睡眠障害（1037頁）、コンピュータ末端機を使用しての業務で生じるＶＤＴ症候群（1112頁）などがその代表です。

シックビル症候群／シックハウス症候群

Sick Building Syndrome / Sick House Syndrome

シックビル症候群は、ビル内のオフィスに出勤すると現れる症状群、シックハウスは新築の住居でおきる症状群です。おきる場所がちがうだけで、症状や原因、治療は同じです。なお、空調の冷却水がレジオネラ菌に汚染されて飛散するレジオネラ肺炎は、原因が明確なところからビル関連疾患といい、シックビル症候群とは区別されます。

症状 ビルや住宅の中にいると、目・鼻・のどの乾燥感や痛み、頭重・頭痛、吐きけ・嘔吐、めまい、胸苦しさ、血圧上昇、集中力低下、イライラなどの症状がみられ、そこから離れると症状が軽減します。

原因 建材やカーテン、家具などから放散される揮発性化学物質のホルムアルデヒドなどや、消毒剤、殺虫剤、整髪剤、香水などに含まれる有機溶剤が空中に浮遊し、目や鼻、のどを刺激するためとみられます。

治療　揮発性化学物質の放散が低い建材や家具にかえ、朝晩は窓を開け放ち、日中は換気を十分に行います。

振動障害（振動病、白ろう病）

Hand-arm Vibration Syndrome

削岩機、チェーンソーなどの振動工具を使う林業従事者、土木建設に携わる労働者などに生じる障害です。

症状　局所的振動障害と全身的振動障害とに分けられます。

局所的振動障害は、振動により手指の血管の収縮が過度に生じ、血行が悪くなって、この病気の特徴であるレイノー様の症状が現れます。手指や前腕のしびれ感、冷感、疼痛がおき、皮膚がろうのように白くなります。振動障害を白ろう病ともいいますが、病名はこの症状から名づけられました。手指や腕の感覚が鈍くなったり、過敏になったりすることもあります。関節にこわばりがみられたり、力が入らなくなったり、関節が変形することもあります。骨の硬化がおきることもあります。とくに冷やしたり、疲労がたまったりすると症状はひどくなります。

全身性振動障害では、振動が全身にかかり、自律神経が失調し、血圧が上昇したり、胃腸機能が低下したり、めまい、頭痛、不眠などの異常がみられます。

原因　長時間の振動が原因です。振動具の使用時間が１０００時間を超えると発症することが少なくありません。

治療　体操や運動浴などの運動療法、パラフィンをからだに巻くパラフィン浴やホットパックなどの温熱療法、血管拡張剤や鎮痙剤の服用などがあります。治るまで振動具の使用は禁止です。寒いなかでの釣りや運転を避け、防寒、禁煙に努めます。症度（上段）がⅡ以上なら職業病に認定され、労災保険が適用されます。

予防　作業中は、振動工具の使用時間の短縮、防振手袋の使用、耳栓の使用、全身の保温などに留意します。

職業アレルギー

Occupational Allergy

どんな病気か　職業上、特定の物質を長時間扱い、これが原因でおきるアレルギーです。気管支ぜんそく、鼻アレルギー、じんま疹、過敏性肺炎、接触性皮膚炎などがみられます。

原因　アレルゲンとして、小麦粉、そば粉、コンニャク粉などの穀物類、イチゴ、モモ、ナシなどの果物、実験動物の毛、薬品、化学物質、染料、化粧品などがあげられます。

治療　職場ではアレルギーがおこり、職場を離れると改善することが診断の一歩です。なかには、症状が現れるのが遅く、帰宅してから発現することもあります。

診断は、疑われる物質の皮膚テストや血中ＩｇＥ抗体値の測定などから行

◎振動障害の症度分類

▼血管障害（レイノー現象）の症度分類

０度　レイノー現象なし。
Ⅰ度　いずれかの指の先端にレイノー現象がみられる。
Ⅱ度　いずれかの指の末節、または中節にときどきレイノー現象がみられる。
Ⅲ度　ほとんどすべての指のすべての節にわたりレイノー現象がしばしばみられる。
Ⅳ度　症度Ⅲの状態に加え、指先端の皮膚に栄養障害がみられる。

▼末梢神経障害の症度分類

０度　振動に暴露があるが症状なし。
Ⅰ度　間欠的なしびれがある。
Ⅱ度　間欠的、持続的なしびれと触覚の鈍麻がある。
Ⅲ度　間欠的、持続的なしびれと、触覚識別能の減退または手先の緻性の減退。

右の２つの分類でⅡ度以上になると労災で認定される。

われます。アレルギーと診断されれば、原因物質の除去・回避が先決です。作業時には換気をよくし、マスクや手袋、保護服などを着用します。症状が重い場合は配置転換も必要になります。

環境ホルモンと健康障害

◇環境ホルモンとは

人間がつくりだした合成化学物質には女性ホルモンと似た作用を示すものがあります。このような物質が自然環境に存在することから、これを**環境ホルモン**と名づけました。

この女性ホルモン様の物質が体内に入ると、ホルモン分泌を乱し、生殖細胞や生殖器に異常をもたらすことから、学術的には「(外因性) 内分泌撹乱(化学) 物質」といいます。

◉健康障害の症例

1960年代の後半から、野生生物の生殖の異変が報告されるようになりました。ペニスが小さくなって交尾できなくなったワニ、雌どうしで巣づくりするカモメ、雌雄同体のコイ科の魚などで環境ホルモンとの関連が疑われました。

日本でも、自然が豊かな河川に棲むコイに比べ、都会の河川に棲む雄のコイは萎縮した性器の発生率が高いという報告が行われ、環境ホルモンで汚染されているためとされました。

また、船の航路の周辺に棲む巻貝は雌にペニスがあるなどの異常が多いという報告もあり、当時、船の塗料に含まれる有機スズ化合物が関与しているのではないかといわれました（現在、微量な有機スズでも生殖異常は生じるものの、これは貝類特有の反応とされています）。

◉内分泌撹乱物質の検証

1998（平成10）年、当時の環境庁は内分泌撹乱物質として67物質をリストアップしました。このとき、フィルムラップなどに含まれるノニルフェノール、プラスチック食器や哺乳びん、歯のつめ物に用いるビスフェノール、玩具などに含まれるフタル酸エステルなど日用品にも内分泌撹乱物質が存在するとされ、不安が広がりました。

これらに関しては、法の改正や企業の自主的な努力により、現在では改善されています。同時に、日本で使用されていた内分泌撹乱物質のうちの36物質を検証実験した結果、ほとんどの物質は「人間への明確な悪影響はなかった」と結論づけられました。

環境ホルモンの話題もこのときを境に耳にしなくなりました。しかし、内分泌撹乱物質は種の保存の危機にもつながるため、現在でも経済協力開発機構（OECD）の国際協力のもとに、各国が研究を行っています。

◉生殖への影響

内分泌撹乱物質は生体に作用する時期によって影響が異なり、とくに胎児期に影響を受けると障害は大きくなることが現在、各国の研究で明らかになりました。

障害の程度が大きな場合には形態異常をおこし、小さな場合でも器質的な変化が生じ、生後、機能異常として現れると報告されています。

内分泌撹乱物質の作用

種類	化学物質	発症のしかた
ホルモンの作用に類似	ジエチルスチルベステロール（DES、かつて切迫早産の防止に使われていた）、DDT（農薬に使用されていた）、アルキルフェノール（工業用洗剤に使用される界面活性剤）	女性ホルモンに似た構造をもち、女性ホルモンと同じような作用をおよぼす
ホルモンの作用を阻害	DDE（DDT の分解物）	ホルモンの一種、アルドステロンを受けとる器官に結合し、アルドステロンのはたらきを阻害する
正常なホルモンの作用を変容	ダイオキシン、コプラナー PCB（ダイオキシンに類似した化合物）	女性ホルモンの働きを抑える
正常なホルモンの移動を阻害	PCB（ポリ塩化ビフェニル、蛍光灯に使用されていた）	甲状腺ホルモンを運搬するたんぱく質と結合し、ホルモンの移動を阻害する

女性では、初経年齢の若年化、子宮内膜症とそれに起因する不妊症、若年の膣がんをはじめ、子宮がん、卵巣がん、乳がんなど女性ホルモン感受性悪性腫瘍の増加がおこり、男性では、精巣発育不全、精通年齢の遅延、停留精巣（停留睾丸）、尿道下裂などの増加、精巣がん、前立腺がんなど男性ホルモン感受性悪性腫瘍の増加がみられます。

◇環境ホルモン対策

環境ホルモンは生殖機能だけでなく、甲状腺の機能を低下させるともいわれています。しかし、内分泌撹乱物質の影響については、動物での報告が蓄積され始めたばかりで、人間への影響については明確になっていない点も多くあります。

安全性が明確になるまでは、企業がプラスチック容器を自主的に内分泌撹乱物質が溶け出さない材質に変えたように（現在では、厚生労働省の食品衛生法をクリアしていれば問題ありません）、予防的に使用を中止するのが賢明でしょう。

中毒

化学薬品や医薬品、動植物などの毒性によっておこる症状が中毒です。原因となるものによって、対応は大きく異なります。

◎中毒一一〇番(ちゅうどくひゃくとうばん)
中毒事故で、どう対処して

家庭でおこる中毒(かていでおこるちゅうどく)

◇こんな中毒がおこりやすい

●子どもにおこりやすい中毒

中毒事故の情報を集積し、対処法について電話で応える機関「中毒一一〇番」（上段）へ寄せられた問い合わせを分析すると、家庭内でおきた中毒事故は午前8時から午後10時までの生活時間帯で発生することが多く、そのうちピークは午前10時台と午後8時台の2つになっています。

年齢別にみると、家庭内でもっとも中毒事故をおこしやすいのは子どもで、全体の74％強は5歳以下の子どもがおこした事故です。

中毒の原因は、誤って、中毒をおこす物を飲むことで、たばこや医薬品、衣料用防虫剤、化粧品、石けんや洗剤の誤飲があとを絶ちません。

●子どもの中毒事故の予防法

家庭での幼児の中毒事故は、親が忙しく、子どもへの注意がそれるときにおこると考えがちですが、じつは、中毒の原因となるものが、幼児の手の届くところに散らかっていたり、置き忘れられていたりするためにおこるものです。

幼児が口に入れては困るものは、幼児の手の届くところへは、ぜったいに置かないことです。

たばこや吸い殻の入った灰皿を座卓や床に置きっ放しにするなどは、論外です。

年長児の医薬品の誤飲は、たいていは、お菓子とまちがえて食べてしまうためにおこります。

医薬品は、子どもの手の届くところへは置かないようにします。

保管場所を決めておき、そこにあるものは、お菓子でないことをよく教えておきましょう。

●その他の中毒事故と予防法

食器、飲料用のびんや缶などには、中毒の原因となるものを入れないようにしましょう。

コーラのびんに入れておいたシンナーを冷やして飲んだ、食用油の容器に入れておいた洗剤でチャーハンをつくよいか迷ったとき、電話で問い合わせると教えてくれる組織があります。これが「中毒一一〇番」です。

（財）日本中毒情報センターが設置したもので、茨城県つくば市と大阪市にあります。

この中毒一一〇番には、化学物質の成分、毒性、応急処置法などのデータベースが整えられていて、薬剤師が24時間体制で待機していて、医療関係者だけではなく、一般の人の問い合わせにも応じています。問い合わせはすべて緊急時に限り、電話で回答しています。

一般の人の問い合わせ電話番号（情報提供料は無料）は、左記のとおりです。

タバコ専用応答電話（無料）
☎072・726・9922
（365日24時間対応）

つくば中毒一一〇番
☎029・852・9999
（365日9～21時対応）

大阪中毒一一〇番
☎072・727・2499
（365日24時間対応）

って食べた、日本酒の一升（いっしょう）びんに入れておいた農薬を飲んだといった中毒事故が実際におこっています。

飲みかけのジュースの缶を灰皿替わりに使い、そのジュースをほかの人が飲んでたばこ中毒がおこるという事故もよくあります。

おとなに多いのは、ラベルを確認しないで、中毒の原因となるものを調理に使ってしまう、うっかり事故です。

高齢者のおこす中毒事故も、増加してきています。

容器に入った調味料などを使うときは、必ずラベルと中身を確認する習慣を身につけましょう。

◇とりあえずの手当

◉まず、吐かせる

中毒は、「化学物質が体内に入って生じる病態」と定義されています。

したがって、中毒のいちばんよい治療は、体内に入った毒物を排出することです。

原因となる物が口から入ったのであれば、いちばんよい手当は、吐かせることです。

子どもであれば、おとなが立て膝（ひざ）をして、太ももの上に子どものおなかをのせ、うつぶせにした状態で頭を低くし、腰を抱きかかえるようにして、下のほうから口の奥に指を突っ込み、吐かせます。

胃が空っぽだと吐いても何も出てきません。コップ半分か1杯の水を飲ませ、吐かせます。手もとにあれば、牛乳のほうがいいこともあります。

しかし、脂肪に溶ける物質のときは、牛乳は飲ませてはいけません。判断に迷うときは、水を飲ませましょう。

薬物や毒物による中毒のときの応急手当については170頁、171頁で、誤って物を飲み込んだときの手当については172頁でも解説していますので、参照してください。

◉吐かせてはいけないとき

つぎのようなときは、吐かせることがかえって人体に危険をおよぼすので、家庭で吐かせる手当を行ってはいけません。手当にこだわらず、救急車を呼ぶなどして一刻も早く病院へ運ぶ手段を講じることが必要です。

▼意識がはっきりしないとき　吐かせると、吐いた物が気管に入って肺炎を誘発したり、吐いた物がのどに詰まって窒息（ちっそく）したりする危険があります。

▼石油製品（灯油、シンナー、ベンジン、ガソリンなど）を飲んだとき　石油製品は気管に入りやすく、入ると高熱がでて、治療がむずかしい出血性肺炎（しゅっけつせいはいえん）をおこします。

見た目には石油製品ではなくても、溶剤として灯油が使用されているものがあるので、ラベルを見るなどして確かめましょう。

▼強い酸やアルカリを飲んだとき　これらを飲むとのどや食道がただれますが、吐かせると、もう一度、酸やアルカリのためにのどや食道が損傷を受けることになります。

吐くときに、食道や胃に孔（あな）があくこともあります。

▼けいれんをおこしかけているとき、おこしているとき　吐かせるとかえってけいれんを誘発したり、ひどくなったりします。

医師が行う中毒の初期治療

　医師が行う中毒の治療には、胃洗浄、下剤や吸着剤の使用、腸洗浄、強制利尿、血液浄化法、解毒薬や拮抗薬の使用などがあります。中毒の種類、病状、おこってからの時間の経過などに合わせ、これらのうち、適切なものを選んで実施します。

　呼吸や血液循環の維持、不整脈対策、けいれん対策、体温保持、栄養管理、感染防止などを実施する集中治療だけで回復するケースもあって、中毒の治療が必要のないこともあります。

❖胃洗浄

　口から飲み込んだ中毒の原因物質を、胃から排除する治療です。

　中毒事故がおこってから1時間以内で、吸収があまり速くない物質のときに実施されるのが原則です。

　胃に長くとどまっている原因物質の場合は、中毒発生から10時間くらいたっていても行うことがあります。

　口から胃まで管を入れ、この管からぬるま湯か生理食塩水を注入しては回収することをくり返して、胃内の原因物質を排除します。

❖吸着剤と下剤の使用

　胃や腸内にある中毒の原因物質を吸着剤に吸着させ、肛門から排泄させる治療です。

　吸着剤には、活性炭が用いられますが、パラコート中毒の際は、イオン交換樹脂が用いられることがあります。

　同時に下剤も使い、原因物質をできるだけ早く排泄させるようにします。

　この治療は、たいていは胃洗浄に引き続いて行われます。

❖腸洗浄

　口から管を挿入し、胃と同じ方法で中毒の原因物質を排除し、腸から原因物質が吸収されるのをできるだけ防ぎます。

❖強制利尿

　腎臓の尿細管という組織は、血液を濾過してつくられた尿のなかから、からだが必要とする物質を再吸収し、血液中に戻すはたらきをしています。

　中毒事故の原因物質のなかには、尿細管から再吸収されるものがあります。これを防ぐのが強制利尿です。

　薬を点滴や注射で使用し、尿の水素イオン濃度を酸性かアルカリ性に傾けます。尿の水素イオン濃度をどちらにするかで再吸収が妨げられる物質が異なるのです。

❖血液浄化法

　血液中に含まれる中毒の原因物質を体外へ排除する治療です。生命に危険が迫っているか、大きな障害のおこる可能性があるときに行われます。

　排除する方法には、血液透析（人工透析）、吸着剤を利用して血液を浄化する血液灌流、濾過器を使って原因物質を排除する血液濾過、血液のうち、血漿のみ新鮮なものと交換する血漿交換の4つがあります。

❖解毒薬・拮抗薬の使用

　中毒の毒性を和らげる薬剤が解毒薬・拮抗薬ですが、効果を示す中毒物質は限られています。

　原因物質と結びついて原因物質複合体をつくり、毒性を発揮させなくするもの、原因物質または、原因物質が作用する細胞の受容体に対抗（拮抗）し、毒性を発揮させなくするもの、中毒症状に対抗して症状を緩和するものなどがあります。

　最近では、原因物質に合致する特異抗体をつくり、これを体内に入れて毒性を封じ込める治療も行われています。

農薬による中毒

有機リン中毒／カーバメイト中毒

Organophosphate Poisoning / Carbamate Poisoning

どんな病気か

どちらも殺虫剤で、神経のはたらきを阻害して殺虫効果を現します。農業用にも、家庭用の殺虫剤にも使用されています。

有機リンを散布した牛舎に入れた牛32頭全部が中毒になり、14頭が死亡する事故が栃木県でありました。

２００８（平成20）年には、中国産の冷凍輸入食品に有機リン系薬物メタミドホスが混入し、10名が中毒になるという事件がありました。

症状

縮瞳（瞳孔が小さくなる）、よだれ、流涙、嘔吐、下痢、頻脈、不安、興奮、不眠、情緒不安定、言語不明瞭などがおこります。

意識の低下、昏睡、けいれんなどの重い症状になることもあります。

治療

呼吸が止まることがあるので酸素吸入などを行います。

そのうえで、副交感神経のはたらきを正常にするアトロピンを注射します。

有機リンの中毒で、あまり時間がたっていなければ、神経のはたらき全体を活発にするプラリドキシム（PAM）が点滴で用いられることもあります。

カーバメイト中毒には、この薬は効果がありません。

パラコート・ジクワット中毒

Paraquat-Diquat Poisoning

どんな病気か

パラコートもジクワットも、植物の光合成を阻害して枯死させる除草剤です。

市販されているのは、２つの薬剤を混合し、毒性の強いパラコートの量を少なくした製品です。

しかし、パラコート単独の旧製品が存在し、これの回収・使用禁止を徹底しない限り、旧製品による中毒が今後もおこると思われます。

パラコートの毒性は強烈で、皮膚から体内に入っても、生命にかかわることがあります。背負っていた散布用のタンクからパラコートが漏れ、これが皮膚から入って、全身の中毒で死亡したケースも報告されています。

症状

薬剤が皮膚につくと、その部分が赤くなり、皮膚炎がおこります。

飲んだときにすぐ吐き出せるように吐剤が入っているので、口から入ると激しい嘔吐がおこります。

口腔・のど・食道・胃の粘膜のただれ・潰瘍、飲み込み困難、腹痛などもおこります。

２～３日後には、肝障害による黄疸、腎障害による血尿・乏尿・無尿などが現れます。

治療

生命に危険が迫っていれば、救命のための手当をします。

中毒の初期治療（前頁）もします。

体内に入った薬剤の量が多いほど、事故から時間がたっているほど生命を救うことがむずかしくなります。生命は救えても、治療の困難な肺炎がおこることが少なくありません。

工業薬品による中毒

シンナー中毒（トルエン中毒、キシレン中毒）
Thinner Poisoning

どんな病気か

シンナーは、塗料を薄めるのに用いる液ですが、麻酔作用があるので、気化したガスを吸い込むと、麻酔薬を吸入したのと同じことになります。

シンナー遊びによる中毒が有名ですが、日曜大工の塗装作業の際などでも中毒事故がおこっています。

症状

初め、多幸感、せきこみなどの気道刺激症状がおこります。

さらに吸入量が多くなると、頭痛、めまい、吐きけ・嘔吐、耳鳴りがおこり、徐々にからだの自由がきかなくなってきます。

シンナー遊びでは、抑制がとれて羞恥心がなくなり、こわいもの知らずになるほか、わずかな刺激で異常な反応をおこすようになります。幻聴、幻視、錯乱、不安、不眠、被害妄想などが現われ、やがて運動まひ、呼吸数の減少を経て、呼吸停止に至ります。

エタノールや酢酸エチルを含むシンナーの場合は、視力・視野障害がおこり、1～7日で失明します。急性膵炎などもおこります。

ベンゼンを含む場合は、再生不良性貧血、白血病、多発性神経炎とその症状の知覚まひがおこります。

治療

一刻も早く空気の新鮮な場所へ移します。呼吸困難があれば、酸素吸入などが必要になります。

酸中毒
Acid Poisoning

どんな病気か

酸には、塩酸、酢酸、シュウ酸、フッ化水素酸、硫酸、ギ酸、硝酸などがあります。

中毒事故は、これらを扱う職場でおこることが多いのですが、家庭用のトイレ洗浄剤のなかには、かなりの濃度の酸を含むものがあって、取り扱いを誤ると、中毒事故につながります。

◉目に入ったとき

角膜が損傷を受けることがあります。

▼治療　1秒でも早く、大量の水で最低でも15分間は目の中を洗い流しつづけます。

無理なく外せるならば、コンタクトレンズを外します。

この手当をしても痛みや腫れが治まらないときは、眼科を受診します。

◉ガスを吸入したとき

まもなく肺水腫（1311頁）が発生します。硝酸の場合は、1～2日後におこります。

▼治療　ただちに空気の新鮮な場所に移します。

呼吸困難があれば酸素吸入が必要になります。気管切開や陽圧人工呼吸が必要になることもあります。気管支けいれん、ぜんそくのような喘鳴があれば、気管支拡張薬を使用します。

◉飲んだとき

胃が腐食し、穿孔がおこることがあります。穿孔がおこらないと、早ければ3週間目ごろ、ときには数か月～数年後に狭窄がおこることが少なくありません。

▼治療　ぜったいに吐かせてはいけま

せん。吐かせると食道とのどが2度、酸にさらされることになります。

水、あれば冷たい牛乳をコップ2～3杯飲ませ、酸を中和します。できれば、うがいをして口の中やのどの酸を洗い流します。

内視鏡の検査の結果、ブジー（棒状の器具）による狭窄部位の拡張や開腹手術が必要になることがあります。

アルカリ中毒
Alkali Poisoning

どんな病気か 家庭で身近にあるアルカリは、食品や菓子類の乾燥剤として使われている生石灰、トイレや換気扇の洗浄剤に含まれる水酸化ナトリウムなどで、これらによる中毒事故がおこります。
そのほかのアルカリの中毒事故は、たいていは職場でおこります。

◉飲んだとき
食道がやけどし、1～2日たつとそこが壊死におちいり、3週間もすると狭窄がおこってきます。

▼治療 ぜったいに吐かせてはいけません。吐かせると食道、のどが2度アルカリにさらされることになります。
牛乳は、アルカリを薄めるだけでなく、中和する作用があります。コップ2～3杯の牛乳を飲ませます。

固形のアルカリの場合は、卵白を飲ませるのが最適です。卵白がアルカリを包み、のどや食道から取除いてくれます。

手元に牛乳や卵白がなければ、水を飲ませます。

この手当を1秒でも早く始めることが必要です。

医師は食道鏡で食道を見て、狭窄を防ぐために、やけどをしている部位にブジー（棒状の器具）を留置します。

◉目に入ったとき
当初は、痛みが軽く、一見なんでもなさそうでも、あとで角膜の混濁・新生血管や潰瘍の発生・穿孔などがおこりやすいものです。

▼治療 1秒でも早く、水で目を洗います。30分くらい洗い、その後、眼科を受診します。

シアン中毒
Cyanide Poisoning

どんな病気か シアン（**青酸化合物**）は、酸素を運ぶ血液のはたらきを阻害し、窒息させます。輸入穀類や果物の燻蒸、金属のメッキ、アクリル樹脂や繊維の製造などに使用されています。たいていは、これらの職業に従事する人に中毒がおこります。

家庭では、火事でアクリル繊維や樹脂、ポリウレタン、ナイロンなどが燃える際に出るシアン化水素（青酸ガス）を吸い込んだときにおこります。

１９８４（昭和59）年に「グリコ・森永事件」で犯人がチョコレートに混入させた青酸カリも、このシアンの一種です。

治療 口うつしの人工呼吸を行ってはいけません。
人工呼吸、１００％酸素の吸入と同時に、亜硝酸アミル、チオ硫酸ナトリウムなどの拮抗薬を使用します。心停止がおこっていなければ、たいていはこの治療で救命できます。

◎シアンを含む植物
ウメの種の中の核、ナシ、リンゴ、アンズの種には、シアン（青酸化合物）の一種の遊離シアンが含まれていて、食べると中毒がおこります。

１００gの種の中に１００～２００㎎の遊離シアンが含まれていて、アンズの種20～40粒を食べると致死量に達するという計算になります。

ただし、中毒がおこるのは、殻をむいて中身を食べたときで、殻を破らずに食べれば中毒はおこりません。

アカシア、ソラマメなどのマメ科の植物、デンプンを採るタピオカの根もシアンの仲間の青酸配糖体が含まれていますが、これ自体は無毒です。

ところが、腸内細菌がつくるβ-グルコシダーゼという酵素で加水分解されてヒドロキシニトリルが生じると、これから青酸が発生します。

一酸化炭素中毒（CO中毒）
Carbon Monoxide Poisoning

どんな病気か

一酸化炭素（CO）には、酸素の約250倍も血液中のヘモグロビンと結びつきやすい性質があります。

ヘモグロビンは、全身の細胞や組織に酸素を送り届ける役目をしていますから、一酸化炭素を吸い込むと、酸素より先にどんどんヘモグロビンと結びついてしまい、ヘモグロビンが運ぶ酸素の量が減り、全身の細胞や組織が酸素不足におちいり、ついには窒息死に至ります。

一酸化炭素は、自動車の排気中に含まれています。また、いろいろなものが不完全燃焼をおこした際にも発生します。

家庭でも、これらの一酸化炭素を吸い込む中毒事故がおこります。

症　状

一酸化炭素と結びついたヘモグロビンをCOHb（一酸化炭素ヘモグロビン）といい、血液中の量（濃度）によって、おこってくる症状が異なります（表）。

COHb濃度と症状

COHbの濃度	症　状
10%以上～20%未満	軽い頭痛（とくに運動時）前頭部の頭重
20%以上～30%未満	脈うつ頭痛、吐きけ、めまい、動悸、呼吸促進
30%以上～40%未満	激しい頭痛、めまい、視力障害、昏迷、失神
40%以上～50%未満	上記の症状の増悪、視力・聴力障害、筋肉の脱力
50%以上～60%未満	昏睡、けいれん
60%以上～70%未満	昏睡、呼吸抑制、心機能抑制
70%以上	心不全、呼吸不全、死亡

治　療

ヘモグロビンから一酸化炭素を追い出すため、100%酸素の吸入を行います。高圧酸素療法が行われることもあります。

同時に安静を保つことがたいせつです。長時間、一酸化炭素を吸い込んでいた場合は、4週間ぐらい安静にしていることが必要です。

また、退院後も、しばらくは急な運動をしないようにします。

安静を守らなかったり、急な運動をしたりすると、間欠型一酸化炭素中毒がおこる危険があります。

回復期にけいれんがおこることがあります。このときは、ジアゼパムを注射します。

脳水腫を予防するために副腎皮質ホルモン（ステロイド）剤を注射することもあります。

◉間欠型一酸化炭素中毒

一酸化炭素中毒の昏睡から覚め、意識が正常に戻り始めたときに、失見当識（周囲のことがわからない）、錯乱、不穏（騒ぐ）、無関心、失語、歩行障害、失禁などが現れることがあります。これを、間欠型一酸化炭素中毒といいます。

この間欠型一酸化炭素中毒は、一酸化炭素中毒をおこした人の約10%にみられます。高齢者に多く、ふつう、3～4週間で快方に向かいますが、死亡することもあります。

一酸化炭素中毒の症状が軽くても、長時間、一酸化炭素を吸ったおそれのある人は、4週間ぐらいまで安静を守ってください。

火山性ガス中毒

1997（平成9）年7月、青森県・八甲田山でレンジャー訓練をしていた陸上自衛隊員20人が呼吸困難で倒れ、うち3人が死亡しました。

1か月後には、福島県・安達太良山を登山中の女性4人が帰らぬ人となりました。

どちらも、火山性ガスがたまった地域に踏み込んでしまったための事故とみられています。これまでにも、火山や温泉地では、観光客や登山・スキー客が、火山性ガスを吸って倒れる事故がたびたびおこっています。

❖硫化水素（H_2S）中毒

硫黄温泉が湧き出すところで発生します。2005（平成17）年12月、秋田県の温泉旅館の駐車場で硫化水素が発生し、家族4人のうち3人が死亡、1人が重体となる事故がありました。そのほか、石油の精製過程、汚水の処理過程、地下工事などでも発生します。

目やのどの粘膜を刺激するほか、細胞や組織が酸素を利用するのを妨げ、中枢神経のはたらきを阻害します。安達太良山の事故は、硫化水素によるとされています。

▼症状　濃度が低いと、卵の腐ったようなにおいを感じます。そして、目の痛み、結膜炎、角膜炎、まぶたのむくみがおこってきますが、このころには、嗅覚疲労のために、においは感じなくなってきます。からだには硫化水素の解毒作用が備わっているので、この程度の濃度では、中毒にはなりません。

ただし、空気中の濃度が500ppmを超えると、頭痛、吐きけ、意識混濁、呼吸困難、呼吸まひなどが現れ、30～60分で生命にかかわります。1000ppmを超えると、数呼吸で失神、昏倒し、死に至ります。

▼治療　新鮮な空気のある場所へ運び、至急、医療機関へ運ぶことが必要です。救助者がガスを吸い込む危険があるので、口うつしの人工呼吸をしてはいけません。100％酸素を使う人工呼吸を行います。拮抗薬の亜硝酸塩の注射が行われることもあります。

火山や温泉地では、違和感を感じる所に、長居しないよう注意しましょう。

❖亜硫酸ガス（二酸化硫黄、SO_2）中毒

硫黄温泉の出るところで発生します。銅の製錬所のほか、重油、石炭などの硫黄を含むものの燃焼の際にも発生します。

酸度が強く、目やのどの粘膜を刺激します。

▼症状　5～10ppmになるとせき、くしゃみ、20ppmで目の痛み、流涙、鼻やのどの痛み、呼吸困難がおこり、100ppmで喉頭のむくみ、400～500ppmで喉頭けいれんにおちいり、数分で死亡します。

▼治療　目は、流水で洗います。せき、くしゃみ、のどの痛みがおこったときは、安静を保ち、医師による24時間の観察が必要です。高濃度のガスを吸入したときには、加湿酸素の吸入を行います。気管挿入による酸素吸入が必要なこともあります。ぜんそくの症状が現れたときは、気管支拡張薬を使用します。

❖二酸化炭素（炭酸ガス、CO_2）中毒

中毒は、消火設備から漏れたり、密室にたまったりしたものを吸っておこることが多いのですが、地中から湧出したものを吸っておこることもあります。八甲田山の自衛隊の事故は、二酸化炭素中毒といわれています。

空気中の濃度が10％以上になると、酸素濃度が十分でも中毒がおこります。

▼症状　10％以上で、視覚障害、耳鳴り、震えがおこり、1分で意識がなくなります。30％になると、即時に昏倒し、死亡します。

▼治療　すぐに新鮮な空気のある場所に連れ出し、医療機関に運び、酸素吸入します。

化学兵器による中毒

❖化学兵器のいろいろ

　化学兵器は、貧者の核兵器ともいわれ、毒性の強い物質を兵器に応用したものです。現在、化学兵器禁止条約では、サリン、ソマン、タブン、VX、硫黄マスタード、窒素マスタード、ルイサイト、サキシトキシン、リシン、BZ、アミトン、PFIB（パーフルオロイソブチレン）、ホスゲン、塩化シアン、青酸、クロロピクリンの16種類の物質を化学兵器として国際的な査察の対象としています。

◉神経剤

　神経を障害して戦闘力を奪う物質で、サリン、ソマン、タブン、VX、アミトンがあります。いずれも、農薬（殺虫剤）や医薬品の原料として使われる有機リン剤（2068頁）です。揮発性が高く、皮膚への付着や吸入することで中毒をおこします。

　1995（平成7）年3月の「地下鉄サリン事件」では、中毒者約5500人、死者12人の犠牲者をだしたことは忘れられません。

　アトロピン（眼底検査の前に、瞳孔を広げるために点眼する薬）、プラリドキシム（PAM）などの薬が治療に用いられます。

　救助者や医療者への二次災害もおこるため、汚染された衣服をただちに処分し、からだを洗う必要があります。

◉びらん剤

　皮膚や粘膜をただれさせる物質で、**硫黄マスタード**、**窒素マスタード**、**ルイサイト**があります。症状は、ただれのほかに、血球の減少、中枢神経障害などをもたらします。発がん作用、催奇形作用、変異原性作用もあるといわれています。

　マスタードは、からし臭がするのでこの名があります。第一次世界大戦中、ベルギー西部のイープル戦線でドイツ軍が初めて使用したので**イペリットガス**ともいいます。

◉リシン

　リシンは、ヒマシ油を採ったあとの絞りかすに入っていて、絞りかすは肥料として利用されます。植物毒素のひとつで、ソマン、VXに匹敵する毒性があり、腎臓、肝臓、脾臓を障害し、最後は敗血症性ショックにおちいります。

◉サキシトキシン

　まひ性貝毒（2083頁）の一種で、人工的に大量生産され、化学兵器に転用されたものです。

◉BZ（3・キヌクリジニルベンジラート）

　副交感神経遮断薬のひとつで、中枢神経を障害し、幻覚作用もあります。

◉ホスゲン

　第一次大戦で、ドイツ軍が初めて使用した毒ガスで、肺水腫などをおこし、窒息させます。染料、ポリウレタン製品、ポリカーボネート樹脂の原料として使われるので、これらの工場で中毒事故がおこることがあります。

◉PFIB（パーフルオロイソブチレン）

　フッ素樹脂が加熱されて発生します。防水スプレーの微粉が熱源に触れても発生します。毒性は、サリンに匹敵します。

◉青酸、塩化シアン

　青酸（シアン化水素）は、ナチスの強制収容所で使われた毒ガスです。塩化シアンも同じ仲間です。酸素を運ぶ血液のはたらきを阻害し、窒息させます（シアン中毒2070頁）。

◉クロロピクリン

　第一次大戦で使われた毒ガスで、肺水腫などを誘発して生命に危険がおよびます。目の刺激作用もあって、催涙ガスとして使用されたこともあります。現在では、土壌の燻蒸や穀類の殺虫剤として使用されていて、関係者に中毒事故がおこることがあります。

医薬品による中毒

催眠・鎮静薬中毒
Hypnotics and Sedatives Poisoning

催眠・鎮静薬は、精神・神経の興奮を鎮め（鎮静）、眠りへと導く（催眠）薬です。

このような薬には、ベンゾジアゼピン系薬、バルビツール酸系薬、フェノチアジン系薬、ブロムワレリル尿素などがあります。

◇ベンゾジアゼピン中毒

ベンゾジアゼピンは、元来は抗不安薬ですが、催眠効果の高いものがあって、催眠鎮静薬としても使用されています。

抗不安薬としても、催眠薬としても現在、使用頻度がもっとも高くなっています。

症状　傾眠（強い眠け）、構語障害、失調（からだが思うように動かない）、複視（2重に見える）、知的障害などがおこります。

血圧低下、呼吸数の減少、呼吸まひがおこることもあります。

治療　飲んで30分以内であれば吐かせます。

飲んで2時間以内であれば初期治療（2067頁）の胃洗浄を行います。

そのほかの初期治療としては、吸着剤の活性炭や下剤の使用、ベンゾジアゼピンの拮抗薬であるフルマゼニルの注射も行われます。

誤嚥の防止（気管内挿管）、呼吸の補助（酸素吸入）などの保存的治療も必要です。

◇バルビツール酸中毒

中枢神経系（大脳皮質、脳幹など）のはたらきを抑制して、眠りに導く薬です。

強い副作用があるので、催眠薬としては使われなくなっていますが、抗てんかん薬、自律神経作用薬、強力精神安定薬のなかにバルビツール酸を含むものがあって、これによる中毒がおこることがあります。

症状　血圧低下、ショック、呼吸数の減少、昏睡、体温低下がおもな症状です。

手、殿部、膝の内側、足首の外側に水ぶくれができることがあります。

治療　バルビツール酸は胃腸の蠕動を抑えるので、長時間、胃の中にとどまっています。このため、事故がおこってから24時間くらいたっていても、初期治療（2067頁）の胃洗浄をします。

胃洗浄が終了したら、吸着剤の活性炭と下剤を胃の中に入れ、再び胃洗浄を行い、これをくり返します。

バルビツール酸の種類によっては、強制利尿が行われることがあります。

重症のケースや腎障害をともなう場合は、血液浄化が必要になります。

◇ブロムワレリル尿素中毒

中毒をおこしやすいので、催眠薬として使用されることはないのですが、一般用薬の鎮静薬のなかにこの成分を含むものがあって、中毒事故がときどきおこります。

症状　頭痛、無気力、舌のもつれ、記憶の減退、めまい、ふらつき、運動失調、幻覚、錯乱がおこり、

医薬品による中毒

◎医薬品中毒の症状と注意

2074頁から2077頁の中毒の項目に記載されている症状は、過剰な量の薬が体内に入ったための中毒事故の症状で、適切な量（常用量）でおこる「副作用」の症状ではありません。

当然、中毒の症状のほうが激しく、副作用で同じ症状がおこることはめったにありません。

重症になると昏睡におちいります。

胃壁が刺激されるために吐きけ・嘔吐が現れ、口臭が強くなります。顔ににきびのような発疹がでて、全身に広がることもあります。紅斑、結節、膿疱、天疱瘡のような水疱がでることもあります。結節は、梅毒の硬性下疳（2132頁）とまちがわれがちです。

治療　嘔吐させ、初期治療（2067頁）の胃洗浄、吸着剤の活性炭と下剤の使用、強制利尿を行います。

解熱・鎮痛薬中毒
Antipyretics and Analgesics Poisoning

体温をコントロールする体温調節中枢と、痛みを感じる痛覚中枢は、脳の視床下部にあって、隣り合っています。このため、熱がでると、その刺激が痛覚中枢に伝わり、頭痛などの痛みがおこることが少なくありません。

そして、解熱薬（熱冷まし）を使って熱を下げると、痛みも治まってきます。このために、多くの解熱薬は、鎮痛薬の作用を兼ね備えていて、解熱・鎮痛薬の形になっています。

解熱・鎮痛薬には、アニリン系、ピラゾロン系、サリチル酸系、インドメタシン類、フェナム酸類があります。

これらは、非ステロイド性抗炎症薬ともいいます。

副腎皮質ホルモン（ステロイド）剤は、炎症を確実に抑える（抗炎症作用）ことが長所ですが、重い副作用がおこりやすいことが欠点です。

この副腎皮質ホルモン剤の長所を残し、欠点の少ない薬を目標に開発されたのが非ステロイド性抗炎症薬です。

◇アニリン系薬中毒

アセトアミノフェンとフェナセチンの2種類があって、中毒の症状がちがいます。

◉アセトアミノフェン中毒

一般用薬の解熱・鎮痛薬やかぜ薬の多くに含まれています。医療用薬にも、含まれているものがあります。

▼症状　飲んでから24時間ぐらいは、症状がないか、あっても吐きけ・嘔吐程度です。

そのあとに肝障害がおこってきます。軽い高ビリルビン血症、低血糖がおこることもあります。

大量に飲んだときには、3～4時間後に昏睡や代謝性アシドーシス（1687頁）がおこることがあります。

▼治療　吐かせるとともに初期治療（2067頁）の胃洗浄を行います。

事故から1時間以内であれば、吸着剤の活性炭を使用します。

事故から4時間以上たっても血液中のアセトアミノフェンの値が高いときは、拮抗薬のアセチルシステインを経口か注射で用います。

◉フェナセチン中毒

▼症状　昏睡、けいれんがおこるほか、酸素を運べないヘモグロビンがつくられるメトヘモグロビン血症、溶血性貧血（1444頁）などが発症します。

▼治療　初期治療（2067頁）の胃洗浄、吸着剤や下剤の使用などを行います。

メトヘモグロビン血症には、メチレンブルーの点滴、けいれんには、ジアゼパムの注射を行います。

◇サリチル酸中毒

サリチル酸は、解熱・鎮痛薬としての作用のほかに、血液をかたまりにくくする作用もあるので、動脈硬化の進行を予防する目的で用いられることもあります。

症状 耳鳴り、難聴、めまいがおこります。耳鳴りはほとんどの人におこり、最後までつづきます。

当初は、呼吸数、換気量が増えて呼吸性アシドーシス（酸性血症）がおこりますが、時間がたつと、脂肪の酸化が進み、代謝性アシドーシスもおこってきます。

子どもは、意識障害におちいることが多いのですが、おとなは意識がはっきりしています。

重症になると肺水腫（1311頁）がおこり、生命が危険になります。

治療 事故から10時間以内であれば、初期治療（2067頁）の胃洗浄をします。

脱水を改善するための点滴、尿からの薬の排泄をうながすための強制利尿を行います。

◇ピラゾロン系薬中毒

ピラゾロン系薬には、イソプロピル、アンチピリン、スルピリンなどがあります。

鎮痛作用が強力で、ふつうの痛み止めでは効かない痛み、たとえば、関節リウマチ（2014頁）などの痛み止めに使用されます。

症状 スルピリン中毒では、めまい、失調、幻覚、眠け、昏迷・昏睡、呼吸停止、けいれんなどの中枢神経症状が目立ちます。

フェニルブタゾン中毒では、肝障害がおこります。

アンチピリン中毒では、メトヘモグロビン血症がおこることがあります。

治療 初期治療（2067頁）の胃洗浄、吸着剤や下剤の使用を行います。けいれんがおこったら、ジアゼパムを注射します。

◇インドメタシン中毒

関節リウマチ（2014頁）や膠原病などの治療薬であるインドメタシンは、使用頻度が高く、一般用薬にも使われています。

症状 吐きけ・嘔吐、腹痛、下痢、胃・十二指腸潰瘍（1558頁）、胃腸の穿孔・出血、急性膵炎（1678頁）がおこります。

前頭部痛、めまい、眠け、昏迷、うつ状態、幻覚なども現れます。

じんま疹などの発疹、ぜんそく発作がおこることもあります。

治療 初期治療（2067頁）の胃洗浄を行い、吸着剤の活性炭を使用します。

また、胃腸からの出血には、H_2受容体遮断薬を使用します。

◇フェナム酸中毒

フェナム酸による中毒では、ふつうは事故から4時間以後、ときに12時間以降にけいれん大発作がおこることが多いものです。

けいれんが治まり、つぎのけいれんがおこるまでの間欠期に不穏、錯乱、昏睡がおこることもあります。

治療

けいれんを誘発するので、吐かせようとしてはいけません。初期治療（2067頁）の胃洗浄、吸着剤や下剤の使用を行い、けいれんがおこったらジアゼパムを注射します。

薬が小腸から吸収されるまでに時間がかかるので、ぼんやり、ふらつき程度の軽い症状でも、12時間は、入院しての観察が必要になります。

抗うつ薬中毒
Antidepressant Poisoning

どんな病気か

うつ病（気分障害 1011頁）の治療薬である抗うつ薬は、神経のはたらきを活発にする物質（アドレナリンやセロトニン）の量を増やし、精神活動を盛んにする作用があります。長期間服用することが多いため、家庭内に大量の薬がたまり、自殺目的で服用されたり、子どもがお菓子とまちがえて食べたりします。

症状

抗うつ薬の中毒では、けいれん、昏睡などの中枢神経症状と、頻脈、心臓の伝導障害、心室性不整脈、低血圧などの循環器系の症状が中心です。

そのほか、胃腸の蠕動抑制、瞳孔拡大、嘔吐、発熱か体温低下、代謝性アシドーシス（1687頁）などもおこります。

治療

胃内に長時間、薬がとどまっているので、事故から12時間ぐらいたっていても、初期治療（2067頁）の胃洗浄を行います。

心臓の伝導障害があれば、フェニトインを注射します。それでも心室性不整脈が残れば、リドカインなどを注射します。けいれんがおこれば、ジアゼパムを注射します。

覚醒剤急性中毒
Acute Methamphetamine Poisoning

どんな病気か

精神興奮薬のうち、日本で覚醒剤といっているのは、メタンフェタミン（ヒロポン、俗称「シャブ」）で、日本では市販されていませんが、エフェドリンなどを原料に密造されたものが暴力団などを介して出回っています。

症状

メタンフェタミンなどの精神興奮薬を大量に摂取すると、急性中毒がおこります。

不安、興奮、頻呼吸、不穏、幻覚、震え、舞踏運動（953頁）、けいれん、昏迷、昏睡などの中枢神経症状がおこります。

体温上昇、発汗、瞳孔拡大、排尿障害、尿閉などの交感神経症状や吐きけ・嘔吐、下痢などの消化器症状もおこります。幻視、幻触、幻臭、関係妄想、錯覚などが現れ、統合失調症とまちがわれることもあります。

治療

初期治療（2067頁）の胃洗浄、吸着剤や下剤の使用、強制利尿や血液浄化を行います。

けいれんなどの中枢神経刺激症状には、ジアゼパムを注射、舞踏病などの異常運動には、ジアゼパム、クロルプロマジンが有効です。

強い幻覚・不穏には、ドロペリドールかハロペリドールを注射します。

ミオグロビン血症がおこっていれば輸液、フロセミドの注射、マンニトールの点滴などを行います。

家庭用品による中毒

たばこ中毒（ニコチン中毒）
Tobacco Poisoning

どんな病気か

たばこに含まれる天然アルカロイドの一種、ニコチンの毒性による中毒で、ニコチン依存症とは別のものです。

家庭でたばこを食べてしまう事故は、5歳以下の子ども、とくに0～1歳の乳幼児が大部分です。しかし、ニコチンには嘔吐をおこさせる作用があって、自分からすぐに吐き出すことが多いですし、ニコチンは、胃から吸収される速度はゆっくりなので、赤ちゃんに重い中毒がおこることはまれです。

灰皿がわりに使用していた缶に残っていたジュースや清涼飲料を飲んでおこる中毒は、おとな、子どもを問わずおこります。水に溶けたニコチンは胃からの吸収が速くなるので、この場合は重い中毒になることがあります。

症状

体内に入ったニコチンの量が少ないと神経の刺激症状がおこり、量が多いとまひが現れます。

◉量が少ないときの症状

震え、けいれん、呼吸数の増加がおこり、頭痛、めまい、錯乱、脱力感をともないます。血圧上昇、頻脈、四肢（手足）の冷感、顔面蒼白、発汗などもみられます。吐きけ・嘔吐、腹痛、下痢のほか、よだれ、痰も出ます。

◉量が多いときの症状

呼吸数が減り、血圧の低下、徐脈・心房細動・房室ブロックなどの不整脈もおこります。呼吸停止がおこって死亡することもあります。

治療

たばこの入った缶のジュースなどを飲んだ場合は、おとな、子どもを問わずすぐに受診します。

おとなのニコチンの致死量は40～60mgで、たばこ2本分のニコチンが溶けていれば命にかかわる計算になります。

◉子どもが食べたときの対応

まず、口の中に指を入れて吐かせます（172頁）。吐かせる前に牛乳や水を飲ませてはいけません。たばこを小腸のほうへ押し込む危険があります。何も飲ませずに吐かせます。

子どもで、食べた量が4分の1本以下であれば、多少の症状があっても、家庭でようすをみます。

2時間以上たっても症状が現れない、軽い症状があっても増悪の気配がみられないといったときは、たいていは自然に快方に向います。4時間たって、なんでもなければ安心です。

食べた量が4分の1本以上であれば受診します。けいれんがおこればジアゼパム、吐きけ・嘔吐、腹痛、下痢、よだれ、痰がひどければアトロピンの注射が必要になります。

化粧品による中毒
Poisoning by Ingestion of Cosmetics

どんな病気か

誤って化粧品を食べたり、飲んだりする事故は、たばこについで多くなっています。おこしやすいのは、1歳から1歳半の子どもで、この年代の子どもの中毒事故の原因の第1位を占めています。化粧台に放置してある化粧品は、つかまり立ち

家庭用品による中毒

化粧品の中毒危険ランク

毒性の強さ	化粧品	中毒の原因物質・性状
強い	マニキュア除光液	アセトン60～90% 酢酸エステル
	パーマ第Ⅱ液	臭素酸塩2～10%
かなり強い	マニキュア（ネイルエナメル）	ニトロセルロース、アセトン0～10%、酢酸エステル、樹脂類など
	パーマ第Ⅰ液	チオグリコール酸、アンモニア水、モノエタノールアミンなど
	染毛剤第Ⅰ液	パラフェニレンジアミンほか
	脱毛剤	チオグリコール酸、水酸化ナトリウムなど
	義歯洗浄剤	リン酸化三ナトリウム
やや強い	アフターシェーブローション	アルコール50%
	化粧水	アルコール10～25%
	ヘチマ水	アルコール5～10%
	制汗剤	アルコール、液化石油ガス
	シャンプー	陰・非イオン系界面活性剤
	ヘアトニック	アルコール30～90%
	染毛剤第Ⅱ液	過酸化水素
	香水	アルコール70～80%
	オーデコロン	アルコール60～90%
	義歯洗浄剤	中性～弱アルカリ性、過ホウ酸ナトリウムなど
危険なし	石けん、乳液、各種クリーム、日焼け止めクリーム、クレンジングローション、バニシングローション、おしろい、口紅、ほお紅、ベビーパウダー、浴用剤、ひげそりクリーム、ヘアリンス、ヘアオイル、ヘアクリーム、ポマード、歯みがき剤、うがい薬	

をするようになった子どもの手にかんたんに届きます。

子どもの手の届く場所に化粧品を放置しないことがたいせつです。

しかし、たいていの化粧品は毒性が低く、大量に体内に入らないかぎり、中毒の症状が現れることは、まず、ありませんし、たいていは、治療が必要になることはありません。

例外は、マニキュア除光液とパーマ第Ⅱ液で、外国では、マニキュア除光液を飲んだ1歳半と2歳の子どもが死亡したという事故もおこっていますが、家庭にあるのはびんが小さく、入っている量も少ないので、生命にかかわる中毒事故は、まずおこらないと考えていいでしょう。

◉化粧品を誤飲したときの対応

おもな化粧品とその危険度を上の表にまとめました。

子どもが、まちがってマニキュア除光液を飲んだときは、何も飲ませず、吐かせずに、すぐ受診します。パーマ第Ⅱ液を飲んだときは、水か牛乳を飲ませ、吐かせて、すぐ受診します。

それ以外の化粧品の場合、含まれている物質によって、水あるいは牛乳を飲ませてよいのか、飲ませてはいけないのか、吐かせたほうがよいのか、吐かせてはいけないのか、対応がそれぞれ異なります。中毒一一〇番に相談しましょう（2065頁上段）。

上の表などを参考に判断し、危ないと思われる場合には、医師を受診してください。中毒の症状が現れていたら、ただちに受診しましょう。また、受診の際には、口に入れた残りや容器を持参するようにしてください。

その他の家庭用品による中毒

◇中毒事故を防ぐことが第一

防虫剤、殺虫剤、洗浄剤、漂白剤の主成分と、中毒事故がおこったときの対応のしかたを表にまとめました。

中毒事故をおこしたときは、多量の物質が体内に入ったとして対応しましょう。つまり、万一のことを考えて、安全性を重視したほうがいいのです。

ただ、中毒をおこしたあとの対応よりも、中毒を防ぐことがたいせつです。

①身のまわりの片付けや後始末を徹底する。危険なものは、子どもの手の届かない場所に片付けましょう。

②洗剤や薬品をほかの容器に移しかえない。おとなでも、うっかり誤飲することがあるからです。

③ラベルを確認する習慣をつける。購入した際には、注意書きをよく読み、使う際にはラベルを確認しましょう。

家庭用品の名称		毒性成分	事故の内容	飲ませる 牛乳	飲ませる 水	吐かせる	流水で洗う	受診の要・不要
衣料用防虫剤		パラジクロロベンゼン	食べる	×	○	○		少量=ようすをみる。多量=内科へ。
		ナフタリン	食べる	×	○	○		なめた程度=ようすをみる。それ以上の量=内科へ。
		樟脳	食べる	×	○	×		
		ピレスロイド系	食べる	○	○			中毒の心配は、ほとんどない。
殺虫剤	エアゾール殺虫剤	ピレスロイド系	吸う 目に入る 皮膚につく				○	新鮮な空気の所で休む。気分が悪ければ内科へ。 痛みや腫れがあれば眼科へ。 痛みや赤みがあれば皮膚科へ。
	蚊取り線香	合成ピレスロイド	食べる					中毒の心配は、ほとんどない。
	電気蚊取りマット	ピレスロイドなど	食べる					
	液体電気蚊取り	ピレスロイドなど	飲む	×	×	×		少量=ようすをみる。多量=内科へ。
	ゴキブリ駆除剤	ホウ酸、ヒドラメチルノンなど	食べる	○	○	○		少量=ようすをみる。多量=内科へ。
	燻煙剤	有機リンなど各種	吸う					新鮮な空気の所で休む。気分が悪ければ内科へ。
石けん・洗剤・洗浄剤	洗濯用合成洗剤	界面活性剤 漂白剤など配合も	食べる	○	○	×		少量=ようすをみる。多量=内科へ。
			飲む	○	○	×		
			目に入る				○	痛み、腫れがあれば眼科へ。

家庭用品による中毒

石けん・洗剤・洗浄剤							
台所用合成洗剤	界面活性剤 漂白剤など配合も	飲む	○	○	×		少量＝ようすをみる。多量＝内科へ。
トイレ用洗浄剤	酸性かアルカリ性、界面活性剤など	飲む	○	○	×		少量＝ようすをみる。多量＝内科へ。
		目に入る				○	洗ったあと、眼科へ。
		皮膚につく				○	痛み、赤みがあれば皮膚科へ。
固形トイレ用洗浄剤	界面活性剤など	食べる	○	○	×		少量＝ようすをみる。多量＝内科へ。
排水パイプ用洗浄剤	酸性かアルカリ性	飲む	○	○	×		なめた程度＝ようすをみて、具合が悪ければ内科へ。
		目に入る				○	洗ったあと、眼科へ。
		皮膚につく				○	痛み、赤みがあれば眼科へ。
漂白剤	塩素系、酸素系、還元系	飲む	○	○	×		液・粉末をなめる＝ようすをみる。それ以上の量＝内科へ。
		目に入る				○	洗ったあと、眼科へ。
		皮膚につく				○	痛み、赤みがあれば皮膚科へ。
防水スプレー	フッ素系樹脂など	吸う	×	×	×		少量＝ようすをみる。多量＝内科へ。
プリーツ加工剤	水溶性ポリウレタン樹脂	霧を吸う					新鮮な空気の所で休み、気分が悪ければ内科へ。
ワックス類	石油系溶剤など	食べる	×	×	×		少量＝ようすをみる。多量＝内科へ。
石けん	脂肪酸など	食べる	○	○			
オーディオ用クリーナー	イソプロパノール、界面活性剤など	飲む	×	×	×		
		蒸気を吸う					新鮮な空気の所で休み、気分が悪ければ内科へ。
かび取り剤	アルカリ、界面活性剤	飲む	○	○	×		原液をなめる、薄めた液を飲む＝ようすをみて、具合が悪ければ内科へ。多量＝内科へ。
		目に入る				○	洗ったあと、眼科へ。
		皮膚につく				○	痛み、赤みがあれば皮膚科へ。
ガラス用洗浄剤	アルカリ、界面活性剤など	飲む	○	○	×		なめた程度＝ようすをみる。多量＝内科へ。
		目に入る				○	洗ったあと、眼科へ。
		皮膚につく					痛み、赤みがあれば皮膚科へ。

家庭用品の名称		毒性成分	事故の内容	飲ませる 牛乳	飲ませる 水	吐かせる	流水で洗う	受診の要・不要
石けん・洗剤・洗浄剤	換気扇洗浄剤	アルカリ、界面活性剤など	飲む	○	○	×		なめた程度＝ようすをみる。多量＝内科へ。
	レンジ用洗浄剤		目に入る				○	洗った後、眼科へ。
			皮膚につく					痛み、赤みがあれば皮膚科へ。
	義歯洗浄剤	ナトリウムなど	食べる	○	○	×		少量＝ようすをみる。多量＝内科へ。
	逆性石けん	界面活性剤	飲む	○	○	×		なめた程度＝ようすをみる。それ以上の量＝内科へ。
			目に入る				○	洗ったあと、眼科へ。
	金属みがき剤	有機溶剤など	食べる	×	×	×		なめた程度＝ようすをみて、具合が悪ければ内科へ。それ以上の量＝内科へ。
	靴墨・クリーム	有機溶剤など	食べる	×	○	×		少量＝ようすをみる。多量＝内科へ。
	クレンザー	界面活性剤など	食べる	○	○			なめた程度＝ようすをみる。それ以上の量＝内科へ。
			目に入る				○	痛み、腫れがあれば眼科へ。
	さび止め剤	石油系成分など	飲む	×	×	×		なめた程度＝ようすをみる。多量＝内科へ。
	さび取り剤	有機酸、界面活性剤など	飲む	○	○	×		なめた程度＝ようすをみる。それ以上の量＝内科へ。
			目に入る				○	洗ったあと、眼科へ。
			皮膚につく					痛み、赤みがあれば皮膚科へ。
	油性しみ抜き剤	有機溶剤など	飲む	×	×	×		なめた程度＝ようすをみる。多量＝内科へ。
			霧を吸う					新鮮な空気の所で休み、気分が悪ければ内科へ。
	水性しみ抜き剤	界面活性剤など	飲む	○	○	×		少量＝ようすをみる。多量＝内科へ。
	住宅用洗剤	界面活性剤、アルカリなど	飲む	○	○	×		なめた程度＝ようすをみる。それ以上の量＝内科へ。
			目に入る				○	洗ったあと、眼科へ。
			皮膚につく				○	痛み、赤みがあれば皮膚科へ。
	静電気防止剤	界面活性剤など	飲む	○	○			少量＝ようすをみる。多量＝内科へ。
	しわとり剤		霧を吸う					新鮮な空気の所で休み、気分が悪ければ内科へ。
			目に入る				○	洗浄後、痛み、腫れがあれば眼科へ。

自然毒による中毒

自然毒による中毒とは

最近のアウトドア志向もあって、キノコや山菜採りでまちがって有毒植物を食べたり、毒ヘビ・ハチ刺されで、毒素が体内に入るなどの自然毒による中毒は、いっこうに減っていません。

キノコ、ジャガイモ、銀杏、ふぐ中毒は食中毒（2092頁）を、ハチ刺されは149頁を参照してください。

◉貝毒による中毒

以下にあげる貝を食べると、食中毒がおこることがあります。

▼ツブ貝　唾液腺中にテトラミンという毒が含まれ、加熱調理しても無毒化されません。視力の低下、めまい、眠けなどがおこります。

▼アワビ　中腸腺が、2～5月になると毒をもちます。光線過敏症がおこります。

▼バイ貝　7～9月にかけて、中腸腺に毒をもつことがあって、視力の低下、唇のしびれ、のどの渇きなどがおこります。けいれん、意識混濁などの重い症状になることもあります。

▼ムラサキイ貝、ホタテ貝、アカザラ貝、コタマ貝など　これらの二枚貝は、5～10月に有毒プランクトンを食べて毒をもつことがあります。下痢、吐き け・嘔吐、腹痛などがおこります。

下痢が中心的な症状なので、この毒を**下痢性貝毒**といい、加熱調理をしても、無毒化されません。

▼アサリ、アカザラ貝、マガキ、ムラサキイ貝など　これらの貝は、赤潮が発生すると、この中にいる有毒プランクトンを食べて毒をもつことがあります。唇や舌のしびれ、からだのまひなどふぐ中毒に似た症状がおこります。

この毒を**まひ性貝毒**といい、毒をもつと出荷規制などの処置がとられます。

治療

症状が少しでも現れたら、まず、吐きます。いっしょに食べた人も、たとえ症状がなくても吐きましょう。そして医師の診察を受けてください。

◉有毒植物による中毒

一般の野菜や山菜とまちがえて食べて中毒をおこします。

▼チョウセンアサガオ　ゴボウとまちがえた中毒事故がよくおこります。ベラドンナアルカロイドが含まれています。当初は、からだのふらつき、だるさ、眠けが現れますが、不安、せん妄、失見当識、幻覚、活動亢進などが現れ、統合失調症の急性期や急性アルコール中毒とまちがえられ、病院に収容されることもあります。食べてから30分～2時間後に現れ始めます。

▼イヌサフラン、キツネユリ　球根をタマネギ、ニンニク、ヤマイモとまちがえ、また、茎をギョウジャニンニク、ナガネギとまちがえます。コルヒチンが含まれていて、腹痛、嘔吐、下痢、めまい、肝機能異常がおきます。

▼ハシリドコロ　フキノトウとまちがえます。ベラドンナアルカロイドが含まれています。

▼ヒガンバナ科植物　スイセン、タマスダレ、ヒガンバナ、キツネノカミソリ、ハマユウには、リコリンというアルカロイドが含まれていて、ニラ、アサツキ、ノビルなどとまちがえて中毒をおこします。

◎毒グモによる中毒

1995（平成7）年に近畿地方で、日本にはいないはずの毒グモ、セアカゴケグモが発見され、大騒ぎとなりました。これは、海外からの貨物に紛れ込んできたものとみられ、幸い、人に被害はありませんでした。

日本では、**クモ刺咬症**のほとんどは、カバチコマチグモによるもので、激痛、かゆみ、発赤、リンパ節炎、悪心、頭痛、食欲不振などがおこります。痛みは、2～4日でなくなります。

セアカゴケグモの毒は、ラトロトキシンという神経毒で、筋肉の緊張、ふるえ、まひ、発汗、腹痛などがおこり、2～4日で治ります。まれに、横隔膜まひによる呼吸停止がおこります。

クモは、人間を攻撃することはほとんどありません。ただし、クモに直接、触れないようにしましょう。

吐きけ・嘔吐が主症状です。重症になると、低血圧、頻脈、期外収縮などがおこり、心停止することもあります。

▼ドクゼリ　毒成分はシクトキシンで、食用のセリとまちがえて食べると、治まってはくり返すけいれん発作がおこります。食べた量が多いと、代謝性アシドーシス（1687頁）や腎不全など生命にかかわることもあります。家庭での治療は無理です。すぐに受診しましょう。

▼トリカブト　毒成分は、アコニチンを主とするアルカロイドで、体内に入ると、重い不整脈がおこります。山菜のニリンソウやモミジガサと誤って食べ、中毒がおこることがあります。

食べてから15～30分で、嘔吐、しびれ、脱力感、ことばのもつれ、頭痛、めまい、発汗などが現れ、立っていることができなくなります。目のかすみ、色覚異常（周囲が黄色く見えるなど）もおこります。不整脈が頻発し、ほかの症状が治まったあともつづき、生命にかかわります。

治療　症状が現れたら、まず、吐き出します。たとえ症状が現れなくても、同じものを食べた人は、全員吐き出し、受診してください。

◉ヘビ咬症

日本にいる毒ヘビは、マムシ科に属するニホンマムシ、ハブ、トカラハブ、ヒメハブ、サキシマハブの5種類です。

その他、ヤマカガシにかまれても中毒がおこることがあります。

▼毒ヘビ　毒ヘビにかまれると、その部分が焼ける感じがし、20～30分すると腫れてきます。腫れは、しだいにからだの中心部に向かって広がり、ひどくなると、皮膚が暗赤色となり、水疱ができてきます。一昼夜くらいたつと腫れはピークを迎え、指や手をかまれた場合、腕全体から胸まで腫れることがあります。吐きけ・嘔吐、腹痛、下痢、血圧低下、耳下腺炎による開口障害がおこることもあります。

マムシにかまれると、霧視、複視、緑内障などの目の症状が現れます。

過去にハブ、サキシマハブにかまれ、再びかまれると**アナフィラキシー・ショック**（2007頁）になることがあります。

▼ヤマカガシ　かまれて毒液が注入されると、10～60分で頭痛が始まることが多いものです。痛みは強くはなく、しびれ感程度のこともあります。発熱、嘔吐がおこることもあります。かまれた部分から出血が始まり、歯肉、膀胱（血尿）、胃腸（吐血、下血）、皮下、鼻、眼底、脳からの出血がおこります。放置すると、約半数に播種性血管内凝固症候群や腎不全がおこります。

ヤマカガシのうろこの間から毒液が吹き出ることがあります。この毒液が目に入ると、結膜のむくみ・充血、視力障害、角膜のただれ・濁り、知覚のまひのほか、ときに瞳孔反応の消失、虹彩炎などがおこります。

治療　かまれた部分よりからだの中心に近い部分を幅の広いものでしばって圧迫し、できれば心臓より高い位置で固定します。かまれてから30～40分間であれば、かまれた部位を切開し、毒液を吸引します。

ただちに受診しましょう。

ヤマカガシの毒が目に入ったときは、1秒でも早く、大量の水で目を洗い、眼科を受診します。

第4部 病気の知識と治療

第19章

感染症・性感染症・寄生虫病・食中毒

感染症

ウイルスや細菌、原虫や寄生虫などの病原微生物が人の体内に侵入し、繁殖しておこる病気が感染症です。

感染症とは
(Infectious Disease)

微生物が体内に侵入し、そこで繁殖したためにおこる病気を感染症といいます。感染症の一部は感染した人からさらに、周囲の人に感染する危険があるので、予防する配慮が必要です。

◇感染と発病

病気をおこす微生物を病原微生物といい、小さい順にウイルス、細菌（マイコプラズマ、クラミジア、リケッチア、スピロヘータ、一般細菌）、原虫、寄生虫などがあります。

これらの病原微生物が体内に侵入し、臓器や組織の中に定着し、繁殖することを**感染**といいます。たんに病原微生物と接触しただけの状態を、感染したとはいいません。

◉ウイルス

ウイルスは大きさが20～３００nm（１nmは１００万分の１mm）で、細胞膜や細胞質などをもたないＤＮＡ（またはＲＮＡ）のかたまりのような形をしています。自分だけでは増殖できず、体内の細胞に自分の遺伝子の一部を組み込み、その細胞にウイルスをつくらせることによって増殖します。

◉細菌

細菌は大きさが０・２～５μm（１μmは１０００分の１mm）で、細胞壁をもつ細胞の形で存在します。自分で増殖する能力をもちます。

塩基性の色素で染色すると、色素に染まるものと染まらないものに分けられ、染まる細菌を**グラム陽性菌**、染まらない細菌を**グラム陰性菌**と呼びます。

このちがいは細菌の細胞膜の構造が異なるためにおこり、グラム陽性菌は厚い細胞壁をもち、グラム陰性菌は薄い細胞壁の周りに外膜がある二重構造をもっています。

また、細菌の形状により、棒のような形の**桿菌**、球状をした**球菌**、らせん状の**らせん菌**と呼びます。

リケッチアやクラミジアは細菌の一種ではありますが、ウイルスと同じように、他の細胞の中でしか増殖することはできません。

病原微生物の種類

	大きさ（μm）	形態	増殖方法
原虫	5〜50	細胞	分裂による増殖、一部は細胞内で増殖
細菌	0.3〜5	細胞	分裂による増殖
リケッチア	0.2〜2	細胞	細胞に侵入して増殖
クラミジア	0.2〜1	細胞	細胞に侵入して増殖
ウイルス	0.02〜0.3	粒子	細胞に侵入して増殖

◉感染してから発病するまで

からだに備わっている防御機構（免疫　1998頁）によって、病原微生物の繁殖を未然に防ぐことができれば、感染することはありません。

しかし、免疫が効果を示さず、病原微生物が繁殖をして、あるレベルを超えると、発症することになります。病原体が体内に侵入してから発病するまでの期間を**潜伏期**と呼びます。

ただし、病原微生物が感染したあとでも、発症する場合と、発症しない場合とがあります。たとえば、飲食物に混じっていた赤痢菌が飲み込まれ、腸管内で繁殖すると、発熱や下痢がおこりますが、繁殖の程度がわずかな場合、あるいは赤痢菌の感染力が弱い場合などは、病気らしい症状が現れないこともあります。

前者を**顕性感染**（発症）といい、後者を**不顕性感染**といいます。また、治療によって症状が治まったようにみえても、まだ病原微生物が死滅していない状態も不顕性感染です。

◉キャリア（保菌者）

病原微生物が、不顕性感染の状態で体内にすみつくこともあります。B型肝炎ウイルスやエイズウイルスなどでは潜伏期が長期間にわたるため、このような状態がしばしばみられます。

このように、病原微生物を体内にもっている人をキャリアといいます。本人に自覚症状がみられないため、見すごされがちですが、周囲の人に病原微生物を感染させる危険がありますし、体内の病原微生物が繁殖して、将来、発病する恐れもあります。

◉免疫とは

麻疹（はしか）、おたふくかぜ、風疹などにかかって治った人は、再びその病気になることはありません。からだの中に抗体というものができていて、再び同じ病原微生物が侵入してきても、繁殖させないように抑えるからです。

このからだのはたらきを免疫といいます。

それぞれの抗体は何種類もある病原微生物のなかから、1対1で効果を示すものです。

病原微生物によっては短期間で変異をおこし、抗体を無効としてしまうものもあります。免疫のつづく期間は、この変異のおこしやすさ、種類の多さなどによって異なります。

はしか、おたふくかぜ、風疹などは一生つづく免疫ができます。これを**終生免疫**といいます。はしかなどの予防接種はこのしくみを利用して、終生免疫をつくるものです。

インフルエンザ、ジフテリアなどは、短期間の免疫しかできません。

ブドウ球菌、連鎖球菌による扁桃炎などでは免疫ができないので、同じ病気に何度もかかる可能性があります。

◉感染症と伝染病

かつては、インフルエンザや赤痢のように人から人へ感染する感染症を伝染性感染症と呼び、人から人へは感染しない非伝染性感染症と区別をしていました。

このうち、伝染性感染症のことを伝染病と呼んでいましたが、感染症法の成立により、感染症として一括するようになりました。

なお、一部の病名にはまだ伝染病という呼称が残っています。

◇感染源と感染経路

感染の源になるもの、つまり、病人、キャリア、感染動物、媒介する昆虫、病原微生物で汚染された排泄物や、それによって汚染されたものなどを感染源といいます。

病原微生物が感染源から人体に侵入する道筋を感染経路といい、つぎのようなものがあって、病原微生物によって感染経路がちがいます。また、同じ病原微生物でも複数の感染経路をもつものがあります。

◉飛沫感染（経気道感染）

インフルエンザにかかった人が、咳や会話の際に口から飛ばす飛沫（目に見えない細かい水滴＝しぶき）の中には、インフルエンザウイルスが含まれています。

この飛沫を周囲の人が吸い込むと、インフルエンザウイルスは気道から体内へと侵入し、感染します。このような感染経路を飛沫感染といい、扁桃炎（1176頁）、はしか（804頁）、風疹（803頁）、猩紅熱（812頁）、ヘルパンギーナ（808頁）、手足口病（809頁）などがこの感染経路をとります。

◉経口感染

病原微生物や寄生虫の卵が、口から入って感染するのを経口感染といいます。コレラ（2102頁）、腸チフス（2094頁）、赤痢（2100頁）、腸炎ビブリオ食中毒（2096頁）、カンピロバクター食中毒（2097頁）、サルモネラ食中毒（2094頁）、回虫症（2108頁）、蟯虫症（2110頁上段）などは、飲食物に混じっていたものや、手指で触れた病原微生物や寄生虫の卵が口から入って感染します。

◉性感染（接触感染）

性行為の際に、皮膚や粘膜の病変部、体液の中にいる病原微生物が人から人へと感染するのが性感染（ＳＴＤ）です。淋菌性尿道炎（1761頁）、梅毒（2132頁）、腟カンジダ症（836頁）、腟トリコモナス症（837頁）、性器ヘルペス（833頁）、エイズ（2133頁）、Ｂ型肝炎（1635頁）などがこの感染経路をとり、これらの感染症を性感染症とも呼びます。

◉経皮感染

土壌に含まれる病原微生物や、水中の病原微生物、寄生虫などが、皮膚から侵入して感染するのが経皮感染です。ワイル病の病原菌のレプトスピラ（2120頁）や日本住血吸虫（2111頁）などは、水中にいる病原微生物や幼虫が健康な皮膚からでも侵入して感染します。いっぽう、破傷風菌（2113頁）は土壌に含まれる病原微生物で、皮膚の傷口から侵入して感染します。

◉昆虫による媒介

病原微生物を体内にもつ昆虫、あるいは病原微生物を体内にもつ動物の血を吸った昆虫が、人を刺したり、かんだりしたときに、その病原微生物を感染させることがあります。

マラリア（2114頁）や日本脳炎（814頁）は、蚊に媒介されて、ペスト（2115頁）はノミに、つつがむし病（2117頁）はダニに媒介されて感染します。

●医療的行為に起因する感染

導尿に関連しておこった膀胱炎、病人、とくに自覚症状のない病人の血液の輸血によるB型肝炎や梅毒の感染、消毒していない注射器によるエイズの感染などをいいます。

●日和見感染

私たちの体内（鼻腔、口腔、大腸、膣など）や皮膚の表面には、常在菌といって、いろいろな微生物がつねに付着したり、すみついたりしています。また、私たちの周囲にも無数の微生物が存在しています。

健康なときには、これらの微生物に対する抵抗力がからだに備わっているので病気になることはありません。しかし、からだの抵抗力が低下すると、これらの微生物が異常に繁殖し、病気になることがあります。これを日和見感染といいます。

日和見感染をおこす原因には、①がんなどによるからだの衰弱、②エイズ、重症糖尿病、腎不全、肝不全、脳血管障害などのからだの免疫力が低下する病気、③薬剤（抗がん剤、免疫抑制薬、副腎皮質ホルモンなど）使用による免疫力の低下、④病原微生物だけでなく、正常な微生物にも効果を示す抗生物質（広域抗生物質）の連用による耐性菌や病原微生物の増加（**菌交代現象**）、⑤放射線療法の副作用による骨髄障害、⑥高年齢、などがあります。

日和見感染によっておこる病気としては、緑膿菌感染症（1280頁）、真菌症（1281頁）、MRSA（1281頁）感染症などがあります。

◇院内感染

病院内でおこる感染を院内感染といいます。腎臓病で入院中の子どもがはしかにかかる、排尿困難で導尿している人が膀胱炎にかかるなどのほか、見舞いに訪れた人や病院職員なども病院内で感染症にかかれば院内感染です。

感染のしかたには、つぎの2つがあります。

●交差感染

病原微生物が、保菌者や病人から直接に、または間接に（器物を介してなど）他の人に感染するケースです。

たとえば、はしかの発病初期の子どもが、はしかとはわからず原因不明の発熱などの病名で入院したため、入院中のほかの子にはしかが発生するとか、給食課の職員にサルモネラ菌の保菌者がいたため、入院している病人にサルモネラ食中毒が集団発生する、などがその代表です。

また、B型肝炎の病人から採血した注射針を誤って自分の指に刺してしまい、看護師がB型肝炎にかかるのも交差感染です。

●自己感染（内因感染）

自分の皮膚、口腔、鼻腔、腸管、膣などにいる常在菌が感染して病気がおこるのが自己感染です。常在菌は、常在している部位にいるかぎり病気をおこすことはありませんが、ほかの部位に移動すると病気がおこることがあります。

たとえば女性の膀胱炎の多くは、自分の大腸の常在菌である大腸菌が感染したための自己感染です。通常は排尿や、免疫のはたらきで大腸菌は外に排除されますが、免疫力の低下などにより、大腸菌が繁殖して膀胱炎をおこすことがあるのです。

導尿の際に、器具を介して病院内の細菌が感染しておこる女性の膀胱炎もあります。この場合は、交差感染ということになります。

◇垂直感染と水平感染

●垂直感染／母子間感染

母親の体内にいる梅毒やB型肝炎などの病原微生物が、胎盤を介して胎児に感染してしまうことがあります。

また、母親の産道にいるクラミジアや淋菌などの病原微生物が、出産の際に赤ちゃんに感染して結膜炎をおこすことがあります。

このように、母から子へという縦の関係で感染するのを**垂直感染**（すいちょくかんせん）といいますが、これも、広い意味での交差感染の一種です。

また、育児中の母と子は、授乳その他の濃厚な接触によって、母親のもっている病原微生物が赤ちゃんに感染することもあります。このような感染を含めて**母子間感染**（ぼしかんかんせん）ともいいます。

●水平感染

感染症が、母から子へと縦に感染するのを垂直感染というのに対して、インフルエンザのように、周囲の不特定多数の人々へ横に広がる感染（交差感染）を水平感染といいます。

◇新しい形の感染

●輸入感染症

マラリア（2114頁）やデング熱（2114頁）などは熱帯地方に存在する感染症で、その地域に行かなければ感染することもありませんでした。海外に出かけた人が日本に帰国して発症する、これらの特有の感染症を輸入感染症と呼び、その対策がとられてきました。

近年では、コレラや細菌性赤痢（さいきんせいせきり）、腸チフスなど、予防接種の普及や衛生状況の改善などで日本ではみられなくなった感染症で、いまだに海外では多くみられるものがあり、海外旅行などで出かけた際に感染してしまう輸入感染症が増えています。

●新興感染症

SARS（サーズ）や鳥インフルエンザなど、従来知られていなかった感染症が見つかっています。このように新しい感染症を新興感染症と呼びます。

１９９０（平成２）年のＷＨＯ（世界保健機関）による定義では「かつては知られていなかった、この20年間に新しく認識された感染症で、局地的に、あるいは国際的に公衆衛生上の問題となる感染症」とされており、30種類以上が見つかっています。

●再興感染症

予防接種や抗生物質の発達によって発生がほとんどみられなくなった感染症が、再び流行するようになったものを再興感染症と呼びます。結核や狂犬病、マラリアなどがあり、抗生物質が効かなくなった耐性菌の出現や、発生がなくなったために免疫がつくられにくくなったことが原因となっています。

◎新型（しんがた）インフルエンザ

インフルエンザ（1261頁）には、馬に感染するウマインフルエンザ、鳥類に感染する**鳥**（とり）**インフルエンザ**などさまざまな種類があります。通常、これらのインフルエンザは同じ動物同士で感染し、馬から鳥、鳥から人などの感染はみられません。

しかし、ウイルスの変異によって感染力をもつことがあり、近年、鳥インフルエンザのなかでも発症すると症状が重く、死亡率の高い**高病原性**（こうびょうげんせい）**鳥**（とり）**インフルエンザ**から、人に感染する新型インフルエンザの発生が懸念されています。

新型インフルエンザウイルスに対して人は免疫をもたないため、世界的な流行（**パンデミック**）がおこるおそれがあります。

このため、世界各国で対策がとられ、日本では厚生労働省が中心となって新型インフルエンザ対策ガイドラインが策定されています。

感染症とは

おもな感染症と病原体

病名		病原体	分類
食中毒	2092頁	グラム陰性桿菌、カンピロバクターなど	細菌
細菌性赤痢	2100頁	赤痢菌	
腸チフス	2094頁	腸チフス菌	
パラチフス	2095頁	パラチフス菌	
コレラ	2102頁	コレラ菌	
ペスト（黒死病）	2115頁	ペスト菌	
炭疽（脾脱疽）	2122頁	炭疽菌	
破傷風	2113頁	破傷風菌	
溶連菌感染症（猩紅熱）	811頁	溶血性連鎖球菌	
百日ぜき	815頁	百日ぜき菌	
ジフテリア	816頁	ジフテリア菌	
肺結核	1285・675頁	結核菌	
流行性脳脊髄膜炎	963頁	髄膜炎菌	
黄熱（黒吐病）	2115頁	黄熱ウイルス	ウイルス
狂犬病（恐水病）	2120頁	狂犬病ウイルス	
エボラ出血熱	2126頁	エボラウイルス	
エイズ／ＨＩＶ感染症	2133頁	エイズウイルス	
伝染性単核球症	648頁	EB ウイルス	
風疹（三日ばしか）	803頁	風疹ウイルス	
はしか（麻疹）	804頁	麻疹ウイルス	
重症急性呼吸症候群（SARS）	1284頁	SARS コロナウイルス	
突発性発疹（三日熱発疹症）	806頁	ヒトヘルペスウイルス	
ノロウイルス胃腸炎	2093・813頁	ノロウイルス	
伝染性紅斑（りんご病）	806頁	パルボウイルス	
咽頭結膜熱（プール熱）	807頁	アデノウイルス	
ヘルパンギーナ	808頁	コクサッキーウイルス	
おたふくかぜ（流行性耳下腺炎）	808頁	ムンプスウイルス	
手足口病	809頁	ウイルス	
水痘（水ぼうそう）	809頁	水痘帯状疱疹ウイルス	
帯状疱疹	1836頁	水痘帯状疱疹ウイルス	
急性灰白髄炎（ポリオ）	811頁	ポリオウイルス	
日本脳炎	814頁	日本脳炎ウイルス	
インフルエンザ	1261・671頁	インフルエンザウイルス	
ウイルス肝炎	1634・749頁	肝炎ウイルス	
流行性角結膜炎	1078頁	アデノウイルス	
急性出血性結膜炎（アポロ病）	1079頁	エンテロウイルス	
かぜ症候群（普通感冒）	1258・670 頁	ライノウイルスなど	細菌、ウイルスなど
つつがむし病	2117 頁	つつがむし病リケッチア	リケッチア

食中毒

食中毒とは
(Food Poisoning)

◇ウイルスによる食中毒が増加

どんな病気か 細菌とその毒素、ウイルス、自然毒、化学物質などの有害なものが混じった食品を食べたり、これらのものを食品と誤認して食べたりしておこる病気が食中毒(食品中毒)です。

多くは、腹痛や下痢、吐きけや嘔吐などの胃腸炎の症状がおこり、発熱や頭痛などがおこることもあります。

ただし、食品を媒体とした場合も、赤痢やコレラのような人から人へ感染する感染力の強いものや回虫症などの寄生虫病、異物による物理的・機械的障害、食品によって免疫に異常がおこる食物アレルギーなどは、食中毒には含めません。

▼種類と発生頻度 食中毒は細菌やウイルスなどの病原微生物や原虫・寄生虫による食中毒、自然毒による食中毒、化学物質による食中毒の3群に大別できます。

病原微生物による食中毒は、細菌が腸管で増殖する感染型、細菌が産生する毒素により症状がおこる毒素型のほか、ノロウイルス(813頁)やロタウイルス(813頁)などによるウイルス性食中毒があります。

保健所に届けられた食中毒は病原微生物によるものがもっとも多く、そのうちノロウイルスによる食中毒(次頁)が5割以上を占めています。細菌による食中毒では腸炎ビブリオ(2095頁)、サルモネラ(2094頁)、黄色ブドウ球菌(2098頁)などが原因として多くなっています。

自然毒による中毒にはフグ毒やキノコによる食中毒があり、化学物質による食中毒には農薬や重金属が原因でおこる食中毒があります。

赤痢や腸チフスなど、近年、きわめて少なくなった食中毒もありますが、それでも毎年、多数の病人を発生させています。

▼養生の基本 体力の消耗を最小限にとどめることが重要です。トイレへの往復は避け、簡易便器を使いましょう。全身の保温、とくに腹部と手足を簡易かいろなどで温めると、腹痛や不快感が和らぎます。

毒物を早く体外に出す必要があるので、かってな判断で嘔吐や下痢を薬で止めてはいけません。

脱水になりがちなので、飲めるなら少しずつ何回も湯茶を飲みます。ただし、果汁や炭酸飲料は避けます。

最初の1日は絶食し、病状が好転してきたら、おもゆから徐々にふつう食に戻していきます。

▼予防 食品に病原微生物が付着しないようにし、また付着したとしても、増殖を防ぎ、人の口の中へ入らないようにすることがたいせつです。

そのためには、食品を調理するときに手をよく洗い、調理場の清潔を保ち、また、調理した食品を長時間、放置したままにせず、なるべく早く冷蔵するようにします。

多くの細菌・ウイルス・寄生虫は加熱により死滅しますので、十分、加熱することも重要です。

ノロウイルス胃腸炎
Norovirus gastroenteritis

どんな病気か　**ノロウイルス**（従来は小型球形ウイルス〈SRSV〉、ノーウオーク様ウイルスと呼ばれていました）を病原体とし、吐きけ、激しい嘔吐、腹痛、下痢などを主症状とする消化器疾患に、発熱をともなうこともあります。これらの症状は通常1～2日と短期間で治癒しますが、糞便中には治癒後も3～7日間、ウイルスが排出されるため、他の人への強力な感染源になります。

このウイルスは生カキを食べたことによる冬季の集団胃腸炎や乳児嘔吐下痢症の原因物質として知られてきました。検査技術の開発・普及によってその多くの原因がノロウイルスであることを特定できるようになり、結果として今日ではこのウイルスによる食中毒患者数はきわめて多く、厚生労働省による統計を見ても2000（平成12）年以降は毎年のように食中毒原因物質の第1位を占めています。

▼多発する季節と年齢　日本では生カキのシーズンである冬季に発生のピークが存在しますが、晩秋や春先にも発生します。今日では生カキを原因としたものよりも調理人、食品取扱い業者によって汚染された食材による食中毒症例が、従来考えられていたよりもはるかに多いことが証明されています。外食や仕出し弁当が原因食となるため、患者は全年齢層にわたっています。

治療　潜伏期間は1～2日と短く、おもな症状は吐きけ、嘔吐、腹痛、発熱などです。嘔吐は激しいものであり、吐きけにつづいて胃内容物が突然噴出するようなタイプのものが多く見られます。嘔吐は数回程度くり返されますが、通常は1～2日で自然に治癒します。このウイルスに対する有効な治療薬は現在まで開発されていないため、治療の基本は脱水予防であり、吐きけがなくなった時点で、のどの渇きに応じて水分を少量ずつ補給します。乳幼児や高齢者では吐いたものが気道につまって窒息したり、脱水のため死亡することがあります。

予防　カキのなかにはノロウイルスを体内に蓄積しているものがあり、感染予防の見地からは加熱処理が望ましいといえます。また、発病者は治癒後1週間ほど糞便中にウイルスを排出している可能性が高いため、二次感染を予防する目的でとくに排便後の手洗いを十分にする義務があります。とくに食材や食品を扱う立場の人は発病中のみならず治癒後も数日間は排便後の十分な手洗い励行（石けんを用い1分以上行う）と、食品を直接手で取扱わない注意が必要で、励行しない場合には二次感染や場合によっては集団発生につながる危険があります。

食器、まな板などはまず水道水で洗浄しウイルス数を減少させます。消毒には次亜塩素酸ナトリウムも有効とされていますが、ノロウイルスは85℃、1分以上で死滅するため、熱水消毒のほうが確実な効果がえられます。

患者の吐物には多くのウイルスが含まれているので、その処理が不適切であると多くの二次感染者が発生するとされるので注意が必要です。

サルモネラ食中毒
Salmonellosis

どんな病気か　サルモネラは２０００種類くらいあり、そのうちチフス菌とパラチフスA菌は感染力が強いだけではなく、経口感染したのち腸管壁で増殖し、血液中に入って発熱その他の重い全身症状をおこすので、腸チフス（次項）、パラチフスA（次頁）という独立した病気として扱われています。

それ以外のサルモネラは、経口感染後、腸で繁殖し毒素を生産します。この毒素のために、感染後数十時間のうちに小腸の粘膜に炎症が生じ、発熱、嘔吐、下痢がおこります。これがサルモネラ食中毒です。

▼多発する季節と年齢　多発するのは、8月をピークとする5～10月ですが、年間を通じての発生がみられます。集団発生のほか、家族内発生や散発的な発生もあります。

かかりやすいのは5歳以下の幼児ですが、すべての年代の人が要注意です。

症状　潜伏期は10～20時間です。おとなは、発熱、嘔吐、腹痛、下痢などがおもな症状ですが、嘔吐はなく、下痢がおもになることもあります。ふつう、1週間ほどで回復しますが、ショック状態におちいることもあります。

乳幼児は、とくにけいれん、ショックをおこし、重症になりがちです。

治療　軽症の場合、抗菌薬を使わず、輸液などにより症状が軽減する場合もあります。重症の場合には入院して脱水の治療を行い、化学療法薬の内服をします。症状が消えても、長期間、排菌がつづくことがあるので、予防策を講じることが重要です。

予防　サルモネラは、病人や保菌者の糞便中に含まれています。イヌ、ネコ、ニワトリ、ネズミ、ゴキブリは、もっているだけではなく、運搬もします。これらのものに、食品を汚染されないように貯蔵しましょう。

食肉や鶏卵には菌が付着していることも多いので、加熱して食べるようにしましょう。

腸チフス
Typhoid Fever

どんな病気か　サルモネラの一種であるチフス菌という細菌が感染しておこる病気です。

病人や保菌者の大小便に混じって出たチフス菌が、飲食物に入って経口感染します。

全身衰弱をおこす重い病気で、感染症法の3類感染症に指定されています。

日本での発生は少なくなりましたが、近隣のアジア諸国には相変わらず多い病気で、輸入感染症として日本にもち込まれることが多くなりました。

働き盛りの青壮年が海外旅行で感染し、帰国後に発病するケースが、近年目立ちます。

元来、子どもや高齢者には少ない病気で、かかっても、子どもは軽症ですみます。

症状　感染して発病するまでの潜伏期間は1～2週間です。

病気は約1か月間つづきますが、その間、1週間ずつ特徴のある症状がおこります。

▼第1週　初め食欲不振、倦怠感、軽い頭痛、腹痛がおこり、寒けとともに発熱します。

熱は、日ごとに上昇して5～6日で40度前後になります。

ちょうどかぜをひいた感じですが、のども痛まず、鼻水も出ず、熱が高くても汗をかきません。

▼第2週　チフス菌がそこで増殖するために、肝臓や脾臓がやや大きくなってきます。

胸や背中などに、直径2～4㎜のバラ疹という赤い発疹がまばらに現れますが、医師でないと発見しにくい症状です。

高熱がつづき、チフス菌が小腸のリンパ節をおかすために下痢がちとなり、食欲がなくなり、衰弱します。

重症になると、難聴がおこり、意識が混濁したり、肺炎を併発したりします。

▼第3週　熱の朝夕の高低差が大きくなり、食欲がでてきて、病気の回復の徴候がみえ始めますが、この時期は、危険な合併症の腸出血や腸穿孔のおこりやすい時期です。

▼第4週　熱が大きく上がったり、下がったりという状態をくり返しながら熱が下がり、数日で平熱に戻ります。

治療　感染症法の3類感染症なので、症状が強く感染力が高い時期などは、状況に応じて入院します。

有効な抗菌薬の内服を始めてから5～6日で解熱しますが、2週間は服薬をつづけないと再発することが多いものです。

輸液療法や合併症の予防・治療も行われ、状態によっては入院が必要なこともあります。胆石のある保菌者は、腸チフス菌の排出がむずかしいので胆嚢を切除する治療が行われることがあります。

▼家族に感染した人がでたら　消毒や家族の検便など、保健所の指導を受けてください。

予防　有効な予防注射があって、必要に応じて受けることができます。

パラチフス
Paratyphoid Fever

どんな病気か　パラチフスA菌の感染でおこります。食物に混じったパラチフスA菌が経口感染して発病します。感染症法の3類感染症に指定されています。

すべての症状が腸チフスに似ていますが、腸チフスよりも軽い経過をとります。治療、予防など、すべて腸チフス（前項）に準じます。

腸炎ビブリオ食中毒
Vibrio Parahaemolyticus Food Poisoning

どんな病気か　腸炎ビブリオは、夏の海水中で発見されるコレラ菌に似た細菌です。水揚げ後の取扱いの悪い魚介類、とくに、アジ、カレイ、イカ、イワシ、タイラガイ、バカガイ、シラス干しに付着して繁殖し、これらの魚介を生で食べると、数時間から10数時間後に発病する、感染型の食中毒です。

▼多発する季節と年齢　夏季に多発し、集団発生が目立ちます。

都会では、子どもには少なく、おとなが多くかかります。

症状　上腹部が痛み、嘔吐、下痢、軽い発熱などがおこります。下痢は1日数回の水様便のことが多いのですが、血液や粘液が混じり、カンピロバクター食中毒や赤痢とまちがえられることもあります。

治療　脱水症状には輸液（経口。重症例には点滴）を行います。腸炎ビブリオの治療には通常、抗菌薬は不要であり、その多くは3～4日で治ります。しかし、高齢者の場合は、嘔吐や大量の下痢のために脱水から急性循環不全をおこし、重症になることもあります。

予防　海外での感染を除けば、夏季にだけ多発します。したがって、この時期は、魚や貝は加熱調理して食べ、生で食べるときは真水でよく洗うか、酢で調理します。

この菌が付着した野菜や漬物を食べても発病します。生の魚や貝を調理したあとの包丁やまな板はよく洗ってから使いましょう。

ビブリオ・フルビアリス食中毒
Vibrio fluvialis Food Poisoning

どんな病気か　ビブリオ・フルビアリス菌は、通称をグループFビブリオといい、腸炎ビブリオの影武者のような菌です。海水中にいて、夏の海の魚の40％は、この菌か、腸炎ビブリオが付着しています。

症状・治療・予防などはすべて腸炎ビブリオ食中毒（前項）と同じです。

腸管出血性大腸菌感染症
Enterohemorrhagic Escherichia Coli Infection

どんな病気か　病原大腸菌の一種、腸管出血性大腸菌がつくる毒素（志賀毒素）により腸管の上皮細胞が破壊され、下痢などを引き起こす感染症です。毒素をつくる大腸菌のほとんどが**O157**と呼ばれる種類ですが、このほかにもO26、O111などの種類もあります。感染症法の3類感染症です。

これらの大腸菌はウシやヒツジなどの大腸内に生息しており、その排泄物を通じて食物や、水などから感染することが多いものです。人から人へと感染することはまれです。

症状　潜伏期は3～14日程度で、発症すると水様の下痢が頻回におこり、3日目ごろから臍の周りが強く痛み、血便が数日つづきます。発熱は38度以下で、嘔吐はあまりおこりません。

10％程度に、溶血性貧血、血小板減少、急性腎不全などを併発する**溶血性尿毒症症候群**（HUS）がおこります。これは、大腸菌のつくる毒素が腎臓や脳へ伝わるためにおこるもので、3％は死亡します。このほか、意識の混濁や脳症などがおこることもあります。

検査　便を検査して、ベロ毒素が検出される、あるいはO157が検出されれば、診断がつきます。発症後、時間が経過している場合は、血中から大腸菌の抗体を検出する検査を行うこともあります。

治療　腸管の治療には、安静を保ったうえで、水分の補給や整腸剤の使用などを行います。大腸菌に対しては抗菌薬で治療し、尿毒症がおこれば人工透析（1724頁）が必要になります。止痢薬（下痢止め）は、腸管からのベロ毒素排出を遅らせるので使用しません。

病原大腸菌性腸炎
Diarrheagenic E. coli enteritis

どんな病気か　ヒトを含む動物の大腸には数多くの大腸菌が常在し、消化を助けたり、ビタミンを産生したりする菌も含まれます。しかし、一部には毒素をつくりだし、腸管に炎症をおこす菌があり、これらを病原大腸菌と総称しています。

腸管出血性大腸菌（前項）のほか、代表的な病原大腸菌にはつぎの３種類があって、発病のメカニズムも症状もちがいます。

▼組織侵入性大腸菌　この菌は大腸の粘膜上皮組織内に侵入・増殖し、発熱、腹痛（しぶり腹 1589頁上段）、下痢（粘血便）など赤痢と同じ症状をおこします。ふつうは、人から人へ感染して散発的に発生しますが、食品から集団発生することもあります。

▼毒素原性大腸菌　この菌は小腸で繁殖し、毒素を生産して腸の粘膜を刺激します。その結果、腸での水分と電解質の吸収・分泌の調子を乱し、下痢や嘔吐をおこします。

東南アジア、インド、アフリカ、中南米諸国に多い食中毒で、旅行者がよく感染します。

▼腸管病原性大腸菌　乳幼児に嘔吐、腹痛、水様の下痢をおこすとして古くから知られていた菌で、毒素によって病気がおこるとされていますが、その毒素はまだ確認されていません。

この菌は、家畜や、食肉からも見つかり、成人は食品を介して口から菌が大量に入ったときに発病します。

治療　サルモネラ食中毒（2094頁）と同じような治療、予防を行います。

軽症の場合は、抗菌薬を使わないで輸液などで症状を軽減させる場合もあります。

食肉や鶏卵には菌が付着していることも多いので、加熱して食べるようにしましょう。

カンピロバクター食中毒
Campylobacter Jejuni / coli Food Poisoning

どんな病気か　カンピロバクターは、ニワトリ、イヌ、ブタ、ウシなどに下痢をおこさせる細菌で、これらの家畜から食品を通じて、人にも感染して下痢性の病気をおこします。

▼多発する季節と年齢　多発するのは5～6月ですが、年間を通じてみられます。集団発生のほかに家族内発生、散発的な発生もあります。子どもに多いのですが、おとなにもみられます。

症状　潜伏期は2～7日程度で、急な発熱、腹痛、水様下痢がおこります。

下痢の始まる数時間～2、3日前か

ら、38～39度の発熱をみますが、熱に気づかないこともあります。

腹痛はかなり強く、臍の周りが痛むことが多く、1日数回から10数回の水様または粘液と血液の混じった下痢となります。

治療　自然に治ることも多い病気ですが、症状が重い場合や体力が低下している場合には薬剤療法を行います。マクロライド系の抗生物質が効きます。脱水症状や腹痛には、一般の下痢と同じ手当をします。

カンピロバクター感染症の予後は一般に良好ですが、一部の症例は治癒後に**ギラン・バレー症候群**（981頁）を発症することが知られています。

予防　カンピロバクターは、病人の排泄物に含まれるほか、この菌を保有している家畜の糞便中にも排泄される率が高いので、下痢をしている人やイヌ、ネコ、小鳥などのペットから感染しないように注意すべきです。

また、生肉は食べないようにしましょう。

黄色ブドウ球菌食中毒
Staphylococcus aureus Food Poisoning

どんな病気か　ブドウ球菌には多くの種類がありますが、このうち肺炎や敗血症をおこし、化膿性疾患の原因となる黄色ブドウ球菌によっておこる食中毒です。

黄色ブドウ球菌は、広くヒトや動物に付着し、食品などに混入して適当な温度と湿度のところで保存されると、ブドウ球菌は盛んに繁殖して、毒素(エンテロトキシン)を産生するようになります。

毒素は耐熱性（100℃、30分間加熱で不活性化されない）であるため過熱消毒しても産生された毒素はそのまま残るため、この食品を摂取すると、短い潜伏期間（摂取後、1～4時間）で発病します。

日本におけるこの食中毒の発生数は年々減少していますが、大手食品メーカーの乳製品による事件(2000年)のような1万人を超える広域・大規模発生の存在を忘れてはなりません。

症状　多くは、急な吐きけ、2～3回の嘔吐、強い上腹部の痛みで始まります。やや遅れて水様性の下痢が2～3回あるのがふつうですが、下痢のおこらないこともあります。病気の期間は短く、ふつう、半日～1日で治りますが、数時間で回復することもあります。

ときに、嘔吐と下痢が激しく、血便になったり、脱水で血圧が低下したり、唇や手足が蒼白になることもあります。

いずれにしても、発熱しないのがこの食中毒の特徴です。

治療　とくに、治療を必要としない軽症のことが多いのですが、症状が強く、胃に食物が残っている時期であれば、吐かせたり、胃洗浄をします。胃に何も残っていない時期であれば、下剤を使って毒素の排出をはかり、脱水に対し輸液を行います。毒素型食中毒ですから、抗菌薬は使いません。

予防　黄色ブドウ球菌は、人の鼻や咽頭、化膿した傷などにいますから、調理をするときに、唾液が食品に飛び散らないようにし、手に傷のある人はゴム手袋を使うようにします。

食材は低温保存してブドウ球菌の増殖を防ぎ、調理した食品は早く食べてしまいましょう。

ウェルシュ菌食中毒
Clostridium perfringens Food Poisoning

どんな病気か

ウェルシュ菌はヒトや動物の大腸にも常在する細菌ですが、毒素を排出するようになった下痢性のウェルシュ菌（AからEまでの種類に分けられます）が食べ物などを通じて感染し、下痢などがおこる感染症です。

ウェルシュ菌は芽胞をもつ嫌気性（酸素の少ないところを好む）の桿菌で、そのA型変形菌は、１００℃で30分の加熱にも耐えられます。そのため、食品を加熱調理しても、他の細菌がいなくなるだけでなく嫌気性状態（酸素の少ない状態）になり、ウェルシュ菌の発育・増殖に好都合になります。

したがって、ウェルシュ菌に汚染された肉や魚肉を加熱調理し、室温で放置しておくと、ウェルシュ菌が増殖、毒素を産生し、これらの食品を食べた際に食中毒がおこります。

症状

摂食から発病までの潜伏期間は6～18時間で、初めはおなかが張り、おならが出て、ついで激しい腹痛と下痢がおこります。

発熱はなく、嘔吐もまれなのが特徴です。多くは軽症で、１～２日で回復します。

まれですが、ウェルシュC型菌による食中毒もあります。潜伏期間は２～５時間で、下痢、腹痛とともに小腸の出血性壊死による粘血便が出て、重症で死亡することもあります。

治療

抗菌薬は使用せず、腹部の症状に合わせた対症療法が行われます。

予防

肉、魚肉のほか、めん類や甘酒の食べ残しでこの食中毒がおこったこともあります。加熱調理したものでも、室温に放置せず、必ず冷蔵庫のなかに保存しましょう。

エルシニア腸炎
Yersiniosis

どんな病気か

エルシニア菌を保有する、イヌやネコ、ブタ、ネズミなどの糞便から食品へ細菌が付着し、それを食べることによっておこる感染症です。

乳幼児に多く発症し、吐きけや右下部腹部痛など虫垂炎に似た症状が現れ、下痢もおこります。

菌が組織に侵入し、毒素原性大腸菌（2097頁）のように腸毒素を産生するといわれていますが、確かではありません。この菌の発病のメカニズム、感染経路、潜伏期間などは、まだよくわかっていません。

症状

乳幼児は、発熱、軽い腹痛、１日数回の水様性の下痢がおもな症状で、血便の出ることは多くありません。ときに咽頭痛をともない、かぜによる下痢と診断されることもあります。年長児は、虫垂炎のような症状になることが多く、おとなは、嘔吐、腹痛、下痢などの胃腸炎の症状のほか、発熱、咽頭痛、関節痛、発疹などがでたりします。

治療　この病気は軽症で、化学療法薬は必要ないことが多いのですが、重症のときはドキシサイクリン、アミノグリコシド系薬剤、トシル酸トスフロキサシンや塩酸シプロフロキサシンなどを使用します。

この菌は低温を好み、冷蔵庫の中でも繁殖しますから、3日以上は冷蔵庫に食品を保存しないようにします。

セレウス菌食中毒
Bacillus cereus Food Poisoning

どんな病気か　セレウス菌は世界中の土壌に広く分布する細菌で、芽胞をもつ通性嫌気性の桿菌です。ウェルシュ菌と同じように（前頁）、芽胞は、加熱調理しても生き残り、その食品を長時間、室温に放置すると、芽胞が発芽・増殖し、これを食べると発症します。発症は摂取後12時間くらいです。

症状　嘔吐が主症状となる嘔吐型と、下痢が主症状となる下痢型の2つにわかれます。

嘔吐型では潜伏期間が30分〜5時間程度で吐きけ、嘔吐がおこります。下痢型では潜伏期間が6〜15時間程度で、腹痛、下痢がおこります。いずれも発熱はまれで、ふつう半日くらいで自然に治ります。症状が強い場合、症状に合わせた対症療法が必要となりますので、医師の診察を受けましょう。

予防　加熱調理した食品を保存する場合は、速やかに冷やし、冷蔵庫で10℃以下で保存することが必要です。

赤痢
Dysentery

どんな病気か　赤痢とは、血液の混じった赤い下痢をする病気という意味で、**細菌性赤痢**と**アメーバ赤痢**とがあります。ここでは細菌性赤痢について説明をします。アメーバ赤痢については2104頁を参照してください。

日本では著しく減少しましたが、アジア諸国では多い病気で、海外旅行者がもち帰る輸入感染症として入ってくる危険があり、軽視できません。

感染症法で、細菌性赤痢は3類感染症に指定され、人へ感染する恐れがある期間は、特定の職業（食料品取扱い業など）への就業が制限されています。

◇細菌性赤痢

◉どんな病気か

赤痢菌という細菌の感染によっておこる病気で、病人や保菌者の糞便に混じって排出された赤痢菌が、人の手、ハエ、ゴキブリなどによって飲食物に混入され、その飲食物を摂取することによって感染します（経口感染）。

▼かかりやすい年齢　乳児以外の子どもに多いのですが、おとなもよくかかります。集団発生することもあります。

▼多発する季節　冷たい飲み物、食べすぎ、過労などによる消化器機能の衰えが発病の誘因となります。

このため、高温多湿の季節に発病することが多いのですが、海外旅行で感染して帰る人が増え、季節的な傾向はみられなくなりました。

◉症状

赤痢菌が感染して発病するまでの潜伏期は2～5日です。初め、からだがだるく、食欲がなくなって、寒けがし、急に38～39度の熱がでます。熱と同時か少し遅れて腹痛と下痢が始まります。

下腹部、とくに左下腹部で、そこを押したり、便意を感じたりすると強く痛みます。

下痢は、初めふつうの下痢便ですが、やがて卵の白身のような粘液、血液、さらに膿も混じるようになります。

1日数回の下痢のことが多いのですが、重症になると20～30回になります。回数が多いと、便意があるのに便が出しぶり、1回の排便量も少量で、出おわったという気がせず、トイレから戻っても、すぐまた行きたくなります（しぶり腹）。そのほか、ときに吐きけがして、食欲がなく、からだがだるくて口が渇き、白色から褐色の苔が舌に厚くつきます。以上が典型的な症状と経過で、ふつうは数日で回復期に入ります。

ところが近年は、発熱しても気づかない程度、下痢も1日3～4回の軟便で、血便や特別な腹痛もない軽症赤痢が、かなりみられるようになりました。

軽症赤痢は診察だけでは診断がつかず、便の培養検査が必要になります。

軽症赤痢でも感染力には変わりはなく、うつされた人に重症赤痢がおこる危険性がありますから、下痢をする人が家庭内に続出したり、海外旅行のあと、下痢をした場合は、そのむねを医師に報告して診察を受けましょう。

細菌性赤痢は、感染症法の3類感染症です。人へ感染する恐れがある期間は特定の職業（食品取扱い業など）への就業が制限されています。

◉治療

化学療法薬の内服と、食事療法が主で、必要があれば、水分と栄養の補給のための点滴を行います。

▼養生のポイント　腹痛や下痢の激しいときは、下腹部を温めると楽になります。下痢の回数が増えるのを恐れて、飲料を飲むのを控える人がいますが、脱水症をおこさないために、口が渇いたら湯茶を少しずつ飲んだほうがいいのです。

子どもと高齢者は、下痢と熱のために脱水状態におちいりやすいので、口から水分を摂取できない場合は点滴、静脈注射が必要になります。

薬剤耐性赤痢でなければ2～3日で症状が治まり、糞便中の赤痢菌も消失するので、特効薬の内服は3～5日前後でやめます。その4～10日後、便を調べると、症状がないのに赤痢菌が見つかることがあり、他の人に感染させないために、再び化学療法薬を内服することになります。この検査で赤痢菌が出ないことを確かめることが、赤痢の治療ではたいせつです。

ボツリヌス食中毒
Clostridium Botulinum Food Poisoning

どんな病気か　ボツリヌス菌で汚染された肉や魚肉は不十分な加熱で調理すると芽胞が生き残ります。この食品を嫌気性状態（酸素が不十分な状態）の室温で保存すると、芽胞が発芽・増殖して毒素を生産します。このような食品（外国ではハムや缶詰、日本では東北地方や北海道の「いずし」「きりこみ」「すじこ」などが要注意）を摂取すると、毒素が胃や腸から吸収され、末梢神経と筋肉が接合する部分をおかします。

発生はまれですが近年では１９８４（昭和59）年に真空パックのカラシレンコン、１９９８（平成10）年に輸入オリーブ瓶詰などによる集団発生も報告されています。

症状　摂食から発病までの期間は平均で12～24時間ですが、早ければ4～5時間です。初め、倦怠感、頭重感とともに嘔吐、腹部膨満、腹痛、下痢などの胃腸症状が現れ、ついで神経・筋肉のまひ症状がおこります。まず、眼瞼下垂（まぶたが十分に開かない）、複視（二重に見える）、視力の低下などの目のまひ症状が現れ、ついで、発語障害、嚥下困難（飲み込みにくい）、呼吸困難などがおこり、原因食を摂取してから1週間前後で生命にかかわるようになります。

治療　抗毒素血清を注射して、毒素を中和します。

予防には、正しい食品の管理が必要です。とくに、暖かい季節に「いずし」などをつくるのは避けます。

コレラ
Cholera

どんな病気か　食物や水に混じって、コレラ菌という細菌が経口感染する病気で、感染症法の3類感染症に指定されています。従来、流行をくり返した古典的コレラ菌と、近年、流行しているエルトール型があり、後者のほうが軽症ですみます。

▼流行する季節　熱帯では雨期、温帯では夏から秋にかけて流行しますが、海外旅行者や輸入食品によってもち込まれる日本などでは、季節的な傾向はありません。

症状　コレラ菌が体内に入ってから、早ければ数時間、遅くても2～3日で発症します。

症状は、嘔吐と下痢で始まります。発熱と腹痛はないのが特徴です。軽症の場合は、1日数回ほどの下痢程度で、数日で治ります。

重症の場合は、激しい嘔吐と下痢が、突然おこります。米のとぎ汁のような下痢便が、1日20～30回、十数ℓも出て、からだの水分がどんどん失われます。このため、脱水状態におちいって血圧が低下し、脈がほとんど触れなくなり、皮膚が冷たくなって、急に衰弱します。声がかすれるほか、皮膚がたるんでしわだらけになり、目がくぼんで頬骨や鼻筋が突出するコレラ特有の顔つきになります。

ひどいときには、下肢（脚）がけいれんして痛み、発病から1～2日で死亡することもあります。しかし、もちこたえれば、急速に回復に向かい、1～2週間で治ります。

治療　状況に応じて入院します。点滴で水分を補給し、抗菌薬を使用します。昔は、かかった人の50％の人が死亡しましたが、現在は1％以下です。

予防　流行地では、生ものなどの飲食を避けます。予防注射もあります。

ウイルス性腸炎

❖感染しておこる腸炎

病原性微生物の感染により、吐きけや嘔吐、下痢、腹痛など胃腸の症状がおこるものを感染性腸炎（1580頁）といいます。

感染性腸炎にはコレラやサルモネラ、ボツリヌスなど細菌が原因でおこる細菌性腸炎、赤痢アメーバやランブル鞭毛虫など原虫による腸炎、ノロウイルスやロタウイルスなどのウイルスが原因のウイルス性腸炎があります。

成人の場合は細菌性腸炎が多く、乳幼児の場合はウイルス性腸炎が多くなります。

❖おもなウイルス性腸炎

ウイルス性腸炎はおもに冬季に流行します。乳児の排泄物や吐いたものに大量にウイルスが含まれ、二次感染をおこすため保育園や幼稚園など、集団生活をしている場で集団感染を引き起こしやすいものです。予防のためには手洗いの励行などが必要です。

▼ノロウイルス（813頁、2093頁）　感染性腸炎のなかでも多くみられるもので11月から1月にかけて流行します。とくに幼稚園や保育園などでは集団で感染を引き起こすこともあります。

▼ロタウイルス（813頁）　AからC群までの種類があります。1月から4月にかけて流行します。ロタウイルスによる腸炎では米のとぎ汁のように白い下痢便がみられ、ノロウイルスに比べると症状が重くなる傾向があります。

▼サポウイルス　ノロウイルスと同じ属のウイルスですが、詳細はまだはっきりしていません。

小児の嘔吐下痢症の原因となり、成人では感染することはほとんどありません。

▼アデノウイルス　アデノウイルスは、扁桃炎（1176頁）や咽頭炎（1172頁）、流行性角結膜炎（1078頁）などさまざまな症状を引き起こします。

腸管に感染すると、嘔吐、下痢症状を引き起こします。

▼アストロウイルス　ノロウイルスやロタウイルスにくらべ頻度は少ないものの、乳幼児の嘔吐下痢症の原因となり、また高齢者の施設などでも感染が広がることがあります。

おもな感染性腸炎の原因微生物

サルモネラ	2094頁	細菌
黄色ブドウ球菌	2098頁	細菌
ボツリヌス	2102頁	細菌
腸炎ビブリオ	2096頁	細菌
腸管出血性大腸菌	2096頁	細菌
コレラ菌	2102頁	細菌
赤痢菌	2100頁	細菌
ウェルシュ菌	2099頁	細菌
セレウス菌	2100頁	細菌
腸チフス菌	2094頁	細菌
赤痢アメーバ	2104頁	原虫
ランブル鞭毛虫	2104頁	原虫
日本住血吸虫	2111頁	原虫
クリプトスポリジウム	2105頁	原虫
ノロウイルス	2093頁	ウイルス
ロタウイルス	814頁	ウイルス

アメーバ赤痢

Amebic Dysentery

どんな病気か 赤痢アメーバという原虫が腸管に感染しておこる赤痢で、感染症法の5類感染症に指定されています。

世界各地でみられますが、とくに、熱帯や亜熱帯に多くみられる病気です。日本で発生することはまれな病気ですが、海外旅行へ行った人がもち帰った輸入感染症や性感染症として、ときどき発見されます。

赤痢アメーバは、下痢便の中から約30㎛（1㎛は、1000分の1㎜）の栄養型（活動状態の原虫）として見つかりますが、固形便の中からも抵抗性の強い嚢子（休止状態の原虫）として検出されます。

感染は、赤痢アメーバの混入した水を飲んでおこることが多いのですが、人糞を利用した下肥で育てた野菜、ハエやゴキブリが運んだ嚢子の混入した食物や、嚢子の保有者が調理した飲食物の摂取などでもおこります。

また、男性の同性愛者のアナルセックスで、性感染症としておこることもあります。

症状 細菌性赤痢（2100頁）よりも症状が軽いことが多く、感染しても無症状のままのこともあります。

症状としては、粘液・血液の混じった下痢便が1日数回から20数回おこり、下腹部が痛みます。発病して2～3日は軽く発熱しますが、その後は解熱します。

体重が減少し、貧血がおこります。ときに、アメーバ赤痢が腸管より肝臓や肺、脳へ移行し、その部位に膿瘍ができることもあります。

肝膿瘍の場合は発熱、上腹部の痛み、肝臓の腫れなどがおもな症状で、発病当初は発熱が多くみられるため、かぜやインフルエンザとまちがわれることもあります。

検査と診断 細菌性赤痢やカンピロバクター食中毒（2097頁）との鑑別が必要です。消化器内科を受診しましょう。

便の顕微鏡検査で赤痢アメーバが証明されれば、診断は確定します。

治療 栄養型のアメーバが検出された場合は、メトロニダゾール系の薬の内服がよく効きます。

肝臓に膿瘍ができた場合は、外科的な治療が必要になることもあります。

予防 海外旅行などで流行地に滞在するときは、生水を飲むのを避け、飲食物は、加熱したものを食べるようにしましょう。

ジアルジア症

Giardiasis

どんな病気か ジアルジアランブリア（**ランブル鞭毛虫**）という原虫が小腸、胆道に寄生することによっておこる感染症で、**ランブル鞭毛虫症**ともいいます。感染症法の5類感染症に指定されています。

ランブル鞭毛虫に感染した人の糞便などに混ざって嚢子(休止状態の原虫)が排出され、それが飲食物などに混入し、摂取することで感染します。世界中に分布していて、農村部より都市部に多くみられます。

日本で発生することは少なく、海外旅行へ行った人がもち帰る場合があります。

症状 感染しても多くは無症状ですが、発症すると上腹部痛、食欲不振、体重減少をともなった粘液性の下痢症状が慢性的にみられます。また、胆嚢や胆管にもしばしば寄生するため、胆嚢炎、胆管炎の原因になるといわれています。

検査と診断 消化器内科で糞便検査を行い、下痢便から栄養型（活動状態の原虫）が、また固形便から嚢子が証明されれば診断できます。

なお、十二指腸液や胆汁検査を行って、栄養型が検出され、診断されることがしばしばあります。

治療 ニトロイミダゾール系の薬を10日間内服すると治ります。

この病気はほかの人への感染速度が速いので、家族や集団生活など同居をしている人も検査を受けて同時に治療することが必要です。

予防 ランブル鞭毛虫の嚢子は乾燥、高温、アルカリに弱いため、野菜は加熱調理するようにします。

クリプトスポリジウム症
Cryptosporidiosis

どんな病気か ウシ、猫、ニワトリなどの腸内で繁殖したクリプトスポリジウムのオーシストという嚢子（休止状態の原虫）を摂取することでおこる感染症で感染症法の5類感染症に指定されています。

1997（平成9）年の夏に、町営水道や給水施設を介したクリプトスポリジウム感染によって大規模な集団下痢症が発生したことで、水系感染症として注目されています。

症状 クリプトスポリジウム症の発症者は一般に年少児に多く、激しい下痢と腹痛がみられます。ただし、通常はこれらの症状は10日程度で自然に治ります。

体力のない幼児や、エイズ（後天性免疫不全症候群）などで免疫機能が低下した人に感染した場合には、下痢は激しくなり水様性下痢をおこし、嘔吐、発熱をともなって重症化することがあります。

エイズでは日和見感染症としてクリプトスポリジウム症がおこることがあり、消化管以外にも胆嚢炎、胆管炎などをおこすことがあります。

検査と診断 糞便や十二指腸液などからオーシストが証明されれば診断がつきます。また、喀痰検査により抗体が検出されることによって診断することもできます。

治療 治療は対症療法的に輸液などを行います。免疫機能が低下している場合には、それぞれの原因に対応して免疫機能を回復することで、症状が軽快します。

サルファ剤などの服用もしますが、効果はあまり期待できません。

予防 流行が予測されたときには、水道水や井戸水は煮沸して使いましょう。また、汚染された河川では泳がないことです。

経気道感染

❖経気道感染とは

病原微生物の保菌者から空中を経由して、気道に感染をおこすものが経気道感染です。

経気道感染には**飛沫感染**と**空気感染**の2つの感染経路があります。

飛沫感染では、病原微生物に感染している人の唾液が、せきやくしゃみ、会話の際に外部へ飛び出し、吸入した人の鼻やのどに病原微生物を含む水滴（飛沫）が付着し、粘膜より感染をおこします。

空気感染は、この水滴の水分が蒸発して病原微生物のかたまりとなった飛沫の核が、時間が経過しても空中を漂い、それを吸入したことにより気道に感染がおこります。

また、循環式の浴槽などで増殖したレジオネラ菌が細かな水滴に含まれて空中に漂い、吸入されるレジオネラ肺炎（1277頁）や、ダニの死骸をほこりなどといっしょに吸い込んでおこるつつがむし病（2117頁）も経気道感染でおこります。

経気道感染は、病原微生物を広めやすく、また予防がむずかしいために、院内肺炎（1280頁）や、学校や公共の施設などでの感染症の拡大の原因ともなります。

❖上気道の感染と下気道の感染

空気の通り道である気道は、鼻腔からのどまでの上気道と、その先の気管から、枝分かれした気管支、細気管支までの下気道に区分されます。

大きさが10㎛（1㎛は1000分の1㎜）以上の病原微生物は上気道の線毛、粘膜にとらえられます。免疫機能が正常にはたらいていれば、そのまま痰として排除されますが、体力の低下や乾燥などにより、免疫機能が低下すると感染がおこります。また、10㎛よりも小さいものは下気道に届き、肺胞にまで達します。

上気道感染症では咽頭炎や喉頭炎などが、下気道感染症では気管支炎や肺炎などがおこります。

❖上気道の感染症

上気道は外気と直接触れているために、さまざまな病原微生物の感染を受けます。

上気道の感染症でもっとも多くおこるのはかぜ症候群（1258頁）です。原因のほとんどはウイルスの感染で、急性咽頭炎（1172頁）や扁桃炎（1176頁）、急性喉頭炎（1181頁）などの症状もおこります。

子どもの場合には、風疹（803頁）やはしか（804頁）、水痘（809頁）、百日ぜき（815頁）などが経気道感染の代表的なものです。またRSウイルスによる、かぜ症候群もおこりやすいものです。

上気道感染症では、扁桃、咽頭などの炎症がおもな症状ですが、なかには溶連菌感染症（811頁）やリンゴ病（伝染性紅斑　806頁）のように、発疹、発赤など皮膚の症状が現れるものもあります。

❖下気道の感染症

下気道の感染症では、急性気管支炎（1267頁）、細気管支炎、肺炎（1275頁）などがおこります。

原因の多くはインフルエンザ菌（インフルエンザウイルスとは別のもの）、肺炎菌、緑膿菌が占めています。

下気道からさらに感染が広がり、肺胞にまで及ぶと、肺胞壁の破壊や、肺胞壁の弾性が失われ（線維化）、呼吸機能の低下を招くことがあります。

また、若年者の発生率こそ低いものの、高齢者で感染の増加が問題となっている肺結核（1285頁）は、肺胞に結核菌が感染しておこる感染症です。

寄生虫感染

寄生虫病とは

◇臓器や組織に感染する

動物やその他の昆虫などの体内にいる原虫（単細胞生物）や条虫（扁形動物）、線虫（袋形動物）などが、人の組織や臓器に感染しておこる病気です。

これらの寄生虫は、卵（虫卵）から発育したあと、活動に適した環境下では活発に動く**栄養型**、活動に適さない環境では袋をかぶった嚢子（**シスト**）という形態をとります。このため、寄生虫によっては消毒薬や乾燥などでも簡単に駆除できないものがいます。

●海外旅行とペットに注意が必要

日本では寄生虫病が減少したと思われ、一般的に軽視される傾向がみられますが、実はこれまであまりみられなかった寄生虫病の症例がしばしばみられるようになっています。

これは、海外旅行ブーム、訪日外国人の増加、流通機構の迅速化などによって輸入寄生虫病が増えたこと、ペットブームによって人獣共通感染症が増えたこと、グルメブームによる食習慣の変化に加えて、新しい診断法の発達によって、今までみられなかった寄生虫病が見つかるようになったことなどがその背景にあります。

たとえば、海外旅行者、とくに熱帯地域を旅行してきた人たちが流行地で感染し、帰国後に発症するマラリアやアメーバ赤痢を発症するケースが増えています。また、ホタルイカを生で食べて感染する旋尾線虫症の症例も全国的にみられるようになっています。

ペットが原因で感染するトキソプラズマ症、イヌやネコが砂場に排泄した糞便に混入している虫卵から感染する回虫症なども問題となっています。

さらに、生魚から感染するアニサキス症や裂頭条虫症など、これまであまり知られていなかった寄生虫病が、内視鏡や超音波などの理学診断法や血清診断法の発達によって、たくさん見いだされるようになってきました。

従来から知られている寄生虫病のなかでは、蟯虫症、横川吸虫症、ランブル鞭毛虫症、腟トリコモナス症（837頁）などが現在もなお発生頻度が高く、肺吸虫症などもみられることがあります。

近年の自然食ブームによって無農薬野菜が人気となり、自家菜園の野菜が有機栽培されることが多くなって、回虫の感染者が増える傾向にあります。

寄生虫病は感染症のひとつで、手遅れになると重症化して生命にかかわるものもなかにはあります。感染しているとわかったらすぐに治療しなければなりません。

寄生虫病の治療には、副作用が少ない駆虫剤が使われるようになっています。ほとんどの寄生虫病は、早く診断して的確に治療をすれば治ります。

外国旅行をするときには、行き先の国や地域にどのような感染症が多いかをあらかじめよく調べ、どのような食物に注意すべきかなど、寄生虫病に対する知識を十分に得ておくこともたいせつです。

日常生活においても、部屋の清掃、手洗いの励行などを習慣づけておくことが寄生虫病の予防につながります。

◎**おもな食品媒介寄生虫症**

▼**旋尾線虫幼虫移行症**　内臓に幼虫が寄生したホタルイカを生で食べると感染します。腸閉塞型と、皮膚にみみず腫れをおこす爬行症型が多く、まれに目に寄生することもあります。ホタルイカの生食後、数日以内に腸閉塞型が、数週間後に爬行症型がおこるとされます。旋尾線虫幼虫はホタルイカ以外にスケトウダラ、ハタハタ、スルメイカなどに寄生していますが、生食されることの多いホタルイカが原因となることが大多数です。

皮膚爬行症の場合は病変部位の試験切除、腸閉塞型の場合は対処療法、劇症型の場合は開腹手術が行われることもあります。ホタルイカに寄生する幼虫は冷凍（マイナス30℃で4日以上、マイナス40℃で40分以上）あるいは熱水でただちに死滅するので、生食を避けるようにします。

▼**肺吸虫症**　サワガニやモクズガニに寄生する肺吸虫メタ

アニサキス症
Anisakiasis

どんな病気か　生魚から感染する**食品媒介寄生虫症**で、国内でも毎年多くの感染発生が報告されています。人への感染はサバ、タラ、アジ、養殖カンパチ、イカなどの筋肉に寄生する**アニサキス幼虫**と**テラノバ幼虫**によりおこります。

成虫はクジラやイルカなどの海棲哺乳類の消化管に寄生しており、海水中に放出された虫卵はオキアミの体内で感染幼虫にまで発育し、これが海中の食物連鎖によってさまざまな種類の魚を経て人に感染します。

人に寄生しても成虫にまで発育することはありません。幼虫は胃や腸管の粘膜に潜り込み、急性腹症やイレウス（1591頁）の原因となります。まれに消化管から逸脱して腹腔内に好酸球性肉芽腫（1892頁）をつくることもあります。

症状　生魚を食べてから数時間後に急激な腹痛がおき、嘔吐や下痢をともなうことがあります。また、じんま疹がおこることもあります。消化管粘膜を貫通して腹腔内に逸脱したり、肝臓などの臓器に侵入したりして肉芽腫をつくり、がんと誤診されることがあります。

しかし、なかにはまったく症状がなく、内視鏡検査で幼虫が偶然に発見される人もいます。

検査と診断　この病気が疑われるときには、胃内視鏡検査により幼虫を見つけます。幼虫が腸壁に寄生した場合には診断がむずかしく、抗体検査などの補助的な検査を行います。

治療　胃内視鏡による検査で幼虫が見つかれば鉗子で摘出します。複数の幼虫が同時に寄生していることもあります。腸に寄生した場合、腸壁が厚くなり、腸管の通過障害をおこします。この場合には手術で病変部位を摘除します。

予防　幼虫は熱に弱く70℃の熱湯中で数秒で死滅します。しかし冷凍には比較的強く、マイナス20℃以下で24時間以上保存しなければ死にません。

回虫症
Ascariasis

どんな病気か　戦後の一時期には日本国民の7割以上に感染がみられ、国民病ともいわれた寄生虫症です。30cm以上（メスの場合）にもなる成虫は小腸に寄生し、ここで産卵します。外界に出た虫卵は2、3週間すると中に幼虫が育ち、人への感染力をもつようになります。

有機農業で人糞を使用しているときに感染がおこります。

人体に入ると虫卵から幼虫がふ化して、腸管から肝臓、肺を経て再び腸管に戻って成虫になります。

症状　多数の回虫に感染すると腸閉塞をおこします。しかし、最近では単数寄生の場合が多く、自覚症状がまったくない例もあります。回虫が十二指腸の乳頭開口部に頭部を潜り込ませ、胆管や膵管をふさぐこともあります。この場合には急性の胆管炎や膵管炎がおこり、迅速な処置が必要となります。

セルカリアを食べて感染します。肺に袋をつくり寄生し、肺がんや肺結核と誤診されることがあります。

発熱、胸痛、血痕、末梢血中の好酸球増多、胸水貯留、気胸が見られます。まれに脳や腹腔、皮下組織に寄生することもあります。メタセルカリアの寄生したモクズガニ（上海ガニも同一種類）などの第2中間宿主や待機宿主（イノシシ）の不完全調理肉の喫食が感染経路となります。

駆虫薬（プラジカンテル）で治療し、日常、サワガニやイノシシの生食は避けます。

▼横川吸虫症 成虫の小腸粘膜の寄生によりおこり、日本でも多くの感染者がいます。数千匹の寄生でも無症状のことが多いですが、腹痛、下痢の原因になることもあります。アユ、ウグイなどの淡水魚の鱗や筋肉に寄生しているメタセルカリアの生食により感染します。駆虫薬（プラジカンテル）で治療し、予防のため原因食の生食を避けます。

検査と診断

回虫症の診断は糞便検査によって虫卵を見つけることで行います。単数寄生では成虫を排泄して初めて感染に気づくこともあります。また、オスは虫体が小さく、糞便検査でも診断することはできません。

治療

ピランテルパモ酸塩を内服します。通常1回で駆虫でき、副作用もほとんどありません。

条虫症 cestodiasis

どんな病気か

サナダムシとも呼ばれる長いひも状の寄生虫で、6m以上に達することもあります。寄生部位は小腸で、長いひも状の虫体が何度か折りたたまった状態で寄生しています。魚から感染する**日本海裂頭条虫**や**広節裂頭条虫**、牛肉から感染する**無鉤条虫**、豚肉から感染する**有鉤条虫**があります。いずれも、生物の筋肉内にプレロセルコイドあるいは**嚢虫**と呼ばれる幼虫が寄生していて、これを経口的に摂取して感染します。成虫が消化管内に寄生する場合は目立った症状はなく、肛門から虫体の片節がこぼれ落ちることで感染に気づきます。

有鉤条虫の虫卵を経口摂取すると**嚢虫症**という病気になります。虫卵1個が1つの嚢虫をつくり、からだじゅうに寄生する、とても厄介な病気です。

症状

成虫が消化管に寄生する**消化管寄生条虫症**では腹部不快感、一時的な下痢などがおこります。いずれも軽度で、感染後1か月ほどでこれらの症状はなくなります。また、このころから、排便時に肛門から虫体の一部（片節）がぶら下がり、感染に気づくことがあります。無鉤条虫の片節は他の条虫に比べて活発に動きます。

嚢虫症では、骨以外の全身の組織や筋肉、脳の中に小さな結節ができます。

検査と診断

消化管寄生条虫症では糞便検査によって虫卵を調べます。無鉤条虫の虫卵は糞便内に見つけだすことはむずかしいので、排泄された虫体の片節を墨汁染色して、有鉤条虫と区別します。

嚢虫症の場合、結節を摘出し、組織染色して検査します。

治療

日本海裂頭条虫や広節裂頭条虫、無鉤条虫は駆虫薬（プラジカンテル）によって駆虫することができます。駆虫された虫体をよく検査し、頭節が見つかれば、完全に駆虫されたと判断することができます。

嚢虫症では腸管内に有鉤条虫の成虫が寄生していないことを確認したうえでプラジカンテルを1週間投与します。アナフィラキシーショック（2006頁）を抑えるためにステロイド剤も同時に使用します。

幼虫移行症 larva Migrans

どんな病気か

人以外を終宿主とする寄生虫で、人の体内では成虫になれない寄生虫によっておこる寄生虫症の総称です。顎口虫、動物由来鉤虫、犬や猫の回虫、ある種のハエの幼虫などでおこります。アニサキス幼虫症、旋尾線虫幼虫症なども幼虫移行症です。

▼顎口虫症 成虫はイノシシやブタの

◎蟯虫症

盲腸に寄生する蟯虫の成虫が、産卵のため肛門周囲に這い出すときにかゆみを感じる、子どもに多い寄生虫症です。

肛門周囲のかゆみ、皮膚や粘膜のただれ、盲腸炎などがおこり、女の子では膣炎がおこることもあります。また、ときに睡眠障害がおこります。

夜間に排卵された虫卵は、翌早朝には幼虫包蔵卵となり、これが手指について経口感染します。

治療にはピランテルパモ酸塩を使用します。家族内感染や保育園、幼稚園内での集団感染が見られますので、集団駆虫が必要です。

予防のためには食事の前の手洗いを励行します。

食道や胃の粘膜に寄生しています。人への感染は中間宿主のライギョやドジョウ、あるいはヤマメなどの淡水魚に寄生する幼虫を食べて感染します。日本では**有棘顎口虫**、**剛棘顎口虫**、**ドロレス顎口虫**、**日本顎口虫**の4種類が知られています。

症状　幼虫は皮膚の比較的深部を移動します。そのためにこぶ（腫瘤）やみみず腫れ（爬行疹）がからだのあちこちに出現します。有棘顎口虫症では腫瘤が、その他の顎口虫症では爬行疹が出現することが多いといわれます。

検査と診断　病変部位を摘出して組織学的に虫体の切れ端を確認します。血清中の抗体が上昇していれば感染を疑います。また、好酸球数も増加します。

▼動物由来鉤虫症　砂地を裸足で歩く、寝そべるなどで、幼虫が経皮感染をおこします。幼虫は皮下組織内を移動し、爬行疹をおこします。

症状　幼虫が皮下を移動するにつれて爬行疹が延びていきます。足の裏や足の指の間に多くみられますが、砂浜に寝そべっていて感染すると全身に爬行疹がみられることもあります。

検査と診断　爬行疹の先端を切除して幼虫の切れ端を組織学的に調べます。抗体測定は実用化されていません。

▼イヌ・ネコ回虫症　虫卵に汚染された公園の砂場や犬・猫の毛、あるいはウシやニワトリの肝臓の生食により感染します。排泄直後の虫卵には感染力はなく、虫卵内で幼虫が育つのに約2週間必要です。体内でふ化した幼虫は血流にのって肝臓や肺あるいは全身の筋肉、中枢神経系に寄生します。幼虫は0・3～0・4㎜ほどの大きさで、体内で成長することはありません。

症状　肝臓に寄生すると微熱や肝機能障害、脾腫がおこり、異食症もしばしばみられます。網膜に寄生した場合には飛蚊症（1103頁上段）や視力低下がおこります。通常、片方の目におこりやすく、進行するとぶどう膜炎（1089頁）をおこし、失明する場合もあります。

検査と診断　血清や眼内液の抗体を検査することにより診断します。内臓寄生では著しい好酸球増多がおこりますが、眼内に寄生した場合には好酸球数は平常範囲内のことが多いです。

▼ウシバエ幼虫移行症　ウシバエは北半球に広く分布し、ウシの皮膚に幼虫が寄生するハエで、人にも幼虫が寄生します。虫卵からふ化した第1期幼虫は毛幹や皮膚を貫いて侵入し、数か月間体内を移動しつつ3期幼虫にまで発育すると背部皮下から体外に出ます。

症状　幼虫が体内を移動している間は、激しい痛みと末梢血中の好酸球増多がおこります。

検査と診断　全身の皮下組織をウジが移動するため、からだのあちこちに腫瘤が現れたり消えたりすることをくり返します。最終的には背部皮下の腫瘤から幼虫が現れるので、これを摘除すると同時にその形態から診断を行うことが可能です。

治療

幼虫移行症では治療がむずかしく、イベルメクチンやアルベンダゾールなどの組織内寄生虫に効果があるといわれている駆虫薬の長期間服用が必要です。顎口虫症や動物由来鉤虫症では病変部位の摘除で診断と治療をかねることもできます。

ペットから感染する寄生虫

	人への感染経路	症状	治療	予防
イヌ回虫症	イヌ回虫幼虫が人に侵入しておきる病気	幼虫の寄生部位により多彩な症状を呈します。発熱、倦怠感、皮膚炎、しびれ、ぶどう膜炎、まれに失明、好酸球増多症をおこします。	駆虫薬（アルベンダゾール）の投与が推奨されているが、必ずしも効果があるとはかぎりません。肝機能障害などの副作用にも注意が必要です。	食事の前の手洗い励行。獣肉、肝臓の生食を控えます。
イヌ糸状虫症	通常は犬の肺動脈に寄生するイヌ糸状虫症が人の肺小動脈に塞栓しておこります。	肺内小動脈に塞栓して10円玉大の肺梗塞（銭形陰影）をつくり、胸部X線検査で肺がんや肺結核と誤診されることがあります。	診断を兼ねた胸腔鏡手術により病巣を摘出します。	感染源となる蚊の駆除とイヌ糸状虫に感染した犬の駆虫を行います。
エキノコックス症	犬の消化管内に寄生する多包条虫の虫卵が人に感染しておきる病気。人は中間宿主で肝臓がんのような病巣をつくります。	感染してから発病するまで二十数年を要し、発病した場合は病変が大きくなっていることが多く、治療しないと予後不良です。	病巣の外科的切除。困難な場合は駆虫薬のアルベンダゾールの長期投与。	感染源となる犬やキタキツネの駆虫。患者の早期発見と早期治療が重要です。
瓜実条虫症	犬や猫の消化管寄生虫である瓜実条虫が人に感染しておこります。おむつ交換時、母親がおむつのなかの片節を見つけて感染に気づきます。	とくに認められません。	駆虫薬（プラジカンテル）を投与します。	室内で犬や猫を飼育する場合には内部寄生虫の駆虫だけでなくノミなどの外部寄生虫の定期的な駆除も必要です。

住血吸虫症
Schistosomiasis

どんな病気か

住血吸虫の寄生により肝臓や膀胱の障害がおこる病気です。住血吸虫の幼虫は流行地域の川や湖に生息しており、これが水浴などをした際に皮膚から侵入します。日本国内の流行はすでに終息しましたが、世界的には熱帯や亜熱帯地域に2億人以上の感染者が存在しており、日本人が流行地域を旅行中に感染することもあります。

症状

住血吸虫には日本住血吸虫（東アジアで流行）、マンソン住血吸虫（アフリカ、中南米で流行）、ビルハルツ住血吸虫（中近東、アフリカで流行）の3種類があります。いずれも感染してから1か月ほどで発熱をおこします。日本住血吸虫とマンソン住血吸虫では下痢（ときに血便）や肝機能障害などの症状もみられます。そのまま放置すると、数年後に肝硬変になることがあります。ビルハルツ住血吸虫では急性期に血尿などの膀胱炎症

◎エキノコックス症（包虫症）

エキノコックス属条虫の幼虫が感染するもので、日本では、ほとんどが多包虫症で、北海道でみられます。4類感染症です。

人への感染は、犬やキツネに寄生している条虫から排出された虫卵が偶然口に入ることによりますが、ウサギ肉から感染する例もあります。

寄生部位によって症状は異なりますが、たびたび悪性腫瘍と誤診されます。大部分が肝臓に寄生します。

外科的に包虫を摘出するのが確実な治療ですが、包虫液が漏れてショックの危険があります。薬剤治療としてはアルベンダゾールの服薬・休薬をくり返します。

流行地では野犬やキツネとの接触を避け、川水や井戸水は生で飲まないことです。また、野イチゴや野菜は十分に洗ってから食べましょう。

状がみられ、慢性期になると腎不全をおこします。

日本では1970年代まで、山梨県、広島県、九州の筑後川流域などで日本住血吸虫が流行していました。その当時感染した人のなかには、現在も肝硬変の症状に苦しんでいる人がいます。

検査と診断 日本住血吸虫とマンソン住血吸虫は糞便検査、ビルハルツ住血吸虫は尿検査で虫卵を検出して診断します。感染してから数年が経過しているケースでは、大腸カメラや膀胱鏡検査で粘膜の生検を行い、そのなかに虫卵を確認します。血液中の抗体検査も診断の参考になります。

治療 プラジカンテルという駆虫薬を2日間服用します。副作用はほとんどありませんが、妊婦の場合は服用できません。肝硬変や腎不全など慢性期の症状のある人には、薬の効果があまり期待できず、対症的な治療を行います。

予防 流行地域では、川や湖には立ち入らないようにしましょう。

糸状虫症（フィラリア症）
Filariasis

どんな病気か からだが細長く、糸状をしている寄生虫、糸状虫の寄生によりリンパ管の障害がおこる病気です。

蚊によって媒介されます。日本でも1980年代まで九州や沖縄を中心に流行していました。

現在、新しい感染者の発生はありませんが、過去に感染した人が慢性期の症状をおこしているケースがあります。

世界的には熱帯や亜熱帯地域に1億6000万人以上の感染者がおり、日本人が旅行中に感染することもあります。

なお、アフリカや中南米にはオンコセルカ症（回旋糸状虫症）というブユに媒介される糸状虫症があり、これは皮膚の障害をおこします。

症状 糸状虫に感染して1年ほどすると、発熱やリンパ管炎がおこります。症状は何回もくり返されますが、やがて慢性期の症状として、乳糜尿（尿が白濁する）、陰嚢腫瘤（陰嚢が腫れる）、象皮病（手足の皮膚がかたく腫れる）などが出現します。

これらの症状は、糸状虫によりリンパ管の流れが悪くなるためにおこるものです。

検査と診断 血液検査で糸状虫の幼虫（ミクロフィラリア）を検出して診断します。幼虫の活動時間が夜間であるため、採血は夜間に行う必要があります。

慢性期になると幼虫は検出できなくなるので、血液中の抗体検査などで診断します。

治療 急性期にはジエチルカルバマジンを12日間服用します。この薬を服用した人の半数近くに腹部の不快感や吐きけなどの副作用がみられます。妊婦の場合は服用できません。

乳糜尿、陰嚢腫瘤、象皮病など慢性期の症状については対症的な治療を行います。外科的な処置を要することもあります。

予防 流行地域に滞在する際には蚊に刺されないように注意しましょう。

細菌、ウイルス、リケッチアによる病気

破傷風
Tetanus

どんな病気か

けがをしたときに、破傷風菌という細菌が汚れた傷口から体内に入ることによっておこる感染症です。

傷自体はたいしたことがなく治っても、体内に入った破傷風菌により毒素が産生され、全身の筋肉のけいれんがおこり、約半数が死亡する危険な病気です。

感染症法では5類感染症に指定されています。

症状

傷を受けてから発病するまでの期間は、短いときは3日、長いときには1か月以上になることもあります（平均的には1～2週間程度です）。

したがって、破傷風が発病したときには傷が治癒していることも多く、感染部位がはっきりとしないこともあります。

発病の初めは、くびすじが張る、ものをかむと疲れる、受傷部位の異常感、全身のだるさ（倦怠感）、不眠などが1～3日つづきます。つぎに口があけにくくなります。

この時期までに適切な治療が行われれば、助かる可能性は高くなります。

症状がさらに進行すると、ものを飲み込みにくくなり、ことばがでにくくなったり、排便や排尿がしにくくなったりします。

くび、背中、胸、腹などの筋肉も、ちょっとした刺激でけいれん発作をおこすようになり、からだを弓のように反り返らせ、手足をつっぱる全身けいれんがおこります。しかし、意識はおかされません。

症状が重くなると死に至ることもありますが、その場合、多くは呼吸筋や声門のけいれんによる窒息が原因となります。

原因

破傷風菌は通常、土の中や家畜の便の中にいますが、この場合は芽胞の形で生存しているだけで活動はしません。

しかし、最初に述べたように人の傷などに侵入すると、栄養型の杆菌に戻り、増殖して毒素を産生するようになります。

この毒素が神経を伝わって脊髄前核細胞に達すると、支配下の筋肉のけいれんを引き起こします。

さらに毒素は脊髄神経に広がり、多くの筋肉の強直やけいれんをおこすようになります。

検査と診断

症状から診断される場合がほとんどです。

治療

破傷風菌が産生する毒素を中和するために、抗毒素血清（抗破傷風ヒト免疫グロブリン）を注射します。

破傷風菌に対しては抗菌薬が用いられます。けいれん発作に対しては強い鎮静薬が使用され、呼吸困難に対しては人工呼吸器が用いられます。

予防

けがをしたときには十分、傷口を洗浄するようにします。汚れがひどいときや異物が入っているときは、外科医を受診する必要があります。

また、破傷風の抗毒素血清を受けることも必要です。

◎デング熱の国内発症

デング熱が２０１４年に国内で発症したことで大きな騒ぎとなりました。感染源は東京都内の公園に生息するヒトスジシマカとみられています。ヒトスジシマカは都市部に生息し、昼間に吸血する習性があります。対策として、肌の露出を少なくし、虫よけスプレーなどを利用して蚊に刺されることを防ぎます。また、蚊の繁殖する空き缶や古タイヤなどにできる水たまりを減らすことも予防につながります。

マラリア
Malaria

どんな病気か

マラリア原虫を保有しているハマダラカという蚊に刺されて感染する病気です。スポロゾイトという未発達な形態で肝臓に感染し、分裂・増殖したものが赤血球に感染しておこる病気です。原虫の種類によって、**三日熱マラリア**、**四日熱マラリア**、**熱帯熱マラリア**、**卵形マラリア**に分類されています。４類感染症です。

マラリア原虫は熱帯、亜熱帯地方に多く分布しています。日本国内にはいませんが、海外で感染した人がもち帰る**輸入マラリア**が増えています。

症状

発熱発作、貧血、脾臓の腫れ（脾腫）の３つが主症状ですが、原虫の種類によって経過が異なります。

発熱発作はおもに夕方、急激に40度ぐらいの発熱が嘔吐、下痢をともなっておこりますが、4～5時間後には発汗とともに解熱します。この発熱発作は、三日熱と卵形では48時間ごとに、四日熱では72時間ごとに、熱帯熱では36～48時間ごとにくり返されます。発作はしだいに軽くなり、慢性化して脾腫と貧血が目立つようになります。

熱帯熱は**悪性マラリア**ともいい、重症化しやすく、早期に治療をしないと、心臓の衰弱や脳障害（脳マラリア）をおこして死亡することもあります。

検査と診断

血液検査を行い、マラリア原虫の存在が確認されれば診断がつきます。

治療

クロロキン、ピリメタミンとスルファドキシンの合剤、キニーネのいずれかを1～5日間内服した後、再発を防ぐためにプリマキンを2週間つづけて内服します。

薬剤耐性マラリアでは、メフロキン、ドキシサイクリンなどを使用することもあります。

予防

流行地に出かけたときは、室内では蚊取り線香を使い、寝るときには蚊帳をつる、外出時は蚊除けのスプレーを使用するなど、蚊に刺されないよう注意しましょう。

予防薬を内服するのも有効ですが、渡航先によって使用薬剤が異なります。出発前に専門医に相談してください。

デング熱（デング出血熱）
Dengue Fever / Dengue Hemorrhagic Fever

どんな病気か

蚊が媒介するデングウイルスの感染によっておこる病気で、４類感染症です。

常在するのは、東南アジア、ベンガル湾・アラビア海・紅海の沿岸、アフリカ、メキシコ湾・カリブ海沿岸の熱帯、亜熱帯の国々ですが、高温の季節に温帯圏に侵入することもあります。

症状

潜伏期間は、ふつう5～6日です。

寒け、ときに震えをともなって急に高熱がでますが、3日くらいで急に解熱し、1日おいて再び39度台に上昇し、2日おいて解熱するというM字型の熱型を示します。発病前後から強い頭痛、全身の関節や筋肉の痛みを感じ、目が充血し、のども赤くなって痛むことがあります。いったん下がった熱が再上昇するころ、風疹に似た発疹が手足と胴体に3～5日間現れ、くび、わきの下、ももの付け根などのリンパ節が腫れます。

　デング熱はやがて軽快し、重症化はほとんどしません。しかし、ときに血小板数が減少し、出血傾向が現れる**デング出血熱**へと移行する場合があります。原因は不明ですが、デング熱よりも重症で、死亡する場合もあります。また、デング熱の重症のものでショック症状が現れるものを**デングショック症候群**と呼ぶこともあります。

治療　特効薬はありません。多くは自然に治癒します。インフルエンザと同じように、熱のある間は安静にし、頭痛その他の痛みには冷湿布や鎮痛剤などの対症療法がたいせつです。デング出血熱やデングショック症候群では輸液療法や血小板の輸血などが行われます。

予防　予防ワクチンがないので、蚊に刺されないようにすることがたいせつです。南方からの帰国者で、感染の疑いのある人は、2週間は発熱に注意し、発熱などの症状が認められたときには専門医に相談してください。

黄熱（黒吐病）
Yellow Fever

どんな病気か　黄熱ウイルスが感染しておこる病気で、ネッタイシマカ（熱帯縞蚊）が媒介します。南米（ブラジル、ボリビア、ペルー、ベネズエラなど）、アフリカ（アンゴラ、カメルーン、ガーナ、コンゴ民主共和国、ナイジェリア）などがおもな流行地ですが、ときに中南米や南欧で流行をみることもあります。4類感染症です。

症状　潜伏期は、3～6日です。寒けとともに高熱がでて、頭痛、腰痛、手足の痛み、嘔吐などがおこります。

　3～4日で症状が軽くなり、そのまま治ることもありますが、再び発熱して、黄疸、皮下出血、歯肉出血、嘔吐（黒色吐物を嘔吐することがあり、黒吐病という病名の由来となっている）などがおこることがしばしばです。

　発病から7～8日で治癒に向かうのがふつうですが、重症の場合は、無尿、心不全、肝性昏睡などをおこし、約10%が第一病週の後半に死亡します。

治療　特効薬はないので、症状に応じた治療をします。

流行地では、蚊に刺されないように厳重に対処します。また、有効な黄熱ワクチンがあるので、流行地へ行くときはワクチン接種を受けましょう。

ペスト（黒死病）
Pest (Plague)

どんな病気か　ペスト菌という細菌の感染でおこります。

元来は、ノネズミ、タルバカンなどの齧歯類がもっている病気ですが、ノミの媒介で人にも感染し、高熱とリンパ節炎、あるいは肺炎、敗血症などをおこす悪性の病気です。

　アジアでは、ベトナム、ミャンマーなど、南米では、ボリビア、ペルーなど、アフリカでは、ケニア、モザンビーク、マダガスカルなどに存在し、毎年1000人を超す発生があります。日本では、1930（昭和5）年以降発生がありませんが、ペスト菌が船や飛行機で運ばれて侵入しないともかぎりません。

症状　ペスト菌が体内に入って2～5日たつと、全身倦怠感がおこって寒けがし、高熱がでます。その後は、ペスト菌の感染のしかたによって症状がちがい、つぎのような病型に分けられています。

▼腺ペスト　ペスト菌を保有するノミに刺されておこります。刺された付近のリンパ節がまず腫れ、ついで全身のリンパ節が腫れて痛みます。肝臓や脾臓などで繁殖して毒素を産生するので、意識の混濁や心臓の衰弱がおこり、多くは1週間くらいで死亡します。

▼ペスト敗血症　ペスト菌が血液とともに全身をめぐり、ショック症状や昏睡などをおこし、皮膚のあちこちに出血斑を生じ、全身が黒色のあざだらけになって死亡します（黒死病という別名の由来）。

▼肺ペスト　腺ペストやペスト敗血症の人でペスト菌が肺にまで感染した場合、あるいはペストにかかっている人のせきとともに飛び散ったペスト菌を吸い込んで発病します。気管支炎や肺炎をおこし、血痰が出て、呼吸困難におちいり、2～3日で死亡することもあります。

治療　感染症法の1類感染症なので、原則として入院して治療します。ストレプトマイシンやサイクリン系の抗生物質が有効です。

予防　ペスト菌が常在している地域に行く人は、予防接種を受けましょう。

ウエストナイル熱
West Nile Fever

どんな病気か　ウエストナイルウイルスが感染しておこる病気で、鳥が保有するウイルスを蚊が媒介します。

1937（昭和12）年にウガンダのウエストナイル地方で見つかり、アフリカ、中東、中央アジア、西アジアなどでみられましたが、近年ではアメリカやヨーロッパでも流行がみられ、広い地域に分布するようになりました。

日本でも、2005（平成17）年に、アメリカから帰国した人が感染していることが判明し、新興感染症・輸入感染症として注意が必要な感染症です。

症状　潜伏期は3～15日ですが、感染したとしても約80％は発症しません。

発症すると、高熱、頭痛、筋肉痛、食欲不振などが3～6日間程度つづき、リンパ節の腫れをともないます。たいていは1週間程度で回復しますが、重症化して、脳炎や髄膜炎などをおこし、昏睡、けいれんなどの症状が現れることもあります。ウイルスによる脳炎を**ウエストナイル脳炎**と呼びます。

治療　特効薬はありません。症状に応じた治療を行います。

予防　ワクチンはまだ開発されていません。海外へ行く際には蚊に刺されないよう、蚊除けのスプレーや蚊取り線香を使用するなど、防護策を講じることがたいせつです。

つつがむし病
Tsutsugamushi

どんな病気か
以前は新潟、山形、秋田の河川流域で夏季に発生する風土病として有名でしたが（**古典的つつがむし病**）、現在は本州、四国、九州の各地で秋から初冬にかけみられます（**新型つつがむし病**）。韓国、中国および東南アジアにも広く存在します。農地、山村および草原で、フトゲつつがむし、タテつつがむしによって媒介されたリケッチア（オリエンティア・ツツガムシ）が人に感染して病気をおこします。感染症法の4類感染症に指定されています。

症状
ツツガムシに刺されたところは小さく赤く腫れて化膿し（刺し口といいます）、付近のリンパ節も腫れて痛みます。

刺されて1～2週間たつと寒けがして発熱し数日のうちに40度の高熱になります。頭痛、筋肉痛、目の充血がみられ、全身に直径2～5㎜ほどの赤い発疹が現れます。

検査と診断
特徴的な刺し口や病気の経過、つつがむし病リケッチアに対する抗体検査で診断がつきます。

治療
テトラサイクリンの使用により、数日以内に症状は改善します。医師の指示に従って定められた日数、内服することが再発予防の意味でも重要です。

予防
秋から初冬にかけてハイキングなどに行って、靴を脱いだりして休んでいるとツツガムシに刺されることがよくありますので注意が必要です。

Q熱（塹壕熱）
Q-Fever

どんな病気か
リケッチアの一種であるコクシエラ菌によって生じる疾患です。

さまざまな動物（ネコやウシ、ヤギ、ヒツジなど家畜）の尿、便、乳汁、羊水などに含まれ、環境からもダニを介しても人に感染がおこります。

感染症法の4類感染症に指定されています。

症状
急性型と慢性型があります。

急性型では、コクシエラ菌に感染して2～3週間すると半数ぐらいの人に、突然高熱がおこり、激しい頭痛、倦怠感、筋肉痛、軽いせき、痰、胸痛などがおこります。症状がでた30～40％の人にX線検査で肺炎の病像がみられます。いずれにせよ大部分の人は自然に改善します。

慢性型は、急性型にかかった人のごく一部に数か月から数年しておこります。とくに心臓の弁に異常をもった人に心内膜炎をおこし、重篤な状態になります。予防するには急性期にきちんと診断し治療を受けることが重要です。

原因
コクシエラ・バーネッティという菌です。この菌は熱、乾燥に強く、また多くの消毒薬にも耐性のために環境中で長期間生存が可能です。

治療
家畜など動物との接触歴が重要です。抗体検査あるいは遺伝子検査で診断を行います。テトラサイクリンが有効です。

リーシュマニア症
Leishmaniasis

どんな病気か

リーシュマニアという原虫の感染によっておこります。

リーシュマニア原虫には20数種類があり、それぞれ症状が異なります。

おもなものに**カラ・アザール**（**黒熱病**）といわれ、骨髄や脾臓が原虫におかされる**内臓型リーシュマニア症**、皮膚と粘膜をおかす**皮膚粘膜型リーシュマニア症**（ブラジルリーシュマニア症）、皮膚をおかす**皮膚型リーシュマニア症**（熱帯リーシュマニア症）などがあります。

いずれも吸血昆虫、とくにサシチョウバエが媒介します。イヌもこの原虫に寄生されていることが多く、接触感染をおこすこともあります。

内臓型リーシュマニア症の原虫はドノバンリーシュマニアで、中国、中近東、インド、地中海沿岸、中南米に分布しています。ブラジルリーシュマニア症は中南米に分布し、熱帯リーシュマニア症は地中海東部、インドなどに分布します。

旅行中に感染する人もいますから注意が必要です。

日本での発生はみられず、海外旅行に行った人が感染する、輸入感染症としてみられます。

症状

内臓型リーシュマニア症は約3か月の潜伏期の後、不規則な高熱で始まります。発汗や下痢が生じることも多く、1か月ぐらいすると肝臓と脾臓が腫れ、貧血が進み、放置すると衰弱し、半年から2年で生命にかかわります。

ブラジルリーシュマニア症の症状は、顔の組織欠損が皮膚から粘膜へと拡大し、鼻翼が欠けることもあります。ときには混合感染による呼吸障害などによって死亡することもあります。

熱帯リーシュマニア症は皮膚に結節や潰瘍ができるのが特徴で、おもに顔面や手足にみられます。

検査と診断

内臓型リーシュマニア症は骨髄、リンパ節、脾臓などに針を刺して採取した組織や皮膚病変部の辺縁部の組織から原虫が見つかれば診断がつきます。

熱帯リーシュマニア症は皮膚の病変部の端から、進行したブラジルリーシュマニア症は粘膜の病変部から組織を採取して、原虫が証明されれば診断がつきます。

なお、いずれのリーシュマニア症も血清診断法が行われています。

治療

五価のアンチモンを6～10日間注射します。ただし、副作用が強いため、慎重に使用する必要があります。

皮膚や粘膜に病変があれば、注射のほかに赤外線照射、ドライアイス接触などを行い、スチボグルコン酸ナトリウムや硫酸パロモマイシンを含んだ軟膏を塗布します。

予防

まだ、ワクチンは開発されていません。

流行地に出かけるときには、サシチョウバエに刺されないよう防護策を講じましょう。

イヌへの感染が流行の原因になるほか、接触感染もあるので注意が必要です。

動物、鳥に接触して感染

動物由来感染症

◇動物由来感染症とは

野生の動物や家畜などの保有する病原微生物が人間に感染しておこる病気を動物由来感染症と呼びます。**人獣共通感染症**、**人畜共通感染症**などとも呼ばれます。

動物由来感染症には、動物と人が同じように発症するものと、人に感染すると発症するものの、動物は発症しない感染症がありますが、ほとんどは後者のため、感染源の特定が困難です。

狂犬病（人、動物とも発症する 次頁）やペスト（2115頁）など古くから対策がとられてきた感染症も多くありますが、ペットブームや輸入農産物の増加、物流の発達や人の移動の増加、自然環境の変化などから近年、動物由来感染症が増加しています。また、高病原性鳥インフルエンザ（人、動物とも発症する）やウエストナイル熱（2116頁）など、新しい感染症の感染源となることもあるため、その対策が重要とされています。

◇感染経路

動物から人への感染経路には、動物と人との直接的な接触による直接伝播と、寄生する昆虫や食品などからの間接伝播の２つに大別できます。

◉直接伝播

動物に直接触れて感染する接触感染と、動物にかまれたりしたときに感染する咬傷感染があります。

▼**接触感染**　病原微生物を保有する動物に直接触れて感染をおこしたり、排泄物に触れた手から経口感染をおこします。ノウサギとの接触で感染する野兎病（2121頁）やネズミから感染するレプトスピラ症（次頁）などがあります。

▼**咬傷感染**　病原微生物を保有している動物にかまれたり、ひっかかれたりしたときに、傷口から感染します。狂犬病やパスツレラ菌（2121頁）の感染などがあります。

◉間接伝播

動物の保有している病原微生物を他の動物が媒介する経路と、糞や尿が水中・土壌に混ざって感染をおこす経路、動物を食べて感染する経路があります。

▼**他の動物が媒介**　病原微生物を保有している野生動物や家畜に寄生しているノミやダニ、蚊などが、動物から血液を吸った際に病原微生物を取込んで媒介します。それらの昆虫に刺されたり、かまれると感染をおこします。

蚊が媒介する日本脳炎（814頁）や黄熱（2115頁）、マラリア（2114頁）、ノミが媒介するペスト（2115頁）、ダニが媒介するQ熱（2117頁）などがあります。

▼**水中や土壌の媒介**　動物の糞尿に含まれる炭疽菌が土壌のほこりに混ざって、経気道感染をおこす炭疽（2122頁）や、動物の糞尿が水中に混入して、生水を飲んだことで感染するクリプトスポリジウム症（2105頁）などがあります。

▼**食品による感染**　病原微生物を保有している動物を、加熱せずに生のまま食べることによって感染するものです。魚介類から感染するアニサキス症（2108頁）や、生肉から感染するサルモネラ食中毒（2094頁）などがあります。

狂犬病（恐水病）
Rabies

どんな病気か　狂犬病にかかっている犬や猫、コウモリやキツネなどの動物にかまれることによって、狂犬病ウイルスが人間に感染しておこる病気です。

いったん発病すると、ほぼ100％、死亡する疾患です。

日本では犬への予防接種が普及し、それほど発生がみられなくなった病気ですが、世界ではまだ、この病気によって死亡する例は少なくありません。アジア、アフリカ、中国での狂犬病の90％以上は犬にかまれて感染したものです。

感染症法では４類感染症に指定されています。

症　状　狂犬病ウイルスに感染した動物にかまれてから、発病するまでは平均１～３か月ほどの期間があります。

初めは、かまれた部位が痛んだり、違和感が生じたりします。その後、かぜ様症状、倦怠感、食欲低下、微熱、咽頭痛、頭痛、吐きけ、嘔吐などがみられます。

さらに症状が進むと、発熱、落ち着きのなさがでて、のどの筋肉のけいれんのため空気や水を怖がったり（恐水病の病名の由来）、よだれが多くなったり、全身けいれんが始まったりして、最後は呼吸する筋肉がまひし、死に至ります。

検査と診断　動物にかまれたという病歴が重要です。しかし、早期診断は困難です。

予　防　発病してからでは治療する方法がありません。そのため、予防と日常生活での注意がたいせつになります。

狂犬病の対処として、狂犬病が蔓延している国で動物にかまれた場合には、傷口をきれいに洗ってください。その後、医療機関を受診して狂犬病ワクチンと抗狂犬病免疫グロブリンの投与を受けることが必要です。

また、海外では動物にむやみに接触しないことがたいせつです。

狂犬病の多い地域に旅行する場合は前もって狂犬病ワクチンの接種を受けておくことが勧められます。

レプトスピラ症
Leptospirosis

どんな病気か　レプトスピラ菌を保有するネズミの尿などが皮膚に触れたり、飲み水に混ざっていたものを飲んだりして感染する病気です。最近では、犬や猫などペットからの感染もおこっています。４類感染症です。

日本ではときに沖縄県や九州地方で発症がみられる程度で、発症例は減少しています。しかし、世界中に広く分布しているため、輸入された家畜やペットから感染するケースや、熱帯・亜熱帯地方で感染するケースが注目されています。

症　状　潜伏期間は通常、５～７日程度で、発症しても発熱や悪寒、結膜の充血程度ですむ軽症のものから、黄疸や腎臓の障害、皮膚や粘膜からの出血がおこる重症型のものまであります（ワイル病 1661頁）。

治療 抗生物質の服用が有効です。軽症、中等症の場合にはテトラサイクリン系を、重症型の場合にはペニシリンを使用します。

予防 ワクチンが有効なため、熱帯・亜熱帯に渡航する場合、接種が勧められます。また、これらの地域では、不用意に水田や川などの水に触れないよう、気をつけましょう。

パスツレラ症
Pasteurellosis

どんな病気か パスツレラ菌という細菌の感染によっておこる病気です。

パスツレラ菌は、さまざまな動物に常在している細菌で、人では、猫に引っかかれたり、猫や犬にかまれたり、なめられたりしたときに傷口から感染し、発病します。

症状 パスツレラ菌に感染すると、大きく3種類の病気をおこします。

①**蜂窩織炎** ひっかかれたり、かまれたりすると、皮下のやわらかい組織に炎症をおこし、付近のリンパ節が腫れるなどします。

②**上気道炎、肺炎** もともと肺に病気をもっている人によくおこります。

③**髄膜炎、心内膜炎** かまれたあとにこれらの重篤な感染症をおこす場合があります。

検査と診断 動物との接触があったかどうかが重要になります。確定診断は、パスツレラ菌を培養して行われます。

治療 ペニシリンやフルオロキノロン系抗菌薬が有効です。予防のために、動物との過度の接触は避け、動物にかまれたり、ひっかかれたりした傷口は、十分に洗浄するようにしましょう。

野兎病（大原病）
Tularemia

どんな病気か 野兎病菌という細菌の感染によっておこる人獣共通の感染症です。

もともとは野生のウサギやリスなどの間に流行する病気ですが、野兎病にかかっているノウサギを捕らえて皮を剥いだり、調理をしたりしたときに、手の傷や目の粘膜から野兎病菌が体内に侵入して、人への感染が生じることになります。

ただし、人から人への直接感染はありません。

日本では東北地方、関東地方、甲信越地方のノウサギがこの病気をもっていることが多く、農業や狩猟をする人が感染することがありますが、死亡する例はほとんどありません。

感染症法では4類感染症に指定されています。

日本での発生事例を報告した大原八郎博士の名前から、大原病と呼ばれることもあります。

症状 感染して1～7日後に、寒けとともに高熱が数日みられ、頭痛、関節痛、嘔吐などがおこります。

皮膚から菌が侵入した場合は、侵入

部位（多くは指や手）に赤い発疹がでて痛み、化膿し潰瘍化します。肘やわきの下のリンパ節が鶏卵大に腫れ、夕方になると発熱することが2～3週間継続します。

腫れたリンパ節が破れて膿がでると治りにくい孔が残ります。

目の粘膜から菌が侵入すると、目の組織や粘膜に炎症がおこり、痛みや流涙が生じます。頭部や頸部のリンパ節が腫れます。

空気とともに菌を吸入すると、胸痛、せき、痰など肺炎様の症状がでます。高熱のあと中等度の熱が10～30日継続します。

検査と診断　野兎病菌の培養検査や血清抗体検査により診断します。

治療　ストレプトマイシン、テトラサイクリンなどの抗菌薬が有効です。

予防　野兎病が流行している地域において、弱っている、あるいは死亡したノウサギには触れないようにします。

万一触れてしまったときは、よく手を洗います。

炭疽（脾脱疽）
Anthrax

どんな病気か　炭疽菌という細菌に感染しておこる病気です。

炭疽症はもともと、ウマやウシ、ヤギ、ブタなどの家畜の病気ですが、人畜共通感染症で人にも感染します。

日本では比較的まれにしかみられない病気ですが、牧畜の盛んな南ヨーロッパやオーストラリア、南北アメリカおよびアフリカなどでは多くみられる病気です。

最近では、テロリストによる、炭疽菌の生物兵器としての利用（バイオテロ）への対策が重要とされている感染症です。感染症法では4類感染症に指定されています。

症状　炭疽菌が侵入する場所によって症状が3つに大別されます。

①皮膚炭疽　皮膚から菌が入ると、そこに潰瘍ができ、高熱をともないます。もっともよくみられるタイプで、適切な治療で改善します。

②肺炭疽　空気とともに菌を吸入した場合は、高熱、せき、血痰、呼吸困難が生じます。もっとも重症な状態です。ただし、発生はまれです。

③腸炭疽　食物とともに、菌が口から入ると高熱、嘔吐、腹痛、下痢が生じます。25～60％は重篤な状態になります。

原因　炭疽にかかったウマ、ウシ、ヤギ、ブタなどから直接感染します。またこれら動物の毛や皮を扱う際にも感染します。

検査と診断　病変部の皮膚潰瘍や血液などから炭疽菌を培養して見つけます。

治療　通常の炭疽に対しては、ペニシリン、テトラサイクリンが有効です。

しかし、バイオテロの場合はこれらの薬が効かないのでシプロフロキサシンを用います。

予防　炭疽にかかった家畜は殺し、汚染物も含めて焼却します。

ウイルス性出血熱

❖ウイルス性出血熱とは

黄熱（2115頁）やデング出血熱（2114頁）など、ウイルスの感染により発熱と出血をおこす感染症はいくつかありますが、そのなかでも、感染力が強く、発症すると皮膚や内臓から出血がおこるウイルス性出血熱として、**エボラ出血熱**（2126頁）、**ラッサ熱**、**クリミア・コンゴ出血熱**、**南米出血熱**、**マールブルグ病**の5つがあげられます。

発症すると、インフルエンザと同じように頭痛や高熱がおこり、さらに重症化すると出血や吐血をおこし、やがて死に至ります。

ウイルス性出血熱による出血は、ウイルスの感染により血小板やリンパ球など、止血にはたらく細胞が異常に減少することが原因となっています。

日本では本来みられない感染症ですが、世界に広く分布しており、いまだに有効な治療薬やワクチンがないことから、輸入感染症として、その対策が必要とされています。

5つの感染症ともに、感染症法の1類に分類されています。

❖ラッサ熱

ラッサウイルスの感染でおこる疾患で、5つのウイルス熱のなかではもっとも多くみられます。

西アフリカに分布し、ノネズミが媒介します。ノネズミの糞や尿、唾液に手で触ったり、かまれたりすると人に感染します。人から人へ、飛沫、血液や体液を通じて感染します。

潜伏期は6～21日で、発症すると発熱、全身の倦怠感（だるさ）などがおこります。症状が重くなると消化管より出血がおこり、心膜炎や胸膜炎などが現れることもありますが、他のウイルス性出血熱に比べて、症状は軽くてすむことがあります。

ウイルス性肝炎に効果を示すリバビリンの使用に、一定の治療効果が認められます。

❖クリミア・コンゴ出血熱

クリミア・コンゴ出血熱ウイルスによる感染症です。アフリカ大陸から中国西部にみられ、野生動物や家畜がもっているウイルスをダニが媒介します。

ダニにかまれたり、感染動物の血液、体液に接触して、人に感染します。

人から人への感染は、感染した人の血液や体液との接触によりおこります。

潜伏期間は2～10日で、発症すると発熱、悪寒、筋肉痛、関節痛などがおこり、症状が重くなると、出血が始まります。

ウイルスに特異的に効果を示す薬剤はまだありませんが、リバビリンが有効との報告があります。また、対症療法も行われます。

❖マールブルグ病

マールブルグウイルスによる感染症です。アフリカでときに流行をおこしますが、ウイルス性出血熱のなかでは、発症例は多くありません。サルから人へ感染した例がありますが、その他の感染源や感染経路はまだ明確になっていません。

人から人への感染は、血液や血液の混ざった尿、便、精液などとの接触によります。

潜伏期は3～10日で、発症すると高熱と頭痛、筋肉痛、関節痛や咽頭結膜炎がおこります。ウイルスに効果を示す薬剤はまだありません。対症療法が行われます。

❖ウイルス性出血熱の予防

まだ有効なワクチンがつくられていないために、確実な予防法はありません。

ウイルス性出血熱が流行している地域へ渡航する際には、動物との接触を避け、ダニなどに刺されないように注意します。

その他の感染症

◎菌血症

敗血症が、感染した病原微生物が血流によって全身に広がり、症状が現れたものであるのに対して、菌血症は感染はおこっていなくても、血流中に病原微生物（細菌）がいる状態をさします。ただし、菌血症でも、免疫力の低下により病気がおこることもあります。

敗血症
Sepsis

どんな病気か

からだのどこかに病原微生物による感染があり、それが血液の流れにのって全身で増殖したときに、免疫反応が過剰にはたらいて全身に炎症がおこる病気です。

外傷ややけどなどでもおこる、このような全身性の炎症を**全身性炎症反応症候群**と総称しています。

炎症反応によって全身の血管が障害されるとともに、いろいろな臓器に感染をおこす重い病気です。

原因

従来、病原微生物の毒素が全身に回ることが原因だと考えられていましたが、現在では、免疫反応が過剰におこり、サイトカイン（2001頁）が大量に放出されるためにさまざまな症状が現れると考えられています。

サイトカインは血管を拡張するはたらきをもつために血圧の低下がおこり、また、異物を排除する好中球や補体を活性化して血管を障害するために、血液の循環が機能しなくなり、各臓器にダメージを与えます。

●敗血症の原因になる細菌

いろいろありますが、多いのは、連鎖球菌、ブドウ球菌、大腸菌、緑膿菌、肺炎菌などです。

●初めの感染病巣

皮膚化膿症、膿瘍の切開、褥瘡（床ずれ）、抜歯、扁桃炎、副鼻腔炎、中耳炎、肺疾患、肝・胆道疾患、腎盂腎炎、膀胱の留置カテーテルなどによる尿路感染などです。

●かかりやすい人

抗生物質が普及した近年は、あまり多い病気ではありませんが、高齢者、妊婦、手術後まもない病人、慢性の消耗性疾患（がん、白血病、糖尿病、肝硬変、脳卒中など）で衰弱している人、放射線治療・副腎皮質ホルモン剤、免疫抑制薬を長期に用いている人などが前述の感染症をおこすと、敗血症を続発しやすいのです。

症状

高熱、寒け、震え、発汗などがおこり、重症の場合には、血圧降下、無尿、敗血症性ショック（細菌性ショック）をおこして、数時間で死亡することもあります。

また、血液中の細菌が二次的にいろいろな臓器に定着して増殖を始めると、その臓器の障害症状が現れます。

原発病巣が中耳炎や乳様突起炎で、原因菌が溶連菌や肺炎桿菌である場合は、髄膜炎を併発し、激しい頭痛や意識障害がおこります。

肺が障害されると、気管支肺炎や肺梗塞の症状（胸痛、血痰、せき、呼吸困難など）が現れ、心臓の障害では、心内膜炎の症状（心雑音、心不全症状など）が現れます。また、重症の敗血症では皮膚や粘膜の出血斑が現れますが、これは播種性血管内凝固症候群（1462頁）が合併したためです。その他、関節炎、貧血、黄疸など、いずれも重い症状をおこします。

治療

原因菌をさがしだし、薬剤感受性を調べ、適切な抗生物質や化学療法薬を用います。また、歯の治療、膿瘍の切開など、可能ならば敗血症のもとになった病巣の外科的処置をします。骨髄や関節、脳、肺、

その他の感染症

◎痘瘡（天然痘）

天然痘ウイルスが感染しておこる病気で、高熱と、全身の皮膚や粘膜に多数の水疱性の発疹が現れ、生命にかかわることが多いものです。

かつては、インド、パキスタン、東南アジア、アフリカ、南米などの風土病として存在し、ここからもちだされて、欧米諸国や日本でも毎年のように小流行がありました。

しかし、痘瘡は人間だけがかかる病気で、他の動物はかかりません。また、種痘（天然痘ワクチン）で予防できます。

そこでWHO（世界保健機関）が、第二次世界大戦後、種痘を武器とした痘瘡の撲滅作戦を発生地で展開した結果、1977（昭和52）年、アフリカのソマリアにおける病人を最後として、痘瘡という病気は地球上から消滅し、撲滅宣言がだされました。

なお、バイオテロのおそれから1類感染症に指定されています。

腎などに膿瘍をおこすと、慢性化して治療が長引きますから、十分な入院治療を受けることが必要です。

【予防】 日常の心がけとして、簡単な化膿でも、できるだけ早く完全に治します。

また、感染症の経過中に震えをともなった高熱がでたら、敗血症を疑い、すぐ医師の指示を受けることです。

敗血症は人から人へ感染する危険はありません。

日和見感染症
opportunistic infection

【どんな病気か】 人間の体内（鼻腔、口腔、大腸、膣など）や皮膚の表面には、常在菌といって、いろいろな微生物がつねに付着したり、すみついたりしています。また、人間を取り囲む空気や水、土壌などにも無数の微生物が存在しています。

健康なときには、これらの微生物を排除しようと、皮膚や粘膜、唾液、リンパ球やマクロファージなどがはたらき、また、常在菌にも病原微生物を排除するものがいるため、病気になることはありません。

しかし、なんらかの原因で、これらの病原微生物から、からだを守るしくみがはたらかなくなり、抵抗力が低下すると、常在菌が異常に繁殖し、病気になることがあります。これを日和見感染といいます。

【原因】 日和見感染症がおきる原因には大きく分けて、免疫力を低下させる病気と、医療行為による免疫力の低下、感染機会の増加があります。

病気による免疫力の低下では、リンパ球やマクロファージなど免疫を担う細胞の減少と免疫機能の低下がみられます。

おもな病気として白血病や悪性リンパ腫、エイズ、膠原病、糖尿病、腎不全、肝不全、脳血管障害などがあげられます。

いっぽう医療行為による免疫力の低下には、抗がん剤や免疫抑制薬、副腎皮質ホルモン剤などの使用、放射線療法などにより、免疫機能が低下し、また、注射やカテーテルの使用、人工透析などで病原微生物の侵入がおこりやすく

おもな日和見感染症

細菌が原因	
緑膿菌肺炎	1280頁
黄色ブドウ球菌肺炎	1277頁
MRSA（多剤耐性黄色ブドウ球菌）肺炎	1281頁
レジオネラ肺炎	1277頁
非定型抗酸菌症	1289頁
肺結核	1285頁
真菌が原因	
アスペルギルス	1283頁上段
口腔カンジダ症	1203頁
過敏性肺炎	1299頁
ニューモシスチス肺炎	1282頁
ウイルスが原因	
サイトメガロウイルス肺炎	1283頁
帯状疱疹	1834頁
単純ヘルペス	1834頁
原虫が原因	
クリプトスポリジウム症	2105頁
寄生虫が原因	
ジアルジア症	2104頁

なることがあります。

日和見感染によっておこる病気としては、緑膿菌感染症（1280頁）、真菌症（1282頁）、ＭＲＳＡ（1281頁）感染症などがあります（前頁表）。

劇症型Ａ群連鎖球菌感染症
toxic shock-like syndrome

どんな病気か 溶連菌感染症（812頁）をおこす連鎖球菌のうちＡ群連鎖球菌によって引き起こされる、きわめて重い感染症です。

Ａ群連鎖球菌の感染によって突然発病し、短時間のうちに人体の軟部組織に壊死性筋膜炎や蜂巣織炎をおこし、多臓器不全が生じてショック症状をおこし、死亡することも多い病気です。

日本では１９９２（平成４）年に初めて発生が報告された、比較的新しい感染症です。

原因 発病のしくみはまだわかっていません。Ａ群連鎖球菌は通常、温帯地域ではふつうにみられる細菌で、急性咽頭炎（1172頁）や中耳炎（1125～1128頁）、肺炎（1275頁）などの原因となります。

これらの感染症につづいて、あるいは傷口や熱傷があったり、免疫力が低下したりしたときに、細菌が侵入して劇症型Ａ群連鎖球菌感染症がおこることもあります。

症状 発病すると、初め、38度以上の高熱や血圧の低下、筋肉痛や水ぶくれなどがおこります。

全身でＡ群連鎖球菌が増殖すると、菌が皮膚や筋肉などの組織を攻撃して手足の筋肉に壊死がおこる壊死性筋膜炎と、菌の毒素による敗血性ショックが現れます。

壊死性筋膜炎の進展はひじょうに早く、１時間のうちに数㎝も壊死がおこることもあります。これらの症状が現れたときには、救命する手立てがありません。

治療 速やかな治療が必要です。抗菌薬のペニシリン系の薬が第１選択で、大量投与が必要とされ、アンピシリン、ゲンタマイシンなどが併用されます。

エボラ出血熱
Ebola Hemorrhagic Fever

どんな病気か エボラウイルスの感染でおこりますが、これまでのところ、自然宿主についてはわかっていません。ウイルスで汚染されたものに触れて、皮膚の小さな傷から感染することが多いのですが、人から人への感染は血液や体液との接触感染がほとんどです。アフリカ中央部に常在し、日本では発生が報告されていません。

症状 潜伏期は２～21日で、おもな症状は、高熱、頭痛、腰痛、咽頭痛、筋肉痛、せきをともなう胸痛などで、発疹や下痢などの消化器症状をともなうこともあります。また病期が進むにつれ、種々の程度の出血症状をきたすようになります。

この病気の予後や経過は原因となったウイルス株により異なりますが、死亡率は50～90％です。

治療 ワクチンはまだありません。症状を抑える対症療法を行います。

院内感染症

❖院内感染症とは

入院している病人が、病院内で病原微生物に感染するものを**院内感染症**と呼びます。一般におこる病院外の感染は市中感染と呼んで区別します。

院内感染には市中感染とくらべて、つぎのような特徴があります。

体力の低下している人が集団で暮らしていること、外科手術など感染しやすい状況が多いこと、抗菌薬などの薬剤が多く使われていることなどです。

体力の低下は、病原微生物に対する免疫機能の低下を招きます。

とくにがんや糖尿病、免疫不全などの病気や、抗がん剤、副腎皮質ホルモン（ステロイド）剤を使用している人では免疫力の低下により、**日和見感染症**（2125頁）をおこしやすい状態になっています。

このような日和見感染症としてニューモシスチス肺炎（1282頁）、単純ヘルペス（1836頁）、セラチア菌による敗血症（2124頁）などがあります。

外科手術やカテーテルの使用など、医療行為による血液や体液などとの接触も、感染症をおこしやすくします。とくにカテーテルによる尿路感染は院内感染のなかでも多くみられるものです。このように医療行為がもととなる感染を医原性の院内感染と呼ぶこともあります。

❖薬剤耐性菌

抗生物質の使用に、初めは効果を示していたものが、しだいに効果を示さない（耐性）細菌が生じることがあります。これを薬剤耐性菌と呼びます。

黄色ブドウ球菌は人の皮膚や鼻腔などに常在する細菌ですが、ときに伝染性膿痂疹（770頁）、肺炎（1275頁）などの症状を引き起こします。

治療には抗生物質のメチシリンという薬剤が有効ですが、使用しているうちに効果を示さない黄色ブドウ球菌が現れました。これが**メチシリン耐性黄色ブドウ球菌（ＭＲＳＡ）**と呼ばれるものです。

細菌の性質は、通常の黄色ブドウ球菌とかわりませんが、治療には他の薬剤が使用されます。現在、発症している黄色ブドウ球菌の6割がＭＲＳＡであるといわれています。

また、ＭＲＳＡ感染症の治療に使用していた薬剤、バンコマイシンに耐性をもつようになった腸球菌、バンコマイシン耐性腸球菌（ＶＲＥ）も登場しました。腸球菌も常在菌で、健康なときには症状が現れません。

しかし、免疫力が低下したときや白血病、がんなどになった人に感染すると敗血症（2124頁）や腹膜炎（1620頁）などをおこすことがあります。

このほか、フルオロキノロン、カルバペネム、アミノ配糖体など緑膿菌感染症（1280頁）の治療に使われる複数の薬剤に耐性を示す多剤耐性緑膿菌なども現れ、このような感染症は**多剤耐性緑膿菌（ＭＤＲＰ）感染症**と呼びます。

病院では、薬剤耐性菌が生じないように抗菌薬の多用を控え、また、病原体の院内伝播を防ぐよう、これらの院内感染症対策がとられています。

❖日和見感染症

日和見感染をおこす病原菌は、常在菌としてつねに人のからだにすみついています。健康なときには、皮膚や粘膜などの免疫反応が発症をおさえていますが、体力の低下にともない症状をおこします。

性感染症（ＳＴＩ／ＳＴＤ）

おもに性行為によって感染をおこす病気を性感染症と呼びます。しかし、症状は性器以外にも皮膚、肛門、唇などにも現れます。

性感染症

性感染症とは

◇性行為によって感染する

性行為によって人から人へと感染する病気を**性感染症**といいます。Sexually（性行為で）Transmitted（うつる）Infection（感染症）／Disease（病気）といい、その頭文字をとって**ＳＴＩ**ないし**ＳＴＤ**ともいわれます。

性感染症にはいろいろな病気があります（表１）。性行為はいろいろなスタイルをとるため、人によってさまざまな現れかたをします。

なお、日本では梅毒、淋病、軟性下疳、鼠径リンパ肉芽腫の４つを旧性病予防法の対象にしていたので、これらをまとめて**性病**と呼ぶこともあります。

●性感染症の特徴と注意点

①性感染症は、感染して数日後から症状の現れる病気が多いのですが、ＨＩＶ感染症、ウイルス性肝炎、成人Ｔ細胞性白血病、子宮頸がん、梅毒のように潜伏期間が長く、なかなか症状がでない病気もあります。感染後に検査をしても、梅毒では６週間以上、ＨＩＶ感染では12週間以上たたないと感染した証拠が現れません。

②性感染症は性器にだけ症状が現れるとはかぎりません。皮膚、肛門、唇、のどなどに発疹や潰瘍といった症状がでることもあります。このため、性感染症と気づかないこともあります。

③症状の現れかたが男性と女性とでは違う病気もあります。たとえば、淋病やクラミジア尿道炎のように、男性は早くからはっきりと症状がでますが、女性では症状が軽いため気づかず、感染が進行したり、相手に感染させたりすることもあります。

④本人が治療を受ける以外に、性行為の相手も検査を受け、感染していれば治療を受ける必要があります。そうしないと、相手から再び同じ病気をうつされてしまいます。このような感染を**ピンポン感染**と呼ぶこともあります。

⑤性行為は人間の基本的行動であるため、性感染症に国境はありません。ほかの国の出来事として安心はできないのです。誰でもかかる可能性のある病

表1　おもな性感染症（STD）と病原体

病名	病原体	分類
淋病	淋菌	細菌
梅毒	トレポネーマパリダ	細菌
軟性下疳	軟性下疳菌	細菌
クラミジア感染症	クラミジア	クラミジア
鼠径リンパ肉芽腫	クラミジア	クラミジア
腟カンジダ症	カンジダ	真菌
性器ヘルペス	単純ヘルペスウイルス	ウイルス
尖圭コンジローマ	ヒトパピローマウイルス	ウイルス
子宮頸がん	ヒトパピローマウイルス	ウイルス
B型・C型肝炎	B型・C型肝炎ウイルス	ウイルス
エイズ・HIV感染症	HIV	ウイルス
成人T細胞性白血病	HTLV-Ⅰ	ウイルス
腟トリコモナス症	トリコモナス	原虫
赤痢アメーバ症	赤痢アメーバ	原虫
ケジラミ症	ケジラミ	寄生虫
疥癬	疥癬虫	寄生虫

気です。

⑥男性でもっとも多い性感染症は尿道炎です。これには淋菌性尿道炎、クラミジア尿道炎、非淋菌非クラミジア尿道炎があります。淋菌とクラミジアの混合感染もかなりの程度みられます。

⑦これらの性感染症によって、皮膚・粘膜に炎症があると、その部分の局所感染防御機構が傷害され、他の性感染症に感染しやすくなります。したがって、性感染症に関しては1つの性感染症のみを念頭に入れず、複数の疾患を想定しての対応がたいせつになります。

淋病
Gonorrhea

どんな病気か　淋菌が感染しておこる病気で**淋菌感染症**とも呼びます。

淋菌感染症は尿道炎の症状が特徴的であるため、多くの国で性感染症の疫学的な指標（流行状況を把握する指標）とされてきました。日本では定点観測でその動向調査が行われています。

淋菌感染症は、淋菌が粘膜の円柱上皮に感染しておこる病気で、ほとんどが性行為によって感染します。いずれも感染した場所に膿性分泌物をつくる特徴がありますが、症状は場所によってやや違っています。

性行為の多様化により、淋菌咽頭炎が注目されています。症状に乏しく、菌量も少ないと報告されていて、抗菌薬投与による治療にも抵抗することがあります。疫学的には、性行為感染症における淋菌の供給源とも考えられています。

症状　ペニス―腟行為で、男性は**淋菌性膀胱炎**、前立腺炎、副睾丸炎を、女性は**淋菌性腟炎**や**淋菌性頸管炎**、子宮内膜炎、卵管炎、骨盤炎をおこします。口腔性行為では淋菌性咽頭炎を、肛門性行為では直腸炎をおこします。いずれの場合も、感染の悪化で菌血症（2124頁上段）をおこすことがあり、関節炎や心内膜炎の原因になることもあります。淋菌が目の粘膜に感染すると淋菌性結膜炎になることもあります。

男性に多い代表的な淋菌性膀胱炎の

◎軟性下疳

性感染症のひとつで、ヘモフィリス・デュクレイという細菌の感染でおこります。

感染の機会となった性行為から約2～7日で、男性は陰茎の冠状溝付近や包皮の内側に、女性は陰唇や腟前庭に大豆大の潰瘍が数個発生します。半数の人は、さらに1～2週間後に鼠径リンパ節の腫れと痛みがおこり、化膿すると発熱します。梅毒を併発することがあるため、診断から6週間後に梅毒血清反応検査を必ず行います。

治療は、サルファ剤を1～2週間内服します。

淋菌が感染しやすい部位

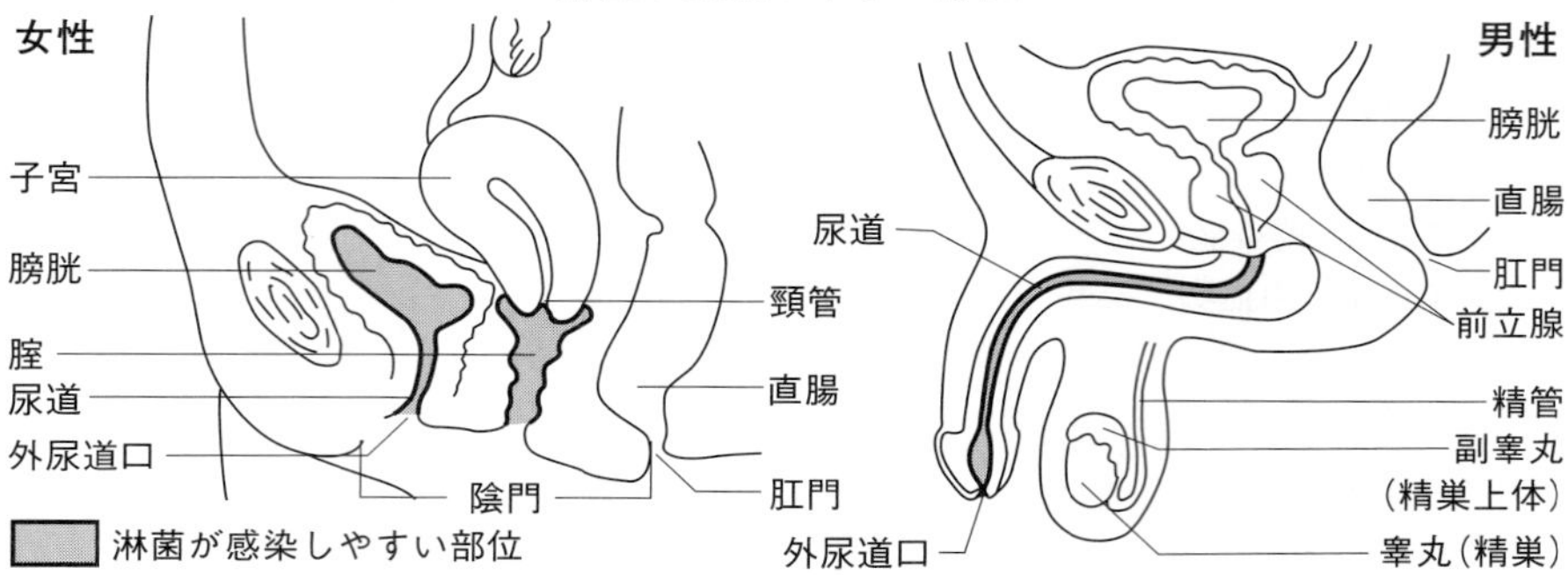

症状は、感染後2～5日後に、排尿するときの焼けつくような痛みがあり、尿道口にびらん（ただれ）ができ、膿が出てきます。女性では淋菌性腟炎から始まり、おりものが多くなったり、外陰部にかゆみがあったり、下着が汚れたりします。尿道にまで広がると上記の尿道炎症状が現れます。

検査と診断 男性は尿道から、女性は腟や子宮頸管から膿を採取し、淋菌を検査します。淋菌を培養しての検査はたいへん困難であるため、核酸検出法、アンプリコアPCR法（淋菌のDNAを測定する検査方法）が広く併用されています。これらの検査にはおのおの欠点がありますので、診察の結果ともあわせ、総合的に判断することになります。

治療 抗生物質を使用します。しかし、淋菌は抗生物質に対する耐性を獲得しやすい性質があります。とくにテトラサイクリン系・キノロン系抗生物質に対する耐性が急激に増えました。ペニシリン系とセフェム系抗生物質が有効ですが、耐性菌も増えています。

現在は、セフェム系のセフトリアキソン、スペクチノマイシンが有力な治療薬剤です。

抗生物質を使っても、すぐに淋菌を根絶できるわけではありません。治療を終えて1週間ほどしてから、淋菌検出検査を行って、陰性になったことを確認する必要があります。

日常生活の注意 ほかの人に淋菌をわたしてしまうことがありますので、淋菌感染症の治癒判定までは、性行為を控えましょう。

予防 性行為の際にコンドームを使えば、性器からの感染は防げます。しかし、性器の愛撫や口腔性交渉でも感染しますので注意が必要です。

予防的に抗生物質を使うことは、中途半端な治療になる可能性が高く、治らないばかりか、淋菌の耐性化を押し進めることにもなりかねず、勧められません。また、性行為後に性器を洗ったり、排尿したりしても感染を防ぐことはできません。

◎非クラミジア非淋菌性尿道炎・前立腺炎

クラミジア感染症、淋菌性感染症に匹敵するほど多い性感染症です。しかし、原因となる微生物は明らかになっていません。マイコプラズマの仲間が病原体である可能性がありますが、まだ明確ではありません。

そのため、検査法が普及していません。クラミジアおよび淋菌の感染が否定されたときに、この病気を疑います。

自覚症状、他覚症状ともクラミジア感染症と同じで、症状が軽いのが特徴です。慢性前立腺炎に進展するかしないかは分かっていません。

クラミジアを想定した治療で症状はよく治ります。しかし、抗生物質に耐性の微生物が現れる可能性があるので注意が必要です。

予防および日常生活の注意はクラミジア尿道炎と同じで、性感染症全般の注意事項と同じです。

クラミジア感染症
Chlamydia trachomatis infection

どんな病気か

クラミジアトラコマチスという病原微生物が、性行為で感染しておこります。クラミジアによる尿道炎や子宮頸管炎は、症状が軽いのが特徴で、感染しても気づかずにいることが多く（無症候性保菌）、相手に感染させたり、感染が進行してから気づいて障害を残したりする危険があります。統計で示されている以上に、この病気をもっている人、病原体をもっている人は多いと考えられています。

クラミジアの感染源は尿道分泌物、子宮頸管分泌物がおもですが、咽頭や肛門から感染を受けることもあります。

症状

男性では尿道炎、精巣上体炎、精管炎、前立腺炎、咽頭炎、直腸・肛門炎をおこします。尿道炎の症状は感染後1～2週間で、軽い排尿痛、違和感と透明な分泌液がある程度です。感染が精巣上体に進むと、精巣上体に軽い痛みと腫れがおこります。精管に及ぶと慢性精管炎となり、無精子症になることがあります。頻尿、残尿感などの慢性前立腺炎の原因のひとつになるともいわれています。咽頭炎、直腸・肛門炎ではあっても、軽度の違和感程度しかありません。

女性では、子宮頸管炎、子宮内膜炎、卵管炎、子宮付属器炎、骨盤腹膜炎、肝周囲炎があります。子宮頸管炎の約半数は自覚症状がなく、治療を受けずにいるため、分娩時に新生児のクラミジア結膜炎やクラミジア肺炎の感染源になります。

卵管に感染が進行しても自覚症状はありませんが、感染による組織障害だけでなく免疫学的障害をおこし、不妊症になります。さらに感染が進むと、子宮付属器炎、骨盤腹膜炎へと進展し、重篤な病気（急性腹症）の原因になります。骨盤腹膜炎による大量の腹水のために、肝周囲炎をおこし、下腹部痛と右季肋部（右の肋骨の下）痛あるいは激しい上腹部痛をおこします。

検査と診断

クラミジア尿道炎の診断には、尿道分泌液あるいは初尿（出始めの尿で、分泌物が入っている）から核酸増幅法（ＰＣＲ法、ＬＣＲ法、Gen-probe法）でクラミジアの遺伝子を調べます。ほかに、免疫クロマト法、免疫染色法、抗体検査がありますが、開発・改良途上の検査法もあり、おのおのに欠点と利点があります。

また、クラミジア本体を検出する分離培養検査は困難であり、特別な施設でしかできないのが現状です。

治療

マクロライド系、テトラサイクリン系、ニューキノロン系の抗生物質を使います。2週間服薬するのが基本ですが、最近はその治療方法も改善されてきています。マクロライド系のアジスロマイシンの1回法もそのひとつです。

日常生活の注意

症状が軽く、感染しているかどうか分からないため、治療をしてもクラミジアを除菌できたのを実感できません。主治医に相談して、確認する必要があります。

予防

コンドームを使用することで性行為による感染は防げます。しかし、口腔性交での感染もありますので、注意が必要です。

梅毒
Syphilis

どんな病気か

トレポネーマパリダという細菌の感染でおこる病気です。おもに性行為で感染する代表的な病気です。この病原体は皮膚や粘膜から進入し、血液を介して全身に広がり、いろいろな症状をおこす慢性の感染症です。

症状

症状が現れたり消えたりしながらゆっくり進行する病気で、第1期から4期に分けられています。

▼**第1期**（感染後3か月まで）　細菌の侵入部位は、性器、唇、乳房、指などがあります。感染して約3週間すると、侵入場所に痛みのないかたいしこり（初期硬結）ができ、その周囲が盛り上がって中心に潰瘍（**硬性下疳**）をつくります。この場所には多数の病原体があり、そこに触れた人に感染します。その後、侵入部位の近くのリンパ節がかたく腫れますが痛みはありません。これらの症状は2～3週間で消えてしまいます。この間に病原体は血液にのって全身に広がります。

▼**第2期**（感染後3か月から3年まで）　全身に広がった病原体によって、皮膚・粘膜の発疹（梅毒疹、扁平コンジローマ）や頭髪の虫食い状脱毛がみられます。また、全身症状として、微熱、全身倦怠があります。

梅毒疹はさまざまで、丘疹状、乾癬状が多く、バラ疹があります。扁平コンジローマや咽頭粘膜にできる潰瘍（梅毒性アンギーナ）もあります。これらの場所には細菌が多数あり、触れると感染します。症状はでたり消えたりして、症状のない時期もあります。

▼**第3期**（感染後3年～10年ほど）　この時期まで治療をせず放置すると、顔面、鼻、唇、舌、筋肉、骨などにかたいしこり（結節性梅毒）やこぶ（ゴム腫）ができます。周囲の組織が壊れて、治ったときに瘢痕をつくります。

ここまで放置することは考えられず、第3期梅毒はほとんどみられません。

▼**第4期**（感染後10年以上）　細菌が脳や脊髄を攻撃して、認知症や進行まひ（脳梅毒）、起立障害や歩行障害（脊髄癆）をおこします。心臓や大血管の障害（大動脈炎、大動脈瘤）もおこります。

現在では第4期梅毒もほとんどみられません。

HIV感染に合併した梅毒では、ひじょうに速く梅毒が進行することがあり、早くから神経梅毒をおこす例がありますので、注意が必要です。

検査と診断

特徴的な症状と、病変部からのトレポネーマパリダの検出が決め手ですが、ほかに梅毒血清反応（次頁上段）で診断できます。

梅毒血清反応では2つの検査があり、1つは、梅毒になると細胞膜の脂質に対する抗体がつくられることから、カルジオリピン（脂質）を抗原として行う、ガラス板法、RPR法と、トレポネーマパリダを抗原として行うTPHA法あるいはFTA‐ABS法とを組合わせて診断し、病期の判定の判断に使用します。感染後約4週間はこれらの検査は陽性にならないので、適切な時期に再検査が必要です。

◎梅毒血清反応

血液を採取して調べる梅毒の検査を梅毒血清反応といい、①脂質抗原を用いる方法と②トレポネーマパリダ抗原を用いる方法とがあります。

①の方法は、梅毒になった人では、細胞膜を構成する脂質に対する抗体がつくられることを利用したもので、おもに採取した血清に脂質抗体を混合させる沈降反応（ガラス板法、凝集〈RPR〉法）が、②には、血球凝集反応（TPHA）や蛍光抗体間接法（FTA）があります。

①は、梅毒以外の病気でも陽性になることがあって（生物学的偽陽性）、梅毒かどうかを確実に診断することはできません。しかし、梅毒の病期や治療効果の判定に威力を発揮します。

②は、梅毒かどうかを確実に判定できますが、治療によって完治していても、陰性になりません。

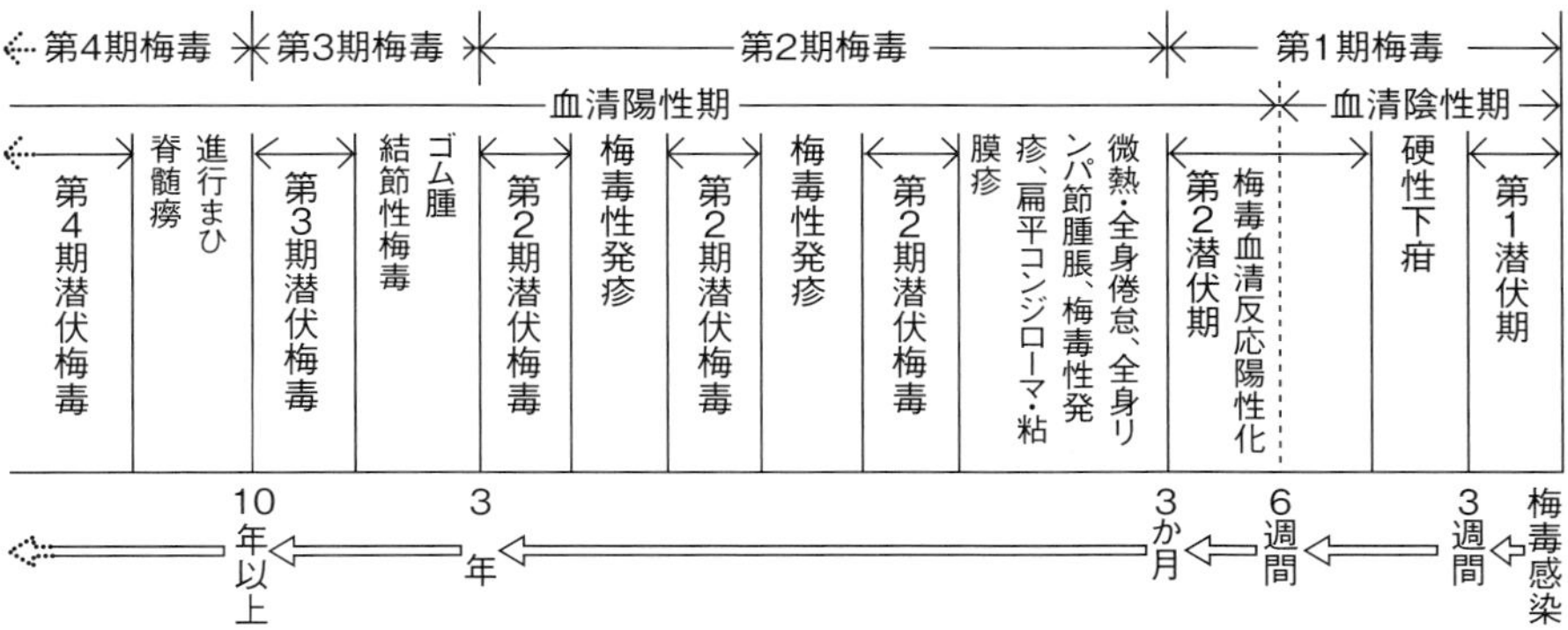

カルジオリピンを抗原とする検査は治療効果の判定に利用できます。しかし、梅毒以外の病気でも陽性になることがあり、TPHA法あるいはFTA‐ABS法で判断します。

TPHA法あるいはFTA‐ABS法は、治療によって梅毒が完治しても、陰性になることはありません。

治療

細菌を死滅させる効果があり、現在までに耐性の報告がないペニシリンを第1に使います。ペニシリンアレルギーの人ではミノサイクリン、ビブラマイシン、アセチルスピラマイシン、エリスロマイシンが使われます。

第1期梅毒では2～4週間、2期は4～8週間、3期以降では8～12週間連続して治療を行います。

神経梅毒の場合は、ベンジルペニシリンカリウムを1日1200から2400万単位を点滴静脈注射で10～14日間使います。

臨床症状のない梅毒では、ガラス板法ないしRPR法が16倍以上を示す場合に治療を行います。

日常生活の注意

治療を開始すると数時間でトレポネーマパリダが破壊されるため、発熱、全身倦怠感、頭痛、筋肉痛、発疹などの症状がでます。これはヤーリッシュ・ヘルクスハイマー現象と呼ばれ、治療薬の副作用ではありません。すぐにこれらの症状は改善しますので、治療はつづけられます。

梅毒の再感染はガラス板法ないしRPR法が8倍以下になるとおこるので、再び感染しないよう注意が必要です。

エイズ／HIV感染症
Acquired Immunodeficiency Syndrome (AIDS) / HIV Infection

◇HIVによっておこる免疫不全

どんな病気か

エイズ（後天性免疫不全症候群）は**HIV（ヒト免疫不全ウイルス）**の感染でおこる、ゆっくり進行する感染症の終末像です。

HIVは、人のからだに入ると表面にCD4という受容体をもつ細胞に入込み、そこで増殖します。CD4をもつリンパ球は免疫機構の要となる細胞であるため、この細胞が壊されると、やがて免疫不全になります。その結果、その人の内外にある病原微生物がくり返し感染（**日和見感染症** 2125頁）をおこします。また、悪性腫瘍を合併したり、HIVによる中枢神経障害（エイズ脳症）をおこしたりします。

HIV感染症のおもな感染経路の1つは性行為であり、疫学上の重要な疾患と考えられています。法律で全例を報告する病気と決められています。

HIVに感染してもすぐにエイズにはなりません。症状が現れるまでに10年以上も症状がなく、元気で社会活動のできる期間があります。必然的にHIV感染者と感染していない人が共存しています。

◉感染経路

HIV感染者の血液、精液、腟からの分泌液には、他の人に感染するだけの量のウイルスが存在します。それらの体液との濃厚な接触があったときに人から人へと感染します。HIVの感染経路は3つあります。

もっとも多いのはHIV感染症にかかっている人との性行為による感染です。男女どちらへも感染します。出血しやすい性交渉のスタイルをとったり、防御（コンドームなど）しない性交渉では感染率が高くなります。また、他の性感染症のために局所の粘膜防御が壊れていると感染しやすくなります。

つぎに多いのはHIVが含まれている血液との濃厚な接触です。具体的にはHIVを含む血液の輸血、非加熱血液製剤の注射、注射の回し打ち、針刺し事故がそれにあたります。3つめはHIVに感染している母親から新生児への母子感染です。

HIV感染というと、特別な人の病気のように誤解されていますが、感染の機会さえあれば誰でも感染し、感染の機会がなければ誰も感染しません。感染予防ができる病気なのです。

症状

HIVに感染してもすぐにはエイズになりません。感染して10～14日に発熱、のどの痛み、リンパ節の腫れ、発疹などの急性症状（急性感染症状）に気づくこともありますが、その後は何も自覚症状のないまま病気は進行します。この間、HIVはおもにリンパ組織で増殖をつづけます。感染後2～12週間にかけてHIVを排除しようとする中和抗体（HIV抗体検査で陽性に変わる）がつくられますが、駆逐はできません。

免疫不全がおこるまで自覚症状はありませんが、人にHIVを感染させる能力はあります。検査を受けなければHIV感染を知ることはできません。

いよいよ免疫機能が下がってくると、さまざまな病原微生物の攻撃を受けて日和見感染をおこすようになります。

日和見感染症は免疫不全になった人のからだの内および外の微生物によっておこりますので、その現れかたはさまざまで、症状は多彩です。口腔内カンジダ症をくり返すことが多く、エイズの日和見感染でもっとも多いニューモシスチス肺炎（1282頁）では、徐々に高くなる発熱、せき、息切れが現れます。日本では結核を合併する例も多くみられます。悪性リンパ腫（553頁）、カポジ肉腫、子宮頸がん（561頁）とい

◎エイズによる日和見感染症

エイズが発病した指標となる日和見感染症に、ニューモシスチス肺炎（1282頁）、カンジダ症（1829頁）、クリプトコッカス症、トキソプラズマ症（2108頁上段）、クリプトスポリジウム症（2105頁）、化膿性細菌感染症、サルモネラ菌血症（2094頁）、活動性結核（1285頁）、非定型抗酸菌症（1289頁）、サイトメガロ感染症（1283頁）、単純ヘルペス感染症（1836頁）、進行性多巣性白質脳症があります。この他に、口腔カンジダ症、帯状疱疹などがあります。

また、エイズでおこる悪性腫瘍としてカポジ肉腫、原発性脳リンパ腫、非ホジキンリンパ腫（553頁）、浸潤性子宮頸がん（561頁）があります。

このほか、エイズの指標となる病気に反復性肺炎、リンパ性間質性肺炎／肺リンパ過形成、HIV脳症、HIV消耗性症候群などがあります。

エイズ発症の指標となる疾患

A.真菌症
1.カンジダ症（食道、気管、気管支、肺）
2.クリプトコックス症
3.コクシジオイデス症
4.ヒストプラズマ症
5.ニューモシスチス肺炎（1282頁）
B.原虫症
6.トキソプラズマ脳症
7.クリプトスポリジウム症（2105頁）
8.イソスポラ症
C.細菌感染症
9.化膿性細菌感染症
(1)敗血症（2124頁）
(2)肺炎（1275頁）
(3)髄膜炎（963頁）
(4)骨関節炎（1879頁）
(5)中耳、皮膚粘膜以外の部位や深在臓器の潰瘍
10.サルモネラ菌血症（2094頁）
11.活動性結核（肺結核または肺外結核）（1285頁）
12.非定型抗酸菌症（1289頁）
D.ウイルス感染症
13.サイトメガロウイルス感染症（1283頁）
14.単純ヘルペスウイルス感染症（1836頁）
15.進行性多巣性白質脳症
E.悪性腫瘍
16.カポジ肉腫
17.原発性脳リンパ腫
18.非ホジキンリンパ腫（553頁）
19.浸潤性子宮頸がん（561頁）
F.その他
20.反復性肺炎
21.リンパ性間質性肺炎／肺リンパ過形成
22.HIV脳症
23.HIV消耗性症候群

◎HIV（エイチアイブイ）の予防法

　ＨＩＶ感染者の血液と精液（女性では膣（ちつ）分泌液（ぶんぴつえき））には、他の人にうつるだけの量のＨＩＶがあります。したがって、これらの体液と濃厚な接触があるとＨＩＶがうつります。

▼輸血、血液製剤の輸注　現在では輸血用の血液や血液製剤用の血液は、事前に検査をし、ＨＩＶのないことが確かめられています。したがって、この検査が適切にされているかぎり、輸血や血液製剤の輸注でＨＩＶに感染することはありません。

▼注射器の共用　消毒せずに同じ注射器を使うと、以前注射した人の血液が残っていて、結果的にその人の血液を注射することになります。麻薬や覚醒剤（かくせいざい）の回し打ちではこのようにして感染が広がりました。

　日本の医療機関では注射器も針も使い捨てになっていますので、医療機関の注射で感染することはありません。

▼性行為　粘膜（ねんまく）と感染者の精

った悪性腫瘍を合併することもあり、ＨＩＶが神経細胞を傷害して、健忘や性格の変化などの精神症状や神経症状がでてくることもあります。

【検査と診断】　ＨＩＶ感染の診断は、血液中にＨＩＶに対する抗体の有無を調べる抗体検査が行われます。抗体の有無を調べる検査としては免疫酵素法（ＥＬＩＳＡ法）、免疫クロマト法が使われ、陽性の場合にはその抗体が確実にＨＩＶ抗体であることを確認するためにウエスタンブロット法、蛍光抗体法を行い、ＨＩＶの抗原を確認する核酸増幅診断法（ＨＩＶのＲＮＡを検出する検査）、ウイルス分離法が行われます。確認検査法で陽性の場合、ＨＩＶ感染があると診断します。

　これらの検査の組合わせで、ＨＩＶ抗体がまだ十分につくられていないＨＩＶ急性感染期に診断することもできるようになってきました。

　ＨＩＶ感染が確認されたら、免疫能力を評価するため、ＣＤ4陽性リンパ球数を測り、ＨＩＶの活動性を推測するためにＨＩＶ‐ＲＮＡ量の測定を定期的に行います。この2つの指標を参考にして、治療方法を決め、治療効果の判定をするのが現在のやりかたです。

　ＣＤ4陽性リンパ球数が200／μl（1μlは100万分の1l）ほどに減少すると日和見感染をおこしやすくなります。このため、おこりやすい日和見感染症や悪性腫瘍の有無の検査が必要になります。

【治療】　ＨＩＶ感染症の治療は、ＨＩＶに対する薬剤療法と日和見感染など合併症に対する治療があります。免疫を賦活（ふかつ）（活性化）するための治療も試みられていますが、まだ有効な治療法は開発されていません。

　ＨＩＶを殺す薬剤はまだ開発されていません。ＨＩＶの増殖メカニズムは少しずつ解明され、ＨＩＶがリンパ球などのＣＤ4に吸着するのを阻害する薬剤、ＨＩＶの核酸（ＲＮＡ）をＤＮＡに変換する逆転写を阻害する薬剤、変換されたＤＮＡを細胞核の中に入れるインテグラーゼを阻害する薬剤、ＨＩＶたんぱくを成熟させるプロテアーゼを阻害する薬剤が開発されています。これらの薬剤を組合わせて、ＨＩＶの増殖を抑える治療法（治療に関するガイドラインがほぼ半年ごとに改定されています）が行われ、大きな成果をあげています。

　この結果、多くの例でＨＩＶ感染の進行を止め、ある程度の免疫機能の回復までできるようになりました。しかし、この治療法でも免疫機能の回復が得られない例もあります。また、強い副作用、慢性の毒性という新たな問題もでてきています。さらに、これらの薬剤に抵抗するＨＩＶ（薬剤耐性ＨＩＶ）も出現しています。

　日和見感染や他の合併症の治療法も改善されてきていますが、まだ治療法のない合併症もあります。

　こうして、未解決の問題を抱えてはいるものの、ＨＩＶ感染症の進行を止めている例、たとえ発病したとしても再び社会復帰できるようになった例が増えてきています。

【日常生活の注意】　治療計画を主治医といっしょにつくり、適切な時期に適切な治療を行うことが重要です。そ液や血液との接触があれば、HIVは感染します。HIVを通さないバリア（コンドームなど）を使えばHIVは感染しません。生殖器の粘膜に潰瘍をつくるような別の病気（梅毒、ヘルペスなど）があれば、感染しやすくなります。

▼母子感染　妊婦が感染していると胎盤を介して胎児に、出産時に母体の血液と接触ないし母乳を介して新生児に感染することがあります。現在は、妊娠中期の妊婦に抗HIV剤を使うなどの治療ができ、母子感染率を10％以下に下げられるようになりました。

▼その他　HIV感染者が触れたつり革、手すり、便座、食器類、お風呂、身の回りの器具・品物などを使っても、HIVに感染することはありません。また、空気感染もありません。

家庭、職場、学校などでHIV感染者といっしょに生活しても、HIVに感染することはないのです。

して、自分の症状に注目して、合併症の兆候を見逃さないようにしましょう。

また、適切な栄養と運動で病気に負けない体力をつくり、病気に負けない気力を保つこともたいせつです。家族など味方になる人をつくることが大きな力になります。

日々進歩している治療法、社会福祉制度、世の情勢などの情報源を確保して、利用し、いっぽうで個人情報を自分で管理し、守るようにします。

他の人にHIVを渡さないようにし、自分の感染源を自分で管理できるよう、自分の行動を変え、自分の免疫状態、HIVの活動性を知り、それに応じた生活管理をします。

ひとりだけでこの病気と闘わず、同じ立場の人と交流を図るようにしましょう。医療機関、NGOでは、その人の諸事情を勘案し、その人に合った指導と助言をしています。

◉利用できる福祉制度

HIV感染者は、免疫障害の程度、日常生活上の障害の程度に応じて、身体障害認定の申請ができます。障害者手帳・障害年金の交付が受けられます。また、自立支援法の対象になっていて、所得に応じた自己負担金はありますが、医療費の軽減を図ることができます。

このように、HIV感染と闘い、社会生活を支援するしくみができていますので、役所の福祉係や医療機関の相談員に問い合わせてください。

◉感染者との接しかた

HIV感染は慢性の感染症であり、必然的に感染者と未感染者は社会に共存しています。多くの地域、国でHIV感染者が社会生活に参加しています。

しかし、実際には、この病気は誤解され、HIV感染者に対する偏見と差別があります。HIV感染者はHIVと闘うだけでなく、そのことを理解しない人、組織、制度とも闘っています。

HIV感染者は自分の健康や命についての不安のほかに、個人情報の漏洩の恐れ、疎外感、将来の人生設計の困難、治療費などの経済的困難に直面しています。また、家族や友人とどうかかわればよいのか悩んでいます。

HIV感染者から打ち明けられた場合は、まずその人の勇気を評価してください。安心して相談できる人だと思われたからこそ、打ち明けたのです。感染者の気持ちを理解し、病気と闘う努力を評価してください。そのなかから、立場に応じた感染者との接しかたを考えだしてください。

予防　HIVの感染経路は限られていますが、性行為など人の生活に密着した行為でもあります。子どもをもうける目的の性行為ではコンドームが使えませんが、それ以外の性行為ではコンドームの使用が予防には有効です。あらゆる性行為感染症の予防に有効なコンドームに対する考えかたを再検討することが重要です。

いっぽう、HIVの予防ワクチンの開発は現時点では暗礁に乗り上げています。HIVを物理的に殺す抗ウイルス薬の開発もできていません。HIV感染に関する全般的な知識を得ること、自分の行動を再点検すること、HIV感染者を理解し、病気との闘いを支援することは、HIV感染の拡大を予防するうえで有効な手段になります。

エマージング・ウイルス感染症

❖エマージング感染症

感染症のなかで、ここ30年ほどで新しく見つかった感染症を**新興感染症**（Emerging Infections Diseases）と呼びます。

いっぽう、予防接種の普及や衛生状況の改善のために、いちどは撲滅されたと考えられていたものが再び流行をおこす感染症を**再興感染症**（Re-emerging Infections Diseases）と呼びます。

いずれも突然流行をおこし、発症すると重症化しやすいことから、まとめてエマージング感染症と呼んで、その対策が必要とされています。

❖新興感染症

新興感染症は１９７３（昭和48）年のロタウイルス（813頁）、１９７６年のエボラ出血熱（2126頁）の発見に始まり、ＳＡＲＳ（重症急性呼吸器症候群1284頁）や高病原性鳥インフルエンザなど30種類以上が見つかり、動物由来感染症（2119頁）が多くを占めています。

これらの病原微生物は従来、人に感染する機会がありませんでしたが、土地の開発や環境の変化により感染がおこるようになりました。人にとって未知の感染症のため、免疫機能が効果を示さず、いちど感染をおこすと、大流行をおこす可能性があります。もともと地域には存在しなかった感染症が、人の移動によって流行をおこす輸入感染症（2090頁）も、新興感染症となりうるものです。

❖再興感染症

いっぽう、結核（1285頁）やマラリア（2114頁）、狂犬病（2120頁）などは、ほとんど撲滅していたと考えられていたものですが、ふたたび感染が問題となっています。

これらの感染症が流行している時期には、免疫反応により抗体がつくられ、病原微生物に対する抵抗力が自然と高まっていました。

しかし、撲滅のあとには、病原微生物に感染する機会を失い、免疫力が低下して流行をおこすことがあります。

❖エマージング・ウイルス感染症

エマージング感染症の原因となる病原微生物には、原虫や寄生虫、細菌、ウイルスなどさまざまなものがあります。原虫には抗原虫薬、寄生虫には駆虫薬、細菌には抗生物質と、それぞれ効果を示す薬剤が存在します。

しかし、ウイルスが原因の場合には、ウイルスを死滅させる薬剤はありません。

そのため、エマージング感染症のうち、とくにウイルス感染症をエマージング・ウイルス感染症と呼んで、感染を未然に防ぐ対策が講じられています。

おもなエマージング・ウイルス感染症

ロタウイルス感染症（小児の下痢）（813頁）
エボラ出血熱（2126頁）
成人Ｔ細胞白血病（551頁）
エイズ（2133頁）
突発性発疹（806頁）
Ｅ型肝炎（1636頁）
Ｃ型肝炎（1635頁）
ウエストナイル熱（2116頁）
マールブルグ病（2123頁）
SARS（1284頁）

予防接種

予防接種とは

ウイルス、細菌などの病原微生物の感染でおこる病気（感染症）のなかには、1度かかるとからだに抵抗力（免疫）ができ、2度とかからずにすむ病気があります。このような病気に対して、事前にからだに免疫をつくっておき、病気にかからずにすむようにする医療行為が予防接種です。

◇予防接種の種類

予防接種を、「おもな予防接種一覧（2141～2144頁）」にまとめてあります。

このうち、感染症の流行のない社会を維持するために、接種を受ける年齢を予防接種法で定め（**定期接種**）、その年齢に達したらぜひ受けるようにと国が勧めている予防接種があります（**勧奨接種**）。百日ぜき、ジフテリア、破傷風、ポリオ、麻疹（はしか）、風疹、日本脳炎、結核の８つの病気の予防接種が定期接種に決められています。ただし、日本脳炎ワクチンは、強い副作用がおこるおそれがあるため、２００５～２００９年の間に、勧奨を中止していました。また、インフルエンザは高齢者に限定して、定期接種に指定されています（二類疾病）。

そのほか、母子感染防止事業として、ＨＢｓ抗原陽性、ＨＢｅ抗体陰性の母親から生まれた赤ちゃんにＢ型肝炎ワクチンの接種が行われています。

定期接種以外の予防接種は、希望者が接種を受けられる**任意接種**になっていて、Ａ型肝炎、Ｂ型肝炎、水ぼうそう（水痘）、おたふくかぜ（流行性耳下腺炎）、インフルエンザ、肺炎の予防接種を、希望すれば医療機関で受けることができます。

また、日本ではみられないものの、海外ではまだ流行しているような感染症では、渡航する際に予防接種が必要となるものもあります。現在、黄熱の予防接種は、渡航先の国や地域にその接種証明書が求められ、コレラや狂犬病などは、感染すると命にかかわるために予防接種を受けることが勧められています。

◇ワクチンのいろいろ

●ワクチンとは

予防接種の際に接種する液剤をワクチンといい、接種を受けた人の免疫機構を刺激して長期の免疫力をつける効果があります。

現在、使用されているワクチンには、生きている病原微生物を材料とする**生ワクチン**、生きていない病原微生物を材料とする**不活化ワクチン**（死菌ワクチン、精製抗原ワクチン、コンポーネントワクチン、トキソイド、沈降ワクチン、遺伝子組み換えワクチンなど）があります。

●生ワクチン

ウイルスや細菌を何回もくり返し培養したりして病原性（発病させる力）を弱めた（弱毒化した）ものです。

このワクチンのなかには、免疫をつくるのに必要最小限の量の生きたウイルスや細菌が入っていて、接種されるとからだの中で増殖し、病気にかかったときと同じしくみで免疫ができます。

原則として、1回の接種で生涯つづ

くような強力な免疫ができるのが特徴です。ただ、接種後1～2週間して、接種されたウイルスや細菌が増殖してくるころに、軽い病気にかかった状態になることがあります。現行のワクチンのうち、ポリオ、はしか、風疹、おたふくかぜ（流行性耳下腺炎）、水ぼうそう（水痘）、黄熱、ＢＣＧのワクチンがこの生ワクチンです。

◉不活化ワクチン

▼不活化ウイルスワクチン、死菌ワクチン　殺したウイルスや細菌を材料にしたワクチンで、ウイルスでつくったものを**不活化ウイルスワクチン**、細菌でつくったものを**死菌ワクチン**といいます。

　からだの中で、接種されたウイルスや細菌が増殖することがないので、1回接種では強力な免疫はできず、十分な免疫をつくるには、数年に1度の追加接種が必要です。

　日本脳炎、コレラのワクチンがこれで、ホルマリンで殺した病原微生物がそのまま使用されています。

▼精製抗原ワクチン、コンポーネントワクチン　ワクチンの材料として使用するウイルス、細菌から副反応の原因となる成分をできるだけ取除いたのが精製抗原ワクチンで、インフルエンザＨＡワクチン、精製百日ぜきワクチンがこの方法でつくられています。精製百日ぜきワクチンは、菌体をまったく含まないので、**無菌体ワクチン**または**無細胞ワクチン**とも呼ばれます。

　精製抗原ワクチンから感染防御に役立つ抗原そのものを取出してワクチンにしたものが**コンポーネントワクチン**で、肺炎球菌多糖体23価ワクチンがこの方法でつくられています。

▼トキソイド　感染症のなかには、細菌が出す毒素による病気があります。トキソイドは、この毒素から毒性を除き、抗毒素をつくる能力だけを残してホルマリンなどで処理してつくられたワクチンで、ジフテリア、破傷風の予防接種に用いられています。

▼沈降精製ワクチン　免疫をつくる力を強める目的で、死菌ワクチン、不活化ウイルスワクチン、トキソイドにアルミニウム塩などの添加物（アジュバント）を加えたワクチンで、沈降精製百日ぜきジフテリア破傷風混合ワクチンや破傷風の予防接種に用いられる沈降破傷風トキソイドがあります。

▼遺伝子組み換えワクチン　感染防御に関連する抗原のＤＮＡの部分を、遺伝子工学の手法を用いて大腸菌や酵母菌などのＤＮＡに組み入れ、大腸菌や酵母菌につくらせたワクチンです。

　現在、Ｂ型肝炎ワクチンがこの方法でつくられています。

◉ワクチンによる副反応

　生ワクチンは弱毒化してあるものの、病気をおこす微生物を利用しているため、その病気に似た症状がおこることがあります。これを**副反応**と呼びます。また、はしかの脳炎や、おたふくかぜの髄膜炎など、病気の合併症がごくまれにおこることもあります。不活化ワクチンでもウイルスや細菌の毒性により、接種した部位が腫れるなどします。

　また、ワクチンを培養するために卵を利用するものもあり、これらの成分が混ざってアレルギーをおこすこともあります。

●おもな予防接種一覧

（2015年5月18日現在）

予防接種法による定期接種

病名	ワクチン名	接種の時期・対象者・方法	副反応と注意
ジフテリア 百日ぜき 破傷風 急性灰白髄炎（ポリオ）	沈降精製百日せきジフテリア破傷風不活化ポリオ混合ワクチン	Ⅰ期定期接種 ▼初回接種　生後3～12か月に、20日～56日の間隔をおいて3回接種が標準。 ▼追加接種　初回接種後12～18か月の間に1回行うのが標準。	◎局所の発赤、腫脹、水疱など
ジフテリア 百日ぜき 破傷風	沈降精製百日せきジフテリア破傷風混合ワクチン	Ⅰ期定期接種 ▼初回接種　生後3～12か月に、20日～56日の間隔をおいて2回接種が標準。 ▼追加接種　初回接種後12～18か月の間に1回行うのが標準。	◎発熱はほとんどなく、重い副反応もみられない。
ジフテリア 破傷風	沈降ジフテリア破傷風混合トキソイド	Ⅱ期定期接種 11～12歳に1回接種が標準。	◎接種部位の発赤、腫脹。
急性灰白髄炎（ポリオ）	経口生ポリオワクチン	◎2012（平成24）年9月1日より前に1回接種したものは、初回接種を1回受けたとみなす。 ◎2012年9月1日より前に2回接種したものは、定期接種として受けることはできない。	◎副反応はほとんどない。 ◎きわめてまれにポリオの症状に似たまひ。
	不活化ポリオワクチン	生後3～90か月に、20～56日の間隔をおいて3回接種。その後、6か月以上の間隔をおいて1回接種。	
麻疹 風疹	乾燥弱毒生麻疹ワクチン 乾燥弱毒生風疹ワクチン 乾燥弱毒生麻疹風疹混合ワクチン	Ⅰ期定期接種 生後12～24か月に、1回行う。 Ⅱ期定期接種 5～7歳未満で、小学校就学開始前の1年間に1回接種。	◎軽い発疹、発熱がでることがある。
結核	経皮接種用乾燥BCGワクチン	生後5～8か月に1回接種する。	◎ケロイドのできやすい子どもにはBCGを行わない。

予防接種法による定期接種

病名	ワクチン名	接種の時期・対象者・方法	副反応と注意
水痘（水ぼうそう）	弱毒水痘ワクチン	生後12～36か月に、３か月以上の間隔をおいて２回接種。	◎健康な人は副反応がほとんどない。 ◎健康な人の30％前後は接種後、水痘にかかるが、自然感染に比べると軽症ですむ。接種後の帯状疱疹の発症は少ないと考えられる。 ◎妊娠している人は接種できない。
日本脳炎	乾燥細胞培養日本脳炎ワクチン	Ⅰ期定期接種 ▼初回接種　３～４歳の間に、６～28日の間隔を置いて２回接種が標準。 ▼追加接種　初回接種後おおむね１年経過した時期に、４～５歳に達するまでの間に１回行うのが標準。 Ⅱ期定期接種 ９～10歳の間に１回接種が標準。 特例 ◎２００７（平成19）年４月２日～２００９年10月１日に生まれた人で、２０１０年３月31日までにⅠ期の接種が終了していない人は、残りの接種を６日以上の間隔をおいて行い、追加接種はおおむね１年経過した時期に１回接種する。 ◎Ⅰ期・Ⅱ期の接種を行っていない可能性のある人は、６日以上の間隔をおいて２回のⅠ期接種を行い、追加接種はさらに６日以上の間隔をおいて行う。Ⅱ期接種は、９歳以上の人でⅠ期接種の終了後６日以上の間隔をおいてⅡ期接種を１回接種する。	◎発熱、せきなどが現れることがある。
細菌性髄膜炎 急性喉頭蓋炎	乾燥ヘモフィルスｂ型ワクチン（Ｈｉｂワクチン）	初回接種は生後２～７か月に27～56日までの間隔をおいて３回、追加接種は初回接種終了後12～15か月までの間隔をおいて１回行うのが標準。	◎接種部位の発赤、腫脹。
インフルエンザ	インフルエンザＨＡワクチン	65歳以上の人、60歳以上65歳未満で心臓・腎臓もしくは呼吸機能不全またはヒト免疫不全の障害のある人は、１回皮下接種。	◎卵アレルギーの人には接種は不適当。発熱などの副反応はほとんどない。

予防接種

	病名	ワクチン名	接種の時期・対象者・方法	副反応と注意
予防接種法による定期接種	肺炎	沈降13価肺炎球菌結合型ワクチン	初回接種は生後2～7か月の間に27日以上の間隔をおいて3回、追加接種は生後12～15か月の間に初回接種終了後60日以上の間隔をおいて1回行うのが標準（初回2回目および3回目は生後12か月までに行い、それを超えた場合は初回接種は行わない。追加接種は可能）。	◎接種部位の痛みや熱感、発赤など。
		肺炎球菌多糖体23価ワクチン	当該年度内に65歳、70歳、75歳、80歳、85歳、90歳、95歳、100歳になる人。60～65歳未満の人で、心臓・腎臓・呼吸器に重度の疾患をもつ人や、脾臓摘出・ホジキン病・リンパ腫、臓器移植などで免疫不全状態の人に1回接種。	◎通常は生涯に1回、接種。
	子宮頸がん	組換え沈降2価ヒトパピローマウイルス様粒子ワクチン	13歳となる年度内に、1か月の間隔をおいて2回接種の後、初回1回目から6か月おいて1回接種が標準。ただし、2013年6月より勧奨接種の一時的差し控え下に。	◎接種後に失神、失神にともなう転倒など。
		組換え沈降4価ヒトパピローマウイルス様粒子ワクチン	13歳となる年度内に、2か月の間隔をおいて2回接種の後、初回1回目から6か月おいて1回接種が標準。ただし、2013年6月より勧奨接種の一時的差し控え下に。	
任意接種	インフルエンザ	インフルエンザHAワクチン	◎毎年、10～12月ごろ1回、皮下接種。	◎卵アレルギーの人には接種は不適当。発熱などの副反応はほとんどない。
	おたふくかぜ（流行性耳下腺炎）	弱毒生おたふくかぜワクチン	◎通常、おたふくかぜにまだかかっていない1歳以上の希望者に、1回皮下接種。	◎卵アレルギーの人は医師に相談してから接種。 ◎接種2～3週間後に、ときに耳下腺の腫れ、まれに無菌性髄膜炎がおこることがある。
	A型肝炎	乾燥組織培養不活化A型肝炎（HA）ワクチン	◎16歳以上の人、流行地への海外渡航者に接種が勧められる。2～4週間隔で2回皮下接種。6か月後に追加接種。	◎副反応はほとんどない。

	病名	ワクチン名	接種の時期・対象者・方法	副反応と注意
任意接種	B型肝炎（母子感染予防事業）	B型肝炎ヒト免疫グロブリン B型肝炎（HB）ワクチン	妊娠中の検査で、HBs抗原陽性（HBe抗原陽性、陰性の両方とも）の母親からの出生児が対象。出生直後（遅くとも12時間以内）にB型肝炎ヒト免疫グロブリンを筋肉注射し、B型肝炎ワクチンの皮下注射を行う。初回接種の1か月後および6か月後の2回、B型肝炎ワクチンを皮下接種。	◎生後6か月に抗体価を検査し、低値の場合には追加接種を行うことが望ましい。
	B型肝炎	B型肝炎（HB）ワクチン	一般的な接種　HBs抗原陽性者、とくにHBe抗原陽性者とその家族（乳幼児、配偶者、婚約者）などのハイリスク者のほか、血液製剤を頻回に使用する病人、医療関係者、海外長期滞在者も。初回接種の1か月後と6か月後の計3回皮下接種。	◎副反応はほとんどない。
	ロタウイルス胃腸炎	1価経口弱毒生ロタウイルスワクチン	初回接種は生後6～24週までに4週間の間隔をおいて2回接種。	◎ときに易刺激性などが現れることがある。
		5価経口弱毒生ロタウイルスワクチン	初回接種は生後6～32週までに4週間の間隔をおいて3回接種。	◎ときに下痢などがおこることがある。
	破傷風	沈降破傷風トキソイド（成人用d）	◎破傷風の予防接種を受けていない人で、感染するおそれのある人では、4～8週間隔で2回皮下接種。その後、6か月以上（12～18か月が標準的）の間隔をおいて1回皮下接種。	◎副反応はほとんどない。
	黄熱	黄熱ワクチン	◎接種証明書（イエローカード）の提示を要求する国（おもにアフリカ、中南米）へ渡航する人。1回皮下接種。受けられるのは特定の検疫所だけで、接種の曜日も決まっている。	◎妊娠している人、卵アレルギーの人には、接種は不適当。
	コレラ	コレラワクチン	◎コレラ流行地へ渡航する人。5～7日間隔で2回皮下接種。	◎有効期間が6か月と短いので、渡航期間が長くなる場合には、追加接種から6か月間隔をおいてさらに1回皮下接種を受ける。
	狂犬病	組織培養不活化狂犬病ワクチン	◎狂犬病流行地に旅行する人に4週間隔で2回皮下接種。その後6～12か月に1回皮下接種。 ◎狂犬病流行地で犬にかまれた場合、かまれた当日を0日として、3、7、14、30、90日の計6回皮下接種。	◎ゼラチンによるアナフィラキシーショックをおこしたことがある人は、接種を受ける前に医師に相談を。

第5部

家族のための健康知識

家庭での介護（看護）

日常生活のなかで高齢者の変化に気づくことがたいせつです。介護する側の心得、制度なども事前に知っておくと便利です。

高齢者のからだとこころの変化

老化とは、加齢によって、脳・神経や内臓機能、筋肉や骨などが肉体的・精神的に全般にわたって衰えてくることをいいます。老化は誰にも必ず訪れますが、遺伝子や生活習慣、生活環境などによる個人差があり一様ではありません。在宅での高齢者の介護を視野に入れ、高齢者のからだとこころの老化を知っておきましょう。

◆からだの老化の特徴

◉全身状態が悪くなりやすい

高齢者は、体温、血圧など、からだの内部環境を一定に保つ能力（恒常性維持）が衰えてくるので全身状態が悪くなりやすく、かぜ程度でも回復が遅く、重症になったり、肺炎を併発することもあります。

◉脱水状態には十分に注意を

体内に備蓄されている水分量が少なくなっているうえに、感覚も衰えてくるので、のどの渇きを感じず、水分をあまりとらないために脱水状態をおこしやすく、血液量が減って意識障害をおこすなどの危険があります。

◉治療がむずかしい

そのほかにも、若いころに比べて症状の現れかたが異なったり、思わぬ薬の副作用がおこったりします。

また、完治しない慢性の病気も多く、ひとりで複数の病気を抱えている場合には、治療がむずかしくなることもあります。

◉自覚症状が乏しい

からだに不調を生じても自覚症状が乏しく、訴えなかったりします。発熱、食欲不振、便秘、呼吸の乱れなど、つねに気をつけましょう。

◆こころの老化の特徴

個人差がありますが、一般的に創造意欲の減退、おだやかな感情表現などの傾向があります。一方で、自己中心的、頑固な面も見られますが、これは変化に対する適応力が弱まったからです。記憶力の低下は脳細胞が萎縮するためで、判断力や想像力はしっかりしているものです。

社会や家庭での役割の喪失、親しい人との別離、健康や経済上の不安などから孤独感や疎外感に陥りがちで、意欲の低下も見られます。高齢者の残された機能を生かし、生きがいをもってすごせるようにはたらきかけましょう。

体温、脈拍、呼吸数の測り方

	目的	方法	基準値	チェックポイント
体温	病気の前ぶれの発見や病状の経過を観察する	体温計をわきの下のくぼみに、下から45度の角度で差し込む	35〜36度 高齢者の場合は一般的に35度前後となる	● 起床時と午後３時ごろ測るとよい。食後や入浴後は１時間ほど安静にしてから測る ● 高齢で寝たきりの場合は、37度でも発熱している場合があるので全身状態もチェック ● 寒けのあるときは、治まってから測る
脈拍	心臓の働きがわかる。脈の強さで血管内に血液が十分流れているか、脈のリズムで精神的な緊張感がわかる	右手首の内側の親指側に軽く人差し指、中指、薬指を当てて、１分間数える	成人は60〜80／１分間 高齢者の場合は一般的に少なくなる	● 強さやリズムが一定か確認する ● 熱があったり、運動や入浴の後、精神的な緊張があると速くなる
呼吸	酸素が十分にとりいれられているか、呼吸に異常はないかを見る	安静にしている状態で、みぞおちの上下運動を30秒〜１分間数える。吸って吐いてで１回	成人16〜20／１分間	● 呼吸は意志で変えることができるので、脈を測るふりをするなど本人に気づかれないように測る ● 深さやリズム、せきや痰のからむ状態、呼吸音、息苦しさなども観察する

高齢者の変化に気づく

ふだんの体温や脈拍、呼吸数など、いつもの状態を把握していれば、ちょっとした変化にも気がつき、早めの対応が可能となります。

◆ふだんの体温、脈拍、呼吸を知る

体温は、健康なときでも午前と午後の差や、食事や運動などによる上昇などがあるので、決まった時間に測ります。ただし、次の場合には熱があるかもしれないので測る必要があります。

・脈拍が弱く速く、呼吸も速い。
・顔が赤く、目が潤んでいる。
・寒け、頭痛、倦怠感、全身や関節の痛み。
・食欲不振、吐きけ、のどの渇きなどがある。
・けいれんがあったり、うわごとを言う。

脈拍は、体温が1度上昇すると10増加するといいます。体温同様、安静時に測りましょう。

呼吸数は気づかれないよう、さりげなく測るのがコツ。脈を数え終わってもそのまま手を離さず、みぞおちの上下運動を見て数えます。

からだの健康チェック

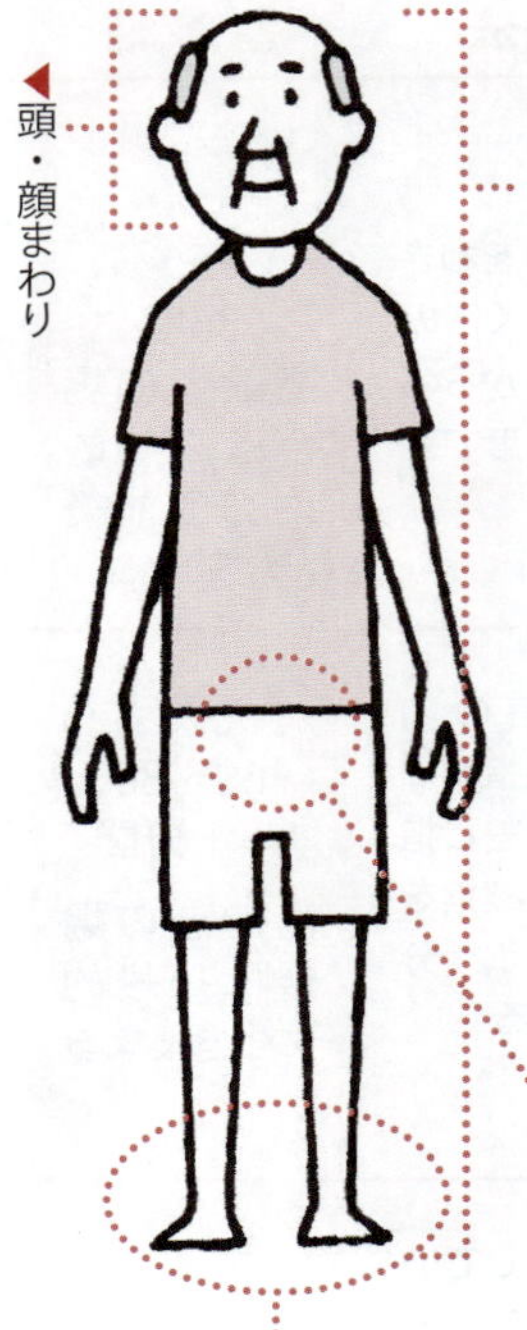

顔つき
表情が険しく、苦しみをがまんしているようなことはないか。

目
まなざしがうつろでとろんとしていたり、目の縁が黒ずんだり、まぶたがはれぼったくないか。白目が充血したり、黄色くなっていないか。

口
口臭や口内の乾燥状態、入れ歯の状態、舌苔や口内炎の有無など。

唇
いやに白っぽかったり、反対に黒ずんだり、また赤すぎないか。乾燥はしていないか。

耳
聞こえにくくないか、耳鳴りはしないか。耳垢や耳だれも調べる。

姿勢
寝ているとき、どこかをかばうような姿勢になっていないか、上体を起こしたとき、一定の方向に傾かないか。

皮膚
むくんでいないか、かさかさしていないか、発疹や発赤はないか、ひっかき傷はないか、汗をかいていないかなど。

爪
爪の色が白みや青みをおびていないか。爪が伸びていないか。

便と尿
排便の回数、便は色、かたさ、不消化物が混じっていないかを見る。色が黒ずんでいたり、白っぽくないか。
尿を尿器や便器にとる場合は、量や色、にごりを見る。

歩き方
どちらか一方のほうに行く傾向はないか。

◆気づくためには毎日、観察を

家庭で高齢者のもっとも身近にいて、日常のお世話をする人が、高齢者の状態を正しく観察する機会にもっとも恵まれています。しかし、毎日身近に接していると、うっかり見落としてしまうこともありますから、いつでも新鮮な目で高齢者に接することがたいせつです。

●起床時に、まずたしかめる

毎朝、「おはよう」の挨拶と同時に、顔色、顔つき、声の状態はどうかを見ながら、よく眠れたかどうかを聞いてみます。顔つき全体が険しく、痛みや苦しみをがまんしているようには見えないでしょうか。

もし眠れなかった場合は、原因をいっしょに考えてみてください。そのとき、あまり神経質にさせないように注意しましょう。目の表情や白目の色、唇の色や状態もよく観察してください。

●食欲やお通じも健康の目安

食欲は生きることに直結しているともいえます。いつもと比べて食欲や食べる量に変わりがないかなどを見ましょう。

また、お通じがきちんとあるか（便秘ではないか）、尿の回数にも注意をしてください。尿器や便器を利用している場合は、尿量やにごり、便の状態、不消化物が混じっていないか、血液や粘液が入っていないかなどを観察し、異常があるようならば、流さずに医師に見せるようにします。

◉皮膚の観察も忘れずに

着替えるときや入浴、清拭時には皮膚の状態を観察してください。むくんですきとおるような皮膚、かさかさしてつやのない皮膚、発疹や発赤はないか、かゆさでかきむしったような跡はないかなど、1日に1回は観察するようにしましょう。

◉姿勢や歩きかたは大丈夫か

寝ていてもどこかをかばうような姿勢になっていないか、上体を起こしたとき、一定の方向に倒れやすいことはないか、また、歩いているときに右か左か、一方向に行きやすいことはないかなどにも気をつけてください。

◆痛みを観察するポイント

痛みは生体にとっての危険信号の一種であることもあります。あわてず痛みを観察し、かかりつけ医に連絡して指示をあおぎましょう。場合によっては救急車を呼ぶことも必要です。

・いつから痛むか＝食事、入浴、運動、排泄との関連も忘れずに。
・どんな痛みか＝痛みの表現（キリキリ、ズキズキ、チクチク、ガンガン、締めつけられるような、など）は、そのまま医師に伝える。
・痛みの間隔は＝ときどき痛む、だんだん強くなる、同じ程度の痛みが続く、間欠的に痛むなど。
・痛みの経験は＝初めての痛みか、あるいは経験したことのある痛みか。
・痛むときの状態は＝じっとしている、転げ回る、からだを折り曲げる、歯をくいしばる、頭をかかえる、うなる、興奮するなど。
・他の症状はないか＝顔面蒼白、吐きけや嘔吐、下痢、熱はないかなど。

◆慢性疾患がある場合の注意

高血圧症や糖尿病、また、肝臓や腎臓病などの慢性疾患は、さまざまな合併症をおこしやすく生命にかかわるほど重篤になることもあるので、家族はつねに不安と隣り合わせです。

日ごろから医師の指示を守ることがたいせつで、体調の変化があれば速やかに受診します。あらかじめ、どのような場合にどのように悪化するか、そのときの対処法について、かかりつけ医によく聞いておけば冷静な対応も可能です。

高齢者の疾患の特徴

高齢者は、加齢によってからだのさまざまな機能がおとろえますが、現れる症状に個人差があります。また、症状を訴えないこともあるので、日々の観察がたいせつになります。

- 典型的症状の訴えが少なく、だるい、元気がないなど、漠然とした症状しか示さないことが多い。
- 身体予備能力が低下しているので、急激に悪化することがある。
- 脳の疾患がないのに、発熱や体力の消耗によって精神症状を示すことがある。
- 生体反応が低下しているため、検査結果と重症度が必ずしも比例しない。
- さまざまな合併症をともなうことが多い。
- 薬物の副作用をおこしやすい。
- 完治しにくく、徐々に進行することが多い。
- からだに負担をかける検査は、たとえ必要であっても、すべてを受けられるとはかぎらない。
- 療養環境によって、治療後の経過が大きく左右される。

体調が悪くなったときの対処のしかた

◆かかりつけ医で健康管理を

からだの不調やけがは、いつおこるか予測がつきません。近所にかかりつけ医がいるととても安心です。かかりつけ医は家族の健康管理、予防、生活習慣のアドバイスも含め、病気のデータをもっています。

また、地域の医師や薬剤師、病院などのネットワークもあるので、いざというときには、病院を紹介してもらったり、退院後の管理をゆだねることもできます。

●急な事態にそなえて情報収集を

何か不調がおこった場合は、まず、かかりつけ医に連絡をとり指示を仰いでください。いないのであれば、そのような事態にそなえて、日ごろから情報を収集しておきます。ほとんどの自治体が、夜間・休日の救急体制を整え、地域によっては「在宅当番医」制度があります。また、日本医師会のウェブサイトからは、各地の医師会の情報も得られます（http://www.med.or.jp/kakuti/kakuti/link.html）。最寄りの消防署では、その日の当番医を教えてくれるので、電話番号（119番は緊急時のみの対応）を調べておくと安心です。

◆搬送が必要なときは

●一刻を争うときは救急車を

緊急を要する場合には、一刻も早い病院への搬送が必要です。救急車を呼ぶ場合は、一度深呼吸して落ち着いて119番に通報します。あわてず、名前、住所、いつどうしたかなどを伝えてください（次頁表）。

救急車がくるまでに、健康保険証、服用中の薬、薬の履歴などを用意し、救急隊員が到着したら、容体の変化や行った応急手当などを伝えます。希望の病院、あるいは希望しない病院があればそれも遠慮なく伝えましょう。

●幅広く対応する民間搬送サービス

救急車を呼ぶほどではない場合や、車いすや寝たきりの高齢者の場合の入退院や転院、通院、福祉施設への送迎などには、民間救急車や福祉タクシーを利用すると便利です（次頁表）。通院やリハビリのほかにもショッピング、外出、旅行などにも応じてくれます。

◆入院と退院時の心構え

●診察には付き添って

高齢者が診察を受けるときは、必ず付き添いましょう。症状や聞きたいことなどはメモをして医師に質問します。聞かれたことには、正直に打ち明けることがたいせつです。検査結果や治療方針は納得のいくよう説明をしてもらい、たいせつな点はきちんと書きとめておきます。あれば資料などをもらうとよいでしょう。

●セカンドオピニオンをとる

治療方針などに納得がいかなければ、別の病院でセカンドオピニオンをとることもできます。その旨、担当医師に正直に伝え、検査結果などの資料とともに紹介状をかいてもらいます。最近は、検査や診療行為を行わず、助言のみを目的とした「セカンドオピニオン外来」を設ける病院も増えてきています。

●入院することになったら

入院が決まったら、まず、病院の窓口で入院予約手続きを行います。入院費用やその支払日などについても確認しておきましょう。

入院指定日までに、病院から渡されるパンフレットを参考に入院当日に必要なもの（健康保険証、診察カード、誓約書、保証書、印鑑、生

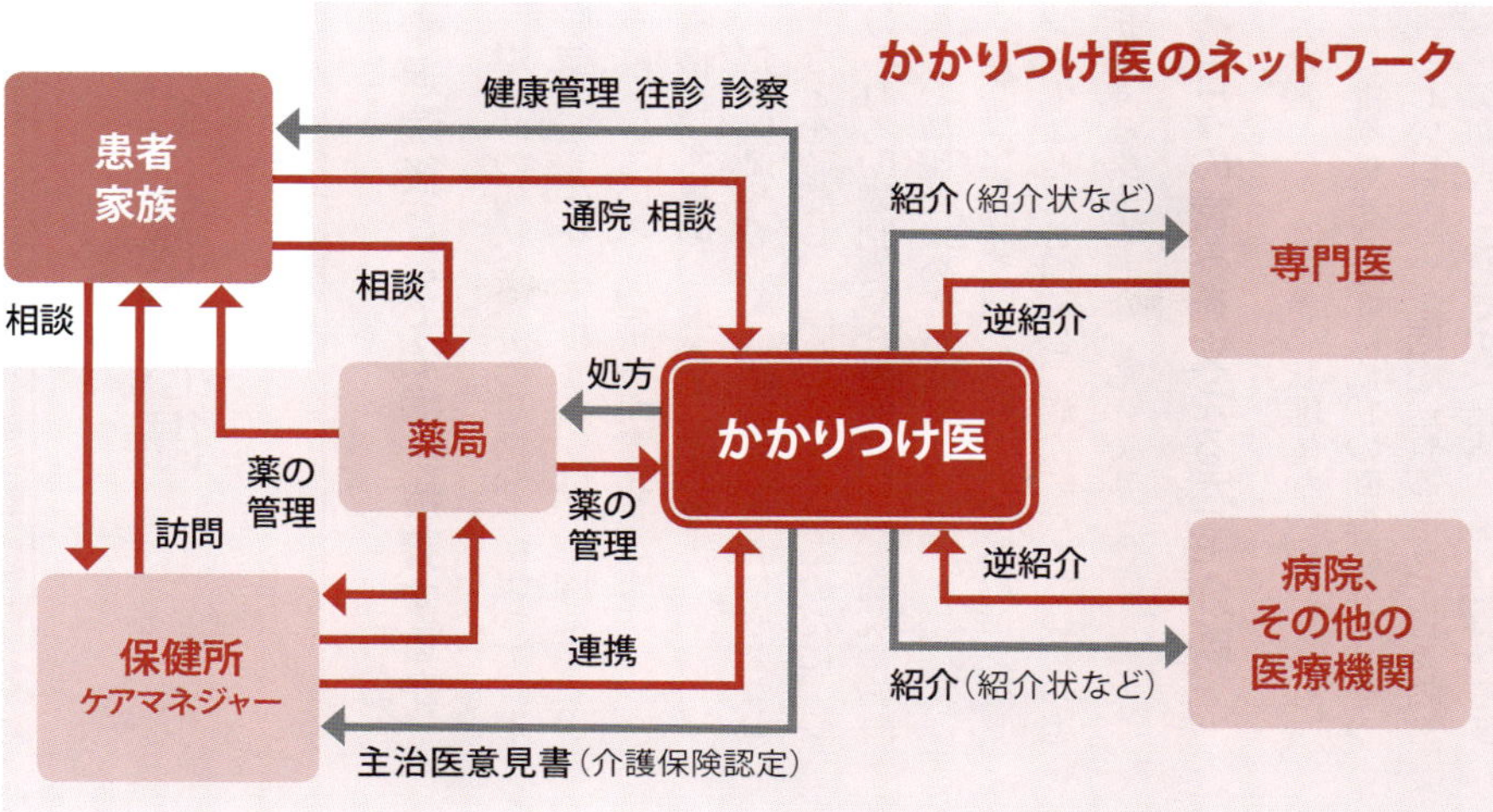

病人を搬送するサービス

［救急車 119番］

緊急を要する病気で一刻も早く病院に搬送しなければならない場合。連絡時には「名前、住所（目印になるような建物など）、電話番号、患者の名前、いつどうしたか、容体」を伝える。サイレンが聞こえたら外に出て誘導する。健康保険証、服用中の薬、お薬手帳（薬の履歴がわかる）、お金を忘れずに持っていく。

［民間救急車］

消防機関の認定と指導を受けている「民間患者等搬送事業者」。入退院、転院、通院、福祉施設への送迎時の利用に便利。乗務員は応急手当の講習を受けている。また、看護師なども要請できる。事業者により利用料金が異なるので、事前に問い合わせておきたい。

●全民救
http://www.zenminkyu.com

［福祉タクシー］

ワンボックスタイプの車を改造し、車いすやストレッチャーでの乗降に対応している。移乗介助も可能。通院、リハビリ、ショッピング、旅行などに利用できる。料金は通常大型タクシーの運賃が適用される。障害者は１割引き。

活用品など）をそろえます。また、入院当日にまごつかないように、その日出向く窓口、交通手段も確認しておきましょう。

　また、日常服用している薬やサプリメントなども持参し、医師や看護師に相談してください。当日は担当医師から「入院診療計画書」に基づいての説明があるので、入院生活の治療、検査などのおおよそがわかります。

　病院によっては、医療費、退院後の療養、介護のこと、社会復帰などについての相談窓口があるので、心配があれば相談しましょう。

●退院することになったら

　退院の日時は担当医師が知らせてくれます。退院後に必要となる診断書や証明書があれば、退院の数日前までに病院窓口に申し込み、当日は入院費用、その他の清算をすませます。

　退院当日は、退院後の生活の注意点、今後の継続治療方法について、担当医師と看護師から「退院療養計画書」にそって説明があります。わからないことがあれば、何でも質問しましょう。また、退院後の外来受診日や方法、薬の内容や服用方法、検査の目的や内容など確認しておきます。予約が必要であればしておきます。

　自宅は退院したその日から快適に過ごせるように準備をしておきます（2154頁）。

在宅介護の心得

◆退院後どこで治療・療養するか

退院時の病状や家庭の事情などによって、退院後の行き先をどこにするかは、下図に示すように、いろいろな選択肢が考えられます。

◉情報を集め、最善の選択を

担当医師や看護師に退院後の療養に必要なことなどを確認し、退院するまでのあいだに、受けられる助成制度や介護保険制度、病院や施設などの情報を集めておきましょう。

病院の相談窓口、保健所、地域包括支援センターなどにも相談し、病人にとって最善の選択をする努力をしたいものです。

◆日々の営みを支える在宅介護

介護とは、高齢者の状態にかかわらず、残った機能を低下させずに病状の回復を促し、その人らしい自立した生活を送れるよう、日々の営みを援助することです（具体的には2154頁から参照）。病人が健康を取り戻せるかどうかは、本人の自然治癒力にも深くかかわっていますが、介護によって回復が早くなったり、逆に自立が遅れたりするなど、影響は大きいものです。

◉日々の営みをスムーズに

日々の営みとは、「息をする」「食べる」「眠る」「トイレに行く」「からだをきれいにする」「表現する」「社会に参加する」など、ひとりの人間として誰もが毎日営んでいる行動で、他人が代わって行うことのできない、その人固有の日常的な生活行動のことです。そして、これらを自主的にスムーズに営むことが、病気とたたかう気力につながり、前向きの療養生活の姿勢をつくることになります。

◆家族全員で介護することがたいせつ

在宅介護は長期戦になります。また、どうしても主婦がその多くを担いがちになりますが、家族全員で協力しあって、1人に負担がかからないようにすべきです。家庭ありきの介護ですから、むしろ介護を特別なこと、最優先事項ととらえてしまうと、家事との両立がいつのまにか負担となってしまいます。介護も家事の一環とみなし、完璧をめざさず、上手に手抜きをして生活のなかにうまく組み込んでいくのがコツ

退院後の行き先

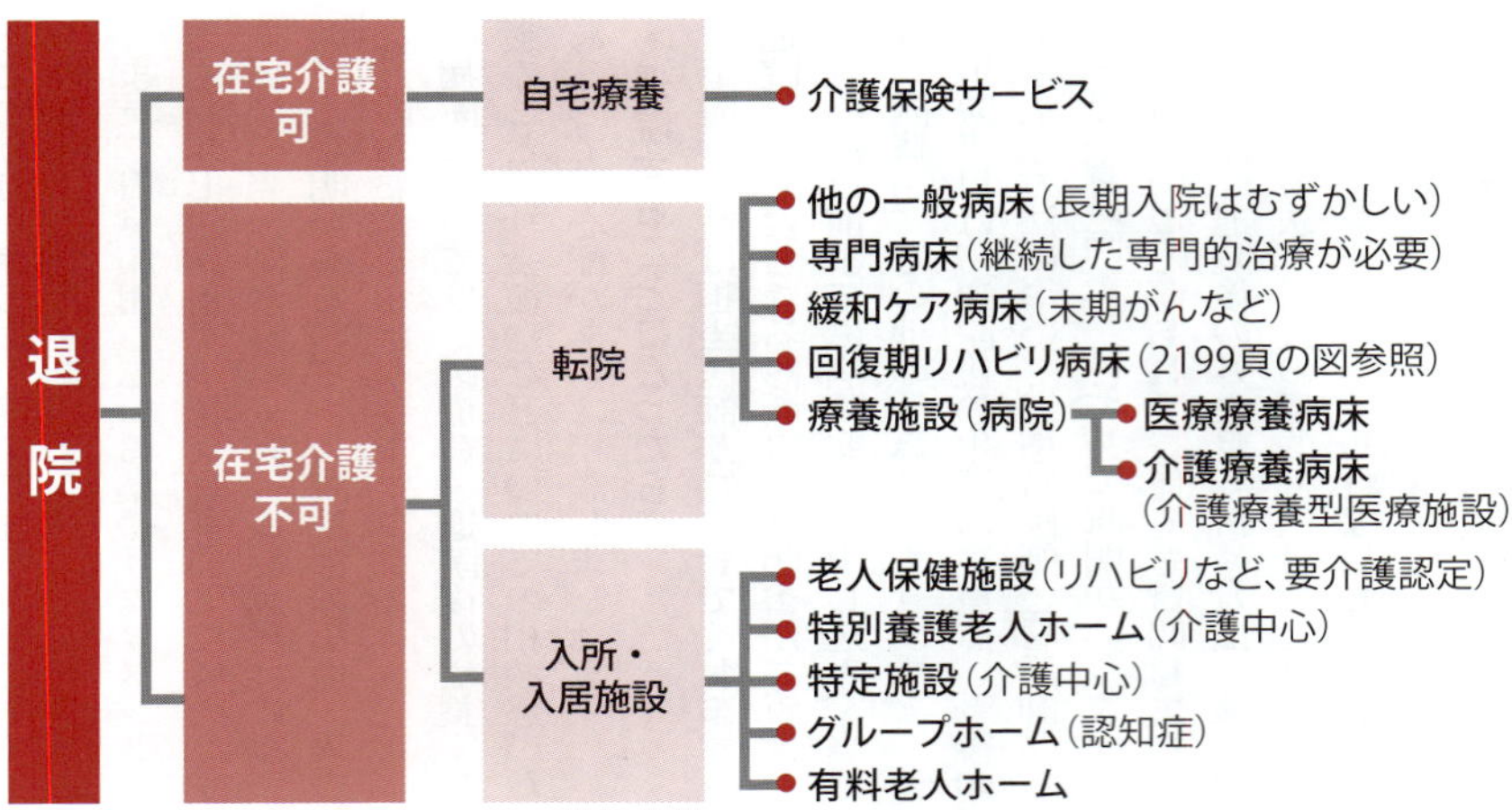

です。また、介護者のこころとからだの健康が損なわれてはなんにもなりません。むりをしない介護を心がけましょう（2191頁）。

●高齢者とのコミュニケーション

多くの高齢者は、たとえ家族といても深い孤独感を抱いています。病気になったとき、その疎外感はいかほどでしょう。その心持ちを察し、家族全員が自分のできることをして、高齢者とのコミュニケーションをとり、けっしてひとりではないことを感じてもらいましょう。

とくに入院すると、家庭内に居場所がなくなる、変化してしまうなどにより大きなストレスとなるので、注意が必要です。

●よりよい介護環境をめざす

はじめての在宅介護にはとまどいも多く、不安も尽きないものです。そんなときには、悩みを抱え込まず、積極的に各種相談窓口を利用し解決をはかりましょう。よりよい介護環境は、介護する人、される人双方にとっての幸せです。

相談窓口は、各自治体の介護保険や高齢福祉の窓口、保健福祉センター、地域の民生委員、電話であれば、各都道府県にほぼ1か所ある高齢者総合相談センター（シルバー110番）などがあります。また、介護保険サービスなどの社会資源もおおいに活用しましょう。

地域包括支援センターは介護や高齢者総合相談窓口でもあり、介護保険サービス（2218頁）の申請もできる機関です。

◆介護は高齢者を守ること

●寝たきりにさせない介護を

基本的には、退院時にもらう「退院療養計画書」に沿って、担当医師、看護師の指示に従います。たいせつにしすぎるあまり、必要以上に安静にすると、寝たきりになる危険があるので気をつけてください。

まひがある場合は、座位を保持できるようになったら、着替えから始め、日々の営みを自分でできるようになることを目標にリハビリを進めましょう（日常生活活動の向上をめざすリハビリ 2200頁）。

●薬を正しく飲ませる

高齢になると服用する薬の種類が多く、飲み忘れたり飲みすぎたりすることがよくおこります。服用法も食前、食間、食後、寝る前などいろいろで、指示どおり飲むのはかなり大変です。しかも、高齢者は薬に対する感受性が変化しているので、余分に飲んだりすると思わぬ反応が出たりします（内服薬の剤形と服用法 2323頁）。薬の管理と見守りは欠かせません。

●胃瘻や経管栄養での在宅介護

胃瘻（ろう）、導尿、吸引、経管栄養など、医療管理の必要な状態で退院する場合は、退院までに在宅での看護体制を整えておく必要があります。介護認定の申請も必要なので地域包括支援センターで相談をするのがよいでしょう。

看護師資格をもつ医療系のケアマネジャーを選び、往診をしてくれる近在の開業医、容体が急変した場合に入院可能な病院、訪問看護ステーションなどを紹介してもらい、チームを組み介護をバックアップしてもらいます。

利用できる訪問看護には次の2つがあります。

▼介護保険の訪問看護　要介護認定を受けていれば、医師が必要と認めた場合にケアプランに組み込んで利用できます。看護師が病状の観察・管理、カテーテルの管理、医師の指示による入浴や排泄（はいせつ）、食事の介助などを行います。

▼医療保険の訪問看護　末期がんや特定疾患（難病）などで主治医がとくに指示した場合や、精神科の訪問看護の場合に利用できます。

このほか、病院や老人保健施設などの医療系施設への短期入所介護（医療ショート）、医師がサービス提供事業者や家族へ情報提供や助言を行う居宅療養管理指導などがあります。主治医やケアマネジャーに相談しましょう。

高齢者に適した住まいに整える

◆事故のない、介助のしやすい住環境

からだの動作は加齢とともに鈍くなり、ちょっとした段差で転んだり、階段を踏み外したりするなど、家庭内でも思わぬ事故につながりかねません。また、在宅で病気療養をする場合は、人として生きていくための日々の営み（食べる、眠る、排泄など）をできるだけ安全、快適に行うためにも介助は欠かせないものです。

高齢者に相談、納得してもらいながら、安全で快適な、そして介助のしやすい住環境を整えるようにしましょう。

◉住宅の改修はまず相談を

家庭のなかには高齢者にとって危険なことが多くあります。表1を参考に、高齢者の目線で家庭内をチェックし、整理整頓をしましょう。

住宅については、バリアフリーに改修することで暮らしやすさを向上できます。介護保険の適用や市区町村の助成対象の改修もあるので、地域包括支援センターや市区町村の役所の窓口で確認しましょう。

表1 家庭内の危険をチェック

滑る
- 固定していないマットやカーペット
- スリッパやつっかけ
- 床に散らばっている広告紙やビニールなど
- 浴室の床や浴槽の底
- フローリングの床

つまずく
- 敷居、引き戸の下枠、玄関の上がりかまちなどの小さな段差
- カーペットやマットのへり
- 電気コードや床に置かれたもの
- 家具の出っ張り部分

バランスをくずす
- 階段
- 浴槽の縁や床に置かれたものをまたぐ
- ペットにまとわりつかれる
- 台にのって高いところの物をとる
- 靴を履くとき、ズボンをはくときの片足立ち

介護保険が適用される改修には、転倒予防などの手すりの設置、ドアやドアノブの変更、和式から洋式便座への変更、スロープの設置や浴室の床のかさ上げなど段差の解消、床材の変更、以上の改修にともなう工事などがあります。

◆居室（病室）を快適に保つ

◉採光と風通しのよい部屋

高齢者の居室は、明るく風通しがよく、浴室やトイレに近く、家族の目が行き届く部屋にしましょう。部屋を閉め切っているのはよくありません。1日2回の換気が必要です。換気扇などがなければ、からだに風があたらないようにカーテンをしたまま窓を開けるなり、隣の部屋の窓越しに換気をしましょう。

◉適温・適湿を保つ

高齢者にとっては変動の少ない温度や湿度を保つことがたいせつです。高齢者の場合は、温度が22～24℃、湿度が60%がよいとされています。乾湿計を使って調節しましょう。

冬の暖房具は室内全体を暖めるタイプにし、夜は電気による暖房具を用いれば、空気を汚さずに換気も省けます。乾燥を防ぐためには加湿器や水を入れた洗面器を室内に置きます。

夏の冷房は外気温との差を5℃以上にせず、肌が露出しない衣服を身につけるようにしましょう。クーラーはつけっぱなしにせず、温度は病人に合わせて調節します。また、ガラス鉢に花を浮かべるなど、見た目の涼しさを演出することも、介護にとってたいせつなことです。

高齢者の居室例

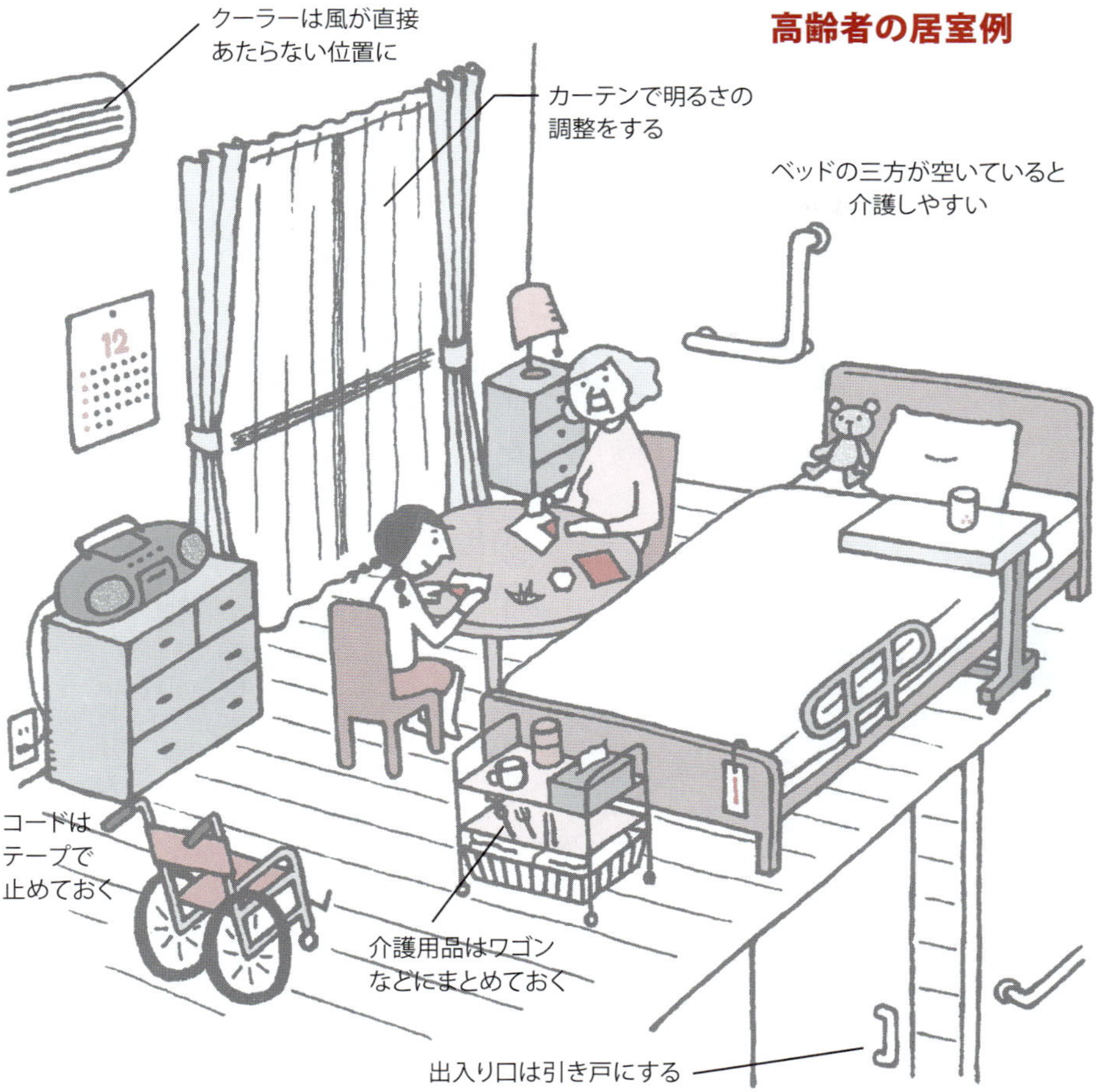
クーラーは風が直接
あたらない位置に
カーテンで明るさの
調整をする
ベッドの三方が空いていると
介護しやすい
コードは
テープで
止めておく
介護用品はワゴン
などにまとめておく
出入り口は引き戸にする

◆居室を整える

◉風通しのよい、明るい部屋を

高齢者の通院や非常時のこと、階段での転倒の危険を考慮すると、1階が安心です。浴室やトイレに近く、また、家族の日常的な話し声や生活音を身近に感じられる距離は、寝ることを余儀なくされた病人にとっては慰めにもなり、呼べばすぐきてもらえる安心感も得られます。

個室があることが望ましいのですが、住宅事情で不可能であれば、カーテンや間仕切りなどを利用して病人専用のコーナーをつくることもできます。どちらにしても、自然の光が十分に差し込む窓のある、東南または南向きの部屋が、夏は涼しく、冬は暖かく理想的です。窓には明るさを調節できるカーテンを取付け、起きているときに趣味などをして過ごせるように、テーブルやいすなども用意しましょう。

◉室内を安全に保つ

床は滑りにくいフローリングにし、床の上にはつまずきやすい物は置かず、家電のコードはテープで隅に沿わせて固定します。ドアは引き戸や折り戸、アコーディオンカーテンなどに替え、必要な箇所には手すりを取付けるとよいでしょう。

玄関や廊下の改修例

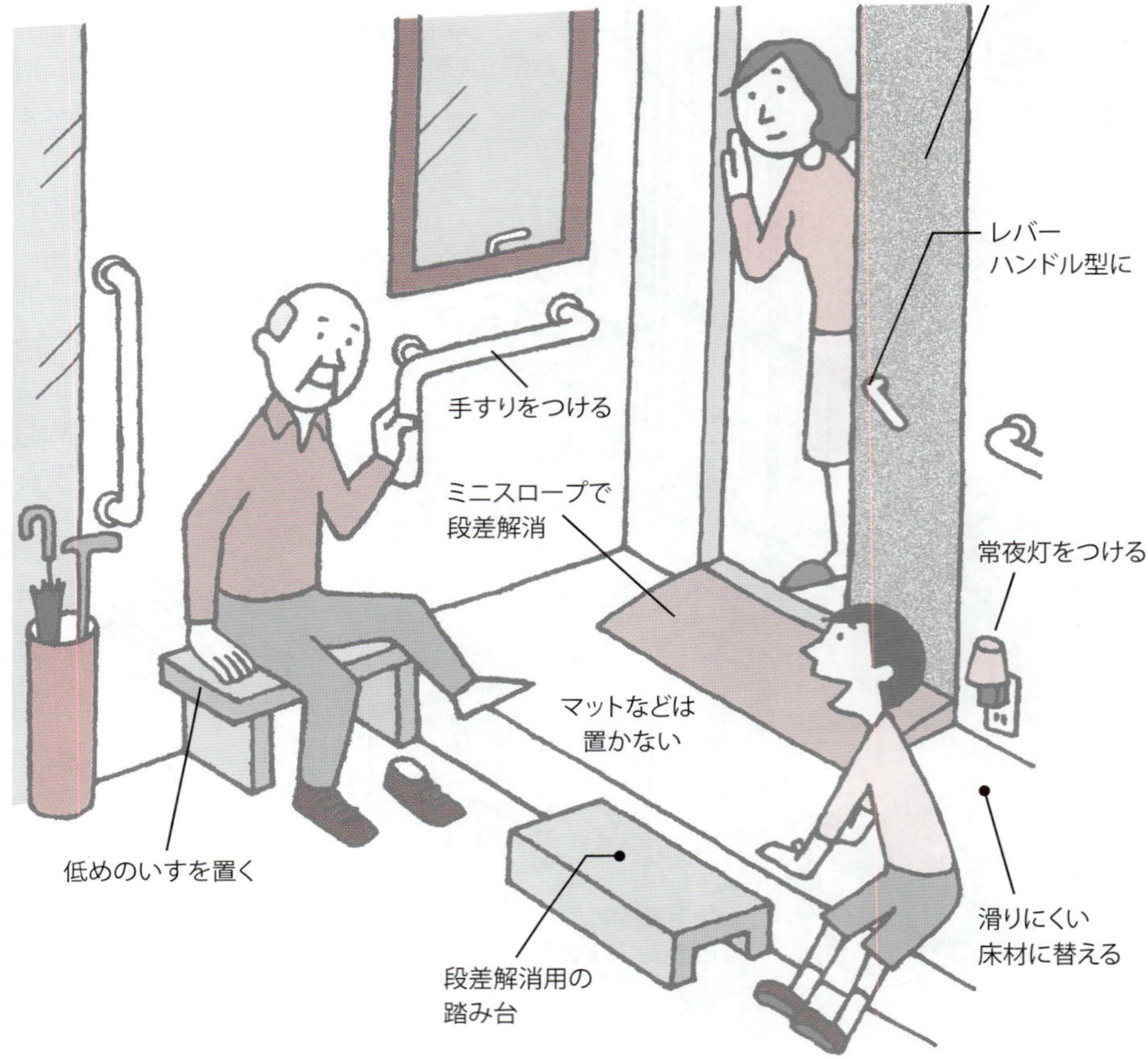

◆廊下や玄関の改修

◉歩きやすさ、扱いやすさを第一に

高齢者はちょっとした段差でもつまずきやすく、また、視力も低下しているので十分な明るさが必要です。カーペットやマットの使用は避け、滑りにくい床材にかえて、つまずきやすい物を整理しましょう。照明は明るいものにかえ、廊下には常夜灯を設置します。ドアはできれば引き戸や折り戸に取りかえ、ノブも扱いやすい手すりやレバーハンドル型のものにかえます。

◉廊下や玄関の段差解消を

玄関で靴を履くときの片足立ちはバランスをくずすもとです。段差解消の踏み台を設置し、座って靴を履くための低めのいすを用意します。踏み台は固定のものとし、いすも安定感のあるしっかりしたものを選んでください。部屋と廊下の間の小さな段差の解消には、ミニスロープなどを利用しましょう。

◉手すりで転倒予防を

廊下だけでなく、上り下りや片足立ちの機会が多い玄関にも、両側の壁やドアの脇などに手すりを設置しましょう。また、倒れた杖を取ろうとして転倒することもあります。取りやすい位置に傘立てなどを置くようにしましょう。

浴室の改修例

入浴用いすのいろいろ

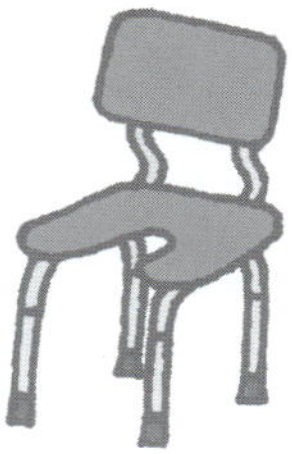

◀**シャワーチェア**
座位が安定すれば、腰掛けたままでシャワーができる

浴槽内いす▲
浴槽内に入れて使用する

◆浴室の改修

◉転倒しない安全な浴室に

何より怖いのは転倒ですから、浴室の改修を考えるときにも、まず転倒防止に注意しましょう。洗い場全体に段差を埋めるスノコを敷けば、段差解消と同時に、滑りやすいタイルの床の改善にもなります。滑り止めマット、段差解消のミニスロープなども利用しましょう。浴槽の底も滑りやすいので、マットは洗い場も浴槽内もいっぱいに敷くようにするのが理想ですが、そうでない場合は滑り止めテープを利用するなど十分な安全対策をしてください。

ドアは引き戸や折り戸などに取りかえれば、車いすのままの入浴も可能になります。

◉浴槽への出入りには手すりを用いて

浴槽の縁をまたぐときの片足立ちや、からだが不自由な場合など、浴槽の出入りもむずかしくなります。バスボードや各種の手すりを設置しましょう。シャワーチェアは座ったまま、からだを洗ったり洗髪するのに利用しますが、浴槽の脇に置けば、座った状態から浴槽に移動ができます。この場合は浴槽の縁と同じ高さに調節してください。

照明は明るく
トイレの改修例
引き戸などにする
リモコンは取り
やすい位置に
緊急ブザーを
手の届く位置に
背もたれ
座位の安定しない
場合に用いる
取っ手は
持ちやす
いものに
手すり
座った位置の
少し前方の両
側につける
出入り口の
段差を解消
ペーパーホル
ダーは取りや
すい位置に
スリッパなどは
置かない
滑りにくい床材にする
安全な暖房器

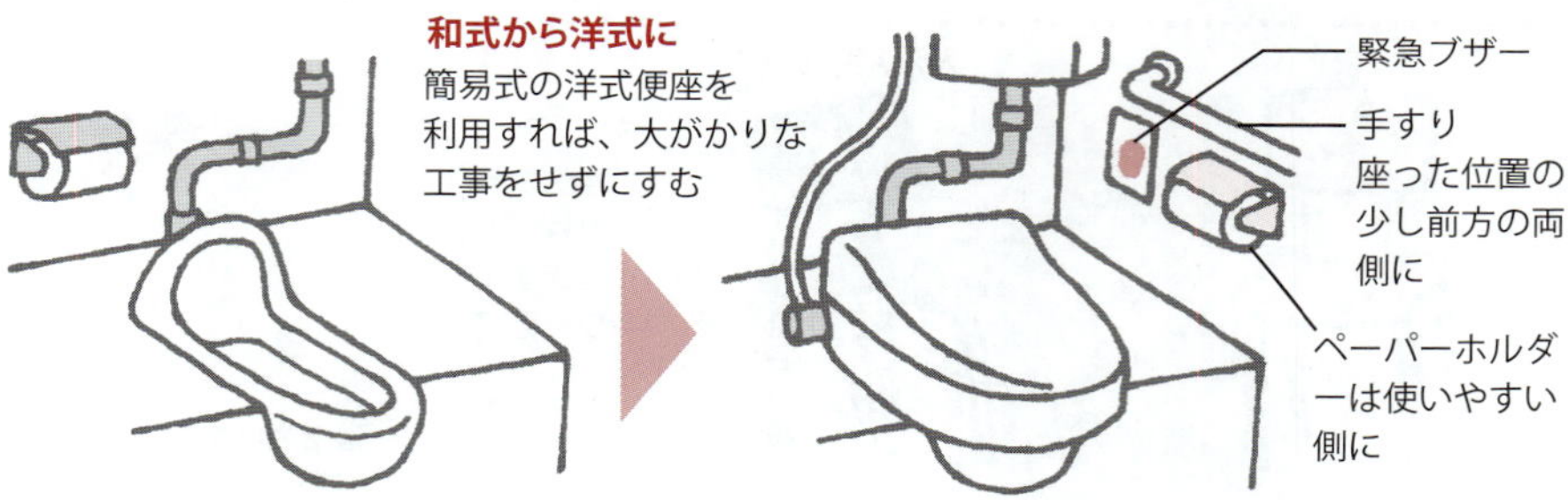
和式から洋式に
簡易式の洋式便座を
利用すれば、大がかりな
工事をせずにすむ
緊急ブザー
手すり
座った位置の
少し前方の両
側に
ペーパーホルダ
ーは使いやすい
側に

◆トイレの改修

●安心して使えるトイレに

排泄はもっともプライベートな行為であり、少々苦痛があってもトイレだけは自分で行きたいと願うものです。できれば介助や車いすで利用できる広さが理想です。滑りにくい床材を用いるなど、安心して使えるトイレに改修しましょう。

ドアは引き戸や折り戸などにかえ、照明は明るいものにします。両側の壁、あるいは便器の両側（壁に手が届きにくい場合）に手すりをつけ、ペーパーホルダーやブザーなどは利き手側に取付けましょう。利き手がまひしている場合はちり紙を箱に入れて用います。つまずきやすいマットやスリッパは使用せず、はだしで利用できるよう床はつねに清潔に保ちましょう。

●便座は洗浄機能付きの洋式を

和式便座は、立ち座りで負担がかかるので洋式がよいでしょう。温水温風洗浄機能付き便座ならば、そのつど陰部の清潔が保てます。また、リモコンを用いれば、手にまひがあっても操作ができます。ほかにも座位が安定しない場合の背もたれや、立ち座りを補助する電動昇降機能付きの便座などもあります。

起居と毎日の手入れ

●朝の声がけと観察で状態をたしかめる

高齢者には、朝、目覚めたら、明るく「おはよう」と声がけし、居室の換気などを行いながら、声の調子や顔色、顔つきなどを観察し、よく眠れたか、具合の悪いところはないかなどを聞きます。また、用便をすますように促しましょう。

●日々の営みをきちんと行う

洗顔、歯みがき、整髪など、日々ふつうに行う営みは、病気になるとおっくうになりがちですが、清潔を保ち、生活にリズムとメリハリを与えます。毎朝の習慣としてきちんと行うようにしましょう。自分でできることはできるだけやってもらうようにしてください。

口の中の異常は食欲や栄養状態に影響するので、毎食後の歯みがきやうがいは欠かせません。起き上がれず、自分で洗顔や歯みがきができない場合は「口腔ケア」（次頁）や「清拭（せいしき）のしかた」（2173頁）を参照してください。

●着替えて身だしなみを整える

着替え（2181頁）は基本的な生活習慣のひとつですが、昼間の生活への切り替えでもあります。また、運動にもなり、まひなどがある場合のリハビリにもなるので、起き上がれるのであれば、自分で最後まで行うことがたいせつです。

男性ならばひげそり、女性ならば化粧をして身だしなみを整えれば、気分もしゃきっとするでしょう。頭髪もよくブラッシングして整えます。自分でできれば、これも腕や肩のよい運動になりますが、できない場合は、まくらにタオルを敷いて、毛先から徐々にとかします。ブラシでうまくとかせないときは、熱い蒸しタオルで髪を蒸してから行うとよいでしょう。

目、耳、鼻、爪の手入れ

目 目やにには、湿らせたガーゼや脱脂綿などで、目頭から目尻に向けて、目に圧力がかからないように拭き取ります。

乾いてこびりついた目やにには、事前にぬれたガーゼをあてて柔らかくしておきます。

目頭から目尻へ

耳 耳殻の後ろ側や内側のひだの部分は、洗顔時に固く絞ったタオルで拭きます。

耳垢は湿らせた綿棒を回しながら、軽く優しく拭き取ります。固まって取りにくい場合、耳かきで無理に取ると傷つけることもあるので、オリーブ油をつけた綿棒で湿らせ、1～2日して耳垢が柔らかくなってから取ります。

どうしても取れない場合は、医師や保健師などに相談しましょう。

鼻 鼻がかめない場合は綿棒を用います。また、子ども用の鼻汁取りやスポイト、吸引器などを利用するのもよいでしょう。

固まってつまった場合は、入浴後や熱いお湯で絞ったタオルを鼻の上にのせてから行うと、湯気で湿って取りやすくなります。あるいは綿棒にオリーブ油をつけて、柔らかくしながら取ります。

爪 高齢者の爪は硬く厚くなっているので、入浴後または足浴や手浴で柔らかくしてから切るようにします。

○ スクエアオフ　× 深爪　× バイアス切り

爪の先はまっすぐにそろえ、横側は深く切り取らず、全体に四角い形に切ります。爪の角を切り落とすと伸びてくる爪がくい込み、陥入爪の原因となります。爪の長さは指先から飛び出さない程度がよいでしょう。

たいせつな口腔ケア

◆生命を維持し生活の質に直結する器官

口は食べる、話す、呼吸する、表情をつくるなど、生命の維持に直結し、さらに生活の質（QOL＝クオリティー・オブ・ライフ）をも左右するとても重要な器官です。また、唾液は口中における消化・吸収の促進、自浄作用や抗菌作用などさまざまな役割をもっています。

◉口腔細菌が感染症の原因に

高齢期になると唾液の分泌が減り、手入れも行き届かなくなりがちです。口の中は細菌の繁殖しやすい環境になり、それが気管に入って嚥下性肺炎（1255頁）などさまざまな感染症を引き起こし命取りにもなりかねません。また、加齢にともない、入れ歯が合わない、口臭がするなどさまざまなトラブルも多くなります。

◉口腔ケアは毎日行う

口腔ケアは、これら感染症やトラブルなどを予防し、唾液の分泌を促し、口臭を取り除いて食欲を増進させるなど、QOLを高めるためにも毎日行いましょう。朝は歯磨きなどできる範囲で自分で行うようにし、口の中が乾燥しないように食事以外のときにも水分を補給するようにします。夜は嚥下性肺炎などを避けるためにも、介護者が、歯だけでなく、上顎、舌などもていねいにケアをしてください。

◉口腔ケアサービスを利用する

要支援の人は、デイケアなどで「口腔機能の向上サービス」を選択すると、口腔の清掃や摂食・嚥下機能のリハビリなどを受けられます。また、治療が必要なのに通院ができない場合は「訪問歯科診療」もあるので、地域包括支援センターなどに相談しましょう。

歯磨きのしかた

〈うがいができる場合〉
顔を横向きにして、口元に器をあてがい、いつもどおりに磨き、十分にうがいをする。

〈うがいができない場合〉
口腔清掃用のブラシや水を含ませた綿棒などで口内や歯、歯肉を拭く。水に酢やハーブエッセンスなどを垂らすと、口臭や口内の殺菌に効果がある。

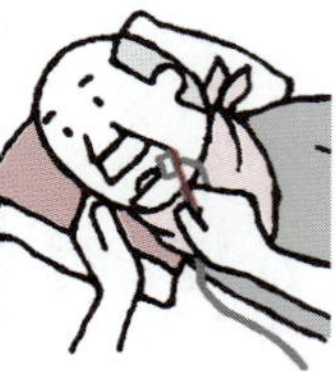

口腔ケアに便利な器具

さまざまな器具が市販されています。口の中の状況によって器具を選びましょう。

吸引チューブ付き口腔清掃用ブラシ
▶吸引器が必要だが、歯や舌など口内の頑固な汚れがとれ、同時に吸引するので誤嚥やむせをふせぐ。ひとりでも十分に対応できる。ブラシのみもある。

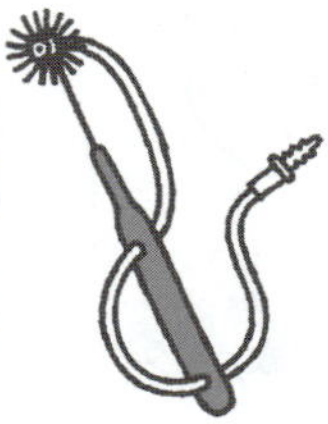

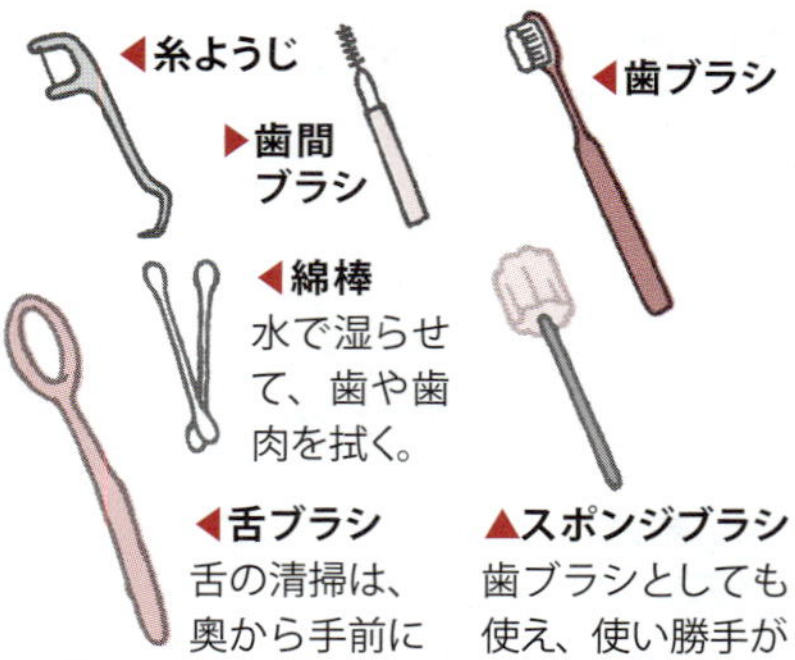

◀糸ようじ

▶歯間ブラシ

◀歯ブラシ

◀綿棒
水で湿らせて、歯や歯肉を拭く。

◀舌ブラシ
舌の清掃は、奥から手前にかき出す。

▲スポンジブラシ
歯ブラシとしても使え、使い勝手がよい。使い捨て。

ワンポイント　口腔ケア時にチェックしよう

- 舌の汚れ
- 歯がぐらついていないか
- 歯肉などから出血していないか
- 口臭はないか
- 入れ歯は合っているか
- 口の中は乾燥していないか

正しい食事姿勢

〈起き上がれる場合〉

いすは、深く座ってかかとがきちんと床に着く高さ、テーブルは座った姿勢でおへそのあたりの高さが適切です。顎を引いた前かがみの姿勢をとります。

〈起き上がれない場合〉

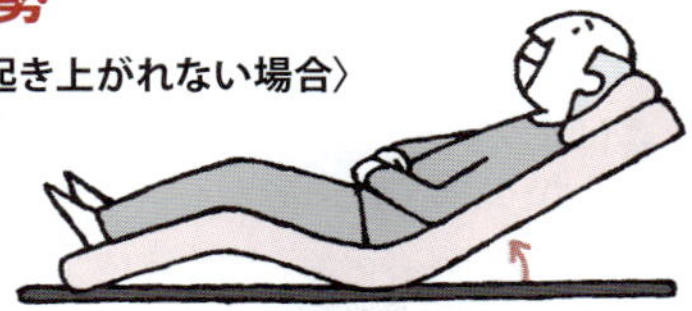

ベッドの傾斜角度は30度以上を基本に、病人にとって楽な姿勢を保てる角度にします。まひのある場合は、患側の肩の下に枕などをあてがい、健側が下になるようにやや横向きにします。

基礎食品の1日の適切量の例（食品は1単位をめやすとした量）

1群　栄養を完全にする
良質なたんぱく質・脂質・カルシウム・ビタミンA、B_2

❶卵	❷乳製品
鶏卵1個…50g うずら卵5個…50g	牛乳…140g プロセスチーズ…230g プレーンヨーグルト…130cc

2群　肉や血をつくる
良質なたんぱく質・脂質・カルシウム・ビタミンA、B、B_2

❶豆製品	❶肉	❶魚介
豆腐…100g 納豆…45g	鶏ひな肉…65g レバー（牛・豚）…65g	アジ（中）1匹…70g

3群　からだの調子を整える
ビタミンA、C・ミネラル・食物繊維

❶くだもの	❶いも	❶野菜
りんご…180g みかん…200g バナナ…95g	じゃがいも…100g さつまいも…70g さといも…130g	緑黄色野菜（ほうれん草、にんじんなど）…100g 淡色野菜（きゅうり、もやしなど）…200g

4群　力や体温となる
糖質・たんぱく質・脂質

❶砂糖	❷油脂	❽穀物
砂糖…21g はちみつ…27g	植物油…9g バター…12g マヨネーズ…12g	ごはん…小茶わんに軽く半分 食パン…6枚切1/2枚 スパゲティ…20g

（注）本表は香川式を基にしています。80kcalを1点とし、1日の摂取量を1600kcal（20点）とした場合の1日の適切量の例を表しています（点数は白抜き数字）。年齢や体力により4群は増減可能です。

食事をする

◆いのちに直結する食事をたいせつに

食事は体力を保持するだけでなく、感染症の予防、要介護状態の改善など、健康の維持に欠かせないものです。また、病人にとっては食事が大きな楽しみとなります。1回1回の食事をたいせつにしましょう。

◉正しい姿勢で食事を

座位が保持できるならば、座った姿勢で食事をとりましょう。意識をはっきりさせる効果もあります。座って、やや前かがみで顎を引き、少しうつむいた姿勢が誤嚥を防ぐ正しい姿勢（上図）です。家族と一緒に食卓を囲めば、気分転換にもなり、食欲も刺激されます。

座位がむりであれば、食べ物が気管に入らないように上体を起こして食事の介助をします。

食事はバランスよく、4つの基礎食品をとるようにしますが、高齢者は個人差が激しいので、運動量に見合った栄養のとりかたをしましょう。

高齢者の献立の工夫

● 喜ばれる柔らかい煮物

野菜類は、繊維を砕くためにゆっくりと煮込みます。かぼちゃやさつまいもなどは、汁気が少ないとぱさついて飲込みづらいので、汁気を残して煮含め、汁ごと盛りつけるようにします。

肉、魚、大豆製品は長く煮すぎると固くなるので、短時間で仕上げます。

ワンポイント 煮豆、ひじきや切り干し大根の煮物などの作り置きで一品プラス。ただし、味の濃いものは小皿に少なめに。

● 焼き魚は下煮してから

サケやブリなどの照り焼きは、いったん煮魚にしてからさっと火で焦げ目をつけると、香ばしさが出ます。

ワンポイント 骨は外して身をほぐすと食べやすい。

● 大根おろしを活用

ほどよい水分が料理を食べやすくし、消化を助けます。もみのりを加えたり、しらす干しなどと和えたり、卵焼きなどに添えてみましょう。

● 揚げ物は煮付けて食べやすく

フライ、てんぷら、唐揚げなどは、大根おろしを加えたおろし煮や甘辛煮など、さっと煮付けると食べやすくなります。

ワンポイント 味が濃くならないように気をつけて。

● 変化が楽しめる和え物

和え衣を工夫すると、白和え、とろろ和え、おろし和え、ヨーグルト和えなどバリエーション豊富。

ワンポイント 酢の物は酸味が強いとむせやすいので、だし汁で薄めたり、酢の分量をひかえめに。

● 野菜炒めは下ゆでを

野菜類は、食べやすい大きさに切って、下ゆでしてから炒めると、パサパサ感がなくなり食べやすくなります。

ワンポイント 片栗粉でとろみをつけた野菜あんは、温めた豆腐や蒸しナス、麺類にかけて。

● 汁物はむせないように

みそ汁やスープなどは片栗粉やくず粉、市販のとろみ剤などでとろみをつけて飲みやすくします。

ワンポイント わかめや葉ものなどの柔らかい汁の実はのどにへばりつくことがあるので、千切りなどにして。

◆食べやすさを考えた調理法

◎加齢にともなうからだの変化と食生活

加齢とともにかむ力は自然と衰え、飲み込む力も低下し、つかえたり、むせたりすることも多くなります。また、歯も弱くなり、義歯となるとかたいものも食べにくくなり、唾液や胃液、膵液の分泌低下によって消化力の低下なども起こってきます。また、腸のはたらきが鈍くなって、便秘がちにもなります。

◎ちょっとしたひと手間で食べやすく

高齢者の健康と食べやすい調理法を工夫しましょう。白身の魚や卵、豆腐などの良質のたんぱく質、乳製品や小魚などのカルシウム、野菜などをバランスよく取入れます。

食事は毎日のことなので、完璧にしようとすると負担となります。高齢者用のメニューを用意するというより、むしろ家族と同じ食事にちょっとしたひと手間（小さく刻む、隠し包丁を入れる、肉の筋を切ったり、叩いてやわらかくする、とろみをつけるなど）を加えると食べやすくなります。また、忙しいときには市販の惣菜やレトルト食品をうまく利用しましょう。その際には、塩分や油分のとりすぎに注意してください。外食も気分が変わっていいものです。

家庭での介護（看護）

食事補助具のいろいろ

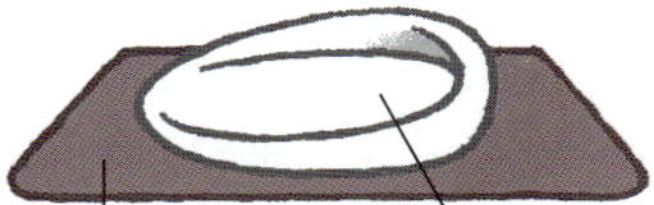

▲滑り止め
マット

▲内側に反りのついた
すくいやすい皿

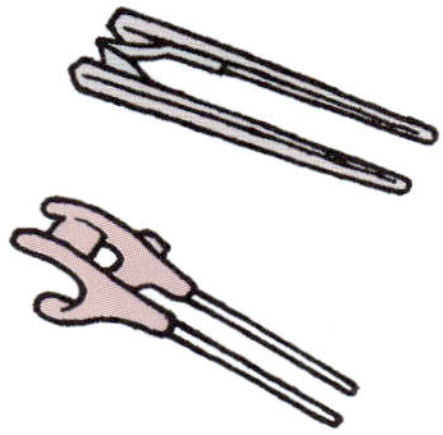

▲ピンセット型はし
指１本で動かせる。
右手用、左手用がある

▲コップ
首を後ろに曲
げずに飲める

▼多様型スプーン
ピンセット型で、
すくう、はさむ、
切るができる

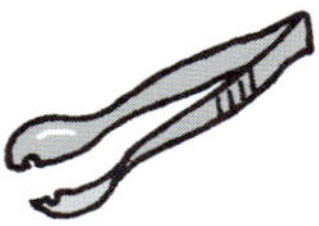

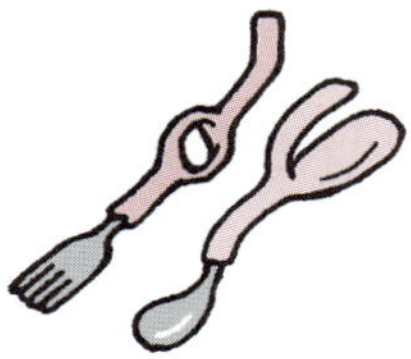

▲形状記憶ポリマーの
スプーンとフォーク
使う人の手指の形状に合
わせて自由に変形できる

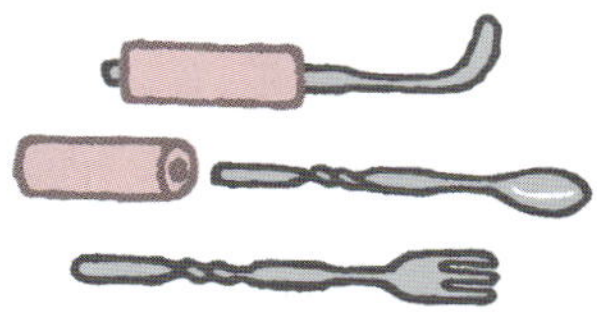

▲自由に曲げられる
スプーンとフォーク
首や柄を自由に曲げられる

▲ストロー付きコップ

介助　食事のお世話

ベッドでの食事
30度以上、楽な姿勢を保てる角度で上体を起こす。顎が引き気味になるよう、下方から差し入れる。

食卓での食事
いすに深く腰掛ける。横から介助するほうが、下方から差し入れやすい。

◆食事補助具を使って自分で食事を

病後の後遺症で、食べる動作がむずかしくなることがありますが、自分の手と口を使って食事をすることは、自信と満足感につながります。

動きを補助するようにさまざまに改良された食事補助具が市販されていますから、利用してみましょう。形態やサイズなどは高齢者の状態や食事の内容を考慮して選んでください。

食事補助具はデパートやスーパーなどの介護用品売り場や福祉用具販売店などで販売されています。また、地域包括支援センターなどでもカタログや見本品を見ることができ、インターネットで「介護用品、食事補助」で検索しても調べることができます。

◉食事介助が必要なときには

座位がむずかしければベッドでの介助となります。食べ物が気管に入らないように最低でも30度以上、上体を起こし、背中にクッションなどをあてて姿勢を安定させ、首が軽く前屈するようにします。まひがある場合は、健側が下になるようにします。座位でもベッドでも、介助者は高齢者と同じ目の高さで、顎（あご）が引き気味になるように食べ物は口の下方から差し入れるようにすることがたいせつです。

こんな場合の食事のお世話

◆病人の食事を調えるときのポイント

病人にとって食事は病気を治す力の源であり、回復意欲につながるものです。栄養的にバランスのとれた食事を病人の好みに合った調理法で、食欲のわくように美しく盛りつけ、楽しい雰囲気でおいしく食べられるようにしましょう。

病状から一定の制限食にしなければならないときは、医師の指示を正しく守ることはもちろん、制限内でおいしく食べてもらえるよう工夫をしましょう。ポイントはつぎのようなものです。

- 健康なときの嗜好を尊重する。
- 栄養がかたよらないバランスを考える。
- 薄味に調理する。
- 温かいものは温かく、冷たいものは冷たく。
- 規則正しく、毎日一定の時間に。
- 残したものをいつまでも病人の目の届くところに置かない。
- 食べられる範囲の量を盛りつける。

◆食欲をおこさせるちょっとした工夫

食事を用意しても、何も食べたくないと口を閉じられたり、せっかくつくったのに一口しか食べてもらえなかったりと食欲のない病人のお世話はせつないものがあります。つぎは少しでも食べてもらうためのヒントです。

- 食前に、冷ました番茶でうがいをすると口の中がさっぱりして、味覚が回復する。
- 目の前で果物の皮をむくと、唾液の分泌を促す効果がある。
- 昔食べておいしかった味、ふるさとの味、思い出に残る一粒のマスカットなど、人それぞれの、食欲を刺激するきっかけを見つける。
- 規則正しい食事時間が好ましいが、胃がもたれたり、おなかが張っているようなときは、胃にたまったと感じない程度に少しずつ分けて食べてみる。
- 言葉が大事な食欲刺激剤となることがある。たとえば、食道が通りにくくなって牛乳も飲めない病人が「飲まなくていいの、かんでいれば……」のひと言で、一口ずつかんで摂取できることもある。
- 家族といっしょに食べると、健康な人がもりもり食べているのを見て食欲がわいてくる。

◆誤嚥をおこしやすい人と食品

誤嚥は、飲み込んだ食べ物や水分が誤って気管に入ることで、むせたり、窒息や嚥下性肺炎（1255頁）をおこしたりする危険なものです。調理の工夫や見守りなどが欠かせません。

誤嚥をおこしやすい人はつぎのような人です。

- 液体を飲み込むのにむせたり、食べ始めや食べている途中でむせたりする。
- ひどいせきがつづいている。
- 食べ物を口の中にためたままいつまでもかみつづけたり、促してやっと飲み込んだりする。
- 食事時間が長くなったり、食べると疲れる。
- 義歯の使い始め、義歯が合わない。

できるだけ半身を起こして食事をし、咀嚼中には話しかけないようにし、また、つぎのような誤嚥をおこしやすい食品も避けてください。

- レモンや酢の物など、酸味の強いものや香辛料の強いもの。
- 生卵のようにするりと入るもの。
- 餅やコンニャクなど、弾力性があって噛み切りにくいもの。
- 海苔や葉菜など上顎にはりつくもの。
- とうもろこし、鶏ささみ、ウエハースなどパサパサして口の中で食塊をつくりにくいもの。

ワンポイント

ポータブルトイレを選ぶ

立ち上がるときに、十分に足を引ける余裕が必要です。また、便器は用便のつど洗うので、軽量で取り扱いやすいものを選びましょう。

用便のあと始末

排便後はすぐに片づけましょう。排泄物の性状など確認し、少し水を入れてトイレの便器に流し、ブラシできれいに洗います。トイレ内に水道があれば理想ですが、ない場合は、あらかじめバケツに水を用意しておきます。

居室にトイレコーナーを

床には滑りにくい防水シートなどを敷く。縁がめくれないように、滑り止めテープでしっかり止める。ついたてやカーテンなどを目隠しにし、壁には手すりをつけるとよい。

ポータブルトイレの例

▲いす型
安定感がある。肘掛けは高さの調節と取外しができる。ペーパーハンガーや収納用ポケットは左右付け替えられる。

▶洋式便器と組み合わせれば、高さの調節に利用できる。

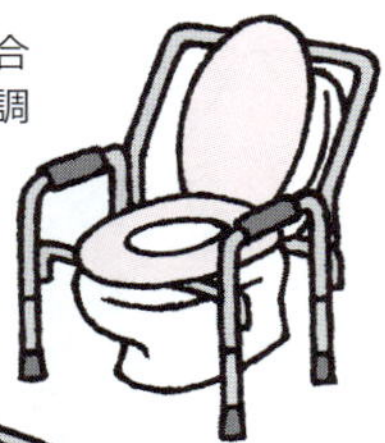

アルミ製トイレチェア

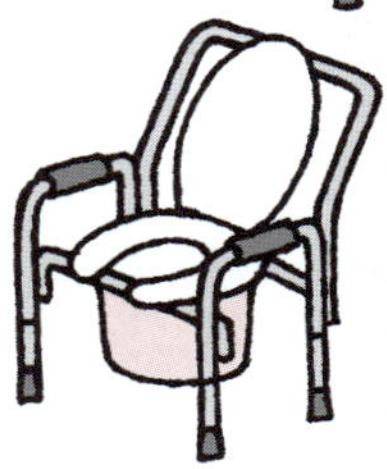

◀軽量で高さの調節ができ、便器を取り外せるので、手入れも簡単。

トイレ兼用シャワーチェア▲
軽量で車輪付きなので取り扱いやすくポータブルトイレとして利用できる。シャワー時には便器部分を取外す。

トイレに行く（い）

◆排泄の自立がポイント

排泄（はいせつ）は日々営まれる行為であり、健康なときでも病気のときでも、支障なく行われることはとてもたいせつなことです。それだけに、他人の世話にはなりたくないと思うのは当然でしょう。高齢者が自尊心を保ちながら生活するためにも、排泄の自立を促しましょう。

◉できるだけ便器に座る

座位が保てるかぎり、寝床での排泄は避けます。便器に腰掛けると、腹圧がかかりやすく肛門（こうもん）も下向きになるので、寝たままに比べ数段に排泄しやすくなります（座位の効用2199頁）。

トイレで排泄するには、尿意や便意の自覚、排尿や排便の自制ができ、トイレまで移動して排泄の一連の動作ができなければなりません。

もしトイレまで行くのがむりであれば、ポータブルトイレを利用しましょう。

自立した排泄のためにも、使いやすくお手伝

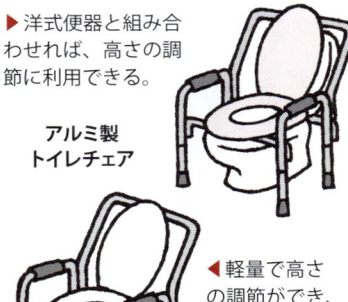

便器や尿器のいろいろ

利用者自身、または介護者が、尿器を支える必要があります。女性の場合はほとんど便器を利用します。

便器

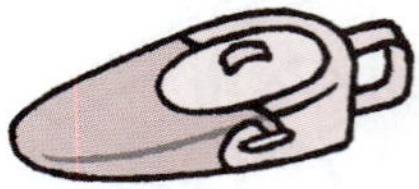

安楽便器（パッド付き差し込み便器）
ゆったりした座面に、専用パッドで冷たさもなく、自分でも差し込める。

ベッドパン（ステンレス製またはホーロー製便器）
座面が広いので安定感がある。陰部洗浄にも利用できる。

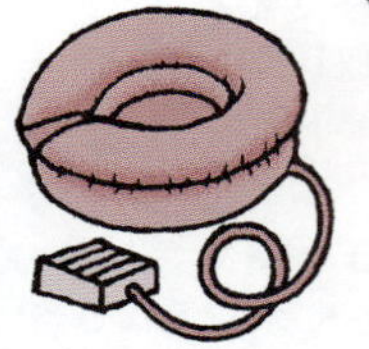

ゴム製便器
弾力性に優れるので、長時間使用しても疲れにくい。空気でふくらませる。

エアトイレ
便器の固さは空気の入れ具合で調節する。ソフトで痛くない。アダプターを洗うだけなので手軽。

採尿器

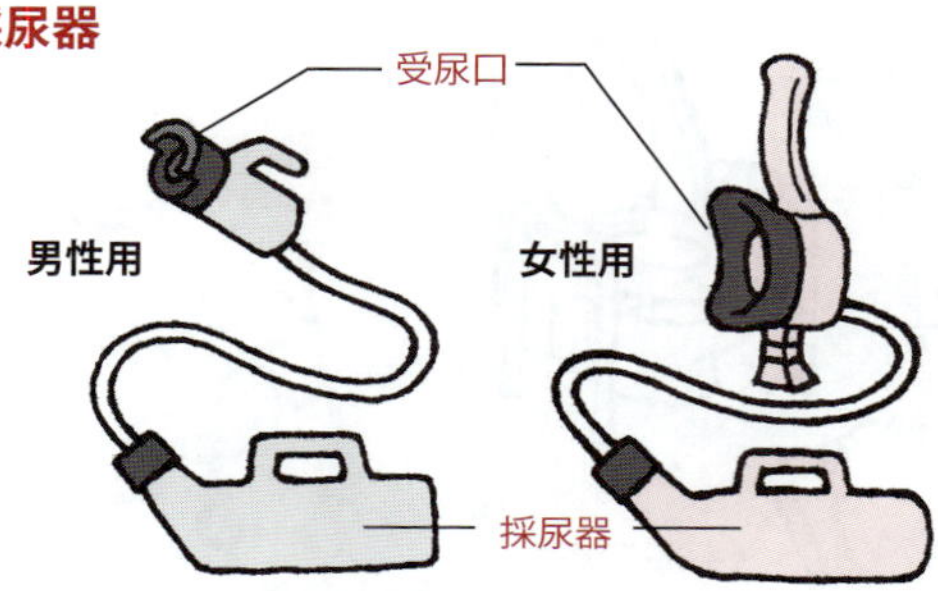

男性用と女性用では受尿口の形がちがう。採尿器をベッドの下に置き、受尿口だけをあてることができるので、夜間や寝たままで用いるのに便利。

尿器

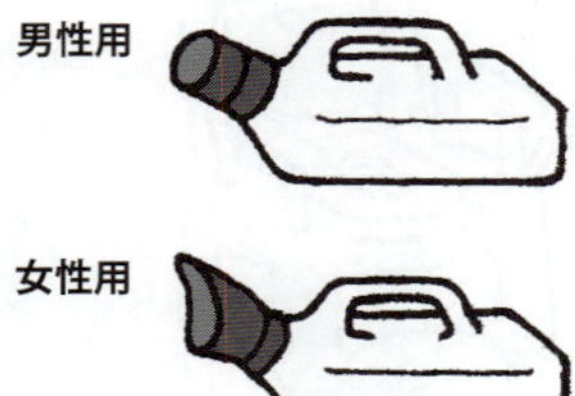

ガラス製よりプラスチック製のほうが軽くて使いやすい。体位に合わせて受尿口が回転するものもある。

いしやすいトイレへの改修や廊下などの手すりの設置も考えたいものです。

◆尿器や便器を使う

◉できるだけおむつは避ける

座位がむりであっても、尿意や便意を感じるうちは、できるだけおむつの使用は避けるのが賢明です。そうすることで排泄の機能や感覚が保たれ、陰部の清潔が保たれるからです。

尿器や便器は、寝返りや腰上げができ、片方の腕を動かせられればひとりでも使えます。使用するときは布団の上に防水シートを敷き、あてがってから下半身をタオルでおおい介護者は席を外します。

寝たままでは腹圧がかからず、排泄しづらい場合は、なるべく上体を起こし、下腹部を軽く押さえたり、陰部にぬるま湯をかけたり、温かいおしぼりをあてると排泄しやすくなります。

◉高齢者の自尊心を傷つけない配慮を

慣れないうちはこぼすこともありますが、やがて上手にできるので見守ることがたいせつです。汚されるのを嫌がったり怒ったりするのは、高齢者の自立心や誇りを奪うことになります。

◉排泄が終わったら

自分で拭けない場合は介護者が拭きましょう。

家庭での介護（看護）

便器の使いかた

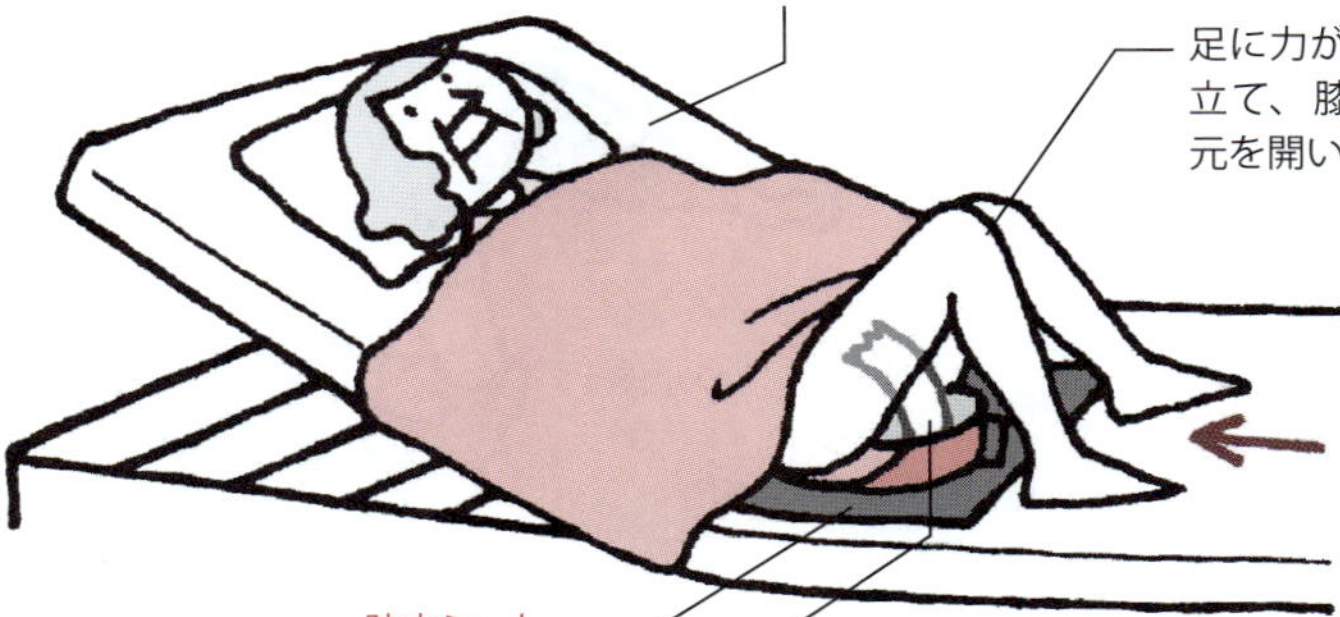

上体を上げると腹圧をかけやすい。ベッドの角度は、高齢者の体調などにより可能な範囲で上げる
足に力が入るように膝を立て、膝頭を合わせ足元を開いてもらう
片方の手で便器を持ち、もう一方の手で腰を持ち上げるようにして便器をお尻の中央まで差し込む
防水シート
女性は排便時に排尿もみられるので、トイレットペーパーを細長く重ねて陰部をおおい、端を便器にたらして尿が飛び散らないようにする

準備ができたら、バスタオルなどで下肢をおおって、座をはずします。終わったら声をかけてもらいましょう。男性の場合は、先に排尿をすませるか、そうでなければ尿器を一緒に用意しておきます。

ワンポイント

便器の差し込み位置

便器の先端がウエストの位置あたりになるように差し込むと、お尻がちょうど便器の真ん中で安定します。

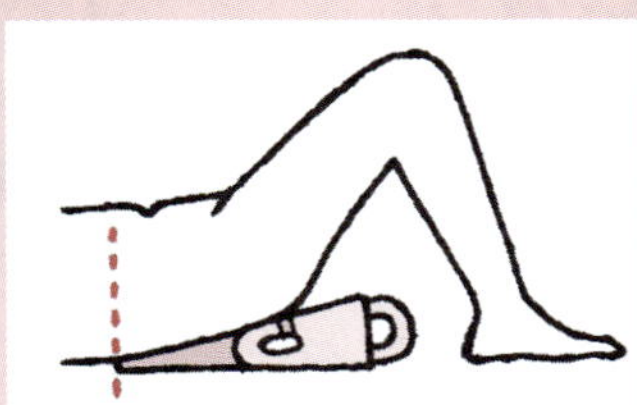

便器の工夫

あらかじめ便器の中にペーパーを敷いておくと、便器の汚れも少なく、あと始末も簡単です。腰があたる部分に柔らかい布カバーや紙おむつをかぶせれば、皮膚へのあたりが優しくなります。

女性の場合は前から後ろに向かって拭き、けっして後ろから前には拭かないように気をつけます。専用のウェットティッシュなどでさらに拭くとさっぱりします。自分で拭いた場合は手を洗ってあげることを忘れずに。

◉速やかな換気と尿や便の観察を

居室の場合、排泄後は便器のふたをしめ、速やかに換気を行いましょう。便器はすぐに片づけますが、トイレに流す前に尿や便の量、色、におい、便のかたさや尿の濁りなどを観察します。いつもとちがうようであれば、流さずにかかりつけ医に相談しましょう。

◆排泄の介助をする

トイレの介助では、高齢者のできることは自分でしてもらうようにします（次頁）。お手伝いはひと声かけてから嫌がらない程度に行い、用を足しているときは、トイレの外に出て待ちます。下着を汚したり、トイレに間に合わなかったとしても、非難や愚痴は慎み、自分でトイレに行けることをありがたいと思いましょう。

自力で腰上げのできない高齢者に尿器や便器をあてる場合、体重が重ければむりをせず、家族に手伝ってもらいましょう。便器が差し込みにくければ紙おむつでも代用できます。

介助 トイレを使う

注意すること

●自分でできることは、可能なかぎりやってもらい、できないことだけ手伝うようにする。
●用を足しているときにはトイレの外に出るなどして、プライバシーに配慮する。

❶手すりにつかまってもらい、後ろから下着をおろす。

❷首にしっかりとつかまってもらったら、片方の足を高齢者の足の間に入れ、支えながらゆっくりと腰掛けさせる。排泄がすむまで外で待つ。

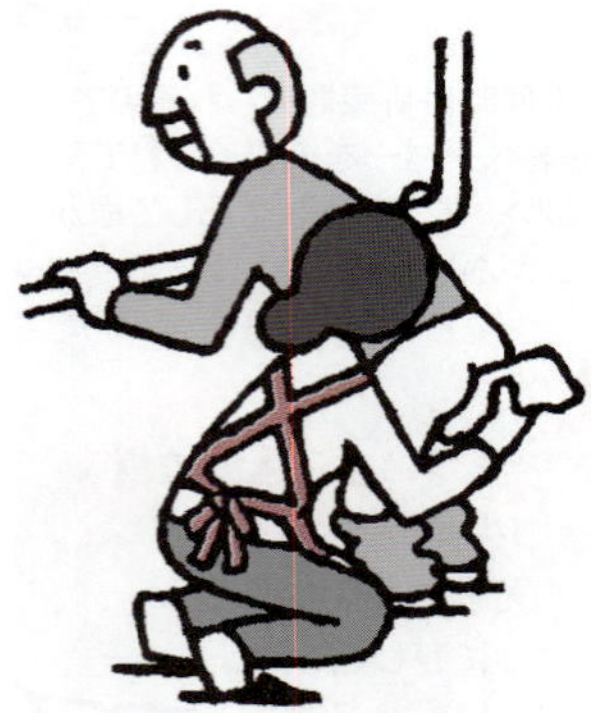

❸排泄後、自分で拭けない場合は、手すりにつかまってもらい、中腰の状態で前から後ろへと拭く。

ワンポイント

便意を促す（便秘対策）

臥床をつづけていると、運動不足などで便秘がちになります。下剤や浣腸などを用いる方法もありますが、まず、生活リズムを調整したり、便通のよくなる繊維質の多い食事や水分を十分にとるなどしてください。

腹部マッサージ法

自分で、おへそを中心に時計回りに円を描くようにマッサージすると効果があります。自分でできない場合は介護者にやってもらいましょう。

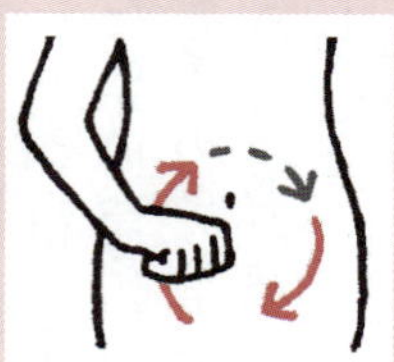

赤い線の部分を重点的に行う

腰の温罨法

横向きにして、全身清拭の要領で、数枚の蒸しタオル（つくりかたは2173頁参照）を腰にあて、その上をバスタオルでおおって15分くらいそのままにします。ガスのためおなかが張っているときにも効果的です。

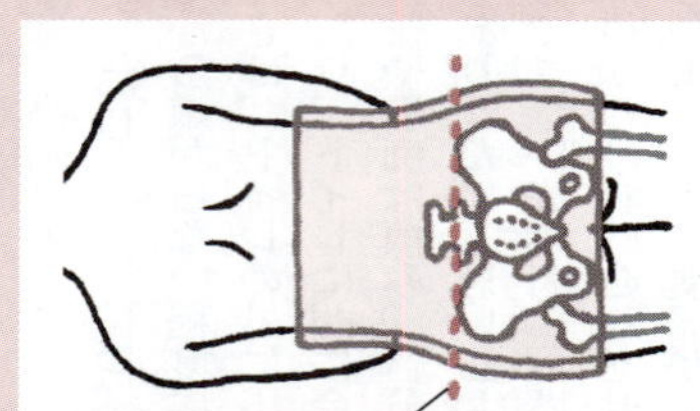

この線のあたりを中心に温める

家庭での介護（看護）

おむつのいろいろ

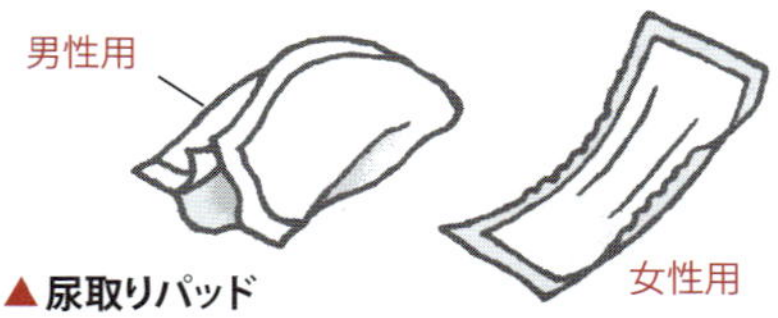

▲尿取りパッド
形や吸収量など多種類ある。失禁用パンツや紙おむつと併用することもある。

▶紙おむつ
フラット型、パンツ型、テープ型があり、吸収量もさまざまなものがある。

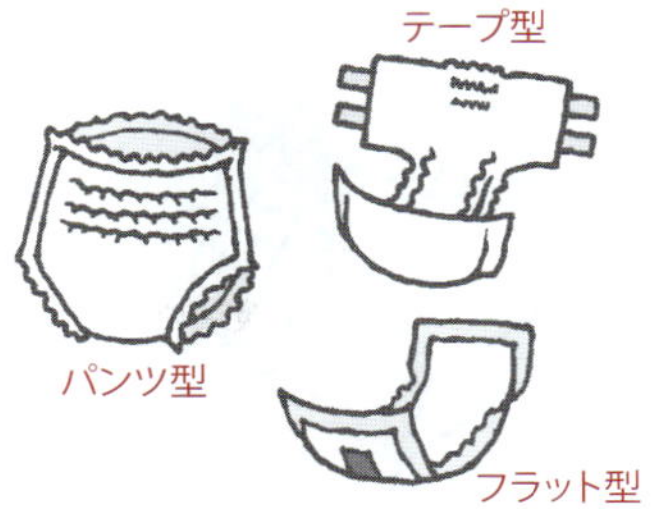

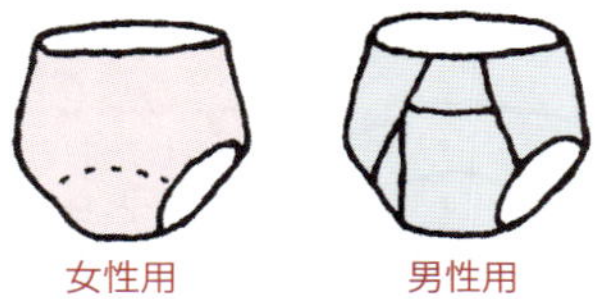

▲失禁用パンツ
股の部分が少量の尿を吸収できる。
消臭作用・抗菌作用などを備えたものもある。

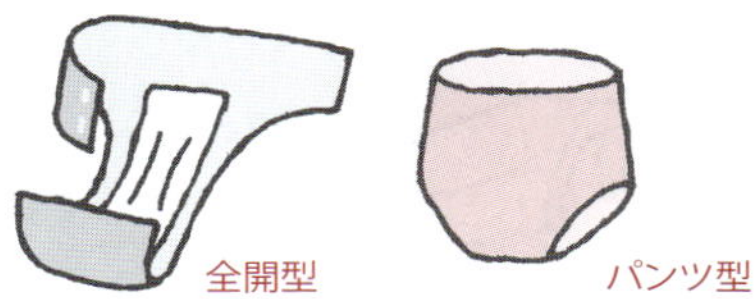

▲おむつカバー
全開型、パンツ型（立ったままの交換が可能）、パッドを用いるパッド用がある。

紙おむつの選び方

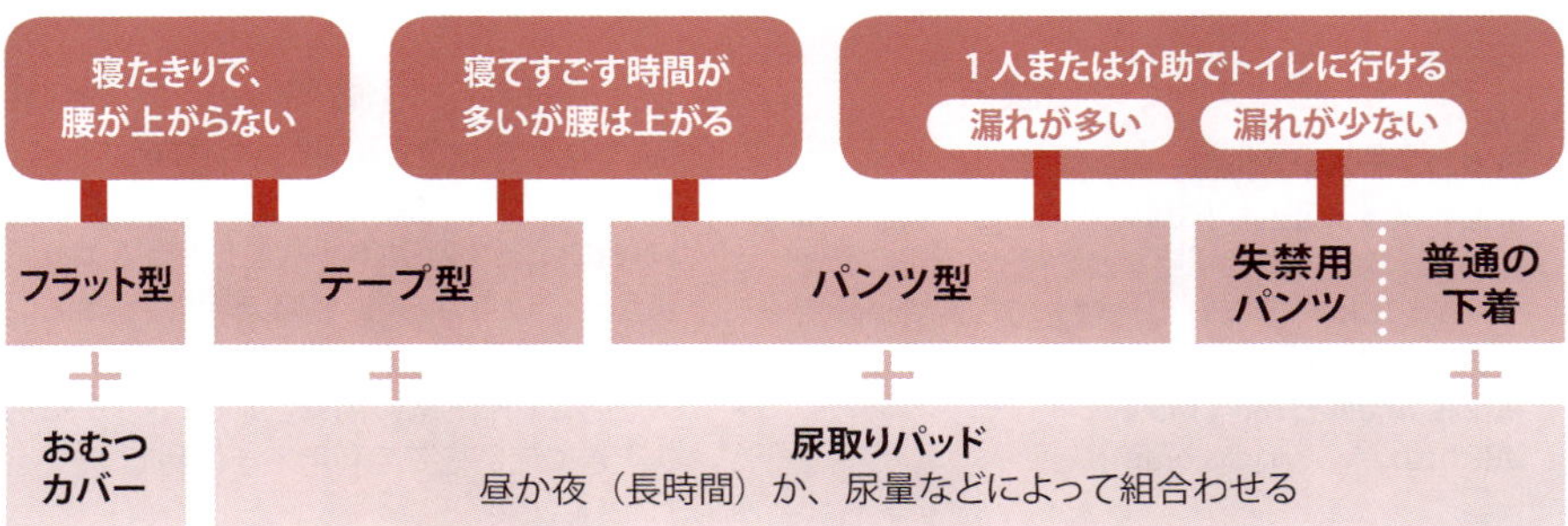

◆おむつを使うとき

◉おむつを使うときの条件

からだが衰弱してきたり、脳卒中などの病気で意識が鈍くなったり、下半身がまひしている場合、また、尿意や便意がない、失禁が頻繁にあるなどの身体的理由がある場合は、やむをえずおむつを使用することになります。

いっぽうで、失敗を恐れて外出をためらう場合や安静のためなど、おむつ使用が有効なこともあります。しかしつねに「おむつを外し、排泄の自立」を念頭におくようにしましょう。

◉排泄のつど取替えるようにする

おとなの場合は排泄量も多く、悪臭もあります。また、そのままにしておくと、陰部が不潔になり、なにより高齢者本人が不快に感じます。排泄のつど取替えてください。

排泄の世話は、されるほうの心の負担も大きいものです。自然にさりげなくを心がけましょう。「臭い」「汚い」は禁句です。

◉条件に合ったおむつを選ぶ

おむつには形状や吸収量など、多くの種類があるので、失禁の量、体形、認知症の有無、寝たきりか、ある程度は動けるのか、介護の手はあるのかなどを考慮して使い分けましょう。

介助 おむつを交換する

ビニールシートを
敷いておく

❶おむつカバーを開き、膝を立てておむつを外したら、汚れを拭き取る。

❷汚れを中にしておむつを丸め、横向きにしておむつを抜き取る。

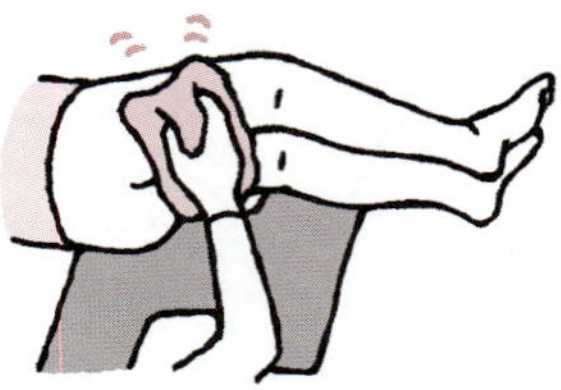

❸蒸しタオルで軽くたたくようにして拭いた後、乾いたタオルで拭く。

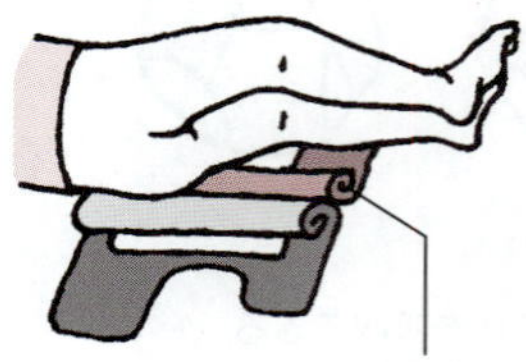
前のおむつカバーは
丸めて向こう側に寄
せておく

❹新しくセットしたおむつカバーとおむつの向こう半分を丸めて、お尻の下に差し込み、姿勢を元に戻す。

＊お尻の汚れがひどい場合は、おむつを抜き取ったら、新しいおむつを敷いて、ぬるま湯で洗い流した後、蒸しタオルで拭き取ります。おむつの代わりに手作りのケリーパッド（2176 頁参照）を利用してもよいでしょう。

排泄についての相談窓口

日本コンチネンス協会

排泄に関する正しい知識の普及と用具などの情報提供、無料の失禁相談などを行っている。ウェブサイトには排泄障害の治療を行う病院、診療所リストを掲載している。

電話相談：050-3786-1145

URL:http://www.jcas.or.jp

使い捨て布を常備する（ワンポイント）

お尻の汚れがひどい場合は、おむつを抜き取ったら、新しいおむつを敷いて仰向けにし、ペットボトルなどを使ってぬるま湯をかけながら洗い流します。不要になったタオルやシーツなどを使いやすい大きさに切って常に用意しておくと、こんなときに使い捨てで利用でき便利です。

・布製おむつ＝フラット型。洗濯してくり返し使える。耐久性があり経済的だが、吸収量が少なく、おむつカバーが必要なので蒸れやすいことが欠点。

・紙おむつ＝皮膚に接する部分は不織布で、吸収材により吸収した尿は逆流しない。吸収量も200～1000㎖と各種ある。使い捨てのためコストがかかる。フラット型、パンツ型、テープ型がある。

・その他＝失禁パンツ（使い捨てもある）、尿取りパッド（おむつや失禁パンツと併用）。

◆おむつ交換をするときのポイント

あらかじめ、ベッドサイドに交換用のおむつ、トイレットペーパー、使い捨て袋、タオルケット、防水のためのシート、新聞紙など、必要なものを準備しておきます。陰部洗浄が必要な場合には2175頁を参照してください。消臭剤も手の届くところに用意しておきましょう。

◉おむつをあてるときの注意

男性は前、女性は後ろの部分を厚くします。あてるときには腹部を強く圧迫しないように注意し、おむつの中央を背骨の位置に合わせずれないようにします。背中にしわが寄らないようにし、足が自由に動かせるようにしておきます。

介助 入浴とシャワー浴

バスボードを使って浴槽に入る

高齢者はバスボードに腰掛け、介助者はまひ側から介助する。一方の手で背中を支え、まず健側の足から浴槽に入ったら、もう一方の手でまひ側の足を持ち上げる。

手すりを使って浴槽に入る

高齢者は手すりにつかまりながら入る。さらしなどを腰ひもとして結ぶと介助しやすくなる。

＊身体を洗う場合は、石けんをよく泡立て、末端から順に中心に向かって洗っていきます。陰部などはできるだけ自分で洗ってもらい、できないところをお手伝いするようにします。

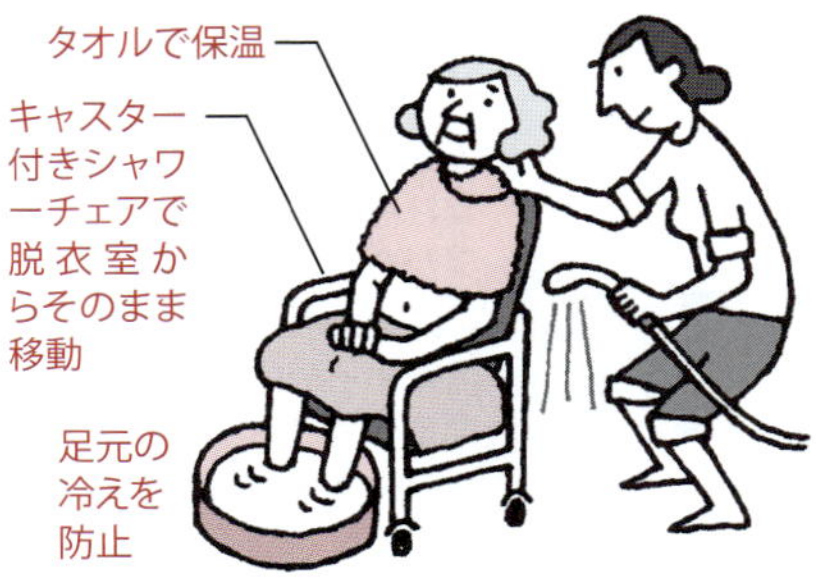

シャワー浴の介助

浴槽に入るのがむずかしい場合や体力のない場合はシャワー浴を。湯温は前腕部に快く感じる程度にする。からだが冷えないように肩にタオルをかけ、湯は下半身からかけていく。

＊シャワーを止めるときは、からだに湯があたらない位置にしてから止めます（間違えて栓を逆にひねったときのやけど予防）。

＊シャワーチェアはいろいろな種類が市販されていますが、自治体によっては日常生活用具の給付（貸与）対象の場合もあります。購入する前に地域包括支援センターなどに問い合わせてみましょう。

ワンポイント 安全な入浴のために

- 入浴は食前または食後1時間以上あけ、入浴時間は15～20分以内にする。
- 湯を足→下肢→胴と順にかけて皮膚血管を拡張させてから湯に入る。
- 心疾患やぜんそくのある人は湯温を低め（40℃以下）にし、くびまでつかる全身入浴をさけて、乳首の位置までの半身入浴にする。
- 発熱や血圧が200mmHg以上の場合は入浴しない。
- 主治医の指示を守る。
- からだに石けんがついていると滑りやすいので、支えるときには気をつける。タオルをかけるとよい。

清潔（せいけつ）を保（たも）つ

◆入浴のもたらす効果と危険

入浴は、「からだをきれいにする」「血液の循環をよくし、新陳代謝を促す」「適度な疲労により安眠をもたらす」などの生理的な効果や、気分転換、リラックス、ストレス解消など精神的な効果も期待されます。

しかし、高齢者や病人にとっては、入りかたによっては疲労の原因になったり、高血圧の症状をもつ場合は、血圧の変動が大きくなったりすることで、入浴死（入浴中の病死や溺死（できし））などのトラブルを引き起こすこともあります。

◉高齢者の入浴の基準

冬の寒い浴室と熱いお湯の温度差は、血圧に急激な変動や脈拍の急上昇をもたらします。あらかじめ、脱衣室は暖房で温め、浴室は浴槽のふたをとって湯気で満たすなどして温度差を解消しておきます。また、湯温は39～40℃とし、湯につかる時間は5分以内、入浴時間は15～20

部分浴の効果

▲**肘浴**
肩こりと首筋のこりを軽減する。深めの洗面器に40〜42℃の湯を入れる。肘を曲げて座ったときに、脊椎が曲がらない高さに洗面器を置く。

◀**手浴**
手の清潔と鎮静効果がある。お湯に手を浸し、片方ずつ洗う。まひがある場合は、十分に温めてから指の間もきちんと洗う。

▼**シャワー浴**
心身爽快、ストレス解消効果がある（前頁参照）。

▲**足浴**
爽快感と鎮静効果、入眠効果がある。両足がいっしょに入るぐらいの大きめの容器にぬるめの湯を入れる。温まってから指の間まできれいに洗う。次にはる湯は少し温度を高くする。

入浴ができない場合には（ワンポイント）

なんらかの事情で入浴できない場合は、全身清拭と部分浴を組み合わせれば入浴の効果が得られます。

また、家族の介助だけでは入浴が困難な場合は、寝たきりでも入れる「訪問入浴サービス」を利用しましょう。介護職員と看護職員からなる3、4人のチームで、1坪ほどのスペースがあれば全身入浴ができます。介護認定が必要なので、ケアマネジャーを通じて申し込みます。

分以内とします。また、病人の場合は主治医の許可を受け、指示に従いましょう。

●入浴中に具合が悪くなったら

顔色が悪くなったり、生あくびをするようなときは、すぐ浴槽から出して休ませます。のぼせや脳貧血をおこしたら、冷水で絞ったタオルで顔を拭いたり、冷水でうがいをさせます。

●転倒防止に十分な配慮を

浴室は滑りやすく、脱衣室との段差につまずいたり、浴槽に入るときに転倒するなど、足腰の弱った高齢者には危険なことがいっぱいです。浴室のバリアフリーなど、改修については2157頁を参照してください。

◆入浴の代わりにシャワー浴や部分浴を

体調が悪くて入浴はむりな場合、まひなどで浴槽の出入りが危険な場合、また、介助者にとって負担が大きい場合には、シャワー浴が適しています。お湯の温度を確かめ、足元から順にからだ全体へとかけ温めます。石けんで洗ったら、十分にお湯で流します。肩にタオルをかけ、からだが冷えないように気をつけましょう。

手浴、足浴、肘浴などの部分浴、全身のシャワー浴などは、温めることによるさまざまな効果が期待できます。おおいに活用しましょう。

家庭での介護（看護）

全身清拭のために準備するもの

石けんを使う清拭

石けんをよく泡立てたウォッシュクロスで拭いた後、蒸しタオルを３回以上かえて、石けん分を拭き取る。最後に乾いたタオルで水分をよく拭き取る。

清拭剤を使う清拭

清拭剤を薄めたお湯を含ませたタオルで拭く。乾いたタオルで水分をよく拭き取る。清拭剤は洗い流さなくてよいものが便利。

＊清拭後、皮膚の状態によりオリーブオイルやパウダーをつける。

ワンポイント

蒸しタオルは電子レンジで

水に浸し、絞ったタオルを、必要本数だけビニール袋に入れて電子レンジで温めます。かなり熱くなるので、ビニール袋に入れたままにしておけば、さめずに最後まで使えます。タオルは1回の清拭に使う分を十分に用意しておくとよいでしょう。

入浴感が得られる熱布清拭

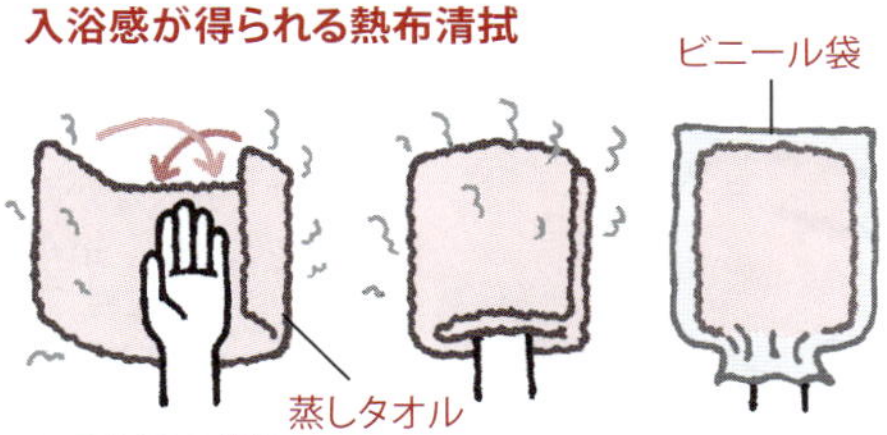

▲手と足の場合

蒸しタオルでそれぞれの手をくるんでから、ビニール袋でおおう。両足はいっしょに蒸しタオルでくるんで、手と同様にビニール袋でおおう。

▶背中の場合

からだを横向きにする。蒸しタオルはスポーツタオルのような厚地のものを用い、背中にあてたらその上をバスタオルでおおう。まひのある場合は健側を下側にする。

◆清拭のしかた

清拭（せいしき）は英語で「ベッド・バス」ともいい、からだを熱い蒸しタオルで拭く（ふ）こと。からだを清潔にし血液の循環を促すなど、入浴と同様の効果があります。

体調をみながら、できれば座位で拭きましょう。自分で拭けるところは、自分でやってもらうようにします。全身清拭が無理な場合は手浴や足浴だけでも気分はよくなるものです。

●全身清拭の方法

清拭には、石けんを使用する、清拭剤を使用する、お湯だけで拭くという方法があります。そのときの病人の気分や状態、介護者の時間的余裕などによって方法を選びましょう。部分的に拭いてもよいのです。つぎのように胸や背中を温めるとより入浴と同様の効果が得られます。

①胸全体を蒸しタオルでおおい、その上をバスタオルでおおう（熱布清拭、背中の場合参照）。
②胸を温めている間に両腕を拭く。
③タオルを外し、胸からおなかにかけて拭く。
④背中を胸と同様に蒸しタオルで温めている間に、両下肢を拭く。
⑤タオルを外し、背中からお尻（しり）を拭く。
⑥最後に陰部清拭と足浴をして終える。

各部位の手際のよい清拭のしかた

❶ 顔
顔面、耳、くびの順に拭く。耳の後ろ側、くびすじ、顎の下のくびれはとくに丹念に拭く。

❷ 両腕
拘縮のある場合は、先に温めておく。手先から腕の付け根に向かって拭いていく。指の間も拭く。

❸ 胸からおなかにかけて
腹部を圧迫しないようにして拭く。おへそはオリーブオイルをつけた綿棒を使う。

❹ 背中からお尻にかけて
静かに横向きにして拭く。まひがある場合は健側を下にする。

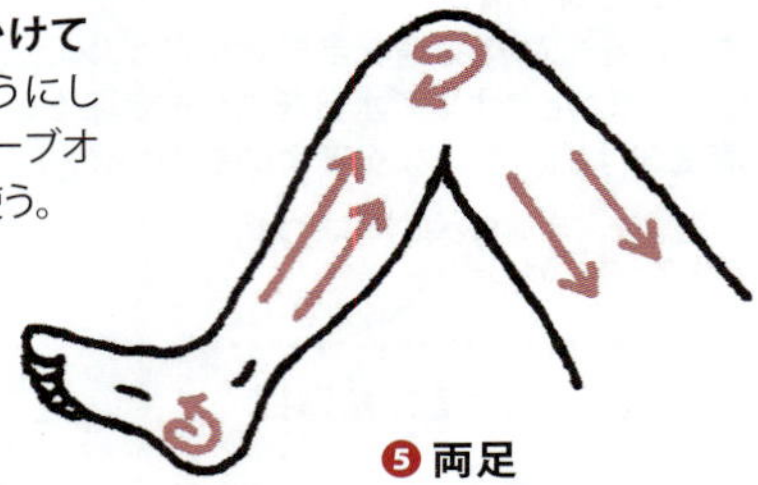

❺ 両足
膝を立て足の付け根に向けて拭く。かかと、くるぶし、指の間もていねいに拭く。

ワンポイント

全身清拭の順序

原則として、次の順序で行いましょう。

1 顔面・耳・くび → 2 両腕 → 3 胸→ 4 おなか → 5 両足 → 6 背中 → 7 お尻 → 8 陰部

蒸しタオルの熱さを確かめる

蒸しタオルの熱さは、必ず介護者の上腕部の内側にあてて確認しましょう。

石けん分をよく拭き取る

石けんはよく泡立てて用います。蒸しタオルを３回以上換えてよく拭き取りましょう。

◉1週間で全身を一巡を目安に

清拭はいちどに全身を拭こうとするとけっこう時間がかかるものです。また、体力も消耗しますから、熱があるときや血圧が高いなど体調がすぐれないときには控えます。1週間で全身を一巡するくらいを目安にしてもよいでしょう。

時間の余裕がない場合には、清拭剤を使って手軽に行ったり、蒸しタオルで拭くだけでもさっぱりとします。

家庭での介護（看護）

陰部洗浄のしかた

陰部をぬるめ（38℃くらい）の湯で軽く洗い流してから、泡立てた石けんで洗浄する。十分に洗い流したら、乾いたタオルで拭く。洗浄時には使い捨て手袋をつけるようにする。

寝たままで行う場合

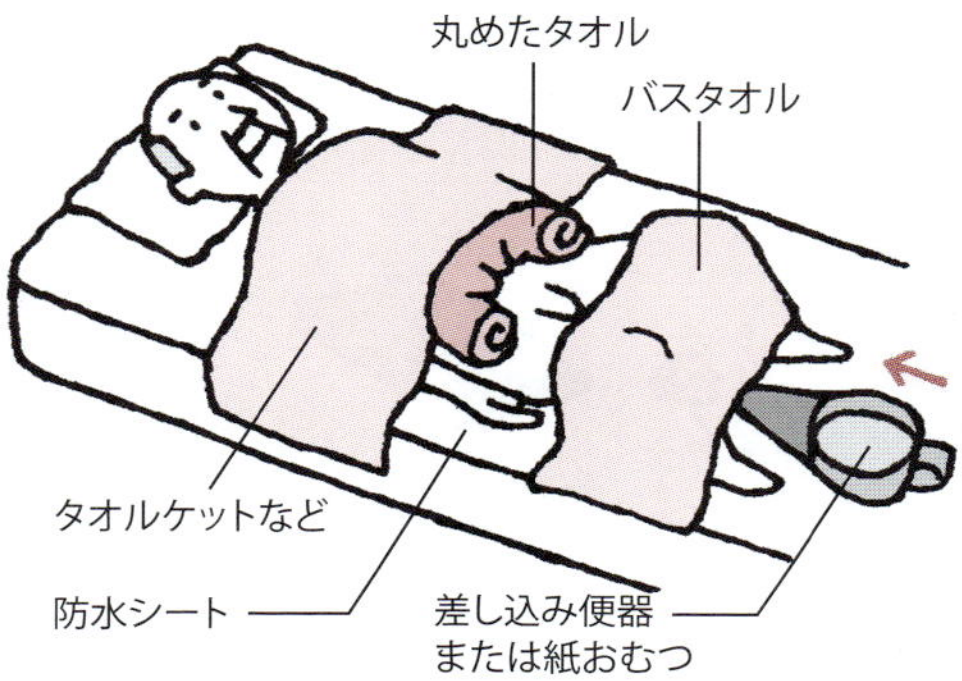

両膝を立てて広げる。まひがある場合には別の人に膝を支えてもらう。差し込み便器を使う場合は、腰の下にクッションなどを入れて腰を浮かせる。お尻に便器または紙おむつをあてる。洗浄時に湯が腹部に流れないように、U字形に丸めたタオルを恥骨上に置く。

ポータブルトイレに腰かけて行う場合

深く腰かけ、足を開いた状態で行う。膝は体温保持のためバスタオルでおおう。

＊便器やおむつの代わりに陰部専用のケリーパッドを使ってもよい。手作りケリーパッドは2176頁を参照。

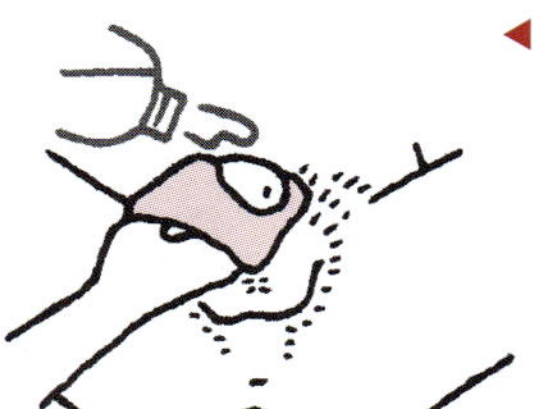

◀ **男性の場合**

ペニスを持ち上げ、しわの間や裏側も洗う。亀頭部は垢がたまりやすいので、ていねいに。最後に肛門を洗う。

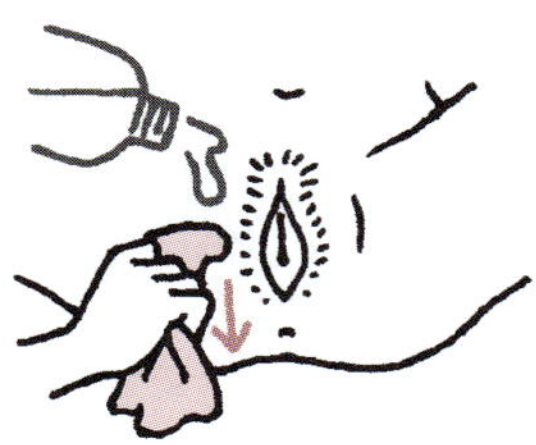

◀ **女性の場合**

陰部から肛門に向けて、皮膚の重なりを開いてやさしく洗う。肛門付近の雑菌が尿道口につかないように注意する。最後に肛門を洗う。

◆陰部洗浄は毎日行う

清拭は、一度に全身を拭こうとすると時間も手間もかかります。1週間で全身を一巡するくらいでもよいのです。ただし、陰部だけは汚れやすく、膀胱炎の原因にもなるので、少なくとも1日に1回、できれば排便のたびに清拭よりも洗浄を行いたいものです。

◉陰部洗浄で注意すること

腰が上がる場合は、差し込み便器などを用いて洗い流します。座位が保持できればポータブルトイレを利用して、座って洗浄します。

清拭であれ洗浄であれ、気をつけることは、陰部を上から下に向かって洗う（または、拭く）ことです。ウォッシュクロス（ガーゼなどでよい）に石けんを泡立て、傷つけないように十分に配慮して洗いましょう。

石けんで洗い終わったら、シャワーボトル（飲料水のペットボトルなども利用できる）でぬるめのお湯をかけながら、別のウォッシュクロスで洗い流します。最後は乾いたタオルで水分を十分に取除きます。

座って行う場合は、自分でできることはできるだけやってもらうようにし、お湯をかけるなどのお手伝いをします。

洗髪のために準備するもの

＊ケリーパッドは、自治体によっては日常生活用具の給付（貸与）対象の場合もあるので、購入する前に地域包括支援センターなどに問い合わせてみましょう。また、家庭にあるものを利用して簡単につくることもできます。高齢者のくびや肩に負担のかからない、水の流れやすいものを工夫しましょう。

ケリーパッドのつくりかた

用意するもの

大判のバスタオル…1枚
（セーターなどで代用してもよい）
新聞紙…4、5枚
洗濯ばさみ…2個
輪ゴム…2本
45～70 ℓ 用ビニール袋…1枚

❶新聞紙を棒状に丸める。

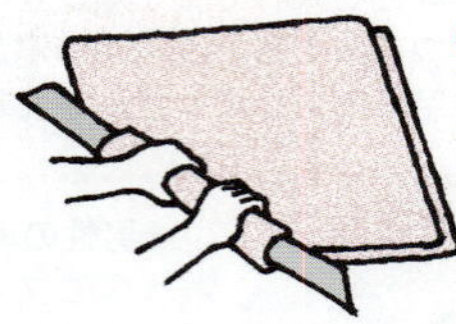

❷①を芯にして、半分に折ったバスタオルで巻く。

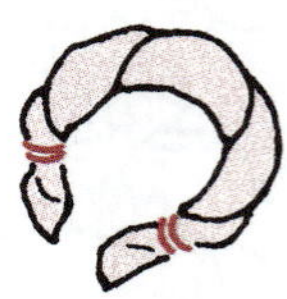

❸バスタオルの両端を輪ゴムで止める。

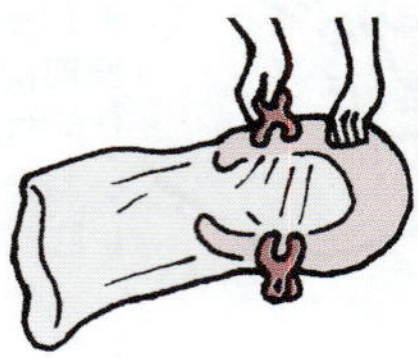

❹ビニール袋に入れて両端を洗濯ばさみで止め、形を整える。

◆髪を清潔に保つ

◉週に2回は洗髪を

頭皮や髪の毛は汗や皮脂で汚れやすく、かゆみやにおいの原因になります。洗髪の目的は、汚れを落として清潔にし、マッサージによって血液の循環を促し、気分をさわやかにすることです。清潔できれいな髪は対人関係において自信や積極性にもつながります。また、頭皮のトラブルを早期に発見できるメリットもあります。

頭皮の汚れは常在菌による皮脂の分解物質などが原因ですが、洗髪後3日ほどで汚れの原因物質が増えるといわれます。週に2回は洗髪するようにしましょう。

洗髪前にはよく髪をブラッシングして、ふけや汚れを浮かせておくとよく落ちます。一般にシャンプーやリンスを使いますが、髪の毛のない場合は石けんも使います。その場合はよく泡立て、目に入らないように注意しましょう。

◉洗髪は体調のよいときに

洗髪はかなり負担になるものなので、入浴ができる場合でも、体調によっては洗髪を別に行ったほうがよいこともあります。また、病状によっては洗髪できないこともあるので、医師に確かめておきましょう。頭皮に湿疹（しっしん）などがある

家庭での介護（看護）

ベッドでの洗髪のしかた

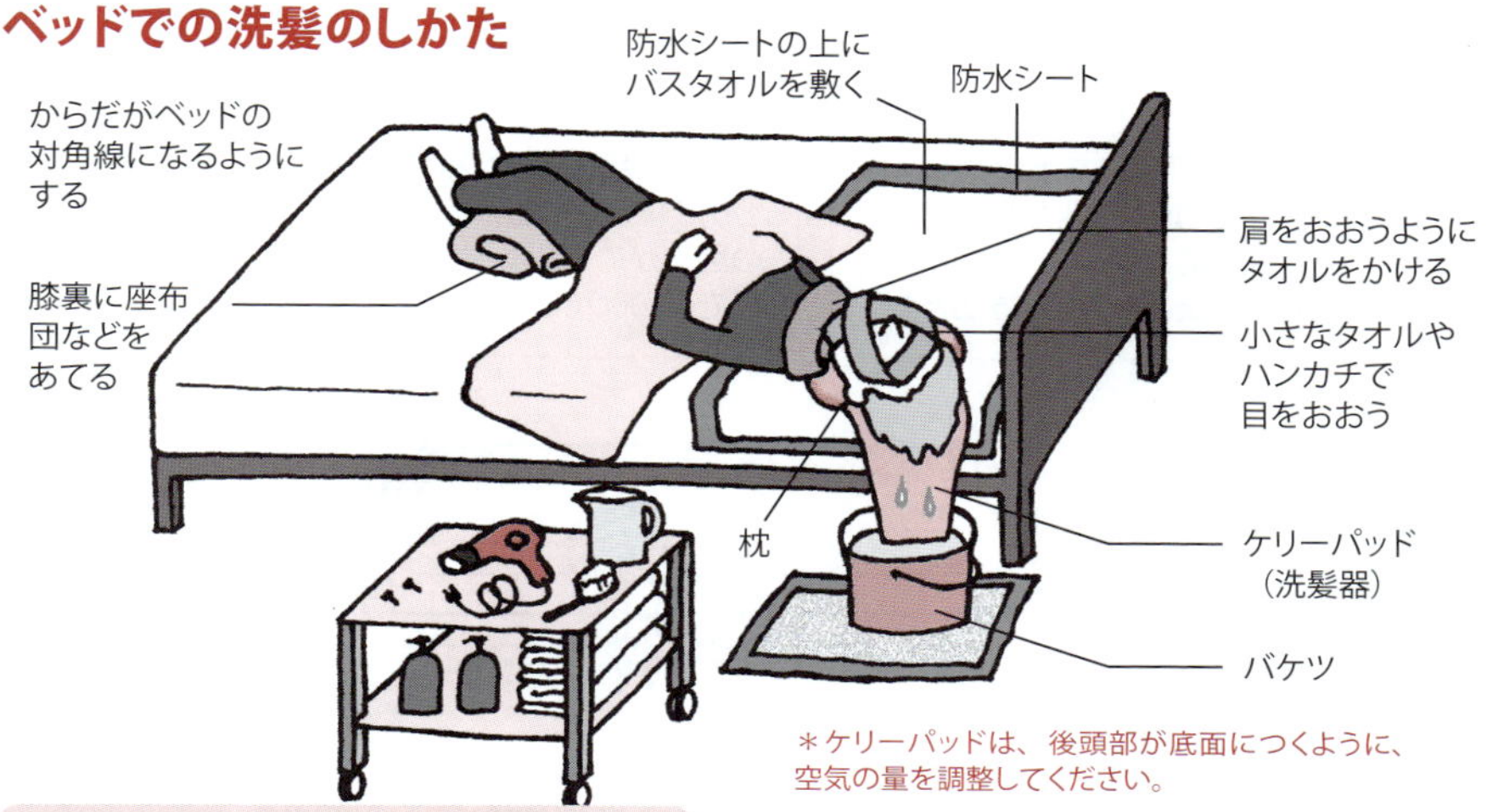
防水シートの上に
バスタオルを敷く
防水シート
からだがベッドの
対角線になるように
する
肩をおおうように
タオルをかける
膝裏に座布
団などを
あてる
小さなタオルや
ハンカチで
目をおおう
枕
ケリーパッド
（洗髪器）
バケツ

＊ケリーパッドは、後頭部が底面につくように、空気の量を調整してください。

❶耳栓し目をタオルでおおう。髪をブラッシングしてほこりやもつれをとり、お湯で予洗いする。このときに湯加減を調整する。

❷手のひらにシャンプーを伸ばして髪につけ、指の腹で頭皮をマッサージするように洗う。片方の手でしっかり頭を支える。

❸えりあしや耳の後ろは、頭を持ち上げてとくに念入りに洗う。

❹泡を絞る。

❺お湯を少しずつかけてすすぐ。後頭部や耳の後ろは頭を少し横にして、手で耳を内側に押さえるようにして流す。

❻ケリーパッドを外し、胸のタオルで髪を包むようにして水分をとる。耳栓と顔のタオルをとる。

❼頭の下に敷いたバスタオルで十分に拭く。最後にドライヤーで乾かし、髪を整える。

ときには、症状が軽ければお湯で洗うだけにし、ひどい症状であれば、皮膚科を受診しましょう。

●高齢者の状態に沿った方法で

体力があり、座位が保持できるのであれば、いすに腰掛け、むりなく頭を前に下げてちょうどよい位置にバケツを置いて行うか、洗面台を利用しましょう。

寝たまま行うのであれば、布団の場合は布団を肩のあたりまで折り込んで、頭が布団の外に出るようにします。ベッドの場合は枕を外し、からだをベッドに対して斜めの位置に移動します。肩の下に座布団などをあてて、頭を下げるようにしてケリーパッドで頭を固定しましょう。

●お湯が使えないときの洗髪法

熱があったり、安静にしていなければならない場合は、お湯を使った洗髪はひかえます。

・ドライシャンプー＝頭を熱めの蒸しタオルでくるみ、全体をマッサージしたら、ドライシャンプー剤を頭皮にすり込みます。熱い蒸しタオルでよく拭き取った後、乾いたタオルで水分を取り、髪を乾かします。

・オイルシャンプー＝50%アルコールを湯せんにし（濃い場合は水を加える）、タオルかガーゼに含ませて頭皮、髪の毛を拭いたら、蒸しタオルでよく拭き取り、乾かします。

ベッドを選ぶポイント

マットレスのかたさ
寝返りや起き上がり、立ち上がりの動作には動きやすく、からだが沈まないかためのマットレスを選ぶ。マットレスの上を安心して歩けるかたさを目安にするとよい。

ベッドの幅
自立を目標にするなら、ひとりで寝返りや起き上がりの動作ができるように、最低でも100cmの幅が必要。

介助バー
介助なしではまだ不安が残る場合の必需品。立ち上がりやポータブルトイレへの移乗などが、ひとりでできる。さまざまな種類があるので、状態に合わせて選びたい。

床からマットレスまでの高さ
基本はベッドに腰掛けたときに、膝を90度に曲げた状態で、足裏全体が床に着く高さがよい。介護支援ベッドには高さを調節できるものもある。

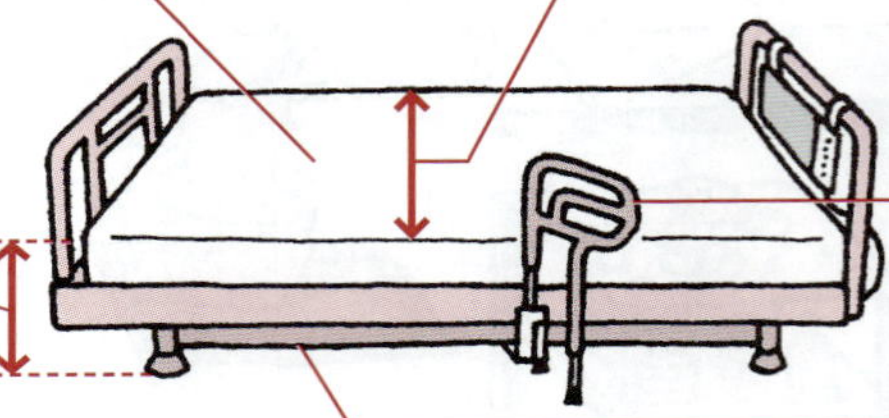

ベッド下の空き空間
立ち上がりの動作（2220頁）は、足を引いて前かがみになるのが自然。ベッドからの立ち上がりをむりなく行うためにも、ベッド下に十分な空間があるか確認。

ワンポイント
特殊寝台やその付属物は介護保険でレンタルできる福祉用具です。高齢者の状態は変化するものなので、必要な場合はまずレンタルを検討してみましょう。地域包括支援センターや保健所などで相談に応じています。

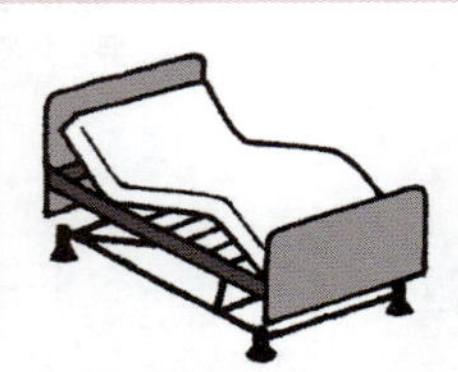

▲**特殊寝台**　背部が持ち上がり、上半身を起こせるギャッジベッド、介護しやすいように電動で高さが調節できる介護支援ベッドなどがあります。

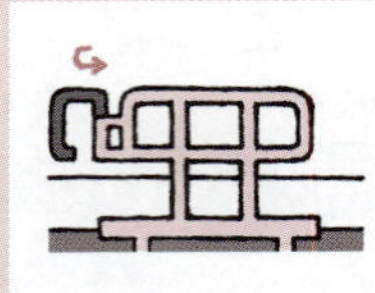

▲**差し込み式ベッド柵**

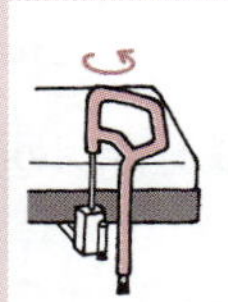

▲**フレーム枠に取り付ける介助バー**

睡眠（すいみん）をとる

よい睡眠は、食事や排泄（はいせつ）とともに、生命を支える基本的な営みです。心地よい眠りを得るために、適した寝具を選択することが大事です。

◆ベッドか布団かを選択する

ベッドか布団にするかは、住宅事情や、高齢者のもつ機能や生活習慣によって異なります。高齢者の介護では、生活習慣を変えないということもたいせつなポイントです。

▼**ベッド**　適当な高さがあるので、ほこりをかぶりにくく、通気性がよいため衛生的で、また、立ち上がりの動作もしやすく、介護のしやすさで優れています。長い療養や、床からの立ち上がりが困難なケースに適していますが、転落の危険もあるので、とくに、急に布団からベッドにかえた場合は、十分に注意してください。

▼**布団**　高齢者にとってはなじみが深く、くつろいで安眠できるということが多いようです。立って移動するには時間がかかりますが、自力

寝たままのシーツ交換のしかた

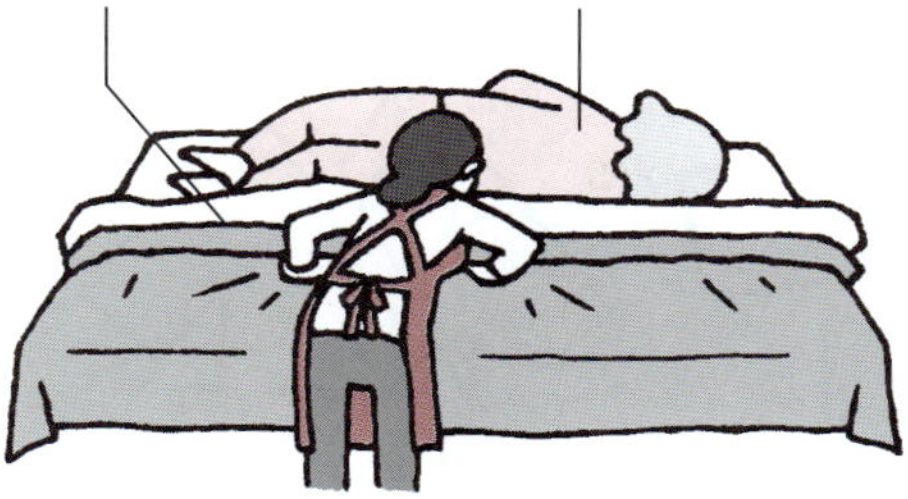
シーツの中心をベッドの中心に合わせせる
ベッドの一方に移す

❶汚れたシーツを高齢者の背中の下まで巻き込んだら、シーツの下を掃除する。きれいなシーツを手前に広げ、残りは背中の下に押し込み、高齢者をきれいな側に移す。

❷ベッドの反対側に移し、汚れたシーツを抜き取り、シーツの下を掃除する。

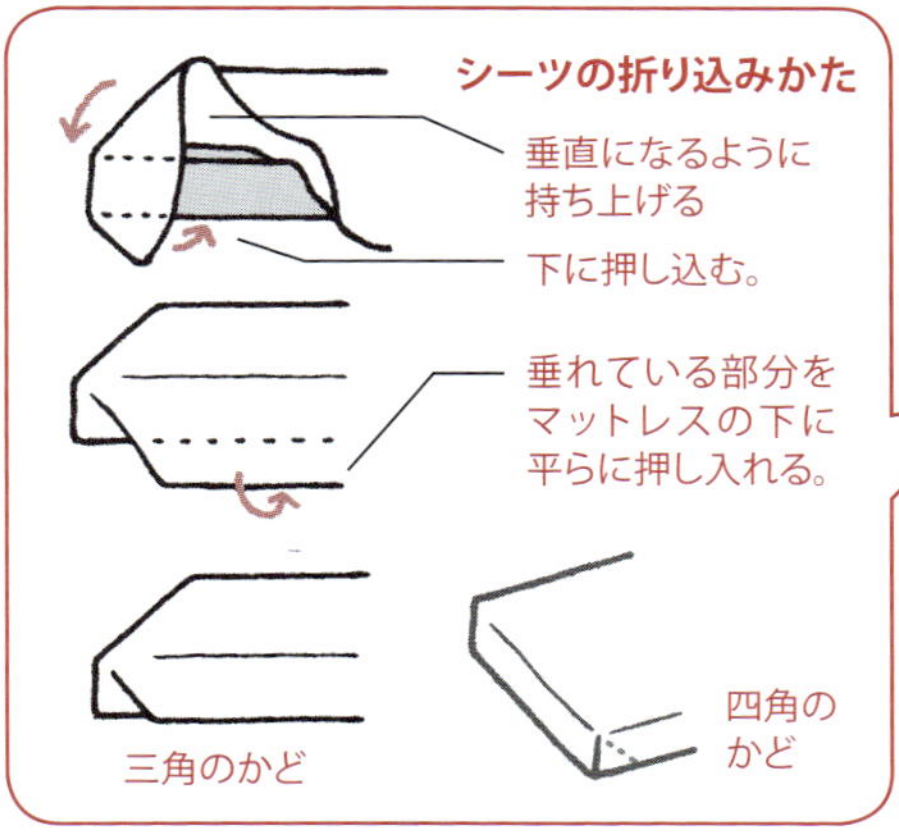
シーツの折り込みかた
垂直になるように持ち上げる
下に押し込む。
垂れている部分をマットレスの下に平らに押し入れる。
三角のかど
四角のかど

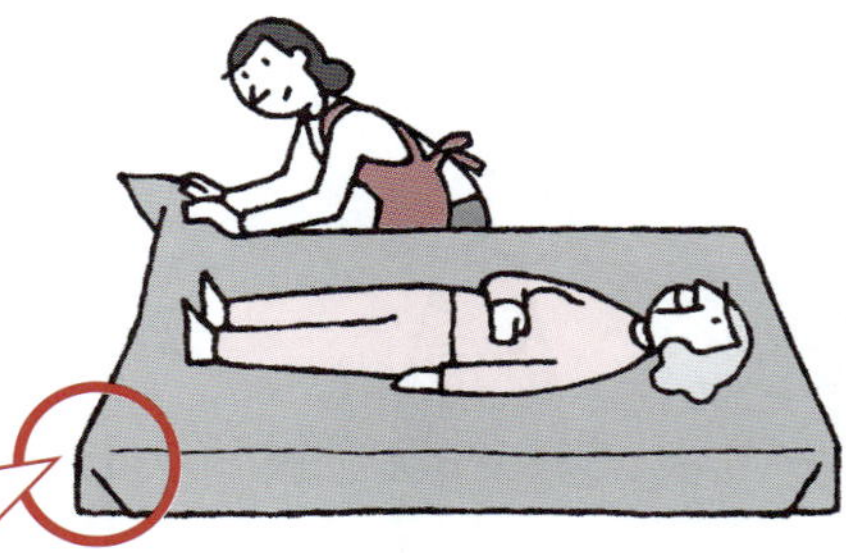

❸きれいなシーツの残り半分を広げ、しわを伸ばし、四すみをしっかりと寝具の下に折り込む。

で起き上がれるのであればよいリハビリとなります。転落する心配がありません。

◆寝具を選ぶときのポイント

▼ベッド　介護がしやすく、療養に適した特殊寝台など、さまざまな種類があります。選択のポイントは前頁の図を参照してください。マットレスがしっかりしていれば布団は不要で、マットレスパッドを敷きシーツでおおいます。掛け物はベッドに挟み込める毛布が合理的です。掛けシーツと重ね、足元が窮屈にならないように大きなダーツをとって挟み込みます。

▼布団　敷き布団は厚く、適度なかたさが必要です。吸湿性では木綿が適しています。保温のためにはマットレス、蒸れ防止にはすのこなどを下に敷くとよいでしょう。掛け布団はからだを圧迫しない、軽くて保温性に富む合繊綿のもの、直接肌にあたる部分には厚手のタオルケットなどが適しています。できれば2組用意して、交互に天日干しして、清潔を保つようにしましょう。

▼枕　使い慣れた枕がもっとも楽です。新しい枕を購入する場合には、寝返りをしても枕が外れる心配のない大きさ、音や振動を防ぐ、頭が適当に冷え、安定性があるものを選びましょう。

便利な寝巻き（パジャマ）のいろいろ

上下二段式（セパレートタイプ）

上下別々に着替えができるので、排泄の際に便利

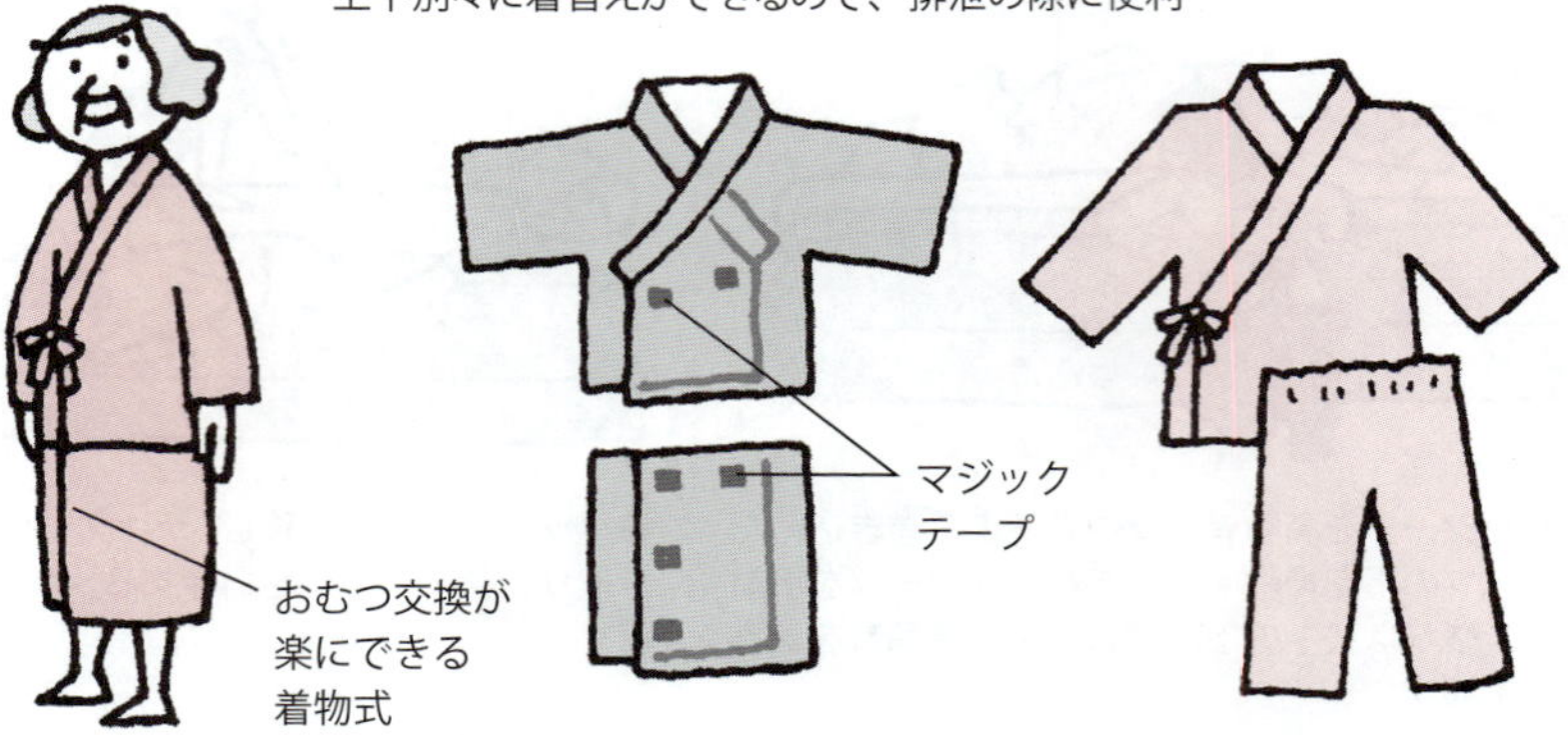
マジック
テープ
おむつ交換が
楽にできる
着物式

開閉式（ファスナータイプ）

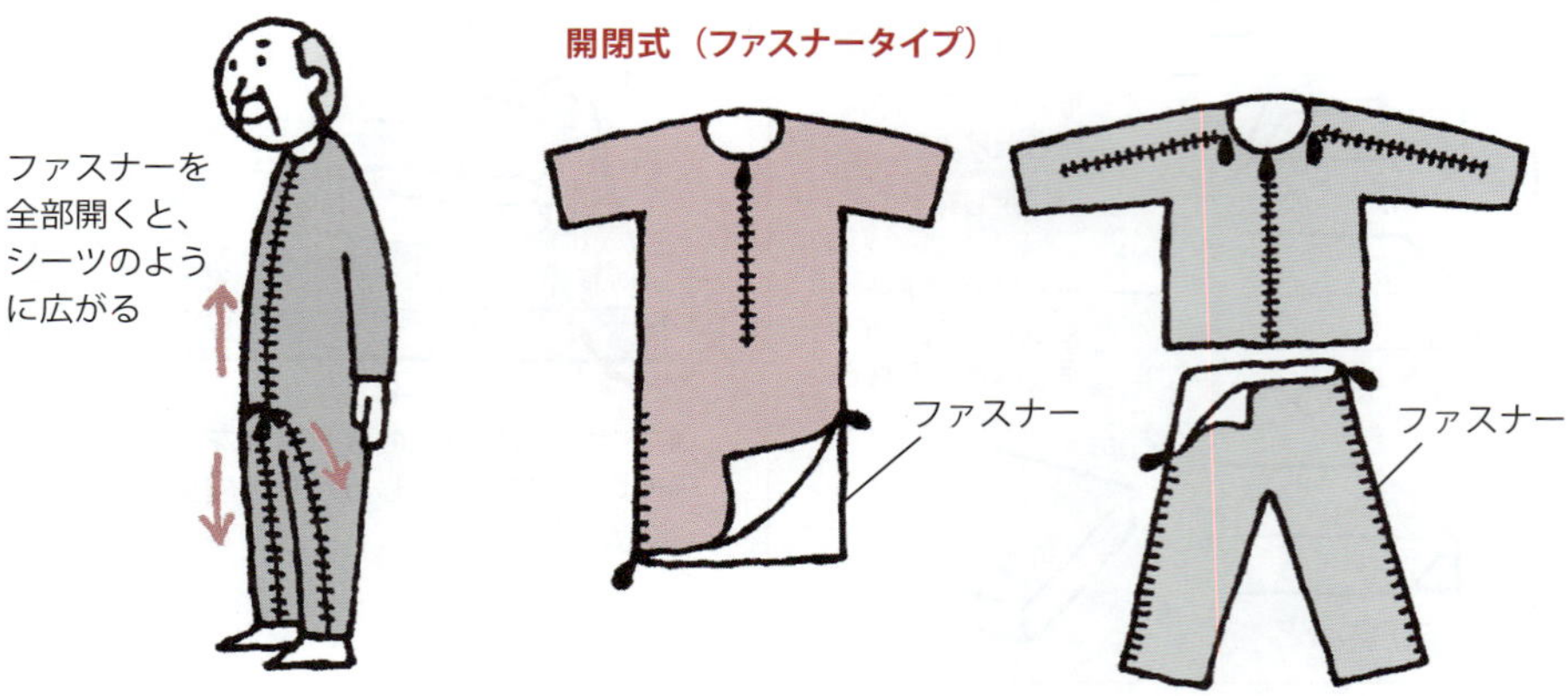
ファスナーを
全部開くと、
シーツのよう
に広がる
ファスナー
ファスナー

◆よい寝巻きや肌着の条件

衣類を選ぶ場合は、高齢者が生活しやすく気持ちよくすごせる素材で、襟ぐりのゆとりや前開きのものなど、着脱のしやすい点を考慮しましょう。肌着は前開きのものを、寝巻きは高齢者の状態や病状によって、着物式かパジャマにするかを決めたほうがよいでしょう。

寝巻きも色や柄など高齢者の好みに合わせましょう。寝巻きでもおしゃれを楽しめれば、心が華やぎ気分も変わります。

●着脱と介護のしやすい寝巻きを

まひや、自分で動くことがむずかしいのであれば、着物式のほうが着脱に便利です。起き上がることができて、ベッド上で読書などする場合には、腕の露出しないパジャマが向いています。また、おむつをあてる病人の場合には上下が分かれているほうが、おむつ交換や洗濯に便利です。機能的な寝巻きがたくさん市販されていますので、状況に合わせて選びましょう。

●肌に気持ちのよい素材のものを

肌に直接つける下着や寝巻きは、吸湿性、保温性に富むものがよく、色も汚れの目立つものが適しています。また、ボタンのかわりにマジックテープを用い、縫い目などが肌を刺激しな

家庭での介護（看護）

寝巻きの交換のしかた

パジャマの場合

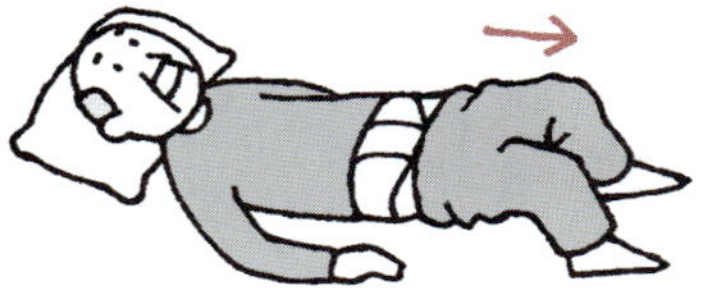

❶腰を上げてもらい、ズボンを交換する。

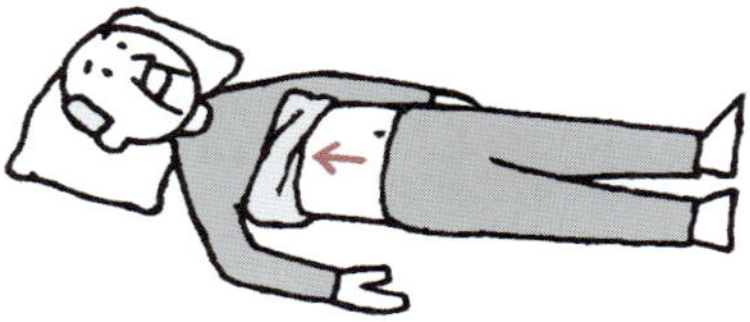

❷上着をわきの下までたぐり上げる。

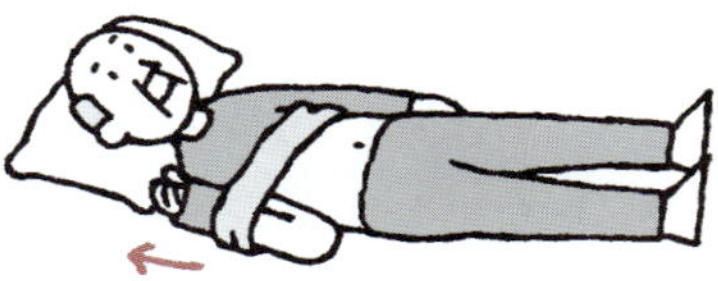

❸袖を健側から片方ずつ脱がせる。

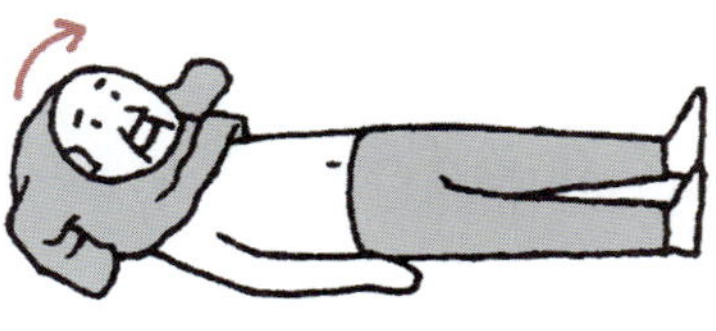

❹顔にあたらないようにして上着を脱がせる。

着物式の場合

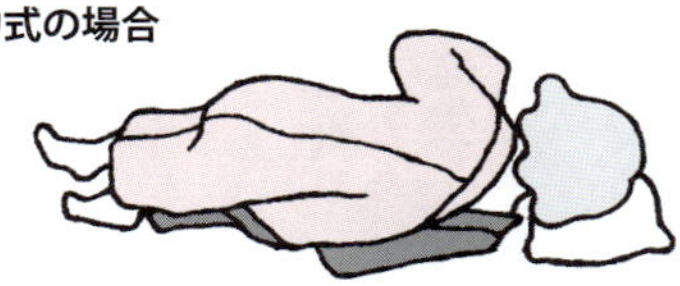

❶からだを横向きにし、肘を軽く曲げ、肩からなで下ろすようにして袖を脱がせる。そのままの姿勢で新しい寝巻きを着せかけ、腕に袖を通す。

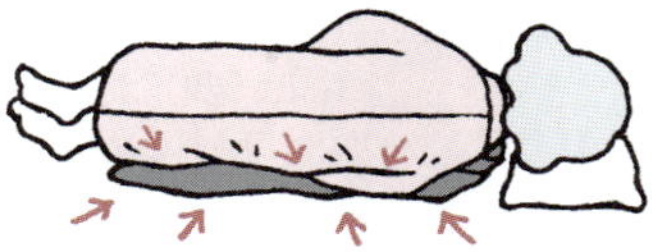

❷着ていた寝巻きをからだの下に巻き込む。新しい寝巻きの背中を合わせたら、残りはからだの下に敷く。

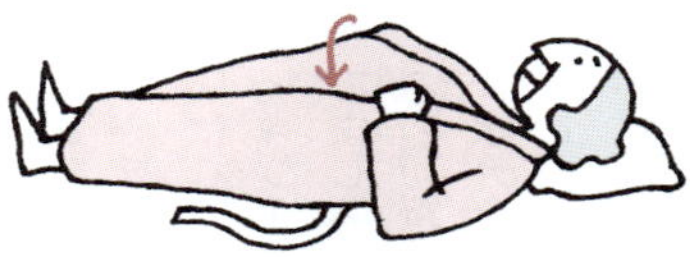

❸からだをあお向けにし、着ていた寝巻きを抜取る。新しい寝巻きを引き出し、袖を通す。すそを引っ張ってしわのないように整え、腰ひもを結ぶ。

ワンポイント

「着患脱健」で着替える

自分で着替える場合も、着替えのお世話をする場合も、基本は「着せる場合はまひ側から、脱がせる場合は健側から」行いましょう。また、まひがある場合は、横向きにするときは健側が下になるようにします。

いものも選ぶポイントになります。

寝巻きならば木綿地の浴衣、寒い時季にはタオル地やネル地のものが温かくてよいでしょう。ただし、皮膚の弱い人には厚手のタオル地は避けます。肌着はガーゼ地やニット地のものが汗をよく吸収します。

◆着替えて生活にメリハリを

着替えは日々の営みのひとつであり、リハビリにもなるものです。起き上がれるのであれば自分で着替えるのが基本と考えてください。

汗の量は意外と多いので、こまめに交換しないと不潔になるだけでなく、床ずれやかぜの原因になります。

◉寝たままで寝巻きを交換する

あらかじめ室内は適温にし、冬場は新しい寝巻きを温めておきます。まひがある場合には下側にならないように気をつけ、次にする動作を説明しながら行いましょう。

・着物式寝巻きの場合＝基本的にはシーツの交換と同じ要領で半身ずつとりかえていきます。背中にしわができないように気をつけます。

・パジャマの場合＝片腕ずつゆっくりと行います。まひのある場合は、ないほうの腕（健側）から脱がせ、まひ側から着せます。

安眠をいざなうお世話

昼間にあまり行動しない、一日中ベッドで過ごすなどの場合には、つい日中、うとうとしがちになり、また、筋肉の疲労などもないことから、夜になると目が冴え、眠れないと訴える高齢者は多いものです。家族も、夜中に起こされるなど、睡眠不足でいらいらし、ついきついことばをかけてしまうこともあるでしょう。

◆眠れるための条件

気持ちよく眠りにつけることは、高齢者本人はもちろん、家族にとっても必要なことです。自然に眠りにつける条件としては、つぎのようなことがあげられます。

- 静かで、適度に暗いこと。
- 暑すぎず寒すぎず、適温であること。
- 尿意や便意がないこと。
- あまり空腹でも満腹でもないこと。
- 心配事や悩みがないこと。
- 痛みやかゆみがないこと。

◆眠りを誘うために

眠れるための条件を踏まえ、眠りを誘うために、いろいろと試みてみましょう。

▼夜、昼のリズムをはっきりさせる　夜眠れないと訴える場合は、昼間よく眠っていることが多いものです。習慣化しないように、話し相手になったり散歩に誘ったりと、できるだけ昼間に起きているような生活リズムを整えましょう。

▼入浴などでさっぱりさせる　入浴可能ならば、夕食後1時間ぐらいにぬるめのお風呂に入ると神経が休まります。入浴ができなければ背中を熱い蒸しタオルで拭き（2173頁）、パウダーをつけて静かにマッサージしてみましょう。部分浴でも効果があります。

▼心をリラックスさせる　ストレスも不眠の原因になります。就寝前のひとときを、軽くおしゃべりをしたり、音楽を聴くなどしてすごしてみましょう。興奮したり、刺激的な話題は避けるのが賢明です。

▼水分を補給する　のどの渇きは睡眠を妨げるので、寝る前に少し水分を補給するようにします。濃いお茶やコーヒーは避けます。好みにもよりますが、リラックス効果のあるハーブティーなどもよいでしょう。

ワンポイント　こんなときの対処法

目が疲れているとき
病人は、とくに目を酷使したわけでもないのに、目を開けているのがつらいと訴えることがあります。こんなときは、熱い蒸しタオルをたたみ、まぶたの上にじっとあててみましょう。タオルの熱さに注意してください。

のどがいがらっぽいとき
空気が乾燥していたり、暖房している部屋にいてのどがいがらっぽいときには、熱い蒸しタオルを口にあてて深呼吸しましょう。部屋が乾燥していれば、水を入れた洗面器を置いたり、湿らせたタオルをハンガーにかけるなどして適湿を保ちます。

寝巻きやシーツが湿っているとき
とりかえるほどではないが、なんとなく湿っているというときには、ヘアドライヤーの温風で乾かしてみましょう。さっと乾きます。

首すじから肩にかけて張っているとき
こんなときは肘浴をしてみましょう。テーブルなどの上に、洗面器に入れた40～42℃のお湯を用意します。いすに座り、両肘をひたして15分くらいそのままに。テレビを見ながらのんびりとするのもいいです。

杖のいろいろ

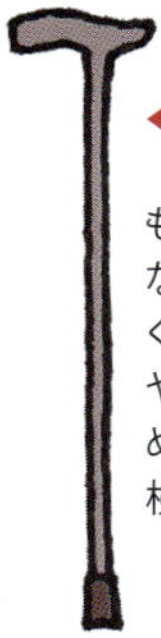

◀T字杖 滑り止め
もっとも一般的な杖。滑りにくく体重をかけやすい。滑り止めのゴムの点検を忘れずに。

◀多点杖
体重を支えてバランスよく歩ける。ただし、平らな場所以外は不安定。

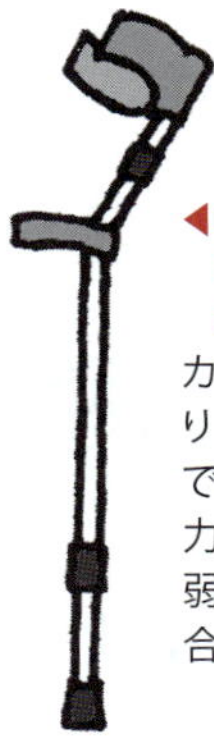

◀ロフトストランド杖 カフ
カフ部分と握りの２か所で支える。握力や腕力が弱っている場合によい。

◀フィッシャー型杖
カフで前腕を支え、握りやすい特殊なグリップは滑りにくく、握る力が弱い人向き。

▲折りたたみ杖
たたむときには少し力が必要。伸ばすときには杖を立てるだけと簡単で携帯性は高い。

歩行補助車（シルバーカー）を選ぶポイント

- ハンドル位置が後輪より前にある。
- 足元が空いていて、足が引っかからない。
- ブレーキ操作がしやすい。
- 車輪は溝にはまらない大きさがある。

外出(がいしゅつ)をする

生きるための日々の営み（食事、排泄(はいせつ)、入浴など）も、生活に何か目的ができれば、気持ちに張りができ、「自分でやろう」という意欲がわいてくるものです。そして、その積極的な気持ちが病状の回復を促したり、つらいリハビリの励みにもなったりします。

◆外出して生活範囲を広げよう

外出は、心身にほどよい刺激を与え、ふだんは使わない筋肉を使うことでよい運動にもなります。また、気分転換にもなり、人と接するという点も大きなメリットで、生活範囲を広げるきっかけにもなります。

◉歩行補助具を利用する

歩行が不自由でも、杖(つえ)、歩行補助車（シルバーカー）など、さまざまな障害に対応する歩行補助具があります。介護保険の福祉用具レンタルで利用できるものもあるので、地域包括支援センターや自治体の窓口に問い合わせましょう。

車いすを選ぶポイント

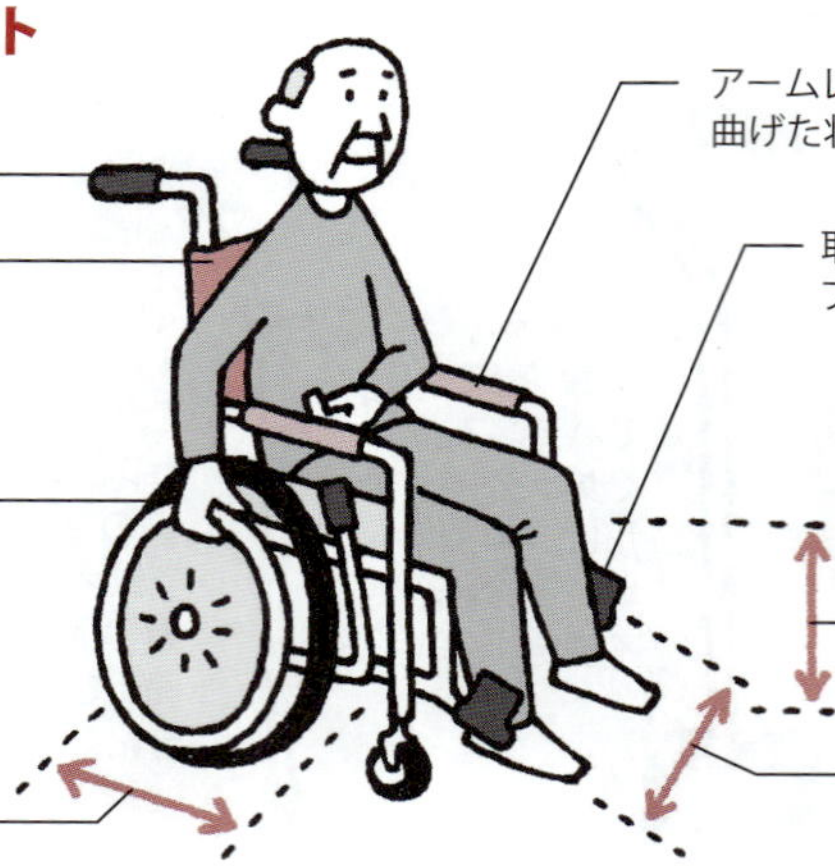
ハンドグリップ
背もたれは、肩甲骨のあたりにある
ハンドリムは、握って動かせる位置にある
シートの奥行きは、深く腰掛けたときに、膝の内側よりやや短めがよい
アームレストは、自然に肘を曲げた状態の位置にある
取り外しのできるフットレスト
シートの高さは、膝下の長さと同じにする（フットレストを外した状態で、床に足裏がつく）
シートの幅は、腰幅に約5cmを加える

◉杖や歩行補助車（シルバーカー）を選ぶ

歩行補助具のなかでも杖は、もっとも簡便なものですが、体重や不自由な足の重さを軽減することができます。種類もデザインも豊富で携帯タイプもあります。自分に合った長さ（2197頁）を選ばないと転倒の原因ともなるので、専門家にアドバイスを受け、慎重に選ぶことがたいせつです。まひのある場合の杖歩行のしかたは2204頁を参照してください。

シルバーカーは、歩行を補助し、荷物を入れることもでき、簡易いすの機能もある便利なものです。安定性があって、十分に強度のあるものを選びましょう。

◉外出時の靴選びもたいせつ

軽くて履きやすくクッション性があって、圧迫感のない歩きやすい靴がよいでしょう。実際にかかとに足を合わせて履いてみて、指を広げられるゆとりがあるか、甲をしっかり押さえているか、滑りにくいかをチェックします。

◆車いすで外出をする

車いすは、歩行が不可能、あるいは困難な場合の移動手段として、とても便利なものです。座位を保持できるのであれば、積極的に外出に活用し、生活範囲を広げましょう。

◉使いやすい車いすの条件

車いすの基本機能は、座ることと移動することですが、加えて、ベッドやポータブルトイレなどと車いすの間で移りやすいこともたいせつな要素です。車いすを選ぶ場合にはこの3点を念頭にチェックしましょう。

使う人にぴったり合った車いすが理想ですが、それはなかなかむずかしいものです。高さ（車軸）の調節ができる機種であれば、使用者の適正サイズに調節できます。移乗の介助のしやすさ、安全性から、フットレストやアームレストがワンタッチで外せるものを選んでください。

◉車いすの操作のコツを覚える

あらかじめ車いすの操作のコツを身につけておけば、外出も気軽にできます。

段差を上がる場合、ハンドグリップを押し下げたり、持ち上げたりしがちですが、次頁の図のように前に押したり、手前に引いたりするのがコツです。凹凸のある道では、振動が伝わらないように、前輪を浮かし、ハンドグリップを下げながら後輪だけで進みます。バランスを崩さないように注意しましょう。

外出前には、ブレーキの利き具合、タイヤの空気、フットレストなどがしっかり固定されているか、安全性の確認を忘れずにしておきます。

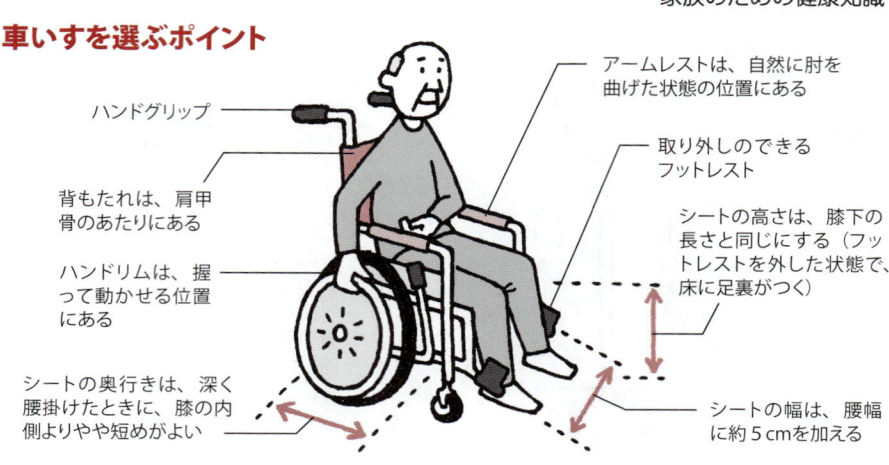

介助 車いすへ移乗する

❶高齢者をベッドの端に腰掛けさせ、両手を介助者のくびに回してもらう。片方の足を高齢者の両足の間に入れる。

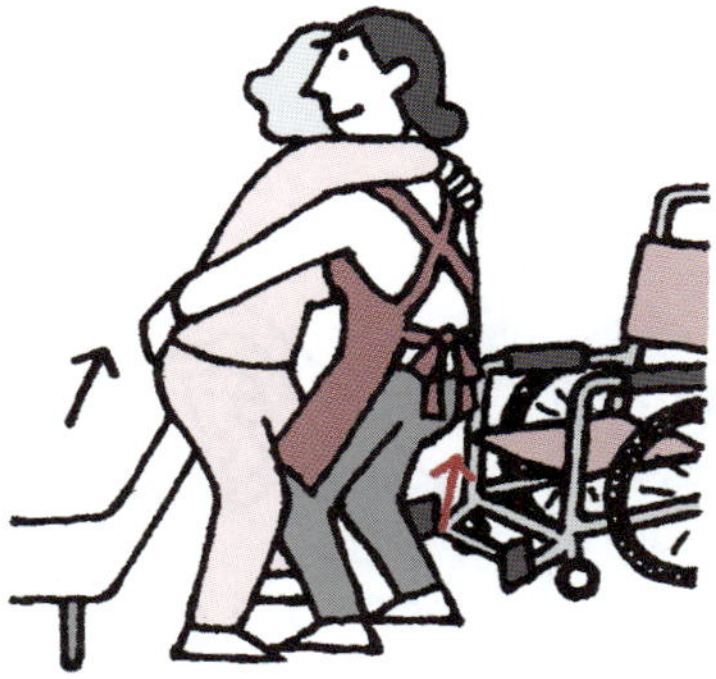

❷高齢者の腰の後ろでしっかりと手を組み、膝の屈伸を利用して高齢者の頭を前に引くようにして立たせる。

❸腰を支えたまま、からだを90度回転させて、車いすにゆっくりと下ろしていく。

＊車いすは必ずロックをしておきます。立ち上がらせるときには、足を後ろに引き、おじぎをするようにしてもらうと、自然にお尻が上がります。

介助 車いすで移動する

段差を上がる
ハンドグリップを引き、片方の足でステッピングバーを前に押し出すようにして前輪を上げる。前輪が段の上に上がったら、前に押す。

段差を下りる
後ろ向きで、まずハンドグリップを引いて後輪を下ろしたら、次に前輪を引き寄せ、静かに下ろす。

急な下り坂を下りる
後ろ向きになって、車いすを支えながら下りる。

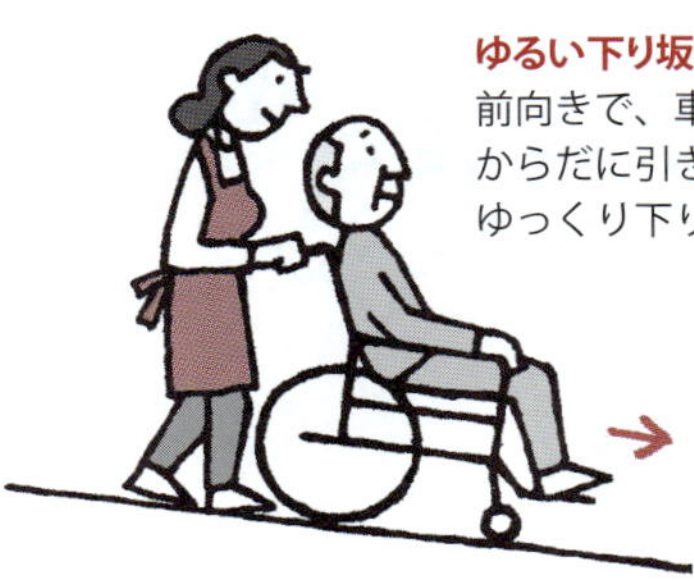

ゆるい下り坂を下りる
前向きで、車いすをからだに引き寄せ、ゆっくり下りる。

楽な姿勢の維持と褥瘡（床ずれ）の予防

◆体位変換をする

体位変換は、寝巻きやシーツ、おむつの交換、清拭や排便など、さまざまなシーンで必要となる動作です。

また、病状によっては座位を保つことができず、寝たままで過ごすことが多くなると、さまざまな弊害（廃用症候群916頁上段）がおこります。それらの予防や、寝たきりを防ぐためのリハビリのためにも、体位変換はたいせつです。

◉横に向ける（寝返り）体位変換

あお向けから横向きへの体位変換は、もっとも頻繁に行われる動作です（下図）。まひがある場合には患側が下側にならないようにし、動作の前に必ず声をかけてから行います。重心を低くし、からだ全体を使うと楽に行えます（2192頁）。寝巻きやシーツにしわをつくらないように注意しましょう。

介助 寝返り（体位変換）

仰向けから横向きにする

＊まひがある場合には、健側が下側になるようにする。動かすときには声がけを忘れずに。

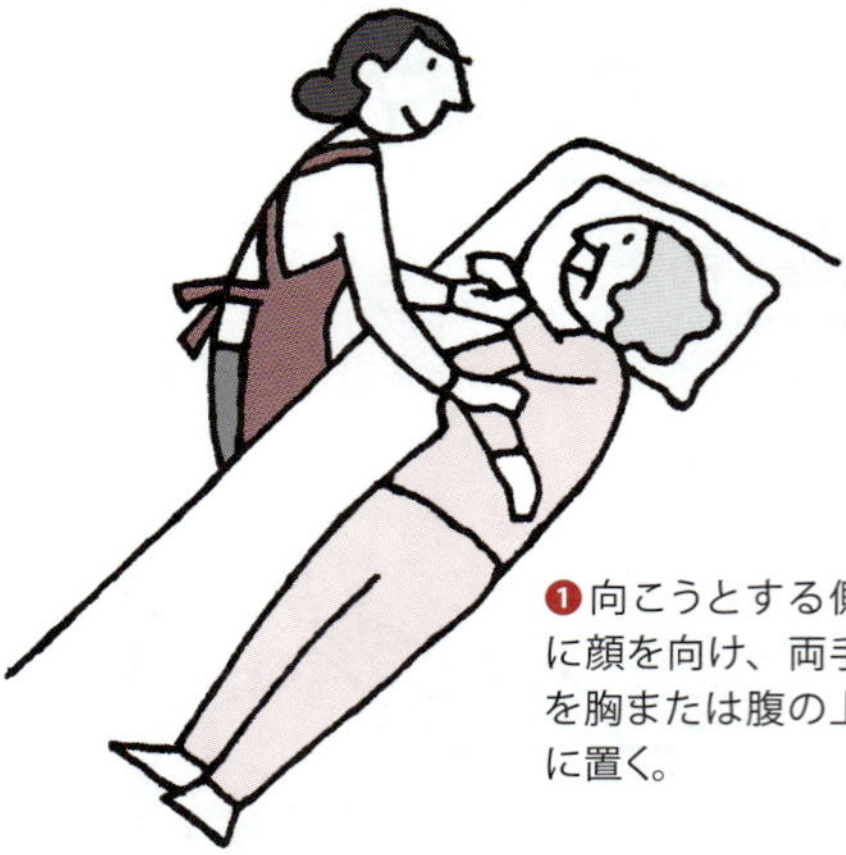

❶向こうとする側に顔を向け、両手を胸または腹の上に置く。

❷膝を曲げるか、足を組む。

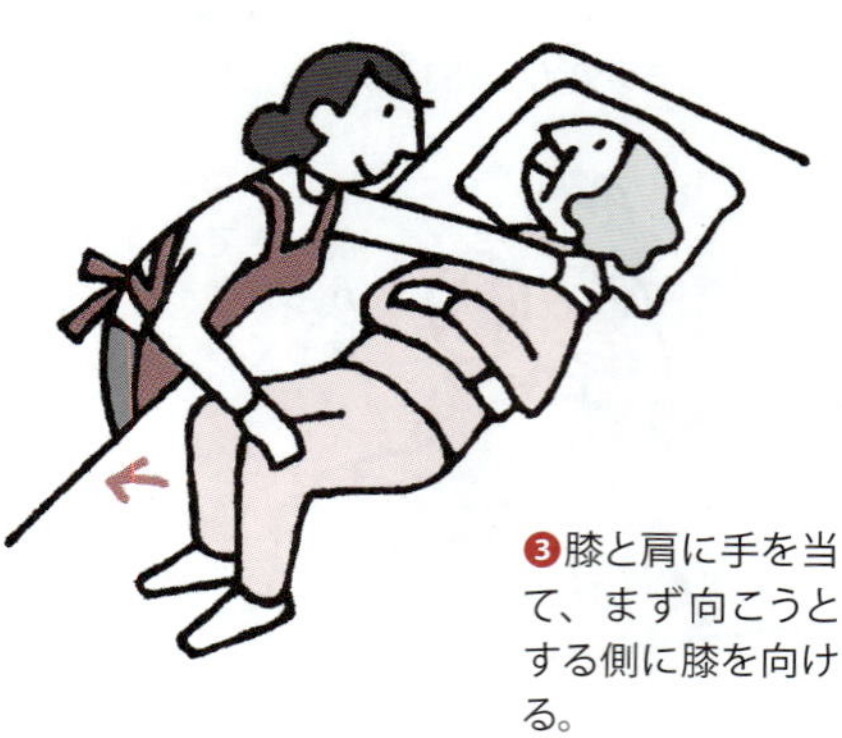

❸膝と肩に手を当て、まず向こうとする側に膝を向ける。

❹膝に一瞬遅れて、肩を向こうとする側に向ける。

◆楽な姿勢を保つ工夫

1日中、臥床しつづけていると、肩が凝ったり足がだるくなったりしてきますが、寝ている姿勢をときどき体位変換することで、ずいぶんと楽になるものです。また、座布団や毛布、枕やクッションなどを利用して、楽な姿勢を保つことができます。姿勢の具合がよいかどうかを高齢者に確かめながら行ってください。

▼座布団を使う　あお向けにしか寝られない場合、座布団を二つ折りにして膝の下に入れるだけで足が楽になり、また、片方の膝や背中の下に薄い座布団の端をそっと入れれば、背中が浮いた感じになります。尖足予防には足先に二つ折りの座布団を入れて、掛け布団の重みを支えるなど、座布団は重宝します。

▼毛布を使う　横向きにしたとき、毛布を巻いたり折ったりして、肩からお尻にかけて挟み込むようにして支えます。また、折った毛布をバスタオルでくるみ、胸を圧迫しない程度に前のほうで抱かせても楽になります。

▼布団を使う　布団の床で上半身を高くする場合は、丸めたり、たたんだりした布団に寄りかかるようにしますが、ベッドの場合と同じようにずり下がらないような工夫が必要です。

楽な姿勢を保つ

[仰向けの場合]

＊足底部に枕を利用する場合、尖足予防のためには足底部より高いものにします。

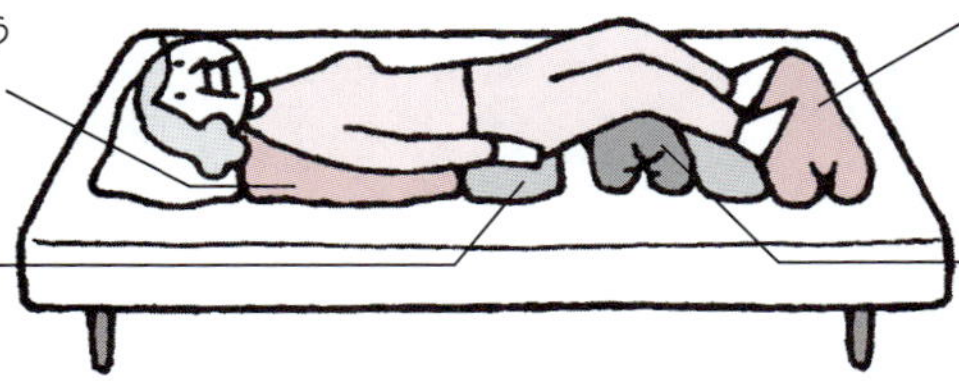
足底部に二つ折りの座布団などをあて、直角を保つ。かかとの下にはムートンなどをあてる
胸部が緊張しないように腕を枕などで支える
腰部の下にはムートンなどをあてる
膝の下に枕や座布団を二つ折りして入れる。両膝の間隔を5～7cm開ける

[うつぶせの場合]

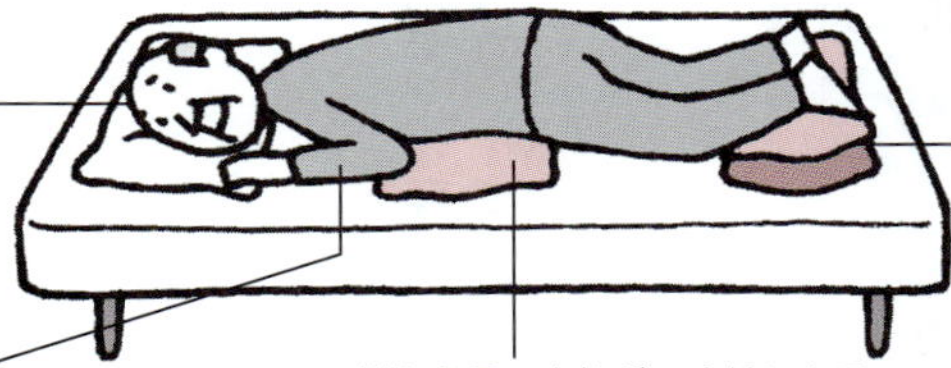
膝は楽な状態で開き、膝が軽く曲がる程度に、座布団などをあてる
頭部は窒息予防のために横向きにする
肘は軽く曲げ、手のひらを下に向け、からだと平行に置く
横から見て脊柱が一直線になるように胸部や腹部の下に、ムートンやクッションなどをあてる

＊意識のない場合や、長期の寝たきりで骨粗鬆症が進んでいる場合は避けます。

[横向きの場合]

くの字形になるように、腰を後方に引いて突き出し、膝が重ならないように上側の足を深く曲げてクッションなどをはさみます。背部には毛布などを巻いたものをあてて姿勢を固定したら、枕などを軽く抱くようにして、腕と肘を安定させます。高齢者が心地よい姿勢を保てることがたいせつです。

[半座位の場合]

寝ている状態からすぐには座位をとれない場合に、45度の角度で座位を保ちます。上半身がずり落ちないように膝をギャッジアップし、お尻の下にはムートンを、足底部には枕などをあてます。両腕はからだから離し、肘が軽く曲がるように枕などをあてがいます。からだがずれやすい姿勢なので長時間は避けてください。

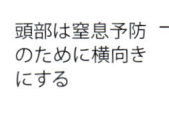

◆褥瘡（床ずれ）の予防と手当

褥瘡（床ずれ 1802頁）とは、病人が同じ姿勢で長期間臥床していると、からだの一部が持続的に圧迫されて、皮膚や皮下組織に障害や壊死が生じるものです。

その他、不潔、湿気、栄養障害なども、床ずれの引き金になります。

●床ずれをつくらないために

つぎのことを実行しましょう。

①シーツや寝巻きの糊づけは控えめにする。
②寝巻きやシーツのしわは、よく延ばす。
③最低でも2時間おきに体位変化をする。
④からだを汗や尿で湿ったまま、また便で汚れたままにするのは禁物。皮膚はいつも清潔、乾燥を保つ。
⑤おむつカバーのビニール部分や、防水シートが肌に直接触れないようにする。化繊の毛布も肌に直接かけないようにし、蒸れを防ぐ。
⑥床ずれのできやすい部位にハンドドライヤーの温風をあてながら軽くさする。乾燥と血液循環を促すマッサージが同時にできる。
⑦骨ばった部位やかかとの下には、クッションやムートン、小枕などをあてがう。
⑧栄養に注意し、やせが目立ったり、便尿のそそうをしやすい高齢者や、意識のない高齢者の場合は、とくに気をつける。

●床ずれができてしまったら

できるだけ範囲を広げないようにし、一日も早く治すことが肝心です。

皮膚が赤くなっているだけなら、蒸しタオルでその部分をおおい（2173頁　熱布清拭）、こすらないようにして拭きます。乾いたタオルで十分に水分をとったら、パウダーをつけてやさしくマッサージします。

床ずれのできた部位からじくじくと分泌物が出ていたり、深くなったものはガーゼをあてる程度にし、医師や看護師、保健師の指示に従ってください。

床ずれのできやすい部位

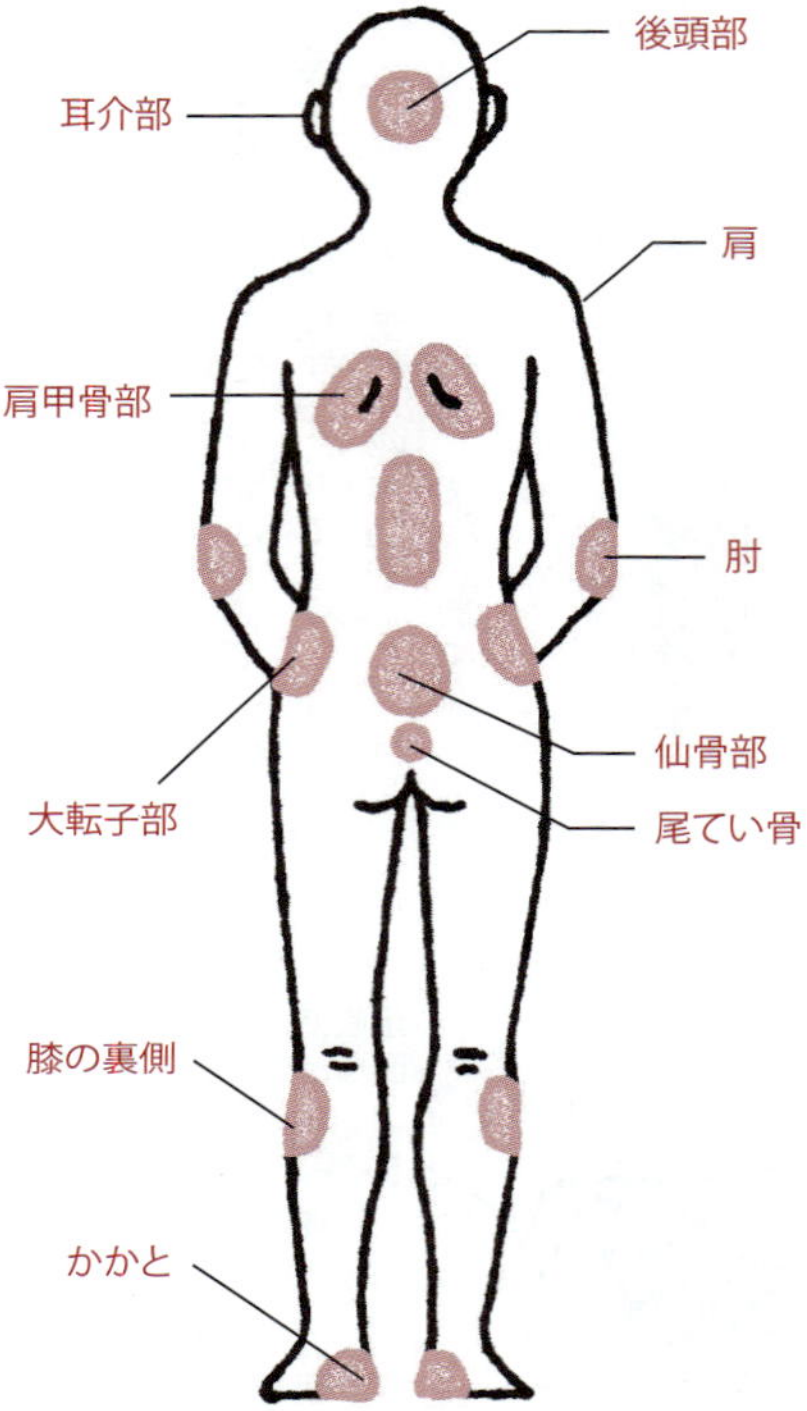

＊横向きの場合には、膝と膝がすれる部分やくるぶし、耳のあたりにも十分な注意をしてください。

寝たきりを防ぐ端座位保持具

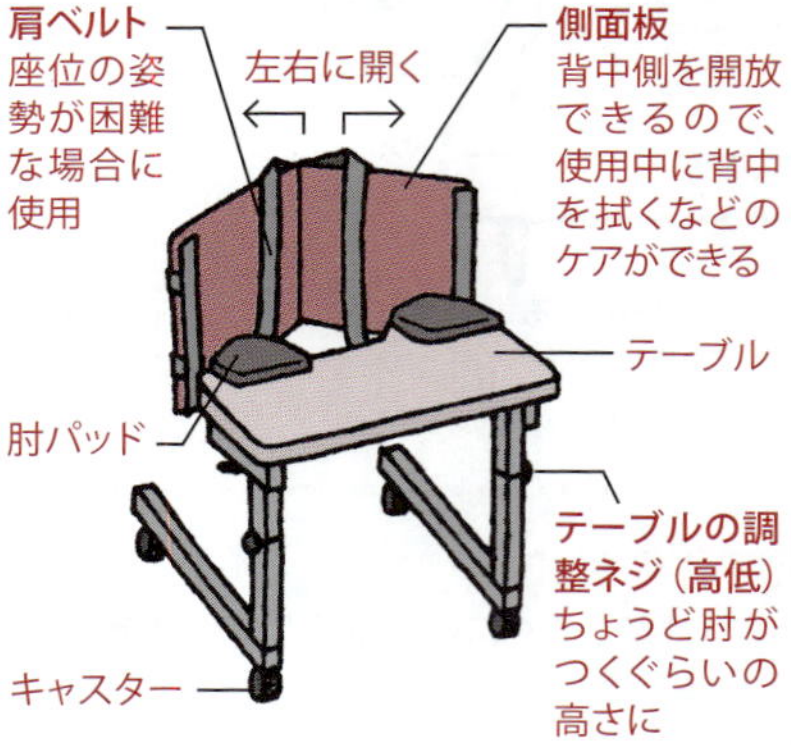

寝かせきりにしないのが床ずれ予防の第一です。キャスターをベッドの下に差し込み、側面板で座った姿勢を保持します。ベッドの高さは足裏が床につくように調整します。

認知症の兆候を見逃さない

◆おかしいと感じたら早めの受診を

年をとるにしたがって、物忘れがひどくなったと感じる人は多いものです。これは老化現象のひとつで誰にでもおこります。いっぽう、認知症（997頁）は、脳や身体疾患を原因として、記憶や判断力などの障害がおこり、ふつうの社会生活が送れなくなった状態をさします。

認知症は初期段階では、加齢による物忘れと区別がつきにくいのですが、専門医を受診すれば正確な診断を得ることが可能です。

日ごろから高齢者の言動に気をつけ、その兆候（コラム参照）を見逃さないようにし、ようすがおかしいと感じたらできるだけ早く精神科、神経内科、脳外科などを受診しましょう。

◆受診には家族が必ず付き添って

受診の際、高齢者には、健康診断に行くなどとして、病院に行くことを納得してもらうようにしましょう。いつもそばにいる家族が必ず付き添い医師に正確な内容を伝えます。本人に認知症の自覚がないことが多いので、家族がいかに日常生活を把握しているかがたいせつです。

医師からは、どんな変化がいつごろからあるのか、気づいたのは本人か家族か、既往症、服用中の薬、肉親の病歴などを問われるので、あらかじめメモを用意しておきましょう。かかりつけの医師がいる場合には、紹介状をもっていくと診断の際に役立ちます。認知症チェックテストなどひととおりの検査を行い、その結果を総合判断して、診断が行われます。

◆認知症と診断されたら

身体的疾患による一時的な症状であれば、原因となる病気の治療を優先します。

認知症の場合は、記憶や行動などにさまざまな障害がおこりますが、現段階では治療によって失われた機能を取り戻すことはできません。今後の見通しや治療方針、家族の対応のしかたなど、よく医師に相談しましょう。

いろいろな制度や介護サービスを利用して介護にあたりましょう。介護保険の要介護認定を受けるときは介護している家族が立ち会い、普段の生活のようすや困りごとなどを伝えます。

気軽に相談できる人や医療機関などを確保し、親類、近所の人にもオープンにし協力してもらうなど、ひとりで抱え込まないことが大事です。

認知症になっても、高齢者には長年、生きてきた自信と誇りがあり、自尊心を失うことはありません。人生の先輩として大事にする気持ちを失わずに接することがたいせつです。不安なときに要求や主張を必死に訴える傾向があるので、そのようなときにはまちがいは許容し、否定したりせず思いのままに語らせて思いをすくい取るようにします。また、認知症の人に伝えたいことは要点を絞って、簡潔にひとつずつ伝えるなどの配慮が必要となります。

こんな症状はありませんか？

- 今何時？　ここはどこ？　など、時間や場所がわからなくなった。
- 慣れているところで道に迷った。
- ささいなことで怒ったり、疑ぐり深くなったり、性格が変わったようだ。
- 日課をしなくなったり、好きだったものへの興味や関心が薄れた。
- おしゃれだったのに、身だしなみに気をかけなくなった。
- 簡単な計算のまちがいが多くなった。
- 同じことを言ったり聞いたり、物の名前が出てこない。また、約束の日時を忘れたり、水道などの閉め忘れなど、記憶があいまいになってきた。

ターミナルケアと在宅(ざいたく)での看取(みと)り

◆ターミナルケアとは

ターミナルとは、「終点、究極」という意味ですが、医学では「終末、末期」を意味します。終末期とは、一般的には医学的に治癒不可能な状態と診断され、余命がだいたい6か月以内とされています。

◉治す医療から緩和する医療へ

老化や病気が進展し、確実に死に近づいた終末期のケアをターミナルケアと呼びます。治癒が望めない状態になると、提供される医療は、病気を治す医療（キュア）から、症状を緩和する医療（ケア）へと変わっていきます。

治療は最小限にとどめ、身体的苦痛の緩和や不安の鎮静がはかられるほか、残された時間を人生をともに生きてきた家族や親しい人との触れ合いをはかることに主眼がおかれています。終末期であっても、その人のＱＯＬ（生きることの質）を大きく向上させるものです。

◆自宅で最後のときを過ごす

死期が近いことが医師から告げられたとき、家族としてはできるだけ安らかに、本人の望むところで最後のときをすごさせてあげたいと考えるでしょう。

ターミナルケアはホスピスや緩和ケア病棟で受けることができますが、本人にとっても、また残される家族にとっても、住み慣れた自宅で家族とともにすごすことが最善です。しかし、そのためには、付き添える家族と、さらに本人と家族を支える医療と介護のバックアップ体制が不可欠となります。

◉在宅で看取るために必要なしくみ

国の方針として、在宅での看取りを進めるために「在宅療養支援診療所」が新設されました。これは、他の保険医や医療機関、訪問看護ステーションと連携して、24時間体制で往診や訪問看護を提供するものです。ケアマネジャーとも連携し、緊急入院を受け入れる体制を確保しているなどの設置基準があります。また、届け出はしていないものの、往診や訪問診療を行う医療機関も増えています。

自宅で看取りを希望する場合は、ケアマネジャーに相談をしてみましょう。

◆病院以外の施設で看取る

少子高齢化が進むなか、これからは家族がそばにいない、子どもがいないという高齢者が増えてくるでしょう。また、有料老人ホーム、ケアハウスやグループホーム、老人保健施設など、病院以外の自宅でない場所でのターミナルケアや看取りも、これからの課題となっています。

◉施設としっかり話し合いを

住み慣れた施設で、家族らに見守られながら最期を迎えたいという希望がある場合には、早めに施設側とその可能性について話し合っておきましょう。

- ・終末期の医療処置（点滴や酸素療法、緩和ケアなど）はどこまで可能か。
- ・緊急時の往診や看護体制、夜間の対応。
- ・家族がいっしょに泊まれる個室はあるか。
- ・どのようなときに救急車の出動要請をするか。

◉本人の意思を文書のかたちで

救急車で救急病院へ搬送されるということは救命してほしいという意思表示なので、本人の意思確認やリビングウィルがない場合には延命治療が行われます。いったんつけた生命維持装置を外すことはむずかしくなりますから、本人の希望は文書で残しておきたいものです。

介護する人のこころとからだの健康を保つ

介護する人の心身が健康でないと、ゆとりのある適切な介護はできないものです。また、長続きもしません。介護者の健康維持は、介護される高齢者にとっても、また家族にとってもたいせつなことです。

◆介護する人が疲れない介護を

ちょっとした発想の転換やコツをつかんで、少し楽な気持ちで介護に取組みましょう。

◉計画的に、そして効率的に

1日、1週間、そして1か月を単位にゆとりをもたせた計画を立てておきます。買い物も気づいたときにメモをしておき、まとめてすませるようにします。介護用具も1か所にまとめ、使い終わったらすぐに元の場所に戻しておけば、動き回らず、捜し物もしなくてすみます。

◉からだを痛めない介助のコツ

介助のコツを知って、むりな姿勢による肩や腰への負担を防ぎましょう（次頁）。それは介助される側にとっても負担の軽減になります。最初はうまくいかなくても、くり返し行って慣れることで、コツや要領をつかめるもので、そのうち精神的ゆとりも生まれてきます。

◉がんばらない、ひとりで抱え込まない

介護する人もされる人も、家族の一員です。介護の何もかもをひとりでがんばってこなそうとすると、心身ともに疲れきって共倒れになりかねません。介護は家族全員のものと認識し、分担することが基本。また、周囲からの援助の申し出は素直に受け、介護保険制度の介護サービスなどを積極的に活用することも重要です。

◆心とからだを健康に保つ

介護は心身ともに疲労します。介護する人自身で身体的、精神的なケアを考えておきたいものです。

◉食事と睡眠をしっかりとる

食事や睡眠は、健康を保つうえでもっとも基本的なことですが、忙しいときにはつい時間を削りがちです。このようなときこそ、栄養バランスのよい食事を規則正しくとり、十分な睡眠を心がけるようにしてください。

◉自分の健康状態に注意する

定期的に健康診断を受け、腰痛予防などの対策を立てましょう。また、体調の異変に気がついたら、早めに医師の診察を受けましょう。

◉毎日適度な運動をする

体力維持とストレス解消のために、毎日10分程度の柔軟体操や腰痛を防ぐ運動（次頁）、背筋、腹筋などの運動をしましょう。散歩や買い物を兼ねてのウォーキングもお勧めです。

◉介護から解放される日をつくる

介護保険制度のデイサービスやショートステイなどを利用して、肉体的にも精神的にも介護から完全に解放される日をもつことが、介護生活をつづけるコツです。また、自分の趣味や友人とのおしゃべり、外出などで気分をリフレッシュすれば、新たな気持ちで介護にあたれます。また、家族間での会話もはずむでしょう。

◉悩みを分かち合える仲間づくり

初めての介護に家族の世話……と、生活が一変して戸惑うのは介護される本人だけでなく、いっしょに暮らす家族も同様です。こんなとき、同じ介護仲間の存在は心強いものです。

地域の介護者の集まりなどに参加してみましょう。苦労や悩みを分かち合えるだけでなく、さまざまな情報も得られます。「自分だけじゃないんだ」と感じて、介護に向き合う力も湧いてくるでしょう。

介助をするときのポイント

むりな姿勢による肩や腰への負担を防いで、からだを痛めない安定した動作（下図）を身につけましょう。

❶支持基底面を広くとる
足を肩幅で前後に開き、両足で囲まれた面積（基底面積）を広くとると、腰や足への負担が小さくなる。

❷重心を低くする
膝を軽く曲げ、からだの重心を低くしてからだを安定させる。背筋はできるだけ自然にまっすぐに伸ばす。

❸重心を移動する
支持基底面で重心を移動する。

❹大きな筋群を使う
腕の筋力だけで介助するのでなく、背筋や膝の屈伸運動など、からだ全体の筋肉を使えば、負荷を分散できる。

❺からだを小さくまとめる
高齢者の腕は胸の上に、足は曲げるなどしてからだを小さくまとめると、ベッドとの摩擦が減り、移動が楽になる。

体位変換をするときの安定した動作

重心を低くすると、膝も屈曲し、大腿部や殿部の大きな筋肉を活用できる。

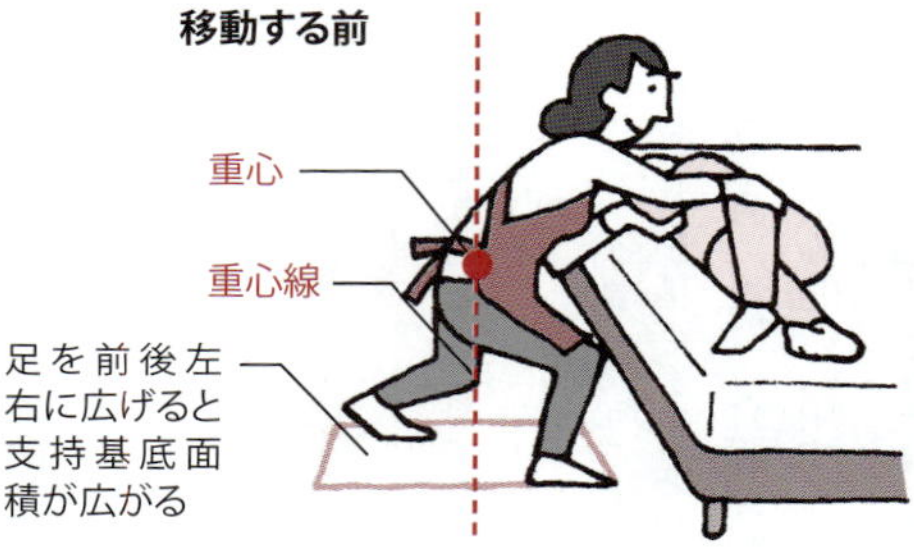

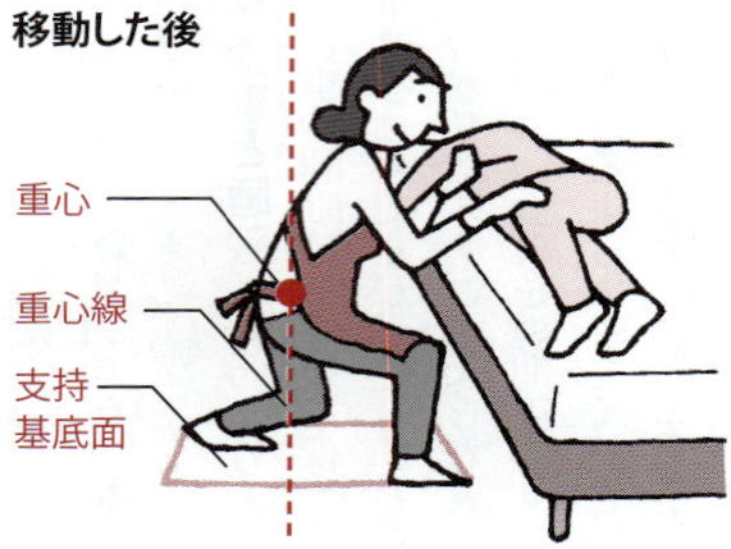

安定した動作をするための条件のうちもっとも重要なのが、重心を支持基底面で移動させるということです。たとえば、私たちが深く腰掛けたいすから立ち上がるとき、足をいすの下にずらし前かがみになります。これが無意識に重心を支持基底面に移す行動なのです。

腰痛を予防する運動（一例）

おじぎの運動
後方の足の膝は曲げない。

❶両足を交差させて立つ。
❷おじぎをするように上体を折る。足を替えて行う。

アキレス腱を伸ばす運動
前方の足を曲げる。

壁などに手をつき、後方の足の後ろ側を伸ばす。足を替えて行う。

腰をねじる運動
前方の足を曲げる。

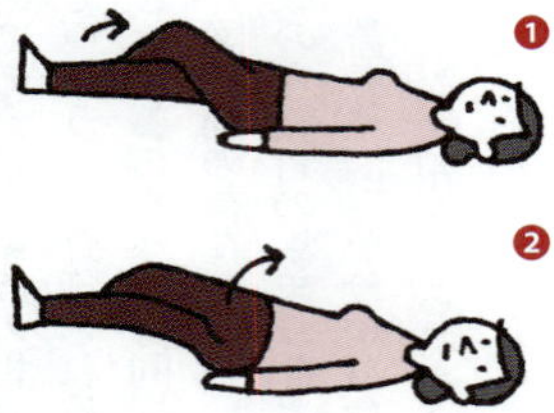

❶仰向けにまっすぐ寝て、片方の足をもう一方の足の外側に。
❷上体はそのままで、立てた足を倒すようにしてウエストをひねる。
❸同様に反対側も行う。

家庭でのリハビリテーション

からだやこころの障害を回復し、安心して社会生活を送れるようにするために家庭でもリハビリテーションが行われます。

運動機能の保持とリハビリテーション

◇持続可能な運動をする

老年期を迎えるにしたがい、からだの機能は全般にわたって衰えていきます。体力の低下から、あまりからだを動かさない生活がつづくと、運動機能も低下し、骨や筋肉も衰えていきます（廃用症候群916頁上段）。ちょっとしたことで転びやすく、また、骨折もしやすくなり、それがもとで寝たきりになることも少なくありません。

加齢による運動機能の低下には、関節の拘縮（かたくなること）や筋力、持久力の低下などがあります。筋力を保持することは健康にもつながりますから、むりのない、自分の体力に合った持続可能な運動をしましょう。

◇リハビリテーション

リハビリテーション（リハビリ）とは、障害によって生じた、からだやこころの障害をできるかぎり回復して最大限の能力を引き出し、介助の少ない社会生活を獲得できるようにすることを指します。

リハビリには、医学的リハビリと福祉的リハビリとがあります。

前者は、身体的障害のある人をできるだけ自立できる状態に回復し、機能訓練によってその人のもつ機能を最大限に引き出すことです。後者は、その能力を十分に生かしつつ、社会のなかで安心して人間らしく暮らしていくためのさまざまな福祉サポートです。

ここでは、家庭における医学的リハビリ（在宅リハビリ）を大きく3つに分類し、それぞれのリハビリの方法をみていきます。

●運動機能（筋力）の低下を防ぐリハビリ

転倒予防運動など、介護予防のためのリハビリ、心臓病や骨折などで安静にしていることによる寝たきりを防ぐリハビリなどが含まれます。

●まひがある場合のリハビリ

脳卒中によってまひなどが残っても、残る機能を最大限に生かして、歩行と日常生活活動を行えるように訓練します。

●嚥下障害を予防するためのリハビリ

じょうずに摂食ができない嚥下障害では、栄養障害や、誤嚥による肺炎の危険性があります。口や舌、首の運動を取り入れて、かむ力、飲み込む力を回復し、誤嚥を予防します。

関節の可動域訓練

肩関節の可動域訓練

▶壁に沿って、腕をできるだけ高く上へと伸ばしてゆき、少し肩が痛いところで止める。

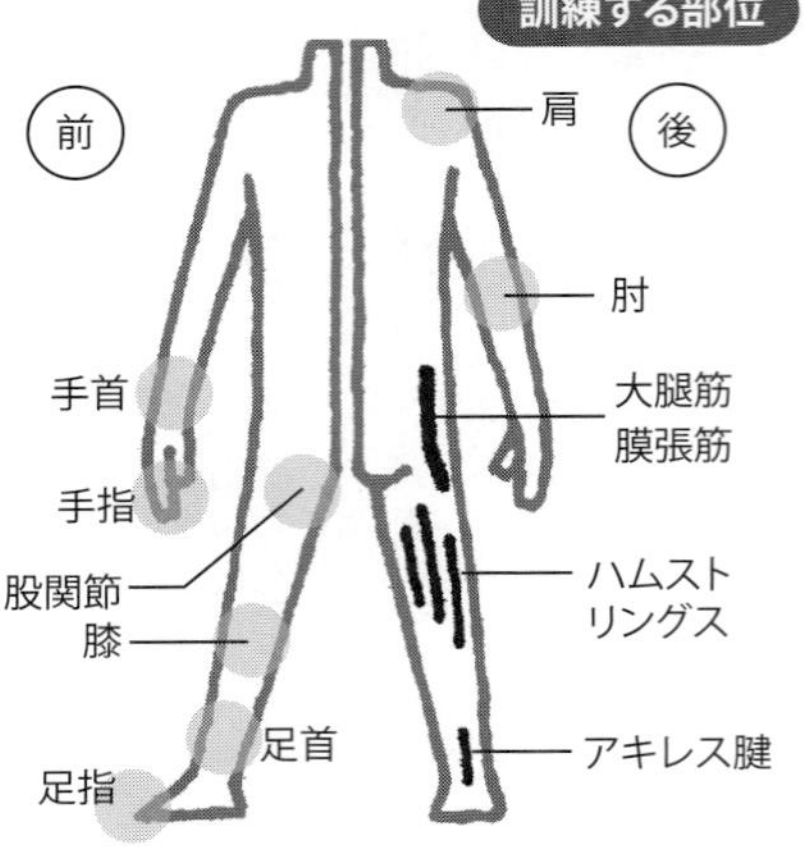

アキレス腱のストレッチ

▶片方の膝を伸ばしたまま、少し腰を落とすようにして、伸ばした足のかかとを床につける。壁を支えにすると安定する。

股関節のストレッチ

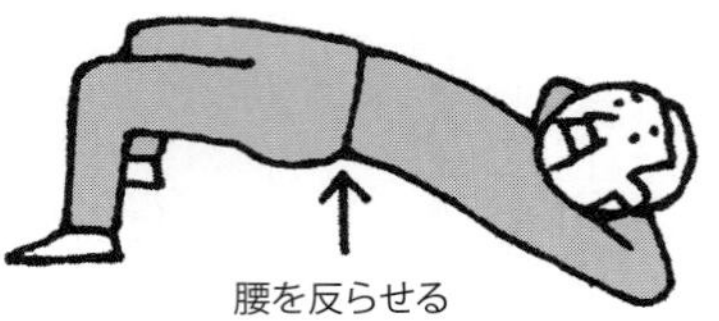

▲腕を頭の後ろで組み、膝を立て、腰を反らせるようにしてゆっくり持ち上げて止める。

運動機能の低下を防ぐ リハビリ

◇高齢者に生じる運動機能の変化

運動機能の低下は、加齢そのものによる変化だけでなく、生活習慣などによる個人差、高齢にともなう疾患などがあり、誰もが同じというわけではありません。しかし、筋力低下や関節の拘縮、持久力の低下などは歩行障害の誘因となり、骨萎縮（骨がやせること）や転倒による骨折、意欲や生きがいの低下を生じやすく、高齢者にとっての大きな問題といえます。

では、運動機能を低下させず、現状を維持し、できることなら、筋力や持久力をアップするにはどうしたらよいのでしょうか。それには筋力を鍛え、持久力運動を行うしかありません。

◇どこをどのように鍛えたらよいか

●関節の拘縮を防ぐ

関節の拘縮とは関節周囲の組織がかたくなることで、関節の動きが鈍くなって痛みを生じた

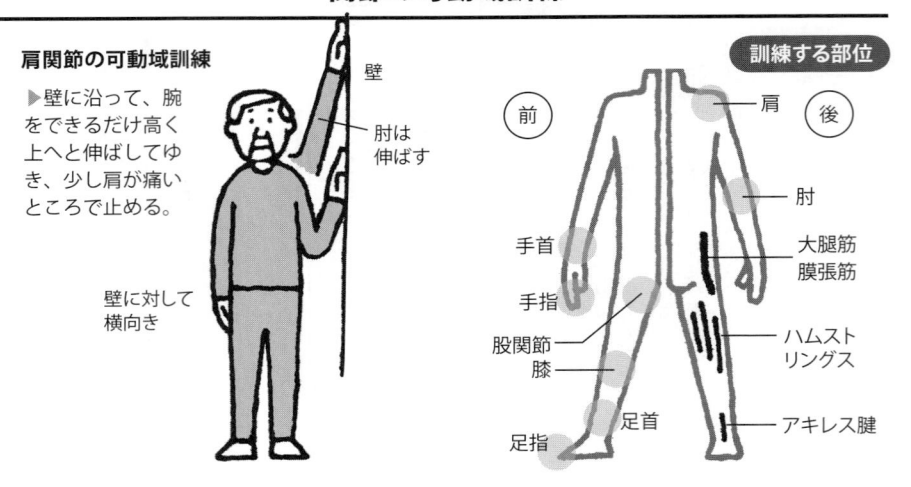

関節の拘縮を防ぐ運動

肩関節と肘関節の運動

▶肘を伸ばしたまま腕を前方から上げたら、肘を曲げて、腕を頭の後ろに下ろす。いすに座って行ってもよい。腕を側方に上げて同様に行う。

手や足の運動

◀指折り数えたり、結んだり開いたりする。手を組んで手首を回す。

▶足指を前後に屈伸したり、足首を回す。

ハムストリングスのストレッチ

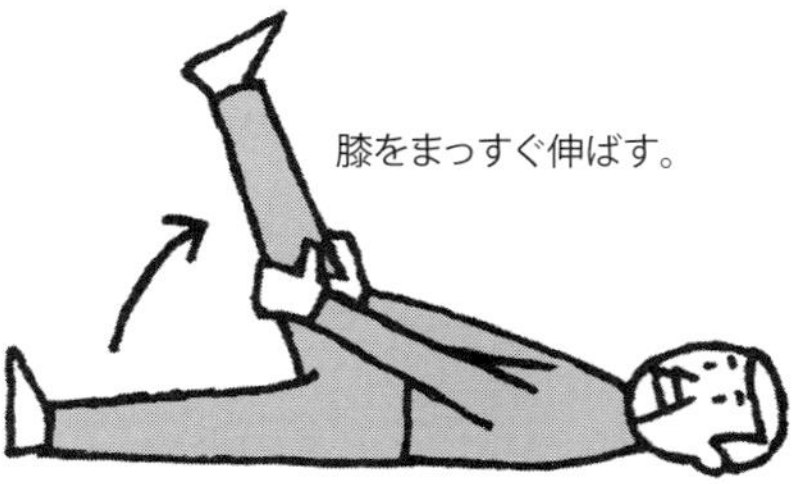
膝をまっすぐ伸ばす。

▲引き寄せた足を上に。膝を伸ばし、ももの裏側が少し痛いくらいで止める。

股関節の運動

押さえて
もらってもよい。
しっかりと伸ばすことがたいせつ。

▲片方の足の膝を曲げ、抱えるようにして胸に引き寄せる。

り、腫れたりします。生じやすいところはお尻の横の大腿筋膜張筋（股関節が曲がってくる）、太もも後ろ側のハムストリングス（膝関節が曲がってくる）、アキレス腱（足関節が下向きになる）、肩関節（上がらなくなる）です。訓練は1日に最低2回、1回につき4、5回ほど、各関節をゆっくりと動かして数秒止める動作を行います。

●筋肉を鍛える

筋力は最盛期（20歳くらい）に比べ、50～70歳で30％、70～80歳でさらに30％減少します。筋肉の運動には適切な負荷をかけることもたいせつです。自分に合った運動を行うため、医師や理学療法士など専門家に相談して、運動法や時間などを決めましょう。

鍛える筋肉は、歩行をつかさどる大腿四頭筋（膝を伸ばす）、大殿筋（股関節を伸ばす）、中殿筋（股を広げる）の3か所です。

●持久力低下を防ぐ

持久力とは、一定の運動を持続的に長くつづける能力のことです。したがって、酸素を大気から取込む肺の機能、酸素を筋肉に送る心臓の機能、酸素を有効に利用する筋肉、これらの機能の保持と向上がたいせつになります。

活動が低下すると、まず筋肉の機能が低下し、

筋肉を鍛える運動

股関節を伸ばす筋肉の収縮運動

▶500mℓの水を入れたペットボトルを足で挟み、股関節をできるかぎり足で伸ばして、お尻をしっかり締める。

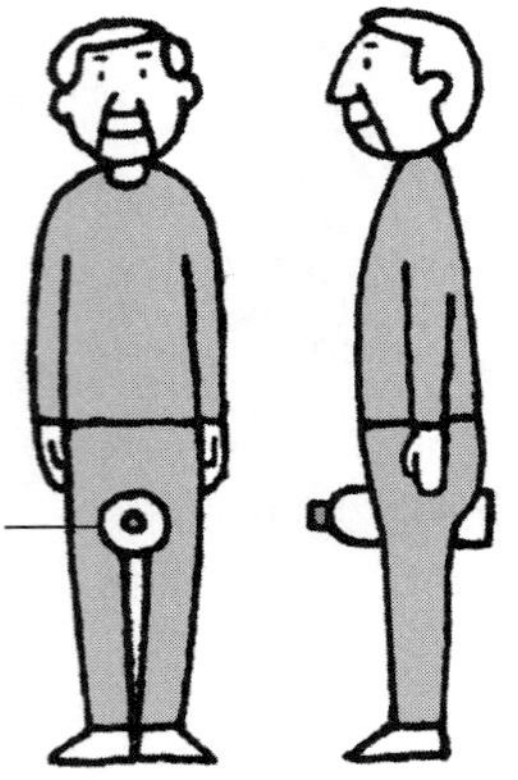

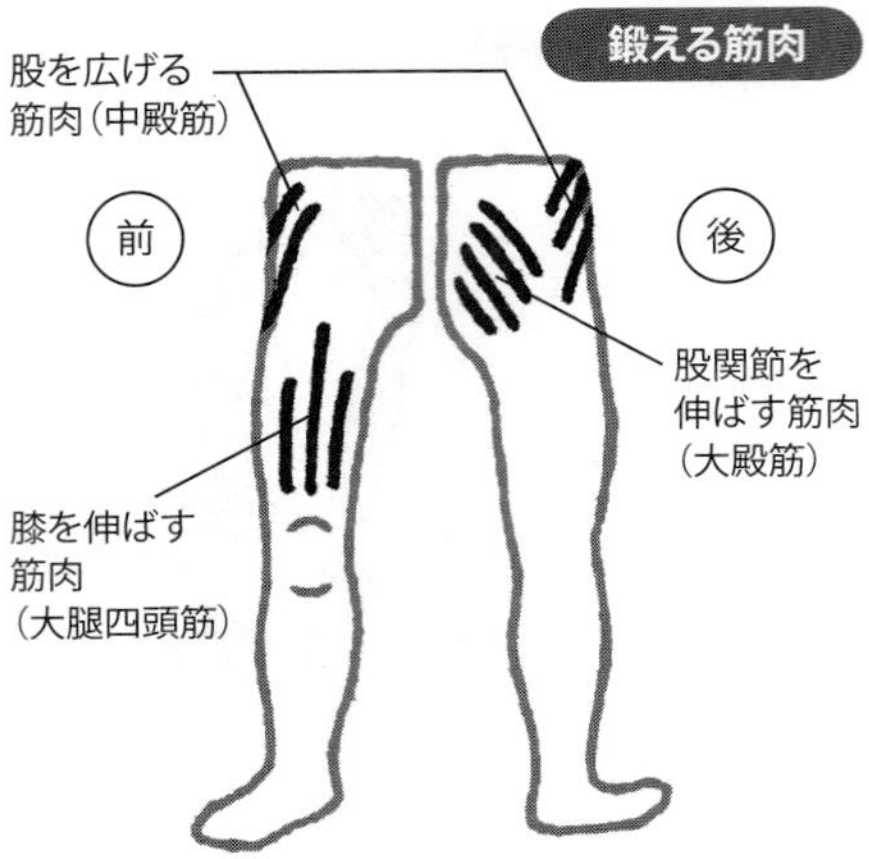

膝を伸ばす筋肉の収縮運動

◀膝をしっかり伸ばす。おもりはあったほうがよいが、なくてもよい。

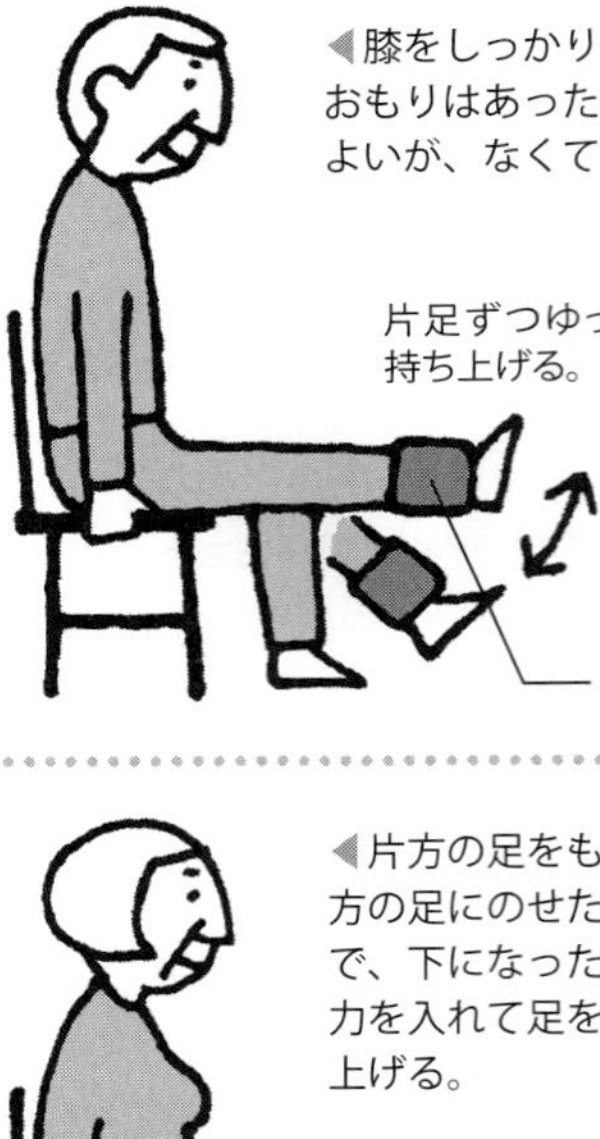

◀片方の足をもう一方の足にのせた状態で、下になった足に力を入れて足を持ち上げる。

＊足はしっかり伸ばし、力を入れて10秒止める。両足とも行う。

股を広げる筋肉の収縮運動

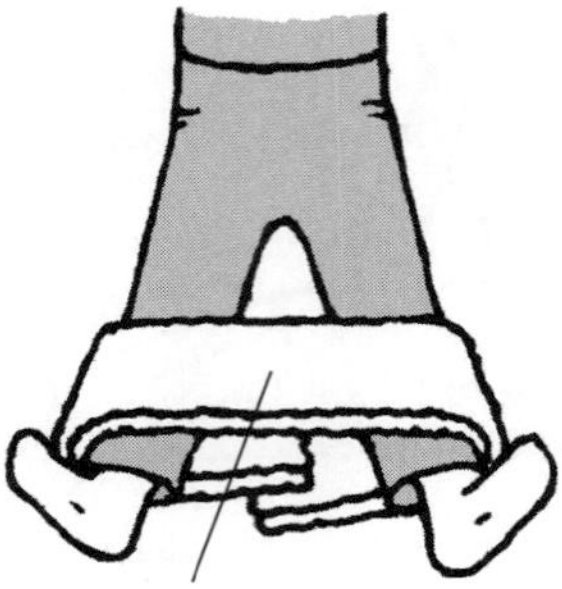

▲あお向けに寝て、膝下の部分にバスタオルを巻きつけ、膝を伸ばしたまま、足を左右に開く。

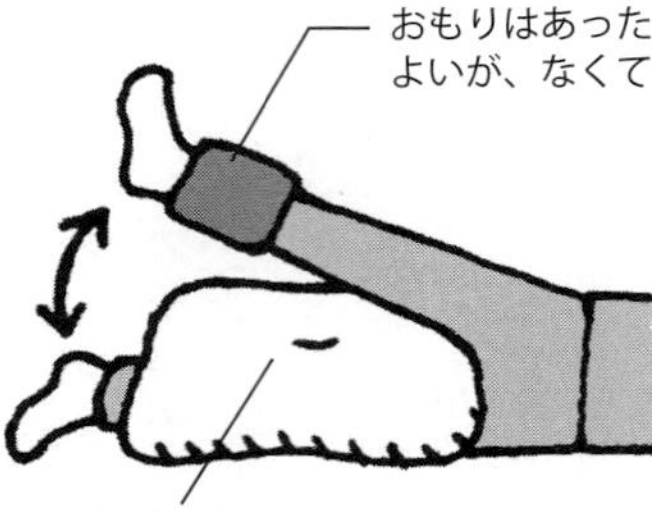

▲横向きに寝て、膝を伸ばしたまま足を持ち上げる。

＊足はしっかり広げて10秒止める。

持久力をつける運動

トレッドミル（室内ランニング装置）

▶ベルトの踏み台の上を歩く。

股関節を伸ばす筋肉の収縮運動

▶実際に運動しているのと同じ負荷をかけた運動ができる。

＊家庭用のマシンも市販されています。
また、介護予防のための施設などでも利用できますから、保険センターなどに問い合わせてみましょう。マシンは自分に合ったものに調整することが大切です。歩く速度やかける負荷、時間などは、医師や療法士に相談しましょう。

自分に合う杖の長さは？

履き慣れた靴を履いてまっすぐに立ち、持った杖を足の横10〜15㎝のところにつきます。そのときに、腰のあたりで外から触ってでっぱった部分（大転子といい、大腿骨の上方部分）までを杖の長さの目安にします。杖の形状もいろいろあるので（2183頁）、専門家によく相談しましょう。

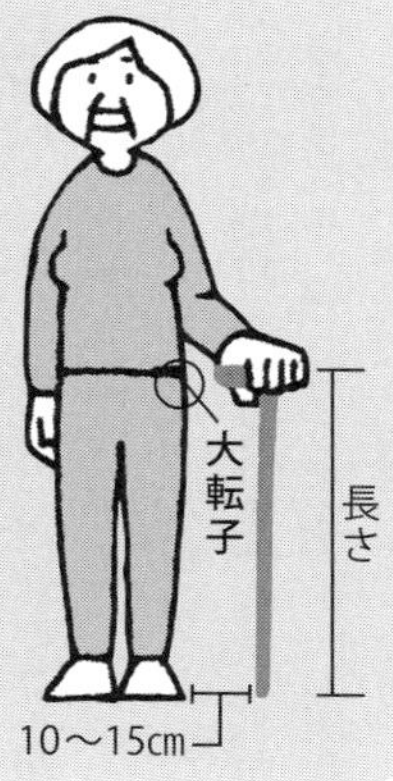

1日にどのくらい歩けばよいか

元気な高齢者	男性	…6700歩
	女性	…5900歩
障害のある高齢者	男性・女性	…3000〜6700歩

つづけて歩く必要はありません。何回かに分けて、休息をとりながら、自分のペースでつづけてください。歩行困難な場合は、杖や装具を利用して歩きましょう。膝や股関節に痛みのある人、歩くと足がしびれる人、心臓や腎臓に病気のある人は医師に相談してください。

さらに心臓の機能も徐々に低下するので、少し動いただけで脈が増加する頻脈（ひんみゃく）の原因にもなります。

持久力低下の予防には、外出を増やすなど無駄な安静を減らしてよく歩くようにしましょう。トレッドミルなどのマシンを利用すれば、天候が悪くても室内で可能です。膝が痛い人の場合は温水プールで歩くのもよい方法です。

◇高齢者が運動するときの注意点

◉むりは禁物、自分に合った運動を

若いときに比べると体力は弱まり、回復力も落ちてきています。運動を始める場合には医師や専門家からの指導を受け、自分に合った運動をすることが重要です。また、体調の悪いときや暑さ寒さの厳しいときなど、むりは禁物です。疲労の蓄積はダメージを与えますから、早く疲労から回復するためにも、十分な休養をとるようにしましょう。

◉楽しく運動をつづけよう

運動は継続がたいせつです。といっても、運動のための運動ではつづけるのもそう簡単ではありません。友人を誘ったり、歩く会などのようなグループに参加すれば、人とのつながりもでき、励みにもなって長つづきするでしょう。

まひがある場合のリハビリテーション

◇リハビリは他人にかわってはもらえない

まひのある高齢者にとって、からだの一部を自分の意のままに動かせないということは未体験のことであり、生活感覚のちがい、失望、自信喪失、再発の不安、孤独感などで精神的にもダメージを受けています。それでも、リハビリの訓練は他人にかわってやってもらえることではなく、自分自身でつづけ、機能を獲得し、維持してゆくしかありません。

周りの人たちはそんな状況を理解し、高齢者が希望をもってリハビリに取組み、**日常生活活動**（ADL、左図を参照）をひとりでできるようにサポートしましょう。在宅リハビリを支える訪問リハビリ、通所リハビリなどもあります。地域の保健、福祉センターなどに相談し、高齢者にとっても、家族にとってもできるだけむりのないリハビリ訓練を根気よくつづけることが肝心です。

◇病院でのリハビリ

脳卒中（921頁）による症状はさまざまで、障害の程度も異なるので、リハビリの方法、期間もさまざまとなります。急性期病院では、脳卒中の治療を行い、意識状態が安定すると、早い時期から徐々にベッド上に起き上がっていられるように座位訓練を開始します。1週間も寝ていると廃用症候群（916頁上段）がおきるので、できるかぎりこれを少なくし、座位や立位を保持していられる状態を目標にします。

まひが軽ければ退院し、家庭へ帰ることになりますが、重い場合はリハビリ専門病院に転院し、治療を受けることになります。専門の医療スタッフ（左図）が、機能障害、能力障害、社会的な不利に対して、専門の立場から援助をしてくれます。ここでは、身の回りのことが自分でできることを目標に訓練を行います。

◇退院前に家庭でしておきたいこと

退院後は高齢者にとって生活が一変するだけでなく、高齢者を迎える家庭でも初めての体験となります。不安も多く、そのための準備も必要でしょう。入院すると同時に、病院の医療ソーシャルワーカーに相談し、介護保険、地域の保健センターなどからさまざまな情報収集を行い、また、必要な住宅改造、家庭内での役割分担などをあらかじめ進めておくようにします。

◇家庭でのリハビリ

何よりも家庭で積極的な日常生活活動を行うことが、もっとも効果的なリハビリ訓練となります。しかし、訓練を持続するのはそれほど簡単ではありません。高齢者本人も家族も、動かないとからだの機能が低下することをよく理解し、つねに意識しましょう。

●リハビリは「希望」

障害を負っている高齢者は、それでなくともさまざまな不安感にさいなまれ、世話をしてもらっていることで負い目を感じ、消極的になって、心理的にも閉じこもりがちになりやすくなります。しかし、デイケアセンターやリハビリ教室などでは、障害を負った多くの仲間が希望をもってリハビリに取組んでいます。このような場に参加することで、同じ悩みや不安を話すことができ、気持ちが楽になります。また、家族も勇気づけられるでしょう。

ひとりでできることが増え、行動範囲が広がれば、友人や、やりたいこともできるでしょう。リハビリはつらいものではなく「希望」なのです。

リハビリの流れ

まひが軽い（退院）：急性期病院 → 家庭

急性期病院 —まひが重い（転院）→ リハビリ専門病院 —まひが重い（退院）→ 家庭

	急性期病院	リハビリ専門病院	家庭
支える人たち	医師 看護師 SW	医師 リハビリ専門スタッフ （PT、OT、ST、SW）	家族 訪問リハビリ 通所リハビリ ホームヘルパー など
リハビリ	治療 早期リハビリ	回復期リハビリ	日常生活活動によるリハビリ

歩行と日常生活動作の自立をめざそう

機能低下をきたさないよう、リハビリをつづけ、ひとりで食事・排泄・洗面・整容・着替え・入浴・散歩ができるようになろう。積極的に社会参加をしよう。

PT：理学療法士　OT：作業療法士　ST：言語療法士　SW：ソーシャルワーカー

廃用症候群の予防

必要以上に寝たままでいると、からだを動かさないために、つぎのようないろいろな症状がおこってきます。

・起立性低血圧（1406頁）
・関節のこわばりと筋肉の萎縮
・健側（まひのない側）や腹筋・背筋の筋力低下
・骨粗鬆症（1884頁）
・心肺機能の低下
・床ずれ（1802頁）
・精神・心理的荒廃

予防には「寝たきりにさせない」ことがたいせつ。起き上がれるようになったら、できるだけ座位を保ち、日常生活活動のリハビリを根気よくつづけましょう。

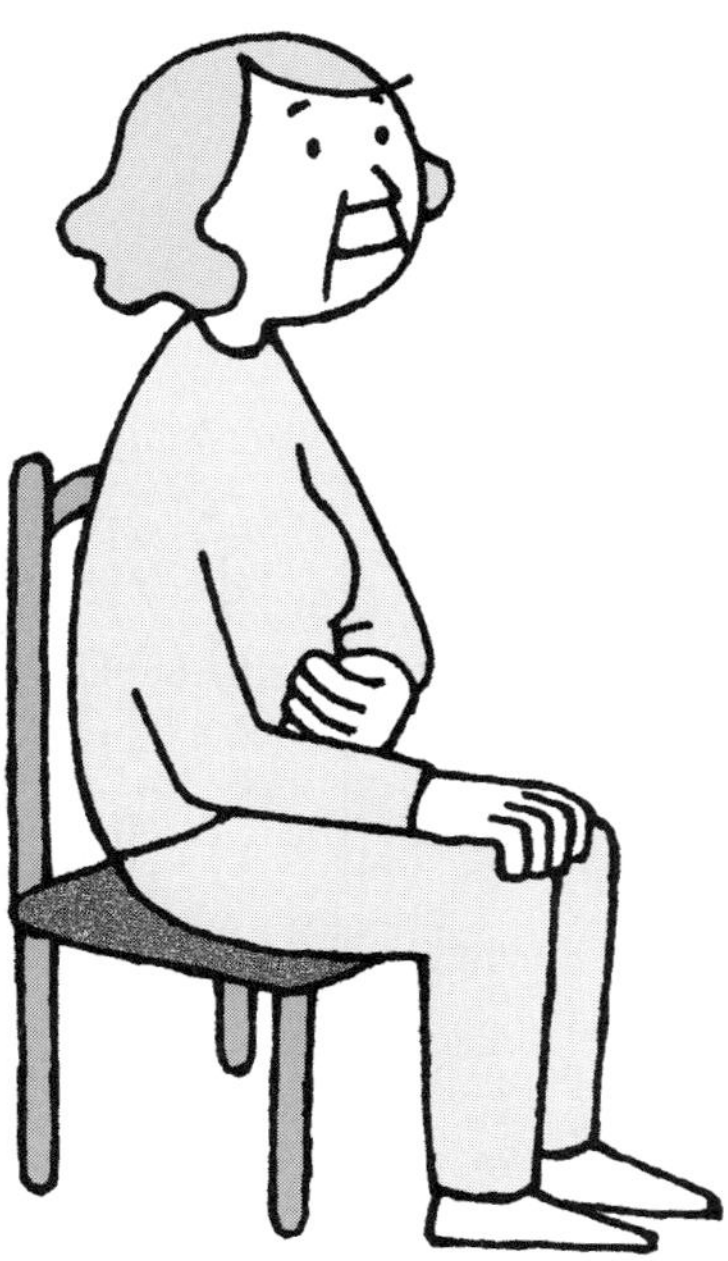

生活の基本は立位と座位

人間は、二足直立歩行を始めたときから、地球の重力を受けて生活しています。骨や筋肉は重力にさからってからだを支え、動かし、心臓は血液を送り出しています。消化や排泄は重力の作用でスムーズに機能します。からだにとっては立つ姿勢（座る姿勢）が自然であり、そうすることで、からだの各機能は正常に保たれます。できるだけ早く起き上がることは、とてもたいせつなことなのです。

〈座位の効用〉

・誤嚥を防ぐ
・内臓機能を正常に保ち、スムーズな排便を促す
・血行がよくなり、床ずれを予防し治癒を促す
・筋肉が強くなり、バランス感覚が回復する
・骨を強くする（骨粗鬆症の予防）
・視界が広がり、外界とのつながりが感じられる

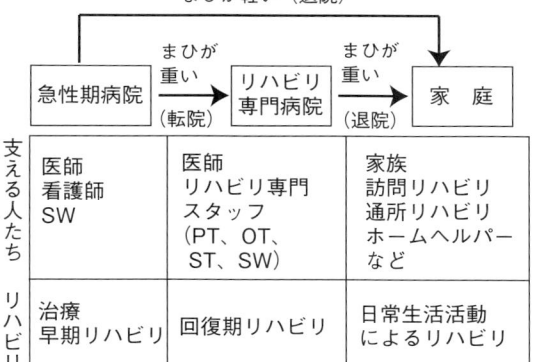

横向きから起き上がる

①寝返りの要領で、持ち上げた腕と立てた膝を健側のほうへ倒しながら、からだを横向きにして、健側の肘でからだを支える。

②手のひらをしっかりとついて、上体を起こす。

③健側の足を曲げて、バランスをとる。

寝返る

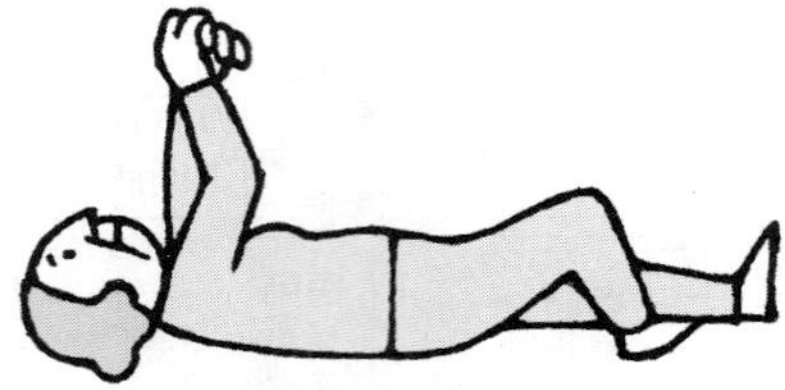

①健側の手でまひ側の手を持ち上げる。健側のひざを立て、足先をまひ側の足の下に入れる。

②頭を持ち上げ、健側の腕と膝を使って健側のほうに倒す。

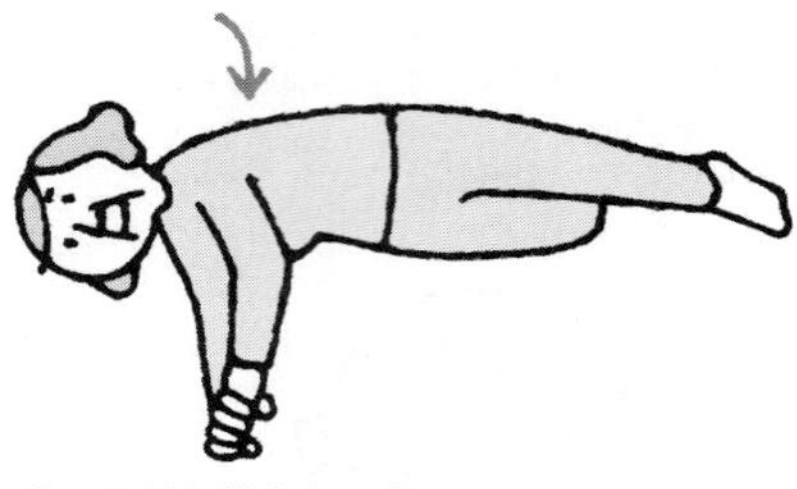

③からだを横向きにする。

日常生活活動の向上をめざすリハビリ

片まひという障害を負ったからだは、高齢者にとっては初めての体験で、からだを動かそうと思ってもその感覚に戸惑うことも多いでしょう。まずは、以下にあげる日常生活活動の基本となる動作について、最終的には散歩ができるようになることを目標に練習しましょう。

日常生活活動は複数の動きの組合わせです。すべての動きを初めからいちどに行う必要はありません。そのひとつひとつの動きをくり返し練習し、できたらつぎに進みましょう。むりをせず、自分のペースでゆっくり行い、自分のからだをじょうずに扱う感覚やコツをからだで覚えていってください。からだを起こしたときに立ちくらみをおこすようであれば、ようすをみながら少しずつ時間を延ばして、毎日練習することが重要なのです。

からだの下に敷くマットレスやふとんがやわらかいと、からだが沈み込み、動きを妨げ、姿勢も不安定になるので注意してください。

ベッドの柵を使って起き上がる

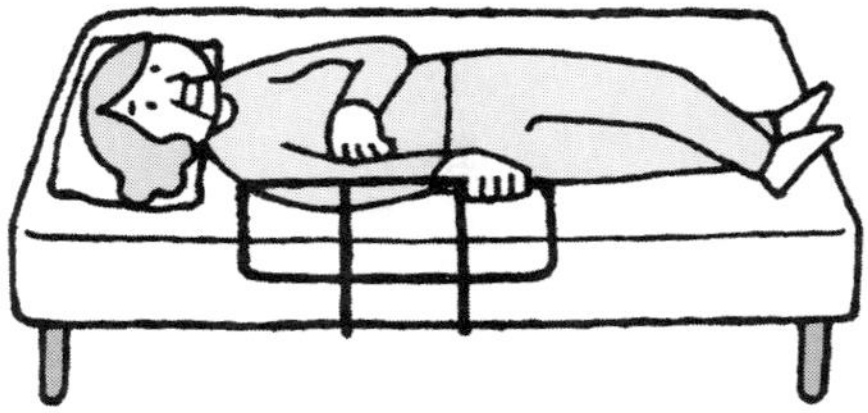

①まひ側の手を胸の上に置き、健側の足をまひ側の足の下に入れる。

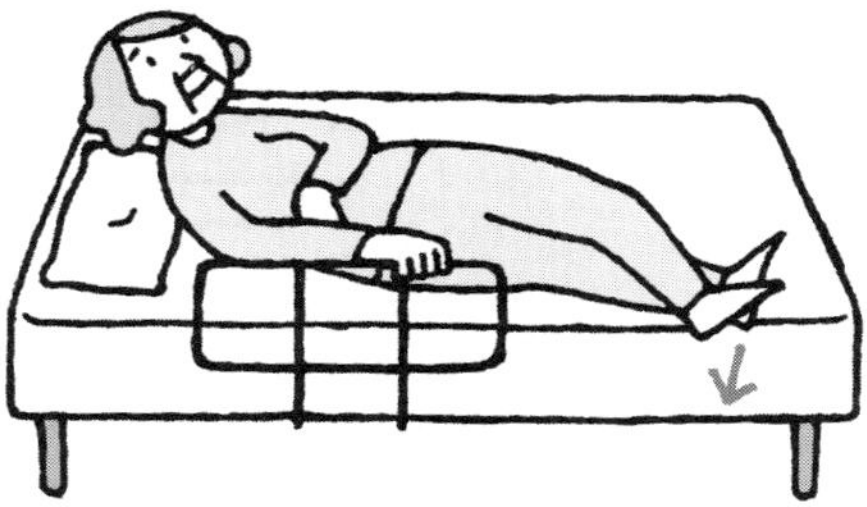

②健側の手でベッドの柵につかまりながら、両足をベッドの外へ下ろす。

③上体を起こして、お尻をずらしながら横に移動する。

④足をしっかりと床につける。

◇ひとりで寝返りをうつ

寝返りの動作は、つぎのような動きからなります。①首を左右に動かす、②頭を枕から上げる、③健側（健康なほう）の手でまひ側の手をつかみ持ち上げる、④健側の足をまひ側の足の下に入れて、いっしょに持ち上げる。これらの動きをそれぞれ何度もくり返し練習すれば、寝返りの動作もスムーズに行えるようになります。

◇ひとりで起き上がる

横向きになるまでは寝返りの要領と同じです。

●横向きから起き上がる

寝返りをうって横向きになったら、健側の腕でからだを支え、手のひらをしっかりついて上体を起こします。健側の足を曲げからだに引きつけてバランスをとります。上手にバランスがとれるようになるまでは支えてもらうことも必要です。ひとりで起き上がっていられるようになったら、徐々にその時間を延ばしていきます。

●ベッドの柵を使って起き上がる

柵をつかんだ健側の腕で、からだを引きつけるようにして起き上がりますが、同時に足をベッドの外に下ろすことと、頭を十分に持ち上げることがポイントです。

ベッドから立ち上がる

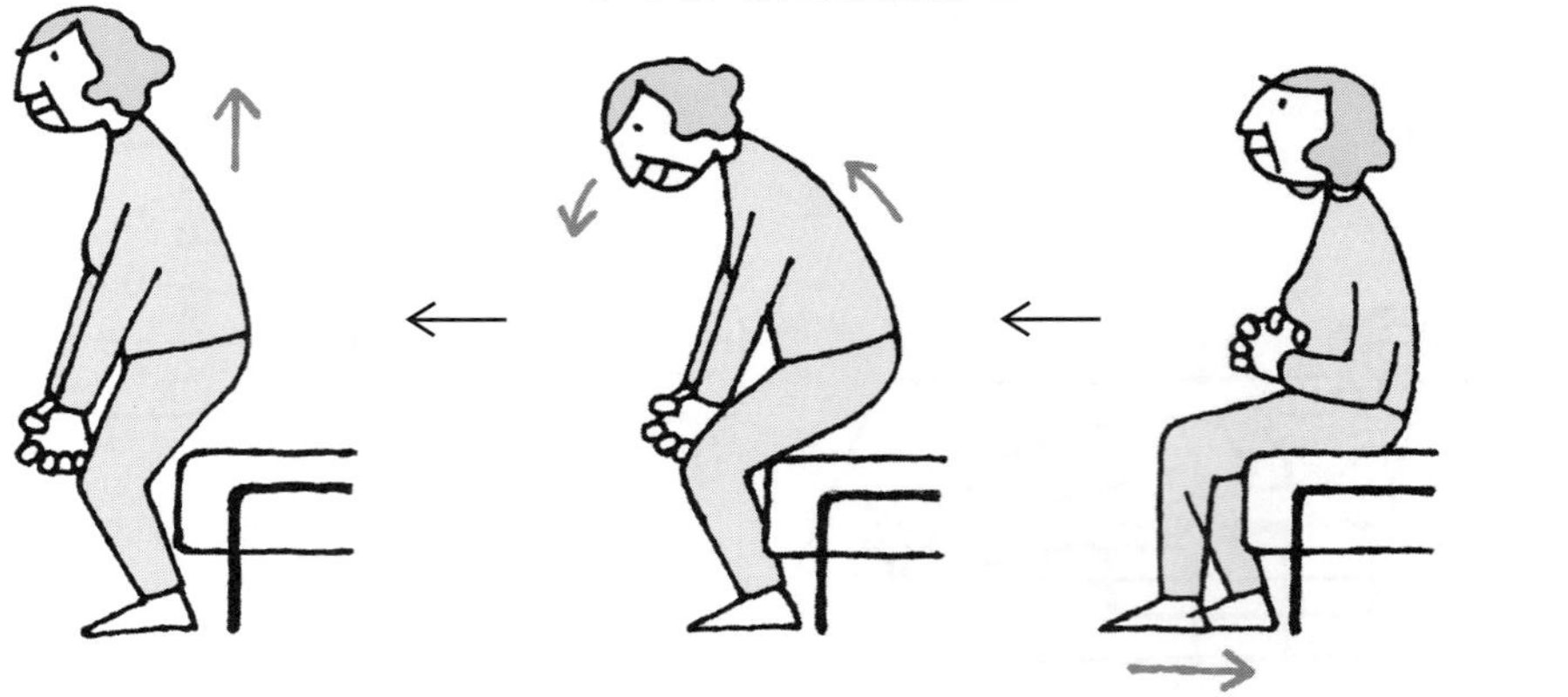

①両手を組み、足を少し開きぎみにして、後ろへ十分引く。

②肘を伸ばし、頭を下げるようにして、お尻を浮かす。

③ゆっくりとからだを伸ばす。

床から立ち上がる

①健側の膝を曲げて、まひ側の膝の下に入れる。健側の手のひらを床にしっかりとつく。

②前屈みになって、健側のかかとを立て腰を上げる。まひ側の足が倒れないように注意。

③台を支えに上体を持ち上げる。健側の膝を伸ばし、手で支えながら立ち上がる。

◇ひとりで立ち上がる

◉ベッドから立ち上がる

まず気をつけなければいけないことは、マットレスのかたさやベッドの高さなどです。マットレスがやわらかいと、ベッドに腰かけた姿勢が不安定になります。ベッドの高さは、深く腰掛けて足の裏が床にきちんとつくように調整し、また、ベッドの下は、その状態から足を後ろに十分引けるように、オープンにしておきます。

立ち上がるポイントは、足を十分に後ろに引くことです。手を前で組み、おじぎをするように頭を前に倒すと、自然とお尻が上がります。急に立ち上がると立ちくらみをおこすこともあるので、そのまま静かに立ちましょう。バランスがとれるようになるまでは、柵などを支えにし、徐々に立っている時間を延ばしていきます。

◉床から立ち上がる

手はからだの横に20cmほど離してつきます。手を支えにして健側の膝をつき、少し前屈みになって、からだをついている手の方向へ回すようにしながら腰を持ち上げます。手をつく位置が近すぎると手がじゃまをしてからだを回転できません。台を使用するときには、つく健側の手の方向に置いておきます。

ベッドからいすへ移乗する

①いすを健側に置く。ベッドに浅く腰かけたら、健側の足を少し前に出し、健側の手をいすにつく。

②前方に重心を移すようにしながら立ち上がり、しっかり立ってから、腰をいすの上へと移動する。

③静かに腰を下ろす。

◆床からいすへ移乗する

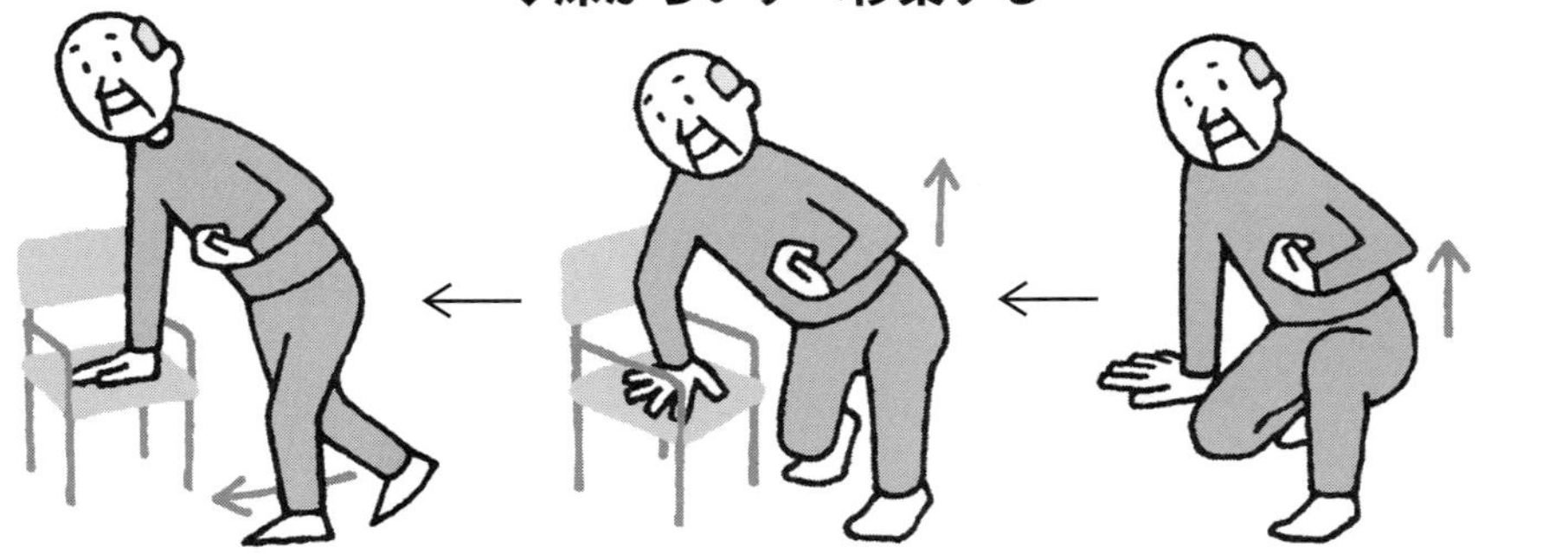

①健側の手のひらを床につき、健側の手と膝でからだを支えながら、お尻を持ち上げる。

②健側の膝を支えにして、健側の手をいすにつき、健側の膝を伸ばす。

③健側の足を1歩前に出し、からだの向きを変える。静かに腰を下ろす。

◇ひとりでいすへ移乗し、座位を保つ

いすに移乗できるようになると、ベッドからポータブルトイレや車いすへの移乗が可能になります。車いすの操作ができれば、トイレでの排泄（はいせつ）、入浴など日常生活活動もかなり向上します。また、安定して座位を保つことができるようになったら、できるだけ昼間は起きるようにします。そうすることで全身状態がよくなり、気持ちも前向きになります（2199頁）。

●ベッドからいすへ

手をついたときにずれたり倒れたりしないようなしっかりとしたつくりのいすを選び、いすの脚には滑り止めをつけるなどしておきます。手すりのあるいすが好ましいでしょう。また、車いすを利用する場合は、必ずストッパーをかけておきます。

いすや車いすは健側に置き、ベッドから立ち上がる場合（前頁）と同様に、おじぎをするようにすると立ち上がりやすくなります。

●床からいすへ

床から立ち上がる場合（前頁）と同様、いすに手をつき立ち上がります。健側の足をいすの手前に1歩出し、重心を移して、健側の手を座面につきます。腰を回して静かに座ります。

杖を使って歩く

二点歩行

重い障害の場合は、右の三点歩行を行いますが、回復してきたら、二点歩行を行いましょう。二点歩行は、杖とまひ側の足を同時に出す方法です。健側の足は、そろえるのではなく、さらに１歩前へ出します。

三点歩行

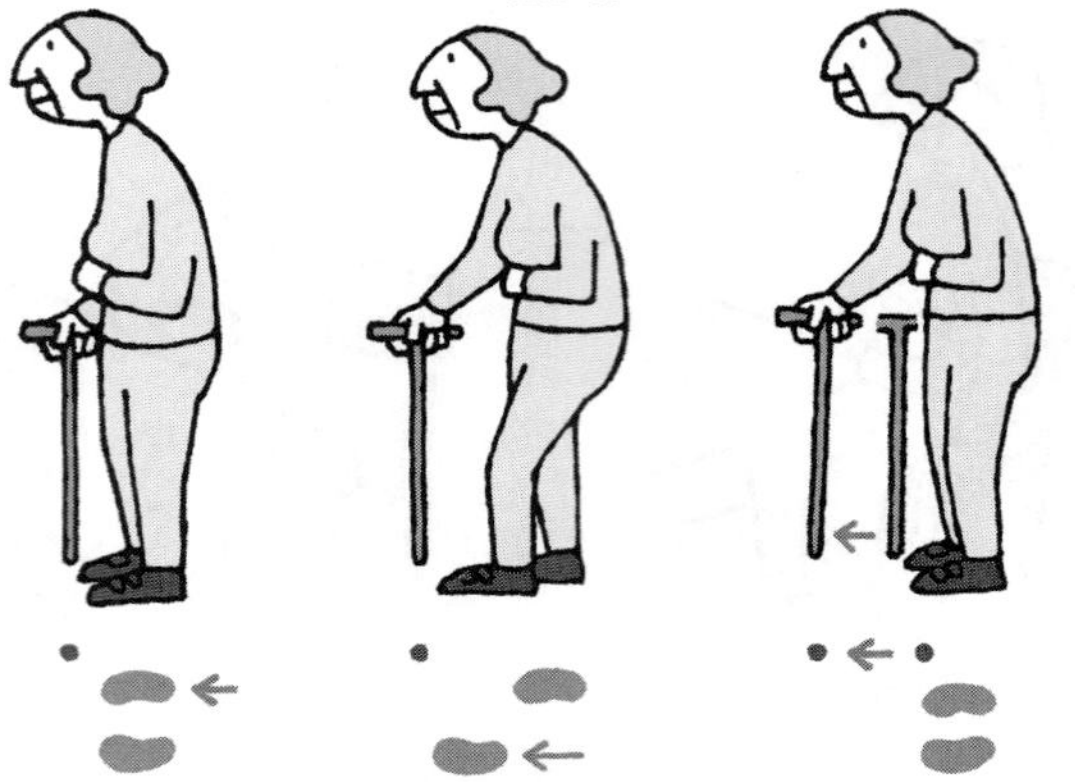

③健側の足を出してそろえる。　②まひ側の足を１歩前に出す。　①杖を１歩分前に出す。

階段を上る・下りる

下りるとき

①杖を１段下につく。

杖はまっすぐにつく

②杖と健側の足を支えに、まひ側の足を先に下ろす。

③健側の足を下ろして、両足をそろえる。

上るとき

①杖を１段上につく。

杖はまっすぐにつく

③まひ側の足を上げ、両足をそろえる。

②健側の足を上げて、杖と健側の足に十分に重心をかける。

◇ひとりで歩く

歩くコツやバランスのとりかたは少しずつ練習しながら、からだで覚えるのがいちばんです。杖や装具などはいろいろな種類があるので、リハビリの専門家に相談し、最適なものを選んでください（自分に合った杖の長さは2197頁）。

◉杖を使って歩く

杖は健側の手に持ちます。最初は三点歩行（上図）で、1歩ずつ確実に進めます。こうして、杖の使いかたやバランスのとりかたを体得し、体力もついてきたら、二点歩行を行いましょう。これは足を交互に出す一般的な歩きかたで、杖はつねにまひ側の足と同時に出します。

エレベーターにのるときは扉が開いているのを確認し、まず杖を扉の内側につき、まひ側の足から乗り込みます。降りるときもまず杖を扉の外側につき、まひ側の足から降ります。エスカレーターは乗り降りのタイミングがむずかしいので、避けたほうがよいでしょう。

◉階段を上る／下りる

上るときは健側から、下りるときはまひ側から段に足を進めます。杖は階段の面に対して垂直につき、足の裏全体で階段の面をとらえ、しっかりと重心をかけましょう。

入浴する

シャワーチェアに座ってからだを洗う

まひがあっても、スポンジや液体せっけんなどを使えば、むりなくからだを洗うことができます。手の届かないところは長柄のブラシを利用するとよいでしょう。床が滑りやすくなるので、石けんをよく流すなど、転倒防止に配慮することが肝心です。

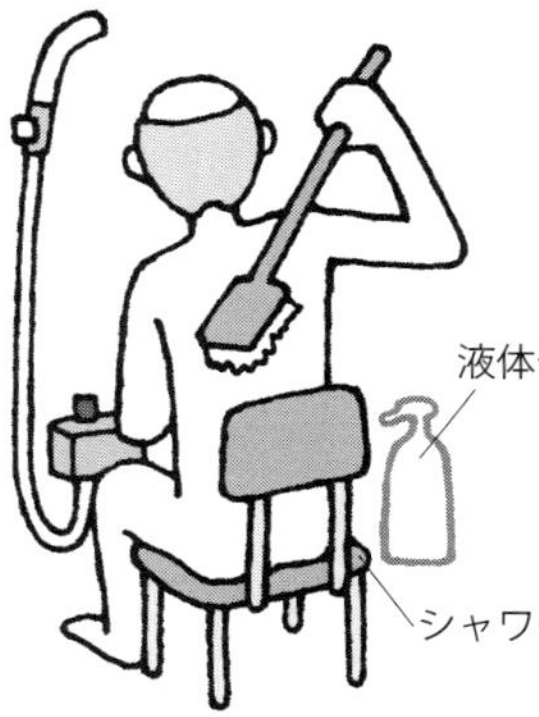

背中は長柄のブラシを使って洗う。

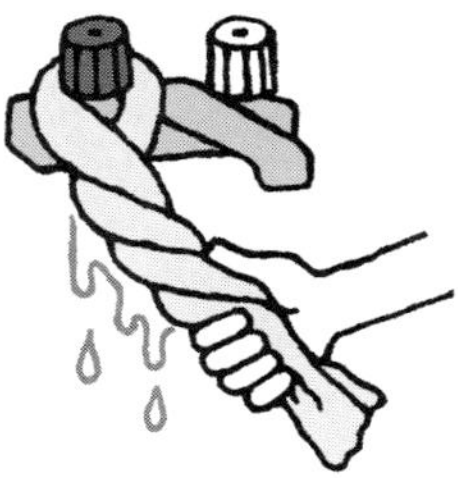

蛇口や手すりを利用して、タオルを絞る。

バスボードを使って浴槽に入る

健側を浴槽側にして直角に座ってから、腰を回しながら健側の足を入れる。健側の手でまひ側の足を持ち上げて入れたら、手すりを利用して浴槽内に移動する。

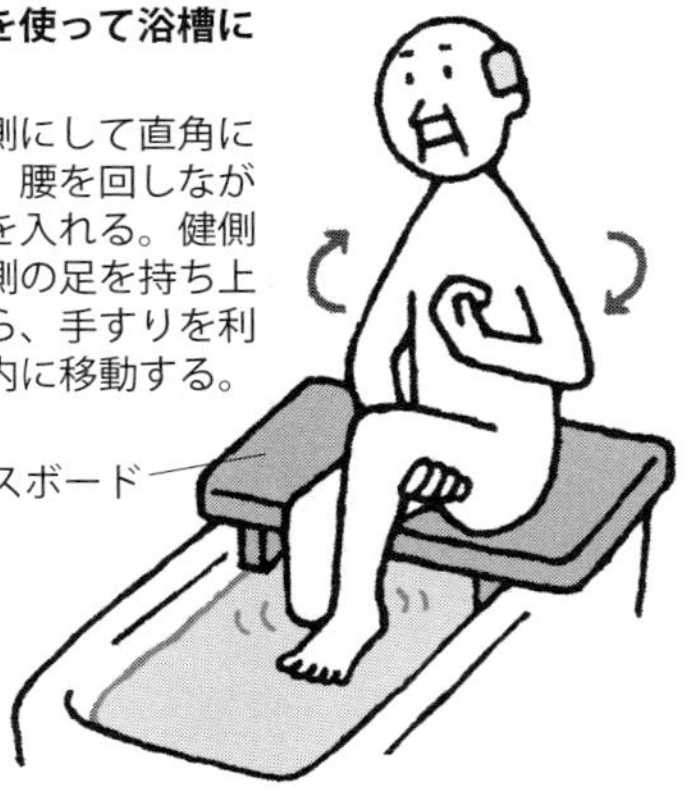

浴槽からの立ち上がりかた

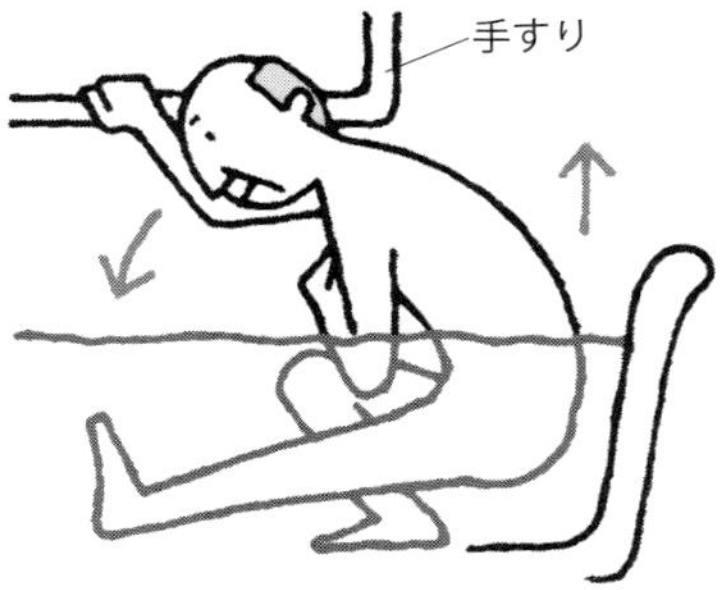

健側の手で手すりをつかみ、健側の足をできるだけお尻のほうに引きつける。前に屈むようにしてお尻を持ち上げる。

◇ひとりで入浴する

入浴は、からだを清潔にし、血行をよくし、疲労を回復するなど、心身ともにリラックスさせます。

◉浴槽に入る

バスボードを利用します。健側を浴槽側にして浴槽と直角に座り、まず健側の足から浴槽に入ります。ついで健側の手でまひ側の足を持ち上げるようにして浴槽に入れます。このときに腰を回していきます。手すりにつかまって浴槽内に立ち、静かにからだを沈めます。

◉浴槽から出る

手すりを健側の手でしっかりつかみ、健側の膝(ひざ)を立て、からだに十分に引きつけ、屈むようにして頭を前に倒すと立ち上がりやすくなります。バスボードに腰かけたら、まず健側の手でまひ側の足を持ち上げて浴槽から出し、つぎに健側の足を浴槽から出しながら腰を回します。

◉からだを洗う

シャワーチェアを利用し、スポンジやブラシ、液体石けんを用いれば片方の手でもむりなく洗えます。石けんで床が滑りやすくなるので、滑り止めマットを敷いたり、石けんを十分に湯で流すなど、転倒防止策を講じてください。

シャツを着る

＊かぶるシャツの場合は、まず、まひ側の袖をたぐって腕を通します。つぎに健側の袖を通したら、肩までたぐり上げ、健側の手でシャツのすそをつかみ、頭を屈めるようにしてかぶります。

①健側の手でシャツを持ち、まひ側の手にシャツの袖を通して、肩まで着る。

②健側の手を首の後ろに回してシャツを持ち、背中にかけるようにして羽織る。

③健側の手を入れ、袖を通す。

ズボンをはく

＊シャツやズボンを脱ぐ場合は、上図とは反対に、健側から脱ぎます。

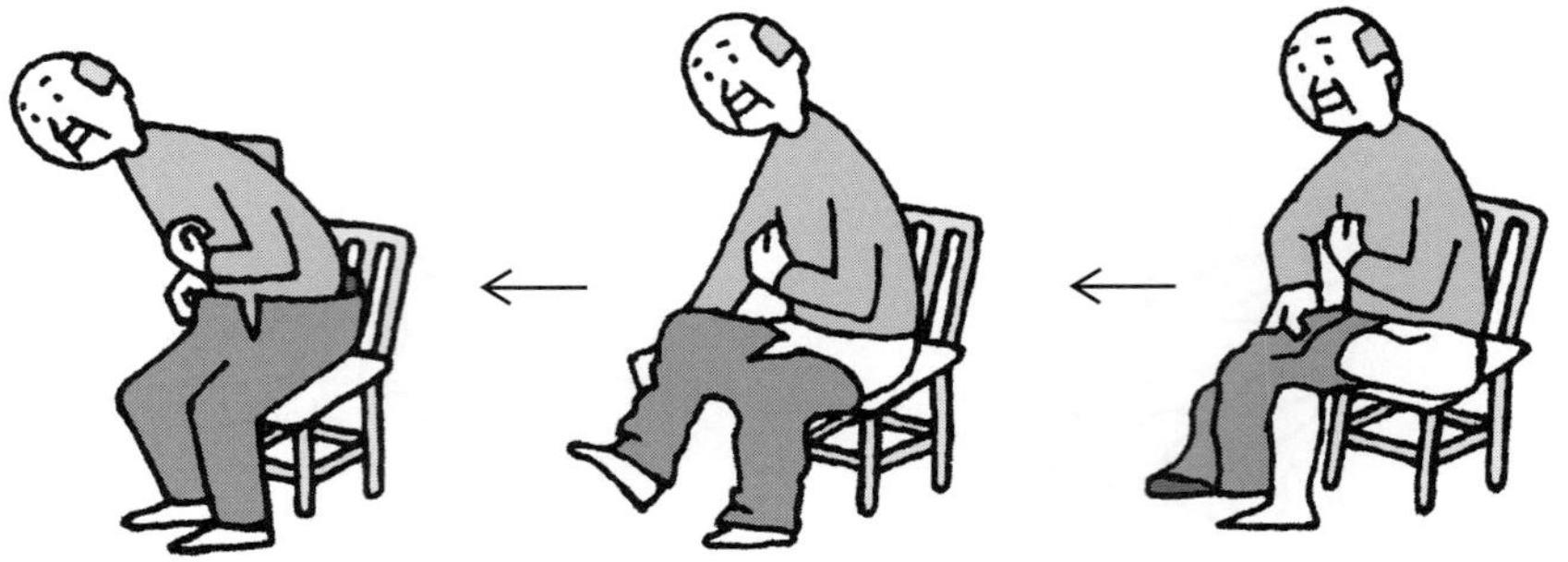

①健側の手でまひ側の足を引き寄せ、ズボンを少しずつ通していく。

②健側の足にズボンを通す。

③足を引き、頭を前に出してお尻を浮かせるようにして、はく。立ち上がって、ズボンを片方ずつ引き上げてもよい。

◇ひとりで着替える

毎日の暮らしのなかで行うすべての動作は、何よりも効果的なリハビリとなります。

●上体を起こせるようになったら始めよう

ひとりで上体を起こせるようになれば、着替えはそれほどむずかしいことではありません。

朝起きたら必ず着替えを行い、リズムのある生活を送りましょう。そして、いろいろなことにチャレンジし、行動範囲を広げていくことでさらに、残された機能を保持・向上することができます。まひがある場合には、ちょっとしたコツと練習が必要ですが、これもたいせつなリハビリの一環だと心得ましょう。

●「着患脱健（ちゃくかんだっけん）」で、着替える

「着患脱健」とは「服を着るときは患側（まひ側）から、服を脱ぐときは健側から」ということです。着るときには、まひ側の腕に通した袖（そで）は、きちんと肩まで上げきり、ねじれなどを直して腕にきちんと添わせて整えておくと、健側も着やすくなります。

服は少し大きめで、最初のころはボタンよりマジックテープを用いたほうが楽でしょう。たとえ時間がかかろうとも、最後までひとりで行うことがたいせつです。

舌のストレッチング

＊舌はできるだけ大きく動かし、必ず食事の前に行うなど、習慣にしましょう。それぞれ5~10回を目安にします。

①舌を上あごにつける。食べ物を上あごで押しつぶす練習になる。

②口を大きく開けたまま、舌をできるだけ前方に突き出す。舌の可動範囲を広げる。

③舌先でぐるっと唇をなめる。

④舌を左右に出す。

口腔機能を保持・回復するためのくびの体操

＊口腔機能の保持と回復のための運動です。深呼吸をしながらそれぞれ5~10回を目安に運動しましょう。

①頭を大きく左回り、右回りに回す。

②左右交互に横を向く。

③頭を左右交互に傾ける。

嚥下障害のリハビリ

●高齢者の嚥下障害

高齢者には、加齢にともなう身体機能の低下に加え、摂食・嚥下障害など口腔機能の低下があり、飲食物が飲み込みにくい、よくむせる、のどにつまらせるなどの症状が現れます。また、唾液や細菌が誤って気道に入り込んでおこる嚥下性肺炎（1255頁）の危険性があります。

●口腔機能の保持と回復のリハビリ

食べる行為は、命を維持するというだけでなく、味わう喜びを通して生きる意欲につながるたいせつなことです。食事の前に、口や舌、くびの運動を習慣づけ、かむ力、飲み込む力を回復し、誤嚥を予防しましょう。

口の周りの筋肉を動かすと、舌がよく動くようになり唾液の分泌が促されます。口腔機能の衰えを防ぎ、脳への適度な刺激もあって表情が豊かになります。舌のストレッチは、舌のスムーズな動きや、食べ物を咀嚼し飲み込む動き、発音、唾液の分泌を向上させる効果があります。

医療保険制度と介護保険制度

誰もが安心して治療を受けられる医療保険制度と社会全体で高齢者を看ていこうとする介護保険制度で、健康な生活が守られています。

医療保険の基礎知識

◇医療保険のしくみ

◉医療保険とは

日本の医療保険は、国民皆保険制度を施行しています。

これにより、すべての国民は国や自治体が運営するなんらかの公的医療保険に加入することが義務づけられています。

公的医療保険に加入していると、治療費の全額ではなく自己負担額のみを支払えば、医療機関で診療を受けることができます。

この医療保険の制度によって、病気やけがをしたときに、誰もが安心して治療を受けることができるのです。

◉医療保険制度の種類

医療保険制度は、大きく3つの種類に分けられます。

①**医療保険制度**　企業・団体に所属する人（被用者）とその家族（被扶養者）を対象とする保険です。**職域保険**と**地域保険**の２つに大別されます。

②**前期高齢者医療制度**　健康保険組合などの被用者保険に一定期間加入して、国民健康保険に移った65歳以上74歳未満の人が対象です。制度間の医療費負担の不均衡の調整を行います。

③**後期高齢者医療制度**　医療保険制度の加入者のうち、75歳以上の高齢者および65歳以上で一定の障害の程度にある人が対象です。

◉医療保険の切り替え

職域保険加入者が退職した場合は、地域保険（市町村国民健康保険、以下**国民健康保険**と略称）に加入し直す必要があります。市町村の国民健康保険課で手続をしましょう。

退職時に、病気を治療中の場合は、被保険者資格が喪失前に継続して2か月以上あれば、資格を取得した日から5年の範囲内で、職域保険で治療を受けつづけることができます。退職後20日以内に健康保険任意継続被保険者資格取得申請を健康保険組合に提出して、証明書を受理してください。

国民健康保険の加入者が、企業や団体に就職した場合は、その組織が所属している職域保険に転入することになります。

◉医療保険の利用法

すべての医療保険は、加入後に保険者より**医**

療保険証（健康保険証）が交付されます。

医療保険で医療を受けられる施設（医院、診療所、クリニックなど）が、**保険医療機関**です。医療保険証を提示すれば、保険で医療を受けることができます。

●保険料の計算方法

職域保険の場合、勤務先と保険加入者の両者で**保険料**を負担します。その金額は、標準報酬月額または標準賞与額に保険料率を乗じて算定されます。

標準報酬月額とは、その人がもらっている給与を一定の幅で区分した「標準報酬」にあてはめて決定したものです。標準賞与額とは、賞与・期末手当などの金額から、1000円未満を切り捨てたものです。

政府管掌健康保険の保険料率は、10％（2014年）で、組合保険の場合は各組合によって料率は異なります。

国民健康保険の保険料は、世帯員の所得や人数、固定資産などから計算されます。保険料率は、各市区町村によって異なります。

医療保険制度の種類

分類		名称	運営母体	加入者	自己負担
医療保険制度	職域保険	組合管掌健康保険（組合健保）	健康保険組合	健康保険組合を結成している民間企業の社員とその家族。	本人、家族＝3割 就学前の子ども＝2割
		船員保険	国	船員とその家族。	
		共済組合の短期給付	共済組合	国家公務員とその家族。	
		共済組合の短期給付	共済組合	地方公務員とその家族。	
		共済組合の短期給付	共済組合	私立学校の教職員とその家族。	
	地域保険	市町村国民健康保険組合（国保）	市区町村	自営業者、アルバイター、農業・漁業の従事者、職域保険から抜けた人。	本人、家族＝3割 就学前の子ども＝2割
前期高齢者医療制度		前期高齢者国民健康保険	市区町村	退職者で職域保険から抜けた人で、後期高齢者医療制度が適用になるまでの間の人。	本人、家族＝3割 就学前の子ども＝2割
後期高齢者医療制度		後期高齢者医療保険	すべての医療保険者と国・市区町村	75歳以上、または65歳以上で一定の障害をもつ人。	医療費の1割を負担。一定以上の所得がある人は、3割負担。

◇医療費と自己負担

◉医療費のしくみ

被保険者が医療機関で受診した場合、医療機関の窓口で診療報酬の一部負担金を支払います。残りは、医療機関が保険者（保険の運営母体）に請求することになります。

医療機関は、**診療報酬明細書（レセプト）**を審査支払機関に送り、過剰に医療が行われていないかどうか、チェックを受けます。審査されたレセプトは、保険者に送られ、誤りがなければ審査支払機関に請求金額を支払います。審査支払機関は、その診療報酬を医療機関に支払う流れになっています。

被保険者が払う健康保険料は、保険者が医療機関に支払う診療報酬の財源となります。

支払った医療費を保険料に応じて償還するのではなく、医療サービスそのものを給付することから、**療養の給付**または**現物給付**といいます。

◉医療費の給付

医療保険給付にはさまざまな種類があります。

保険給付の種類

給付	内容
療養の給付（被保険者本人・被扶養者）	健康保険を扱う医療機関で被保険者証を提示して、必要な医療を受ける。処方せんが発行された場合は、保険薬局で調剤してもらう。
入院時食事療養費（家族療養費）	入院時食事の提供を受けた場合、食事療養の費用額から標準負担額を除いた部分を給付。
入院時生活療養費	入院時生活療養を受けた場合、費用額から標準負担額を除いた部分を給付される。
保険外併用療養費	保険医療機関で高度な医療技術を用いた療養などの評価療養、特別病室などの選定療養を受けた場合、基礎的な部分が支給される。
療養費	やむをえない事情で非保険医にかかった場合、被保険証を提示できない場合、国外で医療を受けた場合など、全額を支払い後、保険者の承認を得れば一定部分が払い戻される。
高額療養費	１か月の自己負担額が１つの医療機関ごとに自己負担限度額を超えた場合、超過分を請求すると払い戻される。
訪問看護療養費（家族訪問看護療養費）	在宅で継続して療養する必要のある末期がんや難病の患者が医師の指示に基づいて訪問看護サービスを受けた場合、７割が給付される。
移送費（家族移送費）	緊急時などに病気・けがなどで移送された場合、実費または保険者が認めた額が払い戻される。
傷病手当金	療養で仕事を４日以上休み給料がもらえない場合、欠勤１日につき標準報酬日額の３分の２が、４日目〜１年６か月の範囲内で給付。
出産育児一時金　家族出産育児一時金	妊娠４か月以上で出産した場合、１児につき42万円が給付される。
出産手当金	出産で仕事を休み給料がもらえない場合、出産日以前42日〜出産日後56日の期間、１日につき標準報酬日額の３分の２が給付される。
埋葬料（費）家族埋葬料	被保険者本人・被扶養者が死亡した場合、５万円が給付される

療養の給付、入院時食事療養費、入院時生活療養費、保険外併用療養費、療養費、訪問看護療養費、移送費、出産育児一時金、出産手当金、埋葬料（埋葬費）などです。また、保険によっては家族への給付もあります。

●おもな保険給付

療養の給付とは、診察、薬剤または治癒材料の支給、処置・手術その他の治療、在宅療養での管理や看護、医療機関への入院や看護などが含まれます。

やむをえない事情で、保険医療機関で保険診療を受けることができず、自費で受診した場合は、その費用について療養費が支給されます。

また被保険者が保険医療機関に入院した場合は、療養の給付とあわせて食事の給付を受けられます。その標準負担額は1食につき、個々の条件に合わせて定められています。

●その他の保険給付

▼傷病手当金　職域保険の加入者が病気やけがのために働けなくなった場合に支給されます。支給される期間、金額は保険によって異なります（国民健康保険の場合、支給されません）。

▼出産育児一時金および家族出産一時金　職域保険の加入者あるいはその家族が、妊娠4か月以上で出産をした場合、子ども1人につき42万円が支給されます。

▼埋葬料、家族埋葬料　職域保険では、加入者本人あるいはその家族が死亡したとき、5万円の埋葬料が支給されます。

国民健康保険の場合は、市町村によって支給額は異なります。死亡後2年以内に手続をしないと受給権利が失われます。

▼出産手当金　職域保険の加入者本人が出産のため会社を休み、事業主から報酬が受けられないときは、出産手当金が支給されます。

これは、被保険者や家族の生活を保障し、安心して出産前後の休養ができるようにするために設けられている制度です。

▼難病医療費助成制度　厚生労働省では、治療法が確立されてない病気や、病状が慢性に経過して後遺症のある病気（いわゆる難病）に医療費の助成制度を定めています。

助成制度の対象疾患（指定難病）であることを都道府県窓口で申請すると、医療費の自己負担分が3割から2割に引き下げられ、また外来・入院の区別なく、世帯の所得に応じた自己負担上限額（月額）が設定されます。

心身障害者も、障害の治療については医療費の助成制度がありますが、自治体によって等級、所得、年齢などで対象が異なります。

●医療費の自己負担

受診した人が医療費の一部を負担することを、**自己負担**、あるいは**一部負担**といいます。自己負担限度額は、所得や年齢によってその割合が決められます。

特定健診・特定保健指導とは

２００８（平成20）年4月より特定健康診査（特定健診）制度・特定保健指導制度が始まりました。対象は40～74歳の医療保険加入者（被保険者と被扶養者）で、企業の健康保険組合、市区町村など全医療保険者に制度の実施が義務づけられています。

▼制度の目的　**特定健診**は、メタボリックシンドローム（1494頁）の早期発見を目的としています。問診、身体計測、血圧・血液検査などを行い、生活習慣病の一次予防・早期発見をめざします。

特定保健指導は、メタボリックシンドロームの該当者と予備群に対して、生活習慣を改善させる保健指導を行い、糖尿病、高血圧、脂質異常症（高脂血症）を未然に防ぐことを目的としています（178頁）。

◉自己負担がかさんだ場合

長期入院や治療が長引くなど、医療費の自己負担額が高額になる場合があります。支払いが困難になったり、家計を圧迫することがないように、救済策が設けられています。

▼高額療養費制度　医療費が一定の自己負担限度額を超えた分が償還されます。保険外併用療養費の差額や入院時食事療養費、入院時生活療養費は支給対象ではありません。

また、高額療養費の該当回数が1年間で4回以上となる場合、多数該当世帯の負担が軽減されます。70歳未満の人で同一世帯で1か月の自己負担額が2万1千円以上の人が2人以上いる場合、医療費を合算した金額から支給金額を算出します。

人工透析などを行う慢性腎不全（1721頁）などの場合、長期高額疾病についての負担軽減として、1か月あたり自己負担額1万円を超える額は現物給付されます（所得や年齢により金額は変わります）。

▼保険外併用療養費の支給　臓器移植など、高度な先進医療を受ける場合、高額な医療費が必要となります。これをサポートするのが、保険外併用療養費です。高度な医療技術による療養で保険給付の対象として評価が必要な**評価療養**

高額治療費の対象となる自己負担限度額

70歳未満の人

所得区分	自己負担限度額	多数該当
1　標準報酬月額83万円以上の人	25万2600円＋（総医療費－84万2000円）×1％	14万0100円
2　標準報酬月額53万～79万円の人	16万7400円＋（総医療費－55万8000円）×1％	9万3000円
3　標準報酬月額28万～50万円の人	80万0100円＋（総医療費－26万7000円）×1％	4万4400円
4　標準報酬月額26万円以下の人	57万6000円	4万4400円
5　被保険者が市区町村民税の非課税者など	35万4000円	2万4600円

区分1、2に該当する場合、市区町村民税が非課税であっても、標準報酬月額での区分1または区分2の該当になります。

70～74歳の人

所得区分	個人（外来）	世帯（外来・入院）
現役並み所得者（標準報酬月額28万円以上で高齢受給者証の負担割合が3割の人）	4万4400円	8万0100円＋（医療費－26万7000円）×1％
一般所得者	1万2000円	44万4000円
低所得者　Ⅱ*	8000円	2万4600円
Ⅰ**		1万5000円

*被保険者が市町村民税の非課税者である場合。

**被保険者とその扶養家族すべての人の収入から必要経費。控除額を除いた後の所得がない場合。

先進医療にかかる費用の例

総医療費100万円、うち先進医療にかかる費用が20万円の場合
1　先進医療にかかる20万円は、全額患者が負担。
2　通常の治療と共通する部分（診察、検査、薬剤、入院費）は、保険として給付される部分になる。

全療養費			
100万円	先進医療部分（全額患者負担）＝20万円		
	診察、検査、薬剤、入院費など＝56万円（一般治療と共通する部分）	80万円	保険給付分
	一部負担＝24万円（３割負担の場合）		

保険給付分にかかる一部負担については、高額療養費制度が適用される。

を受けた場合は、その基礎部分については保険外併用療養費が支給されます。

たとえば総医療費が１００万円で、先進医療の費用が20万円の場合、先進医療費は全額自己負担となりますが、通常の治療と共通する部分（診察、検査、投薬、入院料）が保険の対象となります。差額80万円は1〜3割（8万〜24万円）の自己負担ですむことになります。また一部負担金が自己負担限度額を超える場合は、高額療養費制度が適用されます。

保険を前提としない**選定療養**を受けた場合も、同様に基礎部分の保険外併用療養費が支給されます。

◇保険適用外の医療費

いわゆる自由診療と呼ばれる医療保険の適用外の治療の場合、治療費は全額自己負担となります。

歯列矯正や美容整形、健康診断、あるいはがん治療などで、認可されていない治療を選択した場合は医療保険の適用外となります。

また保険医療機関であっても、保険証を忘れたり提示しない場合は、原則は自費払いとなります。この場合は、医療機関の発行した領収書（医療内容が明記されていること）と保険証を提示すれば、保険適用部分の金額を払い戻してもらえます。

このほか、正常な妊娠・出産の医療費、差額ベッド代、医師の指示なしに受けた鍼灸やマッサージ・指圧の診察料、医師の処方せんなしに購入した薬、医療器具の代金は医療保険の適用外となります。

また、勤務先での仕事が原因となった病気やけが、通勤途中の事故による病気やけがは医療保険の適用外で、労働基準法や労災保険法に基づいて診療を受けることになります。けんかや犯罪など、故意によるもので受けたけがの治療代も自己負担となります。

医療機関の選びかた

◇医療機関の種類

私たちが医療を受ける施設は、総称して医療機関と呼ばれています。規模によって、病院と診療所（クリニック、医院）に分けられます。

入院のためのベッドを備えていない、あるい

はベッド数が20床未満の施設が**診療所**です。48時間以上同じ人を入院させないなど、いくつかの条件があります。

病院は、20床以上のベッドを備えている医療機関です。医師や看護師などの医療の専門家が24時間常勤し、治療や看護を行います。

日本には約9000か所の病院がありますが、その37%はベッド数が99床以下の中小病院、300床以上の大病院は全体の18%程度といわれています。

◇診療所の特徴

診療所は、近隣の住民を対象に医療を提供しているので、比較的気軽に受診できる医療機関です。ほとんどの診療所は、通勤や通学をしながら気軽に受診でき、手続も簡単で、待ち時間も短いという利点があります。

●かかりつけ医

厚生労働省では、地域医療計画として医療機能の分化・連携を推進しています。患者は特定の医療機関に集中せず、症状に合わせてじょうずに医療機関を利用するという方針です。各医療機関が、急性期から回復期、在宅医療などの役割を分担して、住民にとってわかりやすい医療提供体制を整えるというものです。

そういった意味では、診療所は地域住民にとっての医療の窓口であり、**かかりつけ医**（家庭医、ホームドクター）の機能を担う存在です。

近所の診療所の医師、できれば内科医をかかりつけ医にすると、いろいろな病気の診断・治療に対する知識も豊富なので安心です。

また家族全員が同じかかりつけ医を受診することによって、家系の遺伝的体質や病気（高血圧や糖尿病になりやすいなど）を医師が理解できるので、的確な治療や薬の処方が望めます。

もしも手術や高度な治療が必要になった場合も、適切な専門医や病院を紹介してくれます。

かかりつけ医は、健康管理全般にはじまり、病気の早期発見、初期治療（プライマリーケア）や慢性疾患の治療・経過観察などをおもに行います。家族に療養や介護が必要な人がいる場合は、在宅で安心して療養生活を送るためにも、身近な地域で適切な医療を受けられるかかりつけ医をもち、適切なアドバイスを受けましょう。

◇病院の特徴

病院の特徴と行う医療を分類してみましょう。

●一般病院

大学病院と専門病院・特殊病院を除く病院を**一般病院**といいます。眼科病院や整形外科病院を中心とする外来型小病院や総合病院（入院用ベッドが100床以上あり、内科、外科、産婦人科、眼科、耳鼻咽喉科を含む病院。以前は医療法で規定されていたが今は概念的なもの）なども含まれます。

●専門病院・特殊病院

専門病院とは、おもに特定の範囲の病気を対象とする、診断・治療・研究を行い入院施設のある病院です。がん研究センター、循環器医療センター、成人病センター、小児医療センターなどがあります。専門分野の医療機器などの設備が充実しています。

特殊病院とは、精神科病院、結核療養所の2種類です。

●大学病院

大学病院は、文部科学省の管轄である79大学の設置者が開設した病院です。一般の病院が治療を中心としているのに対し、**大学病院**はさらに臨床教育や臨床研究といった役割も担っています。総合病院的な機能のうえにさまざまな病気の診断・治療にあたる特定機能病院としての役割も果たしています。

◇医療機関の利用法

私たちにとっての医療の窓口はかかりつけ医

であるという考えかたもあります。かかりつけ医は普段の健康状態や過去の病歴などを把握しているので、適切な治療が受けられ、急な場合でも比較的待ち時間が短く安心して受診できます。また、入院や特別な検査・治療が必要と判断した場合は、入院設備や高度医療機器を備えた病院を紹介します。病気のステージによって、利用する医療機関が変わることもあります。

病気を発症し、急激に健康が失われる「急性期」（目安は14日以内）、急性期を脱し、慢性期に移行するまでの「亜急性期」（目安は30〜90日）、急性期を脱して健康な状態に戻る「回復期」（目安は30〜180日）、そして病気やからだは安定していても完治はしていない「慢性期」（目安は90〜180日以降）に分けられます。

治療にはこの4つのステージがあり、病院もそれによって分類されます。たとえば急性期の病院で14日程度在院したあとは、つぎの回復期や亜急性期の病院で治療を行うことになるのです。つまり、前の病院から紹介されて、つぎの病院に入院することになります。

◇高齢者のための医療機関・施設

団塊の世代が75歳以上になる2025年をめどに、高齢者の尊厳の保持と自立生活の支援を目的にして、住み慣れた地域で自分らしい暮らしを最期まで続けることができるように在宅医療や介護などを提供できる**地域包括ケアシステム**の構築を目ざしています。

このシステムのなかで中心となるのが、地域包括ケア病棟です。

◉地域包括ケア病棟

病気の治療を急性期病床で行った後、患者を受け入れたり、リハビリテーションを行うなどによって在宅への復帰支援を行います。また、在宅などにいる患者を緊急時に受け入れたりします。

病状と医療施設の関係

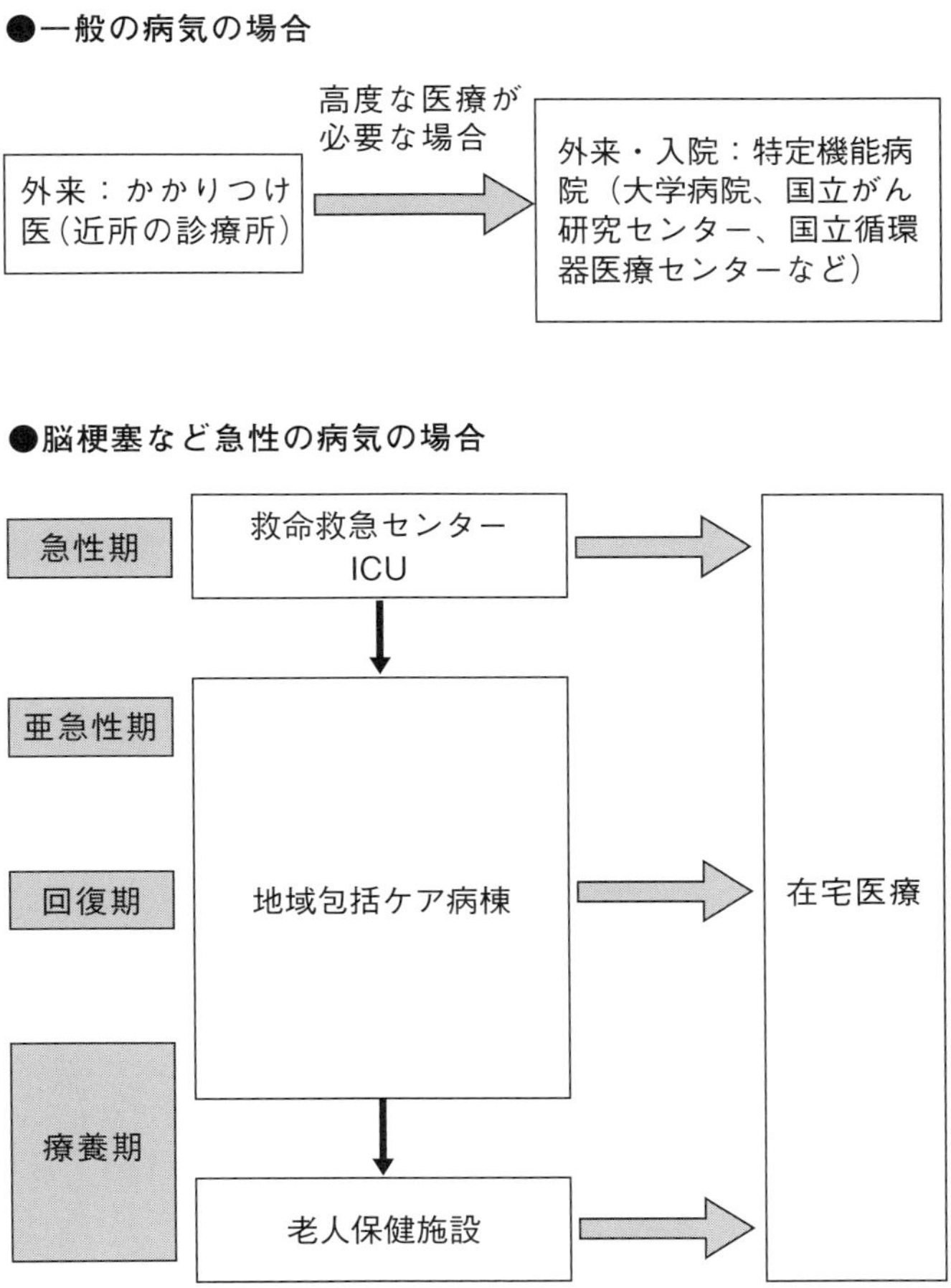

●介護療養型医療施設

介護と医療の両方を必要とする高齢者のための療養病床です。２０１８年度末には廃止となり、医療型の療養病床や介護老人保健施設やケアハウスなどの居宅系サービスに転換するとされています。

●介護老人保健施設

入院治療は必要ないけれども、長期の療養を要する高齢者のための施設です。

施設内では理学療法士や作業療法士によるリハビリテーションや食事、入浴などの生活サービスが提供され、自立を支援し、在宅復帰をめざします。

●介護保険施設（特別養護老人ホーム）

入院治療は必要ないけれども、著しい障害があり、常時介護を要する65歳以上の高齢者のための施設です。

居室スペースが広く、家庭と同じ住居環境が整えられており、医務室、リハビリ訓練室、面接室なども設置されています。介護度によって、入居の優先順位があります。

●その他

認知症の高齢者がケアを受けながらグループ生活をするグループホーム、有料老人ホーム、軽費老人ホーム、ケアハウスなどがあります。

在宅医療を受ける

◇在宅医療とは

●連携して行う医療提供システム

私たちが医療を受ける場合、医療機関での外来医療や入院医療、そして自宅で受ける在宅医療という3つの方法があります。

１９９４（平成６）年、在宅医療の費用が保険の適用となり、在宅医療を希望する人が増えてきています。

在宅医療は、患者とその家族のＱＯＬ（生活の質）を確保し、向上させるために、保健・医療・福祉（あるいは介護）が連携して行う医療システムです。

在宅医療には「往診」と「在宅診療」があります。患者と家族の連絡に応じて、患者宅で診療を行うのが**往診**です。また在宅療養中の患者に対して、医療計画のもと、定期的に訪問して診療を行うのが**在宅診療**です。

在宅医療は、医師や看護師、理学療法士、作業療法士、言語聴覚士などによって行われます。

在宅医療の費用は、ほとんどの場合、医療保険が適用されます（夜間診療や交通費については医療機関によって異なります）。

介護保険が適用される場合もあるので確認しておきましょう。

●在宅医療にかかわる機関

▼かかりつけ医　在宅医療の場合、時間帯を問わず容態の急変に即対応してもらう必要があります。そこで、近所のかかりつけ医に在宅医療を担ってもらうことが望ましいでしょう。

▼在宅医療支援診療所　２００６年度の診療報酬改定から、入院から在宅医療への円滑な移行の促進を目的に、在宅医療支援診療所が新設されました。

在宅医療支援診療所は、患者と家族に対して24時間体制で往診や訪問看護を提供する窓口です。病院・診療所、薬局、訪問看護ステーションとの連携の中心となる存在です。

▼訪問看護ステーション　訪問診察をサポートする機関が訪問看護ステーションです。

在宅医療を行う医師が訪問できない場合は、看護師が患者の居宅を訪問し、点滴や処置を行います。

また、訪問時に患者の容態に変化があった場合は、主治医に報告を行います。

▼在宅専門クリニック　外来診療を行わず、在宅医療のみを専門とするクリニックです。365日24時間の往診や在宅診療を行い、地域の在宅患者に質・量ともに十分な医療サービスを提供します。テレビ電話などを使って、緊急時に速やかな対応ができるような体制を整えているクリニックもあります。

近年では、在宅専門クリニックの増加によって、末期がんの人でも自宅療養することが可能となりました。

◇受けられる医療サービス

◉医師による治療など

往診や訪問診療などを患者の居宅で行います。末期がんや難病、重度障害者や寝たきりの人など、それぞれに必要な医療サービスが提供されます。

◉訪問看護

医師や訪問看護ステーションの指示に従って、保健師、看護師、准看護師による看護サービスや医療処置を受けることができます。

医療保険が適用できるのは、週3回までです。ただし、末期がんや難病（2212頁表）の場合は、訪問回数に制限はありません。

◉歯科医の訪問診療

病状によって歯科医院に行けない場合に、希望すれば歯科医の訪問診療を受けることができます。

◉訪問口腔衛生指導

歯科医が必要と認めた場合、歯科衛生士が訪問し、口腔衛生指導を行います。むし歯や歯周疾患、義歯の取扱いに関する指導や、嚥下障害がある場合は食物のかみかた・飲み込みかたの指導を行います。

◉その他の医療関係者の派遣

医師が必要と認めれば、薬剤師、理学療法士、作業療法士、栄養士などの指導を受けることができます。

◉医師の指導監督下に行う医療行為

医師の指導監督を受けることで、本人または介護する家族が自宅で行うことができる医療行為もあります。

①糖尿病の人のインスリン注射、血液凝固因子やヒト成長ホルモンなどの注射。
②慢性腎不全の人の腹膜灌流（人工透析）。
③慢性呼吸不全の場合の酸素吸入。
④栄養価の高い液体を直接静脈内に注入する中心静脈栄養。
⑤食事がとれない人に、管を介して胃へ栄養を注入する成分栄養経管栄養。
⑥痰の吸引。
⑦尿を排泄できない人が、尿道から管（カテーテル）を膀胱に挿入し、尿を導き出す自己導尿。
⑧酸素吸入では効果のない人が人工呼吸器を使って行う人工呼吸。
⑨がんの人の鎮痛療法と化学療法。
⑩寝たきりの人に対する各種の処置。
⑪薬を使用した疼痛（痛み）の管理。

◉療養上の世話

からだの清拭、洗髪、入浴介助、食事や排泄などの介助・指導などのサービスを、医療保険で受けることができます。

◉リハビリテーション

拘縮（まひなどのために筋肉や関節がこわばり正常な運動ができない状態）の予防のためのリハビリ、運動や言語などの機能の回復、嚥下機能（食物を飲み込む）訓練などの指導サービスが受けられます。

◉その他の医療サービス

寝たきりの人に対する床ずれ（1802、2186頁）予防やその手当、認知症の人に対する事故防止や介護相談、また、介護生活で低栄養や運動機能低下におちいらないために、家族へのアドバイスなども受けられます。

介護保険の基礎知識

◇介護保険のしくみ

◉介護保険とは

少子化による人口減と高齢社会。日本は今後100年この状態がつづくと予測されています。

独居の高齢者は増加の一途をたどり、共働きなどで家庭内で介護をまかないきれない家庭が増えているにもかかわらず、病院に長期入院することもできなくなりました。

そこで、社会全体で高齢者などを介護するためにつくられた制度が介護保険です。

介護保険とは、十分な介護が受けられるように、施設やスタッフなどの環境を整え、必要な介護サービスを提供するための保険制度です。

◉介護保険のしくみ

介護保険を運営する保険者は市区町村、加入する被保険者は40歳以上のすべての国民です。

その財源は、被保険者の保険料が半分、残りは国が4分の1、都道府県と市区町村が8分の1ずつ負担しています。

保険料は、65歳以上の第一号被保険者は年金から天引されます。64歳までの第二号被保険者は健康保険料と合わせて所得から徴収されます。保険料の金額については、3年ごとに見直しが行われます。

介護サービスを利用した場合は、費用の1割を被保険者が払います。残りの9割は介護保険から直接サービス事業者に支払われます。国が定める介護サービスの価格（介護報酬）も3年ごとに見直しが行われます。

介護サービスを受けることができるのは、40歳以上で、市区町村から介護や支援が必要であると認定された人です。

◇介護保険を利用するには

◉介護保険の申請

介護保険のサービスは、申請して認定を受けなくては利用することができません。

65歳以上の人は、送付される介護保険証と申請書を、本人が住んでいる市区町村の介護窓口あるいは地域包括支援センターに提出しましょう（40～64歳の人は申請書のみ提出）。

申請後、訪問調査員が調査を行います。事前に時間を調整するための連絡があり、家族も同席できます。認知症（997頁）の人や自分で答えられない場合は、家族やケアマネジャーに聞き取りを行うこともあります。

主治医が記載する意見書も認定材料となるので、できるだけ本人の病状や普段の生活を把握している医師にお願いしましょう。訪問調査と主治医の意見書をもとに、認定審査会が要介護の認定と保険給付区分の判定を行います。

申請から30日以内に、要介護度と給付限度額、有効期間が記載された介護保険証が、送付されます。

在宅にかぎらず、施設や病院にいる高齢者でも介護保険を申請することは可能です。ただし、急性期の疾患で入院している場合は対象外なので、慢性期に入ってから申請を行いましょう。

◉要介護度

要介護度は、7段階に分かれています。

▼自立　介護保険は使えません。

▼要支援1・2　地域包括支援センターや委託を受けた居宅介護支援事業所が予防プランを作成し、介護予防サービスが受けられます。

▼要介護1～5　居宅介護支援事業所のケアマネジャーがケアプランを作成し、介護保険サービスが受けられます。認定結果に納得がいかない場合は、60日以内であれば不服申請が可能で

家庭での介護
リハビリ
医療保険
妊娠・出産
海外旅行
献血・骨髄移植
災害時
薬の知識
漢方薬の知識
相補・代替医療

す。不服とする内容を介護認定の通知といっしょに都道府県の窓口に提出しましょう。

都道府県の審査会が申請に基づく審査を行い、申請者に結果を通知します。

有効期間は要介護度によって異なりますが、有効期間前でも介護度が変わる場合は、要介護度の変更を申請することが可能です。

◉介護サービスを利用するには

介護サービスは、それぞれのケアプランに沿って提供されます。

▼ケアマネジャーを選ぶ 施設にいる場合は、施設の**ケアマネジャー**（5年以上の保健・医療・福祉分野の実務経験者で試験合格後に研修を受けた人）がケアプランを作成してくれます。

在宅で介護サービスを受ける場合は、居宅介護支援事業所に連絡して、所属するケアマネジャーのなかから担当してくれる人を選びます。

ケアマネジャーは、要介護者にとって必要なサービスを決めるための適切なアドバイスをしながら、自己負担額を考慮に入れつつケアプラン作成の手伝いをしてくれる介護のサポーターです。介護についての十分な知識があり、要介護者と家族の意見を尊重してくれるケアマネジャーを選びましょう。

▼ケアプラン作成 ケアプランをつくるためには、要介護者の現状をしっかり把握することが

介護保険申請の流れ

市区町村に申請（介護保険証＋申請書）
※本人、家族、代理人でも可

⇩

訪問調査（＋主治医の意見書）

⇩

市区町村の認定審査会

要介護認定と保険給付区分の判定を行う
１次判定　訪問調査、医師の意見書をもとにコンピュータで判定。
２次判定　１次判定の結果および医師の意見書、訪問調査の特記事項から、医療や介護の専門家が判定。

⇩

認定結果通知
※申請後30日以内に到着

自立	要支援 1・2	要介護1〜5
非該当	地域包括支援センター、および委託先の居宅介護支援事業所による介護予防プランをもとに介護予防サービスを利用。	ケアマネジャーによるケアプランをもとに介護サービスを利用する。

※不服の場合は、60日以内に都道府県の介護保険審査会の窓口に申請書を提出する。

介護度別利用限度額

区分	目安	限度額（単位）
要支援１	日常生活で介護は必要ないが、現状を改善し、要介護状態予防のため少し支援が必要。	5,003
要支援２	日常生活を支援することで、要介護状態には至らず、改善する可能性が高い。	10,473
要介護１	立ち上がりや歩行が不安定で、排泄や入浴の際、部分的に介助が必要。	16,692
要介護２	自力では立ち上がりや歩行が困難で、排泄や入浴の際、一部または全介助が必要。	19,616
要介護３	自力では立ち上がりや歩行ができず、排泄・入浴・衣服の着脱など全面的な介助が必要。	26,931
要介護４	日常生活能力が低下し、排泄・入浴・衣服の着脱など全般に全面的な介助が必要。	30,806
要介護５	日常生活全般について全面的な介助が必要で、意志の伝達も困難。	36,065

※利用限度額は「単位」で表し、通常１単位＝10円。ただし地域によって、10.12円〜10.72円の幅がある。

たいせつです。病状や身体能力、身の回りのことがどれくらいできるかなどを知ることによって、介護や医療の課題、リハビリテーションの計画などを明確にする必要があります。

ケアマネジャーは、アセスメント（評価）ツールを使って要介護者の現状を診断します。アセスメントの結果をもとに、ケアマネジャーはケアプランの原案を作成します。それを要介護者と家族が検討し、変更などがあればとり入れて最終決定します。ケアプランの決定案を家族が確認・同意したら、事業所と契約し、介護サービスの利用が始まります。

◉介護サービスの種類（次頁表）

▼施設サービス　施設サービスには、介護老人福祉施設（特別養護老人ホーム）、介護老人保健施設、介護療養型医療施設の3種類があります。

▼居宅サービス　居宅サービスは、大きく3つに分けられます。

訪問系サービスは、自宅にいながら受けられるサービスです。通所系サービスは、デイサービスセンターなどで送迎つきで利用するサービスです。短期入所系サービスは、施設などに短期間入所してサービスを受けます。

▼地域密着型サービス　地域密着型サービスは、市区町村が事業所の指定、報酬単価の変更を行います。サービスを受けられるのは市区町村の住民にかぎられています。

▼その他　住宅改修などに介護保険が適用されます。事前に、市区町村に相談してください。

◇介護予防プランの利用

◉介護予防サービスを受けるには

要支援1あるいは2と認定された人は、介護予防サービスを受けることができます。基本的には、保健師が作成する介護予防プランに沿ってサービスを受けることになるので、まずは地域包括支援センターと契約しましょう。地域包括支援センターは、市町村の人口2万～3万人あたりに1か所設置されています。

センターから派遣された保健師が、利用者宅を訪問しアセスメントを行います。予防プランの原案を作成し、サービスの担当者で会議を行います。その後、予防プランを事業所に依頼し、サービスのモニタリング、結果評価までを行います。

利用者にとっての課題とその達成期日を明確にしたプランが作成され、地域包括支援センターが目標達成だと判断した時点で、サービスは終了となります。

◉介護予防サービスの種類

介護保険改正後、提供される介護予防サービスの種類は増えました。しかし利用する場合は、状態を維持し改善する目的であることに限定されています。

介護予防サービスの種類は、介護予防訪問介護、介護予防訪問看護、介護予防訪問入浴介護、介護予防訪問リハビリテーション、介護予防居宅療養管理指導、介護予防通所介護、介護予防通所リハビリテーション、介護予防短期入所生活介護、介護予防短期入所療養介護、介護予防特定施設入居者生活介護、介護予防福祉用具貸与などです。

◉地方自治体によるサービス

厚生労働省の方針では、介護サービスの提供は抑制されつつあります。そこで各地方自治体は、独自に介護保険からの給付を行っています。

▼上乗せサービス　介護保険の限度額を超えたサービスを、市区町村が独自に介護保険で給付します（通常は上乗せ分の金額は自己負担）。

▼横だしサービス　介護保険の適用されないサービスを、市区町村が独自に保険給付として認めるものです。配食サービス、送迎バスサービス、寒冷地の除雪、おむつ代の支給などがあります。

介護保険で受けられるサービス

施設サービス		介護老人福祉施設（特別養護老人ホーム）	要介護度の重い高齢者が中心。排泄、食事、入浴、機能訓練などを提供。
		介護老人保健施設	在宅に戻るためのリハビリテーションが目的。
		介護療養型医療施設	療養上の管理、看護、医学的管理下の介護、機能訓練などを提供。※
居宅サービス	訪問系	訪問介護サービス	ホームヘルパーなどが訪問し、身体介護・生活援助などを提供。
		訪問看護サービス	看護師が自宅を訪問し、血圧測定や療養指導などを行う。
		訪問入浴サービス	在宅に浴槽を運び入れて介護・看護師が入浴を介助。
		訪問リハビリテーション	理学療法士や作業療法士、言語聴覚士が訪問し、リハビリを個別に行う。
		居宅療養管理指導	医師や歯科医師、薬剤師、管理栄養士などが訪問してサービスを提供。
	通所系	通所介護サービス	通所先で、入浴、食事、機能訓練、送迎などのサービスを提供。
		通所リハビリテーション	通所先で、リハビリ、入浴、食事、送迎などのサービスを提供。
	短期入所系	短期入所生活介護	日常生活の世話や機能訓練を提供。
		短期入所療養介護	短期入所者に、看護、介護、機能訓練などを提供。
	福祉用具	福祉用具貸与・販売	福祉用具のレンタル費の９割まで介護保険が適用。購入費は10万円まで。
		特定施設入居者生活介護	特定施設の申請を行った有料老人ホームなどで入居者がサービスを受ける。
地域密着型サービス		夜間対応型訪問介護	夜間、ヘルパーが訪問し、必要な介護サービスを提供。
		認知症対応型通所介護	認知症の要介護者に、専用の通所サービスを提供。
		認知症対応型共同生活介護	認知症の要介護者が小規模（5～９人）で共同生活を営む。
		小規模多機能型居宅介護	在宅の要介護者に、訪問、通所、泊まりのサービスを提供。
		地域密着型介護老人福祉施設	29人以下の特別養護老人ホームの入所者に、入浴、排泄、食事などのサービスを提供。
		地域密着型特定施設	29人以下の有料老人ホームなどで、入所者に入浴、排泄、食事などのサービスを提供。
その他	住宅改修	住宅改修	住宅改修費用の９割まで介護保険が適用（上限は20万円）。

※2018年に廃止予定。［網掛け］以外の全サービスについて、介護予防サービスがある。

妊娠・出産とその注意

妊娠・出産は病気ではありませんが、お母さんとおなかの赤ちゃんの健康を守り、安産するためにはちょっとした注意が必要です。

妊娠とその注意

◇妊娠の成立

女性の卵巣には、出生時に約200万個もの卵のもと（原始卵胞）がストックされていますが、年齢とともに減っていきます。思春期になると、ひと月に1回、卵巣から成熟した1個の卵子が飛び出して、卵管を通って子宮に運ばれます。これが**排卵**です。この時期に性交渉があれば、腟内に射精された精子は、頸管粘液の中を通って子宮腔におよび、卵管膨大部に達します。いっぽう、排卵された卵子は、卵管采にとらえられ、卵管内を子宮のほうに輸送されています。こうして卵子は卵管膨大部で精子と出会って**受精**します（内性器のしくみ 831頁）。

受精卵は、細胞分割をおこしながら子宮腔に達し、分泌期へと変化して初期胚の受け入れ準備の整った子宮内膜に**着床**します。これが、排卵から7日目前後の黄体期中期で、黄体のはたらきがピークになっている時期であり、**着床期**とも呼ばれます。

着床した受精卵は、細胞分割をくり返し、胎児成分と絨毛成分に分化していきます。絨毛細胞は、たんぱく分解酵素を出して、子宮内膜の中へどんどん侵入していくことにより、胎盤を形成していきます。同時に、絨毛細胞は、hCG（ヒト絨毛性ゴナドトロピン）というホルモンを分泌し、黄体を維持します。このため、基礎体温は高温相が持続し、無月経となります。

妊娠のしくみ

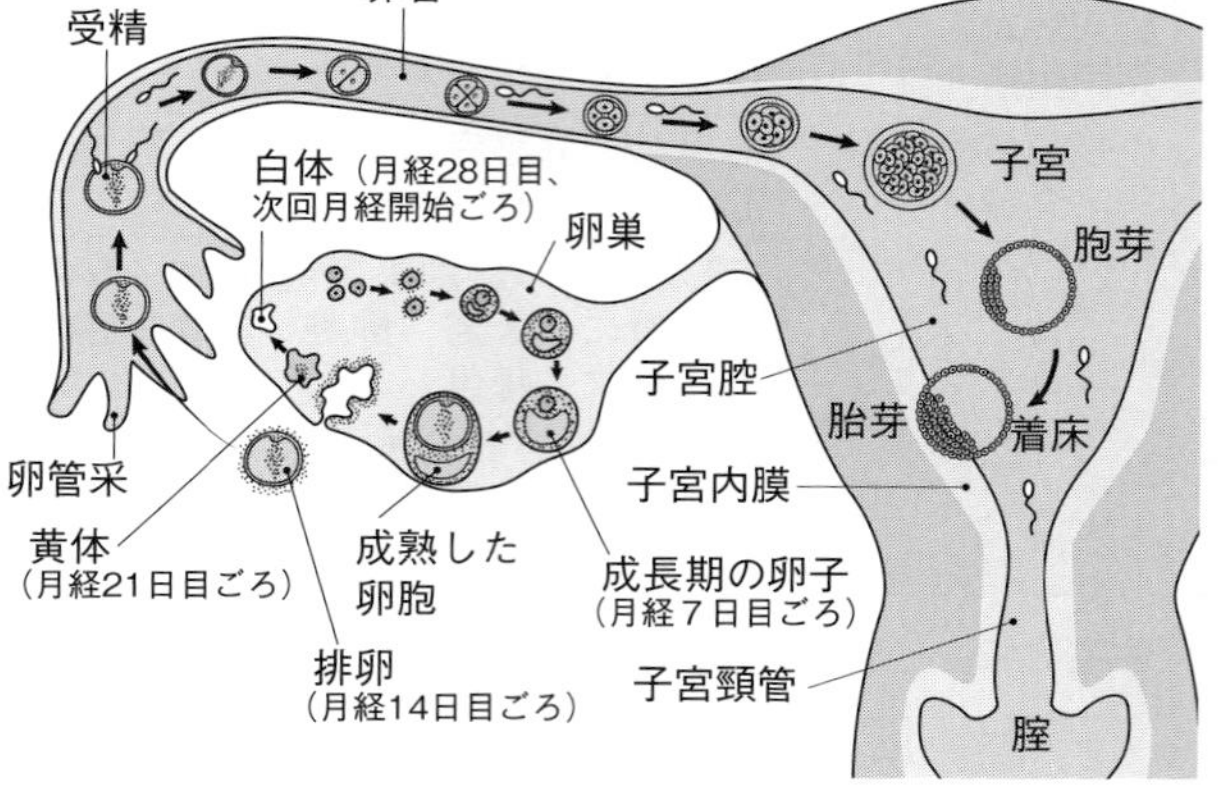

また、このhCGが尿に排泄されるため、尿による妊娠反応が陽性となります。

現在使われている妊娠反応では、予定月経直後で陽性となり、妊娠を知ることができます。

これは市販の妊娠診断薬でも同様です。月経周期が順調な人の場合、予定月経開始日の1日後でも、妊娠が判定できる場合もあります。ただし、妊娠診断薬では、それが正常の妊娠なのか異常妊娠（異所性妊娠（881頁）、胞状奇胎（856頁）など）であるかは判定できませんので、必ず産婦人科を受診してください。

◇自分でわかる妊娠の徴候

●月経の停止

月経の周期は個人差がありますが、比較的順調な人では約1週間以上、不順な人でも約2週間以上遅れた場合は、まず妊娠を疑います。

ただ、妊娠しているにもかかわらず、予定月経のころに少量の出血をみることがあり、ときには、これを月経とまちがえることがあります。

●乳房の張りとつわり症状

つぎに、妊娠の自覚徴候として、乳房の張りと軽い痛みを感じることがあり、ときには、乳首の感覚が敏感になって、色がふつうのときより少し黒ずんで見えることもあります。

さらに、予定の月経がこないまま約1週間から2週間くらい経過すると、胃がもたれる感じや、むかむかする吐きけが現れてきます。

とくに、この吐きけは、朝起きたときや空腹時に多く、食物を食べることによって軽くなることや、消えてしまうことがあります。これが、いわゆる**つわり**（2254頁）と呼ばれる症状です。

しかし、乳房の張りやつわり症状は、妊娠すれば必ず現れるというわけではなく、なかにはまったく感じない人もいます。

●高温期が3週間以上つづく

基礎体温（下コラム）をつけている人の場合では、高温期が3週間以上つづいているときは、まちがいなく妊娠と判断してよいでしょう。

◇医師の診断方法

●問診を行う

医師は、最終月経の開始日と終了日、月経周期の整不整（順調かどうか）とおおよその日数、月経時の出血の量、月経時の状態、初経の年齢、つわり症状の有無と最初におこった日およびその強さの程度、妊娠していないときと比べて変わった徴候の有無、今までかかったことのあるおもな病気、家系的な病気の有無、妊娠経験の有無、流産・早産・死産の経験の有無、今まで経験した妊娠・分娩についての異常の有無などを聞いて、診断の基礎とします。

●尿で妊娠反応を検査する

尿をとり、妊娠検査薬で妊娠を確認します。これを**妊娠反応**といいます。

基礎体温とは

朝、目を覚ましたときに、床の中で計った体温を基礎体温といい、これを表にしたものが**基礎体温表**です。卵巣機能を知るうえで役立ち、排卵の有無や卵巣ホルモン（とくにプロゲステロン）のはたらきを表します（861頁図）。

正常周期（28日周期）の人では、前半の2週間は低く、これを**低温相**（**卵胞期**）といいます。排卵すると、卵巣にできた黄体から黄体ホルモンが分泌されて体温が上がり、この状態が2週間つづきます。これを**高温相**（**黄体期**）といいます。妊娠をしなければ、その後、黄体は退化し、体温は下降、次回の月経となります。

基礎体温は、かぜ気味など体調の乱れで、微妙に変化しますから、体温表の備考欄に、体調を記入しておきましょう。

最近の検査薬はひじょうに感度がよく、妊娠すれば、予定月経を数日すぎるとほぼ１００％陽性を示します。

この妊娠反応は、受精卵が子宮内膜に着床して妊娠が成立すると、その表面に絨毛という組織が発育し、そこからhCGというホルモンが分泌され、妊婦の尿中に出てくるので、尿検査で妊娠の診断ができるのです。

この方法を、免疫学的妊娠診断法といい、妊婦の尿と特定の試薬を混合し、その反応をみて、妊娠の有無を診断します。この方法は、とても簡単で、かつ短時間で結果を得ることができるのでたいへん便利です。しかし、重要なことは、この検査だけで正常な妊娠か、異常な妊娠かの判断をすることはできないということです。

◉内診による膣および子宮の状態の確認

医師は、膣鏡を用いて、膣内や子宮の入り口の観察を行い、暗紫色への色調の変化および出血の有無などを調べます。また、片方の手指を膣内に挿入し、他方の手を腹部にあてて、子宮の大きさやかたさ、動きなどを確認します。

◉超音波診断装置による検査

超音波診断装置によって、妊娠初期からその情報を得ることができます。検査方法には、腹部にプローブ（超音波発振器）をあてて検査する方法（経腹的方法）と膣内にプローブを挿入して検査する方法（経膣的方法）があります。

妊娠初期には、経膣的方法がより多く使用されます。この方法により、子宮の中に胎嚢という、羊水や胎児の入った袋があるかどうか、胎児の心拍動が見えるかどうか、さらに、胎児の大きさと数などの情報を得ることができます。

◇分娩予定日の計算法

分娩は、統計学的に、最終月経の第1日に２８０日を加えた日におこる確率が高いことで、この２８０日目を**分娩予定日**としています。

多くの赤ちゃんが、この前後に生まれてきますので、予定日の前3週間と後2週間を、正期産といいます。分娩予定日を知るには、分娩予定日早見表（次頁表）を利用すると便利です。

また、簡易計算法としては、**ネーゲレの概算法**があります。これは、最終月経の第1日目から２８０日目を計算する方法で、最終月経のあった月の数に9を加え（13以上になる場合は、3を引く）、日数に7を加えます。

たとえば、最終月経開始日が2月10日の場合、2プラス9、10プラス7で、分娩予定日は11月17日になります。また、最終月経開始日が8月25日の場合は、8マイナス3、25プラス7となり、分娩予定日は5月32日＝6月1日です。

最終月経から計算する方法は、あくまでも月経周期が規則正しく、28日周期の人で、14日目に排卵があることが大前提となります。

月経不順の人、または出産後や流産後に月経をみないうちに妊娠した人の場合は、ほかの産科学的な理由に基づいて計算します。

▼**超音波断層法**　妊娠初期（胎児の心拍動の認められる8週～11週）に、胎児の大きさから妊娠週数を推定し、予定日を算出します。

▼**基礎体温表を利用する方法**　基礎体温を測定している人は、低温相の最終日を排卵日（受精日）として、その日に２６６日（38週）を加えるか、排卵日の14日前を最終月経第1日として、分娩予定日を算出します。

▼**その他の方法**　つわりの時期や、胎動を初めて感じる時期から推定する方法もありますが、個人差が大きいのであまり確実な方法とはいえません。

◇妊娠週数の数えかた

妊娠の持続周期は、最終月経の第1日を０日として起算し、「満の日数、または週数」で表します。つまり妊娠1か月は、満0週～満3週の28日間ということになります。

分娩予定日早見表

最終月経	月	1																														
第1日	日	1	2	3	4	5	6	7	8	9	10	11	12	13	14	15	16	17	18	19	20	21	22	23	24	25	26	27	28	29	30	31
分娩	月	10																								11						
予定日	日	8	9	10	11	12	13	14	15	16	17	18	19	20	21	22	23	24	25	26	27	28	29	30	31	1	2	3	4	5	6	7
最終月経	月	2																														
第1日	日	1	2	3	4	5	6	7	8	9	10	11	12	13	14	15	16	17	18	19	20	21	22	23	24	25	26	27	28			
分娩	月	11																							12							
予定日	日	8	9	10	11	12	13	14	15	16	17	18	19	20	21	22	23	24	25	26	27	28	29	30	1	2	3	4	5			
最終月経	月	3																														
第1日	日	1	2	3	4	5	6	7	8	9	10	11	12	13	14	15	16	17	18	19	20	21	22	23	24	25	26	27	28	29	30	31
分娩	月	12																										1				
予定日	日	6	7	8	9	10	11	12	13	14	15	16	17	18	19	20	21	22	23	24	25	26	27	28	29	30	31	1	2	3	4	5
最終月経	月	4																														
第1日	日	1	2	3	4	5	6	7	8	9	10	11	12	13	14	15	16	17	18	19	20	21	22	23	24	25	26	27	28	29	30	
分娩	月	1																										2				
予定日	日	6	7	8	9	10	11	12	13	14	15	16	17	18	19	20	21	22	23	24	25	26	27	28	29	30	31	1	2	3	4	
最終月経	月	5																														
第1日	日	1	2	3	4	5	6	7	8	9	10	11	12	13	14	15	16	17	18	19	20	21	22	23	24	25	26	27	28	29	30	31
分娩	月	2																								3						
予定日	日	5	6	7	8	9	10	11	12	13	14	15	16	17	18	19	20	21	22	23	24	25	26	27	28	1	2	3	4	5	6	7
最終月経	月	6																														
第1日	日	1	2	3	4	5	6	7	8	9	10	11	12	13	14	15	16	17	18	19	20	21	22	23	24	25	26	27	28	29	30	
分娩	月	3																								4						
予定日	日	8	9	10	11	12	13	14	15	16	17	18	19	20	21	22	23	24	25	26	27	28	29	30	31	1	2	3	4	5	6	
最終月経	月	7																														
第1日	日	1	2	3	4	5	6	7	8	9	10	11	12	13	14	15	16	17	18	19	20	21	22	23	24	25	26	27	28	29	30	31
分娩	月	4																								5						
予定日	日	7	8	9	10	11	12	13	14	15	16	17	18	19	20	21	22	23	24	25	26	27	28	29	30	1	2	3	4	5	6	7
最終月経	月	8																														
第1日	日	1	2	3	4	5	6	7	8	9	10	11	12	13	14	15	16	17	18	19	20	21	22	23	24	25	26	27	28	29	30	31
分娩	月	5																								6						
予定日	日	8	9	10	11	12	13	14	15	16	17	18	19	20	21	22	23	24	25	26	27	28	29	30	31	1	2	3	4	5	6	7
最終月経	月	9																														
第1日	日	1	2	3	4	5	6	7	8	9	10	11	12	13	14	15	16	17	18	19	20	21	22	23	24	25	26	27	28	29	30	
分娩	月	6																							7							
予定日	日	8	9	10	11	12	13	14	15	16	17	18	19	20	21	22	23	24	25	26	27	28	29	30	1	2	3	4	5	6	7	
最終月経	月	10																														
第1日	日	1	2	3	4	5	6	7	8	9	10	11	12	13	14	15	16	17	18	19	20	21	22	23	24	25	26	27	28	29	30	31
分娩	月	7																								8						
予定日	日	8	9	10	11	12	13	14	15	16	17	18	19	20	21	22	23	24	25	26	27	28	29	30	31	1	2	3	4	5	6	7
最終月経	月	11																														
第1日	日	1	2	3	4	5	6	7	8	9	10	11	12	13	14	15	16	17	18	19	20	21	22	23	24	25	26	27	28	29	30	
分娩	月	8																								9						
予定日	日	8	9	10	11	12	13	14	15	16	17	18	19	20	21	22	23	24	25	26	27	28	29	30	31	1	2	3	4	5	6	
最終月経	月	12																														
第1日	日	1	2	3	4	5	6	7	8	9	10	11	12	13	14	15	16	17	18	19	20	21	22	23	24	25	26	27	28	29	30	31
分娩	月	9																								10						
予定日	日	7	8	9	10	11	12	13	14	15	16	17	18	19	20	21	22	23	24	25	26	27	28	29	30	1	2	3	4	5	6	7

分娩予定日早見表の見かた

最終月経第1日目の下段の月日が、分娩予定日となります。たとえば、5月6日が最終月経の第1日なら、来年の2月10日が分娩予定日になります。なお、この表は月経周期が28日型の人を基準にしています。

妊娠カレンダー

妊娠40週のからだの変化と生活の注意

週数	0～3週（1か月）	4～7週（2か月）	8～11週（3か月）
子宮の大きさと胎児の成長	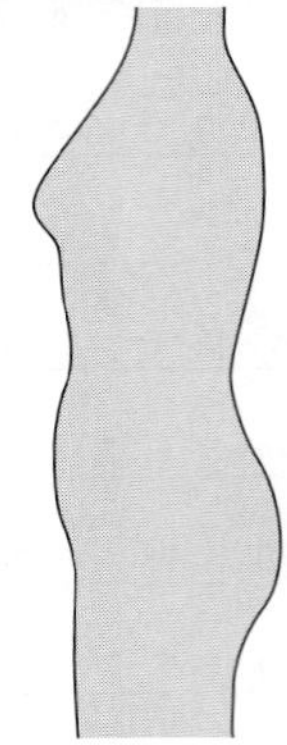 3週末 まだ見えていません。	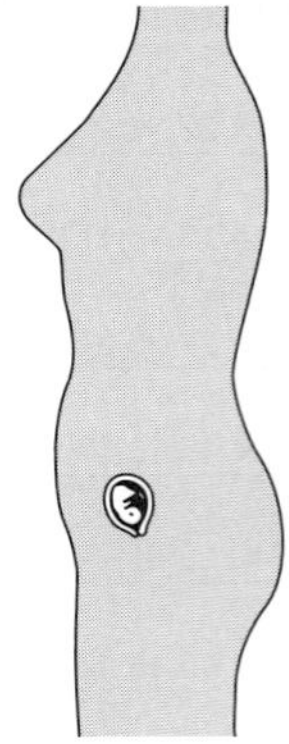 7週末 身長1.5cm 体重4g	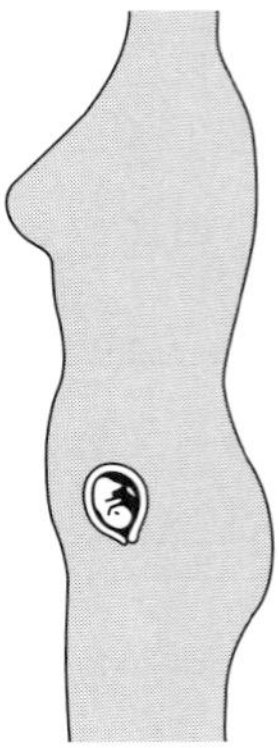 11週末 身長5cm 体重15g
胎児	●受精卵は受精後6～7日で着床し、10～11日くらいで着床が完成する。 ●人の胎児としての特徴が備わっていないので、胎芽と呼ばれる。	●頭と胴の区別がつき、顔の形も現れて、二頭身ながら人間の子どもらしくなる。 ●手足が伸びて、指が分かれ始め、歯もでき始める。 ●脳の発達が急速で、内臓などの各器官の分化、発育が始まる。 ●超音波検査で、胎心拍が見え始める。	●体型は三頭身となり、指先には爪ができ始める。 ●性の分化がおこる。 ●心臓が発達して、血液循環が始まる。 ●腎臓のはたらきが本格的になり、尿を排泄する練習を始める。 ●超音波検査で胎心拍が確認され、予定日がわかる。
母体	●子宮は鶏卵大。妊娠の徴候はほとんどなく、大部分の人は妊娠に気づかない。 ●基礎体温をつけている人は、高温相が2週間つづいても下がらない。	●子宮はガチョウの卵大。 ●予定月経の遅れに気づく。 ●基礎体温は、高温相が3週間以上つづく。 ●胸焼け、吐きけ、食べ物の好みの変化と、つわりの症状がでる。 ●乳房が張り、乳首の色が黒ずんで敏感になる。 ●乳白色のおりものが多くなり、尿が近くなる。	●子宮は握りこぶし大。 ●基礎体温は、高温相がつづいたまま。 ●乳白色の粘液性のおりものが増える。 ●子宮の重みで膀胱や直腸が圧迫されるため、尿が近くなったり、便秘になったりすることが多い。 ●乳房が目立って大きくなる。 ●なかばごろからつわりが著しくなる。
生活の注意とやっておくこと	●セックスの経験のある人は、つねに妊娠の可能性があることを念頭におき、むやみに薬を飲んだり、X線検査をしないよう気をつける。 ●健康な赤ちゃんを産むためには、妊娠を早く知ることがたいせつで、月経不順の人は注意する。妊娠診断薬も市販されていて、予定月経の数日前でも妊娠の有無を知ることができる。	●予定月経が遅れたら、産婦人科医の診察を受ける。 ●先天異常児を産まないために、風疹などの感染症や、服薬、X線撮影などに注意する。 ●流産の危険が多い時期なので、日常の動作や性生活は慎重に。異常出血があったら、早く医師の診察を受ける。 ●つわりのときは、栄養のことを考えず、食べられるものを、食べられるときにとる。 ●妊婦健診は、4週に1回。	●引き続き流産しやすいので、激しい運動やむりな仕事、遠出は避ける。 ●妊娠が確定したら、妊娠届を出して母子健康手帳の交付を受ける。 ●分娩する病院を決め、早めに入院の予約をする。 ●仕事をもっている人は、医師から証明書をもらって職場に届け出る。 ●つわりの症状がひどいときは、医師に相談する。入院したほうがよいこともある。 ●妊婦健診は、4週に1回。

妊娠・出産とその注意

24～27週（7か月）	20～23週（6か月）	16～19週（5か月）	12～15週（4か月）
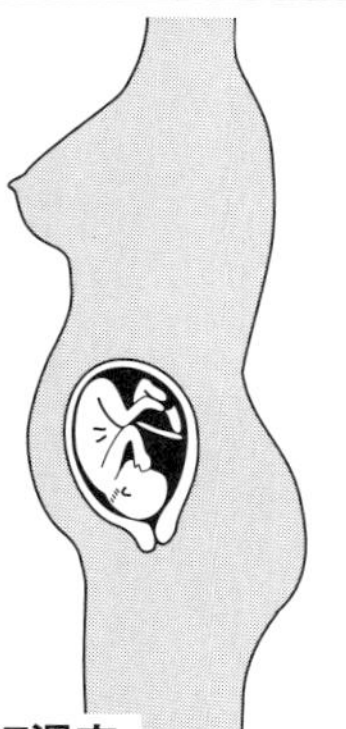 27週末 身長35～39㎝ 体重1100～1300g	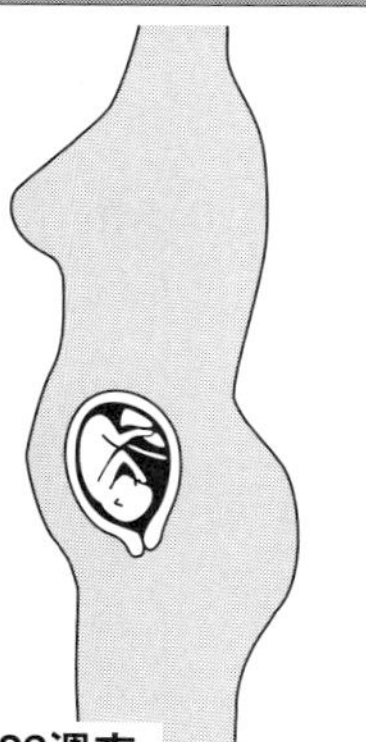 23週末 身長30～34㎝ 体重600～700g	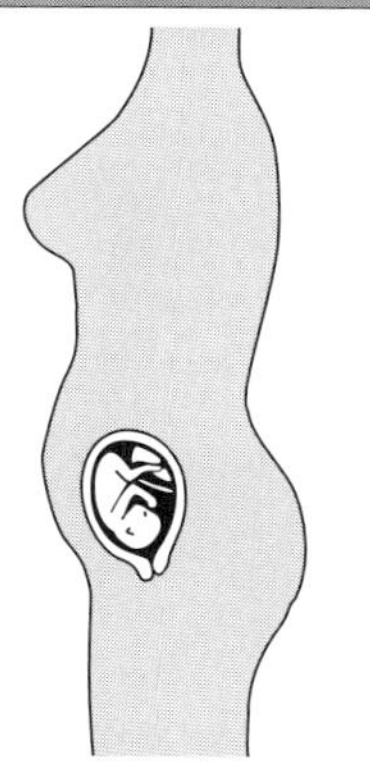 19週末 身長25㎝ 体重350g	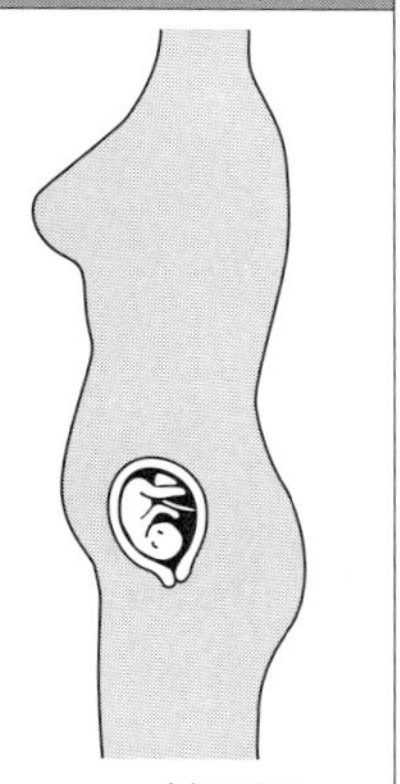 15週末 身長16㎝ 体重120g
●脳が発達し、からだの各機能をコントロールできるようになる。 ●まぶたが上下に分かれ、鼻の穴が通る。 ●聴覚が完成し、お母さんの声や外界の音を聞けるようになる。 ●さかごになっていることが多いが、心配はない。	●骨格がしっかりしてくる。皮下脂肪もつき始めるが、まだ皮膚はしわしわでやせっぽち。 ●眉毛やまつ毛が生えてくる。 ●羊水の中に浮かびながら、始終姿勢を変える。 ●羊水を飲み込み、消化管へ送るはたらきを始める。	●心臓のはたらきが活発になり、聴診器（トラウベ）で胎児の心音を聞くことができる。 ●髪の毛や爪が生えてくる。 ●皮膚の新陳代謝が始まり、胎毛といわれる薄い毛も見られる。 ●羊水の中で、盛んに手足を動かす。	●内臓が発達し、本来の位置におさまってくる。 ●皮膚に厚みがついてきて、顔にはうぶ毛のようなものが見られる。 ●胎盤および臍帯が完成する。 ●羊水が増え、その中で手足を動かす運動を始める。
●子宮底までの長さ21～24㎝。 ●子宮が下半身の静脈を圧迫するため脚に静脈瘤ができやすい。 ●膀胱が圧迫され、尿が近くなる。 ●痔がでやすくなる。 ●おなかが急に大きくなるので、下腹部や乳房に妊娠線がでることがある。	●子宮底までの長さ18～20㎝。 ●下腹部の膨らみは、さらに大きくなり、体重もいちだんと増える。 ●腰や背中が痛むことがある。 ●胎動がはっきりしてきて、おなかを触ると、赤ちゃんの位置がわかるようになる。 ●乳房がさらに発達し、しぼると乳汁が出るようになる。	●子宮はおとなの頭大。 ●体重が増え、下腹部の膨らみが外からも目立ち始める。 ●乳腺が発達し乳房が大きくなり、乳汁を少し分泌する人もいる。 ●つわりがなくなり、食欲もますます旺盛になる。 ●早い人は、この時期の終わりに胎動を感じる人もいる。	●子宮は子どもの頭大。 ●基礎体温は、後半ごろから下がり始め、分娩まで低温がつづく。 ●つわりの症状もほとんど治まり、食欲が増してくる。 ●子宮が大きくなるので、腰痛を感じることもある。 ●胎盤が完成し、流産の危険が少なくなる。
●足がだるくなったり、夕方にむくみがでたりしやすくなるので、長い時間立ちつづけることは避ける。疲れたら、足を前に投げ出して座ると楽。 ●妊娠高血圧症候群に注意。体重の増加が目立ったら塩分を控えめにして、休息をとるとよい。糖質もとりすぎないように。 ●便秘にならないよう、食事に気をつける。 ●眠るときは横向きが楽。 ●**妊婦健診は、2週に1回。**	●産後の授乳に備えて、乳首の手当を始める。 ●体重の増加が1週間に500g以上になったり、全身が腫れぼったく感じたら、定期健診前でも医師の診察を受ける。 ●この時期にさかごでも、分娩が近づくと正常位に変わることが多いので心配はない。 ●下腹部に力を入れる仕事は、姿勢に気をつけて。できれば他の人にしてもらう。 ●**妊婦健診は、4週に1回。**	●妊娠中で、もっとも気分のよい時期。出産に備えて、赤ちゃん用品の準備や、家の中の整理を始めるとよい。 ●子宮が大きくなり、心臓の負担も増してくるので、仕事は適当に休息をとりながら。 ●むし歯の検査を受け、必要があれば治療を受ける。 ●食事は栄養のバランスを考え、きちんと3食とる。 ●**妊婦健診は、4週に1回。**	●この月の末から7か月ぐらいまでは、異常のもっとも少ない時期。積極的にからだを動かしたい時期だが、過労に気をつけて。 ●病院や保健所の母親学級に参加する。 ●仕事をもっている人は、定期健診や母親学級、産前産後の休暇の予定を、早めに職場に申し出る。 ●**妊婦健診は、4週に1回。**

週数	28～31週（8か月）	32～35週（9か月）	36～39週（10か月）
子宮の大きさと胎児の成長	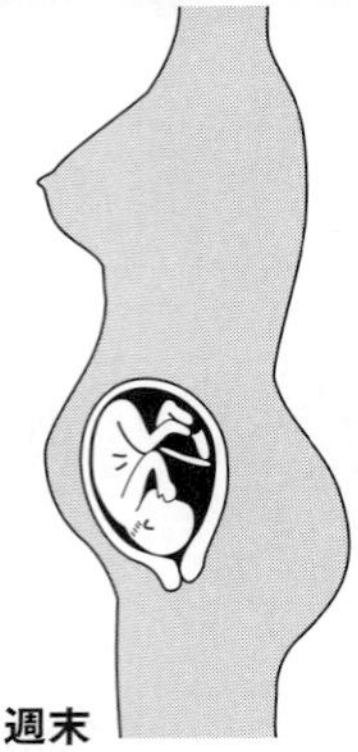 31週末 身長約40～44cm 体重約1700～1900g	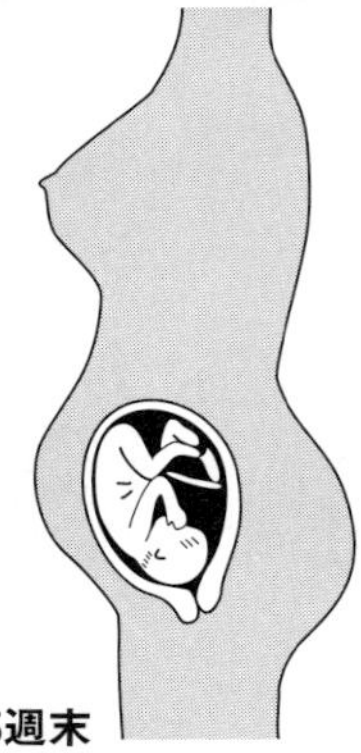 35週末 身長約46～48cm 体重約2400～2700g	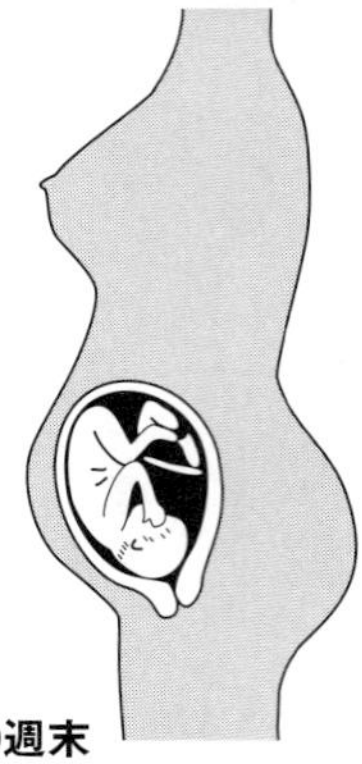 39週末 身長約50cm 体重約2900～3400g
胎児	●筋肉が発達し、皮下脂肪もついてくるが、まだしわだらけ。 ●呼吸のまねごとができるようになる。 ●聴覚がおおよそ完成して、音に対する反応がみられる。 ●ほとんどが頭を下にした頭位の姿勢になる。 ●動きはいちだんと力強くなる。	●皮下脂肪が増え、全身に丸みがでて皮膚のしわも少なくなる。 ●手足の爪もかなり伸び、毛髪も生えてくる。 ●胃や腸が活動し、肺の機能も整ってきて、未熟ながら少し呼吸ができる。 ●早産しても、保育器の中で育つことが多い。	●皮下脂肪もつき、筋肉も発達して四頭身の赤ちゃんらしい体型になる。 ●病気に対する母体の免疫が、胎盤を通って赤ちゃんに移行し、感染に対する抵抗力がつく。 ●からだの各機能が充実し、いつ生まれても育つようになる。 ●骨盤の入り口に入ってくるため、あまり動かなくなる。
母体	●子宮底までの長さ25～28cm。子宮がみぞおちの近くまで達するので、胃が圧迫されて、食事がつかえるように感じることがある。 ●心臓の負担が大きくなり、息切れや動悸がでやすくなる。 ●寝返りをうつときや、からだを動かし始めるときに、一時的に腰が痛むことがある。 ●貧血に注意する。	●子宮底までの長さ28～32cm。子宮底は妊娠の全期間を通じて、もっとも高くなる。 ●胃の圧迫感が強く、食事がいちどにたくさん食べられなくなる。 ●心臓や肺が圧迫され、動悸や息切れがして、俗にいう「肩で息をする」状態になる。 ●ときどき、おなかが張ってくるように感じることがある。	●子宮底までの長さ32～35cm。 ●分娩に備えて赤ちゃんが下がるので、胃のあたりが楽になる。 ●尿が近くなり、夜中に何回も目が覚めるようになる。 ●体重は妊娠前より10kg前後増える。 ●お産が近づくと、1日に数回おなかが張るようになり、おりものも増える。 ●脚の付け根がつることがある。
生活の注意とやっておくこと	●おなかが張ったり、尿が近くなったり、おりものが増えてきたら、早産の徴候かもしれないので、すぐ医師の診察を受ける。 ●お産の補助動作の練習を始める。 ●いつお産になってもよいように、入院に必要なものはスーツケースにまとめておく。 ●仕事をもっている人は、産前産後の休暇の手続きをする。 ●妊婦健診は、2週に1回。異常を防ぐためにも、健診は必ず受けること。	●胃が押し上げられて、いちどにたくさん食べられないので、4～5回に分けて、少しずつ食べるとよい。 ●おなかが、かたく張ってきたら、横になって安静にする。 ●職業をもっている人は、産前の休暇に入る。 ●里帰り分娩をするなら、遅くともこの月の終わりまでに帰省する。 ●妊娠高血圧症候群に注意する。 ●妊婦健診は、2週に1回。	●異常や早産の心配がなければ、家事も散歩もいままでどおりつづけて、運動不足にならないように。ただし、ひとりだけで遠出するのは避ける。 ●入院時に備えて、車の手配や病院までの道順、家への連絡法などを確認し、手はずを整える。 ●陣痛が15分おきくらいに、規則正しくおこってきたら、病院へ連絡を。 ●妊婦健診は、1週に1回。

胎児と母体のつながり

❖胎児と母体をつなぐ胎盤

受精卵が子宮内膜に着床後、絨毛が発育し、これが将来、胎盤を形成します。胎盤は、妊娠15週ころにはほぼ原型ができあがり、妊娠35～36週まで増殖・発育していきます。満期で娩出された胎盤は、直径17～20cm、厚さは2～3cm、重量は約430gです。

子宮壁と接する胎盤の絨毛を通して、胎児は血液、酸素、栄養などの有用な成分を吸い取り、不要な老廃物や炭酸ガスを母体に返します。つまり、胎盤は胎児にとっては内臓と同じか、それ以上にたいせつだといえます。

さらに胎盤は黄体ホルモン、卵胞ホルモンなど、胎児の成長や妊娠に対応する母体の変化を助けるホルモンを分泌しています。これにより胎児を無用な物質の侵入から守る役目もはたしているのです。

❖臍帯（臍の緒）

胎盤と胎児をつなぐ管、つまり、臍帯の中には1本の臍静脈と2本の臍動脈が走り、母体から送られる有用な血液は臍静脈を流れ、胎児からの不要な老廃物を含む血液は臍動脈を流れて送り出されます。

❖卵膜

羊水の入っている袋の壁を卵膜といい、卵膜の内側の層を羊膜といいます。また、卵膜が破れるのを破水といいます。破水は、通常は分娩の際におこりますが、妊娠中に破水すると流産や早産がおこります。

❖羊水

羊膜から分泌される液体で、妊娠中は外部の圧迫から、分娩時には陣痛の圧迫から胎児を守ります。

胎盤のしくみ

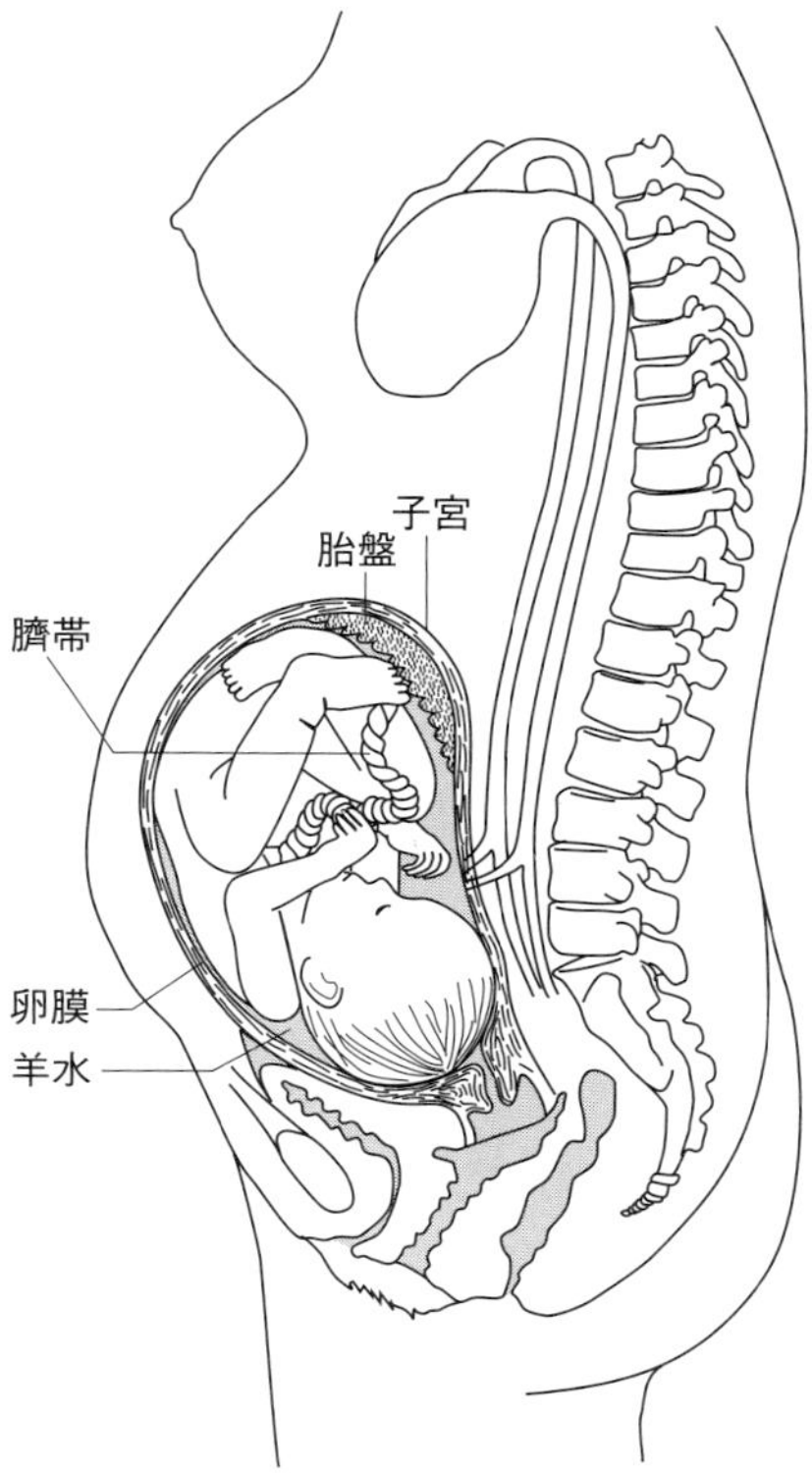

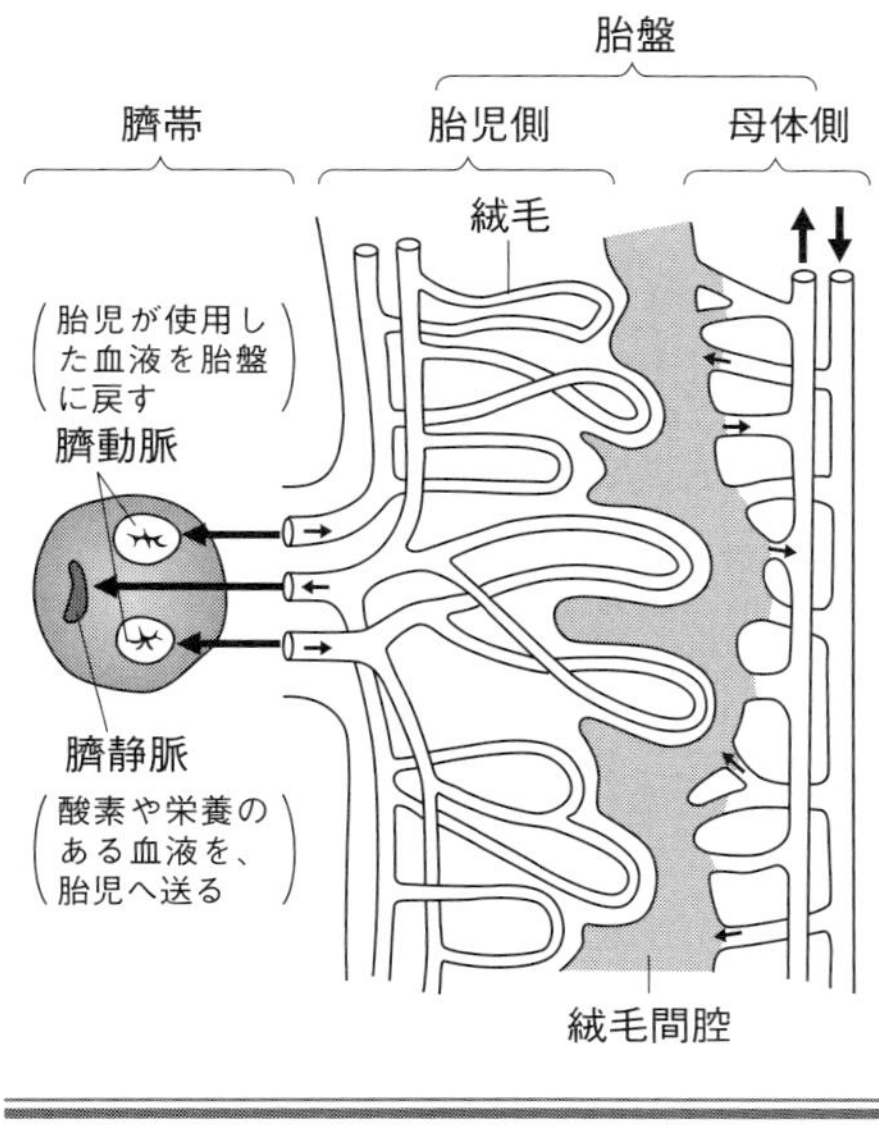

◇妊娠とわかったら

妊娠とわかったら、できるだけ早く産婦人科で診察を受けて、妊娠・出産・育児に必要な生活設計を、夫婦でよく話し合っておきましょう。

◉産院の選びかた

安心して満足なお産をするためには、自分に合った産院を選ぶことが大事です。「自然に産みたい」、「母乳で育てたい」、「お産は、家族に立ち会ってもらいたい」など、自分が考えるお産のプランを紙に書きだすと、条件に合った産院が探しやすくなります。

つぎに、近くにどんな産院があるかを、地域別の産院情報誌やタウンページ、インターネットなどで調べてみましょう。インターネットでは、地域別に情報交換できるサイトやホームページをつくっている産院もあります。出産経験のある友人からの情報も参考になります。

最近は、産科医、助産師不足のために、お産を扱うのをやめてしまう施設や、分娩（ぶんべん）予約数を制限している施設もありますから、妊娠がわかったら、できるだけ早く産院の情報を集めておきましょう。

産院を何軒かに絞り込んだら、直接電話をかけて自分の希望に合っているかを確認します。院内見学ができる産院もあります。

また、出産した人から感想を聞くときには、その産院のどんな点がよかったのか、どんな点が気になったのかなどを具体的に聞いておきましょう。自分の希望の条件に近く、安心して産めそうかなどが、産院選びの最終的なポイントになります。

◉さまざまなお産の施設

▼大学病院　ほとんどすべての診療科目があり、医学水準の高い医療を受けられるのが特徴です。持病がある人や、合併症、多胎妊娠（たたいにんしん）、高齢出産など、出産にリスクのある人は安心して出産できます。

しかし患者数が多く、診察の待ち時間が長いことや、診察のたびに医師がかわることもあります。また、大学病院の教育機関としての性質上、妊婦が研修のモデルとなることもあります。

なお、医療機関からの紹介状は、すべての大学病院で必要とはかぎりません。事前に問い合わせて確認しましょう。

▼総合病院　100人以上が入院できる設備があり、内科・外科・小児科・麻酔科など、複数の診療科があるのが特徴です。持病がある場合などは、産婦人科以外の緊急事態にも対応してくれます。

ただスタッフが多いため、分娩時に主治医が立ち会えないこともあります。また、出産の方法や出産後の面会時間についても、個人病院に比べて制限が多い病院もあります。

▼産科専門病院　20床以上のベッド数がある施設を病院といい、小児科を併設しているところもあり、個人病院より大規模になります。産科専門病院は、妊娠・出産専門の医師や助産師、看護師がそろっており、豊富な経験と確かな技術が魅力です。

施設内で対応できない場合には、基幹病院へ移すこともあります。とくに妊娠中や分娩時に、何か異常が発生した場合の対応が早いので安心できます。また、自然分娩や母乳へのこだわり、無痛分娩や計画出産の選択肢が多いなど、病院により特徴がはっきりしています。

▼診療所（個人病院）　ベッド数19床以下、医師1人以上の施設です。

病院ごとに、設備やサービスに大きなちがいがあります。初診から分娩まで担当医がかわらない可能性が高いので、安心して出産できる、という利点があります。しかし、リスクの高い妊娠、分娩では対応できないこともあります。

▼助産院　助産師が開業している医師のいない施設です。家庭的で温かい雰囲気が魅力です。

しかし、陣痛促進剤や帝王切開などの医療行為ができないため、自然分娩ができる妊婦のみ利用できます。施設で対応できない場合には、嘱託医や病院に移されます。

　このほかに、自宅に助産師を呼んで出産する「**自宅分娩**」もあります。自宅分娩は、家族に見守られながら、リラックスして出産を迎えることができるのが特徴です。しかし、分娩中に何かおこった場合は、病院へ移動しますから、そのための病院を自分で探しておくことが必要です。産後も、家族の協力が不可欠になります。

●里帰り出産をするときは

　里帰り出産をする場合、その地域の住人以外の予約を受けないこともあるので確認が必要です。妊娠末期になって、初めて診察を受けると、医療スタッフとの信頼関係が築きづらいことがあります。早い段階で帰省先の産院で診察してもらって、分娩の予約をしておきましょう。

　里帰りは、妊娠32～35週に行うのが目安です。お産が予定日より早まっても、あわてないですむように余裕をもって帰省しましょう。

　また、飛行機を利用するときは、搭乗規定に注意しましょう。分娩予定日の28日前からは、医師の診断書と本人の契約書が必要となります。分娩予定日7日前以降になると、診断書と契約書のほかに、医師の同伴が必要です。

●分娩費用と医療保険

▼分娩費用　分娩費用には、分娩料、入院料、新生児管理保育料、それに薬代、検査料などが含まれますが、これらは施設によっても、また個室か相部屋かによっても異なります。

　あらかじめお産をする施設で、概算額を聞いて用意しておきましょう。出産は、病気でないため、異常がなければすべて本人負担となります。分娩や赤ちゃんに異常があった場合には、健康保険が適用となります。なお、分娩・育児費用の援助制度があります（2234頁コラム）。

●母親学級を利用しよう

　母親学級は、各市区町村の保健所や母子健康センター、施設で行われます。プログラムの内容は、実施機関によって異なりますが、一般的にはお産の経過を学んだり、妊娠体操や呼吸法の実技、栄養指導、新生児の沐浴指導などが行われます。

　最近では、父親もいっしょに参加して、妊娠・出産・育児について学ぶ「父親学級」や「両親学級」を開催するところも増えています。施設によっては、これらの学級に出席しないと、立会い出産などを受けられないこともありますので、確認しておきましょう。

　また、これとは別に、デパートや新聞社、母子保健団体などが主催する、単発のセミナーもあります。

母子健康手帳とは

　母子健康手帳は、妊娠・出産・育児を通して、母と子の一貫した健康管理を記載するための手帳です。子ども1人に1冊ずつ配布されます。

　妊娠の診断を受けて、胎児の心音が確認されたら、なるべく早く、居住地の市区町村役所（役場）または出張所に行き、妊娠届を提出してください。そのとき、母子健康手帳が交付されます。自治体によって内容が異なりますが、保健所を中心とした保健サービスが受けられます。

　手帳に記入される項目は、妊娠・出産の診察・検査、分娩の状態、産後の経過、子どもの健康状態、発育、予防接種のほか、働く女性のための法律など盛りだくさんです。

　なお、紛失したときには、再交付されますし、たとえ出産後でも新たに交付されます。

◇妊娠中の健康管理

妊娠中は、それまで健康だった人でも、いつどんなトラブルがおこっても不思議ではありません。妊婦健診では、赤ちゃんが無事育っているのか、母体に異常がおきていないかをチェックしていきます。

妊婦健診を定期的に受けることが、異常の早期発見につながります。

施設や個人によっても多少異なりますが、一般的には週数によって、つぎのように妊婦健診の回数が決まっています。

ただし、調子の悪いときには、回数に関係なく受診をしてください。

①妊娠の診断を受けたときから妊娠23週までは、4週間に1回受診する。
②妊娠24～35週までは、2週間に1回受診する。
③妊娠36週から出産までは、1週間に1回受診する。

◉妊婦健診で行うこと

▼体重測定　妊娠中の体重の変化をみることで、太りすぎやむくみをチェックします。

▼尿の検査　尿中に、たんぱくや糖が出ていないかをチェックします。たんぱくが出ていれば妊娠高血圧症候群（876頁）、糖が出ていれば糖尿病（1501頁）が疑われます。

▼血圧測定　毎回の健診で血圧を測り、基準値（上が１４０㎜Hg、下が90㎜Hg）より高いと、妊娠高血圧症候群を疑います。

▼外診と内診　外からおなかを触り、赤ちゃんの大きさや、背中や足がどちらを向いているのか、さかごかどうかなどを外診で診察します。

また、内診で子宮口の開き具合を診察して、お産の準備状態をチェックします。

▼腹囲測定　おなかの周りの大きさを測り、羊水量に異常がないかどうかなどを調べます。

▼子宮底長測定　子宮の縦の長さを測定して、赤ちゃんの発育状態などを診察します。

▼浮腫（むくみ）の検査　むくみをみます。足のむくみがいちばんわかりやすい場所なので、足の甲を押して調べます。

▼胎児心音　赤ちゃんの心臓の音を聞いて、赤ちゃんが元気かどうか調べます。赤ちゃんの脈拍は、1分間１２０～１４０回が基準値です。ザーザーというゆっくりした音は、お母さんの血液が流れる音で、赤ちゃんの心音とは別のものです。

▼超音波検査　胎児の発育の状態や形態異常の有無、さかご、ふたご、前置胎盤（883頁）など、いろいろなことが診断できます。

◉必要に応じて行う諸検査

施設によって検査の内容がちがいます。必ず、検査の必要性などの説明を聞いて、納得してから受けましょう。

▼梅毒検査（ガラス板法・ＴＰＨＡ法）　お母さんが梅毒（2132頁）に感染している場合は、流産、早産、死産、または先天性梅毒になる可能性があるので、早期に発見して治療する必要があります。

▼B型肝炎の検査（ＨＢｓ抗原）　B型肝炎ウイルス（1635頁）は、産道で赤ちゃんに感染するので、誕生後に抗体をつくる目的で、ワクチンや免疫グロブリンで治療します。

▼C型肝炎の検査（ＨＣＶ抗体）　C型肝炎ウイルス（1635頁）に感染しているかどうかを調べます。

▼エイズの検査（ＨＩＶ抗体）　エイズウイルス（2133頁）に感染しているかどうかを調べます。

▼成人T細胞白血病の検査（ＡＴＬ抗体・ＨＴＬＶ-１抗体）　白血病（548頁）の因子があるかどうかを調べます。

▼風疹の検査（風疹抗体価・ＨＩ法）　妊娠初期に風疹（803頁）に感染すると、赤ちゃんに形態異常などの重大な影響をもたらすおそれがでてきます。

▼トキソプラズマ感染の検査（トキソプラズマ抗体） トキソプラズマは、猫などから感染します。お母さんに感染した場合、赤ちゃんにも感染する可能性があるといわれています。

▼クラミジア感染症の検査（クラミジア抗体） 出産時に、赤ちゃんが産道で感染すると、新生児結膜炎（628頁）や肺炎（673頁）になることがあります。

▼B群溶連菌感染症の検査（B溶連菌） 出産時に赤ちゃんが産道で感染すると、重症の感染症になることがあります。

▼血液型の検査（ABO型・Rh型） 輸血の必要がおこった場合に備えて、また、夫婦間や母児間の血液型不適合を知るためにも、血液型の検査が必要です。

▼貧血・出血傾向の検査（血色素量・血小板数） 出血貧血には、鉄分の補給が必要になります。出血傾向は、妊婦の血のかたまる能力を知り、出血しやすい病気を調べる検査です。

▼血液型不適合の検査（不規則性抗体検査・間接クームス試験など） お母さんの血液中にふつうは存在しない不規則性抗体ができると、母児間に血液型不適合がおこり、赤ちゃんの赤血球が壊され、胎児水腫（887頁）や強い黄疸がでるおそれがあります。

▼肝機能検査・腎機能検査（総たんぱく質、AST／ALT、尿素窒素／クレアチニン） お母さんの栄養状態が落ちていないかどうかを調べる検査です。肝炎など、肝臓の病気や、腎炎など、腎臓の病気を調べます。

▼血糖検査 採血して血糖値を測る検査です。糖尿病の合併妊娠以外にも、妊娠をきっかけに糖尿病を発症することもあります**（妊娠糖尿病）**。糖尿病では、巨大児、流産、妊娠高血圧症候群など、さまざまなリスクがともなうため、血糖検査を行って、血糖値を管理しておくことがたいせつです。

▼胸部のX線検査 結核感染のおそれがある場合に行います。

▼骨盤のX線検査 骨盤が小さすぎたり、形の異常が疑われるときに、胎児の頭の大きさとの関係を調べます。

▼心電図検査 心臓に異常が疑われる場合には、病気の種類と程度を知るために、心電図をとります。

▼胎動10回カウント 妊娠後期に自宅でできる、胎動数から赤ちゃんの元気さ具合を自己チェックする方法です。

▼ノンストレステスト 出産が近くなったら、お母さんのおなかの張りと赤ちゃんの心拍数の変動を記録して、赤ちゃんが元気かどうか、胎児機能不全のおそれがないかどうかを調べます。

▼胎盤機能検査 予定日をすぎると、胎盤の機能が低下し、赤ちゃんに栄養や酸素が届きにくくなり、危険な状態になることがあります。尿中のホルモンを調べることで、胎盤が正常に機能しているかどうかがわかります。

▼トリプルマーカー・クアトロ検査 赤ちゃんに、ダウン症候群（577頁）や神経管欠損症などの病気があるかどうか血液検査で調べます。

▼羊水染色体検査 ダウン症候群やターナー症候群（578頁）など、赤ちゃんの染色体異常による病気の有無を羊水をとって調べます。

◉公費で受けられる健診や検査

妊婦健診の公費負担を、14回程度（市区町村によってちがいます）受けることができます。受診票は、母子健康手帳といっしょに受け取ることができます。健診や検査の内容も、市区町村によってちがいますので確認しましょう。

◇日常生活、ここに注意

▼睡眠と休息 妊娠中は、ふだんよりも疲れやすくなります。規則正しい生活を心がけ、睡眠時間はいつもよりも1時間程度多く、最低でも8時間はとるようにしましょう。事情がゆるせ

ば短時間でも昼寝をして、疲労を残さないようにしましょう。

とくに、おなかがよく張る人は、こまめに休息するようにしてください。

▼運動　流産や早産の症状がなければ、妊娠中でも適度な運動は必要です。公園での散歩や、妊婦体操、マタニティスイミングやヨガなどのマタニティスポーツは、気分転換になるだけでなく、分娩のための体力をつけたり、便秘の予防になります。

▼入浴・美容　毎日1回、入浴かシャワーで皮膚の清潔を保つようにしましょう。

また、妊娠中は皮膚が敏感になり、湿疹ができやすくなります。化粧品は、普段から使い慣れたものを使いましょう。

▼家事・仕事　妊娠中の家事は、疲れすぎないようにすること、疲れたらむりせずこまめに休憩を入れることが原則です。調理やアイロンかけなどはいすに座ってやる、といった工夫も必要です。布団の上げ下ろしや、お風呂掃除のように、負担の大きな家事は、夫などに協力してもらうとよいでしょう。

仕事をもっている人は、妊娠がわかったら、職場の上司に早めに報告しましょう。つわりで体調をくずしたり、流産や早産をおこしかけたりして、急に休むこともあるからです。

とくに、有害な薬物を扱うとか、重い荷物の運搬などの職場は、妊娠中には適しませんので、仕事の内容を交替してもらうようにしてください。また、長時間の立ち仕事は、疲労しやすいので、多めに休憩をとらせてもらいましょう。

事務系の仕事でも、毎日の通勤は、満員電車で人から押されたり、混雑した階段で転倒したりと、危険なことがたくさんあります。妊娠がわかったら、時差出勤を申し出るか、時間に十分な余裕をもって出勤するようにしましょう。

▼旅行　妊娠中の旅行は、初期と後期を避け、妊娠が比較的安定している時期に計画しましょう。むりなスケジュールは組まず、休憩の時間をとる、重い荷物を持たない、混雑した乗り物は避ける、必ず夫や家族が同伴する、母子健康手帳と保険証を携帯するなどの点に注意をしてください。

▼性生活　妊娠の経過に異常がなければ、問題はありません。ただし、あまり激しい動きや深い挿入は避けて、むりな姿勢や、おなかに力がかかりやすい姿勢にならないように、体位にも工夫しましょう。

夫婦が、互いのからだと気持ちを理解し、思いやることが、たいせつです。

分娩・育児費用の援助制度

分娩・育児費用の援助制度には、一般的に、つぎのものがあります。

▼出産育児一時金　妊娠・出産に必要な費用をサポートするため、社会保険や国民健康保険から給付が受けられます。子ども1人について42万円ほどが支給されます。

一時金の申請には、出産した病院での証明が必要です。

▼児童手当金　育児をサポートするために、年金制度から支給されます。

▼乳幼児医療費助成金　乳幼児の医療費をサポートするために、自治体から支給されます。

▼医療費控除　妊娠中の健診・検査代、分娩費や入院費、通院の交通費も医療費に含まれます。

1年間の医療費が10万円以上、または所得金額の5％に相当する金額を超えた場合は税金が還付されます。

▼出産手当金　公務員や会社員として働いている人が、出産後も働くことを条件としてもらえる給付金です。

◇栄養と料理、ここに注意

◉妊娠中の栄養所要量

現在の日本人の食生活状況を考えると、栄養欠乏による健康障害だけでなく、過剰摂取による健康障害も検討する必要がでてきました。

そこで、厚生労働省は、従来使用されていた「栄養所要量」にかえて、２００５（平成17）年度から「**食事摂取基準**」という概念を導入しました。このことから現在は、２００４年度まで公表されていた「日本人の栄養所要量」（最終は第6次改訂版）にかえて「日本人の食事摂取基準」が使用されています。

食事摂取基準（次頁表1）は、男女、身体活動レベル（次頁表2）、年齢などによって異なります。

さらに妊娠中は、時期によって食事摂取基準の付加量が異なります。妊娠初期では＋50kcal、中期では＋２５０kcal、後期では＋４５０kcalとなっています。逆に、従来７００kcalの付加が必要とされた授乳婦の付加量は、＋３５０kcalとされました。

◉栄養摂取と体重増加

妊娠中の体重の増えすぎは、妊娠高血圧症候群（876頁）や妊娠糖尿病になったり、赤ちゃんが大きくなりすぎたり（巨大児　580頁）して、難産をきたしやすくなります。

逆に、妊婦の体重が増えないと、とくにやせ型の妊婦では、流・早産率の増加や低出生体重児（低体重児とは　2274頁）の発生する頻度が増加することが知られています。

周産期死亡率（分娩前の胎児や分娩後の新生児の死亡率）からみた正期産までの理想的母体重増加量は、アメリカの病理学者ナエイェの報告によると、肥満型の妊婦は＋７・２kg、平均型では＋９・０kg、やせ型では＋13・５kgです。妊婦の約90％を占める平均型の妊婦の理想的体重増加量は、９kgということになります。

さらに、生活強度によっても消費熱量が異なりますので、妊娠中は、体重増加量と生活強度を考慮に入れた栄養摂取量の調節が必要となります。

◉鉄の摂取不足に注意

一般的な妊婦の栄養摂取状況を調べてみると、カロリーの充足率は、ほぼ基準内にあるいっぽうで、鉄分の摂取量が著しく不足している場合が多くみられます。

またビタミンB群の仲間である葉酸の欠乏は、貧血のほかに、胎児の無脳症（592頁）や二分脊椎（591頁）といった形態異常の発生率を増加させることが知られています。

いっぽう、塩分はとりすぎると妊娠高血圧症候群になりやすいので、1日7・5g未満の摂取が望ましいといわれています。

妊娠中は鉄分、ミネラル、ビタミン類などを多く含む食品をとるようにしましょう。

ただしビタミンでも、ビタミンA、D、E、Kなどの脂溶性ビタミンは、体内に蓄積されて過剰症を引き起こすので、とりすぎには注意が必要です。

とくにビタミンAのとりすぎは、胎児にも母体にもかえって毒になります（ビタミンA過剰症　1524頁）。気をつけましょう。

◉アレルギー体質の食事

以前は、妊娠中に母親が摂取した卵白、牛乳、大豆などの成分が、胎盤を通じて胎児に移行したり、母乳から新生児に移行したりして、子どもがアレルギー体質になるという説がありました。しかし、現在は、この説には否定的な意見がほとんどです。

したがって、とくにアレルギー体質でない人は、妊娠中の食事に過度に神経質になる必要はありません。

ただ、両親にアレルギー素因のある場合は、母親は妊娠後期と授乳時期（とくに出産後6か

表１　エネルギーの食事摂取基準：推定エネルギー必要量（kcal／日）

性別	男性			女性		
身体活動レベル	Ⅰ	Ⅱ	Ⅲ	Ⅰ	Ⅱ	Ⅲ
0～5（月）	—	550	—	—	500	—
6～8（月）	—	650	—	—	600	—
9～11（月）	—	700	—	—	650	—
1～2（歳）	—	950	—	—	900	—
3～5（歳）	—	1,300	—	—	1,250	—
6～7（歳）	1,350	1,550	1,750	1,250	1,450	1,650
8～9（歳）	1,600	1,850	2,100	1,500	1,700	1,900
10～11（歳）	1,950	2,250	2,500	1,850	2,100	2,350
12～14（歳）	2,300	2,600	2,900	2,150	2,400	2,700
15～17（歳）	2,500	2,850	3,150	2,050	2,300	2,550
18～29（歳）	2,300	2,650	3,050	1,650	1,950	2,200
30～49（歳）	2,300	2,650	3,050	1,750	2,000	2,300
50～69（歳）	2,100	2,450	2,800	1,650	1,900	2,200
70以上（歳）	1,850	2,200	2,500	1,500	1,750	2,000
妊婦（付加量）						
初期				＋50	＋50	＋50
中期				＋250	＋250	＋250
後期				＋450	＋450	＋450
授乳婦（付加量）				＋350	＋350	＋350

身体活動レベルは、低い、ふつう、高いの３つのレベルとして、それぞれⅠ、Ⅱ、Ⅲで示した。

身体活動レベルⅠの場合、少ないエネルギー消費量に見合った少ないエネルギー摂取量を維持することになるため、健康の保持・増進の観点からは、身体活動量を増加させる必要があること。

（厚生労働省「日本人の食事摂取基準」2015年）

表２　身体活動レベル別にみた活動内容と活動時間の代表例

身体活動レベル *	低い（Ⅰ）	ふつう（Ⅱ）	高い（Ⅲ）
	1.50 （1.40～1.60）	1.75 （1.60～1.90）	2.00 （1.90～2.20）
日常生活の内容	生活の大部分が座位で、静的な活動が中心の場合	座位中心の仕事だが、職場内での移動や立位での作業・接客など、あるいは通勤・買い物・家事、軽いスポーツ等のいずれかを含む場合	移動や立位の多い仕事への従事者、あるいは、スポーツなど余暇における活発な運動習慣をもっている場合
中程度の強度（3.0～5.9メッツ）の身体活動の１日当たりの合計時間（時間／日）	1.65	2.06	2.53
仕事での１日当たりの合計歩行時間（時間／日）	0.25	0.54	1.00

*代表値。（　）内はおよその範囲。

（厚生労働省「日本人の食事摂取基準」2015年）

家庭での介護
リハビリ
医療保険
妊娠・出産
海外旅行
献血・骨髄移植
災害時
薬の知識
漢方薬の知識
相補・代替医療

月以内）は、アレルゲンとなりやすい食物は、避けておくのが無難でしょう。

◉カフェイン

カフェインはコーヒー、一部の清涼飲料水、チョコレート、一部の薬やドリンク剤などに含まれています。また紅茶や日本茶には成分の似ているテオフィリンが含まれています。

妊娠中のカフェイン摂取が、胎児に悪影響を及ぼすかどうかは、いまだ統一見解はありません。しかし、これまでの研究からは、妊娠中に適量のカフェインを摂取しても、胎児への影響はないか、あってもごくわずかであると考えられています。

カフェインには興奮作用があり、胎盤を通じて容易に胎児に到達するため、胎児の心拍数や呼吸数を増大させる可能性があります。

外国では、コーヒーを大量に飲む妊婦で、流・早産率や低出生体重児がわずかながら増えたとの報告もあります。

あまり大量に飲むのは、控えておいたほうが無難ですが、1日3杯程度の摂取なら問題ないといわれています。

◉喫煙

妊婦の喫煙が母胎と胎児に与える影響には、早産、周産期死亡、低出生体重児の増加などがあげられます。

心臓、脳、顔面の先天異常も、非喫煙女性の子どもに比べて、多いとする報告もあります。また最近の研究では、妊婦の喫煙が乳幼児突然死症候群（SIDS 2269頁）のリスクを上昇させることが示唆されています。

結論として、妊娠したら、たばこはやめるべきです。

また受動喫煙（人が吸っているたばこの煙を吸い込むこと）でも、妊婦の尿中ニコチン量は、喫煙妊婦と同程度になることがわかっています。妊娠した女性は、たばこの煙も避けるべきです。家族にも禁煙してもらいましょう。

◉アルコール

妊娠中のアルコール摂取は、流産のリスクを増加させます。

また低出生体重児も多くなります。妊娠中のアルコール摂取によっておきるもっとも重い障害は、**胎児性アルコール症候群**（FAS）です。その診断基準を下表に示します。

障害が部分的にみられるものは、**不完全型胎児性症候群**（FAEまたは胎児性アルコール作用）と呼ばれます。

胎児性アルコール症候群の発症は、母親が妊娠早期に相当量のアルコールを飲んでいること、すなわち、慢性アルコール中毒であるケースがほとんどです。

お酒はたまにしか飲まないとか、飲んでも少量しか飲まない妊婦に対して、1滴でもアルコールを飲めば、FASになるというのは酷な気もします。

しかし、どの程度の飲酒量で、胎児性アルコール症候群が生じるかは確立していないために、妊娠した女性は、完全に禁酒するのが安全です。

〔FASの診断基準〕

A：出生前および出生後の成長遅延

B：中枢神経系の障害

C：特有な顔面の形成不全（小頭症、小眼球・短眼瞼裂、鼻と上唇の間の縦の溝が未発達、薄い上唇、平坦な上顎）

◇赤ちゃんを先天異常から守る

ヒトの先天異常のおもな原因に、①病的遺伝の継承、②染色体異常、③環境因子（放射線被曝、感染症、母体の代謝異常、薬剤および環境内化学物質など非遺伝性のもの）があります。

◉放射線被曝

放射線照射の胎児への影響は、成長遅延、胎児死亡、出生後の死亡率増加、形態異常、胎児の将来の発がんなどです。

放射線被曝については、被曝量、胎児発生の段階（週数）、被曝の回数などをすべて考慮に入れなければなりません。しかし、病院で行う通常のX線検査（単純撮影、CT検査）であれば、ほとんど問題はないと考えてよいでしょう（左表1、2）。

表１　検査別の胎児被曝線量　（単位 mGy）

検査方法		平均被曝線量	最大被曝線量
単純撮影	頭部	0.01以下	0.01以下
	胸部	0.01以下	0.01以下
	腹部	1.4	4.2
	腰椎	1.7	10
	骨盤部	1.1	4
CT	頭部	0.005以下	0.005以下
	胸部	0.06	0.96
	腹部	8.0	49
	腰椎	2.4	8.6
	骨盤部	25	79

（国際放射線防護委員会 ICRP Pub.84 2000年抜粋、一部改変）

表２　放射線被曝とおもな先天性異常

受精後	着床前期	器官形成期		胎児期		しきい値(mGy)
	0～8日	2～8週	8～15週	15～25週	25週以後	
流産（胎芽・胎児死亡）	+++	+	−	−	−	100以上
形態異常	−	+++	−	−	−	100～200
発育遅延	−	+	+	+	+	100以上（動物実験）
知的障害	−	−	+++	+	−	120
悪性新生物（がん）	−	+	+	+	+	50以上
遺伝的影響	−	−	−	−	−	1000～1500(推測)

しきい値は、ある線量以上の被曝をすると胎児に影響を与え、それ以下の線量では胎児に影響しないという境界値。100mGy以下の胎児被曝は、ほとんど問題ないと考えてよい。
+++は感受性がとくに高い、+は感受性あり、−は感受性なし
Kasama T,Ota K.：Congenital Anomalies 42,10～14,(2002)〔一部改変〕

◉薬剤

次頁の表に、妊娠中に薬剤を使用した場合の、胎児に対する作用のおもなものをあげました。

これ以外にも、薬剤の添付文書には、PL法（製造物責任法）との関連から、妊娠中もしくは授乳中の使用を禁じているものもあります。それらのなかで中止が困難な薬剤には、胎児への安全性について今後十分なデータの解析が必要と思われるものも含まれます。

しかしいっぽうで、病気の治療のために、完全に中止することができないものもあります。そのような場合には、同じ薬理作用をもち、胎児への影響がより少ない薬剤、もしくは十分安全性の確認されている薬剤が選択されることになります。

◉感染症

妊娠中、とくに妊娠初期に妊婦がウイルス感染にかかった場合、胎児への影響が考えられます。母体の感染が、すなわち胎児感染や胎児異常が発生するということではありません。妊娠のどの時期に感染したかによっても、胎児の異常やその発生頻度は異なります。

風疹（803頁）やサイトメガロウイルスなどのウイルス感染は、催奇形性（形態異常をおこす可能性があること）が認められています。また、

催奇形性の報告された化学物質とおもな異常

	化学物質	おもな症状
化学療法薬	アミノプテリン、マイレラン、クロラムブチル、シクロホスファミド	骨や内臓の多発性形態異常
	キニーネ	水頭症、手足や内臓の形態異常
	クロロキン	知的障害
	アテプリン	水頭症、脊椎破裂（脊椎披裂）、腎欠損
	サルバルサン	水頭症をともなう死産
	ストレプトマイシン、デヒドロストレプトマイシン	出生後聴力障害、平衡機能の異常
ホルモン剤・抗ホルモン剤	合成黄体ホルモン	女性性器の男性化、大血管転位症
	男性ホルモン	女性の外性器の男性化
	女性ホルモン	水頭症、脊髄ヘルニア、あるいは出生後、思春期に達したころの腟がん
	性腺刺激下垂体ホルモンやその類似物質（クロミフェンなど）	多胎、流死産の頻度の上昇
	副腎皮質ホルモン剤	口蓋裂または流死産あるいはハイリスク児の出生
	抗甲状腺薬（プロピルチオウラシルなど）	先天性甲状腺腫
中枢神経系作用薬	サリドマイド	アザラシ肢、小耳、顔の血管腫、その他末梢神経や内臓の異常
	フェノチアジン系向精神薬	多発性の形態異常
	LSD	種々の形態異常・染色体異常
	抗てんかん薬（トリメタジオン、パラメタジオン）	顔面の形態異常、染色体異常、または流産
その他の医薬	ヨード剤	先天性甲状腺腫
	クマリン系血液凝固阻止薬	脳出血、視神経萎縮、鼻の発育不全
有害物質	有機水銀	脳性まひ様の神経障害、胎児性水俣病
	鉛	神経障害
	PCB	死産、低体重、皮膚や粘膜の色素沈着
	一酸化炭素	手足の形態異常、脳障害

（『日母研修ノート』No.51「周産期と遺伝」より、一部変更）

母親のりんご病（伝染性紅斑 806頁）感染により、胎児水腫（887頁）の発生することが知られています。

母親がHTLV-1（ヒトTリンパ球好性ウイルスI型）抗体陽性の場合、その母乳を飲んだ赤ちゃんと成人T細胞白血病（551頁）との関連が報告されています。

HIV（ヒト免疫不全ウイルス、エイズウイルス）の母体感染も胎児への影響が知られており、水痘（水ぼうそう）、コクサッキーウイルスも胎児への影響が疑われています。

流行性耳下腺炎（おたふくかぜ）、インフルエンザ、麻疹（はしか）、エコーウイルス、肝炎ウイルスなども、胎児への影響が報告されています。詳細については専門医のカウンセリングが必要です。

B型肝炎ウイルスは、赤ちゃんが産道を通って生まれてくるときに感染し、ウイルスのキャリアとなったり、劇症肝炎（1646頁）を発症したりすることがあります。そのため、出生直後からグロブリン製剤を使用し、その後ワクチンなどを用いて感染の予防を行います。

母親のウイルス感染は、血清学的検査で感染の確認を行いますが、その判断には専門的な知識が必要です。

妊娠初期の風疹の初感染では、**先天性風疹症候群**（804頁上段）が心配されますが、なかには母体のみの感染で、胎児が感染しない、つまり先天性風疹症候群を発症しない場合もあります。胎児の採血などで感染の有無が確認できる施設もありますので、調べてもらうとよいでしょう。

妊婦が梅毒（2132頁）にかかると、4分の1が死産となります。また、先天性梅毒が乳児期に発見されることはきわめてまれです。

妊娠初期のトキソプラズマの初感染により、頻度は低いものの、胎児が先天性トキソプラズマ症（脳水腫などが現れる）を発症することが報告されています。ふつうの診察のみでは、母親のトキソプラズマ初感染の判定や胎児感染の有無、先天性トキソプラズマ症の出生前診断の確認は困難なことが少なくありません。

治療に抗生物質を使用することがありますが、効果については疑問をもつ意見もあります。

腟分泌物中などに、GBS（B群連鎖球菌）がある母親から生まれた新生児のうち、約1％が出生直後から重症の感染症となることがあるので、GBSのある妊婦は抗生物質を使用します。GBSそのものは、母体には無害です。

母親のクラミジア感染と、流産・早産、異所性妊娠との関連が報告されていますが、母体の

妊婦に接種可能なワクチン、接種不適当なワクチン

	ワクチン	妊婦への接種	接種の注意
弱毒生ワクチン	麻疹	不適当	胎児への確認された危険はない。接種後１か月は避妊。
	風疹	不適当	抗体陰性の妊婦から生まれた胎児212例に異常なし。接種後２か月は避妊。
	BCG	有益時のみ	接種後１か月は避妊。
	ムンプス（流行性耳下腺炎）		確認された胎児への危険性なし。接種後１か月は避妊。
	黄熱		流行地への渡航を中止できない場合。接種後１か月は避妊する。
死菌・不活化ワクチン	DPT、DP	有益時のみ	確認された胎児への危険性なし。
	日本脳炎	有益時のみ	流行地への渡航時に接種。胎児への副作用は不明。
	インフルエンザ	有益時のみ	妊娠中期以降、流行時ならば接種可。2000例の出産で異常なし。
	A型肝炎	有益時のみ	胎児への危険性低い。
	B型肝炎	有益時のみ	胎児の副作用の報告なし。
	狂犬病	有益時のみ	曝露後免疫６回、副作用が強い。胎児の副作用は不明。
	コレラ	有益時のみ	確認された胎児への危険性なし。
	破傷風トキソイド	有益時のみ	流行地への渡航時に接種。確認された胎児への危険性はなし。
	ジフテリアトキソイド	有益時のみ	確認された胎児への危険性なし。

同居する家族が接種しても、妊婦が重い免疫不全状態でなければ、感染はない。
DPTは、百日せきジフテリア破傷風混合ワクチン、DPは、百日せきジフテリア混合ワクチン。

（日本産婦人科医会「研修ノート」No.70より抜粋改変）

血清中に抗体があっても、無症状の人も多くいます。このような母親から生まれた赤ちゃんのなかに、生後1か月くらいしてクラミジア肺炎（674頁）を発症する場合もあります。

◉予防接種

ワクチンは、その製剤内容から、弱毒性ワクチンと、死菌・不活化ワクチンに分けられます。その種類を右表に示しました。

たとえば、妊娠がわかっている場合には、風疹ワクチンの接種はしません。ただ、妊娠と気づかずにワクチンを受けても、赤ちゃんが先天性風疹症候群にならなかった報告もあります。

最近では、インフルエンザワクチンについては、妊娠中の接種を積極的に勧めようとする意見もあります。ワクチンの胎児への影響の詳細については、遺伝の専門医へ相談しましょう。

◉血族結婚

一見健康と思われる人でも、いくつかの不良な遺伝子をもっていますが、劣勢の遺伝子であるために、通常は無症状のことが多いものです。

しかし、血族結婚をすると、症状がでやすくなります。

◇先天異常の検査

母親の血清を調べて、胎児の異常の確率を推定する、スクリーニング（ふるい分け）検査を受けることができます。

これは、妊娠15～18週の時期に、母体血清中のたんぱくであるアルファ胎児たんぱく（AFP）と、hCGとuE3というホルモンを測定して、胎児のダウン症候群（577頁）および18トリソミー症候群（578頁）などの染色体異常と、開放型の脊椎披裂（二分脊椎 591頁）の確率を算定する方法です。

この検査では同時に、無脳症（592頁）、腹壁破裂（腹壁が欠損し内臓が脱出している病気）、臍ヘルニア（748頁）もスクリーニングすることができます。

1970年代、アイルランドおよびイギリスにおいて、アイルランド住民の神経管欠損（胎児の脳や脊髄などの発達段階でおこる異常）のリスクの高い妊娠を検出するために、母体血清マーカーを用いた研究が行われるようになりました。その結果、開放型神経管奇形の胎児では、母体血清中のAFP（腫瘍マーカー 215頁）が、高い値を示すことが報告されました。

この歴史的な研究は、イギリスの環境予防学医ウォルドおよび環境衛生学者カックルなどによって始められました。そして、彼らおよびそのほかの人々によって研究がつづけられて、母体血清マーカーを用いたスクリーニングの方法が生まれました。

現在、欧米の多くの検査所が、3つの母体血清マーカーを胎児スクリーニングとして用いています。

◉着床前検査

体外受精卵を用いて病気の有無を調べる遺伝子診断法です。異常が発見された場合には、受精卵を子宮内に戻さない方法が考えられています。日本産科婦人科学会は、重い病気の遺伝子をもつものにかぎり、この方法を認める見解をだしています。

◉胎児診断

妊娠前半期に行われる先天異常の胎児診断には、**羊水検査**、**絨毛検査**、**胎児鏡検査**、**胎児採血**、**超音波検査**などがあります。

超音波検査を除くこれらの検査によって、自然流産をおこす危険性がわずかながらありますので、胎児診断を受けるときは、その点を担当医によく聞いて、理解してから受けたほうがよいでしょう。

これらの検査を行うにあたって、日本産科婦人科学会は1988（昭和63）年1月、学会員の医師に向けて、つぎのような会告をだしています。

①胎児に疾患がある可能性（危険率）、検査法の診断限界、副作用などについて検査前によく説明し、十分なカウンセリングを行うこと。
②検査の実施は、十分な基礎的研修を行い、安全かつ確実な技術を習得した産婦人科医、あるいはその指導のもとに行われること。
③伴性（X連鎖）劣性染色体異常疾患（575頁）のために検査が行われる場合を除き、胎児の性別を両親に告知してはならない。

▼**羊水検査**　羊水中の浮遊細胞を用いて染色体検査、DNA分析、生化学分析を行う場合には、多くの場合、妊娠15週以降に、超音波診断装置で胎児と胎盤の位置および羊水量を確認し、経腹的に穿刺して（腹部から子宮内に注射器を刺して）羊水を15～20mℓ採取します。

神経管開存、腹壁破裂、臍ヘルニアなどが疑われるときには、羊水中のAFPを測定し、胎児に重症の黄疸が疑われる場合には、羊水中のビリルビンを測定します。

超音波診断装置を併用することによって、穿刺を受けた妊婦の自然流産率は大幅に減りました。しかし、それでも流産率は、約0・3％あります。

▼**絨毛検査**　妊娠8～10週の時期に、超音波診断装置で確認しながら、経腟的にカテーテルの先端を挿入して、絨毛を採取する方法が一般的に行われています。

これにより医師は、染色体検査、DNA診断、生化学分析、風疹ウイルスの胎児感染などの診断を行います。

絨毛検査は羊水検査に比べて、早期に診断できるというメリットはあります。

しかし、母体の組織が混入しやすい、胎盤の位置により採取不能な場合がある、採取後出血がある、自然流・早産率（約4％）が羊水検査に比べ高い、胎児への影響に不明な点がある、**羊膜索症候群**（破れた羊膜が胎児の皮膚に癒着しておこる形態異常）発生のおそれがある、などのデメリットもあります。

絨毛検査は、一部の施設で検査が行われていますので、かかりつけの産科医によく相談をしてください。

▼**胎児鏡検査**　妊娠15～20週ごろに、経腹的に内視鏡の細い針を刺して、胎児の形態異常の診断、胎児採血、胎児治療を行います。

胎児鏡を使用した場合、自然流産率が5％前後、周産期死亡率は2％になるとの報告もあります。

特殊な検査方法で、一部の医療施設のみが行っています。

▼**胎児採血**　超音波診断装置で確認しながら、穿刺プローブを用いて、経腹的に胎盤の臍帯（臍の緒）付着部から胎児採血を行います。

これは、胎児の染色体検査、生化学分析、DNA分析、胎児の風疹感染の診断、血液中pHを用いた胎児機能不全のチェックなどを目的としています。染色体検査の結果が、羊水検査より短期間で判明するメリットがあります。

なお、胎児採血は特殊な検査法で、一部の医療施設のみで行っています。

▼**超音波検査**　超音波を用いて、胎児の数・位置・大きさ、形態異常・胸腹水・胎児水腫の有無、羊水量、胎盤の位置やその形態異常などを診断する方法です。

▼**胎児母体血分離（FCS）検査**　胎児の微量の白血球、有核赤血球などが、妊娠の初期から胎盤を通過して母体の血液中に流れ出ることを利用し、胎児の染色体異常などを診断する、現在開発中の新しい技術です。

▼**先天代謝異常などの検査**　生後5日目に、赤ちゃんの足底（足のうら）から少量の血液を濾紙にとり、検査をします。

この検査ではフェニルケトン尿症（720頁）、メープルシロップ尿症（721頁）、ホモシスチン尿症（722頁）、ガラクトース血症（723頁）、先天性副腎皮質過形成症（708頁）、クレチン症（724頁）などの病気がないかどうかを調べます。

◇多胎妊娠

◉排卵誘発剤の使用により増加

2人以上の胎児を同時に妊娠している状態を**多胎妊娠**といいます。胎児が2人の場合を**双胎**（ふたご）、3人の場合を三胎（品胎）、4人、5人の場合をそれぞれ四胎、五胎といいます。

多胎妊娠は、1個の受精卵から2個以上の胚芽が発生し発育した**一卵性多胎**と、複数の卵子が同時に排卵されて受精する**多卵性多胎**とに分けられます。また、一卵性双胎の場合で、受精後1～3日以内に卵の分離がおこったときには、二絨毛膜二羊膜性双胎（2つの胎嚢の中に胎児が1人ずつ入っている）になります。これは一卵性双胎の約25～30％を占めます。

受精後、卵の分離が4～8日以内におこると、その70～75％は一絨毛膜二羊膜性双胎（1つの胎嚢の中に胎児が2人、別々の羊膜に包まれて入っている）となります。

分離が9日以降におこると、一絨毛膜一羊膜性双胎（1つの胎嚢の中に2人の胎児が同じ羊膜に包まれて入っている）となり、これは約1％しかおこらず、比較的まれな双胎といえます。

さらに分離が遅れ、13日以降になった場合には、**結合双生児（シャム双生児）**となります。

一卵性双胎の原因は不明で、遺伝性や人種間の格差はないといわれています。いっぽう多卵性多胎は、人種間の格差（東洋人より白人、白人より黒人に多い）や、遺伝傾向（母親が多胎だと娘も多胎になりやすい）があることがわかっています。また、高年齢で多産の女性に多いともいわれています。

近年、不妊症研究の飛躍的進歩にともない、以前ではとうてい子どものもてなかった夫婦にも、子どもをもつことが可能になりました。しかしその反面、さまざまな排卵誘発剤の使用や、体外受精・胚移植（ＩＶＦ‐ＥＴ）が普及したことにより、多卵性多胎が増加してきているのも事実です。

通常の妊娠と比べて、排卵誘発剤の内服によるもので約5倍、排卵誘発剤の注射（ｈＭＧ‐ｈＣＧ療法）によるもので約25倍、ＩＶＦ‐ＥＴによるものでは約17倍の多胎妊娠が発生する、という報告もあります（青野敏博教授ら・1991年・および日本産科婦人科学会生殖医学登録委員会による）。

◉多胎妊娠の症状

子宮が、**単胎**（胎児が1人の妊娠）の妊娠週数の場合に比べて大きくなり、腹部のあちこちで胎動が感じられるようになります。

おなかに触ると、頭部が2個以上あるのがわかり、異なる場所で異なる胎児の心音を聴きとることができます。

母体は、子宮が増大しすぎるための圧迫症状として、脚の浮腫（むくみ）や静脈瘤、呼吸困難、心悸亢進（動悸）をともないやすくなります。また、貧血、妊娠高血圧症候群（876頁）、羊水過多（884頁　とくに一卵性双胎の場合）、前置胎盤（883頁　胎盤が大きいため）なども発生しやすくなります。

そのほか、ごくまれに内外同時妊娠（1人の胎児が子宮内、もう1人の胎児が異所性妊娠）となり、治療を要することもあります。

多胎妊娠では、早産をおこすことが多く、胎児の体重が単胎の場合と比べて少ないことがよくあります。

◉妊娠中の注意

多胎妊娠は、Ｘ線検査または超音波断層法を行って、2人以上の胎児が写れば確実に診断できます。

多胎妊娠と診断されたら、なるべく安静を保ち、食事もバランスよくとるようにして、妊娠高血圧症候群や早産、子宮内胎児発育遅延症などの発生を予防することが重要です。

そのため最近では、妊娠24～26週をめどに、安静入院を勧める医師が多いようです。

これは、予防的安静入院をした人たちと、社会的、家庭的な理由から予防的安静入院が不可能で、早産の徴候が現れた時点で初めて入院した人たちとを比較した場合、早産、子宮内胎児発育遅延症の発生の予防、そして週産期死亡の減少に、明らかな差がみられるとの報告があるからです。

定期的に診察を受けて子宮収縮の程度をチェックし、早産の危険があれば、子宮収縮抑制薬の使用も必要です。

また、二卵性双胎に比べて、一卵性双胎のほうが胎児の予後の悪いことが知られていますので、双胎の場合は妊娠初期に、超音波断層法を用いてどちらか確かめておくことが重要です。

さらに、一絨毛膜二羊膜性双胎の場合、ほぼ100％に胎盤内の血管吻合（胎児どうしの血管がつながっている）があります。その約10～15％に双胎間輸血症候群（下コラム）が発生するといわれています。

●分娩は設備の整った病院で

多胎妊娠は、子宮壁が過度に引き伸ばされるため原発性微弱陣痛（有効な陣痛がおこらない）になりやすく、分娩時間が長くなりがちです。

また、陣痛開始前の破水（前期破水　882頁）や、陣痛開始後、子宮口全開大前までの破水（早期破水）をおこしやすく、そのため臍帯（臍の緒）や手足の脱出がおこる頻度も高くなります。

双胎妊娠では、まれに胎児どうしの頭部や殿部がひっかかって（懸鈎）、分娩の進行が停止することがありますが、その場合は帝王切開を行います。

双胎妊娠の場合、両方の胎児の胎盤は、ふつう第二児分娩後に同時に娩出されます。

しかし、ときには第一児娩出後に胎盤がはがれることがあり、早期剥離と同じような状態になるため、大出血をともないます。

さらに、多胎妊娠で子宮壁が過度に引き伸ばされると、子宮が十分収縮できなくなり、弛緩出血（893頁）をおこしやすくなるので、分娩後も悪露（2277頁）の量を注意深く観察する必要があります。

このように、単胎の場合と比べて、多胎妊娠では、母体死亡率で約2倍、胎児の死亡率は約5倍と、大きな危険をともなっています。また、早産率も高く、低体重児や低出生体重児（2274頁）の割合も多くなります。

したがって、多胎妊娠の場合は産科、小児科（とくに新生児科）、麻酔科など、それぞれの専門医によるチーム医療ができるような設備の整

双胎間輸血症候群

1人の胎児の血液が、もう1人の胎児へ流れ込むことによりおこる病気で、この状態になると、血液を送る側の胎児は、発育不全、羊水過少、貧血、脱水、小心症（ときには無心体）などになります。

血液を受けとる側の胎児は過剰に発育しますが、心臓に負担がかかるため、多血症（1465頁）、浮腫（胎児水腫　887頁）、心不全、羊水過多などをおこします。その結果、2人の胎児の発育に大きな差が生じるとともに、胎児の健康にも重大な危険が生じてきます。

以上のような理由から、双胎間輸血症候群と診断された場合は、胎児が母親のおなかの外で生きられる時期であれば、分娩して治療する必要があります。なお、発育不良の胎児のほうが、過剰発育の胎児に比べて予後はよいといわれています。最近では子宮鏡レーザーを用いた胎児治療も行われるようになりました。

っている病院で分娩するほうがよいと考えられます。

◇骨盤位（さかご）

●分娩時までには頭位になることが多い

胎児の頭が上になり、足やお尻が下になった姿勢で母体のおなかの中にいる状態を、**骨盤位**（さかご）といいます。

分娩時に胎児は、頭を下に足を上にした姿勢で生まれてくることがほとんどです。この胎児の頭が下になった姿勢でおなかの中にいる状態を、**頭位**といいます（図1）。

胎児は、最初は羊水の中に浮かんで自由に動きまわっているので、妊娠23週ごろは、骨盤位の率は50～70％にみられます。それが妊娠27週ごろから、予定日に近づくにつれて頭位になっていき、妊娠39週以降では、骨盤位の全妊娠に占める割合は、3～4％となります。

分娩時までに頭位になってしまえば問題はないのですが、なかには、予定日が近づいても頭位にならず、骨盤位のまま分娩を迎えることがあります。これを**骨盤位分娩**といい、頭位に比べて分娩時の危険が高く、母体におよぼす悪影響に注意が必要です。

●骨盤位の原因と診断

低出生体重児（580、2274頁）、早産児、前置胎盤（883頁）、胎盤の卵管角部付着、多胎妊娠（前項）、子宮の形態異常、子宮の変形［子宮筋腫（840頁）の合併など］、胎児の形態異常などの場合に多くみられますが、原因のはっきりしないものもあります。外診や内診でわかりますが、超音波やX線検査を行えば、骨盤位の分類（単殿位、複殿位、膝位、足位）がわかります（図2）。

●妊娠中の注意

一般的な頭位分娩とは異なり、骨盤位分娩は胎児の足やお尻が出たあと、頭が最後に娩出されることになります。胎児は足やお尻より頭が大きいので、頭が産道を通過するときに、頭と骨盤の間に臍帯（臍の緒）を挟んで圧迫してしまいます。この状態が長くつづくと、胎児は仮死状態で生まれてくることになります。

骨盤位は陣痛開始前に破水しやすいので、子

図1　頭位

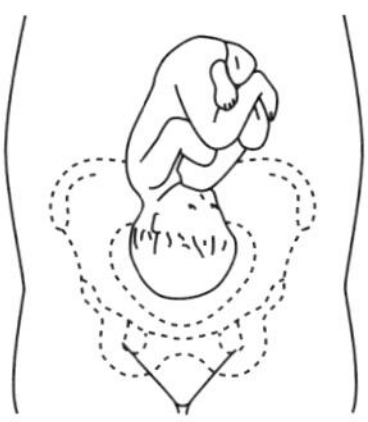

図2　骨盤位とそのおもな分類

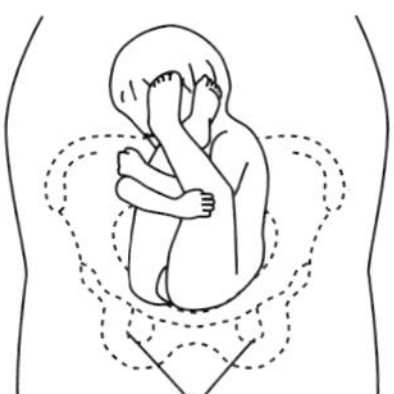

単殿位

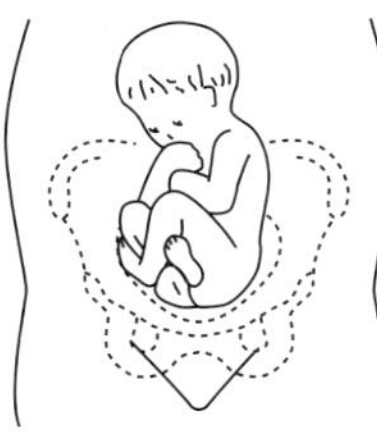

全複殿位

不全足位

図3　横位

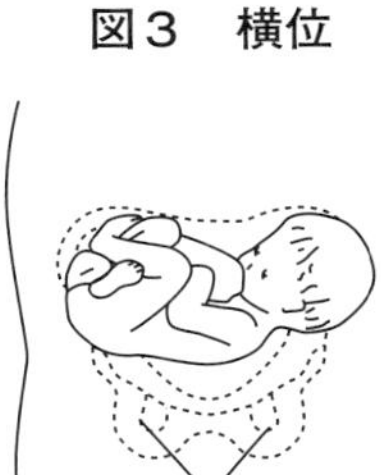

宮の収縮が強くなったら早めに安静をとり、破水した場合はすぐに入院することが大事です。

骨盤位は、たとえば、母親が胸膝位という特別な体位をとる、鍼灸、妊婦水泳などや、また外回転術といっておなかの外側から胎児を回して頭位にする矯正法もありますが、破水や胎盤剥離の報告もあり、注意が必要です。その他、いくつかの矯正法がありますが、その有効性は明らかではありません。

●骨盤位の分娩

近年、骨盤位の経腟分娩は、帝王切開分娩に比べて、新生児の予後を悪化させるという報告がなされたことから、帝王切開分娩が推奨されるようになりました。現在、骨盤位を経腟分娩で行っている施設は、とても少なくなりました。

◇横位

●帝王切開での分娩が望ましい

胎児が母親のおなかの中で、横になっている状態をいいます（前頁図3）。つまり胎児の長軸（頭からお尻までを結ぶ直線）と母体の長軸とが、直角に近く交差しているということです。完全に直角に交わるものは珍しく、多くは斜位をとっています。妊娠前半期には多くみられますが、分娩時までにはそのほとんどが頭位（または骨盤位（前項））になり、最終的には、全分娩の約0・3～0・4％と、比較的まれな状態です。

●横位の原因

横位の原因として、低出生体重児（580、2274頁）、早産児、前置胎盤（883頁）、多胎妊娠（2243頁）、子宮の形態異常、子宮の変形（子宮筋腫（840頁）の合併など）、胎児の形態異常、狭骨盤（とくに偏平骨盤）、羊水過多（884頁）、出産回数の多い人などがあげられます。

●横位の診断と分娩

外診や内診でわかりますが、超音波検査やX線検査を行えば、正確な診断が可能です。

横位のままでは、経腟分娩はまず困難です。分娩時までに胎児が頭位に回転しない場合は、帝王切開することが望ましいと考えられています。帝王切開せずに横位の分娩が進行した場合、肩から先に出てきたり、破水後に臍帯脱出あるいは上肢脱出をきたすことがあります。このような状態を放置し、そのまま分娩が進行すると、**遷延横位**というとても危険な状態になります。

◇血液型不適合妊娠

●注意したいRh式血液型不適合妊娠

母親と胎児の血液型が異なるだけでなく、母親に胎児の赤血球に対する抗体ができた場合を、**血液型不適合妊娠**（**母児血液型不適合妊娠**）といいます。

血液型不適合妊娠には、ABO式血液型不適合妊娠（母親がO型で胎児がA型かB型の場合）と、Rh式血液型不適合妊娠があります。

ABO式血液型不適合妊娠よりも、Rh式血液型不適合妊娠のほうが、新生児に重症の黄疸が生じるといわれてきました。しかし、最近では、検査法や予防法が進歩したこと、また、光線療法（2271頁コラム）の普及などにより、Rh式血液型不適合妊娠で新生児が重症の黄疸になるようなことはひじょうに少なくなってきました。

●Rh式血液型不適合妊娠

母親の血液型がRh（－）で、父親の血液型がRh（＋）のとき、Rh式血液型不適合妊娠と呼びます。胎児の血液型がRh（＋）の場合に、新生児溶血性黄疸がおこる可能性がでてきます。

●新生児溶血性黄疸のおこる理由

Rh（－）の女性が初めて妊娠し、分娩時にRh（＋）の胎児の血液が母体内へ侵入すると、母体にRh（＋）の血球に対する抗体がつくられます（母体感作の成立）。このときの新生児には、強い黄疸がでることはほとんどありません。

しかし、Rh（＋）の第2子を妊娠したときには、この母体の中にできた抗体が胎盤と臍の緒を通じて胎児に移行し、それが胎児の赤血球を破壊してしまいます。そうすると、胎児は貧血になり、出産後にビリルビンという物質が血液中に増加して、新生児に黄疸がでてしまいます。これがRh式血液型不適合妊娠による新生児溶血性黄疸です。

つまり、Rh式血液型不適合妊娠では、黄疸が第1子の妊娠のときよりも第2子以降の妊娠のときにおこりやすくなります。そして、妊娠回数が増加するたびに黄疸の度合いが強くなるのです。ですから、血液型がRh(−)の女性は、それが何回目の妊娠なのか（流産や中絶を含めて）、正確に医師に申告する必要があります。

◉検査法と治療法

しかし、最近では、妊娠中に抗体ができているかどうか、採血で調べることができますし、また、予防法として、出産後72時間以内に抗体がつくられるのを予防する注射（抗Dヒト免疫γグロブリン）を行うことが一般的になってきているので、Rh式血液型不適合妊娠による重症の黄疸はきわめて少なくなってきています。

Rh式血液型不適合妊娠において、妊娠中に胎児が溶血性黄疸にかかると、重症のときには胎児が極度の貧血になり、死亡してしまうことがあります。

このような場合は治療として、早期に出産させて交換輸血を行うか、あるいは子宮内胎児輸血を行う必要があります。

子宮内胎児輸血には、超音波ガイド下に胎児の腹腔内に母体側の抗体によって溶血されないRh(−)の濃厚赤血球を注入する胎児腹腔内輸血法と、直接胎児の血管内に輸血する胎児血管内輸血法の2つがあります。

◇高齢出産と注意

◉増加している高齢出産

35歳以上の女性の出産を、高齢出産と定義します。近年、晩婚化の影響で、高齢妊娠・高齢出産が増加しています。高齢出産での注意は、大きく分けて3つあげられます。

◉帝王切開率が高くなる

まず、年齢の影響で産道がかたくなることがあります。軟産道がかたくなると、陣痛が始まっても産道が広がりにくく、胎児がなかなか降りてこないので、分娩時間が長引いて遷延分娩になりやすくなります。これを軟産道強靭といいますが、こういった場合には、吸引分娩や鉗子分娩、あるいは帝王切開術などの手術分娩が行われる確率が高くなります。

日ごろから、からだを柔軟にさせる妊婦体操などを取入れるのもよいでしょう。また、疲労を残さないような健康管理が必要です。

しかし、高齢妊娠でもふつうに分娩する人もたくさんいますので、心配しすぎないようにしましょう。

◉妊娠高血圧症候群に要注意

35歳以上になると、内科的合併症、つまり糖尿病や高血圧などをもった女性の割合が増え、妊娠高血圧症候群（876頁）の発生も増加してきます。日ごろから、食事療法（減塩食、高たんぱく・低カロリー食）を心がけましょう。また、腹帯はきつく巻かないように心がけ、ストレスや過労にならないよう生活リズムを整えることも必要です。

◉胎児の問題

誰もが元気な赤ちゃんを望んでいますが、母親の年齢が上がるほど、胎児の染色体異常の発生率が高くなることが知られています。

妊娠18週くらいまでに羊水検査をすることで、染色体を調べることができます。また最近では、母体の採血だけで、ダウン症候群（577頁）があるかどうか推定する検査（母体血清マーカー・スクリーニング・テスト）が、一部の施設で行われるようになってきています。

◇母乳で育てるために

●母乳栄養について

赤ちゃんが初めて口にするのが母乳です。妊娠中に母乳で育てたいと思っている人は、9割以上にもおよびます。むりせず、自然に母乳育児ができるように、妊娠中から準備しましょう。

●母乳育児の利点

①発育に必要な栄養成分が適度に含まれ、消化しやすくなっています。
②感染から赤ちゃんを守る、免疫成分（抗体）を含んでいます。
③おっぱいを吸うことが、赤ちゃんの顎の発達にも、好影響を与えます。
④幼児期の肥満の予防に役立ちます。
⑤母乳から、さまざまな味の体験ができます。
⑥衛生的、かつ経済的で、手間もかかりません。
⑦授乳をすることで、出産後の母体の子宮の回復を早めます。
⑧母と子の愛情の結びつきが強くなり、子どもの人格形成にも、好影響を与えます。

●母乳をめぐる問題点

①人工栄養児に比べて、母乳栄養児は黄疸が現れやすく、長引くといわれていますが、病的な黄疸との識別はできますので心配はありません。
②環境ホルモン（ダイオキシン）による汚染について、議論がありますが、母乳を中止する必要はありません。
③母乳を介して、感染するウイルスがありますが、一般には授乳は可能です。しかし、いくつかのウイルスについては、注意する必要がありますので、医師に相談しましょう。
④お母さんが薬剤を使用している場合、母乳に薬剤が混じることがあります。

赤ちゃんへの薬剤の影響は、薬の種類により異なります。母乳をあきらめる前に、医師に相談しましょう。

●母乳の出るしくみ

乳房には、乳腺が網の目のように張りめぐらされています。妊娠中は、ホルモンによって、乳腺や乳腺組織が発達して、母乳を出す準備が始まります。乳房は大きく重くなり、乳輪も大きく黒ずんできます。

赤ちゃんが生まれると、母乳が分泌され始めます。乳腺でつくられた母乳は、乳管によって乳頭へと送られ、乳管洞というところに一時的に蓄えられます（下図）。そして、哺乳時に赤ちゃんの吸引によって乳管洞が圧迫されると、乳首から分泌されるのです。

同時に赤ちゃんの哺乳によって、乳首が刺激されると、お母さんの脳の視床下部から下垂体と呼ばれる部分に指令が出て、**プロラクチン**と**オキシトシン**というホルモンが分泌されます（次頁図）。

プロラクチンは、母乳をつくるはたらきと母性をつくりあげるホルモン、オキシトシンは、乳腺の周りの小さな筋肉を収縮させて、ポンプのようにはたらき、母乳をしぼり出して乳管に流し込むはたらきをするホルモンです。

赤ちゃんにおっぱいを吸われることで、母乳の分泌量が増えるのです。

乳房の構造

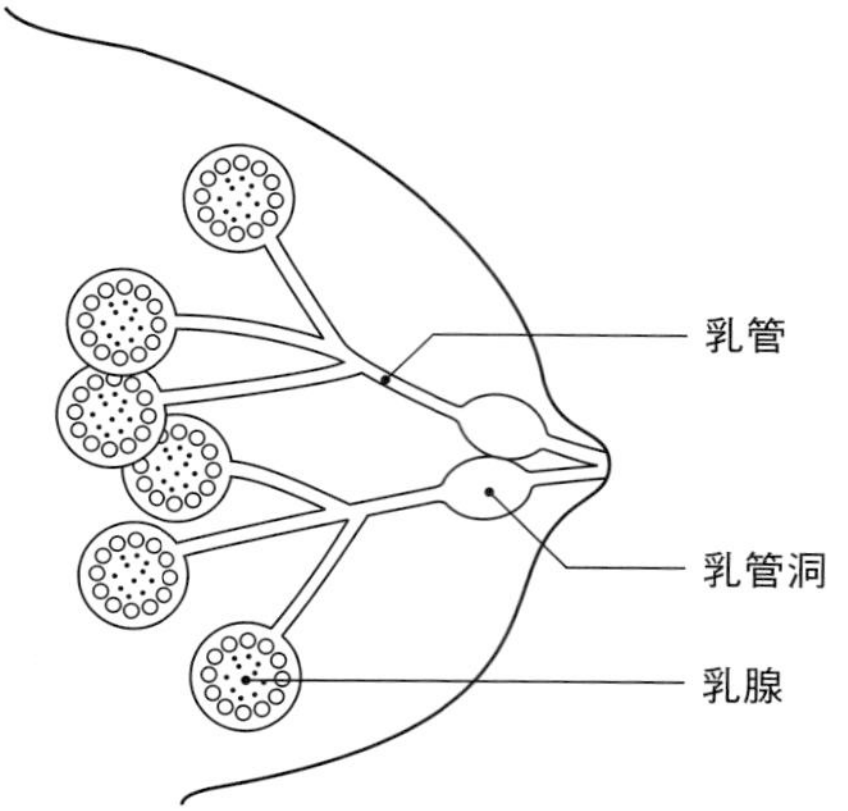

いっぽうで、お母さんにストレスがあるときや、やらなければいけないことが多すぎるとき、また、母乳がよく出ているのかとくよくよと悩んでいるようなときには、プロラクチンやオキシトシンなどの、ホルモン分泌量が一時的に少なくなることがあります。お母さんがリラックスすることが、たいせつなのです。

◉妊娠中にすること

赤ちゃんの吸う力はとても強く、乳首が痛くて母乳をあげられない人もいます。母乳育児をスムーズに始めるためには、妊娠中から準備が必要です。

安定期に入る妊娠20週ごろから、乳首の手入れを行いましょう。まずは、自分の乳首は、扁平(へんぺい)なのか、陥没(かんぼつ)しているのかなど、乳首の形を確認してみましょう。

わからない人は、施設の助産師にみてもらってください。

母乳の出るメカニズム

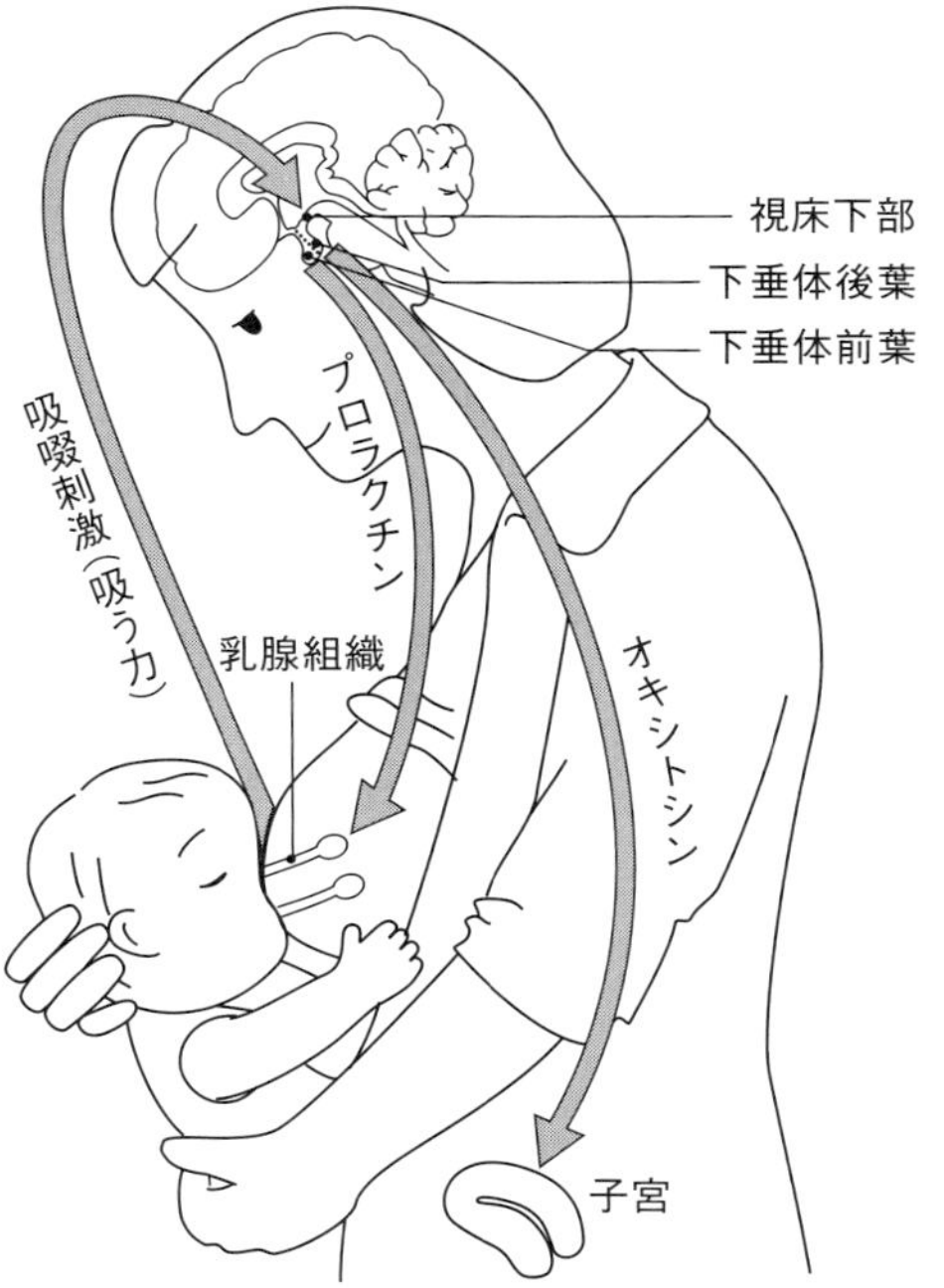

赤ちゃんが乳首を吸うと、その刺激が脳に伝わって、母乳をつくりだす「プロラクチン」というホルモンと、筋肉を収縮させて母乳を絞り出す「オキシトシン」というホルモンが分泌される。オキシトシンは、産後の子宮の回復を助けるはたらきもある。

◉乳首の手入れの方法

赤ちゃんに吸われるときに、乳首がかたかったり、皮膚が弱いと切れやすくなります。乳首を強くするためにと、歯ブラシやタオルでこすったりしないようにしてください。また、入浴時に、乳首を石けんでゴシゴシ洗うと、乳腺を保護している分泌物が流れてしまうので、気をつけましょう。きついブラジャーは、乳腺を圧迫します。妊娠中は、できるだけブラジャーをしないですごしましょう。

乳首・乳輪部のマッサージは、最初はゆっくり、乳首、乳輪部と位置を変えながら、圧迫します（次頁図）。お風呂(ふろ)や寝る前などのリラックスしたときに、毎日1回行います。ただし、乳首に刺激を与えると子宮が収縮します。おなかが痛くなったら、乳首を触るのを中止してください。

◉赤ちゃんが生まれたら

生まれたての赤ちゃんは、口をすぼめて何かを探しているようなしぐさや、自分の指をなめたりします。それは、母乳を探している証拠です。できるだけ、生まれてすぐに母乳を吸わせてください。すでにお母さんの乳房には、**初乳**(しょにゅう)が入っており、初乳には、免疫(めんえき)グロブリンが多く含まれています。

乳頭・乳輪部のマッサージ

●構え

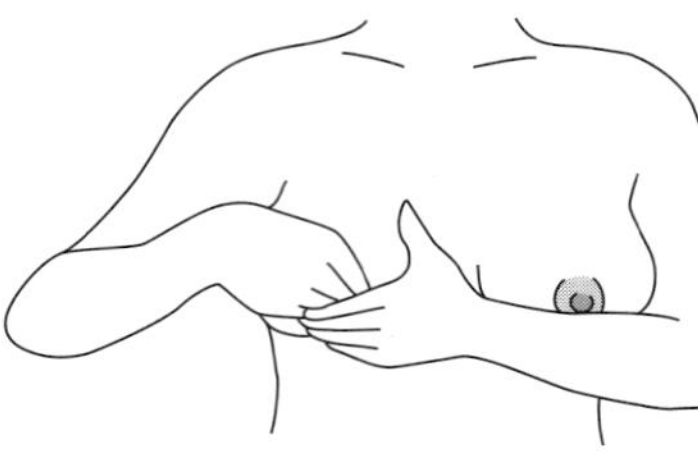

●圧迫

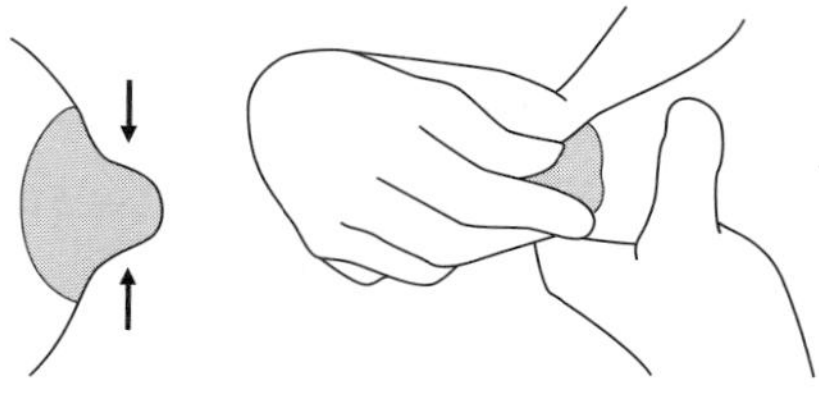

乳頭、乳輪部を３秒かけ、ゆっくり圧迫し、４秒目で圧を抜きます。縦と横、位置を変えながら圧迫します。

（参考／根津八紘「オッパイ体操（SMC方式）」）

母乳の分泌をよくするには、生まれて24時間以内に、赤ちゃんに何度も何度も（7回以上）授乳すること、その後も何度も吸わせることがたいせつです。

また、母乳を飲ませるとき、赤ちゃんを正しい姿勢で抱くことも大事なポイントです。赤ちゃんの口が、お母さんの乳首と向かい合うように抱きましょう。そのためには、赤ちゃんを支えているほうの腕が疲れないよう、クッションなどを使って抱きかたを工夫してください。

◉乳房のトラブルとその対策

授乳中は、乳房のトラブルがおこることが少なくありません。つぎの点に気をつけましょう。

▼乳首が割れて痛む　授乳するときの乳首の吸わせかたが、浅いと傷つきやすくなります。乳輪まで深く吸いつかせましょう。

乳首が痛いときには、乳首を保護するクリームがあります。このクリームは、乳首につけたままで授乳ができます。傷が治るまで授乳したくない場合はむりせず、しばらくは搾乳して与えるか、ミルクを与えてもいいでしょう。

▼乳房が張って痛む　つくられた母乳がたまっていると乳房が張って痛みます。赤ちゃんに飲ませるか、搾乳しましょう。乳房を少し冷やすと、痛みが楽になります。

▼しこりができた　母乳の残りがしこりになります。甘いもの、脂肪の多いもの、乳製品を食べすぎると、乳汁がつまることがあります。抱きかたや飲ませかたにも工夫をしましょう。しこりをほうっておくと、乳房が赤くなり、痛みや熱がでることがあります。しこりを冷やし、よくならないときは早めに受診しましょう。

母子別室か母子同室か

母子別室の場合は、赤ちゃんを新生児室に預けて、授乳時間に合わせて授乳をします。お母さんがゆっくりと休息できることが母子別室のメリットです。

いっぽう、母子同室とは、お母さんと赤ちゃんがいっしょに同じ部屋ですごすことをいい、①赤ちゃんが母乳を欲しがっているときに、いつでも母乳をあげられる、②頻回に授乳ができる、③育児への自信がつく、④赤ちゃんといつもいっしょなので、退院後にとまどわないなどのメリットがあげられます。

施設の方針により母子別室か母子同室かはちがいます。産院を選ぶときに、確認しておきましょう。

◇安産のための妊婦体操

妊婦体操は、①腰痛や足の痛みを予防する、②こころとからだをリフレッシュさせる、③出産に向けて、こころとからだのトレーニングになるなどの効果が期待できます。

妊娠中を快適にすごし、陣痛をじょうずに乗り切るためにも、毎日の生活のなかに、妊婦体操を取入れてください。

なお、妊娠高血圧症候群や切迫流早産などの注意が必要な人は、医師に相談のうえ、妊婦体操を行ってください。また、妊婦体操中におなかが張るなど、普段とちがう症状がでた場合は、ただちに妊婦体操を中止してください。

妊婦体操

●腰痛の予防のための体操

妊婦独特の姿勢の変化がもたらすのが腰痛です。体操には、負担がかかっている腰や背中の筋肉をもみほぐす効果があります。

〈猫のポーズ〉

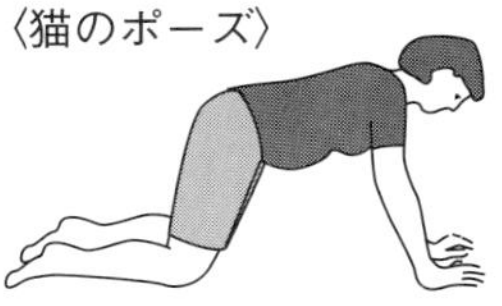

①腕、膝は肩幅に開き、目は指先を見るようにし基本姿勢をとる。

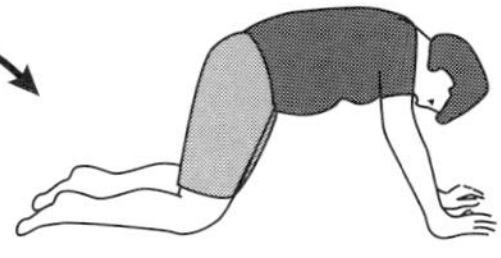

②息をはきながら肛門を締め、背中を丸くして最後に目はおなかを見るようにする。

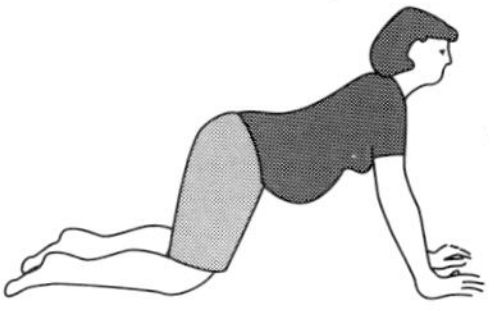

③息を吸って、はきながらくびから膝、肛門の方向に向かって力を抜きながら、背中をまっすぐにし、基本姿勢に戻る。

〈横になって行う体操〉

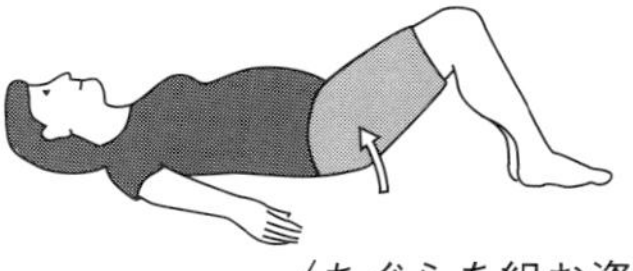

両膝を立てて横になり、息をはきながら肛門を引き締めるとともに、おなかを引き締め背中を床に押しつける。

〈あぐらを組む姿勢〉

あぐらを組み、両手を膝頭にのせ、息をはきながら殿筋、肛門、下腹部の順に力を入れ、背筋を伸ばす。息を吸って、はきながら両手で膝頭を静かに下方に押し、ひと呼吸してリラックス。

〈そんきょの姿勢〉

足は肩幅に開き、まっすぐ踵の上にしゃがみ、膝を外側に開く。殿筋から下腹部を収縮させ、ゆっくり息を吸う。つぎに、息をはきながら膝周辺の筋肉を緩める。

●安産のための体操

骨盤の関節を柔軟にし、産道の筋肉を伸ばすことで、赤ちゃんが産道を通りやすくする効果があります。

〈膝倒しの運動〉

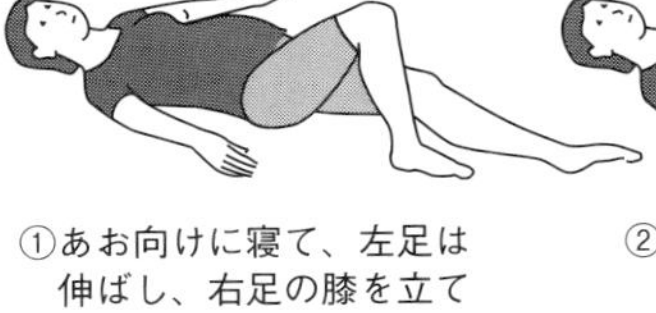

①あお向けに寝て、左足は伸ばし、右足の膝を立てて足の裏を床にぴったりつける。

②息を吸って、はきながら右膝を、伸ばしている左足の方向にゆっくり倒す。

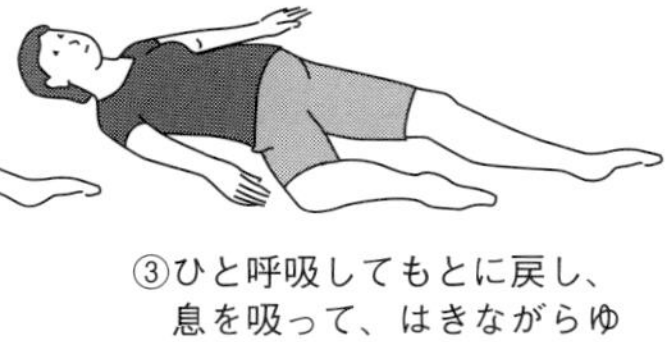

③ひと呼吸してもとに戻し、息を吸って、はきながらゆっくり右に開きながら倒す。足をかえてくり返す。

妊娠中の注意すべき症状と対策

出血

妊娠の時期や出血の程度、痛みなどの随伴症状の有無によって、さまざまな原因が考えられますが、妊娠期間中に出血があった場合には、まずは異常のサインと考え、病院を受診することが必要です。

妊娠初期の出血

月経様出血	予定月経のころにおこる少量の出血で、着床期内膜の血管破綻が原因とされています。数日間で自然に止血しますが、ほかの異常出血との識別がむずかしいので、必ず診察を受けてください。
流産	多くの場合、下腹痛をともないます。流産には、胎児側の原因でおこるものもあり、治療によって流産をくい止められないこともあります。また、出血がほとんどみられない流産があることも、知っておかなければなりません。
異所性妊娠	異所性妊娠で卵管破裂、または流産をおこす前には、少量の出血と軽い下腹痛がみられるのが一般的ですが、何の症状もないことも少なくありません。卵管破裂により腹腔内に出血がおこると、急激な腹痛とショック症状を示すことがあり、その場合には、緊急手術が必要となります。
胞状奇胎	絨毛組織が異常増殖したもので、少量の出血がだらだらとつづくのが特徴です。また正常妊娠に比べ、つわりが強く現れることが多いようです。尿中ホルモンの測定や超音波検査により、早期に診断できます。
その他	頸管ポリープや出血性腟部びらんなども、出血の原因となることがあります。しかし、自己判断はせず、必ず病院を受診して、出血の原因をつきとめておくことが大事です。

妊娠中期・後期の出血

早産（切迫早産）	22週以降周期的な子宮収縮（下腹痛）とともに出血がみられます。子宮口の開き具合、収縮の程度により入院が必要となります。
常位胎盤早期剥離	分娩が開始する以前に胎盤が剥離し、外出血がみられるものです。妊娠高血圧症候群（高血圧、たんぱく尿）を合併している場合が多く、剥離が進むと子宮筋層内にも血液がしみ込み、持続的な下腹痛となるのが特徴です。痛みはしだいに強くなり、ショック状態となることもあります。母子ともに危険な疾患のひとつです。
前置胎盤	胎盤が子宮口をおおっているために、子宮口が開いてくると出血します。多くの場合、下腹痛はともないません。超音波検査により、診断されます。
おしるし（産徴）	分娩の前兆として、少量の出血をみることがあります。周期的な子宮収縮をともなうのがふつうです。

腹痛

妊娠中の腹痛が、必ずしも妊娠と関連があるとはかぎりませんが、とりあえず、かかりつけの産婦人科医に相談してください。この場合、どのような痛みが、いつから、どのような場所でおこるのかをよく観察し、メモしておくことも重要です。

妊娠に関連した疾患

妊娠初期	出血をともなうものが多く、流産や異所性妊娠などがあります。
妊娠中期、後期	妊娠初期同様、出血をともなう疾患が多くみられます。たとえば、常位胎盤早期剥離や早産などですが、子宮破裂の場合には、外出血がみられないこともあります。

妊娠とは関連がない疾患

子宮筋腫	子宮筋腫の大きさ、部位、性状などにより、妊娠中に強い下腹痛がおこることがあります。一般的に、筋腫に対する手術は、妊娠中には行わないのが原則ですが、症状によっては核出術が行われることもあります。
卵巣嚢腫	妊娠による子宮の増大にともなって、卵巣嚢腫がねじれ（茎捻転）、強い下腹痛がおこることがあります。その場合には、手術が必要となります。
その他	腹痛をおこすほかの疾患のなかでも比較的頻度が高く、注意が必要なものは、虫垂炎、尿路結石、胃腸炎などがあげられます。しかし、まずは産婦人科を受診し、妊娠との関連を確かめてください。

めまい・動悸

めまいや動悸は、妊娠中によくみられる症状のひとつです。妊娠中は、からだの循環動態（血流の活動状態）が変化するため、このような症状がでやすいのですが、原因が鉄欠乏性貧血であることも少なくありません。貧血（血液中の血色素が10mℓあたり10mg以下）になると、胎児の発育が妨げられたり、分娩時の出血が増加するといわれています。

発熱

妊娠中は、妊娠していないときに比べ、0・1～0・3度体温が高くなっています。しかし、38度以上の発熱が2日以上つづく場合には、原因を明らかにするため、主治医に相談してください。膀胱炎やかぜなどでは、通常、抗生物質や消炎薬などが処方されますが、妊娠しているからといって、服用しないと、腎盂腎炎や肺炎などへと、症状を悪化させてしまうこともあります。発熱とともに、発疹がみられた場合には、必ずその旨を主治医に告げましょう。風疹などによっておこる症状の場合もあります。

また、薬局で売っている解熱薬のなかには、胎児に影響をおよぼすものもありますので、服用する前に主治医や薬剤師に相談してください。

便秘

妊娠による子宮の増大と、ホルモン環境の変化のために、腸の動きが悪くなり、便秘気味になってきます。すぐに薬に頼ることなく、食生活の改善と、軽い運動から始めるのがよいでしょう。繊維質の多い食事や、牛乳、ウーロン茶などは、便通の改善に効果があるとされています。また、健康食品としてのセンナやアロエは、妊娠に対する影響の少ないものとされています。

むくみ

むくみは、妊娠高血圧症候群（876頁）の診断基準からはずれましたが、妊娠中の健康のバロメーターのひとつであることに変わりはありません。とくに、妊娠5か月以降、1か月に3kg以上の体重増加がある場合には、むくみができていると考えてさしつかえありません。

むくみの程度は、足のすねの前面を指で押してみて判定しますが、日常生活での目安としては、朝起きたときの手のこわばり、指輪がきつくなった、靴がきつく感じる、などがあげられます。また、1回の排尿量と排尿回数が減少し、口の渇きなどもおこってきます。このような症状が現れた場合には、主治医に相談するとともに、減塩を心がけ、心身の安静につとめてください。

◇つわり（妊娠悪阻）とその対策

◉8割くらいの人がつわりを経験

妊娠5～6週前後からみられる悪心（吐きけ）、嘔吐、嗜好の変化、唾液（つば）の増加などの症状を総称して「**つわり**」といいます。

つわりは、その程度はさまざまですが、全妊婦の80％近くにみられるもので、経産婦より初産婦に多く、また、双胎（ふたご）や胞状奇胎（856頁）の場合には、とくに強く現れるとされています。

一般には、つわりは妊娠15週くらいで治まってくることが多いのですが、人によっては、妊娠末期までつづく場合もあります。

◉つわりの原因と症状

つわりは、妊娠により、性腺刺激ホルモンのヒト絨毛性ゴナドトロピン（ｈＣＧ）が急激に増加して、体内のホルモン環境が大きく変化することによって、自律神経の失調がおこることが大きな原因と考えられています。

しかし、そのくわしいメカニズムは、今のところ、まだ明らかにされていません。

つわりの吐きけや、嘔吐は、早朝の空腹時に多くみられます。

そのほかの症状としては、唾液の分泌亢進や嗜好の変化、全身の倦怠感を訴えるものも少なくありません。

また、脱水による皮膚の乾燥や、動悸、尿の量が減る、不眠などがみられることもあります。

重症になると、意識障害、肝臓・腎臓障害をきたす場合もあります。

◉つわりが強いとき

つわりそのものは、生理的なものであることを、まずは理解することが必要です。

しかし、強いつわり症状を示すもののなかには、胞状奇胎などの異常妊娠の場合もありますので、つわりがつらいときには、正常な妊娠経過かどうか、超音波検査や尿中ホルモン検査により、チェックしてもらうことが必要です。

なお、強いつわりの場合には、体重が減少して、尿量も少なくなってきます。この場合には、体内の電解質バランスがくずれてくるために、点滴治療が必要となります。

一般的な目安としては、食事をすべて受けつけないようなとき、1日5回以上嘔吐があるとき、尿中にケトン体（絶食状態や糖尿病などの代謝異常症では、体内の代謝産物が尿中ケトン体となって出現してくる）がみられる場合、また、38度以上の発熱があるなどの症状がみられた場合には、入院する必要があります。

◉つわりの対策

軽度のつわりの場合には、食事の内容や回数を工夫したり、気分転換をはかることで、つわりが軽くなることもあります。

食事の内容としては、温かいもの、においの強いものをできるだけ避けるようにするとよいでしょう。

また、食事はいちどにたくさん食べようとしないこと。食事の回数は1日5～10回に増やして、1回の食事量を少なくすることも重要です。

つわりで、食事が思うようにとれないと、胎児への栄養が気になりますが、胎児への栄養は、これまで母体に蓄えられた栄養で十分に足りるので、心配しすぎないことです。

この時期は、胎児に対する栄養のことより、自分がいかに楽にすごしてつわりの時期を乗り切るかを考えて、食べられるものを中心に食事をとるようにしましょう。

つわりがひどければ気分的にも落ち込みがちですが、つわりは妊娠を自覚させるための生理的なもの、というくらいに考えて、毎日をゆったりした気分ですごすこともたいせつです。

また、家にばかりこもらず、のんびり散歩をしたり、何かに熱中するなど、気分転換をはかるのもよいことです。

出産とその注意

◇出産前の心得と準備

◉妊婦のこころとからだの準備

妊娠期は、医師や助産師の妊婦健診や保健指導を受けながら、自分自身でも心身の健康管理をすることが大事です。妊婦のすごしかたは、妊娠経過によって変わってきます。

経過が順調な人は、出産準備教室やマタニティヨガ、スイミングなどに積極的に参加して、出産に備えて心身の準備をするのもよいでしょう。このような、妊婦が集まる教室では、仲間づくりができることも大きなメリットです。お互いに情報交換をしたり、悩みを伝え合うことで、妊娠期だけでなく、育児中も精神的に支え合える仲間になることもあります。

切迫早産（886頁）や妊娠高血圧症候群（876頁）の兆候がある人は、安静が必要なことがあります。日常生活の注意点や、どの程度の安静が必要か、医師や助産師に相談しましょう。

妊娠末期になると、母体への負荷から、足のむくみや軽度の血圧上昇、腹圧性の尿失禁、便秘などの不快な症状がでてくることもあります。適切な栄養と休息、適度な運動を心がけましょう。かぜやインフルエンザなどの感染症が流行している時期は、人ごみは避けましょう。

◉パートナーや家族の心得

妊婦のパートナーは、妊娠中から積極的に、出産準備教室などに参加して、出産や育児のことをイメージできるようにしましょう。

出産が近づくと、妊婦は陣痛を乗り切れるか、無事に赤ちゃんを出産できるか、不安を感じるようになります。その気持ちを察してあげることがたいせつです。「昔から女性がやってきたことなのだから」とか、「まだ生まれないの？」などの不用意なことばは控えたいものです。妊婦と会話する時間を多くもちましょう。

出産・育児に必要な物の準備や、入院時にどのような交通手段を利用するのか、入院・出産の連絡は誰にするのかなど、あらかじめ準備できるものは妊婦と行い、呼吸法やリラックス法の練習もいっしょにしましょう。こうすることで妊婦の精神状態は安定し、出産への不安が軽減されることでしょう。

経済的に不安があるときは、前もって市区町村の福祉課に相談しましょう。病院に、ケースワーカーが常駐している場合もあります。妊婦が安心して出産に集中するための環境づくりがたいせつです。

◉出産・育児に必要な物

出産に必要な物は、各施設によってもちがうので、必要な持ち物を確認しておきましょう。入院に必要な持ち物は、妊娠末期までにはバッグにつめて、いつでも入院できるようにしておくと安心です。また、出産が順調に経過するためには、妊婦がリラックスしてお産に臨むことがたいせつです。好きな音楽のCDやアロマオイル、持っていると安心するお守りやぬいぐるみなど、自分がリラックスできるものを、入院の持ち物に入れておくとよいでしょう。

◉入院する時期

入院する時期は、破水、陣痛の発来、出血時の場合です。

▼破水　赤ちゃんを包んでいる卵膜の一部が破れ、羊水が流れることを破水といいます。

卵膜の破れる部位により、羊水が多量に流れる場合と、尿漏れと勘違いをするくらいに少量しか流れない場合があります。羊水の色は、通常透明から乳白色ですが、おしるし（産徴の出血）が混じり、ピンク色になることもあります。

赤ちゃんが子宮内で胎便をした場合には、黄色から緑色を呈することもあります。

いずれの場合も、破水を放置すると胎児感染の原因になります。大量に破水した場合は、赤ちゃんの紙おむつが役に立ちます。破水したときは、陣痛がなくても入院施設に行きましょう。入浴は避けてください。

▼陣痛の発来　**前駆陣痛**とは、正期産ごろより、痛みをともなわないおなかの張りや、生理痛のような軽い痛みをともない、不規則な収縮としておこるものをいいます。前駆陣痛を感じるときは、ふつうにすごしていてもかまいません。

陣痛の発来とは、陣痛が10分間隔（1時間に6回）に規則的にくる状態をいいます。

入院施設まで距離がある場合や移動手段によっては、この時点で、すぐに入院施設へ移動したほうがよい場合があります。また、前回の出産の経過が早かった人は、すぐに入院施設へ向かいましょう。

▼出血時　出産が近づくと子宮の収縮にともない、子宮の内側の壁と赤ちゃんを包んだ卵膜にズレが生じ、少量の出血があることがあります。

これが**産徴**（**おしるし**）です。初めは茶色から赤褐色の出血ですが、出産の進行にともない、赤色のドロッとした出血に変化していきます。

おしるしは出産が近づいたサインのひとつですが、日常生活はふつうにしていてかまいません。しかし、鮮血が大量に出た場合は、すぐに入院施設へ連絡しましょう。母子ともに危険な、常位胎盤早期剥離（884頁）が疑われます。

入院時に持参する用品（例）

退院時に赤ちゃんに必要な物

◇産婦の心得とお産の進めかた

●安産のコツ

分娩にかかる時間は平均して、初産婦は14～16時間、経産婦で6～7時間といわれますが、すごしかたや母体の体力などによっては、順調に経過したり、反対に遅延することがあります。お産をスムーズに進めるコツを紹介しましょう。

▼肯定的な気持ちで臨もう　怖いと思える陣痛も、赤ちゃんを生み出すエネルギーだと考えて、おなかの赤ちゃんに声をかけながら、赤ちゃんとともにがんばりましょう。陣痛のたびに赤ちゃんに会えるときが近づくと考えると、つらさも和らぐでしょう。

▼からだの力を抜いてみる　人は痛みを感じると、自然にからだに力が入ります。これは筋肉が収縮した状態です。子宮は筋肉でできているので、からだに力が入れば、子宮口も開きにくくなります。陣痛が終わったあとには、息をはき、からだの力を抜いてみましょう。からだの緊張をとくためにも、好きな音楽やアロマオイルなどを準備しておくのもよいでしょう。

　出産にパートナーが立ち会っている場合は、呼吸法をいっしょにしてもらったり、マッサージをしてもらいましょう。

▼体位を工夫する　からだを起こしていると、重力も加わって、赤ちゃんが下降しやすくなります。赤ちゃんの頭が子宮口を刺激して、お産も進みます。歩いたり、座ったりして、なるべくからだを動かしましょう。いっぽうで、からだを休めることもたいせつです。お産が進行してくると、うとうとと眠くなってくることがあります。眠いときは、横になりましょう。

▼エネルギー補給をする　1回の出産に必要なエネルギーは、初産婦で2000㎉以上といわれています。お産が進行すると、食事がとれなくなりがちですが、子宮の筋肉は、エネルギーがなくなると、収縮できなくなってしまいます。バナナなどの食べやすい物や、エネルギーがとれる飲み物などを用意して、こまめにエネルギー補給をしていきましょう。

▼冷えは大敵　出産が始まると、体温調節がうまくはたらかず、汗をかいたり、寒けがしたりをくり返すことがあります。また大きな腹部の圧迫によって、血液の循環が悪くなり、手足が冷えることがあります。

　からだを温めて、全身の血液循環をよくすると、自然な陣痛の促進やからだの筋肉の緊張がとけて痛みの緩和にも有効です。上着や靴下を用意して、じょうずに体温調節をしましょう。

陣痛誘発のいろいろ

　通常妊娠の末期に、前期破水（882頁）がみられたり、過期妊娠（887頁）であるのにいつまでも陣痛がおこらない、あるいは計画分娩などの医学的・社会的理由があるとき、子宮口が十分にやわらかく、児頭骨盤不均衡がないなどの条件が整っていることを確認したうえで、人工的に陣痛をおこして分娩を試みることを分娩誘発といいます。つぎの方法があり、組合わせて行う場合もあります。

▼薬物投与法　子宮収縮作用のある薬剤を点滴によって静脈注射し、子宮収縮の反応をみながら点滴量を調節して陣痛をおこす方法です。もっとも広く行われています。プロスタグランジンの経口薬を用いる方法もあり、この場合は一定時間おきに1錠ずつ内服し、有効な陣痛がおこったら中止します。

▼器械的方法　メトロイリンテル（ゴムの袋）を子宮内に入れて膨らませ、子宮をやわらかくして陣痛をおこす方法や、子宮口から卵膜を破り、羊水を流出させて陣痛を強める方法があります。

お産の経過と気持ちの変化

分娩各期（所要時間）	第１期（開口期）		
	準備期（６～７時間）	進行期（5～７時間）	極期（30～60分）
子宮の収縮（陣痛）	子宮口の開大3～4㎝ 8～10分おき 20～30秒持続	子宮口の開大3～4㎝ 3～5分おき 40～50秒持続	子宮口の開大10㎝ 2～3分おき 40～50秒持続
赤ちゃんの状態（下降と回旋）	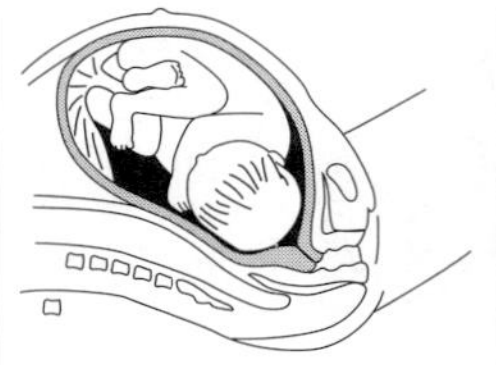	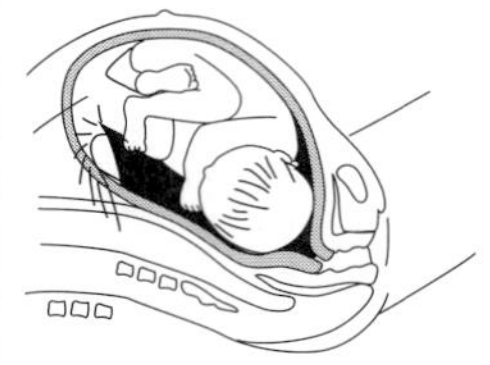	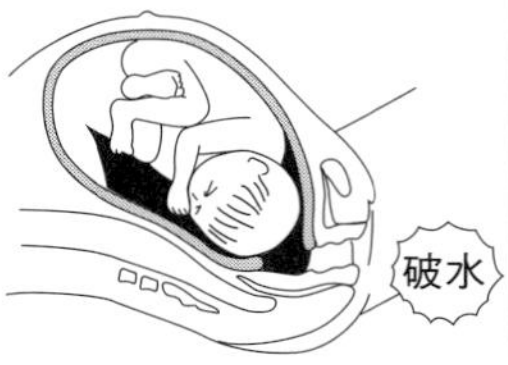
呼吸法と補助動作	ワルツの呼吸 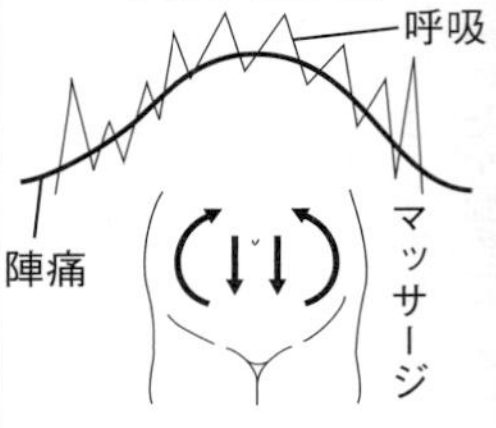	マーチの呼吸 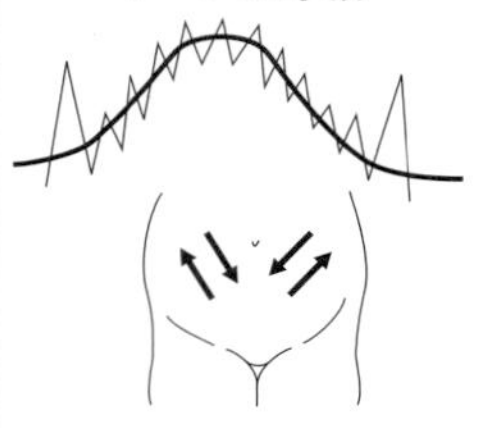	極期の呼吸 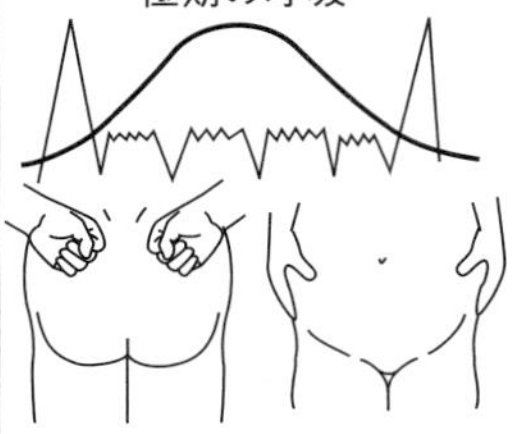
からだの変化	生理痛のような痛み、腰痛、おしるし。破水することもある。	血性の粘稠性のおりもの、腰痛部位の下降、吐きけ、寒け。	間欠時にはぼーっとしたり、眠くなったりする。足の震え、しびれ感、しとやかさを失う、腰痛が強くなる、息みたい！
気持ちの変化	「お産が始まったのかしら」陣痛の間にふつうの仕事ができる。お産はこれから。落ち着いて！	「いよいよお産が本格的になってきたな」でも、眠くなったら、うとうとしよう！リラックス！リラックス！	くじけそうになることもある。でも、ここが肝心！リラックス！リラックス！
立会い分娩をしているパートナーの気持ちの変化	いよいよ分娩が始まったという緊張感はあるが、冷静に判断しようと思う。いっぽうで仕事のことも気になる。	「妻のために何かをしてあげたいが、何をすればいいのだろう」。自分の役割が見出せず、疎外感を感じる。このような感情が生じたら、妻や助産師に何をすればよいのか聞いてみよう！	苦しむ妻の姿を見ていられない。早くお産が終わって欲しい、という思いが生じるいっぽうで、自分の役割を見出し、実行する。腰をマッサージする、呼吸法をリードする、妻の汗を拭く、うちわであおぐ、飲み物を与えるなど。冷静さを取戻すためには、パートナー自身の気分転換もたいせつ！

妊娠・出産とその注意

第３期	第２期
後産期 （30分）	娩出期 （１～３時間）
後産陣痛で子宮が収縮	2～3分おき 40～50秒持続
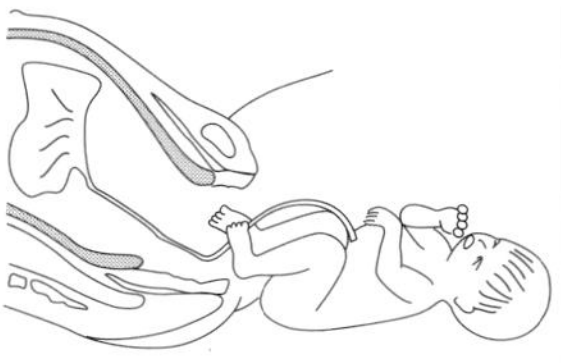	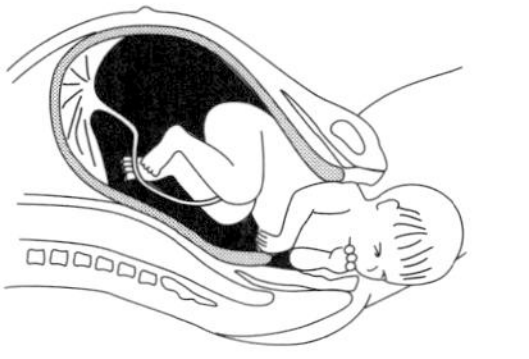 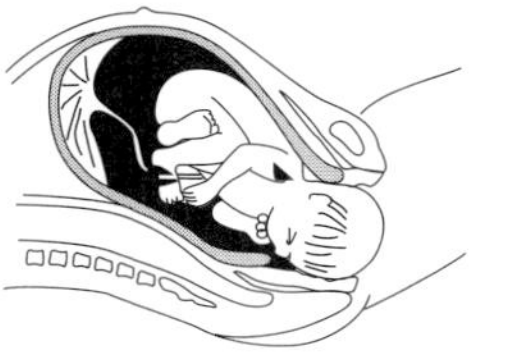
※助産師の指示に従って、軽く腹圧をかける。	短息呼吸 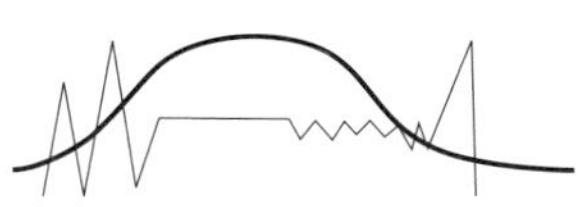 ハッハッハッ…… 息みの呼吸 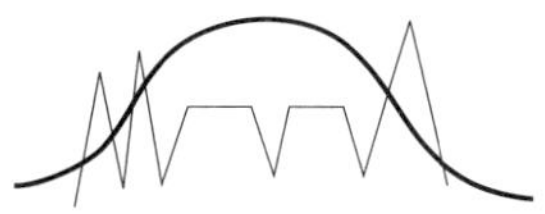
胎盤がスルリと出てくる。そのままの姿勢でからだを休める。会陰の切開があれば縫合を受ける。	息みが自然にできる。児頭が見えてくる。必要があれば会陰の切開を行う（痛みはほとんど感じない）。
ひじょうに幸せな気分になる、おなかがすく、のどが渇く。	息むとほっとした満足感があり、痛みも和らぐ。新しい力がわいてくる。
誕生の喜びとともに、わが子の健康が心配になり、自分の目で確認したくなる。父親としての自覚が芽生えてくる。	「もうすぐわが子に会える」「妻が痛みから解放される」という、安堵感が生じてくる。

分娩期のすごしかた

●食事

余裕があるときに、しっかり食事をとりましょう。

●リラックス

お風呂に入るとリラックスできて、分娩が進行しやすくなります。お湯の温度は、ややぬるめで。ただし、破水しているときは、お風呂には入れません。

●痛みを逃がす体位

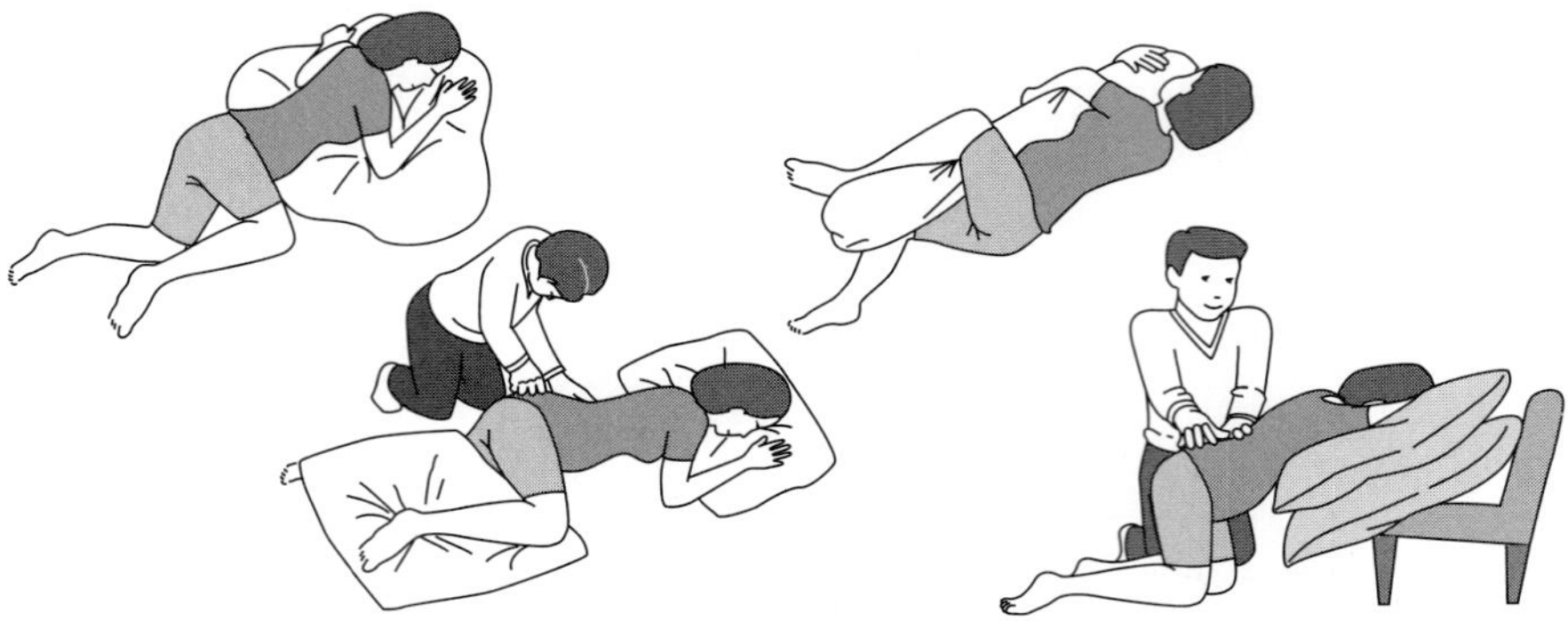

できるだけ、あお向けにはならないようにしましょう。横向きや、四つんばいの姿勢は、腰痛を緩和します。パートナーが立ち会っている場合は、しっかり腰をマッサージしてもらいましょう。これらの体位は、赤ちゃんの回旋が正常になるように助けてくれます。クッションを使って、楽な体位を探してみましょう。

ツボ刺激(しげき)をしてみましょう

「三陰交(さんいんこう)」というツボは、内くるぶし最高部から4指の幅（約9㎝）上にあり、安産のツボともいわれています。

このツボは、末梢(まっしょう)の血行を促し、むくみをとったり、陣痛の痛みが和らいだり、陣痛が整うなど、さまざま効果があるといわれています。あぐらの姿勢をとると、自分でもツボ刺激ができます。

●分娩を進行させる体位

スクワットは、骨盤が広がるので、分娩が進行します。

●子宮口が全開大になったら…

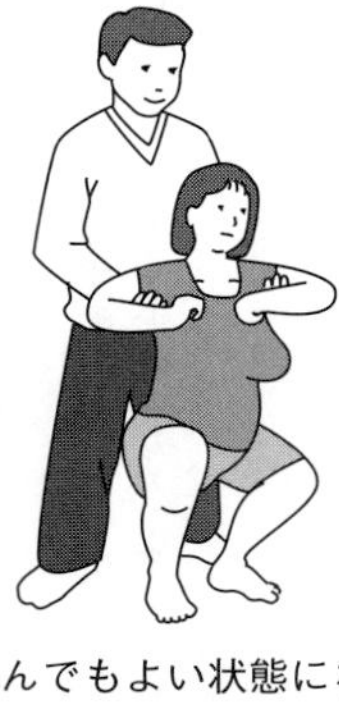

息んでもよい状態になったら、しっかり脚を開いて、助産師と呼吸を合わせながら、息んでいきましょう。

◇無痛分娩のいろいろ

分娩時に子宮口が開いたり（子宮口開大）、子宮が収縮や伸展（広げられる）したり、腟や会陰部、外陰部が押し広げられたりすることで、産婦は、苦痛や恐怖心、緊張感を感じることがあります。無痛分娩は、これらの負担を軽くし、分娩の安全性を高めるために行われます。

とくに、軟産道（胎児の通り道）がかたいときや、お産に時間がかかって疲労が激しい、もともと血圧が高いなどの場合に、無痛分娩が適応となります。

◉心理学的方法

痛みの感じかたは、そのときどきの精神状態や身体状況によって大きく左右されます。分娩の場合も同じで、分娩について十分に理解していなければ、恐怖心から、こころやからだが緊張状態となり、痛みを実際以上に強く感じてしまいます。その結果、分娩がスムーズに行われなくなるのです。

このような事態を防ぐためには、分娩について正しい知識をもつことにより恐怖心を取除き、からだをリラックスさせ、そして、分娩を乗り切る意志を高めて出産に臨むことがたいせつである、という考えかたがあり、**ラマーズ法**、**リードの自然分娩法**、**精神予防性無痛分娩法**などがこれにあたります。

多くの病院や保健所では、母親学級（妊娠とわかったら2230頁）または両親学級が開かれ、分娩のための準備教育が行われています。

妊娠中の心得、分娩時の体位、呼吸法、弛緩法、分娩の経過などを学ぶことによって心身の準備をします。また、自分の力で出産するという気がまえをつくることにより、苦痛に対する恐怖心を軽くすることができます。さらに、これらの講習を通じて、医師、助産師、看護師とのよい関係をつくることもたいせつです。

◉薬物学的方法

疲労が著しい、軟産道がかたい、激痛があるなどの場合で、心理学的方法を心がけていたにもかかわらず、苦痛が耐えがたいときには、分娩の進行に合わせて、鎮痛薬や鎮静薬、麻酔薬を用いて苦痛を軽くする方法がとられます。

▼鎮痛薬・鎮静薬の使用　分娩第1期（子宮口が開く時期＝開口期）前半に使用されます。第1期は、正常分娩の経過のなかでかなり長い時間を占め、産婦の精神状態は不安定になります。鎮痛薬などを使用することで神経が鎮まり、うとうとした状態でこの時期をすごせます。

▼吸入麻酔　分娩第1期後半から、苦痛がもっとも激しい第2期（娩出期）に用いられます。全身麻酔のひとつで、笑気ガスなどを、陣痛発作時に自分で吸入する方法です。これは浅い麻酔ですので、意識は比較的保たれています。

▼静脈麻酔　発露（胎児の頭が腟口から見える時期）で、ペントバルビタール塩などの催眠薬を静脈内に注射する方法です。産婦の意識がもうろうとしているうちに、胎児が娩出されます。

▼硬膜外麻酔　第1期後半から第3期（後産期）まで用いられ、無痛分娩の主流となっている方法です。腰の脊椎の硬膜外腔に麻酔薬を注入し、下半身の痛覚神経をまひさせる方法で、意識を鮮明に残すことができます。

▼サドル麻酔　腰かける姿勢をとり、くも膜下腔に麻酔薬を注入する方法で、とくに会陰部がまひします。

▼陰部神経麻酔　会陰部にいく神経の途中に麻酔薬を注入し、まひさせる方法です。

◇特殊な分娩

◉吸引分娩

胎児機能不全（889頁）などで、分娩を短時間に終了させなければならない場合に、胎児の頭を娩出しやすくする方法です。金属カップ、または合成樹脂のソフトカップを胎児の頭にあてて、吸いつかせ、ゆっくりカップを引っ張り、胎児の頭を引き出します（左図上）。

◉鉗子分娩

吸引分娩と同じ目的で行われる分娩法です。胎児の頭の形に適合するように湾曲した、左右がへら状になっている金属製の鉗子で、胎児の頭を挟み、ゆっくりと引っ張って、頭を引き出します（左図中）。

◉帝王切開術

胎児の頭が骨盤に比べて大きすぎる、前置胎盤（883頁）や胎盤早期剥離による出血がある、分娩の終了までに時間がかかり胎児機能不全のおそれがある、骨盤位（さかご 2245頁）で危険があると想定される、そして、前回の出産が帝王切開で、子宮壁の手術あとが薄くなっているため子宮破裂をおこす危険があるなど、経腟分娩がむずかしい場合に行われます。腰椎麻酔または全身麻酔をして、子宮の下の部分を切開し（左図下）、赤ちゃんを取出す手術法です。

医学の進歩により、帝王切開術は安全な手術法となっていますが、そのいっぽうで、胎児診断の進歩により異常の発見される胎児が増え、また、高年初産婦も増加し、さらに、少産少子を望むために1回の出産がたいへん貴重なケースが増えるなど、社会的背景もあって、年々帝王切開が行われる率も高くなってきています。

吸引分娩

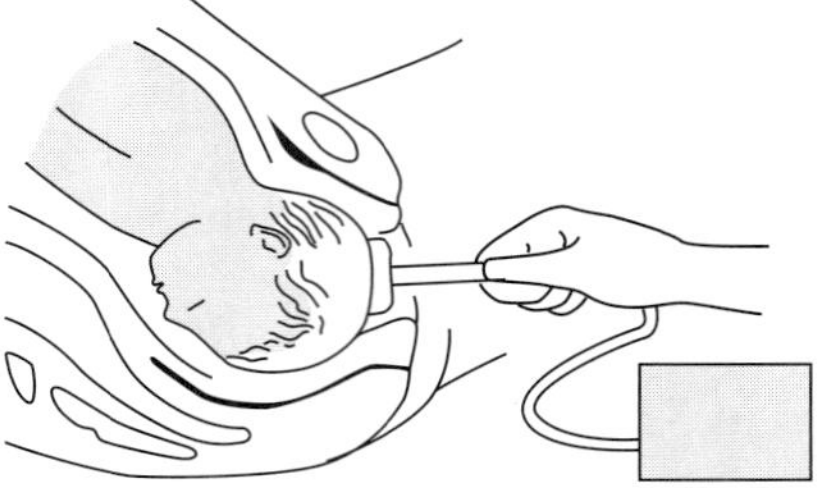

鉗子分娩

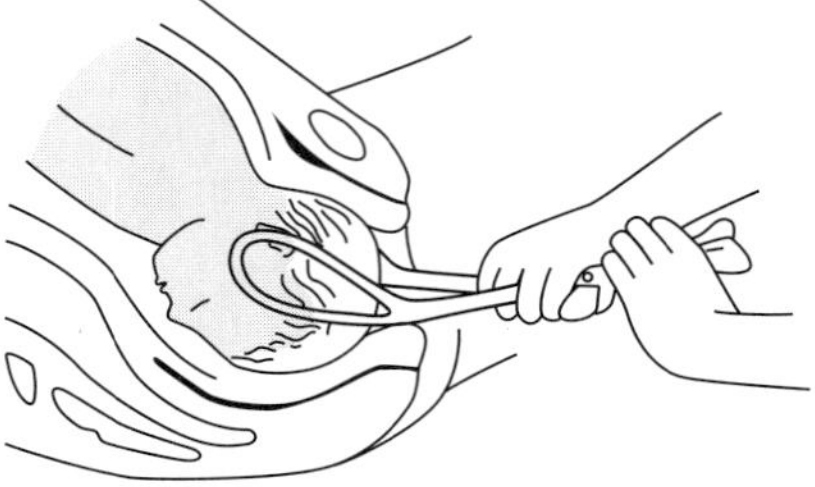

帝王切開術

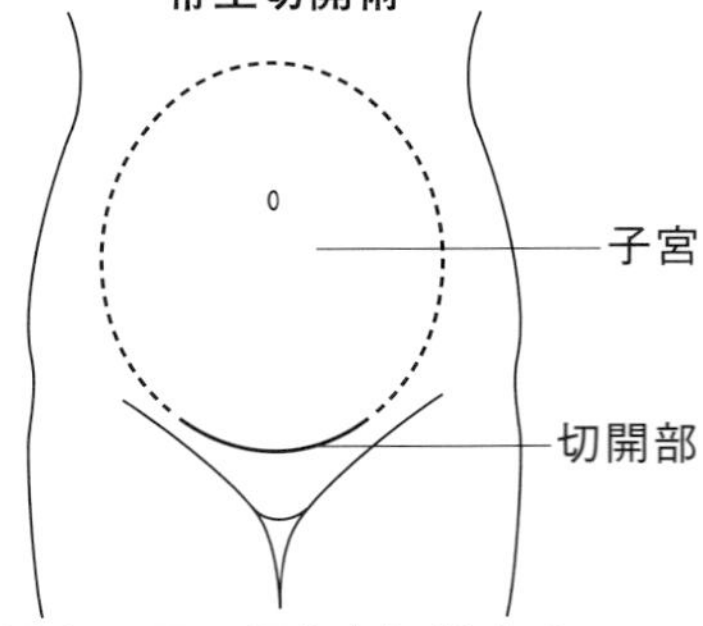

子宮の下の部分を切開する

分娩停止とは

分娩は、胎児が通過する産道、胎児とその付属物、娩出力（陣痛と腹圧）の3要素から成り立っています。これらのいずれか、あるいは複数の異常により、分娩の進行が遅れる場合を**分娩遷延**といい、まったく進行が止まった場合を**分娩停止**と呼びます。

原因には、陣痛がひじょうに弱い、胎児の頭部と骨盤の大きさに不適合がある（CPD＝児頭骨盤不均衡）、胎児の位置の異常、胎児の回旋（骨盤の形に合わせるように、回りながら出てくること）の異常などが考えられます。

単純に陣痛が微弱なだけであれば、陣痛促進剤を使用することによって、正常な分娩を行うことも可能です。しかし、完全なCPDなどの場合は、帝王切開術による胎児娩出が必要となります。

とくに、分娩の停止により胎児が危険な状態にあるときには、急いで胎児を娩出する必要があり、帝王切開術以外に、吸引分娩や、鉗子分娩という娩出法を用いて対処する場合もあります。

産褥期とその注意

◇産褥期の送りかた

妊娠や分娩によって変化したからだ、とくに子宮が、妊娠前の状態に戻るまでに、通常6～8週間くらいかかります。その期間を**産褥期**といいます。

産褥期はいろいろな異常がおこりやすい時期です。つぎのようなことを心がけて、異常がおこらないように十分注意しましょう。

◉子宮復古の助成

子宮が収縮してもとの状態に戻ることを**子宮復古**といいます。

子宮の収縮をよくするために、膀胱や直腸の充満（尿を我慢しすぎたり、便秘になること）を避け、また、悪露（2277頁）が子宮内にたまらないようにしましょう。

母乳哺育による乳頭吸引刺激も、子宮復古を促進します。

腹部や腰部の筋肉が緩んでいるので、腹帯（コルセット式など）を着用するのもよいでしょう。

産褥体操（次頁）も、血液循環をよくして全身の筋肉の回復を助けます。

◉感染予防

全身の清潔と、局所の感染予防にとくに気をつけます。

産褥期は、汗、乳汁、悪露などで不潔になりやすく、細菌感染も受けやすいので、全身の清潔と着衣の交換が必要です。

分娩後24時間を経過し、からだの回復が順調であれば、シャワー浴を開始してみましょう。湯船に入れるようになるのは、産後の1か月健診以降になります。

排尿・排便後は、局所の消毒と悪露交換（あて綿をとりかえる）を必ず行い、外陰とその周囲を清潔にして感染を防ぎましょう。そして、手指をよく洗うこともたいせつです。

◉乳汁分泌の促進

母乳は、赤ちゃんの哺乳、栄養の増進、精神の安静、休養などにより、よく出るようになります。また、食事は、たんぱく質、脂肪、カルシウム、ビタミンA、ビタミンBなどの栄養素を十分とりましょう。

産褥1～3日ごろは、分娩による疲労や情緒の不安定、神経過敏といった状態になっています。家族は家庭内の問題をもちだしたりせず、面会人を制限するなどして、精神的負担をかけないようにして、安静と睡眠を十分にとるようにします。

分娩直後、お母さんと赤ちゃんができるだけ早く接触することは、母児間の愛着形成や、お母さんの精神的安定のためにもたいせつです。

乳房マッサージの目的は、乳腺刺激により血行をよくし、乳汁を出やすくして、うっ滞（たまってしまうこと）による痛みを軽くし、乳腺炎などを予防することです。赤ちゃんの乳頭吸引刺激も母乳の出をよくします。

◉日常生活の注意

産道の損傷や合併症がなく、分娩時の出血や、血圧、脈拍などのバイタルサインが正常範囲であれば、分娩後2～6時間で歩行ができます。

外出は約1か月後とし、仕事や旅行などは2か月をすぎてからにします。産後第6～7週ごろになり、全身および子宮・膣・外陰の回復がよければ、正常生活に戻ります。

産褥初期には、腹壁が緩んでいるために、排尿しにくいことがあります。分娩後6時間たっても自然排尿ができなければ、カテーテルで人工排尿します。分娩後3日以上排便がないときには、子宮の回復を妨げますので、浣腸や緩下剤などで便を出すようにします。

また、産褥期のお母さんは、赤ちゃんを得た喜びと、分娩による心身の疲労、育児に対する不安などから、精神的に不安定な状態にあります。部屋を静かにして、家族以外の面会を制限し、睡眠・休養の時間を多くとるようにしましょう。

◉産褥体操

妊娠・分娩によって伸びた腹部や骨盤の周りの筋肉の回復を早め、血液のめぐりをよくして、下腹部のうっ血を防ぎ、子宮・膣・外陰の回復を助ける効果があります。

分娩の翌日から、簡単な運動を始めましょう（次頁図）。

キーゲル体操とは

骨盤底の筋肉を鍛えるキーゲル体操（**骨盤底筋体操**）は、尿失禁や子宮脱の予防、産後の膣の緩みの改善にもつながります。方法は、まず膣を締め（膣を締める感覚がわからなければ、肛門を締める感覚でもよい）、つぎに、膣をゆっくり緩めます。これをくり返します。10回1セットで、1日3回程度行いましょう。

産後の生活カレンダー

産後の週数		1週	2週	3週	4週	5週
悪露の色		赤色／褐色	褐色／黄色	黄色	白色	白色
動静		入院中	疲れたらすぐ横に			1か月健診で異常がなければ徐々にふつうの生活に戻る
			寝ること主体	起きること主体	床上げ	
家事	母親		身の回りのこと →			
	手伝いの人		食事のしたく 買い物 掃除・洗濯	→	→	
育児	母親		おむつの交換 → 授乳 →			
	手伝いの人		沐浴 準備、後しまつ	→	→	
身体の清潔		シャワー				湯船は1か月すぎてから
性生活						1か月健診後
仕事						2か月すぎてから
旅行						2か月すぎてから
産褥体操		産後すぐから始める				

産褥体操とその一例

まず、胸式呼吸と足の運動から始め、２日目は、腹式呼吸・頭を起こす運動・腕の運動・足の運動を行います。

産後３～４日目には、腹筋の運動・腕の運動・足の運動・骨盤と関節の運動、産後５～６日目には、下半身の運動・骨盤をよじる運動と、日数が進むにつれて運動の程度を強め、回数も増やします。運動はいちどに10回くり返し、これを１日２回ぐらい行います。産褥２か月間は、できるだけつづけましょう

①産後翌日

足の運動

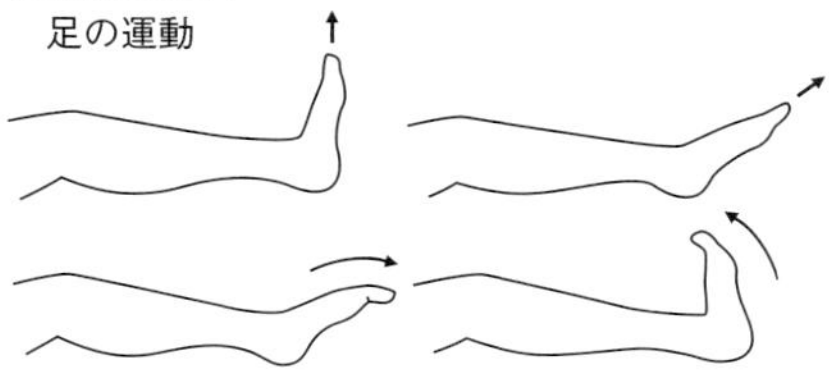

②産後２日

頭を起こす運動

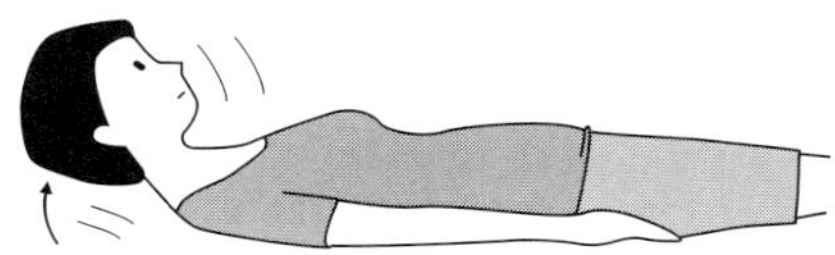

③産後３～４日ごろ

胸を広げ腹を引き締める運動

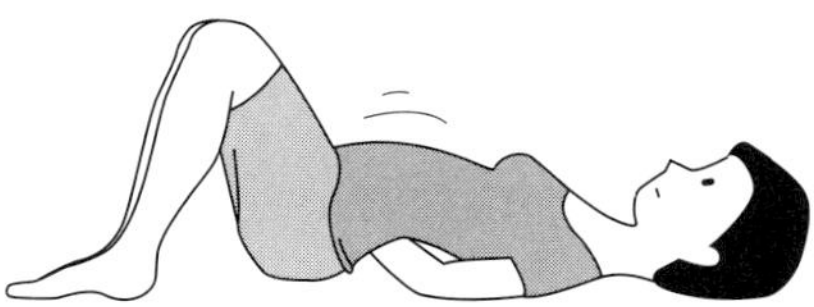

胸を浮かしおなかを引き締める運動

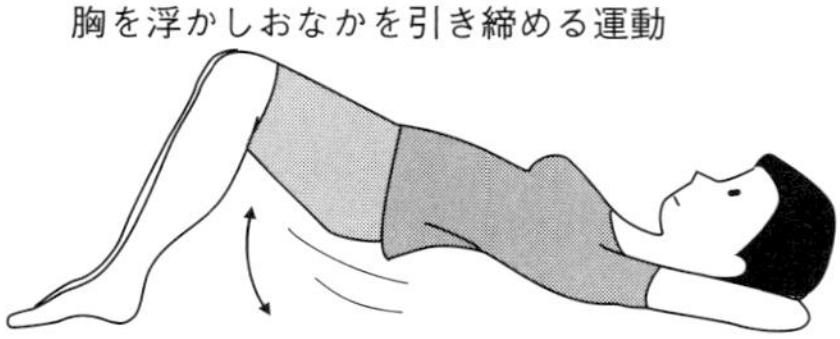

④産後５～６日ごろ

⑤産後10日ごろ

自分で起き上がる運動

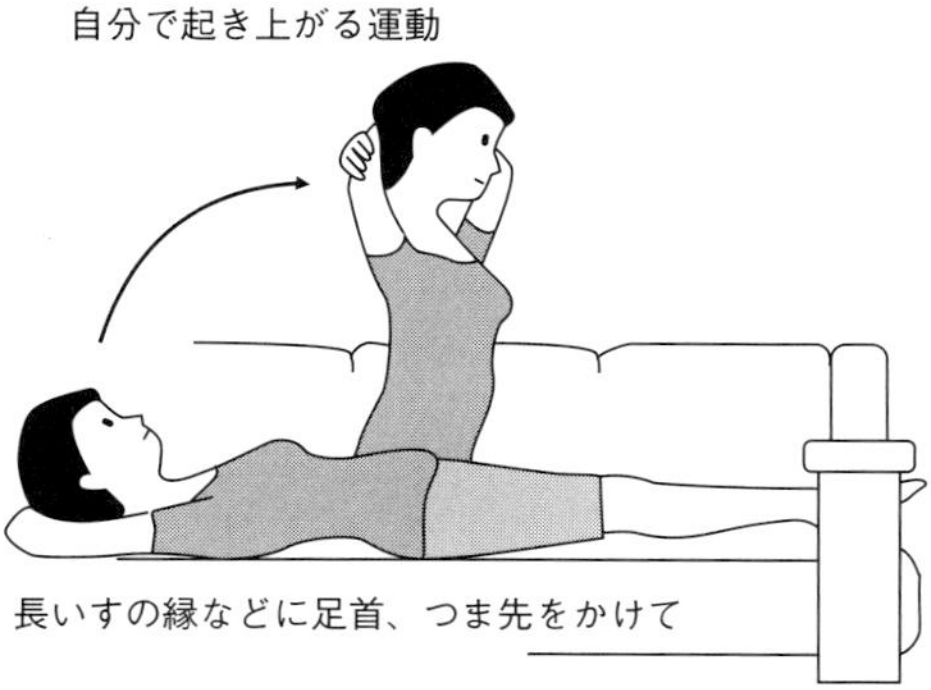

長いすの縁などに足首、つま先をかけて

⑥産後１か月ごろ

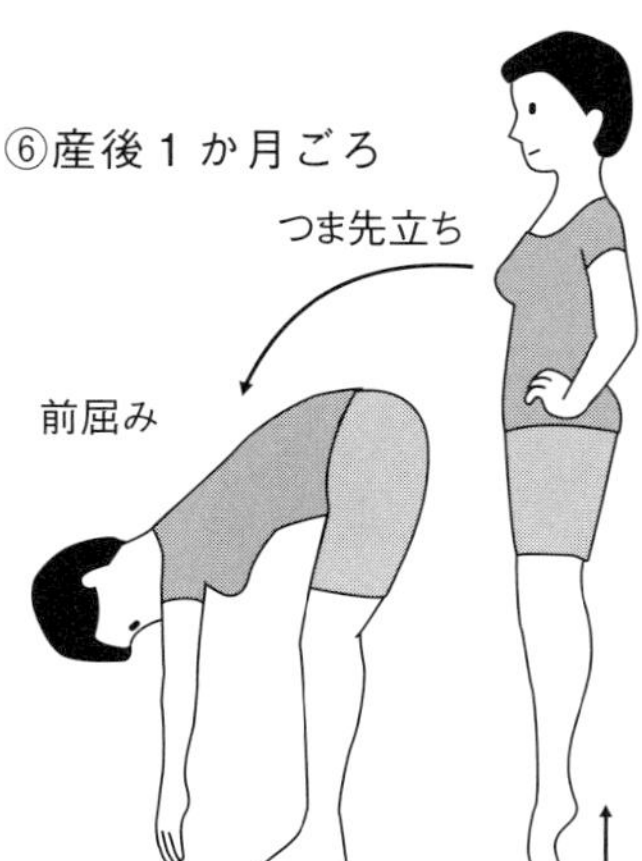

◇赤ちゃんのからだの特徴と発育

◉新生児期の赤ちゃんのからだ

育児のスタートとなるのが、新生児期（生後28日未満）です。この時期には、いろいろな興味深い反応や変化がみられます。

赤ちゃんとの生活を楽しく迎えるために、赤ちゃんのからだの特徴や能力を知っておきましょう。

◉体重・身長

出生時の体重は、個人差があります。左の表に、新生児の出生時の身長、体重、頭囲、胸囲の平均値を示してあります。

体重が、２５００g以下の赤ちゃんを**低出生体重児**、４０００g以上の赤ちゃんを**巨大児**といいます。

新生児の出生時の平均値

	男	女
身長	50.0㎝	49.2㎝
体重	3200ｇ	3100ｇ
頭囲	33.5㎝	33.1㎝
胸囲	33.0㎝	32.5㎝

＊体重は平均値より500ｇ前後少なくても、正常範囲です。

赤ちゃんは、体重のわりに表面積が大きいので、からだから失われる水分の量が多いといわれています。尿や便と体表から失われる水分量が哺乳量では補い切れず、生まれてから一時的に体重が減ります。これを**生理的体重減少**といいます。

体重減少は、生後３、４日が著しく、ときには、生まれたときの体重の10％以上にもおよびます。しかし、哺乳量が増えてくると、体重もしだいに増えていきます。体重の増加は、１日に約20～30ｇずつです。順調に体重が増えないときには、母乳不足が考えられます。

体重は、生後５か月までには出生時のほぼ倍になり、１歳で出生時の３倍にもなります。身長は、体重ほどは、急速には増加していきません。１歳で、出生時の身長の１・５倍になる程度です。

◉胸囲・頭囲

生まれたときは、胸囲より頭囲のほうが大きいのですが、生後１～２か月には胸囲が頭囲を上回ります。

◉姿勢

赤ちゃんは、手を握り締め、頭の横に腕を軽く屈曲させて寝ているのがふつうです。

顔は、右か左を向いています。脚は、がに股に広げて、あお向けに寝ています。

◉頭

生まれたばかりの赤ちゃんの頭は、お母さんの狭い産道をくぐり抜けてくるために、細長く変形しているのがふつうです。寝かせかたによって、下になっている頭は平べったくなります。気になるときは、寝ている赤ちゃんの頭の位置をまめに変えてあげましょう。なお、赤ちゃん

新生児期とは

新生児期とは、生後28日未満の時期をいいます。

この時期は、胎内生活から胎外生活への適応準備期間（ことに生後７～10日目）であり、体温調節の自律、肺呼吸の確立など、あらゆる器官、機能が著しく変化するときでもあります。

生まれたばかりの新生児は、頭とからだの比率が１対３です。これには胎内生活での、血液の流れが大きく関与しています。すなわち、お母さんからもらった酸素の多い血液は、お臍から肝臓に入り、心臓に行きます。そして、約半分が頭をめぐり、残りが胴体や手足をめぐるためです。

の頭の形と脳の発達とは、極端な場合を除き、関係ありません。

くびにしこりがある場合は、筋性斜頸（784頁）の疑いもあるので、専門医に相談してください。

額の少し上の部分に、骨が欠けているような部分があります。これは**大泉門**と呼ばれています。大泉門は、脳が発育するための余裕の部分と考えてください。ただし、異常に膨れていたり陥没しているときは、医師に相談をしてください。

◉皮膚

新生児の皮膚は、赤みを帯びたピンク色です。

パーセンタイル値とは

身長、体重、胸囲、頭囲について、おのおのの乳幼児発育値を厚生労働省が発表しています。母子健康手帳に記載されていますので活用しましょう。

パーセンタイル値とは、計測値の分布を小さいほうから並べてパーセントでみた数字で、60パーセンタイル値とは100人中小さいほうから60番め以内であることを表します。10～90パーセンタイルの間が標準ですが、個人差があります。

生後2～3日たつと皮膚は乾燥し、細かくむけます。これを落屑といいます。落屑は異常ではないので、むりにはがさないようにしましょう。

おしりにでる青いあざは、**蒙古斑**といいます。蒙古斑は、5～6年で、自然に消えていきます。

◉体温・呼吸・脈拍

体温の調節機能は十分でなく、部屋の温度や衣服によって体温が変わります。また、泣いたあとや授乳直後には、体温が上昇します。

赤ちゃんの体温は、36・5～37度ぐらいが、一般的です。38度以上の熱がある場合は、受診しましょう。

呼吸数は、おとなの2倍近く（1分間に40～60回）あり、横隔膜を動かすことによって、呼吸しています（腹式呼吸）。おとなのように胸式呼吸ができるようになるのは、5～6歳になってからです。脈拍は、1分間に120～150回と早めです。

◉尿と便

赤ちゃんの膀胱は、おとなのように長く尿をためておくことができません。そのため、1日10～15回程度、少量ずつの排泄があります。

生後1か月をすぎると、1回の尿量が増えて、回数が減ります。腎臓のはたらきもまだ未熟なので、尿を排泄するために、たくさんの水分を必要とします。生後1か月の間では、おむつが赤褐色に染まっていることがありますが、異常ではありません。

生まれて間もなく出る、黒っぽいねばねばした便を**胎便**といいます。胎便は、2～3日つづきますが、しだいに黄色くなります。

◉新生児月経・おりもの

女の子の場合、生後4～7日のあいだに、性器から、少量の出血やおりものがあることがあります。これは、母親のホルモンの影響によるもので、自然に終わります。

◉生理的新生児黄疸

生後3日から黄疸が現れ始め、4～6日目がピークとなります。これは、胎児のときの余分な赤血球が壊され、成人型赤血球がつくられるためです。不要な赤血球が、肝臓で分解されたときにできる、ビリルビンが血液中に増えて黄疸になります。

◇赤ちゃんの機能の特徴と発達

赤ちゃんは、生まれたときからいろいろな能力をもっています。

◉視覚

光に対する瞳孔反射や閉眼反射は、出生直後から認められます。新生児の視力は0・1以下といわれており、ぼんやりかすんで見える状態です。

ただ、20～30㎝くらいのところには焦点が合っています。これは、母乳を飲ませているときのお母さんの顔の距離にあたります。

生後1か月ごろになると、かなりはっきり、物が見えるようになります。3か月ごろになると、戸外に対しても興味を示すようになり、3～4か月になると、動く物を追って手を動かすようになります。

視覚の発達とともに、おとなの顔を見るようになります。顔のなかでも、目を注視することが特徴です。

◉聴覚

生まれたときには、もうしっかりと音が聞こえるようになっています。とくに、お母さんの声に特別の反応を示すことがわかっています。また、おなかの中にいるときにずっと聞いていた、心臓の拍動の音や臍の緒を流れる血流の音を、泣いている赤ちゃんに聞かせると、静かになって眠り始めることも知られています。

◉味覚

赤ちゃんは、甘味、塩味、酸味、苦味などがわかります。砂糖水や母乳などは、満足そうな表情をして飲みますが、塩水や酸っぱい水には、いやな顔をしてあまり飲みません。

これは、赤ちゃんがすでに味を識別することができるからですが、おとなの味覚とは少しちがうようです。

◉嗅覚

出生直後の赤ちゃんが、お母さんの乳房に近づいていくことがわかっているように、新生児は母乳をかぎ分けることができます。

◉触覚

唇の感覚はとても敏感です。そのため、乳首をうまくとらえることができます。痛みの感覚は出生時は弱いようですが、間もなく敏感になっていきます。

◉原始反射

生まれつきもっており、自分の意思に関係なく、からだを動かす反射を、原始反射といい、おもな原始反射に、つぎのものがあります。原始反射は、月齢が進むにつれてなくなっていきます。

▼モロー反射　大きな音をさせたり、新生児のからだを急に下げたりすると、両手を広げ、何かにつかまるようなしぐさをします。

▼把握反射　新生児の手のひらや、足の指に物をあてると、指を丸めて握ろうとします。

▼引き起こし反射　新生児は、まだ、くびがぐらぐらしていますが、両手をもってからだを引き起こすと、頭を持ち上げようとします。これが引き起こし反射です。

▼ルーティング反射・吸啜反射・嚥下反射　口の近くに何かが触れると、そちらに顔を向けようとするのが「**ルーティング反射**」、唇に触れたものに吸いつくのが「**吸啜反射**」です。また、母乳で口の中がいっぱいになると、飲み込むのを「**嚥下反射**」といいます。いずれも、母乳を吸って生きていくために必要な反射です。

◉赤ちゃんの能力

赤ちゃんは、お母さんの顔や声、体臭、からだの輪郭、さらにお母さんの日常生活のサイクルなどを、急速に学習していきますが、これは識別する能力をもっているからです。

赤ちゃんのコミュニケーションの音声は、激しく泣くだけでなく、弱々しい泣き声やげっぷ、うめき、クークー音、ため息などです。悲しみやうれしさ、驚きなどのお母さんの顔の表情を模倣する能力をもっていることもわかってきました。赤ちゃんが眠っているときは、ほほえみ、困惑、恐怖などじつにさまざまな感情を表現します。

このように、赤ちゃんは幅広い情動的・感情的な反応ができるこころをすでにもっており、相互作用的な行動ができると考えられています。赤ちゃんは生まれてすぐから、お母さんやお父さんと積極的に作用し合いながら、1日1日と成長していくのです。

　生まれて数週間後には、すでに物に対してよりも自分を養育してくれる人、とくに自分のだす信号を読み取ろうとする母親に対して、とりわけよく応答するようになります。こうして赤ちゃんは、養育者とすべての感覚様相を介して相互に作用し合う結果、親子の絆が強くなり、脳の発達が促進され、コミュニケーションの方法が増え、親子間に人間関係が育っていきます。

◇赤ちゃんの日常生活

●赤ちゃんのための環境づくり

　赤ちゃんの部屋では、上から物が落ちて、赤ちゃんにあたることのないように、ベッドを置く位置に注意をしましょう。危険な物を、ベッドのそばに置かないことがたいせつです。

　また、夏は風通しがよく、冬はすき間風があたらない場所を選んでください。

　冷暖房による、冷えすぎや暖めすぎにも注意が必要です。エアコンの風が、赤ちゃんのからだに直接あたらないようにしましょう。

　部屋の温度はもちろん、湿度や換気にもこころをくばりましょう。

●赤ちゃんの抱きかた

　生まれたばかりの赤ちゃんは、まだくびが据わっていません。くびがぐらぐらしないように抱きましょう。

　あやすために、ゆっくり揺らす程度なら問題ありませんが、両方のわきの下に手を入れて支えて、赤ちゃんを激しく揺さぶるようなことをすると、危険です。

●寝かせかた

　ベッドのマットレスや敷布団は、フワフワしていると、赤ちゃんのからだが沈んでしまい、顔が布団についた場合には、窒息事故をおこすおそれがあります。マットレスや敷布団は、かためのものにしましょう。

　うつぶせ寝は、乳幼児突然死症候群（下段コラム）の原因になることがあります。できるだけ、あお向けに寝かせるようにしましょう。

●外気浴について

　1998（平成10）年に、母子健康手帳から、「日光浴」を勧める記載がなくなりました。赤ちゃんにとって、直射日光は避けたほうがよいといわれています。それは、紫外線と皮膚がんに関係があることがわかってきたからです。

　散歩などには、強い紫外線を浴びないように、

乳幼児突然死症候群とは

「それまでの健康状態および既往歴から、その死亡が予測できず、しかも死亡状況および剖検によっても、その原因が不詳である乳幼児に突然の死をもたらした症候群」をいい、SIDSともいいます。

　うつぶせ寝、睡眠中に多くみられます。年齢は生後4か月をピークに1歳未満の赤ちゃんに多く、夏より寒い冬に多くみられます。室温は高温環境、とくに衣類や布団の掛けすぎによる高体温の子が多いといわれています。

　原因は、はっきりしませんが、育児環境のなかに、SIDSの発症率を高める因子があることがわかっています。

　SIDSを防ぐには、①SIDSがどんな病気か正しく理解しましょう。②あお向け寝で育てましょう。③赤ちゃんを暖めすぎないようにしましょう。④赤ちゃんの周囲でたばこを吸わないこと。また、妊娠中にたばこを吸わないようにしましょう。⑤母乳で育てましょう。⑥赤ちゃんをできるだけ、ひとりにさせないようにしましょう。

時間帯を選んでください。

外出時は、長そでや帽子、日よけなどで強い日射しを防ぎましょう。ベビー用の日焼け止めクリームもあります。

◇赤ちゃんの気になる症状と対策

◉熱がある

赤ちゃんはよく熱をだしますが、その重要な点をつぎにあげます。

①病気でなくても、赤ちゃんは熱をだすことがあります（体温の調節機能がまだうまくはたらかないため）。

②熱の高さが病気の重さの指標ではありません。

③赤ちゃんは新陳代謝が盛んなため、平熱はおとなより高い（38度くらいの発熱があっても、意外に元気で心配のないこともある）。

④熱以外の症状に注目することが重要です。ただし、熱とともに、意識がもうろうとしている、顔色が悪い、嘔吐をくり返す、呼吸が苦しそうでミルクが飲めない、けいれん（ひきつけ）をおこす、生後2か月未満で、38度以上の熱が1週間以上もつづく、だっこやおんぶをしても泣きやまないなどの場合には、医師の診断が必要です。

たんに熱だけで、あやすとにこにこ笑い、きげんがよく、顔色もよく、お乳もよく飲む場合は、ようすをみてよいでしょう。

応急処置としては、まず安静が第一で、いやがらなければ水枕をします。汗をかいたらまめに下着を交換し、水分を補給します。

解熱薬はむやみに使用しないようにしましょう（本来の症状がかくされ、診断の妨げになることがあります）。ただ、ひきつけの心配がある場合は、とりあえず解熱薬を使ってもかまいません。

◉嘔吐する

赤ちゃんの胃袋は吐きやすくできています。ミルクを飲んですぐ口の端からダラダラ流したり（**溢乳**）、またミルクといっしょに空気を飲み込むために、げっぷといっしょに吐き出したりします。

生後3か月ごろまで、習慣的にこのような**吐乳**をくり返すことがありますが、きげんもよく元気で、体重も順調に増えていて、ほかに気になる症状がなければ、これは一時的な生理的嘔吐ですから、心配ありません。ミルクを飲ませたあとは、すぐ寝かせずにげっぷをさせてください。このときの嘔吐も、3か月をすぎるころには、自然に治まっていきます。

嘔吐の原因は、必ずしも胃腸の病気とはかぎりません。嘔吐がおこるのは、脳の嘔吐中枢が刺激されるからで、頭の中の病気やけが（脳炎、髄膜炎、頭部外傷、頭蓋内出血など）でも、嘔吐中枢が刺激され、嘔吐することがあります。かぜや種々の感染症、心臓の病気などでも嘔吐はみられます。

▼こんな嘔吐は要注意　赤ちゃんが嘔吐する病気のなかでもっとも緊急を要するのが**腸重積症**（743頁）です。たびたび嘔吐し、ミルクを与えてもすぐに吐いてしまいます。顔色が悪く、間をおいて激しく泣き叫ぶときは、腸重積の疑いがあるので、早急に病院につれて行きましょう。

生後2～3週間たったころから、ミルクを飲んだすぐあとに、口や鼻から噴水のように勢いよく吐き、それをくり返すような場合は、肥厚性幽門狭窄症（734頁）が疑われます。嘔吐が長期間つづくと、栄養障害をきたし、体重も増えなくなります。早めに医師の診察を受けてください。

嘔吐と発熱があり、くびを横に振ってイヤイヤをするときは、髄膜炎（963頁）や中耳炎（633頁）が疑われます。

嘔吐に下痢がともなう場合は、ノロウイルス、ロタウイルスによる乳幼児嘔吐下痢症（738頁）が考えられ、脱水症をおこす可能性があります。

症状が著しい場合は至急医師にみてもらいましょう。

◉黄疸

ほとんどの（約90％の）新生児で、赤血球の破壊によりビリルビン産生量が増えることと、肝機能が未熟なため、ビリルビンの処理能力が低いことにより黄疸（皮膚や白目の部分が黄色くなる）がおこります。

生後4～5日目ごろにピークに達し、多くは生後1週間をすぎると自然に消失します。これは**生理的黄疸**といい、心配いりません。

しかし、黄疸が生後24時間以内に出現したり、1日で急激にひどくなる、黄疸の症状がひどい、生後2週間以上長引く（**遷延性黄疸**）などの場合は、病的黄疸といいます。原因としては、胎児・新生児溶血性黄疸（585頁）、胆道閉鎖症（736頁）、新生児肝炎（750頁）などが疑われます。黄疸がひどい状態がつづくと、**核黄疸**（585頁）となる可能性があり、原因疾患の治療だけでなく、光線療法（下段コラム）や、交換輸血が必要となる場合があります。

◉便の状態が気になる

▼下痢、便がやわらかい　赤ちゃんの便はやわらかく、回数も多いものです。

多少下痢ぎみであっても、きげんがよく、ミルクをよく飲むようなら心配はいりません。ただし下痢をした場合は脱水をおこしやすいので、湯冷ましやお茶、ベビー用のイオン飲料などを十分に飲ませましょう。

発熱や嘔吐をともなうときは、かぜなどのウイルスが原因のことが多く、ただちに医師の診察を受けましょう。

▼便秘　便秘とは、便の回数とは関係なく、便の水分が少ないことをいいます。

2～3日便が出なくても、ふつうのかたさの便が息まずに出て、赤ちゃん自身もきげんがよいようなら、心配はいりません。2～3日おきに便が出て、かたくてコロコロしている場合は、習慣性の便秘が考えられます。4～5日も出ないときは、紙こよりをつくって、浣腸してみてください。

4～5日も便が出ず、ミルクを吐いて食欲がなく、おなかが膨らんでくるときは、ヒルシュスプルング病（735頁）が疑われます。

▼血便　赤ちゃんには、ときどき血便がみられますが、多くは排便時に肛門が切れたための出血で、心配はいりません。便に粘液と血液が混じっている場合でも、きげんがよくミルクもよく飲むときは、アレルギー性の血便が考えられます。緊急性はありませんが、いちど医師の診察を受けましょう。

しかし、生後2～5日ごろに、コールタールのような色をしたタール便が出た場合は、新生児メレナ（ビタミンK欠乏症　701頁）が疑われます（母体血の嚥下による仮性メレナであれば心配ない）。医師の診察を受けましょう。ビタミンKを投与されることがあります。

血便に嘔吐をともない、泣いてきげんも悪い場合は、腸重積症（743頁）が疑われますので、すぐに病院に連れていきましょう。

▼便の色が白い　灰白色の便に、黄疸をともなうときは、胆道閉鎖症（736頁）が疑われます。

光線療法とは

からだの外から光線をあて、体内にたまったビリルビンを破壊する治療を、光線療法といいます。ふつう、昼色光、青色光、緑色光を発する蛍光灯を用いて光線を照射しますが、目を保護するために目かくしをします。副作用として、体温の上昇、発疹の出現、ブロンズベビー（皮膚や尿の色が暗灰褐色になる）などがおこりますが、光線療法を中止すれば治ります。

◇母と子のための制度

●知っておくと役立つ制度

厚生労働省の資料および法律関係の資料を参考にすると、母と子のための制度には、つぎのようなものがあります。

●母体保護法

優生保護法が1996（平成8）年9月に改正され、「母体保護法」という新しい名称になりました。それにともない、優生保護法指定医師という名前は、現在、母体保護法指定医師という名称に改められています。

▼不妊手術　妊娠または分娩が母体の生命に危険をおよぼすおそれがあるもの、現在数人の子があり、かつ、分娩ごとに母体の健康度を著しく低下するおそれがあるものは、未成年を除き、本人および配偶者があるときはその同意を得て、不妊手術を行うことができます（第3条）。

▼人工妊娠中絶　妊娠の継続または分娩が、身体的または経済的理由により、母体の健康を著しく害するおそれのあるもの、暴行もしくは脅迫によって、または抵抗もしくは拒絶することができない間に姦淫されて妊娠したものに対して、本人および配偶者があるときはその同意を得て、指定医師は人工妊娠中絶を行うことができることになっています（第14条）。人工妊娠中絶とは、胎児が生存不可能な時期に、胎児および付属物を子宮外に取出す手術のことです。中絶可能な時期は、小児科の医療水準向上にともなって短縮され、現在妊娠22週未満となっています。

●母子保健法

妊娠した人は、妊娠の届出をすることになっており（第15条）、これに対して、国籍や年齢にかかわらず**母子健康手帳**が交付されます（第16条）。さらに、妊娠・出産・育児に関する必要な保健指導は、一般には保健所で行われますが、保健所から遠い地域にあるなど、保健所での指導を受けることが困難な場合には、医療機関に委託して行われます（第10条）。

妊産婦、新生児、低体重児に対しては、必要に応じて、医師、助産師、保健師が家庭訪問をして保健指導を行います（第11条、第17条、第19条）。

なお、訪問指導は、新生児が生後28日を経過しても引続き指導を必要とする場合や、低体重児が正常児としての諸機能を得るに至らない場合には、さらに継続して行う必要があります。

市区町村は、必要に応じ、**母子健康センター**を設置するようにつとめ、母子保健に関する各種の相談に応ずるとともに、母性ならびに乳児および幼児の保健指導を行い、助産も行います（第22条）。

◇働く女性のための制度

●労働基準法

産前休暇は、本人の請求により6週間、多胎妊娠の場合は14週間、産後は8週間休業することができます（第65条）。

妊産婦（妊娠中および産後1年を経過しないもの）は、本人の請求により時間外労働や休日労働、深夜労働が免除されます（第66条）。

出産後、子どもが1歳未満の間は、本人の請求により、1日2回、少なくとも各30分の育児時間をとることができます（第67条）。

妊産婦は、重量物を扱う業務、有毒ガスを発散する場所での業務など、有害な業務につかせてはならないことになっています（第64条）。

妊娠中は、本人の請求により、軽易な業務に転換することができます（第65条）。

●雇用の分野における男女の均等な機会及び待遇の確保等に関する法律（男女雇用機会均等法）

事業主は、その雇用する女子労働者が、母子保健法の規定する保健指導、または健康診査を受けるために必要な時間を確保するようにつとめなければなりません（第12条）。

事業主は、その雇用する女子労働者が、前条の保健指導または健康診査に基づく指導事項を守ることができるようにするため、勤務時間の変更、勤務の軽減など、必要な措置を講ずるようにつとめなければなりません（第13条）。

◉育児休業等に関する法律

事業主に申し出ることにより、子どもが1歳に満たない間、原則として1回、育児休業をすることができます（第5条）。事業主は、労働者が休業申し出をし、または育児休業をしたことを理由として、当該労働者に対し解雇、その他不利益な取扱いはできないことになっています。

◉おもな母子医療の公費負担制度

母子医療を公費で負担する制度があります。おもなものに、以下の制度がありますが、支給の内容や適用、また金額などについては、各自治体によって異なる場合があります。

詳細については、住んでいる市区町村の役所に問い合わせたり、インターネットで調べておくとよいでしょう。通院している産婦人科や小児科で、尋ねてみるのもひとつの方法です。

▼妊娠中

・妊婦健康診査
・妊婦健康診査での超音波検査
・妊娠高血圧症候群等の療養援護費
・HIVの公費妊婦健診
・B型肝炎検査　など。

▼出産後

・出産一時金
・児童手当
・児童扶養手当
・養育医療（未熟児養育医療）
・療育医療（結核児童療育給付事業）
・育成医療（身体障害児育成医療）
・小児慢性特定疾患　など。

減胎手術とは

近年、不妊症治療により多胎妊娠が増加し、大きな問題となっています。多胎妊娠は一胎の妊娠に比べ、早産や妊娠高血圧症候群（876頁）などの合併症の発症率が高く、周産期（＝お産前後の時期の赤ちゃんの）死亡率も一胎妊娠の4〜6倍と高率だからです。

不妊治療により多胎妊娠が増えたのは、体外受精の際、少しでも妊娠率を上げるため、子宮に戻す受精卵を多くしたことがその原因です。

最近、多胎妊娠となった母子の出産リスクの回避方法のひとつとして胎児の数を人工的に減らす「減胎手術」が話題になっています。その方法は、エコーガイド（超音波診断装置による画像の確認）下に胎児に塩化カリウムを注射して、死亡させる方法が一般的です。

減胎手術は問題ないと考える専門家もいますが、現時点で日本産科婦人科学会は、一部の胎児を死に至らしめる方法に医学的安全性が確立されていないこと、また生命の選択という倫理的問題が解決されていないことなどから、これに反対しています。

したがって、減胎手術は現在のところ、日本では正式に認められておらず、母体保護法にも含まれていません。

日本生殖医学会は、母子への危険が大きい多胎妊娠を減らすため、体外受精の際に、子宮へ移植する受精卵の数を、多胎妊娠の危険性が高い40歳未満は2個以下、35歳未満の人に対する初回の移植では1個に制限することなどとする指針を、２００７（平成19）年にだしました。

◇低体重児の育てかた

◉低体重児が生まれたら設備の整った専門の施設へ

低体重児は、体温調節や呼吸機能なども未熟であり、母親からの免疫抗体も十分に移行されていないため、感染を受けやすく、つねに細心の注意を払い育てていかなければなりません。

そのために、温度や湿度が調節できる保育器や、呼吸管理のできる設備が整った未熟児室や、さらに高度な設備が整っているＮＩＣＵ（新生児集中治療室）で育てていきます。そこでは、体重や在胎期間、赤ちゃんの症状により、適切な治療が行われます。

元気があり、体重が２０００ｇ以上ある低体重児で、哺乳びんからお乳を飲むことができるのであれば、家庭で育てることもできます。しかし、２５００ｇまでは、専門施設に預け、専門家の判断に従ったほうが安全です。

また、母子保健法の「低体重児の届出」義務により、２５００ｇ未満の乳児が出生した場合は、都道府県知事、保健所を設置する市または特別区に届け出なければなりません。

そのほか、養育を必要とする低体重児に対して、その養育に必要な医療（養育医療という）の費用が支給されます。

これは、都道府県などの地方公共団体から公費で支給されるもので、医療費の全額が支給されます。しかし、世帯の所得に応じた費用が徴収されることもあります。

◇低体重児保育と治療

◉低体重児の特徴と特有の症状

▼低体温　熱の産生が少ないこと、体表面積が大きいこと、皮下脂肪が少ないことが原因といわれています。この低体温を防ぐため、保育器に入れ、体温の下降を防ぎます。

▼循環障害　胎児が出生し、新生児となって呼吸が開始されると、静脈管と動脈管の閉鎖と心臓の卵円孔という部分の閉鎖がおこり、肺呼吸が行われるようになります。

しかし、低体重児の場合は、循環系の適応障害により、動脈管が開いたまま残ってしまう動脈管開存症（684頁）が問題になることが多くあります。

▼無呼吸発作　無呼吸発作とは、呼吸停止時間が20～30秒以上におよび、その間、チアノーゼ（1344頁上段）や心拍数の低下をともなうもので、在胎34週までの赤ちゃんにおこりやすいものです。自然に回復する場合もありますが、刺激を

低体重児とは

ふつう、出生時の体重が２５００ｇ未満の赤ちゃんを低体重児と呼んでいます。

このなかには、早期産低出生体重児（在胎37週未満）で出生した体重の少ない赤ちゃんと、正期産低出生体重児（在胎37週以降）でも、２５００ｇ未満の体重しかない赤ちゃんも含まれています。

日本小児科学会では、生まれた週数に関係なく、２５００ｇ未満の赤ちゃんを低出生体重児とし、低体重児（未熟児）とは、原則として体重にかかわりなく成熟度を示す用語としています。しかし、低体重児ということばは、低出生体重児の同義語として用いられてきたため、出生体重２５００ｇ未満の赤ちゃんの総称名として用いられる場合が多いのです。

低体重児の死亡率は、呼吸管理の医療機器や監視装置の普及や、ＮＩＣＵ（新生児集中治療室）などの施設の増加、母体搬送などの地域施設の連携により減少してきています。しかし、極低出生体重児や超低出生体重児の死亡率は、いまだに高いのが現状です。

与えないと回復しない場合もあります。

回復が遅れると、重篤な脳障害や死に至ることもあります。

▼呼吸窮迫症候群（RDS） 低体重児の肺は、第一呼吸（出生後初めての呼吸）によって、いちどは拡張しても、虚脱（つぶれて変形した状態）におちいりやすい傾向にあります。

これは、出生後の肺胞を膨らませるために必要な**肺サーファクタント**と呼ばれる界面活性物質が不足していることによりおこる肺拡張不全です。サーファクタントは、在胎22～25週ごろから産生されますが、RDSは、この肺サーファクタントの活性低下により生じます。

症状は、多呼吸（呼吸数が多くなる）、口呻吟（うめき声をあげる）、陥没呼吸（呼吸のたびに胸がへこむ）、チアノーゼなどから始まります。

RDSは、重篤な呼吸障害を示す代表的な病気でしたが、最近では、サーファクタント補充療法が、呼吸障害のもっとも有効な治療法として確立されています。

▼低血糖 低血糖の定義は、低体重児の場合、血液中のぶどう糖濃度（血糖値）が20mg未満といわれ、低体重児におこりやすい症状のひとつです。脳のエネルギーはぶどう糖に依存しているため、その不足は脳障害を引き起こすので、低血糖の症状がなくても、静脈に糖分を点滴することもあります。

▼未熟児網膜症（629頁） 網膜血管の異常増殖を主体とする病気で、不適切な酸素吸入が引き金となることが多いものです。しかし、酸素と無関係で発症するものもあります。

生後3週間ごろから眼底検査を実施し、急激な病変には光凝固術や冷凍光凝固術を行うこともあります。

◉低体重児の栄養

低体重児は、消化吸収機能が未熟で、お乳を吸う力も弱いため、直接お母さんの乳房から母乳を与えることは、体力の消耗につながります。そのために、哺乳びんで授乳したり、経管栄養といい、ポリエチレンのカテーテルを鼻の穴から胃の中に入れ、母乳栄養を与えたりします。

また、できるだけ母乳を与えるようにします。その理由としては、母乳には免疫物質が多く含まれており、感染症の発症が少なくなることや、新生児壊死性腸炎の発症が少なくなることがあるからです。

最近では、母乳中のタウリンが低体重児の脳の発達を促すことなども理由となっています。

ただしできるだけ母乳栄養が望ましいのですが、人工栄養でも十分に赤ちゃんは育ちます。

◉低体重児と両親

かつての未熟児室は感染予防がもっとも重視されていたため、両親の面会を禁止する場合もありました。しかし、そのことが母子関係に大きな問題を残すことがわかり、現在では感染予防を考えながら、母子の早期接触や、父親の接触も積極的に促しています。

低出生体重児と早産児の呼びかた

2500g未満を**低出生体重児**、1500g未満を**極低出生体重児**、1000g未満を**超低出生体重児**と呼びます。

低出生体重児の生まれる原因としては、喫煙、若年・高年（齢）出産、心臓病、腎臓病、妊娠高血圧症候群、胎盤機能不全などがありますが、いちばん多いのが早産（886頁）です。なお、妊娠期間による**早産児**の呼びかたは、在胎22週以上37週未満を早産児、在胎22週以上28週未満を**超早産児**、在胎28週以上の**早産児**と呼び、週数が浅いほど、胎外生活がむずかしくなります。

◇退院後の赤ちゃんの世話

●退院の目安

低体重児の赤ちゃんは、体重が2500g以上になって、ほかに合併症がなく、家庭で育てても大丈夫という状態で退院します（目安として、2000gの低体重児が2500gになるには、4～6週間かかります）。

ここまでくれば安心です。あまり神経質にならずに育ててください。

また、退院時には、医師や看護師から注意しなければならない点などの指導があります。指導されたことは、家に帰ってからもきちんと守るようにしてください。

●赤ちゃんの環境

低体重児は、成熟児に比べて抵抗力が弱いため、かぜなどの感染症予防につとめ、体力を消耗させせないことがたいせつです。

室温は、20～25℃くらいに保つようにします。

●感染予防

赤ちゃんを感染から守りましょう。母親以外にも、赤ちゃんに触れる人は必ずうがいをし、手を洗ってから触れるようにしてください。赤ちゃんの世話をする人は、自らの健康管理にも注意してください。

ペットなども、赤ちゃんとは別の部屋で飼うか、実家に預けるとよいでしょう。

とくに熱がでたりしていなくて、哺乳状態やきげんが悪くなければ、ふつうに沐浴し、清潔を心がけてください。

赤ちゃんに特別な異常がなくても、定期的な乳児健診を受けて、発育や発達の状態には注意してください。

●授乳のしかた

赤ちゃんには赤ちゃんのペースがあります。早く大きくしようとあせらず、赤ちゃんに合わせて授乳してください。飲む量が少なかったり、体重が増えない場合は、医師に相談し、指示を受けてください。

低体重児の母乳栄養確立のためには、入院中から積極的に乳房マッサージや搾乳を行ってください。その理由は、赤ちゃんが乳房を吸うことが少なく、刺激が少ないぶん母乳の分泌が少なくなってしまうためです。

お母さんは先に退院したあとも、母乳パック（滅菌されたビニールの袋。薬局で市販されている）にしぼった母乳を入れて病院に運ぶようにして、いつ赤ちゃんが乳房から直接お乳を飲めるようになってもよい状態にしておきましょう。そうしておくことで、赤ちゃんの退院後も、母乳を与えることができます。

母乳は、ふつうの冷蔵庫（4・6℃）に保存する場合、2日以内であれば細菌学的に問題はなく、長期に保存する場合は、冷凍室（マイナス2℃）で1か月の保存が可能です。

冷凍した母乳を解凍する場合は、40℃の湯の中で徐々に行います。そして、いちど解凍した母乳を飲み残してしまったときには、細菌繁殖している場合もあるので、廃棄してください。

また、人工栄養に頼る場合は、台所や器具の清潔に注意し、粉ミルクの缶に書いてある説明書に従い、ミルクをつくってください。

◇産褥期の注意すべき症状と対策

●お産のあとの回復

産褥期とは、妊娠・分娩によっておこった母体の変化（全身および性器）が、妊娠前の状態に完全に戻るまでの期間、6～8週をいいます。

●産褥期のからだの変化

▼体温　お産当日と翌日ぐらいは、疲労や分娩時の傷などが原因で体温が上昇することがあります。しかし、体温が38度を超えることはほとんどありません。また、通常、24時間以内に平熱に戻ります。

▼血圧　お産のあと徐々に下がり、正常以下に

なることもあります。

▼尿　お産の直後は、一時的に膀胱や尿道がまひして、自分で排尿できないことがあり、細いゴム管で導尿してもらいます。また、お産中から少量のたんぱく尿が出る場合がありますが、産後1～2日でなくなります。

▼汗　産後1週間から10日くらいまでは、尿量とともに汗も増えます。

▼便　排便は、産後3～4日たってからが多いものです。

　胃腸のはたらきが鈍るため、便秘しがちですが、1日1回は排便を試み、3日以上便通がなければ緩下剤を使ってもよいでしょう。

▼体重　お産により、赤ちゃんや胎盤、羊水、血液などが体外に出るため、平均5～6kg減ります。その後も少しずつ減少して、約5週間で妊娠前の体重に戻ります。

▼月経　産褥期には、内分泌系のはたらきが正常に戻っていないために、無月経がつづきます。授乳をしていない場合は、産後6～8週で月経がくることが多いようですが、授乳している場合はそれよりも遅れます。

▼子宮　お産の直後はかたく収縮して、お臍の下約3～4cmにあることが多いのですが、その後一時的に押し上がり、お臍の高さぐらいになります。

　それからは徐々に収縮し、約2週間でおなかの上から触れなくなります（左図）。

　この子宮の収縮は、産褥の経過の良否を判断するたいせつなポイントとなります。

　また子宮の収縮は、経産婦のほうが初産婦より遅いことがあります。

▼悪露　悪露とは、産褥期に性器から排出される分泌物をいい、子宮、腟、外陰部の傷からの分泌物（血液やリンパ液）が含まれます。

　この悪露の性状は、日がたつごとに変化し、子宮内壁の傷の回復状態を知るためのたいせつなポイントとなります（次頁表）。

　ただし、産褥6週ごろまでは、ときおり褐色の悪露がみられるときもありますが、必ずしも異常ではありません。

産後の子宮の回復

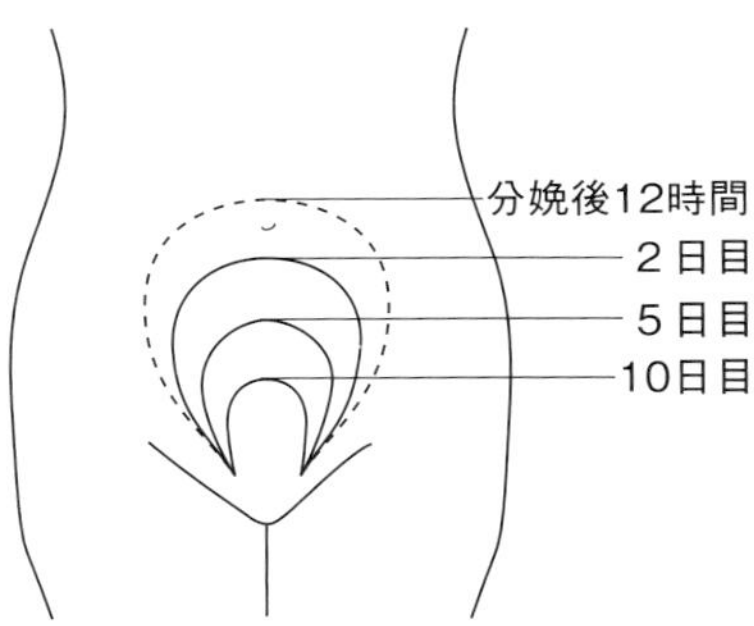

▼乳汁　個人差はありますが、多くの場合、産後2～3日目から乳房が膨らんでかたくなり、乳汁の分泌が始まります。これを**初乳**といいます。初乳は、黄白色の濃厚な乳汁で、抗体やビタミンなどが多く含まれています。乳汁の分泌は、規則的な授乳によって、産後約10日で確立されて、栄養価の高い**成乳**となります。

▼心理　お産による疲労や脱力感で無口、無気力になったり、逆にお産の喜びから、興奮したり多弁になったりすることもあります。

　これには個人差がありますが、程度がすぎる場合や、その状態がいつまでもつづいたり、あるいは悪化するような場合は、医師に相談してください。

◉注意すべき症状と対策

▼出血　出血の量には注意が必要です。

　お産の直後ではなく、ベッドに帰ってから血のかたまりがともなうような大量の出血があったら、ただちに医師にみてもらってください。子宮復古不全（894頁）や晩期出血（894頁）の疑いがあります。

▼悪露の異常　血の混じった悪露や茶褐色の悪露が、産後7～8週間すぎてもつづいていたり、

家庭での介護
リハビリ
医療保険
妊娠・出産
海外旅行
献血・骨髄移植
災害時
薬の知識
漢方薬の知識
相補・代替医療

悪露の種類

悪露の種類	内容
血性悪露（赤色悪露）	産褥３日までの悪露。 １日目の悪露は、血性でもっとも多く、凝血もない。 産褥２～３日目になり、暗赤色を示すようになる。
褐色悪露（漿液性悪露）	産褥３～４日ごろから８～10日ごろまでの悪露。 血液成分が減少し、ヘモグロビンが分解して褐色となる。
黄色悪露	産褥２～３週ごろまでの悪露。 悪露中の赤血球成分はさらに減少し、白血球がさらに増加して黄色くなり、酸性を示す。
白色悪露	産褥４週以降の悪露。 量が減り、正常の腟分泌物に近くなる。個人差はあるが、産褥４～６週ごろにはほとんど停止する。

量が増える場合には、医師に診察してもらいましょう。子宮の回復の遅れなのか、胎盤や羊膜の一部が残っていないかなどを調べてもらう必要があります。

▼発熱　熱が38度以上ある場合や、悪寒、震え、腹痛、背部痛がある場合には、産褥熱（894頁）や腎盂腎炎（1730頁）、膀胱炎（1747頁）などの感染症の可能性が考えられます。

汚い悪露や濁った尿が出ていないか確かめ、医師の診察を受けて、早めに抗生物質などの治療を行えば大事に至らずにすみます。また、暖かくして安静にし、水分もしっかりととっておきましょう。

▼乳房痛　乳房の痛みはひじょうにつらいので、つぎのような予防に十分気をつけることがたいせつです。

まず第1に、乳管が閉塞しないように、授乳前に少し母乳をしぼるか、ひまを見つけては乳房のマッサージをしてください（次頁図）。

第2は、1回ごとの授乳を長くしないことです。片方の乳房で15分くらいまでにしておきましょう。長くしゃぶらせていると乳首がふやけて、傷つきやすくなります。

第3は、授乳の姿勢をいろいろと変えて、赤ちゃんの口に含ませる乳首の角度を変えることです。また、乳首だけでなく、乳輪まで深く含ませるようにしてください。

第4は、乳房を清潔に保ち、乳首を乾燥した状態にしておきましょう。

そのためには、いつも胸に清潔でやわらかいタオルやブレストパッドをずれないようにあて、乳首がこすれずに乾燥した状態を保てるようにします。

授乳後には乳首を軽くふき、そのまま空気にさらしたり、日光にあてたりするのがよいでしょう。

乳房がしこって痛くなると、すぐ乳腺炎（824、825頁）と考えがちですが、発熱や乳房の発赤（皮膚が赤くなる）、わきの下のリンパ節が腫れて痛いということがなければ、ただお乳がたまっただけのうつ乳です。

このうつ乳に対しては、痛みを多少我慢しても赤ちゃんに吸ってもらうか、手でしぼり、とにかく乳を出すことがたいせつです。また、乳房マッサージや、授乳と授乳の間に湿布をするのも効果的です。

発熱、乳房の発赤、熱感、痛み、わきの下のリンパ節が腫れて痛いといった症状がみられた場合には、乳腺炎の疑いもあります。医師の診察を受けてください。

乳房マッサージ

〈三森式乳房マッサージ〉

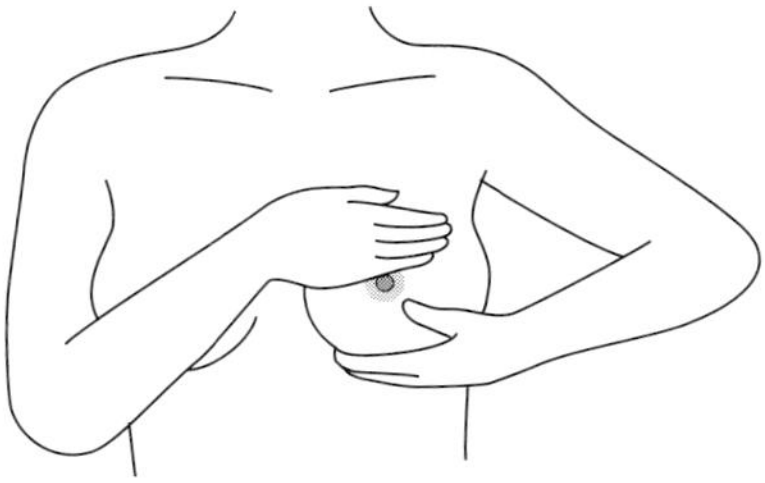

①片方の手で乳房を支え、反対の手でなで下げながら、グッと乳房を持ち上げます。数回したら反対側も。

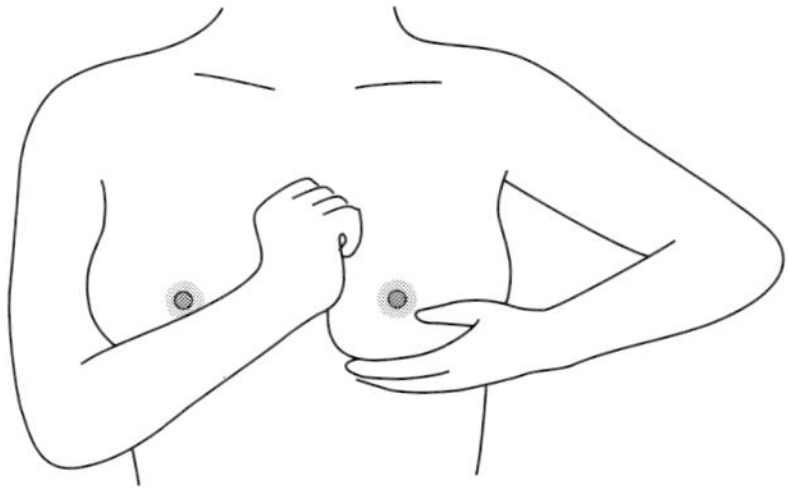

②片方の手で乳房を下から支え、反対側の手を軽く握り、手のひらで中心部に向かって押します。

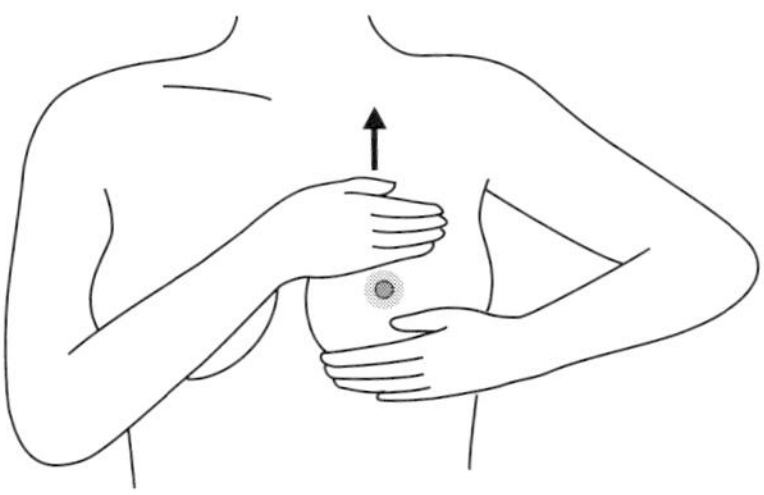

③両手のひらで、乳房を強くグッと持ち上げます。数回したら反対側の乳房へ。

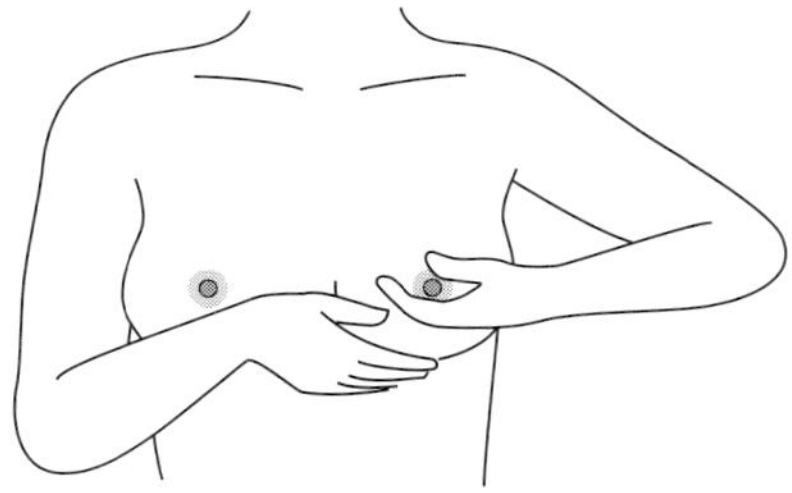

④片方の手で乳房を軽く支え、反対側の手で乳輪の基部を軽く、しかししっかりと圧迫して、静かに乳汁をしぼるようにします。乳首をつかんではいけません。

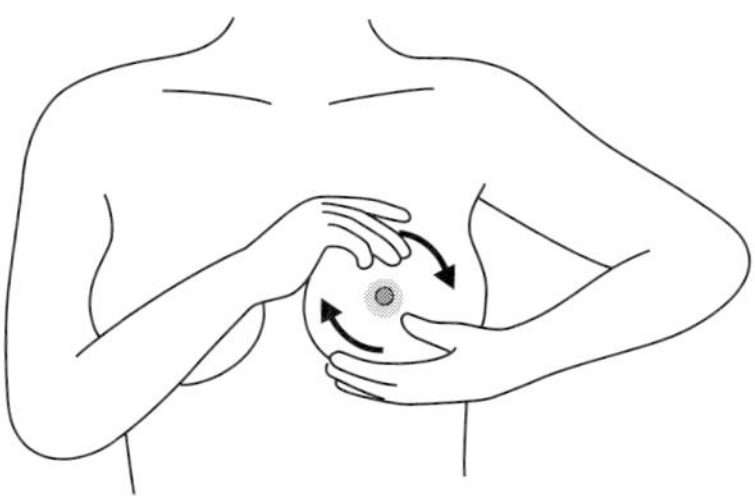

⑤両手で乳房を時計の針の方向に、軽くマッサージします。数回したら反対側も。

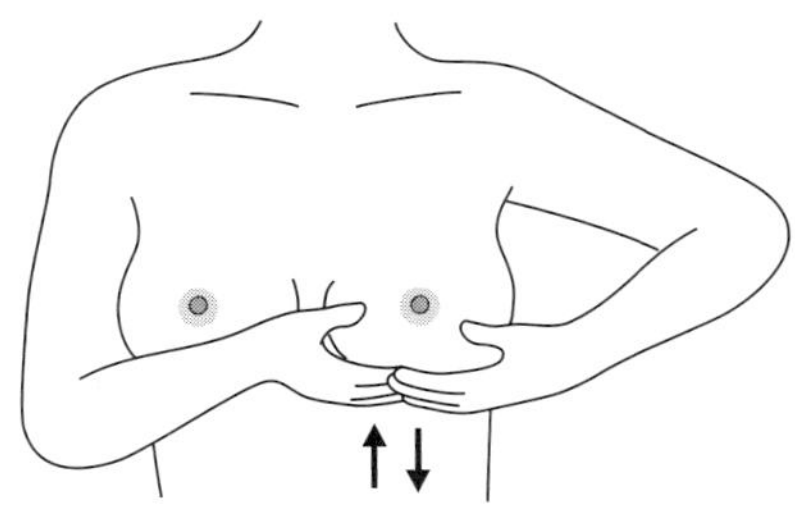

⑥両手で乳房を支え、持ち上げて落とします。数回したら、反対側も。

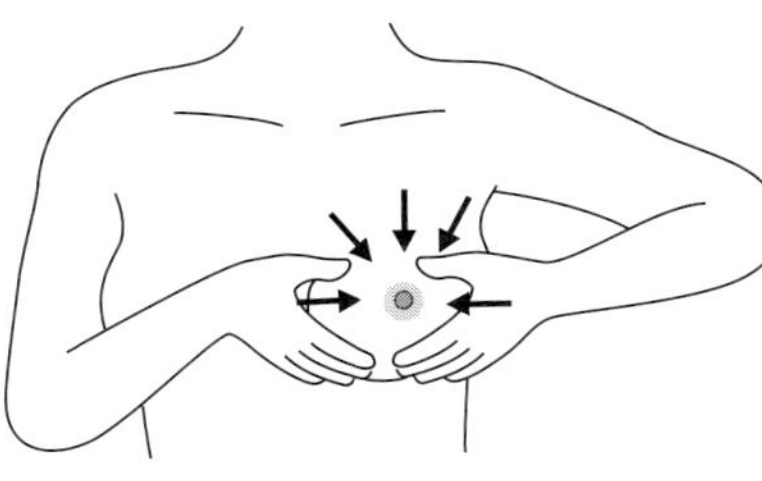

⑦両手の親指で、乳房の中心へ向かって押します。数回したら、反対側も。

（三森孔子『すてきなラマーズ法お産』より）

▼息苦しさ・頭痛・むくみ　これらの症状が現れたときには、早めに医師にみてもらってください。腎臓、心臓などに異常があるかもしれません。

とくに、妊娠高血圧症候群（876頁）があった人は、注意が必要です。産後も安静を保って、なるべく面会は断るべきです。また食事は減塩食をとり、水分の調節も必要です。むくみやたんぱく尿、血圧にも注意しつづけてください。

▼排尿の異常　分娩後に、排尿困難や尿失禁がおきることがあります。尿は我慢せずに、尿意が鈍くてもこまめにトイレに行くように心がけましょう。

尿失禁がある人は、キーゲル体操（2264頁コラム）を行いましょう。産後の尿失禁は、たいてい3か月以内で治る場合が多いようです。

▼便秘　栄養のバランスがとれるように食事を心がけて、野菜、果物、水分を十分にとってください。また、過食を避け、必要なら緩下剤を服用してください。

▼痔　分娩が終了し、下大静脈への圧迫がとれると自然によくなります。

洋式便所で温水マッサージをしたり、入浴や座浴によって局所の清潔につとめ、長時間の座位を避けるなど、普段からうっ血を避けて、血行をよくするように心がけてください。

また、便秘をしないよう努力することもたいせつです。

なかなか治らない場合には、医師に相談して、坐薬やクリーム、緩下剤を処方してもらいましょう。

▼会陰部の痛み　会陰部を縫ったあとの痛みが2〜3週間すぎてもつづいたり、ひどくなるとき、あるいは、出血したり化膿したりしたときには、医師にみてもらい、治療を受けましょう。

▼外陰部のかゆみ　多くはおりものによるただれのせいです。かゆみがひどければ、副腎皮質ホルモンや抗生物質の入ったクリームを塗るとよいかもしれません。

それでも治らなければ医師にみてもらい、おりものの検査を受けましょう。カンジダというかびの一種が原因のことが多く、それに合った薬を使えば、わりあい早く治ります。

▼手足のしびれと痛み　これは産後に感じる人が多いようですが、その原因の多くはお産による疲れです。むりさえしなければ、日を追って軽くなっていくでしょう。

ただし、むくみがあるようなら医師に相談してください。

▼貧血　立ちくらみや動悸がするのは、たいていは疲労のためですが、貧血によることもあります。

疲れが激しく、爪の色が悪くて、顔色がすぐれないようなら、鉄分の多い食品を多くとるように心がけてください。緑黄色野菜、海藻類、魚介類、大豆、レバーなどに鉄分が多く含まれています。

それでも元気がでないようなら、医師に相談してください。貧血の程度によっては、鉄剤を飲む必要もあります。

▼こころの悩み　お産のあとに、気分が落ち込んだり、落ち着かなかったり、涙が出たり、イライラするといったことがあります。

これは、ホルモンをはじめとするからだの急激な変化と関係しており、ある程度はしかたのないことです。

マタニティブルーや産後うつ病など、産褥期精神障害（896頁）にはさまざまな型があります。たいせつなのは、その気分の変調にこだわったり、赤ちゃんをもったことで気負いすぎたりしないように、気分を楽にすることです。

それにはまず、何もかもひとりで完璧にこなそうと考えないことです。育児や家事は夫や実家、友人などの協力を得て、睡眠をよくとって、疲れを回復させることが重要です。

慢性の病気をもつ人の妊娠・出産の注意

病気をもつ人の妊娠を、**合併症妊娠**といいます。以前は、重い病気をもった人が妊娠し、出産することは、それほど多くありませんでした。

しかし、現在では医学の進歩により、さまざまな治療法が開発されています。そのことによって、先天性心疾患や腎臓病などの重い病気をもった人でも、元気な赤ちゃんを出産することが可能となりました。

◇リスクを少しでも減らすために妊娠・出産で、注意したいこと

妊娠・出産は、母体に大きな負担をかけるとともに、大きな変化をもたらします。

慢性の病気が妊娠・出産に悪い影響を与えないよう、そして妊娠・出産によって、その病気が悪化することのないように、配慮と努力が必要です。

以下に述べることは、どの病気についても共通しています。必ず守りましょう。

◉妊娠する前に医師と相談すること

慢性の病気をもっている人は、妊娠する前に必ず、妊娠してよいかどうか、治療を受けている医師に相談することがたいせつです。

自分で勝手に判断して妊娠すると、病気によっては、重大な結果を招きかねません。

たとえば、重い心臓病をもっている場合には、早期の人工妊娠中絶といえども、お母さんの生命に危険がおよぶこともあります。

◉産婦人科の医師のかかりかた

慢性の病気をもつ人は、専門の医師に治療を受けている場合がほとんどと思われますので、まず第一に、妊娠してよいかどうか、その医師に相談してください。

現在では、きわめて早期に妊娠の診断ができます。

妊娠と診断されたら、すぐに産婦人科の医師を紹介してもらい、産科の医師と専門医の連携で厳重に慢性の病気と妊娠の管理をしなければなりません。

◉病院の選びかた

慢性の病気をもつ人は、低体重児出産の可能性が高く、さらに赤ちゃんに異常がおこりやすいので、産科医、新生児専門医、および、各疾患の専門医のいるＮＩＣＵ（新生児集中治療室）などの設備のあるセンター病院を選んで、厳重に、慢性疾患と妊娠を同時に管理しなければなりません。

◇疾患別にみる妊娠・出産の注意点

ここからは、比較的多くみられる病気をもった人の、妊娠・出産時に注意すべき要点を述べます。

◉内分泌・代謝の病気

①糖尿病

糖尿病（1501頁）の人が妊娠すると、お母さんと赤ちゃんにいろいろな病気がおこります。

赤ちゃんでは形態異常、巨大児（580頁）、低血糖症（1507頁）、呼吸窮迫症候群（2275頁）、核黄疸（585頁）などが発生します。もっとも困るのは、突然赤ちゃんが子宮内で死亡することです。

お母さんが無事に、健康な赤ちゃんを産むためには、妊娠する前からきちんと糖尿病を管理することがたいせつです。

▼妊娠前の対策　もっとも重要なのは、糖尿病の人は妊娠前から食事療法、運動療法、インスリン療法を行って、血糖値を管理しておくことです。血糖値を厳重に管理することによって、お母さんや赤ちゃんの合併症を、減少させることができます。

▼妊娠中の対策　糖尿病の管理でいちばんたいせつなことは、妊娠前と同じように食事療法やインスリン療法を行って、厳重に血糖値をコントロールすることです。

すなわち、つぎの式から自分の標準体重を計算して、1日の摂取エネルギー量を決めます。

標準体重(kg)＝22×〔身長(m)×身長(m)〕

管理の基本は、空腹時の血糖値を血液1dℓ中100mg以下、食後2時間値120mg以下を維持することを目標とします。

もう少しくわしく説明すると、1日の摂取エネルギー量は、つぎの式により算出します。

非肥満妊婦の場合は、

摂取エネルギー量（kcal）＝標準体重×30

これに妊娠初期は＋50、妊娠中期は＋250、妊娠後期は＋450の付加量を加えます。

肥満妊婦の場合は、

摂取エネルギー量（kcal）＝標準体重×30

となり、付加量は加えません。食事療法とともに、食後の高血糖をおこさない、空腹時のケトン体産生を亢進させないことに注意します。

たとえば、妊娠初期で、標準体重60kgの人の1日の摂取エネルギー量は、

60×30＋50＝1,850（kcal）

となります。

このエネルギー量だけでは、何をどれだけ食べてよいのかわからないと思いますので、病院の栄養指導を受けて、献立をつくるとよいでしょう。

以上の摂取エネルギー量のコントロールを実践し、前に述べた血糖値の目標が達成されない場合は、運動療法、さらにインスリン療法を行う必要があります。

この食事療法は、妊娠していないときと比べて、ひじょうにたいへんなことですが、健康な赤ちゃんを産むためには、とてもたいせつなポイントとなります。

妊娠前からインスリン療法が必要な場合は、血糖値が良好な状態に保たれているかどうか、検査することがたいせつです。

また、妊娠週数が32～34週と進むにつれ、インスリンの需要量が増加します。そのため、糖尿病が重く管理が不良の場合には、注射するインスリン量を増やさなければなりませんので、入院して管理をする必要があります。

▼分娩方法について　糖尿病の管理が良好な場合は自然分娩も可能ですが、不良の場合は、赤ちゃんが大きく育ちすぎるため、経腟分娩が不可能になり、帝王切開が必要となる場合があります。さらに管理が悪いと、赤ちゃんが子宮の中で死亡する場合もあります。

しかし、先に述べたように、管理を適切に行えば、自然分娩で元気な赤ちゃんを産むことができます。

また、糖尿病の人は、妊娠高血圧症候群（876頁）や尿路感染症を併発しやすく、症状が重くなったり、予後が悪くなりますので、食事療法を厳重に行って、さらに、減塩食をとることもたいせつです。

▼出産後の対策　出産後は、お母さんのインスリンの需要量が減少しますので、食事療法やインスリンの使用量を、妊娠前に戻す必要があります。

赤ちゃんは、出産後の早い時期に低血糖をおこしやすいために、早めにぶどう糖を注射したり、授乳を早めに始めるといった処置が必要です。

②甲状腺機能亢進症

甲状腺機能亢進症（1474頁）の原因疾患の90％は、バセドウ病（1475頁）です。

その治療のために、甲状腺のはたらきを抑える抗甲状腺薬を内服している人の妊娠・出産が問題になります。

甲状腺機能亢進症では、流・早産、死産、低

出生体重児（580、2274頁）、妊娠高血圧症候群（876頁）、心不全（1342頁）などの発症リスクが高まることが知られており、血液中の甲状腺ホルモン値を基準範囲内に保つことが重要です。

なお、抗甲状腺薬の内服は、赤ちゃんにはほとんど影響しないといわれており、抗甲状腺薬を内服している場合でも、赤ちゃんの形態異常発生率は、一般の妊娠とほとんど変わりありません。

いっぽう、妊娠が判明した時点で抗甲状腺薬の内服を中止すると、流産率が上昇する傾向にあるようです。

抗甲状腺薬を内服していても、妊娠・出産をあきらめる必要はありません。

▼妊娠中の対策　妊娠中は定期的な検査を行って、甲状腺機能のはたらきをチェックする必要があります。今まで経過をみてもらっていた内科医と産科医に、密に連絡をとってもらうようにしましょう。

妊婦健診以外のときでも、動悸が頻繁におきたり、脈拍数が1分あたり１１０回以上あったりする場合は、かかりつけの産婦人科を受診しましょう。

▼分娩時の注意　分娩の管理方針は、一般の妊婦のときとほとんど変わりません。

しかし甲状腺の機能が亢進状態にある人は、分娩後に急激に症状が悪化することがあります。したがって、お産の直後は、慎重な管理が必要です。

▼出産後の対策　抗甲状腺薬は、母乳中に出てくることが知られていますが、1日３００mg以下のプロピルチオウラシル服用、1日10mg以下のチアマゾール服用であれば、授乳はさしつかえないといわれています。

③甲状腺機能低下症

甲状腺機能低下症の原因のほとんどは、**橋本病**（1479頁）です。

橋本病は女性の10～20人に1人の割合でみられるという、ひじょうに頻度の高い病気です。しかし、自覚症状の乏しい例も多く、妊娠時に初めて発見されるケースもあります。

甲状腺機能低下症の妊婦では、治療により、甲状腺の機能が正常域に保たれていれば、妊娠、出産、産褥において、とくに大きな問題はありません。

また、甲状腺ホルモン剤服用中の授乳についても、足りないホルモンを追加するだけなので、なんら問題はありません。

◉心臓病（心疾患）

心疾患は、妊婦の０・５～１％にみられます。

そのなかで、リウマチ性心疾患がもっとも多く、先天性心疾患がついで多くなっています（心臓の病気　677頁）。

心疾患は、妊娠することによって多かれ少なかれ悪影響を受けると考えたほうがよいでしょう。心疾患による循環不全により、母児間のガス交換が妨げられ、流産や早産をきたしやすくなります。

妊婦は、循環血液量の増加、横隔膜の挙上（正常の位置より上にあがってしまう）、および自律神経系の変化などにより、心臓への負担が増加し、妊娠８～10か月のころに心不全（1342頁）をおこしやすくなり、ときとして死に至る場合もあります。

心疾患の重症度は、次頁の表に示したニューヨーク心臓協会（ＮＹＨＡ）の心機能分類によって判定できます。

Ⅰ度、Ⅱ度は予後良好であり、妊娠・分娩は危険なく経過するので、内科医と産科医の協力のもとで妊娠を継続します。ただし、肉体労働は制限します。

Ⅲ度、Ⅳ度は予後不良であり、入院のうえジギタリス治療を行い、Ⅰ度、Ⅱ度の状態まで改善させ、妊娠を継続するようにします。

重症度が改善されないか、または、心不全をおこす可能性が大きい場合には、妊娠初期に人工妊娠中絶を行うべきです。

▼妊娠中の対策　心不全やほかの合併症を発生しないように、気をつけなければなりません。

妊娠中は、できるだけ安静を守って、減塩の食事をとり、不必要に体重を増やさないようにしましょう。

ニューヨーク心臓協会（NYHA）の心機能分類

分　類	判　定　法
第Ⅰ度	心疾患があっても日常の肉体活動で疲れやすかったり、動悸・息切れ・狭心痛が出現しない。
第Ⅱ度	肉体活動が軽度に制限される。階段を上がること、布団の上げ下ろし、拭き掃除で疲労・動悸・息切れ・狭心痛をきたす。ただしふつうの歩行や炊事は楽にできる。
第Ⅲ度	肉体活動が著しく制限される。ふつうの歩行や炊事でもつらい。手先の仕事ならばできる。安静時には症状がでない。
第Ⅳ度	不快をともなわずにいかなる肉体活動もできない。少しでも動くとつらい。安静にしていても心不全ないし狭心症状があることがある。

▼出産時の対策　分娩の際に、息むことが心臓に負担をかけるため、吸引分娩を行う場合が多いようです。帝王切開は必ずしも得策ではありません。

▼出産後の対策　生まれた赤ちゃんは、低出生体重児（580、2274頁）であることが多く、先天性心疾患をもつ母親から生まれた赤ちゃんは、先天性心疾患のあることが多いので、検査をしてもらいましょう。

◉呼吸器の病気

①気管支ぜんそく

気管支ぜんそく（1264頁）を持病にもつ妊婦は、まれではありません。全妊娠の0・4～1・3%といわれています。そして、その5分の1が、妊娠中に生命を脅かすような重症発作をおこしています。

気管支ぜんそくは、きちんとコントロールができていないと、母体と胎児の双方の生命にかかわることもあり、注意を払わなければならない合併症のひとつです。

妊娠前から気管支ぜんそくのコントロールを行って、計画的に妊娠することが望ましいのですが、約半数の人が、コントロールできないまま妊娠してしまうのが現実です。妊娠したと思ったら、一刻も早く産科医に相談しましょう。

ぜんそく発作を予防する薬の内服は、絶対的に安全とはいいきれませんが、不安定なぜんそくコントロールは、薬物治療よりもはるかに危険であることを認識すべきです。

また、母子ともに元気に出産を迎えるためには、妊婦、産科医、内科医の連携と信頼関係が不可欠であることは、いうまでもないことです。

◉腎臓病

腎臓病を持病にもつ人の妊娠は、母体および赤ちゃんともに危険が大きいとして敬遠されてきました。

一般に、妊娠すると腎機能は約50%上昇します。腎障害があると、この上昇がみられなくなって、妊娠早期から高血圧を合併する頻度が高くなります。高血圧を合併するようになると、かなり危険です。

普段からしっかりとした腎臓の管理を行いましょう。そして、妊娠が許可されたら、計画的に妊娠するようにして、妊娠の回数は最低限に抑えるべきです。

また、いざというときにすぐに対応できるように、ＮＩＣＵ（新生児集中治療室）や透析施設などを備えた病院に、妊娠早期に移ったほうがよいでしょう。

◉血液の病気

出産に際して注意すべき病気のなかでも、血液の病気（出血しやすい病気）は、とくに重要です。なぜなら、出産には出血がつきものだからです。

出産の際に、大出血がおこると、命にかかわります。また、胎児の成長や発育などにも影響しますので、出産の前に治療をしておくことがたいせつです。

①特発性血小板減少症

自己免疫の異常が原因で、血小板が減少する病気を、特発性血小板減少症といいます。

標準では、血小板数は15万以上（血液1㎣中）あるのがふつうですが、この病気にかかると、血小板が少ないために出産時に大出血をおこしたり、ときには赤ちゃんの血小板も少なくなって、赤ちゃんに頭蓋内出血がおこり、生命にかかわる危険をともなうこともあります。

血小板数が5万以上であれば、とくに出産時に問題はありませんが、血小板数が5万未満の場合には、治療が必要になります。

妊娠中の対策としては、血液検査で血小板数を調べることでわかりますが、皮下出血をたびたびくり返す場合には、産婦人科医もしくは内科医に相談しましょう。

②鉄欠乏性貧血（1441頁）

妊娠中は、赤ちゃんに血液を送るために、一般に、鉄欠乏性貧血になりやすいとされています。妊娠中は、鉄分が多く含まれる食品（肉、魚、レバー、緑黄色野菜など）をよくとるようにしましょう。

それでも、十分な鉄分が補給できない場合は、鉄剤の内服や注射を行う場合もあります。

◉自己免疫疾患

自己免疫疾患（2002頁）には、さまざまな病気がありますが、妊娠中に問題となるのは、全身性エリテマトーデス、関節リウマチ（2014頁）、特発性血小板減少症（前述）、重症筋無力症などです。

①全身性エリテマトーデス（2030頁）

この病気の女性が妊娠した場合、もっとも問題になるのは、全身性エリテマトーデスによっておこる腎障害の程度です。

腎障害がひどければ、胎児の発育に影響を与えるだけでなく、人工妊娠中絶が必要になる場合もあります。

産婦人科医か専門医に、妊娠の継続が可能なのかどうかを調べてもらうことが、もっとも重要です。

②重症筋無力症（990頁）

手足の筋力の低下は、おもに妊娠中から産褥期にかけて悪化することがあります。育児に支障などがでないように、症状には十分気をつけてください。

◉脳・神経、こころの病気

妊娠中や産褥期にかけては、なにかと女性は、精神的に不安定になりやすいものです。

とくに、妊娠前からこころの病気か脳に器質的な病気をもっている場合は、この時期の変化が誘因となって、症状が顕著に現れる場合が少なくありません。

周りの人（家族や夫など）も、妊婦のこころの負担をなるべく少なくするように、さまざまな形で協力して、症状を安定化するような努力が必要です。

◉てんかん（958頁）

多くの抗てんかん薬には、催奇形性があると考えられています。

また、妊娠中に抗てんかん薬を服用していると、胎児の葉酸欠乏や、新生児（赤ちゃん）の出血傾向を引き起こす可能性があります。これを予防するためには、妊娠前1か月から妊娠3か月までの葉酸摂取と、妊娠後期のビタミンK服用が有効です。

海外旅行の健康知識

外国ではことばも習慣も異なります。海外旅行での病気やけがで困らないように、事前の準備はしっかりしておきましょう。

海外に出かける前に

◇まず渡航先の医療事情を調べる

海外に出かける前に、まずやっておきたいことは、渡航する国の健康に関する情報や現地の医療事情などの情報を得ることです。

外務省ではホームページで「世界の医療事情」(http://www.mofa.go.jp/mofaj/toko/medi/index.html) の紹介をしています。トップページから「海外渡航・滞在関連情報」を選択し、さらに「海外安全対策」を選択すれば閲覧できます。厚生労働省検疫所 (http://www.forth.go.jp/) や国立感染症研究所 (http://www.nih.go.jp/niid/) の情報も読んでおきましょう。

◇健康診断を受けておく

現在では、海外への旅行はそれほど特別なイベントとはいえません。多くの人が、ヨーロッパへ、アメリカへ、アジアへと気軽に出かけて行くようになりました。

しかし、やはり日本とは水も食事も、ことばも、気候も異なる土地への旅行です。出発前に体調をくずすと、集中力や抵抗力が低下して、病気やけがをしやすくなります。旅行に出かける前から体調を整えておくことは、旅先での病気の予防にとっても大事なことなのです。

とくに40歳以上の人は、たとえ健康に自信があっても、長期の旅行や、医療衛生環境の不備な国に赴いたりする場合には、健康診断を受けておきましょう。

健康診断で異常が見つかると、精密検査の受診を勧められることがあります。この検査に手間どって予定どおり出発できないと困るので、余裕をもって早めに健康診断を受けましょう。

痔、湿疹、むし歯など、症状がそれほど重くはなく、生活にさほど支障のない病気なら旅行は可能ですが、旅先で悪化すると、慣れない海外での治療は厄介です。治せる病気は治して出発したほうがよいでしょう。

◇持病のある人の心得

●医師の指導が必要な病気

年配の人は、高血圧、糖尿病、心臓病、若い人でも、ぜんそくや胃・十二指腸潰瘍を持病にもつ人は珍しくありません。出発前にかかりつけの医師のチェックを受けておきましょう。

海外旅行は非日常的な行動です。人のこころやからだは、慣れないことに出会うと、ストレスを感じることが多いものです。飛行中の気圧の変化、時差、気候や飲食物のちがいなどがストレスとなって、血圧が高くなったり、糖尿病が悪化したりしがちです。ときには、機内で心臓発作をおこす人もいます。

持病をもつ人は、旅行中どんな注意が必要か、医師に聞いておきましょう。

◉持病のある人は、英文の紹介状を持参

持病をもつ人は、海外での受診が必要になる可能性が高くなります。こうした場合に備えて、症状や治療内容を記した英文、またはできれば現地語の紹介状を、かかりつけの医師につくってもらい持参しましょう。

かかりつけの医師が英語は不得手でも、英語の医学用語は知っているはずです。英語の病名・症状名を交えた日本語の紹介状をつくってもらい、英語か現地語に堪能な知人や翻訳者に翻訳してもらう方法もあります。この場合、医師の捺印は必要ありませんが、署名（サイン）は欠かせません。

また、渡航間近に病気やけがをした場合、航空会社にＭＥＤＩＦ（国際診断書）を提出する必要があります。機内での治療や医療装置などの使用も同様です。

◉医師の処方薬を持参する際の心得

旅行中も服用しなければいけない薬は事前に処方してもらいます。長期の処方も可能なので、その旨を医師に申し出ましょう。

なお、入国の際、薬をチェックされることがあります。麻薬などの違法ドラッグと誤解される場合もあるので、スムーズに入国するには、英語の薬品名（商品名ではなく一般名）と有効成分の含有量を記した処方せんと英文の診断書を用意したほうがよいでしょう。

旅行期間が長く、レベルの高い病院や医師の診察を受けられるところに滞在するのであれば、現地で治療を受けるのもよいでしょう。病状は変化するものですし、持参した薬がいつまでもよく効くとはかぎらないからです。

◇携帯したい市販薬

◉どんな市販薬が役立つか

海外では医薬分業制をとっている国が多く、医師から直接薬を受け取ることができないのが原則です。処方せんのいらないＯＴＣ薬（2319頁）もありますが、種類はかぎられています。

また、休日や夜間には、医師がつかまらないこともあります。

したがって、海外旅行に不慣れな人が海外に行く場合は、必要度の高い薬を持参すべきです。総合感冒薬、解熱鎮痛薬、総合胃腸薬、下痢止め、傷薬、抗アレルギー外用薬などは、割合、使用頻度の高い薬です。

このほか、便秘がちな人は便秘薬がいるでしょうし、スモッグがひどい土地やほこりっぽい土地では点眼薬やマスクが役立ちます。

機内では、エコノミークラス症候群（1414頁上段）にも注意して、こまめに水分を補給するようにしましょう。

◉市販薬を使うときの注意

持参する薬の使用法などについては、薬剤師や医師からよく説明を受けてください。添付されている「使用上の注意」もよく読んで、記載どおりに正しく使用することがたいせつです。

子どもには、おとな用の薬の量を加減すればよいことが多いのですが、よくわからなければ、薬剤師や医師に聞いて確かめましょう。

薬を使い始めて一両日たっても症状がとれないようなら、めんどうがらずに現地の医師の診察を受けましょう。

◉薬は、どんな剤型がいいか

飲み薬は、なるべく錠剤かカプセルを選んでください。粉薬は通関の際に麻薬の嫌疑を受けることがありますし、水薬はかさばるうえ、一般に有効期間が短いからです。

錠剤やカプセルは、びん入りの物より、銀紙に合成樹脂板を貼り合わせたPTP包装やプラスチック包装の物のほうが長持ちし、保管にも便利です。粉薬は、なるべくヒートシートで分包してあるものを選んでください。

◉薬の保管法

薬は一般に湿気と高温を嫌います。湿度の高い熱帯地方に長く滞在する場合は、缶やプラスチック容器に薬といっしょに乾燥剤を入れて密封し、なるべく涼しい場所に保管してください。

薬は、保管条件にもよりますが、常温（0～30℃）で未開封でおいた場合、3年間、有効成分が変質してはならないと定められています。有効期間は「使用上の注意」に、使用期限は薬の外箱や薬びんのラベルに記されています。

◉マラリア予防薬を服用する

マラリア（2114頁）の流行地（中央アフリカ、東南アジアなど）に入る場合で、発病して5日以内に適切な治療を受けることのできない地域では、マラリア予防薬の服用をつづける必要があります。

予防薬を服用しても感染は完全に防げませんが、発症しても軽くてすみます。

なお、予防薬は規則的に服用しないと発症は防げません。そのため、帰国してからも4～6週間は飲みつづける必要があります。

予防薬には、クロロキン、プログアニール、メフロキン、ドキシサイクリン（クロロキン耐性マラリアが大半を占める地域で使用される）などの製剤がありますが、最近では薬剤に耐性のあるマラリア（耐性マラリア）の存在が大きな問題となっています。ですから、服用する予防薬は、渡航先のマラリア汚染状況などによって決める必要があります。

◉マラリア予防薬の副作用と入手法

予防薬は以下のような副作用をおこす場合があります。

▼クロロキン　胃腸障害、頭痛、めまいなど（肝臓や腎臓に障害のある人の服用は、網膜症をおこす場合があるため禁止）。

▼プログアニール　胃腸障害（妊婦、新生児の服用は禁止）。

▼メフロキン　胃腸障害、めまい、平衡感覚障害。

▼ドキシサイクリン　胃や肝臓に障害などが生じるが、くわしいことは不明。

なお、メフロキンは医師の指示書あるいは処方せんがなければ、購入できません。取扱っている医療機関については、検疫所まで問い合わせましょう。

日本でマラリアの予防薬を調達できなかったときは、経由地や流行国でできるだけ早く購入し、所定の方法で服用を始めてください。欧米や流行国では、たいていの薬局で処方せんなしで売ってくれます。

◉携行したい衛生用品・器具

ある程度発展した国の都市であれば、たいていの衛生用品や器具は入手できますが、途上国、しかも僻地ともなると手に入りにくいので、必要度の高いものは準備していくべきでしょう。

包帯、三角巾、滅菌ガーゼ、脱脂綿、絆創膏、消毒液、ピンセット、はさみ、体温計などを持参すると、まさかのときに重宝します。

途上国の僻地へ行くときは、使い捨ての注射器と注射針を少し持って行くと安心でしょう。医師にわけを話し、分けてもらってください。

血圧の高い人はデジタル表示の電子血圧計、糖尿病の人は血液中の糖の濃度を測定する携帯用血糖センサーと尿中の糖の有無のわかる検尿テープを持って行くことをお勧めします。

眼鏡やコンタクトレンズを使用している人は、紛失・破損に備えてスペアを用意しましょう。短期間の旅行には、使い捨てのコンタクトレンズも便利です。蚊の多い土地では、蚊取り線香や蚊除けのスプレー（子どもにはジェルタイプを使用してください）も必要でしょう。

そのほか、行き先の状況によっては、日焼け止めクリーム、自動変圧器つき小型湯沸かし器、粉末スポーツドリンクなども役立ちます。

◇受けておくと安全、予防接種

海外を旅行する場合、国や地域によっては予防接種を要求される場合があります。また、要求されることはなくても、日本にはない感染症が存在する国があります。感染を防ぐために、予防接種を行うことはたいせつです。

なお、ワクチンは種類によっては2～3回の接種が必要なものもあります。出発予定日の3か月以上前から、検疫所や予防接種機関で、接種の種類とスケジュールを相談するようにしましょう。

また、高山病予防の相談は、日本旅行医学会（http://www.jstm.gr.jp/）の認定医にすることができます。

◉黄熱ワクチン

おもにアフリカの熱帯地帯や南アメリカの熱帯地域の国々など、黄熱（2115頁）の流行国への入国者に接種が義務づけられている唯一のワクチンです。入国時の検疫で、**接種証明書**（**イエローカード**）の提示を求められることがあります。行き先が、黄熱の予防接種が必要な国かどうか、旅行代理店や検疫所で確かめましょう。

また、これらの黄熱の流行国から、インドや東南アジアの国々へ入国するときも、ワクチンの接種を要求されるので、帰国時の乗り換えの際に必要となる場合があります。

黄熱ワクチンの予防接種は、港湾検疫所・支所と千歳・成田・中部・関西・福岡の空港検疫所（下欄参照）、東京、横浜の日本検疫衛生協会（東京☎03‐3527‐9135、横浜☎045‐671‐7041）などで受けることができます。本人が電話で予約し、受けに行くことになっています。

なお、卵アレルギーの人は、この予防接種を受けることができません。検疫所に備えられている禁忌証明書にその旨を医師に記入してもらいましょう。

◉破傷風トキソイド

破傷風菌は、世界各地の土の中にいます。交通事故や屋外でのけがの際に感染することがあって、途上国では主要な死因のひとつです。

日本では、1967（昭和42）年以前に生まれた人は、破傷風トキソイドを含む三種混合ワ

■黄熱の予防接種のできる検疫所など

●小樽検疫所	☎0134-23-4162
●千歳空港検疫所支所	☎0123-45-7007
●仙台検疫所	☎022-367-8101
●仙台医療センター（予約の受付は仙台検疫所）	
●盛岡病院（予約の受付は仙台検疫所）	
●成田空港検疫所	☎0476-34-2310
●東京検疫所	☎03-3599-1515
●国際医療研究センター病院	☎03-3202-1012
●東京医科大学病院	☎03-5339-3137
●横浜検疫所	☎045-201-4456
●新潟検疫所	☎025-275-4615
●中部空港検疫所支所	☎0569-38-8205
●大阪検疫所	☎06-6571-3522
●関西空港検疫所	☎072-455-1283
●神戸検疫所	☎078-672-9653
●広島検疫所	☎082-251-2927
●高知出張所	☎088-832-5422
●門司検疫所	☎093-321-3056
●福岡空港検疫所支所	☎092-477-0210
●長崎検疫所支所	☎095-826-8081
●鹿児島検疫所支所	☎099-222-8670
●那覇検疫所	☎098-857-0057

クチンの接種を受けていないので、途上国にいくときは、破傷風トキソイドの接種を受けておくべきでしょう。三種または四種混合ワクチンを接種していても、おとなになると免疫力が低下していることもあるので、けがをする恐れのある人は、追加接種を受けておいたほうが安心です。

◉その他の予防接種

A型肝炎、B型肝炎、日本脳炎、ポリオ、狂犬病などの流行地に行く場合は、医師と相談し、必要な予防接種を受けておきましょう。

▼A型肝炎　途上国に1か月以上滞在する人にお勧めします。２０１３年より16歳未満の人も接種できるようになりました。

▼B型肝炎　旅行先での性行為に注意することで予防が可能です。必要な場合は近くの医療機関に相談しましょう。

▼日本脳炎　東アジア、南アジア、東南アジアへ行く人は受けておきましょう。

▼ポリオ　接種を受けられる医療機関や日時は限定されますが、南アジア、中近東、アフリカへ行く人は接種を考えましょう。なお、不活化ワクチンを国内で打ちたいなら、個人輸入している医療機関で対応しましょう。

▼狂犬病　アジア、アフリカ、中南米では多数の患者が発生しています。狂犬病ウイルスは、犬だけではなく、野生の哺乳動物に広く分布しているので、これらの地域へ旅行する人は、接種を受けておくべきでしょう。

▼腸チフス・パラチフス　腸チフス、パラチフス混合ワクチンは、日本では入手が困難なので、個人輸入で対応するか、流行地についたら早めに接種を受けるようにしましょう。

▼コレラ　コレラワクチンは、その効果に疑問がもたれているので、しいて受ける必要はないでしょう。ただし、欧米で市販されている経口コレラワクチンは有効性も高く、病原性大腸菌にも予防効果があるとされています。個人輸入に対応している医療機関であれば入手可能です。

▼ペスト　ペストワクチンの効果については必ずしも十分でないので、流行地での医療従事者や、感染の危険性の高い人以外の接種は推奨されていません。

▼破傷風　けがをする可能性の高い冒険旅行に出かけるなら、接種を受けておきましょう。ただし、定期予防接種で12歳のときに破傷風トキソイドを含むワクチンを受けていれば、20歳代前半までは接種は不要です。

▼ジフテリア　ロシアや東欧に長期間行く人は、接種を受けておきましょう。ただし、12歳のときにジフテリアワクチンを含むワクチンを受けていれば、20歳代前半までは接種は不要です。

▼麻疹（はしか）　1度もまたは1度しか接種を受けたことがなく、麻疹にかかったことのない人は接種したほうがよいでしょう。生後9か月から接種可能です。

◉予防接種は、どこで受けられるか

東京、大阪などの大都市には、予防接種センターがあって、ここで予防接種が受けられるほか、東京都立駒込病院（☎０３-３８２３-２１０１）や大阪市立総合医療センター（☎０６-６９２９-１２２１）などでも接種サービスを行っています。

しかし、地方では予防接種の体制は必ずしも十分ではありません。わからないことがあれば、政令指定都市では各地域の保健所、市町村であれば保健センターや市役所・町村役場の衛生総務課や保健予防課など、担当部署に問い合わせてください。

子どもは、年齢に応じた必要な予防接種を受けているはずですが、受けていない場合、都市部であれば、海外でも受けることができます。品質も、まず問題ありません。

子どもが長期滞在する場合は、母子健康手帳を持参してください。母子衛生研究会（☎０３

-4334-1151）では、和文英文併記の母子健康手帳を売っています。中国語、ハングル語の手帳もあります。

なお、妊婦は、B型肝炎、狂犬病ワクチン以外の予防接種は、原則として受けないほうがよいとされています。

◇加入しておきたい海外旅行傷害保険

海外でレベルの高い医療を受けると、医療費がかなり高くなるのがふつうです。

もちろん、健康保険や国民健康保険の加入者が、海外でけがや病気になって医療費がかかった場合、帰国後に加入している健康保険に申請すれば公費負担分が戻ってきます。

しかし、所定の診療内容証明書に記入してもらうよう、現地の担当医に依頼したり、領収明細書に翻訳をつけなければならないなど、手続きがめんどうなうえ、給付額が医療保険が認定する範囲内にかぎられるため、しばしば自己負担額が高くなります。

ですから、万一のことを考えて、出発前に海外旅行傷害保険に加入しておくと安心です。

保険会社の多くは、6か月以内の海外滞在期間に応じた保険期間で、かかった医療費をカバーする保険を取扱っています。

海外旅行傷害保険は、けがや病気による医療費を補償する基本契約だけでなく、旅行中に発生した対人対物賠償責任や旅行者救援など、各種の特約が組合わされています。また、海外の救援会社（アシスタンス会社）と提携して、医療機関の紹介、救急患者の搬送、24時間の日本語電話サービス、医療情報の提供などを行っていて、まさかのときに頼りになります。

海外旅行傷害保険は、保険会社やその代理店はもちろん、旅行代理店や空港に設置されたカウンター、自動販売機で加入できるほか、インターネットでも加入できます。約款をよく読んで、契約内容を理解したうえで契約しましょう。

旅行中に病気になったら

◇海外での診察の受けかた

◉誰に相談したらいいか

医師の手当が必要になったら、団体旅行であれば、まず添乗員に相談します。個人旅行なら、ホテルのフロントやコンシェルジュに助けを求めるとよいでしょう。大きなホテルには診療所があって、医師がいるところもあります。

また、旅行の手配を依頼した旅行代理店の現地エージェントのサポートを受けられる場合もありますので、事前に確認しておきましょう。

日本大使館のある都会であれば、大使館付医務官に頼むと、病院を紹介してくれたり、適切な助言が得られたりすることもあります。

海外旅行傷害保険の加入者ならば、その保険会社と提携しているアシスタンス会社や代理店（クレームエージェント）に連絡して、救急車や病院の手配を依頼することもできます。

◉救急車に関する注意

一刻も早い治療を要する場合は、救急車（有料）を呼んで最寄りの病院や救命救急センターに急行することになります。

途上国でも、ほとんどの都市では公営、私営、または病院の救急車を呼ぶことができます。しかし、ときには、救急車の到着が遅く、タクシーのほうが早いこともあります。

◉僻地での救急医療は

救急車や病院を利用できない僻地に赴く場合は、無線機、救急医薬品、衛生用品、各種保護具などを状況に応じてそろえたり、救急蘇生法をマスターしたりして、万全の準備が必要です。

アシスタンス会社への救援依頼の方法や、費用負担保証の手続きなどを十分に理解しておき、まさかのときに悔いを残さないようにすることがたいせつです。

●緊急に受診するときの注意

ホテルであれば、ホテルの契約医が客室まで来てくれることはありますが、海外では医師の往診は一般的ではありません。

そのかわり病院に、24時間対応の救急外来(エマージェンシー)部門のあることがふつうで、これを利用できます。

診察に先だち、氏名、滞在場所、支払いを保証する人の氏名、自覚症状、既往症、予防接種歴、アレルギーの有無などを所定の用紙に英語または現地語で記入するか、口頭で告げる必要があるので、ことばが不自由だと時間がかかります。自信がなければ、ことばの堪能な知人に付き添ってもらうようにしましょう。

また、救急外来では、医療費を現金で支払わない場合、有効な保険に加入しているのか、誰が支払うかなどの支払い能力の確認に手間どり、とりあえず命に別状はないとの判断(トリアージ)がなされると、長時間待たされることも珍しくありません。

●病人の搬送に関する注意

遠隔地へ病人を運ぶ必要が生じた場合、各航空会社は、**国際航空運送協会**(ＩＡＴＡ)の統一規則に従って、病人の搬送を引き受けることになっています。

その規則によると、数人分の座席の背もたれを倒した上に簡易ベッドやストレッチャーを固定し、病人を寝かせることになっています。点滴や規定の器具を用いて酸素吸入を行うこともできます。この場合、占有した座席の料金は、当然請求されますし、状況によっては、医師の診断書を要求されることがあるほか、搬送中に医学的な処置を要する場合は、医師や看護師の付き添いが必要となります。

この**緊急搬送サービス**は、高額の搬送費の支払いを保証できる人、あるいは救援搬送特約つき海外旅行傷害保険の加入者や、アシスタンス会社(不測の事態に備え、サポートや解決策を提供する会社)の会員以外は利用できません。

帰国後、急いで病院へ行く必要があるときは、事前に外務省邦人保護課に特別通関を申請しておくと早く通関できます。

●通常の受診はどうするか

緊急ではない診察を受けるときは、原則として電話での予約が必要です。医師が不在の場合は、用件を秘書や留守番電話に伝えておくと、あとで医師が電話をくれるか、その医師とチームを組んでいるほかの医師が代診してくれます。

予約した日時に受診できなくなったら、早めに取り消しの電話をすることが必要です。

初診時には、氏名、性別、生年月日、滞在場所、電話番号、既往症、常用薬、アレルギーの有無のほか、女性は、最終月経と妊娠歴などをあらかじめメモしておいて提出すると、診察が円滑に進みます。

医師は、おもな症状を手がかりに病気の見当をつけるものです。余裕があれば、症状を整理してメモしておきましょう。医師に症状を伝えるときは、まず、もっとも気になる症状を３つ以内に絞ります。そして、それらの症状を「重い」、「中程度」、「軽い」の３段階に分けて述べ、その症状のおこりかたが突然か、徐々にか、ときどきかを伝えてください。

チクチク痛むとか、ズキズキ痛むとかの細かいニュアンスは気にしなくてもかまいません。必要なら医師のほうから聞いてきます。

ことばに自信のない人は、和英対訳の医師との会話用例集や辞書を持って行くと心強いでしょう。日本で受けた健康診断の結果や、予防接種の記録を持参すると、役立つことがあります。

●医療費の支払いは

お金がないと診療してくれないのが、海外での常識です。たとえばニューヨークで虫垂炎(ちゅうすいえん)の手術を受けると243万円かかります（AIU保険調べ）。病院では、治療費や入院費の前払いや、支払い能力を確かめるため、保険会社のキャッシュレスメディカルサービスを保証する保険証書、クレジットカード、パスポートなどの提示を求められることがあります。

保険に加入していて、キャッシュレスサービスを受けられないときは、診断書、領収書、入院証明書などを書いてもらい、帰国後に医療給付を申請します。保険会社の現地事務所やクレームエージェントを通して、現地で医療給付を申請する方法もあります。

◇海外の医療事情

●途上国の国公立病院と私立病院

国公立病院といえば、日本では一流病院というイメージがありますが、途上国では事情がかなり違います。

国公立病院は、低所得者層に対し、無料または低料金で、必要最小限の医療を施すという施療院的な役割を担っています。ですから、現地の富裕層が利用する私立病院やその契約医の診療を受けたほうが無難です。

私立病院は独立採算制で、保険がないと医療費が割高ですが、設備が比較的整っている所が多く、レベルが高く、清潔なのがふつうです。

●オープンシステムとは

日本、韓国、中国などの少数の国を除き、多くの国は、オープンシステムという診療の形式をとっています。これは、おのおのの医師は病院から独立していて、病院と契約している医師が、病院の施設を利用するというシステムです。

独自に開業している医師もいますが、契約病院の外来部門（メディカルセンター）に自分専用の、または仲間の医師と組んでクリニックをもっていたりします。病気のときは、このような医師の診察を受け、入院が必要なら、その医師の契約病院に入院することになります。

医師には、一般医と専門医（コンサルタント）とがいて、最初は一般医を受診し、必要があれば一般医が専門医を紹介するのがふつうです。

●医薬分業が原則

日本でも、原則として医薬分業となりましたが、海外でも、医師は自らは調剤せずに処方せんを発行し、薬局の薬剤師がその処方せんに応じて、薬を調合して売るというスタイルが一般的です。医師は診療の専門家、薬剤師は薬の専門家という役割分担がはっきりしているのです。

ところによっては、OTC薬（2319頁）以外の薬を売ってくれる薬局もありますが、やはり、まず医師の診察を受け、医師の処方せんに基づいて薬局から薬を買うほうが安全です。

なお、薬局のなかには、薬品の管理が悪いところや、粗悪品や偽薬を売るところもあるので、処方せんを受け取る際に、信頼のおける薬局を医師に聞いておくといいでしょう。

◇かかりやすい病気と予防

●旅行者下痢症(りょこうしゃげりしょう)

海外で、もっともかかりやすい病気は下痢症です。原因はさまざまですが、一括して**旅行者下痢症**(りょこうしゃげりしょう)と呼ばれています。

先進国の水道水は清潔ですが、ミネラル成分を多量に含んだ硬水(こうすい)の地域が多く、慣れない人がそのまま飲むと下痢をします。

途上国では水道水でも細菌やウイルスで汚染されていることがあり、そのまま飲むのは危険です。ミネラルウォーターでも、無処理の天然湧水(ゆうすい)や流水をそのまま売っている場合や、水道水をつめかえている場合もあり、必ずしも安心できません。氷にも注意が必要です。

▼予防　水道水を煮沸(しゃふつ)して飲料水として用いる

家庭での介護
リハビリ
医療保険
妊娠・出産
海外旅行
献血・骨髄移植
災害時
薬の知識
漢方薬の知識
相補・代替医療

のが安全です。５分間煮沸すれば十分ですが、気圧の低い高地では、15分間ほど煮沸させるほうがよいでしょう。もし、水が濁っていたら、容器に水を満たして一晩置き、上澄みを濾過してから煮沸します。水浴や水泳も避けましょう。

濾過器は、都市で入手可能です。短い旅行で、水の煮沸ができないような場合は、市販のタブレットやヨードチンキを水道水に混ぜて消毒すれば飲むこともできます。２％のヨードチンキを水１ℓに対して、澄んだ水なら５滴を加えて30分放置、濁った水や冷たい水は10滴加えて数時間放置します。

熱帯地域では、魚介類や日持ちの悪いものは、加熱調理したものを、なるべく時間をおかずに食べてください。

食肉の検疫が万全でない国もあるので、肉類には注意が必要です。肉類や魚介類は、たとえばステーキは「ウエルダン（よく焼いて）」と注文するなど、十分に火の通ったものを、熱いうちに食べるようにしましょう。

生卵は食中毒の原因となるサルモネラ菌に汚染されていることがあるため、摂取は避けてください。

火が通っていても、卵製品や乳製品は傷みやすいので、屋台で売られているような衛生状態の悪いものや、調理後時間の経っているものを食べるのは避けましょう。

果物は、皮をむいた瞬間から、表面に菌が増え始めます。長時間放置されたカットフルーツは食べないようにしましょう。野菜も、火を通したものを食べ、生野菜は避けましょう。

◉血液で感染する病気・性感染症

エイズやB型肝炎、エボラ出血熱など、血液で感染する病気は、１本の注射器を数人で使いまわせば簡単に感染します。不潔な理髪店や歯科医院での感染もあり得ます。

また、ほとんどの性感染症は性的な接触で感染します。とくにエイズは世界中に広まっています。旅先では開放的になりがちな人もいるでしょう。しかし、性感染症にかかってしまうと、本人ばかりでなく家族や恋人など、親しい人に感染させる可能性もあります。素性の不確かな人との性交渉には、慎重さが望まれます。

▼予防　やむを得ない場合は、最初からコンドームを正しく使用するのが予防の鉄則です。しかし、これも万全ではなく、あくまで「水際作戦」であることをこころにとめておいてください。

けっして麻薬には手を出さないようにしましょう。また、どういう形でも、他人の血液と接触するようなことは絶対に避けましょう。

◉虫が媒介する病気

熱帯地方には、虫が媒介する病気が多く、とくに蚊が媒介するマラリア、デング熱、日本脳炎、フィラリア症などには注意が必要です。住血吸虫のように、皮膚を食い破ってからだに入り込み、静脈に寄生する病気もあります。

▼予防　出没時期や場所、好む気温や服の色など、蚊の習性をよく知ったうえで、蚊除けの対策を講じてください。ただし、完全に蚊を避けることはむずかしいので、マラリアには予防薬を服用し、日本脳炎など予防ワクチンのある病気には、予防接種を受けておきましょう。

住血吸虫の場合は、安全の確認できない川や湖沼を裸足で歩いたり、泳いだりしないようにしましょう。

帰国時とその後の心得

◇質問表と検疫

検疫感染症（コレラや黄熱、エボラ出血熱、クリミア・コンゴ出血熱など）の流行地域（東南アジア、アフリカ諸国など）からの帰国便では、過去2週間の健康状態をたずねる質問表が乗客に配られます。

もし、下痢、嘔吐、腹痛、発熱、頭痛、のどの痛み、発疹などの症状があれば、該当欄にチェックマークを記入して係官に提示しましょう。その場合、検便などの必要な検査を受けることになっています。

先進国からの帰国便では質問表は配られませんが、途上国から先進国経由の帰国で、なんらかの症状があれば、係員に申告してください。

忙しいなどの理由で、症状があるのに伏せたまま検疫を通り、あとで感染症とわかると、たいへんなことになります。

感染症だと判明した場合、診察した医師から保健所に届けがなされ、強制入院はもちろん、帰国後に接したすべての人に対する感染の有無の検査、本人が立ち寄ったすべての場所（家庭、会社、飲食店など）の消毒など、大騒ぎになりかねません。

海外旅行から戻った時点で前述のような異常がない場合でも、以後2か月程度は、体調の異常で病院に行ったときに、医師に海外旅行をしてきたことを必ず伝えるようにしましょう。伝えない場合、潜伏期間の長い病気は日本には多くないので、海外感染の可能性に思いが至らず、診断が遅れて命にかかわる場合があります。

◇診察を受ける際の心得

帰国後にからだの具合が悪くなって診察を受けるときは、いつ、どこに、どのくらい滞在したか、旅行中にどんな病気やけがを体験し、どんな治療を受けたかを医師に伝えてください。

滞在した土地に多い病気や衛生状況、旅行中の行動など、医師の参考になるような事柄は、残らず伝えることがたいせつです。

腸チフス、アメーバ赤痢は、治療が不完全だと、一見治ったようにみえても、胆嚢などに菌が生き残っていて、知らないうちに菌をまき散らす保菌者になることがあります。ですから、治療は指示どおりに行い、中途半端にしないことがたいせつです。

マラリアも、帰国後、何か月もたってからぶり返すことがあります。

途上国から帰国した人は、寄生虫に感染していることが割合多く、無症状でも検便を行うと、いろいろな寄生虫卵や原虫類が見つかることがあります。検便を指示されたら、めんどうがらずに受けてください。

途上国での輸血、注射、現地の人との性交渉の経験者は、症状がなくてもB型肝炎、C型肝炎、エイズ、梅毒などに感染している恐れがないとはいえません。

心当たりのある人は、抗体検査（B型肝炎は抗原検査も）を受けましょう。

血液中に抗体が出現するまでには、B型肝炎は感染後4～26週間、C型肝炎は感染後2～16週間、エイズは感染後6～8週間、梅毒は感染後2～4週間かかります。検査を受ける場合は、この時期を見計らって病院で検査を受けるようにしましょう。

エイズの抗体検査は、帰国時の検疫のほか、後日、保健所でも受けることができます。いずれも無料で、氏名や住所を告げずに匿名で検査が受けられ、2週間ほどのち、本人が結果を問い合わせるシステムになっています。

◇持病のある人の帰国後の対策

高血圧、糖尿病などの持病をもつ人は、旅行中の不規則な生活、普段とは変わった食事、慣れない土地でのストレスのせいなどで、病気が悪化することがあります。旅行中、自覚症状がなかったとしても、帰国後なるべく早く、かかりつけの医師を受診するようにしましょう。

血液型・輸血・献血の知識

免疫反応や感染症など、輸血にかかわるリスクを知っておきましょう。また、検査目的での献血は絶対にやめましょう。

血液型の基礎知識

◇血液型とは?

●広義の血液型

血液は、血球と呼ばれる細胞（赤血球、白血球、血小板）と、血漿（血液の液体部分）とから成り立っています。これらの血液成分の形質（形態、性質など）は、個人個人によって異なり（多型性）、両親から1個ずつ受け継がれた染色体上にある遺伝子の組合わせによって決められています（遺伝性）。

広義には、この形質の異なりかたを**血液型**といい、各血液成分（血漿では種々のたんぱく質）ごとにそれぞれ特有の型をもっています。そして、これらの型を形づくっている物質を**抗原**と呼びます。

型の異なる血液成分を輸血すると、異なった成分の型（抗原）に対して特異的に反応する**抗体**というたんぱく質がすでに存在していたり、新たに産生されて、抗原と抗体が反応（免疫反応）して、副作用や合併症の原因となります。

たとえば、輸血された赤血球がかたまったり壊されたりしてショックをおこす（**溶血反応**）、輸血された血液に含まれていたリンパ球が増殖して輸血を受けた人の体細胞を破壊する（**移植片対宿主病**）など、生命にかかわる重篤な結果を招くことがあります。

●狭義の血液型

狭義には、赤血球の型は３００種類以上あります。輸血にはこれらの型がすべて一致するのが理想ですが、こうしたケースは一卵生双生児どうしの血液しかなく、現実的ではありません。そこで次善の策として、型が異なると輸血副作用をおこす型（血液型）だけを一致させた輸血が行われています。この型が、赤血球のＡＢＯ血液型とRh血液型のＤ抗原（Rh因子）です。

輸血時には、ＡＢＯ血液型は同じ型どうしを用い、Ｄ抗原をもたない人（Rh陰性）にはRh陰性の血液を用います。

◇ＡＢＯ血液型とは

赤血球には、Ａ型の抗原をもつもの、Ｂ型の抗原をもつもの、これらの両方の抗原をもつもの、両方とももたないものとがあります。

いっぽう、血漿中には生後数か月して自然に産生されてくるＡ抗原と反応する抗Ａ抗体（抗

A凝集素)、B抗原と反応する抗B抗体(抗B凝集素)のいずれかをもつもの、両者をもつもの、いずれももたないものがあります。この抗原と抗体の有無の組合わせにより、A型、B型、O型、AB型に分けるのがABO血液型です。

血液型を調べる際には、赤血球表面上の抗原を調べる「おもて検査」と血漿中の抗体を調べる「うら検査」の結果が一致したときに、初めてどの型であるかが決定されます。

ところが、ときにはおもて検査とうら検査が一致しないことがあります。抗原や抗体の性質や作用が変化し、通常の反応を示さないことがあるからです。

両方の検査結果が一致しないときには、さらにくわしい検査が必要になります。

◉ABO血液型の遺伝

両親の血液型がA型とO型の場合、生まれてくる子どもの血液型は、A型かO型になります。ただし、A型の子どもが生まれた場合、O型の形質が遺伝しなかったわけではありません。遺伝はしているのですが、A型の陰に隠れておもてには現れないのです。

両親の血液型の組合わせと、その両親から生まれてくる子どもの血液型を、下の表にまとめました。

両親の血液型と子どもの血液型

両親の血液型	子どもの血液型
A型×A型	A型、O型
A型×B型	A型、B型、AB型、O型
A型×AB型	A型、B型、AB型
A型×O型	A型、O型
B型×B型	B型、O型
B型×AB型	A型、B型、AB型
B型×O型	B型、O型
AB型×AB型	A型、B型、AB型
AB型×O型	A型、B型
O型×O型	O型

ただし、ごくまれに、表に示した血液型以外の血液型をもつ子どもが生まれる場合があります。たとえば、**モザイク**といって、A抗原の赤血球とB抗原の赤血球の2種類の赤血球をもつ人がいます(二卵生双生児の間でおこった場合は、**キメラ**という)。

また、シスAB型といって、AB型とO型の両親から、AB型やO型の子どもが生まれることもあります。

◇まれな血液型

◉Rh血液型

赤血球には**Rh血液型**といって、D、C、c、E、eと呼ばれる5つの代表的な抗原があることが知られています。なかでもD抗原(Rh因子)が重要視され、D抗原をもつ赤血球をRh(+)または陽性、もたない赤血球をRh(−)または陰性といいます。

D抗原をもつ赤血球を、D抗原をもたない人に輸血すると、約50%の人に抗D抗体という抗体ができます。そして、再びD抗原をもつ赤血球を輸血された場合、すでに生じている抗D抗体と輸血された赤血球とが反応して、赤血球が溶けるという副作用が現れます(溶血反応)。

このため、D抗原の有無を必ず調べ、Rh陰性の人にはRh陰性の血液を輸血することになっています。

なお、Rh陽性の人にRh陰性の血液を輸血することは、まったく問題ありません。

日本人では、Rh陰性の人は全体の0・5%程度と少なく、同じ血液型の人を見つけるのにたいへん苦労します。そのため、日本赤十字社(日赤)の血液センターでは「Rh陰性者登録制度」を設けており、Rh陰性の人に登録を呼びかけています。

◉Rh血液型よりまれな血液型

血液型のなかには、Rh陰性よりさらにまれな血液型があります。たとえば、A型にはAin

tやA2、Axなど、B型にはBintやB2、Bxなど、AB型には前述のシスAB型、O型にはボンベイ型（同じボンベイ型しか輸血できない）があり、いずれも一般的なABO型に比べて、抗原が少ないか、まったくないものです。

ある人の血液がこれらのまれな血液型であることがわかったときは、日赤のコンピュータに登録され、献血された血液は冷凍で長期保存されます。そして、まれな血液型の人に輸血が必要となったときは、この冷凍血液を使用するか、あるいは登録された同型の血液型をもつ人に、献血の協力を依頼します。

◇HLA抗原（ヒト白血球抗原）

白血球や血小板には、HLAという抗原があります。この**HLA抗原**は、クラスI抗原とクラスII抗原に大別されます。そして、この2つの抗原には3つの主要な抗原系があり、さらに各抗原系には何十種類もの抗原型があって、全部を合わせると100種類以上になります。

骨髄移植（1450頁）や臓器移植には、レシピエント（患者）とドナー（提供者）のABO型ではなく、HLA抗原系の型が一致していなければなりません。一致していない場合、移植臓器を排除しようとするレシピエントのリンパ球の攻撃を受け（拒絶反応）、生命が危険にさらされることになります。

また、血小板の輸血をたびたび必要とする病気があり、それによりHLA抗原に対する抗体ができると、血小板の輸血効果が上がらなくなるばかりでなく、副作用ばかりが目立つようになります。こうした場合、HLA抗原型の一致する血小板を輸血すると効果的です。

多数あるHLA抗原型の一致する血小板を見出すことは困難なため、日赤血液センターでは、HLA抗原体の登録制度を設けて、登録を呼びかけています。

輸血の知識

◇輸血の目的

●輸血の目的は補充療法

輸血は、血液のある特定の成分が不足したために、からだの機能に問題が生じ、輸血以外の治療法では効果が得られないとき、最後の手段

血液型が変わることもある?

血液型は、両親から遺伝子を1個ずつもらってできていて、ABOの型は原則的には一生変わることはありません。しかし、つぎのような場合には、血液型が変わることがあります。

①疾患による変化…白血病の場合、O型に変化することがあります。また、消化器系のがんの場合、細菌感染によりB型に変化する場合などがあります。ただし、いずれも疾病が寛解（回復）すればもとに戻ります。

②骨髄移植による変化…骨髄移植はABO型の合致よりもHLAの型の合致が重要です。そのため、レシピエントとドナーの血液型が異なっていた場合、レシピエントの血液型はドナーの血液型に変化します。

なお、新生児期の血液型と、成長して以後の血液型が異なることがありますが、これは新生児期は抗原反応が弱いなどの理由により、まちがって判定されてしまうためで、血液型が変化したわけではありません。

として、その不足成分を補充して、からだの機能を維持するために行われます（**補充療法**）。

なお、輸血によって、さまざまな副作用や合併症、たとえば抗原と抗体が反応する免疫反応や、血液を介する病気に感染するリスクなどがあります。近年、輸血の安全性は飛躍的に向上しました。しかし、今後も、副作用や合併症がゼロになるとは言い切れません。

そのため、輸血を行う医師には、患者から輸血に関するインフォームド・コンセント（十分な説明後の同意）を得ることが義務づけられています。患者側も、納得のゆくまで説明を受けてから、輸血を受けるようにしましょう。

◇輸血の方法

◉全血輸血と成分輸血

採血した血液をそのままの形（全血）で輸血することを**全血輸血**、各成分に分けて輸血することを**成分輸血**といい、近年では成分輸血が一般的です。

外傷や手術時の出血では全血が失われますが、たとえかなりの量の全血が失われても、必ずしも全部の成分を補う必要はなく、生命の維持に必要な量を下回った成分だけを補えば、生命には危険のないことがわかっています。

また、血液は輸血されるまで保存されますが、この保存の最適条件が各成分ごとに異なっているので、各成分ごとに最良の条件で保存することが理想的です。

◉自己血輸血の推進

自己血輸血とは、さまざまな手段でストックした自分の血液を、手術時の輸血に使用する輸血法です。他人の血液をいっさい使用しないので、副作用や合併症を防ぐことができる、現在もっとも安全性の高い輸血法です。

▼術前貯血式自己血輸血法　手術の何日か前から自分の血液を何回か採血し、貯蔵しておいて使用する方法です。

▼血液希釈法　手術開始後に自己血を採血し、採血量に見合った量の輸液を行って体内の血液を薄める方法です。手術終了時に採血しておいた自己血を体内に戻します。

▼回収法　手術中に出た血液をポンプで回収して、再び体内に戻す方法です。

いずれの方法にもメリットとデメリットがあるので、医師とよく相談して選択しましょう。

◉輸血前の適合試験

輸血の際には、輸血を受ける人の赤血球のABO血液型とRh因子を調べます。つぎに、血漿中の抗Aや抗B凝集素の有無とともに、それ以外の抗体の有無を調べます（**不規則抗体検査**）。そして、型が同じ血液を選び、不規則抗体があれば、その抗体と反応しない血液を選びます。

さらに、選んだ血液の赤血球と輸血を受ける人の血漿とを試験管の中で混合して（**交差適合試験**）、変化がおこらないかどうかを調べます。

これら3つの検査を適合試験といい、通常の輸血では原則として必ず行われます。

ただし、予測される出血量が少なく、輸血を行う可能性が低い場合は、血液型の確認と不規則抗体の確認だけを行い、万一輸血が必要となった場合に備えておきます。これを**T&S（タイプ&スクリーニング）**と呼びます。

◇血液製剤のいろいろ

血液からつくられる製剤を**血液製剤**といい、採血された全血を遠心力などの操作で各成分に分けた**成分製剤**と、全血中の血漿成分に各種薬剤などを加えたりして、有用な血漿たんぱくを精製分離した**血漿分画製剤**に大別されます。

◉成分製剤

▼赤血球製剤　通常、4℃で保存されます。外傷や手術時の出血で血液が相当量失われたり、慢性的な赤血球の減少のために、体内への酸素の供給が不足した場合や、急性の大量の出血時

には、血管の中の血液量を補うために用いられます。

赤血球を保存するための添加液（ＭＡＰ）を加えた赤血球濃厚液、白血球を除いた赤血球、生理食塩液で洗浄した赤血球、冷凍保存（マイナス60℃以下）後に解凍した赤血球などがあり、病状に応じて使い分けられます。

▼血小板製剤　通常、ゆり動かしながら室温（22～24℃）で保存します。血小板の数が減少したり、機能が低下したことにより、出血傾向がみられる場合に用いられます。とくに、白血病やがんなどに強力な化学療法を行って、血小板数が減少した場合には、出血の予防にもよく用いられます。

●血漿分画製剤

▼新鮮凍結血漿製剤　通常、マイナス20℃以下で保存します。出血を止めるために必要とされるすべてのたんぱく成分（凝固因子）を含んでいるので、凝固因子の不足による出血傾向のある場合に用いられます。とくに、特殊な凝固因子製剤がない場合（第Ⅷ因子や第Ⅺ因子欠乏症など）や、複数の凝固因子が不足している場合（大量出血時、播種性血管内凝固症候群（1462頁）など）です。

また、血栓性血小板減少性紫斑病（1460頁）では、欠損していることが原因と考えられている物質を補充するために用いられます。

▼アルブミン製剤　アルブミンは、血漿中に含まれているもっとも主要なたんぱく質で、血管の中に水分を保持する作用があるために（膠質浸透圧効果）、血液が流れやすくなるのに役立っています。

大量出血で出血性ショックになったとき、難治性で重症の肝硬変やネフローゼ症候群で利尿のきっかけをつくるとき、肝硬変で大量の腹水を除去したとき、重症の熱傷（やけど）時、血漿交換療法のときなどに用いられます。

加熱処理されているために、多くの血液を介する病原体は不活化されています。

献血の知識

◇献血とは

●減少している献血者数

現在の日本では、輸血に用いられている血液は、すべて善意の無償による**献血**により提供されています。

かつては、売血でまかなわれていた時代がありましたが、たび重なる採血による供血者貧血の多発、輸血を受けた人に頻発した肝炎のため、１９６４（昭和39）年に売血は中止され、現在の献血に移行する大英断が行われました。

その後、献血に対する国民の理解と協力により、献血者数は順調に増加しましたが、１９８５（昭和60）年の年間８５０万人をピークに徐々に減少傾向となり、これ以上減少すると血液の供給上不都合をきたすことが危惧される状況（年間５１５万人、２０１３年）になりました。

また、血液の血漿成分からつくられる血漿分画製剤のなかで、使用量のもっとも多いアルブミン製剤の42％は、売血による外国の製剤です。これも倫理上、安全性、安定供給上の観点から、国内で自給率を上げることが求められています。

●献血できる人、できない人

献血は、１回の採血量や年齢、体重、血液比重、年間採血回数など、厚生労働省が定めた採血基準に基づいて行われます。

そのほかにも、献血者の健康を守り、さらにその血液の輸血を受けた人を、輸血による副作用や合併症から守るために、献血者に対しての問診と、採血された血液について、血液型はもとより、感染症や腎機能関連、代謝・循環機能関連などの検査を行っています。

　現在、もっとも問題なのは、血液を介して感染する病気に感染した初期には検査で発見できず、そのような病気に感染した可能性があるか否かは、問診により確認する以外に方法がないことです。

　したがって、そのような病気に感染する機会があって、感染しているかどうかを検査する目的での献血は、絶対にやめてください。

　また、献血の際の問診には自らの血液の安全性に関して、責任をもって正直な回答をしなければなりません。そうでないと、せっかくの献血がむだになるばかりでなく、その血液を輸血された患者に病気を感染させることにもなりかねないからです。

◇献血の種類と量・間隔

　献血には、体内を流れている血液（全血）をそのままの形で提供してもらう**全血採血**と、血液の特定の成分だけを提供してもらう**成分採血**とがあります。

◉全血採血

　全血の採血量には400mℓ採血と200mℓ採血があります。

　1年間の採血量の合計は、400mℓ採血と200mℓ採血とを合わせて、男性は1200mℓ、女性は800mℓ以内です。

　なお、400mℓ採血では、年齢が男性17歳以上、女性18歳以上、体重が50kg以上、血色素量が男性13g／dℓ以上、女性12・5g／dℓ以上、年間採血回数は、男性3回以内、女性2回以内です。

　採血量が400mℓでも200mℓでも、採血後の血色素量はだいたい3週間で採血前の値に戻ります。

　輸血を受ける側の立場からすれば、400mℓ採血が望ましいといえます。その理由は、必要な輸血量が400mℓの場合、400mℓ採血なら1本の輸血ですみますが、200mℓ採血では、2本の輸血をしなければならず、それだけ副作用や合併症の確率が高くなるからです。

　しかし、400mℓか200mℓかの選択は、献血者の希望によって行われます。

◉成分採血

　特定の血液成分としては、血漿のみを採取する場合（**血漿成分採血**）、おもに血小板を採取する場合（**血小板成分採血**）、血漿と血小板の両方を採取する場合（**多血小板血漿成分採血**）とがあります。

　なお最近、外国では赤血球と血漿の両者を別々に、しかも同時に採血する方法も試みられています。

　成分採血の特徴は、年間の採血回数が血漿成分採血で24回、血小板成分採血で12回と、全血採血よりも回数を多くできる点にあります。

　したがって、血液の有効利用という観点からは、採血回数の少ない全血採血は、赤血球の需要を満たせる範囲にしておき、血漿や血小板の必要量は成分採血でまかなうのが理想的といえます。

　成分採血では、1回の採血による確保量が多くなることから、患者への輸血本数を5分の1から10分の1にも減らすことができ、それだけ副作用や合併症を少なくすることが可能になります。

　さらに、外国からの輸入に頼っているアルブミンなどの血漿分画製剤をつくるための血漿を国内で自給するためにも、成分採血をなおいっそう推進することが必要とされています。
▼**血漿成分採血**　採血方法は、血液をいったん体外に導き出して、必要な血漿成分だけを採取して、残りを血管内に戻します。所要時間は30分から1時間くらいです。

この採血基準は、２００mℓの全血採血の基準とほとんど同じですが、年齢が18歳以上、１回の採血漿量が体重別（厳密には血管内の血液量別）に、３００～６００mℓとなっています。

なお、ほとんどすべての赤血球は血管内に戻すので、女性では血色素量が多少低くても、赤血球指数という貧血の有無を示す値が標準域内にあれば、問題なく実施できます。

血漿採取後の血清総たんぱく量（ＴＰ）は、だいたい１週間以内にもとに戻ります。

▼多血小板血漿成分採血　採血漿量は血漿成分採血と同様ですが、同時に血小板成分採血時の血小板採取量の約半量を採取する方法です。

▼血小板成分採血　採血方法は、血漿成分採血とほとんど同じで、必要な血小板成分のみを少量の血漿とともに採取して、残りを血管の中に返します。

所要時間は50～90分です。

なお、特例的に、１週間に１回ずつ、４週間連続して採血を行うこともできます。

これは、まれなＨＬＡ抗原型適合血小板を確保することを目的としていますが、血小板数は採取してから４～５日くらいでもとに戻り、４回目の採取をした１週間後でも採取前より増加しています。

◇献血を行う際の注意

ゆったりとした気分で採血することをお勧めします。まれに、採血の途中で気分が悪くなることがありますが、がまんせず、看護師や医師に早めに申し出てください。

たいていは採血にともなう緊張感からおこるもので、**血管迷走神経反応**といい、ときに失神することもあります。空腹、睡眠不足、過労、女性では生理などの際にみられやすく、一度おこるとつぎの献血時にもおこることがあります。

ほとんどの場合、５～10分くらい横になっていればもとに戻るので、心配せずに看護師や医師の指示に従ってください。

献血方法別の採血基準

	成分献血		全血献血	
	血漿成分献血	血小板成分献血	200mℓ献血	400mℓ献血
1回献血量	600mℓ以下	400mℓ以下	200mℓ	400mℓ
年齢※	18歳～69歳	男性18歳～69歳 女性18歳～54歳	16歳～69歳	男性17歳～69歳 女性18歳～69歳
体重	男性45kg以上・女性40kg以上			男女とも50kg以上
最高血圧	90mmHg以上			
血液比重等	12g/dℓ以上（赤血球指数が標準域にある女性は11.5g/dℓ以上）	12g/dℓ以上	男性12.5g/dℓ以上 女性12g/dℓ以上	男性13g/dℓ以上 女性12.5g/dℓ以上
血小板数	―――	15万μℓ以上	―――	―――
年間献血回数	血小板成分献血１回を２回分に換算して血漿成分献血と合計で24回以内		男性６回以内 女性４回以内	男性３回以内 女性２回以内
年間総献血量	―――	―――	200mℓ献血と400mℓ献血を合わせて 男性1200mℓ以内 女性800mℓ以内	

※65歳以上の献血については、献血する人の健康を考え、60～64歳のあいだに献血経験がある人に限ります。

血漿成分献血の体重別献血量の目安

体　重	献血量
40kg～45kg未満	300mℓ（女性のみ）
45kg～50kg未満	300mℓ～350mℓ
50kg～55kg未満	400mℓ
55kg～60kg未満	400mℓ～450mℓ
60kg～65kg未満	400mℓ～500mℓ
65kg～70kg未満	400mℓ～550mℓ
70kg以上	400mℓ～600mℓ

※出典：日本赤十字社ホームページより

家庭での介護
リハビリ
医療保険
妊娠・出産
海外旅行
献血・骨髄移植
災害時
薬の知識
漢方薬の知識
相補・代替医療

骨髄ドナーの知識

骨髄ドナーとなるには、まず骨髄バンクにドナー登録をします。条件が適合すると、ドナーとして骨髄液を移植希望者に提供します。

骨髄ドナーの登録

◇骨髄移植を受けるには

1450頁でくわしく述べていますが、骨髄移植とは白血病などの病気で正常な血液をつくれなくなった人の骨髄幹細胞を健康な骨髄幹細胞に入れかえる治療法です。

骨髄移植を受けようと考えたら、まず現在かかっている担当の医師に相談してください。血縁者でドナーが見つからないときは、**骨髄バンク**を利用することになります。

骨髄バンクは、従来、ドナー（提供者）もレシピエント（患者）もほとんど兄弟姉妹にかぎられていたため、骨髄移植ができずに亡くなる人が多い状況を改善しようと、１９９１（平成3）年に設立された組織です。正式には**日本骨髄バンク**（☎０１２０-４４５-４４５）といいます。

２０１５（平成27）年3月末現在、他人の骨髄液の提供を受けたい、あるいは自分の骨髄液を提供してもよいと、骨髄バンクに登録した人は45万０５９７人で、1万８０６３例の非血縁者間の移植が実際に行われています。

骨髄バンクでは、血縁でないドナーからの移植を希望する人が「患者登録基準」が定めている基準に合うと、移植を希望する人の登録を行います。

そして、提供を申し出た人の登録データとＨＬＡ型（1450頁）が一致すると、実際に移植へと進むことになりますが、なんらかの理由で骨髄移植に至らないケースもあります。

◇ドナー登録の流れ

●ドナー登録できる人、できない人

骨髄バンクでは、登録者としての要件を、以下のように定めています。

・骨髄・末梢血幹細胞提供の内容を十分に理解している人。
・18歳以上54歳以下で、健康な人（ただし、適合検索の開始や、実際の骨髄提供は20歳から）。
・体重が男性で45kg以上、女性で40kg以上の人。

なお、病気療養中または服薬中、がん、心筋梗塞などの病歴がある、腰の手術歴がある、感染症や血液の病気にかかっている、血圧や体重が規定外、輸血を受けたことがある、貧血、アレルギー、などに該当する人は登録できません。

ドナーまたはレシピエントに重大な障害が生じるリスクがあるからです。

なお、妊娠中の登録は可能ですが、妊娠中の骨髄提供はできません。出産後1年を経過すれば、提供は可能です。

◉ドナー登録をする

骨髄ドナーの登録を希望する人は、登録について説明した「チャンス」というパンフレットを読んでおく必要があります。パンフレットは骨髄バンクに郵送を依頼するか、あるいはホームページ（http://www.jmdp.or.jp/）で読むことができます。

登録は、おもに保健所や献血ルームで受け付けています。また、全国各地で開催されている登録会でも登録できます。登録窓口で申込用紙に必要事項を記入したあと、腕の静脈から２mℓの血液を採取します。採取した血液はＨＬＡ型の遺伝子検査を行います。

検査は無料ですが、判明したＨＬＡ型は希望しても教えてもらえません。ＨＬＡ型以外の遺伝子検査は行いません。感染症や健康状態の検査などもこの時点では行いません。

なお、申込書はインターネットの骨髄バンクのホームページからダウンロードして、プリントアウトしたものを使用することもできます。

◉登録の保留・取り消し

ドナー登録は登録者の自由意思により行われます。したがって、登録の保留または取り消しは、いつでも行うことができます。また、健康上ドナーに適さないと判断されたときや、移植の対象とならなかった登録者が55歳の誕生日になったときは、登録は取り消しとなります。

そのほか、住所変更によりドナー登録者向け機関誌「骨髄バンクニュース」が返送された場合は、転居先不明で登録は保留となり、転居先が明らかになった時点で保留は解除されます。

◉登録情報の管理

登録された情報は、日本赤十字社のデータセンターに登録されます。登録された情報はＨＬＡ型の検査結果の情報と、登録申込書に記入された個人情報に分けて保管され、厳重にプライバシーを守るしくみになっています。

データセンターに登録されると、ドナー登録確認書が送られてきます。これは、登録者の住所や登録意思の再確認のためです。確認書に記載されている住所氏名を確認し、不備や変更があった場合にはデータセンターへその旨連絡します。また、確認したあとで名前や住所が変わったときも、すみやかにデータセンターに連絡するか、年2回送られてくる「骨髄バンクニュース」に同封の変更届に記入し、ＦＡＸまたは郵送します。また、造血幹細胞移植情報サービス（http://www.bmdc.jrc.or.jp/）からも変更できます。

登録されたＨＬＡ型情報は、移植を希望する患者のＨＬＡ型と適合するかどうか、定期的に検索されます。これには、海外の骨髄バンクから依頼された患者の情報も含まれます。

骨髄移植に関する目的および「骨髄バンクニュース」の送付以外には、登録された個人情報を使用することはありません。

ドナーに選（えら）ばれたら

◇骨髄移植の前に行うこと

◉質問表の送付と確認検査

ドナー登録者のＨＬＡ型が、移植希望者のＨＬＡ型と適合する可能性があると、ドナー候補となり、骨髄（こつずい）バンクの事務局から説明資料と質問表が送られてきます。本人意思、家族の意向、健康状態、日程などの質問に答えて返送します。その後、事務局のコーディネーターと面談して、骨髄移植に関するより詳細な説明と問診を受け、ついで医師による医学的な説明と問診を受けることになります。この時点で再び提供の意思が確認され、提供に同意すると、健康状態などの確認のための採血が行われます。

●最終同意と健康診断

ドナーに選ばれると、本人と家族に対して最終的な提供の意思の確認が行われます。未婚の人は両親の、既婚の人は配偶者の同席が原則です。最終同意書に署名すると撤回できません。最終同意に応じてレシピエントは骨髄移植のための準備に入り、放射線の照射や抗がん剤を使用して、移植に備えます。この段階でレシピエントは血液をつくる能力を失っているため、中止はレシピエントの生命にかかわるからです。家族からの同意を得るのも、同じ理由からです。

最終同意後は骨髄移植の日取りや骨髄液を採取する病院の選択などの調整を行います。日程や病院が決まると、提供の約1か月前に採取する病院で詳細な健康診断を行い、安全な採取に備えます。また、提供にともなう貧血に備えて提供日の1～3週間前に、輸血用の自己血を必要に応じて採血し、保存しておきます。

◇骨髄移植の流れ

●骨髄の採取

骨髄液の採取には通常3～4日の入院が必要です。採取の前日または前々日に入院し、健康チェックと採取に関する説明を受けることになります。入院による公的な休業補償はありませんが、入院費はレシピエント側が負担しますので、費用はいっさいかかりません。

採取の当日、ドナーは多くの場合、全身麻酔を施されて骨髄液が採取されます。骨髄液は、腸骨という腰にある骨に注射器の針を刺して吸引します。採取量は通常500～1000㎖、所要時間は1～3時間です。

提供後、ドナーは通常2～3日で退院でき、多くはすぐに日常生活に戻れます。

採取された骨髄液は、レシピエントの静脈から点滴で数時間かけて注入されます。移植された骨髄液の造血幹細胞が正常な血液をつくり始め、経過が良好であれば、退院して社会に復帰することが可能となります。

◇骨髄移植に関するリスク

●採取後のドナーの症状

麻酔が切れてから採取場所が痛むケースがあります。人により、1～7日、わずかですが1か月痛みが残ったケースもあります。また、1～2日ほど、37～38度の発熱、吐きけ、のどの痛み、倦怠感などの症状がでる場合もあります。

●ドナーの健康被害は？

骨髄液の採取も医療行為である以上、残念ながらリスクがゼロとはいえません。

ドナーが死亡したケースはこれまで海外で3例（血縁者間2例、非血縁者間1例）、日本で1例（血縁者間）あります。日本の骨髄バンクでの死亡例はありません。大きな健康被害の例としては、骨髄液提供のための入院中のC型肝炎感染が、1998（平成10）年、骨髄液採取後の後腹膜血腫（腹壁と腹膜の間の血のかたまり）が、2000年などにありました。

こうした健康被害に備えて、骨髄移植には最高1億円の骨髄バンク団体傷害保険という補償制度があります。死亡の際には一律で1億円、後遺症が残ってしまった場合には程度に応じて300万円～1億円が支払われます。保険料はレシピエント側が負担します。2014（平成26）年3月末までの1万6000例を超える骨髄採取のうち、139例に入通院保険などを適用、うち32例に重篤ではありませんが、後遺障害保険が適用されています。

災害時の救命・健康知識

災害時の医療は、平常時の医療システムとは異なります。災害時や避難先でおこりやすい病気やけがへの対応にも準備が必要です。

災害医療とトリアージ

◇災害時の医療とは

●ふだんの救急医療とは異なる災害医療

災害は、多くの人が同時に生命の危険や生活の破壊にさらされるような現象をいいます。大地震・津波・台風・豪雨などの自然災害、大型交通事故・爆発事故・化学物質や放射能の漏洩・テロなどの人為的災害のほか、新型感染症などが想定されます。

なかでも、世界でおこる地震の約20％が日本に集中するといわれるほど、地震は私たちにとって避けられない自然災害です。

大きな災害が発生すると、多くの負傷者・急病人（傷病者）がでて、医療を受ける側の需要がいっきに高まりますが、これら傷病者に医療を提供する医師や看護師などの医療スタッフも同様にダメージを受け、病院などの医療設備にも被害がおよぶこともあるため、医療を供給する側の能力が低下し、行える医療に限界が生じてきます。

そのため、平常時の救急医療システムとは異なった医療体制がとられることになります。

●災害時の医療機関の体制

大きな災害時に、病院などの医療機関はどのような対応を行うのでしょうか。

災害発生と同時に、まずスタッフに非常招集がかかります。スタッフが確保されると、入院患者の安全の確認を優先して行います。つづいて、建物に被害はないか、診療機能への影響はどうかなどをチェックします。

病院の建物が無事でも、水道・電気・ガスなどのライフラインが停止すると、検査や治療のための機器が使用不能になることがあり、薬の容器や薬棚に被害がおよぶと、薬品が十分に使えなくなることがあります。

災害時に初期医療の拠点となる都道府県の災害拠点病院（次頁）などには、非常用の発電設備や予備の貯水槽、優先電話回線が備えられていますが、それらも、被害の状況によっては使用ができない場合があります。

安全確認や設備のチェックのあとは、傷病者が殺到する事態に備えて、受け入れ体制を整えることになります。病院入り口では、傷病者を重症度などによって区分するトリアージ（2308頁）や応急処置を行う準備をします。

図1　広域災害救急医療システム（EMIS）のシステム概要

災害時に被災した都道府県を越えて、医療機関の稼働状況など災害医療にかかわる情報を共有し、被災地域での迅速かつ適切な医療・救護にかかわる各種情報を集約・提供することを目的としています。

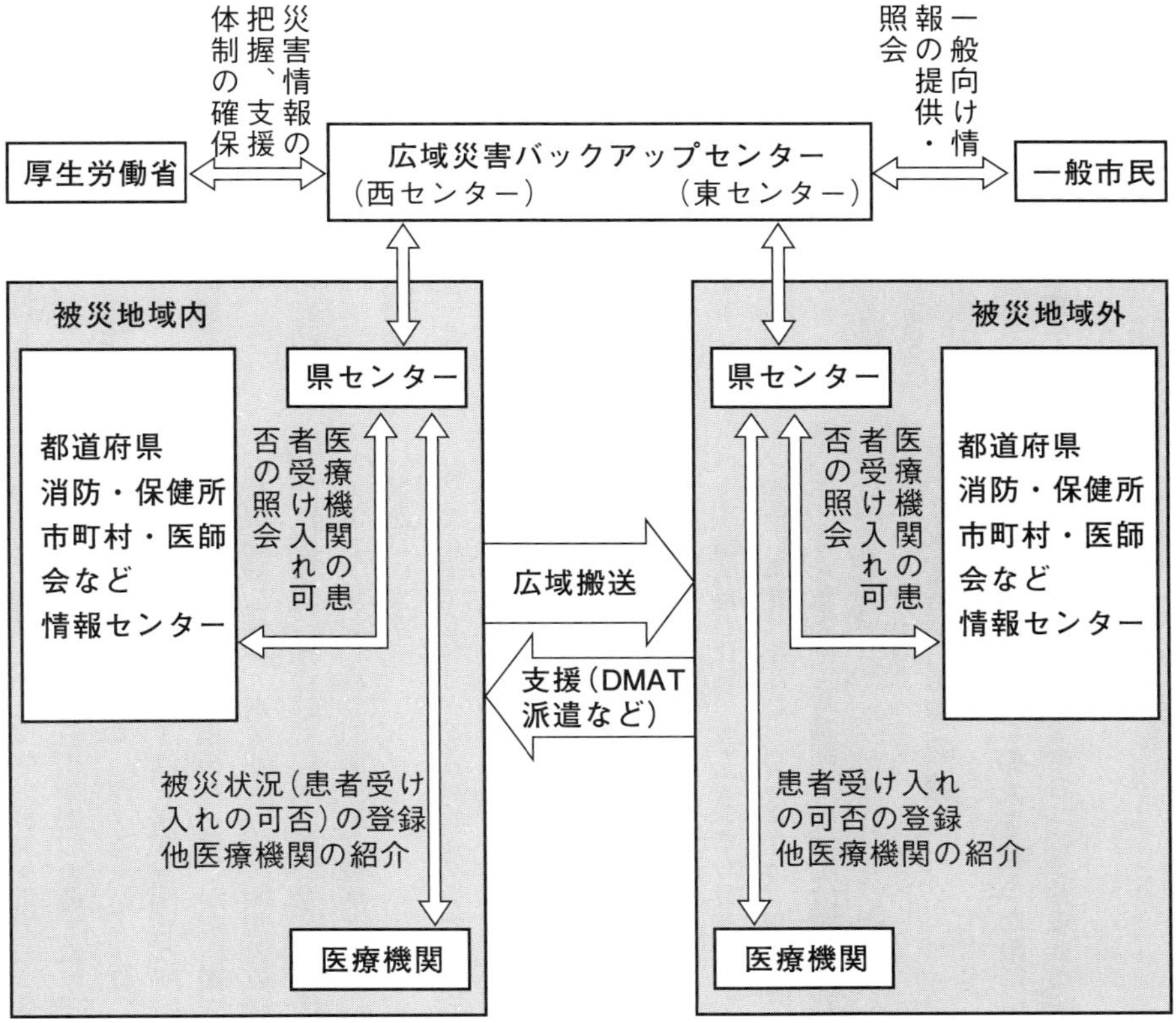

（厚生労働省「広域災害救急医療システム」のシステム概要より）

●広域災害救急医療情報システムと災害拠点病院

阪神・淡路大震災［1995（平成7）年1月］での経験と反省をふまえ、それ以前は各都道府県単位で整備されていた「広域救急医療情報システム」から、災害時に迅速かつ的確に救援・救助を行うための広域情報ネットワークである**広域災害救急医療情報システム**へと切りかえられ、その導入が進められています（図1）。

なかでも、災害時の医療救援活動の拠点となるのが、1996年厚生省（当時）の発令によって定められるようになった**災害拠点病院**（**災害医療センター**ともいいます）です。現在、各都道府県に1か所の基幹災害拠点病院と、二次医療圏（全国で約350圏域）に1か所の地域災害拠点病院があり、全国で約670の病院が指定されています。

災害拠点病院は、「災害時における初期救急医療体制の充実強化を図るための医療機関」で、つぎのような機能を備えています。

①災害時の緊急対応が24時間可能で、被災地域内の傷病者の受け入れ、被災地外への搬出が可能な体制をもっていること。

②重篤な傷病者［多発外傷、クラッシュシンドローム（2315頁）、広範囲のやけどなど］の受け

入れや搬送を、ヘリコプターなどを使用して行えること。
③消防機関と連携した医療救護班の派遣体制があること。
④ヘリコプターに同乗する医師を、派遣できること。

以上に加え、それらをサポートするための十分な医療設備や医療体制、情報収集システム、ヘリポート、緊急車両を備え、自己完結型として（他に依存することなく自前で活動可能な体制で）医療チームを派遣できる資器材を備えていること、などの条件を満たす病院のことです。

また、消防機関も、近隣都道府県の枠を超えて、傷病者や医療救護班、医療器材などを広域に搬送することが可能な**緊急消防援助隊**を整備し、被災地市区町村長の指揮で活動することになっています。

●災害派遣医療チームの活動

被災地内に災害拠点病院が設けられているといっても、それだけでは到底対応できません。被災地域以外からの医療の提供も不可欠です。

被災直後（48時間以内）に活動可能な機動性をもった医療チームを、**災害派遣医療チーム（DMAT）**といいます。DMATは、災害医療について専門のトレーニングを受けた医療スタッフで構成され、厚生労働省や地方自治体の要請を受けた病院から被災地に派遣されて、医療救援活動を行います。

被災地外のDMATは、まず全国8か所に設けられた集結拠点に集まり、そこから自衛隊機や民間機などで、被災地内の広域搬送拠点臨時的医療施設（SCU）に入ったあと、被災地でのトリアージ、応急処置、重症傷病者の搬送などを行います。

これらDMATや救護班派遣のための搬送、傷病者の被災地以外の病院などへの搬送など、一連の活動を**広域医療搬送**と呼びます。

また、被災地内のDMATは、災害拠点病院などに参集して指示を受け、傷病者が殺到する病院での診療の支援、ヘリコプターや救急車による搬送時の介助、被災現場での医療行為などを行います。ただし、DMATは、避難所などに設けられる応急救護所での活動は原則として行いません。

◇災害時の医療の流れ

●できるかぎり多くの人を救うために

災害医療では、つぎの3つのTが重要なキーワードとされています。

①トリアージ（Triage）
②治療（Treatment）
③搬送（Transportation）

①の**トリアージ**とは、「えり分ける」という意味のフランス語で、傷病者の治療や搬送の優先度を決める方法です。

災害時には、各現場で対応できる医師や看護師、救急救命士の数がかぎられてくるため、緊急治療の必要性がある人が放置されたり、もっとも重症で救命できない人に複数の人手と時間をかけ、ほかの多くの人を救えないという事態が生じないともかぎりません。阪神・淡路大震災のときは、残念ながら、そういう場面が少なくなかったといわれています。

そこで、多くの人の救命、けがの治療のために導入されたのがトリアージです。現在では、災害時だけでなく、ふだんの医療にも生かされるようになってきました。

このトリアージが行われたあと、その優先順位に従って②の治療が行われます。さらに、トリアージ後や治療の途中に、必要に応じて③の十分な治療ができる医療機関への搬送が行われることになります。

たとえばトリアージの結果、緊急治療の必要があり、被災地内の救護所や病院で治療できないときは、ヘリコプターや救急車、臨時の車な

図2 トリアージ・タッグ（一例）

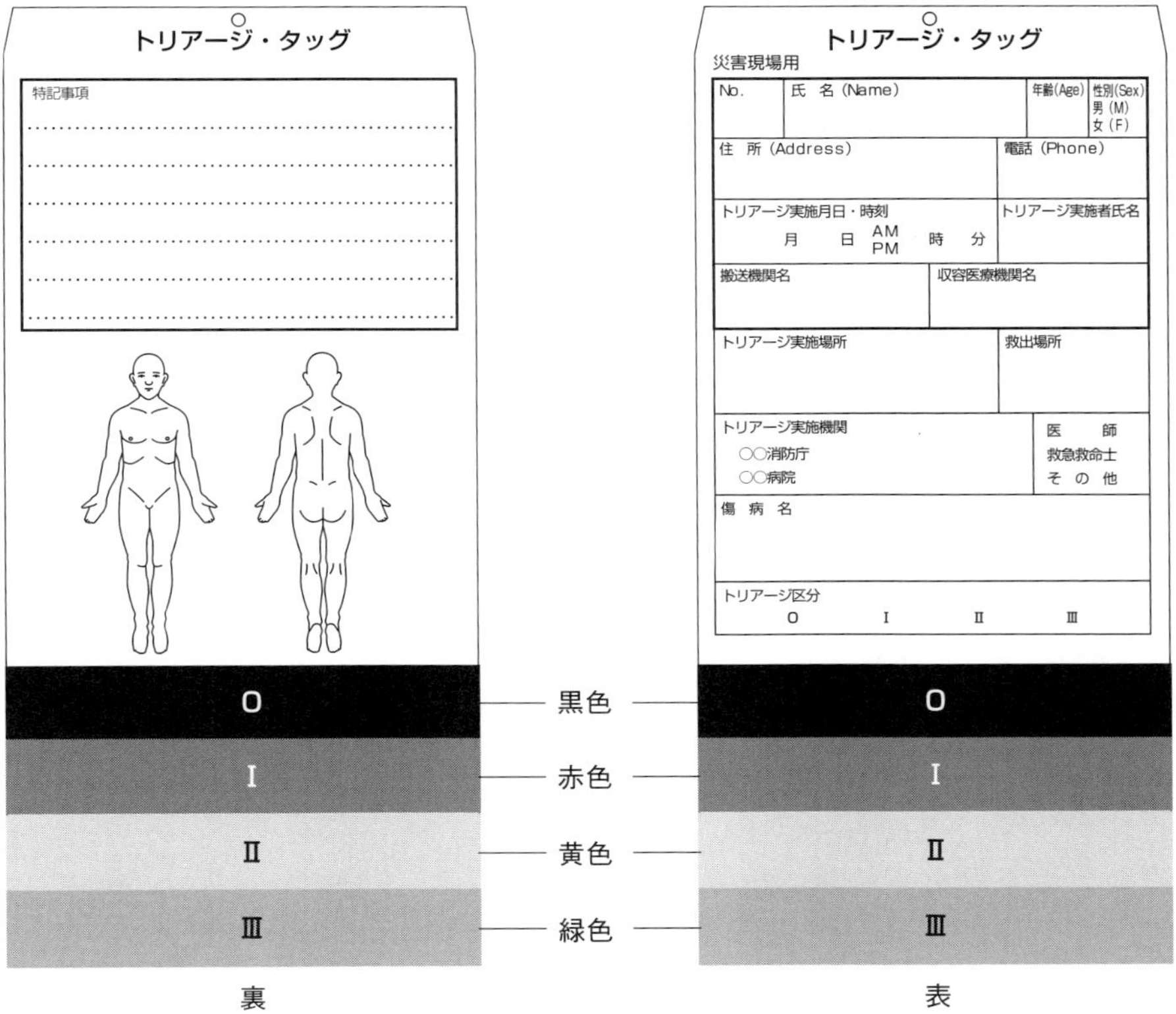

（東京消防庁「トリアージ・タッグ」を一部改変）

どで災害拠点病院や被災地外の医療機関へ搬送されることになります。

◉トリアージの区分とSTART法

トリアージにはいくつかの方法があります。災害時には、短時間で多くの傷病者のトリアージを行う必要があることや、多くの人が納得できる選別法でなければならないことから、**START法（式）**が多く採用されます。

これは、傷病者の歩行・呼吸・循環（脈拍など）・意識のそれぞれの状態を判断して区分する方法で、1人の傷病者に要する時間は30秒以内といわれています。

トリアージが行われた傷病者には、つぎのような色別の**トリアージタッグ**（標識札）がつけられます（図2）。

▼黒色のタッグ　すでに死亡が確認されている場合や治療を行っても救命が不可能な場合。

▼赤色のタッグ　重症で緊急に治療が必要な場合。

▼黄色のタッグ　治療の必要はあるが、とくに緊急を要さない場合。

▼緑色のタッグ（青色のことも）　けがや病気の程度が軽度で、すぐに治療をしなくても生命や予後に大きな影響をおよぼさない場合。

トリアージタッグは、誰が見てもすぐにわかるように、からだの一部（①右手、②左手、③右足、④左足、⑤頸部（けいぶ）などの順）につけられます。衣服や靴などにつけたり、かけられた毛布の上などに置かれることはありません。

また、トリアージは1度だけでなく、状況に応じて何度か、別の人によって行われることがあります。再トリアージが行われた場合は、前につけたタッグに二重線を引いて抹消（まっしょう）してから記載しますが、優先度順位が下がった（軽症化した）場合には、前につけたタッグをそのままにして、その上に新しいタッグをつけます。

表１　トリアージの一例

優先度（順位）	分類	タッグの色	傷病状況と診断
第１順位	最優先治療群（重症群）	赤	呼吸困難・大出血など。すぐに救命処置が必要
第２順位	中等症群	黄	中等症のやけど、多発骨折など
第３順位	軽症群	緑	手足の骨折・捻挫・打撲など
第４順位	死亡群	黒	死亡または生存の可能性が明らかにない

●もっとも重篤な人の治療が最優先されるとはかぎらない

災害時のトリアージは、災害現場のほか病院や救護所でも行われますが、そこには付近の各所から傷病者が運ばれてきます。医療スタッフは、傷病者の数に比べて圧倒的に少ない人員でトリアージや治療にあたり、必要に応じて他の医療機関に搬送しなければなりません。

また、通常の救急医療の現場では、何人もの医療スタッフがつきっきりで1人の傷病者を救うために全力を尽くすこともありますが、災害時にはそれが不可能です。そのため、けがの程度や容体が重篤な人が優先されるとはかぎりません。

このときに自分の家族にかけるトリアージや治療の時間が少ないなどの抗議があると、現場が混乱をきたします。混乱すると不安をあおり、多くの人がパニックにおちいり、治療も思うようにはかどらないという結果になりがちです。自分の家族の治療を優先してほしい気持ちは誰でも同じですが、責任者に任せ、協力するようにしましょう。

トリアージにあたる責任者（メディカル・コーディネーター）は、専門の教育や訓練を受けた専門家です。刻々と変化する状況のなかで、そのつど優先順位を決めて対応しなければなりません。その指示に従うことが、多くの人の命を救うことにつながります。

◇できることは自分たちで対応する

●身近な人たちによる救助がたいせつ

阪神・淡路大震災で、倒壊した建物や家具の下敷きになったり、閉じ込められた人が、どのように脱出したかという生還理由の調査で、「自力で脱出」「家族に助けられた」「近所の人に救助された」という回答が合わせて98%以上を占めたという報告があります。大部分の人が公的な救助活動ではなく、自力で、あるいは家族や隣近所の人に命を救われたのです。

このことから、被災直後は、まず自分の身を守ることがいちばんたいせつで、つぎに周りの人と連携をとって行動することが、いかに重要かがわかります。

最近はふだんでも救急車の出動回数が増える傾向にあり、災害時にはより膨大な数の出動要請が殺到するため、救急車を頼ることはむずかしくなります。たとえ１１９番通報でき、救急車を要請できたとしても、道路網の寸断などで、すぐに来てくれる保障はありません。

災害時には被災地各所で消防署・警察署・日本赤十字社などによる救助活動も行われますが、自分たちでできることは助け合って対応することがたいせつです。

◉要援護者への援助

大地震などの災害時の心がまえとして、まず自分を助けること（自助）、そして家族や隣人を助けること（共助）、それが地域や社会を助けること（公助）につながります。

大きな災害のときに、とくに援助が必要な人を**災害時要援護者**といい、高齢者・障害者・外国人・乳幼児・妊婦などが該当します。

２００４（平成16）年に発生した風水害での経験から、災害時要援護者の避難支援などについて検討が進められ、「災害時要援護者の避難支援ガイドライン」（翌年３月内閣府発表）が作成されています。

市区町村など地域で防災計画を立てるときは、福祉関係団体なども連携し、個人情報にも配慮しながら、要援護者マップをつくるなど、救助や避難誘導、情報伝達、避難所での支援についての対策を促進することが勧められています。

自分や身近な人の安全が確保できたら、近くの要援護者を救出・援助しましょう。ただし、救出にあたっては、二次災害がおこらないよう、十分な注意が必要です。

◉救命処置・応急手当と搬送

傷病者を救出したあと、重症であれば救命処置（99～130頁）を、軽症のけがであれば、応急手当（131～176頁）を行います。

自分たちで手当できない場合は、周辺で被害が少なかった医療機関を、診療科を問わず受診します。緊急時で外来患者を受け付けてくれない場合は、救護所などの場所を聞いてそこへ搬送します。近くであれば、消防署に運ぶ方法もあります。

災害時の電話連絡について

震度6弱以上の地震や噴火などの災害時は、被災地への電話、被災地からの電話がつながりにくくなります。つぎのような注意を守って連絡しましょう。

①通話はできるだけ手短にする。

②比較的つながりやすい、災害用伝言ダイヤル１７１、災害用ブロードバンド伝言板、ケータイ「災害用伝言板」、携帯電話メールなどを利用する。被災地からは公衆電話が比較的つながりやすい。

③被災時の連絡方法を、家庭、職場、学校などで決めておく。

④緊急を要さない電話は避ける。

以下、ＮＴＴの**災害用伝言ダイヤル１７１**の例をあげますが、他の利用方法も調べて把握しておきましょう。

登録（録音）できるのは、災害により電話がかかりにくくなっているエリア（都道府県単位）の一般電話で、市外局番からの電話番号がキーになります。

登録・再生は、１７１にかけてガイダンスに従って操作します。再生は、一般電話、公衆電話、災害時に設置される特設公衆電話、携帯電話・ＰＨＳから利用できます。

録音時間は1伝言あたり30秒以内、伝言は、１つの電話番号あたり10件まで、録音後48時間保存されます。

他人に聞かれたくない場合は暗証番号（利用者間で事前に決めて、確認しておく）が利用できます。

伝言の録音・再生時に通話料が必要ですが、特設公衆電話や被災地内の公衆電話が無料になったときは、これらの電話からの利用は無料となります。

表2　医療情報カード（一例）

氏名 性別	 男・女
住所 電話番号 緊急の場合の連絡先	〒
生年月日	年　月　日生れ
血液型	型 （Rh　＋・－）
持病と服用薬	
かかりつけ医	住所 電話番号
緊急の場合の対応	
備考	

災害時などの緊急時に備えてふだんから身につけておきましょう（この表をコピーして使用することもできます）。

ただし、被災地内では電気・ガス・水道などのライフラインがストップしたり、消毒薬をはじめ衛生材料が不足して、レベルの高い医療を受けることができなくなります。被災地で応急処置を受けたあとに、きちんとした治療を受けるよう指示されたときには、被災地外の医療機関を受診する方法も考えましょう。けがや病気が中等症以上の場合は、早く標準的なレベルの医療を受けられる被災地外の医療機関へ搬送する必要もあります。

交通まひがおきていなければ、自家用車などを使ったり、地域の防災システムなどを利用して、なるべく被災地外の病院を受診できるように工夫しましょう。

◉近くの医療機関をふだんから把握する

日ごろから、家庭や職場のいちばん近くにある災害拠点病院や救急病院を確認しておくこともたいせつです。

また、避難場所や救護所がどこになるかを調べておくこともたいせつです。広域避難場所や避難所（次頁）には、各都道府県対策本部の要請で医療救護班が派遣されます。被災状況によってちがいますが、被災翌日から2、3日後に応急救護所が設置されます。

被災地での医療は、時間の経過や状況に応じて対応することが求められます。被災直後は傷病者の救出と救助が、その後は救命処置や応急手当が必要になりますが、それはふつう被災後3日間とされ、それ以後は、けがや病気の通常の治療、そして精神的なケアやサポートが必要になります（2316頁）。

◉医療情報を記したカードを携帯する

災害時にかぎらず、自分の医療情報を記したカード（表2）や防災手帳、診察券をつねに携帯する習慣をつけましょう。

カード（防災手帳）には、氏名、性別、住所、生年月日、血液型、治療中の病気と服用薬、かかりつけ医などのほか、緊急の場合にしてほしいこと、食事の注意などを記しておきます。子どもの場合は、保護者の氏名も書いておきましょう。高齢で介護を受けている人は、介助・介護時にしてほしい配慮なども記しておきます。

また、たとえば糖尿病でインスリンの注射が必要な人は「インスリンの種類と1日何単位が必要か」を、心臓病で舌下薬を保持している人は「胸痛発作時には、薬を舌の下に入れてください」などのメモを、腎臓病で透析を受けている人は「透析条件や服用薬、禁忌薬など」を記したメモを携帯するようにしてください。

私たちが被災地でできること

◇防災から減災へ

●災害関連情報の入手と活用

阪神・淡路大震災（1995（平成7）年1月）以後、防災対策だけでなく、減災という考えかたが取入れられるようになりました。**防災**が被害をださないための対策であるのに対して、**減災**は、あらかじめ被害の発生を想定したうえで、その被害を軽減させるための対策です。

減災のためには、

①災害前から準備すべき予防的な情報。
②災害直後の応急的な情報。
③災害後に必要な復旧情報。

などの災害関連情報を、それぞれの段階でどう入手し、生かしていくかをふだんから考えて、周囲の人とも話し合っておき、いざというとき対応できるようにしておくことがたいせつです。

災害時の医療に関しては、災害拠点病院（2307頁）がどこなのか、応急救護所がどこに設けられるのか、応急手当に必要な医薬品や衛生材料はどこにどのくらい備蓄されているのか、などの救援関連情報を把握しておく必要があります（災害時には、避難所に救護所や臨時診療所が設置されます。救護所がない場合は、巡回診療が行われます。また、非常食や毛布、消耗品が防災・備蓄倉庫などに保管され、国や都道府県、市区町村や町内会などが管理しています）。

それと同時に、各家庭でも最低限必要な医療・衛生用品は、非常時に持ち運びができるように救急箱などに入れて用意し、年に1～2回チェックしておきましょう。

◇避難先での生活

●一時避難場所・広域避難場所・避難所

各市区町村は被災直後の避難場所として、一時避難場所と広域避難場所を設定しています。

一時避難場所は、危険を避けるために一時的に避難する場所、または、帰宅困難者が交通機関の回復まで待機するためのオープンスペースで、校庭、公園、グラウンド、ゴルフ場、広場などが指定されています。

広域避難場所は、一次避難場所よりも広いスペースがあり、発生した火災の延焼拡大や輻射熱などから多くの人が身を守れるような場所で、大きな公園や緑地などが指定されています。

近くに広域避難場所がない場合は、ひとまず一時避難場所へ行き、その後に安全を確認しながら広域避難場所へ避難することになります。

また、住宅が倒壊したり、住むのに危険な状態になったときに生活するための、寝泊まりできる施設を一般に避難所といいます。

避難所は、都道府県知事の委任を受けた市区町村が災害救助法に基づき、**防災拠点**（備蓄倉庫があり、防災無線などが設置されている小中

非常用持ち出し袋の中身

非常用持ち出し袋には、非常食、貴重品・現金、懐中電灯、ラジオ、下着、救急セット、ポリ袋、ティッシュペーパーなどを用意します。そのほか、ヘルメットか防災頭巾、飲料水、タオル、軍手、女性の場合は生理用品、赤ちゃんがいれば紙おむつなども必要ですが、あとで入手できそうなものは省きましょう。

ドラッグストアやコンビニエンスストアが災害直後に営業すれば、医薬品や衛生材料が入手できますが、十分な量ではないため、協力し合って利用しましょう。

学校や公民館など）に開設されます。

また、高齢者などの災害時要援護者（2311頁）のために**福祉避難所**（福祉施設などがあてられます）が設置されることもあります。

災害にあったときに、どこの避難場所にどのようなルートで避難するか、途中どんな危険が想定されるかなどを、普段から家族や職場・学校の人などと話し合っておきましょう。ただし、災害発生の時期や時間帯、被災状況によって、また火災が発生した場合の風向きなどによって、避難ルートが通行不能になったり、避難所の開設場所が変更になることがありますから、複数の避難先を考慮しておくこともたいせつです。

◉避難所での生活

避難所は、被災後一時的に風雨や寒さ・暑さなどを避け、給食・給水などの救援を受ける場であるだけでなく、必要な情報を得るための拠点にもなります。また、避難所には早ければ被災翌日、遅いところでも3日後くらいに健康相談窓口や**応急救護所**が設けられます。

避難所の開設は制度上7日間ですが、大きな災害では、それよりも長期になることが多く、長期化すると、水・食料の配給、トイレ・入浴などの衛生上の問題、プライバシーの確保など、ひとりあるいは家族単位では対応できない深刻な問題や、それらに起因する精神的ストレスの増大などが生じるようになります。なるべく早めに避難所内でリーダーを決めるなどの生活システムをつくり、お互いに協力して対応していく必要があります。

◉避難所以外での生活

近くに避難所がない、避難所がいっぱいで入れない、ペットがいるので入りづらい、プライバシーが守りにくいなどの理由から、野外でテント生活をしたり、自動車の中や倒壊した自宅の一部で暮らしたりする人もでてきます。

野外では寒さや暑さ・湿気に対する対策も大事ですが、いちばんの問題は、救援物資の配布や診療所の開設、仮設住宅についての情報が入りにくいことです。できるだけ1か所に集まって生活を送るようにすると、個人では掌握しづらい配給や給水の情報も得やすくなるだけでなく、防犯上の効果もあります。

◇被災後におこりやすい心身のトラブルとその対策

電気やガス、水道などのライフラインが途絶すると、真夏や真冬でも冷暖房機が使えなくなります。また、被災後数日間は入浴できませんし、余震がつづく場合は避難所でも靴を脱げず、埃や泥、悪臭、かびの発生など、不衛生で不快な環境になりがちです。摂取できる食品もかぎられるため栄養がかたよりがちになり、ストレスから食欲や免疫力も低下してきます。

救護所や保健所の相談窓口、巡回診療などをできるだけ利用し、具合が悪いところがあれば、医師・看護師や保健師などに、早めに相談して

避難生活とペット

避難所にペットとともに避難すると、鳴き声やにおいの問題が生じます。少し落ち着いたら、被災地外の親類や知人に一時的に預けましょう。地域によっては、公共の施設が預かったり、動物救援本部が設けられる場合があります。災害時のペット対策やペットの健康については、普段から獣医と相談しておきましょう。

また、仮設住宅でのペットの飼育を許可する自治体もあり、動物用緊急支援物資の提供、獣医師による巡回健康相談などを実施するところもありますので、相談してください。ただし、感染症の予防、繁殖制限、所有者の明示などについてのルールは守りましょう。

ください。被災後におこりやすい病気やけが、避難先で生じることが多い健康上のトラブルには、つぎのようなものがあります。

▼クラッシュシンドローム　手足やお尻の筋肉が一定時間圧迫されると、筋肉中に毒素が蓄積されて、救出による圧迫解除後に毒素が体内を回り、腎障害などがおこってくる状態をクラッシュシンドローム（圧挫症候群）といいます。大地震などで、倒壊家屋や大きな家具の下敷きになっておこることがあります。

　症状が現れると緊急に大量の点滴や透析などの高度な治療が必要になるため、ときに被災地外の医療機関などに搬送する必要があります。早期には症状が乏しいのが特徴です。なお、尿が茶色に変わることがあるので、それを認めたら、すぐに医師や看護師に相談してください。その際、圧迫を受けていたおおよその時間を伝えることが重要です。

▼外傷　被災当初は、破損したガラスによる切り傷、やけど、打撲、脱臼、骨折などが多くなります。けがをしたときは、すぐに応急手当（119〜145頁）を行い、傷が悪化したり、回復が遅れないよう、早めに医師にみせる手段を講じましょう。ガーゼや包帯などはできるだけ毎日とりかえるようにしてください。

　頭部を強く打撲したときは、しばらくの間頭痛、めまい、吐きけ・嘔吐、しびれ、話しかたの異常などがないか注意します。これらの症状があれば、すぐに医師を受診してください。

　大地震などの避難時に足をけがしないよう、寝具の下にスリッパやソフトな靴、厚手の靴下などを入れて就寝しましょう。

▼睡眠障害　被災直後は、余震の恐怖、将来への不安から、睡眠不足や不眠（1035頁）になりがちです。また、プライバシーが保ちづらい避難所では、側にいる他人の寝返りやいびきが気になることなどが、睡眠障害に拍車をかけます。

　アルコールやコーヒーなど、利尿作用のある飲み物はとりすぎないようにします。高齢者は排尿のために頻回に起きたり、トイレを我慢して、睡眠障害になりがちです。

　不眠状態が長引くときは、救護所などで軽い睡眠薬をもらうことも考慮しましょう。

▼疲労　ライフラインがストップした自宅や避難所での不便な生活がつづくと、心身ともに疲労が蓄積してきます。十分に睡眠がとれる環境をできるだけ確保し、避難所や集会所で実施されるリラックス体操などに参加しましょう。

　被災後数日たって落ち着いてくると、ボランティアによるマッサージなどを受けられるところもでてきますので、積極的に利用しましょう。

▼静脈血栓塞栓症　とくに、車の中で避難生活を送る人にとって、問題になるのが静脈血栓塞栓症（いわゆるエコノミークラス症候群　1414頁上段）です。

　これまでに下肢の手術を受けたことがある人、肥満している人、高齢者、喫煙者、妊婦や出産直後の人は、発症のリスクが高くなります。

　からだを自由に動かせない状態で長時間すごしたりすることは、できるだけ避けるようにしてください。やむをえず車中で寝泊まりする場合には、ゆったりした服を着用し、日中はできるだけ歩行などをするよう心がけます。また、車内や室内が乾燥しないようにして、適度に水分をとることが予防になります。

　足にむくみや痛みがあるときは、早めに医療スタッフなどに相談してください。

▼感染症　体育館などの避難所は天井が高く、冷暖房器具も十分な状態ではありません。また、空気が乾燥し、衛生状態も保ちづらいため、感染症の流行が懸念されます。とくに、かぜやインフルエンザ（1261頁）、肺炎（1275頁）、赤痢（2100頁）や食中毒（2092頁）に対する注意が必要です。

　清潔な水が使える場合は、手洗い・うがいを励行し、マスクが配布されたときはそれを使用するなど、医療スタッフや保健師の指示を守るようにします。季節によっては加湿器やストーブを、できる範囲で用意してもらいましょう。

▼こころの病気　災害による過酷な体験、不自由な避難生活で、こころのケアが行き届かず、精神的な障害が生じることがあります。日常生活が破壊され、住居の再建など、多くの問題が未解決のまま残る人も多く、家族や身近な人を亡くしたときは、救えなかったことで自責の念にかられる人もいます。なかには、短期間のうちに、避難所→仮設住宅→復興住宅と移るなど、そのたびに新しい人間関係やコミュニティをつくらなければならない場合もあり、人との関係が希薄になりがちです。

これらのことから、**気分障害**（1011頁）、**うつ病**や**うつ状態**、**アルコール依存症**（1043頁）におちいる人も少なくありません。

また、大きなショックを受けたときの情景が突然頭のなかに浮かんでくる（フラッシュバック）、フラッシュバックがおこるような場所に近づけなくなる（回避行動）、神経が高ぶって興奮状態になるなどの症状が現れる場合があります（**心的外傷後ストレス障害** 1022頁）。

睡眠障害、頭痛、耳鳴り、吐きけ、イライラ、食欲低下、倦怠感などのストレス関連症状がつづくときは、できるだけ早く精神科医の診察や臨床心理士によるカウンセリングなどを受けてください。それがむりであれば、救護所を受診するか、巡回診療のときに相談するなどの対策を早めに講じましょう。

悩みをひとりで抱え込まないように、周りの人とできるだけ会話して気持ちを素直に吐露し、悩みを周囲と共有することもたいせつです。

▼子どものこころの障害　過度な恐怖を体験した子どもは、それを客観的にとらえることができず、以前よりも強く甘える、わがままになる、指しゃぶりやお漏らしをするなどの**退行現象**が現れることがあります。

さらに、落ち着きがなくなる、からだがかたまって手足が動かなくなる、奇声を発する、現実にはないことを口走ったりする、自分をたたいたりするなどの**パニック行動**をとることもあります。そのほか、発熱、腹痛、吐きけなどの身体症状をおこすこともあります。

そのようなときはしからずに、「大丈夫」と言って抱きしめてあげてください。子どもをひとりにしないで、話をしたり、絵本を読んであげるなど、普段よりも接する機会やスキンシップを多くしましょう。ただし、してはいけないこと、危険なことをしようとしたら注意します。

子どもの場合は遊ぶことが治療になります。できるだけ遊び場や友だちを確保し、クレヨンや画用紙などを用意してもらい、絵を描く、日記をつけるなどの表現手段を提供してあげましょう。ただし、むりじいはいけません。後片づけや整理などを手伝わせるのも1つの方法です。

▼寝たきりの予防　避難所生活が長引くと、日常生活活動（ＡＤＬ）の低下をきたす人がでてきます。意欲がなくなる、からだの動きや精神のはたらきが低下する、疲れやすくなる、そのために何もしなくなり、悪循環におちいって、寝たきりや歩行困難につながることもあります（**生活不活発病**、**廃用症候群**）。

散歩や軽い体操などを心がけ、ある程度こころに余裕があれば、身の回りのことはなるべく自分で行うようにして、早く規則的な生活リズムをつくるように努めることがたいせつです。

▼その他の病気　トイレ設備が思うように整わないことや精神的ストレスなどから、**下痢**や**便秘**になる人が多くなります。避難袋には便秘薬や下痢止めも用意しましょう。

高齢者は、食べ物や胃液、口の中の細菌を誤って気管に飲み込み、それに引き続いておこる**誤嚥性**（**嚥下性**）**肺炎**（1255頁）にも注意します。

就寝前の歯みがきや入れ歯の手入れを欠かさな

いようにしましょう。

◉持病のある人の健康管理

被災後日にちがたつにしたがって、慢性の病気が悪化しがちです。阪神・淡路大震災や新潟県中越地震〔２００４（平成16）年10月〕の際に、持病を悪化させて死亡するケース（災害関連死）が少なくありませんでした。

持病の管理、とくに薬の服用を忘れないようにします。災害時だから1回ぐらい服用しなくてもしかたがないと考えるのは危険で、非常時だからこそ、きちんと服薬する必要があります。少なくとも3日分の薬と処方せん・薬の説明書のコピーなどを携帯する習慣をつけましょう。

そのほかとくに、在宅酸素療法を受けている人、糖尿病でインスリンの注射が必要な人、心臓に障害がある人、人工呼吸器・ペースメーカー・人工肛門・膀胱ストーマ・自己導尿用品などを使用・装着している人、経管栄養を行っている人、精神疾患の人、知的障害のある人などは、本人や家族が非常時の対応をかかりつけ医と相談しておきましょう。

また、緊急時の注意事項を記した医療カードなどを携帯することもたいせつです（2312頁表）。

◉食生活への配慮も忘れずに

配給される非常食は、カップ麺やおにぎりなど、塩分の多いものがメインですが、最近は、食べやすさや栄養に配慮したもの、低たんぱく食、減塩食、代表的なアレルゲンを含まないものなどを用意するところも増えています。慢性の病気を抱える人や高齢者、乳幼児などは、そのことを申し出て、相談してみましょう。

栄養のバランスがとれないときは、サプリメントでカバーすることも考えます。

◇仮設住宅での生活上の注意

避難所生活のあとに自力で住宅を確保できない人のために、応急仮設住宅が提供されます。家賃は無償ですが、水道光熱費などは自己負担で、最長で2年間供与され、条件によっては延長されることもあります。

◉仮設住宅の生活でおこりやすいストレス関連症状

仮設住宅での生活では、新生活に順応できないことへの不安やあせり、周囲から取残されていくと感じたりする人が多く、不眠、肩こり、倦怠感、頭痛などのストレス関連症状が現れたり、うつ状態、拒食症や過食症などの摂食障害（1026頁）になることがあります。また、災害がきっかけで、認知症（997頁）になる人もいます。

精神的な問題は家族や周囲の人も注意して、問題が生じそうなときは、早めに臨床心理士やカウンセラーなどのメンタルケアの専門家に相談します。介護保健施設へのショートステイなどの対策を講じることも考慮しましょう。

また、とくに高齢者の場合、閉じこもりがちになって、脚の筋力が低下しやすくなり、寝たきりにつながることもあります。

集会所などでの健康相談会、服薬管理相談、栄養指導、食事会や茶話会、健康体操などに積極的に参加して、閉じこもりを予防しましょう。

救援スタッフへの配慮

被災後、事態が少し落ち着いてきたら、救援活動に携わる医療スタッフや行政の担当、ボランティアの健康への配慮も心がけたいものです。救援スタッフには、重責感や無力感、罪悪感などが生じやすく、燃え尽き症候群（1005頁）などの障害がおこることがあります。

援助者も二次的被害者と位置づけ、おたがいにいたわり合う気配りがたいせつです。「ありがとう」「たいへんですね」などのことばかけは、被災者、援助者の別なく必要といえましょう。

薬の知識

薬は病気を治したり、症状を軽減させてくれます。効果的に用いるには、用量、用法を正しく守ることがたいせつです。

薬のいろいろ

◇一般用医薬品と医療用医薬品

私たちが使用する薬は、一般用医薬品と医療用医薬品の2つに分類できます。

一般用医薬品は、市販薬、一般用薬、大衆薬、OTC薬、薬局で買う薬なども呼ばれ、薬局や薬店で直接購入することができます。

医療用医薬品は、処方薬、医療用薬、医師・病院からもらう薬なども呼ばれ、医療機関を受診したときに、医師が書く処方せんによって、病院や診療所の薬局または街（地域）の保険薬局から受け取ったり、入院中などに医療機関から渡される薬です。

ほかに、配置薬（家庭の置き薬）などがありますが、ここでは、一般用医薬品（市販薬）と医療用医薬品（処方薬）とに分けて解説します。

◇市販薬はどんな薬か

●薬剤師に相談してから購入する

市販薬は、自分の意思や判断で購入して使用する薬で、たとえば、かぜのひきはじめや、消化不良などの症状があるときによく使われます。ほとんどの市販薬は作用が緩やか（作用が強い薬は市販薬から外されています）で、用法や用量をきちんと守って使用すれば、問題がおこることはそれほど多くはありません。しかし、副作用がない薬はありませんし、まれに重い副作用が生じることもあります。

購入する際は、どんな薬が自分に適しているか、薬剤師に相談しましょう。たとえば、頭痛があって鎮痛薬がほしいときなどに、体質に合った薬を選んでもらうことがたいせつです。

相談するときは、今までに使用して発疹などの過敏症状や副作用をおこした薬があれば、必ず薬剤師に伝えましょう。

●使用前に添付文書（説明書）を必ず読む

薬剤師は、薬についての専門家です。十分に納得のいく説明をしてもらいましょう。

また、市販の薬は使用前に必ず**添付文書**（説明書）を読む習慣をつけましょう。添付文書中では、薬の効果や薬理作用などの特徴が記された箇所よりも、使用上の注意、副作用や相互作用などに十分目を通しておくことが必要です。

なお、使用上の注意には、次頁の図のようなマークによる注意書きがあります。上のマークは、守らないと症状が悪化したり副作用や事故がおこりやすくなるような注意点が記されています。下のマークは、薬を服用する前に、医師や薬剤師に相談が必要な人や、服用後に医師や薬剤師に相談すべき症状などが記されています。

してはいけないこと

相談すること

なお、現在、薬局には、薬剤師の配置が義務づけられていますが、２００９（平成21）年度からは市販薬はリスク別に3種類に分類されて製品のパッケージに明示されるようになり、リスク別に以下のような義務などが定められるようになりました。

▼**第1類**　とくにリスクの高い医薬品（H_2ブロッカーなど）で、薬剤師の配置と文書での積極的な情報提供が義務。

▼**第2類**　リスクが比較的高い医薬品（総合感冒薬など）で、薬剤師または登録販売者（薬剤師以外の新たな専門家）の配置が義務。文書での積極的な情報提供は努力義務。

▼**第3類**　リスクが比較的低い医薬品（胃腸薬など）で、薬剤師または登録販売者の配置が義務。文書での積極的な情報提供は不要。

◇スイッチOTCとは？

市販薬のなかには、**スイッチOTC**（オーティーシー）と呼ばれる薬があります。OTCとは、over the counterの略で、店頭で売られる医薬品という意味です。そして、それまで医療用医薬品として使用されていた薬が、ある程度の安全性が確立されて市販薬にも含まれるようになった場合に、その市販薬をスイッチOTCと呼びます。

１９９０年代に入ってから、イギリスやアメリカでスイッチOTCが増えてきました。日本でも、鎮痛薬、みずむしの治療薬などにスイッチOTCが増えてきました。とくに、胃潰瘍（いかいよう）の手術を激減させたといわれているH_2ブロッカーが、スイッチOTCとして有名です。また、２００７（平成19）年からは、口唇（こうしん）ヘルペス再発防止に効能のある抗ウイルス成分を配合した軟膏（なんこう）が、スイッチOTCとして販売されています。

スイッチOTCは、もともと医療用医薬品だったので、薬効は他の市販薬に比べると比較的強いものです。漫然と使用していると、副作用が現れたり症状が重くなることもありえます。使用する際には薬剤師とよく相談するようにしましょう。

◇医療用薬はどんな薬か

●他人が使うことのできない薬

医療用医薬品（医療用薬）は、医師・薬剤師などの専門の人の指示どおりに服用する必要がある薬です。

お薬手帳（くすりてちょう）を使（つか）いこなそう

お薬手帳とは、その人が服用している薬や、過去に生じた副作用などを継続的に記録する手帳で、薬剤師に申し出れば入手できます。

病院や薬局にこの手帳を見せることで、薬の重複やよくない飲み合わせ（相互作用）などを避けることができます。また、急病や事故にあったときに携帯していれば、救急救命処置が円滑に行いやすくなります。

病院や薬局では、毎回必ず手帳を見せ、入院時にも服用している薬といっしょに持参しましょう。また、常備薬や市販薬を購入した場合も、その薬名を記録しておきましょう。なお、複数ある手帳は1つにまとめておくことがたいせつです。

医療用薬は、市販薬に比べて作用が強く、からだのいろいろな組織や器官に複雑に作用する薬が多いため、使用するうえで専門的知識が必要です。なかには、毒薬・劇薬のように、作用の激しい成分をもつ薬や、習慣になりやすい薬、体内に蓄積されやすい薬などもあります。取扱いを誤ると副作用をおこすなどの危険性が、市販薬よりも高いのです。

ですから、医療用薬をもらうには、医師による**処方せん**が必要です。医師は、診察や検査の結果から病気や症状を診断し、薬の効果と副作用、さらに使用する人のアレルギー、仕事や生活習慣、性格・嗜好なども考慮して、処方する薬や剤形、使用量などを決めます。

したがって、ある人に処方された薬は、たとえ同じような病気や症状であっても、他の人が使うことはできません。また、そのとき処方された薬を残しておいて、あとで使うのもやめましょう。たとえ自分の薬でも、病気の状態が変化している場合があるからです。

●疑問があれば必ず聞いておく

薬の使用法や使用上の注意について、医師や薬剤師から説明された場合は、十分に注意して聞いておきましょう。また、疑問があれば質問して理解しておくことがたいせつです。

薬局はいつでも電話での質問を受け付けています。薬局によっては、ファクシミリやインターネットを通じて相談できるところもあります。こうした手段を利用して、疑問点などを送っておき、あとで答えをもらうなどの方法がとれるかどうか、薬局に確認しておきましょう。

また、相談するときには、過去に使用して発疹などの異常が現れた薬があれば、必ず報告しておきましょう。

薬の副作用と相互作用

◇薬の副作用とは?

●副作用の症状はさまざま

薬は病気を治療したり、症状を改善するために用いられますが、目的とする効果以外の作用が現れることがあります。そのような作用を**副作用**といいます。

副作用で多いのは、食欲不振、吐きけ、嘔吐、下痢などの胃腸障害、心悸亢進、脈の異常などの循環器障害、眠け、ふらつき、もうろう感などの神経・精神障害、発疹やかゆみといった皮膚の過敏症状などです。ほかにも、肝臓障害、血液障害、内分泌障害、代謝障害などの、検査を受けなければわからない副作用があります。

●どんな副作用があるか聞いておく

使用する薬には、どんな副作用があるかを、医師や薬剤師に説明してもらいましょう。市販薬の場合は、添付文書（説明書）をきちんと読むこともたいせつです。また、副作用らしい症状に気づいたらどう対処すべきかをよく聞いておきましょう。そして、医師から検査などを指示されたら、必ず受けるようにしてください。

なお、副作用がこわいからといって、勝手に服用を中止してしまうのはよくありません。できれば診察時に、症状が消えたら服用をやめてもよいかどうかを、医師に聞いておきましょう。

◇薬の併用と相互作用

●他の薬を使っていれば必ず報告する

同時に複数の薬を服用することを薬の**併用**といい、併用によって作用が強くですぎたり、弱くなって効かなくなることを薬の**相互作用**といいます。

薬の併用は、医師が治療上、薬の効果を高めたり、副作用を防止する目的で行うこともありますが、服用する人が、医師や薬剤師にほかの服用薬を報告しなかったために、相互作用が問題となる薬を併用し、治療に支障をきたしたり、健康上問題が生じることがあります。

どのような薬の併用で相互作用がおこるかは、一口にはいえません。そのつど、医師や薬剤師に報告して、チェックしてもらうことが重要です。また、お薬手帳（2319頁）を活用することで、こうした問題を避けることができます。

●薬と食品の食べ合わせ

特定の飲食物と食べ合わせると、効果が強まったり低下したりする薬があります。

たとえば、血栓症の治療薬ワルファリンカリウムは、納豆のようなビタミンKを多く含む食品との食べ合わせや、健康食品のクロレラとの併用で、薬の効果が低下します。反対に血液がサラサラになるとうたわれている食品との食べ合わせで、効果が強まります。このほか、降圧薬として使用されるカルシウム拮抗薬とグレープフルーツジュースで薬効が強まり、ニューキノロン系抗菌薬やテトラサイクリン系抗生物質と牛乳、ぜんそくや心臓病の一部の治療薬とハーブのセントジョーンズワート（西洋おとぎり草。うつ症状に効果があるとされる）で低下するなど、相互作用が問題となることがありますので、医師や薬剤師に相談してください。

ただし、あまり神経質になって、栄養が偏るのは、病気の治療上いいことではありません。

薬を使用するときの注意

◇薬の服用時間について

薬は、毎日一定の時間に服用することが重要です。仕事や生活習慣などから、一定時間に服用するのが困難な場合は、医師や薬剤師に相談すると、むりのない服用法や剤形にかえてもらえる場合もあります。薬の服用時間には、食後、食前、食間、あるいは就寝前などがあります。

①食後服用　原則として食事の約30分後までに服用することです。服用によって胃に潰瘍をつくる可能性がある薬は、**食直後**に飲むように指示されることがあります。

内服薬の多くは、食後服用を指示されます。これは、おもに食事などの習慣と関連づけて、飲み忘れを防ぐという理由からです。また、食後は胃に食物があり、胃壁への薬の刺激を防ぎ、胃を荒らすことが少ないという効果もあります。

②食前服用　食事の約30分前に服用することです。食事後の血管は、全身に栄養分や酸素を運ぶのに手一杯ですが、食前は血液の循環も通常のとおりで、薬の吸収がよく、血液中への薬の移行が速いなどといわれます。漢方薬、食欲増進薬、吐き止めなどが代表的です。なお、血糖降下薬のいくつかは**食直前**（5～15分前）に服用します。

③食間服用　食事と食事の間、または食事の約2時間後に服用することです。食後2時間経過すると、胃の中が空になり、食物による影響が少なくなります。食物の影響を受けやすい薬や胃粘膜を保護する目的で使う薬などに適用されます。

④起床時服用　起床時は空腹なので、より空腹のほうが吸収効率がよい薬などは起床時に服用します。骨粗鬆症の薬のいくつかは、起床時に服用します。

⑤就寝前服用　夜、眠りにつく少し前に服用することです。

⑥1日何回（何時間おきに）服用　血液中の薬の濃度を、できるだけ一定に保つようにする

ことを目的とした服用法です。

たとえば抗生物質などは、細菌に対する抗菌力を保持するため、つねに一定量の薬の濃度が血液中に保たれている必要があります。このような場合に、何時間おきに服用と指示されます。

ただし、あまりにも厳格に時間を守り、夜中に起きて服用するなど、生活のリズムが乱れるような服用法は避けましょう。たとえば、1日に4回と指示された場合、毎食後と就寝前に服用するなど、多少の変更は問題ありません。

⑦**頓服**（とんぷく）　症状があるときだけに服用する服用法で、おもに痛みや発熱などの急な症状に用いられます。

◇薬は自己判断で使用しない

◉薬の服用を忘れやすい人は?

薬の飲み忘れは、慢性の病気で症状が落ち着いている場合に多いようです。痛みなどの自覚症状がないため、定期的に飲む必要のある薬（降圧薬（こうあつやく）など）を飲み忘れるのでしょう。

こうした場合、きちんと服用できない人は、1日1回または2回の服用ですむ薬がないかなど、自分の生活習慣に合った服用法を、医師や薬剤師に相談しましょう。

また、同時にもらった薬の服用時間が1日3回、食後、食間などと煩雑で、把握しにくい場合は、服用ごとにまとめてもらうことができないかを、薬剤師や医師に相談しましょう。

◉薬の服用を忘れたときは?

本来の服用時間からそれほど時間が経過していない場合は、気づいた時点で服用しましょう。しかし、つぎの服用時間の直前に忘れたことに気づいたときは忘れた分は服用せず、つぎの分から正しい時間に服用するようにしてください。

ただし、対応が異なる場合もあるので、万が一飲み忘れたときにはどう対処すべきかを、事前に医師や薬剤師に確認しておきましょう。

また、服用を忘れたことは、必ず医師に報告しましょう。医師は、きちんと薬を服用しているとの判断で、診察や治療を行っています。服用を忘れたことを報告しないでいると、薬の効果がないと判断して、効果の強い薬にかえたり、服用量を増やすように指示することがあります。その結果、副作用などが生じる危険性が高くなります。判断に迷うときには、最寄りの薬局の薬剤師に相談しましょう。

◉勝手な判断による連用や服用中止は問題

自己判断での薬の長期服用や大量服用は、たとえ市販薬であっても慎むべきです。薬が体内に蓄積されて、副作用が現れやすくなります。

反対に、勝手な判断で服用を中止してしまうのも問題です。たとえば、貧血に用いる鉄剤は、からだに必要な鉄が体内に補充されるまで半年かかります。みずむし薬も、数か月使いつづけないと菌は死滅しません。つまり、症状が消えたからといって、病気が治っているとはかぎらないのです。ただし、症状がなくなれば服用を中止してよい場合もあるので、処方してもらうときにその点は確認しておきましょう。

◉病院がかわったときは薬を報告する

かかりつけの医師から大学病院を紹介されたり、転居などで医療機関をかえたときは、新たな医療機関の医師に、今まで使用していた薬（必要があれば医師名も）が記録されたお薬手帳（2319頁）を持参しましょう。これにより、以後の診療に役立つ場合があり、また処方せんを書くときにも、慎重に対処してもらえます。

薬の名前がわからなければ、今まで診察を受けていた医師や、調剤してもらっていた薬局の薬剤師にたずねましょう。

◉かかりつけ薬局、かかりつけ薬剤師をつくる

医薬分業が進み、処方せんを受け付ける保険薬局で薬を受け取るケースが増えてきました。

かぜのひきはじめなど、軽い病気のときにはまず自宅や職場の近くの医療機関、いわゆるか

かかりつけ医を受診することが望まれていますが、同様に「かかりつけ薬局・かかりつけ薬剤師」をつくっておきましょう。

かかりつけの薬剤師がいることで、薬の重複や相互作用を避けることができます。また、お薬手帳が複数ある場合は、1冊にまとめてもらっておきましょう。

ふだんから自分や家族の健康状態を把握し、必要なときにアドバイスしてくれる薬剤師との関係を築いておきたいものです。

剤形別にみた薬のじょうずな使いかた

◇内服薬の剤形と服用法

◉十分な量の水といっしょに服用する

口から飲む薬を**内服薬**（内用薬、経口薬）といい、飲みやすいように、錠剤、カプセル剤、顆粒剤、散剤（粉薬）、シロップ剤、水剤など、さまざまな形に加工されています。

こうした薬の形のことを剤形といいます。新しい剤形の薬をもらったり、今までと剤形が変わったときには、使用法をよく聞いて、誤薬や誤用を防ぎましょう。

最近は、水なしでかみ砕いて飲めるチュアブル錠や、口のなかで溶ける口腔内崩壊錠（ＯＤ錠）も増えていますが、原則として内服薬は、薬の効果を得るためにも、必ずコップ1杯以上の水か白湯といっしょに飲んでください。

①錠剤　錠剤の長所は飲みやすく、携帯に便利なことです。錠剤には以下のような種類があります。指示がないかぎり、割ったり砕いたりせず、そのままの形で飲むようにしましょう。

製錠したまま表面に何も加工していない錠剤を**素錠**（**裸錠**）といいます。また、飲みやすく、成分が変化しないように、表面を糖でおおった**糖衣錠**、水溶性の化合物でおおった**フィルムコーティング錠**などの剤形もあります。

ほかにも、胃の中で一部が溶け、残りが腸で溶けるように加工された**二層錠**や**三層錠**など、胃腸障害を防止するためや胃酸による成分の分解を防ぐため、酸性の胃液では溶けずに中性に近い腸液で溶けるように加工された**腸溶錠**、薬の溶けかたをコントロールして、長時間効果が持続するように工夫された**持続性錠剤**（**徐放錠**）などがあります。

また、内服用錠剤のほかに、舌下錠、バッカル錠、トローチ錠などがあります。

舌下錠は舌の下側に入れ、口腔粘膜から吸収させて効果を現すよう工夫された錠剤です。胃や腸を介さずに直接血液中に入るため、効果を速く現す必要がある冠血管拡張薬（狭心症発作に使う薬）などに使われます。

また、**トローチ錠**は、口中でなめて溶かして使用する剤形で、口内やのどの炎症の改善などに用います。

このように、錠剤には服用方法がちがう剤形があります。使用法をよく確かめて、まちがえないようにしましょう。

②カプセル剤　カプセル剤は、ゼラチンを材料にした殻（カプセル）の中に薬が充填された剤形です。飛散しやすい散剤（粉薬）などに比べて飲みやすく、苦味やにおい、刺激性の強い薬を使用するときなどに適しています。

かつては顆粒などをそのまま充填した大きなカプセル剤が多く、のどや胸につかえて飲みにくいなどの欠点がありました。しかし、最近では高齢者でも楽に飲めるような小さなカプセル剤が増えてきました。

また、カプセル中の薬に特殊なコーティングを施し、胃で溶けずに腸で溶けるように工夫された**腸溶カプセル剤**、一部が胃で溶け、残りが腸で溶けるように工夫されたカプセル剤、効果の持続性を保って服用回数を少なくした**持続性（徐放性）カプセル剤**などもあります。

カプセルをはずして中の薬だけを飲むと、治療効果が得られないばかりか、胃腸障害などの副作用がおこることがあります。必ずそのままの形で飲むようにしましょう。

また、水なしで飲むのもやめましょう。食道などに炎症や潰瘍が生じることがあります。

③**散剤（粉薬）・ドライシロップ剤**　これらは服用量を細かく調整できるという長所がありますが、苦味があったり、飛散しやすく、飲みにくいなどの欠点があります。口に少し水を含んでから、飲むようにしましょう。

現在、散剤はおもに小児のドライシロップとして利用されるようになってきました。ドライシロップ剤は、水に溶かしたり、そのままの形で飲む剤形で、甘味やイチゴ味をつけて飲みやすくしたり、水に溶けやすくするなど、少しずつ改良が加えられてきました。

④**顆粒剤・細粒剤**　散剤の短所の飛び散りやすさを改良し、香りや甘味をつけて飲みやすくした剤形です。最近では、顆粒をさらに細かくした細粒剤も増えてきました。

胃腸障害を防止したり、効果が持続するように加工した顆粒剤もあるので、かんだり、つぶしたりせず、そのままの形で飲むようにしましょう。また、うがい用の顆粒剤もあるので、まちがって飲まないように注意してください。

散剤や顆粒剤は湿気を帯びると変質しますので、缶などに入れて保管しましょう。

⑤**水剤**　水剤は、内用液剤とも呼ばれ、薬を水、アルコールなどで溶かした液状の剤形です。子どもによく用いられるいわゆるシロップ剤がこれに含まれます。飲む前によく振って混ぜる、別の容器に量りとってから服用する、びんに直接口を触れて飲まないなどの使用上の注意を守ってください。

◇外用薬の剤形と使いかた

●全身に作用する外用薬も増えている

皮膚や粘膜などのからだの表面に使う剤形を総称して**外用薬**といいます。軟膏やクリームのように皮膚に用いる剤形と、坐薬や点眼薬のように局所や粘膜に用いる剤形があります。

①**軟膏剤・クリーム剤**　皮膚に直接塗って使用する剤形です。おもに皮膚の病気の治療に使用されていますが、現在は筋肉痛や関節の炎症を鎮めるのに用いられる場合も多くなりました。

また、更年期障害に用いる女性ホルモンの塗り薬も開発されています。全身に作用する軟膏剤を使うときは、多量に使用したり、使用回数を増やしたりせず、決められた量と使用回数を守りましょう。

②**貼付剤（パップ剤）**　これまで打撲や捻挫のときの**冷湿布**または**温湿布**用が主でした。現在では、薬を局所から吸収して、全身に効果が現れるように工夫されている貼付剤があり、インドメタシン製剤などの痛み止めや、狭心症発作のときに使うニトログリセリン製剤、ぜんそくに用いる気管支拡張薬、女性ホルモン剤などにも応用されるようになりました。

薬によっては皮膚から吸収されにくいものがあって、内服薬のような効果が得られなかったり、皮膚が弱いなどの条件で貼付剤が使えない場合もあります。しかし、薬の使用で胃に潰瘍をつくることがなく、また、効果が強すぎた場合などはがすことができるなどの利点があり、使いやすい剤形といえます。

③**坐薬**　ほとんどは肛門から直腸に挿入して使用する直腸坐薬です（膣に入れて使用する坐薬もあります）。

直腸の粘膜から吸収されるため、胃腸障害をおこす心配がある薬、吐きけなどで口から薬を飲めない場合などに適用されます。

痔や便秘などに局所療法として使われる坐薬のほか、鎮痛・消炎薬、抗生物質、抗がん剤などのように、全身に作用するように考えられた坐薬もあります。

坐薬は、おなかに圧力がかからないような姿勢で、横になって膝を曲げると入りやすいです。

④吸入薬　吸入薬には、ぜんそくに用いる副腎皮質ホルモン剤や気管支拡張薬などがあります。**噴霧剤**は、花粉症やアレルギー症状などにも用いられます。

類似の剤形で、呼吸といっしょに薬の微粉末を吸入するタイプの吸入薬もあります。

症状が気になって、何度も使いがちですが、指示された使用回数と使用量を守りましょう。

⑤点眼薬（目薬）　下まぶたに滴下し、粘膜に吸収させることで効果を現す剤形です。1～2滴、滴下すれば、効果は十分です。まつげの先端に容器の先がつかないよう注意しましょう。

目薬を使ったあとに痛みがおこるときは、目に傷がある可能性があります。その場合、多量の水で洗い、眼科医の診察を受けてください。

⑥点鼻薬　鼻腔に滴下したり噴霧したりして使う剤形で、血管収縮薬などに用いられます。

⑦点耳薬　耳腔内に滴下して、炎症を鎮めたり、耳腔内を殺菌するためなどに使用します。

⑧うがい薬（含嗽剤）　口腔やのどの炎症に用いるもので、錠剤や顆粒状の薬を薄めて用います。指示された希釈率などを守って使用しましょう。

◇注射剤の種類と使用時の注意

注射剤が用いられるのは、重い病気や症状で薬の効果を早く得たいとき、内服では吸収される前に分解されて効果を得ることができないとき、吐きけや嘔吐、食道通過障害があったり、意識がないなどで薬を飲めないとき、食事から栄養摂取できないときなどです。

ですから、注射剤のほとんどは医師の判断で使用され、自分で使用することはできません。

注射は、薬が注入される部位によって、皮下注射、皮内注射、筋肉内注射、静脈内注射、動脈内注射などに分けられます。

皮下注射は糖尿病治療のインスリン製剤や予防接種などに用いられます。また**皮内注射**はアレルギーの診断、薬に対する過敏症のテストなどに用いられます。

筋肉内注射は、少量の薬剤を殿部や腕、太ももなどの筋肉内に注入する方法で、刺激や疼痛の強い薬、油性の薬などに用いられます。

静脈内注射は、ぶどう糖やアミノ酸などの栄養成分を体内に大量に補給する栄養輸液剤として、また、抗生物質の薬の血中濃度を高めるためなどに用いられます。

そして**動脈内注射**は、おもに抗がん剤などを特定の臓器に注入する場合などに、用いられます。

現在は、インスリン製剤の皮下注射が、本人または家族が指導を受けて、使用できる自己注射として認められています。そのほか、ホルモン剤など、自己注射が可能な製剤が少しずつ増えてきています。

ジェネリック医薬品

ジェネリック医薬品とは、成分や製法の特許が消滅した先発医薬品と同じ主成分を含んだ**後発医薬品**のことで、比較的安価で入手できる処方薬のことです。

２００８（平成20）年4月からは、処方せんの記入法がかわり、後発医薬品に変更不可と書かれていなければ、薬を後発医薬品にすることができます。

後発医薬品の使用を希望する人は、医師や薬剤師にその旨を申し出ましょう。

注射を受けたときは、注射部位を清潔に保ち、気分が悪くなったり、息苦しくなるなどの異常がおこったときは、早く医師に指示を仰ぎましょう。また、入浴や運動、飲酒などの可否についても、医師に確認しておきましょう。

子ども、高齢者、妊婦・授乳婦などと薬

◇子どもと薬

子どもは、肝臓や腎臓などの臓器や器官が未成熟なため、薬の代謝や排泄などの機能が不安定で、薬が体内に蓄積しやすいものです。

医師は子どもの全身状態、症状の程度などによって、それぞれ薬の量を調節していますので、指示をよく守って使用することがたいせつです。

小さな子どもは、じょうずに症状を伝えることができず、また子どもの場合は容体も急激に変化します。薬を使用しているときの注意を、医師からよく聞いておきましょう。

また、乳児に薬を飲ませるとき、母乳やミルクに混ぜるのはやめましょう。ミルク嫌いになって飲まなくなることがあります。

子どもの解熱にアスピリンを使用すると、急性脳症（589頁）がおこる可能性があるとされています。子どもの解熱には、アセトアミノフェンを用います。

市販薬の場合も、薬剤師によく相談しましょう。薬を飲ませてもなかなか症状が改善しないときは、早めに医師の診察を受けましょう。

◇高齢者と薬

高齢者は、薬による副作用がおこる率が高いという報告があります。肝臓や腎臓の機能が衰えたり、薬を長期間使用する機会が増えて、薬が体内に蓄積しやすくなるからです。

また高齢者では、副作用がおこっても顕著な症状が現れにくく、周囲への訴えかたが弱いなどで、気づかれにくいということも原因のひとつでしょう。

高齢者では、いったん副作用が現れると重い症状に進んでいることがあるので、家族や周囲の人が十分注意する必要があります。

現在は医師がその必要を認めれば、寝たきりの人の自宅に薬剤師が訪問し、薬を届けてくれたり、薬についての相談ができるようになりました。

◇妊娠中・授乳中の人と薬

妊娠中の女性が薬を服用すると、薬によっては生まれてくる赤ちゃんに思わぬ障害をおよぼすことがあります。とくに、妊娠4～15週目は、胎児のさまざまな器官が形成されたり、分化される時期なので、15週までは慎重を期す必要があります。

ただし、薬を使わずに病気を重くして、かえって出産に悪影響をおよぼすこともあるので、妊娠中に薬を使う必要がある場合は、産婦人科医に相談して、できるだけ安全な薬を選んでもらうようにしましょう。

授乳中にも、母乳を介して薬が乳児の体内に移行する場合があります。ほとんどの場合は母体が内服する薬の量の1％以下といわれていますが、授乳中の人は念のため医師や薬剤師に相談しましょう。

◇運転や機械を操作する人と薬

乗り物の運転や機械を操作する人の場合、眠けやめまい、脱力感などをおこす可能性のある薬に、抗ヒスタミン薬が含まれるかぜ薬、鼻炎治療薬をはじめ、降圧薬、糖尿病治療薬、筋弛

緩薬、鎮痛薬、催眠薬、抗不安薬、抗うつ薬などがあげられます。

薬の服用中に、運転や機械の操作に従事する人は、必ず医師や薬剤師に相談してください。

薬の保管法・保存法

◇薬箱に入れ、定期的にチェック

薬は、薬箱または救急箱の中に入れて保管し、薬箱の蓋の部分などに、管理している薬の名前、薬の量（何錠など）、入手した年月日などを書いておきましょう。また、開封した場合は、その年月日も記しておく必要があります。

とくに指示がないかぎり、直射日光があたる場所や高温になる場所でなければ室温（15～25℃）で保管すれば、ほとんどの薬は問題ありません。ただし、子どもや高齢者がよくわからずに飲んだりすることがないような管理をしてください。

また、薬を冷蔵庫に保存する人もいますが、散剤（粉薬）などは冷蔵庫から出すと結露してしまうことがあります。散剤はお茶などを入れる缶に乾燥剤といっしょに入れて、室温で保管しましょう。

たとえば、週に一度、冷蔵庫の中身をチェックするときと同時に薬箱の中身も点検するなど、何かの日常の行為とともに薬箱をチェックする習慣をつけ、週の予定のなかに組込んでおきましょう。

◇使い残しの薬は処分する

●市販薬の保管方法は？

市販薬は、処方薬とちがって、家族みんなが使う薬です。外箱などに記載されている使用期限までは保存できますが、いったん開封した場合は、何年も使うことがないように、蓋の部分などに開封した年月日をメモしておきましょう。

とくに、蓋を開けた目薬は汚染される可能性が高くなります。開封後2週間が限度と考え、これをすぎたら処分しましょう。また、目薬は家族で共有しないようにします。

仕事や家事などで忙しい人や、つい長期間常用してしまうような傾向のある人は、1回分ずつに分かれている使い捨てタイプの目薬を使用するなどの工夫をしましょう。

市販薬は、夜間や休日のけがや病気の際にも必要です。それほど緊急を要しないかぜや軽度の発熱、消化不良などの手当に必要な市販薬は、最低限常備しておきましょう。

市販薬を購入するときは、薬剤師に家族構成などを説明して、薬を選んでもらいましょう。

●処方薬の保管方法は？

処方薬の保管方法はさまざまですから、薬局でもらった説明書や、薬剤師の説明に従いましょう。

たとえば、糖尿病の人が用いるペンタイプやカートリッジ式のインスリン注射剤は、使用するまで冷蔵庫で保存しますが、これを冷凍庫で保管してしまうと、インスリン成分の構造が変化して使用できなくなります。また、注射筒にカートリッジを充填したあとは、結露を避けるために冷蔵庫に保存してはいけません。

処方薬は指示どおり服用すれば残ってしまうことはありえませんが、途中で中止になったり、飲み忘れて残ってしまった場合など、残しておくとつい使ってしまい、それが事故や副作用の原因となることがあります。残った処方薬は廃棄するか、病院や街の薬局に持参して処分してもらいましょう。インスリン注射の針も、病院や薬局が回収してくれます。

漢方薬の知識

漢方薬は複数の生薬を組合わせてつくられます。西洋医学とは考えかたや理論が異なりますが、現代医学でも利用されています。

漢方の基本的な考えかた

◇こころとからだを一体と考える

漢方は「中国系伝統医学」をさして名づけられた日本独得の呼び名で、現在の中国伝統医学（中医学）とは異なります。6世紀ごろに伝わってきた中国の医学は、江戸時代までに日本で独自の発展をとげますが、18世紀にもたらされた西洋医学により、明治以後は一時衰退しました。しかし現在は、ともすれば病人を置き去りにし、検査中心になりがちな西洋医学に対して、漢方の考えかたが見直されています。

こころとからだを分けて考え、からだを臓器や神経、皮膚といった細かな部位の集合体と考え、障害のおきている「部位」の治療が基本である西洋医学に対して、漢方では「心身一如」といって、こころとからだが一体であると考えます。そのため、治療もからだ全体のバランスを整え、自然治癒力を高めることを基本として治療を行います。

したがって、西洋医学があまり得意ではないアレルギー疾患（アトピー性皮膚炎・気管支ぜんそく・じんま疹など）や生活習慣病（高血圧、糖尿病、脂質異常症）などの治療に向いています。また、西洋医学では診断名をつけにくい症状や、状態の改善にも適しています。

たとえば、虚弱体質によっておこるさまざまな症状や、心身症、神経症、原因不明の不快な状態、自覚症状だけがみられる痛み、女性特有の冷え症や月経不順、更年期障害などの改善があげられます。

◇漢方独自のからだの状態—未病

また、漢方独自の考えかたのひとつに未病という概念があります。未病とは、半健康状態や、病気の方向に状態が向かっているようすをいいます。

漢方では健康な状態と病気との間に、明確な境界を設けていません。したがって、検査による数値がボーダーライン以下などのように、西洋医学では病気とされないグレーゾーンの症状であっても、漢方ではケアの対象となるのです。「未だ病まざる」状態であっても、からだの状態を改善するという考えかたなのです。

具体的には、肌のトラブルやかぜをひきやすい体質、疲れやすいなど、西洋薬が処方されるほどではない症状や、最近注目されているメタボリックシンドローム（1494頁）なども、漢方ではケアの対象となります。

漢方の診察法と証

◇四診が漢方の基本的診察法

西洋医学の場合、病院で診察を受けると、まず症状に応じた検査を受け、その結果をもとにして、治療方針が決まっていきます。しかし、漢方の診察方法はこれとは異なります。

漢方では**四診**と呼ばれる診察法が用いられます。四診とは「望診」「聞診」「問診」「切診」の4つの診察方法をいい、おもに医師の五感を駆使して診察します。とくに機器を使用して診断を行うことはありません。

▼望診　「望」とは目で見ることで、体格や体型、動作、顔色、肌のつやなどに現れる状態や、精神状態などを診察します。場合によっては足や背中のようすを診ることもあります。また、「舌診」といって、舌の色や舌苔（舌の表面の苔状のもの）、舌の側面につく歯型、舌の裏の静脈のようすによって、むくみや消化機能、血行不良の状態などを診ます。

▼聞診　「聞」とは耳で聞いたり、においをかいだりすることをいいます。声の調子や呼吸音、せきの有無、胃や腹部の音、口臭や体臭、胃内停水（胃がポチャポチャ音がする）の有無などを調べます。

▼問診　西洋医学の場合と同様、現在の症状や病歴、生活歴、生活習慣、アレルギーの有無などに加え、食欲や疲れやすさ、冷え、便通の状態、口の渇き、汗のかきかたなどを質問します。

▼切診　西洋医学でいう触診のことです。切診には脈診と腹診があります。脈診では患者の両手首を診て、脈の速度や力強さ、心拍数などを調べます。腹診は日本で独自に発展した診断法で、腹部の筋肉の緊張、弾力性、押したときの抵抗や痛みの有無などを調べます。漢方ではとくにこの腹診を重要視します。

◇証が決まって治療が始まる

四診の結果によって、医師は**証**を決定します。証とは、患者それぞれのこころとからだ全体の状態や体質を評価した診断で、同時に治療の指

受診の際の注意点

漢方では医師と患者が向き合って、診察を進めます。そのため、受診の際には、以下のポイントに注意してください。

①化粧は控え目に　望診では顔色、目の周りのくま、唇の色、皮膚のつやなどを診ます。化粧をする場合は顔色がわかる程度にしましょう。

②舌苔を落とさない　舌診では舌苔から発熱の有無や胃腸の状態を診ます。普段から歯ブラシで舌苔を落とさないようにしましょう。

③受診前にトイレはすませる　尿がたまっていたり、排便がすんでいないと、腹診で下腹部を診る際に腹圧や腹部の膨らみの判断がしにくくなります。

④受診前の飲食は避ける　胃に未消化の食物や水分が残っていると、腹診で正しい診断がしにくくなります。飲食は、受診の30分から1時間前までにすませましょう。

⑤着脱しやすい服装で　どのような症状でも、腹診は必ず行います。着脱しやすい服装で受診しましょう。

針となるものです。漢方では病名よりも、この証を重要視します。患者それぞれに個性や体質があり、個性や体質により症状もまた異なると考えるからです。この証をもとにして、漢方薬の処方や鍼灸などの治療方針が決められます。

証には「陰陽」「虚実」などの概念があり、これに加えて「気・血・水」といった概念を組合わせて、証を決めていきます。

▼陰陽　もっともよく使われる証の概念で、「暑がり、顔が赤い、脈が速い」など、活動的で熱性のものを**陽証**、「寒がり、顔色が青白い、手足が冷える」など、非活動的で寒性のものを**陰証**と判断します。

▼虚実　これもよく使われる証の概念です。「脈が強い、胃腸が強い」など闘病反応が強いものを**実証**、「脈が弱い、胃腸が弱い」など闘病反応が弱いものを**虚証**と判断します。

また、どちらかに偏らず、それぞれの特徴を半分ずつもつ場合を**中間証**または**虚実間証**と呼びます。

▼気・血・水　**気**とは目に見えない生命のエネルギーをさします。体内の気のめぐりが悪化すると、心身のバランスが崩れて調子が悪くなります。**血**は気によってめぐらされている赤色の液体で、血液の機能に近いものです。体内の状態を一定に維持する機能があります。**水**は体液や分泌液、尿など、「血」以外の体液すべてをさします。これらの要素からからだの状態を判断することを「気血水論」といいます。

▼その他の証　証にはほかにも「寒熱」「表裏」「補瀉」などがあり、これらも病態をはかる物差しとして用い、診断に役立てています。

漢方では、刻々変化する病態を重視するので、証もまた変化すると考えます。陰陽や虚実、気・血・水などの物差しを用いて、病人のその時点のもっとも適切な証を決定し、漢方薬の処方を絞り込んでいきます。そして、上図のように病人の状態を中庸に導いていくのが、漢方の考えかたなのです。

漢方治療の方向性

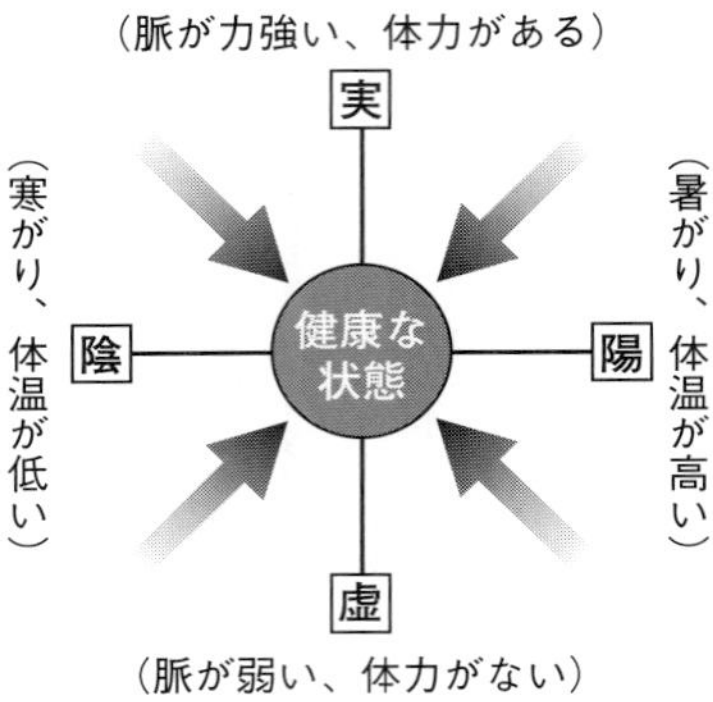

漢方薬の特長と用いかた

◇漢方薬は生薬の組合わせ

証が定まったら、漢方薬が処方されます。漢方薬は生薬が基本です。生薬とは、自然界に存在する動植物や鉱物のうち、薬効成分をもったものを薬に加工したものをいいます。

生薬の8割は樹皮、茎、根、葉、果実、花、種子などの草木類です。残りの2割を、動物の皮、骨、貝殻、昆虫などの動物類と、一部の鉱物が占めています。

以上の材料を、熱を加えたり、乾燥させたり、挽いたりして、煎じて飲むのに適した形状にします。そして、通常はこれらの材料を2種類以上組合わせて、漢方薬として使用します。

複数の生薬を組合わせることによって、できるだけ副作用を減らして安全性を高め、さらに有効性を高めます。組合わせの選択に際しては、多くの試行錯誤や経験の積み重ねから、理論が構築されています。

その理論は西洋医学の理論とは大きく異なっていますが、人間の医療、健康づくりを目的としていることに変わりはありません。

◇漢方薬の服用のポイント

漢方薬のほとんどは飲用で、煎じ薬とエキス剤、丸剤などがあります。

煎じ薬は薬をお湯で煮出して服用します。生薬の量を加減したり、他の生薬を加えるなどして、その人に合った処方をつくることができます。お湯に溶けているので吸収も速く、即効性が期待できます。アロマテラピーの効果が得られることもあります。

エキス剤は生薬を煎じた液を濃縮・凍結・乾燥させ、粉末や顆粒、カプセル剤などにしたものです。簡便で飲むのに場所を選びません。また、煎じかたで成分の有効性にばらつきがでやすい煎じ薬と異なり、品質が一定していますが、一般的には煎じ薬より効果が劣る場合が多いのが実情です。

●煎じ薬のつくりかた

鉄鍋や銅鍋は生薬の成分を変質させることがあるので、土びんや耐熱ガラス製ケトル、ステンレスやアルミ製の小鍋を使用しましょう。最近は専用の自動煎じ器も販売されています。

これらの容器に指示どおりの量の漢方薬と水を入れ、必ず弱火で煮立たせます。40～50分、水が半分の量になるくらいまで煮詰め、ガーゼで漉して他の容器に移します。1回分ごとに小分けし、残ったら冷蔵庫で保存します。温めて服用するものは、電子レンジなどで温め直して服用します。成分が変質することがあるので、煮詰まらないように注意しましょう。

服用する時間は、食前または食間の空腹時に飲むのが基本です。食前とは食事の30分以上前のこと。食間とは食事と食事の間のことで、食後およそ2時間後が目安です。

◇漢方薬の服用期間は?

漢方薬には即効性がないというイメージがあるかもしれません。しかし、飲んですぐに改善がみられる場合もあれば、煎じ薬のにおいを嗅いだだけでぜんそくがよくなったという例もあります。よくかぜに用いられる葛根湯などは、15分程度で結果がわかります。

しかし、通常漢方薬は2週間継続して服用しないと、効果は得られにくいと考えてください。薬により、4週間ほどの服用期間が必要なこともあります。配合された生薬や病気の症状によって、効き目が現れる期間が異なるからです。

漢方薬にも副作用はある

漢方薬は2000年以上の時間を経て、有効で安全な処方のみが残されてきました。しかし薬である以上、不適切な服用による副作用や、アレルギー反応がおこることもあります。

たとえば、体力のない人（虚証、虚実間証）に実証の薬を使用すると、多くの場合下痢がおこります。また、甘草が配合されている漢方薬を長期間大量に服用していると、血圧が上昇したり、低カリウム血症（1532頁）がおこることがあります（偽アルドステロン症）。インターフェロンを用いて肝臓病の治療をしている人が小柴胡湯を併用して、間質性肺炎（1292頁）をおこしたという報告もあり、併用禁忌となっています。

漢方薬の処方には、信頼できる医師、薬剤師、薬局などでよく相談し、「証」を正確に判断してもらったうえで、漢方薬を正しく使用するようにしましょう。

服用後に予期せぬ症状がでたときにはすぐに服用を中止して、処方した医師や購入した薬局などに相談してください。

健康保険が使える漢方薬

病院や診療所で処方される漢方薬の効能・効果について解説しています。番号は漢方薬についている製品番号です。

番号	漢方薬名	効能・効果	おもな適応症
1	葛根湯（かっこんとう）	自然発汗がなく頭痛、発熱、悪寒があり、肩やくび筋がこる場合、または下痢をともなうかぜの初期、上半身の炎症性疾患など	扁桃炎、咽頭炎、かぜ、五十肩
2	葛根湯加川芎辛夷（かっこんとうかせんきゅうしんい）	鼻づまり、鼻汁、肩こり、頭痛など	蓄膿症、アレルギー性鼻炎、花粉症
3	乙字湯（おつじとう）	便秘、肛門の痛みや少量の出血、便秘傾向など	便秘、痔
5	安中散（あんちゅうさん）	消化不良、胸焼け、げっぷ、食欲不振、吐きけ、胃痛などをともなう胃腸病	慢性胃炎、胃神経症、胃潰瘍
6	十味敗毒湯（じゅうみはいどくとう）	みぞおちから両わきにかけて重苦しい（胸脇苦満）、皮膚疾患があり患部が乾燥しているなど	おでき、湿疹、じんま疹、アトピー性皮膚炎
7	八味地黄丸（はちみじおうがん）	強い倦怠感、手足の冷感もしくは熱感、腰痛、口の渇き、頻尿、尿量減少または尿量増大、残尿感など	高血圧、前立腺肥大症、ED（勃起障害）、糖尿病

番号	漢方薬名	効能・効果	おもな適応症
8	大柴胡湯（だいさいことう）	上腹部の張り・痛み、頭痛、便秘、耳鳴りなど	高血圧、動脈硬化、胆石症
9	小柴胡湯（しょうさいことう）	疲れやすい、熱感と悪寒が交互にある、みぞおちから両わきにかけて重苦しい（胸脇苦満）、口が苦い、白い舌苔、食欲不振、吐きけなど	かぜ、気管支ぜんそく、胃腸病、胸部疾患、肝臓病、腎臓病、虚弱
10	柴胡桂枝湯（さいこけいしとう）	微熱、悪寒、くびやうなじのこり、みぞおちから両わきにかけて重苦しい（胸脇苦満）、頭痛、関節痛、食欲不振、腹痛、下痢、吐きけなど	かぜ、急性胃炎、慢性胃炎、てんかん
11	柴胡桂枝乾姜湯（さいこけいしかんきょうとう）	体力低下、全身倦怠感、顔色が悪い、動悸、息切れ、口の渇き、尿量減少、食欲不振、寝汗など	自律神経失調症、更年期障害
12	柴胡加竜骨牡蛎湯（さいこかりゅうこつぼれいとう）	不安、不眠、イライラ、便秘、尿量減少、みぞおちから両わきにかけて重苦しい（胸脇苦満）など	高血圧、動脈硬化、ED（勃起障害）、神経症

番号	漢方薬名	効能・効果	おもな適応症
13／113	三黄瀉心湯	不眠、めまい、不安、吐血、鼻出血、痔出血、便秘、肩こりなど	高血圧、動脈硬化、更年期障害、脳卒中
14	半夏瀉心湯	みぞおちのつかえ感、胃部の振水音（胃内停水）、白い舌苔、食欲不振、吐きけ、嘔吐、腹がゴロゴロ鳴る、下痢、軟便など	急性・慢性胃炎、胃潰瘍、十二指腸潰瘍、過敏性腸症候群
15	黄連解毒湯	口の渇き、胸苦しさ、のぼせ、喀血や下血などの出血傾向、イライラや不眠、高血圧にともなう諸症状、口内炎、皮膚のかゆみなど	高血圧、胸焼け、不眠症、二日酔い
16	半夏厚朴湯	食欲不振、吐きけ、嘔吐、胃部の振水音（胃内停水）、気分がふさぐ、不眠、動悸、不安、のどのつかえ感、せき、めまい、むくみなど	不安神経症、気管支炎、気管支ぜんそく、心臓ぜんそく、胃神経症、うつ
17	五苓散	のどの渇き、尿量減少、嘔吐、下痢、むくみ、頭痛、めまいなど	頭痛、膀胱炎、むくみ、二日酔い
18	桂枝加朮附湯	手足の冷え、口の渇き、発汗、頭痛、肩こり、尿量減少など	五十肩、関節リウマチ、神経痛
18	桂枝加苓朮附湯	冷え、微熱、寝汗などをともなう関節痛、神経痛	関節痛、神経痛
19	小青竜湯	水のような痰、鼻水、せき、胃部の振水音（胃内停水）など	かぜ、気管支炎、気管支ぜんそく、アレルギー性鼻炎
20	防已黄耆湯	筋肉にしまりがない、水太り、全身倦怠感、汗をかきやすい、胃部膨満感、尿量減少、むくみ、膝関節の腫れや痛みなど	慢性腎炎、関節炎、関節リウマチ、肥満症、多汗症、陰嚢水腫
21	小半夏加茯苓湯	食欲不振、吐きけ、嘔吐、胃部の振水音（胃内停水）、みぞおちのつかえ感、めまい、動悸、口の渇きなど	つわり、急性胃腸炎、嘔吐症
22	消風散	長年にわたり治らない湿疹（夏期に悪化する）、口の渇きなど	発疹、湿疹、じんま疹、皮膚のかゆみ
23	当帰芍薬散	代表的な婦人薬で、冷え症、貧血、疲れやすい、頻尿、尿量減少、下腹部痛、めまい、耳鳴り、動悸、肩こり、頭重など	月経異常、更年期障害、不妊症、妊娠にかかわる各種障害

番号	漢方薬名	効能・効果	おもな適応症
24	加味逍遥散（かみしょうようさん）	代表的な婦人薬で、疲れやすい、肩こり、頭痛、めまい、不眠、イライラ、便秘傾向、白い舌苔など	更年期障害、不妊症、冷え症
25	桂枝茯苓丸（けいしぶくりょうがん）	代表的な婦人薬で、子宮およびその付属器の炎症、子宮内膜炎、月経不順、更年期障害など	更年期障害、月経異常、冷え症
26	桂枝加竜骨牡蛎湯（けいしかりゅうこつぼれいとう）	動悸、息切れ、のぼせ、神経過敏、不眠、頭痛、疲れやすい、子どもの夜泣きなど	ED（勃起障害）、不眠症、夜尿症
27	麻黄湯（まおうとう）	高熱、悪寒、筋肉痛、関節痛、喘鳴（呼吸でのどがゼイセイヒューヒューいう）など	かぜ、関節リウマチ
28	越婢加朮湯（えっぴかじゅつとう）	むくみ、のどの渇き、発汗、尿量減少、流涙、分泌過多による湿疹など	急性腎炎、関節リウマチ、夜尿症
29	麦門冬湯（ばくもんどうとう）	顔が紅潮するほどの強いせき、痰が切れにくい、のどの渇きや異物感など	気管支炎、気管支ぜんそく、胸部疾患のせき
30	真武湯（しんぶとう）	手足や腰の冷え、全身倦怠感、尿量減少、腹痛、水様性の下痢、動悸、めまい、からだのふらつき、脳出血などによる運動および知覚まひ、心不全などによる動悸、半身不随など	胃腸虚弱症、胃下垂、かぜ、慢性胃腸炎、慢性腎炎、低血圧、高血圧、ネフローゼ症候群、湿疹、じんま疹、リウマチ
31	呉茱萸湯（ごしゅゆとう）	手足の冷え、吐きけをともなう発作性の激しい頭痛、みぞおちの張り、うなじや肩のこりなど	頭痛
32	人参湯（にんじんとう）	貧血、疲れやすい、冷え症、胃部の振水音（胃内停水）、みぞおちのつかえ感、食欲不振、胃部停滞感、胃痛、嘔吐、下痢、尿量増大など	胃下垂、つわり、胃虚弱児、胃腸虚弱、急性・慢性胃腸炎、胃アトニー
33	大黄牡丹皮湯（だいおうぼたんぴとう）	下腹部に化膿性の炎症がある場合の痛み、発熱、便秘、月経異常の痛みなど	便秘、痔、初期の虫垂炎
34	白虎加人参湯（びゃっこかにんじんとう）	ほてり、のどの渇き、熱が高い、発汗、尿量増大、手足の冷え、腹部膨満感など	糖尿病の初期、暑気あたり、熱のある病気

番号	漢方薬名	効能・効果	おもな適応症
35	四逆散	みぞおちから両わきにかけて重苦しい(胸脇苦満)、手足の冷え、腹痛など	気管支炎、胆嚢炎、神経症
36	木防已湯	みぞおちのつかえ感、顔色が悪い、呼吸困難、むくみ、尿量減少、口の渇きなど	軽症の心不全、慢性腎炎
37	半夏白朮天麻湯	手足の冷え、頭痛、めまい、吐きけ、全身倦怠感など	低血圧、胃下垂
38	当帰四逆加呉茱萸生姜湯	手足の冷え、頭痛、吐きけ、下腹部痛、腰痛、しもやけなど	腰痛、冷え症
39	苓桂朮甘湯	息切れ、動悸、頭痛、のぼせ、尿量減少、神経過敏、不眠、不安、めまい、ふらつき、立ちくらみ、胃部の振水音(胃内停水)など	神経症、不眠症、血圧異常、メニエール症候群、心臓衰弱、腎臓病
40	猪苓湯	のどの渇き、尿量減少、排尿痛、排尿困難、頻尿、残尿感、下半身のむくみなど	慢性腎炎、膀胱炎、尿道炎、尿路結石
41	補中益気湯	全身倦怠感、食欲不振、寝汗、頭痛、悪寒、微熱、せき、動悸、子宮出血、臍のあたりの動悸など	低血圧、ED(勃起障害)、虚弱、子宮下垂

番号	漢方薬名	効能・効果	おもな適応症
43	六君子湯	胃腸虚弱、食欲不振、疲れやすい、貧血、全身倦怠感、手足の冷え、みぞおちの膨満感、胃部の振水音(胃内停水)など	急性・慢性胃炎、胃下垂、胃拡張、胃潰瘍
45	桂枝湯	自然発汗、頭痛、悪寒、発熱、からだの痛みなどをともなうかぜの初期	かぜ
46	七物降下湯	のぼせ、肩こり、耳鳴り、頭重、頭痛など	高血圧、慢性腎炎
47	釣藤散	慢性的な頭痛、肩こり、めまい、のぼせ、不眠など	高血圧、神経症
48	十全大補湯	全身の激しい衰弱、寝汗、やせ、貧血、手足の冷え、皮膚がかさかさして色つやが悪い、食欲不振など	低血圧、食欲不振、胃腸虚弱、全身倦怠感
49／137	加味帰脾湯	貧血、不眠、動悸、精神不安、微熱、寝汗など	自律神経失調症、不眠症
50	荊芥連翹湯	手足の裏に汗をかきやすい、鼻、耳、咽頭に炎症をおこしやすいなど	蓄膿症、扁桃炎、咽頭炎、にきび

番号	漢方薬名	効能・効果	おもな適応症
51	潤腸湯	皮膚のかさかさ、大腸の蠕動運動が弱い（弛緩性便秘）または活発すぎる（けいれん性便秘）など	常習性便秘、高血圧・動脈硬化にともなう便秘
52	薏苡仁湯	手足の関節・筋肉の慢性的な腫れや痛みなど	関節リウマチ、変形性膝関節症
53	疎経活血湯	下半身の筋肉痛、関節痛、神経痛など	神経痛、関節リウマチ
54	抑肝散	神経過敏、興奮しやすい、イライラする、不眠など	神経症、不眠症、夜泣き
55	麻杏甘石湯	激しいせき、発作時に頭部に発汗、口の渇きなど	気管支炎、気管支ぜんそく
56	五淋散	頻尿、残尿感、排尿痛など	膀胱炎、尿道炎
57	温清飲	不安や不眠、皮膚のかさかさ、のぼせ、神経症など	月経異常、更年期障害
58	清上防風湯	顔面や頭部の赤く化膿した発疹、酒皶、赤ら顔など	にきび、おでき、湿疹
59	治頭瘡一方	顔面や頭部などの湿疹で、分泌物が多く、ただれやかさぶたのある場合など	湿疹、アトピー性皮膚炎
60	桂枝加芍薬湯	腹部の膨満感、腹痛、下痢、便秘など	過敏性腸症候群

番号	漢方薬名	効能・効果	おもな適応症
61	桃核承気湯	頭痛、のぼせ、動悸、左下腹部の圧痛、足腰の冷えなど	便秘、更年期障害、月経異常、高血圧、痔、坐骨神経痛
62	防風通聖散	脂肪太り（太鼓腹）、便秘、肩こり、むくみ、尿量減少、赤ら顔など	肥満症、腎臓病、高血圧、脳卒中、動脈硬化
63	五積散	下半身の冷えや痛み、みぞおちのつかえ、上半身ののぼせ、頭痛、発熱、肩こり	神経痛、更年期障害、慢性胃腸炎、婦人科系機能障害
64	炙甘草湯	動悸、息切れ、貧血、顔色が悪い、手足のほてり、便秘、皮膚のかさかさなど	不整脈、動悸、息切れ
65	帰脾湯	貧血、動悸、息切れ、不眠、全身倦怠感、食欲不振、出血傾向など	貧血、不眠症
66	参蘇飲	胃部のつかえ、吐きけなど	かぜ、気管支炎
67	女神散	のぼせ、めまい、不安、動悸、不眠など	自律神経失調症、更年期障害
68	芍薬甘草湯	腹筋が緊張し、胃痛や腹痛がある、筋肉のけいれんや痛みなど	尿路結石、腰痛、神経痛

番号	漢方薬名	効能・効果	おもな適応症
69	茯苓飲	みぞおちのつかえ感、胃液の分泌過多、げっぷ、胸焼け、食欲不振、吐きけ、嘔吐、尿量減少など	急性・慢性胃炎、胃下垂、胃アトニー、神経性胃炎
70	香蘇散	胃腸が弱く神経質で気分が沈みがち、頭痛、発熱をともなうかぜの初期	かぜ、じんま疹、うつ
71	四物湯	皮膚がかさかさして色つやが悪い、貧血、手足の冷え、しもやけ、しみ、出血傾向、目のかすみ、動悸など	更年期障害、月経異常、冷え症、産後・流産後の疲労回復
72	甘麦大棗湯	子どものひきつけや夜泣き、女性の不安感、生あくび、不眠など	神経症、疳症
73	柴陥湯	激しいせき、痰が切れにくい、胸痛、みぞおちから両わきにかけて重苦しい（胸脇苦満）など	気管支ぜんそく、気管支炎
74	調胃承気湯	口や舌の渇き、腹部の張り、腹痛、膨満感など	便秘
75	四君子湯	吐きけ、嘔吐、食欲不振、食後の眠け、やせ、貧血、全身倦怠感、手足の冷え、胃もたれなど	慢性胃炎、貧血、やせ

番号	漢方薬名	効能・効果	おもな適応症
76	竜胆瀉肝湯	膀胱や尿道、子宮などの炎症、陰部の腫れや痛み、鼠径部リンパ節の腫れ、排尿痛、排尿困難、残尿感、尿の濁り、おりものなど	膀胱炎、尿道炎、尿失禁、腟炎、精巣炎、子宮内膜炎
77	芎帰膠艾湯	子宮出血、痔出血、下血、血尿、手足の冷え、貧血、腹痛など	痔、月経異常
78	麻杏薏甘湯	関節・筋肉の腫れや痛み、皮膚の乾燥、発汗、むくみなど	神経痛、関節痛、肌荒れ
79	平胃散	消化不良、胃もたれ、胃痛、腹痛、食欲不振、食後の腹鳴、下痢など	急性・慢性胃炎、胃下垂、胃アトニー、口内炎
80	柴胡清肝湯	慢性的な胃腸病、貧血、頸部リンパ節炎、慢性扁桃炎、神経症、湿疹など	アトピー性皮膚炎、虚弱
81	二陳湯	胃部の振水音（胃内停水）、吐きけ、嘔吐、胃部不快感、めまい、動悸、頭痛、痰の多いせきなど	急性・慢性胃炎、二日酔い、胃下垂
82	桂枝人参湯	慢性胃腸炎や、発熱、頭痛、下痢をともなうかぜ	慢性胃腸炎、かぜ

番号	漢方薬名	効能・効果	おもな適応症
83	抑肝散加陳皮半夏	抑肝散（54）を用いる場合と同様の症状で、より体力が低下して慢性化している場合に用いる	神経症、不眠症
84	大黄甘草湯	ほかにこれといった症状がない慢性的な便秘	便秘
85	神秘湯	症状が慢性的で、せきの発作、呼吸困難など	気管支炎、気管支ぜんそく
86	当帰飲子	冷え症、炎症や分泌物が少なく皮膚がかさかさ、かゆみなど	湿疹、皮膚瘙痒症、じんま疹
87	六味丸（六味地黄丸）	疲れやすい、腰痛、足の脱力感やしびれ、口の渇き、尿量減少または増大、排尿時の違和感、寝汗、自然発汗、耳鳴りなど	眼精疲労、耳鳴り、むくみ、排尿困難
88	二朮湯	胃腸虚弱、肩や上腕の痛みなど	五十肩、関節炎
89	治打撲一方	打撲、ねんざなどによる患部の腫れ・痛み、内出血など	打撲、ねんざ、内出血
90	清肺湯	粘りけのある痰、慢性化したせき	気管支炎、気管支ぜんそく

番号	漢方薬名	効能・効果	おもな適応症
91	竹茹温胆湯	かぜや肺炎などの回復期に熱が下がらない、下がってもせきや痰が多い、神経過敏で安眠できないなど	かぜ、気管支炎、不眠症
92	滋陰至宝湯	全身倦怠感、食欲不振、寝汗、慢性のせき、痰など	気管支ぜんそく、かぜ
93	滋陰降火湯	のどに潤いがなく、痰が切れにくい、激しいせきなど	気管支炎、かぜ
95	五虎湯	発汗、口の渇き、激しいせき、喘鳴（呼吸でのどがゼイセイヒューヒューいう）など	せき、気管支ぜんそく、気管支炎
96	柴朴湯	気のふさぎ、のどの異物感、動悸、めまいなどをともなう気管支ぜんそく、不安神経症など	気管支炎、気管支ぜんそく、自律神経失調症
97	大防風湯	関節の腫れ・痛み・まひ、関節の曲げ伸ばしが困難、筋肉の萎縮、歩行困難など	関節リウマチ、痛風
98	黄耆建中湯	動悸、息切れ、寝汗や自然発汗、頭痛、食欲不振、発疹、びらん、腹直筋の緊張など	虚弱、慢性中耳炎、皮膚潰瘍、痔

番号	漢方薬名	効能・効果	おもな適応症
99	小建中湯	疲れやすい、貧血、冷え症、手足のほてり、腹痛、動悸、頻尿、多尿など	胃腸病、夜尿症、虚弱、疲労感
100	大建中湯	手足や腹部の冷え、発作性の激しい腹痛、腹部の膨満感、腹がグルグル鳴るなど	胃下垂、過敏性腸症候群、軽度の腸閉塞または腸閉塞の予防
101	升麻葛根湯	発疹、頭痛、発熱、悪寒、からだの痛み、目の痛みや充血、鼻の乾き、不眠など	かぜ、はしか、発疹、じんま疹
102	当帰湯	血色不良、冷え症、胸や背中の痛み、腹部膨満感、腹痛など	神経痛、冷え症
103	酸棗仁湯	体力低下や疲労による不眠、貧血、寝汗、頭痛など	不眠症
104	辛夷清肺湯	濃い鼻水、鼻づまり、発熱、頭痛など	蓄膿症、アレルギー性鼻炎
105	通導散	下腹部の圧痛、便秘、頭痛、のぼせ、不眠など	更年期障害、月経異常、打撲
106	温経湯	冷え症、口の渇き、手のほてり、頭痛、腰痛など	月経異常、更年期障害
107	牛車腎気丸	腰痛、足のむくみ、精力減退、下半身の脱力感、口の渇き、手足の冷え、高齢者のかすみ目、排尿困難など	ED（勃起障害）、腰痛、むくみ

番号	漢方薬名	効能・効果	おもな適応症
108	人参養栄湯	病後や産後、虚弱などによる全身倦怠感、貧血、食欲不振、不安、寝汗、便秘など	食欲不振、疲労感、手足の冷え、虚弱
109	小柴胡湯加桔梗石膏	小柴胡湯（9）を使う場合と同様の症状で、耳、鼻、のど、気管支などに痰や膿をともなう炎症のある場合	扁桃炎、扁桃周囲炎、咽頭炎、頸部リンパ節炎
110	立効散	歯痛、抜歯後の口腔内の腫れや痛みなど	むし歯の痛み、抜歯後の痛み
111	清心蓮子飲	全身倦怠感、口の渇き、頻尿、残尿感、排尿痛など	膀胱炎、尿道炎、前立腺肥大症
112	猪苓湯合四物湯	猪苓湯（40）と四物湯（71）を合わせたもの。皮膚の色つやが悪くかさかさで、猪苓湯を用いる症状がこじれて慢性的になっているような場合	慢性腎炎、膀胱炎、尿道炎、前立腺肥大症
114	柴苓湯	吐きけ、食欲不振、のどの渇き、微熱、尿量減少、みぞおちから両わきにかけて重苦しい（胸脇苦満）など	急性胃炎、むくみ、暑気あたり
115	胃苓湯	水様性の下痢、嘔吐、口の渇き、尿量減少など	急性胃腸炎、過敏性腸症候群

番号	漢方薬名	効能・効果	おもな適応症
116	茯苓飲合半夏厚朴湯	気分がふさぐ、のどや食道の異物感、動悸、めまい、吐きけ、胸焼け、尿量減少	急性・慢性胃炎、不安神経症
117	茵蔯五苓散	口の渇き、尿量減少、むくみ、圧痛や便秘がなく軽い黄疸のある肝炎など	じんま疹、二日酔い、肝炎
118	苓姜朮甘湯	全身倦怠感、下半身の冷えや痛み、尿量や排尿回数が多いなど	腰痛、坐骨神経痛、夜尿症
119	苓甘姜味辛夏仁湯	胃腸虚弱、貧血、冷え症、息切れ、むくみ、痰の多いせきなど	気管支炎、気管支ぜんそく、腎臓病
120	黄連湯	胃の重圧感、食欲不振、腹痛、吐きけ、口臭など	口内炎、胸焼け、二日酔い
121	三物黄芩湯	頭痛、口の渇き、手足のほてり、不眠、皮膚のかゆみなど	湿疹、不眠症
122	排膿散及湯	患部の発赤、腫れ、痛みをともなう化膿性の皮膚疾患	化膿している各種皮膚炎
123	当帰建中湯	血色が悪い、疲れやすい、手足の冷え、下腹部痛、腰痛、痔・脱肛の痛みなど	月経痛、下腹部痛、腰痛、痔
124	川芎茶調散	頭痛、悪寒、発熱など	かぜ、更年期障害

番号	漢方薬名	効能・効果	おもな適応症
125	桂枝茯苓丸(料)加薏苡仁	のぼせ、肩こり、月経不順、血の道症、にきび、しみ、そばかす、手足の荒れなど	月経異常、卵巣炎、子宮内膜症、腹膜炎
126	麻子仁丸	大便が乾燥してかたまった便秘、便秘にともなう痔	便秘、痔
127	麻黄附子細辛湯	悪寒、微熱、全身倦怠感、手足の痛みや冷感など	かぜ、気管支炎
128	啓脾湯	下痢、顔色が悪い、食欲不振、嘔吐、腹痛、胸焼け、子どもの消化不良症など	慢性胃腸炎、消化不良
133	大承気湯	腹部がかたく張る、不安、不眠、興奮などの精神症状をともなう便秘、肥満体質の便秘など	便秘、自律神経失調症
134	桂枝加芍薬大黄湯	腹部の膨満感、腹痛、便秘など	便秘、過敏性腸症候群
135／402	茵蔯蒿湯	のど・口の渇き、上腹部の膨満感、便秘、尿量減少、肝臓部の圧痛や黄疸	慢性肝炎、ネフローゼ症候群、じんま疹
136	清暑益気湯	全身倦怠感、食欲不振、発汗、尿量減少、下痢、夏やせなど	暑気あたり
138	桔梗湯	せき、のどの痛み、ねばねばした痰など	扁桃炎、咽頭炎、気管支炎

番号	漢方薬名	効能・効果	おもな適応症
180	桂芍知母湯	関節痛、体力低下、やせ、皮膚の乾燥など	神経痛、関節リウマチ、変形性膝関節症
230	芎帰調血飲	産後の神経症、体力低下、月経不順など	神経症、更年期障害、月経異常
311	九味檳榔湯	動悸、全身倦怠感、手足の冷え、むくみ、脚の筋肉痛、腰やくび筋のこりなど	高血圧、動脈硬化
314	梔子柏皮湯	肝臓部の軽い圧迫感、軽度の黄疸、皮膚のかゆみや炎症など	二日酔い、皮膚のかゆみ
319	大柴胡湯去大黄	上腹部の張り・痛み、耳鳴り、肩こり、疲労感など	高血圧、動脈硬化
320	腸癰湯	腹部全体の張り、盲腸部のしこり・痛み、月経痛など	軽度の虫垂炎、月経痛
324	桔梗石膏	せき、のどの痛み、化膿など（おもに他の漢方薬に配合して用いられる）	扁桃炎、咽頭炎
401	甘草湯	のどの痛み、せき、痔の痛みなど	扁桃炎、咽頭炎、かぜ
410	附子人参湯（附子理中湯）	胃腸虚弱、血色が悪い、手足の冷え、下痢、吐きけ、めまい、頭重、胃痛など	慢性胃腸炎、胃アトニー、冷え症

番号	漢方薬名	効能・効果	おもな適応症
501	紫雲膏（軟膏）	分泌物の少ないやけど、痔による痛み、肛門裂傷など	やけど、痔
S 05	芍薬甘草附子湯	冷え症、関節痛、まひ感、屈伸の困難など	神経痛、関節炎、五十肩
S 07	葛根加朮附湯	肩やくび筋のこり、悪寒、発熱、頭痛など	関節リウマチ、神経痛
S 29	当帰芍薬加附子湯	当帰芍薬散（23）を使う症状で、とくに冷えの強いものに用いる	神経痛、更年期障害、月経異常、冷え症
S 35	黄芩湯	悪寒、発熱、腹痛、嘔吐、下痢など	急性・慢性胃炎、下痢
TY 026	桂枝加黄耆湯	上半身に汗をかきやすい、足の冷え、頭痛、発熱、悪寒、化膿しやすいなど	かぜ、寝汗、あせも、湿疹
TY 027	桂枝加葛根湯	肩こり、頭痛、悪寒など	かぜ
TY 028	桂枝加厚朴杏仁湯	せき、喘鳴（呼吸でのどがゼーゼーいう）、頭痛、発汗、微熱など	かぜ、気管支ぜんそく
TY 037	桂麻各半湯	桂枝湯（45）と麻黄湯（27）を合わせた処方で、せきのでるかぜ、かゆみに用いる	かぜ、皮膚のかゆみ
SG 140	四苓湯	のどの渇き、尿量減少、吐きけ、腹痛、むくみなど	暑気あたり、急性胃腸炎

相補・代替医療の知識

相補・代替医療には、指圧やマッサージ、鍼灸、温泉療法などさまざまな種類があります。個々の効果や限界を理解して利用しましょう。

相補・代替医療とは

◇さまざまな相補・代替医療

相補・代替医療とは、近代西洋医学で用いられる医療以外の医療を指します。ただし、漢方薬（2328頁）は保険診療で認められており、ここでは相補・代替医療としては扱いません。

相補・代替医療は、西洋医学ではカバーできない部分を補い、自然治癒力の向上による病気の予防や症状の改善などを目的に行われます。したがって、とくに不定愁訴（870頁）やアレルギー、生活習慣病などに効果が期待されます。

現在、日本で行われている相補・代替医療には、指圧やマッサージ、整体、カイロプラクティック、鍼灸、温泉療法、サプリメント、アロマテラピーなどさまざまなものがあります。

◇相補・代替医療を受ける際の注意

相補・代替医療を受ける前に、まず西洋医学の診察や検査を受けておきましょう。思わぬ重病が隠れていることもあるからです。また、持病があって西洋医学の治療を受けている人は、症状が悪化する場合もあります。相補・代替医療を受ける前に、医師に相談をしましょう。

同じ種類の相補・代替医療でも、施術者と受ける側で相性があるものです。相性が悪ければ症状が悪化する場合もあります。信頼できる相手を探しましょう。治療をつづけても効果や改善がみられなかったり、逆に体調が悪くなったような場合は、施術者に相談しましょう。合わないと感じたなら、中止も考えるべきです。

また、相補・代替医療には、鍼灸師や柔道整復師などのように国家資格が必要なものと、資格のいらないものとがあります。施術者がどこで学んだかを確認することもたいせつです。

なお、以下のような施術者は要注意です。

①「絶対治る」と断言する

どんな治療法でも「絶対」はありえません。「絶対治る」は、無責任な発言なのです。

②西洋医学や他の治療法を否定する

よい施術者は、他の治療法を否定して、自分の施術の優越を強調するようなことはしません。

③法外に高い治療費を請求する

相補・代替医療も経営のためには当然治療費がかかります。しかし、それが法外である場合は、信頼できない施術者である危険があります。

指圧(しあつ)・マッサージのポイント

◇指圧、マッサージの効果

手でからだをなでたり、もんだり、たたいたり、あるいは指で押すなどの療法を**手技療法**(しゅぎりょうほう)といいます。指圧やマッサージがその代表です。

指圧やマッサージは、さまざまな経験を積み重ね、長い年月をかけて体系化されてきた経験療法です。現在では、機器による計測で、「血液の循環をよくする」「筋肉の緊張（こり）をほぐす」「神経のはたらきを整える」「内臓のはたらきを整える」「体調をよくする」などの効果が確認されています。

◇家庭での手技療法の行いかた

手技療法は、力の加減がたいせつです。痛いと感じるのは力の入れすぎで、かえって症状を悪化させます。幼児に肩をたたいてもらったときの力加減をひとつの目安としましょう。

▼なでる　血液やリンパ液の循環がよくなり、冷え症や疲労でおこったむくみを解消します。手のひらや指のはらを使い、少し圧力を加えながらなで、さするようにしましょう。

手のひら全体でなでる（次頁図1の①）、親指と人さし指で挟んでなでる（次頁図1の②）、親指と残りの4本の指で挟んでなでるなど、部位に応じて工夫しましょう。

▼もむ　筋肉にたまった疲労物質を排出させ、筋肉の弾力性を高めます。手のひらや指のはらで筋肉を押さえ、「の」の字を書くように軽くもみましょう。手首も、肘(ひじ)も動かして、腕全体でもむことがたいせつです。

手のひら全体でもむ（次頁図1の③）、親指でもむ（次頁図1の④）、親指と人さし指で挟んでもむ（次頁図1の⑤、⑥）など、部位に応じてもみかたを工夫します。

▼押す　筋肉の疲労やこりを解消させます。手のひらか親指で押します（次頁図1の⑦）。

押すときは、相手のからだに対して腕が直角になるように置き、体重をかけながらゆっくりと一定の力で押していきます。

手先だけに力を込めて押すのは、痛みを与えるだけで効果があがりません。

▼たたく　神経や筋肉の機能が活発になります。交互に左右の手でたたきます。軽くたたくのがポイントで、強くたたくのは逆効果です。

親指以外の4本の指を重ね、小指の側面でたたく（次頁図1の⑧）、指の背中側でたたく（次頁図1の⑨）、軽く握ったこぶしでたたく（次頁図1の⑩）などのたたきかたがあります。気持ちよく感じるたたきかたを選びましょう。

▼震わせる　まひやしびれ感を軽減します。手のひらや指先を細かく、リズミカルに震わせ、振動を与えます（次頁図1の⑪）。

◇症状別手技療法のポイント

●くびのこりや痛みの解消

2345頁図2の①と②の部分を親指で押したりもんだりします。こりがひどいときは、両側同時ではなく、片側ずつ行うと効果があります。

また、2345頁図2の③や④の部分を、親指を除いた4本の指でもみます。④は親指と4本の指でつまむようにもんでもかまいません。右側は左手で、左側は右手で行います。

「肩のこりや痛みの解消」の手技を同時に行うと、効果がより高くなります。

●肩のこりや痛みの解消

以下の手技を、右肩へは左手で、左肩へは右手で行います。

2345頁図2の⑤の部分の筋肉にめり込ませるよ

家庭での介護
リハビリ
医療保険
妊娠・出産
海外旅行
献血・骨髄移植
災害時
薬の知識
漢方薬の知識
相補・代替医療

図１　指圧、マッサージのいろいろ

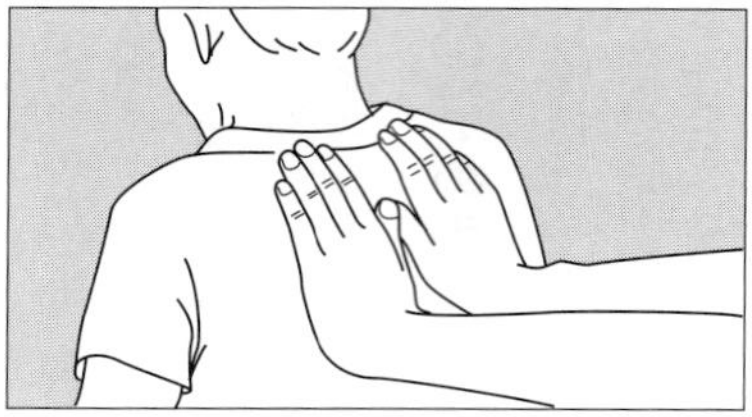

①手のひら全体でなでる

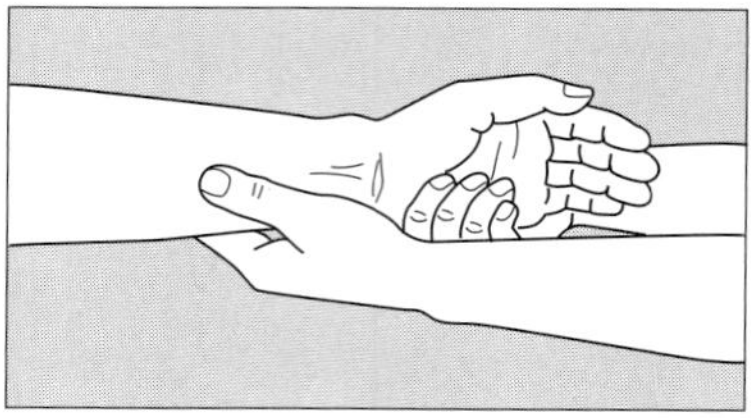

②親指と人さし指で、挟んでなでる

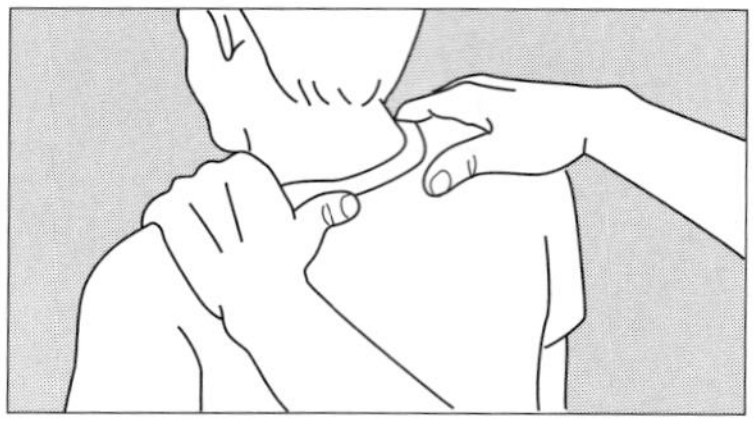

③手のひら全体でもむ

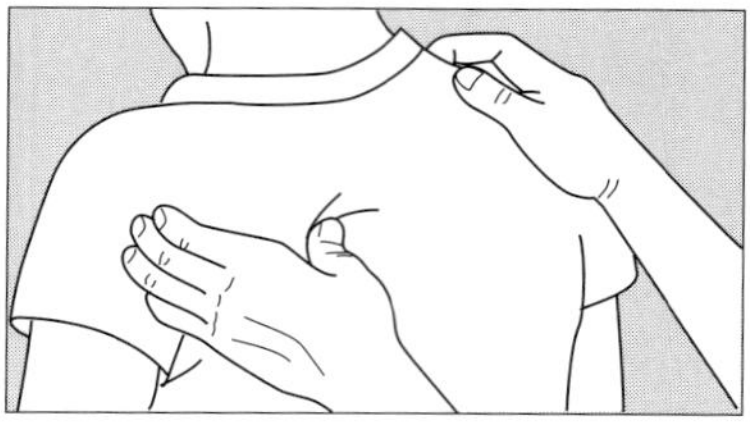

④親指でもむ

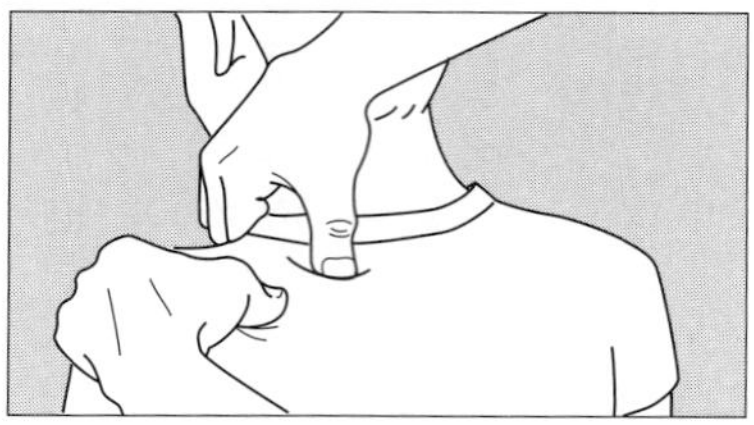

⑤親指と人さし指で、挟んでもむ

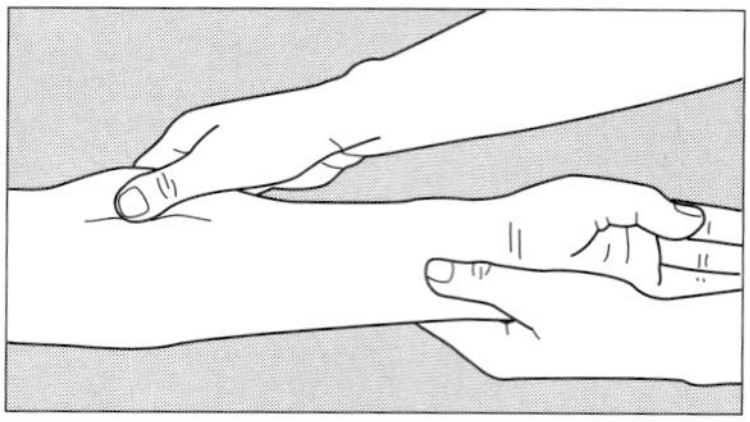

⑥親指と人さし指で、挟んでもむ

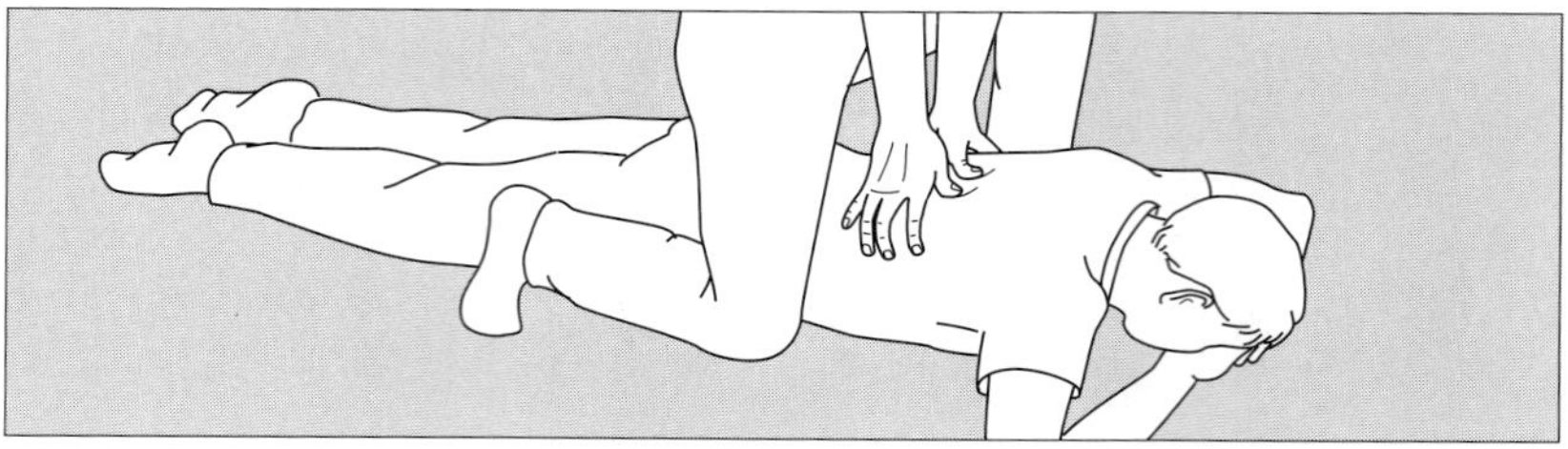

⑦親指か手のひら全体で押す

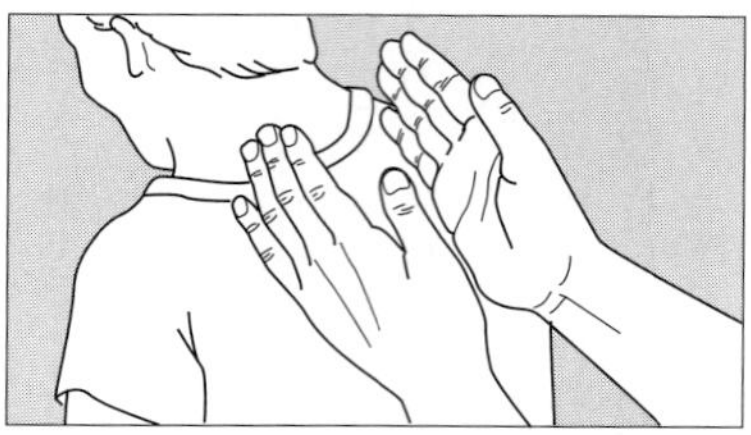

⑧指をそろえて小指側でたたく

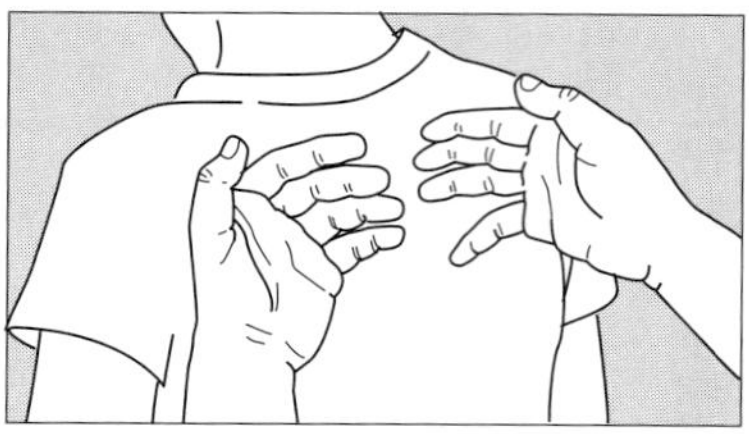

⑨指の背中側でたたく

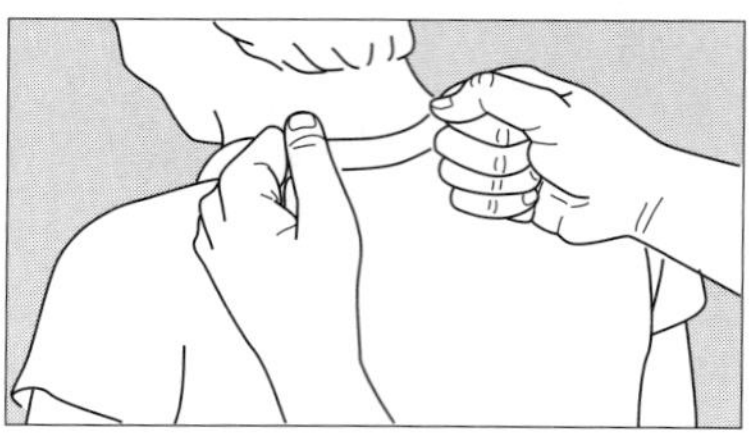

⑩軽く握ったこぶしでたたく

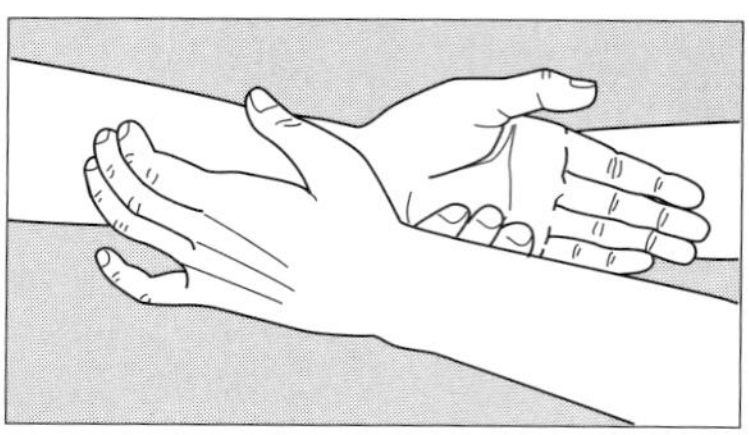

⑪手のひらや指先で震わせる

うにして、親指を除く4本の指でもみます。また、⑥の部分を、親指を除く4本の指でもみます。精神的な疲労にともなう肩こりは、くびの後ろ、くびの横の筋肉（胸鎖乳突筋）、背中、腕、脚もこっているので、親指で押しましょう。

◉頭痛の解消

手技療法が有効なのは、東洋医学でいう**充血性頭痛**と**貧血性頭痛**です。

充血性頭痛はズキズキと脈打つような頭痛で、のぼせ、ほてり、めまい、不眠、嘔吐などをともないます。図2の②の部分を心臓の方向に向かって手のひらでなで、2本の指で押します。のぼせやほてりが強ければ、氷枕などで頭を冷やします。

充血性頭痛のうち、頭重を感じ、耳の上の部分や後頭部がブワブワになるのをうっ血性頭痛といいます。充血性頭痛の手技のほかに、ブワブワする部位を指でよくもんでうっ血を解消しましょう。

貧血性頭痛は、ジーンとする頭痛で、耳鳴り、めまい、吐きけ、嘔吐などをともないます。図2の②と⑤の部分を手のひらでなで、もみます。親指で押し、肩や背中のこりをほぐしましょう。

◉腰痛の解消

手技療法が有効なのは、筋肉の痛みや神経痛にともなう腰痛と、胃腸病や女性性器の病気から反射的におこった腰痛です。

図3の①と②の部分を手のひらでもんだりなでたりしたあと、親指で押します。また、③と④を親指で押します。太ももやふくらはぎのこりやだるさをともなうときは、「脚（下肢）の疲れの解消」の手技もつけ加えましょう。

◉脚（下肢）の疲れの解消

スポーツによる疲れは、図3の⑤、⑥などを手のひらや指先でなで、もみます。

長時間の作業などによる疲労は、図3の⑥やふくらはぎ、すねを手のひらや指先でなでたり、もんだり、震わせたりします。

◉便秘の解消

手技療法の効果があるのは、明らかな原因がなくておこる常習性便秘（習慣性便秘）です。

毎日10分ほど、腹部全体を手のひらでなでたり、もんだりしたあと、親指で押します。

また、「腰痛の解消」の手技を同時に行うと効果が高まります。

◉不眠の解消

手技療法の効果があるのは、ストレス、とくに精神的なストレスでおこる不眠です。

くび、肩、背中、腰、脚の順に手のひらでなで、親指で押します。背中全体を手のひらで押し、脚と足の裏を親指で押したあと、指先で軽くたたきます。ビールびんを転がして土ふまずを刺激するのも効果があります。

図2　くび、肩のポイント

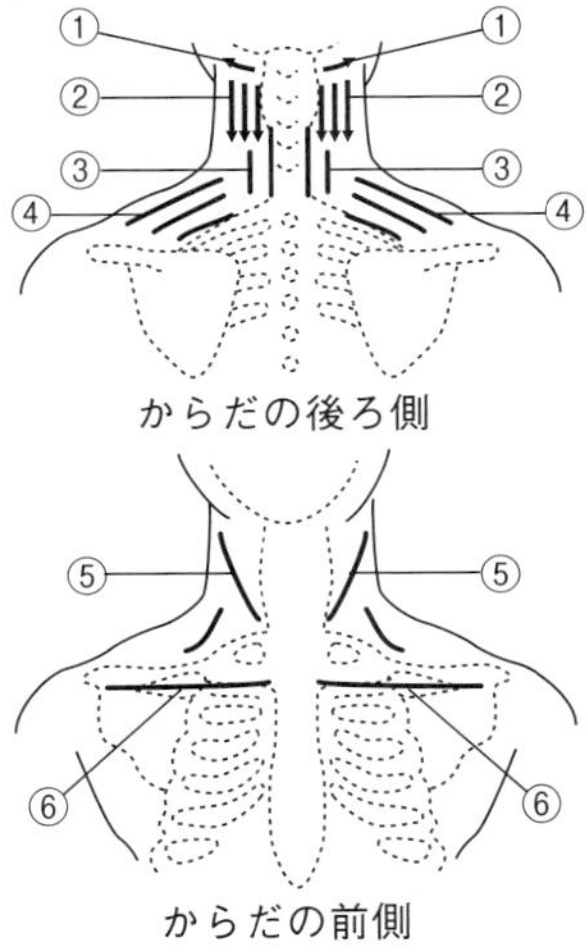

図3　腰、脚のポイント

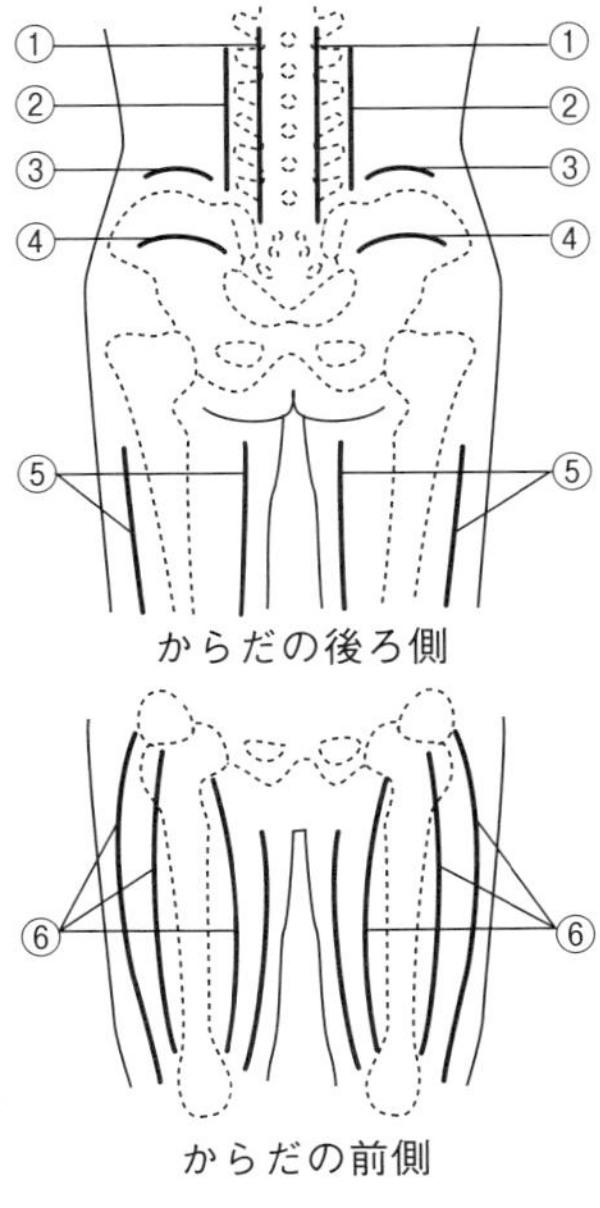

鍼灸療法のポイント

◇鍼・灸とツボ

鍼灸治療は、本家である中国で約3000年、これを輸入した日本でも1500年の歴史があります。近年になって、鍼灸の効果が科学的に証明されるようになり、医療のなかで一定の座を占めるようになりました。

鍼灸治療は、どこを刺激しても効果が現れるわけではありません。効果の現れる特有の部位があり、これを俗に**ツボ**、専門用語では**経穴**といいます。

ツボはからだの表面に無秩序に点在しているわけではなく、頭から足にかけての縦の線で結ばれ、14の系統に分かれています（次頁図）。このツボを結ぶ線のことを**経絡**といいます。

ツボに鍼や灸を行うと、その刺激が経絡を介して内臓や神経節に伝わり、そのはたらきを調節します。ここを正確に刺激しないと、鍼・灸の効果は望めないのです。

◇鍼灸の適応症・不適応症

鍼・灸が効く病気や症状を**鍼灸の適応症**といいますが、2348頁の表に示したような病気や症状に無条件に有効というわけではありません。熟練した鍼灸師の判断を仰ぐことがたいせつです。

また、鍼灸治療で、かえって悪化する病気や症状を**鍼灸の不適応症**といいます。がん、病原体による感染症、生命にかかわる循環器の病気（脳出血や脳梗塞、心筋梗塞など）、大手術を必要とする重篤な病気などがこれにあたります。

過去にがんを患ったことのある人の痛み、たとえば頭痛、くび・肩・腕の痛み、腰痛、膝の痛みなどは、西洋医学の精密検査を受けることがたいせつです。がんの転移による場合があるからです。

また、つぎのような病状・症状は、西洋医学の医師の意見も聞きましょう。

①じっとしていても痛く、痛みで目が覚める。
②発熱、吐きけ・嘔吐、食欲不振、せき、痰、胸痛、腹痛、排尿障害、排便障害、体重減少などといった全身・内臓の病気を疑われる症状をともなう。
③痛む部位が赤くなって腫れ、熱感がある。
④交通事故やスポーツでのけがの痛み。

アロマテラピーの利用には

アロマテラピー（芳香療法）は、ヨーロッパでは古くから民間療法として広まっていました。近年、その有効性が実証され、日本でもストレス緩和やリラクゼーション、痛みの緩和、症状の改善などに用いられるようになっています。

精油の種類によって、寝つきをよくしたり、不安を鎮めたり、筋肉痛を緩和するなど、その効果が異なります。

用法には、浴槽に精油を数滴たらしての入浴・手浴・足浴、精油を温めての吸入、精油からマッサージオイルをつくってのアロママッサージなどがあります。

なお、精油の原液を直接皮膚につけるのは避けましょう。また、日光の紫外線に作用して日焼け、しみの原因となるものもあります。毒性のあるものもあるので、服用もしないでください。

また、妊娠中や月経過多の女性や、腎障害のある人などには、使ってはいけない精油もあります。また、子どもに使用できる精油もかぎられます。購入の際にはよく相談しましょう。

図４　人体の経絡および経穴図

〔　〕内の太字は経絡の名称。黒丸がツボ（経穴）で、細字はおもなツボの名称。

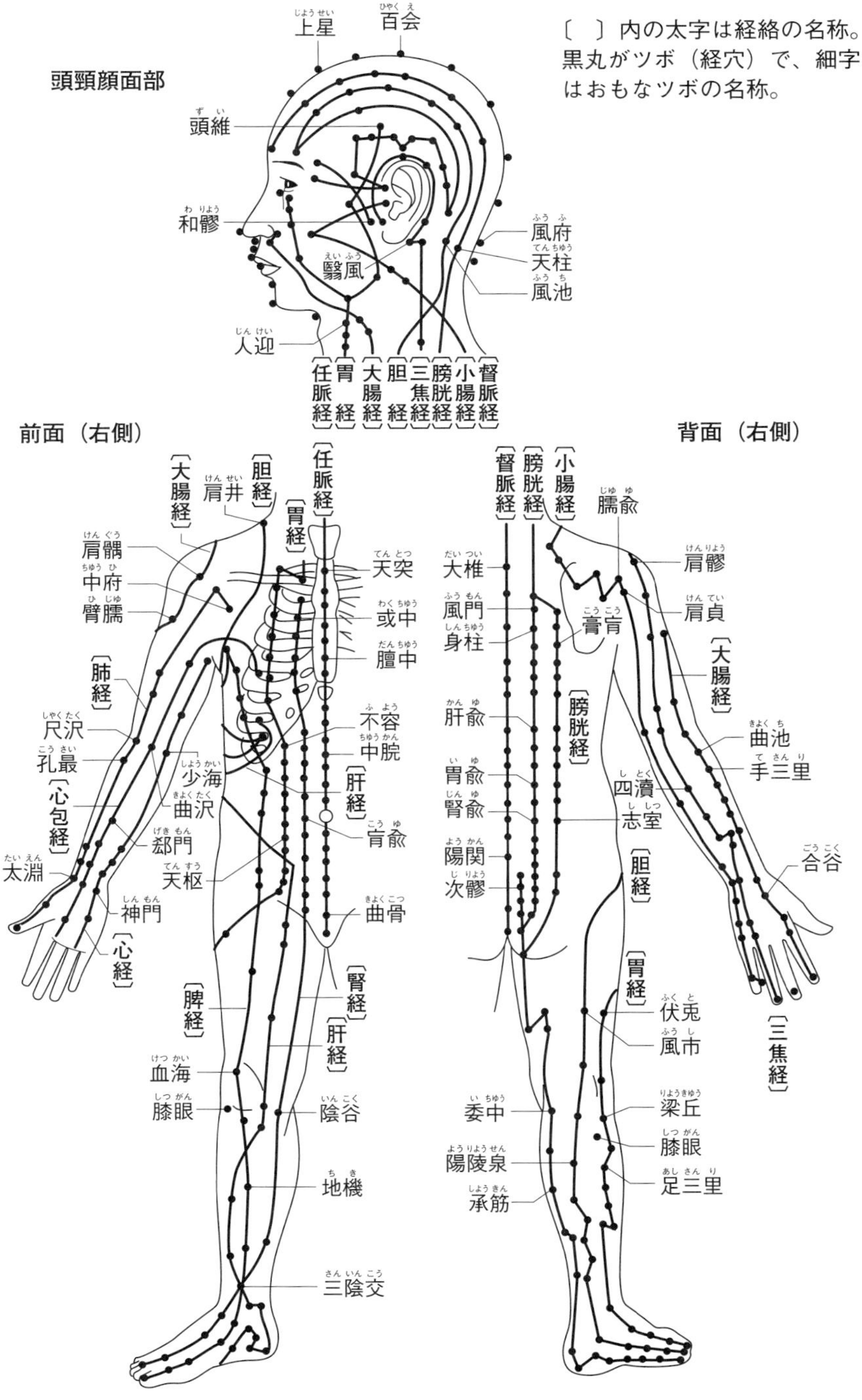

◇鍼灸院の選びかた、治療の注意点

◉鍼灸師・鍼灸院の選びかた、かかりかた

まず、清潔で衛生的な鍼灸院を選ぶようにしましょう。鍼灸院がすみずみまで清掃されていることが基本です。鍼は、ディスポーザブル（使い捨て）を使用しているところがほとんどです。

治療の前に話をくわしく聞き、十分な診察を行って、カルテに記入する鍼灸師なら信頼がおけます。鍼灸に向かない病気・症状とわかったら、医師の診察を受けるように勧めてくれる鍼灸師であれば、まずまちがいないでしょう。

治療法や効果について、わかりやすいことばで説明してくれるかどうかも、選ぶ際のポイントです。

◉鍼灸治療を受けるときの注意

▼治療の間隔と日数　一概にはいえませんが、当初は毎日か隔日で行うことが多いものです。ただし、慢性の病気・症状で、軽症の場合は週2回の間隔で治療します。

治療期間もケースバイケースです。慢性の病気・症状ほど長くかかり、数か月から数年にわたることもあります。

一般的に、急性の病気・症状の初期ほど、治療期間も短くてすみます。しかし、個々人で条件が異なることもあり、必ずしもそうとはかぎりません。治療を受ける前に鍼灸師に聞いておくとよいでしょう。

十分な治療回数や日数が必要なこともあります。かってな判断で治療を中断したり、間隔を開けすぎたりすると、せっかくの治療がむだになることがあります。

▼治療前後に守るべきこと　飲酒直後や入浴前後は、刺激が強くなりすぎることがあるので、避けたほうが安全です。入浴は、鍼灸治療を受ける1時間以上前にすませておきましょう。

鍼灸治療を受けたあとに、だるさや微熱などの症状がでることがありますが、慣れてくるとこうした症状はでなくなります。ただし、これらの症状が強く現れたときは、治療を受けた鍼灸師に伝えましょう。

また、灸治療の場合、治療を受けた部位がかゆくなることがありますが、かかないでください。かきすぎると、化膿（かのう）する危険があります。

鍼灸の効果がみられるおもな病気・症状

運動器	むち打ち症、くび・肩・腕の痛み、四十肩、五十肩、テニス肘、野球肘、腰痛、膝関節の痛み、腱鞘炎、関節リウマチ。
けが	打撲（打ち身）、ねんざ。
神経	緊張型頭痛、片頭痛、顔面神経まひ、後頭神経痛、三叉神経痛、肋間神経痛、坐骨神経痛、冷え症。
精神	不眠症、ノイローゼ。
循環器	高血圧。
目	白内障、眼底出血、麦粒腫、仮性近視。
耳・鼻・のど	メニエール病、慢性副鼻腔炎、アレルギー性鼻炎、口内炎、扁桃炎。
呼吸器	気管支ぜんそく。
消化器	慢性胃炎、胃・十二指腸潰瘍、胃アトニー、肝機能障害、痔。
泌尿器・性器	膀胱炎、頻尿、前立腺炎、前立腺肥大、ED（勃起障害）。
女性	不妊症、つわり、月経不順、更年期障害、乳汁分泌不全、乳腺炎。
子ども	夜尿症、夜泣き、かんのむし、小児ぜんそく。

温泉療法のポイント

◇温泉療法の注意点

温泉療法は、科学的にみても各種の慢性疾患などに効果があることが立証されています。

温泉は含まれる成分で効果が異なります（2351頁）。以下の点に注意して効果的な温泉治療を行いましょう。

◉温泉の利用が適さない病気（禁忌症）

①急性疾患全般。とくに感染症や熱性の病気。
②栄養不良や衰弱の強い病気。
③活動性結核（非活動性の場合は要医師の指導）。
④出血性疾患や出血傾向のある疾患（胃出血、脳出血直後など）。
⑤がん、肉腫などの悪性腫瘍。
⑥重い内臓（心臓、肺など）疾患。高度の高血圧症。
⑦妊娠の初期と終期。
⑧その他。皮膚や粘膜の過敏な人は刺激の強い酸性泉、明ばん泉、硫黄泉などは避ける。心臓病、腎臓病、高血圧症の人の食塩泉や重曹泉の飲用、下痢をしやすい人の炭酸泉、苦味泉、硫黄泉、冷鉱泉の飲用は避ける。

◉湯あたりについて

湯あたりの多くは、療法開始後数日か1週間前後におこってくる生体の反応で、だるさ、食欲の亢進あるいは減退、眠け、便秘、頭痛、皮膚炎（湯かぶれ）、関節痛などがあります。

予防には、入浴回数を多くても1日3回以下にします。とくに刺激性の温泉では、時間、回数を加減して徐々にからだを慣らします。それでも湯あたりがおこった場合は、休浴して回復したあと、初めからやり直しましょう。

なお、温泉地に長期逗留して行う湯治療法は、約3週間が限度です。からだが温泉に慣れてしまい、それ以上の効果が望めないからです。

◉入浴剤は効くか？

市販の各種入浴剤は、ハーブや化学物質を主剤としたものが多く、一応その有効性が証明されているものもあります。しかし、高温、高圧のもとにできた天然温泉に比べると、その作用は劣ると考えたほうがよさそうです。

そうはいっても、溶けている物質はそれなりの効果をもつものも多いようですし、色や香りを楽しんで入浴すれば、ストレス解消にも有効

◆サプリメントの利用には

サプリメント（406頁上段）は法律上は食品です。したがって、「○○に効く」というような効果や効能を表示することはできません。しかし、食品には栄養補給のほか、薬理作用があるものも認められます。サプリメントの役割は、この栄養補給と薬理作用にあります。

病気とまではいえない不調や生活習慣病、ダイエット、アンチエイジング、病気の予防など、サプリメントはさまざまな用途に用いられます。なお、定められた範囲で効果や効能などを表示できる「特定保健用食品」の表示には、厚生労働省の許可が必要です。また、「栄養機能食品」は1日の栄養素の摂取量が国の基準値内なら、審査を受けずに製品に表示することができます。

サプリメントは気軽に入手できるメリットがありますが、同時に過剰摂取や飲み合わせによる副作用といったリスクもあります。とくに、医師から薬を処方されている人は、医師に相談したほうがよいでしょう。

と思われます。ただし、人によっては入浴剤が肌に合わない場合もあり得ますので、使ってみて感触を確かめる必要があります。

◇温泉療法の種類と利用法

温泉療法にはさまざまな種類があります。それぞれの正しい方法で利用しましょう。

▼全身浴・部分浴　全身衰弱や高度の呼吸器・循環器の障害などがある場合を除き、通常は全身浴を行います。ただし、肺や心臓に異常がある人や高齢者は半身浴や寝湯にするなど、程度に応じて浴水にひたる深さを調節すべきです。

手や足に痛みが強い関節リウマチや外傷後遺症などでは、手浴や足浴で十分目的が達せます。骨盤内の婦人科的慢性炎症疾患や痔疾などには、座浴を用いることもあります。

全身浴の場合は40℃程度に15〜20分浴します。リハビリで浴中で運動する場合は、39℃以下で30〜60分間、各種機能訓練を行います。部分浴の場合は全身に対する影響が少ないので42℃以上の高温でもよいでしょう。

▼蒸気浴（蒸し湯）　温泉の蒸気を部屋に充満させ、その中に浴します（人工的な蒸気浴室もあります）。リウマチ性疾患や慢性気管支炎などに適しますが、高血圧や心臓疾患のある人、衰弱した人などには不向きです。

通常、43℃前後の温度で10〜30分浴します。ただし、脈拍数が1分間で１２０を超えないように、温度や時間を調節しましょう。

▼熱気浴（サウナ）　加熱乾燥した空気に浴する全身熱気浴です。60〜70℃に15〜30分間浴します。この場合も脈拍数を目安にしましょう。

リウマチ性疾患や骨盤内の慢性炎症性疾患、慢性心不全（この場合は60℃で15分浴）などに用いられます。

▼打たせ湯（滝湯）　高所から落下する温泉に痛む身体部位をあてて、温熱とマッサージ効果をねらったものです。肩、腰、背中などのリウマチ性疼痛疾患に向いています。

▼気泡浴（バブルバス）　浴槽の底から小気泡を噴出させて、皮膚に軽いマッサージを与えます。神経を鎮め、血行を和らげる作用があり、高血圧、軽度の心不全、神経症、不眠、更年期障害などに効果があります。噴出圧を高めると、リウマチ性疾患の治療にも適します。

▼圧注浴・渦流浴　浴槽の周囲から温泉水を圧力で噴出させ、疼痛部位にあてて温熱とマッサージ効果により血行を改善し、鎮痛効果をねらったものです。同様の効果をねらったものに、浴水を渦状に流動させる渦流浴もあります。いずれもリウマチ性疼痛疾患に用いられます。

▼鉱泥浴　温泉地ではときに粒子がきわめて小さくなめらかな温泉の泥を噴出することがあります。この泥を温泉水で薄め、入浴する人の病状に応じて40〜45℃、10〜30分入浴します。42℃以上はリウマチ性疼痛疾患、40℃前後は高血圧や糖尿病、病後回復期などに適します。浴後は温水浴で泥を洗い落としてからだを拭き、保温に注意しながら30〜60分静臥、休息します。

▼砂浴（砂湯）　砂にからだを埋めて、40〜45℃、10〜30分浴します。疼痛部位に応用する部分浴もあります。浴後は砂を落として温水でかかり湯をします。リウマチ性疼痛疾患に好適です。

砂の圧力はかなり強いので、頭部はもちろん心臓部も砂から出しておくほうがよいでしょう。他の部分も強い圧迫を感じない程度にします。場合によっては頭部と胸部を冷タオルで冷やすと、これらの部位の充血を防ぐことができます。

▼飲泉　主として胃腸病、糖尿病や痛風などの代謝性疾患、便秘、貧血などに対して、弱食塩泉、重曹泉、炭酸泉、アルカリ泉がよく用いられます。通常は食前（酸性泉など刺激の強い温泉は食後）に一定量飲みます。温度は体温程度（便秘には低温の冷泉）、湧出したての新鮮な温泉を飲みましょう。

●温泉の種類と効用

泉質名	成分	効用	おもな温泉
単純温泉	含有成分がいずれも1gに満たない	(浴)＝関節リウマチ、脳卒中後遺症、神経症、病後回復、疲労回復	北海道＝カルルス、北湯沢　青森＝薬研　秋田＝八幡平、田沢湖高原　宮城＝奥鳴子、川渡　栃木＝板室　群馬＝鹿沢、片品　山梨＝下部　長野＝美ヶ原　静岡＝畑毛、奈古谷　和歌山＝川湯　岡山＝湯原、奥津　山口＝俵山　福岡＝筑後川　佐賀＝古湯・熊の川　大分＝湯布院
二酸化炭素泉	遊離炭酸（二酸化炭素）	(浴)＝高血圧、心臓病、末梢循環障害、神経症、関節リウマチ、勃起障害（ＥＤ）、更年期障害、卵巣機能不全 (飲)＝胃腸疾患、便秘	北海道＝倶知安　山形＝朝日　福島＝押立　長野＝明治、奈川、塩沢　岐阜＝白狐、一重が根　石川＝岩間　和歌山＝鮎川　兵庫＝白土、湯村　長崎＝大村　福岡＝船小屋　大分＝長湯　鹿児島＝ラムネ、湯ノ谷
炭酸水素塩泉	重炭酸カルシウム 重炭酸マグネシウム	(浴)＝関節リウマチ (飲)＝痛風、胃腸疾患、アレルギー疾患	北海道＝湯ノ岱　秋田＝田沢湖高原　静岡＝湯ヶ島　岐阜＝湯屋　鹿児島＝塩浸、安楽、山之湯、隼人・新川渓谷、ラムネ
	重炭酸ナトリウム（ナトリウム　炭酸水素）	(浴)＝創傷、やけど、皮膚瘙痒症、皮膚角化症 (飲)＝胃腸疾患、肝胆道疾患、尿路疾患、糖尿病、痛風、肥満症、じんま疹	北海道＝芦別　山形＝五色、今神　長野＝小谷　岐阜＝奥飛騨、平湯　和歌山＝白浜、竜神　石川＝湯川　宮崎＝吉田　佐賀＝嬉野　熊本＝天草下田　鹿児島＝日当山
塩化物泉	食塩（ナトリウム塩化物）	(浴)＝関節リウマチ、創傷、湿疹、皮膚角化症、虚弱児童、女性性器炎症、卵巣機能不全、子宮発育不全、月経異常、更年期障害 (飲)＝胃腸疾患、便秘	北海道＝然別峡　秋田＝秋ノ宮　岩手＝夏油　新潟＝六日町、関・燕　群馬＝四万　山梨＝薮の湯　石川＝中宮　兵庫＝有馬　島根＝三瓶　長崎＝壱岐湯ノ本　熊本＝田ノ原　大分＝別府
硫酸塩泉	硫酸アルミニウム（アルミニウムとして１００mg以上）	(浴)＝リウマチ、糖尿病、みずむし、湿疹、トリコモナス腟炎 (飲)＝低色素性貧血	北海道＝恵山、十勝岳　秋田＝蒸ノ湯　岩手＝須川・真湯　山形＝蔵王　神奈川＝元箱根　長野＝樽ヶ沢、崖ノ湯　大分＝明礬、別府　鹿児島＝明礬

〔注〕成分は温泉水１kgあたり。(浴)＝浴用、(飲)＝飲用

硫酸塩泉	硫酸ナトリウム（芒硝線、ナトリウム・硫酸塩泉）	(浴)＝関節リウマチ、創傷、動脈硬化、高血圧 (飲)＝肝胆道疾患、便秘、肥満症、痛風、高血圧、動脈硬化、糖尿病、女性ホルモン代謝異常	北海道＝芦別、雌阿寒、盃、ニセコ　青森＝酸ヶ湯　岩手＝夏油　福島＝新甲子　群馬＝上牧・奈女沢　長野＝霊泉寺　鳥取＝岩井、鹿野・吉岡　島根＝鷺の湯
	硫酸カルシウム（石膏泉、カルシウム・硫酸塩泉）	(浴)＝関節リウマチ、痛風、創傷、高血圧、動脈硬化 (飲)＝便秘、肝胆道疾患、じんま疹、肥満症	
	硫酸マグネシウム（正苦味泉、マグネシウム・硫酸塩泉）	(浴)＝関節リウマチ (飲)＝便秘、肝胆道疾患、肥満症、動脈硬化、高血圧、じんま疹、女性ホルモン代謝異常	
含鉄泉	総鉄イオン20mg以上	(浴)＝関節リウマチ、湿疹、苔癬、卵巣機能不全、子宮発育不全、月経異常 (飲)＝低色素性貧血	北海道＝十勝岳、雄阿寒　青森＝恐山　秋田＝八幡平　岩手＝須川　福島＝岳　群馬＝伊香保、滝沢　長野＝曽原ノ湯、赤岳　愛知＝千代姫　福岡＝吉井　大分＝大岳　宮崎＝湯之元　熊本＝金桁
硫黄泉	総硫黄2mg以上	(浴)＝関節リウマチ、重金属中毒、糖尿病、皮膚瘙痒症、皮膚角化症、創傷、湿疹、苔癬、しもやけ、膿皮症、女性性器炎症、月経異常、不妊症 (飲)＝糖尿病、痛風、中毒症、関節リウマチ、便秘、神経まひ、気管支炎	北海道＝北湯沢、芦別　青森＝酸ヶ湯　秋田＝玉川、黒湯、後生掛、鶴ノ沢、蟹場　岩手＝藤七、台　山形＝銀山　宮城＝奥鳴子・川渡　福島＝中の沢、横向　栃木＝日光湯元　群馬＝万座　長野＝野沢、発哺、中房、穂高　岐阜＝新穂高、下呂　和歌山＝湯ノ峰、椿　長崎＝雲仙・小浜　宮崎＝えびの高原　大分＝星生、寒ノ地獄　熊本＝湯の鶴　鹿児島＝丸尾、林田
	硫化水素泉	(浴)＝高血圧、動脈硬化、末梢循環障害（その他は前項の硫黄泉に準ずる） (飲)＝前項の硫黄泉に準ずる	
酸性泉	水素イオン1mg以上	(浴)＝みずむし、膿皮症、湿疹、苔癬、体質改善、関節リウマチ、トリコモナス膣炎、糖尿病 (飲)＝胃腸疾患	北海道＝川湯　青森＝酸ヶ湯　秋田＝玉川　栃木＝那須湯本　群馬＝草津　大分＝星生、塚原
放射能泉	ラドン111ベクレル以上	(浴)＝関節リウマチ、痛風、動脈硬化、高血圧、外傷、ホルモン代謝異常、末梢循環障害、多発神経炎、肝胆道疾患 (飲)＝痛風、糖尿病、関節リウマチ、胃腸疾患、肝胆道疾患	岩手＝金田一　宮城＝遠苅田　福島＝猫啼　新潟＝栃尾又・駒の湯　山梨＝増富　岐阜＝金竜　兵庫＝塩田　鳥取＝鹿野・吉岡、関金　島根＝池田ラジウム　広島＝湯来・湯の山、矢野　山口＝三丘　福岡＝二日市

れ

- レシピエント ……………………1728
- レストレスレッグス症候群 ……1039
- レセプト ……………………2210
- レチナール ……………………1524
- レチノイン酸 …………………1524
- レチノール ……………………1524
- レッグ・カルベ・ペルテス病 …788
- 裂肛(れっこう) ……………………1613
- 裂孔原性硝子体出血 …………1101
- レッシュ・ナイハン症候群 …729
- 列序性苔癬様母斑(たいせんようぼはん) ………1842
- 列序性母斑 ……………1842,1988
- 劣性遺伝病 ……………………574
- 劣性栄養障害型表皮水疱症
  ………………………………774
- レッテレル・ジーベ病 …1316,1892
- レディースドック ………………15
- レノックス症候群 ………………590
- レビー小体型認知症 ……………947
- レプトスピラ症 ………1660,2120
- レプラ ……………………1825
- レム睡眠 ………………………1036
- レム睡眠行動障害 ……………1038
- 恋愛妄想 ………………………1008
- 連合弛緩 ………………………995
- 連合弁膜症 ……………………1380
- 攣縮性斜頸(れんしゅくせい) ………………952
- 連続装用 ………………………1073
- レンノックス・ガストー症候群
  ……………………587,590

ろ

- ロイコプラキー …………………536
- 聾(ろう) ……………………………1142
- 老化と健康(女性の) ……………428
- 老化にともなうこころの病気 …997
- 廊下や玄関の改修 ……………2156
- 老眼 ……………………………1072
- 老眼鏡 …………………………1072
- 瘻孔症状(ろうこう) …………………………1129
- 労作性(時)狭心症 ……………1356
- 労作性熱中症 …………………2054
- 老視 ……………………………1072
- 老人性円背 ………1871,1902,1906
- 老人性乾皮症 …………………1800
- 老人性亀背(きはい) ……………………1902
- 老人性骨粗鬆症(こつそしょうしょう) ……………1884
- 老人性色素斑 …………………1800
- 老人性紫斑病 …………………1457
- 老人性振戦 ……………………952
- 老人性腟炎 ……………………838
- 老人性難聴 …………1119,1138
- 老人性のいぼ …………………1991
- 老人性白斑 ……………………1801
- 老人性皮膚瘙痒症(そうよう) ……………1800
- 老人性疣贅(ゆうぜい) ……1801,1848,1991
- 老人病院 ………………………1001
- 老人ぼけ ………………………997
- 老人保健施設 …………………1001
- 労働基準法 ……………………2272
- 漏斗胸(ろうときょう) ……………………785,1977
- 漏斗部狭窄 ……………………685
- 老年性後弯症 …………………1902
- 老年認知症 ……………………945
- ロージェ-フンチカー-バラン症候群 ………………………1845
- ローズベンガル試験 ……………2041
- ローリング法 …………………1220
- ロールシャッハテスト ………1055
- ローレル指数 ……………………712
- 濾過手術(ろか) …………………………1108
- 肋鎖症候群(ろくさ) ……………1916,1918
- 六味丸(ろくみがん) ………………………2338
- 六味地黄丸(ろくみじおうがん) ……………………2338
- ロコモティブシンドローム ……1870
- 露出障害 ………………………1042
- 濾出性胸水 ……………………1325
- ロスの手術 ……………………1385
- ロタウイルス ……………813,2103
- 肋間神経痛 ……………………974
- 肋骨骨折 ………………………1941
- 濾胞性結膜炎(ろほうせい) ………………1078
- 濾胞性歯嚢胞 …………………1211
- 濾胞腺腫 ………………………1482
- ロボット補助下手術 ……………532
- ロングフライト症候群 ………1414

わ

- Y-Gテスト ……………………1054
- 矮小歯(わいしょうし) ……………………………664
- ワイヤーループ ………………2030
- ワイル病 ………………………1661
- 若木骨折 ………………………1940
- わきが ……………………………1853
- ワクチン ………………………2139
- 鷲手(わしで) ……………………………1871
- 話声位 …………………………1191
- ワルダイエルのリンパ環 ……1168
- ワルチン腫瘍 …………………1215
- ワルトン管 ……………………1170
- 腕神経叢(そう)まひ ……………1919

る

れ

り

よ

ら

ま

ほ

へ

ふ

ひ

は

ね

の

に

な

と

つ

て

ち

た

そ

せ

す

し

し

こ

血管性紫斑病	1454,**1455**	
血管性浮腫	1810	
血管造影検査	5	
血管塞栓術(けっせんじゅつ)	464	
血管肉腫(にくしゅ)	435	
血管柄付き組織移植術	1961	
血管型ベーチェット病	2048	
血管迷走神経反応	2302	
血気胸	1956	
血球	1434,1439	
血胸	1956	
月経	831,**858**,859,2277	
月経困難症	866	
月経前緊張症	867	
月経前症候群	867	
月経痛	866	
月経の停止	2223	
月経様出血	2252	
結合織疾患	2003	
血行性感染	1730	
結合双生児	2243	
血算	191	
血色素	1435,1439	
血腫(けっしゅ)	1931	
血腫吸引術	925,**944**	
血漿(けっしょう)	191,1434,**1436**	
血漿交換	**981**,1724	
血漿交換法	1647,1726	
血漿交換療法	1695	
血漿交換療法	1413	
月状骨軟化症	361	
血漿成分採血	2301	
楔状椎(けつじょうつい)	1903	
血小板	1436	
血小板機能異常症	1454,1455,**1462**	
血小板凝集抑制薬	926	
血小板減少症	1233,1454	
血小板減少性紫斑病	1455,**1458**	

血小板数	209	
血小板製剤	2300	
血小板成分採血	2301,**2302**	
血小板増多症	1464	
血小板無力症	1462	
血漿分画製剤	2299,**2300**	
欠神発作(けっしん)	958	
血清	191	
血精液症	1780	
血性耳漏(じろう)	1118	
血清総 IgE	1252	
血清総たんぱく	197	
血清トランスアミラーゼ	191	
血清病	**816**,2008	
血性分泌	828	
結石	1708	
結節	1799	
結節性黄色腫	1857	
結節性強膜炎	1087	
結節性硬化症	591,1317,1844,1989	
結節性甲状腺腫	1482	
結節性紅斑	1819	
結節性多発動脈炎	2042	
結節性痒疹(ようしん)	1812	
血栓傾向(けっせん)	1461	
血栓形成	1701	
血栓症	702	
血栓性外痔核(がいじかく)	1612	
血栓性血小板減少性紫斑病	**1460**,1722	
血栓性静脈炎	1430	
血栓性微小血管障害	759	
血栓溶解薬	926	
血栓溶解療法	1369	
血族結婚	2241	
血痰(けったん)	1249	
血中腫瘍マーカー	488	
結腸	1606	

け

結腸がん	505	
結腸人工肛門	509	
血沈(けっちん)	210	
血糖	**199**,1501	
血糖検査	1503,2233	
血統妄想	1008	
血尿	1686,1689,**1707**	
血尿症候群	1687	
げっぷ	344	
血便	1542,2271	
結膜	1060	
結膜炎	1077	
結膜結石	1083	
結膜弛緩症(しかんしょう)	1075	
結膜嚢	1077	
結膜の腫瘍	1085	
血友病	699,700,1233	
血友病 A	699	
血友病 B	699	
血流障害	1648	
ケトアシドーシス	1502	
ケトアシドーシス発作	721	
解毒機能	1629	
ケトン食療法	587	
解熱・鎮痛薬中毒	2075	
ケラトアカントーマ	**1850**,1991	
下痢	1541,1596,2271	
下痢（子どもの）	741	
下痢性貝毒	2083	
ケルスス禿瘡	1828	
ゲルストマン・ストロイスラー症候群	962	
ケロイド	1848,**1849**,1992	
腱(けん)	1868	
減圧症	2058	
腱移植術	1971	
原因不明不妊	898,899,**901**	
眩暈(げんうん)	912,**1137**	
減塩	1401	

さくいん 21

け

く

き

か

お

え

う

い

さくいん

①項目配列順序は、50音順に配列してあります。
②外来語などの長音符(ー)は、前の音の母音と同じ読みで並べてあります。
③該当頁のうち、太字はおもな解説頁を示しています。

あ

ホームメディカ 新版
家庭医学大事典

2008年11月24日　初版第1刷発行
2015年 8 月 8 日　第3刷発行

編　集　小学館・ホームメディカ編集委員会

発行者　伊藤礼子
発行所　株式会社 小学館
〒101−8001　東京都千代田区一ツ橋2−3−1
電話（編集）03−3230−5442
（販売）03−5281−3555

印刷所　大日本印刷株式会社
製本所　株式会社若林製本工場
本文用紙　日本製紙パピリア株式会社

ISBN978−4−09−304504−9